# Erläuterungen zum Text

**beschnẹiden** *unr. tr. V.* **a)** *(stutzen)* cut, trim, clip ⟨*hedge*⟩; prune, cut back ⟨*bush*⟩; cut back ⟨*tree*⟩; trim ⟨*book block*⟩; **einem Vogel die Flügel ~:** clip a bird's wings; **b)** *(Med., Rel.)* circumcise; **ein Beschnittener** a circumcised boy/man; **c)** *(einschränken)* cut ⟨*salary, income, wages*⟩; restrict ⟨*rights*⟩

**Beschnẹidung die; ~, ~en a)** *(das Stutzen)* *s.* **beschneiden a:** trimming; cutting; clipping; pruning; cutting back; **b)** *(Einschränkung)* *s.* **beschneiden c:** cutting; restriction

**beschnụppern** *tr. V.*: *s.* **beschnüffeln a, b**

**beschönigen** [bəˈʃøːnɪgn̩] *tr. V.* gloss over

**beschrẹiben** *unr. tr. V.* **a)** write on; *(vollschreiben)* write ⟨*page, side, etc.*⟩; **eng beschriebene Seiten** closely written pages; **b)** *(darstellen)* describe; **ich kann dir [gar] nicht ~, wie ..., es ist [gar] nicht zu ~, wie ...:** I [simply] can't tell you how ...; **ihre Leiden waren nicht zu ~:** her sufferings were indescribable *or* beyond description

**beschrẹien** *unr. tr. V.*: *s.* **¹berufen 1 b**

**beschrẹiten** *unr. tr. V.* *(geh.)* walk along ⟨*path etc.*⟩; **neue Wege ~** *(fig.)* tread new paths; ⟨*medicine, technology, etc.*⟩ pursue new methods; **den Rechtsweg ~:** have recourse to litigation

**Besen** [ˈbeːzn̩] **der; ~s, ~ a)** broom; *(Reisig~)* besom; *(Hand~)* brush; **~ und Schaufel** dustpan and brush; **die Hexe auf ihrem ~:** the witch on her broomstick; **ich fress' einen ~, wenn das stimmt** *(salopp)* I'll eat my hat if that's right *(coll.)*; **neue ~ kehren gut** *(Spr.)* a new broom sweeps clean *(prov.)*; **mit eisernem ~ [aus]kehren** *(fig.)* apply drastic remedies; **b)** *(salopp abwertend: Frau)* battleaxe *(coll.)*

**bẹsen-, Bẹsen-: ~binder der** broom-maker; *(von Reisig~)* besom-maker; **~ginster der** *(Bot.)* broom; **~kammer die** broom-cupboard; broom-closet *(Amer.)*; **~macher der** broom-maker; **~rein** *Adj.* swept clean *postpos.*

**beschweren** [bəˈʃveːrən] **1.** *refl. V.* complain **(über + Akk., wegen** about); **sich bei jmdm. ~:** complain to sb. **2.** *tr. V.* weight

**beschwẹrlich 1.** *Adj.* arduous; *(ermüdend)* exhausting; **jmdm. ~ fallen** *(veralt., geh.)* ⟨*person, children*⟩ be a burden to sb.; **jmdm. fällt etw. ~** *(veralt., geh.)* sb. finds sth. troublesome. **2.** *adv.* laboriously; with an effort

**Beschwẹrlichkeit die; ~, ~en a)** *o. Pl.* arduousness; **b)** *Pl.* *(Anstrengungen)* tribulations

**Beschwọ̈rungs·formel die** incantation

**Beschrieb der** *(schweiz.)* description

**Besẹtzt·zeichen das** *(Fernspr.)* engaged tone *(Brit.)*; busy signal *(Amer.)*

**Bẹst·arbeiter der** *(DDR)* best worker *(worker receiving an award as being the most efficient in his department, factory, etc.)*

**bestatten** [bəˈʃtatn̩] *tr. V.* *(geh.)* inter *(formal)*; bury

---

- Bereichsangaben *subject labels*
- Betonung und Quantität *stress and vowel length*
- Indikatoren *sense indicators*
- die Tilde vertritt das Stichwort *swung dash representing the headword*
- Anwendungsbeispiele *usage examples*
- Hinweise auf besondere Gebrauchsweisen *labels to indicate specific aspects of usage*
- Angaben zur Syntax *information on syntax*
- zeitliche Zuordnung *indication of dated or archaic usage*
- Kompositionsfuge *dot between elements of a compound*
- räumliche Zuordnung des Stichworts/der Übersetzung *regional labels for the headwords/translations*

- grammatische Angaben *grammatical information*
- Verweise auf das Grundwort (bei einer Ableitung) *references to root word (from a derivative)*
- Aussprache in internationaler Lautschrift *pronunciation given in IPA*
- Kollokatoren *collocators*
- Verweis auf ein Synonym *cross-reference to a synonymous headword*
- Redensart *idiomatic phrase*
- Sprichwort *proverb*
- Kompositablock *compound block*
- Gliederung nach grammatischen Gesichtspunkten *grammatical categories*
- Gliederung nach Bedeutungsunterschieden *semantic categories*
- zusätzliche Glosse zur Bedeutung des Stichworts *additional gloss specifying the sense of the headword*
- Angaben zur Stilschicht *style labels*

# DUDEN OXFORD

## Großwörterbuch Englisch

# DUDEN OXFORD

# Großwörterbuch Englisch

## Englisch–Deutsch

## Deutsch–Englisch

Herausgegeben von der Dudenredaktion
und Oxford University Press
Redaktionelle Leitung:
Werner Scholze-Stubenrecht
John Sykes

**DUDENVERLAG**
Mannheim · Leipzig · Wien · Zürich

Redaktionelle Bearbeitung:

in der Dudenredaktion: Werner Scholze-Stubenrecht, Roland Breitsprecher, Olaf Thyen, Brigitte Alsleben, Eckhard Böhle, Maria Dose, Gabriele Gassen, Wolfgang Eckey, Eva Krampe, Susanne Lücking, Marion Trunk-Nußbaumer

bei Oxford University Press: John Sykes, Michael Clark, Robin Sawers, Vineeta Gupta, Bernadette Mohan, Colin Hope, Maurice Waite, John Pheby, Eva Vennebusch, Clare Rütsch, Judith Cunningham, Valerie Langrish, Christopher Burton, Timothy Connell

Arbeitsgruppe beim Institut für Anglistik und Amerikanistik der Universität Mainz in Germersheim:
Horst W. Drescher (Leitung), Dagmar Steffen (Bearbeitung), Fee Engemann, Lothar Görke, Cosima Heise, Carola Jansen, Ferdinand Kiefer, Ulrike Kraus, Karina Nehl, Lotte Neiffer, Michael Petersen, Ulrike Röhrenbeck, Joachim Schwend, Magdalena Seubel, Annemarie Thiemann

Weitere Mitarbeiter:
Neil Morris, Fergus McGauran, Susan Ghanouni, Lilian Hall, Ewald Osers, Ann Clark, John Craddock, Cyprian Blamires, Stuart Fortey, Gunhild Prowe, Amanda Thorndike, Eva Sawers, Christine Ayorinde, Peter Dyer, Richard Toms, Ray Perkins, Lisa Bennett, Cora Schenberg Komisar, Kathryn Buck



CIP-Titelaufnahme der Deutschen Bibliothek
**Duden-Oxford Großwörterbuch Englisch:** englisch-deutsch;
deutsch-englisch/hrsg. von d. Dudenred. u. Oxford Univ. Press.
Red. Leitung: Werner Scholze-Stubenrecht; John Sykes.
Mannheim; Wien; Zürich: Dudenverl., 1990
ISBN 3-411-02075-X
NE: Scholze-Stubenrecht, Werner [Red.]; Großwörterbuch Englisch


Satz: Bibliographisches Institut & F. A. Brockhaus AG (DIACOS Siemens)
und Mannheimer Morgen Großdruckerei und Verlag GmbH
Druck: C.H. Beck'sche Buchdruckerei, Nördlingen
Bindearbeit: Franz Spiegel Buch GmbH, Ulm
Printed in Germany
ISBN 3-411-02075-X

# VORWORT

Die englische Sprache ist die Sprache der internationalen Verständigung; ihre Beherrschung hilft Grenzen zu überwinden, ermöglicht wirtschaftliche, kulturelle und politische Zusammenarbeit, fördert zwischenmenschliche Beziehungen.

Ein Wörterbuch kann das Erlernen einer fremden Sprache nicht ersetzen, es kann aber das Lernen unterstützen, kann auch später noch Lücken im Wortschatz schließen, kann Unsicherheiten abbauen und helfen, Fehler zu vermeiden. Dazu muß es mehr bieten als die einfache Gegenüberstellung von Wörtern: Es muß reich an Anwendungsbeispielen sein und muß Übersetzungsalternativen für besondere Verwendungsweisen der Wörter zur Verfügung stellen. Das DUDEN-OXFORD-Großwörterbuch will dem Benutzer nicht nur (passives) Verstehen, sondern auch (aktives) Formulieren von Texten in der Fremdsprache ermöglichen. Eine wichtige Voraussetzung dafür ist einerseits eine möglichst umfassende Auswahl von Stichwörtern und typischen Kontexten, zum anderen aber auch die zuverlässige Angabe der bestmöglichen Übersetzungen.

Der anspruchsvollen Aufgabe, diesem Ziel möglichst nahe zu kommen, haben sich zwei erfahrene Redaktionen in England und Deutschland gemeinsam gestellt: Die Abteilung „German Dictionaries“ bei Oxford University Press und die Dudenredaktion des Bibliographischen Instituts. In einer bisher wohl beispiellosen Partnerschaft über nationale Grenzen hinweg wurde das vorliegende englisch-deutsche/deutsch-englische Wörterbuch von Grund auf neu erarbeitet. Die strenge Aufteilung der Verantwortung, die die letzte Entscheidung über jedes englische Wort nur dem englischen Muttersprachler, über jedes deutsche Wort nur dem deutschen Muttersprachler einräumte, garantiert für eine besondere Qualität dieses Nachschlagewerks.

Die jüngere politische Entwicklung in Europa hat nationale Grenzen durchlässiger und überwindbarer gemacht, als sie es jemals waren. Wir hoffen, daß das DUDEN-OXFORD-Großwörterbuch einen Beitrag zum Abbau auch der sprachlichen Grenzen leisten kann.

Mannheim, im September 1990 — Die Dudenredaktion

## Inhalt

## Guide to the use of the Dictionary

## Hinweise für die Benutzung des Wörterbuchs

### 1. Order of entries

### 1. Anordnung der Artikel

**a) Headwords**

**a) Alphabetische Ordnung der Stichwörter**

Headwords (with the exception of phrasal verbs – see below) are entered in strict alphabetical order, ignoring hyphens, apostrophes, and spaces.

Die Stichwörter sind (mit Ausnahme der *Phrasal verbs* im englisch-deutschen Teil; s. u.) alphabetisch angeordnet, wobei Bindestriche, Apostrophe und Wortzwischenräume keine Rolle spielen.

Examples/Beispiele:

**liberal**
**liberal arts**
**liberalism**

**Pinte**
**Pin-up-Girl**
**Pinzette**

Abbreviations are also entered in alphabetical order in the main Dictionary.

Abkürzungen sind ebenfalls an ihrer entsprechenden Stelle im Alphabet zu finden.

Examples/Beispiele:

**clutter**
**cm.** *abbr.*
**CND** *abbr.*

**Nockerl**
**NOK** ... *Abk.*
**nölen**

Headwords spelt the same but with unrelated meanings are entered separately with a raised number in front of each.

Stichwörter mit hochgestellten Ziffern vor den Anfangsbuchstaben werden zwar gleich geschrieben, haben aber völlig unterschiedliche Bedeutungen.

Examples/Beispiele:

$^{1}$**dam** ... [Stau]damm, *der*
$^{2}$**dam** ... Muttertier, *das*

$^{1}$**Bank** ... bench
$^{2}$**Bank** ... bank

For the purpose of alphabetical ordering, capital letters are treated as small letters, accented letters as unaccented letters, and the German character *ß* as *ss*.

Umlaute werden wie die entsprechenden nicht umgelauteten Vokale eingeordnet.
Entsprechendes gilt für Akzente, und der Buchstabe ß wird wie ss eingeordnet.

Examples/Beispiele:

| | |
|---|---|
| **knurled** | **elaboration** |
| **KO** | **élan** |
| **koala** | **eland** |
| **Buchladen** | **Fasnacht** |
| **Büchlein** | **Faß** |
| **Buchmacher** | **Fassade** |

Each English phrasal verb is entered on a new line immediately following the entry for its first element, which is indicated by a swung dash.

Im englisch-deutschen Teil werden die *Phrasal verbs* auf einer neuen Zeile unmittelbar an das Grundwort angeschlossen, wobei dieses durch eine Tilde repräsentiert wird.

Examples/Beispiele:

| | |
|---|---|
| **track** | **[1]plump** |
| **~ 'down** | **~ 'out** |
| **tracker** | **~ 'up** |
| | **[2]plump** |

**b) Compounds**

Hyphenated English compounds and all German compounds are entered in their alphabetical place in the Dictionary, as are English compounds written as two or more words if they are regarded as having independent status in the language, e.g. **love affair.** Those not so regarded are given as phrases in the entry for their first word, so for example **love game** is given as ~ **game** under **love.** Where two or more compounds with the same first element occur consecutively, they are given in paragraph-like blocks. The first element is given only once at the beginning of the block and is thereafter represented by a swung dash (~).

**b) Einordnung von Komposita**

Die im Englischen häufig getrennt geschriebenen Komposita werden als selbständige Stichwörter behandelt, wenn sie als eigenständige Wörter gelten können; z. B. wird **love affair** als Stichwort an der entsprechenden Stelle im Alphabet aufgeführt. Wenn ein Kompositum als weniger eigenständig oder nur als Anwendungsbeispiel betrachtet wird, erscheint es unter dem Stichwort, das den ersten Bestandteil bildet, z. B. findet sich unter dem Stichwort **love** als Anwendungsbeispiel **love game.**
Mehrere aufeinanderfolgende als Stichwörter aufgeführte Komposita mit gemeinsamem ersten Element sind im Wörterbuch zu Absätzen zusammengefaßt. Dabei steht das erste Element nur am Anfang des Absatzes; es wird innerhalb des Absatzes durch eine Tilde repräsentiert.

In the English-German section, a compound in a block is spelt with the same initial letter – capital or small – as the first element at the beginning of the block, unless the opposite is shown.

Wenn im englisch-deutschen Teil in einem Kompositablock sowohl groß als auch klein geschriebene Stichwörter vorkommen, so erscheint das erste Element zu Beginn des Absatzes entweder in Groß- oder in Kleinschreibung. Bei davon abweichender Schreibung im selben Block steht dann vor der Tilde der zu verwendende Buchstabe.

Examples/Beispiele:
**grand: ~niece** ... **G~ Prix**
**Great: ~ Bear** ... **g~coat**

In the German-English section, the first element of a block of compounds has a capital letter if the block contains only nouns, and a small letter if it contains no nouns. If the block contains nouns and other parts of speech, both forms of the first element are given.

Wenn im deutsch-englischen Teil das erste Element sowohl in Groß- als auch in Kleinschreibung gezeigt wird, gilt die Großschreibung für alle Substantive und die Kleinschreibung für die anderen Wortarten.

Examples/Beispiele:
**Stech-: ~fliege** ... **~zirkel**
**kurz-: ~|treten** ... **~um**
**englisch-, Englisch-: ~horn** ... **~sprachig**

With compounds written as one word, the swung dash is followed immediately by the second element.

Bei Komposita, die zusammengeschrieben werden, steht das zweite Element direkt nach der Tilde.

Examples/Beispiele:
**farm: ~stead**
**Tipp-: ~fehler**

With hyphenated compounds, the hyphen appears between the swung dash and the second element.

Bei Komposita, die mit Bindestrich geschrieben werden, erscheint der Bindestrich zwischen der Tilde und dem zweiten Element.

Examples/Beispiele:
**awe: ~-stricken**
**Kaffee-:** ... **~-Ersatz**

With English compounds written as two (or more) words there is a space between the swung dash and the second element.

Bei englischen Komposita, die getrennt geschrieben werden, erscheint ein Zwischenraum zwischen der Tilde und dem zweiten Element

Example/Beispiel: **bank: ~ manager**

**c) Phrases**

Idioms, fixed phrases, proverbs, and quotations are usually entered under only one word, and cross-references, starting with *see also* or *s. auch,* are given at other words under which the user might look. At **ask 2,** for example, there is the cross-reference *see also* **trouble 1 a,** because the expressions **you are asking for trouble** and **that's asking for trouble** are entered under **trouble,** and at **Stamm a)** there is the cross-reference *s. auch* **Apfel,** because the expression **der Apfel fällt nicht weit vom Stamm** is entered under **Apfel.**

**c) Einordnung von festen Wendungen**

Aus mehreren Wörtern bestehende feste Wendungen, idiomatische Ausdrücke, Sprichwörter, Zitate und dergleichen sind gewöhnlich nur unter einem Stichwort verzeichnet. Das Wörterbuch gibt, wo es den Bearbeitern nützlich erschien, Verweise auf Fundstellen. Solche Verweise haben die Form *see also* ... bzw. *s. auch* ... und stehen am Schluß eines Artikels bzw. eines Gliederungspunkts. So findet sich etwa unter **ask 2** der Hinweis *see also* **trouble 1 a,** weil unter dem Stichwort **trouble** die Beispiele **you are asking for trouble** und **that's asking for trouble** zu finden sind, und unter **Stamm a)** der Hinweis *s. auch* **Apfel,** weil unter **Apfel** die Redensart **der Apfel fällt nicht weit vom Stamm** behandelt ist.

## 2. Division of entries

### a) Numbered categories

When a word can be used as different parts of speech, these are numbered.

## 2. Untergliederung der Artikel

### a) Untergliederung durch Ziffern

Wenn ein Stichwort mehreren Wortarten angehören kann, steht vor jeder Wortartangabe eine Ziffer.

Examples/Beispiele: **blame** ... **1.** *v. t.* ... **2.** *n.*

**entgegen 1.** *Adv.* ... **2.** *Präp.*

Adverbial use of a German adjective is given in a separate numbered section.

Bei deutschen Adjektiven erhält der adverbiale Gebrauch eine eigene Ziffer (**1.** *Adj.* ... **2.** *adv.* ...). Unter dieser Ziffer wird gegebenenfalls auch die Verwendung als Attribut zu Adverbien oder anderen Adjektiven behandelt.

Example/Beispiel: **gemütlich 1.** *Adj.* ... **2.** *adv.*

In verb entries, transitive, intransitive, and reflexive uses are also numbered.

Bei Verben unterscheiden die Ziffern außerdem den transitiven, intransitiven und reflexiven Gebrauch des Verbs.

Examples/Beispiele: **freeze** ... **1.** *v. i.* ... **2.** *v. t.*

**beschäftigen 1.** *refl. V.* ... **2.** *tr. V.*

Entries for German prepositions are divided into numbered sections if they can take more than one case.

Bei deutschen Präpositionen dienen die Ziffern zur Untergliederung nach den Kasus, mit denen die Präposition stehen kann.

Example/Beispiel: **an** ... **1.** *Präp. mit Dat.* ... **2.** *Präp. mit Akk.*

**b) Letter categories**

When a word has more than one sense (as a particular part of speech) the different senses are distinguished by letters and usually arranged in order of frequency.

**b) Untergliederung durch Buchstaben**

Wenn ein Stichwort mehrere Bedeutungen haben kann, werden diese mit Buchstaben unterschieden. Dabei steht normalerweise die häufigste Bedeutung an erster Stelle.

Examples/Beispiele: **alien** ... **1.** *adj.* ... **a)** *(strange)* ... **b)** *(foreign)* ... **c)** *(different)* ... **d)** *(repugnant)* ... **e)** *(contrary)*

**gemütlich 1.** *Adj.* **a)** *(behaglich)* ... **b)** *(ungezwungen)* ... **c)** *(umgänglich)* ... **d)** *(gemächlich)*

## 3. The headword

### a) Form of the headword

The headword appears in bold type at the beginning of the entry.
Verbs are given as infinitives (without *to* in English).
Nouns are given in the nominative singular, but those which occur only in the plural are given in the nominative plural.

## 3. Das Stichwort

### a) Form des Stichworts

Das Stichwort erscheint fett gedruckt am Anfang des Artikels.
Verben erscheinen im Infinitiv. (Im Englischen ohne *to.*)
Substantive erscheinen im Nominativ Singular. Substantive, die nur als Plural vorkommen, erscheinen im Nominativ Plural.

Examples/Beispiele: **trousers** ... *n. pl.*

**Kosten** *Pl.*

German adjectives (and pronouns declined like adjectives) are given without endings, and adjectives which strictly speaking have no undeclined form are given with an ellipsis instead of any ending.

Deutsche Adjektive (und Pronomen, die wie Adjektive dekliniert werden) erscheinen in endungsloser Form. Auch Adjektive, die eigentlich keine endungslose Form haben, erscheinen ohne Endung, mit Auslassungspunkten.

Example/Beispiel: **äußer...**

Separate entries are given for all forms of the German definite article and of German pronouns which are not declined like adjectives. So, for example, **der, den, dem, die,** etc., **euch,** and **ihr** are all entered as headwords. In the same way, all forms of English pronouns are headwords – **her,** for example, as well as **she.**
German demonstrative pronouns are treated under the masculine nominative singular, e.g. **derjenige.**
Inflected forms are entered as headwords with cross-references to their root forms if these are not easily identifiable.

Examples/Beispiele: **did** *see* **'do**
**apices** *pl. of* **apex**
**höher** ... *s.* **hoch**
**dasjenige** *s.* **derjenige**
**zog** *1. u. 3. Pers. Sg. Prät. v.* **ziehen**

Deutsche Pronomen, die nicht wie Adjektive dekliniert werden, und die bestimmten Artikel erscheinen in allen Formen als selbständige Stichwörter. Es erscheint also z. B. nicht nur **der,** sondern auch **des, dem, den** usw. als Stichwort, und die Form **euch** wird nicht unter **ihr** abgehandelt, sondern ist selbst Stichwort. Ebenso werden englische Pronomen in allen Formen als Stichwörter aufgeführt, also erscheint z. B. nicht nur **she,** sondern auch **her** als Stichwort.
Deutsche Demonstrativpronomen werden an der alphabetischen Stelle der maskulinen Form behandelt, also erscheinen z. B. **diejenige** und **dasjenige** unter dem Stichwort **derjenige.**
Als Stichwörter erscheinen auch bestimmte Flexionsformen, die sich nicht ohne weiteres auf ihre Grundform zurückführen lassen. Ein Verweis führt zur Grundform.

### b) Symbols used with headwords

With English headwords:

' shows stress on the following syllable (for more information see 4).

### b) Zeichen am Stichwort

Am englischen Stichwort kann das folgende Zeichen auftreten:

' Betonungszeichen vor der zu betonenden Silbe. (Näheres siehe unter 4.)

With German headwords:

_ indicates a long vowel or a diphthong, stressed in words of more than one syllable.

Am deutschen Stichwort können die folgenden Zeichen auftreten:

_ Betonungszeichen in Form eines Strichs unter betonten langen Vokalen.

Examples/Beispiele: **Hieb, Blau, Hörer, amtieren**

. indicates a short vowel, stressed in words of more than one syllable:

. Betonungszeichen in Form eines Punktes unter betonten kurzen Vokalen.

Examples/Beispiele: **Recht, bitter**

· shows the juncture of elements forming a word.

· Punkt, der bei zusammengesetzten Wörtern die Kompositionsfuge markiert.

Examples/Beispiele: **Kern·kraft, um·branden**

| shows the juncture of elements forming a compound verb and indicates that the verb is separable (for more information see Outline of German grammatical forms on p. 1658).

| senkrechter Strich, der bei zusammengesetzten Verben die Kompositionsfuge markiert und gleichzeitig anzeigt, daß das Verb unfest zusammengesetzt ist.

Examples/Beispiele: **vor|haben, um|werfen**

## 4. Pronunciation

The pronunciation of a headword is given in square brackets immediately after it, in the International Phonetic Alphabet (IPA), which is explained on the inside back cover. German pronunciations are based on the DUDEN-Aussprachewörterbuch, while English pronunciations are those common in educated Southern British English.

A *simple headword* without a pronunciation given is pronounced in the same way as the headword immediately before it.
The pronunciation of a *German derivative* with none given can be deduced from that of its root word. The stress, however, is always shown, by _ or . (see 3 b).
*Abbreviations* without pronunciations given are pronounced as their full forms, except for English ones consisting of two or more capital letters, which are pronounced as individual letters, with the stress on the last, e.g. **BBC** is pronounced [bi:bi:'si:].

The pronunciation of a *compound* with none given can be derived from the pronunciations of its elements, and, unless the compound is in a block, the stress is always shown by the symbol ', _, or . (see 3 b), e.g. '**doughnut** is pronounced as **dough** + **nut,** with the stress on **dough,** and **bau·sparen** is pronounced as **Bau** + **sparen,** with the stress on **bau.** With German compounds, juncture between elements is shown either by · in the headword (as in 3 b) or, within a block of compounds, by the point where the compound is divided.

## 4. Angaben zur Aussprache

Die Aussprache des Stichworts ist in Lautschrift in eckigen Klammern unmittelbar nach dem Stichwort angegeben. Die Ausspracheangaben für das Deutsche richten sich nach dem DUDEN-Aussprachewörterbuch, für das Englische nach der *Received Pronunciation* in Südengland. Die dabei verwendeten Zeichen der internationalen Lautschrift der *International Phonetic Association* (IPA) sind im hinteren Buchinnendeckel verzeichnet und erklärt.
Bei mehreren *gleichlautenden Stichwörtern* ist die Aussprache beim ersten Stichwort zu finden.

Bei deutschen *Ableitungen* ohne Ausspracheangabe kann die Aussprache vom Grundwort abgeleitet werden. Bei ihnen wird daher nur die Betonung angegeben, und zwar durch Zeichen am Stichwort selbst (s. 3 b).
*Abkürzungen* ohne Ausspracheangabe werden wie ihre vollen Formen ausgesprochen. Dies gilt jedoch nicht für die aus mindestens zwei Großbuchstaben bestehenden englischen Abkürzungen, die wie die einzelnen Buchstaben mit Betonung des letzten gesprochen werden (**BBC** also z. B. wie [bi:bi:'si:]).
Bei *Komposita* ohne Ausspracheangabe ergibt sich die Aussprache aus der der einzelnen Bestandteile. Bei ihnen ist daher nur die Betonung angegeben, und zwar durch Zeichen am Stichwort selbst (s. 3 b): '**doughnut** wird wie **dough** + **nut** ausgesprochen, die Betonung liegt auf **dough,** **bau·sparen** wird wie **Bau** + **sparen** ausgesprochen, die Betonung liegt auf **bau.** Bei deutschen Komposita wird die Kompositionsfuge entweder durch einen in das Stichwort gesetzten Punkt (siehe auch 3 b) oder durch die Eingliederung des Stichworts in einen Block von Komposita (siehe auch 1 b) deutlich.

If part of a German compound is not in the Dictionary as a headword, then just that part is given a pronunciation, with a hyphen standing for the rest.

Ist ein Bestandteil eines deutschen Kompositums nicht im Wörterbuch als Stichwort verzeichnet, wird die Aussprache nur für diesen Teil in Lautschrift angegeben, wobei für den anderen Teil ein Bindestrich steht.

Example/Beispiel: **Schausteller** [-ʃtɛlɐ]

If stress alone needs to be shown in square brackets, each syllable is represented by a hyphen.

Wenn in einer Ausspracheklammer nur die Betonung angegeben werden soll, steht für jede Silbe ein waagerechter Strich.

Example/Beispiel: **come to 1.** ['--] *v. t.* ... **2.** [-'-] *v. i.*

In blocks of compounds, stress is given as follows:

In Kompositablöcken ist die Betonung folgendermaßen angegeben:

In the English-German section:

Im englisch-deutschen Teil:

If no stress is shown (by the IPA stress mark), it falls on the first element.

Das erste Element ist normalerweise das betonte Element und nicht weiter gekennzeichnet. Ist ein anderes als das erste Element betont, so wird dies durch das IPA-Betonungszeichen gezeigt.

Example/Beispiel: **country: ~folk** ... **~ 'gentleman**

In the German-English section:

Im deutsch-englischen Teil:

When the first element at the beginning of the block has a stress mark, this stress applies to all compounds in the block.

Wenn das erste Element zu Beginn des Blocks durch einen untergesetzten Punkt oder Strich als betont markiert ist, gilt dies für alle Komposita im Block.

Example/Beispiel: **Vanille-: ~eis** ... **~geschmack** ... **~pudding**

Exceptions are given in square brackets, with a hyphen standing for each syllable.

Ausnahmen davon werden in eckigen Klammern angegeben, wobei für jede Silbe ein waagerechter Strich steht.

Example/Beispiel: **drei-, Drei-:** ... **~käsehoch** [-'---]

When no stress is shown for the first element at the beginning of a block, the stress of each compound is given individually.

Wenn das erste Element zu Beginn des Blocks nicht als betont markiert ist, wird bei jedem Kompositum im Block die Betonung angegeben.

Example/Beispiel: **nord-, Nord-: ~seite** ['---] ... **~stern** ['--] ... **~-Süd-Dialog** ... **~-Süd-Gefälle** ... **~südlich**

## 5. Grammatical information

Grammatical information on a headword immediately follows the headword or its pronunciation. The part of speech comes first; if the word can be more than one part of speech, each is listed in a separate numbered section (see also 2 a).

The following grammatical information is given:

## 5. Grammatische Angaben

Unmittelbar nach dem Stichwort bzw. der Ausspracheklammer folgen die grammatischen Angaben zum Stichwort. Die Wortart wird an erster Stelle angegeben. Wenn das Stichwort mehreren Wortarten angehören kann, steht vor jeder Wortartangabe eine Ziffer (siehe auch 2 a).
Die folgenden grammatischen Angaben werden gemacht:

### a) Nouns

In the English-German section, nouns are labelled with the abbreviation *n.* and proper nouns with *pr. n.* Irregular plurals are always given.

### a) Bei Substantiven

Im englisch-deutschen Teil werden Substantive durch die Angabe *n.* gekennzeichnet. Eigennamen werden mit *pr. n.* gekennzeichnet; unregelmäßige Pluralformen werden angegeben.

Examples/Beispiele: **boy** ... *n.*
**Australia** ... *pr. n.*
**bijou** ... *n., pl.* **~x**
**mouse** ... *n., pl.* **mice**
**haddock** ... *n., pl. same*

In the German-English section, nouns are denoted by the inclusion of a definite article.

Im deutsch-englischen Teil werden Substantive durch die Angabe des bestimmten Artikels gekennzeichnet.

Example/Beispiel: **Tante ... die**

If this article is in parentheses, the word is a proper noun and the article is used only in certain circumstances.

Steht der Artikel in runden Klammern, handelt es sich bei dem Substantiv um einen Eigennamen, der nur unter gewissen Umständen mit dem bestimmten Artikel gebraucht wird.

Examples/Beispiele: **Belgien ... (das)**
**Karl ... (der)**

The definite article is followed by the genitive and plural endings for the noun with the headword represented by a swung dash.

Auf den Artikel folgen die Genitiv- und die Pluralendung des Substantivs. Dabei steht für das Stichwort die Tilde.

Example/Beispiel: **Tante ... die; ~n, ~n**

If only one ending is given, it is the genitive, and the word has no plural.

Wird nur eine Endung angegeben, so handelt es sich um die Genitivendung, das Stichwort hat in diesem Fall keinen Plural.

Example/Beispiel: **Schlaf ... der; ~[e]s**

The label *n. pl.* or *Pl.* indicates that the noun exists only in the plural.

Die Angabe *n. pl.* im Englischen bzw. *Pl.* im Deutschen weist darauf hin, daß das Wort nur im Plural vorkommt.

Examples/Beispiele: **pants** ... *n. pl.*
**police** ... *n. pl.*

**Ferien** ... *Pl.*
**Niederlande** *Pl.*

The label *no. pl.* or *o. Pl.* indicates that the noun (sometimes only in a particular sense) has no plural.

Die Angabe *no pl.* im Englischen bzw. *o. Pl.* im Deutschen weist darauf hin, daß das Stichwort bzw. die betreffende Bedeutung des Stichworts keinen Plural hat.

Examples/Beispiele: **artificiality** ... *n., no pl.*
**decision** ... *n.* **a)** ... **b)** *no pl.*

**Eherecht das;** *o. Pl.*
**Dummheit die; ~, ~en a)** *o. Pl.*

German nouns are not labelled *o. Pl.* if it is clear from the absence of a plural ending that they have no plural.

Zum deutschen Stichwort wird die Angabe *o. Pl.* nicht gemacht, wenn schon an der fehlenden Pluralendung zu erkennen ist, daß das Wort keinen Plural hat.

The label *no art.* or *o. Art.* indicates that the noun (sometimes only in a particular sense) cannot be used with an article.

Die Angabe *no art.* im Englischen bzw. *o. Art.* im Deutschen steht bei einem Substantiv, das (manchmal nur in einer bestimmten Bedeutung) nicht mit dem Artikel verbunden werden kann.

Examples/Beispiele: **Christianity** ... *no art.*

**[1]Nord** ... *o. Art.*

English nouns labelled *no indef. art.* or *no def. art.* cannot be used with the indefinite article and the definite article respectively (again, sometimes only in particular senses).

Im Englischen wird oft weiter differenziert zwischen *no indef. art.* (= das Substantiv kann nicht mit dem unbestimmten Artikel verbunden werden) und *no def. art.* (= das Substantiv kann nicht mit dem bestimmten Artikel verbunden werden).

Example/Beispiel: **humour** ... *n.* **a)** *no pl., no indef. art.*

**b) Verbs**

Verbs are labelled as transitive, intransitive, or reflexive.

**b) Bei Verben**

Verben werden als transitive, intransitive oder reflexive Verben gekennzeichnet.

Examples/Beispiele: **engrave** ... *v. t.*
**creep** ... *v. i.*
**behave** ... *v. refl.*

**ehren** *tr. V.*
**leuchten** *itr. V.*
**freuen** ... *refl. V.*

In the English-German section the following additional information is given:

The entries for irregular verbs give their past tense, past participle, and any other forms necessary. Identical forms are given only once.

Im englisch-deutschen Teil werden folgende Angaben gemacht:

Bei unregelmäßigen Verben werden die Stammformen (Präteritum und 2. Partizip) angegeben, wobei gleichlautende Formen nur einmal genannt werden.

Examples/Beispiele: [1]**hide** ... **hid** ... **hidden**
[1]**die** ... **dying**
**make** ... **made**

The doubling of a final consonant before **-ed** or **-ing** is also shown.

Wenn der Endkonsonant eines Verbs bei der Bildung einer Form auf **-ed** oder **-ing** verdoppelt wird, wird das ebenfalls angegeben.

Example/Beispiel: [4]**bat** *v. t.*, **-tt-**

In the German-English section, the following additional information is given:

Irregular verbs are labelled *unr.*, and their parts (present, preterite, and past participle) are given on pp. 1665–1667.

Im deutsch-englischen Teil werden darüber hinaus folgende Angaben gemacht:

Unregelmäßige Verben werden mit *unr.* bezeichnet, ihre Stammformen (Präsens, Präteritum und Partizip Perfekt) können auf S. 1665–1667 nachgeschlagen werden.

Examples/Beispiele: **klingen** *unr. itr. V.*
**leihen** ... *unr. tr. V.*

Verbs which are always or sometimes conjugated with *sein* rather than *haben* are labelled accordingly.

Verben, die nicht oder nicht immer mit *haben* konjugiert werden, sind mit einem entsprechenden Hinweis versehen.

Examples/Beispiele: **sterben** ... *mit sein*
**robben** ... *meist, mit Richtungsangabe nur, mit sein*

Separable compound verbs are indicated by a vertical line at the point where the word is split.

Bei unfest zusammengesetzten Verben zeigt ein ins Wort hineingesetzter senkrechter Strich, wo das Verb gegebenenfalls getrennt wird.

Example/Beispiel: **auf|stehen**

**c) Adjectives and adverbs**

Irregular and, in the German-English section, umlauted comparative and superlative forms are given.

**c) Bei Adjektiven und Adverbien**

Zu Adjektiven und Adverbien werden unregelmäßige und – im deutsch-englischen Teil – umlautende Steigerungsformen angegeben:

Examples/Beispiele: **bad** ... **worse** ... **worst**

**gut** ... **besser** ... **best...**
**kalt** ... **kälter** ... **kältest...**

The indication *attrib.* or *nicht präd.* indicates that an adjective is used attributively and not predicatively.

Der Hinweis *attrib.* bzw. *nicht präd.* bei einem Adjektiv weist darauf hin, daß das Adjektiv nur als Attribut und nicht als Prädikatsteil verwendet wird.

Examples/Beispiele: **giant** ... *attrib. adj.*
**heutig** *Adj.; nicht präd.*

The indication *pred.* or *nicht attrib.* indicates that an adjective is used predicatively and not attributively.

Der Hinweis *pred.* bzw. *nicht attrib.* weist darauf hin, daß das Adjektiv nur als Prädikatsteil und nicht als Attribut verwendet wird.

Examples/Beispiele: **afraid** ... *pred. adj.*
**hops** ... *Adj.; nicht attr.*

**d) Prepositions**

The entry for each German preposition indicates with which case or cases it is used.

**d) Bei Präpositionen**

Für jede deutsche Präposition wird der Kasus bzw. werden die Kasus angegeben, mit dem die Präposition steht.

Examples/Beispiele: **um** ... *Präp. mit Akk.*
**vor** ... **1.** *Präp. mit Dat.* ... **2.** *Präp. mit Akk.*

Contractions of a preposition and a definite article are shown thus:

Präpositionen, die mit dem bestimmten Artikel zusammengezogen sind, werden so gekennzeichnet:

Example/Beispiel: **vom** ... *Präp. + Art.*

**e) Compounds**

Compounds are always labelled with their part of speech or gender, but any further grammatical information is given at the entry for the second element.

**e) Bei Komposita**

Bei Komposita wird stets die Wortart angegeben. Wenn keine weiteren grammatischen Angaben gemacht werden, können diese dem Eintrag für das zweite Element des Kompositums entnommen werden.

Examples/Beispiele: **half-life** *n.*
**life** ... *n., pl.* **lives**
**Radau·bruder der**
**Bruder** ... **der; ~s, Brüder**

## 6. Labels

After the grammatical information comes any necessary information on the style, usage, regional restrictions, or subject fields of a word, printed in italics within parentheses. Many labels are abbreviations, which are explained on pp. 29–33.
A label placed at the start of an entry or of a numbered or letter category applies to the whole of that entry or category.

## 6. Kennzeichnungen

Im Anschluß an die grammatischen Angaben wird der Benutzer auf die stilistische, zeitliche, regionale und fachliche Zuordnung des Stichworts hingewiesen. Diese Angaben stehen in Kursivschrift in runden Klammern. Sie sind häufig abgekürzt, eine Liste der verwendeten Abkürzungen befindet sich auf S. 29–33.
Wenn eine derartige Angabe am Anfang eines Artikels oder eines Gliederungspunktes steht, gilt sie für den ganzen Artikel oder Punkt.

**a) Style and usage labels**

Labels are used to mark all words and expressions which are not neutral in style. Both headwords and their translations are labelled to help the user to understand the headwords and to use the translations correctly in context.

**a) Angaben zur stilistischen Bewertung**

Wörter und Wendungen, die nicht der normalsprachlichen Stilschicht angehören, werden sowohl in der Ausgangs- als auch in der Zielsprache mit Angaben zu ihrer stilistischen und zeitlichen Einordnung versehen. Der Benutzer kann somit die Stichwörter richtig verstehen und die Übersetzungen im korrekten Zusammenhang verwenden.

The following style and usage labels are used to describe English:

Für das Englische werden zur stilistischen Bewertung und zeitlichen Zuordnung die folgenden Angaben verwendet:

| | | |
|---|---|---|
| *(poet.)* | poetic (e.g. **beauteous, the deep**). | in dichterischer, poetischer Sprache verwendet (z. B. **beauteous, the deep**). |
| *(literary)* | literary or elevated (e.g. **bed of sickness, countenance, valorous**). | für einen gehobenen, literarischen Stil charakteristisch (z. B. **bed of sickness, countenance, valorous**). |
| *(rhet.)* | used for deliberate impressive or persuasive effect (e.g. **bounteous, plenteous**). | bewußt dazu eingesetzt, andere zu beeindrucken oder zu überzeugen (z. B. **bounteous, plenteous**). |
| *(formal)* | used only in formal speeches and writing (e.g. **hereafter, partake, proceed**). | bei offiziellen und formellen Gelegenheiten unter Menschen, die sich nicht gut kennen, verwendet (z. B. **hereafter, partake, proceed**). |
| *(coll.)* | everyday, conversational language; not generally written, but would not cause offence or ridicule (e.g. **Aussie, come a cropper, loo**). | gesprochene Alltagssprache, die in schriftlichen Texten im allgemeinen nicht verwendet wird (z. B. **Aussie, come a cropper, loo**). |
| *(child lang.)* | used only by or to small children (e.g. **bow-wow, choo-choo, potty**). | nur von kleinen Kindern oder im Umgang mit ihnen verwendet (z. B. **bow-wow, choo-choo, potty**). |
| *(sl.)* | especially colloquial and expressive; often used only by particular groups (e.g. **guv, kick the bucket, scarper**). | besonders umgangssprachlich, oft nur von bestimmten Personengruppen verwendet (z. B. **guv, kick the bucket, scarper**). |
| *(coarse)* | coarse and offensive (e.g. **bollocks, fuck, piss**). | im allgemeinen als anstößig empfunden (z. B. **bollocks, fuck, piss**). |
| *(dated)* | somewhat old-fashioned; used particularly by older people (e.g. **by Jove, ripping, top-hole**). | zwar noch gelegentlich von älteren Leuten verwendet, aber altmodisch klingend (z. B. **by Jove, ripping, top-hole**). |
| *(arch.)* | found only in literature but still used jocularly, ironically, or for a deliberately old-fashioned effect (e.g. **forsooth, peradventure, thou**). | heute nur noch gelegentlich in scherzhafter oder altertümelnder Weise verwendet (z. B. **forsooth, peradventure, thou**). |
| *(Hist.)* | current term for an obsolete thing (e.g. **ducking-stool, oubliette**). | bedeutet, daß die bezeichnete Sache, Einrichtung usw. heute nicht mehr existiert; das so gekennzeichnete Wort ist aber nicht veraltet (z. B. **ducking-stool, oubliette**). |

The following style and usage labels are used to describe German:

Für das Deutsche werden zur stilistischen Bewertung und zeitlichen Zuordnung die folgenden Angaben verwendet:

| | | |
|---|---|---|
| *(dichter.)* | poetic (e.g. **Aar, Odem**). | in dichterischer, poetischer Sprache verwendet (z. B. **Aar, Odem**). |
| *(geh.)* | formal, cultivated, or elevated; sometimes considered solemn or affected (e.g. **Antlitz, signifikant, dergestalt**). | für einen feierlichen, gehobenen oder gewählten Stil charakteristisch (z. B. **Antlitz, signifikant, dergestalt**). |
| *(Papierdt.)* | formal and stilted; mainly written (e.g. **seitens, in Wegfall kommen**). | für einen unlebendigen, formellen und gespreizten Stil charakteristisch (z. B. **seitens, in Wegfall kommen**). |
| *(ugs.)* | everyday, conversational language; not generally written, but would not cause offence or ridicule (e.g. **Stunk, jmdm. über den Kopf wachsen**). | gesprochene Alltagssprache, die in schriftlichen Texten im allgemeinen nicht verwendet wird (z. B. **Stunk, jmdm. über den Kopf wachsen**). |
| *(fam.)* | used only between people on very familiar terms; otherwise considered silly or ridiculous (e.g. **Popo, Beißerchen**). | nur unter miteinander sehr vertrauten Menschen gebräuchlich; kann sonst als albern empfunden werden (z. B. **Popo, Beißerchen**). |
| *(Kinderspr.)* | used only by and to small children (e.g. **Wauwau, heia**). | nur von kleinen Kindern oder im Umgang mit ihnen verwendet (z. B. **Wauwau, heia**). |
| *(salopp)* | especially colloquial and expressive; often used only by particular groups (e.g. **Sauferei, ins Gras beißen müssen**). | besonders umgangssprachlich, oft nur von bestimmten Personengruppen verwendet (z. B. **Sauferei, ins Gras beißen müssen**). |

*(derb)* coarse and offensive (e.g. **Fresse, abkratzen**).

im allgemeinen als grob und anstößig empfunden (z. B. **Fresse, abkratzen**).

*(vulg.)* especially coarse and offensive, mainly sexual terms (e.g. **ficken, Fotze**).

als besonders anstößig und vulgär empfunden; vor allem aus dem Bereich der Sexualität (z. B. **ficken, Fotze**).

*(volkst.)* avoided by specialists as potentially misleading or insufficiently scientific; mainly names of plants, animals, and illnesses (e.g. **Karfunkel, Schusterpalme**).

von Fachleuten meist vermieden, weil mißverständlich oder zu unspezifisch, vor allem Bezeichnungen für Pflanzen, Tiere und Krankheiten (z. B. **Karfunkel, Schusterpalme**).

*(veralt.)* either dated or found only in literature but still used jocularly, ironically, or for a deliberately old-fashioned effect (e.g. **Schwindsucht, Spezerei**).

heute nicht mehr oder kaum noch gebraucht, aber in älterer Literatur zu finden oder heute noch in scherzhafter, ironischer oder altertümelnder Weise verwendet (z. B. **Schwindsucht, Spezerei**).

**b) Regional labels**

Words and expressions restricted to particular areas of the English- and German-speaking worlds are labelled accordingly. For English, the most common labels are *(Brit.), (Amer.), (Austral.),* and *(Scot.).* German items may be labelled *(DDR), (österr.), (schweiz.), (nordd.), (südd.), (berlin.),* etc.

The label *(dial.)* or *(landsch.)* indicates that a word is used in a number of regions or dialects.

**b) Angaben zur regionalen Zuordnung**

Wörter und Wendungen, die nicht im gesamten englischen bzw. deutschen Sprachraum üblich sind, werden entsprechend gekennzeichnet. Für englische Stichwörter werden vor allem die Angaben *(Brit.), (Amer.), (Austral.), (Scot.)* usw. gemacht. Deutsche Stichwörter können mit *(DDR), (österr.), (schweiz.), (nordd.), (südd.), (berlin.)* usw. markiert sein.

Die Angabe *(dial.)* bzw. *(landsch.)* weist darauf hin, daß ein Wort in mehreren Regionen oder Mundarten gebräuchlich ist.

**c) Subject-field labels**

Terms used in specialist or technical fields are labelled accordingly.

**c) Bereichsangaben**

Wörter, die bestimmten Sachgebieten, Fachbereichen, Fach- oder Sondersprachen zuzuordnen sind, werden ebenfalls gekennzeichnet.

Examples/Beispiele: **colonnade** ... *(Archit.)*
**entr'acte** ... *(Theatre)*
**Gelbfieber** ... *(Med.)*
**Hirschfänger** ... *(Jägerspr.)*

German terms used in a number of fields but requiring only one translation are often simply labelled *(fachspr.)*.

Deutsche Stichwörter, die mehreren Fachbereichen zugehören, aber nur eine Übersetzung haben, werden gelegentlich nur mit *(fachspr.)* gekennzeichnet.

Example/Beispiel: **binär** ... *(fachspr.)* binary

**d) Further usage labels**

Figurative, derogatory, euphemistic, etc. use is indicated with appropriate labels.

**d) Weitere Kennzeichnungen**

Bildlicher, abwertender, verhüllender usw. Gebrauch wird durch entsprechende Angaben markiert.

Examples/Beispiele: **assail** ... *(fig.)*
**intimate** ... *(euphem.)*
**hochkarätig** ... *(fig.)*
**Quatsch** ... *(abwertend)*

**e) Combinations of labels**

Labels combined within parentheses, with no separating punctuation, apply simultaneously: *(südd. ugs.)* means that the word is used in southern Germany and is colloquial; *(fig. coll.)* means that in the

**e) Kombination von mehreren Kennzeichnungen**

Stehen in einer Klammer mehrere Kennzeichnungen nebeneinander, so gelten sie gleichermaßen: *(südd. ugs.)* bedeutet, daß das Wort in Süddeutschland gebräuchlich und umgangssprachlich ist; *(fig.*

sense or context in question the word is used figuratively and is colloquial.
Labels separated by commas or slashes cannot apply simultaneously: *(Phys., Biol.)* means that the word occurs in the fields of both physics and biology; *(arch./joc.)* means that the word occurs either in older texts or in jocular use.

*coll.)* bedeutet, daß das Wort hier bildlich gebraucht wird und umgangssprachlich ist.
Werden die Kennzeichnungen durch Komma oder Schrägstrich getrennt, dann gelten sie unabhängig voneinander: *(Phys., Biol.)* bedeutet, daß das Wort zu den Fachbereichen Physik und Biologie gehört; *(arch./joc.)* bedeutet, daß das Wort entweder veraltet ist oder scherzhaft gebraucht wird.

## 7. Indicators

Indicators, printed in italics in parentheses before translations, distinguish between the various senses of a headword and, together with subject-field labels, tell the reader which sense is being translated. They should not be mistaken for full definitions such as are found in a monolingual dictionary.

## 7. Indikatoren

Indikatoren sind kurze Hinweise, die angeben, welche Bedeutung des Stichworts gerade übersetzt wird. Sie stehen in Kursivschrift in runden Klammern vor der Übersetzung.

Examples/Beispiele:
**flapjack** ... *(oatcake)* ... *(pancake)*
**below** ... *(position)* ... *(direction)* ... *(later in text)*

**Kanadier** ... *(Einwohner Kanadas)* ... *(Boot)*
**Luke** ... *(Dach~)* ... *(bei Schiffen)*

Indicators may be combined with the labels described in 6 above.

Indikatoren können in einer Klammer mit den oben unter 6. beschriebenen Kennzeichnungen kombiniert werden.

Examples/Beispiele:
**³chuck** ... *(Amer. coll.: food)*
**Schmelze** ... *(Technik: verflüssigtes Metall)*

## 8. Translations and collocators

### a) Translations

Normally, one general translation is given for each word or sense of a word. If two or more are given, separated by semi-colons, they are synonymous and interchangeable.

## 8. Übersetzungen und Kollokatoren

### a) Die Übersetzung

Im Normalfall wird für jedes Stichwort bzw. jede Bedeutung eines Stichworts zuerst eine allgemeine Übersetzung gegeben; selten auch zwei oder mehrere gleichwertige und gegeneinander austauschbare Übersetzungen, die mit Semikolons aneinandergereiht sind.

Examples/Beispiele:
**engrossing** ... fesselnd
**anchovy** ... An[s]chovis, *die;* Sardelle, *die*

**entzückt** ... delighted
**Elitedenken** ... élitist thinking; élitism

Unless qualified by labels, indicators, or collocators, a translation can be regarded as adequate in practically all contexts. Where necessary, a translation is labelled for style, region, etc. in a similar way to headwords, but in the same language as the translation.

Die angegebene Übersetzung, sofern sie nicht durch Zusätze (Kennzeichnungen, Indikatoren, Kollokatoren) eingeschränkt ist, kann als adäquate Übersetzung für nahezu alle Kontexte angesehen werden. Die Übersetzungen werden ähnlich wie die Stichwörter (jedoch in der Zielsprache) nötigenfalls mit Kennzeichnungen zur stilistischen Bewertung, zur regionalen Zuordnung usw. versehen.

Examples/Beispiele:
**alongside** ... längsseits *(Seemannsspr.)*
**grub** ... Fressen, *das (salopp)*

**hoppnehmen** ... nab *(sl.)*
**Hornhautentzündung** ... keratitis *(Med.)*

Specialist terms are often given two translations: a general or popular one and a specialist one, which is labelled *(fachspr.)* or *(as tech. term)*.

Für Fachausdrücke werden oft zwei Übersetzungen gegeben, eine allgemeinsprachliche und eine fachsprachliche; die fachsprachliche Übersetzung ist dann mit *(fachspr.)* bzw. *(as tech. term)* gekennzeichnet.

Examples/Beispiele: **bilingual** ... zweisprachig; bilingual *(fachspr.)*
**Schote** ... pod; siliqua *(as tech. term)*

English nouns which can signify a person of either sex are generally given a translation for each.

Bei englischen Substantiven, die Menschen beiderlei Geschlechts bezeichnen können, wird als Übersetzung im allgemeinen sowohl die männliche als auch die weibliche Form angegeben.

Examples/Beispiele: **European** ... Europäer, *der*/Europäerin, *die*
**buyer** ... Käufer, *der*/Käuferin, *die*
**client** ... Auftraggeber, *der*/-geberin, *die*

Words which are untranslatable because they have no equivalent in the other language (mainly the names of institutions, customs, foods, etc.) are given a short explanation (gloss) in italic type.

Stichwörter, die nicht übersetzt werden können, weil sie in der Zielsprache kein Äquivalent haben (meist Bezeichnungen für Institutionen, Bräuche, Eßwaren u. ä.), sind mit einer kurzen Erklärung (Glosse) in Kursivschrift versehen.

Examples/Beispiele: **gerrymander** ... *willkürlich in Wahlbezirke aufteilen, um einer politischen Partei Vorteile zu verschaffen*
**Christmas stocking** ... *von den Kindern am Heiligabend aufgehängter Strumpf, den der Weihnachtsmann mit Geschenken füllen soll*
**Einwohnermeldeamt** ... *local government office for registration of residents*
**Schützenfest** ... *shooting competition with fair*

A gloss is occasionally added to a translation to aid understanding of the headword.

Glossen dieser Art werden gelegentlich auch zusätzlich zu einer Übersetzung gegeben, um die Bedeutung des Stichworts zu erläutern.

Examples/Beispiele: **'clambake** *n. (Amer.)* Picknick, *das (bes. am Strand, bei dem Muscheln und Fisch auf heißen Steinen gebacken werden)*
**Bestarbeiter der** *(DDR)* best worker *(worker receiving an award as being the most efficient in his department, factory, etc.)*

The symbol ≈ indicates that the translation given is to be taken only as an approximate equivalent.

Das Symbol ≈ zeigt an, daß die vorgeschlagene Übersetzung nur als ungefähres Äquivalent des Stichworts zu verstehen ist.

Examples/Beispiele: **A level** ... ≈ Abitur, *das*
**Finanzamt** ... ≈ Inland Revenue

A cross-reference of the form *see* or *s.* indicates that a translation can be found under the entry referred to (see also 10).

Ein Verweis mit *see* bzw. *s.* auf ein anderes Stichwort zeigt, daß die Übersetzung dort nachgeschlagen werden kann (siehe auch 10).

**b) Collocators**

As the choice of the correct translation often depends on the context in which it is to be used, collocators (words with which a translation typically occurs) are frequently supplied for translations of verbs, adjectives, adverbs, and combining forms. They are printed in italics in angle brackets.

**b) Kollokatoren**

Oft hängt die Wahl der richtigen Übersetzung davon ab, mit welchen anderen Wörtern die Übersetzung im Satz verbunden werden soll. Zu vielen Übersetzungen von Verben, Adjektiven, Adverbien und Wortbildungselementen sind deshalb einige typischerweise mit der Übersetzung verbundene

Wörter, sogenannte Kollokatoren, angegeben. Sie stehen in Kursivschrift in Winkelklammern.

Examples/Beispiele:

**acquire** ... erwerben ⟨*Land, Besitz, Wohlstand, Kenntnisse*⟩; sammeln ⟨*Erfahrungen*⟩; ernten ⟨*Lob*⟩

**flink** ... nimble ⟨*fingers*⟩; sharp ⟨*eyes*⟩; quick ⟨*hands*⟩

If a collocator goes with more than one translation, the translations concerned are separated by commas instead of semi-colons.

Wenn Kollokatoren sich auf mehrere gleichwertige Übersetzungen beziehen, sind diese Übersetzungen mit Kommas statt mit Semikolons aneinandergereiht.

Examples/Beispiele:

**achieve** ... herstellen, herbeiführen ⟨*Frieden, Harmonie*⟩

**kürzen** ... shorten, take up ⟨*garment*⟩; ... shorten, abridge ⟨*article, book*⟩; ... reduce, cut ⟨*pension, budget, etc.*⟩

With verbs, typical subjects and objects are given as collocators. Subjects are placed before the translation.

Kollokatoren zu Verben sind Substantive, die typischerweise entweder als Subjekte oder als Objekte des Verbs fungieren. Ist der Kollokator das Subjekt des Verbs, steht er vor der Übersetzung.

Examples/Beispiele:

**hiss** ... ⟨*Katze, Lokomotive:*⟩ fauchen

**schwenken** ... ⟨*marching column*⟩ swing, wheel; ⟨*camera*⟩ pan; ⟨*path, road, car*⟩ swing

Objects are placed after the translation.

Ist der Kollokator das Objekt des Verbs, steht er hinter der Übersetzung.

Examples/Beispiele:

**comb** ... kämmen ⟨*Haare, Flachs, Wolle*⟩ ... striegeln ⟨*Pferd*⟩ ... durchkämmen ⟨*Gelände, Wald*⟩

**herunterreißen** ... pull off ⟨*plaster, wallpaper*⟩; tear down ⟨*poster*⟩

With English translations consisting of more than one word, collocators are placed at the appropriate point.

Bei mehrteiligen englischen Übersetzungen steht der Kollokator an der Stelle, wo er auch im Satz stehen müßte.

Example/Beispiel:

**verheizen** ... use ⟨*troops*⟩ as cannon-fodder; ... run ⟨*employee, subordinate, etc.*⟩ into the ground

With adjectives, collocators are nouns which the translations typically qualify. They are normally placed after the translation.

Kollokatoren zu Adjektiven sind Substantive, mit denen das Adjektiv typischerweise verwendet wird. Sie stehen normalerweise nach der Übersetzung.

Examples/Beispiele:

**coated** ... gestrichen ⟨*Papier*⟩; belegt ⟨*Zunge*⟩; imprägniert ⟨*Stoff*⟩; getönt ⟨*Glas, Linsen*⟩

**grimmig** ... furious ⟨*person*⟩; grim ⟨*face, expression*⟩; fierce, ferocious ⟨*enemy, lion, etc.*⟩

Where a collocator for an adjective is placed before the translation, the translation is postpositive – it must be used after the noun it qualifies.

Wenn ein Kollokator zu einem Adjektiv vor der Übersetzung steht, bedeutet dies, daß die Übersetzung nachgestellt werden muß.

Examples/Beispiele:

**flowery** ... ⟨*Wiese*⟩ voller Blumen

**eisenhaltig** ... ⟨*food*⟩ containing iron

With a translation that is used in compounds, other elements with which it typically combines are given as collocators.

Bei Übersetzungen, die ein Wortbildungselement darstellen, werden als Kollokatoren solche Elemente angeführt, mit denen die Übersetzung typischerweise kombiniert wird.

Examples/Beispiele:

**marine** ... See⟨*versicherung, -recht, -schiffahrt*⟩

**-süchtig** ... ⟨*drug-, heroin-, morphine-, etc.*⟩addicted

(Thus, **marine law** is translated as **Seerecht**, and **drogensüchtig** as **drug-addicted.** / Die Verbindung **marine law** wird also mit **Seerecht** übersetzt, **drogensüchtig** mit **drug-addicted.**)

With adverbs, collocators are verbs and adjectives which the translations typically qualify. Verbs are shown before the translation in the German-English section, but after it in the English-German, while adjectives and participles are always placed after, as in connected language.

Kollokatoren zu Adverbien sind Verben oder Adjektive oder adjektivisch gebrauchte Partizipien, mit denen das Adverb typischerweise verbunden wird. Dabei stehen im deutsch-englischen Teil Verben vor der Übersetzung, im englisch-deutschen Teil dahinter; Adjektive und Partizipien stehen immer hinter der Übersetzung, entsprechend ihrer Stellung im Satz.

Examples/Beispiele:

**excessively** ... unmäßig ⟨*trinken, essen*⟩
**flimsily** ... hastig ⟨*errichtet*⟩; schlecht ⟨*gebunden, verpackt*⟩
**probeweise** ... ⟨*employ*⟩ on a trial basis
**schwer** ... seriously ⟨*injured*⟩; greatly, deeply ⟨*disappointed*⟩; ⟨*punish*⟩ severely, heavily

**c) Translation of abbreviations**

Abbreviations are normally translated by the corresponding abbreviation in the other language.

**c) Die Übersetzung von Abkürzungen**

Abkürzungen erhalten normalerweise die entsprechende Abkürzung in der Zielsprache als Übersetzung.

Examples/Beispiele:

**e.g.** ... z.B.
**GDR** ... DDR, *die*
**WEZ** ... GMT
**usw.** ... etc.

Where an abbreviation is best translated by one or more complete words, then they are given.

Wenn die gebräuchlichste zielsprachliche Entsprechung einer ausgangssprachlichen Abkürzung jedoch keine Abkürzung ist, wird als Übersetzung statt einer zielsprachlichen Abkürzung diese Entsprechung angegeben.

Examples/Beispiele:

**s.a.e.** ... addressierter Freiumschlag
**GPO** ... Post, *die*
**Pkw** ... car
**WC** ... toilet

If there is no corresponding abbreviation in the other language, the full form is translated or explained if not itself entered in the Dictionary.

Gibt es zu einer Abkürzung keine entsprechende Abkürzung in der Zielsprache, wird die volle Form angegeben und mit einer Übersetzung oder Erklärung versehen, sofern diese Vollform nicht selbst im Wörterverzeichnis zu finden ist.

Examples/Beispiele:

**GCSE** ... **General Certificate of Secondary Education**
**FA** ... **Football Association** *(Britischer Fußballverband)*
**MA** ... **Mittelalter**
**ZDF** ... **Zweites Deutsches Fernsehen** Second German Television Channel

**d) Further information given with translations**

Where necessary, translations are accompanied by information on usage, word order, etc.

The prepositions typically following verbs are given and translated.

**d) Zusätzliche Angaben bei Übersetzungen**

Wo es nötig ist, sind die Übersetzungen mit Hinweisen zu ihrer Gebrauchsweise, ihrer Stellung im Satz usw. versehen.

Bei Verben wird der präpositionale Anschluß des Stichworts angegeben und übersetzt.

Examples/Beispiele:

**conceal** ... verbergen (**from** vor + *Dat.*)
**sinnieren** ... ponder (**über** + *Akk.* over); muse (**über** + *Akk.* [up]on)

Where a German verb takes a case other than the accusative, this is shown, together with any English preposition used to 'translate' it.

Ebenso wird bei deutschen Verben der zum Anschluß an das Stichwort verwendete Kasus samt der entsprechenden englischen Präposition angegeben, sofern es sich nicht um den bei transitiven Verben stets erforderlichen Akkusativ handelt.

Example/Beispiel: **verdächtigen** ... suspect (*Gen.* of)

The indication *nachgestellt* or *postpos.* means that a translation of an adjective always follows its noun. (This is not shown when the fact is clear from the position of a collocator, as described in 8 b.)

Bei Übersetzungen von Adjektiven besagt der Hinweis *nachgestellt* bzw. *postpos.*, daß die angegebene Übersetzung dem Substantiv nachgestellt werden muß. (Dieser Hinweis entfällt, wenn die Stellung eines Kollokators dies schon, wie unter 8 b beschrieben, zeigt.)

Examples/Beispiele: **friendless** ... ohne Freund[e] *nachgestellt*
**stahlhart** ... as hard as steel *postpos.*

English translations marked *postpos.* can also be used predicatively, e.g. **she is as hard as steel.**

Mit *postpos.* markierte englische Übersetzungen können auch prädikativ gebraucht werden (also: **she is as hard as steel**).

The indication *attr.* or *attrib.* means that a translation can be used attributively and not predicatively.

Die Angabe *attr.* bzw. *attrib.* weist darauf hin, daß die angegebene Übersetzung nur als Attribut und nicht als Prädikatsteil verwendet werden darf.

Examples/Beispiele: **preferable** ... vorzuziehend *attr.*
**achtseitig** ... eight-page *attrib.*

The indication *präd.* or *pred.* means that a translation can be used predicatively and not attributively.

Die Angabe *präd.* bzw. *pred.* weist umgekehrt darauf hin, daß die angegebene Übersetzung nur als Prädikatsteil und nicht als Attribut verwendet werden darf.

Examples/Beispiele: **preferable** ... vorzuziehen *präd.*
**irreparabel** ... beyond repair *pred.*

The indication *Pl.* or *pl.* means that a translation of a noun exists only in the plural (in that sense).

Bei Übersetzungen von Substantiven bedeutet der Hinweis *Pl.* bzw. *pl.*, daß die angegebene Übersetzung ein Pluraletantum ist.

Examples/Beispiele: **measles** ... Masern *Pl.*
**cost** ... Kosten *Pl.*
**Brille** ... glasses *pl.*
**Polizei** ... police *pl.*

In the English-German section, German nouns are given the appropriate definite article. If this is in parentheses, the noun is a proper noun which is used with the article only in certain circumstances.

Im englisch-deutschen Teil erhalten als Übersetzungen angegebene deutsche Substantive den bestimmten Artikel. Steht der Artikel in runden Klammern, handelt es sich bei dem Substantiv um einen Eigennamen, der nur unter gewissen Umständen mit dem Artikel verbunden wird.

Examples/Beispiele: **'cow** ... Kuh, *die*
**table** ... Tisch, *der*
**Italy** ... Italien *(das)*
**Eve** ... Eva *(die)*

The indication *no art.* means that an English noun translation cannot be used with an article; *no def. art.* and *no indef. art.* mean that it cannot be used with a definite article and an indefinite article respectively.

Wenn Übersetzungen von deutschen Substantiven mit dem Hinweis *no art.* versehen sind, können sie nicht mit dem Artikel verbunden werden. Oft wird weiter differenziert zwischen *no def. art.* und *no indef. art.*

Example/Beispiel: **Ostermontag** ... Easter Monday *no def. art.*

Attributive use of an English noun is indicated by *attrib.* when it needs a separate translation.

Für den attributiven Gebrauch von englischen Substantiven wird oft eine eigene Übersetzung angegeben. Vor dieser Übersetzung steht dann der Hinweis *attrib.*

Examples/Beispiele: **marble** ... *attrib.* marmorn
**mountain** ... *attrib.* Gebirgs-

## 9. Phrases

Following the general translation(s) of a headword are phrases in which the general translation(s) cannot be used. These include typical uses, fixed phrases, idioms, and proverbs. All are printed in medium bold type and are translated in their entirety. A swung dash is used to represent the headword.

## 9. Anwendungsbeispiele

Im Anschluß an die allgemeine[n] Übersetzung[en] des Stichworts werden Anwendungsbeispiele für Fälle gegeben, in denen die allgemeine Übersetzung nicht verwendbar ist. Außerdem werden typische Verwendungen des Stichworts, feste Wendungen, Redensarten und Sprichwörter gezeigt. Die Anwendungsbeispiele sind halbfett gedruckt und werden immer als Ganzes übersetzt. Innerhalb der Beispiele repräsentiert die Tilde das Stichwort.

Examples/Beispiele: **giggle** ... **have a ~ about sth. ... [a fit of] the ~s**
**knistern** ... **mit etw. ~ ... eine ~de Atmosphäre**

In blocks of compounds, the swung dash in a phrase represents only the first element of the compound.

In Kompositablöcken steht auch in den Anwendungsbeispielen die Tilde immer nur für den ersten Bestandteil des Kompositums.

Examples/Beispiele: **apple:** ... **~cart** ... **upset the ~cart**
**selbst-, Selbst-:** ... **~bedienung** ... **hier ist ~bedienung**

Phrases and their translations can be given any of the labels mentioned in 6.

Die Anwendungsbeispiele und deren Übersetzungen werden gegebenenfalls mit den unter 6 erläuterten Kennzeichnungen versehen.

Examples/Beispiele: **corner** ... **cut ~s** *(fig.)*
**edge** ... **have/get the ~ [on sb./sth.]** *(coll.)*
**Strang** ... **über die Stränge schlagen** *(ugs.)*
**Kapitel** ... **das ist ein ~ für sich** *(fig.)*

In addition, any label attaching to a headword also applies to all phrases in that entry.

Außerdem gelten bereits für das Stichwort angegebene Kennzeichnungen auch für das Beispiel.

Examples/Beispiele: **beddy-byes** ... *(child lang.)* ... **off to ~**
**Schmäh** ... *(österr. ugs.)* ... **einen ~ führen**

To save space, phrases may be combined.

– Two complete phrases separated by a comma are synonymous and share a translation.

Aus Platzgründen werden oft mehrere Beispiele zusammengefaßt.

– Wenn zwei vollständige Beispiele mit Komma aneinandergereiht sind, sind sie synonym und haben eine gemeinsame Übersetzung.

Examples/Beispiele: **cash** ... **pay [in] ~, pay ~ down** bar zahlen
**ausrasten** ... **er rastete aus, es rastete bei ihm aus** ... something snapped in him

– Where portions of a phrase or translation are separated by *or* or *od.*, they are synonymous and interchangeable.

– Wenn Teile eines Beispiels oder einer Übersetzung mit *or* bzw. *od.* aneinandergereiht sind, haben sie die gleiche Bedeutung und sind beliebig austauschbar.

Examples/Beispiele: **decision** ... **come to *or* arrive at *or* reach a ~:** zu einer Entscheidung kommen

**Bankrott** ... **seinen ~ anmelden *od.* ansagen *od.* erklären** declare oneself bankrupt

– Where portions of a phrase or translation are separated by an oblique, they are syntactically interchangeable but have different meanings.

– Wenn Teile eines Beispiels bzw. seiner Übersetzung mit Schrägstrich aneinandergereiht sind, sind sie zwar syntaktisch austauschbar, haben aber nicht die gleiche Bedeutung.

Examples/Beispiele: **beginning** ... **at the ~ of February/the month** Anfang Februar/des Monats

**durchschaubar** ... **leicht/schwer ~ sein** be easy/difficult to see through

– Portions of a phrase and its translation in square brackets may be omitted, but always together, i.e. both phrase and translation are to be read either with or without the bracketed portions.

– Wenn Teile eines Beispiels und Teile seiner Übersetzung in eckigen Klammern stehen, stellen sie einen auslaßbaren Zusatz zu dem Beispiel dar. Beispiel und Übersetzung müssen also beide entweder mit oder ohne den eingeklammerten Teil gelesen werden.

Examples/Beispiele: **clear** ... **make it ~ [to sb.] that ...** [jmdm.] klar und deutlich sagen, daß ...

**verpflichten** ... **sich verpflichtet fühlen[, etw. zu tun]** feel obliged [to do sth.]

NB: Square brackets are also used generally to enclose optional elements of words and phrases, e.g. **choos[e]y; cost sb. dear[ly]; Wach[t]·turm; er vermochte [es] nicht, mich zu überzeugen.**

NB: Eckige Klammern werden außerdem generell dazu verwendet, beliebig auslaßbare Teile von Wörtern und Sätzen einzuklammern, z. B. **choos[e]y; cost sb. dear[ly]; Wach[t] · turm; er vermochte [es] nicht, mich zu überzeugen.**

In phrases and their translations, *jmd., jmds., jmdm., jmdn., sb.* and *sb.'s* stand for any noun or pronoun indicating one or more persons, and *etw., einer Sache* (genitive or dative), *sth.,* or *sth.'s* stand for any noun or pronoun indicating one or more things.

In den Anwendungsbeispielen und ihren Übersetzungen werden Substantive und Pronomen, die Personen im weitesten Sinne bezeichnen, durch die Abkürzungen *jmd., jmds., jmdm., jmdn.* auf der deutschen und *sb., sb.'s* auf der englischen Seite vertreten. Substantive und Pronomen, die Sachen im weitesten Sinne bezeichnen, werden durch die Abkürzungen *etw.* (oder auch *einer Sache* im Genitiv und Dativ) auf der deutschen und *sth., sth.'s* auf der englischen Seite vertreten.

Example/Beispiel: **Ohr** ... **jmdm. etw. ins ~ flüstern** whisper sth. in sb.'s ear

In German phrases and translations, the reflexive pronoun *sich* is accusative unless it is marked *(Dat.)* (= dative) or could only be dative, e. g. **etw. von sich geben; sich/jmdm. Luft zufächeln.**

In deutschen Anwendungsbeispielen und Übersetzungen ist das Wort *sich* ein Akkusativ, wenn es nicht mit *(Dat.)* gekennzeichnet ist oder auf Grund des Kontextes eindeutig Dativ ist (wie etwa in **etw. von sich geben; sich/jmdm. Luft zufächeln**).

In phrases and their translations, stress which is unusual or affects meaning is shown using the symbols explained in 4.

Ungewöhnliche oder bedeutungsverändernde Betonungen werden bei Anwendungsbeispielen und deren Übersetzungen mit Hilfe der unter 4 erklärten Betonungszeichen angegeben.

Examples/Beispiele: **that** ... **he is 'like ~**

**somịt** ... **und sọmit kommen wir zu Punkt 2**

In English phrases, *you, your, yourself,* etc. are generally translated as the 'familiar' *du, dich, dein,* etc. The more formal *Sie, Ihnen, Ihr,* etc. are used only when they are more appropriate for a given example. Similarly, the English colloquial contractions *can't, won't,* etc. are frequently used. In all cases it is up to the reader to decide which forms are required by the context being translated.

Bei der Übersetzung von englischen Beispielsätzen ins Deutsche werden die Anrede *you* und ihre Formen im allgemeinen durch das vertraulichere *du* und seine Formen wiedergegeben. Das förmlichere *Sie* wird nur verwendet, wenn das jeweilige Beispiel dies nahelegt. Ähnlich wird im Englischen häufig die umgangssprachliche Kurzform (z. B. *can't, won't, hasn't*) verwendet. Grundsätzlich bleibt es dem Benutzer überlassen, die Form dem Zweck und Kontext entsprechend zu wählen, für den die Übersetzung benötigt wird.

## 10. Cross-references

Cross-references beginning with *see* or *s.* which take the place of a translation refer to a headword at which the translation is to be found. This kind of cross-reference occurs mainly in the following circumstances:

- with synonyms
- with variant spellings
- with masculine and feminine forms of a German noun which have the same translation.

## 10. Verweise

Verweise mit *see* bzw. *s.* anstelle einer Übersetzung weisen auf ein anderes Stichwort, unter dem die Übersetzung zu finden ist. Diese Art von Verweis findet sich vor allem in den folgenden Fällen:

- bei Synonymen

Examples/Beispiele: **false move** *see* **false step**

**fortbringen** ... *s.* **wegbringen**

- bei Wörtern mit mehreren Schreibweisen

Examples/Beispiele: **beduin** *see* **bedouin**

**winklig** ... *s.* **winkelig**

- bei weiblichen und männlichen Formen eines deutschen Substantivs, die im Englischen die gleiche Übersetzung haben.

Example/Beispiel: **Primanerin** ... *s.* **Primaner**

Cross-references beginning with *see* or *s.* which are followed by a colon and a list of translations occasionally occur at derivatives, such as nouns and adverbs derived from adjectives. They refer the user to the entry containing the indicators and collocators necessary for distinguishing the translations.

Verweise mit *see* bzw. *s.*, die vor einer Reihe von Übersetzungen stehen, treten gelegentlich bei Ableitungen auf, z. B. bei Substantiven oder Adverbien, die von einem Adjektiv abgeleitet sind. Sie zeigen, wo die Indikatoren und Kollokatoren, die zur Unterscheidung der Übersetzungen nötig sind, zu finden sind.

Examples/Beispiele: **cogent** ... *adj. (convincing)* überzeugend ⟨*Argument, Grund*⟩; zwingend ⟨*Grund*⟩; *(valid)* stichhaltig ⟨*Kritik, Analyse*⟩

**cogently** ... *adv. see* **cogent:** überzeugend; zwingend; stichhaltig

**verbreiten 1.** *tr. V.* **a)** *(bekannt machen)* spread ⟨*rumour, lies, etc.*⟩; ... **b)** *(weitertragen)* spread ⟨*disease, illness, etc.*⟩; disperse ⟨*seeds, spores, etc.*⟩; **c)** *(erwecken)* radiate ⟨*optimism, happiness, calm, etc.*⟩; spread ⟨*fear*⟩

**Verbreitung die; ~, ~en a)** *s.* **verbreiten 1 a, b, c:** spreading; ... dispersal; radiation

Cross-references beginning with *see also* or *s. auch* refer to headwords at which further information may be found. They either help the user to find a phrase or idiom (see also 1 c) or refer to an entry which serves as a model for a set of words because it is treated more comprehensively.

Verweise mit *see also* bzw. *s. auch* weisen auf ein Stichwort hin, unter dem zusätzliche Informationen gefunden werden können. Diese Art von Verweis dient entweder zum Auffinden von festen Wendungen usw. (vgl. 1 c) oder weist auf ein Stichwort hin, das als Muster für einen bestimmten Typ besonders ausführlich behandelt wurde.

Examples/Beispiele: **Taurus** ... *see also* **Aries**

**Französisch** ... *s. auch* **Deutsch**

# English abbreviations used in the Dictionary / Im Wörterverzeichnis verwendete englische Abkürzungen

| | |
|---|---|
| abbr(s). | abbreviation(s) |
| abs. | absolute |
| adj(s). | adjective(s) |
| Admin. | Administration, Administrative |
| adv. | adverb |
| Aeronaut. | Aeronautics |
| Agric. | Agriculture |
| Alch. | Alchemy |
| Amer. | American, America |
| Anat. | Anatomy |
| Anglican Ch. | Anglican Church |
| Anglo-Ind. | Anglo-Indian |
| Ant. | Antiquity |
| Anthrop. | Anthropology |
| arch. | archaic |
| Archaeol. | Archaeology |
| Archit. | Architecture |
| art. | article |
| Astrol. | Astrology |
| Astron. | Astronomy |
| Astronaut. | Astronautics |
| attrib. | attributive |
| Austral. | Australian, Australia |
| Bacteriol. | Bacteriology |
| Bibliog. | Bibliography |
| Biochem. | Biochemistry |
| Biol. | Biology |
| Bookk. | Bookkeeping |
| Bot. | Botany |
| Brit. | British, Britain |
| Can. | Canadian, Canada |
| Chem. | Chemistry |
| Cinemat. | Cinematography |
| coll. | colloquial |
| collect. | collective |
| comb. | combination |
| Commerc. | Commerce, Commercial |
| Communication Res. | Communication Research |
| compar. | comparative |
| condit. | conditional |
| conj. | conjunction |
| Constr. | Construction |
| constr. | construed |
| contr. | contracted form |
| def. | definite |
| Dent. | Dentistry |
| derog. | derogatory |
| dial. | dialect |
| Diplom. | Diplomacy |
| Dressm. | Dressmaking |
| Eccl. | Ecclesiastical |
| Ecol. | Ecology |
| Econ. | Economics |
| Educ. | Education |
| Electr. | Electricity |
| ellipt. | elliptical |
| emphat. | emphatic |
| esp. | especially |
| Ethnol. | Ethnology |
| Ethol. | Ethology |
| euphem. | euphemistic |
| excl. | exclamation, exclamatory |
| expr. | expressing |
| fem. | feminine |
| fig. | figurative |
| Footb. | Football |
| Gastr. | Gastronomy |
| Geneal. | Genealogy |
| Geog. | Geography |
| Geol. | Geology |
| Geom. | Geometry |
| Graph. Arts | Graphic Arts |
| Her. | Heraldry |
| Hist. | History, Historical |
| Horol. | Horology |
| Hort. | Horticulture |
| Hydraulic Engin. | Hydraulic Engineering |
| imper. | imperative |
| impers. | impersonal |
| Ind. | Indian, India |
| indef. | indefinite |
| Information Sci. | Information Science |
| int. | interjection |
| interrog. | interrogative |
| Int. Law | International Law |
| Ir. | Irish, Ireland |
| iron. | ironical |
| joc. | jocular |
| Journ. | Journalism |
| lang. | language |
| Ling. | Linguistics |
| Lit. | Literature |
| lit. | literal |
| Magn. | Magnetism |
| Managem. | Management |
| masc. | masculine |
| Math. | Mathematics |
| Mech. | Mechanics |
| Mech. Engin. | Mechanical Engineering |
| Med. | Medicine |
| Metalw. | Metalwork |
| Metaph. | Metaphysics |
| Meteorol. | Meteorology |
| Mil. | Military |
| Min. | Mineralogy |
| Motor Veh. | Motor Vehicles |
| Mount. | Mountaineering |
| Mus. | Music |
| Mythol. | Mythology |
| n. | noun |
| Nat. Sci. | Natural Science |
| Naut. | Nautical |
| neg. | negative |
| N. Engl. | Northern English |
| ns. | nouns |
| Nucl. Engin. | Nuclear Engineering |
| Nucl. Phys. | Nuclear Physics |
| Num. | Numismatics |
| N. Z. | New Zealand |
| obj. | object |
| Oceanog. | Oceanography |
| Ornith. | Ornithology |
| P | Proprietary name |
| Palaeont. | Palaeontology |
| Parapsych. | Parapsychology |
| Parl. | Parliament |
| pass. | passive |
| Pharm. | Pharmacy |
| Philat. | Philately |
| Philos. | Philosophy |

| | |
|---|---|
| Phonet. | Phonetics |
| Photog. | Photography |
| phr(s). | phrase(s) |
| Phys. | Physics |
| Physiol. | Physiology |
| pl. | plural |
| poet. | poetical |
| Polit. | Politics |
| poss. | possessive |
| postpos. | postpositive |
| p. p. | past participle |
| pred. | predicative |
| pref. | prefix |
| Prehist. | Prehistory |
| prep. | preposition |
| pres. | present |
| pres. p. | present participle |
| pr. n. | proper noun |
| pron. | pronoun |
| Pros. | Prosody |
| prov. | proverbial |
| Psych. | Psychology |
| p. t. | past tense |
| Railw. | Railways |
| RC Ch. | Roman Catholic Church |
| refl. | reflexive |
| rel. | relative |
| Relig. | Religion |
| Res. | Research |
| Rhet. | Rhetoric |
| rhet. | rhetorical |
| S. Afr. | South African, South Africa |
| sb. | somebody |
| Sch. | School |
| Sci. | Science |
| Scot. | Scottish, Scotland |
| Shipb. | Shipbuilding |
| sing. | singular |
| sl. | slang |
| Sociol. | Sociology |
| Soc. Serv. | Social Services |
| Soil Sci. | Soil Science |
| St. Exch. | Stock Exchange |
| sth. | something |
| suf. | suffix |
| superl. | superlative |
| Surv. | Surveying |
| symb. | symbol |
| tech. | technical |
| Teleph. | Telephony |
| Telev. | Television |
| Theol. | Theology |
| Univ. | University |
| usu. | usually |
| v. aux. | auxiliary verb |
| Vet. Med. | Veterinary Medicine |
| v. i. | intransitive verb |
| voc. | vocative |
| v. refl. | reflexive verb |
| v. t. | transitive verb |
| v. t. & i. | transitive and intransitive verb |
| W. Ind. | West Indian, West Indies |
| Woodw. | Woodwork |
| Zool. | Zoology |

## German abbreviations used in the Dictionary / Im Wörterverzeichnis verwendete deutsche Abkürzungen

| | |
|---|---|
| a. | anderes; andere |
| ä. | ähnliches; ähnliche |
| Abk. | Abkürzung |
| adj. | adjektivisch |
| Adj. | Adjektiv |
| adv. | adverbial |
| Adv. | Adverb |
| Akk. | Akkusativ |
| amerik. | amerikanisch |
| Amtsspr. | Amtssprache |
| Anat. | Anatomie |
| Anthrop. | Anthropologie |
| Archäol. | Archäologie |
| Archit. | Architektur |
| Art. | Artikel |
| Astrol. | Astrologie |
| Astron. | Astronomie |
| A. T. | Altes Testament |
| attr. | attributiv |
| Ausspr. | Aussprache |
| Bauw. | Bauwesen |
| Bergmannsspr. | Bergmannssprache |
| berlin. | berlinisch |
| bes. | besonders |
| Bez. | Bezeichnung |
| bibl. | biblisch |
| bild. Kunst | bildende Kunst |
| Biol. | Biologie |
| Bodenk. | Bodenkunde |
| Börsenw. | Börsenwesen |
| Bot. | Botanik |
| BRD | Bundesrepublik Deutschland |
| brit. | britisch |
| Bruchz. | Bruchzahl |
| Buchf. | Buchführung |
| Buchw. | Buchwesen |
| Bürow. | Bürowesen |
| chem. | chemisch |
| christl. | christlich |
| Dat. | Dativ |
| DDR | Deutsche Demokratische Republik |
| Dekl. | Deklination |
| Demonstrativpron. | Demonstrativpronomen |
| d. h. | das heißt |
| dichter. | dichterisch |
| Druckerspr. | Druckersprache |
| Druckw. | Druckwesen |
| dt. | deutsch |
| DV | Datenverarbeitung |
| Eisenb. | Eisenbahn |
| elektr. | elektrisch |
| Elektrot. | Elektrotechnik |
| Energievers. | Energieversorgung |
| Energiewirtsch. | Energiewirtschaft |
| engl. | englisch |
| etw. | etwas |
| ev. | evangelisch |
| fachspr. | fachsprachlich |
| fam. | familiär |
| Fem. | Femininum |
| Ferns. | Fernsehen |
| Fernspr. | Fernsprechwesen |
| fig. | figurativ |
| Finanzw. | Finanzwesen |
| Fischereiw. | Fischereiwesen |
| Fliegerspr. | Fliegersprache |
| Flugw. | Flugwesen |
| Forstw. | Forstwesen |
| Fot. | Fotografie |
| Frachtw. | Frachtwesen |
| Funkw. | Funkwesen |
| Gastr. | Gastronomie |
| Gattungsz. | Gattungszahl |
| Gaunerspr. | Gaunersprache |
| geh. | gehoben |
| Gen. | Genitiv |
| Geneal. | Genealogie |
| Geogr. | Geographie |
| Geol. | Geologie |
| Geom. | Geometrie |
| Handarb. | Handarbeit |
| Handw. | Handwerk |
| Hausw. | Hauswirtschaft |
| Her. | Heraldik |
| hess. | hessisch |
| Hilfsv. | Hilfsverb |
| hist. | historisch |
| Hochschulw. | Hochschulwesen |
| Holzverarb. | Holzverarbeitung |
| Imkerspr. | Imkersprache |
| Indefinitpron. | Indefinitpronomen |
| indekl. | indeklinabel |
| Indik. | Indikativ |
| Inf. | Infinitiv |
| Informationst. | Informationstechnik |
| Interj. | Interjektion |
| iron. | ironisch |
| itr. | intransitiv |
| Jagdw. | Jagdwesen |
| Jägerspr. | Jägersprache |
| jmd. | jemand |
| jmdm. | jemandem |
| jmdn. | jemanden |
| jmds. | jemandes |
| Jugendspr. | Jugendsprache |
| jur. | juristisch |
| Kardinalz. | Kardinalzahl |
| kath. | katholisch |
| Kaufmannsspr. | Kaufmannssprache |
| Kfz-W. | Kraftfahrzeugwesen |
| Kinderspr. | Kindersprache |
| Kochk. | Kochkunst |
| Konj. | Konjunktion |
| Kosew. | Kosewort |
| Kunstwiss. | Kunstwissenschaft |
| Kurzf. | Kurzform |
| Kurzw. | Kurzwort |
| landsch. | landschaftlich |
| Landw. | Landwirtschaft |
| Literaturw. | Literaturwissenschaft |
| Luftf. | Luftfahrt |
| ma. | mittelalterlich |
| MA. | Mittelalter |
| marx. | marxistisch |
| Mask. | Maskulinum |
| Math. | Mathematik |
| Mech. | Mechanik |
| Med. | Medizin |
| Meeresk. | Meereskunde |
| Met. | Meteorologie |

| | |
|---|---|
| Metall. | Metallurgie |
| Metallbearb. | Metallbearbeitung |
| Milit. | Militär |
| Mineral. | Mineralogie |
| Modalv. | Modalverb |
| Münzk. | Münzkunde |
| Mus. | Musik |
| Mythol. | Mythologie |
| Naturw. | Naturwissenschaft |
| Neutr. | Neutrum |
| niederdt. | niederdeutsch |
| Nom. | Nominativ |
| nordamerik. | nordamerikanisch |
| nordd. | norddeutsch |
| nordostd. | nordostdeutsch |
| nordwestd. | nordwestdeutsch |
| ns. | nationalsozialistisch |
| N. T. | Neues Testament |
| o. | ohne; oben |
| o. ä. | oder ähnliches; oder ähnliche |
| od. | oder |
| Ordinalz. | Ordinalzahl |
| orth. | orthodox |
| ostd. | ostdeutsch |
| österr. | österreichisch |
| Päd. | Pädagogik |
| Paläont. | Paläontologie |
| Papierdt. | Papierdeutsch |
| Parapsych. | Parapsychologie |
| Parl. | Parlament |
| Part. | Partizip |
| Perf. | Perfekt |
| Pers. | Person |
| pfälz. | pfälzisch |
| Pharm. | Pharmazie |
| Philat. | Philatelie |
| Philos. | Philosophie |
| Physiol. | Physiologie |
| Pl. | Plural |
| Plusq. | Plusquamperfekt |
| Polizeiw. | Polizeiwesen |
| Postw. | Postwesen |
| präd. | prädikativ |
| Prähist. | Prähistorie |
| Präp. | Präposition |
| Präs. | Präsens |
| Prät. | Präteritum |
| Pron. | Pronomen |
| Psych. | Psychologie |
| Raumf. | Raumfahrt |
| Rechtsspr. | Rechtssprache |
| Rechtsw. | Rechtswesen |
| refl. | reflexiv |
| regelm. | regelmäßig |
| Rel. | Religion |
| Relativpron. | Relativpronomen |
| rhein. | rheinisch |
| Rhet. | Rhetorik |
| röm. | römisch |
| röm.-kath. | römisch-katholisch |
| Rundf. | Rundfunk |
| s. | siehe |
| S. | Seite |
| scherzh. | scherzhaft |
| schles. | schlesisch |
| schott. | schottisch |
| Schülerspr. | Schülersprache |
| Schulw. | Schulwesen |
| schwäb. | schwäbisch |

| | |
|---|---|
| schweiz. | schweizerisch |
| Seemannsspr. | Seemannssprache |
| Seew. | Seewesen |
| Sexualk. | Sexualkunde |
| Sg. | Singular |
| s. o. | siehe oben |
| Soldatenspr. | Soldatensprache |
| Sozialpsych. | Sozialpsychologie |
| Sozialvers. | Sozialversicherung |
| Soziol. | Soziologie |
| spött. | spöttisch |
| Spr. | Sprichwort |
| Sprachw. | Sprachwissenschaft |
| Steuerw. | Steuerwesen |
| Studentenspr. | Studentensprache |
| s. u. | siehe unten |
| Subj. | Subjekt |
| subst. | substantivisch; substantiviert |
| Subst. | Substantiv |
| südd. | süddeutsch |
| südwestd. | südwestdeutsch |
| Suff. | Suffix |
| Textilw. | Textilwesen |
| Theol. | Theologie |
| thüring. | thüringisch |
| Tiermed. | Tiermedizin |
| tirol. | tirolisch |
| tr. | transitiv |
| Trenn. | Trennung |
| u. | und |
| u. a. | und andere[s] |
| u. ä. | und ähnliches |
| ugs. | umgangssprachlich |
| unbest. | unbestimmt |
| unpers. | unpersönlich |
| unr. | unregelmäßig |
| usw. | und so weiter |
| v. | von |
| V. | Verb |
| verächtl. | verächtlich |
| veralt. | veraltet; veraltend |
| Verhaltensf. | Verhaltensforschung |
| verhüll. | verhüllend |
| Verkehrsw. | Verkehrswesen |
| Vermessungsw. | Vermessungswesen |
| Versicherungsw. | Versicherungswesen |
| vgl. | vergleiche |
| Vkl. | Verkleinerungsform |
| Völkerk. | Völkerkunde |
| Völkerr. | Völkerrecht |
| Volksk. | Volkskunde |
| volkst. | volkstümlich |
| vulg. | vulgär |
| Werbespr. | Werbesprache |
| westd. | westdeutsch |
| westfäl. | westfälisch |
| Wiederholungsz. | Wiederholungszahlwort |
| wiener. | wienerisch |
| Winzerspr. | Winzersprache |
| Wirtsch. | Wirtschaft |
| Wissensch. | Wissenschaft |
| Wz. | Warenzeichen |
| Zahnmed. | Zahnmedizin |
| z. B. | zum Beispiel |
| Zeitungsw. | Zeitungswesen |
| Zollw. | Zollwesen |
| Zool. | Zoologie |
| Zus. | Zusammensetzung |
| Zusschr. | Zusammenschreibung |

# A

**[1]A, [1]a** [eɪ] *n., pl.* **As** *or* **A's a)** *(letter)* A, a, *das;* **from A to Z** von A bis Z; **A road** Straße 1. Ordnung; ≈ Bundesstraße, *die;* **b) A** *(Mus.)* A, a, *das;* **A sharp** ais, Ais, *das;* **A flat** as, As, *das;* **c)** *(example)* A, a; **if A says to B:...:** wenn A zu B sagt:...; **d)** *(Naut.)* **A 1** in erstklassigem Zustand; **e) A 1** *(coll.)* eins a *(ugs.);* **I'm feeling absolutely A 1** ich fühle mich eins a *(ugs.) od.* erstklassig; **f)** *(paper size)* **A 1, A 2, A 3,** *etc.* [DIN] A 1, A 2, A 3 *usw.;* **a pad of A 4 [paper]** ein [DIN-]A 4-Block; **g)** *(Sch., Univ.: mark)* Eins, *die;* **he got an A [in French]** er bekam [in Französisch] „sehr gut" *od.* eine Eins

**[2]A** *abbr.* **answer**

**[3]a** [ə, *stressed* eɪ] *indef. art.* **a)** ein/eine/ein; **he is a gardener/a Frenchman** er ist Gärtner/Franzose; **she did not say a word** sie sagte kein Wort; *see also* **many 1 b; quite; such 1 a; b)** *(per)* pro; **£40 a year** 40 Pfund pro Jahr; **it's 20p a pound** es kostet 20 Pence das Pfund; **two a penny** zwei Stück [für] einen Penny; **six a side** sechs auf jeder Seite

**AA** *abbr.* **a)** *(Brit.)* **Automobile Association** *britischer Automobilklub;* **b) anti-aircraft** Flugabwehr-; Fla-; **AA gun** Flak, *die;* **c) Alcoholics Anonymous**

**AB** *abbr.* **a) able rating** *or* **seaman; b)** *(Amer. Univ.)* **Bachelor of Arts**

**aback** [ə'bæk] *adv.* **be taken ~:** erstaunt sein; **I've never seen her so taken ~:** ich habe sie noch nie so betroffen gesehen

**abacus** ['æbəkəs] *n., pl.* **~es** *or* **abaci** ['æbəsaɪ] Abakus, *der*

**abandon** [ə'bændən] **1.** *v. t.* **a)** *(forsake)* verlassen ⟨*Ort*⟩; verlassen, im Stich lassen ⟨*Person*⟩; aussetzen ⟨*Kind, Tier*⟩; aufgeben ⟨*Prinzip*⟩; stehenlassen ⟨*Auto*⟩; aufgeben, fallenlassen ⟨*Gedanken, Plan*⟩; **~ hope** die Hoffnung aufgeben; **~ ship** das Schiff verlassen; **~ ship!** alle Mann von Bord!; **b)** *(surrender)* **~ sth. to the enemy** etw. dem Feind übergeben *od.* überlassen; **c)** *(yield)* **~ oneself to sth.** sich einer Sache *(Dat.)* hingeben; **d)** *(give up)* ablegen ⟨*Gewohnheit*⟩; abbrechen ⟨*Spiel*⟩; sich trennen von ⟨*Reichtümern, Besitz*⟩; hingeben *(geh.)* ⟨*Reichtum, Geld und Gut*⟩. **2.** *n., no pl.* Unbekümmertheit, *die;* Ungezwungenheit, *die;* **with ~:** unbekümmert; ungezwungen

**abandoned** [ə'bændənd] *adj.* **a)** *(deserted)* verlassen, ausgesetzt ⟨*Kind, Tier*⟩; **~ property** herrenloses Gut; **b)** *(profligate)* verworfen, verkommen ⟨*Person*⟩; lasterhaft ⟨*Benehmen*⟩

**abandonment** [ə'bændənmənt] *n., no pl.* **a)** *(giving up) (of right, claim)* Preisgabe, *die;* Abtretung, *die; (of plan, property)* Aufgabe, *die;* **b)** *(carefreeness)* Zwanglosigkeit, *die;* Unbekümmertheit, *die;* **c)** *(self-surrender)* Sichgehenlassen, *das;* Hingabe, *die* **(to** an + *Akk.*)

**abase** [ə'beɪs] *v. t.* demütigen, erniedrigen ⟨*Person*⟩; **~ oneself** sich erniedrigen

**abashed** [ə'bæʃt] *adj.* beschämt; verlegen; **feel ~:** beschämt sein; **be ~ [by sth.]** sich [durch etw.] aus der Fassung bringen lassen

**abate** [ə'beɪt] *v. i.* [an Stärke *od.* Intensität] abnehmen; nachlassen; ⟨*Zorn, Eifer, Sturm:*⟩ abflauen, nachlassen

**abatement** [ə'beɪtmənt] *n., no pl.* Abnahme, *die;* Nachlassen, *das; (of a nuisance)* Beseitigung, *die; see also* **noise abatement; smoke abatement**

**abattoir** ['æbətwɑ:(r)] *n.* Schlachthof, *der; ([part of] building)* Schlachthaus, *das*

**abbess** ['æbɪs] *n.* Äbtissin, *die*

**abbey** ['æbɪ] *n.* **a)** Abtei, *die;* **b)** *(church)* Abteikirche, *die;* **the A~** *(Brit.)* die Abteikirche von Westminster

**abbot** ['æbət] *n.* Abt, *der*

**abbreviate** [ə'bri:vɪeɪt] *v. t.* abkürzen ⟨*Wort usw.*⟩; **~ 'Saint' to 'St'** Saint mit St abkürzen

**abbreviation** [əbri:vɪ'eɪʃn] *n. (of word etc.)* Abkürzung, *die*

**ABC** [eɪbi:'si:] *n.* **a)** *(alphabet)* ABC, *das;* **as easy as ~:** kinderleicht; **b)** *(fig.: rudiments)* ABC, *das;* Einmaleins, *das*

**abdicate** ['æbdɪkeɪt] *v. t.* abdanken; **~ [the throne]** auf den Thron verzichten; dem Thron entsagen *(geh.);* **~ one's rights** auf seine Rechte verzichten

**abdication** [æbdɪ'keɪʃn] *n. (by monarch)* Abdankung, *die;* Thronverzicht, *der;* **the ~ of his rights** der Verzicht auf seine Rechte

**abdomen** ['æbdəmɪn, æb'dəʊmɪn] *n. (Anat.)* Bauch, *der;* Unterleib, *der;* Abdomen, *das (fachspr.)*

**abdominal** [æb'dɒmɪnl] *adj. (Anat.)* Bauch-; Abdominal- *(fachspr.)*

**abduct** [əb'dʌkt] *v. t.* entführen

**abduction** [əb'dʌkʃn] *n.* Entführung, *die*

**abeam** [ə'bi:m] *adv. (Naut.)* querab; dwars; **~ of the ship** dwarsschiffs

**abed** [ə'bed] *adv. (arch.)* im Bett; zu Bett *(veralt.)*

**Aberdeen** ['æbədi:n] *n.* **~ [Angus]** Angusrind, *das;* **~ [terrier]** Scotchterrier *od.* Schottische Terrier, *der*

**Aberdonian** [æbə'dəʊnɪən] **1.** *adj.* aus Aberdeen; Aberdeener. **2.** *n.* Aberdeener, *der*/Aberdeenerin, *die*

**aberrant** [ə'berənt] *adj.* abweichend, *(bes. fachspr.)* anomal ⟨*Verhalten, Exemplar*⟩

**aberration** [æbə'reɪʃn] *n.* **a)** *(straying, lit. or fig.)* Abweichung, *die; (deviation)* Abweichung, *die;* Anomalie, *die (bes. fachspr.); (lapse, moral slip)* Verirrung, *die;* **mental ~[s** *pl.*] geistige Verirrung; **b)** *(Optics, Astron.)* Aberration, *die*

**abet** [ə'bet] *v. t.,* **-tt-** *(support)* helfen (+ *Dat.*); unterstützen; **aid and ~:** Beihilfe leisten (+ *Dat.*); **aiding and ~ting [a criminal]** *(Law)* Beihilfe [bei einem Verbrechen]

**abeyance** [ə'beɪəns] *n.* **a)** *(suspension)* **be in/fall into ~:** zeitweilig außer Kraft sein/treten; **b)** *(Law)* **be in ~** ⟨*[Adels]titel:*⟩ [vorübergehend] abgeschafft sein

**abhor** [əb'hɔ:(r)] *v. t.,* **-rr-** hassen; *(loathe)* verabscheuen

**abhorrence** [əb'hɒrəns] *n.* **a)** *no pl. (loathing)* Abneigung, *die* **(of** gegen); Abscheu, *der* **(of** vor + *Dat.*); **hold sth. in ~:** einen Abscheu vor etw. *(Dat.)* haben; **b)** *(detested thing)* Greuel, *der*

**abhorrent** [əb'hɒrənt] *adj. (disgusting)* abscheulich ⟨*Benehmen, Gedanke, Person*⟩; **be ~ to sb.** jmdm. zuwider sein

**abide** [ə'baɪd] **1.** *v. i.,* **abode** [ə'bəʊd] *or* **~d: a)** *usu.* **~d: ~ by** befolgen ⟨*Gesetz, Regel, Vorschrift*⟩; [ein]halten ⟨*Versprechen*⟩; **b)** *(continue)* fortdauern; fortbestehen; *(remain)* bleiben; verweilen *(geh.).* **2.** *v. t.* **a)** *(tolerate)* ertragen; **I can't ~ dogs** ich kann Hunde nicht ausstehen; **b)** *(submit to)* hinnehmen ⟨*Urteil, Entscheidung, Kritik*⟩

**abiding** [ə'baɪdɪŋ] *attrib. adj.* bleibend, beständig ⟨*Liebe*⟩; dauerhaft ⟨*Verbindung, Freundschaft*⟩

**ability** [ə'bɪlɪtɪ] *n.* **a)** *(capacity)* Können, *das;* Fähigkeit, *die;* **have the ~ to do sth.** etw. können *od. (geh.)* vermögen; **make use of one's ~** *or* **abilities** seine Fähigkeiten einsetzen; **have the ~ to type/do shorthand** maschineschreiben können/Kurzschrift beherrschen *od.* können; **to the best of my ~:** soweit es in meinen Kräften steht; **b)** *no pl. (cleverness)* Intelligenz, *die;* **she is a girl of great ~:** sie ist ein sehr intelligentes Mädchen; **it depends on his ~ at school** es hängt von seinen Leistungen in der Schule ab; **c)** *(talent)* Begabung, *die;* Talent, *das;* Anlagen *Pl.;* **he shows** *or* **has great musical ~:** er ist musikalisch sehr begabt; **she has a natural ~ for teaching** sie hat eine natürliche Begabung zur Lehrerin

**abject** ['æbdʒekt] *adj.* **a)** *(miserable)* elend; erbärmlich; **in the most ~ poverty** in bitterster Armut; **b)** *(self-abasing, submissive)* unterwürfig

**abjectly** ['æbdʒektlɪ] *adv.* **a)** *(miserably)* erbärmlich; **b)** *(submissively)* unterwürfig

**abjectness** ['æbdʒektnɪs] *n., no pl.* **a)** *(misery)* Erbärmlichkeit, *die;* **b)** *(submissiveness)* Unterwürfigkeit, *die*

**abjuration** [æbdʒʊə'reɪʃn] *n. (of belief, religion)* Abschwören, *das*

**abjure** [əb'dʒʊə(r)] *v. t.* abschwören (+ *Dat.*) ⟨*Glauben, Religion*⟩; sich lossagen von ⟨*Theorie, Weltanschauung*⟩

**ablative** ['æblətɪv] *(Ling.)* **1.** *adj.* Ablativ-; **~ case** Ablativ, *der.* **2.** *n.* Ablativ, *der; see also* **absolute c**

**ablaut** ['æblaʊt] *n. (Ling.)* Ablaut, *der*

**ablaze** [ə'bleɪz] *pred. adj.* in Flammen; **be ~:** in Flammen stehen; *(fig.)* glühen **(with** vor + *Dat.*); **be ~ with light** hell erleuchtet sein

**able** ['eɪbl] *adj.* **a) be ~ to do sth.** etw. können; **I'd love to come but I don't know if I'll be ~ [to]** ich würde sehr gern kommen, aber ich weiß nicht, ob es mir möglich sein wird; **I think you'd be better/more ~ to do it than I would** ich glaube, Sie sind eher dazu in der Lage als ich; **b)** *(competent)* fähig; tüchtig; *(talented)* begabt; fähig

**able-bodied** ['eɪblbɒdɪd] *adj.* kräftig; stark; tauglich ⟨*Soldat, Matrose*⟩

**able 'rating, able 'seaman** *ns.* Vollmatrose, *der*

**ablution** [əˈbluːʃn] *n., usu. in pl.* **a)** *(ceremony)* Waschung, *die;* Ablution, *die (Rel.); (joc.: washing)* Wäsche, *die;* **perform one's ~s** sich waschen; **b)** *in pl.* sanitäre Anlagen

**ably** [ˈeɪblɪ] *adv.* geschickt; gekonnt

**abnormal** [æbˈnɔːml] *adj.* **a)** *(deviant)* abnorm ⟨*Gestalt, Größe*⟩; a[b]normal ⟨*Interesse, Verhalten*⟩; **mentally/physically ~:** geistig/physisch anomal *od.* krank; **b)** *(irregular)* ungewöhnlich; a[b]normal

**abnormality** [æbnɔːˈmælɪtɪ] *n.* **a)** *(deviation)* Abnormität, *die;* Anomalie, *die;* **b)** *(irregularity)* Ungewöhnlichkeit, *die;* Regelwidrigkeit, *die;* Abnormität, *die*

**abnormally** [æbˈnɔːməlɪ] *adv. (untypically)* ungewöhnlich; abnorm; *(unusually)* ungewöhnlich

**Abo** [ˈæbəʊ] *n., pl.* **~s** *(Austral. sl. derog.)* Eingeborene, *der/die*

**aboard** [əˈbɔːd] **1.** *adv. (on or in ship etc.)* an Bord; **a bus with 30 passengers ~:** ein Bus mit 30 Fahrgästen; **all ~!** alle Mann an Bord!; *(bus, train)* alle[s] einsteigen! **2.** *prep.* an Bord; **~ an ocean liner** an Bord eines Überseedampfers; **~ the bus/train** im Bus/Zug; **~ ship** an Bord

**¹abode** [əˈbəʊd] *n. (formal/joc.: dwelling-place)* Wohnstätte, *die;* Bleibe, *die;* **of no fixed ~:** ohne festen Wohnsitz

**²abode** *see* **abide**

**abolish** [əˈbɒlɪʃ] *v.t.* abschaffen; abschaffen, aufheben ⟨*Gesetz*⟩

**abolishment** [əˈbɒlɪʃmənt], **abolition** [æbəˈlɪʃn] *ns.* Abschaffung, *die; (of law)* Abschaffung, *die;* Aufhebung, *die; (of slavery)* Abschaffung, *die;* Abolition, *die*

**abolitionist** [æbəˈlɪʃənɪst] *n.* Abolitionist, *der; attrib.* abolitionistisch

**ˈA-bomb** *n.* Atombombe, *die*

**abominable** [əˈbɒmɪnəbl] *adj.* abscheulich; scheußlich; widerwärtig; **the A~ Snowman** der Schneemensch; der Yeti

**abominably** [əˈbɒmɪnəblɪ] *adv.* abscheulich; scheußlich; widerwärtig

**abominate** [əˈbɒmɪneɪt] *v.t.* verabscheuen

**abomination** [əbɒmɪˈneɪʃn] *n.* **a)** *no pl. (abhorrence)* Abscheu, *der* (**of** vor + *Dat.*); **b)** *(object of disgust)* Abscheulichkeit, *die*

**aboriginal** [æbəˈrɪdʒɪnl] **1.** *adj.* **a)** einheimisch ⟨*Pflanze, Tier, Bevölkerung*⟩; **the ~ inhabitants of this region** die Ureinwohner *od.* die Urbevölkerung dieser Region; **b)** *(in Australia)* **A~ tribes** Aboriginesstämme; **A~ customs** Brauchtum der Aborigines. **2.** *n.* Ureinwohner, *der; (in Australia)* **A~:** [australischer] Ureinwohner

**aborigine** [æbəˈrɪdʒɪnɪ] *n.* Ureinwohner, *der;* Urbewohner, *der; (in Australia)* **A~:** [australischer] Ureinwohner

**abort** [əˈbɔːt] **1.** *v.i.* **a)** *(Med.)* eine Fehlgeburt haben; abortieren *(Med.);* **b)** *(fail)* mißlingen; scheitern. **2.** *v.t.* **a)** *(Med.)* **~ a baby** eine Schwangerschaftsunterbrechung durchführen; [ein Baby] abtreiben; **~ a woman** bei einer Frau eine Schwangerschaftsunterbrechung durchführen; **b)** *(fig.: end)* vorzeitig beenden; abbrechen ⟨*Projekt, Unternehmen*⟩; **c)** *(Aeronaut., Astronaut.)* abbrechen; aufgeben ⟨*Rakete*⟩

**abortion** [əˈbɔːʃn] *n.* **a)** *(deliberate)* Schwangerschaftsunterbrechung, *die;* Abtreibung, *die;* **have/get an ~:** die Schwangerschaft unterbrechen lassen; **back-street ~:** illegale Abtreibung *(durch Engelmacherin);* **b)** *(involuntary)* Früh- *od.* Fehlgeburt, *die;* Abort, *der (Med.);* **c)** *(monstrosity)* Mißgeburt, *die*

**abortionist** [əˈbɔːʃənɪst] *n.* abtreibender Arzt/abtreibende Ärztin; **back-street ~:** Engelmacherin, *die*/Engelmacher, *der (ugs.)*

**abortive** [əˈbɔːtɪv] *adj.* mißlungen ⟨*Plan*⟩; fehlgeschlagen ⟨*Versuch*⟩; **be ~:** ein Fehlschlag sein

**abound** [əˈbaʊnd] *v.i.* **a)** *(be plentiful)* reichlich *od.* in Hülle und Fülle vorhanden sein *od.* dasein; **b)** **~ in sth.** an etw. *(Dat.)* reich sein; **the English language ~s in idioms** die englische Sprache ist reich an Redensarten; **~ with** voll sein von; wimmeln von ⟨*Lebewesen*⟩

**about** [əˈbaʊt] **1.** *adv.* **a)** *(all around)* rings[her]um; *(here and there)* überall; **all ~** ringsumher; **strewn/littered ~ all over the room** überall im Zimmer verstreut; **there must be some kitchen utensils ~:** irgendwo müssen hier ein paar Küchengeräte herumliegen; **b)** *(near)* **be ~:** dasein; hiersein; **is John ~?** ist John da?; **there was nobody ~:** es war niemand da; **c) be ~ to do sth.** gerade etw. tun wollen; im Begriff sein, etw. zu tun; *(Amer.: intend)* beabsichtigen, etw. zu tun; **I was just ~ to go shopping when ...:** ich wollte gerade einkaufen gehen, als ...; **d)** *(active)* **be out and ~:** aktiv sein; etwas unternehmen; **be up and ~:** aufsein *(ugs.);* **e)** *(approximately)* ungefähr; **[at] ~ 5 p.m.** ungefähr um *od.* gegen 17 Uhr; **Here I am! – And ~ time too!** *(coll.)* Hier bin ich. – Langsam wird es auch Zeit!; **it's ~ time somebody told him a thing or two** *(coll.)* langsam wird es Zeit, daß ihm mal jemand die Meinung sagt; **I've had [just] ~ enough of this** *(coll.)* ich habe [endgültig] genug *od.* *(salopp)* die Nase voll davon; **f)** *(round)* herum; rum *(ugs.);* **the battery is the wrong way ~:** die Batterie ist falsch [herum] eingebaut; **~ turn!,** *(Amer.)* **~ face!** *(Mil.)* kehrt!; *see also* **about-turn; g)** *(in rotation)* **[week and] week ~:** in wöchentlichem Wechsel; **[turn and] turn ~:** abwechselnd; **we take turn ~ at [the] cooking** wir wechseln uns mit dem Kochen ab. *See also* **bring about; come about; go about 1; set about. 2.** *prep.* **a)** *(all around)* um [... herum]; **there was litter lying ~ the park/streets** überall im Park/auf den Straßen lag der Abfall herum; **walk ~ the garden** im Garten herumgehen; **man ~ town** *see* **town a; b)** *(with)* **have sth. ~ one** etw. [bei sich] haben; **have you got a match ~ you?** haben Sie vielleicht ein Streichholz?; *see also* **¹wit b; c)** *(concerning)* **a talk/an argument/a question ~ sth.** ein Gespräch über etw. *(Akk.)*/Streit wegen etw./eine Frage zu etw.; **talk/laugh ~ sth.** über etw. *(Akk.)* sprechen/lachen; **cry ~ sth.** wegen etw. weinen; **know ~ sth.** von etw. wissen; **what was it ~?** worum ging es?; **what is/was all that ~?** worum geht/ging es denn?; *see also* **¹do 1b; what 5a; d)** *(occupied with)* **be ~ sb.'s business** für jmdn. arbeiten *od.* tätig sein; **what are you/is he ~?** was hast du/hat er vor?; was führst du/führt er im Schilde?; **mind what you're ~:** paß auf!; sieh dich vor!; sei vorsichtig!; **be quick/brief ~ it** beeil dich!; *(in speaking)* fasse dich kurz!; **while you're ~ it** da Sie gerade dabei sind. *See also* **go about 2**

**about-ˈface, about-ˈturn 1.** *ns. (lit. or fig.)* Kehrtwendung, *die.* **2.** *vs.i.* kehrtmachen; **~!** kehrt!

**above** [əˈbʌv] **1.** *adv.* **a)** *(position)* oben; oberhalb; *(higher up)* darüber; *(on top)* oben; *(upstream)* weiter oben; **up ~:** oben; droben *(bes. südd.);* **from ~:** von oben [herab]; **~ right** rechts oben; oben rechts; **b)** *(direction)* nach oben; hinauf; *(upstream)* stromauf[wärts]; **c)** *(earlier in text)* weiter oben; **see ~, p. 123** siehe oben, S. 123; **d)** *(upstairs) (position)* oben; *(direction)* nach oben; **the flat/floor ~:** die Wohnung/das Stockwerk *od.* die Etage darüber *od.* über uns/ihnen *usw.;* **on the floor ~:** eine Etage höher; **e)** *(in heaven)* [droben] im Himmel; **from ~:** vom Himmel [herab *od.* hoch]. **2.** *prep.* **a)** *(position)* über (+ *Dat.*); *(upstream from)* oberhalb (+ *Gen.*); **my brother is head and shoulders ~ me** mein Bruder ist zwei Köpfe größer als ich; *(fig.)* mein Bruder ist mir haushoch überlegen; **~ the general noise was heard ...:** durch den allgemeinen Lärm hindurch konnte man ... hören; **~ oneself** *(in high spirits)* übermütig; aufgekratzt *(ugs.); (conceited)* größenwahnsinnig *(ugs.);* **~ board** einwandfrei; korrekt; *see also* **average 1a; ¹ground 1a, b; head 1b; par a, d; b)** *(direction)* über (+ *Akk.*); **the sun rose ~ the horizon** am Horizont ging die Sonne auf; **c)** *(more than)* über (+ *Akk.*); **will anyone go ~ £2,000?** bietet jemand mehr als 2 000 Pfund?; **he valued honour ~ life** er stellte die Ehre über das Leben; **be ~ criticism/suspicion/reproach** über jede Kritik/jeden Verdacht/allen Vorwurf erhaben sein; **that's ~ me** das ist mir zu hoch *(ugs.);* **you ought to be ~ all that at your age** du solltest in deinem Alter über so etwas stehen *(ugs.);* **~ all [else]** vor allem; insbesondere; *see also* **over 1g; station 1d; d)** *(ranking higher than)* über (+ *Dat.*); **she's in the class ~ me** sie ist eine Klasse über mir *od.* höher als ich. **3.** *adj.* *(earlier)* obig ⟨*Erklärung, Aufzählung, Ziffern*⟩; *(~-mentioned)* obengenannt. **4.** *n.* **the ~:** das Obige; *(person[s])* der/die Obengenannte/die Obengenannten

**above-mentioned** [əˈbʌvmenʃnd], **above-named** [əˈbʌvneɪmd] *adjs.* obengenannt; obenerwähnt

**abracadabra** [æbrəkəˈdæbrə] *n.* Abrakadabra, *das;* Hokuspokus, *der*

**abrade** [əˈbreɪd] *v.t. (scrape off)* abschaben; abschürfen ⟨*Haut*⟩

**abrasion** [əˈbreɪʒn] *n.* **a)** *(Med.)* Abschürfung, *die;* **b)** *(graze)* Hautabschürfung, *die*

**abrasive** [əˈbreɪsɪv] **1.** *adj.* **a)** scheuernd; Scheuer-; *(scratchy)* kratzig; **b)** *(fig.: harsh)* aggressiv; herausfordernd ⟨*Ton*⟩; **an ~ remark** eine barsche Bemerkung. **2.** *n.* Scheuermittel, *das;* Schleifmittel, *das (Technik)*

**abreast** [əˈbrest] *adv.* **a)** nebeneinander; Seite an Seite; **walk/ride three ~:** zu dritt nebeneinander gehen/fahren; **b)** *(fig.)* **keep ~ of** *or* **with sth.** sich über etw. *(Akk.)* auf dem laufenden halten

**abridge** [əˈbrɪdʒ] *v.t.* **a)** *(condense)* kürzen; **b)** *(curtail)* einschränken; beschneiden ⟨*Rechte, Freiheiten, Privilegien*⟩

**abridg[e]ment** [əˈbrɪdʒmənt] *n.* **a)** *(shortening)* Kürzung, *die;* **b)** *(summary) (of text)* Kurzfassung, *die; (of book)* Epitome, *die (Literaturw.);* Abriß, *der*

**abroad** [əˈbrɔːd] *adv.* **a)** *(overseas)* im Ausland; *(direction)* ins Ausland; **have you ever been ~?** waren Sie schon mal im Ausland?; **are you going ~?** fahren Sie ins Ausland?; **from ~:** aus dem Ausland; **b)** *(widely)* in alle Richtungen; **the news was spread ~ that ...:** überall verbreitete sich die Nachricht, daß ...; *(at large)* **there is a rumour ~ that ...:** es geht ein Gerücht um, daß ...

**abrogate** [ˈæbrəgeɪt] *v.t.* annullieren ⟨*Vertrag*⟩; aufheben, außer Kraft setzen ⟨*Gesetz, Vorschrift*⟩

**abrogation** [æbrəˈgeɪʃn] *n., no pl. see* **abrogate:** Annullierung, *die;* Aufhebung, *die;* Außerkraftsetzung, *die*

**abrupt** [əˈbrʌpt] *adj.* **a)** *(sudden)* abrupt, plötzlich ⟨*Ende, Abreise, Wechsel*⟩; **come to an ~ halt** ⟨*Fahrzeug:*⟩ plötzlich *od.* abrupt anhalten; **b)** *(disconnected)* zusammenhanglos ⟨*Schreibstil*⟩; **c)** *(brusque)* schroff, barsch ⟨*Art, Ton*⟩; **d)** *(steep)* jäh, steil ⟨*Abhang*⟩; stark ⟨*Gefälle*⟩; *(fig.)* plötzlich ⟨*Zunahme, Abnahme, Anstieg, Rückgang*⟩

**abruptly** [əˈbrʌptlɪ] *adv.* **a)** *(suddenly)* abrupt; plötzlich; **b)** *(disconnectedly)* zusammenhanglos; unzusammenhängend; **c)** *(brusquely)* schroff; barsch; **d)** *(steeply)* jäh; steil; *(fig.)* plötzlich ⟨*zunehmen, abnehmen*⟩

**abruptness** [əˈbrʌptnɪs] *n., no pl. see* **abrupt: a)** Plötzlichkeit, *die;* **b)** Zusammenhanglosigkeit, *die;* **c)** Schroffheit, *die;* Barschheit, *die;* **d)** Steilheit, *die;* Jähe, *die (veralt.); (fig.)* Plötzlichkeit, *die*

**ABS** *abbr.* **anti-lock brake** *or* **braking system** ABS

**abscess** ['æbsɪs] *n. (Med.)* Abszeß, *der*

**abscond** [əb'skɒnd] *v.i.* **a)** *(depart)* sich entfernen; [heimlich] verschwinden *(ugs.)*; **b)** *(flee)* flüchten; fliehen

**abseil** ['æbseɪl, 'æbzaɪl] *(Mount.)* **1.** *v.i.* abseilen. **2.** *n.* Abseilen, *das*

**absence** ['æbsəns] *n.* **a)** Abwesenheit, *die; (from work)* Fernbleiben, *das;* **his ~s from school** sein Fehlen in der Schule; **how long was your ~ from home?** wie lange waren Sie von zu Hause fort?; **~ makes the heart grow fonder** Abwesenheit verstärkt die Zuneigung; *see also* **¹leave b; b)** *(lack)* **the ~ of sth.** der Mangel an etw. *(Dat.)*; das Fehlen von etw.; **in the ~ of concrete evidence** mangels konkreter Beweise; **c) ~ [of mind]** Geistesabwesenheit, *die;* Zerstreutheit, *die*

**absent 1.** ['æbsənt] *adj.* **a)** abwesend; **be ~:** nicht dasein; **be ~ from school/work** in der Schule/am Arbeitsplatz fehlen; **for all those ~ from the last meeting** für alle, die beim letzten Treffen nicht anwesend waren; **I'm afraid he's ~ in America at the moment** er ist zur Zeit leider in Amerika; **he's ~ on leave** er ist auf Urlaub; **be ~ without leave** sich unerlaubt entfernt haben; **~ voter** Briefwähler, *der*/-wählerin, *die;* **b)** *(lacking)* **be ~:** fehlen; **c)** *(abstracted)* geistesabwesend; zerstreut. **2.** [əb'sent] *v. refl.* **~ oneself [from sth.]** [einer Sache *(Dat.)*] fernbleiben

**absentee** [æbsən'ti:] *n.* Fehlende, *der/die;* Abwesende, *der/die;* **there were a few ~s** ein paar fehlten; **~ landlord** nicht auf seinem Gut lebender Gutsherr

**absenteeism** [æbsən'ti:ɪzm] *n., no pl.* [häufiges] Fernbleiben; *(without good reason)* Krankfeiern, *das (ugs.)*

**absently** ['æbsəntlɪ] *adv.* [geistes]abwesend

**absent-minded** [æbsənt'maɪndɪd] *adj.* geistesabwesend; *(habitually)* zerstreut

**absent-mindedly** [æbsənt'maɪndɪdlɪ] *adv.* geistesabwesend

**absent-mindedness** [æbsənt'maɪndɪdnɪs], **absentness** ['æbsəntnɪs] *ns., no pl.* Geistesabwesenheit, *die; (habitual)* Zerstreutheit, *die*

**absinth** ['æbsɪnθ] *n.* **a)** *(liqueur)* **~[e]** Absinth, *der;* **b)** *(essence)* Wermutextrakt, *der;* **c)** *(Bot.: wormwood)* Wermut, *der*

**absolute** ['æbsəlu:t, 'æbsəlju:t] *adj.* **a)** *(complete, not relative)* absolut; unumstößlich ⟨*Beweis, Tatsache*⟩; unbestreitbar ⟨*Tatsache*⟩; ausgemacht ⟨*Lüge, Schurkerei, Skandal*⟩; *(unconditional)* fest ⟨*Versprechen*⟩; streng ⟨*Verpflichtung*⟩; **~ alcohol** reiner Alkohol; *see also* **zero 1 c; b)** *(unrestricted)* absolut ⟨*Monarchie, Herrscher*⟩; uneingeschränkt ⟨*Macht*⟩; unumschränkt ⟨*Herrscher*⟩; **~ majority** absolute Mehrheit; **c)** *(Ling.)* absolut; *(uninflected)* ungebeugt; unflektiert; **ablative ~:** Ablativus absolutus, *der;* **accusative/genitive/nominative ~:** absoluter Akkusativ/Genitiv/Nominativ; **~ construction** absolute Konstruktion; **d)** *(Philos.)* absolut; **the ~:** das Absolute

**absolutely** ['æbsəlu:tlɪ, 'æbsəlju:tlɪ] *adv.* **a)** absolut; strikt ⟨*ablehnen*⟩; völlig ⟨*verrückt*⟩; entschieden ⟨*bestreiten*⟩; ausgesprochen ⟨*kriminell, schlimm, ekelhaft*⟩; **you're ~ right!** du hast völlig recht; **b)** *(positively)* regelrecht; **I say ~ no** ich sage entschieden nein; **~ not!** auf keinen Fall!; **c)** *(unconditionally)* mit absoluter Sicherheit ⟨*behaupten, glauben, beweisen*⟩; strikt ⟨*sich weigern*⟩; **d)** *(without qualification, independently)* absolut; **e)** *(Ling.)* absolut; **f)** [æbsə'lu:tlɪ] *(coll.: yes indeed)* hundertprozentig *(ugs.)*

**absolute: ~ 'pitch** *n. (Mus.) (ability)* absolutes Gehör; *(standard)* absolute Tonhöhe; **~ temperature** *n. (Phys.)* absolute Temperatur

**absolution** [æbsə'lu:ʃn, æbsə'lju:ʃn] *n.* **a)** *(release)* Lossprechung, *die* **(from** von); *(forgiveness of wrongdoing)* Vergebung, *die;* **b)** *(Relig.) (forgiveness)* Vergebung, *die; (release)* Erlaß, *der* **(from** *Gen.*); **the priest pronounced ~:** der Priester erteilte [die] Absolution

**absolutism** ['æbsəlu:tɪzm, 'æbsəlju:tɪzm] *n., no pl. (Polit.)* Absolutismus, *der*

**absolve** [əb'zɒlv] *v.t.* **a)** *(release)* **~ from** entbinden von ⟨*Pflichten*⟩; vergeben ⟨*Sünde, Verbrechen*⟩; lossprechen von ⟨*Schuld*⟩; *(Relig.)* Absolution erteilen (+ *Dat.*); **b)** *(acquit)* freisprechen

**absorb** [əb'sɔ:b, əb'zɔ:b] *v.t.* **a)** aufsaugen ⟨*Flüssigkeit*⟩; aufnehmen ⟨*Flüssigkeit, Nährstoff, Wärme*⟩; resorbieren *(Med.)*; absorbieren *(fachspr.)*; *(fig.)* in sich aufnehmen ⟨*Wissen*⟩; **~ a price increase** Mehrkosten auffangen; **b)** *(reduce in strength)* absorbieren; abfangen ⟨*Schlag, Stoß*⟩; **c)** *(incorporate)* absorbieren ⟨*Chemikalie*⟩; eingliedern, integrieren ⟨*Abteilung, Gemeinde*⟩; inkorporieren *(Rechtsw.)* ⟨*Gemeinde*⟩; **be ~ed by** *or* **into the crowd** von der Menge verschluckt werden; **d)** *(consume)* aufzehren ⟨*Kraft, Zeit, Vermögen*⟩; aufnehmen ⟨*Importe, Arbeitskräfte*⟩; **e)** *(engross)* ausfüllen ⟨*Person, Interesse, Gedanken*⟩

**absorbed** [əb'sɔ:bd, əb'zɔ:bd] *adj.* versunken; **be/get ~ in sth.** in etw. *(Akk.)* vertieft sein/sich in etw. *(Akk.)* vertiefen; **be/get ~ in sb.** von jmdm. gefangengenommen sein/werden; **he's totally ~ in his passion/work** er geht völlig in seiner Leidenschaft/Arbeit auf; **be/get ~ by sth./sb.** von etw./jmdm. [völlig] in Anspruch genommen sein/werden

**absorbency** [əb'sɔ:bənsɪ, əb'zɔ:bənsɪ] *n.* Saugfähigkeit, *die*

**absorbent** [əb'sɔ:bənt, əb'zɔ:bənt] **1.** *adj.* saugfähig; absorbierend *(fachspr.)*; **~ cotton** *(Amer.)* Watte, *die.* **2.** *n. (substance)* Absorbens *(Chemie, Med.)*; *(material)* absorbierendes Material

**absorbing** [əb'sɔ:bɪŋ, əb'zɔ:bɪŋ] *adj.* faszinierend

**absorption** [əb'sɔ:pʃn, əb'zɔ:pʃn] *n.* **a)** *(incorporation, physical process)* Absorption, *die (fachspr.)*; Resorption, *die (Med.)*; **b)** *(of department, community)* Integration, *die; (of effort)* Aufnahme, *die; (of goods)* Abnahme, *die;* **c)** *(engrossment) (in reading, watching)* Versunkenheit, *die;* **their ~ in each other** ihr vollkommenes Aufgehen ineinander

**abstain** [əb'steɪn] *v.i.* **a)** enthaltsam sein; **~ from sth.** sich einer Sache *(Gen.)* enthalten; **b) ~ [from voting]** sich der Stimme enthalten

**abstainer** [əb'steɪnə(r)] *n.* **a)** Antialkoholiker, *der;* Abstinenzler, *der;* **b)** *(in vote)* **an ~:** *jmd., der sich der Stimme enthält*

**abstemious** [əb'sti:mɪəs] *adj.*, **abstemiously** [əb'sti:mɪəslɪ] *adv.* enthaltsam

**abstemiousness** [əb'sti:mɪəsnɪs] *n., no pl.* Enthaltsamkeit, *die*

**abstention** [əb'stenʃn] *n.* **a)** Enthaltung, *die;* **~ from sex** sexuelle Enthaltsamkeit; **b) ~ from the vote/from voting** Stimmenthaltung, *die;* **how many ~s were there?** wie viele Personen enthielten sich der Stimme?

**abstinence** ['æbstɪnəns] *n.* **a)** *(abstaining)* Abstinenz, *die;* **total ~:** völlige Abstinenz; **b)** *(moderation)* Entsagung, *die*

**abstinent** ['æbstɪnənt] *adj.* abstinent

**abstract 1.** ['æbstrækt] *adj.* abstrakt; **~ noun** *(Ling.)* Abstraktum, *das;* **the ~:** das Abstrakte; **in the ~:** abstrakt; **~ expressionism** *see* **action painting. 2.** *n.* **a)** *(summary)* Zusammenfassung, *die;* Abstract, *das (fachspr.)*; *(of book)* Inhaltsangabe, *die;* **b)** *(idea)* Abstraktum, *das;* **c)** *(Art)* abstraktes [Kunst]werk. **3.** [æb'strækt] *v.t.* **a)** *(remove)* wegnehmen; *(euphem.: steal)* entwenden, *(ugs.)* stibitzen **(from** aus); **b)** *(summarize)* zusammenfassen ⟨*Bericht, Referat*⟩

**abstracted** [æb'stræktɪd] *adj.*, **abstractedly** [æb'stræktɪdlɪ] *adv.* [geistes]abwesend

**abstraction** [æb'strækʃn] *n.* **a)** *(removal)* Entnahme, *die; (euphem.: stealing)* Entwendung, *die;* **b)** *no pl. (absence of mind)* Geistesabwesenheit, *die;* Zerstreutheit, *die;* **c)** *(idea)* Abstraktion, *die;* **he talks in ~s** er spricht in abstrakten Begriffen

**abstractly** ['æbstræktlɪ] *adv.* abstrakt

**abstractness** ['æbstræktnɪs] *n., no pl.* Abstraktheit, *die*

**abstractor** [æb'stræktə(r)] *n. Verfasser[in] von Abstracts*

**abstruse** [æb'stru:s] *adj.*, **abstrusely** [æb'stru:slɪ] *adv.* abstrus

**abstruseness** [æb'stru:snɪs] *n., no pl.* Abstrusität, *die*

**absurd** [əb'sɜ:d] *adj.* absurd; *(ridiculous)* lächerlich; **the theatre of the ~:** das absurde Theater

**absurdity** [əb'sɜ:dɪtɪ] *n.* Absurdität, *die*

**absurdly** [əb'sɜ:dlɪ] *adv.* lächerlich; **he is ~ afraid of ...:** er hat eine krankhafte Angst vor (+ *Dat.*) ...

**abundance** [ə'bʌndəns] *n.* **a) [an] ~ of sth.** eine Fülle von etw.; **an ~ of love/energy** ein Übermaß an Liebe/Energie *(Dat.)*; **in ~:** in Hülle und Fülle; **b)** *(profusion)* Überfluß, *der;* **c)** *(wealth)* Reichtum, *der*

**abundant** [ə'bʌndənt] *adj.* reich ⟨*Auswahl*⟩; übergroß ⟨*Interesse, Begeisterung*⟩; **an ~ supply of fish/fruit** Fisch/Obst im Überfluß; **~ proof/reason** mehr als genug Beweise/Gründe; **be ~:** überreichlich vorhanden sein; **~ in** reich an (+ *Dat.*)

**abundantly** [ə'bʌndəntlɪ] *adv.* überreichlich; **I made it ~ clear that ...:** ich habe es überdeutlich zum Ausdruck gebracht, daß ...

**abuse 1.** [ə'bju:z] *v.t.* **a)** *(misuse)* mißbrauchen ⟨*Macht, Recht, Autorität, Vertrauen*⟩; *(maltreat)* peinigen, quälen ⟨*Tier*⟩; schaden (+ *Dat.*) ⟨*Motor*⟩; **sexually ~:** sexuell mißbrauchen; **b)** *(insult)* beschimpfen. **2.** [ə'bju:s] *n.* **a)** *(misuse)* Mißbrauch, *der;* **b)** *(unjust or corrupt practice)* Mißstand, *der;* **c)** *(insults)* Beschimpfungen *Pl.*; **a term of ~:** ein Schimpfwort

**abusive** [ə'bju:sɪv] *adj.* beleidigend; **~ language** Beleidigungen; Beschimpfungen; **become** *or* **get ~:** ausfallend werden

**abut** [ə'bʌt] **1.** *v.i.*, **-tt- a)** *(border)* **~ on** grenzen an (+ *Akk.*); **b)** *(end)* **~ on/against** stoßen *od.* angrenzen an (+ *Akk.*); *(rest)* **~ on** ruhen auf (+ *Dat.*). **2.** *v.t.* **a)** *(border on)* angrenzen an (+ *Akk.*); **b)** *(end on)* anstoßen an (+ *Akk.*)

**abutment** [ə'bʌtmənt] *n.* Widerlager, *das*

**abysmal** [ə'bɪzml] *adj.* **a)** *(bottomless)* unergründlich ⟨*Tiefe*⟩; *(fig.)* grenzenlos ⟨*Unwissenheit*⟩; **b)** *(coll.: bad)* katastrophal *(ugs.)*

**abyss** [ə'bɪs] *n. (lit. or fig.)* Abgrund, *der;* **the ~ of space/the sea** die unendliche Tiefe des Weltraums/der See

**Abyssinia** [æbɪ'sɪnɪə] *pr. n. (Hist.)* Abessinien *(das)*

**AC** *abbr. (Electr.)* **alternating current** Ws

**a/c** *abbr.* **account**

**acacia** [ə'keɪʃə] *n. (Bot.)* Akazie, *die;* **[false] ~:** Robinie, *die*

**academe** ['ækədi:m] *n. (literary)* Akademie, *die; (university)* Alma mater, *die;* **the grove[s] of A~:** die akademischen Gefilde

**academic** [ækə'demɪk] **1.** *adj.* **a)** *(scholarly)* akademisch; wissenschaftlich ⟨*Fach, Studium*⟩; **an ~ person/thinker** ein Theoretiker; **he's better on the ~ side** das Theoretische liegt ihm mehr; **b)** *(of university etc.)* akademisch; **~ year** Universitätsjahr, *das;* **c)** *(abstract, formal)* akademisch. **2.** *n.* Wissenschaftler, *der*/Wissenschaftlerin, *die; (scholar)* Gelehrte, *der/die*

**academical** [ækəˈdemɪkl] **1.** *adj.* akademisch. **2.** *n. in pl.* akademische Tracht
**academically** [ækəˈdemɪkəlɪ] *adv.* **a)** *(intellectually)* wissenschaftlich; **be ~ very able** große intellektuelle Fähigkeiten haben; **b)** *(educationally)* **~ [speaking]** was die akademische Ausbildung betrifft
**academician** [əkædəˈmɪʃn] *n.* Akademiemitglied, *das*
**academy** [əˈkædəmɪ] *n.* **a)** *(society)* Akademie, *die;* **Royal A~ [of Arts]** *Akademie der Künste in Großbritannien;* **b)** *(school)* höhere Bildungsanstalt; *(college)* Akademie, *die*
**acanthus** [əˈkænθəs] *n. (Bot.)* Akanthus, *der;* Bärenklau, *die od. der*
**ACAS** [ˈeɪkæs] *abbr. (Brit.)* **Advisory Conciliation and Arbitration Service** *staatliche Schlichtungsstelle*
**accede** [ækˈsiːd] *v. i.* **a)** *(assent)* zustimmen **(to** *Dat.***)**; **b)** beitreten **(to** *Dat.***)** ⟨*Abkommen, Bündnis*⟩; antreten ⟨*Amt*⟩; **~ [to the throne]** den Thron besteigen
**accelerate** [əkˈseləreɪt] **1.** *v. t.* beschleunigen; erhöhen ⟨*Geschwindigkeit, Notwendigkeit*⟩. **2.** *v. i.* sich beschleunigen; ⟨*Auto[fahrer], Läufer:*⟩ beschleunigen; ⟨*Autofahrer:*⟩ Gas geben *(ugs.)*
**acceleration** [əkseləˈreɪʃn] *n.* Beschleunigung, *die;* **the ~ of economic growth** das verstärkte wirtschaftliche Wachstum
**accelerator** [əkˈseləreɪtə(r)] *n.* **a)** *(Motor Veh.)* **~ [pedal]** Gas[pedal], *das;* **b)** *(Phys.)* Beschleuniger, *der*
**accent 1.** [ˈæksənt] *n.* **a)** *(prominence by stress)* Akzent, *der; (mark)* Akzent, *der;* Akzentzeichen, *das;* **b)** *(pronunciation)* Akzent, *der; (note in sb.'s voice)* Unterton, *der;* **c)** *in pl. (speech)* Ton[fall], *der;* **d)** *(Mus.)* Akzent, *der;* **e)** *(rhythmical stress)* Betonung, *die;* **f)** *(emphasis)* Akzent, *der;* **the ~ is on ...:** der Akzent liegt auf (+ *Dat.*) ...; **g)** *(distinctive character)* Gepräge, *das;* **h)** *(contrasting detail)* [Farb]akzent, *der.* **2.** [əkˈsent] *v. t. (stress, lit. or fig.)* betonen; *(mark)* mit Akzent[en] versehen
**accentual** [əkˈsentjʊəl] *adj.* akzentuierend
**accentuate** [əkˈsentjʊeɪt] *v. t.* betonen; vertiefen ⟨*Eindruck, Erinnerung, Feindschaft*⟩; verstärken ⟨*Schmerz, Kummer*⟩
**accentuation** [əksentjʊˈeɪʃn] *n.* Betonung, *die*
**accept** [əkˈsept] *v. t.* **a)** *(be willing to receive)* annehmen; aufnehmen ⟨*Mitglied*⟩; *(take formally)* entgegennehmen ⟨*Dank, Spende, Auszeichnung*⟩; übernehmen ⟨*Verantwortung, Aufgabe*⟩; *(agree to)* annehmen ⟨*Vorschlag, Plan, Heiratsantrag, Einladung*⟩; **~ sb. for a job/school** jmdm. eine Einstellungszusage geben/jmdn. in eine Schule aufnehmen; **~ sb. for a course** jmdn. in einen Lehrgang aufnehmen; **~ sb. on to the staff** jmdn. in die Belegschaft aufnehmen; **~ sb. into the Church/the family** jmdn. in die Kirche/in die Familie aufnehmen; **get sth. ~ed** dafür sorgen, daß etw. angenommen wird; **~ sth. for publication** etw. zur Veröffentlichung annehmen; **b)** *(approve)* akzeptieren; **he is ~ed in the best circles** er ist in den besten Kreisen eingeführt; **~ sb. as a member of the group** jmdn. als Mitglied der Gruppe anerkennen; **c)** *(acknowledge)* akzeptieren; **it is ~ed that ...:** es ist unbestritten, daß ...; **an ~ed fact** eine anerkannte Tatsache; **an ~ed opinion** eine verbreitete Ansicht; **~ sb. for what he is** jmdn. so nehmen, wie er ist; **d)** *(believe)* **~ sth. [from sb.]** [jmdm.] etw. glauben; **e)** *(heed)* beherzigen ⟨*Rat, Warnung*⟩; **f)** *(tolerate)* hinnehmen; **you'll just have to ~ us as we are** du mußt uns nun einmal nehmen, wie wir sind; **~ losing a job** sich mit einer Kündigung abfinden; **he won't ~ that** er wird das nicht ohne weiteres hinnehmen; **g)** *(Commerc.)* annehmen ⟨*Scheck*⟩
**acceptability** [əkseptəˈbɪlɪtɪ] *n., no pl.* Annehmbarkeit, *die; (of salary, price, risk)* Angemessenheit, *die; (agreeableness)* Annehmlichkeit, *die*
**acceptable** [əkˈseptəbl] *adj.* **a)** *(suitable, reasonable)* akzeptabel; **damaged banknotes are not ~:** beschädigte Banknoten können nicht angenommen werden; **b)** *(agreeable)* annehmbar ⟨*Preis, Gehalt*⟩; angenehm ⟨*Person*⟩; **would the salary be ~ to you?** wäre das Gehalt annehmbar für Sie?
**acceptably** [əkˈseptəblɪ] *adv.* **a)** *(suitably, agreeably)* angenehm ⟨*nahe, wenig*⟩; **be ~ priced** nicht zu teuer sein; **b)** *(reasonably)* vernünftig; **she sings ~ well** sie singt ganz akzeptabel; **c)** *(adequately, tolerably)* hinreichend
**acceptance** [əkˈseptəns] *n.* **a)** *(willing receipt)* Annahme, *die; (of gift, offer)* Annahme, *die;* Entgegennahme, *die; (of duty, responsibility)* Übernahme, *die; (in answer)* Zusage, *die; (welcome)* Aufnahme, *die; (agreement)* Annahme, *die;* Zustimmung, *die* **(of zu)**; **[letter of] ~:** schriftliche Zusage, *die;* **she gave her ~ to his proposal of marriage** sie gab ihm ihr Jawort; **b)** *no pl. (approval)* Billigung, *die;* **c)** *no pl. (acknowledgement)* Anerkennung, *die; (of excuse, explanation)* Annahme, *die;* **that fact has gained general ~:** diese Tatsache wird allgemein anerkannt; **d)** *no pl. (heeding)* Beachtung, *die;* **e)** *no pl. (toleration) (of a fact)* Hinnahme, *die; (of behaviour)* Duldung, *die;* **f)** *(Commerc.: [engagement to honour] bill etc.)* Akzept, *das*
**access** [ˈækses] *n.* **a)** *no pl., no art. (entering)* Zutritt, *der* **(to zu)**; *(by vehicles)* Einfahren, *das* **(into in +** *Akk.***)**; **this doorway is the only means of ~:** diese Tür ist der einzige Zugang; **'no entry except for ~'** „Anlieger[verkehr] frei"; **b)** *(admission)* **gain** *or* **obtain** *or* **get ~:** Einlaß finden; **c)** *no pl. (opportunity to use or approach)* Zugang, *der* **(to zu)**; **d)** *(accessibility)* **easy/difficult of ~:** leicht/schwer zugänglich; **e)** *(way [in])* Zugang, *der; (road)* Zufahrt, *die; (door)* Eingang, *der*
**accessary** [əkˈsesərɪ] **1.** *n. see* **accessory 2 d. 2.** *adj.* beteiligt **(to an +** *Dat.***)**
**accessibility** [əksesɪˈbɪlɪtɪ] *n., no pl.* **a)** *(reachability)* **the easy ~ of the beach** der leichte Zugang zum Strand; **b)** *(approachability, availability, understandability)* Zugänglichkeit, *die*
**accessible** [əkˈsesɪbl] *adj.* **a)** *(reachable)* **[more] ~ [to sb.]** [besser] erreichbar [für jmdn.]; **b)** *(available, open, understandable)* zugänglich **(to für)**
**accession** [əkˈseʃn] *n.* **a)** Amtsantritt, *der; (to position, estate)* Übernahme, *die* **(to** *Gen.***)**; **~ to the throne** Thronbesteigung, *die;* **b)** *(being added)* Zugang, *der;* **c)** *(thing added)* **new ~s to the library** Neuerwerbungen der Bibliothek; **d)** *(joining)* Beitritt, *der* **(to zu)**
**accessory** [əkˈsesərɪ] **1.** *adj.* **~ [to sth.]** zusätzlich [zu etw.]. **2.** *n.* **a)** *(accompaniment)* Extra, *das;* **b)** *in pl. (attachments)* Zubehör, *das;* **one of the accessories** eines der Zubehörteile; **c)** *(dress article)* Accessoire, *das;* **d) ~ [to a crime]** Mittäter [bei einem Verbrechen]; **~ before the fact** Anstifter, *der;* **~ after the fact** Begünstiger, *der*
**ˈaccess road** *n.* Zufahrtsstraße, *die*
**accidence** [ˈæksɪdəns] *n. (Ling.)* Formenlehre, *die*
**accident** [ˈæksɪdənt] *n.* **a)** *(unlucky event)* Unfall, *der;* **road ~:** Verkehrsunfall, *der;* **meet with/have an ~:** einen Unfall erleiden/haben; **~ rate** Unfallziffer, *die;* **b)** *(chance)* Zufall, *der; (unfortunate chance)* Unglücksfall, *der;* **by ~:** zufällig; **by an** *or* **some ~ of fate** durch eine Laune des Schicksals; **c)** *(mistake)* Versehen, *das;* **by ~:** versehentlich; **d)** *(mishap)* Mißgeschick, *das;* **chapter of ~s** *(coll.)* Pechsträhne, *die;* **have a chapter of ~s** vom Pech verfolgt sein; **~s will happen** das kommt schon mal vor
**accidental** [æksɪˈdentl] **1.** *adj. (fortuitous)* zufällig; *(unintended)* unbeabsichtigt; **~ death** Tod durch Unfall. **2.** *n. (Mus.)* Akzidens, *das (fachspr.);* Vorzeichen, *das*
**accidentally** [æksɪˈdentəlɪ] *adv. (by chance)* zufällig; *(by mistake)* versehentlich
**ˈaccident-prone** *adj.* **~ person** Unfäller, *der (Psych.);* **be ~:** vom Pech verfolgt sein
**acclaim** [əˈkleɪm] **1.** *v. t. (welcome)* feiern; *(hail as)* **~ sb. king** jmdn. zum König ausrufen. **2.** *n., no pl.* **a)** *(welcome)* Beifall, *der;* **b)** *(approval)* Anerkennung, *die*
**acclamation** [ækləˈmeɪʃn] *n.* **a)** *no pl. (approval of plan or proposal)* Beifall, *der;* **b)** *usu. in pl. (shouting)* Beifallsbekundung, *die*
**acclimatisation, acclimatise** *see* **acclimatiz-**
**acclimatization** [əklaɪmətaɪˈzeɪʃn] *n. (lit. or fig.)* Akklimatisation, *die*
**acclimatize** [əˈklaɪmətaɪz] *v. t. (lit. or fig.)* akklimatisieren; **~ sth./sb. to sth.** etw./jmdn. an etw. *(Akk.)* gewöhnen; **~ oneself, get** *or* **become ~d** sich akklimatisieren; **~ oneself** *or* **get** *or* **become ~d to sth.** sich an etw. *(Akk.)* gewöhnen
**accolade** [ˈækəleɪd, ækəˈleɪd] *n.* *(gesture)* Akkolade, *die; (fig.) (praise)* **~[s]** Lob, *das; (approval, acknowledgement)* Anerkennung, *die*
**accommodate** [əˈkɒmədeɪt] *v. t.* **a)** *(lodge)* unterbringen; *(hold, have room for)* Platz bieten (+ *Dat.*); **b)** *(oblige)* gefällig sein (+ *Dat.*)
**accommodating** [əˈkɒmədeɪtɪŋ] *adj. (obliging)* zuvorkommend; *(compliant)* entgegenkommend
**accommodatingly** [əˈkɒmədeɪtɪŋlɪ] *adv. (obligingly)* zuvorkommend
**accommodation** [əkɒməˈdeɪʃn] *n.* **a)** *no pl. (lodgings)* Unterkunft, *die;* **can you provide us with [some] ~ for the night?** können Sie uns ein Nachtquartier besorgen?; **~ is very expensive in Oxford** Wohnungen/Zimmer sind in Oxford sehr teuer; **b)** *(space)* **there is ~ for 500 people in this auditorium** in diesem Auditorium haben *od.* finden 500 Personen Platz; **c)** *in pl. (Amer.: lodgings)* Unterkunft, *die*
**accommoˈdation address** *n.* Gefälligkeitsadresse, *die*
**accompaniment** [əˈkʌmpənɪmənt] *n.* **a)** *(lit. or fig.; also Mus.)* Begleitung, *die;* **b)** *(thing)* Begleiterscheinung, *die*
**accompanist** [əˈkʌmpənɪst] *n. (Mus.)* Begleiter, *der*/Begleiterin, *die*
**accompany** [əˈkʌmpənɪ] *v. t. (go along with; also Mus.)* begleiten; **the ~ing booklet** die beiliegende Broschüre
**accomplice** [əˈkʌmplɪs, əˈkɒmplɪs] *n.* Komplize, *der*/Komplizin, *die*
**accomplish** [əˈkʌmplɪʃ, əˈkɒmplɪʃ] *v. t.* *(perform)* vollbringen ⟨*Tat*⟩; erfüllen ⟨*Aufgabe*⟩; *(complete)* vollenden ⟨*Kunstwerk, Bauwerk*⟩; *(achieve)* erreichen; verwirklichen ⟨*Ziel, Wunsch*⟩
**accomplished** [əˈkʌmplɪʃt, əˈkɒmplɪʃt] *adj.* fähig; **he is an ~ speaker/dancer** er ist ein erfahrener Redner/vollendeter Tänzer
**accomplishment** [əˈkʌmplɪʃmənt, əˈkɒmplɪʃmənt] *n.* **a)** *no pl. (completion)* Vollendung, *die; (of deed)* Ausführung, *die; (of task)* Erfüllung, *die; (of aim)* Verwirklichung, *die;* **b)** *(achievement)* Leistung, *die; (skill)* Fähigkeit, *die*
**accord** [əˈkɔːd] **1.** *v. i.* **~ [with sth.]** [mit etw.] übereinstimmen. **2.** *v. t. (formal: grant)* **~ sb. sth.** jmdm. etw. gewähren. **3.** *n.* **a)** *(volition)* **of one's own ~:** aus eigenem Antrieb; von selbst; **of its own ~:** von selbst; **b)** *(harmonious agreement)* Übereinstimmung, *die;* **with one ~:** geschlossen; **c)** *(harmony)* Harmonie, *die;* **be in ~ with** harmonieren mit; **d)** *(treaty)* Übereinkunft, *die*

**accordance** [əˈkɔːdəns] *n.* **in ~ with** in Übereinstimmung mit; gemäß (+ *Dat.*)

**according** [əˈkɔːdɪŋ] *adv.* **a) ~ as** *(depending on how)* je nachdem wie; *(depending on whether)* je nachdem ob; **b) ~ to** nach; **act ~ to the rules** sich an die Regeln halten; **~ to how** je nachdem wie; **~ to him** *(opinion)* seiner Meinung nach; *(account)* nach seiner Aussage; **~ to circumstances/the season** den Umständen/der Jahreszeit entsprechend

**accordingly** [əˈkɔːdɪŋlɪ] *adv.* *(as appropriate)* entsprechend; *(therefore)* folglich

**accordion** [əˈkɔːdɪən] *n.* Akkordeon, *das;* **~ pleats** Plisseefalten

**accost** [əˈkɒst] *v. t.* ansprechen

**account** [əˈkaʊnt] **1.** *v. t.* *(consider)* halten für; ansehen als. **2.** *n.* **a)** *(Finance) (reckoning)* Rechnung, *die; (statement)* Auflistung, *die;* Aufstellung, *die; (invoice)* Rechnung, *die;* **money of ~** *(Finance)* Rechnungseinheit, *die;* **~ rendered** *see* **render e; keep ~s/the ~s** Buch/die Bücher führen; **settle** *or* **square ~s with sb.** *(lit. or fig.)* mit jmdm. abrechnen; **on ~:** auf Rechnung; a conto; **on one's [own] ~:** auf eigene Rechnung; auf eigenes Risiko; *(fig.)* von sich aus; **don't change your plans on my ~:** ändert nicht meinetwegen eure Pläne; **on ~ of** wegen; **on no ~, not on any ~:** auf [gar] keinen Fall; **b)** *(at bank, shop)* Konto, *das;* **an ~ with** *or* **at a bank** ein Konto bei einer Bank; **pay sth. into one's ~:** etw. auf sein Konto einzahlen; **draw sth. out of one's ~:** etw. von seinem Konto abheben; **on ~:** auf Rechnung; **joint ~:** gemeinsames Konto; Gemeinschaftskonto, *das; see also* **close 3b; credit 2c; credit account; deposit account; open 3c; savings account; c)** *(statement of facts)* Rechenschaft, *die;* **give** *or* **render an ~ for sth.** über etw. *(Akk.)* Rechenschaft ablegen; **call sb. to ~:** jmdn. zur Rechenschaft ziehen; **give a good ~ of oneself** seinen Mann stehen; **d)** *(consideration)* **take ~ of sth., take sth. into ~:** etw. berücksichtigen; **take no ~ of sth./sb., leave sth./sb. out of ~:** etw./jmdn. unberücksichtigt lassen *od.* nicht berücksichtigen; **e)** *(importance)* **of some/little/no ~:** von/von geringer/ohne Bedeutung; **f)** *(performance)* Interpretation, *die;* **g)** *(report)* **an ~ [of sth.]** ein Bericht [über etw. *(Akk.)*]; **give a full ~ of sth.** ausführlich über etw. *(Akk.)* Bericht erstatten; **by** *or* **from all ~s** nach allem, was man hört; **h)** *(advantage)* **turn sth. to [good] ~:** aus etw. Nutzen *od.* Vorteil ziehen

**~ for** *v. t.* **a)** *(give reckoning)* Rechenschaft *od.* Rechnung ablegen über (+ *Akk.*); **b)** *(explain)* etw. erklären; **I can't ~ for that** ich kann mir das nicht erklären; **c)** *(represent in amount)* ausmachen; ergeben; **d)** *(kill, destroy, capture)* zur Strecke bringen

**accountability** [əkaʊntəˈbɪlɪtɪ] *n., no pl.* Verantwortlichkeit, *die* (**to** gegenüber)

**accountable** [əˈkaʊntəbl] *adj.* verantwortlich; *(explicable)* erklärlich; **be ~ to sb.** jmdm. Rechenschaft schuldig sein; **be ~ for sth.** für etw. verantwortlich sein

**accountancy** [əˈkaʊntənsɪ] *n., no pl.* Buchhaltung, *die*

**accountant** [əˈkaʊntənt] *n.* [Bilanz]buchhalter, *der*/[Bilanz]buchhalterin, *die; see also* **chartered accountant**

**accounting** [əˈkaʊntɪŋ] *n.* **a)** *no pl. (Commerc.)* Buchführung, *die;* **b)** *(explanation)* **there's no ~ for it** das ist nicht zu erklären; **there's no ~ for taste[s]** über Geschmack läßt sich [nicht] streiten

**acˈcount number** *n.* Kontonummer, *die*

**accredit** [əˈkredɪt] *v. t.* **a)** *(vouch for)* bestätigen; **b)** *(send as representative)* **be ~ed to sb.** bei jmdm. akkreditiert sein

**accredited** [əˈkredɪtɪd] *adj.* anerkannt ⟨*Schule, Anstalt, Buch, Regierung*⟩; akkreditiert ⟨*Botschafter, diplomatisches Korps*⟩

**accretion** [əˈkriːʃn] *n.* **a)** *(combination)* Verschmelzung, *die;* **b)** *(growth)* Wachstum, *das; (of power)* Anwachsen, *das*

**accrue** [əˈkruː] *v. i.* ⟨*Zinsen:*⟩ auflaufen; **~ to sb.** ⟨*Macht, Ansehen:*⟩ jmdm. zuwachsen; ⟨*Reichtümer, Einnahmen:*⟩ jmdm. zufließen

**accrued** [əˈkruːd] *adj.* anfallend ⟨*Ausgaben, Gewinne*⟩; aufgelaufen ⟨*Schulden, Zinsen*⟩; entstanden ⟨*Vorteile, Kontakte*⟩

**accumulate** [əˈkjuːmjʊleɪt] **1.** *v. t.* *(gather)* sammeln; machen, *(fachspr.)* akkumulieren ⟨*Vermögen*⟩; *(in a pile)* zusammentragen; *(along the way)* einsammeln; *(produce)* einbringen ⟨*Zinsen, Gewinne, Undank, Kritik*⟩ (**for sb.** jmdm.); **it's amazing how much stuff you ~ in the space of a year** es ist erstaunlich, wieviel Zeug sich bei einem in einem Jahr so ansammelt. **2.** *v. i.* ⟨*Menge, Staub:*⟩ sich ansammeln; ⟨*Schnee, Geld:*⟩ sich anhäufen; ⟨*Schlamm:*⟩ sich absetzen

**accumulation** [əkjuːmjʊˈleɪʃn] *n.* [An]sammeln, *das; (being accumulated)* Anhäufung, *die; (growth)* Zuwachs, *der* (**of** an + *Dat.*); *(mass)* Menge, *die*

**accumulator** [əˈkjuːmjʊleɪtə(r)] *n.* **a)** *(Electr.)* Akkumulator, *der;* Akku, *der (ugs.);* Sammler, *der;* **b)** *(bet)* Kumulativwette, *die*

**accuracy** [ˈækjʊrəsɪ] *n.* Genauigkeit, *die*

**accurate** [ˈækjʊrət] *adj.* genau; akkurat *(geh.); (correct)* richtig; getreu ⟨*Wiedergabe*⟩; **the description of the man turned out to be completely ~:** die Beschreibung des Mannes erwies sich als völlig korrekt; **is the clock ~?** geht die Uhr richtig *od.* genau?

**accurately** [ˈækjʊrətlɪ] *adv.* *(precisely)* genau; exakt; *(correctly)* richtig; korrekt; *(faithfully)* getreu; genau; **the landscape is represented ~:** die Landschaft ist naturgetreu dargestellt

**accursed,** *(arch.)* **accurst** [əˈkɜːst] *adj.* **a)** *(ill-fated)* verflucht; verwünscht; **b)** *(involving misery)* unselig; **c)** *(coll.: detestable)* verflixt *(ugs.);* verdammt *(ugs.)*

**accusation** [ækjuːˈzeɪʃn] *n.* **a)** *(accusing)* Anschuldigung, *die* (**of** gegen); Anklage, *die (Rechtsw.); (being accused)* Beschuldigung, *die;* **b)** *(charge)* Vorwurf, *der;* **make an ~/make ~s about sb./sth.** eine Anschuldigung/Anschuldigungen gegen jmdn./wegen etw. vorbringen

**accusative** [əˈkjuːzətɪv] *(Ling.)* **1.** *adj.* Akkusativ-; akkusativisch; **~ case** Akkusativ, *der.* **2.** *n.* Akkusativ, *der; see also* **absolute c**

**accusatory** [əˈkjuːzətərɪ] *adj.* anklagend ⟨*Blick, Stimme, Schweigen*⟩

**accuse** [əˈkjuːz] *v. t.* *(charge)* beschuldigen; bezichtigen *(geh.); (indict)* anklagen; **~ sb. of cowardice** jmdm. Feigheit vorwerfen; **what are you accusing me of?** wessen beschuldigt *od.* bezichtigt ihr mich?; was werft ihr mir vor?; **the children were ~d of stealing apples** die Kinder wurden beschuldigt, Äpfel gestohlen zu haben; **~ sb. of theft/murder** jmdn. wegen Diebstahl[s]/Mord[es] anklagen; jmdn. des Diebstahls/Mordes anklagen *(geh.);* **the ~d** der/die Angeklagte/die Angeklagten

**accuser** [əˈkjuːzə(r)] *n.* Ankläger, *der*/Anklägerin, *die*

**accusing** [əˈkjuːzɪŋ] *adj.* anklagend; **point an ~ finger at sb.** *(lit. or fig.)* anklagend mit dem Finger auf jmdn. zeigen

**accusingly** [əˈkjuːzɪŋlɪ] *adv.* anklagend; *(reproachfully)* vorwurfsvoll

**accustom** [əˈkʌstəm] *v. t.* **~ sb./sth. to sth.** jmdn./etw. an etw. *(Akk.)* gewöhnen; **~ sb. to doing sth.** jmdn. daran gewöhnen, etw. zu tun; **grow/be ~ed to sth.** sich an etw. *(Akk.)* gewöhnen/an etw. *(Akk.)* gewöhnt sein; **I'm not ~ed to being called rude names** ich bin nicht gewohnt, daß man mich beschimpft

**accustomed** [əˈkʌstəmd] *attrib. adj.* gewohnt; üblich

**ace** [eɪs] **1.** *n.* **a)** *(Cards, Tennis)* As, *das;* **~ of trumps/diamonds** Trumpf-/Karoas, *das;* **b)** *(fig.)* **an ~ up one's sleeve** ein Trumpf in der Hand; **play one's ~:** seinen Trumpf ausspielen; **c)** *(champion, outstanding person)* As, *das; (pilot)* erfolgreicher Kampfflieger; **d)** *(hair's breadth)* **he was within an ~ of doing it/of winning** er hätte es um ein Haar getan/hätte um ein Haar gewonnen. **2.** *adj. (coll.)* klasse *(ugs.);* spitze *(ugs.)*

**acerbic** [əˈsɜːbɪk] *adj.* scharf ⟨*Worte, Kritik, Zunge*⟩; rauh ⟨*Umgangston, Temperament*⟩

**acerbity** [əˈsɜːbɪtɪ] *n., no pl. see* **acerbic:** Schärfe, *die;* Rauheit, *die*

**acetate** [ˈæsɪteɪt] *n. (Chem.)* Acetat, *das;* **~ fibre/silk** Acetatfaser/-seide, *die*

**acetic** [əˈsiːtɪk] *adj. (Chem.)* essigsauer; **~ acid** Essigsäure, *die*

**acetone** [ˈæsɪtəʊn] *n.* Aceton, *das*

**acetylene** [əˈsetɪliːn] *n.* Acetylen, *das*

**ache** [eɪk] **1.** *v. i.* **a)** schmerzen; weh tun; **whereabouts does your leg ~?** wo tut [dir] das Bein weh?; **I'm aching all over** mir tut alles weh; **her heart ~s with love** *(fig.)* das Herz tut ihr weh vor Liebe; **b)** *(fig.: long)* **~ for sb./sth.** sich nach jmdm./etw. verzehren; **~ to do sth.** darauf brennen, etw. zu tun. **2.** *n.* Schmerz, *der;* **~s and pains** Wehwehchen, *die*

**achievable** [əˈtʃiːvəbl] *adj.* *(accomplishable)* durchführbar; *(attainable)* erreichbar ⟨*Ziel, Standard*⟩

**achieve** [əˈtʃiːv] *v. t.* zustande bringen; ausführen ⟨*Aufgabe, Plan*⟩; erreichen ⟨*Ziel, Standard, Absicht*⟩; herstellen, herbeiführen ⟨*Frieden, Harmonie*⟩; erzielen ⟨*Rekord, Leistung, Erfolg*⟩; erfüllen ⟨*Zweck*⟩; finden ⟨*Seelenfrieden*⟩; es bringen zu, erlangen ⟨*Berühmtheit, Anerkennung*⟩; erlangen ⟨*gutes Aussehen*⟩; **he ~d great things** er hat Großes geleistet; **he's ~d what he set out to do** er hat erreicht, was er sich *(Dat.)* vorgenommen hat; **he'll never ~ anything [in life]** er wird es [im Leben] nie zu etwas bringen

**achievement** [əˈtʃiːvmənt] *n.* **a)** *no pl. see* **achieve:** Zustandebringen, *das;* Ausführung, *die;* Erreichen, *das;* Herstellung, *die;* Herbeiführung, *die;* Erzielen, *das;* Erfüllung, *die;* Finden, *das;* Erlangen, *das;* **the task is impossible of ~:** die Aufgabe ist undurchführbar; **for these people ~ is measured in terms of money** für diese Leute wird Erfolg am Geld gemessen; **b)** *(thing accomplished)* Leistung, *die;* Errungenschaft, *die*

**Achilles** [əˈkɪliːz] *pr. n.* Achilles *(der); see also* **[1]heel 1a; tendon**

**achy** [ˈeɪkɪ] *adj.* **feel ~:** Schmerzen haben; **I feel ~ all over** mir tut alles weh

**acid** [ˈæsɪd] **1.** *adj.* **a)** *(sour)* sauer; *(fig.: biting)* bissig; **b)** *(Chem., Agric., Geol.)* sauer ⟨*Reaktion, Lösung, Boden, Gesteine*⟩. **2.** *n.* **a)** Säure, *die;* **b)** *(sl.: LSD)* Acid, *das*

**acid: ~ drop** *n. (Brit.)* saurer *od.* saures Drops; **~-head** *n. (sl.)* Säurekopf, *der (salopp);* LSD-Schlucker, *der (salopp)*

**acidic** [əˈsɪdɪk] *adj.* **a)** *(sour)* säuerlich; *(fig.)* bissig; **b)** *(Chem., Agric., Geol.)* sauer

**acidity** [əˈsɪdɪtɪ] *n.* Säure, *die;* Acidität, *die (fachspr.);* Säuregrad, *der; (excessive)* Übersäuerung, *die; (fig.)* Bissigkeit, *die*

**acidly** [ˈæsɪdlɪ] *adv. (fig.)* bissig

**acidosis** [æsɪˈdəʊsɪs] *n., pl.* **acidoses** [æsɪˈdəʊsiːz] *(Med.)* Acidose, *die*

**acid: ~ rain** *n.* saurer Regen; **~ test** *n.* Goldprobe, *die; (fig.)* Feuerprobe, *die*

**acknowledge** [əkˈnɒlɪdʒ] *v. t.* **a)** *(admit)* zugeben, eingestehen ⟨*Tatsache, Notwendigkeit, Fehler, Schuld*⟩; *(accept)* sich bekennen zu ⟨*einer Verantwortung, Pflicht, Schuld*⟩; anerkennen ⟨*Schulden*⟩; *(take notice of)* grüßen ⟨*Person*⟩; *(recognize)* anerkennen ⟨*Autorität, Recht, Forderung, Notwendigkeit*⟩; **an ~d expert** ein anerkannter Fachmann; **he won't ~ himself beaten** er gibt sich nicht geschlagen; **~ sb./sth. [as** *or* to be] sth. jmdn./etw. als etw. anerkennen; **he was ~d [as] the world's greatest living poet** er galt als der Welt größter lebender Dichter; **~ sb. [as] capable of doing sth.** jmdn. für fähig halten, etw. zu tun; **b)** *(express thanks for)* sich erkenntlich zeigen für ‹*Dienste, Bemühungen, Gastfreundschaft*›; erwidern ‹*Gruß*›; **c)** *(confirm receipt of)* bestätigen ‹*Empfang, Bewerbung*›; **~ a letter** den Empfang eines Briefes bestätigen

**acknowledg[e]ment** [ək'nɒlɪdʒmənt] *n.* **a)** *(admission of a fact, necessity, error, guilt)* Eingeständnis, *das; (acceptance of a responsibility, duty, debt)* Bekenntnis, *das* (**of** zu); *(recognition of authority, right, claim)* Anerkennung, *die;* **b)** *(thanks, appreciation) (of services, friendship)* Dank, *der* (**of** für); *(of greetings)* Erwiderung, *die;* **a grateful ~ of the services you have rendered to the community** eine dankbare Anerkennung Ihrer Verdienste um die Gemeinschaft; **c)** *(confirmation of receipt)* Bestätigung [des Empfangs/einer Bewerbung]; **letter of ~:** Bestätigungsschreiben, *das;* **d)** *(author's)* Danksagung, *die;* **'~s'** „Dank"

**acme** ['ækmɪ] *n.* Gipfel, *der;* Höhepunkt, *der*

**acne** ['æknɪ] *n. (Med.)* Akne, *die*

**acolyte** ['ækəlaɪt] *n.* **a)** *(Eccl.)* Ministrant, *der;* Meßdiener, *der;* **b)** *(fig.: follower)* Gefolgsmann, *der*

**aconite** ['ækənaɪt] *n. (Bot.)* Eisenhut, *der;* Sturmhut, *der;* Akonit, *das (fachspr.)*

**acorn** ['eɪkɔ:n] *n.* Eichel, *die*

**acoustic** [ə'ku:stɪk] *adj.* **a)** akustisch; **b)** *(Mus.)* **~ guitar** Konzertgitarre, *die; (in pop, folk, etc.)* akustische Gitarre

**acoustically** [ə'ku:stɪkəlɪ] *adv.* akustisch

**acoustics** [ə'ku:stɪks] *n. pl.* **a)** *(properties)* Akustik, *die;* akustische Verhältnisse *Pl.;* **b)** *constr. as sing. (science)* Akustik, *die*

**acquaint** [ə'kweɪnt] *v. t.* **~ sb./oneself with sth.** jmdn./sich mit etw. vertraut machen; **be ~ed with sb.** mit jmdm. bekannt sein

**acquaintance** [ə'kweɪntəns] *n.* **a)** *no pl.* Vertrautheit, *die;* **~ with sb.** Bekanntschaft mit jmdm.; **a passing ~:** eine flüchtige Bekanntschaft; **make the ~ of sb.** jmds. Bekanntschaft machen; jmdn. kennenlernen; **b)** *(person)* Bekannte, *der/die; (collectively)* Bekannte *Pl.;* **a wide ~:** ein großer Bekanntenkreis; viele Bekannte

**acquiesce** [ækwɪ'es] *v. i.* einwilligen (**in** in + *Akk.*); *(under pressure)* sich fügen; **you must not ~ in everything [they say]** du mußt nicht allem zustimmen [,was sie sagen]

**acquiescence** [ækwɪ'esəns] *n.* **a)** *no pl. (acquiescing)* Einwilligung, *die* (**in** in + *Akk.*); *(state)* Ergebenheit, *die;* **b)** *(assent)* Zustimmung, *die*

**acquiescent** [ækwɪ'esənt] *adj.* fügsam; ergeben

**acquire** [ə'kwaɪə(r)] *v. t.* **a)** sich *(Dat.)* anschaffen ‹*Gegenstände*›; *(gain)* erwerben ‹*Land, Besitz, Wohlstand, Kenntnisse*›; sammeln ‹*Erfahrungen*›; ernten ‹*Lob*›; **b)** *(take on)* annehmen ‹*Tonfall, Farbe, Aussehen, Gewohnheit*›; **last year the orchestra ~d a new leader** letztes Jahr erhielt das Orchester einen neuen Konzertmeister; **I have ~d a few unwanted pounds** ich habe leider ein paar Pfund[e] zugenommen; **~d characteristics** *(Biol.)* erworbene Eigenschaften; **~ the habit of smoking** sich *(Dat.)* das Rauchen angewöhnen; **~ a taste for sth.** Geschmack an etw. *(Dat.)* gewinnen; **this wine is an ~d taste** an diesen Wein muß man sich erst gewöhnen

**acquirement** [ə'kwaɪəmənt] *n. see* **acquisition a**

**acquisition** [ækwɪ'zɪʃn] *n.* **a)** *(of goods, wealth, land)* Erwerb, *der; (of knowledge)* Aneignung, *die;* Erwerb, *der; (of attitude, habit)* Annahme, *die;* **b)** *(thing)* Anschaffung, *die*

**acquisitive** [ə'kwɪzɪtɪv] *adj.* raffsüchtig; **~ instinct** Sammeltrieb, *der;* **the ~ society** die nach Besitz strebende Gesellschaft

**acquisitiveness** [ə'kwɪzɪtɪvnɪs] *n., no pl.* Raffgier, *die*

**acquit** [ə'kwɪt] *v. t.,* **-tt- a)** *(Law)* freisprechen; **~ sb. of sth.** jmdn. von etw. freisprechen; **he was ~ted on all three charges** er wurde in allen drei Anklagepunkten freigesprochen; **b)** *(discharge)* **~ oneself of** erfüllen ‹*Pflichten*›; **~ oneself well** seine Sache gut machen; **if you ~ yourself well in the test** wenn du in der Prüfung gut abschneidest

**acquittal** [ə'kwɪtl] *n.* **a)** *(Law)* Freispruch, *der;* **b)** *(performance)* Erfüllung, *die;* Erledigung, *die*

**acre** ['eɪkə(r)] *n.* **a)** *(measure)* Acre, *der;* ≈ Morgen, *der;* **b)** *in pl. (land)* Grund und Boden, *der;* **broad ~s** weites Land

**acreage** ['eɪkərɪdʒ] *n.* **what is the ~ of your estate?** wieviel Land *od.* wie viele Morgen hat Ihr Gut?; **a farm of small ~:** ein Hof mit kleiner Anbaufläche

**acrid** ['ækrɪd] *adj.* beißend ‹*Geruch, Dämpfe, Rauch*›; bitter ‹*Geschmack*›

**acrimonious** [ækrɪ'məʊnɪəs] *adj.* bitter; aggressiv ‹*Haltung*›; bissig ‹*Bemerkung*›; erbittert ‹*Streit, Diskussion*›

**acrimoniously** [ækrɪ'məʊnɪəslɪ] *adv.* bitter; erbittert ‹*angreifen*›

**acrimony** ['ækrɪmənɪ] *n., no pl.* Bitterkeit, *die; (of attitude)* Aggressivität, *die; (of comment, criticism, etc.)* Bissigkeit, *die; (of argument, discussion)* Erbitterung, *die*

**acrobat** ['ækrəbæt] *n. (lit. or fig.)* Akrobat, *der*/Akrobatin, *die;* **a mental/intellectual ~:** ein Geistesakrobat

**acrobatic** [ækrə'bætɪk] *adj. (lit. or fig.)* akrobatisch

**acrobatics** [ækrə'bætɪks] *n., no pl.* Akrobatik, *die;* **mental ~:** Gehirnakrobatik, *die*

**acronym** ['ækrənɪm] *n.* Akronym, *das;* Initialwort, *das*

**across** [ə'krɒs] **1.** *adv.* **a)** *(to intersect)* [quer] darüber; **b)** *(from one side to the other)* darüber; *(in crossword puzzle)* waagerecht; *(from here to there)* hinüber; **go ~ to the enemy** *(fig.)* zum Feind übergehen; **measure** *or* **be 9 miles ~:** 9 Meilen breit sein; **c)** *(on the other side)* drüben; **~ there/here** [da] drüben/hier drüben; **~ from** gegenüber von; **just ~ from us there is a little shop** bei uns ist gleich gegenüber ein kleiner Laden; **d)** *with verbs (towards speaker)* herüber-; *(away from speaker)* hinüber-; **swim ~:** herüber-/hinüberschwimmen. **2.** *prep.* **a)** *(crossing)* über (+ *Akk.*); **right ~ the field** quer über das Feld; **a double yellow line ~ an entrance** eine gelbe Doppellinie vor einer Einfahrt; **b)** *(from one side to the other of)* über (+ *Akk.*); **we went ~ the Atlantic** wir überquerten den Atlantik; **protest meetings ~ Canada** Protestversammlungen in ganz Kanada; **~ the board** pauschal; **an ~-the-board pay rise** eine pauschale *od.* generelle Lohnerhöhung; **c)** *(on the other side of)* auf der anderen Seite (+ *Gen.*); **~ the ocean/river** jenseits des Meeres/Flusses

**acrostic** [ə'krɒstɪk] *n.* Akrostichon, *das*

**acrylic** [ə'krɪlɪk] **1.** *adj.* aus Acryl *nachgestellt;* Acryl-. **2.** *n.* Acryl, *das*

**act** [ækt] **1.** *n.* **a)** *(deed)* Tat, *die; (official action)* Akt, *der;* **an ~ of God** höhere Gewalt; **an ~ of mercy** ein Gnadenakt; **an ~ of kindness** ein Akt *od.* Zeichen der Güte; **an ~ of folly** eine Dummheit; **Acts [of the Apostles]** *(Bibl.) constr. as sing.* Apostelgeschichte, *die;* **b)** *(process)* **be in the ~ of doing sth.** gerade dabei sein, etw. zu tun; **he was caught in the ~ [of stealing]** er wurde [beim Stehlen] auf frischer Tat ertappt; **they were caught in the [very] ~:** sie wurden in flagranti ertappt; **c)** *(in a play)* Akt, *der;* Aufzug, *der (geh.);* **a five-~ play** ein Drama in fünf Akten; **a one-~ play** ein Einakter; **d)** *(theatre performance)* Akt, *der;* Nummer, *die; (performer)* Darsteller, *der*/Darstellerin, *die;* **the ~ consisted of four jugglers** die Truppe bestand aus vier Jongleuren; **e)** *(pretence)* Theater, *das;* Schau, *die (ugs.);* **it's all an ~ with her** sie tut nur so; **put on an ~** *(coll.)* eine Schau abziehen *(ugs.);* Theater spielen; **get into the** *or* **in on the ~** *(sl.)* in das Geschäft einsteigen; mitmischen *(ugs.);* **f)** *(decree)* Gesetz, *das;* **Act of Parliament** Parlamentsakte, *die.* **2.** *v. t.* **a)** *(perform)* spielen ‹*Stück*›; **b)** *(play role of)* spielen ‹*Rolle*›; **he's a famous film producer and really ~s the part** *(fig.)* er ist ein berühmter Filmproduzent und benimmt sich auch so; *see also* **¹fool 1 b. 3.** *v. i.* **a)** *(perform actions)* handeln; reagieren; **~ upon the instructions you were given** folgen Sie den Anweisungen wie gegeben; **~ [up]on sb.'s advice** jmds. Rat[schlag] *(Dat.)* folgen; **~ quickly** schnell reagieren *od.* handeln; **b)** *(behave)* sich verhalten; *(function)* **~ as sb.** als jmd. fungieren *od.* tätig sein; **~ as sth.** als etw. dienen; **c)** *(perform special function)* ‹*Person:*› handeln; ‹*Gerät, Ding:*› funktionieren; ‹*Substanz, Mittel:*› wirken; **~ for** *or* **~ on behalf of sb.** für jmdn. *od.* in jmds. Auftrag tätig werden; jmdn. vertreten; **~ to prevent sth.** ‹*Vorrichtung, Gerät:*› zur Verhütung von etw. dienen; **d)** *(perform play etc.; lit. or fig.)* spielen; schauspielern *(ugs.);* **she wants to ~ on stage/in films** sie will zum Theater/Film; **e)** *(have effect)* **~ on sth.** auf etw. *(Akk.)* wirken *od.* einwirken

**~ 'out** *v. t.* **a)** vorspielen, nachmachen ‹*Bewegungen, Handlung*›; **b)** *(Psych.)* abreagieren ‹*Spannung, Ärger*›

**~ 'up** *v. i. (coll.)* Theater machen *(ugs.);* ‹*Auto, Magen:*› Zicken machen *(ugs.),* verrückt spielen *(salopp);* **the kids have been ~ing up like mad today** die Kinder haben heute total verrückt gespielt *(salopp)*

**acting** ['æktɪŋ] **1.** *adj. (temporary)* stellvertretend; *(in charge)* geschäftsführend; amtierend. **2.** *n., no pl. (Theatre etc.)* die Schauspielerei; **she's studying ~:** sie ist auf der Schauspielschule; **an ~ career** eine Karriere als Schauspieler; **she does a lot of ~ in her spare time** sie spielt in ihrer Freizeit viel Theater

**action** ['ækʃn] *n.* **a)** *(doing sth.)* Handeln, *das;* **what kind of ~ do you think is necessary?** welche Schritte *od.* Maßnahmen halten Sie für notwendig?; **his quick ~ saved the boy's life** sein schnelles Eingreifen rettete dem Jungen das Leben; **a man of ~:** ein Mann der Tat; **take ~:** Schritte *od.* etwas unternehmen; Maßnahmen ergreifen; **see sth. in ~:** etw. in Betrieb sehen; **put a plan into ~:** einen Plan in die Tat umsetzen; **come into ~:** in die Tat umgesetzt werden; **put sth. out of ~:** etw. außer Betrieb setzen; **be/be put out of ~:** außer Betrieb sein/gesetzt werden; **a film full of ~:** ein Film mit viel Handlung; **b)** *(effect)* **the ~ of salt on ice** die Wirkung von Salz auf Eis; **c)** *(act)* Tat, *die;* **your ~ was totally inappropriate in the circumstances** deine Reaktion war unter diesen Umständen ganz und gar unangemessen; **she is impulsive in her ~s** sie handelt sehr impulsiv; **d)** *(Theatre)* Handlung, *die;* Geschehen, *das;* **where the ~ is** *(sl.)* wo was los ist *(ugs.);* **hey, man, where's the ~?** *(sl.)* du, sag mal, wo ist hier was los? *(ugs.);* **get a piece of the ~** *(sl.)* mitmachen; **e)** *(legal process)* [Gerichts]verfahren, *das;* **bring an ~ against sb.** eine Klage *od.* ein Verfahren gegen jmdn. anstrengen; **f)** *(fighting)* Gefecht, *das;* Kampf, *der;* **he died in ~:** er ist [im Kampf] gefallen; **go into ~:** Kampfhandlungen aufnehmen; **we all went into ~** *(fig.)* wir machten uns alle an die Arbeit; **g)** *(movement)* Bewegung, *die; (mechanism)* Mechanismus, *der; (of piano, organ)* Mechanik, *die*

**actionable** ['ækʃənəbl] *adj.* [gerichtlich] verfolgbar *od.* strafbar

**action:** ~ **committee,** ~ **group** *ns.* [Eltern-/Bürger- *usw.*]initiative, *die;* ~ **painting** *n.* Action-painting, *das;* abstrakter Expressionismus; ~ **'replay** *n.* Wiederholung [in Zeitlupe]; ~ **stations** *n. pl. (Mil.; also fig.)* Stellung, *die;* **go to ~ stations** Stellung beziehen; ~ **stations!** in die Stellungen!

**activate** ['æktɪveɪt] *v. t.* **a)** in Gang setzen ⟨*Vorrichtung, Mechanismus*⟩; auslösen ⟨*Mechanismus*⟩; **~d by concern for public morality** getrieben von der Sorge um die öffentliche Moral; **b)** *(Chem., Phys.)* aktivieren; **~d carbon** *or* **charcoal** Aktivkohle, *die*

**activation** [æktɪ'veɪʃn] *n.* Aktivierung, *die*

**active** ['æktɪv] *adj.* **a)** aktiv; wirksam ⟨*Kraft, Mittel*⟩; praktisch ⟨*Gebrauch, Versuch, Kenntnisse*⟩; tätig ⟨*Vulkan*⟩; rege ⟨*Verstand, Gesellschaft*⟩; **a very ~ child** ein sehr lebhaftes Kind; **take an ~ interest in sth.** reges Interesse an etw. *(Dat.)* zeigen; regen Anteil an etw. *(Dat.)* nehmen; **take an ~ part in sth.** sich aktiv an etw. *(Dat.)* beteiligen; **he's still ~ as an author** er arbeitet noch als Schriftsteller; **maintain an ~ knowledge of current affairs** im politischen Tagesgeschehen auf dem laufenden bleiben; ~ **carbon** Aktivkohle, *die;* **on ~ service** *or (Amer.)* **duty** *(Mil.)* im aktiven Dienst; *see also* **'list 1 a; b)** *(Ling.)* aktiv[isch]; ~ **voice** Aktiv, *das;* Tatform, *die*

**actively** ['æktɪvlɪ] *adv.* aktiv; **be ~ engaged in sth.** intensiv mit etw. beschäftigt sein; **be ~ interested in sth.** ein reges Interesse an etw. *(Dat.)* zeigen

**activeness** ['æktɪvnɪs] *n., no pl.* Aktivität, *die; (of mind)* Regsamkeit, *die; (of person)* Regheit, *die*

**activist** ['æktɪvɪst] *n.* Aktivist, *der*/Aktivistin, *die*

**activity** [æk'tɪvɪtɪ] *n.* **a)** *no pl.* Aktivität, *die;* **military ~:** militärischer Einsatz; ~ **in the field of reform** reformerische Aktivitäten; **b)** *(diligence)* aktive Tätigkeit; rege [Mit]arbeit; **c)** *usu. in pl. (action)* Aktivität, *die; (occupation)* Betätigung, *die;* **she has so many social activities** sie ist gesellschaftlich so aktiv; **classroom activities** schulische Tätigkeiten; **outdoor activities** Betätigung an der frischen Luft; **a new sporting ~:** eine neue Sportart; ~ **holiday** Aktivurlaub, *der;* **some activities offered by the youth centre** einige Veranstaltungen des Jugendzentrums

**actor** ['æktə(r)] *n.* **a)** Schauspieler, *der;* **b)** *see* **actress**

**actress** ['æktrɪs] *n.* Schauspielerin, *die*

**actual** ['æktʃʊəl] *adj.* **a)** *(real)* eigentlich, tatsächlich ⟨*Lage, Gegebenheiten*⟩; wirklich ⟨*Name, Gegenstand*⟩; konkret ⟨*Beispiel*⟩; **what was the ~ time of his arrival?** wann genau ist er angekommen?; **what is the ~ position now?** wie ist eigentlich der Stand der Dinge?; **it's an ~ fact** das ist eine Tatsache *od.* ein Faktum; **in ~ fact** tatsächlich; **no ~ crime was committed** es wurde kein eigentliches Verbrechen begangen; **b)** *(current)* derzeitig; **the ~ situation** der gegenwärtige Stand der Dinge

**actuality** [æktʃʊ'ælɪtɪ] *n.* **a)** *(reality)* Wirklichkeit, *die;* Realität, *die;* **the ~ of the situation** die reale *od.* wirkliche Lage; **in ~:** in Wirklichkeit; **when her dream became an ~:** als ihr Traum Wirklichkeit wurde; **b)** *(realism)* Aktualität, *die*

**actually** ['æktʃʊəlɪ] *adv. (in fact)* eigentlich; *(by the way)* übrigens; *(believe it or not)* sogar; **~, to tell you the truth ...:** also, um die Wahrheit zu sagen, ...; **~, I must be going** ich muß jetzt wirklich gehen; **I'm ~ quite capable of looking after myself** im übrigen bin ich gut in der Lage, für mich selbst zu sorgen; **he ~ had the cheek to suggest ...:** er hatte tatsächlich die Unverfrorenheit, vorzuschlagen ...

**actuarial** [æktʃʊ'eərɪəl] *adj.* versicherungsmathematisch

**actuary** ['æktʃʊərɪ] *n.* Versicherungsmathematiker, *der;* Aktuar, *der*

**actuate** ['æktʃʊeɪt] *v. t. (activate)* antreiben ⟨*Maschine*⟩; in Bewegung setzen ⟨*Vorgang*⟩; auslösen ⟨*Mechanismus, Reaktion*⟩

**actuation** [æktʃʊ'eɪʃn] *n. (of machine)* Antrieb, *der; (of mechanism)* Auslösen, *das*

**acumen** ['ækjʊmen] *n.* Scharfsinn, *der;* **business ~:** Geschäftssinn, *der;* **political ~:** politische Klugheit

**acupressure** ['ækju:preʃə(r)] *n. (Med.)* Akupressur, *die*

**acupuncture** ['ækjʊpʌnktʃə(r)] *n. (Med.)* Akupunktur, *die*

**acute** [ə'kju:t] *adj.,* **~r** [ə'kju:tə(r)], **~st** [ə'kju:tɪst] **a)** *(penetrating)* scharf ⟨*Kritik*⟩; genau ⟨*Beobachtung*⟩; wach ⟨*Bewußtsein*⟩; **b)** *(Geom.)* ~ **angle** spitzer Winkel; **c)** *(Med.)* akut ⟨*Krankheit, Stadium*⟩; **d)** *(critical)* akut ⟨*Gefahr, Knappheit, Situation, Mangel*⟩; **e)** *(keen)* fein ⟨*Geruchssinn*⟩; heftig ⟨*Schmerz*⟩; **f)** *(Ling.)* ~ **accent** Akut, *der;* **g)** *(sharp)* scharf ⟨*Schneide*⟩; fein ⟨*Spitze*⟩

**acutely** [ə'kju:tlɪ] *adv.* **a)** *(penetratingly)* genau[estens] ⟨*sich bewußt sein, durchdenken, beobachten*⟩; **b)** *(Med.)* akut; **he is ~ ill with pneumonia** er hat eine akute Lungenentzündung; **c)** *(critically)* äußerst; *(keenly)* äußerst; überaus; intensiv ⟨*fühlen*⟩

**acuteness** [ə'kju:tnɪs] *n., no pl.* **a)** *(of criticism)* Schärfe, *die; (of observation)* Genauigkeit, *die; (of understanding)* Scharfsinn, *der;* **b)** *(Med.)* Akutheit, *die;* **c)** *(of pain, sensation)* Heftigkeit, *die;* **d)** *(of sense, hearing, etc.)* Feinheit, *die;* **e)** *(of cutting edge)* Schärfe, *die; (of point)* Feinheit, *die*

**AD** *abbr.* **Anno Domini** n. Chr.; *(bes. DDR)* u. Z.

**ad** [æd] *n. (coll.)* Annonce, *die;* Inserat, *das;* **small ad** Kleinanzeige *die;* **TV ads** Werbespots im Fernsehen

**adage** ['ædɪdʒ] *n.* Sprichwort, *das*

**adagio** [ə'dɑ:dʒjəʊ] *(Mus.)* **1.** *adv.* adagio. **2.** *adj.* Adagio-. **3.** *n., pl.* **~s** Adagio, *das*

**Adam** ['ædəm] *pr. n. (first man)* Adam *(der);* **he doesn't know me from ~:** er hat keine Ahnung, wer ich bin

**adamant** ['ædəmənt] *adj.* unnachgiebig; **be ~ that ...:** darauf bestehen, daß ...

**Adam's 'apple** *n.* Adamsapfel, *der*

**adapt** [ə'dæpt] **1.** *v. t.* **a)** *(adjust)* anpassen **(to** *Dat.***)**; umbauen ⟨*Auto*⟩; variieren ⟨*Frisur, Kleidung*⟩; umstellen ⟨*Maschine*⟩ **(to** auf + *Akk.***)**; **this room can easily be ~ed to individual tastes** dieses Zimmer läßt sich leicht auf den persönlichen Geschmack abstimmen; **your eyes will quickly ~ themselves to the dark** deine Augen werden sich schnell an die Dunkelheit gewöhnen; ~ **oneself to sth.** sich an etw. *(Akk.)* gewöhnen; **this furnace can be ~ed to take coal or oil** dieser Ofen läßt sich auf Kohle oder Öl einstellen; **be ~ed for doing sth.** darauf eingestellt sein, etw. zu tun; **b)** *(modify)* adaptieren, bearbeiten ⟨*Text, Theaterstück*⟩; **~ed for TV by ...:** für das Fernsehen bearbeitet von ...; ~ **sth. from sth.** etw. nach etw. bearbeiten. **2.** *v. i.* **a)** ⟨*Tier, Auge:*⟩ sich anpassen **(to** an + *Akk.***)**; **b)** *(to surroundings, circumstances)* sich gewöhnen **(to** an + *Akk.***)**

**adaptability** [ədæptə'bɪlɪtɪ] *n., no pl. (to way of life or environment)* Anpassungsfähigkeit, *die* **(to** *or* **for** an + *Akk.***)**

**adaptable** [ə'dæptəbl] *adj.* anpassungsfähig; vielseitig ⟨*Maschine*⟩; flexibel ⟨*Planung*⟩; **be ~ to** *or* **for sth.** an etw. *(Akk.)* angepaßt werden können

**adaptation** [ædəp'teɪʃn] *n.* **a)** *no pl.* Anpassung, *die* **(to** an + *Akk.***)**; *(of garment)* Veränderung, *die; (of system, machine)* Umstellung, *die* **(to** auf + *Akk.***)**; **b)** *(version)* Adap[ta]tion, *die; (of story, text)* Bearbeitung, *die;* **c)** *(Biol.)* Adaptation, *die*

**adapter, adaptor** [ə'dæptə(r)] *n. (device)* Adapter, *der;* **a four-socket ~:** eine Vierfachsteckdose

**ADC** *abbr. (Mil.)* **aide-de-camp**

**add** [æd] **1.** *v. t.* hinzufügen **(to** *Dat.***)**; hinzufügen, anfügen ⟨*weitere Worte*⟩; beisteuern ⟨*Ideen, Vorschläge*⟩ **(to** zu**)**; dazusetzen ⟨*Namen, Zahlen*⟩; ~ **two and two** zwei und zwei zusammenzählen; ~ **two numbers together** zwei Zahlen addieren; ~ **the flour to the liquid** geben Sie das Mehl in die Flüssigkeit; **we have ~ed a number of new books to our collection** wir haben unsere Sammlung um ein paar neue Bücher erweitert. **2.** *v. i.* ~ **to** vergrößern ⟨*Schwierigkeiten, Einkommen*⟩; verbessern ⟨*Ruf*⟩; ~ **[together] to give** *or* **make the desired amount** zusammen den gewünschten Betrag ergeben

~ **'up 1.** *v. i.* **a) these figures ~ up to** *or* **make 30 altogether** diese Zahlen ergeben zusammen[gezählt] 30; **these things ~/it ~s up** *(fig. coll.)* all diese Dinge summieren sich/das summiert sich alles; ~ **up to sth.** *(fig.)* auf etw. hinauslaufen; **b)** *(make sense)* einen Sinn ergeben. **2.** *v. t.* zusammenzählen

**added** ['ædɪd] *attrib. adj.* zusätzlich; ~ **to this** außerdem; obendrein

**addendum** [ə'dendəm] *n., pl.* **addenda** [ə'dendə] *(thing to be added)* Nachtrag, *der;* Addendum, *das (veralt.); (addition)* Zusatz, *der; in pl. (in book etc.)* Addenda *Pl.*

**adder** ['ædə(r)] *n. (Zool.)* Viper, *die*

**addict 1.** [ə'dɪkt] *v. t.* **be ~ed** süchtig sein; **become ~ed [to sth.]** [nach etw.] süchtig werden; **be ~ed to alcohol/smoking/drugs** alkohol-/nikotin-/drogensüchtig sein. **2.** ['ædɪkt] *n.* Süchtige, *der/die; (fig. coll.)* [begeisterte] Anhänger, *der*/Anhängerin, *die;* **become an ~:** süchtig werden; **drug/heroin ~s** Drogen-/Heroinsüchtige *Pl.;* **a TV ~** *(fig. coll.)* ein Fernsehnarr

**addiction** [ə'dɪkʃn] *n.* Sucht, *die; (fig. coll.)* Fimmel, *der (ugs.);* **an ~ to sth.** die Sucht nach etw.; ~ **to heroin** Heroinsucht, *die*

**addictive** [ə'dɪktɪv] *adj.* **be ~:** süchtig machen; *(fig. coll.)* zu einer Sucht werden

**'adding machine** *n.* Rechenmaschine, *die*

**addition** [ə'dɪʃn] *n.* **a)** *no pl.* Hinzufügen, *das; (of ingredient)* Dazugeben, *das; (adding up)* Addieren, *das; (process)* Addition, *die;* **in ~:** außerdem; **in ~ to** zusätzlich zu; **b)** *(thing added)* Ergänzung, *die* **(to** zu**)**; **we are expecting a new ~ to our family** wir erwarten Familienzuwachs

**additional** [ə'dɪʃənl] *adj.* zusätzlich; ~ **details** weitere Einzelheiten

**additionally** [ə'dɪʃənəlɪ] *adv.* außerdem

**additive** ['ædɪtɪv] **1.** *n.* Zusatz, *der.* **2.** *adj.* zusätzlich; *(to be added)* weiter

**addled** ['ædld] *adj.* **a)** *(rotten)* verdorben; faul; **b)** *(muddled)* verwirrt ⟨*Gedanken*⟩; benebelt ⟨*Kopf*⟩

**address** [ə'dres] **1.** *v. t.* **a)** ~ **sth. to sb./sth.** etw. an jmdn./etw. richten; **you must ~ your complaint to ...:** richten Sie Ihre Beschwerde an (+ *Akk.*) ...; ~ **oneself to sb./sth.** sich an jmdn./etw. wenden; **b)** *(mark with ~)* adressieren **(to** an + *Akk.***)**; mit Anschrift versehen; **c)** *(speak to)* anreden ⟨*Person*⟩; sprechen zu ⟨*Zuhörern*⟩; ~ **sb. as sth.** jmdn. mit etw. *od.* als etw. anreden; **d)** *(give attention to)* angehen ⟨*Problem*⟩; **e)** *(apply)* ~ **oneself to sth.** sich zu etw. anschicken. **2.** *n.* **a)** *(on letter or envelope)* Adresse, *die;* Anschrift, *die; (place of residence)* Wohnsitz, *der;* **of no fixed ~:** ohne festen Wohnsitz; **b)** *(discourse)* Ansprache, *die;* Rede, *die;* **c)** *(skill)* Gewandtheit, *die;* **d)** *in pl. (courteous approach)* Werben, *das;* **pay one's ~es to sb.** jmdm. den Hof machen; **e)** *(Computing)* Adresse, *die*

**ad'dress-book** *n.* Adressenbüchlein, *das*

**addressee** [ædre'si:] *n.* Adressat, *der*/Adressatin, *die;* Empfänger, *der*/Empfängerin, *die*

**ad'dress-label** *n.* Adressenaufkleber, *der*

**adduce** [ə'dju:s] *v.t.* anführen

**adenoids** ['ædɪnɔɪdz] *n. pl. (Med.)* Rachenmandel- *od.* Nasenpolypen *Pl.;* Rachenmandelwucherungen *Pl.*

**adept** ['ædept, 'ədept] **1.** *adj.* geschickt (**in, at** in + *Dat.*). **2.** *n.* Kenner, *der*/Kennerin, *die;* Meister, *der*/Meisterin, *die*

**adequacy** ['ædɪkwəsɪ] *n., no pl.* **a)** *(sufficiency)* Adäquatheit, *die;* Angemessenheit, *die;* **b)** *(suitability)* Eignung, *die;* **c)** *(bare sufficiency)* Zulänglichkeit, *die;* **d)** *(proportionateness)* **the ~ of sth. to sth.** die Angemessenheit einer Sache für etw.

**adequate** ['ædɪkwət] *adj.* **a)** *(sufficient)* ausreichend; angemessen ⟨*Bezahlung, Wohnraum*⟩; **b)** *(barely sufficient)* hinreichend; zulänglich; **my grant is ~ and no more** mein Stipendium reicht gerade so aus; **c)** *(suitable)* angemessen; **he couldn't find ~ words** ihm fehlten die richtigen *od.* passenden Worte; **d)** *(proportionate)* **~ [to sth.]** einer Sache *(Dat.)* angemessen

**adequately** ['ædɪkwətlɪ] *adv.* **a)** *(sufficiently)* ausreichend; **are you ~ prepared for your exam?** haben Sie sich auf die Prüfung in ausreichender Weise vorbereitet?; **these children are not ~ nourished** diese Kinder sind unterernährt; **b)** *(barely sufficiently)* hinreichend; zulänglich; **c)** *(suitably)* angemessen ⟨*gekleidet, qualifiziert usw.*⟩

**adhere** [əd'hɪə(r)] *v.i.* **a)** *(stick)* haften, *(by glue)* kleben (**to** an + *Dat.*); **~ [to each other]** ⟨*zwei Dinge:*⟩ zusammenkleben; **b)** *(give support)* **~ to sth./sb.** an jmdm./einer Sache festhalten; **~ to a party/policy** eine Partei/Politik unterstützen; **c)** *(keep)* **~ to** festhalten an (+ *Dat.*) ⟨*Programm, Brauch, Gewohnheit*⟩; sich halten an (+ *Akk.*) ⟨*Abmachung, Versprechen, Regel*⟩; **we must ~ strictly to the schedule** wir müssen uns genau an den Zeitplan halten

**adherence** [əd'hɪərəns] *n., no pl.* **a)** *(to party, leader, policy)* Unterstützung, *die* (**to** *Gen.*); **b)** *(to programme, agreement, promise, schedule)* Einhalten, *das* (**to** *Gen.*); *(to decision, tradition, principle)* Festhalten, *das* (**to** an + *Dat.*); *(to rule)* Befolgen, *das* (**to** *Gen.*)

**adherent** [əd'hɪərənt] *n.* Anhänger, *der*/Anhängerin, *die*

**adhesion** [əd'hi:ʒn] *n.* **a)** *no pl. (sticking)* Haften, *das* (**to** an + *Dat.*); *(by glue)* Kleben, *das* (**to** an + *Dat.*); **b)** *no pl. (support)* Unterstützung, *die* (**to** *Gen.*); *(to agreement)* Einhalten, *das* (**to** *Gen.*)

**adhesive** [əd'hi:sɪv] **1.** *adj. (adherent)* klebrig; gummiert ⟨*Briefmarke, Umschlag*⟩; Klebe⟨*band, -schicht*⟩; **be ~:** kleben/gummiert sein; **~ plaster** Heftpflaster, *das; see also* **tape 1 a. 2.** *n.* Klebstoff, *der;* Klebemittel, *das*

**ad hoc** [æd 'hɒk] **1.** *adv.* ad hoc. **2.** *adj.* Ad-hoc-

**adieu** [ə'dju:] **1.** *int.* adieu; leb/lebt wohl; **we bid** *or* **wish you ~:** leb/lebt wohl. **2.** *n., pl.* **~s** *or* **~x** [ə'dju:z] Adieu *od.* Lebewohl, *das*

**ad infinitum** [æd ɪnfɪ'naɪtəm] *adv.* ad infinitum *(geh.);* ohne Ende

**adipose** ['ædɪpəʊs] *adj.* adipös *(fachspr.);* verfettet; **~ tissue** Fettgewebe, *das*

**adjacent** [ə'dʒeɪsənt] *adj.* angrenzend; Neben-; **~ to** *(position)* neben (+ *Dat.*); *(direction)* neben (+ *Akk.*); **he sat in the ~ room** er saß im Zimmer nebenan

**adjectival** [ædʒɪk'taɪvəl] *adj. (Ling.)* adjektivisch; **~ endings** Adjektivendungen

**adjective** ['ædʒɪktɪv] *n. (Ling.)* Adjektiv, *das;* Eigenschaftswort, *das*

**adjoin** [ə'dʒɔɪn] **1.** *v.t.* grenzen an (+ *Akk.*); **the room ~ing ours** das Zimmer neben unserem. **2.** *v.i.* aneinandergrenzen; nebeneinanderliegen; **an ~ing field** ein angrenzendes *od.* benachbartes Feld; **in the ~ing room** im Zimmer daneben *od.* nebenan

**adjourn** [ə'dʒɜ:n] **1.** *v.t. (break off)* unterbrechen; *(put off)* aufschieben. **2.** *v.i. (suspend proceedings)* sich vertagen; **let's ~ to the sitting-room/***(coll.)* **pub** begeben wir uns ins Wohnzimmer/*(ugs.)* in die Kneipe

**adjournment** [ə'dʒɜ:nmənt] *n. (suspending) (of court)* Vertagung, *die; (of meeting)* Unterbrechung, *die*

**adjudge** [ə'dʒʌdʒ] *v.t. (pronounce)* **~ sb./sth. [to be] sth.** jmdn./etw. für etw. erklären *od.* befinden

**adjudicate** [ə'dʒu:dɪkeɪt] *v.i. (in court, tribunal)* als Richter tätig sein; *(in contest)* Preisrichter sein (**at** bei, in + *Dat.*)

**adjudication** [ədʒu:dɪ'keɪʃn] *n.* **a)** *(judging)* Beurteilung, *die;* **expert ~:** Expertenmeinung, *die;* **b)** *(decision)* Entscheidung, *die*

**adjudicator** [ə'dʒu:dɪkeɪtə(r)] *n.* Schiedsrichter, *der*/Schiedsrichterin, *die; (in contest)* Preisrichter, *der*/Preisrichterin, *die*

**adjunct** ['ædʒʌŋkt] *n.* **a)** Anhängsel, *das; (effect)* Neben- *od.* Begleiterscheinung, *die;* **b)** *(Ling.)* Adjunkt, *das*

**adjuration** [ædʒʊə'reɪʃn] *n.* [inständige] Bitte; Beschwörung, *die*

**adjure** [ə'dʒʊə(r)] *v.t.* inständig bitten; beschwören

**adjust** [ə'dʒʌst] **1.** *v.t.* **a)** richtig [an]ordnen ⟨*Gegenstände, Gliederung*⟩; ändern ⟨*Gegebenheiten*⟩; zurechtmachen ⟨*Frisur*⟩; zurechtrücken ⟨*Hut, Krawatte*⟩; *(regulate)* regulieren, regeln ⟨*Geschwindigkeit, Höhe usw.*⟩; [richtig] einstellen ⟨*Gerät, Mechanismus, Bremsen, Vergaser, Motor, Zündung*⟩; *(adapt)* entsprechend ändern ⟨*Plan, Bedingungen*⟩; angleichen ⟨*Gehalt, Lohn, Zinsen*⟩; **~ sth. [to sth.]** etw. [an etw. *(Akk.)*] anpassen *od.* [auf etw. *(Akk.)*] einstellen; **please ~ your watches** bitte stellen Sie Ihre Uhren richtig; **'do not ~ your set'** „Störung"; **b)** *(assess)* berechnen ⟨*Schaden*⟩; regulieren ⟨*Versicherungsansprüche*⟩; eichen ⟨*Maß, Gewicht*⟩; **such discrepancies can be ~ed** solche Unstimmigkeiten können ausgeglichen *od.* beigelegt werden. **2.** *v.i.* **~ [to sth.]** sich [an etw. *(Akk.)*] gewöhnen *od.* anpassen; ⟨*Gerät, Maschine usw.:*⟩ sich [auf etw. *(Akk.)*] einstellen lassen; **the eye soon ~s to the dark** das Auge gewöhnt sich schnell an die Dunkelheit; **~ to new conditions/a requirement** sich auf neue Verhältnisse/eine Forderung einstellen

**adjustable** [ə'dʒʌstəbl] *adj.* einstellbar (**to** auf + *Akk.*); verstellbar, justierbar ⟨*Gerät*⟩; regulierbar ⟨*Temperatur*⟩

**adjustment** [ə'dʒʌstmənt] *n.* **a)** *(of layout, plan)* Ordnung, *die; (of things)* Anordnung, *die; (of device, engine, machine)* Einstellung, *die; (of hair, clothing)* Zurechtmachen, *das; (to situation, life-style)* Anpassung, *die* (**to** an + *Akk.*); *(of eye)* Adaption, *die;* Gewöhnung, *die;* **some ~s are necessary on your car engine** an Ihrem Motor muß einiges neu *od.* richtig eingestellt werden; **she made a few minor ~s to her manuscript** sie brachte an ihrem Manuskript ein paar kleinere Korrekturen an; **b)** *(of insurance claim, damage)* Schadensfestsetzung, *die;* **c)** *(settlement) (of claims or damages)* Regulierung, *die;* **d)** *(device)* Einstellvorrichtung, *die*

**adjutant** ['ædʒʊtənt] *n.* **a)** *(Mil.)* Adjutant, *der;* **b)** *(Ornith.)* **~ [bird]** Indischer Marabu

**ad lib** [æd 'lɪb] *adv.* zwanglos, nach Belieben

**ad-lib** **1.** *adj. (unprepared, improvised)* Stegreif-, improvisiert ⟨*Rede, Vortrag*⟩; **give an ~ rendering** improvisieren. **2.** *v.i.,* **-bb-** *(coll.)* improvisieren

**Adm.** *abbr.* **admiral** Adm.

**'adman** *n.* Werbe-, Reklamefachmann, *der*

**admin** ['ædmɪn] *n. (coll.)* Verwaltung, *die;* **an ~ problem** ein Verwaltungsproblem

**administer** [æd'mɪnɪstə(r)] *v.t.* **a)** *(manage)* verwalten; führen ⟨*Geschäfte, Regierung*⟩; regieren ⟨*Land*⟩; **b)** *(give, apply)* spenden ⟨*Trost*⟩; leisten, gewähren ⟨*Hilfe, Unterstützung*⟩; austeilen, verabreichen ⟨*Schläge, Prügel*⟩; verabreichen, geben ⟨*Medikamente*⟩; spenden, geben ⟨*Sakramente*⟩; anwenden ⟨*Disziplinierungsmaßnahmen*⟩; **~ justice [to sb.]** [über jmdn.] Recht sprechen; **~ punishment to sb.** jmdn. bestrafen; **~ an oath to sb.** jmdn. vereidigen; jmdm. einen Eid abnehmen; **~ treatment to sb.** jmdn. behandeln

**administration** [ədmɪnɪ'streɪʃn] *n.* **a)** *(management, managing)* Verwaltung, *die;* **b)** *(giving, applying) (of sacraments)* Spenden, *das;* Geben, *das; (of discipline)* Anwendung, *die; (of medicine)* Verabreichung, *die; (of aid, relief)* Gewährung, *die;* **~ of justice** Rechtspflege, *die;* **~ of an oath** Eidesabnahme, *die;* **c)** *(ministry, government)* Regierung, *die; (Amer.: President's period of office)* Amtszeit, *die;* **d)** *(Law)* **~ of the estate** Nachlaßverwaltung, *die;* Vermögensverwaltung, *die*

**administrative** [əd'mɪnɪstrətɪv] *adj.* Verwaltungs-; administrativ ⟨*Angelegenheit, Geschick, Fähigkeit*⟩; **~ work** Verwaltungsarbeit, *die;* **an ~ job** ein Verwaltungsposten

**administrator** [əd'mɪnɪstreɪtə(r)] *n.* **a)** *(manager)* Administrator, *der;* Verwalter, *der; (sb. capable of organizing)* Organisator, *der;* **b)** *(performing official duties)* Verwaltungsbeamte/-angestellte, *der;* **c)** *(of deceased person's estate)* Verwalter, *der;* Testamentsvollstrecker, *der*

**admirable** ['ædmərəbl] *adj.* bewundernswert; erstaunlich; *(excellent)* vortrefflich; ausgezeichnet

**admirably** ['ædmərəblɪ] *adv.* bewundernswert; erstaunlich; *(excellently)* vortrefflich

**admiral** ['ædmərəl] *n.* **a)** Admiral, *der;* **A~ of the Fleet** *(Brit.)* Großadmiral, *der;* **b)** *(butterfly)* **red ~:** Admiral, *der*

**Admiralty** ['ædmərəltɪ] *n.* **~ [Board]** *britisches Marineministerium*

**admiration** [ædmə'reɪʃn] *n., no pl.* **a)** Bewunderung, *die* (**of, for** für); **b)** *(object of ~)* **be the ~ of sb.** von jmdm. bewundert werden

**admire** [əd'maɪə(r)] *v.t.* bewundern (**for** wegen)

**admirer** [əd'maɪərə(r)] *n.* Bewunderer, *der*/Bewunderin, *die; (suitor)* Verehrer, *der*/Verehrerin, *die*

**admiring** [əd'maɪərɪŋ] *adj.,* **admiringly** [əd'maɪərɪŋlɪ] *adv.* bewundernd

**admissibility** [ədmɪsɪ'bɪlɪtɪ] *n., no pl.* Zulässigkeit, *die*

**admissible** [əd'mɪsɪbl] *adj.* **a)** akzeptabel ⟨*Plan, Vorschlag*⟩; erlaubt, zulässig ⟨*Abweichung, Schreibung*⟩; **b)** *(Law)* zulässig; **that is not ~ evidence** das ist kein vor Gericht zugelassener Beweis *od.* zugelassenes Beweisstück

**admission** [əd'mɪʃn] *n.* **a)** *(entry)* Zutritt, *der;* **~ to university** Zulassung [zum Studium] an einer Universität; **~ costs** *or* **is 50p** der Eintritt kostet 50 Pence; **charge for ~:** Eintrittspreis, *der;* **b)** *(charge)* Eintritt, *der;* **c)** *(confession)* Eingeständnis, *das* (**of, to** *Gen.*); **by** *or* **on one's own ~:** nach eigenem Eingeständnis

**admission: ~ fee, ~ price** *ns.* Eintrittspreis, *der;* **~ money** *n.* Eintrittsgeld, *das;* **~ ticket** *n.* Eintrittskarte, *die*

**admit** [əd'mɪt] **1.** *v.t.,* **-tt-** **a)** *(let in)* hinein-/hereinlassen; **persons under the age of 16 not ~ted** kein Zutritt für Jugendliche unter 16 Jahren; **~ sb. to a school/club** jmdn. in eine Schule/einen Klub aufnehmen; **'this ticket ~s two'** „Eintrittskarte für zwei Personen"; **b)** *(accept as valid)* **if we ~ that argument/evidence** wenn wir davon ausgehen, daß dieses Argument zutrifft/daß diese Beweise erlaubt sind; **c)** *(acknowledge)* zugeben; eingestehen; **~ sth. to be true** zugeben *od.* eingestehen, daß etw. wahr ist; ~ **to being guilty/drunk** zugeben, schuldig/betrunken zu sein; **d)** *(have room for)* Platz bieten (+ *Dat.*). **2.** *v. i.*, **-tt-**: ~ **of sth.** etw. zulassen *od.* erlauben

**admittance** [əd'mɪtəns] *n.* Zutritt, *der;* **no ~ [except on business]** Zutritt [für Unbefugte] verboten

**admittedly** [əd'mɪtɪdlɪ] *adv.* zugegeben[ermaßen]; ~ **he is very young** zugegeben, er ist sehr jung

**admixture** [əd'mɪkstʃə(r)] *n.* **a)** *no pl. (mixing)* [Ver]mischen, *das;* Vermengen, *das;* **b)** *(ingredient)* Zusatz, *der;* Beimischung, *die*

**admonish** [əd'mɒnɪʃ] *v. t.* ermahnen; *(reproach)* ermahnen; tadeln

**admonishment** [əd'mɒnɪʃmənt], **admonition** [ædmə'nɪʃn] *ns.* Ermahnung, *die; (reproach)* Ermahnung, *die;* Tadel, *der*

**ad nauseam** [æd 'nɔ:sɪæm, æd 'nɔ:zɪæm] *adv.* bis zum Überdruß

**ado** [ə'du:] *n., no pl., no art.* **without more** *or* **with no further** ~: ohne weiteres Aufhebens

**adobe** [ə'dəʊbɪ, ə'dəʊb] *n. (brick)* Adobe, *der;* ungebrannter Lehmziegel

**adolescence** [ædə'lesns] *n., no art.* die Zeit des Erwachsenwerdens; die Adoleszenz *(Med.)*

**adolescent** [ædə'lesnt] **1.** *n.* Heranwachsende, *der/die.* **2.** *adj.* heranwachsend ⟨*Person*⟩; pubertär ⟨*Benehmen*⟩

**adopt** [ə'dɒpt] *v. t.* **a)** adoptieren; aufnehmen ⟨*Tier*⟩; **we ~ed a refugee family** wir übernahmen die Patenschaft für eine Flüchtlingsfamilie; **b)** *(take over)* annehmen, übernehmen ⟨*Kultur, Sitte*⟩; annehmen ⟨*Glaube, Religion*⟩; **c)** *(take up)* übernehmen, sich aneignen ⟨*Methode*⟩; einnehmen ⟨*Standpunkt, Haltung*⟩; **that's not the right attitude to** ~: das ist nicht die richtige Einstellung; **d)** *(approve)* annehmen; billigen; **the meeting ~ed the motion** die Versammlung stimmte dem Antrag zu

**adoption** [ə'dɒpʃn] *n.* **a)** Adoption, *die;* **b)** *(taking over) (of culture, custom)* Annahme, *die;* Übernahme, *die; (of belief)* Annahme, *die;* **c)** *(taking up) (of method)* Aneignung, *die;* Übernahme, *die; (of point of view)* Einnahme, *die;* **d)** *(approval)* Annahme, *die*

**adoptive** [ə'dɒptɪv] *adj.* adoptiert; ~ **son/mother** Adoptivsohn, *der*/-mutter, *die*

**adorable** [ə'dɔ:rəbl] *adj.*, **adorably** [ə'dɔ:rəblɪ] *adv.* bezaubernd; hinreißend

**adoration** [ædə'reɪʃn] *n.* **a)** Verehrung, *die;* **b)** *(worship of gods etc.)* Anbetung, *die*

**adore** [ə'dɔ:(r)] *v. t.* **a)** innig *od.* über alles lieben; **his adoring girlfriend/fans** seine schmachtende Freundin/schmachtenden Fans; **b)** *(coll.: like greatly)* ~ **sth.** für etwas schwärmen; ~ **doing sth.** etw. sehr, sehr gern *od. (ugs.)* für sein Leben gern tun; **c)** *(worship)* anbeten ⟨*Götter usw.*⟩

**adorn** [ə'dɔ:n] *v. t.* schmücken; ~ **oneself** sich schön machen

**adornment** [ə'dɔ:nmənt] *n.* **a)** *no pl.* Verschönerung, *die;* **b)** *(ornament)* Verzierung, *die;* **~s** Schmuck, *der*

**adrenal** [ə'dri:nl] *(Anat.)* **1.** *adj.* ~ **glands** Nebennieren *Pl.* **2.** *n.* Nebenniere, *die*

**adrenalin,** (*Amer.* P) [ə'drenəlɪn] *n. (Physiol., Med.)* Adrenalin, *das*

**Adriatic** [eɪdrɪ'ætɪk] *pr. n.* ~ **[Sea]** Adriatisches Meer; Adria, *die*

**adrift** [ə'drɪft] *pred. adj.* **a) be** ~: treiben; **cut a boat** ~: die Halteleine eines Bootes durchschneiden; **b)** *(fig.: exposed)* verloren; preisgegeben; **turn sb.** ~: jmdn. sich *(Dat.)* selbst überlassen

**adroit** [ə'drɔɪt] *adj.* geschickt; gewandt; **be ~ at sth./doing sth.** gewandt *od.* geschickt in etw. *(Dat.)* sein

**adroitly** [ə'drɔɪtlɪ] *adv.* geschickt; gewandt

**adroitness** [ə'drɔɪtnɪs] *n., no pl.* Geschicklichkeit, *die;* Gewandtheit, *die*

**adulation** [ædjʊ'leɪʃn] *n., no pl. (praise)* Beweihräucherung, *die; (admiration of person)* Vergötterung, *die*

**adult** ['ædʌlt, ə'dʌlt] **1.** *adj.* erwachsen ⟨*Person*⟩; reif ⟨*Verhalten*⟩; ausgewachsen ⟨*Tier, Pflanze*⟩; **this play is suitable only for ~ audiences** dieses Stück ist nur für Erwachsene geeignet; **behave in an ~ manner** sich wie ein Erwachsener benehmen. **2.** *n.* Erwachsene, *der/die;* **'~s only'** „Nur für Erwachsene"; ~ **education** Erwachsenenbildung, *die*

**adulterate** [ə'dʌltəreɪt] *v. t.* verunreinigen; panschen ⟨*Wein, Milch*⟩

**adulteration** [ədʌltə'reɪʃn] *n.* Verunreinigung, *die; (of wine, milk)* Panschen, *das*

**adulterer** [ə'dʌltərə(r)] *n.* Ehebrecher, *der*

**adulteress** [ə'dʌltərɪs] *n.* Ehebrecherin, *die*

**adulterous** [ə'dʌltərəs] *adj.* ehebrecherisch

**adultery** [ə'dʌltərɪ] *n., no pl.* Ehebruch, *der*

**adulthood** ['ædʌlthʊd, ə'dʌlthʊd] *n., no pl.* Erwachsenenalter, *das;* **reach** ~: erwachsen werden

**adumbrate** ['ædəmbreɪt] *v. t.* **a)** *(outline)* umreißen; skizzieren; **b)** *(suggest faintly)* andeuten; **c)** *(foreshadow)* ankündigen

**advance** [əd'vɑ:ns] **1.** *v. t.* **a)** *(move forward)* vorrücken lassen; **b)** *(put forward)* vorbringen ⟨*Plan, Meinung, These*⟩; **c)** *(bring forward)* vorverlegen ⟨*Termin*⟩; **d)** *(promote)* befördern; **e)** *(further)* fördern; ~ **one's own interests** [nur] die eigenen Interessen verfolgen; **f)** *(pay before due date)* vorschießen; ~ **sb. a week's pay** jmdm. einen Wochenlohn [als] Vorschuß geben; *(loan)* **the bank ~d me two thousand pounds** die Bank lieh mir zweitausend Pfund; **g)** *(increase)* erhöhen. **2.** *v. i.* **a)** *(move forward; also Mil.)* vorrücken; ⟨*Prozession:*⟩ sich vorwärts bewegen; ~ **towards sb./sth.** ⟨*Person:*⟩ auf jmdn./etw. zugehen; **he ~d towards me** er kam auf mich zu; **b)** *(fig.: make progress)* Fortschritte machen; vorankommen; **c)** *(increase)* steigen. **3.** *n.* **a)** *(forward movement)* Vorrücken, *das; (fig.: progress)* Fortschritt, *der;* **any ~ on £30?** [bietet] jemand mehr als 30 Pfund?; **b)** *usu. in pl. (personal overture)* Annäherungsversuch, *der;* **c)** *(payment beforehand)* Vorauszahlung, *die; (on salary)* Vorschuß, *der* (**on** auf + *Akk.*); *(loan)* Darlehen, *das;* **d) in** ~: im voraus; **be in ~ of one's age** seiner Zeit voraus sein; **send sb./sth. in** ~: jmdn./etw. vorausschicken

**advanced** [əd'vɑ:nst] *adj.* fortgeschritten; **he has ~ ideas** er hat Ideen, die seiner Zeit voraus sind; **be ~ in years** in fortgeschrittenem Alter sein; ~ **level** *see* **A level**; ~ **studies** weiterführende Studien

**advance 'guard** *n. (lit. or fig.)* Vorhut, *die*

**advancement** [əd'vɑ:nsmənt] *n., no pl.* **a)** *(promotion)* Aufstieg, *der;* **b)** *(furtherance)* Förderung, *die*

**advance:** ~ **'notice** *n.* **a week's ~ notice** Benachrichtigung eine Woche [im] voraus; **give sb. ~ notice of sth.** jmdn. im voraus von etw. in Kenntnis setzen; ~ **'payment** *n.* Vorauszahlung, *die*

**advantage** [əd'vɑ:ntɪdʒ] *n.* **a)** *(better position)* Vorteil, *der;* **give sb. an ~ over sb.** für jmdn. einen Vorteil gegenüber jmdm. bedeuten *od.* ein Vorteil gegenüber jmdm. sein; **gain an ~ over sb.** sich *(Dat.)* einen Vorteil gegenüber jmdm. verschaffen; **have an ~ over sb.** jmdm. gegenüber im Vorteil sein; **take [full/unfair] ~ of sth.** etw. [voll/unfairerweise] ausnutzen; **take ~ of sb.** jmdn. ausnutzen; *(euphem.: seduce)* jmdn. mißbrauchen; **don't let them take ~ of you** laß dich nicht von ihnen ausnutzen; **have the ~ of sb.** [jmdm. gegenüber] in der besseren Position sein; **we shall show our range of products to** ~: wir werden unser Sortiment vorteilhaft ausstellen; **be seen to better** ~: vorteilhafter aussehen; **b)** *(benefit)* Vorteil, *der;* **'ability to type [would be] an ~'**: „Schreibmaschinenkenntnisse von Vorteil"; **it could be done/we could do it with** ~: es wäre von Vorteil, wenn es getan würde/wenn wir es täten; **be to one's** ~: für jmdn. von Vorteil sein; **something to your** ~: etwas, was für dich von Vorteil ist; **turn sth. to [one's]** ~: etw. ausnutzen; **c)** *(Tennis)* Vorteil, *der;* ~ **in/out** Vorteil Aufschläger/Rückschläger

**advantageous** [ædvən'teɪdʒəs] *adj.* vorteilhaft ⟨*Verfahren, Übereinkunft*⟩; günstig ⟨*Lage*⟩; **be [mutually]** ~: [für beide Seiten] von Vorteil sein; **be ~ to sb.** für jmdn. von Vorteil sein

**advantageously** [ædvən'teɪdʒəslɪ] *adv.* **we could ~ discuss this** es wäre von Vorteil, wenn wir das besprächen; **be ~ placed** günstig gelegen sein; **compare ~ with sth.** gegenüber etw. günstig abschneiden

**advent** ['ædvənt] *n., no pl.* **a)** *(of thing)* Beginn, *der;* Anfang, *der;* **before the ~ of the railways** vor dem Aufkommen der Eisenbahn; **b)** *no art.* **A~** *(season)* Advent, *der*

**adventitious** [ædvən'tɪʃəs] *adj.* zufällig

**adventure** [əd'ventʃə(r)] *n.* Abenteuer, *das;* **in a spirit of** ~: voller Abenteuerdrang

**ad'venture playground** *n. (Brit.)* Abenteuerspielplatz, *der*

**adventurer** [əd'ventʃərə(r)] *n.* Abenteurer, *der; (derog.: speculator)* Glücksritter, *der*

**adventuress** [əd'ventʃərɪs] *n.* Abenteu[r]erin, *die*

**adventurism** [əd'ventʃərɪzm] *n., no pl.* Abenteuerlust, *die;* Wagemut, *der; (Polit.)* Abenteuerpolitik, *die*

**adventurous** [əd'ventʃərəs] *adj.* **a)** *(venturesome)* abenteuerlustig; ~ **spirit** Abenteurergeist, *der;* **b)** *(filled with adventures)* abenteuerlich; **c)** *(enterprising)* kühn

**adverb** ['ædvɜ:b] *n. (Ling.)* Adverb, *das;* Umstandswort, *das;* ~ **of time/place** Zeit-/Ortsadverb, *das*

**adverbial** [əd'vɜ:bɪəl] *adj. (Ling.)* adverbial

**adverbially** [əd'vɜ:bɪəlɪ] *adv. (Ling.)* adverbial

**adversary** ['ædvəsərɪ] *n. (enemy)* Widersacher, *der*/Widersacherin, *die; (opponent)* Kontrahent, *der*/Kontrahentin, *die*

**adverse** ['ædvɜ:s] *adj.* **a)** *(hostile)* ablehnend (**to** gegenüber); **an ~ response** eine abschlägige Antwort; **b)** *(unfavourable)* ungünstig ⟨*Bedingung, Entwicklung*⟩; negativ ⟨*Bilanz, Urteil*⟩; nachteilig ⟨*Auswirkung*⟩; **developments ~ to our interests** für unsere Interessen nachteilige Entwicklungen; **c)** *(contrary)* widrig ⟨*Wind, Umstände*⟩

**adversely** ['ædvɜ:slɪ] *adv.* **a)** *(hostilely)* ablehnend; **b)** *(unfavourably)* nachteilig

**adversity** [əd'vɜ:sɪtɪ] *n.* **a)** *no pl.* Not, *die;* **in** ~: in der Not; in Notzeiten; **b)** *usu. in pl. (misfortune)* Widrigkeit, *die*

**advert** ['ædvɜ:t] *(Brit. coll.) see* **advertisement**

**advertise** ['ædvətaɪz] **1.** *v. t.* werben für ⟨*Güter, Waren*⟩; *(by small ad)* inserieren ⟨*Auto, Haus*⟩; ausschreiben ⟨*Stelle*⟩; ~ **one's intentions** seine Absichten bekanntgeben; ~ **one's presence** seine Anwesenheit bekanntmachen. **2.** *v. i.* werben; *(in newspaper)* inserieren; annoncieren; ~ **on television** Werbung im Fernsehen machen; ~ **for sb./sth.** jmdn./etw. [per Inserat] suchen

**advertisement** [əd'vɜ:tɪsmənt] *n.* Anzeige, *die;* **TV** ~: Fernsehspot, *der;* **classified** ~: Kleinanzeige, *die* ; **his behaviour is not a good ~ for the firm** *(fig.)* sein Verhalten ist für das Unternehmen keine gute Reklame

**advertiser** ['ædvətaɪzə(r)] *n. (in newspaper)* Inserent, *der*/Inserentin, *die; (on radio, TV)* Auftraggeber/Auftraggeberin [der Werbesendung]

**advertising** ['ædvətaɪzɪŋ] *n., no pl., no indef. art.* Werbung, *die;* ~ **agency/campaign** Werbeagentur, *die*/-kampagne, *die*

**advice** [əd'vaɪs] *n.* **a)** *no pl., no indef. art. (counsel)* Rat, *der;* **seek ~ from sb.** bei jmdm. Rat suchen; **my ~ to you would be ...:** ich würde dir raten ...; **he doesn't listen to ~:** er hört nicht auf Ratschläge; **on sb.'s ~:** auf jmds. Rat *(Akk.)* hin; **a piece of ~:** ein Rat[schlag]; **give sb. a piece** *or* **bit** *or* **word of ~:** jmdm. einen guten Rat geben; **if you ask** *or* **want my ~:** wenn du meinen Rat hören willst; **take ~ [from sb.]** [jmdn.] um Rat fragen; **take sb.'s ~:** jmds. Rat *(Dat.)* folgen; **take legal ~:** sich juristisch beraten lassen; **b)** *(formal notice)* Bescheid, *der;* Avis, *der od. das (Kaufmannsspr.)*

**advisability** [ədvaɪzə'bɪlɪtɪ] *n., no pl.* Ratsamkeit, *die;* **consider the ~ of doing sth.** erwägen, ob es ratsam ist, etw. zu tun

**advisable** [əd'vaɪzəbl] *adj.* ratsam

**advise** [əd'vaɪz] **1.** *v. t.* **a)** *(offer advice to)* beraten; **please ~ me** bitte geben Sie mir einen Rat; **~ sb. to do sth.** jmdm. raten, etw. zu tun; **~ sb. not to do** *or* **against doing sth.** jmdm. abraten, etw. zu tun; **what would you ~ me to do?** wozu würdest du mir raten?; **b)** *(recommend)* **~ sth.** zu etw. raten; **c)** *(inform)* unterrichten, informieren **(of** über + *Akk.*); **keep me ~d** halten Sie mich auf dem laufenden. **2.** *v. i.* **a)** raten; **~ on sth.** bei etw. beraten; **please ~:** erbitte Rat; **b)** *(Amer.: consult)* **~ with sb.** sich mit jmdm. beraten

**advised** [əd'vaɪzd] *adj.* **[well-]~:** wohl überlegt; **be well/better ~:** ⟨*Person:*⟩ wohlberaten/besser beraten sein

**advisedly** [əd'vaɪzɪdlɪ] *adv.* bewußt

**adviser, advisor** [əd'vaɪzə(r)] *n.* Berater, *der*/Beraterin, *die*

**advisory** [əd'vaɪzərɪ] *adj.* beratend; **~ committee** Beratungsausschuß, *der;* **in an ~ capacity** in beratender Funktion

**advocaat** [ædvə'kɑ:t] *n.* Eierlikör, *der*

**advocacy** ['ædvəkəsɪ] *n., no pl.* **sb.'s ~ of sth.** jmds. Engagement *od.* Eintreten für etw.

**advocate 1.** ['ædvəkət] *n. (of a cause)* Befürworter, *der*/Befürworterin, *die;* Fürsprecher, *der*/Fürsprecherin, *die; (for a person)* Fürsprecher, *der*/Fürsprecherin, *die; (Law: professional pleader)* [Rechts]anwalt, *der*/ [Rechts]anwältin, *die;* **Faculty of A~s** [schottische] Anwaltskammer, *die;* **Lord A~:** [schottische] Generalstaatsanwalt, *der.* **2.** ['ædvəkeɪt] *v. t.* **a)** *(recommend)* befürworten; empfehlen; **~ a policy** für eine Politik eintreten; **~ that ...:** dafür plädieren, daß ...; **b)** *(defend)* verteidigen; eintreten für

**advt.** *abbr.* **advertisement**

**adze** *(Amer.:* **adz)** [ædz] *n.* Dechsel, *die*

**Aegean** [i:'dʒi:ən] *pr. n.* **~ [Sea]** Ägäisches Meer

**aegis** ['i:dʒɪs] *n.* **a)** *(auspices)* **under the ~ of sb./sth.** unter der Ägide *(geh.) od.* Schirmherrschaft von jmdm./etw.; **b)** *(protection)* Schutz, *der*

**Aeneid** ['i:nɪɪd] *n.* Äneis, *die*

**aeon** ['i:ən] *n. (age)* Äon, *der (geh.)*

**aerate** ['eəreɪt] *v. t.* **a)** *(charge with gas)* [mit Kohlendioxyd] anreichern; **~d water** kohlensaures Wasser; **b)** *(Agric., Hort.)* durchlüften

**aerial** ['eərɪəl] **1.** *adj.* **a)** *(in the air)* Luft-; **~ root** Luftwurzel, *die;* **~ cableway** *or* **ropeway** *or* **railway** Seilbahn, *die;* **b)** *(atmospheric)* atmosphärisch; **c)** *(Aeronaut.)* Luft-; **~ bombardment** Bombardierung [aus der Luft]; **~ photograph/photography** Luftaufnahme, *die*/Luftaufnahmen; **~ spraying** Besprühung aus der Luft. **2.** *n.* Antenne, *die*

**aero-** [eərə] *in comb.* Aero-

**aerobatics** [eərə'bætɪks] *n.* **a)** *no pl.* Kunstflug, *der;* Aerobatik, *die;* **b)** *pl. (feats of flying skill)* fliegerische Kunststücke

**aerobic** [eə'rəʊbɪk] *adj.* aerob *(Biol.)*

**aerobics** [eə'rəʊbɪks] *n., no pl.* Aerobic, *das*

**aerodrome** ['eərədrəʊm] *n. (Brit. dated)* Aerodrom, *das (veralt.);* Flugplatz, *der*

**aerody'namic** *adj.* aerodynamisch

**aerody'namics** *n., no pl.* Aerodynamik, *die*

**aero-engine** ['eərəʊendʒɪn] *n. (Aeronaut.)* Flug[zeug]motor, *der*

**'aerofoil** *n.* Tragfläche, *die;* Tragflügel, *der (fachspr.); (on car)* Heckspoiler, *der*

**'aerogram[me]** *see* **air letter**

**aeronautic** [eərə'nɔ:tɪk], **aeronautical** [eərə'nɔ:tɪkl] *adj.* aeronautisch

**aeronautics** [eərə'nɔ:tɪks] *n., no pl.* Aeronautik, *die*

**aeroplane** ['eərəpleɪn] *n. (Brit.)* Flugzeug, *das*

**aerosol** ['eərəsɒl] *n.* **a)** *(spray)* Spray, *der od. das; (container)* **~ [spray]** Spraydose, *die;* **b)** *(system of particles)* Aerosol, *das*

**'aerospace** *n., no pl., no art.* Erdatmosphäre und Weltraum; *(technology)* Luft- und Raumfahrt, *die*

**aesthete** ['i:sθi:t] *n.* Ästhet, *der*/Ästhetin, *die*

**aesthetic** [i:s'θetɪk] **1.** *adj.* ästhetisch; schöngeistig ⟨*Person, Epoche*⟩. **2.** *n.* **the Hegelian ~:** die Hegelsche Ästhetik

**aesthetically** [i:s'θetɪkəlɪ] *adv.* ästhetisch

**aestheticism** [i:s'θetɪsɪzm] *n., no pl.* Ästhetizismus, *der*

**aesthetics** [i:s'θetɪks] *n., no pl.* Ästhetik, *die*

**aether** *see* **ether b**

**aetiology** [i:tɪ'ɒlədʒɪ] *n. (Med., Philos.)* Ätiologie, *die*

**AF** *abbr.* **audio frequency**

**afar** [ə'fɑ:] *adv.* **~ [off]** weit fort; in weiter Ferne; **from ~:** aus der Ferne

**AFC** *abbr. (Brit.)* **Association Football Club** *Fußballverein*

**affability** [æfə'bɪlɪtɪ] *n., no pl.* Freundlichkeit, *die;* **the boss's back-slapping ~:** die joviale Leutseligkeit des Chefs

**affable** ['æfəbl] *adj.* freundlich; **he is on ~ terms with everyone** er versteht sich mit allen gut

**affably** ['æfəblɪ] *adv.* freundlich

**affair** [ə'feə(r)] *n.* **a)** *(concern, matter)* Angelegenheit, *die;* **it's not my ~:** es geht mich nichts an; **that's 'his ~:** das ist seine Sache; **the Dreyfus ~:** die Dreyfus-Affäre; **b)** *in pl. (everyday business)* Geschäfte *Pl.;* [tägliche] Arbeit; *(business dealings)* Geschäfte *Pl.;* **state of ~s** Lage, *die; see also* **current 1 c; foreign c; state 1 d; c)** *(love ~)* Affäre, *die;* **have an ~ with sb.** eine Affäre *od.* ein Verhältnis mit jmdm. haben; **d)** *(occurrence)* Geschichte, *die (ugs.);* Angelegenheit, *die;* **e)** *(coll.: thing)* Ding, *das;* **our house is a tumbledown ~:** unser Haus ist eine Bruchbude *(ugs.);* **f) ~ of honour** Ehrenhandel, *der*

**¹affect** [ə'fekt] *v. t. (pretend to have)* nachahmen; imitieren; *(pretend to feel or do)* vortäuschen; spielen; **the boy ~ed indifference** der Junge tat so, als sei es ihm gleichgültig; **~ to do sth.** vorgeben, etw. zu tun

**²affect** *v. t.* **a)** *(produce effect on)* sich auswirken auf (+ *Akk.*); **damp had ~ed the spark-plugs** Feuchtigkeit hatte die Zündkerzen in Mitleidenschaft gezogen; **plant growth is ~ed by the amount of rainfall** das Wachstum der Pflanzen wird von der Niederschlagsmenge beeinflußt; **b)** *(emotionally)* betroffen machen; **be ~ed by sth.** von etw. betroffen sein; **c)** ⟨*Vorschrift:*⟩ betreffen; ⟨*Krankheit:*⟩ infizieren; befallen ⟨*Pflanze*⟩

**affectation** [æfek'teɪʃn] *n.* **a)** *(studied display)* Verstellung, *die; (artificiality)* Affektiertheit, *die;* **b)** *no pl. (pretence)* **~ of sth.** Vortäuschung von etw.

**affected** [ə'fektɪd] *adj.* affektiert; gekünstelt ⟨*Sprache, Stil*⟩

**affectedly** [ə'fektɪdlɪ] *adv.* affektiert

**affectedness** [ə'fektɪdnɪs] *n., no pl.* Affektiertheit, *die*

**affecting** [ə'fektɪŋ] *adj.* rührend; ergreifend

**affectingly** [ə'fektɪŋlɪ] *adv.* in ergreifender Weise; rührend

**affection** [ə'fekʃn] *n.* **a)** *(kindly feeling)* Zuneigung, *die;* **have** *or* **feel ~ for sb./sth.** für jmdn. Zuneigung empfinden/an etw. *(Dat.)* hängen; **gain** *or* **win sb.'s ~s** jmds. Zuneigung gewinnen; **she was held in great ~ by many people** viele hatten sie in ihr Herz geschlossen; **have a place in sb.'s ~s** einen festen Platz in jmds. Herzen einnehmen; **lots of love and ~** *(close of letter)* alles Liebe und Gute; **b)** *(Med.: illness)* Affektion, *die*

**affectionate** [ə'fekʃənət] *adj.* anhänglich ⟨*Person, Kind, [Haus]tier*⟩; liebevoll ⟨*Umarmung*⟩; zärtlich ⟨*Lächeln, Erinnerung*⟩; **your ~ son** *(in letter)* Dein Dich liebender Sohn

**affectionately** [ə'fekʃənətlɪ] *adv.* liebevoll; **yours ~:** viele Grüße und Küsse

**affidavit** [æfɪ'deɪvɪt] *n. (Law)* **[sworn] ~:** eidesstattliche Versicherung; **swear an ~:** eine eidesstattliche Versicherung abgeben

**affiliate** [ə'fɪlɪeɪt] **1.** *v. t.* **a)** *(attach)* **be ~d to** *or* **with sth.** an etw. *(Akk.)* angegliedert *od.* angeschlossen sein; **the organization is not politically ~d** die Organisation ist politisch nicht gebunden; **b)** *(adopt)* aufnehmen ⟨*Mitglied*⟩; angliedern ⟨*Vereinigung*⟩; **be an ~d member of an organization** einer Organisation angeschlossen sein. **2.** *n. (person)* assoziiertes Mitglied; *(organization)* Zweigorganisation, *die;* Affiliation, *die (Wirtsch.)*

**affiliation** [əfɪlɪ'eɪʃn] *n.* Angliederung, *die* **(to, with** an + *Akk.*); **~ order** *gerichtliche Feststellung der Vaterschaft und Festsetzung der Unterhaltsverpflichtung für ein nichteheliches Kind*

**affinity** [ə'fɪnɪtɪ] *n.* **a)** *(relationship)* Verwandtschaft, *die* **(to** mit); **b)** *(liking)* Neigung, *die* **(for** zu); **feel an ~ to** *or* **for sb./ sth.** sich zu jmdm./etw. hingezogen fühlen; **c)** *(structural resemblance)* Affinität, *die;* Verwandtschaft, *die; (fig.)* Verwandtschaft, *die* **(with, to** mit); **the ~ of sth. to** *or* **with sth.** die Affinität von etw. zu etw.

**affirm** [ə'fɜ:m] **1.** *v. t.* *(assert)* bekräftigen ⟨*Absicht*⟩; beteuern ⟨*Unschuld*⟩; *(state as a fact)* bestätigen; **~ sth. to sb.** jmdm. etw. versichern. **2.** *v. i. (Law) ohne religiöse Beteuerung schwören*

**affirmation** [æfə'meɪʃn] *n.* **a)** *(of intention)* Bekräftigung, *die; (of fact)* Bestätigung, *die; (of quality)* Versicherung, *die;* **b)** *(Law)* eidesstattliche Erklärung

**affirmative** [ə'fɜ:mətɪv] **1.** *adj.* affirmativ; bestätigend ⟨*Erklärung*⟩; bejahend, zustimmend ⟨*Antwort*⟩; **~ vote** Jastimme, *die.* **2.** *n.* Bejahung, *die;* **answer in the ~:** bejahend antworten; **the answer is in the ~:** die Antwort ist „ja" *od.* positiv

**affirmative 'action** *n. (Amer.)* positive Diskriminierung *(fachspr.);* Bevorzugung, *die*

**affirmatively** [ə'fɜ:mətɪvlɪ] *adv.* **answer ~:** bejahend antworten

**affix 1.** [ə'fɪks] *v. t.* **a)** *(fix)* **~ sth. to sth.** etw. an etw. *(Dat.)* befestigen; **the stamp had not been properly ~ed to the letter** die Marke war nicht richtig auf den Brief geklebt worden; **b)** *(impress)* aufdrücken; **~ one's stamp/seal upon sth.** seinen Stempel/sein Siegel auf etw. *(Akk.)* drücken; **c)** *(add)* beifügen; **~ one's signature [to sth.]** seine Unterschrift [unter etw. *(Akk.)*] setzen. **2.** ['æfɪks] *n. (Ling.)* Affix, *das*

**afflict** [ə'flɪkt] *v. t. (physically)* plagen; *(mentally)* quälen; peinigen; **be ~ed with sth.** von etw. befallen sein

**affliction** [ə'flɪkʃn] *n.* **a)** *no pl. (distress)* Bedrängnis, *die;* **endure sorrow and ~:** Kummer und Leid ertragen; **b)** *(cause of distress)* Leiden, *das;* **bodily ~s** körperliche Gebrechen

**affluence** ['æflʊəns] *n., no pl.* **a)** *(wealth)* Reichtum, *der;* **b)** *(plenty)* Überfluß, *der*

**affluent** ['æflʊənt] **1.** *adj.* **a)** *(wealthy)* reich; **the ~ society** die Überflußgesellschaft; **b)** *(abounding)* reichhaltig; **~ in** reich an (+ *Dat.*). **2.** *n. (of river)* Nebenfluß, *der; (of lake)* Zufluß, *der*

**afford** [ə'fɔ:d] *v. t.* **a)** sich *(Dat.)* leisten; **be able to ~ sth.** sich *(Dat.)* etw. leisten können; **be able to ~:** aufbringen können ⟨*Geld*⟩; erübrigen können ⟨*Zeit*⟩; **be able to ~ to do sth.** es sich *(Dat.)* leisten können, etw. zu tun; **sb. can ill ~ sth.** jmd. kann sich *(Dat.)* etw. kaum leisten; **we can well ~ to look critically at our dietary habits** uns täte es sehr gut, sich *(Dat.)* die eigenen Eßgewohnheiten einmal kritisch zu betrachten; **b)** *(provide)* bieten; gewähren ⟨*Schutz*⟩; bereiten ⟨*Vergnügen*⟩; **~ sb. sth.** jmdm. etw. bieten/gewähren/bereiten

**affordable** [ə'fɔ:dəbl] *adj.* erschwinglich

**afforest** [ə'fɒrɪst] *v. t.* aufforsten

**afforestation** [əfɒrɪ'steɪʃn] *n.* Aufforstung, *die*

**affray** [ə'freɪ] *n.* Schlägerei, *die*

**affront** [ə'frʌnt] **1.** *v. t. (insult)* beleidigen; *(offend)* kränken; vor den Kopf stoßen *(ugs.)*. **2.** *n. (insult)* Affront, *der (geh.)* **(to** gegen); Beleidigung, *die* **(to** *Gen.*); *(offence)* Kränkung, *die* **(to** *Gen.*)

**Afghan** ['æfgæn] **1.** *adj.* afghanisch; *see also* **English 1. 2.** *n.* **a)** *(person)* Afghane, *der*/Afghanin, *die;* **b)** *(language)* Afghanisch, *das; see also* **English 2 a**

**Afghan 'hound** *n.* Afghane, *der*

**Afghanistan** [æf'gænɪstɑ:n] *pr. n.* Afghanistan *(das)*

**aficionado** [əfɪsjə'nɑ:dəʊ] *n., pl.* **~s** Liebhaber, *der*/Liebhaberin, *die*

**afield** [ə'fi:ld] *adv.* **far ~** *(direction)* weit hinaus; *(place)* weit draußen; **we didn't go farther ~ than ...:** wir gingen nicht weiter hinaus als bis zu ...; **from as far ~ as** von so weit her wie; **go too far ~** *(fig.)* sich zu weit entfernen

**afire** [ə'faɪə(r)] *pred. adj.* **[set] ~:** in Brand [setzen *od.* stecken]; **be ~:** in Flammen stehen

**aflame** [ə'fleɪm] *pred. adj.* **be ~:** in Flammen stehen

**afloat** [ə'fləʊt] *pred. adj.* **a)** *(floating)* über Wasser; flott ⟨*Schiff*⟩; **get a boat ~:** ein Boot flott machen; **b)** *(at sea)* auf See; **be ~:** auf dem Meer treiben; **c)** *(awash)* **be ~:** unter Wasser stehen

**afoot** [ə'fʊt] *pred. adj.* **a)** *(astir)* auf den Beinen; **b)** *(under way)* im Gange; **set ~:** in Gang setzen; aufstellen ⟨*Plan*⟩; **plans were ~ to ...:** es gab Pläne, zu ...; **there's trouble ~:** es gibt Ärger

**aforementioned** [ə'fɔ:menʃnd], **aforesaid** [ə'fɔ:sed] *adjs.* obenerwähnt *od.* -genannt

**aforethought** [ə'fɔ:θɔ:t] *adj.* **with malice ~:** mit Vorbedacht

**a fortiori** [eɪ fɔ:tɪ'ɔ:raɪ] *adv.* erst recht

**afoul** [ə'faʊl] *adv. (Amer.)* verwickelt **(of** in + *Akk.*); **fall** *or* **run ~ of sth.** sich in etw. *(Akk.)* verwickeln; *(fig.)* mit etw. in Konflikt geraten

**afraid** [ə'freɪd] *pred. adj.* **[not] be ~ [of sb./sth.]** [vor jmdm./etw.] [keine] Angst haben; **be ~ lest ...:** befürchten, daß ...; **be ~ to do sth.** Angst davor haben, etw. zu tun; **be ~ of doing sth.** Angst haben, etw. zu tun; **I'm ~ [that] we must assume that ...:** leider müssen wir annehmen, daß ...; **I'm ~ so/not** ich fürchte ja/nein

**afresh** [ə'freʃ] *adv.* von neuem; **every word has been translated ~:** jedes Wort ist neu übersetzt worden

**Africa** ['æfrɪkə] *pr. n.* Afrika *(das); see also* **black 1 c**

**African** ['æfrɪkən] **1.** *adj.* afrikanisch; **sb. is ~:** jmd. ist Afrikaner/Afrikanerin. **2.** *n.* **a)** Afrikaner, *der*/Afrikanerin, *die;* **b)** *(Amer.: Negro)* Neger, *der*/Negerin, *die*

**African 'violet** *n. (Bot.)* Usambaraveilchen, *das*

**Afrikaans** [æfrɪ'kɑ:ns] *n.* Afrikaans, *das; see also* **English 2 a**

**Afrikaner** [æfrɪ'kɑ:nə(r)] *n.* Afrika[a]nder, *der*/Afrika[a]nderin, *die*

**Afro** ['æfrəʊ] **1.** *adj.* Afro-; **~ look** Afro-Look, *der.* **2.** *n., pl.* **~s** Afro-Look, *der*

**Afro-** [æfrəʊ] *in comb.* afro-/Afro-

**Afro-A'merican 1.** *adj.* afroamerikanisch. **2.** *n.* Afroamerikaner, *der*/-amerikanerin, *die*

**aft** [ɑ:ft] *adv. (Naut., Aeronaut.)* achtern; **go ~:** nach achtern gehen

**after** ['ɑ:ftə(r)] **1.** *adv.* **a)** *(later)* danach; **two days ~:** zwei Tage danach *od.* später; **soon/shortly ~:** bald/kurz danach *od.* darauf; **long ~:** lange danach; **b)** *(behind)* hinterher. **2.** *prep.* **a)** *(following in time)* nach; **~ six months** nach sechs Monaten; **~ you** nach Ihnen; **~ you with the salt** *(coll.)* kann ich das Salz nach dir haben?; **time ~ time** wieder und wieder; **day ~ day** Tag für Tag; **it is a quarter ~ ten o'clock** *(Amer.)* es ist Viertel nach zehn; **b)** *(behind)* hinter (+ *Dat.*); *(in pursuit of)* **be/shout ~ sb.** hinter jmdm. hersein/herrufen; **what are you ~?** was suchst du denn?; *(to questioner)* was willst du wirklich wissen?; **she's only ~ his money** sie ist nur hinter seinem Geld her; **c)** *(about)* **ask ~ sb./sth.** nach jmdm./etw. fragen; **d)** *(next in importance to)* nach; **e)** *(in spite of)* nach; **~ all** schließlich; **so you've come ~ all!** du bist also doch gekommen!; **I think I'll have a beer ~ all** ich glaube, ich trinke doch ein Bier; **so we took the train ~ all** wir haben den Zug schließlich doch genommen; **f)** *(as a result of)* **~ what has happened** nach dem, was geschehen ist; **~ seeing that film/reading that book** nach diesem Film/diesem Buch; **g)** *(in allusion to, in imitation of)* nach; **named ~:** benannt nach; **a picture ~ Rubens** ein Bild im Stil von Rubens. **3.** *conj.* nachdem. **4.** *adj.* **a)** *(later)* später; **in ~ years** in späteren Jahren; **b)** *(Naut.)* Achter-

**after: ~birth** *n.* Nachgeburt, *die;* **~-care** *n., no pl. (after hospital stay)* Nachbehandlung, *die; (after prison sentence)* Resozialisierung, *die;* **~-'dinner speaker** *n.* Tischredner, *der;* **~-'dinner speech** *n.* Tischrede, *die;* **~-effect** *n., usu. in pl.* Nachwirkung, *die;* **~life** *n.* Leben nach dem Tod

**aftermath** ['ɑ:ftəmæθ, 'ɑ:ftəmɑ:θ] *n., no pl.* Nachwirkungen *Pl.;* **the ~ of the war** die Folgen *od.* Auswirkungen des Krieges; **in the ~ of sth.** nach etw.

**afternoon** [ɑ:ftə'nu:n] *n.* Nachmittag, *der; attrib.* Nachmittags-; **in the ~:** nachmittags; **this/tomorrow ~:** heute/morgen nachmittag; **during the ~:** im Laufe des Nachmittags; **[early/late] in the ~:** am [frühen/späten] Nachmittag; *(regularly)* [früh/spät] nachmittags; **at three in the ~:** um drei Uhr nachmittags; **on Monday ~s/~:** Montag nachmittags/[am] Montag nachmittag; **one ~:** eines Nachmittags; **~s, of an ~:** nachmittags; **the other ~:** neulich nachmittags; **~, all!** *(coll. greeting)* Tag, zusammen!; *see also* **good 1 m**

**afters** ['ɑ:ftəz] *n. pl. (Brit. coll.)* Nachtisch, *der*

**after: ~-sales service** *n.* Kundendienst, *der;* **~shave** *n.* After-shave, *das;* **~shock** *n.* Nachbeben, *das;* **~-taste** *n.* Nachgeschmack, *der;* **~thought** *n.* nachträglicher Einfall; nachträgliche Idee; **be added as an ~thought** erst später hinzukommen

**afterwards** ['ɑ:ftəwədz] (*Amer.:* **afterward** ['ɑ:ftəwəd]) *adv.* danach

**again** [ə'gen, ə'geɪn] *adv.* **a)** *(another time)* wieder; **see a film ~:** einen Film noch einmal sehen; **play/sing a tune ~:** eine Melodie noch einmal spielen/singen; **not ~!** nicht schon wieder!; **~ and ~, time and [time] ~:** immer wieder; **back ~:** wieder zurück; **go back there ~:** wieder dorthin gehen; **as much ~:** noch einmal soviel; **half as much/many ~:** noch einmal halb soviel/so viele; **come ~** *(coll.: would you say that again?)* wie bitte?; **b)** *(besides)* **[there] ~:** außerdem; **c)** *(on the other hand)* **[then/there] ~:** andrerseits

**against** [ə'genst, ə'geɪnst] *prep.* **a)** *(in opposition to, to the disadvantage of, in contrast to)* gegen; **those ~ the motion** diejenigen, die gegen den Antrag sind; **as ~:** gegenüber; **be ~ sb.'s doing sth.** dagegen sein, daß jmd. etw. tun darf; **b)** *(into collision with, in contact with)* gegen; **lean sth. ~ sth.** etw. gegen etw. lehnen; **c)** *(in preparation for)* gegen; **protect sth. ~ frost** etw. vor Frost schützen; **save money ~ a rainy day** Geld für schlechte Zeiten sparen; **be warned ~ sth./doing sth.** vor etw. *(Dat.)* gewarnt werden/davor gewarnt werden, etw. zu tun; **d)** *(in return for)* gegen; **rate of exchange ~ the dollar** Wechselkurs des Dollar

**agape** [ə'geɪp] *adj.* **with mouth ~:** mit offenem Mund; **be ~** ⟨*Person:*⟩ den Mund aufsperren **(with** vor)

**agaric** ['ægərɪk] *n. (Bot.)* Blätterpilz, *der*

**agate** ['ægət] *n. (Min.)* Achat, *der*

**agave** [ə'geɪvɪ] *n. (Bot.)* Agave, *die*

**age** [eɪdʒ] **1.** *n.* **a)** Alter, *das;* **the boys' ~s are 7, 6, and 3** die Jungen sind 7, 6 und 3 Jahre alt; **what ~ are you?, what is your ~?** wie alt bist du?; **at the ~ of** im Alter von; **at what ~:** in welchem Alter; **be six years of ~:** sechs Jahre alt sein; **children of six years of ~ and under** Kinder [im Alter] von sechs Jahren und darunter; **when I was your ~:** als ich so alt war wie du; **he looks his ~:** man sieht ihm sein Alter an; **come of ~:** mündig *od.* volljährig werden; *(fig.)* den Kinderschuhen entwachsen; **be over ~:** eine vorgeschriebene Altersgrenze überschritten haben; **be/look under ~:** zu jung sein/aussehen; **she's now of an ~ when she ...:** sie ist jetzt in dem Alter, in dem sie ...; **be** *or* **act your ~** *(coll.)* sei nicht so kindisch; **b)** *(advanced age)* Alter, *das;* **her ~ is catching up with her** sie merkt jetzt doch, daß sie alt wird; **her face was wrinkled with ~:** ihr Gesicht war vom Alter zerfurcht; **~ before beauty** *(joc.)* Alter vor Schönheit; **c)** *(generation)* Generation, *die;* **d)** *(great period)* Zeitalter, *das;* **wait [for] ~s** *or* **an ~ for sb./sth.** *(coll.)* eine Ewigkeit auf jmdn./etw. warten; **take/be ~s** *or* **an ~** *(coll.)* eine Ewigkeit dauern; **she took ~s looking for the book** *(coll.)* sie suchte eine Ewigkeit nach dem Buch; **I'll be ~s yet** *(coll.)* ich brauche noch eine Ewigkeit. **2.** *v. t.* **a)** altern lassen; altern *(selten);* **sth. ~s sb./sth. prematurely** etw. läßt jmdn./etw. frühzeitig alt werden; **b)** *(mature)* reifen lassen; altern *(fachspr.)* **3.** *v. i.* altern

**aged 1.** *adj.* **a)** [eɪdʒd] **be ~ five** fünf Jahre alt sein; **a boy ~ five** ein fünfjähriger Junge; **b)** [eɪdʒd] *(matured)* gealtert ⟨*Wein, Käse, Brandy*⟩; **c)** ['eɪdʒɪd] *(elderly)* bejahrt. **2.** ['eɪdʒɪd] *n. pl.* **the ~:** die alten Menschen

**'age-group** *n.* Altersgruppe, *die*

**ageism** ['eɪdʒɪzm] *n.* Diskriminierung auf Grund des Alters

**ageless** ['eɪdʒlɪs] *adj.* nicht alternd ⟨*Person*⟩; *(eternal)* zeitlos

**'age-long** *adj.* jahrhundertelang

**agency** ['eɪdʒənsɪ] *n.* **a)** *(action)* Handeln, *das;* **through/by the ~ of sth.** durch [die Einwirkung von] etw.; **through/by the ~ of sb.** durch jmds. Vermittlung; **b)** *(business establishment)* Geschäftsstelle, *die; (news/advertising ~)* Agentur, *die; (United Nations department) (major)* Sonderorganisation, *die; (minor)* Unterorganisation, *die*

**agenda** [ə'dʒendə] *n. (lit. or fig.)* Tagesordnung, *die*

**agent** ['eɪdʒənt] *n.* **a)** [treibende] Kraft;

*(Ling.)* Agens, *das;* **be a free ~:** sein eigener Herr sein; **b)** *(substance)* Mittel, *das;* **an oxidizing ~:** ein Oxidationsmittel; **c)** *(one who acts for another)* Vertreter, *der*/Vertreterin, *die;* **d)** *(spy)* Agent, *der*/Agentin, *die*
**agent provocateur** [ɑ:ʒɑ̃ prɒvɒkə'tɜ:(r)] *n., pl.* **agents provocateurs** [ɑ:ʒɑ̃ prɒvɒkə'tɜ:(r)] Agent provocateur, *der*
**'age-old** *adj.* uralt
**agglomerate** [ə'glɒməreɪt] *v. t.* agglomerieren
**agglomeration** [əglɒmə'reɪʃn] *n. (mass)* Agglomeration, *die (bes. fachspr.);* Anhäufung, *die*
**aggrandizement** [ə'grændɪzmənt] *n., no pl.* Vergrößerung, *die; (of power, influence)* Ausdehnung, *die;* **his personal ~:** die Glorifizierung seiner Person
**aggravate** ['ægrəveɪt] *v. t.* **a)** verschlimmern ‹*Krankheit, Zustand, Situation*›; verschärfen ‹*Streit*›; **b)** *(coll.: annoy)* aufregen; ärgern; **be ~d by sth.** sich über etw. *(Akk.)* ärgern *od.* aufregen
**aggravating** ['ægrəveɪtɪŋ] *adj. (coll.)* ärgerlich; lästig ‹*Kind, Lärm*›
**aggravation** [ægrə'veɪʃn] *n., no pl.* **a)** Verschlimmerung, *die; (of dispute)* Verschärfung, *die;* **b)** *(coll.: annoyance)* Ärger, *der;* Aufregung, *die*
**aggregate 1.** ['ægrɪgət] *n.* **a)** *(sum total)* Gesamtmenge, *die; (assemblage)* Ansammlung, *die;* **in the ~:** in seiner/ihrer Gesamtheit; **b)** *(Building)* [Beton]zuschlag, *der;* **c)** *(Geol.)* Aggregat, *das.* **2.** *adj. (collected into one)* zusammengefügt; *(collective)* gesamt; **the ~ amount** der Gesamtbetrag. **3.** ['ægrɪgeɪt] *v. t.* **a)** verbinden ‹*Material, Stoff*› **(into** zu); ansammeln ‹*Reichtum*›; **b)** *(unite)* vereinigen; *(coll.: amount to)* sich [insgesamt] belaufen auf (+ *Akk.*); **audiences aggregating 7 million** insgesamt 7 Millionen Zuhörer/Zuschauer
**aggregation** [ægrɪ'geɪʃn] *n.* Ansammlung, *die;* Aggregation, *die (bes. fachspr.)*
**aggression** [ə'greʃn] *n.* **a)** *no pl.* Aggression, *die;* **b)** *(unprovoked attack)* Angriff, *der;* **c)** *no pl. (Psych.)* Aggression, *die*
**aggressive** [ə'gresɪv] *adj.* aggressiv; angriffslustig ‹*Kämpfer*›; heftig ‹*Angriff*›
**aggressively** [ə'gresɪvlɪ] *adv.* aggressiv, herausfordernd ‹*handeln, reagieren*›; *(forcefully)* aggressiv, wirkungsvoll, dynamisch ‹*verkaufen, anbieten*›; **the product was marketed ~:** die Werbung für das Produkt hatte Biß
**aggressiveness** [ə'gresɪvnɪs] *n., no pl.* Aggressivität, *die*
**aggressor** [ə'gresə(r)] *n.* Aggressor, *der*
**aggrieve** [ə'gri:v] *v. t.* **a)** *(treat unfairly)* ungerecht behandeln; **feel [oneself] much ~d at** *or* **over sth.** sich durch etw. ungerecht behandelt fühlen; **b) ~d** *(resentful)* verärgert; *(offended)* gekränkt
**aggro** ['ægrəʊ] *n., no pl. (Brit. sl.)* Zoff, *der (ugs.);* Krawall, *der;* **they are looking for ~:** sie suchen Streit
**aghast** [ə'gɑ:st] *pred. adj. (horrified)* bestürzt; erschüttert; *(terrified)* erschrocken; **we stood ~ as ...:** wir standen wie versteinert, als ...
**agile** ['ædʒaɪl] *adj.* beweglich; agil *(geh.);* flink, behend[e] ‹*Bewegung*›
**agility** [ə'dʒɪlɪtɪ] *n., no pl.* Behendigkeit, *die;* Flinkheit, *die;* Gewandtheit, *die; (fig.)* [geistige] Behendigkeit *od.* Beweglichkeit
**agitate** ['ædʒɪteɪt] **1.** *v. t.* **a)** *(shake)* schütteln; *(stir up)* aufrühren; **b)** *(disturb)* beunruhigen; erregen. **2.** *v. i.* **~ for/against sth.** für/gegen etw. agitieren
**agitation** [ædʒɪ'teɪʃn] *n.* **a)** *(shaking)* Schütteln, *das; (stirring up)* Aufrühren, *das;* **b)** *(emotional disturbance)* Erregung, *die;* **c)** *(campaign)* Agitation, *die*
**agitator** ['ædʒɪteɪtə(r)] *n.* **a)** Agitator, *der;* **b)** *(device)* Rührwerk, *das*
**AGM** *abbr.* **Annual General Meeting** JHV
**agnostic** [æg'nɒstɪk] **1.** *adj.* agnostizistisch. **2.** *n.* Agnostiker, *der*/Agnostikerin, *die*
**agnosticism** [æg'nɒstɪsɪzm] *n., no pl.* Agnostizismus, *der*
**ago** [ə'gəʊ] *adv.* **ten years ~:** vor zehn Jahren; **[not] long ~:** vor [nicht] langer Zeit; **that was a long while ~:** das war vor langer Zeit; **how long ~ is it that ...?** wie lange ist es her, daß ...?; **no longer ~ than last Sunday** nicht vor letztem Sonntag; *(only last Sunday)* erst letzten Sonntag
**agog** [ə'gɒg] *pred. adj.* gespannt **(for** auf + *Akk.*); **be ~ to hear the news** gespannt darauf sein, die Neuigkeiten zu hören
**agonize** ['ægənaɪz] **1.** *v. i.* **a)** *(suffer agony)* Todesqualen erleiden; **b)** *(fig.: struggle)* ringen; **~ over sth.** sich *(Dat.)* den Kopf über etw. *(Akk.)* zermartern. **2.** *v. t.* quälen; **an ~d scream** ein qualerfüllter Schrei; **an agonizing wait** *(fig.)* eine qualvolle Wartezeit
**agony** ['ægənɪ] *n.* Todesqualen *Pl.;* **suffer ~/agonies** Todesqualen erleiden; **die in ~:** qualvoll sterben; **in an ~ of indecision/anticipation** *(fig.)* in qualvoller Unentschlossenheit/Erwartung; **death ~, last ~:** Agonie, *die;* Todeskampf, *der*
**agony: ~ aunt** *n. (coll.)* Briefkastentante, *die (ugs. scherzh.);* **~ column** *n. (Brit. coll.)* **a)** *Zeitungsspalte für private Mitteilungen („Persönliches“);* **b)** *(advice column) Spalte für die „Briefkastentante“*
**agoraphobia** [ægərə'fəʊbɪə] *n. (Psych.)* Agoraphobie, *die;* Platzangst, *die*
**agrarian** [ə'greərɪən] *adj.* Agrar-; *(relating to agricultural matters)* agrarisch
**agree** [ə'gri:] **1.** *v. i.* **a)** *(consent)* einverstanden sein; **~ to** *or* **with sth./to do sth.** mit etw. einverstanden sein/damit einverstanden sein, etw. zu tun; **we can only ~ to differ** *or* **disagree** wir können nur darin übereinstimmen, daß wir nicht übereinstimmen; **b)** *(hold similar opinion)* einer Meinung sein; **they ~d [with me]** sie waren derselben Meinung [wie ich]; **~ with sb. about** *or* **on sth./that ...:** jmdm. in etw. *(Dat.)* zustimmen/jmdm. darin zustimmen, daß ...; **I ~:** stimmt; **I couldn't ~ more** ich bin völlig deiner Meinung; **do you ~ with what I say?** stimmst du darin mit mir überein?; **c)** *(reach similar opinion)* **~ on sth.** sich über etw. *(Akk.)* einigen; **we could not ~ on how ...:** wir konnten uns nicht darüber einigen, wie ...; **d)** *(harmonize)* übereinstimmen; **sth. ~s with sth.** etw. stimmt mit etw. überein; **make ~:** zur Übereinstimmung bringen; **~ closely** weitgehend übereinstimmen; **e)** *(suit)* **~ with sb.** jmdm. bekommen; **f)** *(Ling.)* übereinstimmen. **2.** *v. t.* **a)** *(reach agreement about)* vereinbaren; **b)** *(consent to)* **~ sth.** einer Sache *(Dat.)* zustimmen
**agreeable** [ə'gri:əbl] *adj.* **a)** *(pleasing)* angenehm ‹*Überraschung, Person, Abend, Stimme*›; erfreulich ‹*Anblick*›; **b)** *(coll.: willing to agree)* **be ~ [to sth.]** [mit etw.] einverstanden sein
**agreeableness** [ə'gri:əbəlnɪs] *n., no pl.* **the ~ of his company** seine angenehme Gesellschaft; **the ~ of the taste/climate** der angenehme Geschmack/das angenehme Klima
**agreeably** [ə'gri:əblɪ] *adv.* angenehm; **~ surprised** angenehm überrascht; **we were ~ entertained** wir wurden auf angenehme Weise *od.* nett unterhalten
**agreed** [ə'gri:d] *adj.* einig; vereinbart ‹*Summe, Zeit*›; **be ~ that .../about sth.** sich *(Dat.)* darüber einig sein, daß .../ sich *(Dat.)* über etw. *(Akk.)* einig sein; **it was ~ that ...:** man war sich *(Dat.)* darüber einig, daß ...; **~!** einverstanden!
**agreement** [ə'gri:mənt] *n.* **a)** Übereinstimmung, *die; (mutual understanding)* Übereinkunft, *die;* **be in ~ [about sth.]** sich *(Dat.)* [über etw. *(Akk.)*] einig sein; **I'm in ~ with what you say** ich stimme darin mit dir überein; **enter into an ~:** eine Übereinkunft treffen; **come to** *or* **reach an ~ with sb. [about sth.]** mit jmdm. eine Einigung [über etw. *(Akk.)*] erzielen; **b)** *(treaty)* Abkommen, *das;* **c)** *no pl., no indef. art. (state of harmony)* Übereinstimmung, *die;* **d)** *(Law)* Abkommen, *das;* Vertrag, *der;* **legal ~:** rechtliche Vereinbarung; **e)** *(Ling.)* Übereinstimmung, *die*
**agribusiness** ['ægrɪbɪznɪs] *n.* ≈ Agrarindustrie, *die*
**agrichemical** ['ægrɪkemɪkl] *n.* Agrochemikalie, *die*
**agricultural** [ægrɪ'kʌltʃərl] *adj.* landwirtschaftlich; **~ worker** Landarbeiter, *der*
**agriculturalist** [ægrɪ'kʌltʃərəlɪst] *see* **agriculturist**
**agriculture** ['ægrɪkʌltʃə(r)] *n.* Landwirtschaft, *die*
**agriculturist** [ægrɪ'kʌltʃərɪst] *n.* Landwirtschaftsexperte, *der; (farmer)* Landwirt, *der*
**agrimony** ['ægrɪmənɪ] *n. (Bot.)* Odermennig, *der*
**aground** [ə'graʊnd] *pred. adj.* auf Grund gelaufen; **go** *or* **run ~:** auf Grund laufen
**ague** ['eɪgju:] *n. (fever)* Wechselfieber, *das (veralt.); (shivering fit)* Schüttelfrost, *der*
**ah** [ɑ:] *int.* ach; *(of pleasure)* ah
**aha** [ɑ:'hɑ:] *int.* aha
**ahead** [ə'hed] *adv.* **a)** *(further forward in space)* voraus; **the way ~ was blocked** der Weg vor uns/ihnen *usw.* war versperrt; **~ of sb./sth.** vor jmdm./etw.; **right** *or* **straight ~ of us** *(directly in line)* genau vor uns *(Dat.);* **keep going straight ~** *(straight forwards)* gehen Sie immer geradeaus; **b)** *(fig.)* **be ~ of the others** den anderen voraus sein; **be ~ on points** nach Punkten führen; **get ~:** vorwärts kommen; **c)** *(further forward in time)* **~ of us lay three days of intensive training** vor uns lagen drei Tage intensives Training; **Britain is eight hours ~ of Los Angeles** in Großbritannien ist es acht Stunden später als in Los Angeles; **finish ~ of schedule** *or* **time** früher als geplant fertig werden; **get home ~ of sb.** eher *od.* früher nach Hause kommen als jmd.; **we've got ~ of ourselves** *(fig.)* wir sind zu schnell vorgegangen; **there is no point in looking too far ~:** es hat keinen Sinn, zu weit in die Zukunft zu planen. *See also* **go ahead**
**ahoy** [ə'hɔɪ] *int. (Naut.)* ahoi
**AI** *abbr.* **a) artificial intelligence** KI; **b) artificial insemination** KB
**aid** [eɪd] **1.** *v. t.* **a) ~ sb. [to do sth.]** jmdm. helfen[, etw. zu tun]; **~ed by** unterstützt von; **the finances have been ~ed by donations** die Finanzen sind durch Spenden aufgebessert worden; *see also* **abet; b)** *(promote)* fördern. **2.** *n.* **a)** *no pl. (help)* Hilfe, *die;* **come to sb.'s ~, go to the ~ of sb.** jmdm. zu Hilfe kommen; **with the ~ of sth./sb.** mit Hilfe einer Sache *(Gen.)*/mit jmds. Hilfe; mit Hilfe von etw./jmdm.; **in ~ of sb./sth.** zugunsten von jmdm./etw.; **what's [all] this in ~ of?** *(coll.)* wozu soll das [Ganze *od.* alles] gut sein?; *see also* **foreign aid; b)** *(source of help)* Hilfsmittel, *das* **(to** für)
**aide** [eɪd] *n.* **a)** *see* **aide-de-camp; b)** *(assistant)* Berater, *der*/Beraterin, *die*
**aide-de-camp** [eɪddə'kɑ̃:] *n., pl.* **aides-de-camp** [eɪddə'kɑ̃:] *(Mil.)* Adjutant, *der*
**aide-mémoire** ['eɪdmemwɑ:(r)] *n. (aid to memory)* Gedächtnisstütze, *die*
**Aids** [eɪdz] *n., no pl., no art.* Aids *(das)*
**aikido** ['aɪkɪdəʊ] *n. (Sport)* Aikido, *das*
**ail** [eɪl] *v. t. (trouble)* plagen; **what ~s him?** was ist mit ihm?
**ailing** ['eɪlɪŋ] *adj. (sickly)* kränkelnd; kränklich
**ailment** ['eɪlmənt] *n.* Gebrechen, *das;* **minor ~:** leichte Erkrankung
**aim** [eɪm] **1.** *v. t.* ausrichten ‹*Schußwaffe, Rakete*›; **~ sth. at sb./sth.** etw. auf jmdn./

etw. richten; **that remark was not ~ed at you** *(fig.)* diese Bemerkung war nicht gegen Sie gerichtet; **~ a blow/shot/book at sb.** nach jmdm. schlagen/auf jmdn. schießen/ein Buch nach jmdm. werfen. **2.** *v. i.* **a)** zielen; **~ at sth./sb.** auf etw./jmdn. zielen; **~ high/wide** [zu] hoch/[zu] weit zielen; **~ high** *(fig.)* sich *(Dat.)* ein hohes Ziel stecken *od.* setzen; **b)** *(intend)* **~ to do sth.** *or* **at doing sth.** beabsichtigen, etw. zu tun; **please ~ to be back by 4 p.m.** versuche bitte, gegen 16 Uhr zurück zu sein; **~ at** *or* **for sth.** *(fig.)* etw. anstreben; **I'm not quite sure what you're ~ing at** *(fig.)* ich weiß nicht recht, worauf Sie hinauswollen. **3.** *n.* **a)** Ziel, *das;* **his ~ was true** er hatte genau gezielt; **take ~ [at sth./sb.]** [auf etw./jmdn.] zielen; **take ~ at the target** das Ziel anvisieren; **b)** *(purpose)* Ziel, *das*

**aimless** ['eɪmlɪs] *adj.* ziellos ‹*Leben, Aktivität*›; sinnlos ‹*Vorhaben, Beschäftigung*›; heillos ‹*Verwirrung*›

**aimlessly** ['eɪmlɪslɪ] *adv.* ziellos

**aimlessness** ['eɪmlɪsnɪs] *n.* Ziellosigkeit, *die*

**ain't** [eɪnt] *(sl.)* **a) = am not, is not, are not;** *see* **be; b) = has not, have not;** *see* **have 2**

**air** [eə(r)] **1.** *n.* **a)** Luft, *die;* **take the ~:** [frische] Luft schöpfen *(geh.);* **be/go on the ~:** senden; ‹*Programm, Sendung:*› gesendet werden; **be/go off the ~:** nicht/nicht mehr senden; ‹*Programm:*› beendet sein/werden; **be in the ~** *(fig.) (be spreading)* ‹*Gerücht, Idee:*› in der Luft liegen; *(be uncertain)* ‹*Plan, Projekt:*› in der Luft hängen; **by ~:** mit dem Flugzeug; **travel by ~:** fliegen; **send a letter by ~:** einen Brief mit *od.* per Luftpost schicken; **from the ~:** aus der Vogelperspektive; **b)** *(breeze)* Lüftchen, *das;* **c)** *(appearance)* **there was an ~ of absurdity about the whole exercise** die ganze Übung hatte etwas Absurdes; **his newspaper stories have the ~ of fiction** seine Zeitungsgeschichten haben etwas Fiktives; **d)** *(bearing)* Auftreten, *das; (facial expression)* Miene, *die;* **~s and graces** Allüren *Pl. (abwertend);* **give oneself** *or* **put on ~s** sich aufspielen; **e)** *(Mus.)* Melodie, *die.* **2.** *v. t.* **a)** *(ventilate)* lüften ‹*Zimmer, Matratze, Kleidung*›; **b)** *(finish drying)* nachtrocknen ‹*Wäsche*›; **c)** *(parade)* zur Schau tragen; **d)** *(make public)* [öffentlich] darlegen; zur Schau tragen ‹*Kenntnisse*›. **3.** *v. i. (be ventilated)* lüften

**air: ~ bag** *n.* Airbag, *der;* Luftsack, *der;* **~ base** *n. (Air Force)* Luftwaffenstützpunkt, *der;* **~-bed** *n.* Luftmatratze, *die;* **~borne** *adj.* **~borne bacteria** in der Luft befindliche Bakterien; **~borne freight** Luftfracht, *die;* **~borne troops** Luftlandetruppen *Pl.;* **be ~borne** sich in der Luft befinden; **become ~borne** sich in die Luft erheben; **~ brake** *n.* Druckluftbremse, *die; (flap)* Luftbremse, *die;* **~ brick** *n.* Lüftungsstein, *der (Bauw.);* **~brush** *n.* Spritzpistole, *die;* **~-bubble** *n.* Luftblase, *die;* **~ bus** *n.* Airbus, *der;* **~-conditioned** *adj.* klimatisiert; **~-conditioner** *n.* Klimaanlage, *die;* **~-conditioning** *n., no pl.* Klimatisierung, *die; (system)* Klimaanlage, *die;* **~-cooled** *adj.* luftgekühlt; **~ corridor** *n. (Aeronaut.)* Luftkorridor, *der;* **~ cover** *n.* Deckung aus der Luft

**aircraft** ['eəkrɑːft] *n., pl. same* Luftfahrzeug, *das; (aeroplane)* Flugzeug, *das*

**'aircraft-carrier** *n. (Navy)* Flugzeugträger, *der*

**air: ~ crew** *n.* Besatzung, *die;* Flugpersonal, *das;* **~-cushion** *n.* **a)** Luftkissen, *das;* **b) ~ vehicle** Luftkissenfahrzeug, *das*

**Airedale** ['eədeɪl] *n.* Airedaleterrier, *der*

**airer** ['eərə(r)] *n.* Wäscheständer, *der*

**air: ~ fare** *n.* Flugpreis, *der;* **~ ferry** *n. (aircraft)* [im Pendelluftverkehr eingesetztes] Flugzeug; *(service)* Pendelluftverkehr, *der;* **~field** *n.* Flugplatz, *der;* **~-filter** *n.* Luftfilter, *der;* **~foil** *n. (Amer.) see* **aerofoil; ~ force** *n.* Luftstreitkräfte *Pl.;* Luftwaffe, *die;* **~frame** *n. (Aeronaut.)* Flugwerk, *das;* **~gun** *n.* Luftgewehr, *das;* **~ hostess** *n.* Stewardeß, *die*

**airily** ['eərɪlɪ] *adv. (flippantly)* leichthin

**airiness** ['eərɪnɪs] *n., no pl. (flippancy)* Unbekümmertheit, *die*

**airing** ['eərɪŋ] *n.* Auslüften, *das;* **these clothes need a good ~:** diese Kleider müssen gründlich gelüftet werden; **give a problem an ~** *(fig.)* ein Problem an die Öffentlichkeit bringen; **~ cupboard** Trockenschrank, *der*

**airless** ['eəlɪs] *adj.* stickig ‹*Zimmer, Büro*›; windstill ‹*Nacht*›

**air: ~ letter** *n.* Luftpostleichtbrief, *der;* Aerogramm, *das;* **~lift 1.** *n.* Luftbrücke, *die* **(of** für); **2.** *v. t.* auf dem Luftweg *od.* über eine Luftbrücke transportieren; **~line** *n.* Fluggesellschaft, *die;* Fluglinie, *die;* **~line pilot** [für eine Fluggesellschaft fliegender] Pilot; **~ liner** *n.* Verkehrsflugzeug, *das;* **~lock** *n.* **a)** *(stoppage)* Luftblase, *die;* **b)** *(of spacecraft etc.)* Luftschleuse, *die;* **~ mail** *n.* Luftpost, *die;* **by ~ mail** mit *od.* per Luftpost; **~-mail** *v. t.* mit *od.* per Luftpost befördern; **~man** ['eəmən] *n., pl.* **~men** ['eəmən] Flieger, *der;* **~-minded** *adj.* am Fliegen interessiert; **~-miss** *n. (Aeronaut.)* Beinahezusammenstoß, *der;* **~plane** *(Amer.) see* **aeroplane; ~ pocket** *n. (Aeronaut.)* Luftloch, *das;* **~ pollution** *n.* Luftverschmutzung, *die;* **~port** *n.* Flughafen, *der;* **~ power** *n.* Schlagkraft der Luftwaffe; **~ pressure** *n.* Luftdruck, *der;* **~ pump** *n.* Luftpumpe, *die;* **~ raid** *n.* Luftangriff, *der;* **~-raid precautions** Luftschutz, *der;* **~-raid shelter** Luftschutzraum, *der;* **~-raid warden** Luftschutzwart, *der;* **~ rifle** *n.* Luftgewehr, *das;* **~screw** *n. (Aeronaut.)* Luftschraube, *die (Technik);* **~-sea 'rescue** *n.* Seenotrettungseinsatz aus der Luft; **~ship** *n.* Luftschiff, *das;* **~sick** *adj.* luftkrank; **~sickness** *n.* Luftkrankheit, *die;* **~space** *n.* Luftraum, *der;* **~ speed** *n. (Aeronaut.)* Eigengeschwindigkeit, *die;* **~-stream** *n. (Meteorol.)* Luftströmung, *die;* **~strip** *n.* Start-und-Lande-Bahn, *die;* **~ terminal** *n.* [Air-]Terminal, *der od. das;* **~tight** *adj.* luftdicht; **~time** *n.* Sendezeit, *die;* **~-to-~** *adj.* Luft-Luft-; **~-to-refuelling** Betanken in der Luft; **~ traffic** *n. (Aeronaut.)* Flugverkehr, *der;* **~-traffic control** *(Aeronaut.)* Flugsicherung, *die;* **~-traffic controller** *(Aeronaut.)* Fluglotse, *der;* **~waves** *n. pl.* Äther, *der;* **~way** *n.* **a)** *(Aeronaut.)* Luftstraße, *die;* **b)** *(Anat.)* Luftröhre, *die;* **c)** *(ventilation shaft)* Lüftungsschacht, *der;* **~woman** *n.* Fliegerin, *die;* **~worthy** *adj. (Aeronaut.)* lufttüchtig

**airy** ['eərɪ] *adj.* **a)** luftig ‹*Büro, Zimmer*›; windig ‹*Küste*›; **b)** *(poet.: lofty)* **the ~ mountain** der in luftige Höhen hinaufragende Berg; **c)** *(superficial)* vage; *(flippant)* leichtfertig

**airy-fairy** [eərɪ'feərɪ] *adj. (coll. derog.)* aus der Luft gegriffen ‹*Plan*›; versponnen ‹*Idee, Vorstellung*›

**aisle** [aɪl] *n.* Gang, *der; (lateral section of church)* Seitenschiff, *das;* **have the audience rolling in the ~s** *(coll.)* das Publikum dazu bringen, daß es sich vor Lachen kugelt; **walk down the ~ with sb.** *(fig.)* mit jmdm. vor den Traualtar treten

**aitch** [eɪtʃ] *n.* H, h, *das;* **drop one's ~es** das h [im Anlaut] nicht aussprechen

**Aix-la-Chapelle** [eɪkslɑːʃæ'pel] *pr. n.* Aachen *(das)*

**ajar** [ə'dʒɑː(r)] *pred. adj.* **be** *or* **stand [slightly] ~:** einen [winzigen] Spaltbreit offenstehen; **leave ~** offenlassen

**a.k.a.** *abbr. (Amer.)* **also known as** al.

**akimbo** [ə'kɪmbəʊ] *adv.* **with arms ~:** die Arme in die Seite gestemmt

**akin** [ə'kɪn] *pred. adj.* **a)** verwandt; **look ~:** sich *(Dat.)* ähnlich sehen; **b)** *(fig.)* ähnlich; **be ~ to sth.** einer Sache *(Dat.)* ähnlich sein

**à la** [ɑː lɑː] *prep.* à la; **~ russe** [ɑː lɑː 'ruːs] auf russische Art

**alabaster** ['æləbɑːstə] **1.** *n.* Alabaster, *der.* **2.** *adj.* alabastern; **an ~ sculpture** eine Alabasterskulptur

**à la carte** [ɑː lɑː 'kɑːt] **1.** *adv.* à la carte. **2.** *adj.* **the ~ menu** das Menü à la carte

**alack** [ə'læk] *int. (arch.)* o weh; **~-a-day** ach und weh

**alacrity** [ə'lækrɪtɪ] *n., no pl.* Eilfertigkeit, *die;* **accept with ~:** mit [großer] Bereitwilligkeit annehmen

**Aladdin's** [ə'lædɪnz]: **~ cave** *n. Ort, an dem man Kostbarkeiten in großer Fülle findet;* **~ lamp** *n.* Aladins Wunderlampe

**à la mode** [ɑː lɑː 'məʊd] *adj.* **a)** in Mode; à la mode *(veralt.);* **be ~:** Mode sein; **b)** *(Cookery)* in Wein geschmort; **c)** *(Amer. Gastr.)* **pie ~:** Kuchen mit Eis

**alarm** [ə'lɑːm] **1.** *n.* **a)** Alarm, *der;* **give** *or* **raise the ~:** Alarm schlagen; **b)** *(fear)* Angst, *die; (uneasiness)* Besorgnis, *die;* **jump up in ~:** erschreckt aufspringen; **spread ~ and despondency** allgemeine Angst und Mutlosigkeit erzeugen; **c)** *(mechanism)* Alarmanlage, *die; (of ~ clock)* Weckmechanismus, *der; (signal)* Warnsignal, *das;* **sound the ~:** die Alarmanlage betätigen; **d)** *see* **alarm clock. 2.** *v. t.* **a)** *(make aware of danger)* aufschrecken; *(call into action)* alarmieren; **b)** *(cause anxiety to)* beunruhigen

**a'larm clock** *n.* Wecker, *der*

**alarming** [ə'lɑːmɪŋ] *adj.* alarmierend

**alarmingly** [ə'lɑːmɪŋlɪ] *adv.* in alarmierendem Maße

**alarmist** [ə'lɑːmɪst] **1.** *n.* Panikmacher, *der.* **2.** *adj.* ‹*Reden, Behauptungen*› von Panikmachern

**alarum** [ə'lɑːrəm] *n.* **~s and excursions** *(joc.)* Lärm und Getümmel

**alas** [ə'læs, ə'lɑːs] **1.** *int.* ach. **2.** *adv. (unfortunately)* leider Gottes

**Alaska** [ə'læskə] **a)** *pr. n.* Alaska *(das);* **b)** *n. (Cookery)* **baked ~:** ≈ Überraschungsomelett, *das;* Omelette surprise, *die*

**Albania** [æl'beɪnɪə] *pr. n.* Albanien *(das)*

**Albanian** [æl'beɪnɪən] **1.** *adj.* albanisch; **sb. is ~:** jmd. ist Albaner/Albanerin; *see also* **English 1. 2.** *n.* **a)** *(person)* Albaner, *der*/Albanerin, *die;* **b)** *(language)* Albanisch, *das; see also* **English 2 a**

**albatross** ['ælbətrɒs] *n. (Ornith., Golf)* Albatros, *der*

**albeit** [ɔːl'biːɪt] *conj. (literary)* wenn auch; obgleich *(geh.)*

**albinism** ['ælbɪnɪzm] *n., no pl.* Albinismus, *der*

**albino** [æl'biːnəʊ] *n., pl.* **~s** Albino, *der*

**Albion** ['ælbɪən] *n. (literary/poet.)* Albion, *das;* **perfidious ~:** das perfide Albion

**album** ['ælbəm] *n.* **a)** Album, *das;* **b)** *(record, set of records)* Album, *das;* **four-record ~:** Kassette mit vier Langspielplatten; **c)** *(record-holder)* Kassette, *die*

**albumen** ['ælbjʊmɪn] *n.* **a)** Albumen, *das (Zool.);* Eiweiß, *das;* **b)** *(Bot.)* Nährgewebe, *das*

**alchemist** ['ælkəmɪst] *n.* Alchimist, *der;* Alchemist, *der*

**alchemy** ['ælkəmɪ] *n., no pl. (lit. or fig.)* Alchimie, *die;* Alchemie, *die*

**alcohol** ['ælkəhɒl] *n.* Alkohol, *der*

**alcoholic** [ælkə'hɒlɪk] **1.** *adj.* alkoholisch; **~ smell/taste** Alkoholgeruch, *der*/-geschmack, *der;* **~ stupor** Vollrausch, *der.* **2.** *n.* Alkoholiker, *der*/Alkoholikerin, *die*

**Alcoholics A'nonymous** *n.* die Anonymen Alkoholiker

**alcoholism** ['ælkəhɒlɪzm] *n., no pl.* Alkoholismus, *der;* Trunksucht, *die*

**alcove** ['ælkəʊv] *n.* Alkoven, *der; (in garden wall, hedge)* Nische, *die*

**aldehyde** ['ældɪhaɪd] *n. (Chem.)* Aldehyd, *der; (acetaldehyde)* Acetaldehyd, *der*

**alder** ['ɔ:ldə(r)] *n. (Bot.)* Erle, *die;* ~ **buckthorn** Faulbaum, *der*

**alderman** ['ɔ:ldəmən] *n., pl.* **aldermen** ['ɔ:ldəmən] **a)** Stadtrat, *der;* Alderman, *der;* Ratsherr, *der (veralt.);* **b)** *(Amer., Austral.) gewähltes Mitglied einer Stadtverwaltung*

**ale** [eɪl] *n.* **a)** Ale, *das;* **b)** *(Hist.)* Bier, *das*

**aleatoric** [eɪlɪə'tɔ:rɪk], **aleatory** ['eɪlɪətərɪ] *adjs.* aleatorisch

'**alehouse** *n. (Hist.)* [Bier]schenke, *die*

**alert** [ə'lɜ:t] **1.** *adj.* **a)** *(watchful)* wachsam; **be ~ for trouble** auf der Hut sein; **be ~ to sth.** mit etw. rechnen; **b)** *(physically lively)* lebhaft; *(mentally lively)* aufgeweckt; *(attentive)* **the ~ listener** der aufmerksame Zuhörer. **2.** *n.* **a)** *(warning)* Alarmsignal, *das;* **b)** *(state of preparedness)* Alarmbereitschaft, *die;* **air-raid ~**: Fliegeralarm, *der;* **be on the ~ [for/against sth.]** [vor etw. *(Dat.)*] auf der Hut sein. **3.** *v. t.* alarmieren; ~ **sb. [to sth.]** jmdn. [vor etw. *(Dat.)*] warnen

**alertly** [ə'lɜ:tlɪ] *adv.* aufmerksam

**alertness** [ə'lɜ:tnɪs] *n., no pl.* Wachsamkeit, *die;* ~ **of mind** geistige Beweglichkeit

**A level** ['eɪ levl] *n. (Brit. Sch.)* **a)** ≈ Abitur, *das;* Abschluß der Sekundarstufe II; **take one's ~s** ≈ das Abitur machen; **b)** *attrib.* ≈ Abitur-; ~ **French** ≈ Französisch als Abiturfach; ~ **papers** ≈ Abiturarbeiten

**alexandrine** [ælɪg'zændraɪn] *n. (Pros.)* Alexandriner, *der*

**alfalfa** [æl'fælfə] *n. (Bot.)* Luzerne, *die;* Alfalfa, *die*

**alfresco** [æl'freskəʊ] **1.** *adv.* im Freien. **2.** *adj.* ⟨*Unterhaltung, Essen*⟩ im Freien

**alga** ['ælgə] *n., pl.* **~e** ['ældʒi:, 'ælgi:] *(Bot.)* Alge, *die*

**algebra** ['ældʒɪbrə] *n. (Math.)* Algebra, *die*

**algebraic** [ældʒɪ'breɪɪk] *adj. (Math.)* algebraisch

**Algeria** [æl'dʒɪərɪə] *pr. n.* Algerien *(das)*

**Algerian** [æl'dʒɪərɪən] **1.** *adj.* algerisch; **sb. is ~**: jmd. ist Algerier/Algerierin. **2.** *n.* Algerier, *der*/Algerierin, *die*

**Algiers** [æl'dʒɪəz] *pr. n.* Algier *(das)*

**algorithm** ['ælgərɪðm] *n. (Math., Computing)* Algorithmus, *der*

**alias** ['eɪlɪəs] **1.** *adv.* alias. **2.** *n.* angenommener Name; *(of criminal)* falscher Name

**alibi** ['ælɪbaɪ] *n.* Alibi, *das; (coll.: excuse)* Ausrede, *die*

**Alice** ['ælɪs] *n.* **an ~-in-Wonderland situation** eine völlig groteske Situation

**alien** ['eɪlɪən] **1.** *adj.* **a)** *(strange)* fremd; **be ~ to sb.** jmdm. fremd sein; **b)** *(foreign)* ausländisch; *(from another world)* außerirdisch; **c)** *(different)* **be ~ from sth.** einer Sache *(Dat.)* fremd sein; **d)** *(repugnant)* **be ~ to sb.** jmdm. zuwider sein; **e)** *(contrary)* **cruelty was ~ to her nature** Grausamkeit lag ihr völlig fern; **Fascism is ~ to our democratic beliefs** der Faschismus steht in krassem Gegensatz zu unserer demokratischen Überzeugung. **2.** *n.* **a)** *(Admin.: foreigner)* Ausländer, *der*/Ausländerin, *die;* **b)** *(a being from another world)* Außerirdische, *der/die*

**alienate** ['eɪlɪəneɪt] *v. t.* **a)** *(estrange)* befremden ⟨*Person*⟩; zerstören ⟨*Zuneigung*⟩; verlieren ⟨*Unterstützung*⟩; **his gaffes have ~d many of his supporters** durch seine Ausrutscher hat er sich *(Dat.)* viele seiner Anhänger entfremdet; **feel ~d from society** sich der Gesellschaft entfremdet fühlen; **b)** *(divert)* entziehen **(from** *Dat.***)**

**alienation** [eɪlɪə'neɪʃn] *n., no pl.* **a)** Entfremdung, *die;* **b)** *(Theatre)* Verfremdung, *die*

[1]**alight** [ə'laɪt] *v. i.* **a)** aussteigen; **~ from a vehicle** aus einem Fahrzeug aussteigen; **~ from a horse** von einem Pferd absitzen; **b)** ⟨*Vogel:*⟩ sich niedersetzen; ⟨*Flugzeug, Schneeflocken:*⟩ landen

[2]**alight** *pred. adj. (on fire)* **be/catch ~**: brennen; **set sth. ~**: etw. in Brand setzen; **the upper storey was well ~**: das obere Stockwerk brannte lichterloh

**align** [ə'laɪn] *v. t.* **a)** *(place in a line)* ausrichten; **the posts must be ~ed** die Pfosten müssen in einer Linie ausgerichtet werden; **b)** *(bring into line)* in eine Linie bringen; **~ the wheels** *(Motor Veh.)* die Spur einstellen

**alignment** [ə'laɪnmənt] *n.* **a)** Ausrichtung, *die;* **in/out of ~**: [genau] ausgerichtet/nicht richtig ausgerichtet; **the wheels are in/out of ~** *(Motor Veh.)* die Spur ist richtig/falsch eingestellt; **b)** *(Polit.)* Gruppierung, *die;* Ausrichtung, *die*

**alike** [ə'laɪk] **1.** *pred. adj.* ähnlich; *(indistinguishable)* [völlig] gleich. **2.** *adv.* gleich; in gleicher Weise; **winter and summer ~**: Sommer wie Winter; **all of us ~ are concerned, this concerns us all ~**: es geht uns alle gleichermaßen an

**alimentary** [ælɪ'mentərɪ] *adj.* Nahrungs-; alimentär *(Med.);* **~ organ/system** Verdauungsorgan/-system, *das*

**alimentary ca'nal** *n. (Anat.)* Verdauungskanal, *der*

**alimentation** [ælɪmən'teɪʃn] *n., no pl.* Ernährung, *die*

**alimony** ['ælɪmənɪ] *n.* Unterhaltszahlung, *die*

**alive** [ə'laɪv] *pred. adj.* **a)** lebendig; lebend; **stay ~**: am Leben bleiben; **if I'm still ~ in thirty years' time** wenn ich in dreißig Jahren noch am Leben bin; **any man ~**: jeder x-beliebige; **no man ~**: kein Mensch auf der ganzen Welt; **man ~!** *(coll.)* Menschenskind!; **keep one's hopes ~**: nicht die Hoffnung verlieren; **keep sb.'s hopes ~**: jmdn. noch hoffen lassen; **keep a matter ~**: eine Sache offenhalten; **the issue is still ~**: die Angelegenheit ist immer noch offen; **come ~**: wieder aufleben; ⟨*Ereignis:*⟩ wieder lebendig werden; **b)** *(Electr.)* eingeschaltet ⟨*Mikrophon*⟩; **be/become ~** ⟨*Draht:*⟩ unter Strom stehen/gesetzt werden; **c)** *(aware)* **be ~ to sth.** sich *(Dat.)* einer Sache *(Gen.)* bewußt sein; **he's always ~ to new ideas** er ist neuen Ideen gegenüber immer aufgeschlossen; **d)** *(brisk)* rege; munter; **be ~ and kicking** gesund und munter sein; **look ~!** ein bißchen munter!; **e)** *(swarming)* **be ~ with sth.** von etw. wimmeln

**alkali** ['ælkəlaɪ] *n., pl.* **~s** *or* **~es** *(Chem.)* Alkali, *das;* **~ metal** Alkalimetall, *das*

**alkaline** ['ælkəlaɪn] *adj. (Chem.)* alkalisch; **~ earth** Erdalkali, *das;* alkalische Erde

**all** [ɔ:l] **1.** *attrib. adj.* **a)** *(entire extent or quantity of)* ganz; **~ England** ganz England; **~ day** den ganzen Tag; **~ the snow/milk/food** der ganze *od.* aller Schnee/die ganze *od.* alle Milch/das ganze *od.* alles Essen; **~ the family** die ganze Familie; **for ~ that** trotz allem; **~ his life** sein ganzes Leben; **~ my money** all mein Geld; mein ganzes Geld; **stop ~ this noise/shouting!** hör mit dem Krach/Geschrei auf!; **what's ~ this noise/shouting about?** was soll der [ganze] Krach/das [ganze] Geschrei?; **thank you for ~ your hard work** danke für all deine Anstrengungen; **get away from it ~**: einmal von allem abschalten; **that says it ~**: das sagt alles; **~ hail!** Heil!; **b)** *(entire number of)* alle; **~ the books** alle Bücher; **~ my books** all[e] meine Bücher; **in ~ our houses** in allen unseren Häusern; **where are ~ the glasses?** wo sind all die Gläser *od. (ugs.)* die ganzen Gläser?; **~ ten men** alle zehn Männer; **we ~ went to bed** wir gingen alle schlafen; **aren't we ~?** trifft das nicht für uns alle zu?; **~ you children can stay here** ihr Kinder könnt alle hierbleiben; **~ the others** alle anderen; **~ those present** alle Anwesenden; **be ~ things to ~ men** es allen recht machen [wollen]; **~ Goethe's works** sämtliche Werke Goethes; **why he of ~ people?** warum ausgerechnet er?; **of ~ the nitwits!** so ein Schwachkopf!; **~ manner of things** alles mögliche; **~ manner of sausages** die verschiedensten Wurstsorten; **people of ~ ages** Menschen jeden Alters; **with ~ her faults** trotz all ihrer Fehler; **All Fools' Day** der 1. April; **All Saints' Day** Allerheiligen; **All Souls' Day** Allerseelen; **c)** *(any whatever)* jeglicher/jegliche/jegliches; **d)** *(greatest possible)* **in ~ innocence** in aller Unschuld; **with ~ speed** so schnell wie möglich. *See also* **four 2 c**; **kind 1 a**; **that 2 a**; **time 1 a, b, f**; **way 1 a. 2.** *n.* **a)** *(~ persons)* alle; **~ present** alle Anwesenden; **one and ~**: [alle] ohne Ausnahme; **goodbye, one and ~!** Wiedersehen, alle zusammen!; **~ and sundry** Krethi und Plethi; **~ of us** wir alle; **the happiest/most beautiful of ~**: der/die Glücklichste/die Schönste unter allen; **the best pupils of ~**: die besten Schüler [von allen]; **most of ~**: am meisten; **he ran fastest of ~**: er lief am schnellsten; **b)** *(every bit)* **~ of it/the money** alles/das ganze *od.* alles Geld; **c) ~ of** *(coll.: as much as)* **be ~ of seven feet tall** gut sieben Fuß groß sein; **d)** *(~ things)* alles; **~ that I possess** alles, was ich besitze; **~ I need is the money** ich brauche nur das Geld; **not ~ of the missing antiques have been recovered** nicht alle [der] fehlenden Antiquitäten sind wiedergefunden worden; **when ~ is said and done** alles in allem; **~ is lost** alles ist verloren; **~ is not lost** es ist nicht alles verloren; **he wants ~ or nothing** er will alles oder nichts; **it's ~ or nothing** es geht ums Ganze; **that is ~**: das ist alles; **it is not ~ it might be** es läßt zu wünschen übrig; **the most beautiful of ~**: der/die/das Schönste von allen; **most of ~**: am meisten; **for ~ you say, I still like her** trotz allem, was du sagst, mag ich sie immer noch; **give one's ~**: sein Letztes geben; **lose one's ~**: sein ganzes Hab und Gut verlieren; **it was ~ but impossible** es war fast unmöglich; **it was ~ I could do not to laugh** ich konnte mir das Lachen kaum verbeißen; **~ in ~**: alles in allem; **sb.'s ~ in ~**: jmds. Ein und Alles; **it's the same** *or* **~ one to me** es ist mir ganz egal *od.* völlig gleichgültig; **that's ~ very well** *or* **fine** das ist alles schön und gut; **sth. and ~**: mitsamt etw.; **can I help you at ~?** kann ich Ihnen irgendwie behilflich sein?; **I do not know at ~**: ich weiß wirklich nicht; **I do not care at ~**: es ist mir völlig gleich; **you are not disturbing me at ~**: du störst mich nicht im geringsten; **were you surprised at ~?** warst du denn überrascht?; **if you go to Venice at ~**: wenn du überhaupt nach Venedig fährst; **is he there at ~?** ist er überhaupt da?; **he is not stupid at ~**: er ist keineswegs dumm; **he is not at ~ stupid** er ist gar nicht *od.* überhaupt nicht dumm; **she has no talent at ~**: sie hat gar *od.* überhaupt kein Talent; **nothing at ~**: gar nichts; **not at ~ happy/well** überhaupt nicht glücklich/gesund; **not at ~!** überhaupt nicht!; *(acknowledging thanks)* gern geschehen!; nichts zu danken!; **if at ~**: wenn überhaupt; **in ~**: insgesamt; *see also* **time 1 c**; **e)** *(Sport)* **two [goals] ~**: zwei zu zwei; *(Tennis)* **thirty ~**: dreißig beide. **3.** *adv.* ganz; **~ but** fast; **he ~ but fell down** er wäre fast heruntergefallen; **dressed ~ in white** ganz in Weiß [gekleidet]; **~ the better/worse [for that]** um so besser/schlimmer; **I feel ~ the better for it** das hat mir wirklich gutgetan; **~ the more reason to do sth.** um so mehr sollte man etw. tun; **~ at once** *(suddenly)* plötzlich; *(simultaneously)* alle[s] zugleich; **~ too soon** allzu schnell; **go ~ serious** *(coll.)* ganz ernst werden; **be ~ 'for sth.** *(coll.)* sehr für etw. sein; **her latest play is ~ about ...**: in ihrem jüngsten Stück geht es um ...; **be ~ 'in** *(exhausted)* total *od.* völlig erledigt sein *(ugs.);* **go ~ out [to do sth.]** alles daransetzen[, etw. zu tun]; **be ~ ready [to go]** *(coll.)*

fertig [zum Weggehen] sein *(ugs.)*; **sth. is ~ right** etw. ist in Ordnung; *(tolerable)* etw. ist ganz gut; **did you get home ~ right?** sind Sie gut nach Hause gekommen?; **I'm ~ right** mir geht es ganz gut; **work out ~ right** gutgehen; klappen *(ugs.)*; **that's her, ~ right** das ist sie, ganz recht; **yes, ~ right** ja, gut; **is it ~ right if I go in?** kann ich reingehen?; **it's ~ right for you/him** *etc.*, **but ...** *(coll.)* es paßt dir/ihm *usw.*, aber ...; **it's ... right by** *or* **with me** das ist mir recht; **lie ~ round the room** überall im Zimmer herumliegen; **it was agreed ~ round that ...:** alle waren [damit] einverstanden, daß ...; **order drinks ~ round** Getränke für alle bestellen; **better ~ round** in jeder Hinsicht besser; **be ~ there** *(coll.)* voll dasein *(ugs.)*; **I don't think he's ~ there** *(coll.)* ich glaube, er ist nicht ganz da *(ugs.)*; **~ the same** trotzdem; **it's ~ the same to me** es ist mir einerlei; **if it's ~ the same to you** wenn du nichts dagegen hast; **the All Blacks** *(coll.) die neuseeländische Rugbynationalmannschaft; see also* **along 1a, 2d; over 1h, j, 2c; set 4d; square 2f; that 4**

**Allah** ['ælə] *pr. n.* Allah *(der)*

**all: ~-A'merican** *adj.* **the ~-American football team** die beste Footballmannschaft der ganzen USA; **the ~-American boy** der typisch amerikanische Junge; **~-around** *(Amer.) see* **all-round**

**allay** [ə'leɪ] *v.t.* **a)** vermindern; trüben, dämpfen ‹*Freude, Glück*›; zerstreuen ‹*Besorgnis, Befürchtungen*›; **b)** *(alleviate)* stillen ‹*Hunger, Durst*›; lindern ‹*Schmerz*›

**all: ~-'clear** *n.* Entwarnung, *die;* **sound the ~-clear** entwarnen; **~-day** *adj.* ganztägig ‹*Ausflug, Versammlung*›

**allegation** [ælɪ'geɪʃn] *n.* Behauptung, *die;* **make ~s against sb.** Beschuldigungen gegen jmdn. erheben; **reject all ~s of corruption** jeglichen Vorwurf der Korruption zurückweisen

**allege** [ə'ledʒ] *v.t.* **~ that ...:** behaupten, daß ...; **~ criminal negligence** den Vorwurf grober Fahrlässigkeit erheben

**alleged** [ə'ledʒd] *adj.*, **allegedly** [ə'ledʒɪdlɪ] *adv.* angeblich

**allegiance** [ə'li:dʒəns] *n.* Loyalität, *die* (to gegenüber); **swear ~ to king and country** dem König und dem Vaterland Treue schwören; **oath of ~:** Treueeid, *der;* **some supporters changed their ~ from Liverpool to Everton** einige Fans sind von Liverpool zu Everton umgeschwenkt

**allegorical** [ælɪ'gɒrɪkl] *adj.* allegorisch

**allegory** ['ælɪgərɪ] *n.* Allegorie, *die; (emblem)* Sinnbild, *das*

**allegro** [æ'leɪgrəʊ, æ'legrəʊ] *(Mus.)* **1.** *adv.* allegro. **2.** *n., pl.* **~s** Allegro, *das*

**all-e'lectric** *adj.* vollelektrisch; **our house is ~:** in unserem Haus ist alles elektrisch

**'all-embracing** *adj.* alles umfassend

**Allen key, (P)** ['ælən ki:] *n.* Inbusschlüssel, *der* ⓦ

**allergic** [ə'lɜ:dʒɪk] *adj.* allergisch (**to** gegen)

**allergy** ['ælədʒɪ] *n.* **a)** *(Med.)* Allergie, *die* (**to** gegen); **b)** *(fig. coll.)* **have an ~ to sth.** auf etw. *(Akk.)* allergisch reagieren

**alleviate** [ə'li:vɪeɪt] *v.t.* abschwächen

**alleviation** [əli:vɪ'eɪʃn] *n., no pl.* Abschwächung, *die*

**[1]alley** ['ælɪ] *n.* **a)** [schmale] Gasse; *(between flower-beds or gardens)* Pfad, *der; (avenue)* Allee, *die;* **be up sb.'s ~** *(coll.)* jmds. Fall sein *(ugs.)*; **this problem is just** *or* **right up his ~** *(coll.)* für dieses Problem ist er genau der Richtige; **b) skittle ~:** Kegelbahn, *die*

**[2]alley** *see* **[2]ally**

**'all-fired** *(Amer. sl.) adj., adv.* verdammt

**alliance** [ə'laɪəns] *n.* Bündnis, *das; (league)* Allianz, *die;* **~ with other groups would increase our influence** ein Bündnis mit anderen Gruppen würde unseren Einfluß vergrößern; **in ~ with sb./sth.** im Verein mit jmdm./etw.

**allied** ['ælaɪd] *adj.* **be ~ to** *or* **with sb./sth.** mit jmdm./etw. verbündet sein; **German is more closely ~ to English than to French** das Deutsche ist mit dem Englischen enger verwandt als mit dem Französischen; **the A~ Powers** die Alliierten

**alligator** ['ælɪgeɪtə(r)] *n. (Zool.)* Alligator, *der; (skin)* Krokodilleder, *das*

**'alligator clip** *n.* Krokodilklemme, *die*

**all: ~-important** *adj.* entscheidend; **~-in** *adj.* Pauschal-; **it costs £350 ~-in** es kostet 350 Pfund alles inklusive; **~-in wrestling** Freistilringen, *das*

**alliteration** [əlɪtə'reɪʃn] *n.* Stabreim, *der;* Alliteration, *die*

**alliterative** [ə'lɪtərətɪv] *adj.* stabreimend; alliterierend

**'all-night** *adj.* die ganze Nacht dauernd ‹*Sitzung*›; nachts durchgehend geöffnet ‹*Gaststätte*›

**allocate** ['æləkeɪt] *v.t.* zur Verfügung stellen ‹*Geld, Mittel*›; **~ sth. to sb./sth.** jmdm./einer Sache etw. zuweisen *od.* zuteilen

**allocation** [ælə'keɪʃn] *n.* Verteilung, *die; (ration)* Zuteilung, *die*

**allot** [ə'lɒt] *v.t.*, **-tt-: ~ sth. to sb.** jmdm. etw. zuteilen; **you will be ~ted fifty pounds** es werden Ihnen fünfzig Pfund bewilligt; **we ~ted two hours to the task** wir haben zwei Stunden für diese Arbeit vorgesehen; **~ shares** Aktien ausgeben

**allotment** [ə'lɒtmənt] *n.* **a)** Zuteilung, *die;* **b)** *(Brit.: plot of land)* Gartenparzelle, *die;* ≈ Schrebergarten, *der;* **c)** *(share)* Anteil, *der*

**allow** [ə'laʊ] **1.** *v.t.* **a)** *(permit)* **~ sth.** etw. erlauben *od.* zulassen *od. (förmlicher)* gestatten; **~ sb. to do sth.** jmdm. erlauben, etw. zu tun; **be ~ed to do sth.** etw. tun dürfen; **will you be ~ed to?** darfst du?; **~ sb./oneself sth.** jmdm./sich etw. erlauben; **sb. is ~ed sth.** jmdm. ist etw. erlaubt; **~ sth. to happen** zulassen, daß etw. geschieht; **~ yourself to be convinced** lassen Sie sich überzeugen; **~ sb. in/out/past/through** jmdn. hinein-/hinaus-/vorbei-/durchlassen; **you are not ~ed in/out/past/through** Sie dürfen nicht hinein/hinaus/vorbei/durch; **~ sb. a discount/5% interest** jmdm. Rabatt/5% Zinsen geben; **b)** *(agree)* zugeben; **c)** *(Law)* bestätigen ‹*Anspruch*›; **~ the appeal** der Berufung *(Dat.)* stattgeben; **d)** *(Sport)* **the referee ~ed the goal** der Schiedsrichter gab das Tor. **2.** *v.i.* **~ of sth.** etw. zulassen *od.* erlauben; **~ for sth.** etw. berücksichtigen; **we started very early, to ~ for delays** wir begannen sehr früh, um etwaige Verzögerungen auffangen zu können

**allowable** [ə'laʊəbl] *adj.* zulässig

**allowance** [ə'laʊəns] *n.* **a)** Zuteilung, *die; (money for special expenses)* Zuschuß, *der;* **your luggage ~ is 44 kg.** Sie haben 44 kg Freigepäck; **tax ~:** Steuerfreibetrag, *der;* **clothing ~:** Kleidergeld, *das;* **b) make ~s for sth./sb.** etw./jmdn. berücksichtigen; **make ~ for errors** eventuelle Fehler einkalkulieren; **c)** *(Commerc.)* Ermäßigung, *die*

**alloy** ['ælɔɪ, ə'lɔɪ] **1.** *n.* Legierung, *die; (inferior metal added)* unedles Metall; **~ steel** Sonderstahl, *der.* **2.** *v.t.* legieren; *(debase)* geringhaltiger machen

**all: ~-'powerful** *adj.* allmächtig; **~-purpose** *adj.* Universal-; Allzweck-; **~-round** *adj.* Allround-; **~-'rounder** *n.* Allroundtalent, *das; (Sport)* Allroundspieler, *der*/-spielerin, *die*

**'allspice** *n.* Pimentbaum, *der; (berry)* Piment, *der*

**'all-time** *adj.* **~ record** absoluter Rekord; **~ favourites** *or* **greats** unvergessene Publikumslieblinge; **~ high/low** höchster/niedrigster Stand aller Zeiten

**allude** [ə'lju:d, ə'lu:d] *v.i.* **~ to sth./sb.** sich auf etw./jmdn. beziehen; *(covertly)* auf etw./jmdn. anspielen

**allure** [ə'ljʊə(r)] **1.** *v.t.* locken; *(fascinate)* faszinieren; **~ sb. to do sth.** jmdn. dazu verlocken, etw. zu tun; **~d by thoughts of stardom** durch die Aussicht auf eine glänzende Karriere verlockt. **2.** *n., no pl.* Verlockung, *die; (personal charm)* Charme, *der*

**allurement** [ə'ljʊəmənt] *n.* Verlockung, *die; (charm)* **she displayed all her ~s** sie ließ all ihre Reize spielen

**alluring** [ə'ljʊərɪŋ] *adj.* verlockend; **an ~ appeal** eine Verlockung

**allusion** [ə'lju:ʒn, ə'lu:ʒn] *n.* **a)** Hinweis, *der;* **in an ~ to** unter Bezugnahme auf (+ *Akk.*); **b)** *(covert reference)* Anspielung, *die* (**to** auf + *Akk.*)

**allusive** [ə'lju:sɪv, ə'lu:sɪv] *adj.* **be ~ to sth.** auf etw. *(Akk.)* anspielen

**alluvial** [ə'lu:vɪəl] *adj. (Geol.)* angeschwemmt; **~ soil** Alluvialboden, *der*

**'all-weather** *attrib. adj.* Allwetter-

**[1]ally 1.** [ə'laɪ, 'ælaɪ] *v.t.* **~ oneself with sb./sth.** sich mit jmdm./etw. verbünden; *see also* **allied. 2.** ['ælaɪ] *n.* Verbündete, *der/die;* **my old friend and ~:** mein alter Freund und Kampfgefährte; **the Allies** die Alliierten

**[2]ally** ['ælɪ] *n. (besonders schöne)* Murmel *(aus Alabaster od. Glas)*

**Alma Mater** [ælmə 'meɪtə(r), ælmə 'mɑ:tə(r)] *n.* Alma mater, *die*

**almanac** ['ɔ:lmənæk, 'ɒlmənæk] *n.* Almanach, *der*

**almighty** [ɔ:l'maɪtɪ] **1.** *adj.* **a)** allmächtig; **the A~:** der Allmächtige; **God A~!** *(sl.)* großer Gott!; **he acts as if he were God A~:** er tut, als ob er der liebe Gott selber wäre; **b)** *(sl.: very great, hard, etc.)* mächtig. **2.** *adv. (sl.)* mächtig

**almond** ['ɑ:mənd] *n.* **a)** Mandel, *die;* **sweet/bitter ~:** Süß-/Bittermandel, *die;* **~ eyes** Mandelaugen; **b)** *(tree)* Mandelbaum, *der*

**almoner** ['ɑ:mənə(r)] *n. (Brit.)* Sozialbetreuer, *der*/-betreuerin, *die (eines Krankenhauses)*

**almost** ['ɔ:lməʊst] *adv.* fast; beinahe; **she ~ fell** sie wäre fast gefallen

**alms** [ɑ:mz] *n., no pl.* Almosen, *das*

**'almshouse** *n.* Armenhaus, *das*

**aloe** ['æləʊ] *n.* **a)** Aloe, *die;* **b)** *in pl. (Pharm.)* Aloe, *die;* Aloesaft, *der*

**aloft** [ə'lɒft] *adv.* **a)** *(position) (literary)* hoch droben *(dichter.)*; *(Naut.)* [oben] in der Takelage *od.* im Rigg; **b)** *(direction) (literary)* empor *(dichter.)*; *(Naut.)* in die Takelage; in das Rigg; **go ~:** in die Takelage *od.* in das Rigg klettern; aufentern *(Seemannsspr.)*

**alone** [ə'ləʊn] **1.** *pred. adj.* allein; alleine *(ugs.)*; **be [all] ~:** [ganz] allein sein; **she likes to be ~ sometimes** manchmal ist sie gern [für sich] allein; **when his parents died he was left ~ [in the world]** als seine Eltern starben, stand er ganz allein da; **he was not ~ in the belief that ...:** er stand nicht allein mit der Überzeugung, daß ...; er war nicht als einziger davon überzeugt, daß ...; **go it ~:** etw. im Alleingang tun; *see also* **[2]leave e; [1]let 1 a. 2.** *adv.* allein; **you ~ can help me** nur du *od.* du allein kannst mir helfen; **the problem/money was his ~:** es war einzig und allein sein Problem/Geld; **this fact ~:** schon allein dies

**along** [ə'lɒŋ] **1.** *prep.* **a)** *(position)* entlang (+ *Dat.*); **~ one side of the street** auf der einen Straßenseite; **all ~ the wall** die ganze *od.* an der ganzen Mauer entlang; **b)** *(direction)* entlang (+ *Akk.*); **walk ~ the riverbank/street** am Ufer *od.* das Ufer/die Straße entlanglaufen; **creep ~ a wall** eine Mauer *od.* an einer Mauer entlangschleichen. **2.** *adv.* **a)** *(onward)* weiter; **he came running ~:** er kam herbei- *od.* angelaufen; **leaves carried ~ by the wind** vom Wind fortgetragenes Laub; **he saw the train steaming ~ in the distance** er sah den Zug in der Ferne vorbei- *od.* vorüberdampfen; **the snake was slithering ~ in the tall grass** die Schlange glitt durch das hohe Gras; **b)** *(with one)* **bring/take sb./sth. ~:** jmdn./etw. mitbringen/mitnehmen; **c)** *(there)* **I'll be ~ shortly/as soon as I can** ich komme gleich/sobald ich kann; **d) all ~:** die ganze Zeit [über]

**alongside** [əlɒŋ'saɪd] **1.** *adv.* daneben; längsseits *(Seemannsspr.)*; **~ the quay** am Kai; **~ of** *see* **2. 2.** *prep. (position)* neben (+ *Dat.*); längsseits *(Seemannsspr.)* (+ *Gen.*); *(direction)* neben (+ *Akk.*); längsseits heran an *(Seemannsspr.)* (+ *Akk.*); *(fig.)* neben (+ *Dat.*); **work ~ sb.** mit jmdm. zusammen arbeiten/*(fig.)* zusammenarbeiten

**aloof** [ə'lu:f] **1.** *adv.* abseits; **stand ~ from the others** abseits der anderen stehen; **hold ~ from sb.** sich von jmdm. fernhalten; sich abseits von jmdm. halten; **keep ~:** Distanz wahren; **keep ~ from sb.** sich von jmdm. absondern *od.* fernhalten. **2.** *adj.* distanziert; reserviert

**aloofness** [ə'lu:fnɪs] *n., no pl.* Reserviertheit, *die;* Distanz[iertheit], *die*

**aloud** [ə'laʊd] *adv.* laut; **read [sth.] ~:** [etw.] vorlesen; **think ~:** laut denken

**alp** [ælp] *n. (pasture)* Alp, *die; see also* **Alps**

**alpaca** [æl'pækə] *n.* **a)** *(Zool.)* Alpaka, *das;* **b)** *(wool)* Alpaka, *das;* Alpakawolle, *die; (fabric)* Alpaka, *der*

**alpenhorn** ['ælpənhɔ:n] *n.* Alphorn, *das*

**alpenstock** ['ælpənstɒk] *n.* Bergstock, *der*

**alpha** ['ælfə] *n.* **a)** *(letter)* Alpha, *das;* **the A~ and Omega** das A und O; **b)** *(Sch., Univ.: mark)* Eins, *die*

**alphabet** ['ælfəbet] *n.* Alphabet, *das;* Abc, *das;* **the phonetic/Cyrillic ~:** das phonetische/kyrillische Alphabet

**alphabetical** [ælfə'betɪkl] *adj.* alphabetisch; **in ~ order** in alphabetischer Reihenfolge; alphabetisch geordnet

**alphabetically** [ælfə'betɪkəlɪ] *adv.* alphabetisch; nach dem Alphabet

**alphabetize** ['ælfəbetaɪz] *v. t.* alphabetisieren; nach dem Alphabet ordnen

**alpha:** ~ **particles** *n. pl. (Phys.)* Alphateilchen *Pl.;* ~ **rays** *n. pl. (Phys.)* Alphastrahlen *Pl.*

**alpine** ['ælpaɪn] **1.** *adj.* **a)** alpin; Hochgebirgs-; **~ region/climate/vegetation** Hochgebirgsregion, *die*/-klima, *das*/alpine Vegetation; **~ flowers** Alpen-, Gebirgsblumen; **~ garden** Alpengarten, *der;* Alpinum, *das;* **~ skiing/event** alpiner Skisport/Wettbewerb; **b) A~:** Alpen-. **2.** *n. (Bot.)* Alpenblume, *die;* [Hoch]gebirgspflanze, *die*

**Alpinist, alpinist** ['ælpɪnɪst] *n.* Alpinist, *der*/Alpinistin, *die*

**Alps** [ælps] *pr. n. pl.* **the ~:** die Alpen

**already** [ɔ:l'redɪ] *adv.* schon; **it's ~ 8 o'clock** *or* **8 o'clock ~:** es ist schon 8 Uhr; **He's here. – A~?** Er ist hier. – Schon [so früh]?; **she's ~ got ten children** sie hat schon *od.* bereits zehn Kinder

**Alsace** [æl'sæs] *pr. n.* Elsaß, *das;* **~-Lorraine** Elsaß-Lothringen *(das)*

**Alsatian** [æl'seɪʃn] **1.** *adj.* elsässisch. **2.** *n.* **a)** *(person)* Elsässer, *der*/Elsässerin, *die;* **b)** *(dog)* [deutscher] Schäferhund

**also** ['ɔ:lsəʊ] *adv.* auch; *(moreover)* außerdem; **I'm going, and John is ~ going** *or* **John is going ~:** ich gehe, und John geht auch *od.* ebenfalls; **he's writing a book and ~ translating one** er schreibt ein Buch und übersetzt auch *od.* außerdem eines; **he's writing and ~ translating a book** er schreibt ein Buch und übersetzt es auch

**'also-ran** *n.* **be an ~** ⟨*Hund, Pferd:*⟩ [immer nur] hintere Plätze/einen hinteren Platz belegen; **he remained an ~ all his life** *(fig.)* er kam sein ganzes Leben lang auf keinen grünen Zweig *(ugs.)*

**altar** ['ɔ:ltə(r), 'ɒltə(r)] *n.* **a)** *(Communion table)* Altar, *der;* **lead sb. to the ~** *(fig.)* jmdn. zum Traualtar führen; **b)** *(for sacrifice)* Opferstätte, *die;* Opfertisch, *der*

**'altar-piece** *n.* Altarbild, -gemälde, *das*

**alter** ['ɔ:ltə(r), 'ɒltə(r)] **1.** *v. t.* **a)** *(change)* ändern; verändern ⟨*Stadt, Wohnung*⟩; **That's wrong. It will have to be ~ed** Das ist falsch. Es muß geändert werden; **have a dress ~ed** ein Kleid ändern lassen; **b)** *(Amer.: castrate, spay)* sterilisieren. **2.** *v. i.* sich verändern; **he has ~ed a lot since then** *(in appearance)* er hat sich seitdem stark verändert; *(in character)* er hat sich seitdem sehr geändert

**alteration** [ɔ:ltə'reɪʃn, ɒltə'reɪʃn] *n.* Änderung, *die; (of text)* Abänderung, *die; (of house)* Umbau, *der;* **without any ~s** ohne jede Änderung; **we're having some ~s done to the house** wir bauen um; bei uns wird umgebaut

**altercation** [ɔ:ltə'keɪʃn, ɒltə'keɪʃn] *n.* Auseinandersetzung, *die;* Streiterei, *die*

**alter ego** [æltər 'egəʊ, æltər 'i:gəʊ] *n., pl.* **~s** Alter ego, *das (geh.)*

**alternate 1.** [ɔ:l'tɜ:nət, ɒl'tɜ:nət] *adj.* **a)** *(in turn)* sich abwechselnd; **John and Mary come on ~ days** John und Mary kommen abwechselnd einen um den anderen Tag; *(together)* John und Mary kommen jeden zweiten Tag; **she goes shopping and goes to work on ~ Saturdays** sie geht abwechselnd jeden zweiten Samstag arbeiten und einkaufen; **~ leaves** *(Bot.)* wechselständige Blätter; **~ angles** *(Math.)* Wechselwinkel *Pl.;* **b)** *see* **alternative 1. 2.** *n.* **a)** *(deputy)* Vertreter, *der*/Vertreterin, *die;* **b)** *(substitute)* Alternative, *die.* **3.** ['ɔ:ltəneɪt, 'ɒltəneɪt] *v. t.* abwechseln lassen; **she has only two summer dresses, so she ~s them** sie hat nur zwei Sommerkleider, deshalb trägt sie sie abwechselnd; **he ~s his days off and** *or* **with his working days** er hat abwechselnd einen Tag frei und geht einen Tag zur Arbeit. **4.** *v. i.* sich abwechseln; alternieren *(fachspr.)*

**alternately** [ɔ:l'tɜ:nətlɪ, ɒl'tɜ:nətlɪ] *adv.* abwechselnd

**'alternating current** *n. (Electr.)* Wechselstrom, *der*

**alternation** [ɔ:ltə'neɪʃn, ɒltə'neɪʃn] *n.* Wechsel, *der;* **~ of generations** *(Biol.)* Generationswechsel, *der*

**alternative** [ɔ:l'tɜ:nətɪv, ɒl'tɜ:nətɪv] **1.** *adj.* alternativ; Alternativ-; **~ possibility** Ausweich- *od.* Alternativmöglichkeit, *die;* **~ suggestion** Alternativ- *od.* Gegenvorschlag, *der;* **~ route** Alternativstrecke, *die; (to avoid obstruction etc.)* Ausweichstrecke, *die;* **we'll try to get you on an ~ flight** wir werden versuchen, Ihren Flug umzubuchen; **the ~ society** die alternative Gesellschaft; **~ medicine** Alternativmedizin, *die.* **2.** *n.* **a)** *(choice)* Alternative, *die;* Wahl, *die;* **if I had the ~:** wenn ich vor die Wahl *od.* Alternative gestellt würde; wenn ich vor der Wahl *od.* Alternative stünde; **we have no ~ [but to ...]** wir haben keine andere Wahl[, als zu ...]; **that left me** *or* **I was left with no ~:** mir blieb keine andere Wahl; **b)** *(possibility)* Möglichkeit, *die;* **we have two ~s: either we press forward or we turn back** wir haben zwei Möglichkeiten: weiterzufahren oder umzukehren; **there is no [other] ~:** es gibt keine Alternative *od.* andere Möglichkeit; **what are the ~s?** welche Alternativen gibt es?

**alternatively** [ɔ:l'tɜ:nətɪvlɪ, ɒl'tɜ:nətɪvlɪ] *adv.* oder aber; **or ~:** oder aber auch

**alternator** ['ɔ:ltəneɪtə(r), 'ɒltəneɪtə(r)] *n. (Electr.)* Wechselstromgenerator, *der*

**although** [ɔ:l'ðəʊ] *conj.* obwohl; **~ quite clever, he still makes mistakes** obwohl er ziemlich klug ist, macht er trotzdem *od.* doch Fehler

**altimeter** ['æltɪmi:tə(r)] *n.* Höhenmesser, *der*

**altitude** ['æltɪtju:d] *n. (height)* Höhe, *die;* **what is our ~?** wie hoch sind wir?; **at what ~ are we flying?** wie hoch *od.* in welcher Höhe fliegen wir?; **from this ~:** aus dieser Höhe; **what is the ~ of ...?** wie hoch liegt ...?; **at an ~ of 2,000 ft.** ≈ in einer Höhe von 600 Metern; **at high ~:** in großer Höhe; **gain/lose ~:** [an] Höhe gewinnen/verlieren

**alto** ['æltəʊ] *n., pl.* **~s** *(Mus.) (voice, part)* Alt, *der; (male singer)* Alt, *der;* Altist, *der;* Altsänger, *der; (female singer)* Alt, *der;* Altistin, *die;* Altsängerin, *die;* **~ saxophone/clarinet** Altsaxophon, *das*/Altklarinette, *die;* **~ clef** Altschlüssel, *der*

**altogether** [ɔ:ltə'geðə(r)] **1.** *adv.* völlig; *(on the whole)* im großen und ganzen; *(in total)* insgesamt; **not ~ [true/convincing]** nicht ganz [wahr/überzeugend]. **2.** *n.* **in the ~** *(coll.)* im Evas-/Adamskostüm

**altruism** ['æltrʊɪzm] *n., no pl.* Altruismus, *der;* Uneigennützigkeit, *die*

**altruist** ['æltrʊɪst] *n.* Altruist, *der (geh.)*

**altruistic** [æltrʊ'ɪstɪk] *adj.,* **altruistically** [æltrʊ'ɪstɪkəlɪ] *adv.* altruistisch; uneigennützig

**alum** ['æləm] *n. (Chem.)* Alaun, *der*

**alumina** [ə'lju:mɪnə] *n.* Aluminiumoxyd, *(fachspr.)* -oxid, *das;* Tonerde, *die*

**aluminium** [æljʊ'mɪnɪəm] *n. (Brit.)* Aluminium, *das*

**aluminize** [ə'lju:mɪnaɪz] *v. t.* aluminieren

**aluminum** [ə'lu:mɪnəm] *(Amer.) see* **aluminium**

**alumna** [ə'lʌmnə] *n., pl.* **~e** [ə'lʌmni:] *(Amer.)* Absolventin, *die*

**alumnus** [ə'lʌmnəs] *n., pl.* **alumni** [ə'lʌmnaɪ] *(Amer.)* Absolvent, *der;* **we are both alumni of Harvard** wir sind beide ehemalige Harvard-Studenten

**alveolar** [æl'vɪələ(r), ælvɪ'əʊlə(r)] *adj.* **a)** *(Anat.)* **~ ridge** Alveolarfortsatz, *der;* **b)** *(Phonet.)* alveolar; Alveolar-

**always** ['ɔ:lweɪz, 'ɔ:lwɪz] *adv. (at all times)* immer; *(repeatedly)* ständig; [an]dauernd *(ugs.); (whatever the circumstances)* jederzeit; **he ~ comes on Monday** er kommt immer am Montag; **he is ~ making fun of other people** er macht sich dauernd *od.* ständig über andere lustig; **don't worry, I can ~ sleep on the floor** keine Sorge, ich kann jederzeit *od.* ohne weiteres auf dem Fußboden schlafen; **you can ~ come by train if you prefer** ihr könnt ja auch mit der Bahn kommen, wenn euch das lieber ist

**alyssum** ['ælɪsəm] *n. (Bot.)* Steinkraut, *das*

**Alzheimer's disease** ['æltshaɪmez dɪzi:z] *n.* Alzheimer-Krankheit, *die*

**AM** *abbr.* **amplitude modulation** AM

**am** *see* **be**

**a.m.** [eɪ'em] **1.** *adv.* vormittags; **[at] one/four ~:** [um] ein/vier Uhr nachts *od.* morgens *od.* früh; **[at] five/eight ~:** [um] fünf/acht Uhr morgens *od.* früh; **[at] nine ~:** [um] neun Uhr morgens *od.* früh *od.* vormittags; **[at] ten/eleven ~:** [um] zehn/elf Uhr vormittags. **2.** *n.* Vormittag, *der;* **Monday/this ~:** Montag/heute vormittag

**amalgam** [ə'mælgəm] *n.* **a)** *(lit. or fig.: mixture)* Mischung, *die;* **b)** *(alloy)* Amalgam, *das*

**amalgamate** [ə'mælgəmeɪt] **1.** *v. t.* vereinigen; verschmelzen *(geh.);* amalgamieren *(geh.)* ⟨*Rassen*⟩; zusammenlegen ⟨*Abteilungen*⟩; fusionieren ⟨*Firmen*⟩. **2.** *v. i.* sich vereinigen; ⟨*Firmen:*⟩ fusionieren; ⟨*Abteilungen:*⟩ zusammengelegt werden

**amalgamation** [əmælgə'meɪʃn] *n.* **a)** *(action)* Vereinigung, *die; (of races)* Verschmelzung, *die (geh.);* Amalgamierung, *die (geh.); (of firms)* Fusion, *die; (of departments)* Zusammenlegung, *die;* **b)** *(result)* Vereinigung, *die;* **his 'theory' is an ~ of various ideas** seine „Theorie" besteht aus einer Mischung *od. (geh.)* ist ein Amalgam der verschiedensten Ideen

**amanuensis** [əmænjʊ'ensɪs] *n., pl.* **amanuenses** [əmænjʊ'ensi:z] Sekretär, *der*

**amaryllis** [æmə'rɪlɪs] *n. (Bot.)* **a)** *(plant of genus A~)* Amaryllis, *die;* **b)** *(plant of related genus)* Amaryllisgewächs, *das*

**amass** [ə'mæs] *v. t.* [ein]sammeln; **what a lot of books you have ~ed over the years!** was für eine Menge Bücher sich bei dir während der Jahre angesammelt *od.* angehäuft hat!; **~ a [large] fortune** ein [großes] Vermögen anhäufen

**amateur** ['æmətə(r)] *n.* **a)** *(non-professional)* Amateur, *der;* **b)** *(derog.: trifler)* Amateur, *der;* Dilettant, *der;* **c)** *attrib.* Amateur-; Laien-; **~ actor/theatre** Amateur- *od.* Laienschauspieler/Amateur- *od.* Laientheater; **when he retired he took up ~ photography/writing** als Rentner fing er an zu fotografieren/schriftstellern

**amateurish** ['æmətərɪʃ] *adj. (derog.)* laienhaft; amateurhaft

**amateurishness** ['æmətərɪʃnɪs] *n.* Dilettantismus, *der*

**amateurism** ['æmətərɪzm] *n., no pl.* Amateursport, *der; (as qualifying principle)* Amateurstatus, *der*

**amatory** ['æmətərɪ] *adj.* erotisch; Liebes-; **~ poems/letters/affairs** Liebesgedichte/-briefe/-affären; **~ advances** amouröse Avancen *(geh.)*

**amaze** [ə'meɪz] *v. t.* verblüffen; verwundern; **be ~d [by sth.]** [über etw. *(Akk.)*] verblüfft *od.* verwundert sein

**amazement** [ə'meɪzmənt] *n., no pl.* Verblüffung, *die;* Verwunderung, *die*

**amazing** [ə'meɪzɪŋ] *adj. (remarkable)* erstaunlich; *(astonishing)* verblüffend; **'~ value'** „sensationell günstig"

**amazingly** [ə'meɪzɪŋlɪ] *adv.* **a)** *as sentence-modifier (remarkably)* erstaunlicherweise; *(astonishingly)* verblüffenderweise; **b)** erstaunlich; **~ stupid** außerordentlich *od. (ugs.)* selten dumm

**¹Amazon** ['æməzən] *pr. n.* **the ~:** der Amazonas *od. (veralt.)* Amazonenstrom

**²Amazon** *n.* **a)** *(Mythol.: female warrior)* Amazone, *die;* **b)** *(fig.)* Mannweib, *das (abwertend);* Amazone, *die (veralt.)*

**ambassador** [æm'bæsədə(r)] *n.* **a)** Botschafter, *der*/Botschafterin, *die; (on particular mission)* Sonderbotschafter, *der;* Gesandte, *der (hist.);* **~ to a country/court** Botschafter in einem Land/an einem Hof; **b)** *(messenger)* Abgesandte, *der/die;* Beauftragte, *der/die*

**ambassadorial** [æmbæsə'dɔ:rɪəl] *adj.* Botschafter-; eines/des Botschafters *nachgestellt; (of envoy)* Gesandten-; eines/des Gesandten *nachgestellt*

**amber** ['æmbə(r)] **1.** *n.* **a)** Bernstein, *der;* **b)** *(traffic light)* Gelb, *das;* **when the ~ is flashing** bei gelbem Blinklicht. **2.** *adj.* Bernstein-; aus Bernstein *nachgestellt; (colour)* bernsteinfarben; gelb ⟨*Verkehrslicht*⟩

**ambergris** ['æmbəgrɪs, 'æmbəgri:s] *n.* Amber, *der;* Ambra, *die*

**ambiance** [ɑ̃bɪ'ɑ̃s] *see* **ambience**

**ambidexterity** [æmbɪdeks'terɪtɪ] *see* **ambidextrousness**

**ambidextrous** [æmbɪ'dekstrəs] *adj.* beidhändig; ambidexter *(fachspr.)*

**ambidextrously** [æmbɪ'dekstrəslɪ] *adv.* beidhändig

**ambidextrousness** [æmbɪ'dekstrəsnɪs] *n., no pl.* Beidhändigkeit, *die*

**ambience** ['æmbɪəns] *n.* Ambiente, *das (geh.);* Milieu, *das;* Atmosphäre, *die;* **the ~ of the theatre** das Ambiente des Theaters; das Theatermilieu; die Theateratmosphäre

**ambient** ['æmbɪənt] *adj.* Umgebungs-; **~ pressure/air** Umgebungsdruck, *der*/-luft, *die*

**ambiguity** [æmbɪ'gju:ɪtɪ] *n.* Zweideutigkeit, *die;* Doppelsinnigkeit, *die (geh.); (having several meanings)* Mehrdeutigkeit, *die;* Ambiguität, *die (Sprachw.)*

**ambiguous** [æm'bɪgjʊəs] *adj.* zweideutig; doppelsinnig *(geh.); (with several meanings)* mehrdeutig; ambig *(Sprachw.);* nicht eindeutig klassifizierbar ⟨*Pflanze, Tier*⟩; **her smile was ~:** ihr Lächeln war zweideutig

**ambiguously** [æm'bɪgjʊəslɪ] *adv.* zweideutig; doppelsinnig *(geh.); (with several meanings)* mehrdeutig; ambig *(Sprachw.);* **smile ~:** zweideutig lächeln

**ambiguousness** [æm'bɪgjʊəsnɪs] *n., no pl.* Zweideutigkeit, *die;* Doppelsinnigkeit, *die (geh.); (having several meanings)* Mehrdeutigkeit, *die*

**ambit** ['æmbɪt] *n.* Gebiet, *das;* Bereich, *der;* **the ~ of sb.'s experience/competence** jmds. Erfahrungs-/Kompetenz- *od.* Zuständigkeitsbereich

**ambition** [æm'bɪʃn] *n.* Ehrgeiz, *der; (aspiration)* Ambition, *die;* Wunsch, *der;* **you can never fulfil every ~:** man kann nie all seine Ambitionen verwirklichen

**ambitious** [æm'bɪʃəs] *adj.* ehrgeizig; ambitioniert *(geh.)* ⟨*Person*⟩; **she was very ~ for him to succeed** ihr ganzer Ehrgeiz war es, daß er Erfolg hatte; **be ~ to do sth.** von dem Ehrgeiz erfüllt sein, etw. zu tun

**ambitiously** [æm'bɪʃəslɪ] *adv.* voller Ehrgeiz; von Ehrgeiz erfüllt

**ambitiousness** [æm'bɪʃəsnɪs] *n., no pl.* Ehrgeiz, *der;* ehrgeiziges Streben; **the ~ of his proposal/the new project** das Ehrgeizige an seinem Plan/an dem neuen Projekt

**ambivalence** [æm'bɪvələns] *n., no pl.* Ambivalenz, *die*

**ambivalent** [æm'bɪvələnt] *adj.* ambivalent

**amble** ['æmbl] **1.** *v. i.* **a)** ⟨*Reiter:*⟩ im Paßgang reiten; ⟨*Pferd:*⟩ im Paßgang gehen; *(ride at easy pace)* im Schritt reiten; **b)** *(fig.: walk slowly)* schlendern; gemütlich gehen. **2.** *n.* **a)** Paßgang, *der;* **b)** *(fig.)* Schlendern, *das*

**ambrosia** [æm'brəʊzɪə] *n., no pl.* Ambrosia, *die*

**ambulance** ['æmbjʊləns] *n.* **a)** *(vehicle)* Krankenwagen, *der;* Ambulanz, *die; (Mil.)* Sanitätswagen, *der;* Sanka, *der (bes. Soldatenspr.);* **b)** *(Mil.: mobile hospital)* Feldlazarett, *das;* Ambulanz, *die*

**ambulance: ~-chaser** *n. (Amer.) Anwalt oder sein Agent, der Unfallopfer dazu überredet, auf Schadenersatz zu klagen;* **~ driver** *n.* Fahrer eines/des Krankenwagens; **~-man** *n.* Sanitäter, *der;* **~ service** *n.* Rettungsdienst, *der;* **~ worker** *n.* Sanitäter, *der*/Sanitäterin, *die*

**ambulant** ['æmbjʊlənt] *adj.* gehfähig ⟨*Patient*⟩; ambulant ⟨*Behandlung*⟩

**ambush** ['æmbʊʃ] **1.** *n. (concealment)* Hinterhalt, *der; (troops concealed)* im Hinterhalt liegende Truppe; **lie in ~** *(lit. or fig.)* im Hinterhalt liegen; **arrange an ~:** einen Überfall aus dem Hinterhalt führen. **2.** *v. t.* [aus dem Hinterhalt] überfallen

**ameliorate** [ə'mi:lɪəreɪt] **1.** *v. t.* verbessern. **2.** *v. i.* sich verbessern; besser werden

**amelioration** [əmi:lɪə'reɪʃn] *n.* [Ver]besserung, *die*

**ameliorative** [ə'mi:lɪərətɪv] *adj.* verbessernd; bessernd ⟨*Einfluß*⟩; **~ measures/effect** Verbesserungsmaßnahmen *Pl.*/-effekt, *der*

**amen** [ɑ:'men, eɪ'men] **1.** *int.* amen; **say '~' to sth.** ja und amen zu etw. sagen. **2.** *n.* Amen, *das*

**amenability** [əmi:nə'bɪlɪtɪ] *n., no pl.* **a)** *(responsiveness)* Zugänglichkeit, *die* (**to** für); **b)** *(of phenomenon etc.)* Unterworfenheit, *die* (**to** unter + *Akk.*); **c)** *(responsibility)* Verantwortlichkeit, *die* (**to** gegenüber); **our ~ to the law** daß wir dem Gesetz gehorchen müssen

**amenable** [ə'mi:nəbl] *adj.* **a)** *(responsive)* zugänglich, aufgeschlossen ⟨*Person*⟩ (**to** *Dat.*); **he simply isn't ~ to reason/advice** er ist Vernunftgründen/Ratschlägen einfach nicht zugänglich; **~ to kindness** für Freundlichkeit empfänglich; **b)** *(subject)* unterworfen ⟨*Sache*⟩ (**to** *Dat.*); **be ~ to the laws of nature/rules of grammar** den Naturgesetzen/Regeln der Grammatik unterworfen sein *od.* gehorchen; **c)** *(responsible)* **be ~ to the law** dem Gesetz gehorchen müssen

**amend** [ə'mend] *v. t. (correct)* berichtigen; *(improve)* abändern, ergänzen ⟨*Gesetzentwurf, Antrag*⟩; ändern ⟨*Verfassung*⟩; [ver]bessern ⟨*Situation*⟩

**amendment** [ə'mendmənt] *n. (to motion)* Abänderungsantrag, *der; (to bill)* Änderungsantrag, *der; (to Constitution)* Änderung, *die* (**to** *Gen.*); Amendement, *das (Dipl.); (of situation)* [Ver]besserung, *die*

**amends** [ə'mendz] *n. pl.* **make ~ [to sb.]** es [bei jmdm.] wiedergutmachen; **make ~ for sth.** etw. wiedergutmachen

**amenity** [ə'mi:nɪtɪ] *n.* **a)** *no pl. (pleasantness)* Annehmlichkeiten *Pl.;* **b)** *(pleasant feature) (of residence)* Attraktivität, *die;* Wohnqualität, *die; (of locality)* Attraktivität, *die;* Reiz, *der;* **the amenities of a town** die kulturellen und Freizeiteinrichtungen einer Stadt; **social amenities** öffentliche Freizeiteinrichtungen; **with every ~, including showers, central heating, etc.** mit allem Komfort inklusive Duschen, Zentralheizung usw.

**amenity: ~ bed** *n. (Brit.)* ≈ Privatbett [in einem öffentlichen Krankenhaus]; **~ centre** *n.* Freizeitzentrum, *das*

**America** [ə'merɪkə] *pr. n.* **a)** Amerika *(das);* **b) the ~s** Nord-, Süd- und Mittelamerika

**American** [ə'merɪkən] **1.** *adj.* amerikanisch; **sb. is ~:** jmd. ist Amerikaner/Amerikanerin; **~ English** amerikanisches Englisch; **~ studies** Amerikanistik, *die; see also* **English 1; legion b. 2.** *n.* **a)** *(person)* Amerikaner, *der*/Amerikanerin, *die;* **b)** *(language)* Amerikanisch, *das; see also* **English 2 a**

**American: ~ 'football** *n.* Football, *der;* **~ 'Indian 1.** *n.* Indianer, *der*/Indianerin, *die;* **2.** *adj.* indianisch

**Americanisation, Americanise** *see* **Americaniz-**

**Americanism** [ə'merɪkənɪzm] *n.* **a)** *(Ling.)* Amerikanismus, *der;* **b)** *(attachment)* Amerikanertum, *das*

**Americanization** [əmerɪkənaɪ'zeɪʃn] *n.* **a)** Amerikanisierung, *die;* **b)** *(naturalization)* Einbürgerung [in Amerika]

**Americanize** [ə'merɪkənaɪz] *v. t.* **a)** amerikanisieren; **b)** *(naturalize)* [in Amerika] einbürgern

**American: ~ 'organ** *n. (Mus.)* amerikanische Orgel; **~ plan** *n. (Amer. Hotel Managem.)* Vollpension, *die*

**Amerindian** [æmə'rɪndɪən] *adj. (American Indian)* indianisch; *(Eskimo)* eskimoisch; **~ languages** Indianer-/Eskimosprachen; **~ peoples** Indianer/Eskimo[s]

**amethyst** ['æmɪθɪst] *n.* Amethyst, *der*

**amiability** ['eɪmɪəbɪlɪtɪ] *n., no pl. see* **amiable:** Umgänglichkeit, *die;* Freundlichkeit, *die;* Entgegenkommen, *das*

**amiable** ['eɪmɪəbl] *adj.* umgänglich; freundlich ⟨*Person*⟩; entgegenkommend ⟨*Haltung*⟩; **be in an ~ mood** gut gelaunt sein

**amiably** ['eɪmɪəblɪ] *adv.* freundlich; **be ~ disposed towards sb./sth.** jmdm./einer Sache wohlgesinnt sein

**amicability** [æmɪkə'bɪlɪtɪ] *n., no pl.* Freundschaftlichkeit, *die*

**amicable** ['æmɪkəbl] *adj.* freundschaftlich ⟨*Gespräch, Beziehungen*⟩; gütlich ⟨*Einigung*⟩; friedlich ⟨*Lösung*⟩; **~ relations with one's neighbours** ein freundnachbarliches Verhältnis

**amicably** ['æmɪkəblɪ] *adv.* in [aller] Freundschaft; **get on ~ with one's neighbours** mit seinen Nachbarn gut auskommen

**amid** [ə'mɪd] *prep.* inmitten; *(fig.: during)* bei; **~ the fighting** mitten im Gefecht

**amidships** [ə'mɪdʃɪps] *(Amer.:* **amidship** [ə'mɪdʃɪp]) *adv. (position)* mittschiffs; Mitte Schiff *(Seemannsspr.); (direction)* [nach] mittschiffs; **hit sb.** ~ *(fig. coll.)* jmdn. in den Bauch schlagen/treffen

**amidst** [ə'mɪdst] *see* **amid**

**amino acid** [əmi:nəʊ 'æsɪd] *n. (Chem.)* Aminosäure, *die*

**Amish** ['ɑ:mɪʃ, 'eɪmɪʃ, 'æmɪʃ] *adj.* Amisch; **the ~ Mennonites** die Amischen

**amiss** [ə'mɪs] **1.** *pred. adj.* **a)** *(wrong)* verkehrt; falsch; **is anything ~?** stimmt irgend etwas nicht?; ist irgend etwas nicht in Ordnung?; **b)** *(out of place)* fehl am Platz[e]; unangebracht. **2.** *adv.* **take sth. ~:** etw. übelnehmen; **come** *or* **go ~:** ungelegen kommen; **a glass of wine would not come** *or* **go ~:** ein Glas Wein wäre nicht verkehrt

**amity** ['æmɪtɪ] *n.* Freundschaft, *die;* gutes Einvernehmen

**ammeter** ['æmɪtə(r)] *n. (Electr.)* Amperemeter, *das;* Strommesser, *der*

**ammo** ['æməʊ] *n., no pl. (Mil. coll.)* Muni, *die (Milit. ugs.)*

**ammonia** [ə'məʊnɪə] *n.* Ammoniak, *das;* **~ water** Salmiakgeist, *der;* Ammoniaklösung, *die*

**ammunition** [æmjʊ'nɪʃn] *n., no pl., no indef. art. (lit. or fig.)* Munition, *die*

**amnesia** [æm'ni:zɪə] *n. (Med.)* Amnesie, *die;* Gedächtnisschwund, *der*

**amnesty** ['æmnɪstɪ] *n.* Amnestie, *die;* **grant an ~ to sb.** jmdn. amnestieren; **they were released under an ~:** sie wurden im Rahmen einer Amnestie freigelassen

**amniocentesis** [æmnɪəʊsen'ti:sɪs] *n. (Med.)* Fruchtwasserentnahme, *die*

**amoeba** [ə'mi:bə] *n., pl.* **~s** *or* **~e** [ə'mi:bi:] *(Zool.)* Amöbe, *die*

**amok** [ə'mɒk] *adv.* **run ~:** Amok laufen

**among[st]** [ə'mʌŋ(st)] *prep.* **a)** unter (+ *Dat.; seltener:* + *Akk.*); ~ **us/you/friends** unter uns/euch/Freunden; ~ **other things** unter anderem; ~ **others** unter anderen; **b)** *(in/into the middle of, surrounded by)* zwischen (+ *Dat./Akk.*); **hide ~ the bushes** sich im Gebüsch verstecken; **~ tall trees** inmitten hoher Bäume; **she was sitting ~ her children** sie saß im Kreise ihrer Kinder; **there are some weeds ~ the flowers** zwischen den Blumen wächst Unkraut; **a village ~ the hills** ein Dorf in den Bergen; **I saw him ~ the crowd** ich habe ihn in der Menge gesehen; **c)** *(in the practice or opinion of, in the number of)* unter (+ *Dat.*); **~ men/scientists** unter Männern/Wissenschaftlern; **who is the tallest ~ you?** wer ist der größte von *od. (geh.)* unter euch?; **I count him ~ my friends** ich zähle ihn zu meinen Freunden; **that painting is reckoned ~ his best works** das Bild zählt zu seinen besten Werken; **d)** *(between)* unter (+ *Dat.; seltener:* + *Akk.*); **share the sweets ~ yourselves** teilt euch die Bonbons; **we only have five pounds ~ us** wir haben zusammen nur fünf Pfund; **he distributed his wealth ~ the poor** er verteilte sein Vermögen an die *od.* unter die *od.* unter den Armen; **e)** *(reciprocally)* **they often quarrel ~ themselves** sie streiten oft miteinander; sie streiten sich oft; **we often disagree ~ ourselves** wir sind [untereinander] oft verschiedener Meinung; **f)** *(jointly)* ~ **you/them** *etc.* gemeinsam; zusammen

**amoral** [eɪ'mɒrəl] *adj.* amoralisch

**amorous** ['æmərəs] *adj.* verliebt; amourös ⟨*Abenteuer, Beziehung*⟩; **~ glances** verliebte Blicke; **~ advances** Annäherungsversuche *Pl.;* amouröse Avancen *Pl. (veralt., scherzh.);* **an ~ novel/poem** ein Liebesroman/-gedicht; **be ~ of sb.** *(literary)* in jmdn. verliebt sein

**amorously** ['æmərəslɪ] *adv.* verliebt

**amorousness** ['æmərəsnɪs] *n., no pl.* Verliebtheit, *die*

**amorphous** [ə'mɔ:fəs] *adj.* **a)** *(shapeless, unorganized)* formlos; amorph ⟨*Masse*⟩; *(fig.)* chaotisch ⟨*Stil*⟩; **b)** *(Min., Chem.)* amorph

**amortization** [əmɔ:taɪ'zeɪʃn] *n. (Finance)* **a)** *(of assets)* Abschreibung, *die;* **b)** *(of debt, mortgage)* Tilgung, *die;* Amortisation, *die*

**amortize** [ə'mɔ:taɪz] *v. t. (Finance)* abschreiben ⟨*Vermögenswerte*⟩; tilgen, amortisieren ⟨*Schuld, Hypothek*⟩

**amount** [ə'maʊnt] **1.** *v. i.* **~ to sth.** sich auf etw. *(Akk.)* belaufen; *(fig.)* auf etw. *(Akk.)* hinauslaufen; einer Sache *(Dat.)* gleichkommen; **the cost/debts/fees/profits ~ed to ...:** die Kosten/Schulden/Gebühren/Gewinne beliefen sich auf ... *(Akk.);* **all these arguments/proposals don't ~ to much** diese Argumente/Vorschläge bringen alle nicht viel; **my savings don't ~ to very much** meine Ersparnisse sind nicht gerade groß; **what this all ~s to is that ...:** zusammenfassend kann man sagen, daß .... **2.** *n.* **a)** *(total)* Betrag, *der;* Summe, *die; (full significance)* volle Bedeutung *od.* Tragweite; **b) the ~ of a bill** die Höhe einer Rechnung; **c)** *(quantity)* Menge, *die;* **an ~ of rain/patience** eine Menge Regen/Geduld; **large ~s of money** beträchtliche Geldsummen; **a tremendous ~ of** *(coll.)* wahnsinnig viel *(ugs.);* **no ~ of money will make me change my mind** und wenn man mir noch soviel Geld gibt: meine Meinung werde ich nicht ändern; **no ~ of talking will settle the matter** soviel wir auch darüber reden, wir werden zu keinem Ergebnis kommen; *see also* **any 1 e**

**amour** [ə'mʊə(r)] *n.* Affäre, *die;* Liebschaft, *die*

**amour propre** [æmʊə 'prɒpr] *n., no pl.* **a)** *(self-esteem)* Ehrgefühl, *das;* Selbstachtung, *die;* **b)** *(vanity)* Eitelkeit, *die*

**amp** [æmp] *n.* **a)** *(Electr.)* Ampere, *das;* **b)** *(coll.: amplifier)* Verstärker, *der*

**ampere** ['æmpeə(r)] *n. (Electr.)* Ampere, *das*

**ampersand** ['æmpəsænd] *n.* Et-Zeichen, *das*

**amphetamine** [æm'fetəmɪn, æm'fetəmi:n] *n.* Amphetamin, *das*

**amphibian** [æm'fɪbɪən] **1.** *adj.* **a)** *(Zool.)* amphibisch; **~ animal** amphibisches Lebewesen; Amphibie, *die;* Lurch, *der;* **b)** *(Mil.) see* **amphibious b. 2.** *n.* **a)** *(Zool.)* Amphibie, *die;* Lurch, *der;* **b)** *(vehicle)* Amphibienfahrzeug, *das*

**amphibious** [æm'fɪbɪəs] *adj.* **a)** *(Biol.)* amphibisch; **toads are ~:** Kröten sind Amphibien; **b)** *(operating on land or water)* amphibisch; zu Lande und zu Wasser einsetzbar; **~ vehicle/tank/aircraft** Amphibienfahrzeug, *das*/-panzer, *der*/-flugzeug, *das;* **~ warfare/operations/forces** amphibische Kriegsführung/Operationen/Streitkräfte

**amphitheatre** *(Amer.:* **amphitheater**) ['æmfɪθɪətə(r)] *n.* **a)** Amphitheater, *das;* **b)** *(Geog.: hollow)* Kessel, *der;* **c)** *(fig.: arena)* Schauplatz, *der*

**amphora** ['æmfərə] *n., pl.* **~e** ['æmfəri:] *or* **~s** Amphora, Amphore, *die*

**ample** ['æmpl] *adj.,* **~r** ['æmplə(r)], **~st** ['æmplɪst] **a)** *(spacious)* weitläufig ⟨*Garten, Räume*⟩; groß ⟨*Ausdehnung*⟩; *(extensive, abundant)* reichhaltig ⟨*Mahl, Bibliographie*⟩; ausführlich, umfassend ⟨*Behandlung eines Themas*⟩; weitreichend, umfassend ⟨*Vollmachten, Machtbefugnisse*⟩; **b)** *(enough)* **~ room/food** reichlich Platz/zu essen; **this hall is ~ in size for the party** dieser Saal bietet reichlich Platz für die Feier; **c)** *(stout)* üppig ⟨*Busen*⟩; stattlich ⟨*Erscheinung*⟩

**amplification** [æmplɪfɪ'keɪʃn] *n.* **a)** *(Phys.)* Verstärkung, *die;* **b)** *(enlargement)* weitere *od.* zusätzliche Erläuterungen; **c)** *(of knowledge, wisdom, etc.)* Erweiterung, *die;* Vertiefung, *die*

**amplifier** ['æmplɪfaɪə(r)] *n.* Verstärker, *der*

**amplify** ['æmplɪfaɪ] **1.** *v. t.* **a)** verstärken ⟨*Ton*⟩; **b)** *(enlarge on)* weiter ausführen, näher *od.* ausführlicher erläutern ⟨*Erklärung, Bericht*⟩; **c)** *(enhance)* erweitern, vertiefen ⟨*Wissen, Kenntnisse*⟩. **2.** *v. i.* auf Einzelheiten *(Akk.)* eingehen; **~ on sth.** etw. näher erläutern

**amplitude** ['æmplɪtju:d] *n.* **a)** *(Electr.)* Amplitude, *die;* Schwingungsweite, *die;* **~ modulation** Amplitudenmodulation, *die;* **b)** *(Phys.)* Amplitude, *die;* größte Ausschlagweite; **c)** *no pl. (breadth)* Breite, *die;* Weite, *die; (abundance)* Fülle, *die; (wide range)* Breite, *die*

**amply** ['æmplɪ] *adv. (spaciously, abundantly)* reichlich ⟨*breit, belohnen*⟩; zur Genüge ⟨*zeigen, demonstrieren*⟩

**ampoule** ['æmpu:l] *n.* Ampulle, *die*

**amputate** ['æmpjʊteɪt] *v. t.* amputieren

**amputation** [æmpjʊ'teɪʃn] *n.* Amputation, *die*

**amputee** [æmpjʊ'ti:] *n.* Amputierte, *der/die*

**amuck** [ə'mʌk] *see* **amok**

**amulet** ['æmjʊlɪt] *n. (lit. or fig.)* Amulett, *das*

**amuse** [ə'mju:z] *v. t.* **a)** *(interest)* unterhalten; **keep a child ~d** ein Kind richtig beschäftigen; **~ oneself with sth.** sich mit etw. beschäftigen; **children are ~d by the most simple things** Kinder sind mit den einfachsten Dingen zufrieden; **~ oneself by doing sth.** sich *(Dat.)* die Zeit damit vertreiben, etw. zu tun; **b)** *(make laugh or smile)* belustigen; amüsieren; **be ~d by** *or* **at sth.** sich über etw. *(Akk.)* amüsieren

**amusement** [ə'mju:zmənt] *n.* Belustigung, *die; (pastime)* Freizeitbeschäftigung, *die;* **all the ~s on offer at the seaside** das gesamte Freizeitangebot am Meer; **in the ~s** in der Spielhalle

**a'musement arcade** *n.* Spielhalle, *die*

**amusing** [ə'mju:zɪŋ] *adj.,* **amusingly** [ə'mju:zɪŋlɪ] *adv.* amüsant

[1]**an** [ən, *stressed* æn] *indef. art. see also* [2]**a:** ein/eine/ein; **an elephant/Englishman** ein Elefant/Engländer; **an hour/historical play** eine Stunde/ein historisches Stück; **an LP** eine LP

[2]**an** [æn] *conj. (arch./dial.)* so *(veralt.);* **~ I meet him** so ich ihn treffe

**anabolic steroid** [ænəbɒlɪk 'stɪərɔɪd, ænəbɒlɪk 'sterɔɪd] *n. (Physiol.)* anaboles Steroid; Anabolikum, *das*

**anachronism** [ə'nækrənɪzm] *n.* Anachronismus, *der*

**anachronistic** [ənækrə'nɪstɪk] *adj.* anachronistisch; zeitwidrig

**anaconda** [ænə'kɒndə] *n. (Zool.)* Anakonda, *die*

**anaemia** [ə'ni:mɪə] *n., no pl. (Med.)* Blutarmut, *die;* Anämie, *die; see also* **pernicious**

**anaemic** [ə'ni:mɪk] *adj. (Med.)* blutarm; anämisch; *(fig.)* blutleer; saft- und kraftlos

**anaerobic** [æneə'rəʊbɪk] *adj. (Biol.)* anaerob

**anaesthesia** [ænɪs'θi:zɪə] *n. (Med.) (absence of sensation)* Empfindungslosigkeit, *die;* Anästhesie, *(fachspr.)* Anaesthesia, *die; (artificially induced)* Narkose, *die;* **general ~:** [Voll]narkose, *die;* Allgemeinanästhesie, *die (fachspr.);* **local ~:** örtliche Betäubung; Lokalanästhesie, *die (fachspr.)*

**anaesthetic** [ænɪs'θetɪk] **1.** *adj. (Med.)* anästhetisch; betäubend. **2.** *n.* Anästhetikum, *das;* **give sb. an ~:** jmdm. eine Narkose geben; *(local)* jmdn. betäuben; **be under an ~:** in Narkose liegen; **general ~:** Narkotikum, *das;* Narkosemittel, *das;* **local ~:** Lokalanästhetikum, *das*

**anaesthetist** [ə'ni:sθətɪst] *n. (Med.)* Anästhesist, *der*/Anästhesistin, *die;* Narkose[fach]arzt, *der*/-ärztin, *die*

**anaesthetization** [əni:sθətaɪ'zeɪʃn] *n.* Betäubung, *die; (fig.)* Abstumpfung, *die* **(to** gegenüber)

**anaesthetize** [ə'ni:sθətaɪz] *v.t.* narkotisieren; betäuben; anästhesieren *(fachspr.)*; *(fig.)* abstumpfen (**to** gegenüber); **become ~d to sth.** *(fig.)* gegenüber etw. abstumpfen
**anagram** ['ænəgræm] *n.* Anagramm, *das*
**anagrammatic** [ænəgrə'mætɪk], **anagrammatical** [ænəgrə'mætɪkl] *adj.* anagrammatisch
**anal** ['eɪnl] *adj.* **a)** *(Anat.)* anal; Anal-; After-; **~ region** Analbereich, *der;* **~ canal** Afterkanal, *der;* **b)** *(Psych.)* **~ stage** anale Phase; **~ eroticism** Analerotik, *die*
**analgesia** [ænæl'dʒi:zɪə] *n. (Med.)* Analgesie, *die*
**analgesic** [ænæl'dʒi:sɪk] *(Med.)* **1.** *adj.* analgetisch. **2.** *n.* Analgetikum, *das*
**analog** *(Amer.) see* **analogue**
**analogical** [ænə'lɒdʒɪkl] *adj.* **a)** analog; Analogie-; **~ reasoning** Analogiedenken, *das;* **b)** *(expressing analogy)* metonymisch ‹*Wort, Ausdruck*›
**analogous** [ə'næləgəs] *adj.* vergleichbar; analog; **be ~ to sth.** einer Sache *(Dat.)* entsprechen
**analogously** [ə'næləgəslɪ] *adv.* analog
**analogue** ['ænəlɒg] *n.* Entsprechung, *die;* Analogon, *das (geh.);* **~ computer** Analogrechner, *der;* **~ watch** Analoguhr, *die*
**analogy** [ə'nælədʒɪ] *n.* **a)** *(agreement; also Ling.)* Analogie, *die;* **b)** *(similarity)* Parallele, *die;* Analogie, *die;* **draw an ~ between/with** eine Parallele ziehen zwischen (+ *Dat.*)/zu; **c)** *(Logic)* Analogie, *die;* **use an argument by ~/argue by ~:** einen Analogieschluß/Analogieschlüsse ziehen
**analysable** ['ænəlaɪzəbl] *adj.* analysierbar; zerlegbar ‹*Satz*›
**analyse** ['ænəlaɪz] *v.t.* **a)** analysieren; kritisch untersuchen ‹*Literatur*›; **b)** *(Chem.)* untersuchen (**for** auf + *Akk.*); **c)** *(Ling.)* [zer]gliedern; **d)** *(Psych.)* analysieren *(fachspr.);* psychoanalytisch behandeln; **get ~d** sich einer [Psycho]analyse unterziehen
**analysis** [ə'nælɪsɪs] *n., pl.* **analyses** [ə'nælɪsi:z] **a)** Analyse, *die; (Chem., Med.: of sample)* Untersuchung, *die; (statement)* Analyse, *die;* [Lage]beurteilung, *die;* **in the final** *or* **last** *or* **ultimate ~:** letzten Endes; **b)** *(Math.)* Analysis, *die;* **c)** *(Psych.)* Analyse, *die*
**analyst** ['ænəlɪst] *n.* **a)** Laboratoriumsingenieur, *der;* Laborfachmann, *der (ugs.);* **b)** *(Econ., Polit., etc.)* Experte, *der;* Fachmann, *der;* **c)** *(Psych.)* Analytiker, *der*/Analytikerin, *die*
**analytic** [ænə'lɪtɪk] *adj.* analytisch
**analytical** [ænə'lɪtɪkl] *adj.* **a)** analytisch ‹*Methode, Sprache, Begabung*›; **b)** **~ geometry** analytische Geometrie
**analytically** [ænə'lɪtɪkəlɪ] *adv.* analytisch
**analyze** *(Amer.) see* **analyse**
**anapaest** (*Amer.:* **anapest**) ['ænəpi:st] *n. (Pros.)* Anapäst, *der*
**anaphora** [ə'næfərə] *n. (Lit.)* Anapher, *die*
**anarchic** [ə'nɑ:kɪk], **anarchical** [ə'nɑ:kɪkl] *adj.* anarchisch; *(anarchistic)* anarchistisch
**anarchism** ['ænəkɪzm] *n., no pl.* Anarchismus, *der*
**anarchist** ['ænəkɪst] *n.* Anarchist, *der*/Anarchistin, *die*
**anarchistic** [ænə'kɪstɪk] *adj.* anarchistisch
**anarchy** ['ænəkɪ] *n., no pl.* Anarchie, *die; (fig.: disorder)* Chaos, *das*
**anathema** [ə'næθəmə] *n.* **a)** *no pl., no art. (detested thing)* ein Greuel; **be ~ to sb.** jmdm. verhaßt *od.* ein Greuel sein; **b)** *no pl., no art. (accursed thing)* **be ~:** verflucht sein; **c)** *(curse of God)* Fluch, *der; (curse of Church)* Anathema, *das;* Kirchenbann, *der*
**anathematize** [ə'næθəmətaɪz] **1.** *v.t.* verdammen; verfluchen; ‹*Kirche, Papst:*› in den Bann tun. **2.** *v.i.* fluchen
**anatomical** [ænə'tɒmɪkl] *adj.*, **anatomically** [ænə'tɒmɪkəlɪ] *adv.* anatomisch
**anatomist** [ə'nætəmɪst] *n.* Anatom, *der; (dissector)* Anatomiegehilfe, *der; (fig.)* Sezierer, *der;* Analytiker, *der*
**anatomize** [ə'nætəmaɪz] *v.t.* sezieren; *(fig.)* analysieren; sezieren
**anatomy** [ə'nætəmɪ] *n., no pl.* **a)** Anatomie, *die; (dissection)* Sektion, *die;* **b)** *(joc.: body)* Anatomie, *die (scherzh.);* **a certain part of his ~:** ein bestimmter Körperteil; **c)** *(fig.: analysis)* Anatomie, *die;* Analyse, *die*
**ANC** *abbr.* **African National Congress** ANK
**ancestor** ['ænsestə(r)] *n.* Vorfahr, *der;* Ahn[e], *der; (fig.)* Ahn[e], *der*
**ancestral** [æn'sestrəl] *adj.* angestammt ‹*Grundbesitz, Land*›; **~ portraits** Ahnenbilder
**ancestry** ['ænsestrɪ] *n.* **a)** *(lineage)* Abstammung, *die;* Herkunft, *die;* **b)** *(ancestors)* Vorfahren *Pl.;* **c)** *no pl. (ancient descent)* Familientradition, *die*
**anchor** ['æŋkə(r)] **1.** *n.* Anker, *der;* **lie at ~:** vor Anker liegen; **come to** *or* **cast** *or* **drop ~:** vor Anker gehen; **weigh ~:** den Anker lichten; *see also* **drag 2e. 2.** *v.t.* **a)** verankern; vor Anker legen; *(secure)* befestigen (**to** an + *Dat.*); **b)** *(fig.)* **be ~ed to sth.** an etw. *(Akk.)* gefesselt sein. **3.** *v.i.* ankern
**anchorage** ['æŋkərɪdʒ] *n.* **a)** *(place for anchoring)* Ankerplatz, *der;* Ankergrund, *der (geh.);* **b)** *(anchoring, lying at anchor)* Ankern, *das;* **c)** *(fig.)* [Rück]halt, *der*
**anchorite** ['æŋkəraɪt] *n. (lit. or fig.)* Einsiedler, *der*
**anchor: ~man** *n.* **a)** *(Sport) (in tug-of-war)* hinterster *od.* letzter Mann; *(in relay race)* Schlußläufer, *der; (Mountaineering)* Seilletzte, *der;* **he is the ~man of the company** *(fig.)* er ist die Stütze der Firma; **b)** *(Telev., Radio)* Moderator, *der;* Redakteur im Studio, *der;* **~-ring** *n.* Ankerring, *der*
**anchovy** ['æntʃəvɪ, æn'tʃəʊvɪ] *n.* An[s]chovis, *die;* Sardelle, *die*
**anchovy: ~ 'pear** *n.* Anchovisbirne, *die;* **~ 'toast** *n.* Toast mit An[s]chovispaste
**ancien régime** [ɑ̃sjɛ̃ reɪ'ʒi:m] *n., pl.* **anciens régimes** [ɑ̃sjɛ̃ reɪ'ʒi:m] Ancien régime, *das; (fig.)* alte Regierungsform
**ancient** ['eɪnʃənt] **1.** *adj.* **a)** *(belonging to past)* alt; *(pertaining to antiquity)* antik; **~ Rome/Greece** das alte *od.* antike Rom/Griechenland; **in ~ times** im Altertum; **~ history** Alte Geschichte, *die* ; **that's ~ history; everybody knows it** *(fig.)* das ist längst ein alter Hut *(ugs.),* jeder weiß das; **the ~ Greeks** die alten Griechen; **A~ Greek** Altgriechisch, *das;* **~ Egypt** Altägypten *(das);* **b)** *(old)* alt; historisch ‹*Gebäude usw.*›; **~ monument** *(Brit. Admin.)* [offiziell anerkanntes] historisches Denkmal; [offiziell anerkannte] historische Stätte; **~ lights** *(Law) Fenster, die mindestens 20 Jahre lang Lichtzutritt hatten, der nicht durch bauliche Maßnahmen behindert werden darf.* **2.** *n.* **a)** **the ~s** Menschen der Antike; *(authors)* die Schriftsteller der Antike; **b)** **the A~ of Days** *(literary)* der Allvater; **c)** *(arch.: old man)* Alte, *der*
**anciently** ['eɪnʃəntlɪ] *adv.* in alten Zeiten; *(in antiquity)* in der Antike; im Altertum
**ancillary** [æn'sɪlərɪ] **1.** *adj.* **a)** *(auxiliary)* **be ~ to sth.** für etw. Hilfsdienste leisten; **be ~ to medicine** eine Hilfswissenschaft der Medizin sein; **b)** *(subordinate)* zweitrangig; **~ industries** Zulieferindustrien; **~ services** Hilfeleistungen; **~ worker** Hilfskraft, *die;* **~ subject** Nebenfach, *das;* **a network of ~ roads** ein Netz von Verbindungsstraßen. **2.** *n. (Brit.)* Hilfskraft, *die*
**and** [ənd, *stressed* ænd] *conj.* **a)** und; **two hundred ~ forty** zweihundert[und]vierzig; **a knife, fork, ~ spoon** Messer, Gabel und Löffel; **there are books ~ books** es gibt Bücher und Bücher; es gibt sone Bücher und solche *(salopp);* **two ~ two are four** zwei und zwei ist *od.* sind vier; **[by] two ~ two** in Zweierreihen; **~/or** und/oder; **b)** *expr. condition* und; **take one more step ~ I'll shoot** noch einen Schritt, und ich schieße; **do that ~ you'll regret it** wenn du das tust, wirst du es noch bedauern; **c)** *expr. continuation* und; **she cried ~ cried** sie weinte und weinte; **he tried ~ tried to open it** er versuchte immer wieder, es zu öffnen; **for weeks ~ weeks/years ~ years** wochen-/jahrelang; **for miles ~ miles** meilenweit; **better ~ better** immer besser
**andante** [æn'dæntɪ] *(Mus.)* **1.** *adv.* andante; gemessen; langsam. **2.** *adj.* langsam; ruhig. **3.** *n.* Andante, *das*
**Andean** [æn'di:ən] *adj. (Geog.)* Anden-
**Andes** ['ændi:z] *pr. n. pl.* Anden *Pl.*
**andiron** ['ændaɪən] *n.* Feuerbock, *der*
**Andorra** [æn'dɔ:rə] *pr. n.* Andorra *(das)*
**Andrew** ['ændru:] *pr. n. (as name of saint)* Andreas *(der)*
**androgynous** [æn'drɒdʒɪnəs] *adj. (Biol.)* zwittrig
**anecdotal** ['ænɪkdəʊtəl] *adj.* anekdotisch; anekdotenhaft
**anecdote** ['ænɪkdəʊt] *n.* Anekdote, *die;* **he is never without a witty ~:** er ist nie um eine witzige Geschichte verlegen
**anemia, anemic** *(Amer.) see* **anaem-**
**anemometer** [ænɪ'mɒmɪtə(r)] *n. (Meteorol.)* Anemometer, *das;* Windmesser, *der*
**anemone** [ə'nemənɪ] *n.* Anemone, *die; (pasque-flower)* Kuhschelle, *die; see also* **sea anemone; wood anemone**
**aneroid** ['ænərɔɪd] *adj.* **~ barometer** Aneroidbarometer, *das*
**anesthesia** *etc. (Amer.) see* **anaesthesia** *etc.*
**anew** [ə'nju:] *adv.* **a)** aufs neue; erneut; **let's start ~:** fangen wir noch einmal von vorne an; **b)** *(in a new form)* neu; **he decided to start life ~ in Australia** er beschloß, in Australien ein neues Leben zu beginnen
**angel** ['eɪndʒl] *n.* **a)** *(lit. or fig.)* Engel, *der;* **evil ~:** böser Geist; **good ~:** guter Engel; **be on the side of the ~s** *(fig.)* auf der Seite der Guten stehen; **be an ~ and ...** *(coll.)* sei so lieb und ...; *see also* **guardian angel; b)** *(Commerc. coll.)* Finanzier, *der*
**angel: ~ cake** *n., no pl.* Biskuitkuchen, *der;* **~-fish** *n.* Kaiserfisch, *der;* Engelfisch, *der*
**angelic** [æn'dʒelɪk] *adj.* **a)** *(of angel[s])* Engels-; **b)** *(like angel[s])* engelhaft; engelgleich *(geh.);* **an ~ child** ein Kind wie ein Engel; **she looked ~:** sie sah wie ein Engel aus
**angelica** [æn'dʒelɪkə] *n.* **a)** *(Bot., Cookery, Med.)* Angelika, *die;* Engelwurz, *die;* **b)** *(candied)* kandierte Angelika
**angelus** ['ændʒɪləs] *n. (RC Ch.)* Angelus, *der od. das;* **~ bell** Angelusläuten, *das*
**anger** ['æŋgə(r)] **1.** *n., no pl. (wrath)* Zorn, *der* (**at** über + *Akk.*); *(fury)* Wut, *die* (**at** über + *Akk.*); **be filled with ~:** erzürnt/wütend sein; **in [a moment of] ~:** im Zorn/in der Wut. **2.** *v.t.* verärgern; *(infuriate)* erzürnen *(geh.)*/wütend machen; **be ~ed by sth.** über etw. *(Akk.)* verärgert/erzürnt/wütend sein
**angina [pectoris]** [æn'dʒaɪnə ('pektərɪs)] *n., no pl. (Med.)* Angina pectoris, *die*
**Angle** ['æŋgl] *n.* Angehöriger/Angehörige des Volksstammes der Angeln; **the ~s** die Angeln
[1]**angle 1.** *n.* **a)** *(Geom.)* Winkel, *der;* **acute/obtuse/right ~:** spitzer/stumpfer/rechter Winkel; **at an ~ of 60°** im Winkel von 60°; **at an ~:** schief; **at an ~ to the wall** schräg zur Wand; **b)** *(corner)* Ecke, *die; (recess)* Winkel, *der;* **c)** *(direction)* Perspektive, *die;* Blickwinkel, *der; (fig.)* Gesichtspunkt, *der;* Aspekt, *der;* **the photo isn't taken from a flattering ~:** die Aufnahme ist aus einem unvorteilhaften [Blick]winkel gemacht; **the committee examined the matter from various ~s** der Ausschuß prüfte die

Angelegenheit von verschiedenen Seiten; **looking at it from a commercial ~:** unter kaufmännischen Gesichtspunkten. **2.** *v.t.* **a)** [aus]richten; **b)** *(coll.: bias)* färben 〈*Nachrichten, Formulierung*〉. **3.** *v.i.* [im Winkel] abbiegen; **the road ~s sharply to the left** die Straße biegt scharf nach links ab

**²angle** *v.i.* angeln; *(fig.)* ~ **for sth.** sich um etw. bemühen; ~ **for compliments** nach Komplimenten fischen; ~ **for an opportunity** eine Gelegenheit suchen

**'angle brackets** *n. pl.* spitze Klammern

**angled** ['æŋgəld] *adj. (angular)* eckig 〈*Form, Figur*〉; *(placed obliquely)* schief; *(fig. coll.)* tendenziös, gefärbt 〈*Bericht, Kommentar*〉; **acute-/obtuse-/right-~:** spitz-/stumpf-/rechtwinklig

**angle: ~dozer** ['æŋgldəʊzə(r)] *n.* Seitenräumer, *der;* **~-iron** *n.* Winkeleisen, *das;* **~-parking** *n.* Schrägparken, *das*

**angler** ['æŋglə(r)] *n.* **a)** Angler, *der*/Anglerin, *die;* **b)** **~[-fish]** Anglerfisch, *der*

**Anglican** ['æŋglɪkən] **1.** *adj.* anglikanisch. **2.** *n.* Anglikaner, *der*/Anglikanerin, *die*

**Anglicanism** ['æŋglɪkənɪzm] *n., no pl.* Anglikanismus, *der*

**Anglicism** ['æŋglɪsɪzm] *n.* **a)** *(word or idiom)* Anglizismus, *der;* **b)** *(Englishness)* englische Eigenart

**Anglicize** ['æŋglɪsaɪz] *v.t.* anglisieren

**angling** ['æŋglɪŋ] *n.* Angeln, *das*

**Anglist** ['æŋglɪst] *n.* Anglist, *der*/Anglistin, *die*

**Anglistics** [æŋ'glɪstɪks] *n., no pl.* Anglistik, *die*

**Anglo-** [æŋgləʊ] *in comb.* anglo-/Anglo-; **he's an ~-Cypriot** er ist Zyprer britischer Herkunft

**Anglo-A'merican** **1.** *adj.* angloamerikanisch; **an ~ agreement** ein englisch-/britisch-amerikanischer Vertrag. **2.** *n.* Angloamerikaner, *der*/Angloamerikanerin, *die*

**Anglo-'Catholic** **1.** *n.* Anglokatholik, *der*/Anglokatholikin, *die.* **2.** *adj.* anglokatholisch

**Anglo-'French** **1.** *adj.* englisch-/britisch-französisch; *(Ling.)* anglofranzösisch; anglonormannisch. **2.** *n. (Ling.)* Anglonormannisch, *das;* Anglofranzösisch, *das*

**Anglo-'German** *adj.* englisch-/britisch-deutsch

**Anglo-'Indian** **1.** *adj.* angloindisch. **2.** *n.* Anglo-Inder, *der*/Anglo-Inderin, *die*

**Anglomania** [æŋgləʊ'meɪnɪə] *n.* Anglomanie, *die*

**Anglo-'Norman** **1.** *adj.* anglonormannisch. **2.** *n. (dialect)* Anglonormannisch, *das*

**Anglophile** ['æŋgləʊfaɪl] **1.** *n.* Anglophile, *der/die.* **2.** *adj.* anglophil

**Anglophobia** [æŋgləʊ'fəʊbɪə] *n.* Anglophobie, *die*

**anglophone** ['æŋgləʊfəʊn] **1.** *adj.* anglophon. **2.** *n.* Anglophone, *der/die*

**Anglo-'Saxon** **1.** *n.* Angelsachse, *der*/Angelsächsin, *die; (language)* Angelsächsisch, *das; (Amer. coll.: English)* Englisch, *das.* **2.** *adj.* angelsächsisch; *(Amer. coll.: English)* englisch

**Angola** [æŋ'gəʊlə] *pr. n.* Angola *(das)*

**Angolan** [æn'gəʊlən] **1.** *adj.* angolanisch; **sb. is ~:** jmd. ist Angolaner/Angolanerin. **2.** *n.* Angolaner, *der*/Angolanerin, *die*

**angora** [æŋ'gɔ:rə] *n.* Angora〈*katze, -ziege, -kaninchen*〉; ~ **[wool]** Angorawolle, *die;* Mohair, *der*

**angrily** ['æŋgrɪlɪ] *adv.* verärgert; *(stronger)* zornig

**angry** ['æŋgrɪ] *adj.* **a)** böse; verärgert 〈*Person, Stimme, Geste*〉; *(stronger)* zornig; wütend; **be ~ at** *or* **about sth.** wegen etw. böse sein; **he was ~ at being asked** er war verärgert darüber, daß man ihn fragte; **be ~ with** *or* **at sb.** mit jmdm. *od.* auf jmdn. böse sein; sich über jmdn. ärgern; **be in an ~ mood** schlechter Laune *od.* böse sein; **get ~:** böse werden; **get** *or* **make sb. ~:** jmdn. verärgern; *(stronger)* jmdn. wütend machen; **b)** *(fig.)* drohend, bedrohlich 〈*Wolke, Himmel*〉; **c)** *(inflamed and painful)* böse, schlimm 〈*Riß, Wunde*〉; **an ~ red** eine entzündliche Röte

**angst** [æŋst] *n.* neurotische Angst; *(remorse)* Schuldgefühl, *das*

**ångström** ['æŋstrɜ:m] *n. (Phys.)* Ångström, *das;* ~ **unit** Ångströmeinheit, *die*

**anguish** ['æŋgwɪʃ] *n., no pl.* Qualen *Pl.;* **he shuddered with ~:** er erschauerte vor Schmerz

**anguished** ['æŋgwɪʃt] *adj.* qualvoll; gequält 〈*Herz, Gewissen*〉

**angular** ['æŋgjʊlə(r)] *adj.* **a)** *(having angles)* eckig 〈*Gebäude, Struktur, Gestalt*〉; **b)** *(lacking plumpness, stiff)* knochig 〈*Körperbau*〉; kantig 〈*Gesicht*〉; **c)** *(measured by angle)* angular; winklig; ~ **momentum** *(Phys.)* Drehimpuls, *der;* Drall, *der;* ~ **motion** *(Phys.)* Kreisbewegung, *die;* ~ **velocity** *(Phys.)* Winkelgeschwindigkeit, *die; (Electr.)* Kreisfrequenz, *die; (Mech.)* Umlauf- *od.* Drehgeschwindigkeit, *die*

**angularity** [æŋgjʊ'lærɪtɪ] *n., no pl.* Eckigkeit, *die*

**anhydride** [æn'haɪdraɪd] *n. (Chem.)* Anhydrid, *das*

**anhydrous** [æn'haɪdrəs] *adj. (Chem.)* [kristall]wasserfrei; nichtwäßrig

**aniline** ['ænɪli:n, 'ænɪlaɪn, 'ænɪlɪn] *n.* Anilin, *das;* ~ **dye** künstlicher Farbstoff, *der; (made from ~)* Anilinfarbstoff, *der*

**animal** ['ænɪməl] **1.** *n.* **a)** Tier, *das; (quadruped)* Vierbeiner, *der; (any living being)* Lebewesen, *das;* ~ **rights** *das Recht der Tiere auf Leben und Unversehrtheit;* ~ **rights activists** aktive Tierschützer; **domestic ~:** Haustier, *das; see also* **kingdom d; b)** *(fig. coll.)* **there is no such ~ as a 'typical' criminal** so etwas wie den „typischen" Verbrecher gibt es gar nicht; **that's a queer sort of ~:** das ist 'ne Sorte für sich *(ugs.);* **c)** *(fig.: animal instinct; brute)* Tier, *das;* **don't be such an ~!** benimm dich doch mal wie ein Mensch! **2.** *adj.* **a)** tierisch; ~ **behaviour/breeding** Tierverhalten, *das*/Tierzucht, *die;* ~ **spirits** Lebensfreude, *die;* **b)** *(from animals)* tierisch 〈*Produkt, Klebstoff, Öl*〉; **c)** *(carnal, sexual)* körperlich 〈*Bedürfnisse, Triebe, Wünsche*〉; tierisch, animalisch 〈*Veranlagung, Natur*〉

**animalcule** [ænɪ'mælkju:l] *n.* Mikroorganismus, *der*

**animalist** ['ænɪməlɪst] *see* **animal protectionist**

**'animal-lover** *n.* Tierfreund, *der*/-freundin, *die*

**'animal protectionist** *n.* Tierschützer, *der*/-schützerin, *die*

**animate** **1.** ['ænɪmeɪt] *v.t.* **a)** *(enliven)* beleben; **b)** *(inspire)* anregen; *(to do sth. mischievous)* animieren; ~ **sb. with enthusiasm** jmdn. mit Begeisterung erfüllen; **he was ~d by a passion for truth** er war von einer leidenschaftlichen Wahrheitsliebe beseelt; **c)** *(breathe life into)* mit Leben erfüllen. **2.** ['ænɪmət] *adj.* beseelt 〈*Leben, Körper*〉; belebt 〈*Objekt, Welt*〉; lebendig 〈*Seele*〉

**animated** ['ænɪmeɪtɪd] *adj.* lebhaft 〈*Diskussion, Unterhaltung, Ausdruck, Gebärde*〉; lebendig 〈*Darstellung, Kunstwerk*〉; ~ **cartoon** Zeichentrickfilm, *der*

**animatedly** ['ænɪmeɪtɪdlɪ] *adv.* lebhaft

**animation** [ænɪ'meɪʃn] *n.* **a)** *no pl.* Lebhaftigkeit, *die;* **b)** *(Cinemat.)* Animation, *die*

**animator** ['ænɪmeɪtə(r)] *n. (Cinemat.)* Animator, *der*/Animatorin, *die*

**animism** ['ænɪmɪzm] *n., no pl. (Relig.)* Animismus, *der*

**animosity** [ænɪ'mɒsɪtɪ] *n.* Animosität, *die (geh.),* Feindseligkeit, *die* **(against, towards** gegen)

**anion** ['ænaɪən] *n. (Phys.)* Anion, *das*

**anise** ['ænɪs] *n. (Bot.)* Anis, *der*

**aniseed** ['ænɪsi:d] *n.* Anis[samen], *der*

**anisette** [ænɪ'zet] *n.* Anislikör, *der;* Anisette, *der*

**ankle** ['æŋkl] *n. (joint)* Fußgelenk, *das; (part of leg)* Knöchelgegend, *die;* Fessel, *die*

**ankle: ~-deep** *adj.* knöcheltief; ~ **sock** *n.* Socke, *die; (esp. for children)* Söckchen, *das*

**anklet** [æŋklɪt] *n.* **a)** Fußkettchen, *das;* **b)** *(Amer.) see* **ankle sock**

**annalist** ['ænəlɪst] *n.* Annalist, *der*

**annals** ['ænəlz] *n. pl. (lit. or fig.)* Annalen *Pl.;* **in the ~ of human history** in den Annalen der Menschheit

**Anne** [æn] *pr. n. (Hist., as name of ruler, saint, etc.)* Anna *(die)*

**anneal** [ə'ni:l] *v.t.* ausglühen 〈*Stahl*〉; kühlen 〈*Glas*〉

**annelid** ['ænəlɪd] *n. (Zool.)* Ringelwurm, *der*

**annex** **1.** [ə'neks] *v.t.* **a)** *(add)* angliedern **(to** *Dat.***)**; anbauen 〈*Gebäude*〉; *(append)* anfügen 〈*Bemerkungen*〉 **(to** *Dat.***)**; **b)** *(incorporate)* annektieren 〈*Land, Territorium*〉; *(coll.: take without right)* sich *(Dat.)* unter den Nagel reißen *(ugs.)* 〈*Gegenstände*〉; **c)** *(attach) (as an attribute)* zuschreiben **(to** *Dat.***)**; verbinden **(to mit)**; *(as a condition)* verbinden **(to mit)**; *(as a consequence)* binden, knüpfen **(to an +** *Akk.***)**. **2.** ['æneks] *n.* *(supplementary building)* Anbau, *der;* Annexbau, *der (selten); (built-on extension)* Erweiterungsbau, *der; (appendix) (to document)* Zusatz, *der;* Annex, *der (geh.); (to treaty)* Anhang, *der;* Annex, *der (geh.)*

**annexation** [ænɪk'seɪʃn] *n.* **a)** *(of land)* Annexion, *die;* Annektierung, *die;* **b)** *(as an attribute)* Verknüpfung, *die* **(to mit)**

**annexe** *see* **annex 2**

**annihilate** [ə'naɪəleɪt] *v.t.* **a)** vernichten 〈*Armee, Flotte, Bevölkerung, Menschheit*〉; zerstören 〈*Stadt, Land*〉; **b)** *(fig.)* zunichte machen; am Boden zerstören 〈*Person*〉

**annihilation** [ənaɪə'leɪʃn] *n.* **a)** *see* **annihilate:** Vernichtung, *die;* Zerstörung, *die; (fig.)* Verderben, *das;* Untergang, *der;* **the party's ~:** der Untergang der Partei; **b)** *(Phys.)* Paarvernichtung, *die*

**anniversary** [ænɪ'vɜ:sərɪ] *n.* Jahrestag, *der;* **wedding ~:** Hochzeitstag, *der;* **the university celebrated its 500th ~:** die Universität feierte ihr 500jähriges Jubiläum *od.* Bestehen; **the ~ of Shakespeare's birth** [die Wiederkehr von] Shakespeares Geburtstag; **the ~ of his death** sein Todestag

**Anno Domini** [ænəʊ 'dɒmɪnaɪ] **1.** *adv.* nach Christi Geburt; ~ **62** [im Jahre] 62 nach Christi Geburt. **2.** *n. (coll.)* das Alter

**annotate** ['ænəteɪt] *v.t.* kommentieren; mit Anmerkungen versehen

**annotation** [ænə'teɪʃn] *n. (act)* Kommentierung, *die; (comment)* Anmerkung, *die*

**announce** [ə'naʊns] *v.t.* bekanntgeben; ansagen 〈*Programm*〉; *(over Tannoy etc.)* durchsagen; *(in newspaper)* anzeigen 〈*Heirat usw.*〉; *(make known the approach of; fig.: signify)* ankündigen

**announcement** [ə'naʊnsmənt] *n.* Bekanntgabe, *die; (over Tannoy etc.)* Durchsage, *die;* **they made an ~ over the radio that ...:** sie gaben im Radio bekannt, daß ...; **did you read the ~ of his death in the paper?** haben Sie seine Todesanzeige in der Zeitung gelesen?

**announcer** [ə'naʊnsə(r)] *n.* Ansager, *der*/Ansagerin, *die;* Sprecher, *der*/Sprecherin, *die*

**annoy** [ə'nɔɪ] *v.t.* **a)** ärgern; **his late arrival ~ed me** ich habe mich über sein spätes Kommen geärgert; **her remarks ~ everybody** ihre Bemerkungen sind allen lästig; **b)** *(harass)* schikanieren

**annoyance** [ə'nɔɪəns] *n.* Verärgerung, *die; (nuisance)* Plage, *die;* **[much] to my/his ~:**

[sehr] zu meiner/seiner Verärgerung; **a look of ~:** ein Blick der Verärgerung; **having a pub next door to one's house is a constant ~:** wenn man eine Kneipe nebenan hat, ist das ein ständiges Ärgernis

**annoyed** [ə'nɔɪd] *adj.* **be ~ [at** *or* **with sb./sth.]** ärgerlich [auf *od.* über jmdn./über etw.] sein; **be ~ to find that ...:** sich darüber ärgern, daß ...; **he got very ~:** er hat sich darüber sehr geägert

**annoying** [ə'nɔɪɪŋ] *adj.* ärgerlich; lästig ‹*Gewohnheit, Person*›; **the ~ part of it is that ...:** das Ärgerliche daran *od.* was einen daran ärgert ist, daß ...

**annual** ['ænjʊəl] **1.** *adj.* **a)** *(reckoned by the year)* Jahres-; **~ income/subscription/rent/turnover/production/leave/salary** Jahreseinkommen, *das*/-abonnement, *das*/-miete, *die*/-umsatz, *der*/-produktion, *die*/-urlaub, *der*/-gehalt, *das;* **~ rainfall** jährliche Regenmenge; **b)** *(recurring yearly)* [all]jährlich ‹*Ereignis, Feier*›; Jahres‹*bericht, -hauptversammlung*›; **c)** *(Bot.)* einjährig, *(fachspr.)* annuell ‹*Pflanze*›; **~ ring** *(Bot.)* Jahresring, *der.* **2.** *n.* **a)** *(Bot.)* einjährige Pflanze; **b)** *(Bibliog.)* Jahrbuch, *das;* Jahresschrift, *die; (of comic etc.)* Jahresalbum, *das*

**annually** ['ænjʊəlɪ] *adv. (per year)* jährlich; *(once a year)* [all]jährlich

**annuity** [ə'nju:ɪtɪ] *n. (grant, sum payable)* Jahresrente, *die; (investment)* Rentenversicherung, *die*

**annul** [ə'nʌl] *v. t.*, **-ll-** *(abolish)* annullieren, für ungültig erklären ‹*Gesetz, Vertrag, Ehe, Testament*›; auflösen ‹*Vertrag*›

**annular** ['ænjʊlə(r)] *adj.* ringartig; ringförmig

**annulment** [ə'nʌlmənt] *n. (of law, treaty, marriage, will)* Annullierung, *die; (of treaty also)* Auflösung, *die*

**Annunciation** [ənʌnsɪ'eɪʃn] *n.* **a)** *(Eccl.)* **the ~:** Mariä Verkündigung; **Feast of the ~:** Fest der Verkündigung Mariä; **b) a~:** Ankündigung, *die*

**annunciator** [ə'nʌnsɪeɪtə(r)] *n. (indicator)* [elektrische] Anzeige

**annus mirabilis** [ænəs mɪ'rɑ:bɪlɪs] *n., no pl.* Wunderjahr, *das;* wundersames Jahr

**anode** ['ænəʊd] *n. (Electr.)* Anode, *die*

**anodize** ['ænədaɪz] *v. t.* anodisieren; **anodizing** anodische Behandlung

**anodyne** ['ænədaɪn] **1.** *adj. (Med.)* schmerzstillend; analgetisch *(fachspr.); (fig.)* wohltuend; *(soothing)* einlullend; **the ~ aspects of modern life** die Segnungen des modernen Lebens *(iron.).* **2.** *n. (Med.)* Schmerzmittel, *das;* Analgetikum, *das; (fig.)* Wohltat, *die*

**anoint** [ə'nɔɪnt] *v. t. (esp. Relig.)* salben; **~ sb. king** jmdn. zum König salben

**anomalous** [ə'nɒmələs] *adj.* **a)** *(abnormal)* anomal, anormal ‹*Lage, Verhältnisse, Zustand*›; ungewöhnlich ‹*Situation, Anblick*›; **b)** *(Ling.: irregular)* unregelmäßig

**anomalously** [ə'nɒmələslɪ] *adv.* **a)** außergewöhnlich; **b)** *(Ling.)* unregelmäßig ‹*deklinieren, konjugieren*›

**anomaly** [ə'nɒməlɪ] *n.* Anomalie, *die;* Absonderlichkeit, *die; (exception)* Ausnahme, *die*

**anon** [ə'nɒn] *adv.* **a)** *(arch./literary: soon)* bald; **b)** *(coll.: later)* später; **more of that ~!** mehr davon später!; **see you ~:** bis später [dann]

**anon.** [ə'nɒn] *abbr.* **anonymous [author]** anon.

**anonymity** [ænə'nɪmɪtɪ] *n.* Anonymität, *die*

**anonymous** [ə'nɒnɪməs] *adj.* anonym

**anonymously** [ə'nɒnɪməslɪ] *adv.* anonym; **he phoned ~:** er machte einen anonymen Anruf; **he dresses rather ~:** er kleidet sich sehr unauffällig

**anorak** ['ænəræk] *n.* Anorak, *der*

**anorexia** [ænə'reksɪə] *n.* Anorexie, *die (Med.);* Appetitlosigkeit, *die;* Magersucht, *die (volkst.);* **~ nervosa** [ænəreksɪə nɜ:'vəʊsə] nervöse Anorexie *(Med.);* Anorexia nervosa, *die (Med.)*

**another** [ə'nʌðə(r)] **1.** *pron.* **a)** *(additional)* noch einer/eine/eins; ein weiterer/eine weitere/ein weiteres; **yet ~:** noch einer/eine/eins; **one thing leads to ~:** eines ergibt sich aus dem anderen; **We have lots of apples. Please have ~:** Wir haben eine ganze Menge Äpfel. Nimm dir doch noch einen; **send a copy to the customer and keep ~ for reference** schicken Sie eine Kopie an den Kunden, und eine weitere nehmen Sie für unsere Unterlagen; **there's one school in the neighbourhood already and ~ [which is] being built** es gibt schon eine Schule in der Gegend, und eine zweite ist gerade im Bau; **b)** *(counterpart)* wieder einer/eine/eins; **such ~:** noch so einer/so eine/so eins; **c)** *(Brit. Law)* **X versus Y and ~:** X gegen Y und andere; **d)** *(different)* ein anderer/eine andere/ein anderes; **she ran off with/married ~:** sie brannte mit einem anderen durch *(ugs.)*/heiratete einen anderen; **making a mistake is one thing, but lying deliberately is quite ~:** einen Fehler zu machen ist eine Sache, aber absichtlich zu lügen ist ganz etwas anderes; **they said one to ~:** sie sagten zueinander; **in one way or ~:** so oder so; irgendwie; **for one reason or ~:** aus irgendeinem Grund; **A. N. Other** *(Brit.)* N. N.; *see also* **one 1 f, 3 b. 2.** *adj.* **a)** *(additional)* noch einer/eine/eins; ein weiterer/eine weitere/ein weiteres; **give me ~ chance** gib mir noch [einmal] eine Chance; **after ~ six weeks** nach weiteren sechs Wochen; **~ 100 pounds** weitere 100 Pfund; **he didn't say ~ word** er sagte nichts mehr; **he hasn't ~ day to live** er hat keinen Tag länger zu leben; **he hasn't ~ penny left** er hat keinen Pfennig mehr; **it'll take ~ few years** es wird noch ein paar Jahre [länger] dauern; **b)** *(a person like)* ein neuer/eine neue/ein neues; ein zweiter/eine zweite/ein zweites; **~ Chaplin** ein neuer *od.* zweiter Chaplin; **c)** *(different)* ein anderer/eine andere/ein anderes; **ask ~ person** fragen Sie jemand anderen *od.* anders; **~ time, don't be so greedy** sei beim nächsten Mal nicht so gierig; **I'll do it ~ time** ich tu's ein andermal; **[and] [there's] ~ thing** [und] noch etwas; **it's one thing to make a request, ~ thing to order** zu bitten ist eine Sache, zu befehlen eine andere; **that's quite ~ problem** das ist wieder ein anderes Problem; **~ place** *(Brit. Parl.)* die andere Kammer [dieses Parlaments]; *see also* **tomorrow a**

**anschluss** ['ænʃlʊs] *n. (Hist.)* Anschluß, *der;* **the ~ of Austria by Germany** der Anschluß Österreichs [an Deutschland]

**answer** ['ɑ:nsə(r)] **1.** *n.* **a)** *(reply)* Antwort, *die* **(to** auf + *Akk.*); *(reaction)* Reaktion, *die;* **I tried to phone him, but there was no ~:** ich habe versucht, ihn anzurufen, aber es hat sich niemand gemeldet; **do you have any ~ to the accusations made against you?** haben Sie irgend etwas auf die Anschuldigungen gegen Sie zu erwidern?; **there is no ~ to that** dem ist nichts mehr hinzuzufügen; **by way of [an] ~:** als Antwort; **in ~ to sth.** als Antwort *od.* Reaktion auf etw. *(Akk.);* **he always has an ~ [ready]** er hat immer eine Antwort parat; **make ~** *(formal)* [eine] Antwort geben; **b)** *(to problem)* Lösung, *die* **(to** *Gen.*); *(to calculation)* Ergebnis, *das;* **have** *or* **know all the ~s** *(coll.)* alles wissen. **2.** *v. t.* **a)** beantworten ‹*Brief, Frage*›; antworten auf (+ *Akk.*) ‹*Frage, Hilferuf, Einladung, Inserat*›; *(react to)* erwidern ‹*Geste, Schlag*›; *(respond to)* eingehen auf (+ *Akk.*) ‹*Angebot, Vorschlag*›; eingehen auf (+ *Akk.*), erfüllen ‹*Bitte*›; sich stellen zu ‹*Beschuldigung*›; erhören ‹*Gebet*›; erfüllen ‹*Wunsch*›; **~ sb.** jmdm. antworten; **~ me!** antworte [mir]!; **~ a question** eine Frage beantworten; auf eine Frage antworten; **b) ~ the door/bell** an die Tür gehen; **c)** *(be satisfactory for)* genügen (+ *Dat.*); entsprechen (+ *Dat.*); **the flat ~ed his purpose very well** die Wohnung entsprach *od.* genügte seinen Anforderungen vollauf; **her desires were fully ~ed** ihren Wünschen wurde vollauf entsprochen; *see also* **telephone 1. 3.** *v. i.* **a)** *(reply)* antworten; **~ to sth.** sich zu etw. äußern; **b)** *(be responsible)* **~ for sth.** für etw. die Verantwortung übernehmen; **~ to sb.** jmdm. [gegenüber] Rechenschaft ablegen; **one day you will have to ~ for your crimes** eines Tages wirst du dich für deine Verbrechen verantworten müssen; **he has a lot to ~ for** er hat vieles zu verantworten; **c)** *(correspond)* **~ to a description** einer Beschreibung *(Dat.)* entsprechen; **d)** *(be satisfactory)* **~ for a purpose/intention** sich für einen Zweck/ein Vorhaben eignen; **e) ~ to the name of ...:** auf den Namen ... hören; **f) ~ back** *(coll.)* widersprechen; Widerworte haben *(ugs.);* **he's always ready to ~ back** er gibt einem gern Kontra *(ugs.);* **don't ~ back!** keine Widerworte!

**answerable** ['ɑ:nsərəbl] *adj. (responsible)* **be ~ to sb.** jmdm. [gegenüber] verantwortlich sein; **be ~ for sb./sth.** für jmdn./etw. verantwortlich sein

**answering: ~ machine** *n. (Teleph.)* Anrufbeantworter, *der;* **~ service** *n. (Teleph.)* Fernsprechauftragsdienst, *der*

**ant** [ænt] *n.* Ameise, *die;* **white ~:** Termite, *die;* weiße Ameise *(volkst.);* **have ~s in one's pants** *(sl.)* nicht stillsitzen können

**antacid** [ænt'æsɪd] *n.* Antazidum, *das*

**antagonism** [æn'tægənɪzm] *n.* Feindseligkeit, *die* **(towards, against** gegenüber); *(between two)* Antagonismus, *der (geh.);* **the ~ between the two families** die Feindschaft zwischen den beiden Familien

**antagonist** [æn'tægənɪst] *n.* Gegner, *der*/ Gegnerin, *die; (in debate etc.)* Kontrahent, *der*/Kontrahentin, *die*

**antagonistic** [æntægə'nɪstɪk] *adj.* feindlich ‹*Mächte, Prinzipien*›; feindselig ‹*Kritik*›; antagonistisch, gegensätzlich ‹*Interessen*›; **be ~ to sth.** im Gegensatz zu etw. stehen; ‹*Person:*› etw. ablehnen; **be ~ to sb.** mit jmdm. verfeindet sein

**antagonize** [æn'tægənaɪz] *v. t.* **a)** *(evoke hostility or enmity of)* sich *(Dat.)* zum Feind machen; vor den Kopf stoßen *(ugs.);* **b)** *(counteract)* entgegenwirken (+ *Dat.*); **~ one another** sich gegenseitig bekämpfen

**antarctic** [ænt'ɑ:ktɪk] **1.** *adj.* antarktisch; **A~ explorer** Antarktisforscher, *der;* **A~ Circle/Ocean** südlicher Polarkreis/Südpolarmeer, *das.* **2.** *n.* **the A~:** die Antarktis

**Antarctica** [ænt'ɑ:ktɪkə] *n.* die Antarktis

**ante** ['æntɪ] **1.** *n. (in poker etc.)* Einsatz, *der;* **up the ~** *(fig. coll.)* den Einsatz erhöhen. **2.** *v. t.* setzen; **~ [up] £10** 10 Pfund setzen; **can you ~ up £1,000 to buy this plot of land?** können Sie 1 000 Pfund zum Kauf dieses Grundstücks aufbringen?

**'ant-eater** *n. (Zool.)* Ameisenfresser, *der*

**antecedent** [æntɪ'si:dənt] **1.** *adj.* vorher-, vorausgehend ‹*Faktoren, Elemente, Prinzipien*›; **be ~ to sth.** einer Sache *(Dat.)* vorausgehen. **2.** *n.* **a)** *(preceding event)* früherer Umstand; vorangegangenes Ereignis; *(preceding thing)* Vorläufer, *der;* **b)** *in pl. (past history)* **sb.'s ~s** jmds. Vorleben

**antechamber** ['æntɪtʃeɪmbə(r)] *n.* Vorzimmer, *das*

**antedate** [æntɪ'deɪt] *v. t.* **a)** *(precede)* voraus-, vorangehen (+ *Dat.*); **b)** *(give earlier date to)* zurückdatieren

**antediluvian** [æntɪdɪ'lju:vɪən, æntɪdɪ'lu:vɪən] *adj. (lit. or fig.)* vorsintflutlich

**antelope** ['æntɪləʊp] *n.* **a)** *(Zool.)* Antilope, *die;* **b)** *(leather)* Antilopenleder, *das*

**antenatal** [æntɪ'neɪtl] *adj.* **a)** *(concerning*

*pregnancy)* Schwangerschafts-; Schwangeren-; ~ **care** Schwangerenfürsorge, *die;* ~ **clinic** Klinik für werdende Mütter; **b)** *(before birth)* vorgeburtlich; prä- *od.* antenatal *(fachspr.)*

**antenna** [æn'tenə] *n.* **a)** *pl.* **~e** [æn'teni:] *(Zool.)* Fühler, *der;* Antenne, *die (fachspr.);* **b)** *pl.* **~s** *(Amer.: aerial)* Antenne, *die*

**antepenultimate** [æntɪpɪ'nʌltɪmət] *adj.* drittletzt...

**ante-post** [æntɪ'pəʊst] *adj. (Horse-racing)* ~ **betting** Wetten vor dem Renntag

**anterior** [æn'tɪərɪə(r)] *adj.* **a)** *(to the front)* vorder...; **be in an ~ position** vorn sein; **b)** *(prior)* früher...; **be ~ to sth.** einer Sache *(Dat.)* vorausgehen

**ante-room** ['æntɪru:m, 'æntɪrʊm] *n.* Vorraum, *der; (waiting room)* Warteraum, *der*

**antheap** ['ænthi:p] *n.* Ameisenhaufen, *der;* Ameisenhügel, *der;* **this human ~** *(fig.)* dieses Menschengewimmel

**anthem** ['ænθəm] *n.* **a)** *(Eccl. Mus.)* Chorgesang, *der;* **b)** *(song of praise)* Jubel-, Preisgesang, *der (geh.);* Hymne, *die; see also* **national anthem**

**anther** ['ænθə(r)] *n. (Bot.)* Staubbeutel, *der*

**anthill** ['ænthɪl] *see* **antheap**

**anthologist** [æn'θɒlədʒɪst] *n.* Herausgeber, *der*/Herausgeberin, *die* [einer Anthologie/von Anthologien]

**anthology** [æn'θɒlədʒɪ] *n. (of poetry, prose, songs) (by different writers)* Anthologie, *die; (by one writer)* Auswahl, *die*

**anthracite** ['ænθrəsaɪt] *n.* Anthrazit, *der*

**anthrax** ['ænθræks] *n., no pl., no indef. art. (Med., Vet. Med.)* Milzbrand, *der;* Anthrax, *der (fachspr.)*

**anthropocentric** [ænθrəpəʊ'sentrɪk] *adj.* anthropozentrisch

**anthropoid** ['ænθrəpɔɪd] **1.** *adj.* **a)** *(manlike)* menschenähnlich; anthropoid; ~ **ape** Menschenaffe, *der;* **b)** *(coll. derog.: apelike)* affenartig *(abwertend).* **2.** *n.* Anthropoid[e], *der;* Menschenaffe, *der*

**anthropological** [ænθrəpə'lɒdʒɪkl] *adj.* anthropologisch

**anthropologist** [ænθrə'pɒlədʒɪst] *n.* Anthropologe, *der*/Anthropologin, *die*

**anthropology** [ænθrə'pɒlədʒɪ] *n., no pl.* Anthropologie, *die*

**anthropomorphic** [ænθrəpəʊ'mɔ:fɪk] *adj.* anthropomorphisch

**anti** ['æntɪ] **1.** *prep.* gegen; **be ~ sth.** gegen etw. sein; Gegner von etw. sein. **2.** *adj.* ablehnend; **young people are all so ~ these days** die jungen Leute heutzutage sind gegen alles. **3.** *n.* Widersacher, *der*

**anti-** [æntɪ] *pref.* anti-/Anti-

**anti-'aircraft** *adj. (Mil.)* Flugabwehr-; ~ **gun** Flak, *die;* ~ **battery** Flakbatterie, *die*

**antibiotic** [æntɪbaɪ'ɒtɪk] **1.** *adj.* antibiotisch. **2.** *n.* Antibiotikum, *das*

**'antibody** *n. (Physiol.)* Antikörper, *der*

**antic** ['æntɪk] *n. (trick)* Mätzchen, *das (ugs.); (of clown)* Possen, *der*

**Antichrist** ['æntɪkraɪst] *n.* Antichrist, *der*

**anticipate** [æn'tɪsɪpeɪt] *v. t.* **a)** *(expect)* erwarten; *(foresee)* voraussehen; ~ **rain/trouble** mit Regen/Ärger rechnen; **b)** *(discuss or consider before due time)* vorwegnehmen; antizipieren; **don't ~ your income** gib dein Einkommen nicht im voraus aus; **c)** *(forestall)* ~ **sb./sth.** jmdm./einer Sache zuvorkommen

**anticipation** [æntɪsɪ'peɪʃn] *n., no pl.* Erwartung, *die;* **in ~ of sth.** in Erwartung einer Sache *(Gen.);* **she was looking forward to the event with ~:** sie sah dem Ereignis erwartungsvoll entgegen; **thanking you in ~:** Ihnen im voraus dankend

**anticipatory** [æn'tɪsɪpətərɪ] *adj.* vorwegnehmend

**anti'clerical** *adj.* antiklerikal; kirchenfeindlich

**anticli'mactic** *adj.* [auf enttäuschende Weise] abfallend; **the film has an ~ ending** der Film hat ein enttäuschendes Ende

**anti'climax** *n.* **a)** *(ineffective end)* Abstieg, *der;* Abfall, *der;* **b)** *(Lit.)* Antiklimax, *die*

**anti'clockwise** **1.** *adv.* gegen den Uhrzeigersinn. **2.** *adj.* gegen den *od.* entgegen dem Uhrzeigersinn *nachgestellt;* linksläufig *(Technik);* **in an ~ direction** gegen den *od.* entgegen dem Uhrzeigersinn

**anticor'rosive** *adj.* Rostschutz-

**anti'cyclone** *n. (Meteorol.)* Hochdruckgebiet, *das;* Antizyklone, *die (Met.)*

**antidepressant** [æntɪdɪ'presənt] *n. (Med.)* Antidepressivum, *das*

**antidote** ['æntɪdəʊt] *n.* Gegengift, -mittel, *das* **(for, against** gegen); *(fig.)* Gegenmittel, *das* **(to** gegen)

**'antifreeze** *n.* Gefrierschutzmittel, *das;* Frostschutzmittel, *das*

**antigen** ['æntɪdʒən] *n. (Physiol.)* Antigen, *das*

**'anti-hero** *n.* Antiheld, *der*

**anti'histamine** *n. (Med.)* Antihistamin[ikum], *das*

**'antiknock** *n. (Motor Veh.)* Antiklopfmittel, *das*

**Antilles** [æn'tɪli:z] *pr. n. pl.* Antillen *Pl.*

**'anti-lock** *adj.* Antiblockier-; ~ **brake** *or* **braking system** Antiblockiersystem, *das*

**antimacassar** [æntɪmə'kæsə(r)] *n.* Schonbezug, *der*

**'antimatter** *n. (Phys.)* Antimaterie, *die*

**antimony** ['æntɪmənɪ] *n.* Antimon, *das*

**antinomy** [æn'tɪnəmɪ] *n.* Antinomie, *die*

**'anti-novel** *n.* Antiroman, *der*

**anti'nuclear** *adj.* Anti-Atom[kraft]-

**'antiparticle** *n. (Phys.)* Antiteilchen, *das*

**antipathetic** [æntɪpə'θetɪk], **antipathetical** [æntɪpə'θetɪkl] *adj.* **a)** *(averse, opposed)* **be ~ to sb./sth.** jmdm./einer Sache abgeneigt sein; eine Antipathie gegen jmdn./etw. haben; **b)** *(arousing antipathy)* **be ~ to sb.** jmdm. zuwider sein

**antipathy** [æn'tɪpəθɪ] *n.* Antipathie, *die;* Abneigung, *die;* **~ to** *or* **for sb./sth.** Abneigung gegen jmdn./etw.

**anti-person'nel** *adj.* gegen Menschen gerichtet; ~ **bomb** Splitterbombe, *die;* ~ **mine** Schützenmine, *die*

**antiperspirant** [æntɪ'pɜ:spɪrənt] **1.** *adj.* schweißhemmend; ~ **spray** Deodorantspray, *der od. das.* **2.** *n.* Antitranspirant, *das*

**antiphonal** [æn'tɪfənəl] *adj. (Eccl. Mus.)* ~ **singing** Wechselgesang, *der*

**antipodal** [æn'tɪpədl] *adj. (Australasian)* australisch und ozeanisch

**antipodean** [æntɪpə'di:ən] *adj. see* **antipodal**

**antipodes** [æn'tɪpədi:z] *n. pl.* entgegengesetzte *od.* antipodische Teile der Erde; *(Australasia)* Australien und Ozeanien

**'antipope** *n. (Hist.)* Gegenpapst, *der*

**antiquarian** [æntɪ'kweərɪən] **1.** *adj.* **a)** *(of antiquity)* antik; Altertums-; ~ **research** Altertumsforschung, *die;* ~ **writings** antike Schriften; ~ **society** Gesellschaft für Altertumsforschung; **b)** ~ **bookshop** *or* **bookseller's** Antiquariat, *das;* Antiquariatsbuchhandlung, *die;* ~ **bookseller** Antiquar, *der;* Antiquariatsbuchhändler, *der.* **2.** *n. (collector)* Antiquitätensammler, *der*

**antiquarianism** [æntɪ'kweərɪənɪzm] *n., no pl.* Liebhaberei für Altertümer; Altertümelei, *die (auch abwertend)*

**antiquary** ['æntɪkwərɪ] *n. see* **antiquarian 2**

**antiquated** ['æntɪkweɪtɪd] *adj.* antiquiert; veraltet; *(out of date)* überholt

**antique** [æn'ti:k] **1.** *adj.* **a)** antik ‹*Möbel, Schmuck usw.*›; *(as an antique)* antiquarisch ‹*Wert, Bedeutung*›; **furniture of ~ design** Möbel im antiken Stil; **b)** *(existing since old times)* antik ‹*Philosophie, Literatur, Kultur, Volk, Kunst, Ideen*›; *(antiquated)* altertümlich ‹*Sprache, Ansicht, Verhalten*›. **2.** *n.* Antiquität, *die;* ~ **dealer** Antiquitätenhändler, *der*/-händlerin, *die;* ~ **shop** Antiquitätenladen, *der*

**antiquity** [æn'tɪkwɪtɪ] *n.* **a)** *no pl. (ancientness)* Alter, *das;* **a city/law/fossil of great ~:** eine uralte Stadt/ein uraltes Gesetz/Fossil; **b)** *no pl., no art. (old times)* Altertum, *das;* Antike, *die; (the ancients)* Antike, *die;* **in ~:** im Altertum; in der Antike; **c)** *in pl. (ancient relics)* Altertümer *Pl.; (ancient customs)* altertümliche Bräuche

**antirrhinum** [æntɪ'raɪnəm] *n. (Bot.)* Löwenmaul, *das*

**anti-'Semite** *n.* Antisemit, *der*/-semitin, *die;* Judenfeind, *der*/-feindin, *die*

**anti-Se'mitic** *adj.* antisemitisch; judenfeindlich

**anti-'Semitism** *n., no pl.* Antisemitismus, *der;* Judenhaß, *der*

**anti'sepsis** *n., no pl. (Med.)* Antisepsis, *die*

**anti'septic** **1.** *adj.* **a)** antiseptisch; keimtötend; **b)** *(scrupulously clean)* aseptisch; keimfrei; *(sterile)* keimfrei; steril; *(fig.: unfeeling)* gefühllos. **2.** *n.* Antiseptikum, *das*

**anti'social** *adj.* **a)** asozial; **b)** *(unsociable)* ungesellig ‹*Person*›; unwirtlich ‹*Ort*›

**anti'static** *adj.* antistatisch

**anti-'tank gun** *n. (Mil.)* Panzerabwehrkanone, *die*

**antithesis** [æn'tɪθəsɪs] *n., pl.* **antitheses** [æn'tɪθəsi:z] **a)** *(thing)* Gegenstück, *das* **(of, to** zu); **these two concepts are the ~ of each other** diese beiden Begriffe sind Gegensätze; **b)** *(state)* Gegensatz, *der; (Rhet.: contrast of ideas)* Antithese, *die;* **stand in ~ to sth.** einer Sache *(Dat.)* antithetisch gegenüberstehen; **the ~ of** *or* **between two things** der Gegensatz zwischen zwei Dingen

**antithetic** [æntɪ'θetɪk], **antithetical** [æntɪ'θetɪkl] *adj.* **a)** *(opposite)* gegensätzlich; *(consisting of opposites)* antithetisch; **be ~ to sth.** zu einer Sache im Gegensatz stehen; **b)** *(Rhet.)* antithetisch

**anti'toxin** *n. (Med.)* Antitoxin, *das*

**anti'trust** *adj. (Amer.)* Kartell-; Antitrust-; ~ **law** Kartellgesetz, *das*

**antivivisectionism** [æntɪvɪvɪ'sekʃənɪzm] *n., no pl.* Ablehnung der Vivisektion

**antivivisectionist** [æntɪvɪvɪ'sekʃənɪst] *n.* Vivisektionsgegner, *der*/-gegnerin, *die*

**antler** ['æntlə(r)] *n. (branch of horn)* Geweihsprosse, *die; (horn)* Stange, *die (Jägerspr.);* **a pair of ~s** ein Geweih *od. (Jägerspr.)* Gehörn

**antonym** ['æntənɪm] *n.* Antonym, *das;* Gegen[satz]wort, *das*

**antonymous** [æn'tɒnɪməs] *adj.* antonym

**Antwerp** ['æntwɜ:p] *pr. n.* Antwerpen *(das)*

**anus** ['eɪnəs] *n. (Anat.)* After, *der;* Anus, *der*

**anvil** ['ænvɪl] *n. (also Anat.)* Amboß, *der*

**anxiety** [æŋ'zaɪətɪ] *n.* **a)** *(state)* Angst, *die; (concern about future)* Sorge, *die* **(about** wegen); **anxieties** Sorgen *Pl.;* **cause sb. ~:** jmdm. angst/Sorgen machen; **b)** *(desire)* Verlangen, das **(for** nach); **his ~ to do sth.** sein Verlangen danach, etw. zu tun; **c)** *(Psych.)* Angst, *die;* Angstzustand, *der*

**anxious** ['æŋkʃəs] *adj.* **a)** *(troubled)* besorgt; **days of ~ waiting** Tage bangen Wartens; **be ~ about sth./sb.** um etw./jmdn. besorgt sein; **we were all so ~ about you** wir haben uns *(Dat.)* alle solche Sorgen um Sie gemacht; **b)** *(eager)* sehnlich; **be ~ for sth.** ungeduldig auf etw. *(Akk.)* warten; **have an ~ desire to do sth.** ängstlich darauf bedacht sein, etw. zu tun; **he is ~ to please** er ist bemüht zu gefallen; **he is ~ to learn another language** er will unbedingt noch eine Sprache lernen; **c)** *(worrying)* **an ~ time** eine Zeit banger Sorge; **two ~ days of waiting** zwei Tage bangen Wartens

**anxiously** ['æŋkʃəslɪ] *adv.* **a)** besorgt; **b)** *(eagerly)* sehnsüchtig; **always ~ eager to help** immer eifrig darauf bedacht, zu helfen

**any** ['enɪ] **1.** *adj.* **a)** *(some)* [irgend]ein/eine;

**have you ~ wool/~ statement to make?** haben Sie Wolle/[irgend]eine Erklärung abzugeben?; **if you have ~ difficulties** wenn du irgendwelche Schwierigkeiten hast; **not ~:** kein/keine; **that isn't ~ way to behave** das ist keine Art, sich zu benehmen; **without ~:** ohne jeden/jede/jedes; **if you've ~ spare time** *or* **time to spare** wenn du Zeit hast *od.* hättest; **we haven't ~ time to lose** wir haben keine Zeit zu verlieren; **have you ~ idea of the time?** hast du eine Ahnung, wie spät es ist?; **~ news of Peter yet?** schon was von Peter gehört?; **b)** *(one)* ein/eine; **there isn't ~ hood on this coat** dieser Mantel hat keine Kapuze; **a book without ~ cover** ein Buch ohne Deckel; **c)** *(all)* jeder/jede/jedes; **to avoid ~ delay** um jede Verzögerung zu vermeiden; **d)** *(every)* jeder/jede/jedes; **~ and every** jeder/jede/jedes beliebige; **~ fool knows that!** das weiß doch jedes Kind!; **~ time** *or* **on ~ occasion [when] I went there** jedesmal *od.* immer, wenn ich dort hinging; **[at] ~ time** jederzeit; **[at] ~ time of day** zu jeder Tageszeit; **e)** *(whichever)* jeder/jede/jedes [beliebige]; **choose ~ [one] book/~ books you like** suchen Sie sich *(Dat.)* irgendein Buch/irgendwelche Bücher aus; **choose ~ two numbers** nimm zwei beliebige Zahlen; **do it ~ way you like** machen Sie es, wie immer Sie wollen; **cook the meat [in] ~ way/[for] ~ length of time you wish** kochen Sie das Fleisch, wie/solange Sie wollen; **visit us [at] ~ time** besuchen Sie uns, wann [immer] Sie wollen; **[at] ~ time/day/minute [now]** jederzeit/jeden Tag/jede Minute; **~ moment now the bomb will explode** die Bombe wird jeden Moment explodieren; **you can count on him ~ time** *(coll.)* du kannst dich jederzeit auf ihn verlassen; **I'd prefer Mozart ~ day** *(coll.)* ich würde Mozart allemal *(ugs.) od.* jederzeit vorziehen; **not [just] ~ house** nicht irgendein beliebiges Haus; **take ~ amount you wish** nehmen Sie, soviel Sie wollen; **~ amount of** jede Menge *(ugs.)*; **the room was filled with ~ amount of decorations/~ number of film stars** das Zimmer war reich geschmückt/in dem Zimmer war ein Heer von Filmstars; *see also* **¹case a; old 1 d; rate 1 f; f)** *(an appreciable)* ein nennenswerter/eine nennenswerte/ein nennenswertes; **she didn't stay ~ length of time** sie ist nicht sehr lange geblieben; **he couldn't walk ~ distance without feeling exhausted** er konnte keine längere Strecke gehen, ohne sich erschöpft zu fühlen; **if he drinks ~ amount he gets roaring drunk** wenn er einmal etwas mehr trinkt, ist er gleich sternhagelvoll *(salopp)*. **2.** *pron.* **a)** *(some) in condit., interrog., or neg. sentence (replacing sing. n.)* einer/eine/ein[e]s; *(replacing collect. n.)* welcher/welche/welches; *(replacing pl. n.)* welche; **not ~:** keiner/keine/kein[e]s/*Pl.* keine; **without ~:** ohne; **I need to buy some sugar, we haven't got ~ at the moment** ich muß Zucker kaufen, wir haben im Augenblick keinen; **Here are some sweets. Would you like ~?** Hier sind ein paar Bonbons. Möchtest du welche?; **they ate all the cake and didn't leave ~ for us** *or* **without leaving ~ for us** sie haben den ganzen Kuchen gegessen und uns nichts übriggelassen; **hardly ~:** kaum welche/etwas; **Tea? No, I don't want ~ at the moment, thanks** Tee? Nein danke, im Moment nicht; **not known to ~ except ...:** keinem *od.* niemandem bekannt außer ...; **Here is a list of the books I need. Do you have ~ of them in stock?** Hier ist eine Liste mit den Büchern, die ich brauche. Haben Sie [irgend]welche davon vorrätig?; **I haven't seen ~ of my friends for years** ich habe seit Jahren keinen von meinen Freunden gesehen; **is there ~ of that cake left?** ist noch etwas [von dem] Kuchen übrig?; **is there ~ of you who would be willing to help?** wäre irgend jemand von Ihnen bereit zu helfen?; **he is not having ~ of it** *(fig. coll.)* er will nichts davon wissen; **b)** *(no matter which)* irgendeiner/irgendeine/irgendein[e]s/irgendwelche *Pl.*; **you have to pick a number between 1 and 10, ~ you like** du mußt eine Zahl zwischen 1 und 10 ziehen, irgendeine; **you can choose three books, ~ [of them] you like** Sie können sich *(Dat.)* drei Bücher aussuchen, egal welche; **Which numbers? – Any between 1 and 10** Welche Zahlen? – Irgendwelche zwischen 1 und 10. **3.** *adv.* **do you feel ~ better today?** fühlen Sie sich heute [etwas] besser?; **if it gets ~ colder** wenn es noch kälter wird; **he didn't seem ~ [the] wiser after that** danach schien er auch nicht klüger zu sein; **I can't wait ~ longer** ich kann nicht [mehr] länger warten; **the occasional jokes do not make the book ~ [the] less boring** durch die gelegentlichen Witze wird das Buch keineswegs interessanter; **I don't feel ~ [the] better** mir ist kein bißchen wohler; **not ~ too happy about it** nicht gerade glücklich darüber; *see also* **more 1 a, 3 d, i**

**'anybody** *n. & pron.* **a)** *(whoever)* jeder; **~ and everybody** jeder Beliebige; **b)** *(somebody)* [irgend]jemand; **how could ~ be so cruel?** wie kann man nur so grausam sein?; **there wasn't ~ willing to help** es war niemand bereit zu helfen; **there's never ~ at home when I phone** es ist nie jemand zu Hause, wenn ich anrufe; **I've never seen ~ who ...:** ich habe noch keinen gesehen, der ...; **he is a match for ~ with his strength** bei seiner Kraft kann er sich mit jedem *od.* jedermann messen; **~ but** jeder[mann] außer; **The score is 1 : 1. It's ~'s match now** Es steht 1 : 1. Das Spiel ist jetzt offen; **what will happen is ~'s guess** was geschehen wird, [das] weiß keiner; **he's not [just] ~:** er ist nicht [einfach] irgendwer; **c)** *(important person)* jemand; wer *(ugs.)*; **everybody who was ~ was there** alles, was Rang und Namen hatte, war da

**'anyhow** *adv.* **a)** *see* **anyway; b)** *(haphazardly)* irgendwie; **he dresses ~:** er kleidet sich ohne Überlegung; **the furniture was arranged ~:** die Möbel waren wahllos irgendwo hingestellt; **all ~:** ganz unordentlich

**'anyone** *see* **anybody**

**'anyplace** *(Amer. coll.) see* **anywhere**

**'anything 1.** *n. & pron.* **a)** *(whatever thing)* was [immer]; alles, was; **you may do ~ you wish** Sie können [alles] tun, was Sie möchten; **~ and everything** alles mögliche; **b)** *(something)* irgend etwas; **is there ~ wrong with you?** fehlt Ihnen [irgend] etwas?; **have you done ~ silly?** hast du [irgend] etwas Dummes gemacht?; **can we do ~ to help you?** können wir Ihnen irgendwie helfen?; **I don't want ~ [further] to do with him** ich möchte nichts [mehr] mit ihm zu tun haben; **I've never seen ~ like it in my life** ich habe noch nie in meinem Leben so etwas gesehen; **he can hardly see ~ without his glasses** ohne seine Brille kann er kaum etwas sehen; **c)** *(a thing of any kind)* alles; **~ like that** so etwas; **as ... as ~** *(coll.)* wahnsinnig ... *(ugs.)*; **not for ~ [in the world]** um nichts in der Welt; **I will do ~ in my power to help you** ich werde alles tun, was in meiner Macht steht, um Ihnen zu helfen; **the temperature is ~ from 30 to 40 degrees** die Temperatur liegt irgendwo zwischen 30 und 40 Grad; **~ but** *(~ except)* alles außer; *(far from)* alles andere als; **Cheap? The house was ~ but!** Billig war das Haus? Von wegen!; **prices are rising like ~** *(coll.)* die Preise steigen wie nur was *od.* wie verrückt *(ugs.)*; **we don't want [just] ~:** wir wollen nicht einfach irgend etwas [Beliebiges]. **2.** *adv.* **not ~ like as ... as** keineswegs so ... wie

**'anyway** *adv.* **a)** *(in any case, besides)* sowieso; **we wouldn't accept your help ~:** wir würden von Ihnen sowieso keine Hilfe annehmen; **b)** *(at any rate)* jedenfalls; **~, I must go now** wie dem auch sei, ich muß jetzt gehen

**'anywhere 1.** *adv.* **a)** *(in any place) (wherever)* überall, wo; wo [immer]; *(somewhere)* irgendwo; **can you see my bag ~?** siehst du meine Tasche irgendwo?; **the price could be ~ between £30 and £40** der Preis könnte irgendwo zwischen 30 Pfund und 40 Pfund liegen; **not ~ near as ... as** *(coll.)* nicht annähernd so ... wie; **~ but ...:** überall, außer ...; überall, nur nicht ...; **[just] ~:** überall; **not just ~:** nicht überall; **b)** *(to any place) (wherever)* wohin [auch immer]; *(somewhere)* irgendwohin; **have you ever been ~ by plane?** sind Sie je mit dem Flugzeug [irgendwohin] geflogen?; **I wouldn't go ~ near that island again** ich würde nicht wieder auch nur in die Nähe der Insel fahren; **~ but ...:** überallhin, außer ...; überallhin, nur nicht ...; **[just] ~:** [einfach] irgendwohin. **2.** *pron.* **if there's ~ you'd like to see** wenn es irgend etwas gibt, was du sehen möchtest; **have you found ~ to live yet?** haben Sie schon eine Wohnung gefunden?; **is there ~ we can stay for the night?** können wir hier irgendwo übernachten?; **there's never ~ open for milk after 6 p.m.** nach 18 Uhr kann man nirgends mehr Milch bekommen; **~ but ...:** überall, außer ...; überall, nur nicht ...; **[just] ~:** irgendein x-beliebiger Ort; **from ~ hot** von irgendwo, wo es warm ist; **from ~ in the world** aus aller Welt

**aorta** [eɪ'ɔ:tə] *n. (Anat.)* Aorta, *die*

**apace** [ə'peɪs] *adv. (arch./literary)* rasch; geschwind *(veralt.)*

**apart** [ə'pɑ:t] *adv.* **a)** *(separately)* getrennt; **with one's legs ~:** mit gespreizten Beinen; **a few problems ~:** einige Probleme ausgenommen; **~ from ...** *(except for)* außer ...; bis auf ... (+ *Akk.*); *(in addition to)* außer ...; **everybody ~ from one person** alle außer einem; **he took me ~ in order to speak to me alone** er nahm mich zur Seite, um allein mit mir zu sprechen; **a race ~:** ein Volk für sich; **b)** *(into pieces)* auseinander; **he took the engine ~:** er nahm den Motor auseinander; **the toy came ~ in his hands** das Spielzeug zerbrach in seinen Händen; **take ~** *(fig.) (criticize)* auseinandernehmen *(ugs.)* ⟨*Theaterstück, Theoretiker, Politiker*⟩; *(analyse)* zergliedern; *(coll.: defeat)* vernichtend schlagen; **take a poem/play/book ~:** ein Gedicht/Stück/Buch zergliedern *od.* [im einzelnen] analysieren; **c) ~ [from]** *(to a distance)* weg [von]; *(at a distance)* **ten kilometres ~:** zehn Kilometer voneinander entfernt; **they have moved far ~ from each other** sie sind weit voneinander weggezogen; **they are miles** *or* **worlds ~ [from each other] in their tastes** zwischen ihren Geschmäkkern liegen Welten

**apartheid** [ə'pɑ:theɪt] *n., no pl., no art.* Apartheid, *die; (fig.)* Diskriminierung, *die*

**apartment** [ə'pɑ:tmənt] *n.* **a)** *(room)* Apartment, *das;* Appartement, *das;* **~s** *(in a mansion etc.)* Räume; Räumlichkeiten *Pl.*; **b)** *(Amer.) see* **¹flat; ~ house** Appartementhaus, *das*

**apathetic** [æpə'θetɪk] *adj.* apathisch (**about** gegenüber); *(not feeling emotion)* gleichgültig

**apathetically** [æpə'θetɪkəlɪ] *adv.* apathisch; *(without emotion)* gleichgültig

**apathy** ['æpəθɪ] *n., no pl.* Apathie, *die* (**about** gegenüber); *(lack of emotion)* Gleichmut, *der*

**ape** [eɪp] **1.** *n.* **a)** *(tailless monkey)* [Menschen]affe, *der; (monkey)* Affe, *der;* **man is descended from the ~s** der Mensch stammt vom Affen ab; **b)** *(imitator)* Nachahmer, *der;* Nachäffer, *der (abwertend)*; **c)** *(apelike person)* Affe, *der;* **go ~** *(sl.)* verrückt werden *(ugs.)*; durchdrehen *(ugs.)*. **2.** *v. t.* nachahmen; nachäffen *(abwertend)*

**apelike** ['eɪplaɪk] *adj.* wie ein Affe *nachgestellt*

**Apennines** ['æpɪnaɪnz] *pr. n. pl.* Apenninen *Pl.*

**aperçu** [æpɜ:'sju:] *n.* **a)** *(summary)* kurzer Überblick (**of** über + *Akk.*); **b)** *(insight)* Aperçu, *das*

**aperient** [ə'pɪərɪənt] **1.** *adj.* abführend; **this preparation is mildly/strongly ~:** dieses Präparat ist ein schwaches/starkes Abführmittel. **2.** *n.* Abführmittel, *das*

**aperitif** [əperɪ'ti:f] *n.* Aperitif, *der*

**aperture** ['æpətʃə(r)] *n.* **a)** *(opening)* Öffnung, *die;* **b)** *(Optics, Photog., etc.)* Blende, *die*

**APEX** ['eɪpeks] *abbr.* **Advance Purchase Excursion** *reduzierter Flugtarif bei Vorauszahlung*

**apex** *n., pl.* **~es** *or* **apices** ['eɪpɪsi:z] *(tip)* Spitze, *die; (of heart, lung, etc.)* Spitze, *die;* Apex, *der (fachspr.); (fig.)* Gipfel, *der;* Höhepunkt, *der*

**apfelstrudel** ['æpfəlstru:dl] *n.* Apfelstrudel, *der*

**aphasia** [ə'feɪzɪə] *n. (Med.)* Aphasie, *die*

**aphid** ['eɪfɪd] *n. (Zool.)* Blattlaus, *die*

**aphorism** ['æfərɪzm] *n. (pithy statement)* Aphorismus, *der; (maxim)* Maxime, *die*

**aphoristic** [æfə'rɪstɪk] *adj.* aphoristisch

**aphrodisiac** [æfrə'dɪzɪæk] *(Med.)* **1.** *adj.* aphrodisisch. **2.** *n.* Aphrodisiakum, *das*

**apiarist** ['eɪpɪərɪst] *n.* Bienenzüchter, *der;* Imker, *der*

**apiary** ['eɪpɪərɪ] *n.* Bienenhaus, *das*

**apices** *pl. of* **apex**

**apiece** [ə'pi:s] *adv.* je; **we took two bags ~:** wir nahmen je zwei Beutel; **they cost a penny ~:** die kosten einen Penny das Stück; **books/five books at £1 ~:** jedes Buch ein Pfund/fünf Bücher zu je einem Pfund

**apish** ['eɪpɪʃ] *adj.* **a)** *(apelike)* affenartig; **b)** *(imitative)* sklavisch [nachahmend]; **c)** *(silly)* affig *(ugs.)*

**aplenty** [ə'plentɪ] *adv.* in [Hülle und] Fülle

**aplomb** [ə'plɒm] *n.* Sicherheit [im Auftreten]; Aplomb, *der (geh.)*

**apocalypse** [ə'pɒkəlɪps] *n.* **a)** *(event)* Apokalypse, *die;* **b)** *(Relig.) (revelation)* Offenbarung, *die; (book)* Apokalypse, *die;* Offenbarung, *die*

**apocalyptic** [əpɒkə'lɪptɪk], **apocalyptical** [əpɒkə'lɪptɪkl] *adj.* **a)** *(dramatic)* apokalyptisch; **b)** *(Relig.) (of revelation)* apokalyptisch; *(of book)* Offenbarungs-; der Offenbarung *nachgestellt*

**Apocrypha** [ə'pɒkrɪfə] *n. (Bibl.)* Apokryphen *Pl.*

**apocryphal** [ə'pɒkrɪfl] *adj.* **a)** *(of doubtful origin)* apokryph; zweifelhaft; *(invented)* apokryph; unecht; **b)** *(of the Apocrypha)* apokryph

**apogee** ['æpədʒi:] *n.* **a)** *(highest point)* Höhepunkt, *der;* Gipfel[punkt], *der;* **b)** *(Astron.)* Apogäum, *das;* Erdferne, *die*

**apolitical** [eɪpə'lɪtɪkl] *adj.* apolitisch; unpolitisch

**Apollo** [ə'pɒləʊ] *pr. n.* Apoll[o], *der*

**apologetic** [əpɒlə'dʒetɪk] *adj.* **a)** entschuldigend; **~ words** Worte der Entschuldigung; **an ~ person** jmd., der sich dauernd entschuldigt; **he wrote a very ~ letter** er schrieb einen Brief, in dem er sich vielmals entschuldigte; **he was most ~ about ...:** er entschuldigte sich vielmals für ...; **b)** *(diffident)* zaghaft ⟨*Lächeln, Ton*⟩; zurückhaltend, bescheiden ⟨*Wesen, Art*⟩

**apologetically** [əpɒlə'dʒetɪkəlɪ] *adv.* **a)** entschuldigend; **he wrote very ~ to say that he ...:** er schrieb mit großem Bedauern, daß er ...; **b)** *(diffidently)* zaghaft; bescheiden

**apologetics** [əpɒlə'dʒetɪks] *n., no pl.* Apologetik, *die*

**apologia** [æpə'ləʊdʒɪə] *n.* Apologie, *die*

**apologist** [ə'pɒlədʒɪst] *n.* Apologet, *der*/Apologetin, *die*

**apologize** [ə'pɒlədʒaɪz] *v. i.* **a)** sich entschuldigen; **~ to sb. for sth./sb.** sich bei jmdm. für etw./jmdn. entschuldigen; **b)** *(defend one's actions)* sich rechtfertigen

**apology** [ə'pɒlədʒɪ] *n.* **a)** Entschuldigung, *die;* **make an ~ [to sb.] for sth.** sich für etw. [bei jmdm.] entschuldigen; **an ~ to sb. for sth.** eine Entschuldigung bei jmdm. für etw.; **you owe him an ~/he deserves an ~ from you** Sie müssen sich bei ihm entschuldigen; **please accept our apologies** wir bitten vielmals um Entschuldigung; **she was full of apologies for her mistake** sie entschuldigte sich vielmals für ihren Fehler; **b)** *(defence)* Rechtfertigung, *die;* **c)** *(poor substitute)* **an ~ for a ...:** ein erbärmliches Exemplar von ...; **what's this ~ for a meal?** was ist denn das für eine kärgliche *od.* armselige Mahlzeit?

**apoplectic** [æpə'plektɪk] *adj.* apoplektisch; **~ stroke** *or* **fit** Schlaganfall, *der*

**apoplexy** ['æpəpleksɪ] *n.* Apoplexie, *die (fachspr.);* Schlaganfall, *der;* **a fit of ~:** ein Schlaganfall

**apostasy** [ə'pɒstəsɪ] *n.* Apostasie, *die*

**apostate** [ə'pɒsteɪt] **1.** *n.* Abtrünnige, *der/die;* Renegat, *der;* Apostat, *der (Rel.).* **2.** *adj.* abtrünnig; [von einer Partei/Glaubensrichtung] abgefallen

**a posteriori** [eɪ pɒsterɪ'ɔ:raɪ] **1.** *adv.* a posteriori. **2.** *adj.* aposteriorisch

**apostle** [ə'pɒsl] *n. (lit. or fig.)* Apostel, *der;* **the A~s** die [zwölf] Apostel; **A~s' Creed** Apostolisches Glaubensbekenntnis; Apostolikum, *das (fachspr.)*

**apostolic** [æpə'stɒlɪk] *adj.* apostolisch

**apostrophe** [ə'pɒstrəfɪ] *n.* **a)** *(sign)* Apostroph, *der;* Auslassungszeichen, *das;* **b)** *(Rhet.: exclamatory passage)* Apostrophe, *die*

**apostrophize** [ə'pɒstrəfaɪz] *v. t.* apostrophieren

**apothecary** [ə'pɒθɪkərɪ] *n.* **a)** *(arch.)* Apotheker, *der*/Apothekerin, *die;* **b) apothecaries' measure/weight** Apothekermaß/-gewicht, *das*

**apotheosis** [əpɒθɪ'əʊsɪs] *n., pl.* **apotheoses** [əpɒθɪ'əʊsi:z] **a)** *(deification)* Apotheose, *die (auch fig.);* Vergöttlichung, *die;* **b)** *(deified ideal)* Gott, *der*/Göttin, *die;* **c)** *(ultimate point)* Gipfelpunkt, *der;* Apotheose, *die (geh.)*

**appal** (*Amer.:* **appall**) [ə'pɔ:l] *v. t.*, **-ll-** *(dismay)* entsetzen; *(terrify)* erschrecken; **your behaviour ~s me!** ich bin entsetzt über dein Benehmen!; **obscenity ~s her** sie empört sich über Obszönitäten

**appalling** [ə'pɔ:lɪŋ] *adj. (dismaying)* entsetzlich; *(terrifying)* schrecklich; *(coll.: unpleasant)* fürchterlich; scheußlich

**apparatchik** [æpə'rɑ:tʃɪk] *n., pl.* **~s** *or* **~i** [æpə'rɑ:tʃɪki:] Apparatschik, *der*

**apparatus** [æpə'reɪtəs] *n. (equipment)* Gerät, *das; (gymnastic ~)* Geräte *Pl.; (machinery, lit. or fig.)* Apparat, *der;* **a piece of ~:** ein Apparat

**apparel** [ə'pærəl] **1.** *n.* Kleidung, *die;* Gewänder *Pl. (geh.).* **2.** *v. t., (Brit.)* **-ll-** *(arch.)* gewanden *(veralt.);* kleiden *(auch fig.)*

**apparent** [ə'pærənt] *adj.* **a)** *(clear)* offensichtlich ⟨*Ziel, Zweck, Wirkung, Begeisterung, Interesse*⟩; offenbar ⟨*Bedeutung, Wahrheit*⟩; **it soon became ~ that ...:** es zeigte sich bald, daß ...; **the meaning was/became clearly ~ to all of us** die Bedeutung war/wurde uns allen deutlich klar; **heir ~:** recht- *od.* gesetzmäßiger Erbe; **he is the heir ~ to the throne** er ist der rechtmäßige Thronfolger; **b)** *(seeming)* scheinbar; **be only ~:** nur scheinbar sein; **this was only the ~ truth** das schien nur die Wahrheit zu sein

**apparently** [ə'pærəntlɪ] *adv.* **a)** *(clearly)* offensichtlich; offenbar; **b)** *(seemingly)* scheinbar; **he was not asleep, but only ~ so** er schien nur zu schlafen

**apparition** [æpə'rɪʃn] *n.* **a)** *(appearance)* [Geister]erscheinung, *die;* **b)** *(ghost)* Gespenst, *das*

**appeal** [ə'pi:l] **1.** *v. i.* **a)** *(Law etc.)* Einspruch erheben *od.* einlegen (**to** bei); **~ to a court** bei einem Gericht Berufung einlegen; **~ against sth.** gegen etw. Einspruch/Berufung einlegen; **~ from a judgement** gegen ein Urteil Berufung einlegen; **b)** *(refer)* **~ to** verweisen auf ⟨*Erkenntnisse, Tatsachen*⟩; **c)** *(make earnest request)* **~ to sb. for sth./to do sth.** jmdn. um etw. ersuchen/jmdn. ersuchen, etw. zu tun; **I ~ to you to give generously** ich appelliere an Sie *od.* ich ersuche Sie, großzügig zu spenden; **d)** *(address oneself)* **~ to sb./sth.** an jmdn./etw. appellieren; **this type of music ~s to the senses rather than the intellect** solche Musik spricht eher das Gefühl an als den Verstand; **e)** *(be attractive)* **~ to sb.** jmdm. zusagen; **how does that ~?** könnte dir das gefallen? **this music does not ~ to their tastes** diese Musik ist nicht ihr Geschmack; **f)** *(Cricket)* Einspruch erheben. **2.** *v. t.* überweisen ⟨*Sache, Fall usw.*⟩. **3.** *n.* **a)** *(Law etc.)* Einspruch, *der* (**to** bei); *(to higher court)* Berufung, *die* (**to** bei); **an ~ against** *or* **from a judgement** Berufung gegen eine Entscheidung; **lodge an ~ with sb.** bei jmdm. Einspruch/Berufung einlegen; **acquittal on ~:** Freispruch in der Berufung; **right of ~:** Einspruchs-/Berufungsrecht, *das;* **there is no ~ against this decision** gegen diese Entscheidung gibt es keine Einspruchs-/Berufungsmöglichkeit; **Court of A~:** Berufungsgericht, *das;* Appellationsgericht, *das (veralt.);* **b)** *(reference)* Berufung, *die;* Verweisung, *die;* **make an ~ to sth.** sich auf etw. *(Akk.)* berufen; auf etw. *(Akk.)* verweisen; **c)** *(imploring request)* Appell, *der;* Aufruf, *der;* **an ~ to sb. for sth.** eine Bitte an jmdn. um etw.; **make an ~ to sb.** eine dringende Bitte an jmdn. richten; an jmdn. appellieren; **d)** *(addressing oneself)* Appell, *der;* Aufruf, *der;* **make an ~ to sb.** einen Appell an jmdn. richten; **the ~ of the music is to the senses rather than the intellect** die Musik spricht eher das Gefühl an als den Verstand; **e)** *(attraction)* Reiz, *der;* Anziehungskraft, *die;* **a Rolls-Royce has a certain class ~:** ein Rolls Royce ist etwas für Standesbewußte; **f)** *(Cricket)* Einspruch, *der*

**appealable** [ə'pi:ləbl] *adj.* gerichtlich anfechtbar; appellabel *(veralt.)*

**appealing** [ə'pi:lɪŋ] *adj.* **a)** *(imploring)* flehend; **b)** *(attractive)* ansprechend ⟨*Farbe, Geschichte, Stil*⟩; verlockend ⟨*Essen, Idee*⟩; reizvoll ⟨*Haus, Beruf, Baustil*⟩; angenehm ⟨*Stimme, Charakter*⟩

**appealingly** [ə'pi:lɪŋlɪ] *adv.* ansprechend

**appear** [ə'pɪə(r)] *v. i.* **a)** *(become visible, be seen, arrive)* erscheinen; ⟨*Licht, Mond:*⟩ auftauchen; ⟨*Symptom, Darsteller:*⟩ auftreten; *(present oneself)* auftreten; *(Sport)* spielen; **he was ordered to ~ at the police station/before the court** er wurde zum Polizeirevier geladen/vom Gericht vorgeladen; **he ~ed in court charged with murder** er stand wegen Mordes vor Gericht; **b)** *(occur)* vorkommen; ⟨*Irrtum:*⟩ vorkommen, auftreten; ⟨*Ereignis:*⟩ vorkommen, eintreten; *(be manifest)* ⟨*Einstellung, Meinung:*⟩ sich zeigen; **c)** *(seem)* **~ [to be] ...:** scheinen ... [zu sein]; **try to ~ relaxed** versuch, entspannt zu erscheinen; **you could at least ~ to be interested** du könntest zumindest so tun, als ob du interessiert wärest; **~ to do sth.** scheinen, etw. zu tun; **she only ~s to be asleep** es hat nur den Anschein, als schlafe sie; **d)** *(be published)* erscheinen; herauskommen

**appearance** [ə'pɪərəns] *n.* **a)** *(becoming visible)* Auftauchen, *das; (of symptoms)* Auftreten, *das; (arrival)* Erscheinen, *das; (of performer, speaker, etc.)* Auftritt, *der;* **make an** *or* **one's ~:** erscheinen; **make a public ~:**

in der Öffentlichkeit auftreten; **put in an ~:** sich sehen lassen; **b)** *(look)* Äußere, *das;* **outward ~:** äußere Erscheinung; **~s** Äußerlichkeiten *Pl.;* **the house had a shabby ~:** das Haus hatte ein schäbiges Aussehen; **his ~ of being nervous** sein nervöses Auftreten; **to judge by ~s, to all ~s** allem Anschein nach; **for the sake of ~s, to keep up ~s** um den Schein zu wahren; **c)** *(semblance)* Anschein, *der;* **~s to the contrary, ...:** entgegen allem Anschein ...; **~s can be deceptive** der Schein trügt; **d)** *(occurrence)* Auftreten, *das;* Vorkommen, *das;* **e)** *(publication)* Veröffentlichung, *die;* Erscheinen, *das*

**appease** [ə'pi:z] *v. t.* **a)** *(make calm)* besänftigen; *(Polit.)* beschwichtigen; **b)** *(soothe)* lindern ‹*Leid, Schmerz, Not*›; mildern ‹*Beunruhigung, Erregung*›; *(satisfy)* befriedigen ‹*Verlangen, Lust*›; stillen ‹*Hunger, Durst*›

**appeasement** [ə'pi:zmənt] *n. see* **appease:** Besänftigung, *die;* Beschwichtigung, *die;* Linderung, *die;* Milderung, *die;* Befriedigung, *die;* Stillen, *das*

**appellant** [ə'pelənt] *(Law)* **1.** *n.* Berufungskläger, *der*/-klägerin, *die;* Appellant, *der* *(veralt.).* **2.** *adj.* Berufungs-; Appellations- *(veralt.)*

**appellate** [ə'pelət] *adj. (Law)* Berufungs-; Appellations- *(veralt.);* **~ judge/hearing** Berufungsrichter, *der*/-verfahren, *das*

**appellation** [æpə'leɪʃn] *n. (name, nomenclature)* Bezeichnung, *die; (way of addressing)* Anrede, *die*

**append** [ə'pend] *v. t.* **~ sth. to sth.** etw. an etw. *(Akk.)* anhängen; *(add)* etw. einer Sache *(Dat.)* anfügen; **~ one's signature to a document** seine Unterschrift unter ein Dokument setzen

**appendage** [ə'pendɪdʒ] *n.* **a)** Anhängsel, *das; (addition)* Anhang, *der;* **he feels as if he has become a mere ~ to the household** er fühlt sich im Haus nur noch als fünftes Rad am Wagen; **b)** *(accompaniment)* Zu-, Beigabe, *die* **(to** zu)

**appendectomy** [æpen'dektəmɪ], **appendicectomy** [əpendɪ'sektəmɪ] *n. (Med.)* Blinddarmoperation, *die (volkst.);* Appendektomie, *die (fachspr.)*

**appendices** *pl. of* **appendix**

**appendicitis** [əpendɪ'saɪtɪs] *n.* Blinddarmentzündung, *die (volkst.);* Appendizitis, *die (fachspr.)*

**appendix** [ə'pendɪks] *n., pl.* **appendices** [ə'pendɪsi:z] *or* **~es a)** Anhang, *der* **(to** zu); **b)** *(Anat.)* **[vermiform] ~:** Blinddarm, *der (volkst.);* Wurmfortsatz [des Blinddarms]

**appertain** [æpə'teɪn] *v. i.* **~ to sth.** *(relate)* sich auf etw. *(Akk.)* beziehen; *(belong)* zu etw. gehören; *(be appropriate)* zu etw. dazugehören

**appetite** ['æpɪtaɪt] *n.* **a)** Verlangen, *das* **(for** nach); **~ for knowledge** Wissensdrang, *der;* Wissensdurst, *der;* **~ for life** Lebenshunger, *der;* Lebensgier, *die;* **b)** *(desire to satisfy need)* Appetit, *der* **(for** auf + *Akk.*); **~ for sex** Lust auf Sex

**appetizer** ['æpɪtaɪzə(r)] *n.* Appetitanreger, *der; (on menu)* Vorspeise, *die;* **act as an/be an ~:** appetitanregend wirken

**appetizing** ['æpɪtaɪzɪŋ] *adj.* appetitlich ‹*Anblick, Speise, Geruch*›; appetitanregend ‹*Getränk, Geschmack*›

**appetizingly** ['æpɪtaɪzɪŋlɪ] *adv.* appetitanregend

**applaud** [ə'plɔ:d] **1.** *v. i.* applaudieren; [Beifall] klatschen. **2.** *v. t.* applaudieren (+ *Dat.*); Beifall spenden (+ *Dat.*); *(approve of, welcome)* billigen ‹*Entschluß*›; *(praise)* loben, anerkennen ‹*Versuch, Bemühungen*›

**applause** [ə'plɔ:z] *n.* Applaus, *der; (praise)* Lob, *das;* Anerkennung, *die;* **give ~:** Applaus *od.* Beifall spenden; **get ~:** Applaus *od.* Beifall ernten

**apple** ['æpl] *n.* Apfel, *der;* **the ~ of sb.'s eye** *(fig.)* jmds. Liebling

**apple: ~ 'brandy** *n.* Apfelschnaps, *der;* **~-cart** *n.* **upset the ~-cart** *(fig.)* die Pferde *od.* Gäule scheu machen *(ugs.);* **~-'green 1.** *adj.* apfelgrün; **2.** *n.* Apfelgrün, *das;* **~jack** *(Amer.) see* **~ brandy; ~-'pie** *n.* gedeckte Apfeltorte; **~-pie bed** *Bett, in dem das Bettuch aus Scherz so gefaltet ist, daß man die Beine nicht ausstrecken kann;* **in ~-pie order** picobello *(ugs.);* tadellos in Ordnung; **~ 'sauce** *n.* Apfelmus, *das;* **~-tree** *n.* Apfelbaum, *der*

**appliance** [ə'plaɪəns] *n. (utensil)* Gerät, *das; (aid)* Hilfsmittel, *das; (fire-engine)* Feuerlöschfahrzeug, *das*

**applicability** [æplɪkə'bɪlɪtɪ] *n.* **a)** Anwendbarkeit, *die* **(to** auf + *Akk.*); **b)** *(appropriateness)* Eignung, *die* **(to** für)

**applicable** ['æplɪkəbl, ə'plɪkəbl] *adj.* **a)** anwendbar **(to** auf + *Akk.*); **b)** *(appropriate)* geeignet; angebracht; zutreffend ‹*Fragebogenteil usw.*›; **the ~ documents** die entsprechenden Unterlagen

**applicant** ['æplɪkənt] *n.* Bewerber, *der*/Bewerberin, *die* **(for** um); *(claimant)* Antragsteller, *der*/Antragstellerin, *die*

**application** [æplɪ'keɪʃn] *n.* **a)** *(putting)* Auftragen, *das* **(to** auf + *Akk.*); *(administering)* Anwendung, *die; (of heat, liquids)* Zufuhr, *die; (employment; of rule etc.)* Anwendung, *die;* **the ~ of new technology** der Einsatz neuer Technologien; **this rule is of** *or* **has universal ~:** diese Regel beansprucht allgemeine Gültigkeit; **b)** *(request)* Bewerbung, *die* **(for** um); *(for passport, licence, etc.)* Antrag, *der* **(for** auf + *Akk.*); **~ form** Antragsformular, *das;* **available on ~:** auf Anfrage erhältlich; **~ for a passport** Antrag auf Erteilung eines Passes; **c)** *(diligence)* Fleiß, *der* **(to** bei); *(with enthusiasm)* Eifer, *der* **(to** für); **d)** *(Med.: lotion, poultice, etc.)* Mittel, *das*

**applicator** ['æplɪkeɪtə(r)] *n.* Applikator, *der*

**appliqué** [æ'pli:keɪ] **1.** *n.* Applikationsstickerei, *die.* **2.** *adj.* appliziert

**apply** [ə'plaɪ] **1.** *v. t.* **a)** anlegen ‹*Verband*›; auftragen ‹*Creme, Paste, Farbe*› **(to** auf + *Akk.*); zuführen ‹*Wärme, Flüssigkeit*› **(to** *Dat.*); **~ the brakes** bremsen; die Bremse betätigen; **~ gentle pressure to the tube** drücken Sie leicht auf die Tube; **~ pressure to sb.** *(fig.)* jmdn. unter Druck setzen; **b)** *(make use of)* anwenden; **applied linguistics/mathematics** angewandte Sprachwissenschaft/Mathematik; **c)** *(devote)* richten, lenken ‹*Gedanken, Überlegungen, Geist*› **(to** auf + *Akk.*); verwenden ‹*Zeit, Energie*› **(to** auf + *Akk.*); **~ oneself [to sth.]** sich *(Dat.)* Mühe geben [mit etw.]; sich [um etw.] bemühen; **~ oneself to a task** sich an eine Aufgabe machen. **2.** *v. i.* **a)** *(have relevance)* zutreffen **(to** auf + *Akk.*); *(be valid)* gelten; **things which don't ~ to us** Dinge, die uns nicht betreffen; **b)** *(address oneself)* **~ [to sb.] for sth.** [jmdn.] um etw. bitten *od. (geh.)* ersuchen; *(for passport, licence, etc.)* [bei jmdm.] etw. beantragen; *(for job)* sich [bei jmdm.] um etw. bewerben

**appoint** [ə'pɔɪnt] *v. t.* **a)** *(fix)* bestimmen; festlegen ‹*Zeitpunkt, Ort*›; **~ that ...:** anordnen, daß ...; **b)** *(choose for a job)* einstellen; *(assign to office)* ernennen; **~ sb. [to be** *or* **as] sth./to do sth.** jmdn. zu etw. ernennen/jmdn. dazu berufen, etw. zu tun; **~ sb. to sth.** jmdn. in etw. *(Akk.)* einsetzen; **he was ~ed governor** er wurde zum Gouverneur bestellt *od.* ernannt; **~ sb. one's heir** jmdn. als seinen Erben einsetzen

**appointed** [ə'pɔɪntɪd] *adj.* **a)** *(fixed)* vereinbart; verabredet; **b) well/badly ~:** gut/schlecht ausgestattet *od.* eingerichtet ‹*Zimmer usw.*›

**appointee** [əpɔɪn'ti:] *n.* Ernannte, *der/die;* Berufene, *der/die*

**appointment** [ə'pɔɪntmənt] *n.* **a)** *(fixing)* Festlegung, *die;* Festsetzung, *die;* **b)** *(assigning to office)* Ernennung, *die;* Berufung, *die; (Law)* Verfügung, *die* **(of** über + *Akk.*); *(being assigned to office)* Ernennung, *die* **(as** zum/zur); *(to job)* Einstellung, *die;* **~ to a position** Berufung auf einen Posten; **by ~ to Her Majesty the Queen, makers of fine confectionery** königlicher Hoflieferant für feines Konfekt; **c)** *(office)* Stelle, *die;* Posten, *der;* **a teaching ~:** eine Stelle als Lehrer/Lehrerin; **d)** *(arrangement)* Termin, *der;* **dental ~:** Termin beim Zahnarzt; **make an ~ with sb.** sich *(Dat.)* von jmdm. einen Termin geben lassen; **by ~:** nach Anmeldung; mit Voranmeldung; **e)** *usu. in pl. (equipment etc.)* Ausstattung, *die*

**apportion** [ə'pɔ:ʃn] *v. t.* **a)** *(allot)* **~ sth. to sb.** jmdm. etw. zuteilen; **b)** *(portion out)* [gleichmäßig] verteilen **(among** an + *Akk.*); aufteilen **(among** unter + *Akk.*)

**apportionment** [ə'pɔ:ʃnmənt] *n.* **a)** *(allotting)* Zuteilung, *die* **(to** an + *Akk.*); **b)** *(portioning out)* Verteilung, *die* **(among** an + *Akk.*); Aufteilung, *die* **(among** unter + *Akk.*)

**apposite** ['æpəzɪt] *adj. (appropriate)* passend; geeignet; *(well-chosen)* treffend; **~ to sth.** zutreffend auf etw. *(Akk.);* **these remarks are very ~ to the matter** diese Bemerkungen treffen die Sache genau

**appositely** ['æpəzɪtlɪ] *adv. (appropriately)* in passender *od.* geeigneter Weise

**appositeness** ['æpəzɪtnɪs] *n., no pl. (appropriateness)* Angemessenheit, *die*

**apposition** [æpə'zɪʃn] *n. (Ling.)* Apposition, *die;* **in ~ [to sth.]** in Apposition [zu etw.]

**appraisal** [ə'preɪzl] *n. (evaluation)* Bewertung, *die;* Beurteilung, *die; (of property)* Taxierung, *die;* Schätzung, *die;* **what ~ do you give/what is your ~ of the situation?** wie beurteilen Sie die Situation?

**appraise** [ə'preɪz] *v. t. (evaluate)* bewerten; *(value)* schätzen; taxieren; **can you ~ the extent of the damage?** können Sie das Ausmaß des Schadens abschätzen?

**appreciable** [ə'pri:ʃəbl] *adj. (perceptible)* nennenswert ‹*Unterschied, Einfluß*›; spürbar ‹*Veränderung, Wirkung, Erfolg*›; merklich ‹*Verringerung, Anstieg*›; *(considerable)* beträchtlich; erheblich

**appreciably** [ə'pri:ʃəblɪ] *adv. (perceptibly)* spürbar ‹*verändern*›; merklich ‹*sich unterscheiden*›; *(considerably)* beträchtlich; erheblich

**appreciate** [ə'pri:ʃɪeɪt, ə'pri:sɪeɪt] **1.** *v. t.* **a)** *([correctly] estimate value or worth of)* [richtig] einschätzen; *(understand)* verstehen; *(be aware of)* sich *(Dat.)* bewußt sein (+ *Gen.*); *(be receptive to)* Gefallen finden an (+ *Dat.*); **~ that/what ...:** verstehen, daß/was ...; **b)** *(be grateful for)* anerkennen; schätzen; *(enjoy)* genießen; **I'd really ~ that** das wäre sehr nett von dir; **a stamped addressed envelope would be ~d** bitte einen frankierten Rückumschlag beilegen. **2.** *v. i.* im Wert steigen

**appreciation** [əpri:ʃɪ'eɪʃn, əpri:sɪ'eɪʃn] *n.* **a)** *([right] estimation)* [richtige] Einschätzung; *(understanding)* Verständnis, *das* **(of** für); *(awareness)* Bewußtsein, *das; (sensitivity)* Sinn, *der* **(of** für); **b)** *(gratefulness)* Dankbarkeit, *die; (enjoyment)* Gefallen, *das* **(of** an + *Dat.*); **in grateful ~ of** *or* **for your help** in dankbarer Anerkennung Ihrer Hilfe; **c)** *(rise in value)* Wertsteigerung, *die;* **d)** *(review)* [positive] Kritik; Würdigung, *die*

**appreciative** [ə'pri:ʃətɪv] *adj.* **a) be ~ of sth./sb.** *(aware of)* fähig sein, etw./jmdn. [richtig] einzuschätzen; **she is very ~ of music** sie hat viel Sinn für Musik; **be ~ of sb.'s plight** für jmds. Not Verständnis aufbringen; **b)** *(grateful)* dankbar **(of** für); *(approving)* anerkennend

**apprehend** [æprɪˈhend] *v. t.* **a)** *(arrest)* festnehmen; fassen; **b)** *(perceive)* wahrnehmen; vernehmen ‹*Stimme, Geräusch*›; einsehen ‹*Wahrheit*›; *(understand)* erfassen; begreifen; **c)** *(anticipate)* vorausahnen; befürchten ‹*Unglück*›

**apprehension** [æprɪˈhenʃn] *n.* **a)** *(arrest)* Festnahme, *die;* Verhaftung, *die;* **b)** *(uneasiness)* Besorgnis, *die;* **c)** *(conception)* Auffassung, *die;* Ansicht, *die* (**of** über + *Akk.*); *(understanding)* Verständnis, *das*

**apprehensive** [æprɪˈhensɪv] *adj.* *(uneasy)* besorgt; ~ **of sth.** besorgt wegen etw.; **be ~ of doing sth.** ein ungutes Gefühl haben, etw. zu tun; **be ~ that ...:** befürchten, daß ...; ~ **for sb./sb.'s safety** besorgt um jmdn./jmds. Sicherheit

**apprehensively** [æprɪˈhensɪvlɪ] *adv.* *(uneasily)* besorgt

**apprehensiveness** [æprɪˈhensɪvnɪs] *n.* Besorgnis, *die* (**of** wegen); ~ **that ...:** Sorge, daß ...; ~ **for sb./sb.'s safety** Besorgtheit um jmdn./jmds. Sicherheit

**apprentice** [əˈprentɪs] **1.** *n.* *(learner)* Lehrling, *der* (**to** bei); *(to a painter)* Schüler, *der* (**to** *Gen.*); *(beginner)* Neuling, *der;* Anfänger, *der;* *(jockey)* angehender Jockey. **2.** *v. t.* in die Lehre geben (**to** bei); **be ~d [to sb.]** [bei jmdm.] in der Lehre sein *od.* in die Lehre gehen; **become ~d** eine Lehre beginnen

**apprenticeship** [əˈprentɪsʃɪp] *n.* *(training)* Lehre, *die* (**to** bei); *(learning period)* Lehrzeit, *die;* Lehrjahre *Pl.;* **serve an/one's ~:** eine/seine Lehre machen; *(fig.)* ein/sein Volontariat machen

**apprise** [əˈpraɪz] *v. t.* unterrichten; in Kenntnis setzen; ~ **sb. that ...:** jmdn. darüber unterrichten *od.* davon in Kenntnis setzen, daß ...; ~ **sb. of sth.** jmdn. über etw. *(Akk.)* *od.* von etw. unterrichten; **be ~d of sth.** über etw. *(Akk.)* unterrichtet sein

**appro** [ˈæprəʊ] *n.* *(Brit.)* **on ~** *(Commerc. coll.)* = **on approval;** *see* **approval b**

**approach** [əˈprəʊtʃ] **1.** *v. i.* *(in space)* sich nähern; näher kommen; ‹*Soldaten:*› [her]anrücken; ‹*Sturm usw.:*› aufziehen; *(in time)* nahen; **the train now ~ing platform 1** der auf Gleis 1 einfahrende Zug; **the time is fast ~ing when you will have to ...:** es wird nicht mehr lange dauern und du mußt ... **2.** *v. t.* **a)** *(come near to)* sich nähern (+ *Dat.*); *(set about)* herangehen an (+ *Akk.*); angehen ‹*Problem, Aufgabe, Thema*›; **b)** *(be similar to)* verwandt sein (+ *Dat.*); **c)** *(approximate to)* nahekommen (+ *Dat.*); **the temperature/weight ~es 100 °C/50 kg** die Temperatur/das Gewicht beträgt nahezu 100 °C/50 kg; **a performance ~ing perfection** eine an Perfektion grenzende Aufführung; **few writers can ~ Shakespeare** wenige Dichter reichen an Shakespeare heran; **d)** *(appeal to)* sich wenden an (+ *Akk.*); **e)** *(attempt to influence)* herantreten an (+ *Akk.*); **f)** *(make advances to)* sich heranmachen an (+ *Akk.*). **3.** *n.* **a)** [Heran]nahen, *das;* *(treatment)* Ansatz, *der* (**to** zu); *(attitude)* Einstellung, *die* (**to** gegenüber); **a new ~:** eine neue Sicht; **b)** *(similarity)* Ähnlichkeit, *die* (**to** mit); **c)** *(approximation)* Annäherung, *die;* **some sort of ~ to a timetable** ein ungefährer Zeitplan; **d)** *(appeal)* Herantreten, *das* (**to** an + *Akk.*); **make an ~ to sb. concerning sth.** wegen etw. an jmdn. herantreten; sich wegen etw. an jmdn. wenden; **e)** *(attempt to influence)* Vorstoß, *der* (**to** bei); **f)** *(advance)* Annäherungsversuche; **make ~es to sb.** Annäherungsversuche bei jmdm. machen; **g)** *(access)* Zugang, *der;* *(road)* Zufahrtsstraße, *die;* *(fig.)* Zugang, *der;* **h)** *(Aeronaut.)* Landeanflug, *der;* Approach, *der*

**approachability** [əprəʊtʃəˈbɪlɪtɪ] *n.* **a)** *(friendliness)* Umgänglichkeit, *die;* *(receptiveness)* Empfänglichkeit, *die;* **b)** *(accessibility)* Zugänglichkeit, *die*

**approachable** [əˈprəʊtʃəbl] *adj.* **a)** *(friendly)* umgänglich; *(receptive)* empfänglich; **b)** *(accessible)* zugänglich; erreichbar

**apˈproach road** *n.* Zufahrtsstraße, *die*

**approbate** [ˈæprəbeɪt] *v. t.* *(Amer.)* genehmigen; approbieren *(veralt.)*

**approbation** [æprəˈbeɪʃn] *n.* *(sanction)* Genehmigung, *die;* *(Relig.)* Approbation, *die;* *(approval)* Zustimmung, *die;* Einverständnis, *das;* **parental ~:** elterliches Einverständnis; Einwilligung der Eltern; **meet with/get sb.'s ~:** jmds. Zustimmung finden

**appropriate 1.** [əˈprəʊprɪət] *adj.* *(suitable)* geeignet (**to, for** für); *(peculiar)* eigen (**to** *Dat.*); **I feel it is ~ on such an occasion to say a few words** ich halte es für angebracht, bei einem solchen Anlaß ein paar Worte zu sagen; **a style ~ to a man of his age and importance** ein Stil, der einem Mann in seinem Alter und seiner Stellung entspricht; **the ~ authority** die zuständige Behörde. **2.** [əˈprəʊprɪeɪt] *v. t.* **a)** *(take possession of)* sich *(Dat.)* aneignen; sich bemächtigen (+ *Gen.*); *(take to oneself)* ~ **sth. [to oneself]** etw. in [seinen] Besitz nehmen; etw. mit Beschlag belegen; **b)** *(reserve)* ~ **sth. [to/for sth.]** etw. [zu/für etw.] bestimmen

**appropriately** [əˈprəʊprɪətlɪ] *adv.* gebührend; passend ‹*dekoriert, gekleidet, genannt*›

**appropriateness** [əˈprəʊprɪətnɪs] *n., no pl.* Angemessenheit, *die;* *(of remarks, words)* Angebrachtheit, *die*

**appropriation** [əprəʊprɪˈeɪʃn] *n.* Besitzergreifung, *die;* *(taking to oneself)* Aneignung, *die;* Mit-Beschlag-Belegen, *das;* *(reservation)* Bestimmung, *die*

**approval** [əˈpruːvl] *n.* **a)** *(sanctioning)* *(of plan, project, expenditure)* Genehmigung, *die;* *(of proposal, reform, marriage)* Billigung, *die;* *(agreement)* Zustimmung, *die;* Einwilligung, *die* (**for** in + *Akk.*); **letter of ~:** Genehmigungsschreiben, *das;* **b)** *(esteem)* Lob, *das;* Anerkennung, *die;* **does the plan meet with your ~?** findet der Plan Ihre Zustimmung?; **murmurs of ~:** zustimmendes Gemurmel; **on ~** *(Commerc.)* zur Probe; *(to view)* zur Ansicht

**approve** [əˈpruːv] **1.** *v. t.* **a)** *(sanction)* genehmigen ‹*Plan, Projekt, Ausgaben*›; billigen ‹*Vorschlag, Reform, Heirat*›; *(commend)* loben; anerkennen; **~d hotel** empfohlenes Hotel; **~d school** *(Brit. Hist.)* Erziehungsheim, *das;* Besserungsanstalt, *die* *(veralt.)*; **b)** *(find good)* gutheißen; für gut halten. **2.** *v. i.* ~ **of** billigen; zustimmen (+ *Dat.*) ‹*Plan*›; einverstanden sein mit ‹*Tätigkeiten, Gewohnheiten, Verhalten*›; **they don't ~ of her going out with boys** sie sind nicht damit einverstanden, daß sie mit Jungen ausgeht

**approving** [əˈpruːvɪŋ] *adj.* zustimmend, beipflichtend ‹*Worte*›; anerkennend, bewundernd ‹*Blicke*›

**approvingly** [əˈpruːvɪŋlɪ] *adv.* *see* **approving:** zustimmend; anerkennend

**approx.** [əˈprɒks] *abbr.* **approximately** ca.

**approximate 1.** [əˈprɒksɪmət] *adj.* *(fairly correct)* ungefähr *attr.;* **the figures given here are only ~:** dies hier sind nur ungefähre Zahlen. **2.** [əˈprɒksɪmeɪt] *v. t.* **a)** *(make similar)* ~ **sth. to sth.** etw. einer Sache *(Dat.)* anpassen; **b)** *(come near to)* nahekommen (+ *Dat.*); annähernd erreichen (+ *Akk.*). **3.** *v. i.* **sth. ~s to sth.** etw. gleicht einer Sache *(Dat.)* annähernd

**approximately** [əˈprɒksɪmətlɪ] *adv.* *(roughly)* ungefähr; *(almost)* fast; **the answer is ~ correct** die Antwort stimmt ungefähr; **very ~:** ganz grob

**approximation** [əprɒksɪˈmeɪʃn] *n.* **a)** Annäherung, *die* (**to** an + *Dat.*); Angleichung, *die* (**to** an + *Dat.*); **b)** *(estimate)* Annäherungswert, *der;* **at** *or* **as a rough ~ I'd say ...:** grob geschätzt würde ich sagen ...

**appurtenances** [əˈpɜːtɪnənsɪz] *n. pl.* **a)** *(belongings, appendages)* Zubehör, *das;* **he had all the ~s of 'the good life'** er hatte alles, was zum „guten Leben" gehört; **... and all the ~s:** ... mit allem Zubehör; **b)** *(accessories)* Attribute

**APR** *abbr.* **annualized percentage rate** Jahreszinssatz, *der*

**Apr.** *abbr.* **April** Apr.

**après-ski** [æpreɪˈskiː] *n., no pl.* Après-Ski, *der;* *attrib.* Après-Ski-

**apricot** [ˈeɪprɪkɒt] **1.** *n.* **a)** *(fruit, tree)* Aprikose, *die;* ~ **jam** Aprikosenmarmelade, *die;* ~ **brandy** Apricot-Brandy, *der;* Aprikosenlikör, *der;* **b)** *(colour)* Aprikosenfarbe, *die;* Apricot, *das.* **2.** *adj.* aprikosenfarben

**April** [ˈeɪprəl] *n.* April, *der;* ~ **fool** April[s]narr, *der;* **make an ~ fool of sb.** jmdn. in den April schicken; **'A~ fool!'** „April, April!"; ~ **Fool's Day** der 1. April; ~ **showers** typisches Aprilwetter; *see also* **August**

**a priori** [eɪ praɪˈɔːraɪ] **1.** *adv.* von vornherein; a priori *(Philos.).* **2.** *adj.* apriorisch

**apron** [ˈeɪprən] *n.* **a)** *(garment)* Schürze, *die;* **be tied to sb.'s ~ strings** jmdm. an der Schürze *od.* am Schürzenzipfel hängen; **b)** *(on airfield)* Vorfeld, *das;* **c)** *(Theatre)* ~ **[stage]** Vorbühne, *die*

**apropos** [æprəˈpəʊ, ˈæprəpəʊ] **1.** *adv.* **a)** *(to the purpose)* passend; *(just when wanted)* zur Hand; **b)** ~ **of** *(in respect of)* in bezug auf (+ *Akk.*); hinsichtlich (+ *Gen.*); **c)** *(incidentally)* apropos; übrigens; da wir gerade davon sprechen. **2.** *adj.* passend; treffend ‹*Bemerkung*›. **3.** *prep.* *(coll.)* apropos

**apse** [æps] *n.* *(Archit.)* Apsis, *die*

**apt** [æpt] *adj.* **a)** *(suitable)* passend ‹*Ausdruck, Geschenk*›; angemessen ‹*Reaktion*›; treffend ‹*Zitat, Bemerkung*›; **b)** *(tending)* **be ~ to do sth.** dazu neigen, etw. zu tun; **c)** *(quick-witted)* begabt (**at** für); **be ~ at doing sth.** eine Gabe dafür haben, etw. zu tun

**aptitude** [ˈæptɪtjuːd] *n.* **a)** *(propensity)* Neigung, *die;* *(ability)* Begabung, *die;* **linguistic ~:** Sprachbegabung, *die;* **learning ~:** Lernfähigkeit, *die;* ~ **test** Eignungstest, *der;* **b)** *(suitability)* Eignung, *die*

**aptly** [ˈæptlɪ] *adv.* passend; ~ **chosen words** treffend gewählte Worte

**aptness** [ˈæptnɪs] *n., no pl.* **a)** *(suitability)* Angemessenheit, *die;* **the ~ of his replies** die Treffsicherheit seiner Antworten; **b)** *(tendency)* Neigung, *die;* **c)** *(quick-wittedness)* Begabung, *die* (**at** für)

**aqualung** [ˈækwəlʌŋ] *n.* Tauchgerät, *das*

**aquamarine** [ækwəməˈriːn] **1.** *n.* **a)** *(colour)* Aquamarin, *das;* **b)** *(stone)* Aquamarin, *der.* **2.** *adj.* aquamarin[farben]

**aquaplane** [ˈækwəpleɪn] **1.** *v. i.* **a)** ‹*Reifen:*› aufschwimmen; ‹*Fahrzeug:*› [durch Aquaplaning] ins Rutschen geraten; **b)** *(use ~)* Wasserski laufen. **2.** *n.* Monoski, *der;* Wasserski, *der*

**aquaplaning** [ˈækwəpleɪnɪŋ] **a)** Aquaplaning, *das;* **b)** *(Sport)* Wasserski, *das*

**aqua regia** [ækwə ˈriːdʒɪə] *n.* *(Chem.)* Königswasser, *das;* Goldscheidewasser, *das*

**aquarelle** [ækwəˈrel] *n.* *(technique)* Aquarellmalerei, *die;* *(product)* Aquarell, *das*

**Aquarian** [əˈkweərɪən] *n.* *(Astrol.)* Wassermann, *der*

**aquarium** [əˈkweərɪəm] *n., pl.* **~s** *or* **aquaria** [əˈkweərɪə] Aquarium, *das*

**Aquarius** [əˈkweərɪəs] *n.* *(Astrol., Astron.)* der Wassermann; der Aquarius; *see also* **Aries**

**aquatic** [əˈkwætɪk] **1.** *adj.* **a)** aquatisch; Wasser-; ~ **plant/bird** Wasserpflanze, *die*/-vogel, *der;* **b)** *(Sport)* Wassersport-; ~ **sports** Wassersportarten. **2.** *n.* **a)** *(plant)* Wasserpflanze, *die;* *(animal)* Wassertier, *das;* **b)** *in pl.* *(Sport)* Wassersport, *der*

**aquatint** [ˈækwətɪnt] *n.* *(technique)* Aquatinta, *die;* *(product)* Aquatintaarbeit, *die*

**aqueduct** ['ækwɪdʌkt] *n.* Aquädukt, *der od. das*

**aqueous** ['eɪkwɪəs, 'ækwɪəs] *adj. (containing water, watery)* wässerig; wäßrig; aquatisch *(fachspr.)*; ~ **vapour/content** Wasserdampf/-gehalt, *der*

**aqueous 'humour** *n. (Anat.)* Kammerwasser, *das;* Humor aquosus *(fachspr.)*

**aquifer** ['ækwɪfə(r)] *n. (Geol.)* wasserführende Schicht

**aquilegia** [ækwɪ'li:dʒɪə] *n. (Bot.)* [Gemeine] Akelei

**aquiline** ['ækwɪlaɪn] *adj.* adlerartig; Adler-; ~ **eye/nose** Adlerauge, *das*/-nase, *die*

**Arab** ['ærəb] **1.** *adj.* arabisch; ~ **horse** Araber, *der.* **2.** *n.* **a)** Araber, *der*/Araberin, *die;* **desert** ~: Beduine, *der;* **b)** *(Arabian horse)* Araber, *der;* **c) street a~:** Betteljunge, *der*

**arabesque** [ærə'besk] *n.* **a)** Arabeske, *die;* **b)** *(Ballet)* Arabesque, *die*

**Arabia** [ə'reɪbɪə] *pr. n.* Arabien *(das)*

**Arabian** [ə'reɪbɪən] **1.** *adj.* arabisch; **the ~ Nights** Tausendundeine Nacht. **2.** *n.* Araber, *der*/Araberin, *die*

**Arabic** ['ærəbɪk] **1.** *adj.* arabisch; **gum a~:** Gummiarabikum, *das;* **a~ numerals** arabische Ziffern; *see also* **English 1. 2.** *n.* Arabisch, *das; see also* **English 2 a**

**arabis** ['ærəbɪs] *n. (Bot.)* Gänsekresse, *die*

**Arabist** ['ærəbɪst] *n.* Arabist, *der*/Arabistin, *die*

**arable** ['ærəbl] **1.** *adj.* bebaubar, landwirtschaftlich nutzbar ‹*Land*›; ~ **land** Ackerland, *das;* ~ **crops** landwirtschaftliche Nutzpflanzen. **2.** *n.* Ackerland, *das*

**Araby** ['ærəbɪ] *pr. n. (poet.)* Arabien *(das)*

**arachnid** [ə'ræknɪd] *n. (Zool.)* Spinnentier, *das;* **the ~s** die Spinnentiere *od. (fachspr.)* Arachn[o]iden

**Araldite, (P)** ['ærəldaɪt] *n.* Araldit, *das* ⓦⓩ

**Aramaic** [ærə'meɪɪk] **1.** *adj.* aramäisch. **2.** *n.* Aramäisch, *das*

**araucaria** [ærɔ:'keərɪə] *n. (Bot.)* Araukarie, *die*

**arbiter** ['ɑ:bɪtə(r)] *n. (judge)* Richter, *der; (arbitrator)* Vermittler, *der; (controller)* Herr, *der, (geh.)* Gebieter, *der* **(of** über + *Akk.)*

**arbitrage** ['ɑ:bɪtrɑ:ʒ] *n. (St. Exch.)* Arbitrage, *die*

**arbitrarily** ['ɑ:bɪtrərɪlɪ] *adv.* **a)** *(at random)* willkürlich; arbiträr *(geh.); (capriciously)* aus einer Laune heraus; **b)** *(unrestrainedly)* rücksichtslos; **c)** *(despotically)* willkürlich

**arbitrariness** ['ɑ:bɪtrərɪnɪs] *n., no pl.* **a)** *(randomness)* Willkür, *die;* Willkürlichkeit, *die;* Arbitrarität, *die (geh.); (capriciousness)* Launenhaftigkeit, *die;* **b)** *(unrestrainedness)* Rücksichtslosigkeit, *die;* **c)** *(despotism)* Willkür, *die*

**arbitrary** ['ɑ:bɪtrərɪ] *adj.* **a)** *(random)* willkürlich; arbiträr; *(capricious)* launenhaft; launisch ‹*Idee*›; **b)** *(unrestrained)* rücksichtslos ‹*Vorgehen, Bestrafung, Wesen, Haltung*›; **c)** *(despotic)* willkürlich; ~ **rule** Willkürherrschaft, *die*

**arbitrate** ['ɑ:bɪtreɪt] **1.** *v. t.* schlichten, beilegen ‹*Streit*›; ~ **a difference of opinion** eine Meinungsverschiedenheit beseitigen. **2.** *v. i.* ~ **[upon sth.]** [in einer Sache] vermitteln *od.* als Schiedsrichter fungieren; ~ **between parties** zwischen Parteien vermitteln

**arbitration** [ɑ:bɪ'treɪʃn] *n.* Vermittlung, *die; (in industry)* Schlichtung, *die;* **go to ~:** einen Schlichter anrufen *od.* einschalten; ‹*Konflikt:*› einem Schlichter vorgelegt werden; **take sth. to ~:** etw. einem Schlichter vorlegen

**arbitrator** ['ɑ:bɪtreɪtə(r)] *n. (mediator)* Vermittler, *der; (in industry)* Schlichter, *der; (arbiter)* Schiedsrichter, *der; (judge)* Richter, *der*

**¹arbor** ['ɑ:bə(r)] *n. (axle)* Welle, *die;* Spindel, *die; (Amer.: tool-holder)* Dorn, *der;* Aufsteckhalter, *der;* Träger, *der*

**²arbor** *(Amer.) see* **arbour**

**Arbor Day** ['ɑ:bə deɪ] *n. (Amer., Austral.)* Tag des Baumes

**arboreal** [ɑ:'bɔ:rɪəl] *adj. (of trees)* Baum-; *(inhabiting trees)* Baum-; auf Bäumen lebend; **be ~:** auf Bäumen leben

**arboretum** [ɑ:bə'ri:təm] *n., pl.* **arboreta** [ɑ:bə'ri:tə] *or (Amer.)* **~s** Arboretum, *das;* Baumgarten, *der*

**arboriculture** ['ɑ:bərɪkʌltʃə(r)] *n.* Baumzucht, *die*

**arbor vitae** [ɑ:bə 'vaɪti:, ɑ:bə 'vi:taɪ] *n. (Bot.)* Lebensbaum, *der*

**arbour** ['ɑ:bə(r)] *n. (Brit.)* Laube, *die*

**arbutus** [ɑ:'bju:təs] *n.* Arbutus, *der;* Erdbeerbaum, *der;* **trailing ~** *(Amer.)* kriechende Heide

**arc** [ɑ:k] *n.* **a)** [Kreis]bogen, *der;* **b)** *(Electr.)* Lichtbogen, *der;* ~ **lamp,** ~ **light** Lichtbogenlampe, *die;* ~ **welding** Lichtbogen-, Elektroschweißung, *die*

**arcade** [ɑ:'keɪd] *n.* Arkade, *die;* **shopping ~:** Einkaufspassage, *die*

**Arcadian** [ɑ:'keɪdɪən] *adj.* arkadisch

**arcane** [ɑ:'keɪn] *adj.* geheimnisvoll; undurchschaubar; **an ~ secret** ein verborgenes Geheimnis

**¹arch** [ɑ:tʃ] **1.** *n.* Bogen, *der; (curvature; of foot)* Wölbung, *die; (of bridge)* Bogen, *der;* Joch, *das; (vault)* Gewölbe, *das.* **2.** *v. i.* sich wölben; ‹*Ast, Glied:*› sich biegen. **3.** *v. t.* **a)** *(furnish with ~)* mit Bogen versehen; **~ed gateway** Torbogen, *der;* **~ed in the Gothic manner** mit gotischem/gotischen Bogen; **b)** *(form into ~)* beugen ‹*Rücken, Arm*›; **the cat ~ed its back** die Katze machte einen Buckel

**²arch** *adj.* schelmisch; kokett

**arch-** *pref.* Erz-; **~-villain** Erzschurke, *der;* Erzgauner, *der*

**archaeological** [ɑ:kɪə'lɒdʒɪkl] *adj.* archäologisch; ~ **dig** [Aus]grabung, *die*

**archaeologist** [ɑ:kɪ'ɒlədʒɪst] *n.* Archäologe, *der*/Archäologin, *die;* Altertumsforscher, *der*/-forscherin, *die*

**archaeology** [ɑ:kɪ'ɒlədʒɪ] *n.* Archäologie, *die;* Altertumskunde, *die;* **marine/industrial ~:** Unterwasser-/Industriearchäologie, *die*

**archaic** [ɑ:'keɪɪk] *adj. (out of use)* veraltet; archaisch; *(antiquated)* altertümlich; überholt ‹*Methode, Gesetz*›; **an ~ typewriter** *(coll.)* eine museumsreife *od.* vorsintflutliche Schreibmaschine

**archaically** [ɑ:'keɪɪkəlɪ] *adv. (in out-of-use style)* altertümlich, *(deliberately)* altertümelnd ‹*sich ausdrücken, schreiben*›

**archaism** ['ɑ:keɪɪzm] *n.* Archaismus, *der*

**archangel** ['ɑ:keɪndʒl] *n.* Erzengel, *der*

**arch'bishop** *n.* Erzbischof, *der*

**arch'bishopric** *n.* **a)** *(office)* Amt des Erzbischofs; **b)** *(diocese)* Erzbistum, *das*

**arch'deacon** *n.* Archi-, Erzdiakon, *der*

**arch'deaconry, arch'deaconship** *ns.* Archidiakonat, *das od. der*

**arch'diocese** *see* **archbishopric b**

**arch'duchess** *n. (Hist.)* Erzherzogin, *die*

**arch'duke** *n. (Hist.)* Erzherzog, *der*

**arch-'enemy** *n. (chief enemy)* Erzfeind, *der; (the Devil) see* **arch-fiend**

**archeology** *etc. (Amer.) see* **archaeology** *etc.*

**archer** ['ɑ:tʃə(r)] *n.* **a)** Bogenschütze, *der;* **b)** *(Astrol.)* **the A~:** der Schütze; **under the sign of the A~:** im Zeichen des Schützen

**'archer-fish** *n.* Schützenfisch, *der*

**archery** ['ɑ:tʃərɪ] *n., no pl.* Bogenschießen, *das*

**archetypal** ['ɑ:kɪtaɪpl] *adj. (original)* archetypisch *(geh.); (typical)* typisch; prototypisch; **he was the ~ film director** er war der Prototyp des Regisseurs

**archetype** ['ɑ:kɪtaɪp] *n. (original)* Urfassung, *die;* Archetyp, *der; (typical specimen)* Prototyp, *der;* Archetyp, *der*

**arch-'fiend** *n.* Erzfeind, *der;* Satan, *der*

**archiepiscopal** [ɑ:kɪɪ'pɪskəpl] *adj.* erzbischöflich

**archiepiscopate** [ɑ:kɪɪ'pɪskəpət] *n. see* **archbishopric a**

**Archimedes** [ɑ:kɪ'mi:di:z] *n.* **~' principle** *(Phys.)* das Archimedische Prinzip

**archipelago** [ɑ:kɪ'peləgəʊ] *n., pl.* **~s** *or* **~es** Archipel, *der; (islands)* Inselgruppe, *die; (sea)* Inselmeer, *das*

**architect** ['ɑ:kɪtekt] *n.* **a)** *(designer)* Architekt, *der*/Architektin, *die;* Baumeister, *der (geh.);* **naval ~:** Schiffskonstrukteur, *der;* Schiffbauer, *der; see also* **landscape architect; b)** *(maker, creator)* Schöpfer, *der; (fig.)* Urheber, *der;* **the ~ of one's own fate/fortune** seines [eigenen] Glückes Schmied

**architectonic** [ɑ:kɪtek'tɒnɪk] *adj.* **a)** architektonisch; **b)** *(constructive)* schöpferisch ‹*Fähigkeiten, Kraft*›

**architectural** [ɑ:kɪ'tektʃərl] *adj.* architektonisch; ~ **style** Baustil, *der*

**architecture** ['ɑ:kɪtektʃə(r)] *n.* **a)** Architektur, *die;* Baukunst, *die (geh.); (style)* Bauweise, *die;* Architektur, *die;* **naval/railway/bridge ~:** Schiff[s]-/Eisenbahn-/Brückenbau, *der;* **b)** *(structure, lit. or fig.)* Konstruktion, *die;* **c)** *(Computing)* [System]architektur, *die*

**architrave** ['ɑ:kɪtreɪv] *n. (beam)* Architrav, *der;* Epistylion, *das; (moulding)* Archivolte, *die*

**archival** [ɑ:'kaɪvəl] *adj.* archivalisch

**archive** ['ɑ:kaɪv] **1.** *n., usu. in pl.* Archiv, *das.* **2.** *v. t.* archivieren

**archivist** ['ɑ:kɪvɪst] *n.* Archivar, *der*/Archivarin, *die*

**archly** ['ɑ:tʃlɪ] *adv.* schelmisch; kokett

**archness** ['ɑ:tʃnɪs] *n., no pl.* Schalkhaftigkeit, *die; (of woman)* Koketterie, *die*

**arch-'traitor** *n.* Erzverräter, *der*

**'archway** *n. (vaulted passage)* Gewölbegang, *der;* Tunnel, *der; (arched entrance)* Durchgang, *der;* Torbogen, *der*

**arctic** ['ɑ:ktɪk] **1.** *adj. (lit. or fig.)* arktisch; **A~ Circle/Ocean** nördlicher Polarkreis/Nordpolarmeer, *das.* **2.** *n.* **a) the A~:** die Arktis; **b)** *(Amer.: overshoe)* hoher Überschuh

**arctic: ~ 'fox** *n.* Polarfuchs, *der;* **~ 'tern** *n.* Küstenseeschwalbe, *die*

**ardency** ['ɑ:dənsɪ] *n., no pl.* Eifer, *der* **(in** bei); *(of feeling, desire, etc.)* Leidenschaftlichkeit, *die;* Heftigkeit, *die; (of admiration, prayer, belief, poem)* Inbrunst, *die*

**Ardennes** [ɑ:'den] *pr. n. pl.* Ardennen *Pl.*

**ardent** ['ɑ:dənt] *adj.* **a)** *(eager)* begeistert ‹*Anhänger, Theaterbesucher, Interesse, Gefolgsmann*›; *(fervent)* glühend ‹*Bewunderer, Leidenschaft*›; hitzig ‹*Temperament, Wesen*›; brennend ‹*Wunsch*›; feurig ‹*Rede, Liebhaber*›; leidenschaftlich ‹*Gedicht, Liebesbrief, Anbetung*›; innigst, *(geh.)* inbrünstig ‹*Hoffnung, Liebe*›; **b)** ~ **spirits** geistige Getränke *Pl.*

**ardently** ['ɑ:dəntlɪ] *adv. (eagerly)* begeistert; *(fervently)* glühend; **hope ~:** inbrünstig *(geh.) od.* inständig hoffen

**ardour** *(Brit.; Amer.:* **ardor)** ['ɑ:də(r)] *n. (warm emotion)* Leidenschaft, *die; (passionate emotion)* Inbrunst, *die (geh.); (fervour)* Eifer, *der;* **~ for reform/learning** Reformeifer, *der*/Wissensdurst, *der*

**arduous** ['ɑ:djʊəs] *adj.* schwer, anstrengend ‹*Aufgabe, Arbeit, Unterfangen*›; hart ‹*Arbeit, Tag, Zeit*›; beschwerlich ‹*Reise, Aufstieg, Fahrt*›

**arduously** ['ɑ:djʊəslɪ] *adv. (laboriously)* beschwerlich

**arduousness** ['ɑ:djʊəsnɪs] *n., no pl. (difficulty)* Mühe, *die;* Beschwerlichkeit, *die*

**¹are** [ɑ:(r)] *n.* Ar, *das*

**²are** *see* **be**

**area** ['eərɪə] *n.* **a)** *(surface measure)* Flächenausdehnung, *die;* **the floor ~ is 15 square**

metres der Fußboden hat eine Fläche von 15 Quadratmetern; **what is the ~ of your farm?** wie groß ist Ihr Hof?; **b)** *(region)* Gelände, *das; (of wood, marsh, desert)* Gebiet, *das; (of city, country)* Gegend, *die; (of skin, wall, etc.)* Stelle, *die;* **a poor ~ of the town** eine arme Gegend der Stadt; **it happened in this ~:** es ereignete sich hier in der Nähe; **in the Hamburg ~:** im Hamburger Raum; **in the ~ of ...** *(fig.)* um ... herum; **an ~ of ground** ein Grundstück *od.* Gelände *od.* Areal; **c)** *(defined space)* Bereich, *der;* **parking/picnic/sports ~:** Park-/Picknick-/Sportplatz, *der;* **no-smoking ~:** Nichtraucherzone, *die;* **d)** *(subject field)* Gebiet, *das;* **in the ~ of electronics/medicine** auf dem Gebiet *od.* im Bereich der Elektronik/Medizin; **e)** *(scope)* Raum, *der;* **~ of choice** Wahlmöglichkeiten *Pl.;* **~ of responsibility** Verantwortungsbereich, *der;* **f)** *(sunken court)* Vorhof, *der*

**areaway** ['eərɪəweɪ] *(Amer.) see* **area f**

**areca** ['ærɪkə, ə'ri:kə] *n.* Arekapalme, *die;* **~-nut** Arekanuß, *die*

**arena** [ə'ri:nə] *n. (at circus, bullfight)* Arena, *die; (in equestrianism)* Dressurviereck, *das; (fig.: scene of conflict)* Bühne, *die;* Schauplatz, *der; (fig.: sphere of action)* Bereich, *der;* **the political ~:** die politische Arena; **enter the ~** *(fig.)* die Arena betreten; auf den Plan treten; **~ stage** Arenabühne, *die;* **~ theatre** Arenatheater, *das*

**aren't** [ɑ:nt] *(coll.)* = **are not;** *see* **be**

**areola** [ə'ri:ələ] *n., pl.* **~e** [ə'ri:əli:] *(Anat.) (of nipple)* Warzenhof, *der; (of eye) an die Pupille grenzender Teil der Iris*

**argent** ['ɑ:dʒənt] *(esp. Her.)* **1.** *n.* Silber, *das.* **2.** *adj.* silbern

**Argentina** [ɑdʒən'ti:nə] *pr. n.* Argentinien *(das)*

**Argentine** ['ɑ:dʒəntaɪn] **1.** *pr. n.* **the ~:** Argentinien *(das).* **2.** *adj.* argentinisch

**Argentinian** [ɑ:dʒən'tɪnɪən] **1.** *adj.* argentinisch; **sb. is ~:** jmd. ist Argentinier/Argentinierin. **2.** *n.* Argentinier, *der*/Argentinierin, *die*

**argillaceous** [ɑ:dʒɪ'leɪʃəs] *adj. (of clay)* tonig; tonhaltig; *(like clay)* tonartig

**argle-bargle** [ɑ:gl'bɑ:gl] *see* **argy-bargy**

**argon** ['ɑ:gɒn] *n. (Chem.)* Argon, *das*

**argonaut** ['ɑ:gənɔ:t] *n.* **a)** *(Zool.)* Papierboot, *das;* **b) A~** *(Mythol.)* Argonaut, *der*

**argosy** ['ɑ:gəsɪ] *n. (Hist./poet.: merchant-vessel)* Handelsschiff, *das*

**argot** ['ɑ:gəʊ] *n.* Argot, *das od. der;* **thieves' ~:** Rotwelsch, *das;* **that class/group has its own ~:** diese Klasse/Gruppe hat ihren eigenen Jargon *od.* Slang

**arguable** ['ɑ:gjʊəbl] *adj.* **a)** fragwürdig ⟨*Angelegenheit, Punkt*⟩; **it's not an ~ point at all** das ist überhaupt keine Frage; **it's ~ whether ...:** es ist noch die Frage, ob ...; **b) it is ~ that ...** *(can reasonably be argued that)* man kann sich auf den Standpunkt stellen, daß ...

**arguably** ['ɑ:gjʊəblɪ] *adv.* möglicherweise

**argue** ['ɑ:gju:] **1.** *v. t.* **a)** *(maintain)* **~ that ...:** die Ansicht vertreten, daß ...; **b)** *(treat by reasoning)* darlegen ⟨*Grund, Standpunkt, Fakten*⟩; **I don't want to ~ the point now** lassen wir für den Moment diesen Punkt noch ungeklärt; **~ sth. away** etw. wegdiskutieren; **c)** *(persuade)* **~ sb. into doing sth.** jmdn. dazu überreden, etw. zu tun; **~ sb. out of doing sth.** [es] jmdm. ausreden, etw. zu tun; **d)** *(prove)* **~ sb. [to be] sb./sth.** der Beweis dafür sein, daß jmd. jmd./etw. ist; **e)** *(indicate)* **~ sth.** von etw. zeugen. *See also* **toss 3 a. 2.** *v. i.* **~ with sb.** sich mit jmdm. streiten; **~ against sb.** jmdm. widersprechen; **~ for/against sth.** für/gegen etw. eintreten; sich für/gegen etw. aussprechen; **~ about sth.** sich über/um etw. *(Akk.)* streiten; **none of your arguing!** keine Widerrede!

**argument** ['ɑ:gjʊmənt] *n.* **a)** *(reason)* Begründung, *die;* **~s for/against sth.** Argumente für/gegen etw.; **b)** *no pl. (reasoning process)* Argumentieren, *das;* **the powers of logical ~:** das Vermögen, logisch zu argumentieren; **assume sth. for ~'s sake** etw. rein theoretisch annehmen; **c)** *(debate)* Auseinandersetzung, *die;* **get into an ~/get into ~s with sb.** mit jmdm. in Streit geraten; **d)** *(summary)* Kurzfassung, *die;* Zusammenfassung, *die;* **e)** *(Math.)* Argument, *das*

**argumentation** [ɑ:gjʊmen'teɪʃn] *n.* **a)** *no pl. (reasoning)* Argumentieren, *das;* **his powers of ~:** seine Fähigkeit, zu argumentieren; **b)** *(debate)* Gezänk, *das*

**argumentative** [ɑ:gjʊ'mentətɪv] *adj.* **a)** *(fond of arguing)* widerspruchsfreudig; *(quarrelsome)* streitlustig; streitsüchtig; **b)** *(logical)* argumentativ

**Argus** ['ɑ:gəs] *n.* **a)** *(butterfly)* Augenfalter, *der;* **b)** *(Ornith.)* Arguspfau, *der*

**argy-bargy** [ɑ:dʒɪ'bɑ:dʒɪ] *(joc.)* **1.** *n.* Hickhack, *der od. das (ugs.);* Streiterei, *die.* **2.** *v. i.* sich herumstreiten *(ugs.)* **(about** über + *Akk.*)

**aria** ['ɑ:rɪə] *n. (Mus.)* Arie, *die*

[1]**Arian** ['eərɪən] *n. (Astrol.)* Widder, *der*

[2]**Arian** *see* **Aryan**

**arid** ['ærɪd] *adj.* **a)** *(dry; also fig.)* trocken ⟨*Klima, Land*⟩; **b)** *(barren)* dürr; karg; **c)** *(Geog.)* arid; **~ zone** Trockengürtel, *der*

**aridity** [ə'rɪdɪtɪ] *n., no pl.* **a)** *(dryness of land, heat; also fig.)* Trockenheit, *die; (Geog.)* Aridität, *die;* **b)** *(barrenness)* Kargheit, *die*

**aridness** ['ærɪdnɪs] *see* **aridity**

**Aries** ['eəri:z] *n. (Astrol., Astron.)* der Widder; der Aries; **under [the sign of] ~, the Ram** im Zeichen des Aries *od.* des Widders; **he/she is an ~:** er/sie ist [ein] Widder; **first point of ~:** Frühlingspunkt, *der;* Widderpunkt, *der*

**aright** [ə'raɪt] *adv.* recht ⟨*hören, sich erinnern*⟩

**arise** [ə'raɪz] *v. i.,* **arose** [ə'rəʊz], **arisen** [ə'rɪzn] **a)** *(originate)* entstehen; *(literary: be born)* geboren werden; **hatred has ~n in their hearts** Haß ist in ihren Herzen aufgekeimt *(geh.);* **b)** *(present itself)* auftreten; ⟨*Gelegenheit:*⟩ sich bieten; **a crisis has ~n in Turkey** in der Türkei ist es zu einer Krise gekommen; **new hopes have** *or* **hope has ~n that ...:** man hat wieder Hoffnung geschöpft, daß ...; **c)** *(result)* **~ from** *or* **out of sth.** von etw. herrühren; auf etw. *(Akk.)* zurückzuführen sein; **d)** *(Hist.: stand up)* **~, Sir Robert!** erhebt Euch, Sir Robert!; **e)** ⟨*Sonne, Nebel:*⟩ aufsteigen; **f)** ⟨*See, Sturm:*⟩ anschwellen; **g)** *(rise from the dead)* auferstehen

**aristocracy** [ærɪ'stɒkrəsɪ] *n.* Aristokratie, *die; (fig.)* **an ~ of ...:** eine Elite von ...

**aristocrat** ['ærɪstəkræt] *n.* Aristokrat, *der*/Aristokratin, *die;* **an ~ among wines** *(fig.)* ein besonders edler Wein

**aristocratic** [ærɪstə'krætɪk] *adj.* **a)** aristokratisch; Aristokraten-; adelig; Adels-; **b)** *(grand)* exklusiv ⟨*Luxus, Pracht etc.*⟩; *(distinguished)* vornehm ⟨*Aussehen, Auftreten*⟩; *(refined)* kultiviert; fein ⟨*Manieren, Sitten*⟩; *(stylish, fine)* edel ⟨*Qualität, Geschmack, Gesichtszüge, Wein, Möbel*⟩

**aristocratically** [ærɪstə'krætɪkəlɪ] *adv.* aristokratisch

**Aristotelian** [ærɪstə'ti:lɪən] *adj.* aristotelisch

**Aristotle** ['ærɪstɒtl] *pr. n.* Aristoteles *(der)*

[1]**arithmetic** [ə'rɪθmətɪk] *n.* **a)** *(science)* Arithmetik, *die;* **b)** *(computation)* Rechnen, *das;* **mental ~:** Kopfrechnen, *das;* **there are several mistakes in your ~:** du hast dich mehrmals verrechnet

[2]**arithmetic** [ærɪθ'metɪk], **arithmetical** [ærɪθ'metɪkl] *adj.* arithmetisch; **arithmetical progression** arithmetische Progression; *(sequence/series)* arithmetische Folge/Reihe

**ark** [ɑ:k] *n.* **sth. looks as if it came [straight] out of the ~:** etw. sieht vorsintflutlich aus; *see also* **Noah's ark**

[1]**arm** [ɑ:m] *n.* **a)** *(limb)* Arm, *der;* **~ in ~ [with each other]** Arm in Arm; **[be] at ~'s length [from]** auf Armeslänge [entfernt sein von]; **remain** *or* **keep at ~'s length from sb.** *(fig.)* eine gewisse Distanz zu jmdm. wahren; **as long as sb.'s ~** *(fig.)* ellenlang; **cost sb. an ~ and a leg** *(fig.)* jmdn. eine Stange Geld kosten *(ugs.);* **on sb.'s ~:** an jmds. Arm *(Dat.);* **under one's ~:** unter dem Arm; **a babe** *or* **a child in ~s** ein kleines Kind; **in sb.'s ~s** in jmds. Armen; **fall into each other's ~s** sich *(Dat.)* in die Arme fallen; **take sb. in one's ~s** jmdn. in die Arme nehmen *od. (geh.)* schließen; **the lovers were found dead in each other's ~s** die beiden Liebenden wurden eng umschlungen tot aufgefunden; **with open ~s** *(lit. or fig.)* mit offenen Armen; **within ~'s reach** *(lit. or fig.)* in Reichweite; **be within ~'s reach of safety** fast in Sicherheit sein; **b)** *(sleeve)* Ärmel, *der; (support)* Armlehne, *die;* **c)** *(branch)* Ast, *der;* **d)** *(~-like thing)* Arm, *der*

[2]**arm** **1.** *n.* **a)** *usu. in pl. (weapon)* Waffe, *die;* **possession/export of ~s** Waffenbesitz/-export, *der;* **~s race** Rüstungswettlauf, *der;* **small ~s** Handfeuerwaffen; **bear ~s** *(be armed)* bewaffnet sein; *(serve as soldier)* Waffen tragen; **in ~s** bewaffnet; **lay down one's ~s** die Waffen niederlegen; **take up ~s** zu den Waffen greifen; **under ~s** bewaffnet; unter Waffen; **up in ~s** *(lit.)* kampfbereit; **be up in ~s about sth.** *(fig.)* wegen etw. in Harnisch *od.* aufgebracht sein; **b)** *in pl. (heraldic device)* Wappen, *das; (inn-sign)* **'The King's/Waterman's Arms'** ≈ „Zum König/Fährmann"; *see also* **coat of arms; c)** *in pl. (military profession)* Kriegs- *od.* Militärdienst, *der;* **d)** *(military grouping)* Waffengattung, *die.* **2.** *v. t.* **a)** *(furnish with weapons)* bewaffnen; mit Waffen ausrüsten ⟨*Schiff*⟩; **b)** *(furnish with tools etc.)* ausrüsten; bewaffnen *(fig.);* **~ oneself with sth.** sich mit etw. wappnen; **~ed with all advantages/virtues** mit allen Vorteilen/Tugenden ausgestattet; **c)** *(make able to explode)* scharf machen ⟨*Bombe usw.*⟩

**armada** [ɑ:'mɑ:də] *n.* Armada, *die*

**armadillo** [ɑ:mə'dɪləʊ] *n., pl.* **~s** *(Zool.)* Gürteltier, *das*

**Armageddon** [ɑ:mə'gedən] *n.* Armageddon, *das (geh.)*

**armament** ['ɑ:məmənt] *n.* **a)** *(weapons etc.)* **~[s]** Kriegsgerät, *das;* **b)** *(force)* Streitmacht, *die;* **c)** *no pl. (process) (of persons)* Bewaffnung, *die; (of boat)* Ausrüstung, *die*

**armature** ['ɑ:mətʃə(r)] *n.* **a)** *(Biol.: defensive covering)* Schutzkleid, *das;* **b)** *(sculptor's framework)* Knebel, *der;* Reiter, *der;* **c)** *(Magn., Electr.)* Anker, *der*

**arm: ~band** *n.* Armbinde, *die;* **~chair 1.** *n.* Sessel, *der;* **2.** *adj.* **~chair politician/strategist** politischer Amateur/Amateurstratege, *der;* **~chair critic** Hobby- *od.* Amateurkritiker, *der;* **~chair travel** Reisen in der Phantasie

**armed** [ɑ:md] *adj.* bewaffnet; mit Geschützen bestückt ⟨*Schiff*⟩; **~ forces** Streitkräfte *Pl.;* **~ neutrality** bewaffnete Neutralität

**-armed** *adj. in comb. (with arms)* mit ... Armen; *(with sleeves)* -ärm[e]lig; **long-/brown-~:** mit langen/braunen Armen; **two-~:** zweiarmig

**Armenia** [ɑ'mi:nɪə] *pr. n.* Armenien *(das)*

**Armenian** [ɑ:'mi:nɪən] **1.** *adj.* armenisch; **sb. is ~:** jmd. ist Armenier/Armenierin; *see also* **English 1. 2.** *n.* **a)** *(person)* Armenier, *der*/Armenierin, *die;* **b)** *(language)* Armenisch, *das; see also* **English 2 a**

**armful** ['ɑ:mfʊl] *n.* **an ~ of fruit** ein Armvoll Obst; **with an ~ of gifts** mit einem Arm voll Geschenken; **flowers by the ~:** ganze Arme voll Blumen

'**armhole** *n.* Armloch, *das*

**armistice** ['ɑ:mɪstɪs] *n. (cessation from hostilities; also fig.)* Waffenstillstand, *der; (short truce)* Waffenruhe, *die;* **A~ Day** *Gedenktag des Endes des 1. Weltkriegs*

**armless** ['ɑ:mlɪs] *adj. (without arms)* ohne Arme; armlos; *(without sleeves)* ohne Ärmel; ärmellos

**armlet** ['ɑ:mlɪt] *n. (band)* Armbinde, *die; (bracelet)* Armring, *der;* Armreif, *der*

**'arm-lock** *n. (Wrestling)* Armschlüssel, *der*

**armor** *(Amer.) see* **armour**

**armorer** *(Amer.) see* **armourer**

**armorial** [ɑ:'mɔ:rɪəl] *adj.* Wappen-; heraldisch; **~ bearings** Wappen, *das;* Wappenschild, *der*

**armory** *(Amer.) see* **armoury**

**armour** ['ɑ:mə(r)] *(Brit.)* **1.** *n.* **a)** *no pl. (Hist.)* Rüstung, *die;* **suit of ~:** Harnisch, *der;* **b)** *no pl. (steel plates)* Panzerung, *die;* Panzer, *der;* **c)** *no pl. (~ed vehicles)* Panzerfahrzeuge; **d)** *(steel plate)* **~[-plate]** Panzerplatte, *die;* Panzerblech, *das;* **~-clad** gepanzert; Panzer-; **e)** *no pl. (protective covering)* Panzer, *der.* **2.** *v. t. (furnish with protective cover)* ausrüsten; armieren ‹*Kabel*›; *(toughen)* panzern ‹*Glas*›; *(with steel plates)* verkleiden; **~ed car/train** gepanzerter Wagen/Zug; Panzerwagen/-zug, *der;* **~ed cable** bewehrtes *od.* armiertes Kabel; **~ed division** Panzerdivision, *die;* **~ed glass** Panzerglas, *das*

**armourer** ['ɑ:mərə(r)] *n. (Brit.) (maker of arms etc.)* Waffenschmied, *der (hist.);* Waffentechniker, *der*

**armoury** ['ɑ:mərɪ] *n. (Brit.)* **a)** *(array of weapons)* Waffenarsenal, *das; (fig.)* Arsenal, *das;* **one of the strongest weapons in the British ~:** eine der stärksten britischen Waffen; **b)** *(arsenal)* [Waffen]arsenal, *das;* Waffenkammer, *die;* **c)** *(Amer.: drill hall)* Exerzierhalle, *die*

**arm: ~pit** *n.* Achselhöhle, *die;* **~-rest** *n.* Armlehne, *die*

**army** ['ɑ:mɪ] *n.* **a)** *(fighting force)* Heer, *das;* **standing ~:** stehendes Heer; **mercenary ~:** Söldnerheer, *das;* **Napoleon's ~:** die Armee Napoleons; **b)** *no pl., no indef. art. (military profession)* Militär, *das;* **be in the ~:** beim Militär sein; **go into** *or* **join the ~:** zum Militär gehen; *(as a career)* die Militärlaufbahn einschlagen; **leave the ~:** aus dem Militärdienst ausscheiden; **c)** *(large number)* Heer, *das;* **an ~ of workmen/officials/ants** ein Heer von Arbeitern/Beamten/Ameisen

**army: ~ corps** *n.* Armeekorps, *das;* **A~ List** *n. (Brit.)* Rangliste des Heeres; **~-worm** *n.* Heerwurm, *der*

**arnica** ['ɑ:nɪkə] *n.* Arnika, *die*

**aroma** [ə'rəʊmə] *n. (fragrance)* Duft, *der*

**aromatic** [ærə'mætɪk] **1.** *adj. (fragrant)* aromatisch *(auch Chem.);* duftend ‹*Blütenblätter, Nelken usw.*›; *(pleasant)* angenehm würzig. **2.** *n.* Duftstoff, *der*

**arose** *see* **arise**

**around** [ə'raʊnd] **1.** *adv.* **a)** *(on every side)* **[all] ~:** überall; **he waved his arms ~:** er ruderte mit den Armen; **all ~ there was nothing but trees** ringsumher *od.* ringsherum gab es nichts als Bäume; **b)** *(round)* herum; **come ~ to sb.'s house** bei jmdm. vorbeikommen; **show sb. ~:** jmdn. herumführen; **pass the hat ~:** den Hut herumgehen lassen; **have to get ~ to doing sth.** [endlich] einmal daran denken müssen, etw. zu tun; **look ~, have a look ~:** sich [ein bißchen] umsehen *od.* umschauen; **c)** *(coll.: near)* in der Nähe; **have you seen my hat ~?** hast du irgendwo meinen Hut gesehen?; **we'll always be ~ when you need us** wir werden immer dasein, wenn du uns brauchst; **d)** *(coll.: in existence)* vorhanden; **there's not/you don't see much leather ~ these days** zur Zeit gibt es/sieht man nur wenig Leder; **e)** *(in various places)* **ask/look ~:** herumfragen/-schauen; **travel ~ within England** in England herumreisen; **he's been ~** *(fig.)* er ist viel herumgekommen. *See also* **go around; hang around. 2.** *prep.* **a)** um [... herum]; rund um; **they had their arms ~ each other** sie hielten sich umschlungen; **darkness closed in ~ us** die Dunkelheit umfing uns *(geh.) od.* schloß uns ein; **he wore a coat ~ his shoulders** er hatte einen Mantel um die Schultern gelegt; **b)** *(here and there in)* **we went ~ the town** wir gingen durch die Stadt; **~ the garden you'll find ...:** im Garten findet man ...; **c)** *(here and there near)* **~ London** um London herum; **d)** *(round)* um [... herum]; **~ the back of the house** *(position)* hinter dem Haus; *(direction)* hinter das Haus; **e)** *(approximately at)* **~ 3 o'clock** ungefähr um 3 Uhr; gegen 3 Uhr; **I saw him somewhere ~ the station** ich habe ihn irgendwo am Bahnhof gesehen; **f)** *(approximately equal to)* etwa; ungefähr; **sth. [costing] ~ £2** etw. für um die *od.* ungefähr 2 Pfund

**arousal** [ə'raʊzl] *n.* **a)** *(awakening)* Aufwachen, *das;* **b)** *(excitement, also sexual)* Erregung, *die; (calling into existence) (of interest, enthusiasm)* Erweckung, *die; (of hatred, passion)* Erregung, *die*

**arouse** [ə'raʊz] *v. t.* **a)** *(awake)* [auf]wecken; **~ sb. from his sleep** jmdn. aus dem Schlaf reißen; **b)** *(excite)* erregen; *(call into existence)* erwecken ‹*Interesse, Begeisterung*›; erregen ‹*Haß, Leidenschaften usw.*›; **be sexually ~d by sth./sb.** durch etw./jmdn. sexuell erregt werden; **~ suspicion** Verdacht erregen

**arpeggio** [ɑ:'pedʒɪəʊ] *n., pl.* **~s** *(Mus.)* Arpeggio, *das*

**arr.** *abbr.* **a)** *(Mus.)* **arranged by** Arr.; **b) arrives** Ank.

**arrack** ['ærək] *n.* Arrak, *der*

**arraign** [ə'reɪn] *v. t. (indict)* vor Gericht bringen, anklagen (**for** wegen); *(accuse)* beschuldigen; **~ sb. for sth.** jmdm. die Schuld an etw. *(Dat.)* geben

**arraignment** [ə'reɪnmənt] *n. (indictment)* Anklageerhebung, *die; (accusation)* Beschuldigung, *die;* **the ~ of them, their ~:** die Anklageerhebung gegen sie

**arrange** [ə'reɪndʒ] **1.** *v. t.* **a)** *(order)* anordnen; *(adjust)* in Ordnung bringen; **the seating was ~d so that ...:** die Sitzreihen waren so angeordnet, daß ...; **b)** *(Mus., Radio, etc.: adapt)* bearbeiten; **c)** *(settle beforehand)* ausmachen, vereinbaren ‹*Termin*›; **~ the catering for a party** sich um Essen und Trinken für eine Feier kümmern; **d)** *(plan)* planen ‹*Urlaub*›; aufstellen ‹*Stundenplan*›; **don't ~ anything for next Saturday** nimm dir für nächsten Sonnabend nichts vor; **e)** *(resolve)* beilegen; ins reine bringen ‹*Beziehungen*›. **2.** *v. i.* **a)** *(plan)* sorgen (**for** für); **~ for sb./sth. to do sth.** veranlassen *od.* dafür sorgen, daß jmd./etw. etw. tut; **can you ~ to be at home when ...?** kannst du es so einrichten, daß du zu Hause bist, wenn ...?; **~ about sth.** etw. in die Wege leiten; **she ~d about getting him a work permit** sie leitete alles in die Wege, damit er eine Arbeitserlaubnis bekam; **b)** *(agree)* **they ~d to meet the following day** sie verabredeten sich für den nächsten Tag; **~ with sb. about sth.** sich mit jmdm. über etw. *(Akk.)* einigen; **~ with sb. about doing sth.** sich mit jmdm. darüber einigen, etw. zu tun

**arrangement** [ə'reɪndʒmənt] *n.* **a)** *(ordering, order)* Anordnung, *die; (thing ordered)* Arrangement, *das;* **seating-~:** Anordnung der Sitze; **b)** *(Mus., Radio, etc.: adapting, adaptation)* Bearbeitung, *die;* Arrangement, *das;* **a guitar ~:** eine Bearbeitung *od.* ein Arrangement für Gitarre; **c)** *(settling beforehand)* Vereinbarung, *die;* Übereinkunft, *die; (of plans)* Aufstellung, *die;* **by ~:** nach Vereinbarung *od.* Absprache; **d)** *in pl. (plans)* Vorkehrungen; **make ~s** Vorkehrungen treffen; **we have made ~s for you to be picked up from the airport** wir haben veranlaßt, daß Sie vom Flughafen abgeholt werden; **holiday ~s** Urlaubsvorbereitungen; **~s about security** Sicherheitsvorkehrungen; **e)** *(agreement)* Vereinbarung, *die;* **make an ~ to do sth.** vereinbaren *od.* die Vereinbarung treffen, etw. zu tun; **the ~ is that ...:** die Vereinbarung lautet, daß ...; **f)** *(resolution)* Einigung, *die;* **make an ~:** eine Einigung erzielen; **I'm sure we can come to some ~ about ...:** wir können uns sicher irgendwie einigen über (+ *Akk.*) ...

**arrant** ['ærənt] *adj.* Erz‹*lump, -schurke, -lügner, -feigling*›; dreist ‹*Lüge, Mißbrauch, Anmaßung*›; unverhüllt ‹*Grobheit, Heuchelei, Begierde*›; **~ nonsense** barer Unsinn

**arras** ['ærəs] *n.* A[r]razzo, *der*

**array** [ə'reɪ] **1.** *v. t. (formal: dress)* kleiden; schmücken; **~ sb. in sth.** jmdn. in etw. *(Akk.)* kleiden *od. (geh.)* hüllen; **~ sth. with sth.** etw. mit etw. schmücken. **2.** *n. (ordered display)* Reihe, *die*

**arrears** [ə'rɪəz] *n. pl. (debts)* Schulden *Pl.;* Rückstände *Pl.; (remainder)* **there were huge ~ of work to be done/letters to be answered** es war noch eine Menge Arbeit aufzuholen/es mußten noch zahlreiche Briefe beantwortet werden; **the work on the building is badly in ~:** man ist mit den Arbeiten an dem Gebäude beträchtlich in Verzug [geraten]; **be in ~ with sth.** mit etw. im Rückstand sein; **be paid in ~** rückwirkend bezahlt werden

**arrest** [ə'rest] **1.** *v. t.* **a)** *(stop)* aufhalten; zum Stillstand bringen ‹*Fluß*›; **~ judgement** *(Law)* ein/das Urteil aufheben; **b)** *(seize)* verhaften, *(temporarily)* festnehmen ‹*Person*›; beschlagnahmen ‹*Sache*›; **c)** *(catch)* erregen ‹*Aufmerksamkeit, Interesse*›; *(catch attention of)* fesseln; faszinieren. **2.** *n.* **a)** *(stoppage)* Stillstand, *der;* **~ of judgement** *(Law)* Aussetzung des/eines Verfahrens; **cardiac ~:** Herzstillstand, *der;* **b)** *(legal apprehension) (of person)* Verhaftung, *die; (temporary)* Festnahme, *die; (of thing)* Beschlagnahme, *die;* **under ~:** festgenommen; **he was put under police/military ~:** er wurde in Polizeigewahrsam genommen/unter Arrest gestellt

**arrestable** [ə'restəbl] *adj.* **be an ~ act/offence** ein Grund zur Festnahme sein

**arris** ['ærɪs] *n. (Archit.)* [Dach]grat, *der*

**arrival** [ə'raɪvl] *n.* **a)** Ankunft, *die; (fig.: at decision etc.)* Gelangen, *das* (**at** zu); *(of mail etc.)* Eintreffen, *das; (coming)* Kommen, *das;* Nahen, *das;* **it marked his ~ in the literary world** damit hat er sich in der literarischen Welt etabliert; **b)** *(appearance)* Auftauchen, *das;* **the ~ of buds in springtime** das Sprießen der Knospen im Frühling; **c)** *(person)* Ankömmling, *der; (thing)* Lieferung, *die;* **new ~** *(coll.: new-born baby)* Neugeborene, *das;* **how's the new ~?** *(coll.)* wie geht's dem neuen Erdenbürger?; **new ~s** Neuankömmlinge; **late ~s at the theatre** verspätet eintreffende Theaterbesucher

**arrive** [ə'raɪv] *v. i.* **a)** ankommen; **~ at a conclusion/an agreement** zu einem Schluß/einer Einigung kommen; **we've ~d at stalemate** wir sind in eine Sackgasse geraten; **the train is just arriving** der Zug läuft gerade ein; **b)** *(establish oneself)* es schaffen; arrivieren *(geh.);* **with this book he ~d** mit diesem Buch hat er es geschafft; **c)** *(be brought)* eintreffen; *(coll.: be born)* ankommen; **what time does the mail usually ~?** wann kommt die Post normalerweise?; **d)** *(come)* ‹*Stunde, Tag, Augenblick:*› kommen; **the time has ~d when ...:** jetzt ist der Zeitpunkt gekommen, wo ...

**arrogance** ['ærəgəns] *n., no pl.* Arroganz, *die; (presumptuousness)* Anmaßung, *die;* Überheblichkeit, *die*

**arrogant** ['ærəgənt] *adj.* arrogant; *(presumptuous)* überheblich; anmaßend

**arrogantly** ['ærəgəntlı] *adv.* arrogant; penetrant ‹*überlegen, stolz*›; *(presumptuously)* anmaßend; überheblich; anmaßenderweise ‹*behaupten, verlangen*›

**arrogate** ['ærəgeıt] *v. t. (claim)* ~ **sth. to oneself** etw. für sich in Anspruch nehmen; sich *(Dat.)* etw. anmaßen

**arrow** ['ærəʊ] **1.** *n. (missile)* Pfeil, *der; (pointer)* [Hinweis-, Richtungs]pfeil, *der;* **as straight as an ~:** schnurgerade. **2.** *v. t.* mit einem Pfeil/mit Pfeilen markieren

**arrow:** **~-head** *n.* **a)** Pfeilspitze, *die;* **b)** *(Bot.)* Pfeilkraut, *das;* **~-root** *n.* **a)** *(plant)* Pfeilwurz, *die;* **b)** *(starch)* Arrowroot, *das (Stärkemehl)*

**¹arse** [ɑ:s] *n. (coarse)* Arsch, *der (derb);* **move your ~!** sei nicht so lahmarschig! *(derb)*

**²arse** *see* **¹ass 2**

**arse:** **~-hole** *n. (coarse)* Arschloch, *das (derb);* **~-licking** *n., no pl. (coarse)* Arschkriecherei, *die (derb);* Schleimscheißerei, *die (derb)*

**arsenal** ['ɑ:sənl] *n. (store)* [Waffen]arsenal, *das;* Waffenlager, *das; (fig.)* Arsenal, *das*

**arsenic** ['ɑ:sənık] *n. (Chem.)* **a)** Arsenik, *das;* **b)** *(element)* Arsen, *das*

**arson** ['ɑ:sn] *n.* Brandstiftung, *die*

**arsonist** ['ɑ:sənıst] *n.* Brandstifter, *der*/Brandstifterin, *die*

**art** [ɑ:t] *n.* **a)** Kunst, *die;* **the ~s** *see* **fine art c; b)** *(skill, skilled activity)* Kunst, *die;* **works of ~:** Kunstwerke *Pl.;* **~ needlework/music/film** künstlerische Handarbeit/Kunstmusik/Kunstfilm; **~s and crafts** Kunsthandwerk, *das;* Kunstgewerbe, *das;* **he is a master of his ~:** er ist ein Meister [in] seiner Kunst; **translation is an ~:** Übersetzen ist eine Kunst; **c)** *in pl. (branch of study)* Geisteswissenschaften; **he's an ~s student** er studiert Geisteswissenschaften; **faculty of ~s** philosophische Fakultät; **he has an ~s degree** er hat das Abschlußexamen der philosophischen Fakultät [gemacht]; **Bachelor/Master of Arts** Bakkalaureus/Magister der philosophischen Fakultät; **d)** *(knack)* Kunst, *die; (stratagem)* Kunstgriff, *der;* Kniff, *der (ugs.);* **an ~ in itself** eine Kunst für sich; **e)** *(cunning)* List, *die*

**'art college** *see* **art school**

**art deco** [ɑ:t 'dekəʊ] *n., no pl.* Art deco, *die*

**artefact, artifact** ['ɑ:tıfækt] *n.* Artefakt, *das*

**arterial** [ɑ:'tıərıəl] *adj.* **a)** *(of artery)* arteriell; **b)** *(principal)* Haupt-; **~ road** Hauptverkehrsstraße, *die*

**arteriosclerosis** [ɑ:tıərıəʊsklə'rəʊsıs] *n., pl.* **arterioscleroses** [ɑ:tıərıəʊsklə'rəʊsi:z] *(Med.)* Arteriosklerose, *die (fachspr.);* Arterienverkalkung, *die*

**artery** ['ɑ:tərı] *n.* **a)** *(Anat.)* Arterie, *die;* Schlagader, *die;* **b)** *(fig.: road etc.)* [Haupt]verkehrsader, *die*

**artesian** [ɑ:'ti:zıən, ɑ:'ti:ʒən] *adj.* **~ well** artesischer Brunnen

**'art-form** *n. (form of composition)* Kunstform, *die;* [Kunst]gattung, *die; (medium of expression)* Kunst[form], *die*

**artful** ['ɑ:tfl] *adj.* schlau; raffiniert; **~ dodger** Schlawiner, *der*

**artfully** ['ɑ:tfəlı] *adv.* schlau; raffiniert

**artfulness** ['ɑ:tflnıs] *n., no pl.* Schlauheit, *die;* Raffiniertheit, *die*

**'art gallery** *n.* Kunstgalerie, *die*

**arthritic** [ɑ:'θrıtık] *(Med.)* **1.** *adj.* arthritisch; **she's got ~ joints in her fingers** sie hat Arthritis in den Fingergelenken. **2.** *n.* Arthritiker, *der*/Arthritikerin, *die*

**arthritis** [ɑ:'θraıtıs] *n. (Med.)* Arthritis, *die (fachspr.);* Gelenkentzündung, *die*

**arthropod** ['ɑ:θrəpɒd] *n. (Zool.)* Gliederfüßler, *der;* **the ~s** die Arthropoden

**Arthur** ['ɑ:θə(r)] *pr. n.* **King ~:** König Artus

**artic** [ɑ:'tık] *n. (coll.)* Zug, *der (ugs.);* Sattelschlepper, *der (ugs.)*

**artichoke** ['ɑ:tıtʃəʊk] *n.* **[globe] ~:** Artischocke, *die;* **Jerusalem ~:** Topinambur, *der; (edible part)* Topinamburwurzel, *die*

**article** ['ɑ:tıkl] **1.** *n.* **a)** *(of constitution, treaty)* Artikel, *der; (of creed)* Glaubensartikel, *der; (of indictment)* [Anklage]punkt, *der; (of agreement)* [Vertrags]punkt, *der; (of the law)* Paragraph, *der; (in dictionary etc.)* Eintrag, *der;* **~s [of association]** Satzung, *die;* **~s of apprenticeship/employment** Lehr-/Arbeitsvertrag, *der;* **~ of faith** *(fig.)* Glaubensbekenntnis, *das (fig.);* **b)** *(in magazine, newspaper)* Artikel, *der; (in technical journal)* Beitrag, *der;* Aufsatz, *der;* **c)** *(Ling.)* Artikel, *der;* Geschlechtswort, *das;* **definite/indefinite ~:** bestimmter/unbestimmter Artikel; **d)** *(particular part, thing)* Artikel, *der;* **woollen ~s [of clothing]** Wollsachen; **an ~ of furniture/clothing** ein Möbel-/Kleidungsstück; **an ~ of value** ein Wertgegenstand; **toilet ~s** Toilettenartikel. **2.** *v. t.* in die Lehre geben **(to** bei); **be ~d to sb.** bei jmdm. in der Lehre sein

**articled** ['ɑ:tıkld] *adj.* **~ clerk** Rechtspraktikant, *der*/-praktikantin, *die;* ≈ Rechtsreferendar, *der*/-referendarin, *die*

**articulate 1.** [ɑ:'tıkjʊlət] *adj.* **a)** *(clear)* verständlich; **b)** *(eloquent)* redegewandt; **be ~/not very ~:** sich gut/nicht sehr gut ausdrücken [können]; **c)** *(jointed)* gegliedert; Glieder-; *(distinctly joined)* aus Einzelgliedern; mit Gelenken. **2.** [ɑ:'tıkjʊleıt] *v. t.* **a)** *usu. in pass.* durch Gelenke/ein Gelenk verbinden; **~d lorry** Sattelzug, *der;* Sattelschlepper, *der (ugs.);* **b)** *(pronounce)* [deutlich] aussprechen; *(utter, express)* artikulieren; in Worte fassen. **3.** *v. i.* **a)** *(speak distinctly)* artikuliert sprechen; deutlich sprechen; **~ clearly** klar und deutlich sprechen; **b)** *(speak)* sprechen; **c)** *(form a joint)* **~ with sth.** mit etw. ein Gelenk bilden

**articulately** [ɑ:'tıkjʊlətlı] *adv.* **a)** *(clearly)* klar; deutlich; **b)** *(coherently)* klar; **he expresses himself very ~:** er drückt sich sehr klar aus

**articulateness** [ɑ:'tıkjʊlətnıs] *n., no pl. (clarity)* Deutlichkeit, *die; (coherence)* Klarheit, *die*

**articulation** [ɑ:tıkjʊ'leıʃn] *n.* **a)** *(clear speech)* deutliche Aussprache; **his ~ is good** er hat eine deutliche Aussprache; **b)** *(coherent speech)* flüssige Ausdrucksweise; *(act of speaking)* Artikulation, *die;* [Laut]bildung, *die*

**artifice** ['ɑ:tıfıs] *n.* **a)** *(cunning)* List, *die;* Raffinement, *das (geh.);* **b)** *(device)* Trick, *der;* List, *die;* **c)** *(skill)* Geschick, *das;* Geschicklichkeit, *die*

**artificial** [ɑ:tı'fıʃl] *adj.* **a)** *(not natural)* künstlich; Kunst-; *(not real)* unecht; imitiert; *(artificially produced)* künstlich; Kunst-; synthetisch [hergestellt]; **~ sweetener** Süßstoff, *der;* **~ limb** Prothese, *die;* **~ eye** Glasauge, *das;* **b)** *(affected, insincere)* gekünstelt; unecht; **she's ~ and two-faced** sie verstellt sich; **~ politeness** gekünstelte *od.* gespielte Höflichkeit; **she wore an ~ smile for the cameras** für die Fotografen setzte sie ein einstudiertes Lächeln auf; **her ~ enthusiasm** ihre gespielte Begeisterung

**artificial:** **~ ho'rizon** *n.* Kreiselhorizont, *der;* **~ insemi'nation** *n.* künstliche Besamung; **~ in'telligence** *n.* künstliche Intelligenz

**artificiality** [ɑ:tıfıʃı'ælıtı] *n., no pl.* **a)** *(unnaturalness)* Künstlichkeit, *die;* **b)** *(unreality)* Unechtheit, *die;* **c)** *(affectedness)* Affektiertheit, *die;* Geziertheit, *die; (formality)* Förmlichkeit, *die; (insincerity)* Gekünsteltheit, *die*

**artificial:** **~ 'kidney** *see* **kidney machine; ~ 'language** *n.* Kunstsprache, *die*

**artificially** [ɑ:tı'fıʃəlı] *adv.* **a)** *(unnaturally)* künstlich; unnatürlich; **the food has been ~ flavoured** die Lebensmittel sind mit künstlichem Geschmacksstoff versetzt; **~ produced diamonds/pearls** synthetische Diamanten/künstliche Perlen; **b)** *(affectedly, insincerely)* affektiert; geziert; **she's always so ~ polite** ihre Höflichkeit ist immer so gekünstelt

**artificialness** [ɑ:tı'fıʃəlnıs] *see* **artificiality**

**artificial respi'ration** *n.* künstliche Beatmung

**artillery** [ɑ:'tılərı] *n.* Artillerie, *die*

**artilleryman** [ɑ:'tılərımən] *n., pl.* **artillerymen** [ɑ:'tılərımən] Artillerist, *der*

**artisan** ['ɑ:tızn, ɑ:tı'zæn] *n.* [Kunst]handwerker, *der*

**artist** ['ɑ:tıst] *n.* **a)** *(exponent of a fine art)* Künstler, *der*/Künstlerin, *die; (fig.)* Künstler, *der*/Künstlerin, *die;* Könner, *der*/Könnerin, *die;* **he's an ~ in words/rhetoric** er ist ein Wort-/Redekünstler; **she's an ~ in cookery** sie ist eine Kochkünstlerin; **he's a real ~ at his job** er ist ein echter Könner seines Fachs; **b)** *see* **artiste**

**artiste** [ɑ:'ti:st] *n.* Artist, *der*/Artistin, *die;* Künstler, *der*/Künstlerin, *die;* **circus ~s** Zirkusartisten *Pl.*

**artistic** [ɑ:'tıstık] *adj.* **a)** *(of art)* Kunst-; künstlerisch; **~ movements such as Expressionism** Kunstrichtungen, zum Beispiel der Expressionismus; **the ~ world** die Welt der Kunst; **b)** *(of artists)* Künstler-; künstlerisch; **~ circles** Künstlerkreise; **c)** *(made with art)* kunstvoll; Kunst-; **~ designs** kunstvolle Muster; **a truly ~ piece of poetry/writing** ein dichterisches/schriftstellerisches Kunstwerk; **d)** *(naturally skilled in art)* künstlerisch veranlagt *od.* begabt; **she's quite ~:** sie ist künstlerisch ziemlich begabt; **have ~ leanings** künstlerische Neigungen haben; **e)** *(appreciative of art)* kunstverständig; **~ sense** Kunstverständnis, *das;* **~ feeling** Sinn für Kunst

**artistically** [ɑ:'tıstıkəlı] *adv.* **a)** *(in art)* künstlerisch; in der Kunst; *(from an artist's viewpoint)* künstlerisch [gesehen]; **b)** *(with art)* kunstvoll ‹*geschmückt, gestaltet*›; **c)** künstlerisch ‹*begabt, veranlagt*›; **be ~ interested/appreciative** an Kunst interessiert sein/einen Sinn für Kunst haben

**artistry** ['ɑ:tıstrı] *n., no pl.* **a)** *(artistic pursuit)* künstlerisches Schaffen; **b)** *(artistic ability)* künstlerische Fähigkeit[en]; künstlerisches Geschick; *(artistic quality)* Kunst, *die;* künstlerischer Wert

**artless** ['ɑ:tlıs] *adj.* **a)** *(guileless)* arglos; **~ piety** schlichte Frömmigkeit; **b)** *(simple)* schmucklos; schlicht; **~ beauty/grace** natürliche Schönheit/Anmut

**artlessly** ['ɑ:tlıslı] *adv.* **a)** *(guilelessly)* arglos; **b)** *(simply)* schmucklos; schlicht

**artlessness** ['ɑ:tlısnıs] *n., no pl.* **a)** *(guilelessness)* Arglosigkeit, *die;* **b)** *(simplicity)* Schmucklosigkeit, *die;* Schlichtheit, *die*

**art:** **~ nouveau** [ɑ: nu:'vəʊ] *n.* Jugendstil, *der;* **~ paper** *n.* Kunstdruckpapier, *das;* **~ school** *n.* Kunsthochschule, *die;* **~work** *n.* Illustrationen *Pl.;* Bildmaterial, *das*

**arty** ['ɑ:tı] *adj. (coll.)* auf Künstler machend; **he's an ~ type** er ist so ein Künstlertyp; **~ furniture** auf Kunst gemachte Möbel; **an ~ design** ein pseudokünstlerisches Muster; **~-[and-]crafty** *(joc.)* auf Kunstgewerbe gemacht

**arum** ['eərəm] *n. (Bot.)* Aronstab, *der;* **~ lily** Zimmercalla, *die*

**Aryan** ['eərıən] **1.** *adj.* indogermanisch; arisch *(veralt.).* **2.** *n.* **a)** *(language)* Indogermanisch, *das;* Arisch, *das (veralt.);* **b)** *(person)* Arier, *der*/Arierin, *die (bes. ns.);* Indogermane, *der*/Indogermanin, *die*

**as** [əz, *stressed* æz] **1.** *adv. in main sentence (in same degree)* **as ... [as ...]** so ... [wie ...]; **as soon as possible** so bald wie möglich; **almost as tall as ...:** fast so groß wie ...; **half as much** halb soviel; **you know as well as I do that ...:** Sie wissen genauso gut wie ich, daß ...; **they did as much as they could** sie taten, was sie konnten; **as good a ... [as ...]** ein so guter ... [wie ...]/eine so gute ... [wie ...]/ein so gutes ... [wie ...]. **2.** *rel. adv. or conj. in subord. clause* **a)** *expr. degree* **[as** *or* **so] ... as ...:** [so ...] wie ...; **as ... as possible** so ... wie möglich; **as ... as you can** so ...[, wie] Sie können; **come as quickly as you can** kommen Sie, so schnell Sie können; **quick as a flash** blitzschnell; **as recently as [this morning]** erst [heute morgen]; **as early as [tomorrow]** schon *od.* bereits *od.* gleich [morgen]; **b)** *(though)* **... as he** *etc.* **is/was** obwohl er *usw.* ... ist/war; **intelligent as she is/was, ...:** obwohl sie ziemlich intelligent ist/war, ...; **safe as it might be, ...:** obwohl es vielleicht ungefährlich ist, ...; **c)** *(however much)* **try as he might/would, he could not concentrate** sosehr er sich auch bemühte, er konnte sich nicht konzentrieren; **push/strain/pull as he might/would, ...:** wie sehr er auch drückte/sich anstrengte/zog, ...; **d)** *expr. manner* wie; **as you may already have heard, ...:** wie Sie vielleicht schon gehört haben, ...; **as we are all well aware, ...:** wie wir alle sehr wohl wissen, ...; **as we had hoped/expected ...:** wie erhofft/erwartet, ...; **as it were** sozusagen; gewissermaßen; **as you were!** Kommando zurück!; **e)** *expr. time* als; während; **as and when** wann immer; **as we climbed the stairs** als wir die Treppe hinaufgingen; **as we were talking** während wir uns unterhielten; **he knew her as a teenager** er kannte sie schon, als sie noch ein Teenager war; **f)** *expr. reason* da; **as we're now all assembled** da wir jetzt vollzählig sind; **g)** *expr. result* **so ... as to ...:** so ... zu; **would you be so kind as to help us?** würden Sie so freundlich sein und uns helfen?; **h)** *expr. purpose* **so as to ...:** um ... zu; **i)** *expr. illustration* wie [z. B.]; **industrial areas, as the north-east of England for example** Industriegebiete wie z. B. der Nordosten Englands. **3.** *prep.* **a)** *(in the function of)* als; **as an artist** als Künstler; **speaking as a parent, ...:** als Mutter/Vater ...; **b)** *(like)* wie; **he's treated as an outcast** er wird wie ein Ausgestoßener behandelt; **they regard him as a fool** sie halten ihn für einen Dummkopf. **4.** *rel. pron. (which)* **fool as he was he did not notice the obvious dangers** dumm, wie er war, sah er die Gefahren nicht; **as is our custom** wie immer; **they danced, as was the custom there** sie tanzten, wie es dort Sitte war; **he was shocked, as were we all** er war wie wir alle schockiert; **it was him/the earthquake as did it** *(uneducated)* er ist's gewesen/das Erdbeben war's; **the same as ...:** der-/die-/dasselbe wie ...; **such as** wie zum Beispiel; **they enjoy such foreign foods as ...:** sie essen gern ausländische Lebensmittel wie ... **5. as far** *see* **far 1 d; as for ...:** was ... angeht *od.* betrifft *od.* anbelangt; **as from ...:** von ... an; **you will receive a pension as from your 60th birthday** vom 61. Lebensjahr an bekommen Sie Rente; **you are dismissed as from today** Sie sind mit sofortiger Wirkung entlassen; **as [it] is** wie die Dinge liegen; wie es aussieht; **I'll take the dress as it is** ich nehme das Kleid, wie es ist; **the place is untidy enough as it is** es ist schon liederlich genug[, wie es jetzt ist]; **as of ...** *(Amer.)* von ... an; **as of 31 December annually** am 31. 12. jeden Jahres; **as to** hinsichtlich (+ *Gen.*); **nothing further was mentioned as to holiday plans** von Urlaubsplänen wurde nichts weiter gesagt; **as was** wie es einmal war; **Miss Tay as was** das frühere Fräulein Tay; **as yet** bis jetzt; noch; **as yet the plan is only under discussion** der Plan wird noch diskutiert; *see also* **if 1 a; much 2, 3 e, g; per b; regard 1 c, d; soon c, d; such 1 a, b, 2; [2]well 2 g**

**a.s.a.p.** *abbr.* **as soon as possible**

**asbestos** [æz'bestɒs, æs'bestɒs] *n.* **a)** *(fabric)* Asbest, *der;* **b)** *(mineral)* Amiant, *der*

**asbestosis** [æzbes'təʊsɪs, æsbes'təʊsɪs] *n., no pl. (Med.)* Asbestose, *die (fachspr.);* Staublungenerkrankung, *die;* **suffer from ~:** eine Staublunge haben

**ascend** [ə'send] **1.** *v. i.* **a)** *(go up)* hinaufgehen *od.* -steigen; *(climb up)* hinaufklettern; *(by vehicle)* hinauffahren; *(come up)* heraufkommen; **the lift ~ed** der Aufzug fuhr nach oben; **Christ ~ed into heaven** Christus fuhr auf gen Himmel *(geh.);* **~ in the lift** mit dem Aufzug hinauffahren; **b)** *(rise)* [höher]steigen; aufsteigen; **the helicopter ~ed slowly** der Hubschrauber stieg langsam höher; **the water ~s to above the level of this line** das Wasser steigt über die Marke; **c)** *(slope upwards)* ⟨*Hügel, Straße:*⟩ ansteigen; **the stairs ~ very steeply** die Treppe ist sehr steil; **d)** *(in quality, rank, etc.)* aufsteigen; **e)** *(in pitch)* höher werden. **2.** *v. t.* **a)** *(go up)* hinaufsteigen, hinaufgehen ⟨*Treppe, Leiter, Berg*⟩; **~ a rope** an einem Seil hochklettern; **b)** *(come up)* **we saw a fireman ~ing the ladder towards us** wir sahen einen Feuerwehrmann die Leiter heraufsteigen; **c)** *(go along)* hinauffahren ⟨*Straße*⟩; **d) ~ the throne** den Thron besteigen

**ascendancy** [ə'sendənsɪ] *n., no pl.* beherrschender Einfluß; Vorherrschaft, *die;* **gain/have the ~ over sb.** die Vorherrschaft über jmdn. gewinnen/haben

**ascendant** [ə'sendənt] *n.* **a)** *(Astrol.)* Aszendent, *der;* **b) in the ~:** im Aufsteigen begriffen; **his popularity was now firmly in the ~:** seine Beliebtheit nahm beständig zu

**ascension** [ə'senʃn] *n.* **a)** *(going up)* Auffahrt, *die;* **right ~** *(Astron.)* Rektaszension, *die;* **b) [the] A~** *(Relig.)* [Christi] Himmelfahrt

**A'scension Day** *n.* Himmelfahrtstag, *der*

**ascent** [ə'sent] *n.* **a)** *(going up, rise; also fig.)* Aufstieg, *der;* **our ~ in the lift/up the hill** unsere Auffahrt mit dem Lift/unser Aufstieg den Berg hinauf; **b)** *(way; also fig.)* Aufstieg, *der;* **c)** *(slope)* Steigung, *die;* **d)** *(steps)* Aufgang, *der*

**ascertain** [æsə'teɪn] *v. t.* feststellen; ermitteln ⟨*Fakten, Daten*⟩

**ascertainable** [æsə'teɪnəbl] *adj.* feststellbar; zu ermittelnd ⟨*Daten, Fakten*⟩

**ascertainment** [æsə'teɪnmənt] *n.* Feststellung, *die; (of facts, data)* Ermittlung, *die; (of information)* Beschaffung, *die*

**ascetic** [ə'setɪk] **1.** *adj.* asketisch. **2.** *n.* **a)** Asket, *der*/Asketin, *die;* **b)** *(Relig. Hist.)* Eremit, *der;* Klausner, *der*

**ascetically** [ə'setɪkəlɪ] *adv.* asketisch

**asceticism** [ə'setɪsɪzm] *n., no pl.* Askese, *die*

**ascribe** [ə'skraɪb] *v. t.* zuschreiben (to *Dat.*); **~ sth. to sth./sb.** *(regard as belonging)* etw. einer Sache/jmdm. zuschreiben; *(attribute, impute)* etw. auf etw./jmdn. zurückführen

**ascription** [ə'skrɪpʃn] *n. see* **ascribe:** Zuschreiben, *das;* Zurückführen, *das*

**asepsis** [eɪ'sepsɪs] *n., no pl.* **a)** *(absence of sepsis)* Asepsis, *die;* Keimfreiheit, *die (fachspr.);* **b)** *(aseptic method)* Aseptik, *die (fachspr.);* keimfreie Wundbehandlung

**aseptic** [eɪ'septɪk] *adj.* aseptisch

**asexual** [eɪ'sekʃʊəl] *adj.* **a)** *(without sexuality)* asexuell; **b)** *(Biol.: without sex)* asexual; ungeschlechtig; **~ reproduction** ungeschlechtliche Vermehrung

**[1]ash** [æʃ] *n.* **a)** *(tree)* Esche, *die;* **b)** *(wood)* Eschenholz, *das. See also* **mountain ash**

**[2]ash** *n.* **a)** *(powdery residue)* Asche, *die;* **layer of ~:** Ascheschicht, *die;* **cigarette ~:** Zigarettenasche, *die;* **sweep up the ~[es]** die Asche auffegen; **b)** *in pl. (remains)* Asche, *die;* **in ~es** in Schutt und Asche; *see also* **sackcloth; c)** *(Cricket)* **the Ashes** *imaginäre Trophäe für den Gewinner einer Serie von Vergleichswettkämpfen zwischen den Mannschaften Englands und Australiens*

**ashamed** [ə'ʃeɪmd] *adj., usu. pred.* beschämt; **we were ~:** wir schämten uns *od.* waren beschämt; **be ~ [of sb./sth.]** sich [jmds./einer Sache wegen] schämen; **you ought to be ~ of yourselves for telling lies** ihr solltet euch schämen zu lügen; **be/feel ~ for sb./sth.** sich für jmdn./etw. schämen; **be ~ to do sth.** sich schämen, etw. zu tun; **I'm ~ to have to say/admit that I told a white lie** ich muß leider *od.* zu meiner Schande zugeben, daß ich eine Notlüge erzählt habe; **he was not ~ to stand up and say that ...:** er schämte sich nicht, aufzustehen und zuzugeben, daß ...

**ash: ~-bin** *n.* Mülleimer, *der;* **~ blonde 1.** *adj.* aschblond; **2.** *n.* Aschblonde, *der/die;* **~-can** *(Amer.) see* **~-bin**

**ashen** ['æʃn] *adj.* **a)** *(ash-coloured)* aschfarben; aschfahl ⟨*Gesicht*⟩; **~ grey** aschgrau; **b)** *(of ashes)* aus Asche; Asche-

**ashore** [ə'ʃɔ:(r)] *adv. (position)* an Land; am Ufer; *(direction)* an Land; ans Ufer; **go/be ~:** an Land gehen/sein

**'ash-pan** *n.* Aschkasten, *der*

**ashram** ['æʃrəm] *n.* Ashram, *das od. der*

**ash: ~-tray** *n.* Aschenbecher, *der;* **~-tree** *see* **[1]ash a; Ash 'Wednesday** *n.* Aschermittwoch, *der;* **~-wood** *see* **[1]ash b**

**Asia** ['eɪʃə] *pr. n.* Asien *(das);* **~ 'Minor** Kleinasien *(das)*

**Asian** ['eɪʃən, 'eɪʒən], **Asiatic** [eɪʃɪ'ætɪk] **1.** *adj.* asiatisch. **2.** *n.* Asiat, *der*/Asiatin, *die*

**aside** [ə'saɪd] **1.** *adv.* beiseite; zur Seite; **stand ~!** treten Sie zur Seite!; **I pulled the curtain ~:** ich zog den Vorhang zur Seite; **~ from sb./sth.** *(Amer.)* außer jmdm./etw.; **take sb. ~:** jmdn. beiseite nehmen. **2.** *n.* **a)** *(in a play)* Apart, *das;* Beiseitesprechen, *das;* **b)** *(incidental remark)* [beiläufige] Bemerkung

**asinine** ['æsɪnaɪn] *adj. (stupid)* dämlich; **don't be so ~:** sei kein Esel

**asininity** [æsɪ'nɪnɪtɪ] *n.* Dämlichkeit, *die*

**ask** [ɑ:sk] **1.** *v. t.* **a)** fragen; **~ [sb.] a question** [jmdm.] eine Frage stellen; **~ sb.'s name** nach jmds. Namen fragen; **~ sb. [sth.]** jmdn. [nach etw.] fragen; **I was ~ed some awkward questions by the boss** der Chef stellte mir einige unangenehme Fragen; **~ sb. about sth.** jmdn. nach etw. fragen; **I ~ you!** *(coll.)* ich muß schon sagen!; **if you ~ me** *(coll.)* [also,] wenn du mich fragst; **~ me another** *(coll.)* frag mich was Leichteres *(ugs.);* **b)** *(seek to obtain)* **~ sth.** um etw. bitten; **~ sb.'s advice on sth.** jmdn. wegen etw. um Rat fragen; **how much are you ~ing for that car?** wieviel verlangen Sie für das Auto?; **~ a favour of sb., ~ sb. a favour** jmdn. um einen Gefallen bitten; **~ sb. to do sth.** jmdn. [darum] bitten, etw. zu tun; **you have only to ~:** du brauchst es nur zu sagen; **~ a lot of sb.** viel von jmdm. verlangen; **it's ~ing a lot** es ist viel verlangt; **~ing price** geforderter Preis; **it's yours for the ~ing** du kannst es gern haben; **c)** *(invite)* einladen; **~ sb. to dinner** jmdn. zum Essen einladen; **~ sb. out** jmdn. einladen; **the boss ~ed me up to his office** der Chef hat mich gebeten, in sein Büro hinaufzukommen. **2.** *v. i.* **you may well ~:** du hast allen Grund zu fragen; **~ after sb./sth.** nach jmdm./etw. fragen; **~ after sb.'s health** fragen, wie es jmdm. [gesundheitlich] geht; **~ for sth./sb.** etw./jmdn. verlangen; **~ for it** *(sl.: invite trouble)* es herausfordern; es so *od.* nicht anders haben wollen; *see also* **trouble 1 a**

**askance** [ə'skæns, ə'skɑ:ns] *adv.* **a)** *(sideways)* von der Seite; **b)** *(suspiciously)* **look ~ [at sb./sth.]** [über jmdn./etw.] befremdet sein

**askew** [ə'skju:] **1.** *adv.* schief; *(awry)* **the wind had blown all her clothes ~:** der Wind hatte ihre ganze Kleidung in Unordnung gebracht. **2.** *pred. adj.* schief; *(awry)* in Unordnung

**asleep** [əˈsliːp] *pred. adj.* **a)** *(lit. or fig.)* schlafend; *(euphem.: dead)* entschlafen *(geh.)*; **be/lie ~:** schlafen; **he seems to be ~:** er scheint zu schlafen; **fall ~:** einschlafen; **has the government fallen ~?** *(fig.)* schläft die Regierung?; **the old man fell ~** *(euphem.)* der alte Mann schlief [für immer] ein; **b)** *(numb)* eingeschlafen ‹*Arm, Bein*›

**asocial** [eɪˈsəʊʃl] *adj.* *(antisocial)* asozial; *(not social)* ungesellig; asozial; *(coll.: inconsiderate)* rücksichtslos

**asp** [æsp] *n.* *(Zool.)* *(Vipera aspis)* Aspisviper, *die;* *(Naja haje)* Uräusschlange, *die*

**asparagus** [əˈspærəgəs] *n.* Spargel, *der;* **~ fern** *(Bot.)* Asparagus, *der*

**aspect** [ˈæspekt] *n.* **a)** Aspekt, *der;* **b)** *(expression)* Gesichtsausdruck, *der;* *(appearance)* **[physical] ~:** Erscheinungsbild, *das;* **c)** *(position looking in a given direction)* Lage, *die;* *(front)* Seite, *die;* **have a southern ~:** nach Süden liegen; **d)** *(Ling., Astrol.)* Aspekt, *der*

**aspectual** [æˈspektjʊəl] *adj.* *(Ling.)* aspektisch

**aspen** [ˈæspən] *n.* *(Bot.)* Espe, *die*

**asperity** [æˈsperɪtɪ] *n., no pl.* **a)** *(harshness)* Schroffheit, *die;* **b)** *(roughness)* Rauheit, *die*

**aspersion** [əˈspɜːʃn] *n.* Verunglimpfung, *die;* **cast ~s on sb./sth.** jmdn./etw. in den Schmutz ziehen

**asphalt** [ˈæsfælt] **1.** *n.* Asphalt, *der.* **2.** *v. t.* asphaltieren

**asphyxia** [æsˈfɪksɪə] *n., no pl.* *(Med.)* Asphyxie, *die (fachspr.)*; schwere Atemstörung; Erstickung, *die*

**asphyxiate** [æsˈfɪksɪeɪt] *(Med.)* **1.** *v. t.* ersticken; **be ~d by sth.** an etw. *(Dat.)* ersticken. **2.** *v. i.* ersticken

**asphyxiation** [æsfɪksɪˈeɪʃn] *n.* *(Med.)* Erstickung, *die;* **death by ~** Erstickungstod, *der*

**aspic** [ˈæspɪk] *n.* *(jelly)* Aspik, *der*

**aspidistra** [æspɪˈdɪstrə] *n.* *(Bot.)* Schusterpalme, *die;* Aspidistra, *die (fachspr.)*

**aspirant** [əˈspaɪərənt, ˈæspərənt] **1.** *adj.* aufstrebend. **2.** *n.* Aspirant, *der*/Aspirantin, *die;* Bewerber, *der*/Bewerberin, *die;* **an ~ to high office** ein Bewerber für ein hohes Amt

**aspirate 1.** [ˈæspərət] *adj.* *(Phonet.)* aspiriert; behaucht. **2.** *n.* *(Phonet.)* Aspirata, *die;* behauchter [Verschluß]laut. **3.** [ˈæspəreɪt] *v. t.* **a)** *(Phonet.)* aspirieren; **b)** *(draw by suction)* absaugen

**aspiration** [æspəˈreɪʃn] *n.* **a)** Streben, *das;* Aspiration, *die (geh.)*; **your ~[s] for** *or* **after success** dein Streben nach Erfolg; **have ~s to sth.** nach etw. streben; **b)** *(Phonet.)* Aspiration, *die;* Behauchung, *die*

**aspire** [əˈspaɪə(r)] *v. i.* **~ to** *or* **after sth.** nach etw. streben; **~ to be sth.** danach streben, etw. zu sein; **I once ~d to be an actor** ich wollte einmal [unbedingt] Schauspieler werden

**aspirin** [ˈæspərɪn] *n.* *(Med.)* Aspirin ®, *das;* Kopfschmerztablette, *die*

**aspiring** [əˈspaɪərɪŋ] *adj.* aufstrebend

[1]**ass** [æs] **1.** *n.* *(Zool.; also fig.)* Esel, *der;* **make an ~ of oneself** sich blamieren. **2.** *v. i.* *(sl.)* **~ about** *or* **around** herumalbern *(ugs.)*

[2]**ass** *(Amer.)* *see* [1]**arse**

**assail** [əˈseɪl] *v. t.* **a)** angreifen; **b)** *(fig.)* in Angriff nehmen ‹*Hindernis, Aufgabe*›; **~ sb. with questions/insults** jmdn. mit Fragen/Beleidigungen überschütten; **I was ~ed with doubts** mich überkamen Zweifel; **the noise ~ed our ears** der Lärm dröhnte in unseren Ohren

**assailant** [əˈseɪlənt] *n.* Angreifer, *der*/Angreiferin, *die*

**assassin** [əˈsæsɪn] *n.* **a)** Mörder, *der*/Mörderin, *die;* **b)** *(Hist.)* Assassine, *der*

**assassinate** [əˈsæsɪneɪt] *v. t.* ermorden; **be ~d** einem Attentat zum Opfer fallen

**assassination** [əsæsɪˈneɪʃn] *n.* Mord, *der* (of an + *Dat.*); **~ attempt** Attentat, *das* **(on** auf + *Akk.*); *see also* **character assassination**

**assault** [əˈsɔːlt] **1.** *n.* **a)** Angriff, *der;* *(fig.)* Anschlag, *der;* *(euphem.: rape)* Vergewaltigung, *die;* **verbal ~s** verbale Angriffe; **b)** *(Mil.)* Sturmangriff, *der;* **~ craft** Sturmboot, *das;* **~ course** *Hindernisstrecke für die Truppenausbildung;* **c)** *(Law)* [Androhung einer] Tätlichkeit; *see also* **battery b. 2.** *v. t.* **a)** *(lit. or fig.)* angreifen; *(euphem.: rape)* vergewaltigen; mißbrauchen *(geh.)*; **b)** *(Mil.)* stürmen; angreifen

**assay** [əˈseɪ] **1.** *n.* **a)** Probe, *die;* **A~ Office** *[amtliches] Labor für die Analyse von Edelmetallen o. ä.;* **b)** *(Chem.)* Analyse, *die.* **2.** *v. t.* **a)** prüfen ‹*Metall, Erz*›; **b)** *(Chem.)* analysieren; **c)** *(show on ~)* enthalten

**assemblage** [əˈsemblɪdʒ] *n.* **a)** *(of things, persons)* Ansammlung, *die;* **b)** *(process)* *(bringing together)* Zusammentragen, *das;* *(fitting together)* Zusammensetzen, *das;* *(coming together)* Zusammenkunft, *die*

**assemble** [əˈsembl] **1.** *v. t.* **a)** zusammentragen ‹*Beweise, Material, Sammlung*›; zusammenrufen ‹*Menschen*›; **a team was ~d, and work began** ein Team wurde zusammengestellt, und die Arbeit begann; **b)** *(fit together)* zusammenbauen. **2.** *v. i.* sich versammeln

**assembly** [əˈsemblɪ] *n.* **a)** *(coming together, meeting, deliberative body)* Versammlung, *die;* *(in school)* *(tägliche Versammlung aller Schüler und Lehrer zur)* Morgenandacht; **b)** *(fitting together)* Zusammenbau, *der;* Montage, *die;* **c)** *(assembled unit)* Einheit, *die*

**asˈsembly line** *n.* Fließband, *das;* **work/be produced on an ~:** am Fließband arbeiten/produziert werden

**assent** [əˈsent] **1.** *v. i.* zustimmen; **~ to sth.** einer Sache *(Dat.)* zustimmen. **2.** *n.* Zustimmung, *die;* **royal ~:** Zustimmung des Königs/der Königin; **by common ~:** nach allgemeiner Auffassung

**assert** [əˈsɜːt] *v. t.* **a)** geltend machen; **~ oneself** sich durchsetzen; **b)** *(declare)* behaupten; beteuern ‹*Unschuld*›

**assertion** [əˈsɜːʃn] *n.* **a)** Geltendmachen, *das;* **b)** *(declaration)* Behauptung, *die;* **~ of innocence** Unschuldsbeteuerung, *die;* **make an ~:** eine Behauptung aufstellen

**assertive** [əˈsɜːtɪv] *adj.* energisch ‹*Person*›; bestimmt ‹*Ton, Verhalten*›; fest ‹*Stimme*›; *(dogmatic)* rechthaberisch

**assertiveness** [əˈsɜːtɪvnɪs] *n., no pl.* Bestimmtheit, *die;* *(dogmatism)* Rechthaberei, *die*

**assess** [əˈses] *v. t.* **a)** *(evaluate)* einschätzen; beurteilen; **b)** *(value)* schätzen; taxieren; **c)** *(fix amount of)* festsetzen ‹*Steuer, Bußgeld usw.*› **(at** auf + *Akk.*); **d)** *(tax)* veranlagen

**assessment** [əˈsesmənt] *n.* **a)** *(evaluation)* Einschätzung, *die;* Beurteilung, *die;* **b)** *(valuation)* Schätzung, *die;* Taxierung, *die;* **c)** *(fixing amount of damages or fine)* Festsetzung, *die;* *(of tax)* Veranlagung, *die;* **d)** *(tax to be paid)* Steuerbescheid, *der*

**assessor** [əˈsesə(r)] *n.* **a)** *(tax inspector)* ≈ Finanzbeamte, *der*/Finanzbeamtin, *die;* **b)** *(adviser to judge)* *(als Beisitzer fungierender)* Sachverständiger

**asset** [ˈæset] *n.* **a)** Vermögenswert, *der;* **my [personal] ~s** mein [persönlicher] Besitz; **b)** *(fig.)* *(useful quality)* Vorzug, *der* **(to** für); *(person)* Stütze, *die;* *(thing)* Hilfe, *die*

**ˈasset-stripping** *n.* *(Commerc.)* *Ankauf unrentabler Unternehmen, von denen einzelne Teile gewinnbringend weiterverkauft werden*

**asseverate** [əˈsevəreɪt] *v. t.* beteuern

**asseveration** [əsevəˈreɪʃn] *n.* Beteuerung, *die*

**assiduity** [æsɪˈdjuːɪtɪ] *n.* **a)** *no pl.* *(diligence)* Eifer, *der;* *(conscientiousness)* Gewissenhaftigkeit, *die;* **b)** *(obsequious attention)* Beflissenheit, *die*

**assiduous** [əˈsɪdjʊəs] *adj.* **a)** *(diligent)* eifrig; *(conscientious)* gewissenhaft; **we made ~ efforts** wir unternahmen alle Anstrengungen; **b)** *(obsequiously attentive)* beflissen

**assiduously** [əˈsɪdjʊəslɪ] *adv.* **a)** *(diligently)* gewissenhaft; **b)** *(with obsequious attentiveness)* beflissen

**assiduousness** [əˈsɪdjʊəsnɪs] *see* **assiduity a**

**assign** [əˈsaɪn] **1.** *v. t.* **a)** *(allot)* **~ sth. to sb.** jmdm. etw. zuweisen; **b)** *(appoint)* zuteilen; **~ sb. to a job/task** jmdn. mit einer Arbeit/Aufgabe betrauen; **~ sb. to do sth.** jmdn. damit betrauen, etw. zu tun; **~ sb. to a post** jmdn. auf einen Posten berufen; **c)** *(specify)* festsetzen ‹*Zeit, Datum, Grenzwert*›; **d)** *(ascribe)* angeben; **~ a cause to sth.** einen Grund für etw. angeben; **~ an event to a date** ein Ereignis einer Zeit zuschreiben. **2.** *n.* *(Law)* Rechtsnachfolger, *der*

**assignable** [əˈsaɪnəbl] *adj.* **a)** *(allottable)* zuteilbar; **be ~ to sb.** jmdm. zugeteilt werden können; **b)** *(specifiable)* bestimmbar; **c)** *(ascribable)* angebbar

**assignation** [æsɪgˈneɪʃn] *n.* **a)** *(appointment)* **sb.'s ~ to a job/task** jmds. Betrauung mit einer Arbeit/Aufgabe; **sb.'s ~ to a post** jmds. Berufung auf einen Posten; **b)** *(allotment)* Zuteilung, *die;* *(of property)* Übereignung, *die;* **c)** *(attribution)* Zuordnung, *die;* **d)** *(Amer.: illicit lovers' meeting)* Stelldichein, *das;* **~ house** Bordell, *das*

**assignee** [æsaɪˈniː] *n.* **a)** *(agent)* Bevollmächtigte, *der/die;* **b)** *see* **assign 2**

**assignment** [əˈsaɪnmənt] *n.* **a)** *(allotment)* Zuteilung, *die;* *(of property)* Übereignung, *die;* *(document)* Übereignungsurkunde, *die;* **b)** *(task)* Aufgabe, *die;* *(Amer. Sch. and Univ.)* Arbeit, *die;* Aufgabe, *die;* **c)** *(attribution)* *(of date)* Bestimmung, *die;* *(of reason, cause)* Aufgabe, *die*

**assimilate** [əˈsɪmɪleɪt] *v. t.* **a)** *(make like)* angleichen; **~ sth. with** *or* **to sth.** etw. an etw. *(Akk.)* angleichen; **b)** *(absorb)* *(Biol.)* assimilieren; **c)** *(fig.)* aufnehmen ‹*Informationen, Einflüsse usw.*›; **d)** *(Ling.)* angleichen

**assimilation** [əsɪmɪˈleɪʃn] *n.* **a)** *(making or becoming like)* Angleichung, *die* **(to, with** an + *Akk.*); **b)** *(Biol.: absorbing)* Assimilation, *die;* **c)** *(fig.)* *(of information, influences, etc.)* Aufnahme, *die;* *(of people)* Integration, *die;* **d)** *(Ling.)* Assimilation, *die*

**assist** [əˈsɪst] **1.** *v. t.* *(help)* helfen (+ *Dat.*); voranbringen ‹*Vorgang, Prozeß*›; **~ sb. to do** *or* **in doing sth.** jmdm. helfen, etw. zu tun; **~ sb. with sth.** jmdm. bei etw. helfen. **2.** *v. i.* **a)** *(help)* helfen; **~ with sth./in doing sth.** bei etw. helfen/helfen, etw. zu tun; **b)** *(take part)* mitarbeiten; **~ in sth.** an etw. *(Dat.)* mitarbeiten; **~ in an operation** bei einer Operation assistieren

**assistance** [əˈsɪstəns] *n., no pl.* Hilfe, *die;* **give ~ to sb.** jmdm. behilflich sein; jmdm. helfen; **be of ~ [to sb.]** [jmdm.] behilflich sein; [jmdm.] helfen

**assistant** [əˈsɪstənt] **1.** *n.* *(helper)* Helfer, *der*/Helferin, *die;* *(subordinate)* Mitarbeiter, *der*/Mitarbeiterin, *die;* *(of professor, artist)* Assistent, *der*/Assistentin, *die;* *(in shop)* Verkäufer, *der*/Verkäuferin, *die.* **2.** *attrib. adj.* **~ manager** stellvertretender Geschäftsführer; **~ editor** Redaktionsassistent, *der;* **~ professor** *(Amer.)* ≈ Assistenzprofessor, *der*

**assizes** [əˈsaɪzɪz] *n. pl.* *(Brit. Law Hist.)* *regelmäßige Gerichtstage in den verschiedenen Grafschaften*

**associate 1.** [əˈsəʊʃɪət, əˈsəʊsɪət] *n.* **a)** *(partner)* Partner, *der*/Partnerin, *die;* Kompagnon, *der;* *(colleague)* Kollege, *der*/Kollegin, *die;* *(companion)* Gefährte, *der*/Gefährtin, *die (geh.)*; Kamerad, *der*/Kameradin, *die;* *(of gangster)* Komplize, *der*/Komplizin, *die;* **b)** *(subordinate member)* außerordentliches Mitglied. **2.** *adj.* beigeordnet; *(allied)* verwandt; außerordentlich ⟨*Mitglied usw.*⟩; ~ **judge** Beisitzer, *der;* ~ **professor** *(Amer.)* ≈ außerordentlicher Professor. **3.** [ə'səʊʃɪeɪt, ə'səʊsɪeɪt] *v. t.* **a)** *(join)* in Verbindung bringen; **be ~d** in Verbindung stehen; **b)** *(connect in the mind)* in Verbindung bringen; assoziieren *(Psych.);* ~ **sth. with sth.** etw. mit etw. assoziieren *(Psych.) od.* verbinden; **c)** ~ **oneself with sth.** sich einer Sache *(Dat.)* anschließen. **4.** *v. i.* ~ **with sb.** mit jmdm. verkehren *od.* Umgang haben; *(for common purpose)* sich zusammenschließen

**associateship** [ə'səʊʃɪətʃɪp, ə'səʊsɪətʃɪp] *n.* außerordentliche Mitgliedschaft

**association** [əsəʊsɪ'eɪʃn] *n.* **a)** *(organization)* Verband, *der;* Vereinigung, *die;* **an ~ of residents** eine Vereinigung von Anwohnern; **articles** *or* **deeds of ~:** Satzung, *die;* **b)** *(mental connection)* Assoziation, *die;* ~ **of ideas** Gedankenassoziation, *die;* **have ~s for sb.** bei jmdm. Assoziationen hervorrufen; **c) A~ football** *(Brit.)* Fußball, *der;* **d)** *(connection)* Verbindung, *die;* **e)** *(contact with people)* Kontakt, *der;* *(co-operation)* Zusammenarbeit, *die;* **business ~:** geschäftliche Zusammenarbeit

**associative** [ə'səʊʃɪətɪv, ə'səʊsɪətɪv] *adj.* assoziativ

**assonance** ['æsənəns] *n. (Pros.)* Assonanz, *die*

**assorted** [ə'sɔ:tɪd] *adj.* gemischt ⟨*Bonbons, Sortiment*⟩; **cardigans of ~ kinds** verschiedenerlei Strickjacken; **an ~ bunch of people** ein zusammengewürfelter Haufen Leute; *see also* **ill-assorted**

**assortment** [ə'sɔ:tmənt] *n.* Sortiment, *das;* **a good ~ of hats [to choose from]** eine gute Auswahl an Hüten; **an ~ of ideas** eine Reihe von Ideen; **an odd ~ of players** eine seltsame Mischung von Spielern

**Asst.** *abbr.* **Assistant** Ass.

**assuage** [ə'sweɪdʒ] *v. t.* stillen; *(soothe)* besänftigen ⟨*Person, Ärger*⟩; lindern ⟨*Schmerz, Sorge*⟩

**assume** [ə'sju:m] *v. t.* **a)** voraussetzen; ausgehen von; ~ **sb.'s innocence** von jmds. Unschuld ausgehen; jmds. Unschuld voraussetzen; **he's not so stupid as we ~d him to be** er ist nicht so dumm, wie wir angenommen haben; **b)** *(undertake)* übernehmen ⟨*Amt, Pflichten*⟩; **c)** *(take on)* annehmen ⟨*Namen, Rolle*⟩; gewinnen ⟨*Aspekt, Bedeutung*⟩; **under an ~d name** unter einem Decknamen; **d)** *(formal: put on oneself)* anlegen *(geh.)* ⟨*Gewand*⟩; **e)** *(simulate)* vortäuschen ⟨*Freude, Trauer, Unwissenheit*⟩

**assuming** [ə'sju:mɪŋ] *adj.* **a)** ~ **that ...:** vorausgesetzt, daß ...; **b)** *(presumptuous)* anmaßend

**assumption** [ə'sʌmpʃn] *n.* **a)** Annahme, *die;* **going on the ~ that ...:** vorausgesetzt, daß ...; **b)** *(undertaking)* Übernahme, *die;* ~ **of power/office** Macht-/Amtsübernahme, *die;* **c)** *(simulation)* Vortäuschung, *die;* *(of look, air)* Aufsetzen, *das;* **with an ~ of indifference** mit scheinbarer Gleichgültigkeit; **d) the A~** *(Relig.)* Mariä Himmelfahrt

**assurance** [ə'ʃʊərəns] *n.* **a)** Zusicherung, *die;* **I give you my ~ that ...:** ich versichere Ihnen, daß ...; **I can give you no ~ that ...:** ich kann Ihnen nicht versprechen, daß ...; **b)** *no pl. (self-confidence)* Selbstsicherheit, *die;* **c)** *no pl. (certainty)* Sicherheit, *die;* **d)** *no pl. (impudence)* Dreistigkeit, *die;* **e)** *no pl. (Brit.: insurance)* Versicherung, *die*

**assure** [ə'ʃʊə(r)] *v. t.* **a)** versichern (+ *Dat.*); **you're safe now, I ~ you** ich versichere dir, du bist jetzt in Sicherheit; ~ **sb. of sth.** jmdn. einer Sache *(Gen.)* versichern *(geh.);* **b)** *(convince)* ~ **sb./oneself** jmdn./sich überzeugen; **c)** *(make certain or safe)* gewährleisten; **d)** *(Brit.: insure)* versichern

**assured** [ə'ʃʊəd] *adj.* gesichert ⟨*Tatsache*⟩; gewährleistet ⟨*Erfolg*⟩; **be ~ of sth.** sich *(Dat.)* einer Sache *(Gen.)* sicher sein

**assuredly** [ə'ʃʊərɪdlɪ] *adv.* gewiß; gewißlich *(geh., veralt.)*

**Assyrian** [ə'sɪrɪən] **1.** *adj.* assyrisch. **2.** *n.* Assyrer, *der*/Assyrerin, *die*

**aster** ['æstə(r)] *n.* Aster, *die;* **China ~:** Sommeraster, *die*

**asterisk** ['æstərɪsk] **1.** *n.* Sternchen, *das;* Asteriskus, *der (Druckw.).* **2.** *v. t.* mit einem Sternchen versehen

**astern** [ə'stɜ:n] *adv. (Naut., Aeronaut.)* achtern; *(towards the rear)* achteraus; **~ of sth.** hinter etw. *(Dat.);* **full speed ~!** volle Kraft zurück!; **go ~:** achteraus fahren; **fall ~:** achteraus sacken

**asteroid** ['æstərɔɪd] *n. (Astron.)* Asteroid, *der*

**asthma** ['æsmə] *n. (Med.)* Asthma, *das*

**asthmatic** [æs'mætɪk] *(Med.)* **1.** *adj.* asthmatisch. **2.** *n.* Asthmatiker, *der*/Asthmatikerin, *die*

**astigmatism** [ə'stɪgmətɪzm] *n. (Med., Optics)* Astigmatismus, *der*

**astir** [ə'stɜ:(r)] *pred. adj.* in Bewegung; *(out of bed)* auf den Beinen; *(excited)* in Aufruhr

**astonish** [ə'stɒnɪʃ] *v. t.* erstaunen; **you ~ me** *(iron.)* wer hätte das gedacht; **he was ~ed to hear that ...:** er war erstaunt zu hören, daß ...

**astonishing** [ə'stɒnɪʃɪŋ] *adj.* erstaunlich

**astonishingly** [ə'stɒnɪʃɪŋlɪ] *adv.* erstaunlich; *as sentence-modifier* **~ [enough], no one has yet ...:** erstaunlicherweise hat noch niemand ...

**astonishment** [ə'stɒnɪʃmənt] *n., no pl.* Erstaunen, *das;* **in utter ~:** äußerst erstaunt

**astound** [ə'staʊnd] *v. t.* verblüffen; [sehr] überraschen; **you ~ me** *(iron.)* das überrascht mich aber sehr

**astounding** [ə'staʊndɪŋ] *adj.* erstaunlich

**astrakhan** [æstrə'kæn] *n. (fleece, cloth)* Astrachan, *der*

**astral** ['æstrl] *adj.* astral; ~ **body** Astralleib, *der;* ~ **spirits** Sterngeister

**astray** [ə'streɪ] **1.** *adv.* in die Irre; **sb. goes ~:** jmd. verirrt sich; **sth. goes ~** *(is mislaid)* etw. wird verlegt; *(is lost)* etw. geht verloren; **lead ~:** irreführen; **go/lead ~** *(fig.)* in die Irre gehen/führen; *(into sin)* vom rechten Weg abkommen/abbringen. **2.** *pred. adj.* **be ~:** sich verirrt haben; *(fig.: be in error)* sich irren; ⟨*Rechnung:*⟩ abwegig sein

**astride** [ə'straɪd] **1.** *adv.* rittlings ⟨*sitzen*⟩; breitbeinig ⟨*stehen*⟩; **with one's legs ~:** mit gespreizten Beinen; **~ of sth.** rittlings auf etw. *(Dat./Akk.).* **2.** *prep.* **a)** rittlings auf (+ *Dat.*); **b)** *(extending across)* zu beiden Seiten (+ *Gen.*)

**astringency** [ə'strɪndʒənsɪ] *n., no pl.* Schärfe, *die;* *(of wine, fruit)* Säure, *die;* *(severity)* Schärfe, *die;* *(of judgement)* Strenge, *die*

**astringent** [ə'strɪndʒənt] **1.** *adj.* **a)** herb, streng ⟨*Geruch, Geschmack*⟩; stechend, beißend ⟨*Geruch*⟩; sauer ⟨*Obst, Wein*⟩; **b)** *(styptic)* adstringierend *(Med.);* blutstillend; **c)** *(severe)* scharf; beißend; streng ⟨*Urteil*⟩. **2.** *n.* Adstringens, *das*

**astro-** [æstrəʊ] *in comb.* astro-/Astro-

**astrologer** [ə'strɒlədʒə(r)] *n.* Astrologe, *der*/Astrologin, *die*

**astrological** [æstrə'lɒdʒɪkl] *adj.* astrologisch

**astrology** [ə'strɒlədʒɪ] *n., no pl.* Astrologie, *die*

**astronaut** ['æstrənɔ:t] *n.* Astronaut, *der*/Astronautin, *die*

**astronautical** [æstrə'nɔ:tɪkl] *adj.* astronautisch; ~ **research** Weltraumforschung, *die;* ~ **engineering** Raumfahrttechnik, *die*

**astronautics** [æstrə'nɔ:tɪks] *n., no pl.* Astronautik, *die;* Raumfahrt, *die*

**astronomer** [ə'strɒnəmə(r)] *n.* Astronom, *der*/Astronomin, *die*

**astronomical** [æstrə'nɒmɪkl] *adj.,* **astronomically** [æstrə'nɒmɪkəlɪ] *adv. (lit. or fig.)* astronomisch

**astronomy** [ə'strɒnəmɪ] *n., no pl.* Astronomie, *die*

**astrophysical** [æstrəʊ'fɪzɪkl] *adj.* astrophysikalisch

**astrophysicist** [æstrəʊ'fɪzɪsɪst] *n.* Astrophysiker, *der*/Astrophysikerin, *die*

**astrophysics** [æstrəʊ'fɪzɪks] *n., no pl.* Astrophysik, *die*

**astute** [ə'stju:t] *adj.* scharfsinnig ⟨*Beobachter, Bemerkung*⟩; *(skilful)* geschickt

**astutely** [ə'stju:tlɪ] *adv.* scharfsinnig ⟨*bemerken, entscheiden*⟩; *(skilfully)* geschickt

**astuteness** [ə'stju:tnɪs] *n., no pl.* Scharfsinnigkeit, *die;* *(skill)* Geschick, *das*

**asunder** [ə'sʌndə(r)] *adv. (literary)* auseinander; **tear sth. ~:** etw. zerreißen

**asylum** [ə'saɪləm] *n.* Asyl, *das;* **grant sb. ~:** jmdm. Asyl gewähren; **seek ~:** um Asyl bitten *od.* nachsuchen; **political ~:** politisches Asyl

**asymmetric** [æsɪ'metrɪk, eɪsɪ'metrɪk], **asymmetrical** [æsɪ'metrɪkl, eɪsɪ'metrɪkl] *adj.* asymmetrisch; unsymmetrisch; **asymmetric bars** *(Sport)* Stufenbarren, *der*

**asymmetry** [æ'sɪmɪtrɪ, eɪ'sɪmɪtrɪ] *n.* Asymmetrie, *die*

**asynchronous** [eɪ'sɪŋkrənəs] *adj.* asynchron; ~ **motor** Asynchronmotor, *der*

**at** [ət, *stressed* æt] *prep.* **a)** *expr. place* an (+ *Dat.*); **at the station** am Bahnhof; **at the baker's/butcher's/grocer's** beim Bäcker/Fleischer/Kaufmann; **at the chemist's** in der Apotheke/Drogerie; **at the supermarket** im Supermarkt; **at my mother's** bei meiner Mutter; **at home** zu Hause; **at the party** auf der Party; **at the office/hotel** im Büro/Hotel; **at school** in der Schule; **at Dover** in Dover; **b)** *expr. time* **at Christmas/Easter/Whitsun** [zu *od.* an] Weihnachten/Ostern/Pfingsten; **at six o'clock** um sechs Uhr; **at midnight** um Mitternacht; **at midday** am Mittag; mittags; **at dawn** im Morgengrauen; **at [the age of] 40** mit 40; im Alter von 40; **at this/the moment** in diesem/im Augenblick *od.* Moment; **at any time** jederzeit; **at irregular intervals** in unregelmäßigen Abständen; **at the first attempt** beim ersten Versuch; **c)** *expr. price* **at £2.50 [each]** zu *od.* für [je] 2,50 Pfund; **petrol is charged at 5p per mile** die Benzinkosten werden mit 5 Pence pro Meile berechnet; **d) she's still at it** sie ist immer noch dabei; **at that** *(at that point)* dabei; *(at that provocation)* daraufhin; *(moreover)* noch dazu; *(nevertheless)* trotzdem; **this is where it's at** *(coll.)* da ist was los *(ugs.). See also* **all 2 d**

**atavism** ['ætəvɪzm] *n.* Atavismus, *der*

**atavistic** [ætə'vɪstɪk] *adj.* atavistisch

**ataxia** [ə'tæksɪə] *n., no pl. (Med.)* Ataxie, *die;* **locomotor ~:** lokomotorische Ataxie

**ate** *see* **eat**

**atheism** ['eɪθɪɪzm] *n., no pl.* Atheismus, *der*

**atheist** ['eɪθɪɪst] *n.* Atheist, *der*/Atheistin, *die*

**Athenian** [ə'θi:nɪən] **1.** *adj.* athenisch; **the ~ people** die Athener; **~ history** die Geschichte Athens. **2.** *n.* Athener, *der*/Athenerin, *die*

**Athens** ['æθɪnz] *pr. n.* Athen *(das)*

**atherosclerosis** [æθərəʊsklə'rəʊsɪs] *n., pl.* **atheroscleroses** [æθərəʊsklə'rəʊsi:z] *(Med.)* Atherosklerose, *die*

**athlete** ['æθli:t] *n.* Athlet, *der*/Athletin, *die;* Sportler, *der*/Sportlerin, *die;* *(runner, jumper)* Leichtathlet, *der*/Leichtathletin, *die;* **~'s foot** *(Med.)* Athletenfuß, *der (fachspr.);* Fußpilz, *der*

**athletic** [æθ'letɪk] *adj.* sportlich; *(robust)* athletisch; ~ **sports** Leichtathletik, *die;* **any reasonably ~ person** jeder einigermaßen sportliche Mensch; **the goalkeeper made an ~ save** der Torwart zeigte eine Glanzparade

**athletically** [æθ'letɪkəlɪ] *adv.* sportlich; athletisch ⟨*gebaut*⟩

**athleticism** [æθ'letɪsɪzm] *n., no pl.* Sportlichkeit, *die*

**athletics** [æθ'letɪks] *n., no pl.* **a)** Leichtathletik, *die;* **b)** *(Amer.: physical sports)* Sport, *der*

**at-'home** *n. festgesetzter Tag, an dem man zu festgesetzter Zeit zwanglos Gäste empfängt;* Jour fixe, *der (veralt.)*

**athwart** [ə'θwɔ:t] **1.** *adv.* **a)** *(literary: from side to side)* quer (**to** zu); **b)** *(Naut.)* dwars. **2.** *prep.* **a)** *(literary: from side to side of)* quer über (+ *Dat./Akk.*); **b)** *(Naut.)* dwars zu

**Atlantic** [ət'læntɪk] **1.** *adj.* atlantisch; ~ **Ocean** Atlantischer Ozean; ~ **coast** Atlantikküste, *die.* **2.** *pr. n.* Atlantik, *der*

**atlas** ['ætləs] *(also Anat.)* Atlas, *der;* ~ **of the world** Weltatlas, *der*

**atmosphere** ['ætməsfɪə(r)] *n.* **a)** *(lit. or fig.)* Atmosphäre, *die;* **the ~ of the Earth** die Erdatmosphäre; **b)** *(air in a place)* Luft, *die*

**atmospheric** [ætmə'sferɪk] *adj.* **a)** atmosphärisch; ~ **moisture** Luftfeuchtigkeit, *die;* **b)** *(fig.: evocative)* stimmungsvoll

**atmospherics** [ætmə'sferɪks] *n. pl. (Radio)* atmosphärische Störungen

**atoll** ['ætɒl, ə'tɒl] *n.* Atoll, *das*

**atom** ['ætəm] *n.* **a)** Atom, *das;* **b)** *(fig.)* **not an ~ of truth** kein Körnchen Wahrheit; **not a single ~ of evidence** nicht der Schatten eines Beweises

**'atom bomb** *see* **atomic bomb**

**atomic** [ə'tɒmɪk] *adj. (Phys.)* Atom-

**atomic:** ~ **'bomb** *n.* Atombombe, *die;* ~ **'energy** *n., no pl.* Atomenergie, *die;* ~ **'mass** *see* ~ **weight;** ~ **'number** *n. (Phys., Chem.)* Kernladungszahl, *die;* Ordnungszahl, *die;* ~ **'power** *n., no pl.* Atomkraft, *die;* ~ **'warfare** *n., no pl.* Atomkrieg, *der;* ~ **'weight** *n. (Phys., Chem.)* Atomgewicht, *das*

**atomization** [ætəmaɪ'zeɪʃn] *n.* Atomisierung, *die; (of liquid)* Zerstäubung, *die*

**atomize** ['ætəmaɪz] *v. t.* atomisieren; zerstäuben ⟨*Flüssigkeit*⟩

**atomizer** ['ætəmaɪzə(r)] *n.* Zerstäuber, *der*

**atonal** [eɪ'təʊnl, ə'təʊnl] *adj. (Mus.)* atonal

**atone** [ə'təʊn] *v. i.* es wiedergutmachen; ~ **for sth.** etw. wiedergutmachen

**atonement** [ə'təʊnmənt] *n.* **a)** *(atoning)* Buße, *die; (reparation)* Wiedergutmachung, *die;* **make ~ for sth.** für etw. Buße tun; **b)** *(Relig.)* Versöhnung, *die;* **Day of A~:** Versöhnungsfest, *das;* Jom Kippur, *der;* **the A~:** das Sühneopfer [Christi]

**atonic** [ə'tɒnɪk] *adj. (Phonet., Pros.)* unbetont; atonisch *(veralt.)*

**atop** [ə'tɒp] **1.** *adv.* obendrauf; ~ **of sth.** [oben] auf etw. *(Dat./Akk.).* **2.** *prep.* [oben] auf (+ *Dat./Akk.*)

**atrium** ['eɪtrɪəm] *n., pl.* **atria** ['eɪtrɪə] *or* **~s a)** *(Anat.)* Vorhof, *der;* Atrium, *das (fachspr.);* **b)** *(Roman Ant.)* Atrium, *das*

**atrocious** [ə'trəʊʃəs] *adj.* grauenhaft; scheußlich ⟨*Wetter, Benehmen*⟩

**atrociously** [ə'trəʊʃəslɪ] *adv.* grauenhaft; scheußlich ⟨*sich benehmen*⟩

**atrocity** [ə'trɒsɪtɪ] *n.* **a)** *no pl. (extreme wickedness)* Grauenhaftigkeit, *die;* **b)** *(atrocious deed)* Greueltat, *die (geh.);* Grausamkeit, *die;* **c)** *(coll.: repellent thing)* Widerwärtigkeit, *die*

**atrophy** ['ætrəfɪ] **1.** *n.* **a)** *(Med.)* Atrophie, *die (Med.);* Verkümmerung, *die;* **muscular ~:** Muskelatrophie, *die (Med.);* Muskelschwund, *der;* **b)** *(emaciation)* Abmagerung, *die; (fig.)* Verfall, *der.* **2.** *v. i.* atrophieren *(Med.);* verkümmern

**atropine** ['ætrəpɪn, 'ætrəpi:n] *n. (Med.)* Atropin, *das*

**attach** [ə'tætʃ] **1.** *v. t.* **a)** *(fasten)* befestigen (**to** an + *Dat.*); anhängen ⟨*Wagen*⟩ (**to** an + *Dat.*); **please find ~ed a copy of the letter** beigeheftet ist eine Kopie des Briefes; **b)** *(join)* ~ **oneself to sth./sb.** sich einer Sache/jmdm. anschließen; **c)** *(assign)* **be ~ed to sth.** einer Sache *(Dat.)* zugeteilt sein; **is there a car ~ed to the job?** ist die Stelle mit einem Dienstwagen verbunden?; **the research unit is ~ed to the university** die Forschungsabteilung ist der Universität *(Dat.)* angegliedert; **d)** *(fig.: ascribe)* zuschreiben; ~ **no blame to sb.** jmdm. keine Schuld geben; **I can't ~ a name to that face** ich kann diesem Gesicht keinen Namen zuordnen; **e)** *(attribute)* beimessen; ~ **importance/meaning to sth.** einer Sache *(Dat.)* Gewicht/Bedeutung beimessen; **f)** *(Law)* pfänden ⟨*Eigentum*⟩; festnehmen ⟨*Person*⟩. **2.** *v. i.* **no blame ~es to sb.** jmdn. trifft keine Schuld; **suspicion ~es to sb.** der Verdacht fällt auf jmdn.

**attachable** [ə'tætʃəbl] *adj.* **a) be ~ to sth.** an etw. *(Dat.)* befestigt werden können; **b)** *(Law)* pfändbar ⟨*Gut, Ware*⟩

**attaché** [ə'tæʃeɪ] *n.* Attaché, *der;* **cultural/military/press/naval ~:** Kultur-/Militär-/Presse-/Marineattaché, *der*

**at'taché case** *n.* Diplomatenkoffer, *der*

**attached** [ə'tætʃt] *adj. (emotionally)* **be ~ to sb./sth.** an jmdm./etw. hängen; **become ~ to sb./sth.** jmdn./etw. liebgewinnen

**attachment** [ə'tætʃmənt] *n.* **a)** *(act or means of fastening)* Befestigung, *die;* **the ~ of a recording device to a telephone** der Anschluß eines Aufnahmegerätes an ein Telefon; **b)** *(accessory)* Zusatzgerät, *das;* **blender ~:** Mixaufsatz, *der;* **c)** *(ascribing)* Zuordnung, *die;* **the ~ of blame would be premature at this stage** es wäre in diesem Stadium verfrüht, jmdm. die Schuld zu geben; **d)** *(attribution)* Beimessung, *die;* **e)** *(affection)* Anhänglichkeit, *die* (**to** an + *Akk.*); **his ~ to that party** seine Sympathie für diese Partei; **have an ~ for sb.** an jmdm. hängen; **f)** *(Law)* Pfändung, *die*

**attack** [ə'tæk] **1.** *v. t.* **a)** angreifen; *(ambush, raid)* überfallen; *(fig.: criticize)* attackieren; **a woman was ~ed and raped** eine Frau wurde überfallen und vergewaltigt; **b)** *(affect)* ⟨*Krankheit:*⟩ befallen; **c)** *(start work on)* in Angriff nehmen; **she ~ed the washing-up** sie machte sich an den Abwasch; **d)** *(take action against)* vorgehen gegen; **e)** *(act harmfully on)* angreifen ⟨*Metall, Oberfläche*⟩. **2.** *v. i.* angreifen; ~ **in strength** in großer Zahl angreifen. **3.** *n.* **a)** *(on enemy)* Angriff, *der; (on person)* Überfall, *der; (fig.: criticism)* Attacke, *die;* Angriff, *der;* **air ~:** Luftangriff, *der;* **be under ~:** angegriffen werden; **come under ~ from all directions** *(fig.)* von allen Seiten attackiert *od.* angegriffen werden; **b)** *(start)* Inangriffnahme, *die* (**on** *Gen.*); **make a spirited ~ on sth.** etw. beherzt in Angriff nehmen; **c)** *(of illness, lit. or fig.)* Anfall, *der;* **the girls got an ~ of the giggles** die Mädchen mußten furchtbar kichern; **d)** *(Sport)* Angriff, *der;* **e)** *(Mus.)* [präziser] Einsatz; *(on piano)* Anschlag, *der;* Attacke, *die (Jazz)*

**attacker** [ə'tækə(r)] *n. (also Sport)* Angreifer, *der*/Angreiferin, *die*

**attacking** [ə'tækɪŋ] *adj.* offensiv ⟨*Spielweise, Spieler*⟩; angreifend ⟨*Truppen*⟩

**attain** [ə'teɪn] **1.** *v. t.* erreichen ⟨*Ziel, Wirkung*⟩; ~ **power** an die Macht gelangen; **the author ~ed his ambition** der Autor erreichte sein Ziel; **she ~ed her hope** ihre Hoffnung erfüllte sich. **2.** *v. i.* ~ **to sth.** zu etw. gelangen; ~ **to success** Erfolg haben; ~ **to power** an die Macht gelangen

**attainability** [əteɪnə'bɪlɪtɪ] *n., no pl.* Erreichbarkeit, *die*

**attainable** [ə'teɪnəbl] *adj.* erreichbar ⟨*Ziel*⟩; realisierbar ⟨*Hoffnung, Ziel*⟩

**attainder** [ə'teɪndə(r)] *n. (Hist.)* Verlust von Recht und Besitz *(als Folge eines Todesurteils oder der Ächtung)*

**attainment** [ə'teɪnmənt] *n.* **a)** *no pl.* Verwirklichung, *die;* **be impossible of ~:** unmöglich zu erreichen sein; **b)** *(thing attained)* Leistung, *die*

**attar** ['ætə(r)] *n.* Rosenöl, *das;* Attar, *der (veralt.)*

**attempt** [ə'tempt] **1.** *v. t.* **a)** versuchen; ~ **to do sth.** versuchen, etw. zu tun; **b)** *(try to accomplish)* sich versuchen an (+ *Dat.*); *(try to conquer)* angreifen; **candidates should ~ 5 out of 10 questions** die Kandidaten sollten 5 von 10 Fragen zu beantworten versuchen. **2.** *n.* Versuch, *der;* **make an ~ at sth.** sich an etw. *(Dat.)* versuchen; **make an ~ to do sth.** den Versuch unternehmen, etw. zu tun; **he will make an ~ on the 800 m record tonight** er wird heute abend einen Rekordversuch über 800 m unternehmen; **make an ~ on sb.'s life** ein Attentat *od.* einen Mordanschlag auf jmdn. verüben

**attend** [ə'tend] **1.** *v. i.* **a)** *(give care and thought)* aufpassen; *(apply oneself)* ~ **to sth.** auf etw. *(Akk.)* achten; *(deal with sth.)* sich um etw. kümmern; **everyone had their own tasks to ~ to** jeder mußte sich um seine eigenen Aufgaben kümmern *od.* sich seinen eigenen Aufgaben widmen; **b)** *(be present)* anwesend sein; ~ **at sth.** bei etw. anwesend sein; **the chiropodist ~s on Wednesdays** der Fußpfleger ist [immer] mittwochs da; **c)** *(wait)* bedienen; aufwarten *(veralt.);* ~ **on sb.** jmdn. bedienen; jmdm. aufwarten *(veralt.).* **2.** *v. t.* **a)** *(be present at)* teilnehmen an (+ *Dat.*); *(go regularly to)* besuchen; **his lectures are well ~ed** seine Vorlesungen werden gut besucht; **b)** *(follow as a result from)* sich ergeben aus; **be ~ed by sth.** etw. zur Folge haben; **c)** *(accompany)* verbunden sein mit; **may good luck ~ you** *(formal)* möge das Glück dir hold sein *(geh.);* **d)** *(wait on)* bedienen; aufwarten *(veralt.)* (+ *Dat.*); **e)** ⟨*Arzt:*⟩ behandeln

**attendance** [ə'tendəns] *n.* **a)** *(being present)* Anwesenheit, *die; (going regularly)* Besuch, *der* (**at** *Gen.*); **regular ~ at school** regelmäßiger Schulbesuch; **your ~ record is very poor** Sie haben reichlich oft gefehlt; **b)** *(number of people present)* Teilnehmerzahl, *die;* **there was only a small ~ for sth.** etw. wurde nur schwach besucht; **~s at churches are declining** die Zahl der Kirchenbesucher geht zurück; **c) be in ~:** anwesend sein; **the ladies in ~:** die anwesenden Damen; **in close ~:** in unmittelbarer Nähe. *See also* **dance 2 a**

**attendance:** ~ **allowance** *n. (Brit.) Sozialversicherungsleistung für Personen, die die Pflege einer pflegebedürftigen Person besorgen;* ~ **centre** *n. (Brit.)* Jugendarrestanstalt *(in der Freizeitarrest verbüßt wird)*

**attendant** [ə'tendənt] **1.** *n.* **a)** *(person providing service)* **[lavatory]** ~**:** Toilettenmann, *der*/Toilettenfrau, *die;* **[cloakroom]** ~**:** Garderobenmann, *der*/Garderobenfrau, *die;* **museum ~:** Museumswärter, *der;* **b)** *(member of entourage)* Begleiter, *der*/Begleiterin, *die.* **2.** *adj.* begleitend; ~ **circumstances** Begleitumstände; **its ~ problems/risks** die damit verbundenen Probleme/Risiken; **be ~ upon sth.** mit etw. verbunden sein

**attender** [ə'tendə(r)] *n. (person present)* Anwesende, *der/die;* **regular ~s will know ...:** wer regelmäßig teilnimmt, wird wissen, ...

**attention** [ə'tenʃn] **1.** *n.* **a)** *no pl.* Aufmerksamkeit, *die;* **your careful ~ would be much appreciated** ich wäre Ihnen dankbar, wenn Sie gut aufpassen würden; **pay ~ to sb./sth.** jmdn./etw. beachten; **pay ~!** gib acht!; paß auf!; **hold sb.'s ~:** jmds. Interesse wachhalten; **attract [sb.'s] ~:** [jmdn.] auf sich aufmerksam machen; **catch sb.'s ~:** jmds. Aufmerksamkeit erregen; **bring sth. to sb.'s ~:** jmds. Aufmerksamkeit auf etw. *(Akk.)* lenken; jmdn. auf etw. *(Akk.)* aufmerksam machen; **call** *or* **draw sb.'s ~ to sb./sth.** jmds.

Aufmerksamkeit auf jmdn./etw. lenken; jmdn. auf jmdn./etw. aufmerksam machen; ~ **Miss Jones** *(on letter)* zu Händen [von] Miss Jones; **b)** *no pl. (consideration)* **give sth. one's personal ~:** sich einer Sache *(Gen.)* persönlich annehmen; **we are giving your enquiry our fullest ~:** wir bearbeiten Ihre Anfrage mit der größten Sorgfalt; **c)** *in pl. (ceremonious politeness)* Aufmerksamkeit, *die;* **show sb. little ~s** jmdm. kleine Aufmerksamkeiten erweisen; **pay [one's] ~s to sb.** jmdm. den Hof machen *(veralt.);* **d)** *(Mil.)* Grundstellung, *die;* Habachtstellung, *die;* **stand to ~:** stillstehen; strammstehen. **2.** *int.* **a)** Achtung!; ~ **all shipping** Achtung! An alle Schiffe!; **b)** *(Mil.)* stillgestanden!

**attentive** [ə'tentɪv] *adj.* **a)** *(paying attention)* aufmerksam; **be ~ to sth.** auf etw. *(Akk.)* achten; **b)** *(heedful)* **be more ~ to one's studies** sich gewissenhafter seinen Studien widmen; **be [more] ~ to sb.'s warnings** auf jmds. Warnungen hören; **c)** *(assiduous)* aufmerksam; **he was very ~ to the ladies** er war den Damen gegenüber sehr aufmerksam *od.* zuvorkommend

**attentively** [ə'tentɪvlɪ] *adv.* aufmerksam

**attentiveness** [ə'tentɪvnɪs] *n., no pl.* Aufmerksamkeit, *die*

**attenuate** [ə'tenjʊeɪt] *v. t.* **a)** *(make thin)* dünn machen; dünnflüssig machen ⟨*Öl*⟩; **b)** *(reduce, lit. or fig.)* abschwächen; dämpfen ⟨*Schall, Ton*⟩; **c)** *(Electr.)* [ab]schwächen; dämpfen ⟨*Welle, Schwingung*⟩

**attenuation** [ətenjʊ'eɪʃn] *n. see* **attenuate a, b, c:** Verdünnung, *die;* Abschwächung, *die;* Dämpfung, *die*

**attest** [ə'test] **1.** *v. t. (certify validity of)* bestätigen; beglaubigen ⟨*Unterschrift, Urkunde*⟩. **2.** *v. i. (bear witness)* ~ **to sth.** etw. bezeugen; *(fig.)* von etw. zeugen

**attestation** [ætɪ'steɪʃn] *n.* Bestätigung, *die*

**Attic** ['ætɪk] **1.** *adj.* attisch; ~ **dialect** attischer Dialekt; ~ **salt** *or* **wit** attisches Salz; attischer Witz. **2.** *n.* attischer Dialekt

**attic** *n.* **a)** *(storey)* Dachgeschoß, *das;* oberstes Stockwerk; **b)** *(room)* Dachboden, *der; (habitable)* Dachkammer, *die;* Mansarde, *die*

**attire** [ə'taɪə(r)] **1.** *n., no pl.* Kleidung, *die.* **2.** *v. t.* kleiden; **be ~d in sth.** in etw. *(Akk.)* gekleidet sein; ~ **oneself** sich kleiden

**attitude** ['ætɪtju:d] *n.* **a)** *(posture, way of behaving)* Haltung, *die;* **in a defensive/threatening ~:** in abwehrender/drohender Haltung; **strike an ~:** eine Haltung einnehmen; **b)** *(mode of thinking)* ~ **[of mind]** Einstellung, *die* **(to[wards]** zu); **c)** *(Aeron.)* Fluglage, *die*

**attitudinize** [ætɪ'tju:dɪnaɪz] *v. i.* sich in Szene setzen

**attn.** *abbr.* **for the attention of** z. H[d].

**attorney** [ə'tɜ:nɪ] *n.* **a)** *(legal agent)* Bevollmächtigte, *der/die;* **power of ~:** Vollmacht, *die;* **b)** *(Amer.: lawyer)* [Rechts]anwalt, *der/*[Rechts]anwältin, *die; see also* **district attorney**

**Attorney-'General** *n., pl.* **Attorneys-General** *oberster Justizbeamter bestimmter Staaten;* ≈ Generalbundesanwalt, *der (Bundesrepublik Deutschland); (in USA)* ≈ Justizminister, *der*

**attract** [ə'trækt] *v. t.* **a)** *(draw)* anziehen; auf sich *(Akk.)* ziehen ⟨*Interesse, Blick, Kritik*⟩; ⟨*Köder, Attraktion:*⟩ anlocken; **the party launched a publicity campaign to ~ new members** die Partei startete eine Werbekampagne, um neue Mitglieder zu gewinnen; **b)** *(arouse pleasure in)* anziehend wirken auf (+ *Akk.*); **what ~s me about the girl** was ich an dem Mädchen anziehend finde; **c)** *(arouse interest in)* reizen **(about** an + *Dat.*); **I am ~ed by that idea** der Gedanke reizt mich

**attractant** [ə'træktənt] *n.* Lockmittel, *das*

**attraction** [ə'trækʃn] *n.* **a)** Anziehung, *die; (force, lit. or fig.)* Anziehung[skraft], *die;* **I cannot see the ~ of going to horror films** ich kann nichts Besonderes daran finden, in Gruselfilme zu gehen; **the possibility of promotion has little ~ for me** die Möglichkeit, befördert zu werden, reizt mich nur wenig; **b)** *(fig.: thing that attracts)* Attraktion, *die; (charm)* Verlockung, *die;* Reiz, *der;* **c)** *(Ling.)* Attraktion, *die*

**attractive** [ə'træktɪv] *adj.* **a)** anziehend; ~ **power/force** Anziehungskraft, *die;* **b)** *(fig.)* attraktiv; reizvoll ⟨*Vorschlag, Möglichkeit, Idee*⟩

**attractively** [ə'træktɪvlɪ] *adv.* reizvoll

**attractiveness** [ə'træktɪvnɪs] *n., no pl.* Attraktivität, *die*

**attributable** [ə'trɪbjʊtəbl] *adj.* **be ~ to sb./sth.** jmdm./einer Sache zuzuschreiben sein; **this comment is not ~:** dieser Kommentar muß anonym bleiben

**attribute 1.** ['ætrɪbju:t] *n.* **a)** *(quality)* Attribut, *das;* Eigenschaft, *die;* **punctuality is not one of her ~s** Pünktlichkeit ist nicht gerade eine ihrer Stärken; **b)** *(symbolic object)* Attribut, *das;* **c)** *(Ling.)* Attribut, *das.* **2.** [ə'trɪbju:t] *v. t. (ascribe, assign)* zuschreiben **(to** *Dat.*); *(refer)* zurückführen **(to** auf + *Akk.*)

**attribution** [ætrɪ'bju:ʃn] *n. (ascribing, assigning)* Zuordnung, *die* **(to** *Dat.*); *(referring)* Zurückführung, *die* **(to** auf + *Akk.*)

**attributive** [ə'trɪbjʊtɪv] *adj.*, **attributively** [ə'trɪbjʊtɪvlɪ] *adv. (Ling.)* attributiv

**attrition** [ə'trɪʃn] *n., no pl.* **a)** *(wearing down)* Zermürbung, *die;* **war of ~** *(lit. or fig.)* Zermürbungskrieg, *der;* **b)** *(friction, abrasion)* Abrieb, *der*

**attune** [ə'tju:n] *v. t.* **a)** *(bring into accord)* aufeinander abstimmen; **b)** *(fig.: make accustomed)* gewöhnen **(to** an + *Akk.*); **be ~d to sth.** auf etw. *(Akk.)* eingestellt sein

**atypical** [eɪ'tɪpɪkl, ə'tɪpɪkl] *adj.* atypisch; untypisch

**aubergine** ['əʊbəʒi:n] *n.* Aubergine, *die*

**aubrietia** [ɔ:'bri:ʃə] *n. (Bot.)* Blaukissen, *das;* Aubrietie, *die (fachspr.)*

**auburn** ['ɔ:bən] *adj.* rötlichbraun

**auction** ['ɔ:kʃn] **1.** *n.* **a)** Auktion, *die;* Versteigerung, *die;* **sell sth. by ~:** etw. durch Versteigerung verkaufen; **be put up for ~:** zur Versteigerung kommen; versteigert werden; **Dutch ~:** Abschlag, *der;* **b)** *(Cards)* Bieten, *das.* **2.** *v. t.* versteigern

**auctioneer** [ɔ:kʃə'nɪə(r)] *n.* Auktionator, *der/*Auktionatorin, *die*

**audacious** [ɔ:'deɪʃəs] *adj. (daring)* kühn; verwegen; *(impudent)* dreist

**audaciously** [ɔ:'deɪʃəslɪ] *adv. (daringly)* kühn; *(impudently)* dreist

**audacity** [ɔ:'dæsɪtɪ] *n., no pl.* **a)** *(daringness)* Kühnheit, *die;* Verwegenheit, *die;* **b)** *(impudence)* Dreistigkeit, *die*

**audibility** [ɔ:dɪ'bɪlɪtɪ] *n.* Hörbarkeit, *die*

**audible** ['ɔ:dɪbl] *adj.* hörbar; **every word was ~ through the wall** man konnte jedes Wort durch die Wand hören; **the child's voice was scarcely ~:** die Stimme des Kindes war kaum zu hören

**audibly** ['ɔ:dɪblɪ] *adv.* hörbar; **whisper sth. quite ~:** etw. recht vernehmlich flüstern

**audience** ['ɔ:dɪəns] *n.* **a)** *(listeners, spectators)* Publikum, *das;* **cinema/concert ~s have increased** die Zahl der Kino-/Konzertbesucher hat zugenommen; **b)** *(formal interview)* Audienz, *die* **(with** bei); **private ~:** Privataudienz, *die;* **c)** *(readers)* Publikum, *das;* Leserkreis, *der*

**audio** ['ɔ:dɪəʊ] *adj.* Ton-; ~ **frequency** Tonfrequenz, *die;* ~ **range** Hörbereich, *der;* ~ **equipment** Phonoausstattung, *die*

**audio:** ~ **engineer** *n.* Toningenieur, *der/*-ingenieurin, *die;* ~ **typist** *n.* Phonotypist, *der/*-typistin, *die;* ~-'**visual** *adj.* audiovisuell *(fachspr.)*

**audit** ['ɔ:dɪt] **1.** *n.* ~ **[of the accounts]** Rechnungsprüfung, *die (Wirtsch.);* **the ~ of the firm's books** die Revision der Firmengeschäftsbücher. **2.** *v. t.* **a)** prüfen; **b)** *(Amer.: attend)* als Gasthörer belegen

**audition** [ɔ:'dɪʃn] **1.** *n. (singing)* Probesingen, *das; (dancing)* Vortanzen, *das; (acting)* Vorsprechen, *das;* **~s are being held today** heute ist Probesingen/Vortanzen/Vorsprechen. **2.** *v. i. (sing)* vorsingen; probesingen; *(dance)* vortanzen; *(act)* vorsprechen; ~ **for a part** für eine Rolle vorsprechen. **3.** *v. t.* vorsingen/vortanzen/vorsprechen lassen

**auditor** ['ɔ:dɪtə(r)] *n.* Buchprüfer, *der/*-prüferin, *die;* Rechnungsprüfer, *der/*-prüferin, *die*

**auditorium** [ɔ:dɪ'tɔ:rɪəm] *n., pl.* **~s** *or* **auditoria** [ɔ:dɪ'tɔ:rɪə] Zuschauerraum, *der*

**auditory** ['ɔ:dɪtərɪ] *adj.* **a)** *(concerned with hearing)* Gehör-; auditiv *(Med.);* **b)** *(received by the ear)* akustisch; auditiv *(Med.)*

**au fait** [əʊ 'feɪ] *pred. adj.* vertraut **(with** mit); au fait *(geh.); (up to date)* auf dem laufenden

**Aug.** *abbr.* **August** Aug.

**Augean** [ɔ:'dʒi:ən] *adj.* überaus schmutzig; ~ **stables** *(lit. or fig.)* Augiasstall, *der*

**auger** ['ɔ:gə(r)] *n. (for wood)* Handbohrer, *der;* Stangenbohrer, *der (Technik); (for soil)* Erdbohrer, *der (Technik)*

**[1]aught** [ɔ:t] *n., no pl., no art. (arch./poet.)* [irgend] etwas

**[2]aught** *see* **[2]ought**

**augment 1.** [ɔ:g'ment] *v. t.* verstärken ⟨*Armee*⟩; verbessern ⟨*Einkommen*⟩; aufstocken ⟨*Fonds, finanzielle Mittel*⟩; **~ed interval** *(Mus.)* übermäßiges Intervall. **2.** *v. i.* zunehmen; ⟨*Reserven:*⟩ zunehmen, anwachsen; ⟨*Lärm:*⟩ zunehmen, anschwellen

**augmentation** [ɔ:gmən'teɪʃn] *n., no pl.* **a)** *(enlargement)* Erweiterung, *die; (of funds, finances)* Aufstockung, *die; (growth)* Anstieg, *der;* Zunahme, *die;* **b)** *(Mus.)* Augmentation, *die*

**au gratin** *see* **gratin**

**augur** ['ɔ:gə(r)] **1.** *n.* **a)** *(Roman Ant.)* Augur, *der;* **b)** *(soothsayer)* Augur, *der (geh.).* **2.** *v. t.* **a)** *(portend)* bedeuten; versprechen ⟨*Erfolg*⟩; **b)** *(foretell)* prophezeien **(of, for** *Dat.*). **3.** *v. i.* ~ **well/ill for sth./sb.** ein gutes/schlechtes Zeichen für etw./jmdn. sein

**augury** ['ɔ:gjʊrɪ] *n.* Vorzeichen, *das*

**August** ['ɔ:gəst] *n.* August, *der;* **in ~:** im August; **last/next ~:** letzten/nächsten August; **the first of/on the first of ~** *or* **on ~ [the] first** der erste/am ersten August; **1[st] ~** *(as date on document)* 1. August; **every ~:** jeden August; jedes Jahr im August; **an ~ day** ein Augusttag; **from ~ to October** von August bis Oktober

**august** [ɔ:'gʌst] *adj.* **a)** *(venerable)* ehrwürdig; *(noble)* erlaucht; **b)** *(majestic)* großartig; eindrucksvoll

**[1]Augustine** [ɔ:'gʌstɪn] *pr. n.* Augustinus *(der)*

**[2]Augustine** *n.* Augustiner, *der*

**Augustinian** [ɔ:gʌ'stɪnɪən] **1.** *adj.* Augustinisch ⟨*Lehre*⟩; ~ **monk** Augustinermönch, *der.* **2.** *n. (monk)* Augustiner, *der*

**auk** [ɔ:k] *n. (Ornith.)* Alk, *der*

**auld** [ɔ:ld] *adj. (Scot.) see* **old; for ~ lang syne** um der guten, alten Zeiten willen

**au naturel** [əʊ nætjə'rel] *adv., pred. adj. (Gastr.)* nature; au naturel

**aunt** [ɑ:nt] *n.* Tante, *die;* **A~ Sally** *Wurfspiel [auf dem Jahrmarkt], bei dem mit Stöcken oder Bällen auf eine Holzfigur geworfen wird; (target doll)* ≈ Schießbudenfigur, *die; (fig.)* Zielscheibe, *die (fig.);* **my sainted ~!** du liebe Güte!

**auntie, aunty** ['ɑ:ntɪ] *n. (coll.)* Tantchen, *das; (with name)* Tante, *die;* **do you love A~ Betty?** magst du die liebe Tante Betty?

**au pair** [əʊ 'peə(r)] **1.** *n.* Au-pair-Mädchen,

*das.* **2.** *adj.* ~ **girl** Au-pair-Mädchen, *das*
**aura** ['ɔ:rə] *n., pl.* ~**e** ['ɔ:ri:] *or* ~**s a)** *(atmosphere, Med.)* Aura, *die;* **have an** ~ **about one** von einer Aura umgeben sein; **b)** *(subtle emanation)* Aura, *die;* Fluidum, *das*
**aural** ['ɔ:rl] *adj.* akustisch; aural *(Med.);* ~ **specialist** Ohrenarzt, *der*
**aureola** [ɔ:'ri:ələ], **aureole** ['ɔ:rɪəʊl] *n. (Art)* Aureole, *die; (around head)* Nimbus, *der*
**au revoir** [əʊ rə'vwɑ:(r)] **1.** *int.* auf Wiedersehen. **2.** *n.* **say one's** ~**s** auf Wiedersehen sagen
**auricle** ['ɔ:rɪkl] *n.* **a)** *(external ear)* Ohrmuschel, *die;* Auricula, *die (Med.);* **b)** *(Anat.: of heart)* Atrium, *das (fachspr.);* Vorhof, *der;* Herzohr, *das;* **c)** *(Bot.)* Aurikel, *die*
**auricular** [ɔ:'rɪkjʊlə(r)] *adj.* **a)** *(of the ear)* Ohr-; aurikular *(Med.); (by the ear)* akustisch; ~ **witness** Ohrenzeuge, *der;* ~ **confession** *(Relig.)* Ohrenbeichte, *die;* **b)** *(Anat.: of auricle of heart)* Vorhof-
**auriferous** [ɔ:'rɪfərəs] *adj. (Geol.)* goldhaltig
**aurora** [ɔ:'rɔ:rə] *n., pl.* ~**s** *or* ~**e** [ɔ:'rɔ:ri:] Polarlicht, *das;* ~ **borealis** [bɔ:rɪ'eɪlɪs] Nordlicht, *das;* ~ **australis** [ɔ:'streɪlɪs] Südlicht, *das*
**auscultation** [ɔ:skəl'teɪʃn] *n., no pl. (Med.)* Auskultation, *die (fachspr.);* Abhorchen, *das*
**auspice** ['ɔ:spɪs] *n.* **a)** *in pl.* **under the** ~**s of sb./sth.** unter jmds./einer Sache Auspizien *(geh.) od.* Schirmherrschaft; **b)** *(sign)* Auspizium, *das (geh.);* Vorzeichen, *das;* **under favourable** ~**s** unter günstigen Auspizien *(geh.) od.* Vorzeichen
**auspicious** [ɔ:'spɪʃəs] *adj.* **a)** *(favourable)* günstig; vielversprechend ⟨*Anfang*⟩; **b)** *(fortunate)* glückhaft *(geh.);* glücklich
**auspiciously** [ɔ:'spɪʃəslɪ] *adv.* **a)** *(favourably)* vielversprechend; **b)** *(fortunately)* glücklich
**Aussie** ['ɒzɪ, 'ɒsɪ] *(coll.)* **1.** *adj.* australisch. **2.** *n.* **a)** Australier, *der*/Australierin, *die;* **b)** *(Australia)* Australien *(das)*
**austere** [ɒ'stɪə(r), ɔ:'stɪə(r)] *adj.* **a)** *(morally strict, stern)* streng; unbeugsam ⟨*Haltung*⟩; **b)** *(severely simple)* karg; **c)** *(ascetic)* asketisch ⟨*Leben*⟩
**austerely** [ɒ'stɪəlɪ, ɔ:'stɪəlɪ] *adv.* **a)** *(morally, strictly, sternly)* streng; **b)** *(severely simply)* karg; ~ **simple** karg und schlicht; **c)** *(ascetically)* asketisch ⟨*leben*⟩
**austereness** [ɒ'stɪənɪs, ɔ:'stɪənɪs] *see* **austerity a, b**
**austerity** [ɒ'sterɪtɪ, ɔ:'sterɪtɪ] *n.* **a)** *no pl. (moral strictness)* Strenge, *die;* **b)** *no pl. (severe simplicity)* Kargheit, *die;* **c)** *no pl. (lack of luxuries)* wirtschaftliche Einschränkung; Austerity, *die (Wirtsch.);* **d)** *in pl. (deprivations)* Entbehrungen; *(for religious reasons)* Entsagungen
**Australasia** [ɒstrə'leɪʃə, ɔ:strə'leɪʃə] *pr. n.* Australien und der südwestliche Pazifik
**Australasian** [ɒstrə'leɪʃn, ɔ:strə'leɪʃn] *adj.* ~ **peoples/cultures** Völker/Kulturen Australiens und des südwestlichen Pazifiks; ~ **region** australische Region *(Zool.)*
**Australia** [ɒ'streɪlɪə, ɔ:'streɪlɪə] *pr. n.* Australien *(das)*
**Australian** [ɒ'streɪlɪən, ɔ:'streɪlɪən] **1.** *adj.* australisch; ~ **bear** Beutelbär, *der;* Koala, *der;* **sb. is** ~: jmd. ist Australier/Australierin; ~ **[National] Rules football** *australische Art des Football.* **2.** *n.* Australier, *der*/Australierin, *die*
**Austria** ['ɒstrɪə, 'ɔ:strɪə] *pr. n.* Österreich *(das);* ~**-Hungary** *(Hist.)* Österreich-Ungarn *(das)*
**Austrian** ['ɒstrɪən, 'ɔ:strɪən] **1.** *adj.* österreichisch. **2.** *n.* Österreicher, *der*/Österreicherin, *die*
**Austro-Hungarian** [ɒstrəʊhʌŋ'geərɪən, ɔ:strəʊhʌŋ'geərɪən] *adj. (Hist.)* österreichisch-ungarisch
**autarchic** [ɔ:'tɑ:kɪk], **autarchical** [ɔ:'tɑ:kɪkl] *adj.* **a)** *(sovereign)* unabhängig; selbständig; **b)** *(despotic)* despotisch
**autarchy** ['ɔ:tɑ:kɪ] *n., no pl.* Autarchie, *die (veralt.); (of state, region)* Unabhängigkeit, *die;* Selbständigkeit, *die; (of ruler, government, regime)* unumschränkte Herrschaft
**autarky** ['ɔ:tɑ:kɪ] *n., no pl.* Autarkie, *die*
**authentic** [ɔ:'θentɪk] *adj. (reliable; also Mus.)* authentisch; *(genuine)* authentisch; echt; berechtigt ⟨*Anspruch*⟩; unverfälscht ⟨*Akzent*⟩
**authentically** [ɔ:'θentɪkəlɪ] *adv. (genuinely)* **his accent was** ~ **upper-class** er sprach im unverfälschten Tonfall der Oberschicht
**authenticate** [ɔ:'θentɪkeɪt] *v. t.* authentifizieren; ~ **sth.** die Echtheit einer Sache *(Gen.)* bestätigen; ~ **information/a report** eine Information/einen Bericht bestätigen; **I succeeded in authenticating my claim** es gelang mir, meinen Anspruch zu beweisen
**authentication** [ɔ:θentɪ'keɪʃn] *n., no pl.* Bestätigung der Echtheit; *(of information, report)* Bestätigung, *die*
**authenticity** [ɔ:θen'tɪsɪtɪ] *n., no pl.* Echtheit, *die;* Authentizität, *die; (of claim)* Berechtigung, *die; (of information, report)* Zuverlässigkeit, *die*
**author** ['ɔ:θə(r)] **1.** *n.* **a)** *(writer)* Autor, *der*/Autorin, *die; (profession)* Schriftsteller, *der*/Schriftstellerin, *die;* **the** ~ **of the book/article** der Autor *od.* Verfasser des Buches/Artikels; **the** ~**s of the 19th century** die Autoren *od.* Schriftsteller des 19. Jahrhunderts; **b)** *(originator)* Vater, *der.* **2.** *v. t. (write)* verfassen
**authoress** ['ɔ:θərɪs] *n.* Autorin, *die*
**authorisation, authorise** *see* **authoriz-**
**authoritarian** [ɔ:θɒrɪ'teərɪən] **1.** *adj.* autoritär. **2.** *n.* autoritäre Person; **be an** ~: autoritär sein
**authoritarianism** [ɔ:θɒrɪ'teərɪənɪzm] *n., no pl.* Autoritarismus, *der (Psych.);* autoritäre Einstellung
**authoritative** [ɔ:'θɒrɪtətɪv] *adj.* **a)** *(recognized as reliable)* autoritativ; maßgebend; zuverlässig ⟨*Bericht, Information*⟩; *(official)* amtlich; **b)** *(commanding)* respekteinflößend
**authoritatively** [ɔ:'θɒrɪtətɪvlɪ] *adv.* **a)** *(reliably)* zuverlässig ⟨*berichten*⟩; *(officially)* offiziell; **he talked** ~ **about his specialist field** er sprach als Fachmann über sein Spezialgebiet; **b)** *(commandingly)* mit Bestimmtheit
**authoritativeness** [ɔ:'θɒrɪtətɪvnɪs] *n., no pl.* **a)** *(reliability)* Zuverlässigkeit, *die; (official nature)* amtlicher Charakter; **b)** *(commanding quality)* Bestimmtheit, *die; (of person)* entschiedenes Auftreten; **the** ~ **of his manner** seine respekteinflößende Art
**authority** [ɔ:'θɒrɪtɪ] *n.* **a)** *no pl. (power)* Autorität, *die; (delegated power)* Befugnis, *die;* **have the/no** ~ **to do sth.** berechtigt *od.* befugt/nicht befugt sein, etw. zu tun; **you have my** ~: Sie haben meine Zustimmung; **have/exercise** ~ **over sb.** Weisungsbefugnis gegenüber jmdm. haben; **on one's own** ~: in eigener Verantwortung; **[be] in** ~: verantwortlich [sein]; **be under sb.'s** ~: jmdm. [gegenüber] verantwortlich sein; **those in** ~: die Verantwortlichen; **b)** *(person having power)* Autorität, *die; (body having power)* **the authorities** die Behörde[n]; **the highest legal** ~: die höchste rechtliche Instanz; **c)** *(expert, book, quotation)* Autorität, *die; (evidence)* Quelle, *die;* **what is your** ~ **for your assertion?** worauf stützt du deine Behauptung?; **on the** ~ **of Darwin** nach Darwin; **have it on the** ~ **of sb./sth. that ...:** durch jmdn./etw. wissen, daß ...; **have it on good** ~ **that ...:** aus zuverlässiger Quelle wissen, daß ...; **d)** *no pl. (weight of testimony)* Autorität, *die;* **give** *or* **add** ~ **to sth.** einer Sache *(Dat.)* Gewicht verleihen; **e)** *no pl. (power to influence)* Autorität, *die;* **f)** *no pl. (masterfulness)* Souveränität, *die*
**authorization** [ɔ:θəraɪ'zeɪʃn] *n.* Genehmigung, *die;* Autorisation, *die;* **obtain/give** ~: die Genehmigung einholen/erteilen
**authorize** ['ɔ:θəraɪz] *v. t.* **a)** *(give authority to)* ermächtigen; bevollmächtigen; autorisieren; ~ **sb. to do sth.** jmdn. ermächtigen, etw. zu tun; **entry is permitted only to** ~**d personnel** Unbefugten ist der Zutritt verboten; **b)** *(sanction)* genehmigen; ~ **sth.** etw. genehmigen; einer Sache *(Dat.)* zustimmen; **the A**~**d Version** *engl. Fassung der Bibel von 1611*
**authorship** ['ɔ:θəʃɪp] *n., no pl.* **a)** *no art. (occupation)* Schriftstellerei, *die;* **b)** *(origin)* Autorschaft, *die;* **of unknown** ~: von einem unbekannten Autor *od.* Verfasser
**autistic** [ɔ:'tɪstɪk] *adj. (Psych., Med.)* autistisch
**auto** ['ɔ:təʊ] *n., pl.* ~**s** *(Amer. coll.)* Auto, *das*
**auto-** [ɔ:təʊ] *in comb.* auto-/Auto-
**autobahn** ['ɔ:təbɑ:n] *n., pl.* ~**s** *or* ~**en** ['ɔ:təbɑ:nən] [deutsche] Autobahn
**autobi'ographer** *n.* Autobiograph, *der*/Autobiographin, *die*
**autobio'graphic, autobio'graphical** *adj.* autobiographisch
**autobi'ography** *n.* Autobiographie, *die*
**autocade** ['ɔ:təʊkeɪd] *(Amer.) see* **motorcade**
**autoclave** ['ɔ:təkleɪv] *n.* Autoklav, *der*
**autocracy** [ɔ:'tɒkrəsɪ] *n.* Autokratie, *die*
**autocrat** ['ɔ:təkræt] *n.* Autokrat, *der*
**autocratic** [ɔ:tə'krætɪk] *adj.* autokratisch
**'autocross** *n., no pl.* Auto-Cross, *das*
**Autocue, (P)** ['ɔ:təʊkju:] *n.* Teleprompter Ⓦⓩ, *der*
**autogenic** [ɔ:tə'dʒenɪk] *adj.* autogen; ~ **training** autogenes Training
**autogenous** [ɔ:'tɒdʒɪnəs] *adj. (Med., Industry)* autogen; ~ **welding** autogene Schweißung; Autogenschweißen, *das*
**'autogiro** *n., pl.* ~**s** Autogiro, *das*
**autograph** ['ɔ:təgrɑ:f] **1.** *n.* **a)** *(signature)* Autogramm, *das;* **b)** *(manuscript)* Autograph, *das; (signed document)* **the original** ~: das Original. **2.** *v. t.* **a)** *(sign)* signieren; **b)** *(write with one's own hand)* mit eigener Hand schreiben
**autogyro** *see* **autogiro**
**auto-im'mune** *adj. (Med.)* autoimmun; ~ **response** Autoimmunantwort, *die*
**automat** ['ɔ:təmæt] *n. (Amer.)* **a)** *(slot-machine)* [Münz]automat, *der;* **b)** *(cafeteria)* Automatenrestaurant, *das*
**automate** ['ɔ:təmeɪt] *v. t.* automatisieren
**automatic** [ɔ:tə'mætɪk] **1.** *adj.* automatisch; ~ **weapons** automatische Waffen; Schnellfeuerwaffen; ~ **writing** automatisches Schreiben; ~ **gear system,** ~ **transmission** Automatikgetriebe, *das;* **his reaction was completely** ~: er reagierte ganz automatisch; **disqualification is** ~ **after two false starts** die Disqualifikation erfolgt automatisch nach zwei Fehlstarts; ~ **pilot** *see* **autopilot. 2.** *n. (weapon)* automatische Waffe; *(vehicle)* Fahrzeug mit Automatikgetriebe; *(tool, apparatus)* Automat, *der*
**automatically** [ɔ:tə'mætɪkəlɪ] *adv.* automatisch
**automation** [ɔ:tə'meɪʃn] *n., no pl.* Automation, *die; (automatic control)* Automatisierung, *die;* automatische Steuerung
**automatism** [ɔ:'tɒmətɪzm] *n., no pl. (Biol., Med., Psych.)* Automatismus, *der*
**automaton** [ɔ:'tɒmətən] *n., pl.* ~**s** *or* **automata** [ɔ:'tɒmətə] Automat, *der*
**automobile** ['ɔ:təməbi:l] *n. (Amer.)* Auto, *das*
**automotive** [ɔ:tə'məʊtɪv] *adj.* Kraftfahrzeug-; ~ **industry** Auto[mobil]industrie, *die;* ~ **workers** Arbeiter in der Auto[mobil]industrie; ~ **products** Erzeugnisse der Auto[mobil]industrie

**autonomic** [ɔ:tə'nɒmɪk] *adj.* **a)** *(Physiol.)* autonom; unbedingt ‹*Reflex*›; **b)** *see* **autonomous**

**autonomous** [ɔ:'tɒnəməs] *adj. (also Philos.)* autonom

**autonomy** [ɔ:'tɒnəmɪ] *n., no pl. (also Philos.)* Autonomie, *die;* ~ **of action** autonomes Handeln

**'autopilot** *n.* Autopilot, *der;* **[fly] on** ~: mit Autopilot [fliegen]

**autopsy** ['ɔ:tɒpsɪ, ɔ:'tɒpsɪ] *n.* **a)** *(post-mortem)* Autopsie, *die;* Obduktion, *die; (fig.)* Manöverkritik, *die;* **b)** *(personal inspection)* Prüfung durch persönliche Inaugenscheinnahme; Autopsie, *die (fachspr.)*

**'autotimer** *n.* [automatische] Schaltuhr

**autumn** ['ɔ:təm] *n. (lit. or fig.)* Herbst, *der;* **in ~ 1969, in the ~ of 1969** im Herbst 1969; **in early/late** ~: im Frühherbst/Spätherbst; **last/next** ~: letzten/nächsten Herbst; ~ **is a beautiful time of the year** der Herbst ist eine schöne Jahreszeit; ~ **weather/fashions** Herbstwetter, *das*/Herbstmoden

**autumnal** [ɔ:'tʌmnl] *adj. (lit. or fig.)* herbstlich; *(blooming or maturing in autumn)* Herbst-; ~ **flower** Herbstblume, *die*

**autumn 'crocus** *n.* Herbstzeitlose, *die*

**auxiliary** [ɔ:g'zɪljərɪ] **1.** *adj.* **a)** *(helping)* Hilfs-; auxiliar *(fachspr.);* **be ~ to sth.** etw. unterstützen *od.* fördern; ~ **troops** Hilfstruppen; **b)** *(subsidiary)* zusätzlich; Zusatz-; **c)** *(Ling.)* ~ **verb** Hilfsverb, *das.* **2.** *n.* **a)** Hilfskraft, *die;* **medical** ~: ärztliches Hilfspersonal; **b)** *in pl. (Mil.)* Hilfstruppen; **c)** *(Ling.)* Hilfsverb, *das*

**AV** *abbr.* **Authorized Version;** *see* **authorized b**

**avail** [ə'veɪl] **1.** *n., no pl., no art.* Nutzen, *der;* **be of no** ~: nichts nützen; nutzlos *od.* vergeblich sein; **to no** ~: vergebens; **of what ~ is it ...?** was nützt es ...? **2.** *v. i.* **a)** *(be of profit)* etwas nützen *od.* fruchten; **it will not** ~: es wird nichts nützen *od.* fruchten; **b)** *(afford help)* helfen. **3.** *v. t.* nützen; **it will ~ you nothing** es wird dir nichts nützen. **4.** *v. refl.* ~ **oneself of sth.** von etw. Gebrauch machen; ~ **oneself of an opportunity** eine Gelegenheit nutzen

**availability** [əveɪlə'bɪlɪtɪ] *n., no pl.* Vorhandensein, *das;* **the ~ of sth.** die Möglichkeit, etw. zu bekommen; **I'll find out about the ~ of tickets** ich werde mich erkundigen, ob Karten zu bekommen sind; **the likely ~ of spare parts** die voraussichtliche Lieferbarkeit von Ersatzteilen; **the ~ of accommodation** das Zimmer-/Wohnungsangebot

**available** [ə'veɪləbl] *adj.* **a)** *(at one's disposal)* verfügbar; **make sth. ~ to sb.** jmdm. etw. zur Verfügung stellen; **be** ~: zur Verfügung stehen; **b)** *(capable of use)* gültig ‹*Fahrkarte, Angebot*›; **c)** *(obtainable)* erhältlich; lieferbar ‹*Waren*›; verfügbar ‹*Unterkunft, Daten*›; **have sth.** ~: etw. zur Verfügung haben; **nobody was ~ for comment** niemand stellte sich für einen Kommentar zur Verfügung

**avalanche** ['ævəlɑ:nʃ] **1.** *n. (lit. or fig.)* Lawine, *die.* **2.** *v. i.* **mud ~d down** eine Lawine von Schlamm stürzte herab

**avant-garde** [ævɑ̃'gɑ:d] **1.** *adj.* avantgardistisch. **2.** *n.* Avantgarde, *die*

**avarice** ['ævərɪs] *n., no pl.* Geldgier, *die;* Habsucht, *die;* ~ **for sth.** *(fig.)* Gier nach etw.

**avaricious** [ævə'rɪʃəs] *adj.* geldgierig; habsüchtig; *(fig.)* gierig **(for** nach); ~ **for power** machtgierig

**Ave.** *abbr.* **Avenue**

**Ave [Maria]** ['ɑ:veɪ (mə'rɪə)] *n.* Ave[-Maria], *das*

**avenge** [ə'vendʒ] *v. t.* rächen; **be ~d/~ oneself on sb.** sich an jmdm. rächen; **be ~d for sth.** sich für etw. rächen

**avenger** [ə'vendʒə(r)] *n.* Rächer, *der*/Rächerin, *die (geh.)*

**avenue** ['ævənju:] *n. (broad street)* Avenue, *die;* Boulevard, *der; (tree-lined road; Brit.: approach to country house)* Allee, *die; (fig.)* Weg, *der* **(to** zu); ~ **of approach** Zugang, *der;* **all ~s of escape were closed** jeder Ausweg war versperrt; *see also* **explore b**

**aver** [ə'vɜ:(r)] *v. t.,* **-rr-:** beteuern; **what one expert ~s, another denies** was der eine Fachmann mit Nachdruck bestätigt, das bestreitet der andere

**average** ['ævərɪdʒ] **1.** *n.* **a)** Durchschnitt, *der;* **the ~ is about ...:** der Durchschnitt liegt bei [ungefähr] ...; **on [the** *or* **an]** ~: im Durchschnitt; durchschnittlich; im Schnitt *(ugs.);* **above/below** ~: über/unter dem Durchschnitt; **law of ~s** Wahrscheinlichkeitsgesetz, *das;* **b)** *(arithmetic mean)* Mittelwert, *der;* **batting** ~ *(Baseball, Cricket)* Durchschnittsleistung als Schlagmann; **bowling** ~ *(Cricket)* Durchschnittsleistung als Werfer; **c)** *(Insurance)* Havarie, *die;* ~ **adjustment** Dispache, *die.* **2.** *adj.* **a)** durchschnittlich; ~ **speed** durchschnittliche Geschwindigkeit; Durchschnittsgeschwindigkeit, *die;* **he is of ~ height** er ist mittelgroß; **b)** *(mediocre)* durchschnittlich; mittelmäßig. **3.** *v. t.* **a)** *(find the ~ of)* den Durchschnitt ermitteln von; **b)** *(amount on ~ to)* durchschnittlich betragen; **the planks ~d three metres in length** die Bretter waren durchschnittlich drei Meter lang; **these things ~ themselves out** so etwas gleicht sich aus; **c)** *(do on ~)* einen Durchschnitt von ... erreichen; **she ~s four novels a year** sie schreibt durchschnittlich vier Romane im Jahr; **the train ~d 90 m.p.h.** der Zug fuhr im Durchschnitt mit 144 Kilometern pro Stunde. **4.** *v. i.* ~ **out at** im Durchschnitt betragen

**averagely** ['ævərɪdʒlɪ] *adv.* durchschnittlich

**averse** [ə'vɜ:s] *pred. adj.* **be ~ to** *or* **from sth.** einer Sache *(Dat.)* abgeneigt sein; **be ~ to** *or* **from doing sth.** abgeneigt sein, etw. zu tun

**aversion** [ə'vɜ:ʃn] *n.* **a)** *no pl. (dislike)* Abneigung, *die;* Aversion, *die;* **have/take an ~ to** *or* **from sth.** eine Abneigung *od.* Aversion gegen etw. haben/bekommen; ~ **therapy** *(Psych.)* Aversionstherapie, *die;* **b)** *(object)* **be sb.'s** ~: jmdm. ein Greuel sein; **my pet ~ is ...:** ein besonderer Greuel ist mir ...

**avert** [ə'vɜ:t] *v. t.* **a)** *(turn away)* abwenden ‹*Blick, Gesicht, Aufmerksamkeit*›; **b)** *(prevent)* abwenden ‹*Katastrophe, Schaden, Niederlage*›; verhüten ‹*Unfall*›; verhindern ‹*Fehlschlag*›

**aviary** ['eɪvɪərɪ] *n.* Vogelhaus, *das;* Aviarium, *das*

**aviation** [eɪvɪ'eɪʃn] *n., no pl., no art.* **a)** *(operating of aircraft)* Luftfahrt, *die;* ~ **fuel** Flugbenzin, *das;* **b)** *(aircraft manufacture)* Flugzeugbau, *der;* ~ **industry** Flugzeugindustrie, *die;* Luftfahrtindustrie, *die*

**aviator** ['eɪvɪeɪtə(r)] *n.* Flieger, *der*/Fliegerin, *die*

**avid** ['ævɪd] *adj. (enthusiastic)* begeistert; passioniert; **be ~ for sth.** *(eager, greedy)* begierig auf etw. *(Akk.)* sein

**avidity** [ə'vɪdɪtɪ] *n., no pl. (enthusiasm)* Begeisterung, *die; (greed)* Begierde, *die*

**avidly** ['ævɪdlɪ] *adv. (enthusiastically)* eifrig; begeistert ‹*annehmen*›; *(greedily)* begierig

**avionics** [eɪvɪ'ɒnɪks] *n.* **a)** *no pl.* Bordelektronik, *die;* Avionik, *die;* **b)** *constr. as pl. (systems)* Bordelektr[on]ik, *die;* Avionik, *die*

**avocado** [ævə'kɑ:dəʊ] *n., pl.* **~s:** ~ **[pear]** Avocado[birne], *die; (tree)* Avocado, *die*

**avocation** [ævə'keɪʃn] *n. (minor occupation)* Nebenbeschäftigung, *die; (coll.: vocation)* Beruf, *der*

**avocet** ['ævəset] *n. (Ornith.)* Säbelschnäbler, *der*

**avoid** [ə'vɔɪd] *v. t.* **a)** *(keep away from)* meiden ‹*Ort*›; ~ **an obstacle/a cyclist** einem Hindernis/Radfahrer ausweichen; ~ **the boss when he's in a temper** geh dem Chef aus dem Weg, wenn er schlechte Laune hat; **b)** *(refrain from)* vermeiden; ~ **doing sth.** vermeiden, etw. zu tun; **you can hardly ~ seeing her** du wirst kaum umhinkönnen, sie zu sehen; **c)** *(escape)* vermeiden; **they wore masks to ~ recognition** sie trugen Masken, um nicht erkannt zu werden; **d)** *(Law)* annullieren

**avoidable** [ə'vɔɪdəbl] *adj.* vermeidbar; **if it is [at all]** ~: wenn es sich [irgend] vermeiden läßt

**avoidance** [ə'vɔɪdəns] *n., no pl.* Vermeidung, *die;* **the ~ of accidents** das Vermeiden von Unfällen; die Unfallverhütung; ~ **of death duties** Umgehung der Erbschaftssteuer

**avoirdupois** [ævədjʊ'pɔɪz] **1.** *adj.* Avoirdupois-. **2.** *n.* **a)** Avoirdupois, *das;* **b)** *(joc.: bodily weight)* Gewicht, *das*

**avow** [ə'vaʊ] *v. t.* bekennen; ~ **oneself [to be] sth.** sich als etw. bekennen; **an ~ed opponent/supporter** ein erklärter Gegner/Befürworter

**avowal** [ə'vaʊəl] *n.* Bekenntnis, *das;* **on your own** ~: wie Sie selbst erklärt haben

**avowedly** [ə'vaʊɪdlɪ] *adv.* erklärtermaßen

**avuncular** [ə'vʌŋkjʊlə(r)] *adj.* onkelhaft

**aw** [ɔ:] *int. expr. remonstrance, commiseration* oh; *expr. disgust* bah; ~, **bad luck!** so ein Pech!

**AWACS** ['eɪwæks] *abbr.* **Airborne Warning and Control Systems** AWACS

**await** [ə'weɪt] *v. t.* erwarten; **disaster ~s us if ...:** uns erwartet eine Katastrophe, wenn ...; **the long ~ed visit** der langersehnte Besuch

**awake** [ə'weɪk] **1.** *v. i.,* **awoke** [ə'wəʊk], **awoken** [ə'wəʊkn] *(lit. or fig.)* erwachen; **we awoke to the sound of rain on the windows** als wir erwachten, hörten wir den Regen gegen die Fenster prasseln; **one day I shall ~ to find myself a rich man** eines Tages werde ich aufwachen und ein reicher Mann sein; ~ **to sth.** einer Sache *(Gen.)* gewahr werden; **when she awoke to her surroundings** als sie gewahr wurde, wo sie sich befand. **2.** *v. t.,* **awoke, awoken** *(lit. or fig.)* wecken; ~ **sb. to sth.** *(fig.)* jmdm. etw. bewußtmachen; **be awoken to sth.** *(fig.)* einer Sache *(Gen.)* gewahr werden. **3.** *pred. adj. (lit. or fig.)* wach; **wide** ~: hellwach; **lie** ~: wach liegen; **be ~ to sth.** *(fig.)* sich *(Dat.)* einer Sache *(Gen.)* bewußt sein

**awaken** [ə'weɪkn] **1.** *v. t. (esp. fig.) see* **awake 2. 2.** *v. i. (esp. fig.) see* **awake 1**

**awakening** [ə'weɪknɪŋ] *n.* Erwachen, *das;* **a rude** ~ *(fig.)* ein böses Erwachen

**award** [ə'wɔ:d] **1.** *v. t. (grant)* verleihen, zuerkennen ‹*Preis, Auszeichnung*›; zusprechen ‹*Sorgerecht, Entschädigung*›; gewähren ‹*Zahlung, Gehaltserhöhung*›; ~ **sb. sth.** jmdm. etw. verleihen/zusprechen/gewähren; **sb. is ~ed sth.** jmdm. wird etw. verliehen/zugesprochen/gewährt; **he was ~ed the prize** der Preis wurde ihm zuerkannt; **the referee ~ed a penalty [to Arsenal]** der Schiedsrichter erkannte auf Strafstoß [für Arsenal]. **2.** *n.* **a)** *(judicial decision)* Schiedsspruch, *der;* **b)** *(payment)* Entschädigung[ssumme], *die; (grant)* Stipendium, *das;* **make an ~ to sb.** jmdm. finanzielle Unterstützung gewähren; **c)** *(prize)* Auszeichnung, *die;* Preis, *der*

**a'ward-winning** *adj.* preisgekrönt

**aware** [ə'weə(r)] *adj.* **a)** *pred. (conscious)* **be ~ of sth.** sich *(Dat.)* einer Sache *(Gen.)* bewußt sein; **be ~ that ...:** sich *(Dat.)* [dessen] bewußt sein, daß ...; **what made you ~ that ...?** woran bemerkten Sie, daß ...?; **the patient was ~ of everything going on around him** der Patient bekam alles mit, was um ihn herum vorging; **as far as I am** ~: soweit

ich weiß; **not that I am ~ of** nicht, daß ich wüßte; **b)** *(well-informed)* informiert
**awareness** [ə'weənɪs] *n., no pl. (consciousness)* Bewußtsein, *das*
**awash** [ə'wɒʃ] *pred. adj.* auf gleicher Höhe mit dem Wasserspiegel; **be ~** *(flooded)* unter Wasser stehen; *(fig.)* **be ~ with money** im Geld schwimmen
**away** [ə'weɪ] **1.** *adv.* **a)** *(at a distance)* entfernt; **~ in the distance** weit in der Ferne; **two feet ~ [from sth.]** zwei Fuß entfernt [von etw.]; **play ~** *(Sport)* auswärts spielen; **Christmas is still months ~:** bis Weihnachten dauert es noch Monate; **b)** *(to a distance)* weg; fort; **get ~ from it all** *see* **all 1 a; ~ with you/him!** weg *od.* fort mit dir/ihm!; **throw sth. ~:** etw. wegwerfen *od.* fortwerfen; **~ we go!** los geht's!; **c)** *(absent)* nicht da; **be ~ on business** geschäftlich außer Haus sein; **be ~ [from school] with a cold** wegen einer Erkältung [in der Schule] fehlen; **he's ~ in France/on holiday** er ist zur Zeit in Frankreich/im Urlaub; **d)** *(towards or into non-existence)* **die/fade ~:** verhallen; **gamble one's money ~:** sein Geld verspielen; **drink the evening ~:** den Abend mit Trinken verbringen; **the water has all boiled ~:** das ganze Wasser ist verkocht; **idle one's time ~:** seine Zeit vertrödeln; **e)** *(constantly)* unablässig; **work ~ on sth.** ohne Unterbrechung an etw. *(Dat.)* arbeiten; **laugh ~ at sth.** unablässig über etw. *(Akk.)* lachen; **they were singing ~:** sie sangen aus voller Kehle; **f)** *(without delay)* gleich ⟨*fragen usw.*⟩; **fire ~** *(lit. or fig.)* losschießen *(ugs.)*. **2.** *adj.* *(Sport)* auswärts *präd.*; Auswärts-; **the next match is ~:** das nächste Spiel ist auswärts; **~ match** Auswärtsspiel, *das;* **~ team** Gastmannschaft, *die*
**awe** [ɔ:] **1.** *n.* Ehrfurcht, *die* **(of** vor + *Dat.*); **be** *or* **stand in ~ of sb.** jmdn. fürchten; *(feel respect)* Ehrfurcht vor jmdm. haben; **hold sb. in ~:** jmdn. ehrfürchtig respektieren. **2.** *v.t.* Ehrfurcht einflößen (+ *Dat.*); **be ~d by sth.** sich von etw. beeindrucken *od.* einschüchtern lassen; **be ~d into silence** beeindruckt *od.* eingeschüchtert schweigen; **in an ~d voice** mit ehrfurchtsvoller Stimme
**aweigh** [ə'weɪ] *pred. adj. (Naut.)* aus dem Grund
**'awe-inspiring** *adj.* ehrfurchtgebietend; beeindruckend
**awesome** ['ɔ:səm] *adj.* überwältigend; eindrucksvoll ⟨*Schweigen*⟩; übergroß ⟨*Verantwortung*⟩
**awe: ~-stricken, ~-struck** *adj.* [von Ehrfurcht] ergriffen; ehrfurchtsvoll ⟨*Ausdruck, Staunen*⟩
**awful** ['ɔ:fl] *adj.* **a)** furchtbar; fürchterlich; **too ~ for words** *(coll.)* unbeschreiblich schlecht; **be an ~ lot better/worse** *(coll.)* ein ganzes Stück besser/schlechter sein; **not an ~ lot better/worse** *(coll.)* nicht gerade viel besser/schlechter; **an ~ lot of money/people** *(coll.)* ein Haufen Geld/Leute *(ugs.)*; **an ~ long time/way** *(coll.)* eine furchtbar lange Zeit/ein furchtbar weiter Weg; **b)** *(commanding reverence)* ehrfurchtgebietend; *(solemnly impressive)* eindrucksvoll; **~ silence** feierliche Stille
**awfully** ['ɔ:fəlɪ, 'ɔ:flɪ] *adv.* furchtbar; **not ~** *(coll.)* nicht besonders; **thanks ~** *(coll.)* tausend Dank
**awfulness** ['ɔ:flnɪs] *n., no pl.* **a)** *(terribleness)* Furchtbarkeit, *die;* **b)** *(impressive solemnity)* [eindrucksvolle *od.* ehrfurchtgebietende] Feierlichkeit
**awhile** [ə'waɪl] *adv.* eine Weile; **not yet ~:** so bald nicht
**awkward** ['ɔ:kwəd] *adj.* **a)** *(ill-adapted for use)* ungünstig; **be ~ to use** unhandlich sein; **the parcel is ~ to carry** das Paket ist schlecht zu tragen; **b)** *(clumsy)* unbeholfen; **be at an ~ age** in einem schwierigen Alter sein; **c)** *(embarrassing, embarrassed)* peinlich; **feel ~:** sich unbehaglich fühlen; **d)** *(difficult)* schwierig, unangenehm ⟨*Person*⟩; ungünstig ⟨*Zeitpunkt*⟩; schwierig, peinlich ⟨*Lage, Dilemma*⟩; *see also* **customer b**
**awkwardly** ['ɔ:kwədlɪ] *adv.* **a)** *(badly)* ungünstig ⟨*geformt, angebracht*⟩; **b)** *(clumsily)* ungeschickt, unbeholfen ⟨*gehen, sich ausdrücken*⟩; ungeschickt, unglücklich ⟨*fallen, sich ausdrücken*⟩; **c)** *(embarrassingly)* peinlicherweise; *(embarrassedly)* peinlich berührt; betreten; **d)** *(unfavourably)* ungünstig ⟨*gelegen*⟩
**awkwardness** ['ɔ:kwədnɪs] *n., no pl. see* **awkward: a)** Unhandlichkeit, *die;* **the ~ of the design puts me off** das ungünstige Design stößt mich ab; **b)** Unbeholfenheit, *die;* **c)** Peinlichkeit, *die;* **a moment of ~:** ein peinlicher Augenblick; **d)** *(of person)* unangenehmes Wesen; *(of situation, position)* Schwierigkeit, *die*
**awl** [ɔ:l] *n.* Ahle, *die;* Pfriem, *der*
**awn** [ɔ:n] *n.* Granne, *die*
**awning** ['ɔ:nɪŋ] *n. (on wagon)* Plane, *die; (on house)* Markise, *die; (of tent)* Vordach, *das; (on ship)* Sonnensegel, *das*
**awoke, awoken** *see* **awake**
**AWOL** ['eɪwɒl] *adj. (Mil.)* unerlaubt von der Truppe entfernt; **go ~:** sich unerlaubt von der Truppe entfernen
**awry** [ə'raɪ] **1.** *adv.* schief; **your coat has pulled your scarf [all] ~:** deine Jacke hat deinen Schal ganz verzogen; **go ~** *(fig.)* schiefgehen *(ugs.)*; ⟨*Plan:*⟩ fehlschlagen. **2.** *pred. adj.* schief; unordentlich; **your tie is all ~:** deine Krawatte sitzt ganz schief; **our clothes were all ~:** unsere Kleidung war völlig in Unordnung; **now our plans are utterly ~** *(fig.)* nun sind unsere Pläne völlig fehlgeschlagen; **something must be seriously ~:** da muß doch etwas nicht in Ordnung sein
**axe** (*Amer.:* **ax**) [æks] **1.** *n.* **a)** Axt, *die;* Beil, *das;* **have an ~ to grind** *(fig.)* sein eigenes Süppchen kochen *(ugs.)*; **b)** *(fig.: reduction)* **the ~:** radikale Kürzung; Rotstift, *der;* **on which sector will the ~ fall next?** welcher Sektor wird als nächster dem Rotstift zum Opfer fallen? *See also* **take 1 f. 2.** *v.t. (reduce)* [radikal] kürzen; *(eliminate)* [radikal] einsparen ⟨*Stellen*⟩; *(dismiss)* entlassen; *(abandon)* aufgeben ⟨*Projekt*⟩
**axes** *pl. of* **axe, axis**
**axial** ['æksɪəl] *adj.* axial; Achsen-; Axial-
**axil** ['æksɪl] *n. (Bot.)* Blattachsel, *die; (of tree)* Winkel zwischen Ast und Stamm
**axiom** ['æksɪəm] *n.* Axiom, *das*
**axiomatic** [æksɪə'mætɪk] *adj.* axiomatisch; **I have taken it as ~ that ...:** ich gehe von dem Grundsatz aus, daß ...
**axis** ['æksɪs] *n., pl.* **axes** ['æksi:z] **a)** Achse, *die;* **~ of rotation** Rotationsachse, *die;* **b)** *(Polit.)* Achse, *die;* **the A~** *(Hist.)* die Achse; **the A~ powers** *(Hist.)* die Achsenmächte; **c)** *(Bot.)* Sproßachse, *die;* **d)** *(Anat., Physiol.)* Axis, *der*
**axle** ['æksl] *n.* Achse, *die*
**'axle grease** *n.* Wagenschmiere, *die*
**¹ay** [aɪ] **1.** *adv.* **a)** *(in voting; arch./dial.)* ja; **answer ay** mit ja antworten; **b)** *(Naut.)* **ay, ay, sir!** jawohl, Herr Kapitän!/Admiral! *etc.* **2.** *n., pl.* **ayes** [aɪz] *(answer)* Ja, *das; (vote)* Jastimme, *die;* **the ayes have it** die Mehrheit ist dafür
**²ay** *int.* **ay me!** *(arch./poet.)* oh jeh!
**ayatollah** [aɪə'tɒlə] *n.* Ajatollah, *der*
**¹aye** *see* **¹ay**
**²aye** [eɪ] *adv. (arch.: ever)* all[e]zeit *(veralt.)*; **for ~:** auf ewig
**azalea** [ə'zeɪlɪə] *n (Bot.)* Azalee, *die*
**azimuth** ['æzɪməθ] *n. (Astron.)* Azimut, *der*
**Azores** [ə'zɔ:z] *pr. n. pl.* Azoren *Pl.*
**Aztec** ['æztek] **1.** *adj.* aztekisch. **2.** *n.* **a)** *(person)* Azteke, *der*/Aztekin, *die;* **b)** *(language)* Aztekisch, *das*
**azure** ['æʒə(r), 'eɪʒjə(r)] **1.** *n.* **a)** *(sky blue)* Azur[blau], *das;* **b)** *(Her.)* Blau, *das;* **c)** *(literary: unclouded sky)* Azur, *der.* **2.** *adj.* **a)** *(sky-blue)* azurblau; azurn; **b)** *(Her.)* blau

# B

**B, b** [bi:] *n., pl.* **Bs** *or* **B's a)** *(letter)* B, b, *das;* **B road** Straße 2. Ordnung; ≈ Landstraße, *die;* **~ film** *or (Amer.)* **movie** Vorfilm, *der;* **b) B** *(Mus.)* H, h, *das;* **B flat** B, b, *das;* **c)** *(example)* B, b *(ohne Artikel)*; **d) B** *(Sch., Univ.: mark)* Zwei, *die;* **he got a B** er bekam „gut" *od.* eine Zwei
**B.** *abbr.* **a)** *(Univ.)* **Bachelor; b) bishop** Bisch.; *(Chess)* L; **c)** *(on pencil)* **black** B
**b.** *abbr.* **a) born** geb.; **b)** *(Cricket)* **bowled by** ausgeschlagen durch Tortreffer von
**BA** *abbr.* **a)** *(Univ.)* **Bachelor of Arts;** *see also* **B.Sc.; b) British Academy** *geisteswissenschaftliche akademische Institution in Großbritannien;* **c) British Association** *naturwissenschaftliche akademische Institution in Großbritannien*
**BAA** *abbr.* **British Airports Authority** *britische Flughafenbehörde*
**baa** [bɑ:] **1.** *n.* Blöken, *das.* **2.** *v. i.,* **baaed** *or* **baa'd** [bɑ:d] mähen; blöken
**'baa-lamb** *n. (child lang.)* Bählämmchen, *das;* Bählamm, *das*
**baba** ['bɑ:bɑ:] *n.* **[rum] ~:** [Rum]baba, *das; mit Rumsirup getränktes Gebäck*
**babble** ['bæbl] **1.** *v. i.* **a)** *(talk incoherently)* stammeln; **~ [away** *or* **on]** ⟨*Baby:*⟩ [vor sich *(Akk.)* hin] lallen *od.* plappern; **b)** *(talk foolishly)* [dumm] schwatzen; **a babbling idiot** ein dummer Schwätzer; **c)** *(talk excessively)* **~ away** *or* **on** quasseln *(ugs.)*; **d)** *(murmur)* ⟨*Bach:*⟩ plätschern. **2.** *v. t.* **a)** *(divulge foolishly)* ausplaudern; **~ sth. to sb.** etw. bei jmdm. ausplaudern; **b)** *(utter incoherently)* stammeln. **3.** *n.* **a)** *(incoherent speech)* Gestammel, *das; (childish or foolish speech)* Gelalle, *das;* **b)** *(idle talk)* Geschwätz, *das;* **c)** *(murmur of water)* Geplätscher, *das;* **d)** *(Teleph.)* unverständliches Gemurmel
**babbler** ['bæblə(r)] *n.* **a)** *(chatterer, teller of secrets)* Plaudertasche, *die;* **b)** *(Ornith.)* Timalie, *die;* Lärmdrossel, *die (veralt.)*
**babe** [beɪb] *n.* **a)** *(inexperienced person)* Anfänger, *der*/Anfängerin, *die;* **be a ~:** noch nicht trocken hinter den Ohren sein *(ugs.)*; **b)** *(guileless person)* Lamm, *das;* **~s in the wood** hilflose Lämmchen; **c)** *(Amer. sl.: young woman)* Kleine, *die (ugs.)*; **I love you, ~:** ich liebe dich, Kleines; **d)** *(young child)* kleines Kind; **as innocent as a newborn ~:** unschuldig wie ein neugeborenes Kind; *see also* **mouth 1 a**
**babel** ['beɪbl] *n.* **a)** *(scene of confusion)* Durcheinander, *das;* **b)** *(noisy medley)* **~ of voices [lautes]** Stimmengewirr; **tower of B~** *(fig.)* gigantisches Projekt; **c)** *(confusion of tongues)* babylonisches Sprachengewirr
**baboon** [bə'bu:n] *n. (Zool.)* Pavian, *der; (fig. derog.: person)* Neandertaler, *der;* Halbaffe, *der*

**babushka** [bəˈbʊʃkə] *n.* Kopftuch, *das*

**baby** [ˈbeɪbɪ] **1.** *n.* **a)** Baby, *das;* **have a ~/be going to have a ~:** ein Kind bekommen; **she is having a ~ in May** sie bekommt im Mai ein Kind; **she has a young ~:** sie hat ein kleines Baby; **mother and ~ are doing fine** Mutter und Kind sind wohlauf; **a ~ boy/girl** ein kleiner Junge/ein kleines Mädchen; **throw out** *or* **away the ~ with the bathwater** *(fig.)* das Kind mit dem Bade ausschütten; **be left holding** *or* **carrying the ~** *(fig.)* die Sache ausbaden müssen *(ugs.);* der Dumme sein *(ugs.);* **leave sb. carrying the ~** *(fig.)* jmdn. die Sache ausbaden lassen *(ugs.);* **it's your/his** *etc.* **~** *(fig.)* das ist dein/sein *usw.* Bier *(ugs.);* **reference books are Jones's ~:** um Nachschlagewerke muß sich Jones kümmern; **b)** *(youngest member)* Jüngste, *der/die; (male also)* Benjamin, *der;* **the ~ of the family** das Küken der Familie; **c)** *(childish person)* **be a ~:** sich wie ein kleines Kind benehmen; **d)** *(young animal)* Junge, *das;* **~ bird/giraffe** junger Vogel/junge Giraffe; Vogeljunge, *das*/Giraffenjunge, *das;* **e)** *(small thing)* **be a ~:** winzig sein; **~ [car]** Miniauto, *das;* Kleinwagen, *der;* **~ [bottle]** Miniflasche, *die;* **f)** *(sl.: sweetheart)* Schatz, *der; (in pop song also)* Baby, *das;* **g)** *(sl.: young woman)* Kleine, *die (ugs.);* **h)** *(sl.: person)* Typ, *der; (thing)* Ding, *das (ugs.);* **this ~** *(the speaker himself)* unsereiner *(ugs.).* **2.** *v. t.* wie ein kleines Kind behandeln; *(be easy on)* mit Samthandschuhen anfassen

**baby:** **~ boom** *n.* Babyboom, *der;* **~-bouncer** *n. federnd aufgehängter Sitz für Kleinkinder, in dem sie durch Wippen ihre Beine kräftigen sollen;* **~ buggy** *n. (Amer.)* Kinderwagen, *der;* **~ car** *see* **baby 1 e;** **~ carriage** *n. (Amer.)* Kinderwagen, *der;* **~ clothes** *n. pl.* Babykleidung, *die;* **~-doll** *adj.* **~-doll pyjamas/nightdress** Babydoll, *das;* **~-face** *n.* **a)** *(face)* Kindergesicht, *das;* **b)** *(person)* Milchgesicht, *das (leicht abwertend);* **~ food** *n.* Babynahrung, *die;* **~ 'grand** *n. (Mus.)* Stutzflügel, *der*

**babyhood** [ˈbeɪbɪhʊd] *n., no pl.* frühe Kindheit

**babyish** [ˈbeɪbɪɪʃ] *adj.* kindlich ‹Aussehen›; kindisch ‹Benehmen, Person›; **don't be so ~:** benimm dich nicht wie ein kleines Kind

**baby:** **~-minder** *n.* Tagesmutter, *die;* **~ powder** *n.* Babypuder, *der;* **~-sit** *v. i., forms as* **sit 1** babysitten *(ugs.);* auf das Kind/die Kinder aufpassen; **she ~-sits for us** sie kommt zu uns zum Babysitten; **~-sitter** *n.* Babysitter, *der;* **~-sitting** *n.* Babysitting, *das;* **~-snatch** *v. i. see* **cradle-snatch;** **~-snatcher** *n.* **a)** Kindesentführer, *der;* **b)** *(fig. coll.) jmd., der mit einer sehr viel jüngeren Person eine Liebesbeziehung eingeht;* **~-snatching** *n.* **a)** Kindesentführung, *die;* **b)** **You can't ask her out. That would be ~-snatching** *(fig. coll.)* Du kannst sie nicht einladen. Das wäre Verführung einer Minderjährigen *(scherzh.);* **~-talk** *n.* Babysprache, *die;* **~-walker** *n.* Laufstuhl, *der*

**baccarat** [ˈbækərɑː] *n.* Bakkarat, *das*

**Bacchanalia** [bækəˈneɪlɪə] *n. pl.* **a)** *(drunken revelry)* Bacchanal, *das (geh.);* **b)** *(Greek and Roman Ant.)* Bacchanalien *Pl.*

**Bacchanalian** [bækəˈneɪlɪən] **1.** *adj.* bacchantisch. **2.** *n.* Bacchant, *der (geh.)*

**baccy** [ˈbækɪ] *n. (coll.)* Tabak, *der*

**bachelor** [ˈbætʃələ(r)] *n.* **a)** *(unmarried man)* Junggeselle, *der;* **b)** *(Univ.)* Bakkalaureus, *der;* Bachelor, *der;* **B~ of Arts/Science** Bakkalaureus der philosophischen Fakultät/der Naturwissenschaften

**bachelor:** **~ flat** *n.* Junggesellenwohnung, *die;* **~ girl** *n.* Junggesellin, *die*

**bachelorhood** [ˈbætʃələhʊd] *n., no pl.* Junggesellendasein, *das*

**bacillary** [bəˈsɪlərɪ] *adj. (Biol., Med.)* bazillär

**bacillus** [bəˈsɪləs] *n., pl.* **bacilli** [bəˈsɪlaɪ] *(Biol., Med.)* **a)** *(rod-shaped bacterium)* Bazillus, *der;* **b)** *(pathogenic bacterium)* Bakterie, *die;* Bazillus, *der (veralt.)*

**back** [bæk] **1.** *n.* **a)** *(of person, animal)* Rücken, *der;* **stand ~ to ~:** Rücken an Rücken stehen; **give** *or* **make a ~:** sich bücken; **as soon as my ~ was turned** *(fig.)* sowie ich den Rücken gedreht hatte; **behind sb.'s ~** *(fig.) see* **behind 2 b;** **be on one's ~:** [auf dem Rücken] liegen; *(fig.: be ill)* im Bett liegen; flachliegen *(salopp);* auf der Nase liegen *(ugs.);* **turn one's ~ on sb.** jmdm. den Rücken zuwenden; *(fig.: abandon sb.)* jmdn. im Stich lassen; **turn one's ~ on sth.** *(fig.)* etw. vernachlässigen; sich um etw. nicht kümmern; **don't turn your ~ on this chance** laß dir diese Chance nicht entgehen; **get** *or* **put sb.'s ~ up** *(fig.)* jmdn. wütend machen; **be glad to see the ~ of sb./sth.** *(fig.)* froh sein, jmdn./etw. nicht mehr sehen zu müssen; **have one's ~ to the wall** *(fig.)* mit dem Rücken zur Wand stehen; **be at sb.'s ~** *(fig.) (in support)* hinter jmdm. stehen; *(in pursuit)* jmdm. auf den Fersen sein; **with sb. at one's ~** *(fig.)* gefolgt von jmdm.; **get off my ~** *(fig. coll.)* laß mich zufrieden; **have sb./sth. on one's ~** *(fig.)* jmdn./etw. am Hals haben *(ugs.);* **you look as if you had the cares of the world on your ~:** du siehst aus, als ob die Sorgen der ganzen Welt auf dir lasten; **put one's ~ into sth.** *(fig.)* sich für etw. mit allen Kräften einsetzen; **you're not exactly putting your ~ into this work** *(fig.)* du strengst dich bei dieser Arbeit nicht genug an; *see also* **break 1 c, 2 b;** **b)** *(outer or rear surface)* Rücken, *der; (of vehicle)* Heck, *das;* **the car went into the ~ of me** *(coll.)* das Auto ist mir hinten reingefahren *(ugs.);* **with the ~ of one's hand** mit dem Handrücken; **know sth. like the ~ of one's hand** *(fig.)* etw. wie seine Westentasche kennen; **the ~ of one's/the head** der Hinterkopf; **the ~ of the leg** *(below knee)* die Wade; **c)** *(of book) (spine)* [Buch]rücken, *der; (final pages)* Ende, *das;* **at the ~ [of the book]** hinten [im Buch]; **d)** *(of dress)* Rücken, *der; (of knife)* [Messer]rücken, *der;* **e)** *(more remote part)* hinterer Teil; **at the ~ [of sth.]** hinten [in etw. *(Dat.)*]; im hinteren Teil [von etw.]; **f)** *(inside car)* Rücksitz, *der;* Fond, *der (seltener); (of chair)* [Rücken]lehne, *die; (of material)* linke Seite; *(of house, cheque)* Rückseite, *die; (~ wall)* Rückseite, *die;* Rückwand, *die;* **~-to-~ houses** *(Brit.) Häuser, deren Rückseiten eng aneinandergebaut sind;* **~ to front** verkehrt rum; **please get to the ~ of the queue** bitte, stellen Sie sich hinten an; **we squeezed five people into the ~ [of the car]** wir zwängten fünf Personen auf die Rücksitze [des Wagens]; **the coat-hook was on the ~ of the door** der Kleiderhaken befand sich hinten an der Tür; **there's something at the ~ of my mind** ich habe da noch etwas im Hinterkopf; **in ~ of sth.** *(Amer.)* hinter etw. *(Dat.); see also* **beyond 3;** **g)** *(Sport) (player)* Verteidiger, *der; (position)* **he played at ~ this week** diese Woche hat er als Verteidiger gespielt; **h)** *(of ship)* Kiel, *der;* **i) the B~s** *die Uferanlagen hinter einigen Colleges in Cambridge (England).* **2.** *adj., no comp.; superl.* **~most** [ˈbækməʊst] **a)** *(situated behind)* hinter...; **from the ~most of the three lines** von der hintersten der drei Linien; **b)** *(of the past)* früher; **~ issue** alte Ausgabe; **c)** *(overdue)* rückständig ‹Lohn, Steuern›; **d)** *(remote)* abgelegen ‹Ort, Straße›; **e)** *(reversed)* **~ motion** Rückwärtsbewegung, *die;* **~ flow** Rückfluß, *der;* **f)** *(Cricket)* **~ play** *das Schlagen des Balles hinter der Schlagmallinie;* **g)** *(Phonet.)* **~ vowel** Hinterzungenvokal, *der.* **3.** *adv.* **a)** *(to the rear)* zurück; **step ~:** zurücktreten; **play ~** *(Cricket)* zurücktreten, um zu schlagen; **b)** *(behind)* zurück; weiter hinten; **we passed a pub two miles ~:** wir sind vor zwei Meilen an einem Pub vorbeigefahren; **~ and forth** hin und her; **~ of sth.** *(Amer.)* hinter etw. *(Dat.);* **c)** *(at a distance)* **the house stands a long way ~ from the road** das Haus steht weit von der Straße zurück; **d)** *(to original position, home)* [wieder] zurück; **I got my letter ~:** ich habe meinen Brief zurückbekommen; **the journey ~:** die Rückfahrt/der Rückflug; **there and ~:** hin und zurück; **e)** *(to original condition)* wieder; **f)** *(in the past)* zurück; **go a long way ~:** weit zurückgehen; **a week/month ~:** vor einer Woche/vor einem Monat; **g)** *(in return)* zurück; **I got a letter ~:** er/sie hat mir wiedergeschrieben. **4.** *v. t.* **a)** *(assist)* helfen (+ *Dat.*); unterstützen ‹Person, Sache›; **b)** *(bet on)* wetten *od.* setzen auf (+ *Akk.*) ‹Pferd, Gewinner, Favorit›; **~ the wrong/right horse** *(lit. or fig.)* aufs falsche/richtige Pferd setzen *(ugs.);* **~ X to beat Y** darauf wetten, daß X gegen Y gewinnt; **the horse which is most heavily ~ed** das Pferd, auf das am meisten gesetzt wurde; **c)** *(cause to move back)* zurücksetzen [mit] ‹Fahrzeug›; rückwärts gehen lassen ‹Pferd›; **how did you manage to ~ the car into that lamp-post?** wie hast du es nur fertiggebracht, rückwärts gegen den Laternenpfahl zu fahren?; **~ water** rückwärts rudern; **d)** *(put or act as a ~ to)* [an der Rückseite] verstärken; **e)** *(endorse)* indossieren ‹Wechsel, Scheck›; **f)** *(lie at the ~ of)* **~ sth.** hinten an etw. *(Akk.)* grenzen; **g)** *(Mus.)* begleiten. **5.** *v. i.* zurücksetzen; ‹Wind:› [sich] gegen den Uhrzeigersinn drehen; **~ into/out of sth.** rückwärts in etw. *(Akk.)*/aus etw. fahren; **~ on to sth.** hinten an etw. *(Akk.)* grenzen; **~ and fill** *(Amer.)* sich hin und her bewegen; *(fig.)* schwanken

**~ a'way** *v. i.* zurückweichen; *(fig.)* zurückschrecken

**~ 'down** *v. i. (fig.)* nachgeben; einen Rückzieher machen *(ugs.); see also* **back-down**

**~ 'off** *see* **~ away**

**~ 'out** *v. i.* rückwärts herausfahren; *(fig.)* einen Rückzieher machen *(ugs.);* **~ out of sth.** *(fig.)* von etw. zurücktreten

**~ 'up** **1.** *v. t.* unterstützen; untermauern ‹Anspruch, Geschichte, These›. **2.** *v. i.* **a)** ‹Wasser:› sich [auf]stauen; **b)** *(reverse)* zurücksetzen; **c)** *(Amer.: form queue of vehicles)* sich stauen. *See also* **back-up**

**back:** **~ache** *n., no pl.* Rückenschmerzen *Pl.;* **~-'bench** *n. (Brit. Parl.)* hintere Sitzreihe; **a ~-bench MP** ein Parlamentsabgeordneter [aus den hinteren Reihen]; **~-bencher** [bækˈbentʃə(r)] *n. (Brit. Parl.)* [einfacher] Abgeordneter/[einfache] Abgeordnete; *(derog.)* Hinterbänkler, *der (abwertend);* **~biter** *n.* Verleumder, *der*/Verleumderin, *die;* **~biting** *n.* Verleumdung, *die;* Hetzerei, *die (ugs.);* **~blocks** *n. pl. (Austral., NZ)* ≈ Hinterland, *das; dünn besiedeltes, abgelegenes Land im Landesinneren;* **~-boiler** *n. (Brit.) (hinter dem Ofen o. ä. angebrachter)* Boiler; **~bone** *n.* Wirbelsäule, *die;* Rückgrat, *das (auch fig.); (Amer.: of book)* [Buch]rücken, *der;* **to the ~bone** *(fig.)* durch und durch; **~-breaking** *adj.* äußerst mühsam; gewaltig ‹Anstrengung›; **~-breaking work** Knochenarbeit, *die;* **~ 'burner** *n.* **put sth. on the ~ burner** *(fig. coll.)* etw. zurückstellen; **~chat** *n., no pl. (coll.)* [freche] Widerrede; **none of your ~chat!** keine Widerrede!; **~cloth** *n. (Brit. Theatre)* Prospekt, *der;* **~-comb** *v. t.* zurückkämmen; **~date** *v. t.* zurückdatieren (to auf + *Akk.*); **~ 'door** *n.* Hintertür, *die (auch fig.);* **~-door** *adj. (fig.)* Hintertreppen- *(abwertend);* **~-down** *n. (coll.)* Rückzieher, *der (ugs.);* **~drop** *see* **~cloth**

**backer** [ˈbækə(r)] *n.* Geldgeber, *der; (of horse)* Wetter, *der*

**back:** ~**-fill** *v. t.* [wieder] auffüllen; ~**fire 1.** ['-‐] *n.* Fehlzündung, *die;* **2.** [-'-] *v. i.* knallen; *(fig.)* fehlschlagen; **it ~fired on me/him** *etc.* der Schuß ging nach hinten los *(ugs.);* ~**-formation** *n. (Ling.) (word)* rückgebildetes Wort; *(action)* Rückbildung, *die*

**backgammon** ['bækgæmən] *n. (game)* Backgammon, *das;* ≈ Tricktrack, *das;* ≈ Puff, *das*

**back:** ~**ground** *n.* **a)** *(lit. or fig.)* Hintergrund, *der; (social status)* Herkunft, *die; (education)* Ausbildung, *die; (experience)* Erfahrung, *die;* **be in the ~ground** im Hintergrund stehen; **he comes from a poor ~ground** er stammt aus ärmlichen Verhältnissen; **against this ~ground** vor diesem Hintergrund; **~ground heating** *Heizung, die automatisch für eine erträgliche Zimmertemperatur sorgt;* **~ground music** Hintergrundmusik, *die;* **b) ~ground [information]** Hintergrundinformation, *die;* **c)** *(Radio)* Störgeräusch, *das;* ~**hand** *(Tennis etc.)* **1.** *adj.* Rückhand-; **2.** *n.* Rückhand, *die;* ~-'**handed** *adj.* **a) ~-handed slap** Schlag mit dem Handrücken; **~-handed stroke** *(Tennis)* Rückhandschlag, *der;* **b)** *(fig.)* indirekt; zweifelhaft ⟨*Kompliment*⟩; ~**hander** *n.* **a)** *(stroke)* Rückhandschlag, *der (Tennis usw.); (blow)* Schlag [mit dem Handrücken]; **b)** *(sl.: bribe)* Schmiergeld, *das*

**backing** ['bækɪŋ] *n.* **a)** *(material)* Rückenverstärkung, *die;* **leather ~:** Rückseite aus Leder; **the silver ~ of a mirror** die silberne Beschichtung eines Spiegels; **b)** *(support)* Unterstützung, *die;* **the President has a large ~:** der Präsident kann sich auf eine große Anhängerschaft stützen; **c)** *(betting)* **there was much ~ of the favourite** es wurden viele Wetten auf den Favoriten abgeschlossen; **d)** *(Mus.: accompaniment)* Begleitung, *die*

'**backlash** *n.* Rückstoß, *der; (excessive play in machine)* Spiel, *das; (fig.)* Gegenreaktion, *die;* **a right-wing ~:** eine Gegenbewegung nach rechts

**backless** ['bæklɪs] *adj.* rückenfrei ⟨*Kleid*⟩

**back:** ~**list** *n.* Verzeichnis der lieferbaren Titel; Backlist, *die (Verlagsw.);* ~**log** *n.* Rückstand, *der;* **~log of work** Arbeitsrückstand, *der;* **a large ~log of unfulfilled orders** ein großer Überhang an unerledigten Aufträgen; ~**marker** *n.* **a)** *(lagging behind other competitors)* Schlußlicht, *das (ugs. fig.);* **b)** *jmd., der ohne Vorgabe od. mit dem größten Handikap startet;* ~ '**number** *n.* **a)** *(of periodical, magazine)* alte Nummer; **b)** *(fig. sl.)* **these methods are a [real] ~ number** diese Methoden sind [reichlich] rückständig; **not every star is a ~ number when he is 60** nicht jeder Star ist mit 60 abgeschrieben; ~**pack 1.** *n.* Rucksack, *der;* **2.** *v. i.* mit dem Rucksack [ver]reisen; ~ **passage** *n. (Anat. coll.)* After, *der;* ~-'**pedal** *v. i.* **a)** die Pedale rückwärts treten; *(brake)* mit dem Rücktritt bremsen; **b)** *(fig.)* einen Rückzieher machen *(ugs.);* ~**rest** *n.* Rückenlehne, *die;* ~ '**room** *n.* Hinterzimmer, *das;* **in the ~ room** *(fig.)* hinter verschlossenen Türen; **~room boys** *(coll.)* Experten im Hintergrund *(bes. Wissenschaftler, die an Geheimprojekten arbeiten);* ~**scratcher** *n.* Rückenkratzer, *der;* ~**scratching** *n. (fig. coll.)* **[mutual] ~scratching** Klüngelei, *die (abwertend);* ~ '**seat** *n.* Rücksitz, *der; (in bus, coach)* hinterer Sitzplatz; **take a ~ seat** *(fig. coll.)* in den Hintergrund treten; **be in the ~ seat** *(fig. coll.)* im Hintergrund stehen; **~-seat driver** *besserwisserischer Beifahrer, der immer dazwischenredet; (fig.)* Neunmalkluge, *der/die;* ~**side** *n.* Hinterteil, *das (ugs.);* Hintern, *der (ugs.);* **get [up] off one's ~side** seinen Hintern heben *(ugs.);* ~**sight** *n.* Visier, *das;* ~**slapping** *adj. (fig.)* plump-vertraulich; ~**slider** *n.* Abtrünnige, *der/die;* ~**space** *v. i.* die Rücktaste betätigen; ~'**stage 1.** *adj.* hinter der Bühne; **~stage activities** *(fig.)* Aktivitäten hinter den Kulissen; **2.** *adv.* **a) go ~stage** hinter die Bühne gehen; **wait ~stage for the artist** hinter der Bühne auf den Künstler warten; **b)** *(fig.)* hinter den Kulissen; ~-'**stair[s]** *see* **~-door;** ~ '**stairs** *n. pl.* Hintertreppe, *die;* ~**stitch 1.** *v. t. & i.* steppen; **2.** *n.* Steppstich, *der;* **~stitch seam** Steppnaht, *die;* ~ **street** kleine Seitenstraße; **from the ~ streets of Naples** ≈ aus den Hinterhöfen Neapels; *see also* **abortion a; abortionist;** ~**stroke** *n. (Swimming)* Rückenschwimmen, *das;* **do** *or* **swim the ~stroke** rückenschwimmen; ~ **talk** *(Amer.) see* **~chat;** ~**track** *v. i.* wieder zurückgehen; *(fig.)* eine Kehrtwendung machen; ~**-up** *n.* **a)** *(support)* Unterstützung, *die;* **a racing driver needs a large ~-up crew** ein Rennfahrer muß eine große Crew hinter sich haben; **b)** *(reserve)* Reserve, *die;* **~-up supplies** Vorräte für den Bedarfs- *od.* Notfall; **~-up [copy]** *(Computing)* Sicherungskopie, *die;* **c)** *(Amer.: queue of vehicles)* Stau, *der;* **a ~-up of cars** eine Autoschlange; **d) ~-up light** *(Amer.)* Rückfahrscheinwerfer, *der*

**backward** ['bækwəd] **1.** *adj.* **a)** *(directed to rear)* rückwärts gerichtet; Rückwärts-; **~ movement** Rückwärtsbewegung, *die;* **the ~ slant to his handwriting** seine nach links geneigte Handschrift; **b)** *(reluctant, shy)* zurückhaltend; **be ~ in coming forward** *(joc.)* sich zurückhalten; **c)** *(slow, retarded)* zurückgeblieben ⟨*Kind*⟩; *(underdeveloped)* rückständig, unterentwickelt ⟨*Land, Region*⟩; **~ in sth.** in etw. *(Dat.)* zurückgeblieben; **~ in his studies** mit seinem Studium im Rückstand. **2.** *adv. see* **backwards**

**backwardness** ['bækwədnɪs] *n., no pl.* **a)** *(reluctance, shyness)* Zurückhaltung, *die;* **b)** *(of child)* Zurückgebliebenheit, *die; (of country, region)* Rückständigkeit, *die;* **the child's ~ in school** daß das Kind in der Schule zurückgeblieben ist/war

**backwards** ['bækwədz] *adv.* **a)** nach hinten; **the child fell [over] ~ into the water** das Kind fiel rückwärts ins Wasser; **bend** *or* **fall** *or* **lean over ~ to do sth.** *(fig. coll.)* sich zerreißen, um etw. zu tun *(ugs.);* **b)** *(oppositely to normal direction)* rückwärts; **~ and forwards** *(to and fro, lit. or fig.)* hin und her; **c)** *(into a worse state)* **go ~:** sich verschlechtern; **under his leadership the country is going ~:** unter seiner Führung verschlechtert sich die Lage des Landes; **d)** *(into past)* **look ~:** an frühere Zeiten denken; **e)** *(reverse way)* rückwärts; von hinten nach vorn; **you're doing everything ~:** du machst ja alles verkehrt herum; **know sth. ~:** etw. in- und auswendig kennen

**back:** ~**wash** *n.* Rückstrom, *der* **(from** *Gen.*); *(fig.)* Auswirkungen *Pl.;* **in the ~wash of** *(fig.)* als Folge von; ~**water** *n.* totes Wasser; *(fig.)* Kaff, *das (ugs. abwertend);* **this town is too much of a ~water** diese Stadt ist zu provinziell; ~**woods** *n. pl.* abgelegene Wälder; unerschlossene Waldgebiete; *(fig.)* hinterste Provinz; ~**woodsman** *n.* ≈ Waldbewohner, *der; (uncouth person)* Hinterwäldler, *der (spött.);* ~ '**yard** *n.* Hinterhof, *der;* **in one's own ~ yard** *(fig.)* vor der eigenen Haustür

**bacon** ['beɪkn] *n.* [Frühstücks]speck, *der;* **~ and eggs** Eier mit Speck; **bring home the ~** *(fig. coll.)* es schaffen; *(der Ernährer sein)* die Brötchen verdienen *(ugs.);* **save one's ~** *(fig.)* die eigene *od.* seine Haut retten

**bacteria** *pl. of* **bacterium**

**bacterial** [bæk'tɪərɪəl] *adj.* bakteriell

**bactericide** [bæk'tɪərɪsaɪd] *n.* Bakterizid, *das*

**bacteriological** [bæktɪərɪə'lɒdʒɪkl] *adj.* bakteriologisch

**bacteriologist** [bæktɪərɪ'ɒlədʒɪst] *n.* Bakteriologe, *der*/Bakteriologin, *die*

**bacteriology** [bæktɪərɪ'ɒlədʒɪ] *n.* Bakteriologie, *die*

**bacterium** [bæk'tɪərɪəm] *n., pl.* **bacteria** [bæk'tɪərɪə] Bakterie, *die*

**bad** [bæd] **1.** *adj.,* **worse** [wɜːs], **worst** [wɜːst] **a)** schlecht; *(worthless)* wertlos, ungedeckt ⟨*Scheck*⟩; *(counterfeit)* falsch ⟨*Münze, Banknote*⟩; *(rotten)* schlecht, verdorben ⟨*Fleisch, Fisch, Essen*⟩; faul ⟨*Ei, Apfel*⟩; *(unpleasant)* schlecht, unangenehm ⟨*Geruch*⟩; **do a ~ job on sth.** bei etw. schlecht arbeiten; **sth. gives sb. a ~ name** etw. trägt jmdm. einen schlechten Ruf ein; **sb. gets a ~ name** jmd. kommt in Verruf; **she is in ~ health** sie hat eine angegriffene Gesundheit; **she has a ~ complexion** sie hat einen unreinen Teint; **be ~ at doing sth.** etw. nicht gut können; **be a ~ liar** ein schlechter Lügner sein; **[some] ~ news** schlechte *od.* schlimme Nachrichten; **~ breath** Mundgeruch, *der;* **he is having a ~ day** er hat einen schwarzen Tag; **~ business** ein schlechtes Geschäft; **it is a ~ business** *(fig.)* das ist eine schlimme Sache; **in the ~ old days** in den schlimmen Jahren; **not ~** *(coll.)* nicht schlecht; nicht übel; **not so ~** *(coll.)* gar nicht so schlecht *od.* übel; **things weren't so ~** *(coll.)* es war alles nicht so schlimm; **sth. is not a ~ idea** etw. ist keine schlechte Idee; **not half ~** *(coll.)* [gar] nicht schlecht; **sth. is too ~** *(coll.)* etw. ist ein Jammer; **that was too ~ of him** *(coll.)* das war rücksichtslos von ihm; **too ~!** *(coll.)* so ein Pech! *(auch iron.);* **go ~:** schlecht werden; **in a ~ sense** im schlechten Sinne; **b)** *(noxious)* schlecht; schädlich; **it is ~ for you** es ist schlecht für dich; es schadet dir; **c)** *(wicked)* schlecht; *(immoral)* schlecht; verdorben; unmoralisch ⟨*Buch, Heft*⟩; *(naughty)* ungezogen, böse ⟨*Kind, Hund*⟩; **d)** *(offensive)* **[use] ~ language** Kraftausdrücke [benutzen]; **e)** *(in ill health)* **she's ~ today** es geht ihr heute schlecht; **have a ~ arm/finger** einen schlimmen Arm/Finger haben *(ugs.);* **I have a ~ pain** ich habe schlimme Schmerzen; **be in a ~ way** in schlechtem Zustand sein; **f)** *(serious)* schlimm, böse ⟨*Sturz, Krise*⟩; schwer ⟨*Fehler, Krankheit, Unfall, Erschütterung*⟩; hoch ⟨*Fieber*⟩; schrecklich ⟨*Feuer*⟩; **g)** *(coll.: regretful)* **a ~ conscience** ein schlechtes Gewissen; **feel ~ about sth./not having done sth.** etw. bedauern/bedauern, daß man etw. nicht getan hat; **I feel ~ about him/her** ich habe seinetwegen/ihretwegen ein schlechtes Gewissen; **h)** *(Commerc.)* **a ~ debt** eine uneinbringliche Schuld *(Wirtsch.);* **i)** *(Law: invalid)* ungültig. *See also* **book 1 a; ¹egg; form 1 h; hat b; lot c; luck a; patch 1 a; penny c; temper 1 a; worse 1; worst 1. 2.** *n.* **a)** *(ill fortune)* Schlechte, *das;* **b)** *(debit)* **be £100 to the ~:** mit 100 Pfund in der Kreide stehen *(ugs.);* **c)** *(ruin)* **go to the ~:** auf die schiefe Bahn geraten. *See also* **worse 3. 3.** *adv. (Amer. coll.) see* **badly**

**baddish** ['bædɪʃ] *adj.* ziemlich schlecht

**baddy** ['bædɪ] *n. (coll.)* Schurke, *der;* **the goodies and the baddies** die Guten und die Bösen *(oft iron.)*

**bade** *see* **bid 1 c, d, e**

**badge** [bædʒ] *n.* **a)** *(as sign of office, membership, support)* Abzeichen, *das; (larger)* Plakette, *die;* **b)** *(symbol)* Symbol, *das;* **c)** *(thing revealing quality or condition)* Kennzeichen, *das*

**badger** ['bædʒə(r)] **1.** *n.* Dachs, *der.* **2.** *v. t.* **~ sb. [into doing/to do sth.]** jmdm. keine Ruhe lassen[, bis er/sie etw. tut]; **~ sb. with questions** jmdn. mit Fragen löchern *(ugs.);* **don't ~ her out of her wits!** mach sie nicht verrückt! *(ugs.)*

'**badger baiting** *n.* Dachshetze, *die*

**badinage** ['bædɪnɑːʒ] *n.* Spöttelei, *die*

'**bad lands** *n. pl. (Amer.)* Badlands *Pl. (Geogr.)*

**badly** ['bædlɪ] *adv.,* **worse** [wɜːs], **worst**

[wɜ:st] **a)** schlecht; **b)** *(seriously)* schwer ‹*verletzt, beschädigt*›; sehr ‹*schief sein, knarren*›; **he hurt himself ~**: er hat sich *(Dat.)* schwer verletzt; **he has got it ~**: es hat ihn schlimm erwischt *(ugs.)*; **be ~ beaten** schwer verprügelt werden *(ugs.)*; *(in game, battle)* vernichtend geschlagen werden; **c)** *(urgently)* dringend; **want sth. [so] ~**: sich *(Dat.)* etw. [so] sehr wünschen; **d)** *(coll.: regretfully)* **feel ~ about sth.** etw. [sehr] bedauern; **I don't feel too ~ about it** es macht mir nicht soviel aus. *See also* **worse 2; worst 2**

**'bad man** *n. (Amer.)* Bösewicht, *der*

**badminton** ['bædmɪntən] *n.* Federball, *der; (als Sport)* Badminton, *das*

**'bad mouth** *n. (Amer. sl.)* Klatsch, *der (ugs.)*

**'bad-mouth** *v. t. (Amer. sl.)* klatschen über (+ *Akk.*) *(ugs.)*

**badness** ['bædnɪs] *n., no pl. see* **bad**: Schlechtigkeit, *die;* Verdorbenheit, *die;* Ungezogenheit, *die;* Ungültigkeit, *die;* **the ~ in him** seine innere Schlechtigkeit

**bad-tempered** [bæd'tempəd] *adj.* griesgrämig

**BAe** *abbr.* **British Aerospace** *britisches Unternehmen, das Flugzeuge und Raumschiffe herstellt*

**baffle** ['bæfl] **1.** *v. t.* **a)** *(perplex)* **~ sb.** jmdm. unverständlich sein; jmdn. vor ein Rätsel stellen; **b)** *(stop progress of)* aufhalten. **2.** *n.* **~[-plate]** Prallfläche, *die (Technik);* **~[-board]** *(of loudspeaker)* Schallwand, *die*

**baffled** ['bæfld] *adj.* verwirrt; **be ~**: vor einem Rätsel stehen

**bafflement** ['bæflmənt] *n.* Verwirrung, *die*

**baffling** ['bæflɪŋ] *adj.* rätselhaft

**bag** [bæg] **1.** *n.* **a)** Tasche, *die; (sack)* Sack, *der; (hand~)* [Hand]tasche, *die; (of plastic)* Beutel, *der; (small paper ~)* Tüte, *die;* **a ~ of cement** ein Sack Zement; **~ and baggage** *(fig.)* mit Sack und Pack; **be a ~ of bones** *(fig.)* nur Haut und Knochen sein; **[whole] ~ of tricks** *(fig.)* Trickkiste, *die (ugs.);* **have exhausted one's [whole] ~ of tricks** sein Pulver verschossen haben *(ugs.);* **leave sb. holding the ~** *(Amer. fig.)* jmdm. den Schwarzen Peter zuschieben; **his nomination is in the ~** *(fig. coll.)* er hat die Nominierung in der Tasche *(ugs.);* **freedom was as good as in the ~** *(coll.)* die Freiheit war so gut wie gewonnen; *see also* **cat a; mixed bag; b)** *(Hunting: amount of game)* Jagdbeute, *die;* Strecke, *die (Jägerspr.);* **make** *or* **secure a good ~** *(lit. or fig.)* reiche Jagdbeute/*(fig.)* Beute machen; **c)** *in pl. (sl.: large amount)* **~s of** jede Menge *(ugs.);* **d)** *in pl. (Brit. sl.: trousers)* Hose, *die;* **e)** *(puffiness)* **have ~s under** *or* **below one's eyes** Tränensäcke haben; **f)** *(sl. derog.: woman)* **[old] ~**: alte Schlampe *(ugs. abwertend);* **g)** *(sl.: current interest, activity)* **what's your ~?** auf was stehst du [zur Zeit]? *(ugs.).* **2.** *v. t.*, **-gg-: a)** *(put in sacks)* in Säcke füllen; einsacken *(fachspr.); (put in plastic bags)* in Beutel füllen; *(put in small paper bags)* in Tüten füllen; eintüten *(fachspr.);* **b)** *(Hunting)* erlegen, erbeuten ‹*Tier*›; **c)** *(claim possession of)* sich *(Dat.)* schnappen *(ugs.); (euphem.: steal)* klauen *(ugs.); (Brit. Sch. sl.: claim)* **~s I go first!** erster!

**bagatelle** [bægə'tel] *n.* **a)** *(trifle)* Nebensächlichkeit, *die;* **b)** *(Mus.)* Bagatelle, *die (fachspr.);* kurzes Musikstück

**bagel** ['beɪgl] *n. hartes, ringförmiges Hefegebäck*

**bagful** ['bægfʊl] *n. see* **bag 1a: a ~ of** ein Sack [voll]/eine Tasche/ein Beutel/eine Tüte [voll]

**baggage** ['bægɪdʒ] *n.* **a)** Gepäck, *das;* **mental/cultural ~** *(fig.)* geistiges/kulturelles Rüstzeug; *see also* **bag 1a; b)** *(Mil.)* Gepäck, *das;* **c)** *(joc.: woman)* Flittchen, *das (abwertend); (saucy girl)* Fratz, *der (ugs.)*

**baggage: ~ car** *n. (Amer.)* Gepäckwagen, *der;* **~ check** *n.* Gepäckkontrolle, *die; (Amer.: ticket)* Gepäckschein, *der;* **~ room** *n. (Amer.)* Gepäckaufbewahrung, *die;* **~ tag** *n. (Amer.)* Kofferanhänger, *der*

**bagginess** ['bægɪnɪs] *n., no pl.* Schlaffheit, *die;* **the ~ of these old trousers** die Ausgebeultheit dieser alten Hose

**baggy** ['bægɪ] *adj.* weit [geschnitten] ‹*Kleid*›; schlaff [herabhängend] ‹*Haut*›; *(through long use)* ausgebeult ‹*Hose*›

**Baghdad** [bæg'dæd] *pr. n.* Bagdad *(das)*

**bag: ~pipe** *adj.* Dudelsack-; **~pipe[s]** *n.* Dudelsack, *der;* **~piper** *n.* Dudelsackpfeifer, *der*

**baguette** [bæ'get] *n.* Baguette, *die;* [französisches] Stangenweißbrot

**bah** [bɑ:] *int.* bah

**Bahamas** [bə'hɑ:məz] *pr. n. pl.* **the ~**: die Bahamainseln

**Bahamian** [bə'heɪmɪən] **1.** *adj.* bahamisch. **2.** *n.* Bahamer, *der*/Bahamerin, *die*

**[1]bail** [beɪl] **1.** *n.* **a)** Sicherheitsleistung, *die (Rechtsw.); (financial)* Kaution, *die; (personal)* Bürgschaft, *die;* **grant sb. ~**: jmdm. die Freilassung gegen Kaution bewilligen; **give sb. ~ on payment of the sum of ...:** jmdn. gegen eine Kaution in Höhe von ... freilassen; **be [out] on ~**: gegen Kaution auf freiem Fuß sein; **the judge refused ~ to the accused** der Richter lehnte es ab, den Angeklagten gegen Kaution freizulassen; **put** *or* **release sb. on ~**: jmdn. gegen Kaution freilassen; **forfeit one's** *or (coll.)* **jump** *or (coll.)* **skip [one's] ~**: die Kaution verfallen lassen [und nicht vor Gericht erscheinen]; **b)** *(person[s] acting as surety)* Bürge, *der;* **go ~ for sb.** für jmdn. Bürge sein; **go ~ for sb./sth.** *(fig.)* für jmdn./etw. bürgen *od.* geradestehen. **2.** *v. t.* **a)** *(entrust)* anvertrauen; **b)** *(release)* gegen Kaution freilassen; **c)** *(go ~ for)* bürgen für; **~ sb. out** jmdn. gegen Bürgschaft freibekommen; *(fig.)* jmdm. aus der Klemme helfen *(ugs.)*

**[2]bail** *n. (Cricket)* Querstab, *der*

**[3]bail** *v. t. (scoop)* **~ [out]** ausschöpfen

**~ out** *v. i. (Aeronaut.)* ‹*Pilot:*› abspringen *od. (Fliegerspr.)* aussteigen

**bailey** ['beɪlɪ] *n. (wall)* Burgmauer, *die; (outer court)* Zwinger, *der; (inner court)* Burghof, *der;* **the Old B~**: das Old Bailey *(oberster Strafgerichtshof für London)*

**'Bailey bridge** *n.* Bailey-Brücke, *die (Brücke aus vorgefertigten Teilen, die in kurzer Zeit errichtet werden kann)*

**bailiff** ['beɪlɪf] *n.* **a)** ≈ Justizbeamte, *der;* Büttel, *der (veralt.); (performing distraints)* Gerichtsvollzieher, *der; (serving writs)* Gerichtsbote, *der (veralt.);* **b)** *(agent of landlord)* Verwalter, *der;* Vogt, *der (hist.);* **c)** *(Amer. Admin.: court official)* ≈ Gerichtsbeamte, *der*

**bailiwick** ['beɪlɪwɪk] *n.* **a)** *(Hist.)* Amtsbezirk eines Bailiffs; Vogtei, *die;* **b)** *(joc.)* Reich, *das (fig.)*

**bairn** [beən] *n. (Scot./N. Engl./literary)* Kind, *das*

**[1]bait** [beɪt] **1.** *v. t.* **a)** mit einem Köder versehen ‹*Falle*›; beködern ‹*Angelhaken*›; **b)** *(torment with dogs)* **~ sth. [with dogs]** die Hunde auf etw. *(Akk.)* hetzen; **the badger was ~ed to death** der Dachs wurde von den Hunden totgebissen; **c)** *(fig.: torment)* herumhacken auf (+ *Dat.*) *(ugs.); (in playful manner)* necken; **~ sb. with questions** jmdm. mit Fragen zusetzen *(ugs.).* **2.** *n. (lit. or fig.)* Köder, *der;* **live ~**: lebender Köder; **rise to** *or* **take the ~** *(fig.)* anbeißen

**[2]bait** *see* **[2]bate**

**baize** [beɪz] *n. (Textiles)* Fries, *der*

**bake** [beɪk] **1.** *v. t.* **a)** *(cook)* backen; **~d apple** Bratapfel, *der;* **~d beans** gebackene Bohnen [in Tomatensoße]; **~d potato** [in der Schale] gebackene Kartoffel; **b)** *(harden)* brennen ‹*Ziegel, Keramik*›; ausdörren ‹*Erde, Boden, Land*›. **2.** *v. i.* **a)** backen; gebacken werden; *(fig.: be hot)* **I am baking!** mir ist wahnsinnig heiß! *(ugs.);* **b)** *(be hardened)* ‹*Ziegel, Keramik:*› gebrannt werden; ‹*Boden, Erde:*› ausdorren. **3.** *n. (Amer.: party)* Party [bei der Gebackenes gegessen wird]

**bake: ~apple** *n. (Can.)* [getrocknete] Moltebeere; **~house** *n.* Backstube, *die*

**bakelite** ['beɪkəlaɪt] *n.* Bakelit, *das*

**baker** ['beɪkə(r)] *n.* Bäcker, *der;* **at the ~'s** beim Bäcker; in der Bäckerei; **go to the ~'s** zum Bäcker *od.* zur Bäckerei gehen; **a ~'s dozen** 13 Stück

**bakery** ['beɪkərɪ] *n.* Bäckerei, *die*

**baking** ['beɪkɪŋ] *adv.* **it's ~ hot today, isn't it?** eine Hitze wie im Backofen ist das heute, nicht wahr?

**baking: ~-dish** *n.* Auflaufform, *die;* **~-powder** *n.* Backpulver, *das;* **~-sheet** *n.* Backblech, *das;* **~-soda** *n.* Natron, *das;* **~-tin** *n.* Backform, *die;* **~-tray** *n.* Kuchenblech, *das*

**Balaclava** [bælə'klɑ:və] *n.* **~ [helmet]** Balaklavamütze, *die (Wollmütze, die Kopf und Hals bedeckt und nur das Gesicht frei läßt)*

**balalaika** [bælə'laɪkə] *n.* Balalaika, *die*

**balance** ['bæləns] **1.** *n.* **a)** *(instrument)* Waage, *die;* **~[-wheel]** Unruh, *die;* **b) the B~** *(Astrol.)* die Waage; *see also* **archer b; c)** *(fig.)* **be** *or* **hang in the ~**: in der Schwebe sein; **the prisoners' lives are in the ~**: die Zukunft der Gefangenen ist völlig ungewiß; **d)** *(even distribution)* Gleichgewicht, *das; (correspondence)* Übereinstimmung, *die; (due proportion)* ausgewogenes Verhältnis; *(Art: harmony)* Ausgewogenheit, *die;* **strike a ~ between** den Mittelweg finden zwischen (+ *Dat.*); **the ~ of sb.'s mind** jmds. seelisches Gleichgewicht; **~ of power** *see* **power 1f; e)** *(counterpoise)* Gegengewicht, *das;* Ausgleich, *der;* **f)** *(steady position)* Gleichgewicht, *das;* **keep/lose one's ~** das Gleichgewicht halten/verlieren; *(fig.)* sein Gleichgewicht bewahren/verlieren; **off [one's] ~** *(lit. or fig.)* aus dem Gleichgewicht; **throw sb. off [his] ~** *(lit. or fig.)* jmdn. aus dem Gleichgewicht werfen; **g)** *(preponderating weight or amount)* Bilanz, *die;* **the ~ of evidence appears to be in his favour** die Beweise zu seinen Gunsten scheinen zu überwiegen; **h)** *(Bookk.: difference)* Bilanz, *die; (state of bank account)* Kontostand, *der; (statement)* Auszug, *der;* **on ~** *(fig.)* alles in allem; **~ sheet** Bilanz, *die;* **i)** *(Econ.)* **~ of payments** Zahlungsbilanz, *die;* **~ of trade** Handelsbilanz, *die;* **j)** *(surplus amount)* **~ [in hand]** Überschuß, *der;* **you may keep the ~**: der Rest ist für Sie; **k)** *(remainder)* Rest, *der.* **2.** *v. t.* **a)** *(weigh up)* abwägen; **~ sth. with** *or* **by** *or* **against sth. else** etw. gegen etw. anderes abwägen; **b)** *(bring into or keep in ~)* balancieren; auswuchten ‹*Rad*›; **~ oneself** balancieren; **c)** *(equal, neutralize)* ausgleichen; **~ each other, be ~d** sich *(Dat.)* die Waage halten; **d)** *(make up for, exclude dominance of)* ausgleichen; **e)** *(Bookk.)* bilanzieren. **3.** *v. i.* **a)** *(be in equilibrium)* balancieren; **do these scales ~?** ist diese Waage im Gleichgewicht?; **balancing act** *(lit. or fig.)* Balanceakt, *der;* **b)** *(Bookk.)* ausgeglichen sein; bilanzieren *(Kaufmannsspr.)*

**balanced** ['bælənst] *adj.* ausgewogen; ausgeglichen ‹*Person, Team, Gemüt*›

**Balaton** ['bælətɒn] *pr. n.* **Lake ~**: der Plattensee; der Balaton *(DDR)*

**balcony** ['bælkənɪ] *n.* Balkon, *der; (Amer. Theatre: dress circle)* erster Rang

**bald** [bɔ:ld] *adj.* **a)** kahl ‹*Person, Kopf*›; kahlköpfig, glatzköpfig ‹*Person*›; **he is ~**: er ist kahl[köpfig] *od.* hat eine Glatze; **go ~**: eine Glatze bekommen; **b)** *(plain)* einfach, schmucklos ‹*Stil, Rede, Prosa*›; schlicht ‹*Appell*›; knapp, nackt ‹*Behauptung*›; **c)** *(coll.: worn smooth)* abgefahren ‹*Reifen*›

**'bald eagle** *n.* Weißkopf-Seeadler, *der*

**balderdash** ['bɔ:ldədæʃ] *n., no pl., no indef.*

*art.* **a)** Unsinn, *der;* dummes Zeug *(ugs.);* **b)** *(jumble of words)* Wortsalat, *der*

**bald: ~head** *n.* **a)** kahlköpfiger *od.* glatzköpfiger Mensch; Kahlkopf, *der (ugs.);* Glatzkopf, *der (ugs.);* **b)** *(Ornith.)* Amerikanische Pfeifente; **~-'headed** *adj.* glatzköpfig; kahlköpfig

**balding** ['bɔ:ldɪŋ] *adj.* mit beginnender Glatze *nachgestellt;* **be ~:** kahl werden

**baldly** ['bɔ:ldlɪ] *adv.* unverhüllt; offen; knapp und klar ‹*zusammenfassen, umreißen*›; **simply and ~:** schlicht und einfach; **to put it ~:** um es geradeheraus zu sagen

**baldness** ['bɔ:ldnɪs] *n., no pl. see* **bald a, b:** Kahlheit, *die;* Einfachheit, *die;* Schlichtheit, *die;* Knappheit, *die*

**'baldpate** *see* **baldhead**

**baldric** ['bɔ:ldrɪk] *n. (Hist.)* Bandelier, *das*

**[1]bale** [beɪl] **1.** *n.* Ballen, *der.* **2.** *v. t. (pack)* in Ballen verpacken; zu Ballen binden ‹*Heu*›

**[2]bale** *n. (arch./poet.)* **a)** *(evil)* Unheil, *das (geh.);* **b)** *(woe)* Elend, *das*

**[3]bale** *see* **[3]bail**

**Balearic Islands** [bælɪ'ærɪk aɪləndz] *pr. n. pl.* Balearen *Pl.*

**baleful** ['beɪlfl] *adj.* unheilvoll; *(malignant)* böse

**balefully** ['beɪlfəlɪ] *adv.* unheilvoll; *(malignantly)* böse

**balk** [bɔ:k, bɔ:lk] **1.** *n.* **a)** *(ridge)* Rain, *der;* **b)** *(timber beam)* Balken, *der;* **c)** *(tie-beam)* Binderbalken, *der (Bauw.);* ≈ Dachbalken, *der;* **d)** *(hindrance)* Hindernis, *das* (**to** für); **e)** *no indef. art. (Billiards) markierte Fläche auf dem Billardtisch, wo die Kugel nicht direkt gespielt werden darf;* **f)** *(Baseball) Art Foul des Werfers.* **2.** *v. t.* **a)** [be]hindern; **they were ~ed in their plan/undertaking** *etc.* ihr Plan/Unternehmen *usw.* wurde blockiert; **they were ~ed of their prey** sie wurden um ihre Beute gebracht; **b)** *(avoid)* ausweichen (+ *Dat.*) ‹*Person, Gespräch*›; sich entziehen (+ *Dat.*) ‹*Verantwortung, Aufgabe, Gespräch*›. **3.** *v. i.* sich sträuben (**at** gegen); ‹*Pferd:*› scheuen (**at** vor + *Dat.*)

**Balkan** ['bɔ:lkn] **1.** *adj.* Balkan-. **2.** *n. pl.* **the ~s** der Balkan; die Balkanländer

**Balkanize** ['bɔ:lkənaɪz] *v. t.* balkanisieren

**[1]ball** [bɔ:l] **1.** *n.* **a)** Kugel, *die;* **the animal rolled itself into a ~:** das Tier rollte sich [zu einer Kugel] zusammen; **b)** *(Sport, incl. Golf, Polo)* Ball, *der; (Billiards etc., Croquet)* Kugel, *die;* **the ~ is in your court** *(fig.)* jetzt bist du am Zug *(fig.);* **have the ~ at one's feet** *(fig.)* alle Möglichkeiten *od.* Chancen haben; **keep one's eye on the ~** *(fig.)* die Sache im Auge behalten; **keep the ~ rolling** *(fig.)* die Sache in Schwung halten; **start the ~ rolling** *(fig.)* den Anfang machen; **be on the ~** *(fig. coll.)* voll dasein *(salopp); (be alert)* auf Zack sein *(ugs.);* **play ~:** Ball spielen; *(fig. coll.: co-operate)* mitmachen; **play ~ with sb.** mit jmdm. Ball spielen; *(fig. coll.: co-operate)* mit jmdm. zusammenarbeiten; **c)** *(missile)* Kugel, *die;* **d)** *(round mass)* Kugel, *die; (of wool, string, fluff, etc.)* Knäuel, *das;* **two ~s of wool** zwei Wollknäuel *od.* Knäuel Wolle; **~ of clay** Lehmklumpen, *der;* **e)** *(Anat.: rounded part)* Ballen, *der;* **~ of the hand/foot** Hand-/Fußballen, *der;* **f)** *in pl. (coarse: testicles)* Eier *Pl. (derb);* **~s!** *(fig.)* Scheiß! *(salopp abwertend); constr. as sing.* **make a ~s of sth.** *(fig.)* bei etw. Scheiße bauen *(derb).* **2.** *v. t.* zusammenballen; zerknüllen ‹*Papier*›; ballen ‹*Faust*›

**~ 'up** *v. t. (fig. sl.)* durcheinanderbringen

**[2]ball** *n. (dance)* Ball, *der;* **give a ~:** einen Ball geben *od.* veranstalten; **have [oneself] a** *(fig. sl.)* sich riesig amüsieren *(ugs.);* **open the ~:** den Ball eröffnen; *(fig.)* den Tanz beginnen

**ballad** ['bæləd] *n.* **a)** Lied, *das; (narrative)* Ballade, *die;* Lied, *das;* **b)** *(poem)* Ballade, *die*

**balladry** ['bælədrɪ] *n.* Balladendichtung, *die*

**ball and 'socket joint** *n.* Kugelgelenk, *das*

**ballast** ['bæləst] *n.* **a)** Ballast, *der;* **be in ~:** auf Ballastfahrt sein *(Seemannsspr.);* **b)** *(fig.: sth. that gives stability)* stabilisierender Faktor; **c)** *(coarse stone etc.)* Schotter, *der*

**ball: ~-'bearing** *n. (Mech.)* Kugellager, *das;* **~boy** *n.* Balljunge, *der;* **~ clay** *n. (Amer. Min.)* Pfeifenton, *der;* **~cock** *n.* Schwimmer[regel]ventil, *das (Technik);* **~ control** *n.* Ballführung, *die*

**ballerina** [bælə'ri:nə] *n.* Ballerina, *die;* **prima ~:** Primaballerina, *die*

**ballet** ['bæleɪ] *n.* Ballett, *das;* **~ dancer** Balletttänzer, *der*/-tänzerin, *die*

**ball: ~ game** *n.* **a)** Ballspiel, *das;* **b)** *(Amer.)* Baseballspiel, *das;* **a whole new ~ game** *(fig. coll.)* eine ganz neue Geschichte *(ugs.);* **a different ~ game** *(fig. coll.)* eine andere Sache; **~girl** *n.* Ballmädchen, *das*

**ballistic** [bə'lɪstɪk] *adj.* ballistisch; **~ missile** ballistische Rakete

**ballistics** [bə'lɪstɪks] *n., no pl.* Ballistik, *die*

**ball: ~ joint** *see* **ball and socket joint; ~ lightning** *n.* Kugelblitz, *der*

**balloon** [bə'lu:n] **1.** *n.* **a)** Ballon, *der;* **hot-air ~:** Heißluftballon, *der;* **when the ~ goes up** *(fig.)* wenn es losgeht *(ugs.);* **b)** *(toy)* Luftballon, *der;* **c)** *(coll.: in strip cartoon etc.)* Sprechblase, *die;* **d)** *(drinking-glass)* Schwenker, *der;* Schwenkglas, *das.* **2.** *v. i.* **a)** sich blähen; **b)** *(travel in ~)* im Ballon fahren. **3.** *v. t. (hit, kick)* hoch in die Luft schlagen

**balloon 'tyre** *n.* Ballonreifen, *der*

**ballot** ['bælət] **1.** *n.* **a)** *(voting)* Abstimmung, *die;* **[secret] ~:** geheime Wahl; **hold** *or* **take a ~:** abstimmen; **b)** *(vote)* Stimme, *die;* **cast one's ~:** seine Stimme abgeben; **c)** *(ticket, paper)* Stimmzettel, *der.* **2.** *v. i.* abstimmen; **~ for sb./sth.** für jmdn./etw. stimmen. **3.** *v. t.* abstimmen lassen; eine Abstimmung vornehmen bei

**ballot: ~-box** *n.* Wahlurne, *die;* **~-paper** *n.* Stimmzettel, *der*

**ball: ~park** *n. (Amer.)* Baseballfeld, *das;* **your estimate is not in the right ~park** *(fig.)* mit deiner Schätzung liegst du völlig falsch *(ugs.);* **~-pen, ~-point, ~-point 'pen** *ns.* Kugelschreiber, *der;* **~room** *n.* Tanzsaal, *der;* **~room dancing** *n.* Gesellschaftstanz, *der*

**balls up** *v. t.* Scheiße bauen bei *(derb)*

**balls-up** ['bɔ:lzʌp] *(coarse) n.* Scheiß, *der (salopp abwertend);* **make a ~ of sth.** bei etw. Scheiße bauen *(derb)*

**bally** ['bælɪ] *(Brit. sl. euphem.) adj., adv.* verdammt *(salopp)*

**ballyhoo** [bælɪ'hu:] *n.* **a)** *(publicity)* [Reklame]rummel, *der (ugs.);* **create a great deal of ~ over sth.** einen großen Rummel um etw. veranstalten *(ugs.);* **b)** *(nonsense)* Geschrei, *das (abwertend)*

**balm** [bɑ:m] *n.* **a)** *(lit. or fig.)* Balsam, *der;* **b)** *(fragrance)* [aromatischer] Duft; **c)** *(tree)* Balsambaum, *der;* **d)** *(herb)* Melisse, *die;* **~ of Gilead** Gileadbalsam, *der*

**balmy** ['bɑ:mɪ] *adj.* **a)** *(yielding balm)* Balsam liefernd; **b)** *(fragrant)* wohlriechend; balsamisch *(geh.);* **c)** *(soft, mild)* mild; **d)** *(sl.: crazy)* bescheuert *(salopp);* **e)** *(soothing, healing)* lindernd

**baloney** *see* **boloney a**

**balsa** ['bɔ:lsə, 'bɒlsə] *n.* **a)** *(tree)* Balsabaum, *der;* **b)** *(wood)* **~[-wood]** Balsaholz, *das*

**balsam** ['bɔ:lsəm, 'bɒlsəm] *n.* **a)** *(lit. or fig.; also Med., Chem.)* Balsam, *der;* **Canada ~:** Kanadabalsam, *der;* **b)** *(tree)* Balsambaum, *der;* **c)** *(plant of genus Impatiens)* Springkraut, *das; (garden flower)* Gartenbalsamine, *die; (touch-me-not)* Rührmichnichtan, *das*

**balsam 'fir** *n.* Balsamtanne, *die*

**Balt** [bɔ:lt, bɒlt] *n.* Balte, *der*/Baltin, *die*

**Baltic** ['bɔ:ltɪk, 'bɒltɪk] **1.** *pr. n.* Ostsee, *die.* **2.** *adj.* baltisch; **~ coast** Ostseeküste, *die;* **the ~ Sea** die Ostsee; **the ~ States** das Baltikum

**baluster** ['bæləstə(r)] *n.* **a)** *(pillar)* Baluster, *der;* Docke, *die;* **b)** *(post)* Geländerpfosten, *der; (balustrade)* Balustrade, *die*

**balustrade** [bælə'streɪd] *n.* Balustrade, *die*

**bamboo** [bæm'bu:] *n.* **a)** *(stem)* Bambus, *der;* Bambusrohr, *das;* **b)** *(grass)* Bambus, *der;* **~ curtain** *(Polit.)* Bambusvorhang, *der;* **~ shoots** Bambussprossen

**bamboozle** [bæm'bu:zl] *v. t. (sl.)* **a)** *(mystify)* verblüffen; **b)** *(cheat)* reinlegen *(ugs.);* **~ sb. into doing sth.** jmdn. [durch Tricks] dazu bringen, etw. zu tun; jmdn. so reinlegen, daß er etw. tut; **~ sb. out of sth.** jmdm. etw. abluchsen *(salopp)*

**ban** [bæn] **1.** *v. t.,* **-nn-** verbieten; **~ sb. from doing sth.** jmdm. verbieten, etw. zu tun; **he was ~ned from driving/playing** er erhielt Fahr-/Spielverbot; **~ sb. from a place** jmdm. die Einreise/den Zutritt *usw.* verbieten; **~ sb. from a pub/the teaching profession** jmdm. Lokalverbot erteilen/jmdn. vom Lehrberuf ausschließen. **2.** *n.* Verbot, *das;* **place a ~ on sth.** etw. mit einem Verbot belegen; **the ~ placed on these drugs** das Verbot dieser Drogen; **lift the ~ on sth.** das Verbot einer Sache *(Gen.)* aufheben

**banal** [bə'nɑ:l, bə'næl] *adj.* banal

**banality** [bə'nælɪtɪ] *n.* Banalität, *die*

**banana** [bə'nɑ:nə] *n.* **a)** *(fruit)* Banane, *die;* **a hand of ~s** eine Hand Bananen *(fachspr.);* **go ~s** *(Brit. sl.)* verrückt werden *(salopp);* überschnappen *(ugs.);* **b)** *(plant)* Bananenstaude, *die*

**banana: ~ republic** *n. (derog.)* Bananenrepublik, *die (abwertend);* **~ skin** *n.* Bananenschale, *die;* **~ 'split** *n.* Bananensplit, *das*

**band** [bænd] **1.** *n.* **a)** Band, *das;* **a ~ of light/colour** ein Streifen Licht/Farbe; **b)** *(range of values)* Bandbreite, *die (fig.);* **income ~:** ≈ Gehaltsstufe, *die;* **c)** *(of frequency or wavelength)* **long/medium ~:** Langwellen-/Mittelwellenband, *das;* **high-frequency ~:** Hochfrequenzbereich, *der;* **d)** *(organized group)* Gruppe, *die; (of robbers, outlaws, etc.)* Bande, *die;* **B~ of Hope** *Organisation jugendlicher Abstinenzler;* **e)** *(of musicians)* [Musik]kapelle, *die; (pop group, jazz ~)* Band, *die;* Gruppe, *die; (dance ~)* [Tanz]kapelle, *die; (military ~)* Militärkapelle, *die; (brass ~)* Blaskapelle, *die;* **if** *or* **when the ~ begins to play** *(fig. coll.)* wenn es ernst wird; **f)** *in pl. (part of legal, clerical, or academic dress)* Beffchen, *das;* **g)** *(ring round bird's leg)* Beringung, *die;* **h)** *(Amer.) (herd)* Herde, *die; (of birds, insects)* Schwarm, *der;* **i)** *in pl. (arch.: sth. that restrains)* Bande *Pl. See also* **beat 1 d. 2.** *v. t.* **a) ~ sth.** ein Band um etw. machen; **b)** *(form into a league)* vereinigen; **c)** *(mark with stripes)* bändern; **~ed** *(Biol.)* Streifen-; gestreift. **3.** *v. i.* **~ together [with sb.]** sich [mit jmdm.] zusammenschließen

**bandage** ['bændɪdʒ] **1.** *n. (for wound, fracture)* Verband, *der; (for fracture, as support)* Bandage, *die; (for blindfolding)* Binde, *die.* **2.** *v. t.* verbinden ‹*[offene] Wunde usw.*›; bandagieren ‹*[verstauchtes] Gelenk usw.*›

**'Band-Aid, (P)** *n.* ≈ Hansaplast ®, *das*

**b. & b.** [bi: ən 'bi:] *abbr.* **bed & breakfast**

**'bandbox** *n.* Bandschachtel, *die (veralt.);* ≈ Hutschachtel, *die*

**bandicoot** ['bændɪku:t] *n.* **a)** *(Ind.: rat)* Bandikutratte, *die;* **b)** *(Austral.: marsupial)* Bandikut, *der;* Beuteldachs, *der*

**bandit** ['bændɪt] *n.* Bandit, *der*

**banditry** ['bændɪtrɪ] *n.* Banditen[un]wesen, *das*

**'bandmaster** *n.* Kapellmeister, *der*

**bandoleer, bandolier** [bændə'lɪə(r)] *n.* Schultergürtel, *der;* Bandelier, *das (veralt.)*

**'band-saw** *n.* Bandsäge, *die*

**bandsman** ['bændzmən] *n., pl.* **bandsmen** ['bændzmən] Mitglied der/einer Kapelle/Band

**band: ~stand** *n.* Musikertribüne, *die; (circular)* Konzertpavillon, *der;* **~wagon** *n.* Wagen der Musikkapelle; **climb** *or* **jump on [to] the ~wagon** *(fig.)* auf den fahrenden Zug aufspringen *(fig.);* **~width** *n. (Communications)* Bandbreite, *die*

**[1]bandy** ['bændɪ] *v. t.* **a)** *(toss to and fro)* hin- und herspielen; **b)** *(fig.)* herumerzählen *(ugs.)* ‹*Geschichte*›; **be bandied from mouth to mouth** von Mund zu Mund gehen; **insults were being bandied about** Beschimpfungen flogen hin und her; **c)** *(discuss)* **~ about** hin und her diskutieren; **d)** *(exchange)* wechseln; **they were ~ing blows** sie tauschten Schläge aus; **don't ~ words with me** ich wünsche keine Diskussion

**[2]bandy** *adj.* krumm; **he has ~ legs** *or* **is ~-legged** er hat O-Beine *(ugs.);* **~-legged person** O-beinige Person *(ugs.)*

**bane** [beɪn] *n.* Ruin, *der;* **he is the ~ of my life** er ist der Nagel zu meinem Sarg *(ugs.)*

**[1]bang** [bæŋ] **1.** *v. t.* **a)** knallen *(ugs.);* schlagen; zuknallen *(ugs.),* zuschlagen ‹*Tür, Fenster, Deckel*›; **~ one's head on** *or* **against the ceiling** mit dem Kopf an die Decke knallen *(ugs.) od.* schlagen; **I could ~ their heads together** *(fig.)* ich könnte ihre Köpfe gegeneinanderschlagen; **she ~ed down the receiver** sie knallte den Hörer auf die Gabel *(ugs.);* **he ~ed the nail in** er haute den Nagel rein *(ugs.); see also* **brick wall; b)** *(sl.: copulate with)* bumsen *(salopp).* **2.** *v. i.* **a)** *(strike)* **~ [against sth.]** [gegen etw.] schlagen *od. (ugs.)* knallen; **~ at the door** gegen die Tür hämmern; **b)** *(make sound of blow or explosion)* knallen; ‹*Kanonen:*› donnern; ‹*Trommeln:*› dröhnen; **~ away at sth.** auf etw. *(Akk.)* ballern *(ugs.);* **~ shut** zuknallen *(ugs.);* zuschlagen; **a door is ~ing somewhere** irgendwo schlägt eine Tür. **3.** *n.* **a)** *(blow)* Schlag, *der;* **give your radio a good ~:** hau mal kräftig gegen dein Radio *(ugs.);* **b)** *(noise)* Knall, *der;* **the party went off with a ~** *(fig.)* die Party war eine Wucht *(ugs.). See also* **big bang; whimper 1. 4.** *adv.* **a)** *(with impact)* mit voller Wucht; **b)** *(explosively)* **go ~** ‹*Gewehr, Feuerwerkskörper:*› krachen; **the balloon went ~ and exploded** der Ballon explodierte mit einem lauten Knall; **c) ~ goes sth.** *(fig.: sth. ends suddenly)* aus ist es mit etw.; **~ went £50** 50 Pfund waren weg; **d) ~ off** *(coll.: immediately)* sofort; **answer ~ off** wie aus der Pistole geschossen antworten *(ugs.);* **e)** *(coll.: exactly)* genau; **you are ~ on time** du bist pünktlich auf die Minute *(ugs.);* **~ on [the] target** genau richtig; **~ on** genau *od.* gerade; **f) ~-up** *(Amer. sl.: first-class)* Klasse *(ugs.).* **5.** *int.* peng

**[2]bang 1.** *v. t.* gerade abschneiden ‹*Haare*›. **2.** *n.* Pony, *der*

**banger** ['bæŋə(r)] *n. (sl.)* **a)** *(sausage)* Würstchen, *das;* **b)** *(firework)* Kracher, *der (ugs.);* **c)** *(car)* Klapperkiste, *die (ugs.)*

**Bangladesh** [bæŋglə'deʃ] *pr. n.* Bangladesch *(das)*

**Bangladeshi** [bæŋglə'deʃɪ] **1.** *adj.* bangalisch. **2.** *n.* Bangali, *der/die*

**bangle** ['bæŋgl] *n.* Armreif, *der*

**banian** ['bænɪən] *n. (Bot.)* **~[-tree]** Banyanbaum, *der*

**banish** ['bænɪʃ] *v. t.* verbannen **(from** aus); bannen ‹*Furcht*›

**banishment** ['bænɪʃmənt] *n.* Verbannung, *die* **(from** aus)

**banister** ['bænɪstə(r)] *n.* **a)** *(uprights and rail)* [Treppen]geländer, *das;* **b)** *usu. in pl. (upright)* Geländerpfosten, *der*

**banjo** ['bændʒəʊ] *n., pl.* **~s** *or* **~es** Banjo, *das*

**[1]bank** [bæŋk] **1.** *n.* **a)** *(slope)* Böschung, *die;* **b)** *(at side of river)* Ufer, *das;* **c)** *(elevation in bed of sea or river)* Bank, *die;* **d)** *(mass)* **a ~ of clouds/fog** eine Wolken-/Nebelbank; **a ~ of snow** eine Schneewehe; **e)** *(artificial slope)* Überhöhung, *die (Verkehrsw.).* **2.** *v. t.* **a)** *(build higher)* überhöhen *(Verkehrsw.);* **b)** *(heap)* **~ [up]** aufschichten; **~ [up] the fire with coal** Kohlen auf das Feuer schichten; **c)** in die Kurve legen ‹*Flugzeug, Auto*›. **3.** *v. i.* **a)** *(rise)* **~ [up]** ‹*Rauch, Wolken:*› sich aufschichten; **b)** ‹*Flugzeug:*› sich in die Kurve legen

**[2]bank 1.** *n.* **a)** *(Commerc., Finance)* Bank, *die;* **central ~:** Zentralbank, *die;* **the B~** *(Brit.)* die Bank von England; **cry/laugh all the way to the ~** *(fig. coll.)* sich für seinen Erfolg entschuldigen *(iron.)*/aus seiner Freude über seinen Erfolg keinen Hehl machen; **b)** *(Gaming)* Bank, *die; see also* **blood bank; bottle bank. 2.** *v. i.* **a)** *(keep ~)* Bankier sein; **b)** *(keep money)* **~ at/with ...:** ein Konto haben bei ...; **c) ~ on sth.** *(fig.)* auf etw. *(Akk.)* zählen. **3.** *v. t.* zur Bank bringen

**[3]bank** *n.* **a)** *(row)* Reihe, *die;* **b)** *(tier)* **~ [of oars]** Ruderreihe, *die*

**bankable** ['bæŋkəbl] *adj.* bankfähig; *(fig.)* erfolgversprechend

**bank: ~ account** *n.* Bankkonto, *das;* **~ balance** *n.* Kontostand, *der;* **~-bill** *n. (Brit.)* Bankakzept, *der; (Amer.: banknote)* Banknote, *die;* **~-book** *n.* Sparbuch, *das;* **~ card** *n.* Scheckkarte, *die;* **~ charges** *n. pl.* Kontoführungskosten; **~ clerk** *n.* Bankangestellte, *der/die*

**banker** ['bæŋkə(r)] *n. (Commerc., Finance)* Bankier, *der;* Banker, *der (ugs.);* **let me be your ~:** lassen Sie mich Ihnen Geld leihen

**banker's: ~ card** *see* **bank card; ~ 'order** *see* **order 1 o**

**bank 'holiday** *n.* **a)** Bankfeiertag, *der;* **b)** *(Brit.: public holiday)* Feiertag, *der*

**banking** ['bæŋkɪŋ] *n.* Bankwesen, *das;* **a career in ~:** die Banklaufbahn; **it is ~ practice** es ist banküblich; **new ~ arrangements** neue Bankverhältnisse

**bank: ~ manager** *n.* Zweigstellenleiter [einer/der Bank]; **~note** *n.* Banknote, *die;* Geldschein, *der;* **~ raid** *n.* Banküberfall, *der;* **~ rate** *n.* Diskontsatz, *der;* **~-robber** *n.* Bankräuber, *der;* **~roll 1.** *n.* finanzielle Mittel *Pl.;* **2.** *v. t.* finanziell unterstützen

**bankrupt** ['bæŋkrʌpt] **1.** *n.* **a)** *(Law)* Gemeinschuldner, *der;* **become a ~:** Gemeinschuldner werden; **be declared a ~:** zum Gemeinschuldner erklärt werden; **b)** *(insolvent debtor)* Bankrotteur, *der.* **2.** *adj.* **a)** bankrott; **go ~:** in Konkurs gehen; Bankrott machen; bankrottieren *(veralt.);* **b)** *(fig.)* **morally ~:** moralisch bankrott *(fig.).* **3.** *v. t.* bankrott machen

**bankruptcy** ['bæŋkrʌptsɪ] *n.* Konkurs, *der;* Bankrott, *der;* **go into ~:** in Konkurs gehen; Bankrott machen; **~ proceedings** Konkursverfahren, *das*

**'bank statement** *n.* Kontoauszug, *der*

**banner** ['bænə(r)] **1.** *n.* **a)** *(flag, ensign; also fig.)* Banner, *das;* **join** *or* **follow the ~ of** dem Banner (+ *Gen.*) folgen; **b)** *(on two poles)* Spruchband, *das;* Transparent, *das;* **c)** *(sth. used as symbol)* Symbol, *das.* **2.** *adj.* **a)** *(conspicuous)* **~ headline** Balkenüberschrift, *die;* **b)** *(Amer.: pre-eminent)* herausragend

**bannister** *see* **banister**

**bannock** ['bænək] *n. (Scot., N. Engl.) rundes, flaches Brot*

**banns** [bænz] *n. pl.* Aufgebot, *das;* **publish/put up the ~:** das Aufgebot verkünden/aushängen; **forbid the ~:** Einspruch [gegen die Eheschließung] erheben

**banquet** ['bæŋkwɪt] **1.** *n.* Bankett, *das (geh.).* **2.** *v. i.* **a)** [festlich] tafeln *(geh.);* bankettieren *(veralt.);* **~ing-hall** Bankettsaal, *der;* **b)** *(carouse)* zechen *(geh.)*

**banshee** ['bænʃi:] *n. (Ir., Scot.)* Banshee, *die (Myth.);* ≈ Weiße Frau

**bantam** ['bæntəm] *n.* Zwerg-, Bantamhuhn, *das*

**'bantamweight** *n. (Boxing etc.)* Bantamgewicht, *das; (person also)* Bantamgewichtler, *der*

**banter** ['bæntə(r)] **1.** *n.* **a)** heiterer Spott; **b)** *(remarks)* Spöttelei, *die* **(on** über + *Akk.*); *(joking back and forth)* spöttisches Geplänkel. **2.** *v. t.* aufziehen **(about** mit). **3.** *v. i.* spötteln

**Bantu** [bæn'tu:] **1.** *n.* **a)** *pl. same or* **~s** Bantu, *der/die;* **b)** *(language-group)* Bantu, *das;* Bantusprachen. **2.** *adj.* Bantu-

**Bantustan** [bæntʊ'stɑ:n] *n. (S. Afr.)* Bantuheimatland, *das*

**banyan** *see* **banian**

**baobab** ['beɪəbæb] *n. (Bot.)* Baobab, *der;* Affenbrotbaum, *der*

**BAOR** *abbr.* **British Army of the Rhine** Britische Rheinarmee

**bap** [bæp] *n.* ≈ Brötchen, *das*

**baptise** *see* **baptize**

**baptism** ['bæptɪzm] *n.* Taufe, *die;* **~ is the first sacrament** die Taufe ist das erste Sakrament; **~ of fire** *(fig.)* Feuertaufe, *die;* **~ of blood** *(fig.)* Bluttaufe, *die (Rel.)*

**baptismal** [bæp'tɪzml] *adj.* Tauf-; ‹*Wiedergeburt, Reinigung*› durch die Taufe; **~ certificate** Taufschein, *der;* **~ name** Taufname, *der*

**Baptist** ['bæptɪst] **1.** *n.* **a)** Baptist, *der*/Baptistin, *die;* **b) John the ~:** Johannes der Täufer. **2.** *adj.* **the ~ Church/a ~ chapel** die Kirche/eine Kapelle der Baptisten

**baptize** [bæp'taɪz] *v. t.* taufen; **be ~d a Catholic/Protestant** katholisch/protestantisch getauft werden; **what name were you ~d by?** auf welchen Namen wurden Sie getauft?

**[1]bar** [bɑ:(r)] **1.** *n.* **a)** *(long piece of rigid material)* Stange, *die; (shorter, thinner also)* Stab, *der; (of gold, silver)* Barren, *der;* **a ~ of soap** ein Stück Seife; **a ~ of chocolate** ein Riegel Schokolade; *(slab)* eine Tafel Schokolade; **b)** *(Sport)* Stab, *der; (of high ~)* [Reck]stange, *die; (of parallel ~s)* [Barren]holm, *der; (cross~)* [Sprung]latte, *die;* **high** *or* **horizontal ~:** Reck, *das;* **parallel ~s** Barren, *der;* **c)** *(heating element)* Heizelement, *das (Elektrot.);* **d)** *(band)* Streifen, *der;* *(on medal)* silberner Querstreifen; *(Her.)* Balken, *der;* **e)** *(rod, pole)* Stange, *die; (of cage, prison)* Gitterstab, *der;* **behind ~s** *(in prison)* hinter Gittern; *(into prison)* hinter Gitter; **f)** *(barrier, lit. or fig.)* Barriere, *die* **(to** für); **a ~ on recruitment/promotion** ein Einstellungs-/Beförderungsstopp; **g)** *(for refreshment)* Bar, *die; (counter)* Theke, *die;* **h)** *(Law: place at which prisoner stands)* ≈ Anklagebank, *die;* **the prisoner at the ~:** der/die Angeklagte; **be judged at the ~ of conscience/of public opinion** *(fig.)* sich vor dem Gewissen/der öffentlichen Meinung verantworten müssen; **i)** *(Law: particular court)* Gerichtshof, *der;* **be called to the ~:** als Anwalt vor höheren Gerichten zugelassen werden; **be called within the ~:** zum Anwalt der Krone ernannt werden; **the Bar** die höhere Anwaltschaft; **the inner ~:** die Anwaltschaft der Krone; **the outer ~:** *die Anwälte, die nicht Anwälte der Krone sind;* **he was reading for the ~:** er bereitete sich auf die Zulassung als Anwalt vor höheren Gerichten vor; **j)** *(Mus.)* Takt, *der;* **~[-line]** Taktstrich, *der;* **k)** *(sandbank, shoal)* Barre, *die;* Sandbank, *die.* **2.** *v. t.,* **-rr- a)** *(fasten)* verriegeln; **~red window** vergittertes Fenster; **b)** *(keep)* **~ sb. in/out** jmdn. ein-/aussperren; **c)** *(obstruct)* sperren ‹*Straße, Weg*› (to für); **~ sb.'s way** jmdn. den Weg versperren; **d)** *(prohibit, hinder)* verbieten; **~ sb. from doing sth.** jmdn. daran hindern, etw. zu tun; **e)** *(not consider)* unberücksichtigt lassen; **f)** *(mark)* mit Streifen versehen; **~red [with colourful stripes]** [bunt]gestreift;

**~red with brown** braun gestreift; **g)** *(Law)* ausschließen. **3.** *prep.* abgesehen von; **~ any accidents** falls nichts passiert; **~ none** ohne Einschränkung; **bet two to one ~ one** *(Racing)* zwei zu eins auf alle außer einem wetten

**[2]bar** *n. (Meteorol., Phys.)* Bar, *das*

**barb** [bɑ:b] **1.** *n.* **a)** Widerhaken, *der; (fig.)* Gehässigkeit, *die;* **~s of ridicule** gehässige Spötteleien; **b)** *(of fish)* Bartfaden, *der;* Bartel, *die;* **c)** *(of feather)* Fahne, *die.* **2.** *v. t.* mit Widerhaken versehen

**Barbadian** [bɑ:'beɪdɪən] **1.** *adj.* barbadisch; **sb. is ~:** jmd. ist Barbadier/Barbadierin. **2.** *n.* Barbadier, *der*/Barbadierin, *die*

**Barbados** [bɑ:'beɪdəʊz, bɑ:'beɪdɒs] *pr. n.* Barbados *(das)*

**barbarian** [bɑ:'beərɪən] **1.** *n. (lit. or fig.)* Barbar, *der.* **2.** *adj. (lit. or fig.)* barbarisch; **a ~ king** ein Barbarenkönig

**barbaric** [bɑ:'bærɪk] *adj.* barbarisch; primitiv ⟨*Kleidung, Schmuck*⟩

**barbarically** [bɑ:'bærɪkəlɪ] *adj.* barbarisch

**barbarism** ['bɑ:bərɪzm] *n.* **a)** *no pl.* Barbarei, *die; (rudeness also)* Unkultiviertheit, *die;* **b)** *no pl. (departing from normal standards)* Barbarismus, *der (Sprachw., Kunstwiss.);* **c)** *(instance)* [barbarische] Grausamkeit

**barbarity** [bɑ:'bærɪtɪ] *n.* **a)** *no pl.* Grausamkeit, *die;* **he treats criminals with ~:** er behandelt Verbrecher äußerst barbarisch; **b)** *(instance)* Barbarei, *die*

**barbarous** ['bɑ:bərəs] *adj.* barbarisch

**barbarously** ['bɑ:bərəslɪ] *adv.* auf barbarische Art und Weise; barbarisch

**barbarousness** ['bɑ:bərəsnɪs] *n., no pl.* Roheit, *die*

**Barbary 'ape** *n. (Zool.)* Magot, *der;* Berberaffe, *der*

**barbecue** ['bɑ:bɪkju:] **1.** *n.* **a)** *(party)* Grillparty, *die;* Barbecue, *das;* **b)** *(food)* Grillgericht, *das;* Barbecue, *das;* **c)** *(fireplace with frame)* Grill, *der;* **d)** *(frame)* Grill, *der;* Bratrost, *der;* Barbecue, *das.* **2.** *v. t.* grillen

**barbed wire** [bɑ:bd 'waɪər] *n.* Stacheldraht, *der;* **~ fence** Stacheldrahtzaun, *der*

**barbel** ['bɑ:bl] *n.* **a)** *(Zool.)* Barbe, *die;* **b)** *(filament)* Bartfaden, *der;* Bartel, *der*

**'barbell** *n.* Hantel, *die*

**barber** ['bɑ:bə(r)] *n.* Friseur, *der;* Barbier, *der (veralt.);* **go to the ~'s** zum Friseur gehen; **~'s pole** *spiralig rot und weiß gestreifter Stab als Ladenschild des Friseurs*

**barberry** ['bɑ:bərɪ] *n.* **a)** *(shrub)* Berberitze, *die;* Sauerdorn, *der;* **b)** *(berry)* Berberitzenbeere, *die;* Sauerdornbeere, *die*

**barber: ~-shop** *n. (Amer.)* **~-shop harmony** Barbershopharmonie, *die; vokale Harmonik mit paralleler Stimmführung;* **~-shop singing/quartet** Barbershopgesang, *der*/-quartett, *das;* **~'s shop** *n. (Brit.)* Friseursalon, *der*

**barbican** ['bɑ:bɪkən] *n. (Hist.)* Barbakane, *die;* Torvorwerk, *das*

**barbiturate** [bɑ:'bɪtjʊrət] *n. (Chem.)* Barbiturat, *das*

**barcarole** [bɑ:kə'rəʊl], **barcarolle** [bɑ:kə'rɒl] *n. (Mus.)* Barkarole, *die*

**Barcelona** [bɑ:sɪ'ləʊnə] *pr. n.* Barcelona *(das);* **~ nut** Barcelonanuß, *die (eine Haselnußsorte)*

**bar: ~ chart** *n.* Stabdiagramm, *das;* **~ code** *n.* Strichcode, *der*

**bard** [bɑ:d] *n.* Barde, *der;* **the B~ [of Avon]** Shakespeare

**bardic** ['bɑ:dɪk] *adj.* bardisch *(veralt.)*

**bare** [beə(r)] **1.** *adj.* **a)** nackt; **expose a ~ back to the sun** den nackten Rücken der Sonne aussetzen; **walk with** *or* **in ~ feet** barfuß gehen; **in one's ~ skin** nackt [und bloß]; **b)** *(hatless)* **with one's head ~:** ohne Hut; **c)** *(leafless)* kahl; **d)** *(unfurnished)* kahl; nackt ⟨*Boden*⟩; **e)** *(unconcealed)* **lay ~ sth.** etw. aufdecken; **f)** *(unadorned)* nackt, ungeschminkt ⟨*Wahrheit, Tatsache*⟩; grob ⟨*Skizze*⟩; nackt, kahl ⟨*Wand*⟩; *see also* **bone 1 a; g)** *(empty)* leer; **h)** *(scanty)* knapp ⟨*Mehrheit*⟩; [sehr] gering ⟨*Menge, Teil*⟩; **i)** *(mere)* äußerst ⟨*Notwendige*⟩; karg ⟨*Essen, Leben*⟩; nur gering ⟨*Möglichkeit*⟩; bloß ⟨*Gedanke*⟩; **the ~ necessities of life** das zum Leben Notwendigste; **j)** *(without tools)* **do sth. with one's ~ hands** etw. mit den *od.* seinen bloßen Händen tun; **k)** *(unprovided with)* **~ of sth.** ohne etw.; **the land was ~ of any vegetation** das Land war völlig vegetationslos. **2.** *v. t.* **a)** *(uncover)* entblößen ⟨*Kopf, Arm, Bein*⟩; ziehen ⟨*Schwert*⟩; bloßlegen ⟨*Draht eines Kabels*⟩; **~ one's back to the sun** seinen Rücken der Sonne aussetzen; **b)** *(reveal)* blecken ⟨*Zähne*⟩; **she ~d her heart to him** *(fig.)* sie schüttete ihm ihr Herz aus

**bare: ~back 1.** *adj.* ⟨*Reiter, Reiten*⟩ auf ungesatteltem Pferd; **2.** *adv.* ohne Sattel; **~faced** *adj.*, **~faced[ly]** [beə'feɪsd(lɪ)] *adv. (fig.)* unverhüllt; **~foot 1.** *adj.* barfüßig; **he is ~foot** er ist barfuß *od.* barfüßig; **~foot doctor** Barfußarzt, *der;* **2.** *adv.* barfuß; **~'handed 1.** *adj.* **he was ~handed** *(without gloves)* er trug keine Handschuhe; *(without weapon)* er war unbewaffnet; **2.** *adv.* mit bloßen Händen; **~'headed 1.** *adj.* **he was ~headed** er trug keine Kopfbedeckung; **2.** *adv.* ohne Kopfbedeckung; **~-legged** *adj.* mit bloßen Beinen

**barely** ['beəlɪ] *adv.* **a)** *(only just)* kaum; knapp ⟨*vermeiden, entkommen*⟩; **b)** *(scantily)* karg

**bare-'midriff** *adj.* taillenfrei ⟨*Kleid*⟩

**bareness** ['beənɪs] *n., no pl. see* **bare 1 c, d, f:** Kahlheit, *die;* Nacktheit, *die;* Kargheit, *die*

**bargain** ['bɑ:gɪn] **1.** *n.* **a)** *(agreement)* Abmachung, *die;* **an unequal ~:** ein ungleicher Handel; **into the ~,** *(Amer.)* **in the ~:** darüber hinaus; **make** *or* **strike a ~ to do sth.** sich darauf einigen, etw. zu tun; **I'll make a ~ with you** ich mache dir ein Angebot; **they got the best of the ~:** sie haben den besseren Teil bekommen; **a ~'s a ~:** was einmal abgemacht ist, gilt; **b)** *(thing acquired)* Kauf, *der;* **a good/bad ~:** ein guter/schlechter Kauf; **c)** *(thing offered cheap)* günstiges Angebot; *(thing acquired cheaply)* guter Kauf; **a definite ~:** ein absolutes Sonderangebot. *See also* **best 3 e; hard 1 a. 2.** *v. i.* **a)** *(discuss)* handeln; **~ for sth.** um etw. handeln; **b) ~ for** *(expect):* **more than one had ~ed for** mehr als man erwartet hatte; **~ for sth.** mit etw. rechnen. **3.** *v. t.* **~ away** sich *(Dat.)* abhandeln lassen

**bargain: ~ 'basement** *n.* Tiefgeschoß mit Sonderangeboten; **~ counter** *n.* Tisch mit Sonderangeboten

**bargaining** ['bɑ:gɪnɪŋ] *n.* Handel, *der; (negotiating)* Verhandlungen; **~ position** Verhandlungsposition, *die;* **~ counter** *(fig.)* Trumpf [für Verhandlungen]; *see also* **collective bargaining**

**bargain: ~ offer** *n.* Sonderangebot, *das;* **~ price** *n.* Sonderpreis, *der*

**barge** [bɑ:dʒ] **1.** *n.* **a)** Kahn, *der;* **freight/cargo ~:** Fracht-/Lastkahn, *der;* **b)** *(for State occasions)* Prunkschiff, *das (veralt.).* **2.** *v. i.* **a)** *(lurch)* **~ into sb.** jmdn. anrempeln; **~ against sth.** gegen etw. taumeln; **b) ~ about the house** im Haus herumtoben; **b) ~ in** *(intrude)* hineinplatzen/hereinplatzen *(ugs.);* **he ~d in on us** er platzte bei uns herein *(ugs.)*

**bargee** [bɑ:'dʒi:] *(Brit.),* **barge-man** *(Amer.) ns.* Flußschiffer, *der*

**'barge-pole** *n.* Stake, *die (nordd.);* **I wouldn't touch him/that** *etc.* **with [the end of] a ~!** *(fig.)* ich würde ihn/das *usw.* nicht mit der Beißzange anfassen! *(ugs.)*

**baritone** ['bærɪtəʊn] *(Mus.)* **1.** *n.* Bariton, *der; (voice, part also)* Baritonstimme, *die.* **2.** *adj.* **~ voice** Baritonstimme, *die*

**barium** ['beərɪəm] *n. (Chem.)* Barium, *das;* **~ meal** Kontrastbrei, *der (mit Bariumsulfat)*

**[1]bark** [bɑ:k] **1.** *n.* **a)** *(of tree)* Borke, *die;* Rinde, *die;* **b)** *(for tanning, dyeing)* [Gerber]lohe, *die.* **2.** *v. t.* **a)** *(abrade)* aufschürfen; **b)** *(strip ~ from)* entrinden

**[2]bark 1.** *n. (lit. or fig.)* Bellen, *das;* **his ~ is worse than his bite** *(fig.)* er ist nicht so bissig, wie er tut; ≈ Hunde, die bellen, beißen nicht. **2.** *v. i.* **a)** *(lit. or fig.)* bellen; **~ at sb.** jmdn. anbellen; **be ~ing up the wrong tree** auf dem Holzweg sein; **b) ~ at** *(abuse)* anblaffen *(salopp);* **c)** *(speak loudly and curtly)* brüllen; **d)** *(Amer.: act as tout)* den Ausrufer machen. **3.** *v. t.* **a) ~ [out] orders to sb.** jmdm. Befehle zubrüllen; **b)** *(bellow)* bellen

**[3]bark** *n. (poet.: ship)* Schiff, *das*

**'barkeep** *(Amer.),* **'barkeeper** *n.* Barkeeper, *der; (owner)* Wirt, *der*

**barker** ['bɑ:kə(r)] *n.* Ausrufer, *der*

**barley** ['bɑ:lɪ] *n.* Gerste, *die; see also* **pearl barley**

**barley: ~corn** *n. (grain)* Gerstenkorn, *das;* **~-mow** *n.* Gerstenschober, *der (bes. südd.);* **~ sugar** *n.* Gerstenzucker, *der;* **~ water** *n.* Gerstenwasser, *das (veralt.)*

**barm** [bɑ:m] *n.* Hefe, *die;* Bärme, *die (nordd.)*

**bar: ~maid** *n. (Brit.)* Bardame, *die;* **~man** ['bɑ:mən] *n., pl.* **~men** ['bɑ:mən] Barmann, *der;* Schankkellner, *der*

**bar mitzvah** [bɑ:'mɪtzvə] *n.* **a)** *(boy)* Bar-Mizwa, *der;* **b)** *(ceremony)* Bar-Mizwa, *die*

**barmy** ['bɑ:mɪ] *adj. (sl.: crazy)* bescheuert *(salopp)*

**barn** [bɑ:n] *n.* **a)** *(Brit.: for grain etc.)* Scheune, *die; (Amer.: for implements etc.)* Schuppen, *der; (Amer.: for animals)* Stall, *der;* **b)** *(derog.)* [großer, häßlicher] Schuppen

**barnacle** ['bɑ:nəkl] *n.* **a)** *(Zool.)* Rankenfüßer, *der;* **b) ~ [goose]** Weißwangengans, *die*

**barn: ~ dance** *n.* ≈ Schottische, *der;* **~-door** *n.* Scheunentor, *das;* **be as big as a ~-door** *(fig.)* nicht zu verfehlen sein

**barney** ['bɑ:nɪ] *n. (coll.)* Krach, *der (ugs.);* **have a ~:** Krach haben *(ugs.)*

**barn: ~-owl** *n.* Schleiereule, *die;* **~storm** *v. i.* durch die Provinz ziehen *od.* tingeln; **~stormer** *n.* tingelnder Schauspieler; *(Amer.: politician)* Politiker [im Wahlkampf in der Provinz]; *(Amer.: aviator)* [Kunstflug]pilot [auf Tournee durch die Provinz]; **~yard** *n.* Wirtschaftshof, *der*

**barograph** ['bærəgrɑ:f] *n.* Barograph, *der*

**barometer** [bə'rɒmɪtə(r)] *n. (lit. or fig.)* Barometer, *das*

**barometric** [bærə'metrɪk] *adj.* barometrisch; **~ pressure** Luftdruck, *der*

**baron** ['bærn] *n.* **a)** *(holder of title)* Baron, *der;* Freiherr, *der;* **b)** *(merchant)* **coal/oil ~:** Kohlen-/Ölmagnat, *der;* **c)** *(powerful person)* Papst, *der (fig.);* **press ~:** Pressezar, *der;* **d)** *(Hist.: holder of land)* Baron, *der;* **e)** *(sirloin)* **~ of beef** [ungeteiltes] Lendenstück; Baron, *der (Kochk.)*

**baroness** ['bærənɪs] *n.* Baronin, *die;* Freifrau, *die; (baron's unmarried daughter)* Baronesse, *die;* Freifräulein, *das*

**baronet** ['bærənɪt] *n.* Baronet, *der*

**baronetcy** ['bærənɪtsɪ] *n.* Stand/Titel eines Baronets

**baronial** [bə'rəʊnɪəl] *adj.* freiherrlich

**barony** ['bærənɪ] *n.* **a)** Baronie, *die;* Baronat, *das;* **b)** *(Scot.: manor)* Landgut, *das*

**baroque** [bə'rɒk, bə'rəʊk] **1.** *n.* Barock, *das.* **2.** *adj.* **a)** barock; **~ painting/literature** Barockmalerei/-literatur, *die;* **~ painter/writer** Maler/Schriftsteller des Barock; **b)** *(grotesque)* barock

**barouche** [bə'ru:ʃ] *n. (Hist.)* Kalesche, *die*

**barque** [bɑ:k] *n.* Bark, *die*

**[1]barrack** ['bærək] *n. usu. in pl., often constr. as sing.* **a)** *(for soldiers)* Kaserne, *die;* **b)** *(for temporary housing)* Baracke, *die;* **c)** *(plain, dull building)* Kaserne, *die*

**²barrack 1.** *v. i.* buhen *(ugs.).* **2.** *v. t.* ausbuhen *(ugs.)*

**barrack: ~-room 'lawyer** *n.* Feldwebeltyp, *der (abwertend);* **~-'square** *n.* Kasernenhof, *der*

**barracouta** [bærə'ku:tə], **barracuda** [bærə'ku:də] *n., pl. same or* **~s a)** *usu.* **-uda** *(seafish)* Barrakuda, *der;* Pfeilhecht, *der;* **b)** *usu.* **-outa** *(food-fish)* Atun, *der*

**barrage** ['bærɑ:ʒ] *n.* **a)** *(Mil.)* Sperrfeuer, *das; (fig.)* **a ~ of questions/insults** ein Bombardement von Fragen/Beleidigungen; **a ~ of cheers** stürmischer Jubel; **b)** *(artificial barrier)* Talsperre, *die;* Staustufe, *die;* **c)** *(Fencing, Show-jumping, etc.)* Stechen, *das*

**'barrage balloon** *n.* Sperrballon, *der*

**barramundi** [bærə'mʌndɪ] *n. (Zool.)* Barramundi, *der*

**barre** [bɑ:(r)] *n. (Ballet)* Stange, *die*

**barrel** ['bærl] *n.* **a)** *(vessel)* Faß, *das; (of metal, for oil, fuel, tar, etc.)* Tonne, *die;* Faß, *das; (measure)* Barrel, *das;* **be over a ~** *(fig.)* in der Klemme sitzen *(ugs.);* **have sb. over a ~** *(fig.)* jmdn. in der Zange haben *(ugs.);* **scrape the ~** *(fig.)* das Letzte zusammenkratzen *(ugs.);* **b)** *(revolving cylinder)* Walze, *die;* **c)** *(of pump)* Stiefel, *der; (of engine-boiler)* Trommel, *die; (of pen or pencil)* Schaft, *der;* **d)** *(of gun)* Lauf, *der; (of cannon etc.)* Rohr, *das*

**barrel: ~-chested** ['bærltʃestɪd] *adj.* **a ~-chested man** ein Mann mit einem breiten, gewölbten Brustkorb; **~house** *n. (Amer.)* Kneipe, *die; attrib.* **~house music** [einfache, laute] Jazzmusik; **~-organ** *n. (Mus.)* Leierkasten, *der;* Drehorgel, *die;* **~ vault** *n. (Archit.)* Tonnengewölbe, *das*

**barren** ['bærn] **1.** *adj.* **a)** unfruchtbar ⟨*Mensch, Tier, Pflanze, Land*⟩; kinderlos ⟨*Ehe*⟩; gelt *(Jägerspr., Landw.)* ⟨*Wild, Ziege, Rind*⟩; **b)** *(meagre, dull)* nutzlos ⟨*Handlung, Arbeit*⟩; mager ⟨*Ergebnis*⟩; unfruchtbar ⟨*Periode, Beziehung*⟩; fruchtlos ⟨*Diskussion*⟩; **be ~ of results** wenig Erfolg haben. **2.** *n.* **~[s]** Ödland, *das*

**barrenness** ['bærnnɪs] *n., no pl.* **a)** Unfruchtbarkeit, *die; (of marriage)* Kinderlosigkeit, *die;* **b)** *see* **barren b:** Nutzlosigkeit, *die;* Magerkeit, *die;* Unfruchtbarkeit, *die;* Fruchtlosigkeit, *die*

**barrette** [bə'ret] *n. (Amer.)* Haarspange, *die*

**barricade** [bærɪ'keɪd] **1.** *n.* Barrikade, *die;* **a ~ of silence** *(fig.)* eine Mauer des Schweigens. **2.** *v. t.* verbarrikadieren

**barrier** ['bærɪə(r)] *n.* **a)** *(fence)* Absperrung, *die;* Barriere, *die; (at railway, frontier)* Schranke, *die;* **b)** *(gate of railway-station)* Sperre, *die;* **c)** *(obstacle, lit. or fig.)* Barriere, *die;* **a ~ to progress** ein Hindernis für den Fortschritt; **break the class ~** die Klassenschranken durchbrechen; *see also* **sound barrier**

**barrier: ~ cream** *n.* Schutzcreme, *die;* **~ reef** *n.* Barrier- *od.* Wallriff, *das*

**barring** ['bɑ:rɪŋ] *prep.* außer im Falle (+ *Gen.*); **~ accidents** falls nichts passiert; **~ the possibility of rain** falls es nicht vielleicht regnet

**barrister** ['bærɪstə(r)] *n.* **a)** *(Brit.)* **~[-at-law]** Barrister, *der;* ≈ [Rechts]anwalt/-anwältin vor höheren Gerichten, *der;* **b)** *(Amer.: lawyer)* [Rechts]anwalt, *der*/-anwältin, *die*

**barroom** ['bɑ:ru:m] *n. (Amer.)* Bar, *die*

**¹barrow** ['bærəʊ] *n.* **a)** Karre, *die;* Karren, *der;* **b)** *see* **wheelbarrow**

**²barrow** *n. (Archaeol.)* Hügelgrab, *das*

**'barrow-boy** *n.* Straßenhändler, *der*

**bar 'sinister** *n. (Her.)* Bastardfaden, *der*

**Bart.** *abbr.* **baronet**

**'bartender** *n.* Barkeeper, *der;* Schankkellner, *der*

**barter** ['bɑ:tə(r)] **1.** *v. t.* [ein]tauschen; **~ sth. for sth. [else]** etw. für *od.* gegen etw. [anderes] [ein]tauschen; **~ away sth.** etw. verspielen *(fig.).* **2.** *v. i.* Tauschhandel treiben; **they ~ed for cigarettes with books and clothes** sie tauschten Bücher und Kleidung gegen Zigaretten. **3.** *n.* Tauschhandel, *der;* **~ of opinions/ideas** *(fig.)* Gedankenaustausch, *der*

**barytes** [bə'raɪti:z] *n. (Min.)* Baryt, *der*

**basal** ['beɪsl] *adj.* **a)** *(Med., Biol.)* basal; **~ cell** Basalzelle, *die;* **b)** *(fundamental)* grundlegend; fundamental. *See also* **metabolism**

**basalt** ['bæsɔ:lt, bə'sɔ:lt] *n.* Basalt, *der*

**bascule** ['bæskju:l] *n.* Baskule, *die (veralt.);* **~ bridge** Klappbrücke, *die*

**¹base** [beɪs] **1.** *n.* **a)** *(of lamp, pyramid, wall, mountain, microscope)* Fuß, *der; (of cupboard, statue)* Sockel, *der; (fig.) (support)* Basis, *die;* Fundament, *das; (principle)* Ausgangsbasis, *die; (main ingredient)* Hauptbestandteil, *der; (of make-up)* Grundlage, *die; (Photog.: support for film etc.)* Unterlage, *die; (Ling.: root)* Wurzel, *die; (Ling.: primary morpheme)* Stamm, *der;* **shake the very ~ of sth.** *(fig.)* etw. in seinen Grundfesten erschüttern; **glue has a flour ~:** der Hauptbestandteil von Leim ist Mehl; **a sauce which has a tomato ~:** eine Soße auf Tomatenbasis *(Kochk.);* **b)** *(Mil.)* Basis, *die;* Stützpunkt, *der;* **c)** *(Baseball)* Mal, *das;* **get to first ~** *(fig. coll.)* [wenigstens] etwas erreichen; **he didn't get to first ~ with her** er konnte bei ihr überhaupt nicht landen *(ugs.);* **be off ~** *(fig. coll.)* falschliegen *(ugs.);* **d)** *(Archit.)* Basis, *die;* **e)** *(Geom.)* Basis, *die; (of triangle also)* Grundlinie, *die; (of solid also)* Grundfläche, *die;* **f)** *(Chem.)* Base, *die;* **g)** *(Surv.)* Basis, *die;* **h)** *(Math.: number)* Basis, *die;* Grundzahl, *die;* **i)** *(Bot., Zool.)* Basis, *die; (of leaf)* Blattgrund, *der;* **j)** *(Her.)* Schildfuß, *der.* **2.** *v. t.* **a) be ~d on sth.** sich auf etw. *(Akk.)* gründen; **~ sth. on sth.** etw. auf etw. *(Dat.)* aufbauen; **~ one's hopes on sth.** seine Hoffnung auf etw. *(Akk.)* gründen; **a book ~d on newly discovered papers** ein Buch, das auf neu entdeckten Dokumenten basiert; **b)** *in pass. (have chief station or means)* **be ~d in Paris** in Paris wohnen; **a submarine ~d in Malta** ein U-Boot, das seinen Stützpunkt auf Malta hat; **computer-~d accountancy** Buchführung über Computer; **land-~d forces** landgestützte Streitkräfte; **c) ~ oneself on** sich stützen auf (+ *Akk.*)

**²base** *adj.* **a)** *(morally low)* niederträchtig; niedrig ⟨*Beweggrund*⟩; **b)** *(cowardly)* feige; *(selfish)* selbstsüchtig; *(mean)* niederträchtig; **c)** *(degrading)* entwürdigend

**baseball** ['beɪsbɔ:l] *n.* Baseball, *der*

**base: ~ board** *n. (Amer.)* Fußleiste, *die;* **~born** *adj. (arch.)* von niederer Herkunft; *(illegitimate)* unehelich; **~ 'coin** *n.* entwertete Münze; **~ hit** *n. (Baseball) Schlag, der dem Schlagmann ermöglicht, das erste Mal zu erreichen*

**baseless** ['beɪslɪs] *adj.* unbegründet

**baselessly** ['beɪslɪslɪ] *adv.* grundlos

**baselessness** ['beɪslɪsnɪs] *n., no pl.* Haltlosigkeit, *die*

**base: ~line** *n.* Grundlinie, *die;* **~load** *n. (Electr.)* Grundlast, *die*

**basely** ['beɪslɪ] *adv.* niederträchtig

**baseman** ['beɪsmən] *n., pl.* **basemen** ['beɪsmən] *(Baseball)* Malspieler, *der*

**basement** ['beɪsmənt] *n.* Souterrain, *das;* Kellergeschoß, *das; (esp. in department store)* Untergeschoß, *das;* Tiefgeschoß, *das;* **a ~ flat** eine Souterrain- *od.* Kellerwohnung

**base 'metal** *n.* unedles Metall

**baseness** ['beɪsnɪs] *n., no pl.* Niedrigkeit, *die;* Niederträchtigkeit, *die*

**'base rate** *n.* **a)** *(Finance)* Eckzins, *der;* **b)** *(wage)* Grundlohn, *der*

**bases** *pl. of* **¹base** *or* **basis**

**bash** [bæʃ] **1.** *v. t.* [heftig] schlagen; **~ one's head against sth.** sich *(Dat.)* den Kopf [heftig] an etw. *(Dat.)* anschlagen; **~ sth. in** etw. einschlagen; **the car was badly ~ed in** *or* **up** das Auto war völlig verbeult; **~ sb. up** jmdn. zusammenschlagen; **he was badly ~ed up** er wurde schlimm zusammengeschlagen; **queer-~ing** *(sl.)* Zusammenschlagen von Schwulen *(ugs.);* **union-~ing** Einprügeln auf die Gewerkschaften. **2.** *n.* **a)** [heftiger] Schlag; **b)** *(sl.: attempt)* Versuch, *der;* **have a ~ at sth.** etw. [mal] probieren *od.* versuchen; **c)** *(sl.: party)* Fete, *die (ugs.)*

**bashful** ['bæʃfl] *adj.* **a)** *(shy)* schüchtern; **b)** *(shamefaced)* verschämt

**bashfully** ['bæʃfəlɪ] *adv. see* **bashful:** schüchtern; verschämt

**bashfulness** ['bæʃflnɪs] *n., no pl. see* **bashful:** Schüchternheit, *die;* Verschämtheit, *die*

**basic** ['beɪsɪk] *adj.* **a)** *(fundamental)* grundlegend; **~ structure/principle/element/vocabulary** Grundstruktur, *die*/-prinzip, *das*/-bestandteil, *der*/-wortschatz, *der;* **be ~ to sth.** wesentlich für etw. sein; **have a ~ knowledge of sth.** Grundkenntnisse einer Sache *(Gen.)* haben; **~ problem/reason/issue** Hauptproblem, *das*/-grund, *der*/-sache, *die;* **b)** *(standard minimum)* **~ wages/salary** Grundlohn, *der*/Grundgehalt, *das;* **the length of a ~ working day is 8 hours** ein normaler Arbeitstag dauert 8 Stunden; **c)** *(Chem., Geol.)* basisch. *See also* **basics**

**basically** ['beɪsɪkəlɪ] *adv.* im Grunde; grundsätzlich ⟨*übereinstimmen*⟩; *(mainly)* hauptsächlich

**basic: ~ 'dye** *n. (Chem.)* basischer Farbstoff; **B~ 'English** *n.* Basic English, *das; auf einem sehr einfachen Grundwortschatz beruhendes Englisch;* **~ 'industry** *n.* wichtiger Industriezweig

**basics** ['beɪsɪks] *n. pl.* **stick to the ~:** beim Wesentlichen bleiben; **the ~ of maths/cooking** die Grundlagen der Mathematik/das ABC der Kochkunst; **he doesn't understand the ~ of honesty** er weiß überhaupt nicht, was Ehrlichkeit ist

**basic 'slag** *n.* Thomasschlacke, *die (Hüttenw.); (finely ground)* Thomasmehl, *das (Landw.)*

**basidium** [bə'sɪdɪəm] *n., pl.* **basidia** [bə'sɪdɪə] *(Bot.)* Basidie, *die;* Sporenständer, *der*

**basil** ['bæzɪl] *n. (Bot.)* **[sweet] ~:** Basilikum, *das;* **bush ~:** Buschbasilikum, *das*

**basilica** [bə'zɪlɪkə] *n. (Archit., Eccl.)* Basilika, *die*

**basilisk** ['bæzɪlɪsk] *n. (Mythol., Zool.)* Basilisk, *der;* **~ stare** *(fig.)* Basiliskenblick, *der*

**basin** ['beɪsn] *n.* **a)** Becken, *das; (wash-~)* Waschbecken, *das; (bowl)* Schüssel, *die;* **b)** *(depression)* Becken, *das; (artificial)* Bassin, *das;* Becken, *das;* **c)** *(of river etc.)* Becken, *das;* **the ~ of the Amazon, the Amazon ~:** das Amazonasbecken; **d)** *(harbour)* [Hafen]becken, *das;* **e)** *(valley)* [Tal]kessel, *der;* **f)** *(Geol.)* Becken, *das*

**basinful** ['beɪsnfʊl] *n.* **ten ~s of water** zehn Schüsseln [voll] Wasser; **have had a ~ of sth.** *(fig. coll.: more than enough)* von etw. die Nase voll haben *(ugs.)*

**basis** ['beɪsɪs] *n., pl.* **bases** ['beɪsi:z] **a)** *(ingredient)* Grundbestandteil, *der;* **b)** *(foundation, principle, common ground)* Basis, *die;* Grundlage, *die;* **rest on a ~ of conjecture** sich auf Vermutungen gründen; **meet on a purely friendly ~:** einander auf rein freundschaftlicher Basis begegnen; **on a first come first served ~:** nach dem Prinzip „Wer zuerst kommt, mahlt zuerst“; **c)** *(beginning)* Ausgangspunkt, *der*

**bask** [bɑ:sk] *v. i.* **a)** sich [wohlig] wärmen; sich aalen *(ugs.);* **~ in the sun** sich sonnen; sich in der Sonne aalen *(ugs.);* **b)** *(fig.)* sich sonnen (**in** in + *Dat.*)

**basket** ['bɑ:skɪt] *n.* **a)** Korb, *der; (of chip-pan)* Drahteinsatz, *der;* **wire ~:** Drahtkorb, *der;* **b)** *(quantity)* **a ~ [full] of plums/apples** ein Korb [voll] Pflaumen/Äpfel; **sell ~s of**

**sth.** [ganze] Körbe voll etw. verkaufen; etw. körbeweise verkaufen; **c)** *(protection for hand)* Korb, *der; (Fencing)* Glocke, *die;* **d)** *(of typewriter)* **[type-]~:** Typenkorb, *der;* **e)** *(Basketball)* Korb, *der;* **make** *or* **score a ~:** einen Korb werfen; **f)** *(Econ.)* **~ of currencies** Währungskorb, *der*

**basket: ~ball** *n.* Basketball, *der;* **~ case** *n. (sl.)* Schwerbeschädigte ohne Arme und Beine; *(fig.)* hoffnungsloser Fall; **~ chair** *n.* Korbsessel, *der;* **~ clause** *n.* Generalklausel, *die*

**basketful** ['bɑ:skɪtfʊl] *see* **basket b**

**basketry** ['bɑ:skɪtrɪ] *see* **basketwork**

**basket: ~ weave** *n.* Panamabindung, *die (Weberei);* **~work** *n. (art)* Korbflechterei, *die; (collectively)* Korbwaren; **a piece of ~work** ein Korbgeflecht; **~work is his hobby** Korbflechten ist sein Hobby

**basking 'shark** *n.* Riesenhai, *der*

**Basle** [bɑ:l] **1.** *pr. n.* Basel *(das).* **2.** *attrib. adj.* Baseler

**Basque** [bæsk, bɑ:sk] **1.** *adj.* baskisch; **the ~ Country** das Baskenland. **2.** *n.* **a)** Baske, *der*/Baskin, *die; (language)* Baskisch, *das;* **b) b~** *(of bodice)* Schößchen, *das;* **c) b~** *(bodice)* Schößchenjacke, *die*

**bas-relief** ['bæsrɪli:f] *n. (Art)* Basrelief, *das*

**[1]bass** [bæs] *n., pl. same or* **~es** *(Zool.)* Barsch, *der; (Perca fluviatilis)* [Fluß]barsch, *der*

**[2]bass** *n. (fibre)* Bast, *der*

**[3]bass** [beɪs] *(Mus.)* **1.** *adj.* Baß-; **~ voice** Baßstimme, *die.* **2.** *n.* **a)** Baß, *der; (voice, part)* Baß, *der;* Baßstimme, *die; (singer)* Bassist, *der;* Baß, *der;* **b)** *(coll.) (double-~)* [Kontra]baß, *der; (~ guitar)* Baß, *der;* **c) figured** *or* **thorough ~:** Generalbaß, *der; (theory)* Generalbaßlehre, *die; see also* **[1]ground**

**bass: ~ clef** *n. (Mus.)* Baßschlüssel, *der;* **~ drum** *n.* große Trommel

**basset** ['bæsɪt] *n.* **~[-hound]** Basset, *der*

**bass gui'tar** *n.* Baßgitarre, *die*

**bassinet** [bæsɪ'net] *n.* Stubenwagen, *der;* Korb[kinder]wagen, *der; (cradle)* Korbwiege, *die*

**bassist** ['beɪsɪst] *n.* Bassist, *der*/Bassistin, *die*

**basso** ['bæsəʊ] *n., pl.* **~s** *or* **bassi** ['bæsi:] *(Mus.)* Basso, *der*

**bassoon** [bə'su:n] *n. (Mus.)* Fagott, *das*

**bassoonist** [bə'su:nɪst] *n. (Mus.)* Fagottist, *der*/Fagottistin, *die*

**bass: ~ player** *n.* Bassist, *der*/Bassistin, *die;* **~ viol** [beɪs 'vaɪəl] *n.* Gambe, *die;* Kniegeige, *die (veralt.); (Amer.: double-~)* Baßgeige, *die;* Kontrabaß, *der*

**bast** [bæst] *n.* Bast, *der*

**bastard** ['bɑ:stəd, 'bæstəd] **1.** *adj.* **a)** unehelich; **b)** *(hybrid)* verfälscht ⟨*Sprache, Stil*⟩; **c)** *(Bot., Zool.)* Bastard-. **2.** *n.* **a)** uneheliches Kind; unehelicher Sohn/uneheliche Tochter; Bastard, *der (hist.);* **b)** *(coll.) (disliked person)* Schweinehund, *der (derb);* Mistkerl, *der (derb); (disliked thing)* Scheißding, *das (derb);* **you old ~!** *(in friendly exclamation)* alter Schwede! *(salopp);* **the poor ~!** *(unfortunate person)* das arme Schwein! *(ugs.)*

**bastard: ~ title** *n. (Printing)* Schmutztitel, *der;* **~ wing** *n. (Zool.)* Afterflügel, *der*

**bastardy** ['bɑ:stədɪ, 'bæstədɪ] *n., no pl.* uneheliche Herkunft; Unehelichkeit, *die*

**[1]baste** [beɪst] *v. t. (stitch)* heften; reihen

**[2]baste** *v. t.* **a)** [mit Fett/Bratensaft] begießen ⟨*Fleisch*⟩; **b)** *(thrash, cudgel)* prügeln

**bastion** ['bæstɪən] *n.* Bastei, *die; (fig.)* Bastei, *die;* Bastion, *die;* Bollwerk, *das*

**[1]bat** [bæt] *n. (Zool.)* Fledermaus, *die;* **blind as a ~** *(fig.)* blind wie ein Maulwurf; **have ~s in the belfry** *(coll.)* einen Dachschaden haben *(ugs.);* **sb. drives like a ~ out of hell** *(sl.)* jmd. fährt, als ob der Teufel hinter ihm her wäre *(ugs.)*

**[2]bat 1.** *n.* **a)** *(Sport)* Schlagholz, *das; (for table-tennis)* Schläger, *der;* **do sth. off one's own ~** *(fig.)* etw. auf eigene Faust tun; **his earnings off his own ~:** das, was er selbst verdient[e]; **carry one's ~** *(Cricket) als Schlagmann während eines Durchgangs nicht ausscheiden;* **right off the ~** *(Amer. fig.)* sofort; **b)** *(act of using ~)* Schlag, *der;* **c)** *usu. in pl. (implement to guide aircraft)* Kelle, *die;* **d)** *(batsman)* Schlagmann, *der.* **2.** *v. i.,* **-tt-: a)** *(Sport)* schlagen; **b)** *(sl.: move)* **~ around the town** in der Stadt rummachen *(ugs.);* **~ away** sich wegmachen *(ugs.).* **3.** *v. t.,* **-tt-: a)** schlagen; **b)** *(Baseball)* **~ in two runs** zwei Läufe holen *(ugs.)*

**[3]bat** *n. (Brit. sl.: pace)* Tempo, *das;* **at an awful ~:** mit einem Affenzahn *(salopp)*

**[4]bat** *v. t.,* **-tt-: ~ one's eyes/eyelids** [mit den Augen/Augenlidern] blinzeln *od.* zwinkern; **he never ~ted an eyelid** *(fig.: betrayed no emotion)* er hat nicht mit der Wimper gezuckt; **without ~ting an eyelid** *(fig.)* ohne mit der Wimper zu zucken

**batch** [bætʃ] *n.* **a)** *(of loaves)* Schub, *der;* **b)** *(of people)* Gruppe, *die;* Schwung, *der (ugs.); (of letters, books, files, papers)* Stapel, *der;* Schwung, *der (ugs.); (of rules, regulations)* Bündel, *das*

**batch: ~ 'processing** *n.* Schub-, Stapelverarbeitung, *die;* **~ production** *n.* Stapelfertigung, *die*

**[1]bate** [beɪt] *v. t.* **with ~d breath** mit angehaltenem *od. (geh.)* verhaltenem Atem; **~ one's breath** den Atem verhalten *(geh.)*

**[2]bate** *n. (Brit. sl.)* Rage, *die (ugs.);* **be in a [terrible] ~:** [schrecklich] in Rage sein; **get/fly into a ~:** in Rage geraten

**bath** [bɑ:θ] **1.** *n., pl.* **~s** [bɑ:ðz] **a)** Bad, *das;* **have** *or* **take a ~:** ein Bad nehmen; **b)** *(vessel)* **~[-tub]** Badewanne, *die;* **room with ~:** Zimmer mit Bad; **c)** *usu. in pl. (building)* Bad, *das;* **[swimming-]~s** Schwimmbad, *das;* **d) Order of the B~** *(Brit.)* Orden vom Bade. **2.** *v. t. & i.* baden

**bath: B~ brick** *n.* Putzstein, *der;* **B~ bun** *n.* ≈ Rosinenbrötchen mit Zuckerguß; **~-cap** *n.* Badekappe, *die;* Bademütze, *die;* **~ chair** *n.* Rollstuhl, *der;* **~ cubes** *n. pl.* Badesalz, *das (in Würfelform)*

**bathe** [beɪð] **1.** *v. t.* **a)** baden; **b)** *(moisten)* baden ⟨*Wunde, Körperteil*⟩; **~d with** *or* **in sweat** schweißüberströmt ⟨*Gesicht, Person*⟩; in Schweiß gebadet ⟨*Person*⟩; **~d with** *or* **in tears** tränenüberströmt; **c)** *(envelop)* **sunlight ~d the gardens** Sonne lag über den Gärten *(geh.);* **~d in sunlight** von der Sonne beschienen. **2.** *v. i.* baden; **go bathing** baden gehen. **3.** *n.* Bad, *das (im Meer usw.);* **take** *or* **have a ~:** baden; ein Bad nehmen

**bather** ['beɪðə(r)] *n.* **a)** Badende, *der/die;* **b)** *in pl. (Austral.: garment)* Badeanzug, *der*

**bathetic** [bə'θetɪk] *adj.* bathisch *(geh.)*

**bathing** ['beɪðɪŋ] *n.* Baden, *das;* **'~ prohibited'** „Baden verboten!"

**bathing: ~ beach** *n.* Badestrand, *der;* **~ beauty, ~ belle** *ns.* Badenixe, *die;* **~-cap** *n.* Badekappe, *die;* Bademütze, *die;* **~-costume** *n.* Badeanzug, *der;* **~-machine** *n. (Hist.)* Badekarren, *der;* **~-suit** *n.* Badeanzug, *der;* **~-trunks** *n. pl.* Badehose, *die*

**'bath-mat** *n.* Badematte, *die*

**bathos** ['beɪθɒs] *n., no pl. (Lit., Rhet.)* Bathos, *das (geh.);* Umschlag ins Triviale; *(anticlimax)* Antiklimax, *die (Stilk.)*

**bath: ~robe** *n.* Bademantel, *der;* **~room** *n.* Badezimmer, *das;* **~ salts** *n. pl.* Badesalz, *das;* **~-time** *n.* Badezeit, *die;* **~-towel** *n.* Badetuch, *das;* **~-tub** *see* **bath 1 b;** **~-water** *n.* Badewasser, *das; see also* **baby 1 a**

**batik** ['bætɪk, bə'ti:k] *n.* Batik, *der od. die*

**batiste** [bə'ti:st] **1.** *n.* Batist, *der.* **2.** *adj.* batisten; **~ dress/blouse** Batistkleid, *das*/Batistbluse, *die*

**batman** ['bætmən] *n., pl.* **batmen** ['bætmən] *(Mil.)* [Offiziers]bursche, *der*

**baton** ['bætn] *n.* **a)** *(staff of office)* Stab, *der;* Baton, *der (veralt.);* **Field Marshal's ~:** Marschallstab, *der;* **b)** *(truncheon)* Schlagstock, *der;* **c)** *(Mus.)* Taktstock, *der;* **conductor's ~:** Dirigentenstab, *der;* **d)** *(for relay race)* [Staffel]stab, *der;* Staffelholz, *das;* **e)** *(Her.)* ≈ Schrägbalken, *der;* **~ sinister** Bastardfaden, *der*

**bats** [bæts] *pred. adj. (sl.)* bekloppt *(salopp);* **go ~:** überschnappen *(ugs.)*

**batsman** ['bætsmən] *n., pl.* **batsmen** ['bætsmən] *(Sport)* Schlagmann, *der;* **~'s wicket** *für den Schlagmann günstige Spielbahn*

**battalion** [bə'tæljən] *n. (lit. or fig.)* Bataillon, *das;* **~s of** *(fig.)* ganze Bataillone von; **God is for the big ~s** Gott ist mit dem Stärkeren

**[1]batten** ['bætn] **1.** *n.* **a)** *(piece of timber)* Latte, *die;* **b)** *(Naut.)* Latte, *die;* **c)** *(bar, strip of wood)* Leiste, *die.* **2.** *v. t. (Naut.)* **~ down** [ver]schalken ⟨*Luke*⟩

**[2]batten** *v. i.* **a) ~ on sth.** sich an etw. *(Dat.)* gütlich tun; *(grow fat)* sich mästen mit etw.; **b)** *(thrive)* **~ on** sich mästen auf Kosten (+ *Gen.*)

**[1]batter** ['bætə(r)] **1.** *v. t.* **a)** *(strike)* einschlagen auf (+ *Akk.*); **~ down/in** einschlagen; **~ sth. to pieces** etw. zerschmettern *od.* in Stücke schlagen; **he ~ed his head against the wall** er schlug seinen Kopf gegen die Wand; **b)** *(attack with artillery)* beschießen; bombardieren *(Milit. veralt.);* **~ down** zusammenschießen; **c)** *(fig.: handle severely)* bombardieren; **~ sb. into exhaustion** jmdn. völlig zermürben; **d)** *(bruise, damage)* übel zurichten; ramponieren *(ugs.);* **~ed baby** mißhandeltes Baby; **~ed wife** mißhandelte Ehefrau; geschlagene Frau; **~ed wives' home** Frauenhaus, *das;* **~ed by the gales** vom Sturm stark beschädigt; **a ~ed car** ein verbeultes Auto. **2.** *v. i.* heftig klopfen; **they ~ed at** *or* **against the door** sie hämmerten gegen die Tür

**[2]batter** *n. (Cookery)* [Back]teig, *der; (for pancake)* [Eierkuchen]teig, *der; (for waffle)* [Waffel]teig, *der*

**[3]batter** *n. (Baseball)* Schlagmann, *der*

**battering ram** ['bætərɪŋ ræm] *n.* Rammbock, *der*

**battery** ['bætərɪ] *n.* **a)** *(series; also Mil., Electr.)* Batterie, *die;* **a ~ of specialists** *(fig.)* eine ganze Reihe von Spezialisten; *see also* **recharge 1; b)** *(Law)* **[assault and] ~:** tätlicher Angriff; **c)** *(Psych.)* Testreihe, *die;* **d)** *(Baseball) Werfer und Fänger;* **e)** *(Agric.)* Legebatterie, *die*

**battery: ~charger** *n.* Batterieladegerät, *das;* **~ 'farming** *n.* Batteriehaltung, *die;* **~ 'hen** *n.* Batteriehuhn, *das*

**batting** ['bætɪŋ] *n. (Sport)* Schlagen, *das; see also* **average 1 b**

**battle** ['bætl] **1.** *n.* **a)** *(fight)* Schlacht, *die;* **the ~ at Amman** die Schlacht bei Amman; **they went out to ~:** sie zogen in die Schlacht; **do** *or* **give ~:** kämpfen; **join ~ with sb.** jmdm. eine Schlacht liefern; **die in ~:** [in der Schlacht] fallen; **b)** *(fig.: contest)* Kampf, *der;* **~ for life** Kampf ums Überleben; **~ of words** Wortgefecht, *das;* **~ of ideas/wits** Wettstreit der Ideen/geistiger Wettstreit; *see also* **fight 2 c; c)** *(victory)* Sieg, *der;* **the ~ is to the strong** der Sieg gehört den Starken; **sth./that is half the ~:** mit etw./damit ist schon viel gewonnen. *See also* **[1]pitch 2 f. 2.** *v. i.* **~ with** *or* **against sth.** mit *od.* gegen etw. kämpfen; **~ for sth.** für etw. kämpfen. **3.** *v. t.* **a)** kämpfen gegen; **b) ~ one's way through the crowd** sich durch die Menge kämpfen

**battle: ~axe** *n.* Streitaxt, *die; (coll.: woman)* Schreckschraube, *die (ugs. abwertend);* **~-cruiser** *n. (Navy)* Schlachtkreuzer, *der;* **~-cry** *n.* Schlachtruf, *der*

**battle: ~dress** *n. (Mil.) (for general service)* Arbeitsanzug, *der; (for field service)* Kampfanzug, *der;* ~ **fatigue** *n.* Frontkoller, *der (ugs.);* Frontneurose, *die;* **~field, ~ground** *ns.* Schlachtfeld, *das;* **~-lines** *n. pl.* Kampflinien

**battlement** ['bætlmənt] *n., usu. in pl.* **a)** Zinne, *die;* **b)** *(roof)* zinnenbewehrtes Dach

**battlemented** ['bætlməntɪd] *adj.* mit Zinnen bewehrt

**battle:** ~ '**royal** *n.* [heftiger] Kampf *(auch fig.); (everyone for himself)* Kampf jeder gegen jeden; **~ship** *n.* Schlachtschiff, *das;* **~-weary** *adj.* kampfesmüde

**batty** ['bætɪ] *adj. (sl.)* bekloppt *(salopp);* **go** *or* **become ~:** überschnappen *(ugs.)*

'**batwing sleeve** *n.* Fledermausärmel, *der*

**bauble** ['bɔ:bl] *n.* **a)** *(trinket)* Flitter, *der;* **little ~s** kleine, wertlose Schmuckstücke; **b)** *(toy)* Spielzeug, *das;* **dolls and other ~s** Puppen und anderes Spielzeug; **c)** *(Hist.: jester's emblem)* Narrenzepter, *das;* **d)** *(worthless thing)* Talmi, *der;* **be a ~/be ~s** Talmi sein

**baulk** *see* **balk**

**bauxite** ['bɔ:ksaɪt] *n. (Min.)* Bauxit, *der*

**Bavaria** [bə'veərɪə] *pr. n.* Bayern *(das)*

**Bavarian** [bə'veərɪən] **1.** *adj.* bay[e]risch; **sb. is ~:** jmd. ist Bayer/Bayerin. **2.** *n.* **a)** *(person)* Bayer, *der*/Bayerin, *die;* **b)** *(dialect)* Bay[e]risch[e], *das;* Bairisch[e], *das*

**bawdily** ['bɔ:dɪlɪ] *adv.* zweideutig, *(stronger)* obszön ‹*lachen, schreiben*›

**bawdiness** ['bɔ:dɪnɪs] *n., no pl. see* **bawdy 1:** Zweideutigkeit, *die;* Obszönität, *die*

**bawdy** ['bɔ:dɪ] **1.** *adj.* zweideutig, *(stronger)* obszön ‹*Witz, Geschichte, Sprache*›; obszön ‹*Mensch*›. **2.** *n.* Zweideutigkeit, *die; (stronger)* Obszönität, *die*

'**bawdy-house** *n. (arch.)* Bordell, *das*

**bawl** [bɔ:l] **1.** *v.t.* brüllen; ~ **sth. at sb.** jmdm. etw. zubrüllen; ~ **[out] one's wares** seine Waren ausschreien; ~ **sb. out** *(coll.)* jmdn. zusammenstauchen *(ugs.).* **2.** *v.i.* brüllen; ~ **out to sb.** nach jmdm. brüllen; ~ **at sb.** jmdn. anbrüllen

**¹bay** *n. (of sea)* Bucht, *die; (larger also)* Golf, *der;* **the Bay of Bengal** der Golf von Bengalen; **Hudson's Bay** die Hudsonbai; **the Bay of Pigs** die Schweinebucht

**²bay** *n.* **a)** *(division of wall)* Joch, *das (Archit.);* **b)** *(space in room)* Erker, *der;* **c)** *(recess, compartment)* Lagerraum, *der; (in barn)* Banse, *die;* **sick-~** *(Navy)* Schiffshospital, *das; (Mil.)* Sanitätsbereich, *der; (in school, college, office)* Krankenzimmer, *das;* **d)** *(of railway line)* ≈ Nebengleis, *das;* **e)** *(platform) Bahnsteig an einem Nebengleis; (in bus-station)* Haltestelle, *die*

**³bay** **1.** *n. (bark)* Gebell, *das;* Gelaut, *das (Jägerspr.);* **at ~:** gestellt; **be at ~** *(fig.)* mit dem Rücken zur Wand stehen *(fig.);* **hold** *or* **keep sb./sth. at ~** *(fig.)* sich *(Dat.)* jmdn./etw. vom Leib halten; **stand at ~** *(fig.)* sich [den Verfolgern] stellen. **2.** *v.i.* bellen; ~ **at sb./sth.** jmdn./etw. anbellen. **3.** *v.t.* anbellen

**⁴bay** [beɪ] *n.* **a)** *(Bot.)* Lorbeer[baum], *der;* **b)** *in pl. (wreath)* **[garland of] ~s** Lorbeer[kranz], *der*

**⁵bay** **1.** *adj.* braun ‹*Pferd*›. **2.** *n.* Braune, *der*

**bay: ~berry** *n.* Pimentbaum, *der;* **~-leaf** *n. (Cookery)* Lorbeerblatt, *das*

**bayonet** ['beɪənɪt] **1.** *n.* Bajonett, *das;* Seitengewehr, *das;* **with fixed ~s** mit aufgepflanzten Bajonetten. **2.** *v.t.* mit dem Bajonett *od.* Seitengewehr aufspießen; ~ **sb. to death** jmdn. mit dem Bajonett erstechen

**bayonet:** ~ **fitting** *n.* Bajonettfassung, *die;* ~ **plug** *n.* Stecker mit Bajonettverschluß *od.* -fassung; ~ **socket** *n.* Steckdose mit Bajonettfassung

**bay:** ~ '**rum** *n.* Pimentöl, *das;* ~ '**window** *n.* Erkerfenster, *das; (sl.: abdomen)* Spitzkühler, *der (salopp scherzh.)*

**bazaar** [bə'zɑ:(r)] *n. (oriental market)* Basar, *der; (large shop)* Kaufhaus, *das;* Basar, *der (DDR); (sale)* Wohltätigkeitsbasar, *der;* Basar, *der*

**bazooka** [bə'zu:kə] *n. (Mil.)* Bazooka, *die; (smaller)* Panzerfaust, *die*

**BBC** *abbr.* **British Broadcasting Corporation** BBC, *die*

**bbl.** *abbr.* **barrels** *(esp. of oil)*

**BC** *abbr.* **before Christ** v. Chr.; *(bes. DDR)* v. u. Z.

**BD** *abbr.* **Bachelor of Divinity** Bakkalaureus der Theologie; *see also* **B. Sc.**

**BDS** *abbr.* **Bachelor of Dental Surgery** Bakkalaureus der Zahnheilkunde; *see also* **B. Sc.**

**be** [bi:] *v., pres. t.* **I am** [əm, *stressed* æm], *neg. (coll.)* **ain't** [eɪnt], **he is** [ɪz], *neg. (coll.)* **isn't** ['ɪznt]; **we are** [ə(r), *stressed* ɑ:(r)], *neg. (coll.)* **aren't** [ɑ:nt]; *p. t.* **I was** [wəz, *stressed* wɒz], *neg. (coll.)* **wasn't** ['wɒznt], **we were** [wə(r), *stressed* wɜ:(r), weə(r)], *neg. (coll.)* **weren't** [wɜ:nt, weənt]; *pres. p.* **being** ['bi:ɪŋ]; *p. p.* **been** [bɪn, *stressed* bi:n] **1.** *copula* **a)** *indicating quality or attribute* sein; **she'll be ten next week** sie wird nächste Woche zehn; **she is a mother/an Italian** sie ist Mutter/Italienerin; **being a Frenchman, he naturally took an interest in politics** als Franzose interessierte er sich natürlich für Politik; **not being a cat-lover, I kept well away** da ich nicht gerade ein Katzenfreund bin, hielt ich mich fern; **he is being nice to them/sarcastic** er ist nett zu ihnen/jetzt ist er sarkastisch; **he has always been lazy** er ist schon immer faul gewesen; **be sensible!** sei vernünftig!; **b)** *in exclamation* **was she pleased!** war sie [vielleicht] froh!; **isn't he stupid!** ist er nicht [wirklich] dumm!; **aren't you a big boy!** was bist du schon für ein großer Junge!; **c) will be** *indicating supposition* **[I dare say] you'll be a big boy by now** du bist jetzt sicher schon ein großer Junge; **you'll be relieved to hear that** du wirst erleichtert sein, das zu hören; **d)** *indicating physical or mental welfare or state* sein; sich fühlen; **be ill/unwell** krank sein/sich nicht wohl fühlen; **I am well** es geht mir gut; **I am hot** mir ist heiß; **I am freezing** mich friert; es friert mich; **how are you/is she?** wie geht's *(ugs.)*/geht es ihr?; **e)** *identifying the subject* **he is the person I was speaking of** er ist es, von dem ich sprach; **it is the 5th today** heute haben wir den Fünften; **who's that?** wer ist das?; **it is she, it's her** sie ist's; **it is Joe who came** Joe ist gekommen; **if I were you** wenn ich du *od.* an deiner Stelle wäre; **f)** *indicating profession, pastime, etc.* **be a teacher/a footballer** Lehrer/Fußballer sein; **she wants to be a surgeon** sie möchte Chirurgin werden; **g)** *with possessive* **it is/was hers** es ist/war ihrs; es gehört/gehörte ihr; **this book is your uncle's** dieses Buch gehört deinem Onkel; **h)** *indicating intended recipient* **it's for you** es ist für dich; **i)** *(cost)* kosten; **how much are those eggs?** was kosten die Eier da?; **that will be 76 p** das macht 76 Pence; **j)** *(equal)* sein; **two times three is six, two threes are six** zweimal drei ist *od.* sind *od.* gibt sechs; **sixteen ounces is a pound** sechzehn Unzen sind *od.* ergeben ein Pfund; **k)** *(constitute)* ausmachen; bilden; **London is not England** London ist nicht [gleich] England; **l)** *(mean)* bedeuten; **he was everything to her** er bedeutete ihr alles; **seeing is believing** was man [selbst] sieht, glaubt man; **m)** *(represent)* darstellen; stehen für; bedeuten; **let x be 3** [angenommen] x sei 3. **2.** *v. i.* **a)** *(exist)* [vorhanden] sein; existieren; **can such things be?** kann es so etwas geben?; kann so etwas vorkommen?; **I think, therefore I am** ich denke, also bin ich; **there is/are ...:** es gibt ...; **there are no such things** es gibt nichts dergleichen; so etwas gibt es nicht; **once upon a time there was a princess** es war einmal eine Prinzessin; **to be or not to be** Sein oder Nichtsein; **the powers that be** die maßgeblichen Stellen; die da oben *(ugs.);* **for the time being** vorläufig; **Miss Jones that was** das frühere Fräulein Jones; **be that as it may** wie dem auch sei; **b)** *(remain)* bleiben; **I shan't be a moment** *or* **second** ich komme gleich; noch eine Minute; **she has been in her room for hours** sie ist schon seit Stunden in ihrem Zimmer; **let it be** laß es sein; **let him/her be** laß ihn/sie in Ruhe; **c)** *(attend)* sein; **is he here?** ist er hier?; **d)** *indicating position in space or time* **he's upstairs** er ist oben; **how long has he been here?** wie lange ist er schon hier?; **e)** *(be situated)* sein; **Hungary is in the heart of Europe** Ungarn liegt im Herzen Europas; **the chair is in the corner** der Stuhl steht *od.* ist in der Ecke; **here you are** *(on arrival)* da bist du/da seid ihr [ja]; *(on giving sb. sth.)* so, bitte!; **f)** *(happen, occur, take place)* stattfinden; sein; **where will the party be?** wo ist die Party?; wo findet die Party statt?; **g)** *(go, come)* **be off with you!** geh/geht!; **I'm off** *or* **for home** ich gehe jetzt nach Hause; **she's from Australia** sie stammt *od.* ist aus Australien; **are you for London?** wollen Sie nach London?; sind Sie auf dem Weg nach London?; **be on one's way** unterwegs *od.* auf dem Wege sein; **h)** *(on visit etc.)* sein; **have you [ever] been to London?** bist du schon einmal in London gewesen?; **has anyone been?** ist jemand dagewesen?; **has the postman been?** war der Briefträger *od.* die Post schon da?; **i) be for/against sth./sb.** für/gegen etw./jmdn. sein; **How kind she is. She's been and tidied the room** *(coll.)* Wie nett sie ist. Sie hat doch wirklich das Zimmer aufgeräumt; **the children have been at the biscuits** die Kinder waren an den Keksen *(ugs.);* **I've been into this matter** ich habe mich mit der Sache befaßt. **3.** *v. aux.* **a)** *forming passive* werden; **the child was found** das Kind wurde gefunden; **German is spoken in this shop** in diesem Geschäft wird Deutsch gesprochen; **b)** *(arch.) forming past tenses of verbs of motion* sein; **the sun is set** die Sonne ist untergegangen; **when I got there she was gone** als ich hinkam, war sie schon [weg]gegangen; **Christ is risen** *(Relig.)* Christ[us] ist auferstanden *od. (dichter. veralt.)* erstanden; **the prisoner is fled** der Gefangene ist geflohen; **c)** *forming continuous tenses, active* **he is reading** er liest [gerade]; er ist beim Lesen; **I am leaving tomorrow** ich reise morgen [ab]; **the train was departing when I got there** der Zug fuhr gerade ab, als ich ankam; **d)** *forming continuous tenses, passive* **the house is/was being built** das Haus wird/wurde [gerade] gebaut *od.* ist/war im Bau; **e)** *expressing obligation* **be to** sollen; **I am to inform you** ich soll Sie unterrichten; **you are to report to the police** Sie sollen sich bei der Polizei melden; **he is to clean the house thoroughly** er soll das ganze Haus gründlich putzen; **he is to be admired** er ist zu bewundern; **f)** *expressing arrangement* **the Queen is to arrive at 3 p.m.,** die Königin soll um 15 Uhr eintreffen; **he is to be there** er soll dort sein; **I am to go** ich soll gehen; **g)** *expressing possibility* **the car is for sale** das Auto ist zu verkaufen; **it was not to be seen** es war nicht zu sehen; **there was nothing to be seen** es war nichts zu sehen; **I was not to be side-tracked** ich ließ mich nicht ablenken; **h)** *expressing destiny* **they were never to meet again** sie sollten sich nie wieder treffen; **i)** *expressing condition* **if I were to tell you that ..., were I to tell you that ...:** wenn ich dir sagen würde, daß ... **4. bride-/husband-to-be** zukünftige Braut/zukünftiger Ehemann; **mother-/father-to-be** werdende Mutter/werdender Vater; **the be-all and end-all** das A und O

**beach** [bi:tʃ] **1.** *n.* Strand, *der;* ~ **area**

Strandzone, *die;* **on the ~:** am Strand; *attrib.* **~ hat/suit/shoe** Strandhut/-anzug/-schuh, *der.* **2.** *v. t.* auf [den] Strand setzen ‹*Schiff usw.*›; ans Ufer ziehen ‹*Boot, Wal*›

**beach: ~-ball** *n.* Wasserball, *der;* **~-comber** ['bi:tʃkəʊmə(r)] *n.* **a)** Strandgutsammler, *der;* **b)** *(wave)* große Brandungswelle; **~-head** *n. (Mil.)* Brückenkopf, *der;* **~ wear** *n.* Strandkleidung, *die*

**beacon** ['bi:kn] *n.* **a)** Leucht-, Signalfeuer, *das; (Naut.)* Leuchtbake, *die;* **b)** *(Brit.) (hill)* leicht sichtbarer Hügel *(für ein Signalfeuer);* **c)** *(lighthouse, tower, etc.)* Leuchtfeuer, *das;* **d)** *(radio station)* Funkfeuer, *das;* **e)** *(signal light)* Signalleuchte, *die; (for aircraft)* Landelicht, *das;* **f)** *(fig.)* Leitstern, *der*

**bead** [bi:d] **1.** *n.* **a)** Perle, *die;* **~s** Perlen *Pl.;* Perlenkette, *die;* **tell one's ~s** den Rosenkranz beten; **~s of dew** Tautropfen *od. (geh.)* -perlen; **~s of perspiration** *or* **sweat** Schweißtropfen *od.* -perlen; **b)** *(gun-sight)* Kornspitze, *die;* Korn, *das;* **draw a ~ on sb./sth.** auf jmdn./etw. zielen; **c)** *(tyre edge) see* **beading c; d)** *(Archit.) see* **beading b. 2.** *v. t.* mit Perlen/perlenartiger Verzierung versehen

**beading** ['bi:dɪŋ] *n.* **a)** Perlenstickerei, *die;* **b)** *(Archit.)* Perl- *od.* Rundstab, *der;* Abdeckstab, *der;* **c)** *(tyre edge)* Wulst, *der od. die*

**beadle** ['bi:dl] *n. (Brit.) (Hist.: of church)* Kirchendiener, *der; (with more responsibility, esp. Scot.)* Küster, *der; (of university)* Pedell, *der*

**beady** ['bi:dɪ] *adj.* **~ eyes** Knopfaugen; **those ~ eyes of hers don't miss anything** ihrem wachsamen Blick entgeht nichts; **I've got my ~ eye on you** ich lasse dich nicht aus den Augen

**'beady-eyed** *adj.* mit Knopfaugen *nachgestellt; (watchful)* mit wachen Augen *nachgestellt*

**beagle** ['bi:gl] *n.* Beagle, *der*

**¹beak** [bi:k] *n.* Schnabel, *der; (of turtle, octopus)* Mundwerkzeug, *das; (fig.: large, hooked nose)* Hakennase, *die;* Zinken, *der (salopp)*

**²beak** *n. (Brit. sl.)* **a)** *(magistrate, judge)* Kadi, *der (ugs.);* **b)** *(schoolmaster)* Pauker, *der*

**beaked** [bi:kt] *adj.* geschnäbelt

**beaker** ['bi:kə(r)] *n.* **a)** *(cup)* Becher, *der;* **b)** *(Chem.)* Becherglas, *das*

**'be-all** *see* **be 4**

**beam** [bi:m] **1.** *n.* **a)** *(timber etc.)* Balken, *der;* **behold the ~ in thine own eye** *(Bibl.)* sieh den Balken in deinem eigenen Auge; **b)** *(in loom)* Baum, *der;* **c)** *(Agric.: in plough)* Grindel, *der;* Pflugbaum, *der;* **d)** *(in balance)* Waagebalken, *der;* **e)** *(Naut.) (ship's breadth)* [größte] Schiffsbreite; *(side of ship)* [Schiffs]seite, *die;* **~s** Decksbalken; **on the ~:** querschiffs; **on the port ~:** backbords; **broad in the ~** *(fig. coll.)* breithüftig; **f)** *(ray etc.)* [Licht]strahl, *der;* **~ of light** Lichtstrahl, *der;* **the car's headlamps were on full ~:** die Scheinwerfer des Wagens waren aufgeblendet; **g)** *(Aeronaut., Mil., etc.: guide)* Peil- *od.* Leitstrahl, *der; (course)* **come in on the ~:** auf dem Peil- *od.* Leitstrahl ein- *od.* anfliegen; **be off ~** *(fig. coll.)* danebenliegen *(ugs.);* **be on the ~** *(fig. coll.)* richtigliegen *(ugs.);* **h)** *(smile)* Strahlen, *das.* **2.** *v. t.* **a) ~ [forth]** ausstrahlen; **b)** *(broadcast)* aussenden; ausstrahlen ‹*Wellen, Licht, Rundfunkprogramm*›; *(fig.: aim)* **~ at** [hin]zielen auf (+ *Akk.*); **~ towards** richten *od.* lenken auf (+ *Akk.*); **this magazine is ~ed at housewives** die Zielleser[schaft] dieser Illustrierten sind Hausfrauen. **3.** *v. i.* **a)** *(shine)* strahlen; glänzen; **b)** *(smile)* strahlen; **~ at sb.** jmdn. anstrahlen

**'beam-ends** *n. pl.* **the ship is on her ~** das Schiff liegt auf der Seite; **be on one's ~** *(fig.)* pleite *(ugs.) od.* in großer Geldnot sein

**beaming** ['bi:mɪŋ] *adj.* strahlend

**bean** [bi:n] **1.** *n.* **a)** Bohne, *die;* **full of ~s** *(fig. coll.)* putzmunter *(ugs.);* quietschlebendig *(ugs.);* **he hasn't [got] a ~** *(fig. sl.)* er hat keinen roten Heller *(ugs.);* **not worth a ~** *(sl.)* nicht die Bohne *od.* keinen Pfifferling wert *(ugs.); see also* **old 1d; ¹spill 1b; b)** *(Amer. sl.: head)* Birne, *die (fig. salopp).* **2.** *v. t. (Amer. sl.: hit)* **~ sb.** jmdm. eins auf die Birne geben *(salopp)*

**bean: ~ bag** *n.* **a)** *mit Bohnen gefülltes Säckchen zum Spielen;* **b)** *(cushion)* Knautschsessel, *der;* **~ feast** *n. (Brit. coll.)* Gelage, *das; (employees' annual dinner)* Betriebsfeier, *die*

**beano** ['bi:nəʊ] *n., pl.* **~s** *(Brit. sl.)* Gelage, *das*

**bean: ~pole** *n. (lit. or fig.)* Bohnenstange, *die;* **~sprout** *n.* Sojabohnenkeim, *der;* **~stalk** *n.* Bohnenstengel, *der;* **~stick** *n.* Bohnenstange, *die*

**¹bear** [beə(r)] *n.* **a)** Bär, *der;* **be like a ~ with a sore head** *(coll.)* ein richtiger Brummbär sein *(ugs.);* **b)** *(fig.)* Tolpatsch, *der (ugs.);* **c)** *(Astron.)* **Great/Little B~:** Großer/Kleiner Bär; **d)** *(St. Exch.)* Baissier, *der*

**²bear 1.** *v. t.,* **bore** [bɔ:(r)], **borne** [bɔ:n] **a)** *(show)* tragen ‹*Wappen, Inschrift, Unterschrift*›; aufweisen, zeigen ‹*Merkmal, Spuren, Ähnlichkeit, Verwandtschaft*›; **~ a resemblance** *or* **likeness to sb.** Ähnlichkeit mit jmdm. haben; **b)** *(be known by)* tragen, führen ‹*Namen, Titel*›; **c) ~ some/little relation to sth.** einen gewissen/wenig Bezug zu etw. haben; **d)** *(poet./formal: carry)* tragen ‹*Waffe, Last*›; mitgebracht haben, mit sich führen ‹*Geschenk, Botschaft*›; **I was borne along by the fierce current** die starke Strömung trug mich mit [sich]; **be borne in upon sb.** jmdm. klar werden; jmdm. zu[m] Bewußtsein kommen; **e)** *(endure, tolerate)* ertragen, erdulden ‹*Schmerz, Kummer*›; *with neg.* ertragen, aushalten ‹*Schmerz*›; ausstehen, leiden ‹*Geruch, Lärm*›; **he couldn't ~ the misery** er konnte das Elend nicht ertragen; **I can't ~ watching her eat** ich kann ihr beim Essen einfach nicht zusehen; **I can't ~ salami** ich kann Salami einfach nicht ausstehen; **f)** *(sustain)* tragen, übernehmen ‹*Verantwortlichkeit, Kosten*›; auf sich *(Akk.)* nehmen ‹*Schuld*›; tragen, aushalten ‹*Gewicht*›; **g)** *(be fit for)* vertragen; **it does not ~ repeating** *or* **repetition** das läßt sich unmöglich wiederholen; *(is not important)* es lohnt sich nicht, das zu wiederholen; **his language won't ~ repeating** man kann seine [gemeinen] Ausdrücke gar nicht wiederholen; **it will not ~ scrutiny** es hält einer Überprüfung nicht stand; **it does not ~ thinking about** daran darf man gar nicht denken; **~ comparison with sth.** den *od.* einen Vergleich mit etw. aushalten; einem *od.* dem Vergleich mit etw. standhalten; **h)** *(carry in the mind)* hegen ‹*Haß, Liebe*›; **~ sb. a grudge** *or* **a grudge against sb.** jmdm. gegenüber nachtragend sein; **~ sb. malice** *or* **malice towards sb.** jmdm. grollen; einen Groll auf jmdn. hegen; **~ sth. in mind** an etw. *(Akk.)* denken; etw. nicht vergessen; **~ in mind that ...:** vergiß nicht, daß ...; merk dir, daß ...; **i)** *(give birth to)* gebären ‹*Kind, Junges*›; *see also* **born; j)** *(yield)* tragen ‹*Blumen, Früchte usw.*›; bringen, tragen ‹*Zinsen*›; **his efforts bore no result** *(fig.)* seine Bemühungen hatten *od.* brachten keinen Erfolg; **~ fruit** *(fig.)* Früchte tragen *(geh.);* **k)** *(bring sth. needed)* leisten ‹*Hilfe*›; **~ witness** *or* **testimony to sth.** von etw. zeugen *od.* Zeugnis ablegen; **~ sb. company** jmdm. Gesellschaft leisten; **~ a hand** helfen; **~ a hand in an undertaking** bei einem Vorhaben helfen; **l)** *(behave)* **~ oneself well/with dignity** sich gut betragen *od.* benehmen/Würde zeigen. **2.** *v. i.,* **bore, borne a) the path ~s [to the] left** der Weg führt [nach] links; **he bore right** er hielt sich [nach] rechts; **b) bring to ~:** aufbieten ‹*Kraft, Energie*›; ausüben ‹*Druck*›; **bring one's influence to ~:** seinen Einfluß geltend machen

**~ a'way** *v. t.* wegtragen; davontragen ‹*Preis usw.*›; **be borne away** fort- *od.* davongetragen werden

**~ 'down 1.** *v. t.* niederdrücken; überwältigen ‹*Feind*›; **be borne down by the weight of ...:** von der Last (+ *Gen.*) gebeugt sein. **2.** *v. i.* **~ down on sb./sth.** auf jmdn./etw. zusteuern; sich jmdm./einer Sache schnell nähern; ‹*Schiff:*› auf jmdn./etw. zu- *od.* lossegeln; ‹*Wagen:*› auf jmdn./etw. zufahren *od.* -steuern

**~ 'off** *see* **~ away**

**~ on** *see* **~ upon**

**~ 'out** *v. t.* **a)** hinaustragen; **b)** *(fig.)* bestätigen ‹*Bericht, Erklärung*›; **~ sb. out** jmdm. recht geben; **~ sb. out in sth.** jmdn. in etw. *(Dat.)* bestätigen

**~ 'up 1.** *v. t.* halten; [unter]stützen. **2.** *v. i.* **a)** durchhalten; ausharren *(geh.);* **~ up well under sth.** etw. gut ertragen; **b)** *(Naut.)* abfallen

**~ upon** *v. t. (relate to)* sich beziehen auf (+ *Akk.*); Bezug haben auf (+ *Akk.*); im Zusammenhang stehen mit; *see also* **~ 2b**

**~ with** *v. t.* **~ with sb./sth.** mit jmdm./etw. Nachsicht haben; **~ with sth. for the time being** etw. vorübergehend auf sich *(Akk.)* nehmen; **if you'll ~ with me a little longer** wenn Sie sich vielleicht noch einen Moment gedulden wollen

**bearable** ['beərəbl] *adj.* zum Aushalten *nachgestellt;* erträglich ‹*Situation, Beruf*›

**bear: ~-baiting** *n. (Hist.)* Bärenhatz, *die;* **~ cub** *n.* Bärenjunge, *das*

**beard** [bɪəd] **1.** *n.* **a)** Bart, *der;* **full ~:** Vollbart, *der;* **small pointed ~:** Spitzbart, *der;* **b)** *(Bot.)* Grannen. **2.** *v. t.* trotzen (+ *Dat.*); Trotz bieten (+ *Dat.*); **~ the lion in his den** *(fig.)* sich in die Höhle des Löwen wagen

**bearded** ['bɪədɪd] *adj.* bärtig; **be ~:** einen Bart haben; **a ~ gentleman** ein Herr mit Bart

**bearer** ['beərə(r)] *n.* **a)** *(carrier)* Träger, *der*/Trägerin, *die; (of letter, message, cheque, banknote)* Überbringer, *der*/Überbringerin, *die;* **cheque to ~:** Inhaberscheck, *der;* **payable to ~:** zahlbar an Überbringer *od.* Inhaber ‹*Scheck*›; **I am the ~ of glad tidings** ich bringe euch eine frohe Botschaft; **b) the ~ of shares/bonds** der Aktionär/Obligationär; **~ share/bond** Inhaberaktie/Inhaberschuldverschreibung, *die*

**bear: ~-garden** *n. (fig.)* Tollhaus, *das (fig.);* **~-hug** *n.* kräftige Umarmung

**bearing** ['beərɪŋ] *n.* **a)** *(behaviour)* Verhalten, *das;* Gebaren, *das (geh.); (deportment)* [Körper]haltung, *die;* **b)** *(endurance)* Ertragen, *das;* Erdulden, *das;* **beyond** *or* **past [all] ~:** unerträglich; nicht zum Aushalten; **c)** *(relation)* Zusammenhang, *der;* Bezug, *der;* **consider sth. in all its ~s** etw. in seiner ganzen Tragweite betrachten; **have some/no ~ on sth.** relevant/irrelevant *od.* von Belang/belanglos für etw. sein; **d)** *(significance)* Bedeutung, *die;* [tieferer] Sinn; **the ~ of a remark** die Bedeutung *od.* der Sinn einer Bemerkung; **e)** *(Mech. Engin.)* Lager, *das;* **f)** *(compass ~)* Lage, *die;* Position, *die;* **take a compass ~:** den Kompaßkurs feststellen; **get one's ~s** sich orientieren; *(fig.)* sich zurechtfinden; **I have lost my ~s** *(lit. or fig.)* ich habe die Orientierung verloren; **g)** *(Her.)* Wappenbild, *das*

**bearish** ['beərɪʃ] *adj.* **a)** brummig; unfreundlich; **b)** *(St. Exch.)* baissierend; auf Baisse spekulierend ‹*Kapitalanleger*›

**'bear market** *n. (St. Exch.)* Markt mit fallenden Preisen; Baissemarkt, *der*

**'bearskin** *n.* **a)** Bärenfell, *das;* Bärenhaut, *die;* **b)** *(Mil.)* Bärenfellmütze, *die*

**beast** [bi:st] *n.* Tier, *das; (quadruped)* Vierbeiner, *der; (ferocious, wild)* Bestie, *die; (fig.: brutal person)* roher, brutaler Mensch; Bestie, *die (abwertend); (disliked person)* Scheusal, *das (abwertend);* **it was a ~ of a winter** das war ein scheußlicher Winter; **the B~** *(Bibl.)* das Tier; **man and ~:** Mensch und Tier

**beastliness** ['bi:stlınıs] *n., no pl. (coll.)* Scheußlichkeit, *die*

**beastly** ['bi:stlı] *adj., adv. (coll.)* scheußlich

**beat** [bi:t] **1.** *v.t.,* **beat, beaten** ['bi:tn] **a)** *(strike repeatedly)* schlagen ⟨*Trommel, Rhythmus, Eier, Teig*⟩; klopfen ⟨*Teppich*⟩; hämmern ⟨*Gold, Silber usw.*⟩; **~ the dust out of a carpet/cushion** einen Teppich/ein Polster ausklopfen; **~ a path through sth.** sich *(Dat.)* einen Weg durch etw. bahnen; **~ one's breast** *(lit. or fig.)* sich *(Dat.)* an die Brust schlagen; **~ its chest** ⟨*Affe:*⟩ sich *(Dat.)* gegen die Brust trommeln; **~ some sense into sb.** jmdm. Vernunft einprügeln; **~ the bounds** *(Brit.)* die Grenzen der Gemarkung abgehen; **~ one's brains** sich *(Dat.)* den Kopf zerbrechen; **~ it** *(sl.)* sich verdrücken *(ugs.);* **~ it!** *(sl.)* hau ab! *(ugs.);* verschwinde!; **b)** *(hit)* schlagen; [ver]prügeln; **be ~en to death** totgeschlagen *od.* -geprügelt werden; **c)** *(defeat)* schlagen ⟨*Mannschaft, Gegner*⟩; *(surmount)* in den Griff bekommen ⟨*Inflation, Arbeitslosigkeit, Krise*⟩; **~ the deadline** den Termin noch einhalten; **d)** *(surpass)* brechen ⟨*Rekord*⟩; übertreffen ⟨*Leistung*⟩; **hard to ~:** schwer zu schlagen; **you can't ~** *or* **nothing ~s French cuisine** es geht [doch] nichts über die französische Küche; **~ that!** das soll mal einer nachmachen!; **~ everything** *(coll.),* **~ the band** *(sl.)* alles in den Schatten stellen; **~ sb. to it** jmdm. zuvorkommen; **can you ~ it?** ist denn das zu fassen?; **e)** *(circumvent)* umgehen; **~ the system** sich gegen das bestehende System durchsetzen; **f)** *(perplex)* **it ~s me how/why ...:** es ist mir ein Rätsel wie/warum ...; **g) ~ time** den Takt schlagen; **h)** *(Hunting)* **~ the bushes/water** den Treiber machen; **i)** *p.p.* **beat: I'm ~** *(coll.: exhausted)* ich bin geschafft *(ugs.) od.* erledigt *(ugs.). See also* **beaten 2. 2.** *v.i.,* **beat, beaten a)** *(throb)* ⟨*Herz:*⟩ schlagen, klopfen; ⟨*Puls:*⟩ schlagen; **my heart seemed to stop ~ing** ich dachte, mir bleibt das Herz stehen; **b)** ⟨*Sonne:*⟩ brennen (**on** auf + *Akk.*); ⟨*Wind, Wellen:*⟩ schlagen (**on** auf + *Akk.,* **against** gegen); ⟨*Regen, Hagel:*⟩ prasseln, trommeln (**against** gegen); **c) ~ about the bush** um den [heißen] Brei herumreden *(ugs.);* **d)** *(knock)* klopfen, pochen (**at an** + *Dat.*); **e)** *(Naut.)* kreuzen. **3.** *n.* **a)** *(stroke, throbbing)* Schlag, *der;* Schlagen, *das; (rhythm)* Takt, *der;* **his heart missed a ~:** ihm stockte das Herz; **~ [music]** Beat, *der;* Beatmusik, *die;* **b)** *(Mus.)* Schlag, *der; (of metronome, baton)* Taktschlag, *der;* **c)** *(Phys.)* Schwebung, *die;* **d)** *(of policeman, watchman)* Runde, *die; (habitual round)* übliche Runde; *(area)* Revier, *das;* **be off sb.'s [usual] ~** *(fig.)* nicht in jmds. Fach schlagen; **e)** *(Hunting)* Treibjagd, *die;* **f) did you ever see the ~ of that?** *(Amer. sl.)* hast du so etwas schon mal gesehen?; **g)** *(Amer. Journ.: scoop)* Knüller, *der (ugs.)*

**~ a'bout** *v.i.* [herum]suchen

**~ 'back** *v.t.* zurückschlagen ⟨*Feind*⟩

**~ 'down 1.** *v.i.* ⟨*Sonne:*⟩ herniederbrennen; ⟨*Regen:*⟩ niederprasseln. **2.** *v.t.* **a)** einschlagen ⟨*Tür*⟩; **b)** *(in bargaining)* herunterhandeln

**~ 'in** *v.t.* einschlagen; demolieren *(ugs.)*

**~ 'off** *v.t.* abwehren, zurückschlagen ⟨*Angriff*⟩

**~ 'out** *v.t.* **a)** heraushämmern ⟨*Rhythmus, Melodie*⟩; aushämmern ⟨*Metall*⟩; ausschlagen ⟨*Feuer*⟩; **b)** *(Amer.: defeat)* aus dem Feld schlagen ⟨*Konkurrenten*⟩

**~ 'up** *v.t.* **a)** zusammenschlagen ⟨*Person*⟩; schlagen ⟨*Sahne usw.*⟩; **b)** *(attract)* anwerben ⟨*Rekruten*⟩

**beaten** ['bi:tn] **1.** *see* **beat 1, 2. 2.** *adj.* **a) a ~ track** *or* **path** ein Trampelpfad; **off the ~ track** *(remote)* weit abgelegen; weitab vom Schuß *(ugs.);* **he has always kept to the ~ track** *(fig.)* er ist immer in den gewohnten Bahnen geblieben; **go off the ~ track** *(fig.)* vom üblichen Weg abweichen; **b)** *(hammered)* gehämmert ⟨*Silber, Gold*⟩; **c)** *(exhausted, dejected)* erschöpft, *(ugs.)* erledigt ⟨*Person*⟩

**beater** ['bi:tə(r)] *n.* **a)** *(Cookery)* Rührbesen, *der;* **b)** *(Hunting)* Treiber, *der;* **c)** *(carpet ~)* [Teppich]klopfer, *der*

**beatific** [bi:ə'tıfık] *adj.* beglückend; *(blissful)* beglückt, selig ⟨*Lächeln*⟩

**beatification** [bıætıfı'keıʃn] *n. (Relig.)* Seligsprechung, *die;* Beatifikation, *die*

**beatify** [bı'ætıfaı] *v.t. (Relig.)* seligsprechen; beatifizieren

**beating** ['bi:tıŋ] *n.* **a)** *(punishment)* **a ~:** Schläge *Pl.;* Prügel *Pl.;* **a good ~:** eine gehörige Tracht Prügel *(ugs.);* **b)** *(defeat)* Niederlage, *die;* **give sb. a good ~:** jmdm. eine schwere Niederlage zufügen; **take** *or* **get a [sound] ~:** eine [schwere] Niederlage hinnehmen [müssen]; **c)** *(surpassing)* **take some/a lot of ~:** nicht leicht zu übertreffen sein; seinesgleichen suchen

**beatitude** [bı'ætıtju:d] *n.* **a)** *(blessedness)* [Glück]seligkeit, *die;* **b)** *in pl.* Seligpreisungen

**'beat-up** *adj. (coll.)* ramponiert *(ugs.)*

**beau** [bəʊ] *n., pl.* **~x** [bəʊz] *or* **~s a)** *(ladies' man)* Frauenheld, *der; (fop)* Beau, *der (geh.);* Dandy, *der (geh.);* **b)** *(Amer.: boyfriend)* Galan, *der (veralt.);* Verehrer, *der*

**Beaufort scale** ['bəʊfət skeıl] *n. (Meteorol.)* Beaufortskala, *die*

**Beaujolais** ['bəʊʒəleı] *n.* Beaujolais, *der*

**beaut** [bju:t] *(Austral., NZ, & Amer. sl.)* **1.** *n.* Prachtexemplar, *das; (woman)* Schönheit, *die.* **2.** *adj.* klasse *(ugs.)*

**beauteous** ['bju:tıəs] *adj. (poet.)* wunderschön; herrlich

**beautician** [bju:'tıʃn] *n.* Kosmetiker, *der*/Kosmetikerin, *die*

**beautification** [bju:tıfı'keıʃn] *n.* Verschönerung, *die; (of the body)* Schönheitspflege, *die*

**beautiful** ['bju:tıfl] *adj.* [ausgesprochen] schön; wunderschön ⟨*Augen, Aussicht, Blume, Kleid, Morgen, Musik, Schmuck*⟩; *(morally or intellectually impressive)* großartig; **the B~ People** die Hippies; **~ letters** *(Amer.)* Belletristik, *die;* schöne Literatur; **small is ~:** klein ist schön

**beautifully** ['bju:tıfəlı] *adv.* wunderbar; *(coll.: very well)* prima *(ugs.);* wunderbar, schön ⟨*weich, warm*⟩; **you did [that] ~:** du hast es prima gemacht

**beautify** ['bju:tıfaı] *v.t.* verschönern; schöner machen; *(adorn)* [aus]schmücken; **~ oneself** sich schönmachen *(ugs.)*

**beauty** ['bju:tı] *n.* **a)** *no pl.* Schönheit, *die; (of action, response)* Eleganz, *die; (of idea, simplicity, sacrifice)* Größe, *die;* **~ is only skin deep** man kann nicht nach dem Äußeren urteilen; **be a thing of ~** wunderschön sein; **b)** *(person or thing)* Schönheit, *die; (animal)* wunderschönes Tier; **she is a real ~:** sie ist wirklich eine Schönheit; **B~ and the Beast** die Schöne und das Tier; **They've just bought a new car. It's a ~:** Sie haben sich *(Dat.)* gerade einen neuen Wagen gekauft. Er ist wunderbar; **c)** *(exceptionally good specimen)* Prachtexemplar, *das;* **that last goal was a ~:** dieses letzte Tor war ein richtiges Bilderbuchtor; **d)** *(beautiful feature)* Schöne, *das;* **her eyes are her great ~:** das Schöne an ihr sind ihre Augen; **the ~ of it/of living in California** das Schöne *od.* Gute daran/am Leben in Kalifornien

**beauty: ~ competition, ~ contest** *ns.* Schönheitswettbewerb, *der;* **~ parlour** *see* **~ salon; ~ queen** *n.* Schönheitskönigin, *die;* **~ salon** *n.* Schönheitssalon, *der;* Kosmetiksalon, *der;* **~ spot** *n.* Schönheitsfleck, *der; (patch)* Schönheitspflästerchen, *das; (place)* schönes Fleckchen [Erde]; **a local ~ spot** ein Ausflugsziel am Ort; **~ treatment** *n.* Schönheitsbehandlung, *die*

**beaux** *pl. of* **beau**

**beaver** ['bi:və(r)] **1.** *n.* **a)** *pl. same or* **~s** Biber, *der;* Biberratte, *die;* **eager ~** *(fig. coll.)* Übereifrige, *der/die; (esp. at school)* Streber, *der*/Streberin, *die;* **b)** *(fur)* Biber[pelz], *der.* **2.** *v.i. (Brit.)* **~ away** schuften *(ugs.);* eifrig arbeiten (**at** an + *Dat.*)

**beaver: B~board, (P)** *n. (Amer.)* Hartfaserplatte, *die;* **~ lamb** *n.* Biberlamm, *das*

**becalmed** [bı'kɑ:md] *adj.* **be ~** in einer Flaute *od.* Windstille treiben

**became** *see* **become**

**because** [bı'kɒz] **1.** *conj.* weil; **one of the reasons why she stopped is ~ she was tired** einer der Gründe, warum sie aufhörte, ist, daß sie müde war; **he is popular ~ handsome** er ist beliebt, weil er gut aussieht; **that is ~ you don't know German** das liegt daran, daß du kein Deutsch kannst. **2.** *adv.* **~ of** wegen (+ *Gen.*); **don't come just ~ of me** nur meinetwegen brauchen Sie nicht zu kommen; **~ of which he ...:** weswegen er ...

**[1]beck** [bek] *n. (dial.: brook)* [Wild]bach, *der*

**[2]beck** *n. (literary)* **be at sb.'s ~ and call** jmdm. zur Verfügung stehen; **have sb. at one's ~ and call** jmdn. zur Verfügung haben; ganz über jmdn. verfügen können

**beckon** ['bekn] **1.** *v.t.* **a)** winken; **~ sb. in/over** jmdn. herein-/herbei- *od.* herüberwinken; **b)** *(fig.: invite)* locken; rufen. **2.** *v.i.* **a) ~ to sb.** jmdm. winken *od.* ein Zeichen geben; jmdn. zu sich winken; **b)** *(fig.: be inviting)* locken

**become** [bı'kʌm] **1.** *copula, forms as* **come** werden; **~ a politician/dentist** Politiker/Zahnarzt werden; **~ a hazard/nuisance/rule** zu einem Risiko/zu einer Plage/zur Regel werden; **~ popular/angry** beliebt/böse werden; **~ accustomed** *or* **used to sb./sth.** sich an jmdn./etw. gewöhnen. **2.** *v.i., forms as* **come** werden; **what has ~ of him?** was ist aus ihm geworden?; **what has ~ of that guidebook/courier?** wo ist der Reiseführer geblieben?; **what is to ~ of you?** was soll bloß aus dir werden?. **3.** *v.t., forms as* **come: a)** *see* **befit; b)** *(suit)* **~ sb.** jmdm. stehen; zu jmdm. passen

**becoming** [bı'kʌmıŋ] *adj.* **a)** *(fitting)* schicklich *(geh.);* geziemend *(geh.);* **it is not ~ for a young lady to ...:** es ziemt sich für eine junge Dame nicht, zu ...; **b)** *(flattering)* vorteilhaft, kleidsam ⟨*Hut, Kleid, Frisur*⟩

**becquerel** ['bekərel] *n. (Phys.)* Becquerel, *das*

**bed** [bed] **1.** *n.* **a)** Bett, *das; (without bedstead)* Lager, *das;* **they talked together till ~** *(coll.)* sie unterhielten sich, bis sie ins Bett gingen; **he's very fond of his ~:** er liegt gerne im Bett; **be/lie in ~:** im Bett sein/liegen; **~ and board** *(lodging)* Unterkunft und Verpflegung; *(marital relations)* Tisch und Bett; **~ and breakfast** Zimmer mit Frühstück; **a ~ and breakfast place** eine Frühstückspension; **get into/out of ~:** ins *od.* zu Bett gehen/aufstehen; **go to ~:** zu *od.* ins Bett gehen; **go to ~ with sb.** *(fig.)* mit jmdm. ins Bett gehen *(ugs.);* **the newspaper has gone to ~** *(fig.)* die Zeitung ist im Druck; **make the ~:** das Bett machen; **put sb. to ~:** jmdn. zu *od.* ins Bett bringen; **put a paper to ~** *(fig.)* eine Zeitung in Druck geben; **life isn't a** *or* **is no ~ of roses** *(fig.)* das Leben ist kein reines Vergnügen; **his life isn't exactly a ~ of roses** *(fig.)* er ist nicht gerade auf Rosen gebettet; ~ **of sickness** *(literary)* Krankenlager, *das (geh.)*; **have got out of ~ on the wrong side** *(fig.)* mit dem linken Fuß zuerst aufgestanden sein; **as you make your ~ so you must lie on it** *(prov.)* wie man sich bettet, so liegt man; **take to one's ~:** sich krank ins Bett legen; **be confined to ~:** ans Bett gefesselt sein *(fig.)*; **be brought to ~** *(literary)* niederkommen (**of** mit); entbunden werden (**of** von); **b)** *(flat base)* Unterlage, *die; (of machine)* Bett, *das; (of road, railway, etc.)* Unterbau, *der;* Kies-/Schotterbett, *das; (of billiard-table)* Schieferplatte *(die mit grünem Kammgarntuch bespannt ist)*; **c)** *(in garden)* Beet, *das; (for osiers etc.)* Pflanzung, *die;* **d)** *(of sea, lake)* Grund, *der;* Boden, *der; (of river)* Bett, *das;* **e)** *(layer)* Schicht, *die;* **f)** *(of oysters etc.)* Bank, *die.* **2.** *v. t.*, **-dd-: a)** ins Bett legen; **b)** *(fig. coll.)* beschlafen ⟨*Frau*⟩; **c)** *(plant)* setzen ⟨*Pflanze, Sämling*⟩. **3.** *v. i.*, **-dd-** zu *od.* ins Bett gehen; schlafen gehen; **he ~s with his mistress** *(fig.)* er schläft mit seiner Geliebten

~ **'down 1.** *v. t.* mit Streu versorgen ⟨*Pferd usw.*⟩; **the troops were ~ded down in a barn** die Soldaten wurden über Nacht in einer Scheune einquartiert; **the farmer ~ded down the tramp** der Bauer beherbergte den Landstreicher. **2.** *v. i.* kampieren; **she ~s down with her boy-friend** *(fig.)* sie schläft mit ihrem Freund

~ **'in** *v. t.* einlassen

~ **'out** *v. t.* auspflanzen ⟨*Pflanzen*⟩

**B. Ed.** [bi: 'ed] *abbr.* **Bachelor of Education** Bakkalaureus der Erziehungswissenschaften; *see also* **B. Sc.**

**bedazzle** [bɪ'dæzl] *v. t.* **a)** blenden; **b)** *(confuse)* verwirren

**bed: ~bug** *n.* [Bett]wanze, *die;* **~chamber** *n.* **a)** *(arch.)* Schlafgemach, *das (veralt.)*; Schlafzimmer, *das;* **b) the Royal Bedchamber** das königliche Schlafgemach; **Lady/Gentleman of the Bedchamber** königliche Hofdame/königlicher Kammerjunker; **~clothes** *n. pl.* Bettzeug, *das;* **turn down** *or* **back the ~clothes** das Bett aufdecken

**beddable** ['bedəbl] *adj. (coll.)* **be ~:** was fürs Bett sein *(ugs.)*

**bedding** ['bedɪŋ] *n., no pl., no indef. art.* **a)** Matratze und Bettzeug; *(litter)* Streu, *das;* **b)** *(Geol.)* Lagerung, *die;* Schichtung, *die*

**'bedding plant** *n.* Freilandpflanze, *die*

**beddy-byes** ['bedɪbaɪz] *n. (child lang.)* Heiabett, *das (Kinderspr.)*; Heia, *die (Kinderspr.)*; **off to ~:** ab in die Heia *od.* ins Heiabett

**bedeck** [bɪ'dek] *v. t.* schmücken; **~ oneself** sich aufputzen *(abwertend)*; **~ed with flags** mit Fahnen geschmückt; fahnengeschmückt

**bedevil** [bɪ'devl] *v. t., (Brit.)* **-ll-: a)** *(spoil)* verderben; durcheinanderbringen ⟨*System*⟩; **b)** *(plague, afflict)* heimsuchen; **that family is ~led by bad luck** diese Familie ist vom Pech verfolgt; **c)** *(torment)* quälen; peinigen *(geh.)*; **~ sb.'s life** jmdm. das Leben zur Hölle machen

**bed: ~fast** *adj. (arch.)* bettlägerig; **~fellow** *n.* Bettgenosse, *der*/-genossin, *die;* **make** *or* **be strange ~fellows** *(fig.)* ⟨*Personen:*⟩ ein merkwürdiges Gespann sein; ⟨*Staaten, Organisationen:*⟩ eine eigenartige Kombination sein; **~-head** *n.* Kopfende des Bettes; **~jacket** *n.* Bettjacke, *die*

**bedlam** ['bedləm] *n.* Chaos, *das;* Durcheinander, *das;* **absolute ~:** ein totales Chaos *od.* Durcheinander; **it is [like] ~ in here** hier geht es zu wie im Irrenhaus

**'bed-linen** *n.* Bettwäsche, *die*

**bedouin** ['bedu:ɪn] *n., pl. same* Beduine, *der*/Beduinin, *die*

**bed: ~pan** *n.* Bettschüssel, *die;* Bettpfanne, *die;* **~plate** *n.* Grundplatte, *die;* Bodenplatte, *die;* **~post** *n.* Bettpfosten, *der*

**bedraggle** [bɪ'drægl] *v. t.* [naß und] schmutzig machen; **~d** [naß und] verschmutzt *od.* schmutzig

**bed: ~-rest** *n.* Bettruhe, *die;* **~ridden** *adj.* bettlägerig; **~rock** *n.* Felssohle, *die; (fig.)* Basis, *die;* Fundament, *das;* **get** *or* **reach down to ~rock** *(fig.)* zum Kern der Sache kommen; einer Sache *(Dat.)* auf den Grund gehen; **~ roll** *n.* zusammengerolltes Bettzeug; **~room** *n.* Schlafzimmer, *das;* **~room comedy/farce** Schlafzimmerkomödie, *die;* **~room scene** Bettszene, *die;* **she has ~room eyes** sie hat einen Schlafzimmerblick *(ugs.)*; **a two-~room[ed] house** ein Haus mit zwei Schlafzimmern; **~-set'tee** *n.* Bettcouch, *die;* **~side** *n.* Seite des Bettes, *die;* **be at the ~side** am Bett sein; **~side table/lamp** Nachttisch, *der*/Nachttischlampe, *die;* **~side reading** Bettlektüre, *die;* **a ~side book** ein Buch als Bettlektüre; **have a good ~side manner** ⟨*Arzt:*⟩ gut mit Kranken umgehen können; **~-sit, ~-'sitter** *ns. (coll.)*, **~-'sitting-room** *n. (Brit.)* Wohnschlafzimmer, *das;* **~socks** *n. pl.* Bettsocken; **~sore** *n.* wundgelegene Stelle; **get ~sores** sich wundliegen; **~spread** *n.* Tagesdecke, *die;* **~stead** ['bedsted] *n.* Bettgestell, *das;* **~straw** *n. (Bot.)* **[Our] Lady's ~straw** Echtes Labkraut; **~table** *n.* Krankentisch, *der;* **~time** *n.* Schlafenszeit, *die;* **it's past the children's ~time** die Kinder müßten schon im Bett sein; **will you have it finished by ~time?** bist du vor dem Schlafengehen damit fertig?; **a ~time story** eine Gutenachtgeschichte; **a novel that makes good ~time reading** ein Roman, den man gut vor dem Einschlafen lesen kann

**beduin** *see* **bedouin**

**'bed-wetting** *n.* Bettnässen, *das*

**bee** [bi:] *n.* **a)** Biene, *die;* **she's such a busy ~** *(fig.)* sie ist so ein fleißiges Mädchen; **as busy as a ~** *(fig.)* bienenfleißig; **have a ~ in one's bonnet** *(fig.)* einen Fimmel *od.* Tick haben *(ugs.)*; **she thinks she's the ~'s knees** *(fig. coll.)* sie hält sich für die Größte *(ugs.)*; **b)** *(Amer.) (meeting) nachbarliche Versammlung zu gemeinsamer Arbeit; (party)* Fest, *das; see also* **spelling-bee**

**Beeb** [bi:b] *n. (Brit. coll.)* **the ~:** die BBC

**beech** [bi:tʃ] *n.* **a)** *(tree)* Buche, *die; (Austral.)* Scheinbuche, *die;* **b)** *(wood)* Buche, *die;* Buchenholz, *das; attrib.* buchen

**beech: ~-marten** *n.* Steinmarder, *der;* **~-mast** *n.* Bucheckern *Pl.*; **~-nut** *n.* [Buch]ecker, *die;* **~wood** *see* **beech b**

**'bee-eater** *n. (Ornith.)* Bienenfresser, *der*

**beef** [bi:f] **1.** *n.* **a)** *no pl.* Rindfleisch, *das;* Rind, *das;* **b)** *no pl. (muscles)* Muskeln; **have plenty of ~:** sehr muskulös sein; **there's a great deal of ~ on him** er ist ganz schön mit Muskeln bepackt *(ugs.)*; **c)** *usu. in pl.* **beeves** [bi:vz] *or (Amer.)* **~s** *(ox)* Mastrind, *das;* **d)** *pl.* **~s** *(coll.: complaint)* Meckerei, *die (ugs.)*. **2.** *v. t.* **~ up** stärken. **3.** *v. i. (sl.)* meckern *(ugs.)* (**about** über + *Akk.*)

**beef: ~burger** *n.* Beefburger, *der;* **~cake** *n. (Amer. sl.)* Muskeln *Pl.*; Bizeps, *der (ugs.)*; **~ cattle** *n. pl.* Mastrinder; **~eater** *n. (Brit.)* Beefeater, *der;* **~steak** *n.* Beefsteak, *das;* **~steak fungus** Leberpilz, *der;* **~ 'tea** *n.* Kraftbrühe, *die;* Fleischbrühe, *die*

**beefy** ['bi:fɪ] *adj.* **a)** *(like beef)* wie Rindfleisch *nachgestellt;* Rindfleisch-; **b)** *(coll.: muscular)* muskulös; *(fleshy)* massig

**bee: ~hive** *n.* Bienenstock, *der; (rounded)* Bienenkorb, *der; (fig.: scene of activity)* Taubenschlag, *der; (hair-style)* toupierte Hochfrisur; **~-keeper** *n.* Imker, *der*/Imkerin, *die;* Bienenzüchter, *der*/-züchterin, *die;* **~-keeping** *n.* Bienenzucht, *die;* Imkerei, *die;* Bienenhaltung, *die;* **~-line** *n.* **make a ~-line for sth./sb.** schnurstracks auf etw./jmdn. zustürzen

**been** *see* **be**

**beep** [bi:p] **1.** *n.* Piepton, *der; (of car horn)* Tuten, *das.* **2.** *v. i.* piepen; ⟨*Signalhorn:*⟩ hupen; **~ at sb.** jmdn. anhupen; **a ~ing sound** ein Piepton

**beeper** ['bi:pə(r)] *n.* Piepser, *der*

**beer** [bɪə(r)] *n.* Bier, *das;* **order two ~s** zwei Bier bestellen; **brew various ~s** verschiedene Biere *od.* Biersorten brauen; **life is not all ~ and skittles** *(fig.)* das Leben ist kein reines Vergnügen; **small ~:** Dünnbier, *das (ugs.)*; *(fig.: trifles)* Nebensächlichkeiten *Pl.*; Kleinigkeiten *Pl.*; **that firm's turnover is only small ~:** der Umsatz dieser Firma ist kaum der Rede wert; **he is only small ~:** er hat nichts zu sagen

**beer: ~-barrel** *n.* Bierfaß, *das;* **~ belly** *n. (coll.)* Bierbauch, *der (ugs.)*; **~-bottle** *n.* Bierflasche, *die;* **~-can** *n.* Bierdose, *die;* **~ cellar** *n.* Bierkeller, *der;* **~-crate** *n.* Bierkasten, *der;* **~-drinker** *n.* Biertrinker, *der;* **~-engine** *n.* Bierpumpe, *die;* **~ garden** *n.* Biergarten, *der;* **~-glass** *n.* Bierglas, *das;* **~ hall** *n.* Bierhalle, *die;* **~house** *n. (Brit.)* Bierschenke, *die;* Bierstube, *die;* **~-making** *n.* Brauerei, *die;* **~-mat** *n.* Bierdeckel, *der;* Bieruntersetzer, *der;* **~ money** *n.* Geld für Getränke; **~-mug** *n.* Bierkrug, *der;* **~-pump** *see* **~-engine; ~-swilling** *adj. (coll.)* biersaufend *(salopp)*

**beery** ['bɪərɪ] *adj.* **a)** ⟨*Mensch*⟩ mit Bierfahne; **~ taste/smell** Biergeschmack, *der*/Biergeruch, *der;* **b)** *(tipsy)* bierselig

**beestings** ['bi:stɪŋz] *n. pl. (Agric.)* Biestmilch, *die*

**beeswax** ['bi:zwæks] *n.* Bienenwachs, *das*

**beet** [bi:t] *n.* Rübe, *die;* **red ~:** rote Bete *od.* Rübe; **white ~:** weiße Rübe; Wasserrübe, *die;* **~ sugar** Rübenzucker, *der*

**¹beetle** ['bi:tl] *n.* Käfer, *der;* **as blind as a ~** *(fig.)* blind wie ein Maulwurf

**²beetle** *n. (tool)* Holzhammer, *der; (machine)* Kalander, *der*

**³beetle** *v. i.* **a)** ⟨*Brauen:*⟩ vorstehen; ⟨*Felsen:*⟩ überhängen, vorstehen; **b) ~ along/off/past** *(sl.)* ⟨*Mensch:*⟩ entlangpesen/abhauen/vorbeirennen *(ugs.)*; ⟨*Auto:*⟩ entlang-/weg-/vorbeibrummen *(ugs.)*

**beetle: ~-browed** [bi:tl'braʊd] *adj.* finster aussehend; **~ 'brows** *n. pl.* buschige [vorstehende] Augenbrauen; **~-crusher** *n.* Quadratlatschen, *der*

**'beetroot** *n.* rote Beete *od.* Rübe

**beeves** *see* **beef 1 c**

**befall** [bɪ'fɔ:l] **1.** *v. i., forms as* **fall 2** sich begeben *(geh.)*; geschehen. **2.** *v. t., forms as* **fall 2** widerfahren (+ *Dat.*)

**befit** [bɪ'fɪt] *v. t.*, **-tt-** *(be seemly for)* sich ziemen *od.* gebühren für *(geh.)*; **it ill ~s you to do that** es steht Ihnen schlecht an, das zu tun; **she behaved as ~ted a lady** sie benahm sich, wie es sich für eine Dame gebührte

**befitting** [bɪ'fɪtɪŋ] *adj.* gebührend *(geh.)*; schicklich ⟨*Benehmen*⟩ *(geh.)*

**befog** [bɪ'fɒg] *v. t.*, **-gg-: a)** *(confuse)* verwirren; ⟨*Drogen, Alkohol:*⟩ benebeln, umnebeln; **b)** *(obscure)* verunklaren ⟨*Sachverhalt, Thema*⟩

**befool** [bɪ'fu:l] *v. t.* täuschen; **be ~ed** sich täuschen lassen

**before** [bɪ'fɔ:(r)] **1.** *adv.* **a)** *(of time)* vorher; zuvor; **the day ~** am Tag zuvor; **long ~:** lange vorher *od.* zuvor; **not long ~:** kurz vorher; **our friendship is less close than ~:** unsere Freundschaft ist nicht mehr so eng wie früher *od.* vorher; **the noise continued as ~:** der Lärm ging nach wie vor weiter; **you should have told me so ~:** das hättest du mir vorher *od.* früher *od.* eher sagen sollen; **I've seen that film ~:** ich habe den Film schon [einmal] gesehen; **I've heard that ~:** das habe ich schon einmal gehört; **I wish I had known that ~:** hätte ich das nur früher gewußt; **I'll give it to you on your birthday and not ~:** ich gebe es dir an deinem Geburtstag und nicht eher; **b)** *(ahead in position)* vor[aus]; **c)** *(in front)* voran; **go/ride ~:** voran- *od.* vorausgehen/-reiten. **2.** *prep.* **a)**

*(of time)* vor; **the day ~ yesterday** vorgestern; **the year ~ last** vorletztes Jahr; **the year ~ that** das Jahr davor; **the time ~ that** das vorige Mal; **old/die ~ one's time** frühzeitig gealtert/sterben; **it was [well] ~ my time** das war [lange] vor meiner Zeit; **since ~ the operation/war** schon vor der Operation/dem Krieg; **~ now** vorher; früher; **~ Christ** vor Christus; vor Christi Geburt; **he got there ~ me** er war vor mir da; **~ then** vorher; **~ long** bald; **~ leaving, he phoned/I will phone** bevor er wegging, rief er an/bevor ich weggehe, rufe ich an; **~ tax** brutto; vor [Abzug *(Dat.)* der] Steuern; **b)** *(position)* vor (+ *Dat.*); *(direction)* vor (+ *Akk.*); **~ my very eyes** vor meinen Augen; **go ~ a committee/court of law** vor einen Ausschuß/ein Gericht kommen; **be brought/appear ~ the judge** vor den Richter gebracht werden/vor dem Richter erscheinen; **c)** *(under the action of)* vor (+ *Dat.*); **sail ~ the wind** vor dem Wind segeln; *see also* **carry 1 a**; **d)** *(awaiting)* **have one's future/life ~ one** seine Zukunft/sein Leben noch vor sich *(Dat.)* haben; *(confronting)* **the matter ~ us** das uns *(Dat.)* vorliegende Thema; die Sache, die uns *(Akk.)* betrifft; **the task ~ us** die Aufgabe, die vor uns *(Dat.)* liegt; **the problem ~ them** das Problem, vor dem sie stehen/standen; **e)** *(ahead of in sequence)* vor (+ *Dat.*); **he's ~ her in class** in der Klasse ist er besser als sie; **he puts work ~ everything** die Arbeit ist ihm wichtiger als alles andere; **~ all else she is a teacher** in erster Linie ist sie Lehrerin; **~ everything else** *(as most important)* vor allem; vor allen Dingen; **ladies ~ gentlemen** Damen haben [den] Vortritt; **f)** *(rather than)* vor; **death ~ dishonour** lieber tot als ehrlos; **right ~ might** Macht darf nicht vor Recht gehen. **3.** *conj.* **a)** bevor; **it'll be ages ~ I finish this** es wird eine Ewigkeit dauern, bis ich damit fertig bin; **shortly/long ~ I met you** kurz/lange bevor ich dich kennenlernte; **b)** *(rather than)* bevor; ehe

**beforehand** [bɪˈfɔːhænd] *adv.* vorher; *(in anticipation)* im voraus; **I found out about it ~:** ich habe es schon vorher herausgefunden; **whereas five minutes ~ it had been sunny, ...:** während die Sonne vor fünf Minuten noch geschienen hatte, ...; **be ~ with** *(early)* vorzeitig tun; *(premature, overhasty)* voreilig sein mit

**befoul** [bɪˈfaʊl] *v. t.* **a)** verschmutzen ⟨*Gebäude*⟩; verpesten ⟨*Luft*⟩; **b)** *(fig.)* beschmutzen ⟨*Namen*⟩; vergiften ⟨*Atmosphäre*⟩

**befriend** [bɪˈfrend] *v. t.* **a)** *(act as a friend to)* sich anfreunden mit; **b)** *(help)* sich annehmen (+ *Gen.*)

**befuddle** [bɪˈfʌdl] *v. t.* **a)** *(make drunk)* benebeln; **b)** *(confuse)* verwirren; konfus machen

**beg** [beg] **1.** *v. t.*, **-gg- a)** betteln um; erbetteln ⟨*Lebensunterhalt*⟩; **~ one's bread** sich *(Dat.)* sein Brot erbetteln; **b)** *(ask earnestly)* bitten; **he ~ged her not to go** er bat sie, doch nicht zu gehen; **she ~ged to come with us** sie bat darum, mit uns kommen zu dürfen; **~ that sth. be done** darum bitten, daß etw. getan wird; **I ~ to inform you that ...** *(formal)* ich erlaube mir, Sie davon in Kenntnis zu setzen, daß ... *(geh.)*; **I ~ to differ** da bin ich [aber] anderer Meinung; **~ sb. for sth.** jmdn. um etw. bitten; **c)** *(ask earnestly for)* **~ sth.** um etw. bitten; **~ sth. of sb.** etw. von jmdm. erbitten; **~ a favour [of sb.]** [jmdn.] um einen Gefallen bitten; **~ forgiveness** um Verzeihung bitten; **~ leave** *or* **permission to do sth.** um Erlaubnis bitten, etw. tun zu dürfen; *see also* **pardon 1 b**; **d) ~ the question** *(evade difficulty)* der Frage *(Dat.)* ausweichen. **2.** *v. i.*, **-gg- a)** ⟨*Bettler:*⟩ betteln **(for** um); ⟨*Hund:*⟩ Männchen machen; betteln; **a ~ging letter** ein Bettelbrief; **go [a-]~ging** keinen Abnehmer finden; **b)** *(ask earnestly)* bitten **(for** um); **~ of sb. to do sth.** jmdn. [darum] bitten, etw. zu tun; **~ off** sich entschuldigen [lassen]

**began** *see* **begin**

**begat** *see* **beget**

**beget** [bɪˈget] *v. t.*, **begot** [bɪˈgɒt] *or (arch.)* **begat** [bɪˈgæt], **begotten** [bɪˈgɒtn] **a)** *(arch.: procreate)* zeugen; **God's only begotten son** Gottes eingeborener Sohn; **b)** *(literary: cause)* zeugen; gebären *(geh.)*

**beggar** [ˈbegə(r)] **1.** *n.* **a)** Bettler, *der*/Bettlerin, *die;* **~s can't be choosers** *(prov.)* man kann es sich *(Dat.)* eben nicht immer aussuchen; **b)** *(coll.: person)* Arme, *der/die;* **poor ~:** armer Teufel; **a poor old ~** ein armer alter Mann; **be a lucky/lazy/cheeky ~:** ein Glückspilz/Faulpelz/frecher Kerl sein *(ugs.)*; **be a funny little ~:** ein drolliger Fratz sein *(ugs.)*. **2.** *v. t.* **a)** an den Bettelstab bringen; arm machen; **b)** *(outshine)* in den Schatten stellen; **~ description** unbeschreiblich sein

**beggarly** [ˈbegəlɪ] *adj.* erbärmlich; erbarmungswürdig ⟨*Person*⟩; *(fig.)* erbärmlich; *(ungenerous)* engherzig ⟨*Einstellung*⟩; armselig ⟨*Bezahlung*⟩

**beggary** [ˈbegərɪ] *n.* [Bettel]armut, *die;* **be reduced to ~:** bettelarm werden

**begin** [bɪˈgɪn] **1.** *v. t.*, **-nn-, began** [bɪˈgæn], **begun** [bɪˈgʌn] **a) ~ sth.** [mit] etw. beginnen; **~ a new bottle** eine neue Flasche anbrechen; **she began life in a small village** sie verbrachte ihre ersten Lebensjahre in einem kleinen Dorf; **~ school** in die Schule kommen; eingeschult werden; **when do you ~ your retirement?** wann gehen Sie in Pension?; **~ doing** *or* **to do sth.** anfangen *od.* beginnen, etw. zu tun; **I began to slip** ich kam ins Rutschen; **I am ~ning to get annoyed** so langsam werde ich ärgerlich; **b) not ~ to do sth.** *(coll.: make no progress towards doing sth.)*: **the film does not ~ to compare with the book** der Film läßt sich nicht annähernd mit dem Buch vergleichen; **she didn't even ~ to grasp it** sie hat es nicht einmal ansatzweise verstanden; **the authorities couldn't even ~ to assess the damage** die Behörden konnten den Schaden nicht einmal grob abschätzen. **2.** *v. i.* **-nn-, began, begun** anfangen; beginnen *(oft geh.)*; **when the world began** als die Erde entstand; **where does the river ~?** wo entspringt der Fluß?; **~ning student** *(Amer.)* Studienanfänger, *der*/-anfängerin, *die;* **~ning next month** vom nächsten Monat an; **~ at the beginning** von vorne anfangen; **~ [up]on sth.** etw. anfangen; **~ with sth./sb.** bei *od.* mit etw./jmdm. anfangen *od.* beginnen; **to ~ with** zunächst *od.* zuerst einmal; **it is the wrong book, to ~ with** das ist schon einmal das falsche Buch

**beginner** [bɪˈgɪnə(r)] *n.* Anfänger, *der*/Anfängerin, *die;* **~'s luck** Anfängerglück, *das*

**beginning** [bɪˈgɪnɪŋ] *n.* Anfang, *der;* Beginn, *der;* **at** *or* **in the ~:** am Anfang; **at the ~ of February/the month** Anfang Februar/des Monats; **myths about the ~ of the world** Mythen über die Entstehung der Welt; **at the ~ of the day** zu Beginn des Tages; **from ~ to end** von Anfang bis Ende; von vorn bis hinten; **from the [very] ~:** [ganz] von Anfang an; **have its ~s in sth.** seine Anfänge *od.* seinen Ursprung in etw. *(Dat.)* haben; **small ~s** kleine Anfänge; **[this is] the ~ of the end** [das ist] der Anfang vom Ende; **go back to the ~** wieder von vorne anfangen; **make a ~ with sth.** mit etw. anfangen

**begone** [bɪˈgɒn, bɪˈgɔːn] *v. i. in imper. and inf. only* **~!** fort!; hinweg! *(veralt.)*; **tell sb. to ~:** jmdm. sagen, daß er sich fortmachen solle

**begonia** [bɪˈgəʊnɪə] *n. (Bot.)* Begonie, *die;* Schiefblatt, *das*

**begorra** [bɪˈgɒrə] *int. (Ir.)* Jesses

**begot, begotten** *see* **beget**

**begrudge** [bɪˈgrʌdʒ] *v. t.* **a)** *(envy)* **~ sb. sth.** jmdm. etw. mißgönnen; **I don't ~ their buying a car** ich gönne ihnen, daß sie sich *(Dat.)* ein Auto kaufen; **b)** *(give reluctantly)* **I ~ the time/money I have to spend** es ist mir leid um die Zeit/das Geld; **c)** *(be dissatisfied with)* **~ doing sth.** etw. ungern tun; **he did not ~ the fact that ...:** er war nicht darüber verärgert, daß ...

**beguile** [bɪˈgaɪl] *v. t.* **a)** *(delude)* betören; verführen; **~ sb. into doing sth.** jmdn. dazu verführen, etw. zu tun; **be ~d by sb./sth.** sich von jmdm./etw. täuschen lassen; **b)** *(cheat)* betrügen; **~ sb. [out] of sth.** jmdn. um etw. betrügen; **~ sb. into doing sth.** jmdn. verleiten, etw. zu tun; **c)** *(divert attention from)* vertreiben; *(charm)* bezaubern; *(amuse)* unterhalten

**beguiling** [bɪˈgaɪlɪŋ] *adj.* verführerisch; betörend ⟨*Einfluß*⟩; verlockend ⟨*Zeitvertreib*⟩

**begun** *see* **begin**

**behalf** [bɪˈhɑːf] *n., pl.* **behalves** [bɪˈhɑːvz]: **on** *or (Amer.)* **in ~ of sb./sth.** *(as representing sb./sth.)* für jmdn./etw.; *(more formally)* im Namen von jmdm./etw.; **on** *or (Amer.)* **in sb.'s/my ~:** *(for sb.'s/my benefit)* zugunsten von jmdm./zu meinen Gunsten; **don't fret on my ~:** mach dir meinetwegen keine Sorgen

**behave** [bɪˈheɪv] **1.** *v. i.* **a)** sich verhalten; sich benehmen; ⟨*Chemikalien:*⟩ reagieren; **how do you ~ under stress?** wie verhältst du dich bei Streß?; **he ~s more like a friend to them** er behandelt sie mehr wie Freunde; **~ well/badly** sich gut/schlecht benehmen *od.* betragen; **~ well/badly towards sb.** jmdn. gut/schlecht behandeln; **my car hasn't been behaving too well of late** mein Auto hat mir in letzter Zeit ziemlich viel Ärger gemacht; **well-/ill-** *or* **badly/nicely ~d** brav/ungezogen/lieb *(ugs.)*; **b)** *(do what is correct)* brav sein; sich benehmen; sich betragen. **2.** *v. refl.* **~ oneself** sich benehmen; **~ yourself!** benimm dich!

**behavior** *etc. (Amer.) see* **behaviour** *etc.*

**behaviour** [bɪˈheɪvjə(r)] *n.* **a)** *(conduct)* Verhalten, *das* **(towards** gegenüber); Benehmen, *das* **(towards** gegenüber); *(of child)* Betragen, *das;* **be on one's good/best ~:** sein bestes Benehmen an den Tag legen; **put sb. on his/her best ~:** jmdm. raten, sich gut zu benehmen; **b)** *(moral conduct)* Verhalten, *das;* **his ~ towards her** sein Verhalten ihr gegenüber; **c)** *(of ship)* Seeverhalten, *das; (of machine)* Eigenschaften *Pl.; (of substance)* Verhalten, *das;* **d)** *(Psych.)* Verhalten, *das;* **~ therapy** Verhaltenstherapie, *die*

**behavioural** [bɪˈheɪvjərl] *adj.* Verhaltens-; **~ similarities** Ähnlichkeiten im Verhalten

**behaviourism** [bɪˈheɪvjərɪzm] *n., no pl. (Psych.)* Behaviorismus, *der*

**behaviourist** [bɪˈheɪvjərɪst] *n. (Psych.)* Behaviorist, *der*/Behavioristin, *die*

**behead** [bɪˈhed] *v. t.* enthaupten, köpfen ⟨*Person*⟩

**beheld** *see* **behold**

**behest** [bɪˈhest] *n., no pl. (literary)* **at sb.'s ~:** auf jmds. Geheiß *(Akk.)*

**behind** [bɪˈhaɪnd] **1.** *adv.* **a)** *(at rear of sb./sth.)* hinten; **from ~:** von hinten; **be ~:** dahinter sein; **the person ~:** der Hintermann; **come from ~:** von hinten kommen; *(fig.)* aufholen; **he glanced ~ before moving off** er schaute nach hinten, bevor er losfuhr; **you go ahead and we'll follow on ~:** geh du vor, und wir kommen hinterher; **the church tower and the mountain ~** der Kirchturm und der Berg dahinter; **b)** *(further back)* **[be] miles ~:** kilometerweit [zurückliegen]; **[be] years/weeks ~:** Jahre/Wochen im Rückstand *od.* Verzug [sein]; **stay ~:** dableiben; *(as punishment)* nachsitzen; **leave sb. ~:** jmdn. zurücklassen; *(move faster)* jmdn. hinter sich *(Dat.)* lassen; **fall ~:** zurückbleiben; *(fig.)* in Rückstand geraten; **lag ~:** zurückbleiben; *(fig.)* im Rückstand sein; **be ~:** hinten sein; *(be late)* im Verzug sein; **c)** *(in arrears)* **be/get ~ with one's payments/rent** mit seinen Zahlungen/der Miete *usw.* im Rückstand *od.* Verzug sein/in Rückstand *od.* Verzug geraten; **d)** *(remaining after one's departure)* **leave sth. ~:** etw. zurücklassen; **he left his gloves ~ by mistake** er ließ seine Handschuhe versehentlich liegen; er vergaß seine Handschuhe. **2.** *prep.* **a)** *(at rear of, on other side of; fig.: hidden by)* hinter (+ *Dat.*); **he stepped out from ~ the wall** er trat hinter der Mauer hervor; **he came from ~ her/a bush** er kam von hinten/er kam hinter einem Busch hervor; **one ~ the other** hintereinander; **the person ~ him** sein Hintermann; **~ sb.'s back** *(fig.)* hinter jmds. Rücken *(Dat.)*; **what was ~ his words?** was verbirgt sich hinter seinen Worten?; **b)** *(towards rear of)* hinter (+ *Akk.*); **I don't want to go ~ his back** ich will nicht hinter seinem Rücken handeln; **put ~ one** vergessen; **put the past ~ one** einen Strich unter die Vergangenheit ziehen; **look ~ the façade** *(fig.)* hinter die Fassade blicken; **c)** *(further back than)* hinter (+ *Dat.*); **they were miles ~ us** sie lagen meilenweit hinter uns *(Dat.)* zurück; **be ~ the times** nicht auf dem laufenden sein; **fall ~ sb./sth.** hinter jmdn./etw. zurückfallen; **lag ~ sb./sth.** hinter jmdm./etw. bleiben; **d)** *(past)* hinter (+ *Dat.*); **my youth is now ~ me** meine Jugend liegt jetzt hinter mir; **all that trouble is ~ me** ich habe den ganzen Ärger hinter mir; **e)** *(later than)* **be/run ~ schedule** im Rückstand *od.* Verzug sein; **~ time** im Rückstand *od.* Verzug; **f)** *(in support of)* hinter (+ *Dat.*); **I'm right ~ you in all you do** ich stehe hinter dir in allem, was du tust; **the man ~ the project** der Mann, der hinter dem Projekt steht; **he has a lot of money ~ him** er verfügt über viel Geld; **g)** *(in the tracks of)* hinter (+ *Dat.*); **he followed ~ her on his bike** er fuhr ihr mit dem Fahrrad hinterher; **h)** *(remaining after departure of)* **she left nothing ~ her but an old photograph** sie hinterließ nichts als eine alte Fotografie. **3.** *n.* *(buttocks)* Hintern, *der (ugs.)*; Hinterteil, *das (ugs.)*

**behindhand** [bɪˈhaɪndhænd] *pred. adj.* **a)** **be/get ~ with one's payments/rent** mit seinen Zahlungen/der Miete im Rückstand *od.* Verzug sein/in Rückstand *od.* Verzug geraten; **I am getting ~ in my work** ich komme mit meiner Arbeit in Verzug; **the farmers are ~ with their harvesting** die Bauern sind mit der Ernte zurück *od.* im Rückstand; **b)** *(out of date, behind time)* zurück; **she is about twenty years ~ in her style of dress/taste in music** sie hinkt der Mode/dem Musikgeschmack etwa zwanzig Jahre hinterher; **c)** *(backward)* **be ~ in sth./doing sth.** mit etw. zurückhaltend *od.* zögerlich sein/etw. zurückhaltend *od.* zögerlich tun

**behold** [bɪˈhəʊld] *v. t.*, **beheld** [bɪˈheld] *(arch./literary)* **a)** erblicken *(geh.)*; **b)** *in imper.* siehe/sehet!

**beholden** [bɪˈhəʊldn] *pred. adj.* **be ~ to sb. [for sth.]** jmdm. [für etw.] verpflichtet *od.* verbunden sein

**beholder** [bɪˈhəʊldə(r)] *n. (arch./literary)* Betrachter, *der;* Beschauer, *der;* **beauty is in the eye of the ~:** schön ist, was gefällt

**behove** [bɪˈhəʊv] *v. t. impers. (arch./literary)* **it ~s sb. to do sth.** es [ge]ziemt *od.* schickt sich für jmdn., etw. zu tun *(geh.)*; **it ill ~s sb. to do sth.** es steht jmdm. schlecht an, etw. zu tun *(geh.)*

**beige** [beɪʒ] **1.** *n.* Beige, *das.* **2.** *adj.* beige

**being** [ˈbiːɪŋ] **1.** *pres. part. of* **be. 2.** *n.* **a)** *no pl., no art. (existence)* Dasein, *das;* Leben, *das;* Existenz, *die;* **in ~:** bestehend; **bring sth. into ~:** etw. einführen; **call into ~:** ins Leben rufen; **come into ~:** entstehen; **when the new system comes into ~:** wenn das neue System eingeführt wird; **b)** *(anything, esp. person, that exists)* Wesen, *das;* Geschöpf, *das;* **the Supreme B~:** das höchste Wesen; **c)** *(constitution, nature, essence)* Sein, *das;* **my very ~ cried out in protest** mein Innerstes schrie aus Protest auf

**bejewelled** *(Amer.:* **bejeweled***)* [bɪˈdʒuːəld] *adj.* mit Edelsteinen geschmückt; juwelengeschmückt

**belabour** *(Brit.; Amer.:* **belabor***)* [bɪˈleɪbə(r)] *v. t.* **a)** einschlagen auf (+ *Akk.*); *(fig.)* überhäufen; **b)** *see* **labour 3 b**

**belated** [bɪˈleɪtɪd] *adj.* verspätet

**belatedly** [bɪˈleɪtɪdlɪ] *adv.* verspätet; nachträglich

**belay** [bɪˈleɪ; *Mount. also* ˈbiːleɪ] **1.** *v. t.* belegen ⟨*Tau, Seil*⟩; *(Mount.)* anseilen; **~ [there]!** *(Naut.)* belegen!; **~ing-pin** *(Naut.)* Belegklampe, *die.* **2.** *n. (Mount.)* Selbstsicherung, *die; (rock)* Felskopf, *der*

**bel canto** [bel ˈkæntəʊ] *n. (Mus.)* Belcanto, Belkanto, *der*

**belch** [beltʃ] **1.** *v. i.* heftig aufstoßen; rülpsen *(ugs.)*; **flames ~ed forth from the furnace** Flammen schlugen aus dem Ofen. **2.** *v. t.* ausstoßen ⟨*Rauch, Flüche usw.*⟩; [aus]speien ⟨*Asche*⟩; **the car exhaust was ~ing fumes** aus dem Auspuff quollen Rauchschwaden. **3.** *n.* Rülpser, *der (ugs.)*

**beleaguer** [bɪˈliːɡə(r)] *v. t. (lit. or fig.)* belagern

**belfry** [ˈbelfrɪ] *n.* Glockenturm, *der; (bell space)* Glockenstube, *die*

**Belgian** [ˈbeldʒən] **1.** *n.* Belgier, *der*/Belgierin, *die.* **2.** *adj.* belgisch; **sb. is ~:** jmd. ist Belgier/Belgierin

**Belgium** [ˈbeldʒəm] *pr. n.* Belgien *(das)*

**Belgrade** [belˈɡreɪd] *pr. n.* Belgrad *(das)*

**belie** [bɪˈlaɪ] *v. t.*, **belying** [bɪˈlaɪɪŋ] *(fail to fulfil)* enttäuschen ⟨*Versprechen, Vorstellung*⟩; *(give false notion of)* hinwegtäuschen über (+ *Akk.*) ⟨*Tatsachen, wahren Zustand*⟩; *(fail to justify)* nicht gerecht werden (+ *Dat.*) ⟨*einer Erwartung, Theorie*⟩; *(fail to corroborate)* im Widerspruch stehen zu

**belief** [bɪˈliːf] *n.* **a)** Vertrauen, *das;* Glaube[n], *der;* **have great ~ in sth.** großes Vertrauen zu etw. haben; **~ in sth.** Glaube an etw. *(Akk.)*; **beyond** *or* **past ~:** unglaublich; **it is my ~ that ...:** ich bin der Überzeugung, daß ...; **in the ~ that ...:** in der Überzeugung, daß ...; **to the best of my ~:** meines Wissens; **b)** *(Relig.)* Glaube[n], *der*

**believable** [bɪˈliːvəbl] *adj.* glaubhaft; glaubwürdig

**believe** [bɪˈliːv] **1.** *v. i.* **a)** **~ in sth.** *(put trust in truth of)* an etw. *(Dat.)* glauben; **I ~ in him** ich vertraue ihm; **I ~ in free medical treatment for all** ich bin für die kostenlose ärztliche Behandlung aller; **I don't ~ in going to the dentist** ich halte nicht viel von Zahnärzten; **b)** *(have faith)* glauben (**in** an + *Akk.*) ⟨*Gott, Himmel usw.*⟩; **c)** *(suppose, think)* glauben; denken; **I ~ so/not** ich glaube schon/nicht; **Mr Smith, I ~:** Herr Smith, nehme ich an. **2.** *v. t.* **a)** **~ sth.** etw. glauben; **I ~d his words** ich glaubte seinen Worten; **I can well ~ it** das glaub' ich gerne; **if you ~ that, you'll ~ anything** wer's glaubt, wird selig *(ugs. scherzh.)*; **[I] don't ~ a word of it** [ich] glaube kein Wort [davon]; **don't you ~ it** glaub das [ja] nicht; **~ it or not** ob du es glaubst oder nicht; **would you ~ [it]** *(coll.)* stell dir mal vor *(ugs.)*; **I'd never have ~d it of her** das hätte ich ihr nie zugetraut; **~ sb.** jmdm. glauben; **I don't ~ you** das glaube ich dir nicht; **they would have us ~ that ...:** sie wollen uns glauben machen, daß ...; **~ [you] me** glaub/glaubt mir!; **I [can] ~ you** ich kann es dir nachfühlen; **I couldn't ~ my eyes/ears** ich traute meinen Augen/Ohren nicht; **b)** *(be of opinion that)* glauben; der Überzeugung sein; **she ~d it to be wrong** sie hielt es für falsch; **he is ~d to be in the London area** man vermutet ihn im Raum London; **people ~d her to be a witch** die Leute hielten sie für eine Hexe; **make ~ [that ...]** so tun, als ob ...

**believer** [bɪˈliːvə(r)] *n.* **a)** Gläubige, *der/die;* **b)** **be a great** *or* **firm ~ in sth.** viel von etw. halten; **I'm a firm ~ in being strict with children** ich bin sehr für eine strenge Kindererziehung; **I'm no great ~ in taking exercise** ich halte nicht viel von körperlicher Bewegung

**Belisha beacon** [bəliːʃə ˈbiːkn] *n. (Brit.)* *gelbes Blinklicht an Zebrastreifen*

**belittle** [bɪˈlɪtl] *v. t.* herabsetzen; schlechtmachen; schmälern ⟨*Erfolg, Verdienste, Rechte*⟩; **don't ~ yourself** mach dich nicht schlechter, als du bist

**belittlement** [bɪˈlɪtlmənt] *n.* Herabsetzung, *die;* Schlechtmachen, *das*

**bell** [bel] **1.** *n.* **a)** Glocke, *die; (smaller)* Glöckchen, *das;* **clear as a ~:** glockenklar; *(understandable)* [ganz] klar und deutlich; **sound as a ~:** kerngesund ⟨*Person*⟩; völlig intakt ⟨*Gerät, Gegenstand*⟩; **b)** *(device to give ~-like sound)* Klingel, *die;* **electric ~:** elektrisches Läutewerk; **c)** *(ringing)* Läuten, *das;* **the ~ has gone** es hat geläutet *od.* geklingelt; **there's the ~:** es läutet *od.* klingelt; **was that the ~?** hat es geläutet *od.* geklingelt?; **d)** *(Boxing)* Gong, *der;* **e)** *(Naut.)* **one ~/eight ~s** ein Glas/acht Glasen; **f)** *(Bot.)* Glöckchen, *das;* Kelch, *der.* **2.** *v. t.* **~ the cat** *(fig.)* der Katze *(Dat.)* die Schelle umhängen *(ugs.)*

**belladonna** [beləˈdɒnə] *n.* **a)** *(Bot.)* Belladonna, *die; (drug)* Atropin, *das;* **b)** **~ lily** Belladonnalilie, *die (südafrik. Amaryllis)*

**bell: ~-bottomed** *adj.* ausgestellt; **~-boy** *n. (Amer.)* [Hotel]boy, *der;* [Hotel]page, *der;* **~-buoy** *n. (Naut.)* Glockenboje, *die*

**belle** [bel] *n.* Schönheit, *die;* Schöne, *die;* **~ of the ball** Ballkönigin, *die*

**belles-lettres** [belˈletr] *n. pl.* schöngeistige Literatur; Belletristik, *die*

**bell: ~flower** *n.* Glockenblume, *die;* **~hop** *(Amer. sl.) see* **bell-boy**

**bellicose** [ˈbelɪkəʊs] *adj.* kriegerisch, kriegslustig ⟨*Stimmung, Nation*⟩; streitsüchtig ⟨*Person*⟩

**belligerence** [bɪˈlɪdʒərəns], **belligerency** [bɪˈlɪdʒərənsɪ] *n., no pl.* Kriegslust, *die; (of person)* Kampfeslust, *die;* Streitlust, *die*

**belligerent** [bɪˈlɪdʒərənt] **1.** *adj.* kriegslustig, kriegerisch, kampflustig ⟨*Nation*⟩; streitlustig ⟨*Person, Benehmen*⟩; aggressiv ⟨*Rede*⟩; **~ powers** kriegführende Mächte. **2.** *n.* kriegführendes Land; kriegführende Partei; *(opponent)* Gegner, *der*

**bellow** [ˈbeləʊ] **1.** *v. i.* ⟨*Tier, Person:*⟩ brüllen; **~ at sb.** jmdn. anbrüllen; **~ for sth./sb.** lauthals nach etw./jmdm. schreien. **2.** *v. t.* **~ out** brüllen ⟨*Befehl*⟩; grölen ⟨*Lied*⟩. **3.** *n.* Brüllen, *das*

**bellowing** [ˈbeləʊɪŋ] *n.* Gebrüll, *das*

**bellows** [ˈbeləʊz] *n. pl.* **a)** Blasebalg, *der; (Mus.)* Bälge *Pl.;* **a pair of ~:** ein Blasebalg; **b)** *(Phot.)* Balgen, *der*

**bell: ~-pull** *n.* Glockenzug, *der;* Klingelzug, *der;* **~-push** *n.* Klingeltaster, *der (fachspr.)*; Klingel, *die;* **~-ringer** *n.* Glöckner, *der;* **~-ringing** *n.* Glockenläuten, *das;* **~-rope** *n.* Glockenseil, *das;* **~-shaped** *adj.* glockenförmig; **~-tent** *n.* Rundzelt, *das;* **~-tower** *n.* Glockenturm, *der;* **~-wether** *n.* Leithammel, *der*

**belly** [ˈbelɪ] **1.** *n.* Bauch, *der; (womb)* Leib, *der; (stomach)* Magen, *der.* **2.** *v. t.* blähen; **the wind bellied [out] the sails** der Wind blähte die Segel. **3.** *v. i.* **~ [out]** ⟨*Segel:*⟩ sich blähen, schwellen

**belly: ~ache 1.** *n.* Bauchschmerzen *Pl.;* Bauchweh, *das (ugs.)*; **2.** *v. i. (sl.)* jammern (**about** über + *Akk.*); **~aching** *n. (sl.)* Gejammer, *das (ugs. abwertend)*; **~-button** *n. (coll.)* Bauchnabel, *der;* **~-dance** *n.*

Bauchtanz, *der;* ~-**dancer** *n.* Bauchtänzerin, *die*

**bellyful** ['belɪfʊl] *n.* **a** ~ **of food** eine ordentliche Portion Essen *(ugs.);* **have had a** ~ **of sth.** *(fig.)* von etw. die Nase voll haben *(ugs.)*

**belly:** ~-**landing** *n. (Aeronaut.)* Bauchlandung, *die;* ~-**laugh** *n.* dröhnendes Lachen; **he gave a great** ~-**laugh** er lachte lauthals los

**belong** [bɪ'lɒŋ] *v. i.* **a)** *(be rightly assigned)* ~ **to sb.** jmdm. gehören; ~ **to sth.** zu etw. gehören; **power** ~**s to the workers** *(as slogan)* alle Macht den Arbeitern; **b)** ~ **to** *(be member of)* ~ **to a club** einem Verein angehören; **she** ~**s to a trade union/the club** sie ist Mitglied einer Gewerkschaft/des Vereins; ~ **to a church/the working class/another generation** einer Kirche/der Arbeiterklasse/einer anderen Generation *(Dat.)* angehören; **c)** *(be rightly placed)* **feel that one doesn't** ~: das Gefühl haben, fehl am Platze zu sein *od.* daß man nicht dazugehört; **he doesn't really** ~ **anywhere** er ist nirgendwo wirklich zu Hause; **a sense of** ~**ing** ein Zugehörigkeitsgefühl; **where does this** ~**?** wo gehört das hin?; **the cutlery** ~**s in this drawer** das Besteck gehört in diese Schublade; ~ **outside** nach draußen gehören; ~ **together** zusammengehören; **this item doesn't** ~ **under this heading** dieser Punkt fällt nicht unter diese Rubrik

**belongings** [bɪ'lɒŋɪŋz] *n. pl.* Habe, *die;* Sachen *Pl.;* **personal** ~: persönlicher Besitz; persönliches Eigentum; **all our** ~: unsere gesamte Habe; unser ganzes Hab und Gut

**beloved** [bɪ'lʌvɪd] **1.** *adj.* geliebt; lieb; teuer; **be** ~ [bɪ'lʌvd] **by** *or* **of sb.** von jmdm. geliebt werden; jmdm. lieb und teuer sein; **in** ~ **memory of my husband, in memory of my** ~ **husband** in treuem Angedenken an meinen geliebten *od.* teuren Mann. **2.** *n.* Geliebte, *der/die;* **my** ~ *(iron.)* mein Lieber/meine Liebe; **dearly** ~ *(Relig.)* liebe Brüder und Schwestern im Herrn; liebe Gemeinde

**below** [bɪ'ləʊ] **1.** *adv.* **a)** *(position)* unten; unterhalb; *(lower down)* darunter; *(downstream)* weiter unten; **it is on the shelf** ~: es ist auf dem [Regal]brett darunter; **down** ~: unten; drunten *(bes. südd.);* **from** ~: von unten [herauf]; **b)** *(direction)* nach unten; hinunter; hinab *(geh.);* *(downstream)* stromab[wärts]; **if you glance** ~: wenn Sie nach unten blicken *od. (geh.)* hinabblicken; **c)** *(later in text)* unten; **see [p. 123]** ~: siehe unten[, S. 123]; **as described in detail** ~: wie [weiter] unten ausführlich beschrieben; **please sign** ~: bitte hier unterschreiben; **a photo with a caption** ~: ein Foto mit einer Bildunterschrift; ~ **left** links unten; unten links; **d)** *(downstairs) (position)* unten; *(direction)* nach unten; *(Naut.)* unter Deck; **go** ~: unter Deck gehen; **the flat/floor** ~: die Wohnung/das Stockwerk *od.* die Etage darunter *od.* unter uns/ihnen *usw.;* **on the floor** ~: eine Etage tiefer; **e)** *(~ zero)* **frosts of ten and twenty** ~: Fröste von zehn und zwanzig Grad unter Null; **f)** *(Relig.)* **on earth** ~: [hier] auf Erden; **here** ~: hienieden *(geh.);* **g)** *(in hell)* drunten. **2.** *prep.* **a)** *(position)* unter (+ *Dat.*); unterhalb (+ *Gen.*); *(downstream from)* unterhalb (+ *Gen.*); **down** ~ **us was a huge abyss** tief unter uns war ein riesiger Abgrund; **his hair is well** ~ **shoulder level** sein Haar reicht bis weit über die Schultern; *see also* **average 1 a; par a, d; b)** *(direction)* unter (+ *Akk.*); **the sun sank** ~ **the horizon** die Sonne ging am Horizont unter; **he went** ~ **deck** *(Naut.)* er ging unter Deck; **c)** *(ranking lower than)* unter (+ *Dat.*); **she's in the class** ~ **me** sie ist eine Klasse unter mir *od.* tiefer als ich; ~-**zero temperatures** Temperaturen unter Null; **the temperature is well** ~ **zero** die Temperatur liegt weit unter Null; ~ **the breadline** unter dem Existenzminimum; **d)** *(unworthy of)* **it is** ~ **him** es ist unter seiner Würde

**belt** [belt] **1.** *n.* **a)** Gürtel, *der; (for carrying tools, weapons, ammunition, etc.)* Gurt, *der; (on uniform)* Koppel, *das;* **he wears both** ~ **and braces** *(fig.)* er sichert etw. doppelt und dreifach; er glaubt, doppelt genäht hält besser; **hit below the** ~ *(lit. or fig.)* unter die Gürtellinie schlagen; **under one's** ~ ⟨*Essen usw.*⟩ im Bauch; **with a couple of drinks under his** ~: mit ein paar Drinks intus *(ugs.);* **with all those qualifications under his** ~: mit all den Zeugnissen in der Tasche; *see also* **tighten 1 a; b)** *(strip)* Gurt, *der; (of colour, trees)* Streifen, *der; (region)* Gürtel, *der;* **industrial** ~: Industrierevier, *das;* ~ **of warm air/low pressure** Warmluft-/Tiefdruckgürtel, *der;* **coal/oil** ~: Kohlerevier, *das*/Ölgebiet, *das;* **c)** *(of machine-gun cartridges)* Gurt, *der;* **d)** *(Mech. Engin.: drive-~)* Riemen, *der;* **e)** *(sl.: heavy blow)* Schlag, *der;* **give sb. a** ~: jmdm. eine runterhauen *(ugs.).* **2.** *v. t. (hit)* schlagen; **I'll** ~ **you [one]** *(coll.)* ich hau' dir eine runter *(ugs.).* **3.** *v. i. (sl.)* ~ **up/down the motorway** über die Autobahn rasen; **he** ~**ed off as fast as his legs would carry him** er rannte davon, so schnell er konnte

~ **along** *v. i. (sl.)* rasen *(ugs.)*

~ **out** *v. t. (sl.)* schmettern; voll herausbringen ⟨*Rhythmus*⟩; *(on piano)* hämmern

~ **'up** *v. i.* **a)** *(Amer. coll., Brit. coll. joc.: put seat-belt on)* sich anschnallen; sich angurten; **b)** *(Brit. sl.: be quiet)* die Klappe halten *(salopp)*

**belting** ['beltɪŋ] *n.* **a) give sb. a [good]** ~: *(coll.)* jmdm. eine [ordentliche] Tracht Prügel verabreichen *(ugs.);* **b)** *(material)* Gürtelstoff, *der; (of leather)* Riemenleder, *das*

**belying** *see* **belie**

**bemoan** [bɪ'məʊn] *v. t.* beklagen

**bemuse** [bɪ'mju:z] *v. t.* verwirren; *(stupefy)* verblüffen

**bemused** [bɪ'mju:zd] *adj.* verwirrt

**bench** [bentʃ] *n.* **a)** Bank, *die; (seat across boat)* Ducht, *die; (Sport: for reserves)* Reservebank, *die;* Ersatzbank, *die;* **b)** *(Law)* **on the** ~: auf dem Richterstuhl; **he was given a seat on the** ~: er wurde zum Richter ernannt; **c)** *(office of judge)* Richteramt, *das;* **be raised to the B**~: zum Richter ernannt werden; **d)** *(lawcourt)* **Queen's/King's B**~ *(Brit.) Abteilung des obersten Gerichts, die sich mit Kriminalfällen befaßt;* **e)** *(Brit. Parl.)* Bank, *die;* Reihe, *die; see also* **backbench; cross-bench; front bench; f)** *(worktable)* Werkbank, *die; (gold- or silversmith's)* Werkbrett, *das; (carpenter's)* Hobelbank, *die; (in laboratory)* [Labor]tisch, *der*

**bench:** ~-**mark** *n.* Höhenmarke, *die; (fig.)* Maßstab, *der;* Fixpunkt, *der;* ~ **'seat** *n.* Sitzbank, *die;* ~ **test** *n.* Test auf dem Prüfstand

**¹bend** [bend] **1.** *n.* **a)** *(bending)* Beuge, *die;* Beugung, *die;* **a** ~ **of the body/the knee** eine Rumpf-/Kniebeuge; **b)** *(curve) (in road)* Kurve, *die;* **there is a** ~ **in the road** die Straße macht eine Kurve; **a** ~ **in the river** eine Flußbiegung; **be round the** ~ *(fig. coll.)* spinnen *(ugs.);* verrückt sein *(ugs.);* **go round the** ~ *(fig. coll.)* überschnappen *(ugs.);* durchdrehen *(ugs.);* **drive sb. round the** ~ *(fig. coll.)* jmdn. wahnsinnig *od.* verrückt machen *(ugs.);* **c) the** ~**s** *(Med. coll.)* Taucherkrankheit, *die.* **2.** *v. t.,* **bent** [bent] **a)** *(force out of straightness)* biegen; verbiegen ⟨*Nadel, Messer, Eisenstange, Ast*⟩; spannen ⟨*Bogen*⟩; beugen ⟨*Arm, Knie*⟩; anwinkeln ⟨*Arm, Bein*⟩; krumm machen ⟨*Finger*⟩; ~ **sth. at an angle** etw. umbiegen; ~ **sth. back/forward/up/down** etw. nach hinten/vorne/oben/unten biegen; **'please do not** ~**'** *(on envelope)* „bitte nicht knicken!"; ~ **sth. back into shape** etw. zurückbiegen; etw. wieder in Form biegen; ~ **the law** *(fig.)* das Gesetz beugen; *see also* **rule 1 a; b)** *(fix)* **be bent on sth.** zu etw. entschlossen sein; auf etw. *(Akk.)* versessen *od.* erpicht sein; **on pleasure bent** *(dated)* vergnügungssüchtig; ~ **one's energies on sth.** *(dated)* seine ganze Kraft auf etw. *(Akk.)* verwenden; ~ **oneself to sth.** sich auf etw. *(Akk.)* konzentrieren; **c)** *(sl.: pervert)* mißbrauchen; pervertieren; manipulieren ⟨*Ergebnis*⟩; **d)** *(direct)* **we must** ~ **our steps home** wir müssen unsere Schritte heimwärts lenken *(geh.);* **he bent his mind on** *or* **to the problem** er dachte ernst über das Problem nach; ~ **an ear** sich umhören; **e)** *(force to submit)* unterwerfen; gefügig machen; **f)** *(Naut.)* festmachen; befestigen ⟨*Tau*⟩. **3.** *v.i.,* **bent a)** sich biegen; sich krümmen; ⟨*Äste:*⟩ sich neigen; **the road** ~**s** die Straße macht eine Kurve; **the road** ~**s for two miles** die Straße ist auf zwei Meilen kurvenreich; **the river** ~**s/**~**s in and out** der Fluß macht eine Biegung/schlängelt sich; ~ **to** *or* **before sb.** *(fig.)* sich jmdm. beugen; **b)** *(bow)* sich bücken; *(fig.)* sich beugen; **catch sb.** ~**ing** *(fig. coll.)* jmdn. [in einer peinlichen Lage] erwischen

~ **'down** *v. i.* sich bücken; sich hinunterbeugen

~ **'over** *v. i.* sich nach vorn beugen; sich bücken; *see also* **backwards a**

**²bend** *n.* **a)** *(Naut.)* Knoten, *der;* Schlinge, *die;* **b)** *(Her.)* Schrägbalken, *der;* ~ **sinister** schräglinker Balken; Schräglinksbalken, *der*

**bendable** ['bendəbl] *adj.* biegbar

**bended** ['bendɪd] *adj.* **on** ~ **knee[s]** auf [den] Knien

**bender** ['bendə(r)] *n. (sl.)* Besäufnis, *das (salopp)*

**bendy** ['bendɪ] *adj. (coll.)* **a)** biegsam; **b)** *(winding)* gewunden ⟨*Pfad, Straße*⟩

**beneath** [bɪ'ni:θ] **1.** *prep.* **a)** *(unworthy of)* ~ **sb.** jmds. unwürdig; unter jmds. Würde *(Dat.);* ~ **sb.'s dignity** unter jmds. Würde *(Dat.);* **marry** ~ **one** nicht standesgemäß heiraten; unter seinem Stand heiraten; ~ **contempt** verachtenswert; unter aller Kritik; **b)** *(arch./literary: under)* unter (+ *Dat.*). **2.** *adv. (arch./literary)* darunter

**Benedictine 1.** *n.* **a)** [benɪ'dɪktɪn] *(monk/nun)* Benediktiner, *der*/Benediktinerin, *die;* **b) (P)** [benɪ'dɪkti:n] *(liqueur)* Benediktiner, *der.* **2.** *adj.* Benediktiner-

**benediction** [benɪ'dɪkʃn] *n. (Relig.)* Benediktion, *die;* Segnung, *die;* **pronounce/say the** ~ *(before meal)* um den Segen Gottes bitten; *(after meal)* das Dankgebet sprechen *od.* sagen

**benefaction** [benɪ'fækʃn] *n.* **a)** *(gift)* Spende, *die; (endowment)* Schenkung, *die;* Stiftung, *die;* **b)** *(doing good)* Wohltat, *die*

**benefactor** ['benɪfæktə(r)] *n.* Wohltäter, *der; (patron)* Stifter, *der;* Gönner, *der*

**benefactress** ['benɪfæktrɪs] *n.* Wohltäterin, *die; (patroness)* Stifterin, *die;* Gönnerin, *die*

**benefice** ['benɪfɪs] *n. (Eccl.)* Benefizium, *das*

**beneficence** [bɪ'nefɪsəns] *n.* Mildtätigkeit, *die; (active kindness)* Güte, *die*

**beneficent** [bɪ'nefɪsənt] *adj. (showing active kindness)* gütig; *(doing good)* wohltätig; mildtätig

**beneficial** [benɪ'fɪʃl] *adj.* **a)** nutzbringend; nützlich; vorteilhaft ⟨*Einfluß*⟩; günstig ⟨*Klima*⟩; **be** ~ **to sth./sb.** zum Nutzen von etw./jmdm. sein; **a good night's sleep is very** ~: ein guter Schlaf ist sehr erholsam; **b)** *(Law)* nutznießerisch; ~ **owner** Nießbraucher, *der*

**beneficially** [benɪ'fɪʃəlɪ] *adv. see* **beneficial a:** nutzbringend; nützlich; vorteilhaft; günstig

**beneficiary** [benɪ'fɪʃərɪ] *n.* Nutznießer, *der*/Nutznießerin, *die*

**benefit** ['benɪfɪt] **1.** *n.* **a)** Vorteil, *der;* Vorzug, *der (geh.);* **be of ~ to sb./sth.** jmdm./einer Sache von Nutzen sein; **have the ~ of** den Vorteil *od. (geh.)* Vorzug (+ *Gen.*) haben; **derive ~ from sth., get some ~ from sth.** aus etw. Nutzen ziehen; von etw. profitieren; **not get much ~ from sth.** wenig Nutzen aus etw. ziehen; nicht viel von etw. profitieren; **did you get much ~ from your holiday?** hat dir der Urlaub viel genützt?; **without the ~ of** ohne das Zutun (+ *Gen.*); **with the ~ of** mit Hilfe (+ *Gen.*); **to sb.'s ~:** zu jmds. Nutzen; **for sb.'s ~:** in jmds. Interesse *(Dat.);* im Interesse von jmdm.; **for the ~ of sth.** im Interesse einer Sache *(Gen.);* **for the ~ of future generations** im Interesse künftiger Generationen; **for the ~ of anyone who/all those who ...** *(iron.)* allen/all denen zuliebe, die ... *(iron.);* **give sb. the ~ of the doubt** im Zweifelsfall zu jmds. Gunsten entscheiden; **give sb. the ~ of sth.** jmdm. etw. zugute kommen lassen *(iron.);* **b)** *(allowance)* Beihilfe, *die;* **social security ~:** Sozialhilfe, *die;* Hilfe zum Lebensunterhalt *(Amtsspr.);* **supplementary ~** *(Brit.)* zusätzliche Hilfe zum Lebensunterhalt; **unemployment ~:** Arbeitslosenunterstützung, *die;* **sickness ~:** Krankengeld, *das;* **disablement ~:** Invalidenrente, *die;* **child ~** *(Brit.)* Kindergeld, *das;* **maternity ~:** Mutterschaftsgeld, *das;* **~ club** *or* **society** Versicherungsverein auf Gegenseitigkeit; **c) ~ [performance/match/concert]** Benefizveranstaltung, *die*/-spiel, *das*/-konzert, *das;* **d) without ~ of clergy** *(joc.)* ohne kirchlichen Segen. **2.** *v. t.* **~ sb./sth.** jmdm./einer Sache nützen *od.* guttun; **these facilities/discoveries have ~ed the area/humanity** diese Einrichtungen/Entdeckungen sind dem Gebiet/der Menschheit zugute gekommen *od.* haben dem Gebiet/der Menschheit Nutzen gebracht. **3.** *v. i.* **~ by/from sth.** von etw. profitieren; aus etw. Nutzen ziehen; **~ from experience** aus Erfahrung lernen; **how do I/will my son ~?** was habe ich/hat mein Sohn davon?

**benevolence** [bɪ'nevələns] *n., no pl. (desire to do good)* Güte, *die; (of ruler)* Milde, *die; (of despot, the authorities)* Wohlwollen, *das*

**benevolent** [bɪ'nevələnt] *adj.* **a)** *(desiring to do good)* gütig; mild ‹*Herrscher*›; wohlwollend ‹*Behörde, Despot*›; **~ despotism** aufgeklärter Absolutismus; **b)** *attrib. (charitable)* wohltätig, mildtätig ‹*Institution, Verein*›; **c)** *(kind and helpful)* hilfsbereit; **a ~ smile/air** ein gütiges Lächeln/gütiger Gesichtsausdruck

**benevolently** [bɪ'nevələntlɪ] *adv.* gütig ‹*lächeln*›

**Bengali** [beŋ'gɔ:lɪ] **1.** *n.* **a)** *(person)* Bengale, *der*/Bengalin, *die;* **b)** *(language)* Bengali, *das.* **2.** *adj.* bengalisch

**benighted** [bɪ'naɪtɪd] *adj. (fig.)* unwissend, *(ugs.)* unbedarft ‹*Person*›; finster ‹*Gegend, Zeitalter*›; obskur ‹*Philosophie, Politik, Sitten*›

**benign** [bɪ'naɪn] *adj.* **a)** *(gracious, gentle)* gütig ‹*Person, Aussehen, Verständnis*›; mildtätig ‹*Gabe, Geschenk*›; wohlwollend ‹*Person, Verhalten*›; *(mild)* mild, heilsam ‹*Klima, Sonne*›; *(fortunate)* günstig ‹*Stern, Einfluß, Ergebnis, Aspekt*›; **b)** *(Med.)* gutartig, *(fachspr.)* benigne ‹*Tumor*›

**benignity** [bɪ'nɪgnɪtɪ] *n., no pl.* **a)** Wohlwollen, *das;* **b)** *(Med.)* Gutartigkeit, *die*

**benignly** [bɪ'naɪnlɪ] *adv.* gütig; wohlwollend

**benison** ['benɪzən] *n. (arch.)* Segen, *der*

**[1]bent** [bent] **1.** *see* **[1]bend 2, 3. 2.** *n.* Neigung, *die;* Hang, *der;* Schlag, *der;* **have a ~ for sth.** einen Hang zu etw. *od.* eine Vorliebe für etw. haben; **those with** *or* **of an artistic ~:** Menschen mit einer künstlerischen Ader *od.* Veranlagung; **follow one's ~:** seiner Neigung *od.* seinen Neigungen folgen; **to the top of one's ~:** nach Herzenslust. **3.** *adj.* **a)** krumm; gebogen; **b)** *(Brit. sl.: corrupt)* link *(salopp);* nicht ganz sauber *(salopp)* ‹*Händler usw.*›; **c)** *(Brit. sl.: homosexual);* schwul *(ugs.);* andersrum *präd. (ugs.)*

**[2]bent** *n. (Bot.)* Straußgras, *das; (stiff flower stalk)* Halm, *der; (heath)* Heide, *die*

**benumb** [bɪ'nʌm] *v. t.* **a)** gefühllos machen ‹*Glieder*›; **~ed** gefühllos; **~ed with cold** starr vor Kälte; **b)** *(fig.: stupefy)* lähmen; betäuben ‹*Sinne, Gefühle*›; **he was ~ed with panic/grief** er war vor Entsetzen/Kummer gelähmt

**Benzedrine, (P)** ['benzɪdri:n] *n. (Med.)* Benzedrin, *das*

**benzene** ['benzi:n] *n. (Chem.)* Benzol, *das;* **~ ring** Benzolring, *der*

**benzine** ['benzi:n] *n.* Leichtbenzin, *das*

**bequeath** [bɪ'kwi:ð] *v. t.* **a) ~ sth. to sb.** jmdm. etw. vermachen *od.* hinterlassen; **b)** *(fig.)* überliefern ‹*Märchen, Legende, Zeugnisse*›; vererben ‹*Tradition*›

**bequest** [bɪ'kwest] *n.* Legat, *das* **(to** an + *Akk.*); **make a ~ to sb. of sth.** jmdm. etw. vermachen

**berate** [bɪ'reɪt] *v. t.* schelten

**bereave** [bɪ'ri:v] *v. t.* **a)** *(deprive through death)* **~ A of B** B *(Dat.)* A nehmen; **be ~d [of sb.]** jmdn. verlieren; **a disaster ~d him of his father** er hat seinen Vater durch ein Unglück verloren; **the ~d** der/die Hinterbliebene/die Hinterbliebenen; **b)** *p.p.* **bereft** [bɪ'reft] *(dispossess)* **be bereft of sth.** einer Sache *(Gen.)* beraubt sein

**bereavement** [bɪ'ri:vmənt] *n.* Trauerfall, *der;* **he sympathized with her in her ~:** er sprach ihr sein Beileid aus; **on account of their recent ~:** auf Grund ihres Trauerfalles

**bereft** *see* **bereave b**

**beret** ['bereɪ, 'berɪ] *n.* Baskenmütze, *die; (as military head-dress)* Barett, *das*

**bergamot** ['bɜ:gəmɒt] *n.* **a)** *(tree)* Bergamotte, *die;* Bergamottenbaum, *der;* **b)** *(perfume)* Bergamottparfüm, *das;* **c)** *(herb)* Zitronenminze, *die;* Pfefferminze, *die;* **~ oil** Bergamottöl, *das*

**beriberi** [berɪ'berɪ] *n. (Med.)* Beriberi, *die*

**berk** [bɜ:k] *n. (Brit. sl.)* Dussel, *der (ugs.);* Spinner, *der (ugs.);* Blödmann, *der (salopp)*

**Berlin** [bɜ:'lɪn] **1.** *pr. n.* Berlin *(das).* **2.** *attrib. adj.* Berliner; *(Ling.)* berlinisch

**Berliner** [bɜ:'lɪnə(r)] *n.* Berliner, *der*/Berlinerin, *die*

**Bermuda** [bə'mju:də] *pr. n.* die Bermudainseln; **the ~s** die Bermudas; **~s, ~ shorts** Bermudashorts

**Berne** [bɜ:n] **1.** *pr. n.* Bern *(das).* **2.** *attrib. adj.* Berner

**berry** ['berɪ] *n.* Beere, *die; see also* **brown 1**

**berserk** [bə'sɜ:k, bə'zɜ:k] *adj.* rasend; **go ~:** durchdrehen *(ugs.);* **he went ~ with an axe** er wütete mit einem Beil

**berth** [bɜ:θ] **1.** *n.* **a)** *(adequate space)* Seeraum, *der (der für ein Schiff erforderlich ist);* **give the rocks a wide ~:** Abstand zu den Felsen halten; gut frei von den Felsen halten *(fachspr.);* **give sb./sth. a wide ~** *(fig.)* jmdm./einer Sache aus dem Weg gehen; einen großen Bogen um jmdn./etw. machen; **b)** *(ship's place at wharf)* Liegeplatz, *der;* **c)** *(sleeping-place) (in ship)* Koje, *die;* Kajütenbett, *das; (in train)* Schlafwagenbett, *das; (in aircraft)* Sleeper, *der;* **a 4-~ caravan** ein Vierpersonenanhänger; **d)** *(job)* Stelle, *die;* **find a cushy ~:** eine bequeme Stelle *od.* einen bequemen Job finden. **2.** *v. t.* festmachen ‹*Schiff*›. **3.** *v. i.* ‹*Schiff:*› festmachen, anlegen

**beryl** ['berɪl] *n.* Beryll, *der*

**beryllium** [bɪ'rɪlɪəm] *n. (Chem.)* Beryllium, *das*

**beseech** [bɪ'si:tʃ] *v. t.*, **besought** [bɪ'sɔ:t] *or* **~ed** *(literary)* flehen um, *(geh.)* erflehen ‹*Gnade, Vergebung*›; anflehen ‹*Person*›; **~ sb. to do sth.** jmdn. anflehen *od.* inständig bitten, etw. zu tun; **~ sb. for sth.** jmdn. um etw. anflehen; jmdn. inständig um etw. bitten; **I ~ you** ich flehe dich an

**beseeching** [bɪ'si:tʃɪŋ] *adj.*, **beseechingly** [bɪ'si:tʃɪŋlɪ] *adv.* flehend; flehentlich *(geh.)*

**beset** [bɪ'set] *v. t., forms as* **set 1: a)** heimsuchen; plagen; ‹*Probleme, Zweifel, Versuchungen:*› bedrängen; **sth. is ~ with troubles** etw. steckt voller Schwierigkeiten/Probleme; **~ by doubts** von Zweifeln geplagt; **b)** *(hem in)* umgeben; einschließen; *(occupy and make impassable)* belagern; blockieren; versperren; **~ting sin** Untugend, *die*

**beside** [bɪ'saɪd] *prep.* **a)** *(close to)* neben (+ *Dat.*); an (+ *Dat.*); **~ the sea/lake** am Meer/See; **walk ~ the river** am Fluß entlanggehen; **sit/stand ~ sb.** neben jmdm. sitzen/stehen; **sit down/go and stand ~ sb.** sich neben jmdn. setzen/stellen; **b)** *(compared with)* neben (+ *Dat.*); **c)** *(wide of)* weit entfernt von ‹*Problem, Frage*›; **be ~ the point** nichts damit zu tun haben; **d) ~ oneself with joy/grief** außer sich vor Freude/Kummer

**besides** [bɪ'saɪdz] **1.** *adv.* außerdem; **he was a historian ~:** er war außerdem noch Historiker; **do/say sth. [else] ~:** sonst noch etw. tun/sagen; **~, we don't need it** außerdem brauchen wir es nicht; **whatever she may have done ~:** was sie sonst noch getan haben mag. **2.** *prep.* außer; **~ us [there were others]** außer uns [waren noch andere da]; **~ my husband and me** außer meinem Mann und mir; **~ which, he was late** und obendrein *od.* außerdem kam er zu spät; **he said nothing ~ that** er sagte weiter *od.* sonst nichts

**besiege** [bɪ'si:dʒ] *v. t. (lit. or fig.)* belagern; **be ~d with letters/offers/requests/enquiries** mit Briefen/Angeboten/Bitten/Anfragen überschüttet *od.* überhäuft werden

**besieger** [bɪ'si:dʒə(r)] *n.* Belagerer, *der*

**besmear** [bɪ'smɪə(r)] *v. t.* verschmieren; **~ed with blood** blutverschmiert

**besmirch** [bɪ'smɜ:tʃ] *v. t. (lit. or fig.)* beschmutzen *(geh.);* besudeln *(geh.)* **~ sb.'s name** jmds. Namen besudeln *od.* beflecken

**besom** ['bi:zəm] *n.* [Reisig]besen, *der*

**besot** [bɪ'sɒt] *v. t.*, **-tt-** betören; **be ~ted by** *or* **with the idea that ...:** von der Idee besessen sein, daß ...; **~ted with alcohol** berauscht *od.* benommen vom Alkohol; **be ~ted by** *or* **with sb.** in jmdn. vernarrt sein

**besought** *see* **beseech**

**bespatter** [bɪ'spætə(r)] *v. t.* bespritzen; vollspritzen

**bespeak** [bɪ'spi:k] *v. t., forms as* **speak 2: a)** *(suggest)* zeugen von; verraten; **b)** *(reserve)* reservieren; vorbestellen

**bespectacled** [bɪ'spektəkld] *adj.* bebrillt

**bespoke** [bɪ'spəʊk] **1.** *see* **bespeak. 2.** *attrib. adj.* **~ overcoat** maßgeschneiderter Mantel; **~ boots** Stiefel nach Maß; **~ tailor** Maßschneider, *der*

**bespoken** *see* **bespeak**

**best** [best] **1.** *adj. superl. of* **good: a)** best...; **be ~ [of all]** am [aller]besten sein; **the ~ thing about it was ...:** das Beste daran war ...; **the ~ thing to do is to apologize** das beste ist, sich zu entschuldigen; **the very ~ people** die feinen Leute; **may the ~ man win!** auf daß der Beste gewinnt!; **b)** *(most advantageous)* best...; günstigst...; **which** *or* **what is the ~ way?** wie ist es am besten *od.* günstigsten?; **it's ~ to travel via Paris** am besten fährt man über Paris; **think it ~ to do sth.** es für das beste halten, etw. zu tun; **do as you think ~** *or* **what you think is ~:** mach, was du für richtig hältst; **c)** *(greatest)* größt...; **the ~ part of the day/money** der größte Teil des Tages/Geldes; **[for] the ~ part of an hour** fast eine ganze Stunde. **2.** *adv. superl. of* **[2]well 2:** am besten; **like sth. ~ of all** etw. am liebsten mögen; **as ~ we could**

so gut wir konnten; as ~ you can so gut es geht; you know ~: Sie müssen es [am besten] wissen; you'd ~ be going now am besten gehen Sie jetzt; he is ~ known for his etchings er ist vor allem für seine Kupferstiche bekannt; he is the person ~ able to do it/to cope er ist der Fähigste, um das zu tun/damit fertigzuwerden; I was not ~ pleased to discover that ... *(iron.)* ich war gar nicht begeistert, als ich entdeckte, daß ... *(iron.)*. 3. *n.* a) the ~: der/die/das Beste; the wine was not of the ~: der Wein war nicht von der besten Qualität; their latest record is their ~: ihre letzte Platte ist die beste; b) *(clothes)* beste Sachen; Sonntagskleider *Pl.*; wear one's [Sunday] ~: seine Sonntagskleider tragen; sich in Schale werfen *(ugs.)*; c) play the ~ of three [games] um zwei Gewinnsätze spielen; the ~ of it is ... *(also iron.)* das beste daran ist ...; der Witz dabei ist ... *(iron.)*; get *or* have the ~ of it gut damit fahren; gut dabei wegkommen; get the ~ out of sth./sb. das Beste aus etw./jmdm. herausholen; that's the ~ of having a car das ist das beste an einem Auto; he is not in the ~ of health es geht ihm nicht sehr gut; bring out the ~ in sb. jmds. beste Seiten zum Vorschein bringen; all the ~! *(coll.)* alles Gute!; d) the ~ *pl.* die Besten; they are the ~ of friends sie sind die besten Freunde; with the ~ of intentions in bester Absicht; from the ~ of motives aus den edelsten Motiven [heraus]; get six of the ~ *(coll.)* Prügel beziehen; verdroschen werden *(ugs.)*; [sb. is] one of the ~ *(coll.)* [jmd. ist] ein feiner Kerl; she can down a pint of beer/play tennis with the ~ of them *(coll.)* beim Biertrinken/Tennisspielen macht ihr keiner was vor *(ugs.)*; e) at ~: bestenfalls; be at one's ~: in Hochform sein; an example of modern architecture at its ~: eines der gelungensten Beispiele moderner Architektur; [even] at the ~ of times schon normalerweise; it is [all] for the ~: es ist [doch] nur zum Guten; he did it [all] for the ~: er hat es [doch] nur gut gemeint; hope for the ~: das Beste hoffen; do one's ~: sein bestes tun; he is doing his ~ to ruin me *(iron.)* er tut sein möglichstes, mich zu ruinieren; do the ~ you can machen Sie es so gut Sie können; it's not good, but it's the ~ I can do es ist nicht gut, aber mehr kann ich nicht tun; look one's ~: möglichst gut aussehen; make the ~ of oneself das Beste aus sich machen; make the ~ of it/things das Beste daraus machen; make the ~ of a bad job *or* bargain *(coll.)* das Beste daraus machen; to the ~ of one's ability nach besten Kräften; to the ~ of my belief/knowledge meines Wissens; she wants/has the ~ of everything sie will immer nur/hat von allem das Beste. 4. *v.t. (Sport)* schlagen; *(outwit)* übervorteilen

**best:** ~-before date *n.* Mindesthaltbarkeitsdatum, *das;* ~-**dressed** *attrib. adj.* bestgekleidet; ~ ˈ**end** *n. (Gastr.)* Filet, *das;* ~ ˈ**friend** *n.* bester Freund/beste Freundin; be ~ friends with sb. sehr gut mit jmdm. befreundet sein; ~-**hated** *attrib. adj. (iron.)* bestgehaßt *(iron.)*

**bestial** [ˈbestɪəl] *adj. (of or like a beast)* tierisch; *(brutish, barbarous)* barbarisch; *(savage)* brutal; *(depraved)* bestialisch; tierisch

**bestiality** [bestɪˈælɪtɪ] *n.* a) Bestialität, *die; (savagery)* Brutalität, *die;* b) *(sodomy)* Sodomie, *die*

**bestir** [bɪˈstɜː(r)] *v. refl.*, -rr- sich aufraffen

**best:** ~-**kept** *attrib. adj.* bestgepflegt; bestgehütet ⟨*Geheimnis*⟩; the ~-kept village in England das schönste Dorf Englands; ~-**known** *attrib. adj.* bekanntest...; ~-**laid** *attrib. adj.* bestüberlegt ⟨*Pläne*⟩; ~-**loved** *attrib. adj.* meistgeliebt; ~ ˈ**man** *n.* Trauzeuge, *der (des Bräutigams)*

**bestow** [bɪˈstəʊ] *v.t.* verleihen ⟨*Titel*⟩; schenken ⟨*Gunst, Wohlwollen*⟩; zuteil werden lassen ⟨*Ehre, Segnungen*⟩; ~ sth. [up]on sb. jmdm. etw. verleihen/schenken/zuteil werden lassen

**bestowal** [bɪˈstəʊəl] *n.* Verleihung, *die* ([up]on an + *Akk.*); *(of land)* Schenkung, *die*

ˈ**best-quality** *attrib. adj.* der Spitzenklasse *nachgestellt;* erstklassig

**bestride** [bɪˈstraɪd] *v.t., forms as* **stride 3** sich rittlings setzen auf (+ *Akk.*); *(position)* rittlings sitzen auf (+ *Dat.*) ⟨*Mauer, Bank*⟩

**best:** ~ ˈ**seller** *n.* Bestseller, *der; (author)* Bestsellerautor, *der;* ~-**selling** *attrib. adj.* meistverkauft ⟨*Schallplatte*⟩; ~-selling book/novel Bestseller, *der;* a ~-selling author/novelist ein Bestsellerautor

**bet** [bet] 1. *v.t.*, -tt-, ~ *or* ~ted a) wetten; I ~ him £10 ich habe mit ihm um 10 Pfund gewettet; he ~ £10 on that horse er hat 10 Pfund auf das Pferd gesetzt; b) *(coll.: be confident)* wetten; I ~ he's late wetten, daß er zu spät kommt?; [I] ~ you I know where he got it from wetten, daß ich weiß, woher er es hat?; [you can] ~ your life darauf kannst du Gift nehmen *(ugs.)*; [I] ~ you [anything] ich gehe jede Wette darauf ein; I'll ~ he tells them he's swum the Channel ich wette, er erzählt ihnen, daß er den Kanal durchschwommen hat; ~ [you] I ˈcan und ob ich kann; you ˈ~ [I am/I will *etc.*] und ob; allerdings. 2. *v.i.*, -tt-, ~ *or* ~ted a) wetten (for um); ~ on sth. auf etw. *(Akk.)* setzen; b) *(coll.: be confident)* the shops will be closed, I'll ~: ich wette, die Geschäfte sind geschlossen; [do you] want to ~? [wollen wir] wetten? *See also* [1]boot 1 a; bottom 2 b. 3. *n.* a) Wette, *die; (sum)* Wetteinsatz, *der;* make *or* have a ~ with sb. on sth. mit jmdm. über etw. *(Akk.)* wetten; accept *or* take a ~ on sth. eine Wette auf etw. *(Akk.)* eingehen; lay a ~ on sth. auf etw. *(Akk.)* wetten; b) *(fig. coll.: choice)* Tip, *der;* be a bad/good/safe ~: ein schlechter/guter/sicherer Tip sein; it's a fair ~ that ...: du kannst ziemlich sicher sein, daß ...; be sb.'s best ~: das beste sein; my ~ is that ...: ich wette, daß ...

**beta** [ˈbiːtə] *n.* a) *(letter)* Beta, *das;* b) *(Sch., Univ.: mark)* Zwei, *die*

**beta-blocker** [ˈbiːtəblɒkə(r)] *n. (Med.)* Beta[rezeptoren]blocker, *der*

**betake** [bɪˈteɪk] *v. refl., forms as* **take 1** *(literary)* sich begeben; ~ oneself somewhere sich irgendwohin begeben

**beta:** ~ **particles** *n. pl. (Phys.)* Betateilchen *Pl.;* ~ **rays** *n. pl. (Phys.)* Betastrahlen *Pl.*

**betel** [ˈbiːtl] *n. (Bot.)* Betel, *der;* ~-**nut** Betelnuß, *die*

**bête noire** [beɪt ˈnwɑː(r)] *n., pl.* **bêtes noires** [beɪt ˈnwɑː(r)] Greuel, *der*

**bethink** [bɪˈθɪŋk] *v. refl.*, **bethought** [bɪˈθɔːt] *(literary)* sich besinnen

**betide** [bɪˈtaɪd] *(literary)* 1. *v.t.* geschehen (+ *Dat.*) *(veralt., geh.)*; woe ~ you if ...: wehe dir, wenn ...; whatever ~s you was Ihnen auch immer geschieht. 2. *v.i.* geschehen

**betimes** [bɪˈtaɪmz] *adv. (literary)* beizeiten

**betoken** [bɪˈtəʊkn] *v.t.* a) *(indicate)* ankündigen ⟨*Frühjahr, Krieg*⟩; b) *(suggest)* hindeuten auf (+ *Akk.*)

**betony** [ˈbetənɪ] *n. (Bot.)* Ziest, *der*

**betook** *see* **betake**

**betray** [bɪˈtreɪ] *v.t.* a) verraten (to an + *Akk.*); mißbrauchen ⟨*jmds. Vertrauen*⟩; ~ oneself sich verraten; ~ the fact that ...: verraten, daß ...; b) *(lead astray)* fehlleiten

**betrayal** [bɪˈtreɪəl] *n.* Verrat, *der;* ~ of one's friends/country Verrat an seinen Freunden/seinem Vaterland; an act of ~: ein Verrat; a ~ of trust ein Vertrauensbruch

**betroth** [bɪˈtrəʊð] *v.t. (arch.)* versprechen *(veralt.)*; be ~ed to sb. jmdm. versprochen sein *(veralt.)*

**betrothal** [bɪˈtrəʊðl] *n. (arch.)* Verlöbnis, *das*

**betrothed** [bɪˈtrəʊðd] *(arch.)* 1. *adj.* versprochen *(veralt.)*. 2. *n.* Anverlobter, *der*/Anverlobte, *die (veralt.)*

**better** [ˈbetə(r)] 1. *adj. compar. of* **good 1** besser; I have something ~ to do ich habe etwas Besseres zu tun; do you know of anything ~? kennst du etwas Besseres?; that's ~: so ist's schon besser; ~ and ~: immer besser; ~ still, let's phone oder noch besser: Rufen wir doch an; be much ~ *(recovered)* sich viel besser fühlen; he is much ~ today es geht ihm heute schon viel besser; get ~ *(recover)* auf dem Wege der Besserung sein; I am/my ankle is getting ~: mir/meinem Knöchel geht es besser; so much the ~: um so besser; she is none the ~ for it das hat ihr nichts genützt; she is much the ~ for having been to university es hat ihr sehr genützt, daß sie studiert hat; my ~ feelings/nature mein besseres Ich; be ~ than one's word mehr tun, als man versprochen hat; my/his ~ half *(joc.)* meine/seine bessere Hälfte *(scherzh.)*; the ~ part of sth. *(greater part)* der größte Teil einer Sache *(Gen.)*; [for] the ~ part of an hour fast eine ganze Stunde; he is no ~ than a criminal er kommt einem Kriminellen gleich; she's no ~ than she should be *(euphem.)* sie ist auch nicht gerade eine Heilige; on ~ acquaintance bei näherer Bekanntschaft; *see also* **all 3. 2.** *adv. compar. of* [2]**well 2:** a) *(in a ~ way)* besser; I hope you do ~ in future hoffentlich haben Sie in Zukunft mehr Glück; *(by your own efforts)* ich hoffe, daß Sie es in Zukunft besser machen werden; b) *(to a greater degree)* mehr; the ~ to do sth. um etw. besser tun zu können; you cannot do ~ than ...: das beste, was du tun kannst, ist ...; I like Goethe ~ than Schiller ich mag Goethe lieber als Schiller; he is ~ liked than Carter er ist beliebter als Carter; c) he would do ~ to ask first er sollte lieber *od.* besser zuerst fragen; d) know ~ than ...: es besser wissen als ...; you ought to know ~ than to ...: du solltest es besser wissen und nicht ...; e) go one ~ [than sb.], *(Amer.)* go sb. one ~: jmdn. überbieten; f) you'd ~ not tell her Sie erzählen es ihr besser nicht; I'd ~ begin by introducing myself ich stelle mich besser zuerst einmal vor; I'd ~ be off now ich gehe jetzt besser; hadn't you ~ ask first? sollten Sie nicht besser zuerst fragen?; I promise I'll clear up after the party – You'd ~! Ich verspreche, daß ich nach der Party aufräume – Das will ich aber auch hoffen. *See also* **better off. 3.** *n.* a) Bessere, *das;* we hope for ~: wir erhoffen uns *(Dat.)* mehr; get the ~ of sb./sth. jmdn./etw. unterkriegen *(ugs.)*; exhaustion got the ~ of him Erschöpfung übermannte ihn; be a change for the ~: eine vorteilhafte Veränderung sein; for ~, for worse in Freud und Leid; for ~ or for worse was immer daraus werden wird; I thought ~ of it ich habe es mir anders überlegt; b) *in pl.* Leute, die höher stehen; one's ~s Leute, die über einem stehen *od.* die einem überlegen sind. **4.** *v.t.* a) *(surpass)* übertreffen; b) *(improve)* verbessern; ~ oneself *(rise socially)* sich verbessern

ˈ**better-class** *attrib. adj.* besser, feiner ⟨*Leute*⟩; vornehm ⟨*Restaurant, Vorort, Familie*⟩

**betterment** [ˈbetəmənt] *n., no pl.* Verbesserung, *die*

**better:** ~ ˈ**off** *adj.* a) *(financially)* [finanziell] besser gestellt; b) he is ~ off than I am ihm geht es besser als mir; be ~ off than sb. besser als jmd. dran sein *(ugs.)*; be ~ off without sb./sth. ohne jmdn./etw. besser dran sein; ~-**quality** *attrib. adj.* qualitativ besser; ~-**than-average** *attrib. adj.* überdurchschnittlich [gut/viel]; earn a ~-than-average income überdurchschnittlich viel verdienen

**betting** [ˈbetɪŋ] 1. *n.* Wetten, *das;* there was heavy ~ on that horse auf das Pferd wurde sehr viel gesetzt; **what's the ~ it rains?** *(fig.)* ob es wohl regnen wird? **2.** *attrib. adj.* Wett-; **I'm not a ~ man** ich wette nicht

**'betting office, 'betting-shop** *ns.* Wettbüro, *das*

**between** [bɪ'twi:n] **1.** *prep.* **a)** *(position)* zwischen (+ *Dat.*); *(direction)* zwischen (+ *Akk.*); **it is not far ~ the two places** die beiden Orte liegen nicht weit auseinander; **~ then and now** zwischen damals und jetzt; **~ now and the end of term** bis zum Ende des Trimesters; **there's nothing to choose ~ them** sie unterscheiden sich durch nichts; **[in] ~:** zwischen; **b)** *(amongst)* unter (+ *Dat.*); **the work was divided ~ the volunteers** die Arbeit wurde zwischen den Freiwilligen aufgeteilt; **~ ourselves, ~ you and me** unter uns *(Dat.)* gesagt; **that's [just] ~ ourselves** das bleibt aber unter uns *(Dat.)*; **c)** *(by joint action of)* **~ them/the four of them they succeeded in dislodging the stone** gemeinsam/zu viert gelang es ihnen, den Stein zu lösen; **we ate it up ~ us** wir haben es zusammen *od.* gemeinsam aufgegessen; **d)** *(shared by)* **~ us we had 40p** wir hatten zusammen 40 Pence; **we had three tents ~ the five of us** wir hatten drei Zelte für uns fünf; **there is nothing ~ us** wir haben nichts miteinander; **it's all over ~ us** es ist aus zwischen uns *(Dat.)* *(ugs.)*. **2.** *adv.* **[in] ~:** dazwischen; *(in time)* zwischendurch; **the space ~:** der Zwischenraum

**between: ~times, ~whiles** *advs.* in der Zwischenzeit

**betwixt** [bɪ'twɪkst] **1.** *prep. (arch./poet.)* zwischen. **2.** *adv.* **a)** *(arch./poet.)* dazwischen; **b) ~ and between** *(coll.)* zwischen beiden

**bevel** ['bevl] **1.** *n. (slope)* Schräge, *die;* **~ edge** Schrägkante, *die;* **~ gear** Kegelradgetriebe, *das.* **2.** *v. t., (Brit.)* **-ll-** abschrägen

**beverage** ['bevərɪdʒ] *n. (formal)* Getränk, *das*

**bewail** [bɪ'weɪl] *v. t.* beklagen; *(lament)* bejammern

**beware** [bɪ'weə(r)] *v. t. & i.; only in imper. and inf.* **~ [of] sth./sb.** sich vor jmdm./etw. hüten *od.* in acht nehmen; **~ of doing sth.** sich davor hüten, etw. zu tun; **'~ of black ice/falling masonry'** „Vorsicht, Glatteis/herabfallendes Mauerwerk!"; **'~ of pickpockets'** „vor Taschendieben wird gewarnt": **'~ of the dog'** „Vorsicht, bissiger Hund!"; **~ [of] how ...** darauf achtgeben, wie ...; **~ that you do not succumb to the temptation** hüte dich davor, der Versuchung zu erliegen

**bewilder** [bɪ'wɪldə(r)] *v. t.* verwirren; **be ~ed by sth.** durch *od.* von etw. verwirrt werden/sein

**bewildering** [bɪ'wɪldərɪŋ] *adj.* verwirrend

**bewilderment** [bɪ'wɪldəmənt] *n., no pl.* Verwirrung, *die;* **in total ~:** völlig verwirrt

**bewitch** [bɪ'wɪtʃ] *v. t.* verzaubern; verhexen; *(fig.)* bezaubern

**bewitching** [bɪ'wɪtʃɪŋ] *adj.* bezaubernd

**bewitchingly** [bɪ'wɪtʃɪŋlɪ] *adv.* bezaubernd; **smile ~ at sb.** jmdn. mit einem bezaubernden Lächeln ansehen

**beyond** [bɪ'jɒnd] **1.** *adv.* **a)** *(in space)* jenseits; *(on other side of wall, mountain range, etc.)* dahinter; **the world ~:** das Jenseits; **b)** *(in time)* darüber hinaus; **c)** *(in addition)* daneben; außerdem; **and nothing ~:** und weiter nichts *od.* nichts weiter. **2.** *prep.* **a)** *(at far side of)* jenseits (+ *Gen.*); **when we get ~ the river, we'll stop** wenn wir den Fluß überquert haben, machen wir halt; **b)** *(in space: after)* nach; **all we saw was ruin ~ ruin** wir sahen eine Ruine nach der anderen; **c)** *(later than)* nach; **she never looks** *or* **sees ~ the present** sie sieht *od.* blickt nie über die Gegenwart hinaus; **I shan't wait ~ an hour/~ 6 o'clock** ich warte nicht länger als eine Stunde/nicht länger als bis 6 Uhr; **d)** *(out of reach, comprehension, range)* über ... (+ *Akk.*) hinaus; **it's [far** *or (coll.)* **way] ~ me/him** *etc.* das ist mir/ihm *usw.* [bei weitem] zu schwer; *(incomprehensible)* das ist mir/ihm *usw.* [völlig] unverständlich; **be ~ the power of anyone's imagination** jedermanns Vorstellungsvermögen *(Akk.)* übersteigen; **your work is ~ all praise** Ihre Arbeit kann man nicht genug loben; **~ reproach** tadellos; **that is ~ my powers/competence** das liegt nicht in meiner Macht/überschreitet meine Befugnisse; **be ~ sb.'s capabilities/understanding** jmds. Fähigkeiten/Begriffsvermögen *(Akk.)* übersteigen; **e)** *(surpassing, exceeding)* mehr als; **I succeeded ~ my wildest hopes** mein Erfolg übertraf meine kühnsten Hoffnungen; **they're living ~ their means** sie leben über ihre Verhältnisse; **f)** *(more than)* weiter als; **he can't yet walk ~ a few steps** er kann noch nicht weiter als ein paar Schritte gehen; *see also* **joke 1 a**; **g)** *(besides)* außer; **there's nothing you can do ~ writing to him regularly** Sie können nichts weiter tun, als ihm regelmäßig [zu] schreiben; **~ this/that** weiter. **3.** *n.* **the B~:** das Jenseits; **at the back of ~:** am Ende der Welt

**¹b.f.** [bi: 'ef] *n. (Brit. euphem.)* Blödmann, *der (salopp)*

**²b.f.** *abbr. (Bookk.)* **brought forward** Übertrag

**BFPO** *abbr.* **British Forces Post Office** *Postdienst der britischen Streitkräfte*

**b.h.p.** *abbr. (Mech. Engin.)* **brake horsepower**

**biannual** [baɪ'ænjʊəl] *adj.* halbjährlich

**biannually** [baɪ'ænjʊəlɪ] *adv.* zweimal jährlich

**bias** ['baɪəs] **1.** *n.* **a)** *(leaning)* Neigung, *die;* **have a ~ towards** *or* **in favour of sth./sb.** etw./jmdn. bevorzugen; **have a ~ against sth./sb.** gegen etw./jmdn. eingenommen sein; **be of** *or* **have a conservative ~:** konservativ eingestellt sein; **b)** *(prejudice)* Voreingenommenheit, *die;* **be without ~:** unvoreingenommen sein; **c)** *(Statistics)* systematischer Fehler; Bias, *das (fachspr.)*; **d)** *(Dressmaking)* schräger Schnitt; **cut on the ~:** schräg zum Fadenlauf schneiden; **~ binding** Schrägband, *das.* **2.** *v. t.,* **-s-** *or* **-ss-** beeinflussen; **be ~ed towards** *or* **in favour of sth./sb.** für etw./jmdn. eingestellt sein; **they are ~ed in favour of women** sie bevorzugen Frauen; **be ~ed against sth./sb.** gegen etw./jmdn. voreingenommen sein; **a ~ed account** eine gefärbte *od.* tendenziöse Darstellung; **a ~ed jury/judge** befangene Geschworene/ein befangener Richter/eine befangene Richterin

**bib** [bɪb] **1.** *n.* **a)** *(for baby)* Lätzchen, *das;* **b)** *(of apron etc.)* Latz, *der;* **put on one's best ~ and tucker** *(joc.)* sich in Schale werfen *(ugs.)*. **2.** *v. i.,* **-bb-** *(arch.)* trinken

**Bible** ['baɪbl] *n.* **a)** *(Christian)* Bibel, *die;* **b)** *(of other religion)* heiliges Buch; *(fig.: authoritative book)* Bibel, *die*

**Bible: ~ class** *n.* Bibelstunde, *die;* **~ 'oath** *n.* Eid auf die Bibel

**biblical** ['bɪblɪkl] *adj.* biblisch; Bibel-

**bibliographer** [bɪblɪ'ɒgrəfə(r)] *n.* Bibliograph, *der*/Bibliographin, *die*

**bibliographic** [bɪblɪə'græfɪk], **bibliographical** [bɪblɪə'græfɪkl] *adj.* bibliographisch

**bibliography** [bɪblɪ'ɒgrəfɪ] *n.* **a)** *(list)* Bibliographie, *die;* Schriftenverzeichnis, *das;* **b)** *(study)* Bibliographie, *die*

**bibliophile** ['bɪblɪəfaɪl] *n.* Bibliophile, *der/die*

**bibulous** ['bɪbjʊləs] *adj.* trunksüchtig

**bicarb** ['baɪkɑ:b] *n. (coll.)* Natron, *das*

**bicarbonate** [baɪ'kɑ:bəneɪt] *n.* **a)** *(Cookery)* **~ [of soda]** Natron, *das;* **b)** *(Chem.)* doppeltkohlensaures Natrium

**bicentenary** [baɪsen'ti:nərɪ, baɪsen'tenərɪ], **bicentennial** [baɪsen'tenɪəl] **1.** *adjs.* Zweihundertjahr-; **~ celebrations** Zweihundertjahrfeier, *die.* **2.** *ns.* Zweihundertjahrfeier, *die*

**biceps** ['baɪseps] *n.* **a)** *(Anat.)* Bizeps, *der;* **b)** *(muscularity)* Muskeln *Pl.*; Bizeps, *der (ugs.)*

**bicker** ['bɪkə(r)] *v. i.* zanken; streiten; **~ with sb. about** *or* **over sth.** sich mit jmdm. um etw. zanken *od.* streiten

**bickering** ['bɪkərɪŋ] *n.* Gezänk, *das;* Zankerei, *die (ugs.)*

**bicycle** ['baɪsɪkl] **1.** *n.* **a)** Fahrrad, *das;* **ride a ~:** [mit dem] Fahrrad fahren; radfahren; **by ~:** mit dem [Fahr]rad; **b)** *(attrib.)* Fahrrad-; **~ clip/rack** Hosenklammer, *die*/Fahrradständer, *der;* **~ kick** *(Football)* Fallrückzieher, *der.* **2.** *v. i.* radfahren; **he ~s to work** er fährt mit dem Fahrrad zur Arbeit

**bid** [bɪd] **1.** *v. t.* **a) -dd-, bid** *(at auction)* bieten; **what am I ~?** was höre ich?; was wird geboten?; **~ up the price** den Preis in die Höhe treiben; **b) -dd-, bid** *(Cards)* reizen; **c) -dd-, bade** [bæd] *or* **bid, bidden** ['bɪdn] *or* **bid** *(arch./poet.: command)* heißen *(geh.)*; **~ sb. do sth.** jmdn. etw. tun heißen; **do as you are ~[den]** tu, was man dich geheißen hat; **d) -dd-, bade** *or* **bid, bidden** *or* **bid** *(invite)* einladen; **he bade her be seated** er bat sie, Platz zu nehmen; **e) -dd-, bade** *or* **bid, bidden** *or* **bid: ~ sb. welcome** jmdn. willkommen heißen; **~ sb. goodbye** sich von jmdm. verabschieden; **~ sb./***(coll.)* **sth. farewell, ~ farewell to sb./***(coll.)* **sth.** jmdm./einer Sache Lebewohl sagen; **~ sb. good day** jmdm. einen guten Tag wünschen. **2.** *v. i.,* **-dd-, bid a)** werben **(for** um); **the President is ~ding for re-election** der Präsident bewirbt sich um die Wiederwahl; **~ fair to be sth.** etw. zu werden versprechen; **b)** *(at auction)* bieten; **c)** *(Cards)* bieten; reizen. **3.** *n.* **a)** *(at auction)* Gebot, *das;* **make a ~ of £9 for sth.** 9 Pfund für etw. bieten; **b)** *(fig.: attempt)* Bemühung, *die;* **make a ~ for sth.** sich um etw. bemühen; **he made a strong ~ for the Presidency** er griff nach dem Präsidentenamt; **in his absence they made a ~ for power** in seiner Abwesenheit versuchten sie, die Macht an sich *(Akk.)* zu reißen; **a ~ for fame and fortune** ein Versuch, berühmt und reich zu werden; **the prisoner made a ~ for freedom** der Gefangene versuchte, die Freiheit zu erlangen; **his ~ to save the crew failed** sein Versuch, die Besatzung zu retten, scheiterte; **c)** *(Cards)* Ansage, *die;* **make no ~:** passen; **it's your ~:** Sie bieten!

**biddable** ['bɪdəbl] *adj. (obedient)* fügsam

**bidden** *see* **bid 1 c, d, e**

**bidder** ['bɪdə(r)] *n.* Bieter, *der*/Bieterin, *die;* **the highest ~:** der/die Höchstbietende

**bidding** ['bɪdɪŋ] *n.* **a)** *(at auction)* Steigern, *das;* Bieten, *das;* **open the ~:** das erste Gebot machen; **~ was brisk** es wurde lebhaft *od.* rege geboten; *see also* **force 2 i**; **b)** *(command)* Geheiß, *das (geh.)*; **at sb.'s ~:** auf jmds. Geheiß *(Akk.)*; **do sb.'s ~:** tun, was einem von jmdm. befohlen wird; **c)** *(Cards)* Bieten, *das;* Reizen, *das*

**'bidding-prayer** *n.* Bittgebet, *das*

**bide** [baɪd] **1.** *v. t.* **~ one's time** den rechten Augenblick abwarten. **2.** *v. i. (arch./dial.: remain)* ausharren; **~ awhile** *or (Scot.)* **a wee** ein Weilchen warten

**bidet** ['bi:deɪ] *n.* Bidet, *das*

**biennial** [baɪ'enɪəl] **1.** *adj.* **a)** *(lasting two years)* zweijährig; bienn *(fachspr.)*, zweijährig ‹*Pflanze*›; **b)** *(once every two years)* zweijährlich. **2.** *n. (Bot.)* zweijährige Pflanze; Bienne, *die (fachspr.)*

**biennially** [baɪ'enɪəlɪ] *adv.* alle zwei Jahre

**bier** [bɪə(r)] *n.* Totenbahre, *die*

**biff** [bɪf] *(sl.)* **1.** *n.* Klaps, *der (ugs.)*; **he gave her a ~ on the head** er haute ihr auf den Kopf. **2.** *v. t.* hauen; **he ~ed me on the head with a book** er hat mir ein Buch auf den Kopf geknallt *(ugs.)*

**bifocal** [baɪˈfəʊkl] *(Optics)* **1.** *adj.* Bifokal-. **2.** *n. in pl.* Bifokalgläser *Pl.*

**bifurcate** [ˈbaɪfəkeɪt] **1.** *v. i.* sich gabeln. **2.** *v. t.* gabelförmig teilen

**bifurcation** [baɪfəˈkeɪʃn] *n. (division)* Aufspaltung, *die; (point)* Gabelung, *die; (branch)* Zweig, *der*

**big** [bɪg] **1.** *adj.* **a)** *(in size)* groß; schwer, heftig ‹*Explosion, Zusammenstoß*›; schwer ‹*Unfall, Niederlage*›; hart ‹*Konkurrenz*›; teuer ‹*Preis*›; reichlich ‹*Mahlzeit*›; **earn ~ money** das große Geld verdienen; **he is a ~ man/she is a ~ woman** *(tall)* er/sie ist eine lange Latte *(ugs.); (fat)* er/sie ist wohlbeleibt; **she is a ~ girl** *(joc.: busty)* sie hat einen ganz schönen Balkon *(ugs.)*; **the ~ expense of moving house** die hohen Umzugskosten; **~ words** geschraubte Ausdrücke *(see also* **g)**; **in a ~ way** *(coll.)* im großen Stil; **he fell in love with her in a ~ way** er verliebte sich heftig in sie; **carry/wield a ~ stick** *(fig.)* den großen Knüppel schwingen *(ugs.)*; **b)** *(of largest size, larger than usual)* groß ‹*Appetit, Zehe, Buchstabe*›; **~ game** Großwild, *das;* **Conservatism with a ~ C** *(fig.)* Konservati[vi]smus par excellence *od.* in Reinkultur; **c) ~ger** *(worse)* schwerer; **the ~ger the crime the more severe the penalty** je schwerer das Verbrechen, desto härter die Strafe; **~gest** *(worst)* größt...; **he is the ~gest liar/idiot** er ist der größte Lügner/Idiot; **d)** *(grown up, elder)* groß; **you're ~ enough to know better** du bist groß *od.* alt genug, um es besser zu wissen; **e)** *(important)* groß; wichtig ‹*Nachricht, Entscheidung*›; **the ~ story in the papers today is ...:** das Hauptthema in den Zeitungen von heute ist ...; **a ~ man** ein wichtiger Mann *(see also* **a)**; **the Big Three/Four** *etc.* die Großen Drei/Vier *usw.*; **f)** *(coll.: outstanding)* groß ‹*Augenblick, Chance*›; **what's the ~ hurry?** warum die große Eile?; **g)** *(boastful)* angeberisch *(ugs.)*; großspurig *(ugs.)*; **get** *or* **grow/be too ~ for one's boots** *or* **breeches** *(coll.)* größenwahnsinnig werden/sein *(ugs.)*; **~ talk** Großsprecherei, *die;* **~ talker** Großsprecher, *der*/Großsprecherin, *die;* **~ words** große Worte *(see also* **a)**; **h)** *(coll.: generous)* großzügig; nobel *(oft iron.)*; **that's ~ of you** *(iron.)* wie nobel!; **i)** *(coll.: keen)* **be ~ on sth.** großen Wert auf etw. *(Akk.)* legen; **j)** *(coll.: popular)* **be ~** ‹*Schauspieler, Popstar:*› gut ankommen. *See also* **idea e. 2.** *adv.* groß; **come/go over ~:** groß ankommen *(ugs.)* **(with** bei); **talk ~:** groß daherreden *(ugs.)*; **think ~:** im großen Stil planen

**bigamist** [ˈbɪgəmɪst] *n.* Bigamist, *der*/Bigamistin, *die*

**bigamous** [ˈbɪgəməs] *adj.* bigamistisch

**bigamy** [ˈbɪgəmɪ] *n.* Bigamie, *die*

**big: ~ band** *n. (Mus.)* Big Band, *die;* **~ ˈbang** *n.* Urknall, *der;* **Big Ben** *n.* Big Ben *(der); Glocke/Uhr im Turm des Parlamentsgebäudes in London;* **Big ˈBrother** *n.* der Große Bruder; **~ ˈbusiness** *n.* das Großkapital; **~ ˈcheese** *n. (coll.: person)* hohes Tier *(ugs.)*; **~ ˈdeal** *see* [1]**deal 3 a**; **~ ˈdipper** *n.* **a)** *(Brit.: at fair)* Achterbahn, *die;* **b)** *(Astron.) see* **dipper d**; **~ end** *n. (Motor Veh.)* Pleuelfuß, *der;* **~ game** *n.* Großwild, *das;* **~-game hunting** Großwildjagd, *die;* **~head** *n. (coll.)* Fatzke, *der (ugs. abwertend)*; **~-ˈheaded** *adj. (coll.)* eingebildet; **~-ˈhearted** *adj.* großherzig

**bight** [baɪt] *n.* **a)** *(loop)* Schlaufe, *die;* **b)** *(curve) (in coast)* Bucht, *die; (in river)* Krümmung, *die;* Schleife, *die*

**big: ~ mouth** *n. (fig. coll.)* **a)** [-ˈ-] **have a ~ mouth** ein Schwätzer/eine Schwätzerin sein *(ugs.)*; **b)** [ˈ--] **be a ~ mouth** ein Angeber/eine Angeberin sein *(ugs.)*; **~ ˈname** *n. (person)* Größe, *die;* **~ ˈnoise** *n. (sl.)* hohes Tier *(ugs.)*

**bigot** [ˈbɪgət] *n.* Eiferer, *der*/Eiferin, *die; (Relig.)* bigotter Mensch

**bigoted** [ˈbɪgətɪd] *adj.* eifernd; *(Relig.)* bigott

**bigotry** [ˈbɪgətrɪ] *n.* eifernde Borniertheit; Fanatismus, *der; (Relig.)* Bigotterie, *die*

**big: ~ shot** *see* **~ noise**; **~ time** *n.* **be in the ~ time** *(coll.)* eine große Nummer sein *(ugs.)*; **make it [in]to** *or* **hit the ~ time** *(sl.)* groß herauskommen *(ugs.)*; **~ ˈtop** *n.* Zirkuszelt, *das;* **~ ˈwheel** *n.* **a)** *(at fair)* Riesenrad, *das;* **b)** *(sl.: person)* hohes Tier *(ugs.)*; **~wig** *n. (coll.)* hohes Tier *(ugs.)*

**bijou** [ˈbiːʒuː] **1.** *n., pl.* **~x** [ˈbiːʒuː] Schmuckstück, *das; (fig.)* Juwel, *das.* **2.** *adj.* exquisit

**bike** [baɪk] *(coll.)* **1.** *n. (bicycle)* Rad, *das; (motor cycle)* Maschine, *die.* **2.** *v. i. (by bicycle)* radfahren; radeln *(ugs., bes. südd.)*; mit dem Fahrrad fahren; *(by motor cycle)* [mit dem] Motorrad fahren

**biker** [ˈbaɪkə(r)] *n. (cyclist)* Radfahrer, *der*/Radfahrerin, *die; (motor-cyclist)* Motorradfahrer, *der*/Motorradfahrerin, *die*

**bikini** [bɪˈkiːnɪ] *n.* Bikini, *der;* **~ briefs** Slip, *der*

**bilateral** [baɪˈlætərl] *adj.* bilateral

**bilaterally** [baɪˈlætərəlɪ] *adv.* bilateral; **the two countries agreed ~ on disarmament** beide Länder einigten sich darauf abzurüsten

**bilberry** [ˈbɪlbərɪ] *n.* Blau-, Heidelbeere, *die*

**bile** [baɪl] *n.* **a)** *(Physiol.)* Gallenflüssigkeit, *die;* **b)** *(Med.)* Gallenleiden, *das;* **c)** *(fig.: peevishness)* Verdrießlichkeit, *die;* Übellaunigkeit, *die*

**bilge** [bɪldʒ] *n.* **a)** Bilge, *die;* **b)** *(filth)* angesammelter Schmutz im Kielraum; *(fig. sl.: nonsense)* Quatsch, *der;* Unsinn, *der*

**bilge: ~-keel** *n.* Kimm- *od.* Bilge[n]kiel, *der;* **~-water** *n.* Bilge[n]wasser, *das*

**bilingual** [baɪˈlɪŋgwəl] *adj.* zweisprachig; bilingual *(fachspr.)* ‹*Person*›; bilinguisch *(fachspr.)* ‹*Buch, Ausgabe*›

**bilingualism** [baɪˈlɪŋgwəlɪzm] *n., no pl.* Bilingualismus, *der;* Zweisprachigkeit, *die*

**bilious** [ˈbɪljəs] *adj. (Med.)* Gallen-; biliös *(fachspr.); (fig.: peevish)* verdrießlich; **~ attack** Gallenanfall, *der;* Gallenkolik, *die;* **a ~ green** ein unappetitliches Grün

**biliousness** [ˈbɪljəsnɪs] *n., no pl.* Gallenbeschwerden *Pl.;* Gallenleiden, *das; (fig.)* Reizbarkeit, *die;* Verdrießlichkeit, *die*

**bilk** [bɪlk] *v. t.* **a)** *(evade payment to)* prellen ‹*Gläubiger, Kellner usw.*›; **b)** *(evade payment of)* nicht bezahlen ‹*Schuld, Rechnung usw.*›; **~ payment** nicht bezahlen *od.* Zahlung unterlassen; **c)** *(cheat)* betrügen; **~ sb. of sth.** jmdn. um etw. betrügen

[1]**bill** [bɪl] **1.** *n.* **a)** *(of bird)* Schnabel, *der;* **b)** *(promontory)* Landzunge, *die;* **c)** *(Naut.: point of anchor fluke)* Spitze, *die.* **2.** *v. i.* ‹*Vögel:*› schnäbeln; ‹*Personen:*› sich liebkosen; **~ and coo** ‹*Vögel:*› schnäbeln und gurren; ‹*Personen:*› [miteinander] turteln

[2]**bill** *n.* **a)** *(Hist.: weapon)* Hellebarde, *die;* **b)** *(for lopping)* Hippe, *die*

[3]**bill 1.** *n.* **a)** *(Parl.)* Gesetzentwurf, *der;* Gesetzesvorlage, *die;* **b)** *(note of charges)* Rechnung, *die;* **could we have the ~, please?** wir möchten zahlen; **a ~ for £10** eine Rechnung über 10 Pfund *(Akk.)*; *(amount)* **a large ~:** eine hohe Rechnung; **a ~ of £10** eine Rechnung von 10 Pfund; **c)** *(poster)* Plakat, *das;* **'[stick] no ~s'** „Plakate ankleben verboten"; **d)** *(programme)* Programm, *das;* **what's on the ~?** was steht auf dem Programm?; **top the ~, be top of the ~:** der Star [des Abends *usw.*] sein; **~ of fare** Speisekarte, *die; (fig.)* [bunter] Programmreigen; **e)** *(Law)* Klageschrift, *die;* **f)** *(Amer.: banknote)* Banknote, *die;* [Geld]schein, *der;* **a 50-dollar ~:** ein Fünfzig-Dollar-Schein; **g) ~ [of exchange]** *(Commerc.)* Wechsel, *der;* Tratte, *die (fachspr.)*; **h) ~ of health** Gesundheitsattest *od.* -zeugnis, *das;* **give sb./sth. a clean ~ of health** *(fig.)* jmdm./einer Sache ein gutes/einwandfreies Zeugnis ausstellen; **~ of lading** Konnossement, *das;* Seefrachtbrief, *der;* **~ of quantities** *(Brit.)* Kostenvoranschlag, *der (Aufstellung der Kosten/Dimensionen eines Bauwerks)*; **~ of sale** Kaufvertrag, *der;* Verkaufsurkunde, *die.* **2.** *v. t.* **a)** *(announce)* ankündigen; **he is ~ed to appear next week at the Palace Theatre** er soll nächste Woche im Palace Theatre auftreten; **b)** *(advertise)* durch Anschlag bekanntmachen *od.* bekanntgeben; **c)** *(charge)* eine Rechnung ausstellen (+ *Dat.*); **~ sb. for sth.** jmdm. etw. in Rechnung stellen *od.* berechnen

**ˈbillboard** *n.* Anschlagbrett, *das od.* -tafel, *die;* Plakattafel, *die;* Reklametafel, *die*

[1]**billet** [ˈbɪlɪt] **1.** *n.* **a)** *(quarters)* Quartier, *das;* Unterkunft, *die; (for soldiers)* Truppenunterkunft, *die;* **b)** *(job)* Stellung, *die;* Posten, *der.* **2.** *v. t.* **a)** *(quarter)* unterbringen, einquartieren **(with, on** bei; **in** in + *Dat.*); **b)** *(provide quarters for)* ‹*Einwohner:*› ein Quartier stellen (+ *Dat.*)

[2]**billet** *n.* **a)** *(of wood)* Holzscheit, -klotz, *der;* **b)** *(bar)* kleine Metallstange; **c)** *(Archit.)* Spannkeil, *der*

**billet-doux** [bɪlɪˈduː] *n., pl.* **billets-doux** [bɪlɪˈduːz] Liebesbrief, *der;* Billetdoux, *das (veralt.)*

**bill: ~fold** *n. (Amer.)* Brieftasche, *die;* **~head** *n.* gedrucktes Rechnungsformular; **~hook** *see* [2]**bill b**

**billiard** [ˈbɪljəd]: **~-ball** *n.* Billardkugel, *die;* **~-cue** *n.* Queue, *das;* Billardstock, *der;* **~-player** *n.* Billardspieler, *der;* **~-room** *n.* Billardzimmer, *das*

**billiards** [ˈbɪljədz] *n.* Billard[spiel], *das;* **a game of ~:** eine Partie Billard; **bar ~** *(Brit.) Billardspiel, bei dem die Löcher, in die die Kugeln gespielt werden müssen, über die Tischplatte verteilt sind*

**ˈbilliard-table** *n.* Billardtisch, *der*

**billion** [ˈbɪljən] *n.* **a)** *(thousand million)* Milliarde, *die;* **b)** *(Brit.: million million)* Billion, *die*

**billionaire** [bɪljəˈneə(r)] *n. (Amer.)* Milliardär, *der*

**billow** [ˈbɪləʊ] **1.** *n.* **a)** *(wave)* Woge, *die;* **~[s]** *(poet.: sea)* Wogen *Pl. (dichter.)*; **b)** *(fig.: surging mass)* Masse, *die;* **a ~ of flame** eine Feuerwalze. **2.** *v. i.* ‹*Ballon, Segel:*› sich [auf]blähen; ‹*See, Meer:*› wogen, sich [auf]türmen; ‹*Rauch:*› in Schwaden aufsteigen; ‹*Kleid, Vorhang:*› sich bauschen

**billowy** [ˈbɪləʊɪ] *adj.* wogend ‹*See, Kornfeld*›; gebläht ‹*Segel*›; in Schwaden ziehend ‹*Rauch*›; bauschig ‹*Rock*›

**bill: ~poster, ~sticker** *ns.* Plakat[an]kleber, *der*

[1]**billy** [ˈbɪlɪ] *n. (pot)* Kochgeschirr, *das*

[2]**billy** *n.* **a)** *see* **billy-goat**; **b) ~ [club]** *(Amer.)* [Gummi]knüppel, *der*

**ˈbillycan** *see* [1]**billy**

**ˈbilly-goat** *n.* Ziegenbock, *der*

**billy-o** [ˈbɪlɪəʊ] *n. (coll.)* **like ~:** wie verrückt *(ugs.)*; **they are fighting like ~:** sie prügeln sich wie die Wilden *(ugs.)*

**bimbo** [ˈbɪmbəʊ] *n. (derog. coll.)* [Bett]häschen, *das (ugs. abwertend)*

**bimetallic** [baɪmɪˈtælɪk] *adj.* bimetallisch; **~ strip** Bimetall, *das;* Bimetallstreifen, *der*

**bimonthly** [baɪˈmʌnθlɪ] **1.** *adj.* **a)** *(two-monthly)* zweimonatlich; alle zwei Monate erscheinend ‹*Zeitschrift*›/stattfindend ‹*Treffen, Ereignis*›; **b)** *(twice-monthly)* zweimal im Monat erscheinend ‹*Zeitschrift*›/stattfindend ‹*Treffen, Ereignis*›. **2.** *adv.* **a)** *(two-monthly)* alle zwei Monate; **b)** *(twice monthly)* zweimal im Monat

**bin** [bɪn] *n.* **a)** *(for storage)* Behälter, *der; (for coal)* Kohlenkasten, *der; (for fruit)* [Obst]kiste, *die; (for bread)* Brotkasten, *der; (for wine)* Weinregal, *das;* **b)** *(for rubbish) (inside house)* Abfalleimer, *der;* Mülleimer, *der; (outside house)* Mülltonne, *die; (in public place)* Abfallkorb, *der*

**binary** [ˈbaɪnərɪ] **1.** *adj.* **a)** binär; zweizählig;

~ **system** binäres System; **b)** *(Math.)* ~ **digit** binäre Ziffer; Dualzahl, *die;* ~ **number** binäre Zahl; **c)** *(Biol.)* ~ **fission** äquale Zellteilung; **d)** *(Mus.)* ~ **form** zweiteilige Form; ~ **measure** gerader Takt; **e)** *(Astron.)* ~ **star** Doppelstern, *der;* **f)** *(Chem.)* ~ **compound** binäre Verbindung; Zweifachverbindung, *die.* **2.** *n. (Astron.)* Doppelstern, *der*

**bind** [baɪnd] **1.** *v. t.,* **bound** [baʊnd] **a)** *(tie)* fesseln ‹*Person, Tier*›; *(bandage)* wickeln, binden ‹*Glied, Baum*›; verbinden ‹*Wunde*› **(with** mit**)**; **he was bound hand and foot** er war/wurde an Händen und Füßen gefesselt; **they bound the animal's legs together** sie fesselten das Tier an den Beinen; ~ **sb. to sth.** jmdn. an etw. *(Akk.)* fesseln *od.* binden; ~ **sth. to sth.** etw. an etw. *(Akk.)* binden; **b)** *(fasten together)* zusammenbinden; *(fig.: unite)* verbinden; **c)** ~ **books** Bücher binden; **d) be bound up with sth.** *(fig.)* eng mit etw. verbunden *od.* verknüpft sein; eng mit etw. zusammenhängen; **e)** *(oblige)* ~ **sb./oneself to sth.** jmdn./sich an etw. *(Akk.)* binden; **this agreement** ~**s us** wir sind an diese Abmachung gebunden; **be bound to do sth.** *(required)* verpflichtet sein, etw. zu tun; **be bound by law** von Gesetzes wegen verpflichtet sein; **be bound to secrecy** zur Verschwiegenheit verpflichtet sein; *see also* **honour 1 d; f) be bound to do sth.** *(certain)* etw. ganz bestimmt tun; **it is bound to rain** es wird bestimmt *od.* sicherlich regnen; **g) I'm bound to say that ...** *(feel obliged)* ich muß schon sagen, daß ...; ich fühle mich verpflichtet zu sagen, daß ...; **I'm bound to agree** ich glaube, ich stimme überein; **h)** *(constipate)* verstopfen; **i)** *(Cookery)* binden; **j)** *(indenture)* durch Lehrvertrag binden ‹*Lehrling*›; **he was bound [apprentice] for 3 years** er ging drei Jahre in die Lehre; **k)** *(Law)* ~ **sb. over [to keep the peace]** jmdn. verwarnen *od.* rechtlich verpflichten[, die öffentliche Ordnung zu wahren]; **I'll be bound** *(fig.)* ganz gewiß; auf mein Wort; **l)** *(coll.: bore)* langweilen; ~ **sb. stiff** jmdn. zu Tode langweilen; **m)** *(encircle)* ~ **one's hair with flowers** sich *(Dat.)* Blumen ins Haar binden; **n)** *(edge)* einfassen ‹*Stoffkante usw.*› **(with** mit**)**. **2.** *v. i.,* **bound a)** *(cohere)* binden; ‹*Lehm, Ton:*› fest *od.* hart werden; ‹*Zement:*› abbinden; **b)** *(be restricted)* blockieren; ‹*Kolben:*› sich festfressen; **the window-frame** ~**s easily** der Fensterrahmen verklemmt sich leicht; **c)** *(coll.: complain)* meckern *(ugs.)* **(about** über + *Akk.*). **3.** *n.* **a)** *(Bot.)* Ranke, *die;* **b)** *(Mus.)* Bindebogen, *der;* Bindungszeichen, *das;* Bindung, *die;* **c)** *(coll.: nuisance)* **be a** ~: recht lästig sein; **what a** ~**!** wie unangenehm *od.* lästig!; **d) be in a** ~ *(Amer. sl.)* in einer Klemme sitzen *(ugs.)*

**binder** ['baɪndə(r)] *n.* **a)** *(substance)* Bindemittel, *das;* Binder, *der;* **b)** *(book~)* Buchbinder, *der*/-binderin, *die;* **c)** *(Agric.)* [Mäh]binder, *der;* Bindemäher, *der;* **d)** *(tiebeam)* Bundbalken, *der;* Binderbalken, *der;* **e)** *(cover) (for papers)* Hefter, *der; (for magazines)* Mappe, *die;* **f)** *(bondstone)* Binder, *der;* Bindestein, *der*

**bindery** ['baɪndərɪ] *n.* Buchbinderei, *die*

**binding** ['baɪndɪŋ] **1.** *adj.* bindend, verbindlich ‹*Vertrag, Abkommen*› **(on** für**)**. **2.** *n.* **a)** *(cover of book)* [Buch]einband, *der;* **b)** *(edge) (of carpet, material, etc.)* [Einfaß]band, *das;* Besatz, *der;* **c)** *(on ski)* Bindung, *die*

**bindweed** ['baɪndwi:d] *n. (Bot.)* Winde, *die*

**binge** [bɪndʒ] *n. (sl.)* Sauferei, *die (salopp);* **go/be out on a** ~: auf Sauftour gehen/sein *(salopp)*

**bingo** ['bɪŋgəʊ] **1.** *n., no pl.* Bingo, *das;* ~ **hall** Bingohalle, *die.* **2.** *int.* peng; zack

**binnacle** ['bɪnəkl] *n. (Naut.)* Kompaßhaus, *das*

**binocular** [bɪ'nɒkjʊlə(r)] **1.** *adj.* binokular. **2.** *n. in pl.* **[pair of]** ~**s** Fernglas, *das;* Binokular, *das*

**bint** [bɪnt] *n. (sl. derog.)* Weib[stück], *das*

**bio-** [baɪəʊ] *in comb.* Bio-; Lebens-

**bio'chemical** *adj.* biochemisch

**bio'chemist** *n.* Biochemiker, *der*/Biochemikerin, *die*

**bio'chemistry** *n.* Biochemie, *die*

**biode'gradable** *adj.* biologisch abbaubar

**'biogas** *n.* Biogas, *das*

**bio'genesis** *n., no pl.* Biogenese, *die*

**biogenic** [baɪə'dʒenɪk] *adj.* biogenetisch

**biographer** [baɪ'ɒgrəfə(r)] *n.* Biograph, *der*/Biographin, *die*

**biographic** [baɪə'græfɪk], **biographical** [baɪə'græfɪkl] *adj.* biographisch

**biography** [baɪ'ɒgrəfɪ] *n.* Biographie, *die; (branch of literature)* biographische Literatur

**biological** [baɪə'lɒdʒɪkl] *adj.* biologisch; ~ **control** biologische Schädlingsbekämpfung; ~ **warfare** biologische Kriegführung; Bakterienkrieg, *der*

**biologically** [baɪə'lɒdʒɪkəlɪ] *adv.* biologisch

**biologist** [baɪ'ɒlədʒɪst] *n.* Biologe, *der*/Biologin, *die*

**biology** [baɪ'ɒlədʒɪ] *n.* Biologie, *die*

**'biomass** *n.* Biomasse, *die*

**biometric** [baɪə'metrɪk], **biometrical** [baɪə'metrɪkl] *adj.* biometrisch

**bionic** [baɪ'ɒnɪk] *adj.* bionisch

**bionics** [baɪ'ɒnɪks] *n.* Bionik, *die*

**biopsy** ['baɪɒpsɪ] *n.* Biopsie, *die*

**'biorhythm** *n.* Biorhythmus, *der*

**bioscope** ['baɪəskəʊp] *n. (S. Afr.)* Filmtheater, *das;* Kino, *das*

**'biosphere** *n.* Biosphäre, *die*

**bio'synthesis** *n.* Biosynthese, *die*

**biotech'nology** *n.* Biotechnik, *die*

**bipartisan** [baɪpɑ:tɪ'zæn, baɪ'pɑ:tɪzæn] *adj.* Zweiparteien-

**bipartite** [baɪ'pɑ:taɪt] *adj. (having two parts)* zweiteilig; *(involving two parties)* zweiseitig ‹*Dokument, Abkommen*›

**biped** ['baɪped] *n.* Bipede, *der;* Zweifüßer, *der*

**biplane** ['baɪpleɪn] *n.* Doppeldecker, *der*

**birch** [bɜ:tʃ] **1.** *n.* **a)** *(tree)* Birke, *die;* **b)** *see* **birch-rod. 2.** *v. t.* mit der Rute züchtigen

**'birch-bark** *n.* Birkenrinde, *die*

**birching** ['bɜ:tʃɪŋ] *n.* [Tracht] Prügel, *die;* ~ **should be made illegal** die Prügelstrafe sollte verboten werden

**'birch-rod** *n.* [Birken]rute, *die*

**bird** [bɜ:d] *n.* **a)** Vogel, *der;* **the** ~ **is** *or* **has flown** *(fig.)* der Vogel ist ausgeflogen *(fig.);* ~**s of a feather flock together** *(prov.)* gleich und gleich gesellt sich gern *(Spr.);* **it's [strictly] for the** ~**s** *(sl.)* das kannste vergessen *(salopp);* **get the** ~ *(be hissed etc.)* ausgepfiffen werden; *(be dismissed)* entlassen werden; **give sb. the** ~ *(hiss sb.)* jmdn. auspfeifen; *(dismiss sb.)* jmdn. entlassen; **kill two** ~**s with one stone** *(fig.)* zwei Fliegen mit einer Klappe schlagen; **a** ~ **in the hand is worth two in the bush** *(prov.)* ein Spatz in der Hand ist besser als eine Taube auf dem Dach *(Spr.);* **like a** ~ *(without difficulty or hesitation)* einfach so; **a little** ~ **told me** mein kleiner Finger sagt mir das; **tell sb. about the** ~**s and the bees** *(euphem.)* jmdm. erzählen, wo die kleinen Kinder herkommen; **b)** *(sl.: girl)* Mieze, *die (salopp);* **c)** *(coll.: person)* Vogel, *der (ugs.);* **a queer** ~: ein komischer Kauz *od.* Vogel; **a gay old** ~: ein lustiger alter Knabe; **d)** *no art. (sl.: imprisonment)* Knast, *der (ugs.);* **do** ~: Knast schieben *(salopp). See also* **early bird**

**bird:** ~**-bath** *n.* Vogelbad, *das;* ~**brained** *adj. (coll.)* **a)** *(stupid)* gehirnamputiert *(salopp);* ~**brained person** Mensch mit einem Spatzenhirn *(salopp);* **b)** *(flighty)* flatterhaft; ~**cage** *n.* Vogelkäfig, *der;* Vogelbauer, *das od. der;* ~**-call** *n.* Vogelruf, *der; (instrument)* Lockpfeife, *die;* ~**-fancier** *n.* Vogelfreund, *der*/-freundin, *die; (breeder)* Vogelzüchter, *der*/-züchterin, *die*

**birdie** ['bɜ:dɪ] **1.** *n.* **a)** Vögelchen, *das;* **b)** *(Golf)* Birdie, *das;* ein Schlag unter Par. **2.** *v. t.* einen Schlag unter Par spielen

**bird:** ~**lime** *n.* Vogelleim, *der;* ~ **of 'paradise** *n.* Paradiesvogel, *der;* ~ **of 'passage** *n. (lit. or fig.)* Zugvogel, *der;* ~ **sanctuary** *n.* Vogelschutzgebiet, *das;* ~**seed** *n.* Vogelfutter, *das;* ~**'s-eye** *n. (Bot.)* Gamander-Ehrenpreis, *der;* ~**'s-eye 'view** *n.* Vogelperspektive, *die;* **have/get a** ~**'s-eye view of sth.** *(lit. or fig.)* etw. aus der Vogelperspektive sehen; ~**'s nest** *n.* Vogelnest, *das;* ~**'s nest soup** Schwalbennestersuppe, *die;* ~**-strike** *n.* Kollision von Flugzeug und Vogel; ~**-table** *n.* Futterstelle für Vögel; ~**-watcher** *n.* Vogelbeobachter, *der*/-beobachterin, *die;* ~**-watching** *n., no pl., no indef. art.* das Beobachten von Vögeln

**biretta** [bɪ'retə] *n. (Eccl.)* Birett, *das*

**Biro, (P)** ['baɪrəʊ] *n., pl.* ~**s** Kugelschreiber, *der;* Kuli, *der (ugs.)*

**birth** [bɜ:θ] *n.* **a)** Geburt, *die;* **at the/at** ~: bei der Geburt; **[deaf] from** *or* **since** ~: von Geburt an [taub]; **date and place of** ~: Geburtsdatum und -ort; **land of my** ~: Land meiner Väter *(geh.);* **give** ~ ‹*Frau:*› entbinden; gebären *(geh.);* ‹*Tier:*› jungen; werfen; **she gave** ~ **prematurely** sie hatte eine Frühgeburt; **give** ~ **to a child** von einem Kind entbunden werden; ein Kind gebären *(geh.) od.* zur Welt bringen; **b)** *(coming into existence) (of movement, fashion, etc.)* Aufkommen, *das; (of party, company)* Gründung, *die; (of nation)* Geburt, *die; (of new era)* Anbruch, *der;* Geburt, *die;* **the** ~ **of an idea** die Geburt einer Idee; **come to** ~ geboren werden; ‹*Ära:*› anbrechen; **give** ~ **to sth.** etw. entstehen lassen; **c)** *(parentage)* Geburt, *die;* Abkunft, *die (geh.);* **of good/low** *or* **humble** ~: aus gutem Hause *od.* guter Familie/von niedriger Abstammung; **of high** ~: von hoher Geburt; [von] edler Abkunft *(geh.);* **be a German by** ~: Deutsche[r] von Geburt sein; [ein] gebürtiger Deutscher/[eine] gebürtige Deutsche sein; **sb.'s right by** ~: jmds. angeborenes Recht

**birth:** ~ **certificate** *n.* Geburtsurkunde, *die;* ~ **control** *n.* Geburtenkontrolle *od.* -regelung, *die;* ~**day** *n.* Geburtstag, *der;* **when is your** ~**day?** wann haben Sie Geburtstag?; ~**day card** Geburtstagskarte, *die;* ~**day party** Geburtstagsfeier, *die; (with music and dancing)* Geburtstagsparty, *die; (children's)* Kindergeburtstag, *der;* ~**day present** Geburtstagsgeschenk, *das;* ~**day honours** *(Brit.)* Titel- und Ordensverleihungen *Pl. (am offiziellen Geburtstag des britischen Monarchen);* **[be] in his/her** ~**day suit** im Adams-/Evaskostüm [sein]; ~**mark** *n.* Muttermal, *das;* ~**place** *n.* Geburtsort, *der; (house)* Geburtshaus, *das;* ~ **rate** *n.* Geburtenrate *od.* -ziffer, *die;* ~**right** *n.* Geburtsrecht, *das; (right of first-born)* Erstgeburtsrecht, *das;* ~**stone** *n.* Monatsstein, *der*

**biscuit** ['bɪskɪt] **1.** *n.* **a)** *(Brit.)* Keks, *der;* **coffee and** ~**s** Kaffee und Gebäck; ~ **tin** Keksdose, *die;* **b)** *(Amer.: roll)* [weiches] Brötchen; **c)** *(colour)* Beige, *das;* **d)** *(pottery)* Biskuit, *das. See also* **take 1 c. 2.** *adj.* beige

**bisect** [baɪ'sekt] *v. t. (into halves)* in zwei Hälften teilen; halbieren; *(into two)* in zwei Teile teilen

**bisection** [baɪ'sekʃn] *n. (into halves)* Halbierung, *die; (into two)* Zweiteilung, *die*

**bisector** [baɪ'sektə(r)] *n.* Halbierende, *die*

**bisexual** [baɪ'seksjʊəl] **1.** *adj.* **a)** *(Biol.)* zwittrig; doppelgeschlechtig; **b)** *(attracted by both sexes)* bisexuell. **2.** *n.* Bisexuelle, *der/die*

**bisexuality** [baɪseksjʊˈælɪtɪ] *n., no pl. see* **bisexual 1:** Zwittrigkeit, *die;* Doppelgeschlechtigkeit, *die;* Bisexualität, *die*

**bish** [bɪʃ] *n. (Brit. sl.)* Fehler, *der*

**bishop** [ˈbɪʃəp] *n.* **a)** *(Eccl.)* Bischof, *der; as voc.* Herr Bischof; **b)** *(Chess)* Läufer, *der*

**bishopric** [ˈbɪʃəprɪk] *n.* **a)** *(office)* Bischofsamt, *das;* Bischofswürde, *die;* **b)** *(diocese)* Bistum, *das;* Diözese, *die*

ˈ**bishop sleeve** *n.* Puffärmel, *der*

**bismuth** [ˈbɪzməθ] *n. (Chem., Med.)* Wismut, *das*

**bison** [ˈbaɪsn] *n. (Zool.)* **a)** *(Amer.: buffalo)* Bison, *der;* **b)** *(European)* Wisent, *der*

**bisque** [bɪsk] **a)** *(porcelain)* Biskuit, *das;* **b)** *(Gastr.)* Fischcremesuppe, *die*

**bistort** [ˈbɪstɔ:t] *n. (Bot.)* Wiesenknöterich, *der*

**bistro** [ˈbi:strəʊ] *n., pl.* **~s** Bistro, *das*

[1]**bit** [bɪt] *n.* **a)** *(mouthpiece)* Gebiß, *das;* Gebißstange, *die;* **take the ~ between one's teeth** *(fig.)* aufmüpfig werden *(ugs.);* **b)** *(of drill)* [Bohr]einsatz, *der;* Bohrer, *der; (of key)* [Schlüssel]bart, *der; (of soldering-iron)* Lötkolben[kopf], *der*

[2]**bit** *n.* **a)** *(piece)* Stück, *das; (smaller)* Stückchen, *das;* **a little ~:** ein kleines Stückchen; **a ~ of cheese/wood/coal/sugar** ein bißchen *od.* etwas Käse/ein Stück Holz/etwas Kohle/ein bißchen *od.* etwas Zucker; **a ~ of trouble/luck** ein wenig Ärger/Glück; **the best ~s** die besten Teile; **it cost quite a ~:** es kostete ziemlich viel; **have a ~ of cheek** ein bißchen frech sein; **a ~ of all right** *(coll.)* gar nicht übel *(ugs.);* **a ~ [of stuff]** *(sl.: woman)* ein netter *od.* toller Käfer *(ugs.);* **~ by ~:** Stück für Stück; *(gradually)* nach und nach; **smashed to ~s** in tausend Stücke zersprungen; **sb./sth. is blown to ~s** jmd. wird zerrissen/etw. wird in die Luft gesprengt; **he was thrilled to ~s** *(coll.)* er hat sich wahnsinnig gefreut *(ugs.);* **~s and bobs** Krimskrams, *der (ugs.);* Kram, *der (ugs.);* **~s and pieces** Verschiedenes; **do one's ~:** seinen Teil tun *od.* dazu beitragen; *(fair share also)* das Seine tun; **not a** *or* **one ~** *(not at all)* überhaupt nicht; **sb./sth. is not a ~ of use** jmd. ist zu nichts zu gebrauchen/mit etw. kann man überhaupt nichts anfangen; **it is not a ~ of use complaining** es hat überhaupt keinen Sinn, sich zu beklagen; **not a ~ of it** ganz im Gegenteil; **he is every ~ as clever as you are** er ist genauso schlau wie du; **b)** **a ~** *(somewhat):* **a ~ tired/late/too early** ein bißchen müde/spät/zu früh; **a little ~, just a ~:** ein klein bißchen; **quite a ~:** um einiges ‹*besser, stärker, hoffnungsvoller*›; **with a ~ more practice** mit etwas mehr Übung; **c)** **a ~ of** *(rather):* **be a ~ of a coward/bully** ganz schön feige *od.* ein ziemlicher Feigling sein/den starken Mann markieren *(ugs.);* **every politician has to be a ~ of a showman** jeder Politiker muß auch etwas von einem Schauspieler an sich *(Dat.)* haben; **a ~ of a disappointment** eine ganz schöne Enttäuschung; **d)** *(Brit.)* **~s of furniture** [armselige] Möbel; **~s of children** kleine Kinder; **e)** *(short time)* **[for] a ~:** eine Weile; **a little ~, just a ~:** ein klein bißchen; **wait a ~ longer** noch ein Weilchen warten; **f)** *(short distance)* **a ~:** ein Stückchen; **a ~ closer** ein bißchen näher; **a little ~, just a ~:** ein kleines Stückchen; **g)** *(coin)* Münze, *die;* **sixpenny/threepenny ~** *(Brit. Hist.)* Sixpence-/Dreipencestück, *das;* **h)** *(Amer.: 12½ cents)* **two ~s** 25 Cent; **four/six ~s** 50/75 Cent; **i)** *(role)* **a ~ [part]** eine kleine Rolle

[3]**bit** *n. (Computing)* Bit, *das*

[4]**bit** *see* **bite 1, 2**

**bitch** [bɪtʃ] **1.** *n.* **a)** *(dog)* Hündin, *die; (vixen)* Füchsin, *die;* **b)** *(sl. derog.: woman)* Miststück, *das;* Schlampe, *die (salopp); see also* **son; c)** *(coll.: grumble)* **have a ~ about sth.** über etw. *(Akk.)* meckern *(ugs.).* **2.** *v. i. (coll.)* meckern *(ugs.)* **(about** über + *Akk.).* **3.** *v. t.* **~ sth. [up]** *(coll.)* etw. verpfuschen *(ugs.) od. (salopp)* versauen

**bitchy** [ˈbɪtʃɪ] *adj. (coll.)* gemein; gehässig; **be/get ~ about sb.** gehässige Bemerkungen über jmdn. machen/anfangen, gehässige Bemerkungen über jmdn. zu machen

**bite** [baɪt] **1.** *v. t.,* **bit** [bɪt], **bitten** [ˈbɪtn] beißen; *(sting)* ‹*Moskito usw.:*› stechen; **~ one's nails** an den Nägeln kauen; *(fig.)* wie auf Kohlen sitzen; **~ one's lip** *(lit. or fig.)* sich *(Dat.)* auf die Lippen beißen; **he won't ~ you** *(fig. coll.)* er wird dich schon nicht beißen; **I've been bitten** *(fig.: swindled)* ich bin reingelegt worden *(ugs.) od.* hereingefallen; **once bitten twice shy** *(prov.)* einmal und nie wieder!; **~ the hand that feeds one** *(fig.)* sich [seinem Gönner gegenüber] undankbar zeigen; **~ the dust** *(fig.)* daran glauben müssen *(ugs.);* **be bitten with an idea** von einer Idee besessen sein; **what's biting** *or* **bitten you/him?** *(fig. coll.)* was ist mit dir/ihm los?; was hast du/hat er denn? **2.** *v. i.,* **bit, bitten a)** beißen; *(sting)* stechen; ‹*Rad:*› fassen, greifen; ‹*Schraube:*› fassen; *(take bait, lit. or fig.)* anbeißen; **b)** **~ at sth.** nach etw. schnappen; **c)** *(have an effect)* sich auswirken; greifen; **d)** **have sth. to ~ on** *(fig.)* etw. haben, woran man sich stützen kann; **~ on the bullet** *(fig.)* die Zähne zusammenbeißen. **3.** *n.* **a)** *(act)* Biß, *der; (piece)* Bissen, *der; (wound)* Bißwunde, *die; (by mosquito etc.)* Stich, *der;* **he took a ~ of the apple** er biß in den Apfel; **can I have a ~?** darf ich mal [ab]beißen?; **take one ~ at a time** immer nur einen Bissen auf einmal nehmen; **put the bite on [sb.]** *(Amer. sl.)* jmdn. unter Druck setzen; **b)** *(taking of bait)* [An]beißen, *das;* **I haven't had a ~ all day** es hat den ganzen Tag noch keiner angebissen; **wait for a ~:** darauf warten, daß einer *od.* ein Fisch anbeißt; **c)** *(food)* Happen, *der;* Bissen, *der;* **I haven't had a ~ since breakfast** ich habe seit dem Frühstück nichts mehr gegessen; **have a ~ to eat** eine Kleinigkeit essen; **come and have a ~ to eat** komm und iß eine Kleinigkeit *(ugs.);* **d)** *(grip)* **these old tyres have no ~:** diese alten Reifen fassen *od.* greifen nicht [mehr]; **e)** *(incisiveness)* Bissigkeit, *die;* Schärfe, *die;* **we need new laws that will have more ~:** wir brauchen neue Gesetze, die besser greifen; **f)** *(Dent.)* Biß, *der;* normale Bißstellung

**~ ˈback** *v. t.* **~ sth. back** etw. unterdrücken; **~ back one's words/a remark** sich *(Dat.)* seine Worte/eine Bemerkung verkneifen

**~ ˈoff** *v. t.* abbeißen; **the dog bit off the man's ear** der Hund hat dem Mann ein Ohr abgebissen; **~ sb.'s head off** *(fig.)* jmdm. den Kopf abreißen; **~ off more than one can chew** *(fig.)* sich *(Dat.)* zuviel zumuten; sich übernehmen

**biter** [ˈbaɪtə(r)] *n.* **the ~ bit** mit den eigenen Waffen geschlagen; *(in deception also)* der betrogene Betrüger; **it's a case of the ~ bit** wer andern eine Grube gräbt, fällt selbst hinein *(Spr.)*

ˈ**bite-size** *adj.* mundgerecht

**biting** [ˈbaɪtɪŋ] *adj.* *(stinging)* beißend; schneidend ‹*Kälte, Wind*›; *(sarcastic)* scharf ‹*Angriff, Worte*›; beißend ‹*Kritik*›; bissig, sarkastisch ‹*Bemerkung, Kommentar*›

**bitten** *see* **bite 1, 2**

**bitter** [ˈbɪtə(r)] **1.** *adj.* **a)** bitter; **~ orange** *(Bot.)* Pomeranze, *die;* **~ lemon** *(drink)* Bitter lemon, *das;* **b)** *(fig.)* scharf, heftig ‹*Antwort, Bemerkung, Angriff*›; bitter ‹*Kampf, Kälte, Enttäuschung, Tränen*›; verbittert ‹*Person*›; erbittert ‹*Feind*›; scharf, bitterkalt ‹*Wind, Wetter*›; streng ‹*Winter*›; **~ experience** bittere Erfahrung; **to the ~ end** bis zum bitteren Ende; **be/feel ~ [about sth.]** [über etw. *(Akk.)*] bitter *od.* verbittert sein. *See also* **pill b. 2.** *n.* **a)** *(bitterness)* Bitterkeit, *die;* **b)** *in pl. (liquors)* Magenbitter, *der;* **c)** *(Brit.: beer)* bitteres Bier *(halbdunkles, obergäriges Bier)*

**bitterly** [ˈbɪtəlɪ] *adv.* bitterlich ‹*weinen, sich beschweren*›; bitter ‹*erwidern*›; erbittert ‹*kämpfen, sich widersetzen*›; scharf ‹*kritisieren*›; **~ cold** bitterkalt; **he ~ resented the unfounded accusations** er war äußerst erbittert über die unbegründeten Beschuldigungen; **be ~ opposed to sth.** ein erbitterter Gegner einer Sache *(Gen.)* sein

**bittern** [ˈbɪtən] *n. (Ornith.)* Rohrdommel, *die*

**bitterness** [ˈbɪtənɪs] *n., no pl.* Bitterkeit, *die; (of reply, remark, attack)* Schärfe, *die;* Heftigkeit, *die; (of person)* Verbitterung, *die; (of wind)* bittere Kälte

**bitter-ˈsweet** *adj. (lit. or fig.)* bittersüß

**bitty** [ˈbɪtɪ] *adj.* zusammengestoppelt *(abwertend);* zusammengestückelt

**bitumen** [ˈbɪtjʊmən] *n.* Bitumen, *das*

**bituminous** [bɪˈtju:mɪnəs] *adj.* bituminös; **~ coal** Stein- *od.* Fettkohle, *die;* Bituminit, *das*

**bivalve** [ˈbaɪvælv] **1.** *adj.* **a)** *(Zool.)* zweischalig ‹*Muschel*›; zweiklappig ‹*Schale*›; **b)** *(Biol.)* zweiklappig ‹*Frucht*›. **2.** *n. (Zool.)* Muschel, *die*

**bivouac** [ˈbɪvʊæk] **1.** *n.* Biwak, *das;* Lager, *das.* **2.** *v. i.,* **-ck-** biwakieren; im Freien übernachten

**bi-weekly** [baɪˈwi:klɪ] **1.** *adj.* **a)** *(two-weekly)* zweiwöchentlich; alle zwei Wochen erscheinend ‹*Zeitschrift*›/stattfindend ‹*Treffen, Ereignis*›; **b)** *(twice-weekly)* zweimal in der Woche erscheinend ‹*Zeitschrift*›/stattfindend ‹*Treffen, Ereignis*›. **2.** *adv.* **a)** *(two-weekly)* alle zwei Wochen; **b)** *(twice weekly)* zweimal in der Woche

**biz** [bɪz] *n. (coll.)* Geschäft, *das*

**bizarre** [bɪˈzɑ:(r)] *adj.* bizarr; *(eccentric)* exzentrisch; *(grotesque, irregular)* grotesk

**bk.** *abbr.* **book** Bch.

**blab** [blæb] *(coll.)* **1.** *v. i.,* **-bb-** quatschen *(abwertend).* **2.** *v. t.,* **-bb-** ausplaudern

**black** [blæk] **1.** *adj.* **a)** schwarz; *(very dark)* dunkel; *(dirty)* **as ~ as coal** *or* **ink** kohlrabenschwarz; *see also* **face 1a; b)** *(dark-clothed)* schwarz [gekleidet]; **c)** **B~** *(dark-skinned)* schwarz; **B~ man/woman/child** Schwarze, *der*/Schwarze, *die*/schwarzes Kind; **B~ people** Schwarze *Pl.;* **B~ ghettos** von Schwarzen bewohnte Gettos; **B~ Africa** Schwarzafrika *(das);* **d)** *(looking gloomy)* düster; **things look ~:** es sieht böse *od.* düster aus; **~ clouds** dunkle Wolken; **e)** *(fig.: wicked)* schwarz ‹*Gedanken*›; **~ ingratitude** grober Undank; **f)** *(evil)* schändlich; **he is not as ~ as he is painted** er ist nicht so schlecht, wie er dargestellt wird; **get some ~ looks** finster angesehen werden; **give sb. a ~ look** jmdn. finster ansehen; **g)** *(dismal)* **a ~ day** ein schwarzer Tag; **be in a ~ mood** deprimiert sein; **~ despair** tiefe Verzweiflung; **h)** *(macabre)* schwarz ‹*Witz, Humor*›; **i)** *(not to be handled)* bestreikt ‹*Lastwagen, Schiff*›. **2.** *n.* **a)** *(colour)* Schwarz, *das; (in roulette)* Noir, *das;* **b)** **B~** *(person)* Schwarze, *der/die;* **c)** *(credit)* **[be] in the ~:** in den schwarzen Zahlen [sein]; **d)** *(Bot.: fungus)* Brand, *der;* **e)** *(Snooker)* schwarze Kugel; **f)** *(~ clothes)* **dressed in ~:** schwarz gekleidet. **3.** *v. t.* **a)** *(blacken)* schwärzen; **~ sb.'s eye** jmdm. ein blaues Auge machen; **~ one's face** sich schwarz anmalen; **~ one's shoes** seine Schuhe wichsen; **b)** *(declare ~)* bestreiken ‹*Betrieb*›; boykottieren ‹*Arbeit*›

**~ ˈout 1.** *v. t.* verdunkeln. **2.** *v. i.* das Bewußtsein verlieren. *See also* **black-out**

**black: ~ and ˈblue** *adj.* grün und blau; **~ and ˈwhite 1.** *adj. (in writing)* schwarz auf weiß; *(Cinemat., Photog., etc.)* schwarzweiß; *(fig.: comprising only opposite extremes)* Schwarzweiß-; **2.** *n.* **[sth. is there/**

**down] in ~ and white** *(in writing)* [etw. steht] schwarz auf weiß [geschrieben]; **this film is in ~ and white** dieser Film ist in Schwarzweiß; **see/portray** *etc.* **things in ~ and white** *(fig.)* schwarzweiß malen; **~-and-white** *adj.* Schwarzweiß-; **~ 'art** *n.* Schwarze Kunst, *die;* Magie, *die;* **~ball** *v. t.* stimmen gegen; **~-beetle** *n. (Zool.)* Küchenschabe, *die;* **~berry** ['blækbərı] *n.* Brombeere, *die;* **go ~berrying** Brombeeren pflücken gehen; **~bird** *n.* Amsel, *die;* **~board** *n.* [Wand]tafel, *die;* **~ 'books** *n. pl.* **be in sb.'s ~ books** bei jmdm. schlecht angeschrieben sein; **~ 'box** *n. (flight recorder)* Flugschreiber, *der; (apparatus with concealed mechanism)* Black box, *die;* **~ 'bread** *n.* Schwarzbrot, *das;* **~buck** *n. (Zool.)* Hirschziegenantilope, *die;* **~ 'cap** *n. (Brit. Law Hist.) gefaltetes Tuch aus schwarzer Seide, das der Richter früher auf dem Kopf trug, wenn er ein Todesurteil verkündete;* **~cap** *n. (Ornith.)* Mönchsgrasmücke, *die;* **~cock** *n. (Ornith.)* Birkhahn, *der;* **B~ Country** *n. (Brit.) Industriegebiet von Staffordshire und Warwickshire;* **~'currant** *n.* schwarze Johannisbeere; **B~ 'Death** *n.* Schwarzer Tod; **~ 'earth** *n. (Geol.)* Schwarzerde, *die;* Tschernosjom, *der od. das (fachspr.);* **~ e'conomy** *n.* Schattenwirtschaft, *die*

**blacken** ['blækn] *v. t.* **a)** *(make dark[er])* verfinstern ‹*Himmel*›; *(make black[er])* schwärzen; **the ancient buildings were ~ed by centuries of smoke and grime** die alten Bauwerke waren durch die Jahrhunderte rauch- und rußgeschwärzt; **b)** *(fig.: defame)* verunglimpfen; **~ sb.'s [good] name** jmds. [guten] Namen beschmutzen; **~ the picture** schwarzmalen

**black: ~ 'eye** *n.* **a)** *(bruised)* blaues Auge *(fig.);* Veilchen, *das (ugs.);* **b)** *(dark)* **~ eyes** schwarze Augen; **~-eyed** *adj.* schwarzäugig; **be ~-eyed** schwarze Augen haben; **~-face** *n.* **a)** *(sheep)* Schaf mit schwarzem Gesicht; **b)** *(make-up)* Schminke für eine Negerrolle; **~fly** *n. (Zool.)* **a)** *(aphid)* Blattlaus, *die;* **b)** *(thrips)* Schwarze Fliege; **B~ 'Forest** *pr. n.* Schwarzwald, *der;* **B~ Forest 'gateau** *n.* Schwarzwälder [Kirschtorte], *die;* **B~ Friar** *n.* Dominikaner, *der;* **~ 'frost** *see* frost 1 a; **~ grouse** *n. (Ornith.)* Birkhuhn, *das*

**blackguard** ['blægɑːd] **1.** *n. (scoundrel)* Schurke, *der;* Lump, *der; (foul-mouthed person)* Schandmaul, *das (geh. abwertend).* **2.** *adj. (scoundrelly)* schurkisch *(veralt.);* gemein; *(foul-mouthed)* unflätig. **3.** *v. t. (call a ~)* **~ sb.** jmdn. einen Lumpen *od.* Schurken schimpfen; *(abuse)* in unflätiger Weise schimpfen über (+ *Akk.*)

**blackguardly** ['blægɑːdlı] *adj.* gemein

**black: ~head** *n.* **a)** *(Ornith.)* Bergente, *die;* **b)** *(pimple)* Mitesser, *der;* **~ 'hole** *n.* **a)** *(Astron.)* schwarzes Loch; **b)** *(esp. Mil.: gaol)* Bunker, *der;* **~ 'ice** *n.* Glatteis, *das*

**blacking** ['blækıŋ] *n.* schwarze Schuhcreme

**blackish** ['blækıʃ] *adj.* schwärzlich

**black: ~jack** *n.* **a)** *(flag)* schwarze Piratenflagge; **b)** *(Amer.: bludgeon)* Totschläger, *der;* **c)** *(Cards)* Vingt-[et-]un, *das;* **d)** *(vessel)* lederner *(außen mit Teer überzogener)* Trinkbecher; **~lead** ['blækled] **1.** *n.* Graphit, *der;* **2.** *v. t.* schwärzen; **~leg 1.** *n.* **a)** *(Brit.: strike-breaker)* Streikbrecher, *der/-brecherin, die;* **b)** *(swindler) jmd., der bei Pferderennen od. anderen Glücksspielen falschspielt;* **2.** *v. i.* Streikbrecher/-brecherin sein; **~ 'letter** *n. (Gothic type)* gotische Schrift; *(Schwabacher type)* Schwabacher [Schrift], *die; (Fraktur)* Fraktur, *die;* **~ list** *n.* schwarze Liste; **~list** *v. t.* auf die schwarze Liste setzen

**blackly** ['blæklı] *adv.* **a)** *(darkly, gloomily)* düster; **b)** *(angrily)* finster

**black: ~mail 1.** *v. t.* erpressen; **~mail sb. into doing sth.** jmdn. durch Erpressung dazu zwingen, etwas zu tun; **2.** *n.* Erpressung, *die;* **sheer/emotional ~mail** glatte/psychologische Erpressung; **B~ Maria** [blæk mə'raıə] *n.* grüne Minna *(ugs.);* **~ 'mark** *n. (fig.)* Makel, *der;* **a ~ mark against sb.** ein Makel, der an jmdm. haftet; **~ 'market** *n.* schwarzer Markt; **~ marketeer** [blæk mɑːkı'tıə(r)] *n.* Schwarzhändler, *der/-*händlerin, *die;* **~ 'mass** *n.* **a)** *(Satanist mass)* schwarze Messe; **b)** *(requiem mass)* Totenmesse, *die*

**blackness** ['blæknıs] *n., no pl.* **a)** *(black colour)* Schwärze, *die;* **the ~ of the sky** das Schwarz des Himmels; **b)** *(darkness)* Finsternis, *die; (fig.: wickedness)* Abscheulichkeit, *die*

**'black-out** *n.* **a)** Verdunkelung, *die; (Theatre, Radio)* Blackout, *der;* **news ~:** Nachrichtensperre, *die;* **b)** *(Med.)* **I had a ~:** ich verlor das Bewußtsein

**black: ~ 'pudding** *n.* Blutwurst, *die;* **B~ 'Rod** *n. (Brit. Parl.) Zeremonienmeister des britischen Oberhauses;* **B~ 'Sea** *pr. n.* Schwarze Meer, *das;* **~ 'sheep** *n. (lit. or fig.)* schwarzes Schaf; **~shirt** *n. (Polit.)* Schwarzhemd, *das;* **~smith** *n.* Schmied, *der;* **~ spot** *n. (fig.)* schwarzer Fleck; *(dangerous)* Gefahrenstelle, *die;* **~ 'tea** *n.* schwarzer Tee; **~thorn** *n. (Bot.)* Schwarzdorn, *der;* **~ 'tie** *n.* schwarze Fliege *(zur Smokingjacke getragen);* **~top** *n. (Amer. Road Constr.)* Schwarzdecke, *die;* **~ 'velvet** *n. (drink) Mixgetränk mit Champagner und Starkbier;* **~ 'widow** *n. (Zool.)* Schwarze Witwe

**bladder** ['blædə(r)] *n. (Anat., Zool., Bot.)* Blase, *die*

**'bladder-wrack** *n. (Bot.)* Blasentang, *der*

**blade** [bleıd] *n.* **a)** *(of sword, knife, dagger, razor, plane)* Klinge, *die; (of chisel, scissors, shears)* Schneide, *die; (of saw, oar, paddle, spade, propeller)* Blatt, *das; (of paddle-wheel, turbine)* Schaufel, *die;* **b)** *(of grass etc.)* Spreite, *die;* **c)** *(sword)* Schwert, *das;* Klinge, *die (geh. veralt.);* **d)** *(person)* zackiger, schneidiger Bursche *(veralt.)*

**blah** [blɑː], **blah-blah** ['blɑːblɑː] *n. (coll.)* Blabla, *das*

**blahs** [blɑːz] *n. pl. (Amer. coll.)* Frust, *der (ugs.)*

**blame** [bleım] **1.** *v. t.* **a)** *(hold responsible)* **~ sb. [for sth.]** jmdm. die Schuld [an etw. *(Dat.)*] geben; **always get ~d for sth.** immer an etw. *(Dat.)* schuld sein sollen; **don't ~ me [if ...]** geben Sie nicht mir die Schuld[, wenn ...]; **~ sth. [for sth.]** etw. [für etw.] verantwortlich machen; **be to ~ [for sth.]** an etw. *(Dat.)* schuld sein; **~ sth. on sb./sth.** *(coll.)* jmdn./etw. für etw. verantwortlich machen; **b)** *(reproach)* **~ sb./oneself** jmdm./sich Vorwürfe machen; **I don't ~ you/him** *(coll.)* ich kann es Ihnen/ihm nicht verdenken; **who can ~ her?** wer kann es ihr verdenken?; **don't ~ yourself** machen Sie sich *(Dat.)* keine Vorwürfe; **have only oneself to ~:** die Schuld bei sich selbst suchen müssen; **blaming oneself never helps** Selbstvorwürfe helfen nichts. **2.** *n.* **a)** *(responsibility)* Schuld, *die;* **lay** *or* **put the ~ on sb. [for sth.]** jmdm. [an etw. *(Dat.)*] die Schuld geben; **bear the ~ [for sth.]** die Schuld [an etw. *(Dat.)*] tragen; **get the ~:** die Schuld bekommen; **take the ~ [for sth.]** die Schuld [für etw.] auf sich *(Akk.)* nehmen; **b)** *(censure)* Tadel, *der*

**blameable** ['bleıməbl] *adj.* tadelnswert

**blameless** ['bleımlıs] *adj.*, **blamelessly** ['bleımlıslı] *adv.* untadelig

**blameworthy** ['bleımwɜːðı] *adj.* tadelnswert

**blanch** [blɑːnʃ] **1.** *v. t.* **a)** *(whiten)* bleichen; abziehen ‹*Mandeln*›; *(make pale)* erbleichen lassen; **b)** *(Cookery: scald)* blanchieren; überbrühen. **2.** *v. i. (grow pale)* bleich werden

**blancmange** [blə'mɒnʒ] *n.* Flammeri, *der*

**blanco** ['blæŋkəʊ] *(Mil.)* **1.** *n., no pl.* weißes Mittel zum Wachsen. **2.** *v. t.* [weiß] wachsen

**bland** [blænd] *adj. (gentle, suave)* verbindlich; freundlich ‹*Art, Stimmung*›; *(mild)* mild ‹*Luft*›; *(not irritating, not stimulating)* mild ‹*Medizin, Nahrung*›; *(unexciting)* farblos

**blandish** ['blændıʃ] *v. t. (flatter)* schmeicheln (+ *Dat.*); *(cajole)* beschwatzen

**blandishment** ['blændıʃmənt] *n. (flattery)* Schmeichelei, *die; (cajolery)* Beschwatzen, *das; (allurement)* Verlockung, *die*

**blandly** ['blændlı] *adv. (gently)* verbindlich; *(mildly)* mild

**blandness** ['blændnıs] *n., no pl.; see* **bland:** Verbindlichkeit, *die;* Freundlichkeit, *die;* Milde, *die;* Farblosigkeit, *die*

**blank** [blæŋk] **1.** *adj.* **a)** leer; kahl ‹*Wand, Fläche*›; **b)** *(empty)* frei; **leave a ~ space** Platz frei lassen; **c)** *(fig.)* leer, ausdruckslos ‹*Gesicht, Blick*›; **look ~:** ein verdutztes Gesicht machen; **give sb. a ~ look** jmdn. verdutzt ansehen. **2.** *n.* **a)** *(space)* Lücke, *die;* **my mind was a ~:** ich hatte ein Brett vor dem Kopf; **his memory was a ~:** er hatte keinerlei Erinnerung; **b)** *(document with ~s)* Vordruck, *der;* **c)** *(lottery ticket)* Niete, *die;* **draw a ~:** eine Niete ziehen; *(fig.)* kein Glück haben; **d)** *(domino) Dominostein mit ein od. zwei Leerfeldern;* **e)** *(cartridge)* Platzpatrone, *die;* **f)** *(Num.)* Schrötling, *der;* **g)** *(dash)* Lücke, *die; (euphemism)* Gedankenstrich, *der;* Punkt, Punkt, Punkt

**blank: ~ 'cartridge** *n.* Platzpatrone, *die;* **~ 'cheque** *n.* Blankoscheck, *der; (fig.)* Blankovollmacht, *die;* **give sb. a ~ cheque** *(fig.)* jmdm. freie Hand *od.* eine Blankovollmacht geben

**blanket** ['blæŋkıt] **1.** *n.* **a)** Decke, *die;* **wet '~** *(fig.)* Trauerkloß, *der (ugs.);* **be born on the wrong side of the ~** *(fig.)* unehelich geboren sein; **b)** *(thick layer)* Decke, *die;* **a ~ of snow** eine Schneedecke; **a ~ of fog/cloud** eine Nebel-/Wolkendecke; **c)** *(Printing)* Gummituch, *das.* **2.** *v. t.* **a)** *(cover)* zudecken; **b)** *(stifle)* ersticken. **3.** *adj.* umfassend; **~ agreement** Pauschalabkommen, *das;* **~ term** Allerweltswort, *das*

**'blanket stitch** *n.* Festonstich, *der*

**blankety** ['blæŋkıtı] *adj. (euphem.)* **~ [blank]** verflixt *(ugs.);* **what the ~ blank ...?** was zum Kuckuck ...? *(ugs.);* **call sb./sth. a ~ blank** jmdn./etw. zum Kuckuck wünschen *(ugs.)*

**blankly** ['blæŋklı] *adv.* verdutzt

**blankness** ['blæŋknıs] *n., no pl.* **a)** *(of surface etc.)* Leere, *die;* **the ~ of the wall** die kahle Wand; **b)** *(expressionlessness)* Ausdruckslosigkeit, *die;* **the ~ of his expression** sein nichtssagender Gesichtsausdruck

**blank: ~ test** *n.* Blindversuch, *der;* **~ 'verse** *n. (Pros.)* Blankvers, *der*

**blanquette** [blɑ̃'ket] *n. (Cookery)* [Kalbs]frikassee, *das*

**blare** [bleə(r)] **1.** *v. i.* ‹*Lautsprecher:*› plärren; ‹*Trompete:*› schmettern. **2.** *v. t.* **~ [out]** [hinaus]plärren ‹*Worte*›; [hinaus]schmettern ‹*Melodie*›. **3.** *n. (of loudspeaker, radio, voice)* Plärren, *das; (of trumpet, trombone)* Schmettern, *das*

**blarney** ['blɑːnı] **1.** *n. (cajoling)* Schmeichelei, *die; (nonsense)* Geschwätz, *das.* **2.** *v. i.* schmeicheln. **3.** *v. t.* **~ sb.** jmdm. schmeicheln; **don't be ~ed into doing it** laß dich nicht beschwatzen, das zu tun

**blasé** ['blɑːzeı] *adj.* blasiert

**blaspheme** [blæs'fiːm] *v. i.* lästern

**blasphemous** ['blæsfəməs] *adj.* lästerlich, blasphemisch ‹*Bemerkung, Eid, Fluch*›

**blasphemy** ['blæsfəmı] *n.* Blasphemie, *die;* **~ is a sin** Gotteslästerung ist eine Sünde

**blast** [blɑːst] **1.** *n.* **a)** *(gust)* **a ~ [of wind]** ein Windstoß; **b)** *(sound)* Tuten, *das;* **he gave a ~ on his trumpet** er ließ seine Trompete erschallen; **give one ~ of the horn** einmal ins Horn stoßen; **c)** *(Metallurgy etc.: air current)* Gebläseluft, *die;* **at full ~** *(fig.)* auf Hochtouren *Pl.;* **d)** *(of explosion)* Druckwelle, *die; (coll.: explosion)* Explosion, *die;* **e)** *(coll.: reprimand)* Standpauke, *die (ugs.).* **2.** *v. t.* **a)** *(blow up)* sprengen ⟨*Felsen*⟩; *(coll.: kick)* donnern ⟨*Fußball*⟩; **b)** *(wither)* verdorren lassen; **c)** *(curse)* **~ you/him!** zum Teufel mit dir/ihm! **3.** *v. i. (coll.: shoot)* **start ~ing away** drauflosschießen **(at** auf + *Akk.*); **4.** *int.* **[oh] ~!** [oh] verdammt!

**~ 'off** *v. i.* abheben; *see also* **blast-off**

**blasted** ['blɑ:stɪd] *adj. (damned)* verdammt *(salopp);* verflucht *(salopp)*

**blast:** **~-furnace** *n.* Hochofen, *der;* **~-hole** *n.* Sprengloch, *das;* **~-off** *n.* Abheben, *das*

**blatancy** ['bleɪtənsɪ] *n., no pl. see* **blatant:** Eklatanz, *die;* Unverhohlenheit, *die;* Unverfrorenheit, *die;* Kraßheit, *die;* Lärmen, *das;* Plärren, *das;* Aufdringlichkeit, *die*

**blatant** ['bleɪtənt] *adj.* **a)** *(flagrant)* eklatant; **b)** *(unashamed)* unverhohlen; unverfroren ⟨*Lüge*⟩; **c)** *(noisy)* lärmend; plärrend ⟨*Geräusche, Musikbox*⟩; **d)** *(visually obtrusive)* aufdringlich

**blatantly** ['bleɪtəntlɪ] *adv. see* **blatant:** eklatant; unverhohlen; unverfroren; lärmend; plärrend; aufdringlich

**¹blaze** [bleɪz] **1.** *n.* **a)** *(conflagration)* Feuer, *das;* **it took hours to put out the ~:** es dauerte Stunden, bis das Feuer *od.* der Brand gelöscht war; **b)** *(display)* **a ~ of lights** ein Lichtermeer; **a ~ of colour** eine Farbenpracht; ein Farbenmeer; **c)** *(fig.: full light)* Glanz, *der;* **in a ~ of glory** mit Glanz und Gloria; **d)** *(fig.: outburst)* Ausbruch, *der;* **[in] a ~ of temper** in einem Wutausbruch; **e)** *(sl.)* **go to ~s!** scher dich zum Teufel! *(salopp);* **like ~s** wie verrückt *(ugs.)* ⟨*arbeiten, rennen usw.*⟩; **what the ~s [are you doing]?** was zum Teufel [machst du da]? *(salopp);* **how the ~s am I supposed to ...?** wie zum Teufel soll ich ...? **2.** *v. i.* **a)** *(burn)* brennen; **the house was already blazing when the firemen arrived** das Haus stand schon in Flammen als die Feuerwehr ankam; **a blazing fire** ein helloderndes Feuer; **the blazing sun** die glühende Sonne; **a blazing hot day** ein glühend heißer Tag; **b)** *(be brilliantly lighted)* [er]strahlen; ⟨*Schnee:*⟩ glänzen; **c)** *(emit light)* strahlen; **the spotlight ~d down on them** der Scheinwerfer strahlte sie an; **d)** *(fig.: with anger etc.)* ⟨*Augen:*⟩ glühen; **a blazing row** ein heftiger Streit; **e)** *(show bright colours)* leuchten

**~ a'way** *v. i.* **a)** *(shoot)* [drauf]losschießen **(at** auf + *Akk.*); **b)** *(work)* loslegen **(at** mit)

**~ 'up** *v. i.* **a)** *(burst into ~)* aufflammen; **b)** *(in anger)* aufbrausen

**²blaze** **1.** *n. (on animal's head)* Blesse, *die; (on tree)* Markierung, *die.* **2.** *v. t.* markieren, kennzeichnen ⟨*Baum, Weg, Pfad*⟩; **~ a trail** einen Weg markieren; **~ a** *or* **the trail** *(fig.)* den Weg bahnen

**³blaze** *v. t. (proclaim)* verkünden; **~ sth. abroad** etw. ausposaunen *(ugs.)*

**blazer** ['bleɪzə(r)] *n.* Blazer, *der*

**blazing 'star** *n. (Amer. Bot.)* Prachtscharte, *die*

**blazon** ['bleɪzn] *v. t.* **a)** *(Her.) (describe) nach den Regeln der Heraldik beschreiben; (paint)* blasonieren; kunstgerecht ausmalen ⟨*Wappen*⟩; **b)** *(fig.) (paint)* ausmalen; *(proclaim)* verkünden

**bleach** [bli:tʃ] **1.** *v. t.* bleichen ⟨*Wäsche, Haar, Knochen*⟩. **2.** *v. i.* bleichen. **3.** *n. (substance)* Bleichmittel, *das; (process)* Bleiche, *die*

**bleaching** ['bli:tʃɪŋ]: **~-agent** *n.* Bleichmittel, *das;* **~-powder** *n.* Bleichpulver, *das*

**¹bleak** [bli:k] *adj.* **a)** *(bare)* öde ⟨*Landschaft, Berg, Insel, Ebene, Hügel*⟩; karg ⟨*Zimmer*⟩; **b)** *(chilly)* rauh; kalt ⟨*Wetter, Tag*⟩; **c)** *(unpromising)* düster; **~ prospect[s]** trübe Aussichten

**²bleak** *n. (Zool.)* Ukelei, *der*

**bleakly** ['bli:klɪ] *adv.* **a)** düster ⟨*anschauen*⟩; **b)** kalt ⟨*wehen*⟩

**bleakness** ['bli:knɪs] *n., no pl.* **a)** *(of prospect)* Düsterkeit, *die;* **b)** *(of weather)* Kälte, *die*

**bleary** ['blɪərɪ] *adj.* trübe ⟨*Augen*⟩; **look ~-eyed** verschlafen aussehen; einen verschleierten Blick haben

**bleat** [bli:t] **1.** *v. i.* ⟨*Schaf, Kalb:*⟩ blöken; ⟨*Ziege:*⟩ meckern; *(fig.)* jammern; *(plaintively)* meckern. **2.** *v. t.* **~ [out]** herunterplärren ⟨*Entschuldigungen, Klagen*⟩. **3.** *n. see* **1:** Blöken, *das;* Geblök, *das;* Meckern, *das; (fig.)* Gejammer, *das (ugs.); (plaintive)* Gemecker, *das (ugs.)*

**bled** *see* **bleed**

**bleed** [bli:d] **1.** *v. i.,* **bled** [bled] bluten; **~ for the cause/one's country** für die Sache/die Heimat sein Blut geben *(dichter.).* **2.** *v. t.,* **bled a)** *(draw blood from, lit. or fig.)* zur Ader lassen; **~ sb. white** *(fig.)* jmdn. den letzten Pfennig kosten *(ugs.);* ⟨*Erpresser:*⟩ jmdn. bis aufs Hemd ausziehen *(ugs.);* **b)** *(extract fluid, air, etc. from)* entlüften ⟨*Bremsen, Heizkörper*⟩

**bleeder** ['bli:də(r)] *n.* **a)** *(haemophiliac)* Bluter, *der;* **b)** *(coarse: unpleasant person)* Scheißer, *der (derb)*

**bleeding** ['bli:dɪŋ] **1.** *n. (loss of blood)* Blutung, *die.* **2.** *adj. (Brit. coarse: damned)* Scheiß-; **don't stand there the whole ~ time doing nothing!** steh da nicht die ganze Zeit so blöd rum, ohne was zu tun! *(salopp).* **3.** *adv. (Brit. coarse)* **I don't ~ care!** das ist mir scheißegal! *(salopp);* **don't be ~ stupid!** sei doch nicht so saublöd! *(salopp)*

**bleeding 'heart** *n.* **a)** *(Bot.)* Tränendes Herz; Flammendes Herz; **b)** *(coll.: person)* mitfühlende Seele

**bleep** [bli:p] **1.** *n.* Piepen, *das;* **two faint ~s** zwei schwache Piepser. **2.** *v. i.* ⟨*Geigerzähler, Funksignal:*⟩ piepen. **3.** *v. t.* **~ sb.** jmdn. über seinen Kleinempfänger *od. (ugs.)* Piepser rufen

**bleeper** ['bli:pə(r)] *n.* Kleinempfänger, *der;* Piepser, *der (ugs.)*

**blemish** ['blemɪʃ] **1.** *n.* **a)** *(stain)* Fleck, *der; (on fruit)* Stelle, *die;* **b)** *(defect, lit. or fig.)* Makel, *der;* **be without a ~:** makellos sein; **her only ~ was her quick temper** ihr einziger Fehler war ihr aufbrausendes Wesen. **2.** *v. t.* **a)** *(spoil)* verunstalten; **b)** *(fig.)* **~ sth.** einer Sache *(Dat.)* schaden

**blench** [blenʃ] *v. i.* zurückschrecken

**blend** [blend] **1.** *v. t.* **a)** *(mix)* mischen ⟨*Tabak-, Kaffee-, Teesorten*⟩; **b)** *(make indistinguishable)* vermischen. **2.** *v. i.* **a)** sich mischen lassen; **pink does not ~ with orange** Rosa verträgt sich nicht mit Orange; **~ in with/into sth. [gut]** zu etw. passen/mit etw. verschmelzen; **b)** ⟨*Whisky-, Tee-, Tabaksorten:*⟩ sich [harmonisch] verbinden. **3.** *n. (mixture)* Mischung, *die*

**blender** ['blendə(r)] *n.* **a)** *(person)* [Ver]mischer, *der;* **b)** *(apparatus)* Mixer, *der;* Mixgerät, *das*

**Blenheim** ['blenɪm] *pr. n.* **the Battle of ~:** die Schlacht von Höchstädt

**bless** [bles] *v. t.,* **blessed** [blest] *or* **blest** [blest] **a)** *(consecrate, pronounce blessing on)* segnen; **she did not have a penny to ~ herself with** *(fig.)* sie besaß keinen Pfennig *od. (ugs.)* keinen roten Heller; **they have been ~ed with a son** sie wurden mit einem Sohn gesegnet; **[God] ~ you** Gottes Segen; *(as thanks)* das ist sehr lieb von dir/Ihnen; *(to person sneezing)* Gesundheit!; **goodbye and God ~:** Wiedersehen, [und] mach's/macht's gut!; **~ you, I wouldn't dream of it** mein Gott, ich denke gar nicht daran; **~ me!, I'm blest!, ~ my soul!** du meine Güte! *(ugs.);* **~ me if it isn't Sid** ja das ist doch Sid!; **b)** *(call holy)* preisen; *(attribute one's good fortune to)* **they ~ed their stars/guardian angel that ...:** sie priesen dankbar das Glück/ihren Schutzengel dafür, daß ...

**blessed** **1.** [blest] *p. t. and p. p. of* **bless. 2.** ['blesɪd, *pred.* blest] *adj.* **a) be ~ with sth.** *(also iron.)* mit etw. gesegnet sein; **b)** *(revered)* heilig ⟨*Gott, Mutter Maria*⟩; *(in Paradise)* selig; *(RC Ch.: beatified)* selig; *(blissful)* beglückend; **c)** *attrib. (euphem.: cursed)* verdammt *(salopp)*

**blessedness** ['blesɪdnɪs] *n., no pl. (happiness)* Glückseligkeit, *die; (enjoyment of divine favour)* Seligkeit, *die*

**blessing** ['blesɪŋ] *n.* **a)** *(declaration or bestowal of divine favour, grace at table)* Segen, *der;* **do sth. with sb.'s ~** *(fig.)* etw. mit jmds. Segen tun *(ugs.);* **give sb./sth. one's ~** *(fig.)* jmdm./etw. seinen Segen geben *(ugs.);* **b)** *(divine gift)* Segnung, *die;* **count one's ~s** *(fig.)* dankbar sein; **c)** *(fig. coll.: welcome thing)* Segen, *der;* **what a ~!** welch ein Segen!; **be a ~ in disguise** sich schließlich doch noch als Segen erweisen; *see also* **mixed blessing**

**blest** *see* **bless;** *(poet.) see* **blessed** 2

**blether** ['bleðə(r)] **1.** *v. i.* schwafeln *(ugs.);* sülzen *(ugs.);* **go on ~ing** weiterschwafeln *od.* -sülzen. **2.** *n.* Geschwafel, *das;* Gesülze, *das (ugs.)*

**blew** *see* **¹blow 1, 2**

**blight** [blaɪt] **1.** *n.* **a)** *(plant disease)* Brand, *der; (fig.: malignant influence)* Fluch, *der;* Geißel, *die;* **Fascism – a ~ on the twentieth century** Faschismus – ein Fluch des zwanzigsten Jahrhunderts; **b)** *(fig.: unsightly urban area)* Schandfleck, *der;* **c)** *(Brit.: aphid)* Blattlaus, *die.* **2.** *v. t.* **a)** *(affect with ~)* **be ~ed** von Brand befallen werden/sein; **b)** *(spoil)* beeinträchtigen ⟨*Schönheit*⟩; überschatten ⟨*Freude, Leben*⟩; *(frustrate)* zunichte machen ⟨*Hoffnung*⟩; **a ~ed area** eine heruntergekommene Gegend

**blighter** ['blaɪtə(r)] *n. (Brit. coll.)* **a) the poor ~:** der arme Kerl; **b)** *(derog.)* Lümmel, *der (abwertend); (thing)* Mistding, *das (salopp)*

**blimey** ['blaɪmɪ] *interj. (Brit. sl.)* Mensch *(salopp)*

**blimp** [blɪmp] *n.* **a)** *(Brit.)* **[Colonel] B~:** *Personifikation des stockkonservativen Engländers;* **b)** *(airship)* unstarres Kleinluftschiff

**blimpish** ['blɪmpɪʃ] *adj.* reaktionär

**blind** [blaɪnd] **1.** *adj.* **a)** blind ⟨*Mensch, Tier*⟩; **a ~ man/woman** ein Blinder/eine Blinde; **[be] as ~ as a bat** stockblind [sein] *(ugs.);* **~ in one eye** auf einem Auge blind; **go** *or* **become ~:** blind werden; erblinden; **turn a ~ eye [to sth.]** *(fig.)* [bei etw.] ein Auge zudrücken; **b)** *(Aeronaut.)* **~ landing/flying** Blindlandung, *die*/Blindflug, *der;* **c)** *(without foresight)* blind; **a ~ policy** eine kurzsichtige *od.* unbesonnene Politik; **d)** *(unreasoning)* blind ⟨*Vorurteil, Weigerung, Gehorsam, Vertrauen*⟩; **e)** *(oblivious)* **be ~ to sth.** blind gegenüber etw. sein; **f)** *(reckless)* blind ⟨*Hast*⟩; rasend ⟨*Geschwindigkeit*⟩; **g)** *(not ruled by purpose)* blind ⟨*Wut, Zorn*⟩; dunkel ⟨*Instinkt*⟩; kopflos ⟨*Panik*⟩; **h)** *(concealed)* verdeckt ⟨*Graben*⟩; unsichtbar ⟨*Hindernis*⟩; **i)** *(walled up)* blind ⟨*Tür, Fenster*⟩; **j)** *(coll.: drunk)* blau *(ugs.);* **get ~:** sich vollaufen lassen *(ugs.);* **k) a ~** *(sl.: any whatever):* **he doesn't do a ~ thing [to help her]** er rührt keinen Finger[, um ihr zu helfen]; **not a ~ bit of** überhaupt kein/keine; **it didn't do a ~ bit of good** es hat überhaupt nichts genützt; **you didn't take a ~ bit of notice** du hast dich überhaupt nicht darum gekümmert. **2.** *adv.* **a)** blindlings; **the pilot had to fly/land ~:** der Pilot mußte blind fliegen/landen; **b)** *(completely)* **~ drunk** stockbetrunken *(ugs.);* **swear ~:** hoch und heilig versichern; **c)** *(Cookery)* **bake sth. ~:** etw. blind backen. **3.** *n.* **a)** *(screen)* Jalousie, *die; (of cloth)* Rouleau, *das; (of shop)* Markise, *die;* **b)** *(Amer. Hunting: hide)* Jagdschirm, *der;* **c)** *(pretext)* Vorwand, *der; (cover)* Tarnung, *die;* **be a ~ for sth.** als Tarnung für etw. dienen; **d)** *(Brit. sl.: drinking-bout)* **go on a ~:** eine Sauftour machen *(salopp);* **e)** *pl.* **the ~:** die Blinden *Pl.;* **it's [a case of] the ~ leading the ~** *(fig.)* das ist, wie wenn ein Blinder einen Lahmen [spazieren]führt. **4.** *v. t. (lit. or fig.)* blenden; **be ~ed** *(accidentally)* das Augenlicht verlieren; **~ sb. to the fact that ...:** jmdn. gegenüber der Tatsache blind machen, daß ...; **he was ~ed by his infatuation** er war von seiner eigenen Verliebtheit geblendet *od.* verblendet; **~ sb. with science** jmdn. mit großen Worten beeindrucken. **5.** *v. i. (Brit. coll.: go heedlessly)* rasen; **~ along** rumrasen *(ugs.)*

**blind: ~ 'alley** *n. (lit. or fig.)* Sackgasse, *die;* **~ 'corner** *n.* unübersichtliche Ecke; **~ 'date** *n.* Verabredung mit einem/einer Unbekannten

**blinder** ['blaɪndə(r)] *n.* **a) play a ~** *(Sport)* sich selbst übertreffen; **b)** *usu. in pl. (Amer.: blinker)* Scheuklappe, *die*

**'blindfold 1.** *v. t.* die Augen verbinden (+ *Dat.*); **the conjurer asked to be ~ed** der Zauberer bat darum, ihm die Augen zu verbinden. **2.** *adj.* mit verbundenen Augen; **he was ~ all the time** er hatte die ganze Zeit die Augen verbunden; **I could do that ~** *(fig.)* das könnte ich mit verbundenen Augen [tun]. **3.** *n.* Augenbinde, *die*

**blind 'gut** *n. (Anat.)* Blinddarm, *der*

**blinding** ['blaɪndɪŋ] *adj.* blendend ⟨*Licht, Sonnenlicht, Blitz*⟩; grell ⟨*Strahl*⟩; **a ~ headache** rasende Kopfschmerzen *Pl.*

**blindly** ['blaɪndlɪ] *adv.* [wie] blind; wie ein Blinder; *(fig.)* blindlings

**blind man's 'buff** *n.* Blindekuh *o. Art.*

**blindness** ['blaɪndnɪs] *n., no pl.* **a)** Blindheit, *die;* **b)** *(lack of foresight)* Blindheit, *die* **(to** gegenüber); *(unreasonableness)* Verblendung, *die*

**blind: ~ side** *n. (Rugby)* ungeschützte Seite; *(fig.)* schwache Seite *(fig.);* **~ spot** *n. (Anat.)* blinder Fleck; *(Motor Veh.)* toter Winkel; *(fig.: weak spot)* schwacher Punkt; **~worm** *n. (Zool.)* Blindschleiche, *die*

**blink** [blɪŋk] **1.** *v. i.* **a)** blinzeln; **b)** *(shine intermittently)* blinken; *(shine momentarily)* aufblinken. **2.** *v. t.* **a) ~ back/away one's tears** seine Tränen blinzelnd zurückhalten; **~ one's eyes** mit den Augen zwinkern; **b)** *(fig.: ignore)* die Augen verschließen vor (+ *Dat.*); ignorieren ⟨*Tatsache*⟩. **3.** *n.* **a)** *(blinking)* Blinzeln, *das;* **he gave one or two ~s** er blinzelte ein paarmal; **b)** *(intermittent light)* Blinken, *das; (momentary gleam)* Aufblinken, *das;* **c)** *(sl.)* **be on the ~:** kaputt sein *(ugs.)*

**blinker** ['blɪŋkə(r)] **1.** *n. in pl.* Scheuklappen; **have/put ~s on** *(lit. or fig.)* Scheuklappen tragen/anlegen. **2.** *v. t.* Scheuklappen anlegen (+ *Dat.*); **this horse has to be ~ed** dieses Pferd muß Scheuklappen tragen; **be ~ed** *(fig.)* borniert sein

**blinking** ['blɪŋkɪŋ] *(Brit. coll. euphem.)* **1.** *adj.* verflixt *(ugs.);* **it's a ~ nuisance** das ist verdammt ärgerlich *(ugs.).* **2.** *adv.* verflixt *(ugs.);* **I don't ~ [well] care** das kümmert mich verflixt wenig; **it's ~ raining** verflixt [und zugenäht], es regnet

**blip** [blɪp] **1.** *v. t.,* **-pp-** hauen. **2.** *n.* **a)** *(sound) (of bursting bubble)* leiser Knall; *(on magnetic tape)* leises Knacken; *(act)* Schlag, *der;* **b)** *(Radar: image)* Echozeichen, *das*

**bliss** [blɪs] *n. (joy)* [Glück]seligkeit, *die;* Glück, *das; (gladness)* Freude, *die;* **his idea of ~:** seine Vorstellung vom Glücklichsein

**blissful** ['blɪsfl] *adj.* [glück]selig; **~ ignorance** *(iron.)* selige Unwissenheit

**blissfully** ['blɪsfəlɪ] *adv.* **~ happy** glückselig; **be ~ unaware** *or* **ignorant [of sth.]** *(iron.)* in seliger Unwissenheit [von etw.] sein

**blister** ['blɪstə(r)] **1.** *n. (on skin, plant, metal, paintwork)* Blase, *die.* **2.** *v. t.* Blasen hervorrufen auf (+ *Dat.*) ⟨*Metall, Anstrich, Haut*⟩. **3.** *v. i.* ⟨*Haut, Pflanze:*⟩ Blasen bekommen; ⟨*Metall, Anstrich:*⟩ Blasen werfen

**blistering** ['blɪstərɪŋ] *adj.* **a ~ attack** ein erbitterter Angriff; **a ~ criticism** eine ätzende Kritik; **a ~ pace** ein mörderisches Tempo

**'blister pack** *n.* Sichtpackung, *die*

**blithe** [blaɪð] *adj.* **a)** *(poet.: joyous)* fröhlich; heiter; **b)** *(casual)* unbekümmert

**blithely** ['blaɪðlɪ] *adv.* **~ ignore sth.** sich unbekümmert über etw. *(Akk.)* hinwegsetzen

**blithering** ['blɪðərɪŋ] *adj. (coll.)* **a)** *(utter)* total; völlig; **a ~ idiot** ein alter Idiot *(salopp);* **b)** *(senselessly talkative)* quatschig *(salopp)* ⟨*Kommentator, Journalist*⟩

**B. Litt.** [bi: 'lɪt] *abbr.* **Bachelor of Letters** Bakkalaureus der Literaturwissenschaften; *see also* **B. Sc.**

**blitz** [blɪts] *(coll.)* **1.** *n.* **a)** *(Hist.)* Luftangriff, *der* (on auf + *Akk.*); **during the [London] ~:** während der Luft- *od.* Bombenangriffe [auf London]; **b)** *(fig.: attack)* Großaktion, *die (fig.);* **have a ~ on one's room** in seinem Zimmer gründlich saubermachen. **2.** *v. t.* [schwer] bombardieren

**blizzard** ['blɪzəd] *n.* Schneesturm, *der*

**bloat** [bləʊt] **1.** *v. t.* aufblähen; **dead bodies ~ed by the water** vom Wasser aufgedunsene Leichen. **2.** *v. i.* aufschwellen; aufschwemmen

**bloated** ['bləʊtɪd] *adj.* **a)** *(with gluttony)* aufgedunsen; **I feel ~:** ich bin voll *(ugs.);* **b) be ~ with pride/wealth** aufgeblasen sein/im Geld schwimmen

**bloater** ['bləʊtə(r)] *n.* Bückling, *der*

**blob** [blɒb] *n.* **a)** *(drop)* Tropfen, *der; (small mass)* Klacks, *der (ugs.); (of butter etc.)* Klecks, *der;* **b)** *(spot of colour)* Fleck, *der*

**bloc** [blɒk] *n. (Polit.)* Block, *der;* **the Eastern ~/Eastern ~ countries** der Ostblock/die Ostblockstaaten; **the Western ~ [countries]** die westlichen Staaten; **the anti-EC ~:** der Anti-EG-Block; **~ vote** *see* **block vote**

**block** [blɒk] **1.** *n.* **a)** *(large piece)* Klotz, *der;* **~ of wood** Holzklotz, *der;* **b)** *(for chopping on)* Hackklotz, *der;* **c)** *(for beheading on)* Richtblock, *der; (for hammering on, for mounting horse from)* Klotz, *der; (toy building-brick)* Bauklotz, *der;* **be a chip off the old ~:** ganz der Vater sein; **be on the ~** *(Amer.)* zur Versteigerung angeboten werden; **d)** *(large mass of concrete or stone, building-stone)* Block, *der;* **e)** *(sl.: head)* **knock sb.'s ~ off** jmdm. eins überziehen *(salopp);* **f)** *(building)* [Häuser]block, *der;* **~ of flats/offices** Wohnblock, *der*/Bürohaus, *das;* **g)** *(Amer.: area between streets)* Block, *der;* **on this/our ~:** in diesem/unserem Block; **six ~s away** sechs Blocks weiter; **h)** *(large quantity)* Masse, *die;* **a ~ of shares** ein Aktienpaket; **a ~ of seats** mehrere nebeneinanderliegende Sitze; **in the cheapest ~ of seats** im billigsten Block; **i)** *(pad of paper)* Block, *der;* **j)** *(obstruction)* Verstopfung, *die;* **k)** *(traffic jam)* [Verkehrs]stau, *der;* **l)** *(mental barrier)* **a mental ~:** eine geistige Sperre; Mattscheibe *o. Art. (salopp);* **a psychological ~:** ein psychologischer Block; **m)** *(Printing)* Klischee, *das;* **n)** *(pulley)* Block, *der;* **~ and tackle** Flaschenzug, *der;* **o)** *(Athletics)* Startblock, *der.* **2.** *v. t.* **a)** *(obstruct)* blockieren, versperren ⟨*Tür, Straße, Durchgang, Sicht*⟩; verstopfen ⟨*Pfeife, Nase, Abfluß*⟩; blockieren, verhindern ⟨*Fortschritt*⟩; abblocken ⟨*Ball, Torschuß*⟩; **b)** *(Commerc.)* einfrieren ⟨*Investitionen, Guthaben*⟩; **~ed currency** nicht frei konvertierbare Währung; **c)** *(emboss)* prägen

**~ 'in** *v. t.* ausfüllen ⟨*Umrisse, Zeichnung*⟩; abdecken ⟨*Kamin, Fenster usw.*⟩

**~ 'off** *v. t.* [ab]sperren ⟨*Straße*⟩; blockieren ⟨*Rohr, Verkehr*⟩

**~ 'out** *v. t.* ausschließen ⟨*Licht, Lärm*⟩; retuschieren ⟨*Foto*⟩; abdecken ⟨*Matrize, Schablone*⟩

**~ 'up** *v. t.* verstopfen; versperren, blockieren ⟨*Eingang*⟩

**blockade** [blɒ'keɪd] **1.** *n.* Blockade, *die.* **2.** *v. t.* blockieren

**blockage** ['blɒkɪdʒ] *n.* Block, *der; (of pipe, gutter)* Verstopfung, *die*

**block: ~board** *n.* Tischlerplatte, *die;* **~ 'booking** *n.* Gruppenbuchung, *die;* **~-buster** *n.* **a)** *(bomb)* [große] Fliegerbombe; **b)** *(fig.)* Knüller, *der (ugs.);* **~ 'capital** *n.* Blockbuchstabe, *der;* **~ diagram** *n.* Blockdiagramm, *das;* **~ 'grant** *n.* Pauschalsubvention, *die;* **~head** *n.* Dummkopf, *der (abwertend);* **~ heater** *n.* Nachtspeicherheizung, *die;* **~house** *n.* Blockhaus, *das;* **~ 'letters** *n. pl.* Blockschrift, *die;* **~ 'vote** *n.* Stimmenblock, *der*

**bloke** [bləʊk] *n. (Brit. coll.)* Typ, *der (ugs.)*

**blond** [blɒnd] *adj. see* **blonde 1**

**blonde** [blɒnd] **1.** *adj.* blond ⟨*Haar, Person*⟩; hell ⟨*Teint*⟩. **2.** *n.* Blondine, *die*

**blood** [blʌd] **1.** *n.* **a)** Blut, *das;* **sb.'s ~ boils** *(fig.)* jmd. ist in Rage; **it makes my ~ boil** es bringt mich in Rage; **sb.'s ~ turns** *or* **runs cold** *(fig.)* jmdm. erstarrt das Blut in den Adern; **draw first ~** *(lit. or fig.)* den ersten Treffer erzielen; **be after** *or* **out for sb.'s ~** *(fig.)* es auf jmdn. abgesehen haben; **taste ~** *(fig.)* Blut lecken; **it's like getting ~ out of** *or* **from a stone** das ist fast ein Ding der Unmöglichkeit; **[a policy of] ~ and iron** Blut und Eisen; **b)** *(relationship)* Blutsverwandtschaft, *die;* **~ is thicker than water** *(prov.)* Blut ist dicker als Wasser; **c)** *(race)* Blut, *das;* Geblüt, *das (geh.);* **of noble ~:** von edlem Geblüt; **fresh** *or* **new ~:** frisches Blut; **young ~:** Nachwuchs, *der;* **sth. is in sb.'s ~:** etw. liegt jmdm. im Blut; **d)** *(passion)* **his ~ is up** er ist in Rage; **do sth. in cold ~:** etw. kaltblütig tun; **[there is] bad ~ [between them]** [es gibt] böses Blut [zwischen ihnen]. **2.** *v. t.* **a) has this hound been ~ed yet?** ist dieser Spürhund schon an Blut gewöhnt?; **b)** *(fig.)* **he was ~ed in the Battle of Leipzig** er bestand seine Feuertaufe in der Völkerschlacht bei Leipzig

**blood: ~ and 'thunder** *n.* Mord und Totschlag; **~-and-thunder stories** Schauer-und-Schund-Geschichten; **~ bank** *n.* Blutbank, *die;* **~-bath** *n.* Blutbad, *das;* **~-brother** *n. (by birth)* leiblicher Bruder; *(by ceremony)* Blutsbruder, *der;* **~ cell** *n.* Blutkörperchen, *das;* **~ clot** *n.* Blutgerinnsel, *das;* **~ count** *n.* Blutbild, *das;* **carry out a ~ count** das Blutbild bestimmen; **~-curdling** *adj.* grauenerregend; **~ donor** *see* **donor b; ~ feud** *n.* Blutrache, *die;* **~ group** *n.* Blutgruppe, *die;* **~-heat** *n.* Körpertemperatur, *die;* **~hound** *n.* Bluthund, *der; (fig.)* Spürhund, *der*

**bloodless** ['blʌdlɪs] *adj.* **a)** *(without bloodshed)* unblutig; **a ~ coup** ein unblutiger Staatsstreich; **b)** *(without blood, pale)* blutleer; **c)** *(unemotional)* gefühllos

**blood: ~-letting** *n. (Med. Hist.; also fig.)* Aderlaß, *der;* **~-lust** *n.* Blutgier, *die;* **~-money** *n.* Blutgeld, *das;* **~ orange** *n.* Blutorange, *die;* **~-poisoning** *n.* Blutvergiftung, *die;* **~ pressure** *n.* Blutdruck, *der;* **~ 'pudding** *n.* ≈ Blutwurst, *die;* **~-red** *adj.* blutrot; **~ relation** *n.* Blutsverwandte, *der/die;* **~ sample** *n.* Blutprobe, *die;* **~shed** *n.* Blutvergießen, *das;* **~shot** *adj.* blutunterlaufen; **~ sports** *n. pl.* Hetzjagd, *die;* **~-stain** *n.* Blutfleck, *der;* **~-stained** *adj. (lit. or fig.)* blutbefleckt; **~-stock** *n.* Vollblutpferde *Pl.;* **~stone** *n.* Blutstein, *der;* **~stream** *n.* Blutstrom, *der;* **~sucker** *n. (leech)* Blutegel, *der; (fig.: extortioner)* Blutsauger, *der;* **~ sugar** *n.* Blutzucker, *der (Med.);* **~ test** *n.* Blutprobe, *die;* **~thirsty** *adj.* blutdürstig *(geh.);* blutrünstig; ~ **transfusion** *n.* Bluttransfusion, *die;* ~-**vessel** *n.* Blutgefäß, *das*

**bloody** ['blʌdɪ] **1.** *adj.* **a)** blutig; *(running with blood)* blutend; *(like blood)* blutrot; *(loving bloodshed)* blutrünstig; **give sb. a ~ nose** *(lit., or fig. coll.)* jmdm. eins auf die Nase geben; **b)** *(sl.: damned)* verdammt *(salopp);* **you ~ fool!** du Vollidiot! *(salopp);* ~ **hell!** verdammt noch mal! *(salopp);* **c)** *(Brit.) as intensifier* einzig; **he didn't leave me a ~ penny** er ließ mir keinen roten Heller; **that/he is a ~ nuisance** das ist vielleicht ein Mist *(salopp)*/der geht einem vielleicht *od.* ganz schön auf den Wecker *(ugs.).* **2.** *adv.* **a)** *(sl.: damned)* verdammt *(salopp);* **don't be so ~ stupid!** sei doch nicht so verdammt blöde! **b)** *(Brit.) as intensifier* verdammt *(salopp);* **not ~ likely!** denkste! *(salopp);* **I don't ~ [well] like it!** ich kann das, verdammt noch mal, nicht leiden! **3.** *v. t.* *(make ~)* blutig machen; *(stain with blood)* mit Blut beflecken

**bloody: B~ 'Mary** *n.* Bloody Mary, *der od. die (ein Cocktail);* ~-**'minded** *adj.* stur *(ugs.)*

**bloom** [blu:m] **1.** *n.* **a)** Blüte, *die;* **be in ~:** in Blüte stehen; **have come into ~:** blühen; **b)** *(on fruit)* Flaum, *der; (flush)* rosige Gesichtsfarbe; **c)** *(prime)* Blüte, *die;* **come into ~:** erblühen. **2.** *v. i.* blühen; *(fig.: flourish)* in Blüte stehen

**bloomer** ['blu:mə(r)] *n.* *(Brit.)* **a)** *(coll.: error)* Schnitzer, *der;* **b)** *(loaf)* Langbrot, *das*

**bloomers** ['blu:məz] *n. pl.* **a)** [Damen]pumphose, *die; (coll.: knickers)* Schlüpfer, *der;* **b)** *(Hist.: costume)* weite Damenhose *(zum Radfahren)*

**blooming** ['blu:mɪŋ] *(sl. euphem.)* **1.** *adj.* verflixt *(ugs.);* **oh, you ~ idiot!** du Trottel! *(ugs.).* **2.** *adv.* verflixt *(ugs.)*

**blooper** ['blu:pə(r)] *n.* *(Amer. coll.)* [peinlicher] Fehler, *der;* Patzer, *der (ugs.);* **make** *or* **pull a ~:** einen Bock schießen *(ugs.)*

**blossom** ['blɒsəm] **1.** *n.* **a)** *(flower)* Blüte, *die;* **b)** *no pl., no indef. art. (mass of flowers)* Blüte, *die;* Blütenmeer, *das (geh.);* **be in ~:** in [voller] Blüte stehen *od.* sein; **have come into ~:** blühen. **2.** *v. i.* **a)** blühen; **the trees ~ed early this year** die Baumblüte begann dieses Jahr schon früh; **b)** *(fig.)* blühen; ⟨*Mensch:*⟩ aufblühen; erblühen *(geh.);* ~ **[out] into a statesman/poet** sich zu einem Staatsmann/Dichter entwickeln

**blot** [blɒt] **1.** *n.* **a)** *(spot of ink)* Tintenklecks, *der; (stain)* Fleck, *der; (blemish)* Makel, *der;* Schandfleck, *der;* **a ~ on the landscape** *(lit. or fig.)* ein Schandfleck in der Landschaft; **b)** *(fig.)* Makel, *der;* **a ~ on sb.'s character** ein Fleck auf jmds. weißer Weste*(fig.); see also* **escutcheon. 2.** *v. t.,* **-tt-** **a)** *(dry)* ablöschen ⟨*Tinte, Schrift, Papier*⟩; **b)** *(spot with ink)* beklecksen; verklecksen; *(fig.: disgrace)* beflecken ⟨*Namen, guten Ruf*⟩; ~ **one's copy-book** *(fig. coll.)* sich unmöglich machen

~ **'out** *v. t.* **a)** *(obliterate)* einen Klecks machen auf *(+ Akk.);* unleserlich machen ⟨*Schrift*⟩; **b)** *(obscure)* verdecken ⟨*Sicht*⟩; **thick smoke/fog ~ted out the enemy ship/the mountains** dichter Rauch/Nebel verdeckte [die Sicht auf] das feindliche Schiff/die Berge; **c)** auslöschen ⟨*Leben, Menschheit, Erinnerung*⟩; dem Erdboden gleichmachen, ausradieren ⟨*Stadt, Land*⟩

**blotch** [blɒtʃ] *n. (on skin)* Fleck, *der; (patch of ink etc.)* Klecks, *der*

**blotchy** ['blɒtʃɪ] *adj. (skin)* fleckig; *(with wet blotches)* verkleckst

**blotter** ['blɒtə(r)] *n.* **a)** Schreibunterlage, *die;* **b)** *(Amer.) (record-book)* Kladde, *die; (Police: record of arrests)* [Polizei]register, *das*

**blotting-paper** ['blɒtɪŋpeɪpə(r)] *n.* Löschpapier, *das*

**blotto** ['blɒtəʊ] *pred. adj. (sl.)* [sternhagel]voll *(salopp)*

**blouse** [blaʊz] *n.* Bluse, *die*

[1]**blow** [bləʊ] **1.** *v. i.,* **blew** [blu:], **blown** [bləʊn] **a)** ⟨*Wind:*⟩ wehen; ⟨*Sturm:*⟩ blasen; ⟨*Luft:*⟩ ziehen; **there is a gale ~ing out there** es stürmt draußen; **the wind blew in gusts** es wehte ein böiger Wind; der Wind war böig; **there's a draught ~ing** es zieht; **cold air blew down every corridor** auf allen Gängen war es kalt und zugig; **b)** *(exhale)* blasen; ~ **on one's tea to cool it** in den Tee pusten, um ihn abzukühlen; ~ **on one's hands to warm them** in die Hände hauchen, um sie zu wärmen; ~ **hot and cold** *(fig.)* einmal hü und einmal hott sagen; **c)** *(puff, pant)* ⟨*Person:*⟩ schwer atmen, schnaufen; ⟨*Tier:*⟩ schnaufen; **d)** *(eject air and water)* ⟨*Wal:*⟩ spritzen; **e)** *(be sounded by ~ing)* geblasen werden; ⟨*Trompete, Flöte, Horn, Pfeife usw.:*⟩ ertönen; **f)** *(be driven by ~ing)* geblasen *od.* geweht werden; ⟨*Blätter, Schneeflocken, Seifenblasen:*⟩ [durch die Luft] fliegen; **a few leaves blew along the road** einige Blätter wirbelten *od. (dichter.)* tanzten die Straße entlang; **g)** *(melt)* ⟨*Sicherung, Glühfaden:*⟩ durchbrennen; **h)** *(sl.: depart)* abhauen *(salopp).* **2.** *v. t.,* **blew, blown** (*see also* **m**): **a)** *(breathe out)* [aus]blasen, ausstoßen ⟨*Luft, Rauch*⟩; **b)** *(send by ~ing)* ~ **sb. a kiss** jmdm. eine Kußhand zuwerfen; **c)** *(drive by ~ing)* treiben; **d)** *(make by ~ing)* blasen ⟨*Glas*⟩; machen ⟨*Seifenblasen*⟩; **e)** *(sound)* blasen ⟨*Trompete, Flöte, Horn, Pfeife usw.*⟩; ~ **one's own trumpet** *(fig.)* sein Eigenlob singen; **f)** *(send jet of air at)* anblasen ⟨*Feuer*⟩; *(gently)* anhauchen; **g)** *(clear)* ausblasen ⟨*Ei*⟩; ~ **one's nose** sich *(Dat.)* die Nase putzen; [sich] schneuzen *(geh.);* **h)** *(send flying)* schleudern; ~ **sth. to pieces** etw. in die Luft sprengen; **it ~s your mind** *(sl.)* da flippst du aus *(ugs.);* **this dope will ~ your mind** *(sl.)* der Stoff hier haut voll rein *(salopp);* ~ **one's top** *or (Amer.)* **stack** *(coll.)* in die Luft gehen *(ugs.);* **i)** *(cause to melt)* durchbrennen lassen ⟨*Sicherung, Glühlampe*⟩; durchhauen *(ugs.)* ⟨*Sicherung*⟩; **j)** *(break into)* sprengen, aufbrechen ⟨*Tresor, Safe*⟩; aufbrechen ⟨*Schloß*⟩; **k)** *(sl.: reveal)* verraten ⟨*Plan, Komplizen*⟩; *see also* **cover 1 i;** [2]**gaff; l) be ~n** *(out of breath)* erschöpft sein; **m)** *p. t., p. p.* **~ed** *(sl.: curse)* **[well,] I'm** *or* **I'll be ~ed** ich werde verrückt! *(salopp);* **I'll be ~ed if I'll do it!** ich denk' nicht [im Traum] dran, das zu tun *(ugs.);* **well, I'll be ~ed if it isn't old Sid!** Mensch[enskind], wenn das nicht der alte Sid ist! *(ugs.);* ~ **you, Jack!** du kannst mich mal gern haben! *(salopp);* ~ **you, Jack, I'm all right** [das ist] dein Pech *od.* Problem *od.* Bier *(ugs.);* **~!** [so ein] Mist! *(ugs.);* ~ **the expense** es ist doch Wurscht, was es kostet *(ugs.);* **n)** *(sl.: squander)* verpulvern, verplempern *(ugs.)* ⟨*Geld, Mittel, Erbschaft*⟩; **he blew all his winnings on gambling** er hat seinen ganzen Gewinn verspielt; **he blew all his money on women** er hat sein ganzes Geld für Frauen ausgegeben; ~ **it** *(lose opportunity)* es vermasseln *(salopp).* **3.** *n.* **a)** *(wind)* Sturm, *der;* **b)** *(inhaling of fresh air)* **we went outside for a ~:** wir gingen raus, um etwas frische Luft zu schnappen *(ugs.);* **c)** *(~ing of instrument)* **he gave a loud/long ~ on his trumpet** er ließ einen lauten/langen Trompetenstoß erschallen; **d)** *(~ing of nose)* **he gave his nose a [good] ~:** er schneuzte sich [gründlich] *(geh.);* **have a good ~:** putz dir mal ordentlich die Nase

~ **a'way 1.** *v. i.* wegfliegen. **2.** *v. t.* **a)** wegblasen; **b)** *(Amer. sl.: kill by shooting)* umblasen *(ugs.)*

~ **'down 1.** *v. i.* umgeblasen werden. **2.** *v. t.* umblasen

~ **'in 1.** *v. t.* zum Einsturz bringen ⟨*Haus, Mauer*⟩; **the gale blew the windows in** der Sturm drückte die Fenster ein. **2.** *v. i.* **a)** ⟨*Luft:*⟩ hereinkommen; ⟨*Staub:*⟩ hereingeweht werden; **b)** *(coll.: enter)* hereinschneien; hereinplatzen

~ **'off 1.** *v. i.* **a)** weggeblasen werden; **b)** *(Brit. sl.: break wind)* pup[s]en *(fam.).* **2.** *v. t.* wegblasen; ⟨*Explosion:*⟩ wegreißen

~ **'out 1.** *v. t.* **a)** *(extinguish)* ausblasen ⟨*Kerze, Lampe*⟩; **b)** *(by explosion)* **the explosion blew all the windows out** durch die Explosion flogen alle Fensterscheiben raus; ~ **sb.'s/one's brains out** jmdm./sich eine Kugel durch den Kopf jagen *(ugs.).* **2.** *v. i.* ⟨*Reifen:*⟩ platzen; ⟨*Kerze, Lampe:*⟩ ausgeblasen werden. **3.** *v. refl.* ⟨*Sturm:*⟩ sich legen. *See also* **blow-out**

~ **'over 1.** *v. i.* umgeblasen werden; ⟨*Streit, Sturm:*⟩ sich legen; **wait till the whole thing ~s over** *(fig.)* warte, bis sich die Sache gelegt hat. **2.** *v. t.* umblasen

~ **'up 1.** *v. t.* **a)** *(shatter)* [in die Luft] sprengen; **b)** *(inflate)* aufblasen ⟨*Ballon*⟩; aufpumpen ⟨*Reifen*⟩; **c)** *(coll.: reprove)* in der Luft zerreißen *(ugs.);* **d)** *(coll.: enlarge)* vergrößern ⟨*Foto, Seite*⟩; **e)** *(coll.: exaggerate)* hochspielen, aufbauschen ⟨*Ereignis, Bericht*⟩. **2.** *v. i.* **a)** *(explode)* explodieren; **b)** *(arise suddenly)* ⟨*Krieg, Konflikt, Sturm:*⟩ ausbrechen; **c)** *(lose one's temper)* [vor Wut] explodieren *(ugs.);* in die Luft gehen *(ugs.).* *See also* **blow-up**

[2]**blow** *n.* **a)** *(stroke)* Schlag, *der; (with axe)* Hieb, *der; (jolt, push)* Stoß, *der;* **in** *or* **at one ~** *(lit. or fig.)* mit einem Schlag; **come to ~s** handgreiflich werden; **a ~-by-~ description/account** eine Beschreibung/ein Bericht in allen Einzelheiten; **strike a ~ for sb./sth.** *(fig.)* jmdm./einer Sache einen großen Dienst erweisen; **strike a ~ against sb./sth.** *(fig.)* jmdm./einer Sache einen [schweren] Schlag versetzen; **b)** *(disaster)* [schwerer] Schlag, *der (fig.)* **(to** für); Schicksalsschlag, *der;* Tiefschlag, *der;* **come as** *or* **be a ~ to sb.** ein schwerer Schlag für jmdn. sein; **suffer a ~:** einen Schock erleiden

**'blow-dry** *v. t.* fönen

**blower** ['bləʊə(r)] *n.* **a)** *(apparatus)* Gebläse, *das;* **b)** *(Brit. coll.: telephone)* **on the ~:** an der Strippe; **get on the ~:** sich an die Strippe hängen; **I spoke to him on the ~ yesterday** ich habe gestern mit ihm telefoniert

**blow: ~-fish** *n.* Kugelfisch, *der;* **~fly** *n.* Schmeißfliege, *die;* **~-hole** *n.* **a)** *(Zool.)* Atemloch, *das;* Spritzloch, *das;* **b)** *(Metallurgy)* Abzugsloch, *das;* **~-job** *n. (coarse)* Blasmusik, *die (fig. vulg.);* **give sb. a ~-job** jmdm. einen blasen *(vulg.);* **~lamp** *n.* Lötlampe, *die*

**blown** *see* [1]**blow 1, 2**

**blow: ~-out** *n.* **a)** *(burst tyre)* Reifenpanne, *die;* **b)** *(coll.: meal)* feudales Essen *(ugs.);* **we had a good ~-out at the Savoy** wir sind im Savoy richtig feudal essen gewesen *(ugs.);* **~pipe** *n. (weapon)* Blasrohr, *das; (tool)* Lötrohr, *das (Chemie); (Glass-blowing)* Glasmacherpfeife, *die;* **~torch** *(Amer.) see* **~lamp; ~-up** *n. (coll.: enlargement)* Vergrößerung, *die*

**blowy** ['bləʊɪ] *adj.* windig; *(wind-swept)* stürmisch

**blowzy** ['blaʊzɪ] *adj.* **a)** *(red-faced)* rotbäckig; **she had a ~, well-fed appearance** sie war pausbäckig und wohlgenährt; **b)** *(coarse-looking)* schlampig; verwildert; **c)** *(slatternly)* schlampig ⟨*Frau*⟩

**blub** [blʌb] *v. i.,* **-bb-** *(coll.)* heulen *(ugs.);* plärren *(ugs.)*

**blubber** ['blʌbə(r)] **1.** *n.* **a)** *(whale-fat)* Walspeck, *der;* **b)** *(coll.: weeping)* Geplärr[e], *das (ugs.);* Heulen, *das (ugs.).* **2.** *v. i. (coll.: weep)* heulen *(ugs.);* plärren *(ugs.);* jammern

**bludgeon** ['blʌdʒn] **1.** *n.* Knüppel, *der.* **2.** *v. t.* niederknüppeln; ~ **sb. to death** jmdm. [mit einem Knüppel] totschlagen

[1]**blue** [blu:] **1.** *adj.* **a)** blau; **be ~ with cold/rage** blau gefroren/rot vor Zorn sein; *see also* **face 1a**; **b)** *(depressed)* **be/feel ~:** niedergeschlagen sein/sich bedrückt *od.* deprimiert fühlen; **c)** *(Brit. Polit.: conservative)* konservativ; ≈ schwarz *(ugs.)*; **d)** *(pornographic)* pornographisch; Porno-; **~ film** *or* **movie** Porno[film], *der;* **~ jokes** unanständige Witze. **2.** *n.* **a)** *(colour)* Blau, *das;* **b)** *(blueness)* Bläue, *die;* **c)** *(Snooker)* blaue Kugel; **d)** *(~ clothes)* **dressed in ~:** blau gekleidet; **the boys in ~** *(Brit. coll.: police)* die Blauen *(ugs.)*; **e)** *(Brit. Univ.)* **be a/get a** *or* **one's ~:** die Universität bei Sportwettkämpfen vertreten haben/vertreten; **f)** *(whitener)* Waschblau, *das;* Wäscheblau, *das;* **g)** *(sky)* Himmelsblau, *das;* **out of the ~** *(fig.)* aus heiterem Himmel *(ugs.)*; völlig unerwartet *(ugs.)*; **disappear into the ~** *(fig.)* sich in nichts auflösen; **h)** *(Polit.: Conservative)* Konservative, *der/die;* ≈ Schwarze, *der/die (ugs.)*; **i)** *(butterfly)* Bläuling, *der;* **j)** **the ~s** *(melancholy)* Niedergeschlagenheit; **have the ~s** niedergeschlagen *od.* deprimiert sein; **get the ~s** schwermütig *od.* melancholisch werden; **k)** **the ~s** *(Mus.)* der Blues; **play/sing the ~s** Blues spielen/singen; **play a ~s** einen Blues spielen. **3.** *v.t.* *(make ~)* blau machen; bläuen ⟨*Stahl, Wäsche*⟩

[2]**blue** *v.t. (Brit. coll.: squander)* verpulvern, verplempern ⟨*Geld, Erbe*⟩

**blue: ~ baby** *n. (Med.)* blausüchtiger Säugling; **~bell** *n. (campanula)* [blaue Wiesen]glockenblume, *die; (wild hyacinth)* Sternhyazinthe, *die;* **~berry** [blu:bəri] *n.* Heidelbeere, *die;* Blaubeere, *die;* **~-bird** *n. (of N. Amer.)* Elfenblauvogel, *der; (of S. and S.E. Asia)* Rotkehlhüttensänger, *der;* **~ 'blood** *n.* blaues Blut; **~-'blooded** *adj.* blaublütig; **~ book** *n.* **a)** *(Brit. Parl.)* Blaubuch, *das;* **b)** *(Amer. Polit.) eine Art Who's Who;* **~bottle** *n.* **a)** *(Zool.)* Schmeißfliege, *die;* **b)** *(Bot.)* Kornblume, *die;* **~ 'cheese** *n.* Blauschimmelkäse, *der;* Edelpilzkäse, *der;* **~ 'chip** *n. (Poker)* blaue Spielmarke, *die;* **~-chip share** *n. (St. Exch.)* erstklassiges Wertpapier; Blue chip, *der (fachspr.)*; **~-'collar** *adj.* **~-collar worker** Arbeiter, *der*/Arbeiterin, *die;* **~-collar union** Arbeitergewerkschaft, *die;* **~-eyed** *adj.* blauäugig; **be ~-eyed** blaue Augen haben; **~-eyed 'boy** *n. (fig. coll.)* Goldjunge, *der;* **~fish** *n.* Blaubarsch, *der;* **~ 'fit** *n. (coll.)* **have a ~ fit** Zustände kriegen *(ugs.)*; **~ grass** *n. (Amer.: Poa pratensis)* Wiesenrispengras, *das;* **~ gum** *n. (Bot.)* Blaugummibaum, *der;* Fieberbaum, *der;* **~jacket** *n. (fig.)* Blaujacke, *die (ugs.)*; **~ 'jeans** *n. pl.* Blue jeans *Pl.*; **~ 'moon** *n.* **once in a ~ moon** alle Jubeljahre *(ugs.)*; **~ 'mould** *n.* eßbare Schimmelpilze *Pl.*; **~ 'murder** *n.* **cry** *or* **scream ~ murder** *(sl.)* Zeter und Mordio schreien *(ugs.)*

**blueness** ['blu:nɪs] *n., no pl.* Bläue, *die*

**blue: ~ 'pencil** *n. (fig.)* blauer Farbstift; ≈ Rotstift, *der;* **~-'pencil** *v.t.* mit dem Rotstift gehen an ⟨*Text*⟩; zensieren ⟨*Nachricht*⟩; **B~ 'Peter** *n. (Naut.)* Blauer Peter; **~print** *n.* **a)** Blaupause, *die;* **b)** *(fig.)* Plan, *der;* Entwurf, *der;* **~ 'ribbon** *n.* **a)** *(ribbon of the Garter)* das blaue Band des Hosenbandordens; **b)** *(distinction)* höchste Auszeichnung; erster Preis; **c)** *(sign of teetotalism) Abzeichen eines Temperenzlervereins;* **~stocking** *n.* Blaustrumpf, *der;* **she was too much of a ~stocking** sie war zu blaustrümpfig; **~ 'streak** *n. (coll.)* **he ran like a ~ streak** er rannte wie ein geölter Blitz *(ugs.)*; **~throat** *n. (Ornith.)* Blaukehlchen, *das;* **~ tit** *n. (Ornith.)* Blaumeise, *die;* **~ 'water** *n.* hohe See; **~ 'whale** *n.* Blauwal, *der*

[1]**bluff** [blʌf] **1.** *n. (act)* Täuschungsmanöver, *das;* Bluff, *der (ugs.)*; **it's nothing but a ~:** das ist bloß [ein] Bluff; *see also* **call 2c. 2.** *v.i. & t.* bluffen *(ugs.)*

[2]**bluff 1.** *n. (headland)* Kliff, *das;* Steilküste, *die; (inland)* Steilhang, *der.* **2.** *adj.* **a)** *(abrupt, blunt, frank, hearty)* rauhbeinig *(ugs.)*; **b)** *(perpendicular)* steil; schroff ⟨*Felswand, Abhang, Küste*⟩; breit ⟨*Schiffsbug*⟩

**bluffness** ['blʌfnɪs] *n., no pl.* Rauhbeinigkeit, *die (ugs.)*

**bluish** ['blu:ɪʃ] *adj.* bläulich

**blunder** ['blʌndə(r)] **1.** *n.* [schwerer] Fehler; **make a ~:** einen [schweren] Fehler machen; einen Bock schießen *(ugs.)*. **2.** *v.i.* **a)** *(make mistake)* einen [schweren] Fehler machen; **b)** *(move blindly)* tappen; **he ~ed about the darkened room/down the corridor** er tappte in dem dunklen Zimmer umher/den Flur entlang. **3.** *v.t. (mismanage)* falsch machen

**blunderbuss** ['blʌndəbʌs] *n. (Arms Hist.)* Donnerbüchse, *die (veralt.)*

**blunt** [blʌnt] **1.** *adj.* **a)** stumpf; **a ~ instrument** ein stumpfer Gegenstand; **b)** *(outspoken)* direkt; unverblümt; **he was quite ~ about his opinion/dislike** er machte aus seiner Meinung/Abneigung überhaupt keinen Hehl; **c)** *(uncompromising)* glatt *(ugs.)* ⟨*Ablehnung*⟩. **2.** *v.t.* **~ [the edge of]** stumpf machen ⟨*Messer, Schwert, Säge*⟩; dämpfen ⟨*Begeisterung, Mut*⟩; mildern ⟨*Trauer, Enttäuschung*⟩; **~ the edge of one's appetite** sich ⟨*Dat.*⟩ den Appetit verderben

**bluntly** ['blʌntlɪ] *adv.* **a)** *(outspokenly)* direkt, unverblümt ⟨*sprechen, antworten*⟩; **b)** *(uncompromisingly)* glatt ⟨*ablehnen*⟩

**bluntness** ['blʌntnɪs] *n., no pl. see* **blunt 1:** Stumpfheit, *die;* Direktheit, *die;* Unverblümtheit, *die;* **he was shocked by the ~ of her refusal** ihre glatte Absage hat ihn regelrecht schockiert *(ugs.)*

**blur** [blɜ:(r)] **1.** *v.t.,* **-rr- a)** *(smear)* verwischen, verschmieren ⟨*Schrift, Seite*⟩; **b)** *(make indistinct)* verwischen ⟨*Schrift, Farben, Konturen*⟩; **become ~red** ⟨*Farben, Schrift:*⟩ verwischt werden; **c)** *(dim)* trüben ⟨*Sicht, Wahrnehmung*⟩; **my vision is ~red** mir [ver]schwimmt alles vor [den] Augen; **her eyes were ~red by tears** ihre Augen schwammen in Tränen. **2.** *n.* **a)** *(smear)* [verschmierter] Fleck, *der;* **b)** *(dim image)* verschwommener Fleck

**blurb** [blɜ:b] *n.* Klappentext, *der;* Waschzettel, *der*

**blurt** [blɜ:t] *v.t.* hervorstoßen ⟨*Worte, Beschimpfung*⟩; **~ sth. out** mit etw. herausplatzen *(ugs.)*

**blush** [blʌʃ] **1.** *v.i.* **a)** erröten *(geh.)*; rot werden; **make sb. ~:** jmdn. erröten *(geh.) od.* rot werden lassen; **b)** *(be ashamed)* sich schämen **(at** bei**)**. **2.** *n.* **a)** *(reddening)* Erröten, *das (geh.)*; **spare sb.'s ~es** jmdn. nicht in Verlegenheit bringen; **b)** *(rosy glow)* Röte, *die;* **the ~ of dawn** *(literary)* der rosige Schimmer der Morgenröte; **c)** *(glance)* **at [the] first ~:** auf den ersten Blick

**blusher** ['blʌʃə(r)] *n.* Rouge, *das*

**bluster** ['blʌstə(r)] **1.** *v.i.* **a)** ⟨*Wind:*⟩ tosen, brausen; **b)** ⟨*Person:*⟩ herumschreien *(ugs.)*. **2.** *v.t.* **~ one's way out of sth.** etw. lautstark abstreiten; **you can't ~ your way out of this one** diesmal kannst du dich nicht großartig aus der Affäre ziehen. **3.** *n.* **a)** *(blowing of wind)* Tosen, *das;* Brausen, *das;* **b)** *(talk, threats)* Geschrei, *das (abwertend)*

**blustery** ['blʌstərɪ] *adj.* stürmisch ⟨*Wetter, Wind*⟩

**BM** *abbr.* **a)** *see* **MB**; **b) British Museum** Britisches Museum

**B. Mus.** [bi:'mʌz] *abbr.* **Bachelor of Music** Bakkalaureus der Musik; *see also* **B. Sc.**

**BMX** *abbr.* **bicycle motor cross** BMX; **BMX bike** BMX-Fahrrad, *das*

**BO** *abbr. (coll.)* **body odour** Körpergeruch, *der*

**boa** ['bəʊə] *n.* **a)** *(Zool.)* Boa, *die; (python)* Riesenschlange, *die;* **b)** *(garment)* Boa, *die*

**boa constrictor** ['bəʊə kənstrɪktə(r)] *n.* Boa constrictor, *die; (python)* Riesenschlange, *die*

**boar** [bɔ:(r)] *n.* **a)** *(male pig)* Eber, *der;* **b)** *(wild)* Keiler, *der;* **c)** *(guinea-pig)* Bock, *der*

**board** [bɔ:d] **1.** *n.* **a)** Brett, *das;* **as flat as a ~:** flach; ⟨*Frau*⟩ flach wie ein Bügelbrett; **bare ~s** bloße Dielen; **b)** *(black~)* Tafel, *die;* **c)** *(notice-~)* Schwarzes Brett; **d)** *(in game)* Brett, *das;* **e)** *(spring~)* [Sprung]brett, *das;* **f)** *(material)* Spanplatte, *die;* **g)** *(meals)* Verpflegung, *die;* **~ and lodging** Unterkunft und Verpflegung; **full ~:** Vollpension, *die;* **h)** *(table)* **a festive ~:** ein festlich gedeckter Tisch; **i)** *(Admin. etc.)* Amt, *das;* Behörde, *die;* **gas/water/electricity ~:** Gas-/Wasser-/Elektrizitätsversorgungsgesellschaft, *die;* **~ [of examiners]** [Prüfungs]kommission, *die;* **~ of inquiry** Untersuchungsausschuß, *der;* **~ of trustees** Kuratorium, *das;* **~ [of interviewers]** Gremium, *das (zur Auswahl von Bewerbern); (Univ.)* Berufungskommission, *die;* **~ of trade** *(Amer.)* Handelskammer, *die;* **B~ of Trade** *(Brit. Hist.)* Handelsministerium, *das;* **j)** *(Commerc., Industry)* **~ [of directors]** Vorstand, *der; (supervisory ~)* Aufsichtsrat, *der; (in public body)* Verwaltungsrat, *der;* **chairman of the ~:** Vorstands-/Aufsichtsrats-/Verwaltungsratsvorsitzende, *der/die;* **k)** *(Naut., Aeronaut., Transport)* **on ~:** an Bord; **on ~ the ship/plane** an Bord des Schiffes/Flugzeugs; **on ~ the train/bus** im Zug/Bus; **go on ~ the train/bus** in den Zug/Bus einsteigen; **take sb. on ~** *(fig. coll.)* jmdn. aufnehmen; **take sth. on ~** *(fig. coll.) (consume)* etw. zu sich nehmen; *(accept)* etw. annehmen; **l) the ~s** *(Theatre)* die Bühne; **m) go by the ~:** ins Wasser fallen; **your high principles will have to go by the ~:** du mußt deine hohen Grundsätze über Bord werfen. *See also* **above 2a; across 2b. 2.** *v.t.* **a)** *see* **~ up**; **b)** *(provide with lodging)* in Pension nehmen; **c)** *(go on ~)* **~ the ship/plane** an Bord des Schiffes/Flugzeugs gehen; **~ the train/bus** in den Zug/Bus einsteigen; **d)** *(come alongside)* längsseits herankommen an (+ *Akk.*); *(force one's way on ~)* entern; **e)** *(interview)* **~ sb.** mit jmdm. ein Vorstellungsgespräch führen. **3.** *v.i.* **a)** *(lodge)* [in Pension] wohnen **(with** bei**)**; **b)** *(~ an aircraft)* an Bord gehen; **'flight L5701 now ~ing [at] gate 15'** „Passagiere des Fluges L5701 bitte zum Flugsteig 15"

**~ 'out 1.** *v.i.* in Pension wohnen. **2.** *v.t.* in Pension geben

**~ 'up** *v.t.* mit Brettern vernageln

**boarder** ['bɔ:də(r)] *n.* **a)** *(lodger)* Pensionsgast, *der;* **b)** *(Sch.)* Internatsschüler, *der*/-schülerin, *die;* Interne, *der/die (veralt.)*; **c)** *(Naut.)* Enterer, *der*

**'board-game** *n.* Brettspiel, *das*

**boarding** ['bɔ:dɪŋ]: **~-house** *n.* Pension, *die;* **~-party** *n.* Enterkommando, *das;* **~-pass** *n.* Bordkarte, *die;* **~-school** *n.* Internat, *das*

**board: ~ meeting** *n.* Vorstands-/Aufsichtsrats-/Verwaltungsratssitzung, *die;* **~room** *n.* Sitzungssaal, *der; (fig.: top management)* Vorstandsetage, *die;* **'~sailing** *see* **windsurfing**; **~walk** *n. (Amer.)* Bohlenweg, *der; (in yard, trench, etc.)* Holzrost, *der*

**boast** [bəʊst] **1.** *v.i.* prahlen **(of, about** mit**)**; **that's nothing to ~ about** das ist kein Grund zum Prahlen. **2.** *v.t.* prahlen mit; *(possess)* sich rühmen (+ *Gen.*); **our school ~s a fine playing-field** unsere Schule nennt einen sehr schönen Sportplatz ihr eigen. **3.** *n.* **a)** Prahlerei, *die;* **his favourite ~ is that ...:** am liebsten prahlt er damit, daß ...; **b)** *(cause of pride)* Stolz, *der*

**boaster** ['bəʊstə(r)] *n.* Aufschneider, *der*/Aufschneiderin, *die (ugs.)*

**boastful** ['bəʊstfl] *adj.* prahlerisch; großspurig ⟨*Erklärung, Behauptung*⟩

**boastfully** ['bəʊstfəlɪ] *adv.* großspurig; **talk ~ of sth.** mit etw. prahlen

**boastfulness** ['bəʊstfəlnɪs] *n., no pl.* Großspurigkeit, *die*

**boat** [bəʊt] *n.* **1. a)** Boot, *das;* **ship's ~:** Beiboot, *das;* **go by ~** mit dem Schiff fahren; **push the ~ out** *(fig. coll.)* ein Faß aufmachen *(ugs.);* **be in the same ~** *(fig.)* im gleichen Boot sitzen; *see also* **[1]burn 2 a; miss 2 d; [2]rock 1 b; b)** *(ship)* Schiff, *das;* **c)** *(for sauce etc.)* Sauciere, *die.* **2.** *v. i.* **go ~ing** eine Bootsfahrt machen

**boat: ~-deck** *n.* Bootsdeck, *das;* **~ drill** *n.* Bootsmanöver, *das*

**boater** ['bəʊtə(r)] *n.* **a)** *(person)* Bootsfahrer, *der*/-fahrerin, *die;* **b)** *(hat)* steifer Strohhut; Kreissäge, *die (ugs.)*

**boatful** ['bəʊtfʊl] *n.* Bootsladung, *die*

**boat: ~-hook** *n.* Bootshaken, *der;* **~-house** *n.* Bootshaus, *das;* **~load** *n.* Bootsladung, *die;* **~man** ['bəʊtmən] *n., pl.* **~men** ['bəʊtmən] **a)** *(hiring)* Bootsverleiher, *der;* **b)** *(providing transport)* Bootsführer, *der;* **~ people** *n. pl.* Boat people *Pl.;* Bootsflüchtlinge; **~ race** *n.* Regatta, *die;* **the B~ Race** die Oxford-Cambridge-Regatta; **~swain** ['bəʊsn] *n.* Bootsmann, *der;* **~swain's chair** Bootsmannsstuhl, *der;* **~-train** *n.* Zug mit Schiffsanschluß

**[1]bob** [bɒb] **1.** *v. i.,* **-bb- a) ~ [up and down]** sich auf und nieder bewegen; *(jerkily)* auf und nieder schnellen; ‹*[Pferde]schwanz:*› [auf und nieder] wippen; **the poppies ~bed in the breeze** der Mohn wiegte sich im Wind [hin und her]; **a cork was ~bing on the waves** ein Korken tanzte auf den Wellen [auf und nieder]; **~ up** hochschnellen; **b)** *(curtsy)* knicksen. **2.** *n. (curtsy)* Knicks, *der*

**[2]bob 1.** *n.* **a)** *(weight)* Gewicht, *das;* **b)** *(hairstyle)* Bubikopf, *der.* **2.** *v. t.,* **-bb-** kurz schneiden ‹*Haar*›; **wear one's hair ~bed** einen Bubikopf tragen

**[3]bob** *n., pl. same (Brit. coll.)* **a)** *(Hist.: shilling)* Schilling, *der; (fig.)* **she's got a few ~, she's not short of a ~ or two** sie hat schon ein paar Mark; **b)** *(5p)* Fünfer, *der (ugs.);* **two/ten ~:** 10/50 Pence

**[4]bob** *n. (coll.)* **~'s your uncle** die Sache ist geritzt *(ugs.);* fertig ist der Lack *(ugs.)*

**[5]bob** *n. (~-sled)* Bob, *der*

**bobbin** ['bɒbɪn] *n.* Spule, *die*

**'bobbin-lace** *n.* Klöppelspitze, *die*

**bobble** ['bɒbl] *n.* Pompon, *der;* Bommel, *die (bes. nordd.)*

**bobby** ['bɒbɪ] *n. (Brit. coll.)* Bobby, *der (ugs.);* Schupo, *der (ugs. veralt.)*

**bobby: ~ pin** *n. (Amer.)* Haarklemme, *die;* **~ socks** *n. pl.* Söckchen; **~-soxer** ['bɒbɪsɒksə(r)] *n.* Backfisch, *der*

**'bobcat** *n. (Amer.)* [Rot]luchs, *der*

**bob: ~-sled, ~-sleigh** *ns.* Bob[schlitten], *der;* **~stay** *n. (Naut.)* Wasserstag, *das;* **~tail** *n. (horse) Pferd mit gestutztem Schwanz; (dog) Hund mit kupiertem Schwanz*

**bock** [bɒk] *n.* Bock[bier], *das*

**bod** [bɒd] *n. (Brit. coll.)* Mensch, *der;* **~s** Leute; **odd ~:** seltsamer Typ (ugs.)

**bode** [bəʊd] **1.** *v. i.* **~ ill/well** nichts Gutes/einiges erhoffen lassen. **2.** *v. t.* **a)** *(foretell)* prophezeien; **b)** *(portend)* bedeuten; **~ no good** nichts Gutes ahnen lassen

**bodega** [bə'di:gə] *n.* Bodega, *die*

**bodice** ['bɒdɪs] *n. (part of dress)* Oberteil, *das; (undergarment, part of dirndl)* Mieder, *das*

**-bodied** [bɒdɪd] *in comb.* von ... Körperbau; **big-~** von großem, schwerem Körperbau; **a wide-~ aircraft** ein Flugzeug mit breitem Rumpf

**bodiless** ['bɒdɪlɪs] *adj.* körperlos ‹*Gespenst*›; **a ~ head** ein Kopf ohne Rumpf

**bodily** ['bɒdɪlɪ] **1.** *adj.* körperlich; organisch ‹*Krankheit*›; **~ harm** Körperverletzung, *die;* **~ needs** leibliche Bedürfnisse; **~ organs** Körperorgane. **2.** *adv.* *(as a whole)* ganz; **the audience rose ~:** das Publikum stand geschlossen auf

**bodkin** ['bɒdkɪn] *n.* **a)** *(needle)* Durchziehnadel, *die;* **b)** *(hairpin)* lange Haarnadel; **c)** *(tool)* Ahle, *die*

**body** ['bɒdɪ] **1.** *n.* **a)** *(of person)* Körper, *der;* Leib, *der (geh.); (of animal)* Körper, *der;* **bend one's ~ forward** den Oberkörper nach vorne beugen; **the ~ of Christ** der Leib Christi; **enough to keep ~ and soul together** genug, um am Leben zu bleiben; **do sth. ~ and soul** etw. mit aller Kraft tun; **b)** *(corpse)* Leiche, *die;* Leichnam, *der (geh.);* **over my dead ~!** nur über meine Leiche; **c)** *(coll.: person)* Mensch, *der; (woman also)* Person, *die;* **she/he is a very kind ~:** sie ist eine ganz reizende Person/er ist ein sehr netter Kerl; **d)** *(group of persons)* Gruppe, *die; (having a particular function)* Organ, *das; (military force)* [Truppen]verband, *der;* **government ~:** staatliche Einrichtung; **charitable ~:** Wohltätigkeitsorganisation, *die;* **student ~:** Studentenschaft, *die;* **in a ~:** geschlossen; **e)** *(mass)* **a huge ~ of water** große Wassermassen; **f)** *(main portion)* Hauptteil, *der;* **g)** *(Motor Veh.)* Karosserie, *die; (Railw.)* Aufbau, *der; (aircraft fuselage)* Rumpf, *der;* **h)** *(majority)* Gros, *das;* **i)** *(collection)* Sammlung, *die;* **a ~ of knowledge** ein Wissensschatz; **a ~ of facts** Tatsachenmaterial, *das;* **j)** *(of soup or gravy)* Substanz, *die; (of wine)* Körper, *der;* **have no great ~:** nicht sehr gehaltvoll sein/nicht sehr viel Körper haben. *See also* **corporate a; foreign d; heavenly b; politic 1 c. 2.** *v. t.* **~ sth. forth** etw. verkörpern *od.* versinnbildlichen

**body: ~-blow** *n.* Körperstoß, *der (Boxen); (fig.)* schwerer Schlag; **~-building 1.** *n.* Bodybuilding, *das;* **2.** *adj.* **~-building food** Aufbaukost, *die;* **~-colour** *n.* Deckfarbe, *die;* **~ fluids** *n. pl.* Körperflüssigkeiten; **~guard** *n. (single)* Leibwächter, *der; (group)* Leibwache, *die;* **~ hair** *n.* Körperhaar, *das;* **~ language** *n.* Körpersprache, *die;* **~ odour** *n.* Körpergeruch, *der;* **~ search** *n.* Leibesvisitation, *die;* **~-snatcher** *n.* Leichenräuber, *der;* **~-stocking** *n.* Bodystocking, *der;* **~work** *n., no pl. (Motor Veh.)* Karosserie, *die*

**Boer** ['bəʊə(r), bʊə(r)] **1.** *n.* Bure, *der*/Burin, *die.* **2.** *adj.* **the ~ War** der Burenkrieg

**boffin** ['bɒfɪn] *n. (Brit. sl.)* Eierkopf, *der (salopp)*

**bog** [bɒg] **1.** *n.* **a)** Moor, *das; (marsh, swamp)* Sumpf, *der;* **b)** *(Brit. sl.: lavatory)* Lokus, *der (salopp).* **2.** *v. t.,* **-gg-: be ~ged down** festsitzen *(fig.);* nicht weiterkommen; **get ~ged down in details** *(fig.)* sich in Details verzetteln

**bogey** ['bəʊgɪ] *n.* **a)** *(Golf: one stroke over par)* Bogey, *das;* **b)** *see* **bogy**

**boggle** ['bɒgl] *v. i.* **a)** *(be startled)* sprachlos sein; **the imagination ~s at the thought** der Gedanke übersteigt die Vorstellungskraft; **the mind ~s [at the thought]** bei dem Gedanken wird einem schwindlig; **b)** *(hesitate, demur)* **~ at or about sth.** etw. höchst ungern tun

**boggy** ['bɒgɪ] *adj.* sumpfig; morastig

**bog 'oak** *n.* Mooreiche, *die*

**bogus** ['bəʊgəs] *adj.* falsch; gefälscht ‹*Geld, Schmuck, Dokument*›; **~ firm** Schwindelfirma, *die;* **the claim/deal was ~:** die Behauptung/das Geschäft war reiner Schwindel

**bogy** ['bəʊgɪ] *n.* **a) B~** *(the Devil)* der Gottseibeiuns; **b)** *(evil spirit)* Gespenst, *das;* **~ man** Schreckgestalt, *die;* **c)** *(bugbear)* Schreckgespenst, *das;* **d)** *(sl.: piece of dried mucus)* Popel, *der (ugs.)*

**Bohemia** [bəʊ'hi:mɪə] *pr. n.* Böhmen *(das)*

**Bohemian** [bəʊ'hi:mɪən] **1.** *adj.* **a)** *(socially unconventional)* unkonventionell; unbürgerlich; **a ~ person** ein Bohemien; **b)** *(Geog.)* böhmisch; **he/she is ~:** er ist Böhme/sie ist Böhmin. **2.** *n.* **a)** *(socially unconventional person)* Bohemien, *der;* **b)** *(native of Bohemia)* Böhme, *der*/Böhmin, *die*

**bohemianism** [bəʊ'hi:mɪənɪzm] *n., no pl.* unkonventioneller Lebensstil

**[1]boil** [bɔɪl] **1.** *v. i.* **a)** kochen; *(Phys.)* sieden; **the kettle's ~ing** das Wasser im Kessel kocht; **keep the pot ~ing** *(fig.) (get a living)* sich über Wasser halten; *(keep sth. going)* dafür sorgen, daß es weitergeht; **b)** *(fig.)* ‹*Wasser, Wellen:*› schäumen, brodeln; **c)** *(fig.: be angry)* kochen; schäumen (**with** vor + *Dat.*); **d)** *(fig. coll.: be hot)* sehr heiß sein; **I'm ~ing** mir ist heiß; **be ~ing [hot]** sehr heiß sein; ‹*Wasser:*› kochend heiß sein; **a ~ing hot August day** ein glühendheißer Augusttag. **2.** *v. t.* **a)** kochen; **~ sth. dry** etw. verkochen; **it is necessary to ~ the water** man muß das Wasser abkochen; **~ed potatoes** Salzkartoffeln; **~ the kettle** das Wasser heiß machen; **~ed shirt** gestärktes Frackhemd; **go and ~ your head** *(fig. coll.)* du kannst mir den Buckel herunterrutschen *(salopp);* **b)** *(make by ~ing)* kochen ‹*Seife*›; **~ed sweet** *(Brit.)* hartes [Frucht]bonbon; Hartkaramelle, *die (fachspr.).* **3.** *n.* Kochen, *das;* **come to/go off the ~:** zu kochen anfangen/aufhören; *(fig.)* sich zuspitzen/sich wieder beruhigen; **bring to the ~:** zum Kochen bringen; *(fig.)* auf die Spitze treiben

**~ a'way** *v. i.* **a)** *(continue boiling)* weiterkochen; **b)** *(evaporate completely)* verkochen

**~ 'down 1.** *v. i.* einkochen; **~ down to sth.** *(fig.)* auf etw. *(Akk.)* hinauslaufen. **2.** *v. t.* einkochen; *(fig.)* kurz zusammenfassen

**~ 'over** *v. i.* überkochen

**~ 'up 1.** *v. t.* kochen. **2.** *v. i.* kochen; *(fig.)* sich zuspitzen

**[2]boil** *n. (Med.)* Furunkel, *der*

**boiler** ['bɔɪlə(r)] *n.* **a)** Kessel, *der;* **b)** *(hot-water tank)* Boiler, *der;* **c)** *(for laundry)* [Wasch]kessel, *der*

**boiler: ~-house** *n.* Kesselhaus, *das;* **~maker** *n.* Kesselschmied, *der;* **~-room** *n.* Kesselraum, *der;* **~ suit** *n.* Overall, *der*

**boiling** ['bɔɪlɪŋ] **1.** *see* **[1]boil 1, 2. 2.** *n.* **the whole ~** *(sl.)* der ganze Krempel *(ugs.)*

**boiling: ~-point** *n.* Siedepunkt, *der;* **be at/reach ~-point** *(fig.)* auf dem Siedepunkt sein/den Siedepunkt erreichen; **~-ring** *n.* Kochspirale, *die*

**boisterous** ['bɔɪstərəs] *adj.* **a)** *(noisily cheerful)* ausgelassen; **b)** *(rough)* wild; rauh ‹*Wind, See, Witterung*›

**boisterously** ['bɔɪstərəslɪ] *adv. see* **boisterous:** ausgelassen; wild

**bold** [bəʊld] *adj.* **a)** *(courageous)* mutig; *(daring)* kühn; **b)** *(forward)* keck; kühn ‹*Worte*›; **make so ~ [as to ...]** so kühn sein[, zu ...]; *see also* **brass 1 a; c)** *(striking)* auffallend, kühn ‹*Farbe, Muster*›; kräftig ‹*Konturen*›; fett ‹*Schlagzeile*›; **bring out in ~ relief** deutlich hervortreten lassen; **d)** *(vigorous)* kühn; ausdrucksvoll ‹*Stil, Beschreibung*›; **e)** *(Printing)* fett; *(secondary ~)* halbfett; **in ~ [type]** im Fettdruck

**bold: ~-face, ~-faced** *see* **bold e**

**boldly** ['bəʊldlɪ] *adv.* **a)** *(courageously)* mutig; *(daringly)* kühn; **b)** *(forwardly)* dreist; **c)** *(strikingly)* kräftig ‹*hervortreten*›; mit kühnem Schwung ‹*signieren, malen*›; auffällig ‹*mustern*›

**boldness** ['bəʊldnɪs] *n., no pl.* **a)** *(courage, daring)* Kühnheit, *die;* **b)** *(forwardness)* Dreistigkeit, *die;* **c)** *(strikingness)* Kühnheit, *die; (of description, style)* Ausdruckskraft, *die; (of an outline, of lettering)* Deutlichkeit, *die; (of pattern)* Auffälligkeit, *die*

**bole** [bəʊl] *n. (trunk)* [Baum]stamm, *der*

**bolero** [bə'leərəʊ] *n., pl.* **~s** Bolero, *der*

**Bolivia** [bə'lɪvɪə] *pr. n.* Bolivien *(das)*

**Bolivian** [bə'lɪvɪən] **1.** *adj.* bolivianisch; **sb. is ~:** jmd. ist Bolivianer/Bolivianerin. **2.** *n.* Bolivianer, *der*/Bolivianerin, *die*

**boll** [bəʊl] *n.* Samenkapsel, *die*

**bollard** ['bɒləd] *n. (Brit.)* Poller, *der*

**bollocks** ['bɒləks] *(coarse)* **1.** *n. pl.* Eier *(derb).* **2.** *int.* Scheiße

'**boll-weevil** *n.* Baumwollkapselkäfer, *der*

**bologna** [bə'ləʊnjə] *n. (Amer.)* ~ **[sausage]** ≈ Mortadella, *die*

**boloney** [bə'ləʊnɪ] *n.* **a)** *(sl.)* Quatsch, *der (ugs.);* **b)** *(Amer.: sausage) see* **bologna**

**Bolshevik** ['bɒlʃɪvɪk] *n.* **a)** *(Hist.)* Bolschewik, *der;* **b)** *(coll.: revolutionary)* Bolschewist, *der*/Bolschewistin, *die (ugs.)*

**Bolshie, Bolshy** ['bɒlʃɪ] *adj. (sl.: uncooperative)* aufsässig; rotzig *(salopp)*

**bolster** ['bəʊlstə(r)] **1.** *n. (pillow)* Nackenrolle, *die; (wedge-shaped)* Keilkissen, *das.* **2.** *v. t. (fig.)* stärken; ~ **sb. up** jmdm. Mut machen; ~ **sth. up** etw. stärken; ~ **up a regime/one's status** ein Regime stützen/seinen Status aufpolieren *(ugs.)*

[1]**bolt** [bəʊlt] **1.** *n.* **a)** *(on door or window)* Riegel, *der; (on gun)* Kammerverschluß, *der;* **b)** *(metal pin)* Schraube, *die; (without thread)* Bolzen, *der;* **c)** *(of crossbow)* Bolzen, *der;* **shoot one's** ~ *(fig.)* sein Pulver verschießen; **d)** ~ **[of lightning]** Blitz[strahl], *der;* **[like] a ~ from the blue** *(fig.)* wie ein Blitz aus heiterem Himmel; **e)** *(sudden dash)* **make a ~ for freedom** einen Fluchtversuch machen; **make a ~ for it** das Weite suchen. **2.** *v. i.* **a)** davonlaufen; ‹*Pferd:*› durchgehen; ‹*Fuchs, Kaninchen:*› [mit einem Satz] flüchten; ~ **out of the shop** aus dem Laden rennen; **b)** *(Hort., Agric.)* vorzeitig Samen bilden; ‹*Salat, Kohl:*› schießen; **c)** *(Amer. Polit.)* abspringen *(ugs.).* **3.** *v. t.* **a)** *(fasten with ~)* verriegeln; ~ **sb. in/out** jmdn. einsperren/aussperren; **b)** *(fasten with ~s with/without thread)* verschrauben/mit Bolzen verbinden; ~ **sth. to sth.** etw. an etw. *(Akk.)* schrauben/mit Bolzen befestigen; **c)** *(gulp down)* ~ **[down]** hinunterschlingen ‹*Essen*›; hinunterstürzen ‹*Getränk*›; **d)** aufjagen ‹*Fuchs, Kaninchen usw.*›. **4.** *adv.* ~ **upright** kerzengerade

[2]**bolt** *v. t. (sift)* sieben

**bolt:** ~**-hole** *n. (lit. or fig.)* Schlupfloch, *das;* ~**-on** *adj.* aufschraubbar

**Bolzano** [bɒl'zɑ:nəʊ] *pr. n.* Bozen *(das)*

**bomb** [bɒm] **1.** *n.* **a)** Bombe, *die;* **go like a ~** *(fig. coll.)* ein Bombenerfolg sein; **my new car goes like a ~:** mein neues Auto ist die reinste Rakete; **go down a ~ with** *(fig. sl.)* ein Bombenerfolg sein bei; **b)** *(sl.: large sum of money)* **a ~:** 'ne Masse Geld *(ugs.);* **c)** *(Amer. coll.: failure)* Reinfall, *der (ugs.).* **2.** *v. t.* bombardieren; ~ **a pub** einen Bombenanschlag auf eine Kneipe verüben. **3.** *v. i.* **a)** Bomben werfen; ~**ing raid** Bombenangriff, *der;* **b)** *(sl.: fail)* durchfallen; **c)** *(sl.: travel fast)* rasen

~ '**out** *v. t.* ausbomben

**bombard** [bɒm'bɑ:d] *v. t. (Mil.)* beschießen; bombardieren *(veralt.); (fig.)* bombardieren

**bombardier** [bɒmbə'dɪə(r)] *n. (Brit. Mil.)* Unteroffizier [bei der Artillerie]

**bombardment** [bɒm'bɑ:dmənt] *n.* Beschuß, *der;* Bombardierung, *die (veralt.); (fig.)* Bombardierung, *die*

**bombast** ['bɒmbæst] *n., no pl.* Schwulst, *der;* Bombast, *der*

**bombastic** [bɒm'bæstɪk] *adj.* bombastisch; schwülstig

**bomb:** ~**-bay** *n.* Bombenschacht, *der;* ~**-disposal** *n.* Räumung von Bomben; ~**-disposal expert** Experte für die Räumung von Bomben; ~**-disposal squad** Bombenräumkommando, *das*

**bombe** [bɔ̃b] *n. (Gastr.)* Eisbombe, *die*

**bomber** ['bɒmə(r)] *n.* **a)** *(Air Force)* Bomber, *der (ugs.);* **b)** *(terrorist)* Bombenattentäter, *der*/-attentäterin, *die;* Bombenleger, *der*/-legerin, *die (ugs.)*

'**bomber jacket** *n.* Bomberjacke, *die*

**bombing** ['bɒmɪŋ] *n.* Bombardierung, *die*

**bomb:** ~**-proof** *adj.* bombenfest; ~ **scare** *n.* Bombendrohung, *die;* ~**-shell** *n.* Bombe, *die; (fig.)* Sensation, *die;* **come as a** *or* **be something of a ~-shell** wie eine Bombe einschlagen; **a blonde ~-shell** eine Superblondine; ~**-site** *n.* Trümmergrundstück, *das; (larger area)* Trümmerfeld, *das*

**bona fide** [bəʊnə 'faɪdɪ] **1.** *adj. (genuine)* echt; *(sincere)* ehrlich; redlich; ~ **contract** in gutem Glauben abgeschlossener Vertrag; ~ **purchaser** gutgläubiger Erwerber. **2.** *adv. (genuinely)* wahrhaftig; *(sincerely)* ehrlich; redlich; *(in good faith)* in gutem Glauben; bona fide *(geh.)*

**bonanza** [bə'nænzə] **1.** *n.* **a)** *(unexpected success)* Goldgrube, *die (fig.);* **b)** *(large output)* reiche Ausbeute. **2.** *adj.* äußerst ertragreich ‹*Farm, Geschäftsjahr*›

**bon-bon** ['bɒnbɒn] *n.* Praliné, *das*

**bonce** [bɒns] *n. (Brit. sl.: head)* Birne, *die (salopp)*

**bond** [bɒnd] **1.** *n.* **a)** Band, *das;* **b)** *in pl. (shackles, lit. or fig.)* Fesseln; Bande *(dichter. veralt.);* **c)** *(uniting force)* Band, *das;* **d)** *(adhesion)* **the ~ will be instantaneous/unbreakable** die Haftwirkung wird sofort eintreten/die Teile werden absolut fest aneinanderkleben; **e)** *(Commerc.) (debenture)* Anleihe, *die;* Schuldverschreibung, *die; (deed)* Schuldschein, *der;* **goods in ~:** Waren unter Zollverschluß; **f)** *(agreement)* Übereinkommen, *das; (covenant)* Bund, *der;* **my word is [as good as] my ~:** was ich verspreche, das halte ich auch; **g)** *(Insurance)* ≈ Vertrauensschadenversicherung, *die;* **h)** *(Building)* [Mauer]verband, *der;* **English ~:** Blockverband, *der;* **i)** *see* **bond paper; j)** *(Chem.)* Bindung, *die.* **2.** *v. t.* **a)** *(join securely)* zusammenfügen **(to** mit); **b)** *(Building)* im Verband legen; **c)** *(Commerc.)* unter Zollverschluß nehmen; *see also* **bonded a**

**bondage** ['bɒndɪdʒ] *n., no pl.* Sklaverei, *die (auch fig.); (sexual perversion)* Bondage, *das;* Fesseln, *das;* **in ~ to sb.** als jmds. Sklave/Sklavin *(auch fig.)*

**bonded** ['bɒndɪd] *adj.* **a)** *(Commerc.)* unter Zollverschluß; ~ **goods** Zollagergut, *das;* ~ **warehouse** Zollager, *das;* ~ **debt** fundierte Schuld *(Finanzw.);* **b)** *(cemented, reinforced)* verstärkt

'**bond:** ~**paper** *n.* Dokumentenpapier, *das; (for general use)* feines Schreibpapier; ~**stone** *n. (Building)* Binder, *der;* ~**-washing** *n. (Finance) Umwandlung von zu versteuernden Dividendengewinnen in steuerfreie Kapitalerträge*

**bone** [bəʊn] **1.** *n.* **a)** Knochen, *der; (of fish)* Gräte, *die;* ~**s** *(fig.: remains)* Gebeine *Pl. (geh.);* **be chilled to the ~** *(fig.)* völlig durchgefroren sein; **cut prices to the ~:** die Preise äußerst scharf kalkulieren; **pare expenditure to the ~:** sich radikal einschränken; **work one's fingers to the ~** *(fig.)* bis zum Umfallen arbeiten; **I feel it in my ~s** *(fig.)* ich habe es im Gefühl; **make old ~s** *(fig.)* alt werden; **the bare ~s** *(fig.)* die wesentlichen Punkte; *(of a story)* die Grundzüge; **close to the** *or* **near the ~** *(fig.) (indecent)* gewagt; *(destitute)* am Rande des Existenzminimums; **come** *or* **get close to** *or* **near the ~** *(fig.)* [ziemlich] gewagt sein; *see also* **dry 1a; b)** *(material)* Knochen, *der; (ivory)* Elfenbein, *das;* **c)** *(stiffener) (in collar)* Kragenstäbchen, *das; (in corset)* Korsettstange, *die;* **d)** *(subject of dispute)* **have/find a ~ to pick with sb.** mit jmdm. ein Hühnchen zu rupfen haben *(ugs.)* /einen Grund finden, mit jmdm. Streit anzufangen; ~ **of contention** Zankapfel, *der;* **make no ~s about sth./doing sth.** keinen Hehl aus etw. machen/sich nicht scheuen, etw. zu tun. **2.** *v. t.* den/die Knochen herauslösen aus, ausbeinen ‹*Fleisch, Geflügel*›; entgräten ‹*Fisch*›. **3.** *v. i.* ~ **up on sth.** *(Amer. coll.)* etw. büffeln *(ugs.)*

**bone:** ~ '**china** *n.* Knochenporzellan, *das;* ~'**dry** *adj.* knochentrocken *(ugs.);* ~**fish** *n. (Amer.)* Grätenfisch, *der;* ~**head** *n. (sl.)* Holzkopf, *der (salopp abwertend);* ~**-headed** *adj. (sl.)* blöd *(ugs. abwertend);* ~'**idle**, ~ '**lazy** *adjs.* stinkfaul *(salopp);* ~ **marrow** *n. (Anat.)* Knochenmark, *das;* ~**-meal** *n.* Knochenmehl, *das*

**boner** ['bəʊnə(r)] *n. (sl.)* grober Schnitzer; **pull a ~:** sich *(Dat.)* einen groben Schnitzer leisten

**bone:** ~**-shaker** *n.* Klapperkiste, *die (salopp);* ~ '**weary** *adj.* völlig erschöpft

**bonfire** ['bɒnfaɪə(r)] *n.* **a)** *(at celebration)* Freudenfeuer, *das;* **B~ Night** *(Brit.)* [Abend des] Guy Fawkes Day *(mit Feuerwerk);* **b)** *(for burning rubbish)* Feuer, *das;* **make a ~ of sth.** *(lit. or fig.)* etw. verbrennen

**bongo** ['bɒŋgəʊ] *n., pl.* ~**s** *or* ~**es** *(drum)* Bongo, *das od. die*

**bonhomie** ['bɒnəmi:] *n., no pl.* Bonhomie, *die (geh.);* Jovialität, *die*

**bonk** [bɒŋk] *(Brit. sl.)* **1.** *v. t.* **a)** hauen; **b)** *(copulate with)* bumsen *(salopp).* **2.** *v. i. (copulate)* bumsen *(salopp)*

**bonkers** ['bɒŋkəz] *adj. (sl.)* verrückt *(salopp);* wahnsinnig *(ugs.);* **go ~:** überschnappen *(ugs.);* **be ~:** spinnen *(ugs. abwertend)*

**bon mot** [bɔ̃ 'məʊ, bɒn 'məʊ] *n., pl.* **bons mots** [bɔ̃ 'məʊ, bɒn 'məʊ] Bonmot, *das*

**bonnet** ['bɒnɪt] *n.* **a)** *(woman's)* Haube, *die;* Bonnet, *das (hist.); (child's)* Häubchen, *das; (Scotch cap)* [Schotten]mütze, *die; see also* **bee a; b)** *(Brit. Motor Veh.)* Motor- *od.* Kühlerhaube, *die*

**bonny** ['bɒnɪ] *adj.* **a)** *(fine)* prächtig ‹*Bursche, Schiff*›; herrlich ‹*Land, Stadt, Anblick*›; **b)** *(healthy-looking)* prächtig ‹*Baby*›; gesund ‹*Gesicht*›; **c)** *(Scot. and N. Engl.: comely)* hübsch

**bonsai** ['bɒnsaɪ] *n.* **a)** *(tree)* Bonsai[baum], *der;* **b)** *no pl., no art. (method)* Bonsai, *das*

**bonus** ['bəʊnəs] *n.* **a)** zusätzliche Leistung; **b)** *(to shareholders, insurance-policy holder)* Bonus, *der; (to employee)* **Christmas ~:** Weihnachtsgratifikation, *die;* **cost-of-living ~:** Teuerungszulage, *die;* **production ~:** Leistungsprämie, *die;* **c)** *(advantage)* Pluspunkt, *der*

**bon vivant** [bɔ̃ vi:'vɑ̃] *n., pl.* **bon vivants** *or* **bons vivants** [bɔ̃ vi:'vɑ̃] Gourmet, *der;* Feinschmecker, *der*

**bon voyage** [bɔ̃ vwa:'jɑ:ʒ] *int.* glückliche Reise

**bony** ['bəʊnɪ] *adj.* **a)** *(of bone)* beinern; knöchern; Knochen-; *(like bone)* knochenartig; **b)** *(big-boned)* grobknochig; **c)** *(skinny)* knochendürr *(ugs.);* spindeldürr; **d)** *(full of bones)* grätig ‹*Fisch*›; ‹*Fleisch*› mit viel Knochen; **be ~:** viele Gräten/Knochen haben

**boo** [bu:] **1.** *int. to surprise sb.* huh; *expr. disapproval, contempt* buh; **he wouldn't say '~' to a goose** er ist sehr schüchtern; **cries of '~':** Buhrufe. **2.** *n.* Buh, *das (ugs.).* **3.** *v. t.* ausbuhen *(ugs.);* **he was ~ed off the stage** er wurde so ausgebuht, daß er die Bühne verließ *(ugs.).* **4.** *v. i.* buhen *(ugs.)*

**boob** [bu:b] *(Brit. sl.)* **1.** *n.* **a)** *(mistake)* Fehler, *der;* Schnitzer, *der (ugs.);* **b)** *(simpleton)* Dussel, *der (salopp);* Blödian, *der (ugs. abwertend);* **c)** *(breast)* Titte, *die (derb).* **2.** *v. i.* einen Schnitzer machen *(ugs.);* Mist bauen *(salopp abwertend)*

**booboo** ['bu:bu:] *(coll.) see* **boob 1a**

**booby** ['bu:bɪ] *n.* **a)** Trottel, *der (ugs. abwertend);* **b)** *(Ornith.)* Tölpel, *der*

**booby:** ~**hatch** *n. (Amer. sl.)* Klapsmühle, *die (salopp);* ~ **prize** *n. Preis für den schlechtesten Teilnehmer an einem Wettbewerb;* ~ **trap** *n.* **a)** *Falle, mit der man jmdm. einen Streich spielen will;* **b)** *(Mil.)* versteckte Sprengladung; ~**-trap** *v. t.* **a)** [für einen Streich] präparieren; **b)** *(Mil.)* **the bomb/the**

**door had been ~-trapped** die Bombe war präpariert worden/an der Tür war eine versteckte Sprengladung angebracht worden

**boodle** ['bu:dl] *n. (sl.)* Zaster, *der (salopp); (for bribery)* Schmiergeld, *das (ugs.)*

**book** [bʊk] **1.** *n.* **a)** Buch, *das;* **in ~ form** in Buchform; als Buch; **be a closed ~ [to sb.]** *(fig.)* [jmdm. *od.* für jmdn.] ein Buch mit sieben Siegeln sein; **the ~ of Job** das Buch Hiob; **the ~ of fate** *(fig.)* das Schicksal; **the ~ of life** *(fig.)* das Buch des Lebens *(Rel.);* das Lebensbuch *(Rel.);* **the [Good] B~** das Buch der Bücher; die Bibel; **throw the ~ at sb.** *(fig.)* jmdn. kräftig zusammenstauchen *(ugs.);* **bring to ~** *(fig.)* zur Rechenschaft ziehen; **in my ~** *(fig.)* meiner Ansicht *od.* Meinung nach; **it won't suit my ~** *(fig.)* es paßt mir nicht; **be in sb.'s good/bad ~s** *(fig.)* bei jmdm. gut/schlecht angeschrieben sein; **that's not in the ~** *(fig. coll.)* das geht nicht; **I can read you like a ~** *(fig.)* ich kann in dir lesen wie in einem Buch; **do sth.** *or* **play it/speak by the ~** *(fig.)* sich an die Regeln halten/ganz korrekte Angaben machen; **speak** *or* **talk like a ~** *(fig.)* sich geschraubt ausdrücken *(ugs. abwertend);* **take a leaf out of sb.'s ~** *(fig.)* sich *(Dat.)* jmdn. zum Vorbild nehmen; **you could take a leaf out of his ~:** du könntest dir von ihm eine Scheibe abschneiden *(ugs.); see also* **black books; open 1 k; b)** *(for accounts)* Konto- *od.* Rechnungsbuch, *das; (for notes)* [Notiz]buch, *das; (for exercises)* [Schreib]heft, *das;* **c)** *(telephone directory)* Telefonbuch, *das;* **be in the ~:** im Telefonbuch stehen; **d)** *(coll.: magazine)* Magazin, *das;* Illustrierte, *die;* **e)** *in pl. (records, accounts)* Bücher; **do the ~s** die Abrechnung machen; **balance the ~s** die Bilanz machen *od.* ziehen; *see also* **keep 1 h; f)** *in pl. (list of members)* **be on the ~s** auf der [Mitglieds]liste *od.* im Mitgliederverzeichnis stehen; **g)** *(record of bets)* Wettbuch, *das;* **make** *or* **keep a ~ on sth.** Wetten auf etw. *(Akk.)* annehmen; **h) ~ of tickets** Fahrscheinheft, *das;* **~ of stamps/matches** Briefmarkenheft/Streichholzbriefchen, *das;* **~ of samples** Musterbuch, *das;* **i)** *(in poem)* Gesang, *der;* **j)** *(libretto)* Textbuch, *das; (play-script)* Textvorlage, *die;* **~ of words** Textbuch, *das; (fig.)* Arbeitsanweisungen *Pl.* **2.** *v. t.* **a)** *(engage in advance)* buchen ⟨*Reise, Flug, Platz [im Flugzeug]*⟩; [vor]bestellen ⟨*Eintrittskarte, Tisch, Zimmer, Platz [im Theater]*⟩; anmelden ⟨*Telefongespräch*⟩; engagieren, verpflichten ⟨*Künstler, Orchester*⟩; **be fully ~ed** ⟨*Vorstellung:*⟩ ausverkauft sein; ⟨*Flug[zeug]:*⟩ ausgebucht sein; ⟨*Hotel:*⟩ voll belegt *od.* ausgebucht sein; **b)** *(enter in ~)* eintragen; *(for offence)* aufschreiben *(ugs.)* **(for** wegen); **c)** *(issue ticket to)* **we are ~ed on a flight to Athens** man hat für uns einen Flug nach Athen gebucht. **3.** *v. i.* buchen; *(for travel, performance)* vorbestellen

**~ 'in 1.** *v. i.* sich eintragen; **we ~ed in at the Ritz** wir sind im Ritz abgestiegen. **2.** *v. t.* **a)** *(make reservation for)* Zimmer/ein Zimmer vorbestellen *od.* reservieren für; **we're ~ed in at the Dorchester** unsere Zimmer sind im Dorchester reserviert; **b)** *(register)* eintragen

**~ 'up 1.** *v. i.* buchen. **2.** *v. t.* buchen; **the guest-house is ~ed up** die Pension ist ausgebucht *od.* voll belegt

**bookable** ['bʊkəbl] *adj.* **be ~:** vorbestellt werden können; ⟨*Flug, Urlaub:*⟩ gebucht werden können

**book: ~binder** *n.* Buchbinder, *der*/-binderin, *die;* **~binding** *n., no pl.* Buchbinderei, *die;* **~case** *n.* Bücherschrank, *der;* **~ club** *n.* Buchklub, *der;* Buchgemeinschaft, *die;* **~-ends** *n. pl.* Buchstützen

**bookie** ['bʊkɪ] *n. (coll.)* Buchmacher, *der*

**booking** ['bʊkɪŋ] *n.* **a)** Buchung, *die; (of ticket)* Bestellung, *die; (of table, room, seat)* Vorbestellung, *die;* **~ for the concert opens today** der Vorverkauf für das Konzert beginnt heute; **make/cancel a ~:** buchen/eine Buchung rückgängig machen; *(for tickets)* bestellen/abbestellen; **change one's ~:** umbuchen; *(for tickets)* umbestellen; **b)** *(of performer)* Engagement, *das*

**booking: ~-clerk** *n.* Schalterbeamte, *der*/-beamtin, *die;* Fahrkartenverkäufer, *der*/-verkäuferin, *die;* **~-hall** *n.* Schalterhalle, *die;* **~-office** *n. (in station)* [Fahrkarten]schalter, *der; (in theatre)* [Theater]kasse, *die; (selling tickets in advance)* Vorverkaufsstelle, *die*

**bookish** ['bʊkɪʃ] *adj.* **a)** *(studious)* gelehrt; *(addicted to reading)* **be ~:** ein Bücherwurm sein; **b)** *(as in books)* schriftsprachlich; papieren *(abwertend)*

**book: ~-jacket** *n.* Schutzumschlag, *der;* **~keeper** *n.* Buchhalter, *der*/Buchhalterin, *die;* **~keeping** *n.* Buchführung, *die;* Buchhaltung, *die*

**booklet** ['bʊklɪt] *n.* Broschüre, *die*

**book: ~-lover** *n.* Bücherfreund, *der;* **~maker** *n. (in betting)* Buchmacher, *der;* **~making** *n., no pl.* **a)** *(in betting)* Buchmacherei, *die;* **b)** *(compiling books)* Kompilation, *die;* **~man** *n.* Literat, *der;* **~mark[er]** *ns.* Lese- *od.* Buchzeichen, *das;* **~mobile** ['bʊkməbi:l] *n. (Amer.)* Fahrbücherei, *die;* **~ page** *n.* **a)** *(in newspaper) Seite mit Buchrezensionen;* ≈ Literaturseite, *die;* **b)** *(page of book)* Buchseite, *die;* **~-plate** *n.* Exlibris, *das;* **~-post** *n., no pl.* Büchersendung, *die;* **~-rest** *n. Halter für das aufgeschlagene Buch;* **~ review** *n.* Buchbesprechung, *die;* **~seller** *n.* Buchhändler, *der*/-händlerin, *die;* **~shelf** *n.* Bücherbord, *das;* **on my ~shelves** in meinen Bücherregalen; **~shop** *n.* Buchhandlung, *die;* Buchladen, *der;* **~stall** *n.* Bücherstand, *der;* **~store** *(Amer.) see* **~shop**

**booksy** ['bʊksɪ] *adj. (coll.)* hochgestochen *(ugs. abwertend)* ⟨*Stil, Ausdruck, Konversation*⟩; hochgelahrt *(scherzh.)* ⟨*Person*⟩

**book: ~ token** *n.* Büchergutschein, *der;* **~-trough** *n.* Bücherständer, *der;* **~ value** *n. (Bookk.)* Buchwert, *der;* **~work** *n.* Bücherstudium, *das;* **~worm** *n. (lit. or fig.)* Bücherwurm, *der*

**[1]boom** [bu:m] *n.* **a)** *(for camera or microphone)* Ausleger, *der;* **b)** *(Naut.)* Baum, *der;* **c)** *(floating barrier)* [schwimmende] Absperrung

**[2]boom 1.** *v. i.* **a)** dröhnen; ⟨*Kanone, Wellen, Brandung:*⟩ dröhnen, donnern; ⟨*Vogel:*⟩ [dumpf] rufen; **b)** ⟨*Geschäft, Verkauf, Stadt, Gebiet:*⟩ sich sprunghaft entwickeln; ⟨*Preise, Aktien:*⟩ rapide steigen. **2.** *n.* **a)** *(of person)* Gebrüll, *das; (of gun, waves)* Dröhnen, *das;* Donnern, *das; (of bird)* [dumpfes] Rufen; [dumpfer] Ruf; **b)** *(in business)* [sprunghafter] Aufschwung; Boom, *der; (in prices)* [rapider] Anstieg; *attrib.* **a ~ area** ein Gebiet, das sich sprunghaft entwickelt; **a ~ year** ein Boomjahr; **c)** *(period of economic expansion)* Hochkonjunktur, *die;* Boom, *der; attrib.* **the ~ years** die Jahre der Hochkonjunktur

**~ 'out 1.** *v. i.* ⟨*Stimme:*⟩ dröhnen; ⟨*Kanone:*⟩ donnern, dröhnen. **2.** *v. t.* brüllen ⟨*Kommando, Befehl*⟩

**boomerang** ['bu:məræŋ] **1.** *n. (lit. or fig.)* Bumerang, *der.* **2.** *v. i. (fig.)* sich als Bumerang erweisen

**'boom town** *n. Stadt in sprunghaftem Aufschwung*

**boon** [bu:n] *n.* **a)** *(blessing)* Segen, *der;* Wohltat, *die;* **be a tremendous ~** *or* **a ~ and a blessing to sb.** ein wahrer Segen für jmdn. sein; **b)** *(request, favour)* Gunst, *die (geh.)*

**'boon companion** *n.* Kumpan, *der*

**boondoggle** ['bu:ndɒgl] *(Amer.)* **1.** *n.* sinnlose Arbeit. **2.** *v. i.* sinnlos arbeiten

**boor** [bʊə(r)] *n.* Rüpel, *der (abwertend)*

**boorish** ['bʊərɪʃ] *adj.*, **boorishly** ['bʊərɪʃlɪ] *adv.* flegelhaft *(abwertend);* rüpelhaft *(abwertend)*

**boorishness** ['bʊərɪʃnɪs] *n., no pl.* Flegelei, *die (abwertend);* Rüpelei, *die (abwertend)*

**boost** [bu:st] **1.** *v. t.* **a)** steigern; ankurbeln ⟨*Wirtschaft*⟩; in die Höhe treiben ⟨*Preis, Wert, Aktienkurs*⟩; stärken, heben ⟨*Selbstvertrauen, Moral*⟩; *(increase reputation of)* aufbauen; *(recommend vigorously)* anpreisen; **b)** *(coll.: push from below)* hochschieben; hochheben; **c)** *(Electr.)* erhöhen ⟨*Spannung*⟩; **d)** *(Radio)* verstärken ⟨*Signal*⟩. **2.** *n.* Auftrieb, *der; (increase)* Zunahme, *die;* **give sb./sth. a ~:** jmdm./einer Sache Auftrieb geben; **be given a ~:** Auftrieb erhalten; **give sales/production a ~:** den Verkauf/die Produktion ankurbeln

**booster** ['bu:stə(r)] *n.* **a)** *(Med.)* **~ [shot** *or* **injection]** Auffrischimpfung, *die;* **b)** *(Astronaut.)* **~ [rocket/motor]** Starthilfsrakete, *die*/Starthilfstriebwerk, *das*

**[1]boot** [bu:t] **1.** *n.* **a)** Stiefel, *der;* **get the ~** *(fig. coll.)* rausgeschmissen werden *(ugs.);* **give sb. the ~** *(fig. coll.)* jmdn. rausschmeißen *(ugs.);* **give sb. a ~ up the backside** *(fig. coll.)* jmdm. den Marsch blasen *(salopp);* **as tough as old ~s** *(fig. sl.)* zäh wie Leder; **put the ~ in** *(sl.)* ihn/sie *usw.* [brutal] treten; **put the ~ in!** *(sl.)* tritt ihn/sie *usw.* zusammen! *(ugs.);* **the ~ is on the other foot** *(fig.)* es ist genau umgekehrt; **you can bet your ~s that ...** *(fig. sl.)* ..., darauf kannst du Gift nehmen *(ugs.); see also* **big 1 g; [1]die 1 a; heart 1 c; b)** *(Brit.: of car)* Kofferraum, *der;* **c)** *(Hist.: torture)* spanischer Stiefel. **2.** *v. t.* **a)** *(coll.)* treten; kicken *(ugs.)* ⟨*Ball*⟩; **~ sb. out** *(fig. coll.)* jmdn. rausschmeißen *(ugs.);* **b)** *(Computing)* **~ [up]** laden

**[2]boot** *n.* **to ~:** noch dazu; obendrein

**'bootblack** *(Amer.) see* **shoeblack**

**booted** ['bu:tɪd] *adj.* gestiefelt

**bootee** [bu:'ti:] *n. (infant's)* Babyschuh, *der; (woman's)* Stiefelette, *die*

**booth** [bu:ð] *n.* **a)** Bude, *die;* **b)** *(telephone ~)* Telefonzelle, *die;* **c)** *(polling-~)* Wahlkabine, *die*

**'bootleg 1.** *v. t.* schmuggeln; *(sell/make)* schwarz *(ugs.) od.* illegal verkaufen/brennen. **2.** *adj.* geschmuggelt; *(sold/made)* schwarz *(ugs.) od.* illegal verkauft/gebrannt

**bootlegger** ['bu:tlegə(r)] *n. see* **bootleg 1:** Schmuggler, *der;* Schwarzhändler *der;* Schwarzbrenner, *der*

**'bootlicker** *n. (derog.)* Speichellecker, *der (abwertend)*

**boots** [bu:ts] *n. sing. (Brit. dated)* Hausbursche, *der*

**boot: ~ sale** *n. (Brit.) eine Art Flohmarkt, bei dem die Verkaufsgegenstände im Kofferraum des Autos ausgelegt werden;* **~strap** *n. (Computing)* Bootstrapping, *das;* **~straps** *n. pl.* **pull oneself up** *or* **raise oneself by one's own ~straps** *(fig.)* sich aus eigener Kraft hocharbeiten

**booty** ['bu:tɪ] *n., no pl.* Beute, *die*

**booze** [bu:z] *(coll.)* **1.** *v. i.* saufen *(derb).* **2.** *n., no pl.* **a)** *(drink)* Alkohol, *der;* **b)** *(drinking-bout)* Besäufnis, *das (salopp);* **go/be on the ~:** [einen] saufen gehen/saufen *(derb)*

**boozer** ['bu:zə(r)] *n.* **a)** *(coll.: one who boozes)* Säufer, *der*/Säuferin, *die (derb);* **b)** *(Brit. sl.: public house)* Kneipe, *die (ugs.)*

**'booze-up** *n. (coll.)* Besäufnis, *das (salopp);* **have a ~:** einen heben *(ugs.)*

**boozy** ['bu:zɪ] *adj. (coll.)* betrunken; blau *nicht attr. (ugs.); (addicted to drink)* versoffen *(salopp)*

**bop** [bɒp] *(coll.)* **1.** *v. i. (zur Popmusik)* tanzen. **2.** *n.* Tanz, *der (zur Popmusik);* **have a ~:** tanzen; **put on a ~:** eine Tanzfete *(ugs.)* veranstalten

**bopper** ['bɒpə(r)] *n. (coll.) jmd., der zur Popmusik tanzt*

**borage** ['bɒrɪdʒ] *n.* *(Bot.)* Borretsch, *der*

**borax** ['bɔ:ræks] *n.* *(Chem.)* Borax, *der*

**Bordeaux** [bɔ:'dəʊ] *n., pl. same* [bɔ:'dəʊz] Bordeaux[wein], *der*

**bordel** [bɔ:'del], **bordello** [bɔ:'deləʊ] *ns., pl.* **~s** *(Amer.)* Bordell, *das*

**border** ['bɔ:də(r)] **1.** *n.* **a)** Rand, *der; (of table-cloth, handkerchief, dress)* Bordüre, *die;* **b)** *(of country)* Grenze, *die;* **the B~[s]** die Grenze; **north of the B~** *(in Scotland)* in Schottland; **c)** *(flower-bed)* Rabatte, *die; see also* **herbaceous. 2.** *attrib. adj.* Grenz⟨*stadt, -gebiet, -streit*⟩. **3.** *v. t.* **a)** *(adjoin)* [an]grenzen an (+ *Akk.*); **be ~ed by** [an]grenzen an (+ *Akk.*); **b)** *(put a ~ to, act as ~ to)* umranden; einfassen; **c)** *(resemble closely)* grenzen an (+ *Akk.*). **4.** *v. i.* **~ on** *see* **3 a, c**

**borderer** ['bɔ:dərə(r)] *n.* Grenzbewohner, *der*/-bewohnerin, *die*

**border:** **~land** Grenzgebiet, *das; (fig.)* Grenzbereich, *der;* **~line 1.** *n.* Grenzlinie, *die; (fig.)* Grenze, *die;* **2.** *adj.* **sb./sth. is ~line** *(fig.)* jmd. ist/etw. liegt auf der Grenze; **a ~line case/candidate/type** *(fig.)* ein Grenzfall; **B~ terrier** *n.* Borderterrier, *der*

**[1]bore** [bɔ:(r)] **1.** *v. t.* *(make hole in)* bohren; **~ the rock/the wood** ein Loch in das Gestein/das Holz bohren; **~ rock/wood** Gestein/Holz bohren; **~ one's way through sth.** sich durch etw. hindurchbohren. **2.** *v. i.* *(drill)* bohren (**for** nach). **3.** *n.* **a)** *(of firearm, engine cylinder)* Bohrung, *die (Technik); (of tube, pipe)* Innendurchmesser, *der;* **b)** *(calibre)* Kaliber, *das;* **c)** *see* **borehole**

**[2]bore 1.** *n.* **a)** *(nuisance)* **it's a real ~:** es ist wirklich ärgerlich; **what a ~!** wie ärgerlich!; **she is a real ~:** sie kann einem wirklich auf die Nerven gehen; **b)** *(dull person)* Langweiler, *der (ugs. abwertend).* **2.** *v. t.* *(weary)* langweilen; **sb. is ~d with sth.** etw. langweilt jmdn.; **sb. is ~d with life** jmdn. ödet alles an *(ugs.);* **I'm ~d** ich langweile mich; ich habe Langeweile; **~ sb. to death** *or* **to tears** *(coll.)* jmdn. zu Tode langweilen

**[3]bore** *n.* *(tide-wave)* Flutbrandung, *die;* Bore, *die*

**[4]bore** *see* **[2]bear**

**boredom** ['bɔ:dəm] *n., no pl.* Langeweile, *die;* **with a look of utter ~ on one's face** mit einem völlig gelangweilten Gesichtsausdruck

**'borehole** *n.* Bohrloch, *das*

**borer** ['bɔ:rə(r)] *n.* *(tool)* Bohrer, *der*

**boring** ['bɔ:rɪŋ] *adj.* langweilig

**born** [bɔ:n] **1. be ~:** geboren werden; **I was ~ in England** ich bin *od.* wurde in England geboren; **he was ~ of rich parents** *or* **~ rich** er war das Kind reicher Eltern; **he was ~ into a rich family** er wurde in eine reiche Familie hineingeboren; **a new era was ~:** eine neue Ära brach an; **be ~ again** *(fig.)* wiedergeboren werden; **I wasn't ~ yesterday** *(fig.)* ich bin nicht von gestern *(ugs.);* **there's one ~ every minute** *(coll.)* die Dummen werden nicht alle; **be ~ of sth.** *(fig.)* aus etw. entstehen; **be ~ blind/lucky** blind von Geburt sein/ein Glückskind sein; **be ~ a poet** zum Dichter geboren sein; **be ~ to sth.** *(fig.)* zu etw. geboren *od.* bestimmt sein; **be ~ to command** zum Befehlen geboren sein; **sb. is ~ to be hanged** jmdm. ist ein schlimmes Ende vorbestimmt. **2.** *adj.* **a)** geboren; **you don't know you are ~** *(coll.)* du kannst dich nicht beklagen; **~ again** *(fig.)* wiedergeboren; **in all my ~ days** *(fig. coll.)* in meinem ganzen Leben; mein Lebtag *(ugs. veralt.); see also* **breed 1 c; b)** *(destined to be)* **be a ~ orator** *or* **an orator ~:** der geborene Redner *od.* zum Redner geboren sein; **c)** *(complete)* **a ~ fool** ein völliger Narr

**borne** *see* **[2]bear**

**boron** ['bɔ:rɒn] *n.* *(Chem.)* Bor, *das*

**borough** ['bʌrə] *n.* **a)** *(Brit. Hist.: town with corporation)* Borough, *das; Stadt mit Selbstverwaltung;* **the ~ of Brighton** ≈ die Stadt Brighton; **b)** *(Brit.: town sending members to Parliament)* Borough, *das; Stadt[bezirk] mit Vertretung im Parlament;* **c)** *(Amer.)* **the ~ of ...** *(town)* die Stadt ...; *(village)* die Gemeinde ...

**borrow** ['bɒrəʊ] **1.** *v. t.* **a)** [sich *(Dat.)*] ausleihen; [sich *(Dat.)*] borgen; entleihen, ausleihen ⟨*Buch, Schallplatte usw. aus der Leihbücherei*⟩; [sich *(Dat.)*] leihen ⟨*Geld von der Bank*⟩; [sich *(Dat.)*] leihen, [sich *(Dat.)*] borgen ⟨*Geld*⟩; **~ sth. from sb.** [sich *(Dat.)*] etw. von *od.* bei jmdm. borgen *od.* [aus]leihen; **b)** *(fig.)* übernehmen ⟨*Idee, Methode, Meinung*⟩; entlehnen ⟨*Wort, Ausdruck aus einer anderen Sprache*⟩; **sb. is living on ~ed time** jmds. Uhr ist abgelaufen. **2.** *v. i.* borgen; *(from bank)* Kredit aufnehmen (**from** bei)

**borrowed 'light** *n.* **a)** *(reflected light)* indirektes Licht; **b)** *(internal window)* Innenfenster, *das*

**borrower** ['bɒrəʊə(r)] *n.* *(from bank)* Kreditnehmer, *der; (from library)* Entleiher, *der*

**borrowing** ['bɒrəʊɪŋ] *n.* *(from bank)* Kreditaufnahme, *die* (**from** bei); *(from library)* Entleihen, *das;* Ausleihen, *das; (fig.)* Übernahme, *die;* **'haute couture' is a ~ from French** „Haute couture" ist eine Entlehnung aus dem Französischen

**borsch** [bɔ:ʃ] *n.* Borschtsch, *der*

**Borstal** ['bɔ:stl] *n.* *(Brit.)* Erziehungsheim, *das;* Besserungsanstalt für jugendliche Straftäter

**bortsch** [bɔ:tʃ] *see* **borsch**

**borzoi** ['bɔ:zɔɪ] *n.* Barsoi, *der*

**bosh** [bɒʃ] *n., no pl., no indef. art.* *(sl.)* Quatsch, *der (ugs. abwertend)*

**bos'n** ['bəʊsn] *see* **boatswain**

**Bosnia** ['bɒznɪə] *n.* Bosnien *(das)*

**Bosnian** ['bɒznɪən] *adj.* bosnisch

**bosom** ['bʊzəm] *n.* **a)** *(person's breast)* Brust, *die;* Busen, *der (dichter. veralt.);* **b)** *(of dress)* ≈ Vorderseite des Oberteils; *(of blouse)* ≈ Vorderteil, *das; (space between breast and garment)* Busen, *der (dichter. veralt.);* **c)** *(fig.: enfolding relationship)* Schoß, *der (geh.);* **in the ~ of one's family** im Schoße der Familie; **a ~ friend** ein guter Freund; ein Busenfreund; **d)** *(fig.: seat of thoughts or emotions)* Brust, *die;* **lay bare one's ~ to sb.** jmdm. sein Herz ausschütten; **e)** *(fig.: surface)* Oberfläche, *die;* **f)** *in pl.* *(Amer.: breasts)* Busen, *der;* Brüste; **g)** *(Amer.: shirt-front)* Hemdbrust, *die; (as separate garment)* Vorhemd, *das*

**bosomy** ['bʊzəmɪ] *adj.* vollbusig

**Bosphorus** ['bɒsfərəs] *pr. n.* Bosporus, *der*

**[1]boss** [bɒs] *n.* **a)** *(metal knob, stud)* Bosse, *die (Kunstwiss.); (on shield)* Schildbuckel, *der od. die;* **b)** *(protuberance)* Verdickung, *die;* **c)** *(Archit.)* Schlußstein, *der*

**[2]boss 1.** *n.* *(coll.)* **a)** *(master)* Boß, *der (ugs.);* Chef, *der;* **OK, you're the ~:** du bist der Boß; **who's the ~ in your household?** wer bestimmt bei euch zu Hause?; **b)** *(Amer. Polit.)* [Partei]boß, *der (ugs.).* **2.** *v. t.* *(sl.)* **~ sth.** bei etw. das Sagen haben; **~ sb. [about** *or* **around]** jmdn. herumkommandieren *(ugs.)*

**'boss-eyed** *adj.* *(coll.)* schielend; **be ~:** schielen

**bossiness** ['bɒsɪnɪs] *n., no pl.* herrische Art

**bossy** ['bɒsɪ] *adj.* *(coll.)* herrisch; **don't be so ~:** hör auf herumzukommandieren *(ugs.)*

**bosun, bo'sun** ['bəʊsn] *see* **boatswain**

**botanical** [bə'tænɪkl] *adj.* botanisch; **~ garden[s]** botanischer Garten

**botanist** ['bɒtənɪst] *n.* Botaniker, *der*/Botanikerin, *die*

**botany** ['bɒtənɪ] *n., no pl.* Botanik, *die;* Pflanzenkunde, *die*

**botch** [bɒtʃ] **1.** *n.* *(bungled work) see* **2 a:** Pfuscherei, *die (ugs. abwertend);* Patzer, *der (ugs.);* **make a ~ of sth.** bei etw. pfuschen *(ugs. abwertend).* **2.** *v. t.* **a)** *(bungle)* pfuschen bei *(ugs. abwertend)* ⟨*Reparatur, Arbeit*⟩; patzen bei *(ugs.)* ⟨*Vortrag, Stabwechsel*⟩; **a ~ed job** eine gepfuschte Arbeit *(ugs. abwertend);* **b)** *(repair badly)* [notdürftig] flicken. **3.** *v. i. see* **2 a:** pfuschen *(ugs. abwertend);* patzen *(ugs.)*

**~ 'up** *v. t.* **a)** *(bungle)* verpfuschen *(ugs. abwertend);* **b)** *(repair badly)* [notdürftig] flicken

**both** [bəʊθ] **1.** *adj.* beide; **we ~ like cooking** wir kochen beide gern; **~ these books are expensive** die[se] Bücher sind beide teuer; **~ [the] brothers** beide Brüder; **~ our brothers** unsere beiden Brüder; **~ ways** *(Brit. Racing)* = **each way** *see* **each 1; you can't have it ~ ways** beides [zugleich] geht nicht; *see also* **cut 2 a. 2.** *pron.* beide; **~ [of them] are dead** beide sind tot; **they are ~ dead** sie sind beide tot; **~ of you/them are ...:** ihr seid/sie sind beide ...; **for them ~:** für sie beide; **Love or hate? – B~:** Liebe oder Haß? – Beides; **go along to bed, ~ of you** ihr geht jetzt ins Bett, alle beide. **3.** *adv.* **~ A and B, A and B ~:** sowohl A als [auch] B; **~ brother and sister are dead** sowohl der Bruder als auch die Schwester sind tot; **~ you and I** wir beide; **he and I were ~ there** er und ich waren beide da; **she was ~ singing and playing** sie hat gesungen und zugleich gespielt

**bother** ['bɒðə(r)] **1.** *v. t.* **a)** *in pass.* *(take trouble)* **I can't be ~ed [to do it]** ich habe keine Lust[, es zu machen]; **I can't be ~ed with details like that** ich kann mich nicht mit solchen Kleinigkeiten abgeben *od.* befassen; **can't you even be ~ed to dress properly?** kannst du dich nicht einmal richtig anziehen?; **I can't be ~ed with people who ...:** ich habe nichts übrig für Leute, die ...; **b)** *(annoy)* lästig sein *od.* fallen (+ *Dat.*); ⟨*Lärm, Licht:*⟩ stören; ⟨*Schmerz, Wunde, Zahn, Rücken:*⟩ zu schaffen machen (+ *Dat.*); **I'm sorry to ~ you, but ...:** es tut mir leid, daß ich Sie damit belästigen muß, aber ...; **don't ~ me now** laß mich jetzt in Ruhe!; **c)** *(worry)* Sorgen machen (+ *Dat.*); ⟨*Problem, Frage:*⟩ beschäftigen; **I'm not ~ed about him/the money** seinetwegen/wegen des Geldes mache ich mir keine Gedanken; **what's ~ing you/is something ~ing you?** was hast du denn/hast du etwas?; **~ oneself** *or* **one's head about sth.** sich *(Dat.)* über etw. *(Akk.)* den Kopf zerbrechen *(ugs.); see also* **hot 1 f; d)** *(coll.: confound)* **~ it!** wie ärgerlich!; **~ him/her/you/this car!** zum Kuckuck mit ihm/ihr/dir/diesem Auto! **2.** *v. i.* *(trouble oneself)* **~ to do that** sich damit aufhalten, das zu tun; **don't ~ to do sth.** Sie brauchen etw. nicht zu tun; **she didn't even ~ to ask** sie hielt es nicht mal für nötig, zu fragen; **you needn't have ~ed to come** Sie hätten wirklich nicht zu kommen brauchen; **you needn't't/shouldn't have ~ed** das wäre nicht nötig gewesen; **don't ~!** nicht nötig!; **~ with sth./sb.** sich mit etw./jmdm. aufhalten; **~ about sth./sb.** sich *(Dat.)* über etw./jmdn. Gedanken machen. **3.** *n.* **a)** *(nuisance)* **what a ~!** wie ärgerlich!; **it's a real/such a ~:** es ist wirklich lästig; **b)** *(trouble)* Ärger, *der;* **it's no ~ [for me]** es macht mir gar nichts aus; **the children were no ~ at all** wir hatten mit den Kindern überhaupt keine Schwierigkeiten; **have a spot of ~ with sth.** Schwierigkeiten mit etw. haben; **without any ~ at all** ohne irgendwelche Schwierigkeiten; **it's not worth the ~:** es lohnt nicht; **I'm sorry to have put you to all this ~:** es tut mir leid, Ihnen soviel Umstände gemacht zu haben; **if it isn't too much ~:** wenn es nicht zu viel Mühe macht; **go to the ~ of doing sth.** sich *(Dat.)* die Mühe machen, etw. zu tun. **4.** *int.* *(coll.)* wie ärgerlich!

**botheration** [bɒðə'reɪʃn] *int. see* **bother 4**

**bothersome** ['bɒðəsəm] *adj.* lästig; unleidlich ⟨*Kind*⟩

**bottle** ['bɒtl] **1.** *n.* **a)** Flasche, *die;* **a beer-~:**

eine Bierflasche; **a ~ of beer** eine Flasche Bier; **b)** *(fig. coll.: alcoholic drink)* **be too fond of the ~:** dem Alkohol zu sehr zugetan sein; **be on the ~:** trinken; *see also* **hit 1 k; c)** *(gas cylinder)* **a ~ of gas** eine Gasflasche; **d)** *(Brit. sl.: courage, confidence)* Mumm, *der (ugs.);* **lose one's ~:** sich *(Dat.)* den Schneid abkaufen lassen *(ugs.).* **2.** *v. t.* **a)** *(put into ~s)* in Flaschen [ab]füllen; **b)** *(store in ~s)* in Flaschen lagern *od.* aufheben; **~d beer** Flaschenbier, *das;* **~d gas** Flaschengas, *das;* **c)** *(preserve in jars)* einmachen

**~ 'up** *v. t.* **a)** *(conceal)* in sich *(Dat.)* aufstauen; **b)** *(entrap)* einschließen

**bottle: ~ bank** *n.* Altglasbehälter, *der;* **~-fed** *adj.* mit der Flasche gefüttert; **~-fed babies** Flaschenkinder

**bottleful** ['bɒtlfʊl] *n.* **a ~ of shampoo** eine Flasche Schampon

**bottle: ~-glass** *n.* Flaschenglas, *das;* **~-green 1.** *n.* Flaschengrün, *das;* **2.** *adj.* flaschengrün; **~-neck** *n. (fig.)* Flaschenhals, *der (ugs.); (in production process also)* Engpaß, *der;* **~-opener** *n.* Flaschenöffner, *der;* **~-party** *n.* Bottle-Party, *die;* **~-top** *n.* Flaschenverschluß, *der*

**bottom** ['bɒtəm] **1.** *n.* **a)** *(lowest part)* unteres Ende; *(of cup, glass, box, chest)* Boden, *der; (of valley, canyon, crevasse, well, shaft)* Sohle, *die; (of canyon, crevasse, well also)* Grund, *der; (of hill, slope, cliff, stairs)* Fuß, *der;* **the ~ of the valley** die Talsohle; **[be] at the ~ of the page/list** unten auf der Seite/Liste [sein]; **[be] in the ~ of the box/glass** am Boden des Kastens/Glases [sein]; unten im Kasten/Glas [sein]; **the ~ of my coat/dress is all muddy** mein Mantel/Kleid ist unten ganz schmutzig; **the book right at the ~ of the pile** das Buch ganz unten im Stapel; **~ up** auf dem Kopf; verkehrt herum; **~s up!** *(coll.)* hoch die Tassen!; **the ~ fell** *or* **dropped out of her world/the market** *(fig.)* für sie brach eine Welt zusammen/der Markt brach zusammen; **knock the ~ out of sth.** *(fig.)* etw. zusammenbrechen lassen; *see also* **false bottom; b)** *(buttocks)* Hinterteil, *das (ugs.);* Po[dex], *der (fam.);* **c)** *(of chair)* Sitz, *der;* Sitzfläche, *die;* **d)** *(of sea, lake)* Grund, *der;* **on the ~:** auf dem Grund; **go to the ~:** [ver]sinken; **send a ship to the ~:** ein Schiff in den Grund bohren *od.* versenken; **touch ~:** Grund haben; *(fig.)* den Tiefpunkt erreichen; **e)** *(farthest point)* **at the ~ of the garden/street** hinten im Garten/am Ende der Straße; *see also* **heart 1 b; f)** *(underside)* Unterseite, *die;* **g)** *(fig.)* **start at the ~** ganz unten anfangen; **be ~ of the class/league** der/die Letzte in der Klasse sein/Tabellenletzte[r] sein; **h)** *usu. in pl.* **~[s]** *(of track suit, pyjamas)* Hose, *die;* **i)** *(fig.: basis, origin)* **be at the ~ of sth.** hinter etw. *(Dat.)* stecken *(ugs.);* einer Sache *(Dat.)* zugrunde liegen; **get to the ~ of sth.** einer Sache *(Dat.)* auf den Grund kommen; **at ~:** im Grunde genommen; **j)** *(Naut.)* Schiffsboden, *der;* **~ up** kieloben; **k)** *(Brit. Motor Veh.)* **in ~:** im ersten Gang. **2.** *adj.* **a)** *(lowest)* unterst...; *(lower)* unter...; **b)** *(fig.: last)* letzt...; **be ~:** der/die/das Letzte sein; **you can bet your/I'd [be willing to] bet my ~ dollar** *(fig. sl.)* jede Wette *(ugs.).* **3.** *v. i.* **~ [out]** ⟨*Preise:*⟩ den tiefsten Stand erreichen; ⟨*Rezession, Rückgang:*⟩ den tiefsten Punkt erreichen

**bottom: ~ 'dog** *see* **underdog; ~ 'drawer** *n. (fig.)* Aussteuer, *die;* **put sth. [away] in one's ~ drawer** etw. für die Aussteuer beiseite legen

**bottomless** ['bɒtəmlɪs] *adj.* bodenlos; unendlich tief ⟨*Meer, Ozean*⟩; *(fig.: inexhaustible)* unerschöpflich; **the ~ pit** der Abgrund der Hölle

**bottom 'line** *n. (fig. coll.)* **the ~:** das Fazit

**boudoir** ['bu:dwɑ:(r)] *n.* Boudoir, *das (veralt.);* Damenzimmer, *das (veralt.)*

**bouffant** ['bu:fã] *adj.* voll und duftig, füllig ⟨*Haar, Frisur*⟩; bauschig ⟨*Kleidung*⟩

**bough** [baʊ] *n.* Ast, *der*

**bought** *see* **buy 1**

**bouillabaisse** [bu:jə'beɪs] *n. (Gastr.)* Bouillabaisse, *die*

**bouillon** ['bu:jɔ̃] *n. (Cookery)* Bouillon, *die;* **~ cube** Brühwürfel, *der*

**boulder** ['bəʊldə(r)] *n.* Felsbrocken, *der*

**'boulder clay** *n. (Geol.)* Geschiebelehm, *der; (with many boulders)* Blocklehm, *der*

**boulevard** ['bu:ləvɑ:d] *n.* Boulevard, *der*

**boult** *see* **[2]bolt**

**bounce** [baʊns] **1.** *v. i.* **a)** ⟨*Ball:*⟩ springen; *(on bumpy road)* ⟨*Auto:*⟩ holpern; **the ball ~d twice** der Ball sprang zweimal auf; **b)** *(coll.: be rejected by bank)* ⟨*Scheck:*⟩ nicht gedeckt sein; **it won't ~:** er ist gedeckt; **c)** *(rush)* **~ about** herumspringen *od.* -hüpfen; **~ into/out of the room** ins/aus dem Zimmer stürmen; **~ in/out** hereinplatzen/hinausstürzen. **2.** *v. t.* **a)** aufspringen lassen ⟨*Ball*⟩; **he ~d the baby on his knee** er ließ das Kind auf den Knien reiten; **b)** *(Amer. sl.: dismiss)* rausschmeißen *(ugs.);* an die Luft setzen *(ugs.).* **3.** *n.* **a)** *(rebound)* Aufprall, *der;* **on the ~:** beim Aufprall; **b)** *(rebounding power)* ≈ Elastizität, *die; (fig.: energy)* Schwung, *der;* **there's plenty of/not much ~ in the ball** der Ball springt sehr gut/nicht besonders gut

**~ 'back** *v. i.* zurückprallen; *(fig.)* ⟨*Person:*⟩ [plötzlich] wieder dasein

**~ 'off 1.** *v. i.* abprallen. **2.** *v. t.* **~ sth. off sth.** etw. von etw. abprallen lassen; **~ off sth.** von etw. abprallen; ⟨*Signal:*⟩ von etw. reflektiert werden

**bouncer** ['baʊnsə(r)] *n. (coll.)* **a)** Rausschmeißer, *der (ugs.);* **b)** *(Cricket)* hoch aufspringender Ball

**bouncing** ['baʊnsɪŋ] *adj.* kräftig; stramm

**bouncy** ['baʊnsɪ] *adj.* **a)** gut springend ⟨*Ball*⟩; federnd ⟨*Matratze, Bett*⟩; **b)** *(fig.: lively)* munter

**[1]bound** [baʊnd] **1.** *n.* **a)** *usu. in pl. (limit)* Grenze, *die;* **within the ~s of possibility** *or* **the possible** im Bereich des Möglichen; **keep sth. within ~s** etw. in Grenzen halten; **increase beyond all ~s** über alle Maßen ansteigen; **the ball is out of ~s** der Ball hat die Spielbahn verlassen; **go beyond the ~s of decency** die Grenzen des Anstands verletzen; **sth. is out of ~s [to sb.]** der Zutritt zu etw. ist [für jmdn.] verboten; **the pub is out of ~s** das Betreten des Lokals ist verboten; **beyond the ~s of human knowledge** jenseits der menschlichen Erkenntnisfähigkeit; **there are no ~s to his ambition** sein Ehrgeiz kennt keine Grenzen; **know no ~s** *(fig.)* keine Grenzen kennen; **keep within the ~s of reason/propriety** vernünftig/im Rahmen bleiben; **b)** *(of territory)* Grenze, *die; see also* **beat 1 a. 2.** *v. t., usu. in pass.* begrenzen; **be ~ed by sth.** durch etw. begrenzt werden; **sth. is ~ed by sth.** *(fig.)* einer Sache *(Dat.)* ist durch etw. Grenzen gesetzt

**[2]bound 1.** *v. i. (spring)* hüpfen; springen; **~ with joy** vor Freude hüpfen; **~ into the room** ins Zimmer stürzen; **the dog came ~ing up** der Hund kam angesprungen. **2.** *n. (spring)* Satz, *der;* **at** *or* **with one ~:** mit einem Satz; *see also* **leap 3**

**[3]bound** *pred. adj.* **be ~ for home/Frankfurt** auf dem Heimweg/nach Frankfurt unterwegs sein; **homeward ~:** auf dem Weg nach Hause; **where are you ~ for?** wohin geht die Reise?; **all passengers ~ for Zürich** alle Passagiere nach Zürich

**[4]bound** *see* **bind 1, 2**

**boundary** ['baʊndərɪ] *n.* Grenze, *die*

**bounden** ['baʊndn] *attrib. adj.* **~ duty** Pflicht und Schuldigkeit

**bounder** ['baʊndə(r)] *n. (dated coll.)* Lump, *der (abwertend)*

**boundless** ['baʊndlɪs] *adj.* grenzenlos

**bounteous** ['baʊntɪəs] *adj. (rhet.) see* **bountiful**

**bountiful** ['baʊntɪfl] *adj. (generous)* großzügig; gütig ⟨*Gott*⟩; *(plentiful)* reichlich ⟨*Ernte, Gaben, Ertrag*⟩; **Lady B~:** gute Fee

**bountifully** ['baʊntɪfəlɪ] *adv. (generously)* großzügig; *(plentifully)* reichlich

**bounty** ['baʊntɪ] *n.* **a)** *(reward)* Kopfgeld, *das; (for capturing animal)* Fangprämie, *die; (for shooting animal)* Abschußprämie, *die;* **b)** *(Commerc.)* Subvention, *die;* **c)** *(gift)* Gabe, *die*

**bouquet** [bʊ'keɪ, bəʊ'keɪ, 'bu:keɪ] *n.* **a)** *(bunch of flowers)* Bukett, *das;* [Blumen]strauß, *der;* **bride's ~:** Brautstrauß, *der;* Brautbukett, *das;* **b)** *(fig.: praise)* **get a ~:** gelobt werden; **he gets all the ~s** ihm gilt alles Lob; **be meant as a ~:** als Kompliment gemeint sein; **c)** *(perfume of wine)* Bukett, *das;* Blume, *die*

**bouquet garni** [bʊkeɪ gɑ:'ni:] *n., pl.* **bouquets garnis** [bʊkeɪ gɑ:'ni:] *(Cookery)* Kräutersträußchen, *das;* Bouquet garni, *das (fachspr.)*

**bourbon** ['bɜ:bən, 'bʊəbən] *n. (Amer.)* **~ [whiskey]** Bourbon, *der*

**bourgeois** ['bʊəʒwɑ:] **1.** *n., pl. same* **a)** *(middle-class person)* Bürger, *der*/Bürgerin, *die;* **the ~** *pl.* die bürgerliche Mittelklasse; **b)** *(person with conventional ideas, selfish materialist)* Spießbürger, *der (abwertend);* Spießer, *der*/Spießerin, *die (abwertend);* **c)** *(capitalist)* Bourgeois, *der (marx.).* **2.** *adj.* **a)** *(middle-class)* bürgerlich; **b)** *(conventional, selfishly materialist)* spießbürgerlich *(abwertend);* **c)** *(capitalistic)* bourgeois *(marx.)*

**bourgeoisie** [bʊəʒwɑ:'zi:] *n.* **a)** Bürgertum, *das;* **b)** *(capitalist class)* Bourgeoisie, *die (marx.)*

**bout** [baʊt] *n.* **a)** *(spell)* Periode, *die;* **b)** *(contest)* Wettkampf, *der;* **c)** *(fit)* Anfall, *der;* **~ of temper** Wutanfall, *der;* **he's out on one of his drinking ~s again** er ist mal wieder auf einer seiner Zechtouren *(ugs.)*

**boutique** [bu:'ti:k] *n.* Boutique, *die*

**bovine** ['bəʊvaɪn] *adj.* **a)** *(of ox)* Rinder-; **b)** *(of genus Bos)* **be a ~ animal** zu den Stirnrindern gehören; **c)** *(fig.) (heavy)* grob; *(stupid)* erzdumm; *(sluggish)* träge

**bovver** ['bɒvə(r)] *n. (sl.)* Zoff, *der (ugs.)*

**[1]bow** [bəʊ] **1. a)** *(curve)* Bogen, *der;* **b)** *(weapon)* Bogen, *der;* **have two strings to one's ~:** eine Alternative haben; *see also* **longbow; c)** *see* **saddle-bow; d)** *(Mus.)* Bogen, *der; (stroke)* [Bogen]strich, *der;* **up/down ~** Auf-/Abstrich, *der;* **e)** *(tied knot or ribbon)* Schleife, *die;* **tie the shoe-lace in a ~:** den Schnürsenkel zu einer Schleife binden; **f)** *(Amer.: of spectacle-frame)* Bügel, *der.* **2.** *v. t.* streichen ⟨*Violine, Viola usw.*⟩. **3.** *v. i.* den Bogen führen

**[2]bow** [baʊ] **1.** *v. i.* **a)** *(submit)* sich beugen **(to** *Dat.*); **b) ~ [down to** *or* **before sb./sth.]** *(bend)* sich [vor jmdm./etw.] verbeugen *od.* verneigen; **c)** *(incline head)* **~ [to sb.]** sich [vor jmdm.] verbeugen; **a ~ing acquaintance with sth.** eine flüchtige Bekanntschaft mit etw.; **~ out** sich formell verabschieden; **~ out of sth.** sich von etw. zurückziehen; *see also* **scrape 2 e. 2.** *v. t.* **a)** *(cause to bend)* beugen; **~ed down by** *or* **with care/responsibilities/age** *(fig.)* von Sorgen/Verpflichtungen niedergedrückt/vom Alter gebeugt; *see also* **knee a; b)** *(show by ~ing)* **he ~ed his acknowledgement of the applause** er verbeugte sich zum Dank für den Applaus; **~ sb. in/out** jmdn. unter Verbeugungen hinein-/hinausgeleiten. **3.** *n.* Verbeugung, *die;* **make one's ~** *(make entrance)* sich vorstellen; *(make exit)* sich [formell] verabschieden; **take a ~:** sich [unter Applaus] verbeugen; **they ought to** *or* **can take a ~** *(fig.)* sie verdienen Hochachtung

**[3]bow** [baʊ] *n. (Naut.)* **a)** *usu. in pl.* Bug, *der;* **in the ~s** im Bug; **on the ~:** am Bug; **shot**

across the ~s *(fig.)* Schuß vor den Bug *(ugs.)*; **b)** *(rower)* Bugmann, *der*

**bowdlerize** ['baʊdləraɪz] *v.t.* zensieren; **a ~d version** eine „gereinigte" Fassung

**bowel** ['baʊəl] *n.* **a)** *(Anat.)* ~s *pl.*, *(Med.)* ~: Darm, *der;* **b)** *in pl. (interior)* Innere, *das;* **in the ~s of the library/the earth** in den Katakomben der Bibliothek/im Inneren der Erde

**bower** [baʊə(r)] *n.* **a)** *(enclosed by foliage)* Laube, *die; (summer-house)* Sommerhaus, *das;* **b)** *(poet.) (inner room)* Gemach, *das (geh.); (boudoir)* Boudoir, *das*

**'bower-bird** *n.* Laubenvogel, *der*

**[1]bowl** [bəʊl] *n.* **a)** *(basin)* Schüssel, *die; (shallower)* Schale, *die;* **mixing/washing-up ~:** Rühr-/Abwaschschüssel, *die;* **soup-~:** Suppentasse, *die;* **sugar-~:** Zuckerdose, *die;* **a ~ of water** eine Schüssel/Schale Wasser; **a ~ of soup** eine Tasse Suppe; **b)** *(~-shaped part) schalenförmiger Teil; (of WC)* Schüssel, *die; (of spoon)* Schöpfteil, *der; (of pipe)* [Pfeifen]kopf, *der;* **c)** *(amphitheatre)* Freilufttheater, *das; (Sport)* Stadion, *das;* **d)** *(Amer.: region)* Senke, *die*

**[2]bowl** **1.** *n.* **a)** *(ball)* Kugel, *die; (in skittles)* [Kegel]kugel, *die; (in ten-pin bowling)* [Bowling]kugel, *die;* **b)** *in pl. (game)* Bowlsspiel, *das;* Bowls, *das.* **2.** *v.i.* **a)** *(play ~s)* Bowls spielen; *(play skittles)* kegeln; *(play ten-pin bowling)* bowlen; **b)** *(go along)* rollen; **~ along** dahinrollen; **c)** *(Cricket)* werfen. **3.** *v.t.* **a)** *(roll)* rollen lassen; **~ sb./sth. over** jmdn./etw. umwerfen; **~ sb. over** *(fig.)* jmdn. überwältigen *od. (ugs.)* umhauen; **b)** *(Cricket etc.)* werfen; **~ [down] the wicket** das Tor einwerfen; **~ the batsman [out]/side out** den Schlagmann/die Mannschaft ausschlagen

**bow** [bəʊ]: **~-'legged** *adj.* krummbeinig; O-beinig *(ugs.);* **be ~-legged** krumme Beine *od. (ugs.)* O-Beine haben; **~-'legs** *n. pl.* krumme Beine; O-Beine *Pl. (ugs.)*

**[1]bowler** ['bəʊlə(r)] *n.* **a)** *(Cricket etc.)* Werfer, *der;* **b)** *(at bowls)* Bowlsspieler, *der*/Bowlsspielerin, *die; (at bowling)* Bowlingspieler, *der*/Bowlingspielerin, *die*

**[2]bowler** *n.* **~ [hat]** Bowler, *der*

**'bowl fire** *n.* Heizsonne, *die*

**bowline** ['bəʊlɪn] *n.* **a)** **~ [knot]** Palstek, *der;* **b)** *(Naut.: rope)* Buline, *die (Seemannsspr.)*

**bowling** ['bəʊlɪŋ] *n.* **[ten-pin] ~:** Bowling, *das;* **go ~:** bowlen gehen

**bowling: ~-alley** *n. (for ten-pin ~)* Bowlingbahn, *die; (for skittles)* Kegelbahn, *die;* **~ average** *see* **average 1 b**; **~-crease** *n. (Cricket)* Wurflinie, *die;* **~-green** *n. Rasenfläche für Bowls*

**[1]bowman** ['bəʊmən] *n., pl.* **bowmen** ['bəʊmən] *(archer)* Bogenschütze, *der*

**[2]bowman** ['baʊmən] *n., pl.* **bowmen** ['baʊmən] *(Naut.)* Bugmann, *der*

**bowser** ['baʊzə(r)] *n. (tanker)* Tankwagen, *der*

**bow: ~sprit** ['bəʊsprɪt] *n. (Naut.)* Bugspriet, *der od. das;* **~string** ['bəʊstrɪŋ] *n.* Bogensehne, *die;* **~-tie** [bəʊ'taɪ] *n.* Fliege, *die;* [Smoking-/Frack]schleife, *die;* **~-window** [bəʊ'wɪndəʊ] *n.* Erkerfenster, *das*

**bow-wow** ['baʊwaʊ] **1.** *n.* **a)** *(dog's bark)* Gebell, *das;* **b)** *(child lang.: dog)* Wauwau, *der (Kinderspr.).* **2.** *interj.* wauwau

**[1]box** [bɒks] *n. (Bot.)* **a)** *(tree)* Buchsbaum, *der;* **b)** *(wood)* Buchsbaumholz, *das*

**[2]box** **1.** *n.* **a)** *(container)* Kasten, *der; (bigger)* Kiste, *die; (made of cardboard, thin wood, etc.)* Schachtel, *die;* **a ~ of cigars** eine Schachtel Zigarren; **pencil-~:** Federkasten, *der;* **jewellery-~:** Schmuckkasten, *der;* **cigar-~:** Zigarrenkiste, *die;* **cardboard ~:** [Papp]karton, *der; (smaller)* [Papp]schachtel, *die;* **shoe-~:** Schuhkarton, *der;* **~ of matches** Streichholzschachtel, *die;* **b)** *(~ful)* **she emptied the whole ~ of beads on to the floor** sie hat die ganze Schachtel [mit] Perlen auf die Erde geschüttet; **c) the ~** *(coll.: television)* der Kasten *(ugs. abwertend);* die Flimmerkiste *(scherzh.);* **d)** *(coachman's seat)* [Kutsch]bock, *der;* **e)** *(at newspaper office)* ≈ Chiffre, *die;* **f)** *(in theatre etc.)* Loge, *die; (in restaurant etc.)* ≈ Nische, *die;* **g)** *(compartment)* **[loose] ~:** Box, *die; see also* **horse-box**; **h)** *(country house)* Hütte, *die;* **i)** *(casing)* Kasten, *der; (cricketer's etc. shield)* ≈ Suspensorium, *das;* **j)** *(confined area)* Viereck, *das; (enclosed by printed lines)* Kasten, *der;* **k)** *(Footb. coll.: penalty area)* Strafraum, *der;* **l)** *(Baseball)* Box, *die.* **2.** *v.t. see* **1 a**: [in eine Schachtel/in Schachteln *usw.*] verpacken; **~ the compass** *(Naut.)* alle Kompaßpunkte der Reihe nach aufzählen; *(fig.)* einmal die Runde machen

**~ 'in** *v.t.* **a)** *(enclose in ~)* in einem Gehäuse unterbringen; **b)** *(enclose tightly)* einklemmen; **feel ~ed in** sich eingeengt fühlen

**~ 'up** *v.t.* **a)** *(enclose in ~) see* **~ 1 a**: [in eine Schachtel/in Schachteln *usw.*] verpacken; **b)** *(confine)* einzwängen; **I'd hate to be ~ed up anywhere with him** ich wäre nur äußerst ungern irgendwo mit ihm eingesperrt

**[3]box** **1.** *n. (slap, punch)* Schlag, *der;* **he gave him a ~ on the ear[s]** er gab ihm eine Ohrfeige. **2.** *v.t.* **a)** *(slap, punch)* schlagen; **he ~ed his ears** *or* **him round the ears** er ohrfeigte ihn; **get one's ears ~ed** eine Ohrfeige bekommen; **b)** *(fight with fists)* **~ sb.** gegen jmdn. boxen. **3.** *v.i.* boxen **(with, against** gegen); **~ clever** *(sl.)* auf Draht sein *(ugs.)*

**Box and Cox** [bɒks ənd 'kɒks] *n. (two persons who take turns)* **like ~:** im ständigen Wechsel; **be like ~:** sich ständig abwechseln

**box: ~ barrage** *n.* Sperrfeuer, *das;* **~ camera** *n.* Box, *die;* **~car** *n. (Amer. Railw.)* gedeckter [Güter]wagen

**boxer** ['bɒksə(r)] *n.* **a)** Boxer, *der;* **b)** *(dog)* Boxer, *der*

**'boxer shorts** *n. pl.* Boxershorts *Pl.*

**boxful** ['bɒksfʊl] *n.* **a ~ of chocolates** *etc.* eine [ganze] Schachtel Pralinen *usw.*

**'box girder** *n.* Kastenträger, *der (Technik)*

**boxing** ['bɒksɪŋ] *n.* Boxen, *das;* **professional/amateur ~:** Berufs-/Amateurboxen, *das*

**boxing: B~ Day** *n. (Brit.)* zweiter Weihnachtsfeiertag; **~-glove** *n.* Boxhandschuh, *der;* **~-match** *n.* Boxkampf, *der;* **~-ring** *n.* Boxring, *der*

**box: ~ junction** *n. (Brit.) gelb markierter Kreuzungsbereich, in den man bei Stau nicht einfahren darf;* **~-kite** *n.* Kastendrachen, *der;* **~ number** *n. (at newspaper office)* Chiffre, *die; (at post office)* Postfach, *das;* **my post office ~ number is ...:** meine Postfachnummer ist ...; **~-office** *n.* Kasse, *die; (fig.)* **be ~-office, be a ~-office success** ein Kassenerfolg sein; **be good/bad ~-office** gut/schlecht ankommen **(among** bei); **~ pew** *n.* geschlossener Chorstuhl; **~-pleat** *n.* Quetschfalte, *die;* **~-room** *n. (Brit.)* Abstellraum, *der;* **~ score** *n.* [tabellarischer] Spielbericht; ≈ Spielbogen, *der;* **~-spanner** *n.* Steckschlüssel, *der;* **~-spring** *n.* Sprungfeder, *die;* **~wood** *see* **[1]box b**

**boy** [bɔɪ] **1.** *n.* **a)** Junge, *der;* **baby ~:** kleiner Junge; **~s' school** Jungenschule, *die;* **a ~'s name** ein Jungenname; **a little Italian ~:** ein kleiner Italiener; **[my] ~** *(as address)* [mein] Junge; **here/sit/come on ~!** *(to dog)* hier!/sitz!/komm!; **good ~!** *(to dog)* guter Hund!; **the ~s** *(male friends)* die Kumpels *(salopp);* **come on, ~s!** los, Jungs!; **~s will be ~s** so sind Jungs/Männer nun mal; **jobs for the ~s** Vetternwirtschaft, *die (abwertend);* **the Smith ~s** die Jungen von Smiths; *see also* **old boy**; **b)** *(servant)* Boy, *der.* **2.** *int.* **[oh] ~:** Junge, Junge! *(ugs.)*

**boy-and-'girl** *adj.* teenagerhaft; Teenager-⟨*romanze, -liebe*⟩

**boycott** ['bɔɪkɒt] **1.** *v.t.* boykottieren. **2.** *n.* Boykott, *der*

**'boy-friend** *n.* Freund, *der*

**boyhood** ['bɔɪhʊd] *n.* Kindheit, *die*

**boyish** ['bɔɪɪʃ] *adj.* jungenhaft; **she had a ~ haircut/figure** sie hatte einen Knabenhaarschnitt/eine knabenhafte Figur

**Boyle's Law** ['bɔɪlz lɔ:] *n. (Phys.)* Boyle-Mariotte-Gesetz, *das*

**boy: ~-meets-'girl** *attrib. adj.* Liebes⟨*geschichte, -film*⟩; **~ 'scout** *see* **[1]scout 1 a**

**BP** *abbr.* **a) boiling-point** SP; **b) British Petroleum** BP; **c)** *(Med.)* **British Pharmacopoeia** *amtliches britisches Arzneimittelverzeichnis*

**Bp.** *abbr.* **bishop** Bf.

**BR** *abbr.* **British Rail[ways]** *britische Eisenbahngesellschaft*

**Br.** *abbr.* **a) British** brit.; **b) Brother** Br.

**bra** [brɑ:] *n.* BH, *der (ugs.)*

**brace** [breɪs] **1.** *n.* **a)** *(buckle)* Schnalle, *die; (connecting piece)* Klammer, *die; (Dent.)* [Zahn]spange, *die;* [Zahn]klammer, *die;* **b)** *in pl. (trouser-straps)* Hosenträger; **c)** *pl. same (pair)* **a/two ~ of** zwei/vier; *(derog.)* **a ~ of twins/servants** ein Zwillings-/Dienerpaar; **d)** *(Printing, Mus.)* geschweifte Klammer; Akkolade, *die;* **e)** *(strut)* Strebe, *die;* **f)** *(Naut.)* Brasse, *die. See also* **brace and bit.** **2.** *v.t.* **a)** *(fasten)* befestigen; *(stretch)* spannen; *(string up)* anspannen; *(with struts)* stützen; **~ up one's courage** seinen ganzen Mut zusammennehmen; **b)** *(support)* stützen; **c)** *(Naut.)* brassen. **3.** *v. refl.* **~ oneself [up]** *(fig.)* sich zusammennehmen; **~ oneself [up] for sth.** *(fig.)* sich auf etw. *(Akk.)* [innerlich] vorbereiten

**brace and 'bit** *n.* Bohrwinde, *die*

**bracelet** ['breɪslɪt] *n.* **a)** *(band)* Armband, *das; (chain)* Kettchen, *das; (bangle)* Armreif, *der;* **b)** *in pl. (sl.: handcuffs)* Brasselett, *das (Gaunerspr.)*

**bracer** ['breɪsə(r)] *(coll.: tonic)* Muntermacher, *der (ugs. scherzh.)*

**brachial** ['breɪkɪəl] *adj. (Anat.)* brachial

**bracing** ['breɪsɪŋ] *adj.* belebend

**bracken** ['brækn] *n.* [Adler]farn, *der*

**bracket** ['brækɪt] **1.** *n.* **a)** *(support, projection)* Konsole, *die; (of iron)* Krageisen, *das; (of stone)* Kragstein, *der; (lamp-support)* Lampenhalter, *der;* **b)** *(mark)* Klammer, *die;* **open/close ~s** Klammer auf/zu; **c)** *(group)* Gruppe, *die;* **social ~:** Gesellschaftsschicht, *die.* **2.** *v.t.* **a)** *(enclose in ~s)* einklammern; **b)** *(couple with brace)* mit einer Klammer verbinden; *(fig.)* in Verbindung bringen

**brackish** ['brækɪʃ] *adj.* brackig

**bract** [brækt] *n. (Bot.)* Braktee, *die*

**brad** [bræd] *n.* [flacher] Drahtstift

**bradawl** ['brædɔ:l] *n.* [flache] Ahle

**brae** [breɪ] *n. (Scot.) (bank)* [Ufer]böschung, *die; (hillside)* Hang, *der*

**brag** [bræg] **1.** *n. (boast, boasting)* Prahlerei, *die;* **his ~ is that ...:** er prahlt damit, daß ... **2.** *v.i.*, **-gg-** prahlen **(about** mit). **3.** *v.t.*, **-gg-** prahlen; **he ~s that he has a Rolls Royce** er prahlt damit, daß er einen Rolls-Royce hat

**braggart** ['brægət] **1.** *n.* Prahler, *der*/Prahlerin, *die.* **2.** *adj.* prahlerisch

**brahmin** ['brɑ:mɪn] *n.* Brahmane, *der*

**brahminism** ['brɑ:mɪnɪzm] *n.* Brahmanismus, *der*

**braid** [breɪd] **1.** *n.* **a)** *(plait)* Flechte, *die (geh.);* Zopf, *der; (band entwined with hair)* Haarband, *das;* Flechtband, *das (veralt.);* **b)** *(decorative woven band)* Borte, *die;* **c)** *(on uniform)* Litze, *die; (with metal threads)* Tresse, die. **2.** *v.t.* **a)** *(plait; arrange in ~s)* flechten; **b)** zusammenbinden ⟨*Haare*⟩; **c)** *(trim with ~)* mit Borten/Litzen/Tressen besetzen

**braiding** ['breɪdɪŋ] *n. (bands)* Bänder; *(decorative woven bands)* Borten

**Braille** [breɪl] *n.* Blindenschrift, *die*

**brain** [breɪn] **1.** *n.* **a)** Gehirn, *das;* **have [got] sex/food/money on the ~:** nur Sex/Essen/Geld im Kopf haben; **he's got her on the ~:** sie geht ihm nicht aus dem Kopf; **use your ~[s]** gebrauch deinen Verstand; **he's got a good ~:** er ist ein kluger Kopf; **you need ~s for that** dafür braucht man Verstand; **he didn't have the ~s to do it** er war zu dumm, es zu tun; ~ **versus brawn** Köpfchen gegen Muskelkraft; *see also* **[1]rack 2c; b)** *in pl. (Gastr.)* Hirn, *das;* **c)** *(coll.: clever person)* **she's the ~[s] of the class** sie ist die Intelligenteste in der Klasse; **he's a terrific ~:** er ist wahnsinnig intelligent *(ugs.);* **the ~ behind the business** der Kopf des Unternehmens. **2.** *v.t.* den Schädel einschlagen (+ *Dat.*); **I'll ~ you!** *(coll.)* du kriegst gleich eins auf die Rübe! *(ugs.)*

**brain: ~-child** *n. (coll.)* Geistesprodukt, *das;* **that system was my own ~-child** ich war der geistige Vater dieses Systems; **~-drain** *n. (coll.)* Abwanderung [von Wissenschaftlern]; Brain-Drain, *der*

**brainless** ['breɪnlɪs] *adj. (stupid)* hirnlos

**brain:** ~ **power** *n.* geistige Leistung; **his ~ power will get him far** mit seiner Intelligenz wird er es weit bringen; **~-stem** *n. (Anat.)* Hirnstamm, *der;* **~storm** *n.* **a)** Anfall geistiger Umnachtung; **b)** *(Amer. coll.) see* **~wave b;** **~storming** *n.* Brainstorming, *das;* **~s trust** *n.* Expertengremium, *das;* ~ **surgeon** *n.* Gehirnchirurg, *der;* **~-teaser** *n.* Denk[sport]aufgabe, *die;* ~ **trust** *n. (Amer.)* [beratendes] Expertengremium; Brain-Trust, *der;* **~-twister** *see* **~-teaser;** **~wash** *v.t.* einer Gehirnwäsche unterziehen; **~wash sb. into doing sth.** jmdm. [ständig] einreden, etw. zu tun; **~washing** *n.* Gehirnwäsche, *die;* **~wave** *n.* **a)** *(Physiol.)* Hirnstromwelle, *die;* **b)** *(coll.: inspiration)* genialer Einfall; **~work** *n.* Kopfarbeit, *die*

**brainy** ['breɪnɪ] *adj.* intelligent

**braise** [breɪz] *v.t. (Cookery)* schmoren

**[1]brake** [breɪk] **1.** *n. (apparatus; coll.: pedal etc.)* Bremse, *die;* **sth. acts as a ~ on sth.** etw. bremst etw.; **apply** *or* **put on the ~s** die Bremse betätigen; *(fig.)* zurückstecken; **put the ~[s] on sth.** *(fig.)* etw. bremsen; **put the ~[s] on spending** die Ausgaben einschränken. **2.** *v.t. & i.* bremsen; ~ **hard** scharf bremsen

**[2]brake** *n. (Bot.)* Adlerfarn, *der*

**[3]brake** *n. (thicket)* Dickicht, *das*

**[4]brake** *n.* **a)** *(wagonette)* Break, *der od. das;* **b)** *(estate car)* Kombi[wagen], *der*

**brake: ~-block** *n.* Bremsklotz, *der;* **~-drum** *n.* Bremstrommel, *die;* ~ **fluid** *n.* Bremsflüssigkeit, *die;* ~ **horsepower** *n.* Bremsleistung, *die;* Nutzleistung, *die;* **~-light** *n.* Bremslicht, *das;* ~ **lining** *n.* Bremsbelag, *der;* **~-pad** *n.* Bremsbelag, *der;* **~-shoe** *n.* Bremsbacke, *die;* **~-van** *n. (Railw.)* Bremswagen, *der*

**braking** ['breɪkɪŋ] *n.* Bremsen, *das*

**'braking distance** *n.* Bremsweg, *der*

**bramble** ['bræmbl] *n.* **a)** *(shrub)* Dornenstrauch, *der; (blackberry-bush)* Brombeerstrauch, *der;* **b)** *(fruit)* Brombeere, *die*

**Bramley** ['bræmlɪ] *n. englischer Kochapfel*

**bran** [bræn] *n.* Kleie, *die*

**branch** [brɑ:nʃ] **1.** *n.* **a)** *(bough)* Ast, *der; (twig)* Zweig, *der;* **b)** *(of nerve, artery, antlers)* Ast, *der; (of river)* [Neben]arm, *der; (of road, pipe, circuit)* Abzweigung, *die; (of railway)* Nebenstrecke, *die; (of family [of languages], subject)* Zweig, *der; (local establishment)* Zweigstelle, *die; (shop)* Filiale, *die.* **2.** *v.i.* **a)** sich verzweigen; **b)** *(tend)* ~ **away from sth.** sich von etw. wegentwickeln; **c)** *(diverge)* ~ **into sth.** sich in etw. *(Akk.)* aufspalten

~ **'forth** *v.i. see* ~ **2a**

~ **'off** *v.i.* abzweigen; *(fig.)* sich abspalten

~ **'out** *v.i.* **a)** *see* ~ **2a; b)** *(~ off)* abzweigen **(from** von); **c)** *(fig.)* ~ **out into sth.** sich auch mit etw. befassen; ~ **out on one's own** sich selbständig machen

**branch:** ~ **line** *n. (Railw.)* Nebenstrecke, *die;* ~ **office** *n.* Zweigstelle, *die*

**brand** [brænd] **1.** *n.* **a)** *(trade mark)* Markenzeichen, *das; (goods of particular make)* Marke, *die; (fig.: type)* Art, *die;* ~ **of washing-powder/soap** Waschpulvermarke, *die*/Seifenmarke, *die;* **b)** *(permanent mark, stigma)* Brandmal, *das; (on sheep, cattle)* Brandzeichen, *das; (on cigar-box, crate)* eingebranntes Zeichen; ~ **of Cain** Kainsmal, *das;* **c)** *(burning log etc.)* [Feuer]brand, *der (veralt.); (charred log etc.)* verkohltes Holzscheit; *(poet.: torch)* Brand, *der (geh.);* **d)** *(Bot.: blight)* Brand, *der;* **e)** *(poet.: sword)* Schwert, *das.* **2.** *v.t.* **a)** *(burn)* mit einem Brandzeichen markieren ‹*Tier*›; **b)** *(stigmatize [as])* ~ **[as]** brandmarken als ‹*Verräter, Verbrecher usw.*›; **c)** *(Brit.: label with trade mark)* mit einem Markenzeichen versehen; **~ed goods** Markenware, *die;* **d)** *(impress)* einbrennen **(upon** *Dat. od.* in + *Akk.*)

**'branding-iron** *n.* Brandeisen, *das*

**brandish** ['brændɪʃ] *v.t.* schwenken; schwingen ‹*Waffe*›

**brand:** ~ **name** *n.* Markenname, *der;* **~-'new** *adj.* nagelneu *(ugs.);* brandneu *(ugs.);* **is the car ~-new?** ist der Wagen [fabrik]neu?

**brandy** ['brændɪ] *n.* Weinbrand, *der*

**brandy: ~-ball** *n. (Brit.)* Weinbrandtrüffel, *die;* ~ **butter** *n.* ≈ Kognakbutter, *die; Creme aus Butter, Zucker und Brandy;* **~-snap** *n. mit Schlagsahne gefülltes knuspriges Röllchen mit Ingwergeschmack*

**brant** [brænt] *(Amer.) see* **brent**

**'bran-tub** *n. mit Kleie o.ä. gefüllte Kiste, aus der man Geschenke herausfischen kann*

**[1]brash** [bræʃ] *adj.* **a)** *(self-assertive)* dreist; *(garish)* auffällig ‹*Kleidung*›; knallig ‹*Farbe*›; **b)** *(rash)* unüberlegt

**[2]brash** *n.* **a)** *(loose rock)* **[stone] ~:** Trümmergestein, *das;* **b)** *(loose ice)* Eistrümmer *Pl.*

**[3]brash** *n. (Med.)* saures Aufstoßen

**brashly** ['bræʃlɪ] *adv. see* **[1]brash:** dreist; auffällig; unüberlegt

**brashness** ['bræʃnɪs] *n., no pl. see* **[1]brash:** Dreistigkeit, *die;* Unüberlegtheit, *die*

**brass** [brɑ:s] **1.** *n.* **a)** Messing, *das;* **do sth. as bold as ~:** die Unverfrorenheit haben, etw. zu tun; **b)** *(inscribed tablet)* Grabplatte aus Messing; **c) [horse-]~es** Messinggeschirr, *das;* **d) the ~** *(Mus.)* das Blech *(fachspr.);* die Blechbläser; **e)** *see* **brassware; f)** *no pl., no indef. art. (Brit. sl.: money)* Kies, *der (salopp);* **g) [top] ~** *(coll.: officers, leaders of industry etc.)* hohe Tiere *(ugs.).* **2.** *attrib. adj.* Messing-; ~ **player** *(Mus.)* Blechbläser, *der.* **3.** *v.t.* **be ~ed off [doing sth.]** *(sl.)* es satt haben[, etw. zu tun] *(ugs.);* **be ~ed off with** *or* **about sb./sth.** *(sl.)* jmdn./etw. satt haben *(ugs.)*

**brass 'band** *n.* Blaskapelle, *die*

**brasserie** ['bræsərɪ] *n.* Bierlokal, *das; (more fashionable)* Brasserie, *die*

**brass:** ~ **'farthing** *n.* **not a ~ farthing** kein Pfennig *(ugs.);* **he doesn't care a ~ farthing about it** es interessiert ihn nicht für fünf Pfennige *(ugs.);* ~ **hat** *n. (sl.)* hohes Tier *(ugs.)*

**brassica** ['bræsɪkə] *n. (Bot.)* Kohlpflanze, *die;* Brassica, *die (Bot.)*

**brassière** ['bræs:eə(r), 'bræzjə(r)] *n. (formal)* Büstenhalter, *der*

**brass:** ~ **'plate** *n.* Messingschild, *das;* ~ **rubbing** *n.* **a)** *no pl., no indef. art.* Frottage, *die (von Messingtafeln);* **b)** *(impression)* Frottage, *die (einer Messingtafel);* ~ **'tacks** *n. pl.* **get** *or* **come down to ~ tacks** *(sl.)* zur Sache kommen; **~ware** *n., no pl.* Messingteile; *(utensils, candlesticks, etc.)* Messinggerät, *das*

**brassy** ['brɑ:sɪ] *adj.* **a)** *(in colour)* messing-; *(in sound)* blechern; **b)** *(impudent)* dreist; *(pretentious)* auffällig

**brat** [bræt] *n. (derog.: child)* Balg, *das od. der (ugs., meist abwertend); (young rascal)* Flegel, *der*

**bravado** [brə'vɑ:dəʊ] *n., pl.* **~es** *or* **~s** Mut, *der;* **be full of ~:** sehr mutig tun; **do sth. out of ~:** so waghalsig sein, etw. zu tun; *(as pretence)* den starken Mann markieren wollen und etw. tun *(ugs.)*

**brave** [breɪv] **1.** *adj.* **a)** mutig; *(able to endure sth.)* tapfer; **be ~!** nur Mut!/sei tapfer!; **b)** *(literary: splendid)* stattlich; prachtvoll; **make a ~ show** einen prächtigen Anblick bieten; **a ~ new world** eine schöne neue Welt. **2.** *n.* [indianischer] Krieger. **3.** *v.t.* trotzen (+ *Dat.*); mutig gegenübertreten (+ *Dat.*) ‹*Kritiker, Interviewer*›; ~ **it out** sich durch nichts einschüchtern lassen

**bravely** ['breɪvlɪ] *adv.* **a)** mutig; *(showing endurance)* tapfer; **b)** *(literary: splendidly)* stattlich; prachtvoll

**bravery** ['breɪvərɪ] *n., no pl.* Mut, *der; (endurance)* Tapferkeit, *die*

**bravo** [brɑ:'vəʊ] *int.* bravo; **shouts of '~':** Bravorufe

**bravura** [brə'vʊərə] *n.* Bravour, *die;* ~ **piece/passage** *(Mus.)* Bravourstück, *das*

**braw** [brɔ:] *adj. (Scot.)* schön

**brawl** [brɔ:l] **1.** *v.i.* **a)** sich schlagen; **b)** ‹*Bach:*› rauschen. **2.** *n.* Schlägerei, *die*

**brawn** [brɔ:n] *n.* **a)** *(muscle)* Muskel, *der; (muscularity)* Muskeln; **he's got some ~:** er hat ganz schön starke Muskeln; **you need a bit of ~ for that** dafür brauchst du schon ein paar Muskeln; *see also* **brain 1a; b)** *(chopped pig's head)* ≈ Preßkopf, *der; (in aspic jelly)* Schweinskopfsülze, *die*

**brawny** ['brɔ:nɪ] *adj.* muskulös

**bray** [breɪ] **1.** *n. (of ass)* Iah, *das.* **2.** *v.i.* ‹*Esel:*› iahen, schreien; ‹*Mensch:*› wiehern

**braze** [breɪz] **1.** *v.t.* [hart]löten. **2.** *n.* [Hart]lötung, *die*

**brazen** ['breɪzn] **1.** *adj.* **a)** dreist; *(shameless)* schamlos; **b)** *(of brass)* Messing-; aus Messing *nachgestellt;* messingen *(seltener);* **c)** *(harsh-sounding)* metallisch; **d)** *(brass-coloured)* ~ **[yellow]** messinggelb; **a ~ yellow** ein Messinggelb. **2.** *v.t.* ~ **[out]** trotzen (+ *Dat.*); ~ **it out** durchhalten

**'brazen-faced** *see* **brazen 1a**

**brazenly** ['breɪznlɪ] *adv.* dreist; *(shamelessly)* schamlos

**brazenness** ['breɪznnɪs] *n., no pl.* Dreistigkeit, *die; (shamelessness)* Schamlosigkeit, *die*

**brazier** ['breɪzɪə(r), 'breɪʒə(r)] *n.* Kohlenbecken, *das*

**Brazil** [brə'zɪl] *n.* **a)** *pr. n.* Brasilien *(das);* **b)** *see* **Brazil nut**

**Brazilian** [brə'zɪlɪən] **1.** *adj.* brasilianisch; **sb. is ~:** jmd. ist Brasilianer/Brasilianerin. **2.** *n.* Brasilianer, *der*/Brasilianerin, *die*

**Bra'zil nut** *n.* Paranuß, *die*

**breach** [bri:tʃ] **1.** *n.* **a)** *(violation)* Verstoß, *der* **(of** gegen); ~ **of faith/duty** Vertrauensbruch, *der*/Pflichtverletzung, *die;* ~ **of the peace** Störung von Ruhe und Ordnung; *(by noise only)* ruhestörender Lärm; ~ **of contract** Vertragsbruch, *der;* ~ **of promise** Wortbruch, *der; (Law Hist.: breaking off an engagement to marry)* Bruch des Eheversprechens; **be in ~ of the regulations** gegen die Verordnungen verstoßen; **b)** *(of relations)* Bruch, *der;* ~ **of diplomatic relations** Abbruch der diplomatischen Beziehungen; **c)** *(gap)* Bresche, *die; (fig.)* Riß, *der;* **stand in the ~** *(fig.)* in der Schußlinie stehen; **step into the ~** *(fig.)* in die Bresche treten *od.* springen. **2.** *v.t.* eine Bresche schlagen in (+ *Akk.*); **the wall/dike was ~ed** in die Mauer wurde eine Bresche geschlagen/der Deich wurde durchbrochen

**bread** [bred] **1.** *n.* **a)** Brot, *das;* **a piece of ~ and butter** ein Butterbrot; **[some] ~ and but-**

ter [ein paar] Butterbrote; ~ **and butter** *(fig.)* tägliches Brot; **quarrel with one's ~ and butter** *(fig.)* an dem Ast sägen, auf dem man sitzt; ~ **and circuses** Brot und Spiele; ~ **and milk** heiße Milch mit eingebrocktem Brot; ~ **and water** *(lit. or fig.)* Wasser und Brot; **have one's ~ buttered on both sides** es in jeder Hinsicht gut getroffen haben; **know which side one's ~ is buttered** wissen, wo etwas zu holen ist; *see also* **water 1 b; b)** *(necessary food)* **[daily] ~:** [tägliches] Brot; **break ~ [with sb.]** *(arch.)* das Brot [mit jmdm.] brechen; **eat the ~ of idleness** *(literary)* müßiggehen *(geh.)*; **take the ~ out of sb.'s mouth** *(fig.)* jmdn. seiner Existenzgrundlage berauben; **c)** *(sl.: money)* Kies, *der (salopp).* **2.** *v. t.* panieren

**bread: ~-and-butter 'pudding** *n.* Brot-und-Butter-Pudding, *der; Auflauf aus Brot, Butter, Zucker, Rosinen usw.*; **~-bin** *n.* Brotkasten, *der;* **~-board** *n.* [Brot]brett, *das;* **~crumb** *n.* Brotkrume, *die;* **~crumbs** *(for coating e.g. fish)* Paniermehl, *das;* **~-fruit** *n.* Brotfrucht, *die;* **~-knife** *n.* Brotmesser, *das;* **~line** *n. (Amer.) Warteschlange bei der Ausgabe kostenloser Nahrungsmittel an Bedürftige;* **live on/below the ~line** *(fig.)* gerade noch/nicht einmal mehr das Notwendigste zum Leben haben; **~-'roll** *n.* Brötchen, *das;* **~ 'sauce** *n. (Gastr.)* [englische] Brotsauce *(Kochk.)*; **~-stick** *n. stangenförmiges Gebäck aus Brotteig*

**breadth** [bredθ] *n.* **a)** *(broadness)* Breite, *die;* **what is the ~ of ...?** wie breit ist ...?; **be 20 metres in ~:** 20 Meter breit sein; **b)** *(extent)* Weite, *die;* *(range)* **with his ~ of experience/knowledge** bei seiner großen Erfahrung/bei seiner umfassenden Kenntnis; ~ **of mind/vision** *etc. (fig.)* große Aufgeschlossenheit/Einbildungskraft *usw.*

**bread: ~ tin** Brotbüchse, *die;* **~-winner** *n.* Ernährer, *der*/Ernährerin *die*

[1]**break** [breɪk] **1.** *v. t.,* **broke** [brəʊk], **broken** ['brəʊkn] **a)** brechen; *(so as to damage)* zerbrechen; kaputtmachen *(ugs.)*; aufschlagen ‹*Ei zum Kochen*›; zerstören ‹*Ufer*›; zerreißen ‹*Seil*›; *(fig.: interrupt)* unterbrechen; brechen ‹*Bann, Zauber, Schweigen*›; ~ **sth. in two/in pieces** etw. in zwei Teile/in Stücke brechen; ~ **the set** Teile des Satzes einzeln abgeben; **the TV/my watch is broken** der Fernseher/meine Uhr ist kaputt *(ugs.)*; **b)** *(crack)* zerbrechen; zertrümmern ‹*Fundament, Schiffsrumpf*›; **c)** *(fracture)* sich *(Dat.)* brechen; *(pierce)* verletzen ‹*Haut*›; **he broke his leg** er hat sich *(Dat.)* das Bein gebrochen; **sth. ~s no bones** *(fig.)* etw. ist nicht so schlimm; **no ~s broken** *(fig.)* es ist nichts passiert; ~ **one's/sb.'s back** *(fig.)* sich/jmdn. kaputtmachen *(ugs.)*; ~ **one's back** *(fig.)* sich abstrampeln *(ugs.)*; ~ **the back of sth.** *(fig.)* bei etw. das Schwerste hinter sich bringen; ~ **a tooth** sich *(Dat.)* ein Stück vom Zahn abbrechen; ~ **open** aufbrechen; **d)** *(violate)* brechen ‹*Vertrag, Versprechen*›; verletzen, verstoßen gegen ‹*Regel, Tradition*›; nicht einhalten ‹*Verabredung*›; überschreiten ‹*Grenze*›; ~ **the law** gegen das Gesetz verstoßen; **e)** *(destroy)* zerstören, ruinieren ‹*Freundschaft, Ehe*›; **f)** *(surpass)* brechen ‹*Rekord*›; **g)** *(abscond from)* ~ **jail** [aus dem Gefängnis] ausbrechen; ~ **the bounds** ausreißen; ~ **ship** sich beim Landgang absetzen *(ugs.)*; *see also* **cover 1 j; h)** *(weaken)* brechen, beugen ‹*Stolz*›; *(quash)* niederschlagen ‹*Rebellion, Aufstand*›; zusammenbrechen lassen ‹*Streik*›; ~ **sb.'s spirit** jmds. Lebensmut brechen; ~ **sb.'s heart** jmdm. das Herz brechen; **it broke my heart** es brach mir das Herz; ~ **sb.** *(crush)* jmdn. fertigmachen *(ugs.)*; ~ **a horse [to the rein]** ein Pferd zureiten; ~ **the habit** es sich *(Dat.)* abgewöhnen; ~ **the smoking/drinking habit** sich *(Dat.)* das Rauchen/Trinken abgewöhnen; ~ **sb. of the smoking habit** jmdm. das Rauchen abgewöhnen; *see also* **make 1 p; i)** *(cushion)* auffangen ‹*Schlag, jmds. Fall*›; abschwächen ‹*Wind*›; **j)** *(make bankrupt)* ruinieren; ~ **the bank** die Bank sprengen; **you mustn't ~ the bank** *(fig. coll.) (spend a lot)* du darfst dich nicht in Unkosten stürzen; *(ruin yourself)* du darfst dich nicht finanziell ruinieren; **it won't ~ the bank** *(fig. coll.)* es kostet kein Vermögen; **k)** *(reveal)* ~ **the news that ...:** melden, daß ...; ~ **the glad/bad news to sb. that ...:** jmdm. die frohe Nachricht mitteilen/jmdm. die schlechte Nachricht beibringen, daß ...; **I don't know how to ~ this news to you, but ...:** ich weiß nicht, wie ich dir das sagen soll, aber ...; **l)** *(use part of)* anbrechen ‹*Banknote*›; **m)** *(unfurl)* entfalten ‹*Fahne*›; **n)** *(solve)* entschlüsseln, entziffern ‹*Kode, Geheimschrift*›; **o)** *(disprove)* entkräften ‹*Alibi*›; **p)** *(Tennis)* ~ **service/sb.'s service** den Aufschlag des Gegners/jmds. Aufschlag durchbrechen. *See also* **broken 2;** [1]**wind 1 e. 2.** *v. i.,* **broke, broken a)** kaputtgehen *(ugs.)*; entzweigehen; ‹*Faden, Seil:*› [zer]reißen; ‹*Glas, Tasse, Teller:*› zerbrechen; ‹*Eis:*› brechen; *(fig.: be interrupted)* unterbrochen werden; **sb.'s heart is ~ing** jmdm. bricht das Herz; ~ **in two/in pieces** entzweibrechen; **the chocolate ~s easily** die Schokolade bricht sich leicht; **b)** *(crack)* ‹*Fenster-, Glasscheibe:*› zerspringen; **the bows of the ship broke against** *or* **on the rocks** der Bug des Schiffes zerschellte an den Felsen; **my back was nearly ~ing** ich brach mir fast das Kreuz; **c)** *(be destroyed)* ‹*Freundschaft, Ehe, Bündnis:*› zerbrechen; ‹*Familienbande:*› zerreißen; **d)** *(sever links)* ~ **with sb./sth.** mit jmdm./etw. brechen; **e)** *(weaken)* gebrochen werden; **until he/his will ~s** bis er zusammenbricht/sein Wille gebrochen ist; **f)** ~ **into** einbrechen in (+ *Akk.*) ‹*Haus*›; aufbrechen ‹*Safe*›; ~ **into laughter/tears** in Gelächter/Tränen ausbrechen; **he broke into a sweat** ihm brach der Schweiß aus; ~ **into a trot/run** *etc.* zu traben/laufen *usw.* anfangen; **sb. ~s into acting/industry** *(coll.)* jmdm. gelingt der Durchbruch in der Schauspielerei/in der Industrie; ~ **into one's capital** sein Kapital angreifen; ~ **into a banknote** eine Banknote anbrechen; ~ **out of prison** *etc.* aus dem Gefängnis *usw.* ausbrechen; **g)** *(escape)* ~ **free** *or* **loose [from sb./sb.'s grip]** sich [von jmdm./aus jmds. Griff] losreißen; ~ **free/loose [from prison]** [aus dem Gefängnis] ausbrechen; **some planks had broken loose** einige Planken waren losgebrochen; **h)** ‹*Welle:*› sich brechen **(on/against** an + *Dat.*), branden **(on/against** an + *Akk.*/gegen); **i)** ‹*Wetter:*› umschlagen; **j)** ‹*Wolkendecke:*› aufreißen; **k)** ‹*Tag:*› anbrechen; **l)** ‹*Sturm:*› losbrechen; **m)** *(disperse)* ‹*Truppen:*› auseinanderlaufen; **n)** *(change tone)* **sb.'s voice ~s** jmd. kommt in den Stimmbruch; *(with emotion)* jmdm. bricht die Stimme; **o)** *(Boxing)* sich aus dem Clinch lösen; **~! break!; p)** *(have interval)* ~ **for coffee/lunch** [eine] Kaffee-/Mittagspause machen; **we'll ~ for five minutes** wir machen fünf Minuten Pause; **q)** *(Cricket)* die Richtung beim Aufprall ändern; ≈ Drall haben; **r)** *(become public)* bekanntwerden. **3.** *n.* **a)** Bruch, *der;* *(of rope)* Reißen, *das;* ~ **[of service]** *(Tennis)* Break, *der od. das;* **a ~ in the weather** ein Wetterumschlag; **a ~ with sb./sth.** ein Bruch mit jmdm./etw.; ~ **of day** Tagesanbruch, *der;* **at ~ of day** bei Tagesanbruch; **b)** *(gap)* Lücke, *die;* *(in ground)* Riß, *der;* Spalte, *die;* *(Electr.: in circuit)* Unterbrechung, *die;* *(broken place)* Sprung, *der;* **c)** *(escape from prison)* Ausbruch, *der;* *(sudden dash)* **they made a sudden ~:** sie stürmten plötzlich davon; **they made a ~ for the gateway** sie stürzten zum Tor; **d)** *(interruption)* Unterbrechung, *die;* **e)** *(pause, holiday)* Pause, *die;* **during the commercial ~s on TV** während der Werbespots im Fernsehen; **take** *or* **have a ~:** [eine] Pause machen; **work without a ~:** ohne Pause arbeiten; **tea-~** *(Brit.)* Teepause, *die;* **go away for a weekend ~:** übers Wochenende verreisen; **f)** *(coll.: fair chance, piece of luck)* Chance, *die;* **lucky ~:** große Chance; **that was a bad ~ for him** das war Pech für ihn; **g) [bad] ~** *(coll.) (unfortunate remark)* ungeschickte Bemerkung; *(ill-judged action)* Dummheit, *die;* **h)** *(Electr.)* Unterbrechen, *das* (in *Gen.*); **i)** *(Cricket)* Richtungsänderung beim Aufprall; ≈ Drall, *der;* **j)** *(Billiards etc.)* Serie, *die;* **k)** *(Jazz)* Break, *der od. das*

~ **a'way 1.** *v. t.* ~ **sth. away [from sth.]** etw. [von etw.] losbrechen *od.* abbrechen. **2.** *v. i.* **a)** ~ **away [from sth.]** [von etw.] losbrechen *od.* abbrechen; *(separate itself/oneself)* sich [von etw.] lösen; *(escape)* [aus etw.] entkommen; **he broke away from them** er distanzierte sich von ihnen; *(escaped)* er entkam ihnen; **b)** *(Footb.)* sich freilaufen; **c)** *(get out of control)* ‹*Auto:*› ausbrechen. *See also* **breakaway**

~ **'down 1.** *v. i.* **a)** *(fail)* zusammenbrechen; ‹*Verhandlungen:*› scheitern; **b)** *(cease to function)* ‹*Auto:*› eine Panne haben; ‹*Telefonnetz:*› zusammenbrechen; **the machine has broken down** die Maschine funktioniert nicht mehr; **c)** *(be overcome by emotion)* zusammenbrechen; **d)** *(Chem.)* aufspalten. **2.** *v. t.* **a)** *(demolish)* aufbrechen ‹*Tür*›; zum Einsturz bringen ‹*Mauer*›; umknicken ‹*Baum*›; **b)** *(suppress)* brechen ‹*Widerstand*›; niederreißen ‹*Barriere, Schranke*›; **c)** *(analyse)* aufgliedern. *See also* **breakdown; broken-down**

~ **'in 1.** *v. i.* **a)** *(intrude forcibly)* einbrechen; *see also* **break-in; b)** *(interrupt)* ~ **in [on sb./sth.]** [jmdn./etw.] unterbrechen. **2.** *v. t.* **a)** *(accustom to habit)* eingewöhnen; einarbeiten ‹*Lehrling etc.*›; *(tame)* zureiten ‹*Pferd*›; abrichten ‹*Hund*›; *(discipline)* zur Disziplin erziehen; **b)** *(wear etc. until comfortable)* einlaufen ‹*Schuhe*›; sich gewöhnen an (+ *Akk.*) ‹*Brille, Gebiß*›; **c)** ~ **the door in** die Tür aufbrechen

~ **into** *see* ~ **2 f**

~ **'off 1.** *v. t.* abbrechen; abreißen ‹*Faden*›; auflösen ‹*Verlobung*›; ~ **it off [with sb.]** sich von jmdm. trennen. **2.** *v. i.* **a)** abbrechen; **b)** *(cease)* aufhören; ‹*Gespräch, Gesang:*› abbrechen; ‹*Diskussion, Verfahren:*› abgebrochen werden

~ **'out** *v. i. (escape, appear)* ausbrechen; ‹*Flecken, Pusteln, Schweißtropfen:*› sich bilden; ~ **out in spots/a rash** *etc.* Pickel/einen Ausschlag *usw.* bekommen; **he broke out in a cold sweat** ihm brach der kalte Schweiß aus

~ **out of** *see* ~ **2 f**

~ **'through** *v. t. & i.* durchbrechen; *see also* **breakthrough**

~ **'up 1.** *v. t.* **a)** *(~ into pieces)* zerkleinern; ausschlachten ‹*Auto*›; abwracken ‹*Schiff*›; aufbrechen ‹*Erde*›; zerbrechen ‹*Stuhl*›; **b)** *(disband)* auflösen; auseinanderreißen ‹*Familie*›; zerstreuen ‹*Menge*›; ~ **it up!** *(coll.)* auseinander!; **c)** *(disconcert)* aus der Fassung bringen; **d)** *(end)* zerstören ‹*Freundschaft, Ehe*›. **2.** *v. i.* **a)** *(~ into pieces, lit. or fig.)* zerbrechen; ‹*Erde, Straßenoberfläche:*› aufbrechen; ‹*Eis:*› brechen; **b)** *(disband)* sich auflösen; ‹*Schule:*› schließen; ‹*Schüler, Lehrer:*› in die Ferien gehen; **c)** *(be convulsed)* ~ **up [with laughter]** in Gelächter ausbrechen; **d)** *(cease)* abgebrochen werden; *(end relationship)* ~ **up [with sb.]** sich [von jmdm.] trennen; **they broke up last year** sie trennten sich letztes Jahr; **e)** *see* ~ **2 i; f)** *(mentally)* zusammenbrechen. *See also* **break-up**

[2]**break** *see* [4]**brake**

**breakable** ['breɪkəbl] **1.** *adj.* zerbrechlich. **2.** *n. in pl.* zerbrechliche Dinge
**breakage** ['breɪkɪdʒ] *n.* **a)** *(breaking)* Zerbrechen, *das;* **b)** *(result of breaking)* Bruchschaden, *der;* **~s must be paid for** zerbrochene Ware muß bezahlt werden
**break: ~away 1.** *n.* **a)** Ausbrechen, *das;* **a ~away from tradition** ein Bruch mit der Tradition; **b)** *(Sport: false start)* Fehlstart, *der;* **c)** *(Rugby) [schnelles] Lösen aus dem Gedränge.* **2.** *adj. (Brit.)* abtrünnig; **~away group** Splittergruppe, *die;* **~ dancing** *n.* Breakdance, *der;* **~down** *n.* **a)** *(fig.: collapse)* **a ~down in the system** *(fig.)* ein Zusammenbruch des Systems; **b)** *(mechanical failure)* Panne, *die; (in machine)* Störung, *die;* **~down service** Pannendienst, *der;* **~down truck/van** Abschleppwagen, *der;* **c)** *(health or mental failure)* Zusammenbruch, *der;* **a ~down in health** ein gesundheitlicher Zusammenbruch; **d)** *(analysis)* Aufschlüsselung, *die;* **e)** *(disintegration)* Aufspaltung, *die;* **~down product** Spaltprodukt, *das (Chemie)*
**breaker** ['breɪkə(r)] *n.* **a)** *(wave)* Brecher, *der;* **b) [car] ~:** *jmd., der Autos ausschlachtet;* **~'s [yard]** Autofriedhof, *der*
**break 'even** *v. i.* die Kosten decken; **break-even point** Nutzschwelle, *die (Wirtsch.)*
**breakfast** ['brekfəst] **1.** *n.* Frühstück, *das;* **for ~:** zum Frühstück; **have sth. for ~:** etw. zum Frühstück essen/trinken; **eat** *or* **have [one's] ~:** frühstücken; **have a cooked ~:** zum Frühstück etwas Warmes essen; *see also* **wedding breakfast. 2.** *v. i.* frühstücken; **we ~ed on bacon and eggs** wir aßen Eier mit Speck zum Frühstück
**breakfast: ~ cereal** *n.* ≈ Frühstücksflocken *Pl.;* **~ 'television** *n.* Frühstücksfernsehen, *das;* **~-time** *n.* Frühstückszeit, *die*
**'break-in** *n.* Einbruch, *der;* **there has been a ~ at the bank** in der *od.* die Bank ist eingebrochen worden
**'breaking** *n.* **~ and entering** *(Law)* Einbruch, *der*
**breaking: ~-point** *n.* Belastungsgrenze, *die;* **be at ~-point** *(mentally)* die Grenze der Belastbarkeit erreicht haben; **~-strength** *n.* Belastbarkeit, *die*
**break: ~neck** *adj.* halsbrecherisch; **~-out** *n.* Ausbruch, *der;* **~through** *n.* Durchbruch, *der;* **~-up** *n.* **a)** *(disintegration) (of earth, soil, road surface)* Aufbrechen, *das; (fig.)* Zusammenbruch, *der; (of weather)* Umschlag, *der; (of old structure)* Zerfall, *der;* **b)** *(disbanding, dispersal)* Auflösung, *die;* **c)** *(ceasing)* Ende, *das; (ending of relationship)* Bruch, *der;* **~water** *n.* Wellenbrecher, *der*
**bream** [bri:m] *n., pl. same (Zool.)* **a)** Brachsen, *der;* **b) [sea-]~** *(Sparidae)* Meerbrassen, *der;* **c)** *(Amer.: sunfish)* Sonnenbarsch, *der*
**breast** [brest] **1.** *n. (lit. or fig.)* Brust, *die;* **make a clean ~ [of sth.]** *(fig.)* [etw.] offen bekennen. **2.** *v. t.* **a)** *(oppose, confront)* sich entgegenstellen (+ *Dat.*); **b)** *(Brit.: climb)* übersteigen ‹*Mauer, Hindernis*›; besteigen ‹*Berg*›; **~ the waves** gegen die Wellen ankämpfen. *See also* **tape 1 b**
**breast: ~bone** *n.* Brustbein, *das;* **~ cancer** *n.* Brustkrebs, *der;* **~-fed** *adj.* **be ~-fed** gestillt werden; **~-feed** *v. t. & i.* stillen; **~-feeding** *n.* das Stillen; **~plate** *n. (armour)* Brustharnisch, *der;* **~-'pocket** *n.* Brusttasche, *die;* **~-stroke** *n. (Swimming)* Brustschwimmen, *das;* **do** *or* **swim [the] ~-stroke** brustschwimmen
**breath** [breθ] *n.* **a)** Atem, *der;* **have bad ~:** Mundgeruch haben; **say sth. below** *or* **under one's ~:** etw. vor sich *(Akk.)* hin murmeln; **draw ~:** Atem holen; **as long as I draw ~:** solange ich atme; **a ~ of fresh air** ein wenig frische Luft; **go out for a ~ of fresh air** frische Luft schnappen gehen; **be a ~ of fresh air in sb.'s life** etwas Abwechslung in jmds. Leben bringen; **waste one's ~:** seine Worte verschwenden; **sth. is the ~ of life to sb.** jmd. kann ohne etw. nicht leben; **she caught her ~:** ihr stockte der Atem; **hold one's ~:** den Atem anhalten; **get one's ~ back** wieder zu Atem kommen; **be out of/short of ~:** außer Atem *od.* atemlos sein/kurzatmig sein; **take ~:** [sich] verschnaufen; **pause for ~:** eine Verschnaufpause machen; **take sb.'s ~ away** *(fig.)* jmdm. den Atem verschlagen; *see also* **save 1 e; b)** *(one respiration)* Atemzug, *der;* **take** *or* **draw a [deep] ~:** [tief] einatmen; **in the same ~:** im selben Atemzug; **c)** *(air movement, whiff)* Hauch, *der;* **there wasn't a ~ of air** es regte sich kein Lüftchen; **a ~ of wind** ein Windhauch; **not a ~ of suspicion/rumour** nicht die Spur eines Verdachts/nicht die leiseste Andeutung eines Gerüchts
**breathalyse** ['breθəlaɪz] *v. t.* ins Röhrchen *od.* in die Tüte blasen lassen *(ugs.)*
**breathalyser, (P)** *(Amer.:* **breathalyzer)** ['breθəlaɪzə(r)] *n.* **~ test** Alcotest Ⓦᵢ, *der;* **blow/breathe into a ~ [bag]** ins Röhrchen *od.* in die Tüte blasen *(ugs.)*
**breathe** [bri:ð] **1.** *v. i.* **a)** *(lit. or fig.)* atmen; **~ in** einatmen; **~ out** ausatmen; **~ into sth.** [sanft] in etw. *(Akk.)* [hinein]blasen; *see also* **neck 1 a; b)** *(take breath)* **stop to ~:** eine Verschnaufpause machen; **give me a chance to ~!** laß mich erst wieder zur Besinnung kommen!; **c)** *(blow)* [sanft] wehen. **2.** *v. t.* **a) ~ a breath** einen Atemzug tun; **~ one's last** seinen letzten Atemzug tun; **~ fire** Feuer speien; *(fig.)* Gift und Galle spucken; **~ [in/out]** ein-/ausatmen; **~ new life into sth.** *(fig.)* etw. mit neuem Leben erfüllen; **b)** *(utter)* hauchen; **~ a sigh [of relief]/a sigh of regret** [erleichtert] aufatmen/aufseufzen; **don't ~ a word about** *or* **of this to anyone** sag kein Sterbenswörtchen darüber zu irgend jemandem; **c)** *(show evidence of)* atmen *(geh.);* ausstrahlen
**breather** ['bri:ðə(r)] *n.* **a)** *(brief pause)* Verschnaufpause, *die; (brief holiday etc.)* Erholungspause, *die;* **take** *or* **have a ~:** eine Verschnaufpause/Erholungspause einlegen; **go out for a ~:** ein wenig frische Luft schöpfen; **b)** *(Motor Veh.)* Entlüfter, *der*
**breathing** ['bri:ðɪŋ] *n.* Atmen, *das*
**breathing: ~-apparatus** *n.* **a)** *(Med.)* Beatmungsgerät, *das;* **b)** *(of fireman etc.)* Atemschutzgerät, *das;* **~-space** *n. (time to breathe)* Zeit zum Luftholen; *(pause)* Atempause, *die;* **~-tube** *n.* Atemschlauch, *der*
**breathless** ['breθlɪs] *adj.* atemlos **(with** vor + *Dat.*); **leave sb. ~** *(lit. or fig.)* jmdm. den Atem nehmen; **we stood ~ while ...:** uns *(Dat.)* stockte der Atem, während ...; **we were ~ with amazement** uns *(Dat.)* blieb vor Staunen die Luft weg *(ugs.)*
**breathlessly** ['breθlɪslɪ] *adv.* atemlos
**breathlessness** ['breθlɪsnɪs] *n., no pl.* Atemlosigkeit, *die; (caused by smoking or illness)* Kurzatmigkeit, *die*
**breath: ~-taking** *adj.* atemberaubend; **~ test** *n.* Alcotest Ⓦᵢ, *der*
**breathy** ['breθɪ] *adj.* hauchig ‹*Stimme*›
**Brechtian** ['brektɪən] *adj. (Theatre)* brechtsch
**bred** *see* **breed 1, 2**
**breech** [bri:tʃ] *n.* [Geschütz]verschluß, *der*
**breech: ~ birth** *n. (Med.)* Steißgeburt, *die;* **~-block** *n.* Verschlußblock, *der*
**breeches** ['brɪtʃɪz] *n. pl.* **a)** *(short trousers)* **[pair of] ~:** [Knie]bundhose, *die;* **[riding-] ~:** Reithose, *die;* Breeches *Pl.;* **b)** *(trousers)* Hose, *die; (knickerbockers)* Knickerbocker *Pl.;* **wear the ~** *(fig.)* die Hosen anhaben *(ugs.); see also* **big 1 g**
**'breeches-buoy** *n. (Naut.)* Hosenboje, *die*
**breech: ~-loader** *n.* Hinterlader, *der;* **~-loading** *adj.* Hinterlader-
**breed** [bri:d] **1.** *v. t.,* **bred** [bred] **a)** *(be the cause of)* erzeugen; hervorrufen; **b)** *(raise)* züchten ‹*Tiere, Pflanzen*›; **bred in the bone** angeboren; **c)** *(bring up)* erziehen; **be bred and born** *or* **born and bred sth.** etw. durch und durch sein; **he was born and bred in London** er ist in London geboren und aufgewachsen; **d)** *(bear)* gebären ‹*Nachkommen*›; *(generate)* hervorbringen ‹*Rasse*›. **2.** *v. i.,* **bred: a)** sich vermehren; ‹*Vogel:*› brüten; ‹*Tier:*› Junge haben; **they ~ like flies** *or* **rabbits** sie vermehren sich wie die Kaninchen; **b)** *(arise)* entstehen; *(spread)* sich ausbreiten. **3.** *n.* **a)** Art, *die; (of animals)* Rasse, *die;* **~s of cattle** Rinderrassen; **the Jersey ~ [of cattle]** das Jerseyrind; **what ~ of dog is that?** zu welcher Rasse gehört dieser Hund?; **b)** *(lineage)* Rasse, *die;* **a noble ~ of men** ein vornehmer Menschenschlag; **c)** *(sort)* Art, *die*
**breeder** ['bri:də(r)] *n.* Züchter, *der;* **be a ~ of sth.** etw. züchten; **dog-/horse-~:** Hunde-/Pferdezüchter, *der*
**'breeder reactor** *n. (Nucl. Engin.)* Brutreaktor, *der;* Brüter, *der*
**breeding** ['bri:dɪŋ] *n.* Erziehung, *die;* **[good] ~:** gute Erziehung; **have ~:** eine gute Erziehung genossen haben
**breeding: ~-ground** *n. (lit. or fig.)* Brutstätte, *die;* **~ season** *n.* Brutzeit, *die*
**[1]breeze** [bri:z] **1.** *n.* **a)** *(gentle wind)* Brise, *die;* **there is a ~:** es weht eine Brise; **night ~:** nächtliche Brise; **sea ~:** Seebrise, *die;* **b)** *(Meteorol.)* [leichter] Wind. **2.** *v. i. (coll.)* **~ along** dahinrollen; *(on foot)* dahinschlendern; **~ in** hereingeschneit kommen *(ugs.)*
**[2]breeze** *n. (cinders)* Lösche, *die*
**[3]breeze** *n. (Zool.)* Bremse, *die*
**'breeze-block** *n. (Building)* ≈ Leichtstein, *der*
**breezily** ['bri:zɪlɪ] *adv. (coll.)* [frisch und] unbekümmert; *(carelessly)* leichthin; unbekümmert
**breeziness** ['bri:zɪnɪs] *n., no pl. (coll.) (carefree nature)* [frische und] unbekümmerte Art; *(carelessness)* Unbekümmertheit, *die*
**breezy** ['bri:zɪ] *adj.* **a)** *(windy)* windig; **b)** *(coll.) (brisk and carefree)* [frisch und] unbekümmert; *(careless)* unbekümmert
**brent** [brent] *n.* **~[-goose]** Ringelgans, *die*
**brethren** *see* **brother d**
**Breton** ['bretn] **1.** *adj.* bretonisch; *see also* **English 1. 2.** *n.* **a)** *(language)* Bretonisch, *das; see also* **English 2 a; b)** *(person)* Bretone, *der/*Bretonin, *die*
**breve** [bri:v] *n.* **a)** *(Mus.)* Brevis, *die (veralt.);* Doppelganze, *die;* **b)** *(of short/unstressed vowel)* Halbkreis, *der (zur Kennzeichnung kurzer/unbetonter Vokale)*
**breviary** ['bri:vɪərɪ] *n. (Eccl.)* Brevier, *das*
**brevity** ['brevɪtɪ] *n.* Kürze, *die*
**brew** [bru:] **1.** *v. t.* **a)** brauen ‹*Bier*›; keltern ‹*Apfelwein*›; **~ [up]** kochen ‹*Kaffee, Tee, Kakao usw.*›; aufbrühen ‹*Tee, Kaffee*›; **~ up** *abs.* Tee kochen; [sich *(Dat.)*] einen Tee kochen *od.* aufbrühen; **b)** *(fig.: put together)* **~ [up]** [zusammen]brauen *(ugs.)* ‹*Mischung*›; *(generate)* hervorrufen ‹*Empfindungen*›; *(formulate)* ausbrüten *(ugs.)* ‹*Plan usw.*›. **2.** *v. i.* **a)** ‹*Bier, Apfelwein:*› gären; ‹*Kaffee, Tee:*› ziehen; **b)** *(fig.: gather)* ‹*Unwetter:*› sich zusammenbrauen; ‹*Rebellion, Krieg:*› drohen. **3.** *n.* **a)** Gebräu, *das (abwertend); (brewed beer/tea)* Bier, *das/*Tee, *der;* **~ [of tea/coffee]** Tee, *der/*Kaffee, *der;* **b)** *(amount brewed)* ≈ Abfüllung, *die; (of tea etc.)* **we'll have to make another ~:** wir müssen noch einmal aufbrühen
**brewer** ['bru:ə(r)] *n.* **a)** *(person)* Brauer, *der;* **b)** *(firm)* Brauerei, *die*
**brewery** ['bru:ərɪ] *n.* Brauerei, *die*
**briar** *see* **[1, 2]brier**
**bribe** [braɪb] **1.** *n.* Bestechung, *die;* **a ~ [of £100]** ein Bestechungsgeld [in Höhe von

100 Pfund]; **take a ~/~s** sich bestechen lassen; **he won't accept ~s** er ist unbestechlich; **offer sb. a ~:** jmdn. bestechen wollen. **2.** *v. t.* bestechen; **he won't be ~d** er ist unbestechlich; **~ sb. to do/into doing sth.** jmdn. bestechen, damit er etw. tut

**bribery** ['braɪbərɪ] *n.* Bestechung, *die;* **open to ~:** bestechlich; käuflich; **be involved in ~:** in einen Bestechungsfall verwickelt sein

**bric-à-brac** ['brɪkəbræk] *n.* Antiquarisches; *(smaller things)* Nippsachen *Pl.;* **~ collector** ≈ Antiquitätensammler, *der*

**brick** [brɪk] **1.** *n.* **a)** *(block)* Ziegelstein, *der;* Backstein, *der; (clay)* Lehmziegel, *der;* **~s and mortar** *(buildings)* Gebäude; *(as investment)* Immobilien *Pl.;* **drop a ~** *(fig. sl.)* ins Fettnäpfchen treten *(ugs. scherzh.);* **be** *or* **come down on sb. like a load** *or* **ton of ~s** *(coll.)* jmdn. unheimlich fertigmachen *od.* zusammenstauchen *(ugs.);* **b)** *(toy)* Bauklötzchen, *das;* **c)** *(of ice-cream)* Packung, *die;* **d)** *(sl.: person)* feiner Kerl; **you've been a real ~:** du warst ein prima Kumpel *(ugs.).* **2.** *adj.* **a)** Ziegelstein-; Backstein-; **b)** *(red)* ziegelrot. **3.** *v. t.* **~ up/in** zu-/einmauern

**brick: ~bat** *n.* **a)** Backsteinbrocken, *der;* **b)** *(fig.: uncomplimentary remark)* schlechte Kritik; **greet sb. with ~bats** jmdn. attackieren; **~-built** *adj.* backsteinern; Backstein⟨*haus, -mauer*⟩; **it is ~-built** es ist aus Backstein

**brickie** ['brɪkɪ] *n. (Brit. sl.)* Maurer, *der*

**brick: ~-kiln** *n.* Ziegelofen, *der;* **~layer** *n.* Maurer, *der;* **~laying** *n.* Mauern, *das;* **~-red** *adj.* ziegelrot; **~ 'wall** *n.* Backsteinmauer, *die;* **bang one's head against a ~ wall** *(fig.)* mit dem Kopf gegen die Wand rennen *(fig.);* **come up against a ~ wall** *(fig.)* plötzlich vor einer Mauer stehen *(fig.);* **~work** *n.* **a)** *(bricklaying)* Mauern, *das;* **b)** *(structure)* [Backstein]mauerwerk, *das;* **~yard** *n.* Ziegelei, *die*

**bridal** ['braɪdl] *adj. (of bride)* Braut-; *(of wedding)* Hochzeits-; **~ couple/suite** Brautpaar, *das*/Hochzeitssuite, *die*

**bride** [braɪd] *n.* Braut, *die*

**'bridegroom** *n.* Bräutigam, *der*

**bridesmaid** ['braɪdzmeɪd] *n.* Brautjungfer, *die;* **chief ~:** erste Brautjungfer

**[1]bridge** [brɪdʒ] **1.** *n.* **a)** *(lit. or fig.)* Brücke, *die;* **cross that ~ when you come to it** *(fig.)* alles zu seiner Zeit; *see also* **[1]burn 2 a; b)** *(Naut.)* [Kommando]brücke, *die;* **c)** *(of nose)* Nasenbein, *das;* Sattel, *der;* **d)** *(of violin, spectacles)* Steg, *der;* **e)** *(Dent.)* [Zahn]brücke, *die.* **2.** *v. t.* eine Brücke bauen *od.* errichten *od.* schlagen über (+ *Akk.*); **~ the gap** *(fig.)* die Kluft überbrücken

**[2]bridge** *n. (Cards)* Bridge, *das*

**'bridgehead** *n.* Brückenkopf, *der*

**'bridging loan** *n. (Commerc.)* Überbrückungskredit, *der*

**bridle** ['braɪdl] **1.** *n.* Zaumzeug, *das;* Zaum, *der.* **2.** *v. t.* **a)** aufzäumen ⟨*Pferd*⟩; **b)** *(fig.: restrain)* zügeln ⟨*Zunge*⟩; im Zaum halten ⟨*Leidenschaft*⟩. **3.** *v. i.* **~ at sth.** sich gegen etw. sträuben *od. (geh.)* stemmen

**'bridle-path, 'bridle-road** *ns.* Saumpfad, *der; (for horses)* Reitweg, *der*

**Brie** [bri:] *n.* Brie[käse], *der*

**[1]brief** [bri:f] *adj.* **a)** *(of short duration)* kurz; gering, geringfügig ⟨*Verspätung*⟩; **after a ~ discussion/the ~est of discussions** nach kurzer/ganz kurzer Diskussion; **b)** *(concise)* knapp; **in ~, to be ~:** kurz gesagt; **make** *or* **keep it ~:** es kurz machen; **be ~:** sich kurz fassen; **the news in ~:** die Nachrichten im Überblick

**[2]brief** **1.** *n.* **a)** *(Law: summary of facts)* Schriftsatz, *der;* **hold a ~ for sb.** jmdn. als Anwalt [vor Gericht] vertreten; **hold no ~ for sb.** *(fig.)* nicht auf jmds. Seite *(Dat.)* stehen; nicht für jmdn. plädieren *od.* eintreten; **b)** *(Brit. Law: piece of work)* Mandat, *das;* **c)** *(Amer. Law: statement of arguments)* Darlegung der Beweisgründe; **d)** *(instructions)* Instruktionen *Pl.;* Anweisungen *Pl.* **2.** *v. t.* **a)** *(Brit. Law)* mit der Vertretung eines Falles betrauen; **b)** *(Mil.: instruct)* Anweisungen *od.* Instruktionen geben (+ *Dat.*); instruieren; unterweisen; **c)** *(inform, instruct)* unterrichten; informieren

**'brief-case** *n.* Aktentasche, *die*

**briefing** ['bri:fɪŋ] *n.* **a)** Briefing, *das; (of reporters or press)* Unterrichtung, *die; (before raid etc.)* Einsatzbesprechung, *die;* **b)** *(instructions)* Instruktionen *Pl.;* Anweisungen *Pl.; (information)* Informationen *Pl.*

**briefly** ['bri:flɪ] *adv.* **a)** *(for a short time)* kurz; **b)** *(concisely)* knapp; kurz; **[to put it] ~, ...:** kurz gesagt ...

**briefness** ['bri:fnɪs] *n., no pl.* **a)** *(shortness)* Kürze, *die;* **b)** *(conciseness)* Knappheit, *die*

**briefs** [bri:fs] *n. pl.* **[pair of] ~:** Slip, *der*

**[1]brier** [braɪə(r)] *n. (Bot.: rose)* Wilde Rose

**[2]brier** *n.* **a)** *(pipe)* Bruyèrepfeife, *die;* **b)** *(Bot.: heath)* Baumheide, *die*

**'brier-rose** *n.* Hundsrose, *die*

**brig** [brɪg] *n.* **a)** *(Naut.)* Brigg, *die;* **b)** *(Amer. sl.: prison)* Bau, *der (salopp);* Bunker, *der (salopp)*

**Brig.** *abbr.* **brigadier** Brig.

**brigade** [brɪ'geɪd] *n.* **a)** *(Mil.)* Brigade, *die;* **the old ~** *(fig.)* die alte Garde; **b)** *(organized or uniformed body)* Einheit, *die*

**brigadier[-general]** [brɪgə'dɪə(r) ('dʒenrl)] *n. (Mil.)* Brigadegeneral, *der;* Brigadier, *der*

**brigand** ['brɪgənd] *n.* Bandit, *der;* Brigant, *der (geh.)*

**bright** [braɪt] **1.** *adj.* **a)** hell ⟨*Licht, Stern, Fleck*⟩; grell ⟨*Scheinwerfer[licht], Sonnenlicht*⟩; strahlend ⟨*Sonnenschein, Stern, Augen*⟩; glänzend ⟨*Metall, Augen*⟩; leuchtend, lebhaft ⟨*Farbe, Blume*⟩; **~ reflection** starke Reflexion *od.* Spiegelung; **~ blue** *etc.* leuchtend blau *usw.;* **~ yellow/red** leuchtend gelb/rot; knallgelb/-rot *(ugs.);* **a ~ day** ein heiterer *od.* strahlender Tag; **~ intervals/periods** Aufheiterungen; **the one ~ spot** *(fig.)* der Lichtblick; **the ~ lights of the city** *(fig.)* der Glanz der Großstadt; **look on the ~ side** *(fig.)* die Sache positiv sehen; **~-eyed and bushy-tailed** *(joc.)* fidel und munter; **b)** *(cheerful)* fröhlich, heiter ⟨*Mensch, Charakter, Stimmung*⟩; strahlend ⟨*Lächeln*⟩; freundlich ⟨*Zimmer, Farbe*⟩; **c)** *(clever)* intelligent; **that wasn't very ~ [of you], was it?** das war nicht gerade intelligent [von dir]!; **he is a ~ boy** er ist ein heller *od.* aufgeweckter Junge; **d)** *(hopeful)* vielversprechend ⟨*Zukunft*⟩; glänzend ⟨*Aussichten*⟩. **2.** *adv.* **a)** hell; **b) ~ and early** in aller Frühe

**brighten** ['braɪtn] **1.** *v. t.* **~ [up] a)** aufhellen ⟨*Farben*⟩; aufpolieren, zum Glänzen bringen ⟨*Metall*⟩; **b)** *(make more cheerful)* aufhellen, aufheitern ⟨*Zimmer*⟩. **2.** *v. i.* **~ [up] a)** ⟨*Himmel:*⟩ sich aufhellen; **the weather** *or* **it is ~ing [up]** es klärt sich auf; es klart auf *(Met.);* **b)** *(become more cheerful)* ⟨*Mensch:*⟩ vergnügter werden; ⟨*Augen:*⟩ [auf]leuchten; ⟨*Gesicht:*⟩ sich aufhellen; ⟨*Aussichten:*⟩ sich verbessern

**brightly** ['braɪtlɪ] *adv.* **a)** hell ⟨*scheinen, glänzen*⟩; glänzend ⟨*poliert*⟩; **~ lit** hellerleuchtet *präd. getrennt geschrieben;* **~ coloured** leuchtend bunt; **b)** *(cheerfully)* gutgelaunt; strahlend

**brightness** ['braɪtnɪs] *n., no pl.* **a)** *(of light, star, spot)* Helligkeit, *die; (of sunlight)* Grelle, *die;* Grellheit, *die; (of sun, eyes, star)* Strahlen, *das; (of metal, eyes)* Glanz, *der; (of colours)* Leuchtkraft, *die; (of eyes)* Leuchten, *das;* **the ~ of the reflection** die Stärke der Reflexion; **b)** *(cheerfulness)* Fröhlichkeit, *die;* Heiterkeit, *die;* **c)** *(cleverness)* Intelligenz, *die;* **the ~ of his ideas** seine glänzenden Ideen

**[1]brill** [brɪl] *n., pl. same (Zool.)* Glattbutt, *der*

**[2]brill** *adj. (Brit. sl.)* super *(ugs.)*

**brilliance** ['brɪljəns], **brilliancy** ['brɪljənsɪ] *n., no pl.* **a)** *(brightness) (of light)* Helligkeit, *die; (of star, diamond)* Funkeln, *das; (of flash)* Grelle, *die;* Grellheit, *die; (of colours)* Leuchten, *das;* **b)** *(of person, invention, idea, move, achievement)* Genialität, *die;* **the ~ of his mind** sein genialer Geist; **c)** *(illustriousness)* Glanz, *der*

**brilliant** ['brɪljənt] **1.** *adj.* **a)** *(bright)* hell ⟨*Licht*⟩; strahlend ⟨*Sonne*⟩; funkelnd ⟨*Diamant, Stern*⟩; leuchtend ⟨*Farbe*⟩; **b)** *(highly talented)* genial ⟨*Mensch, Erfindung, Gedanke, Schachzug, Leistung*⟩; glänzend ⟨*Verstand*⟩; brillant, glänzend ⟨*Aufführung, Vorstellung, Idee*⟩; bestechend ⟨*Theorie, Argument*⟩; **that was ~** *(iron.)* das war gekonnt *od.* intelligent *(iron.);* **c)** *(illustrious)* glänzend ⟨*Karriere, Erfolg, Sieg*⟩; großartig ⟨*[Helden]tat*⟩; **a ~ achievement** eine Glanzleistung. **2.** *n.* Brillant, *der*

**brilliantine** ['brɪljənti:n] *n.* Brillantine, *die;* Haarpomade, *die*

**brilliantly** ['brɪljəntlɪ] *adv.* **a)** hell ⟨*scheinen, funkeln, schimmern*⟩; **it was a ~ sunny day** es war ein strahlender Sonnentag; **~ lit** hellerleuchtet *präd. getrennt geschrieben;* **b)** *(with great talent)* brillant; **a ~ thought-out scheme** ein genial ausgedachter Plan; **c)** *(illustriously)* glänzend ⟨*erfolgreich sein, triumphieren*⟩

**brim** [brɪm] **1.** *n.* **a)** *(of cup, bowl, hollow)* Rand, *der;* **full to the ~:** randvoll; **b)** *(of hat)* [Hut]krempe, *die.* **2.** *v. i.,* **-mm-: be ~ming with sth.** randvoll mit etw. sein; *(fig.)* strotzen vor etw. *(Dat.);* **be ~ming with tears** *(fig.)* ⟨*Augen:*⟩ voller Tränen stehen

**~ 'over** *v. i.* **a)** übervoll sein; **b)** *(fig.)* **he was ~ming over with confidence** er strotzte vor Zuversicht

**brim-'full** *adj.* **be ~ with sth.** randvoll mit etw. sein; **be ~ of energy/curiosity** *(fig.)* vor Energie *(Dat.)* sprühen/vor Neugierde *(Dat.)* platzen; **be ~ of new ideas** *(fig.)* von neuen Ideen übersprudeln

**brimless** ['brɪmlɪs] *adj.* ⟨*Hut*⟩ ohne Krempe

**brindle** ['brɪndl], **brindled** ['brɪndld] *adjs.* gestreift ⟨*Katze*⟩; gestromt ⟨*Kuh, Hund*⟩

**brine** [braɪn] *n. (salt water)* Salzwasser, *das;* Sole, *die; (for preserving)* Pökellake, *die;* [Salz]lake, *die*

**bring** [brɪŋ] *v. t.,* **brought** [brɔ:t] **a)** bringen; *(as a present or favour)* mitbringen; **~ sth. with one** etw. mitbringen; **I haven't brought my towel** ich habe mein Handtuch nicht mitgebracht *od.* dabei; **he brought the chair nearer** er zog den Stuhl näher heran; **~ sb. before sb.** jmdn. vor jmdn. führen; **what ~s you here?** was führt dich hierher?; **who brought you here?** wer hat Sie hergebracht?; **he brought the car to the front door** er fuhr mit dem Wagen vor; **April brought a change in the weather** der April brachte einen Wetterumschwung mit sich; **~ sb. low** jmdn. erniedrigen; **~ sth. [up]on oneself/sb.** sich selbst/jmdm. etw. einbrocken; **~ a business/country through a crisis** ein Unternehmen/ein Land durch eine Krise führen; **b)** *(result in)* [mit sich] bringen; **the television appeal brought thousands of replies** auf den Aufruf im Fernsehen meldeten sich Tausende; **the distress call brought help within a matter of minutes** auf den Notruf kam Hilfe in Minutenschnelle; **this will ~ shame on you** das wird dir Schande bringen; **~ honour to sb.** jmdm. Ehre machen; **~ tears to sb.'s eyes** jmdm. Tränen in die Augen treiben; **c)** *(persuade)* **~ sb. to do sth.** jmdn. dazu bringen *od.* bewegen, etw. zu tun; **I could not ~ myself to do it** ich konnte es nicht über mich bringen, es zu tun; **d)** *(initiate, put forward)* **~ a charge/legal action against sb.** gegen jmdn. [An]klage erheben/einen Prozeß anstrengen; **~ a case/matter before a court** einen Fall/eine Sache vor Gericht bringen; ~ **a complaint** eine Beschwerde vorbringen; **e)** *(be sold for, earn)* [ein]bringen ⟨*Geldsumme*⟩; **f)** *(adduce)* vorbringen ⟨*Argument*⟩

~ **a'bout** *v. t.* **a)** *(cause to happen)* verursachen; herbeiführen; ~ **it about that ...:** es zustande bringen, daß ...; **b)** *(Naut.)* ~ **the ship about** das Schiff auf Gegenkurs bringen

~ **a'long** *v. t.* **a)** mitbringen; **b)** *see* ~ **on b**

~ **'back** *v. t.* **a)** *(return)* zurückbringen; *(from a journey)* mitbringen; **b)** *(recall)* in Erinnerung bringen *od.* rufen; ~ **sth. back to sb.** ⟨*Musik, Foto usw.:*⟩ jmdn. an etw. *(Akk.)* erinnern; ~ **back memories** Erinnerungen wachrufen *od.* wecken; **c)** *(restore, reintroduce)* wieder einführen ⟨*Sitten, Todesstrafe*⟩; ~ **back the Socialists!** wir wollen die Sozialisten wieder haben; **be brought back to power** wieder an die Macht kommen; ~ **sb. back to health** jmdn. wieder gesund machen; ~ **sb. back to life** jmdn. wiederbeleben; **nothing will** ~ **him back to life** nichts kann ihn wieder lebendig machen

~ **'down** *v. t.* **a)** herunterbringen; **b)** *(shoot down out of the air)* abschießen; herunterholen *(ugs.)*; **c)** *(land)* herunterbringen ⟨*Flugzeug, Drachen*⟩; **d)** *(kill, wound)* zur Strecke bringen ⟨*Person, Tier*⟩; erlegen ⟨*Tier*⟩; **e)** *(reduce)* senken ⟨*Preise, Inflationsrate, Fieber*⟩; ~ **sb. down to one's own level** jmdn. zu sich *od.* auf sein [eigenes] Niveau herunterziehen; **f)** *(attract)* **that'll** ~ **a penalty down on you** das wird dir eine Strafe einbringen; **that'll** ~ **the boss's wrath down on you[r head]** damit werden Sie sich *(Dat.)* den Zorn des Chefs zuziehen; **g)** *(cause to fall)* zu Fall bringen ⟨*Gegner, Fußballer*⟩; einstürzen lassen ⟨*Haus, Mauer*⟩; *(fig.)* stürzen, zu Fall bringen ⟨*Regierung*⟩; *see also* **house 1 i**

~ **'forth** *v. t.* **a)** *(produce)* hervorbringen ⟨*Frucht*⟩; zur Welt bringen ⟨*Kinder, Junge*⟩; **b)** *(fig.)* vorbringen ⟨*Vorschlag, Idee*⟩; auslösen ⟨*Protest, Kritik*⟩

~ **'forward** *v. t.* **a)** nach vorne bringen; ~ **your chairs forward** rücken Sie nach vorn; **b)** *(draw attention to)* vorlegen ⟨*Beweise*⟩; vorbringen ⟨*Argument, Beschwerde*⟩; zur Sprache bringen ⟨*Fall, Angelegenheit, Frage*⟩; **c)** *(move to earlier time)* vorverlegen ⟨*Termin*⟩ **(to** auf + *Akk.*); **d)** *(Bookk.)* übertragen; **the amount brought forward** der Übertrag

~ **'in** *v. t.* **a)** hereinbringen; auftragen ⟨*Essen*⟩; einbringen ⟨*Ernte*⟩; **b)** *(introduce)* anschneiden ⟨*Thema*⟩; einführen ⟨*Mode*⟩; einbringen ⟨*Gesetzesvorlage*⟩; **why** ~ **all that in?** das gehört hier nicht hin; **c)** *(yield)* einbringen ⟨*Verdienst, Summe*⟩; bringen ⟨*Zinsen*⟩; **d)** *(Law)* ~ **in a verdict of guilty/not guilty** einen Schuldspruch fällen/auf Freispruch erkennen; **e)** *(call in)* hinzuziehen, einschalten ⟨*Experten*⟩

~ **'off** *v. t.* **a)** *(rescue)* retten; in Sicherheit bringen; **b)** *(conduct successfully)* zustande *od.* zuwege bringen; ~ **off a coup** einen Coup landen; **we didn't** ~ **it off** wir haben es nicht geschafft

~ **'on** *v. t.* **a)** *(cause)* verursachen; **brought on by ...** ⟨*Krankheit*⟩ infolge von ...; **b)** *(advance progress of)* wachsen *od.* sprießen lassen ⟨*Blumen, Getreide*⟩; weiterbringen, fördern ⟨*Schüler, Sportler*⟩; **c)** *(on stage etc.)* auftreten lassen; **d)** *(Sport)* bringen *(ugs.)*; einsetzen

~ **'out** *v. t.* **a)** herausbringen; **he put his hand in his pocket and brought out a knife** er griff in die Tasche und zog ein Messer heraus; **b)** *(show clearly)* hervorheben, betonen ⟨*Unterschied*⟩; verdeutlichen ⟨*Bedeutung*⟩; herausbringen ⟨*Farbe*⟩; **c)** *(cause to appear)* herausbringen ⟨*Pflanzen, Blüte*⟩; **the crisis brought out the best in him** die Krise brachte seine besten Seiten zum Vorschein *od.* ans Licht; ~ **sb. out in a rash** bei jmdm. einen Ausschlag verursachen; **d)** *(begin to sell)* einführen ⟨*Produkt*⟩; herausbringen ⟨*Buch, Zeitschrift*⟩

~ **'over** *v. t.* **a)** herüberbringen; **b)** *(convert)* ~ **sb. over to sth.** jmdn. von etw. überzeugen; ~ **sb. over to a cause** jmdn. für eine Sache gewinnen

~ **'round** *v. t.* **a)** mitbringen ⟨*Bekannte, Freunde usw.*⟩; vorbeibringen ⟨*Gegenstände*⟩; **b)** *(restore to consciousness)* wieder zu sich bringen ⟨*Ohnmächtigen*⟩; **c)** *(win over)* überreden; herumkriegen *(ugs.)*; ~ **sb. round to one's way of thinking** jmdn. von seiner Meinung überzeugen; **d)** *(direct)* ~ **a conversation round to sth.** ein Gespräch auf etw. *(Akk.)* bringen *od.* lenken

~ **'through** *v. t.* durchbringen ⟨*Kranken*⟩

~ **'to** *v. t.* **a)** *(restore to consciousness)* wieder zu sich bringen; **b)** *(Naut.)* beidrehen

~ **to'gether** *v. t.* zusammenbringen

~ **'up** *v. t.* **a)** heraufbringen; **b)** *(educate)* erziehen; ~ **sb. up to be economical** jmdn. zur Sparsamkeit erziehen; **I was brought up to believe that ...:** ich wurde in dem Glauben erzogen, daß ...; **c)** *(rear)* aufziehen; großziehen; **d)** *(call attention to)* zur Sprache bringen ⟨*Angelegenheit, Thema, Problem*⟩; **did you have to** ~ **that up?** mußten Sie davon anfangen?; ~ **up the past** die Vergangenheit aufrühren; **e)** *(vomit)* erbrechen; wieder von sich geben; **f)** *(Law)* ~ **sb. up [before a judge]** jmdn. [einem Richter] vorführen; **g)** *(Mil.)* an die Front bringen ⟨*Truppen, Panzer*⟩; **h)** *(cause to stop)* ~ **sb. up short** jmdn. innehalten lassen. *See also* **¹rear 1 b**

**bring-and-'buy [sale]** *n.* [Wohltätigkeits]basar, *der*

**brink** [brɪŋk] *n. (lit. or fig.)* Rand, *der;* **shiver on the** ~ *(fig.)* mit sich ringen; **be on the** ~ **of doing sth.** nahe daran sein, etw. zu tun; **be on the** ~ **of ruin/success** am Rand des Ruins sein *od.* stehen/dem Erfolg greifbar nahe sein; **they were on the** ~ **of starvation** sie waren kurz vor dem *od.* nahe am Verhungern

**briny** ['braɪnɪ] *n. (Brit. sl.)* **the** ~: das Meer

**briquet, briquette** [brɪ'ket] *n.* Brikett, *das*

**brisk** [brɪsk] *adj.* flott ⟨*Gang, Bedienung*⟩; forsch ⟨*Person, Art*⟩; frisch ⟨*Wind*⟩; *(fig.)* rege ⟨*Handel, Nachfrage*⟩; lebhaft ⟨*Geschäft*⟩; **we set off at a** ~ **pace** wir marschierten in flottem Tempo los; **we went for a** ~ **walk** wir machten einen zünftigen Spaziergang; **business was** ~: das Geschäft florierte; **bidding for the lots was** ~: auf die Auktionsstücke wurde eifrig geboten

**brisket** ['brɪskɪt] *n. (Gastr.)* Bruststück, *das;* Brust, *die;* ~ **of beef** Rinderbrust, *die;*

**briskly** ['brɪsklɪ] *adv.* flott; flink; **the wind blew** ~: es wehte ein frischer Wind; **sell** ~: sich gut verkaufen

**briskness** ['brɪsknɪs] *n., no pl. see* **brisk:** Flottheit, *die;* Forschheit, *die;* Flinkheit, *die;* Frische, *die; (fig.)* Lebhaftigkeit, *die;* **the** ~ **of demand/trade** die rege Nachfrage/der rege Handel

**bristle** ['brɪsl] **1.** *n.* **a)** Borste, *die;* **be made of** ~: aus Borsten bestehen; **b)** ~**s** *(of beard)* [Bart]stoppeln. **2.** *v. i.* **a)** ~ **[up]** ⟨*Haare:*⟩ sich sträuben; **the dog's hair** ~**d [up], the dog** ~**d** dem Hund sträubte sich *(Dat.)* das Fell; **b)** ~ **with** *(fig.: have many)* strotzen *od.* starren vor (+ *Dat.*); ~ **with difficulties/obstacles** mit Schwierigkeiten/Hindernissen gespickt sein; **c)** ~ **[up]** *(fig.: become angry)* ⟨*Person:*⟩ hochgehen *(ugs.)*, aufgebracht sein

**bristly** ['brɪslɪ] *adj.* borstig; stopp[e]lig ⟨*Kinn*⟩; ~ **beard** Stoppelbart, *der*

**Brit** [brɪt] *n. (coll.)* Brite, *der*/Britin, *die;* Engländer, *der*/Engländerin, *die (ugs.)*

**Brit.** *abbr.* **a) Britain** Gr.-Brit.; Gr.-Br.; **b) British** brit.

**Britain** ['brɪtn] *pr. n.* Großbritannien *(das);* Britannien *das (hist.; auch Zeitungsjargon)*

**Britannia** [brɪ'tænjə] *pr. n. (literary)* Britannia, *die (dichter.)*

**Briticism** ['brɪtɪsɪzm] *n.* Britizismus, *der*

**British** ['brɪtɪʃ] **1.** *adj.* britisch; **he/she is** ~: er ist Brite/sie ist Britin; **sth. is** ~: etw. ist aus Großbritannien; **the best of** ~ **[luck]** *(coll.)* na, [dann mal] viel Glück!; *see also* **English 1. 2.** *n. pl.* **the** ~: die Briten

**British:** ~ **Columbia** [brɪtɪʃ kə'lʌmbɪə] *pr. n.* Britisch-Kolumbien *(das);* ~ **'Council** *n. britisches Kulturinstitut im Ausland*

**Britisher** ['brɪtɪʃə(r)] *n.* Brite, *der*/Britin, *die*

**British 'Isles** *pr. n. pl.* Britische Inseln

**Britishism** ['brɪtɪʃɪzm] *see* **Briticism**

**Briton** ['brɪtn] *n.* Brite, *der*/Britin, *die*

**Brittany** ['brɪtənɪ] *pr. n.* Bretagne, *die*

**brittle** ['brɪtl] *adj.* **a)** spröde ⟨*Material*⟩; zerbrechlich ⟨*Glas*⟩; schwach ⟨*Knochen*⟩; brüchig ⟨*Gestein*⟩; **b)** *(fig.: insecure)* empfindlich ⟨*Person*⟩; schwach ⟨*Nerven*⟩

**brittleness** ['brɪtlnɪs] *n., no pl. see* **brittle: a)** Sprödigkeit, *die;* Zerbrechlichkeit, *die;* Schwäche, *die;* Brüchigkeit, *die;* **b)** *(fig.)* Empfindlichkeit, *die;* Schwäche, *die*

**bro.** *abbr.* **brother** Br.

**broach** [brəʊtʃ] *v. t.* **a)** anzapfen; anstechen ⟨*Faß*⟩; anbrechen ⟨*Vorräte*⟩; **b)** *(fig.)* zur Sprache bringen ⟨*Vorschlag, Idee*⟩; anschneiden ⟨*Thema*⟩

**broad** [brɔːd] **1.** *adj.* **a)** breit; *(extensive)* weit ⟨*Ebene, Meer, Land, Felder*⟩; ausgedehnt ⟨*Fläche*⟩; **a river sixty feet** ~: ein sechzig Fuß breiter Fluß; **grow** ~**er** breiter werden; sich verbreitern; **make sth.** ~**er** etw. verbreitern; **it's as** ~ **as it is long** *(fig.)* es ist gehupft wie gesprungen *(ugs.)*; **b)** *(explicit)* deutlich, klar ⟨*Hinweis*⟩; breit ⟨*Lächeln*⟩; **a** ~ **hint** ein Wink mit dem Zaunpfahl *(scherzh.)*; **c)** *(clear, main)* grob; wesentlich ⟨*Fakten*⟩; **in** ~ **outline** in groben *od.* großen Zügen; **give the** ~ **outlines of a plan** einen Plan in groben Zügen erläutern; **draw a** ~ **distinction between ...:** grob unterscheiden zwischen (+ *Dat.*) ...; *see also* **daylight a; d)** *(generalized)* allgemein; **in the** ~**est sense** im weitesten Sinne; **as a** ~ **rule/indication** als Faustregel; **e)** *(strongly dialectal)* stark ⟨*Akzent*⟩; breit ⟨*Aussprache*⟩; **he speaks** ~ **Scots** er spricht breites Schottisch *od.* einen starken schottischen Dialekt; **f)** *(coarse)* derb ⟨*Humor, Geschichte*⟩; **g)** *(tolerant)* großzügig; liberal; vielseitig ⟨*Interessen*⟩; **B**~ **Church** *liberale Richtung in der Kirche von England;* Broad Church *(fachspr.)*. **2.** *n.* **a)** *(broad part)* breiter Teil; **the** ~ **of the back** die Schultergegend; **b)** *(Amer. sl.: woman)* Weib, *das (abwertend);* Weibsstück, *das (salopp abwertend)*

**broad:** ~ **'bean** *n.* Saubohne, *die;* dicke Bohne; ~**-brimmed** ['brɔːdbrɪmd] *adj.* breitkrempig

**broadcast** ['brɔːdkɑːst] **1.** *n. (Radio, Telev.)* Sendung, *die; (live)* Übertragung, *die.* **2.** *v. t.,* ~ *or* ~**ed,** ~: **a)** *(Radio, Telev.)* senden; ausstrahlen; übertragen ⟨*Livesendung, Sportveranstaltung*⟩; **b)** *(spread)* aussäen ⟨*Samen*⟩; *(fig.)* verbreiten ⟨*Gerücht, Nachricht*⟩; ausposaunen *(ugs.)* ⟨*Neuigkeit*⟩. **3.** *v. i.,* ~ *or* ~**ed** ⟨*Rundfunk-, Fernsehstation:*⟩ senden; ⟨*Redakteur usw.:*⟩ [im Rundfunk/Fernsehen] sprechen. **4.** *adj. (Radio, Telev.)* im Rundfunk/Fernsehen gesendet; Rundfunk-/Fernseh-; **a** ~ **appeal** ein Aufruf im Rundfunk/Fernsehen

**broadcaster** ['brɔːdkɑːstə(r)] *n. (Radio, Telev.)* im Rundfunk/Fernsehen auftretende Persönlichkeit; **famous** ~**s** vom Rundfunk/Fernsehen her bekannte Persönlichkeiten

**broadcasting** ['brɔːdkɑːstɪŋ] *n., no pl. (Radio, Telev.)* Senden, *das; (of live programmes)* Übertragen, *das;* **written for** ~: für den Rundfunk/das Fernsehen geschrieben; **the early days of** ~: die Anfänge des Rundfunks; **work in** ~: beim Funk arbeiten

**broaden** ['brɔ:dn] **1.** *v. t.* **a)** verbreitern; **b)** *(fig.)* ausweiten ‹*Diskussion*›; ~ **one's mind** seinen Horizont erweitern; **travel ~s the mind** Reisen bildet. **2.** *v. i.* breiter werden; sich verbreitern; *(fig.)* sich erweitern; **her smile ~ed into a grin** ihr Lächeln verzog sich zu einem breiten Grinsen

'**broad jump** *n. (Amer. Sport)* Weitsprung, *der*

**broadly** ['brɔ:dlı] *adv.* **a)** deutlich ‹*hinweisen*›; breit ‹*grinsen, lächeln*›; **b)** *(in general)* allgemein ‹*beschreiben*›; ~ **speaking** allgemein gesprochen; ~ **based** auf breiter Grundlage *nachgestellt*

**broad:** ~'**minded** *adj.* tolerant; **have very ~minded views about sth.** sehr freie Ansichten über etw. *(Akk.)* haben; **~mindedness** [brɔ:d'maındıdnıs] *n., no pl.* Toleranz, *die*

**broadness** ['brɔ:dnıs] *see* **breadth**

**broad:** **~sheet** *n.* **a)** *(Printing)* Einblattdruck, *der;* **b)** *(pamphlet)* Flugblatt, *das;* **~'shouldered** *adj.* breitschultrig; **~side** *n.* **a)** *(Naut.; also fig.)* Breitseite, *die;* **~side on [to sth.]** mit der Breitseite [nach etw.]; **fire [off] a ~side** *(lit. or fig.)* eine Breitseite abfeuern; **b)** *see* **broadsheet; ~sword** *n.* breites Schwert; Pallasch, *der;* **~way** *n.* Hauptstraße, *die;* **B~way** *(Amer.)* der Broadway

**brocade** [brə'keıd] *n.* Brokat, *der*

**broccoli** ['brɒkəlı] *n.* **a)** *(heading ~)* Brokkoli, *der;* Spargelkohl, *der;* **b)** *(sprouting ~)* Schößlinge des Spargelkohls

**brochure** ['brəʊʃə(r), 'brəʊʃjʊə(r)] *n.* Broschüre, *die;* Prospekt, *der*

**broderie anglaise** ['brəʊdrı ã'gleız] *n.* Lochstickerei, *die*

[1]**brogue** [brəʊg] *n.* **a)** *(rough shoe)* fester Schuh; **b)** *(decorated outdoor shoe)* Budapester, *der*

[2]**brogue** *n. (accent)* irischer Akzent

**broil** [brɔıl] *v. t.* braten; *(on gridiron)* grillen; **~ing sun** *(fig.)* brennende Sonne

**broiler** ['brɔılə(r)] *n.* **a)** *(chicken)* Brathähnchen, *das;* [Gold]broiler, *der (DDR);* **b)** *(utensil)* Grill, *der;* Bratrost, *der*

'**broiler house** *n.* Hähnchenmästerei, *die*

**broke** [brəʊk] **1.** *see* **break 1, 2. 2.** *pred. adj. (coll.)* pleite *(ugs.);* **go ~:** pleite gehen; **go for ~** *(sl.)* alles auf eine Karte setzen; alles riskieren

**broken** ['brəʊkn] **1.** *see* **break 1, 2. 2.** *adj.* **a)** zerbrochen; gebrochen ‹*Bein, Hals*›; verletzt ‹*Haut*›; abgebrochen ‹*Zahn*›; gerissen ‹*Seil*›; kaputt *(ugs.)* ‹*Uhr, Fernsehen, Fenster*›; ~ **glass** Glasscherben; **get ~:** zerbrechen/brechen/reißen/kaputtgehen; **he got a ~ arm** er hat sich *(Dat.)* den Arm gebrochen; **b)** *(uneven)* uneben ‹*Fläche*›; bewegt ‹*See, Wasser*›; **c)** *(imperfect)* gebrochen; **in ~ English** in gebrochenem Englisch; **d)** *(fig.)* ruiniert ‹*Ehe*›; gebrochen ‹*Mensch, Herz, Stimme*›; unruhig, gestört ‹*Schlaf*›; **come from a ~ home** aus zerrütteten Familienverhältnissen kommen; **in a ~ voice** mit gebrochener Stimme

**broken:** **~-down** *adj.* baufällig ‹*Gebäude*›; kaputt *(ugs.)* ‹*Wagen, Maschine*›; **~-hearted** [brəʊkn'hɑ:tıd] *adj.* untröstlich; ~ '**line** *n.* gestrichelte Linie

**brokenly** ['brəʊknlı] *adv.* gebrochen

**broker** ['brəʊkə(r)] *n.* **a)** *(Commerc.: middleman)* Händler, *der;* Kommissionär, *der; (of real estate)* [Immobilien]makler, *der; (stockbroker)* [Börsen]makler, *der;* **b)** *see* **pawnbroker; c)** *(intermediary)* Vermittler, *der;* Unterhändler, *der; see also* **honest a**

**brolly** ['brɒlı] *n. (Brit. coll.)* [Regen]schirm, *der*

**bromide** ['brəʊmaıd] *n.* **a)** *(Chem.)* Bromsalz, *das;* **b)** *(fig.) (person)* Langweiler, *der; (remark)* [All]gemeinplatz, *der;* Platitüde, *die (abwertend)*

**bromine** ['brəʊmi:n] *n. (Chem.)* Brom, *das*

**bronchial** ['brɒŋkıəl] *adj. (Anat., Med.)* bronchial; Bronchial-; ~ **tubes** Bronchien; ~ **pneumonia** Bronchopneumonie, *die*

**bronchitis** [brɒŋ'kaıtıs] *n., no pl. (Med.)* Bronchitis, *die*

**bronco** ['brɒŋkəʊ] *n., pl.* **~s a)** *wildes od. halbwildes Pferd im Westen der USA;* **b)** *(any horse)* Gaul, *der (ugs.)*

**bronze** [brɒnz] **1.** *n.* **a)** Bronze, *die;* **the B~ Age** die Bronzezeit; **a statuette in ~:** eine Bronzestatuette; **b)** *(colour)* Bronze[farbe], *die;* **c)** *(work of art)* Bronze, *die;* **d)** *(medal)* Bronze, *die.* **2.** *attrib. adj.* Bronze-; *(coloured like bronze)* bronzefarben; bronzen; ~ **medal** Bronzemedaille, *die.* **3.** *v. t.* bräunen ‹*Gesicht, Haut*›. **4.** *v. i.* braun werden

**bronzed** [brɒnzd] *adj.* [sonnen]gebräunt; braun[gebrannt]

**brooch** [brəʊtʃ] *n.* Brosche, *die*

**brood** [bru:d] **1.** *n.* **a)** Brut, *die; (of hen)* Küken *Pl.;* Küchlein *Pl. (veralt.);* **b)** *(joc./derog.: human family)* Sippe, *die;* Sippschaft, *die; (children only)* Brut, *die.* **2.** *v. i.* **a)** *(of person)* [vor sich *(Akk.)* hin] brüten; ~ **over** *or* **upon sth.** über etw. *(Akk.)* [nach]grübeln; über etw. *(Dat.)* brüten; **b)** *(sit)* ‹*Vogel:*› brüten; **c)** *(fig.: hang close)* **thunder clouds ~ed over the valley** Gewitterwolken hingen über dem Tal

'**brood-mare** *n.* Zuchtstute, *die*

**broody** ['bru:dı] *adj.* **a)** brütig; ~ **hen** Glucke, *die;* **b)** *(fig. coll.)* **she is getting** *or* **feeling ~:** in ihr werden Muttergefühle wach; **c)** *(fig.: depressed)* grüblerisch; schwermütig

[1]**brook** [brʊk] *n.* Bach, *der*

[2]**brook** *v. t.* dulden; ~ **no nonsense/delay** keinen Unfug/Aufschub dulden

**broom** [bru:m] *n.* **a)** Besen, *der;* **a new ~** *(fig.)* ein neuer Besen; **a new ~ sweeps clean** *(prov.)* neue Besen kehren gut; **b)** *(Bot.) (Genista)* Ginster, *der; (Cytisus scoparius)* Besenginster, *der*

**broom:** **~-cupboard** *n.* Besenschrank, *der;* **~stick** *n.* Besenstiel, *der*

**Bros.** *abbr.* **Brothers** Gebr.

**broth** [brɒθ] *n.* **a)** *(unclarified stock)* Brühe, *die;* **b)** *(thin soup)* Bouillon, *die;* [Fleisch]brühe, *die*

**brothel** ['brɒθl] *n.* Bordell, *das*

**brother** ['brʌðə(r)] *n.* **a)** Bruder, *der;* **they are ~ and sister** sie sind Geschwister *od.* Bruder und Schwester; **the ~s Robinson** *or* **Robinson ~s** die Brüder Robinson; **the Marx B~s** die Marx Brothers; **b)** *(friend, associate, fellow member)* Bruder, *der; (in trade union)* Kollege, *der;* **oh ~!** *(sl.)* Junge, Junge!; **be ~s in arms** Kameraden sein; *attrib.* **his ~ doctors/officers** seine Ärztekollegen/Offizierskameraden; **c)** *pl. (Commerc.)* **Hedges B~s** Gebrüder Hedges; **d)** *pl.* **brethren** ['breðrın] *(Eccl.)* Bruder, *der*

**brotherhood** ['brʌðəhʊd] *n.* **a)** *no pl.* Brüderschaft, *die;* brüderliches Verhältnis; **the ~ of all men** *(fig.)* die Gemeinschaft aller Menschen; **b)** *(association)* Bruderschaft, *die; (Amer.: trade union)* Gewerkschaft, *die*

'**brother-in-law** *n., pl.* **brothers-in-law** Schwager, *der*

**brotherly** ['brʌðəlı] *adj.* brüderlich; ~ **love** Bruderliebe, *die*

**brought** *see* **bring**

**brouhaha** ['bru:hɑ:hɑ:] *n. (coll.) (noise)* Spektakel, *der (ugs.); (fuss)* Getue, *das*

**brow** [braʊ] *n.* **a)** *(eye~)* Braue, *die;* **b)** *(forehead)* Stirn, *die;* **c)** *(of hill)* [Berg]kuppe, *die*

'**browbeat** *v. t., forms as* **beat 1** unter Druck setzen; einschüchtern; ~ **sb. into doing sth.** jmdn. so unter Druck setzen, daß er etw. tut; **I refuse to be ~en** ich lasse mich nicht unter Druck setzen

**brown** [braʊn] **1.** *adj.* braun; **as ~ as berries/a berry** schokoladenbraun. **2.** *n.* **a)** Braun, *das;* **b)** *(Snooker)* braune Kugel; **c)** *(~ clothes)* **dressed in ~:** braun gekleidet. **3.** *v. t.* **a)** bräunen ‹*Haut, Körper*›; **b)** *(Cookery)* [an]bräunen; anbraten ‹*Fleisch*›; **c)** *(Brit. sl.)* **be ~ed off with sth./sb.** etw./jmdn. satt haben *(ugs.);* **be ~ed off with doing sth.** es satt haben, etw. zu tun *(ugs.).* **4.** *v. i.* **a)** ‹*Haut:*› bräunen; **I don't ~ easily** ich werde nicht leicht braun; **b)** *(Cookery)* ‹*Fleisch:*› braun werden

**brown:** ~ '**ale** *n.* dunkles Starkbier; ~ '**bear** *n.* Braunbär, *der;* ~ '**bread** *n.* ≈ Mischbrot, *das; (made with wholemeal flour)* Vollkornbrot, *das;* ~ '**coal** *n.* Braunkohle, *die;* **~-eyed** *adj.* braunäugig; **be ~-eyed** braune Augen haben

**brownie** ['braʊnı] *n.* **a) the B~s** die Wichtel *(Pfadfinderinnen von 7–11 Jahren);* **get ~ points** *(fig. coll.)* Pluspunkte sammeln; **b)** *(goblin)* Heinzelmännchen, *das;* Kobold, *der;* Wichtel, *der;* **c)** *(Amer.: cake) kleiner Schokoladenkuchen oft mit Nüssen*

**browning** ['braʊnıŋ] *n. (Cookery) (sugar)* brauner Zucker; *(flour)* braunes Mehl

**brownish** ['braʊnıʃ] *adj.* bräunlich

**brown:** **~-nose** *v. i. (Amer. sl.)* hinten reinkriechen *(derb);* ~ '**paper** *n.* Packpapier, *das;* ~ '**rice** *n.* Naturreis, *der;* **B~ shirt** *n. (Hist.)* Braunhemd, *das;* **~stone** *n. (Amer.)* **a)** rotbrauner Sandstein; **b)** *(house)* Sandsteinhaus, *das;* ~ '**study** *n.* **be in a ~ study** geistesabwesend *od.* in Gedanken verloren sein; ~ '**sugar** *n.* brauner Zucker

**browse** [braʊz] **1.** *v. t.* abgrasen ‹*Weide*›; abfressen ‹*Blätter*›. **2.** *v. i.* **a)** ‹*Vieh:*› weiden; ‹*Wild:*› äsen; ~ **on sth.** etw. fressen; **b)** *(fig.)* **~ through a book/a magazine** in einem Buch schmökern/in einer Zeitschrift blättern; **I'm just browsing** *(in shop)* ich sehe mich nur mal um. **3.** *n. (fig.)* **have a ~:** sich umsehen; **it's worth a ~:** es ist das Reinschauen wert

**Bruges** [bru:ʒ] *pr. n.* Brügge *(das)*

**bruise** [bru:z] **1.** *n.* **a)** *(Med.)* blauer Fleck; **b)** *(on fruit)* Druckstelle, *die.* **2.** *v. t.* **a)** quetschen ‹*Obst, Pflanzen*›; ~ **oneself/one's leg** sich stoßen/sich am Bein stoßen; **he was badly ~d when he fell off his bike** er hat sich *(Dat.)* starke Prellungen zugezogen, als er vom Rad fiel; **the peaches are ~d/easily ~d** die Pfirsiche haben Druckstellen/bekommen leicht Druckstellen; **b)** *(fig.)* mitnehmen. **3.** *v. i.* ‹*Person:*› blaue Flecken bekommen; ‹*Obst:*› Druckstellen bekommen

**bruiser** ['bru:zə(r)] *n. (coll.)* Schläger, *der (abwertend)*

**brunch** [brʌnʃ] *n. (coll.)* Brunch, *der;* ausgedehntes, spätes Frühstück

**brunette** [bru:'net] **1.** *n.* Brünette, *die.* **2.** *adj.* brünett

**Brunswick** ['brʌnzwık] **1.** *pr. n.* Braunschweig *(das).* **2.** *attrib. adj.* Braunschweiger

**brunt** [brʌnt] *n.* Hauptlast, *die;* **the main** *or* **full ~ of the attack fell on the French** die Franzosen waren der vollen Wucht des Angriffs ausgesetzt; **the ~ of the financial cuts** die Hauptlast der Einsparungen; **bear the ~:** das meiste abkriegen

**brush** [brʌʃ] **1.** *n.* **a)** Bürste, *die; (for sweeping)* Hand-, Kehrbesen, *der; (with short handle)* Handfeger, *der; (for scrubbing)* [Scheuer]bürste, *die; (for painting or writing)* Pinsel, *der;* **flat ~:** Flachpinsel, *der;* **b)** *(quarrel, skirmish)* Zusammenstoß, *der;* **his first ~ with the law came at an early age** er kam schon früh mit dem Gesetz in Konflikt; **c)** *(light touch)* flüchtige Berührung; **d)** *(tail) (of squirrel)* Rute, *die; (of fox)* Lunte, *die;* **e) give your hair/teeth a ~:** bürste dir die Haare/putz dir die Zähne; **give your shoes/clothes a ~:** bürste deine Schuhe/Kleider ab; **f)** *(Amer., Austral.: undergrowth)* Unterholz, *das;* **g)** *(land covered with undergrowth)* Buschland, *das.* **2.** *v. t.* **a)** *(sweep)* kehren; fegen; abbürsten ‹*Kleidung*›; ~ **one's teeth/hair** sich *(Dat.)*

die Zähne putzen/die Haare bürsten; ~ **the dust from one's coat/the shelf** den Staub vom Mantel bürsten/vom Regal wischen; **b)** *(treat)* bepinseln, bestreichen ⟨*Teigwaren, Gebäck*⟩; ~**ed aluminium/fabric** aufgerauhtes Aluminium/aufgerauhter Stoff; **c)** *(touch in passing)* flüchtig berühren; streifen; ~ **one's hand over one's hair/brow** sich *(Dat.)* mit der Hand über das Haar/die Stirn fahren. **3.** *v. i.* ~ **by** *or* **against** *or* **past sb./sth.** jmdn./etw. streifen

~ **a'side** *v. t.* beiseite schieben ⟨*Personen, Hindernis*⟩; abtun, vom Tisch wischen ⟨*Einwand, Zweifel, Beschwerde*⟩

~ **a'way** *v. t.* abwischen, wegwischen ⟨*Staub, Schmutz*⟩; verscheuchen ⟨*Insekt*⟩

~ **'down** *v. t.* abbürsten ⟨*Kleidungsstück*⟩; ~ **oneself down** sich abbürsten; *(with hand)* sich abklopfen

~ **'off** *v. t.* **a)** abbürsten ⟨*Schmutz usw.*⟩; *(with hand or cloth)* abwischen; wegwischen; verscheuchen ⟨*Insekt*⟩; **b)** *(fig.: rebuff)* abblitzen lassen *(ugs.)*; **she ~ed me off** sie gab mir einen Korb; *see also* **brush-off**

~ **'up 1.** *v. t.* **a)** zusammenfegen ⟨*Krümel*⟩; **b)** auffrischen ⟨*Sprache, Kenntnisse*⟩. **2.** *v. i.* ~ **up on** auffrischen. *See also* **brush-up**

**'brushfire 1.** *n.* Buschfeuer, *das.* **2.** *adj.* *(fig.)* ~ **warfare** begrenzter Konflikt

**brushless** ['brʌʃlɪs] *adj.* schaumlos ⟨*Rasiercreme*⟩

**brush: ~-off** *n.* Abfuhr, *die;* **give sb. the ~-off** jmdm. einen Korb geben *(ugs.)*; jmdn. abblitzen lassen *(ugs.)*; **~-stroke** *n.* Pinselstrich, *der;* **~-up** *n.* **a) I'll have to give my English a ~-up** ich muß meine Englischkenntnisse auffrischen; **b) have a wash and ~-up** sich frisch machen; **~wood** *n.* **a)** Reisig, *das;* **b)** *(thicket)* Dickicht, *das;* Unterholz, *das;* **~work** *n.* Pinselführung, *die*

**brusque** [brʊsk, brʌsk] *adj.*, **brusquely** ['brʊsklɪ, 'brʌsklɪ] *adv.* schroff

**brusqueness** ['brʊsknɪs, 'brʌsknɪs] *n., no pl.* Schroffheit, *die*

**Brussels** ['brʌslz] *pr. n.* Brüssel *(das)*

**Brussels:** ~ **'carpet** *n.* Brüsseler Teppich; ~ **'lace** *n.* Brüsseler Spitze[n]; ~ **'sprouts** *n. pl.* Rosenkohl, *der;* Kohlsprossen *(österr.)*

**brutal** ['bru:tl] *adj.* brutal; *(fig.)* brutal, schonungslos ⟨*Offenheit*⟩; bitter ⟨*Wahrheit*⟩

**brutalism** ['bru:təlɪzm] *n.* **a)** Brutalität, *die;* **b)** *(Art, Archit.)* Brutalismus, *der*

**brutality** [bru:'tælɪtɪ] *n.* Brutalität, *die*

**brutalization** [bru:təlaɪ'zeɪʃn] *n.* *(treating brutally)* brutale Behandlung; *(becoming brutalized)* Verrohung, *die*

**brutalize** ['bru:təlaɪz] **1.** *v. t.* **a)** verrohen lassen; brutalisieren; **b)** *(treat brutally)* brutal behandeln. **2.** *v. i.* verrohen

**brutally** ['bru:təlɪ] *adv.* brutal; **be ~ frank with sb.** *(fig.)* mit jmdm. schonungslos offen sein

**brute** [bru:t] **1.** *n.* **a)** *(animal)* Bestie, *die;* **b)** *(brutal person)* Rohling, *der;* brutaler Kerl *(ugs.)*; *(thing)* höllische Sache; **a ~ of a problem** *(fig.)* ein höllisches Problem; **a drunken ~:** ein brutaler Trunkenbold; **an unfeeling ~ of a man** eine gefühllose Bestie; **c)** *(coll.: person)* Kerl, *der (ugs.)*. **2.** *attrib. adj.* *(without capacity to reason)* vernunftlos; irrational; *(merely material)* roh ⟨*Gewalt*⟩; nackt ⟨*Tatsachen*⟩; bitter ⟨*Notwendigkeit*⟩; ~ **beasts** wilde Tiere *Pl.*; **by ~ force** mit roher Gewalt

**brutish** ['bru:tɪʃ] *adj.* brutal ⟨*Flegel*⟩; tierisch ⟨*Leidenschaften, Gelüste*⟩; **lead a ~ existence** das Leben eines Tieres führen

**bryony** ['braɪənɪ] *n.* *(Bot.)* Zaunrübe, *die*

**BS** *abbr.* **a) British Standard** Britische Norm; **b) Bachelor of Surgery** „Bachelor" der Chirurgie; *see also* **B. Sc.**; **c)** *(Amer.)* **Bachelor of Science;** *see also* **B. Sc.**

**B. Sc.** [bi:es'si:] *abbr.* **Bachelor of Science** Bakkalaureus der Naturwissenschaften; **John Clarke ~:** John Clarke, Bakkalaureus der Naturwissenschaften; **he is a** *or* **has a ~:** ≈ er hat ein Diplom in Naturwissenschaften; **[study for] one's** *or* **a ~ in physics/chemistry** ≈ ein Diplom in Physik/Chemie [machen wollen]

**BSE** *abbr.* **bovine spongiform encephalopathy** BSE

**BSI** *abbr.* **British Standards Institution** Britischer Normenausschuß

**BST** *abbr.* **British Summer Time** Britische Sommerzeit

**Bt.** *abbr.* **baronet**

**bubble** ['bʌbl] **1.** *n.* **a)** Blase, *die;* *(small)* Perle, *die;* *(fig.)* Seifenblase, *die;* **blow ~s** [Seifen]blasen machen; **the/his ~ has burst** *(fig.)* alles ist wie eine Seifenblase zerplatzt; **b)** *(sound or appearance of boiling)* Brodeln, *das;* **c)** *(domed canopy)* [Glas]kuppel, *die.* **2.** *v. i.* **a)** *(rise in ~s)* ⟨*Schlamm:*⟩ in Blasen aufsteigen; *(form ~s)* ⟨*Wasser, Schlamm, Lava:*⟩ Blasen bilden; ⟨*Suppe, Flüssigkeiten:*⟩ brodeln; *(make sound of ~s)* ⟨*Bach, Quelle:*⟩ plätschern; ⟨*Schlamm:*⟩ blubbern; **b)** *(fig.)* ~ **with sth.** vor etw. *(Dat.)* übersprudeln

~ **'over** *v. i.* überschäumen; ~ **over with excitement/laughter/joy** *(fig.)* vor Aufregung/Lachen übersprudeln/vor Freude überquellen

~ **'up** *v. i.* ⟨*Gas:*⟩ in Blasen aufsteigen; ⟨*Wasser:*⟩ aufsprudeln

**bubble: ~ and 'squeak** *n.* Pfannengericht aus Gemüse und Kartoffeln [mit Fleischresten]; ~ **bath** *n.* Schaumbad, *das;* ~ **car** *n.* Kabinenroller, *der;* ~ **gum** *n.* Bubble-Gum, *der;* Ballonkaugummi, *der;* ~ **pack** *n.* Klarsichtpackung, *die*

**bubbly** ['bʌblɪ] **1.** *adj.* **a)** sprudelnd; schäumend ⟨*Bade-, Spülwasser*⟩; **b)** *(fig. coll.)* quirlig *(ugs.)* ⟨*Person*⟩. **2.** *n.* *(Brit. coll.)* Schampus, *der (ugs.)*

**bubonic plague** [bju:bɒnɪk 'pleɪg] *n.* *(Med.)* Beulenpest, *die*

**buccaneer** [bʌkə'nɪə(r)] *n.* Seeräuber, *der;* Freibeuter, *der (auch fig.)*

**Bucharest** [bju:kə'rest] *pr. n.* Bukarest *(das)*

[1]**buck** [bʌk] **1.** *n.* **a)** *(male)* männliches Tier; Männchen, *das;* *(deer, chamois)* Bock, *der;* *(rabbit, hare)* Rammler, *der;* **b)** *(arch.: dandy)* Geck, *der (abwertend)*; Stutzer, *der (abwertend)*; **c)** *attrib.* ~ **negro** *(sl. derog.)* Negerkerl, *der (salopp abwertend)*; ~ **private** *(Amer. Mil. sl.)* Schütze Arsch *(derb)*. **2.** *v. i.* ⟨*Pferd:*⟩ bocken. **3.** *v. t.* **a)** ~ **[off]** ⟨*Pferd:*⟩ abwerfen; **b)** *(Amer.: resist)* sich sträuben gegen; sich widersetzen (+ *Dat.*)

[2]**buck** *n.* *(coll.)* **pass the ~ to sb.** *(fig.)* jmdm. den Schwarzen Peter zuschieben; **the ~ stops here** *(fig.)* die Verantwortung liegt letzten Endes bei mir

[3]**buck** *(coll.)* **1.** *v. i.* ~ **'up a)** *(make haste)* sich ranhalten *(ugs.)*; ~ **up!** los, schnell!; auf, los!; **b)** *(cheer up)* ein fröhliches Gesicht machen; ~ **up!** Kopf hoch! **2.** *v. t.* ~ **'up a)** *(cheer up)* aufmuntern; **we were ~ed up by the good news** die gute Nachricht hat uns aufgemuntert; **b) ~ one's ideas up** *(coll.)* sich zusammenreißen

[4]**buck** *n.* *(Amer. and Austral. sl.: dollar)* Dollar, *der;* **make a fast ~:** eine schnelle Mark machen *(ugs.)*

**bucked** [bʌkt] *adj.* *(coll.)* aufgemuntert; **I was** *or* **felt ~ by it** es hat mich aufgemuntert

**bucket** ['bʌkɪt] **1.** *n.* **a)** Eimer, *der;* **a ~ of water** ein Eimer [voll] Wasser; **the rain fell in ~s** *(fig.)* es goß wie aus Kübeln *(ugs.)*; es schüttete *(ugs.)*; **kick the ~** *(fig. sl.)* abkratzen *(derb)*; ins Gras beißen *(salopp)*; **b)** *(of water-wheel)* Schaufelkammer, *die.* **2.** *v. i.* **a)** *(pour down)* **the rain is ~ing down** es gießt wie aus Kübeln *(ugs.)*; es schüttet *(ugs.)*; **b)** *(move jerkily)* ⟨*Fahrzeug:*⟩ holpern; ⟨*Boot:*⟩ schaukeln

**bucketful** ['bʌkɪtfʊl] *n.* Eimer [voll]; **two ~s of water** zwei Eimer [voll] Wasser

**bucket: ~ seat** *n.* Schalensitz, *der;* **~-shop** *n.* [nicht ganz seriöses] Maklerbüro; *(for air tickets)* [Hinterhof]reisebüro *(das vor allem Billigflüge vermittelt)*

**buckle** ['bʌkl] **1.** *n.* Schnalle, *die.* **2.** *v. t.* **a)** zuschnallen; ~ **sth. on** etw. anschnallen; ~ **sth. up** etw. festschnallen *od.* zuschnallen; **b)** *(cause to give way)* verbiegen ⟨*Stoßstange, Rad*⟩. **3.** *v. i.* ⟨*Rad, Metallplatte:*⟩ sich verbiegen; ~ **under the weight** unter dem Gewicht nachgeben

~ **to 1.** ['---] *v. t.* ~ **[down] to a task/to work** sich hinter eine Aufgabe klemmen/sich an die Arbeit machen. **2.** [--'-] *v. i.* sich zusammenreißen *(ugs.)*; sich am Riemen reißen *(ugs.)*

**buckler** ['bʌklə(r)] *n.* *(Hist.)* Rundschild, *der*

**buckram** ['bʌkrəm] *n.* *(Textiles)* Buckram, *der*

**buck 'rarebit** *n.* *überbackene Käseschnitte mit pochiertem Ei*

**Buck's Fizz** [bʌks 'fɪz] *n.* Sekt mit Orangensaft

**buckshee** ['bʌkʃi:] *(Brit. sl.)* **1.** *adj.* Gratis-; **a ~ trip** eine Reise zum Nulltarif; eine Gratisreise. **2.** *adv.* gratis, umsonst ⟨*bekommen, reisen*⟩; zum Nulltarif ⟨*reisen*⟩

**buck: ~shot** *n.* grober Schrot; Rehposten, *der;* **~thorn** *n.* *(Bot.)* Kreuzdorn, *der;* **~-tooth** *n.* vorstehender Zahn; Raffzahn, *der (ugs.)*

**buckwheat** ['bʌkwi:t] *n.* *(Agric.)* Buchweizen, *der*

**bucolic** [bju:'kɒlɪk] *adj.* bukolisch

**bud** [bʌd] **1.** *n.* Knospe, *die;* **come into ~/be in ~:** knospen; Knospen treiben; **the trees are in ~:** die Bäume schlagen aus; **nip sth. in the ~** *(fig.)* etw. im Keim ersticken. **2.** *v. i.*, **-dd-** knospen; Knospen treiben; ⟨*Baum:*⟩ ausschlagen; **a ~ding painter/actor** *(fig.)* ein angehender Maler/Schauspieler

**Buddha** ['bʊdə] *n.* Buddha, *der*

**Buddhism** ['bʊdɪzm] *n.* Buddhismus, *der*

**Buddhist** ['bʊdɪst] **1.** *n.* Buddhist, *der*/Buddhistin, *die.* **2.** *adj.* buddhistisch

**buddleia** ['bʌdlɪə] *n.* *(Bot.)* Schmetterlingsstrauch, *der;* Buddleia, *die (fachspr.)*

**buddy** ['bʌdɪ] *(coll.)* **1.** *n.* Kumpel, *der (ugs.)*. **2.** *v. i.* ~ **up [with sb.]** sich [mit jmdm.] anfreunden

**budge** [bʌdʒ] **1.** *v. i.* ⟨*Person, Tier:*⟩ sich [von der Stelle] rühren; ⟨*Gegenstand:*⟩ sich bewegen, nachgeben; *(fig.: change opinion)* nachgeben. **2.** *v. t.* **a)** bewegen; **I can't ~ this screw** ich kriege diese Schraube nicht los; **b)** *(fig.: change opinion)* abbringen; **he refuses to be ~d** er läßt sich nicht umstimmen

**budgerigar** ['bʌdʒərɪgɑ:(r)] *n.* Wellensittich, *der*

**budget** ['bʌdʒɪt] **1.** *n.* Budget, *das;* Etat, *der;* Haushalt[splan], *der;* **keep within ~:** seinen Etat nicht überschreiten; **be on a ~:** haushalten *od.* wirtschaften müssen; ~ **meal/holiday** preisgünstige Mahlzeit/Ferien. **2.** *v. i.* planen; ~ **for sth.** etw. [im Etat] einplanen. **3.** *v. t.* [im Etat] einplanen

**'budget account** *n.* Konto für laufende Zahlungen

**budgetary** ['bʌdʒɪtərɪ] *adj.* budgetär; Budget⟨*beratung, -betrag, -entwurf, -vorlage*⟩

**budget: ~ day** *n.* Haushaltsdebattentermin, *der;* ~ **speech** *n.* Etatrede, *die*

**budgie** ['bʌdʒɪ] *n.* *(coll.)* Wellensittich, *der*

**budo** ['bu:dəʊ] *n.* Budo, *das*

**buff** [bʌf] **1.** *adj.* gelbbraun. **2.** *n.* **a)** *(coll.: enthusiast)* Fan, *der (ugs.)*; **b) in the ~:** nackt; im Adams-/Evaskostüm *(scherzh.)*; **strip down to the ~:** sich bis auf die Haut ausziehen; **c)** *(colour)* Gelbbraun, *das.* **3.** *v. t.* **a)** *(polish)* polieren, [blank] putzen ⟨*Metall, Schuhe usw.*⟩; **b)** aufrauhen ⟨*Leder*⟩

**buffalo** ['bʌfələʊ] *n., pl.* ~**es** *or same (Zool.)* Büffel, *der*

[1]**buffer** ['bʌfə(r)] **1.** *n.* **a)** *(Railw.)* Prellbock, *der; (on vehicle; also Chem., fig.)* Puffer, *der;* **b)** *(Computing)* Pufferspeicher, *der.* **2.** *v. t.* dämpfen

[2]**buffer** *n. (sl.)* **old ~:** alter Zausel *(ugs.)*

'**buffer state** *n.* Pufferstaat, *der*

[1]**buffet** ['bʌfɪt] **1.** *n. (blow, lit. or fig.)* Schlag, *der;* **~s of fate** Schicksalsschläge. **2.** *v. t.* schlagen; **~ed by the wind/waves** vom Wind geschüttelt/von den Wellen hin und her geworfen

[2]**buffet** ['bʊfeɪ] *n.* **a)** *(Brit.: place)* Büfett, *das;* **~ car** *(Railw.)* Büfettwagen, *der;* **b)** *(Brit.: meal)* Imbiß, *der;* **~ lunch/supper/meal** Büfettessen, *das;* **a cold ~:** ein kaltes Büfett; **c)** *(cupboard)* Büfett, *das;* Geschirrschrank, *der; (sideboard)* Anrichte, *die*

**buffeting** ['bʌfɪtɪŋ] *n.* Schütteln, *das; (fig.)* Schläge; **~s of fate** Schicksalsschläge

**buffoon** [bə'fu:n] **1.** *n.* Kasper, *der;* Clown, *der.* **2.** *v. i.* den Clown *od.* Kasper spielen

**buffoonery** [bə'fu:nərɪ] *n.* Clownerie, *die;* Possenreißerei, *die*

**bug** [bʌg] **1.** *n.* **a)** Wanze, *die;* **b)** *(Amer.: small insect)* Insekt, *das;* Käfer, *der;* **c)** *(coll.: virus)* Bazillus, *der;* **don't you breathe your ~s over me** steck mich nicht an; **d)** *(coll.: disease)* Infektion, *die;* Krankheit, *die;* **catch a ~:** sich *(Dat.)* eine Krankheit *od. (ugs.)* was holen; **I don't want to catch that ~ of yours** ich will mich nicht bei dir anstecken; **e)** *(coll.: concealed microphone)* Wanze, *die (ugs.);* **f)** *(coll.: defect)* Macke, *die (salopp);* **we have got all the ~s out of the system** wir haben alle Fehler im System beseitigt; **g)** *(coll.: obsession)* Tick, *der (ugs.);* **he has a ~ about neatness** er hat einen Ordnungsfimmel *(ugs.);* **then I got the ~:** dann packte es mich; **h)** *(coll.: enthusiast)* Fan, *der (ugs.).* **2.** *v. t.,* **-gg- a)** *(coll.: install microphone in)* verwanzen ⟨*Zimmer*⟩ *(ugs.);* abhören ⟨*Telefon, Konferenz*⟩; **~ging device** Abhöreinrichtung, *die;* Wanze, *die (ugs.);* **b)** *(sl.) (annoy)* nerven *(salopp);* den Nerv töten *(+ Dat.) (ugs.); (bother)* beunruhigen; **what's ~ging you?** was ist los mit dir?

**bugbear** ['bʌgbeə(r)] *n.* **a)** *(annoyance, problem)* Problem, *das;* Sorge, *die;* **b)** *(object of fear)* Schreckgespenst, *das*

**bugger** ['bʌgə(r)] **1.** *n.* **a)** *(sodomite)* Analverkehr Ausübender; Sodomit, *der;* **b)** *(coarse) (fellow)* Bursche, *der (ugs.);* Makker, *der (salopp); as insult* Scheißkerl, *der (derb);* Arschloch, *das (salopp);* **you lucky ~:** du hast vielleicht ein Schwein *od.* Dusel *(ugs.);* **you poor ~:** du kannst einem leid tun; **play silly ~s** Scheiß machen *(derb);* **c)** *(coarse: thing)* Scheißding, *das (derb);* **that door is a ~ to open** diese Scheißtür geht immer so schwer auf *(derb);* **d)** *(coarse: damn)* **~!** Scheiße! *(derb);* **I don't give a ~ what you think** ich gebe einen Scheiß drauf, was du denkst *(derb).* **2.** *v. t.* **a)** anal verkehren mit; **b)** *(coarse: damn)* **~ you/him** *(dismissive)* du kannst/der kann mich mal *(derb);* **~ this car/him!** *(angry)* dieses Scheißauto/dieser Scheißkerl! *(derb);* **~ it!** ach du Scheiße *(derb); (in surprise)* **well, ~ me** *or* **I'll be ~ed!** ach du Scheiße *od.* meine Fresse! *(derb);* **c)** *(coarse: tire)* **be [completely] ~ed** [total] fertig sein *(ugs.)*

**~ a'bout, ~ a'round** *(coarse)* **1.** *v. i.* Scheiß machen *(derb);* rumblödeln *(ugs.);* **~ about with sth.** mit etw. rumfummeln *(ugs.).* **2.** *v. t.* verarschen *(derb)*

**~ 'off** *v. i. (coarse)* abhauen *(ugs.);* **~ off!** hau ab! *(ugs.);* verdufte! *(ugs.);* verpiß dich! *(salopp)*

**~ 'up** *v. t. (coarse)* verkorksen *(ugs.)*

**bugger-'all** *n. (coarse)* rein gar nichts; Null Komma nichts; **be worth ~** keinen Pfifferling wert sein *(ugs.);* zum Wischen sein *(salopp)*

**buggery** ['bʌgərɪ] *n.* Analverkehr, *der*

**Buggins's turn** ['bʌgɪnzɪz tɜ:n] *n. (Brit.)* Ernennung auf Grund von Dienstjahren

**buggy** ['bʌgɪ] *n.* **a)** *(horse-drawn or motor vehicle)* Buggy, *der;* **b)** *(pushchair)* Sportwagen, *der;* **c)** *(Amer.) see* **baby buggy**

**bugle[-horn]** ['bju:gl(hɔ:n)] *n.* Bügelhorn, *das*

**bugler** ['bju:glə(r)] *n.* Hornist, *der*

**build** [bɪld] **1.** *v. t.,* **built** [bɪlt] **a)** bauen; errichten ⟨*Gebäude, Damm*⟩; mauern ⟨*Schornstein, Kamin*⟩; zusammenbauen *od.* -setzen ⟨*Fahrzeug*⟩; **the house is still being built** das Haus ist noch im Bau; **the house took three years to ~:** der Bau des Hauses dauerte drei Jahre; **he was the man who built the bridge** er war der Erbauer der Brücke; **the house is solidly built** das Haus ist sehr solide; **~ a fire** [ein] Feuer machen; **~ sth. from** *or* **out of sth.** etw. aus etw. machen *od.* bauen; **the dinghy was built from a kit** das Dingi entstand aus einem Bausatz; **be sturdily/strongly built** *(fig.)* ⟨*Sache:*⟩ solide gebaut sein; ⟨*Person:*⟩ stämmig/kräftig gebaut sein; **b)** *(fig.)* aufbauen ⟨*System, Gesellschaft, Reich, Zukunft*⟩; schaffen ⟨*bessere Zukunft, Bedingungen, Beziehung*⟩; begründen ⟨*Ruf*⟩; **~ one's hopes upon sb./sth.** seine Hoffnungen auf jmdn./etw. setzen; **~ a new career for oneself** sich *(Dat.)* eine neue Existenz aufbauen. **2.** *v. i.,* **built a)** bauen; **b)** *(fig.)* ⟨*Drama, Musik:*⟩ sich steigern **(to zu)**; **~ on one's successes** auf seinen Erfolgen aufbauen. **3.** *n.* Bauweise, *die; (of person)* Körperbau, *der*

**~ 'in** *v. t.* einbauen; *see also* **built-in**

**~ into** *v. t.* **~ sth. into sth.** *(to form part)* etw. in etw. *(Akk.)* einbauen; *(fig.)* **~ a clause into a contract** eine Klausel in einen Vertrag aufnehmen

**~ on** *v. t.* **a)** aufbauen auf (+ *Dat.*); bebauen ⟨*Gelände*⟩; **b)** *(attach)* **~ sth. on to sth.** etw. an etw. *(Akk.)* anbauen

**~ 'up 1.** *v. t.* **a)** bebauen ⟨*Land, Gebiet*⟩; **b)** *(accumulate)* aufhäufen ⟨*Reserven, Mittel, Kapital*⟩; **~ up a reputation** sich *(Dat.)* einen Namen machen; **~ up a fine reputation as a speaker** sich *(Dat.)* einen ausgezeichneten Ruf als Redner erwerben; **c)** *(strengthen)* stärken ⟨*Gesundheit, Widerstandskraft*⟩; widerstandsfähig machen, kräftigen ⟨*Personen, Körper*⟩; **d)** *(increase)* erhöhen, steigern ⟨*Produktion, Kapazität*⟩; verstärken ⟨*Truppen*⟩; stärken ⟨*[Selbst]vertrauen*⟩; **~ up sb.'s hopes [unduly]** jmdm. [falsche] Hoffnung machen; **e)** *(develop)* aufbauen ⟨*Firma, Geschäft*⟩; *(expand)* ausbauen; **~ sth. up from nothing** etw. aus dem Nichts aufbauen; **~ up one's strength** sich kräftigen; ⟨*Athlet:*⟩ seine Muskelkraft trainieren; **f)** *(praise, boost)* aufbauen ⟨*Star, Schauspieler*⟩; **the film was built up to be something marvellous** der Film wurde großartig herausgebracht *od.* angekündigt; **he wasn't half the performer he was built up to be** seine Vorstellung war nicht mal halb so gut wie angekündigt. **2.** *v. i.* **a)** ⟨*Spannung, Druck:*⟩ zunehmen, ansteigen; ⟨*Musik:*⟩ anschwellen; ⟨*Lärm:*⟩ sich steigern **(to in +** *Akk.*); **~ up to a crescendo** sich zu einem Crescendo steigern; **b)** ⟨*Schlange, Rückstau:*⟩ sich bilden; ⟨*Verkehr:*⟩ sich verdichten. *See also* **build-up; built-up**

**builder** ['bɪldə(r)] *n.* **a)** Erbauer, *der;* **b)** *(contractor)* Bauunternehmer, *der;* **~'s labourer** Bauarbeiter, *der;* **~'s merchant** *(person)* Baustoffhändler, *der; (firm)* Baustoffhandlung, *die*

**building** ['bɪldɪŋ] *n.* **a)** Bau, *der; (of vehicle)* Zusammenbauen/-setzen, *das;* **~ commenced three years ago** mit dem Bau wurde vor drei Jahren begonnen; *attrib.* **~ materials** Baumaterialien; **~ operations** Baumaßnahmen; **~ land** Bauland, *das;* **b)** *(structure)* Gebäude, *das; (for living in)* Haus, *das*

**building: ~ contractor** *n.* Bauunternehmer, *der;* **~ line** *n. (Archit.)* Bauflucht[linie], *die;* **~-site** *n.* Baustelle, *die;* **~ society** *n. (Brit.)* Bausparkasse, *die;* **~ trade** *n.* Baugewerbe, *das*

'**build-up** *n.* **a)** *(publicity)* Reklame[rummel], *der;* Werbung, *die;* **give sb./sth. a good ~:** jmdn./etw. groß ankündigen; **give a film a massive ~:** für einen Film kräftig die Werbetrommel rühren; **b)** *(approach to climax)* Vorbereitungen *Pl.* **(to** für); **c)** *(increase)* Zunahme, *die; (of forces)* Verstärkung, *die;* **a ~ of traffic** ein [Verkehrs]stau *od.* eine Stauung

**built** *see* **build 1, 2**

**built: ~-in** *adj.* **a)** eingebaut; **a ~-in cupboard/bookcase/kitchen** ein Einbauschrank/-regal/eine Einbauküche; **b)** *(fig.: instinctive)* angeboren; **the system has ~-in safeguards against accidents** *(fig.)* das System hat eine Art eingebauten Schutz gegen Unfälle; *see also* **obsolescence; ~-up** *adj.* **a)** bebaut; **a ~-up area** ein Wohngebiet; **the speed limit applies in all ~-up areas** die Geschwindigkeitsbegrenzung gilt für alle geschlossenen Ortschaften; **b)** *(prefabricated)* vorgefertigt; **c) ~-up shoulders** [aus]wattierte *od.* gepolsterte Schultern; **a ~-up shoe** ein Schuh mit dickerer Sohle

**bulb** [bʌlb] *n.* **a)** *(Bot., Hort.)* Zwiebel, *die;* **b)** *(of lamp)* [Glüh]birne, *die;* **c)** *(of thermometer, chemical apparatus)* [Glas]kolben, *der;* **d)** *(of syringe, dropper, horn)* Gummiballon, *der*

**bulbous** ['bʌlbəs] *adj.* **a)** bauchig ⟨*Form*⟩; bulbös, bulboid ⟨*Schwellung*⟩; **~ fingers/nose** Wurstfinger/Knollennase, *die;* **b)** *(Bot.)* Zwiebel-; zwiebelartig

**Bulgaria** [bʌl'geərɪə] *pr. n.* Bulgarien *(das)*

**Bulgarian** [bʌl'geərɪən] **1.** *adj.* bulgarisch; **he/she is ~:** er ist Bulgare/sie ist Bulgarin; *see also* **English 1. 2.** *n.* **a)** *(person)* Bulgare, *der/*Bulgarin, *die;* **b)** *(language)* Bulgarisch, *das; see also* **English 2 a**

**bulge** [bʌldʒ] **1.** *n.* **a)** Ausbeulung, *die;* ausgebeulte Stelle; *(in line)* Bogen, *der; (in tyre)* Wulst, *der od. die;* **b)** *(coll.: increase)* Anstieg, *der* **(in** *Gen.*); **c)** *(Mil.)* Frontausbuchtung, *die.* **2.** *v. i.* **a)** *(swell outwards)* sich wölben; **her eyes ~d out of her head** *(fig. coll.)* die Augen traten ihr [fast] aus dem Kopf; sie bekam Stielaugen *(ugs.);* **b)** *(be full)* vollgestopft sein **(with** mit)

**bulging** ['bʌldʒɪŋ] *adj.* prall gefüllt ⟨*Einkaufstasche usw.*⟩; vollgestopft ⟨*Hosentasche, Kiste*⟩; rund ⟨*Bauch*⟩; **~ eyes** hervortretende Augen; *(in surprise)* staunende Augen

**bulk** [bʌlk] **1.** *n.* **a)** *(large quantity)* **in ~:** in großen Mengen; **b)** *(large shape)* massige Gestalt; **c)** *(size)* Größe, *die;* **be of great ~:** [sehr] massig sein; **d)** *(volume)* Menge, *die;* Umfang, *der;* **sea water is heavier, ~ for ~, than fresh water** Seewasser ist, Quantum für Quantum, schwerer als Süßwasser; **e)** *(greater part)* **the ~ of the money/goods** der Groß- *od.* Hauptteil des Geldes/der Waren; **the ~ of the population/votes** die Mehrheit der Bevölkerung/Stimmen; **f)** *(Commerc.)* **in ~** *(loose)* lose; unabgefüllt ⟨*Wein*⟩; *(wholesale)* en gros; **~ transport** Massentransport, *der;* **~ sales** Großverkauf, *der.* **2.** *v. i.* **~ large** eine wichtige Rolle spielen. **3.** *v. t.* **a)** *(combine)* zu einer Sendung zusammenstellen; **b)** *(make thicker)* anschwellen lassen; an Umfang zunehmen lassen

**bulk: ~ 'buyer** *n.* Großabnehmer, *der;* **~ 'buying** *n.* Großeinkauf, *der;* **~ 'carrier** *n.* Bulkfrachter, *der;* **~ goods** *n. pl.* Schüttgut, *das;* **~head** *n.* Schott, *das*

**bulkiness** ['bʌlkɪnɪs] *n., no pl. (unwieldiness)* Unhandlichkeit, *die*

**bulky** ['bʌlkɪ] *adj.* sperrig ⟨*Gegenstand*⟩; beleibt ⟨*Person*⟩; massig, wuchtig ⟨*Gestalt, Körper*⟩; unförmig ⟨*Kleidungsstück*⟩; *(un-*

*wieldy)* unhandlich ‹*Gegenstand, Paket*›; ~ **goods** Sperrgut, *das;* **a ~ book** ein dickes Buch

**[1]bull** [bʊl] **1.** *n.* **a)** Bulle, *der; (for bullfight)* Stier, *der;* **like a ~ in a china shop** *(fig.)* wie ein Elefant im Porzellanladen; **like a ~ at a gate** wie ein Wilder; **take the ~ by the horns** *(fig.)* den Stier bei den Hörnern fassen *od.* packen; **b)** *(Astrol.)* **the B~:** der Stier; *see also* **archer b; c)** *(whale, elephant)* Bulle, *der;* **d)** *see* **bull's eye a; e)** *(Amer. sl.: policeman)* Bulle, *der (salopp);* **f)** *(St. Exch.)* Haussier, *der.* **2.** *adj.* bullig

**[2]bull** *n. (RC Ch.)* Bulle, *die*

**[3]bull** *see* **Irish bull**

**[4]bull** *n. (sl.)* **a)** *(routine)* [lästige] Routine; *(Mil.: discipline)* Drill, *der;* **b)** *(nonsense)* Geschwafel, *das (ugs. abwertend);* Gesülze, *das (salopp abwertend);* **c)** *(Amer.: blunder)* grober Schnitzer

**bull: ~-at-a-gate** *adj., adv.* wild; rücksichtslos; **~-calf** *n.* Bullenkalb, *das;* **~dog** *n.* **a)** Bulldogge, *die;* **he's one of the ~dog breed** *(fig.)* er ist hartnäckig und fürchtet sich vor nichts; **~dog clip** Flügelklammer, *die;* **b)** *(Brit. Univ.)* Helfer des Proktors; **~doze** *v.t.* **a)** planieren ‹*Boden*›; mit der Planierraupe wegräumen ‹*Gebäude*›; **~doze a path** mit der Planierraupe einen Weg bahnen; **b)** *(fig.: force)* **~doze sb. into doing sth.** jmdn. dazu zwingen, etw. zu tun; **the Bill was ~dozed through Parliament by the government** *(fig.)* das Gesetz wurde von der Regierung im Parlament durchgeboxt; **~dozer** ['bʊldəʊzə(r)] *n.* Planierraupe, *die;* Bulldozer, *der*

**bullet** ['bʊlɪt] *n.* [Gewehr-, Pistolen]kugel, *die; see also* **bite 2d**

**bullet: ~-head** *n.* [kugel]runder Kopf; Rundkopf, *der;* **~-hole** *n.* Einschuß, *der;* Einschußloch, *das;* **be riddled with ~-holes** von Kugeln durchsiebt sein

**bulletin** ['bʊlɪtɪn] *n.* Bulletin, *das;* **we will bring you further ~s to keep you informed** wir bringen Ihnen weitere Meldungen, um Sie auf dem laufenden zu halten

**'bulletin-board** *n. (Amer.)* Anschlagtafel, *die; (Sch., Univ.)* Schwarzes Brett

**bullet: ~proof** *adj.* kugelsicher; **~-proof glass** Panzerglas, *das;* **~ wound** *n.* Schußwunde, *die*

**bull: ~fight** *n.* Stierkampf, *der;* **~-fighter** *n.* Stierkämpfer, *der;* **~-fighting** *n.* Stierkämpfe; **~finch** *n. (Ornith.)* Gimpel, *der;* **~frog** *n.* Ochsenfrosch, *der;* **~-horn** *n.* Megaphon, *das;* Flüstertüte, *die (ugs. scherzh.)*

**bullion** ['bʊljən] *n., no pl., no indef. art.* Bullion, *das (fachspr.);* **gold/silver ~:** ungemünztes Gold/Silber; *(ingots)* Gold-/Silberbarren *Pl.*

**bullish** ['bʊlɪʃ] *adj. (St. Exch.)* haussierend; auf Hausse spekulierend ‹*Kapitalanleger*›; **feel ~:** in Haussestimmung sein; *(fig.)* in optimistischer Stimmung sein

**bull: ~ market** *n. (St. Exch.)* Haussemarkt, *der;* **~ neck** *n.* Stiernacken, *der;* **~-necked** *adj.* stiernackig; **~-nose[d]** ['bʊlnəʊz(d)] *adj.* abgerundet

**bullock** ['bʊlək] *n.* Ochse, *der*

**bull: ~ point** *n. (coll.)* Vorteil, *der;* **~ring** *n.* Stierkampfarena, *die;* **~ session** *n. (esp. Amer.)* zwanglose Diskussionsrunde; *(men only)* Männerrunde, *die (ugs.);* **~'s-eye** *n.* **a)** *(of target)* Schwarze, *das;* **score a ~'s-eye** *(lit. or fig.)* ins Schwarze treffen; **b)** *(boss of glass)* Butzen, *der; (Naut.)* Bullauge, *das; (Archit.)* Ochsenauge, *das;* **c)** *(boiled sweet)* rundes, schwarz-weißes Pfefferminzbonbon; **~shit** *(coarse) n.* Scheiße, *die (salopp abwertend);* **~-terrier** *n.* Bullterrier, *der*

**[1]bully** ['bʊlɪ] **1.** *n.* **a)** *jmd., der gern Schwächere schikaniert bzw. tyrannisiert; (esp. schoolboy etc.)* ≈ Rabauke, *der (abwertend); (boss)* Tyrann, der; **b)** *(hired ruffian) see* **bully-boy. 2.** *v.t. (persecute)* schikanieren; *(frighten)* einschüchtern; **~ sb. into/out of doing sth.** jmdn. so sehr einschüchtern, daß er etw. tut/läßt

**[2]bully** *(coll.)* **1.** *adj.* toll *(ugs.);* prima *(ugs.).* **2.** *int.* **~ for you** *(also iron.)* gratuliere!; **~ for him!** *(also iron.)* da muß man ihm gratulieren!

**[3]bully** *(Hockey)* **1.** *n.* Bully, *das.* **2.** *v.i.* **~ off** das Bully ausführen *(fachspr.)*

**bully: ~ beef** *n.* Corned beef, *das;* **~-boy** *n.* [angeheuerter] Schläger; **a gang of ~-boys** ein Schlägertrupp

**bullying** ['bʊlɪɪŋ] **1.** *n.* Schikanieren, *das.* **2.** *adj.* tyrannisch

**'bully-off** *n. (Hockey)* Bully, *das (fachspr.)*

**bulrush** ['bʊlrʌʃ] *n.* **a)** *(Bot.)* Teichsimse, *die;* **b)** *(Bibl.)* Rohr, *das*

**bulwark** ['bʊlwək] *n.* **a)** *(rampart)* Wall, *der;* Bollwerk, *das (auch fig.);* **b)** *(breakwater)* Mole, *die;* **c)** *usu. in pl. (Naut.)* Schanzkleid, *das*

**[1]bum** [bʌm] *n. (Brit. sl.)* Hintern, *der (ugs.);* Arsch, *der (derb)*

**[2]bum** *(sl.)* **1.** *n. (Amer.)* **a)** *(tramp)* Penner, *der (salopp abwertend);* Berber, *der (salopp);* **b)** *(lazy dissolute person)* Penner, *der (salopp abwertend);* Gammler, *der (ugs. abwertend);* **c) be on the ~** *(be a vagrant)* rumgammeln *(ugs.);* als Berber leben *(salopp); (cadge)* schnorren *(ugs.).* **2.** *adj.* mies *(ugs.);* schlimm *(ugs.)* ‹*Fuß, Bein usw.*›; **a ~ cheque** ein fauler Scheck *(ugs.).* **3.** *v.i.,* **-mm-** rumgammeln *(ugs.).* **4.** *v.t.,* **-mm-** schnorren *(ugs.)* ‹*Zigaretten usw.*› **(off** bei); **~ one's way through France** durch Frankreich gammeln *(ugs.)*

**bumble** ['bʌmbl] *v.i.* zockeln *(ugs.);* **~ about** herumwursteln *(ugs.)*

**'bumble-bee** *n.* Hummel, *die*

**bumbling** ['bʌmblɪŋ] *adj.* stümperhaft

**bumf** [bʌmf] *n. (Brit. sl.)* **a)** *(derog.: papers)* Papierkram, *der (ugs.);* **b)** *(toilet-paper)* Klopapier, *das (ugs.)*

**bump** [bʌmp] **1.** *n.* **a)** *(sound)* Bums, *der; (impact)* Stoß, *der;* **this car has had a few ~s** der Wagen hat schon einige Dellen abgekriegt; **b)** *(swelling)* Beule, *die;* **c)** *(hump)* Buckel, *der (ugs.);* Hubbel, *der (ugs.);* **d)** *(on skull)* Höcker, *der;* **e)** *(sl.: dancer's forward thrust of abdomen)* Stoß, *der* [mit dem Bauch]; **~s and grinds** erotische Zuckungen. **2.** *adv.* bums; rums, bums; **the car went ~ into the vehicle in front** das Auto bumste gegen das Fahrzeug vor ihm; **be afraid of things that go ~ in the night** Angst vor komischen Geräuschen in der Nacht haben. **3.** *v.t.* **a)** anstoßen; **I ~ed the chair against the wall** ich stieß mit dem Stuhl an die Wand; **b)** *(hurt)* **~ one's head/knee** sich am Kopf/am Knie stoßen. **4.** *v.i.* **a) ~ against sth.** an etw. *(Akk.) od.* gegen etw. stoßen; **~ against sb.** jmdn. anstoßen; **b)** *(move with jolts)* rumpeln; **~ down the stairs** die Treppe runterpurzeln *(ugs.)*

**~ into** *v.t.* **a)** stoßen an (+ *Akk.*) *od.* gegen; *(with car, shopping trolley, etc.)* fahren gegen ‹*Mauer, Baum*›; **~ into sb.** jmdn. anstoßen; *(with vehicle)* jmdn. anfahren; **I ~ed into the back of another car** ich hatte einen Auffahrunfall; **b)** *(meet by chance)* zufällig [wieder]treffen; **if you ~ into Tom, tell him ...:** wenn dir Tom über den Weg läuft, sag ihm, ...

**~ 'off** *v.t. (sl.)* kaltmachen *(salopp);* umlegen *(salopp)*

**~ up** *v.t. (coll.)* aufschlagen ‹*Preise*›; aufbessern ‹*Gehalt*›

**bumper** ['bʌmpə(r)] **1.** *n.* **a)** *(Motor Veh.)* Stoßstange, *die;* **b)** *(Amer. Railw.)* Puffer, *der;* **c)** *(brim-full glass)* [rand]volles Glas; **d)** *(Cricket)* Schmetterball, *der.* **2.** *adj.* Rekord‹*ernte, -jahr*›; **~ edition** [besonders umfangreiche] Extra- *od.* Sonderausgabe

**bumper: ~ car** *n.* [Auto]skooter, *der;* **~-to-bumper 1.** *adj.* **a ~-to-bumper traffic jam** ein Stau, bei dem nichts mehr geht/ging; **2.** *adv.* Stoßstange an Stoßstange

**bumpkin** ['bʌmpkɪn] *n.* **[country] ~:** [Bauern]tölpel, *der (abwertend)*

**bumptious** ['bʌmpʃəs] *adj.,* **bumptiously** ['bʌmpʃəslɪ] *adv.* wichtigtuerisch

**bumptiousness** ['bʌmpʃəsnɪs] *n., no pl.* Wichtigtuerei, *die*

**bumpy** ['bʌmpɪ] *adj.* holp[e]rig ‹*Straße, Fahrt, Fahrzeug*›; uneben ‹*Fläche*›; unruhig ‹*Flug*›

**bum: ~ 'rap** *n. (Amer. sl.)* Verurteilung unter falscher Anklage; **~'s 'rush** *n. (Amer. sl.)* Rausschmiß, *der (ugs.);* **give sb. the ~'s rush** jmdn. rausschmeißen *(ugs.);* **~ 'steer** *n. (Amer. sl.)* **give sb. a ~ steer** jmdn. in die falsche Richtung lenken

**bun** [bʌn] *n.* **a)** süßes Brötchen; *(currant ~)* Korinthenbrötchen, *das;* **b)** *(hair)* [Haar]knoten, *der. See also* **oven**

**bunch** [bʌntʃ] **1.** *n.* **a)** *(of flowers)* Strauß, *der; (of grapes, bananas)* Traube, *die; (of parsley, radishes)* Bund, *das;* **a ~ of roses/parsley** ein Strauß Rosen/Bund Petersilie; **a ~ of keys** ein Schlüsselbund; **b)** *(lot)* Anzahl, *die;* **a whole ~ of ...:** ein ganzer Haufen ... *(ugs.);* **the best** *or* **pick of the ~:** der/die/das Beste [von allen]; **c)** *(sl.: gang)* Bande, *die (ugs.); (group)* Haufen, *der (ugs.);* **look a real ~ of idiots** wie ein Haufen [von] Idioten dastehen *(ugs.).* **2.** *v.t.* **a)** zu einem Strauß/zu Sträußen binden ‹*Blumen*›; bündeln ‹*Radieschen, Spargel*›; zusammendrängen ‹*Personen*›; **the runners were tightly ~ed as they came round the final bend** die Läufer lagen alle dicht beieinander, als sie in die Zielgerade einbogen; **b)** *(gather into folds)* [zusammen]raffen ‹*Kleid*›

**~ 'up 1.** *v.i.* ‹*Personen:*› zusammenrücken; ‹*Kleid, Stoff:*› sich zusammenknüllen. **2.** *v.t.* zusammenraffen ‹*Kleid*›

**bundle** ['bʌndl] **1.** *n.* **a)** Bündel, *das; (of papers)* Packen, *der; (of hay)* Bund, *das; (of books)* Stapel, *der; (of fibres, nerves)* Strang, *der;* **tie sth. up in a ~:** etw. zu einem Bündel zusammenbinden; **in ~s** bündelweise; **she's a ~ of mischief/energy/misery** *(fig.)* sie hat nichts als Unfug im Kopf/ist ein Energiebündel/ist ein Häufchen Unglück *od.* Elend; **b)** *(sl.: large amount of money)* Vermögen, *das;* [schöne] Stange Geld *(ugs.);* **c)** *(sl.)* **go a ~ on sb./sth.** von jmdm./etw. begeistert sein. *See also* **nerve 1b. 2.** *v.t.* **a)** bündeln; **b)** *(throw hastily)* **~ sth. into the suitcase/back of the car** etw. in den Koffer stopfen/hinten ins Auto werfen; **c)** *(put hastily)* **~ sb. into the car** jmdn. ins Auto verfrachten *od.* packen

**~ 'off** *v.t.* [eilig] schaffen; schicken

**~ 'up** *v.t.* **a)** *(put in bundles)* bündeln; **b)** *(dress warmly)* einmummeln *(fam.)*

**'bun-fight** *n. (Brit. sl.)* Teegesellschaft, *die*

**bung** [bʌŋ] **1.** *n.* Spund[zapfen], *der.* **2.** *v.t.* **a)** verspunden; spunden; **b)** *(sl.: throw)* schmeißen *(ugs.)*

**~ 'up** *v.t.* **be/get ~ed up** verstopft sein/verstopfen

**bungalow** ['bʌŋgələʊ] *n.* Bungalow, *der*

**'bung-hole** *n.* Spundloch, *das*

**bungle** ['bʌŋgl] **1.** *v.t.* stümpern bei; **~ it/the job** alles vermasseln. **2.** *n.* Stümperei, *die (ugs.)*

**bungler** ['bʌŋglə(r)] *n.* Stümper, *der (abwertend)*

**bungling** ['bʌŋglɪŋ] **1.** *adj.* stümperhaft ‹*Versuch*›; **~ person** Stümper, der; **you ~ idiot!** du Trottel! **2.** *n.* Stümperei, *die*

**bunion** ['bʌnjən] *n. (Med.)* chronische Bursitis bei Hallux valgus *(fachspr.);* ≈ entzündeter Ballen

**[1]bunk** [bʌŋk] *n. (in ship, aircraft, lorry)* Koje, *die; (in room, sleeping-car)* Bett, *das;* **(~-bed)** Etagenbett, *das*

[2]**bunk** *n. (sl.: nonsense)* Quatsch, *der (salopp);* Mist, *der (salopp)*
[3]**bunk** *n. (Brit. sl.)* **do a ~:** türmen *(salopp);* **the cashier did a ~ with the money** der Kassierer brannte mit dem Geld durch *(ugs.)*
'**bunk-bed** *n.* Etagenbett, *das*
**bunker** ['bʌŋkə(r)] **1.** *n. (also Mil., Golf)* Bunker, *der.* **2.** *v. t. (Golf)* **be ~ed** im Bunker *od.* Sand liegen; *(fig. coll.)* in der Klemme sitzen *(ugs.)*
**bunkum** ['bʌŋkəm] *n.* Unsinn, *der*
**bunny** ['bʌnɪ] *n.* Häschen, *das*
**Bunsen burner** [bʌnsn 'bɜ:nə(r)] *n.* Bunsenbrenner, *der*
[1]**bunting** ['bʌntɪŋ] *n. (Ornith.)* Ammer, *die*
[2]**bunting** *n., no pl.* **a)** *(fabric)* Fahnentuch, *das;* **b)** *(flags, decoration)* [bunte] Fähnchen; Wimpel *Pl.*
**buoy** [bɔɪ] **1.** *n.* **a)** Boje, *die; (buoyant part)* Schwimmkörper, *der;* **b)** *(lifebuoy)* Rettungsring, *der.* **2.** *v. t.* **~ [up]** über Wasser halten; *(fig.: support, sustain)* aufrechterhalten; **I was ~ed [up] by the thought that ...:** der Gedanke, daß ..., hielt mich aufrecht *od.* ließ mich durchhalten
**buoyancy** ['bɔɪənsɪ] *n.* **a)** *(of body)* Auftrieb, *der;* **b)** *(fig.) (of stock-market prices)* Aufwärtstendenz, *die; (of person)* Schwung, *der;* Elan, *der*
'**buoyancy tank** *n. (Naut.)* Trimmtank, *der*
**buoyant** ['bɔɪənt] *adj.* **a)** Auftrieb habend; schwimmend; **be [more] ~:** [einen größeren] Auftrieb haben; [besser] schwimmen; **b)** *(fig.)* rege, lebhaft ⟨*Markt*⟩; heiter, munter ⟨*Person*⟩; federnd ⟨*Schritt*⟩; **share prices were ~ today** die Kurse sind heute gestiegen *od.* hochgegangen; **in ~ spirits** in Hochstimmung
**bur** [bɜ:(r)] *n.* **a)** *(Bot.; also fig.)* Klette, *die;* **b)** *see* **burr a; c)** *see* **burr b**
**burble** ['bɜ:bl] *v. i.* **a)** *(speak lengthily)* **~ [on] about sth.** von etw. ständig quasseln *(ugs.);* **~ [on] incessantly to sb.** jmdm. die Ohren voll schwatzen *(ugs.);* **b)** *(make a murmuring sound)* brummeln *(ugs.);* ⟨*Baby:*⟩ plappern; ⟨*Bach:*⟩ murmeln
**burbot** ['bɜ:bət] *n. (Zool.)* Aalquappe, *die*
**burden** ['bɜ:dn] **1.** *n.* **a)** *(load)* Last, *die; (fig.)* Last, *die;* Bürde, *die (geh.);* **beast of ~:** Lasttier, *das;* **become a ~:** zur Last werden; **be a ~ to sb.** für jmdn. eine Belastung sein; *(less serious)* jmdm. zur Last fallen; **put a fresh ~ upon sb.** ⟨*Person:*⟩ jmdm. eine zusätzliche Last aufladen; ⟨*Sache:*⟩ für jmdn. eine zusätzliche Belastung darstellen; **put too much of a ~ upon sb.** jmdn. überlasten; **the ~ of proof rests with** *or* **on you** Sie tragen die Beweislast; **tax ~:** steuerliche Belastung; Steuerlast, *die;* **b)** *(chief theme)* Schwerpunkt, *der;* Kern, *der;* **c)** *(of song)* Refrain, *der;* **d)** *(Naut.: tonnage)* Tonnage, *die;* Tragfähigkeit, *die.* **2.** *v. t.* belasten; **they were heavily ~ed** sie hatten schwer *od.* eine schwere Last zu tragen; *(fig.)* **~ sb./oneself with sth.** jmdn./sich mit etw. belasten; **~ sb./oneself with too many responsibilities** jmdm./sich zu viel Verantwortung aufladen
**burdensome** ['bɜ:dnsəm] *adj.* schwer ⟨*Last*⟩; *(fig.)* lästig ⟨*Person, Pflicht, Verantwortung*⟩; **become/be ~ to sb.** jmdm. zur Last werden/fallen
**burdock** ['bɜ:dɒk] *n. (Bot.)* Klette, *die*
**bureau** ['bjʊərəʊ, bjʊə'rəʊ] *n., pl.* **~x** ['bjʊərəʊz, bjʊə'rəʊz] *or* **~s a)** *(Brit.: writing-desk)* Schreibschrank, *der;* Sekretär, *der; (Amer.: chest of drawers)* Kommode, *die;* **b)** *(office)* Büro, *das; (department)* Abteilung, *die; (Amer.: government department)* Dienststelle, *die;* Amt, *das*
**bureaucracy** [bjʊə'rɒkrəsɪ] *n.* **a)** Bürokratie, *die;* **b)** *(officials)* Beamte *Pl.;* Bürokraten *Pl. (abwertend)*
**bureaucrat** ['bjʊərəkræt] *n.* Bürokrat, *der*/Bürokratin, *die (abwertend)*
**bureaucratic** [bjʊərə'krætɪk] *adj.* bürokratisch; **~ mentality** Beamtenmentalität, *die*
**bureaucratically** [bjʊərə'krætɪkəlɪ] *adv.* bürokratisch
**bureau de change** [bjʊərəʊ də ʃɑ̃ʒ] *n.* Wechselstube, *die*
**burette** (*Amer.:* **buret**) [bjʊə'ret] *n. (Chem.)* Bürette, *die*
**burg** [bɜ:g] *n. (Amer. coll.)* Ort, *der*
**burgee** [bɜ:'dʒi:] *n. (Naut.)* [gezackter] Stander; *(triangular)* Wimpel, *der*
**burgeon** ['bɜ:dʒən] *v. i.* **a)** *(begin to grow rapidly)* blühen; **the arts and sciences ~ed** die Künste und Wissenschaften erlebten eine Blütezeit; **b)** *(bud)* ⟨*Pflanze:*⟩ sprießen; ⟨*Baum:*⟩ Knospen treiben, ausschlagen
**burger** ['bɜ:gə(r)] *n. (coll.)* Hamburger, *der*
**burgess** ['bɜ:dʒɪs] *n.* **a)** *(Brit.)* Bürger, *der*/Bürgerin, *die;* **b)** *(Amer.)* Stadtverordnete, *der/die*
**burgh** ['bʌrə] *n. (Scot. Hist.)* Stadt mit Stadtrechten; freie Stadt
**burgher** ['bɜ:gə(r)] *n.* Bürger, *der*/Bürgerin, *die*
**burglar** ['bɜ:glə(r)] *n.* Einbrecher, *der*
'**burglar alarm** *n.* Alarmanlage, *die*
**burglarize** ['bɜ:glərаɪz] *(Amer.) see* **burgle 1**
'**burglar-proof** *adj.* einbruch[s]sicher
**burglary** ['bɜ:glərɪ] *n.* Einbruch, *der; (offence)* [Einbruchs]diebstahl, *der*
**burgle** ['bɜ:gl] **1.** *v. t.* einbrechen in (+ *Akk.*); **the shop/he was ~d** in dem Laden/bei ihm wurde eingebrochen. **2.** *v. i.* einen Einbruch begehen
**burgomaster** ['bɜ:gəmɑ:stə(r)] *n.* Bürgermeister, *der (einer holländ. od. fläm. Stadt)*
**Burgundy** ['bɜ:gəndɪ] *pr. n.* Burgund *(das)*
**burgundy** *n.* **a)** *(wine)* Burgunder[wein], *der;* **b)** *(colour)* Burgunderrot, *das*
**burial** ['berɪəl] *n.* Bestattung, *die;* Begräbnis, *das; (funeral)* Beerdigung, *die;* Beisetzung, *die (geh.);* **Christian ~:** christliches Begräbnis; **~ at sea** Seebestattung, *die*
**burial: ~-ground** *n.* Begräbnisstätte, *die;* **~ mound** *n.* Grabhügel, *der;* **~-service** *n.* Trauerfeier, *die*
**burin** ['bjʊərɪn] *n.* **a)** Stichel, *der;* Punze, *die;* **b)** *(Archaeol.)* Meißel, *der*
**burlap** ['bɜ:læp] *n.* Sackleinen, *das*
**burlesque** [bɜ:'lesk] **1.** *adj.* burlesk, possenhaft ⟨*Theaterstück*⟩; parodistisch ⟨*Literatur, Rede*⟩; **~ show** Varietévorstellung, *die.* **2.** *n.* **a)** Kabarett, *das;* Varieté, *das;* **b)** *(book, play)* Burleske, *die; (parody)* Parodie, *die;* **c)** *(Amer.: variety show)* Varieté, *das;* Tingeltangel, *das (abwertend).* **3.** *v. t.* parodieren
**burly** ['bɜ:lɪ] *adj.* kräftig; stämmig; stramm ⟨*Soldat*⟩
**Burma** ['bɜ:mə] *pr. n.* Birma *(das)*
**Burmese** [bɜ:'mi:z] **1.** *adj.* birmanisch; **sb. is ~:** jmd. ist Birmane/Birmanin; *see also* **English 1. 2.** *n., pl. same* **a)** *(person)* Birmane, *der*/Birmanin, *die;* **b)** *(language)* Birmanisch, *das; see also* **English 2 a**
[1]**burn** [bɜ:n] **1.** *n. (on the skin)* Verbrennung, *die; (on material)* Brandfleck, *der; (hole)* Brandloch, *das;* **second-degree ~s** Verbrennungen zweiten Grades. **2.** *v. t.,* **~t** *or* **~ed a)** verbrennen; **~ a hole in sth.** ein Loch in etw. *(Akk.)* brennen; **money ~s a hole in his pocket** *(fig.)* das Geld rinnt ihm nur so durch die Finger; **~ one's boats** *or* **bridges** *(fig.)* alle Brücken hinter sich *(Dat.)* abbrechen; **b)** *(use as fuel)* als Brennstoff verwenden ⟨*Gas, Öl usw.*⟩; heizen mit ⟨*Kohle, Holz, Torf*⟩; verbrauchen ⟨*Strom*⟩; *(use up)* verbrauchen ⟨*Treibstoff*⟩; verfeuern ⟨*Holz, Kohle*⟩; **~ coal in the stove** den Ofen mit Kohle feuern; **this lamp ~s oil** das ist eine Öllampe; **have money to ~** *(fig.)* Geld wie Heu haben; **I haven't got money to ~:** ich bin doch kein Krösus *(ugs.);* **c)** *(injure)* verbrennen; **~ oneself/one's hand** sich verbrennen/sich *(Dat.)* die Hand verbrennen; **he was severely ~t in the fire** er erlitt schwere Brandverletzungen; **~ one's fingers, get one's fingers ~t** *(fig.)* sich *(Dat.)* die Finger verbrennen *(fig.);* **d)** *(spoil)* anbrennen lassen ⟨*Fleisch, Kuchen*⟩; **be ~t** angebrannt sein; **~t toast** verbrannter *od.* schwarzer Toast; **e)** *(cause burning sensation to)* verbrennen; **this curry is ~ing my throat** das Curry verbrennt mir den Hals *od.* brennt mir im Hals; **f)** *(put to death)* **~ sb. [at the stake/alive]** jmdn. [auf dem Scheiterhaufen/bei lebendigem Leibe] verbrennen; **g)** *(fire, harden)* brennen; **~ wood to make** *or* **for charcoal** Holz zu Holzkohle verbrennen; **h)** *(corrode)* ätzen; verätzen ⟨*Haut*⟩; **i)** *(parch)* **the earth was ~ed brown/dry** die Erde war ganz versengt/ausgedörrt. **3.** *v. i.,* **~t** *or* **~ed a)** brennen; **~ to death** verbrennen; **five people ~ed to death in the fire** fünf Menschen kamen in den Flammen um; **may you ~ in hell** in der Hölle sollst du schmoren *(ugs.);* **b)** *(blaze)* ⟨*Feuer:*⟩ brennen; ⟨*Gebäude:*⟩ in Flammen stehen, brennen; **c)** *(give light)* ⟨*Lampe, Kerze, Licht:*⟩ brennen; **~ lower** ⟨*Kerze:*⟩ herunterbrennen; ⟨*Lampe:*⟩ schwach brennen; **d)** *(be injured)* sich verbrennen; **she/her skin ~s easily** sie bekommt leicht einen Sonnenbrand; **e)** *(be spoiled)* ⟨*Kuchen, Milch, Essen:*⟩ anbrennen; **f)** *(feel hot)* brennen; glühen; *(fig.)* [glut]rot sein (**with** *or* + *Dat.*); **her cheeks were ~ing with embarrassment** sie lief vor Verlegenheit rot an; **I was ~ing with shame** ich wurde rot vor Scham; **his ears were ~ing** *(fig.)* ihm klangen die Ohren; **g)** *(fig.: be passionate)* **~ with rage/anger** vor Wut/Ärger kochen; **~ with desire/longing [for sb.]** sich vor Verlangen/Sehnsucht [nach jmdm.] verzehren; **be ~ing with curiosity** vor Neugierde sterben; **be ~ing to do sth.** darauf brennen, etw. zu tun; **h)** *(be corrosive)* ätzen; ätzend sein
**~ a'way 1.** *v. t.* verbrennen; *(by laser etc.)* wegbrennen. **2.** *v. i.* **a)** *(continue to ~)* weiterbrennen; vor sich *(Dat.)* hin brennen; **b)** *(diminish, be destroyed)* verbrennen; ⟨*Kerze, Docht:*⟩ herunterbrennen
**~ 'down 1.** *v. t.* niederbrennen. **2.** *v. i.* ⟨*Gebäude:*⟩ niederbrennen, abbrennen; *(less brightly)* ⟨*Feuer, Kerze:*⟩ herunterbrennen
**~ 'in** *v. t. (lit. or fig.)* einbrennen
**~ into** *v. t.* einbrennen in (+ *Akk.*); **the events were ~t into her memory** *(fig.)* die Ereignisse hatten sich ihrem Gedächtnis *od.* in ihr Gedächtnis eingebrannt
**~ 'out 1.** *v. t.* **a)** ausbrennen; **the fire ~ed itself out** das Feuer brannte aus *od.* nieder; **b)** *(fig.)* **feel ~ed out** sich erschöpft fühlen; total kaputt sein *(ugs.);* **~ oneself out** sich völlig verausgaben *od. (ugs.)* kaputtmachen; **c) the family was ~ed out of house and home** Haus und Hof der Familie waren abgebrannt; **d)** *(Electr.)* durchbrennen lassen ⟨*Sicherung*⟩; ausbrennen lassen ⟨*Motor*⟩. **2.** *v. i.* **a)** ⟨*Kerze, Feuer:*⟩ erlöschen, ausgehen; ⟨*Rakete, Raketenstufe:*⟩ ausbrennen; **b)** *(Electr.)* durchbrennen
**~ 'up 1.** *v. t.* **a)** verbrennen; verbrauchen ⟨*Energie*⟩; **~ up the road** *(fig. coll.)* die Straße entlangrasen; **b)** *(Amer.: make furious)* in Wut versetzen; zur Weißglut bringen *(fig.);* fuchsteufelswild machen *(ugs.).* **2.** *v. i.* **a)** *(flash into blaze)* auflodern; **b)** *(be destroyed)* ⟨*Rakete, Meteor, Satellit:*⟩ verglühen
[2]**burn** *n. (Scot.)* Bach, *der*
**burner** ['bɜ:nə(r)] *n.* Brenner, *der; see also* **back burner; Bunsen burner**
**burning** ['bɜ:nɪŋ] **1.** *adj.* **a)** brennend; **b)** *(fig.)* glühend ⟨*Leidenschaft, Haß, Wunsch*⟩; brennend ⟨*Wunsch, Frage, Problem*⟩; **sth. is a ~ shame** etw. ist eine wahre Schande *od.* schreit zum Himmel. **2.** *n.* Brennen, *das;* **a smell of ~:** ein Brandgeruch

**'burning-glass** *n.* Brennglas, *das*
**burnish** ['bɜːnɪʃ] *v. t.* polieren
**burnt** *see* **[1]burn 2, 3**
**burnt 'offering** *n.* Brandopfer, *das; (fig. joc.: burnt food)* angebranntes Essen
**burp** [bɜːp] *(coll.)* **1.** *n.* Rülpser, *der (ugs.); (of baby)* Bäuerchen, *das (fam.);* **emit a loud ~/a series of ~s** laut/mehrmals rülpsen. **2.** *v. i.* rülpsen *(ugs.);* aufstoßen. **3.** *v. t.* ein Bäuerchen machen lassen *(fam.)* ‹*Baby*›
**burr** [bɜː(r)] *n.* **a)** *(rough edge)* Grat, *der;* **b)** *(drill)* Bohrer, *der;* **c)** *see* **bur a**
**burrow** ['bʌrəʊ] **1.** *n.* Bau, *der.* **2.** *v. t.* graben, *(ugs.)* buddeln ‹*Loch, Höhle, Tunnel*›; **~ one's way under/through sth.** einen Weg *od.* Gang unter etw. *(Dat.)* durch/durch etw. graben. **3.** *v. i.* [sich *(Dat.)*] einen Gang graben; sich durchbuddeln *(ugs.);* **~ into sth.** *(fig.)* sich in etw. *(Akk.)* einarbeiten; **~ through sth.** *(fig.)* sich durch etw. hindurchwühlen
**bursar** ['bɜːsə(r)] *n. Verwalter der geschäftlichen Angelegenheiten einer Schule/Universität*
**bursary** ['bɜːsərɪ] *n.* Kasse, *die; (scholarship)* Stipendium, *das*
**burst** [bɜːst] **1.** *n.* **a)** *(split)* Bruch, *der;* **a ~ in a pipe** ein Rohrbruch; **b)** *(of flame)* Auflodern, *das;* **a sudden ~ of flame** eine Stichflamme; **c)** *(outbreak of firing)* Feuerstoß, *der;* Salve, *die;* **d)** *(fig.)* **a ~ of applause/cheering** ein Beifallsausbruch/Beifallsrufe *Pl.;* **there was a ~ of laughter** man brach in Lachen aus; **~ of rage** Wutausbruch, *der;* **~ of enthusiasm** Begeisterungsausbruch, *der;* **a ~ of speed** ein Spurt; **e)** *(explosion)* Explosion, *die;* **a bomb ~:** eine Bombenexplosion. **2.** *v. t.,* **burst** zum Platzen bringen; platzen lassen ‹*Luftballon*›; platzen ‹*Reifen*›; sprengen ‹*Kessel*›; **~ pipe** Rohrbruch, *der;* **the river ~ its banks** der Fluß trat über die Ufer; **he ~ a blood-vessel** ihm ist eine Ader geplatzt; **he [almost] ~ a blood-vessel** *(fig.)* ihn traf [fast] der Schlag; **~ the door open** die Tür aufbrechen *od.* aufsprengen; **~ one's sides with laughing** *(fig.)* vor Lachen beinahe platzen. **3.** *v. i.,* **burst a)** platzen; ‹*Granate, Bombe, Kessel:*› explodieren; ‹*Damm:*› brechen; ‹*Flußufer:*› überschwemmt werden; ‹*Furunkel, Geschwür:*› aufgehen, aufplatzen; ‹*Knospe:*› aufbrechen; **~ open** ‹*Tür, Deckel, Kiste, Koffer:*› aufspringen; **b)** *(be full to overflowing)* **be ~ing with sth.** zum Bersten voll sein mit etw.; **be full to ~ing[-point]** proppenvoll sein *(ugs.);* **be ~ing with pride/impatience** *(fig.)* vor Stolz/Ungeduld platzen; **be ~ing with health** *(fig.)* vor Gesundheit strotzen; **be ~ing with happiness/excitement** *(fig.)* vor Freude/Aufregung außer sich sein; **I can't eat any more. I'm ~ing** *(fig.)* Ich kann nichts mehr essen. Ich platze [gleich] *(ugs.);* **be ~ing to say/do sth.** *(fig.)* es kaum abwarten können, etw. zu sagen/tun; **c)** *(appear, come suddenly)* **~ from sb.'s lips** ‹*Schrei:*› jmds. Lippen entfahren; **~ through sth.** etw. durchbrechen; **the Beatles ~ upon the pop scene in the early sixties** die Beatles wurden Anfang der 60er Jahre in die Popszene katapultiert; **the sun ~ through the clouds** die Sonne brach durch die Wolken
**~ 'in** *v. i.* hereinplatzen; hereinstürzen; **~ in [up]on sb./sth.** bei jmdm./etw. hereinplatzen
**~ into** *v. t.* **a)** eindringen in; **we ~ into the room** wir stürzten ins Zimmer; **b)** *(suddenly begin)* **~ into tears/laughter** in Tränen/Gelächter ausbrechen; **~ into flower** [plötzlich] aufblühen; **~ into song** ein Lied anstimmen; **~ into flames** in Brand geraten
**~ 'out** *v. i.* **a)** herausstürzen; **~ out of a room** aus einem Raum [hinaus]stürmen *od.* stürzen; **b)** *(exclaim)* losplatzen; **c)** *(suddenly begin)* **~ out laughing/crying** in Lachen/Tränen ausbrechen

**burton** ['bɜːtn] *n. (Brit. sl.)* **go for a ~** *(be destroyed)* kaputtgehen *(ugs.);* futsch gehen *(salopp); (be lost)* hopsgehen *(salopp);* flötengehen *(salopp); (be killed)* dran glauben müssen *(salopp)*
**bury** ['berɪ] *v. t.* **a)** begraben; beisetzen *(geh.)* ‹*Toten*›; **~ sb. at sea** jmdn. auf See bestatten; **be dead and buried** *(lit. or fig.)* tot und begraben sein; schon lange tot sein; **where is Marx buried?** wo ist *od.* liegt Marx begraben?; **~ sb. alive** jmdn. lebendig begraben; **b)** *(hide)* vergraben; verbuddeln *(ugs.); (fig.)* begraben; **~ one's differences** *(fig.)* seinen Streit begraben; **~ the hatchet** *or (Amer.)* **tomahawk** *(fig.)* das Kriegsbeil begraben; **~ one's face in one's hands** das Gesicht in den Händen vergraben; **c)** *(bring underground)* eingraben; abdecken ‹*Wurzeln*›; **buried cable** *(Electr.)* Erdkabel; **the houses were buried by a landslide** die Häuser wurden durch einen Erdrutsch verschüttet; **d)** *(plunge)* **~ one's teeth in sth.** seine Zähne in etw. *(Akk.)* graben *od.* schlagen; **~ one's hands in one's pockets** seine Hände in den Taschen vergraben; **sth. buries itself in sth.** etw. bohrt sich in etw. *(Akk.);* **e)** *(involve deeply)* **~ oneself in one's studies/books** sich in seine Studien vertiefen/in seinen Büchern vergraben
**burying** ['berɪɪŋ]: **~-ground, ~-place** *ns.* Friedhof, *der;* Begräbnisstätte, *die*
**bus** [bʌs] **1.** *n., pl.* **~es** *(Amer.:* **~ses)** **a)** [Auto-, Omni]bus, *der;* **go by ~:** mit dem Bus fahren; **b)** *(coll.: car, aircraft)* Kiste, *die (ugs.). See also* **miss 2 d. 2.** *v. i., (Amer.)* **-ss-** mit dem Bus fahren. **3.** *v. t.,* **-ss-** *(Amer.)* mit dem Bus befördern
**bus: ~bar** *n. (Electr.)* Stromschiene, *die;* **~boy** *n. (Amer.)* Bedienungshilfe, *die;* Abräumer, *der*
**busby** ['bʌzbɪ] *n. (Brit.)* Kalpak, *der; (worn by guardsmen)* Bärenfellmütze, *die*
**bus: ~ company** *n.* ≈ Verkehrsbetrieb, *der;* **~-conductor** *n.* Busschaffner, *der;* **~ depot** *see* **~ garage; ~-driver** *n.* Busfahrer, *der;* **~ fare** *n.* [Bus]fahrpreis, *der;* **how much is the ~ fare from A to B?** wieviel kostet die [Bus]fahrt von A nach B?; **~ garage** *n.* Busdepot, *das*
**[1]bush** [bʊʃ] *n.* **a)** *(shrub)* Strauch, *der;* Busch, *der; (collect.: shrubs)* Gebüsch, *das;* Gestrüpp, *das; see also* **beat 1 h, 2 c; b)** *(woodland)* Busch, *der;* **go ~** *(Austral.) (leave usual surroundings)* abhauen *(ugs.);* verschwinden *(ugs.); (run wild)* verwildern; *(go berserk)* durchdrehen *(salopp);* **c) ~ [of hair]** [Haar]schopf, *der*
**[2]bush** *n.* **a)** *(threaded socket)* Gewindeanschluß, *der;* **b)** *(metal lining)* Buchse, *die;* **c)** *(Electr.)* Durchführung, *die*
**'bush-baby** *n. (Zool.)* Galago, *der;* Buschbaby, *das*
**bushed** [bʊʃt] *adj. (Amer. coll.)* erledigt *(ugs.);* groggy *(ugs.)*
**bushel** ['bʊʃl] *n.* Bushel, *der;* ≈ Scheffel, *der;* **hide one's light under a ~** *(fig.)* sein Licht unter den Scheffel stellen *(Spr.)*
**bushing** ['bʊʃɪŋ] *see* **[2]bush**
**bush: ~ jacket** *n.* Safarijacke, *die;* **~ league** *n. (Amer.)* Provinzliga, *die (abwertend);* **B~man** *n.* **a)** *(native)* Buschmann, *der;* **b)** *(language)* Buschmännisch, *das;* **~-ranger** *n. (Austral. Hist.)* Strauchdieb, *der (veralt.);* Buschklepper, *der (veralt.);* **~ 'telegraph** *n. (fig.)* Informationssystem, *das;* **the news spread via the ~ telegraph** die Nachricht sprach sich herum; **~-whacker** *n. (Amer., Austral., NZ: backwoodsman)* Waldsiedler, *der*
**bushy** ['bʊʃɪ] *adj. (covered with bushes)* buschbewachsen; *(growing luxuriantly)* buschig
**busily** ['bɪzɪlɪ] *adv.* eifrig
**business** ['bɪznɪs] *n.* **a)** *(trading operation)* Geschäft, *das; (company, firm)* Betrieb, *der; (large)* Unternehmen, *das;* **b)** *no pl. (buying and selling)* Geschäfte *Pl.;* **on ~:** geschäftlich; **he's in the wool ~:** er ist in der Wollbranche; **~ is brisk** die Geschäfte florieren; **how's ~ with you?** *(lit. or fig.)* was machen die Geschäfte [bei Ihnen]?; **~ is ~** *(fig.)* Geschäft ist Geschäft; **in my ~:** in meiner Branche; **set up in ~:** ein Geschäft *od.* eine Firma gründen; **he's in ~ for himself** er ist selbständig; **go out of ~** pleite gehen *(ugs.);* **go into ~:** Geschäftsmann/-frau werden; **do ~ [with sb.]** [mit jmdm.] Geschäfte machen; **I'm glad we were able to do ~:** ich bin froh, daß wir ins Geschäft gekommen sind; **be in ~:** Geschäftsmann/-frau sein; **we're in ~ [again]** *(fig.)* es kann [wieder] losgehen; **it was ~ as usual** die Geschäfte gingen ihren normalen Gang; **'B~ as usual during alterations'** „Während des Umbaus geht der Verkauf/Betrieb weiter"; **do you want to go into ~ or become a lawyer?** wollen Sie in die Wirtschaft gehen oder Anwalt werden?; **go about one's ~:** seinen Geschäften nachgehen; **c)** *(task, duty, province)* Aufgabe, *die;* Pflicht, *die;* **that is 'my ~/none of 'your ~:** das ist meine Angelegenheit/nicht deine Sache; **that is 'your ~:** das ist deine Sache; **what ~ is it of yours?** was geht Sie das an?; **send sb. about his ~:** jmdn. abblitzen lassen *(ugs.);* jmdm. eine Abfuhr erteilen; **mind your own ~:** kümmere dich um deine [eigenen] Angelegenheiten!; **he has no ~ to do that** er hat kein Recht, das zu tun; **make it one's ~ to do sth.** es sich *(Dat.)* angelegen sein lassen, etw. zu tun *(geh.); (with more effort)* es sich *(Dat.)* zur Aufgabe machen, etw. zu tun; **like nobody's ~** *(coll.)* wie verrückt *(ugs.);* **d)** *(matter to be considered)* Angelegenheit, *die;* **'any other ~'** „Sonstiges"; **the [main] ~ of the day** das [Haupt]anliegen des Tages; **get on with the ~ in hand** zur Sache kommen; **e)** *(difficult matter)* Problem, *das;* **a lengthy ~:** eine langwierige Angelegenheit; **it's going to be a ~ getting the piano down the stairs** das wird noch ein Problem geben, das Klavier die Treppe hinunterzukriegen; **what a ~ [this is]!** was für ein Theater!; **make a [great] ~ of sth.** ein [großes] Problem aus etw. machen; *(make a fuss)* einen [Riesen]wirbel um etw. machen; **f)** *(serious work)* **get down to [serious] ~:** [ernsthaft] zur Sache kommen; *(Commerc.)* an die Arbeit gehen; **mean ~:** es ernst meinen; **~ before pleasure** erst die Arbeit, dann das Vergnügen; **combine ~ and pleasure** das Angenehme mit dem Nützlichen verbinden; **g)** *(derog.: affair)* Sache, *die;* Geschichte, *die (ugs.);* **h)** *no pl. (Theatre)* Gestik und Mimik, *die*
**business: ~ address** *n.* Geschäftsadresse, *die;* **~ card** *n.* Geschäftskarte, *die;* **~ correspondence** *n.* Geschäftskorrespondenz, *die;* **~ cycle** *n. (Amer.)* Konjunkturzyklus, *der;* **~ end** *n. (coll.) (of tool)* vorderes Ende; *(of hammer etc.)* Kopf, *der; (of rifle etc.)* Lauf, *der;* **~ hours** *n. pl.* Geschäftszeit, *die; (in office)* Dienstzeit, *die;* **~ letter** *n.* Geschäftsbrief, *der;* **~-like** *adj.* geschäftsmäßig ‹*Art*›; sachlich, nüchtern ‹*Untersuchung*›; geschäftstüchtig ‹*Person*›; **~ lunch** *n.* Arbeitsessen, *das;* **~ machine** *n.* Büromaschine, *die;* **~man** *n.* Geschäftsmann, *der;* **~ premises** *n. pl.* Geschäftsräume; **~ school** *n.* kaufmännische Fachschule; **~ studies** *n. pl.* Wirtschaftslehre, *die;* **~ suit** *n.* Straßenanzug, *der;* **~ trip** *n.* Geschäftsreise, *die;* **on a ~ trip** auf Geschäftsreise; **~woman** *n.* Geschäftsfrau, *die*
**busker** ['bʌskə(r)] *n.* Straßenmusikant, *der*
**busking** ['bʌskɪŋ] *n.* Musizieren auf Straßen und Plätzen
**bus: ~ lane** *n. (Brit.)* Busspur, *die;* **~load** *n.* Busladung, *die;* **~man** ['bʌsmən] *n.* **a ~man's holiday** *(fig.)* praktisch gar keine

Ferien *(weil man dasselbe wie im Berufsalltag tut)*; **~-ride** *n.* Busfahrt, *die;* **B. is only an hour's ~-ride away** B. ist nur eine Busstunde entfernt; **~-route** *n.* Buslinie, *die;* **~ service** *n.* Omnibusverkehr, *der; (specific service)* Busverbindung, *die;* **~ shelter** *n.* Wartehäuschen, *das*

**bussing** ['bʌsɪŋ] *n., no pl. (Amer.) Busbeförderung von Schulkindern in andere Bezirke zur Förderung der Rassenintegration*

**bus: ~-station** *n.* Omnibusbahnhof, *der;* **~-stop** *n.* Bushaltestelle, *die*

**[1]bust** [bʌst] *n.* **a)** *(sculpture)* Büste, *die;* **b)** *(upper front of body)* Brust, *die; (woman's bosom)* Busen, *der;* **what ~ are you?, what is your ~ [measurement]?** welche Oberweite haben Sie?

**[2]bust** *(coll.)* **1.** *n.* **a)** *(collapse of trade)* Pleite, *die (ugs.); (general)* Zusammenbruch, *der;* **b)** *(police raid)* Razzia, *die;* **c)** *(Cards)* schlechtes Blatt; **d)** *(drinking-bout)* Sauftour, *die (salopp);* **go on a ~:** auf Sauftour gehen. **2.** *adj.* **a)** *(broken)* kaputt *(ugs.);* **b)** *(bankrupt)* bankrott; pleite *(ugs.);* **go ~:** pleite gehen. **3.** *v.t.,* **~ed** *or* **bust a)** *(burst)* aufplatzen lassen ⟨*Koffer usw.*⟩; *(break)* kaputtmachen *(ugs.);* **~ sth. open** etw. aufbrechen; **b)** *(coll.) (dismiss)* entlassen; *(demote)* degradieren ⟨*Unteroffizier usw.*⟩; *(break up)* auffliegen lassen ⟨*Verbrecherring*⟩; *(arrest)* schnappen *(ugs.);* **c)** *(sl.: punch)* schlagen; hauen *(ugs.);* **~ sb. on the chin/jaw** jmdm. einen Kinnhaken geben *od.* verabreichen. **4.** *v.i.,* **~ed** *or* **bust** kaputtgehen *(ugs.);* ⟨*Lineal usw.:*⟩ zerbrechen; ⟨*Bleistiftspitze:*⟩ abbrechen; **be laughing fit to ~:** sich halbtot lachen; **~ in half** auseinanderbrechen

**~ 'up** *v.t.* kaputtmachen *(ugs.)* ⟨*Ehe, Partnerschaft*⟩; **~ a place up** in einem Laden Kleinholz machen *(salopp)*

**bustard** ['bʌstəd] *n. (Ornith.)* Trappe, *die*

**buster** ['bʌstə(r)] *n. (sl.) (as address)* Meister *(der) (salopp); (threatening)* Freundchen *(das) (salopp)*

**bus: ~ terminal** *n.* Busbahnhof, *der;* **~-ticket** *n.* Busfahrkarte, *die;* Busfahrschein, *der*

**[1]bustle** ['bʌsl] **1.** *v.i.* eilig umherlaufen; **~ in/out/about** geschäftig hinein- *od.* herein-/hinaus- *od.* herauseilen/geschäftig hin und her eilen; **the town centre was bustling with activity** im Stadtzentrum herrschte großer Betrieb *od.* ein reges Treiben. **2.** *v.t.* jagen *(ugs.);* treiben *(ugs.).* **3.** *n. (activity)* Betrieb, *der; (of fair, streets also)* geschäftiges *od.* reges Treiben (**of** auf, in + *Dat.*); *(fuss)* Aufregung, *die*

**[2]bustle** *n. (Fashion Hist.)* Turnüre, *die*

**bustling** ['bʌslɪŋ] *adj.* belebt ⟨*Straße, Stadt, Markt usw.*⟩; emsig, geschäftig ⟨*Person, Art*⟩; rege ⟨*Tätigkeit*⟩

**'bust-up** *n. (coll.)* Krach, *der (ugs.);* **have a ~:** Krach haben *(ugs.);* sich verkrachen *(ugs.);* **there's going to be a ~:** es wird Krach geben

**busty** ['bʌstɪ] *adj.* vollbusig

**busy** ['bɪzɪ] **1.** *adj.* **a)** *(occupied)* beschäftigt; **I'm ~ now** ich habe jetzt zu tun; **keep oneself ~:** sich [selbst] beschäftigen; **keep sb. ~:** jmdn. auf Trab halten; **be ~ at** *or* **with sth.** mit etw. beschäftigt sein; **be ~ in the kitchen** in der Küche zu tun haben; **he was ~ packing** er war mit Packen beschäftigt *od.* war gerade beim Packen; **get ~:** sich an die Arbeit machen; **as ~ as a bee** *(fig.)* bienenfleißig; **b)** *(full of activity)* arbeitsreich ⟨*Leben*⟩; ziemlich hektisch ⟨*Zeit*⟩; belebt ⟨*Stadt*⟩; ausgelastet ⟨*Person*⟩; fleißig ⟨*Hände*⟩; rege ⟨*Verkehr*⟩; **a ~ road** eine verkehrsreiche *od.* vielbefahrene Straße; **the office was ~ all day** im Büro war den ganzen Tag viel los; **I'm/he's a ~ man** ich habe/er hat viel zu tun; **he leads a very ~ life** er ist immer beschäftigt; **it has been a ~ day/week** heute/diese Woche war viel los; **I had a ~ day/week** ich hatte heute/diese Woche viel zu tun; **c)** *(Amer. Teleph.)* besetzt. **2.** *v. refl.* **~ oneself with sth.** sich mit etw. beschäftigen; **~ oneself [in] doing sth.** sich damit beschäftigen, etw. zu tun

**busy: ~body** *n.* G[e]schaftlhuber, *der (südd., österr.);* Wichtigtuer, *der;* **don't be such a ~body** misch dich nicht überall ein; **~ Lizzie** [bɪzɪ 'lɪzɪ] *n. (Bot.)* Fleißiges Lieschen; **~ signal** *n. (Amer. Teleph.)* Besetztzeichen, *das*

**but 1.** [bət, *stressed* bʌt] *conj.* **a)** *co-ordinating* aber; **Sue wasn't there, ~ her sister was** Sue war nicht da, dafür aber ihre Schwester; **I can't come today ~ I can come tomorrow** heute kann ich [zwar] nicht kommen, aber [ich kann dafür] morgen [kommen]; **he might have been able to help, ~ then he isn't here** er hätte vielleicht helfen können, aber er ist ja nicht hier; **we tried to do it ~ couldn't** wir haben es versucht, aber nicht gekonnt; **~ surely you must have noticed ...:** aber du hast doch sicherlich bemerkt, ...; **~ I 'did!** hab' ich doch!; **~ then what if the plane is delayed?** aber was ist, wenn das Flugzeug Verspätung hat?; **b)** *correcting after a negative* sondern; **not that book ~ this one** nicht das Buch, sondern dieses; **not only ... ~ also** nicht nur ..., sondern auch; **I can't change the way my son acts, not ~ what I've tried** ich kann das Verhalten meines Sohnes nicht ändern, obwohl ich es schon versucht habe; **I don't doubt ~ that it's true** ich bezweifle nicht, daß es wahr ist; **I don't deny ~ that ...:** ich leugne nicht ab, daß ...; **c)** *subordinating* ohne daß; **never a week passes ~ he phones** keine Woche vergeht, ohne daß er anruft. **2.** *prep.* außer (+ *Dat.*); **all ~ him** alle außer ihm; **no one ~ you** niemand außer dir; nur du; **anyone ~ Jim** alle mit Ausnahme von *od.* alle außer Jim; **all ~ three** alle außer dreien; **the next ~ one/two** der/die/das über-/überübernächste; **the last ~ one/two** der/die/das vor-/vorvorletzte; **nobody, ~ nobody, may leave the room** niemand, aber auch wirklich niemand darf das Zimmer verlassen; *see also* **all 3; anything 1 c; nothing 1 a. 3.** [bət] *adv.* nur; bloß; **they are ~ children** sie sind doch noch Kinder; **if I could ~ talk to her ...:** wenn ich [doch] nur mit ihr sprechen könnte ...; **we can ~ try** wir können es immerhin versuchen. **4.** *rel. pron.* der/die/das nicht; **there is no one ~ knows that ...:** es gibt niemanden, der nicht weiß, daß ... **5.** [bʌt] *n.* Aber, *das;* **no ~s [about it]!** kein Aber!; **there are no ~s about it** da gibt es kein Wenn und kein Aber; *see also* **if 2**

**butane** ['bju:teɪn] *n. (Chem.)* Butan, *das*

**butch** [bʊtʃ] **1.** *adj.* betont männlich ⟨*Frau, Kleidung, Frisur*⟩; betont maskulin, *(salopp)* macho ⟨*Mann*⟩; **~ haircut** *(Amer.)* Bürstenschnitt, *der.* **2.** *n. (woman)* kesser Vater *(salopp); (man)* betont maskuliner Typ; Macho, *der (salopp)*

**butcher** ['bʊtʃə(r)] **1.** *n.* **a)** Fleischer, *der;* Metzger, *der (bes. westmd., südd.);* Schlachter, *der (nordd.);* **~'s [shop]** Fleischerei, *die;* Metzgerei, *die (bes. westmd., südd.);* **~'s meat** Rind-, Schweine- und Hammelfleisch *(im Gegensatz zu Geflügel, Wild und Speck);* **the ~, the baker, the candlestick-maker** *(fig.)* ehrbare Bürger; **have** *or* **take a ~'s [hook] at sb./sth.** *(sl.)* [sich *(Dat.)*] jmdn./etw. angucken *(ugs.); see also* **baker; b)** *(fig.: murderer)* [Menschen]schlächter, *der;* **c)** *(Amer. coll.: vendor)* Verkäufer in Eisenbahnzügen. **2.** *v.t.* schlachten; *(fig.: murder)* niedermetzeln; abschlachten; *(fig.: ruin)* verhunzen *(ugs.),* verunstalten ⟨*Text usw.*⟩

**butchery** ['bʊtʃərɪ] *n.* **a) ~ [trade** *or* **business]** Fleischerhandwerk, *das;* **b)** *(fig.: needless slaughter)* Metzelei, *die;* Gemetzel, *das;* **it's sheer ~!** das ist [ja] das reinste Gemetzel!; **c)** *(slaughterhouse)* Schlachthaus, *das*

**butler** ['bʌtlə(r)] *n.* Butler, *der;* erster Diener

**[1]butt** [bʌt] *n. (vessel)* Faß, *das; (for rainwater)* Tonne, *die*

**[2]butt** *n.* **a)** *(end)* dickes Ende; *(of rifle)* Kolben, *der; (of spear, fishing-rod, etc.)* Schaft, *der;* **b)** *(of cigarette, cigar)* Stummel, *der;* **cigarette ~:** Zigarettenstummel, *der;* Kippe, *die (ugs.);* **c)** *(Amer. sl.: buttocks)* Hintern, *der (ugs.)*

**[3]butt** *n.* **a)** *(object of teasing or ridicule)* Zielscheibe, *die;* Gegenstand, *der;* **be the ~ of ridicule** Zielscheibe des Spottes sein; **make a ~ of sb.** sich über jmdn. lustig machen; **b)** *in pl. (shooting-range)* Schießstand, *der;* Waffenjustierstand, *der;* **c)** *(target)* Schießscheibe, *die;* **d)** *(grouse-shooter's stand)* Schießstand *(beim Moorhuhnschießen)*

**[4]butt 1.** *n. (push) (by person)* [Kopf]stoß, *der; (by animal)* Stoß [mit den Hörnern], *der;* **give sb. a ~ in the stomach** jmdm. mit dem Kopf in den Bauch stoßen. **2.** *v.i.* **a)** *(push with head)* ⟨*Person:*⟩ [mit dem Kopf] stoßen; ⟨*Stier, Widder, Ziege:*⟩ [mit den Hörnern] stoßen; **b)** *(meet end to end)* **~ against sth.** an etw. *(Akk.)* stoßen. **3.** *v.t.* **a)** *(push with head)* ⟨*Person:*⟩ mit dem Kopf stoßen; ⟨*Widder, Ziege:*⟩ mit den Hörnern stoßen; **~ sb. in the stomach** jmdm. mit dem Kopf in den Bauch stoßen; **b)** aneinanderfügen; zusammenstoßen lassen; **~ sth. against sth.** etw. mit etw. zusammenstoßen lassen *od.* auf etw. *(Akk.)* stoßen lassen

**~ 'in** *v.i. (fig. coll.)* dazwischenreden; *(meddle)* sich [ungefragt] einmischen; **may I ~ in?** darf ich mal kurz stören?

**butte** [bju:t] *n. (Amer. Geog.)* Restberg, *der*

**'butt-end** *see* **[2]butt a, b**

**butter** ['bʌtə(r)] **1.** *n.* Butter, *die;* **he looks as if ~ wouldn't melt in his mouth** *(fig.)* er sieht aus, als ob er kein Wässerchen trüben könnte; **melted ~:** zerlassene Butter. **2.** *v.t.* buttern; mit Butter bestreichen; **fine words ~ no parsnips** Worte allein genügen nicht

**~ 'up** *v.t.* **~ sb. up** jmdm. Honig um den Mund *od.* Bart schmieren *(fig.)*

**butter: ~-bean** *n.* Gartenbohne, *die; (lima bean)* Mondbohne, *die;* Limabohne, *die;* **~ cream** *n.* Buttercreme, *die;* **~cup** *n. (Bot.)* Butterblume, *die;* **~-dish** *n.* Butterdose, *die;* **~-fingers** *n. sing.* Tolpatsch, *der (beim Fangen usw.)*

**butterfly** ['bʌtəflaɪ] *n.* **a)** Schmetterling, *der;* **break a ~ on the wheel** *(fig.)* mit Kanonen nach Spatzen schießen; **have butterflies [in one's stomach]** *(fig. coll.)* ein flaues Gefühl im Magen haben; **b)** *(fig.: showy person)* Paradiesvogel, *der; (frivolous woman)* Schmetterling, *der (abwertend);* **c)** *see* **butterfly stroke**

**butterfly: ~-nut** *n.* Flügelmutter, *die;* **~ stroke** *n. (Swimming)* Delphinstil, *der;* Delphin *(das);* **do** *or* **swim the ~ stroke** delphinschwimmen; **~ valve** *n.* Drosselklappe, *die*

**butter: ~-knife** *n.* Buttermesser, *das;* **~milk** *n.* Buttermilch, *die;* **~scotch** *n.* Buttertoffee, *das*

**buttery** ['bʌtərɪ] *n.* Vorratskammer, *die; (Univ.)* ≈ Cafeteria, *die*

**buttock** ['bʌtək] *n. (of person)* Hinterbacke, *die;* Gesäßhälfte, *die; (of animal)* Hinterbacke, *die;* **~s** Gesäß, *das*

**button** ['bʌtn] **1.** *n.* **a)** Knopf, *der;* **as bright as a ~:** putzmunter *(ugs.);* **he didn't care** *or* **give a ~ [about it]** *(fig.)* er hat sich den Teufel darum geschert *(ugs.);* **b)** *(of electric bell etc., on fencing foil)* Knopf, *der;* **press** *or* **push the ~:** auf den Knopf drücken; **c)** *(bud)* Auge, *das;* Knopf, *der (südd., österr., schweiz.);* **~ mushroom** Champignon, *der.* **2.** *v.t. (fasten)* zuknöpfen; einknöpfen ⟨*Futter*⟩; **~ one's lip** *(Amer. sl.)* die Klappe halten *(salopp).* **3.** *v. i.* [zu]geknöpft werden; **this dress ~s down the back** dieses Kleid wird hinten geknöpft

~ **'up 1.** *v. t.* zuknöpfen; *(fig.)* erledigen ‹*Job*›; **have the deal [all] ~ed up** das Geschäft unter Dach und Fach haben *(ugs.);* **~ed up** *(fig.: taciturn)* zugeknöpft *(ugs.);* reserviert. **2.** *v. i.* [zu]geknöpft werden

**'button-down** *adj.* Buttondown‹*-Kragen*›

**'buttonhole 1.** *n.* **a)** Knopfloch, *das;* **~ stitch** Knopflochstich, *der;* **b)** *(Brit.: flowers worn in coat-lapel)* Knopflochsträußchen, *das; (single flower)* Knopflochblume, *die;* Blume im Knopfloch. **2.** *v. t. (detain)* zu fassen kriegen *(ugs.);* **he was ~d by X** X hat sich *(Dat.)* ihn geschnappt *(ugs.)*

**'button-through** *adj.* durchgeknöpft ‹*Kleid*›

**buttress** ['bʌtrɪs] **1.** *n.* **a)** *(Archit.)* Mauerstrebe, *die;* Mauerstütze, *die; (not built-on)* Strebepfeiler, *der;* **~es** Strebewerk, *das;* **b)** *(support)* Pfeiler, *der;* **c)** *(fig.)* Stütze, *die;* [Eck]pfeiler, *der.* **2.** *v. t.* ~ **[up]** [durch Strebepfeiler] stützen; *(fig.)* [unter]stützen; stärken; untermauern ‹*Argument*›

**'butt weld** *n.* Stumpfschweißnaht, *die*

**butty** ['bʌtɪ] *n. (coll.)* Butterbrot, *das;* Stulle, *die (nordd.)*

**buxom** ['bʌksəm] *adj.* drall

**buy** [baɪ] **1.** *v. t.,* **bought** [bɔːt] **a)** kaufen; lösen ‹*Fahrkarte*›; **~ sb./oneself sth.** jmdm./sich etw. kaufen; **~ and sell goods** Waren an- und verkaufen; **the pound ~s less than it used to** für ein Pfund bekommt man heute weniger als früher; **~ [oneself]/sb. a pint** sich *(Dat.)* einen Halben genehmigen/jmdm. einen Halben ausgeben; **he bought them a round** er spendierte ihnen eine Runde; **money cannot ~ happiness** Glück kann man nicht kaufen; **b)** *(fig.)* erkaufen ‹*Sieg, Ruhm, Frieden*›; einsparen, gewinnen ‹*Zeit*›; **c)** *(bribe)* bestechen; kaufen *(ugs.);* erkaufen ‹*Zustimmung*›; **d)** *(sl.) (believe)* schlucken *(ugs.);* glauben; *(accept)* akzeptieren; einverstanden sein mit; **I'll ~ that** *(believe)* das nehm' ich dir ab *(ugs.); (agree)* ja, das glaube ich; **e) ~ it** *(sl.: be killed):* **we nearly bought it that time** da hätte es uns beinahe erwischt. **2.** *n.* [Ein]kauf, *der;* **be a good ~:** preiswert sein; **plenty of good ~s** viele preiswerte Artikel; **the best ~:** der/die/das Preiswerteste; der preiswerteste Artikel; **this week's best ~ is ...** der Preisschlager der Woche ist ...

~ **'in** *v. t.* **a)** einkaufen, sich eindecken mit ‹*Vorräte, Fleisch usw.*›; **b)** *(at auction)* [durch höheres Gebot] zurückkaufen

~ **into** *v. refl. & i.* **~ [oneself] into a business** sich in ein Geschäft einkaufen

~ **'off** *v. t.* auszahlen ‹*Forderung*›; abfinden ‹*Anspruchserhebenden*›; *(bribe)* bestechen; kaufen *(ugs.)*

~ **'out** *v. t.* auszahlen ‹*Aktionär, Partner*›; aufkaufen ‹*Firma*›

~ **'up** *v. t.* aufkaufen

**buyer** ['baɪə(r)] *n.* **a)** Käufer, *der*/Käuferin, *die;* **potential ~:** Kaufinteressent, *der;* **b)** *(Commerc.)* Einkäufer, *der*/Einkäuferin, *die;* **c) a ~'s** *or* **~s' market** ein Käufermarkt

**buying** ['baɪɪŋ] *n., no pl.* Kaufen, *das*

**buzz** [bʌz] **1.** *n.* **a)** *(of insect)* Summen, *das; (of large insect)* Brummen, *das; (of smaller or agitated insect)* Schwirren, *das;* **b)** *(sound of buzzer)* Summen, *das;* **give one's secretary a ~:** über den Summer seine Sekretärin rufen; **c)** *(of conversation, movement)* Gemurmel, *das;* **d)** *(sl.: telephone call)* [Telefon]anruf, *der;* **give sb. a ~:** jmdn. anrufen; **e)** *(sl.: thrill)* Nervenkitzel, *der (ugs.).* **2.** *v. i.* **a)** *see* **1 a:** ‹*Insekt:*› summen/brummen/schwirren; **b)** *(signal with buzzer)* [mit dem Summer] rufen; **c)** *(sound confusedly)* **the court-room ~ed as ...:** im Gerichtssaal erhob sich *od.* hörte man ein Raunen, als ...; **~ with excitement** in heller Aufregung sein; **the rumour set the office ~ing** das Gerücht versetzte das Büro in helle Aufregung; **my ears are ~ing** mir sausen die Ohren. **3.** *v. t. (Aeronaut.)* dicht vorbeifliegen *od. (ugs.)* vorbeizischen an (+ *Dat.*)

~ **a'bout,** ~ **a'round 1.** *v. i.* herumschwirren; herumsurren; *(fig.)* ‹*Person:*› herumsausen, herumschwirren. **2.** *v. t.* ~ **around sth.** um etw. [herum]schwirren; **~ around the room** im Zimmer herumschwirren *od.* umherschwirren

~ **'off** *v. i. (sl.)* abhauen *(salopp);* abzischen *(salopp)*

**buzzard** ['bʌzəd] *n. (Ornith.)* **a)** *(Brit.)* Bussard, *der;* **b)** *(Amer.: turkey ~)* Amerikanischer Truthahngeier

**buzzer** ['bʌzə(r)] *n.* Summer, *der*

**buzz: ~-saw** *n. (Amer.)* Kreissäge, *die;* **~-word** *n.* Schlagwort, *das*

**¹by** [baɪ] **1.** *prep.* **a)** *(near, beside)* an (+ *Dat.*); bei; *(next to)* neben; **by the window/river** am Fenster/Fluß; **the bus-stop by the school** die Haltestelle an der Schule; **she sat by me** sie saß neben mir; **come and sit by me** komm, setz dich zu mir!; **b)** *(to position beside)* zu; **go over by the table/wall** geh zum Tisch/zur Wand!; **come by the fire** komm ans Feuer!; **c)** *(about, in the possession of)* bei; **have sth. by one** etw. bei sich haben; **d)** *(slightly inclining to)* auf (+ *Dat.*); **north-east by east** Nordost auf Ost; **e)** **by herself** *etc. see* **herself a; f)** *(along)* entlang; **by the river** am *od.* den Fluß entlang; **g)** *(via)* über (+ *Akk.*); **to Paris by Dover** nach Paris über Dover; **leave by the door/window** zur Tür hinausgehen/zum Fenster hinaussteigen; **we came by the quickest/shortest route** wir sind die schnellste/kürzeste Strecke gefahren; **h)** *(passing)* vorbei an (+ *Dat.*); **run/drive by sb./sth.** an jmdm./etw. vorbeilaufen/vorbeifahren; **i)** *(during)* bei; **by day/night** bei Tag/Nacht; tagsüber/nachts; **by the light of the moon** im Mondschein; **j)** *(through the agency of)* von; **written by ...:** geschrieben von ...; **by sheer good fortune** durch reines Glück; **k)** *(through the means of)* durch; **they escaped by the back door/a stairway/a ladder** sie flüchteten durch die Hintertür/über eine Treppe/mit[tels] einer Leiter; **he was killed by lightning/a falling chimney** er ist vom Blitz/von einem umstürzenden Schornstein erschlagen worden; **heated by gas/oil** mit Gas/Öl geheizt; gas-/ölbeheizt; **begin/end by doing sth.** damit beginnen/aufhören, etw. zu tun; **by turning the knob** durch Drehen des Griffs; **grab sb. by the collar** jmdn. am Kragen packen; **I knew him by his voice** ich erkannte ihn an seiner Stimme; **I could tell by his face that ...:** ich erkannte an seinem Gesicht, daß ...; **by bus/ship** *etc.* mit dem Bus/Schiff *usw.*; **by air/sea** mit dem Flugzeug/Schiff; **make a living by sth.** sich *(Dat.)* seinen Lebensunterhalt mit *od.* durch etw. verdienen; **have children by sb.** Kinder von jmdm. haben; **l)** *(not later than)* bis; **by now/this time** inzwischen; **by next week she will be in China** nächste Woche ist sie schon in China; **by the time this letter reaches you** bis Dich dieser Brief erreicht; **but by that time all the tickets had been sold** aber bis dahin waren schon alle Karten verkauft; **but by that time it was too late** aber da war es schon zu spät; **by the 20th of the month** bis zum 20. des Monats; **m)** *indicating unit of time* pro; *indicating unit of length, weight, etc.* -weise; **by the second/minute/hour** pro Sekunde/Minute/Stunde; **rent a house by the year** ein Haus für jeweils ein Jahr mieten; **you can hire a car by the day or by the week** man kann sich *(Dat.)* ein Auto tageweise oder wochenweise mieten; **pay sb. by the month** jmdn. monatlich bezahlen; **day by day/month by month, by the day/month** *(as each day etc. passes)* Tag für Tag/Monat für Monat; **cloth by the metre** Stoff am Meter; **sell sth. by the packet/ton/dozen** etw. paket-/tonnenweise/im Dutzend verkaufen; **10 ft. by 20 ft.** 10 [Fuß] mal 20 Fuß; **n)** *indicating amount* **by the thousands** zu Tausenden; **one by one** einzeln; **two by two/three by three/four by four** zu zweit/dritt/viert; **little by little** nach und nach; **o)** *indicating factor* durch; **8 divided by 2 is 4** 8 geteilt durch 2 ist 4; **p)** *indicating extent* um; **wider by a foot** um einen Fuß breiter; **win by ten metres** mit zehn Metern Vorsprung gewinnen; **passed by nine votes to two** mit neun zu zwei Stimmen angenommen; **q)** *(according to)* nach; **by my watch** nach meiner Uhr; **by the left, quick march!** *(Mil.)* im Geschwindschritt – marsch! [Links, zwo, drei, vier!]; **r)** *in oaths* bei; **by [Almighty] God** bei Gott[, dem Allmächtigen]. **2.** *adv.* **a)** *(past)* vorbei; **march/drive/run/flow by** vorbeimarschieren/-fahren/-laufen/-fließen; **b)** *(near)* **close/near by** in der Nähe; **c)** *(aside, in reserve)* auf die Seite; **d) by and large** im großen und ganzen; **by and by** nach und nach; *(in past)* nach einer Weile

**²by** *see* **²bye**

**¹bye** [baɪ] *int. (coll.)* tschüs *(ugs.);* **~ [for] now!** bis später!; tschüs! *(ugs.)*

**²bye** *n.* **a)** *(Sport)* **draw a ~ in the first round** spielfrei in die zweite Runde kommen; **b)** **by the ~** = **by the way** *see* **way 1 g; c)** *(Cricket) Lauf bei einem Ball, der vom Schlagmann nicht getroffen wurde*

**¹bye-bye** [baɪ'baɪ] *int. (coll.)* Wiedersehen *(ugs.);* **~ [for] now!** [also] tschüs! *(ugs.)*

**²bye-bye** ['baɪbaɪ], **bye-byes** ['baɪbaɪz] *n. (child lang.)* **go [to] ~:** in die Heia gehen *(Kinderspr.)*

**bye-law** *see* **by-law**

**'by-election** *n.* Nachwahl, *die*

**'bygone 1.** *n.* **let ~s be ~s** die Vergangenheit ruhen lassen. **2.** *adj.* **[in] ~ days** [in] vergangene[n] Tage[n]

**'by-law** *n.* **a)** *(esp. Brit.)* Verordnung, *die;* **the park ~s** die Parkordnung; **b)** *(of company etc.)* Punkt der Richtlinien; *in pl.* Richtlinien *Pl.*

**byline** *n.* **a)** *(source of income)* Nebenerwerb, *der;* **b)** *(in newspaper) Zeile mit dem Namen des Verfassers*

**'bypass 1.** *n. (road)* Umgehungsstraße, *die; (channel; also Electr.)* Nebenleitung, *die; (Med.)* Bypass, *der;* **~ surgery** *(Med.)* eine Bypassoperation/Bypassoperationen. **2.** *v. t.* **a)** umleiten ‹*Flüssigkeit, Gas*›; **b) the road ~es the town** die Straße führt um die Stadt herum; **c)** *(avoid)* aus dem Wege gehen (+ *Dat.*); *(fig.: ignore)* übergehen

**by-play** *n., no pl., no indef. art. (Theatre)* Nebenhandlung, *die*

**'by-product** *n.* Nebenprodukt, *das*

**byre** ['baɪə(r)] *n. (Brit.)* Kuhstall, *der*

**'by-road** *n.* Nebenstraße, *die;* Seitenstraße, *die*

**bystander** ['baɪstændə(r)] *n.* Zuschauer, *der*/Zuschauerin, *die*

**byte** [baɪt] *n. (Computing)* Byte, *das*

**'byway** *n.* Seitenweg, *der*

**'byword** *n. (proverb)* Spruch, *der;* [Sprich]wort, *das; (person or thing taken as typical or notable example)* Inbegriff, *der* **(for** *Gen.*)

**Byzantine** [bɪ'zæntaɪn, baɪ'zæntaɪn] *adj.* **a)** byzantinisch; **b)** *(complicated)* undurchschaubar

**Byzantium** [bɪ'zæntɪəm, baɪ'zæntɪəm] *pr. n.* Byzanz *(das)*

# C

**C, c** [siː] *n., pl.* **Cs** *or* **C's a)** *(letter)* C, c, *das;* **b) C** *(Mus.)* C, c, *das;* **middle C** das eingestrichene c; **C sharp** cis, Cis, *das;* **c)** *(Roman numeral)* C; **d)** *(example)* C, c *(ohne Artikel);* **e) C** *(Sch., Univ.: mark)* Drei, *die;* **he got a C** er bekam „befriedigend" *od.* eine Drei

**C.** *abbr.* **a) Celsius** C; **b) Centigrade** C; **c)** *(Geogr.)* **Cape; d)** *(Pol.)* **Conservative**

**c.** *abbr.* **a) circa** ca.; **b) cent[s]** c; **c) century** Jh.; **d) chapter** Kap.; **e) cubic** Kubik-

**©** *symb.* **copyright** ©

**CA** *abbr.* **chartered accountant**

**ca.** *abbr.* **circa** ca.

**cab** [kæb] *n.* **a)** *(taxi)* Taxi, *das;* Taxe, *die (ugs.);* **b)** *(Hist.: hackney carriage)* [Pferde]droschke, *die;* **c)** *(of lorry, truck)* Fahrerhaus, *das; (of crane)* Fahrerkabine, *die; (of train)* Führerstand, *der*

**cabal** [kəˈbæl] *n.* **a)** *(intrigue)* Intrige, *die;* Kabale, *die (veralt.);* **b)** *(clique, faction)* Clique, *die (abwertend)*

**cabaret** [ˈkæbəreɪ] *n.* Varieté, *das;* Cabaret, *das; (more sophisticated)* Kabarett, *das*

**cabbage** [ˈkæbɪdʒ] *n.* **a)** Kohl, *der;* **red/white ~:** Rot-/Weißkohl, *der;* **a [head of] ~:** ein Kopf Kohl; ein Kohlkopf; **as big as ~s** riesengroß ⟨*Rosen usw.*⟩; **b)** *(coll.: person)* stumpfsinniger Mensch; Trottel, *der (ugs. abwertend);* **become a ~:** stumpfsinnig werden; vertrotteln *(ugs. abwertend);* **after his accident he became a complete ~:** nach seinem Unfall vegetierte er nur noch dahin

**cabbage: ~ lettuce** *n.* Kopfsalat, *der;* **~ 'white** *n. (Zool.)* Kohlweißling, *der*

**cabbalistic** [kæbəˈlɪstɪk] *adj.* kabbalistisch

**cabby** [ˈkæbɪ] *(coll.),* **'cab-driver** *ns.* Taxifahrer, *der; (of horse-drawn vehicle)* Kutscher, *der*

**caber** [ˈkeɪbə(r)] *n.* Pfahl, *der;* Stamm, *der;* **tossing the ~:** Baumstammwerfen, *das*

**cabin** [ˈkæbɪn] *n.* **a)** *(in ship) (for passengers)* Kabine, *die; (for crew)* Kajüte, *die; (in aircraft)* Kabine, *die;* **b)** *(simple dwelling)* Hütte, *die;* **c)** *(driver's) see* **cab c**

**cabin: ~-boy** *n. (Naut.)* Kabinensteward, *der;* **~ class** *n.* zweite Klasse; **they travelled ~ class** sie reisten zweiter Klasse; **~ cruiser** *n.* Kajütboot, *das*

**cabinet** [ˈkæbɪnɪt] *n.* **a)** Schrank, *der; (in bathroom, for medicines)* Schränkchen, *das; (display ~)* Vitrine, *die; (for radio, TV, etc.)* Gehäuse, *das;* **b) the C~** *(Polit.)* das Kabinett

**cabinet: ~-maker** *n.* Möbeltischler, *der;* **C~ 'Minister** *n.* Minister, *der;* Mitglied des Kabinetts

**cable** [ˈkeɪbl] **1.** *n.* **a)** *(rope)* Kabel, *das;* Trosse, *die (Naut.); (of mountain railway)* Seil, *das;* **cut one's ~s** *(fig.)* alle Brücken hinter sich *(Dat.)* abbrechen; **b)** *(Electr., Teleph.)* Kabel, *das;* **c)** *(cablegram)* Kabel, *das;* Überseetelegramm, *das;* **d)** *(Naut.) (chain of anchor)* Ankerkette, *die; (measure)* Kabellänge, *die.* **2.** *v. t. (transmit)* telegraphisch durchgeben, kabeln ⟨*Mitteilung, Nachricht*⟩; *(inform)* **~ sb.** jmdm. kabeln

**cable: ~-car** *n.* Drahtseilbahn, *die; (in street)* gezogene Straßenbahn; **~gram** *n.* Kabel, *das;* Überseetelegramm, *das;* **~ railway** *n.* Standseilbahn, *die;* **~ stitch** *n.* Zopfmuster, *das;* **~ television** *n.* Kabelfernsehen, *das;* **~way** *n. (double-~ ropeway)* Seilschwebebahn, *die; (gondola type)* Kleinkabinenbahn, *die*

**'cabman** [ˈkæbmən] *n., pl.* **cabmen** [ˈkæbmən] Taxifahrer, *der*

**caboodle** [kəˈbuːdl] *n., no pl. (sl.)* **the whole ~** *(things)* der ganze Kram *(ugs.);* das ganze Gelumpe *(ugs.); (people)* die ganze Bande *(salopp) od.* Sippschaft *(ugs.)*

**caboose** [kəˈbuːs] *n.* **a)** *(on ship)* Kombüse, *die;* **b)** *(Amer.: on train)* Dienstwagen, *der*

**'cab-rank** *n. (Brit.)* Taxistand, *der;* Droschken[halte]platz, *der (Amtsspr.)*

**cabriolet** [kæbrɪəˈleɪ] *n. (Hist.)* **a)** *(carriage)* Kabriolett, *das;* **b)** *(car)* Kabriolett, *das;* Kabrio, *das (ugs.)*

**cacao** [kəˈkɑːəʊ, kəˈkeɪəʊ] *n., pl.* **~s a)** *(seed)* Kakaobohne, *die;* **b)** *(tree)* **~[-tree]** Kakaobaum, *der*

**cache** [kæʃ] **1.** *n.* **a)** *(hiding-place)* geheimes [Waffen-/Proviant-]lager; Versteck, *das;* **b)** *(things hidden)* Lager, *das;* **make a ~ of sth.** etw. verstecken *od.* in Sicherheit bringen. **2.** *v. t.* verstecken

**cachet** [ˈkæʃeɪ] *n.* **a)** *(mark)* Siegel, *das (fig.);* Stempel, *der (fig.);* **b)** *(prestige)* Ansehen, *das;* Distinktion, *die (geh.)*

**cack-handed** [kækˈhændɪd] *adj. (coll.)* **a)** *(left-handed)* linkshändig; **b)** *(clumsy)* tolpatschig *(ugs.)*

**cackle** [ˈkækl] **1.** *n.* **a)** *(clucking of hen)* Gackern, *das;* Gegacker, *das;* **b)** *(laughter)* [meckerndes] Gelächter; *(of woman)* Gegacker, *das (abwertend); (laugh)* **he gave a loud ~:** er prustete los *(ugs.);* **c)** *(talk)* Geschwätz, *das (abwertend);* **cut the ~!** *(coll.)* genug geredet!; Schluß mit dem Geschwätz! *(ugs.).* **2.** *v. i.* **a)** ⟨*Henne:*⟩ gackern; **b)** *(laugh)* meckernd lachen; ⟨*Frau auch:*⟩ gackern *(ugs.)*

**cacophonous** [kəˈkɒfənəs] *adj.* kakophon *(geh.);* mißtönend *(geh.)*

**cacophony** [kəˈkɒfənɪ] *n.* Kakophonie, *die (geh.);* Mißklang, *der (geh.)*

**cactus** [ˈkæktəs] *n., pl.* **cacti** [ˈkæktaɪ] *or* **~es** Kaktus, *der*

**cad** [kæd] *n. (dated derog.)* Schuft, *der;* Schurke, *der (veralt.)*

**cadaver** [kəˈdɑːvə(r)] *n. (of animal)* Kadaver, *der; (of human)* Leiche, *die*

**cadaverous** [kəˈdævərəs] *adj.* **a)** *(corpselike)* Kadaver-, Leichen-; **b)** *(deathly pale)* leichenfahl; totenblaß; **c)** *(gaunt)* dürr

**caddie** [ˈkædɪ] *(Golf)* **1.** *n.* Caddie, *der.* **2.** *v. i.* **~ for sb.** jmds. Caddie sein; für jmdn. Caddie spielen *(ugs.)*

**caddis** [ˈkædɪs]: **~-fly** *n.* Köcherfliege, *die;* Frühlingsfliege, *die;* **~-worm** *n.* Köcherlarve, *die*

**¹caddy** [ˈkædɪ] *n.* Behälter, *der; (tin)* Büchse, *die;* Dose, *die*

**²caddy** *see* **caddie**

**cadence** [ˈkeɪdəns] *n.* **a)** *(rhythm)* Rhythmus, *der;* **marching/dancing ~:** Marsch-/Tanzrhythmus, *der;* **speech ~:** Sprachmelodie, *die;* **b)** *(close of musical phrase, fall of voice)* Kadenz, *die*

**cadenza** [kəˈdenzə] *n. (Mus.)* [Konzert]kadenz, *die*

**cadet** [kəˈdet] *n.* **a)** *(Mil. etc.)* Offiziersschüler, *der;* Kadett, *der (veralt.);* **naval/police ~:** Marinekadett/Anwärter für den Polizeidienst; **~ corps** Kadettenkorps; **b)** *(younger brother/son)* jüngerer Bruder/Sohn

**cadge** [kædʒ] **1.** *v. t.* schnorren *(ugs.);* [sich *(Dat.)*] erbetteln; **could I ~ a lift with you?** können Sie mich vielleicht [ein Stück] mitnehmen? **2.** *v. i.* schnorren *(ugs.)*

**cadger** [ˈkædʒə(r)] *n.* Schnorrer, *der (ugs.)*

**cadmium** [ˈkædmɪəm] *n.* Kadmium, *das*

**cadre** [ˈkɑːdə(r), kɑːdr] *(Mil., Polit.)* Kader, *der*

**caecum** [ˈsiːkəm] *n., pl.* **caeca** [ˈsiːkə] *(Anat.)* Blinddarm, *der*

**Caesar** [ˈsiːzə(r)] *n.* **a)** Cäsar, Caesar *(der); (fig.)* Alleinherrscher, *der;* **b)** *(Med. sl.)* Kaiserschnitt, *der*

**Caesarean, Caesarian** [sɪˈzeərɪən] *adj. & n.* **~ [birth** *or* **operation** *or* **section]** Kaiserschnitt, *der*

**caesura** [sɪˈzjuːrə] *n. (Pros.)* Zäsur, *die*

**café, cafe** [ˈkæfɪ, ˈkæfeɪ] *n.* **a)** Lokal, *das; (tea-room)* Café, *das;* **b)** *(Amer.: bar)* Bar, *die*

**café: ~ au lait** [kæfeɪ əʊ ˈleɪ] *n., no pl.* Kaffee mit Sahne/Milch; Café crème *(schweiz.);* Brauner *(österr.);* **~ society** *n., no pl.* Schickeria, *die*

**cafeteria** [kæfɪˈtɪərɪə] *n.* Selbstbedienungsrestaurant, *das;* Cafeteria, *die*

**caff** [kæf] *n. (Brit. sl.)* Café, *das;* **transport ~:** Fernfahrerimbiß, *der*

**caffeine** [ˈkæfiːn] *n.* Koffein, *das; (in tea)* T[h]ein, *das*

**caftan** [ˈkæftæn] *n.* Kaftan, *der*

**cage** [keɪdʒ] **1.** *n.* **a)** Käfig, *der; (for small birds)* Bauer, *das;* **b)** *(Mining)* Förderkorb, *der;* **c)** *(of lift)* Fahrkabine, *die.* **2.** *v. t.* einsperren; käfigen *(fachspr.)* ⟨*Vögel*⟩

**'cage-bird** *n.* Käfigvogel, *der*

**cagey** [ˈkeɪdʒɪ] *adj. (coll.)* **a)** *(wary)* vorsichtig; **be ~ about sth.** vorsichtig bei etw. sein; sich mit etw. [sehr] zurückhalten; **a ~ buyer** ein wachsamer *od.* mißtrauischer Käufer; **b)** *(secretive, uncommunicative)* zugeknöpft *(ugs.);* **be ~ about saying sth.** mit etw. hinterm Berg halten *(ugs.)*

**cagily** [ˈkeɪdʒɪlɪ] *adv. (coll.)* vorsichtig; *(shrewdly)* clever *(ugs.);* geschickt

**caginess** [ˈkeɪdʒɪnɪs] *n. (caution)* Vorsicht, *die; (secretiveness)* Zugeknöpftheit, *die*

**cagoule** [kəˈguːl] *n.* [leichter, knielanger] Anorak

**cagy** *see* **cagey**

**cahoots** [kəˈhuːts] *n. pl. (Amer. sl.)* **a)** *(company, partnership)* **be in ~ with the devil** mit dem Teufel im Bunde stehen; **go into ~ with sb.** sich mit jmdm. verbünden; **b)** *(collusion)* **be in ~ with sb.** mit jmdm. unter einer Decke stecken *(ugs.)*

**caiman** *see* **cayman**

**Cain** [keɪn] *pr. n.* Kain *(der);* **raise ~** *(coll.)* Krach schlagen *(ugs.)*

**cairn** [keən] *n.* **a)** *(pyramid of stones)* Steinpyramide, *die;* Cairn, *der (fachspr.);* **a ~ of stones** ein Steinhaufen; **b)** *(dog)* **~ [terrier]** Cairn-Terrier, *der; schottischer Zwergterrier*

**Cairo** [ˈkaɪərəʊ] *pr. n.* Kairo *(das)*

**caisson** [ˈkeɪsən, kəˈsuːn] *n.* **a)** *(watertight chamber)* Senkkasten, *der;* Caisson, *der;* **b)** *(floating vessel)* Docktor, *das;* Dockponton, *der*

**'caisson-disease** *n.* Druckluftkrankheit, *die;* Caissonkrankheit, *die*

**cajole** [kəˈdʒəʊl] *v. t.* **~ sb. into sth./into doing sth.** jmdm. etw. einreden/jmdm. einreden, etw. zu tun; **~ sb. out of doing sth.** jmdm. ausreden, etw. zu tun; **~ sth. out of a person** jmdm. etw. entlocken

**cajolery** [kəˈdʒəʊlərɪ] *n.* Überredungskunst, *die*

**cake** [keɪk] **1.** *n.* **a)** Kuchen, *der;* **a piece of ~:** ein Stück Kuchen/Torte; **a slice of ~:** eine Scheibe Kuchen; **b)** *(fig.)* **get a slice of the ~:** sein Teil abbekommen; **go** *or* **sell like hot ~s** weggehen wie warme Semmeln *(ugs.);* **a piece of ~** *(coll.)* ein Kinderspiel *(ugs.);* **you cannot have your ~ and eat it** *or* **eat your ~ and have it** beides auf einmal geht nicht; **~s and ale** *(fig.)* reinste Vergnügungen; *see also* **take 1 c; c)** *(compact mass)* **a ~ of soap** ein Riegel *od.* Stück Seife; **a ~ of wax** ein Riegel Wachs; **a ~ of tobacco** ein Plättchen Tabak. **2.** *v. t.* **a)** *(cover)* verkrusten; **~d with dirt/blood** schmutz-/blutverkrustet; **his suit was ~d with mud** sein Anzug war voll Schlamm; **b)** *(form into mass)* **rain ~d the soil** Regen machte die Erde klumpig. **3.** *v. i. (form a mass)* verklumpen

**cake:** **~-shop** *n.* Konditorei, *die;* **~-slice** *n.* Tortenheber, *der;* **~-stand** *n.* Etagere, *die;* **~-tin** *n.* Kuchenform, *die;* **~walk** *n.* *(dance)* Cakewalk, *der; (easy task)* Kinderspiel, *das (ugs.)*
**CAL** [kæl] *abbr.* **computer-aided** *or* **computer-assisted learning** computergestütztes Lernen
**cal.** *abbr.* **calorie[s]** cal.
**calabash** ['kæləbæʃ] *n.* **a)** *(gourd)* Flaschenkürbis, *der;* **b)** *(pipe, container)* Kalebasse, *die*
**calaboose** [kælə'bu:s] *n.* *(Amer.)* Gefängnis, *das;* Kittchen, *das (ugs.)*
**calamitous** [kə'læmɪtəs] *adj.* verhängnisvoll
**calamity** [kə'læmɪtɪ] *n.* **a)** Unheil, *das;* Unglück, *das;* **calamities of nature** Naturkatastrophen; **b)** *(adversity)* Schicksalsschlag, *der;* **c)** *(distress)* Not, *die;* Elend, *das;* **a ~:** ein Unglück
**Calamity 'Jane** *n.* Schwarzseherin, *die*
**calcification** [kælsɪfɪ'keɪʃn] *n.* Verkalkung, *die*
**calcify** ['kælsɪfaɪ] **1.** *v. i.* verkalken. **2.** *v. t.* verkalken lassen
**calcine** ['kælsaɪn, 'kælsɪn] **1.** *v. t.* kalzinieren. **2.** *v. i.* kalziniert werden
**calcite** ['kælsaɪt] *n.* *(Min.)* Kalzit, *der*
**calcium** ['kælsɪəm] *n.* Kalzium, *das;* Calcium, *das (fachspr.)*
**calcium:** **~ 'carbide** *n.* Kalziumkarbid, *das;* **~ 'carbonate** *n.* Kalziumkarbonat, *das;* kohlensaures Kalzium
**calculable** ['kælkjʊləbl] *adj.* berechenbar; kalkulierbar ‹*Risiko*›
**calculate** ['kælkjʊleɪt] **1.** *v. t.* **a)** *(ascertain)* berechnen; *(by estimating)* ausrechnen; errechnen; **b)** *(plan)* **be ~d to do sth.** darauf abzielen, etw. zu tun; **c)** *(Amer. coll.: suppose, believe)* meinen; schätzen *(ugs.).* **2.** *v. i.* **a)** *(Math.)* rechnen; **b)** **~ on doing sth.** damit rechnen, etw. zu tun
**calculated** ['kælkjʊleɪtɪd] *adj.* *(deliberate)* vorsätzlich ‹*Handlung, Straftat*›; bewußt ‹*Zurückhaltung, Affront*›; kalkuliert ‹*Risiko*›; *(apt, suitable)* geeignet
**calculating** ['kælkjʊleɪtɪŋ] *adj.* berechnend; **with a ~ eye** mit berechnendem Blick
**calculation** [kælkjʊ'leɪʃn] *n.* **a)** *(result)* Rechnung, *die;* **he is out in his ~s** er hat sich verrechnet; **b)** *(calculating)* Berechnung, *die;* **c)** *(forecast)* Schätzung, *die;* **by my ~s** nach meiner Schätzung
**calculator** ['kælkjʊleɪtə(r)] *n.* **a)** *(person, machine)* Rechner, *der;* **b)** *(set of tables)* Rechentabelle, *die*
**calculus** ['kælkjʊləs] *n., pl.* **calculi** ['kælkjʊlaɪ] *or* **~es** **a)** *(Math. etc.)* -rechnung, *die;* *(infinitesimal ~)* Infinitesimalrechnung, *die;* **[the] differential/infinitesimal/integral ~:** [die] Differential-/Infinitesimal-/Integralrechnung; **b)** *(Med.)* Stein, *der*
**Calcutta** [kæl'kʌtə] *pr. n.* Kalkutta *(das)*
**caldron** *see* **cauldron**
**Caledonia** [kælɪ'dəʊnɪə] *pr. n.* *(Hist./poet.)* Kaledonien *(das)*
**Caledonian** [kælɪ'dəʊnɪən] **1.** *adj.* kaledonisch. **2.** *n.* *(joc./Hist.)* Kaledonier, *der*/Kaledonierin, *die*
**calendar** ['kælɪndə(r)] *n.* **a)** Kalender, *der; attrib.* Kalender‹*woche, -monat, -jahr*›; **[church] ~:** Kirchenkalender, *der;* **b)** *(register, list)* Verzeichnis, *das; (list of canonized saints)* Heiligenkalender, *der; (list of cases for trial)* Prozeßregister, *das; (Amer.: list of matters for debate)* Tagesordnung, *die*
**calender** ['kælɪndə(r)] **1.** *n.* Kalander, *der (Technik).* **2.** *v. t.* kalandern, kalandrieren *(Technik)*
**calends** ['kælɪndz] *n. pl.* Kalenden *Pl.*
**calendula** [kə'lendjʊlə] *n.* *(Bot.)* Ringelblume, *die*
**[1]calf** [kɑ:f] *n., pl.* **calves** [kɑ:vz] **a)** *(young of bovine animal)* Kalb, *das; (leather)* **~[skin]** Kalbsleder, *das;* **a cow in** *or* **with ~:** eine trächtige Kuh; **b)** *(of deer)* Kalb, *das; (of elephant, whale, rhinoceros)* Junge, *das. See also* **fat 3; golden calf**
**[2]calf** *n., pl.* **calves** *(Anat.)* Wade, *die*
**calf:** **~ love** *n.* [Jugend]schwärmerei, *die;* **~skin** *n.* Kalbfell, *das; (leather)* Kalbsleder, *das*
**caliber** *(Amer.) see* **calibre**
**calibrate** ['kælɪbreɪt] *v. t.* kalibrieren; eichen, kalibrieren ‹*Meßgerät*›
**calibration** [kælɪ'breɪʃn] *n.* Kalibrierung, *die; (of gauge)* Eichung, *die;* Kalibrierung, *die*
**calibre** ['kælɪbə(r)] *n.* *(Brit.)* **a)** *(diameter)* Kaliber, *das;* **b)** *(fig.)* Format, *das;* Kaliber, *das;* **a man of your ~:** ein Mann Ihres Kalibers *od.* von Ihrem Format
**calico** ['kælɪkəʊ] **1.** *n., pl.* **~es** *or (Amer.)* **~s** **a)** Kattun, *der;* **b)** *(Amer.: printed cotton fabric)* Druckkattun, *der.* **2.** *adj.* **a)** Kattun-; kattunen *(geh.);* **b)** *(Amer.: multicoloured)* bunt
**California** [kælɪ'fɔ:nɪə] *pr. n.* Kalifornien *(das)*
**Californian** [kælɪ'fɔ:nɪən] **1.** *adj.* kalifornisch. **2.** *n.* Kalifornier, *der*/Kalifornierin, *die*
**caliper** *see* **calliper**
**caliph** ['kælɪf, 'keɪlɪf] *n.* *(Hist.)* Kalif, *der*
**calisthenics** *see* **callisthenics**
**calk** *see* **caulk**
**call** [kɔ:l] **1.** *v. i.* **a)** *(shout)* rufen; **~ to sb.** jmdm. zurufen; **~ [out] for help** um Hilfe rufen; **~ [out] for sb.** nach jmdm. rufen; **~ [out] for food/drink** nach Essen/zu trinken verlangen; **~ after sb.** jmdm. hinterherrufen; hinter jmdm. herrufen; **b)** *(pay brief visit)* [kurz] besuchen **(at** *Akk.***)**; vorbeikommen *(ugs.)* **(at** bei); ‹*Zug:*› halten **(at** in + *Dat.***)**; **~ at a port/station** einen Hafen anlaufen/ an einem Bahnhof halten; **~ on sb.** jmdn. besuchen; bei jmdm. vorbeigehen *(ugs.);* **the postman ~ed to deliver a parcel** der Postbote war da und brachte ein Päckchen; **a man has ~ed to read the meter** ein Mann ist da, um den Zähler abzulesen; **~ round** vorbeikommen *(ugs.);* **c)** *(communicate by telephone)* **who is ~ing, please?** wer spricht da, bitte?; **thank you for ~ing** vielen Dank für Ihren Anruf!; *(communicate by radio)* **this is London ~ing** hier spricht *od.* ist London. **2.** *v. t.* **a)** *(cry out)* rufen; aufrufen ‹*Namen, Nummer*›; **b)** *(cry to)* rufen ‹*Person*›; **c)** *(summon)* rufen; *(into the army)* einberufen; *(to a duty, to do sth.)* aufrufen; **~ him into the room** rufen Sie ihn herein!; **be ~ed home/to arms** nach Hause/ zu den Waffen gerufen werden; **he was ~ed to his maker** *(literary)* er ist in die Ewigkeit abberufen worden *(geh. verhüllend);* **~ sth. into being** etw. ins Leben rufen; **~ sb.'s bluff** es darauf ankommen lassen *(ugs.);* **that was ~ed in question** das wurde in Frage gestellt *od.* in Zweifel gezogen; **please ~ me a taxi** *or* **~ a taxi for me** bitte rufen Sie mir ein Taxi; **d)** *(communicate with by radio/telephone)* rufen/anrufen; *(initially)* Kontakt aufnehmen mit; **don't ~ us, we'll ~ you** wir sagen Ihnen Bescheid; **e)** *(rouse)* wecken; **f)** *(announce)* einberufen ‹*Konferenz*›; ausrufen ‹*Streik*›; anberaumen ‹*Gerichtstermin*›; **~ a halt to sth.** mit etw. Schluß machen; **time was ~ed by the bartender** der Barmann rief „Feierabend" *od. (veralt., geh.)* bot Feierabend; **g)** *(urge)* **duty ~s** die Pflicht ruft; **he was ~ed to preach the Gospel by God** er war von Gott zur Verkündigung des Evangeliums auserwählt; *see also* **attention 1a; h)** *(nominate)* **he was ~ed to the presidency of the university** er wurde zum Präsidenten der Universität berufen; **be ~ed to witness sth.** als Zeuge bei etw. aufgerufen werden; **i)** *(name)* nennen; **he is ~ed Bob** er heißt Bob; **he doesn't mind if you simply ~ him Bob** er hat nichts dagegen, wenn du ihn einfach Bob nennst *od.* einfach Bob zu ihm sagst; **you can ~ him by his first name** ihr könnt ihn mit Vornamen anreden; **what is it ~ed in English?** wie heißt das auf englisch?; **~ it what you will** wie immer man es auch nennen will; **~ sb. names** jmdn. beschimpfen; **j)** *(consider)* nennen; **I ~ that selfish** das nenne ich egoistisch; **£1.03 – let's ~ it one pound** ein Pfund drei Pence – sagen wir ein Pfund *(ugs.);* **shall we ~ it ten dollars/even?** sagen wir zehn Dollar/, wir sind quitt? *(ugs.);* **~ sth. one's own** etw. sein eigen nennen; **k)** *(Cards etc.)* ansagen; *(in coin-tossing)* sagen; **he ~ed heads and lost** er setzte auf Kopf und verlor. *See also* **account 3c; [1]bar 1i; day a; spade a; tune 1a. 3.** *n.* **a)** *(shout, cry)* Ruf, *der;* **a ~ for help** ein Hilferuf; **he came at my ~:** er kam, als ich rief; **can you give me a ~ at 6 o'clock?** können Sie mich um 6 Uhr wecken?; **remain/be within ~:** in Rufweite bleiben/sein; **on** *or* **at ~:** dienstbereit; **b)** *(of bugle, whistle)* Signal, *das; (of drum)* Schlag, *der;* **c)** *(instrument)* Lockinstrument, *das;* Locke, *die (Jägerspr.);* **d)** *(visit)* Besuch, *der;* **make** *or* **pay a ~ on sb., make** *or* **pay sb. a ~:** jmdn. besuchen; jmdm. einen Besuch abstatten *(geh.);* **have to pay a ~** *(coll.: need lavatory)* mal [verschwinden] müssen *(ugs.);* **e)** *(telephone ~)* Anruf, *der;* Gespräch, *das;* **give sb. a ~:** jmdn. anrufen; **make a ~:** ein Telefongespräch führen; **receive a ~:** einen Anruf erhalten; **f)** *(invitation, summons)* Aufruf, *der; (by God)* Berufung, *die; (Theatre)* Aufruf, *der; (by audience)* Hervorruf, *der;* **the ~ of the sea/the wild** der Ruf des Meeres/der Wildnis; **~ of nature** natürlicher Drang; **answer the ~ of duty** der Pflicht gehorchen; **a ~ for unity** ein Aufruf zur Einheit; **a world-wide ~ for disarmament** ein weltweiter Ruf nach Abrüstung; **g)** *(need, occasion)* Anlaß, *der;* Veranlassung, *die;* **what ~ is there for you to worry?** aus welchem Anlaß *od.* Grund sorgen Sie sich?; **h)** *(esp. Comm.: demand)* Abruf, *der; (demand made)* Inanspruchnahme, *die;* **a ~ for capital/money** Abruf von Kapital/Geldern; **have many ~s on one's purse/ time** finanziell/zeitlich sehr in Anspruch genommen sein; **i)** *(Cards etc.)* Ansage, *die;* **it is your ~ now** du mußt ansagen; **was your ~ heads or tails?** hattest Sie Kopf oder Zahl?; **j)** *(St. Exch.)* Kaufoption, *die*
**~ a'side** *v. t.* beiseite rufen ‹*Person*›
**~ a'way** *v. t.* wegrufen; abrufen
**~ 'back** **1.** *v. t.* zurückrufen. **2.** *v. i.* **a)** zurückrufen; **b)** *(come back)* zurückkommen; noch einmal vorbeikommen *(ugs.)*
**~ 'down** *v. t.* **a)** *(invoke)* herabflehen *(geh.)* ‹*Segen*›; herausfordern ‹*Unwillen, Tadel*›; **~ down curses on sb.'s head** jmdn. verfluchen; **b)** *(reprimand)* ausschimpfen
**~ for** *v. t.* **a)** *(send for, order)* [sich *(Dat.)*] kommen lassen, bestellen ‹*Taxi, Essen, Getränke, Person*›; **b)** *(collect)* abholen ‹*Person, Gepäck, Güter*›; **'to be ~ed for'** „wird abgeholt"; **c)** *(require, demand)* erfordern; verlangen; **that remark was not ~ed for** die Bemerkung war unangebracht; **this ~s for a celebration** das muß gefeiert werden
**~ 'forth** *v. t.* hervorrufen ‹*Protest, Kritik*›; zusammennehmen ‹*Mut, Energie*›; beschwören, lebendig werden lassen ‹*Eindrücke, Erinnerungen, Erlebnisse*›
**~ 'in** **1.** *v. i.* vorbeikommen *(ugs.);* **I'll ~ in on you** ich komme bei dir vorbei *(ugs.);* **I'll ~ in at your office** ich komme bei dir im Büro vorbei *(ugs.).* **2.** *v. t.* **a)** aus dem Verkehr ziehen ‹*Waren, Münzen*›; zurückfordern ‹*Bücher*›; **b)** **~ in a specialist** einen Fachmann/Facharzt zu Rate ziehen
**~ 'off** *v. t.* *(cancel)* absagen ‹*Treffen, Verabredung*›; rückgängig machen ‹*Geschäft*›; lösen ‹*Verlobung*›; *(stop, end)* abbrechen,

*(ugs.)* abblasen ‹*Streik*›; ~ **off your dogs!** rufen Sie Ihre Hunde zurück!

~ **on** *see* ~ **[up]on**

~ **'out 1.** *v. t.* alarmieren ‹*Truppen*›; rufen ‹*Wache*›; zum Streik aufrufen ‹*Arbeitnehmer*›. **2.** *v. i. see* ~ **1 a**; ~ **out to warn sb.** jmdm. zurufen, um ihn zu warnen

~ **'up** *v. t.* **a)** *(imagine, recollect)* wachrufen ‹*Erinnerungen, Bilder*›; [herauf]beschwören, erwecken ‹*böse Erinnerungen, Phantasien*›; **b)** *(summon)* anrufen, beschwören ‹*Teufel, Geister*›; **c)** *(by telephone)* anrufen; **I'll ~ you up again** ich rufe Sie wieder an; **d)** *(Mil.)* einberufen; **they were ~ed up to go to Vietnam** sie wurden nach Vietnam einberufen; *see also* **call-up**

~ **[up]on** *v. t.* ~ **upon God** Gott anrufen; ~ **upon sb.'s generosity/sense of justice** an jmds. Großzügigkeit/Gerechtigkeitssinn *(Akk.)* appellieren; ~ **[up]on sb. to do sth.** jmdn. auffordern, etw. zu tun

**call: ~-box** *n.* Telefonzelle, *die;* Fernsprechzelle, *die (Amtsspr.);* **~-boy** *n.* **a)** *(in theatre)* Gehilfe des Inspizienten/Souffleurs; **b)** *(in hotel)* [Hotel]boy, *der;* **~-button** *n.* Ruftaste, *die*

**caller** ['kɔ:lə(r)] *n.* **a)** Rufende, *der/die; (visitor)* Besucher, *der*/Besucherin, *die; (on telephone)* Anrufer, *der*/Anruferin, *die;* **b)** *(in bingo, square dance)* Ansager, *der*/Ansagerin, *die*

**'call-girl** *n.* Callgirl, *das*

**calligrapher** [kə'lɪgrəfə(r)] *n.* Schönschreiber, *der*/Schönschreiberin, *die; (professional)* Kalligraph, *der*/Kalligraphin, *die*

**calligraphy** [kə'lɪgrəfɪ] *n.* **a)** *(beautiful handwriting)* Schönschrift, *die;* Kalligraphie, *die; (as an art)* Kalligraphie, *die;* Schönschreiben, *das;* **b)** *(handwriting)* Handschrift, *die;* Hand, *die (geh.)*

**calling** ['kɔ:lɪŋ] *n.* **a)** *(occupation, profession)* Beruf, *der;* **b)** *(divine summons)* Berufung, *die*

**'calling-card** *n. (Amer.)* Visitenkarte, *die*

**calliper** ['kælɪpə(r)] *n.* **a)** *in pl.* **[pair of] ~s** Greifzirkel, *der;* Tasterzirkel, *der;* Taster, *der;* **b)** ~ **[splint]** *(Med.)* Beinschiene, *die;* **c)** **[brake] ~:** Bremssattel, *der*

**callisthenics** [kælɪs'θenɪks] *n. pl.* Kallisthenie, *die;* leichte Gymnastik

**'call meter** *n. (Teleph.)* Gebührenzähler, *der*

**callosity** [kə'lɒsɪtɪ] *n.* **a)** *no pl.* Schwieligkeit, *die;* **b)** *(lump)* Schwiele, *die*

**callous** ['kæləs] **1.** *adj. (unfeeling, insensitive)* gefühllos; herzlos ‹*Handlung, Verhalten*›; lieblos ‹*Leben, Welt*›. **2.** *n. see* **callus**

**callously** ['kæləslɪ] *adv.* herzlos

**callousness** ['kæləsnɪs] *n., no pl. (want of feeling)* Gefühllosigkeit, *die; (of act, behaviour)* Herzlosigkeit, *die;* **his ~ towards [the feelings of] other people** seine Gleichgültigkeit den Gefühlen anderer gegenüber

**'call-over** *n.* Namensruf, *der; (of betting-prices)* Verlesen, *das*

**callow** ['kæləʊ] *adj.* **a)** *(raw, inexperienced)* unreif ‹*Junge, Student*›; grün *(ugs.)* ‹*Jüngling*›; **in my ~ youth** als ich noch jung und unreif war; **b)** *(unfledged)* nackt; kahl

**call: ~-sign, ~-signal** *ns.* Rufzeichen, *das;* **~-up** *n. (Mil.)* Einberufung, *die*

**callus** ['kæləs] *n.* **a)** *(Physiol.)* Schwiele, *die;* Kallus, *der (fachspr.);* **b)** *(Med.)* Knochennarbe, *die;* Kallus, *der (fachspr.);* **c)** *(Bot.)* Wundgewebe, *das;* Kallus, *der (fachspr.)*

**calm** [kɑ:m] **1.** *n.* **a)** *(stillness)* Stille, *die; (serenity)* Ruhe, *die;* **the peaceful ~ of the night** die friedliche Stille der Nacht; **b)** *(windless period)* Windstille, *die;* Kalme, *die (Met.);* **a dead ~:** totale Windstille; **the ~ before the storm** *(lit. or fig.)* die Ruhe vor dem Sturm. **2.** *adj.* **a)** *(tranquil, quiet, windless)* ruhig; **keep ~:** ruhig bleiben; Ruhe bewahren; **keep one's voice ~:** ruhig sprechen; **b)** *(coll.: self-confident)* lässig *(ugs.);* gelassen. **3.** *v. t.* beruhigen ‹*Person*›; besänftigen ‹*Leidenschaften, Zorn*›; ~ **sb. down** jmdn. beruhigen. **4.** *v. i.* ~ **[down]** sich beruhigen; ‹*Sturm:*› abflauen

**calmly** ['kɑ:mlɪ] *adv.* ruhig; gelassen

**calmness** ['kɑ:mnɪs] *n., no pl.* Ruhe, *die; (of water, sea)* Stille, *die*

**Calor gas, (P)** ['kælə gæs] *n.* Butangas, *das*

**calorie** ['kælərɪ] *n.* Kalorie, *die*

**calorific** [kælə'rɪfɪk] *adj.* wärmeerzeugend; ~ **value** Heizwert, *der*

**calorimeter** [kælə'rɪmɪtə(r)] *n.* Kalorimeter, *das*

**calumniate** [kə'lʌmnɪeɪt] *v. t.* verleumden

**calumny** ['kæləmnɪ] **1.** *n.* Verleumdung, *die.* **2.** *v. t.* verleumden

**calvados** ['kælvədɒs] *n.* Calvados, *der*

**Calvary** ['kælvərɪ] *n. (place)* Golgatha *(das); (representation)* Kalvarienberg, *der*

**calve** [kɑ:v] *v. i.* kalben; abkalben *(fachspr.)*

**calves** *pl. of* [1,2]**calf**

**Calvinism** ['kælvɪnɪzm] *n.* Kalvinismus, *der*

**Calvinist** ['kælvɪnɪst] *n.* Kalvinist, *der*/Kalvinistin, *die*

**Calvinistic** [kælvɪ'nɪstɪk], **Calvinistical** [kælvɪ'nɪstɪkl] *adj.* kalvinistisch

**calypso** [kə'lɪpsəʊ] *n., pl.* **~s** Calypso, *der*

**calyx** ['keɪlɪks, 'kælɪks] *n., pl.* **calyces** ['keɪlɪsi:z, 'kælɪsi:z] *or* **-es a)** *(Bot.)* Kelch, *der;* Kalyx, *der (fachspr.);* **b)** *(Anat.)* Kelch, *der*

**cam** [kæm] *n.* Nocken, *der*

**camaraderie** [kæmə'rɑ:dərɪ] *n.* Kameradschaft, *die*

**camber** ['kæmbə(r)] **1.** *n.* **a)** *(convexity)* Wölbung, *die;* **b)** *(Motor Veh.)* Achssturz, *der;* Radsturz, *der.* **2.** *v. t.* wölben; **a ~ed road** eine gewölbte Straße

**Cambodia** [kæm'bəʊdɪə] *pr. n. (Hist.)* Kambodscha *(das)*

**Cambodian** [kæm'bəʊdɪən] *(Hist.)* **1.** *adj.* kambodschanisch. **2.** *n.* Kambodschaner, *der*/Kambodschanerin, *die*

**Cambrian** ['kæmbrɪən] **1.** *adj.* **a)** *(Welsh)* walisisch; Waliser *nicht präd.;* **b)** *(Geol.)* kambrisch. **2.** *n. (Geol.)* Kambrium, *das*

**cambric** ['kæmbrɪk] *n.* Kambrik[batist], *der*

**Cambridge** ['keɪmbrɪdʒ]: ~ **blue** *n.* Blaßblau, *das;* Cambridgeblau, *das*

**camcorder** ['kæmkɔ:də(r)] *n.* Camcorder, *der;* Kamerarecorder, *der*

**came** *see* **come 1**

**camel** ['kæml] *n. (Zool.)* Kamel, *das*

**'camel['s]-hair** *n.* Kamelhaar, *das;* ~ **brush** Haarpinsel, *der;* ~ **coat** Kamelhaarmantel, *der*

**camellia** [kə'mi:lɪə, kə'melɪə] *n. (Bot.)* Kamelie, *die*

**cameo** ['kæmɪəʊ] *n., pl.* **~s a)** *(carving)* Kamee, *die;* **b)** *(short sketch)* Sketch, *der; (minor role)* [winzige] Nebenrolle

**camera** ['kæmərə] *n.* **a)** Kamera, *die; (for still pictures)* Fotoapparat, *der;* Kamera, *die;* **be/go on ~:** vor der Kamera sein/vor die Kamera treten; **b)** *(Law)* **in ~:** unter Ausschluß der Öffentlichkeit; *(fig.)* hinter verschlossenen Türen

**camera: ~-case** *n.* Kameratasche, *die;* **~man** *n.* Kameramann, *der;* **~-shy** *adj.* kamerascheu

**Cameroon** ['kæməru:n] *pr. n.* Kamerun *(das)*

**camiknickers** ['kæmɪnɪkəz] *n. pl. (Brit.)* Spitzenhemdhöschen, *das*

**camisole** ['kæmɪsəʊl] *n. (arch.)* Leibchen, *das;* Mieder, *das;* Kamisol, *das (veralt.)*

**camomile** ['kæməmaɪl] *n. (Bot.)* Kamille, *die;* ~ **tea** Kamillentee, *der*

**camouflage** ['kæməflɑ:ʒ] **1.** *n. (lit. or fig.)* Tarnung, *die;* Camouflage, *die (Milit. veralt./fig. geh.).* **2.** *v. t. (lit. or fig.)* tarnen; camouflieren *(veralt./geh.)*

[1]**camp** [kæmp] **1.** *n.* Lager, *das; (Mil.)* Feldlager, *das;* **the world is divided into two opposing ~s** *(fig.)* die Welt teilt sich in zwei entgegengesetzte Lager; *see also* **foot 1 a. 2.** *v. i.* ~ **[out]** campen; *(in tent)* zelten; **go ~ing** Campen/Zelten fahren/gehen

[2]**camp 1.** *adj.* **a)** *(affected)* affektiert, geziert ‹*Mensch, Art, Benehmen*›; **b)** *(exaggerated)* übertrieben, theatralisch ‹*Gestik, Ausdrucksform*›; **c)** *(homosexual)* schwul *(ugs.); (effeminate)* tuntenhaft *(ugs.).* **2.** *n.* Manieriertheit, *die.* **3.** *v. t.* ~ **it up** zu dick auftragen *(ugs.);* ~ **up a part** bei einer Rolle zu dick auftragen *(ugs.)*

**campaign** [kæm'peɪn] **1.** *n.* **a)** *(Mil.)* Feldzug, *der;* Kampagne, *die (veralt.);* **be on ~:** im Felde stehen *(veralt.);* **b)** *(organized course of action)* Kampagne, *die;* Feldzug, *der;* **publicity ~:** Werbekampagne, *die;* **presidential ~:** Präsidentschaftswahlkampf, *der.* **2.** *v. i.* kämpfen; **the Republican candidate will start ~ing in April** der republikanische Kandidat beginnt seinen Wahlkampf im April

**campaigner** [kæm'peɪnə(r)] *n.* **a)** Vorkämpfer, *der*/Vorkämpferin, *die;* **b)** *(veteran)* Veteran, *der;* alter Kämpfer; **an old ~:** ein alter Kämpfer *od. (veralt.)* Kämpe

**campanology** [kæmpə'nɒlədʒɪ] *n.* Kunst des Glockenläutens

**campanula** [kæm'pænjʊlə] *n.* Glockenblume, *die;* Campanula, *die (fachspr.)*

**'camp-bed** *n.* Campingliege, *die*

**camper** ['kæmpə(r)] *n.* **a)** Camper, *der*/Camperin, *die;* **b)** *(vehicle)* Wohnmobil, *das; (adapted minibus)* Campingbus, *der*

**camp: ~-fire** *n.* Lagerfeuer, *das;* **~-follower** Marketender, *der*/Marketenderin, *die; (fig.: disciple, follower)* Mitläufer, *der*/Mitläuferin, *die*

**camphor** ['kæmfə(r)] *n.* Kampfer, *der*

**camping** ['kæmpɪŋ] *n.* Camping, *das; (in tent)* Zelten, *das*

**camping: ~-ground** *(Amer.) see* ~ **site;** ~ **holiday** *n.* Campingurlaub, *der;* ~ **site** *n.* Campingplatz, *der*

**camp: ~site** *n.* Campingplatz, *der;* **~-stool** *n.* Campinghocker, *der*

**campus** ['kæmpəs] *n.* **a)** *(grounds of university)* Campus, *der;* Hochschulgelände, *das;* **b)** *(university)* Hochschule, *die*

**CAMRA** ['kæmrə] *abbr.* **Campaign for Real Ale**

**'camshaft** *n.* Nockenwelle, *die*

[1]**can** [kæn] **1.** *n.* **a)** *(milk ~, watering-~)* Kanne, *die; (for oil, petrol)* Kanister, *der; (Amer.: for refuse)* Eimer, *der;* Tonne, *die;* **a ~ of paint** eine Büchse Farbe; *(with handle)* ein Eimer Farbe; **carry** *or* **take the ~ [back]** *(fig. sl.)* die Sache ausbaden *(ugs.);* **b)** *(container for preserving)* [Konserven]dose, *die;* [Konserven]büchse, *die;* **a ~ of tomatoes/sausages** eine Dose *od.* Büchse Tomaten/Würstchen; **~s of food** Lebensmittelkonserven; **a ~ of beer** eine Dose Bier; **a ~ of worms** *(fig.)* eine verzwickte Angelegenheit *(ugs.);* **c)** *(Amer. sl.: lavatory)* Lokus, *der (ugs.);* **d)** *(sl.: prison)* Knast, *der (salopp).* **2.** *v. t.,* **-nn- a)** *(preserve)* konservieren; **b)** *(put into ~)* eindosen; einmachen ‹*Obst*›

[2]**can** *v. aux., only in pres.* **can,** *neg.* **cannot** ['kænət], *(coll.)* **can't** [kɑ:nt], *past* **could** [kʊd], *neg. (coll.)* **couldn't** ['kʊdnt] können; *(have right, be permitted)* dürfen; können; **as much as one ~:** so viel man kann; **as ... as '~ be** wirklich sehr ...; ~ **do** *(coll.)* kein Problem; **he can't be more than 40** er kann nicht über 40 sein; **you can't smoke in this compartment** in diesem Abteil dürfen Sie nicht rauchen; **what you say cannot be true** was du sagst, kann nicht stimmen; **come nearer, I can't hear what you're saying** kommen Sie näher, ich kann Sie nicht verstehen; **could you ring me tomorrow?** könnten Sie mich morgen anrufen?; **how [ever] could you do this to me?** wie konnten Sie mir das bloß antun?; **I could have killed him** ich hätte ihn umbringen können; **[that] could be [so]** das könnte *od.* kann sein

**Canada** ['kænədə] *pr. n.* Kanada *(das)*

'**Canada goose** *n.* Kanadagans, *die*

**Canadian** [kə'neɪdɪən] **1.** *adj.* kanadisch; **sb. is ~:** jmd. ist Kanadier/Kanadierin. **2.** *n.* Kanadier, *der*/Kanadierin, *die;* **the French/English ~s** die Franko-/Anglokanadier

**canaille** [kə'nɑ:i:] *n.* Pöbel, *der (abwertend)*

**canal** [kə'næl] *n.* **a)** *(watercourse, marking on Mars)* Kanal, *der;* **the Panama C~:** der Panamakanal; **b)** *(Zool., Bot.)* Gang, *der; (alimentary ~)* [Verdauungs]kanal, *der*

**ca'nal boat** *n. langes, enges Boot zum Befahren der Kanäle; (Hist.: towed barge)* Schleppkahn, *der*

**canalize** ['kænəlaɪz] *v. t.* kanalisieren ‹*Fluß*›

**canalization** [kænəlaɪ'zeɪʃn] *n.* Kanalisierung, *die*

**canapé** ['kænəpɪ] *n. (food)* Cocktailhappen, *der;* Kanapee, *das*

**canard** [kə'nɑ:d, 'kænɑ:d] *n. (false report)* Ente, *die (ugs.)*

**Canaries** [kə'neərɪz] *pr. n. pl.* Kanarische Inseln *Pl.;* Kanaren *Pl.*

**canary** [kə'neərɪ] *n.* Kanarienvogel, *der*

**canary: C~ 'Islands** *pr. n. pl.* Kanarische Inseln *Pl.;* **~-seed** *n.* Kanariensamen, *der;* **~ 'yellow** *n.* Kanariengelb, *das;* **~-yellow** *adj.* kanariengelb

**canasta** [kə'næstə] *n. (Cards)* Canasta, *das*

**cancan** ['kænkæn] *n.* Cancan, *der*

**cancel** ['kænsl] **1.** *v. t., (Brit.)* **-ll- a)** *(cross out)* streichen ‹*Wort, Satz, Absatz*›; **b)** *(call off)* absagen ‹*Besuch, Urlaub, Reise, Sportveranstaltung*›; ausfallen lassen ‹*Veranstaltung, Vorlesung, Zug, Bus*›; fallenlassen ‹*Pläne*›; *(annul, revoke)* rückgängig machen ‹*Einladung, Vertrag*›; zurücknehmen ‹*Befehl*›; stornieren ‹*Bestellung, Auftrag*›; streichen ‹*Schuld[en]*›; kündigen ‹*Abonnement*›; abbestellen ‹*Zeitung*›; aufheben ‹*Klausel, Gesetz, Recht*›; **the match had to be ~led** das Spiel mußte ausfallen *od.* abgesagt werden; **the boat to Dublin has been ~led** die Fähre nach Dublin fährt *od.* verkehrt nicht; **the lecture has been ~led** die Vorlesung fällt aus; **c)** *(balance, neutralize)* aufheben; **the arguments ~ each other out** die Argumente heben sich gegenseitig auf; **d)** *(deface)* entwerten ‹*Briefmarke, Fahrkarte*›; ungültig machen ‹*Scheck*›; **e)** *(Math.)* aufheben; wegkürzen *(ugs.);* **f)** *(Amer. Mus.)* auflösen. **2.** *v. i., (Brit.)* **-ll- ~ [out]** sich [gegenseitig] aufheben

**cancellation** [kænsə'leɪʃn] *n. see* **cancel 1: a)** Streichung, *die;* **b)** Absage, *die;* Ausfall, *der;* Ausfallen, *das;* Fallenlassen, *das;* Aufgabe, *die;* Rückgängigmachen, *das;* [Zu]rücknahme, *die;* Stornierung, *die;* Streichung, *die;* Kündigung, *die;* Abbestellung, *die;* Aufhebung, *die;* **c)** Aufhebung, *die;* **d)** Entwertung, *die;* Ungültigmachen, *das;* **e)** Aufhebung, *die;* Wegkürzen, *das (ugs.);* **f)** Auflösung, *die*

**cancer** ['kænsə(r)] *n.* **a)** *(Med.)* Krebs, *der; (fig.)* Krebsgeschwür, *das;* **~ of the lung** Lungenkrebs, *der;* **b)** **C~** *(Astrol., Astron.)* der Krebs; der Cancer; *see also* **Aries; tropic**

**Cancerian** [kæn'sɪərɪən] *n. (Astrol.)* Krebs, *der*

**cancerous** ['kænsərəs] *adj.* Krebs‹*geschwulst, -geschwür*›; krebsartig ‹*Wucherung, Wachstum*›; kanzerös *(fachspr.); (fig.)* bösartig ‹*Haß, Einfluß*›; **~ growth** krebsartige Wucherung

**candelabra** [kændɪ'læbrə, kændɪ'lɑ:brə] *n.*, **candelabrum** [kændɪ'læbrəm, kændɪ'lɑ:brəm] *n., pl.* **candelabra** *or (Amer.)* **candelabrums** Leuchter, *der; (large)* Kandelaber, *der*

**candid** ['kændɪd] *adj.* offen; ehrlich ‹*Ansicht, Bericht*›; **let me be ~ with you** ich will ganz offen mit Ihnen sein

**candidacy** ['kændɪdəsɪ] *n.* Kandidatur, *die*

**candidate** ['kændɪdət, 'kændɪdeɪt] *n.* **a)** Kandidat, *der*/Kandidatin, *die;* Anwärter, *der*/Anwärterin, *die;* **a ~ for Mayor** ein Bürgermeisterkandidat/-kandidatin; **he offered himself as a ~ for the position** er bot sich als Kandidat für den Posten an; **~s for a club/for membership** Anwärter für einen Klub/auf Mitgliedschaft; **b)** *(examinee)* Kandidat, *der*/Kandidatin, *die;* **a Ph. D. ~:** ein Promotionskandidat *od.* Promovend; **a ~ for a degree** ein Prüfling *od.* Examinand

**candidature** ['kændɪdətʃə(r)] *n. (esp. Brit.)* Kandidatur, *die*

**candid 'camera** *n.* versteckte Kamera

**candidly** ['kændɪdlɪ] *adv.* offen; ehrlich; **~, I dislike the whole idea** offen gesagt, gefällt mir die Idee gar nicht

**candle** [kændl] **1.** *n.* **a)** Kerze, *die;* **burn the ~ at both ends** *(fig.)* sich übernehmen; sich *(Dat.)* zuviel aufladen; **she can't** *or* **is not fit to hold a ~ to him** *(fig.)* sie kann ihm nicht das Wasser reichen; **the game is not worth the ~** *(fig.)* die Sache lohnt sich nicht *od.* ist nicht der Mühe *(Gen.)* wert; **b)** *(unit)* **~[-power]** Kerze, *die (veralt.);* Candela, *die. See also* **Roman candle. 2.** *v. t.* gegen das Licht halten, durchleuchten ‹*Eier*›

**candle: ~-light** *n.* Kerzenlicht, *das;* **by ~:** bei Kerzenlicht ‹*lesen*›; im Kerzenschein *(geh.)*‹*feiern, speisen*›; **~-power** *see* **candle 1 b; ~stick** *n.* Kerzenhalter, *der; (elaborate)* Leuchter, *der;* **~wick** *n.* **a)** *(of candle)* Kerzendocht, *der;* **b)** *(material)* Frottierplüsch, *der*

**candour** *(Brit.; Amer.:* **candor)** ['kændə(r)] *n. (frankness)* Offenheit, *die; (honesty)* Ehrlichkeit, *die*

**candy** ['kændɪ] **1.** *n.* **a)** Kandis[zucker], *der;* **a ~:** ein Stück Kandis[zucker]; **b)** *(Amer.) (sweets)* Süßigkeiten *Pl.; (sweet)* Bonbon, *das od. der.* **2.** *v. t.* kandieren ‹*Früchte*›; **candied lemon/orange peel** Zitronat/Orangeat, *das*

**candy: ~-floss** *n.* Zuckerwatte, *die;* **~-store** *n. (Amer.)* Süßwarengeschäft, *das;* Bonbonladen, *der (ugs.);* **~-stripe** *n.* Muster mit bunten Streifen [auf weißem Hintergrund]; **~-striped** *adj.* buntgestreift

'**candytuft** *(Bot.) n.* Schleifenblume, *die*

**cane** [keɪn] **1.** *n.* **a)** *(stem of bamboo, rattan, etc.)* Rohr, *das; (of raspberry, blackberry)* Sproß, *der; see also* **sugar-cane; b)** *(material)* Rohr, *das;* **c)** *(stick)* [Rohr]stock, *der;* **get the ~:** eine Tracht Prügel bekommen; **d)** *(esp. Brit.: walking-stick)* Spazierstock, *der.* **2.** *v. t.* **a)** *(beat)* [mit dem Stock] schlagen; **b)** *(weave)* flechten

**cane: ~ chair** *n.* Rohrstuhl, *der;* **~-sugar** *n.* Rohrzucker, *der*

**canine** ['keɪnaɪn, 'kænaɪn] **1.** *adj.* **a)** *(of dog[s])* Hunde‹*rasse, -gebell, -natur*›; **b) ~ tooth** Eck- *od.* Augenzahn, *der.* **2.** *n.* Eckzahn, *der;* Augenzahn, *der*

**caning** ['keɪnɪŋ] *n.* [Ver]prügeln, *das od.* [Ver]hauen, *das* [mit dem Stock]; **he got a ~:** er kriegte eine Tracht Prügel *(ugs.)* [mit dem Stock]

**canister** ['kænɪstə(r)] *n.* Büchse, *die;* Dose, *die; (for petrol, oil, DDT, etc.)* Kanister, *der*

**canker** ['kæŋkə(r)] **1.** *n.* **a)** *(disease) (of dogs, cats, rabbits, etc.)* Ohrräude, *die; (of horses)* Strahlfäule, *die;* **b)** *(fig.: corrupting influence)* [Krebs]geschwür, *das.* **2.** *v. t.* **a)** *(consume with ~)* verrotten; **b)** *(fig.: infect, corrupt)* vergiften ‹*Gemüt, Gefühl*›

**cannabis** ['kænəbɪs] *n.* *(Bot.)* Kannabis, *der;* Hanf, *der; (drug)* Haschisch, *das;* Marihuana, *das*

**cannabis 'resin** *n.* Haschisch, *das;* Cannabisharz, *das (fachspr.)*

**canned** [kænd] *adj.* **a)** Dosen-; in Dosen *nachgestellt;* **~ fish/meat/fruit** Fisch-/Fleisch-/Obstkonserven *Pl.;* Fisch/Fleisch/Obst in Dosen; **~ beer** Dosenbier; **~ food** [Lebensmittel]konserven *Pl.;* **b)** *(sl.: drunk)* abgefüllt *(ugs.);* **c)** *(sl.: recorded)* aufgezeichnet; **~ music/entertainment** Musikkonserve, *die*/Unterhaltungskonserve, *die*

**canner** ['kænə(r)] *n.* Konservenfabrikant, *der; (worker)* Arbeiter/Arbeiterin in einer Konservenfabrik

**cannery** ['kænərɪ] *n.* Konservenfabrik, *die*

**cannibal** ['kænɪbl] *n.* Kannibale, *der*/Kannibalin, *die;* Menschenfresser, *der*/-fresserin, *die (ugs.);* **these animals are ~s** diese Tiere fressen ihre Artgenossen auf

**cannibalise** *see* **cannibalize**

**cannibalism** ['kænɪbəlɪzm] *n.* Kannibalismus, *der;* Menschenfresserei, *die (ugs.); (fig.)* Blutdurst, *der*

**cannibalistic** [kænɪbə'lɪstɪk] *adj.* kannibalisch

**cannibalize** ['kænɪbəlaɪz] *v. t.* ausschlachten ‹*Auto, Flugzeug, Maschine usw.*›

**cannily** ['kænɪlɪ] *adv.* behutsam; vorsichtig; *(shrewdly)* schlau

**cannon** ['kænən] **1.** *n.* **a)** *(gun)* Kanone, *die;* **b)** *(Brit. Billiards etc.)* Karambolage, *die.* **2.** *v. i. (Brit.)* **a) ~ against sth.** gegen etw. prallen; **~ into sb./sth.** mit etw./jmdm. zusammenprallen; **b)** *(Billiards)* karambolieren

**cannonade** [kænə'neɪd] *(arch.)* **1.** *n.* Kanonade, *die (veralt.).* **2.** *v. t.* kanonieren *(veralt.)*

**cannon: ~-ball** *n. (Hist.)* Kanonenkugel, *die;* **~-fodder** *n.* Kanonenfutter, *das (salopp abwertend)*

**cannot** *see* **²can**

**cannula** ['kænjʊlə] *n., pl.* **~e** ['kænjʊli:] *or* **~s** *(Med.)* Kanüle, *die*

**canny** ['kænɪ] *adj.* **a)** *(shrewd)* schlau; bauernschlau *(ugs.); (thrifty)* sparsam; **b)** *(cautious, wary)* vorsichtig, umsichtig; **ca'~** [kɑ'kænɪ] Bummelstreik, *der;* **c)** trocken ‹*Humor*›

**canoe** [kə'nu:] **1.** *n.* Paddelboot, *das; (Indian ~, Sport)* Kanu, *das; see also* **¹paddle 2. 2.** *v. i.* paddeln; *(in Indian ~, Sport)* Kanu fahren; **~ down the river** flußabwärts paddeln/im Kanu flußabwärts fahren

**canoeing** [kə'nu:ɪŋ] *n.* Paddeln, *das; (Sport)* Kanufahren, *das;* Kanusport, *der*

**canoeist** [kə'nu:ɪst] *n.* Paddelbootfahrer, *der*/-fahrerin, *die; (Sport)* Kanute, *der*/Kanutin, *die;* Kanufahrer, *der*/-fahrerin, *die*

**canon** ['kænən] *n.* **a)** *(general law, criterion)* Grundregel, *die;* Grundprinzip, *das;* **the ~s of conduct** die Grundregeln des Verhaltens; der Verhaltenskodex; **b)** *(member of cathedral chapter)* Kanoniker, *der;* Kanonikus, *der;* **c)** *(church decree)* Kirchengebot, *das;* **d)** *(list of sacred books)* Kanon, *der; (fig.)* **the Shakespearean ~:** das Gesamtwerk Shakespeares; **e)** *(Mus.)* Kanon, *der*

**cañon** *see* **canyon**

**canonical** [kə'nɒnɪkl] **1.** *adj.* **a)** kanonisch ‹*Gehorsam, Gelübde, Bücher, Schriften*›; **~ dress** Priestertracht *od.* -kleidung, *die;* **~ hours** Gebetszeiten *Pl.; (Brit.: for weddings)* Trauzeiten *Pl.;* **b)** *(authoritative, standard)* verbindlich, kanonisch ‹*Urteil, Werte, Vorschriften*›; maßgeblich ‹*Person*›; **c)** *(Mus.)* Kanon‹*form, -komposition*›; ‹*Musikstück*› in Kanonform; **d)** *(of cathedral chapter or member of it)* Kanoniker-; Chorherren-; **a ~ clergyman** ein Kanoniker *od.* Chorherr. **2.** *n. in pl.* Priesterkleidung, *die*

**canonisation, canonise** *see* **canoniz-**

**canonization** [kænənaɪ'zeɪʃn] *n.* Kanonisation, *die;* **~ of saints** Heiligsprechungen

**canonize** ['kænənaɪz] *v. t.* **a)** kanonisieren ‹*Heiligen*›; heiligsprechen ‹*Märtyrer*›; **he was ~d [a saint]** er wurde heiliggesprochen; **b)** *(regard as saint)* wie einen Heiligen/eine Heilige/Heilige *Pl.* verehren

**canon: ~ law** *n.* kanonisches Recht; **~ 'regular** *n.* regulierter Chorherr

**canoodle** [kə'nu:dl] *(sl.)* **1.** *v. i.* [rum]knutschen *(salopp).* **2.** *v. t.* abknutschen *(salopp)*

**'can-opener** *n.* Dosen-, Büchsenöffner, *der*

**canopy** ['kænəpɪ] **1.** *n.* **a)** Baldachin, *der (auch fig.); (over entrance)* Vordach, *das;* **the ~ of the heavens** *or* **celestial ~:** das Himmelszelt *od.* himmlische Zelt *(dichter.);* **a ~ of leaves** ein Blätterdach; **b)** *(of parachute)* [Fall]schirmkappe, *die;* **c)** *(of aircraft)* [Kanzel]haube, *die.* **2.** *v.t.* überwölben

**[1]cant** [kænt] **1.** *v.t.* kippen; ankippen, kanten ⟨*Faß*⟩; **~ off** abschrägen; **~ over** umdrehen; umkippen. **2.** *v.i. (take inclined position, lie aslant)* sich neigen. **3.** *n. (movement)* Ruck, *der; (tilted position)* Schräglage, *die; (bevel)* Schräge, *die*

**[2]cant 1.** *n.* **a)** *(derog.: language of class, sect, etc.)* Zunftsprache, *die;* Jargon, *der;* Kauderwelsch, *das (abwertend);* **thieves'/beggars' ~:** Rotwelsch, *das;* Gaunersprache, *die;* **b)** *(insincere use of words)* Scheinheiligkeit, *die; (talk)* scheinheiliges Gerede; **c)** *(ephemeral catchwords)* Phrase, *die (abwertend);* **a ~ phrase** eine [leere] Phrase; **~ phrases/terms/words** [leere] Phrasen. **2.** *v.i.* **a)** *see* **1 a:** *(use, speak in ~)* Jargon/Kauderwelsch/Rotwelsch reden; **b)** *(talk with affectation of piety)* [scheinheilig] schwafeln *(abwertend)*

**can't** [kɑ:nt] *(coll.)* = **cannot;** *see* **[2]can**

**Cantab.** ['kæntæb] *abbr.* **of Cambridge University** der Universität Cambridge

**cantabile** [kæn'tɑ:bɪlɪ] *(Mus.)* **1.** *adv.* cantabile. **2.** *adj.* Kantabile⟨*satz, -stil, -ton*⟩; sangbar ⟨*Stück, Musik*⟩. **3.** *n.* Kantabile, *das*

**cantaloup[e]** ['kæntəlu:p] *n.* Zucker-, Gartenmelone, *die*

**cantankerous** [kæn'tæŋkərəs] *adj.* streitsüchtig; knurrig *(ugs.)* ⟨*müde od. launische Person*⟩; störrisch ⟨*Esel, altes Auto usw.*⟩; **don't be so ~ on Monday mornings** sei doch nicht immer so eklig *od.* mufflig am Montagmorgen! *(ugs.)*

**cantankerously** [kæn'tæŋkərəslɪ] *adv. see* **cantankerous: behave** *or* **act ~:** streitsüchtig/knurrig *(ugs.)*/störrisch/mufflig *od.* eklig *(ugs.)* sein

**cantankerousness** [kæn'tæŋkərəsnɪs] *n., no pl. see* **cantankerous:** Streitsucht, *die;* Knurrigkeit, *die (ugs.);* störrisches Benehmen

**cantata** [kæn'tɑ:tə] *n. (Mus.)* Kantate, *die*

**canteen** [kæn'ti:n] *n.* **a)** Kantine, *die;* **b)** *(case of plate or cutlery)* Besteckkasten, *der*

**canter** ['kæntə(r)] **1.** *n.* Handgalopp, *der;* Kanter, Canter, *der (fachspr.);* **the horse broke into an easy ~:** das Pferd begann leicht zu galoppieren; **win in a ~** *(fig.)* spielend gewinnen. **2.** *v.i.* leicht galoppieren; kantern *(fachspr.).* **3.** *v.t.* in Handgalopp *od.* Kanter gehen lassen ⟨*Pferd*⟩

**'Canterbury bell** ['kæntəbərɪ bel] *n. (Bot.)* Glockenblume, *die*

**canticle** ['kæntɪkl] *n.* **a)** Lobgesang, *der;* Canticum, *das (Theol.); (hymn)* Preislied, Hohelied, *das* **b) the C~ of Solomon** *or* **C~s** das Hohe Lied *od.* Hohelied; das Lied der Lieder

**cantilever** ['kæntɪli:və] *n.* **a)** *(bracket)* Konsole, *die;* Kragplatte, *die;* **b)** *(beam, girder)* Träger, *der*

**'cantilever-bridge** *n.* Auslegerbrücke, *die*

**canto** ['kæntəʊ] *n., pl.* **~s** Gesang, *der;* Canto, *der (fachspr.)*

**canton** ['kæntɒn] *n.* Kanton, *der*

**cantonal** ['kæntənl] *adj.* kantonal; Kantons-

**Cantonese** [kæntə'ni:z] **1.** *adj.* kantonesisch; **sb. is ~:** jmd. ist Kantonese/Kantonesin. **2.** *n., pl. same* **a)** *(person)* Kantonese, *der*/Kantonesin, *die;* **b)** *(language)* Kantonesisch *(das)*

**cantor** ['kæntɔ(r)] *n.* Kantor, *der*

**canvas** ['kænvəs] *n.* **a)** *(cloth)* Leinwand, *die; (for tents, tarpaulins, etc.)* Segeltuch, *das;* **under ~:** im Zelt; *(Naut.)* unter Segel; **under full ~:** mit vollen Segeln; **b)** *(Art)* Leinwand, *die; (painting)* Gemälde, *das; (for tapestry and embroidery)* Kanevas, *der;* Gitterleinwand, *die;* **c)** *(of racing-boat)* Segeltuchbezug, *der;* **win by a ~:** mit einer Nasenlänge gewinnen

**canvass** ['kænvəs] **1.** *v.t.* **a)** *(solicit votes in or from)* Wahlwerbung treiben in ⟨*einem Wahlkreis, Gebiet*⟩; Wahlwerbung treiben bei ⟨*Wählern, Bürgern*⟩; **~ customers** Kunden werben; **they were ~ed on their political views** man versuchte, ihre politischen Ansichten herauszufinden; **b)** *(Brit.: propose)* vorschlagen ⟨*Plan, Idee, Handel*⟩; **c)** *(Amer.: check validity of)* auszählen ⟨*Stimmen*⟩. **2.** *v.i.* werben **(on behalf of** für); **~ for votes** um Stimmen werben; **~ for a seat in Parliament/a job** sich um einen Parlamentssitz/einen Posten bewerben; **~ for an applicant** sich für einen Bewerber einsetzen. **3.** *n.* [Wahl]kampagne, *die; (Amer.: scrutiny of votes)* Auszählung, *die*

**canvasser** ['kænvəsə(r)] *n.* **a)** *(for votes)* Wahlhelfer, *der*/Wahlhelferin, *die;* **b)** *(salesperson)* Vertreter, *der*/Vertreterin, *die;* **c)** *(Amer.: checker of votes)* Auszähler, *der*/Auszählerin, *die*

**canvassing** ['kænvəsɪŋ] *n. (for votes)* Wahlwerbung, *die; (Commerc.)* Kundenwerbung, *die; (opinion polling)* Meinungsforschung, *die*

**canyon** ['kænjən] *n.* Cañon, *der*

**CAP** *abbr.* **Common Agricultural Policy** gemeinsame Agrarpolitik

**cap** [kæp] **1.** *n.* **a)** Mütze, *die; (nurse's, servant's)* Haube, *die; (bathing-~)* Badekappe, *die; (with peak)* Schirmmütze, *die; (skull-~)* Kappe, *die;* Käppchen, *das;* **college ~:** *viereckige akademische Kopfbedeckung;* ≈ Barett, *das;* **in ~ and gown** mit Barett und Talar; **if the ~ fits, [he** *etc.* **should] wear it** *(fig.)* wem die Jacke paßt, der soll sie sich *(Dat.)* anziehen; **with ~ in hand** *(fig.)* demütig; **she set her ~ at him** *(fig.)* sie hatte es auf ihn abgesehen; **~ and bells** Narren- *od.* Schellenkappe, *die; see also* **feather 1 a; b)** *(of mushroom)* Hut, *der; (of honeycomb)* Deckel, *der;* **c)** *(device to seal or close)* [Verschluß]kappe, *die; (petrol ~, radiator-~)* Verschluß, *der; (on milk-bottle)* Deckel, *der; (of shoe)* Kappe, *die;* **d)** *(Brit. Sport) Ziermütze als Zeichen der Aufstellung für die [National]mannschaft; (player)* Nationalspieler, *der*/-spielerin, *die;* **get one's ~:** für die [National]mannschaft aufgestellt werden; **e)** *(contraceptive)* Pessar, *das;* **f)** *(explosive)* Zündhütchen, *das; (for toy gun)* Zündplättchen, *das.* **2.** *v.t.,* **-pp- a)** verschließen ⟨*Flasche*⟩; zu-, abdecken ⟨*Brunnen, Bohrloch*⟩; mit einer Schutzkappe versehen ⟨*Zahn*⟩; **b)** *(Brit. Sport: award ~ to)* aufstellen; **he was ~ped ten times for England** er ist zehnmal für die englische Nationalmannschaft aufgestellt worden; **c)** *(crown) (with clouds, snow, mist)* bedecken; *(fig.)* krönen **(by** durch); **~ped with snow** schneebedeckt; **d)** *(follow with sth. even more noteworthy)* überbieten ⟨*Geschichte, Witz usw.*⟩; **to ~ it all** obendrein; **that ~s the lot!** das ist die Höhe!

**cap.** [kæp] *abbr.* **a)** *(Printing etc.)* **capital** Vers.; **b) chapter** Kap.

**capability** [keɪpə'bɪlɪtɪ] *n.* **a)** Fähigkeit, *die;* Vermögen, *das (geh.);* **his ~ of understanding difficult texts** sein Verständnis[vermögen] für schwierige Texte; **this plot of land has the ~ for further development** dieses Grundstück läßt sich noch weiter erschließen; **~ for growth** Wachstumschancen *Pl.;* **b)** *in pl. (undeveloped faculty)* Entwicklungsmöglichkeiten *Pl.*

**capable** ['keɪpəbl] *adj.* **a) be ~ of sth.** ⟨*Person:*⟩ zu etw. imstande sein; **show him what you are ~ of** zeig ihm, wozu du imstande bist *od.* wessen du fähig bist; **he is ~ of any crime** er ist zu jedem Verbrechen fähig; **she is quite ~ of neglecting her duties** sie bringt es durchaus fertig, ihre Pflichten zu vernachlässigen; **be ~ of improvement** verbesserungsfähig sein; **be ~ of misinterpretation** sich leicht falsch interpretieren lassen; leicht falsch interpretiert werden; **it is not ~ of being expressed in a few words** es läßt sich nicht in ein paar Worten ausdrücken; **b)** *(gifted, able)* fähig ⟨*Person, Lehrer usw.*⟩; **~ fingers** geschickte Finger

**capably** ['keɪpəblɪ] *adv.* gekonnt, kompetent ⟨*leiten, führen*⟩

**capacious** [kə'peɪʃəs] *adj.* geräumig; groß ⟨*Gedächtnis, Verstand, Appetit*⟩; weit, groß ⟨*Schuhe, Taschen*⟩

**capaciousness** [kə'peɪʃəsnɪs] *n., no pl. (of room, hall)* Geräumigkeit, *die; (of receptacle)* Größe, *die*

**capacitance** [kə'pæsɪtəns] *n. (Electr.)* Kapazitanz, *die*

**capacitor** [kə'pæsɪtə(r)] *n. (Electr.)* Kondensator, *der*

**capacity** [kə'pæsɪtɪ] *n.* **a)** *(power)* Aufnahmefähigkeit, *die; (to do things)* Leistungsfähigkeit, *die;* **this book is within the ~ of young readers** junge Leser sind mit diesem Buch nicht überfordert; **some have more ~ for happiness than others** manche sind zu größeren Glücksempfindungen fähig als andere; **b)** *no pl. (maximum amount)* Fassungsvermögen, *das;* **the machine is working to ~:** die Maschine ist voll ausgelastet; **a seating ~ of 300** 300 Sitzplätze; **filled to ~** ⟨*Saal, Theater*⟩ bis auf den letzten Platz besetzt; **the film drew ~ houses for ten weeks** zehn Wochen lang waren alle Vorstellungen dieses Films ausverkauft; **the star was cheered by a ~ audience** ein volles Haus jubelte dem Star zu; **c)** *(measure)* Rauminhalt, *der;* Volumen, *das;* **measure of ~:** Hohlmaß, *das;* **d)** *(position)* Eigenschaft, *die;* Funktion, *die;* **in his ~ as critic/lawyer** *etc.* in seiner Eigenschaft als Kritiker/Anwalt *usw.;* **in a civil ~:** als Zivilist; **e)** *(mental power)* **he has a mind of great ~:** er ist ein äußerst fähiger Kopf; **have a ~ for genuine love** echter Liebe *(Gen.)* fähig sein; **f)** *(legal competence)* Geschäftsfähigkeit, *die;* **he does not have any legal ~:** er ist nicht geschäftsfähig; **g)** *(Electr.)* Kapazität, *die*

**caparison** [kə'pærɪsən] *n., usu. in pl. (horse's trappings)* Schabracke, *die*

**[1]cape** [keɪp] *n. (garment)* Umhang, *der;* Cape, *das; (part of coat)* Pelerine, *die*

**[2]cape** *n. (Geog.)* Kap, *das;* **the C~ [of Good Hope]** das Kap der guten Hoffnung; **C~ Horn** Kap Hoorn *(das);* **C~ Town** Kapstadt *(das);* **C~ Verde Islands** Kapverdische Inseln *Pl.*

**[1]caper** ['keɪpə(r)] **1.** *n.* **a)** *(frisky movement)* Luftsprung, *der;* **cut a ~/~s** einen Luftsprung/Luftsprünge machen; **b)** *(wild behaviour)* Kapriole, *die;* **c)** *(sl.: activity, occupation)* Masche, *die (salopp).* **2.** *v.i.* **~ [about]** [herum]tollen; [umher]tollen

**[2]caper** *n.* **a)** *(shrub)* Kapernstrauch, *der;* **b)** *in pl. (pickled buds)* Kapern *Pl.*

**capercaillie** [kæpə'keɪljɪ], **capercailzie** [kæpə'keɪlzɪ] *ns. (Ornith.)* Auerhahn, *der*

**capful** ['kæpfʊl] *n.* **one ~:** der Inhalt einer Verschlußkappe

**capillary** [kə'pɪlərɪ] **1.** *adj. (of hairlike diameter)* haardünn; haarfein; Kapillar⟨*gefäß*⟩; *(of hair)* Haar-; **~ tube** Kapillare, *die (fachspr.).* **2.** *n.* Kapillare, *die (fachspr.)*

**[1]capital** ['kæpɪtl] **1.** *adj.* **a)** Todes⟨*strafe, -urteil*⟩; Kapital⟨*verbrechen*⟩; tödlich ⟨*Irrtum, Fehler, Laster, Torheit*⟩; **b)** *attrib.* groß, Groß-, *(fachspr.)* Versal⟨*buchstabe*⟩; **~ letters** Großbuchstaben; Versalien *(fachspr.);* **'I' is written with a ~ letter** „I" wird groß geschrieben *od.* mit großem I geschrieben; **with a ~ A** *etc.* mit großem A *usw. od. (fachspr.)* mit Versal-A *usw.; (fig.)*

im wahrsten Sinne des Wortes; **c)** *attrib.* *(principal)* Haupt‹*stadt*›; **London is the ~ city of Britain** London ist die Hauptstadt *od. (geh.)* Kapitale Großbritanniens; **d)** *(important, leading)* einmalig ‹*Vorteil, Person, Buch, Vorstellung*›; *(dated coll.: excellent, first-rate)* einmalig; famos *(veralt.)* ‹*Idee*›; **~!** tadellos!; famos! *(veralt.)*; **e)** *(Commerc.)* **~ funds/stock** Grundkapital, *das;* **~ sum/expenditure/investment** Kapitalbetrag, *der*/-aufwendungen *Pl.*/-anlage, *die.* **2.** *n.* **a)** *(letter)* Großbuchstabe, *der;* **[large] ~s** Großbuchstaben; Versalien *(fachspr.)*; **small ~s** Kapitälchen *(fachspr.)*; **write one's name in [block] ~s** seinen Namen in Blockbuchstaben schreiben; **b)** *(city, town)* Hauptstadt, *die;* Kapitale, *die (geh.)*; **c)** *(stock, accumulated wealth, its holders)* Kapital, *das;* **personal** *or* **private ~:** Eigenkapital, *das;* **~ and labour** Kapital und Arbeit; *(in non-socialist terminology)* Arbeitgeber und Arbeitnehmer; **make ~ out of sth.** *(fig.)* aus etw. Kapital schlagen

**²capital** *n. (Archit.)* Kapitell, *das;* Kapitäl, *das*

**capital: ~ 'gain** *n.* Kapitalgewinn, *der;* Kapitalertrag, *der;* **~ 'gains tax** *n. (Brit.)* Steuer auf Kapitalgewinn, *die;* **~ goods** *n. pl.* Investitionsgüter *Pl.*

**capitalise** *see* **capitalize**

**capitalism** ['kæpɪtəlɪzm] *n.* Kapitalismus, *der; (possession of capital)* Kapitalbesitz, *der;* **~ is ...:** der Kapitalismus ist ...

**capitalist** ['kæpɪtəlɪst] **1.** *n.* Kapitalist, *der*/Kapitalistin, *die.* **2.** *adj.* kapitalistisch; **the ~ class** die Kapitalistenklasse

**capitalistic** [kæpɪtə'lɪstɪk] *adj.* kapitalistisch

**capitalize** ['kæpɪtəlaɪz] **1.** *v. t.* **a)** groß schreiben ‹*Buchstaben, Wort*›; **b)** *(convert, compute)* kapitalisieren ‹*Rente, Reserven*›. **2.** *v. i. (fig.)* **~ on sth.** von etw. profitieren; aus etw. Kapital schlagen *(ugs.)*

**capital: ~ 'levy** *n.* Vermögensabgabe, *die;* Kapitalabgabe, *die;* **~ ship** *n.* Großkampfschiff, *das;* **~ sum** *n.* Kapitalbetrag, *der;* **~ territory** *n.* Gebiet der/einer Hauptstadt

**capitation** [kæpɪ'teɪʃn] *n.* Kopfsteuer, *die*

**capi'tation grant** *n.* Zuschuß pro Kopf

**Capitol** ['kæpɪtl] *n.* Kapitol, *das*

**capitulate** [kə'pɪtjʊleɪt] *v. i.* kapitulieren

**capitulation** [kəpɪtjʊ'leɪʃn] *n.* Kapitulation, *die*

**capo** ['kæpəʊ] *n., pl.* **~s** *(Mus.)* Kapodaster, *der*

**capon** [keɪpn] *n.* Kapaun, *der*

**cappuccino** [kɑ:pʊ'tʃi:nəʊ] *n., pl.* **~s** Cappuccino, *der*

**Capri** [kə'pri:] *pr. n.* Capri *(das);* **~ pants, ~s** Caprihosen *Pl.*

**caprice** [kə'pri:s] *n.* **a)** *(change of mind or conduct)* Laune, *die;* Kaprice, *die (geh.)*; *(inclination)* Willkür, *die;* **out of sheer ~:** aus einer Laune heraus; **the ~s of English weather** die Launen[haftigkeit] des englischen Wetters; **b)** *(work of art)* Capriccio, *das;* Caprice, *die (geh.)*

**capricious** [kə'prɪʃəs] *adj.* launisch; kapriziös *(geh.)*; *(irregular, unpredictable)* wechselhaft, launisch ‹*Wetter*›; unberechenbar, schwankend ‹*System, Markt*›

**capriciously** [kə'prɪʃəslɪ] *adv.* willkürlich

**capriciousness** [kə'prɪʃəsnɪs] *n., no pl.* Launenhaftigkeit, *die; (of actions)* Willkür, *die; (of weather)* Wechselhaftigkeit, *die;* Launenhaftigkeit, *die*

**Capricorn** ['kæprɪkɔ:n] *n. (Astrol., Astron.)* der Steinbock; der Capricornus; *see also* **Aries; tropic**

**Capricornian** [kæprɪ'kɔ:nɪən] *n. (Astrol.)* Steinbock, *der*

**caps.** [kæps] *abbr.* **capital letters** Vers.

**capsicum** ['kæpsɪkəm] *n.* **a)** *(pod)* Pfefferschote, *die;* **b)** *(plant)* Paprika, *der*

**capsize** [kæp'saɪz] **1.** *v. t.* zum Kentern bringen. **2.** *v. i.* kentern

**capstan** ['kæpstən] *n.* **a)** *(barrel for cable)* Winde, *die;* Spill, *das (Seemannsspr.)*; **b)** *(in tape-recorder)* Tonwelle, *die;* Tonrolle, *die*

**'capstan lathe** *n.* Sattelrevolverdrehmaschine, *die*

**'cap stone** *n. (top stone)* Deckstein, *der; (coping)* Mauerkrone, *die*

**capsule** ['kæpsjʊl] *n. (Med., Physiol., Bot., of rocket)* Kapsel, *die*

**Capt.** *abbr.* **Captain** Kapt.; Hptm.

**captain** ['kæptɪn] **1.** *n.* **a)** Kapitän, *der; (in army)* Hauptmann, *der; (in navy)* Kapitän [zur See]; **~ of a ship** Schiffskapitän, *der;* **~ of industry** *(fig.)* Industriekapitän, *der (ugs.)*; **b)** *(head boy/girl at school)* Schulsprecher, *der*/-sprecherin, *die;* **form ~:** Klassensprecher, *der*/-sprecherin, *die;* **c)** *(Sport)* Kapitän, *der;* Spielführer, *der*/-führerin, *die;* **d)** *(Amer.: police rank)* ≈ Polizeidirektor, *der.* **2.** *v. t.* befehligen ‹*Soldaten, Armee*›; **~ a team** Mannschaftskapitän sein; Kapitän einer Mannschaft sein

**captaincy** ['kæptɪnsɪ] *n. (Sport)* Führung, *die*

**caption** ['kæpʃn] **1.** *n.* **a)** *(heading)* Überschrift, *die;* **b)** *(wording under photograph/drawing)* Bildunterschrift, *die; (Cinemat., Telev.)* Untertitel, *der.* **2.** *v. t.* betiteln; mit Bildunterschrift[en] versehen ‹*Foto, Illustration*›; mit Untertiteln versehen ‹*Film*›

**captious** ['kæpʃəs] *adj.* überkritisch

**captivate** ['kæptɪveɪt] *v. t.* fesseln *(fig.)*; gefangennehmen *(fig.)*; **she was ~d by his charm/by Tom** sie war von seinem Charme gefesselt/von Tom fasziniert

**captivating** ['kæptɪveɪtɪŋ] *adj.* bezaubernd; einnehmend ‹*Lächeln*›

**captivation** [kæptɪ'veɪʃn] *n.* Fesselung, *die (fig.)*; Verzauberung, *die*

**captive** ['kæptɪv] **1.** *adj. (taken prisoner)* gefangen; ‹*Zustand, Stunden, Ketten*› der Gefangenschaft; **a ~ person** ein Gefangener/eine Gefangene; **a ~ animal** ein Tier in Gefangenschaft; **be taken ~:** gefangengenommen werden; **hold sb. ~:** jmdn. gefangenhalten; **lead/bring sb. ~ somewhere** jmdn. als Gefangenen irgendwohin führen/bringen. **2.** *n.* Gefangener, *der*/Gefangene, *die*

**captive: ~ 'audience** *n.* unfreiwilliges Publikum; **~ bal'loon** *n.* Fesselballon, *der*

**captivity** [kæp'tɪvɪtɪ] *n.* Gefangenschaft, *die;* **in [a state of] ~:** in [der] Gefangenschaft; **be held in ~:** gefangengehalten werden

**captor** ['kæptə(r)] *n. (of city, country)* Eroberer, *der; (Hist.: of ship)* Kaperer, *der;* **his ~:** der/die ihn gefangennahm

**capture** ['kæptʃə(r)] **1.** *n.* **a)** *(seizing) (of thief etc.)* Festnahme, *die; (of town)* Einnahme, *die;* **b)** *(thing or person captured)* Fang, *der;* **c)** *(Chess etc.)* Schlagen, *das.* **2.** *v. t.* **a)** ergreifen, festnehmen ‹*Person*›; [ein]fangen ‹*Tier*›; einnehmen ‹*Stadt*›; holen, ergattern ‹*Preis*›; gefangennehmen ‹*Phantasie*›; erregen ‹*Aufmerksamkeit*›; *(Hist.)* kapern ‹*Schiff*›; **~ sb.'s heart** jmds. Herz gewinnen; **they ~d the city from the Romans** sie nahmen den Römern die Stadt ab; **b)** *(put in permanent form)* einfangen ‹*Augenblick, Eindruck*›; **c)** *(Chess etc.)* schlagen ‹*Figur*›; **d)** *(Computing)* erfassen ‹*Daten*›

**Capuchin** ['kæpjʊtʃɪn] *n. (Franciscan friar)* Kapuziner[mönch], *der*

**capuchin: ~ monkey** *n.* Kapuzineraffe, *der;* **~ pigeon** *n.* Mönchtaube, *die*

**capybara** [kæpɪ'bɑ:rə] *n. (Zool.)* Capybara, *das;* Wasserschwein, *das*

**car** [kɑ:(r)] *n.* **a)** *(motor ~)* Auto, *das;* Wagen, *der; (official)* Dienstwagen, *der;* **by ~:** mit dem Auto *od.* Wagen; **b)** *(railway-carriage etc.)* Wagen, *der;* **c)** *(Amer.: lift-cage)* Fahrkabine, *die;* **d)** *(of balloon, airship, etc.)* Gondel, *die*

**carafe** [kə'ræf, kə'rɑ:f] *n.* Karaffe, *die*

**caramel** ['kærəmel] *n.* **a)** *(toffee)* Karamelle, *die;* Karamelbonbon, *das;* **b)** *(burnt sugar or syrup)* Karamel, *der;* **c)** *(colour)* Karamelfarbe, *die;* bräunliches Gelb

**carapace** ['kærəpeɪs] *n. (of turtle, tortoise)* Rückenschild, *der; (of other crustacean)* Schale, *die*

**carat** ['kærət] *n.* Karat, *das;* **a 22-~ gold ring, a gold ring of 22 ~s** ein 22karätiger Goldring

**caravan** ['kærəvæn] **1.** *n.* **a)** *(Brit.)* Wohnwagen, *der; (used for camping)* Wohnwagen, *der;* Caravan, *der;* **b)** *(company of merchants, pilgrims, etc.)* Karawane, *die.* **2.** *v. i., (Brit.)* **-nn-: go ~ning** Urlaub im Wohnwagen *od.* Caravan machen; **~ through Ireland** im Wohnwagen *od.* Caravan durch Irland fahren

**caravan: ~ park, ~ site** *ns.* Campingplatz für Wohnwagen

**caravel** ['kærəvel] *n. (Hist.)* Karavelle, *die*

**caraway** ['kærəweɪ] *n.* Kümmel, *der*

**'caraway seed** *n.* Kümmelkorn, *das; in pl.* Kümmel, *der*

**carbide** ['kɑ:baɪd] *n.* Karbid, *das;* Carbid, *das (fachspr.)*

**carbine** ['kɑ:baɪn] *n.* Karabiner, *der*

**carbohydrate** [kɑ:bə'haɪdreɪt] *n. (Chem.)* Kohle[n]hydrat, *das*

**carbolic** [kɑ:'bɒlɪk] *adj.* Karbol‹*säure*›; **~ soap** Karbolseife, *die*

**'car bomb** *n.* Autobombe, *die*

**carbon** ['kɑ:bən] *n.* **a)** Kohlenstoff, *der;* **b)** *(copy)* Durchschlag, *der; (paper)* Kohlepapier, *das;* **c)** *(Electr.)* Kohle, *die;* Kohlestift, *der*

**carbonade** [kɑ:bə'neɪd] *n.* **[beef] ~** *(mit Bier abgeschmeckter)* Rindfleischeintopf

**carbonate** ['kɑ:bəneɪt] **1.** *n.* Karbonat, *(fachspr.)* Carbonat, *das.* **2.** *v. t.* mit Kohlensäure versetzen ‹*Getränke*›; **a ~d beverage** ein kohlensäurehaltiges Getränk

**carbon: ~ 'copy** *n.* Durchschlag, *der; (fig.) (imitation)* Nachahmung, *die;* Abklatsch, *der (abwertend)*; *(identical counterpart)* Ebenbild, *das;* **~ dating** *n.* Radiokarbonmethode, *die;* Radiokohlenstoffmethode, *die;* **~ di'oxide** *n. (Chem.)* Kohlendioxid, *das*

**carboniferous** [kɑ:bə'nɪfərəs] **1.** *adj.* **a)** *(producing coal)* kohlehaltig; **b)** *(Geol.)* Karbon-, Steinkohlen-; **C~ period** Karbon- *od.* Steinkohlenformation, *die.* **2.** *n. (Geol.)* **the C~** das Karbon

**carbonize (carbonise)** ['kɑ:bənaɪz] *v. t.* karbonisieren ‹*Diamanten, Graphit*›; verkohlen ‹*Kohle*›; *(to obtain gas)* verkoken ‹*Kohle*›; verschwelen ‹*Torf, Lignit*›; [mit der/einer Färbemasse] beschichten ‹*Papier, Formulare*›

**carbon: ~ mo'noxide** *n. (Chem.)* Kohlenmonoxyd, *(fachspr.)* Kohlenmonoxid, *das;* **~ paper** *n.* Kohlepapier, *das;* **~ 'steel** *n.* Kohlenstoffstahl, *der;* **~ tetra'chloride** *n. (Chem.)* Tetrachlorkohlenstoff, *der*

**carborundum** [kɑ:bə'rʌndəm] *n.* Karborund, *das*

**carboy** ['kɑ:bɔɪ] *n.* Korbflasche, *die*

**carbuncle** ['kɑ:bʌŋkl] *n.* **a)** *(stone)* Karfunkel[stein], *der;* **b)** *(abscess)* Karbunkel, *der*

**carburettor** *(Amer.:* **carburetor)** [kɑ:bə'retə(r)] *n.* Vergaser, *der*

**carcass** *(Brit. also:* **carcase)** ['kɑ:kəs] *n.* **a)** *(dead body; joc.: live human body)* Kadaver, *der; (at butcher's)* Rumpf, *der;* **~ meat** Frischfleisch, *das;* **b)** *(remains)* Überreste *Pl.*; **carcasses of old cars/bikes** Schrottautos/-räder *Pl.*; **c)** *(of ship, fortification, etc.)* Skelett, *das; (of new building)* Rohbau, *der;* **d)** *(of tyre)* Karkasse, *die*

**carcinogen** [kɑ:'sɪnədʒən] *n. (Med.)* Karzinogen, *das (fachspr.)*; Krebserreger, *der*

**carcinogenic** [kɑ:sɪnə'dʒenɪk] *adj. (Med.)* karzinogen *(fachspr.)*; krebserregend

**carcinoma** [kɑːsɪˈnəʊmə] *n., pl.* **carcinomata** [kɑːsɪˈnəʊmətə] *or* **~s** *(Med.)* Karzinom, *das*

**car:** **~ coat** *n.* Autocoat, *der;* **~ crash** *n.* Autounfall, *der*

[1]**card** [kɑːd] *n.* **a)** *(playing-~)* Karte, *die;* **read the ~s** Karten lesen; **be on the ~s** *(fig.)* zu erwarten sein; **put [all] one's ~s on the table** *(fig.)* [alle] seine Karten auf den Tisch legen; **have [yet] another ~ up one's sleeve** *(fig.)* noch einen Trumpf in der Hand haben; noch etwas in petto haben *(ugs);* **b)** *in pl. (game)* Karten *Pl.;* **play ~s** Karten spielen; **lose money at ~s** beim Kartenspiel[en] Geld verlieren; **c)** *(~board, post~, visiting ~, greeting ~, ticket, invitation)* Karte, *die;* **let me give you my ~:** ich gebe Ihnen meine Karte; **d)** *(programme at races etc.)* Programm, *das;* **e)** *in pl. (coll.: employee's documents)* Papiere *Pl.;* **ask for/get one's ~s** sich *(Dat.)* seine Papiere geben lassen/seine Papiere kriegen *(ugs.);* **f)** *(person)* Type, *die (ugs.);* **an odd ~:** eine komische Type; **g)** *(coll.: eccentric person)* komischer Vogel *(ugs.)*

[2]**card** *(Textiles)* **1.** *n. (instrument)* Karde, *die;* Kratze, *die.* **2.** *v. t.* karden

**cardamom, cardamum** [ˈkɑːdəməm] *n.* Kardamom, *das od. der*

**card:** **~board** *n.* Pappe, *die;* Pappkarton, *der; (fig. attrib.)* klischeehaft ⟨*Figur*⟩; **~board box** Karton, *der;* **~-carrying** *adj.* **a ~-carrying member** ein eingetragenes Mitglied; **~ file** *n.* Kartei, *die; (large)* Kartothek, *die;* **~-game** *n.* Kartenspiel, *das*

**cardiac** [ˈkɑːdɪæk] *adj. (of heart)* Herz-; *(of stomach)* Magen-

**cardiac arˈrest** *n.* Herzstillstand, *der*

**cardigan** [ˈkɑːdɪgən] *n.* Strickjacke, *die*

**cardinal** [ˈkɑːdɪnl] **1.** *adj.* **a)** *(fundamental)* grundlegend ⟨*Frage, Doktrin, Pflicht*⟩; Kardinal⟨*fehler, -problem*⟩; *(chief)* hauptsächlich, Haupt⟨*argument, -punkt, -merkmal*⟩; **b)** *(of deep scarlet)* scharlachfarben; scharlachrot ⟨*Farbe*⟩; **~ red** scharlachrot. **2.** *n.* **a)** *(Eccl.)* Kardinal, *der;* **b)** *see* **cardinal number;** **c)** *(song-bird)* Kardinal, *der*

**cardinal:** **~ number** *n.* Grund-, Kardinalzahl, *die;* **~ points** *n. pl.* Himmelsrichtungen *Pl.;* **~ ˈsin** *n.* Todsünde, *die;* **~ ˈvirtues** *n. pl.* Kardinaltugenden *Pl.;* **~ ˈvowel** *n. (Phonet.)* Kardinalvokal, *der*

**card:** **~ ˈindex** *n.* Kartei, *die;* **~-ˈindex** *v. t.* karteimäßig erfassen *od.* ordnen

**carding-machine** [ˈkɑːdɪŋməʃiːn] *n.* Karde, *die*

**cardio-** [kɑːdɪəʊ] *in comb. (Med.)* kardio-/Kardio-

**ˈcardiogram** *n.* Kardiogramm, *das (Med.)*

**ˈcardiograph** *n.* Kardiograph, *der (Med.)*

**cardiologist** [kɑːdɪˈɒlədʒɪst] *n.* Kardiologe, *der*/Kardiologin, *die*

**cardiology** [kɑːdɪˈɒlədʒɪ] *n.* Kardiologie, *die*

**card:** **~-playing** *n., no pl.* Kartenspielen, *das;* **all forms of ~-playing** alle Formen des Kartenspiels; **~-room** *n.* Spielzimmer, *das;* **~-sharp, ~-sharper** *ns.* Falschspieler, *der;* **~-table** *n.* Kartentisch, *der;* **~ trick** *n.* Kartentrick, *der;* **~ vote** *n.* Abstimmung durch Wahlmänner *(in Gewerkschaften)*

**care** [keə(r)] **1.** *n.* **a)** *(anxiety)* Sorge, *die;* **a life full of ~:** ein Leben voller Sorgen; **cast ~ aside** *(arch./literary)* seine Sorgen vergessen; **she hasn't got a ~ in the world** sie hat keinerlei Sorgen; **b)** *(pains)* Sorgfalt, *die;* **take ~:** sich bemühen; **he takes great ~ over his work** er gibt sich *(Dat.)* große Mühe mit seiner Arbeit; **c)** *(caution)* Vorsicht, *die;* **take ~, have a ~:** aufpassen; **take ~ *or* have a ~ to do sth.** darauf achten, etw. zu tun; **take more ~!** paß [doch] besser auf!; **take ~ to lock the door** vergiß ja *od.* nur nicht, die Tür abzuschließen; **d)** *(attention)* **medical ~:** ärztliche Betreuung; **old people need special ~:** alte Menschen brauchen besondere Fürsorge; **e)** *(concern)* **~ for sb./sth.** die Sorge um jmdn./etw.; **f)** *(charge)* Obhut, *die (geh.);* **~ of,** *(Amer.)* **in ~ of** *(on letter)* per Adresse; bei; **be in ~:** in Pflege sein; **put sb. in ~/take sb. into ~:** jmdn. in Pflege geben/nehmen; **take ~ of sb./sth.** *(ensure safety of)* auf jmdn./etw. aufpassen; *(attend to, dispose of)* sich um jmdn./etw. kümmern; **take ~ of one's appearance** auf sein Äußeres achten; **take ~ of oneself** für sich selbst sorgen; *(as to health)* sich schonen; **take ~ [of yourself]!** mach's gut! *(ugs.);* **that will take ~ of itself** das erledigt sich von selbst. **2.** *v. i.* **a)** **~ for *or* about sb./sth.** *(heed)* sich um jmdn./etw. kümmern; *(feel interest)* sich für jmdn./etw. interessieren; **he ~s only for his own interests** er hat nur seine eigenen Interessen im Sinn; **b)** **~ for *or* about sb./sth.** *(like)* jmdn./etw. mögen; **someone he really ~s for *or* about** jemand, der ihm wirklich etwas bedeutet; **he never shows how much he ~s** er zeigt nie die Stärke seiner Zuneigung; **I don't ~ about him** er ist mir völlig gleichgültig; **would you ~ for a drink?** möchten Sie etwas trinken?; **c)** *(feel concern)* **I don't ~ [whether/how/what** *etc.***]** es ist mir gleich[, ob/wie/was *usw.*]; **do you ~ if ...:** macht es Ihnen etwas aus, wenn ...; **people who ~:** Leute, die nicht nur an sich selbst denken; **she doesn't appear to ~ [how she dresses]** es scheint ihr gleich zu sein[, wie sie angezogen ist]; **don't you ~?** ist es dir [denn] gleichgültig?; **for all I ~** *(coll.)* von mir aus *(ugs.);* **I couldn't ~ less** *(coll.)* es ist mir völlig einerlei *od. (ugs.)* egal; **I couldn't ~ less about money** *(coll.)* Geld ist mir völlig gleichgültig; **I couldn't/don't ~ a tinker's cuss *or* a hoot *or* two hoots *or* tuppence about him/it** *etc. (coll.)* er/es *usw.* ist mir piepegal *od.* schnuppe *(ugs.);* **what do I ~?** *(coll.)* mir ist es egal *(ugs.);* **not that ˈI ~** *(coll.)* obwohl es mir egal ist *(ugs.);* **who ~s?** *(coll.)* was soll's *(ugs.); see also* **damn 2 b;** **d)** *(wish)* **~ to do sth.** etw. tun mögen; **would you ~ to try some cake?** darf ich Ihnen ein Stückchen Kuchen anbieten?; **e)** **~ for sb./sth.** *(look after)* sich um jmdn./etw. kümmern; **well ~d for** gepflegt; gut versorgt ⟨*Person*⟩; gut erhalten ⟨*Auto*⟩

**careen** [kəˈriːn] **1.** *v. t. (Naut.)* kielholen. **2.** *v. i.* **a)** *(Naut.: be turned over)* gekielholt werden; krängen; *(fig.)* schwanken; torkeln; **b)** *(Amer.: career)* rasen

**career** [kəˈrɪə(r)] **1.** *n.* **a)** *(way of livelihood)* Beruf, *der;* **a teaching ~:** der Beruf des Lehrers; **take up a ~ in journalism *or* as a journalist** den Beruf des Journalisten ergreifen; **her modelling ~ was finished** sie mußte ihren Beruf als Modell aufgeben; **she's not interested in [having] a ~:** sie interessiert sich nicht für eine Berufslaufbahn; **b)** *(progress in life)* [berufliche] Laufbahn; *(very successful)* Karriere, *die;* **c)** *(swift course)* Rasen, *das;* **in our ~ down the slope** als wir den Abhang hinuntersausten; **in full ~:** in rasendem Lauf; ⟨*Wagen, Rennboot*⟩ in voller Fahrt; ⟨*Pferd*⟩ in gestrecktem Galopp; **in mid ~:** mittendrin. **2.** *v. i.* rasen; ⟨*Pferd, Reiter:*⟩ galoppieren; **go ~ing down the hill** den Hügel hinunterrasen

**career:** **~ ˈdiplomat** *n.* Berufsdiplomat, *der;* **~ girl** *n.* Karrierefrau, *die*

**careerist** [kəˈrɪərɪst] *n.* Karrieremacher, *der (abwertend)*

**career:** **~s adviser** *n.* Berufsberater, *der*/-beraterin, *die;* **~s [advisory] service** *n.* Berufsberatung, *die;* **~s master/~s mistress** *n. Lehrer, der/Lehrerin, die die Schüler bei der Wahl des Berufs berät;* **~s office** *n.* Berufsberatung[sstelle], *die;* **~s officer** *see* **~s adviser;** **~ woman** *n.* Karrierefrau, *die*

**ˈcarefree** *adj.* sorgenfrei

**careful** [ˈkeəfl] *adj.* **a)** *(thorough)* sorgfältig; *(watchful, cautious)* vorsichtig; **[be] ~!** Vorsicht!; **be ~ to do sth.** darauf achten, etw. zu tun; **he was ~ not to mention the subject** er war darum bemüht, das Thema nicht zu erwähnen; **be ~ that ...:** darauf achten, daß ...; **be ~ for sb./sth.** auf jmdn./etw. achten; **he is ~ for his own interests** er achtet darauf, seine eigenen Interessen zu wahren; **be ~ of sb./sth.** *(take care of)* mit jmdm./etw. vorsichtig sein; *(be cautious of)* sich vor jmdm./etw. in acht nehmen; **be ~ of the roads!** paß auf, wenn du über die Straße gehst!; **be ~ how you word the letter** sei vorsichtig bei der Formulierung des Briefes; **be ~ [about] how/what/where** *etc.* darauf achten, wie/was/wo *usw.;* **be ~ about sth.** auf etw. *(Akk.)* achten; **be ~ about sb.** auf jmdn. aufpassen *od.* achten; **they're so ~ about the baby** sie kümmern sich sehr um das Baby; **be ~ about saying too much** darauf achten, nicht zu viel zu sagen; **do be ~ about drinking and driving** bitte sei vorsichtig mit dem Alkohol, wenn du noch fahren mußt; **be ~ with sb./sth.** vorsichtig mit jmdm./etw. umgehen; **he's very ~ with his words** er wählt seine Worte sehr genau; **b)** *(showing care)* sorgfältig; **a ~ piece of work** ein sorgfältig gearbeitetes Stück; **after ~ consideration** nach reiflicher Überlegung; **pay ~ attention to what he says** achte genau auf das, was er sagt

**carefully** [ˈkeəfəlɪ] *adv. (thoroughly)* sorgfältig, gewissenhaft; *(attentively)* aufmerksam; *(cautiously)* vorsichtig; **watch ~:** gut aufpassen

**carefulness** [ˈkeəflnɪs] *n., no pl.* Sorgfalt, *die; (caution)* Vorsicht, *die*

**careless** [ˈkeəlɪs] *adj.* **a)** *(inattentive)* unaufmerksam; *(thoughtless)* gedankenlos; unvorsichtig, leichtsinnig ⟨*Fahrer*⟩; nachlässig ⟨*Arbeiter*⟩; **be ~ about *or* of sb./sth.** wenig auf jmdn./etw. achten; **you oughtn't to be so ~ about drinking and driving** du solltest mehr auf deinen Alkoholkonsum achten, wenn du noch fahren mußt; **~ of sb./sth.** *(unconcerned about)* unbekümmert um jmdn./etw.; **~ with sb./sth.** unvorsichtig mit jmdm./etw.; **be ~ [about *or* of] how/what/where** *etc.* wenig darauf achten, wie/was/wo *usw.;* **b)** *(showing lack of care)* unordentlich, nachlässig ⟨*Arbeit*⟩; gedankenlos ⟨*Bemerkung, Handlung*⟩; unachtsam ⟨*Fahren*⟩; **a [very] ~ mistake** ein [grober] Flüchtigkeitsfehler; **c)** *(nonchalant)* ungezwungen; lässig ⟨*Aussehen, Geste*⟩

**carelessly** [ˈkeəlɪslɪ] *adv.* **a)** *(without care)* nachlässig; *(thoughtlessly)* gedankenlos; unvorsichtig, leichtsinnig ⟨*fahren*⟩; **b)** *(nonchalantly)* lässig

**carelessness** [ˈkeəlɪsnɪs] *n., no pl. (lack of care)* Nachlässigkeit, *die; (thoughtlessness)* Gedankenlosigkeit, *die*

**caress** [kəˈres] **1.** *n.* Liebkosung, *die.* **2.** *v. t.* liebkosen; **~ [each other]** sich *od.* einander liebkosen

**caret** [ˈkæret] *n. Korrekturzeichen für fehlende Buchstaben od. Wörter in einem Text*

**care:** **~taker** *n.* **a)** Hausmeister, *der*/-meisterin, *die; (in private house)* Hausverwalter, *der*/-verwalterin, *die;* **b)** **~taker government** Übergangsregierung, *die;* **~-worn** *adj.* von Sorgen gezeichnet; **he looked ~-worn** sein Gesicht war von Sorgen gezeichnet

**car:** **~fare** *n. (Amer.)* Fahrgeld, *das;* **~ ferry** *n.* Autofähre, *die*

**cargo** [ˈkɑːgəʊ] *n., pl.* **~es** *or (Amer.)* **~s** Fracht, *die;* Ladung, *die;* **a ~ of spices** eine Ladung Gewürze

**cargo:** **~ boat, ~ ship, ~vessel** *ns.* Frachter, *der;* Frachtschiff, *das*

**ˈcarhop** *n. (Amer. coll.) Kellner/Kellnerin in einem Drive-in-Restaurant*

**Caribbean** [kærɪ'bi:ən] **1.** *n.* **the ~:** die Karibik. **2.** *adj.* karibisch; **the ~ Sea** das Karibische Meer; **~ holiday** Urlaub in der Karibik

**caribou** ['kærɪbu:] *n., pl. same (Zool.)* Karibu, *der od. das*

**caricature** ['kærɪkətjʊə(r)] **1.** *n.* Karikatur, *die; (in mime)* Parodie, *die;* **do a ~ of sb.** jmdn. karikieren/parodieren. **2.** *v. t.* karikieren; *(in mime)* parodieren

**caricaturist** ['kærɪkətjʊərɪst] *n.* Karikaturist, *der*/Karikaturistin, *die; (in mime)* Parodist, *der*/Parodistin, *die*

**caries** ['keəri:z] *n., pl. same (Med., Dent.)* Karies, *die*

**carillon** [kə'rɪljən, 'kærɪljən] *n.* Glockenspiel, *das*

**caring** ['keərɪŋ] *adj.* sozial ‹*Gesellschaft*›; fürsorglich ‹*Person*›

**Carinthia** [kə'rɪnθɪə] *pr. n.* Kärnten *(das)*

**Carinthian** [kə'rɪnθɪən] **1.** *n.* Kärntner, *der*/Kärntnerin, *die.* **2.** *adj.* kärntnerisch; **the ~ Lakes** die Kärntner Seen

'**carload** *n.* **a)** Wagenladung, *die;* **people were arriving by the ~** es trafen ganze Wagenladungen von Menschen ein; **b)** *(Amer.) Mindestladung für ermäßigten Frachtbrief*

**carman** ['kɑ:mən] *n., pl.* **carmen** ['kɑ:mən] [Berufskraft]fahrer, *der*

'**car-mat** *n.* Fußmatte, *die (im Auto)*

**Carmelite** ['kɑ:mɪlaɪt] **1.** *n. (friar)* Karmelit[er], *der; (nun)* Karmelit[er]in, *die.* **2.** *adj.* Karmeliter-

**carmine** ['kɑ:maɪn, 'kɑ:mɪn] **1.** *n.* Karmin[rot], *das.* **2.** *adj.* karminrot

**carnage** ['kɑ:nɪdʒ] *n.* Gemetzel, *das;* **a scene of ~:** ein Schlachtfeld *(fig.);* **the dreadful annual ~ on the roads** das alljährliche schreckliche Blutvergießen auf den Straßen

**carnal** ['kɑ:nl] *adj.* **a)** *(sensual)* körperlich; sinnlich; fleischlich *(geh.);* **~ desires/sins** sinnliche Begierden/Sünden des Fleisches *(geh.);* **~ lust** Fleischeslust, *die (geh.);* **b)** *(worldly)* profan

**carnal 'knowledge** *n. (Law)* **have ~ of sb.** mit jmdm. Geschlechtsverkehr haben

[1]**carnation** [kɑ:'neɪʃn] *n. (Bot.)* [Garten]nelke, *die*

[2]**carnation** **1.** *n.* Rosarot, *das.* **2.** *adj.* **~ [pink]** [zart]rosa

**carnet** ['kɑ:neɪ] *n. (of motorist)* Triptyk, *das; (of camper)* Ausweis für Camper

**carnival** ['kɑ:nɪvl] *n.* **a)** *(festival)* Volksfest, *das;* **~ procession** Festzug, *der;* **b)** *(pre-Lent festivities)* Karneval, *der;* Fastnacht, *die;* Fasching, *der (bes. südd., österr.); (fig.: revelry)* ausgelassenes Fest; **~ procession** Karnevals[um]zug, *der;* **c)** *(Amer.) (circus)* Zirkus, *der; (fun-fair)* Jahrmarkt, *der*

**carnivore** ['kɑ:nɪvɔ:(r)] *n. (animal)* Fleischfresser, *der;* Karnivore, *der (Zool.); (plant)* fleischfressende Pflanze; Karnivore, *die (Bot.)*

**carnivorous** [kɑ:'nɪvərəs] *adj.* fleischfressend; karnivor *(Zool., Bot.)*

**carob** ['kærəb] *n.* **a)** *(pod)* Johannisbrot, *das;* **b)** *(tree)* Johannisbrotbaum, *der*

**carol** ['kærl] **1.** *n.* **a) [Christmas] ~:** Weihnachtslied, *das;* **~ concert, ~-singing** weihnachtliches Liedersingen; **b)** *(joyous song)* fröhliches Lied. **2.** *v. t., (Brit.)* **-ll- a)** *(sing as carol)* singen ‹*Weihnachtslied*›; **b)** *(sing joyfully)* [fröhlich] singen. **3.** *v. i., (Brit.)* **-ll- a)** Weihnachtslieder singen; **b)** *(sing joyfully)* [fröhlich] singen

**carom** ['kærəm] *(Amer.)* **1.** *n.* Karambolage, *die;* **~ billiards** Karambolagebillard, *das.* **2.** *v. i. (Billiards)* karambolieren

**carotid** [kə'rɒtɪd] *(Anat.)* **1.** *adj.* Karotis-; **~ artery** *see* **2. 2.** *n.* Halsschlagader, *die;* Karotis, *die (fachspr.)*

**carousal** [kə'raʊzl] *n.* Zechgelage, *das*

**carouse** [kə'raʊz] **1.** *v. i.* zechen *(veralt., noch scherzh.).* **2.** *n. see* **carousal**

**carousel** [kærʊ'sel, kærʊ'zel] *n.* **a)** *(conveyor system)* Ausgabeband, *das;* **b)** *(Amer.: roundabout)* Karussell, *das*

'**car-owner** *n.* Autobesitzer, *der*

[1]**carp** [kɑ:p] *n., pl. same (Zool.)* Karpfen, *der*

[2]**carp** *v. i.* nörgeln; **~ [on and on] at sb./sth.** an jmdm./etw. [dauernd] herumnörgeln *(ugs.)*

'**car-park** *n.* Parkplatz, *der; (underground)* Tiefgarage, *die; (building)* Parkhaus, *das*

'**car-parking** *n.* Parken, *das;* **~ facilities are available** Parkplätze [sind] vorhanden

**Carpathians** [kɑ:'peɪθjənz, kɑ:'peɪðjənz] *pr. n. pl.* Karpaten *Pl.*

**carpel** ['kɑ:pl] *n. (Bot.)* Fruchtblatt, *das;* Karpell, *das (fachspr.)*

**carpenter** ['kɑ:pɪntə(r)] **1.** *n.* Zimmermann, *der; (for furniture)* Tischler, *der*/Tischlerin, *die; (ship's ~)* Schiffszimmermann, *der.* **2.** *v. t.* zimmern; tischlern ‹*Regale*›

**carpentry** ['kɑ:pɪntrɪ] *n.* **a)** *(art)* Zimmerhandwerk, *das; (in furniture)* Tischlerhandwerk, *das;* **b)** *(woodwork)* **[piece of] ~:** Tischlerarbeit, *die; (structure)* [Holz]konstruktion, *die*

**carpet** ['kɑ:pɪt] **1.** *n.* **a)** *(covering)* Teppich, *der;* **[fitted] ~:** Teppichboden, *der;* **stair-~:** [Treppen]läufer, *der;* **be on the ~** *(coll.: be reprimanded)* zusammengestaucht werden *(ugs.); (be under discussion)* zur Debatte stehen; **have sb. on the ~** *(coll.: reprimand sb.)* jmdn. zusammenstauchen *(ugs.);* **sweep sth. under the ~** *(fig.)* etw. unter den Teppich kehren *(ugs.); see also* **red carpet; b)** *(expanse)* **~ of flowers** Blumenteppich, *der;* **~ of grass/snow/leaves** Gras-/Schnee-/Laubdecke, *die.* **2.** *v. t.* **a)** *(cover)* [mit Teppich(boden)] auslegen; *(fig.)* bedecken; **snow ~ed the village in [a layer of] white** Schnee bedeckte das Dorf mit einem weißen Teppich; **b)** *(coll.: reprimand)* **be ~ed for sth.** wegen etw. zusammengestaucht werden *(ugs.)*

**carpet: ~-bag** *n.* Reisetasche, *die;* **~-bagger** ['kɑ:pɪtbægə(r)] *n.* **a)** politischer Karrieremacher; **b)** *(Hist.) Politiker aus dem Norden der USA, der in den Südstaaten nach dem Sezessionskrieg rasch Karriere machen wollte;* **~-beater** *n.* Teppichklopfer, *der*

**carpeting** ['kɑ:pɪtɪŋ] *n.* **a)** Teppich[boden], *der;* **some ~ing** ein Stück Teppichboden; **wall-to-wall ~:** Teppichboden, *der;* **stair-~:** [Treppen]läufer, *der;* **b)** *(fig.) see* **carpet 1 b**

**carpet: ~-slipper** *n.* Hausschuh, *der;* **~-sweeper** *n.* Teppichkehrer, *der;* Teppichkehrmaschine, *die*

**car: ~ phone** *n.* Autotelefon, *das;* **~ pool** *n.* Fahrgemeinschaft, *die; (of a firm etc.)* Fahrzeugpark, *der;* **~-port** *n.* Einstellplatz, *der*

'**car radio** *n.* Autoradio, *das*

**carrel** ['kærl] *n.* [abgeteilter] Arbeitsplatz *(in einer Bibliothek/hist.: in einem Kloster)*

**carriage** ['kærɪdʒ] *n.* **a)** *(horse-drawn vehicle)* Kutsche, *die;* **~ and pair/four/six** *etc.* Zwei-/Vier-/Sechsspänner *usw., der; see also* **drive 2 a; b)** *(Railw.)* [Eisenbahn]wagen, *der;* **c)** *(Mech.)* Schlitten, *der; (of typewriter)* Schlitten, *der;* Wagen, *der;* **d)** *no pl. (conveying, being conveyed)* Transport, *der;* **use for ~:** für den Transport benutzen; **e)** *(cost of conveying)* Frachtkosten *Pl.;* **~ forward** Fracht[kosten] zu Lasten des Empfängers; **~ paid** frachtfrei; **f)** *(bearing)* Haltung, *die. See also* **gun carriage; invalid carriage**

**carriage: ~ clock** *n.* Reiseuhr, *die;* **~way** *n.* Fahrbahn, *die*

'**car ride** *n.* Autofahrt, *die*

**carrier** ['kærɪə(r)] *n.* **a)** *(bearer)* Träger, *der;* **~ of good news** Überbringer guter Nachrichten; **b)** *(conductor)* **be the ~ of sth.** etw. transportieren *od.* leiten; **c)** *(hired conveyor of goods or passengers)* Transportunternehmen, *das; (person)* Transportunternehmer, *der;* **firm of ~s** Transportunternehmen, *das;* **d)** *(on bicycle etc.)* Gepäckträger, *der; (for child passenger)* Kindersitz, *der;* **e)** *see* **carrier-bag; f)** *see* **carrier wave; g)** *see* **aircraft-carrier; h)** *(Med.: of disease)* Ausscheider, *der; (Genetics: of characteristic)* Konduktor, *der*

**carrier: ~-bag** *n.* Tragetasche, *die;* Tragetüte, *die;* **~ pigeon** *n.* Brieftaube, *die;* **by ~ pigeon** mit der Taubenpost; **~ wave** *n. (Phys.)* Trägerwelle, *die*

**carrion** ['kærɪən] *n.* **a)** *(flesh)* Aas, *das;* **b)** *(fig.: garbage)* Unflat, *der;* Schmutz, *der*

'**carrion crow** *n.* Rabenkrähe, *die; (Corvus corone)* Aaskrähe, *die*

**carrot** ['kærət] *n.* **a)** Möhre, *die;* Karotte, *die;* **grated ~[s]** geraspelte Möhren *od.* Karotten; **b)** *(fig.)* Köder, *der;* **dangle a ~ in front of sb.'s nose** jmdm. einen Köder vor die Nase halten; **with ~ and stick** mit Zuckerbrot und Peitsche

**carroty** ['kærətɪ] *adj.* rotblond ‹*Haare*›

**carrousel** *(Amer.) see* **carousel**

**carry** ['kærɪ] **1.** *v. t.* **a)** *(transport)* tragen; *(with emphasis on destination)* bringen; überbringen ‹*Nachrichten*›; ‹*Tornado:*› fegen; ‹*Strom:*› spülen; ‹*Verkehrsmittel:*› befördern; **~ sth. with one in a bag** etw. in einer Tasche bei sich haben *od.* tragen; **where do you ~ your purse?** wo hast *od.* trägst du dein Portemonnaie?; **~ sth. in one's head** etw. im Kopf haben; **~ sth. round with one** *(lit. or fig.)* etw. mit sich herumtragen *(ugs.); (fig.)* etw. nicht vergessen können; **~ all before one** *(fig.)* nicht aufzuhalten sein; **b)** *(conduct)* leiten; **~ sth. into effect** etw. in die Tat umsetzen; **c)** *(support)* tragen; *(contain)* fassen; **~ responsibility** Verantwortung tragen; **d)** *(have with one)* **~ [with one]** bei sich haben *od.* tragen; tragen ‹*Waffe, Kennzeichen*›; ‹*Schiff:*› führen ‹*Lichter, Segel*›; **e)** *(possess)* besitzen ‹*Autorität, Gewicht*›; *see also* **conviction b; f)** *(hold)* **he carries his head in a proud way** er trägt den Kopf hoch; **she carries herself well** sie hat eine gute Haltung; **he carries himself very erect** er hält sich sehr aufrecht; **g)** *(prolong)* **~ sth. to sth.** etw. zu etw. führen; **~ sth. to a close** *or* **an end** etw. zu Ende führen *od.* bringen; **such plans must be carried to their natural conclusions** solche Pläne müssen [bis zum Ende] durchgezogen werden *(ugs.);* **~ modesty/altruism etc. to excess** die Bescheidenheit/den Altruismus *usw.* bis zum Exzeß treiben; **~ things to extremes** die Dinge auf die Spitze treiben; *see also* **far 1 d; h)** *(transmit)* übertragen ‹*Krankheit*›; **i)** *(Math.: transfer)* im Sinn behalten; **~ one** eins im Sinn; **j)** *(be pregnant with)* erwarten ‹*Kind*›; **she was ~ing his child** sie erwartete ein Kind von ihm; **k)** *(win)* erringen ‹*Sieg*›; bekommen, erhalten ‹*Belohnung*›; gewinnen ‹*Preis, Wahl*›; durchbringen ‹*Antrag, Gesetzentwurf, Vorschlag*›; **the motion is carried** der Antrag ist angenommen; **~ one's point [with sb.]** seine Sache [bei jmdm.] durchsetzen; **~ one's hearers/audience with one** die Zuhörer/das Publikum überzeugen; **~ the day** den Sieg davontragen; **l)** *(involve)* [mit sich] bringen; bringen ‹*Gewinn, Zinsen*›; **discipline carries both advantages and disadvantages** Disziplin hat ihre Vor- und Nachteile; **m)** *(stock)* führen; **n)** *(publish, broadcast)* bringen. **2.** *v. i.* ‹*Stimme, Laut:*› zu hören sein; ‹*Geruch:*› zu riechen sein; ‹*Geschoß, Ball:*› [weit] fliegen

**~ a'way** *v. t.* forttragen; *(by force)* fortreißen; *(fig.)* **be** *or* **get carried away** *(be inspired)* hingerissen sein **(by** von); *(lose self-control)* sich hinreißen lassen; **don't get carried away!** übertreib's nicht!

**~ 'back** *v. t.* **a)** *(return)* zurückbringen; **b)** *see* **take back b**

**~ 'forward** *v. t. (Bookk.)* vortragen

**~ 'off** *v. t.* **a)** *(from place)* davontragen; *(as*

*owner or possessor)* mit sich nehmen; *(cause to die)* dahinraffen *(geh.);* **b)** *(abduct)* entführen ‹*Person*›; **c)** *(win)* gewinnen ‹*Preis, Medaille*›; erringen ‹*Sieg*›; **d)** *(make acceptable)* durchführen; *(cope with)* fertig werden mit; **~ it/sth. off [well]** es/etw. [gut] zustande bringen

**~ 'on 1.** *v. t. (continue)* fortführen ‹*Tradition, Diskussion, Arbeit*›; **~ on the firm** die Firma übernehmen; **~ on [doing sth.]** weiterhin etw. tun; **they carried on talking** sie fuhren fort, sich zu unterhalten. **2.** *v. i.* **a)** *(continue)* weitermachen; **~ on with a plan/project** einen Plan/ein Projekt weiterverfolgen; **b)** *(coll.: behave in unseemly manner)* sich danebenbenehmen *(ugs.);* *(make a fuss)* Theater machen *(ugs.);* **c) ~ on with sb.** *(flirt)* mit jmdm. flirten; *(have affair)* mit jmdm. ein Verhältnis haben. *See also* **carry-on**

**~ 'out** *v. t. (put into practice)* durchführen ‹*Plan, Programm, Versuch*›; in die Tat umsetzen ‹*Plan, Vorschlag, Absicht, Vorstellung*›; ausführen ‹*Anweisung, Auftrag*›; halten ‹*Versprechen*›; vornehmen ‹*Verbesserungen*›; wahr machen ‹*Drohung*›

**~ 'over** *v. t.* **a)** *(postpone)* vertagen **(to** auf + *Akk.*); **b)** *(St. Exch.)* prolongieren; **c)** *see* **~ forward.** *See also* **carry-over**

**~ 'through** *v. t.* **a)** *(bring safely through)* **~ sb. through** jmdm. durchhelfen; **b)** *(complete)* durchführen

**'carry-cot** *n.* Babytragetasche, *die*

**carryings-on** [kærııŋz'ɒn] *n. pl. (sl.)* **a)** *(questionable behaviour)* seltsames Treiben; **there are strange ~ in that house** in diesem Haus geht Seltsames vor; **b)** *(love affairs)* Affären

**carry: ~-on** *n. (sl.)* **a)** Theater, *das (ugs.);* **b)** *(flirtation)* Flirt, *der; (love affair)* [Liebes]affäre, *die;* **~-over** *n. (St. Exch.)* Prolongation, *die*

**'carsick** *adj.* **children are often ~:** Kindern wird beim Autofahren oft schlecht

**cart** [kɑːt] **1.** *n.* Karren, *der;* Wagen, *der;* **horse and ~:** Pferdewagen, *der;* **be [left] in the ~** *(Brit. coll.)* in der Tinte sitzen *(ugs.);* **put sb. in the ~** *(Brit. coll.)* jmdn. in die Bredouille bringen *(ugs.);* **put the ~ before the horse** *(fig.)* das Pferd beim Schwanz aufzäumen. **2.** *v. t.* **a)** *(carry [as] in cart)* karren; **b)** *(fig. sl.: carry with effort)* schleppen; **~ sth. around with one** etw. mit sich herumschleppen

**~ 'off** *v. t. (coll.)* abtransportieren

**carte blanche** [kɑːt 'blɑ̃ʃ] *n.* Carte blanche, *die;* unbeschränkte Vollmacht

**cartel** [kɑː'tel] *n.* Kartell, *das*

**carter** ['kɑːtə(r)] *n.* Fuhrmann, *der*

**Cartesian** [kɑː'tiːzjən] *adj.* **~ coordinates** *(Math.)* kartesische Koordinaten

**Carthage** ['kɑːθıdʒ] *pr. n.* Karthago *(das)*

**'cart-horse** *n.* Arbeitspferd, *das*

**Carthusian** [kɑː'θjuːzjən] **1.** *adj.* Kartäuser-. **2.** *n.* Kartäuser, *der*

**cartilage** ['kɑːtılıdʒ] *n.* Knorpel, *der*

**cartilaginous** [kɑːtı'lædʒınəs] *adj.* knorpelig

**'cart-load** *n.* **a)** Wagenladung, *die;* Fuhre, *die;* **by the ~** fuhrenweise; **b)** *(fig.: large quantity)* **a ~ of books** ein Berg von Büchern; **~s of food** Essen in Hülle und Fülle

**cartographer** [kɑː'tɒgrəfə(r)] *n.* Kartograph, *der*/Kartographin, *die*

**cartographic** [kɑːtə'græfık], **cartographical** [kɑːtə'græfıkl] *adjs.* kartographisch

**cartography** [kɑː'tɒgrəfı] *n.* Kartographie, *die*

**carton** ['kɑːtn] *n.* [Papp]karton, *der;* **a ~ of milk** eine Tüte Milch; **a ~ of detergent** ein Paket Waschpulver; **a ~ of cigarettes** eine Stange Zigaretten; **a ~ of yoghurt** ein Becher Joghurt

**cartoon** [kɑː'tuːn] **1.** *n.* **a)** *(amusing drawing)* humoristische Zeichnung; Cartoon, *der; (satirical illustration)* Karikatur, *die; (sequence of drawings)* [humoristische] Bilderserie; Cartoon, *der;* **b)** *(film)* Zeichentrickfilm, *der;* **c)** *(Art)* Entwurf, *der;* Karton, *der (Kunstwiss.).* **2.** *v. t. (draw amusingly)* karikieren

**cartoonist** [kɑː'tuːnıst] *n.* Cartoonist, *der*/Cartoonistin, *die; (satirical ~)* Karikaturist, *der*/Karikaturistin, *die*

**cartridge** ['kɑːtrıdʒ] *n.* **a)** *(case for explosive)* Patrone, *die;* **b)** *(spool of film, cassette)* Kassette, *die;* **c)** *(pick-up head)* Tonabnehmer, *der;* **d)** *(ink-container)* Patrone, *die*

**cartridge: ~-belt** *n.* Patronengurt, *der;* **~-case** *n.* Patronenhülse, *die;* **~ paper** *n. (for drawing)* Zeichenpapier, *das; (for envelopes, gun cartridges) festes, haltbares Papier*

**cart: ~-road, ~-track** *ns.* ≈ Feldweg, *der;* **~-wheel** *n.* **a)** Wagenrad, *das;* **b)** *(Gymnastics)* Rad, *das;* **turn** *or* **do ~-wheels** radschlagen; **~-wright** ['kɑːtraıt] *n.* Stellmacher, *der*

**carve** [kɑːv] **1.** *v. t.* **a)** *(cut up)* tranchieren, aufschneiden ‹*Fleisch, Braten*›; tranchieren ‹*Hähnchen*›; **b)** *(produce by cutting) (from wood)* schnitzen; *(from stone)* meißeln; **~ sth. out of wood/stone** etw. aus Holz schnitzen/aus Stein meißeln; **~ sth. in/into/on sth.** etw. in etw. *(Akk.)* [ein]ritzen; **~ a tunnel in the rock** einen Tunnel in den Fels hauen; **~ one's way** sich *(Dat.)* seinen Weg hauen; **c)** *(change by cutting)* **he ~d a block of wood/stone into a madonna** er schnitzte aus einem Holzblock/meißelte aus einem Steinblock eine Madonna; **d)** *(adorn by cutting)* **the frame was ~d with leaves** der Rahmen war mit geschnitzten/in Stein gehauenen Blättern verziert. **2.** *v. i.* **a)** tranchieren; **b) ~ in wood/ivory/stone** in Holz/Elfenbein schnitzen/in Stein meißeln; **~ through sth.** sich *(Dat.)* einen Weg durch etw. hauen

**~ out** *v. t.* heraushauen; **~ out a tunnel in the rock** einen Tunnel in den Fels hauen *od.* treiben; **~ out an existence** *(fig.)* sich *(Dat.)* eine Existenz aufbauen

**~ up** *v. t.* aufschneiden ‹*Fleisch*›; aufteilen ‹*Erbe, Land*›; zerstückeln ‹*Leiche*›

**carver** ['kɑːvə(r)] *n.* **a)** *(in wood)* [Holz]schnitzer, *der; (in stone)* Bildhauer, *der; (of meat)* Trancheur, *der;* **b)** *(knife) see* **carving-knife; c)** *in pl. (knife and fork)* Tranchierbesteck, *das*

**carving** ['kɑːvıŋ] *n.* **a)** *(in or from wood, ivory)* Schnitzerei, *die;* **a ~ of a madonna in wood** eine holzgeschnitzte Madonna; **an ivory ~ of an elephant** ein aus Elfenbein geschnitzter Elefant; **b)** *(in or from stone)* Skulptur, *die; (on stone)* eingeritztes Bild; *(ornament)* eingeritztes Muster

**'carving: ~-fork** *n.* Tranchiergabel, *die;* **~-knife** *n.* Tranchiermesser, *das*

**'car-wash** *n.* Waschanlage, *die*

**caryatid** [kærı'ætıd] *n., pl.* **~s** *or* **~es** [kærı'ætıdiːz] *(Archit.)* Karyatide, *die*

**Casanova** [kæzə'nəʊvə, kæsə'nəʊvə] *n.* Casanova, *der*

**cascade** [kæs'keıd] **1.** *(lit. or fig.)* Kaskade, *die.* **2.** *v. i.* [in Kaskaden] herabstürzen; **her hair ~d down her back** *(fig.)* ihr Haar fiel in Kaskaden über ihren Rücken hinab

**¹case** [keıs] *n.* **a)** *(instance, matter)* Fall, *der;* **if there is another ~ of this happening** wenn das noch einmal vorkommt; **several ~s of fire** mehrere Brände; **if it's a ~ of your not being able to get here** wenn es nur daran liegt, daß du nicht herkommen kannst; **it's just a ~ of concentrating** es ist nur eine Sache der Konzentration; **then that's a different ~:** dann ist das was anderes; **if that's the ~:** wenn das so ist; **it is [not] the ~ that ...:** es trifft [nicht] zu *od.* stimmt [nicht], daß ...; **it seems to be the ~ that they have ...:** sie scheinen tatsächlich ... zu haben; **as is generally the ~ with ...:** wie das normalerweise bei ... der Fall ist; **such being the ~:** deshalb; **as the ~ may be** je nachdem; **in ~ ...:** falls ...; für den Fall, daß ... *(geh.);* **[just] in ~** *(to allow for all possibilities)* für alle Fälle; **in ~ of fire/complaints/burst pipes/danger** bei Feuer/Reklamationen/Rohrbrüchen/Gefahr; **in ~ of emergency** im Notfall; **in ~ of the hostages' being released** falls die Geiseln freigelassen werden; **in the ~ of** bei; **in the ~ of New College** was das New College anbelangt; **in any ~** *(regardless of anything else)* jedenfalls; **I don't need it in any ~:** ich brauche es sowieso nicht; **we don't want to go to the party and in any ~ it's raining** wir haben keine Lust, auf die Party zu gehen, und außerdem regnet es ja; **in no ~** *(certainly not)* unter keinen Umständen; auf keinen Fall; **in that ~:** in diesem Fall; **in which ~ he would ...:** in diesem Fall *od.* dann würde er ...; **b)** *(Med., Police, Soc. Serv., etc., or coll.: person afflicted)* Fall, *der;* **a murder ~:** ein Mordfall; **he is a mental/psychiatric ~:** er ist ein Fall für den Psychiater; **this man is a dangerous ~:** dieser Mann ist gefährlich; **her son is a problem ~:** ihr Sohn ist ein Problemkind; **c)** *(Law)* Fall, *der; (action)* Verfahren, *das;* **which was that ~ five years ago?** welcher Fall war das vor fünf Jahren?; **the Dreyfus ~:** der Fall Dreyfus; die Dreyfusaffäre *(hist.);* **the ~ for the prosecution/defence** die Anklage/Verteidigung; **put one's ~:** seinen Fall darlegen; **and that is our ~:** und damit beende ich meine Ausführungen; **d)** *(fig.: set of arguments)* Fall, *der; (valid set of arguments)* **you have no ~ there** das ist kein Argument; **there's a ~ for doing sth.** es gibt Gründe, die dafür sprechen, daß man etw. tut; **have a [good] ~ for doing sth./for sth.** gute Gründe haben, etw. zu tun/für etw. haben; **make out a ~ for sth.** Argumente für etw. anführen; **e)** *(Ling.)* Fall, *der;* Kasus, *der (fachspr.);* **f)** *(fig. coll.) (comical person)* ulkiger Typ *(ugs.); (comical woman)* ulkige Nudel *(ugs.)*

**²case 1.** *n.* **a)** Koffer, *der; (small)* Handkoffer, *der; (brief-~)* [Akten]tasche, *die; (for musical instrument)* Kasten, *der;* **violin ~:** Geigenkasten, *der;* **doctor's ~:** Arzttasche, *die;* **pen and pencil ~:** Federmäppchen, *das;* **b)** *(sheath)* Hülle, *die; (for spectacles, cigarettes)* Etui, *das; (for jewellery)* Schmuckkassette, *die;* Schmuckkästchen, *das;* **c)** *(crate)* Kiste, *die;* **~ of oranges** Kiste [mit] Apfelsinen; **d)** *(glass box)* Vitrine, *die;* **[display-]~:** Schaukasten, *der;* **e)** *(cover)* Gehäuse, *das; (seed-vessel)* Hülle, *die; (of sausage)* Haut, *die; (of book)* Buchdeckel, *der;* **f)** *(Printing)* Schriftkasten, *der; see also* **lower case; upper case. 2.** *v. t.* **a)** *(box)* verpacken; **b)** *(sl.: examine)* **~ the joint** sich *(Dat.)* den Laden mal ansehen *(ugs.)*

**case: ~-book** *n.* **a)** *(Law)* Sammlung von Rechtsfällen; **b)** *(Med.)* Sammlung von Krankheitsfällen; **c)** *(of social worker etc.; also fig.)* Fallsammlung, *die;* **~-bound** *adj.* mit festem Einband *nachgestellt;* **be ~-bound** einen festen Einband haben; **~-ending** *n. (Ling.)* Beugungsendung, *die;* Kasusendung, *die (fachspr.);* **~-harden** *v. t.* härten ‹*Metall*›; **~-hardened** *(fig.)* abgebrüht; **~ history** *n.* **a)** *(record)* [Vor]geschichte, *die;* **b)** *(Med.)* Krankengeschichte, *die;* **~-knife** *n.* Fahrtenmesser, *das;* **~-law** *n. (Law)* Fallrecht, *das;* **~-load** *n.* Fälle *Pl.;* **he has a heavy ~-load, his ~-load is heavy** er hat sehr viele Fälle zu bearbeiten; **the [doctor's] ~-load** die Anzahl der Patienten; **share the [doctor's] ~-load** einen Teil der Patienten übernehmen

**casement** ['keısmənt] *n.* **a)** [Fenster]flügel, *der;* **b)** *(poet.: window)* Fenster, *das*

**'casement window** *n.* Flügelfenster, *das*

**case: ~-study** *n.* Fallstudie, *die;* **~work**

*n., no pl., no indef. art.* [auf den Einzelfall bezogene] Sozialarbeit; Casework, *das (Psychol., Soziol.)*; **~worker** *n.* [Einzelfälle betreuender] Sozialarbeiter

**cash** [kæʃ] **1.** *n., no pl., no indef. art.* **a)** Bargeld, *das;* **payment in ~ only** nur Barzahlung; **pay [in] ~, pay ~ down** bar zahlen; **we haven't got the ~:** wir haben [dafür] kein Geld; **be short of ~:** knapp bei Kasse sein *(ugs.)*; **~ on delivery** per Nachnahme; **b)** *(Banking etc.)* Geld, *das;* **can I get ~ for these cheques?** kann ich diese Schecks einlösen?; **you may withdraw £50 in ~:** Sie können 50 Pfund in bar abheben; *see also* **discount 1. 2.** *v. t.* **a)** einlösen ‹*Scheck*›; **b)** *(Bridge)* ausspielen [und den Stich machen] **~ in 1.** ['--] *v. t.* sich *(Dat.)* gutschreiben lassen ‹*Scheck*›; auf die Bank bringen ‹*Geld, Einnahmen*›; **~ in one's checks** *or* **chips** *(fig. coll.)* abkratzen *(salopp)*. **2.** [-'-] *v. i.* **~ in on sth.** *(lit. or fig.)* von etw. profitieren

**cash: ~-account** *n.* Kassekonto, *das (Buchf.)*; **~ and 'carry** *n. Verkaufssystem, bei dem der Kunde bar bezahlt und die Ware selbst nach Hause transportiert;* cash and carry; **~-and-carry store** Cash-and-carry-Laden, *der;* **~-book** *n.* Kassenbuch, *das;* **~-box** *n.* Geldkassette, *die;* **~card** *n.* Geldautomatenkarte, *die;* **~ crop** *n. zum Verkauf bestimmtes landwirtschaftliches Erzeugnis;* **~ desk** *n. (Brit.)* Kasse, *die;* **~ dispenser** *n.* Geldautomat, *der*

**cashew** ['kæʃu:] *n.* **a)** *(nut) see* **cashew-nut; b)** *(tree)* Nierenbaum, *der (Bot.)*; Cashewbaum, *der (Bot.)*

**'cashew-nut** *n.* Cashewnuß, *die*

**'cash-flow** *n. (Econ.)* Cash-flow, *der*

**¹cashier** [kæ'ʃɪə(r)] *n.* Kassierer, *der*/Kassiererin, *die;* **~'s office** Kasse, *die*

**²cashier** *v. t.* entlassen; des Amtes entheben *(geh.)*; *(Mil.)* [unehrenhaft] entlassen; kassieren *(veralt.)*

**cashmere** ['kæʃmɪə(r)] *n.* Kaschmir, *der;* **~ wool/sweater** Kaschmirwolle, *die*/Kaschmirpullover, *der*

**cash: ~ payment** *n.* Barzahlung, *die;* **make ~ payment** bar bezahlen; **~point** *n.* Geldautomat, *der;* **~ price** *n.* Barzahlungspreis, *der;* **~ register** *n.* [Registrier]kasse, *die; (in shop also)* [Laden]kasse, *die;* **~ sale** *n.* Bargeschäft, *das*

**casing** ['keɪsɪŋ] *n.* Gehäuse, *das; (of projectile, cable, tyre)* Mantel, *der*

**casino** [kə'si:nəʊ] *n., pl.* **~s** Kasino, *das; (for gambling also)* Spielkasino, *das;* Spielbank, *die*

**cask** [kɑ:sk] *n.* Faß, *das*

**casket** ['kɑ:skɪt] *n.* **a)** *(box)* Schatulle, *die (veralt.)*; Kästchen, *das;* **b)** *(Amer.: coffin)* Sarg, *der*

**Caspian Sea** [kæspɪən 'si:] *pr. n.* Kaspische Meer, *das;* Kaspisee, *der*

**Cassandra** [kə'sændrə] *n.* Kassandra, *die*

**cassata** [kæ'sɑ:tə] *n.* Cassata, *die od. das*

**cassava** [kə'sɑ:və] *n.* **a)** *(plant)* Maniok, *der;* **b)** *(flour)* Tapioka, *die*

**casserole** ['kæsərəʊl] **1.** *n.* **a)** *(vessel)* Schmortopf, *der; (oval also)* Bräter, *der; (with long handle)* Kasserolle, *die;* **b)** *(food)* Schmortopf, *der.* **2.** *v. t.* schmoren

**cassette** [kə'set, kæ'set] *n.* Kassette, *die;* **miniature film ~:** Kleinbildkassette, *die*

**cassette: ~-deck** Kassettendeck, *das;* **~ recorder** *n.* Kassettenrecorder, *der*

**cassock** ['kæsək] *n. (Eccl.)* Soutane, *die*

**cast** [kɑ:st] **1.** *v. t.,* **cast a)** *(throw)* werfen; **~ sth. adrift** etw. abtreiben lassen; **~ loose** losmachen; **he ~ loose from his family** *(fig.)* er löste sich von seiner Familie; **~ sth. ashore** etw. an Land spülen; **~ an** *or* **one's eye over sth.** einen Blick auf etw. *(Akk.)* werfen; **~ one's eyes round a room** seine Augen *od.* Blicke durch ein Zimmer schweifen lassen; **~ light on sth.** Licht auf etw. *(Akk.)* werfen; *(fig.)* Licht in etw. *(Akk.)* bringen; **~ the line/net** die Angel[schnur]/das Netz auswerfen; **~ a shadow [on/over sth.]** *(lit. or fig.)* einen Schatten [auf etw. *(Akk.)*] werfen; **~ a spell on sb./sth.** jmdn./etw. verzaubern; **~ a vote** seine Stimme abgeben; **~ one's mind back to sth.** an etw. *(Akk.)* zurückdenken; sich an etw. *(Akk.)* erinnern; **~ sth. to the winds** *(fig.)* etw. über Bord werfen *(fig.)*; *see also* **aspersion; lot g; b)** *(shed)* verlieren ‹*Haare, Winterfell*›; abwerfen ‹*Gehörn, Blätter, Hülle*›; **the snake ~s its skin** die Schlange häutet sich; **a horse ~s a shoe** ein Pferd verliert ein Hufeisen; **~ aside** *(fig.)* beiseite schieben ‹*Vorschlag*›; ablegen ‹*Vorurteile, Gewohnheiten*›; vergessen ‹*Sorgen, Vorstellungen*›; fallenlassen ‹*Freunde, Hemmungen*›; sich *(Dat.)* entgehen lassen ‹*günstige Gelegenheit*›; **she ~ aside her books and the academic life** sie kehrte den Büchern und dem akademischen Leben den Rücken; **c)** *(shape, form)* gießen; **d)** *(calculate)* stellen ‹*Horoskop*›; **e)** *(assign role[s] of)* besetzen; **~ Joe as sb./in the role of sb.** jmdn./jmds. Rolle mit Joe besetzen; **~ a play/film** die Rollen [in einem Stück/Film] besetzen. **2.** *n.* **a)** *(Med.)* Gipsverband, *der;* **b)** *(set of actors)* Besetzung, *die;* **c)** *(model)* Abdruck, *der;* **d)** *(throwing of missile etc., throw of dice)* Wurf, *der; (distance of throw)* **a stone's ~:** einen Steinwurf [weit]; **e)** *(Fishing) (throw of net)* Auswerfen, *das; (throw of line)* Wurf, *der;* **f)** *(twist)* **develop a ~:** sich verbiegen; **have a ~ in the** *or* **one's eye** [leicht] schielen; **g)** *(tinge)* Schimmer, *der;* **h)** *(quality)* Zuschnitt, *der;* **~ of mind** Gesinnung, *die;* **~ of features** *or* **countenance** Gesichtsschnitt, *der*

**~ a'bout** *v. i.* **~ about [to find** *or* **for sth.]** sich [nach etw.] umsehen

**~ a'round** *see* **~ about**

**~ a'way** *v. t.* **a)** wegwerfen; **b) be ~ away on an island** auf einer Insel stranden

**~ 'down** *v. t.* **be ~ down [by sth.]** [wegen etw.] niedergeschlagen sein

**~ in** *v. i.* **~ in one's lot with sb.** sich mit jmdm. zusammentun

**~ 'off 1.** *v. t.* **a)** *(abandon)* verlassen ‹*Kind*›; aufgeben ‹*früheres Leben*›; ablegen ‹*alte Kleider*›; *(reject)* den Laufpaß geben (+ *Dat.*) *(ugs.)*; **b)** *(Naut.)* losmachen; **c)** *(Knitting)* abketten; **d)** *(Printing)* **~ off [the manuscript]** den Umfang [des Manuskripts] berechnen. **2.** *v. i. (Knitting)* abketten. *See also* **cast-off**

**~ 'on** *v. t. & i. (Knitting)* anschlagen

**~ 'up** *v. t.* **a)** *(add)* zusammenzählen; **b)** *(wash up)* an Land spülen

**castanet** [kæstə'net] *n., usu. in pl. (Mus.)* Kastagnette, *die*

**castaway** ['kɑ:stəweɪ] *n.* Schiffbrüchige, *der/die*

**caste** [kɑ:st] *n. (lit. or fig.)* **a)** Kaste, *die;* **b)** *no pl., no art. (class system)* Kastenwesen, *das; (social position)* soziale Stellung; **lose ~:** gesellschaftliches Ansehen einbüßen

**castellated** ['kæstəleɪtɪd] *adj.* **a)** *(castle-like)* schloßartig; **b)** *(battlemented)* mit Zinnen bewehrt

**'caste mark** *n.* Kastenzeichen, *das*

**caster** ['kɑ:stə(r)] *n.* **a)** *see* **castor; b)** *(Printing)* [Schrift]gießmaschine, *die*

**castigate** ['kæstɪgeɪt] *v. t. (punish)* züchtigen *(geh.)*; *(criticize)* geißeln *(geh.)*

**castigation** [kæstɪ'geɪʃn] *n. (punishment)* Züchtigung, *die (geh.)*; *(criticism)* Geißelung, *die (geh.)*

**Castilian** [kə'stɪlɪən] **1.** *adj.* kastilisch; *see also* **English 1. 2.** *n.* **a)** *(person)* Kastilier, *der*/Kastilierin, *die;* **b)** *(language)* Kastilisch, *das; see also* **English 2 a**

**casting** ['kɑ:stɪŋ] *n.* **a)** *(Metallurgy: product)* Gußstück, *das; (Art)* Abguß, *der;* **b)** *(Theatre, Cinemat.)* Rollenbesetzung, *die*

**casting 'vote** *n.* ausschlaggebende Stimme *(des Vorsitzenden bei Stimmengleichheit)*; **the ~ rests with the manager** die [letzte] Entscheidung hat der Geschäftsführer

**cast: ~ 'iron** *n.* Gußeisen, *das;* **~-iron** *adj.* gußeisern; *(fig.)* eisern ‹*Wille, Konstitution, Magen*›; handfest, triftig ‹*Grund, Entschuldigung*›; hieb- und stichfest ‹*Alibi, Beweis*›; hundertprozentig ‹*Garantie*›

**castle** ['kɑ:sl] **1.** *n.* **a)** *(stronghold)* Burg, *die; (mansion)* Schloß, *das;* **Windsor C~:** Schloß Windsor; **an Englishman's home is his ~:** für den Engländer ist sein Haus wie eine Burg; **~s in the air** *or* **in Spain** Luftschlösser; **b)** *(Chess)* Turm, *der.* **2.** *v. i. (Chess)* rochieren

**'cast-off 1.** *adj.* abgelegt. **2.** *n. in pl.* abgelegte Sachen; **she didn't want her friend's ~s** *(fig. joc.)* sie wollte nicht die abgelegten Liebhaber ihrer Freundin haben *(ugs.)*

**castor** ['kɑ:stə(r)] *n.* **a)** *(sprinkler)* Streuer, *der;* **b)** *(wheel)* Rolle, *die;* Laufrolle, *die (Technik)*

**castor: ~ 'oil** *n.* Rizinusöl, *das;* Kastoröl, *das (Kaufmannsspr.)*; **~ sugar** *n. (Brit.)* Raffinade, *die;* Kastorzucker, *der (selten)*

**castrate** [kæ'streɪt] *v. t.* **a)** kastrieren; *(fig.)* beschneiden ‹*Macht*›; **b)** *(expurgate)* verstümmeln; kastrieren *(ugs. scherzh.)*

**castration** [kæ'streɪʃn] *n.* **a)** Kastration, *die; (fig.)* Beschneidung, *die;* **b)** *(expurgation)* Verstümmelung, *die*

**castrato** [kæ'strɑ:təʊ] *n., pl.* **castrati** [kæ'strɑ:ti:] *(Mus. Hist.)* Kastrat, *der*

**casual** ['kæʒjʊəl, 'kæzjʊəl] **1.** *adj.* **a)** ungezwungen; zwanglos; leger ‹*Kleidung*›; beiläufig ‹*Bemerkung*›; flüchtig ‹*Bekannter, Bekanntschaft, Blick*›; unbekümmert, unbeschwert ‹*Haltung, Einstellung*›; salopp ‹*Ausdrucksweise*›; lässig ‹*Auftreten*›; gemächlich ‹*Schritt, Spaziergang*›; **I'm just here on a ~ visit** ich habe nur mal vorbeigeschaut *(ugs.)*; **be ~ about sth.** etw. auf die leichte Schulter nehmen; **you can't be so ~ about timekeeping** du mußt es mit der Pünktlichkeit schon etwas genauer nehmen; **he's so ~ about his work** er nimmt seine Arbeit einfach nicht richtig ernst; **~ sex** Sex ohne feste Bindung; **b)** *(accidental)* zufällig; **by some ~ coincidence** durch Zufall. **2.** *n.* **a)** *in pl. (clothes)* Freizeitkleidung, *die;* **b)** *see* **casual labourer; c)** *see* **casual shoe**

**casual: ~'earnings** *n. pl.* Nebeneinkünfte *Pl.*; **~ 'labour** *n., no pl.* Gelegenheitsarbeit, *die;* **~ 'labourer** *n.* Gelegenheitsarbeiter, *der*

**casually** ['kæʒjʊəlɪ, 'kæzjʊəlɪ] *adv.* **a)** ungezwungen; zwanglos; beiläufig ‹*bemerken*›; flüchtig ‹*anschauen*›; gemächlich ‹*wandern, spazierengehen*›; lustlos ‹*Problem anpacken*›; salopp ‹*sich ausdrücken*›; leger ‹*sich kleiden*›; **I glanced ~ at the headlines** ich überflog die Schlagzeilen; **I was ~ reading a book** ich blätterte in einem Buch; **he treats/approaches his work too ~:** er nimmt seine Arbeit zu wenig ernst; **b)** *(accidentally)* zufällig

**casualness** ['kæʒjʊəlnɪs, 'kæzjʊəlnɪs] *n., no pl.* Ungezwungenheit, *die;* Zwanglosigkeit, *die; (of remark)* Beiläufigkeit, *die*

**casual 'shoe** *n.* Freizeitschuh, *der*

**casualty** ['kæʒjʊəltɪ, 'kæzjʊəltɪ] *n.* **a)** *(injured person)* Verletzte, *der/die; (in battle)* Verwundete, *der/die; (dead person)* Tote, *der/die;* **b)** *(fig.)* Opfer, *das; (failure)* Versager, *der;* **c)** *no art. (hospital department)* Unfallstation, *die;* **work in ~:** in der Unfallstation arbeiten

**casualty: ~ department** *n.* Unfallstation, *die;* **~ list** *n.* Verletztenliste, *die;* Liste der Getöteten/Gefallenen; **~ ward** *n.* Unfallstation, *die*

**casuist** ['kæʒjʊɪst, 'kæzju:ɪst] *n.* Kasuist, *der (Philos.)*

**casuistry** ['kæʒjʊɪstrɪ, 'kæzju:ɪstrɪ] *n.* Kasuistik, *die (Philos.)*

**cat** [kæt] *n.* **a)** Katze, *die;* **she-~** Kätzin, *die;*

[weibliche] Katze; **tom-~:** Kater, *der;* **be as nervous as a ~:** furchtbar ängstlich sein; **play ~ and mouse with sb.** Katz und Maus mit jmdm. spielen *(ugs.);* **when the ~'s away [the mice will play]** *(prov.)* wenn die Katze aus dem Haus ist, tanzen die Mäuse [auf dem Tisch]; **let the ~ out of the bag** *(fig.)* die Katze aus dem Sack lassen; **be like a ~ on hot bricks** wie auf glühenden Kohlen sitzen; **look like something the ~ brought in** *(fig.)* aussehen wie unter die Räuber gefallen; **curiosity killed the ~** *(fig.)* sei nicht so neugierig; **[fight] like ~ and dog** wie Hund und Katze [sein]; **not a ~ in hell's chance** nicht die geringste Chance; **we'll wait and see which way the ~ jumps** *(fig.)* wir warten ab, bis wir sehen, wie der Hase läuft *(ugs.);* **a ~ may look at a king** *(prov.)* das ist doch auch nur ein Mensch; **enough to make a ~ laugh** zum Schreien [komisch] *(ugs.);* **put the ~ among the pigeons** *(fig.)* für Aufregung sorgen; **it would be putting the ~ among the pigeons** es würde einigen Aufruhr verursachen; **rain ~s and dogs** in Strömen regnen; **no room to swing a ~** *(fig.)* kaum Platz zum Umdrehen; **has the ~ got your tongue?** hast du die Sprache verloren?; **b)** *(coll. derog.: malicious woman)* Biest, *das; (sl.: person)* Typ, *der; (sl.: jazz enthusiast)* Jazzfan, *der;* **c)** *(Zool.: member of genus Felis)* Katze, *die;* **the [great] Cats** die Großkatzen; **the ~ family** die Familie der Katzen; **d)** *see* **cat-o'-nine-tails**

**cataclysm** ['kætəklɪzm] *n.* [Natur]katastrophe, *die;* Kataklysmus, *der (Geol.); (fig.: upheaval)* Umwälzung, *die*

**cataclysmic** [kætə'klɪzmɪk] *adj.* katastrophal; verheerend; *(fig.)* umwälzend; dramatisch ⟨*Umwälzung*⟩

**catacomb** ['kætəku:m, 'kætəkəʊm] *n.* **a)** Katakombe, *die;* **b)** *(cellar)* Keller[raum], *der*

**catafalque** ['kætəfælk] *n.* Katafalk, *der; (movable)* Leichenwagen, *der*

**Catalan** ['kætəlæn] **1.** *adj.* katalanisch; *see also* **English 1. 2.** *n.* **a)** *(person)* Katalane, *der/*Katalanin, *die;* **b)** *(language)* Katalanisch, *das; see also* **English 2 a**

**catalog, cataloger** *(Amer.) see* **catalogue, cataloguer**

**catalogue** ['kætəlɒg] **1.** *n.* Katalog, *der;* **subject ~:** Sachkatalog, *der (Buchw.).* **2.** *v. t.* katalogisieren

**cataloguer** ['kætəlɒgə(r)] *n.* Bearbeiter/Bearbeiterin des Katalogs

**Catalonia** [kætə'ləʊnɪə] *pr. n.* Katalonien *(das)*

**catalyse** ['kætəlaɪz] *v. t. (Chem.; also fig.)* katalysieren

**catalysis** [kə'tælɪsɪs] *n., pl.* **catalyses** [kə'tælɪsi:z] *(Chem.)* Katalyse, *die*

**catalyst** ['kætəlɪst] *n. (Chem.; also fig.)* Katalysator, *der;* **act as a ~:** als Katalysator wirken (to bei)

**catalytic** [kætə'lɪtɪk] *adj. (Chem.; also fig.)* katalytisch

**catalytic con'verter** *n. (Motor Veh.)* Katalysator, *der*

**catalyze** *(Amer.) see* **catalyse**

**catamaran** [kætəmə'ræn] *n. (Naut.)* Katamaran, *der*

**cat-and-'dog** *adj.* **lead a ~ life** wie Hund und Katze leben

**catapult** ['kætəpʌlt] **1.** *n.* Katapult, *das.* **2.** *v. t.* **a)** *(fling)* katapultieren; **they were ~ed into action** *(fig.)* sie wurden [plötzlich] zum Handeln gezwungen; **the tragedy ~ed us into the depths of despair** die Tragödie stürzte uns in tiefste Verzweiflung; **b)** *(launch)* katapultieren. **3.** *v. i. (be flung)* katapultiert werden

**cataract** ['kætərækt] *n.* **a)** Katarakt, *der;* Wasserfall, *der; (fig.)* Katarakt, *der;* **b)** *(Med.)* grauer Star; Katarakt[a], *die (fachspr.)*

**catarrh** [kə'tɑ:(r)] *n.* **a)** *(discharge)* Schleimabsonderung, *die;* **b)** *(inflammation)* Katarrh, *der (Med.)*

**catastrophe** [kə'tæstrəfɪ] *n.* Katastrophe, *die;* **end in ~:** in einer Katastrophe enden; **mean ~:** eine Katastrophe bedeuten

**catastrophic** [kætə'strɒfɪk] *adj.,* **catastrophically** [kætə'strɒfɪkəlɪ] *adv.* katastrophal

**catatonia** [kætə'təʊnɪə] *n. (Psych.)* Katatonie, *die*

**catatonic** [kætə'tɒnɪk] *adj. (Psych.)* katatonisch

**cat: ~ burglar** *n.* Fassadenkletterer, *der/*Fassadenkletterin, *die;* **~call 1.** *n.* ≈ Pfiff, *der;* **2.** *v. i.* ≈ pfeifen

**catch** [kætʃ] **1.** *v. t.,* **caught** [kɔ:t] **a)** *(capture)* fangen; *(lay hold of)* fassen; packen; **~ sb. by the arm** jmdn. am Arm packen *od.* fassen; **~ hold of sb./sth.** jmdn./etw. festhalten; *(to stop oneself falling)* sich an jmdm./etw. festhalten; **he caught hold of me by the throat** er packte mich an der Kehle; **b)** *(intercept motion of)* auffangen; fangen ⟨*Ball*⟩; **he caught the door before it slammed** er hielt die Tür fest, bevor sie zuschlagen konnte; **the brambles kept ~ing our clothes** die Dornenranken verfingen sich immer wieder in unseren Kleidern; **~ a thread** einen Faden vernähen; **get sth. caught** *or* **~ sth. on/in sth.** mit etw. an/in etw. *(Dat.)* hängenbleiben; **I got my finger caught** *or* **caught my finger in the door** ich habe mir den Finger in der Tür eingeklemmt; **get caught on/in sth.** an/in etw. *(Dat.)* hängenbleiben; *see also* **breath a; c)** *(travel by)* nehmen; *(manage to see)* sehen; *(manage to hear)* bekommen ⟨*Sender, Sendung*⟩; *(be in time for)* [noch] erreichen; [noch] kriegen *(ugs.)* ⟨*Bus, Zug*⟩; [noch] erwischen *(ugs.)* ⟨*Person*⟩; **did you ~ her in?** hast du sie zu Hause erwischt? *(ugs.);* **did you ~ the post?** bist du noch rechtzeitig zum Briefkasten gekommen?; **d)** *(surprise)* **~ sb. at/doing sth.** jmdn. bei etw. erwischen *(ugs.)*/[dabei] erwischen, wie er etw. tut *(ugs.);* **~ sb. unawares** jmdn. überraschen; **caught by a sudden fall of the dollar** vom plötzlichen Sturz des Dollars überrascht; **caught in a mist/thunderstorm** vom Nebel/Sturm überrascht; **I caught myself thinking how old she looked** ich ertappte mich bei dem Gedanken, wie alt sie doch aussah; **~ sb. in sth./somewhere** jmdn. in etw. *(Dat.)*/irgendwo antreffen; **you'll never ~ me in this pub again** in diesem Lokal siehst du mich nicht mehr; **~ me!/him!** das wirst du nicht erleben!; *see also* **act 1 b; [1]bend 3 b; [2]hop 3 c; e)** *(become infected with, receive)* sich *(Dat.)* zuziehen *od. (ugs.)* holen; **~ sth. from sb.** sich bei jmdm. mit etw. anstecken; **~ [a] cold** sich erkälten/sich *(Dat.)* einen Schnupfen holen; *(fig.)* übel dran sein; **he caught this habit from his wife** *(fig.)* diese Angewohnheit hat er von seiner Frau geerbt *(ugs.);* **he caught that trick from his brother** *(fig.)* diesen Trick hat er von seinem Bruder; **you'll ~ a terrible scolding/beating** *etc.* **from your father** dein Vater wird dich furchtbar ausschimpfen/verprügeln *usw.;* **~ it** *(fig. coll.)* etwas kriegen *(ugs.);* **you'll ~ it from me** du kannst von mir was erleben *(ugs.); see also* **death a; f)** *(arrest)* **~ sb.'s gaze** jmds. Aufmerksamkeit erregen; **~ sb.'s attention/interest** jmds. Aufmerksamkeit erregen/jmds. Interesse wecken; **~ sb.'s fancy** jmdm. gefallen; jmdn. ansprechen; **~ the Speaker's eye** *(Parl.)* das Wort erhalten; **~ sb.'s eye** jmdm. auffallen; jmdn. auf sich *(Akk.)* aufmerksam machen; ⟨*Gegenstand:*⟩ jmdm. ins Auge fallen; *(be impossible to overlook)* jmdm. ins Auge springen; **g)** *(hit)* **~ sb. on/in sth.** jmdn. auf/in etw. *(Akk.)* treffen; **~ sb. a blow [on/in sth.]** jmdm. einen Schlag [auf/in etw. *(Akk.)*] versetzen; **h)** *(grasp in thought)* verstehen; mitbekommen; **did you ~ his meaning?** hast du verstanden *od.* mitbekommen, was er meint?; **~ the mood** die Stimmung einfangen; **~ sb.'s likeness** jmdn. treffen; **i)** *see* **~ out a. 2.** *v. i.,* **caught a)** *(begin to burn)* [anfangen zu] brennen; **b)** *(become fixed)* hängenbleiben; ⟨*Haar, Faden:*⟩ sich verfangen; **my coat caught on a nail** ich blieb mit meinem Mantel an einem Nagel hängen; **c) ~ at sb.'s sleeve** jmdn. am Ärmel zupfen. **3.** *n.* **a)** *(of ball)* **make [several] good ~es** [mehrmals] gut fangen; **make a ~ with one hand** mit einer Hand fangen; **b)** *(amount caught, lit. or fig.)* Fang, *der;* **you've made a great ~ as far as your house is concerned** *(fig.)* mit eurem Haus habt ihr das große Los gezogen; **sth. is no [great] ~** *(fig.)* etw. ist kein gutes Geschäft; **he was no ~[, matrimonially]** *(fig.)* er war keine gute Partie; **c)** *(trick, unexpected difficulty)* Haken, *der* **(in** an + *Dat.*); **there must be a ~ in it somewhere** da muß irgendwo ein Haken sein; **the ~ is that ...:** der Haken an der Sache ist, daß ...; **~-22** *(coll.)* Dilemma, *das;* **it's ~-22** *(coll.)* es ist ein Teufelskreis; **d)** *(contrivance)* Verschluß, *der; (of door)* Schnapper, *der;* **e)** *(Cricket etc.)* ≈ Fang, *der (Schlagball); Abfangen des Balles, das den Schlagmann aus dem Spiel bringt;* **miss a ~:** einen Ball nicht abfangen; **he is a good ~:** er kann gut fangen

**~ 'on** *v. i. (coll.)* **a)** *(become popular)* [gut] ankommen *(ugs.);* sich durchsetzen; **b)** *(understand)* begreifen; kapieren *(ugs.)*

**~ 'out** *v. t.* **a)** *(Cricket etc.) durch Abfangen des Balles aus dem Spiel bringen;* **b)** *(detect in mistake etc.)* [bei einem Fehler] ertappen; **it's not easy to ~ him out** man kann ihm nicht leicht etwas am Zeug flicken *(ugs.);* **he was caught out on a point of form** er stolperte über eine Formsache; **c)** *(take unawares)* erwischen *(ugs.)*

**~ 'up 1.** *v. t.* **a)** *(reach)* **~ sb. up** jmdn. einholen; *(in quality, skill)* mit jmdm. mitkommen; **b)** *(absorb)* **be caught up in sth.** in etw. *(Dat.)* [völlig] aufgehen; **they were completely caught up in each other** sie waren nur mit sich [selbst] beschäftigt; **c)** *(snatch)* packen; **sth. gets caught up in sth.** etw. verfängt sich in etw. *(Dat.).* **2.** *v. i. (get level)* **~ up** einholen; **~ up with sb.** *(in quality, skill)* mit jmdm. mitkommen; **~ up on sth.** etw. nachholen; **I'm longing to ~ up on your news** ich bin gespannt, was für Neuigkeiten du hast

**catch: ~-all** *n.* Sammelplatz, *der; (fig.)* Auffangbecken, *das;* **~-all term** Allerweltswort, *das;* **~-as-~-'can** *n.* Catch-as-catch-can, *das;* **play ~-as-~-can** keine Rücksicht nehmen; **~ crop** *n. (Agric.)* Zwischenfrucht, *die*

**catcher** ['kætʃə(r)] *n.* **a)** Fänger, *der/*Fängerin, *die;* **b)** *(Baseball)* Fänger, *der*

**catching** ['kætʃɪŋ] *adj.* ansteckend

**catchment area** ['kætʃmənt eərɪə] *n. (lit. or fig.)* Einzugsgebiet, *das*

**catch: ~penny** *adj.* **~penny goods** Ramsch, *der (ugs.);* Tinnef, *der (ugs.);* **~-phrase** *n.* Slogan, *der;* **~-points** *n. pl. (Railw.)* Entgleisungsvorrichtung, *die;* **~ question** *n.* Fangfrage, *die;* **~word** *n.* **a)** *(headword)* Kolumnentitel, *der; (rhymeword)* Reimwort, *das; (cue)* Stichwort, *das; (slogan)* Schlagwort, *das;* **b)** *(at foot of page)* Kustos, *der*

**catchy** ['kætʃɪ] *adj.* **a)** eingängig; **a ~ song** ein Ohrwurm *(ugs.);* **b)** *(attractive)* reizvoll; ansprechend ⟨*Farbe, Kleidung*⟩

**'cat-door** *n.* Katzentür, *die*

**catechise** *see* **catechize**

**catechism** ['kætɪkɪzm] *n. (Relig.)* **a)** *(book)* Katechismus, *der;* **Church C~:** Katechismus der Anglikanischen Kirche; **b)** *(instruction)* [Unterweisung im] Katechismus; *(fig.: questioning)* Befragung, *die;* **put sb.**

**through a ~** *(fig.)* jmdn. ins Kreuzverhör nehmen *(fig.)*
**catechize** ['kætɪkaɪz] *v. t. (Relig.) (instruct)* katechisieren; *(fig.: question)* befragen
**categorial** [kætɪ'gɔ:rɪəl] *adj.* kategorial *(geh.)*
**categorical** [kætɪ'gɒrɪkl] *adj.* kategorisch; **he was quite ~ about it** er vertrat in dieser Angelegenheit eine recht entschiedene Haltung; **~ imperative** *(Philos.)* kategorischer Imperativ
**categorically** [kætɪ'gɒrɪkəlɪ] *adv.* kategorisch
**categorize (categorise)** ['kætɪgəraɪz] *v. t.* kategorisieren
**category** ['kætɪgərɪ] *n. (also Philos.)* Kategorie, *die*
**cater** ['keɪtə(r)] *v. i.* **a)** *(provide or supply food)* **~ [for sb./sth.]** [für jmdn./etw.] [die] Speisen und Getränke liefern; **~ for weddings** Hochzeiten ausrichten; **b)** *(provide requisites etc.)* **~ for sb./sth.** auf jmdn./etw. eingestellt sein; **~ for the needs of the individual** den Bedürfnissen des einzelnen gerecht werden; **~ for all ages** jeder Altersgruppe etwas bieten; **c) ~ to** *(pander)* nachgeben (+ *Dat.*); entgegenkommen (+ *Dat.*)
**catercorner** ['kætəkɔ:nə(r)], **catercornered** ['kætəkɔ:nəd] *(Amer.) adv., adj.* diagonal
**caterer** ['keɪtərə(r)] *n.* Lieferant von Speisen und Getränken; Caterer, *der (fachspr.)*; *(for party)* Partyservice, *der*
**catering** ['keɪtərɪŋ] *n.* **a)** *(trade)* **~ [business]** Gastronomie, *die;* **he is interested in ~ as a career** er interessiert sich beruflich für die Gastronomie; **b)** *(service)* Lieferung von Speisen und Getränken; Catering, *das (fachspr.)*; **who's responsible for the ~ in this hotel?** wer hat in diesem Hotel die Küche unter sich *(Dat.)*?; **do the ~:** für Speisen und Getränke sorgen; **~ firm/service** *see* **caterer**
**caterpillar** ['kætəpɪlə(r)] *n.* **a)** *(Zool.)* Raupe, *die;* **b) C~ [tractor] (P)** *(Mech.)* Raupenfahrzeug, *das*
**caterpillar: ~ 'track, ~ 'tread** *ns.* Raupen-, Gleiskette, *die*
**caterwaul** ['kætəwɔ:l] **1.** *v. i.* ⟨*Katze:*⟩ schreien, [laut] miauen; ⟨*Sänger:*⟩ jaulen *(abwertend).* **2.** *n.* Katzengeschrei, *das; (of singer)* Gejaule, *das (abwertend);* ≈ Katzenmusik, *die (ugs.)*
**cat: ~fish** *n.* Wels, *der;* **~-flap** *see* **catdoor; ~gut** *n.* Darm, *der; (Med.)* Katgut, *das*
**catharsis** [kə'θɑ:sɪs] *n., pl.* **catharses** [kə'θɑ:si:z] *(emotional outlet; also Psych.)* Katharsis, *die*
**cathartic** [kə'θɑ:tɪk] **1.** *adj.* **a)** *(Med.)* abführend; **~ medicine** Abführmittel, *das;* **b)** *(effecting catharsis; also Psych.)* kathartisch. **2.** *n. (Med.)* Abführmittel, *das*
**Cathay** [kə'θeɪ] *pr. n. (arch./poet.)* China; das Reich der Mitte *(dichter.)*
**cathedral** [kə'θi:drl] *n.* **~ [church]** Dom, *der;* Kathedrale, *die (bes. in England, Frankreich u. Spanien);* **Cologne C~:** der Kölner Dom; **Rheims C~:** die Kathedrale von Reims
**ca'thedral city** *n.* Domstadt, *die*
**Catherine** ['kæθərɪn] *pr. n. (Hist., as name of ruler etc.)* Katharina *(die)*
**'Catherine wheel** *n.* **a)** *(firework)* Feuerrad, *das;* **b)** *see* **cart-wheel b; c)** *(Archit.)* Radfenster, *das;* Katharinenfenster, *das (selten)*
**catheter** ['kæθɪtə(r)] *n. (Med.)* Katheter, *der*
**catheterize** ['kæθɪtəraɪz] *v. t. (Med.)* katheterisieren
**cathode** ['kæθəʊd] *n. (Electr.)* Kathode, *die*
**'cathode ray** *n.* Kathodenstrahl, *der;* **cathode-ray tube** Kathodenstrahlröhre, *die;* Braunsche Röhre

**catholic** ['kæθəlɪk, 'kæθlɪk] **1.** *adj.* **a)** *(all-embracing)* umfassend; vielseitig ⟨*Interessen*⟩; *(universal, universally applicable)* allgemein; universell ⟨*Lehren*⟩; **b) C~** *(Relig.)* katholisch. **2.** *n.* **C~:** Katholik, *der*/Katholikin, *die*
**Catholicism** [kə'θɒlɪsɪzm] *n. (Relig.)* Katholizismus, *der*
**cation** ['kætaɪən] *n. (Phys.)* Kation, *das*
**catkin** ['kætkɪn] *n. (Bot.)* Kätzchen, *das*
**cat: ~lick** *n.* Katzenwäsche, *die;* **give oneself a ~lick** Katzenwäsche machen; **~like** *adj.* katzenartig; katzenhaft ⟨*Art, Bewegung*⟩; **~-lover** *n.* Katzenfreund, *der*/-freundin, *die;* **~mint** *n. (Bot.)* Katzenminze, *die;* **~nap** *n.* Nickerchen, *das (ugs.)*; kurzes Schläfchen; **have** *or* **take a ~nap** ein Nickerchen machen *(ugs.)*; **~nip** *n. (Bot.)* Katzenminze, *die;* **~-o'-'nine-tails** *n.* neunschwänzige Katze; **~'s-'cradle** *n.* **a)** *(game)* Fadenspiel, *das;* **b)** *(string-pattern) Figur beim Fadenspiel;* Fadenspannbild, *das;* **~'s-eye** *n.* **a)** *(stone)* Katzenauge, *das;* **b)** *(Brit.: reflector)* Bodenrückstrahler, *der (Verkehrsw.)*; **~'s-paw** *n.* **a)** *(person)* Handlanger, *der;* Werkzeug, *das (fig.)*; **b)** *(Naut.)* leichte Brise; **~'s pyjamas** *see* **~'s whiskers; ~'s-tail** *n. (Bot.)* Rohrkolben, *der;* **~suit** *n. (woman's)* hautenger einteiliger Hosenanzug; *(infant's)* Overall, *der;* **~'s whiskers** *n. pl. (sl.: the best)* **sb. is the ~'s whiskers** jmd. ist der/die Größte *(ugs.)*; **sth. is the ~'s whiskers** etw. ist spitze *(ugs.)*
**cattery** ['kætərɪ] *n.* Katzenpension, *die*
**cattily** ['kætɪlɪ] *adv.* gehässig
**cattish** ['kætɪʃ] *see* **catty**
**cattle** ['kætl] *n. pl.* Vieh, *das;* Rinder *Pl.*; **sheep and ~:** Schafe und Rinder; **700 head of ~:** 700 Rinder *od.* Stück Vieh
**cattle: ~-breeding** *n.* Rinderzucht, *die;* Viehzucht, *die;* **~-cake** *n. (Brit. Agric.) konzentriertes, gepreßtes Viehfutter;* ≈ Preßkuchen, *der;* **~-grid** *n. (Brit.)*, **~-guard** *n. (Amer.) mit einem Gitterrost bedeckte Grube als Durchlaß bei Weiden od. Gehegen;* **~man** *n.* **a)** *(tender)* Viehhüter, *der;* **b)** *(breeder)* Viehzüchter, *der;* **~-market** *n.* Viehmarkt, *der; (fig.)* Fleischbeschau, *die (ugs. scherzh.)*; **~-plague** *n.* Rinderpest, *die;* **~-rustler** *n. (Amer.)* Viehdieb, *der;* **~-truck** *n.* Viehtransporter, *der; (Railw.)* Viehwagen, *der*
**catty** ['kætɪ] *adj.* gehässig; **they're so ~ about their colleague** sie sprechen so gehässig über ihre Kollegin
**'catwalk** *n.* Laufsteg, *der*
**Caucasia** [kɔ:'keɪzɪə, kɔ:'keɪʒə] *pr. n.* Kaukasien *(das)*
**Caucasian** [kɔ:'keɪzɪən, kɔ:'keɪʒn] **1.** *adj.* kaukasisch. **2.** *n.* Kaukasier, *der*/Kaukasierin, *die*
**Caucasus** ['kɔ:kəsəs] *pr. n.* Kaukasus, *der*
**caucus** ['kɔ:kəs] *n. (Brit. derog., Amer.)* **a)** *(committee) den Wahlkampf und die Richtlinien der Politik bestimmendes regionales Gremium einer Partei;* **b)** *(party meeting) den Wahlkampf und die Richtlinien der Politik bestimmende Sitzung der regionalen Parteiführung*
**caudal** ['kɔ:dl] *adj. (Zool.)* **a)** *(of tail)* Schwanz-; *(at tail)* kaudal; **b)** *(of posterior of body)* Kaudal-
**caught** *see* **catch 1, 2**
**cauldron** ['kɔ:ldrən, 'kɒldrən] *n.* Kessel, *der*
**cauliflower** ['kɒlɪflaʊə(r)] *n.* Blumenkohl, *der*
**cauliflower: ~ 'cheese** *n. (mit Käse)* überbackener Blumenkohl; **~ 'ear** *n.* Blumenkohlohr, *das (Boxerjargon)*
**caulk** [kɔ:k] *v. t.* kalfatern *(Seemannsspr.)*; abdichten
**causal** ['kɔ:zl] *adj.* kausal; **~ connection** Kausalzusammenhang, *der;* **~ sentence** Kausalsatz, *der*

**causality** [kɔ:'zælɪtɪ] *n., no pl. (esp. Ling., Philos.)* Kausalität, *die;* **the law[s] of ~:** das Kausalitätsgesetz
**causally** ['kɔ:zəlɪ] *adv.* kausal
**causation** [kɔ:'zeɪʃn] *n.* **a)** *(causing)* Verursachung, *die;* **b)** *(relation of cause and effect)* Kausalität, *die*
**causative** ['kɔ:zətɪv] *adj.* **a)** verursachend; **b)** *(Ling.)* kausativ
**cause** [kɔ:z] **1.** *n.* **a)** *(what produces effect)* Ursache, *die* **(of** für *od. Gen.*); *(person)* Verursacher, *der*/Verursacherin, *die;* **be the ~ of sth.** etw. verursachen; **b)** *(Philos.)* Ursache, *die;* **c)** *(reason)* Grund, *der;* Anlaß, *der;* **~ for/to do sth.** Grund *od.* Anlaß zu etw./, etw. zu tun; **no ~ for concern** kein Grund zur Beunruhigung; **where he saw ~ to do so** wo er es für nötig hielt; **show ~ why ...:** Gründe vorbringen, weshalb ...; **without good ~:** ohne triftigen Grund; **d)** *(object of support)* Sache, *die;* **he died in the ~ of peace** er starb für die Sache des Friedens *od.* für den Frieden; **take up sb.'s ~:** sich für jmds. Sache einsetzen; **freedom is our common ~:** Freiheit ist unser gemeinsames Anliegen *od.* Ziel; **be a lost ~:** aussichtslos sein; verlorene Liebesmühe sein *(ugs.)*; **make common ~ with sb.** mit jmdm. gemeinsame Sache machen; **[in] a good ~:** [für] eine gute Sache; **e)** *(Law) (matter)* Sache, *die; (case)* Fall, *der;* **he lost his ~ in the courts** er hat seinen Prozeß verloren. **2.** *v. t.* **a)** *(produce)* verursachen; erregen ⟨*Aufsehen, Ärgernis*⟩; hervorrufen ⟨*Verstimmung, Unruhe, Verwirrung*⟩; **b)** *(give)* **~ sb. worry/pain** *etc.* jmdm. Sorge/Schmerzen *usw.* bereiten; **~ sb. expense** jmdm. Ausgaben verursachen; **~ sb. trouble/bother** jmdm. Umstände machen; **c)** *(induce)* **~ sb. to do sth.** jmdn. veranlassen, etw. zu tun; **~ the alarm to go off** den Alarm auslösen; **~ sb. to lose concentration** jmdm. die Konzentration nehmen; **~ sb. to be miserable** bewirken, daß sich jemand elend fühlt; **~ sth. to be done** dazu führen, daß etw. getan wird
**cause célèbre** [kɔ:z seɪ'lebr] *n., pl.* **causes célèbres** [kɔ:z seɪ'lebr] Cause célèbre, *die (geh.)*; aufsehenerregender Fall
**causeless** ['kɔ:zlɪs] *adj.* grundlos
**causeway** ['kɔ:zweɪ] *n.* Damm, *der*
**caustic** ['kɔ:stɪk] **1.** *adj.* **a)** *(sarcastic)* kaustisch *(geh.)*; beißend ⟨*Spott*⟩; bissig ⟨*Bemerkung, Worte*⟩; spitz, scharf ⟨*Zunge*⟩; **b)** *(burning)* ätzend; *(Chem.)* kaustisch; **~ potash/soda** Ätzkali, *das*/Ätznatron, *das.* **2.** *n. (substance)* Ätzmittel, *das;* Kaustikum, *das (Med.)*
**caustically** ['kɔ:stɪkəlɪ] *adv. (sarcastically)* bissig
**cauterisation, cauterise** *see* **cauteriz-**
**cauterization** [kɔ:təraɪ'zeɪʃn] *n. (Med.)* Kauterisation, *die*
**cauterize** ['kɔ:təraɪz] *v. t. (Med.)* kauterisieren; *(fig.)* abstumpfen
**caution** ['kɔ:ʃn] **1.** *n.* **a)** Vorsicht, *die;* **use ~:** vorsichtig sein; **b)** *(warning)* Warnung, *die; (warning and reprimand)* Verwarnung, *die;* **by way of a ~:** als Warnung; **act as a ~ to sb.** jmdm. eine Warnung sein; **just a word of ~:** noch ein guter Rat; **c)** *(dated coll.: sb. comical)* **be a ~:** ein Kasper sein *(ugs.)*. **2.** *v. t. (warn)* warnen; *(warn and reprove)* verwarnen **(for** wegen); **~ sb. against sth./doing sth.** jmdn. vor etw. *(Dat.)* warnen/davor warnen, etw. zu tun; **~ sb. to/not to do sth.** jmdn. ermahnen, etw. zu tun/nicht zu tun
**cautionary** ['kɔ:ʃənərɪ] *adj.* [er]mahnend; warnend ⟨*Beispiel*⟩
**'caution money** *n.* Kaution, *die;* **demand/pay ~:** eine Kaution verlangen/zahlen
**cautious** ['kɔ:ʃəs] *adj.* vorsichtig; *(circumspect)* umsichtig
**cautiously** ['kɔ:ʃəslɪ] *adv.* vorsichtig; *(circumspectly)* umsichtig
**cavalcade** [kævəl'keɪd] *n.* Kavalkade, *die*

*(veralt., auch fig.); (convoy of cars)* Konvoi, *der; (procession of cars)* Korso, *der*

**cavalier** [kævə'lɪə(r)] **1.** *n.* **a)** Kavalier, *der;* **b)** *(Hist.: Royalist)* Kavalier, *der (Anhänger König Karls I.);* **c)** *(arch.: horseman)* Ritter, *der.* **2.** *adj.* *(offhand)* keck; *(arrogant)* anmaßend

**cavalry** ['kævəlrɪ] *n. constr. as sing. or pl.* Kavallerie, *die; (soldiers in vehicles)* motorisierte Streitkräfte

**cavalry: ~man** ['kævəlrɪmən] *n., pl.* **~men** ['kævəlrɪmən] Kavallerist, *der;* **~ officer** *n.* Kavallerieoffizier, *der;* **~ regiment** *n.* Reiterregiment, *das;* **~ sword** *n.* Säbel, *der;* **~ twill** *n.* Kavallerietwill, *der*

**[1]cave** [keɪv] **1.** *n.* Höhle, *die.* **2.** *v. t.* aushöhlen. **3.** *v. i.* Höhlen erforschen
~ **'in** *v. i.* einbrechen; *(fig.) (collapse)* zusammenbrechen; *(submit)* nachgeben. *See also* **cave-in**

**[2]cave** ['keɪvɪ] *int. (sl.)* Achtung!; **keep ~:** Schmiere stehen *(salopp)*

**caveat** ['kævɪæt] *n. (warning)* Warnung, *die; (against repetition)* Mahnung, *die;* **~ emptor** [kævɪæt 'emptɔ:(r)] Ausschluß der Gewährleistung

**cave: ~-bear** *n. (Zool.)* Höhlenbär, *der;* **~-dweller** *n.* Höhlenbewohner, *der; (fig.)* Wilde, *der;* **~-in** *n.* Einsturz, *der;* **~-man** *see* **~-dweller; ~-painting** *n.* Höhlenmalerei, *die*

**caver** ['keɪvə(r)] *n.* Höhlenforscher, *der*

**cavern** ['kævən] *n. (cave, lit. or fig.)* Höhle, *die; (artificial)* Kaverne, *die*

**cavernous** ['kævənəs] *adj. (like a cavern)* höhlenartig; herzhaft ⟨*Gähnen*⟩; *(full of caverns)* reich an Höhlen

**caviare (caviar)** ['kævɪɑ:(r), kævɪ'ɑ:(r)] *n.* Kaviar, *der;* **it is ~ to the general** *(fig.)* das ist Perlen vor die Säue geworfen *(ugs.)*

**cavil** ['kævɪl] **1.** *v. i., (Brit.)* **-ll-** kritteln *(abwertend);* **~ at/about sth.** etw. bekritteln *(abwertend).* **2.** *n.* unsachlicher Anwurf

**caving** ['keɪvɪŋ] *n.* Höhlenforschung, *die*

**cavity** ['kævɪtɪ] *n.* Hohlraum, *der; (in tooth)* Loch, *das;* **nasal/oral/uterine ~:** Nasen-/Mund-/Gebärmutterhöhle, *die*

**'cavity wall** *n. (Building)* Hohlmauer, *die*

**cavort** [kə'vɔ:t] *v. i. (sl.)* **~ [about or around]** herumtollen *(ugs.)*

**caw** [kɔ:] **1.** *n.* Krächzen, *das.* **2.** *v. i.* krächzen

**cay** [keɪ] *n.* Riff, *das*

**cayenne** [keɪ'en] *n.* **~ ['pepper]** Cayennepfeffer, *der*

**cayman** ['keɪmən] *n. (Zool.)* Kaiman, *der*

**CB** *abbr.* **a) Companion [of the Order] of the Bath** *Mitglied der 3. Klasse des Bathordens;* **b) citizens' band** CB

**CBE** *abbr.* **Commander [of the Order] of the British Empire** *Träger des Ordens des British Empire 3. Klasse*

**CBI** *abbr.* **Confederation of British Industry** *britischer Unternehmerverband*

**cc** [si:'si:] *abbr.* **cubic centimetre(s)** cm$^3$

**CD** *abbr.* **a) civil defence; b) Corps Diplomatique** CD; **c) compact disc** CD; **CD player** CD-Spieler, *der*

**Cdr.** *abbr.* **commander b** Kdt

**CD-ROM** [si:di:'rɒm] *abbr.* **compact disc read-only memory** CD-ROM, *die*

**CE** *abbr.* **a) Church of England; b) civil engineer; c) Common Era**

**cease** [si:s] **1.** *v. i.* aufhören; **he never ~d in his efforts** er gab seine Bemühungen nie auf; **when the storm ~d** als der Sturm sich legte; **~ from sth./from doing sth.** mit etw. aufhören/aufhören, etw. zu tun; **without ceasing** ununterbrochen. **2.** *v. t.* **a)** *(stop)* aufhören; **~ doing** *or* **to do sth.** aufhören, etw. zu tun; **~ to understand** nicht mehr verstehen; **sth. has ~d to exist** etw. existiert *od.* besteht nicht mehr; **we have ~d manufacturing tyres** wir stellen keine Reifen mehr her; **it never ~s to amaze me** ich kann nur immer darüber staunen; **b)** *(end)* aufhören mit; einstellen ⟨*Bemühungen, Versuche*⟩; **~ 'fire** *(Mil.)* das Feuer einstellen. **3.** *n.* **without ~:** ununterbrochen; ohne Unterbrechung

**'cease-fire** *n.* Waffenruhe, *die; (signal)* Befehl zur Feuereinstellung

**ceaseless** ['si:slɪs] *adj.* endlos; unaufhörlich ⟨*Anstrengung*⟩; ständig ⟨*Wind, Lärm*⟩

**ceaselessly** ['si:slɪslɪ] *adv.* unaufhörlich; endlos ⟨*streiten*⟩

**cedar** ['si:də(r)] *n.* **a)** Zeder, *die;* **~ of Lebanon** Libanonzeder, *die;* **b)** *see* **cedar-wood**

**'cedar-wood** *n.* Zedernholz, *das*

**cede** [si:d] *v. t. (surrender)* abtreten ⟨*Land, Rechte*⟩ **(to** *Dat.,* an + *Akk.***)**; einräumen ⟨*Privilegien*⟩ **(to** *Dat.***)**; *(grant)* überlassen ⟨*Land*⟩ **(to** *Dat.***)**; zugestehen ⟨*Rechte*⟩ **(to** *Dat.***)**

**cedilla** [sɪ'dɪlə] *n. (Ling.)* Cedille, *die*

**Ceefax, (P)** ['si:fæks] *n. (Brit.)* Bildschirmtextdienst der BBC

**ceilidh** ['keɪlɪ] *n. (Scot., Ir.) zwangloses Beisammensein zum Musizieren, Tanzen, Singen und Geschichtenerzählen*

**ceiling** ['si:lɪŋ] *n.* **a)** Decke, *die; see also* **hit 1 b; b)** *(upper limit)* Maximum, *das;* **~ temperature** maximale Temperatur; **c)** *(Aeronaut.)* Gipfelhöhe, *die;* **d)** *(Meteorol.)* **[cloud] ~:** Wolkenuntergrenze, *die; (height)* Wolkenhöhe, *die*

**celandine** ['seləndaɪn] *n. (Bot.)* **a) [greater] ~:** [Großes] Schöllkraut; **b) [lesser] ~:** Scharbockskraut, *das*

**celebrant** ['selɪbrənt] *n. (Eccl.)* Zelebrant, *der*

**celebrate** ['selɪbreɪt] **1.** *v. t.* **a)** *(observe)* feiern; **b)** *(Eccl.)* zelebrieren, lesen ⟨*Messe*⟩; **the wedding was ~d in St Paul's** die Hochzeit fand in St Paul's statt; **c)** *(extol)* verherrlichen. **2.** *v. i.* **a)** feiern; **b)** *(officiate at Eucharist)* die Eucharistie feiern

**celebrated** ['selɪbreɪtɪd] *adj.* gefeiert, berühmt ⟨*Person*⟩; berühmt ⟨*Gebäude, Werk usw.*⟩

**celebration** [selɪ'breɪʃn] *n.* **a)** *(observing)* Feiern, *das; (party etc.)* Feier, *die;* **in ~ of** aus Anlaß (+ *Gen.*); *(with festivities)* zur Feier (+ *Gen.*); **the ~ of Easter** *etc.* das Feiern *od.* Begehen des Osterfestes *usw.*; **the ~ on her birthday** ihre Geburtstagsfeier; **the Coronation ~s** die Feierlichkeiten anläßlich der Krönung; **this calls for a ~!** das muß gefeiert werden!; **b)** *(performing)* **the ~ of the wedding/christening** die Trauung[szeremonie]/Taufe; **the ~ of Communion** die Feier der Kommunion; **c)** *(extolling)* Verherrlichung, *die*

**celebratory** ['selɪbreɪtərɪ] *adj.* feierlich; Fest⟨*programm, -essen, -trunk*⟩

**celebrity** [sɪ'lebrɪtɪ] *n.* **a)** *no pl. (fame)* Berühmtheit, *die;* **b)** *(person)* Berühmtheit, *die;* **that ~ of stage and cinema** der Star von Bühne und Leinwand

**celeriac** [sɪ'lerɪæk] *n.* [Wurzel-, Knollen]sellerie, *der od. die*

**celerity** [sɪ'lerɪtɪ] *n. (literary)* Schnelligkeit, *die*

**celery** ['selərɪ] *n.* [Bleich-, Stangen]sellerie, *der od. die*

**celesta** [sɪ'lestə] *n. (Mus.)* Celesta, *die*

**celestial** [sɪ'lestɪəl] *adj.* **a)** *(heavenly)* himmlisch; **~ realm** Himmelreich, *das;* **b)** *(of the sky)* Himmels-

**celibacy** ['selɪbəsɪ] *n., no art.* Zölibat, *das od. der (Rel.);* Ehelosigkeit, *die*

**celibate** ['selɪbət] **1.** *adj.* zölibatär *(Rel.);* ehelos; **remain ~:** im Zölibat leben *(Rel.);* ehelos bleiben. **2.** *n.* Zölibatär, *der (Rel.)*

**cell** [sel] *n.* **a)** *(also Biol., Electr.)* Zelle, *die;* **b)** *(enclosed cavity)* Pore, *die; (fig.: compartment of brain)* Gehirnzelle, *die*

**cellar** ['selə(r)] *n.* Keller, *der; (wine storage-place, stock of wine)* [Wein]keller, *der;* **they keep a good ~:** sie haben einen guten Weinkeller

**cellist** ['tʃelɪst] *n. (Mus.)* Cellist, *der*/Cellistin, *die*

**cello** ['tʃeləʊ] *n., pl.* **~s** *(Mus.)* Cello, *das*

**Cellophane, cellophane, (P)** ['seləfeɪn] *n.* Cellophan ®, *das*

**cellular** ['seljʊlə(r)] *adj.* **a)** porös ⟨*Mineral, Gestein, Substanz*⟩; *(Biol.: of cells)* zellular; Zell-; **~ plant** Lagerpflanze, *die;* Zellenpflanze, *die (veralt.);* **b)** *(with open texture)* luftdurchlässig; atmungsaktiv *(Werbespr.)*

**cellular: ~ phone** *n.* Mobiltelefon, *das;* **~ 'radio** *n.* Mobilfunk, *der*

**cellule** ['selju:l] *n. (Anat.)* kleine Zelle; Cellula, *die (fachspr.)*

**cellulitis** [seljʊ'laɪtɪs] *n. (Med.)* Zellulitis, *die;* Zellgewebsentzündung, *die*

**celluloid** ['seljʊlɔɪd] *n.* **a)** Zelluloid, *das;* **b)** *(cinema films)* Kino, *das;* **~ hero** Leinwandheld, *der*

**cellulose** ['seljʊləʊs, 'seljʊləʊz] *n.* **a)** *(Chem.)* Zellulose, *die;* **b)** *in popular use* **~ [lacquer]** Lack, *der;* **~ finish** Lackierung, *die*

**Celsius** ['selsɪəs] *adj.* Celsius; **~ scale** Celsiusskala, *die*

**Celt** [kelt, selt] *n.* Kelte, *der*/Keltin, *die*

**celt** [selt] *n. (Archaeol.)* Kelt, *der*

**Celtic** ['keltɪk, 'seltɪk] **1.** *adj.* keltisch. **2.** *n.* Keltisch, *das*

**Celtic: ~ 'cross** *n.* Radkreuz, *das;* **~ 'fringe** *n. keltische Randgebiete [Großbritanniens]*

**cement** [sɪ'ment] **1.** *n.* **a)** *(Building)* Zement, *der; (mortar)* [Zement]mörtel, *der;* **b)** *(sticking substance)* Klebstoff, *der; (for mending broken vases etc. also)* Kitt, *der; (fig.)* Band, *das;* Kitt, *der.* **2.** *v. t.* **a)** *(unite with binder)* mit Zement/Mörtel zusammenfügen; *(stick together)* zusammenkleben; *(fig.)* zusammenkitten; zementieren ⟨*Freundschaft, Beziehung*⟩; **b)** *(apply cement to)* zementieren/mörteln

**cemetery** ['semɪtərɪ] *n.* Friedhof, *der*

**C. Eng.** *abbr.* **chartered engineer**

**cenotaph** ['senətɑ:f, 'senətæf] *n.* Kenotaph, *das;* Zenotaph, *das;* **the C~** *(Brit.) Mahnmal in London für die Gefallenen der beiden Weltkriege*

**censer** ['sensə(r)] *n.* Rauchfaß, *das*

**censor** ['sensə(r)] **1.** *n.* **a)** *(also Roman Hist.)* Zensor, *der;* **get past the ~s** durch die Zensur kommen; **b)** *(judge)* Kritiker, *der;* **c)** *(Psych.)* Zensur, *die.* **2.** *v. t.* **a)** zensieren; **b)** *(make changes in)* abändern

**censorious** [sen'sɔ:rɪəs] *adj.* [übertrieben] kritisch; [übertrieben] scharf ⟨*Kritik, Kritiker*⟩; **be ~ of sb./sth.** jmdn./etw. scharf kritisieren

**censorship** ['sensəʃɪp] *n.* Zensur, *die*

**censure** ['senʃə(r)] **1.** *n.* Tadel, *der;* **~ of sth.** Tadel für etw.; **propose a vote of ~:** einen Tadelsantrag stellen. **2.** *v. t.* tadeln

**census** ['sensəs] *n.* Zählung, *die;* **[national] ~:** Volkszählung, *die;* Zensus, *der*

**cent** [sent] *n.* Cent, *der;* **I don't** *or* **couldn't care a ~ about that** *(coll.)* das ist mir völlig egal *(ugs.)*

**cent.** *abbr.* **century** Jh.

**centaur** ['sentɔ:(r)] *n. (Mythol.)* Zentaur, *der;* Kentaur, *der*

**centenarian** [sentɪ'neərɪən] **1.** *adj.* hundertjährig; *(over 100 years old)* mehr als hundert Jahre alt. **2.** *n.* Hundertjährige, *der/die; (over 100 years old)* über Hundertjährige, *der/die;* **he/she lived to be a ~:** er/sie wurde hundert Jahre alt/über hundert Jahre alt

**centenary** [sen'ti:nərɪ, sen'tenərɪ] **1.** *adj.* **~ celebrations/festival** Hundertjahrfeier, *die.* **2.** *n.* Hundertjahrfeier, *die; (birthday)* 100. Geburtstag

**centennial** [sen'tenɪəl] **1.** *adj. (100th)* hundertst...; *(lasting 100 years)* hundertjährig; *(occurring every 100 years)* Jahrhundert-. **2.** *n. see* **centenary 2**

**center** *(Amer.) see* **centre**

**centering** ['sentərɪŋ] *(Amer.) see* **centring**
**centi-** ['sentɪ] *pref.* **a)** *(one-hundredth)* Zenti-; **b)** *(one hundred)* Hundert-/hundert-
**centigrade** ['sentɪgreɪd] *see* **Celsius**
**centime** ['sɑ̃ti:m] *n.* Centime, *der*
**centimetre** *(Brit.; Amer.:* **centimeter)** ['sentɪmi:tə(r)] *n.* Zentimeter, *der*
**centipede** ['sentɪpi:d] *n.* Hundertfüßer, *der (Zool.);* ≈ Tausendfüßler, *der*
**central** ['sentrl] **1.** *adj.* zentral; **be ~ to sth.** von zentraler Bedeutung für etw. sein; **in ~ London** im Zentrum von London; **in a ~ situation** in zentraler Lage; **the ~ part** *or* **portion of the apple/the earth** das Innere des Apfels/der Erde; **the ~ part of the town** das Zentrum der Stadt. **2.** *n., no art. (Amer.)* Vermittlung, *die;* **call ~:** die Vermittlung anrufen
**Central: ~ African Re'public** *pr. n.* Zentralafrikanische Republik; **~ A'merica** *pr. n.* Mittelamerika *(das);* **~ A'merican 1.** *adj.* mittelamerikanisch; **2.** *n.* Mittelamerikaner, *der*/-amerikanerin, *die;* **~ 'Europe** *pr. n.* Mitteleuropa *(das);* **~ Euro'pean 1.** *adj.* mitteleuropäisch; **2.** *n.* Mitteleuropäer, *der*/-europäerin, *die;* **c~ 'heating** *n.* Zentralheizung, *die*
**centralisation, centralise** *see* **centraliz-**
**centralization** [sentrəlaɪ'zeɪʃn] *n.* Zentralisierung, *die*
**centralize** ['sentrəlaɪz] *v.t.* zentralisieren; **~ records** Unterlagen zentral erfassen
**central 'locking** *n. (Motor Veh.)* Zentralverriegelung, *die*
**centrally** ['sentrəlɪ] *adv.* **a)** *(in centre)* zentral; **b)** *(in leading place)* an zentraler Stelle
**central: ~ 'nervous system** *n. (Anat., Zool.)* Zentralnervensystem, *das;* **~ processing unit** *n. (Computing)* Zentraleinheit, *die;* **~ reser'vation** *n.* Mittelstreifen, *der;* **~ 'station** *n. (Railw.)* Hauptbahnhof, *der*
**centre** ['sentə(r)] *(Brit.)* **1.** *n.* **a)** Mitte, *die; (of circle, globe)* Mitte, *die;* Zentrum, *das;* Mittelpunkt, *der;* **be the ~ of attention** im Mittelpunkt des Interesses stehen; **be in the ~ of things** im Brennpunkt des Geschehens sein; **b)** *(of rotation)* Drehpunkt, *der; (in lathe etc.)* Spitzdocke, *die (Technik);* **c)** *(nucleus)* Zentrum, *das;* **d)** *(serving an area)* Zentrum, *das;* **university careers ~:** Studienberatung, *die;* **e)** *(filling of chocolate)* Füllung, *die;* **f)** *(Polit.)* Mitte, *die;* **left of ~:** links von der Mitte; **g)** *(Sport: player)* Mittelfeldspieler, *der*/-spielerin, *die; (Basketball)* Center, *der; (Football, Hockey: kick or hit)* Flanke, *die;* **he kicked/hit a ~:** er schlug eine Flanke [nach innen]; **h) ~ of attraction** *(Phys.)* Zentrum der Anziehungskraft; **she likes to be the ~ of attraction** *(fig.)* sie steht gern im Mittelpunkt [des Interesses]; **sth. is a [great] ~ of attraction** *(fig.)* etw. ist eine [große] Attraktion; *see also* **gravity d; ²mass 1 f; i)** *see* **centring. 2.** *adj.* mittler...; **~ party** *(Polit.)* Partei der Mitte; **the ~ point of the circle/triangle** der Mittelpunkt des Kreises/Dreiecks. **3.** *v.i.* **~ in sth.** seinen Mittelpunkt in etw. *(Dat.)* haben; **~ on sth.** sich auf etw. *(Akk.)* konzentrieren; **the novel ~s on Prague** Prag steht im Mittelpunkt des Romans; **the discussion ~d on pollution** im Mittelpunkt der Diskussion stand die Umweltverschmutzung; **~ [a]round sth.** um etw. kreisen; sich um etw. drehen. **4.** *v.t.* **a)** *(place in ~)* in der Mitte anbringen; in der Mitte aufhängen ⟨*Bild, Lampe*⟩; zentrieren ⟨*Überschrift*⟩; **b)** *(concentrate)* **be ~d/~ sth. in a place** einen Ort zum Mittelpunkt haben/von etw. machen; **~ sth. on sth.** etw. auf etw. *(Akk.)* konzentrieren; **~ a novel [a]round sth.** etw. in den Mittelpunkt eines Romans stellen; **be ~d [a]round sth.** etw. zum Mittelpunkt haben; **c)** *(Football, Hockey)* [nach innen] flanken
**centre: ~-bit** *n.* Zentrumbohrer, *der (Technik);* **~-board** *n. (Naut.)* Schwert, *das;* **~ circle** *n. (Football, Basketball, Ice Hockey)* Mittelkreis, *der;* **~-fold** *n.* Faltblatt in der Mitte; **~-'forward** *n. (Sport)* Mittelstürmer, *der*/-stürmerin, *die;* **~-'half** *n. (Sport)* Mittelläufer, *der*/-läuferin, *die; (Football also)* Vorstopper, *der*/-stopperin, *die;* **~-piece** *n. (ornament)* ≈ Tafelschmuck, *der (in der Mitte der Tafel); (principal item)* Kernstück, *das;* **~ 'spread** *n.* Doppelseite in der Mitte; **~ three-'quarter** *n. (Rugby)* Innendreiviertel[spieler], *der*
**centrifugal** [sen'trɪfjʊgl] *adj.* zentrifugal; **~ force** Zentrifugalkraft, *die;* Fliehkraft, *die*
**centrifuge** ['sentrɪfju:dʒ] **1.** *n.* Zentrifuge, *die.* **2.** *v.t.* zentrifugieren
**centring** ['sentrɪŋ] *n. (Building)* Lehrgerüst, *das*
**centripetal** [sen'trɪpɪtl] *adj.* zentripetal; **~ force** Zentripetalkraft, *die*
**centrism** ['sentrɪzm] *n. (Polit. etc.)* gemäßigter Kurs; Zentrismus, *der (abwertend)*
**centrist** ['sentrɪst] *n. (Polit. etc.)* Vertreter/Vertreterin eines gemäßigten Kurses; Zentrist, *der*/Zentristin, *die (abwertend)*
**centurion** [sen'tjʊərɪən] *n. (Roman Hist.)* Zenturio, *der*
**century** ['sentʃərɪ] *n.* **a)** *(hundred-year period from a year ..00)* Jahrhundert, *das; (hundred years)* hundert Jahre; **~-old** hundertjährig; **centuries-old** jahrhundertealt; seit Jahrhunderten bestehend ⟨*Gebäude usw.*⟩; **b)** *(Cricket)* hundert Läufe; *(more than a hundred)* über hundert Läufe; **c)** *(hundred)* Hundert, *das;* **a ~ of** hundert; **d)** *(Roman Hist.)* Zenturie, *die*
**cephalopod** ['sefələpɒd] *n. (Zool.)* Kopffüßer, *der*
**ceramic** [sɪ'ræmɪk] **1.** *adj.* keramisch; Keramik⟨*vase, -kacheln*⟩. **2.** *n.* Keramik, *die*
**ceramics** [sɪ'ræmɪks] *n., no pl.* Keramik, *die*
**Cerberus** ['sɜ:bərəs] *n.* Zerberus, *der*
**cereal** ['sɪərɪəl] **1.** *n.* **a)** *(kind of grain)* Getreide, *das;* **b)** *(breakfast dish)* Getreideflocken *Pl.* **2.** *adj.* Getreide-; **~ grasses** Getreidepflanzen
**cerebellum** [serɪ'beləm] *n. (Anat.)* Kleinhirn, *das;* Cerebellum, *das (fachspr.)*
**cerebral** ['serɪbrl] *adj.* **a)** *(of the brain)* Gehirn⟨*tumor, -blutung, -schädigung*⟩; zerebral *(Anat.);* **b)** *(appealing to intellect, intellectual)* intellektuell
**cerebral 'palsy** *n. (Med.)* Zerebralparese, *die;* zerebrale Kinderlähmung
**cerebrate** ['serɪbreɪt] *v.i. (literary)* nachdenken
**cerebration** [serɪ'breɪʃn] *n.* Gehirntätigkeit, *die*
**cerebrum** ['serɪbrəm] *n. (Anat.)* Großhirn, *das;* Cerebrum, *das (Anat.)*
**ceremonial** [serɪ'məʊnɪəl] **1.** *adj.* feierlich; *(prescribed for ceremony)* zeremoniell; **~ clothing** Festkleidung, *die.* **2.** *n.* Zeremoniell, *das*
**ceremonially** [serɪ'məʊnɪəlɪ] *adv.* feierlich; festlich ⟨*gekleidet*⟩
**ceremonious** [serɪ'məʊnɪəs] *adj.* formell; förmlich ⟨*Höflichkeit*⟩; *(according to prescribed ceremony)* zeremoniell
**ceremoniously** [serɪ'məʊnɪəslɪ] *adv.* formell; förmlich; **he bowed ~:** er verbeugte sich mit aller Förmlichkeit
**ceremoniousness** [serɪ'məʊnɪəsnɪs] *n., no pl.* Förmlichkeit, *die*
**ceremony** ['serɪmənɪ] *n.* **a)** Feier, *die; (formal act)* Zeremonie, *die;* **opening/prizegiving ~:** Eröffnungsfeier, *die*/Preisverleihung, *die;* **Christmas ~:** Weihnachtsfeier, *die;* **b)** *no pl., no art. (formalities)* Zeremoniell, *das;* **stand on ~:** Wert auf Förmlichkeiten legen; **without [great] ~:** ohne große Förmlichkeit. *See also* **master 1 f**
**cerise** [sə'ri:z, sə'ri:s] **1.** *adj.* kirschrot; cerise *(fachspr.).* **2.** *n.* Kirschrot, *das;* Cerise, *das (fachspr.)*
**cerium** ['sɪərɪəm] *n. (Chem.)* Cer, *das;* Zer, *das*
**cert** [sɜ:t] *n. (Brit. coll.)* **a) that's a ~:** das steht fest; **b)** *(as winner)* todsicherer Tip *(ugs.);* **be tipped as a/look [like] a ~:** als todsicherer Tip gelten; **c)** *(for appointment)* **be a ~ for the job/as the next party leader** die Stelle mit Sicherheit kriegen/mit Sicherheit der nächste Parteiführer werden; **his record makes him a ~ for the team** durch seine Leistung kommt er bestimmt in die Mannschaft
**cert.** [sɜ:t] *abbr.* **certificate**
**certain** ['sɜ:tn, 'sɜ:tɪn] *adj.* **a)** *(settled)* bestimmt ⟨*Zeitpunkt*⟩; **b)** *(unerring)* sicher; *(sure to happen)* unvermeidlich; sicher ⟨*Tod*⟩; **the course of the tragedy is ~:** der Verlauf der Tragödie steht fest; **for ~:** bestimmt; **I [don't] know for ~ when ...:** ich weiß [nicht] genau, wann ...; **I can't say for ~ that ...:** ich kann nicht mit Bestimmtheit sagen, daß ...; **make ~ of sth.** *(ensure)* für etw. sorgen; *(examine and establish)* sich einer Sache *(Gen.)* vergewissern; **we made ~ of a seat on the train** wir sicherten uns einen Sitzplatz im Zug; **we made ~ of a timely arrival** wir sorgten dafür, daß wir rechtzeitig ankamen; **the doctor had to make absolutely ~ of his diagnosis** der Arzt mußte in seiner Diagnose absolut sichergehen; **c)** *(indisputable)* unbestreitbar; **d)** *(confident)* sicher; **I'm not ~ of** *or* **about the colour** was die Farbe betrifft, da bin ich mir nicht sicher; **of that I'm quite ~:** dessen bin ich [mir] ganz sicher; **we're not ~ about emigrating** wir wissen nicht [recht], ob wir auswandern sollen/können; **are you ~ of the facts?** sind Sie Ihrer Sache sicher?; **she wasn't ~ about** *or* **of her love for him** sie war [sich *(Dat.)*] nicht sicher, ob sie ihn liebte; **be ~ that ...:** sicher sein, daß ...; **e) be ~ to do sth.** etw. bestimmt tun; **people were ~ to notice that she'd been crying** die Leute würden bestimmt merken, daß sie geweint hatte; **f)** *(particular but as yet unspecified)* bestimmt; **g)** *(slight; existing but probably not already known)* gewiß; **to a ~ extent** in gewisser Weise; **a ~ Mr Smith** ein gewisser Herr Smith
**certainly** ['sɜ:tnlɪ, 'sɜ:tɪnlɪ] **a)** *(admittedly)* sicher[lich]; *(definitely)* bestimmt; *(clearly)* offensichtlich; **b)** *(in answer)* [aber] gewiß; [aber] sicher; **[most] ~ 'not!** auf [gar] keinen Fall!
**certainty** ['sɜ:tntɪ, 'sɜ:tɪntɪ] *n.* **a) be a ~:** sicher sein; feststehen; **regard sth. as a ~:** etw. für sicher halten; **it isn't as much of a ~ now as it was** es ist jetzt nicht mehr ganz so sicher; **b)** *(absolute conviction, sure fact, assurance)* Gewißheit, *die;* **~ of** *or* **about sth./sb.** Gewißheit über etw./jmdn.; **~ that ...:** Gewißheit [darüber], daß ...; **with some ~:** mit einiger Sicherheit; **with ~, for a ~:** mit Sicherheit *od.* Bestimmtheit; **have the ~ of accommodation/sunshine** die Gewißheit haben, eine Unterkunft zu bekommen/daß die Sonne scheint
**Cert. Ed.** [sɜ:t 'ed] *abbr. (Brit.)* **Certificate in Education** ≈ *Berechtigung, an Grund- und Hauptschulen zu unterrichten*
**certifiable** ['sɜ:tɪfaɪəbl] *adj.* **a)** nachweislich; überprüfbar ⟨*Ergebnis*⟩; **what makes a person ~ as dead?** wann kann jemand für tot erklärt werden?; **b)** *(as insane)* unzurechnungsfähig ⟨*Person*⟩; **~ insanity** Unzurechnungsfähigkeit, *die*
**certifiably** ['sɜ:tɪfaɪəblɪ] *adv.* **~ [in]sane** [un]zurechnungsfähig
**certificate 1.** [sə'tɪfɪkət] *n.* Urkunde, *die; (of action performed)* Schein, *der; (Cinemat.) Einblendung zu Beginn eines Films, die angibt, für welches Publikum der Film freigegeben ist;* **doctor's ~:** ärztliches Attest; **teaching ~:** *Zeugnis über eine Ausbildung als Lehrer;* **~ of satisfactory performance** Zeugnis über zufriedenstellende Leistun-

gen; **he gained a ~ of merit in his exam** er bestand die Prüfung mit Auszeichnung. **2.** [sə'tɪfɪkeɪt] *v. t.* zulassen

**Certificate of Secondary Edu'cation** *n. (Brit. Hist.)* ≈ Volksschulabschluß, *der*

**certification** [sɜ:tɪfɪ'keɪʃn] *n.* Bestätigung, *die; (as teacher etc.)* Zulassung, *die; (as insane)* Bescheinigung der Unzurechnungsfähigkeit; *(certificate)* Bescheinigung, *die*

**certified** ['sɜ:tɪfaɪd] *adj.* **a)** zugelassen; **~ as unfit for human habitation** für unbewohnbar erklärt; **she's a ~ driving instructor** sie ist als Fahrlehrerin zugelassen; **state-~:** staatlich anerkannt; **this film is ~ as unsuitable for children** dieser Film ist als nicht jugendfrei eingestuft worden; **b)** *(declared insane)* unzurechnungsfähig

**certified: ~ 'cheque** *n. (Finance)* bestätigter Scheck; **~ 'mail** *n. (Amer.)* **send sth. by ~ mail** etw. per Einschreiben schicken; **an item of ~ mail** eine Einschreibesendung; **~ public ac'countant** *n. (Amer.)* Wirtschaftsprüfer, *der*/-prüferin, *die*

**certify** ['sɜ:tɪfaɪ] *v. t.* **a)** bescheinigen; bestätigen; *(declare by certificate)* berechtigen; **~ sb. as competent** jmds. Befähigung bescheinigen *od.* bestätigen; **this is to ~ that ...:** hiermit wird bescheinigt *od.* bestätigt, daß ...; **this building has been certified [as] Crown property** dieses Gebäude ist zum Eigentum der Krone erklärt worden; **certified as a true copy** beglaubigt; **b)** *(declare insane)* für unzurechnungsfähig erklären; **you ought to be certified** *(coll.)* du bist wohl verrückt *(salopp)*

**certitude** ['sɜ:tɪtju:d] *n.* Gewißheit, *die*

**cervical** [sɜ:'vaɪkl, 'sɜ:vɪkl] *adj. (Anat.)* **a)** *(of neck)* Hals-; zervikal *(Anat.)*; **b)** *(of cervix)* Gebärmutterhals-; zervikal *(Anat.)*; **~ smear test** [Gebärmutterhals]abstrich, *der*

**cervix** ['sɜ:vɪks] *n., pl.* **cervices** ['sɜ:vɪsi:z] *(Anat.: of uterus)* Gebärmutterhals, *der*

**Cesarean, Cesarian** *(Amer.) see* **Caesarean**

**cessation** [se'seɪʃn] *n.* Ende, *das; (interval)* Nachlassen, *das*

**cession** ['seʃn] *n.* Abtretung, *die*

**cesspit** ['sespɪt] *n.* **a)** *(refuse pit)* Abfallgrube, *die;* **b)** *see* **cesspool**

**cesspool** ['sespu:l] *n.* Senk- *od.* Jauchegrube, *die; (fig.)* Sumpf, *der;* **~ of iniquity** Sündenpfuhl, *der*

**cetacean** [sɪ'teɪʃn] *n. (Zool.)* Waltier, *das*

**Ceylon** [sɪ'lɒn] *pr. n. (Hist.)* Ceylon *(das)*

**c.f.** *abbr.* **carried forward** Vortrag *(Buchf.)*

**cf.** *abbr.* **compare** vgl.

**CFC** *abbr. (Chem., Ecol.)* **chlorofluorocarbon** FCKW, *das*

**ch.** *abbr.* **a) chapter** Kap.; **b) church** K.

**cha** [tʃɑ:] *see* [3]**char**

**cha-cha** ['tʃɑ:tʃɑ:] **1.** *n.* Cha-Cha-Cha, *der.* **2.** *v. i.* Cha-Cha-Cha tanzen

**Chad** [tʃæd] *pr. n.* Tschad, *der*

**chafe** [tʃeɪf] **1.** *v. t. (make sore)* aufscheuern; wund scheuern; *(rub)* reiben; *(fig.)* reizen; ärgern. **2.** *v. i.* ‹Mensch, Tier:› sich scheuern; ‹Gegenstand:› scheuern **([up]on, against** an + *Dat.*); **my skin ~s easily** meine Haut wird leicht wund; **~ at** *or* **under sth.** *(fig.)* sich über etw. *(Akk.)* ärgern

**chafer** ['tʃeɪfə(r)] *n. (Zool.)* [Mai]käfer, *der*

**chaff** [tʃɑ:f] **1.** *v. t.* **~ sb. about sth.** jmdn. wegen etw. necken *od. (ugs.)* mit etw. aufziehen. **2.** *v. i.* scherzen; flachsen *(ugs.)*. **3.** *n.* **a)** *(banter)* Neckerei, *die;* Flachserei, *die (ugs.)*; **enough of the ~!** genug geflachst! *(ugs.)*; **b)** *(husks of corn, etc.)* Spreu, *die; see also* **wheat; c)** *(cattle-food)* Häcksel, *das*

**chaffinch** ['tʃæfɪnʃ] *n. (Ornith.)* Buchfink, *der*

**chagrin** ['ʃægrɪn] **1.** *n.* Kummer, *der;* Verdruß, *der;* **much to sb.'s ~:** zu jmds. großen Kummer *od.* Verdruß. **2.** *v. t.* bekümmern; **be** *or* **feel ~ed at** *or* **by sth.** niedergeschlagen *od.* bekümmert sein wegen etw.

**chain** [tʃeɪn] **1.** *n.* **a)** Kette, *die; (fig.)* Fessel, *die; (of flowers)* Kranz, der; *(to stop skidding)* Schneekette, *die; (jewellery)* [Hals]kette, *die; (barrier)* Sperrkette, *die;* **~ of office** Amtskette, *die;* **be in ~s** in Ketten sein; **be/put on a ~:** an der Kette sein/an die Kette legen; **door-~:** Tür- *od.* Sicherungskette, *die;* **b)** *(series)* Kette, *die;* Reihe, *die;* **~ of events** Reihe *od.* Kette von Ereignissen; **~ of ideas** Gedankenkette, *die;* **~ of mountains** Gebirgskette, *die;* **~ of islands/lakes** Insel-/Seenkette, *die;* **~ of shops/hotels** Laden-/Hotelkette, *die;* **c)** *(measurement)* Chain, *das* (≈ *20 m*). **2.** *v. t. (lit. or fig.)* **~ sb./sth. to sth.** jmdn./etw. an etw. *(Akk.)* [an]ketten; **the dog must be kept ~ed up** der Hund muß an der Kette bleiben

**chain: ~-armour** *n.* Kettenpanzer, *der;* **~-gang** *n.* Trupp aneinandergeketteter Sträflinge; **~-letter** *n.* Kettenbrief, *der;* **~-link fencing** *n.* Maschendraht, *der;* **~-mail** *n.* Kettenpanzer, *der;* **~ re'action** *n. (Chem., Phys.; also fig.)* Kettenreaktion, *die;* **~-saw** *n.* Kettensäge, *die;* **~-smoke** *v. t. & i.* Kette rauchen *(ugs.)*; **~-smoker** *n.* Kettenraucher, *der*/-raucherin, *die;* **~-smoking** *n.* Kettenrauchen, *das;* **~-stitch** *n.* Kettenstich, *der;* **~ store** *n.* Kettenladen, *der (Wirtsch.)*

**chair** [tʃeə(r)] **1.** *n.* **a)** Stuhl, *der; (arm~, easy ~)* Sessel, *der;* **take a ~ [please]** bitte nehmen Sie Platz; **hairdresser's ~:** Frisierstuhl, *der;* **b)** *(professorship)* Lehrstuhl, *der; (of authority)* [Thron]sessel, *der;* **c)** *(at meeting)* Vorsitz, *der; (chairman)* Vorsitzende, *der/die;* **be** *or* **preside in/take the ~:** den Vorsitz haben *od.* führen/übernehmen; **leave** *or* **vacate the ~:** den Vorsitz abgeben; **address the ~:** den Vorsitzenden ansprechen. **2.** *v. t.* **a)** *(preside over)* den Vorsitz haben *od.* führen bei; **~ a meeting** den Vorsitz bei einer Versammlung haben *od.* führen; **the meeting was ~ed by ...:** den Vorsitz bei der Versammlung hatte *od.* führte...; **b)** *(Brit.: carry as victor) im Triumph tragen*

**chair: ~-back** *n.* Rückenlehne, *die;* **~-lift** *n.* Sessellift, *der*

**chairman** ['tʃeəmən] *n., pl.* **chairmen** ['tʃeəmən] **a)** Vorsitzende, *der/die;* Präsident, *der*/Präsidentin, *die;* **Mr/Madam C~:** Herr Vorsitzender/Frau Vorsitzende; **~ of the firm** Firmenleiter, *der;* **~'s report** Geschäftsbericht, *der; see also* **board 1 j; b)** *(master of ceremonies)* Conferencier, *der*

**chairmanship** ['tʃeəmənʃɪp] *n.* Vorsitz, *der*

**chair: ~person** *n.* Vorsitzende, *der/die;* **~woman** *n.* Vorsitzende, *die*

**chaise** [ʃeɪz] *n. (esp. Hist.)* Cab, *das;* **closed** *or* **covered ~:** Chaise, *die*

**chaise longue** [ʃeɪz 'lɒŋg] *n.* Chaiselongue, *die*

**chalcedony** [kæl'sedənɪ] *n. (Min.)* Chalzedon, *der*

**chalet** ['ʃæleɪ] *n.* Chalet, *das*

**chalet 'bungalow** *n. einem Chalet ähnliches, aber kleineres Haus mit tief heruntergezogenem Satteldach*

**chalice** ['tʃælɪs] *n. (poet./Eccl.)* Kelch, *der*

**chalk** [tʃɔ:k] **1.** *n.* Kreide, *die; (Geol.)* Oberkreide, *die;* **a drawing in ~/~s** eine Kreidezeichnung; **as white as ~:** kreidebleich; **by a long ~** *(Brit. coll.)* bei weitem; mit Abstand; **not by a long ~** *(Brit. coll.)* bei weitem nicht; **as different as ~ and cheese** so verschieden wie Tag und Nacht. **2.** *v. t.* mit Kreide schreiben/malen/zeichnen *usw.*

**~ 'out** *v. t.* [mit Kreide] zeichnen; **she had her future career ~ed out** *(fig.)* ihr künftiger Lebensweg war vorgezeichnet

**~ 'up** *v. t.* **a)** [mit Kreide] an- *od.* aufschreiben; **b)** *(fig.: register)* zu verzeichnen haben, für sich verbuchen können ‹Erfolg›: **c)** **~ it up** *(fig.)* es auf die Rechnung setzen; **~ it up to sb.'s account** *(fig.)* es auf jmds. Rechnung setzen

**chalk: ~-pit** *n.* Kalksteinbruch, *der;* **~-stripe** *n. (Textiles)* Kreidestreifen, *der*

**chalky** ['tʃɔ:kɪ] *adj.* kalkig

**challenge** ['tʃælɪndʒ] **1.** *n.* **a)** *(to contest or duel; also Sport)* Herausforderung, *die* **(to** *Gen.***)**; **issue a ~ to sb.** jmdn. herausfordern; **b)** *(call for a response)* Herausforderung, *die* **(to** an + *Akk.***)**; **the main ~ facing us today** die größte Herausforderung *od.* Aufgabe für uns heute; **rise to a ~:** sich einer Herausforderung gewachsen zeigen; **pose a ~ to sb.** für jmdn. eine Herausforderung bedeuten; **c)** *(of sentry)* Aufforderung, *die; (call for password)* Anruf, *der;* **d)** *(person, task)* Herausforderung, *die;* **accept a ~:** sich einer Herausforderung *(Dat.)* stellen; **hold a ~ for sb.** einen Reiz für jmdn. haben; **e)** *(Law: exception taken)* Ablehnung, *die; (Amer.: to a vote)* Anfechtung, *die.* **2.** *v. t.* **a)** *(to contest etc.)* herausfordern; **~ sb. to a duel** jmdn. zum Duell [heraus]fordern; **~ sb. to a match/fight/debate** jmdn. zu einem Wettkampf/zum Kampf/zu einem Streitgespräch herausfordern; **~ the world record** versuchen, einen neuen Weltrekord aufzustellen; **b)** *(fig.)* auffordern; **~ sb.'s authority** jmds. Autorität *od.* Befugnis in Frage stellen; **c)** *(demand password etc. from)* ‹Wachposten:› anrufen; **d)** *(Law)* **~ a juryman** einen Geschworenen ablehnen; **~ [the] evidence [of a witness]** gegen die Aussage [eines Zeugen] Einspruch erheben; **e)** *(question)* in Frage stellen; anzweifeln; **~ sb.'s right to do sth.** jmds. Recht anzweifeln, etw. zu tun; **~ a belief/principle** eine Glaubenslehre/ein Prinzip in Frage stellen; **~ a verdict** ein Urteil kritisieren; **~ an opinion** einer Ansicht widersprechen; **f)** *(stimulate)* erregen

**'challenge cup** *n.* Wanderpokal, *der*

**challenger** ['tʃælɪndʒə(r)] *n.* Herausforderer, *der*/Herausforderin, *die*

**challenging** ['tʃælɪndʒɪŋ] *adj.* herausfordernd; fesselnd, faszinierend ‹Problem›; anspruchsvoll ‹Arbeit›

**chamber** ['tʃeɪmbə(r)] *n.* **a)** *(poet./arch.: room)* Gemach, *das (geh.)*; *(bedroom)* [Schlaf]gemach, *das (geh.)*; **b)** *in pl. (Brit.) (set of rooms)* Geschäftsräume *Pl.*; *(lawyer's rooms)* ≈ Praxisräume *Pl.*; *(judge's room)* ≈ Amtszimmer, *das;* **in ~s** ≈ im Amtszimmer; **c)** *(of deliberative or judicial body)* Sitzungszimmer, *das;* Sitzungssaal, *der;* **Upper/Lower C~** *(Parl.)* Ober-/Unterhaus, *das;* **d)** *(Anat.; in machinery, esp. of gun; artificial compartment)* Kammer, *die;* **~ of the heart/eye** Herz-/Augenkammer, *die. See also* **cloud chamber; horror 1 c**

**'chamber concert** *n.* Kammerkonzert, *das*

**chamberlain** ['tʃeɪmbəlɪn] *n.* Kammerherr, *der; (of corporation etc.)* [Stadt]kämmerer, *der;* **Lord Great C~ [of England]** *(Brit.) Hofbeamter mit bestimmten zeremoniellen Aufgaben;* **Lord C~ [of the Household]** *(Brit.) Vorsteher des königlichen Hofstaates*

**chamber: ~maid** *n.* Zimmermädchen, *das;* **~ music** *n.* Kammermusik, *die;* **C~ of 'Commerce** *n.* Industrie- und Handelskammer, *die;* **~ orchestra** *n.* Kammerorchester, *das;* **~-pot** *n.* Nachttopf, *der*

**chameleon** [kə'mi:lɪən] *n. (Zool.; also fig.)* Chamäleon, *das*

**chamfer** ['tʃæmfə(r)] **1.** *v. t.* abfasen *(Technik)*. **2.** *n.* Fase, *die (Technik)*

**chamois** ['ʃæmwɑ:] *n., pl. same* ['ʃæmwɑ:z] **a)** *(Zool.)* Gemse, *die;* **b)** *(leather)* Chamois[leder], *das;* **~-leather** ['ʃæmwɑ:-, 'ʃæmɪ-] Chamoisleder, *das*

**chamomile** *see* **camomile**

[1]**champ** [tʃæmp] **1.** *v. t.* ‹Pferd:› [geräuschvoll] kauen ‹Futter›; ‹Pferd:› [geräuschvoll] kauen auf (+ *Dat.*) ‹Gebiß›; ‹Person:› [geräuschvoll] kauen. **2.** *v. i.* [geräuschvoll]

kauen (**on, at** an, auf + *Dat.*); **be ~ing [at the bit] to do sth.** *(fig.)* voll Ungeduld darauf brennen, etw. zu tun

[2]**champ** *(coll.) see* **champion 1 b, c**

**champagne** [ʃæm'peɪn] *n.* Sekt, *der; (from Champagne)* Champagner, *der*

**champagne: ~-coloured** *adj.* champagnerfarben; **~ glass** *n.* Sektglas, *das*

**champers** ['ʃæmpəz] *n. (Brit. coll.)* Schampus, *der (ugs.)*

**champion** ['tʃæmpɪən] **1.** *n.* **a)** *(defender)* Verfechter, *der*/Verfechterin, *die;* **he is a ~ of the poor** er ist ein Anwalt der Armen; **b)** *(Sport)* Meister, *der*/Meisterin, *die;* Champion, *der;* **the ice-skating/discus ~:** der Meister/die Meisterin im Eiskunstlauf/Diskuswurf; **world ~:** Weltmeister, *der*/-meisterin, *die;* **the world lightweight ~:** der Weltmeister im Leichtgewicht; **c)** *(animal or plant best in contest)* Sieger, *der;* **be a ~:** prämiert *od.* preisgekrönt sein; **d)** *attrib.* **~ dog** preisgekrönter Hund; **~ boxer** Champion im Boxen. **2.** *v. t.* verfechten ⟨*Sache*⟩; **~ a person** sich für eine Person einsetzen. **3.** *adj., adv. (N. Engl. coll.)* klasse *(ugs.)*

**championship** ['tʃæmpɪənʃɪp] *n.* **a)** *(Sport)* Meisterschaft, *die;* **defend the ~:** den Titel *od.* die Meisterschaft verteidigen; **the world figure-skating ~s** die Weltmeisterschaften im Eiskunstlauf; *attrib.* **~ title/match** Titel, *der*/Titelkampf, *der;* **compete for the ~ title** um den Titel kämpfen; **b)** *(advocacy)* **~ of a cause** Engagement für eine Sache

**chance** [tʃɑ:ns] **1.** *n.* **a)** *no art. (fortune)* Zufall, *der; attrib.* Zufalls-; zufällig; **~ encounter** Zufallsbegegnung, *die;* **as ~ would have it** wie der Zufall *od.* das Schicksal es wollte; **leave sth. to ~, let ~ decide** es dem Zufall *od.* Schicksal überlassen; **trust to ~:** auf den Zufall *od.* sein Glück vertrauen; **game of ~:** Glücksspiel, *das;* **the result of ~:** [reiner] Zufall; **pure ~:** reiner Zufall; **by ~** zufällig; durch Zufall; **it's not just ~:** es ist kein Zufall; **b)** *(trick of fate)* Zufall, *der;* **by [any] ~, by some ~ or other** zufällig; **could you by any ~ give me a lift?** könntest du mich vielleicht mitnehmen?; **c)** *(opportunity)* Chance, *die;* Gelegenheit, *die; (possibility)* Chance, *die;* Möglichkeit, *die;* **give sb. a ~:** jmdm. eine Chance geben; **give sb. half a ~:** jmdm. nur die [geringste] Chance geben; **given the ~:** wenn ich *usw.* die Gelegenheit dazu hätte; **give sth. a ~ to do sth.** einer Sache *(Dat.)* Gelegenheit geben, etw. zu tun; **offer sb. the ~ of doing sth.** jmdm. die Möglichkeit *od.* Gelegenheit bieten, etw. zu tun; **get a/the ~ to do sth.** eine/die Gelegenheit haben, etw. zu tun; **~ would be a fine thing!** *(coll.)* keine Chance! *(ugs.);* **have a ~ to do sth., have the ~ of doing sth.** die Gelegenheit *od.* Möglichkeit haben, etw. zu tun; **this is my big ~:** das ist die Chance für mich; **now's your ~!** das ist deine Chance!; **have no ~ of doing** *or* **to do sth.** keine Gelegenheit haben, etw. zu tun; **not have much ~ of doing** *or* **to do sth.** kaum eine Gelegenheit haben, etw. zu tun; **on the [off] ~ of doing sth./that ...:** in der vagen Hoffnung, etw. zu tun/daß ...; **be in with a ~ of doing sth.** [gute] Aussichten haben, etw. zu tun; **stand a ~ of doing sth.** die Chance haben, etw. zu tun; **no ~!** *(coll.)* unmöglich!; ist nicht drin! *(ugs.);* **d)** *in sing. or pl. (probability)* **have a good/fair ~ of doing sth.** gute Aussichten haben, etw. zu tun; **[is there] any ~ of your attending?** besteht eine Chance, daß Sie kommen können?; **what ~ [of a breakthrough] is there?** wie stehen die Chancen [für einen Durchbruch]? **there is every/not the slightest ~ that...:** es ist sehr gut möglich/es besteht keine Möglichkeit, daß ...; **there's a good/fair ~ of its working out** es besteht eine gute Chance, daß es gelingt; **there's little ~ of its being a success** es wird wohl kaum ein Erfolg werden; **the ~s are that ...** es ist wahrscheinlich, daß ...; **the ~s are against it** es ist unwahrscheinlich; **the ~s against its happening are slight** die Chancen, daß es nicht geschieht, sind gering; **the ~s are ten to one against its being a success** die Chancen, daß es ein Erfolg sein wird, stehen [nur] 1 zu 10; **sb.'s ~s are slim** jmds. Aussichten sind gering; **e)** *(risk)* **take one's ~:** es darauf ankommen lassen; **take a ~/~s** ein Risiko/Risiken eingehen; es riskieren; **take a ~ on sth.** es bei etw. auf einen Versuch ankommen lassen. **2.** *v. i.* zufällig geschehen *od.* sich ereignen; **it ~d that ...:** es traf *od.* fügte sich, daß ...; **~ to do sth.** zufällig etw. tun; **she ~d to be sitting there** zufällig saß sie gerade da; **~ [up]on sth./sb.** zufällig auf etw./jmdn. stoßen. **3.** *v. t.* riskieren; **~ it** es riskieren *od.* darauf ankommen lassen; **we'll have to ~ that happening** wir müssen es riskieren; **~ one's arm** *(Brit. coll.)* es riskieren; **~ one's luck** sein Glück versuchen

**chancel** ['tʃɑ:nsl] *n. (Eccl.)* Altarraum, *der; (choir)* Chor, *der*

**chancellery** ['tʃɑ:nsələrɪ] *n. (office)* ≈ Botschaft, *die; (of consul)* Konsulat, *das*

**chancellor** ['tʃɑ:nsələ(r)] *n.* **a)** *(Polit., Law, Univ.)* Kanzler, *der;* **C~ of the Exchequer** *(Brit.)* Schatzkanzler, *der;* **Lord [High] C~** *(Brit.)* Lordkanzler, *der;* **b)** *(chief minister of State)* Kanzler, *der;* **Federal C~:** Bundeskanzler, *der*

**chancery** ['tʃɑ:nsərɪ] *n.* **a)** **C~** *(Brit. Law)* Gerichtshof des Lordkanzlers; **Court of C~** *(Hist.)* Kanzleigericht, *das (veralt.);* **b)** *(Brit. Diplom.)* ≈ Botschaft, *die*/Gesandtschaft, *die;* **c)** *(public records office)* Archiv, *das*

**chancy** ['tʃɑ:nsɪ] *adj.* riskant; gewagt

**chandelier** [ʃændə'lɪə(r)] *n.* Kronleuchter, *der*

**chandler** ['tʃɑ:ndlə(r)] *n. (arch.)* Krämer, *der; see also* **ship's chandler**

**change** [tʃeɪndʒ] **1.** *n.* **a)** *(of name, address, life-style, outlook, condition, etc.)* Änderung, *die; (of job, surroundings, government, etc.)* Wechsel, *der;* **there has been a ~ of plan** der Plan ist geändert worden; **sth. undergoes a ~:** etw. ändert sich; *(more profoundly)* etw. verändert sich; **How is she, doctor? – No ~:** Wie geht es ihr, Doktor? – Unverändert; **see a ~ in sb.** eine Veränderung an jmdm. bemerken; **this last year has seen many ~s** das vergangene Jahr hat viele Veränderungen [mit sich] gebracht; **there has been a ~ in sb./sth.** eine Veränderung ist in jmdm. vorgegangen/es hat bei etw. eine Änderung gegeben; **make ~s/a ~:** einiges ändern/etwas verändern (**to,** in an + *Dat.*); **make a ~ [of trains/buses]** umsteigen; **a ~ in the weather** ein Witterungs- *od.* Wetterumschlag; **a ~ for the better/worse** eine Verbesserung/Verschlechterung; **a ~ of air would do her good** eine Luftveränderung täte ihr gut; **a ~ of scene/environment** ein positiver Ortswechsel; **the ~ [of life]** die Wechseljahre; **a ~ of drivers every four hours** ein Fahrerwechsel alle vier Stunden; **a ~ of heart** ein Sinneswandel; **b)** *no pl., no art. (process of changing)* Veränderung, *die;* **be for/against ~:** für/gegen eine Veränderung sein; **~ came slowly** nur allmählich zeigte sich eine Veränderung; **c)** *(for the sake of variety)* Abwechslung, *die;* **[just] for a ~:** [nur so] zur Abwechslung; *(iron.)* zur Abwechslung mal; **make a ~** *(be different)* mal etwas anderes sein (**from** als); **that makes a ~** *(iron.)* das ist ja [et]was ganz Neues!; **a ~ is as good as a rest** *(prov.)* Abwechslung wirkt Wunder; **d)** *no pl., no indef. art. (money)* Wechselgeld, *das;* **[loose** *or* **small] ~:** Kleingeld, *das;* **give ~,** *(Amer.)* **make ~:** herausgeben; **give sb. his/her ~:** jmdm. das Wechselgeld [heraus]geben; **give sb. 40 p in ~:** jmdm. 40 p [Wechselgeld] herausgeben; **can you give me ~ for 50 p?** können Sie mir 50 p wechseln?; **[here is] 15 marks ~:** 15 Mark zurück; **I haven't got ~ for a pound** ich kann auf ein Pfund nicht herausgeben; **[you can] keep the ~:** behalten Sie den Rest; [es] stimmt so; **get no ~ out of sb.** *(fig. coll.)* nichts aus jmdm. rauskriegen *(ugs.);* **e)** **a ~ [of clothes]** *(fresh clothes)* Kleidung zum Wechseln; **f)** *(of moon)* Mondwechsel, *der;* **g)** *usu. in pl. (Bell-ringing)* Schlagtonfolge, *die (Musik);* **ring the ~s** *(fig.)* für Abwechslung sorgen. **2.** *v. t.* **a)** *(switch)* wechseln; auswechseln ⟨*Glühbirne, Batterie, Zündkerzen*⟩; **~ one's clothes** seine Kleider *od.* Kleidung wechseln; sich umziehen; **~ one's address/name** seine Anschrift/seinen Namen ändern; **~ trains/buses** umsteigen; **~ schools/one's doctor** die Schule/den Arzt wechseln; **he's always changing jobs** er wechselt ständig den Job; **~ seats** sich woanders hinsetzen *od.* auf einen anderen Platz setzen (*see also* **c**); **~ the record** eine andere Platte auflegen; **~ the bed** das Bett frisch beziehen; die Bettwäsche wechseln; **~ the baby** das Baby [frisch] wickeln *od.* trockenlegen; **~ ownership** den Besitzer wechseln; *see also* **gear 1 a; hand 1 a, c; horse 1 a; side 1 i; b)** *(transform)* verwandeln; *(alter)* ändern; **~ sth./sb. into sth./sb.** etw./jmdn. in etw./jmdn. verwandeln; **she ~d him from a prince into a frog** sie verwandelte den Prinzen in einen Frosch; **marriage ~d his way of life** die Ehe veränderte sein Leben; **you won't be able to ~ him** du kannst ihn nicht ändern; **~ direction** die Richtung ändern; *see also* **colour 1 c; mind 1 b; step 1 e; tune 1 a; c)** *(exchange)* eintauschen; **~ seats** die Plätze tauschen (*see also* **a**); **~ seats with sb.** mit jmdm. den Platz tauschen; **~ sth./sb. for sth./sb.** etw./jmdn. für etw./jmdn. eintauschen; **take sth. back to the shop and ~ it for sth.** etw. [zum Laden zurückbringen und] gegen etw. umtauschen; *see also* **place 1 f; d)** *(in currency or denomination)* wechseln ⟨*Geld*⟩; **~ one's money into Deutschmarks** sein Geld in DM umtauschen. **3.** *v. i.* **a)** *(alter)* sich ändern; ⟨*Person, Land:*⟩ sich verändern; ⟨*Wetter:*⟩ umschlagen, sich ändern; **has she ~d?** hat sie sich verändert?; *(for the better also)* hat sie sich geändert?; **she'll never ~!** sie wird sich nie ändern!; **wait for the lights to ~:** warten, daß es grün/rot wird; **~ for the better** sich verbessern; **conditions ~d for the worse** die Lage verschlechterte sich; **b)** *(into something else)* sich verwandeln; **he ~d from a prince into a frog** aus dem Prinzen wurde ein Frosch; **the wind ~s from east to west** der Wind dreht von Ost nach West; **Britain ~d to the metric system** Großbritannien führte das metrische System ein; **almost overnight it seemed to ~ from winter to spring** fast über Nacht schien sich der Winter in den Frühling verwandelt zu haben; **c)** *(exchange)* tauschen; **~ with sb.** mit jmdm. tauschen; **d)** *(put on other clothes)* sich umziehen; **~ out of/into sth.** etw. ausziehen/anziehen; **e)** *(take different train or bus)* umsteigen; **where do I ~?** wo muß ich umsteigen?; **all ~!** Endstation! Alles aussteigen!; **~ at Bristol** in Bristol umsteigen

**~ 'down** *v. i. (Motor Veh.)* herunterschalten

**~ 'over** *v. i.* **a)** *(to something else)* **~ over from sth. to sth.** von etw. zu etw. übergehen; **the student ~d over to medicine** der Student wechselte zum Fach Medizin über; **they ~d over from one system to another** sie stellten das System auf ein anderes um; **b)** *(exchange places)* die Plätze wechseln; *(Sport)* [die Seiten] wechseln. *See also* **change-over**

**~ 'round 1.** *v. i.* wechseln; *(Sport)* [die Seiten] wechseln. **2.** *v. t.* umstellen ⟨*Möbel, Tagesordnung[spunkte]*⟩; umräumen ⟨*Zimmer*⟩

~ 'up *v.i. (Motor Veh.)* hochschalten
**changeability** [tʃeɪndʒə'bɪlɪtɪ] *see* **changeableness**
**changeable** ['tʃeɪndʒəbl] *adj.* veränderlich; *(irregular, inconstant)* unbeständig ⟨*Charakter, Wetter*⟩; wankelmütig ⟨*Person*⟩; wechselhaft, veränderlich ⟨*Wetter*⟩; wechselnd ⟨*Wind, Stimmung*⟩
**changeableness** ['tʃeɪndʒəblnɪs] *n., no pl.* Veränderlichkeit, *die; (inconstancy)* Unbeständigkeit, *die; (of person)* Wankelmütigkeit, *die*
'**change[-giving] machine** *n.* Geldwechsler, *der*
**changeless** ['tʃeɪndʒlɪs] *adj.* unveränderlich
**changeling** ['tʃeɪndʒlɪŋ] *n.* Wechselbalg, *der*
'**change-over** *n* **a)** Wechsel, *der;* ~ **from sth. to sth.** Umstellung von etw. auf etw. *(Akk.);* **the ~ from one government to the next** der Wechsel von einer Regierung zur nächsten; **the sudden ~ in public opinion** der plötzliche Umschwung der öffentlichen Meinung; **b)** *(Sport: of baton in relay race)* Stabwechsel, *der; (of teams changing ends)* Seitenwechsel, *der*
**changing** ['tʃeɪndʒɪŋ] **1.** *adj.* wechselnd; sich ändernd. **2.** *n.* **the C~ of the Guard** die Wachablösung *(der brit. Hofwache)*
**changing:** ~-**cubicle** *n.* Umkleidekabine, *die;* ~-**room** *n. (Brit.)* **a)** *(Sport)* Umkleideraum, *der;* **b)** *(in shop)* Umkleidekabine, *die*
**channel** ['tʃænl] **1.** *n.* **a)** Kanal, *der; (gutter)* Rinnstein, *der; (navigable part of waterway)* Fahrrinne, *die;* **the C~** *(Brit.)* der [Ärmel]kanal; ~ **of a/the river** Flußbett, *das;* **b)** *(fig.)* Kanal, *der;* **your application will go through the usual ~s** Ihre Bewerbung wird auf dem üblichen Weg weitergeleitet; **you must apply through the official ~s** Sie müssen mit Ihrer Bewerbung den Dienstweg einhalten; **direct sb.'s talents into the right ~:** jmds. Talente in die richtige Bahn lenken; **c)** *(Telev., Radio)* Kanal, *der;* **d)** *(on recording tape etc.)* Spur, *die;* **e)** *(groove)* Rille, *die; (flute)* Kannelüre, *die.* **2.** *v.t.*, *(Brit.)* **-ll-** *(convey)* übermitteln; *(fig.: guide, direct)* lenken, richten (**into** auf + *Akk.*)
**Channel:** ~ **Islands** *pr. n. pl.* Kanalinseln *Pl.;* ~ '**Tunnel** *n.* [Ärmel]kanaltunnel, *der;* ~ **Tunnel rail link** *schnelle Bahnverbindung zwischen London und dem Kanaltunnel*
**chant** [tʃɑ:nt] **1.** *v.t.* **a)** *(Eccl.)* singen; **b)** *(utter rhythmically)* skandieren. **2.** *v.i.* **a)** *(Eccl.)* singen; **b)** *(utter slogans etc.)* Sprechchöre anstimmen. **3.** *n.* **a)** *(Eccl., Mus.)* Gesang, *der;* **b)** *(sing-song)* Singsang, *der; (slogans)* Sprechchor, *der*
**chanterelle** [ʃɑ:ntə'rel] *n. (Bot.)* Pfifferling, *der*
**chaos** ['keɪɒs] *n., no indef. art.* Chaos, *das;* **be in [a state of] [complete] ~:** ein [einziges] Chaos sein; **it's absolute ~:** es herrscht ein totales Chaos; **cause ~:** zu einem Chaos führen
**chaotic** [keɪ'ɒtɪk] *adj.*, **chaotically** [keɪ'ɒtɪkəlɪ] *adv.* chaotisch
¹**chap** [tʃæp] *n. (Brit. coll.)* Bursche, *der;* Kerl, *der;* **old ~:** alter Knabe *(ugs.);* **my dear ~:** mein lieber Mann *(ugs.);* **would you ~s lend a hand?** könntet ihr mal helfen, Jungs?; **hello, old ~!** hallo, alter Junge!
²**chap 1.** *v.t.*, **-pp-** aufplatzen lassen; **my hands are ~ped** meine Hände sind [ganz] aufgesprungen; **~ped skin** aufgesprungene *od.* rissige Haut. **2.** *n. usu. in pl.* Riß, *der*
³**chap** *n. (jaw)* Kinnbacke, *die; (Gastr.: of pig)* Schweinebacke, *die*
**chap.** *abbr.* **chapter** Kap.
**chapat[t]i** [tʃə'pætɪ] *n.* [indisches] Fladenbrot
'**chap-book** *n. (Hist.)* Volksbuch, *das*
**chapel** ['tʃæpl] *n.* **a)** Kapelle, *die;* ~ **of rest** *(Brit.) Raum in einem Bestattungsinstitut, in dem Tote bis zur Beerdigung aufgebahrt werden;* ≈ Kapelle, *die;* **b)** *(Brit.: of Nonconformists)* Kirche, *die;* **c)** *(subordinate to parish church)* ≈ Filialkirche, *die*
**chaperon** ['ʃæpərəʊn] **1.** *n.* Anstandsdame, *die; (joc.)* Anstandswauwau, *der (ugs. scherzh.).* **2.** *v.t.* beaufsichtigen; *(escort)* begleiten
**chaplain** ['tʃæplɪn] *n.* Kaplan, *der*
**chaplaincy** ['tʃæplɪnsɪ] *n.* **a)** Amt eines Kaplans; **b)** *(building)* Haus des/eines Kaplans
**chaplet** ['tʃæplɪt] *n.* **a)** *(wreath)* Kranz, *der;* **b)** *(string of beads) (RC Ch.)* Rosenkranz, *der; (as necklace)* Perlenkette, *die*
**chappie, chappy** ['tʃæpɪ] *n. (coll.)* **a nice ~:** ein liebes Kerlchen; **the Czech chappies** die tschechischen Jungs
**chaps** [tʃæps] *n. pl. (Amer.: overalls)* lederne Beinschützer
**chapter** ['tʃæptə(r)] *n.* **a)** *(of book)* Kapitel, *das;* **[quote sth.] ~ and verse** [etw.] mit genauer Quellenangabe [zitieren]; **give ~ and verse for sth.** etw. hieb- und stichfest belegen; **b)** *(fig.)* ~ **in** *or* **of sb.'s life** Abschnitt in jmds. Leben; ~ **of history** Kapitel [in] der Geschichte; *see also* **accident d; c)** *(Eccl.)* Kapitel, *das;* **d)** *(Amer.: branch of a society)* Sektion, *die*
**chapter:** ~ **heading** *n.* [Kapitel]überschrift, *die;* ~ **house** *n.* **a)** Kapitelsaal, *der;* **b)** *(Amer.: for student meetings)* ≈ Klubhaus, *das*
¹**char** [tʃɑ:(r)] *v.t. & i.*, **-rr-** verkohlen
²**char 1.** *n. (Brit.)* Putzfrau, *die.* **2.** *v.i.*, **-rr-** *(be cleaner)* als Putzfrau arbeiten; putzen; ~ **for sb.** bei jmdm. putzen *od.* als Putzfrau arbeiten
³**char** *n. (Brit. sl.: tea)* Tee, *der;* **a cup of ~:** eine Tasse Tee
**charabanc** ['ʃærəbæŋ] *n. (Brit. dated) [offener] Bus für Ausflugsfahrten usw.*
**character** ['kærɪktə(r)] *n.* **a)** *(mental or moral qualities, integrity)* Charakter, *der; (description of qualities)* Charakterbild, *das;* **be of good ~:** ein guter Mensch sein; einen guten Charakter haben; **a woman of ~:** eine Frau mit Charakter; **strength of ~:** Charakterstärke, *die;* **b)** *(reputation)* Ruf, *der; (testimonial)* Zeugnis, *das;* **c)** *no pl. (individuality, style)* Charakter, *der; (characteristic, esp. Biol.)* Charakteristikum, *das;* **the town has a ~ all of its own** die Stadt hat einen ganz eigenen Charakter; **have no ~:** charakterlos *od.* ohne Charakter sein; **his face has ~:** er hat ein charakter- *od.* ausdrucksvolles Gesicht; **d)** *(in novel etc.)* Charakter, *der; (part played by sb.)* Rolle, *die;* **be in/out of ~** *(fig.)* typisch/untypisch sein; **his behaviour was quite out of ~** *(fig.)* sein Betragen war ganz und gar untypisch für ihn; **act in/out of ~** *(fig.)* sich typisch/untypisch verhalten; **e)** *(coll.: extraordinary person)* Original, *das;* **be [quite] a ~/a real ~:** ein [echtes/richtiges] Original sein; **what a ~!** was für ein Mann/eine Frau!; **f)** *(personage)* Persönlichkeit, *die;* Gestalt, *die; (coll.: individual)* Mensch, *der; (derog.)* Individuum, *das;* **a public ~:** eine Persönlichkeit des öffentlichen Lebens; **g)** *(graphic symbol; Computing)* Zeichen, *das; (set of letters)* Schrift, *die*
**character:** ~ **actor** *n.* Chargenspieler, *der;* ~ **actress** *n.* Chargenspielerin, *die;* ~ **assassination** *n.* Rufmord, *der;* ~-**building 1.** *n.* Charakterbildung, *die;* **2.** *adj.* charakterbildend
**characterisation, characterise** *see* **characteriz-**
**characteristic** [kærɪktə'rɪstɪk] **1.** *adj.* charakteristisch (**of** für). **2.** *n.* **a)** charakteristisches Merkmal; Charakteristikum, *das;* **one of the main ~s** eines der charakteristischsten Merkmale; **b)** *see* **characteristic curve**
**characteristically** [kærɪktə'rɪstɪkəlɪ] *adv.* in charakteristischer Weise; ~ **American** typisch amerikanisch; ~ **enough for him he ...:** es ist/war typisch *od.* bezeichnend für ihn, daß er ...
**characteristic 'curve** *n.* Kennlinie, *die*
**characterization** [kærɪktəraɪ'zeɪʃn] *n.* Charakterisierung, *die*
**characterize** ['kærɪktəraɪz] *v.t.* charakterisieren
**characterless** ['kærɪktəlɪs] *adj.* nichtssagend
**character:** ~ **part** *n. (Theatre)* Charge, *die;* ~ **sketch** *n.* Charakterskizze, *die;* ~ **study** *n.* Charakterstudie, *die*
**charade** [ʃə'rɑ:d] *n.* Scharade, *die; (fig.)* Farce, *die;* **play [a game of] ~s** Scharade spielen; **be an absolute ~** *(fig.)* die reinste Farce sein
**charcoal** ['tʃɑ:kəʊl] *n.* **a)** Holzkohle, *die; (for drawing)* Kohle, *die;* **b)** *see* **charcoal grey**
**charcoal:** ~ **biscuit** *n. Keks mit Holzkohle zur Förderung der Verdauung;* ~-**burner** *n.* Köhler, *der;* ~ **drawing** *n.* Kohlezeichnung, *die;* ~ '**grey** *n.* [Kohlen]grau, *das;* ~ **pencil** *n.* Kohlestift, *der*
**chard** [tʃɑ:d] *n. (Bot.)* Mangold, *der*
**charge** [tʃɑ:dʒ] **1.** *n.* **a)** *(price)* Preis, *der; (payable to telephone company, bank, authorities, etc., for services)* Gebühr, *die;* **what's your ~?** wieviel verlangen *od.* berechnen Sie?; **what would the ~ be for doing that?** was würde es kosten, das zu tun?; **is there a ~ for it?** kostet das etwas?; **make a ~ of £1/no ~ for sth.** ein Pfund/nichts für etw. berechnen; **at no extra ~:** ohne Extrakosten; **incidental ~s** Nebenkosten; **b)** *(care)* Verantwortung, *die; (task)* Auftrag, *der; (person entrusted)* Schützling, *der;* **be in ~ of a child** ein Kind betreuen; **the boy was placed in his ~:** der Junge wurde in seine Obhut gegeben; der Junge wurde ihm anvertraut; **the patients in** *or* **under her ~:** die ihr anvertrauten Patienten; **be under sb.'s ~:** unter jmds. Obhut stehen; sich in jmds. Obhut befinden; **leave sb. in [full] ~ of sth.** jmdm. die [volle] Verantwortung für etw. übertragen; **the officer/teacher in ~:** der diensthabende Offizier/der verantwortliche Lehrer; **be in ~:** die Verantwortung haben; **be in ~ of sth.** für etw. die Verantwortung haben; *(be the leader)* etw. leiten; **put sb. in ~ of sth.** jmdn. mit der Verantwortung für etw. betrauen; *(make leader)* jmdm. die Leitung einer Sache *(Gen.)* übertragen; **take ~:** die Verantwortung übernehmen; *(fig. coll.: get out of control)* außer Kontrolle geraten; **take ~ of sth.** *(become responsible for)* etw. übernehmen; *(as deputy)* sich um etw. kümmern; *(for safe keeping)* etw. in Verwahrung nehmen; **the police took ~ of the evidence** die Polizei stellte das Beweisstück sicher; **give sb. in ~** *(Brit.)* jmdn. der Polizei übergeben; **c)** *(Law: accusation)* Anklage, *die;* **make a ~ against sb.** jmdn. beschuldigen; **bring a ~ of sth. against sb.** jmdn. wegen etw. beschuldigen/verklagen; ⟨*Staatsanwalt:*⟩ jmdn. wegen etw. anklagen; **press ~s** Anzeige erstatten; **face a ~ [of sth.]** sich [wegen etw.] vor Gericht zu verantworten haben; **on a ~ of** wegen; **[stand] convicted on all six ~s** in allen sechs Anklagepunkten für schuldig befunden [werden]; **what's the ~?** wie lautet die Anklage?; was liegt gegen mich/ihn *usw.* vor?; **lay to sb.'s ~:** jmdm. zur Last legen; **d)** *(allegation)* Beschuldigung, *die;* **e)** *(attack)* Angriff, *der;* Attacke, *die;* **return to the ~** *(fig.)* es erneut versuchen; **f)** *(of explosives etc.)* Ladung, *die; (in blast-furnace etc.)* Gicht, *die;* **g)** *(of electricity)* Ladung, *die;* **put the battery on ~:** die Batterie an das Ladegerät anschließen; **poetry/person with an emotional ~** *(fig.)* von [tiefen] Gefühlen

geprägte Dichtung/geprägter Mensch; **h)** *(directions)* Anweisung, *die; (of judge to jury)* Rechtsbelehrung, *die;* **i)** *(Her.)* Wappenbild, *das.* **2.** *v. t.* **a)** *(demand payment of or from)* ~ **sb. sth.**, ~ **sth. to sb.** jmdm. etw. berechnen; etw. von jmdm. verlangen *(ugs.);* **be ~d** bezahlen müssen; **I wasn't ~d for it** ich mußte nichts dafür bezahlen; mir wurde nichts dafür berechnet; ~ **sb. £1 for sth.** jmdm. ein Pfund für etw. berechnen; **customers are ~d for breakages** Kunden haften für Bruchschäden; ~ **sth. [up] to sb.'s account** jmds. Konto mit etw. belasten; jmdm. etw. in Rechnung stellen; **to whom is the dress to be ~d?** auf wessen Rechnung geht das Kleid?; ~ **it [up] to the firm** stellen Sie das der Firma in Rechnung; **I'd like to ~ this dress** ich möchte dieses Kleid über mein Kreditkonto bezahlen; **b)** *(Law: accuse)* anklagen; ~ **sb. with sth.** jmdn. wegen etw. anklagen; **c)** *(blame)* beschuldigen; bezichtigen; ~ **sb. with doing sth.** jmdn. beschuldigen, etw. getan zu haben; ~ **sb. with being lazy** jmdm. vorwerfen, er/sie sei faul; **d)** *(formal: entrust)* ~ **sb. with sth.** jmdn. mit etw. betrauen; ~ **oneself with sth.** etw. übernehmen; **e)** *(load)* laden ‹*Gewehr*›; beschicken ‹*Hochofen*›; **f)** *(Electr.)* laden; [auf]laden ‹*Batterie*›; **~d with emotion** *(fig.)* voller Gefühl; gefühlsgeladen; **g)** *(rush at)* angreifen; **h)** *(formal: command)* befehlen; ~ **sb. to do sth.** jmdm. befehlen, etw. zu tun; **the judge ~d the jury** der Richter erteilte den Geschworenen Rechtsbelehrung. **3.** *v. i.* **a)** *(attack)* angreifen; ~**!** Angriff!; Attacke!; ~ **at sb./sth.** jmdn./etw. angreifen; **he ~d into a wall** *(fig.)* er krachte gegen eine Mauer; **b)** *(coll.: hurry)* sausen

**chargeable** ['tʃɑːdʒəbl] *adj.* **a) be ~ to sb.** auf jmds. Kosten gehen; **b)** *(Law)* **be ~ with sth.** wegen einer Sache belangt werden können

**charge:** ~ **account** *n. (Amer.)* Kreditkonto, *das;* ~ **card** *n.* Kreditkarte, *die*

**chargé d'affaires** [ʃɑːʒeɪ dæ'feə(r)] *n., pl.* **chargés d'affaires** [ʃɑːʒeɪ dæ'feə(r)] Chargé d'affaires, *der;* [diplomatischer] Geschäftsträger

**charge:** **~-hand** *n. (Brit.)* Vorarbeiter, *der*/Vorarbeiterin, *die;* **~-nurse** *n. (Brit.)* Stationsschwester, *die*

**charger** ['tʃɑːdʒə(r)] *n.* **a)** *(Mil.: cavalry horse)* [Kavallerie]pferd, *das; (of knight)* Schlachtroß, *das (veralt.);* **b)** *(poet.: horse)* Roß, *das (dichter.);* **c)** *(arch.: dish)* Platte, *die;* **d)** *(Electr.)* [Batterie]ladegerät, *das*

**'charge-sheet** *n.* **a)** *Buch, in dem auf einem Polizeirevier Festnahmen und Beschuldigungen registriert werden;* **b)** *(Mil.)* Anklageschrift, *die*

**charily** ['tʃeərɪlɪ] *adv.* vorsichtig

**chariot** ['tʃærɪət] *n. (Hist.) (for fighting or racing)* [zweirädriger] Streitwagen; *(carriage)* [leichter, vierrädriger] Wagen

**charioteer** [tʃærɪə'tɪə(r)] *n.* Wagenlenker, *der*

**charisma** [kə'rɪzmə] *n., pl.* **~ta** [kə'rɪzmətə] Charisma, *das*

**charismatic** [kærɪz'mætɪk] *adj.* charismatisch

**charitable** ['tʃærɪtəbl] *adj.* **a)** *(generous)* großzügig; **b)** *(lenient)* nachsichtig; großzügig; **c)** *(of or for charity)* karitativ; wohltätig, karitativ ‹*Organisation, Werke*›

**charity** ['tʃærɪtɪ] *n.* **a)** *(leniency)* Nachsicht, *die;* **b)** *(Christian love)* Nächstenliebe, *die;* **faith, hope, and ~:** Glaube, Hoffnung, Liebe; **c)** *(kindness)* Güte, *die;* **d)** *(beneficence)* Wohltätigkeit, *die;* **live on ~/accept ~:** von Almosen leben/Almosen annehmen; ~ **begins at home** *(prov.)* man muß zuerst an die eigenen Leute denken; **give money to ~:** Geld für wohltätige Zwecke spenden; **collect for ~:** für wohltätige Zwecke sammeln; **be in aid of ~:** für einen wohltätigen Zweck sein; **[as] cold as ~:** eiskalt *(fig.);* **e)** *(institution)* wohltätige Organisation; **f)** *(educational trust)* gemeinnützige Bildungseinrichtung

**charlady** ['tʃɑːleɪdɪ] *n. (Brit.) see* ²**char 1**

**charlatan** ['ʃɑːlətən] *n.* Scharlatan, *der*

**Charlemagne** ['ʃɑːləmeɪn] *pr. n.* Karl der Große

**Charles** [tʃɑːlz] *pr. n. (Hist., as name of ruler etc.)* Karl *(der)*

**Charles's Wain** ['tʃɑːlzɪz weɪn] *n. (Astron.)* der Große Wagen *od.* Bär

**charleston** ['tʃɑːlstən] *n.* Charleston, *der*

**charley horse** ['tʃɑːlɪ hɔːs] *n. (Amer. sl.)* Muskelkater, *der*

**charlie** ['tʃɑːlɪ] *n.* **be/look a right** ~ *(coll.)* dämlich sein/aussehen *(ugs.);* **feel a proper** ~ *(coll.)* sich *(Dat.)* richtig blöd *od.* dämlich vorkommen *(ugs.)*

**charm** [tʃɑːm] **1.** *n.* **a)** *(act)* Zauber, *der; (thing)* Zaubermittel, *das; (words)* Zauberspruch, *der;* Zauberformel, *die;* **lucky ~:** Glücksbringer, *der;* **work like a ~:** Wunder wirken; **b)** *(talisman)* Talisman, *der;* **c)** *(trinket)* Anhänger, *der;* Berlocke, *die (veralt.);* **d)** *(attractiveness)* Reiz, *der; (of person)* Charme, *der;* **have ~:** ‹*Person:*› Charme haben; ‹*Schloß, Buch:*› seinen eigenen Reiz haben; **place of great ~:** reizvoller Ort; **person of great ~:** sehr charmanter Mensch; **turn on the ~** *(coll.)* auf charmant machen *(ugs.).* **2.** *v. t.* **a)** *(captivate)* bezaubern ; **be ~ed with sth.** von etw. bezaubert *od.* begeistert sein; **she can ~ the birds out of the trees** sie kann mit ihrem Charme alles erreichen; **~ed, I'm sure** *(coll. iron.)* [wie] charmant *(iron.);* **b)** *(by magic)* verzaubern; beschwören ‹*Schlange*›; ~ **sth. out of sb.** jmdm. etw. [durch Zauberei] entlocken; **bear** *or* **lead a ~ed life** unter einem Glücksstern geboren sein; ein Glückskind sein

**charmer** ['tʃɑːmə(r)] *n. (man)* Charmeur, *der; (woman)* bezauberndes Geschöpf

**charming** ['tʃɑːmɪŋ] *adj.* bezaubernd; charmant, bezaubernd ‹*Person, Lächeln*›; ~**!** *(iron.)* [wie] charmant! *(iron.)*

**charmingly** ['tʃɑːmɪŋlɪ] *adv.* bezaubernd; charmant ‹*lächeln*›

**charnel-house** ['tʃɑːnlhaʊs] *n.* Leichenhalle, *die; (for bones)* Beinhaus, *das*

**chart** [tʃɑːt] **1.** *n.* **a)** *(map)* Karte, *die;* **naval ~:** Seekarte, *die;* **weather ~:** Wetterkarte, *die;* **b)** *(graph etc.)* Schaubild, *das; (diagram)* Diagramm, *das;* **c)** *(tabulated information)* Tabelle, *die;* **the ~s** *(of pop records)* die Hitliste. **2.** *v. t.* graphisch darstellen; *(map)* kartographisch erfassen; kartographieren; *(fig.: describe)* schildern ‹*Werdegang, Leben*›

**'chart-buster** *n.* Hit, *der*

**charter** ['tʃɑːtə(r)] **1.** *n.* **a)** Charta, *die; (of foundation also)* Gründungs- *od.* Stiftungsurkunde, *die; (fig.)* Freibrief, *der;* **grant a ~ to a city** einem Ort das Stadtrecht verleihen; **the Great C~** *(Hist.)* die Magna Charta; **b)** *(deed conveying land)* ≈ [Besitz]urkunde, *die;* **c)** *(privilege, admitted right)* Privileg, *das;* Vorrecht, *das;* **d)** *(Transport)* **be on ~:** gechartert sein. **2.** *v. t. (Transport)* chartern ‹*Schiff, Flugzeug*›; mieten ‹*Bus*›

**chartered** ['tʃɑːtəd]: ~ **ac'countant** *n. (Brit.)* Wirtschaftsprüfer, *der*/-prüferin, *die;* ~ **'aircraft** *n.* Charterflugzeug, *das;* Chartermaschine, *die;* ~ **engi'neer** *n. (Brit.)* Ingenieur, *der*/Ingenieurin, *die (der/die Mitglied eines Verbands ist);* ~ **lib'rarian** *n. (Brit.)* Bibliothekar, *der*/Bibliothekarin, *die (der/die Mitglied eines Verbands ist);* ~ **sur'veyor** *n. (Brit.)* Vermessungsingenieur, *der*/-ingenieurin, *die (der/die Mitglied eines Verbands ist)*

**charter:** ~ **flight** *n.* Charterflug, *der;* **~-party** *n. (Transport)* Charterpartie, *die;* ~ **plane** *n. see* **chartered aircraft**

**charwoman** ['tʃɑːwʊmən] *n. see* ²**char 1**

**chary** ['tʃeərɪ] *adj.* **a)** *(sparing, ungenerous)* zurückhaltend (of mit); **be ~ of doing sth.** zurückhaltend damit sein, etw. zu tun; **b)** *(cautious)* vorsichtig; **be ~ of doing sth.** darauf bedacht sein, etw. nicht zu tun

¹**chase** [tʃeɪs] **1.** *n.* **a)** Verfolgungsjagd, *die;* **car ~:** Verfolgungsjagd im Auto; **give ~ [to the thief]** [dem Dieb] hinterherjagen; **b)** *(Hunting)* Jagd, *die; (steeplechase)* Jagdrennen, *das;* Steeplechase, *die.* **2.** *v. t. (pursue)* jagen; ~ **sth.** *(fig.)* einer Sache *(Dat.)* nachjagen; hinter etw. *(Dat.)* hersein *(ugs.);* ~ **yourself** *imper. (fig. coll.)* verschwinde *(ugs.).* **3.** *v. i.* ~ **after sb./sth.** hinter jmdm./etw. herjagen; **I've been chasing about all over the place** *(coll.)* ich bin überall herumgerast *(ugs.)*

~ **around** **1.** [--'-] *v. i.* ~ **around after sb.** jmdm. hinterherrennen. **2.** ['---] *v. t.* ~ **around town** in der Stadt herumrennen *(ugs.)*

~ **a'way** *v. t.* wegjagen

~ **'off** *v. i.* davonjagen

~ **round** *see* ~ **around**

~ **'up** *v. t. (coll.)* ausfindig machen

²**chase** *v. t. (Metalw.)* ziselieren

**chaser** ['tʃeɪsə(r)] *n.* **a)** *(horse)* Steepler, *der (Reitsport);* **b) drink sth. as a ~** *(coll.)* etw. zum Nachspülen trinken *(ugs.)*

**chasm** ['kæzm] *n. (lit. or fig.)* Kluft, *die*

**chassis** ['ʃæsɪ] *n., pl. same* ['ʃæsɪz] *(Motor Veh.)* Chassis, *das;* Fahrgestell, *das*

**chaste** [tʃeɪst] *adj.* **a)** keusch; **b)** *(decent)* gesittet ‹*Worte, Ausdruck, Antwort*›; **c)** *(restrained)* schlicht ‹*Erscheinung, Kleidung*›

**chastely** ['tʃeɪstlɪ] *adv. see* **chaste:** keusch; gesittet; schlicht

**chasten** ['tʃeɪsn] *v. t.* **a)** züchtigen *(geh.);* strafen; **b)** *(fig.)* dämpfen ‹*Stimmung*›; demütigen ‹*Person*›

**chastening** ['tʃeɪsənɪŋ] *adj.* ernüchternd

**chastise** [tʃæ'staɪz] *v. t.* **a)** *(punish)* züchtigen *(geh.);* bestrafen; **b)** *(thrash)* züchtigen *(geh.)*

**chastisement** [tʃæ'staɪzmənt, 'tʃæstɪzmənt] *n.* Züchtigung, *die (geh.);* Strafe, *die*

**chastity** ['tʃæstɪtɪ] *n., no pl.* Keuschheit, *die;* **vow of ~:** Keuschheitsgelübde, *das*

**'chastity belt** *n.* Keuschheitsgürtel, *der*

**chasuble** ['tʃæzjʊbl] *n. (Eccl.)* Meßgewand, *das;* Kasel, *die*

**chat** [tʃæt] **1.** *n.* **a)** Schwätzchen, *das;* Plausch, *der (bes. südd., österr.);* **have a ~ about sth.** sich über etw. *(Akk.)* unterhalten; **b)** *no pl., no indef. art. (~ting)* Geplauder, *das.* **2.** *v. i.,* **-tt-** plaudern; ~ **with** *or* **to sb. about sth.** mit jmdm. von etw. plaudern; sich mit jmdm. über etw. *(Akk.)* unterhalten

~ **'up** *v. t. (Brit. coll.)* **a)** *(amorously)* anmachen *(ugs.);* **b)** *(to elicit information)* sich heranmachen an (+ *Akk.*) *(ugs.)*

**château** ['ʃætəʊ] *n., pl.* **~x** ['ʃætəʊz] Château, *das;* **~-bottled wine** Schloßabzug, *der*

**'chat show** *n.* Talk-Show, *die*

**chattel** ['tʃætl] *n., usu. in pl.* **~[s]** bewegliche Habe *(geh.); see also* **good 3g**

**chatter** ['tʃætə(r)] **1.** *v. i.* **a)** schwatzen; ‹*Kind:*› schwatzen, plappern; ‹*Affe:*› schnattern; **b)** *(rattle)* ‹*Zähne:*› klappern; **his teeth ~ed** er klapperte mit den Zähnen. **2.** *n.* **a)** Schwatzen, *das; (of child)* Plappern, *das;* Schwatzen, *das; (of monkey)* Schnattern, *das;* **b)** *(of teeth)* Klappern, *das*

**chatterbox** ['tʃætəbɒks] *n.* Quasselstrippe, *die (ugs.); (child)* Plappermäulchen, *das*

**chattily** ['tʃætɪlɪ] *adv.* im Plauderton

**chattiness** ['tʃætɪnɪs] *n., no pl.* Gesprächigkeit, *die;* Schwatzhaftigkeit, *die (abwertend)*

**chatty** ['tʃætɪ] *adj.* gesprächig; schwatzhaft *(abwertend)*

**chauffeur** ['ʃəʊfə(r), ʃəʊ'fɜː(r)] **1.** *n.* Fahrer, *der;* Chauffeur, *der;* **~-driven car** Wagen mit Chauffeur. **2.** *v. t.* fahren; chauffieren *(veralt.)*

**chauvinism** ['ʃəʊvɪnɪzm] *n., no pl.* Chauvinismus, *der;* **male ~:** männlicher Chauvinismus

**chauvinist** ['ʃəʊvɪnɪst] *n.* Chauvinist, *der*/Chauvinistin, *die;* **male ~/[male] ~ pig** Chauvinist, *der*/Chauvinistenschwein, *das*

**chauvinistic** [ʃəʊvɪ'nɪstɪk] *adj.* chauvinistisch

**cheap** [tʃi:p] **1.** *adj.* **a)** *(inexpensive)* billig; **~ ticket** *(at reduced rate)* verbilligte Fahrkarte; **be ~ and nasty** billiger Ramsch sein; **be ~ at the price** sehr preiswert sein; *(fig.)* es wert sein; **on the ~** *(coll.)* billig; **do it on the ~** *(coll.)* es billig machen *(ugs.);* **b)** *(easily got or made)* billig; **c)** *(worthless)* billig ⟨*Aussehen*⟩; gemein ⟨*Lügner*⟩; schäbig ⟨*Verhalten, Betragen*⟩; **feel ~** *(coll.)* sich *(Dat.)* schäbig vorkommen; **hold ~:** geringschätzen; **make oneself ~:** sich [selbst] herabsetzen; **d)** *(Finance)* billig ⟨*Geld*⟩. **2.** *adv.* billig; **I got it ~:** ich hab's billig gekriegt *(ugs.);* **be going ~:** besonders günstig sein *(ugs.)*

**cheapen** ['tʃi:pn] **1.** *v. t.* verbilligen; verringern ⟨*Kosten*⟩; *(fig.)* herabsetzen; **~ oneself** sich [selbst] herabsetzen; **feel ~ed** sich gedemütigt fühlen. **2.** *v. i.* billiger werden

**'cheapjack 1.** *n.* Straßenhändler, *der;* billiger Jakob *(ugs.).* **2.** *adj.* Billig-

**cheaply** ['tʃi:plɪ] *adv. see* **cheap 1:** billig; gemein; schäbig

**cheapness** ['tʃi:pnɪs] *n., no pl.* niedriger Preis; *(fig.)* Gewöhnlichkeit, *die*

**cheat** [tʃi:t] **1.** *n.* **a)** *(person)* Schwindler, *der*/Schwindlerin, *die;* **b)** *(act)* Schwindel, *der;* **that's a ~!** das ist Betrug! **2.** *v. t.* **a)** hintergehen; betrügen; **~ sb./sth. [out] of sth.** jmdn./etw. um etw. betrügen; **~ sb. into doing sth.** jmdn. durch Täuschung dazu bringen, etw. zu tun; **b)** *(escape)* **~ sb.** jmdm. entgehen; **~ death** dem Tod entkommen. **3.** *v. i.* betrügen; **~ at cards/at school/in class** beim Kartenspielen mogeln/in der Schule/im Unterricht abschreiben

**[1]check** [tʃek] **1.** *n.* **a)** *(stoppage, thing, that restrains)* Hindernis, *das; (restraint)* Kontrolle, *die;* **[hold *or* keep sth.] in ~:** [etw.] unter Kontrolle [halten]; **hold *or* keep one's temper in ~:** sich beherrschen; **act as a ~ upon sth.** etw. unter Kontrolle halten; **a ~ must be put on sth.** etw. muß unter Kontrolle gebracht werden; **[a system of] ~s and balances** *(Amer.)* ein Kontrollsystem; **b)** *(for accuracy)* Kontrolle, *die;* **make a ~ on sth./sb.** etw./jmdn. überprüfen *od.* kontrollieren; **give sth. a ~:** etw. überprüfen *od.* kontrollieren; **keep a ~ on** überprüfen; kontrollieren; überwachen ⟨*Verdächtigen*⟩; **c)** *(token) (for left luggage)* Gepäckaufbewahrungsschein, *der; (Amer.: in theatre)* Garderobenmarke, *die; (for seat-holder)* Platzkarte, *die; (of verification)* Kontrollzeichen, *das; (Amer.: bill in restaurant etc.)* Rechnung, *die;* **d)** *(rebuff; also Mil.)* Widerstand, *der;* **e)** *(Chess)* Schach, *das;* **be in ~:** im Schach stehen; **put sb. in ~:** jmdm. Schach bieten; **f)** *(Hunting)* Stocken [beim Verlieren der Fährte]; **g)** *(Amer.: counter at cards)* Spielmarke, *die; see also* **cash in 1; h)** *(Amer.) see* **cheque. 2.** *v. t.* **a)** *(restrain)* unter Kontrolle halten; unterdrücken ⟨*Ärger, Lachen*⟩; **~ oneself** sich beherrschen; **b)** *(examine accuracy of)* nachprüfen; nachsehen ⟨*Hausaufgaben*⟩; kontrollieren ⟨*Fahrkarte*⟩; *(Amer.: mark with tick)* abhaken; *(Amer.: deposit)* aufgeben ⟨*Gepäck*⟩; **c)** *(stop; also Mil.)* aufhalten; **d)** *(Chess)* Schach bieten (+ *Dat.*). **3.** *v. i.* **a)** *(test)* **~ on sth.** etw. überprüfen; **~ with sb.** bei jmdm. nachfragen; **just ~ing** *(coll. joc.)* wollte mich nur vergewissern; **b)** *(Amer.: agree)* übereinstimmen; **c)** *(Hunting)* stocken. **4.** *int.* **a)** *(Chess)* Schach; **b)** *(Amer.)* einverstanden

**~ 'back** *v. i.* nachsehen

**~ 'in 1.** *v. t.* eintragen; *(at airport)* **~ in one's luggage** sein Gepäck abfertigen lassen *od.* einchecken. **2.** *v. i. (arrive at hotel)* ankommen; *(sign the register)* sich eintragen; *(report one's arrival)* sich melden; *(at airport)* einchecken. *See also* **check-in**

**~ 'off** *v. t.* abhaken

**~ 'out 1.** *v. t.* überprüfen. **2.** *v. i.* abreisen; **~ out of a hotel** abreisen; *(pay)* die Hotelrechnung bezahlen; **~ out of the supermarket** im Supermarkt bezahlen; *see also* **check-out**

**~ 'over** *v. t.* durchsehen

**~ 'through** *v. t.* kontrollieren; durchsehen ⟨*Brief, Rechnung*⟩

**~ 'up** *v. i.* überprüfen; **~ up on sb./sth.** jmdn./etw. überprüfen *od.* kontrollieren; **the police will ~ up on you** die Polizei wird Nachforschungen über dich anstellen; *see also* **check-up**

**[2]check** *n. (pattern)* Karo, *das;* **a shirt of red and white ~:** ein rotweiß kariertes Hemd

**checked** [tʃekt] *adj. (patterned)* kariert

**checker** ['tʃekə(r)] *n.* Prüfer, *der*/Prüferin, *die;* Kontrolleur, *der*

**'checkerboard** *n. (Amer.)* Schachbrett, *das*

**checkers** ['tʃekəz] *n., no pl. (Amer.) see* **draughts**

**'check-in** *n.* Abfertigung, *die; attrib.* Abfertigungs-

**'checking account** *n. (Amer.)* Girokonto, *das*

**check: ~-list** *n.* Verzeichnis, *das;* Checkliste, *die (Technik, Flugw.);* **~mate** ['tʃekmeɪt] **1.** *n.* [Schach]matt, *das;* **2.** *int.* [schach]matt; **3.** *v. t.* **a)** matt setzen; **b)** *(fig.)* zunichte machen; **~-out** *n.* Abreise, *die; (desk)* Kasse, *die; attrib.* **~-out desk *or* point *or* counter** Kasse, *die;* **~-point** *n.* Kontrollpunkt, *der;* **~-room** *n. (Amer.)* **a)** *(cloakroom)* Garderobe, *die;* **b)** *(for left luggage)* Gepäckaufbewahrung, *die;* **~-up** *n. (Med.)* Untersuchung, *die;* **get/have a ~-up** untersucht werden; **go to the doctor for a ~-up** sich beim Arzt untersuchen lassen

**Cheddar** ['tʃedə(r)] *n.* Cheddar[käse], *der*

**cheek** [tʃi:k] **1.** *n.* **a)** Backe, *die;* Wange, *die (geh.);* **~ by jowl** Seite an Seite; dicht nebeneinander ⟨*stehen, wohnen*⟩; **dance ~ to ~:** Wange an Wange tanzen; **turn the other ~** *(fig.)* die andere Wange darbieten; **b)** *(impertinence)* Frechheit, *die;* **have the ~ to do sth.** die Frechheit *od.* Stirn besitzen, etw. zu tun; **I like your ~** *(iron.)* du hast vielleicht Nerven! *(ugs.);* **none of your ~:** sei nicht so frech; **have plenty of ~:** ziemlich unverschämt sein; **c)** *in pl. (sl.: buttocks)* Hinterbacken *(ugs.).* **2.** *v. t.* **~ sb.** zu jmdm. frech sein

**'cheek-bone** *n.* Backenknochen, *der*

**cheekily** ['tʃi:kɪlɪ] *adv.* frech; **behave ~:** frech sein

**cheekiness** ['tʃi:kɪnɪs] *n., no pl.* Frechheit, *die*

**'cheek-pouch** *n. (Zool.)* Backentasche, *die*

**cheeky** ['tʃi:kɪ] *adj.* frech; **~ girl** freches Ding *(ugs.);* **~ boy** frecher Bengel; **~ devil/monkey** *(coll.)* Frechdachs, *der (ugs.)*

**cheep** [tʃi:p] **1.** *v. i.* piep[s]en. **2.** *n.* Piep[s]en, *das;* **not a ~ [out of sb.]** *(fig. coll.)* kein Pieps [von jmdm.] *(ugs.)*

**cheer** [tʃɪə(r)] **1.** *n.* **a)** *(applause)* Beifallsruf, *der;* **give sb. a [big] ~:** jmdm. zujubeln; **give three ~s for sb.** jmdn. [dreimal] hochleben lassen; **two ~s** *(iron.)* ist ja großartig *(iron.);* **b)** *in pl. (Brit. coll.: as a toast)* prost!; **c)** *in pl. (Brit. coll.: thank you)* danke!; **d)** *in pl. (Brit. coll.: goodbye)* tschüs! *(ugs.);* **e)** *(arch.: frame of mind)* **be of good ~:** sei/seid guten Mutes *(geh.).* **2.** *v. t.* **a)** *(applaud)* **~ sth./sb.** etw. bejubeln/jmdm. zujubeln; **b)** *(gladden)* aufmuntern; aufheitern. **3.** *v. i.* jubeln

**~ 'on** *v. t.* anfeuern ⟨*Sportler, Wettkämpfer*⟩

**~ 'up 1.** *v. t.* aufheitern. **2.** *v. i.* bessere Laune bekommen; **~ up!** Kopf hoch!

**cheerful** ['tʃɪəfl] *adj. (in good spirits)* fröhlich; gutgelaunt; *(bright, pleasant)* heiter; erfreulich ⟨*Aussichten*⟩; lustig ⟨*Feuer*⟩; *(willing)* bereitwillig; **make sb. ~:** jmdn. heiter stimmen

**cheerfully** ['tʃɪəfəlɪ] *adv.* vergnügt; **the fire blazed ~:** das Feuer brannte lustig; **~ assuming that ...** *(iron.)* in der unbekümmerten Annahme, daß ...

**cheerily** ['tʃɪərɪlɪ] *adv.* fröhlich

**cheering** ['tʃɪərɪŋ] **1.** *adj.* **a)** *(gladdening)* fröhlich stimmend; **b)** *(applauding)* jubelnd. **2.** *n.* Jubeln, *das*

**cheerio** [tʃɪərɪ'əʊ] *int.* **a)** *(Brit. coll.: goodbye)* tschüs! *(ugs.);* **b)** *(dated: as a toast)* zum Wohl

**'cheer-leader** *n. jmd., der andere zu Beifall, Hochrufen usw. anfeuert*

**cheerless** ['tʃɪəlɪs] *adj.* freudlos; düster ⟨*Aussichten*⟩

**cheery** ['tʃɪərɪ] *adj.* fröhlich

**cheese** [tʃi:z] *n.* **a)** *(food)* Käse, *der;* **~s** Käsesorten; **b)** *(whole)* Käselaib, *der; (piece)* Stück Käse; **c) say ~!** *(Photog.)* bitte recht freundlich!; **hard ~!** *(dated coll.)* Pech gehabt! *(ugs.). See also* **lemon cheese**

**cheese: ~board** *n.* Käseplatte, *die;* **~cake** *n.* **a)** Käsetorte, *die;* **b)** *no pl., no indef. art. (coll.)* Pin-up-Girls *Pl.;* **~cloth** *n.* [indischer] Baumwollstoff; **~-cutter** *n. Draht zum Schneiden von Käse;* **~-dish** *n.* ≈ Käseglocke, *die*

**cheesed off** [tʃi:zd 'ɒf] *adj. (Brit. sl.)* angeödet; **I am ~ with school** die Schule ödet mich an *(ugs.) od.* stinkt mir *(salopp);* **I'm ~:** mir stinkt's! *(salopp)*

**cheese: ~-grater** *n.* Käseraspel, *die;* **~-paring 1.** *adj.* knauserig; **2.** *n.* Knauserei, *die;* **~ 'straw** *n.* Käsestange, *die*

**cheetah** ['tʃi:tə] *n. (Zool.)* Gepard, *der*

**chef** [ʃef] *n.* Küchenchef, *der; (as profession)* Koch, *der*

**Chelsea** ['tʃelsɪ]: **~ 'bun** *n.* ≈ Rosinenbrötchen, *das;* **~ 'pensioner** *n. Insasse des Chelsea Royal Hospital für alte und kriegsversehrte Soldaten*

**chemical** ['kemɪkl] **1.** *adj.* chemisch. **2.** *n.* Chemikalie, *die*

**chemical: ~ engi'neer** *n.* Chemieingenieur, *der*/-ingenieurin, *die;* **~ engi'neering** *n.* Chemotechnik, *die;* **~ firm** *n.* Chemiebetrieb, *der*

**chemically** ['kemɪkəlɪ] *adv.* chemisch

**chemical: ~ 'warfare** *n.* chemische Krieg[s]führung; **~ worker** *n.* Chemiearbeiter, *der*/-arbeiterin, *die*

**chemise** [ʃə'mi:z] *n.* Unterkleid, *das*

**chemist** ['kemɪst] *n.* **a)** *(person skilled in chemistry)* Chemiker, *der*/Chemikerin, *die;* **b)** *(Brit.: pharmacist)* Drogist, *der*/Drogistin, *die;* **~'s [shop]** Drogerie, *die; (dispensary)* Apotheke, *die; see also* **baker**

**chemistry** ['kemɪstrɪ] *n., no pl.* **a)** *no indef. art.* Chemie, *die;* **the ~ of iron** die chemischen Eigenschaften des Eisens; **b)** *(fig.)* unerklärliche Wirkungskraft

**chemistry: ~ laboratory** *n.* Chemiesaal, *der;* **~ set** *n.* Chemiebaukasten, *der*

**chemotherapy** [kemə'θerəpɪ] *n.* Chemotherapie, *die*

**chenille** [ʃə'ni:l] *n.* Chenille, *die*

**cheque** [tʃek] *n.* Scheck, *der;* **write a ~:** einen Scheck ausfüllen; **will you take a ~?** kann ich mit Scheck bezahlen?; **pay by ~:** mit [einem] Scheck bezahlen

**cheque: ~-book** *n.* Scheckbuch, *das;* **~-book journalism** *n.* Scheckbuchjournalismus, *der;* **~ card** *n.* Scheckkarte, *die*

**chequer** ['tʃekə(r)] **1.** *n.* Karomuster, *das.* **2.** *v. t.* karieren

**'chequer-board** *n.* Schachbrett, *das*

**chequered** ['tʃekəd] *adj.* **a)** kariert; **a lawn ~ with sunlight and shade** ein von Licht und Schatten gefleckter Rasen; **b)** *(fig.)* bewegt ⟨*Geschichte, Leben, Laufbahn*⟩

**cherish** ['tʃerɪʃ] *v. t.* **a)** *(value and keep)* hegen ⟨*Hoffnung, Gefühl*⟩; in Ehren halten ⟨*[Erinnerungs]gegenstand*⟩; **~ an illusion** sich einer Illusion *(Dat.)* hingeben; **~ sb.'s memory** jmds. Andenken in Ehren bewahren; **b)** *(foster)* **~ sb.** [liebevoll] für jmdn. sorgen; **to love and to ~, till death us do part** *(in marriage ceremony)* zu lieben und zu ehren, bis daß der Tod uns scheidet

**cheroot** [ʃə'ru:t] *n.* Stumpen, *der*

**cherry** ['tʃerɪ] **1.** *n.* **a)** *(fruit)* Kirsche, *die;* **it's no use having two bites at a ~** *(fig.)* es hat keinen Sinn, das Ganze zweimal durchzuführen; **we may get two bites at the ~** *(fig.)* wir werden vielleicht eine zweite Chance haben; **b)** *(tree)* Kirschbaum, *der.* **2.** *adj.* kirschrot; **a bright ~ red** ein helles Kirschrot

**cherry: ~ blossom** *n.* Kirschblüte, *die;* **~ 'brandy** *n.* Cherry Brandy, *der;* ≈ Kirschlikör, *der;* **~-'pie** *n.* **a)** Kirschkuchen, *der;* **b)** *(Brit.: flower)* Vanillestrauch, *der;* **~-stone** *n.* Kirschkern, *der*

**cherub** ['tʃerəb] *n.* **a)** *pl.* **~im** ['tʃerəbɪm] *(Theol., of celestial order)* Cherub, *der;* **b)** *pl.* **~s** *(Art)* Putte, *die;* Putto, *der; (child)* Engelchen, *das*

**cherubic** [tʃɪ'ru:bɪk] *adj.* cherubinisch; engelhaft; **~ face** Engelsgesicht, *das*

**chervil** ['tʃɜ:vɪl] *n. (Bot.)* Kerbel, *der*

**Cheshire** ['tʃeʃə(r), 'tʃeʃɪə(r)]: **~ 'cat** *n.* **grin like a ~ cat** übers ganze Gesicht grinsen; **~ 'cheese** *n.* Cheshirekäse, *der*

**chess** [tʃes] *n., no pl., no indef. art.* das Schach[spiel]; **play ~:** Schach spielen; **be good at ~:** gut Schach spielen

**chess: ~-board** *n.* Schachbrett, *das;* **~-man** *n.* Schachfigur, *die;* **~-player** *n.* Schachspieler, *der*/-spielerin, *die*

**chest** [tʃest] *n.* **a)** Kiste, *die; (for clothes or money)* Truhe, die; *(treasury; also fig.)* Kasse, *die;* **b)** *(part of body)* Brust, *die; (Anat.)* Brustkorb, *der;* Brustkasten, *der (ugs.);* **cold on the ~:** Bronchitis, *die;* **get sth. off one's ~** *(fig. coll.)* sich *(Dat.)* etw. von der Seele reden; **play [sth.] close to one's ~** *(fig. coll.)* so wenig wie möglich [über etw. *(Akk.)*] erwähnen

**-chested** ['tʃestɪd] *adj. in comb.* -brüstig; **a broad-~ man** ein Mann mit einem breiten Brustkorb

**chesterfield** ['tʃestəfi:ld] *n. (sofa)* gepolstertes Sofa *(mit hohen Armlehnen)*

**chest: ~-expander** *n.* Expander, *der;* **~-measurement** *n.* Brustumfang, *der;* Brustweite, *die*

**chestnut** ['tʃesnʌt] **1.** *n.* **a)** *(tree)* Kastanie, *die;* **Spanish** *or* **sweet ~:** Edelkastanie, *die; see also* **horse-chestnut; b)** *(fruit)* Kastanie, *die;* **pull the ~s out of the fire** *(fig.)* die Kastanien aus dem Feuer holen *(ugs.);* **c)** *(colour)* Kastanienbraun, *das;* **d)** *see* **chestnut-wood; e)** *(stale story or topic)* **[old] ~:** alte *od.* olle Kamelle *(ugs.);* **f)** *(horse)* Fuchs, *der.* **2.** *adj. (colour)* **~[-brown]** kastanienbraun

**chestnut: ~-tree** *see* **chestnut 1 a; ~-wood** *n.* Kastanienholz, *das*

**chest of 'drawers** Kommode, *die*

**chesty** ['tʃestɪ] *adj. (coll.)* anfällig *(für Erkältungen);* tief sitzend ⟨*Husten*⟩; **be ~:** es auf der Brust haben *(ugs.);* **you sound rather ~ today** du klingst heute ziemlich erkältet

**chevron** ['ʃevrən] *n.* **a)** *(badge)* Winkel, *der;* **b)** *(Her.)* Sparren, *der;* Chevron, *der;* **c)** *(traffic-sign)* Winkel *(auf Richtungstafeln o. ä.)*

**chew** [tʃu:] **1.** *v. t.* kauen; **~ one's finger-nails** an den [Finger]nägeln kauen; **~ the rag** *or* **the fat [about sth.]** *(fig.)* [über etw. *(Akk.)*] meckern *(ugs.); see also* **bite off; cud. 2.** *v. i.* kauen **(on** auf + *Dat.*); **~ on** *or* **over sth.** *(fig.)* sich *(Dat.)* etw. durch den Kopf gehen lassen. **3.** *n.* Kauen, *das*

**~ 'out** *v. t. (Amer. coll.)* zusammenstauchen *(ugs.)*

**chewing-gum** ['tʃu:ɪŋgʌm] *n.* Kaugummi, *der od. das*

**chewy** ['tʃu:ɪ] *adj.* zäh ⟨*Fleisch, Bonbon*⟩

**Chianti** [kɪ'æntɪ] *n.* Chianti[wein], *der*

**chiaroscuro** [kjɑ:rə'skʊərəʊ] *n., pl.* **~s** *(in painting)* Clair-obscur, *das; (fig. also)* Helldunkel, *das*

**chic** [ʃi:k] **1.** *adj.* schick; elegant. **2.** *n.* Schick, *der*

**chicane** [ʃɪ'keɪn] *n. (Sport)* Schikane, *die*

**chicanery** [ʃɪ'keɪnərɪ] *n.* **a)** *no pl. (deception)* Täuschungsmanöver, *das; (legal trickery)* Rechtsverdrehung, *die;* **b)** *(sophistry)* Winkelzug, *der;* Trick, *der*

**chichi** ['ʃi:ʃɪ:] **1.** *adj.* überspannt, affektiert ⟨*Person, Verhalten*⟩; extravagant ⟨*Gegenstand*⟩. **2.** *n.* Chichi, *das*

**chick** [tʃɪk] *n.* **a)** Küken, *das;* **b)** *(coll.: child)* Kleine, *das;* **c)** *(sl.: young woman)* Biene, *die (ugs.)*

**chickadee** ['tʃɪkədi:] *n. (Ornith.)* Chickadee-Meise, *die*

**chicken** ['tʃɪkɪn] **1.** *n.* **a)** Huhn, *das; (grilled, roasted)* Hähnchen, *das;* **don't count your ~s [before they are hatched]** *(prov.)* man soll den Pelz nicht verkaufen, ehe man den Bären erlegt hat; **b)** *(coll.: youthful person)* Küken, *das;* **she's no ~** *(is no longer young)* sie ist nicht mehr die Jüngste; *(is experienced)* sie ist kein [kleines] Kind mehr; **c)** *(coll.: game)* **play ~:** eine Mutprobe ablegen; **d)** *(coll.: coward)* Angsthase, *der.* **2.** *adj. (coll.)* feig[e]. **3.** *v. i.* **~ out** *(sl.)* kneifen; **~ out of sth.** sich vor etw. *(Dat.)* drücken; vor etw. *(Dat.)* kneifen

**chicken: ~-and-'egg** *adj.* Huhn-Ei-⟨*Frage*⟩; **~-breasted** *adj.* hühnerbrüstig; flachbrüstig; **~-feed** *n.* **a)** Hühnerfutter, *das;* **b)** *(fig. coll.)* eine lächerliche Summe; **the firm pays them ~-feed** die Firma zahlt ihnen einen Hungerlohn; **~-hearted** *adj.* feige; hasenfüßig; **~ 'pie** *n.* Hühnerpastete, *die;* **~-pox** *n. (Med.)* Windpocken *Pl.;* **~-run** *n.* Auslauf, *der (Landw.);* **~ 'salad** *n.* Geflügelsalat, *der;* **~ 'soup** *n.* Hühnersuppe, *die;* **~-wire** *n.* Maschendraht, *der*

**chick: ~-pea** *n.* Kichererbse, *die;* **~weed** *n. (Bot.)* Vogelmiere, *die;* Hühnerdarm, *der*

**chicory** ['tʃɪkərɪ] *n.* **a)** *(plant)* Chicorée, *der od. die; (for coffee)* Zichorie, *die; (flower)* Wegwarte, *die;* **b)** *(Amer.: endive)* Endivie, *die*

**chide** [tʃaɪd], **~d** *or* **chid** [tʃɪd], **~d** *or* **chid** *or* **chidden** ['tʃɪdn] *(arch./literary)* **1.** *v. t.* schelten *(geh.)* **(for** wegen). **2.** *v. i.* schelten *(geh.)*

**chief** [tʃi:f] **1.** *n.* **a)** *(of state, town, clan)* Oberhaupt, *das; (of party)* Vorsitzende, *der; (of tribe)* Häuptling, *der;* **~ of state** Staatschef, *der;* **b)** *(of department)* Leiter, *der; (coll.: one's superior, boss)* Chef, *der;* Boss, *der;* **~ of police** Polizeipräsident, *der;* **~ of staff** *(of a service)* Generalstabschef, *der; (commander)* Stabschef, *der;* **c) in ~** *postpos.* hauptsächlich; **Colonel-in-C~** Regimentskommandeur, *der;* **d)** *(Her.)* Schildhaupt, *das.* **2.** *adj., usu attrib.* **a)** Ober-; **~ priest** Oberpriester, *der;* **~ clerk** Bürochef, *der;* **~ engineer** erster Maschinist *(Seew.);* **[Lord] C~ Justice** *(Brit.)* [Lord] Oberrichter, *der;* **b)** *(first in importance, influence, etc.)* Haupt-; **~ reason/aim** Hauptgrund, *der*/-ziel, *das;* **his ~ crime** das Schlimmste, was er sich *(Dat.)* geleistet hat; **his ~ hope** seine größte Hoffnung; **c)** *(prominent, leading)* führend; **~ culprit** Hauptschuldige, *der/die;* **~ offender** Haupttäter, *der*/-täterin, *die*

**chiefly** ['tʃi:flɪ] *adv.* hauptsächlich; vor allem

**chieftain** ['tʃi:ftən] *n. (of Highland clan)* Oberhaupt, *das; (of tribe)* Stammesführer, *der; (of band of robbers)* Hauptmann, *der (hist.)*

**chiff-chaff** ['tʃɪftʃæf] *n. (Ornith.)* Zilpzalp, *der*

**chiffon** ['ʃɪfɒn] **1.** *n. (Textiles)* Chiffon, *der.* **2.** *adj.* Chiffon-

**chignon** ['ʃi:njɔ̃] *n.* Chignon, *der;* [Haar]knoten, *der*

**chihuahua** [tʃɪ'wɑ:wə] *n.* Chihuahua, *der*

**chilblain** ['tʃɪlbleɪn] *n.* Frostbeule, *die*

**child** [tʃaɪld] *n., pl.* **~ren** ['tʃɪldrən] Kind, *das;* **when I was a ~:** als ich klein war; **a ~'s guide to ...** *(fig.)* ...für Anfänger; **[be] with ~** *(dated)* schwanger [sein]; **the ~ is the father of the man** *(prov.) Einflüsse und Erfahrungen der Kindheit bestimmen den Charakter des Erwachsenen*

**child: ~ abuse** Kindesmißhandlung, *die;* **~-bearing 1.** *n.* Schwangerschaften; **2.** *adj.* gebärfähig; **~ 'benefit** *n. (Brit.)* Kindergeld, *das;* **~birth** *n.* Geburt, *die;* **die in ~birth** bei der Geburt *od.* im Wochenbett sterben; **~ care** *n.* **a)** Betreuung von Kindern; **b)** *(social services department)* Kinderfürsorge, *die;* **~ 'guidance** *n.* Erziehungsberatung, *die*

**childhood** ['tʃaɪldhʊd] *n.* Kindheit, *die;* **in ~:** als Kind; **from** *or* **since ~:** schon als Kind; **be in one's second ~:** an Altersschwachsinn leiden

**childish** ['tʃaɪldɪʃ] *adj.,* **childishly** ['tʃaɪldɪʃlɪ] *adv.* kindlich; *(derog.)* kindisch

**childishness** ['tʃaɪldɪʃnɪs] *n., no pl.* Kindlichkeit, *die; (derog.)* kindisches Wesen; *(conduct)* kindisches Benehmen

**childless** ['tʃaɪldlɪs] *adj.* kinderlos

**childlike** ['tʃaɪldlaɪk] *adj.* kindlich

**child: ~-minder** *n. (Brit.)* Tagesmutter, *die;* **~ 'prodigy** *n.* Wunderkind, *das;* **~-proof** *adj.* kindersicher; **~-proof door lock** *(in car)* Kindersicherung, *die;* **~ psy'chology** *n.* Kinderpsychologie, *die*

**children** *pl. of* **child**

**child: ~'s play** *n., no pl. (fig.)* Kinderspiel, *das;* **it's ~'s play!** es ist ein Kinderspiel!; **~ 'welfare** *n.* Kinderfürsorge, *die*

**Chile** ['tʃɪlɪ] *pr. n.* Chile *(das)*

**Chilean** ['tʃɪlɪən] **1.** *adj.* chilenisch; **sb. is ~:** jmd. ist Chilene/Chilenin. **2.** *n.* Chilene, *der*/Chilenin, *die*

**Chile: ~ 'pine** *n. (Bot.)* Chilefichte, *die;* **~ saltpetre** *n.* Chilesalpeter, *der*

**chili** *see* **chilli**

**chill** [tʃɪl] **1.** *n.* **a)** *(cold sensation)* Frösteln, *das; (feverish shivering)* Schüttelfrost, *der; (illness)* Erkältung, *die;* **catch a ~:** sich verkühlen *od.* erkälten; **b)** *(unpleasant coldness)* Kühle, *die; (fig.)* Abkühlung, *die;* **take the ~ off [sth.]** etw. leicht erwärmen; **there's a ~ in the air** es ist ziemlich kühl [draußen]; **c)** *(depressing influence)* Ernüchterung, *die;* **her presence at the party cast** *or* **spread a ~ over things** durch ihre Anwesenheit bei der Party entstand eine frostige Atmosphäre; **d)** *(of manner)* Frostigkeit, *die.* **2.** *v. t.* **a)** *(make cold, preserve)* kühlen; **I was ~ed to the marrow** ich war ganz durchgefroren; **b)** *(Metallurgy)* abschrecken. **3.** *v. i.* abkühlen. **4.** *adj. (literary; lit. or fig.)* kühl

**chilli** ['tʃɪlɪ] *n., pl.* **~es** Chili, *der;* **~ con carne** [tʃɪlɪ kɒn 'kɑ:nɪ] *(Gastr.)* Chili con carne

**chilliness** ['tʃɪlɪnɪs] *n., no pl. (lit. or fig.)* Kühle, *die*

**chilling** ['tʃɪlɪŋ] *adj. (fig.)* ernüchternd; frostig ⟨*Art, Worte, Blick*⟩

**chilly** ['tʃɪlɪ] *adj.* **a)** *(lit. or fig.)* kühl; **b)** *(feeling somewhat cold)* **I am rather ~:** mir ist ziemlich kühl; *(sensitive to cold)* **I'm rather a ~ person** ich friere ziemlich leicht

**Chiltern Hundreds** [tʃɪltən 'hʌndrədz] *n. (Brit. Polit.) Kronamt, dessen Übernahme Parlamentariern die Aufgabe ihres Parlamentssitzes ermöglicht;* **apply for the ~:** seinen Unterhaussitz aufgeben

**chimaera** *see* **chimera**

**chime** [tʃaɪm] **1.** *n.* **a)** Geläute, *das;* **ring the ~s** die Glocken läuten; **b)** *(set of bells)* Glockenspiel, *das.* **2.** *v. i.* läuten; ⟨*Turmuhr:*⟩ schlagen; **chiming clock** Schlaguhr, *die.* **3.** *v.t.* erklingen lassen ‹*Melodie*›; schlagen ‹*Stunde, Mitternacht*›

~ **'in** *v.i.* **a)** *(Mus.)* einstimmen; *(fig.)* übereinstimmen; **b)** *(interject remark)* sich [in die Unterhaltung] einmischen

**chimera** [kaɪ'mɪərə, kɪ'mɪərə] *n.* **a)** *(hybrid)* [bunte, phantastische] Mischung; *(fanciful conception)* Schimäre, *die;* **b)** *(bogy)* Schimäre, *die;* Schreckgespenst, *das;* **c)** *(Biol.)* Chimäre, *die*

**chimerical** [kaɪ'merɪkl, kɪ'merɪkl] *adj.* schimärisch *(geh.);* trügerisch

**chimney** ['tʃɪmnɪ] *n.* **a)** *(of house, factory, etc.)* Schornstein, *der; (of house also)* Kamin, *der (bes. südd.); (of factory or ship also)* Schlot, *der; (above open fire)* Rauchfang, *der;* **the smoke goes up the ~:** der Rauch zieht durch den Kaminschacht ab; **come down the ~:** durch den Schornstein kommen; **smoke like a ~** *(fig.)* wie ein Schlot rauchen; **b)** *(of lamp)* [Lampen]zylinder, *der;* **c)** *(vent of volcano etc.)* Schlot, *der;* **d)** *(Mountaineering)* Kamin, *der*

**chimney: ~-breast** *n.* Kaminmantel, *der;* **~-corner, ~-nook** *ns.* Sitzecke am Kamin; **~-piece** *n.* Kaminsims, *der;* **~-pot** *n.* ≈ Schornsteinkopf, *der;* **~-stack** *see* **stack 1d; ~-sweep** *n.* Schornsteinfeger, *der*

**chimp** [tʃɪmp] *(coll.),* **chimpanzee** [tʃɪmpən'zi:] *ns.* Schimpanse, *der*

**chin** [tʃɪn] *n.* Kinn, *das;* **keep one's ~ up** *(fig.)* den Kopf nicht hängen lassen; **~ up!** Kopf hoch!; **take it on the ~** *(suffer severe blow)* einen harten Schlag einstecken müssen; *(endure sth. courageously)* es mit Fassung tragen; *see also* **stick out 1a**

**China** ['tʃaɪnə] *pr. n.* China *(das)*

**china** *n.* Porzellan, *das; (crockery)* Geschirr, *das;* **broken ~:** Scherben *Pl.*

**china: ~ cabinet** *n.* Vitrine, *die;* ~ **'clay** *n.* Porzellanerde, *die;* ~ **cupboard** *n.* Geschirrschrank, *der*

**China: ~man** ['tʃaɪnəmən] *n., pl.* **~men** ['tʃaɪnəmən] *(derog.)* Chinese, *der;* **c~ shop** *n. see* **bull 1a;** ~ **'tea** *n.* Chinatee, *der;* **~town** *n.* Chinesenviertel, *das;* **c~ware** *n., no pl.* Porzellan, *das*

**chinch[-bug]** ['tʃɪntʃ(bʌg)] *n. (Amer.)* **a)** Bettwanze, *die;* **b)** *(destroying grain)* Getreidewanze, *die*

**chinchilla** [tʃɪn'tʃɪlə] *n.* **a)** *(Zool.)* Chinchilla, *die;* **b)** *(fur)* Chinchilla[pelz], *der;* **c)** *(cat)* Chinchillaperser, *der; (rabbit)* Chinchilla, *das*

**chin-chin** [tʃɪn'tʃɪn] *int. (Brit.) (greeting)* hallo! *(ugs.); (farewell)* tschüs! *(ugs.);* cheerio!; *(as a toast)* prost!

[1]**chine** [tʃaɪn] *n. (Brit. Geog.: ravine)* ≈ Klamm, *die*

[2]**chine** *n.* **a)** *(backbone)* Rückgrat, *das; (Cookery: joint of meat)* Rückenstück, *das;* **b)** *(Geog.: ridge)* Kamm, *der*

**Chinese** [tʃaɪ'ni:z] **1.** *adj.* chinesisch; **sb. is ~:** jmd. ist Chinese/Chinesin; *see also* **English 1. 2.** *n.* **a)** *pl. same (person)* Chinese, *der*/Chinesin, *die;* **b)** *(language)* Chinesisch, *das; see also* **English 2a**

**Chinese:** ~ **'boxes** *n. pl.* Satz ineinanderpassender Schachteln; ~ **'goose** *n.* Höckergans, *die;* ~ **'lantern** *n.* **a)** *(of paper)* Lampion, *der;* **b)** *(Bot.)* Judenkirsche, *die;* ~ **'puzzle** *n.* chinesisches Geduldsspiel; ~ **'white** *n.* Zinkweiß, *das*

**Chink** [tʃɪŋk] *n. (sl. derog.)* Schlitzauge, *das (abwertend)*

[1]**chink** *n.* **a)** Spalt, *der;* **a ~ in sb.'s armour** *(fig.)* jmds. schwache Stelle; **b) a ~ of light** ein Lichtspalt

[2]**chink 1.** *n. (sound) see* [1]**clink 1. 2.** *v.i. & t. see* [1]**clink 2, 3**

**chinless** ['tʃɪnlɪs] *adj.* **a)** mit fliehendem Kinn *nachgestellt;* **be ~:** ein fliehendes Kinn haben; **b)** *(fig.)* ~ **wonder** *(Brit. joc.) bornierter Vertreter der Oberschicht*

**chinoiserie** [ʃɪn'wɑ:zərɪ] *n.* Chinoiserie, *die*

**chin: ~-rest** *n.* Kinnstütze, *die;* **~-strap** *n. (of helmet)* Kinnriemen, *der; (of bonnet)* Kinnband, *das*

**chintz** [tʃɪnts] *n.* Chintz, *der*

**chintzy** ['tʃɪntsɪ] *adj.* auffällig bunt und billig

**'chin-wag** *(coll.)* **1.** *n.* Schwatz, *der.* **2.** *v.i.* schwatzen

**chip** [tʃɪp] **1.** *n.* **a)** Splitter, *der;* **have a ~ on one's shoulder** *(fig.)* einen Komplex haben; *see also* **block 1c; b)** *(of potato)* [Kartoffel]stäbchen, *das;* **c)** *in pl. (Brit.: fried)* Pommes frites *Pl.; (Amer.: crisps)* Kartoffelchips *Pl.;* **d) there is a ~ on this cup/paintwork** diese Tasse ist angeschlagen/etwas Farbe ist abgeplatzt; **e)** *(Gambling)* Chip, *der;* Jeton, *der;* **have had one's ~s** *(Brit. fig. coll.)* erledigt sein *(ugs.);* **when the ~s are down** *(fig. coll.)* wenn's ernst wird; *see also* **cash in 1; f)** *(Electronics)* Chip, *der;* **g)** *(for making baskets)* Span, *der;* ~ **[basket]** *(Brit.)* Spankorb, *der;* **h)** *see* **chip shot. 2.** *v.t.,* **-pp-** **a)** anschlagen ‹*Geschirr*›; Späne abschlagen von ‹*Holz*›; *(cut or break off)* abschlagen; **the varnish is ~ped** der Lack ist abgeplatzt; **b)** *(cut into ~s)* **~ped potatoes** Kartoffelstäbchen; **c)** ~ **the ball** *(Golf)* den Ball mit einem kurzen Annäherungsschlag auf das Grün bringen; *(Football)* den Ball anheben. **3.** *v.i.,* **-pp-: this china ~s easily** von diesem Porzellan platzt leicht etwas ab

~ **'in** *(coll.)* **1.** *v.i.* **a)** *(interrupt)* sich einmischen; **who asked you to ~ in with your opinion?** wer hat dich nach deiner Meinung gefragt?; **b)** *(contribute money)* etwas beisteuern; ~ **in with £5** sich mit 5 Pfund an etw. *(Dat.)* beteiligen. **2.** *v.t. (contribute)* beisteuern

**'chipboard** *n.* Spanplatte, *die*

**chipmunk** ['tʃɪpmʌŋk] *n. (Zool.)* Chipmunk, *das*

**chipolata** [tʃɪpə'lɑ:tə] *n. kleine, scharf gewürzte Wurst;* Chipolata, *die*

**'chip-pan** *n.* Friteuse, *die*

**chipper** ['tʃɪpə(r)] *adj. (Amer.)* fröhlich

**chipping** ['tʃɪpɪŋ] *n.* Splitter, *der; (stone also)* Steinchen, *das;* **~s** *(Road Constr.)* Splitt, *der;* **'loose ~s'** „Rollsplitt"

**chippy** ['tʃɪpɪ] *n. (coll.)* Pommes-frites-Bude, *die;* Frittenbude, *die (ugs.)*

**chip:** ~ **shop** *n. (Brit.) see* **chippy;** ~ **shot** *n. (Golf)* kurzer Annäherungsschlag; *(Footb.)* kurzer Heber

**chiropodist** [kɪ'rɒpədɪst, ʃɪ'rɒpədɪst] *n.* Fußpfleger, *der*/-pflegerin, *die*

**chiropody** [kɪ'rɒpədɪ, ʃɪ'rɒpədɪ] *n.* Fußpflege, *die*

**chiropractor** [kaɪərə'præktə(r)] *n. (Med.)* Chiropraktiker, *der*/-praktikerin, *die*

**chirp** [tʃɜ:p] **1.** *v.i.* zwitschern; ‹*Sperling:*› tschilpen; ‹*Grille:*› zirpen; *(talk merrily)* jubilieren. **2.** *n.* Zwitschern, *das; (of sparrow)* Tschilpen, *das; (of grasshopper)* Zirpen, *das*

~ **'up** *v.i.* munter werden

**chirpily** ['tʃɜ:pɪlɪ] *adv.,* **chirpy** ['tʃɜ:pɪ] *adj. (coll.)* vergnügt

**chirrup** ['tʃɪrəp] **1.** *v.i.* zwitschern; ‹*Sperling:*› tschilpen. **2.** *n.* Zwitschern, *das; (of sparrow)* Tschilpen, *das*

**chisel** ['tʃɪzl] **1.** *n.* Meißel, *der; (for wood)* Stemmeisen, *das;* Beitel, *der; see also* **cold chisel. 2.** *v.t., (Brit.)* **-ll- a)** meißeln; *(in wood)* hauen; stemmen; **finely ~led features** fein gemeißelte [Gesichts]züge *(geh.);* **b)** *(coll.: defraud)* hereinlegen *(ugs.);* ~ **sb. out of sth.** jmdn. um etw. bringen

**chiseller** *(Amer.:* **chiseler***)* ['tʃɪzələ(r)] *n. (coll.: swindler)* Betrüger, *der*/Betrügerin, *die*

[1]**chit** [tʃɪt] *n.* **a)** *(young child)* Balg, *das od. der (bes. südd.);* Gör, *das (nordd.);* **be a mere ~ of a child** nur ein Kind sein; **b)** *(usu. derog.: woman)* junges Ding; **only a ~ of a girl** noch ein halbes Kind

[2]**chit** *n. (note)* Notiz, *die; (certificate)* Zeugnis, *das; (bill)* Rechnung, *die; (receipt)* Quittung, *die; (from doctor)* Krankmeldung, *die*

**chit-chat** ['tʃɪttʃæt] **1.** *n.* Plauderei, *die.* **2.** *v.i.,* **-tt-** plaudern

**chitterling** ['tʃɪtəlɪŋ] *n., usu. in pl.* Schweinsdarm, *der*

**chivalric** ['ʃɪvlrɪk] *adj. (of chivalry)* **the ~ ages** die Ritterzeit

**chivalrous** ['ʃɪvlrəs] *adj.* ritterlich; **~ age** Ritterzeit, *die;* **~ deed** ritterliche Tat

**chivalrously** ['ʃɪvlrəslɪ] *adv.* ritterlich

**chivalry** ['ʃɪvlrɪ] *n., no pl.* **a)** Ritterlichkeit, *die;* **b)** *(medieval knightly system)* Rittertum, *das;* **Age of C~:** Ritterzeit, *die;* **the Age of C~ is not dead** es gibt noch richtige Kavaliere

**chives** [tʃaɪvz] *n. pl.* Schnittlauch, *der*

**chiv[v]y** ['tʃɪvɪ] *v.t.* hetzen; *(harass)* schikanieren; ~ **sb. into doing sth.** jmdn. drängen, etw. zu tun; ~ **sb. about sth.** jmdn. wegen etw. drängen

~ **a'long** *v.t.* antreiben

**chloride** ['klɔ:raɪd] *n. (Chem.)* Chlorid, *das; (bleaching agent)* chloridhaltiges Bleichmittel

**chlorinate** ['klɔ:rɪneɪt] *v.t.* chloren

**chlorination** [klɔ:rɪ'neɪʃn] *n.* Chlorung, *die*

**chlorine** ['klɔ:ri:n] *n.* Chlor, *das*

**chloroform** ['klɒrəfɔ:m] **1.** *n.* Chloroform, *das.* **2.** *v.t.* chloroformieren

**chlorophyll** ['klɒrəfɪl] *n. (Bot.)* Chlorophyll, *das*

**choc** [tʃɒk] *n. (Brit. coll.)* Schokopraline, *die*

**'choc-ice** *n.* Eis mit Schokoladenüberzug

**chock** [tʃɒk] **1.** *n.* Bremsklotz, *der; (on rail)* Bremsschuh, *der.* **2.** *v.t.* blockieren

**'chock-a-block** *pred. adj.* vollgepfropft

**chocker** ['tʃɒkə(r)] *adj. (Brit. sl.)* sauer *(salopp);* **be ~ with** *or* **of sth.** von etw. die Nase gestrichen voll haben *(salopp)*

**'chock-full** *pred. adj.* gestopft voll *(ugs.);* **~ with sth.** mit etw. vollgepfropft

**chockie** ['tʃɒkɪ] *see* **choc**

**chocolate** ['tʃɒkələt, 'tʃɒklət] **1.** *n.* **a)** Schokolade, *die; (sweetmeat)* Praline, *die;* **drinking ~:** Trinkschokolade, *die;* **b)** *(colour)* Schokoladenbraun, *das.* **2.** *adj.* **a)** *(with flavour of ~)* Schokoladen-; **b)** *(with colour of ~)* **~[-brown]** schokoladenbraun

**chocolate:** ~ **'biscuit** *n.* Schokoladenkeks, *der;* **~-box 1.** *n.* Pralinenschachtel, *die;* Bonbonniere, *die;* **2.** *adj. (fig.)* kitschig; **~-coated** *adj.* mit Schokoladeüberzug *nachgestellt*

**choice** [tʃɔɪs] **1.** *n.* **a)** Wahl, *die;* **if the ~ were mine, if I had the ~:** wenn ich die Wahl hätte; **by** *or* **for ~:** am liebsten; **of my/his** *etc.* **~:** meiner/seiner *usw.* Wahl; **take your ~:** suchen Sie sich *(Dat.)* eine/einen/eins aus; wählen Sie; *(truculently)* entscheiden Sie sich; **take one's ~ of sth. from sth.** etw. aus etw. auswählen; **make a [good] ~:** eine [gute] Wahl treffen; **make a careful ~:** sorgfältig [aus]wählen; **give sb. the ~:** jmdm. die Wahl lassen; **the ~ is yours** Sie haben die Wahl; **you have a free ~:** Sie können frei wählen; **do sth. from ~:** etw. freiwillig tun; **if I were given the ~:** wenn man mir die Wahl ließe; **have no ~ but to do sth.** keine andere Wahl haben, als etw. zu tun; **leave sb. no ~:** jmdm. keine [andere] Wahl lassen; **you have several ~s** Sie haben mehrere Möglichkeiten; **b)** *(thing chosen)* **his ~ of wallpaper was ...:** die Tapete, die er sich ausgesucht hatte, war ...; **the curtains were your ~:** die Vorhänge hast du ausgesucht; **this is my ~:** ich habe mich dafür entschieden; *see also* **Hobson's choice; c)** *(variety)* Auswahl, *die;* **there is a ~ of three** es gibt drei zur Auswahl; **be spoilt for ~:** die Qual der Wahl haben; **have a ~:** die Auswahl haben. **2.** *adj.* ausgewählt; auserlesen *(geh.);* **~ wine** erlesener Wein *(geh.);* **~ tomatoes/fruit** Tomaten/Obst erster Wahl

**choir** ['kwaɪə(r)] *n. (also Archit.)* Chor, *der*

**choir: ~boy** *n.* Chorknabe, *der;* **~master** *n.* Chorleiter, *der;* **~ practice** *n.* Chorprobe, *die;* **~ school** *n. [Konfessions]schule für Chorknaben;* **~-screen** *n.* Chorschranke, *die;* **~-stall** *see* [1]**stall 1c**

**choke** [tʃəʊk] **1.** *v.t.* **a)** *(lit. or fig.)* ersticken; **a fish-bone was choking him** er drohte an einer Fischgräte zu ersticken; **you'll ~ yourself** du wirst ersticken; **in a voice ~d with emotion** *(fig.)* mit vor Erregung versagender Stimme; **be/get ~d up about sth.** *(fig. coll.)* sich *(Dat.)* etw. sehr zu Herzen nehmen; **b)** *(strangle)* erdrosseln; **~ to death** erdrosseln; **the collar was choking him** der Kragen würgte ihn; **c)** *(fill chockfull)* vollstopfen; *(block up)* verstopfen. **2.** *v.i.* **a)** *(temporarily)* keine Luft [mehr] bekommen; *(permanently)* ersticken (**on** an + *Dat.*); **b)** *(from emotion)* **he almost ~d with rage** er brachte vor Wut fast keinen Ton heraus. **3.** *n.* **a)** *(Motor Veh.)* Choke, *der;* **b)** *(Electr.)* Drosselspule, *die*

**~ 'back** *v.t.* unterdrücken ⟨*Wut*⟩; zurückhalten ⟨*Tränen*⟩; hinunterschlucken *(ugs.)* ⟨*Wut, Worte*⟩

**~ 'down** *v.t.* unterdrücken

**~ 'off** *v.t. (fig. coll.)* abwimmeln *(ugs.); (tell off)* einen Rüffel verpassen (+ *Dat.*)

**choked** [tʃəʊkt] *adj. (coll.: disgusted)* sauer *(salopp)*

**choker** ['tʃəʊkə(r)] *n. (high collar)* Stehkragen, *der; (necklace)* Halsband, *das*

**choler** ['kɒlə(r)] *n.* **a)** *(Hist.)* Galle, *die;* **b)** *(poet./arch.)* **in ~:** wutentbrannt; **fit of ~:** Zornesausbruch, *der (geh.)*

**cholera** ['kɒlərə] *n. (Med.)* Cholera, *die*

**choleric** ['kɒlərɪk] *adj.* cholerisch

**cholesterol** [kə'lestərɒl] *n. (Med.)* Cholesterin, *das*

**chomp** [tʃɒmp] *v.t. see* [1]**champ**

**choo-choo** ['tʃu:tʃu:] *n. (child lang./coll.)* Puffpuff, *die (Kinderspr.)*

**choose** [tʃu:z] **1.** *v.t.,* **chose** [tʃəʊz], **chosen** ['tʃəʊzn] **a)** *(select)* wählen; *(from a group)* auswählen; **~ a career** einen Beruf wählen; **~ sb. as** *or* **to be** *or* **for leader** jmdn. zum Anführer wählen; **~ sb. from among ...:** jmdn. unter (+ *Dat.*) *od.* aus ... auswählen; **carefully chosen words** sorgfältig gewählte Worte; **the chosen [few]** *(Theol.)* die [wenigen] Auserwählten; **the chosen people** *or* **race** *(Theol.)* das auserwählte Volk; **b)** *(decide)* **~/~ not to do sth.** sich dafür/dagegen entscheiden, etw. zu tun; **he chose rather to study** er zog es vor zu lernen; **she did not ~ to wear 'black** sie zog es vor, nicht Schwarz zu tragen; **she did not '~ to wear black** sie hat nicht freiwillig Schwarz getragen; **there's nothing/not much/little to ~ between them** sie unterscheiden sich in nichts/nicht sehr/nur wenig voneinander. **2.** *v.i.,* **chose, chosen** wählen; **when I ~:** wenn es mir paßt; **do just as you ~:** machen Sie es so, wie Sie möchten; **~ between ...:** zwischen ... wählen; **~ from sth.** aus etw./*(from several)* unter etw. *(Dat.)* [aus]wählen; **there are several to ~ from** es stehen mehrere zur Auswahl; **he cannot ~ but submit** er hat keine andere Wahl, als nachzugeben; **if you/we** *etc.* **so ~:** wenn Sie/wir *usw.* [es] möchten *od.* wollen; **as you ~:** wie Sie möchten

**chooser** ['tʃu:zə(r)] *n. see* **beggar 1a**

**choos[e]y** ['tʃu:zɪ] *adj. (coll.)* wählerisch

[1]**chop** [tʃɒp] **1.** *n.* **a)** Hieb, *der;* **b)** *(of meat)* Kotelett, *das;* **c)** *(coll.)* **get the ~** *(be killed)* abgemurkst werden *(salopp); (be dismissed)* rausgeworfen werden *(ugs.);* **sth. gets the ~:** etw. wird abgeschafft; **give sb. the ~** *(dismiss)* jmdn. rauswerfen *(ugs.); (kill)* jmdn. abmurksen *(salopp);* **be due for the ~:** die längste Zeit existiert haben *(ugs.). See also* **karate chop. 2.** *v.t.,* **-pp- a)** hacken ⟨*Holz*⟩; kleinschneiden ⟨*Gemüse, Fleisch, Obst*⟩; **they ~ped a way through the undergrowth** sie schlugen einen Weg durch das Unterholz; **~ped herbs** gehackte Kräuter; **b)** *(Sport)* schneiden ⟨*Ball*⟩. **3.** *v.i.,* **-pp-: ~ [away] at sth.** auf etw. *(Akk.)* einhacken; **~ through the bone** den Knochen durchhacken

**~ 'down** *v.t.* fällen ⟨*Baum*⟩; umhauen ⟨*Busch, Pfosten*⟩

**~ 'off** *v.t.* abhacken

**~ 'up** *v.t.* kleinschneiden ⟨*Fleisch, Obst, Gemüse*⟩; zerhacken ⟨*Möbel*⟩; zerkleinern ⟨*Holz*⟩; **~ped-up parsley** [klein]gehackte Petersilie

[2]**chop** *n.* **a)** *(jaw)* Kiefer, *der;* **b)** *in pl.* Maul, *das; (coll.: person's mouth)* Klappe, *die (salopp); see also* **lick 1a**

[3]**chop** *v.i.,* **-pp-: she's always ~ping and changing** sie überlegt es sich *(Dat.)* dauernd anders; **keep ~ping and changing** ⟨*Wetter:*⟩ [sich] dauernd ändern

**~ a'bout** *v.i. (coll.)* sprunghaft sein; ⟨*Wind:*⟩ umspringen

**'chop-house** *n. (coll.)* Gaststätte, *die*

**chopper** ['tʃɒpə(r)] *n.* **a)** *(axe)* Beil, *das; (cleaver)* Hackbeil, *das;* **b)** *(coll.: helicopter)* Hubschrauber, *der;* **c)** *in pl. (coll.: teeth)* Beißerchen *(ugs.)*

**chopping-board** ['tʃɒpɪŋbɔ:d] *n.* Hackbrett, *das*

**choppy** ['tʃɒpɪ] *adj.* bewegt; kabbelig *(Seemannsspr.)*

**'chopstick** *n.* [Eß]stäbchen, *das*

**chop-suey** [tʃɒp'su:ɪ, tʃɒp'sju:ɪ] *n. (Gastr.)* Chop-suey, *das*

[1]**choral** ['kɔ:rl] *adj.* Chor-; chorisch; **~ piece** Komposition für Chor

**chorale** ([2]**choral**) [kɔ:'rɑ:l] *n.* **a)** Choral, *der;* **b)** *(group)* Chor, *der*

**choral** ['kɔ:rl]: **~ service** *n.* Gottesdienst mit Chorgesang; **~ society** *n.* Gesangverein, *der*

[1]**chord** [kɔ:d] *n.* **a)** *(string of harp etc.; also fig.)* Saite, *die;* **strike a [familiar/responsive] ~ with sb.** *(fig.)* bei jmdm. eine Saite zum Erklingen bringen/bei jmdm. Echo finden; **touch the right ~** *(fig.)* den richtigen Ton anschlagen *od.* treffen; **b)** *(Math.)* Sehne, *die; (Aeron.: of wing)* Flügeltiefe, *die*

[2]**chord** *n. (Mus.)* Akkord, *der;* **common ~:** Dreiklang [mit reiner Quinte]

**chore** [tʃɔ:(r)] *n.* [lästige] Routinearbeit; **do the [general] household ~s** die üblichen Hausarbeiten erledigen; **writing letters is a ~:** Briefe zu schreiben ist eine lästige Pflicht

**chorea** [kə'ri:ə] *n. (Med.)* Chorea, *die (fachspr.);* Veitstanz, *der*

**choreograph** ['kɒrɪəgrɑ:f] *v.t. & i.* choreographieren

**choreographer** [kɒrɪ'ɒgrəfə(r)] *n.* Choreograph, *der*/Choreographin, *die*

**choreographic** [kɒrɪə'græfɪk] *adj.* choreographisch

**choreography** [kɒrɪ'ɒgrəfɪ] *n.* Choreographie, *die*

**chorister** ['kɒrɪstə(r)] *n.* **a)** *(choirboy)* Chorknabe, *der;* **b)** *(Amer.: leader of choir)* Chorleiter, *der*

**chortle** ['tʃɔ:tl] **1.** *v.i.* vor Lachen glucksen; *(contemptuously)* [hämisch] kichern. **2.** *n.* Glucksen, *das;* **reply/say with a ~:** glucksend erwidern/sagen

**chorus** ['kɔ:rəs] **1.** *n.* **a)** Chor, *der;* **they broke [out] into a ~ of ...:** sie fingen an, im Chor ... zu singen/rufen; **say sth. in ~:** etw. im Chor sagen; **the football fans kept up a ~ of 'Scotland'** die Fußballfans hörten nicht auf, im Chor „Scotland" zu rufen; **b)** *(of singers)* Chor, *der; (of dancers)* Ballett, *das;* **be in the ~:** zum Chor/zum Ballett gehören; **c)** *(of popular song)* Chorus, *der;* **d)** *(Mus.: composition)* Chor, *der.* **2.** *v.t.* im Chor singen/sprechen

**chorus: ~-girl** *n.* Chorsängerin, *die; (dancer)* [Revue]girl, *das;* **~ line** *n.* Ballett, *das;* **~-master** *n.* Chorleiter, *der*

**chose, chosen** *see* **choose**

**chough** [tʃʌf] *n. (Ornith.)* **[Cornish] ~:** Alpenkrähe, *die;* **[alpine] ~** Alpendohle, *die*

**choux** [ʃu:] *n.* **~ [pastry]** Brandteig, *der*

**chow** [tʃaʊ] *n.* **a)** *(dog)* Chow-Chow, *der;* **b)** *(Amer. sl.: food)* Futterage, *die (ugs.);* Futter, *das (salopp)*

**chowder** [tʃaʊdə(r)] *n. (Amer.) Suppe od. Eintopf mit Fisch od. Muscheln, Pökelfleisch od. Schinken, Milch, Kartoffeln u. Gemüse*

**Christ** [kraɪst] **1.** *n.* Christus *(der); see also* **before 2a. 2.** *int. (sl.)* **[oh] ~!, ~ almighty!** Herrgott noch mal! *(ugs.)*

**Christadelphian** [krɪstə'delfɪən] *n.* Christadelphian, *der (Mitglied einer chiliastischen Sekte)*

'**Christ-child** *n.* Christkind, *das*

**christen** ['krɪsn] *v.t.* **a)** taufen; **she was ~ed Martha** sie wurde [auf den Namen] Martha getauft; **b)** *(coll.: use for first time)* einweihen *(ugs. scherzh.)*

**Christendom** ['krɪsndəm] *n., no pl., no art.* die christliche Welt; *(Christians)* die Christenheit; die Christen

**christening** ['krɪsənɪŋ] *n.* Taufe, *die;* **her ~ will be next Sunday** sie wird nächsten Sonntag getauft

**Christian** ['krɪstjən] **1.** *adj.* christlich. **2.** *n.* Christ, *der*/Christin, *die*

**Christian 'era** *n.* **in the first centuries of the ~:** in den ersten Jahrhunderten christlicher Zeitrechnung

**Christianity** [krɪstɪ'ænɪtɪ] *n., no pl., no art.* das Christentum

**Christian: ~ name** *n.* Vorname, *der;* **~ 'Science** *n.* Christian Science, *die;* Christliche Wissenschaft; **~ 'Scientist** *n.* Christian Scientist, *der;* Christlicher Wissenschafter

**Christlike** ['kraɪstlaɪk] *adj.* christusgleich

**Christmas** ['krɪsməs] *n.* Weihnachten, *das od. Pl.;* **merry** *or* **happy ~:** frohe *od.* fröhliche Weihnachten; **what did you get for ~?** was hast du zu Weihnachten bekommen?; **at ~:** [zu *od.* an] Weihnachten

**Christmas: ~-box** *n. (Brit.) Geschenk/Trinkgeld zu Weihnachten für den Postboten, Zeitungsjungen usw.;* **~ cake** *n.* Weihnachtskuchen, *der; mit Marzipan und Zuckerguß verzierter, reichhaltiger Gewürzkuchen;* **~ card** *n.* Weihnachtskarte, *die;* **~ 'carol** *n.* Weihnachtslied, *das;* **~ 'Day** *n.* erster Weihnachtsfeiertag; **~ 'Eve** *n.* Heiligabend, *der;* **~ 'holiday** *n.* Weihnachtsurlaub, *der;* **the ~ holidays** die Weihnachtsferien; **~ present** *n.* Weihnachtsgeschenk, *das;* **~ 'pudding** *n.* Plumpudding, *der;* **~ 'rose** *n.* Christrose, *die;* **~ 'stocking** *n. von den Kindern am Heiligabend aufgehängter Strumpf, den der Weihnachtsmann mit Geschenken füllen soll*

**Christmassy** ['krɪsməsɪ] *adj.* weihnachtlich; **it doesn't feel very ~:** es herrscht keine rechte Weihnachtsstimmung

**Christmas: ~-tide, ~ time** *ns.* Weihnachtszeit, *die;* **at ~-tide** *or* **~ time** in der *od.* zur Weihnachtszeit; **~ tree** *n.* Weihnachtsbaum, *der*

**chromatic** [krə'mætɪk] *adj.* chromatisch

**chromatic 'scale** *n. (Mus.)* chromatische Tonleiter

**chromatography** [krəʊmə'tɒgrəfɪ] *n. (Chem.)* Chromatographie, *die*

**chrome** [krəʊm] *n.* **a)** *(chromium-plate)* Chrom, *das;* **b)** *(colour)* Chromgelb, *das*

**chrome: ~ 'steel** *n.* Chromstahl, *der;* **~ 'yellow** *n. see* **chrome a**

**chromium** ['krəʊmɪəm] *n.* Chrom, *das*

**chromium: ~-plate 1.** *n.* Chrom, *das;* **2.** *v.t.* verchromen; **~-plated** *adj.* verchromt; **~-'plating** *n.* Verchromung, *die*

**chromosome** ['krəʊməsəʊm] *n. (Biol.)* Chromosom, *das*

**chronic** ['krɒnɪk] *adj.* **a)** chronisch; **~ sufferers from arthritis** Personen, die an chronischer Arthritis leiden; **he had been plagued by ~ doubts** ihn hatten ständig Zweifel geplagt; **b)** *(Brit. coll.: bad, intense)* katastrophal *(ugs.)*; **be ~**: eine [einzige] Katastrophe sein *(ugs.)*; **it hurt something ~**: es hat wahnsinnig weh getan *(ugs.)*

**chronically** ['krɒnɪkəlɪ] *adv.* chronisch; **she was ~ afraid of ...**: sie hatte [eine] chronische Angst vor ...

**chronicle** ['krɒnɪkl] **1.** *n.* **a)** Chronik, *die;* **b)** *(account)* Schilderung, *die;* **c)** *(Bibl.)* **C~s** Chronik, *die.* **2.** *v. t.* [chronologisch] aufzeichnen; **he ~d these events** er verfaßte eine Chronik dieser Ereignisse

**chronicler** ['krɒnɪklə(r)] *n.* Chronist, *der*

**chronological** [krɒnə'lɒdʒɪkl] *adj.*, **chronologically** [krɒnə'lɒdʒɪkəlɪ] *adv.* chronologisch

**chronology** [krə'nɒlədʒɪ] *n.* Chronologie, *die; (table)* Zeittafel, *die*

**chronometer** [krə'nɒmɪtə(r)] *n.* Chronometer, *das*

**chrysalis** ['krɪsəlɪs] *n., pl.* **~es** *or* **chrysalides** [krɪ'sælɪdi:z] *(Zool.)* **a)** *(pupa)* Chrysalide, *die (Zool.);* Puppe, *die;* **b)** *(case enclosing pupa)* Puppenhülle, *die*

**chrysanth** [krɪ'sænθ] *n. (coll.) see* **chrysanthemum**

**chrysanthemum** [krɪ'sænθɪməm] *n. (Bot.)* **a)** *(flower)* Chrysantheme, *die;* **b)** *(plant)* Chrysanthemum, *das;* Wucherblume, *die*

**chub** [tʃʌb] *n., pl. same (Zool.)* Döbel, *der*

**chubby** ['tʃʌbɪ] *adj.* **a)** *(plump)* pummelig; rundlich ‹*Gesicht*›; **~ cheeks** Pausbacken *(fam.)*; **b)** *(plump-faced)* pausbäckig

[1]**chuck** [tʃʌk] **1.** *v. t.* **a)** *(coll.: throw)* schmeißen *(ugs.)*; **b) ~ sb. under the chin** jmdm. einen Stups unters Kinn geben; **c)** *(coll.: throw out)* wegschmeißen *(ugs.)*; **~ it!** *(sl.)* hör schon auf [damit]!; **~ the whole thing** alles hinschmeißen. **2.** *n.* **a) give sb. a ~ under the chin** jmdm. einen Stups unters Kinn geben; **b)** *(sl.: dismissal)* **give sb. the ~ [from his/her job]** jmdn. [aus der Firma *usw.*] rausschmeißen *(ugs.)*; **get the ~**: rausfliegen *(ugs.)*

**~ a'way** *v. t. (coll.)* wegschmeißen *(ugs.)*; *(fig.: waste)* zum Fenster rauswerfen *(ugs.)* ‹*Geld*› **(on** für); vertun ‹*Chance, Gelegenheit*›

**~ 'out** *v. t. (coll.)* wegschmeißen *(ugs.)*; *(fig.: eject)* rausschmeißen *(ugs.)*

[2]**chuck** *n. (of drill, lathe)* Futter, *das*

[3]**chuck** *n. (Amer. coll.: food)* Futter, *das (salopp)*

**chucker-out** [tʃʌkə'raʊt] *n. (coll.)* Rausschmeißer, *der (ugs.)*

**chuckle** ['tʃʌkl] **1.** *v. i.* **a)** leise [vor sich hin] lachen **(at** über + *Akk.*); **b)** *(exult)* sich *(Dat.)* eins lachen. **2.** *n.* leises, glucksendes Lachen; **have a ~ [to oneself] about sth.** leise über etw. *(Akk.)* vor sich hin lachen

**chuckle: ~-head** *n.* Schwachkopf, *der (abwertend)*; **~-headed** *adj.* schwachköpfig *(abwertend)*

**'chuck-wagon** *n. (Amer. coll.) Proviantwagen mit Kochvorrichtung (auf einer Ranch usw.)*

**chuff** [tʃʌf] *v. i.* puffen *(ugs.)*

**chuffed** [tʃʌft] *pred. adj. (Brit. sl.)* zufrieden **(about, at, with** über + *Akk.*); **be ~**: sich freuen

**chug** [tʃʌg] **1.** *v. i.*, **-gg-** ‹*Motor:*› tuckern. **2.** *n.* Tuckern, *das*

**chum** [tʃʌm] *(coll.) n.* **a)** Kumpel, *der (salopp)*; **be great ~s** dicke Freunde sein *(ugs.)*; **b)** *(Austral., NZ)* **new ~**: Neuling, *der*

**~ 'up** *v. i.* **~ up [with sb.]** sich [mit jmdm.] anfreunden

**chummy** ['tʃʌmɪ] *adj. (coll.)* freundlich; **be ~ with sb.** mit jmdm. dick befreundet sein *(ugs.)*

**chump** [tʃʌmp] *n.* **a)** *(sl.: foolish person)* Trottel, *der (ugs.)*; **b) be off one's ~** *(coll.)* nicht bei Trost sein *(ugs.)*

**chump 'chop** *n.* ≈ Lammkotelett, *das*

**chunk** [tʃʌŋk] *n.* dickes Stück; *(broken off)* Brocken, *der; (large amount)* guter Brocken; **~ of wood** Holzklotz, *der*

**chunky** ['tʃʌŋkɪ] *adj.* **a)** *(containing chunks)* ‹*Orangenmarmelade, Hundefutter*› mit ganzen Stücken; **b)** *(small and sturdy, short and thick)* stämmig; **~ fingers** kurze, dicke Finger; **~ book** kleines, dickes Buch; **c)** *(made of thick, bulky material)* dick ‹*Pullover, Strickjacke*›

**Chunnel** ['tʃʌnl] *n. (Brit. coll.)* [Ärmel]kanaltunnel, *der*

**chunter** ['tʃʌntə(r)] *v. i. (coll.)* **a)** *(murmur)* brummeln; brabbeln; **b)** *(grumble)* murren

**chupatty** *see* **chapat[t]i**

**church** [tʃɜ:tʃ] *n.* **a)** Kirche, *die;* **in** *or* **at ~**: in der Kirche; **after ~**: nach der Kirche; **go to ~**: in die *od.* zur Kirche gehen; **b) C~** *(body)* die Kirche; **go into the C~**: Geistlicher werden; **the C~ of England** die Kirche von England; **the C~ militant/triumphant** Ecclesia militans/triumphans, *die (Rel.)*

**church: ~-goer** *n.* Kirchgänger, *der/*-gängerin, *die;* **~-going 1.** *n., no pl.* Kirchenbesuch, *der;* **2.** *attrib. adj.* regelmäßig den Gottesdienst besuchend; **~man** ['tʃɜ:tʃmən] *n., pl.* **~men** ['tʃɜ:tʃmən] **a)** *(member of clergy)* Geistliche, *der;* **b)** *(member of church)* Mitglied der Kirche; **~ 'mouse** *n.* **as poor as a ~ mouse** arm wie eine Kirchenmaus *(ugs. scherzh.)*; **~ parade** *n.* gemeinsamer Kirchgang *(von Soldaten, Pfadfindern usw.)*; **~warden** *n.* **a)** Kirchenvorsteher, *der/*-vorsteherin, *die;* **b)** *(Amer.: church administrator) [für die Finanzen zuständiger] Beauftragter der Protestantischen Episkopalkirche;* **~woman** *n.* [weibliches] Mitglied der Kirche

**churchy** ['tʃɜ:tʃɪ] *adj.* streng kirchlich; kirchenfromm *(abwertend)*

**'churchyard** *n.* Kirchhof, *der (veralt.)*; Friedhof, *der (bei einer Kirche)*

**churl** [tʃɜ:l] *n.* **a)** *(derog.) (ill-bred person)* ungehobelter Kerl *(ugs. abwertend)*; *(surly person)* Griesgram, *der (abwertend)*; **b)** *(arch.) (peasant)* Bauer, *der; (person of low birth)* einfacher *od.* gemeiner Mann

**churlish** ['tʃɜ:lɪʃ] *adj. (derog.) (ill-bred)* ungehobelt *(abwertend)*; *(surly)* griesgrämig *(abwertend)*

**churlishly** ['tʃɜ:lɪʃlɪ] *adv. (derog.) see* **churlish**: ungehobelt; griesgrämig

**churlishness** ['tʃɜ:lɪʃnɪs] *n., no pl. (derog.) see* **churlish**: Ungehobeltheit, *die;* Griesgrämigkeit, *die*

**churn** [tʃɜ:n] **1.** *n. (Brit.)* **a)** *(for making butter)* Butterfaß, *das;* **b)** *(milk-can)* Milchkanne, *die.* **2.** *v. t.* **a)** verbuttern; **~ butter** buttern; **b)** aufwühlen ‹*Wasser, Schlamm*›. **3.** *v. i.* ‹*Meer:*› wallen *(geh.)*; ‹*Schiffsschraube:*› wirbeln; ‹*Räder:*› durchdrehen; **my stomach was ~ing** mir drehte sich der Magen um

**~ 'out** *v. t.* massenweise produzieren *(ugs.)*; **he's been ~ing out three books a year** er hat pro Jahr drei Bücher produziert

**~ 'up** *v. t.* aufwühlen

**chute** [ʃu:t] *n.* **a)** Schütte, *die; (for persons)* Rutsche, *die;* **escape ~** *(in aircraft)* Notrutsche, *die;* **b)** *(coll.: parachute)* [Fall]schirm, *der*

**chutney** ['tʃʌtnɪ] *n.* Chutney, *das*

**chutzpah** ['hʊtspə] *n. (sl.)* Chuzpe, *die (salopp abwertend)*

**CI** *abbr. (Brit.)* **Channel Islands**

**CIA** *abbr. (Amer.)* **Central Intelligence Agency** CIA, *der od. die*

**ciborium** [sɪ'bɔ:rɪəm] *n., pl.* **ciboria** [sɪ'bɔ:rɪə] *(Archit., Eccl.)* Ziborium, *das*

**cicada** [sɪ'kɑ:də] *n. (Zool.)* Zikade, die

**CID** *abbr. (Brit.)* **Criminal Investigation Department** C. I. D.; **the ~**: die Kripo

**cider** ['saɪdə(r)] *n.* ≈ Apfelwein, *der; (from France)* Cidre, *der*

**cider: ~ apple** *n.* Mostapfel, *der;* **~-press** *n.* Mostpresse, *die*

**cig** [sɪg] *n. (coll.)* Glimmstengel, *der (ugs.)*

**cigar** [sɪ'gɑ:(r)] *n.* Zigarre, *die*

**cigarette** [sɪgə'ret] *n.* Zigarette, *die*

**cigarette: ~ card** *n.* Zigarettenbild, *das;* **~-case** *n.* Zigarettenetui, *das;* **~-end** *n.* Zigarettenstummel, *der;* **~-holder** *n.* Zigarettenspitze, *die;* **~-lighter** *n.* Feuerzeug, *das; (in car)* Zigarettenanzünder, *der;* **~-packet** *n.* Zigarettenschachtel, *die;* **~-paper** *n.* Zigarettenpapier, *das*

**cigar: ~ lighter** *n. see* **cigarette-lighter**; **~-shaped** *adj.* zigarrenförmig

**cilium** ['sɪlɪəm] *n., pl.* **cilia** ['sɪlɪə] *(Biol., Anat.)* Wimper, *die;* Zilie, *die (fachspr.)*

**C.-in-C.** *abbr. (Mil.)* **Commander-in-Chief**

**cinch** [sɪntʃ] **1.** *n.* **a)** *(sl.) (easy thing)* Klacks, *der (ugs.)*; Kinderspiel, *das; (Amer.: sure thing)* todsichere Sache *(ugs.)*; **that's a ~**: [das ist] ganz klar! *(ugs.)*; klarer Fall! *(ugs.)*; **b)** *(Amer.: saddle-girth)* Sattelgurt, *der.* **2.** *v. t. (Amer.)* **a)** *(sl.: make certain of)* **~ sth. for sb.** jmdm. etw. sichern; **b)** *(put girth on)* **~ a horse** den Sattelgurt eines Pferdes schnallen

**cinchona** [sɪŋ'kəʊnə] *n.* **a)** *(Med.)* Chinarinde, *die;* **b)** *(Bot.)* Chinarindenbaum, *der*

**cinder** ['sɪndə(r)] *n.* **a)** Zinder, *der;* ausgeglühtes Stück Holz/Kohle; **~s** Asche, *die;* **burnt to a ~**: völlig verkohlt; **b)** *(glowing ember)* glühendes Stück Holz/Kohle; **c)** *(slag)* Schlacke, *die*

**Cinderella** [sɪndə'relə] *n.* **a)** *(person)* Aschenbrödel, *das;* Aschenputtel, *das;* **b)** *(fig.: thing)* Stiefkind, *das*

**cinder: ~-path** *n.* Schlackenweg, *der (Bauw.)*; **~-track** *n.* Aschenbahn, *die*

**cine** ['sɪnɪ] *adj.* Schmalfilm-

**cine: ~ camera** *n.* Filmkamera, *die;* **~ film** *n.* Schmalfilm, *der*

**cinema** ['sɪnɪmə] *n.* **a)** *(Brit.: building)* Kino, *das;* **go to the ~**: ins Kino gehen; **what's on at the ~?** was gibt's im Kino?; **b)** *no pl., no art. (cinematography)* Kinematographie, *die;* **c)** *(films, film production)* Film, *der;* Kino, *das (seltener)*

**'cinema-goer** *n.* *(Brit.)* Kinogänger, *der/*-gängerin, *die*

**cinematic** [sɪnɪ'mætɪk] *adj.* filmisch; **~ art** Filmkunst, *die*

**cinematographic** [sɪnɪmætə'græfɪk] *adj.* kinematographisch

**cinematography** [sɪnɪmə'tɒgrəfɪ] *n., no pl.* Kinematographie, *die*

**cineraria** [sɪnə'reərɪə] *n. (Bot.)* Zinerarie, *die;* Aschenpflanze, *die*

**cinnabar** ['sɪnəbɑ:(r)] *n.* Zinnober, *der*

**cinnamon** ['sɪnəmən] *n.* Zimt, *der; (plant)* Zimtbaum, *der*

**cinquefoil** ['sɪŋkfɔɪl] *n.* **a)** *(Bot.)* Fingerkraut, *das;* **b)** *(Archit.)* Fünfpaß, *der*

**Cinque Ports** [sɪŋk 'pɔ:ts] *n. pl.* Cinque Ports *Pl. (hist.: südenglischer Städtebund)*

**cipher** ['saɪfə(r)] **1.** *n.* **a)** *(code, secret writing)* Chiffre, *die;* Geheimschrift, *die; (key)* Kode, *der; (method)* Chiffrierung, *die;* Kodierung, *die;* **in ~**: chiffriert; **b)** *(symbol for zero)* [Ziffer] Null, *die;* **c)** *(fig.: nonentity)* Nummer, *die;* **d)** *(monogram)* Monogramm, *das.* **2.** *v. t. (put into code)* chiffrieren

**circa** ['sɜ:kə] *prep.* zirka

**circadian** [sɜ:'keɪdɪən] *adj. (Physiol.)* zirkadian

**circle** ['sɜ:kl] **1.** *n.* **a)** *(also Geom.)* Kreis, *der;* **great/small ~** *(Geom., Naut., Aeronaut., Astron.)* Groß-/Kleinkreis, *der;* **fly/stand in a ~**: im Kreis fliegen/stehen; *(inside a ~)* in einem Kreis fliegen/stehen; **run round in ~s** *(fig. coll.)* hektisch herumlaufen *(ugs.)*; **go round in ~s** im Kreis laufen; *(fig.)* sich im Kreis drehen; **~ of friends** Freundeskreis, *der;* **come full ~** *(fig.)* zum Ausgangspunkt zurückkehren; **things have now**

come full ~: der Kreis schließt sich *od.* hat sich geschlossen; **b)** *see* **vicious circle; c)** *(seats in theatre or cinema)* Rang, *der;* **d)** *(Archaeol.)* [Stein]kreis, *der;* **e)** *(Hockey)* Schußkreis, *der.* **2.** *v.i.* kreisen; *(walk in a ~)* im Kreis gehen. **3.** *v.t.* **a)** *(move in a ~ round)* umkreisen; **the aircraft ~d the airport** das Flugzeug kreiste über dem Flughafen; **b)** *(draw ~ round)* einkreisen

~ **'back** *v.i.* auf einem Umweg zurückkehren

~ **'round** *v.i.* kreisen

**circlet** ['sɜːklɪt] *n. (of gold etc.)* Reif, *der; (of flowers)* Kranz, *der*

**circuit** ['sɜːkɪt] *n.* **a)** *(Electr.)* Schaltung, *die; (path of current)* Stromkreis, *der;* **b)** *(Motor-racing)* Rundkurs, *der;* **c)** *(journey round)* Runde, *die; (by car etc.)* Rundfahrt, *die;* **we made a ~ of the lake** wir machten einen Rundgang/eine Rundfahrt um den See; **d)** *(judge's itinerary) dienstliche Rundreise (eines Richters, der in Städten in England und Wales in Zivil- u. Strafsachen Gerichtssitzungen abhält); (district visited)* Gerichtsbezirk, *der;* **go on ~:** den Gerichtsbezirk bereisen; **e)** *(sequence of sporting events)* **on the professional tennis/golf ~:** bei den Turnieren der professionellen Tennis-/Golfspieler

**circuit:** ~ **board** *n. (Computing)* Schaltbrett, *das;* **~-breaker** *n. (Electr.)* Leistungsschalter, *der; (as protection)* Leistungsschutzschalter, *der;* ~ **diagram** *n. (Electr.)* Schaltplan, *der*

**circuitous** [sə'kjuːɪtəs] *adj.* umständlich; **the path followed a ~ route** der Pfad machte einen weiten Bogen; **reach sb. by a ~ route** jmdn. auf Umwegen erreichen

**circuitry** ['sɜːkɪtrɪ] *n. (Electr.)* Schaltungen

**circular** ['sɜːkjʊlə(r)] **1.** *adj.* **a)** *(round)* kreisförmig; ~ **form** Kreisform, *die;* **b)** *(moving in circle)* Kreis⟨*bahn, -bewegung*⟩; **c)** *(Logic)* **that argument is ~:** das ist ein Zirkelschluß *od.* -beweis. **2.** *n. (letter, notice)* Rundbrief, *der;* Rundschreiben, *das; (advertisement)* Werbeprospekt, *der*

**circularize (circularise)** ['sɜːkjʊləraɪz] *v.t.* **every household was ~d** jeder Haushalt erhielt ein Rundschreiben/einen Werbeprospekt

**circular:** ~ **'letter** *n. see* **circular 2;** ~ **'saw** *n.* Kreissäge, *die;* ~ **'tour** *n. (Brit.)* Rundfahrt, *die* (**of** durch)

**circulate** ['sɜːkjʊleɪt] **1.** *v.i.* ⟨*Blut, Flüssigkeit:*⟩ zirkulieren; ⟨*Geld, Gerüchte:*⟩ zirkulieren, in Umlauf sein, kursieren; ⟨*Nachrichten:*⟩ sich herumsprechen; ⟨*Verkehr:*⟩ fließen; ⟨*Personen, Wein usw.:*⟩ herumgehen *(ugs.),* die Runde machen *(ugs.).* **2.** *v.t.* in Umlauf setzen ⟨*Gerücht*⟩; in Verkehr bringen ⟨*Falschgeld*⟩; verbreiten ⟨*Nachricht, Information*⟩; zirkulieren lassen ⟨*Aktennotiz, Rundschreiben*⟩; herumgehen lassen ⟨*Buch, Bericht*⟩ (**around** in + *Dat.*)

**circulation** [sɜːkjʊ'leɪʃn] *n.* **a)** *(Physiol.)* Kreislauf, *der;* Zirkulation, *die (Med.); (of sap, water, atmosphere)* Zirkulation, *die;* ~ **trouble, poor ~** *(Physiol.)* schlechte Durchblutung; Kreislaufstörungen *Pl.;* **b)** *(of news, rumour, publication)* Verbreitung, *die;* **have a wide ~:** große Verbreitung finden; **that document was not intended for public ~:** das Dokument war nicht für die Öffentlichkeit bestimmt; **c)** *(of notes, coins)* Umlauf, *der;* **withdraw from ~:** aus dem Umlauf ziehen; **put/come into ~:** in Umlauf bringen/kommen; **d)** *(fig.)* **be back in ~:** *(after illness etc.)* wieder auf dem Posten sein; *(after emotional crisis)* wieder am normalen Leben teilnehmen; **be out of ~:** aus dem Verkehr gezogen sein *(ugs. scherzh.);* **e)** *(number of copies sold)* verkaufte Auflage

**circulatory** [sɜːkjʊ'leɪtərɪ, 'sɜːkjʊleɪtərɪ] *adj. (Physiol., Bot.)* Kreislauf-; ~ **system** Kreislauf, *der*

**circumcise** ['sɜːkəmsaɪz] *v.t.* beschneiden

**circumcision** [sɜːkəm'sɪʒn] *n.* **a)** Beschneidung, *die;* **b)** C~ *(Eccl.)* Beschneidung Christi

**circumference** [sə'kʌmfərəns] *n.* Umfang, *der; (periphery)* Kreislinie, *die;* **be ... in ~:** einen Umfang von ... haben

**circumflex** ['sɜːkəmfleks] **1.** *adj.* ~ **accent** Zirkumflex, *der.* **2.** *n.* Zirkumflex, *der*

**circumlocution** [sɜːkəmlə'kjuːʃn] *n.* **a)** *no pl. (use of many words)* Weitschweifigkeit, *die; (evasive talk)* Drumherumreden, *das (ugs.);* **without ~:** ohne Umschweife; **b)** *(roundabout expression)* umständliche Formulierung

**circumnavigate** [sɜːkəm'nævɪgeɪt] *v.t.* umfahren; *(by sailing-boat)* umsegeln

**circumscribe** ['sɜːkəmskraɪb] *v.t. (lay down limits of)* eingrenzen; einschränken ⟨*Macht, Handlungsfreiheit usw.*⟩; **our choice was ~d** unsere Auswahl war begrenzt

**circumspect** ['sɜːkəmspekt] *adj.* umsichtig; **we must be ~ about making new investments** neue Investitionen wollen [von uns] genau überlegt sein

**circumspection** [sɜːkəm'spekʃn] *n., no pl.* Umsicht, *die*

**circumspectly** ['sɜːkəmspektlɪ] *adv.* umsichtig; vorsichtig ⟨*sich nähern*⟩

**circumstance** ['sɜːkəmstəns] *n.* **a)** *usu. in pl.* Umstände; **by force of ~[s]** durch den Zwang der Umstände; **in** *or* **under the ~s** unter den gegebenen *od.* diesen Umständen; **in certain ~s** unter [gewissen] Umständen; **under no ~s** unter [gar] keinen Umständen; **b)** *in pl. (financial state)* Verhältnisse; **c)** *no pl. (full detail in narrative)* Detailschilderung, *die;* **d)** *no pl. (ceremony)* Prachtentfaltung, *die;* Gepränge, *das (geh.);* **e)** *(incident, occurrence, fact)* Umstand, *der. See also* **creature c**

**circumstantial** [sɜːkəm'stænʃl] *adj.* **a)** ~ **evidence** Indizienbeweise; **the evidence was purely ~:** der Beweis war nur auf Indizien gegründet; **b)** *(detailed)* detailliert

**circumvent** [sɜːkəm'vent] *v.t.* umgehen; hinters Licht führen ⟨*Gegner, Feind*⟩

**circumvention** [sɜːkəm'venʃn] *n.* Umgehung, *die*

**circus** ['sɜːkəs] *n.* **a)** Zirkus, *der; (arena)* Arena, *die;* **b)** *(Brit.: in town)* [runder] Platz

**cirque** [sɜːk] *n. (Geog.)* Kar, *das*

**cirrhosis** [sɪ'rəʊsɪs] *n., pl.* **cirrhoses** [sɪ'rəʊsiːz] *(Med.)* Zirrhose, *die;* ~ **of the liver** Leberzirrhose, *die*

**cirrus** ['sɪrəs] *n., pl.* **cirri** ['sɪraɪ] *(Meteorol.)* Zirrus, *der*

**CIS** *abbr.* **Commonwealth of Independent States** GUS

**cissy** ['sɪsɪ] *see* **sissy**

**cist** [sɪst] *n. (Archaeol.) (coffin)* [Stein]kistengrab, *das; (burial-chamber)* Kammergrab, *das*

**Cistercian** [sɪ'stɜːʃn] **1.** *n.* Zisterzienser, *der*/Zisterzienserin, *die.* **2.** *adj.* Zisterzienser-

**cistern** ['sɪstən] *n.* Wasserkasten, *der; (in roof)* Wasserbehälter, *der*

**citadel** ['sɪtədəl] *n. (fortress)* Zitadelle, *die*

**citation** [saɪ'teɪʃn] *n.* **a)** *no pl. (citing)* Zitieren, *das;* **b)** *(quotation)* Zitat, *das;* **c)** *(announcement accompanying award)* Text der Verleihungsurkunde; **d)** *(Mil.: mention in dispatch)* lobende Erwähnung

**cite** [saɪt] *v.t.* **a)** *(quote)* zitieren; anführen ⟨*Beispiel*⟩; **b)** *(Mil.: mention in dispatch)* lobend erwähnen (**for** wegen); **c)** *(Law)* vorladen ⟨*Person*⟩

**citizen** ['sɪtɪzən] *n.* **a)** *(of town, city)* Bürger, *der*/Bürgerin, *die;* **b)** *(of state)* [Staats]bürger, *der*/-bürgerin, *die;* **he is a British ~:** er ist britischer Staatsbürger *od.* Brite; ~ **of the world** *(fig.)* Weltbürger, *der*/-bürgerin, *die;* **C~s' Advice Bureau** *(Brit.)* Bürgerberatungsstelle, *die;* **~'s arrest** Festnahme durch eine Zivilperson; **~s' band radio** CB-Funk, *der; (radio set)* CB-Funkgerät, *das;* **c)** *(Amer.: civilian)* Zivilist, *der*

**citizenry** ['sɪtɪzənrɪ] *n.* Bürgerschaft, *die*

**citizenship** ['sɪtɪzənʃɪp] *n.* Staatsbürgerschaft, *die*

**citric acid** [sɪtrɪk 'æsɪd] *n. (Chem.)* Zitronensäure, *die*

**citron** ['sɪtrən] *n.* **a)** *(fruit)* Zitrone, *die;* **b)** *(tree)* Zitronenbaum, *der*

**citrus** ['sɪtrəs] *n.* **a)** ~ **[fruit]** Zitrusfrucht, *die;* **b)** *(tree)* Zitrusgewächs, *das*

**city** ['sɪtɪ] *n.* **a)** [Groß]stadt, *die;* **the ~ of Birmingham** die Stadt Birmingham; **the C~:** die [Londoner] City; das Londoner Banken- und Börsenviertel; **Heavenly C~, C~ of God** Himmelreich, *das;* **b)** *(Brit.: town created ~ by charter)* Stadt, *die (Ehrentitel für bestimmte Städte, meist Bischofssitze);* **c)** *(Amer.: municipal corporation)* ≈ Stadtgemeinde, *die;* **d)** *attrib.* [Groß]stadt⟨*leben, -verkehr*⟩; ~ **lights** Lichter der Großstadt; ~ **wall** Stadtmauer, *die;* ~ **workers** Leute, die in der Stadt arbeiten

**city:** ~ **'centre** *n.* Stadtzentrum, *das;* Innenstadt, *die;* ~ **desk** *n. (Amer.)* Lokalredaktion, *die;* **C~ editor** *n. (Brit.)* Wirtschaftsredakteur, *der;* ~ **editor** *n. (Amer.)* Lokalredakteur, *der;* ~ **'fathers** *n. pl.* Stadtväter *Pl. (ugs. scherzh.);* ~ **'hall** *n. (Amer.)* **a)** Rathaus, *das;* **b)** *no pl., no art. (municipal officers)* die Stadtverwaltung; ~ **'slicker** *n.* **a)** *(derog.: plausible rogue)* raffinierter Großstadttyp *(ugs.);* **b)** *(sophisticated city-dweller)* eleganter Großstädter; **~-state** *n. (Hist.)* Stadtstaat, *der*

**civet** ['sɪvɪt] *n.* **~[-cat]** Zibetkatze, *die*

**civic** ['sɪvɪk] *adj.* **a)** *(of citizens, citizenship)* [Staats]bürger-; [staats]bürgerlich; **my ~ responsibility** meine Verantwortung als Staatsbürger; **b)** *(of city)* Stadt-; städtisch; ~ **authorities** Stadtverwaltung, *die;* ~ **centre** Verwaltungszentrum der Stadt

**civics** ['sɪvɪks] *n., no pl.* Gemeinschaftskunde, *die;* Staatsbürgerkunde, *die (DDR)*

**civies** *see* **civvies**

**civil** ['sɪvɪl, 'sɪvl] *adj.* **a)** *(not military)* zivil; **in ~ life** im Zivilleben; **the ~ authorities** die Zivilbehörden; **b)** *(polite, obliging)* höflich; **c)** *(Law)* Zivil⟨*gerichtsbarkeit, -prozeß, -verfahren*⟩; zivilrechtlich; **d)** *(of citizens)* bürgerlich; Bürger⟨*krieg, -recht, -pflicht*⟩; **e)** *(defined by enactment)* bürgerlich ⟨*Jahr, Zeit*⟩; **f)** *(not ecclesiastical)* weltlich

**civil:** ~ **avi'ation** *n.* Zivilluftfahrt, *die;* ~ **de'fence** *n.* Zivilschutz, *der;* ~ **diso'bedience** *n.* ziviler Ungehorsam; ~ **engi'neer** *n.* Bauingenieur, *der*/-ingenieurin, *die;* ~ **engi'neering** *n.* Hoch- und Tiefbau, *der*

**civilian** [sɪ'vɪljən] **1.** *n.* Zivilist, *der.* **2.** *adj.* Zivil-; **wear ~ clothes** Zivil[kleidung] tragen

**civilisation, civilise** *see* **civiliz-**

**civility** [sɪ'vɪlɪtɪ] *n.* **a)** *no pl.* Höflichkeit, *die;* **b)** *in pl.* Höflichkeiten; *(remarks also)* Höflichkeitsfloskeln

**civilization** [sɪvɪlaɪ'zeɪʃn] *n.* Zivilisation, *die*

**civilize** ['sɪvɪlaɪz] *v.t.* **a)** zivilisieren; **b)** *(refine)* ~ **sb.** jmdm. Manieren beibringen

**civilized** ['sɪvɪlaɪzd] *adj.* zivilisiert; *(refined)* kultiviert

**civil:** ~ **'law** *n.* Zivilrecht, *das;* ~ **'liberty** *n., usu. in pl.* bürgerliche Freiheit; ~ **list** *n. (Brit.)* Zivilliste, *die*

**civilly** ['sɪvɪlɪ, 'sɪvəlɪ] *adv.* höflich

**civil:** ~ **'marriage** *n.* Ziviltrauung, *die;* standesamtliche Trauung; ~ **'rights** *n. pl.* Bürgerrechte; ~ **rights movement** Bürgerrechtsbewegung, *die;* ~ **'servant** *n.* ≈ [Staats]beamte, *der*/-beamtin, *die;* **C~ 'Service** *n.* öffentlicher Dienst; ~ **'war** *n.* Bürgerkrieg, *der*

**civvies** ['sɪvɪz] *n. pl. (Brit. sl.)* Zivil, *das;* Zivilklamotten *Pl. (ugs.)*

**Civvy Street** ['sɪvɪ stri:t] *n., no pl., no art. (Brit. sl.)* das Zivilleben; **get back to ~:** ins Zivilleben zurückkehren

**cl.** *abbr.* **class** Kl.

**¹clad** [klæd] *adj. (arch./literary)* gekleidet; **walls ~ in ivy** mit Efeu bewachsene Mauern; *see also* **ironclad; ivy-clad**

**²clad** *v. t.*, **-dd-** verkleiden

**cladding** ['klædɪŋ] *n.* Verkleidung, *die*

**claim** [kleɪm] **1.** *v. t.* **a)** *(demand as one's due property)* Anspruch erheben auf (+ *Akk.*), beanspruchen ⟨*Thron, Gebiete*⟩; fordern ⟨*Lohnerhöhung, Schadensersatz*⟩; beantragen ⟨*Arbeitslosenunterstützung, Sozialhilfe usw.*⟩; abholen ⟨*Fundsache*⟩; **~ one's luggage** sein Gepäck [ab]holen; **b)** *(represent oneself as having)* für sich beanspruchen, in Anspruch nehmen ⟨*Sieg*⟩; **c)** *(profess, contend)* behaupten; **the new system is ~ed to have many advantages** das neue System soll viele Vorteile bieten; **d)** *(need, deserve)* in Anspruch nehmen ⟨*Interesse, Aufmerksamkeit*⟩; **e)** *(result in loss of)* fordern ⟨*Opfer, Menschenleben*⟩. **2.** *v. i.* **a)** *(Insurance)* Ansprüche geltend machen; **b)** *(for costs)* **~ for damages/expenses** Schadenersatz fordern/sich *(Dat.)* Auslagen rückerstatten lassen. **3.** *n.* **a)** Anspruch, *der* **(to** auf + *Akk.*); **lay ~ to sth.** auf etw. *(Akk.)* Anspruch erheben; **make too many ~s on sth.** etw. zu sehr in Anspruch nehmen; **b)** *(assertion)* **make ~s about sth.** Behauptungen über etw. *(Akk.)* aufstellen; **c)** *(pay ~)* Forderung, *die* **(for** nach); **put in a ~ for a pay rise** eine Lohnerhöhung fordern; **d) ~ [for expenses]** Spesenabrechnung, *die* **(for** über + *Akk.*); **~ for damages** Schadenersatzforderung, *die;* **e)** *(Mining)* Claim, *das;* **stake a ~:** ein Claim abstecken; **stake a ~ to sth.** *(fig.)* ein Anrecht auf etw. *(Akk.)* anmelden; **I staked my ~ to the seat** ich habe mir den Platz gesichert; **f)** *(Insurance)* [Versicherungs]anspruch, *der;* **g)** *(in patent)* Patentanspruch, *der*

**~ 'back** *v. t.* zurückfordern; **~ tax/expenses** *etc.* **back** sich *(Dat.)* Steuern/Spesen *usw.* rückerstatten lassen **(from** von)

**claimant** ['kleɪmənt] *n. (for rent rebate, social security benefit)* Antragsteller, *der*/-stellerin, *die; (for inheritance)* Erbberechtigte, *der/die;* **~ to a title** Titelanwärter, *der*/-anwärterin, *die;* **~ to the throne** Thronanwärter, *der*/-anwärterin, *die*

**'claim form** *n.* **a)** *(Insurance)* Antragsformular, *das;* **b)** *(for expenses)* Spesenabrechnungsformular, *das*

**clairvoyance** [kleə'vɔɪəns] *n., no pl.* Hellsehen, *das*

**clairvoyant** [kleə'vɔɪənt] **1.** *n.* Hellseher, *der*/Hellseherin, *die.* **2.** *adj.* hellseherisch

**clam** [klæm] **1.** *n.* Klaffmuschel, *die; (Mercenaria mercenaria)* Quahogmuschel, *die;* **shut up like a ~** *(fig.)* ausgesprochen wortkarg werden. **2.** *v. i.*, **-mm-: ~ up** *(coll.)* den Mund nicht [mehr] aufmachen

**'clambake** *n. (Amer.)* Picknick *(bes. am Strand, bei dem Muscheln und Fisch auf heißen Steinen gebacken werden)*

**clamber** ['klæmbə(r)] **1.** *v. i.* klettern; kraxeln *(ugs., bes. südd., österr.);* ⟨*Baby:*⟩ krabbeln; **~ up a wall** auf eine Mauer klettern; eine Mauer hochklettern. **2.** *n.* Kletterei, *die;* Kraxelei, *die (ugs., bes. südd., österr.)*

**clamminess** ['klæmɪnɪs] *n., no pl. see* **clammy:** Feuchtigkeit, *die;* Klammheit, *die*

**clammy** ['klæmɪ] *adj.* feucht; kalt und schweißig ⟨*Hände, Gesicht, Haut*⟩; klamm ⟨*Kleidung usw.*⟩; naßkalt ⟨*Luft usw.*⟩; **~ with sweat** klebrig von Schweiß

**clamor** *(Amer.) see* **clamour**

**clamorous** ['klæmərəs] *adj.* lärmend ⟨*Menge*⟩; lautstark ⟨*Protest, Forderung*⟩

**clamour** ['klæmə(r)] *(Brit.)* **1.** *n.* **a)** *(noise, shouting)* Lärm, *der;* lautes Geschrei; **b)** *(protest)* [lautstarker] Protest; *(appeal, demand)* [lautstarke] Forderung **(for** nach). **2.** *v. i.* **a)** *(shout)* schreien; **b)** *(protest, demand)* **~ against sth.** gegen etw. [lautstark] protestieren; **~ for sth.** nach etw. schreien; **~ to be let out** lautstark fordern, herausgelassen zu werden

**clamp** [klæmp] **1.** *n.* Klammer, *die; (for holding)* Schraubzwinge, *die; see also* **wheel-clamp. 2.** *v. t.* **a)** klemmen; einspannen ⟨*Werkstück*⟩; *(Med.)* klammern; **~ two pieces of wood together** zwei Holzstücke miteinander verklammern; **b) ~ a vehicle** eine Parkkralle an einem Fahrzeug anbringen. **3.** *v. i. (fig.)* **~ down on sb./sth.** gegen jmdn./etw. rigoros vorgehen; **~ down on expenses** die Ausgaben radikal drosseln

**'clamp-down** *n.* rigoroses Vorgehen **(on** gegen); **the credit ~, the ~ on credit** das Anziehen der Kreditbremse

**clan** [klæn] *n.* **a)** Sippe, *die; (of Scottish Highlanders)* Clan, *der;* **b)** *(derog.: group, set)* Clan, *der;* Sippschaft, *die (abwertend)*

**clandestine** [klæn'destɪn] *adj.*, **clandestinely** [klæn'destɪnlɪ] *adv.* heimlich

**clang** [klæŋ] **1.** *n. (of bell)* Läuten, *das; (of hammer)* Klingen, *das; (of sword)* Klirren, *das.* **2.** *v. i.* ⟨*Glocke:*⟩ läuten; ⟨*Hammer:*⟩ klingen; ⟨*Schwert:*⟩ klirren

**clanger** ['klæŋə(r)] *n. (Brit. sl.)* Schnitzer, *der (ugs.);* **drop a ~:** sich *(Dat.)* einen Schnitzer leisten *(ugs.)*

**clangor** *(Amer.) see* **clangour**

**clangorous** ['klæŋgərəs] *adj.* [laut] schallend

**clangour** ['klæŋgə(r)] *n. (Brit.)* [lauter] Schall

**clank** [klæŋk] **1.** *n.* Klappern, *das; (of sword, chain)* Klirren, *das.* **2.** *v. i.* klappern; ⟨*Schwert, Kette:*⟩ klirren; ⟨*Kette:*⟩ rasseln. **3.** *v. t.* klirren mit ⟨*Schwert, Kette*⟩

**clannish** ['klænɪʃ] *adj. (derog.)* cliquenbewußt; klüngelnd *(ugs.)*

**¹clap** [klæp] **1.** *n.* **a)** Klatschen, *das;* **give sb. a ~:** jmdm. applaudieren *od.* Beifall klatschen; **b)** *(slap)* Klaps, *der (ugs.);* **give sb. a congratulatory ~ on the back** jmdm. anerkennend auf die Schulter klopfen; **c) ~ of thunder** Donnerschlag, *der.* **2.** *v. i.*, **-pp-** klatschen. **3.** *v. t.*, **-pp-: a) ~ one's hands** in die Hände klatschen; **~ sth.** etw. beklatschen; **~ sb.** jmdm. Beifall klatschen; **b)** *(slap)* **~ sb. on the back** jmdm. auf die Schulter klopfen; **c)** *(place)* **~ him in prison!** werft ihn ins Gefängnis!; **the prisoner was ~ped in irons** der Gefangene wurde in Ketten gelegt; **~ one's hand over sb.'s mouth** jmdm. den Mund zuhalten; **~ eyes on sb./sth.** jmdn./etw. zu Gesicht bekommen; **d) ~ped out** *(sl.)* schrottreif *(ugs.)* ⟨*Auto, Flugzeug*⟩; kaputt *(ugs.)* ⟨*Person, Idee*⟩

**~ on** *v. t.* **a)** draufschlagen ⟨*Steuern usw.*⟩; **the airlines ~ped 25% on the fare** die Fluggesellschaften haben auf den Flugpreis 25% aufgeschlagen; **a preservation order has been ~ped on my house** die haben mein Haus einfach unter Denkmalschutz gestellt *(ugs.);* **b)** *(Naut.)* **~ on sail** mehr Segel setzen *(Seemannsspr.);* **c)** *(put on hastily)* aufstülpen ⟨*Hut*⟩; **~ handcuffs on sb.** jmdm. Handschellen anlegen

**²clap** *n. (coarse)* Tripper, *der;* **pick up a dose of the ~:** sich *(Dat.)* einen Tripper holen

**clapboard** ['klæpbɔ:d, 'klæbəd] *n. (Amer.)* Schindel, *die*

**Clapham** ['klæpəm] *n.* **the man on the ~ omnibus** *(Brit.)* der kleine Mann; der Durchschnittsbürger

**clapper** ['klæpə(r)] *n.* **a)** *(of bell)* Klöppel, *der;* Schwengel, *der;* **b) like the ~s** *(Brit. sl.)* mit einem Affenzahn *od.* Affentempo *(salopp)*

**'clapper-board** *n. (Cinemat.)* Synchronklappe, *die*

**clapping** ['klæpɪŋ] *n., no pl.* Beifall, *der;* Applaus, *der*

**claptrap** ['klæptræp] *n., no pl.* **a)** *(pretentious assertions)* [leere] Phrasen; **b)** *(coll.: nonsense)* Geschwafel, *das (ugs. abwertend);* Geschwätz, *das (ugs. abwertend)*

**claque** [klɑ:k, klæk] *n.* Claque, *die*

**claret** ['klærət] **1.** *n.* roter Bordeauxwein; Claret, *der.* **2.** *adj.* weinrot

**clarification** [klærɪfɪ'keɪʃn] *n.* **a)** Klärung, *die; (explanation)* Klarstellung, *die;* **I should like more ~ on several points** zu einigen Punkten hätte ich gern nähere Erläuterungen; **b)** *(of liquid)* Klärung, *die;* Klären, *das*

**clarify** ['klærɪfaɪ] *v. t.* **a)** *(make clear)* klären ⟨*Situation, Problem usw.*⟩; *(by explanation)* klarstellen; erläutern ⟨*Bedeutung, Gedanken, Aussage, Bemerkung*⟩; **the discussion helped me to ~ my thoughts about the matter** die Diskussion half mir, mir über die Sache klarzuwerden; **b)** *(purify, make transparent)* reinigen; klären ⟨*Abwasser, Flüssigkeit*⟩

**clarinet** [klærɪ'net] *n. (Mus.)* Klarinette, *die*

**clarinettist** *(Amer.:* **clarinetist)** [klærɪ'netɪst] *n. (Mus.)* Klarinettist, *der*/Klarinettistin, *die*

**clarion** ['klærɪən] *attrib. adj.* hell klingend; **like a ~ call** wie ein Fanfarenstoß

**clarity** ['klærɪtɪ] *n., no pl.* Klarheit, *die*

**clash** [klæʃ] **1.** *v. i.* **a)** scheppern *(ugs.);* ⟨*Gangschaltung:*⟩ krachen; ⟨*Becken:*⟩ dröhnen; ⟨*Schwerter:*⟩ aneinanderschlagen; **b)** *(meet in conflict)* zusammenstoßen; aufeinanderstoßen; **~ with sb.** mit jmdm. zusammenstoßen; **c)** *(disagree)* sich streiten; **~ with sb.** mit jmdm. eine Auseinandersetzung haben; **d)** *(be incompatible)* aufeinanderprallen; ⟨*Interesse, Ereignis:*⟩ kollidieren **(with** mit); ⟨*Persönlichkeit, Stil:*⟩ nicht zusammenpassen **(with** mit); ⟨*Farbe:*⟩ sich beißen *(ugs.)* **(with** mit). **2.** *v. t.* gegeneinanderschlagen. **3.** *n.* **a)** *(of cymbals)* Dröhnen, *das; (of swords)* Aneinanderschlagen, *das; (of gears)* Krachen, *das;* **b)** *(meeting in conflict)* Zusammenstoß, *der;* **c)** *(disagreement)* Auseinandersetzung, *die;* **d)** *(incompatibility)* Unvereinbarkeit, *die; (of personalities, styles, colours)* Unverträglichkeit, *die; (of events)* Überschneidung, *die;* **~ of interests** Interessenkonflikt, *der*

**clasp** [klɑ:sp] **1.** *n.* **a)** Verschluß, *der;* Schließe, *die; (of belt)* Schnalle, *die;* **b)** *(embrace)* Umarmung, *die;* **c)** *(grasp)* Griff, *der;* **d)** *(on medal-ribbon)* Ordensspange, *die.* **2.** *v. t.* **a)** *(embrace)* drücken **(to an** + *Akk.*); **the lovers lay ~ed in each other's arms** die Liebenden lagen eng umschlungen; **b)** *(grasp)* umklammern; **~ hands** sich [gegenseitig] bei den Händen fassen; **~ sth. in one's hand** etw. mit der Hand umklammern; **~ one's hands** die Hände falten; **he stood with his hands ~ed behind his back** er stand da, die Hände auf dem Rücken verschränkt

**'clasp-knife** *n.* Klappmesser, *das*

**class** [klɑ:s] **1.** *n.* **a)** *(in society)* Gesellschaftsschicht, *die;* Klasse, *die (Soziol.); (as system)* Klassensystem, *das;* **b)** *(Educ.) (group)* Klasse, *die; (Sch.: lesson)* Stunde, *die; (Univ.: seminar etc.)* Übung, *die;* **teach a ~** *(Univ.)* eine Übung abhalten; **in ~:** im Unterricht; während des Unterrichts; **a French ~:** eine Französischstunde; **the ~ of 1970** *(Amer.)* der Jahrgang 1970; **c)** *(division according to quality)* Klasse, *die; (of hotel)* [Hotel]kategorie, *die;* **be in a ~ by itself** *or* **on its own/of one's own** *or* **by oneself** eine Klasse für sich sein; **he's not in the same ~ as...:** er hat nicht die Klasse von ...; **d)** *(coll.: quality)* Klasse, *die (ugs.);* **there's not much ~ about her** sie hat keine Klasse; **have [no] ~:** [keine] Klasse haben; *attrib.* **a ~ football-player** ein klasse Fußballer *(ugs.);* **e)** *(group, set; also Biol.)* Klasse, *die;* **f)** *(Univ.: of degree)* Prädikat, *das;* **g)** *(Mil.)* Rekrutenjahrgang, *der;* Jahrgang, *der.* **2.** *v. t.* einordnen; ~ **sth. as sth.** etw. als etw. einstufen

**class: ~-conscious** *adj.* klassenbewußt; **~-consciousness** *n.* Klassenbewußtsein, *das;* ~ **distinction** *n.* Klassenunterschied, *der*

**classic** ['klæsɪk] **1.** *adj.* klassisch. **2.** *n.* **a)** *in pl. (classical studies)* Altphilologie, *die;* **b)** *(writer; follower of ~ models)* Klassiker, *der;* **c)** *(garment)* klassisch-zeitlose Kleidung; **d)** *(book, play, film)* Klassiker, *der;* **e)** *(Brit.: horse-race)* Klassiker [unter den Pferderennen]

**classical** ['klæsɪkl] *adj.* klassisch; ~ **scholar/studies** Altphilologe, *der*/Altphilologie, *die;* **the ~ period** die Klassik; **the ~ world** die Antike; ~ **education** humanistische [Schul]bildung

**classically** ['klæsɪkəlɪ] *adv.* klassisch

**classicism** ['klæsɪsɪzm] *n.* Klassizismus, *der*

**classicist** ['klæsɪsɪst] *n.* Anhänger des Klassizismus; *(classics scholar)* Altphilologe, *der*/-philologin, *die*

**classifiable** ['klæsɪfaɪəbl] *adj.* klassifizierbar; **be ~ into five main types** sich in fünf Hauptgruppen einteilen lassen

**classification** [klæsɪfɪ'keɪʃn] *n.* Klassifikation, *die*

**classified** ['klæsɪfaɪd] *adj.* **a)** *(arranged in classes)* gegliedert; unterteilt; ~ **advertisement** Kleinanzeige, *die;* ~ **directory** Branchenverzeichnis, *das;* ~ **results** Sportergebnisse; **b)** *(officially secret)* geheim

**classify** ['klæsɪfaɪ] *v. t.* **a)** klassifizieren; ~ **books by subjects** Bücher nach Fachgebieten [ein]ordnen; **b)** *(designate as secret)* für geheim erklären

**classless** ['klɑ:slɪs] *adj.* klassenlos ‹*Gesellschaft*›

**class: ~-list** *n. (Univ.)* Liste der Prüfungsergebnisse; **~-mate** *n.* Klassenkamerad, *der*/-kameradin, *die;* **~-room** *n. (Sch.)* Klassenzimmer, *das;* Klasse, *die;* ~ **'struggle,** ~ **'war** *ns.* Klassenkampf, *der;* **~work** *n.* Arbeit am Studienplatz

**classy** ['klɑ:sɪ] *adj. (coll.)* klasse *(ugs.);* nobel ‹*Vorort, Hotel*›

**clatter** ['klætə(r)] **1.** *n.* Klappern, *das;* **the kettle fell with a ~ to the ground** der Kessel fiel scheppernd zu Boden. **2.** *v. i.* **a)** klappern; **b)** *(move or fall with a ~)* poltern. **3.** *v. t.* klappern mit

**clause** [klɔ:z] *n.* **a)** Klausel, *die;* **b)** *(Ling.)* Teilsatz, *der;* **[subordinate] ~:** Nebensatz, *der;* Gliedsatz, *der*

**claustrophobia** [klɔ:strə'fəʊbɪə] *n., no pl. (Psych.)* Klaustrophobie, *die*

**claustrophobic** [klɔ:strə'fəʊbɪk] *adj.* beengend ‹*Ort, Atmosphäre*›; an Klaustrophobie leidend ‹*Person*›

**clavicle** ['klævɪkl] *n. (Anat.)* Schlüsselbein, *das;* Clavicula, *die (fachspr.)*

**claw** [klɔ:] **1.** *n.* **a)** *(of bird, animal)* Kralle, *die; (of crab, lobster, etc.)* Schere, *die; (foot with ~)* Klaue, *die;* **the cat bared its ~s** die Katze zeigte die Krallen; **get one's ~s into sb.** *(fig. coll.)* auf jmdm. herumhacken *(ugs.);* **b)** *(of hammer)* Klaue, *die; (of cine camera, projector)* Greifer, *der.* **2.** *v. t.* kratzen; **the two women ~ed each other** die beiden Frauen gingen mit den Fingernägeln aufeinander los; ~ **one's way to the top** sich zum Gipfel durchkämpfen; *(fig.)* sich nach oben durchboxen *(ugs.).* **3.** *v. i.* ~ **at sth.** sich an etw. *(Akk.)* krallen; **she ~ed desperately for the door-handle** sie versuchte verzweifelt, die Türklinke zu fassen

~ **'back** *v. t.* wiedereintreiben ‹*Geld, Unterstützung*›; wieder an sich reißen ‹*Kontrolle*›; wettmachen ‹*Defizit*›

**'claw-back** *n.* Wiedereintreiben, *das*

**clay** [kleɪ] *n.* Lehm, *der; (for pottery)* Ton, *der*

**clayey** ['kleɪɪ] *adj.* lehmig

**clay:** ~ **'pigeon** *n. (Sport)* Tontaube, *die;* ~ **'pigeon shooting** *n.* Tontaubenschießen, *das;* ~ **'pipe** *n.* Tonpfeife, *die*

**clean** [kli:n] **1.** *adj.* **a)** sauber; frisch ‹*Wäsche, Hemd*›; **b)** *(unused, fresh)* sauber; *(free of defects)* einwandfrei; sauber; **start with/have a ~ sheet** *(fig.)* ganz neu beginnen/eine reine Weste haben *(ugs.);* **he has a ~ record** gegen ihn liegt nichts vor; **make a ~ start** noch einmal neu anfangen; **come ~** *(coll.) (confess)* auspacken *(ugs.); (tell the truth)* mit der Wahrheit [he]rausrücken *(ugs.);* **have ~ hands** *or* **fingers** *(fig.)* eine reine Weste haben *(ugs.);* **c)** *(well-formed, shapely)* makellos ‹*Glieder, Taille*›; **a ship/car with ~ lines** ein Schiff/Auto mit klarer Linienführung; **d)** *(regular, complete)* glatt ‹*Bruch*›; glatt, sauber ‹*Schnitt*›; **make a ~ break [with** *or* **from sth.]** *(fig.)* einen Schlußstrich [unter etw. *(Akk.)*] ziehen; **make a ~ break with sb.** sich endgültig von jmdm. trennen; **make a ~ job of sth.** *(fig. coll.)* etw. vernünftig machen; etw. sauber hinkriegen *(ugs., auch iron.);* **e)** *(cleanly)* sauber; *(house-trained)* stubenrein, sauber; **f)** *(free from disease)* gesund; *(Relig.: not prohibited)* rein; **g)** *(deft)* sauber; **h)** *(coll.: free from impropriety)* sauber; stubenrein *(scherzh.)* ‹*Witz*›; **be good ~ fun** völlig harmlos sein; **keep the jokes ~!** bitte nur stubenreine Witze! *(scherzh.);* **i)** *(sportsmanlike, fair)* sauber; **j)** astrein ‹*Holz*›. **2.** *adv.* **a)** *(completely, outright, simply)* glatt; einfach ‹*vergessen*›; **we're ~ out of whisky** wir haben überhaupt keinen Whisky mehr; **the fox got ~ away** der Fuchs ist uns/ihnen *usw.* glatt entwischt; **b)** *(fairly)* sauber ‹*spielen, kämpfen*›. **3.** *v. t.* saubermachen; putzen ‹*Zimmer, Haus, Fenster, Schuh*›; reinigen ‹*Teppich, Möbel, Käfig, Kleidung, Wunde*›; fegen, kehren ‹*Kamin*›; ausnehmen ‹*Fisch*›; *(with cloth)* aufwischen ‹*Fußboden*›; **~ that dirt off your face** wisch dir den Schmutz aus dem Gesicht!; **~ the house from top to bottom** großen Hausputz halten; **~ one's hands/teeth** sich *(Dat.)* die Hände waschen/sich *(Dat.)* die Zähne putzen; **~ one's plate** *(eat everything)* seinen Teller leer essen. **4.** *v. i.* sich reinigen lassen. **5.** *n.* **this carpet needs/your teeth need a good ~:** dieser Teppich muß gründlich gereinigt werden/du mußt dir gründlich die Zähne putzen; **give your shoes/face/jacket a ~:** putz deine Schuhe/wasch dir das Gesicht/mach deine Jacke sauber

~ **'down** *v. t.* waschen ‹*Auto*›; abwaschen ‹*Tür, Wand*›

~ **'out** *v. t.* **a)** *(remove dirt from)* saubermachen; ausmisten ‹*Stall*›; *(remove rubbish from)* entrümpeln; **b)** *(sl.)* ~ **sb. out** jmdn. ausnehmen *(salopp);* **I'm completely ~ed out** ich bin total blank *(ugs.);* **the tobacconist was ~ed out of cigarettes** beim Tabakhändler war alles an Zigaretten aufgekauft worden; **sb. is ~ed out of sherry** jmdm. ist der Sherry ausgegangen. *See also* **clean-out**

~ **'up 1.** *v. t.* **a)** aufräumen ‹*Zimmer, Schreibtisch*›; beseitigen ‹*Trümmer, Unordnung*›; **b)** ~ **oneself up** sich saubermachen; *(get washed)* sich waschen; **c)** *(coll.: acquire)* absahnen *(ugs.)* ‹*Geld*›; ~ **up a fortune** ein Vermögen machen; **d)** *(Mil.)* ausheben ‹*Schlupfwinkel des Feindes*›; **e)** *(fig.)* säubern ‹*Stadt*›; aufräumen mit ‹*Korruption, Laster, Drogenhandel*›. **2.** *v. i.* **a)** aufräumen; **b)** *see* **1 b; c)** *(coll.: make money)* absahnen *(ugs.). See also* **clean-up**

**'clean-cut** *adj.* klar [umrissen]; **his ~ features** seine klar geschnittenen Gesichtszüge

**cleaner** ['kli:nə(r)] *n.* **a)** *(person)* Raumpfleger, *der*/-pflegerin, *die; (woman also)* Putzfrau, *die;* Rein[e]machefrau, *die;* **b)** *(vacuum ~)* Staubsauger, *der; (substance)* Reinigungsmittel, *das;* Reiniger, *der;* **c)** *usu. in pl. (dry-~)* Reinigung, *die;* **take sth. to the ~s** etw. in die Reinigung bringen; **take sb. to the ~s** *(sl.)* jmdn. bis aufs Hemd ausziehen *(ugs.)*

**cleaning** ['kli:nɪŋ]: **~-rag** *n.* Putzlappen, *der;* **~-woman** *n.* Putzfrau, *die*

**clean-limbed** ['kli:nlɪmd] *adj.* wohlproportioniert; wohlgeformt

**cleanliness** ['klenlɪnɪs] *n., no pl.* Reinlichkeit, *die;* Sauberkeit, *die;* **~ is next to godliness** *(prov.)* Reinlichkeit ist die erste Tugend nach Gottseligkeit *(veralt.)*

**'clean-living** *adj.* von untadeligem Lebenswandel *nachgestellt*

**¹cleanly** [kli:nlɪ] *adv.* sauber; **the bone broke ~:** der Knochen ist glatt gebrochen

**²cleanly** ['klenlɪ] *adj.* sauber

**cleanness** ['kli:nnɪs] *n., no pl.* **a)** Sauberkeit, *die;* **b)** *(freshness)* Sauberkeit, *die; (freedom from defects)* Makellosigkeit, *die;* **c)** *(shapeliness)* Wohlgeformtheit, *die;* **the ~ of the ship's lines** die klare Linienführung des Schiffes; **d)** *(regularity of cut or break)* Glätte, *die;* **e)** *(cleanliness)* Sauberkeit, *die;* **the ~ of her habits** ihre Sauberkeit; **f)** *(deftness)* Sauberkeit, *die;* **g)** *(coll.: of joke, entertainment, etc.)* Harmlosigkeit, *die;* **h)** *(of fight, contest, etc.)* Sauberkeit, *die*

**'clean-out** *n.* **give sth. a ~:** etw. saubermachen; **sth. needs a [good] ~:** etw. muß [gründlich] saubergemacht werden

**cleanse** [klenz] *v. t.* **a)** *(spiritually purify)* läutern; **~d of** *or* **from sin** von der Sünde befreit; **b)** *(clean)* [gründlich] reinigen; **c)** *(Bibl.)* heilen ‹*Aussatz, Aussätzige*›

**cleanser** ['klenzə(r)] *n.* **a)** Reinigungsmittel, *das;* Reiniger, *der;* **b)** *(for skin)* Reinigungscreme, *die; (fluid)* Reinigungsmilch, *die*

**'clean-shaven** *adj.* glattrasiert

**cleansing** ['klenzɪŋ]: ~ **cream** *n.* Reinigungscreme, *die;* ~ **department** *n.* Stadtreinigung, *die;* ~ **tissue** *n.* Papiertuch, *das*

**'clean-up** *n.* **a) give sth./oneself a ~:** etw./sich saubermachen; **sth. needs a ~:** etw. muß saubergemacht werden; **b)** *(reducing crime or corruption)* Säuberungsaktion, *die*

**clear** [klɪə(r)] **1.** *adj.* **a)** klar; rein ‹*Haut, Teint*›; **as ~ as a bell** glockenhell; **b)** *(distinct)* scharf ‹*Bild, Foto, Umriß*›; deutlich ‹*Abbild*›; klar ‹*Ton*›; klar verständlich ‹*Wort*›; **c)** *(obvious, unambiguous)* klar ‹*Aussage, Vorteil, Vorsprung, Mehrheit, Sieg, Fall*›; **you have a ~ duty to report these thefts** es ist eindeutig Ihre Pflicht, diese Diebstähle zu melden; **make oneself ~:** sich deutlich *od.* klar [genug] ausdrücken; **make sth. ~:** etw. deutlich zum Ausdruck bringen; **make it ~ [to sb.] that ...:** [jmdm.] klar und deutlich sagen, daß ...; **let's get this/one thing ~:** laß uns das klarstellen/eins wollen wir klarstellen; **in ~:** im Klartext; **d)** *(free)* frei; *(Horse-riding)* fehlerfrei ‹*Runde*›; **[be] ~ of a place** aus einem Ort heraus[sein]; ~ **of debt** schuldenfrei; frei von Schulden; **he is ~ of blame** ihm kann man keinen Vorwurf machen; **be ~ of suspicion** nicht unter Verdacht stehen; **we're in the ~** *(free of suspicion)* auf uns fällt kein Verdacht; *(free of trouble)* wir haben es geschafft; **be three points ~:** drei Punkte Vorsprung haben; **e)** *(complete)* **a ~ six inches** volle sechs Zoll; **three ~ days/lines** drei volle *od.* volle drei Tage/Zeilen; **f)** *(open, unobstructed)* frei; **keep sth. ~** *(not block)* etw. frei halten; **~ of snow** schneefrei; frei von Schnee; **have a ~ run** freie Fahrt haben; **all ~** *(one will not be detected)* die Luft ist rein *(ugs.); see also* **all-clear; the way is [now] ~ [for sb.] to do sth.** *(fig.)* es steht [jmdm.] nichts [mehr] im Wege, etw. zu tun; **g)** *(discerning)* klar; **keep a ~ head** einen klaren *od.* kühlen Kopf bewahren; **a ~ thinker** jmd., der klar denken kann; **h)** *(certain, confident)* **be ~ [on** *or* **about sth.]** sich *(Dat.)* [über etw. *(Akk.)*] im klaren sein; **are you ~ in your own mind**

that ...? sind Sie ganz sicher, daß ...?; **i)** *(without deduction, net)* ~ **profit** Reingewinn, *der. See also* **coast 1 a; conscience. 2.** *adv.* **a)** *(apart, at a distance)* **keep ~ of sth./sb.** etw./jmdn. meiden; **'keep ~'** *(don't approach)* „Vorsicht [Zug *usw.*]"; **please stand** *or* **keep ~ of the door** bitte von der Tür zurücktreten; **move sth. ~ of sth.** etw. von etw. wegräumen; **the driver was pulled ~ of the wreckage** man zog den Fahrer aus dem Wrack seines Wagens; **the driver leaped ~ just before the crash** der Fahrer konnte im Moment vor dem Zusammenstoß noch abspringen; **b)** *(distinctly)* deutlich ‹*sprechen, sehen, hören*›; **c)** *(completely)* **the prisoners had got ~ away** die Häftlinge waren auf und davon *(ugs.)*; **d)** *(Amer.: all the way)* ganz; **~ through to Boston** direkt bis Boston. **3.** *v. t.* **a)** *(make ~)* klären ‹*Flüssigkeit*›; reinigen ‹*Blut*›; **~ the air** lüften; *(fig.)* die Atmosphäre reinigen; **~ one's mind of doubts/anxieties** *(fig.)* seine Zweifel/Ängste loswerden; **he tried to ~ his head** *(fig.)* er versuchte, einen klaren Kopf zu bekommen; **~ one's conscience** sein Gewissen erleichtern; **b)** *(free from obstruction)* räumen ‹*Straße*›; abräumen ‹*Regal, Schreibtisch*›; reinigen ‹*Pfeife*›; freimachen ‹*Abfluß, Kanal*›; **~ the streets of snow** den Schnee von den Straßen räumen; **~ a space for sb./sth.** für jmdn./etw. Platz machen; **~ one's throat** sich räuspern; **~ the ground** *(fig.)* die Bahn frei machen; **~ land [for cultivation]** Land roden [um es urbar zu machen]; *see also* **deck 1 a; way 1 f; c)** *(make empty)* räumen; leeren ‹*Briefkasten*›; **~ the room** das Zimmer räumen; **~ the table** den Tisch abräumen; **~ one's desk** seinen Schreibtisch ausräumen; **~ a country of bandits** ein Land von Banditen befreien; **~ the court** den Saal räumen; **~ one's plate** seinen Teller leer essen; **d)** *(remove)* wegräumen; beheben ‹*Verstopfung*›; **~ sth. out of the way** etw. aus dem Weg räumen; **e)** *(pass over without touching)* nehmen ‹*Hindernis*›; überspringen ‹*Latte*›; *(pass by)* vorbeikommen; **f)** *(show to be innocent)* freisprechen; **~ oneself** seine Unschuld beweisen; **~ sb. of sth.** jmdn. von etw. freisprechen; **seek to ~ oneself of a charge** versuchen, eine Anschuldigung zu widerlegen; **~ one's name** seine Unschuld beweisen; **g)** *(declare fit to have secret information)* für unbedenklich erklären; **h)** *(get permission for)* **~ sth. with sb.** etw. von jmdm. genehmigen lassen; *(give permission for)* **~ a plane for take-off/landing** einem Flugzeug Start-/Landeerlaubnis erteilen; **i)** *(at customs)* **~ customs** vom Zoll abgefertigt werden; **~ sth. through customs** etw. [zollamtlich] abfertigen; **j)** *(make as gain)* verdienen ‹*Geld*›; **~ one's expenses** seine Ausgaben wieder hereinbekommen; **k)** *(pay off)* begleichen ‹*Schuld*›; **l)** *(pass through bank)* **~ a cheque** einen Scheck verrechnen; **m)** *(get rid of)* **~ [old] stock** Lagerbestände räumen; **'reduced to ~'** „reduziertes Einzelstück"; **n)** *(Sport: move away)* klären; **the ball was ~ed upfield** der Ball wurde ins Feld hinausgeschlagen. **4.** *v. i.* **a)** *(become clear)* klar werden; sich klären; ‹*Wetter, Himmel:*› aufklaren *(Met.)*, sich aufheitern; *(fig.)* ‹*Gesicht:*› sich aufhellen; **b)** *(disperse)* sich verziehen; ‹*Nebel:*› sich auflösen, sich verziehen; **c)** *(Sport)* klären

**~ a'way 1.** *v. t.* wegschaffen; *(from the table)* abräumen ‹*Geschirr, Besteck*›. **2.** *v. i.* **a)** abräumen; **b)** *(disperse)* ‹*Nebel:*› sich auflösen, sich verziehen

**~ 'off 1.** *v. t.* begleichen ‹*Schulden*›; abzahlen, abtragen ‹*Hypothek*›; aufarbeiten ‹*Rückstand*›. **2.** *v. i. (coll.)* abhauen *(salopp)*

**~ 'out 1.** *v. t.* ausräumen. **2.** *v. i. (coll.)* verschwinden. *See also* **clear-out**

**~ 'up 1.** *v. t.* **a)** beseitigen ‹*Unordnung*›; wegräumen ‹*Abfall*›; aufräumen ‹*Platz, Sachen*›; **b)** *(explain, solve)* klären. **2.** *v. i.* **a)** aufräumen; Ordnung machen; **b)** *(become ~)* ‹*Wetter:*› aufklaren *(Met.)*, sich aufhellen; **c)** *(disappear)* ‹*Symptome, Ausschlag:*› zurückgehen. *See also* **clear-up**

**clearance** ['klɪərəns] *n.* **a)** *(of obstruction)* Beseitigung, *die; (of old building)* Abriß, *der; (of forest)* Abholzung, *die;* **make a ~:** gründlich aufräumen; **b)** *(of people)* Räumung, *die;* **c)** *(of cheque)* Verrechnung, *die;* Clearing, *das (Finanzw.)*; **d)** *(of ship at customs)* Klarierung, *die (Seemannsspr.)*; *(certificate)* [Zoll]papiere *Pl.*; **e)** *(for aircraft to land/take off)* Lande-/Starterlaubnis, *die;* **f)** *(security ~) Einstufung als unbedenklich [im Sinne der Sicherheitsbestimmungen]*; *(document)* ≈ Sonderausweis, *der;* **g)** *(clear space)* Spielraum, *der; (headroom)* lichte Höhe; **h)** *(Sport)* Abwehr, *die;* **make a poor ~:** schlecht abwehren

**clearance: ~ order** *n.* Räumungsbefehl, *der;* **~ sale** *n.* Räumungsverkauf, *der*

**clear: ~-cut** *adj.* klar umrissen; klar ‹*Sieg, Abgrenzung, Ergebnis, Entscheidung*›; [gestochen] scharf ‹*Umriß, Raster*›; **~-headed** *adj.* besonnen; **remain ~-headed** einen kühlen *od.* klaren Kopf bewahren

**clearing** ['klɪərɪŋ] *n. (land)* Lichtung, *die*

**clearing: ~ bank** *n. (Commerc.)* Clearingbank, *die;* **~-house** *n. (Commerc.)* Abrechnungsstelle, *die;* Clearingstelle, *die; (fig.)* Zentrale, *die*

**clearly** ['klɪəlɪ] *adv.* **a)** *(distinctly)* klar; deutlich ‹*sprechen*›; **b)** *(manifestly, unambiguously)* eindeutig; klar ‹*denken*›; **please explain yourself more ~:** bitte erklären Sie sich deutlicher; **~, immediate action is called for** ohne Frage ist sofortiges Handeln vonnöten

**clearness** ['klɪənɪs] *n., no pl.* **a)** Klarheit, *die; (of skin, complexion)* Reinheit, *die;* **b)** *(distinctness) (of photograph, outline)* Schärfe, *die; (of articulation, words, reflection)* Deutlichkeit, *die; (of note, sound, image)* Klarheit, *die;* **c)** *(manifestness, unambiguousness)* Eindeutigkeit, *die;* Klarheit, *die; (of argument also)* Schärfe, *die*

**clear: ~-out** *n.* Entrümpelung, *die;* **have a ~-out** eine Aufräum- *od.* Entrümpelungsaktion starten; **sth. needs a good ~-out** etw. muß einmal gründlich entrümpelt werden; **~-sighted** *adj.* weitsichtig; vorausschauend; **~ 'soup** *n.* klare Brühe

**clearstory** *(Amer.) see* **clerestory**

**clear: ~-thinking** *adj.* klardenkend; **~-up** *n.* Aufräumen, *das;* **have a [good] ~-up** [gründlich] aufräumen; **~way** *n. (Brit.)* Straße mit Halteverbot

**cleat** [kli:t] *n.* **a)** *(to give footing on gangway)* Querleiste, *die; (to prevent rope from slipping)* Klampe, *die (Seemannsspr.)*; **b)** *(wedge)* Keil, *der;* **c)** *(to strengthen woodwork)* Leiste, *die;* **d)** *(on boot, shoe)* Stollen, *der*

**cleavage** ['kli:vɪdʒ] *n.* **a)** *(act of splitting)* Spaltung, *die; (tendency)* Spaltbarkeit, *die; (fig.)* Kluft, *die;* **the sharp ~ of opinions/interests** das deutliche Auseinandergehen der Meinungen/Interessen; **b)** *(coll.: between breasts)* Dekolleté, *das;* **c)** *(Biol.)* Spaltung, *die*

**¹cleave** [kli:v] *v. t.*, **clove** [kləʊv] *or* **cleft** [kleft] *or* **~d, cloven** ['kləʊvn] *or* **cleft** *or* **~d** *(literary)* **a)** *(split)* spalten; **b)** *(make way through)* durchpflügen ‹*Wellen, Wasser*›; **~ one's way through sth.** sich [mühsam] einen Weg durch etw. bahnen. *See also* **²cleft 2; cloven 2**

**²cleave** *v. i. (arch.: adhere)* kleben **(to** an + *Dat.*); **~ to sb./sth.** *(fig.)* jmdm./einer Sache treu bleiben

**cleaver** ['kli:və(r)] *n.* Hackbeil, *das*

**clef** [klef] *n. (Mus.)* Notenschlüssel, *der*

**¹cleft** [kleft] *n.* Spalte, *die; (fig.)* Kluft, *die*

**²cleft 1.** *see* **¹cleave. 2.** *adj.* gespalten; **~ palate** Gaumenspalte, *die;* **be [caught] in a ~ stick** *(fig.)* in der Klemme sitzen *(ugs.)*

**clematis** ['klemətɪs, klə'meɪtɪs] *n. (Bot.)* Klematis, *die*

**clemency** ['klemənsɪ] *n., no pl.* **a)** *(mercy)* Milde, *die;* Nachsicht, *die;* **show ~ to sb.** jmdm. gegenüber Milde *od.* Nachsicht walten lassen; **b)** *(of weather, climate)* Milde, *die*

**clementine** ['klemənti:n, 'kleməntaɪn] *n.* Klementine, *die*

**clench** [klentʃ] *v. t.* **a)** *(close tightly)* zusammenpressen; **~ one's fist** *or* **fingers** die Faust ballen; **with one's fist ~ed** *or* **[one's] ~ed fist** mit geballter Faust; **they gave the ~ed-fist salute** sie hoben die geballte Faust zum Gruß; **~ one's teeth** die Zähne zusammenbeißen; **through ~ed teeth** durch die zusammengebissenen Zähne; **b)** *(grasp firmly)* umklammern; **~ sth. between one's teeth** etw. zwischen die Zähne klemmen; **c)** *(secure by bending)* umschlagen *(Nagel)*

**clerestory** ['klɪəstɔ:rɪ] *n.* **a)** *(Archit.)* Lichtgaden, *der;* **b)** *(Amer. Railw.) erhöhter Teil des Daches eines Eisenbahnwagens mit Fenstern od. Luftsaugern*

**clergy** ['klɜ:dʒɪ] *n. pl.* Geistlichkeit, *die;* Klerus, *der;* **thirty ~:** dreißig Geistliche

**clergyman** ['klɜ:dʒɪmən] *n., pl.* **~men** ['klɜ:dʒɪmən] Geistliche, *der*

**cleric** ['klerɪk] *n.* Kleriker, *der*

**clerical** ['klerɪkl] *adj.* **a)** *(of clergy)* klerikal; geistlich; **~ collar** Kollar, *das;* **b)** *(of or by clerk)* **~ duties/task/occupation/work** Büroarbeit, *die;* **~ error** Schreibfehler, *der;* **~ staff** Büropersonal, *das;* **~ worker** Büroangestellte, *der/die;* Bürokraft, *die*

**clerihew** ['klerɪhju:] *n. (Lit.)* Clerihew, *das*

**clerk** [klɑ:k] *n.* **a)** Angestellte, *der/die; (in bank)* Bankangestellte, *der/die; (in office)* Büroangestellte, *der/die; (in shop, firm)* kaufmännischer Angestellter/kaufmännische Angestellte; **b)** *(in charge of records)* Schriftführer, *der*/Schriftführerin, *die;* **c)** **~ of the course** *(Horse-racing)* Assistent der Rennleitung; **~ of [the] works** *(Building)* Bauleiter, *der;* **d)** *(Eccl.: lay officer)* Küster, *der;* Kirchendiener, *der; (arch./Law: clergyman)* **~ [in holy orders]** Geistliche, *der;* **e)** *(Brit. Parl.)* Parlamentssekretär, *der;* **f)** *(Amer.: assistant in shop)* Verkäufer, *der*/Verkäuferin, *die; (in hotel)* Hotelangestellte, *der/die*

**clever** ['klevə(r)] *adj.*, **~er** ['klevərə(r)]; **~est** ['klevərɪst] **a)** gescheit; klug; **be ~ at mathematics/thinking up excuses** gut in Mathematik/findig im Ausdenken von Entschuldigungen sein; **b)** *(skilful, dextrous)* geschickt; **be ~ with one's hands** geschickte Hände haben; **c)** *(ingenious)* brillant, geistreich ‹*Idee, Argument, Rede, Roman, Gedicht*›; geschickt ‹*Verkleidung, Täuschung, Vorgehen*›; glänzend *(ugs.)* ‹*Idee, Erfindung, Mittel*›; **d)** *(smart, cunning)* clever; raffiniert ‹*Schritt, Taktik, Täuschung*›; schlau, gewitzt, raffiniert ‹*Person*›

**clever: ~-clever** *adj. (derog.)* superklug *(iron.)*; **~-clogs** *n. sing., pl. same: see* **clever-sticks; ~ Dick** *n. (coll. derog.)* Schlaumeier, *der (ugs.)*; **all right, ~ Dick!** schon gut, du Schlaumeier! *(ugs.)*

**cleverly** ['klevəlɪ] *adv.* **a)** klug; **b)** *(skilfully, dextrously)* geschickt

**cleverness** ['klevənɪs] *n., no pl.* **a)** Klugheit, *die; (talent)* Begabung, *die* **(at** für); **b)** *(skilfulness, dexterity)* Geschicklichkeit, *die;* **his ~ with his hands** seine handwerkliche Begabung; **c)** *(ingenuity)* Brillanz, *die;* **d)** *(smartness)* Cleverness, *die;* Raffiniertheit, *die; (of person also)* Schläue, *die*

**'clever-sticks** *n. sing., pl. same (coll. derog.)* Superschlaue, *der/die (iron.)*

**clew** [klu:] *(Naut.)* **1.** *n. (of hammock)* Schlaufe, *die; (of sail)* [Schot]horn, *das*

(*Seemannsspr.*). **2.** *v.t.* ~ **up** aufgeien (*Seemannsspr.*)

**cliché** ['kli:ʃeɪ] *n.* (*also Printing*) Klischee, *das*

**click** [klɪk] **1.** *n.* **a)** Klicken, *das;* **b)** (*Ling.*) Schnalzlaut, *der.* **2.** *v.t.* **a)** zuschnappen lassen ⟨*Schloß, Tür*⟩; ~ **the shutter of a camera** den Verschluß einer Kamera auslösen; ~ **one's heels/tongue** die Hacken zusammenschlagen/mit der Zunge schnalzen; ~ **finger and thumb** mit Daumen und Finger schnalzen; **b)** (*Computing*) drücken ⟨*Maustaste*⟩. **3.** *v.i.* **a)** klicken; ⟨*Absätze, Stricknadeln:*⟩ klappern; **b)** (*sl.: agree*) ~ **with sth.** mit etw. übereinstimmen; **c)** (*be successful*) [gut] ankommen (*ugs.*); (*sl.: fall into context*) **it's just ~ed** ich hab's (*ugs.*); **the name ~ed** ich konnte mit dem Namen etwas anfangen; ~ **with sb.** (*sl.*) mit jmdm. gleich prima auskommen (*ugs.*); **they ~ed immediately** sie kamen gleich prima miteinander aus (*ugs.*)

~ **'on** *v.t.* (*Computing*) anklicken

**'click beetle** *n.* Schnellkäfer, *der*

**client** ['klaɪənt] *n.* **a)** (*of lawyer, solicitor, barrister, social worker*) Klient, *der*/Klientin, *die;* (*esp. of barrister*) Mandant, *der*/Mandantin, *die;* (*of architect*) Auftraggeber, *der*/-geberin, *die;* **b)** (*customer*) Kunde, *der*/Kundin, *die*

**clientele** [kli:ɒn'tel] *n.* (*of shop*) Kundenkreis, *der;* Kundschaft, *die;* (*of theatre*) Publikum, *das;* (*of lawyer*) Klientel, *die*

**cliff** [klɪf] *n.* (*on coast*) Kliff, *das;* (*inland*) Felswand, *die*

**cliff:** ~**-hanger** *n.* Thriller, *der;* ~**-hanging** *adj.* äußerst spannend; atemberaubend

**climacteric** [klaɪ'mæktərɪk, klaɪmæk'terɪk] **1.** *adj.* **a)** (*critical*) entscheidend; **b)** (*Med.*) klimakterisch. **2.** *n.* (*Med.*) Klimakterium, *das* (*fachspr.*); Wechseljahre *Pl.;* (*fig.*) Wendepunkt, *der*

**climactic** [klaɪ'mæktɪk] *adj.* ~ **scene/event** Höhepunkt, *der*

**climate** ['klaɪmət] *n.* Klima, *das;* **the ~ of opinion** (*fig.*) die allgemeine Meinung

**climatic** [klaɪ'mætɪk] *adj.* klimatisch

**climatology** [klaɪmə'tɒlədʒɪ] *n., no pl.* Klimatologie, *die;* Klimakunde, *die*

**climax** ['klaɪmæks] **1.** *n.* **a)** Höhepunkt, *der;* **b)** (*orgasm*) Höhepunkt, *der;* Orgasmus, *der.* **2.** *v.i.* seinen Höhepunkt erreichen; ~ **in sth.** mit etw. seinen Höhepunkt erreichen

**climb** [klaɪm] **1.** *v.t.* hinaufsteigen ⟨*Treppe, Leiter, Hügel, Berg*⟩; hinaufklettern ⟨*Mauer, Seil, Mast*⟩; klettern auf ⟨*Baum*⟩; ⟨*Auto:*⟩ hinaufkommen ⟨*Hügel*⟩; **this mountain had never been ~ed before** dieser Berg war noch nie zuvor bestiegen worden; **the prisoners escaped by ~ing the wall** die Gefangenen entkamen, indem sie über die Mauer kletterten. **2.** *v.i.* **a)** klettern (**up** auf + *Akk.*); ~ **into/out of** steigen in (+ *Akk.*)/aus ⟨*Auto, Bett*⟩; ~ **aboard** einsteigen; **~ing plants/roses** Kletterpflanzen/-rosen; **b)** ⟨*Flugzeug, Sonne:*⟩ aufsteigen; **c)** (*slope upwards*) ansteigen; **d)** (*in social rank*) aufsteigen. **3.** *n.* (*ascent*) Aufstieg, *der;* (*of road*) Steigung, *die;* (*of aeroplane*) Steigflug, *der;* **the pilot put the plane into a steep ~:** der Pilot zog die Maschine steil nach oben; **the first ~ of Everest** die erste Besteigung des Everest

~ **'down** *v.i.* **a)** hinunterklettern; (*from horse*) absteigen; **b)** (*fig.: retreat, give in*) nachgeben; einlenken; ~ **down over an issue** in einer Frage nachgeben; *see also* **climb-down**

**climbable** ['klaɪməbl] *adj.* besteigbar

**'climb-down** *n.* Rückzieher, *der* (*ugs.*)

**climber** ['klaɪmə(r)] *n.* **a)** (*mountaineer*) Bergsteiger, *der;* (*of cliff, rock-face*) Kletterer, *der;* **b)** (*plant*) Kletterpflanze, *die*

**climbing:** ~**-boot** *n.* Kletterschuh, *der;* ~**-frame** *n.* Klettergerüst, *das;* ~**-iron** *n.* Steigeisen, *das*

**clime** [klaɪm] *n.* (*literary*) **a)** *in sing. or pl.* (*region*) Gefilde, *das* (*geh.*); **b)** (*climate*) Klima, *das*

**clinch** [klɪntʃ] **1.** *v.t.* **a)** (*confirm or settle conclusively*) zum Abschluß bringen ⟨*Angelegenheit, Meinungsverschiedenheit*⟩; perfekt machen (*ugs.*) ⟨*Geschäft, Handel*⟩; **that ~es it** damit ist der Fall klar; **b)** *see* **clench c. 2.** *n.* **a)** (*Boxing*) Clinch, *der;* **b)** (*coll.: embrace*) Umschlingung, *die;* Clinch, *der* (*ugs. scherzh.*); **go into a ~:** sich eng umschlingen; in den Clinch gehen (*ugs. scherzh.*)

**clincher** ['klɪntʃə(r)] *n.* entscheidender Faktor; **be the ~:** den Ausschlag geben

**cling** [klɪŋ] *v.i.*, **clung** [klʌŋ] **a)** ~ **to sth./sb.** sich an etw./jmdn. klammern; ⟨*Schmutz:*⟩ einer Sache/jmdm. anhaften; ⟨*Staub:*⟩ sich auf etw./jmdn. setzen; ⟨*Klette:*⟩ an etw./jmdm. hängen; ⟨*Schlamm usw.:*⟩ an etw./jmdm. haftenbleiben; **the lovers clung to each other** die Liebenden hielten sich umschlungen; **his sweat-soaked shirt clung to his back** das durchgeschwitzte Hemd klebte ihm am Rücken; **her perfume still ~s to the scarf** der Duft ihres Parfüms haftet noch immer an dem Schal; ~ **together** aneinanderhaften; (*Personen:*) sich aneinanderklammern; **a ~ing dress** ein enganliegendes Kleid; **b)** (*remain stubbornly faithful*) ~ **to sb./sth.** sich an jmdn./etw. klammern

**cling:** ~ **film** *n.* Klarsichtfolie, *die;* ~**[stone] peach** *n.* (*Bot.*) Härtling, *der*

**clinic** ['klɪnɪk] *n.* **a)** (*place*) [Abteilung einer] Klinik; (*occasion*) Sprechstunde, *die;* **b)** (*private hospital*) Privatklinik, *die;* (*specified hospital*) Klinik, *die;* **dental ~:** Zahnklinik, *die;* **c)** (*medical teaching at bedside*) Klinik, *die;* Klinikum, *das;* **d)** (*Amer.: conference, short course*) Seminar, *das*

**clinical** ['klɪnɪkl] *adj.* **a)** (*Med.*) klinisch ⟨*Medizin, Tod*⟩; ~ **thermometer** Fieberthermometer, *das;* **b)** (*objective, dispassionate*) nüchtern; (*coldly detached*) kühl; distanziert ⟨*Haltung*⟩; klinisch ⟨*Interesse*⟩; **c)** (*bare, functional*) steril

**clinically** ['klɪnɪkəlɪ] *adv.* **a)** (*Med.*) klinisch; **b)** (*dispassionately*) nüchtern

**¹clink** [klɪŋk] **1.** *n.* (*of glasses, bottles*) Klirren, *das;* (*of coins, keys*) Klimpern, *das.* **2.** *v.i.* ⟨*Flaschen, Gläser:*⟩ klirren; ⟨*Münzen, Schlüssel:*⟩ klimpern. **3.** *v.t.* klirren mit ⟨*Glas*⟩; klimpern mit ⟨*Kleingeld, Schlüssel*⟩

**²clink** *n.* (*sl.: prison*) Knast, *der* (*salopp*); **be in ~:** im Knast sitzen (*salopp*); **be put in ~:** in den Knast kommen (*salopp*)

**clinker** ['klɪŋkə(r)] *n.* Schlacke, *die*

**'clinker-built** *adj.* in Klinkerbauweise [gebaut]; **a ~ boat** ein klinkergebautes Boot

**¹clip** [klɪp] **1.** *n.* **a)** Klammer, *die;* (*for paper*) Büroklammer, *die;* (*of pen*) Klipp, *der;* (*hose-~*) Schelle, *die;* (*for wires*) Klemme, *die;* **b)** (*piece of jewellery*) Klipp, *der;* Clip, *der;* **c)** (*set of cartridges*) Ladestreifen, *der.* **2.** *v.t.*, **-pp-:** ~ **sth. [on] to sth.** etw. an etw. (*Akk.*) klammern; ~ **papers together** Schriftstücke zusammenklammern; ~ **the leads to the battery terminals** die Kabel an die Batteriepole klemmen

~ **'on 1.** *v.i.* angeklemmt *od.* angesteckt werden; ⟨*Sonnenbrille:*⟩ aufgesteckt werden. **2.** *v.t.* anlegen ⟨*Ohrring*⟩; anstecken ⟨*Brosche, Mikrophon*⟩; aufstecken ⟨*Sonnenbrille*⟩. *See also* **clip-on**

**²clip 1.** *v.t.*, **-pp- a)** (*cut*) schneiden ⟨*Fingernägel, Haar, Hecke*⟩; scheren ⟨*Wolle*⟩; stutzen ⟨*Flügel*⟩; ~ **sb.'s wings** (*fig.*) jmdm. die Flügel stutzen; ~ **a second off the record** einen Rekord um eine Sekunde unterbieten; **b)** scheren ⟨*Schaf*⟩; trimmen ⟨*Hund*⟩; **c)** lochen, entwerten ⟨*Fahrkarte*⟩; **d)** (*coll.: hit*) ~ **sb.'s ear** jmdm. eins *od.* ein paar hinter die Ohren geben (*ugs.*); ~ **sb. on the jaw** jmdm. einen Kinnhaken verpassen (*ugs.*); ~ **the crash barrier** die Leitplanke streifen; **e)** ~ **one's words/letters** abgehackt sprechen; **f)** (*Amer.: cut from newspaper*) ausschneiden. **2.** *n.* **a)** (*of finger-nails, hedge*) Schneiden, *das;* (*of dog*) Trimmen, *das;* (*of sheep*) Schur, *die;* **give the hedge a ~:** die Hecke schneiden; **b)** (*extract from film*) [Film]ausschnitt, *der;* **c)** (*blow with hand*) Schlag, *der;* ~ **round** *or* **on** *or* **over the ear** Ohrfeige, *die;* ~ **on the jaw** Kinnhaken, *der;* **d) be going at a good** *or* **fast ~** (*coll.*) einen ziemlichen Zahn draufhaben (*ugs.*); **e)** (*quantity of wool*) Schur, *die*

**clip:** ~**board** *n.* Klemmbrett, *das;* ~**-clop** ['klɪpklɒp] **1.** *n.* Klappern, *das;* Klippklapp, *das;* **2.** *v.i.*, **-pp-** klappern; ~**-joint** *n.* (*sl. derog.*) Nepplokal, *das* (*ugs. abwertend*); ~**-on** *adj.* **a ~-on accessory** ein Accessoire zum Anstecken; **~-on sun-glasses** eine Sonnenbrille zum Aufstecken; **a ~-on handle** ein Griff zum Feststecken

**clipped** [klɪpt] *adj.* abgehackt ⟨*Wörter*⟩

**clipper** ['klɪpə(r)] *n.* **a)** *in pl.* (*for hair*) Haarschneidemaschine, *die;* **b)** (*Naut.*) Klipper, *der*

**clipping** ['klɪpɪŋ] *n.* **a)** (*piece clipped off*) Schnipsel, *der od. das;* **b)** (*newspaper cutting*) Ausschnitt, *der*

**clique** [kli:k] *n.* Clique, *die*

**cliquey** ['kli:kɪ], **cliquish** ['kli:kɪʃ] *adjs.* (*derog.*) **be ~:** zur Cliquenbildung neigen; **a ~ attitude** eine Neigung zur Cliquenbildung

**clitoris** ['klɪtərɪs] *n.* (*Anat.*) Kitzler, *der;* Klitoris, *die* (*fachspr.*)

**cloak** [kləʊk] **1.** *n.* **a)** Umhang, *der;* Mantel, *der* (*hist.*); (*fig.*) ~ **of snow** Schneedecke, *die;* **under the ~ of darkness** im Schutz der Dunkelheit; **use sth. as a ~ for sth.** etw. als Deckmantel für etw. benutzen; **a ~ of secrecy** ein Mantel des Schweigens; **b)** *in pl.* (*Brit. euphem.: lavatory*) Toilette, *die.* **2.** *v.t.* **a)** [ein]hüllen; **b)** (*fig.*) **~ed in mist/darkness** in Nebel/Dunkel gehüllt; **sth. is ~ed in secrecy** über etw. (*Akk.*) wird der Mantel des Schweigens gebreitet

**cloak:** ~**-and-dagger** *adj.* mysteriös; Spionage⟨*stück, -tätigkeit*⟩; ~**room** *n.* Garderobe, *die;* (*Brit. euphem.: lavatory*) Toilette, *die;* **~room attendant** Garderobier, *der*/Garderobiere, *die*/Toilettenmann, *der*/-frau, *die*

**¹clobber** ['klɒbə(r)] *n.* (*Brit. sl.*) Klamotten *Pl.* (*salopp*)

**²clobber** *v.t.* (*sl.*) **a)** (*hit*) zusammenschlagen; (*fig.*) schröpfen (*ugs.*); **b)** (*defeat, criticize*) in die Pfanne hauen (*salopp*)

**cloche** [klɒʃ] *n.* **a)** (*Agric., Hort.*) [Frühbeet]abdeckung, *die;* (*polythene*) Folientunnel, *der;* **b)** ~ **['hat]** Glocke, *die;* Glockenhut, *der*

**clock** [klɒk] **1.** *n.* **a)** Uhr, *die;* **[work] against the ~:** gegen die Zeit [arbeiten]; **beat the ~ [by ten minutes]** [10 Minuten] früher fertig werden; **put** *or* **turn the ~ back** (*fig.*) die Zeit zurückdrehen; **round the ~:** rund um die Uhr; **hold the ~ on sb.** jmds. Zeit stoppen; **watch the ~** (*fig.*) [dauernd] auf die Uhr sehen (*weil man ungeduldig auf den Arbeitsschluß wartet*); **b)** (*coll.*) (*speedometer*) Tacho, *der* (*ugs.*); (*milometer*) ≈ Kilometerzähler, *der;* (*taximeter*) Taxameter, *das;* **c)** (*coll.: stop-watch*) Uhr, *die;* **d)** (*Bot.: seed-head*) Haarkelch, *der* (*Bot.*); **e)** (*Brit. sl.: face*) Visage, *die* (*salopp abwertend*). *See also* **o'clock. 2.** *v.t.* **a)** ~ **[up]** zu verzeichnen haben ⟨*Sieg, Zeit, Erfolg*⟩; erreichen ⟨*Geschwindigkeit*⟩; zurücklegen ⟨*Entfernung, Kilometer*⟩; ~ **3.43·7/a personal best** ⟨*Läufer:*⟩ 3:43,7/eine persönliche Bestzeit laufen; **b)** (*coll.: time*) stoppen (**at** mit); **c)** (*sl.: hit*) ~ **sb. [one]** jmdm. eins überbraten (*ugs.*)

~ **'in,** ~ **'on** *v.i.* [bei Arbeitsantritt] stechen *od.* stempeln; **the night shift ~s in** *or* **on at**

**8 p.m.** die Nachtschicht beginnt abends um acht

~ **'off,** ~ **'out** *v. i.* [bei Arbeitsschluß] stechen *od.* stempeln; **we ~ off** *or* **out earlier than usual on a Friday** freitags machen wir früher Feierabend

**clock:** ~**-face** *n.* Zifferblatt, *das;* ~ **golf** *n.* Uhrengolf, *das;* ~**maker** *n.* Uhrmacher, *der*/-macherin, *die;* ~ **tower** *n.* Uhr[en]turm, *der;* ~**-watcher** *n. jmd., der keine Sekunde länger als vorgeschrieben am Arbeitsplatz bleibt;* ~**-watching** *n.* ständiges Auf-die-Uhr-Sehen *(weil man ungeduldig auf den Arbeitsschluß wartet)*

**'clockwise 1.** *adv.* im Uhrzeigersinn. **2.** *adj.* im Uhrzeigersinn *nachgestellt;* rechtsläufig *(Technik);* **in a ~ direction** im Uhrzeigersinn

**'clockwork** *n.* Uhrwerk, *das;* ~ **[mechanism]** Aufziehmechanismus, *der;* Uhrwerk, *das (veralt.);* **a ~ car** ein Aufziehauto; **as regular as ~** *(fig.)* absolut regelmäßig; **with ~ precision/regularity** *(fig.)* absolut genau/regelmäßig; **go like ~** *(fig.)* klappen wie am Schnürchen *(ugs.)*

**clod** [klɒd] *n.* **a)** *(lump)* Klumpen, *der; (of earth)* Scholle, *die;* **b)** *(derog.: dolt)* Tölpel, *der (abwertend)*

**'clodhopper** *n.* **a)** *see* **clod b; b)** *(coll.: shoe)* Elbkahn, der *(ugs. scherzh.);* Quadratlatschen, *der (salopp scherzh.)*

**clog** [klɒg] **1.** *n.* Holzschuh, *der; ([fashionable] wooden-soled shoe)* Clog, *der.* **2.** *v. t.*, **-gg-: a)** ~ **[up]** verstopfen ⟨*Rohr, Poren*⟩; blockieren ⟨*Rad, Maschinerie*⟩; **be ~ged [up] with sth.** mit etw. verstopft/durch etw. blokkiert sein; **b)** *(impede)* hemmen; *(obstruct)* blockieren; **c)** ~ **[up]** *(encumber)* belasten

**'clog-dance** *n.* Holzschuhtanz, *der*

**cloister** ['klɔɪstə(r)] **1.** *n.* **a)** *(covered walk)* Kreuzgang, *der;* **b)** *(convent, monastery; monastic life)* Kloster, *das.* **2.** *v. refl.* ~ **oneself in one's study** *(fig.)* sich in sein Studierzimmer einschließen

**cloistered** ['klɔɪstəd] *adj.* in einem Kloster lebend; *(fig.)* klösterlich ⟨*Abgeschiedenheit, Dasein*⟩

**clone** [kləʊn] *(Biol.)* **1.** *n.* Klon, *der; (fig.: copy)* [schlechte] Kopie. **2.** *v. t.* klonen

**clonk** [klɒŋk] *n. (coll.)* **a)** *(sound)* harter Schlag; **b) get a ~ on the head** eins gegen die Birne kriegen *(ugs.)*

**close 1.** [kləʊs] *adj.* **a)** *(near in space)* dicht; nahe; **be ~ to sth.** nahe bei *od.* an etw. *(Dat.)* sein; **how ~ is London to the South coast?** wie weit ist London von der Südküste entfernt?; **you're too ~ to the fire** du bist zu dicht *od.* nah am Feuer; **fly ~ to the ground** dicht über dem Boden fliegen; **I wish we lived ~r to your parents** ich wünschte, wir würden näher bei deinen Eltern wohnen; **be ~ to tears/breaking-point** den Tränen/einem Zusammenbruch nahe sein; **be ~ to exhaustion** vor Erschöpfung fast umfallen; **at ~ quarters, the building looked less impressive** aus der Nähe betrachtet, wirkte das Gebäude weniger imposant; **fighting at ~ quarters** der Kampf Mann gegen Mann; **at ~ range** aus kurzer Entfernung; **b)** *(near in time)* nahe **(to** an + *Dat.***)**; **war is ~:** ein Krieg steht unmittelbar bevor; **c)** *(in near or intimate relation)* eng ⟨*Freund, Freundschaft, Beziehung, Zusammenarbeit, Verbindung*⟩; nahe ⟨*Verwandte, Angehörige, Bekanntschaft*⟩; **be/become ~ to sb.** jmdm. nahestehen/nahekommen; **d)** *(rigorous, painstaking)* eingehend, genau ⟨*Untersuchung, Prüfung, Befragung usw.*⟩; streng, verschärft ⟨*Haft, Arrest*⟩; **pay ~ attention** genau aufpassen; **e)** *(stifling)* stickig ⟨*Luft, Raum*⟩; drückend, schwül ⟨*Wetter*⟩; **f)** *(nearly equal)* hart ⟨*[Wett]kampf, Spiel*⟩; knapp ⟨*Ergebnis*⟩; **a ~ race** ein Kopf-an-Kopf-Rennen; **that was too ~ for comfort** das ging gerade noch gut; **I had a ~ call** *or* **shave** *or* **thing** *(coll.)* ich bin gerade noch davongekommen; **that was a ~ call** *or* **shave** *or* **thing** *(coll.)* das war knapp!; **g)** *(fitting exactly)* genau passend ⟨*Kleidungsstück*⟩; *(nearly matching)* wortgetreu ⟨*Übersetzung*⟩; getreu, genau ⟨*Imitation, Kopie*⟩; groß ⟨*Ähnlichkeit*⟩; **be the ~st equivalent to sth.** einer Sache *(Dat.)* am ehesten entsprechen; **bear a ~ resemblance to sb.** jmdm. sehr ähnlich sehen; große Ähnlichkeit mit jmdm. haben; **h)** *(narrow, confined)* eng ⟨*Raum*⟩; **i)** *(dense)* dicht, fest *(Gewebe);* dicht, undurchdringlich ⟨*Dickicht, Gestrüpp*⟩; eng ⟨*Schrift*⟩; *(fig.)* lückenlos, stichhaltig ⟨*Beweisführung, Argument*⟩; **j)** *(concealed)* verborgen; **keep** *or* **lie ~:** sich verborgen *od.* versteckt halten; *(secret)* **keep sth. ~:** etw. geheimhalten; *(secretive)* **be ~ about sth.** in bezug auf etw. *(Akk.)* verschwiegen sein; **k)** *(niggardly)* knauserig *(ugs. abwertend);* **l)** *(Phonet.)* geschlossen ⟨*Vokal*⟩. **2.** [kləʊs] *adv.* **a)** *(near)* nah[e]; **come ~ to the truth** der Wahrheit nahekommen; **that's the ~st I've ever come to being involved in an accident** so knapp *od. (ugs.)* haarscharf bin ich noch nie einem Unfall entgangen; **be ~ at hand** in Reichweite sein; ⟨*Ereignis:*⟩ nahe bevorstehen; ~ **by** in der Nähe; ~ **by the river** in der Nähe des Flusses; nahe am Fluß; **the lamb stayed ~ by its mother's side** das Lamm blieb dicht an der Seite seiner Mutter; ~ **on 60 years** fast 60 Jahre; ~ **on 2 o'clock** kurz vor 2 [Uhr]; ~ **to sb./sth.** nahe bei jmdm./etw.; **don't stand so ~ to the edge of the cliff** stell dich nicht so nah *od.* dicht an den Rand des Kliffs; **come ~ to tears** den Tränen nahe sein; **she came ~ to being the best/the winner** sie wäre fast *od.* beinah[e] die Beste geworden/sie hätte fast *od.* beinah[e] gewonnen; ~ **together** dicht beieinander; **can't you stand ~r together?** könnt ihr nicht etwas mehr zusammenrücken?; **try not to come too ~ together** versucht, einander nicht zu nahe zu kommen; **these deadlines come too ~ together** diese Termine liegen zu nahe zusammen; **it brought them ~r together** *(fig.)* es brachte sie einander näher; ~ **behind** dicht dahinter; **leave sth./stand ~ behind sb./sth.** etw. dicht hinter jmdm./etw. lassen/ dicht hinter jmdm./etw. stehen; **see sth. [from] ~ 'to** *or* **'up** etw. aus der Nähe sehen; **go ~:** es beinahe schaffen; **b)** *(in close manner)* fest ⟨*schließen*⟩; genau ⟨*hinsehen*⟩; **on looking ~r** bei genauerem Hinsehen. **3.** [kləʊz] *v. t.* **a)** *(shut)* schließen, *(ugs.)* zumachen ⟨*Augen, Tür, Fenster, Geschäft*⟩; zuziehen ⟨*Vorhang*⟩; *(declare shut)* schließen ⟨*Laden, Geschäft, Fabrik, Betrieb, Werk, Zeche*⟩; stillegen ⟨*Betrieb, Werk, Zeche, Bahnlinie*⟩; sperren ⟨*Straße, Brücke*⟩; **behind ~d doors** hinter verschlossenen Türen; ~ **one's eyes to sth.** *(fig.)* die Augen vor etw. *(Dat.)* verschließen; **b)** *(conclude)* schließen, beenden ⟨*Besprechung, Rede, Diskussion*⟩; schließen ⟨*Versammlung, Sitzung*⟩; abschließen ⟨*Handel, Geschäft*⟩; ~ **an account** ein Konto auflösen; **the matter is ~d** der Fall *od.* die Sache ist abgeschlossen; **c)** *(make smaller)* schließen *(auch fig.)* ⟨*Lücke*⟩; zustopfen ⟨*Riß*⟩; ~ **the gap between rich and poor** die Kluft zwischen Arm und Reich überwinden; **d)** *(Electr.)* schließen ⟨*Stromkreis*⟩. **4.** [kləʊz] *v. i.* **a)** *(shut)* sich schließen; ⟨*Tür:*⟩ zugehen *(ugs.)*, sich schließen; **the door/lid doesn't ~ properly** die Tür/der Deckel schließt nicht richtig; **the valve won't ~:** das Ventil schließt nicht; **b)** ⟨*Laden, Geschäft, Fabrik:*⟩ schließen, *(ugs.)* zumachen; *(permanently)* ⟨*Betrieb, Werk, Zeche:*⟩ geschlossen *od.* stillgelegt werden; ⟨*Geschäft:*⟩ geschlossen werden, *(ugs.)* zumachen; ⟨*Theaterstück:*⟩ abgesetzt werden; **c)** *(come to an end)* zu Ende gehen; enden; *(finish speaking)* schließen; **in closing** abschließend; **d)** *(come closer, within striking distance)* sich nähern; aufschließen *(bes. Sport); (join battle)* aufeinandertreffen; aneinandergeraten; **I ~d with him in hand-to-hand fighting** ich fing ein Handgemenge mit ihm an. **5.** *n.* **a)** [kləʊz] *no pl.* Ende, *das;* Schluß, *der;* **come** *or* **draw to a ~:** zu Ende gehen; **bring** *or* **draw sth. to a ~:** einer Sache *(Dat.)* ein Ende bereiten; etw. zu Ende bringen; **at ~ of business** bei Geschäftsschluß; ~ **of play** *(Cricket)* Ende des Spieltages; **b)** [kləʊz] *(Mus.)* Kadenz, *die;* **c)** [kləʊs] *(Brit.: precinct of cathedral)* Domhof, *der; (cul-de-sac)* Sackgasse, *die; (enclosed place)* Hof, *der*

~ [kləʊz] **'down 1.** *v. t.* schließen; *(ugs.)* zumachen; stillegen ⟨*Werk, Zeche*⟩; einstellen ⟨*Betrieb, Arbeit*⟩. **2.** *v. i.* geschlossen werden, zugemacht werden *(ugs.);* ⟨*Werk, Zeche:*⟩ stillgelegt werden; *(Brit.)* ⟨*Rundfunkstation:*⟩ Sendeschluß haben

~ **'in** *v. i.* ⟨*Nacht, Dunkelheit:*⟩ hereinbrechen; ⟨*Tage:*⟩ kürzer werden; ~ **in [up]on sb./sth.** *(draw nearer)* sich jmdm./etw. nähern; *(draw around)* jmdn./etw. umzingeln

~ **'off** *v. t.* [ab]sperren; abriegeln

~ **'out** *v. t. (Amer.)* absetzen, abstoßen ⟨*Waren*⟩; auflösen ⟨*Betrieb*⟩

~ **'up 1.** *v. i.* **a)** aufrücken; **b)** ⟨*Blume:*⟩ sich schließen; **c)** *(lock up)* abschließen. **2.** *v. t.* abschließen. *See also* **close-up**

**close-cropped** ['kləʊskrɒpt] *adj.* kurzgeschoren

**closed** [kləʊzd] *adj.* **a)** *(no longer open)* geschlossen ⟨*Laden, Geschäft, Fabrik*⟩; **we're ~:** wir haben geschlossen; **'~'** „Geschlossen"; **the subject is ~:** das Thema ist [für mich] erledigt; **b)** *(restricted)* [der Öffentlichkeit] nicht frei zugänglich; *(Sport)* nur für Teilnehmer einer bestimmten Gruppe/Klasse offen ⟨*Wettbewerb etc.*⟩; ~ **scholarship** *Stipendium, das nur einer bestimmten Gruppe von Studierenden gewährt wird;* **a women's ~ golf tournament** ein Golfturnier für Damen; **c)** *(Phonet.)* geschlossen ⟨*Silbe*⟩. *See also* **book 1 a**

**closed:** ~**-circuit** *adj.* ~**-circuit television** interne Fernsehanlage; *(for supervision)* Fernsehüberwachungsanlage, *die*

**close-down** ['kləʊzdaʊn] *n.* **a)** *(closing)* Schließung, *die; (of works, railway, mine)* Stillegung, *die; (of project, operation)* Einstellung, *die;* **b)** *(Radio, Telev.)* Sendeschluß, *der*

**closed:** ~ **season** *(Amer.) see* **close season;** ~ **'shop** *n.* Closed Shop, *der;* **we have** *or* **operate a ~ shop in this factory** in unserer Fabrik besteht Gewerkschaftszwang

**close** [kləʊs]**:** ~**-fisted** *adj.* geizig; knauserig *(ugs. abwertend);* ~**-fitting** *adj.* enganliegend; knapp sitzend ⟨*Anzug*⟩; ~**-grained** *adj.* fest ⟨*Gewebe*⟩; fein gemasert ⟨*Holz*⟩; feinnarbig ⟨*Leder*⟩; ~ **'harmony** *n. (Mus.)* enge Lage; ~**-hauled** *adj. (Naut.)* hart am Wind segelnd ⟨*Schiff*⟩; ~**-knit** *adj.* fest zusammengewachsen

**closely** ['kləʊslɪ] *adv.* **a)** dicht; **follow me ~:** bleib *od.* geh dicht hinter mir!; **look ~ at** genau betrachten; **look ~ into** *(fig.)* näher untersuchen; **the first explosion was ~ followed by two more** unmittelbar auf die [erste] Explosion folgten zwei weitere; **b)** *(intimately)* eng; **we're not ~ related** wir sind nicht nah miteinander verwandt; **c)** *(rigorously, painstakingly)* genau; genau, eingehend ⟨*befragen, prüfen*⟩; streng, scharf ⟨*bewachen*⟩; **a ~ guarded secret** ein streng *od.* sorgsam gehütetes Geheimnis; **d)** *(nearly equally)* ~ **fought/contested** hart umkämpft; **the contest was ~ fought** man kämpfte hart um den Sieg; **e)** *(exactly)* genau; ~ **resemble sb.** jmdm. sehr ähneln; **f)** *(densely)* dicht; ~ **printed/written** eng bedruckt/beschrieben; ~ **reasoned** *(fig.)* schlüssig

**closeness** ['kləʊsnɪs] *n., no pl.* **a)** *(nearness in space or time)* Nähe, *die;* **b)** *(intimacy)* Enge, *die;* **the ~ of their friendship** die Tiefe ihrer Freundschaft; **c)** *(rigorousness)* Genauigkeit, *die; (of questioning)* Nachdrücklichkeit, *die; (of guard, watch)* Strenge, *die;* **d)** *(of atmosphere, air)* Schwüle, *die;* **e)** *(of contest, election, etc.)* knapper Ausgang; **f)** *(exactness)* **the ~ of the fit** der genaue Sitz; **the ~ of a translation** die Worttreue einer Übersetzung; **the ~ of the resemblance** die große Ähnlichkeit

**close** [kləʊs]: **~-range** *adj.* ‹*Sicht, Betrachtung*› aus nächster Nähe; **~-range weapon** Nahkampfwaffe, *die;* **~-range shots** *(Photog.)* Nahaufnahmen; **~ season** *n.* Schonzeit, *die;* **~-set** *adj.* dicht beieinander liegend ‹*Augen*›; dicht ‹*Hecke*›

**closet** ['klɒzɪt] *n.* **a)** *(Amer.: cupboard)* Schrank, *der;* **come out of the ~** *(fig.)* sich nicht länger verstecken; **b)** *(water-~)* Klosett, *das*

**closeted** ['klɒzɪtɪd] *adj.* **be ~ together/with sb.** eine Besprechung/mit jmdm. eine Besprechung hinter verschlossenen Türen haben

**close-up** ['kləʊsʌp] *n.* *(Cinemat., Telev.)* **~ [picture/shot]** Nahaufnahme *die; (of face etc.)* Großaufnahme, *die;* **in ~** in Nahaufnahme/Großaufnahme

**closing** ['kləʊzɪŋ]: **~ date** *n. (for competition)* Einsendeschluß, *der; (to take part)* Meldefrist, *die;* **the ~ date for applications for the job is ...:** Bewerbungen bitte bis zum ... einreichen; **~-time** *n. (of public house)* Polizeistunde, *die; (of shop)* Ladenschlußzeit, *die;* **it's nearly ~-time** es wird gleich geschlossen

**closure** ['kləʊʒə(r)] *n.* **a)** *(closing)* Schließung, *die; (of factory, pit also)* Stillegung, *die; (of road, bridge)* Sperrung, *die;* **a two-year ~:** eine zweijährige Stillegung; **b)** *(Parl.)* Schluß der Debatte; **c)** *(cap, stopper)* [Flaschen]verschluß, *der*

**clot** [klɒt] **1.** *n.* **a)** Klumpen, *der;* **a ~ [of blood] had formed over the wound/in the artery** geronnenes Blut hatte die Wunde verschlossen/ein Blutgerinnsel hatte sich in der Arterie gebildet; **b)** *(Brit. sl.: stupid person)* Trottel, *der (ugs. abwertend).* **2.** *v. i.*, **-tt-** ‹*Blut:*› gerinnen; ‹*Sahne:*› klumpen

**cloth** [klɒθ, klɔ:θ] *n., pl.* **~s** [klɒθs, klɔ:ðz] **a)** Stoff, *der;* Tuch, *das;* **~ of gold/silver** gold-/silberdurchwirkter Stoff; **bound in ~** mit Leineneinband *nachgestellt;* **cut one's coat according to one's ~** *(fig.)* sich nach der Decke strecken *(ugs.);* **b)** *(piece of ~)* Tuch, *das; (dish-~)* Spültuch, *das; (table-~)* Tischtuch, *das;* [Tisch]decke, *die; (duster)* Staubtuch, *das;* **c)** *no pl. (clerical profession)* **a gentleman of the ~:** ein Geistlicher; **the ~** *(clergy)* die Geistlichkeit

**cloth:** **~ binding** *n.* Leineneinband, *der;* **~-bound** *adj.* mit Leineneinband *nachgestellt;* **~-cap** *adj.* **he tried to project a ~-cap image** er versuchte, das Image des [typischen] Arbeiters zu vermitteln; **a ~-cap comedian/entertainer** ein Komiker/Entertainer für die Arbeiterklasse

**clothe** [kləʊð] *v. t.* kleiden; *(fig.)* **~ one's sentiments/ideas in words** seine Gefühle/Gedanken in Worte kleiden; **the cherry trees were ~d in blossom** die Kirschbäume standen in voller Blüte; **the hills were ~d in snow** die Hügel waren mit Schnee bedeckt

'**cloth-eared** *adj. (coll. derog.)* schwerhörig

**clothes** [kləʊðz] *n. pl.* **a)** Kleider *Pl.; (collectively)* Kleidung, *die;* **with one's ~ on** angezogen; **put one's ~ on** sich anziehen; **without any ~ on** völlig unbekleidet; **take one's ~ off** sich ausziehen; **b)** *see* **bedclothes**

**clothes:** **~-basket** *n.* Wäschekorb, *der;* **~-brush** *n.* Kleiderbürste, *die;* **~-hanger** *n.* Kleiderbügel, *der;* **~-horse** *n.* Wäscheständer, *der;* **~-line** *n.* Wäscheleine, *die;* **~-moth** *n.* Motte, *die;* **~-peg** *(Brit.)*, **~-pin** *(Amer.) ns.* Wäscheklammer, *die*

**clothier** ['kləʊðɪə(r)] *n. (formal)* Herrenausstatter, *der*

**clothing** ['kləʊðɪŋ] *n., no pl.* Kleidung, *die;* **article of ~:** Kleidungsstück, *das;* **blood-stained ~ was found** blutbefleckte Kleidungsstücke wurden gefunden

**clotted cream** [klɒtɪd 'kri:m] *see* **Devonshire cream**

**cloture** ['kləʊtʃə(r)] *(Amer.) see* **closure b**

**cloud** [klaʊd] **1.** *n.* **a)** Wolke, *die; (collective)* Bewölkung, *die;* **be** *or* **live in the ~s** *(fig.)* auf Wolken *od.* in den Wolken schweben; **walk** *or* **go round with one's head** *or* **have one's head in the ~s** *(fig.) (be unrealistic)* in den Wolken schweben; *(be absent-minded)* mit seinen Gedanken ganz woanders sein; **[be] on ~ seven** *or* **nine** *(fig. coll.)* im sieb[en]ten Himmel [sein] *(ugs.);* **every ~ has a silver lining** *(prov.)* es hat alles sein Gutes; **there wasn't a ~ in the sky** *(lit. or fig.)* es zeigte sich [noch] kein Wölkchen am Himmel; **a ~ on the horizon** *(fig.)* ein Wölkchen am Horizont; **b) ~ of dust/smoke** Staub-/Rauchwolke, *die;* **c)** *(fig.: cause of gloom or suspicion)* dunkle Wolke; **the ~ of suspicion hangs over him** der Schatten des Verdachts liegt auf ihm; **he left under a ~:** unter zweifelhaften Umständen schied er aus dem Dienst. **2.** *v. t.* **a)** verdunkeln ‹*Himmel*›; blind machen ‹*Fenster[scheibe], Spiegel*›; **b)** *(fig.: cast gloom or trouble on)* trüben ‹*Glück, Freude, Aussicht*›; umwölken ‹*Gesicht, Stirn*›; überschatten ‹*Zukunft*›; *(make unclear)* trüben ‹*Urteilsvermögen, Verstand, Bewußtsein*›; verunklaren ‹*Problem*›

**~ 'over** *v. i.* sich bewölken; ‹*Spiegel:*› beschlagen; **her face ~ed over** ihr Gesicht verdüsterte sich *(geh.)*

**cloud:** **~ bank** *n.* Wolkenbank, *die;* **~berry** *n.* Moltebeere, *die;* **~burst** *n.* Wolkenbruch, *der;* **~-capped** *adj.* wolkenverhangen ‹*Gipfel*›; **~ chamber** *n. (Phys.)* Nebelkammer, *die;* **~ cover** *n.* Wolkendecke, *die;* **C~-'cuckoo-land** *n.* Wolkenkuckucksheim, *das (geh.)*

**cloudiness** ['klaʊdɪnɪs] *n.* **a)** *(of liquid)* Trübheit, *die;* **b)** *(of sky)* Bewölkung, *die*

**cloudless** ['klaʊdlɪs] *adj.* wolkenlos

**cloudy** ['klaʊdɪ] *adj.* bewölkt, bedeckt, wolkig ‹*Himmel*›; trübe ‹*Wetter, Flüssigkeit, Glas*›; wolkig ‹*Edelstein, Mineral*›; **it is getting ~:** der Himmel bewölkt sich

**clout** [klaʊt] **1.** *n.* **a)** *(coll.: hit)* Schlag, *der;* **get a ~ round the ears** eins hinter die Ohren kriegen *(ugs.);* **b)** *(coll.: power, influence)* Schlagkraft, *die;* **c) ~ [nail]** Pappnagel, *der.* **2.** *v. t. (coll.)* hauen *(ugs.);* **~ sb. round the ear/on the head** jmdm. eins hinter die Ohren/auf den Deckel geben *(ugs.);* **~ sb. [one]** jmdm. eine runterhauen *(salopp)*

[1]**clove** [kləʊv] *n.* Brutzwiebel, *die; (of garlic)* [Knoblauch]zehe, *die*

[2]**clove** *n.* **a)** *(spice)* [Gewürz]nelke, *die; (plant)* Gewürznelkenbaum, *der;* **oil of ~s** Nelkenöl, *das;* **b) ~ [gillyflower]** Gartennelke, *die*

[3]**clove** *see* [1]**cleave**

'**clove hitch** *n.* Webeleinenstek, *der*

**cloven** ['kləʊvn] **1.** *see* [1]**cleave. 2.** *adj.* **~ foot/hoof** Spaltfuß, *der (veralt.)/* Spalthuf, *der (veralt.); (of devil)* Pferdefuß, *der*

**clover** ['kləʊvə(r)] *n.* Klee, *der;* **be/live in ~** *(fig.)* wie Gott in Frankreich leben

'**clover-leaf** *n. (also Road Constr.)* Kleeblatt, *das*

**clown** [klaʊn] **1.** *n.* **a)** Clown, *der;* **act** *or* **play the ~:** den Clown spielen; **b)** *(ignorant person)* Dummkopf, *der (ugs.); (ill-bred person)* ungehobelter Klotz. **2.** *v. i.* **~ [about** *or* **around]** den Clown spielen *(abwertend)*

**clownish** ['klaʊnɪʃ] *adj. (derog.)* albern *(abwertend)*

**cloy** [klɔɪ] **1.** *v. t.* übersättigen; überfüttern; **~ the appetite** sich *(Dat.)* den Appetit verderben; **be ~ed with pleasure** des Vergnügens überdrüssig sein. **2.** *v. i.* seinen Reiz verlieren; an Reiz verlieren

**cloying** ['klɔɪɪŋ] *adj. (lit. or fig.)* süßlich

**cloze** [kləʊz] *n.* **~ test** *(Educ.)* Ergänzungstest, *der*

**club** [klʌb] **1.** *n.* **a)** *(weapon)* Keule, *die; (Indian ~)* [Gymnastik]keule, *die; (golf-~)* Golfschläger, *der;* **b)** *(association)* Klub, *der;* Club, *der;* Verein, *der;* **social ~:** ≈ Vereinsgaststätte, *die; (of firm)* ≈ Gemeinschaftsräume *Pl.;* **Conservative ~:** Club der Konservativen; **join the ~** *(fig.)* mitmachen; **join the** *or* **welcome to the ~!** *(fig.)* du also auch!; **be in the ~** *(Brit. fig. sl.)* ein Kind kriegen *(ugs.);* **put sb. in the ~** *(Brit. fig. sl.)* jmdm. ein Kind machen *(ugs.);* **c)** *(premises)* Klub, *der; (buildings/grounds)* Klubhaus/-gelände, *das;* **d)** *(Cards)* Kreuz, *das;* Treff, *das;* **the ace/seven of ~s** das Kreuzas/die Kreuzsieben; **~s are trumps** Kreuz ist Trumpf. **2.** *v. t.*, **-bb-: a)** *(beat)* prügeln; *(with ~)* knüppeln; **b)** *(contribute)* **~ [together]** zusammenlegen ‹*Geld, Ersparnisse*›. **3.** *v. i.*, **-bb-: ~ together** sich zusammentun; *(in order to buy something)* zusammenlegen

**clubbable** ['klʌbəbl] *adj.* gesellig

**club:** **~ chair** *n.* Klubsessel, *der;* **~-foot** *n.* Klumpfuß, *der;* **~house** *n.* Klubhaus, *das;* **~-man** *n.* Klubmensch, *der (jmd., der in seinem Klub/in Klubs zu Hause ist);* Vereinsmeier, *der (abwertend);* **~-moss** *n. (Bot.)* Bärlapp, *der; (Selaginella)* Moosfarn, *der;* **~-root** *n.* Kohlhernie, *die;* Knotensucht, *die;* **~ 'sandwich** *n. (Amer.)* Club-Sandwich, *das;* Doppeldecker, *der (ugs.)*

**cluck** [klʌk] **1.** *n.* Gackern, *das; (to call chicks)* Glucken, *das.* **2.** *v. i.* gackern; *(to call chicks)* glucken

**clue** [klu:] **1.** *n.* **a)** *(fact, principle)* Anhaltspunkt, *der; (in criminal investigation)* Spur, *die;* **find a ~ to a mystery/problem** einen Zugang zu einem Geheimnis/einem Problem finden; **the fingerprints are a ~ as to who murdered the man** die Fingerabdrücke können auf die Spur des Mörders führen; **b)** *(fig. coll.)* **give sb. a ~:** jmdm. einen Tip geben; **not have a ~:** keine Ahnung haben *(ugs.);* **he never seems to have a ~ about anything** er hat offenbar nie die geringste Ahnung; **c)** *(in crossword)* Frage, *die.* **2.** *v. t.* *(sl.: inform)* **~ sb. up** jmdm. Bescheid sagen; **be ~d up about** *or* **on sth., be ~d in on sth.** über etw. *(Akk.)* Bescheid wissen; **keep sb. ~d up** jmdn. auf dem laufenden halten

**clueless** ['klu:lɪs] *adj. (coll. derog.)* unbedarft *(ugs.)* ‹*Person*›; **he's completely ~:** er hat absolut keine Ahnung

**clump** [klʌmp] **1.** *n. (of trees, bushes, flowers)* Gruppe, *die; (of grass)* Büschel, *das;* **a ~ of shrubs** ein Gebüsch. **2.** *v. i.* **a)** *(tread)* stapfen; **b)** *(form ~)* klumpen. **3.** *v. t.* **a)** *(heap, plant together)* zusammengruppieren; in Gruppen anordnen; **b)** *(coll.: hit)* hauen *(ugs.)*

**clumsily** ['klʌmzɪlɪ] *adv. see* **clumsy:** schwerfällig; unbeholfen; plump

**clumsiness** ['klʌmzɪnɪs] *n., no pl. see* **clumsy:** Schwerfälligkeit, *die;* Plumpheit, *die*

**clumsy** ['klʌmzɪ] *adj.* **a)** *(awkward)* schwerfällig, unbeholfen ‹*Person, Bewegungen*›; ungeschickt ‹*Hände*›; plump ‹*Form, Figur*›; tolpatschig ‹*Heranwachsender*›; **b)** *(ill-contrived)* plump ‹*Verse, Nachahmung*›; unbeholfen ‹*Worte*›; primitiv ‹*Vorrichtung, Maschine, Erfindung*›; **c)** *(tactless)* plump

**clung** *see* **cling**

**cluster** ['klʌstə(r)] **1.** *n.* **a)** *(of grapes, berries)* Traube, *die; (of fruit, flowers, curls)* Büschel, *das; (of eggs)* Gelege, *das; (of trees, shrubs)* Gruppe, *die;* **b)** *(of stars, cells)* Haufen, *der; (of houses, huts, etc.)* Gruppe, *die;* Haufen, *der; (of coral animals, bees, spectators)* Traube, *die; (of islands)* Gruppe, *die; (of diamonds on brooch)* Kranz, *der;* Besatz, *der;* **c)** *(Ling.)* Cluster, *der.* **2.** *v. t.* **be ~ed with sth.** dicht mit etw. bestanden sein. **3.** *v. i.* **~ [a]round sb./sth.** sich um jmdn./etw. scharen *od.* drängen

**¹clutch** [klʌtʃ] **1.** *v. t.* umklammern; **the mother ~ed the child to her breast** die Mutter drückte das Kind fest an ihre Brust. **2.** *v. i.* **~ at sth.** nach etw. greifen; *(fig.)* sich an etw. *(Akk.)* klammern; *see also* **straw b. 3.** *n.* **a)** *(tight grasp)* Umklammerung, *die;* **b)** *in pl. (fig.: control)* Klauen; **fall into sb.'s ~es** jmdm. in die Klauen fallen; in jmds. Klauen *(Akk.)* fallen; **get out of sb.'s ~es** sich aus jmds. Klauen befreien; **c)** *(grasping)* **make a ~ at sth./sb.** nach etw./jmdm. greifen; **d)** *(Motor Veh., Mech.)* Kupplung, *die;* **let in the ~, put the ~ in** einkuppeln; **disengage the ~, let the ~ out** auskuppeln; **~ pedal** Kupplungspedal, *das*

**²clutch** *n. (of eggs)* Gelege, *das; (of chicks)* Brut, *die*

**'clutch bag** *n.* Unterarmtasche, *die*

**clutter** ['klʌtə(r)] **1.** *n.* **a)** Durcheinander, *das;* **in a ~:** in einem Durcheinander; völlig verkramt *(ugs.);* **he pushed the ~ into a corner** er schob den ganzen Kram in eine Ecke; **b)** *(on radar screen)* Störflecke *Pl.* **2.** *v. t.* **~ [up] the table/room** überall auf dem Tisch/im Zimmer herumliegen; **be ~ed [up] with sth.** ⟨*Zimmer:*⟩ mit etw. vollgestopft sein; ⟨*Tisch:*⟩ mit etw. übersät sein; **be ~ed [up] with holiday-makers/cabs** von Urlaubern/Taxis wimmeln; **a ~ed room** ein total vollgestopftes Zimmer

**cm.** *abbr.* **centimetre[s]** cm

**CND** *abbr. (Brit.)* **Campaign for Nuclear Disarmament** Kampagne für atomare Abrüstung

**CO** *abbr.* **a) Commanding Officer; b) conscientious objector** KDV

**Co.** *abbr.* **a) company** Co.; **and Co.** [ənd kəʊ] *(coll.)* und Co. *(ugs.);* **b) county**

**c/o** *abbr.* **care of** bei; c/o

**coach** [kəʊtʃ] **1.** *n.* **a)** *(road vehicle)* Kutsche, *die; (state ~)* [Staats]karosse, *die;* **~ and four/six** Vier-/Sechsspänner, *der; see also* **drive 2 a; b)** *(railway carriage)* Wagen, *der;* **c)** *(bus)* [Reise]bus, *der;* **by ~:** mit dem Bus; **d)** *(tutor)* Privat- *od.* Nachhilfelehrer, *der/*-lehrerin, *die; (sport instructor)* Trainer, *der/*Trainerin, *die; (baseball ~)* Coach, *der.* **2.** *v. t.* trainieren; **~ a pupil for an examination** einen Schüler auf eine Prüfung vorbereiten

**coach: ~builder** *n.* Karosseriebauer, *der;* **~-house** *n.* Remise, *die*

**coaching** ['kəʊtʃɪŋ] *n., no pl.* **a)** *(teaching)* Privatunterricht, *der;* **b)** *(travelling)* **~ days** Postkutschenzeit, *die;* **~ inn** Herberge einer Poststation *(hist.)*

**coach: ~-load** *n.* **a ~-load of football supporters** ein Bus voll Fußballanhänger; **~man** ['kəʊtʃmən] *n., pl.* **~men** ['kəʊtʃmən] Kutscher, *der;* **~ party** *n.* Reisegesellschaft, *die;* **~-station** *n.* Busbahnhof, *der;* **~ tour** *n.* Rundreise [im Omnibus], *die;* Omnibusreise, *die;* **~work** *n.* Karosserie, *die*

**coagulant** [kəʊ'ægjʊlənt] *n. (Med.)* blutgerinnungsförderndes Mittel; Koagulans, *das (fachspr.)*

**coagulate** [kəʊ'ægjʊleɪt] **1.** *v. t.* gerinnen lassen; koagulieren *(fachspr.).* **2.** *v. i.* gerinnen; koagulieren *(fachspr.)*

**coagulation** [kəʊægjʊ'leɪʃn] *n.* **a)** *(process)* Gerinnung, *die;* Koagulation, *die (fachspr.);* **b)** *(mass)* Gerinnsel, *das;* Koagulat, *das (fachspr.)*

**coal** [kəʊl] *n.* **a)** Kohle, *die; (hard ~)* Steinkohle, *die;* **b)** *(piece of ~)* Stück Kohle; **live ~s** Glut, *die;* **heap ~s of fire on sb.'s head** *(fig.)* feurige Kohlen auf jmds. Haupt *(Akk.)* sammeln *(fig.);* **haul** *or* **call sb. over the ~s** *(fig.)* jmdm. die Leviten lesen *(ugs.);* **carry ~s to Newcastle** *(fig.)* Eulen nach Athen tragen *(fig.)*

**coal: ~-bed** *n.* Kohlenflöz, *der;* **~-black** *adj.* kohlrabenschwarz; **~-box** *n.* Kohlenkasten, *der;* **~-bunker** *n.* Kohlenbunker, *der;* **~-cellar** *n.* Kohlenkeller, *der;* **~-dust** *n.* Kohlenstaub, *der*

**coalesce** [kəʊə'les] *v. i.* **a)** sich verbinden; eine Verbindung eingehen; **b)** *(unite)* sich vereinigen

**coalescence** [kəʊə'lesəns] *n.* Verbindung, *die; (fig.)* Vereinigung, *die*

**coal: ~-face** *n.* Streb, *der;* **at the ~-face** im Streb *od.* vor Ort; **~field** *n.* Kohlenrevier, *das;* **~ fire** *n.* Kohlenfeuer, *das;* **~-fired** *adj.* mit Kohle beheizt; kohlebeheizt; **~-fired power-station** Kohlekraftwerk, *das;* **~ gas** *n.* Leuchtgas, *das;* Stadtgas, *das;* **~-heaver** *n.* Kohlenträger, *der;* **~-hole** *n.* *(Brit.)* **a)** Kohlenbunker, *der;* **b)** *(cellar)* Kohlenkeller, *der;* **~-house** *n.* Kohlenschuppen, *der*

**coalition** [kəʊə'lɪʃn] *n. (Polit.)* Koalition, *die; (union, fusion)* Zusammenschluß, *der (von Gruppen, Firmen);* **a ~ of plans/projects** eine Planungsgemeinschaft; **a ~ of interests** eine Interessenkoalition

**coa'lition government** *n.* Koalitionsregierung, *die*

**coal: ~ man** *n. (coll.)* Kohlenmann, *der (ugs.);* **~ measures** *n. pl. (Geol.)* Kohlevorkommen, *das;* **~-merchant** *n.* Kohlenhändler, *der;* **~-mine** *n.* [Kohlen]bergwerk, *das;* **~-miner** *n.* [im Kohlenbergbau tätiger] Grubenarbeiter; **~-mining** *n.* Kohlenbergbau, *der;* **~-oil** *n. (Amer.)* Paraffin, *das;* **~-scuttle** *n.* Kohleneimer, *der;* Kohlenschütte, *die;* **~-seam** *n.* Kohlenflöz, *der;* **~-shed** *see* **~-house; ~-shovel** *n.* Kohlenschaufel, *die;* **~ tar** *n.* Steinkohlenteer, *der;* **~-tit** *n. (Ornith.)* Tannenmeise, *die*

**coaming** ['kəʊmɪŋ] *n. (Naut.)* Süllrand, *der*

**coarse** [kɔ:s] *adj.* **a)** *(inferior)* derb, einfach ⟨*Essen*⟩; **b)** *(in texture)* grob; rauh, grob ⟨*Haut, Teint*⟩; **c)** *(unrefined, rude, obscene)* derb; roh ⟨*Geschmack, Kraft*⟩; primitiv ⟨*Person, Geist*⟩; ungehobelt ⟨*Manieren, Person*⟩; gemein ⟨*Lachen, Witz, Geräusch*⟩

**coarse: ~ 'fish** *n. (esp. Brit.)* Süßwasserfisch, *der (außer Lachs und Forelle);* **~-grained** *adj.* grob gekörnt ⟨*Sand, Salz, Papier*⟩; grob genarbt ⟨*Leder*⟩; grob gemasert ⟨*Holz*⟩

**coarsely** ['kɔ:slɪ] *adv. see* **coarse: a)** derb; einfach; **b)** grob; rauh; **c)** derb; roh; primitiv; ungehobelt; gemein

**coarsen** ['kɔ:sn] **1.** *v. t.* vergröbern. **2.** *v. i.* sich vergröbern

**coarseness** ['kɔ:snɪs] *n., no pl. see* **coarse: a)** Derbheit, *die;* Einfachheit, *die;* **b)** Grobheit, *die;* Rauheit, *die;* **c)** Derbheit, *die;* Roheit, *die;* Primitivität, *die;* Ungehobeltheit, *die;* Gemeinheit, *die*

**coast** [kəʊst] **1.** *n.* **a)** Küste, *die;* **on the ~:** an der Küste; **off the ~:** vor der Küste; **the ~ is clear** *(fig.: there is no danger)* die Luft ist rein *(fig.);* **b)** *(Amer.)* **the C~:** die Pazifik- *od.* Westküste der USA; **c)** *(Amer.: slide)* Rodelbahn, *die;* **go for a ~:** rodeln gehen. **2.** *v. i.* **a)** *(ride)* im Freilauf fahren; **b)** *(fig.: progress)* **they are just ~ing along in their work** sie tun bei der Arbeit nur das Nötigste; sie arbeiten nur im Schongang *(ugs.);* **he ~s through every examination** er schafft jede Prüfung spielend; **c)** *(sail)* die Küste entlang fahren; **d)** *(Amer.: toboggan)* hinunterfahren

**coastal** ['kəʊstl] *adj.* Küsten-; **~ traffic** Küstenschiffahrt, *die*

**coaster** ['kəʊstə(r)] *n.* **a)** *(mat)* Untersetzer, *der;* **b)** *(tray)* Tablett, *das;* **c)** *(ship)* Küstenmotorschiff, *das;* Kümo, *das;* **d)** *(Amer.: sledge)* Rodelschlitten, *der*

**coast: ~guard** *n.* **a)** *(person)* Angehörige[r] der Küstenwacht; **b)** *(body of men)* Küstenwache, -wacht, *die;* **~line** *n.* Küste, *die*

**coat** [kəʊt] **1.** *n.* **a)** Mantel, *der; (man's jacket)* Jackett, *das;* Rock, *der (veralt.);* **turn one's ~** *(fig.)* sein Mäntelchen nach dem Winde hängen *(ugs. abwertend); see also* **cloth a; b)** *(layer)* Schicht, *die;* **c)** *(animal's hair, fur, etc.)* Fell, *das; (of bird)* Federkleid, *das;* **d)** *see* **coating; e)** *(skin, rind, husk)* Schale, *die;* **f)** *(Anat.)* Haut, *die.* **2.** *v. t.* überziehen; *(with paint)* streichen

**'coat dress** *n.* Mantelkleid, *das*

**coated** ['kəʊtɪd] *adj.* gestrichen ⟨*Papier*⟩; belegt ⟨*Zunge*⟩; imprägniert ⟨*Stoff*⟩; getönt ⟨*Glas, Linsen*⟩; **~ with dust/sugar** staubbedeckt/mit Zucker überzogen

**coat: ~-hanger** *n.* Kleiderbügel, *der;* **~-hook** *n.* Kleiderhaken, *der*

**coating** ['kəʊtɪŋ] *n. (of paint)* Anstrich, *der; (of dust, snow, wax, polish, varnish)* Schicht, *die; (for ceramic glazes)* Überzug, *der*

**coat: ~ of 'arms** *n.* Wappen, *das;* **~-tails** *n. pl.* Frackschöße

**co-author** [kəʊ'ɔ:θə(r)] **1.** *n.* Mitautor, *der/*-autorin, *die;* **they were ~s of the book** sie haben das Buch gemeinsam verfaßt. **2.** *v. t.* gemeinsam verfassen ⟨*Buch, Dokument*⟩

**coax** [kəʊks] *v. t.* überreden; **~ sb. to do sth.** jmdn. überreden *od.* dazu bringen, etw. zu tun; **~ sb. into doing sth.** jmdn. herumkriegen *(ugs.),* etw. zu tun; **~ a fire to burn/an engine into life** ein Feuer/einen Motor in Gang bringen; **~ a smile/some money out of sb.** jmdm. ein Lächeln/etw. Geld entlocken; **~ sb. out of doing sth.** jmdm. ausreden, etw. zu tun

**coaxial** [kəʊ'æksɪəl] *adj.* koaxial

**coaxing** ['kəʊksɪŋ] *n.* Überredung, *die;* Zureden, *das*

**cob** [kɒb] *n.* **a)** *(nut)* Haselnuß, *die;* **b)** *(swan)* männlicher Schwan; **c)** *(horse)* Cob, *die; kleines, stämmiges Pferd;* **d)** *see* **corncob; e)** *(loaf)* rundes Brot

**cobalt** ['kəʊbɔ:lt, 'kəʊbɒlt] *n.* **a)** *(element)* Kobalt, *das;* **b)** *(pigment, colour)* Kobaltblau, *das*

**cobber** ['kɒbə(r)] *n. (Austral. and NZ coll.)* Kumpel, *der (ugs.)*

**¹cobble** ['kɒbl] **1.** *n. (stone)* Pflaster-, Kopfstein, *der;* Katzenkopf, *der;* **rumble over the ~s** über das Kopfsteinpflaster rumpeln. **2.** *v. t.* pflastern ⟨*Straße*⟩; **~d streets** Straßen mit Kopfsteinpflaster

**²cobble** *v. t. (put together, mend)* flicken; **~ up plans/verses** [sich *(Dat.)*] Pläne zusammenbasteln *(ugs.) od.* zusammenreimen/ [sich *(Dat.)*] Gedichte zusammenstoppeln *(ugs.);* **~ together** zusammenbasteln; zusammenmischen ⟨*Essen, Mannschaft*⟩

**cobbler** ['kɒblə(r)] *n.* **a)** Schuster, *der;* Flickschuster, *der (veralt.);* **b)** *in pl. (Brit. sl.: nonsense)* Scheiße, *die (derb);* Mist, *der (salopp);* **a load of ~s** totaler Mist *(salopp)*

**'cobble-stone** *see* **¹cobble 1**

**Coblenz** [kəʊ'blents] *pr. n.* Koblenz *(das)*

**'cob-nut** *see* **cob a**

**cobra** ['kɒbrə] *n. (Zool.)* Kobra, *die*

**cobweb** ['kɒbweb] *n.* **a)** *(network)* Spinnengewebe, *das;* Spinnennetz, *das; (material)* Spinn[en]weben *Pl.;* Spinn[en]fäden *Pl.;* **b)** *in pl. (rubbish)* Hirngespinste *Pl.;* **blow away the ~s** *(fig.)* für einen klaren Kopf sorgen

**Coca-Cola, (P)** *n.* [kəʊkə'kəʊlə] Coca-Cola ⓦⓩ, *das od. die*

**cocaine** [kə'keɪn] *n.* Kokain, *das*

**coccyx** ['kɒksɪks] *n. (Zool.)* Steiß, *der; (Anat.)* Steißbein, *das*

**cochineal** [kɒtʃɪ'ni:l] *n.* Koschenille, *die*

**cochlea** ['kɒklɪə] *n. pl.* **cochleae** ['kɒklɪi:] *(Anat.)* Schnecke, *die;* Cochlea, *die (fachspr.)*

**[1]cock** [kɒk] **1.** *n.* **a)** *(bird, lobster, crab, salmon)* Männchen, *das; (domestic fowl)* Hahn, *der; (woodcock)* Waldschnepfe, *die;* **live like fighting ~s** *(fig.)* wie Gott in Frankreich leben; **that ~ won't fight** *(fig.)* das hat keinen Zweck; **b)** *(sl.: man)* Bengel, *der (ugs.);* Bursche, *der (ugs.);* **old ~:** alter Junge *(ugs.);* **c)** *(spout, tap, etc.)* Hahn, *der;* **d)** *(coarse: penis)* Schwanz, *der (salopp);* Pimmel, *der (salopp);* **e)** *(in gun)* Hahn, *der;* **be/start/go off at half ~** *(fig.)* danebengehen *(ugs.);* ein Reinfall sein *(ugs.).* **2.** *v. t.* **a)** *(erect, stand up)* aufstellen, *(fig.)* spitzen ‹*Ohren*›; **~ one's eye at sb.** zu jmdm. hinblicken; *(wink)* jmdm. zublinzeln; **b)** *(bend)* anwinkeln ‹*Knie-, Handgelenk*›; **the parrot ~ed its head [to one side]** der Papagei legte den Kopf auf die Seite; **c)** *(put on slanting)* schief *od.* schräg aufsetzen ‹*Hut*›; *(turn up brim of)* hochstülpen ‹*Hut*›; **a ~ed hat** ein Hut mit hoher Krempe; *(triangular hat)* ein Dreispitz; **knock sb./sth. into a ~ed hat** *(fig.) (destroy)* jmdn./etw. zerschmettern *(fig.); (surpass)* jmdn./etw. weit übertreffen; jmdn./etw. in den Sack stecken *(ugs. fig.);* **d) ~ a/the gun** den Hahn spannen
**~ 'up** *v. t. (Brit. sl.)* versauen *(salopp); see also* **cock-up**

**[2]cock** *n. (heap)* Haufen, *der*

**cockade** [kəˈkeɪd] *n.* Kokarde, *die*

**cock-a-doodle-doo** [kɒkədu:dlˈdu:] *n. (crowing)* Kikeriki, *das; (child lang.: cock)* Kikeriki, *der*

**cock-a-hoop** [kɒkəˈhu:p] **1.** *adj.* überschwenglich; *(boastful)* triumphierend; **be ~:** triumphieren. **2.** *adv.* überschwenglich; *(boastfully)* triumphierend

**cock-and-'bull story** *n.* Lügengeschichte, *die*

**cockatoo** [kɒkəˈtu:] *n. (parrot)* Kakadu, *der*

**cockchafer** [ˈkɒktʃeɪfə(r)] *n.* Maikäfer, *der*

**'cock-crow** *n.* **at ~:** beim ersten Hahnenschrei

**cocker [spaniel]** [ˈkɒkə(spænjəl)] *n.* Cockerspaniel, *der*

**cockerel** [ˈkɒkərəl] *n.* junger Hahn

**cock-eyed** [ˈkɒkaɪd] *adj.* **a)** *(crooked)* schief; **b)** *(absurd)* verrückt; **c)** *(sl.: squinting)* schielend ‹*Blick*›; **be ~:** schielen

**'cock-fighting** *n.* Hahnenkampf, *der*

**cockily** [ˈkɒkɪlɪ] *adv.* anmaßend; frech

**cockiness** [ˈkɒkɪnɪs] *n., no pl.* Anmaßung, *die;* Frechheit, *die*

**cockle** [ˈkɒkl] *n.* **a)** *(bivalve, shell)* Herzmuschel, *die;* **b) warm the ~s of sb.'s heart** es jmdm. warm ums Herz werden lassen

**cockney** [ˈkɒknɪ] **1.** *adj.* Cockney-. **2.** *n.* **a)** *(person)* waschechter Londoner/waschechte Londonerin; Cockney, *der;* **b)** *(dialect)* Cockney, *das*

**cock: ~ of the 'walk** *(fig.)* **be the ~ of the walk** die Szene beherrschen; *(domineer)* den Ton angeben; **~ of the 'wood** *n.* **a)** *(capercaillie)* Auerhahn, *der;* **b)** *(Amer.: woodpecker)* Haubenschwarzspecht, *der;* **~pit** *n.* **a)** *(Aeronaut.)* Cockpit, *das;* [Piloten]kanzel, *die;* **b)** *(in racing-car)* Cockpit, *das; (in boat)* Plicht, *die;* Cockpit, *das;* **c)** *(for cock-fighting)* Hahnenkampfplatz, *der*

**cockroach** [ˈkɒkrəʊtʃ] *n.* [Küchen-, Haus-]schabe, *die;* Kakerlak, *der*

**cockscomb** [ˈkɒkskəʊm] *n. (Ornith., Bot.)* Hahnenkamm, *der*

**cocksure** [kɒkˈʃʊə(r)] *adj.* **a)** *(convinced)* todsicher; **b)** *(self-confident)* selbstsicher; *(dogmatic)* selbstgerecht; **be ~ of oneself** sich *(Dat.)* seiner Sache *(Gen.)* [unberechtigterweise] völlig sicher sein

**cocktail** [ˈkɒkteɪl] *n.* Cocktail, *der; see also* **fruit cocktail**

**cocktail: ~ cabinet** *n.* Hausbar, *die;* **~ dress** *n.* Cocktailkleid, *das;* **~ glass** *n.* Cocktailglas, *das;* **~ party** *n.* Cocktailparty, *die;* **~-shaker** *n.* Mixbecher, *der;* **~ stick** *n.* Partystick, *der od. das*

**'cock-up** *n. (Brit. sl.)* Schlamassel, *der (ugs.);* **make a ~ of sth.** bei etw. Scheiße bauen *(derb)*

**cocky** [ˈkɒkɪ] *adj.* anmaßend

**coco** [ˈkəʊkəʊ] *see* **coconut a**

**cocoa** [ˈkəʊkəʊ] *n.* Kakao, *der*

**'cocoa bean** *n.* Kakaobohne, *die*

**coconut** [ˈkəʊkənʌt] *n.* **a)** *(tree)* Kokospalme, *die;* **b)** *(nut)* Kokosnuß, *die;* **c)** *(sl.: head)* Rübe, *die (derb)*

**coconut: ~ 'butter** *n.* Kokosfett, *das;* **~ 'matting** *n.* Kokosmatten *Pl.;* **~ milk** *n.* Kokosmilch, *die;* **~ palm** *see* **coconut a;** **~ shy** *n.* Wurfbude, *die*

**cocoon** [kəˈku:n] **1.** *n.* **a)** *(Zool.)* Kokon, *der;* **b)** *(covering)* Hülle, *die.* **2.** *v. t. (wrap as in ~)* einmummen

**COD** *abbr.* **cash on delivery; collect on delivery** *(Amer.)* p. Nachn.

**[1]cod** [kɒd] *n., pl. same* Kabeljau, *der; (in Baltic)* Dorsch, *der*

**[2]cod** *(sl.)* **1.** *v. t.,* **-dd-: a)** *(hoax)* vergackeiern *(salopp);* verscheißern *(derb);* **b)** *(parody)* verulken *(ugs.).* **2.** *v. i.,* **-dd-** rumblödeln *(ugs.);* flachsen *(ugs.)*

**coda** [ˈkəʊdə] *n. (Mus.)* Koda, *die*

**coddle** [ˈkɒdl] *v. t.* **a)** [ver]hätscheln ‹*Kind*›; verwöhnen ‹*Kranken*›; **b)** *(Cookery)* schwach pochieren ‹*Eier*›

**code** [kəʊd] **1.** *n.* **a)** *(collection of statutes etc.)* Kodex, *der;* Gesetzbuch, *das;* **a ~ of laws** ein Gesetzbuch; eine Gesetzessammlung; **~ of religion/literature/society** religiöse/literarische/gesellschaftliche Normen; **~ of honour** Ehrenkodex, *der;* **~s of behaviour** Verhaltensnormen; Verhaltenskodizes *(geh.);* **b)** *(system of signals)* Kode, Code, *der; (coded word, etc.)* Chiffre, *die;* **be in ~:** verschlüsselt sein; **put sth. into ~:** etw. verschlüsseln; *see also* **genetic a. 2.** *v. t.* chiffrieren, verschlüsseln ‹*Nachricht*›

**code: ~-book** *n.* Signalbuch, *das;* **~-name** *n.* Deckname, *der;* **~-number** *n.* Kenn-, Tarnzahl, *die;* **~-word** *n.* Kennwort, *das*

**codex** [ˈkəʊdeks] *n., pl.* **codices** [ˈkəʊdɪsi:z] **a)** *(manuscript volume)* Kodex, *der;* **b)** *(of drugs etc.) pharmazeutisches Nachschlagewerk*

**'codfish** *see* **[1]cod**

**codger** [ˈkɒdʒə(r)] *n. (coll.)* Knacker, *der (salopp)*

**codicil** [ˈkəʊdɪsɪl] *n.* Kodizill, *das*

**codification** [kəʊdɪfɪˈkeɪʃn] *n.* Kodifizierung, *die;* Kodifikation, *die*

**codify** [ˈkəʊdɪfaɪ] *v. t.* kodifizieren ‹*Gesetze, Rechtsnormen*›; festlegen, kodifizieren ‹*Rechtschreibung, Grammatik*›

**coding** [ˈkəʊdɪŋ] *n.* **a)** *(action)* Chiffrieren, *das;* **b)** *(result)* verschlüsselte Informationen

**codling** *n. (fish)* Dorsch, *der*

**cod-liver 'oil** *n.* Lebertran, *der*

**codpiece** [ˈkɒdpi:s] *n. (Hist.)* Hosenlatz, *der*

**co-driver** [ˈkəʊdraɪvə(r)] *n.* Beifahrer, *der/-fahrerin, die*

**cods** [kɒdz], **codswallop** [ˈkɒdzwɒləp] *n. (Brit. sl.)* Stuß, *der (ugs.);* **this is a load of ~:** das ist großer Stuß

**coed** [ˈkəʊed] *(esp. Amer. coll.)* **1.** *n.* Studentin, *die.* **2.** *adj.* koedukativ; Koedukations-; **~ school** gemischte Schule

**co-edition** [kəʊɪˈdɪʃn] *n.* gemeinsame Ausgabe

**coeducation** [kəʊedjʊˈkeɪʃn] *n.* Koedukation, *die*

**coeducational** [kəʊedjʊˈkeɪʃənl] *adj.* koedukativ; Koedukations-

**coefficient** [kəʊɪˈfɪʃənt] *n. (Math., Phys.)* Koeffizient, *der*

**coelacanth** [ˈsi:ləkænθ] *n. (Zool.)* Coelacanthus, *der*

**coequal** [kəʊˈi:kwəl] *(arch./literary) adj.* ebenbürtig *(geh.)*

**coerce** [kəʊˈɜ:s] *v. t.* zwingen; **~ sb. into sth.** jmdn. zu etw. zwingen; **~ sb. into doing sth.** jmdn. dazu zwingen, etw. zu tun

**coercion** [kəʊˈɜ:ʃn] *n.* Zwang, *der*

**coercive** [kəʊˈɜ:sɪv] *adj.* Zwangs‹*gewalt, -herrschaft, -gesetz, -maßnahmen*›

**coexist** [kəʊɪgˈzɪst] *v. i.* ‹*Ideen, Überzeugungen:*› nebeneinander bestehen, koexistieren; **~ [together] with sb./sth.** neben jmdm./etw. bestehen; mit jmdm./etw. koexistieren

**coexistence** [kəʊɪgˈzɪstəns] *n.* Koexistenz, *die;* **peaceful ~:** friedliche Koexistenz

**coexistent** [kəʊɪgˈzɪstənt] *adj. (formal)* nebeneinander bestehend ‹*Systeme, Regierungen*›

**coextensive** [kəʊɪkˈstensɪv] *adj. (formal)* **be ~:** übereinstimmen; sich decken

**C. of E.** [si:əvˈi:] *abbr.* **Church of England**

**coffee** [ˈkɒfɪ] *n.* **a)** Kaffee, *der;* **drink** *or* **have a cup of ~:** eine Tasse Kaffee trinken; **three black/white ~s** drei [Tassen] Kaffee ohne/mit Milch; **I was invited to ~:** ich bin zum Kaffee[trinken] eingeladen worden; **b)** *(colour)* Kaffeebraun, *das*

**coffee: ~ bar** *n.* Café, *das; (in department store, university, etc.)* Erfrischungsraum, *der;* **~-bean** *n.* Kaffeebohne, *die;* **~-break** *n.* Kaffeepause, *die;* **~-cup** *n.* Kaffeetasse, *die;* **~ 'essence** *n.* Kaffee-Extrakt, *der;* **~-filter** *n.* Kaffeefilter, *der;* **~-grinder** *n.* Kaffeemühle, *die;* **~-grounds** *n. pl.* Kaffeesatz, *der;* **~-house** *n.* Café, *das; (Hist.)* Kaffeehaus, *das;* **~-machine, ~-maker** *ns.* Kaffeeautomat, *der;* **~-mill** *n.* Kaffeemühle, *die;* **~ morning** *n.* Morgenkaffee, *der (als Wohltätigkeitsveranstaltung);* **~ percolator** *n.* Kaffeemaschine, *die;* **~-pot** *n.* Kaffeekanne, *die;* **~ shop** *n.* Kaffeestube, *die;* Café, *das; (selling ~-beans etc.)* Kaffeegeschäft, *das;* **~ stall** *n.* Kaffeebar, *die; (serving other light refreshments also)* Erfrischungsstand, *der;* **~-table** *n.* Couchtisch, *der;* **~-table book** Bildband [in Luxusausstattung]

**coffer** [ˈkɒfə(r)] *n.* **a)** *(box)* Truhe, *die;* **b)** *in pl. (treasure, funds)* **the household ~s** die Privatschatulle; **the ~s of the government** der Staatssäckel *(scherzh.);* **c)** *(Archit.)* Kassette, *die;* **d) ~[dam]** Caisson, *der*

**coffin** [ˈkɒfɪn] *n.* Sarg, *der; see also* **nail 1 b**

**cog** [kɒg] *n. (Mech.)* Zahn, *der;* **be just a ~ [in the wheel/machine]** *(fig.)* bloß ein Rädchen im Getriebe sein

**cogency** [ˈkəʊdʒənsɪ] *n. (of argument, reason)* Stichhaltigkeit, *die; (of narration, description, slogan)* Überzeugungskraft, *die*

**cogent** [ˈkəʊdʒənt] *adj. (convincing)* überzeugend ‹*Argument, Grund*›; zwingend ‹*Grund*›; *(valid)* stichhaltig ‹*Kritik, Analyse*›

**cogently** [ˈkəʊdʒəntlɪ] *adv. see* **cogent:** überzeugend; zwingend; stichhaltig

**cogitate** [ˈkɒdʒɪteɪt] *(formal/joc.)* **1.** *v. i.* nachsinnen, nachdenken (**on** über + *Akk.*). **2.** *v. t.* nachsinnen, nachdenken über (+ *Akk.*)

**cogitation** [kɒdʒɪˈteɪʃn] *n. (formal/joc.)* Nachdenken, *das;* Nachsinnen, *das;* **after much ~:** nach langem Grübeln

**cognac** [ˈkɒnjæk] *n.* Cognac, *der* Ⓦⓩ

**cognate** [ˈkɒgneɪt] *adj. (Ling.)* verwandt

**cognisance, cognisant** *see* **cogniz-**

**cognition** [kɒgˈnɪʃn] *n.* Erkenntnis, *die*

**cognitive** [ˈkɒgnɪtɪv] *adj.* kognitiv ‹*Fähigkeiten*›; Erkenntnis‹*gehalt, -kräfte*›

**cognizance** [ˈkɒgnɪzəns] *n. (formal)* **a)** *no pl. (awareness)* Kenntnis, *die;* **have ~ of sth.** von etw. Kenntnis haben; **take ~ of sb./sth.** jmdn./etw. zur Kenntnis nehmen; **b)** *no pl. ([right of] dealing with a matter legally)* Zuständigkeit, *die* (**of** in + *Dat.*)

**cognizant** [ˈkɒgnɪzənt] *adj. (formal)* **a)** *(having knowledge)* in Kenntnis (**of** *Gen.*); **b)** *(having jurisdiction)* zuständig (**of** für)

**cognoscenti** [kɒnjə'ʃenti:, kɒnjə'ʃentɪ] *n. pl.* Kenner

**cog:** ~**-railway** *n. (esp. Amer.)* Zahnradbahn, *die;* ~**-wheel** *n.* Zahnrad, *das*

**cohabit** [kəʊ'hæbɪt] *v.i.* zusammenleben; in eheähnlicher Gemeinschaft leben *(Rechtsspr.)*

**cohabitation** [kəʊhæbɪ'teɪʃn] *n.* Zusammenleben, *das;* eheähnliche Gemeinschaft *(Rechtsspr.)*

**cohere** [kəʊ'hɪə(r)] *v.i.* **a)** ⟨*Teile, Ganzes, Gruppe:*⟩ zusammenhalten; **b)** ⟨*Argumentation, Komposition, Aufsatz:*⟩ in sich *(Dat.)* geschlossen sein

**coherence** [kəʊ'hɪərəns] *n.* **a)** Zusammenhang, *der;* Kohärenz, *die (geh.); (in work, system, form)* Geschlossenheit, *die;* **b)** *(Phys.)* Kohärenz, *die*

**coherent** [kəʊ'hɪərənt] *adj.* **a)** *(cohering)* zusammenhängend; **b)** *(fig.)* zusammenhängend; kohärent *(geh.);* in sich *(Dat.)* geschlossen ⟨*System, Ganzes, Werk, Aufsatz, Form*⟩; **a ~ presentation of the facts** eine [in sich *(Dat.)*] stimmige Darlegung der Fakten; **c)** *(Phys.)* kohärent

**coherently** [kəʊ'hɪərəntlɪ] *adv.* zusammenhängend; im Zusammenhang

**cohesion** [kəʊ'hi:ʒn] *n.* **a)** *(sticking together)* Zusammenhängen, *das; (of substances)* Haften, *das;* **b)** *(fig.) (of group, state, community)* Zusammenhalt, *der;* Kohäsion, *die (geh.);* **c)** *(Phys.)* Kohäsion, *die*

**cohesive** [kəʊ'hi:sɪv] *adj.* geschlossen, in sich *(Dat.)* ruhend ⟨*Ganzes, Einheit, Form*⟩; stimmig ⟨*Stil, Argument*⟩; kohäsiv ⟨*Masse, Mischung*⟩

**cohort** ['kəʊhɔ:t] *n.* **a)** *(division of Roman army, band of warriors)* Kohorte, *die;* **b)** *(group)* Gruppe, *die;* **c)** *(Amer.: assistant, colleague)* Helfer, *der*/Helferin, *die*

**coiffure** [kwɑ:'fjʊə(r)] *n.* Frisur, *die;* Coiffure, *die (veralt., geh.)*

**coil** [kɔɪl] **1.** *v.t.* **a)** *(arrange)* aufwickeln; **the snake ~ed itself round a branch** die Schlange wand sich um einen Ast; **b)** *(twist)* aufdrehen; **the snake ~ed itself up** die Schlange rollte sich auf. **2.** *v.i.* **a)** *(twist)* **~ round sth.** etw. umschlingen; **b)** *(move sinuously)* sich winden; ⟨*Rauch:*⟩ sich ringeln. **3.** *n.* **a)** **~s of rope/wire/piping** aufgerollte Seile *Pl.*/aufgerollter Draht/aufgerollte Leitungen *Pl.;* **b)** *(single turn of coiled thing)* Windung, *die;* **c)** *(length of coiled rope etc.)* Stück, *das;* **d)** *(lock of hair)* Locke, *die;* **e)** *(contraceptive device)* Spirale, *die;* **f)** *(Electr.)* Spule, *die*

**'coil spring** *n.* Spiralfeder, *die*

**coin** [kɔɪn] **1.** *n.* Münze, *die; (metal money)* Münzen *Pl.;* Münzgeld, *das;* **in ~:** in Münzen; **the other side of the ~** *(fig.)* die Kehrseite der Medaille; **pay sb. in his own ~** *(fig.)* jmdm. in *od.* mit gleicher Münze heimzahlen. **2.** *v.t.* **a)** *(invent)* prägen ⟨*Wort, Redewendung*⟩; **..., to ~ a phrase** *(iron.)* ..., um mich ganz originell auszudrücken; **b)** *(make)* prägen ⟨*Geld*⟩; **~ money** *(fig.)* Geld scheffeln; **c)** *(make into money)* münzen ⟨*Gold, Silber usw.*⟩

**coinage** ['kɔɪnɪdʒ] *n.* **a)** *(system)* Währung, *die;* **b)** *(coins)* Münzen *Pl.;* Hartgeld, *das;* **c)** *(coining)* Prägung, *die;* Prägen, *das;* **d)** *(invention)* Prägung, *die;* **'astronaut' and 'sputnik' are modern ~s** „Astronaut" und „Sputnik" sind Neuprägungen

**'coin-box telephone** *n.* Münzfernsprecher, *der*

**coincide** [kəʊɪn'saɪd] *v.i.* **a)** *(in space)* sich decken; **~ with one another** sich decken; **b)** *(in time)* ⟨*Ereignisse, Veranstaltungen:*⟩ zusammenfallen; **c)** *(agree together, concur in opinion)* übereinstimmen (**with** mit); **~ in sth.** in etw. *(Dat.)* übereinstimmen

**coincidence** [kəʊ'ɪnsɪdəns] *n.* **a)** *(being coincident)* Deckungsgleichheit, *die; (of two points)* Zusammenfall, *der;* **b)** *(instance)* Zufall, *der;* **by pure** *or* **sheer ~:** rein zufällig; **it was a happy ~:** es traf sich gut; **by a curious ~:** durch einen merkwürdigen Zufall; **c)** *(of events)* Duplizität der Ereignisse; Koinzidenz, *die*

**coincident** [kəʊ'ɪnsɪdənt] *adj. (formal) (in space)* deckungsgleich ⟨*Figuren*⟩; *(in time or place)* zusammenfallend; *(agreeing)* übereinstimmend; **be ~ with sth.** mit etw. dekkungsgleich sein/zusammenfallen/übereinstimmen

**coincidental** [kəʊɪnsɪ'dentl] *adj.* zufällig; **be ~ with sth.** mit etw. zufällig zusammentreffen

**coincidentally** [kəʊɪnsɪ'dentəlɪ] *adv.* gleichzeitig; *(by coincidence)* zufälligerweise

**coiner** ['kɔɪnə(r)] *n. (esp. Brit.)* Falschmünzer, *der*

**'coin-operated** *adj.* Münz-

**coir** ['kɔɪə(r)] *n.* Coir, *das od. die;* Kokosfaser, *die*

**coition** [kəʊ'ɪʃn], **coitus** ['kəʊɪtəs] *ns. (Med.)* Koitus, *der;* Beischlaf, *der*

**coitus interruptus** [kəʊɪtəs ɪntə'rʌptəs] *n.* Coitus interruptus, *der*

**Coke, (P)** [kəʊk] *n. (drink)* Coke, *das* Ⓦz

**[1]coke** [kəʊk] **1.** *n.* Koks, *der.* **2.** *v.t.* verkoken

**[2]coke** *n. (sl.: cocaine)* Koks, *der (salopp)*

**col** [kɒl] *n.* [Berg]sattel, *der*

**Col.** *abbr.* **Colonel** Obst.

**col.** *abbr.* **column** Sp.

**cola** [kəʊlə] *n.* Cola, *das od. die (ugs.)*

**colander** ['kʌləndə(r)] *n.* Sieb, *das;* Durchschlag, *der*

**cold** [kəʊld] **1.** *adj.* **a)** kalt; **I feel ~:** ich friere; mir ist kalt; **her hands/feet were ~:** sie hatte kalte Hände/Füße; **b)** *(without ardour etc.)* kalt ⟨*Intellekt, Herz*⟩; [betont] kühl ⟨*Person, Ansprache, Aufnahme, Begrüßung*⟩; eiskalt ⟨*Handlung*⟩; unterdrückt ⟨*Wut*⟩; **go ~ on sth.** das Interesse an etw. *(Dat.)* verlieren; **leave sb. ~:** jmdn. kaltlassen *(ugs.);* **c)** *(dead)* kalt; **d)** *(sl.: unconscious)* bewußtlos; k.o. *(ugs.);* **he laid him out ~:** er schlug ihn k.o.; **the punch knocked him out ~:** durch den Schlag ging er bewußtlos zu Boden; **e)** *(coll.: at one's mercy)* **have sb. ~:** jmdn. am Kragen haben *(ugs.);* **f)** *(sexually frigid)* [gefühls]kalt; **g)** *(slow to warm)* kalt ⟨*Boden*⟩; **h)** *(Amer.: unrehearsed)* ohne Vorbereitung *nachgestellt;* **i)** *(chilling, depressing)* kalt ⟨*Farbe*⟩; nackt ⟨*Tatsache, Statistik*⟩; **j)** *(uninteresting)* fade ⟨*Geschichte*⟩; **the news is already ~:** für die Sache interessiert sich niemand mehr; **k)** *(Hunting)* kalt ⟨*Fährte*⟩; *(in children's games)* **you're ~ and getting ~er** kalt, noch kälter. **2.** *adv.* **a)** *(in cold state)* kalt; *(Amer.: without preparation)* kühl ⟨*handeln*⟩; **b)** *(Amer. sl.: completely)* voll *(salopp).* **3.** *n.* **a)** Kälte, *die;* **shiver with ~:** vor Kälte *(Dat.)* zittern; **be left out in the ~** *(fig.)* links liegengelassen werden; **b)** *(illness)* Erkältung, *die;* **~ [in the head]** Schnupfen, *der. See also* **blood 1 a, d; catch 1 e; cold turkey; fish 1 c; snap 3 e; water**

**cold:** ~**-blooded** ['kəʊldblʌdɪd] *adj.* **a)** wechselwarm ⟨*Tier*⟩; kaltblütig *(selten);* **~-blooded animals** Kaltblüter *Pl.;* wechselwarme Tiere; **b)** *(callous)* kaltblütig ⟨*Person, Mord*⟩; ~ **chisel** *n. (Metalw.)* Kaltmeißel, *der;* ~ **'comfort** *n.* ein schwacher Trost; ~ **cream** *n.* Cold Cream, *die od. das;* ~ **cuts** *n. pl.* Aufschnitt, *der;* ~ **'feet** *n. (fig.)* **get/have ~ feet** kalte Füße kriegen *(ugs.)*/gekriegt haben *(ugs.);* ~ **frame** *n.* Frühbeet, *das;* ~ **'front** *n. (Meteorol.)* Kaltfront, *die;* ~**-hearted** *adj.* kaltherzig

**coldly** ['kəʊldlɪ] *adv.* [betont] kühl; [eis]kalt ⟨*handeln*⟩

**cold 'meat** *n.* **a)** kaltes Fleisch; **~s** Aufschnitt, *der;* **b)** *(sl.: corpse)* Kadaver, *der (salopp)*

**coldness** ['kəʊldnɪs] *n., no pl.* **a)** Kälte, *die;* **the ~ of the weather** die Kälte; das kalte Wetter; **b)** *(feeling cold)* Frieren, *das; (of hands, feet)* Kälte, *die;* **c)** *(lack of ardour etc.) (of heart, intellect)* Kälte, *die; (of person, attitude, manner, look)* betonte Kühle; **d)** *(of dead body, colour)* Kälte, *die*

**cold:** ~ **'shoulder** *n. (fig.)* **give sb. the ~ shoulder** jmdn. schneiden; **get the ~ shoulder from sb.** von jmdm. geschnitten werden; ~**-'shoulder** *v.t.* schneiden *(fig.);* ~ **'steel** *n.* kalter Stahl *(dichter.);* Hieb- und Stichwaffen *Pl.;* ~ **'storage** *n.* Kühllagerung, *die;* **put sth. in ~ storage** *(fig.)* etw. auf Eis legen *(fig.);* ~ **store** *n.* Kühlhaus, *das;* ~ **'sweat** *n.* kalter Schweiß; **break out in a ~ sweat** in kalten Schweiß ausbrechen; ~ **'turkey** *n. (Amer. sl.)* Totalentzug, *der;* Cold turkey, *der (Drogenjargon); attrib.* **the ~ turkey cure/treatment** Totalentzugstherapie, *die;* ~ **'war** *n.* kalter Krieg; ~ **wave** *n.* Kältewelle, *die;* ~**-work** *v.t.* kaltformen ⟨*Metall*⟩

**coleslaw** ['kəʊlslɔ:] *n.* Kohl-, Krautsalat, *der*

**coleus** ['kəʊlɪəs] *n. (Bot.)* Buntnessel, *die*

**colic** ['kɒlɪk] *n.* Kolik, *die*

**coliseum** [kɒlɪ'si:əm] *n. (Amer.)* Stadion, *das*

**colitis** [kə'laɪtɪs] *n. (Med.)* Entzündung des Dickdarms; Kolitis, *die (fachspr.)*

**collaborate** [kə'læbəreɪt] *v.i.* **a)** *(work jointly)* zusammenarbeiten; **~ [with sb.] on sth.** zusammen [mit jmdm.] an etw. *(Dat.)* arbeiten; **~ [with sb.] on** *or* **in doing sth.** mit jmdm. bei etw. zusammenarbeiten; **b)** *(cooperate with enemy)* kollaborieren *(abwertend);* zusammenarbeiten

**collaboration** [kəlæbə'reɪʃn] *n.* Zusammenarbeit, *die; (with enemy)* Kollaboration, *die (abwertend);* **work in ~ with sb.** mit jmdm. zusammenarbeiten

**collaborator** [kə'læbəreɪtə(r)] *n.* Mitarbeiter, *der*/-arbeiterin, *die; (with enemy)* Kollaborateur, *der*/Kollaborateurin, *die (abwertend);* **they were ~s on this book** sie haben zusammen an diesem Buch gearbeitet

**collage** ['kɒlɑ:ʒ] *n.* Collage, *die*

**collapse** [kə'læps] **1.** *n.* **a)** *(of person) (physical, mental breakdown)* Zusammenbruch, *der; (heart-attack; of lung, blood-vessel, circulation)* Kollaps, *der; (cerebral haemorrhage)* Gehirnschlag, *der;* **b)** *(of tower, bridge, structure, wall, roof)* Einsturz, *der; (of tent)* Zusammenfallen, *das; (of table, chair)* Zusammenbruch, *der;* **c)** *(fig.: failure)* Zusammenbruch, *der; (of negotiations, plans, hopes)* Scheitern, *das; (of civilization, empire, society, system)* Zerfall, *der; (of prices, currency)* Sturz, *der.* **2.** *v.i.* **a)** ⟨*Person:*⟩ zusammenbrechen, *(Med.)* kollabieren; ⟨*Lunge, Gefäß, Kreislauf:*⟩ kollabieren; **his circulation ~d** er erlitt einen Kreislaufkollaps; **~ into tears** weinend zusammenbrechen; **~ with laughter** *(fig.)* sich vor Lachen kugeln; **b)** ⟨*Zelt:*⟩ in sich zusammenfallen; ⟨*Tisch, Stuhl:*⟩ zusammenbrechen; ⟨*Turm, Brücke, Gebäude, Mauer, Dach:*⟩ einstürzen; **c)** *(fig.: fail)* ⟨*Verhandlungen, Pläne, Hoffnungen:*⟩ scheitern; ⟨*Zivilisation, Reich, Gesellschaft, System:*⟩ zerfallen; ⟨*Geschäft, Unternehmen usw.:*⟩ zusammenbrechen, zugrunde gehen; ⟨*Traum:*⟩ zerbrechen; ⟨*Preise, Währung:*⟩ [zusammen]stürzen; **d)** *(fold down)* ⟨*Fernrohr, Spazierstock:*⟩ sich zusammenschieben lassen; ⟨*Regenschirm, Fahrrad, Tisch:*⟩ sich zusammenklappen lassen. **3.** *v.t.* zusammenklappen ⟨*Regenschirm, Fahrrad, Tisch*⟩; zusammenschieben ⟨*Fernrohr*⟩

**collapsible** [kə'læpsɪbl] *adj.* Klapp-, zusammenklappbar ⟨*Stuhl, Tisch, Fahrrad*⟩; Falt-, faltbar ⟨*Boot*⟩; zusammenschiebbar ⟨*Fernrohr*⟩; **it is ~:** es läßt sich zusammenklappen/falten/zusammenschieben

**collar** ['kɒlə(r)] **1.** *n.* **a)** Kragen, *der;* **with ~ and tie** mit Krawatte; **[surgical] ~:** Halsmanschette, *die;* **hot under the ~** *(fig.) (embarrassed)* verlegen; *(angry)* wütend; **b)** *(for dog)* [Hunde]halsband, *das;* Halsung, *die (Jagdw.);* **c)** *(for horse)* Kumt, *das;* Kummet, *das;* **d)** *(on bolt, pipe, etc.)* Bund, *der.* **2.** *v. t.* **a)** *(seize)* am Kragen kriegen *(ugs.);* schnappen *(ugs.);* **b)** *(sl.: appropriate)* sich *(Dat.)* unter den Nagel reißen *(salopp);* klemmen *(salopp)*

**collar: ~-bone** *n. (Anat.)* Schlüsselbein, *das;* **~-button** *n.* **a)** *(Brit.)* Hemd[en]knopf, *der;* **b)** *(Amer.: stud)* Kragenknopf, *der;* **~-stud** *n. (esp. Brit.)* Kragenknopf, *der*

**collate** [kə'leɪt] *v. t.* **a)** *(Bibliog.: compare)* kollationieren *(Buchw.)* ⟨*Manuskripte, Druckbögen*⟩; **~ a copy with the original** eine Abschrift mit dem Original vergleichen; **b)** *(put together)* zusammenstellen ⟨*Daten, Beweismaterial*⟩

**collateral** [kə'lætərl] **1.** *adj.* **a)** *(subordinate)* nebensächlich ⟨*Dinge, Themen*⟩; *(contributory)* **~ evidence** zusätzliches Beweismaterial; **b) ~ relatives** Verwandte einer Seitenlinie. **2.** *n.* **a)** *(person)* Kollateralverwandte, *der/die (veralt.)* **b)** *(property pledged as guarantee)* **~ [security]** Sicherheiten *Pl.*

**collation** [kə'leɪʃn] *n.* **a)** Textvergleich, *der; (of book or set of sheets)* Kollationierung, *die (Buchw.);* **b)** *(light meal)* Imbiß, *der;* Kollation, *die (veralt., landsch.); (in RC Ch.)* Kollation, *die;* **cold ~:** kaltes Büfett

**collator** [kə'leɪtə(r)] *n. (Computing)* Mischer, *der*

**colleague** ['kɒli:g] *n.* Kollege, *der*/Kollegin, *die*

**¹collect** [kə'lekt] **1.** *v. i.* **a)** *(assemble)* sich versammeln; **b)** *(accumulate)* ⟨*Staub, Müll usw.:*⟩ sich ansammeln. **2.** *v. t.* **a)** *(assemble)* sammeln; aufsammeln ⟨*Müll, leere Flaschen usw.*⟩; **~ volunteers** Freiwillige zusammenbringen; **~ [up] one's belongings** seine Siebensachen *(ugs.)* zusammensuchen; **she ~ed a lot of praise/good marks** sie hat viel Lob/viele gute Noten eingeheimst *(ugs.);* **~ dust** Staub anziehen; **b)** *(coll.: fetch, pick up)* abholen ⟨*Menschen, Dinge*⟩; **~ a parcel from the post office** ein Paket bei *od.* auf der Post abholen; **~ sb. from the station** jmdn. am Bahnhof *od.* von der Bahn abholen; **c)** *(get from others)* eintreiben ⟨*Steuern, Zinsen, Schulden*⟩; [wohltätig] sammeln ⟨*Geld, Altkleider*⟩; kassieren ⟨*Miete, Fahrgeld*⟩; beziehen ⟨*Zahlungen, Sozialhilfe*⟩; einsammeln ⟨*Fahrkarten*⟩; **~ on delivery** *(Amer.)* per Nachnahme; **d)** *(as hobby)* sammeln ⟨*Münzen, Bücher, Briefmarken, Gemälde usw.*⟩; **e)** *(regain control of)* **~ one's wits/thoughts** seine Gedanken sammeln; **f)** *(coll. abs.: receive money)* abkassieren *(ugs.)* **(on** bei). **3.** *adj. (Amer.)* **a ~ telephone call** ein R-Gespräch; **a ~ telegram** ein Nachnahmetelegramm. **4.** *adv. (Amer.)* **send a message ~:** eine vom Empfänger zu bezahlende Nachricht senden; **pay for the goods ~:** die Ware bei Lieferung bezahlen; **he called New York ~:** er führte ein R-Gespräch nach New York

**²collect** ['kɒlekt] *n. (Eccl.)* Altargebet, *das;* Kollekte, *die (veralt.)*

**collected** [kə'lektɪd] *adj.* **a)** *(gathered)* gesammelt; **b)** *(calm)* gesammelt; gelassen

**collectedly** [kə'lektɪdlɪ] *adv.* gesammelt; gelassen

**collection** [kə'lekʃn] *n.* **a)** *(collecting)* Sammeln, *das; (of rent, fares)* Kassieren, *das; (of taxes, interest, debts)* Eintreiben, *das; (coll.: of goods, persons)* Abholen, *das;* **make** *or* **hold a ~ of old clothes** eine Altkleidersammlung durchführen; **b)** *(amount of money collected)* Sammlung, *die; (in church)* Kollekte, *die;* **take the ~:** einsammeln; **c)** *(of mail)* Abholung, *die; (from post-box)* Leerung, *die;* **d)** *(group collected) (of coins, books, stamps, paintings, etc.)* Sammlung, *die; (of fashionable clothes)* Kollektion, *die; (of people)* Ansammlung, *die;* **e)** *(accumulated quantity)* Ansammlung, *die*

**collective** [kə'lektɪv] **1.** *adj.* kollektiv *nicht präd.;* gesamt *nicht präd.;* **~ interests** gemeinsame Interessen; Gesamt- *od.* Kollektivinteressen; **~ leadership/responsibility** kollektive Führung/Verantwortung; **~ guilt** Kollektivschuld, *die;* **~ agreement** Tarifvertrag, *der.* **2.** *n.* **a)** Genossenschaftsbetrieb, *der;* **b)** *see* **collective noun**

**collective: ~ 'bargaining** *n.* Tarifverhandlungen *Pl.;* **~ 'farm** *n.* landwirtschaftliche Produktionsgenossenschaft, LPG, *die (bes. DDR);* Kolchose, *die*

**collectively** [kə'lektɪvlɪ] *adj.* gemeinsam; **work/act ~:** gemeinsam arbeiten/handeln

**collective: ~ 'noun** *n. (Ling.)* Kollektivum, *das;* Sammelbegriff, *der;* **~ 'ownership** *n.* Kollektiveigentum, *das* **(of** an + *Dat.*); Gemeineigentum, *das* **(of** an + *Dat.*); **~ se'curity** *n.* kollektive Sicherheit

**collectivism** [kə'lektɪvɪzm] *n.* Kollektivwirtschaft, *die; (doctrine)* Kollektivismus, *der*

**collector** [kə'lektə(r)] *n.* **a)** *(of stamps, coins, etc.)* Sammler, *der*/Sammlerin, *die; (of taxes)* Einnehmer, *der*/Einnehmerin, *die; (of rent, cash)* Kassierer, *der*/Kassiererin, *die; (of jumble)* Abholer, *der*/Abholerin, *die; see also* **ticket-collector; b)** *(of electric train)* Stromabnehmer, *der*

**collector: ~'s item, ~'s piece** *ns.* Liebhaberstück, *das;* Sammlerstück, *das*

**colleen** [kɒ'li:n] *n. (Ir.)* [junges] Mädel

**college** ['kɒlɪdʒ] *n.* **a)** *(esp. Brit.: independent corporation in university)* College, *das;* **b)** *(small university)* [private] Hochschule; **c)** *(place of further education)* Fach[hoch]schule, *die;* **military/naval ~:** Militär-/Marineakademie; **go to ~** *(esp. Amer.)* studieren; **start ~** *(esp. Amer.)* sein Studium aufnehmen; **d)** *(esp. Brit.: school)* Internatsschule, *die;* Kolleg, *das;* **e)** *(of physicians, surgeons)* [Ärzte]kammer, *die; (of cardinals)* Kollegium, *das*

**College: ~ of 'Arms** *n. (esp. Brit:)* Heroldsamt, *das;* **~ of Edu'cation** Pädagogische Hochschule; *(for graduates)* Studienseminar, *das*

**collegiate** [kə'li:dʒət] *adj.* College⟨*leben, -system usw.*⟩; **Oxford has a ~ structure/is a ~ university** die Universität von Oxford ist nach dem Collegesystem organisiert

**collide** [kə'laɪd] *v. i.* **a)** *(come into collision)* zusammenstoßen **(with** mit); ⟨*Schiff:*⟩ kollidieren; **b)** *(be in conflict)* zusammenprallen; kollidieren

**collie** ['kɒlɪ] *n.* Collie, *der*

**collier** ['kɒlɪə(r)] *n.* **a)** *see* **coal-miner; b)** *(ship)* Kohlenschiff, *das*

**colliery** ['kɒljərɪ] *n.* Kohlengrube, *die*

**collision** [kə'lɪʒn] *n.* **a)** *(colliding)* Zusammenstoß, *der; (between ships)* Kollision, *die;* **come into ~:** zusammenstoßen; ⟨*Schiffe:*⟩ in Kollision geraten, kollidieren; **a head-on ~ of a car with a bus** *or* **between a car and a bus** ein Frontalzusammenstoß eines PKW mit einem Bus; **b)** *(fig.)* Konflikt, *der;* Kollision, *die;* **come into ~ with the law** in Konflikt mit dem Gesetz geraten

**col'lision course** *n. (lit. or fig.)* Kollisionskurs, *der;* **on a ~:** auf Kollisionskurs

**collocate** ['kɒləkeɪt] **1.** *v. t.* **a)** *(place together)* zusammenstellen; **b)** *(arrange)* [an]ordnen; **c)** *(put in a place)* aufführen; **d)** *(Ling.)* kombinieren, *(fachspr.)* kollokieren ⟨*Wörter*⟩. **2.** *v. i. (Ling.)* kollokieren

**collocation** [kɒlə'keɪʃn] *n.* Zusammenstellung, *die; (arrangement)* Anordnung, *die; (Ling.: of words)* Kollokation, *die*

**collocator** ['kɒləkeɪtə(r)] *n. (Ling.)* Kollokator, *der*

**colloid** ['kɒlɔɪd] *n. (Chem.)* Kolloid, *das*

**colloidal** [kə'lɔɪdl] *adj. (Chem.)* kolloid[al]

**colloquial** [kə'ləʊkwɪəl] *adj.* umgangssprachlich; **~ language** Umgangssprache, *die*

**colloquialism** [kə'ləʊkwɪəlɪzm] *n.* **a)** *(style)* Umgangssprache, *die;* **b)** *(a form)* umgangssprachlicher Ausdruck

**colloquially** [kə'ləʊkwɪəlɪ] *adv.* umgangssprachlich

**colloquium** [kə'ləʊkwɪəm] *n., pl.* **colloquia** [kə'ləʊkwɪə] Kolloquium, *das*

**colloquy** ['kɒləkwɪ] *n. (formal)* **a)** *no pl. (act of conversing)* Konversation, *die;* **b)** *(a conversation)* Unterhaltung, *die*

**collusion** [kə'lju:ʒn, kə'lu:ʒn] *n.* geheime Absprache; **act in ~ with sb.** mit jmdm. gemeinsame Sache machen

**collywobbles** ['kɒlɪwɒblz] *n. pl. (coll.) (feeling of apprehension)* flaues Gefühl *(ugs.)* [im Magen]; *(stomach-ache)* Bauchschmerzen *Pl.*

**Cologne** [kə'ləʊn] **1.** *pr. n.* Köln *(das).* **2.** *attrib. adj.* Kölner

**cologne** *see* **eau-de-Cologne**

**Colombia** [kə'lɒmbɪə] *pr. n.* Kolumbien *(das)*

**Colombian** [kə'lɒmbɪən] **1.** *adj.* kolumbianisch. **2.** *n.* Kolumbianer, *der*/Kolumbianerin, *die*

**¹colon** ['kəʊlən] *n.* Doppelpunkt, *der;* Kolon, *das (veralt.)*

**²colon** ['kəʊlən, 'kəʊlɒn] *n. (Anat.)* Grimmdarm, *der*

**colonel** [kɜ:nl] *n.* **a)** *(highest regimental officer)* Oberst, *der;* **b)** *(member of military junta)* Obrist, *der (abwertend). See also* **blimp a; chief 1 c**

**colonial** [kə'ləʊnɪəl] *adj.* **a)** *(of colony)* Kolonial-; kolonial; **~ empire** Kolonialreich, *das;* **C~ Office** *(Hist.)* Kolonialministerium, *das;* **b)** *(Amer.: of period of British colonies)* kolonial; Kolonial-; **~ architecture** Kolonialstil, *der*

**colonialism** [kə'ləʊnɪəlɪzm] *n.* Kolonialismus, *der*

**colonialist** [kə'ləʊnɪəlɪst] *n.* Kolonialist, *der*/Kolonialistin, *die; attrib.* kolonialistisch

**colonic** [kəʊ'lɒnɪk] *adj. (Med.)* Kolon-; des Grimmdarms *nachgestellt*

**colonisation, colonise** *see* **coloniz-**

**colonist** ['kɒlənɪst] *n.* Siedler, *der*/Siedlerin, *die;* Kolonist, *der*/Kolonistin, *die*

**colonization** [kɒlənaɪ'zeɪʃn] *n.* Kolonisation, *die;* Kolonisierung, *die*

**colonize** ['kɒlənaɪz] *v. t.* kolonisieren; besiedeln ⟨*unbewohntes Gebiet*⟩

**colonnade** [kɒlə'neɪd] *n. (Archit.)* Säulengang, *der;* Kolonnade, *die*

**colony** ['kɒlənɪ] *n.* Kolonie, *die;* **a ~ of artists/ants** eine Künstlerkolonie/ein Ameisenstaat

**colophon** ['kɒləfən] *n.* **a)** *(tailpiece)* Kolophon, *der;* **b)** *(on title-page)* Signet, *das*

**color** *(Amer.) see* **colour**

**Colorado beetle** [kɒlə'rɑ:dəʊ bi:tl] *n.* Kartoffelkäfer, *der;* Coloradokäfer, *der (fachspr.)*

**coloration** [kʌlə'reɪʃn] *n.* **a)** *(colouring)* Kolorierung, *die;* **b)** *(colour)* Färbung, *die*

**coloratura** [kɒlərə'tu:rə, kɒlərə'tju:rə] *n. (Mus.)* Koloratur, *die;* **~ soprano** Koloratursopran, *der*

**colored** *(Amer.) see* **coloured**

**colossal** [kə'lɒsl] *adj.* **a)** *(gigantic, huge)* ungeheuer; gewaltig ⟨*Bauwerk*⟩; **b)** *(of or like a colossus)* riesenhaft, kolossal ⟨*Mann, Statue*⟩; **c)** *(coll.: remarkable, splendid)* ungeheuer, *(veralt.)* kolossal ⟨*Irrtum, Glücksfall*⟩

**colossus** [kə'lɒsəs] *n., pl.* **colossi** [kə'lɒsaɪ] *or* **~es** Koloß, *der*

**colostomy** [kə'lɒstəmɪ] *n. (Med.)* Kolostomie, *die*

**colour** ['kʌlə(r)] *(Brit.)* **1.** *n.* **a)** Farbe, *die;* **primary ~s** Grundfarben *Pl.;* Primärfarben *Pl. (fachspr.);* **secondary ~s** Mischfarben *Pl.;* **what ~ is it?** welche Farbe hat es?; **see the ~ of sb.'s money** *(fig.)* Geld sehen *(ugs.);* **b)** *(Art, Her.)* Farbe, *die; (Art: colouring)* Farbe, *die;* Farbgebung, *die;* **a box of ~s** ein Mal- *od.* Tuschkasten; **c)** *(complexion)* [Gesichts]farbe, *die;* **change ~:** die Farbe ändern; *(go red/pale)* rot/blaß werden; **lose/gain ~:** Farbe verlieren/wieder Farbe bekommen; **get one's ~ back** wieder etwas Farbe kriegen; **bring the ~ back to sb.'s cheeks** jmdm. wieder Farbe geben; **he is/ feels/looks a bit off ~ today** ihm ist heute nicht besonders gut/er fühlt sich heute nicht besonders gut/er sieht heute nicht besonders gut aus; **have a high ~:** rot im Gesicht sein; ein rotes Gesicht haben; **d)** *(racial)* Hautfarbe, *die;* **e)** *usu. in pl. (appearance, aspect)* Farben *Pl.;* **appear in its true ~s** sich so zeigen, wie es wirklich ist; **see sth. in its true ~s** etw. so sehen, wie es wirklich ist; **f)** *(appearance of reasonableness)* **give** *or* **lend ~ to sth.** etw. glaubhaft *od.* glaubwürdig erscheinen lassen; **g)** *(character, tone, quality, etc.)* Charakter, *der;* Gepräge, *das; (aspect, appearance)* Anstrich, *der;* **add ~ to a story** einer Erzählung Farbe *od.* Kolorit geben; **local ~:** Lokalkolorit, *das;* **h)** *in pl. (ribbon, dress, etc., worn as symbol of party, club, etc.)* Farben *Pl.;* **get** *or* **win one's ~s** *(Brit. Sport)* als Vollmitglied aufgenommen werden; **give sb. his ~s** *(Brit. Sport)* jmdn. als Vollmitglied aufnehmen; **show one's [true] ~s** *or* **oneself in one's true ~s** *(fig.)* sein wahres Gesicht zeigen; **i)** *in pl. (national flag)* Farben *Pl.;* **j)** *(flag)* Fahne, *die; (of ship)* Flagge, *die;* **Queen's/King's/ regimental ~:** Regimentsfahne, *die;* **serve with the ~s** *(Hist.)* der Fahne dienen *(veralt.);* **join the ~s** *(Hist.)* den bunten Rock anziehen *(veralt.);* **come off/pass with flying ~s** *(fig.)* glänzend abschneiden; **nail one's ~s to the mast** *(fig.)* Farbe bekennen; sich zu seiner Überzeugung bekennen; **lower one's ~** *(fig.)* zurückstecken; **sail under false ~s** *(fig.)* unter falscher Flagge segeln; **k)** *(Mus.) (timbre, quality)* Klangfarbe, *die. See also* **troop 3. 2.** *v. t.* **a)** *(give ~ to)* Farbe geben (+ *Dat.*); **b)** *(paint)* malen; **~ in** ausmalen ⟨*Bild, Figur*⟩; **~ a wall red** eine Wand rot anmalen; **c)** *(stain, dye)* färben ⟨*Material, Stoff*⟩; **d)** *(disguise)* verstecken; **e)** *(misrepresent)* [schön]färben ⟨*Nachrichten, Bericht*⟩; **f)** *(fig.: influence)* beeinflussen. **3.** *v. i.* **a)** ⟨*Blätter, Trauben:*⟩ sich verfärben; **b)** *(blush)* **~ [up]** erröten; rot werden

**colouration** *(Brit.) see* **coloration**

**colour: ~ bar** *n.* Rassenschranke, *die;* **~-blind** *adj.* farbenblind; **a ~-blind person** ein Farbenblinder/eine Farbenblinde; **~-blindness** *n.* Farbenblindheit, *die;* **~ code** *n.* Farbkennzeichnung, *die;* **~-coded** *adj.* mit Farbkennzeichnung *nachgestellt*

**coloured** ['kʌləd] *(Brit.)* **1.** *adj.* **a)** farbig; **yellow-/green-~** gelb/grün; **~ paper** *(for printing or wrapping)* farbiges Papier; *(for making designs)* Buntpapier, *das;* **~ pencil** Farbstift, *der;* **b)** *(of non-white descent)* farbig; **~ people** Farbige *Pl.;* **c)** *(S. Afr.: of mixed descent)* gemischtrassig; gemischtrassisch; **~ people** Mischlinge *Pl..* **2.** *n.* **a)** Farbige, *der/die;* **b)** *(S. Afr.: person of mixed descent)* Mischling, *der*

**colour: ~-fast** *adj.* farbecht; **~ film** *n.* Farbfilm, *der*

**colourful** ['kʌləfl] *adj. (Brit.)* bunt; farbenfroh, bunt ⟨*Bild, Schauspiel*⟩; farbig, anschaulich ⟨*Sprache, Stil, Bericht*⟩; buntbewegt ⟨*Zeitepoche, Leben*⟩

**colourfully** ['kʌləfəlɪ] *adv. (Brit.)* bunt; **~ dressed/striped/painted** buntgekleidet/-gestreift/-bemalt *attr.*

**colouring** ['kʌlərɪŋ] *n. (Brit.)* **a)** *(action)* Malen, *das;* **~ 'in** Ausmalen, *das;* **b)** *(colours)* Farben *Pl.;* **c)** *(facial complexion)* Teint, *der;* **d) ~ [matter]** *(in food etc.)* Farbstoff, *der*

**colouring-book** *n.* Malbuch, *das*

**colourless** ['kʌləlɪs] *adj. (Brit.)* **a)** *(without colour)* farblos ⟨*Flüssigkeit, Gas*⟩; *(pale)* blaß ⟨*Teint*⟩; *(dull-hued)* grau, düster ⟨*Bild, Stoff, Himmel, Meer*⟩; **b)** *(fig.)* farblos, langweilig ⟨*Geschichte, Schilderung, Stil*⟩; unauffällig ⟨*Person*⟩

**colour: ~ magazine** *see* **~ supplement; ~ photograph** *n.* Farbfotografie, -aufnahme, *die;* **~ photography** *n.* Farbfotografie, *die;* **~ printing** *n.* Farbdruck, *der;* **~ scheme** *n.* Farb[en]zusammenstellung, *die;* **~-sergeant** *n. (Mil.)* ≈ Hauptfeldwebel, *der;* **~ supplement** *n.* Farbbeilage, *die;* **~ television** *n.* Farbfernsehen, *das; (set)* Farbfernsehgerät, *das;* **~ transparency** *n.* Farbdia, *das*

**colt** [kəʊlt] *n.* **a)** [Hengst]fohlen, *das; (player in junior team)* Fohlen, *das;* **b)** *(inexperienced person) (girl)* Küken, *das (ugs.); (boy)* junger Dachs *(ugs.) od.* Springer *(ugs.)*

**coltsfoot** ['kəʊltsfʊt] *n., pl.* **~s** *(Bot.)* Huflattich, *der*

**columbine** ['kɒləmbaɪn] *n. (Bot.)* Akelei, *die*

**Columbus** [kə'lʌmbəs] *pr. n.* Kolumbus *(der)*

**column** ['kɒləm] *n.* **a)** Säule, *die;* **b)** *(in machine)* Ständer, *der; (of tripod)* Säule, *die;* **c)** *(of liquid, vapour, etc.)* Säule, *die;* **~ of mercury/smoke** Quecksilber-/Rauchsäule, *die;* **d)** *(division of page, table, etc.)* Spalte, *die;* Kolumne, *die;* **a ~ of figures** eine Zahlenkolonne; **in two ~s** zweispaltig; **e)** *(in newspaper)* Spalte, *die;* Kolumne, *die;* **the sports ~:** der Sportteil; **the gossip ~:** die Klatschspalte *(ugs. abwertend);* **f)** *(of troops, vehicles, ships)* Kolonne, *die;* **dodge the ~** *(fig. coll.)* sich drücken *(ugs.);* **g)** *(Amer.: party, faction)* Lager, *das*

**columnar** [kə'lʌmnə(r)] *adj.* säulenförmig

**'column-inch** *n.* **advertisement of two ~es** ≈ Anzeige von 50 Millimeterzeilen

**columnist** ['kɒləmɪst] *n.* Kolumnist, *der*/Kolumnistin, *die;* **radio ~:** Rundfunkkommentator, *der*/-kommentatorin, *die*

**coma** ['kəʊmə] *n.* **a)** *(Med.)* Koma, *das;* **be in a ~:** im Koma liegen; **go into a ~:** ins Koma fallen; **b)** *(fig.: torpor)* Dämmerzustand, *der*

**comb** [kəʊm] **1.** *n.* **a)** *(also as tech. term)* Kamm, *der; (curry-~)* Striegel, *der;* **b)** *(action)* **give one's hair a ~:** sich *(Dat.)* die Haare kämmen; **c)** *(honey~)* Wabe, *die.* **2.** *v. t.* **a)** kämmen ⟨*Haare, Flachs, Wolle*⟩; **~ sb.'s/one's hair** jmdm./sich die Haare kämmen; jmdn./sich kämmen; **~ sth. out of sb.'s hair** jmdm. etw. aus den Haaren kämmen; **b)** *(curry)* striegeln ⟨*Pferd*⟩; **c)** *(search)* durchkämmen ⟨*Gelände, Wald*⟩

**~ 'out** *v. t.* **a)** auskämmen ⟨*Haare*⟩; **b)** *(separate for removal)* aussortieren; **c)** *(search)* durchkämmen; durchforsten

**combat** ['kɒmbæt] **1.** *n.* Kampf, *der;* **single ~:** Einzelkampf, *der; (duel)* Zweikampf, *der.* **2.** *v. t. (fig.: strive against)* bekämpfen. **3.** *v. i. (engage in battle or contest)* kämpfen

**'combat aircraft** *n.* Kampfflugzeug, *das*

**combatant** ['kɒmbətənt] **1.** *adj.* zur Kampftruppe gehörend. **2.** *n. (in war)* Kombattant, *der; (in duel)* Kämpfer, *der*

**combat: ~ dress** *n.* Kampfanzug, *der;* **~ fatigue** *n.* Frontneurose, *die*

**combative** ['kɒmbətɪv] *adj.,* **combatively** ['kɒmbətɪvlɪ] *adv.* streitlustig

**combativeness** ['kɒmbətɪvnɪs] *n., no pl.* Streitlust, *die*

**combe** *(Brit.) see* **coomb**

**combed** [kəʊmd] *adj.* gekämmt

**comber** ['kəʊmə(r)] *n. (wave, breaker)* Sturzwelle, *die*

**combination** [kɒmbɪ'neɪʃn] *n.* **a)** Kombination, *die;* **b)** *(Chem.)* Verbindung, *die;* **c)** *(Brit. Motor Veh.)* Motorrad mit Beiwagen; **d)** *in pl. (dated Brit.: undergarment)* Kombination, *die (veralt.);* Hemdhose, *die (veralt.)*

**combi'nation lock** *n.* Kombinationsschloß, *das*

**combine 1.** [kəm'baɪn] *v. t.* **a)** *(join together)* kombinieren; zusammenfügen **(into** zu); vereinigen ⟨*Städte*⟩; **b)** *(possess together)* vereinigen; in sich *(Dat.)* vereinigen ⟨*Eigenschaften*⟩; **c)** *(cause to coalesce)* verbinden ⟨*Substanzen*⟩. **2.** *v. i.* **a)** *(join together, coalesce)* ⟨*Stoffe:*⟩ sich verbinden; **b)** *(cooperate)* zusammenwirken; ⟨*Parteien:*⟩ sich zusammentun. **3.** ['kɒmbaɪn] *n.* **a)** Konzern, *der; (in socialist economy)* Kombinat, *das;* **b)** *(machine)* **~ [harvester]** Mähdrescher, *der;* Kombine, *die*

**combined** [kəm'baɪnd] *adj.* vereint; **a ~ operation** eine gemeinsame Operation

**combings** ['kəʊmɪŋz] *n. pl.* ausgekämmte Haare

**combining form** [kəm'baɪnɪŋ fɔ:m] *n. (Ling.)* Wortbildungselement, *das*

**combo** ['kɒmbəʊ] *n., pl.* **~s** Combo, *die*

**combust** [kəm'bʌst] *v. t.* verbrennen

**combustible** [kəm'bʌstɪbl] *adj.* **a)** brennbar; **b)** *(fig.)* entflammbar; erregbar

**combustion** [kəm'bʌstʃn] *n.* Verbrennung, *die;* **~ chamber** *(Mech. Engin.) (of jet engine)* Brennkammer, *die; (of internal-combustion engine)* Verbrennungsraum, *der*

**come** [kʌm] **1.** *v. i.,* **came** [keɪm], **come** [kʌm] **a)** *(start or move towards or to sth. or sb.)* kommen; **~ here!** komm [mal] her!; **[I'm] coming!** [ich] komme schon!; **~ running** angelaufen kommen; **~ running into the room** ins Zimmer gerannt kommen; **~ laughing into the room** lachend ins Zimmer kommen; **not know whether** *or* **if one is coming or going** nicht wissen, wo einem der Kopf steht; **~, ~!** aber ich bitte dich!; **~ [now]!** *(fig.) (encouraging)* komm!; *(don't be hasty)* [also] komm! *(ugs.);* **b)** *(arrive at a place)* kommen; **they came to a house/town** sie kamen zu einem Haus/in eine Stadt; **he has just ~ from school/America** er ist gerade aus der Schule/aus Amerika gekommen; **let 'em all ~!, ~ one ~ all** *(coll.)* sollen sie doch alle kommen!; **~ and see me soon** besuchen Sie mich bald einmal!; **the news came as a surprise** die Nachricht kam überraschend; **Christmas/Easter is coming** bald ist Weihnachten/Ostern; **c)** *(traverse)* kommen; **he has ~ a long way** er kommt von weit her; **the project has ~ a long way** *(fig.)* das Projekt ist schon weit gediehen; **d)** *(be brought)* kommen; **~ to sb.'s notice** *or* **attention/knowledge** jmdm. auffallen/zu Ohren kommen; **e)** *(enter)* kommen; **the train came into the station** der Zug fuhr in den Bahnhof ein; **f)** *(occur)* kommen; *(in list etc.)* stehen; **the adjective ~s before the noun** das Adjektiv steht vor dem Substantiv; **g)** *(become, be)* **the shoe-laces have ~ undone** die Schnürsenkel sind aufgegangen; **the handle has ~ loose** der Griff ist lose; **it ~s cheaper to buy things in bulk** es ist *od. (ugs.)* kommt billiger, en gros einzukaufen; **it all came right in the end** es ging alles gut aus; **it will all ~ right in the end** es wird schon alles gutgehen; **it ~s easily/naturally to him** das fällt ihm leicht; **what you say ~s to this: ...:** was du sagst, läuft auf Folgendes hinaus: ...; **when it ~s to cooking** wenn es ums Kochen geht; **~ to that, if it ~s to that** wenn es darum geht; **~ to oneself** zu sich selbst kommen; **have ~ to believe/realize that ...:** zu der Überzeugung/Einsicht gelangt sein, daß ...; **we came to know him better** wir lernten ihn allmählich *od.* nach und nach besser kennen; **h)** *(become present)* kommen; **in the coming week/month** kommende Woche/kommenden Monat; **be a**

**coming man** der kommende Mann sein; **this coming Christmas** Weihnachten dieses Jahr; **she had it coming to her** das hat sie sich *(Dat.)* selbst zu verdanken *(iron.)*; **you've got it coming to you if you go on behaving like that** du kannst dich auf was gefaßt machen, wenn du so weitermachst *(ugs.)*; **i) to ~** *(future)* künftig; **in years to ~:** in künftigen Jahren; **for some time to ~:** [noch] für einige Zeit; **j)** *(be left or willed)* **he has a lot of money coming to him** er erbt einmal viel Geld; **the farm came to him on his father's death** beim Tod seines Vaters bekam er den Hof; **k)** *(be result)* kommen; **that's what ~s of grumbling** das kommt vom Schimpfen; **nothing came of it** es ist nichts daraus geworden; **~ of noble parents** aus adligem Elternhaus stammen; **the suggestion came from him** der Vorschlag war *od.* stammte von ihm; **l)** *(reach, extend)* **the motorway ~s within 10 miles of us** die Autobahn ist nur zehn Meilen von uns entfernt; **m)** *(happen)* **how ~s it that you ...?** wie kommt es, daß du ...?; **how did you ~ to break your leg?** wie hast du dir denn das Bein gebrochen?; **how ~?** *(coll.)* wieso?; weshalb?; **~ what may** komme, was wolle *(geh.)*; ganz gleich, was kommt; **n)** *(be available)* ⟨*Waren:*⟩ erhältlich sein; **this dress ~s in three sizes** dies Kleid gibt es in drei Größen *od.* ist in drei Größen erhältlich; **as tough/clever/stupid as they ~:** zäh/schlau/dumm wie sonstwas *(ugs.)*; **o)** *(sl.: play a part)* **~ the bully with sb.** bei jmdm. den starken Mann markieren *(salopp)*; **don't ~ the innocent with me** spiel mir nicht den Unschuldsengel vor! *(ugs.)*; **don't ~ that game with me** komm mir bloß nicht mit dieser Tour *od.* Masche! *(salopp)*; **~ it strong** [es] übertreiben; **~ it too strong** zu dick auftragen *(ugs.)*; **p) ~ [next] Friday/next week** [nächsten] Freitag/nächste Woche; **it's two years ~ Christmas since we were divorced** Weihnachten sind wir zwei Jahre geschieden; **q)** *(sl.: have orgasm)* kommen *(salopp)*. **2.** *n. (sl.: semen)* Soße, *die (derb)*

**~ a'bout** *v. i.* **a)** passieren; **how did it ~ about that ...?** wie kam es, daß ...?; **b)** *(Naut.)* wenden

**~ across 1.** [--'-] *v. i.* **a)** *(be understood)* ⟨*Bedeutung:*⟩ verstanden werden; ⟨*Mitteilung, Rede:*⟩ ankommen *(ugs.)*, rüberkommen *(salopp)*; **b)** *(coll.: make an impression)* wirken (**as** wie); **he always wants to ~ across as a tough guy** er will immer den harten Burschen mimen *(ugs.)*; **c) ~ across with** *(coll.: give, hand over)* rausrücken *(ugs.)* ⟨*Geld, Schlüssel*⟩; rausrücken mit *(ugs.)* ⟨*Informationen*⟩. **2.** ['---] *v. t.* **~ across sb./sth.** jmdm./einer Sache begegnen; **have you ~ across my watch?** ist dir meine Uhr begegnet? *(ugs.)*

**~ a'long** *v. i. (coll.)* **a)** *(hurry up)* **~ along!** komm/kommt!; nun mach/macht schon! *(ugs.)*; **b)** *(try harder)* **~ along, now!** nun überleg aber mal!; **c)** *(make progress)* **~ along nicely** gute Fortschritte machen; **her maths is coming along nicely** in Mathematik macht sie recht gute Fortschritte *od.* kommt sie recht gut voran; **d)** *(arrive, present oneself/itself)* ⟨*Person:*⟩ ankommen; ⟨*Gelegenheit, Stelle:*⟩ sich bieten; **he'll take any job that ~s along** er nimmt jeden Job, der sich ihm bietet; **e)** *(to place)* mitkommen (**with** mit)

**~ at** *v. t.* **a)** herausfinden ⟨*Tatsachen, Wahrheit*⟩; **b)** *(attack)* losgehen auf (+ *Akk.*); **he came at me with a knife** er ging mit einem Messer auf mich los

**~ a'way** *v. i.* **a)** weggehen; **b)** *(become detached)* sich lösen (**from** von); abgehen *(ugs.)* (**from** von); **c)** *(be left)* **~ away with the impression/feeling that ...:** mit dem Eindruck/Gefühl gehen, daß ...

**~ 'back** *v. i.* **a)** *(return)* zurückkommen; ⟨*Gedächtnis, Vergangenes:*⟩ wiederkehren; **b)** *(return to memory)* **it will ~ back [to me]** es wird mir wieder einfallen; **c) ~ back [into fashion]** wiederkommen; wieder in Mode kommen; **d)** *(retort)* **~ back at sb. with sth.** jmdm. etw. entgegnen; **the team came back strongly** die Mannschaft spielte glänzend auf. *See also* **come-back**

**~ between** *v. t.* treten zwischen (+ *Akk.*)

**~ by 1.** ['--] *v. t. (obtain, receive)* kriegen *(ugs.)*; bekommen; **was the money honestly ~ by?** ist das Geld auf ehrliche Weise erworben worden? **2.** [-'-] *v. i.* vorbeikommen

**~ 'down** *v. i.* **a)** *(collapse)* herunterfallen; runterfallen *(ugs.)*; *(fall)* ⟨*Schnee, Regen, Preis:*⟩ fallen; **the beams came down on my head** die Balken fielen mir auf den Kopf; **b)** *(~ to place regarded as lower)* herunterkommen; runterkommen *(ugs.)*; *(~ southwards)* runterkommen *(ugs.)*; **c)** *(leave university)* **~ down [from Oxford]** sein Studium [in Oxford] abschließen; **when he came down [from Oxford] he got married** als er sein Studium [in Oxford] abgeschlossen hatte, heiratete er; **d)** *(land)* [not]landen; *(crash)* abstürzen; **~ down in a field** auf einem Acker [not]landen/auf einen Acker stürzen; **e)** *(be transmitted)* ⟨*Sage, Brauch:*⟩ überliefert werden; **f) ~ down to** *(reach)* reichen bis; **g) ~ down to** *(be reduced to)* hinauslaufen auf (+ *Akk.*); **h) ~ down to** *(be a question of)* ankommen (**to** auf + *Akk.*); **i)** *(be reduced; suffer change for the worse)* angewiesen sein (**to** auf + *Akk.*); **she has ~ down in the world** sie hat einen Abstieg erlebt; **j)** *(make a decision)* **~ down in favour of sb./sth.** sich zu gunsten jmds./einer Sache entscheiden; **~ down on the side of sb./sth.** sich für jmdn./etw. einsetzen; **k) ~ down on** *(rebuke, pounce on)* fertigmachen *(ugs.)*; **~ down on sb. for sth.** jmdn. wegen etw. rankriegen *(ugs.)*; **l) ~ down with** bekommen ⟨*Krankheit*⟩. *See also* **come-down; earth 1 a**

**~ 'forth** *v. i.* herauskommen

**~ 'in** *v. i.* **a)** *(enter)* hereinkommen; reinkommen *(ugs.)*; **~ in!** herein!; **this is where we came in** *(fig.)* wie gehabt; **b)** ⟨*Flut:*⟩ kommen; **c)** *(be received)* ⟨*Nachrichten, Bericht:*⟩ hereinkommen; **d)** *(in radio communication)* melden; **C~ in, Tom, ~ in, Tom. Over** Tom melden, Tom melden. Ende; **e)** *(make next contribution to discussion etc.)* sich einschalten; **would you like to ~ in here, Mr Brown?** würden Sie bitte an dieser Stelle fortfahren, Mr. Brown?; **f)** *(become fashionable)* in Mode kommen; aufkommen; **g)** *(become seasonable or available)* reinkommen *(ugs.)*; *see also* **handy b; h)** *(gain power, be elected)* an die Regierung kommen; ans Ruder kommen *(ugs.)*; rankommen *(ugs.)*; **i)** *(take specified place in race)* einlaufen als *od.* durchs Ziel gehen als ⟨*erster usw.*⟩; **j)** *(as income)* ⟨*Geld:*⟩ hereinkommen; reinkommen *(ugs.)*; **k)** *(find a place; have a part to play)* **where do I ~ in?** welche Rolle soll ich spielen?; **~ in on sth.** sich an etw. *(Dat.)* beteiligen; **l) ~ in for** erregen ⟨*Bewunderung, Aufmerksamkeit*⟩; auf sich *(Akk.)* ziehen, hervorrufen ⟨*Kritik*⟩

**~ into** *v. t.* **a)** *(enter)* hereinkommen in (+ *Akk.*); ⟨*Zug:*⟩ einfahren in ⟨*Bahnhof*⟩; ⟨*Schiff:*⟩ einlaufen in ⟨*Hafen*⟩; **b)** *(inherit)* erben ⟨*Vermögen*⟩; **c)** *(play a part)* **wealth does not ~ into it** Reichtum spielt dabei keine Rolle; **where do I ~ into it?** welche Rolle soll ich [dabei] spielen?

**~ near** *v. t.* **~ near [to] doing sth.** drauf und dran sein, etw. zu tun *(ugs.)*; **he came near [to] committing suicide** er war kurz davor, sich das Leben zu nehmen

**~ off 1.** [-'-] *v. i.* **a)** *(become detached)* ⟨*Griff, Knopf:*⟩ abgehen; *(be removable)* sich abnehmen lassen; ⟨*Fleck:*⟩ weg-, rausgehen *(ugs.)*; **b)** *(fall from sth.)* runterfallen; **c)** *(emerge from contest etc.)* abschneiden; **d)** *(succeed)* ⟨*Pläne, Versuche:*⟩ Erfolg haben, *(ugs.)* klappen; **the play/experiment/marriage/holiday didn't ~ off** das Stück war kein Erfolg/das Experiment war erfolglos/die Ehe/der Urlaub war ein Reinfall *(ugs.)*; **e)** *(take place)* stattfinden; **their marriage/holiday did not ~ off** aus ihrer Hochzeit/ihrem Urlaub wurde nichts; **f)** *(coll.: have orgasm)* kommen *(salopp)*. **2.** *v. t.* **~ off a horse/bike** vom Pferd/Fahrrad fallen; **~ 'off it!** *(coll.)* nun mach mal halblang! *(ugs.)*

**~ on 1.** [-'-] *v. i.* **a)** *(continue coming, follow)* kommen; **~ on!** komm, komm/kommt, kommt!; *(encouraging)* na, komm; *(impatient)* na, komm schon; *(incredulous)* ach komm!; **I'll ~ on later** ich komme später nach; **b)** *(make progress)* **my work is coming on very well** meine Arbeit macht gute Fortschritte; mit meiner Arbeit geht es gut voran; **c)** *(begin to arrive)* ⟨*Nacht, Dunkelheit, Winter:*⟩ anbrechen; **the rain came on, it came on to rain** es begann zu regnen; **he thought he had a cold coming on** er glaubte, eine Erkältung zu kriegen; **d)** *(be heard or seen on television etc.)* gegeben werden; **the film/opera** *etc.* **doesn't ~ on till 8 o'clock** der Film/die Oper *usw.* ist erst um 8 Uhr; **e)** *(appear on stage or scene)* auftreten. *See also* **come-on. 2.** ['--] *v. t. see* **~ upon**

**~ 'out** *v. i.* **a)** herauskommen; **~ out [on strike]** in den Streik treten; **b)** *(emerge from examination etc.)* **~ out top/second/bottom** am besten/zweitbesten/schlechtesten abschneiden; **c)** *(appear, become visible)* ⟨*Sonne, Knospen, Blumen:*⟩ herauskommen, *(ugs.)* rauskommen; ⟨*Sterne:*⟩ zu sehen sein; **d)** *(be revealed)* ⟨*Wahrheit, Nachrichten:*⟩ herauskommen, *(ugs.)* rauskommen; **the results came out negative** die Resultate waren negativ; **the answer came out wrong** das Ergebnis war falsch; **e)** *(be published, declared, etc.)* herauskommen; rauskommen *(ugs.)*; ⟨*Ergebnisse, Zensuren:*⟩ bekanntgegeben werden; **f)** *(be solved)* ⟨*Aufgabe, Rätsel:*⟩ sich lösen lassen; **g)** *(make début)* debütieren; **h)** *(be released from prison)* rauskommen *(ugs.)*; herauskommen; **i)** *(declare oneself)* **~ out for** *or* **in favour of sth.** sich für etw. aussprechen; etw. befürworten; **~ out against sth.** sich gegen etw. aussprechen; **j)** ⟨*Homosexuelle[r]:*⟩ sich öffentlich zu seiner Homosexualität bekennen; **k)** *(be satisfactorily visible)* herauskommen; **you have ~ out very well in all of these photos** du bist auf allen Fotos gut getroffen; **the photo has not ~ out** das Foto ist nichts geworden; **l)** *(be covered)* **his face came out in pimples** er bekam im ganzen Gesicht Pickel; **she came out in a rash** sie bekam einen Ausschlag; **m)** *(be removed)* ⟨*Fleck, Schmutz:*⟩ rausgehen *(ugs.)*; **n) ~ out with** herausrücken mit *(ugs.)* ⟨*Wahrheit, Fakten*⟩; loslassen *(ugs.)* ⟨*Flüche, Bemerkungen*⟩

**~ 'over 1.** *v. i.* **a)** *(~ from some distance)* herüberkommen; **b)** *(change sides or opinions)* **~ over to sb./sth.** sich jmdm./einer Sache anschließen; **c)** *see* **~ across 1 b; d) she came over funny/dizzy** ihr wurde auf einmal ganz komisch/schwindlig *(ugs.)*; **he came over faint** ihm wurde plötzlich schwarz vor [den] Augen. **2.** *v. t. (coll.)* kommen über (+ *Akk.*); **what has ~ 'over him?** was ist über ihn gekommen?

**~ 'round** *v. i.* **a)** *(make informal visit)* vorbeischauen; **b)** *(recover)* wieder zu sich kommen; **c)** *(be converted)* es sich [anders] *(Dat.)* überlegen; **he came round to my way of thinking** er hat sich meiner Auffassung *(Dat.)* angeschlossen; **d)** *(recur)* **Christmas ~s round again** wir haben wieder Weihnachten

**~ 'through 1.** *v. i.* durchkommen. **2.** *v. t.* *(survive)* überleben

**~ to 1.** ['--] *v. t.* **a)** *(amount to)* ⟨*Rechnung,*

*Gehalt, Kosten:*⟩ sich belaufen auf (+ *Akk.*); **his plans came to nothing** aus seinen Plänen wurde nichts; **he/it will never ~ to much** aus ihm wird nichts Besonderes werden/daraus wird nicht viel; **b)** *(inherit)* erben ⟨*Vermögen*⟩; **~ to oneself** *see* **2; c)** *(arrive at)* **what is the world coming to?** wohin ist es mit der Welt gekommen?; **this is what he has ~ to** so weit ist es also mit ihm gekommen. **2.** [-'-] *v.i.* wieder zu sich kommen

**~ to'gether** *v.i.* ⟨*Menschen:*⟩ zusammenkommen; ⟨*Ereignisse:*⟩ zusammenfallen

**~ under** *v.t.* **a)** *(be classed as or among)* kommen unter (+ *Akk.*); **b)** *(be subject to)* geraten *od.* kommen unter (+ *Akk.*); **these shops have ~ under new management** diese Läden stehen unter neuer Leitung

**~ 'up** *v.i.* **a)** *(~ to place regarded as higher)* hochkommen; heraufkommen; *(~ northwards)* raufkommen *(ugs.)*; **he ~s up to London every other weekend** er kommt jedes zweite Wochenende nach London; **b)** *(join university)* **~ up [to Cambridge]** sein Studium [in Cambridge] beginnen; **c) ~ up to sb.** *(approach for talk)* auf jmdn. zukommen; **d) ~ up with sb.** *(get abreast)* jmdn. einholen; **e)** *(arise out of ground)* herauskommen; rauskommen *(ugs.)*; **f)** *(be discussed)*⟨*Frage, Thema:*⟩ angeschnitten werden, aufkommen; ⟨*Name:*⟩ genannt werden; ⟨*Fall:*⟩ verhandelt werden; **g)** *(present itself)* sich ergeben; **~ up for sale/renewal** zum Kauf angeboten werden/erneuert werden müssen; **coming up** *(coll.: sth. is nearly ready)* kommt gleich; **h) ~ up to** *(reach)* reichen bis an (+ *Akk.*); *(be equal to)* entsprechen (+ *Dat.*) ⟨*Erwartungen, Anforderungen*⟩; **i) ~ up against sth.** *(fig.)* auf etw. *(Akk.)* stoßen; **j) ~ up with** vorbringen ⟨*Vorschlag*⟩; wissen ⟨*Lösung, Antwort*⟩; haben ⟨*Erklärung, Idee*⟩; geben, liefern ⟨*Informationen*⟩

**~ upon** *v.t.* **a)** *(attack)* kommen über (+ *Akk.*); **disaster/war came upon them** Unheil/Krieg kam über sie *(geh.) od.* brach über sie herein *(geh.)*; **b)** *(meet by chance)* begegnen (+ *Dat.*)

**~ with** *v.t. (be supplied together with)* **this model ~s with ...:** zu diesem Modell gehört ...

**'come-back** *n.* **a)** *(return to profession etc.)* Comeback, *das;* **b)** *(sl.: retort)* Reaktion, *die;* **I got an immediate ~ from him that ...:** er entgegnete mir darauf sofort, daß ...; **c)** *(means of redress)* **have no ~:** [etw.] nicht beanstanden können

**comedian** [kə'mi:dıən] *n.* Komiker, *der*

**comedienne** [kəmi:dı'en, kəmedı'en] *n.* Komikerin, *die*

**'come-down** *n. (loss of prestige etc.)* Abstieg, *der*

**comedy** ['kɒmıdı] *n.* **a)** *(Theatre)* Lustspiel, *das;* Komödie, *die;* **b)** *(humorous incident in life)* komischer Vorfall; **a ~ of errors** eine einzige Kette komischer Irrtümer; **c)** *(humour)* Witz, *der;* Witzigkeit, *die*

**come-'hither** *attrib. adj.* einladend

**comeliness** ['kʌmlınıs] *n., no pl.* Ansehnlichkeit, *die*

**comely** ['kʌmlı] *adj.* gutaussehend; ansehnlich

**'come-on** *n. (sl.) (lure)* **give sb. the ~:** jmdn. anmachen *(salopp)*

**comer** ['kʌmə(r)] *n.* **the competition is open to all ~s** an dem Wettbewerb kann sich jeder beteiligen; **the first ~:** derjenige, der zuerst kommt

**comestible** [kə'mestıbl] *n. usu. in pl.* Nahrungsmittel, *das*

**comet** ['kɒmıt] *n. (Astron.)* Komet, *der*

**comeuppance** [kʌm'ʌpəns] *n.* **get one's ~:** die Quittung kriegen *(fig.)*

**comfort** ['kʌmfət] **1.** *n.* **a)** *(consolation)* Trost, *der;* **it is a ~/no ~ to know that ...:** es ist tröstlich/alles andere als tröstlich zu wissen, daß ...; **he takes ~ from the fact that ...:** er tröstet sich mit der Tatsache, daß ...; **b)** *(physical well-being)* Behaglichkeit, *die;* **live in great ~:** sehr behaglich *od.* bequem leben; **c)** *(person)* Trost, *der;* **be a ~ to sb.** jmdm. *od.* für jmdn. ein Trost sein; **d)** *(cause of satisfaction)* Tröstung, *die;* **e)** *usu. in pl. (things that make life easy)* Komfort, *der o. Pl.;* **with every modern ~** *or* **all modern ~s** mit allem modernen Komfort; **he likes his ~s** er schätzt den Komfort; **creature ~s** leibliches Wohl. *See also* **cold comfort. 2.** *v.t.* trösten; *(give help to)* sich annehmen (+ *Gen.*)

**comfortable** ['kʌmfətəbl] **1.** *adj.* **a)** *(giving, having, providing comfort)* bequem ⟨*Bett, Sessel, Schuhe, Leben*⟩; komfortabel ⟨*Haus, Hotel, Zimmer*⟩; *(fig.)* ausreichend ⟨*Einkommen, Rente*⟩; **a ~ victory** ein leichter Sieg; **a ~ majority** eine gute Mehrheit; **b)** *(at ease)* **be/feel ~:** sich wohl fühlen; **make yourself ~:** machen Sie es sich *(Dat.)* bequem; **the patient/his condition is ~:** der Patient/er ist schmerzfrei; **c)** *(having an easy conscience)* **she didn't feel very ~ about it** ihr war nicht ganz wohl bei der Sache. **2.** *n. (Amer.)* Deckbett, *das*

**comfortably** ['kʌmfətəblı] *adv.* bequem; komfortabel ⟨*eingerichtet*⟩; gut, leicht ⟨*gewinnen*⟩; **they are ~ off** es geht ihnen gut

**comforter** ['kʌmfətə(r)] *n.* **a)** *(person)* Tröster, *der*/Trösterin, *die;* **b)** *(esp. Brit.: baby's dummy)* Schnuller, *der;* **c)** *(esp. Brit.: woollen scarf)* Schal, *der;* **d)** *(Amer.: warm quilt)* Deckbett, *das*

**comforting** ['kʌmfətıŋ] *adj.* beruhigend ⟨*Gedanke*⟩; tröstend ⟨*Worte*⟩; wohlig ⟨*Wärme*⟩; **we gave her a ~ cup of tea** wir gaben ihr zur Beruhigung eine Tasse Tee

**comfortless** ['kʌmfətlıs] *adj.* unbequem; ⟨*Hotel, Zimmer*⟩ ohne Komfort; ungemütlich ⟨*Mensch, Leben*⟩; unangenehm ⟨*Gedanke*⟩; unwirtlich ⟨*Landschaft, Welt*⟩

**'comfort station** *n. (Amer.)* öffentliche Toilette; Bedürfnisanstalt, *die (veralt.)*

**comfrey** ['kʌmfrı] *n. (Bot.)* Beinwell, *der;* Schwarzwurz, *die*

**comfy** ['kʌmfı] *adj. (coll.)* bequem; gemütlich ⟨*Hotel, Zimmer*⟩; **make yourself ~:** mach's dir gemütlich; **are you ~?** sitzt/liegst *usw.* du bequem?

**comic** ['kɒmık] **1.** *adj.* **a)** *(burlesque, funny)* komisch; belustigend; **b)** *(of or in the style of comedy)* humoristisch ⟨*Dichtung, Dichter*⟩; **~ relief** befreiende Komik. **2.** *n. (coll.)* **a)** *(comedian)* Komiker, *der*/Komikerin, *die;* **b)** *(periodical)* Comic-Heft, *das;* **c)** *(amusing person)* Witzbold, *der;* ulkiger Vogel *(ugs.)*

**comical** ['kɒmıkl] *adj.* ulkig; komisch

**comically** ['kɒmıkəlı] *adv.* ulkig; komisch

**comic: ~ 'opera** *n. (lit. or fig.)* komische Oper; **~ strip** *n.* Comic, *der;* **~ strips** Comic strips; Comics

**coming** ['kʌmıŋ] **1.** *adj. see* **come. 2.** *n. (of person)* Ankunft, *die; (of time)* Beginn, *der; (of institution)* Einführung, *die;* **~s and goings** das Kommen und Gehen

**comma** ['kɒmə] *n.* Komma, *das*

**command** [kə'mɑ:nd] **1.** *v.t.* **a)** *(order, bid)* befehlen (**sb.** jmdm.); **he ~ed that the work should be done immediately** er befahl, die Arbeit sofort auszuführen; **b)** *(be in ~ of)* befehligen ⟨*Schiff, Armee, Streitkräfte*⟩; *(have authority over or control of)* gebieten über (+ *Akk.*) *(geh.)*; beherrschen; **c)** *(have at one's disposal)* verfügen über (+ *Akk.*) ⟨*Gelder, Ressourcen, Wortschatz*⟩; **d)** *(restrain)* **~ oneself/one's temper** sich beherrschen; **e)** *(deserve and get)* verdient haben ⟨*Achtung, Respekt*⟩; **he ~s a high fee** er kann ein hohes Honorar verlangen; **f)** überragen ⟨*Küste, Stadt, Bucht, Hafen*⟩; **the hill ~s a fine view** der Berg bietet eine schöne Aussicht. **2.** *v.i.* **a)** *(be supreme)* befehlen; Befehle geben; **b)** *(be in ~)* das Kommando *od.* die Befehlsgewalt haben. **3.** *n.* **a)** Kommando, *das; (in writing)* Befehl, *der;* **at** *or* **by sb.'s ~:** auf jmds. Befehl *(Akk.)* [hin]; **at the ~ 'halt'** auf das Kommando „stehenbleiben" [hin]; **word of ~:** Befehl, *der;* Kommando, *das;* **b)** *(exercise or tenure)* Kommando, *das;* Befehlsgewalt, *die;* **be in ~ of an army/ship** eine Armee/ein Schiff befehligen; **the army is under the ~ of General X** die Armee steht unter dem Befehl von General X; **have/take ~ of ...:** das Kommando über (+ *Akk.*) ... haben/übernehmen; **officer in ~:** befehlshabender Offizier; **c)** *(control, mastery, possession)* Beherrschung, *die;* **have a good ~ of French** das Französische gut beherrschen; **all the money at his ~:** das gesamte ihm zur Verfügung stehende Geld; **d)** *(body of troops)* Kommando, *das; (district under ~)* Abschnitt, *der;* Befehlsbereich, *der; (ship)* Schiff, *das;* **e)** *(Computing)* Befehl, *der*

**commandant** [kɒmən'dænt] *n.* Kommandant, *der;* **C~-in-Chief** Oberbefehlshaber, *der*

**commandeer** [kɒmən'dıə(r)] *v.t.* **a)** *(take arbitrary possession of)* sich *(Dat.)* aneignen; requirieren *(scherzh.)*; **b)** *(seize for military service)* einziehen ⟨*Männer*⟩; beschlagnahmen, requirieren ⟨*Pferde, Vorräte, Gebäude*⟩

**commander** [kə'mɑ:ndə(r)] *n.* **a)** *(one who commands)* Führer, *der;* Leiter, *der;* **b)** *(naval officer below captain)* Fregattenkapitän, *der;* **c)** *(Police)* Abschnittsleiter, *der;* **d) C~-in-Chief** Oberbefehlshaber, *der. See also* **wing commander**

**commanding** [kə'mɑ:ndıŋ] *adj.* **a)** gebieterisch ⟨*Persönlichkeit, Erscheinung, Stimme*⟩; imposant, eindrucksvoll ⟨*Statur, Gestalt*⟩; **be in a ~ position** Befehlsbefugnis haben; *(Sport)* stark in Führung liegen; **b)** beherrschend ⟨*Ausblick, Lage*⟩; **~ heights** *(fig.)* Kommandohöhen *Pl.*

**commanding 'officer** *n.* Befehlshaber, *der*/Befehlshaberin, *die*

**commandment** [kə'mɑ:ndmənt] *n.* Gebot, *das;* **the Ten C~s** die Zehn Gebote

**commando** [kə'mɑ:ndəʊ] *n., pl.* **~s a)** *(unit)* Kommando, *das;* Kommandotrupp, *der;* **b)** *(member of ~)* Angehöriger eines Kommando[trupp]s

**command: C~ Paper** *n. (Brit.)* königliche Parlamentsvorlage; **~ performance** *n.* königliche Galavorstellung; **~ post** *n.* Kommandozentrale, *die*

**commemorate** [kə'meməreıt] *v.t.* gedenken (+ *Gen.*); **Easter ~s the resurrection of Christ** zu Ostern wird die Wiederauferstehung Christi gefeiert; **in order to ~ the victory** zum Gedenken an den Sieg

**commemoration** [kəmemə'reıʃn] *n.* **a)** *(act)* Gedenken, *das;* **in ~ of** zum Gedenken an (+ *Akk.*); **the ~ of sb.'s death** das Gedenken an jmds. Tod *(Akk.)*; **b)** *(church service)* Gedenkgottesdienst, *der*

**commemorative** [kə'memərətıv] *adj.* Gedenk-; **~ of** zum Gedenken an (+ *Akk.*)

**commence** [kə'mens] *v.t. & i.* beginnen; **building ~d** mit dem Bau wurde begonnen; **~ to do** *or* **~ doing sth.** beginnen, etw. zu tun

**commencement** [kə'mensmənt] *n.* Beginn, *der*

**commend** [kə'mend] *v.t.* **a)** *(praise)* loben; **~ sb. [up]on sth.** jmdn. wegen etw. loben; **~ sb./sth. to sb.** jmdm. jmdn./etw. empfehlen; **be highly ~ed** eine sehr gute Beurteilung bekommen; **b)** *(entrust or commit to person's care)* anvertrauen

**commendable** [kə'mendəbl] *adj.* lobenswert; löblich

**commendably** [kə'mendəblı] *adv.* lobenswert

**commendation** [kɒmen'deıʃn] *n.* **a)** *(praise)* Lob, *das; (official)* Belobigung, *die;*

*(award)* Auszeichnung, *die;* **b)** *(act of commending)* Empfehlung, *die*

**commendatory** [kə'mendətərɪ] *adj.* lobend

**commensurable** [kə'menʃərəbl, kə'mensjərəbl] *adj.* **a)** vergleichbar (**with, to** mit); **b)** *(proportionate)* **be ~ with sth.** einer Sache *(Dat.)* entsprechen

**commensurate** [kə'menʃərət, kə'mensjərət] *adj.* **~ to** *or* **with** entsprechend (+ *Dat.*); **be ~ to** *or* **with sth.** einer Sache *(Dat.)* entsprechen

**comment** ['kɒment] **1.** *n.* **a)** *(explanatory note, remark)* Bemerkung, *die* (**on** über + *Akk.*); *(marginal note)* Anmerkung, *die* (**on** über + *Akk.*); **no ~!** *(coll.)* kein Kommentar!; **b)** *(criticism)* Rederei, *die (ugs.);* **c)** *no pl. (gossip)* Gerede, *das;* **d)** *(illustration)* Deutung, *die;* Beschreibung, *die.* **2.** *v. i.* **a)** *(make remarks)* **~ on sth.** über etw. *(Akk.)* Bemerkungen machen; **he ~ed that ...:** er bemerkte, daß ...; **b)** *(write explanatory notes)* **~ on a text/manuscript** einen Text/ein Manuskript kommentieren

**commentary** ['kɒməntərɪ] *n.* **a)** *(series of comments, expository treatise)* Kommentar, *der* (**on** zu); **b)** *(comment)* Erläuterung, *die* (**on** zu); **the sombre factories are a sad ~ upon our civilization** die düsteren Fabriken sind traurige Zeugnisse unserer Kultur; **c)** *(Radio, Telev.)* **[live** *or* **running] ~:** Live-Reportage, *die*

**commentate** ['kɒmənteɪt] *v. i.* **~ on sth.** etw. kommentieren

**commentator** ['kɒmənteɪtə(r)] *n.* Kommentator, *der*/Kommentatorin, *die; (Sport)* Reporter, *der*/Reporterin, *die*

**commerce** ['kɒmɜ:s] *n.* Handel, *der; (between countries)* Handel[sverkehr], *der;* **the world of ~:** die Geschäftswelt

**commercial** [kə'mɜ:ʃl] **1.** *adj.* **a)** Handels-; kaufmännisch ‹*Ausbildung*›; **the ~ world** die Geschäftswelt; **b)** *(interested in financial return)* kommerziell; **c)** *(impure)* handelsüblich. **2.** *n.* Werbespot, *der;* **during the ~s on TV** während der Fernsehwerbung

**commercial: ~ 'art** *n.* Gebrauchs-, Werbegraphik, *die;* **~ 'broadcasting** *n.* Werbefunk und -fernsehen; **~ college** *n.* Fach[hoch]schule für kaufmännische Berufe; [höhere] Handelsschule; **~ correspondence** *n.* Handelskorrespondenz, *die*

**commercialise** *see* **commercialize**

**commercialism** [kə'mɜ:ʃəlɪzəm] *n.* Kommerzialismus, *der*

**commercialize** [kə'mɜ:ʃəlaɪz] *v. t.* kommerzialisieren; vermarkten

**commercially** [kə'mɜ:ʃəlɪ] *adv.* kommerziell

**commercial: ~ 'radio** *n.* Werbefunk, *der;* **~ 'television** *n.* kommerzielles Fernsehen; Werbefernsehen, *das;* **~ 'traveller** *n.* Handelsvertreter, *der*/-vertreterin, *die;* **~ vehicle** *n.* Nutzfahrzeug, *das*

**Commie** ['kɒmɪ] *n. (sl.)* Rote, *der/die (abwertend)*

**commingle** [kə'mɪŋgl] *(formal)* **1.** *v. t.* vermischen. **2.** *v. i.* sich vermischen

**commis** [kə'mi:] *adj.* **~ chef** Assistenzkoch, *der*

**commiserate** [kə'mɪzəreɪt] *v. i.* **~ with sb.** mit jmdm. mitfühlen; *(express one's commiseration)* jmdm. sein Mitgefühl aussprechen (**on** zu)

**commiseration** [kəmɪzə'reɪʃn] *n.* **a)** Mitgefühl, *das;* **b)** *in sing. or pl. (condolence)* Teilnahme, *die;* Beileid, *das*

**commissar** ['kɒmɪsɑ:(r)] *n. (Hist.)* Kommissar, *der*

**commissariat** [kɒmɪ'seərɪət] *n.* Intendantur, *die*

**commissary** ['kɒmɪsərɪ, kə'mɪsərɪ] *n.* **a)** *(Mil.)* Verpflegungsoffizier, *der;* **b)** *(Amer.: store for supply of food etc.)* Laden, *der (auf Baustellen, in Lagern, Bergwerken usw.)*

**commission** [kə'mɪʃn] **1.** *n.* **a)** *(authority)* Vollmacht, *die;* **b)** *(body of persons having authority, department of Commissioner)* Kommission, *die;* **c)** *(command, instruction)* Auftrag, *der;* Anweisung, *die;* **d) Royal C~** *(Brit.)* Königliche [Untersuchungs]kommission; **e)** *(warrant conferring authority)* Ernennung, *die;* Bestellung, *die; (in armed services)* Ernennungsurkunde, *die;* Offizierspatent, *das (veralt.);* **get one's ~:** zum Offizier ernannt werden; **resign one's ~:** aus dem Offiziersdienst ausscheiden; den Dienst quittieren *(veralt.);* **f)** *(pay of agent)* Provision, *die;* **sell goods on ~:** Waren auf Provisionsbasis verkaufen; **g)** *(act of committing crime etc.)* Begehen, *das;* Begehung, *die;* **h) in/out of ~** ‹*Kriegsschiff*› in/außer Dienst; ‹*Auto, Maschine, Lift usw.*› in/außer Betrieb. **2.** *v. t.* **a)** beauftragen ‹*Künstler*›; in Auftrag geben ‹*Gemälde usw.*›; **b)** *(empower by commission)* bevollmächtigen; **~ed officer** Offizier, *der;* **c)** *(give command of ship to)* zum Kapitän ernennen; **d)** *(prepare for service)* in Dienst stellen ‹*Schiff*›; **e)** *(bring into operation)* in Betrieb setzen ‹*Kraftwerk, Fabrik*›

**commissionaire** [kəmɪʃə'neə(r)] *n. (esp. Brit.)* Portier, *der*

**commissioner** [kə'mɪʃənə(r)] *n.* **a)** *(person appointed by commission)* Beauftragte, *der/die; (of police)* Präsident, *der;* **b)** *(member of commission)* Kommissions-, Ausschußmitglied, *das;* **c)** *(representative of supreme authority)* Kommissar, *der;* **High C~:** Hochkommissar, *der;* **d) C~ for Oaths** Notar, *der*/Notarin, *die*

**commit** [kə'mɪt] *v. t.*, **-tt-: a)** *(perpetrate)* begehen, verüben ‹*Mord, Selbstmord, Verbrechen, Raub*›; begehen ‹*Dummheit, Bigamie, Fehler, Ehebruch*›; **thou shalt not ~ adultery** *(Bibl.)* du sollst nicht ehebrechen; **b)** *(pledge, bind)* **~ oneself/sb. to doing sth.** sich/jmdn. verpflichten, etw. zu tun; **~ oneself to a course of action** sich auf eine Vorgehensweise festlegen; **c)** *(entrust)* anvertrauen (**to** *Dat.*); **~ sth. to a person/a person's care** jmdm. etw. anvertrauen/etw. jmds. Obhut *(Dat.)* anvertrauen; **~ sth. to the flames/waves** etw. den Flammen/Wellen übergeben *(geh.);* **~ sth. to writing/paper** etw. zu Papier bringen; *see also* **memory a; d)** *(consign to custody)* **~ sb. for trial** jmdn. dem Gericht überstellen; **~ sb. to prison** jmdn. ins Gefängnis einliefern

**commitment** [kə'mɪtmənt] *n.;* **a)** *(to course of action or opinion)* Verpflichtung (**to** gegenüber); *(by conviction)* Engagement, *das* (**to** für); **b)** *see* **committal a**

**committal** [kə'mɪtl] *n.* **a)** *(to prison)* Einlieferung, *die; (to hospital)* Einweisung, *die;* **b)** *(to grave)* Bestattung, *die;* **~ service** Bestattungsgottesdienst, *der*

**committed** [kə'mɪtɪd] *adj.* **a)** verpflichtet (**to** zu); festgelegt (**to** auf + *Akk.*); **b)** *(morally dedicated)* engagiert

**committee** [kə'mɪtɪ] *n.* Ausschuß, *der (auch Parl.);* Komitee, *das*

**com'mittee-man, com'mittee-woman** *ns.* Ausschußmitglied, *das*

**commode** [kə'məʊd] *n.* **a)** *(chest of drawers)* Kommode, *die;* **b)** *(chamber-pot)* **[night-]~:** Nachtstuhl, *der*

**commodious** [kə'məʊdɪəs] *adj.* geräumig

**commodity** [kə'mɒdɪtɪ] *n.* **a)** *(utility item)* Gebrauchsgegenstand, *der; (not luxury)* Gebrauchsartikel, *der;* **household ~:** Haushaltsartikel, *der;* **a rare/precious ~** *(fig.)* etwas Seltenes/Kostbares; **b)** *(St. Exch.)* [vertretbare] Ware; *(raw material)* Rohstoff, *der*

**commodore** ['kɒmədɔ:(r)] *n.* **a)** *(naval officer)* Flottillenadmiral, *der;* **b)** *(of squadron)* Kommodore, *der;* **c)** *(of yacht-club)* Präsident, *der*/Präsidentin, *die;* **d)** *(senior captain of shipping line)* Kommodore, *der*

**common** ['kɒmən] **1.** *adj.*, **~er** ['kɒmənə(r)], **~est** ['kɒmənɪst] **a)** *(belonging equally to all)* gemeinsam ‹*Ziel, Interesse, Sache, Unternehmung, Vorteil, Merkmal, Sprache*›; **~ to all birds** allen Vögeln gemeinsam; *see also* **cause 1 d; consent 2 a; b)** *(belonging to the public)* öffentlich; **the ~ good** das Gemeinwohl; **a ~ belief** [ein] allgemeiner Glaube; **a ~ prostitute** *or* **harlot** *(arch.)* eine Straßendirne *(veralt.);* **a ~ criminal** ein gewöhnlicher *od.* gemeiner Verbrecher; **have the ~ touch** volkstümlich sein; **c)** *(usual)* gewöhnlich, normal; *(frequent)* häufig ‹*Vorgang, Erscheinung, Ereignis, Erlebnis*›; allgemein verbreitet ‹*Sitte, Wort, Redensart*›; allgemein bekannt ‹*Marke, Produkt*›; *(Bot., Zool.: of the most familiar type)* gemein ‹*Farnkraut, Sperling usw.*›; **a ~ sight** ein ganz gewöhnlicher *od.* alltäglicher Anblick; **such a thing is ~ nowadays** so etwas ist heutzutage ganz normal; *(is frequent)* kommt heutzutage häufig vor; **a word in ~ usage** ein Wort des allgemeinen Sprachgebrauchs; **drugs are in ~ use today** die Einnahme von Drogen ist heute weit verbreitet; **~ honesty/courtesy** [ganz] normale Ehrlichkeit/Höflichkeit; **~ or garden** *(coll.)* ganz gewöhnlich *od.* normal; **a ~ or garden subject/programme** ein Feld-Wald-und-Wiesen-Thema/-Programm *(ugs.);* **a hotel out of the ~ run** ein Hotel, das über dem Durchschnitt liegt; **no ~ mind** ein außergewöhnlicher Kopf *(fig.);* **d)** *(without rank or position)* einfach; gemein *(veralt.); see also* **herd 1 b; e)** *(vulgar)* gemein; gewöhnlich *(abwertend),* ordinär *(ugs. abwertend)* ‹*Ausdrucksweise, Mundart, Aussehen, Benehmen*›; **be as ~ as muck** schrecklich ordinär *od.* gewöhnlich sein; **f)** *(Math.)* gemeinsam; **g)** *(Ling.)* **~ noun** Gattungsbegriff, *der;* **~ gender** doppeltes Geschlecht. **2.** *n.* **a)** *(land)* Gemeindeland, *das;* Allmende, *die;* **b) have sth./nothing/a lot in ~ [with sb.]** etw./nichts/viel [mit jmdm.] gemein[sam] haben; **in ~ with most of his friends he wanted ...:** ebenso wie die meisten seiner Freunde wollte er ...; **c)** *(coll.: common sense)* Grips, *der (ugs.);* **use your ~!** denk doch mal ein bißchen nach! *(ugs.)*

**common: C~ Agri'cultural Policy** *n.* gemeinsame Agrarpolitik [der EG]; **~ 'cold** *n.* Erkältung, *die;* **~ de'nominator** *n. (Math.)* gemeinsame Nenner, *der;* **the least** *or* **lowest ~ denominator** *(lit. or fig.)* der kleinste gemeinsame Nenner; **~ 'entrance** *n. (Brit.) Aufnahmeprüfung für eine Privatschule*

**commoner** ['kɒmənə(r)] *n.* **a)** *(one of the people)* Bürgerliche, *der/die;* **b)** *(student) Student, der kein Stipendium erhält*

**common: ~ 'factor** *n. (Math.)* gemeinsamer Teiler; **~ 'ground** *n.* gemeinsame Basis; **~ 'knowledge** *n.* **it's [a matter of] ~ knowledge that ...:** es ist allgemein bekannt, daß ...; **~ land** *n.* Gemeindeland, *das;* **~ 'law** *n.* Common Law, *das;* **~-law** *adj.* **~-law marriage** eheähnliche Gemeinschaft; **she's his ~-law wife/he's her ~-law husband** sie lebt mit ihm/er lebt mit ihr in eheähnlicher Gemeinschaft

**commonly** ['kɒmənlɪ] *adv.* **a)** *(generally)* im allgemeinen; gemeinhin; **b)** *(vulgarly)* gewöhnlich *(abwertend)*

**common: C~ 'Market** *n.* Gemeinsamer Markt; **~ 'multiple** *n. (Math.)* gemeinsames Vielfaches; **the least** *or* **lowest ~ multiple** das kleinste gemeinsame Vielfache

**commonness** ['kɒmənnɪs] *n., no pl.* **a)** *(usualness)* Gewöhnlichkeit, *die;* Normalität, *die; (frequency)* Häufigkeit, *die;* **b)** *(vulgarity)* Gewöhnlichkeit, *die (abwertend)*

**commonplace** ['kɒmənpleɪs] **1.** *n. (platitude)* Gemeinplatz, *der; (anything usual or trite)* Alltägliche, *die.* **2.** *adj.* nichtssagend, banal ‹*Person, Bemerkung, Buch*›; alltäglich ‹*Angelegenheit, Ereignis*›

**common: C~ 'Prayer** *n.* Liturgie, *die (der Kirche von England);* **the Book of C~ Prayer** *liturg. Buch der Kirche von England;* **~-room** *n. (Brit.)* Gemeinschaftsraum, *der; (for lecturers)* Dozentenzimmer, *das*

**commons** ['kɒmənz] *n. pl.* **a) the [House of] C~:** das Unterhaus; **b)** *(Brit.: common people)* einfache Volk, *das. See also* **short commons**

**common: ~ 'sense** *n.* gesunder Menschenverstand; **~-sense** *adj.* vernünftig; gesund ⟨*Ansicht, Standpunkt*⟩; **~ stock** *n. (Amer. Finance)* Stammaktien; **~ time** *n. (Mus.)* Viervierteltakt, *der*

**commonwealth** ['kɒmənwelθ] *n.* **a) the [British] C~ [of Nations]** das Commonwealth; **C~ Day** Commonwealthtag, *der;* **b)** *(independent state)* Staat, *der;* Gemeinwesen, *das; (republic or democratic state)* Republik, *die;* **C~ of Australia** Australischer Bund; **c) the C~** *(Brit. Hist.) die Republik unter Cromwell*

**commotion** [kə'məʊʃn] *n. (noisy confusion)* Tumult, *der; (insurrection)* Aufruhr, *der;* **make a ~:** einen Tumult *od.* einen großen Spektakel veranstalten

**communal** ['kɒmjʊnl] *adj.* **a)** *(of or for the community)* gemeindlich; Gemeinde-, kommunal ⟨*Verwaltung*⟩; **~ living/life** Gemeinschaftsleben, *das;* **b)** *(for the common use)* gemeinsam; Gemeinschafts⟨*-küche, -schüssel, -bad, -grab, -zelle, -ehe*⟩

**communally** ['kɒmjʊnəlɪ] *adv.* gemeinsam; gemeinschaftlich; **be ~ owned** Gemeinschaftsbesitz sein

[1]**commune** ['kɒmju:n] *n.* **a)** Kommune, *die;* **b)** *(territorial division)* Gemeinde, *die;* Kommune, *die*

[2]**commune** [kə'mju:n] *v. i.* **a) ~ with sb./sth.** mit jmdm./etw. Zwiesprache halten *(geh.);* **~ together** miteinander Zwiesprache halten *(geh.);* **b)** *(Amer. Eccl.)* das Abendmahl empfangen; *(RC Ch.)* kommunizieren

**communicable** [kə'mju:nɪkəbl] *adj.* übertragbar ⟨*Krankheit*⟩; vermittelbar, kommunizierbar ⟨*Ideen, Informationen*⟩

**communicant** [kə'mju:nɪkənt] *n. (RC Ch.)* Kommunizierende, *der/die; (Protestant Ch.)* Empfänger/Empfängerin des Abendmahls

**communicate** [kə'mju:nɪkeɪt] **1.** *v. t. (impart, transmit)* übertragen ⟨*Wärme, Bewegung, Krankheit*⟩; übermitteln ⟨*Nachrichten, Informationen*⟩; vermitteln ⟨*Gefühle, Ideen*⟩; **he ~d the plan to his friends** er teilte seinen Freunden den Plan mit. **2.** *v. i.* **a)** *(have common door)* verbunden sein; **communicating rooms** Zimmer mit einer Verbindungstür; **b) ~ with sb.** mit jmdm. kommunizieren; **she has difficulty in communicating** sie hat Kommunikationsschwierigkeiten; **c)** *(RC Ch.)* kommunizieren; *(Protestant Ch.)* das Abendmahl empfangen

**communication** [kəmju:nɪ'keɪʃn] *n.* **a)** *(imparting of disease, motion, heat, etc.)* Übertragung, *die; (imparting of news, information)* Übermittlung, *die; (imparting of ideas)* Vermittlung, *die;* **~ with the spacecraft/the mainland** die Verbindung zum Raumschiff/Festland; **~ among the deaf and dumb** die Verständigung unter Taubstummen; **b)** *(information given)* Mitteilung, *die* **(to** an + *Akk.*); **c)** *(interaction with sb.)* Verbindung, *die;* **lines of ~:** Verbindungslinien; **means/systems of ~:** Kommunikationsmittel/-systeme; **be in ~ with sb.** mit jmdm. in Verbindung stehen; **d)** *in pl. (conveying information)* Kommunikation, *die; (science, practice)* Kommunikationswesen, *das; (Mil.)* Nachschublinien *Pl.*

**communication: ~-cord** *n.* Notbremse, *die;* **~ link** *n.* Nachrichtenverbindung, *die;* **~s satellite** *n.* Nachrichten- *od.* Kommunikationssatellit, *der;* **~ theory** *n.* Kommunikationstheorie, *die*

**communicative** [kə'mju:nɪkətɪv] *adj.* gesprächig; mitteilsam

**communion** [kə'mju:nɪən] *n.* **a) [Holy] C~** *(Protestant Ch.)* das [heilige] Abendmahl; *(RC Ch.)* die [heilige] Kommunion; **receive** *or* **take [Holy] C~:** das [heilige] Abendmahl/die [heilige] Kommunion empfangen; **b)** *(fellowship)* Gemeinschaft, *die;* **the ~ of saints** die Gemeinschaft der Heiligen; **~ with nature/God** Zwiesprache mit der Natur/mit Gott

**communion: ~-cup** *n.* Abendmahlskelch, *der;* **~-rail** *n.* Kommunionbank, *die;* **~ service** *n.* Abendmahlsgottesdienst, *der*

**communiqué** [kə'mju:nɪkeɪ] *n.* Kommuniqué, *das*

**communism** ['kɒmjʊnɪzm] *n.* Kommunismus, *der;* **C~:** der Kommunismus

**communist, Communist** ['kɒmjʊnɪst] **1.** *n.* Kommunist, *der*/Kommunistin, *die.* **2.** *adj.* kommunistisch; **the C~ Party/Manifesto** die Kommunistische Partei/das Kommunistische Manifest; **~-led/-dominated** von Kommunisten angeführt/beherrscht

**communistic** [kɒmjʊ'nɪstɪk] *adj.* kommunistisch

**community** [kə'mju:nɪtɪ] *n.* **a)** *(organized body)* Gemeinwesen, *das;* **b)** *(persons living in same place, having common religion, etc.)* **the Jewish ~:** die jüdische Gemeinde; **a ~ of monks** eine Mönchsgemeinde; **c)** *no pl. (public)* Öffentlichkeit, *die;* **the ~ at large** die breite Öffentlichkeit; **d)** *(body of nations)* Gemeinschaft, *die;* **the ~ of nations** die Völkergemeinschaft; **e)** *no pl. (sharedness)* Gemeinschaft, *die;* **a sense of ~:** ein Gemeinschaftsgefühl

**community: ~ centre** *n.* Gemeindezentrum, *das;* Kulturhaus, *das;* **~ charge** *n. (Brit.)* Gemeindesteuer, *die;* **~ chest** *n. (Amer.)* Sozialfonds, *der (einer Gemeinde);* **~ council** *n. (Brit.)* Gemeinderat, *der;* **~ home** *n. (Brit.)* Jugendhof, *der;* Jugendwerkhof, *der (DDR);* **~ medicine** *n.* Sozialhygiene, *die;* **~ relations** *n. pl.* Verhältnis zwischen den Bevölkerungsgruppen; **~ 'service** *n. [freiwilliger od. als Strafe auferlegter] sozialer Dienst;* **~ singing** *n.* gemeinsames Singen; **~ spirit** *n.* Gemeinschaftsgeist, *der*

**commutable** [kə'mju:təbl] *adj.* **a)** *(interchangeable)* austauschbar; **b)** *(convertible)* umwandelbar

**commutation** [kɒmjʊ'teɪʃn] *n.* **a)** *(of punishment)* Umwandlung, *die;* **b)** *(Electr.)* Kommutierung, *die*

**commu'tation ticket** *n. (Amer.)* Zeitkarte, *die*

**commutator** ['kɒmjʊteɪtə(r)] *n. (Electr.)* Kommutator, *der;* Stromwender, *der*

**commute** [kə'mju:t] **1.** *v. t.* **a)** *(change to sth. milder)* umwandeln ⟨*Strafe*⟩ **(to in** + *Akk.*); **b)** *(change to sth. different)* umwandeln; **c)** *(interchange)* austauschen ⟨*Dinge, Begriffe*⟩; **d)** *(make payment)* ablösen ⟨*Verpflichtung, Schulden*⟩ **(for, into** durch). **2.** *v. i.* **a)** *(travel daily)* pendeln; **b)** *(Amer.: hold season ticket)* eine Zeitkarte haben

**commuter** [kə'mju:tə(r)] *n.* Pendler, *der*/Pendlerin, *die*

**com'muter belt** *n.* großstädtischer Einzugsbereich

[1]**compact** [kəm'pækt] **1.** *adj.* kompakt; komprimiert ⟨*Stil, Sprache*⟩. **2.** *v. t.* **a)** *(put firmly together)* zusammenpressen; **b)** *(fig.: condense)* zusammenfügen **(into** zu)

[2]**compact** ['kɒmpækt] *n.* **a)** Puderdose [mit Puder(stein)]; **b)** *(Amer.: car)* Kompaktauto, *das;* Kompaktwagen, *der*

[3]**compact** *n. (agreement)* Vertrag, *der;* **a ~ with the devil** ein Pakt mit dem Teufel

**compact 'disc** *n.* Compact Disc, *die;* Kompaktschallplatte, *die*

**compactly** [kəm'pæktlɪ] *adv.* kompakt; komprimiert ⟨*ausgedrückt*⟩

**compactness** [kəm'pæktnɪs] *n., no pl.* Kompaktheit, *die*

[1]**companion** [kəm'pænjən] *n.* **a)** *(one accompanying)* Begleiter, *der*/Begleiterin, *die;* **my travelling ~s** meine Reisebegleiter; **b)** *(associate)* Kamerad, *der*/Kameradin, *die;* Gefährte, *der*/Gefährtin, *die (geh.);* Genosse, *der*/Genossin, *die (veralt.);* **the ~s of his youth** seine Jugendgefährten; **his drinking ~s** seine Zechgenossen *(veralt.) od. (ugs.)* -brüder; **~ in arms** Kampfgefährte, *der;* **c)** *(Brit.: of [knightly] order) unterste Stufe verschiedener [Ritter]orden, z. B.* **C~ of the Bath,** *(nicht ritterlich)* **C~ of Honour/Literature; d)** *(woman living with another)* Gesellschafterin, *die;* **e)** *(handbook)* Ratgeber, *der;* **Gardener's C~:** Ratgeber für den Gartenfreund; **C~ to Music/the Theatre** Musik-/Theaterführer, *der;* **f)** *(matching thing)* Gegenstück, *das;* Pendant, *das; attrib.;* **the ~ volume to ...:** der Begleitband zu ...; **g)** *(Astron.)* Begleiter, *der*

[2]**companion** *n. (Naut.)* **a)** Kajütskappe, *die;* **b)** *(stairs) see* **companion-way**

**companionable** [kəm'pænjənəbl] *adj.* freundlich

**companion: ~ hatch** *n. (Naut.)* Luke, *die;* Luk, *das (fachspr.);* **~-ladder** *n. (Naut.)* Niedergang, *der;* **~-set** *n.* Kaminbesteck, *das*

**companionship** [kəm'pænjənʃɪp] *n.* Gesellschaft, *die; (fellowship)* Kameradschaft, *die;* Freundschaft, *die*

**com'panion-way** *n. (Naut.)* Niedergang, *der*

**company** ['kʌmpənɪ] *n.* **a)** *(persons assembled, companionship)* Gesellschaft, *die;* **a ~ of ships** ein Schiffsverband; **expect/receive ~:** Besuch *od.* Gäste *Pl.* erwarten/empfangen; **for ~:** zur Gesellschaft; **two is ~, three is a crowd** zu zweit ist es gemütlich, ein Dritter stört; **keep one's own ~:** für sich bleiben; **he likes his own ~:** er ist gern für sich; **in ~ with sb.** in jmds. Gesellschaft *(Dat.);* **be in ~:** in Gesellschaft sein; **bear** *or* **keep sb. ~:** jmdm. Gesellschaft leisten; **keep ~ with sb.** mit jmdm. verkehren; **part ~ with sb./sth.** sich von jmdm./etw. trennen; **b)** *(companion[s])* **low ~:** schlechte Gesellschaft; **the ~ he keeps** sein Umgang; seine Gesellschaft; **be good/bad** *etc.* **~:** ein guter/schlechter Gesellschafter sein; **c)** *(firm)* Gesellschaft, *die;* Firma, *die;* **~ car** Firmenwagen, *der;* **d)** *(Commerc.)* **Jones and C~:** Jones & Co.; **e)** *(of actors)* Truppe, *die;* Ensemble, *das;* **f)** *(of Guides)* Trupp, *der;* **g)** *(Mil.)* Kompanie, *die;* **~ sergeant-major** Kompaniefeldwebel, *der;* **h)** *(Navy)* **ship's ~:** Besatzung, *die*

**comparability** [kɒmpərə'bɪlɪtɪ] *n., no pl.* Vergleichbarkeit, *die*

**comparable** ['kɒmpərəbl] *adj.* vergleichbar **(to, with** mit)

**comparably** ['kɒmpərəblɪ] *adv.* in vergleichbarer Weise; vergleichbar

**comparative** [kəm'pærətɪv] **1.** *adj.* **a)** vergleichend ⟨*Anatomie, Sprachwissenschaft usw.*⟩; **~ religion** vergleichende Religionswissenschaft; **b)** *(estimated by comparison)* **the ~ merits/advantages of the proposals** die Vorzüge/Vorteile der Vorschläge im Vergleich; **c)** *(relative)* relativ; **in ~ comfort** relativ *od.* verhältnismäßig komfortabel; **with ~ ease** relativ *od.* verhältnismäßig leicht; **d)** *(Ling.)* komparativ *(fachspr.);* **the ~ degree** der Komparativ; die erste Steigerungsstufe; **a ~ adjective/adverb** ein Adjektiv/Adverb im Komparativ; ≈ ein gesteigertes Adjektiv/Adverb. **2.** *n. (Ling.)* Komparativ, *der;* erste Steigerungsstufe

**comparatively** [kəm'pærətɪvlɪ] *adv.* **a)** *(by means of comparison)* vergleichend; im Vergleich; **b)** *(relatively)* relativ; verhältnismäßig

**compare** [kəm'peə(r)] **1.** *v. t.* **a)** vergleichen

**(to, with** mit); ~ **two/three** *etc.* **things** zwei/drei *usw.* Dinge [miteinander] vergleichen; **~d with** *or* **to sb./sth.** verglichen mit *od.* im Vergleich zu jmdm./etw.; **X is not to be ~d to Y** X läßt sich nicht mit Y vergleichen; ~ **notes about sth.** Erfahrungen über etw. *(Akk.)* austauschen; **b)** *(Ling.)* steigern; komparieren *(fachspr.).* **2.** *v.i.* sich vergleichen lassen. **3.** *n. (literary)* **beyond** *or* **without** ~: unvergleichlich; **lovely beyond** ~: unvergleichlich *od.* einmalig reizvoll

**comparison** [kəm'pærɪsn] *n.* **a)** *(act of comparing, simile)* Vergleich, *der;* **the** ~ **of X and** *or* **with Y** ein Vergleich von *od.* zwischen X und Y; **in** *or* **by** ~ **[with sb./sth.]** im Vergleich [zu jmdm./etw.]; **this one is cheaper in** *or* **by** ~: dieser ist vergleichsweise billiger; **beyond [all]** ~: über jeden Vergleich erhaben; **there's no** ~ **between them** man kann sie einfach nicht vergleichen; **bear** *or* **stand** ~: einem Vergleich standhalten; **~s are odious** Vergleiche sind immer ungerecht; **b)** *(Ling.)* Steigerung, *die;* **degrees of** ~: Steigerungsstufen

**compartment** [kəm'pɑ:tmənt] *n. (in drawer, desk, etc.)* Fach, *das; (fig.)* Schubfach, *das; (of railway-carriage)* Abteil, *das; (Naut.)* Abteilung, *die*

**compartmentalize** [kɒmpɑ:t'mentəlaɪz] *v.t.* aufgliedern; *(excessively)* aufsplittern

**compass** ['kʌmpəs] **1.** *n.* **a)** *in pl.* **[a pair of] ~es** ein Zirkel; **b)** *(for navigating)* Kompaß, *der;* **mariner's** ~: Magnetkompaß, *der;* **the four points of the** ~: die vier Himmelsrichtungen; **c)** *(boundary)* Umkreis, *der;* **d)** *(extent)* Gebiet, *das; (fig.: scope)* Rahmen, *der;* **beyond the** ~ **of the human mind** jenseits des menschlichen Fassungsvermögens; **in a small** ~: im kleinen Rahmen; **e)** *(Mus.) (of instrument)* Tonraum, *der; (of voice)* Umfang, *der.* **2.** *v.t. (grasp mentally)* erfassen

**'compass card** *n.* Kompaß-, Windrose, *die*

**compassion** [kəm'pæʃn] *n., no pl.* Mitgefühl, *das; (Bibl.)* Erbarmen, *das;* **have** *or* **take** ~ **on sb.** Mitleid mit jmdm. haben

**compassionate** [kəm'pæʃənət] *adj.* mitfühlend; **on** ~ **grounds** aus persönlichen Gründen; *(for family reasons)* aus familiären Gründen

**compassionate 'leave** *n. (Brit.)* Sonderurlaub aus familiären Gründen

**compatibility** [kəmpætɪ'bɪlɪtɪ] *n., no pl. (consistency, mutual tolerance)* Vereinbarkeit, *die; (of people)* Zueinanderpassen, *das; (of equipment etc.)* Aufeinander-Abgestimmtsein, *das;* Zueinanderpassen, *das; (Computing)* Kompatibilität, *die; (of drugs)* Verträglichkeit, *die*

**compatible** [kəm'pætɪbl] *adj. (consistent, mutually tolerant)* vereinbar; zueinander passend ⟨*Menschen*⟩; aufeinander abgestimmt, zueinander passend, *(Computing)* kompatibel ⟨*Geräte, Maschinen*⟩; verträglich ⟨*Medikamente*⟩

**compatriot** [kəm'pætrɪət, kəm'peɪtrɪət] *n.* Landsmann, *der*/-männin, *die*

**compel** [kəm'pel] *v.t.*, **-ll-** zwingen; ~ **sb. to do sth.** jmdn. [dazu] zwingen, etw. zu tun; ~ **sb.'s admiration/respect** jmdm. Bewunderung/Achtung abnötigen; **he felt ~led to tell her** er sah sich gezwungen *od.* genötigt, es ihr zu sagen

**compelling** [kəm'pelɪŋ] *adj.* bezwingend

**compellingly** [kəm'pelɪŋlɪ] *adv.* mit bezwingender Überzeugungskraft/Logik *usw.*

**compendious** [kəm'pendɪəs] *adj.* kompendiarisch *(veralt.);* kurzgefaßt, knapp ⟨*Buch, Aufzeichnungen*⟩

**compendium** [kəm'pendɪəm] *n., pl.* **~s** *or* **compendia** [kəm'pendɪə] Abriß, *der;* Kurzfassung, *die; (summary)* Kompendium, *das;* ~ **of games** Spielemagazin, *das*

**compensate** ['kɒmpenseɪt] **1.** *v.i.* **a)** *(make amends for)* ~ **for sth.** etw. ersetzen; ~ **for injury** *etc.* für Verletzung *usw.* Schaden[s]ersatz leisten; **b)** *(Psych.)* ~ **for sth.** etw. kompensieren. **2.** *v.t.* **a)** ~ **sb. for sth.** jmdn. für etw. entschädigen; **b)** *(Mech.)* ausgleichen ⟨*Pendel*⟩

**compensation** [kɒmpen'seɪʃn] *n.* **a)** Ersatz, *der; (for damages, injuries, etc.)* Schaden[s]ersatz, *der; (for requisitioned property)* Entschädigung, *die;* Ausgleichszahlung, die; **£100 in** ~ *or* **by way of** ~: 100 Pfund Schaden[s]ersatz; **but he had the** ~ **of knowing that ...:** aber er hatte die Genugtuung zu wissen, daß ...; **growing old has its ~s** das Altwerden hat auch seine guten Seiten; **b)** *(Psych.)* Kompensation, *die*

**compère** ['kɒmpeə(r)] *(Brit.)* **1.** *n.* Conférencier, *der;* Showmaster, *der.* **2.** *v.t.* konferieren ⟨*Show*⟩

**compete** [kəm'pi:t] *v.i.* konkurrieren **(for** um); *(Sport)* kämpfen; ~ **with sb./sth.** mit jmdm./etw. konkurrieren; **he ~d against** *or* **with his rivals for the title** er kämpfte gegen seine *od.* mit seinen Rivalen um den Titel; ~ **in a race** an einem Rennen teilnehmen; **be [un]able to** ~: [nicht] konkurrenzfähig sein; ~ **with one another** miteinander wetteifern

**competence** ['kɒmpɪtəns], **competency** ['kɒmpɪtənsɪ] *ns.* **a)** *(ability)* Fähigkeiten *Pl.;* **a high degree of** ~ **in French** sehr gute Französischkenntnisse; *(of native speaker)* hohe Sprachkompetenz im Französischen; **b)** *(Law)* Zuständigkeit, *die;* **c)** *(Ling.)* Kompetenz, *die*

**competent** ['kɒmpɪtənt] *adj.* **a)** *(qualified)* fähig; befähigt; **not** ~ **to do sth.** nicht kompetent, etw. zu tun; **b)** *(effective)* angemessen, adäquat ⟨*Antwort, Kenntnisse*⟩; **c)** *(appropriate)* angemessen; geboten; **d)** *(Law)* zuständig ⟨*Richter, Gericht*⟩; zugelassen ⟨*Zeuge*⟩; zulässig ⟨*Beweismaterial*⟩

**competently** ['kɒmpɪtəntlɪ] *adv.* sachkundig; kompetent

**competition** [kɒmpɪ'tɪʃn] *n.* **a)** *(contest)* Wettbewerb, *der; (in magazine etc.)* Preisausschreiben, *das;* **b)** *(those competing)* Konkurrenz, *die; (Sport)* Gegner *Pl.;* **c)** *(act of competing)* Konkurrenz, *die;* **a spirit of** ~: Konkurrenz- *od.* Wettbewerbsdenken, *das;* **be in** ~ **with sb.** mit jmdm. konkurrieren *od.* im Wettbewerb stehen

**competitive** [kəm'petɪtɪv] *adj.* **a)** Leistungs-; ~ **sports** Wettkampf- *od.* Leistungssport, *der;* ~ **spirit** Konkurrenz- *od.* Wettbewerbsdenken, *das;* **a** ~ **examination** eine Auswahlprüfung; **on a** ~ **basis** nach Leistung; **b)** *(comparable with rivals)* leistungs-, wettbewerbsfähig ⟨*Preis, Unternehmen*⟩; **a very** ~ **market** ein Markt mit starker Konkurrenz

**competitively** [kəm'petɪtɪvlɪ] *adv.* **they were bidding** ~: sie boten um die Wette *(ugs.);* **these models are** ~ **priced** der Preis dieser Modelle ist wettbewerbs- *od.* konkurrenzfähig

**competitor** [kəm'petɪtə(r)] *n.* Konkurrent, *der*/Konkurrentin, *die;* Mitbewerber, *der*/-bewerberin *die (fachspr.); (in contest, race)* Teilnehmer, *der*/-nehmerin, *die; (for job)* Mitbewerber, *der*/-bewerberin, *die;* **our ~s** unsere Konkurrenz

**compilation** [kɒmpɪ'leɪʃn] *n.* Zusammenstellung, *die;* Kompilation, *die (geh.); (of dictionary, guidebook)* Verfassen, *das*

**compile** [kəm'paɪl] *v.t.* **a)** *(put together)* zusammenstellen; kompilieren *(geh.);* verfassen ⟨*Wörterbuch, Reiseführer*⟩; **b)** *(accumulate)* sammeln ⟨*Punkte*⟩

**compiler** [kəm'paɪlə(r)] *n.* **a)** Verfasser, *der*/Verfasserin, *die;* Kompilator, *der*/Kompilatorin, *die (geh.);* **b)** *(Computing)* Compiler, *der*

**complacency** [kəm'pleɪsənsɪ] *n., no pl.* Selbstzufriedenheit, Selbstgefälligkeit, *die*

**complacent** [kəm'pleɪsənt] *adj.* selbstzufrieden; selbstgefällig

**complain** [kəm'pleɪn] *v.i. (express dissatisfaction)* sich beklagen *od.* beschweren **(about, at** über + *Akk.*); ~ **of sth.** über etw. *(Akk.)* klagen; **his continual ~ing** sein ständiges Klagen; **she ~s of [having] toothache** sie klagt über Zahnschmerzen; **I have nothing to** ~ **about/of** ich habe keine Beanstandungen/ich kann nicht klagen

**complaint** [kəm'pleɪnt] *n.* **a)** *(utterance of grievance)* Beanstandung, *die;* Beschwerde, *die;* Klage, *die; (formal accusation, expression of grief)* Klage, *die;* **have/cause grounds for** ~: Grund zur Klage haben/Anlaß zu Beschwerden geben; **b)** *(bodily ailment)* Leiden, *das;* **a heart** ~: ein Herzleiden

**complaisance** [kəm'pleɪzəns] *n., no pl. (formal)* Entgegenkommen, *das; (deference)* Respekt, *der*

**complaisant** [kəm'pleɪzənt] *adj. (formal)* entgegenkommend

**complement 1.** ['kɒmplɪmənt] *n.* **a)** *(what completes)* Vervollständigung, *die;* Komplement, *das (geh.);* **b)** *(full number)* **a [full]** ~: die volle Zahl; *(of people)* die volle Stärke; **the ship's** ~: die volle Schiffsbesatzung; **c)** *(Ling.)* Ergänzung, *die.* **2.** ['kɒmplɪment] *v.t.* ergänzen

**complementary** [kɒmplɪ'mentərɪ] **a)** *(completing)* ergänzend; **b)** *(completing each other)* einander ergänzend; **they are** ~ **to one another** sie ergänzen einander

**complementary 'colour** *n.* Komplementärfarbe, *die*

**complete** [kəm'pli:t] **1.** *adj.* **a)** vollständig; *(in number)* vollzählig; komplett; **a** ~ **edition** eine Gesamtausgabe; **the** ~ **works of Schiller** Schillers sämtliche Werke; **make a** ~ **confession** ein umfassendes Geständnis ablegen; **a house** ~ **with contents** ein Haus mit allem Inventar; **b)** *(finished)* fertig; abgeschlossen ⟨*Arbeit*⟩; fertiggestellt ⟨*Gebäude, Bauwerk*⟩; **c)** *(absolute)* völlig; total, komplett ⟨*Idiot, Reinfall, Ignoranz*⟩; absolut ⟨*Chaos, Katastrophe*⟩; vollkommen ⟨*Ruhe*⟩; total, *(ugs.)* blutig ⟨*Anfänger, Amateur*⟩; **a** ~ **stranger** ein völlig Fremder; **meet with** ~ **approval** uneingeschränkte Zustimmung finden; **d)** *(accomplished)* perfekt ⟨*Sportler, Reiter, Gentleman usw.*⟩. **2.** *v.t.* **a)** *(finish)* beenden; fertigstellen ⟨*Gebäude, Arbeit*⟩; abschließen ⟨*Vertrag*⟩; **b)** *(make whole)* vervollkommnen, vollkommen machen ⟨*Glück*⟩; vervollständigen, *(geh.)* komplettieren ⟨*Sammlung*⟩; **c)** *(make whole amount of)* vollzählig machen; vollmachen *(ugs.);* **d)** ausfüllen ⟨*Fragebogen, Formular*⟩

**completely** [kəm'pli:tlɪ] *adv.* völlig; absolut ⟨*erfolgreich*⟩

**completeness** [kəm'pli:tnɪs] *n., no pl.* Vollständigkeit, *die; (in numbers)* Vollzähligkeit, *die*

**completion** [kəm'pli:ʃn] *n.* Beendigung, *die; (of building, work)* Fertigstellung, *die; (of contract)* Abschluß, *der; (of questionnaire, form)* Ausfüllen, *das;* **on** ~ **of the course** nach Abschluß des Kurses; **on** ~ **of all the formalities** nach Erledigung aller Formalitäten; **on** ~ **of the sale** bei Kaufabschluß

**com'pletion date** *n.* Datum der Fertigstellung/des Vertragsabschlusses

**complex** ['kɒmpleks] **1.** *adj.* **a)** *(complicated)* kompliziert; **b)** *(composite)* komplex; **c)** *(Ling.)* **a** ~ **sentence** ein Satzgefüge; **d)** *(Chem., Math.)* komplex. **2.** *n. (also Psych.)* Komplex, *der;* **a [building]** ~: ein Gebäudekomplex; **have a** ~ **about sth.** *(coll.)* Komplexe wegen etw. haben

**complexion** [kəm'plekʃn] *n.* Gesichtsfarbe, *die;* Teint, *der; (fig.)* Gesicht, *das;* **of various political ~s** verschiedener politischer Richtungen; **that puts a different** ~ **on the matter** dadurch sieht die Sache schon anders aus

**-complexioned** [kəm'plekʃnd] *adj. in*

*comb.* **sallow-/fair-~:** mit gelblichem Teint/mit hellem Teint

**complexity** [kəm'pleksɪtɪ] *n. see* **complex 1:** Komplexität, *die;* Kompliziertheit, *die*

**compliance** [kəm'plaɪəns] *n.* **a)** *(action)* Zustimmung, *die* **(with** zu); **act in ~ with sth.** gemäß etw. handeln; **b)** *(unworthy submission)* Unterwürfigkeit, *die;* Willfährigkeit, *die (geh.)*

**compliant** [kəm'plaɪənt] *adj.* unterwürfig; willfährig *(geh.)*

**complicate** ['kɒmplɪkeɪt] *v. t.* komplizieren; verkomplizieren

**complicated** ['kɒmplɪkeɪtɪd] *adj.* kompliziert

**complication** [kɒmplɪ'keɪʃn] *n.* **a)** Kompliziertheit, *die;* **b)** *(circumstance; also Med.)* Komplikation, *die*

**complicity** [kəm'plɪsɪtɪ] *n.* Mittäterschaft, *die;* Komplizenschaft, *die* **(in** bei)

**compliment 1.** ['kɒmplɪmənt] *n.* **a)** *(polite words)* Kompliment, *das;* **pay sb. a ~ [on sth.]** jmdm. [wegen etw.] ein Kompliment machen; **return the ~:** das Kompliment erwidern; *(fig.)* zurückschlagen; **my ~s to the chef** mein Kompliment dem Küchenchef; **b)** *in pl. (formal greetings)* Grüße *Pl.;* Empfehlung, *die;* **my ~s to your parents** eine Empfehlung an Ihre Eltern *(geh.);* **give them my ~s** bitte empfehlen Sie mich ihnen *(geh.);* bitte grüßen Sie sie von mir; **the ~s of the season** Grüße zum Fest; **with the ~s of the management/author** mit den besten Empfehlungen, die Geschäftsleitung/der Verfasser. **2.** ['kɒmplɪment] *v. t. (say polite words to)* **~ sb. on sth.** jmdm. Komplimente wegen etw. machen

**complimentary** [kɒmplɪ'mentərɪ] *adj.* **a)** *(expressing compliment)* schmeichelhaft; **b)** *(given free as compliment)* Frei-; **a ~ ticket/copy** eine Freikarte/ein Freiexemplar

**compline** ['kɒmplɪn, 'kɒmplaɪn] *n. (Eccl.)* Komplet, *die*

**comply** [kəm'plaɪ] *v. i.* **~ with sth.** sich nach etw. richten; **~ with a treaty/conditions** einen Vertrag/Bedingungen erfüllen; **he refused to ~:** er wollte sich nicht danach richten

**component** [kəm'pəʊnənt] **1.** *n.* **a)** Bestandteil, *der; (of machine)* [Einzel]teil, *das; (in manufacturing)* Teilfabrikat, *das;* **b)** *(Math.)* Komponente, *die.* **2.** *adj.* **a ~ part** ein Bestandteil; **the ~ parts of a car** die [Einzel]teile eines Wagens

**comport** [kəm'pɔ:t] *v. refl. (formal)* sich verhalten

**compose** [kəm'pəʊz] *v. t.* **a)** *(make up)* bilden; **be ~d of** sich zusammensetzen aus; **b)** *(construct)* verfassen ‹*Rede, Gedicht, Liedertext, Libretto*›; abfassen, aufsetzen ‹*Brief*›; **c)** *(Mus.)* komponieren; **d)** *(Printing)* setzen; **e)** *(arrange)* in Ordnung bringen ‹*Aussehen, Kleider usw.*›; **~ oneself to** *or* **for an action** sich auf eine Handlung konzentrieren; **~ one's thoughts** Ordnung in seine Gedanken bringen; **f)** *(calm)* **~ oneself** sich zusammennehmen; **g)** *(put together)* anordnen, arrangieren ‹*Blumen, Sträucher usw.*›

**composed** [kəm'pəʊzd] *adj. (calm)* gefaßt

**composer** [kəm'pəʊzə(r)] *n.* **a)** *(of music)* Komponist, *der*/Komponistin, *die;* **b)** *(of poem etc.)* Verfasser, *der*/Verfasserin, *die*

**composite** ['kɒmpəzɪt] **1.** *adj.* **a)** zusammengesetzt; **a ~ illustration/photograph** eine Bild-/Fotomontage; **b)** *(Bot.)* **~ flower/plant** Korbblütler, *der;* Komposite, *die (fachspr.).* **2.** *n.* **a)** Gemisch, *das;* Komposition, *die (geh.);* **b)** *(Bot.)* Korbblütler, *der;* Komposite, *die (fachspr.)*

**composition** [kɒmpə'zɪʃn] *n.* **a)** *(act)* Zusammenstellung, *die; (construction)* Herstellung, *die; (formation of words)* Wortbildung, *die;* Komposition, *die (fachspr.);* **b)** *(constitution) (of soil, etc.)* Zusammensetzung, *die; (mental constitution)* Wesen, *das; (of picture)* Aufbau, *der;* **c)** *(composed thing) (mixture)* Gemisch, *das; (piece of writing)* Darstellung, *die; (essay)* Aufsatz, *der; (piece of music)* Komposition, *die;* **d)** *(construction in writing) (of sentences)* Konstruktion, *die; (of prose, verse)* Verfassen, *das; (literary production)* Schreiben, *das; (Mus.)* Komposition, *die;* Komponieren, *das; (art of ~)* Komposition, *die;* Kompositionslehre, *die;* **e)** *(Printing)* Setzen, *das;* Satz, *der;* **f)** *(formal: compromise)* Abmachung, *die; (with creditors etc.)* Vergleich, *der;* Akkord, *der; (sum paid to creditors)* Vergleichssumme, *die;* **g)** *(formal: of disagreement)* Beilegung, *die*

**composition 'floor** *n.* Estrich, *der*

**compositor** [kəm'pɒzɪtə(r)] *n. (Printing)* Schriftsetzer, *der*/-setzerin, *die*

**compos mentis** ['kɒmpɒs 'mentɪs] *adj.* zurechnungsfähig; bei Trost *(ugs.)*

**compost** ['kɒmpɒst] **1.** *n.* Kompost, *der; (fig.)* Nährboden, *der.* **2.** *v. t.* kompostieren

**compost: ~ heap, ~ pile** *ns.* Komposthaufen, *der*

**composure** [kəm'pəʊʒə(r)] *n.* Gleichmut, *der;* **lose/regain one's ~:** die Fassung verlieren/wiederfinden; **upset sb.'s ~:** jmdn. aus der Fassung bringen

**compote** ['kɒmpəʊt] *n.* Kompott, *das*

**¹compound 1.** ['kɒmpaʊnd] *adj.* **a)** *(of several ingredients)* zusammengesetzt; **a ~ substance** eine Verbindung; **b)** *(of several parts)* kombiniert; **a ~ word** ein zusammengesetztes Wort; eine Zusammensetzung; **c)** *(Zool.)* **~ eye** Facettenauge, *das;* **d)** *(Bot.)* zusammengesetzt; **e)** *(Med.)* **~ fracture** komplizierter Bruch; **f)** *(Ling.)* zusammengesetzt ‹*Zeit*›; **~ sentence** Satzreihe, *die.* **2.** *n.* **a)** *(mixture)* Mischung, *die;* **b)** *(Ling.)* Kompositum, *das;* Zusammensetzung, *die;* **c)** *(Chem.)* Verbindung, *die.* **3.** [kəm'paʊnd] *v. t.* **a)** *(mix)* mischen ‹*Bestandteile*›; *(fig.)* vereinigen; *(combine)* zusammensetzen ‹*Wort*›; *(make up)* herstellen ‹*Präparat*›; **be ~ed of ...:** sich aus ... zusammensetzen; **b)** *(increase, complicate)* verschlimmern ‹*Schwierigkeiten, Verletzung usw.*›; **c)** *(formal: settle)* beilegen ‹*Affäre, Meinungsverschiedenheit*›; begleichen ‹*Schulden*›. **4.** *v. i. (formal)* **~ with sb. for sth.** sich mit jmdm. auf etw. *(Akk.)* einigen

**²compound** ['kɒmpaʊnd] *n.* **a)** *(enclosed space)* umzäuntes Gebiet *od.* Gelände; **prison ~:** Gefängnishof, *der;* **b)** *(enclosure round building)* Grundstück, *das;* **embassy ~:** Botschaftsgelände, *das*

**compound interest** [kɒmpaʊnd 'ɪntrɪst] *n. (Finance)* Zinseszinsen *Pl.;* Zinseszins, *der*

**comprehend** [kɒmprɪ'hend] *v. t.* **a)** *(understand)* begreifen; verstehen; **b)** *(include, embrace)* umfassen

**comprehensibility** [kɒmprɪhensɪ'bɪlɪtɪ] *n., no pl.* Faßlichkeit, *die;* Verständlichkeit, *die*

**comprehensible** [kɒmprɪ'hensɪbl] *adj.* faßbar; verständlich; **~ only to specialists** nur Fachleuten *od.* für Fachleute verständlich

**comprehensibly** [kɒmprɪ'hensɪblɪ] *adv.* verständlich

**comprehension** [kɒmprɪ'henʃn] *n.* **a)** *(understanding)* Verständnis, *das;* **her behaviour is beyond my ~:** für ihr Benehmen habe ich kein Verständnis; **b) ~ [exercise/test]** Übung zum Textverständnis

**comprehensive** [kɒmprɪ'hensɪv] **1.** *adj.* **a)** *(inclusive)* umfassend; universal ‹*Verstand*›; allseitig, universal ‹*Begriffsvermögen*›; **b)** *(Sch.)* **~ school** Gesamtschule, *die;* **go ~** ‹*Schule:*› zur Gesamtschule [gemacht] werden; ‹*Stadt:*› die Gesamtschule einführen; **c)** *(Insurance)* Vollkasko-; **~ policy** Vollkaskoversicherung, *die;* **have you ~ insurance?** sind Sie vollkaskoversichert?. **2.** *n. (Sch.)* Gesamtschule, *die*

**comprehensively** [kɒmprɪ'hensɪvlɪ] *adv.* umfassend; **~ beaten** deutlich geschlagen

**comprehensiveness** [kɒmprɪ'hensɪvnɪs] *n., no pl.* Allseitigkeit, *die;* **the ~ of the book is surprising** das Buch ist überraschend umfassend

**compress 1.** [kəm'pres] *v. t.* **a)** *(squeeze)* zusammenpressen **(into** zu); **b)** komprimieren ‹*Luft, Gas, Bericht*›. **2.** ['kɒmpres] *n. (Med.)* Kompresse, *die*

**compressed air** [kəmprest 'eə(r)] *adj.* Druck-, Preßluft, *die*

**compressible** [kəm'presɪbl] *adj.* zusammendrückbar; *(Phys.)* kompressibel

**compression** [kəm'preʃn] *n.* Kompression, *die;* Verdichtung, *die*

**compressor** [kəm'presə(r)] *n.* Kompressor, *der;* Verdichter, *der*

**comprise** [kəm'praɪz] *v. t. (include)* umfassen; *(not exclude)* einschließen; *(consist of)* bestehen aus; *(compose, make up)* bilden

**compromise** ['kɒmprəmaɪz] **1.** *n.* Kompromiß, *der; attrib.* **~ decision/agreement** Kompromißentscheidung/-vereinbarung, *die.* **2.** *v. i.* Kompromisse/einen Kompromiß schließen; **~ with sb. over sth.** mit jmdm. einen Kompromiß in etw. *(Dat.)* schließen; **agree to ~:** einem Kompromiß zustimmen. **3.** *v. t. (bring under suspicion)* kompromittieren; *(bring into danger)* schaden (+ *Dat.*); **~ oneself** sich kompromittieren; **~ one's reputation** seinem Ruf schaden

**compromising** ['kɒmprəmaɪzɪŋ] *adj.* kompromittierend

**comptroller** [kən'trəʊlə(r)] *n.* Controller, *der; Mitarbeiter des betriebswirtschaftlichen Rechnungswesens;* **C~ General** ≈ Präsident des Rechnungshofes

**compulsion** [kəm'pʌlʃn] *n. (also Psych.)* Zwang, *der;* **be under no ~ to do sth.** keineswegs etw. tun müssen

**compulsive** [kəm'pʌlsɪv] *adj.* **a)** *(also Psych.)* zwanghaft; pathologisch ‹*Lügner*›; **he is a ~ eater/gambler** er leidet unter Eßzwang/er ist dem Spiel verfallen; **b)** *(irresistible)* **this book is ~ reading/this TV programme is ~ viewing** von diesem Buch/dieser Fernsehsendung kann man sich nicht losreißen

**compulsively** [kəm'pʌlsɪvlɪ] *adv.* **do sth. ~:** etw. wie unter einem [inneren] Zwang tun

**compulsorily** [kəm'pʌlsərɪlɪ] *adv.* zwangsweise

**compulsory** [kəm'pʌlsərɪ] *adj.* obligatorisch; **be ~:** obligatorisch *od.* Pflicht sein; **a ~ subject** ein Pflichtfach; **~ purchase** Enteignung, *die*

**compunction** [kəm'pʌŋkʃn] *n.* Schuldgefühle; Gewissensbisse *Pl.*

**computation** [kɒmpjʊ'teɪʃn] *n.* Berechnung, *die;* **form of ~:** Rechenart, *die*

**compute** [kəm'pju:t] **1.** *v. t.* berechnen **(at** auf + *Akk.*). **2.** *v. i.* **a)** *(make reckoning)* rechnen; **b)** *(use computer)* Computer/einen Computer benutzen

**computer** [kəm'pju:tə(r)] *n.* Computer, *der*

**computer: ~-aided, ~-assisted** *adjs.* computergestützt; **~ 'graphics** *n. pl.* Computergraphik, *die*

**computerisation, computerise, computerised** *see* **computeriz-**

**computerization** [kəmpju:təraɪ'zeɪʃn] *n.* Computerisierung, *die*

**computerize** [kəm'pju:təraɪz] *v. t.* computerisieren

**computerized** [kəm'pju:təraɪzd] *adj.* computerisiert

**computer: ~-'operated** *adj.* computergesteuert; rechnergesteuert; **~ 'processing** *n.* elektronische Datenverarbeitung; **~ program** *n.* Programm, *das;* **~ programmer** *n.* Programmierer, *der*/Programmiererin, *die;* **~ programming** *n.* Programmieren, *das;* **~ terminal** *n.* Terminal, *das;* ~ 'typesetting *n.* Computersatz, *der*

**comrade** ['kɒmreɪd] *n.* **a)** Kamerad, *der*/Kameradin, *die;* **~-in-arms** Kampfgefährte, *der;* Waffenbruder, *der (geh.);* **b)** *(Polit.)* Genosse, *der*/Genossin, *die*

**comradely** ['kɒmreɪdlɪ, 'kɒmrɪdlɪ] *adj.* kameradschaftlich

**comradeship** ['kɒmreɪdʃɪp, 'kɒmrɪdʃɪp] *n., no pl.* Kameradschaft, *die;* **a spirit of ~:** Kameradschaftsgeist

[1]**con** [kɒn] *(coll.)* **1.** *n.* Schwindel, *der.* **2.** *v. t.,* **-nn- a)** *(swindle)* reinlegen *(ugs.);* **~ sb. out of sth.** jmdm. etw. abschwindeln *od. (ugs.)* abgaunern; **b)** *(persuade)* beschwatzen *(ugs.);* **~ sb. into sth.** jmdm. etw. aufschwatzen *(ugs.);* **~ sb. into believing sth.** jmdm. etw. einreden

[2]**con** *n., adv., prep. see* [1]**pro**

[3]**con** *n. (coll.: convict)* Knacki, *der (salopp);* Sträfling, *der (oft abwertend)*

[4]**con** *v. t.,* **-nn-** *(arch.: study)* sorgfältig durchlesen

**concatenation** [kənkætɪ'neɪʃn] *n. (lit. or fig.)* Verkettung, *die*

**concave** ['kɒnkeɪv] *adj.* konkav; **~ mirror/lens** Konkav- *od.* Hohlspiegel, *der*/Konkavlinse, *die*

**concavity** [kən'kævɪtɪ] *n.* Konkavität, *die*

**conceal** [kən'si:l] *v. t.* verbergen **(from** vor + *Dat.*); **~ the true state of affairs from sb.** jmdm. den wirklichen Sachverhalt verheimlichen; **~ vital facts** entscheidende Tatsachen unterschlagen

**concealed** [kən'si:ld] *adj.* verdeckt; **~ lighting** indirekte Beleuchtung

**concealment** [kən'si:lmənt] *n. see* **conceal:** Verbergen, *das;* Verheimlichung, *die;* Unterschlagung, *die;* **stay in ~:** sich versteckt halten

**concede** [kən'si:d] *v. t. (admit, allow)* zugeben; *(grant)* zugestehen, einräumen ⟨*Recht, Privileg*⟩; *(Sport)* abgeben ⟨*Punkte, Spiel*⟩ **(to** an + *Akk.*); zulassen ⟨*Tor*⟩; in Kauf nehmen ⟨*Elfmeter*⟩; **~ [defeat]** *(in election etc.)* seine Niederlage eingestehen

**conceit** [kən'si:t] *n.* **a)** *no pl. (vanity)* Einbildung, *die;* **b)** *in pl. (Lit.)* Konzetti *Pl.*

**conceited** [kən'si:tɪd] *adj.* eingebildet

**conceitedly** [kən'si:tɪdlɪ] *adv.* eingebildet

**conceitedness** [kən'si:tɪdnɪs] *n.* Einbildung, *die*

**conceivable** [kən'si:vəbl] *adj.* vorstellbar; **it's scarcely ~ that ...:** man kann sich *(Dat.)* kaum vorstellen, daß ...

**conceivably** [kən'si:vəblɪ] *adv.* möglicherweise; **he cannot ~ have done it** er kann es unmöglich getan haben

**conceive** [kən'si:v] **1.** *v. t.* **a)** empfangen ⟨*Kind*⟩; **b)** *(form in mind)* sich *(Dat.)* vorstellen *od.* denken; haben, kommen auf (+ *Akk.*) ⟨*Idee, Plan*⟩; **~ a dislike for sb./sth.** eine Abneigung gegen jmdn./etw. entwickeln; **~ a liking for sb./sth.** Zuneigung zu jmdm./etw. fassen; **when the idea was first ~d** als man erstmals auf die Idee kam; **c)** *(think)* meinen; glauben; **d)** *(express)* fassen; ausdrücken. **2.** *v. i.* **a)** *(become pregnant)* empfangen; **b) ~ of sth.** sich *(Dat.)* etw. vorstellen

**concentrate** ['kɒnsəntreɪt] **1.** *v. t.* konzentrieren, zusammenziehen ⟨*Truppen, Flotte*⟩; zusammendrängen ⟨*Wissen, Informationen*⟩; **~ one's efforts/energies [up]on sth.** seine Bemühungen/Energien auf etw. *(Akk.)* konzentrieren; **~ one's mind on sth.** sich auf etw. *(Akk.)* konzentrieren; **~ the mind** jmds. Gedanken ausschließlich beschäftigen. **2.** *v. i.* sich konzentrieren **(on** auf + *Akk.*); **~ on doing sth.** sich darauf konzentrieren, etw. zu tun. **3.** *n.* Konzentrat, *das; (animal food)* Kraftfutter, *das*

**concentrated** ['kɒnsəntreɪtɪd] *adj.* konzentriert; geballt ⟨*Haß, Eifersucht*⟩

**concentration** [kɒnsən'treɪʃn] *n.* **a)** *(also Chem.)* Konzentration, *die;* **power[s] of ~:** Konzentrationsfähigkeit, *die;* Konzentrationsvermögen, *das;* **lose one's ~:** sich nicht mehr konzentrieren können; **b)** *(people brought together)* Ansammlung, *die; (of troops etc.)* Konzentration, *die*

**concen'tration camp** *n.* Konzentrationslager, *das;* KZ, *das*

**concentric** [kən'sentrɪk] *adj.* konzentrisch; **the circles were ~ with each other** die Kreise hatten einen gemeinsamen Mittelpunkt

**concept** ['kɒnsept] *n.* **a)** *(notion)* Begriff, *der; (idea)* Vorstellung, *die;* **b)** *(invention)* Idee, *die;* Konzept, *das;* **a new ~ in make-up** eine neue Make-up-Idee; ein neues Make-up-Konzept

**conception** [kən'sepʃn] **a)** *(idea)* Vorstellung, *die* **(of** von); **I had no ~ of how ...:** ich hatte keine Vorstellung, wie ...; **the original ~ of a picture** die ursprüngliche Konzeption eines Bildes; **b)** *(conceiving)* Vorstellungsvermögen, *das;* **great powers of ~:** ein großes Vorstellungsvermögen; **c)** *(of child)* Empfängnis, *die*

**conceptual** [kən'septjʊəl] *adj.* begrifflich

**conceptualize** [kən'septjʊəlaɪz] *v. t.* begrifflich fassen

**conceptually** [kən'septjʊəlɪ] *adv.* begrifflich; **the plan is ~ good** in der Vorstellung *od.* als Idee ist der Plan gut

**concern** [kən'sɜ:n] **1.** *v. t.* **a)** *(affect)* betreffen; **as ~s ..., so far as ... is ~ed** was ... betrifft; **all that ~s us is whether ...:** uns hat nur zu interessieren, ob ...; **'to whom it may ~'** ≈ „Bestätigung"; *(on certificate, testimonial)* ≈ „Zeugnis"; **b)** *(interest)* **~ oneself with** *or* **about sth.** sich mit etw. befassen; **she does not ~ herself with politics** sie kümmert sich nicht um Politik; **c)** *(trouble)* **the news/her health greatly ~s me** ich bin über diese Nachricht tief beunruhigt/ihre Gesundheit bereitet mir große Sorgen. **2.** *n.* **a)** *(relation)* **have no ~ with sth.** mit etw. nichts zu tun haben; **have a ~ in sth.** an etw. *(Dat.)* beteiligt sein *od.* einen Anteil haben; **b)** *(anxiety)* Besorgnis, *die; (interest)* Interesse, *das;* **a matter of general ~:** eine Sache, die alle beunruhigt/eine Sache von allgemeinem Interesse; **an expression of ~ on one's face** ein besorgter Gesichtsausdruck; **express ~:** Sorge ausdrücken; **c)** *(matter)* Angelegenheit, *die;* **that's no ~ of mine** das geht mich nichts an; **it's his ~:** das ist seine Sache *od.* seine Angelegenheit; **d)** *(firm)* Unternehmen, *das; see also* **going 2 e**

**concerned** [kən'sɜ:nd] *adj.* **a)** *(involved)* betroffen; *(interested)* interessiert; **the people ~:** die Betroffenen; **the firms/countries ~:** die betroffenen Firmen/Länder; **we are not ~ with it** damit haben wir nichts zu tun; **where work/health** *etc.* **is ~:** wenn es um die Arbeit/die Gesundheit *usw.* geht; **as** *or* **so far as I'm ~:** was mich betrifft *od.* anbelangt; **not as far as I'm ~:** von mir aus nicht; **b)** *(implicated)* verwickelt **(in** in + *Akk.*); **c)** *(troubled)* besorgt; **I am ~ to hear/learn that ...:** ich höre/erfahre mit Sorge, daß ...; **I was ~ at the news** die Nachricht beunruhigte mich; **I am very ~ for** *or* **about him/his health** er/seine Gesundheit macht mir Sorgen

**concerning** [kən'sɜ:nɪŋ] *prep.* bezüglich

**concernment** [kən'sɜ:nmənt] *n.* **a)** Beteiligung, *die;* **b)** *(anxiety)* Sorge, *die*

**concert 1.** ['kɒnsət] *n.* **a)** *(of music)* Konzert, *das;* **b)** *(agreement, union)* Übereinkunft, *die;* **work in ~ with sb.** mit jmdm. zusammenarbeiten; **c)** *(combined sounds)* Chor, *der;* Konzert, *das;* **in ~:** im Chor. **2.** [kən'sɜ:t] *v. t.* abstimmen ⟨*Maßnahmen, Pläne*⟩

**concerted** [kən'sɜ:tɪd] *adj.* vereint; gemeinsam; **~ action** eine konzertierte Aktion; **make a ~ effort** mit vereinten Kräften vorgehen

**concert: ~-goer** *n.* Konzertbesucher, *der*/-besucherin, *die;* **~ 'grand** *n.* Konzertflügel, *der;* **~-hall** *n.* Konzertsaal, *der; (building)* Konzerthalle, *die*

**concertina** [kɒnsə'ti:nə] **1.** *n. (Mus.)* Konzertina, *die.* **2.** *v. i.* [wie eine Ziehharmonika] zusammengeschoben werden

**'concert-master** *n. (esp. Amer.)* Konzertmeister, *der*

**concerto** [kən'tʃɜ:təʊ, kən'tʃeətəʊ] *n., pl.* **~s** *or* **concerti** [kən'tʃeəti:] *(Mus.)* Konzert, *das*

**concert: ~ overture** *n. (Mus.)* Konzertouvertüre, *die;* **~ pianist** *n.* Konzertpianist, *der*/-pianistin, *die;* **~ pitch** *n.* Kammerton, *der*

**concession** [kən'seʃn] *n.* Konzession, *die; (voluntary yielding)* Zugeständnis, *das*

**concessionaire** [kənseʃə'neə(r)] *n.* Konzessionär, *der*/Konzessionärin, *die*

**concessionary** [kən'seʃənərɪ] *adj.* Konzessions-; **~ rate/fare** ermäßigter Tarif

**concessionnaire** *see* **concessionaire**

**concessive** [kən'sesɪv] *adj. (Ling.)* konzessiv; einräumend; **a ~ clause** ein Konzessiv- *od.* Einräumungssatz

**conch** [kɒntʃ, kɒŋk] *n. (Zool.)* Meeresschnecke, *die; (shell)* Gehäuse einer Meeresschnecke

**concierge** ['kɔ:nsɪeəʒ, 'kɒnsɪeəʒ] *n.* Concierge, *der/die; (in hotel)* Empfangschef, *der*

**conciliate** [kən'sɪlɪeɪt] *v. t.* **a)** *(reconcile)* in Einklang bringen ⟨*Gegensätze, Theorien*⟩; **b)** *(pacify)* besänftigen; beschwichtigen

**conciliation** [kənsɪlɪ'eɪʃn] *n.* **a)** *(reconcilement)* Versöhnung, *die;* **b)** *(pacification)* Besänftigung, *die;* Beschwichtigung, *die;* **c)** *(in industrial relations)* Schlichtung, *die;* **~ board** Schlichtungsausschuß, *der*

**conciliator** [kən'sɪlɪeɪtə(r)] *n.* Schlichter, *der*/Schlichterin, *die*

**conciliatory** [kən'sɪljətərɪ] *adj.* versöhnlich; *(pacifying)* beschwichtigend; besänftigend

**concise** [kən'saɪs] *adj.* kurz und prägnant; knapp, konzis ⟨*Stil*⟩; **be ~** ⟨*Person:*⟩ sich knapp fassen; **a ~ dictionary** ein Handwörterbuch

**concisely** [kən'saɪslɪ] *adv.* kurz und prägnant; knapp, konzis ⟨*schreiben*⟩

**conciseness** [kən'saɪsnɪs], **concision** [kən'sɪʒn] *ns., no pl.* Kürze, *die;* Prägnanz, *die*

**conclave** ['kɒnkleɪv] *n.* **a)** *(RC Ch.)* Konklave, *das;* **b)** *(private meeting)* Klausurtagung, *die*

**conclude** [kən'klu:d] **1.** *v. t.* **a)** *(end)* beschließen; beenden; **b)** *(infer)* schließen; folgern; **c)** *(reach decision)* beschließen; **~ from the evidence that ...:** auf Grund des Beweismaterials zu dem Schluß kommen, daß ...; **d)** *(agree on)* schließen ⟨*Bündnis, Vertrag*⟩. **2.** *v. i. (end)* schließen

**concluding** [kən'klu:dɪŋ] *attrib. adj.* abschließend

**conclusion** [kən'klu:ʒn] *n.* **a)** *(end)* Abschluß, *der;* **in ~:** zum Abschluß; **b)** *(result)* Ausgang, *der;* **c)** *(decision reached)* Beschluß, *der;* **come to a ~:** einen Beschluß fassen; **d)** *(inference)* Schluß, *der;* **draw** *or* **reach a ~:** zu einem Schluß kommen; **e)** *(Logic)* [Schluß]folgerung, *die;* Konklusion, *die (fachspr.);* **f)** *(agreement)* Abschluß, *der*

**conclusive** [kən'klu:sɪv] *adj.* schlüssig

**conclusively** [kən'klu:sɪvlɪ] *adv.* abschließend ⟨*regeln*⟩; schlüssig ⟨*beweisen, belegen*⟩; eindeutig ⟨*klären*⟩

**conclusiveness** [kən'klu:sɪvnɪs] *n., no pl.* Schlüssigkeit, *die*

**concoct** [kən'kɒkt] *v. t.* zubereiten; zusammenbrauen ⟨*Trank*⟩; *(fig.)* sich *(Dat.)* ausdenken ⟨*Geschichte*⟩; aushecken ⟨*Komplott, Intrige usw.*⟩; sich *(Dat.)* zurechtlegen ⟨*Ausrede, Alibi*⟩

**concoction** [kən'kɒkʃn] *n.* **a)** *(preparing)* Zubereitung, *die;* **b)** *(drink)* Gebräu, *das; (meal)* Fraß, *der (ugs.)*
**concomitant** [kən'kɒmɪtənt] *(formal)* **1.** *adj.* begleitend; *(simultaneous)* gleichzeitig; ~ **circumstances** Begleitumstände. **2.** *n.* Begleiterscheinung, *die*
**concord** ['kɒŋkɔ:d, 'kɒnkɔ:d] *n.* **a)** *(agreement)* Eintracht, *die;* **b)** *(treaty)* Freundschaftsvertrag, *der;* **c)** *(Mus.)* Harmonie, *die;* **d)** *(Ling.)* Kongruenz, *die*
**concordance** [kən'kɔ:dəns] *n.* **a)** *(formal) (agreement)* Übereinstimmung, *die;* **b)** *(index)* Konkordanz, *die*
**concordant** [kən'kɔ:dənt] *adj.* *(formal)* übereinstimmend; **be ~ with sth.** mit etw. übereinstimmen
**concordat** [kən'kɔ:dæt] *n.* Konkordat, *das*
**concourse** ['kɒŋkɔ:s, 'kɒnkɔ:s] *n.* *(of public building)* Halle, *die;* **station ~:** Bahnhofshalle, *die*
**concrete** ['kɒnkri:t] **1.** *adj.* *(specific)* konkret; ~ **noun** *(Ling.)* Konkretum, *das.* **2.** *n.* Beton, *der; attrib.* Beton-; aus Beton *präd.* **3.** *v.t.* betonieren; *(embed in ~)* ~ **[in]** einbetonieren
**concretely** ['kɒnkri:tlɪ] *adv.* konkret
**concrete** ['kɒnkri:t]: **~-mixer** *n.* Betonmischer, *der;* Betonmischmaschine, *die;* ~ '**poetry** *n.* konkrete Poesie
**concretion** [kən'kri:ʃn] *n.* **a)** *no pl. (coalescence)* Verwachsung, *die;* Zusammenwachsen, *das;* **b)** *(Med.)* Konkrement, *das;* **c)** *(Geol.)* Konkretion, *die*
**concubine** ['kɒŋkjʊbaɪn] *n.* **a)** *(formal: cohabiting mistress)* Konkubine, *die;* **b)** *(secondary wife)* Nebenfrau, *die*
**concur** [kən'kɜ:(r)] *v.i.*, **-rr-: a)** *(agree)* ~ **[with sb.] [in sth.]** [jmdm.] [in etw. *(Dat.)*] zustimmen *od.* beipflichten; **b)** *(coincide, combine)* zusammenkommen
**concurrence** [kən'kʌrəns] *n., no pl.* **a)** *(general agreement)* Übereinstimmung, *die;* **b)** *(coincidence)* Zusammentreffen, *das*
**concurrent** [kən'kʌrənt] *adj.* **a)** gleichzeitig; **be ~ with sth.** gleichzeitig mit etw. stattfinden; ~ **sentences** zu einer Gesamtstrafe zusammengefaßte Einzelstrafen; **b)** *(agreeing)* übereinstimmend; **be ~ with sth.** mit etw. übereinstimmen
**concurrently** [kən'kʌrəntlɪ] *adv.* **a)** *(simultaneously)* gleichzeitig; **b)** *(Law)* **run ~** ⟨*Gefängnisstrafen:*⟩ zu einer Gesamtstrafe zusammengefaßt sein/werden
**concuss** [kən'kʌs] *v.t.* **be ~ed** eine Gehirnerschütterung haben
**concussion** [kən'kʌʃn] *n.* *(Med.)* Gehirnerschütterung, *die;* Konkussion, *die (fachspr.)*
**condemn** [kən'dem] *v.t.* **a)** *(censure)* verdammen; **b)** *(Law: sentence)* verurteilen; *(fig.)* verdammen; ~ **sb. to death/to life imprisonment** jmdn. zum Tode/zu lebenslanger Haft verurteilen; **be ~ed to do sth.** *(fig.)* dazu verdammt sein, etw. zu tun; **c)** *(give judgement against)* aburteilen; **d)** *(show to be guilty)* überführen; **e)** *(declare unfit)* für unbewohnbar erklären ⟨*Gebäude*⟩; für ungenießbar erklären ⟨*Fleisch*⟩
**condemnation** [kɒndem'neɪʃn] *n.* **a)** *(censure)* Verdammung, *die;* **b)** *(Law: conviction)* Verurteilung, *die*
**condemnatory** [kən'demnətərɪ] *adj.* verdammend; scharf mißbilligend ⟨*Blick*⟩
**condemned** [kən'demd] *adj.* **a)** verurteilt; **a ~ man** ein zum Tode Verurteilter; ein Todeskandidat; **b) a ~ house** ein Haus, das auf der Abrißliste steht; **c) ~ cell** Todeszelle, *die*
**condensate** [kən'denseɪt, 'kɒndənseɪt] *n.* Kondensat, *das*
**condensation** [kɒnden'seɪʃn] *n.* **a)** *no pl. (condensing)* Kondensation, *die;* **b)** *(what is condensed)* Kondensat, *das; (water)* Kondenswasser, *das;* **c)** *(abridgement)* [Ver]kürzung, *die; (abridged form)* Kurzfassung, *die*
**conden'sation trail** *n.* *(Aeronaut.)* Kondensstreifen, *der*
**condense** [kən'dens] **1.** *v.t.* **a)** komprimieren; **~d milk** Kondensmilch, *die;* **b)** *(Phys., Chem.)* kondensieren; **c)** *(make concise)* zusammenfassen; **in a ~d form** in verkürzter Form. **2.** *v.i.* kondensieren
**condenser** [kən'densə(r)] *n.* **a)** *(of steam-engine)* Kondensator, *der;* **b)** *(Electr.) see* **capacitor; c)** *(Chem.)* Kühler, *der*
**condescend** [kɒndɪ'send] *v.i.* ~ **to do sth.** geruhen *(geh.)*, etw. zu tun; sich dazu herablassen, etw. zu tun; ~ **to sb.** jmdn. von oben herab behandeln
**condescending** [kɒndɪ'sendɪŋ] *adj.* *(derog.)* herablassend
**condescendingly** [kɒndɪ'sendɪŋlɪ] *adv.* *(derog.)* herablassend; von oben herab
**condescension** [kɒndɪ'senʃn] *n.* *(derog.: patronizing manner)* Herablassung, *die;* **his air of ~:** sein herablassendes Gebaren
**condiment** ['kɒndɪmənt] *n.* Gewürz, *das*
**condition** [kən'dɪʃn] **1.** *n.* **a)** *(stipulation)* [Vor]bedingung, *die;* Voraussetzung, *die;* **make it a ~ that ...:** es zur Bedingung machen, daß ...; **on [the] ~ that ...:** unter der Voraussetzung *od.* Bedingung, daß ...; **b)** *(in pl.: circumstances)* Umstände *Pl.;* **weather/light ~s** Witterungsverhältnisse/Lichtverhältnisse; **under** *or* **in present ~s** unter den gegenwärtigen Umständen *od.* Bedingungen; **living/working ~s** Unterkunfts-/Arbeitsbedingungen; **c)** *(state of being) (of athlete, etc.)* Kondition, *die;* Form, *die; (of thing)* Zustand, *der; (of invalid, patient, etc.)* Verfassung, *die;* **keep sth. in good ~:** etw. in gutem Zustand erhalten; **be out of ~/in [good] ~** ⟨*Person:*⟩ schlecht/gut in Form sein; **sb. is in no ~ to do sth.** jmds. Gesundheitszustand erlaubt ihm nicht, etw. zu tun; **she's in no ~ to travel/drive** sie ist nicht reisefähig/fahrtüchtig; **get into ~** *(Sport)* sich in Form *od.* Kondition bringen; **d)** *(Med.)* Leiden, *das;* **have a heart/lung** *etc.* **~:** ein Herz-/Lungenleiden *usw.* haben; herz-/lungenleidend sein. **2.** *v.t.* **a)** *(determine)* bestimmen; **b)** *(make suitable or fit)* in Form bringen ⟨*Sportler, Tier, Haar*⟩; *see also* **air-conditioned; c)** *(accustom)* dressieren ⟨*Pferd, Hund*⟩; ~ **sb. to sth.** jmdn. an etw. *(Akk.)* gewöhnen; **be ~ed to do sth.** gewöhnt sein, etw. zu tun; **be ~ed to respond to a stimulus** konditioniert sein, auf einen Reiz zu reagieren; *see also* **reflex 1**
**conditional** [kən'dɪʃənl] **1.** *adj.* **a)** bedingt; **be ~ [up]on sth.** von etw. abhängen; **b)** *(Ling.)* konditional; bedingend; ~ **clause** Konditional- *od.* Bedingungssatz, *der;* ~ **mood/tense** Konditional[is], *der.* **2.** *n.* *(Ling.)* Konditional[is], *der*
**conditionally** [kən'dɪʃənəlɪ] *adv.* mit *od.* unter Vorbehalt
**conditioner** [kən'dɪʃənə(r)] *n.* **a)** *see* **air-conditioner; b)** *see* **hair-conditioner**
**condole** [kən'dəʊl] *v.i.* *(formal)* ~ **with sb. [up]on sth.** jmdm. zu etw. seine Anteilnahme *od.* sein Mitgefühl aussprechen; ~ **with sb. on the death of his mother** jmdm. zum Tode seiner Mutter kondolieren
**condolence** [kən'dəʊləns] *n.* Anteilnahme, *die;* Mitgefühl, *das; (on death)* Beileid, *das;* **offer sb. one's ~s** jmdm. sein Mitgefühl/sein Beileid *od.* seine Teilnahme aussprechen; **letter of ~:** Beileidsbrief, *der;* Kondolenzbrief, *der;* **please accept my ~s** darf ich Ihnen mein Beileid *od.* meine [An]teilnahme aussprechen?
**condom** ['kɒndəm] *n.* Kondom, *das od. der;* Präservativ, *das*
**condominium** [kɒndə'mɪnɪəm] *n.* **a)** *(Polit.)* Kondominium, *das;* **b)** *(Amer.: property)* Appartementhaus [mit Eigentumswohnungen]; *(single dwelling)* Eigentumswohnung, *die*
**condone** [kən'dəʊn] *v.t.* **a)** hinwegsehen über (+ *Akk.*); *(approve)* billigen; **b)** *(Law)* in Kauf nehmen; stillschweigend billigen
**condor** ['kɒndə(r)] *n.* *(Ornith.)* Kondor, *der*
**conduce** [kən'dju:s] *v.i.* *(formal)* ~ **to** förderlich sein (+ *Dat.*); beitragen zu
**conducive** [kən'dju:sɪv] *adj.* **be ~ to sth.** einer Sache *(Dat.)* förderlich sein; zu etw. beitragen
**conduct 1.** ['kɒndʌkt] *n.* **a)** *(behaviour)* Verhalten, *das;* **good ~:** gute Führung; **rules of ~:** Verhaltensregeln; **b)** *(way of ~ing)* Führung, *die; (of conference, inquiry, operation)* Leitung, *die;* Durchführung, *die;* **his ~ of the war** seine Kriegsführung; **their ~ of the negotiations** ihre Verhandlungsführung; **c)** *(leading, guidance)* Geleit, *das; see also* **safe conduct. 2.** [kən'dʌkt] *v.t.* **a)** *(Mus.)* dirigieren; **b)** *(direct)* führen ⟨*Geschäfte, Krieg, Gespräch*⟩; durchführen ⟨*Operation, Untersuchung*⟩; leiten ⟨*Konferenz*⟩; **~ one's affairs** seine Geschäfte führen; **c)** *(Phys.)* leiten ⟨*Wärme, Elektrizität*⟩; **d) ~ oneself** sich verhalten; **e)** *(guide)* führen; ~ **sb. away [from]** jmdn. wegführen [von]; **a ~ed tour [of a museum/factory]** eine [Museums-/Werks]führung
**conduction** [kən'dʌkʃn] *n.* *(Phys.)* Leitung, *die*
**conductivity** [kɒndək'tɪvɪtɪ] *n.* *(Phys.)* Leitfähigkeit, *die;* Konduktivität, *die (fachspr.)*
**conductor** [kən'dʌktə(r)] *n.* **a)** *(Mus.)* Dirigent, *der*/Dirigentin, *die;* **b)** *(of bus, tram)* Schaffner, *der; (Amer.: of train)* Zugführer, *der;* Schaffner, *der (ugs.);* **c)** *(Phys.)* Leiter, *der;* Konduktor, *der (fachspr.);* ~ **rail** Strom-, Sammelschiene, *die*
**conductress** [kən'dʌktrɪs] *n.* Schaffnerin, *die*
**conduit** ['kɒndɪt, 'kɒndjʊɪt] *n.* **a)** Leitung, *die;* Kanal, *der (auch fig.);* **b)** *(Electr.)* Isolierrohr, *das*
**cone** [kəʊn] **1.** *n.* **a)** Kegel, *der;* Konus, *der (fachspr.); (traffic ~)* Leitkegel, *der;* Pylon, *der (fachspr.);* Pylone, *die (fachspr.);* **b)** *(Bot.)* Zapfen, *der;* **c) ice-cream ~:** Eistüte, *die;* **d)** *(Anat.)* Zapfen, *der.* **2.** *v.t.* **~ off** [mit Leitkegeln *od.* Pylonen] absperren ⟨*Fahrbahn*⟩
**confab** ['kɒnfæb] *n.* *(coll.)* Unterhaltung, *die;* Schwätzchen, *das (ugs.); (discussion)* Besprechung, *die*
**confection** [kən'fekʃn] *n.* **a)** Konfekt, *das;* **b)** *(mixing, compounding)* Anfertigung, *die;* **c)** *(article of dress)* [Damen]modeartikel, *der*
**confectioner** [kən'fekʃənə(r)] *n.* *(maker)* Hersteller von Süßigkeiten; *(retailer)* Süßwarenhändler, *der; (cake decorator)* Konditor, *der;* Zuckerbäcker, *der (veralt., südd., österr.);* **~'s [shop]** Süßwarengeschäft, *das;* **~s' sugar** *(Amer.)* Puderzucker, *der*
**confectionery** [kən'fekʃənərɪ] *n.* **a)** Süßwaren *Pl.; (cakes etc.)* Konditoreiwaren *Pl.;* **b)** *(shop)* Süßwarengeschäft, *das;* **c)** *(confectioner's art)* Konditorei, *die;* Zuckerbäckerei, *die (veralt., südd., österr.)*
**confederacy** [kən'fedərəsɪ] *n.* **a)** *(league, alliance)* Bündnis, *das;* **b)** *(conspiracy)* Verschwörung, *die;* **c)** *(body)* Konföderation, *die;* **the [Southern] C~** *(Amer. Hist.)* die Konföderierten
**confederate 1.** [kən'fedərət] *adj.* **a)** *(allied)* verbündet; **b)** *(Polit.)* konföderiert; **the C~ States** *(Amer. Hist.)* die Konföderierten Staaten von Amerika. **2.** *n.* Verbündete, *der/die; (accomplice)* Komplize, *der*/Komplizin, *die;* **C~** *(Amer. Hist.)* Konföderierte, *der.* **3.** [kən'fedəreɪt] *v.t.* vereinigen. **4.** *v.i.* sich verbünden *od.* zusammenschließen
**confederation** [kənfedə'reɪʃn] *n.* **a)** *(Polit.)* [Staaten]bund, *der;* **the Swiss C~:** die Schweizerische Eidgenossenschaft; **b)** *(alliance)* Bund, *der;* **C~ of British Industry** *britischer Unternehmerverband*

**confer** [kən'fɜ(r)] **1.** *v.t.*, **-rr-:** ~ **a title/degree/knighthood [up]on sb.** jmdm. einen Titel/Grad verleihen/jmdn. zum Ritter schlagen; ~ **a quality [up]on sth.** einer Sache *(Dat.)* eine Eigenschaft verleihen. **2.** *v.i.*, **-rr-:** ~ **with sb.** sich mit jmdm. beraten

**conference** ['kɒnfərəns] *n.* **a)** *(meeting)* Konferenz, *die;* Tagung, *die;* **b)** *(consultation)* Beratung, *die; (business discussion)* Besprechung, *die;* **be in ~:** in einer Besprechung sein

**conference: ~-room** *n.* Konferenzraum, *der; (smaller)* Besprechungszimmer, *das;* **~-table** *n.* Konferenztisch, *der;* **get round the ~-table** *(fig.)* sich an den Verhandlungstisch setzen

**conferment** [kən'fɜːmənt] *n.* Verleihung, *die*

**confess** [kən'fes] **1.** *v.t.* **a)** zugeben; gestehen; **he ~ed himself to be the culprit** er gestand, der Schuldige zu sein; **I ~ myself a traditionalist** ich bekenne mich als Traditionalist; **b)** *(Eccl.)* beichten; ~ **one's sins to a priest** einem Priester seine Sünden beichten *od.* bekennen; **c)** *(Eccl.)* **the priest ~ed the penitent** der Priester nahm dem reuigen Sünder die Beichte ab. **2.** *v.i.* **a)** ~ **to sth.** etw. gestehen; ~ **to being unable to do sth.** gestehen *od.* zugeben, daß man etw. nicht kann; **b)** *(Eccl.)* beichten **(to sb.** jmdm.); ⟨*Priester:*⟩ die Beichte abnehmen

**confessed** [kən'fest] *adj.* geständig ⟨*Verbrecher*⟩; **a ~ homosexual** jemand, der sich dazu bekennt, homosexuell zu sein

**confessedly** [kən'fesɪdlɪ] *adv.* zugegebenermaßen; *(avowedly)* eingestandenermaßen

**confession** [kən'feʃn] *n.* **a)** *(of offence etc.)* Geständnis, *das;* **on** *or* **by one's own ~:** nach eigenem Geständnis; **I have a ~ to make** ich muß ein Geständnis ablegen; **b)** *(Eccl.: of sins etc.)* Beichte, *die;* ~ **of sins** Sündenbekenntnis, *das;* **hear sb.'s ~:** jmdm. die Beichte abnehmen; **make one's ~:** seine Sünden bekennen; **c)** *(thing confessed)* Geständnis, *das;* **d)** *(Relig.: denomination)* Konfession, *die;* **what ~ is he?** welcher Konfession ist er?; **Roman Catholic** *etc.* **by ~:** römisch-katholischer *usw.* Konfession; **e)** *(Eccl.: confessing)* Bekenntnis, *das;* ~ **of faith** Glaubensbekenntnis, *das*

**confessional** [kən'feʃənl] *(Eccl.)* **1.** *adj.* *(of confession)* bekennend; *(denominational)* konfessionell; ~ **schools** Konfessionsschulen. **2.** *n.* **a)** *(stall)* Beichtstuhl, *der;* **b)** *(act)* Beichte, *die*

**confessor** [kən'fesə(r)] *n.* *(Eccl.)* Beichtvater, *der*

**confetti** [kən'fetɪ] *n.* Konfetti, *das*

**confidant** ['kɒnfɪdænt, kɒnfɪ'dænt] *n. masc.* Vertraute, *der*

**confidante** ['kɒnfɪdænt, kɒnfɪ'dænt] *n. fem.* Vertraute, *die*

**confide** [kən'faɪd] **1.** *v.i.* ~ **in sb.** sich jmdm. anvertrauen; ~ **to sb. about sth.** jmdm. etw. anvertrauen. **2.** *v.t.* ~ **sth. to sb.** jmdm. etw. anvertrauen; **he ~d that he ...:** er gestand, daß er ...

**confidence** ['kɒnfɪdəns] *n.* **a)** *(firm trust)* Vertrauen, *das;* **have [complete** *or* **every/no] ~ in sb./sth.** [volles/kein] Vertrauen zu jmdm./etw. haben; **have [absolute] ~ that ...:** [absolut] sicher sein, daß ...; **place** *or* **put one's ~ in sb./sth.** sein Vertrauen in jmdn./etw. setzen; auf jmdn./etw. bauen; **b)** *(assured expectation)* Gewißheit, *die;* Sicherheit, *die;* **in full ~ of success** voller Erfolgsgewißheit; **c)** *(self-reliance)* Selbstvertrauen, *das;* **d)** *(boldness)* Dreistigkeit, *die;* **e)** *(telling of private matters)* Vertraulichkeit, *die;* **in ~:** im Vertrauen; **this is in [strict] ~:** das ist [streng] vertraulich; **take sb. into one's ~:** jmdn. ins Vertrauen ziehen; **be in sb.'s ~:** jmds. Vertrauen genießen; **f)** *(thing told in ~)* Vertraulichkeit, *die*

**confidence: ~ game** *n.* *(Amer.)* see ~ **trick;** ~ **man** *n.* Trickbetrüger, *der;* Bauernfänger, *der (ugs.);* ~ **trick** *n.* *(Brit.)* Trickbetrug, *der;* Bauernfängerei, *die (ugs.);* ~ **trickster** *n.* *(Brit.)* see ~ **man**

**confident** ['kɒnfɪdənt] *adj.* **a)** *(trusting, fully assured)* zuversichtlich **(about** in bezug auf + *Akk.*); **be ~ that [sth. will happen]** sicher sein, daß [etw. geschieht]; **be ~ of sth.** auf etw. *(Akk.)* vertrauen; **b)** *(bold)* dreist; **c)** *(self-assured)* selbstbewußt

**confidential** [kɒnfɪ'denʃl] *adj.* **a)** *(uttered in confidence)* vertraulich; **b)** *(entrusted with secrets)* persönlich; privat; ~ **secretary** Privatsekretär, *der/*-sekretärin, *die*

**confidentiality** [kɒnfɪdenʃɪ'ælɪtɪ] *n., no pl.* Vertraulichkeit, *die*

**confidentially** [kɒnfɪ'denʃəlɪ] *adv.* vertraulich

**confidently** ['kɒnfɪdəntlɪ] *adv.* zuversichtlich

**confiding** [kən'faɪdɪŋ] *adj.*, **confidingly** [kən'faɪdɪŋlɪ] *adv.* vertrauensvoll

**configuration** [kənfɪgjʊ'reɪʃn] *n.* **a)** *(arrangement, outline)* Gestaltung, *die;* **b)** *(Astron., Computing)* Konfiguration, *die*

**configure** [kən'fɪgə(r)] *v.t.* *(esp. Computing)* konfigurieren

**confine** [kən'faɪn] *v.t.* **a)** einsperren; eindämmen ⟨*Flut, Feuer usw.*⟩; **be ~d to bed/the house** ans Bett/Haus gefesselt sein; **be ~d to barracks** keinen Ausgang bekommen; **be ~d to a small area** auf ein kleines Gebiet begrenzt sein; **b)** *(fig.)* ~ **sb./sth. to sth.** jmdn./etw. auf etw. *(Akk.)* beschränken; ~ **oneself to sth./doing sth.** sich auf etw. *(Akk.)* beschränken/sich darauf beschränken, etw. zu tun; **c)** *(imprison)* einsperren

**confined** [kən'faɪnd] *adj.* begrenzt **(to** auf + *Akk.*); **the word is ~ to regional use** das Wort wird nur landschaftlich gebraucht

**confinement** [kən'faɪnmənt] *n.* **a)** *(imprisonment)* Einsperrung, *die; (in asylum)* Einweisung, *die;* **b)** *(being confined)* **put/keep sb. in ~:** jmdn. in Haft nehmen/halten; ~ **in hospital** ein Krankenhausaufenthalt; **animals kept in ~:** gefangengehaltene Tiere; **c)** *(childbirth)* Niederkunft, *die;* **d)** *(limitation)* Beschränkung, *die* **(to** auf + *Akk.*)

**confines** ['kɒnfaɪnz] *n. pl.* Grenzen

**confirm** [kən'fɜːm] *v.t.* **a)** bestätigen; **be ~ed in one's suspicions** sich in seinem Verdacht bestätigt sehen; **b)** *(Protestant Ch.)* konfirmieren; einsegnen; *(RC Ch.)* firmen

**confirmation** [kɒnfə'meɪʃn] *n.* **a)** Bestätigung, *die;* **b)** *(Protestant Ch.)* Konfirmation, *die;* Einsegnung, *die; (RC Ch.)* Firmung, *die;* ~ **class[es]** Konfirmanden-/Firmunterricht, *der;* **c)** *(of Jewish faith)* Konfirmation, *die*

**confirmatory** [kən'fɜːmətərɪ] *adj.* bestätigend

**confirmed** [kən'fɜːmd] *adj.* **a)** *(unlikely to change)* eingefleischt ⟨*Junggeselle*⟩; überzeugt ⟨*Atheist, Vegetarier*⟩; unheilbar ⟨*Trinker, Kranker*⟩; **b)** *(Protestant Ch.)* konfirmiert; *(RC Ch.)* gefirmt

**confiscate** ['kɒnfɪskeɪt] *v.t.* beschlagnahmen; konfiszieren; ~ **sth. from sb.** jmdm. etw. wegnehmen

**confiscation** [kɒnfɪs'keɪʃn] *n.* Beschlagnahme, *die;* Konfiskation, *die*

**conflagration** [kɒnflə'greɪʃn] *n.* Feuersbrunst, *die (geh.);* Großbrand, *der*

**conflate** [kən'fleɪt] *v.t.* verschmelzen

**conflation** [kən'fleɪʃn] *n.* Verschmelzung, *die*

**conflict 1.** ['kɒnflɪkt] *n.* **a)** *(fight)* Kampf, *der; (prolonged)* Krieg, *der;* **come into ~ with sb./sth.** mit jmdm./etw. in Konflikt geraten; **be in ~ with sb./sth.** *(fig.)* mit jmdm./etw. im Kampf liegen; **b)** *(clashing)* Konflikt, *der;* **a ~ of views/interests** ein Meinungs-/Interessenkonflikt; **c)** *(Psych.)* Konflikt, *der.* **2.** [kən'flɪkt] *v.i.* *(be incompatible)* sich *(Dat.)* widersprechen; ~ **with sth.** einer Sache *(Dat.)* widersprechen; zu einer Sache im Widerspruch stehen

**conflicting** [kən'flɪktɪŋ] *adj.* sich *(Dat.)* widersprechend

**confluence** ['kɒnflʊəns] *n.* Zusammenfluß, *der*

**conform** [kən'fɔːm] **1.** *v.i.* **a)** entsprechen **(to** *Dat.*); ~ **to a pattern** sich mit einem Muster decken; *(fig.)* einem Muster entsprechen; **those who do not ~ will be asked to leave the club** wer sich nicht einfügt, wird aufgefordert, den Klub zu verlassen; **b)** *(comply)* ~ **to** *or* **with sth./with sb.** sich nach etw./jmdm. richten. **2.** *v.t.* ~ **sth. to sth.** etw. an etw. *(Akk.)* anpassen; etw. auf etw. *(Akk.)* abstimmen *(fig.)*

**conformation** [kɒnfə'meɪʃn] *n.* **a)** *(structure)* Gestalt, *die;* **b)** *(adaptation)* Anpassung, *die* **(to** an + *Akk.*)

**conformism** [kən'fɔːmɪzm] *n.* Konformismus, *der*

**conformist** [kən'fɔːmɪst] *n.* Konformist, *der/*Konformistin, *die*

**conformity** [kən'fɔːmɪtɪ] *n.* Übereinstimmung, *die* **(with, to** mit)

**confound** [kən'faʊnd] *v.t.* **a)** ~ **it!** verflixt noch mal! *(ugs.);* ~ **him** *or* **the man!** der verflixte Kerl! *(ugs.);* **b)** *(defeat)* vereiteln ⟨*Plan, Hoffnung*⟩; **c)** *(confuse)* verwirren; **d)** *(discomfit)* ins Unrecht setzen; **e)** *(make indistinguishable)* durcheinanderbringen; verwischen ⟨*Unterschied*⟩; **f)** *(mix up mentally)* verwechseln; **g)** *(throw into disorder)* durcheinanderwerfen

**confounded** [kən'faʊndɪd] *adj.*, **confoundedly** [kən'faʊndɪdlɪ] *adv.* *(coll. derog.)* verdammt

**confront** [kən'frʌnt] *v.t.* **a)** gegenüberstellen; konfrontieren; ~ **sb. with sth./sb.** jmdn. mit etw./[mit] jmdm. konfrontieren; **he was ~ed with** *or* **by an angry mob** er sah sich [mit] einer wütenden Menge konfrontiert; **b)** *(stand facing)* gegenüberstehen (+ *Dat.*); **enemies ~ing one another** einander gegenüberstehende Feinde; **find oneself ~ed by** *or* **with a problem** sich [mit] einem Problem konfrontiert sehen; **c)** *(face in defiance)* ins Auge sehen (+ *Dat.*); **d)** *(oppose)* widersprechen (+ *Dat.*); *(make comparison)* gegenüberstellen

**confrontation** [kɒnfrən'teɪʃn] *n.* Konfrontation, *die; (with witnesses)* Gegenüberstellung, *die*

**Confucianism** [kən'fjuːʃənɪzm] *n., no pl.* Konfuzianismus, *der*

**confuse** [kən'fjuːz] *v.t.* **a)** *(disorder)* durcheinanderbringen; verwirren; *(blur)* verwischen; ~ **the issue** den Sachverhalt unklar machen; **it simply ~s matters** das verwirrt die Sache nur; **b)** *(mix up mentally)* verwechseln; ~ **two things** zwei Dinge [miteinander] verwechseln; **c)** *(perplex)* konfus machen; verwirren

**confused** [kən'fjuːzd] *adj.* konfus; wirr ⟨*Gedanken, Gerüchte*⟩; verworren ⟨*Lage, Situation*⟩; *(embarrassed)* verlegen

**confusing** [kən'fjuːzɪŋ] *adj.* verwirrend

**confusion** [kən'fjuːʒn] *n.* **a)** *(disordering)* Verwirrung, *die; (mixing up)* Verwechslung, *die;* ~ **of tongues** Sprachverwirrung, *die;* **b)** *(state)* Verwirrung, *die; (embarrassment)* Verlegenheit, *die;* **throw sb./sth. into ~:** jmdn./etw. [völlig] durcheinanderbringen; **reply/blush in ~:** verlegen antworten/erröten; **in [total] ~:** in völligem Durcheinander ⟨*fliehen*⟩; [völlig *od.* wild] durcheinander ⟨*daliegen*⟩; **a scene of total ~:** ein totales Chaos

**confutation** [kɒnfjʊ'teɪʃn] *n.* Widerlegung, *die*

**confute** [kən'fjuːt] *v.t.* widerlegen

**conga** ['kɒŋgə] *n.* Conga, *die*

**congeal** [kən'dʒiːl] **1.** *v.i.* **a)** *(coagulate)* gerinnen; ~ **into sth.** *(fig.)* zu etw. erstarren; **b)** *(freeze)* gefrieren. **2.** *v. t.* **a)** *(coagulate)* gerinnen lassen; koagulieren; **b)** *(solidify by cooling)* gefrieren lassen

**congenial** [kən'dʒi:nɪəl] *adj.* **a)** *(kindred)* geistesverwandt; ~ **spirits** kongeniale Geister; **b)** *(agreeable)* angenehm

**congeniality** [kəndʒi:nɪ'ælɪtɪ] *n., no pl.* Geistesverwandtschaft, *die*

**congenital** [kən'dʒenɪtl] *adj.* angeboren; kongenital *(fachspr.)*; **a ~ idiot** ein von Geburt an Schwachsinniger; **a ~ defect** ein Geburtsfehler

**congenitally** [kən'dʒenɪtəlɪ] *adv.* von Geburt an

**conger** ['kɒŋgə(r)] *n. (Zool.)* ~ **[eel]** Meer- *od.* Seeaal, *der*

**congest** [kən'dʒest] *v. t.* verstopfen

**congested** [kən'dʒestɪd] *adj.* überfüllt, verstopft ⟨*Straße*⟩; übervölkert ⟨*Stadtviertel*⟩; **my nose is ~:** ich habe eine verstopfte Nase

**congestion** [kən'dʒestʃn] *n. (of traffic etc.)* Stauung, *die; (overpopulation)* Übervölkerung, *die;* ~ **of the lungs** *(Med.)* Lungenstauung, *die;* **nasal ~:** verstopfte Nase

**conglomerate 1.** [kən'glɒməreɪt] *v. t. (lit. or fig.)* verschmelzen. **2.** *v. i.* sich zusammenballen; *(fig.)* sich versammeln. **3.** [kən'glɒmərət] *n.* **a)** *(Commerc.)* Großkonzern, *der;* **b)** *(Geol.)* Konglomerat, *das*

**conglomeration** [kənglɒmə'reɪʃn] *n.* Konglomerat, *das; (collection)* Ansammlung, *die*

**Congo** ['kɒŋgəʊ] *pr. n. (Geog.: river, country)* Kongo, *der*

**Congolese** [kɒŋgə'li:z] **1.** *adj.* kongolesisch. **2.** *n.* Kongolese, *der*/Kongolesin, *die*

**congratulate** [kən'grætjʊleɪt] *v. t.* gratulieren (+ *Dat.*); ~ **sb./oneself [up]on sth.** jmdm./sich zu etw. gratulieren

**congratulation** [kəngrætjʊ'leɪʃn] **1.** *int.* **~s!** herzlichen Glückwunsch! **(on** zu**)**. **2.** *n.* **a)** *in pl.* Glückwünsche *Pl.;* **offer sb. one's ~s** jmdm. gratulieren; jmdn. beglückwünschen; **b)** *(action)* Gratulation, *die*

**congratulatory** [kən'grætjʊlətərɪ] *adj.* beglückwünschend; ~ **note/letter** Glückwunschschreiben, *das*/-brief, *der*

**congregate** ['kɒŋgrɪgeɪt] **1.** *v. i.* sich versammeln; zusammenkommen. **2.** *v. t.* versammeln

**congregation** [kɒŋgrɪ'geɪʃn] *n.* **a)** *(Eccl.)* Gemeinde, *die;* **b)** *(Brit. Univ.)* ≈ Konzil, *das*

**congress** ['kɒŋgres] *n.* **a)** *(meeting of heads of state etc.)* Kongreß, *der;* **the C~ of Vienna** der Wiener Kongreß; **a party ~:** ein Parteitag; **b)** *(association)* Verband, *der;* **c)** C~ *(Amer.: legislature)* der Kongreß

**congressional** [kən'greʃənl] *adj.* Kongreß-; ⟨*Erlaubnis*⟩ des Kongresses; ~ **district** Kongreßwahlbezirk, *der*

**Congress: ~man** ['kɒŋgresmən] *n., pl.* **~men** ['kɒŋgresmən] *(Amer.)* Kongreßabgeordnete, *der;* **~woman** *n. (Amer.)* Kongreßabgeordnete, *die*

**congruence** ['kɒŋgrʊəns], **congruency** ['kɒŋgrʊənsɪ] *n.* **a)** Übereinstimmung, *die;* **b)** *(Geom.)* Kongruenz, *die;* Deckungsgleichheit, *die*

**congruent** ['kɒŋgrʊənt] *adj.* **a)** *(formal)* übereinstimmend; **b)** *(Geom.)* kongruent; deckungsgleich

**congruity** [kɒŋ'gru:ɪtɪ] *n.* Übereinstimmung, *die;* Kongruenz, *die (geh.)*

**conic** ['kɒnɪk] *adj.* Kegel-; ~ **section** Kegelschnitt, *der*

**conical** ['kɒnɪkl] *adj.* konisch; kegelförmig; *see also* **projection i**

**conifer** ['kɒnɪfə(r), 'kəʊnɪfə(r)] *n.* Nadelbaum, *der;* Konifere, *die;* **~s** Nadelhölzer

**coniferous** [kə'nɪfərəs] *adj.* Nadel-; ~ **tree** Nadelbaum, *der;* Konifere, *die;* ~ **forest** Nadelwald, *der*

**conjectural** [kən'dʒektʃərl] *adj.* auf Mutmaßungen *(geh.) od.* Vermutungen beruhend; konjektural *(Literaturw.)*; **all this is ~:** all das ist Vermutung; **a ~ emendation of a text** eine Konjektur *(Literaturw.)*

**conjecturally** [kən'dʒektʃərəlɪ] *adv.* auf Grund von Mutmaßungen *(geh.) od.* Vermutungen

**conjecture** [kən'dʒektʃə(r)] **1.** *n.* **a)** Mutmaßung, *die (geh.);* Vermutung, *die;* **rely on ~:** sich auf Mutmaßungen *(Akk.)* stützen; **b)** *(Lit.)* Konjektur, *die.* **2.** *v. t.* mutmaßen *(geh.);* vermuten. **3.** *v. i. (guess)* Mutmaßungen *(geh.) od.* Vermutungen anstellen

**conjoin** [kən'dʒɔɪn] **1.** *v. t.* verbinden. **2.** *v. i.* sich verbinden

**conjoint** [kən'dʒɔɪnt] *adj. (formal)* **a)** *(united)* gemeinsam; **b)** *(associated)* Mit-

**conjointly** [kən'dʒɔɪntlɪ] *adv.* gemeinsam

**conjugal** ['kɒndʒʊgl] *adj.* ehelich; **the ~ state** der Stand der Ehe; ~ **bliss/worries** Eheglück, *das*/Ehesorgen

**conjugate 1.** ['kɒndʒʊgeɪt] *v. t. (Ling.)* konjugieren. **2.** *v. i.* **a)** *(Ling.)* konjugiert werden; **b)** *(Biol.)* sich paaren *od.* vereinigen. **3.** ['kɒndʒʊgət] *adj.* **a)** gepaart; **b)** *(Ling.)* wurzelverwandt; **c)** *(Math.)* konjugiert. **4.** *n. (Ling.)* wurzelverwandtes Wort

**conjugation** ['kɒndʒʊ'geɪʃn] *n.* **a)** *(joining together)* Vereinigung, *die;* **b)** *(Ling., Biol.)* Konjugation, *die*

**conjunction** [kən'dʒʌŋkʃn] *n.* **a)** Verbindung, *die;* **in ~ with sb./sth.** in Verbindung mit jmdm./etw.; **b)** *(formal: of events)* Zusammentreffen, *das;* **c)** *(Ling.)* Konjunktion, *die;* Bindewort, *das;* **d)** *(Astrol., Astron.)* Konjunktion, *die*

**conjunctivitis** [kəndʒʌŋktɪ'vaɪtɪs] *n. (Med.)* Bindehautentzündung, *die;* Konjunktivitis, *die (fachspr.)*

**conjure 1.** *v. t.* **a)** [kən'dʒʊə(r)] *(formal: beseech)* beschwören; anflehen; **b)** ['kʌndʒə(r)] *(by magic)* beschwören ⟨*Geister*⟩. **2.** ['kʌndʒə(r)] *v. i.* zaubern; **conjuring trick** Zaubertrick, *der;* Zauberkunststück, *das;* **a name to ~ with** ein exotischer *od.* geheimnisvoller Name; *(because of great importance)* ein klangvoller Name

~ **'away** *v. t.* wegzaubern

~ **'up** *v. t.* beschwören ⟨*Geister, Teufel*⟩; *(fig.)* heraufbeschwören

**conjurer, conjuror** ['kʌndʒərə(r)] *n.* Zauberkünstler, *der*/-künstlerin, *die;* Zauberer, *der*/Zauberin, *die*

[1]**conk** [kɒŋk] *v. i.* ~ **'out** *(coll.)* schlappmachen *(ugs.);* ⟨*Maschine, Auto usw.:*⟩ den Geist aufgeben *(scherzh.),* kaputtgehen *(ugs.)*

[2]**conk** *n. (sl.)* **a)** *(nose)* Zinken, *der (ugs.);* Rüssel, *der (salopp);* **b)** *(head)* Rübe, *die (salopp);* Birne, *die (salopp)*

**conker** ['kɒŋkə(r)] *n. (horse-chestnut)* [Roß]kastanie, *die;* **play ~s** ein Wettspiel mit Kastanien machen

**'con-man** *(coll.) see* **confidence man**

**connect** [kə'nekt] **1.** *v. t.* **a)** *(join together)* verbinden **(to, with** mit**)**; *(Electr.)* anschließen **(to, with** an + *Akk.***)**; **b)** *(join in sequence)* verbinden; verknüpfen; **c)** *(associate)* verbinden; ~ **sth. with sth.** etw. mit etw. verbinden *od.* in Verbindung bringen; **be ~ed with sb./sth.** mit jmdm./etw. in Verbindung stehen. **2.** *v. i.* **a)** *(join)* ~ **with sth.** mit etw. zusammenhängen *od.* verbunden sein; ⟨*Zug, Schiff usw.:*⟩ Anschluß haben an etw. *(Akk.);* **b)** *(form logical sequence)* einen Zusammenhang/Zusammenhänge darstellen; **c)** *(coll.: hit)* einen Haken *usw.* landen **(with** auf, an + *Dat.***)**

~ **'up** *v. t.* anschließen

**connected** [kə'nektɪd] *adj.* **a)** *(logically joined)* zusammenhängend; **sth. is ~ with sth.** etw. hängt mit etw. zusammen; etw. hat mit etw. zu tun; **b)** *(related)* verwandt; **he is well ~:** er hat einflußreiche Verwandte

**connecting** [kə'nektɪŋ]: ~ **door** *n.* Verbindungstür, *die;* ~ **rod** *n. (Mech. Engin.)* Pleuelstange, *die*

**connection** [kə'nekʃn] *n.* **a)** *(act, state)* Verbindung, *die; (Electr.; of telephone)* Anschluß, *der;* **cut the ~:** die Verbindung abbrechen; **the Italian ~:** die Beziehungen zu Italien; **run in ~ with sth.** ⟨*Zug usw.:*⟩ Anschluß haben an etw. *(Akk.);* **b)** *(fig.: of ideas)* Zusammenhang, *der;* **in this ~:** in diesem Zusammenhang; **in ~ with sth.** im Zusammenhang mit etw.: **c)** *(part)* Verbindung, *die;* Verbindungsstück, *das;* **d)** *(train, boat, etc.)* Anschluß, *der;* **miss a ~:** einen Anschluß verpassen; **catch** *or* **make a ~:** einen Anschluß erreichen *od. (ugs.)* kriegen; **e)** *(family relationship)* Verwandtschaft, *die;* **f)** *(person) (relative)* Verwandte, *der/die;* **business ~s** Geschäftsbeziehungen; **have ~s** Beziehungen haben; **g)** *(personal dealings)* **he has no ~ with the firm of this name** er hat keinerlei Verbindung zu dem gleichnamigen Unternehmen; **h)** *(sl.: supplier of narcotics)* Dealer, *der (Jargon)*

**connective** [kə'nektɪv] *adj.* **a)** verbindend; **b)** *(Anat.)* ~ **tissue** Bindegewebe, *das*

**connexion** *(Brit.) see* **connection**

**conning-tower** ['kɒnɪŋtaʊə(r)] *n. (Naut.)* Kommandoturm, *der*

**connivance** [kə'naɪvəns] *n.* stillschweigende Duldung

**connive** [kə'naɪv] *v. i.* **a)** ~ **at sth.** *(disregard)* über etw. *(Akk.)* hinwegsehen; etw. stillschweigend dulden; **b)** *(conspire)* ~ **with sb.** mit jmdm. gemeinsame Sache machen **(in** bei**)**

**connoisseur** [kɒnə'sɜ:(r)] *n.* Kenner, *der;* **a ~ of wine** ein Weinkenner

**connotation** [kɒnə'teɪʃn] *n.* Assoziation, *die;* Konnotation, *die (Sprachw.)*

**connote** [kə'nəʊt] *v. t. (formal)* **a)** *(suggest)* suggerieren; **b)** *(signify)* bezeichnen

**connubial** [kə'nju:bɪəl] *adj.* ehelich; Ehe-

**conquer** ['kɒŋkə(r)] *v. t.* besiegen ⟨*Gegner, Leidenschaft, Gewohnheit*⟩; erobern ⟨*Land*⟩; bezwingen ⟨*Berg, Gegner*⟩; **I came, I saw, I ~ed** ich kam, ich sah, ich siegte

**conqueror** ['kɒŋkərə(r)] *n.* Sieger, *der*/Siegerin, *die* **(of** über + *Akk.***)**; *(of a mountain)* Bezwinger, *der; (of a country)* Eroberer, *der;* **[William] the C~:** Wilhelm der Eroberer

**conquest** ['kɒŋkwest] *n.* **a)** Eroberung, *die;* **the [Norman] C~:** die Eroberung Englands durch die Normannen; **b)** *(territory)* Eroberung, *die;* erobertes Gebiet; **c)** *(fig.: of mountain)* Bezwingung, *die;* Sieg, *der* **(of** über + *Akk.***)**

**'con-rod** *n. (Motor Veh. coll.)* Pleuelstange, *die*

**conscience** ['kɒnʃəns] *n.* Gewissen, *das;* **have a good** *or* **clear/bad** *or* **guilty ~:** ein gutes/schlechtes Gewissen haben; **have no ~:** gewissenlos sein; **with a clear** *or* **easy ~:** mit gutem Gewissen; guten Gewissens *(geh.);* **have sth. on one's ~:** wegen etw. ein schlechtes Gewissen haben; **that is still on my ~:** das liegt mir immer noch auf der Seele; **in all ~:** ehrlicherweise; *(without doubt)* zweifellos; **freedom** *or* **liberty of ~:** Gewissensfreiheit, *die;* Freiheit des Gewissens; **a matter of ~:** eine Gewissensfrage

**conscience: ~ clause** *n. (Law)* Gewissensklausel, *die;* **~ money** *n.* freiwillige Geldbuße; **~-smitten, ~-stricken, ~-struck** *adjs.* schuldbewußt

**conscientious** [kɒnʃɪ'enʃəs] *adj.* pflichtbewußt; *(meticulous)* gewissenhaft; ~ **objector** Wehrdienstverweigerer [aus Gewissensgründen]

**conscientiously** [kɒnʃɪ'enʃəslɪ] *adv.* pflichtbewußt; *(meticulously)* gewissenhaft

**conscientiousness** [kɒnʃɪ'enʃəsnɪs] *n., no pl.* Pflichtbewußtsein, *das; (meticulousness)* Gewissenhaftigkeit, *die*

**conscious** ['kɒnʃəs] **1.** *adj.* **a) be ~ of sth.**

sich *(Dat.)* einer Sache *(Gen.)* bewußt sein; **I was ~ that ...:** mir war bewußt, daß ...; **but he is not ~ of it** aber es ist ihm nicht bewußt; **I suddenly became ~ that ...:** mir wurde plötzlich bewußt, daß ...; **b)** *pred. (awake)* bei Bewußtsein *präd.*; **become ~:** wach werden; **become ~ again** wieder zu sich kommen; **c)** *(realized by doer)* bewußt ‹*Handeln, Versuch, Bemühung*›; **d)** *(self-~)* gewollt ‹*Auftreten, Gehabe*›. **2.** *n.* Bewußte, *das (Psych.)*

**consciously** ['kɒnʃəslɪ] *adv.* bewußt; **be ~ superior** sich *(Dat.)* seiner Überlegenheit *(Gen.)* bewußt sein

**consciousness** ['kɒnʃəsnɪs] *n., no pl.* **a)** Bewußtsein, *das;* **lose/recover** *or* **regain ~:** das Bewußtsein verlieren/wiedererlangen; bewußtlos werden/wieder zu sich kommen; **b)** *(totality of thought)* Bewußtsein, *das;* **c)** *(perception)* Bewußtsein, *das;* Bewußtheit, *die*

**conscript 1.** [kən'skrɪpt] *v.t.* einberufen ‹*Soldaten*›; ausheben ‹*Armee*›; **be ~ed into the army** zum Wehrdienst einberufen werden. **2.** ['kɒnskrɪpt] *n.* Einberufene, *der/die;* **an army of ~s** eine Armee von Wehrpflichtigen

**conscription** [kən'skrɪpʃn] *n. (action)* Einberufung, *die; (compulsory military service)* Wehrpflicht, *die*

**consecrate** ['kɒnsɪkreɪt] *v.t. (Eccl.; also fig.)* weihen; konsekrieren; **~ sb. a bishop** jmdn. zum Bischof weihen

**consecration** [kɒnsɪ'kreɪʃn] *n. (Eccl.; also fig.)* Weihe, *die;* Konsekration, *die*

**consecutive** [kən'sekjʊtɪv] *adj.* **a)** *(following continuously)* aufeinanderfolgend ‹*Monate, Jahre*›; fortlaufend ‹*Zahlen*›; **this is the fifth ~ day that ...:** heute ist schon der fünfte Tag, an dem ...; **b)** *(in logical sequence)* folgerichtig; **c)** *(Ling.)* konsekutiv; Konsekutiv-; **~ clause** Konsekutiv-/Folgesatz, *der*

**consecutive interpre'tation** *n.* Konsekutivdolmetschen, *das*

**consecutively** [kən'sekjʊtɪvlɪ] *adv.* hintereinander; fortlaufend ‹*numeriert*›

**consensus** [kən'sensəs] *n.* Einigkeit, *die;* Konsens[us], *der (geh.); attrib.* ‹*Politik, Regierungsstil usw.*› des Miteinander *od.* der Gemeinsamkeit; **the general ~ is that ...:** es besteht allgemeiner Konsens *(geh.) od.* allgemeine Einigkeit darüber, daß ...; **the ~ of opinion is in favour of the amendment** die allgemeine Mehrheit *od.* die Mehrheitsmeinung ist für den Änderungsantrag

**consent** [kən'sent] **1.** *v.i.* zustimmen; **~ to sth.** einer Sache *(Dat.)* zustimmen; in eine Sache einwilligen; **~ to do sth.** einwilligen, etw. zu tun; **~ing adult** erwachsene homosexuelle Person. **2.** *n.* **a)** *(agreement)* Zustimmung, *die* **(to** zu); Einwilligung, *die* **(to** in + *Akk.*); **by common** *or* **general ~:** nach allgemeiner Auffassung; *(as wished by all)* auf allgemeinen Wunsch; **age of ~:** *Alter, in dem man hinsichtlich Heirat und Geschlechtsleben nicht mehr als minderjährig gilt;* ≈ Ehemündigkeitsalter, *das;* **b)** *(permission)* Zustimmung, *die;* Erlaubnis, *die;* **give/refuse [sb.] one's ~:** [jmdm.] seine Zustimmung geben/verweigern

**consequence** ['kɒnsɪkwəns] *n.* **a)** *(result)* Folge, *die;* **in ~:** folglich; infolgedessen; **in ~ of** als Folge (+ *Gen.*); **as a ~:** infolgedessen; **as a ~ of** infolge (+ *Gen.*); **with the ~ that ...:** mit dem Ergebnis, daß ...; **accept** *or* **take the ~s** die Folgen tragen; **b)** *(importance)* Bedeutung, *die;* **be of no ~:** unerheblich *od.* ohne Bedeutung sein; **nothing of ~:** nichts von Bedeutung; nichts Erhebliches; **persons of [no] ~** *(significant)* [un]bedeutende/*(influential, high-ranking)* [un]wichtige Leute; **he's of no ~:** er ist unbedeutend *od.* unwichtig

**consequent** ['kɒnsɪkwənt] *adj.* **a)** *(resultant)* daraus folgend; sich daraus ergebend; *(following in time)* darauffolgend; **be ~ [up]on sth.** *(formal)* die Folge einer Sache *(Gen.)* sein; **b)** *(logically consistent)* folgerichtig

**consequential** [kɒnsɪ'kwenʃl] *adj.* **a)** *(resulting)* daraus folgend; sich daraus ergebend; *(following in time)* darauffolgend; **b)** *(indirectly following)* indirekt; sich indirekt ergebend; **~ damage[s]** Folgeschäden *Pl.*; **c)** *(self-important)* überheblich ‹*Lächeln, Stimme, Person*›

**consequentially** [kɒnsɪ'kwenʃəlɪ] *adv.* **a)** *(indirectly)* indirekt; **b)** *(self-importantly)* überheblich

**consequently** ['kɒnsɪkwəntlɪ] *adv.* infolgedessen; folglich

**conservancy** [kən'sɜ:vənsɪ] *n.* **a)** *(Brit.: conserving body) Behörde, der der Natur-/Gewässerschutz usw. untersteht;* **the Nature C~:** die Naturschutzbehörde; **the Thames C~:** der Themse-Gewässerschutz; **b)** *(preservation)* Naturschutz, *der*

**conservation** [kɒnsə'veɪʃn] *n.* **a)** *(preservation)* Schutz, *der;* Erhaltung, *die; (wise utilization)* sparsamer Umgang **(of** mit); **wildlife ~:** Schutz wildlebender Tierarten; **b)** *(Phys.)* **~ of energy/momentum** Erhaltung der Energie/des Impulses

**conser'vation area** *n. (Brit.) (rural)* Landschaftsschutzgebiet, *das; (urban)* unter Denkmalschutz stehendes Gebiet

**conservationist** [kɒnsə'veɪʃənɪst] *n.* Naturschützer, *der*/-schützerin, *die*

**conservatism** [kən'sɜ:vətɪzm] *n.* Konservati[vi]smus, *der*

**conservative** [kən'sɜ:vətɪv] **1.** *adj.* **a)** *(conserving)* erhaltend; konservierend; **~ surgery** konservative Chirurgie; **b)** *(averse to change)* konservativ; **c)** *(not too high)* vorsichtig, eher zu niedrig ‹*Zahlen, Schätzung*›; **at a ~ estimate** nach vorsichtiger *od. (Jargon)* konservativer Schätzung; **d)** *(avoiding extremes)* konservativ ‹*Geschmack, Ansichten, Baustil*›; **e)** *(Brit. Polit.)* konservativ; **the C~ Party** die Konservative Partei. **2.** *n.* **a) C~** *(Brit. Polit.)* Konservative, *der/die;* **b)** *(conservative person)* Konservative, *der/die*

**conservatively** [kən'sɜ:vətɪvlɪ] *adv.* vorsichtig, eher zu niedrig ‹*geschätzt*›

**conservatoire** [kən'sɜ:vətwɑ:(r)] *n. (school of music)* Konservatorium, *das; (school of other arts)* Kunsthochschule, *die*

**conservatory** [kən'sɜ:vətərɪ] *n.* **a)** *(greenhouse)* Wintergarten, *der;* **b)** *(Amer.) see* **conservatoire**

**conserve** [kən'sɜ:v] **1.** *v.t.* **a)** erhalten ‹*Gebäude, Kunstwerk, Wälder*›; bewahren ‹*Ideale, Prinzipien*›; schonen ‹*Gesundheit, Kräfte*›; **b)** *esp. in p.p. (Phys.)* erhalten ‹*Energie, Impuls*›. **2.** *n. often in pl.* Eingemachte, *das;* **~s** Eingemachtes

**consider** [kən'sɪdə(r)] *v.t.* **a)** *(look at)* betrachten; *(think about)* **~ sth.** an etw. *(Akk.)* denken; **b)** *(weigh merits of)* denken an (+ *Akk.*); **he's ~ing emigrating** er denkt daran *od.* trägt sich mit dem Gedanken, auszuwandern; **five candidates are being ~ed** fünf Kandidaten sind in der engeren Wahl; **c)** *(reflect)* sich *(Dat.)* überlegen; bedenken; **you must ~ that you/whether or not you ...:** du mußt bedenken *od.* dir überlegen, daß du/ob du ... oder nicht; **just ~!** *(abs.)* überleg [dir das] doch mal!; **d)** *(have opinion)* annehmen; finden; **we ~ that you are not to blame** wir sind der Ansicht *od.* finden, daß Sie nicht schuld sind; **e)** *(regard as)* halten für; **I ~ him [to be** *or* **as] a swindler** ich halte ihn für einen Betrüger; **do you ~ yourself educated?** hältst du dich für gebildet?; **~ yourself under arrest** betrachten Sie sich als verhaftet; **she is ~ed a great beauty** sie gilt als große Schönheit; **f)** *(allow for)* berücksichtigen; **~ other people's feelings** auf die Gefühle anderer Rücksicht nehmen; **all things ~ed** alles in allem

**considerable** [kən'sɪdərəbl] *adj.* **a)** *(no little)* beträchtlich; erheblich ‹*Schwierigkeiten, Ärger*›; groß ‹*Freude, Charakterstärke*›; eingehend ‹*Überlegung*›; *(Amer.: large)* ansehnlich ‹*Gebäude, Edelstein*›; **b)** *(important)* bedeutend ‹*Person, Künstler*›

**considerably** [kən'sɪdərəblɪ] *adv.* erheblich; *(in amount)* beträchtlich

**considerate** [kən'sɪdərət] *adj.* rücksichtsvoll; *(thoughtfully kind)* entgegenkommend; **be ~ to[wards] sb.** rücksichtsvoll gegenüber jmdm. sein; auf jmdn. Rücksicht nehmen

**considerately** [kən'sɪdərətlɪ] *adv.* rücksichtsvoll; *(obligingly)* entgegenkommend

**considerateness** [kən'sɪdərətnɪs] *n.* Rücksichtnahme, *die* **(for** auf + *Akk.*); *(obligingness)* Entgegenkommen, *das*

**consideration** [kənsɪdə'reɪʃn] *n.* **a)** Überlegung, *die; (meditation)* Betrachtung, *die;* **take sth. into ~:** etw. berücksichtigen *od.* bedenken; **give sth. one's ~:** etw. in Erwägung ziehen; **the matter is under ~:** die Angelegenheit wird geprüft; **in ~ of** unter Berücksichtigung (+ *Gen.*); **leave sth. out of ~:** etw. unberücksichtigt lassen; etw. außer Betracht lassen; **b)** *(thoughtfulness)* Rücksichtnahme, *die* **(for** auf + *Akk.*); **show ~ for sb.** Rücksicht auf jmdn. nehmen; **c)** *(sth. as reason)* Gesichtspunkt, *der;* Umstand, *der;* **an important ~:** ein wichtiger Faktor; **d)** *(payment)* Bezahlung, *die;* **for a ~:** gegen Entgelt; **e)** *(Law)* Ausgleich, *der;* Ersatz, *der*

**considered** [kən'sɪdəd] *adj.* **a) ~ opinion** feste *od.* ernsthafte Überzeugung; **b) be highly ~ [by others]** [bei anderen] in hohem Ansehen stehen

**considering** [kən'sɪdərɪŋ] *prep.* **~ sth.** wenn man etw. bedenkt; **~ [that] ...:** wenn man bedenkt, daß ...; **that's not so bad, ~** *(coll.)* das ist eigentlich gar nicht mal so schlecht *(ugs.)*

**consign** [kən'saɪn] *v.t.* **a)** anvertrauen **(to** *Dat.*); **~ a child to its uncle's care** ein Kind in die Obhut seines Onkels geben; **~ sth. to the scrap-heap** *(lit. or fig.)* etw. auf den Schrotthaufen werfen; **~ a letter to the flames** einen Brief dem Feuer übergeben *(geh.)*; **b)** *(Commerc.)* übersenden, *(fachspr.)* konsignieren ‹*Güter*› **(to** an + *Akk.*); senden ‹*Brief, Paket*› **(to** an + *Akk.*)

**consignment** [kən'saɪnmənt] *n. (Commerc.)* **a)** *(consigning)* Übersendung, *die* **(to** an + *Akk.*); Konsignation, *die (fachspr.)* **(to** an + *Akk.*); **~ note** Frachtbrief, *der;* **b)** *(goods)* Sendung, *die; (large)* Ladung, *die*

**consist** [kən'sɪst] *v.i.* **a) ~ of** bestehen aus; **b) ~ in** bestehen in (+ *Dat.*)

**consistence** [kən'sɪstəns], **consistency** [kən'sɪstənsɪ] *ns.* **a)** *(density)* Konsistenz, *die; (of thick liquids)* Dickflüssigkeit, *die;* **mixtures of various consistencies** Mischungen verschiedener Konsistenz; **b)** *(being consistent)* Konsequenz, *die;* **~ of style** stilistische Konsistenz

**consistent** [kən'sɪstənt] *adj.* **a)** *(compatible)* [miteinander] vereinbar; **be ~ with sth.** mit etw. übereinstimmen; mit etw. vereinbar sein; **b)** *(uniform)* beständig; gleichbleibend ‹*Qualität*›; einheitlich ‹*Verfahren, Vorgehen, Darstellung*›; **c)** *(adhering to principles)* konsequent

**consistently** [kən'sɪstəntlɪ] *adv. (compatibly, in harmony)* in Übereinstimmung ‹*handeln*›; *(uniformly)* einheitlich ‹*gestalten*›; konsistent ‹*denken*›; *(persistently)* konsequent ‹*behaupten, verfolgen, handeln*›

**consistory** [kən'sɪstərɪ, 'kɒnsɪstərɪ] *n. (RC Ch.)* Konsistorium, *das*

**consolation** [kɒnsə'leɪʃn] *n.* **a)** *(act)* Tröstung, *die;* Trost, *der;* **words of ~:** Worte des Trostes; tröstende Worte; **a letter of ~:**

ein trostvoller Brief; **b)** *(consoling circumstance)* Trost, *der;* **that's one ~!** das ist tröstlich *od.* ein Trost!

**conso'lation prize** *n.* Trostpreis, *der*

**consolatory** [kən'sɒlətərɪ, kən'səʊlətərɪ] *adj.* tröstend, trostvoll (**to** für)

[1]**console** [kən'səʊl] *v. t.* trösten; ~ **sb. for a loss** jmdn. über einen Verlust hinwegtrösten

[2]**console** ['kɒnsəʊl] *n.* **a)** *(Mus.)* Spieltisch, *der;* **b)** *(panel)* [Schalt]pult, *das;* **c)** *(cabinet)* Truhe, *die*

**consolidate** [kən'sɒlɪdeɪt] **1.** *v. t.* **a)** *(strengthen)* festigen ⟨*Macht, Stellung*⟩; *(fig.)* konsolidieren ⟨*Stellung, Einfluß, Macht*⟩; **b)** *(combine)* zusammenlegen ⟨*Territorien, Grundstücke, Firmen*⟩; konsolidieren ⟨*Schulden, Anleihen*⟩. **2.** *v. i.* **a)** *(become solid)* hart werden; **b)** *(merge)* ⟨*Firmen:*⟩ fusionieren

**consolidation** [kənsɒlɪ'deɪʃn] *n., no pl.* **a)** *(strengthening)* Festigung, *die; (fig.)* Konsolidierung, *die;* **b)** *(unification)* Zusammenlegung, *die*

**consoling** [kən'səʊlɪŋ] *adj.* tröstlich

**consommé** [kən'sɒmeɪ] *n. (Gastr.)* Kraftbrühe, *die;* Consommé, *die (fachspr.)*

**consonance** ['kɒnsənəns] *n.* **a)** *(Mus.)* Harmonie, *die; (of two notes)* Konsonanz, *die;* **b)** *(fig. formal)* Übereinstimmung, *die;* **c)** *(Phonet.)* Konsonanz, *die*

**consonant** ['kɒnsənənt] **1.** *n.* Konsonant, *der;* Mitlaut, *der;* ~ **shift** Lautverschiebung, *die.* **2.** *adj.* **a)** *(formal)* **be ~ with** *or* **to sth.** im Einklang mit etw. stehen; **b)** *(Mus.)* konsonant; **c)** *(Phonet.)* gleichklingend

**consonantal** [kɒnsə'næntl] *adj. (Phonet.)* konsonantisch

[1]**consort** ['kɒnsɔːt] *n.* Gemahl, *der*/Gemahlin, *die;* **queen ~:** Gemahlin des Königs; Königin, *die (volkst.)*

[2]**consort** [kən'sɔːt] *v. i.* **a)** *(keep company)* verkehren (**with** mit); **b)** *(arch.: agree)* übereinstimmen (**with, to** mit); **they ~ed ill together** sie paßten schlecht zusammen

[3]**consort** ['kɒnsɔːt] *n. (Mus.)* Consort, *das*

**consortium** [kən'sɔːtɪəm] *n., pl.* **consortia** [kən'sɔːtɪə] *(association)* Konsortium, *das*

**conspectus** [kən'spektəs] *n.* Übersicht, *die*

**conspicuous** [kən'spɪkjʊəs] *adj.* **a)** *(clearly visible)* unübersehbar; **make oneself ~:** dafür sorgen, daß man deutlich sichtbar ist; **leave sth. in a ~ position** etw. sichtbar liegenlassen; **b)** *(noticeable)* auffallend; **be ~:** sehr auffallen; **make oneself ~ by one's absence** durch Abwesenheit auffallen *od. (iron.)* glänzen; **~ expenditure/consumption** Prestigeausgaben/demonstrativer Konsum; **c)** *(obvious, noteworthy)* auffallend ⟨*Schönheit*⟩; herausragend ⟨*Tapferkeit*⟩; **~ for their loyalty** bekannt für ihre Loyalität; **the most ~ example** das augenfälligste Beispiel; das Paradebeispiel

**conspicuously** [kən'spɪkjʊəslɪ] *adv.* **a)** *(very visibly)* unübersehbar; **b)** *(obviously)* auffallend

**conspicuousness** [kən'spɪkjʊəsnɪs] *n., no pl.* **a)** *(being clearly visible)* Unübersehbarkeit, *die;* **b)** *(obviousness)* Auffälligkeit, *die*

**conspiracy** [kən'spɪrəsɪ] *n.* **a)** *(conspiring)* Verschwörung, *die;* **be in ~ against sb.** sich gegen jmdn. verschworen haben; **b)** *(plot)* Komplott, *das;* **form a ~:** ein Komplott schmieden; **~ of silence** verabredetes Stillschweigen; **c)** *(Law)* Verabredung zu einer Straftat; **~ to murder** Mordkomplott, *das*

**conspirator** [kən'spɪrətə(r)] *n.* Verschwörer, *der*/Verschwörerin, *die*

**conspiratorial** [kənspɪrə'tɔːrɪəl] *adj.* verschwörerisch

**conspire** [kən'spaɪə(r)] *v. i. (lit. or fig.)* sich verschwören

**constable** ['kʌnstəbl, 'kɒnstəbl] *n.* **a)** *(Brit.) see* **police constable; b)** *(Brit.)* **Chief C~:** ≈ Polizeipräsident, *der*/-präsidentin, *die*

**constabulary** [kən'stæbjʊlərɪ] **1.** *n.* Polizei, *die; (unit)* Polizeieinheit, *die.* **2.** *adj.* Polizei-

**Constance** ['kɒnstəns] *pr. n. (Geog.)* Konstanz *(das);* **Lake ~:** der Bodensee

**constancy** ['kɒnstənsɪ] *n.* **a)** *(steadfastness)* Standhaftigkeit, *die;* **b)** *(faithfulness)* Treue, *die;* **c)** *(unchangingness)* Beständigkeit, *die; (uniformity)* Gleichmäßigkeit, *die*

**constant** ['kɒnstənt] **1.** *adj.* **a)** *(unceasing)* ständig; anhaltend ⟨*Regen*⟩; **it's ~ laughter when they're around** es wird ununterbrochen gelacht, wenn sie da sind; **be a ~ reminder of sth./sb.** ständig an etw./jmdn. erinnern; **we had ~ rain** es hat dauernd geregnet; **there was a ~ stream of traffic** der Verkehr floß ununterbrochen; **b)** *(unchanging)* gleichbleibend; konstant; **c)** *(steadfast)* standhaft; **be ~ in one's determination** stets an seinem Entschluß festhalten; **d)** *(faithful)* treu; **be ~ [to sb.]** [jmdm.] treu sein. **2.** *n. (Phys., Math.)* Konstante, *die*

**constantly** ['kɒnstəntlɪ] *adv.* **a)** *(unceasingly)* ständig; **b)** *(unchangingly)* konstant; **c)** *(steadfastly)* standhaft; **d)** *(faithfully)* treu

**constellation** [kɒnstə'leɪʃn] *n.* Sternbild, *das;* Konstellation, *die (Astron.)*

**consternation** [kɒnstə'neɪʃn] *n.* Bestürzung, *die; (confusion)* Aufregung, *die;* **in ~:** bestürzt/aufgeregt; **be filled with ~:** sehr bestürzt/aufgeregt sein

**constipate** ['kɒnstɪpeɪt] *v. t.* zu Verstopfung führen bei; **be ~d** an Verstopfung leiden

**constipation** [kɒnstɪ'peɪʃn] *n.* Verstopfung, *die;* Konstipation, *die (Med.)*

**constituency** [kən'stɪtjʊənsɪ] *n.* *(voters)* Wählerschaft, *die (eines Wahlkreises); (area)* Wahlkreis, *der*

**constituent** [kən'stɪtjʊənt] **1.** *adj. (composing a whole)* ~ **part** Bestandteil, *der;* ~ **member** Mitglied, *das;* **the ~ gases in air/~ parts of water** die Gase, aus denen Luft/die Teile, aus denen Wasser besteht. **2.** *n.* **a)** *(component part)* Bestandteil, *der;* **b)** *(member of constituency)* Wähler, *der* /Wählerin, *die (eines Wahlkreises)*

**constitute** ['kɒnstɪtjuːt] *v. t.* **a)** *(appoint)* ernennen zu; **~ oneself judge in a matter** sich *(Dat.)* in einer Sache ein Urteil erlauben; **b)** *(form)* sein; **~ a threat to** eine Gefahr sein für; **c)** *(frame)* **be ~d** beschaffen sein; **he is strongly ~d** er hat eine kräftige Konstitution; **d)** *(make up)* bilden; begründen ⟨*Anspruch*⟩; **be ~d of bricks and mortar** aus Ziegelsteinen und Mörtel bestehen; **e)** *(give legal form to)* gründen ⟨*Partei, Organisation*⟩; konstituieren ⟨*Versammlung*⟩

**constitution** [kɒnstɪ'tjuːʃn] *n.* **a)** *(character of body, mental character)* Konstitution, *die;* **the complex ~ of his mind** die Komplexität seines Geistes; **b)** *(mode of State organization)* Staatsform, *die;* **c)** *(body of principles)* Verfassung, *die;* **written ~:** schriftlich festgelegte Verfassung; **d)** *(giving legal form)* Gründung, *die*

**constitutional** [kɒnstɪ'tjuːʃənl] **1.** *adj.* **a)** *(of bodily or mental constitution)* konstitutionell; **b)** *(Polit.) (of constitution)* der Verfassung *nachgestellt; (authorized by or in harmony with constitution)* verfassungsmäßig; konstitutionell ⟨*Monarchie*⟩; **~ law** Verfassungsrecht, *das;* **c)** *(essential)* wesentlich; grundsätzlich ⟨*Fähigkeit*⟩. **2.** *n.* Spaziergang, *der*

**constitutionality** [kɒnstɪtjuːʃə'nælɪtɪ] *n., no pl.* Verfassungskonformität, *die*

**constitutionally** [kɒnstɪ'tjuːʃənəlɪ] *adv.* **a)** *(in bodily or mental constitution)* konstitutionell; **b)** *(Polit.)* verfassungsmäßig; **c)** *(essentially)* wesentlich

**constrain** [kən'streɪn] *v. t.* **a)** zwingen; **b)** *(confine)* [auf]halten; *(fig.)* zügeln

**constrained** [kən'streɪnd] *adj.* gequält; gezwungen ⟨*Pose*⟩; steif ⟨*Bewegung, Pose*⟩

**constraint** [kən'streɪnt] *n.* **a)** Zwang, *der;* **he felt himself under some ~ to speak** er fühlte sich gezwungen zu sprechen; **b)** *(confinement)* Enge, *die; (limitation)* Einschränkung, *die;* **c)** *(restraint)* Gezwungenheit, *die;* **the atmosphere was one of ~:** die Atmosphäre war gezwungen *od.* steif

**constrict** [kən'strɪkt] *v. t. (make narrow)* verengen; **road-works are ~ing the flow of traffic** Straßenarbeiten behindern den Verkehrsfluß

**constriction** [kən'strɪkʃn] *n. (narrowing)* Verengung, *die;* **~ of the neck/throat** Einschnürung des Halses/der Kehle

**construct 1.** [kən'strʌkt] *v. t.* **a)** *(build)* bauen; *(fig.)* aufbauen; erstellen ⟨*Plan*⟩; entwickeln ⟨*Idee*⟩; **b)** *(Ling.; Geom.: draw)* konstruieren. **2.** ['kɒnstrəkt] *n.* **a)** Konstrukt, *das;* **b)** *(Ling.)* Konstruktion, *die*

**construction** [kən'strʌkʃn] *n.* **a)** *(constructing)* Bau, *der; (of sentence)* Konstruktion, *die; (fig.) (of empire, kingdom)* Errichtung, *die;* Aufbau, *der; (of plan, syllabus)* Erstellung, *die; (of idea)* Entwicklung, *die;* **~ work** Bauarbeiten *Pl.;* **~ worker** Bauarbeiter, *der;* **of wooden ~:** aus Holz gebaut; **be under ~:** im Bau sein; **b)** *(thing constructed)* Bauwerk, *das; (fig.)* Gebilde, *das;* **a wooden ~:** eine Holzkonstruktion; **c)** *(Ling.; Geom.: drawing)* Konstruktion, *die;* **d)** *(interpretation)* Deutung, *die;* **what ~ would you put upon ...?** wie würden Sie ... interpretieren *od.* auslegen?

**constructional** [kən'strʌkʃənl] *adj.* Bau⟨*vorhaben, -plan, -weise*⟩; Konstruktions⟨*element, -teil, -basis*⟩; **~ kit** Bausatz, *der;* **~ toy** Spielzeug zum Aufbauen

**constructive** [kən'strʌktɪv] *adj.* **a)** *(of construction; of structure of building)* konstruktiv; Bau⟨*arbeiter, -material, -element, -plan*⟩; **b)** *(tending to construct)* konstruktiv ⟨*Philosophie, Methode*⟩; schöpferisch ⟨*Talent, Intelligenz*⟩; **c)** *(helpful)* konstruktiv; **d)** *(inferred)* indirekt

**constructively** [kən'strʌktɪvlɪ] *adv.* **a)** *(in construction)* bautechnisch gesehen; **b)** *(helpfully)* konstruktiv

**construe** [kən'struː] *v. t.* **a)** *(Ling.) (combine)* konstruieren; *(analyse)* zerlegen; *(translate)* übersetzen; **b)** *(interpret)* auslegen; auffassen; **I ~d his words as meaning that ...:** ich habe ihn so verstanden, daß ...

**consul** ['kɒnsl] *n.* Konsul, *der*

**consular** ['kɒnsjʊlə(r)] *adj. (of State agent)* konsularisch; **~ rank** Rang eines Konsuls

**consulate** ['kɒnsjʊlət] *n.* **a)** *(period)* Amtszeit [als Konsul]; **b)** *(establishment)* Konsulat, *das;* **c)** *(Roman & French Hist.)* Konsulat, *das*

**consulship** ['kɒnslʃɪp] *see* **consulate a, c**

**consult** [kən'sʌlt] **1.** *v. i.* sich beraten (**with** mit); **~ together** sich miteinander beraten. **2.** *v. t.* **a)** *(seek information from)* konsultieren; befragen ⟨*Orakel*⟩; fragen, konsultieren, zu Rate ziehen ⟨*Arzt, Fachmann*⟩; **~ a list/book** in einer Liste/einem Buch nachsehen; **~ one's watch** auf die Uhr sehen; **~ a dictionary** in einem Wörterbuch nachschlagen; **b)** *(consider)* berücksichtigen; bedenken

**consultancy** [kən'sʌltənsɪ] *n.* **a)** *(of adviser)* Beraterstelle, *die;* **~ fee** Beratungsgebühr, *die;* **b)** *(of physician)* ≈ Chefarztstelle, *die*

**consultant** [kən'sʌltənt] **1.** *n.* **a)** *(adviser)* Berater, *der* /Beraterin, *die;* **b)** *(physician)* ≈ Chefarzt, *der*/-ärztin, *die.* **2.** *attrib. adj. see* **consulting**

**consultation** [kɒnsʌl'teɪʃn] *n.* Beratung, *die* (**on** über + *Akk.*); **have a ~ with sb.** sich mit jmdm. beraten; **by ~ of a dictionary/of an expert** durch Konsultation eines Wörterbuchs/Experten; **they are in ~ with the management about wages** sie stehen mit der Betriebsleitung in Lohnverhandlungen; **act in ~ with sb.** in Absprache mit jmdm. handeln

**consultative** [kən'sʌltətɪv] *adj.* beratend; konsultativ; **work on a ~ basis** *or* **in a ~ capacity for sb.** als Berater für jmdn. arbeiten; **~ document** ≈ Entwurf als Diskussionsgrundlage; *(governmental)* Regierungsentwurf, *der*
**consulting** [kən'sʌltɪŋ] *attrib. adj.* beratend ⟨*Architekt, Chemiker, Ingenieur*⟩; **~ physician** Konsiliararzt, *der*/-ärztin, *die*
**con'sulting-room** *n.* Sprechzimmer, *das*
**consumable** [kən'sju:məbl] *adj.* **a)** *(exhaustible)* kurzlebig ⟨*Konsumgüter*⟩; **b)** *(edible, drinkable)* genießbar
**consume** [kən'sju:m] *v. t.* **a)** *(use up)* verbrauchen; ⟨*Person:*⟩ aufwenden, ⟨*Sache:*⟩ kosten ⟨*Zeit, Energie*⟩; **b)** *(destroy)* vernichten; *(eat, drink)* konsumieren; verkonsumieren *(ugs.)*; **'nothing is to be ~d on these premises'** „Verzehr von Speisen und Getränken nicht gestattet"; **c)** *(fig.)* **be ~d with love/passion** sich in Liebe/Leidenschaft verzehren; **be ~d with fear/jealousy/envy/longing** sich vor Angst/Eifersucht/Neid/Sehnsucht verzehren *(geh.)*
**consumer** [kən'sju:mə(r)] *n.* *(Econ.)* Verbraucher, *der*/Verbraucherin, *die;* Konsument, *der*/Konsumentin, *die; see also* **durable 2**
**con'sumer goods** *n. pl.* Konsumgüter
**consumerism** [kən'sju:mərɪzm] *n., no pl., no art.* Konsumerismus, *der*
**consumer: ~ pro'tection** *n.* Verbraucherschutz, *der;* **~ research** *n.* Verbrauchsforschung, *die;* Konsumforschung, *die;* **~ resistance** *n. see* **sales resistance**
**consuming** [kən'sju:mɪŋ] *adj.* ganz in Anspruch nehmend, verzehrend *(geh.)* ⟨*Sehnsucht, Ehrgeiz*⟩; **stamp-collecting is a ~ interest of his** sein Interesse am Briefmarkensammeln nimmt ihn ganz in Anspruch
**consummate 1.** [kən'sʌmət] *adj.* **a)** *(perfect)* vollkommen; **with ~ ease** mühelos; **b)** *(accomplished)* perfekt; **a ~ artist** ein vollendeter Künstler. **2.** ['kɒnsəmeɪt, 'kɒnsjʊmeɪt] *v. t.* vollenden, zum Abschluß bringen ⟨*Diskussion, Geschäftsverhandlungen*⟩; vollziehen ⟨*Ehe*⟩
**consummately** [kən'sʌmətlɪ] *adj.* *(highly)* höchst; *(perfectly)* vollendet; *(completely)* völlig
**consummation** [kɒnsə'meɪʃn] *n.* **a)** *(completion)* Vollendung, *die;* *(of discussion, business)* Abschluß, *der;* *(of marriage)* Vollzug, *der;* **b)** *(goal)* Erfüllung, *die;* *(perfection, perfected thing)* Vollendung, *die*
**consumption** [kən'sʌmpʃn] *n.* **a)** *(using up, eating, drinking)* Verbrauch, *der* **(of** an + *Dat.*); *(act of eating or drinking)* Verzehr, *der* **(of** von); **~ of electricity/fuel/sugar** Strom-/Kraftstoff-/Zuckerverbrauch, *der;* **~ of alcohol** Alkoholkonsum, *der;* **what is our milk ~?** wieviel Milch verbrauchen wir?; **b)** *(destruction)* Vernichtung, *die;* *(waste)* Vergeudung, *die;* **c)** *(Econ.)* Verbrauch, *der;* Konsum, *der;* **d)** *(Med. dated)* Schwindsucht, *die (veralt.)*
**consumptive** [kən'sʌmptɪv] **1.** *adj.* *(Med. dated)* schwindsüchtig *(veralt.)*. **2.** *n.* Tuberkulosekranke, *der/die;* Schwindsüchtige, *der/die (veralt.)*
**cont.** *abbr.* **continued** Forts.
**contact 1.** ['kɒntækt] *n.* **a)** *(state of touching)* Berührung, *die;* Kontakt, *der;* *(fig.)* Verbindung, *die;* Kontakt, *der;* **point of ~:** Berührungspunkt, *der;* **be in ~ with sth.** etw. berühren; **be in ~ with sb.** *(fig.)* mit jmdm. in Verbindung stehen *od.* Kontakt haben; **come in** *or* **into ~ [with sth.]** [mit etw.] in Berührung kommen; **come into ~ with sb./sth.** *(fig.)* mit jmdm./etw. etwas zu tun haben; **make ~ with sth.** etw. berühren; **make ~ with sb.** *(fig.)* sich mit jmdm. in Verbindung setzen; mit jmdm. Kontakt aufnehmen; **lose ~ with sb.** *(fig.)* den Kontakt mit jmdm. verlieren; **renew ~ [with sb.]** *(fig.)* den Kontakt [mit *od.* zu jmdm.] wiederaufnehmen; **b)** *(Electr.)* *(connection)* Kontakt, *der;* **make/break a/the ~:** einen/den Kontakt herstellen/unterbrechen; **when the two wires make ~:** wenn die beiden Drähte sich berühren; **c)** *(Med.: person)* Kontaktperson, *die;* **d)** *(adviser etc.)* Verbindung, *die;* Kontakt, *der.* **2.** ['kɒntækt, kən'tækt] *v. t.* **a)** *(get into touch with)* sich in Verbindung setzen mit; **can I ~ you by telephone?** sind Sie telefonisch zu erreichen?; **try to ~ sb.** jmdn. zu erreichen versuchen; **~ your bank manager about the loan** wenden Sie sich bezüglich des Darlehens an den Direktor Ihrer Bank; **~ sb. by letter** sich schriftlich mit jmdm. in Verbindung setzen; **b)** *(begin dealings with)* Kontakt aufnehmen mit
**contact: ~ lens** *n.* Kontaktlinse, *die;* **~ man** *n.* Kontaktmann, *der;* Mittelsmann, *der;* **~ print** *n.* *(Photog.)* Kontaktabzug, *der*
**contagion** [kən'teɪdʒn] *n.* **a)** *(communication of disease)* Ansteckung, *die;* **b)** *(contagious disease)* ansteckende Krankheit; **c)** *(moral corruption)* Seuche, *die (fig.)*
**contagious** [kən'teɪdʒəs] *adj.* *(lit. or fig.)* ansteckend; **~ area/water** verseuchtes Gebiet/Wasser; **he is ~/is no longer ~:** er hat eine ansteckende Krankheit/er steckt niemanden mehr an
**contain** [kən'teɪn] *v. t.* **a)** *(hold as contents, include)* enthalten; *(comprise)* umfassen; **be ~ed within a space/between limits** sich in einem Gebiet/zwischen Grenzen befinden; **b)** *(prevent from moving)* halten; *(prevent from spreading; also Mil.)* aufhalten; eindämmen ⟨*Krankheit*⟩; *(restrain)* unterdrücken; **he could hardly ~ himself for joy** er konnte vor Freude kaum an sich *(Akk.)* halten
**container** [kən'teɪnə(r)] *n.* Behälter, *der;* *(cargo ~)* Container, *der;* **cardboard/wooden ~:** Pappkarton, *der*/Holzkiste, *die;* **in cylindrical/circular plastic ~s** in Plastiktrommeln/in [runden] Plastikbehältern
**containerize** [kən'teɪnəraɪz] *v. t.* in Container verpacken; auf Containertransport umstellen ⟨*Handelsweg, Verfahren*⟩
**con'tainer ship** *n.* Containerschiff, *das*
**containment** [kən'teɪnmənt] *n.* Eindämmung, *die;* *(Mil.)* Aufhalten, *das*
**contaminant** [kən'tæmɪnənt] *n.* verunreinigende Substanz
**contaminate** [kən'tæmɪneɪt] *v. t.* **a)** *(pollute)* verunreinigen; *(with radioactivity)* verseuchen; **b)** *(infect, lit. or fig.)* infizieren; *(fig.: spoil)* verseuchen
**contamination** [kəntæmɪ'neɪʃn] *n. see* **contaminate:** Verunreinigung, *die;* Verseuchung, *die;* Infizierung, *die*
**contango** [kən'tæŋgəʊ] *n., pl.* **~s** *(Brit. Finance)* Report, *der (Bankw.)*
**contemplate** ['kɒntəmpleɪt] **1.** *v. t.* **a)** betrachten; *(mentally)* nachdenken über (+ *Akk.*); *see also* **navel; b)** *(expect)* rechnen mit; *(consider)* in Betracht ziehen; **~ sth./doing sth.** an etw. *(Akk.)* denken/daran denken, etw. zu tun; **I wouldn't even ~ the idea** das käme für mich überhaupt nicht in Betracht. **2.** *v. i.* nachdenken
**contemplation** [kɒntəm'pleɪʃn] *n.* **a)** Betrachtung, *die;* *(mental)* Nachdenken, *das* **(of** über + *Akk.*); **b)** *(expectation)* Erwartung, *die;* *(consideration)* Erwägung, *die;* **be in ~:** erwogen werden; **c)** *(meditation)* Kontemplation, *die*
**contemplative** [kən'templətɪv, 'kɒntəmpleɪtɪv] *adj.* besinnlich; kontemplativ *(geh.)*
**contemporaneous** [kəntempə'reɪnɪəs] *adj.* *(formal)* gleichzeitig; *(of the same period)* aus derselben Zeit *nachgestellt*
**contemporary** [kən'tempərərɪ] **1.** *adj.* **a)** zeitgenössisch; *(present-day)* heutig; zeitgenössisch; **A is ~ with B** A und B finden zur gleichen Zeit statt; **the design is highly/very ~:** das Design ist hochmodern; **b)** *(equal in age)* gleichaltrig; **A is ~ with B** A und B sind gleichaltrig. **2.** *n.* **a)** *(person belonging to same time)* Zeitgenosse, *der*/-genossin, *die* **(to** von); **we were contemporaries** *or* **he was a ~ of mine at university/school** er war ein Studienkollege *od.* Kommilitone/Schulkamerad von mir; **b)** *(person of same age)* Altersgenosse, *der*/-genossin, *die;* **they are contemporaries** sie sind gleichaltrig *od.* Altersgenossen; **he is a ~ of hers** er ist [genau] so alt wie sie
**contempt** [kən'tempt] *n.* **a)** Verachtung, *die* **(of, for** für); *see also* **familiarity c; b)** *(disregard)* Mißachtung, *die;* **in ~ of all rules** unter Mißachtung aller Regeln; **c)** *(being despised)* **have** *or* **hold sb. in ~:** jmdn. verachten; **bring sb. into ~:** jmdn. in Verruf bringen; **fall into ~:** in Verruf kommen; *see also* **beneath 1 a; d)** *(Law)* Ungehorsam, *der;* **~ of court** *Ungehorsam od. Mißachtung gegenüber der Justiz; (in face of court)* ≈ Ungebühr vor Gericht
**contemptible** [kən'temptɪbl] *adj.* verachtenswert; **Old C~s** *(coll.) 1914 nach Frankreich geschicktes britisches Expeditionskorps*
**contemptibly** [kən'temptɪblɪ] *adv.* verachtenswert
**contemptuous** [kən'temptjʊəs] *adj.* verächtlich; überheblich ⟨*Person*⟩; **be ~ of sth./sb.** etw./jmdn. verachten; **~ of danger/warning** die Gefahr verachtend/alle Warnungen mißachtend; **with** *or* **in ~ disdain** voller Verachtung
**contemptuously** [kən'temptjʊəslɪ] *adv.* verächtlich
**contend** [kən'tend] **1.** *v. i.* **a)** *(strive)* **~ [with sb. for sth.]** [mit jmdm. um etw.] kämpfen; **b)** *(struggle)* **be able/have to ~ with** fertig werden können/müssen mit; bewältigen können/müssen ⟨*Post, Hindernis*⟩; ins reine kommen können/müssen mit ⟨*Gewissen*⟩; **I've got enough to ~ with at the moment** ich habe schon so genug um die Ohren *(ugs.)*; **~ with/against the waves** mit den Wellen kämpfen/gegen die Wellen ankämpfen; **c)** *(arch.: argue)* **~ with sb. about sth.** mit jmdm. über etw. streiten. **2.** *v. t.* **~ that ...:** behaupten, daß ...
**contender** [kən'tendə(r)] *n.* Bewerber, *der*/Bewerberin, *die*
**¹content** ['kɒntent] *n.* **a)** *in pl.* Inhalt, *der;* **the ~s of the room had all been damaged** alles im Zimmer war beschädigt worden; **the ~s of this medicine are listed on the packet** die Zusammensetzung dieses Medikaments ist auf der Packung angegeben; **[table of] ~s** Inhaltsverzeichnis, *das;* **something in the ~s of the letter has made her very upset** etwas, was in dem Brief steht, hat sie ganz aus der Fassung gebracht; **b)** *(amount contained)* Gehalt, *der* **(of** an + *Dat.*); **c)** *(capacity)* Fassungsvermögen, *das;* *(volume)* Volumen, *das;* **d)** *(constituent elements, substance)* Gehalt, *der*
**²content** [kən'tent] **1.** *pred. adj.* zufrieden **(with** mit); **not rest ~ until** nicht zufrieden sein, bis; **not ~ with being late every morning, he also wants a pay rise** nicht genug [damit], daß er jeden Morgen zu spät kommt, er will auch noch eine Gehaltserhöhung; **be ~ to do sth.** bereit sein, etw. zu tun; *(pleased)* etw. gern tun; **I should be well ~ to do so** das würde ich recht gern tun. **2.** *n.* **to one's heart's ~:** nach Herzenslust. **3.** *v. t.* zufriedenstellen; befriedigen; **~ oneself with sth./sb.** sich mit etw./jmdm. zufriedengeben
**contented** [kən'tentɪd] *adj.* zufrieden **(with** mit); glücklich ⟨*Kindheit, Ehe, Leben*⟩; **be ~ to do sth.** sich damit abfinden, etw. zu tun
**contentedly** [kən'tentɪdlɪ] *adv.* zufrieden
**contentedness** [kən'tentɪdnɪs] *n., no pl.* Zufriedenheit, *die*

**contention** [kən'tenʃn] *n.* **a)** *(dispute)* Streit, *der;* Auseinandersetzung, *die; (rivalry)* Kampf, *der;* **the matter in ~:** die Streitfrage; **sth. is the subject of much ~:** etw. wird heftig diskutiert *od.* ist eine sehr strittige Frage; **be in ~ with sb.** sich mit jmdm. streiten; **b)** *(point asserted)* Behauptung, *die; see also* **'put 1f**

**contentious** [kən'tenʃəs] *adj.* **a)** *(quarrelsome)* streitsüchtig; streitlustig; **b)** *(involving contention)* strittig ‹*Punkt, Frage, Thema*›; umstritten ‹*Verhalten, Argument, Angelegenheit*›

**contentiously** [kən'tenʃəslı] *adv.* provozierend; **a ~ worded question** eine kontrovers formulierte Frage

**contentment** [kən'tentmənt] *n.* Zufriedenheit, *die;* **smile with ~:** zufrieden lächeln

**contest 1.** ['kɒntest] *n.* **a)** *(competition)* Wettbewerb, *der; (Sport)* Wettkampf, *der;* **b)** *no pl., no art. (dated/formal)* **a matter of ~:** eine Streitfrage; **engage in ~:** sich auf einen Kampf einlassen. **2.** [kən'test] *v.t.* **a)** *(dispute)* bestreiten; anfechten ‹*Anspruch, Recht*›; in Frage stellen ‹*Behauptung, These*›; **b)** *(fight for)* kämpfen um; **c)** *(Brit.) (compete in)* kandidieren bei; *(compete for)* kandidieren für; **d)** *(Amer.: dispute result of)* anfechten. **3.** *v.i.* **~ with** *or* **against sb./sth.** sich mit jmdm./etw. auseinandersetzen

**contestable** [kən'testəbl] *adj.* anfechtbar

**contestant** [kən'testənt] *n.* *(competitor)* Teilnehmer, *der*/Teilnehmerin, *die* **(in** an + *Dat.*, bei); *(in election)* Bewerber, *der*/ Bewerberin, *die* **(for** um, für); *(in fight)* Gegner, *der*/Gegnerin, *die*

**contestation** [kɒntes'teıʃn] *n.* **a)** *(contesting)* Bestreiten, *das; (of claim, right)* Anfechtung, *die;* **b)** *(disputation)* Streit, *der;* **c)** *(assertion)* Behauptung, *die*

**context** ['kɒntekst] *n.* **a)** Kontext, *der;* **in/out of ~:** im/ohne Kontext; **this sentence is quoted out of [its proper] ~:** dieser Satz ist aus dem Zusammenhang gerissen; **in this ~:** in diesem Zusammenhang; **b)** *(fig.: ambient conditions)* Umgebung, *die;* **in the ~ of** im Rahmen (+ *Gen.*)

**contextual** [kən'tekstjʊəl] *adj.* kontextuell

**contextualize** [kən'tekstjʊəlaız] *v.t. (place in context)* in einen Kontext einordnen

**contiguity** [kɒntı'gju:ıtı] *n., no pl. (formal)* **a)** *(contact)* Berührung, *die;* **b)** *(proximity)* [unmittelbare] Nähe

**contiguous** [kən'tıgjʊəs] *adj.* *(formal) (touching)* sich berührend; *(adjoining, neighbouring)* aneinandergrenzend; **be ~:** sich berühren/aneinandergrenzen/aufeinanderfolgen; **be ~ to sth.** etw. berühren/an etw. *(Akk.)* grenzen

**continence** ['kɒntınəns] *n.* **a)** *(temperance)* Mäßigkeit, *die; (chastity)* [sexuelle] Enthaltsamkeit; **b)** *(Med.)* Kontinenz, *die*

**[1]continent** ['kɒntınənt] *n.* Kontinent, *der;* Erdteil, *der;* **the ~s of Europe, Asia, Africa** die Erdteile Europa, Asien, Afrika; **the C~:** das europäische Festland; der Kontinent

**[2]continent** *adj.* **a)** *(temperate)* maßvoll; *(chaste)* [sexuell] enthaltsam; **b)** *(Med.)* **be ~:** Harn und Stuhl zurückhalten können

**continental** [kɒntı'nentl] **1.** *adj.* **a)** kontinental; **~ Europe** Kontinentaleuropa *(das);* **b) C~** *(mainland European)* kontinental[europäisch]. **2.** *n.* **C~:** Kontinentaleuropäer, *der*/-europäerin, *die*

**continental: ~ 'breakfast** *n.* kontinentales Frühstück *(im Unterschied zum englischen Frühstück);* **~ climate** *n. (Geog.)* Kontinentalklima, *das;* **~ quilt** *(Brit.) n.* [Stepp]federbett, *das;* **~ 'shelf** *n. (Geog.)* Festland[s]sockel, *der*

**contingency** [kən'tındʒənsı] *n.* **a)** *(chance event)* Eventualität, *die; (possible event)* Eventualfall, *der;* **b)** *(incidental event)* unvorhergesehenes Ereignis; *(incidental expense)* unvorhergesehene Ausgabe

**contingency: ~ fund** *n.* Fonds für unvorhergesehene Ausgaben; **~ plan** *n.* Alternativplan, *der*

**contingent** [kən'tındʒənt] **1.** *adj.* **a)** *(fortuitous)* zufällig; **b)** *(incidental)* unvorhergesehen; **c)** *(Philos.)* kontingent; **d)** *(conditional)* abhängig (**[up]on** von). **2.** *n. (Mil.; also fig.)* Kontingent, *das*

**continual** [kən'tınjʊəl] *adj.* *(frequently happening)* ständig; *(without cessation)* unaufhörlich; **there have been ~ quarrels** es gab ständig *od.* dauernd Streit; **she's a ~ chatterbox** ihr Mundwerk steht nie still *(ugs.)*

**continually** [kən'tınjʊəlı] *adv.* *(frequently)* ständig; immer wieder; *(without cessation)* unaufhörlich; **~ tired** immer müde

**continuance** [kən'tınjʊəns] *n.* **a)** *(continuing)* Fortbestand, *der; (of happiness, noise, rain)* Fortdauer, *die; (remaining)* Verbleiben, *das;* **b)** *(Amer. Law)* Vertagung, *die* **(until** auf + *Akk.*)

**continuation** [kəntınjʊ'eıʃn] *n.* **a)** Fortsetzung, *die;* **a ~ of these good relations** eine Fortdauer dieser guten Beziehungen; **b)** *(St. Exch.)* Reportgeschäft, *das*

**continue** [kən'tınju:] **1.** *v.t.* **a)** fortsetzen; **'to be ~d'** „Fortsetzung folgt"; **'~d on page 2'** „Fortsetzung auf S. 2"; **~ doing** *or* **to do sth.** etw. weiter tun; **it ~d to rain** es regnete weiter; **it ~s to be a problem** es ist weiterhin ein Problem; **'...', he ~d** „...", fuhr er fort; **do ~ what you were saying** sprechen Sie nur weiter!; **I'll ~ the story where I left off** ich werde die Geschichte von da an weitererzählen, wo ich aufgehört habe; **b)** *(Amer. Law)* vertagen **(until** auf + *Akk.*). **2.** *v.i.* **a)** *(persist)* ‹*Wetter, Zustand, Krise usw.:*› andauern; *(persist in doing etc. sth.)* weitermachen *(ugs.);* nicht aufhören; *(last)* dauern; **this tradition still ~s** diesen Brauch gibt es immer noch; dieser Brauch lebt weiter; **if the rain ~s** wenn der Regen anhält; **if you ~ like this/in this manner** wenn Sie so weitermachen *(ugs.);* **how long is his speech likely to ~?** wie lange dauert seine Rede wohl noch?; **~ with sth.** mit etw. fortfahren; **we ~d with the work until midnight** wir arbeiteten weiter bis Mitternacht; **~ with a plan** einen Plan weiterverfolgen; **~ on one's way** seinen Weg fortsetzen; **b)** *(stay)* bleiben; **~ in power** an der Macht bleiben; **~ in control** die Kontrolle behalten; **she ~d in mourning for him all her life** sie trauerte ihr ganzes Leben lang um ihn; **c)** *(not become other than)* weiterhin sein; **he ~s feverish** er hat immer noch Fieber

**continued** [kən'tınju:d] *adj.* fortgesetzt ‹*Bemühungen*›; **~ existence** Weiterbestehen, *das*

**continuity** [kɒntı'nju:ıtı] *n., no pl.* **a)** *(of path, frontier)* ununterbrochener Verlauf; *(unbroken succession, logical sequence, consistency)* Kontinuität, *die;* **b)** *(Cinemat., Telev., Radio) (scenario)* Szenario, *das; (script)* Skript, *das; (linking announcements)* Zwischentext, *der*

**conti'nuity girl** *n.* Skriptgirl, *das*

**continuo** [kən'tınjʊəʊ] *n., pl.* **~s** *(Mus.)* **a)** *(accompaniment)* Generalbaß, *der;* Basso continuo, *der;* **b)** *(instruments)* Generalbaßinstrumente

**continuous** [kən'tınjʊəs] *adj.* **a)** ununterbrochen; anhaltend ‹*Regen, Sonnenschein, Anstieg*›; ständig ‹*Kritik, Streit, Änderung*›; fortlaufend ‹*Mauer*›; durchgezogen ‹*Linie*›; **b)** *(Ling.)* **~ [form]** Verlaufsform, *die;* **present ~** *or* **~ present/past ~** *or* **~ past** Verlaufsform des Präsens/Präteritums

**continuously** [kən'tınjʊəslı] *adv. (in space)* durchgehend; nahtlos ‹*aneinanderfügen*›; *(in time or sequence)* ununterbrochen; unablässig, anhaltend ‹*ansteigen*›; ständig ‹*sich ändern*›

**continuous 'stationery** *n.* Endlosdruck, *der (Druckw.)*

**continuum** [kən'tınjʊəm] *n., pl.* **continua** [kən'tınjʊə] Kontinuum, *das*

**contort** [kən'tɔ:t] *v.t.* verdrehen *(auch fig.);* verzerren ‹*Gesicht, Gesichtszüge*›; verrenken, verdrehen ‹*Körper*›; **his face was ~ed with anger** sein Gesicht war wutverzerrt

**contortion** [kən'tɔ:ʃn] *n.* Verzerrung, *die; (of body)* Verdrehung, *die;* Verrenkung, *die*

**contortionist** [kən'tɔ:ʃənıst] *n.* Schlangenmensch, *der*

**contour** ['kɒntʊə(r)] *n.* **a)** *(outline)* Kontur, *die;* **b)** *see* **contour line**

**contour: ~ line** *n. (Geog., Surv.)* Höhen[schicht]linie, *die;* **~ map** *n.* Höhenlinienkarte, *die;* **~ ploughing** *n. (Agric.)* Konturpflügen, *das*

**contra** ['kɒntrə] **1.** *prep. & adv.* **pro and ~:** pro und kontra. **2.** *n.* **the pros and ~s** das Pro und Kontra

**contraband** ['kɒntrəbænd] **1.** *n. (smuggled goods)* Schmuggelware, *die;* **~ of war** Konterbande, *die (Völkerrecht).* **2.** *adj.* geschmuggelt; **~ goods** Schmuggelware, *die*

**contrabassoon** ['kɒntrəbəsu:n] *n.* Kontrafagott, *das*

**contraception** [kɒntrə'sepʃn] *n.* Empfängnisverhütung, *die*

**contraceptive** [kɒntrə'septıv] **1.** *adj.* empfängnisverhütend; kontrazeptiv *(Med.);* **~ device/method** Verhütungsmittel, *das*/-methode, *die.* **2.** *n.* Verhütungsmittel, *das*

**contract 1.** ['kɒntrækt] *n.* **a)** Vertrag, *der;* **~ of employment** Arbeitsvertrag, *der;* **be under ~ to do sth.** vertraglich verpflichtet sein, etw. zu tun; **exchange ~s** *(Law)* die Vertragsurkunden austauschen; **marriage ~:** Ehevertrag, *der;* **b)** *(Bridge etc.)* Kontrakt, *der;* **c)** *see* **contract bridge. 2.** [kən'trækt] *v.t.* **a)** *(cause to shrink, make smaller)* schrumpfen lassen; *(draw together)* zusammenziehen; verengen ‹*Pupillen*›; **b)** *(form)* **~ marriage** die Ehe eingehen *od.* schließen; **~ a habit** eine Angewohnheit annehmen; **c)** *(become infected with)* sich *(Dat.)* zuziehen; **~ sth. from sb.** sich mit etw. bei jmdm. anstecken; **~ sth. from ...:** an etw. *(Dat.)* durch ... erkranken; **d)** *(incur)* machen ‹*Schulden*›; **e)** *(Ling.)* zusammenziehen ‹*Wort, Silbe*›. **3.** *v.i.* **a)** *(enter into agreement)* Verträge/einen Vertrag schließen; **~ for sth.** etw. vertraglich zusichern; **~ to do sth.** *or* **that one will do sth.** sich vertraglich verpflichten, etw. zu tun; **b)** *(shrink, become smaller, be drawn together)* sich zusammenziehen; ‹*Pupillen:*› sich verengen

**~ 'out 1.** *v.i.* **~ out [of sth.]** sich [an etw. *(Dat.)*] nicht beteiligen; *(withdraw)* [aus etw.] aussteigen *(ugs.).* **2.** *v.t.* **~ work out [to another firm]** Arbeit [an eine andere Firma] vergeben

**contract bridge** [kɒntrækt 'brıdʒ] *n.* Kontraktbridge, *das*

**contractile** [kən'træktaıl] *adj. (Anat.: capable of contracting)* kontraktil

**contraction** [kən'trækʃn] *n.* **a)** *(shrinking)* Kontraktion, *die (Physik); (of eye-pupils)* Verengung, *die;* **b)** *(Physiol.: of muscle)* Zusammenziehung, *die;* Kontraktion, *die (Med.);* **c)** *(Ling.)* Kontraktion, *die;* **d)** *(catching)* Ansteckung, *die* **(of** mit); **e)** *(forming)* Annahme, *die; (of marriage)* Schließen, *das;* **~ of debts** Schuldenmachen, *das*

**contractor** [kən'træktə(r)] *n.* Auftragnehmer, *der*/-nehmerin, *die; see also* **building contractor**

**contractual** [kən'træktjʊəl] *adj.*, **contractually** [kən'træktjʊəlı] *adv.* vertraglich

**contradict** [kɒntrə'dıkt] *v.t.* widersprechen (+ *Dat.*)

**contradiction** [kɒntrə'dıkʃn] *n.* Widerspruch, *der* **(of** gegen); **in ~ to sth./sb.** im Widerspruch *od.* Gegensatz zu etw./ jmdm.; **be a ~ to** *or* **of sth.** im Widerspruch zu etw. stehen; **a ~ in terms** ein Widerspruch in sich selbst; eine Contradictio in adjecto *(Rhet.)*

**contradictory** [kɒntrəˈdɪktərɪ] *adj.* **a)** widersprechend; *(mutually opposed)* widersprüchlich; **that is ~ to what was said last week** das widerspricht dem, was letzte Woche gesagt wurde; **b)** *(inclined to contradict)* widersetzlich; *(inconsistent)* widersprüchlich

**contradistinction** [kɒntrədɪˈstɪŋkʃn] *n.* Unterscheidung, *die;* **in ~ to sth.** im Unterschied zu etw.

ˈ**contra-flow** *n.* Gegenverkehr auf einem Fahrstreifen

**contralto** [kənˈtræltəʊ] *n., pl.* **~s** *(Mus.)* **a)** *(voice)* Alt, *der; (very low)* Kontraalt, *der;* **b)** *(singer)* Altistin, *die;* Alt, *der (selten); (with very low voice)* Kontraalt, *der;* **c)** *(part)* Alt, *der; (for very low voice)* zweiter Alt; Alt II

**contraption** [kənˈtræpʃn] *n. (coll.) (strange machine)* Apparat, *der (ugs.); (vehicle)* Vehikel, *das; (device)* [komisches] Gerät

**contrapuntal** [kɒntrəˈpʌntl] *adj.* *(Mus.)* kontrapunktisch

**contrarily** *adv.* **a)** [ˈkɒntrərɪlɪ] *(in a contrary manner)* **I think ~:** ich glaube das Gegenteil; **we've decided ~:** wir haben uns für das Gegenteil entschieden; **b)** [kənˈtreərɪlɪ] *(coll.: perversely)* widerspenstig; widerborstig

**contrariness** [kənˈtreərɪnɪs] *n., no pl. (coll.)* Widerspenstigkeit, *die;* Widerborstigkeit, *die*

**contrariwise** [kənˈtreərɪwaɪz] *adv.* **a)** *(on the other hand)* andererseits; **b)** *(in the opposite way)* umgekehrt

**contrary 1.** *adj.* **a)** [ˈkɒntrərɪ] entgegengesetzt; **be ~ to sth.** im Gegensatz zu etw. stehen; **the result was ~ to expectation** das Ergebnis entsprach nicht den Erwartungen; **b)** *(opposite)* entgegengesetzt; *(adverse)* widrig ‹*Wind*›; **c)** [kənˈtreərɪ] *(coll.: perverse)* widerspenstig; widerborstig; **he's ~ by nature** er ist von Natur aus voller Widerspruchsgeist. **2.** [ˈkɒntrərɪ] *n.* **the ~:** das Gegenteil; **be/do completely the ~:** das genaue Gegenteil sein/tun; **go by contraries** anders als erwartet verlaufen; ‹*Traum:*› das Gegenteil bedeuten; ‹*Stimmung:*› [grundsätzlich] konträr sein; **on the ~:** im Gegenteil; **appearances to the ~, ...:** dem äußeren Anschein zum Trotz, ...; **quite the ~:** ganz im Gegenteil. **3.** *adv.* **~ to sth.** entgegen einer Sache; **~ to expectation** wider Erwarten

**contrast 1.** [kənˈtrɑːst] *v. t.* gegenüberstellen; kontrastieren lassen, [deutlich] voneinander abheben ‹*Farben*›; **~ sth. with sth.** etw. von etw. [deutlich] abheben; **be ~ed with sth.** sich [deutlich] von etw. abheben. **2.** *v. i.* **~ with sth.** mit etw. kontrastieren; sich von etw. abheben. **3.** [ˈkɒntrɑːst] *n.* **a)** *(juxtaposition)* Kontrast, *der* **(with** zu); **what a ~!** welch ein Gegensatz!; **in ~, ...:** im Gegensatz dazu, ...; **[be] in ~ with sth.** im Gegensatz *od.* Kontrast zu etw. [stehen]; **by way of ~:** als Kontrast; **b)** *(thing)* **a ~ to sth.** ein Gegensatz zu etw.; *(person)* **be a ~ to sb.** [ganz] anders sein als jmd.; **c)** *(Photog., Telev., Psych.)* Kontrast, *der;* **d) ~ medium** *(Med.)* Kontrastmittel, *das*

**contrasting** [kənˈtrɑːstɪŋ] *adj.* gegensätzlich; kontrastierend ‹*Farbe*›; *(very different)* sehr unterschiedlich

**contravene** [kɒntrəˈviːn] *v. t. (infringe)* verstoßen gegen ‹*Recht, Gesetz*›; zuwiderhandeln (+ *Dat.*) ‹*Beschluß, Rat, Empfehlung*›; *(conflict with)* widersprechen (+ *Dat.*)

**contravention** [kɒntrəˈvenʃn] *n.* **~ of the law/rules/moral standards** Verstoß gegen das Gesetz/die Regeln/die Moral; **be in ~ of sth.** im Widerspruch zu etw. stehen; **act in ~ of sth.** einer Sache *(Dat.)* zuwiderhandeln

**contretemps** [ˈkɔ̃trətɑ̃] *n., pl. same* [ˈkɔ̃trətɑ̃z] Mißgeschick, *das;* Malheur, *das (ugs.)*

**contribute** [kənˈtrɪbjuːt] **1.** *v. t.* **~ sth. [to** *or* **towards sth.]** etw. [zu etw.] beitragen/*(cooperatively)* beisteuern; **~ money towards sth.** für etw. Geld beisteuern/*(for charity)* spenden; **he regularly ~s articles to the 'Guardian'** er schreibt regelmäßig für den „Guardian". **2.** *v. i.* **~ to** *or* **towards a jumble sale** etwas zu einem Trödelmarkt beisteuern; **if only the child would ~ more in class** wenn das Kind nur mehr zum Unterricht beitragen würde; **everyone ~d towards the production** jeder trug etwas zur Aufführung bei; **~ to charity** für karitative Zwecke spenden; **~ to sb.'s misery/disappointment** jmds. Kummer/Enttäuschung vergrößern; **~ to a newspaper** für eine Zeitung schreiben; **he ~d to the 'Encyclopaedia Britannica'** er hat an der Encyclopaedia Britannica mitgearbeitet; **~ to the success of sth.** zum Erfolg einer Sache *(Gen.)* beitragen

**contribution** [kɒntrɪˈbjuːʃn] *n.* **a)** *(act of contributing)* **make a ~ to a fund** etw. für einen Fonds spenden; **the ~ of clothing and money to sth.** das Spenden von Kleidern und Geld für etw.; **b)** *(thing contributed)* Beitrag, *der; (for charity)* Spende, *die* **(to** für); **~s of clothing and money** Kleider- und Geldspenden; **make a ~ to sth.** einen Beitrag zu etw. leisten

**contributor** [kənˈtrɪbjʊtə(r)] *n.* **a)** *(giver)* Spender, *der*/Spenderin, *die;* **b)** *(supplier of writings)* Mitarbeiter, *der*/Mitarbeiterin, *die;* **he is a regular ~ [of articles] to the 'Guardian'** er schreibt regelmäßig [Artikel] für den „Guardian"

**contributory** [kənˈtrɪbjʊtərɪ] *adj.* **a)** *(that contributes)* **a ~ factor to his state of mind/in the poor state of the economy** ein Faktor, der bei seiner geistigen Verfassung/bei der schlechten Wirtschaftslage eine Rolle spielt; **~ funds** Hilfsfonds; **~ negligence** *(Law)* Mitverschulden, *das;* **b)** *(operated by contributions)* **be run on a ~ basis** mit Beiträgen *od.* Spenden finanziert werden; **~ insurance payments** Versicherungspflichtbeiträge

**contrite** [ˈkɒntraɪt] *adj.* zerknirscht; *(showing contrition)* reuevoll; **~ sigh/tears/words** Seufzer/Tränen/Worte der Reue; **~ apology** zerknirschte Entschuldigung

**contritely** [ˈkɒntraɪtlɪ] *adv.* zerknirscht

**contrition** [kənˈtrɪʃn] *n.* Reue, *die;* **~ leads to absolution** Kontrition ist die Voraussetzung für die Absolution *(kath. Theol.);* **hang one's head in ~:** den Kopf reumütig senken

**contrivance** [kənˈtraɪvəns] *n.* **a)** *(contriving)* Plan, *der;* **deceitful ~s** faule Tricks *(ugs. abwertend);* **b)** *(invention)* Ersinnen, *das; (inventive capacity)* Erfindungsgabe, *die;* **c)** *(device)* Gerät, *das*

**contrive** [kənˈtraɪv] *v. t.* **a)** *(manage)* **~ to do sth.** es fertigbringen *od.* zuwege bringen, etw. zu tun; **can you ~ to be here by 6 a.m.?** können Sie es einrichten, bis 6 Uhr morgens hier zu sein?; **they ~d to meet** es gelang ihnen, sich zu treffen; **b)** *(devise)* sich *(Dat.)* ausdenken; ersinnen *(geh.);* **~ ways and means of doing sth.** Mittel und Wege finden, etw. zu tun

**contrived** [kənˈtraɪvd] *adj.* künstlich

**control** [kənˈtrəʊl] **1.** *n.* **a)** *(power of directing, restraint)* Kontrolle, *die* **(of** über + *Akk.*); *(management)* Leitung, *die;* **~ of the economy** Wirtschaftslenkung, *die;* **board of ~:** Aufsichtsbehörde, *die;* **~ over ecclesiastical matters** höchste Gewalt in kirchlichen Dingen; **governmental ~:** Regierungsgewalt, *die;* **~ of the vehicle/machine is totally automatic** das Fahrzeug/die Maschine hat vollautomatische Steuerung; **have ~ of sth.** die Kontrolle über etw. *(Akk.)* haben; etw. kontrollieren; *(take decisions)* für etw. zuständig sein; **take ~ of** die Kontrolle übernehmen über (+ *Akk.*); **keep ~ of sth.** etw. unter Kontrolle halten; **be in ~ [of sth.]** die Kontrolle [über etw. *(Akk.)*] haben; **be in ~ of the situation** die Situation unter Kontrolle haben; **who's in ~ here?** wer hat hier zu bestimmen?; **be in ~ of education** für das Erziehungswesen zuständig sein; **[go** *or* **get] out of ~** *or* **beyond [sb.'s] ~:** außer Kontrolle [geraten]; **circumstances beyond sb.'s ~:** unvorhersehbare, nicht in jmds. Hand liegende Umstände; **[get sth.] under ~:** [etw.] unter Kontrolle [bringen]; **keep oneself/sth. under ~:** sich/etw. in der Gewalt haben; **everything's under ~** *(fig.)* alles in Ordnung; **lose ~ [of sth.]** die Kontrolle [über etw. *(Akk.)*] verlieren; **lose ~ of the situation** die Situation nicht mehr unter Kontrolle haben; **gain ~ of sth.** etw. unter Kontrolle bekommen; **lose/regain ~ of oneself** die Beherrschung verlieren/wiedergewinnen; **have some/complete/no ~ over sth.** eine gewisse/die absolute/keine Kontrolle über etw. *(Akk.)* haben; **have ~ over oneself** sich in der Gewalt haben; **he has no ~ over himself** er hat sich nicht in der Gewalt; *see also* **flight control; b)** *(standard of comparison)* Kontrollobjekt, *das; (person)* Kontrollperson, *die;* **~ experiment** Kontrollversuch, *der;* **c)** *(device)* Regler, *der;* **~s** *(as a group)* Schalttafel, *die; (of TV, stereo system)* Bedienungstafel, *die;* **at the ~s** an der Schalttafel; **be at the ~s** an der Schalttafel sitzen; ‹*Fahrer, Pilot:*› am Steuer sitzen; *(fig.)* das Steuer in der Hand haben; **d)** *in pl. (means of regulating)* Beschränkung, *die;* Kontrolle, *die;* **impose ~s on imports** Importbeschränkungen einführen; **e)** *(Spiritualism)* Kontrolle, *die (Parapsych.);* Kontrollgeist, *der (Parapsych.);* **f)** *(check-point for rally cars)* Kontrollpunkt, *der.* **2.** *v. t.*, **-ll-: a)** *(have ~ of)* kontrollieren; steuern, lenken ‹*Auto*›; leiten ‹*Firma*›; **you must ~ your dog** Sie müssen Ihren Hund unter Kontrolle halten; **he ~s the financial side of things** er ist für die Finanzen zuständig *od.* hat die Finanzen unter sich; **~ a class** eine Klasse fest im Griff haben; **~ling company** *(Econ.)* Kontrollgesellschaft, *die;* **~ling interest** Mehrheitsbeteiligung, *die (Wirtsch.);* **b)** *(hold in check)* beherrschen; zügeln ‹*Zorn, Ungeduld, Temperament*›; im Zaum halten ‹*Zunge*›; *(regulate)* kontrollieren; regulieren ‹*Geschwindigkeit, Temperatur*›; einschränken ‹*Export, Ausgaben*›; regeln ‹*Verkehr*›; unterdrücken ‹*Gefühlsäußerung*›; **~ yourselves, children!** nehmt euch zusammen, Kinder!; **c)** *(check, verify)* [über]prüfen

**control: ~ centre** *n.* Kontrollzentrum, *das;* **~ desk** *n.* Schaltpult, *das*

**controller** [kənˈtrəʊlə(r)] *n.* **a)** *(director)* Leiter, *der*/Leiterin, *die;* Chef, *der*/Chefin, *die (ugs.);* **b)** *see* **comptroller**

**control: ~ panel** *n.* Schalttafel, *die;* **~ room** *n.* Kontrollraum, *der; (in theatre)* Stellwarte, *die; (Radio, Telev.)* Regieraum, *der; (in power station)* Schaltwarte, *die;* **~ tower** *n.* Kontrollturm, *der;* Tower, *der*

**controversial** [kɒntrəˈvɜːʃl] *adj.* *(causing controversy)* umstritten ‹*Mode, Kunstwerk, Gesetz, Idee*›; strittig ‹*Frage, Punkt, Angelegenheit*›; *(given to controversy)* streitsüchtig; *(lacking neutrality)* polemisch

**controversy** [ˈkɒntrəvɜːsɪ, kənˈtrɒvəsɪ] *n.* Kontroverse, *die;* Auseinandersetzung, *die;* **much ~:** eine längere Kontroverse *od.* Auseinandersetzung; **sth. is beyond ~:** etw. ist unumstritten

**controvert** [ˈkɒntrəvɜːt, kɒntrəˈvɜːt] *v. t.* *(formal)* bestreiten; ‹*Argument, Theorie:*› widersprechen (+ *Dat.*)

**contuse** [kənˈtjuːz] *v. t.* prellen

**contusion** [kənˈtjuːʒn] *n.* Prellung, *die*

**conundrum** [kəˈnʌndrəm] *n.* *(riddle) (auf einem Wortspiel beruhendes)* Rätsel; *(hard question)* Problem, *das;* **pose ~s** Rätsel aufgeben

**conurbation** [kɒnɜ:'beɪʃn] *n.* Konurbation, *die (Soziol.);* ≈ Stadtregion, *die*

**convalesce** [kɒnvə'les] *v. i.* genesen; rekonvaleszieren *(Med.)*

**convalescence** [kɒnvə'lesəns] *n.* Genesung, *die;* Rekonvaleszens, *die (Med.)*

**convalescent** [kɒnvə'lesənt] **1.** *adj.* rekonvaleszent *(Med.);* **you'll be ~ for a few weeks** Ihre Genesung wird ein paar Wochen dauern; **~ patient** Rekonvaleszent, *der/*Rekonvaleszentin, *die (Med.).* **2.** *n.* Rekonvaleszent, *der/*Rekonvaleszentin, *die (Med.);* Genesende, *der/die*

**convalescent: ~ home, ~ hospital** *ns.* Genesungsheim, *das*

**convection** [kən'vekʃn] *n. (Phys., Meteorol.)* Konvektion, *die;* **~ current** Konvektionsstrom, *der*

**convective** [kən'vektɪv] *adj. (Phys., Meteorol.)* konvektiv

**convector** [kən'vektə(r)] *n.* Konvektor, *der*

**convene** [kən'vi:n] **1.** *v. t.* einberufen. **2.** *v. i.* zusammenkommen; ‹*Gericht, gewählte Vertreter:*› zusammentreten; ‹*Konferenz, Versammlung:*› beginnen

**convener** [kən'vi:nə(r)] *n. (Brit.) jmd., der eine Versammlung einberuft/leitet*

**convenience** [kən'vi:nɪəns] *n.* **a)** *no pl. (suitableness, advantageousness)* Annehmlichkeit, *die;* **its ~ to *or* for the city centre** seine günstige Lage zum Stadtzentrum; **marriage of ~:** Vernunftehe, *die; see also* **[1]flag 1; b)** *(personal satisfaction)* Bequemlichkeit, *die;* Wohlbefinden, *das;* **for sb.'s ~, for ~'s sake** zu jmds. Bequemlichkeit; **is it to your ~?** paßt es Ihnen?; **at your ~:** wann es Ihnen paßt; **at your earliest ~:** möglichst bald; baldmöglichst *(Papierdt.);* **c)** *(advantage)* **be a ~ to sb.** angenehm *od.* praktisch für jmdn. sein; **having a car is such a ~:** ein Auto zu haben ist so angenehm *od.* praktisch; **make a ~ of sb.** jmdn. ausnutzen; **d)** *(advantageous thing)* Annehmlichkeit, *die;* **a car is a [great] ~ to have** es ist [sehr] angenehm *od.* praktisch, ein Auto zu haben; **e)** *(esp. Admin.: toilet)* Toilette, *die;* **public ~** öffentliche Toilette *od. (Amtsspr.)* Bedürfnisanstalt

**con'venience food** *n.* Fertignahrung, *die*

**convenient** [kən'vi:nɪənt] *adj.* **a)** *(suitable, not troublesome)* günstig; *(useful)* praktisch; angenehm; **be ~ to *or* for sb.** günstig für jmdn. sein; **would it be ~ to you?** würde es Ihnen passen?; wäre es Ihnen recht?; **it's not very ~ at the moment** es paßt im Augenblick nicht gut; **if it is not ~ to have us to stay** wenn es ungelegen kommt, daß wir bleiben; **b)** *(of easy access)* **be ~ to *or* for sth.** günstig zu etw. liegen; **our house is very ~ to *or* for the city centre** wir haben es nicht weit zum Stadtzentrum; **c)** *(opportunely available or occurring)* **a ~ taxi** ein Taxi, das gerade dasteht/angefahren kommt

**conveniently** [kən'vi:nɪəntlɪ] *adv.* **a)** *(suitably, without difficulty, accessibly)* günstig ‹*gelegen, angebracht*›; leicht ‹*gesehen werden*›; angenehm ‹*ruhig*›; **when can you ~ drop round?** wann paßt es dir *od.* wann kannst du es einrichten, mal vorbeizukommen?; **we're ~ situated for the shops** wir haben es nicht weit zu den Geschäften; **b)** *(opportunely)* angenehmerweise; **very ~, we were only a mile from a garage** glücklicherweise waren wir nur eine Meile von einer Werkstatt entfernt

**convenor** *see* **convener**

**convent** ['kɒnvənt] *n.* Kloster, *das;* **~ of nuns** Nonnenkloster, *das;* **enter a ~:** ins Kloster gehen

**convention** [kən'venʃn] *n.* **a)** *(a practice)* Brauch, *der;* **it is the ~ to do sth.** es ist Brauch, etw. zu tun; **~s of spelling** Rechtschreibregeln; **b)** *no art. (established customs)* Konvention, *die;* **break with ~:** sich über die Konventionen hinwegsetzen; **c)** *(formal assembly)* Konferenz, *die;* **d)** *(agreement between parties)* Abkommen, *das;* Übereinkunft, *die; (agreement between States)* Konvention, *die (bes. Völkerrecht)*

**conventional** [kən'venʃənl] *adj.* konventionell; *(not spontaneous)* formell; **it is ~ wisdom that ...:** man glaubt allgemein, daß ...; **it is ~ to send flowers** es ist üblich, Blumen zu schicken; **~ weapons** konventionelle Waffen

**conventionally** [kən'venʃənəlɪ] *adv.* konventionell

**conventioneer** [kənvenʃə'nɪə(r)] *n. (Amer.)* Konferenzteilnehmer, *der/*-teilnehmerin, *die*

**'convent school** *n.* Klosterschule, *die*

**converge** [kən'vɜ:dʒ] *v. i.* **~ [on each other]** aufeinander zulaufen; ‹*Gedanken, Meinungen, Ansichten:*› sich [einander] annähern, *(geh.)* konvergieren; **~ on sb.** auf jmdn. zulaufen; **they ~d on the scene of the accident** sie liefen am Unfallort zusammen

**convergence** [kən'vɜ:dʒəns] *n.* **a)** Annäherung, *die;* Konvergenz, *die (geh.); (of roads, rivers)* Zusammentreffen, *das;* **at the ~ of the roads** an der Stelle, wo die Straßen zusammentreffen; **b)** *(Math., Biol., Psych.)* Konvergenz, *die*

**convergent** [kən'vɜ:dʒənt] *adj.* **a)** aufeinander zulaufend; konvergierend *(geh.),* sich einander annähernd ‹*Meinungen, Gedanken, Ansichten*›; **b)** *(Math., Biol., Psych.)* konvergent; **~ lens** *(Optics)* Sammellinse, *die*

**conversant** [kən'vɜ:sənt] *pred. adj.* vertraut **(with** mit)

**conversation** [kɒnvə'seɪʃn] *n.* Unterhaltung, *die;* Gespräch, *das;* Konversation, *die (geh.); (in language-teaching)* Konversation, *die;* **be in ~ [with sb.]** sich [mit jmdm.] unterhalten; **be deep in ~:** in ein Gespräch vertieft sein; **enter into ~ with sb.** mit jmdm. ein Gespräch anfangen *od.* anknüpfen; **make [polite] ~ with sb.** mit jmdm. Konversation machen; **in the course of ~:** im Verlauf des Gesprächs; **come up in ~:** gesprächsweise erwähnt werden; **he hasn't much ~:** man kann sich kaum mit ihm unterhalten; **have a ~ with sb.** mit jmdm. ein Gespräch führen

**conversational** [kɒnvə'seɪʃənl] *adj.* gesprächig ‹*Person*›; **talk in ~ tones/in a ~ manner** im Plauderton/ungezwungen sprechen; **~ English** gesprochenes Englisch; **the discussion remained on a casual, ~ level** die Diskussion blieb auf der Ebene einer zwanglosen Unterhaltung

**conversationalist** [kɒnvə'seɪʃənəlɪst] *n.* Unterhalter, *der/*Unterhalterin, *die;* **be a/no great ~:** gut/nicht gut Konversation machen können

**conversationally** [kɒnvə'seɪʃənəlɪ] *adv.* **'Nice day today', he remarked ~:** „Schöner Tag heute", stellte er fest, um ein Gespräch zu beginnen

**conver'sation piece** *n. (topic of conversation)* Gesprächsthema, *das*

**[1]converse** [kən'vɜ:s] *v. i. (formal)* **~ [with sb.] [about *or* on sth.]** sich [mit jmdm.] [über etw. *(Akk.)*] unterhalten

**[2]converse** ['kɒnvɜ:s] **1.** *adj.* entgegengesetzt; umgekehrt ‹*Fall, Situation*›. **2.** *n.* **a)** *(opposite)* Gegenteil, *das;* **b)** *(Math.)* Kehrsatz, *der;* **c)** *(Logic)* Konversion, *die*

**conversely** [kən'vɜ:slɪ] *adv.* umgekehrt

**conversion** [kən'vɜ:ʃn] *n.* **a)** *(transforming)* Umwandlung, *die* **(into** in + *Akk.***); b)** *(adaptation, adapted building)* Umbau, *der;* **do a ~ on sth.** etw. umbauen; **c)** *(of person)* Bekehrung, *die* **(to** zu); Konversion, *die (Rel.);* **d)** *(to different units or expression)* Übertragung, *die* **(into** in + *Akk.***); e)** *(Finance, Logic, Theol., Psych., Phys.)* Konversion, *die; (calculation)* Umrechnung, *die; (Rugby, Amer. Footb.)* Erhöhung, *die*

**con'version table** *n.* Umrechnungstabelle, *die*

**convert 1.** [kən'vɜ:t] *v. t.* **a)** *(transform, change in function)* umwandeln **(into** in + *Akk.***); b)** *(adapt)* **~ sth. [into sth.]** etw. [zu etw.] umbauen; **c)** *(bring over)* **~ sb. [to sth.]** *(lit. or fig.)* jmdn. [zu etw.] bekehren; **d)** *(to different units or expressions)* übertragen **(into** in + *Akk.***); e)** *(Finance)* konvertieren; *(calculate)* umrechnen **(into** in + *Akk.***); f)** *(Rugby, Amer. Footb.)* erhöhen; **g) ~ to one's own use** sich *(Dat.)* aneignen. **2.** *v. i.* **a)** *(be transformable, be changeable in function)* **~ into sth.** sich in etw. *(Akk.)* umwandeln lassen; **b)** *(be adaptable)* sich umbauen lassen; **c)** *(to new method etc.)* umstellen **(to** auf + *Akk.***). 3.** ['kɒnvɜ:t] *n.* **a)** *(Relig.)* Konvertit, *der/*Konvertitin, *die;* **b)** *(fig.)* **the new ~s to the Party** die neuen Anhänger der Partei; **he became a ~ to Asian philosophy** er wurde ein Anhänger der asiatischen Philosophie

**converter** [kən'vɜ:tə(r)] *n.* **a)** *(Metall.)* Konverter, *der;* **b)** *(Electr.)* Umformer, *der*

**convertibility** [kənvɜ:tɪ'bɪlɪtɪ] *n., no pl.* **a)** Umwandelbarkeit, *die;* **b)** *(Finance)* Konvertierbarkeit, *die*

**convertible** [kən'vɜ:tɪbl] **1.** *adj.* **a) be ~ into sth.** sich in etw. *(Akk.)* umwandeln lassen; **~ sofa** Ausziehcouch, *die;* **b)** *(able to be altered)* **be ~ [into sth.]** sich zu etw. umbauen lassen; **c)** *(Finance)* **be ~ into sth.** in etw. *(Akk.)* konvertierbar sein. **2.** *n.* Kabrio[lett], *das; (with four or more seats)* Kabriolimousine, *die*

**convex** ['kɒnveks] *adj.* konvex; Konvex‹*linse, -spiegel*›

**convexity** [kən'veksɪtɪ] *n.* Wölbung, *die;* Konvexität, *die (Optik)*

**convey** [kən'veɪ] *v. t.* **a)** *(transport)* befördern; *(transmit)* übermitteln ‹*Nachricht, Grüße*›; **the TV pictures are ~ed by satellite** die Fernsehbilder werden per Satellit übertragen; **b)** *(impart)* vermitteln; **words cannot ~ it** Worte können es nicht wiedergeben; **the message ~ed nothing whatever to me** die Nachricht sagte mir überhaupt nichts; **~ one's meaning to sb.** jmdm. deutlich machen, was man meint; **c)** *(Law)* **~ property [to sb.]** [jmdm.] Eigentum übertragen *od.* überschreiben

**conveyance** [kən'veɪəns] *n.* **a)** *(transportation)* Beförderung, *die; (of sound, picture, heat, light)* Übertragung, *die; (of message, greetings)* Übermittlung, *die;* **b)** *(formal: vehicle)* Beförderungsmittel, *das;* **c)** *(Law)* Übertragung, *die;* Überschreibung, *die;* **[deed of] ~:** Übertragungsurkunde, *die*

**conveyancing** [kən'veɪənsɪŋ] *n. (Law)* **~ [of property]** [Eigentums]übertragung, *die*

**conveyer, conveyor** [kən'veɪə(r)] *n.* Förderer, *der (Technik);* **[bucket] ~:** Becherwerk, *das;* **[chain] ~:** Kettenförderer, *der;* **~ [belt]** *(Industry)* Förderband, *das; (in manufacture also)* Fließband, *das*

**convict 1.** ['kɒnvɪkt] *n.* Strafgefangene, *der/die.* **2.** [kən'vɪkt] *v. t.* **a)** *(declare guilty)* für schuldig befinden; verurteilen; **be ~ed** verurteilt werden; **b)** *(prove guilty)* **~ sb. of sth.** jmdn. einer Sache *(Gen.)* überführen

**conviction** [kən'vɪkʃn] *n.* **a)** *(Law)* Verurteilung, *die* **(for** wegen); **have you [had] any previous ~s?** sind Sie vorbestraft?; **he has no criminal ~s at all** er hat keinerlei Vorstrafen; **b)** *(settled belief)* Überzeugung, *die;* **a vegetarian by ~:** ein überzeugter Vegetarier; **it is their ~ that ...:** sie sind der Überzeugung, daß ...; **her ~ of the existence of God/of his innocence** ihr fester Glaube an die Existenz Gottes/an seine Unschuld; **what are his political ~s?** wie sind seine politischen Anschauungen?; **carry ~:** überzeugend sein; ‹*Stimme:*› überzeugend klingen

**convince** [kən'vɪns] *v. t.* überzeugen; **~ sb.**

**that ...:** jmdn. davon überzeugen, daß ...; **be ~d that ...:** davon überzeugt sein, daß ...; **manage to ~ oneself that ...:** sich *(Dat.)* einreden, daß ...; **~ sb. of sth.** jmdn. von etw. überzeugen
**convincing** [kən'vɪnsɪŋ] *adj.* überzeugend; täuschend ‹*Ähnlichkeit*›
**convincingly** [kən'vɪnsɪŋlɪ] *adv.* überzeugend
**convivial** [kən'vɪvɪəl] *n.* fröhlich
**conviviality** [kənvɪvɪ'ælɪtɪ] *n., no pl.* Fröhlichkeit, *die*
**convivially** [kən'vɪvɪəlɪ] *adv.* fröhlich
**convocation** [kɒnvə'keɪʃn] *n.* **a)** *(calling together)* Zusammenrufen, *das; (of council, synod)* Einberufung, *die;* **b)** *(assembly)* Versammlung, *die;* **c)** *(Brit. Eccl.)* Provinzialsynode, *die;* **d)** *(Brit. Univ.) universitäre gesetzgebende Versammlung;* ≈ Vollversammlung, *die*
**convoke** [kən'vəʊk] *v.t.* zusammenrufen; einberufen ‹*Versammlung, Synode, Rat*›
**convoluted** ['kɒnvəlu:tɪd] *adj.* **a)** *(twisted)* verschlungen; verdreht ‹*Körperhaltung*›*;* **b)** *(complex)* kompliziert
**convolution** [kɒnvə'lu:ʃn] *n.* Windung, *die;* **the ~s of the winding road** die Biegungen der kurvenreichen Straße
**convolvulus** [kən'vɒlvjʊləs] *n. (Bot.)* Winde, *die*
**convoy** ['kɒnvɔɪ] **1.** *v.t.* Geleitschutz geben (+ *Dat.*). **2.** *n.* Konvoi, *der;* **in ~:** im Konvoi
**convulse** [kən'vʌls] *v.t.* **a) be ~d** von Krämpfen geschüttelt werden; *(fig.)* **be ~d with laughter** sich vor Lachen biegen *(ugs.);* **be ~d with rage/fury** sich vor Wut krümmen; **b)** *(shake, lit. or fig.)* erschüttern
**convulsion** [kən'vʌlʃn] *n.* **a)** *in pl.* Schüttelkrampf, *der (Med.);* Krämpfe; *(fig.)* **~s of laughter** Lachkrampf, *der;* **we were in absolute ~s** wir bogen uns förmlich vor Lachen *(ugs.);* **b)** *(shaking, lit. or fig.)* Erschütterung, *die*
**convulsive** [kən'vʌlsɪv] *adj.*, **convulsively** [kən'vʌlsɪvlɪ] *adv.* konvulsivisch
**cony** [kəʊnɪ] *n.* **a)** *(rabbit)* Kaninchen, *das;* **b)** *(fur)* Kaninchenfell, *das;* Kanin, *das (Kürschnerei, Mode)*
**coo** [ku:] **1.** *int. (of person)* oh; *(of dove)* ruckedigu. **2.** *n. (of dove)* **the ~[s]** das Gurren. **3.** *v.i.* gurren; ‹*Baby:*› gurren *(fig.).* **4.** *v.t. & i.* gurren *(auch fig.)*
**cooee** ['ku:i:] **1.** *int.* huhu *(ugs.).* **2.** *v.i.* **they ~d to us** sie riefen uns „huhu" zu
**cook** [kʊk] **1.** *n.* Koch, *der*/Köchin, *die;* **too many ~s spoil the broth** *(prov.)* viele Köche verderben den Brei *(Spr.).* **2.** *v.t.* **a)** garen *(Kochk.); (concoct and prepare)* kochen; **how would you ~ this piece of meat?** wie würden Sie dieses Stück Fleisch zubereiten?; **~ed in the oven** im Backofen zubereitet *od. (Kochk.)* gegart; **~ed meal** warme Mahlzeit; **how long should one ~ this joint?** wie lange sollte man diesen Braten garen lassen? *(Kochk.); abs.* **do you ~ with gas or electricity?** kochen Sie mit Gas oder mit Strom?; **she knows how to ~:** sie kann gut kochen *od.* kocht gut; **~ sb.'s goose [for him]** *(fig.)* jmdm. alles verderben; **he ~ed his own goose** er hat sich *(Dat.)* alles verdorben *od. (ugs.)* vermasselt; **b)** *(fig. coll.: falsify)* frisieren *(ugs.);* **c)** *(Brit. sl.: fatigue)* **be ~ed** fix und fertig sein *(ugs.).* **3.** *v.i.* kochen; garen *(Kochk.);* **the meat was ~ing slowly** das Fleisch garte langsam; **what's ~ing?** *(fig. coll.)* was liegt an? *(ugs.)*
**~ 'up** *v.t.* sich *(Dat.)* ausbrüten, *(ugs.)* aushecken ‹*Plan*›; erfinden ‹*Geschichte*›
**cook: ~book** *n. see* **cookery book; ~-chill 'food** *n. durch rasche Abkühlung haltbar gemachte Fertiggerichte*
**cooker** ['kʊkə(r)] *n.* **a)** *(Brit.: appliance)* Herd, *der;* **electric/gas ~:** Elektroherd/Gasherd, *der;* **b)** *(vessel)* Kochgefäß, *das;* **c)** *(fruit)* **are those apples eaters or ~s?** sind diese Äpfel zum Essen oder zum Kochen?
**cookery** ['kʊkərɪ] *n.* **a)** Kochen, *das;* **b)** *(Amer.: place)* Küche, *die*
**'cookery book** *n. (Brit.)* Kochbuch, *das*
**cookhouse** ['kʊkhaʊs] *n. (Mil.)* Feldküche, *die*
**cookie** ['kʊkɪ] *n.* **a)** *(Scot.)* Plätzchen, *das;* **b)** *(Amer.: biscuit)* Keks, *der;* **that's the way the ~ crumbles** *(fig. coll.)* es kommt, wie es kommen muß; **c)** *(sl.: person) (woman)* Person, *die; (attractive woman)* Klasseweib, *das (ugs.); (man)* Typ, *der (ugs.)*
**cooking** ['kʊkɪŋ] *n.* Kochen, *das;* **German ~:** die deutsche Küche; **your ~ is marvellous** du kochst wunderbar; **do one's own ~:** für sich selbst kochen; **do the ~:** kochen
**cooking: ~ apple** *n.* Kochapfel, *der;* **~ fat** *n.* Bratfett, *das;* **~ salt** *n.* Speisesalz, *das;* **~ sherry** *n. Sherry zum Kochen;* **~ utensil** *n.* Küchengerät, *das;* **~ vessel** *n.* Kochgefäß, *das*
**cook: ~out** *n. (Amer.)* ≈ Grillparty, *die;* **have a ~out** im Freien kochen; **~-stove** *n. (Amer.)* [Koch]herd, *der*
**cool** [ku:l] **1.** *adj.* **a)** kühl; luftig ‹*Kleidung*›; **I wait until my tea is ~ enough to drink** ich warte, bis mein Tee so weit abgekühlt ist, daß ich ihn trinken kann; **I am/feel ~:** mir ist kühl; **'store in a ~ place'** „kühl aufbewahren"; **bake in a ~ oven** bei schwacher Hitze backen; **b)** *(unexcited)* **he kept** *or* **stayed ~:** er blieb ruhig *od.* bewahrte die Ruhe; **play it ~** *(coll.)* ruhig bleiben; cool vorgehen *(salopp);* **she's always so ~ about things** sie ist immer so ruhig und besonnen; **he was ~, calm, and collected** er war ruhig und gelassen; **a ~ customer** ein kühler Kopf; **keep a ~ head** einen kühlen Kopf bewahren; *see also* **cucumber; c)** *(unemotional, unfriendly)* kühl; *(calmly audacious)* kaltblütig; unverfroren ‹*Forderung*›*;* **be a ~ customer** *(fig.)* ganz schön unverschämt sein; **a ~ £3,000/thousand** *(coll.)* glatt 3 000 Pfund/ein glatter Tausender *(ugs.);* **d)** *(Jazz) in der Art des Cool Jazz;* **~ jazz** Cool Jazz, *der;* **e)** *(coll.: excellent)* cool *(salopp);* geil *(salopp).* **2.** *n.* **a)** *(coolness)* Kühle, *die;* **b)** *(cool air, place)* **sit in the ~:** im Kühlen sitzen; **store sth. in the ~:** etw. kühl aufbewahren; **c)** *(coll.: composure)* **keep/lose one's ~:** die Ruhe bewahren/verlieren. **3.** *v.i.* abkühlen; **the weather has ~ed** es ist kühler geworden; **wait until your milk ~s a bit** laß deine Milch etwas abkühlen; *(fig.)* **our relationship has ~ed** unsere Beziehung ist kühler geworden; **the first heat of passion had ~ed** die erste Leidenschaft war verflogen; **~ towards sb./sth.** an jmdm./etw. das Interesse verlieren. **4.** *v.t.* kühlen; *(from high temperature)* abkühlen; *(fig.)* abkühlen ‹*Leidenschaft, Raserei, Liebe*›; **[have to] ~ one's heels** lange warten [müssen]; **~ it!** *(sl.)* reg dich ab! *(ugs.)*
**~ 'down 1.** *v.i.* **a)** ‹*Tee:*› abkühlen; ‹*Luft:*› sich abkühlen; **b)** *(fig.)* sich beruhigen; **his anger has ~ed down** sein Zorn hat sich gelegt. **2.** *v.t.* abkühlen; *(fig.)* besänftigen; *(disillusion)* ernüchtern
**~ 'off 1. a)** *v.i.* abkühlen; **the weather has ~ed off** es ist kühler geworden; **we need a few minutes to ~ off** wir brauchen ein paar Minuten, um uns abzukühlen; **b)** *(fig.)* sich beruhigen; ‹*Zorn, Begeisterung, Interesse, Leidenschaft:*› sich legen, nachlassen; ‹*Freundschaft:*› sich abkühlen. **2.** *v.t.* abkühlen; *(fig.)* beruhigen; besänftigen; abkühlen ‹*Leidenschaft, Begeisterung*›
**coolant** ['ku:lənt] *n.* Kühlmittel, *das; (for cutting-tool)* Schneidflüssigkeit, *die (Technik); (for internal-combustion engine)* Kühlwasser, *das*
**cooler** ['ku:lə(r)] *n.* **a)** *(vessel)* Kühler, *der;* **b)** *(Amer.: refrigerator)* Kühlschrank, *der;* **c)** *(coll.: prison)* Knast, *der (ugs.)*
**'cool-headed** *adj.* kühl; nüchtern
**coolie** ['ku:lɪ] *n.* Kuli, *der*
**'coolie hat** *flacher Hut [der chinesischen Kulis];* Chinesenhut, *der*
**cooling** ['ku:lɪŋ]: **~ fan** *n.* Kühlgebläse, *das (Technik);* **~-'off period** *n.* Rücktrittsfrist, *die;* **~ tower** *n.* Kühlturm, *der*
**coolly** ['ku:llɪ] *adv.* **a)** kühl; **b)** *(fig.) (calmly)* ruhig; *(unemotionally, in unfriendly manner)* kühl; *(impudently)* kaltblütig; unverfroren ‹*verlangen, fordern*›
**coolness** ['ku:lnɪs] *n., no pl.* Kühle, *die; (fig.) (calmness)* Ruhe, *die; (unemotional nature, unfriendliness)* Kühle, *die; (impudence)* Kaltblütigkeit, *die; (insolence)* Unverfrorenheit, *die*
**coomb** [ku:m] *n. (Brit.) (on hill-flank) Taleinschnitt an der Seite eines Berges; (short valley)* Schlucht, *die*
**coon** [ku:n] *n.* **a)** *(Amer.: racoon)* Waschbär, *der;* **b)** *(sl. derog.) (Negro)* Nigger, *der (abwertend); (Negro woman)* Niggerweib, *das (abwertend)*
**'coonskin** *n. (Amer.)* Waschbärfell, *das;* Waschbär[pelz], *der; (cap)* Waschbärmütze, *die; (jacket)* Waschbärjacke, *die*
**coop** [ku:p] **1.** *n. (cage)* Geflügelkäfig, *der; (for poultry)* Hühnerstall, *der; (fowl-run)* Auslauf, *der.* **2.** *v.t.* **~ in** *or* **up** einpferchen
**co-op** ['kəʊɒp] *n. (coll.)* **a)** *(Brit.) (society)* Genossenschaft, *die; (shop)* Konsum[laden], *der;* **b)** *(Amer.) see* **co-operative 2 b**
**co-operate** [kəʊ'ɒpəreɪt] *v.i.* mitarbeiten **(in** bei); *(with each other)* zusammenarbeiten **(in** bei); *(not obstruct)* mitmachen *(ugs.);* ‹*Dinge, Ereignisse:*› zusammenwirken; *(Polit., Econ. also)* kooperieren **(in** bei); **~ with sb.** mit jmdm. zusammenarbeiten/kooperieren; **the patient refused to ~:** der Patient verweigerte die Mitarbeit *od.* war nicht kooperativ; **~ with the police** die Polizei unterstützen
**co-operation** [kəʊɒpə'reɪʃn] *n.* **a)** *see* **co-operate:** Mitarbeit, *die;* Zusammenarbeit, *die;* Kooperation, *die;* **with the ~ of** unter Mitarbeit von; **in ~ with** in Zusammenarbeit mit; **b)** *(Econ.)* Genossenschaft, *die;* **the principle of ~:** das genossenschaftliche Prinzip
**co-operative** [kəʊ'ɒpərətɪv] **1.** *adj.* **a)** *(offering co-operation)* kooperativ; *(helpful)* hilfsbereit; **b)** *(Econ.)* genossenschaftlich. **2.** *n.* **a)** Genossenschaft, *die;* Kooperative, *die (DDR); (shop)* Genossenschaftsladen, *der;* **workers' ~:** Produktivgenossenschaft, *die;* **b)** *(Amer.: dwelling) gemeinschaftlich gemieteter/gekaufter Wohnraum*
**co-operative: ~ shop** *n. see* **~ store; ~ society** *n.* Genossenschaft, *die;* **~ store** *n.* Genossenschaftsladen, *der*
**co-opt** [kəʊ'ɒpt] *v.t.* kooptieren; hinzuwählen; **be ~ed [on] to a committee** von einem Komitee kooptiert werden
**co-option** [kəʊ'ɒpʃn] *n.* Koop[ta]tion, *die*
**co-ordinate 1.** [kəʊ'ɔ:dɪnət] *adj.* **a)** *(equal in rank)* gleichrangig; **b)** *(Ling.)* nebengeordnet. **2.** *n.* **a)** *(Math.)* Koordinate, *die;* **b)** *in pl. (clothes)* Kombination, *die.* **3.** [kəʊ'ɔ:dɪneɪt] *v.t.* **a)** koordinieren; **~ one's thoughts** seine Gedanken sammeln *od.* ordnen; **b)** *(Ling.)* **co-ordinating conjunction** koordinierende *od.* nebenordnende Konjunktion
**co-ordination** [kəʊɔ:dɪ'neɪʃn] *n.* Koordination, *die;* **he lacks ~:** er hat Koordinationsschwierigkeiten
**co-ordinator** [kəʊ'ɔ:dɪneɪtə(r)] *n.* Koordinator, *der*/Koordinatorin, *die*
**coot** [ku:t] *n.* **a)** *(Ornith.)* **[bald] ~:** Bläßhuhn, *das;* **be [as] bald as a ~:** völlig kahl sein; **b)** *(coll.: stupid person)* **[silly] ~:** dummes Huhn
**co-owner** [kəʊ'əʊnə(r)] *n.* Miteigentümer, *der*/-eigentümerin, *die; (of business)* Mitinhaber, *der*/-inhaberin, *die*

[1]**cop** [kɒp] *n. (sl.: police officer)* Bulle, *der (salopp);* Polyp, *der (salopp);* **she's a ~:** sie ist von der Polente *(salopp);* **~s and robbers** Räuber und Gendarm

[2]**cop** *(sl.)* **1.** *v. t.,* **-pp-: a) they ~ped it** *(were captured)* sie sind geschnappt worden *(ugs.); (were killed)* sie mußten dran glauben; **b)** *(hit)* **he ~ped him one under the chin** er hat ihm eins unters Kinn verpaßt *(ugs.).* **2.** *n.* **it's a fair ~!** guter Fang!; **no ~, not much ~:** nichts Besonderes

**~ 'out** *v. i. (sl.)* **a)** *(escape)* abhauen *(salopp);* **~ out of society** [aus der Gesellschaft] aussteigen *(ugs.);* **b)** *(give up)* alles hinwerfen *(ugs.);* **c)** *(go back on one's promise)* **you can't ~ out like that** du kannst mich/ihn *usw.* doch nicht so hängenlassen *(ugs.). See also* **cop-out**

**copartner** [kəʊ'pɑːtnə(r)] *n.* Partner, *der*/Partnerin, *die;* Teilhaber, *der*/-haberin, *die*

**copartnership** [kəʊ'pɑːtnəʃɪp] *n. (relationship)* Partnerschaft, *die;* Teilhaberschaft, *die; (company)* Sozietät, *die*

[1]**cope** [kəʊp] *v. i.* **a)** *(be able to contend)* **~ with sb./sth.** mit jmdm./etw. fertig werden; **~ with a handicapped child** mit einem behinderten Kind zurechtkommen; **b)** *(coll.: deal with sth.)* klarkommen *(ugs.);* **we must find someone who will ~:** wir brauchen jemanden, der die Sache in die Hand nimmt

[2]**cope** *n. (Eccl.)* Pluviale, *das (kath. Kirche)*

**Copenhagen** [kəʊpn'heɪgn] *pr. n.* Kopenhagen *(das)*

**Copernican** [kə'pɜːnɪkn] *adj.* kopernikanisch

**copier** ['kɒpɪə(r)] *n. (machine)* Kopiergerät, *das;* Kopierer, *der (ugs.)*

**co-pilot** ['kəʊpaɪlət] *n.* Kopilot, *der*/Kopilotin, *die*

**coping** ['kəʊpɪŋ] *n.* Mauerabdeckung, *die*

'**coping-stone** *n.* Abdeckplatte, *die*

**copious** ['kəʊpɪəs] *adj. (plentiful)* reichhaltig; voll ⟨*Haar*⟩; *(informative)* umfassend

**copiously** ['kəʊpɪəslɪ] *adv. (plentifully)* reichlich; *(informatively)* umfassend

**copiousness** ['kəʊpɪəsnɪs] *n., no pl. (plentifulness)* Fülle, *die*

'**cop-out** *n. (sl.)* Drückebergerei, *die (ugs. abwertend);* **that's a ~:** das ist Drückebergerei *(ugs. abwertend)*

[1]**copper** ['kɒpə(r)] **1.** *n.* **a)** Kupfer, *das;* **b)** *(coin)* Kupfermünze, *die;* **a few ~s** etwas Kupfergeld; **it only costs a few ~s** es kostet nur ein paar Pfennige; **c)** *(boiler)* [Kupfer]kessel, *der; (for laundry)* Waschkessel, *der.* **2.** *attrib. adj.* **a)** *(made of ~)* kupfern; Kupfer⟨*münze, -kessel, -rohr*⟩; **b)** *(coloured like ~)* kupferfarben; kupfern

[2]**copper** *n. (Brit. sl.) see* [1]**cop**

**copper: ~ 'beech** *n.* Blutbuche, *die;* **~-bottomed** *adj.* gekupfert *(Seew.)* ⟨*Schiff*⟩; ⟨*Pfanne*⟩ mit Kupferboden; *(fig.) (authentic)* waschecht; *(financially reliable)* todsicher *(ugs.);* **~-coloured** *adj.* kupferfarben; **~plate 1.** *n.* **a)** *(metal plate)* Kupferplatte, *die;* **b)** *(print)* Kupferstich, *der;* **2.** *adj.* **~plate writing** ≈ Schönschrift, *die; Schreib- und Druckschrift mit dickem Ab- und dünnem Aufstrich*

**coppery** ['kɒpərɪ] *adj.* kupferfarben; kupfern

**coppice** ['kɒpɪs] *n.* Wäldchen, *das;* Niederwald, *der (Forstw.)*

'**coppice-wood** *n.* Unterholz, *das*

**copra** ['kɒprə] *n.* Kopra, *die*

**copse** [kɒps] *n. see* **coppice**

'**cop-shop** *n. (Brit. sl.)* Wache, *die;* Revier, *das*

**Copt** [kɒpt] *n.* Kopte, *der*/Koptin, *die*

**Coptic** ['kɒptɪk] **1.** *adj.* koptisch. **2.** *n. (language)* Koptisch, *das*

**copula** ['kɒpjʊlə] *n. (Ling.)* Kopula, *die*

**copulate** ['kɒpjʊleɪt] *v. i.* kopulieren

**copulation** [kɒpjʊ'leɪʃn] *n.* Kopulation, *die*

**copy** ['kɒpɪ] **1.** *n.* **a)** *(reproduction)* Kopie, *die; (imitation)* Nachahmung, *die; (with carbon paper etc.) (typed)* Durchschlag, *der; (written)* Durchschrift, *die;* **write a ~:** eine Abschrift machen; *see also* [2]**fair 1 h; rough copy; b)** *(specimen)* Exemplar, *das;* **have you a ~ of today's 'Times'?** haben Sie die „Times" von heute?; **send three copies of the application** die Bewerbung in dreifacher Ausfertigung schicken; **top ~:** Original, *das;* **c)** *(manuscript etc. for printing)* Druckvorlage, *die;* **supply ~:** die Druckvorlage liefern; **make good ~** *(Journ. coll.: news)* ein klasse Stoff sein *(ugs.);* **[advertising] ~:** Werbetext, *der.* **2.** *v. t.* **a)** *(make copy of)* kopieren; *(by photocopier)* [foto]kopieren; *(transcribe)* abschreiben; **b)** *(imitate)* nachahmen. **3.** *v. i.* **a)** kopieren; **~ from sb./sth.** jmdn./etw. kopieren; **b)** *(in exam etc.)* abschreiben; **~ from sb./sth.** bei jmdm./aus etw. abschreiben

**~ 'out** *v. t.* abschreiben

**copy: ~-book** *n. attrib.* wie im Bilderbuch *nachgestellt;* Bilderbuch⟨*landschaft, -wetter*⟩; *see also* **blot 2 b; ~-cat** *n. (coll.)* **you're such a ~-cat!** du mußt immer alles nachmachen!; **~ desk** *n. (Amer.)* Redaktionstisch, *der;* **~ editor** *n.* **a)** *see* **copy-reader; b)** *Leiter/Leiterin einer Copy-reader-Abteilung*

**copyist** ['kɒpɪɪst] *n.* Kopist, *der*

'**copy-reader** *n.* Redakteur, *der*/Redakteurin, *die (für formale Manuskriptbearbeitung und redaktionelles Korrekturlesen)*

**copyright** ['kɒpɪraɪt] **1.** *n.* Copyright, *das;* Urheberrecht, *das;* **be out of ~:** gemeinfrei [geworden] sein; **protected by ~:** urheberrechtlich geschützt. **2.** *adj.* urheberrechtlich geschützt; **~ library** *(Brit.) Bibliothek, die Anspruch auf ein Freiexemplar jedes in Großbritannien veröffentlichten Buches hat.* **3.** *v. t.* urheberrechtlich schützen

**copy: ~ typist** *n.* Schreibkraft *(die nur nach schriftlichen Vorlagen arbeitet);* **~-writer** *n.* [Werbe]texter, *der*/-texterin, *die*

**coquetry** ['kɒkɪtrɪ, 'kəʊkɪtrɪ] *n.* Koketterie, *die; (fig.)* Kokettieren, *das*

**coquette** [kə'ket] **1.** *n.* Kokette, *die.* **2.** *v. i.* kokettieren

**coquettish** [kə'ketɪʃ] *adj.* kokett

**cor** [kɔː(r)] *int. (Brit. sl.)* Mensch! *(salopp)*

**coracle** ['kɒrəkl] *n. (Brit.)* Coracle, *das (Fischerboot aus lederüberzogenem Flechtwerk)*

**coral** ['kɒrl] **1.** *n.* Koralle, *die.* **2.** *attrib. adj.* korallen; Korallen⟨*insel, -riff, -rot*⟩

**cor anglais** [kɔːr 'ɑ̃gleɪ, kɔːr 'ɒŋgleɪ] *n. (Mus.)* **a)** *(instrument)* Englischhorn, *das;* Englisch Horn, *das (fachspr.);* **b)** *(organstop)* Englisch Horn, *das*

**corbel** [kɔːbl] *n. (Archit.) (of stone)* Kragstein, *der; (of timber)* Sattelholz, *das*

'**corbel-table** *n. (Archit.)* Bogenfries, *der*

**cord** [kɔːd] *n.* **a)** Kordel, *die;* **b)** *(Anat.) see* **spermatic cord; spinal cord; umbilical cord; vocal cords; c)** *(rib)* Rippe, *die; (cloth)* Cord, *der;* **d)** *in pl. (trousers)* **[pair of] ~s** Cordhose, *die;* **e)** *(Amer. Electr.: flex)* Kabel, *das*

**cordage** ['kɔːdɪdʒ] *n. (Naut.)* Tauwerk, *das*

**cordate** ['kɔːdeɪt] *adj. (Biol.)* herzförmig

**cordial** ['kɔːdɪəl] **1.** *adj.* herzlich; **a ~ dislike for sb.** eine tiefempfundene Abneigung gegenüber jmdm.. **2.** *n. (drink)* Sirup, *der*

**cordiality** [kɔːdɪ'ælɪtɪ] *n., no pl.* Herzlichkeit, *die*

**cordially** ['kɔːdɪəlɪ] *adv.* herzlich; **~ dislike sb.** eine tiefempfundene Abneigung gegenüber jmdm. haben; **~ yours** mit herzlichen Grüßen

**cordillera** [kɔːdɪ'ljeərə] *n. (Geog.)* Kettengebirge, *das*

**cordite** ['kɔːdaɪt] *n.* Kordit, *der*

**cordless** ['kɔːdlɪs] *adj.* **a)** *(without cord)* ohne Kordel *nachgestellt;* **b)** *(without flex)* ohne Kabel *nachgestellt*

**cordon** ['kɔːdn] **1.** *n.* **a)** *(line of police; also Mil.)* Kordon, *der;* **a ~ of policemen** ein Polizeikordon; *see also* **throw around b; b)** *(fruit-tree)* Schnurbaum, *der;* Kordon, *der.* **2.** *v. t.* **~ [off]** absperren; abriegeln

**cordon bleu** [kɔːdɔ̃ 'blɜː] *n.* Meisterkoch, *der*/-köchin, *die;* **~ cookery** feine Küche

**corduroy** ['kɔːdərɔɪ, 'kɔːdjʊrɔɪ] *n.* **a)** *(material)* Cordsamt, *der;* **b)** *in pl. (trousers)* Cordsamthose, *die*

**core** [kɔː(r)] **1.** *n.* **a)** *(of fruit)* Kerngehäuse, *das;* **b)** *(Geol.) (rock sample)* [Bohr]kern, *der; (of earth)* [Erd]kern, *der;* **c)** *(Electr.: of soft iron)* [Eisen]kern, *der;* **d)** *(fig.: innermost part)* **get to the ~ of the matter** zum Kern der Sache kommen; **rotten to the ~:** verdorben bis ins Mark; **English to the ~:** durch und durch englisch; **shake sb. to the ~:** jmdn. zutiefst erschüttern; **e)** *(Industry: internal mould)* Kern, *der;* **f)** *(Nucl. Engin.)* Core, *das;* Reaktorkern, *der;* **g)** *(Computing)* Magnetkern, *der;* **h)** *(of rope, electrical cable)* Seele, *die.* **2.** *v. t.* entkernen ⟨*Apfel, Birne*⟩

**corer** ['kɔːrə(r)] *n.* Entkerner, *der*

**co-respondent** [kəʊrɪ'spɒndənt] *n.* Mitbeklagte, *der/die (im Scheidungsprozeß)*

'**core time** *n.* Kernzeit, *die*

**Corfu** [kɔː'fuː] *pr. n.* Korfu *(das)*

**corgi** ['kɔːgɪ] *n.* **[Welsh] ~:** Welsh Corgi, *der*

**coriander** [kɒrɪ'ændə(r)] *n.* Koriander, *der*

**cori'ander seed** *n.* Koriander, *der*

**Corinth** ['kɒrɪnθ] *pr. n.* Korinth *(das)*

**cork** [kɔːk] **1.** *n.* **a)** *(bark)* Kork, *der;* **b)** *(bottle-stopper)* Korken, *der;* **c)** *(fishing-float)* Schwimmer, *der;* **d)** *attrib.* Kork-. **2.** *v. t.* zukorken; verkorken

**~ 'up** *v. t.* zukorken; verkorken; **~ up one's emotions** seine Gefühle unterdrücken

**corked** [kɔːkt] *adj.* **a)** *(stopped with cork)* verkorkt; **b)** *(impaired)* korkig ⟨*Wein*⟩

**corker** ['kɔːkə(r)] *n. (coll.) (thing)* **that joke was a real ~, that was a ~ of a joke** der Witz war echt Spitze *(ugs.); (person)* **she's/he's a real ~:** sie/er ist einsame Spitze *(ugs.)*

**corking** ['kɔːkɪŋ] *adj. (coll.) (large)* Riesen-; *(excellent)* klasse *(ugs.)*

**cork: ~screw 1.** *n. (bottle-opener)* Korkenzieher, *der; (spiral)* Spirale, *die;* **2.** *v. i.* ⟨*Flugzeug:*⟩ trudeln; **~'tile** *n.* Korkplatte, *die;* **~-tipped** *adj. (Brit.)* ⟨*Zigarette*⟩ mit Korkmundstück; **~wood** *n.* **a)** *(wood)* Korkholz, *das;* **b)** *(tree)* Korkholzbaum, *der*

**corky** ['kɔːkɪ] *adj.* korkig

**corm** [kɔːm] *n. (Bot.)* Knolle, *die*

**cormorant** ['kɔːmərənt] *n. (Ornith.)* Kormoran, *der*

[1]**corn** [kɔːn] *n.* **a)** *(cereal)* Getreide, *das; (esp. rye, wheat also)* Korn, *das;* **[sweet] ~** *(maize)* Mais, *der;* **~ on the cob** [gekochter/gerösteter] Maiskolben; **b)** *(seed)* Korn, *das*

[2]**corn** *n. (on foot)* Hühnerauge, *das;* **tread on sb.'s ~s** *(fig.)* jmdm. auf die Hühneraugen treten *(ugs.)*

**corn: ~-cob** *n.* Maiskolben, *der;* **~crake** ['kɔːnkreɪk] *n. (Ornith.)* Wachtelkönig, *der;* **~ dolly** *n.* Strohpuppe, *die*

**cornea** ['kɔːnɪə] *n. (Anat.)* Hornhaut, *die;* Cornea, *die (fachspr.)*

**corneal** ['kɔːnɪəl] *adj. (Anat.)* Korneal- *(fachspr.);* Hornhaut-

**corned beef** [kɔːnd 'biːf] *n.* Corned beef, *das*

**cornelian 'cherry** *n.* Kornelkirsche, *die*

**corner** ['kɔːnə(r)] **1.** *n.* **a)** Ecke, *die; (curve)* Kurve, *die;* **on the ~:** an der Ecke/in der Kurve; **at the ~:** an der Ecke; **~ of the street** Straßenecke, *die;* **sharp ~:** scharfe *od.* enge Kurve; **cut [off] a/the ~:** eine/die Kurve schneiden; **cut ~s** *(fig.)* auf die schnelle arbeiten *(ugs.);* **cut ~s with sth.** *(fig.)* bei etw. pfuschen *(ugs.);* **[sth. is] just [a]round the ~:** [etw. ist] gleich um die Ecke; **Christmas is just round the ~** *(fig. coll.)* Weihnachten steht vor der Tür; **turn the ~:** um die Ecke biegen; **he has turned the ~ now** *(fig.)* er ist jetzt über den Berg *(ugs.)*; **b)** *(hollow angle between walls)* Ecke, *die; (of mouth, eye)* Winkel, *der;* ~ **of the mouth/eye** Mund-/Augenwinkel, *der;* **drive sb. into a ~:** jmdn. in die Enge treiben; *see also* **paint 2 a; tight 1 i; c)** *(Boxing, Wrestling)* Ecke, *die;* **d)** *(secluded place)* Eckchen, *das;* Plätzchen, *das; (remote region)* Winkel, *der;* **from the four ~s of the earth** aus aller Welt; **e)** *(Hockey/Footb.)* Ecke, *die;* **score from a ~:** eine Ecke verwandeln; **take a ~:** eine Ecke schlagen/treten; **f)** *(Commerc.)* Corner, *der;* Schwänze, *die.* **2.** *v. t.* **a)** *(drive into ~)* in eine Ecke treiben; *(fig.)* in die Enge treiben; **have [got] sb. ~ed** jmdn. in der Falle haben; **b)** *(Commerc.)* ~ **the market in coffee** die Kaffeevorräte aufkaufen; den Kaffeemarkt aufschwänzen *(fachspr.)*. **3.** *v. i.* die Kurve nehmen; ~ **well/badly** eine gute/schlechte Kurvenlage haben; **when ~ing** beim Kurvenfahren

**corner: ~ cupboard** *n.* Eckschrank, *der;* ~ **flag** *n. (Sport)* Eckfahne, *die;* **~-hit** *n. (Hockey)* Eckball, *der;* Eckschlag, *der;* **score [a goal] from a ~-hit** einen Eckball verwandeln; **take a ~-hit** eine Ecke schlagen; **~-kick** *n. (Footb.)* Eckball, *der;* Eckstoß, *der;* **score from a ~-kick** einen Eckstoß verwandeln; **take a ~- kick** eine Ecke treten; ~ **seat** *n.* Ecksitz, *der;* ~ **shop** *n.* Tante-Emma-Laden, *der (ugs.)*; **~-stone** *n.* Eckstein, *der; (fig.)* Eckpfeiler, *der*

**cornet** ['kɔ:nɪt] *n.* **a)** *(Brit.: wafer)* [Eis]tüte, *die;* Eishörnchen, *das;* **b)** *(Mus.) (instrument)* Kornett, *das*

**corn: ~ exchange** *n.* Getreidebörse, *die;* **~field** *n.* Kornfeld, *das; (Amer.)* Maisfeld, *das;* **~flakes** *n. pl.* Corn-flakes *Pl.;* **~flour** *n.* **a)** *(Brit.: ground maize)* Maismehl, *das;* **b)** *(flour of rice etc.)* Stärkemehl, *das;* **~flower** *n.* Kornblume, *die*

**cornice** ['kɔ:nɪs] *n.* **a)** *(Archit.)* Kranzgesims, *das;* **b)** *(moulding)* Fries, *der (an der Wand unmittelbar unter der Decke)*; **c)** *(Mount.)* [Schnee]wächte, *die*

**Cornish** ['kɔ:nɪʃ] **1.** *adj.* kornisch. **2.** *n.* Kornisch, *das*

**Cornish: ~ 'cream** *see* **Devonshire cream;** ~ **pasty** [kɔ:nɪʃ 'pæstɪ] *n. mit Fleisch, Kartoffeln und Zwiebeln gefülltes Blätterteiggebäck*

**corn: ~ marigold** *n.* Saatwucherblume, *die;* **~starch** *n. (Amer.) see* **~flour a**

**cornucopia** [kɔ:njʊ'kəʊpɪə] *n.* Füllhorn, *das;* **a ~ of information** *(fig.)* Information in Hülle und Fülle

**corny** ['kɔ:nɪ] *adj. (coll.) (old-fashioned)* altmodisch ‹*Witz usw.*›; *(trite)* abgedroschen *(ugs.); (sentimental)* schmalzig *(abwertend)*

**corolla** [kə'rɒlə] *n. (Bot.)* Krone, *die;* Korolla, *die*

**corollary** [kə'rɒlərɪ] *n. (proposition)* Korollar[ium], *das (Logik); (inference)* Schluß, *der;* Folgerung, *die; (consequence)* [logische *od.* natürliche] Folge

**corona** [kə'rəʊnə] *n., pl.* **~e** [kə'rəʊni:] *or* **~s a)** *(circle of light round sun or moon)* Hof, *der; (gaseous envelope of sun)* Korona, *die;* **b)** *(Anat.)* Corona, *die*

**coronary** ['kɒrənərɪ] **1.** *adj. (Anat.)* koronar. **2.** *n. (Med.) see* **coronary thrombosis**

**coronary: ~ 'artery** *n. (Anat.)* Herzkranzarterie, *die;* Koronararterie, *die (fachspr.)*; ~ **throm'bosis** *n. (Med.)* Koronarthrombose, *die*

**coronation** [kɒrə'neɪʃn] *n.* Krönung, *die*

**coroner** ['kɒrənə(r)] *n.* Coroner, *der; Beamter, der gewaltsame od. unnatürliche Todesfälle untersucht*

**coronet** ['kɒrənet] *n.* Krone, *die*

**Corp.** *abbr.* **a)** *(Mil.)* **corporal** ≈ Uffz.; **b)** *(Amer.)* **corporation**

**corpora** *pl. of* **corpus**

**¹corporal** ['kɔ:pərl] *adj.* körperlich

**²corporal** *n. (Mil.)* Korporal, *der (hist.: österr.)*; ≈ Hauptgefreite, *der;* ≈ Stabsgefreite, *der (DDR)*

**corporate** ['kɔ:pərət] *adj.* **a)** *(forming corporation)* körperschaftlich; ~ **body, body ~:** Körperschaft, *die;* juristische Person; **b)** *(of corporation)* körperschaftlich; korporativ

**corporately** ['kɔ:pərətlɪ] *adv.* körperschaftlich; korporativ

**corporation** [kɔ:pə'reɪʃn] *n.* **a)** *(civic authority)* **[municipal] ~:** Gemeindeverwaltung, *die; (of borough, city)* Stadtverwaltung, *die;* **b)** *(united body)* Körperschaft, *die;* Korporation, *die; (artificial person)* juristische Person; ~ **tax** Körperschaftssteuer, *die;* **c)** *(coll.: belly)* Schmerbauch, *der (ugs.)*; Wampe, *die (ugs. abwertend)*

**corporative** ['kɔ:pərətɪv] *adj.* **a)** *(of civic authorities)* behördlich; *(of united body)* korporativ; *(of artificial body)* körperschaftlich; **b)** *(organized in corporations)* berufsständisch organisiert; korporativ ‹*Organisation*›; *(governed by corporations)* ~ **state** Ständestaat, *der*

**corporeal** [kɔ:'pɔ:rɪəl] *adj.* **a)** *(bodily)* körperlich; **b)** *(material)* materiell; stofflich

**corps** [kɔ:(r)] *n., pl. same* [kɔ:z] Korps, *das; see also* **diplomatic corps**

**corps: ~ de ballet** [kɔ: də 'bæleɪ] *n.* Corps de ballet, *das;* Ballettkorps, *das;* ~ **diplomatique** [kɔ: dɪpləmæ'ti:k] Corps diplomatique, *das;* diplomatisches Korps

**corpse** [kɔ:ps] *n.* Leiche, *die;* Leichnam, *der (geh.)*

**corpulence** ['kɔ:pjʊləns], **corpulency** ['kɔ:pjʊlənsɪ] *n.* Korpulenz, *die*

**corpulent** ['kɔ:pjʊlənt] *adj.* korpulent

**corpus** ['kɔ:pəs] *n., pl.* **corpora** ['kɔ:pərə] *(texts)* Sammlung, *die;* Korpus, *das*

**Corpus Christi** [kɔ:pəs 'krɪstɪ] *n. (Eccl.)* Fronleichnam *(der)*; Fronleichnamsfest, *das*

**corpuscle** ['kɔ:pəsl] *n.* **a)** *(Phys.)* Korpuskel, *das od. die;* **b)** *(Anat.)* Corpusculum, *das;* **[blood] ~s** Blutkörperchen

**corral** [kə'rɑ:l] **1.** *n.* **a)** *(Amer.: pen)* Pferch, *der;* **b)** *(Hist.: defensive enclosure)* Wagenburg, *die;* **c)** *(for wild animals)* Korral, *der.* **2.** *v. t.,* **-ll-: a)** *(Hist.: form into ~)* zu einer Wagenburg formieren; **b)** *(confine in ~)* einpferchen; **c)** *(Amer. coll.: acquire)* einsacken *(ugs.)*; mit Beschlag belegen ‹*Person*›

**correct** [kə'rekt] **1.** *v. t.* **a)** *(amend)* korrigieren; verbessern, korrigieren ‹*Fehler, Formulierung, jmds. Englisch/Deutsch*›; ~ **a few points** einige Punkte richtigstellen; **~ed for spelling mistakes** auf Rechtschreibfehler hin korrigiert; **these glasses should ~ your eyesight/vision** mit dieser Brille müßten Sie richtig sehen können; ~ **the focus** die Bildschärfe richtig einstellen; ~ **me if I'm wrong** ich könnte mich natürlich irren; **I stand ~ed** ich nehme das zurück; **b)** *(counteract)* ausgleichen ‹*etw. Schädliches*›; **c)** *(admonish)* zurechtweisen (**for** wegen); **d)** *(punish)* bestrafen; **e)** *(bring to standard)* korrigieren (**for** hinsichtlich); **f)** *(eliminate aberration from)* korrigieren *(Optik)*. **2.** *adj.* richtig; korrekt; *(precise)* korrekt; akkurat; **that is ~:** das stimmt; **have you the ~ time?** haben Sie die genaue Uhrzeit?; **is that clock ~?** geht die Uhr richtig?; **am I ~ in assuming that ...?** gehe ich recht in der Annahme, daß ...?; **the ~ thing for you to do is to speak to the manager** darüber sollten Sie mit dem Abteilungsleiter sprechen; **what is the ~ thing to do in such a situation?** was soll man in so einer Situation korrekterweise tun?; ~ **to five decimal places** auf fünf Dezimalstellen genau

**correcting fluid** [kə'rektɪŋ flu:ɪd] *n.* Korrekturflüssigkeit, *die*

**correction** [kə'rekʃn] *n.* **a)** *(correcting)* Korrektur, *die;* **I speak under ~:** ich sage das mit *od.* unter Vorbehalt; **I'm open to ~:** ich lasse mich korrigieren; **b)** *(corrected version)* **~s to the manuscript** Manuskriptkorrekturen; **the pupils had to write out** *or* **do their ~s** die Schüler mußten die Verbesserung *od.* Berichtigung schreiben; **c)** *(punishment)* Bestrafung, *die;* **house of ~** *(arch.)* Erziehungsheim, *das;* Besserungsanstalt, *die (veralt.)*

**corrective** [kə'rektɪv] *adj.* korrigierend; **take ~ action** korrigierend eingreifen

**correctly** [kə'rektlɪ] *adv.* richtig; korrekt; *(precisely)* korrekt; akkurat; **behave very ~:** sich sehr korrekt benehmen

**correctness** [kə'rektnɪs] *n., no pl. see* **correct 2:** Richtigkeit, *die;* Korrektheit, *die;* Akkuratesse, *die*

**corrector** [kə'rektə(r)] *n.* Korrektor, *der*/Korrektorin, *die*

**correlate** ['kɒrɪleɪt] **1.** *v. i.* einander entsprechen; ~ **with** *or* **to sth.** einer Sache *(Dat.)* entsprechen. **2.** *v. t.* ~ **sth. with sth.** etw. zu etw. in Beziehung setzen. **3.** *n.* Korrelat, *das*

**correlation** [kɒrɪ'leɪʃn] *n.* [Wechsel]beziehung, *die;* Korrelation, *die (bes. Math., Naturw.); (connection)* Zusammenhang, *der*

**correlative** [kə'relətɪv] *adj.* **a)** *(having correlation)* ~ **[with** *or* **to sth.]** [mit etw.] korrelierend; **be ~ with** *or* **to sth.** mit etw. korrelieren; **b)** *(Ling.)* korrelativ

**correspond** [kɒrɪ'spɒnd] *v. i.* **a)** *(be analogous, agree in amount)* ~ **[to each other]** einander entsprechen; ~ **to sth.** einer Sache *(Dat.)* entsprechen; **do the classes ~ in number?** sind die Klassen gleich stark?; **b)** *(agree in position)* ~ **[to sth.]** [mit etw.] übereinstimmen; *(be in harmony)* ~ **[with** *or* **to sth.]** [mit etw.] zusammenpassen *od. (geh.)* korrespondieren; **c)** *(communicate)* ~ **with sb.** mit jmdm. korrespondieren; **do you still ~ with your old school-friends?** hast du noch Briefkontakt mit deinen alten Schulfreunden?

**correspondence** [kɒrɪ'spɒndəns] *n.* **a)** Übereinstimmung (**with, to** mit, **between** zwischen); **the ~ of form with** *or* **to** *or* **and content** die Übereinstimmung von Form und Inhalt; **b)** *(communication, letters)* Briefwechsel, *der;* Korrespondenz, *die;* **be in ~ with sb.** mit jmdm. im Briefwechsel *od.* in Korrespondenz stehen

**correspondence: ~ college** *n.* Fernschule, *die;* ~ **column** *n.* Rubrik „Leserbriefe"; ~ **course** *n.* Fernkurs, *der;* ~ **school** *see* ~ **college**

**correspondent** [kɒrɪ'spɒndənt] *n.* **a)** Briefschreiber, *der*/-schreiberin, *die; (penfriend)* Brieffreund, *der*/-freundin, *die; (to newspaper)* Leserbriefschreiber, *der*/-schreiberin, *die;* **be a good/bad ~:** ein fleißiger/fauler Briefschreiber sein; **b)** *(Radio, Telev., Journ., etc.)* Berichterstatter, *der*/-erstatterin, *die;* Korrespondent, *der*/Korrespondentin, *die;* **c)** *(business ~)* Geschäftspartner, *der*/-partnerin, *die;* Korrespondent, *der*/Korrespondentin, *die (Kaufmannsspr.)*

**corresponding** [kɒrɪ'spɒndɪŋ] *adj.* **a)** entsprechend (**to** *Dat.*); **the number of calories ~ to the amount of energy** die Anzahl der Kalorien, die der Energiemenge entspricht; **b) ~ member** korrespondierendes Mitglied

**correspondingly** [kɒrɪ'spɒndɪŋlɪ] *adv.* entsprechend

**corrida** [kɒ'ri:də] *n.* Stierkampf, *der;* Corrida, *die*

**corridor** ['kɒrɪdɔ:(r)] *n.* **a)** *(inside passage)* Flur, *der;* Gang, *der;* Korridor, *der; (outside passage)* Galerie, *die;* **in the ~s of power** *(fig.)* in den politischen Schaltstellen; **b)** *(Railw.)* [Seiten]gang, *der*

**corridor: ~ coach** *n. (Railw.)* Durchgangswagen, *der;* ~ **train** *n.* Zug mit Durchgangswagen

**corrie** ['kɒrɪ] *n. (esp. Scot.)* Kar, *das (Geol.)*

**corrigenda** [kɒrɪ'dʒendə] *n. pl.* zu verbessernde Fehler; *(in book)* Korrigenda *Pl.*
**corroborate** [kə'rɒbəreɪt] *v. t.* bestätigen; bekräftigen ‹*Anspruch, Überzeugung*›; *(formally)* [offiziell] bestätigen
**corroboration** [kərɒbə'reɪʃn] *n. see* **corroborate:** Bestätigung, *die;* Bekräftigung, *die;* **in ~ of sth.** als *od.* zur Bestätigung *od.* Bekräftigung einer Sache *(Gen.)*
**corroborative** [kə'rɒbərətɪv] *adj.* bekräftigend; bestätigend ‹*Aussage*›; erhärtend ‹*Beweis*›
**corrode** [kə'rəʊd] **1.** *v. t.* zerfressen; korrodieren, zerfressen ‹*Metall, Gestein*›; *(fig.)* aushöhlen. **2.** *v. i.* zerfressen werden; ‹*Gestein, Metall:*› korrodieren, zerfressen werden; *(fig.)* ausgehöhlt werden
**corrosion** [kə'rəʊʒn] *n.* Zerfall, *der; (of metal, stone)* Korrosion, *die; (fig.)* Aushöhlung, *die*
**cor'rosion-resistant** *adj.* korrosionsbeständig
**corrosive** [kə'rəʊsɪv] **1.** *adj.* zerstörend; korrosiv *(bes. Chemie, Geol.);* ätzend ‹*Chemikalien*›; *(fig.)* zerstörerisch. **2.** *n.* Korrosion verursachender Stoff; *(fig.)* zerstörerische Kraft
**corrosiveness** [kə'rəʊsɪvnɪs] *n., no pl.* zerstörende Wirkung; *(of chemicals)* ätzende Wirkung; *(fig.)* zersetzende Wirkung
**corrugate** ['kɒrʊgeɪt] *v. t.* zerfurchen; *(bend into ridges)* wellen; **~d cardboard/paper** Wellpappe, *die;* **~d iron** Wellblech, *das*
**corrugation** [kɒrʊ'geɪʃn] *n.* **a)** Zerfurchung, *die;* **b)** *(wrinkle, ridge mark)* Furche, *die; (ridge made by bending)* Rille, *die*
**corrupt** [kə'rʌpt] **1.** *adj.* **a)** *(rotten)* verunreinigt; schlecht; verfault ‹*Körper*›; **b)** *(depraved)* verkommen; verdorben *(geh.); (influenced by bribery)* korrupt; **~ practices** Korruption, *die;* **c)** *(impure)* verdorben, korrumpiert ‹*Sprache*›; *(vitiated)* verfälscht ‹*Text, Buch*›. **2.** *v. t.* **a)** *(taint)* verderben; verschmutzen ‹*Luft, Wasser*›; *(fig.)* zerstören; **b)** *(deprave)* korrumpieren; *(bribe)* bestechen; **c)** *(destroy purity of)* verderben; korrumpieren; *(vitiate)* verfälschen
**corruption** [kə'rʌpʃn] *n.* **a)** *(decomposition)* Fäulnis, *die;* Verwesung, *die;* **b)** *(moral deterioration)* Verdorbenheit, *die (geh.);* **c)** *(use of corrupt practices)* Korruption, *die;* **d)** *(perversion)* Korrumpierung, *die;* Entstellung, *die; (vitiation)* Verfälschung, die
**corruptness** [kə'rʌptnɪs] *n., no pl. see* **corrupt 1:** Verunreinigung, *die;* Verfaultheit, *die;* Verkommenheit, *die;* Verdorbenheit, *die (geh.);* Korruptheit, *die;* Korrumpiertheit, *die;* Verfälschung, *die*
**corsage** [kɔ:'sɑ:ʒ] *n.* **a)** *(bodice)* Korsage, *die;* Mieder, *das;* **b)** *(bouquet)* [Ansteck]sträußchen, *das*
**corsair** ['kɔ:seə(r)] *n. (Hist.)* Korsar, *der*
**corselette** ['kɔ:sələt] *n.* Korselett, *das*
**corset** ['kɔ:sɪt] **1.** *n.* **a)** *in sing. or pl. (woman's undergarment)* Korsett, *das;* **b)** *(garment worn for injury etc.)* [Stütz]korsett, *das.* **2.** *v. refl.* sich schnüren. **3.** *v. t. (fig.)* einengen
**Corsica** ['kɔ:sɪkə] *pr. n.* Korsika *(das)*
**Corsican** ['kɔ:sɪkən] **1.** *adj.* korsisch; **sb. is ~:** jmd. ist Korse/Korsin. **2.** *n.* **a)** *(person)* Korse, *der*/Korsin, *die;* **b)** *(dialect)* Korsisch, *das*
**cortège** [kɔ:'teɪʒ] *n. (funeral procession)* Trauerzug, *der*
**cortex** ['kɔ:teks] *n., pl.* **cortices** ['kɔ:tɪsi:z] *(Bot., Anat., Zool.)* Rinde, *die;* Kortex, *der (fachspr.)*
**cortical** ['kɔ:tɪkl] *adj. (Bot., Anat., Zool.)* Rinden-; kortikal *(fachspr.)*
**cortisone** ['kɔ:tɪzəʊn] *n.* Kortison, *das (Med.);* Cortison, *das (fachspr.)*
**corundum** [kə'rʌndəm] *n.* Korund, *der*
**coruscate** ['kɒrəskeɪt] *v. i.* funkeln; [auf]blitzen; *(fig.)* glänzen; brillieren

**corvette** [kɔ:'vet] *n. (Naut.)* Korvette, *die*
**¹cos** [kɒs] *n.* Römischer Salat; Sommerendivie, *die*
**²cos, 'cos** [kɒz] *(coll.) see* **because**
**³cos** [kɒs, kɒz] *abbr. (Math.)* **cosine** cos
**cosecant** [kəʊ'si:kənt] *n. (Math.)* Kosekans, *der*
**cosh** [kɒʃ] *(Brit. coll.)* **1.** *n.* Totschläger, *der;* Knüppel, *der.* **2.** *v. t.* niederknüppeln
**co-signatory** [kəʊ'sɪgnətərɪ] **1.** *adj.* mitunterzeichnend. **2.** *n.* Mitunterzeichner, *der*/-unterzeichnerin, *die*
**cosily** ['kəʊzɪlɪ] *adv.* bequem; gemütlich, behaglich ‹*plaudern, wohnen*›
**cosine** ['kəʊsaɪn] *n. (Math.)* Kosinus, *der*
**cosiness** ['kəʊzɪnɪs] *n., no pl. see* **cosy 1 a:** Gemütlichkeit, *die;* Behaglichkeit, *die*
**cosmetic** [kɒz'metɪk] **1.** *adj. (lit. or fig.)* kosmetisch; **~ surgery** Schönheitschirurgie, *die.* **2.** *n.* Kosmetikum, *das*
**cosmetician** [kɒzme'tɪʃn] *n. (Amer.)* Kosmetiker, *der*/Kosmetikerin, *die*
**cosmic** ['kɒzmɪk] *adj. (lit. or fig.)* kosmisch; **~ radiation** *or* **rays** kosmische Strahlung; Höhenstrahlung, *die*
**cosmology** [kɒz'mɒlədʒɪ] *n. (Astron., Philos.)* Kosmologie, *die (fachspr.)*
**cosmonaut** ['kɒzmənɔ:t] *n.* Kosmonaut, *der*/Kosmonautin, *die*
**cosmopolitan** [kɒzmə'pɒlɪtən] **1.** *adj.* kosmopolitisch; weltbürgerlich. **2.** *n.* Kosmopolit, *der*/Kosmopolitin, *die (geh.);* Weltbürger, *der*/-bürgerin, *die*
**cosmos** ['kɒzmɒs] *n.* **a)** Kosmos, *der;* Weltall, *das;* **b)** *(fig.: system)* Kosmos, *der*
**Cossack** ['kɒsæk] *n.* Kosak, *der*/Kosakin, *die;* **~ hat** Kosakenmütze, *die;* **~ trousers** Stiefelhose, *die*
**cosset** ['kɒsɪt] *v. t.* [ver]hätscheln
**cost** [kɒst] **1.** *n.* **a)** Kosten *Pl.;* **the ~ of bread/gas/oil** der Brot-/Gas-/Ölpreis; **the ~ of heating a house** die Heizkosten für ein Haus; **the ~ of travelling by public transport** die Kosten für die Benutzung der öffentlichen Verkehrsmittel; **regardless of ~, whatever the ~:** ganz gleich, was es kostet; **bear the ~ of sth.** die Kosten für etw. tragen; **do sth. at great/little ~ to sb./sth.** etw. unter großer/geringer finanzieller Belastung für jmdn./etw. tun; **[sell sth.] at ~:** [etw.] zum Selbstkostenpreis [verkaufen]; **b)** *(fig.)* Preis, *der;* **at all ~s, at any ~:** um jeden Preis; **at the ~ of sth.** auf Kosten einer Sache *(Gen.);* **at great ~ in human lives** um den Preis vieler Menschenleben; **whatever the ~:** koste es, was es wolle; **to my/his** *etc.* **~:** zu meinem/seinem *usw.* Nachteil; **as I know to my ~:** wie ich aus bitterer Erfahrung weiß; *see also* **¹count 2 a; c)** *in pl. (Law)* [Gerichts]kosten *Pl.;* **which party was ordered to pay ~s?** welche Seite hatte die [Gerichts]kosten zu tragen? **in the case A v. B, A was awarded ~s** in der Sache A gegen B wurden A die Kosten erstattet. **2.** *v. t.* **a)** *p. t., p. p.* **cost** *(lit. or fig.)* kosten; **how much does it ~?** was kostet es?; **~ money** Geld kosten; **~ what it may, whatever it may ~:** koste es, was es wolle; **~ sb. sth.** jmdn. etw. kosten; **it'll ~ you** *(coll.)* das wird ein teures Vergnügen; **~ sb. dear[ly]** jmdm. *od.* jmdn. teuer zu stehen kommen; *see also* **¹arm a; earth 1 f; b)** *p. t., p. p.* **~ed** *(Commerc.: fix price of)* **~ sth.** den Preis für etw. kalkulieren
**cost: ~ accountant** *n. (Commerc.)* Betriebskalkulator, *der;* **~ accounting** *n. (Commerc.)* Betriebskostenrechnung, *die*
**co-star** ['kəʊstɑ:(r)] *(Cinemat., Theatre)* **1.** *n.* **be a/the ~:** eine der Hauptrollen/die zweite Hauptrolle spielen; **Bogart and Bacall were ~s** Bogart und Bacall spielten die Hauptrollen. **2.** *v. i.*, **-rr-** eine der Hauptrollen spielen. **3.** *v. t.*, **-rr-: the film ~red Robert Redford** der Film zeigte Robert Redford in einer der Hauptrollen

**Costa Rican** [kɒstə 'ri:kən] **1.** *adj.* costaricanisch. **2.** *n.* Costaricaner, *der*/Costaricanerin, *die*
**cost: ~-'benefit** *adj.* Kosten-Nutzen-; **~-effective** *adj.* rentabel
**coster[monger]** ['kɒstə(mʌŋgə(r))] *n. (Brit.)* Straßenhändler, *der*/-händlerin, *die*
**costing** ['kɒstɪŋ] *n.* **a)** *(estimation of costs)* Kostenberechnung, *die;* **b)** *(costs)* Kosten *Pl.*
**costly** ['kɒstlɪ, 'kɔ:stlɪ] *adj.* **a)** teuer; kostspielig; **b)** *(fig.)* **a ~ victory** ein teuer erkaufter Sieg; **a ~ error** ein folgenschwerer Irrtum
**cost: ~ of 'living** *n.* Lebenshaltungskosten *Pl;* **~-of-living allowance** Ausgleichszulage, *die;* **~-of-living bonus** Teuerungszulage, *die;* **~-of-living index** Lebenshaltungsindex, *der;* **~ price** *n.* Selbstkostenpreis, *der*
**costume** ['kɒstju:m] **1.** *n.* **a)** Kleidermode, *die; (theatrical ~)* Kostüm, *das;* **the ~ of the nation** die Nationaltracht; **historical ~s** historische Kostüme; **Highland ~:** schottische Tracht; **b)** *(dated: jacket and skirt)* Kostüm, *das.* **2.** *v. t.* ausstatten
**costume: ~ ball** *n.* Kostümfest, *das;* Kostümball, *der;* **~ designer** *n.* Kostümbildner, *der*/-bildnerin, *die;* **~ 'jewellery** *n.* Modeschmuck, *der;* **~ piece, ~ play** *ns.* Kostümstück, *das*
**costumer** ['kɒstjʊmə(r)], **costumier** [kɒ'stju:mɪə(r)] *ns.* Kostümschneider, *der*/-schneiderin, *die; (hirer of costumes)* Kostümverleiher, *der*/-verleiherin, *die*
**cosy** ['kəʊzɪ] **1.** *adj.* **a)** gemütlich; behaglich ‹*Atmosphäre*›; bequem ‹*Sessel*›; **feel ~:** sich wohl *od.* behaglich fühlen; **be ~:** es gemütlich haben; **a ~ feeling** ein Gefühl der Behaglichkeit; **b)** *(derog.: complacent, convenient)* bequem; **they have a very ~ relationship** sie passen zueinander wie ein altes Paar Filzpantoffeln. **2.** *n. see* **egg-cosy; teacosy**
**~ a'long** *v. t. (coll.)* beruhigen
**~ 'up to** *v. i. (Amer. coll.)* **~ up to the fireplace** es sich *(Dat.)* am Kamin gemütlich machen; **~ up to sb.** mit jmdm. vertraulich werden; *(ingratiate oneself with sb.)* sich bei jmdm. einschmeicheln
**cot** [kɒt] *n. (Brit.: child's bed)* Kinderbett, *das;* **the baby cried in his ~:** das Baby schrie in seinem Bettchen
**cotangent** [kəʊ'tændʒənt] *n. (Math.)* Kotangens, *der*
**'cot-death** *n. (Brit.)* plötzlicher Kindstod; Cot-death, *der (Med.)*
**cote** [kəʊt] *n.* Stall, *der; see also* **dove-cote**
**coterie** ['kəʊtərɪ] *n.* Zirkel, *der;* **artistic ~:** Künstlerkreis, *der*
**cotoneaster** [kətəʊnɪ'æstə(r)] *n. (Bot.)* Zwergmispel, *die*
**cottage** ['kɒtɪdʒ] *n.* Cottage, *das;* Häuschen, *das*
**cottage: ~ 'cheese** *n.* Hüttenkäse, *der;* **~ 'hospital** *n. kleines [Land]krankenhaus ohne ständige ärztliche Betreuung;* **~ industry** *n.* Heimarbeit, *die;* **~ loaf** *n. eine Art rundes Weißbrot;* **~ 'pie** *n. mit Kartoffelbrei überbackenes Hackfleisch*
**cottager** ['kɒtɪdʒə(r)] *n.* Cottagebewohner, *der*/-bewohnerin, *die*
**cotter** ['kɒtə(r)] *n.* **~[-pin]** Splint, *der*
**cotton** ['kɒtn] **1.** *n. (substance, plant)* Baumwolle, *die; (thread)* Baumwollgarn, *das; (cloth)* Baumwollstoff, *der.* **2.** *attrib. adj.* Baumwoll-. **3.** *v. i.* **~ 'on** *(coll.)* kapieren *(ugs.);* **~ 'on to** *(coll.) (catch on to)* spitzkriegen *(ugs.); (understand)* kapieren *(ugs.);* **~ to sb.** *(Amer.)* sich mit jmdm. anfreunden
**cotton: ~ belt** *n. (Geog.)* Baumwollgürtel, *der;* **~ candy** *n. (Amer.)* Zuckerwatte, *die;* **~-gin** *n. (machine)* Egreniermaschine, *die (fachspr.);* **~-mill** *n.* Baumwollspinnerei, *die;* **~-picking** *adj. (Amer. sl.)* ver-

dammt; verflucht; ~ **plant** *n.* Baumwollpflanze, *die;* ~ '**print** *n.* bedruckter Baumwollstoff; ~-**reel** *n.* [Näh]garnrolle, *die;* ~-**spinner** *n.* Baumwollspinner, *der/*-spinnerin, *die;* ~-**spinning** *n.* Baumwollspinnerei, *die;* ~**tail** *n. (Amer. Zool.)* Waldkaninchen, *das;* Baumwollschwanzkaninchen, *das;* ~ '**waste** *n.* Putzwolle, *die;* ~ '**wool** *n.* **a)** Watte, *die;* ~-**wool ball** Wattebausch, *der;* **wrap sb. up** *or* **keep sb. in** ~ **wool** *(fig.)* jmdn. in Watte packen; **b)** *(Amer.: raw cotton)* Rohbaumwolle, *die*

**cottony** ['kɒtənɪ] *adj.* baumwollartig ⟨*Substanz*⟩; flaumig, behaart ⟨*Blatt*⟩

**cotyledon** [kɒtɪ'li:dən] *n. (Bot.)* Keimblatt, *das*

$^{1}$**couch** [kaʊtʃ] **1.** *n.* **a)** *(sofa)* Couch, *die;* **b) doctor's** ~: [Untersuchungs]liege, *die;* **psychiatrist's** ~: Couch [des Psychiaters]; **c)** *(arch./literary: bed)* Lager, *das.* **2.** *v. t.* formulieren; ~**ed in modest terms** in bescheidener Sprache abgefaßt

$^{2}$**couch** [ku:tʃ, kaʊtʃ] *n.* ~[-**grass**] *(Bot.)* Quecke, *die*

**couchette** [ku:'ʃet] *n. (Railw.)* Liegewagen, *der; (berth)* Liegesitz, *der*

**cougar** ['ku:gə(r)] *n. (Amer. Zool.)* Puma, *der*

**cough** [kɒf] **1.** *n. (act of coughing, condition)* Husten, *der;* **give a** ~: husten; **have a [bad]** ~: [einen schlimmen] Husten haben. **2.** *v. i.* **a)** husten; **b)** ⟨*Motor:*⟩ stottern; ⟨*Gewehr usw.:*⟩ knattern. **3.** *v. t.* ~ **out** [her]aushusten; *(say with cough)* husten; ~ **up** [her]aushusten; *(sl.: pay)* ausspucken *(ugs.);* **come on,** ~ **up!** na los, spuck's aus!

'**cough-drop** *see* **cough sweet**

**coughing** ['kɒfɪŋ] *n.* Husten, *das;* Gehuste, *das;* **there was a lot of** ~: es wurde ständig gehustet; **a bout of** ~: ein Hustenanfall

**cough:** ~ **medicine** *n.* Hustenmittel, *das;* ~ **mixture** *n.* Hustensaft, *der;* ~ **sweet** *n.* Hustenbonbon, *das od. der*

**could** *see* $^{2}$**can**

**couldn't** ['kʊdnt] *(coll.)* = **could not;** *see* $^{2}$**can**

**coulomb** ['ku:lɒm] *n. (Electr.)* Coulomb, *das;* Amperesekunde, *die*

**council** ['kaʊnsl] *n.* **a)** Ratsversammlung, *die;* **family** ~: Familienrat, *der;* **b)** *(administrative/advisory body)* Rat, *der;* **local** ~: Gemeinderat, *der;* **city/town** ~: Stadtrat, *der;* **c)** *(Eccl.)* Konzil, *das;* **diocesan** ~: Diözesanrat, *der*

**council:** ~-**chamber** *n.* Sitzungssaal [des Rats]; ~ **estate** *n.* Wohnviertel mit Sozialwohnungen; ~ **flat** *n.* Sozialwohnung, *die;* ~ **house** *n.* Haus des sozialen Wohnungsbaus; ~ **housing** *n.* sozialer Wohnungsbau

**councillor** ['kaʊnsələ(r)] *n.* Ratsmitglied, *das;* **town** ~: Stadtrat, *der/*-rätin, *die*

**council:** ~ **man** ['kaʊnslmən] *n., pl.* ~**men** ['kaʊnslmən] [Gemeinde-/Stadt]ratsmitglied, *das (bes. in London und in den USA);* ~ **meeting** *n.* Ratssitzung, *die;* ~ **of** '**war** *n. (lit. or fig.)* Kriegsrat, *der;* ~ **school** *(Brit. dated) see* **State school**

**counsel** ['kaʊnsl] **1.** *n.* **a)** *(consultation)* Beratung, *die;* **take/hold** ~ **with sb. [about sth.]** sich mit jmdm. [über etw. *(Akk.)*] beraten; **b)** Rat[schlag], *der;* ~ **of perfection** Vollkommenheitsforderung, *die (Rel.); (fig.)* ideale Forderung; **keep one's own** ~: seine Meinung für sich behalten; **c)** *pl. same (Law)* Rechtsanwalt, *der/*-anwältin, *die;* ~ **for the defence** Verteidiger, *der/*Verteidigerin, *die;* ~ **for the prosecution** Anklagevertreter, *der/*-vertreterin, *die;* Staatsanwalt, *der/*-anwältin, *die;* **Queen's/King's C**~: Anwalt/Anwältin der Krone; Kronanwalt, *der/*-anwältin, *die.* **2.** *v. t., (Brit.)* **-ll- a)** *(advise)* beraten; ~ **sb. to do sth.** jmdm. raten *od.* den Rat geben, etw. zu tun; **b)** *(suggest)* ~ **forbearance** *etc.* zur Nachsicht *usw.* raten

**counselling** *(Amer.:* **counseling)** ['kaʊnsəlɪŋ] *n.* Beratung, *die;* **marriage** ~: Eheberatung, *die*

**counsellor,** *(Amer.)* **counselor** ['kaʊnsələ(r)] *n.* **a)** Berater, *der/*Beraterin, *die;* **marriage-guidance** ~: Eheberater, *der/*-beraterin, *die;* **[student]** ~: Studienberater, *der/*-beraterin, *die;* **b)** *(Diplom.)* Botschaftsrat, *der/*-rätin, *die;* **c)** *(Law)* ~ **[-at-law]** *(Amer.: barrister)* Rechtsanwalt, *der/*-anwältin, *die;* **d)** *(Brit.)* **C**~ **of State** Stellvertreter des Königs/der Königin

$^{1}$**count** [kaʊnt] **1.** *n.* **a)** Zählen, *das;* Zählung, *die ;* **keep** ~ **[of sth.]** [etw.] zählen; **I'm going to keep** ~ **of the number of times he says 'incredible'** ich werde mitzählen, wie oft er „unglaublich" sagt; **lose** ~: beim Zählen durcheinandergeraten; **lose** ~ **of sth.** etw. gar nicht mehr zählen können; **have/take/make a** ~: zählen; **on the** ~ **of three** bei „drei"; **b)** *(sum total)* Ergebnis, *das;* **c)** *(Law)* Anklagepunkt, *der;* **on all** ~**s** in allen [Anklage]punkten; **on that** ~ *(fig.)* in diesem Punkt; **d)** *(Boxing)* Auszählen, *das;* **be out for the** ~: ausgezählt werden; *(fig.)* hinüber sein *(ugs.);* **e)** *(Phys.) (event)* Impuls, *der; (total number)* Impulszahl, *die.* **2.** *v. t.* **a)** zählen; ~ **ten** bis zehn zählen; ~ **the votes** die Stimmen [aus]zählen; ~ **again** nachzählen; ~ **the pennies** *(fig.)* jeden Pfennig umdrehen; sparsam sein; ~ **the cost** *(usu. fig.)* unter den Folgen zu leiden haben; **b)** *(include)* mitzählen; **be** ~**ed against sb.** gegen jmdn. sprechen; **not** ~**ing** abgesehen von; **c)** *(consider)* halten für; ~ **oneself lucky** sich glücklich schätzen können; ~ **sb. as one of us/a friend** jmdn. als einen von uns/als Freund betrachten; **I** ~ **him [as] one of the family** er gehört für mich zur Familie; ~ **sb. among one's friends/clients** jmdn. zu seinen Freunden/Kunden zählen. **3.** *v. i.* **a)** zählen; ~ **from one to ten** von eins bis zehn zählen; ~ **[up] to ten** bis zehn zählen; **b)** *(be included)* zählen; **every moment** ~**s** jede Sekunde zählt; ~ **against sb.** gegen jmdn. sprechen; **money** ~**s/looks** ~: Geld/Aussehen ist wichtig; **money is what** ~**s** Geld ist das, was zählt; ~ **for much/little** viel/wenig zählen; **appearances** ~ **for a great deal** *or* **a lot** der äußere Schein macht viel aus; **c)** *(conduct a reckoning)* zählen; ~**ing from now** von jetzt an [gerechnet]; ab jetzt

~ '**down 1.** *v. i.* rückwärts zählen. **2.** *v. t.* ~ **sth. down** den *od.* das Countdown für etw. durchführen. *See also* **count-down**

~ '**in** *v. t.* mitrechnen; ~ **sb. in on a venture** jmdn. bei einem Unternehmen einplanen; **shall I** ~ **you in?** machst/kommst du mit? **you can** ~ **me in** ich bin dabei

~ **on** *v. t.* ~ **on sb./sth.** sich auf jmdn./etw. verlassen; **you mustn't** ~ **on winning first prize** du darfst nicht damit rechnen, den ersten Preis zu gewinnen

~ '**out** *v. t.* **a)** *(one by one)* abzählen; **b)** *(exclude)* **[you can]** ~ **me out** ich komme/mache nicht mit; **c)** *(Boxing)* auszählen; **d)** *(Brit. Parl.)* ~ **the House out** die Sitzung wegen Beschlußunfähigkeit vertagen

~ '**up** *v. t.* zusammenzählen; zusammenrechnen

~ **upon** *see* ~ **on**

$^{2}$**count** *n. (nobleman)* Graf, *der*

**countable** ['kaʊntəbl] *adj. (also Ling.)* zählbar

'**countdown** *n.* Countdown, *der od. das*

**countenance** ['kaʊntɪnəns] **1.** *n.* **a)** *(literary: face)* Antlitz, *das (dichter.);* **b)** *(formal: expression)* Gesichtsausdruck, *der;* **change** ~: den Gesichtsausdruck verändern; **keep** ~: keine Miene verziehen; **c)** *(dated/formal: composure)* Haltung, *die;* **keep sb. in** ~ *(arch.)* jmdn. ermuntern *od.* aufrichten; **keep one's** ~: Haltung *od.* die Fassung bewahren; **lose** ~: die Fassung verlieren; **put sb. out of** ~: jmdn. aus der Fassung bringen; **d)** *(dated/formal: moral support)* Ermutigung, *die;* [moralische] Unterstützung, *die;* **give** ~ **to sb./sth.** jmdn./etw. unterstützen. **2.** *v. t. (formal) (approve)* billigen; gutheißen; *(support)* unterstützen

$^{1}$**counter** ['kaʊntə(r)] *n.* **a)** *(in shop)* Ladentisch, *der; (in cafeteria, restaurant, train)* Büfett, *das; (in post office, bank)* Schalter, *der;* ~ **clerk** Schalterbeamte, *der/*-beamtin, *die;* **these medicines/weapons can be bought over the** ~: diese Arzneimittel kann man ohne Rezept kaufen/diese Waffen kann man ohne Waffenschein kaufen; **[buy/sell sth.] under the** ~ *(fig.)* [etwas] unter dem Ladentisch [kaufen/verkaufen]; **b)** *(small disc for games)* Spielmarke, *die; (token representing coin)* Jeton, *der;* **c)** *(apparatus for counting)* Zähler, *der*

$^{2}$**counter 1.** *adj.* entgegengesetzt; Gegen-/gegen-. **2.** *v. t.* **a)** *(oppose, contradict)* begegnen (+ *Dat.*); **b)** *(meet by* ~*move)* kontern; zurückschlagen. **3.** *v. i.* **a)** *(make* ~*move)* antworten; kontern; **b)** *(Boxing)* kontern. **4.** *adv. (in the opposite direction)* in entgegengesetzter Richtung; **go/run** ~: in die falsche Richtung gehen/laufen; **b)** *(contrary)* **act** ~ **to** zuwiderhandeln (+ *Dat.*); **go** ~ **to** zuwiderlaufen (+ *Dat.*); **run** ~ **to** im Widerspruch stehen zu. **5.** *n.* **a)** *(Boxing)* Konter, *der;* **b)** *(*~*move)* Antwort, *die* (**to** auf + *Akk.*)

$^{3}$**counter** *n. (Naut.)* Gilling, *die*

**counter:** ~'**act** *v. t.* entgegenwirken (+ *Dat.*); ~'**action** *n.* Gegenwirkung, *die;* ~-**attack** *(lit. or fig.)* **1.** *n.* Gegenangriff, *der;* **2.** *v. t.* ~-**attack sb.** gegen jmdn. einen Gegenangriff richten; **3.** *v. i.* zurückschlagen; ~-**attraction** *n.* **a)** *(rival)* Konkurrenz, *die;* **b)** *(of contrary tendency)* entgegengesetzte Anziehungskraft; ~**balance 1.** *v. t.* ein Gegengewicht bilden zu; *(fig.: neutralize)* ausgleichen; **2.** *n. (lit. or fig.)* Gegengewicht, *das;* ~**blast** *n.* Gegenschlag, *der;* ~**charge** *n.* Gegenbeschuldigung, *die;* Gegenklage, *die (Rechtsspr.);* ~**check** *n.* **a)** *(double check)* Gegenkontrolle, *die;* **b)** *(check that opposes a thing)* Gegenkraft, *die;* ~-**claim** *(Law)* **1.** *n.* Gegenforderung, *die;* **2.** *v. t.* eine Gegenforderung erheben auf (+ *Akk.*); ~-'**clockwise** *see* **anticlockwise;** ~-'**espionage** *n.* Spionageabwehr, *die;* Gegenspionage, *die*

**counterfeit** ['kaʊntəfɪt, 'kaʊntəfi:t] **1.** *adj.* falsch, unecht ⟨*Schmuck*⟩; falsch, gefälscht ⟨*Unterschrift, Münze, Banknote*⟩; *(fig. literary)* vorgetäuscht ⟨*Emotionen*⟩; ~ **money** Falschgeld, *das.* **2.** *v. t.* **a)** *(forge)* fälschen; **b)** *(fig.: simulate)* vortäuschen

**counterfeiter** ['kaʊntəfɪtə(r)] *n. (forger)* Fälscher, *der/*Fälscherin, *die*

**counter:** ~**foil** *n.* Kontrollabschnitt, *der;* ~-**intelligence** *n. see* ~-**espionage;** ~-'**irritant** *n. (Med.)* Hautreizmittel, *das*

**countermand** [kaʊntə'mɑ:nd] *v. t.* **a)** *(revoke)* widerrufen; **b)** *(cancel order for)* abstellen ⟨*Waren*⟩; ~ **an action/payment** die Anweisung für eine Handlung/Zahlung zurücknehmen; **c)** *(recall)* zurückrufen

**counter:** ~**measure** *n.* Gegenmaßnahme, *die;* ~**move** *n.* Gegenzug, *der;* ~-**offensive** *n. (Mil.)* Gegenoffensive, *die;* ~-**offer** *n.* Gegenangebot, *das*

**counterpane** ['kaʊntəpeɪn] *n. (dated)* Tagesdecke, *die*

**counter:** ~**part** *n.* Gegenstück, *das* (**of** zu); Pendant, *das (geh.)* (**of** zu); ~**point** *n. (Mus.)* Kontrapunkt, *der;* ~**poise** *n.* Gegengewicht, *das;* ~-**pro'ductive** *adj.* das Gegenteil des Gewünschten bewirkend; **sth. is** ~-**productive** etw. bewirkt das Gegenteil des Gewünschten; ~-**proposal** *n.* Gegenvorschlag, *der;* **C**~-**Reformation** *n. (Hist.)* Gegenreformation, *die;* ~-**revolution** *n.* Gegenrevolution, *die;*

Konterrevolution, *die (bes. marx.)*; **~-revolutionary 1.** *adj.* gegenrevolutionär; konterrevolutionär *(bes. marx.)*; **2.** *n.* Konterrevolutionär, *der*/-revolutionärin, *die*; **~shaft** *n. (Mech. Engin.)* Transmissionswelle, *die; (Amer.: layshaft)* Vorgelegewelle, *die*; **~sign 1.** *v. t.* **a)** *(add signature to)* gegenzeichnen; **b)** *(ratify)* bestätigen; **2.** *n. (Mil.: password)* Parole, *die*; **~'signature** *n.* Gegenunterschrift, *die*; **~sink** *v. t.*, **~sunk** ['kaʊntəsʌŋk] *(Woodw., Metalw.)* **a)** *(bevel off)* senken ⟨*Loch*⟩; **b)** *(sink)* versenken ⟨*Schraube*⟩; **~stroke** *n.* Gegenschlag, *der*; **~-'tenor** *n. (Mus.)* Contratenor, *der*; **~weight** *n.* Gegengewicht, *das*

**countess** ['kaʊntɪs] *n.* Gräfin, *die*

**counting-house** ['kaʊntɪŋhaʊs] *n. (dated)* Kontor, *das (veralt.)*

**countless** ['kaʊntlɪs] *adj.* zahllos; **~ numbers of** eine zahllose Menge von

**countrified** ['kʌntrɪfaɪd] *adj.* ländlich

**country** ['kʌntrɪ] *n.* **a)** Land, *das; (fatherland)* Heimat, *die*; **sb.'s [home] ~:** jmds. Heimat; **fight/die for one's ~:** für sein [Vater]land kämpfen/sterben; **farming ~:** Ackerland, *das*; **this is excellent bird-watching ~:** das ist eine Gegend, in der man hervorragend Vögel beobachten kann; **densely wooded ~:** dicht bewaldetes Gebiet; **this is unknown ~ to me** *(fig.)* das ist Neuland *od.* unbekanntes Gelände für mich; **[the] Hardy ~:** das Land Hardys; **b)** *(rural district)* Land, *das; (countryside)* Landschaft, *die*; **~ road/air** Landstraße, *die*/Landluft, *die*; **~ inn** [ländlicher] Gasthof; **[be/live** *etc.***] in the ~:** auf dem Land [sein/leben *usw.*]; **to the ~:** aufs Land; **[go/travel** *etc.***] across ~:** über Land [fahren/reisen *usw.*]; **up ~:** *(Richtung)* ins Landesinnere; *(Lage)* im Landesinneren; **in the ~** *(Cricket sl.)* weit draußen; **c)** *(Brit.: population)* Volk, *das*; **appeal** *or* **go to the ~:** den Wähler entscheiden lassen

**country: ~-and-'western** *adj.* Country-und-Western-; **~ club** *n.* Country Club, *der*; **~ 'cousin** *n.* Landei, *das (ugs. abwertend); (woman also)* Landpomeranze, *die (ugs. abwertend)*; **~ 'dance** *n.* Kontertanz, *der*; **~ 'dancing** *n.* Kontertanz, *der*

**countryfied** *see* **countrified**

**country: ~ folk** *n.* Landbewohner *Pl.*; **~ 'gentleman** *n.* Landbesitzer, *der*; **~ 'house** *n.* Landhaus, *das*; **~ life** *n.* Landleben, *das*; **~man** ['kʌntrɪmən] *n., pl.* **~men** ['kʌntrɪmən] **a)** *(national)* Landsmann, *der*; **[my/her** *etc.***] fellow ~man** [mein/ihr *usw.*] Landsmann; **b)** *(rural)* Landbewohner, *der*; **~ music** *n.* Country-music, *die*; **~ people** *n. pl.* Landbewohner *Pl.*; **~ 'seat** *n.* Landsitz, *der*; **~side** *n.* **a)** *(rural areas)* Land, *das*; **the preservation of the ~side** die Erhaltung der Landschaft; **b)** *(rural scenery)* Landschaft, *die*; **~-wide** *adj.* landesweit; **~woman** *n.* **a)** *(national)* Landsmännin, *die*; **my fellow ~woman** meine Landsmännin; **b)** *(rural)* Landbewohnerin, *die*

**county** ['kaʊntɪ] **1.** *n.* **a)** *(Brit.)* Grafschaft, *die; (Amer., Commonwealth)* Verwaltungsbezirk, *der*; **b)** *(Brit.: gentry)* Gentry [der/einer Grafschaft]. **2.** *adj. (Brit.) den Lebensstil reicher Grundbesitzer pflegend*; ≈ junkerhaft

**county: ~ 'borough** *n. (Hist./Ir.) Stadt mit dem Status einer Grafschaft*; **~ 'council** *n.* Grafschaftsrat, *der*; **~ 'court** *n. (Law) (Brit.)* Grafschaftsgericht, *das; (Amer.) Zivil- und Strafgericht*; **~ 'cricket** *n. (Brit.) Kricketspiele zwischen Grafschaftsauswahlen*; **~ family** *n. alteingesessene [Adels]familie*; **~ school** *n. von der Grafschaft bezuschußte öffentliche Schule*; **~ 'seat** *n. (Amer.)* ≈ Bezirksstadt, *die*; **~ 'town** *n. (Brit.) Verwaltungssitz einer Grafschaft*

**coup** [ku:] *n.* **a)** Coup, *der*; **pull off** *(coll.) or* **make a ~:** einen Coup landen *(ugs.)*; **b)** *see* **coup d'état**

**coup: ~ de grâce** [ku: də 'grɑ:s] *n.* Todesstoß, *der*; **~ d'état** [ku: deɪ'tɑ:] *n.* Staatsstreich, *der*; **~ de théâtre** [ku: də teɪ'ɑ:tr] *n.* Theatercoup, *der*

**coupé** ['ku:peɪ] *(Amer.:* **coupe** [ku:p]) *n. (car)* Coupé, *das*

**couple** [kʌpl] **1.** *n.* **a)** *(pair)* Paar, *das; (married)* [Ehe]paar, *das; (dancing)* [Tanz]paar, *das*; **in ~s** paarweise; **b) a ~ [of]** *(a few)* ein paar; *(two)* zwei; **a ~ of people/things/days/weeks** *etc.* ein paar/zwei Leute/Dinge/Tage/Wochen *usw.*; **a ~ of times** ein paarmal/zweimal; **c)** *(Mech.)* Kräftepaar, *das.* **2.** *v. t.* **a)** *(associate)* verbinden; **be ~d with sth.** mit etw. verbunden sein; **b)** *(fasten together)* koppeln. **3.** *v. i.* sich paaren

**~ 'on** *v. t.* ankoppeln

**~ to'gether** *v. t.* ankoppeln; *(fig.)* miteinander in Verbindung bringen

**~ 'up** *v. t.* ankoppeln

**coupler** ['kʌplə(r)] *n. (Mus.)* Koppel, *die*

**couplet** ['kʌplɪt] *n. (Pros.)* Verspaar, *das; (rhyming)* Reimpaar, *das*

**coupling** ['kʌplɪŋ] *n.* **a)** *(Railw., Mech. Engin.)* Kupplung, *die*; **b)** *(arrangement on gramophone record)* Zusammenstellung, *die; (recording on reverse side)* B-Seite, *die*

**coupon** ['ku:pɒn] *n. (detachable ticket)* Abschnitt, *der; (for rationed goods)* Marke, *die; (in advertisement)* Gutschein, *der*; Coupon, *der; (entry-form for football pool etc.)* Tippschein, *der; (voucher)* Gutschein, *der*

**courage** ['kʌrɪdʒ] *n.* Mut, *der*; **have/lack the ~ to do sth.** den Mut haben/nicht den Mut haben, etw. zu tun; **take one's ~ in both hands** sein Herz in beide Hände nehmen; **sb. takes ~ from sth.** etw. macht jmdm. Mut; **take ~!** nur Mut!; **lose ~:** den Mut verlieren; **have the ~ of one's convictions** zu seiner Überzeugung stehen

**courageous** [kə'reɪdʒəs] *adj.* mutig

**courageously** [kə'reɪdʒəslɪ] *adv.* mutig

**courageousness** [kə'reɪdʒəsnɪs] *n., no pl.* Mut, *der*

**courgette** [kʊə'ʒet] *n. (Brit.)* Zucchino, *der*

**courier** ['kʊrɪə(r)] *n.* **a)** *(Tourism)* Reiseleiter, *der*/-leiterin, *die*; **b)** *(messenger)* Kurier, *der*

**course** [kɔ:s] **1.** *n.* **a)** *(of ship, plane)* Kurs, *der*; **change [one's] ~** *(lit. or fig.)* den Kurs wechseln; **~ [of action]** Vorgehensweise, *die*; **what are our possible ~s of action?** welche Möglichkeiten haben wir?; **the most sensible ~ would be to ...:** das Vernünftigste wäre, zu ...; **in the ordinary ~ of things** *or* **events** unter normalen Umständen; **the ~ of nature/history** der Lauf der Dinge/Geschichte; **run** *or* **take its ~:** seinen/ihren Lauf nehmen; **let things take their ~:** den Dingen ihren Lauf lassen; **off/on ~:** vom Kurs abgekommen/auf Kurs; **be on ~ for sth.** *(fig.)* auf etw. *(Akk.)* zusteuern; **b) of ~:** natürlich; **[do sth.] as a matter of ~:** [etw.] selbstverständlich [tun]; **c)** *(progression)* Lauf, *der*; **in due ~:** zu gegebener Zeit; **the road is in ~ of construction** die Straße wird gerade gebaut; **be in the ~ of doing sth.** gerade dabei sein, etw. zu tun; **in the ~ of a few minutes** im Laufe von wenigen Minuten; **in the ~ of the lesson/the day/his life** im Lauf[e] der Stunde/des Tages/seines Lebens; **in the ~ of time/our relationship** im Lauf[e] der Zeit/unserer Beziehung; **d)** *(of river etc.)* Lauf, *der*; **e)** *(of meal)* Gang, *der*; **f)** *(Sport)* Kurs, *der; (for race)* Rennstrecke, *die*; **[golf-]~:** [Golf]platz, *der*; **g)** *(Educ.)* Kurs[us], *der; (for employee also)* Lehrgang, *der; (book)* Lehrbuch, *das*; **a ~ of lectures** eine Vorlesungsreihe; **go to** *or* **attend/do a ~ in sth.** einen Kurs in etw. *(Dat.)* besuchen/machen; **be/go on a ~:** auf einem Lehrgang sein/zu einem Lehrgang gehen; **h)** *(Med.)* **a ~ of treatment** eine Kur; **a ~ of tablets** eine Tablettenkur; **i)** *(Building)* Schicht, *die.* **2.** *v. i. (rhet.: flow)* strömen

**coursing** ['kɔ:sɪŋ] *n. (Sport)* Hetzjagd, *die*

**court** [kɔ:t] **1.** *n.* **a)** Hof, *der; (Brit.: quadrangle)* [Innen]hof [des/eines Colleges] *(in Cambridge); (subdivision of building)* ≈ Halle, *die*; **b)** *(Sport)* Spielfeld, *das; (Tennis, Squash also)* Platz, *der*; **c)** *(of sovereign)* Hof, *der*; **the C~ of St James's** *(Brit.)* der englische Königshof; **hold ~** *(fig.)* hofhalten *(scherzh.)*; **d)** *(Law)* Gericht, *das; (courtroom)* Gerichtssaal, *der*; **~ of law** *or* **justice** Gerichtshof, *der*; **go to ~ [over sth.]** [wegen *od.* mit etw.] vor Gericht gehen; **take sb. to ~:** jmdn. vor Gericht bringen *od.* verklagen; **appear in ~:** vor Gericht erscheinen; **the case comes up in ~ today** der Fall wird heute verhandelt; **settle sth. in ~:** etw. gerichtlich klären; **out of ~:** außergerichtlich; *(fig.)* indiskutabel; **rule/laugh sth. out of ~** *(fig.)* etw. verwerfen/auslachen; **e)** *(managing body)* Rat, *der*; **f)** *no art. (dated: attentions)* **pay ~ to sb.** jmdn. hofieren *(veralt.)*; **pay ~ to a woman** einer Frau den Hof machen *(veralt.)*. **2.** *v. t.* **a)** *(woo)* **~ sb.** jmdn. umwerben; **~ing couple** Liebespärchen, *das*; **are they ~ing?** sind sie ein Pärchen?; **b)** *(Zool., Ornith.)* umwerben; **c)** *(fig.)* suchen ⟨*Gunst, Ruhm, Gefahr*⟩; **he is ~ing disaster/danger** er wandelt am Rande des Abgrunds *(fig. geh.)*; **~ death** sein Leben riskieren

**court: ~ card** *n.* Figurenkarte, *die*; **~ 'circular** *n. (Brit.)* Hofnachrichten *Pl.*; **~ dress** *n.* Hofkleid, *das*

**courteous** ['kɜ:tɪəs] *adj.* höflich; **~ manners** gute Manieren

**courteously** ['kɜ:tɪəslɪ] *adv.* höflich; **behave ~:** höflich sein

**courtesan** [kɔ:tɪ'zæn] *n.* Kokotte, *die*; Kurtisane, *die (hist.)*

**courtesy** ['kɜ:təsɪ] *n.* Höflichkeit, *die*; **drinks were [served] by ~ of sb.** die Getränke gingen auf jmds. Kosten; **by ~ of the museum** mit freundlicher Genehmigung des Museums; **by ~** *(with some exaggeration)* mit viel Wohlwollen; *(as mark of politeness)* aus Höflichkeit

**courtesy: ~ call** *n.* Höflichkeitsbesuch, *der*; **~ light** *n. (Motor Veh.)* Innenbeleuchtung, *die*; **~ title** *n. Höflichkeitsanrede mit einem höheren Titel, als die betreffende Person besitzt*

**'court-house** *n. (Law)* Gerichtsgebäude, *das; (Amer.) Verwaltungsgebäude eines Verwaltungsbezirks [mit Bezirksgefängnis]*

**courtier** ['kɔ:tɪə(r)] *n.* Höfling, *der*

**courtly** ['kɔ:tlɪ] *adj.* vornehm; **~ love** *(Hist.)* Minne, *die*

**court: ~ 'martial** *n., pl.* **~s martial** *(Mil.)* Kriegsgericht, *das*; **be tried by ~ martial** vor das/ein Kriegsgericht kommen; **~-'martial** *v. t., (Brit.)* **-ll-** vor das/ein Kriegsgericht stellen; **C~ of Ap'peal** *n. (Brit.)* Berufungsgericht, *das*; **~room** *n. (Law)* Gerichtssaal, *der*

**courtship** ['kɔ:tʃɪp] *n.* Werben, *das*

**court: ~ shoe** *n.* Pumps, *der*; **~yard** *n.* Hof, *der*

**cousin** ['kʌzn] *n.* **[first] ~:** Cousin, *der*/Cousine, *die*; Vetter, *der*/*(veralt.)* Base, *die*; **[second] ~:** Cousin/Cousine zweiten Grades; **they are ~s** sie sind Cousins/Cousinen/Cousin und Cousine; **first ~ once removed** *(first ~'s child)* Kind eines Cousins/einer Cousine; *(parent's ~)* Cousin/Cousine des Vaters/der Mutter; **sth. is first ~ to sth.** *(fig.)* etw. ist fast das gleiche wie etw.

**couture** [ku:'tjʊə(r)] *n.* Couture, *die*; *see also* **haute couture**

**couturier** [ku:'tjʊərjeɪ] *n.* Couturier, *der*; Modeschöpfer, *der*

**couturière** [ku:'tjʊərjeə(r)] *n.* Modeschöpferin, *die*

**¹cove** [kəʊv] *n.* **a)** *(Geog.)* [kleine] Bucht; **b)** *(sheltered recess)* Einbuchtung, *die*

[2]**cove** *n. (dated Brit. sl.)* Kerl, *der*

**coven** [kʌvn] *n.* ≈ Hexensabbat, *der; Zusammenkunft von [dreizehn] Hexen*

**covenant** ['kʌvənənt] **1.** *n.* **a)** formelle Übereinkunft; **b)** *(Law)* [besiegelter] Vertrag; **deed of ~:** Vertragsurkunde, *die;* **c)** *(Bibl.)* Bund, *der.* **2.** *v. i. (also Law)* **~ [with sb.] [for sth.]** [mit jmdm.] [etw.] vertraglich festlegen. **3.** *v. t. (also Law)* [vertraglich] vereinbaren

**Coventry** ['kɒvəntrɪ] *n.* **send sb. to ~** *(fig.)* jmdn. [demonstrativ] schneiden

**cover** ['kʌvə(r)] **1.** *n.* **a)** *(piece of cloth)* Decke, *die; (of cushion, bed)* Bezug, *der; (lid)* Deckel, *der; (of hole, engine, typewriter, etc.)* Abdeckung, *die;* **put a ~ on** *or* **over** zudecken; abdecken ‹*Loch, Fußboden, Grab, Fahrzeug, Maschine*›; beziehen ‹*Kissen, Bett*›; **b)** *(of book)* Einband, *der; (of magazine)* Umschlag, *der; (of record)* [Platten]hülle, *die;* Cover, *das;* **read sth. from ~ to ~:** etw. von vorn bis hinten lesen; **on the [front/back] ~:** auf dem [vorderen/hinteren] Buchdeckel; *(of magazine)* auf der Titelseite/hinteren Umschlagseite; **a removable paper ~:** ein loser Papierumschlag; **c)** *(Post: envelope)* [Brief]umschlag, *der;* **under plain ~:** in neutralem Umschlag; **[send sth.] under separate ~:** [etw.] mit getrennter Post [schicken]; **d)** *in pl. (bedclothes)* Bettzeug, *das;* **e)** *(of pneumatic tyre)* Decke, *die;* **f)** *(hiding-place, shelter)* Schutz, *der;* **take ~ [from sth.]** Schutz [vor etw. *(Dat.)*] suchen; **take ~ from the rain** sich unterstellen; **[be/go] under ~** *(from bullets etc.)* in Deckung [sein/gehen]; **under ~** *(from rain)* überdacht ‹*Sitzplatz*›; regengeschützt; **keep sth. under ~:** etw. abgedeckt halten; **under ~ of darkness** im Schutz der Dunkelheit; **g)** *(Mil.: supporting force)* Deckung, *die;* **fighter ~:** Deckung durch Jagdflugzeuge; *see also* **air cover; h)** *(protection)* Deckung, *die;* **give sb./sth. ~:** jmdm. Deckung geben; **i)** *(pretence)* Vorwand, *der; (false identity, screen)* Tarnung, *die;* **under ~ of charity** unter dem Deckmantel der Barmherzigkeit; **blow sb.'s ~** *(coll.)* jmdn. enttarnen; **j)** *(Hunting)* Deckung, *die;* **break ~:** aus der Deckung herauskommen; **k)** *(Insurance)* **[insurance] ~:** Versicherung, *die;* **get ~ against sth.** sich gegen etw. versichern; **have adequate ~:** ausreichend versichert sein; **l)** *(place laid at table)* Gedeck, *das.* **2.** *v. t.* **a)** bedecken; **~ a book with leather** ein Buch in Leder binden; **~ your mouth while coughing** halte die Hand vor den Mund, wenn du hustest; **~ the table with a cloth** ein Tischtuch auf den Tisch legen; **~ a roof with shingles** ein Dach mit Schindeln decken; **~ a chair with chintz** einen Stuhl mit Chintz beziehen; **~ a pan with a lid/a car with plastic sheeting** eine Pfanne mit einem Deckel/ein Auto mit einer Plastikplane zudecken; **she ~ed her face with her hands** sie verbarg das Gesicht in den Händen; **~ed with blood** blutüberströmt; **the roses are ~ed with greenfly** die Rosen sind voller Blattläuse; **cats are ~ed with fur** Katzen haben ein Fell; **floodwaters ~ed the town** die Stadt war überflutet; **the children were ~ed in mud** die Kinder waren von oben bis unten voller Schlamm; **the car ~ed us with mud** das Auto bespritzte uns von oben bis unten mit Schlamm; **sb. is ~ed in** *or* **with confusion/shame** *(fig.)* jmd. ist ganz verlegen/sehr beschämt; *see also* **glory 1 b; b)** *(conceal, lit. or fig.)* verbergen; *(for protection)* abdecken; **c)** *(travel)* zurücklegen; **d)** *in p.p. (having roof)* überdacht; **~ed market** Markthalle, *die;* **a ~ed wagon** ein Planwagen; **e)** *(deal with)* behandeln; *(include)* abdecken; **~ all possible cases** alle möglichen Fälle abdecken; **an examination ~ing last year's work** eine Prüfung über den Stoff des vergangenen Jahres; **this book does not fully ~ the subject** dieses Buch behandelt das Thema nicht vollständig; **f)** *(Journ.)* berichten über (+ *Akk.*); **g)** *(suffice to defray)* decken; **~ expenses** die Kosten decken; **£10 will ~ my needs for the journey** 10 Pfund werden für die Reisekosten reichen; **h)** *(shield)* decken; **I'll keep you ~ed** ich gebe dir Deckung; **i) ~ oneself** *(fig.)* sich absichern; *(Insurance)* **~ oneself against sth.** sich gegen etw. versichern; **j)** *(aim gun at)* in Schach halten *(ugs.);* **I've got you ~ed** ich habe meine Waffe auf dich gerichtet; **k)** *(command)* kontrollieren ‹*Gelände*›; **l)** ‹*Hengst:*› decken

**~ for** *v. t.* einspringen für

**~ 'in** *v. t.* überdachen; *(fill in)* zuschütten

**~ 'over** *v. t.* zudecken; *(with gold etc.)* überziehen

**~ 'up 1.** *v. t. (conceal)* zudecken; *(fig.)* vertuschen. **2.** *v. i. (fig.: conceal)* es vertuschen; **~ up for sb.** jmdn. decken. *See also* **cover-up**

**'cover address** *n.* Deckadresse, *die*

**coverage** ['kʌvərɪdʒ] *n., no pl.* **a)** *(Radio, Telev.: area)* Sendebereich, *der;* **provide a greater ~ of the country** den Sendebereich innerhalb des Landes vergrößern; **b)** *(Journ., Radio, Telev.: treatment)* Berichterstattung, *die* **(of** über + *Akk.*); **newspaper/broadcast ~:** Berichterstattung in der Presse/in Funk und Fernsehen; **give sth. [full/limited] ~:** [ausführlich/kurz] über etw. *(Akk.)* berichten; **c)** *(Advertising)* Abdeckung des Marktes; **d)** *(Insurance)* Deckung, *die*

**coverall** ['kʌvərɔ:l] *n. usu. in pl. (esp. Amer.)* Overall, *der; (for baby)* Strampelanzug, *der*

**cover: ~ charge** *n.* [Preis für das] Gedeck; **~ girl** *n.* Covergirl, *das*

**covering** ['kʌvərɪŋ] *n. (material)* Decke, *die; (of billiard-table, aircraft wing)* Bespannung, *die; (of chair, bed)* Bezug, *der*

**covering: ~ letter** *n.* Begleitbrief, *der;* **~ note** *n.* [kurzes] Begleitschreiben

**coverlet** ['kʌvəlɪt] *n.* Tagesdecke, *die*

**cover: ~ note** *n. (Insurance)* Deckungskarte, *die;* **~ story** *n.* **a)** *(Journ.)* Titelgeschichte, *die;* **b)** *(espionage)* [zur Tarnung erfundene] Geschichte

**covert 1.** ['kʌvət] *adj.* versteckt. **2.** ['kʌvət, 'kʌvə(r)] *n. (shelter)* Schlupfwinkel, *der; (thicket)* Dickicht, *das*

**covertly** ['kʌvətlɪ] *adv.* versteckt; **glance ~ at sb./sth.** jmdn./etw. verstohlen anschauen

**'cover-up** *n.* Verschleierung, *die;* **the Watergate ~:** die Watergate-Affäre

**covet** ['kʌvɪt] *v. t.* begehren *(geh.)*

**covetous** ['kʌvɪtəs] *adj. (desirous)* begehrlich *(geh.); (avaricious)* habgierig; **be ~ of sth.** etw. begehren *(geh.)*

**covetously** ['kʌvɪtəslɪ] *adv.* begehrlich *(geh.)*

**covetousness** ['kʌvɪtəsnɪs] *n., no pl.* Begehrlichkeit, *die*

**covey** ['kʌvɪ] *n. (Hunting)* Kette, *die (Jägerspr.)*

[1]**cow** [kaʊ] *n.* **a)** Kuh, *die;* **till the ~s come home** *(fig. coll.)* bis in alle Ewigkeit *(ugs.);* **b)** *(female elephant, whale, etc.)* Kuh, *die;* **~ buffalo/elephant** Büffelkuh, *die*/Elefantenkuh, *die;* **c)** *(sl. derog.: woman)* Kuh, *die (salopp abwertend)*

[2]**cow** *v. t.* einschüchtern; **~ sb. into submission** jmdn. so einschüchtern, daß er sich unterordnet; **have a ~ed look/appearance** verschüchtert aussehen

**coward** ['kaʊəd] *n.* Feigling, *der;* **the ~'s way out** die feige Art, sich aus der Affäre zu ziehen

**cowardice** ['kaʊədɪs] *n.* Feigheit, *die; see also* **moral cowardice**

**cowardly** ['kaʊədlɪ] *adj.* feig[e]

**cow: ~bell** *n.* Kuhglocke, *die;* **~boy** *n.* Cowboy, *der; (Brit. coll.: unscrupulous businessman, tradesman, etc.)* Betrüger, *der;* **play Cowboys and Indians** Cowboy und Indianer spielen; **~-catcher** *n. (Amer. Railw.)* Bahnräumer, *der;* Kuhfänger, *der;* **~ dung** *n.* Kuhmist, *der*

**cower** ['kaʊə(r)] *v. i.* sich ducken; *(squat)* kauern; **~ in fear** sich ängstlich ducken; **stand ~ing in the corner** geduckt in der Ecke stehen

**cow: ~-hand** *n.* Cowboy, *der;* **~herd** *n.* Kuhhirte, *der;* **~hide** *n.* Rindsleder, *das*

**cowl** [kaʊl] *n.* **a)** *(of monk)* Kutte, *die; (hood)* Kapuze, *die;* **b)** *(of chimney)* Schornsteinaufsatz, *der*

**'cow-lick** *n.* [Haar]tolle, *die (ugs.)*

**cowling** ['kaʊlɪŋ] *n. (Aeronaut., Motor Veh.)* Motorhaube, *die*

**'cowman** *n.* Stallknecht, *der*

**'co-worker** *n.* Kollege, *der*/Kollegin, *die*

**cow: ~-parsley** *n. (Bot.)* Wiesenkerbel, *der;* **~-pat** *n.* Kuhfladen, *der;* **~pox** *n.* Kuhpocken *Pl.;* **~puncher** ['kaʊpʌnʃə(r)] *n. (Amer.)* Cowboy, *der*

**cowrie, cowry** ['kaʊrɪ] *n.* Kaurischnecke, *die; (shell)* Kaurimuschel, *die*

**cow: ~-shed** *n.* Kuhstall, *der;* **~slip** *n.* **a)** Schlüsselblume, *die;* **b)** *(Amer.: marsh marigold)* Sumpfdotterblume, *die;* **~'s milk** *n.* Kuhmilch, *die*

**cox** [kɒks] **1.** *n.* Steuermann, *der.* **2.** *v. t. (esp. Rowing)* steuern; **~ a crew** Steuermann einer Mannschaft sein; **~ed four** Vierer mit Steuermann. **3.** *v. i.* steuern

**coxcomb** ['kɒkskəʊm] *n. (literary/arch.)* Stutzer, *der (veralt.)*

**coxless** ['kɒkslɪs] *adj.* ohne Steuermann

**coxswain** ['kɒkswein, 'kɒksn] *see* **cox 1**

**coy** [kɔɪ] *adj.* gespielt schüchtern; geziert ‹*Benehmen, Ausdruck*›; **play ~:** auf schüchtern machen

**coyly** ['kɔɪlɪ] *adv.* gespielt schüchtern; geziert ‹*sich benehmen*›

**coyness** ['kɔɪnɪs] *n., no pl.* Schüchternheit, *die; (of behaviour)* Geziertheit, *die*

**coyote** [kə'jəʊtɪ, 'kɔɪəʊt] *n. (Zool.)* Kojote, *der*

**coypu** ['kɔɪpu:] *n. (Zool.)* Biberratte, *die;* Nutria, *die*

**cozily, coziness, cozy** *(Amer.) see* **cos-**

**cp.** *abbr.* **compare** vgl.

**Cpl.** *abbr.* **Corporal** Korp.

**c.p.s.** *abbr.* **cycles per second** Hz

**CPU** *abbr. (Computing)* **central processing unit** ZE

**Cr.** *abbr.* **a) creditor** Gl.; **b) Councillor** ≈ StR

**crab** [kræb] **1.** *n.* **a)** Krabbe, *die;* **b)** *(Astrol.)* **the C~** der Krebs; *see also* **archer b; c)** *(Rowing)* **catch a ~:** einen Krebs fangen; **d)** *(Bot.) see* **crab-apple. 2.** *v. i.*, **-bb-** *(coll.)* **~ about sth.** über etw. *(Akk.)* meckern *(ugs.)*

**'crab-apple** *n.* Holzapfel, *der*

**crabbed** [kræbd] *adj.* **a)** *(perverse)* starrköpfig; **b)** *(morose)* griesgrämig; **c)** *(badly formed)* unleserlich ‹*Handschrift*›

**crabby** ['kræbɪ] *adj. see* **crabbed a, b**

**crabwise** ['kræbwaɪz] *adv.* seitwärts [wie eine Krabbe]

**crack** [kræk] **1.** *n.* **a)** *(noise)* Krachen, *das;* **a ~ of the whip** ein Peitschenknall; **give sb./have a fair ~ of the whip** *(fig.)* jmdm. eine Chance geben/eine Chance haben; **the ~ of doom** *(fig.)* die Posaunen des Jüngsten Gerichts; **b)** *(in china, glass, eggshell, ice, etc.)* Sprung, *der; (in rock)* Spalte, *die; (chink)* Spalt, *der;* **there's a ~ in the ceiling** die Decke hat einen Riß; *see also* **paper over; c)** *(blow)* Schlag, *der;* **d)** *(coll.: try)* Versuch, *der;* **have a ~ at sth./at doing sth.** etw. in Angriff nehmen/versuchen, etw. zu tun; **e) the/at the ~ of dawn** *or* **day** *(coll.)* der/bei Tagesanbruch; **f)** *(coll.: wisecrack)* [geistreicher] Witz; **g)** *(sl.: drug)* Crack, *das.* **2.** *adj. (coll.)* erstklassig. **3.** *v. t.* **a)** *(break, lit. or fig.)* knacken ‹*Nuß, Problem*›; knacken *(salopp)* ‹*Safe, Kode*›; **~ a bottle** *(fig.)* einer Flasche den Hals brechen *(ugs. scherzh.);* ~

**sth. open** etw. aufbrechen; **b)** *(make a ~ in)* anschlagen ⟨*Porzellan, Glas*⟩; **~ one's head/skull** sich *(Dat.)* den Kopf/Schädel aufschlagen; **c) ~ a whip** mit einer Peitsche knallen; **~ the whip** *(fig.)* Druck machen *(ugs.)*; **~ one's knuckles** mit den Knöcheln knacken; **d) ~ a joke** einen Witz machen; **e)** *(Chem.: decompose)* kracken. **4.** *v. i.* **a)** ⟨*Porzellan, Glas:*⟩ einen Sprung/Sprünge bekommen; ⟨*Haut:*⟩ aufspringen, rissig werden; ⟨*Eis:*⟩ Risse bekommen; **b)** *(make sound)* ⟨*Peitsche:*⟩ knallen; ⟨*Gelenk:*⟩ knakken; ⟨*Gewehr:*⟩ krachen; **c)** *(change)* ⟨*Stimme:*⟩ brechen *(geh.)*, versagen **(with** vor + *Dat.*); **his voice is ~ing** *(at age of puberty)* er ist im Stimmbruch; **d)** *(yield under torture etc.)* zusammenbrechen; **e)** *(coll.)* **get ~ing!** mach los! *(ugs.)*; **let's get ~ing** fangen wir endlich an; **get ~ing [with sth.]** [mit etw.] loslegen *(ugs.)*

**~ 'down** *v. i. (coll.)* **~ down [on sb./sth.]** [gegen jmdn./etw.] [hart] vorgehen; *see also* **crack-down**

**~ 'up** *(coll.)* **1.** *v. i.* ⟨*Flugzeug usw.:*⟩ auseinanderbrechen; ⟨*Gesellschaft, Person:*⟩ zusammenbrechen. **2.** *v. t.* **she/it** *etc.* **is not all she/it** *etc.* **is ~ed up to be** so toll ist sie/es *usw.* nun auch wieder nicht[, wie sie/es dargestellt wird]; **she is ~ed up to be brilliant** sie soll brillant sein *(ugs.)*. *See also* **crack-up**

**crack: ~-brained** *adj. (coll.)* bescheuert *(salopp abwertend)* ⟨*Person*⟩; hirnrissig *(abwertend)* ⟨*Idee usw.*⟩; **~-down** *n. (coll.)* **there will be a ~-down** man wird hart durchgreifen; **have/order a ~-down on sb./sth.** drastische Maßnahmen gegen jmdn./etw. ergreifen/anordnen

**cracked** [krækt] *adj.* **a)** gesprungen ⟨*Porzellan, Ziegel, Glas*⟩; rissig, aufgesprungen ⟨*Haut, Erdboden*⟩; rissig ⟨*Verputz*⟩; brüchig ⟨*Stimme*⟩; **b)** *(coll.: crazy)* übergeschnappt *(ugs.)*

**cracker** ['krækə(r)] *n.* **a)** *(paper toy)* **[Christmas] ~** ≈ Knallbonbon, *der od. das;* **b)** *(firework)* Knallkörper, *der;* **c)** *(thin dry biscuit)* Cracker, *der; (Amer.: biscuit)* Keks, *der;* **d)** *see* **crackerjack 2**

**'crackerjack** *(Amer. sl.)* **1.** *adj.* phantastisch *(ugs.)*. **2.** *n. (person)* As, *das (ugs.); (thing)* Knüller, *der (ugs.)*

**crackers** ['krækəz] *pred. adj. (Brit. coll.)* übergeschnappt *(ugs.)*; **go ~:** überschnappen *(ugs.)*

**crackle** [krækl] **1.** *v. i.* knistern; ⟨*Maschinengewehr:*⟩ knattern; ⟨*Feuer:*⟩ prasseln; ⟨*Blätter:*⟩ rascheln; **the telephone line/the radio ~s** in der Telefonleitung/im Radio knackt es. **2.** *n.* Knistern, *das; (of leaves)* Rascheln, *das; (of telephone line)* Knacken, *das; (of machine-gun)* Knattern, *das; (of fire)* Prasseln, *das*

**crackling** ['kræklɪŋ] *n., no pl., no indef. art. (Cookery)* Kruste, *die*

**crackly** ['kræklɪ] *adj.* knisternd

**'crackpot** *n. (coll.)* Spinner, *der*/Spinnerin, *die (ugs.); attrib.* **~ ideas/schemes** hirnrissige Ideen/Pläne *(abwertend)*

**cracksman** ['kræksmən] *n., pl.* **cracksmen** ['kræksmən] Einbrecher, *der*

**'crack-up** *n. (coll.)* Zusammenbruch, *der*

**Cracow** ['krækaʊ] *pr. n.* Krakau *(das)*

**cradle** [kreɪdl] **1.** *n.* **a)** *(cot, lit. or fig.)* Wiege, *die;* **from the ~:** von der Wiege an; von Kindesbeinen an; **from the ~ to the grave** von der Wiege bis zur Bahre; **b)** *(Building)* Hängebühne, *die; (to support ship)* Stapel, *der;* **c)** *(Teleph.)* Gabel, *die.* **2.** *v. t.* wiegen; **~ sb./sth. in one's arms** jmdn. in den Armen halten/etw. im Arm halten

**cradle: ~-snatch** *v. i. (coll.)* **Your boyfriend/girl-friend is much younger than you. You're ~-snatching** Dein Freund/deine Freundin ist viel jünger als du. Du vergreifst dich ja an kleinen Kindern *(ugs. scherzh.)*; **~-snatcher** *n. (coll.) see* **baby-snatcher b; ~-snatching** *n. (coll.) see* **baby-snatching b; ~-song** *n.* Wiegenlied, *das*

**craft** [krɑːft] *n.* **a)** *(trade)* Handwerk, *das; (art)* Kunsthandwerk, *das; (in school)* **~[s]** Werken, *das;* **b)** *no pl. (skill)* Kunstfertigkeit, *die;* **c)** *no pl. (cunning)* List, *die;* **be full of ~:** sehr gewitzt sein; **d)** *pl. same (boat)* Boot, *das; (aircraft)* Flugzeug, *das; (spacecraft)* Raumfahrzeug, *das*

**craftily** ['krɑːftɪlɪ] *adv.* listig

**craftiness** ['krɑːftɪnɪs] *n., no pl.* Schläue, *die*

**craftsman** ['krɑːftsmən] *n., pl.* **craftsmen** ['krɑːftsmən] Handwerker, *der; (skilled person)* **a real ~:** ein wahrer Künstler

**craftsmanship** ['krɑːftsmənʃɪp] *n., no pl. (skilled workmanship)* handwerkliches Können; *(performance)* **shoddy ~:** schludrige Arbeit

**'craftwork** *n., no pl.* Kunsthandwerk, *das*

**crafty** ['krɑːftɪ] *adj.* listig; **as ~ as a fox** schlau wie ein Fuchs

**crag** [kræg] *n.* Felsspitze, *die*

**craggy** ['krægɪ] *adj. (rugged)* zerklüftet; zerfurcht ⟨*Gesicht*⟩; *(rocky)* felsig; *(steep)* schroff

**crake** [kreɪk] *n. (Ornith.)* Ralle, *die*

**cram** [kræm] **1.** *v. t.,* **-mm- a)** *(overfill)* vollstopfen *(ugs.)*; *(force)* stopfen; **~med with information** vollgepackt mit Informationen; **~ people into a bus** Leute in einen Bus zwängen; **the bus was ~med** der Bus war gerammelt voll *(ugs.)* *od.* war überfüllt; *see also* **throat a; b)** *(for examination)* **~ pupils** mit Schülern pauken *(ugs.)*; **~ up maths** Mathe pauken *od.* büffeln *(ugs.)*; **c)** *(feed to excess)* mästen; **~ poultry** *etc.* Geflügel *usw.* mästen *od. (bes. südd.)* stopfen. **2.** *v. i.,* **-mm-** *(for examination)* büffeln *(ugs.)*; pauken *(ugs.)*

**~ 'in 1.** *v. i.* [sich] herein-/hineindrängen. **2.** *v. t.* hineinstopfen

**'cram-full** *see* **chock-full**

**crammer** ['kræmə(r)] *n. (place)* Presse, *die (ugs. abwertend); (person)* [Ein]pauker, *der (ugs.)*

**cramp** [kræmp] **1.** *n.* **a)** *(Med.)* Krampf, *der;* **suffer an attack of ~:** einen Krampf bekommen; **have ~ [in one's leg/arm]** einen Krampf [im Bein/Arm] haben; *see also* **writer's cramp; b)** *(Woodw.)* Schraubzwinge, *die;* **c)** *(Building)* **~[-iron]** [Bau]klammer, *die.* **2.** *v. t.* **a)** *(confine)* einengen; **~ [up]** zusammenpferchen; **~ sb.'s style** jmdn. einengen; **b)** *(restrict)* lähmen ⟨*Willen, Eifer, Fleiß, Handel*⟩

**cramped** [kræmpt] *adj.* eng ⟨*Raum*⟩; gedrängt ⟨*Handschrift*⟩

**crampon** ['kræmpən] *(Amer.:* **crampoon** [kræm'puːn]) *n.* **a)** *(metal hook)* Kanthaken, *der;* **b)** *(on boot)* Steigeisen, *das*

**cranberry** ['krænbərɪ] *n.* Preiselbeere, *die; (Vaccinium oxycoccos)* Moosbeere, *die (Bot.); (Vaccinium macrocarpon)* Großfrüchtige Moosbeere *(Bot.)*; **~ sauce** Preiselbeersoße, *die*

**crane** [kreɪn] **1.** *n.* **a)** *(machine)* Kran, *der;* **b)** *(Ornith.)* Kranich, *der.* **2.** *v. t.* **~ one's neck** den Hals recken. **3.** *v. i.* den Hals recken; **~ forward** den Hals [nach vorn] recken

**crane: ~-driver** *n.* Kranführer, *der;* **~-fly** *n. (Zool.)* Schnake, *die;* **~'s-bill** *n. (Bot.)* Storch[en]schnabel, *der*

**crania** *pl. of* **cranium**

**cranial** ['kreɪnɪəl] *adj. (Anat.)* Schädel-; kranial *(fachspr.)*

**cranium** ['kreɪnɪəm] *n., pl.* **crania** ['kreɪnɪə] *or* **~s** *(Anat.)* Schädel, *der;* Kranium, *das (fachspr.); (bones enclosing the brain)* Hirnschädel, *der*

**¹crank** [kræŋk] **1.** *n. (Mech. Engin.)* [Hand]kurbel, *die.* **2.** *v. t. (turn with ~)* ankurbeln

**~ 'up** *v. t. (Motor Veh.)* ankurbeln

**²crank** *n.* Irre, *der/die (salopp);* **health ~:** Gesundheitsfanatiker, *der*/-fanatikerin, *die (ugs.)*

**crank: ~case** *n. (Mech. Engin.)* Kurbelwellengehäuse, *das;* **~pin** *n. (Mech. Engin.)* Kurbelzapfen, *der;* **~shaft** *n. (Mech. Engin.)* Kurbelwelle, *die*

**cranky** ['kræŋkɪ] *adj.* **a)** *(eccentric)* verschroben; **b)** *(ill-tempered)* griesgrämig

**cranny** ['krænɪ] *n.* Ritze, *die*

**¹crap** [kræp] *(coarse)* **1.** *n.* **a)** *(faeces)* Scheiße, *die (derb);* **have a ~:** scheißen *(derb);* **b)** *(nonsense)* Scheiß, *der (salopp abwertend);* **a load of ~:** ein Haufen Scheiß *(salopp abwertend)*. **2.** *v. i.,* **-pp-** scheißen *(derb)*

**²crap** *n. (Amer.: throw in craps)* Fehlwurf, *der;* Crap, *der;* **~ game** Craps, *das*

**crape** [kreɪp] *n.* [schwarzer] Krepp; *(ribbon)* Trauerflor, *der*

**crappy** ['kræpɪ] *adj. (coarse)* beschissen *(derb);* **~ film/café** Scheißfilm, *der*/Scheißcafé, *das (derb)*

**craps** [kræps] *n. pl. (Amer.: dice game)* Craps, *das;* **shoot ~:** Craps spielen

**crash** [kræʃ] **1.** *n.* **a)** *(noise)* Krachen, *das;* **fall with a ~:** mit einem lauten Krach fallen; **a sudden ~ of thunder** ein plötzlicher Donnerschlag; **b)** *(collision)* Zusammenstoß, *der;* **plane/train ~:** Flugzeugunglück, *das*/Eisenbahnunglück, *das;* **have a ~:** einen Unfall haben; **in a [car] ~:** bei einem [Auto]unfall; **be in a [car] ~:** in einen [Auto]unfall verwickelt sein; **c)** *(Finance etc.)* Zusammenbruch, *der;* **the great ~ on Wall Street** der große Börsenkrach in der Wall Street; **d)** *attrib. (intensive)* **~ job** Noteinsatz, *der;* **~ measures** Sofortmaßnahmen *Pl.* **2.** *adv.* krachend; **~, bang, wallop** *(coll.)* holterdiepolter *(ugs.)*. **3.** *v. i.* **a)** *(make a noise)* krachen; **b)** *(go noisily)* krachen; **~ down** herunterkrachen; **~ about one's ears** *(fig.)* zusammenbrechen; **c)** *(have a collision)* einen Unfall haben; ⟨*Flugzeug, Flieger:*⟩ abstürzen; **~ into sth.** gegen etw. krachen; **d)** *(Finance etc., Computing)* zusammenbrechen. **4.** *v. t.* **a)** *(smash)* schmettern; **b)** *(cause to have collision)* einen Unfall haben mit; **~ a plane** mit dem Flugzeug abstürzen; **c)** *(pass illegally)* überfahren; **he ~ed the lights** er fuhr bei Rot über die Ampel; **d)** *see* **gatecrash 1**

**~ a'bout** *v. i.* laut herumtollen

**~ 'out** *v. i. (sl.)* pennen *(salopp); (go to sleep)* einpennen *(salopp)*

**crash: ~ barrier** *n.* Leitplanke, *die;* **~ course** *n.* Intensivkurs, *der;* **~ diet** *n.* radikale Diät; ≈ Nulldiät, *die;* **~-dive 1.** *v. t.* schnell untertauchen lassen ⟨*U-Boot*⟩; abstürzen lassen ⟨*Flugzeug*⟩; **2.** *v. i.* ⟨*Unterseeboot:*⟩ schnell untertauchen; **~-dive on sth.** im Sturzflug auf etw. *(Akk.)* herabtoßen; **3.** *n. (of submarine)* schnelles Untertauchen; *(of aircraft)* Sturzflug, *der;* **~-helmet** *n.* Sturzhelm, *der*

**crashing** ['kræʃɪŋ] *adj. (coll.)* **be a ~ bore** wahnsinnig langweilig sein *(ugs.)*

**crash: ~-land 1.** *v. t.* **~-land a plane** mit einem Flugzeug bruchlanden; **2.** *v. i.* bruchlanden; **~-landing** *n.* Bruchlandung, *die;* **~ pad** *n. (youth sl.)* Schlafplatz, *der;* Penne, *die (salopp);* **~ programme** *n.* Sofortprogramm, *das*

**crass** [kræs] *adj.* kraß; grob ⟨*Benehmen*⟩; haarsträubend ⟨*Dummheit, Unwissenheit*⟩; *(grossly stupid)* strohdumm

**crassly** ['kræslɪ] *adv.* grob, unfein ⟨*sich benehmen*⟩; grob, kraß ⟨*fehldeuten*⟩

**crassness** ['kræsnɪs] *n., no pl.* Kraßheit, *die; (of person)* Grobheit, *die; (stupidity)* Dummheit, *die*

**crate** [kreɪt] **1.** *n.* **a)** *(case)* Kiste, *die;* **a ~ of beer/lemonade** ein Kasten Bier/Limonade; **b)** *(sl.: vehicle)* Kiste, *die (ugs.)*. **2.** *v. t.* **~ [up]** in eine Kiste/in Kisten packen

**crater** ['kreɪtə(r)] *n.* Krater, *der*

**crater 'lake** *n.* Kratersee, *der*

**cravat** [krə'væt] *n.* *(scarf)* Halstuch, *das;* *(necktie)* Krawatte, *die*

**crave** [kreɪv] **1.** *v. t.* **a)** *(beg)* erbitten; erflehen ⟨*Gnade*⟩; **b)** *(long for)* sich sehnen nach. **2.** *v. i.* ~ **for** *or* **after** *see* **1**

**craven** [kreɪvn] **1.** *adj.* feige; **a ~ coward** ein elender *od.* erbärmlicher Feigling. **2.** *n.* Feigling, *der*

**cravenly** ['kreɪvnlɪ] *adv.* feige

**craving** ['kreɪvɪŋ] *n.* Verlangen, *das;* **have a ~ for sth.** ein [dringendes] Verlangen nach etw. haben

**craw** [krɔ:] *n.* Kropf, *der;* **stick in sb.'s ~** *(fig.)* jmdm. gegen den Strich gehen

**crawfish** ['krɔ:fɪʃ] *n., pl. same* Languste, *die*

**crawl** [krɔ:l] **1.** *v. i.* **a)** kriechen; **the baby/insect ~s along the ground** das Baby/Insekt krabbelt über den Boden; **b)** *(coll.: behave abjectly)* kriechen *(abwertend);* **~ to sb.** vor jmdm. buckeln *od.* kriechen; **don't you come ~ing back to me** du brauchst nicht wieder angekrochen zu kommen; **c) be ~ing** *(be covered or filled)* wimmeln **(with** von); **d)** *see* **creep 1 b. 2.** *n.* **a)** Kriechen, *das; (of insect, baby also)* Krabbeln, *das; (slow speed)* Schneckentempo, *das;* **move/go at a ~:** sich im Schneckentempo bewegen/im Schneckentempo fahren; **b)** *(swimming-stroke)* Kraulen, *das;* **do** *or* **swim the ~:** kraulen

**crawler** ['krɔ:lə(r)] *n.* **a)** *usu. in pl. (baby's overall)* Spielanzug, *der;* **b)** *(coll. derog.: abject person)* Kriecher, *der (abwertend)*

**'crawler lane** *n.* Kriechspur, *die*

**crayfish** ['kreɪfɪʃ] *n., pl. same* **a)** Flußkrebs, *der;* **b)** *(crawfish)* Languste, *die*

**crayon** ['kreɪən] *n.* **a)** *(pencil)* **[coloured] ~:** Buntstift, *der; (of wax)* Wachsmalstift, *der; (of chalk)* Kreidestift, *der;* **b)** *(drawing)* [Kreide]zeichnung, *die*

**craze** [kreɪz] **1.** *n.* **a)** *(temporary enthusiasm)* Begeisterung, *die;* Fimmel, *der (ugs. abwertend);* **there's a ~ for doing sth.** es ist gerade große Mode, etw. zu tun; **b)** *(mania)* Manie, *die.* **2.** *v. t. usu. in p.p. (make insane)* zum Wahnsinn treiben; **be [half] ~d with pain/grief** *etc.* [halb] wahnsinnig vor Schmerz/Kummer *usw.* sein; **a ~d look/expression [on sb.'s face]** ein vom Wahnsinn verzerrtes Gesicht

**crazily** ['kreɪzɪlɪ] *adv.* verrückt; *(of motion)* wie verrückt

**craziness** ['kreɪzɪnɪs] *n., no pl.* Verrücktheit, *die;* **sheer ~:** heller Wahnsinn

**crazy** ['kreɪzɪ] *adj.* **a)** *(mad)* verrückt; wahnsinnig; **go ~:** verrückt *od.* wahnsinnig werden; **drive** *or* **send sb. ~:** jmdn. verrückt *od.* wahnsinnig machen *(ugs.);* **like ~** *(coll.)* wie verrückt *(ugs.);* **b)** *(coll.: enthusiastic)* **be ~ about sb./sth.** nach jmdm./etw. verrückt sein *(ugs.);* **she's ~ about dancing** sie ist ganz wild aufs Tanzen *(ugs.);* **football/pop-music ~:** verrückt nach Fußball/Popmusik *(ugs.);* **c)** *(sl.: exciting)* irre *(salopp);* **d)** *(of irregular pieces)* **~ paving** gestückeltes Pflaster; **~ quilt** Flickendecke, *die;* **e) lean [over] at a ~ angle** gefährlich schief stehen

**'crazy bone** *n.* *(Amer.)* Musikantenknochen, *der*

**creak** [kri:k] **1.** *n. (of gate, door)* Quietschen, *das; (of floor-board, door, chair)* Knarren, *das.* **2.** *v. i.* ⟨*Tor, Tür:*⟩ quietschen; ⟨*Diele, Tür, Stuhl:*⟩ knarren; ⟨*Gelenke:*⟩ knacken; **the old car ~ed to a halt** der alte Wagen kam quietschend zum Stehen

**creaky** ['kri:kɪ] *adj.* quietschend ⟨*Tor, Tür*⟩; knarrend ⟨*Stuhl, Treppe, Stiefel, Tür*⟩

**cream** [kri:m] **1.** *n.* **a)** Sahne, *die;* **b)** *(Cookery) (sauce)* Sahnesoße, *die; (dessert)* Creme, *die; (chocolate)* gefülltes Bonbon; *(biscuit)* gefüllter Keks; **~ of mushroom soup** Champignoncremesuppe, *die;* **custard ~s** Kekse mit Vanillecremefüllung; **c)** *(cosmetic preparation)* Creme, *die;* **d)** *(fig.: best)* Beste, *das;* **the ~ of society** die Creme der Gesellschaft; **the ~ of the applicants** die besten Bewerber; **e)** *(colour)* Creme, *das.* **2.** *adj.* **a) ~[-coloured]** creme[farben]; **b)** *(Cookery)* **~ soup/sauce** Cremesuppe, *die*/Sahnesoße, *die.* **3.** *v. t.* cremig rühren *od.* schlagen; schaumig rühren ⟨*Butter*⟩; **~ed potatoes** Kartoffelpüree, *das*

**~ 'off** *v. t.* **~ off the best players** die besten Spieler wegschnappen *(ugs.)*

**cream: ~ 'bun** *n.* ≈ Eclair, *das;* **~ cake** *n.* Cremetorte, *die; (small)* Cremetörtchen, *das; (with whipped cream)* Sahnetorte, *die*/Sahnetörtchen, *das;* **~ 'cheese** *n.* ≈ Frischkäse, *der;* **~ 'cracker** *n.* ≈ Cracker, *der*

**creamer** ['kri:mə(r)] *n.* *(Amer.: jug)* Sahnekännchen, *das*

**creamery** ['kri:mərɪ] *n.* *(butter-factory)* Molkerei, *die; (shop)* Milchgeschäft, *das*

**cream: ~jug** *n.* Sahnekännchen, *das;* **~ of 'tartar** *n.* Weinstein, *der;* **~ 'puff** *n.* Windbeutel, *der;* **~ 'tea** *n.* Tee mit Marmeladetörtchen und Sahne

**creamy** ['kri:mɪ] *adj.* **a)** *(with cream)* sahnig; *(like cream)* cremig; **b) ~[-coloured]** creme[farben]

**crease** [kri:s] **1.** *n.* **a)** *(pressed)* Bügelfalte, *die; (accidental; in skin)* Falte, *die; (in fabric)* Falte, *die;* Knitter, *der; (in paper)* Kniff, *der;* Knick, *der;* **put a ~ in trousers** Bügelfalten in Hosen bügeln; **b)** *(Cricket)* Linie, *die.* **2.** *v. t. (press)* eine Falte/Falten bügeln in (+*Akk.*); *(accidentally)* knittern; *(extensively)* zerknittern. **3.** *v. i.* Falten bekommen; knittern

**~ 'up** *v. i. (coll.: in amusement)* sich [vor Lachen] kringeln *(ugs.)*

**'crease-resistant** *adj.* knitterfrei

**create** [krɪ'eɪt] **1.** *v. t.* **a)** schaffen; erschaffen *(geh.);* verursachen ⟨*Verwirrung*⟩; machen ⟨*Eindruck*⟩; ⟨*Sache:*⟩ mit sich bringen, ⟨*Person:*⟩ machen ⟨*Schwierigkeiten*⟩; **~ a scene** eine Szene machen; **~ a sensation** für eine Sensation sorgen; **b)** *(design)* schaffen; kreieren ⟨*Mode, Stil*⟩; **c)** *(invest with rank)* ernennen; **~ sb. a peer** jmdn. zum Peer erheben *od.* ernennen. **2.** *v. i.* *(Brit. coll.: make a fuss)* Theater machen *(ugs.)*

**creation** [krɪ'eɪʃn] *n.* **a)** *no pl. (act of creating)* Schaffung, *die; (of the world)* Erschaffung, *die;* Schöpfung, *die (geh.);* **b)** *no pl. (all created things)* Schöpfung, *die;* **the wonders of C~:** die Wunder der Schöpfung; **all [of] ~, the whole of ~:** alle Kreatur *(geh.);* alle Geschöpfe; **c)** *no pl. (investing with title, rank, etc.)* Ernennung, *die;* **d)** *(Fashion)* Kreation, *die*

**creationism** [krɪ'eɪʃənɪzm] *n.* Kreatianismus, *der*

**creationist** [krɪ'eɪʃənɪst] *n.* Anhänger des Kreatianismus

**creative** [krɪ'eɪtɪv] *adj.,* **creatively** [krɪ'eɪtɪvlɪ] *adv.* schöpferisch; kreativ

**creativeness** [krɪ'eɪtɪvnɪs], **creativity** [kri:eɪ'tɪvɪtɪ] *ns., no pl.* Kreativität, *die*

**creator** [krɪ'eɪtə(r)] *n.* Schöpfer, *der*/Schöpferin, *die;* **the C~:** der Schöpfer

**creature** ['kri:tʃə(r)] *n.* **a)** *(created being)* Geschöpf, *das;* Kreatur, *die (geh.);* **all living ~s** alle Lebewesen; alle Kreatur *(geh.);* **b)** *(human being)* Geschöpf, *das; (derog.)* Kerl, *der (abwertend); (woman)* **the ~ with the red hair** die mit den roten Haaren *(ugs.);* **lovely ~:** reizendes Geschöpf; **wicked/deserving ~:** böser/verdienstvoller Mensch; **~ of habit** Gewohnheitsmensch, *der;* Gewohnheitstier, *das (scherzh.);* **c)** *(minion, lit. or fig.)* Kreatur, *die (abwertend);* **~s of circumstance** Opfer der Umstände. *See also* **comfort 1 e**

**crèche** [kreʃ] *n.* [Kinder]krippe, *die*

**credence** ['kri:dəns] *n.* **a)** *(belief)* Glaube, *der;* **give** *or* **attach ~ to sth./sb.** einer Sache *(Dat.)* /jmdm. Glauben schenken; **lend ~ to sth.** etw. glaubwürdig machen *od.* erscheinen lassen; **gain ~:** an Glaubwürdigkeit gewinnen; **worthy of ~:** glaubwürdig; **b)** *(Eccl.)* **~ [table]** Kredenz, *die*

**credential** [krɪ'denʃl] *n. usu. in pl. (testimonial)* Zeugnis, *das; (of ambassador)* Beglaubigungsschreiben, *das; (letter[s] of introduction)* Referenzen *Pl.;* **present one's ~s** seine Referenzen vorlegen

**credibility** [kredɪ'bɪlɪtɪ] *n.* Glaubwürdigkeit, *die;* **~ gap** Mangel an Glaubwürdigkeit

**credible** ['kredɪbl] *adj.* glaubwürdig ⟨*Mensch, Aussage*⟩; glaubhaft ⟨*Aussage*⟩

**credibly** ['kredɪblɪ] *adv.* glaubwürdig; glaubhaft

**credit** ['kredɪt] **1.** *n.* **a)** *no pl. (commendation)* Anerkennung, *die; (honour)* Ehre, *die; (good reputation)* Ansehen, *das* **(with** bei); **give sb. [the] ~ for sth.** jmdm. für etw. Anerkennung zollen *(geh.);* **get [the] ~ for sth.** Anerkennung für etw. finden; **take the ~ for sth.** die Anerkennung für etw. einstecken; **all ~ to her/them for not giving in** alle Achtung, daß sie nicht nachgegeben hat/haben; **[we must give] ~ where ~ is due** Ehre, wem Ehre gebührt; **it is [much** *or* **greatly/little] to sb.'s/sth.'s ~ that ...:** es macht jmdm./einer Sache [große/wenig] Ehre, daß ...; **it is to his ~ that ...:** es ehrt ihn, daß ...; **do ~ to sb./sth., do sb./sth. ~, be a ~ to sb./sth.** jmdm./einer Sache Ehre machen; **reflect [great/little] ~ on sb./sth.** jmdm./einer Sache [große/wenig] Ehre machen; **b)** *in pl. (in book)* Liste der Mitarbeiter und sonstigen Beteiligten; *(in film, play, etc.)* Liste der Mitwirkenden und sonstigen Beteiligten; **~s, ~ titles** *(at beginning of film)* Vorspann, *der; (at end)* Nachspann, *der;* **c)** *no pl., no art. (belief)* Glaube, *der;* **give ~ to sth.** einer Sache *(Dat.)* Glauben schenken; **gain ~:** an Glaubwürdigkeit gewinnen; **d)** *no pl. (Commerc.)* Kredit, *der;* **give [sb.] ~:** [jmdm.] Kredit geben; **deal on ~:** Kredit geben; **buy [sth.] on ~:** [etw.] auf Kredit kaufen; **six months' ~:** Kredit mit sechsmonatiger Laufzeit; **their ~ is excellent** sie sind unbedingt kreditwürdig; **e)** *no pl. (Finance, Bookk.)* Guthaben, *das;* **be in ~** ⟨*Konto:*⟩ im Haben sein; ⟨*Person:*⟩ mit seinem Konto im Haben sein; **get a ~ line** Kredit bekommen; **she has sth. to her ~:** ihr ist etw. gutzuschreiben; **letter of ~:** Kreditbrief, *der;* Akkreditiv, *das (Bankw.);* **f)** *(fig.)* **have sth. to one's ~:** etw. vorzuweisen haben; **we must give him ~ for being able to finish it by tomorrow** wir dürfen annehmen, daß er es bis morgen erledigen kann; **he's cleverer than I gave him ~ for** er ist klüger, als ich dachte; **I gave you ~ for being a kind man** ich habe dich für einen netten Menschen gehalten; **I gave her ~ for better taste** ich hatte ihr einen besseren Geschmack zugetraut; **g)** *(Amer. Educ.)* Schein, *der.* **2.** *v. t.* **a)** *(believe)* glauben; **b)** *(accredit)* **~ sb. with sth.** jmdm. etw. zutrauen; **~ sth. with sth.** einer Sache *(Dat.)* etw. zuschreiben; **c)** *(Finance, Bookk.)* gutschreiben; **~ £10 to sb./sb.'s account** jmdm./jmds. Konto 10 Pfund gutschreiben; **be ~ed with £10** 10 Pfund gutgeschrieben bekommen

**creditable** ['kredɪtəbl] *adj.* anerkennenswert

**creditably** ['kredɪtəblɪ] *adv.* achtbar

**credit: ~ account** *n.* Kreditkonto, *das;* **~ balance** *n.* Guthaben, *das;* **~ card** *n.* Kreditkarte, *die;* **~ note** *n.* Gutschein, *der*

**creditor** ['kredɪtə(r)] *n.* **a)** *(one to whom debt is owing)* Gläubiger, *der*/Gläubigerin, *die;* **b)** *(one who gives credit for money or goods)* Kreditgeber, *der*/-geberin, *die*

**credit: ~ rating** *n.* [Einschätzung der] Kreditwürdigkeit; **have a good/bad ~ rating** als kreditwürdig/kreditunwürdig eingeschätzt werden; ~ **sale** *n.* Kreditkauf, *der;* ~ **side** *n. (Finance)* Habenseite, *die; (fig.)* **on the ~ side she has experience** für sie spricht ihre Erfahrung; ~ **squeeze** *n.* Kreditrestriktion, *die;* ~ **'transfer** *n. (Finance)* Banküberweisung, *die;* **~-worthiness** *n.* Kreditwürdigkeit, *die;* **~-worthy** *adj.* kreditwürdig

**credo** ['kri:dəʊ, 'kreɪdəʊ] *n., pl.* ~s Glaubensbekenntnis, *das;* Kredo, *das*

**credulity** [krɪ'dju:lɪtɪ] *n., no pl.* Leichtgläubigkeit, *die*

**credulous** ['kredjʊləs] *adj.* leichtgläubig; naiv ‹*Erstaunen, Verhalten*›

**credulously** ['kredjʊləslɪ] *adv.* leichtgläubig; **believe sth. too ~:** etw. allzu arglos glauben

**creed** [kri:d] *n. (lit. or fig.)* Glaubensbekenntnis, *das*

**creek** [kri:k] *n.* **a)** *(Brit.) (inlet on sea-coast)* [kleine] Bucht; *(small harbour)* [kleiner] Hafen; **b)** *(short arm of river)* [kurzer] Flußarm; **c)** *(Amer.: tributary of river)* Nebenfluß, *der; (Austral., NZ: stream)* Bach, *der;* **d) be up the ~:** *(coll.: be in difficulties or trouble)* in der Klemme *od.* Tinte sitzen *(ugs.); (be wrong)* ‹*Antwort usw.:*› völlig falsch sein; ‹*Person:*› auf dem Holzweg sein

**creel** [kri:l] *n.* Fischkorb, *der*

**creep** [kri:p] **1.** *v. i.*, **crept** [krept] **a)** kriechen; *(move timidly, slowly, stealthily)* schleichen; ~ **and crawl** *(fig.)* kriechen; **~ing Jesus** *(sl.)* Scheinheilige, *der/die; (fig.: develop gradually)* **~ing inflation/sickness** schleichende Inflation/Krankheit; *(insinuate oneself/itself unobserved)* **~ into sth.** sich in etw. *(Akk.)* einschleichen; **b) make sb.'s flesh ~:** jmdm. eine Gänsehaut über den Rücken jagen; **the thought made my flesh ~:** bei dem Gedanken lief mir eine Gänsehaut über den Rücken. **2.** *n.* **a)** *in pl. (coll.)* **give sb. the ~s** jmdm. nicht [ganz] geheuer sein; **b)** *(sl.: person)* Fiesling, *der (salopp abwertend);* **c)** *(Metallurgy)* Kriechen, *das*

~ **'in** *v. i.* [sich] hinein-/hereinschleichen; *(fig.)* ‹*Irrtum, Enttäuschung usw.:*› sich einschleichen

~ **'on** *v. i.* **time is ~ing on** die Zeit verrinnt [unaufhaltsam]

~ **'up** *v. i. (approach)* sich anschleichen; ~ **up on sb.** sich an jmdn. anschleichen; *(fig.)* für jmdn. langsam näherrücken

**creeper** ['kri:pə(r)] *n.* **a)** *(Bot.) (growing along ground)* Kriechpflanze, *die; (growing up wall etc.)* Kletterpflanze, *die;* Rankengewächs, *das;* **b)** *(Ornith.)* [Wald]baumläufer, *der;* **c)** *(coll.: soft-soled shoe) Schuh mit dicker, weicher Sohle;* Leisetreter, *der (scherzh.)*

**creepy** ['kri:pɪ] *adj.* unheimlich; gruselig, schaurig ‹*Geschichte, Film*›

**creepy-crawly** [kri:pɪ 'krɔ:lɪ] *(coll./child lang.)* **1.** *n.* **she's got a horror of creepy-crawlies** sie hat eine Heidenangst vor allem, was krabbelt; **there's a ~ in the bath-tub** da krabbelt was in der Badewanne *(ugs.).* **2.** *adj.* krabbelnd ‹*Insekt*›

**cremate** [krɪ'meɪt] *v. t.* einäschern; kremieren *(schweiz.)*

**cremation** [krɪ'meɪʃn] *n.* Einäscherung, *die;* Kremation, *die*

**crematorium** [kremə'tɔ:rɪəm] *n., pl.* **crematoria** [kremə'tɔ:rɪə] *or* ~s Krematorium, *das*

**crematory** ['kremətərɪ] *n. (Amer.)* Krematorium, *das*

**crème: ~ de la crème** [kreɪm dlɑ:'kreɪm] *n.* Crème de la crème, *die (geh.);* ~ **de menthe** [kreɪm də 'mɑ̃t] *n.* Pfefferminzlikör, *der*

**crenellated** ['krenəleɪtɪd] *adj.* kreneliert *(veralt.);* mit Zinnen versehen

**Creole** ['kri:əʊl] **1.** *n.* **a)** *(person)* Kreole, *der/*Kreolin, *die; (of mixed European and Negro descent)* Mulatte, *der/*Mulattin, *die;* **b)** *(language)* Kreolisch, *das.* **2.** *adj.* kreolisch

**creosote** ['kri:əsəʊt] **1.** *n.* ≈ Holzschutzmittel, *das.* **2.** *v. t.* mit einem Holzschutzmittel behandeln

**crêpe** [kreɪp] *n.* **a)** Krepp, *der;* **b)** *(crêpe rubber)* Kreppgummi, *der;* ~ **soles** Kreppsohlen *Pl.;* **c)** *(pancake)* dünner Eierkuchen

**crêpe: ~ de Chine** [kreɪp də 'ʃi:n] *n.* Crêpe de Chine, *der;* ~ **'paper** *n.* Kreppapier, *das;* ~ **'rubber** *n.* Kreppgummi, *der;* ~ **Suzette** [kreɪp su:'zet] *n. (Cookery)* Crêpe Suzette, *die*

**crept** *see* **creep 1**

**crescendo** [krɪ'ʃendəʊ] *n., pl.* ~s *(Mus.)* Crescendo, *das; (fig.)* Zunahme, *die;* **a ~ of cheers** immer lauter werdende Jubelrufe; **reach a ~** *(fig. coll.)* einen Höhepunkt erreichen

**crescent** ['kresənt] **1.** *n.* **a)** Mondsichel, *die; (as emblem)* Halbmond, *der;* **~-shaped** halbmondförmig; **b)** *(Brit.: street)* [kleinere] halbkreisförmige Straße; **c)** *(~-shaped object)* Bogen, *der.* **2.** *adj.* halbmondförmig; **the ~ moon** die Mondsichel

**cress** [kres] *n.* Kresse, *die;* **garden ~:** Gartenkresse, *die; see also* **watercress**

**crest** [krest] *n.* **a)** *(on bird's or animal's head)* Kamm, *der; (neck of horse)* Genick, *das; (plume of feathers)* Federschopf, *der;* **b)** *(top of mountain or wave)* Kamm, *der; (top of roof)* Dachfirst, *der;* **[be/ride] on the ~ of a** *or* **the wave** *(fig.)* ganz oben [sein/schwimmen]; **c)** *(Her.)* Helmzier, *die; (emblem)* Emblem, *das*

**crested** ['krestɪd] *adj.* **a)** ‹*Vogel, Tier*› mit einem Kamm; ~ **tit/lark** Haubenmeise/-lerche, *die;* **b)** ‹*Siegel, Briefpapier usw.*› mit einem Emblem versehen

**'crestfallen** *adj. (fig.)* niedergeschlagen

**Cretaceous** [krɪ'teɪʃəs] **1.** *adj. (Geol.)* Kreide-; kretazeisch *(fachspr.);* **the ~ period** die Kreidezeit. **2.** *n. (Geol.)* Kreide, *die*

**Cretan** ['kri:tn] **1.** *adj.* kretisch. **2.** *n.* Kreter, *der/*Kreterin, *die*

**Crete** [kri:t] *pr. n.* Kreta *(das)*

**cretin** ['kretɪn] *n.* **a)** *(Med.)* Kretin, *der;* **b)** *(coll.: fool)* Trottel, *der (ugs. abwertend)*

**cretinous** ['kretɪnəs] *adj.* **a)** *(Med.)* kretinoid; **b)** *(coll.: stupid)* schwachsinnig *(abwertend)*

**cretonne** [krɪ'tɒn, 'kretɒn] *n. (Textiles)* Cretonne, *die od. der*

**crevasse** [krɪ'væs] *n.* Gletscherspalte, *die*

**crevice** ['krevɪs] *n.* Spalt, *der; (of skin)* Riß, *der*

**crew** [kru:] **1.** *n.* **a)** *(of ship, aircraft, etc.)* Besatzung, *die;* Crew, *die; (excluding officers)* Mannschaft, *die;* Crew, *die; (of train)* Personal, *das; (Sport)* Mannschaft, *die;* Crew, *die;* **b)** *(associated body)* Gruppe, *die; (gang of workers)* Kolonne, *die; (set; often derog.)* Haufen, *der;* **a motley ~:** ein bunt zusammengewürfelter Haufen. **2.** *v. i.* die Mannschaft/Mitglied der Mannschaft sein; **he ~s on my boat** er gehört zu meiner Mannschaft. **3.** *v. t.* ~ **a boat** Mitglied der Mannschaft eines Bootes sein

**crew: ~ cut** *n.* Bürstenschnitt, *der;* **~-man** ['kru:mən] *n., pl.* **~-men** ['kru:mən] Besatzungsmitglied, *das;* ~ **neck** *n.* enger, runder Halsausschnitt; **a ~-neck pullover** ein Pullover mit engem, rundem Halsausschnitt

**crib** [krɪb] **1.** *n.* **a)** *(cot)* Gitterbett, *das;* **b)** *(model of manger-scene; manger)* Krippe, *die;* **c)** *(coll.) (translation)* Klatsche, *die (Schülerspr.); (plagiarism)* **that's a ~:** das ist abgekupfert *(salopp).* **2.** *v. t.*, **-bb-** *(coll.) (plagiarize)* abkupfern *(salopp)*

**cribbage** ['krɪbɪdʒ] *n. (Cards)* Cribbage, *das*

**'crib death** *(Amer.) see* **cot-death**

**crick** [krɪk] **1.** *n.* **a ~ [in one's neck/back]** ein steifer Hals/Rücken. **2.** *v. t.* ~ **one's neck/back** einen steifen Hals/Rücken bekommen

[1]**cricket** ['krɪkɪt] *n. (Sport)* Kricket, *das;* **it's/that's not ~** *(Brit. dated coll.)* das ist nicht die feine Art *(ugs.)*

[2]**cricket** *n. (Zool.)* Grille, *die;* **as lively as a ~:** putzmunter *(ugs.)*

**cricket: ~-bag** *n. Tasche für das Schlagholz usw.;* ~ **ball** *n.* Kricketball, *der;* ~ **bat** Schlagholz, *das*

**cricketer** ['krɪkɪtə(r)] *n.* Kricketspieler, *der/*-spielerin, *die*

**cricket: ~ match** *n.* Kricketspiel, *das;* ~ **pitch** *n.* Kricketfeld, *das (zwischen den Toren)*

**cri de cœur** [kri: də 'kɜ(r)] *n., pl.* **cris de cœur** [kri: də 'kɜ(r)] *(complaint)* Stoßseufzer, *der; (appeal)* [verzweifelter] Hilferuf

**crier** ['kraɪə(r)] *n. (in lawcourt)* Gerichtsdiener, *der (veralt.); (in a town)* Ausrufer, *der*

**crikey** ['kraɪkɪ] *int. (sl.)* Jesses *(ugs.)*

**crime** [kraɪm] *n.* **a)** Verbrechen, *das;* **b)** *collect., no pl.* **a wave of ~:** eine Welle von Straftaten; **juvenile ~ is on the increase** die Jugendkriminalität nimmt zu; **lead a life of ~:** ein Krimineller sein; **~ doesn't pay** Verbrechen lohnen sich nicht; **c)** *(fig. coll.: shameful action)* Sünde, *die*

**Crimea** [kraɪ'mi:ə] *pr. n.* Krim, *die*

**Crimean** [kraɪ'mi:ən] *adj.* **the ~ War** der Krimkrieg

**crime: ~ prevention** *n.* Verbrechensverhütung, *die;* **C~ Prevention Officer** *Polizeibeamter, dessen/-beamtin, deren Aufgabe aktive, vorbeugende Verbrechensbekämpfung ist;* ~ **rate** *n.* Kriminalitätsrate, *die;* **~-sheet** *n. (Mil.)* Strafregister, *das;* ~ **story** *n.* Kriminalgeschichte, *die;* ~ **wave** *n.* Welle von Straftaten; **~-writer** *n.* Kriminalschriftsteller, *der/*-schriftstellerin, *die*

**criminal** ['krɪmɪnl] **1.** *adj.* **a)** *(illegal)* kriminell; strafbar; *(concerned with criminals and crime)* Straf-; ~ **act** *or* **deed/offence** Straftat, *die;* **take ~ proceedings against sb.** strafrechtlich gegen jmdn. vorgehen; ~ **judge** Strafrichter, *der;* **b)** *(guilty of crime)* kriminell; straffällig; ~ **gang** Verbrecherbande, *die;* **c)** *(tending to be guilty of crime)* kriminell; **d)** *(fig. coll.)* kriminell *(ugs.);* **it's ~ to do that** es ist eine Schande, das zu tun; **it's a ~ shame** es ist einfach ungeheuerlich; **it's a ~ waste** es ist eine sträfliche Verschwendung. **2.** *n.* Kriminelle, *der/die*

**criminal: ~ 'code** *n.* Strafgesetzbuch, *das;* ~ **'court** *n.* Strafgericht, *das;* Kriminalgericht, *das (veralt.);* **C~ Investi'gation Department** *n. (Brit.)* Kriminalpolizei, *die*

**criminality** [krɪmɪ'nælɪtɪ] *n.* Kriminalität, *die*

**criminal: ~ 'law** *n.* Strafrecht, *das;* ~ **'lawyer** *n.* Anwalt/Anwältin für Strafsachen; ~ **'libel** *n.* [schriftliche] Verleumdung

**criminally** ['krɪmɪnəlɪ] *adv.* kriminell; *(according to criminal law)* strafrechtlich

**criminal 'record** *n.* Strafregister, *das;* **have a ~** vorbestraft sein

**criminologist** [krɪmɪ'nɒlədʒɪst] *n.* Kriminologe, *der/*Kriminologin, *die*

**criminology** [krɪmɪ'nɒlədʒɪ] *n.* Kriminologie, *die*

**crimp** [krɪmp] *v. t.* kräuseln; **~ed hair** onduliertes Haar

**Crimplene, (P)** ['krɪmpli:n] *n.* Crimplene, *das* Ⓦⓩ; *knitterfreier Stoff*

**crimson** ['krɪmzn] **1.** *adj.* purpurrot; **turn ~:** ‹*Himmel:*› sich blutrot färben; *(with anger)* ‹*Mensch:*› rot anlaufen; *(blush)* puterrot werden. **2.** *n.* Purpurrot, *das.* **3.** *v. i.* purpurrot werden

**cringe** [krɪndʒ] *v. i.* **a)** *(cower)* zusammenzucken; ‹*Hund:*› sich ducken, kuschen; ~ **at sth.** bei etw. zusammenzucken; ~ **away** *or* **back [from sb./sth.]** [vor jmdm./etw.] zurückschrecken; **it makes me ~:** es läßt mich zusammenzucken; *(in disgust)* da wird mir schlecht; **b)** *(behave obsequiously)* kriechen *(abwertend);* kuschen; ~ **before sb.** vor jmdm. kriechen *od.* kuschen; **go cringing to sb.** zu jmdm. gekrochen kommen

**cringing** ['krɪndʒɪŋ] *adj.* kriecherisch *(abwertend); a* ~ **person** ein Kriecher *(abwertend)*

**crinkle** [krɪŋkl] **1.** *n.* Knick, *der; (in fabric)* Knitterfalte, *die; (in hair)* Kräusel, *die; (in skin)* Fältchen, *das.* **2.** *v.t.* knicken; zerknittern ⟨*Stoff, Papier*⟩; kräuseln ⟨*Haar*⟩. **3.** *v.i.* ⟨*Stoff, Papier:*⟩ knittern; ⟨*Haar:*⟩ sich kräuseln; ⟨*Haut:*⟩ Fältchen bekommen; ⟨*Papierrand:*⟩ sich wellen

**crinkly** ['krɪŋklɪ] *adj.* zerknittert ⟨*Stoff, Papier*⟩; gekräuselt ⟨*Haar*⟩; faltig ⟨*Haut*⟩

**crinoline** ['krɪnəlɪn, 'krɪnəli:n] *n. (Hist.)* Krinoline, *die*

**cripes** [kraɪps] *int. (dated sl.)* Jesses *(ugs.)*

**cripple** [krɪpl] **1.** *n. (lit. or fig.)* Krüppel, *der.* **2.** *v.t.* zum Krüppel machen; *(fig.)* lähmen

**crippled** [krɪpld] *adj.* verkrüppelt ⟨*Arm, Baum, Bettler*⟩; **be** ~ **with rheumatism** durch Rheuma gelähmt sein; **industry was** ~ **by the strikes** die Streiks haben die ganze Industrie lahmgelegt; **small firms,** ~ **by inflation** kleine, durch [die] Inflation geschwächte Firmen; **a** ~ **ship/plane** ein schwer beschädigtes Schiff/Flugzeug

**crippling** ['krɪplɪŋ] *adj.* zur Verkrüppelung führend ⟨*Krankheit, Verletzung*⟩; *(fig.)* erdrückend ⟨*Preise, Inflationsrate, Steuern, Mieten*⟩; lähmend ⟨*Streik, Schmerzen*⟩; **deal sb. a** ~ **blow** *(fig.)* jmdm. einen vernichtenden Schlag versetzen

**crisis** ['kraɪsɪs] *n., pl.* **crises** ['kraɪsi:z] Krise, *die;* **reach** ~ **point** einen kritischen Punkt erreichen; **a time of** ~: eine kritische Zeit; **at times of** ~: in Krisenzeiten; **suffer a** ~: eine Krise durchmachen

**crisis 'management** *n.* Krisenmanagement, *das*

**crisp** [krɪsp] **1.** *adj.* knusprig ⟨*Brot, Keks, Kruste, Speck*⟩; knackig ⟨*Apfel, Gemüse*⟩; steif ⟨*Papier*⟩; trocken ⟨*Herbstblätter, Zweige*⟩; frisch [gebügelt/gestärkt] ⟨*Wäsche*⟩; [druck]frisch ⟨*Banknote*⟩; verharscht ⟨*Schnee*⟩; *(clearly defined)* scharf ⟨*Züge, Umrisse, Kanten*⟩; *(bracing)* frisch ⟨*Brise, Seeluft*⟩; *(brisk)* knapp [und klar] ⟨*Stil*⟩; frisch [und flott *(ugs.)*] ⟨*Auftreten, Erscheinung*⟩; ~ **intonation/speech** klare Intonation/Sprache. **2.** *n.* **a)** *usu. in pl. (Brit.: potato* ~*)* [Kartoffel]chip, *der;* **b)** *(sth. overcooked)* **be burned to a** ~: verbrannt sein. **3.** *v.t. (make* ~*)* ~ **[up]** aufbacken ⟨*Brot*⟩; knusprig backen ⟨*Speck*⟩; knackig machen ⟨*Gemüse*⟩

**'crispbread** *n.* Knäckebrot, *das*

**crisper** ['krɪspə(r)] *n.* Gemüsefach, *das*

**crisply** ['krɪsplɪ] *adv.* knusprig ⟨*gebacken*⟩; klar ⟨*sprechen*⟩; frisch ⟨*gebügelt, gestärkt*⟩

**crispness** ['krɪspnɪs] *n., no pl. (of bread, biscuit, bacon)* Knusprigkeit, *die; (of apple, vegetable)* Knackigkeit, *die; (of style)* Knappheit [und Klarheit], *die; (of manner)* Frische [und Knappheit], *die*

**crispy** ['krɪspɪ] *adj.* knusprig ⟨*Brot, Keks, Speck*⟩; knackig ⟨*Apfel, Gemüse*⟩

**crispy 'noodles** *n. pl.* gebratene Nudeln

**criss-cross** ['krɪskrɒs] **1.** *n.* Gewirr, *das.* **2.** *adj.* ~ **pattern** Muster aus gekreuzten Linien. **3.** *adv.* kreuz und quer. **4.** *v.t. (intersect repeatedly)* wiederholt schneiden. **5.** *v.i. (move crosswise)* kreuz und quer laufen/fahren/fliegen *usw.*; *(intersect repeatedly)* kreuz und quer verlaufen

**criterion** [kraɪ'tɪərɪən] *n., pl.* **criteria** [kraɪ'tɪərɪə] Kriterium, *das;* **by what** ~ **will the issue be judged?** nach welchen Kriterien wird man die Angelegenheit beurteilen?

**critic** ['krɪtɪk] *n.* Kritiker, *der*/Kritikerin, *die;* **literary** ~: Literaturkritiker, *der*/-kritikerin, *die*

**critical** ['krɪtɪkl] *adj.* **a)** kritisch; **be** ~ **of sb./sth.** jmdn./etw. kritisieren; **cast a** ~ **eye over sth.** etw. mit kritischen Augen betrachten; **the play received** ~ **acclaim** das Stück fand die Anerkennung der Kritik; ~ **skills/ability** Kritikfähigkeit, *die;* ~ **edition** kritische Ausgabe; **b)** *(involving risk, crucial)* kritisch ⟨*Zustand, Punkt, Phase*⟩; entscheidend ⟨*Faktor, Test*⟩; gefährlich ⟨*Operation*⟩

**critically** ['krɪtɪkəlɪ] *adv.* kritisch; **be** ~ **important** von entscheidender Bedeutung sein; **be** ~ **ill** ernstlich krank sein

**critical:** ~ **'mass** *n. (Phys.)* kritische Masse; ~ **'path** *n. (Managem.)* kritischer Pfad *od.* Weg

**criticise** *see* **criticize**

**criticism** ['krɪtɪsɪzm] *n.* Kritik, *die* **(of** an + *Dat.***)**; **come in for a lot of** ~: heftig kritisiert werden; **be open to** ~: für Kritik offen sein; **literary** ~: Literaturkritik, *die*

**criticize** ['krɪtɪsaɪz] *v.t.* kritisieren **(for** wegen**)**; *(review)* besprechen; rezensieren; ~ **sb. for sth.** jmdn. wegen etw. kritisieren

**critique** [krɪ'ti:k] *n.* Kritik, *die*

**critter** ['krɪtə(r)] *n. (coll. joc.)* Viech, *das (ugs.); (derog.: person)* Kerl, *der (ugs. abwertend); (female)* Person, *die (abwertend)*

**croak** [krəʊk] **1.** *n. (of frog)* Quaken, *das; (of raven, person)* Krächzen, *das.* **2.** *v.i.* **a)** ⟨*Frosch:*⟩ quaken; ⟨*Rabe, Person:*⟩ krächzen; **b)** *(sl.: die)* abkratzen *(salopp).* **3.** *v.t.* krächzen

**croaky** ['krəʊkɪ] *adj.* krächzend

**Croat** ['krəʊæt] *n.* **a)** *(person)* Kroate, *der*/Kroatin, *die;* **b)** *(language)* Kroatisch, *das*

**Croatia** [krəʊ'eɪʃə] *pr. n.* Kroatien *(das)*

**Croatian** [krəʊ'eɪʃən] **1.** *adj.* kroatisch; **sb. is** ~: jmd. ist Kroate/Kroatin. **2.** *n. see* **Croat**

**croc** [krɒk] *n. (coll.: crocodile)* Krokodil, *das*

**crochet** ['krəʊʃeɪ, 'krəʊʃɪ] **1.** *n.* Häkelarbeit, *die;* ~ **hook** Häkelhaken, *der.* **2.** *v.t., p.t. and p.p.* ~**ed** ['krəʊʃeɪd, 'krəʊʃɪd] häkeln

**crocheting** ['krəʊʃeɪɪŋ, 'krəʊʃɪɪŋ] *n.* Häkeln, *das; (product)* Häkelarbeit, *die*

**[1]crock** [krɒk] *n.* **a)** *(pot)* Topf, *der (aus Ton); (jar)* Krug, *der (aus Ton); see also* **gold 1 b; b)** *(broken piece of earthenware)* [Ton]scherbe, *die*

**[2]crock** *(coll.)* **1.** *n. (person)* Wrack, *das (fig.); (vehicle)* [Klapper]kiste, *die (ugs.).* **2.** *v.i.* ~ **up** zusammenklappen. **3.** *v.t.* ~ **[up]** den Rest geben (+ *Dat.*) *(ugs.)*

**crockery** ['krɒkərɪ] *n.* Geschirr, *das*

**crocodile** ['krɒkədaɪl] *n.* **a)** Krokodil, *das; (skin)* Krokodilleder, *das;* Kroko, *das;* **b)** *(Brit. coll.: line of schoolchildren)* Schulkinder in Zweierreihen; **walk in a** ~: zwei und zwei [hintereinander] gehen

**crocodile:** ~ **clip** *n. (Electr.)* Krokodilklemme, *die;* ~ **tears** *n. pl.* Krokodilstränen *Pl. (ugs.)*

**crocus** ['krəʊkəs] *n.* Krokus, *der*

**Croesus** ['kri:səs] *n.* Krösus, *der;* **be as rich as** ~: ein [wahrer] Krösus sein

**croft** [krɒft] *n. (Brit.)* **a)** [kleines] Stück Akker-/Weideland; **b)** *(smallholding)* [kleines] Pachtgut

**crofter** ['krɒftə(r)] *n. (Brit.)* Pächter, *der*/Pächterin, *die*

**crofting** ['krɒftɪŋ] *n., no pl., no art. (Brit.)* *Bewirtschaftung kleiner Pachtgüter*

**croissant** ['krwɑ:sɑ̃] *n.* Hörnchen, *das*

**cromlech** ['krɒmlek] *n.* **a)** *see* **dolmen; b)** *(stone circle)* Kromlech, *der*

**crone** [krəʊn] *n.* **a[n old]** ~: ein altes Weib

**crony** ['krəʊnɪ] *n.* Kumpel, *der; (drinking companion)* Kumpan, *der;* **they were old cronies** sie waren gute, alte Freunde

**crook** [krʊk] **1.** *n.* **a)** *(coll.: rogue)* Gauner, *der;* **b)** *(staff)* Hirtenstab, *der; (of bishop)* [Krumm]stab, *der;* **c)** *(hook)* Haken, *der;* **d)** *(of arm)* [Arm]beuge, *die;* **e)** *(curve in river, road, etc.)* Biegung, *die.* **2.** *adj. (Austral. and NZ coll.)* mies *(ugs.); (ill)* krank; *(bad-tempered)* sauer *(ugs.);* **go** ~: sauer werden **(at, on** + *Akk.*). **3.** *v.t.* biegen; ~ **one's finger** seinen Finger krümmen; **she has only to** ~ **her little finger** *(fig. coll.)* sie braucht nur mit dem kleinen Finger zu winken

**crooked 1.** [krʊkt] *p.t. and p.p. of* **crook 3. 2.** *adj.* **a)** ['krʊkɪd] krumm; schief ⟨*Lächeln*⟩; *(fig.: dishonest)* betrügerisch; **this coin is** ~: diese Münze ist verbogen; **the picture on the wall is** ~: das Bild an der Wand hängt schief; **you've got your hat on** ~: dein Hut sitzt schief; **a** ~ **person** *(fig.)* ein Gauner; ~ **dealings** krumme Geschäfte; **b)** [krʊkt] *(having a transverse handle)* **a** ~ **stick** ein Krückstock

**crookedly** ['krʊkɪdlɪ] *adv.* schief; **a tree that has grown** ~: ein krumm gewachsener Baum; *(fig.: dishonestly)* **deal** ~: krumme Geschäfte machen; ~ **acquired** unrechtmäßig erworben

**crookedness** ['krʊkɪdnɪs] *n., no pl.* Verkrümmung, *die; (fig.: dishonesty)* Unehrlichkeit, *die*

**croon** [kru:n] **1.** *v.t. & i.* [leise] singen; ⟨*Popsänger:*⟩ schmachtend singen; schnulzen *(ugs. abwertend).* **2.** *n.* [leises] Singen

**crooner** ['kru:nə(r)] *n. Sänger mit schmachtender Stimme;* Schnulzensänger, *der (ugs. abwertend)*

**crop** [krɒp] **1.** *n.* **a)** *(Agric.)* [Feld]frucht, *die; (season's total yield)* Ernte, *die; (fig.)* [An]zahl, *die;* **cereal** ~: Getreide, *das;* **get the** ~**s in** die Ernte einbringen; **arable** ~**s** Feldfrüchte *Pl.;* ~ **of apples** Apfelernte, *die;* **b)** *(of bird)* Kropf, *der;* **c)** *(of whip)* [Peitschen]stiel, *der;* **[hunting-]**~: Jagdpeitsche, *die;* **d)** *(of hair)* kurzer Haarschnitt; *(style)* Kurzhaarfrisur, *die.* **2.** *v.t.,* **-pp-: a)** *(cut off)* abschneiden; *(cut short)* stutzen ⟨*Bart, Haare, Hecken, Flügel*⟩; kupieren ⟨*Ohren, Schwanz (bei Hunden od. Pferden)*⟩; abschneiden ⟨*Kante*⟩; ⟨*Tier:*⟩ abweiden ⟨*Gras*⟩; **have one's hair** ~**ped** sich *(Dat.)* das Haar kurz schneiden lassen; **b)** *(reap)* ernten. **3.** *v.i.,* **-pp-** tragen

~ **'out** *see* ~ **up b**

~ **'up** *v.i.* **a)** *(occur)* auftauchen; *(be mentioned)* erwähnt werden; **b)** *(Geol.)* ausbeißen

**crop:** ~**-dusting** *n. (Agric.)* Schädlingsbekämpfung aus der Luft; ~**-eared** *adj.* ⟨*Tier*⟩ mit gestutzten *od.* kupierten Ohren

**cropper** ['krɒpə(r)] *n. (coll.: heavy fall)* [schwerer] Sturz; **come a** ~: einen Sturz bauen *(ugs.); (fig.)* auf die Nase fallen *(ugs.)*

**crop:** ~ **rotation** *n. (Agric.)* Fruchtfolge, *die;* ~**-spraying** *n. (Agric.)* Schädlingsbekämpfung *(mit Sprühmitteln)*

**croquet** ['krəʊkeɪ, 'krəʊkɪ] *n.* Krocket[spiel], *das*

**croquette** [krə'ket] *n. (Cookery)* Krokette, *die*

**crosier** ['krəʊzɪə(r)] *n.* Krummstab, *der*

**cross** [krɒs] **1.** *n.* **a)** Kreuz, *das; (monument)* [Gedenk]kreuz, *das; (sign)* Kreuzzeichen, *das;* **the C**~: das Kreuz [Christi]; **make the sign of the C**~: das Kreuzzeichen machen; ein Kreuz schlagen; **b)** *(*~*-shaped thing or mark)* Kreuz[zeichen], *das;* **mark with a** ~: ankreuzen; **c)** *(mixture, compromise)* Mittelding, *das* **(between** zwischen + *Dat.***)**; Mischung, *die* **(between** aus**)**; **d)** *(trial, affliction, cause of trouble)* Kreuz, *das;* Leid, *das;* **take [up] one's** ~: sein Kreuz auf sich nehmen; **we all have our [little]** ~**es to bear** wir haben alle unser Kreuz zu tragen; **e)** *(intermixture of breeds)* Kreuzung, *die;* **f)** *(Astron.)* **[Southern] C**~: Kreuz des Südens; Südliches Kreuz; **g)** *(decoration)* Kreuz, *das;* **Grand C**~: Großkreuz, *das;* **h)** *(Footb.)* Querpaß, *der; (Boxing)* Cross, *der;* **i) on the** ~: quer; **j)** *(Dressmaking)* **cut on the** ~: schräg [zum Fadenlauf] zugeschnitten. **2.** *v.t.* **a)** *(place crosswise)* [über]kreuzen; ~ **one's arms/legs** die Arme verschränken/die Beine übereinanderschlagen; ~ **one's fingers** *or* **keep one's fingers ~ed [for sb.]** *(fig.)* [jmdm.] die *od.* den Daumen drücken/halten; ~ **swords [with sb.]** *(fig.)* [mit jmdm.] die Schwerter kreuzen *od.* sich streiten (**on** über + *Akk.*); **I got a ~ed line** *(Teleph.)* es war jemand in der Leitung; **you've got your** *or* **the lines** *or* **wires ~ed** *(fig. coll.)* du hast da etwas falsch verstanden; ~ **a fortune-teller's hand** *or* **palm with silver** einer Wahrsagerin Geld in die Hand drükken; **b)** *(go across)* kreuzen; überqueren ‹*Straße, Gewässer, Gebirge*›; durchqueren ‹*Land, Wüste, Zimmer*›; ~ **the picket line** die Streikpostenkette durchbrechen; ~ **the road** über die Straße gehen; **we can** ~ *abs.* die Straße ist frei; wir können gehen/fahren; **'~ now'** „Gehen"; **the bridge ~es the river** die Brücke führt über den Fluß; **the lines ~ each other** die Linien schneiden sich; **a train ~ed the river** ein Zug fuhr über den Fluß; **a plane ~es the desert** ein Flugzeug fliegt über *od.* überfliegt die Wüste; ~ **sb.'s mind** *(fig.)* jmdm. einfallen; **it seems never to have ~ed his mind to do it** es scheint ihm nie in den Sinn gekommen zu sein *od.* es scheint ihm nie der Gedanke gekommen zu sein, es zu tun; ~ **sb.'s path** *(fig.)* jmdm. über den Weg laufen *(ugs.)*; jmdm. begegnen; **c)** *(Brit.)* ~ **a cheque** einen Scheck zur Verrechnung ausstellen; **a ~ed cheque** ein Verrechnungsscheck; **d)** *(make sign of ~ on)* ~ **oneself** sich bekreuzigen; ~ **my heart** Ehrenwort!; **e)** *(thwart)* durchkreuzen ‹*Plan*›; zerstören ‹*Hoffnung*›; vereiteln ‹*Wunsch, Hoffnung*›; **be ~ed in love** Unglück in der Liebe haben; **he ~es me in everything I do** er kommt mir bei allem in die Quere; **f)** *(cause to interbreed)* kreuzen; *(cross-fertilize)* kreuzbefruchten. *See also* [1]**bridge 1 a; T a. 3.** *v. i.* *(meet and pass)* aneinander vorbeigehen; ~ **[in the post]** ‹*Briefe:*› sich kreuzen; **our paths have ~ed several times** *(fig.)* unsere Wege haben sich öfters gekreuzt. **4.** *adj.* **a)** *(transverse)* Quer-; ~ **traffic** kreuzender Verkehr; **b)** *(coll.: peevish)* verärgert; ärgerlich ‹*Worte*›; **sb. will be ~:** jmd. wird ärgerlich *od.* böse werden; **be ~ with sb.** böse auf jmdn. *od.* mit jmdm. sein; **as ~ as two sticks** *(coll.)* unleidlich; **c)** *(Cricket)* ~ **bat** *schräg gehaltenes Schlagholz*

~ **'off** *v. t.* streichen; ~ **a name off a list** einen Namen von einer Liste streichen

~ **'out** *v. t.* ausstreichen

~ **'over** *v. t.* überqueren; *abs.* hinübergehen

**cross-** *in comb.* **a)** *see* **cross 1 a** Kreuz-; **b)** *see* **cross 4** Quer-; **c)** = **across** quer durch

**cross: ~bar** *n.* **a)** [Fahrrad]stange, *die;* **b)** *(Footb.)* Querlatte, *die;* **~beam** *n.* Querbalken, *der;* **~bench** *n.* *(Brit. Parl.)* *quergestellte Bank, auf der die „cross-benchers" sitzen;* **~bencher** *n.* Abgeordnete, *der/die weder der Regierungspartei noch der Opposition angehört;* **~bill** *n.* *(Ornith.)* Kreuzschnabel, *der;* **~bones** *n. pl.* gekreuzte Knochen *Pl. (unter Totenkopf);* **~bow** *n.* Armbrust, *die;* **~bred** *adj.* gekreuzt; **~breed 1.** *n.* Hybride, *die; (animal)* Bastard, *der;* **2.** *v. t.* kreuzen; **~buttock** *n.* *(Wrestling)* Hüftwurf, *der;* **~Channel** *adj.* **~Channel traffic/ferry** Verkehr/Fähre über den Kanal; **~check 1.** *n.* Gegenprobe, *die;* **2.** *v. t.* [nochmals] nachprüfen; nachkontrollieren; **~country 1.** *adj.* Querfeldein-; **~country running** Crosslauf, *der;* Querfeldeinlauf, *der;* **~country skiing** Skilanglauf, *der.* **2.** *adv.* querfeldein; **~cultural** *adj.* interkulturell; **~current** *n.* *(lit. or fig.)* Gegenströmung, *die;* **~examination** *n.* Kreuzverhör, *das;* **undergo** *or* **be under ~examination** ins Kreuzverhör genommen werden; **~examine** *v. t.* ins Kreuzverhör nehmen; einem Kreuzverhör unterziehen; **~eyed** *adj.* [nach innen] schielend; **be ~eyed** schielen; **~fertili'zation** *n.* Fremdbestäubung, *die;* Kreuzbefruchtung, *die; (fig.)* gegenseitige Befruchtung; **~'fertilize** *v. t.* fremdbestäuben; kreuzbefruchten; *(fig.)* sich gegenseitig befruchten; **~fire** *n.* *(lit. or fig.)* Kreuzfeuer, *das;* **~grained** *adj.* *(fig.)* verquer, vertrackt ‹*Situation, Problem*›; querköpfig ‹*Person*›; **~head[ing]** *n.* Überschrift, *die*

**crossing** ['krɒsɪŋ] *n.* **a)** *(act of going across)* Überquerung, *die;* **a Channel ~:** eine Überfahrt über den Kanal; **b)** *(road or rail intersection)* Kreuzung, *die;* **c)** *(pedestrian ~)* Überweg, *der;* **[railway] ~:** Bahnübergang, *der;* **d)** *(in church)* Vierung, *die*

**cross-legged** ['krɒslegd] *adv.* mit gekreuzten Beinen; *(with feet across thighs)* im Schneidersitz

**crossly** ['krɒslɪ] *adv.* *(coll.)* verärgert

**crossness** ['krɒsnɪs, 'krɔ:snɪs] *n., no pl.* *(coll.)* Verärgerung, *die*

**cross: ~over** *n.* Übergang, *der; (Railw.)* Gleiskreuzung, *die;* **~patch** *n.* Griesgram, *der;* Miesepeter, *der;* **~piece** *n.* Querbalken, *der;* **~ply tyre** *n.* Diagonalreifen, *der;* ~ **'purposes** *n. pl.* **talk at ~ purposes** aneinander vorbeireden; **be at ~ purposes [with sb.]** *(have different aims)* gegensätzliche Vorstellungen haben; *(misunderstand)* [jmdn.] mißverstehen; **~'question** *v. t.* ins Kreuzverhör nehmen; **~refer** *v. i.* einen Querverweis machen; **~'reference 1.** *n.* Querverweis, *der;* **2.** *v. t.* verweisen ‹*Person, Stichwort*› (to auf + *Akk.*); mit Querverweisen versehen ‹*Eintrag, Werk*›; **~roads** *n. sing.* Kreuzung, *die; (fig.)* Wendepunkt, *der;* **be at a/the ~roads** *(fig.)* am Scheideweg stehen; **~section** *n.* Querschnitt, *der; (fig.)* repräsentative Auswahl; **in ~section** im Querschnitt; **a ~section of the population** ein Querschnitt durch die Bevölkerung; **~stitch** *n.* Kreuzstichstickerei, *die; (stitch)* Kreuzstich, *der;* **~talk** *n.* *(Communications)* Übersprechen, *das;* **~town 1.** *adj.* **a ~town route/road** eine Strecke/Straße, die quer durch die Stadt führt; **a ~town bus** ein Bus, der quer durch die Stadt fährt; **2.** *adv.* *(Amer.)* quer durch die Stadt ‹*gehen, fahren*›; **~voting** *n.* *Stimmabgabe für eine andere als die eigene Partei;* **~walk** *n.* *(Amer.)* Fußgängerüberweg, *der*

**crossways** ['krɒsweɪz] *see* **crosswise 2**

**'cross-wind** *n.* Seitenwind, *der*

**crosswise** ['krɒswaɪz] **1.** *adj.* Quer-. **2.** *adv.* kreuzweise; *(of one in relation to another)* quer

**crossword** ['krɒswɜ:d] *n.* ~ **[puzzle]** Kreuzworträtsel, *das*

**crotch** [krɒtʃ] *n.* **a)** *(of tree)* Gabelung, *die;* **b)** *(of trousers, body)* Schritt, *der;* **kick sb. in the ~:** jmdn. zwischen die Beine treten

**crotchet** ['krɒtʃɪt] *n.* *(Brit. Mus.)* Viertelnote, *die*

**crotchety** ['krɒtʃɪtɪ] *adj.* launisch; quengelig ‹*Kind*›

**crouch** [kraʊtʃ] *v. i.* [sich zusammen]kauern; ~ **down** sich niederkauern; ‹*Person:*› sich hinhocken

[1]**croup** [kru:p] *n.* *(of horse)* Kruppe, *die*

[2]**croup** *n.* *(Med.)* Krupp, *der*

**croupier** ['kru:pɪə(r), 'kru:pɪeɪ] *n.* Croupier, *der*

**crouton** ['kru:tõ] *n.* *(Gastr.)* Croûton, *der*

**crow** [krəʊ] **1.** *n.* **a)** *(bird)* Krähe, *die;* **as the ~ flies** Luftlinie; **eat ~** *(Amer. fig.)* zu Kreuze kriechen; **b)** *(cry of cock or infant)* Krähen, *das;* **c)** *see* **crowbar. 2.** *v. i.* **a)** ‹*Hahn, Baby:*› krähen; **b)** *(exult)* ~ **over** [hämisch] frohlocken über (+ *Akk.*)

**crow: ~bar** *n.* Brechstange, *die;* **~berry** *n.* *(Bot.)* Krähenbeere, *die*

**crowd** [kraʊd] **1.** *n.* **a)** *(large number of persons)* Menschenmenge, *die;* **~[s] of people** Menschenmassen *Pl.;* **he would pass in a ~:** er ist passabel; **stand out from the ~:** aus der Menge herausragen; **b)** *(mass of spectators, audience)* Zuschauermenge, *die;* **c)** *(multitude)* breite Masse; **follow the ~** *(fig.)* mit der Herde laufen; **be just one of the ~** *(fig.)* in der Masse untergehen; **d)** *(coll.: company, set)* Clique, *die;* **a strange ~:** ein komischer Haufen; **e)** *(large number of things)* Menge, *die;* **a ~ of thoughts/new ideas** eine Menge Gedanken/ein Haufen neuer Ideen. **2.** *v. t.* **a)** *(collect in a ~)* **be ~ed at a place** sich an einem Ort drängen; **b)** *(fill, occupy, cram)* füllen; ~ **people into a bus/room** Leute in einen Bus/ein Zimmer pferchen; ~ **sth. with sth.** etw. mit etw. vollstopfen; **the port was ~ed with ships** im Hafen lagen die Schiffe dicht an dicht; **the streets were ~ed with people** die Straßen waren voll mit Leuten; **c)** *(fig.: fill)* ausfüllen; **the year was ~ed with incidents** es war ein sehr ereignisreiches Jahr; **d)** *(come close to)* [absichtlich] fast berühren; **e)** *(force)* drängen; ~ **sb. into doing sth.** jmdn. drängen, etw. zu tun; **f)** *(Amer. coll.: approach)* **he's ~ing thirty** er geht auf die Dreißig zu. **3.** *v. i.* **a)** *(collect)* sich sammeln; ~ **around sb./sth.** sich um jmdn./etw. drängen *od.* scharen; **b)** *(force itself)* strömen; **memories were ~ing in [on him]** Erinnerungen stürmten auf ihn ein; ~ **into/through sth.** in (+ *Akk.*)/durch etw. strömen *od.* drängen

~ **'out** *v. t.* herausdrängen; **be ~ed out by sth.** von etw. verdrängt werden

**'crowd control** *n.* *Ordnungsdienst bei Großveranstaltungen*

**crowded** ['kraʊdɪd] *adj.* überfüllt; voll ‹*Programm*›; ereignisreich ‹*Tag, Leben, Karriere*›; ~ **'out** *(coll.)* proppenvoll *(ugs.)*; gerammelt voll *(ugs.)*

**'crowd-puller** *n.* *(coll.)* Attraktion, *die*

**'crowfoot** *n.* *(Bot.)* Hahnenfuß, *der*

**crown** [kraʊn] **1.** *n.* **a)** *(of monarch; device, ornament)* Krone, *die;* **the C~:** die Krone; **succeed to the C~:** die Thronfolge antreten; **be heir to the C~:** Thronfolger/-folgerin sein; **the world heavyweight ~:** der Weltmeisterschaftstitel im Schwergewicht; **b)** *(wreath of flowers etc.)* Sieger-, Ehrenkranz, *der;* **c)** *(bird's crest)* Kamm, *der;* **d)** *(of head)* Scheitel, *der; (of arched structure)* Scheitelpunkt, *der; (of arch)* Kappe, *die; (of tree, tooth)* Krone, *die; (of hat)* Kopfteil, *das; (thing that forms the summit)* Gipfel, *der; (fig.)* Krönung, *die;* **e)** *(coin)* Krone, *die.* **2.** *v. t.* **a)** krönen; ~ **sb. king/queen** jmdn. zum König/zur Königin krönen; **b)** *(surmount)* krönen; **the hill was ~ed with trees** die Kuppe des Hügels war mit Bäumen bewachsen; **c)** *(put finishing touch to)* krönen; **to ~ [it] all** zur Krönung des Ganzen; *(to make things even worse)* um das Maß vollzumachen; **d)** *(bring to happy ending)* krönen; **success ~ed his efforts** seine Anstrengungen waren von Erfolg gekrönt; **e)** *(sl.: hit on the head)* einen überbraten *(salopp)* (+ *Dat.*); **f)** *(Draughts)* zur Dame machen; eine Dame bekommen mit; **g)** *(Dent.)* überkronen; eine Krone machen für

**crown: ~ 'cap** *n.* Kron[en]korken, *der;* **C~ 'Colony** *n.* Kronkolonie, *die;* **C~ 'Court** *n.* *(Brit. Law)* Krongericht, *das*

**crowned** [kraʊnd] *adj.* **a)** *(invested with royal crown)* gekrönt; **b)** *(provided with a crown)* mit einer Krone; *see also* [1]**head 1 a**

**'crown green** *n.* *Bowlingrasen, der in der Mitte höher ist als an den Seiten*

**crowning** ['kraʊnɪŋ] **1.** *n.* Krönung, *die.* **2.** *adj.* krönend; **her ~ glory is her hair** ihr Haar ist ihre größte Zier

**crown: ~ 'jewels** *n. pl.* Kronjuwelen; **~ land** *n.* Ländereien *Pl.* der Krone; **~ of 'thorns** *n.* *(Zool., Relig.)* Dornenkrone,

*die;* **C~ 'prince** *n. (lit. or fig.)* Kronprinz, *der;* **C~ 'princess** *n.* Kronprinzessin, *die*
**crow: ~'s-foot** *n., usu. in pl.* Krähenfuß, *der;* **~'s-nest** *n. (Naut.)* Krähennest, *das;* Mastkorb, *der*
**crozier** *see* **crosier**
**crucial** ['kru:ʃl] *adj.* entscheidend **(to** für)
**crucially** ['kru:ʃəlɪ] *adv.* entscheidend; **be ~ important** von entscheidender Wichtigkeit sein
**crucible** ['kru:sɪbl] *n.* [Schmelz]tiegel, *der*
**crucifix** ['kru:sɪfɪks] *n.* Kruzifix, *das*
**crucifixion** [kru:sɪ'fɪkʃn] *n.* Kreuzigung, *die*
**cruciform** ['kru:sɪfɔ:m] *adj.* kreuzförmig
**crucify** ['kru:sɪfaɪ] *v. t.* **a)** kreuzigen; **b)** *(torment, persecute)* peinigen; verfolgen; *(severely criticize)* verreißen
**crud** [krʌd] *n. (sl.)* **a)** *(impurity etc.)* Verunreinigung, *die;* Fremdstoff, *der;* **b)** *(nonsense)* Schrott, *der (salopp);* Mist, *der (ugs.)*
**crude** [kru:d] **1.** *adj.* **a)** *(in natural or raw state)* roh; Roh-; **~ oil/ore** Rohöl, *das*/Roherz, *das;* **b)** *(fig.: rough, unpolished)* primitiv; simpel; grob ‹*Entwurf, Skizze*›; **c)** *(rude, blunt)* ungehobelt, ungeschliffen ‹*Person, Benehmen*›; grob, derb ‹*Worte*›; ordinär ‹*Witz*›; **d)** *(not adjusted or corrected)* unbereinigt ‹*Statistik*›; roh ‹*Ziffer*›. **2.** *n.* Rohöl, *das;* Erdöl, *das*
**crudely** ['kru:dlɪ] *adv. (roughly)* grob ‹*skizzieren, schätzen, entwerfen*›; *(rudely, bluntly)* ungehobelt, ungeschliffen ‹*sich benehmen*›; derb, plump ‹*sagen*›; ordinär ‹*reden*›
**crudeness** ['kru:dnɪs] *n. no pl.* **a)** *(roughness)* Primitivität, *die; (of theory, design, plan)* Skizzenhaftigkeit, *die;* **b)** *(rudeness, bluntness) (of person, behaviour, manners)* Ungeschliffenheit, *die; (of words)* Derbheit, *die; (of joke)* Geschmacklosigkeit, *die*
**crudity** ['kru:dɪtɪ] *n.* **a)** *no pl. see* **crudeness; b)** *(crude remark)* Grobheit, *die*
**cruel** ['kru:əl] *adj.*, *(Brit.)* **-ll-: a)** grausam; **be ~ to sb.** grausam zu jmdm. sein; **be ~ to animals** ein Tierquäler sein; **be ~ to one's dog** seinen Hund quälen; **b)** *(causing pain or suffering)* grausam; unbarmherzig; **be ~ to be kind** in jmds. Interesse unbarmherzig sein müssen
**cruelly** ['kru:əlɪ] *adv.* grausam; unbarmherzig ‹*kritisieren*›; **life treated him ~:** das Leben spielte ihm grausam mit
**cruelty** ['kru:əltɪ] *n. see* **cruel:** Grausamkeit, *die;* Unbarmherzigkeit, *die;* **~ to animals** Tierquälerei, *die;* **~ to children** Kindesmißhandlung, *die*
**cruet** ['kru:ɪt] *n.* **a)** Essig-/Ölfläschchen, *das;* **b)** *see* **cruet-stand**
**'cruet-stand** *n.* Menage, *die*
**cruise** [kru:z] **1.** *v. i.* **a)** *(sail for pleasure)* eine Kreuzfahrt machen; **b)** *(at random)* ‹*Fahrzeug, Fahrer:*› herumfahren; **c)** *(at economical speed)* ‹*Fahrzeug:*› mit Dauergeschwindigkeit fahren; ‹*Flugzeug:*› mit Reisegeschwindigkeit fliegen; **cruising speed** Reisegeschwindigkeit, *die;* **we are now cruising at a height/speed of ...:** wir fliegen nun in einer Flughöhe/mit einer Reisegeschwindigkeit von ...; **d)** *(for protection of shipping)* kreuzen. **2.** *n.* Kreuzfahrt, *die;* **go on** *or* **for a ~:** eine Kreuzfahrt machen
**'cruise missile** *n.* Marschflugkörper, *der*
**cruiser** ['kru:zə(r)] *n.* Kreuzer, *der*
**'cruiserweight** *n. (Boxing etc.)* Halbschwergewicht, *das; (person also)* Halbschwergewichtler, *der*
**crumb** [krʌm] **1.** *n.* **a)** Krümel, *der;* Brösel, *der; (fig.)* Brocken, *der;* **~s of wisdom** ein bißchen Weisheit; **~s from the rich man's table** *(fig.)* Brosamen, die von des Reichen Tische fallen; **~[s] of comfort** kleiner Trost; **b)** *(soft part of bread)* Krume, *die.* **2.** *v. t. (cover with ~s)* panieren
**crumble** ['krʌmbl] **1.** *v. t.* zerbröckeln ‹*Brot*›; zerkrümeln ‹*Keks, Kuchen*›; **~ sth. into/onto sth.** etw. in/auf etw. *(Akk.)* bröckeln *od.* krümeln. **2.** *v. i.* ‹*Brot, Kuchen:*› krümeln; ‹*Gestein:*› [zer]bröckeln; ‹*Mauer:*› zusammenfallen; *(fig.)* ‹*Hoffnung:*› sich zerschlagen; ‹*Reich, Gesellschaft:*› zerfallen, zugrunde gehen. **3.** *n. (Cookery)* **a)** *(dish) mit Streuseln bestreutes und überbackenes [Apfel-, Rhabarber- usw.]dessert;* **b)** *(substance)* Streusel *Pl.*
**crumbly** ['krʌmblɪ] *adj.* krümelig ‹*Keks, Kuchen, Brot*›; bröckelig ‹*Gestein, Erde*›
**crumbs** [krʌmz] *int. (Brit. coll.)* Mensch *(ugs.);* verflixt *(ugs.)*
**crummy** ['krʌmɪ] *adj. (sl.)* **a)** *(dirty, unpleasant)* schmuddelig *(ugs.);* verdreckt *(ugs.);* **b)** *(inferior, worthless)* mies *(ugs.)*
**crumpet** ['krʌmpɪt] *n.* **a)** *(cake) weiches Hefeküchlein zum Toasten;* **b)** *(sl.: women)* Weiber *Pl. (salopp);* Miezen *Pl. (salopp);* **a bit/piece of ~:** ein Weib; **c)** *(sl.: head)* Birne, *die (salopp);* Rübe, *die (salopp);* **off one's ~:** übergeschnappt
**crumple** ['krʌmpl] **1.** *v. t.* **a)** *(crush)* zerdrücken; zerquetschen; **b)** *(ruffle, wrinkle)* zerknittern ‹*Kleider, Papier, Stoff*›; **~ [up] a piece of paper** ein Stück Papier zerknüllen. **2.** *v. i.* ‹*Kleider, Stoff, Papier:*› knittern; **~ [up]** *(fig.)* ‹*Person:*› zusammensinken
**'crumple zone** *n. (Motor Veh.)* Knautschzone, *die*
**crunch** [krʌnʃ] **1.** *v. t.* [geräuschvoll] knabbern ‹*Keks, Zwieback*›; [geräuschvoll] nagen an (+ *Dat.*) ‹*Knochen*›. **2.** *v. i.* **a) ~ away [at sth.]** [an etw. *(Dat.)*] herumknabbern *od.* -nagen; **b)** ‹*Schnee, Kies:*› knirschen; ‹*Eis:*› [zer]splittern; **the wheels ~ed on the gravel** der Kies knirschte unter den Rädern; **he ~ed through the snow** er ging durch den knirschenden Schnee. **3.** *n.* **a)** *(crunching noise)* Knirschen, *das;* **b)** *(decisive event)* **when it comes to the ~, when the ~ comes** wenn es hart auf hart geht
**crunchy** ['krʌnʃɪ] *adj.* knusprig ‹*Gebäck, Nüsse*›; knackig ‹*Apfel*›
**crupper** ['krʌpə(r)] *n.* **a)** *(strap)* Schweifriemen, *der;* **b)** *(of horse)* Kruppe, *die*
**crusade** [kru:'seɪd] **1.** *n. (Hist.)* Kreuzzug, *der;* **a ~ against sth.** *(fig.)* ein Feldzug *od.* Kreuzzug gegen etw. **2.** *v. i.* einen Kreuzzug unternehmen; *(fig.)* zu Felde ziehen
**crusader** [kru:'seɪdə(r)] *n.* Kreuzfahrer, *der;* Kreuzritter, *der*
**crush** [krʌʃ] **1.** *v. t.* **a)** *(compress with violence)* quetschen; auspressen ‹*Trauben, Obst*›; *(kill, destroy)* zerquetschen; zermalmen; **~ to death** zu Tode quetschen; **~ed strawberry** *(colour)* Erdbeerrot, *das;* **b)** *(reduce to powder)* zerstampfen; zermahlen; zerstoßen ‹*Gewürze, Tabletten*›; **c)** *(fig.: subdue, overwhelm)* niederwerfen, niederschlagen ‹*Aufstand*›; vernichten ‹*Feind*›; zunichte machen ‹*Hoffnungen, Wünsche*›; **her angry look ~ed him** vernichtend traf ihn ihr zorniger Blick; **d)** *(crumple, crease)* zerknittern ‹*Kleid, Stoff*›; zerdrücken, verbeulen ‹*Hut*›. **2.** *n.* **a)** *(crowded mass)* Gedränge, *das;* Gewühl, *das;* **b)** *(sl.) (infatuation)* Schwärmerei, *die; (person)* Schwarm, *der (ugs.);* **have/get a ~ on sb.** in jmdn. verknallt sein/sich in jmdn. verknallen *(ugs.);* **c)** *(drink)* Saftgetränk, *das;* **d)** *(coll.: crowded gathering)* Rummel, *der (ugs.)*
**crush: ~ bar** *n.* Bar, *die (im Foyer eines Theaters);* **~-barrier** *n.* Absperrgitter, *das*
**crushing** ['krʌʃɪŋ] *adj.* niederschmetternd ‹*Antwort*›; vernichtend ‹*Niederlage, Schlag*›
**crust** [krʌst] *n.* **a)** *(of bread)* Kruste, *die;* Rinde, *die;* **b)** *(hard surface, coating, deposit)* Kruste, *die;* **the earth's ~:** die Erdkruste; **c)** *(of pie)* Teigdeckel, *der;* **d)** *(scab)* Kruste, *die;* Schorf, *der;* **e)** *(fig.: superficial hardness)* Panzer, *der;* **f)** *(in winebottle)* Depot, *das. See also* **¹last 1; upper 1 b**
**crustacean** [krʌ'steɪʃn] *n.* Krusten- *od.* Krebstier, *das;* Krustazee, *die (fachspr.)*
**crusted** ['krʌstɪd] *adj. (having a crust)* verkrustet; abgelagert ‹*Wein*›; **~ snow** Harsch, *der*
**crusty** ['krʌstɪ] *adj.* **a)** *(crisp)* knusprig; **b)** *(hard)* hart; **c)** *(irritable, curt)* barsch
**crutch** [krʌtʃ] *n.* **a)** *(lit. or fig.)* Krücke, *die;* **go about on ~es** an Krücken gehen; **b)** *see* **crotch b**
**crux** [krʌks] *n., pl.* **~es** *or* **cruces** ['kru:si:z] **a)** *(difficult matter, puzzle)* Rätsel, *das;* harte Nuß *(ugs.);* **the ~ of the matter** der Haken bei der Sache; **b)** *(decisive point)* Kern[punkt], *der;* **the ~ of the matter** der springende Punkt bei der Sache
**cry** [kraɪ] **1.** *n.* **a)** *(loud utterance of grief)* Schrei, *der; (loud utterance of words)* Schreien, *das;* Geschrei, *das; (of hounds or wolves)* Heulen, *das;* Geheul, *das; (of birds)* Schreien, *das;* Geschrei, *das;* **a ~ of pain/rage/happiness** ein Schmerzens-/Wut-/Freudenschrei; **a far ~ from ...** *(fig.)* etwas ganz anderes als ...; **be in full ~:** ‹*Hundemeute:*› laut bellend hinter der Beute herhetzen; **be in full ~ after sb.** *(fig.)* jmdn. mit großem Geheul verfolgen; **b)** *(appeal, entreaty)* Appell, *der;* **a ~ for freedom/independence/justice** ein Ruf nach Freiheit/Unabhängigkeit/Gerechtigkeit; **a ~ for mercy** eine flehentliche Bitte um Gnade; **a ~ for help** ein Hilferuf; **c)** *(proclamation of goods or business)* Ausrufen, *das;* **d)** *(public demand)* Ruf, *der;* **e)** *(watchword)* Losung, *die;* Parole, *die; (in battle)* Schlachtruf, *der;* **f)** *(fit or spell of weeping)* **have a good ~:** sich ausweinen; **it will do her good to have a ~:** es wird ihr guttun, sich einmal richtig auszuweinen. **2.** *v. t.* **a)** rufen; *(loudly)* schreien; **b)** *(weep)* weinen; **~ bitter tears over sth.** bittere Tränen wegen etw. weinen *od.* über etw. *(Akk.)* vergießen; **~ one's eyes out** sich *(Dat.)* die Augen ausweinen *od.* aus dem Kopf weinen; **~ oneself to sleep** sich in den Schlaf weinen; **c) ~ one's wares** *(lit. or fig.)* seine Waren anpreisen. **3.** *v. i.* **a)** rufen; *(loudly)* schreien; **~ [out] for sth./sb.** nach etw./jmdm. rufen *od.* schreien; **~ [out] for mercy** um Gnade flehen; **~ [out] for help** um Hilfe schreien; **~ to sb. [to come]** jmdm. zurufen[, er solle kommen *od.* daß er kommen soll]; **~ with pain** vor Schmerz[en] schreien; **sth. cries out for sth.** *(fig.)* etw. schreit nach etw.; **[well,] for ~ing out loud** *(coll.)* das darf doch wohl nicht wahr sein! *(ugs.);* **what's the matter, for ~ing out loud?** was ist los, um Himmels willen?; **~ for the moon** *(fig.)* Unmögliches verlangen; **b)** *(weep)* weinen **(over** wegen); **~ for sth.** nach etw. weinen; *(fig.)* einer Sache *(Dat.)* nachweinen; *see also* **milk 1; c)** ‹*Möwe:*› schreien; ‹*Hund:*› bellen
**~ 'down** *v. t.* **~ sb./sth. down** jmdn./etw. herabsetzen *od. (ugs.)* miesmachen
**~ 'off** *v. i.* absagen; einen Rückzieher machen *(ugs.)*
**~ 'out** *v. i.* aufschreien; *see also* **~ 3 a**
**~ 'up** *v. t.* **~ sth./sb. up** etw./jmdn. hochjubeln *(ugs.) od.* in den Himmel heben *(ugs.);* **it/he wasn't all it/he was cried up to be** so großartig war es/er nun auch wieder nicht
**'cry-baby** *n.* Heulsuse, *die (ugs.)*
**cryer** *see* **crier**
**crying** ['kraɪɪŋ] *adj.* weinend ‹*Kind*›; schreiend ‹*Unrecht*›; dringend ‹*Bedürfnis, Notwendigkeit*›; dringlich ‹*Forderung*›; kraß ‹*Mißverhältnis*›; **it is a ~ shame** es ist eine wahre Schande
**cryo-** [kraɪəʊ] *in comb.* Kryo-/kryo-
**cryogenic** [kraɪəʊ'dʒenɪk] *adj.* **~ laboratory** Tieftemperaturlabor, *das*
**crypt** [krɪpt] *n.* Krypta, *die*
**cryptic** ['krɪptɪk] *adj.* **a)** *(secret, mystical)* geheimnisvoll; **b)** *(obscure in meaning)* undurchschaubar; kryptisch

**cryptically** ['krɪptɪkəlɪ] *adv. see* **cryptic:** geheimnisvoll; undurchschaubar; kryptisch

**crypto-** [krɪptəʊ] *in comb.* Krypto-

**cryptogram** ['krɪptəgræm] *n.* verschlüsselter Text; Geheimtext, *der*

**cryptographic** [krɪptə'græfɪk] *adj.* verschlüsselt; *(employing cryptography)* Verschlüsselungs-

**cryptography** [krɪp'tɒgrəfɪ] *n.* Kryptographie, *die*

**crystal** ['krɪstl] **1.** *n.* **a)** *(Chem., Min., etc.)* Kristall, *der;* **b)** *see* **crystal glass. 2.** *adj. (made of ~ glass)* kristallen; **~ bowl/vase** Kristallschale, *die*/-vase, *die*

**crystal:** ~ **'ball** *n.* Kristallkugel, *die;* **I haven't got a ~ ball!** ich bin [doch] kein Hellseher!; **~-clear** *adj.* kristallklar; kristallen *(geh.); (fig.)* glasklar; **make sth. ~-clear** *(fig.)* etw. ganz klar machen; **~-gazing** *n.* Hellseherei, *die;* Kristallomantie, *die (fachspr.);* ~ **'glass** *n.* Bleikristall, *das;* Kristallglas, *das*

**crystalline** ['krɪstəlaɪn] *adj.* **a)** *(made of crystal)* Kristall-; kristallen; **b)** *(Chem., Min.)* kristallin[isch]

**crystallisation, crystallise** *see* **crystalliz-**

**crystallization** [krɪstəlaɪ'zeɪʃn] *n.* Kristallbildung, *die;* Kristallisation, *die; (fig.)* Kristallisierung, *die*

**crystallize** ['krɪstəlaɪz] **1.** *v.t.* auskristallisieren ‹*Salze*›; kandieren ‹*Früchte*›; **~ one's thoughts** *(fig.)* seinen Gedanken feste Form geben. **2.** *v.i.* kristallisieren; *(fig.)* feste Form annehmen

**crystallographer** [krɪstə'lɒgrəfə(r)] *n.* Kristallograph, *der*/-graphin, *die*

**crystallography** [krɪstə'lɒgrəfɪ] *n.* Kristallographie, *die*

**c/s** *abbr.* **cycle[s] per second** Hz

**CSCE** *abbr.* **Conference on Security and Cooperation in Europe** KSZE

**CSE** *abbr. (Brit. Hist.)* **Certificate of Secondary Education**

**CS 'gas** *n.* CS, *das (fachspr.);* ≈ Tränengas, *das*

**ct** *abbr.* **a) carat** Kt.; **b) cent** ct., Ct.

**cu.** *abbr.* **cubic** Kubik-

**cub** [kʌb] *n.* **a)** Junge, *das; (of wolf, fox, dog)* Welpe, *der;* Junge, *das;* **b) Cub** *see* **Cub Scout; c)** *(Amer.: apprentice)* Lehrling, *der*

**Cuba** ['kju:bə] *n.* Kuba *(das)*

**Cuban** ['kju:bn] **1.** *adj.* kubanisch; **sb. is ~:** jmd. ist Kubaner/Kubanerin. **2.** *n.* Kubaner, *der*/Kubanerin, *die*

**Cuban 'heel** *n.* Blockabsatz, *der*

**cubby[-hole]** ['kʌbɪ(-həʊl)] *n.* Kämmerchen, *das; (snug place)* Kuschelecke, *die*

**cube** [kju:b] **1.** *n.* **a)** Würfel, *der;* Kubus, *der (fachspr.);* **b)** *(Math.)* dritte Potenz; Kubus, *der (fachspr.).* **2.** *v.t.* in die dritte Potenz erheben ‹*Zahl*›; hoch drei nehmen; **2 ~d is 8** 2 hoch 3 ist 8; die dritte Potenz von 2 ist 8

**cube:** ~ **'root** *n.* Kubikwurzel, *die;* **the ~ root of 8 is 2** die dritte Wurzel aus 8 ist 2; **~ sugar** *n.* Würfelzucker, *der*

**cubic** ['kju:bɪk] *adj.* **a)** würfelförmig; **have a ~ form** würfelförmig sein; die Form eines Würfels haben; **b)** *(of three dimensions)* Kubik-; Raum-; **~ content** Rauminhalt, *der;* **~ metre/centimetre/foot/yard** Kubikmeter/-zentimeter/-fuß/-yard, *der;* **c)** *(Math.)* kubisch; **~ equation** Gleichung dritten Grades

**cubical** ['kju:bɪkl] *adj. see* **cubic a**

**cubicle** ['kju:bɪkl] *n.* **a)** *(sleeping-compartment)* Alkoven, *der;* **b)** *(for dressing, private discussion, etc.)* Kabine, *die*

**cubism** ['kju:bɪzm] *n. (Art)* Kubismus, *der*

**cubist** ['kju:bɪst] *n. (Art)* Kubist, *der*/Kubistin, *die*

**cubit** ['kju:bɪt] *n. (Hist.)* Elle, *die*

**'cub reporter** *n. (coll.)* unerfahrener [junger] Reporter/unerfahrene [junge] Reporterin

**'Cub Scout** *n.* Wölfling, *der*

**cuckold** ['kʌkəld] *(arch.)* **1.** *n.* Hahnrei, *der (veralt.);* gehörnter Ehemann *(scherzh.).* **2.** *v.t.* Hörner aufsetzen (+ *Dat.*) *(scherzh.);* hörnen *(scherzh.)*

**cuckoo** ['kʊku:] **1.** *n.* **a)** Kuckuck, *der;* **~ in the nest** *(fig.)* Fremdkörper, *der;* **b)** *(simpleton)* Einfaltspinsel, *der (ugs.);* Heini, *der (ugs.).* **2.** *adj. (sl.)* meschugge *nicht attr. (salopp);* **a ~ notion/idea** eine bekloppte Idee *(salopp)*

**cuckoo:** ~ **clock** *n.* Kuckucksuhr, *die;* **~ flower** *n. (Bot.)* **a)** *(lady-smock)* Wiesenschaumkraut, *das;* **b)** *(ragged robin)* Kuckuckslichtnelke, *die;* **~-pint** ['kʊku:pɪnt] *n. (Bot.)* Aron[s]stab, *der*

**cucumber** ['kju:kʌmbə(r)] *n.* [Salat]gurke, *die;* **be as cool as a ~** taufrisch sein; *(fig.: remain calm)* einen kühlen Kopf behalten

**cud** [kʌd] *n.* wiedergekäutes Futter; **chew the ~:** wiederkäuen; *(fig.)* vor sich hin grübeln

**cuddle** ['kʌdl] **1.** *n.* Liebkosung, *die;* enge Umarmung; **give sb. a ~:** jmdn. drücken *od.* in den Arm nehmen; **have a ~:** schmusen. **2.** *v.t.* schmusen mit; hätscheln ‹*kleines Kind*›. **3.** *v.i.* schmusen; **~ up** sich zusammenkuscheln; *(in bed)* sich einmummeln; **he ~d up beside her** er kuschelte sich an ihre Seite

**cuddlesome** ['kʌdlsəm] *adj.* zum Liebhaben *od.* Schmusen *nachgestellt*

**cuddly** ['kʌdlɪ] *adj.* **a)** *(given to cuddling)* verschmust; **b)** *see* **cuddlesome**

**cuddly 'toy** *n.* Plüschtier, *das*

**cudgel** ['kʌdʒl] **1.** *n.* Knüppel, *der;* **take up the ~s for sb./sth.** *(fig.)* [energisch] für jmdn./etw. eintreten. **2.** *v.t., (Brit.)* **-ll-** knüppeln; **~ one's brains** *(fig.)* sich *(Dat.)* das [Ge]hirn zermartern

**¹cue** [kju:] *n. (Billiards etc.)* Queue, *das;* Billardstock, *der*

**²cue 1.** *n.* **a)** *(Theatre)* Stichwort, *das; (Music)* Stichnoten *Pl.; (Cinemat., Broadcasting)* Zeichen zum Aufnahmebeginn; **be/speak/play on ~:** rechtzeitig einsetzen; **enter on ~:** auf das Stichwort hin auftreten; **b)** *(sign when or how to act)* Wink, *der;* Zeichen, *das;* **take one's ~ from sb.** *(lit. or fig.)* sich nach jmdm. richten. **2.** *v.t. (label)* kennzeichnen

**¹cuff** [kʌf] *n.* **a)** Manschette, *die;* **off the ~** *(fig.)* aus dem Stegreif; **b)** *(Amer.: trouser turn-up)* [Hosen]aufschlag, *der;* **c)** *in pl. (coll.: handcuffs)* Handschellen *Pl.*

**²cuff 1.** *v.t.* **~ sb.'s ears, ~ sb. over the ears** jmdm. eins hinter die Ohren geben *(ugs.);* **~ sb.** jmdm. einen Klaps geben. **2.** *n.* Klaps, *der;* **give sb. a ~ on the ears** jmdm. eins hinter die Ohren geben *(ugs.)*

**'cuff-link** *n.* Manschettenknopf, *der*

**cuirass** [kwɪ'ræs] *n. (armour)* Küraß, *der;* Brustharnisch, *der*

**cuisine** [kwɪ'zi:n] *n.* Küche, *die;* **French/Italian** *etc.* **~:** französische/italienische *usw.* Küche

**cul-de-sac** ['kʌldəsæk] *n., pl.* **culs-de-sac** ['kʌldəsæk] Sackgasse, *die*

**culinary** ['kʌlɪnərɪ] *adj.* kulinarisch; **the ~ arts** die Kochkunst; **~ herbs/plants** *etc.* Küchenkräuter/-gewächse *usw.*

**cull** [kʌl] **1.** *v.t.* **a)** *(pick)* pflücken; **b)** *(select)* auswählen; **c)** *(select and kill)* ausmerzen. **2.** *n.* **a)** *(act of ~ing)* Ausmerzung, *die;* **~ of seals** Robbenschlag, *der;* **b)** *(~ed animal)* Merztier, *das*

**cullet** ['kʌlɪt] *n. (Glass-making)* Glasscherben; Glasbruch, *der*

**culm** [kʌlm] *n. (Bot.)* Halm, *der*

**culminate** ['kʌlmɪneɪt] *v.i. (reach highest point, lit. or fig.)* gipfeln; kulminieren; **~ in sth.** in etw. *(Dat.)* seinen Höchststand erreichen

**culmination** [kʌlmɪ'neɪʃn] *n.* Höhepunkt, *der;* Kulmination, *die (geh.)*

**culottes** [kju:'lɒt] *n. pl.* Hosenrock, *der*

**culpable** ['kʌlpəbl] *adj.* schuldig ‹*Person*›; strafbar ‹*Handlung*›; **hold sb. ~:** jmdn. für schuldig halten; **~ negligence** grobe Fahrlässigkeit

**culprit** ['kʌlprɪt] *n. (guilty of crime)* Schuldige, *der/die;* Täter, *der*/Täterin, *die; (guilty of wrong)* Übeltäter, *der*/-täterin, *die;* Missetäter, *der*/-täterin, *die*

**cult** [kʌlt] *n.* Kult, *der;* **the ~ of the dead** der Totenkult; *attrib.* Kult‹*film, -figur usw.*›

**cultivate** ['kʌltɪveɪt] *v.t.* **a)** *(prepare and use for crops)* kultivieren; bestellen, bebauen ‹*Feld, Land*›; *(prepare with cultivator)* mit dem Kultivator bearbeiten; **b)** *(produce by culture)* anbauen, züchten ‹*Pflanzen*›; züchten ‹*Tiere*›; **c)** *(fig.) (improve, develop)* kultivieren ‹*Stimme, Sprache*›; kultivieren, entwickeln ‹*Geschmack*›; kultivieren, verfeinern ‹*Manieren*›; *(pay attention to, cherish)* kultivieren ‹*Freundschaft, Gefühl, Gewohnheit*›; pflegen ‹*Freundschaft, Verbindung*›; entwickeln ‹*Kunst, Fertigkeit*›; betreiben ‹*Wissenschaft*›; **~ sb.** die Verbindung mit jmdm. pflegen; sich *(Dat.)* jmdn. warmhalten *(ugs.);* **~ one's mind** sich bilden; **d)** züchten ‹*Bakterien*›

**cultivated** ['kʌltɪveɪtɪd] *adj.* **a)** kultiviert; gezüchtet ‹*Pflanzen*›; bebaut ‹*Land, Feld*›; **~ plant** Zuchtpflanze, *die;* **b)** *(fig.)* kultiviert ‹*Manieren, Sprache, Geschmack*›; kultiviert, gebildet ‹*Person*›

**cultivation** [kʌltɪ'veɪʃn] *n. (lit. or fig.)* Kultivierung, *die; (of a skill)* Entwicklung, *die;* **~ of plants** Anbau von Pflanzen; **~ of land** Landbau, *der;* Pflanzenbau, *der;* **land that is under ~:** Boden, der landwirtschaftlich genutzt wird; **bring land into ~:** Land urbar machen; *(fig.)* **~ of the mind** Bildung, *die*

**cultivator** ['kʌltɪveɪtə(r)] *n.* **a)** *(person)* Ackerbauer, *der;* **b)** *(implement)* Handkultivator, *der; (machine)* Kultivator, *der;* Grubber, *der*

**cultural** ['kʌltʃərl] *adj.* kulturell ‹*Entwicklung, Ereignis, Interessen, Beziehungen*›; **~ revolution/anthropology** Kulturrevolution/-anthropologie, *die;* **there are ~ activities** es wird kulturell etwas geboten

**culture** ['kʌltʃə(r)] **1.** *n.* **a)** Kultur, *die;* **the two ~s** die entgegengesetzten Bereiche Geisteswissenschaft und Naturwissenschaft; **b)** *(intellectual development)* [Geistes]bildung, *die;* Kultur, *die;* **c) physical ~:** Fitneßtraining, *das;* **beauty ~:** Schönheitspflege, *die;* **d)** *(Agric.)* Kultur, *die; (tillage of the soil)* Landbau, *der; (rearing, production)* Zucht, *die;* **methods of ~:** Anbaumethoden *Pl.;* **e)** *(of bacteria)* Kultur, *die.* **2.** *v.t.* züchten ‹*Bakterien*›

**cultured** ['kʌltʃəd] *adj.* **a)** *(cultivated, refined)* kultiviert; gebildet; **b) ~ pearl** Zuchtperle, *die*

**culture:** ~ **shock** *n.* Kulturschock, *der;* **~ vulture** *n. (joc.)* Kulturfanatiker, *der*/-fanatikerin, *die (ugs.)*

**culvert** ['kʌlvət] *n.* **a)** *(for water)* [unterirdischer] Kanal, *der;* **b)** *(for electric cable)* Kabelkanal, *der*

**cum** [kʌm] *prep.* **a)** *(Finance)* **~ dividend** mit Dividende; **b)** *(indicating combined nature or function)* **dining-~-sitting-room** Wohn- und Speisezimmer, *das;* **dinner-~-cocktail dress** Abend- und Cocktailkleid, *das*

**cumbersome** ['kʌmbəsəm] *adj.* lästig, hinderlich ‹*Kleider*›; sperrig ‹*Gepäck, Pakete*›; unhandlich ‹*Paket*›; schwerfällig ‹*Bewegung, Stil, Arbeitsweise, Ausdruck*›; umständlich ‹*Methode*›

**cumin** ['kʌmɪn] *n. (Bot.)* Kreuzkümmel, *der;* Weißer Kümmel

**cummerbund** ['kʌməbʌnd] *n.* Kummerbund, *der*

**cummin** *see* **cumin**

**cumulate** ['kju:mjʊleɪt], **cumulation** [kju:mjʊ'leɪʃn] *see* **accumul-**

**cumulative** ['kju:mjʊlətɪv] *adj.* **a)** *(in-*

*creased by successive additions)* kumulativ *(geh.)*; ~ **strength/effect** Gesamtstärke/ -wirkung, *die;* ~ **evidence** Häufung von Beweismaterial; **b)** *(formed by successive additions)* zusätzlich; Zusatz-; kumulierend, kumuliert ‹*Bibliographie*›

**cumulatively** ['kju:mjʊlətɪvlɪ] *adv.* kumulativ

**cumulus** ['kju:mjʊləs] *n., pl.* **cumuli** ['kju:mjʊlaɪ] *(Meteorol.)* Kumuluswolke, *die*

**cuneiform** ['kju:nɪɪfɔ:m, 'kju:nɪfɔ:m] *adj.* keilförmig; ‹*Text, Dokument, Inschrift*› in Keilschrift; ~ **writing** Keilschrift, *die*

**cunnilingus** [kʌnɪ'lɪŋgəs] *n., no pl., no art.* Cunnilingus, *der*

**cunning** ['kʌnɪŋ] **1.** *n.* **a)** Schläue, *die;* Gerissenheit, *die;* **b)** *(arch.: skill)* Geschicklichkeit, *die;* Geschick, *das.* **2.** *adj.* **a)** schlau; gerissen; **b)** *(arch.: skilful)* geschickt; **c)** *(Amer.: quaint, small)* niedlich

**cunningly** ['kʌnɪŋlɪ] *adv.* schlau ‹*reden, denken*›; listig ‹*täuschen*›; gerissen ‹*handeln*›; *as sentence modifier* schlauerweise

**cunt** [kʌnt] *n. (coarse)* **a)** *(female genitals)* Fotze, *die (vulg.);* Möse, *die (vulg.);* **b)** *(derog.) (woman)* Fotze, *die (vulg.);* Schlampe, *die (derb); (man)* Arschloch, *das (derb)*

**cup** [kʌp] **1.** *n.* **a)** *(drinking-vessel)* Tasse, *die;* **there's many a slip between the ~ and the lip** *(fig.)* da kann immer noch etwas dazwischenkommen; **in one's ~s** *(fig.)* in angetrunkenem Zustand; **b)** *(prize, competition)* Pokal, *der;* **c)** *(cupful)* Tasse, *die;* **a ~ of coffee/tea** eine Tasse Kaffee/Tee; **another ~ of tea** *(fig.)* etwas ganz anderes; **a nasty/nice ~ of tea** *(fig. coll.)* ein fieses Stück *(ugs. abwertend)* /ein netter Typ *(ugs.);* **it's [not] my ~ of tea** *(fig. coll.)* das ist [nicht] mein Fall *(ugs.);* **d)** *(flavoured wine etc.)* Bowle, *die;* **e)** *(Eccl.)* Kelch, *der;* **f)** *(fig.: fate, experience)* **his ~ [of happiness/ sorrow] was full** er war überglücklich/das Maß seiner Leiden war voll; **g)** *(of brassière)* Körbchen, *das;* **A/B** *etc.* **~:** A-/B-Körbchen *usw.* **2.** *v. t.,* **-pp-: a)** *(take or hold as in ~)* **~ one's chin in one's hand** das Kinn in die Hand stützen; **~ water** Wasser [mit der hohlen Hand] schöpfen; **b)** *(make ~-shaped)* hohl machen; **~ one's hand to one's ear** die Hand ans Ohr halten

**cupboard** ['kʌbəd] *n.* Schrank, *der*

'**cupboard love** *n.* geheuchelte Zuneigung; **it's just ~:** es ist nur Getue *(ugs.)*

'**cup-cake** *n. kleiner [Rühr]kuchen in einem Förmchen aus Papier*

**Cup 'Final** *n. (Footb.)* Pokalendspiel, *das*

**cupful** ['kʌpfʊl] *n.* Tasse, *die;* **a ~ of water** eine Tasse Wasser

**Cupid** ['kju:pɪd] *n. (god)* Amor, *der;* Cupido, *der; (representation)* Amorette, *die;* **~'s bow** Amors Bogen

**cupidity** [kju:'pɪdɪtɪ] *n., no pl.* Begierde, *die* **(for** nach); Gier, *die* **(for** nach)

**cupola** ['kju:pələ] *n.* Kuppel, *die; (ceiling of dome)* Kuppel, *die;* Kuppelgewölbe, *das*

**cuppa** ['kʌpə], **cupper** ['kʌpə(r)] *n. (Brit. coll.)* Tasse Tee

'**cup-tie** *n.* Pokalspiel, *das*

**cur** [kɜ:(r)] *n. (derog.)* **a)** *(dog)* Köter, *der (ugs. abwertend);* **b)** *(fig.: person)* [Schweine]hund, *der (derb abwertend)*

**curable** ['kjʊərəbl] *adj.* heilbar; **the patient is ~:** der Patient kann geheilt werden; **not ~** *(lit. or fig.)* unheilbar

**curaçao** ['kjʊərəsəʊ] *n.* Curaçao, *der*

**curare** [kjʊə'rɑ:rɪ] *n.* Curare, *das*

**curate** ['kjʊərət] *n.* **a)** *(Eccl.)* Kurat, *der;* Hilfsgeistliche, *der;* **b) sth. is a** *or* **like the ~'s egg** *(fig.)* etw. hat seine guten und seine schlechten Seiten

**curative** ['kjʊərətɪv] *adj.* heilend; Heil-; **be ~:** heilend wirken; heilen

**curator** [kjʊə'reɪtə(r)] *n.* **a)** *(of museum)* Direktor, *der*/Direktorin, *die;* **b)** *(person in charge)* Verwalter, *der*/Verwalterin, *die*

**curb** [kɜ:b] **1.** *v. t. (lit. or fig.)* zügeln. **2.** *n.* **a)** *(chain or strap for horse)* Kandare, *die;* **put a ~ on** *(fig.)* an die Kandare nehmen ‹*Person*›; zügeln ‹*Gefühle*›; einschränken ‹*Ausgaben, Einfuhr*›; **b)** *see* **kerb**

'**curd cheese** *n.* ≈ Quark, *der*

**curdle** ['kɜ:dl] **1.** *v. t. (lit. or fig.)* gerinnen lassen; *see also* **blood-curdling. 2.** *v. i. (lit. or fig.)* gerinnen

**curds** [kɜ:dz] *n. pl.* ≈ Quark, *der;* **~ and whey** Quark [mit Molke]

**cure** [kjʊə(r)] **1.** *n.* **a)** *(thing that ~s)* [Heil]mittel, *das* **(for** gegen); *(fig.)* Mittel, *das;* **b)** *(restoration to health)* Heilung, *die;* **c)** *(treatment)* Behandlung, *die;* **take a ~ at a spa** in *od.* zur Kur gehen; **d)** *(spiritual charge)* **~ of souls** Seelsorge, *die.* **2.** *v. t.* **a)** heilen; kurieren; **~ sb. of a disease** jmdn. von einer Krankheit heilen; **b)** *(fig.)* kurieren; **he was ~d of his bad habits** er wurde von seinen schlechten Gewohnheiten kuriert; ihm wurden seine schlechten Gewohnheiten ausgetrieben; **c)** *(preserve)* haltbar machen ‹*Nahrungsmittel*›; [ein]pökeln ‹*Fleisch*›; räuchern ‹*Fisch*›; trocknen ‹*Häute, Tabak*›; **d)** *(harden)* aushärten ‹*Beton, Kunststoffe*›

'**cure-all** *n.* Allheilmittel, *das*

**curfew** ['kɜ:fju:] *n.* **a)** Ausgangssperre, *die;* **b)** *(Hist.: bell)* Abendglocke, *die*

**Curia** ['kjʊərɪə] *n.* Kurie, *die*

**curio** ['kjʊərɪəʊ] *n., pl.* **~s** Kuriosität, *die*

**curiosity** [kjʊərɪ'ɒsɪtɪ] *n.* **a)** *(desire to know)* Neugier[de], *die* **(about** in bezug auf + *Akk.*); **~ killed the cat** *(fig.)* die Neugier ist schon manchem zum Verhängnis geworden; **b)** *(strange or rare object)* Wunderding, *das;* Rarität, *die; (strange matter)* Kuriosität, *die;* **c)** *no pl. (strangeness)* Fremdartigkeit, *die*

**curious** ['kjʊərɪəs] *adj.* **a)** *(inquisitive)* neugierig; *(eager to learn)* wißbegierig; **be ~ about sth.** *(eagerly awaiting)* auf etw. *(Akk.)* neugierig sein; **be ~ about sb.** in bezug auf jmdn. neugierig sein; **be ~ to know sth.** etw. gern wissen wollen; **he was ~ to know what ...:** er wollte zu gerne wissen, was ...; **b)** *(strange, odd)* merkwürdig; seltsam; **how [very] ~!** [sehr] seltsam!; **~er and ~er** *(coll.)* es wird immer geheimnisvoller

**curiously** ['kjʊərɪəslɪ] *adv. see* **curious:** neugierig ‹*fragen, gucken*›; seltsam, merkwürdig ‹*sprechen, sich verhalten*›; **it was ~ quiet** es war merkwürdig still; **~ [enough]** *(as sentence-modifier)* merkwürdigerweise; seltsamerweise

**curiousness** ['kjʊərɪəsnɪs] *n., no pl. (inquisitiveness)* Neugier[de], *die; (oddness)* Merkwürdigkeit, *die;* Sonderbarkeit, *die*

**curl** [kɜ:l] **1.** *n.* **a)** *(of hair)* Locke, *die;* **put one's/sb.'s hair in ~s** sich/jmdm. das Haar locken; **hair in ~s** gelocktes Haar; **hair in tight ~s** Kraushaar, *das;* **b)** *(sth. spiral or curved inwards)* **the ~ of a leaf/wave** ein gekräuseltes Blatt/eine gekräuselte Welle; **a ~ of smoke** ein Rauchkringel; **c)** *(act of curling)* Kräuseln, *das;* **with a ~ of the lip** mit gekräuselten Lippen. **2.** *v. t.* **a)** *(cause to form coils)* locken; *(tightly)* kräuseln; **she ~ed her hair** sie legte ihr Haar in Locken *(Akk.);* **b)** *(bend, twist)* kräuseln ‹*Blätter, Lippen*›; **the animal ~ed itself into a ball** das Tier rollte sich zu einer Kugel zusammen; **it's enough to ~ your hair** *(fig.)* da stehen einem ja die Haare zu Berge! **3.** *v. i.* **a)** *(grow in coils)* sich locken; *(tightly)* sich kräuseln; **her hair ~s naturally** sie hat Naturlocken; *(tightly)* sie hat eine Naturkrause; **it's enough to make your hair ~** *(fig.)* da stehen einem ja die Haare zu Berge!; **b)** *(move in spiral form)* ‹*Straße, Fluß:*› sich winden, sich schlängeln; **the smoke ~ed upwards** der Rauch stieg in Kringeln hoch

**~ 'up 1.** *v. t.* hochbiegen; **~ oneself up** *(coll.: roll into shape of ball)* sich zusammenrollen; sich einrollen. **2.** *v. i. (coll.: roll into curved shape)*; sich zusammenrollen; sich einrollen; *(fig.: writhe with horror)* erschauern; **he ~ed up on the sofa** er machte es sich *(Dat.)* auf dem Sofa bequem *od. (ugs.)* fläzte sich auf das Sofa; **she ~ed up with a book** sie machte es sich *(Dat.)* mit einem Buch gemütlich

**curler** ['kɜ:lə(r)] *n.* Lockenwickler, *der;* **in ~s** mit Lockenwicklern

**curlew** ['kɜ:lju:] *n. (Ornith.)* Brachvogel, *der*

**curlicue** ['kɜ:lɪkju:] *n.* Schnörkel, *der*

**curling** ['kɜ:lɪŋ] *n. (game)* Curling, *das;* ≈ Eisschießen, *das*

**curling: ~-iron** *n., (Brit.)* **~-tongs** *n. pl.* Brennschere, *die; (electrical appliance)* Lockenstab, *der*

**curly** ['kɜ:lɪ] *adj.* lockig, *(tightly)* kraus ‹*Haar*›; kraus ‹*Salat*›; gewellt, gekräuselt ‹*Blatt*›; Schnörkel‹*schrift, -muster*›, verschnörkelt ‹*Schrift, Muster*›

**curly: ~-haired** *adj.* lockenköpfig; mit lockigem Haar; **~-head** *n.* Lockenkopf, *der; (with tight curls)* Krauskopf, *der;* **~-headed** *see* **~-haired**

**currant** ['kʌrənt] *n.* **a)** *(dried fruit)* Korinthe, *die;* **b)** *(fruit)* Johannisbeere, *die; (plant)* Johannisbeerstrauch, *der; see also* **black currant; flowering; red currant**

**currency** ['kʌrənsɪ] *n.* **a)** *(money)* Währung, *die; (circulation)* Umlauf, *der;* **foreign currencies** Devisen *Pl.;* **withdraw from ~:** aus dem Verkehr ziehen; **b)** *(other commodity)* [Tausch]ware, *die;* Zahlungsmittel, *das;* **c)** *(prevalence) (of word, idea, story, rumour)* Verbreitung, *die; (of expression)* Gebräuchlichkeit, *die;* **gain wide ~:** weite Verbreitung finden; **give ~ to a rumour** ein Gerücht in Umlauf bringen

**current** ['kʌrənt] **1.** *adj.* **a)** *(in general circulation or use)* kursierend, umlaufend ‹*Geld, Geschichte, Gerücht*›; verbreitet ‹*Meinung*›; gebräuchlich ‹*Wort*›; gängig ‹*Redensart*›; **these coins are no longer ~:** diese Münzen sind nicht mehr in Umlauf; **b)** laufend ‹*Jahr, Monat*›; **in the ~ year** in diesem Jahr; **c)** *(belonging to the present time)* aktuell ‹*Ereignis, Mode*›; Tages‹*politik, -preis*›, derzeitig ‹*Politik, Preis*›; gegenwärtig ‹*Krise, Aufregung*›; **~ issue/edition** letzte Ausgabe/neueste Auflage; **~ affairs** Tagespolitik, *die;* aktuelle Fragen. **2.** *n.* **a)** *(of water, air)* Strömung, *die;* **air/ocean ~:** Luft-/Meeresströmung, *die;* **swim against/ with the ~:** gegen den/mit dem Strom schwimmen; **upward/downward ~ of air** *(in atmosphere)* Aufwind/Abwind, *der;* **b)** *(Electr.)* Strom, *der; (intensity)* Stromstärke, *die;* **c)** *(running stream)* Strömung, *die;* **d)** *(tendency of events, opinions, etc.)* Tendenz, *die;* Trend, *der;* **the ~ of public opinion** der Trend in der öffentlichen Meinung; **go against/with the ~** gegen den/mit dem Strom schwimmen

'**current account** *n.* Girokonto, *das; (in balance of payments)* Leistungsbilanz, *die*

**currently** ['kʌrəntlɪ] *adv.* gegenwärtig; momentan; zur Zeit; **he is ~ writing a book** er schreibt gerade *od.* zur Zeit an einem Buch; **it is ~ thought** *or* **believed that ...:** heute glaubt man, daß ...

**curriculum** [kə'rɪkjʊləm] *n., pl.* **curricula** [kə'rɪkjʊlə] Lehrplan, *der;* Curriculum, *das;* **be on the ~:** auf dem Lehrplan stehen

**curriculum vitae** [kərɪkjʊləm 'vi:taɪ] *n.* Lebenslauf, *der*

**¹curry** ['kʌrɪ] *(Cookery)* **1.** *n.* Curry[gericht], *das.* **2.** *v. t.* mit Curry würzen

**²curry** *v. t.* **a)** striegeln ‹*Pferd*›; **b)** zurichten ‹*Leder*›; **c) ~ favour [with sb.]** sich [bei jmdm.] einschmeicheln *od.* lieb Kind machen *(ugs.)*

**curry: ~-comb** *n.* Striegel, *der;* **~-powder** *n.* Currypulver, *das;* Curry, *das od. der*

**curse** [kɜ:s] **1.** *n.* **a)** Fluch, *der;* **be under a ~:**

unter einem Fluch stehen; **put a ~ on sb./sth.** einen Fluch über jmdn./etw. aussprechen; jmdn./etw. mit einem Fluch belegen; **call down ~s [from Heaven] upon sb.** jmdn. verfluchen; **b)** *(profane oath)* Fluch, *der,* Verwünschung, *die;* **bawl ~s at sb.** Flüche gegen jmdn. ausstoßen; **a thousand ~s on this old car** *(joc.)* zum Teufel mit diesem verfluchten alten Auto!; **~s! he's diddled me again** *(joc.)* verflucht! der Kerl hat mich wieder reingelegt *(ugs.);* **c)** *(great evil)* Geißel, *die;* Plage, *die;* **d)** *(coll.: menstruation)* **the ~:** die Tage *(ugs.).* **2.** *v. t.* **a)** *(utter ~ against)* verfluchen; **b)** *(as oath)* **~ it/you!** verflucht!; verdammt!; **c)** *(afflict)* strafen; **~d with poverty** mit Armut geschlagen *od.* gestraft. **3.** *v. i.* fluchen (**at** über + *Akk.*); **he started cursing and swearing** er fing an, heftig zu fluchen

**cursed** ['kɜ:sɪd] *adj.* **a)** *(under a curse)* verflucht; verwünscht; **b)** *(damnable)* verdammt

**cursive** ['kɜ:sɪv] *adj.* kursiv; **~ writing** Schreibschrift, *die*

**cursor** ['kɜ:sə(r)] *n.* Läufer, *der; (on screen)* Cursor, *der;* Schreibmarke, *die*

**cursorily** ['kɜ:sərɪlɪ] *adv.* flüchtig ⟨*lesen*⟩; oberflächlich ⟨*untersuchen*⟩

**cursory** ['kɜ:sərɪ] *adj.* flüchtig ⟨*Blick*⟩; oberflächlich ⟨*Untersuchung, Bericht, Studium*⟩

**curt** [kɜ:t] *adj.* *(discourteously brief)* kurz und schroff ⟨*Brief, Mitteilung*⟩; kurz angebunden ⟨*Person, Art*⟩; **he gave a ~ nod and left** er nickte kurz und ging

**curtail** [kɜ:'teɪl] *v. t.* kürzen; abkürzen ⟨*Urlaub*⟩; beschneiden ⟨*Macht*⟩

**curtailment** [kɜ:'teɪlmənt] *n.* Kürzung, *die; (of power)* Beschneidung, *die*

**curtain** ['kɜ:tən] **1.** *n.* **a)** Vorhang, *der; (with net ~s)* Übergardine, *die;* **draw** *or* **pull the ~s** *(open)* die Vorhänge aufziehen; *(close)* die Vorhänge zuziehen; **draw** *or* **pull back the ~s** die Vorhänge aufziehen; **b)** *(fig.)* **a ~ of fog/mist** ein Nebelschleier; **a ~ of smoke/flames/rain** eine Rauch-/Flammen-/Regenwand; **c)** *(Theatre)* Vorhang, *der; (end of play)* Schlußszene, *die; (rise of ~ at start of play)* Aufgehen des Vorhanges; Aktbeginn, *der; (fall of ~ at end of scene)* Fallen des Vorhanges; Aktschluß, *der;* **the ~ rises/falls** der Vorhang hebt sich/fällt; **d)** *see* **curtain-call; e)** *see* **Iron Curtain; e)** *in pl.* *(sl.: the end)* Ende, *das;* **that's ~s for him** jetzt ist er erledigt *(ugs.). See also* **safety curtain. 2.** *v. t.* **~ a window** an einem Fenster Vorhänge/einen Vorhang aufhängen *od.* anbringen; **~ off** mit einem Vorhang abteilen; durch einen Vorhang abtrennen

**curtain: ~-call** *n.* Vorhang, *der;* **get/take a ~-call** einen Vorhang bekommen/vor den Vorhang treten; **~-hook** *n.* Gardinenhaken, *der;* **~ lecture** *n.* Gardinenpredigt, *die;* **~ rail** *n.* Gardinenstange, *die;* **~-raiser** *n.* [kurzes] Vorspiel; *(fig.)* Auftakt, *der;* **~-ring** *n.* Gardinenring, *der;* **~-rod** *n.* Gardinenstange, *die;* **~-runner** *n.* Gardinenröllchen, *das;* **~ track** Gardinenleiste, *die*

**curtly** ['kɜ:tlɪ] *adv.* kurz ⟨*sprechen*⟩; knapp ⟨*schreiben, antworten*⟩

**curtsy (curtsey)** ['kɜ:tsɪ] **1.** *n.* Knicks, *der;* **make** *or* **drop a ~ to sb.** vor jmdm. einen Knicks machen. **2.** *v. i.* **~ to sb.** vor jmdm. knicksen *od.* einen Knicks machen

**curvaceous** [kɜ:'veɪʃəs] *adj. (coll.)* kurvenreich *(ugs.);* **a ~ figure** eine üppige Figur

**curvature** ['kɜ:vətʃə(r)] *n.* Krümmung, *die;* **~ of the spine** Rückgratverkrümmung, *die*

**curve** [kɜ:v] **1.** *v. t.* krümmen. **2.** *v. i.* ⟨*Straße, Fluß:*⟩ *(once)* eine Biegung machen; *(repeatedly)* sich winden; ⟨*Horizont:*⟩ sich krümmen; ⟨*Linie:*⟩ einen Bogen machen *od.* beschreiben; **the road ~s round the town** die Straße macht einen Bogen um die Stadt. **3.** *n.* **a)** Kurve, *die;* **b)** *(surface; ~d form or thing) (of vase, figure)* Rundung, *die;* **there's a ~ in the road/river** die Straße/der Fluß macht einen Bogen *od.* eine Biegung

**curved** [kɜ:vd] *adj.* krumm; gebogen; gekrümmt ⟨*Horizont, Raum, Linie*⟩

**cushion** ['kʊʃn] **1.** *n.* **a)** Kissen, *das;* **b)** *(for protection)* Kissen, *das;* Polster, *das;* **c)** *(of billiard-table)* Bande, *die;* **d)** *(of hovercraft)* Luftkissen, *das.* **2.** *v. t.* **a)** [aus]polstern ⟨*Stuhl*⟩; **~ sb. against sth.** *(fig.)* jmdn. gegen etw. schützen; **~ed seats** Polsterstühle; **b)** *(absorb)* dämpfen ⟨*Aufprall, Stoß*⟩

**cushy** ['kʊʃɪ] *adj. (coll.)* bequem; gemütlich; **a ~ job** *or* **number** ein ruhiger Job

**cuss** [kʌs] *(coll.)* **1.** *n.* **a)** *(curse)* Fluch, *der;* Beschimpfung, *die;* **sb. does not give** *or* **care a ~:** jmdm. ist es vollkommen schnuppe *(ugs.);* **he/it is not worth a tinker's ~:** er/es ist keinen Pfifferling *od.* roten Heller wert *(ugs.);* **b)** *(usu. derog.: person)* Kerl, *der (ugs.).* **2.** *v. i.* fluchen; schimpfen. **3.** *v. t.* verfluchen; beschimpfen

**cussed** ['kʌsɪd] *adj. (coll.)* **a)** *(perverse, obstinate)* stur *(ugs.);* **b)** *(cursed)* verdammt *(ugs.);* verflixt *(ugs.)*

**cussedness** ['kʌsɪdnɪs] *n., no pl.* Sturheit, *die;* **from sheer ~:** aus reiner Sturheit

**'cuss-word** *n. (Amer.)* Fluch, *der;* Verwünschung, *die*

**custard** ['kʌstəd] *n.* **a)** **~ [pudding]** ≈ Vanillepudding, *der;* **b)** *(sauce)* ≈ Vanillesoße, *die*

**custard: ~-apple** *n.* Zimt-, Rahmapfel, *der;* **~-'pie** *n. (pie) Kuchen mit einer Füllung aus Vanillepudding; (in comedy)* Sahnetorte, *die;* **~-pie comedy** Slapstickkomödie, *die;* **~ powder** *n.* Vanillesoßenpulver, *das*

**custodial** [kʌs'təʊdɪəl] *adj.* **~ sentence** Freiheitsstrafe, *die*

**custodian** [kʌs'təʊdɪən] *n. (of public building, of prisoner)* Wärter, *der*/Wärterin, *die;* Aufseher, *der*/Aufseherin, *die; (of park, museum)* Wächter, *der*/Wächterin, *die; (of valuables, traditions, culture, place)* Hüter, *der*/Hüterin, *die; (of child)* Vormund, *der*

**custody** ['kʌstədɪ] *n.* **a)** *(guardianship, care)* Obhut, *die;* **be in the ~ of sb.** unter jmds. Obhut *(Dat.)* stehen; **put** *or* **place sb./sth. in sb.'s ~:** jmdn./etw. in jmds. Obhut *(Akk.)* geben; **the child is in the ~ of his uncle** sein Onkel hat die Vormundschaft über *od.* für das Kind; **in safe ~:** in sicherer Obhut; **the mother was given** *or* **awarded [the] ~ of the children** die Kinder wurden der Mutter zugesprochen; **b)** *(imprisonment)* **[be] in ~:** in Haft [sein]; **take sb. into ~:** jmdn. verhaften *od.* festnehmen

**custom** ['kʌstəm] *n.* **a)** Brauch, *der;* Sitte, *die;* **it was his ~ to smoke a cigar after dinner** er pflegte nach dem Essen eine Zigarre zu rauchen; er rauchte gewöhnlich eine Zigarre nach dem Essen; **b)** *in pl. (duty on imports)* Zoll, *der;* **[the] C~s** *(government department)* der Zoll; **c)** *(Law)* Gewohnheitsrecht, *das;* **d)** *(business patronage, regular dealings)* Kundschaft, *die (veralt.);* **I shall withdraw my ~ from that shop** ich werde in dem Laden nicht mehr kaufen; **we should like to have your ~:** wir hätten Sie gern zum/zur *od.* als Kunden/Kundin; **e)** *(regular customers)* Kundschaft, *die*

**customarily** ['kʌstəmərɪlɪ] *adv.* in der Regel; üblicherweise

**customary** ['kʌstəmərɪ] *adj.* **a)** üblich; **b)** *(Law)* gewohnheitsmäßig; Gewohnheits-

**custom: ~-built** *adj.* spezial[an]gefertigt; **~-built clothes** *(Amer.)* maßgeschneiderte Kleidung; **~ clothes** *n. (Amer.) see* **~-built**

**customer** ['kʌstəmə(r)] *n.* **a)** Kunde, *der*/Kundin, *die; (of restaurant)* Gast, *der; (of theatre)* Besucher, *der*/Besucherin, *die; (of library)* Benutzer, *der*/Benutzerin, *die;* **b)** *(coll.: person)* Kerl, *der (ugs.);* **a queer/an awkward ~:** ein schwieriger Kunde *(ugs.)*

**'custom-house** *n.* Zollamt, *das*

**customize (customise)** ['kʌstəmaɪz] *v. t.* speziell anfertigen; *(alter)* umbauen

**'custom-made** *adj.* spezial[an]gefertigt; maßgeschneidert ⟨*Kleidung*⟩

**customs: ~ clearance** *n.* Zollabfertigung, *die;* **get ~ clearance for sth.** etw. zollamtlich abfertigen lassen; **~ declaration** *n.* Zollerklärung, *die;* **~ duty** *n.* Zoll, *der;* **~ inspection** *n.* Zollkontrolle, *die;* **~ officer** *n.* Zollbeamter, *der*/-beamtin, *die;* **~ union** *n.* Zollunion, *die*

**cut** [kʌt] **1.** *v. t.,* **-tt-, cut a)** *(penetrate, wound)* schneiden; **~ one's finger/leg** sich *(Dat. od. Akk.)* in den Finger/ins Bein schneiden; **he ~ himself on broken glass** er hat sich an einer Glasscherbe geschnitten; **he ~ his head open** er schlug sich *(Dat.)* den Kopf auf; **the icy blasts that ~ one to the marrow** *(fig.)* die eisigen Winde, die einem durch und durch *od.* durch Mark und Bein gehen; **the remark ~ him to the quick** *(fig.)* die Bemerkung traf ihn ins Mark; **b)** *(divide) (with knife)* schneiden; durchschneiden ⟨*Seil*⟩; *(with axe)* durchhacken; **~ sth. in half/two/three** etw. halbieren/zweiteilen/dreiteilen; **~ sth. [in]to pieces** etw. in Stücke schneiden/hacken; **~ one's ties** *or* **links** alle Verbindungen abbrechen; alle Brücken hinter sich *(Dat.)* abbrechen; **~ no ice with sb.** *(fig. sl.)* keinen Eindruck auf jmdn. machen; jmdn. nicht imponieren *(ugs.);* **~ the knot** *(fig.)* das Problem lösen; **c)** *(detach, reduce)* abschneiden; schneiden, stutzen ⟨*Hecke*⟩; mähen ⟨*Getreide, Gras*⟩; **~** *(p.p.)* **flowers** Schnittblumen; **~ one's nails** sich *(Dat.)* die Nägel schneiden; **d)** *(shape, fashion)* schleifen ⟨*Glas, Edelstein, Kristall*⟩; hauen, schlagen ⟨*Stufen*⟩; treiben ⟨*Tunnel*⟩; einhauen ⟨*Inschrift*⟩; **~ a key** einen Schlüssel feilen *od.* anfertigen; **~ figures in wood/stone** Figuren aus Holz schnitzen/aus Stein hauen; **~ a record** eine Schallplatte schneiden; **e)** *(meet and cross)* ⟨*Straße, Linie, Kreis:*⟩ schneiden; **the two lines ~ one another at right angles** die beiden Linien schneiden sich im rechten Winkel; **f)** *(fig.: renounce, refuse to recognize)* schneiden; **~ sb. dead** jmdn. wie Luft behandeln; **g)** *(carve)* [auf]schneiden ⟨*Fleisch, Geflügel*⟩; abschneiden ⟨*Scheibe*⟩; **~** *(p.p.)* **loaf** *(Brit. dated)* Schnittbrot, *das;* **h)** *(reduce)* senken ⟨*Preise*⟩; verringern, einschränken ⟨*Menge, Produktion*⟩; mindern ⟨*Qualität*⟩; drosseln ⟨*Tempo, Produktion*⟩; kürzen ⟨*Ausgaben, Lohn*⟩; verkürzen ⟨*Arbeitszeit, Urlaub*⟩; *(cease, stop)* einstellen ⟨*Dienstleistungen, Lieferungen*⟩; abstellen ⟨*Strom*⟩; *(coll.)* aufhören mit ⟨*Tätigkeit*⟩; **these scenes were ~ by the censor** diese Szenen hat die Zensur herausgeschnitten; **i)** *see* **figure 1 d; j)** *(absent oneself from)* schwänzen ⟨*Schule, Unterricht*⟩; **k) ~ a loss** der Sache *(Dat.)* ein Ende machen *(ehe der Schaden noch größer wird);* **~ one's losses** höherem Verlust vorbeugen; **l) ~ sth. short** *(lit. or fig.: interrupt, terminate)* etwas abbrechen; **the war ~ short his career** der Krieg hat seine Karriere vorzeitig beendet; **~ sb. short** jmdn. unterbrechen; *(impatiently)* jmdn. ins Wort fallen; **to ~ a long story short** der langen Rede kurzer Sinn; **m)** *(Cards)* abheben; **~ the pack [of cards]** [die Karten] abheben; **n) ~ a tooth** einen Zahn bekommen; **~ one's teeth on sth.** *(fig.)* sich *(Dat.)* die ersten Sporen an etw. *(Dat.) od.* mit etw. verdienen; **o) be ~ and dried** genau festgelegt *od.* abgesprochen sein; **her opinions are ~ and dried** ihre Ansichten sind unverrückbar; **p)** *(Cricket, Tennis)* [an]schneiden ⟨*Ball*⟩; **q)** *(Cinemat.)* schneiden; cutten; **r) half ~** *(sl.)* angetrunken. *See also* **cloth a; corner 1 a; eye-tooth; ²fine 1 g. 2.** *v. i.,* **-tt-, cut a)** ⟨*Messer, Schwert usw.:*⟩ schneiden; ⟨*Papier, Tuch, Käse:*⟩ sich schneiden lassen; ~ **into a cake** einen Kuchen anschneiden; ~ **both ways** *(fig.)* ein zweischneidiges Schwert sein *(fig.)*; **b)** *(cross, intersect)* sich schneiden; **c)** *(pass)* ~ **through** *or* **across the field/park** [quer] über das Feld/durch den Park gehen; ~ **across sth.** *(fig.)* sich über etw. *(Akk.)* hinwegsetzen; **d)** *(Cinemat.) (stop the cameras)* abbrechen; *(go quickly to another shot)* überblenden **(to** zu); **the film director cried '~!'** der Regisseur rief: „Schnitt!" *od.* „aus!"; **e)** *(sl.: run)* ~ **along** sich auf die Socken machen *(ugs.)*; ~ **and run** abhauen *(ugs.)*. *See also* **loose 1 a. 3.** *n.* **a)** *(act of cutting)* Schnitt, *der;* **b)** *(stroke, blow) (with knife)* Schnitt, *der; (with sword, whip)* Hieb, *der; (injury)* Schnittwunde, *die;* **the ~ and thrust of politics** *(fig.)* das Spannungsfeld der Politik; **the ~ and thrust of debate** *(fig.)* die Hitze der Debatte; **c)** *(reduction) (in wages)* Kürzung, *die; (in expenditure, budget)* Kürzung, *die;* Streichung, *die;* Einsparung, *die; (in prices)* Senkung, *die; (in time, working hours, holiday, etc.)* Verkürzung, *die; (in services)* Verringerung, *die; (in production, output, etc.)* Einschränkung, *die; (in supply)* Einstellung, *die; (in quality)* Minderung, *die;* **make the ~** *(Sport, esp. Golf)* sich für den weiteren Wettkampf qualifizieren; **d)** *(wounding act or utterance)* Seitenhieb, *der* **(at** gegen); Affront, *der (geh.);* **the unkindest ~ of all** der schlimmste Schlag; **e)** *(of meat)* Stück, *das;* **f)** *see* **woodcut; g)** *(coll.: commission, share)* Anteil, *der;* **h)** *(way thing is ~) (of gem)* Schliff, *der; (of hair: style)* [Haar]schnitt, *der;* Frisur, *die; (of clothes)* Schnitt, *der;* **be a ~ above [the rest]** [den anderen] um einiges überlegen sein; **i)** *(in play, book, etc.)* Streichung, *die; (in film)* Schnitt, *der;* **make ~s** Streichungen/Schnitte vornehmen; **j)** *(channel made for river)* Rinne, *die;* Einschnitt, *der. See also* **[1]jib a; short cut**

~ **'away** *v. t. see* ~ **off a**

~ **'back 1.** *v. t.* **a)** *(reduce)* einschränken ⟨*Produktion*⟩; verringern ⟨*Investitionen*⟩; **b)** *(prune)* stutzen. **2.** *v. i.* **a)** *(reduce)* ~ **back on sth.** etw. einschränken; **b)** *(Cinemat.)* zurückblenden. *See also* **cut-back**

~ **'down 1.** *v. t.* **a)** *(fell)* fällen; **b)** *(kill)* töten; ~ **sb. down with a sword** jmdn. mit dem Schwert erschlagen *od. (geh.)* niederstrecken; **c)** *(reduce)* einschränken; ~ **an article down** einen Artikel zusammenstreichen *od.* kürzen; ~ **sb. down to size** *(fig.)* jmdn. auf seinen Platz verweisen. **2.** *v. i. (reduce)* ~ **down on sth.** etw. einschränken; ~ **down on tobacco** den Tabakverbrauch einschränken; ~ **down on clothes** die Ausgaben für die Garderobe einschränken

~ **'in 1.** *v. i.* **a)** *(come in abruptly, interpose)* sich einschalten; unterbrechen; ~ **in on sb./sth.** jmdn./etw. unterbrechen; **b)** *(after overtaking)* schneiden; ~ **in in front of sb.** jmdn. schneiden; **c)** *(take dance-partner from another)* ~ **in [on sb.]** [jmdn.] abklatschen; **d)** *(switch itself on)* ⟨*Motor usw.:*⟩ sich einschalten. **2.** *v. t. (give share of profit to)* beteiligen ⟨*Komplizen*⟩

~ **'off** *v. t.* **a)** *(remove by ~ting)* abschneiden; abtrennen; *(with axe etc.)* abschlagen; **b)** *(interrupt, make unavailable)* abschneiden ⟨*Zufuhr*⟩; streichen ⟨*Zuschuß*⟩; abstellen ⟨*Strom, Gas, Wasser*⟩; unterbrechen ⟨*Telefongespräch, Sprecher am Telefon*⟩; **c)** *(isolate)* abschneiden; **be ~ off by the snow/tide** durch den Schnee/die Flut [von der Außenwelt] abgeschnitten sein; **d)** *(prevent, block)* abschneiden; **their retreat was ~ off** ihnen wurde der Rückzug abgeschnitten; **e)** *(exclude from contact with others)* ~ **sb. off from friends/the outside world** jmdn. von seinen Freunden trennen/von der Außenwelt abschneiden; ~ **oneself off** sich absondern; **f)** *(disinherit)* enterben; ~ **sb. off with a shilling** jmdn. mit einem Apfel und einem Ei abspeisen *(ugs.). See also* **cut-off**

~ **'out 1.** *v. t.* **a)** *(remove by cutting)* ausschneiden; ~ **sth. out of sth.** etw. aus etw. ausschneiden; **b)** *(omit)* [heraus]streichen; **c)** *(stop doing or using)* aufhören mit; ~ **out cigarettes/alcohol/drugs** aufhören, Zigaretten zu rauchen/Alkohol zu trinken/Tabletten zu nehmen; ~ **it** *or* **that out** *(coll.)* hör/hört auf damit!; laß/laßt das sein!; **d)** *(defeat)* ausstechen *(ugs.)* ⟨*Rivalen, Konkurrenten, Gegner*⟩; **e)** *(shape)* zuschneiden ⟨*Stoff, Kleid, Leder*⟩; **f)** *(disconnect electrically)* ausschalten ⟨*Motor, Licht*⟩; abstellen ⟨*Motor*⟩; abschalten ⟨*Strom*⟩; **g)** *(make suitable)* **be ~ out for sth.** für etw. geeignet sein; **he was not ~ out to be a teacher** er war nicht zum Lehrer gemacht; er taugte nicht zum Lehrer; **Peter and Susan seem to be ~ out for each other** Peter und Susan sind füreinander wie geschaffen. **2.** *v. i. (cease functioning)* ⟨*Motor:*⟩ aussetzen; ⟨*Gerät:*⟩ sich abschalten. *See also* **cut-out**

~ **'up 1.** *v. t.* **a)** *(~ in pieces)* zerschneiden; in Stücke schneiden ⟨*Fleisch, Gemüse*⟩; *(chop)* zerhacken; **b)** *(injure)* verletzen; *(fig.: criticize)* zerreißen; ~ **up the enemy** den Feind vernichten; **be ~ up about sth.** *(fig.)* zutiefst betroffen über etw. *(Akk.)* sein. **2.** *v. i.* ~ **up rough** Krach schlagen *(ugs.)*; Radau machen *(ugs.)*

**cutaneous** [kju:'teɪnɪəs] *adj.* Haut-; kutan *(fachspr.)*

**cut: ~away** *adj.* Schnitt-; **~away model** Schnittmodell, *das;* **~-back** *n. (reduction)* Kürzung, *die; (Cinemat.)* Rückblende, *die*

**cute** [kju:t] *adj. (coll.)* **a)** *(Amer.: attractive)* süß, niedlich ⟨*Kind, Mädchen*⟩; entzückend ⟨*Stadt, Haus*⟩; **b)** *(shrewd)* schlau; gerissen; *(ingenious)* raffiniert ⟨*Gerät*⟩; einfallsreich ⟨*Person*⟩; pfiffig ⟨*Erklärung*⟩

**cut 'glass** *n.* Kristall[glas], *das*

**'cut-glass** *adj.* Kristall-

**cuticle** ['kju:tɪkl] *n.* Epidermis, *die (fachspr.)*; Oberhaut, *die; (of nail)* Nagelhaut, *die*

**'cuticle-remover** *n.* Nagelhautentferner, *der*

**cutie** ['kju:tɪ] *n. (sl.)* **a)** *(woman)* Süße, *die;* **b)** *(usu. joc. : man)* irrer Typ *(ugs.)*

**cutlass** ['kʌtləs] *n.* **a)** *(Hist.)* Entersäbel, *der;* **b)** *see* **machete**

**cutler** ['kʌtlə(r)] *n.* Messerschmied, *der*

**cutlery** ['kʌtlərɪ] *n.* Besteck, *das*

**cutlet** ['kʌtlɪt] *n.* **a)** *(of mutton or lamb)* Kotelett, *das;* **b) veal ~:** Frikandeau, *das;* **c)** *(minced meat etc. in shape of ~)* Hacksteak, *das;* **nut/cheese/potato ~:** *aus Nüssen/Käse/Kartoffeln hergestelltes Gericht in Form eines Schnitzels od. Koteletts*

**cut: ~-off** *n.* **a)** Trennung, *die;* **~-off point** Trennungslinie, *die;* **b)** *as tech. term* Ausschaltmechanismus, *der;* Ausschaltung, *die;* **~-out** *n. (Electr.)* Unterbrecher, *der; (figure ~ out of material)* Ausschneidefigur, *die;* **~-out box** *(Amer.) see* **fuse-box; ~-price** *adj.* herabgesetzt; **~-price goods** Waren zu herabgesetzten Preisen; **~-price offer** Billigangebot, *das;* **~-rate** *adj.* verbilligt; herabgesetzt

**cutter** ['kʌtə(r)] *n.* **a)** *(person) (of cloth)* Zuschneider, *der*/-schneiderin, *die; (of stones)* Steinmetz, *der; (of glass, gems)* Schleifer, *der*/Schleiferin, *die; (of films)* Cutter, *der*/Cutterin, *die;* Schnittmeister, *der*/-meisterin, *die; (miner)* Hauer, *der;* **b)** *(machine)* Schneidmaschine, *die;* Schneidwerkzeug, *das; (rotary cutting tool)* Bohrkrone, *die;* Bohrkopf, *der; (cutting stylus)* Cutter, *der;* **c)** *(Naut.)* Kutter, *der*

**'cutthroat 1.** *n.* **a)** Strolch, *der; (murderer)* Killer, *der (ugs.)*; **b)** *(Amer.: trout)* Purpurforelle, *die.* **2.** *adj.* **a)** mörderisch, gnadenlos ⟨*Wettbewerb*⟩; **b) ~ razor** Rasiermesser, *das*

**cutting** ['kʌtɪŋ] **1.** *adj.* beißend ⟨*Bemerkung, Antwort*⟩; schneidend ⟨*Wind*⟩; **~ edge** Schneide, *die;* **~ tool** Schneidewerkzeug, *das.* **2.** *n.* **a)** *(esp. Brit.: from newspaper)* Ausschnitt, *der;* **b)** *(esp. Brit.: excavation for railway, road etc.)* Einschnitt, *der;* **c)** *(of plant)* Ableger, *der*

**cuttle[fish]** ['kʌtl(fɪʃ)] *n.* Tintenfisch, *der;* Sepia, *die (fachspr.)*

**c.v.** *abbr.* **curriculum vitae**

**c.w.o.** *abbr.* **cash with order** Barzahlung *od.* Kasse bei Auftragserteilung

**cwt.** *abbr.* **hundredweight** ≈ Ztr.

**cyan** ['saɪən] **1.** *adj.* grünstichig blau. **2.** *n.* Cyanblau, *das*

**cyanide** ['saɪənaɪd] *n.* Cyanid, *das*

**cyanogen** [saɪ'ænədʒən] *n. (Chem.)* Cyan, *das*

**cybernetics** [saɪbə'netɪks] *n., no pl.* Kybernetik, *die*

**cyclamen** ['sɪkləmən] *n. (Bot.)* Alpenveilchen, *das;* Zyklamen, *das (fachspr.)*

**cycle** ['saɪkl] **1.** *n.* **a)** *(recurrent period)* Zyklus, *der; (period of completion)* Turnus, *der;* **~ of the seasons** Jahreszyklus, *der;* **~ per second** *(Phys., Electr.)* Schwingung pro Sekunde; Hertz, *das;* **b)** *(recurring series)* Kreislauf, *der; (complete set or series)* Zyklus, *der;* **c)** *(bicycle)* Rad, *das.* **2.** *v. i.* radfahren; mit dem [Fahr]rad fahren

**cycle: ~-race** *n.* Radrennen, *das;* **~-track** *n.* Rad[fahr]weg, *der; (for racing)* Radrennbahn, *die;* **~way** *see* **~-track**

**cyclic** ['saɪklɪk], **cyclical** ['saɪklɪkl] *adj.*, **cyclically** ['saɪklɪkəlɪ] *adv.* zyklisch

**cyclist** ['saɪklɪst] *n.* Radfahrer, *der*/-fahrerin, *die*

**cyclo-cross** *n.* Querfeldeinrennen, *das*

**cyclone** ['saɪkləʊn] *n.* *(system of winds)* Tiefdruckgebiet, *das;* Zyklon, *die (fachspr.)*; *(violent hurricane)* Zyklon, *der*

**cyclonic** ['saɪklɒnɪk] *adj.* Zyklon⟨*wind, -stärke*⟩; **~ storm** Zyklon, *der*

**Cyclops** ['saɪklɒps] *n., pl. same or* **~es** *or* **Cyclopes** [saɪ'kləʊpi:z] *(Mythol.)* Zyklop, *der*

**cyclotron** ['saɪklətrɒn] *n. (Phys.)* Zyklotron, *das*

**cygnet** ['sɪgnɪt] *n.* junger Schwan

**cylinder** ['sɪlɪndə(r)] *n. (also Geom., Motor Veh.)* Zylinder, *der; (of revolver, carding-machine)* Trommel, *die; (for compressed or liquefied gas)* Gasflasche, *die; (of diving-apparatus)* [Sauerstoff]flasche, *die; (of platen press, typewriter, mower)* Walze, *die*

**cylinder: ~ block** *n.* Motorblock, *der;* **~ head** *n.* Zylinderkopf, *der*

**cylindrical** [sɪ'lɪndrɪkl] *adj.* zylindrisch; *see also* **projection i**

**cymbal** ['sɪmbl] *n. (Mus.)* Beckenteller, *der;* **~s** Becken *Pl.*

**cyme** [saɪm] *n. (Bot.)* Trugdolde, *die*

**cynic** ['sɪnɪk] *n.* **a)** Zyniker, *der;* **b) C~** *(Greek philosopher)* Kyniker, *der*

**cynical** ['sɪnɪkl] *adj.* zynisch; bissig ⟨*Artikel, Bemerkung, Worte*⟩; **be ~ about sth.** sich zynisch zu etw. äußern

**cynically** ['sɪnɪkəlɪ] *adv.* zynisch

**cynicism** ['sɪnɪsɪzm] *n.* Zynismus, *der*

**cypher** *see* **cipher**

**cypress** ['saɪprɪs] *n.* Zypresse, *die*

**Cyprian** ['sɪprɪən], **Cypriot** ['sɪprɪət] **1.** *adjs.* zyprisch; zypriotisch. **2.** *ns.* Zypriot, *der*/Zypriotin, *die;* Zyprer, *der*/Zyprerin, *die*

**Cyprus** ['saɪprəs] *pr. n.* Zypern *(das)*

**Cyrillic** [sɪ'rɪlɪk] *adj.* kyrillisch

**cyst** [sɪst] *n. (Biol., Med.)* Zyste, *die*

**cystitis** [sɪs'taɪtɪs] *n. (Med.)* Zystitis, *die (Med.)*; Blasenentzündung, *die*

**cytology** [saɪ'tɒlədʒɪ] *n.* Zytologie, *die*

**cytoplasm** ['saɪtəplæzm] *n. (Biol.)* Zytoplasma, *das*

**czar** *etc. see* **tsar** *etc.*

**Czech** [tʃek] **1.** *adj.* tschechisch; **sb. is ~:** jmd. ist Tscheche/Tschechin; *see also* **Eng-**

**lish 1. 2.** *n.* **a)** *(language)* Tschechisch, *das; see also* **English 2 a; b)** *(person)* Tscheche, *der*/Tschechin, *die*

**Czechoslovak** [tʃekəʊˈsləʊvæk] *(Hist.) see* **Czechoslovakian**

**Czechoslovakia** [tʃekəʊsləˈvækɪə] *pr. n. (Hist.)* die Tschechoslowakei

**Czechoslovakian** [tʃekəʊsləˈvækɪən] *(Hist.)* **1.** *adj.* tschechoslowakisch. **2.** *pr. n.* Tschechoslowake, *der*/Tschechoslowakin, *die*

**Czech Republic** *pr. n.* Tschechische Republik; Tschechien *(das)*

# D

**D, d** [diː] *n., pl.* **Ds** *or* **D's a)** *(letter)* D, d, *das;* **b) D** *(Mus.)* D, d, *das;* **D sharp** dis, Dis, *das;* **D flat** des, Des, *das;* **c)** *(Roman numeral)* D; **d) D** *(Sch., Univ.: mark)* Vier, *die;* **he got a D** er bekam eine Vier

**D.** *abbr.* **a)** *(Amer.)* **Democrat; b) dimensional**

**d.** *abbr.* **a) daughter** T.; **b) deci-** d; **c) delete** d.; **d) died** gest.; **e)** *(Brit. Hist.)* **penny/pence** d.

**'d** [d] *(coll.)* = **would, had, should**

**DA** *abbr. (Amer.)* **District Attorney**

**¹dab** [dæb] **1.** *n.* **a)** Tupfer, *der;* **b)** *(slight blow, tap)* Klaps, *der; (bird's peck)* Picken, *das;* **c)** *in pl. (Brit. sl.: fingerprints)* Fingerabdrücke *Pl.* **2.** *v. t.,* **-bb- a)** *(press with sponge etc.)* abtupfen; *(press on surface)* **~ sth. on** *or* **against sth.** etw. auf etw. *(Akk.)* tupfen; **b)** *(strike lightly, tap)* **~ sb.** jmdm. einen Klaps geben; **c)** ⟨*Vogel:*⟩ picken. **3.** *v. i.,* **-bb- ~ at sth.** etw. ab- *od.* betupfen

**²dab** *n. (Zool.)* Kliesche, *die;* Scharbe, *die*

**³dab** *(Brit. coll.: expert)* **1.** *n.* Könner, *der;* As, *das (ugs.)* **(at** in + *Dat.).* **2.** *adj.* geschickt; **be a ~ hand at cricket/making omelettes** ein As im Kricket/Eierkuchenbacken sein *(ugs.)*

**dabble** [ˈdæbl] *v. t.* **a)** *(wet slightly)* befeuchten; *(move in water)* **~ one's feet in the water** mit den Füßen im Wasser planschen; **b)** *(soil, splash)* bespritzen. **2.** *v. i. (engage in)* **~ at/in sth.** sich in etw. *(Dat.)* versuchen; in etw. *(Dat.)* dilettieren

**dabbler** [ˈdæblə(r)] *n.* Amateur, *der;* Dilettant, *der (abwertend)*

**dabchick** [ˈdæbtʃɪk] *n. (Ornith.)* Lappentaucher, *der;* Steißfuß, *der*

**dace** [deɪs] *n., pl. same (Zool.)* Hasel, *der*

**dacha** [ˈdætʃə] *n.* Datscha, *die; (bes. DDR:)* Datsche, *die*

**dachshund** [ˈdækshʊnd] *n.* Dackel, *der;* Dachshund, *der (fachspr.)*

**dactyl** [ˈdæktɪl] *n. (Pros.)* Daktylus, *der*

**dad** [dæd] *n. (coll.)* Vater, *der*

**Dadaism** [ˈdɑːdɑːɪzm] *n. (Art Hist.)* Dadaismus, *der*

**daddy** [ˈdædɪ] *n. (coll.)* **a)** Vati, *der (fam.);* Papi, *der (fam.);* Papa, *der (fam.);* **b)** *(man)* Alte, *der (ugs.);* **c)** *(oldest/most important person)* König, *der (ugs.);* **the ~ of them all** der/die/das Allergrößte *(ugs.)*

**daddy-'long-legs** *n. sing. (Zool.)* **a)** *(cranefly)* Schnake, *die;* **b)** *(Amer.: harvestman)* Weberknecht, *der;* Kanker, *der*

**dado** [ˈdeɪdəʊ] *n., pl.* **~s** *or (Amer.)* **~es a)** *(of room-wall)* Sockel, *der;* **b)** *(of column)* Kehle, *die*

**daemon** [ˈdiːmən] *n.* Dämon, *der*

**daffodil** [ˈdæfədɪl] *n.* Gelbe Narzisse; Osterglocke, *die*

**daffy** [ˈdæfɪ] *adj. (sl.)* blöd[e] *(ugs.);* dämlich *(ugs.)*

**daft** [dɑːft] *adj.* **a)** *(foolish, wild)* doof *(ugs.);* blöd[e] *(ugs.);* **what a ~ thing to do!** so was Doofes *(ugs.) od.* Blödes *(ugs.)*!; **b)** *(crazy)* verrückt *(ugs.);* übergeschnappt *(ugs.);* **be ~ about sth./sb.** verrückt nach etw./jmdm. sein

**dagger** [ˈdægə(r)] *n.* **a)** Dolch, *der;* **be at ~s drawn with sb.** *(fig.)* mit jmdm. auf Kriegsfuß stehen; **look ~s at sb.** jmdn. finster anblicken; jmdm. finstere Blicke zuwerfen; **b)** *(Printing)* Kreuz, *das*

**dago** [ˈdeɪgəʊ] *n., pl.* **~s** *or* **~es** *(sl. derog.)* **a)** *(Spaniard, Portuguese, Italian)* Welsche, *der (veralt. abwertend);* Kanake, *der (derb abwertend);* **b)** *(any foreigner)* Kanake, *der (derb abwertend)*

**daguerreotype** [dəˈgerətaɪp] *n.* Daguerreotypie, *die*

**dahlia** [ˈdeɪlɪə] *n.* Dahlie, *die*

**Dáil [Éireann]** [dɔɪl (ˈeɪrən)] *n. Unterhaus der Republik Irland*

**daily** [ˈdeɪlɪ] **1.** *adj.* täglich; **~ [news]paper** Tageszeitung, *die;* **the ~ grind [of life]** der Alltagstrott; **on a ~ basis** tageweise. **2.** *adv.* täglich; jeden Tag; *(constantly)* Tag für Tag; täglich. **3.** *n.* **a)** *(newspaper)* Tageszeitung, *die;* **b)** *(Brit. coll.: charwoman)* Reinemachefrau, *die. See also* **bread 1 b; dozen b**

**daintily** [ˈdeɪntɪlɪ] *adv.* zierlich; anmutig ⟨*gehen, sich bewegen*⟩

**daintiness** [ˈdeɪntɪnɪs] *n., no pl.* Zierlichkeit, *die; (of movement, manner, etc.)* Anmut, *die*

**dainty** [ˈdeɪntɪ] **1.** *adj.* **a)** *(of delicate beauty)* zierlich; anmutig ⟨*Bewegung, Person*⟩; zart, fein ⟨*Gesichtszüge*⟩; **b)** *(choice)* delikat, köstlich ⟨*Essen*⟩; **c)** *(having delicate tastes)* empfindsam; feinfühlig.. **2.** *n. (lit. or fig.)* Delikatesse, *die;* Leckerbissen, *der*

**dairy** [ˈdeərɪ] *n.* **a)** Molkerei, *die;* **b)** *(shop)* Milchladen, *der*

**dairy: ~ cattle** *n.* Milchvieh, *das;* **~ cream** *n.* [echter] Rahm; [echte] Sahne; **~ farm** *n.* Milchbetrieb, *der;* **~ farmer** *n.* Milchbauer, *der*

**dairying** [ˈdeərɪɪŋ] *n.* Milchwirtschaft, *die*

**dairy: ~maid** *n.* Molkereiangestellte, *die;* **~man** [ˈdeərɪmən] *n., pl.* **~men** [ˈdeərɪmən] Milchmann, *der;* **~ produce** *n.,* **~ products** *n. pl.* Molkereiprodukte

**dais** [ˈdeɪɪs, ˈdeɪs] *n.* Podium, *das*

**daisy** [ˈdeɪzɪ] *n.* Gänseblümchen, *das; (oxeye)* Margerite, *die;* **be pushing up [the] daisies** *(fig. sl.)* sich *(Dat.)* die Radieschen von unten ansehen *(salopp); see also* **fresh 1 e**

**daisy: ~-chain** *n.* Kranz aus Gänseblümchen; **~-wheel** *n.* Typenrad, *das*

**dale** [deɪl] *n. (literary/N. Engl.)* Tal, *das; see also* **up 2 a**

**dalliance** [ˈdælɪəns] *n. (literary)* Tändelei, *die (veralt. geh.)*

**dally** [ˈdælɪ] *v. i.* **a)** *(amuse oneself, sport)* **~ with sb.** mit jmdm. spielen *od.* leichtfertig umgehen; *(flirt)* mit jmdm. schäkern *(ugs.) od.* flirten; **~ with an idea** mit einem Gedanken spielen; **b)** *(idle, loiter)* [herum]trödeln *(ugs.);* **~ [over sth.]** mit etw. trödeln *(ugs.)*

**Dalmatian** [dælˈmeɪʃn] *n.* Dalmatiner, *der*

**¹dam** [dæm] **1.** *n.* **a)** [Stau]damm, *der;* **b)** *(barrier made by beavers)* Damm, der. **2.** *v. t.,* **-mm- a)** *(lit. or fig.)* **~ [up/back] sth.** etw. abblocken; **~ [up/back] the flow of words** dem Wortschwall Einhalt gebieten; **~ [up/back] one's feelings** seine Gefühle zurückhalten; **b)** *(furnish or confine with ~)* eindämmen; aufstauen

**²dam** *n. (Zool.)* Muttertier, *das*

**damage** [ˈdæmɪdʒ] **1.** *n.* **a)** *no pl.* Schaden, *der;* **do a lot of ~ to sb./sth.** jmdm./einer Sache großen Schaden zufügen; jmdn. sehr schaden/etw. stark beschädigen; **the ~ is done now** es ist nun einmal passiert; **b)** *no pl. (loss of what is desirable)* **to sb.'s great ~:** zu jmds. großem Leidwesen; **c)** *in pl. (Law)* Schaden[s]ersatz, *der;* **d)** *no pl. (Brit. sl.: cost)* **what's the ~?** was kostet der Spaß? *(ugs.).* **2.** *v. t.* **a)** beschädigen; **smoking can ~ one's health** Rauchen gefährdet die Gesundheit; **b)** *(detract from)* schädigen; **the article ~d his good reputation** der Artikel hat seinem guten Ruf geschadet; **that ~d his chances [of promotion]/his pride** das hat seine [Aufstiegs]chancen geschmälert/seinen Stolz verletzt

**damaging** [ˈdæmɪdʒɪŋ] *adj.* schädlich **(to** für)

**damask** [ˈdæməsk] **1.** *n.* **a)** *(material)* Damast, *der;* **b)** *(twilled table-linen)* Damastdecke, *die.* **2.** *adj.* damasten

**damask 'rose** *n.* Damaszenerrose, *die*

**dame** [deɪm] *n.* **a) D~** *(Brit.)* Dame *(Titel der weiblichen Träger verschiedener Orden im Ritterstand);* **b) D~** *(literary/poet.: title of woman of rank)* Dame, *die; (title of thing personified as woman)* **D~ Nature** Mutter Natur; **D~ Fortune** Frau Fortuna; **c)** *(arch./poet./joc./Amer. sl.)* Weib, *das;* **d)** *(in pantomime)* komische Alte

**damfool** [ˈdæmfuːl] *(coll.)* **1.** *adj.* idiotisch *(ugs.);* blöd *(ugs.);* **~ action/remark** *etc.* Blödsinn, *der (ugs.);* **that was a ~ thing to do!** das war saublöd! *(ugs.).* **2.** *n.* Idiot, *der (ugs.);* Blödmann, *der (salopp)*

**dammit** [ˈdæmɪt] *int. (coll.)* verdammt noch mal! *(ugs.);* **as ... as ~:** verdammt ... *(ugs.);* **as near as ~:** jedenfalls so gut wie *(ugs.)*

**damn** [dæm] **1.** *v. t.* **a)** *(condemn, censure)* verreißen ⟨*Buch, Film, Theaterstück*⟩; **~ with faint praise** durch kühles Lob ablehnen; **b)** *(doom to hell, curse)* verdammen; **c)** *(coll.)* **~ [it], ~ and blast [it]!** verflucht [noch mal]! *(ugs.);* zum Teufel [noch mal]! *(ugs.);* **~ it all!** verdammt noch mal! *(ugs.);* zum Donnerwetter! *(ugs.);* **~ all** *(Brit. sl.)* nicht die Bohne *(ugs.);* **~ you/him!** hol' dich/ihn der Teufel! *(salopp);* **[well,] I'll be** *or* **I'm ~ed** ich werd' verrückt *(ugs.) od.* dreh' durch *(salopp);* **[I'll be** *or* **I'm] ~ed if I know** ich habe nicht die leiseste Ahnung; **[I'll be** *or* **I'm] ~ed if I'll go to meet him** ich werde ihn auf gar keinen Fall *od.* garantiert nicht treffen; **I'm ~ed if I can find it** ich kann es beim besten Willen nicht finden; *see also* **God; d)** *(be the ruin of)* zu Fall bringen. **2.** *n.* **a)** *(curse)* Fluch, *der;* **b) he didn't give** *or* **care a ~ [about it]** ihm war es völlig Wurscht *(ugs.) od.* scheißegal *(salopp);* **I don't give a ~ for that girl** das Mädchen ist mir völlig schnuppe *(ugs.) od.* Wurscht *(ugs.).* **3.** *adj.* verdammt *(ugs.);* Scheiß- *(salopp).* **4.** *adv.* verdammt

**damnable** [ˈdæmnəbl] *adj.* gräßlich, scheußlich ⟨*Wetter*⟩; ungeheuerlich ⟨*Lüge, Anschuldigung*⟩; **~ luck** entsetzliches Pech

**damnably** [ˈdæmnəblɪ] *adv.* verdammt

**damnation** [dæmˈneɪʃn] **1.** *n.* Verdammnis, *die.* **2.** *int.* verdammt [noch mal]! *(ugs.)*

**damned** [dæmd] **1.** *adj.* **a)** *(doomed)* verdammt; **b)** *(infernal, unwelcome)* verdammt *(ugs.);* **I can't see a ~ thing in this fog** so'n Mist, ich sehe überhaupt nichts [mehr] bei diesem Nebel *(ugs.);* **I have to walk back in this rain. What a ~ nuisance!** Verdammter Mist! Jetzt muß ich bei dem Regen zurücklaufen! *(ugs.);* **c) do/try one's ~est** sein möglichstes tun. **2.** *adv.* verdammt *(ugs.);* **I should ~ well hope so/think** so das will ich aber [auch] schwer hoffen *(ugs.)* /stark annehmen. **3.** *n. pl.* **the ~**: die Verdammten

**damning** ['dæmɪŋ] *adj.* **a)** *(expressing severe criticism)* vernichtend ‹*Urteil, Kritik, Worte*›; **b)** *(that proves guilt)* belastend ‹*Beweise*›

**Damocles** ['dæməkli:z] *pr. n.* Damokles *(der)*; **sword of ~**: Damoklesschwert, *das*

**damp** [dæmp] **1.** *adj.* feucht; **a ~ squib** *(fig.)* ein Reinfall. **2.** *v.t.* **a)** befeuchten; [ein]sprengen ‹*Wäsche*›; **b)** *(stifle, extinguish)* dämpfen ‹*Lärm*›; **~ [down] a fire** ein Feuer ersticken; **c)** *(Mus., Phys.)* dämpfen; **d)** *(discourage, depress)* dämpfen ‹*Eifer, Begeisterung*›; **~ sb.'s spirits** jmdm. den Mut nehmen. **3.** *n. (moisture)* Feuchtigkeit, *die*

**'damp course** *see* **damp-proof**

**dampen** ['dæmpn] *see* **damp 2 a, d**

**damper** ['dæmpə(r)] *n.* **a)** *(sth. that checks or depresses)* **put a ~ on sth.** einer Sache *(Dat.)* einen Dämpfer aufsetzen; **his presence put a ~ on us** seine Anwesenheit dämpfte unsere Stimmung; **b)** *(Mus.)* Dämpfer, *der;* **c)** *(in vehicle)* Stoßdämpfer, *der;* **d)** *(in flue)* Luftklappe, *die*

**dampness** ['dæmpnɪs] *n. no pl.* Feuchtigkeit, *die;* **~ in the air** Luftfeuchtigkeit, *die*

**'damp-proof** *adj.* feuchtigkeitsbeständig; **~ course** Sperrschicht, *die (gegen aufsteigende Bodenfeuchtigkeit)*

**damsel** ['dæmzl] *n. (arch./literary)* Maid, *die (veralt.)*; **a ~ in distress** *(joc.)* eine hilflose junge Dame

**damson** ['dæmzn] *n.* **a)** *(fruit)* Haferpflaume, *die;* **b)** *(tree)* Haferpflaumenbaum, *der*

**damson 'plum** *n.* große Haferpflaume

**dance** [dɑ:ns] **1.** *v.i.* **a)** tanzen; **~ to sb.'s tune** *(fig.)* nach jmds. Pfeife tanzen; **b)** *(jump about, skip)* herumtanzen; **~ about in agony/with rage** vor Schmerzen/Zorn rasen; **~ for joy** vor Freude an die Decke springen; einen Freudentanz aufführen; **c)** *(bob up and down)* tanzen; **the boat was dancing on the waves** das Boot tanzte *od.* schaukelte auf den Wellen. **2.** *v.t.* **a)** tanzen; **~ attendance on sb.** *(fig.)* jmdn. vorn und hinten bedienen *(ugs.)*; um jmdn. herumscharwenzeln *(ugs. abwertend)*; **b)** *(move up and down, dandle)* schaukeln. **3.** *n.* **a)** Tanz, *der;* **lead sb. a [merry] ~** *(fig.)* jmdn. [schön] an der Nase herumführen; **b)** *(party)* Tanzveranstaltung, *die;* *(private)* Tanzparty, *die;* **c)** *(tune in ~ rhythm)* Tanz, *der;* **light ~ music** leichte Tanzmusik; **d) St. Vitus's ~**: Veitstanz, *der*

**dance: ~-band** *n.* Tanzkapelle, *die;* **~-floor** *n.* Tanzfläche, *die;* **~-hall** *n.* Tanzsaal, *der*

**dancer** ['dɑ:nsə(r)] *n.* Tänzer, *der*/Tänzerin, *die*

**dancing** ['dɑ:nsɪŋ]: **~-girl** *n.* Tänzerin, *die;* **~-master** *n.* Tanzlehrer, *der;* **~-partner** *n.* Tanzpartner, *der*/-partnerin, *die;* **~-step** *n.* Tanzschritt, *der*

**dandelion** ['dændɪlaɪən] *n.* Löwenzahn, *der;* *(with seed-head)* Pusteblume, *die (Kinderspr.)*

**dander** ['dændə(r)] *n. (coll.)* Rage, *die (ugs.)*; **get one's/sb.'s ~ up** in Rage kommen *(ugs.)*/jmdn. in Rage bringen *(ugs.)*

**dandify** ['dændɪfaɪ] *v.t.* herausputzen

**dandle** ['dændl] *v.t.* schaukeln

**dandruff** ['dændrʌf] *n.* [Kopf]schuppen *Pl.*

**dandy** ['dændɪ] **1.** *n. (person)* Dandy, *der (geh.)*; Geck, *der (abwertend)*; Stutzer, *der (veralt. abwertend)*. **2.** *adj. (coll.)* **[fine and] ~**: prima *(ugs.)*

**Dane** [deɪn] *n.* Däne, *der*/Dänin, *die*

**danger** ['deɪndʒə(r)] *n.* Gefahr, *die;* **a ~ to sb./sth.** eine Gefahr für jmdn./etw.; **'~!'** „Vorsicht!"; *(stronger)* „Lebensgefahr!"; **there is [a/the] ~ of war/disease** es besteht Kriegs-/Seuchengefahr; **[a] ~ of invasion** die Gefahr einer Invasion; **in ~**: in Gefahr; **put sb. in ~**: jmdn. in Gefahr bringen; **in ~ of one's life/of death** in Lebensgefahr/Todesgefahr; **be in ~ of doing sth.** ‹*Person:*› Gefahr laufen, etw. zu tun; ‹*Sache:*› drohen, etw. zu tun; **out of ~**: außer Gefahr

**danger: ~ level** *n.* Gefahrengrenze, *die;* **~ list** *n.* **be on/off the ~ list** in/außer Lebensgefahr sein; **~ money** *n.* Gefahrenzulage, *die*

**dangerous** ['deɪndʒərəs] *adj.* gefährlich; **~ to health** gesundheitsgefährdend

**dangerously** ['deɪndʒərəslɪ] *adv.* gefährlich; **he drives ~**: er hat einen gefährlichen Fahrstil; **he's ~ overweight** er hat gefährliches Übergewicht

**dangle** ['dæŋgl] **1.** *v.i.* baumeln **(from** an + *Dat.*). **2.** *v.t.* baumeln lassen; **~ [the prospect of] sth. in front of sb.** *(fig.)* jmdm. etw. [als Anreiz] in Aussicht stellen

**Danish** ['deɪnɪʃ] **1.** *adj.* dänisch; **sb. is ~**: jmd. ist Däne/Dänin; *see also* **English 1. 2.** *n.* Dänisch, *das; see also* **English 2 a**

**Danish: ~ 'blue** *n.* dänischer Blauschimmelkäse; Danablu ®, *der;* **~ 'pastry** *n.* Plunderstück, *das*

**dank** [dæŋk] *adj.* feucht

**Danube** ['dænju:b] *pr. n.* Donau, *die*

**daphne** ['dæfnɪ] *n. (Bot.)* Seidelbast, *der*

**dapper** ['dæpə(r)] *adj. (neat)* adrett; schmuck *(veralt.)*; *(sprightly)* munter

**dapple** ['dæpl] *v.t.* [be]sprenkeln

**dappled** ['dæpld] *adj.* gesprenkelt; gefleckt ‹*Pferd, Kuh*›

**dapple-'grey 1.** *adj.* **~ mare** Apfelschimmelstute, *die.* **2.** *n.* Apfelschimmel, *der*

**Darby and Joan** [dɑ:bɪ ən 'dʒəʊn] *n., pl.* **Darbies and Joans** *treues, altes Ehepaar;* ≈ Philemon und Baucis *(geh.)*

**Darby and 'Joan club** *n. (Brit.)* Seniorenclub, *der*

**dare** [deə(r)] **1.** *v.t., pres.* **he ~** *or* **~s**, *neg.* **~ not**, *(coll.)* **~n't** [deənt] **a)** *(venture)* [es] wagen; sich *(Akk.)* trauen; **if you ~ [to] give away the secret** wenn du es wagst, das Geheimnis zu verraten; **we didn't ~ [to] go any further** wir wagten [es] nicht *od.* trauten uns nicht, noch weiter zu gehen; **we ~ not/~d not** *or (coll.)* **didn't ~ tell him the truth** wir wagen/wagten [es] nicht *od.* trauen/trauten uns nicht, ihm die Wahrheit zu sagen; **you wouldn't ~**: das wagst du nicht; du traust dich nicht; **just you ~!** untersteh dich!; das versuch mal! *(ugs.)*; **don't you ~!** untersteh dich!; wehe!; **how ~ you [do ...]?** wie kannst du es wagen[, ... zu tun]?; **how ~ you!** was fällt dir ein!; *(formal)* was erlauben Sie sich!; **I ~ say** *(supposing)* ich nehme an; *(confirming)* das glaube ich gern; **b)** *(attempt)* wagen ‹*Aufstieg, Flucht*›; sich wagen an (+ *Akk.*) ‹*Projekt, Berg*›; *(take the risk of)* riskieren; herausfordern ‹*Zorn der Götter*›; **c)** *(challenge)* herausfordern; **~ sb. to do sth.** jmdn. dazu aufstacheln, etw. zu tun; **I ~ you!** trau dich!; **I ~ you to** *or* **I bet you ~n't call the boss by his first name** wetten, daß du dich nicht traust, den Chef beim Vornamen zu rufen? **2.** *n. (act of daring)* **do sth. for/as a ~**: etw. als Mutprobe tun; *(challenge)* **Go on! It's a ~!** Los! Sei kein Frosch!

**'daredevil** *n.* Draufgänger, *der*/-gängerin, *die*

**daren't** [deənt] *(coll.)* = **dare not**

**daring** ['deərɪŋ] **1.** *adj. (bold)* kühn; waghalsig ‹*Kunststück, Tat*›; *(fearless)* wagemutig. **2.** *n.* Kühnheit, *die*

**daringly** ['deərɪŋlɪ] *adv. (boldly)* kühn; *(fearlessly)* wagemutig

**dark** [dɑ:k] **1.** *adj.* **a)** *(without light)* dunkel; dunkel, finster ‹*Nacht, Haus, Straße*›; *(gloomy)* düster; dunkel, finster ‹*Wolke*›; **b)** dunkel ‹*Farbe*›; *(brown-complexioned)* dunkelhäutig; *(dark-haired)* dunkelhaarig; **~-blue/-brown/-green** *etc.* dunkelblau/-braun/-grün *usw.*; *see also* **¹blue 2 e**; **c)** *(evil)* finster; übel ‹*Zauber, Ruf, Fluch*›; düster ‹*Drohung, Bedeutung*›; furchtbar ‹*Grausamkeiten*›; **d)** *(cheerless)* finster; düster ‹*Bild*›; *(sad)* düster ‹*Stimmung, Gedanke*›; *(frowning)* finster; **don't always look on the ~ side of things** sieh doch nicht immer alles so schwarz *od.* düster; **e)** *(obscure)* dunkel; schwierig ‹*Frage*›; **he's a ~ one as far as his plans are concerned** er ist so verschwiegen, was seine Pläne anbelangt; **keep sth./it ~**: etw./es geheimhalten **(from** vor + *Dat.*); **be in ~est Africa** im tiefsten *od.* finstersten Afrika sein. **2.** *n.* **a)** *(absence of light)* Dunkel, *das;* **in the ~**: im Dunkeln; **b)** *no art. (nightfall)* Einbruch der Dunkelheit; **c) the ~** *(fig.: lack of knowledge)* **keep sb./be [kept] in the ~ about/as to sth.** jmdn. über etw. *(Akk.)* im dunkeln lassen/über etw. *(Akk.)* im dunkeln gelassen werden; **a leap in the ~**: ein Sprung ins Ungewisse; **it was a shot in the ~**: es war aufs Geratewohl geraten/versucht

**'Dark Ages** *n. pl.* [frühes] Mittelalter

**darken** ['dɑ:kn] **1.** *v.t.* **a)** verdunkeln; **the sun had ~ed her skin** die Sonne hatte ihre Haut gebräunt; **b)** *(fig.)* verdüstern; verfinstern ‹*Miene*›; **he was told never to ~ the door of that house again** man sagte ihm, er solle sich in diesem Hause nie wieder blicken lassen. **2.** *v.i.* **a)** ‹*Zimmer:*› dunkel werden; ‹*Wolken, Himmel:*› sich verfinstern; **the day ~ed** es wurde dunkel; **b)** *(fig.)* sich verfinstern

**dark: ~ 'glasses** *n. pl.* dunkle Brille; **~-haired** *adj.* dunkelhaarig; **~ 'horse** *n.* unbekanntes Pferd; *(fig.: little-known yet successful person)* [erfolgreicher] Außenseiter; *(fig.: secretive person)* **be a ~ horse** ein stilles Wasser sein

**darkie** *see* **darky**

**darkish** ['dɑ:kɪʃ] *adj.* ziemlich dunkel

**darkly** ['dɑ:klɪ] *adv.* **a)** dunkel; **b)** *(ominously)* finster; *(obscurely, dimly)* dunkel

**darkness** ['dɑ:knɪs] *n., no pl.* **a)** *(dark)* Dunkelheit, *die;* **b)** *(wickedness, ominousness)* Finsterkeit, *die;* **the powers of ~**: die Mächte der Finsternis; **c)** *(obscurity)* Dunkelheit, *die*

**'dark-room** *n.* Dunkelkammer, *die*

**darky** ['dɑ:kɪ] *n. (coll.)* Schwarze, *der/die*

**darling** ['dɑ:lɪŋ] **1.** *n.* Liebling, *der;* **she was his ~**: sie war seine Liebste *od.* sein Schatz; **her little ~s** ihre Lieblinge; **you 'are a ~** *(coll.)* du bist ein Schatz. **2.** *adj.* geliebt; *(coll.: delightful)* reizend

**¹darn** [dɑ:n] **1.** *v.t.* stopfen. **2.** *n.* gestopfte Stelle

**²darn** *(sl.: damn)* **1.** *v.t.* **~ you** *etc.* **!** zum Kuckuck mit dir *usw.* ! *(salopp)*; **~ [it]** verflixt [und zugenäht]! *(ugs.)*; **~ it all!** verflixt noch mal! *(ugs.)*; **I'll be ~ed** ich werd' nicht mehr *(salopp)*; **I'm** *or* **I'll be ~ed if I'll help you** ich werde dir auf gar keinen Fall helfen; **I'm** *or* **I'll be ~ed if I know** ich habe nicht die leiseste Ahnung *(ugs.)*. **2.** *n. see* **damn 2 b. 3.** *adj.* verflixt *(ugs.)*. **4.** *adv.* verflixt *(ugs.)*; **~ stupid** schrecklich dumm

**darned** [dɑ:nd] *(sl.)* **1.** *adj.* verflixt *(ugs.)*; **you ~ fool!** du verdammter Narr!; *see also* **damned 1 b, c. 2.** *adv.* verflixt; **don't be so ~ stubborn!** sei nicht so verdammt *od.* furchtbar stur!; *see also* **damned 2**

**darning** ['dɑ:nɪŋ] *n.* Stopfen, *das;* **there's a lot of ~ to be done** es sind eine Menge Sachen zu stopfen

**'darning-needle** *n.* Stopfnadel, *die*

**dart** [dɑ:t] **1.** *n.* **a)** *(missile)* Pfeil, *der;* **b)** *(Sport)* Wurfpfeil, *der;* **~s** *sing. (game)* Darts, *das;* **c)** *(Zool.)* Stachel, *der;* **d)** *(rapid motion)* Satz, *der;* **the child made a sudden ~ into the road** das Kind rannte plötzlich auf die Fahrbahn; **e)** *(Dressmaking: tapering tuck)* Abnäher, *der.* **2.** *v.t.* **~ a look at sb.** jmdm. einen Blick zuwerfen; **the toad ~ed its tongue out** die Kröte ließ ihre Zunge herausschnellen. **3.** *v.i. (start rapidly)* sausen;

~ **towards sth.** auf etw. *(Akk.)* zustürzen; **her eyes ~ed towards the staircase** sie warf einen raschen Blick zur Treppe; **the fish ~ed through the water** der Fisch schnellte durch das Wasser

'**dartboard** *n.* Dartscheibe, *die*

**dash** [dæʃ] **1.** *v.i. (move quickly)* sausen; *(coll.: hurry)* sich eilen; ~ **along behind sb./sth.** hinter jmdm./etw. herrasen; ~ **away from sb./sth.** von jmdm./etw. wegrasen; ~ **down/up [the stairs]** [die Treppe] hinunter-/hinaufstürzen; ~ **up to sb./sth.** auf jmdn./etw. zustürzen; **I must just ~ to the loo** ich muß noch [eben] schnell aufs Klo; ~ **against sth.** ⟨*Wellen usw.:*⟩ gegen etw. peitschen *od.* schlagen. **2.** *v.t.* **a)** *(shatter)* ~ **sth. [to pieces]** etw. [in tausend Stücke] zerschlagen *od.* zerschmettern; **b)** *(fling)* schleudern; schmettern; *(splash)* schütten; *(bespatter)* bespritzen **(with** mit); **c)** *(frustrate)* **sb.'s hopes are ~ed** jmds. Hoffnungen haben sich zerschlagen; **d)** *(sl.) see* [2]**darn 1.** **3.** *n.* **a) make a ~ for sth.** zu etw. rasen *(ugs.)*; **make a ~ at sb.** auf jmdn. losstürzen *(ugs.)*; **make a ~ for shelter** rasch Schutz suchen; **make a ~ for freedom** plötzlich versuchen, wegzulaufen; **b)** *(horizontal stroke)* Gedankenstrich, *der;* **c)** *(Morse signal)* Strich, *der;* **d)** *(slight admixture)* Schuß, *der;* **a ~ of salt** eine Prise Salz; **add a ~ of colour to sth.** einer Sache *(Dat.)* etwas Farbe geben; **beige with a ~ of brown** beige mit einem Stich ins Braune; **e)** *(vigorous action)* Schwung, *der; (showy appearance etc.)* **cut a ~:** Aufsehen erregen; **f)** *see* **dashboard**

~ **a'way 1.** *v.i. (rush)* davonjagen; *(coll: hurry)* **they had to ~ away** sie mußten schnell weg; **you're not going to ~ away so soon, surely** du willst doch nicht schon wieder weg. **2.** *v.t.* wegstoßen

~ **'off 1.** *v.i. see* ~ **away 1. 2.** *v.t.* rasch schreiben

~ **'out** *v.t.* ~ **sb.'s brains out** jmdm. den Schädel einschlagen

'**dashboard** *n. (Motor Veh.)* Armaturenbrett, *das*

**dashed** [dæʃt] *see* **darned**

**dashing** ['dæʃɪŋ] *adj.* schneidig

**dastardly** ['dæstədlɪ] *adj.* feige; *(malicious)* hinterhältig

**data** ['deɪtə, 'dɑ:tə] *n. pl., constr. as pl. or sing.* Daten *Pl.; see also* **datum**

**data:** ~ **bank** *n.* Datenbank, *die;* ~ **capture** *n.* Datenerfassung, *die;* ~**-handling,** ~ **'processing** *ns.* Datenverarbeitung, *die;* ~ **'processor** *n.* Datenverarbeitungsanlage, *die;* ~ **pro'tection** *n.* Datenschutz, *der;* ~ **sheet** *n.* Informationsblatt, *das*

[1]**date** [deɪt] *n. (Bot.)* **a)** *(fruit)* Dattel, *die;* **b)** *(tree) see* **date-palm**

[2]**date 1.** *n.* **a)** Datum, *das; (on coin etc.)* Jahreszahl, *die;* ~ **of birth** Geburtsdatum, *das;* **what are his ~s?** von wann bis wann hat er gelebt?; **the last ~ for payment** der letzte Termin für die Zahlung; **b)** *(coll.: appointment)* Verabredung, *die;* **have/make a ~ with sb.** mit jmdm. verabredet sein/sich mit jmdm. verabreden; **go [out] on a ~ with sb.** mit jmdm. ausgehen; *see also* **blind date; c)** *(Amer. coll.: person)* Freund, *der*/Freundin, *die;* **d)** *(period)* [Entstehungs]zeit, *die;* **e) be out of ~:** altmodisch sein; *(expired)* nicht mehr gültig sein; **to ~:** bis heute. *See also* **up to date. 2.** *v.t.* **a)** *(mark with date, refer to a time)* datieren; ~ **sth. to a time** etw. einer Zeit zuordnen; **b)** *(coll: make seem old)* alt machen; **c)** *(Amer. coll.: make date with)* ~ **[each other]/sb.** miteinander/mit jmdm. gehen *(ugs.)*. **3.** *v.i.* **a)** ~ **back to/~ from a certain time** aus einer bestimmten Zeit stammen; **b)** *(coll.: become out of date)* aus der Mode kommen

**dated** ['deɪtɪd] *adj. (coll.)* altmodisch; **a ~ fashion** eine Mode von gestern

**date:** ~**-line** *n.* **a)** *(Geog.)* Datumsgrenze, *die;* **b)** *(in newspaper etc.) Zeile, in der das Datum steht;* ≈ Kopf, *der;* ~**-palm** *n.* Dattelpalme, *die;* ~**-stamp 1.** *n.* Datumsstempel, *der;* **2.** *v.t.* abstempeln; mit einem Datumsstempel versehen

**dative** ['deɪtɪv] *(Ling.)* **1.** *adj.* Dativ-; dativisch; ~ **case** Dativ, *der.* **2.** *n.* Dativ, *der*

**datum** ['deɪtəm, 'dɑ:təm] *n., pl.* **data** ['deɪtə, 'dɑ:tə] **a)** *(premiss)* Datum, *das;* Faktum, *das;* **b)** *(fixed starting-point)* Nullpunkt, *der*

'**datum-line** *n. (Surv.)* Normalnull, *das*

**daub** [dɔ:b] **1.** *v.t.* **a)** *(coat)* bewerfen; verschmieren ⟨*Geflecht*⟩; *(smear, soil)* beschmieren; **b)** *(lay crudely)* schmieren. **2.** *v.i.* ⟨*Künstler:*⟩ die Leinwand vollschmieren *(abwertend)*. **3.** *n.* **a)** *(plaster etc.)* Bewurf, *der;* **b)** *(crude painting)* Kleckserei, *die (ugs. abwertend); (large)* Schinken, *der (ugs. abwertend);* **c)** *(smear)* Fleck, *der;* **covered with great ~s of sth.** reichlich mit etw. beschmiert

**daughter** ['dɔ:tə(r)] *n. (lit. or fig.)* Tochter, *die*

'**daughter-in-law** *n., pl.* **daughters-in-law** Schwiegertochter, *die*

**daunt** [dɔ:nt] *v.t.* entmutigen; schrecken *(geh.)*; **nothing ~ed** unverzagt

**dauntless** ['dɔ:ntlɪs] *adj.* unerschrocken

**dauphin** ['dɔ:fɪn] *n. (Hist.)* Dauphin, *der*

**davenport** ['dævnpɔ:t] *n.* **a)** *(Brit.: writing-desk)* Sekretär, *der;* **b)** *(Amer.: sofa)* Sofa, *das*

**davit** ['dævɪt] *n.* [Boots]davit, *der*

**Davy [lamp]** ['deɪvɪ (læmp)] *n.* Wetterlampe, *die;* Davy-Lampe, *die*

**dawdle** ['dɔ:dl] **1.** *v.i.* bummeln *(ugs.)*. **2.** *v.t.* ~ **away** verbummeln *(ugs.)*. **3.** *n. (dawdling)* Bummelei, *die (ugs.); (stroll)* Bummel, *der (ugs.)*

**dawn** [dɔ:n] **1.** *v.i.* **a)** dämmern; **day[light] ~ed** der Morgen dämmerte; der Tag brach an; **b)** *(fig.)* ⟨*Zeitalter:*⟩ anbrechen; ⟨*Idee:*⟩ aufkommen; ⟨*Liebe, Hoffnung:*⟩ erwachen; **until the meaning finally ~ed** bis schließlich der Sinn klar wurde; **sth. ~s on** *or* **upon sb.** etw. dämmert jmdm.; **hasn't it ~ed on you that ...?** ist dir nicht langsam klargeworden, daß ...? **the idea ~ed on her that ...:** ihr kam die Idee, daß ... **2.** *n.* **a)** [Morgen]dämmerung, *die;* **from ~ to dusk** von früh bis spät; **it is ~:** die Dämmerung bricht an; es wird hell; **at ~:** im Morgengrauen; **[the] ~ breaks** der Tag bricht an; **in the ~:** in der Morgendämmerung; **into the ~:** gen Sonnenaufgang *(geh.)*; **b)** *(fig.)* Morgenröte, *die (geh.); (of idea, love, hope)* Keimen, *das (geh.)*; **at the ~ of civilization** in der Morgenröte der Zivilisation *(geh.)*

**dawn 'chorus** *n.* morgendlicher Gesang der Vögel

**dawning** ['dɔ:nɪŋ] *n.* **a)** Anbruch, *der;* **at the ~ of the day** bei Tagesanbruch; **b)** *(fig.)* Anfänge *Pl.;* **at the ~ of a new era/civilization** bei Anbruch eines neuen Zeitalters/in den Anfängen der Zivilisation

'**dawn raid** *n. (St. Exch.) frühzeitiges, heimliches Aufkaufen von Aktien (um überraschend eine Aktienmehrheit zu erlangen)*

**day** [deɪ] *n.* **a)** Tag, *der;* **on a ~ like today** an einem Tag wie heute; **all ~ [long]** den ganzen Tag [lang]; **take all ~** *(fig.)* eine Ewigkeit brauchen; **as happy as the ~ is long** äußerst glücklich; **the ~ of ~s** der Tag der Tage; **all ~ and every ~:** tagaus, tagein; **not for many a long ~:** schon lange nicht mehr; **to this ~, from that ~ to this** bis zum heutigen Tag; **as clear as ~:** augenfällig; **for two ~s** zwei Tage [lang]; **what's the ~** *or* **what ~ is it today?** welcher Tag ist heute?; **twice a ~:** zweimal täglich *od.* am Tag; **in a ~/two days** *(within)* in *od.* an einem Tag/in zwei Tagen; **in a ~['s time]/a few ~s[' time]** in einem Tag/in ein paar Tagen; **in six ~s[' time]** in sechs Tagen; **in eight ~s** in genau acht Tagen; **[on] the ~ after/before** am Tag danach/davor; **[on] the ~ after/before sth.** am Tag nach/vor etw. *(Dat.)*; **[on] the ~ after/before we met** am Tag, nach dem/bevor wir uns trafen; **[the] next/[on] the following/[on] the previous ~:** am nächsten/folgenden/vorhergehenden Tag; **the ~ before yesterday/after tomorrow** vorgestern/übermorgen; **the other ~:** neulich; **only the other ~:** erst vor ein paar Tagen; **every other ~:** alle zwei Tage; **from this/that ~ [on]** von heute an/von diesem Tag an; **one ~ he came** eines Tages kam er; **come and see us one ~:** komm irgendwann einmal vorbei; **one ~ ..., the next ...:** heute ..., morgen ...; **one of these [fine] ~s** eines [schönen] Tages; **two ~s ago** vor zwei Tagen; **some ~:** eines Tages; irgendwann einmal; **for the ~:** für einen Tag; **to the ~:** auf den Tag genau; ~ **after ~:** Tag für Tag; ~ **by ~, from ~ to ~:** von Tag zu Tag; **from one ~ to the next** von einem Tag zum andern; ~ **in ~ out** tagaus, tagein; **it's all in the/a ~'s work** das gehört dazu *(ugs.)*; **call it a ~** *(end work)* Feierabend machen; *(more generally)* Schluß machen; *(fig.)* es gut sein lassen *(ugs.)*; **at the end of the ~** *(fig.)* letzten Endes; **early in the ~** *(fig.)* früh; **he's 65 if he's a ~:** er ist mindestens 65; **it's not my ~:** ich habe [heute] einen schlechten Tag; **it's my ~:** ich habe [heute] einen guten Tag; **on his ~:** wenn er seinen guten Tag hat; **that will be the ~** *(iron.)* das möchte ich sehen/erleben *(ugs.)*; **it's been one of those ~s** das war vielleicht ein Tag *(ugs.)*; **soup/dish of the ~:** Tagessuppe, *die*/Stammessen, *das; see also* **any 1 e; good 1 m; late 2 e; make 1 p; off 1 e; b)** *(daylight)* **before/at ~:** vor/bei Tagesanbruch; **c)** *in sing. or pl. (period)* **in the ~s when ...:** zu der Zeit, als ...; **in his/that/Queen Anne's ~:** zu seiner/jener Zeit/zur Zeit der Königin Anne; **in former/earlier ~s** in früheren Zeiten; **these ~s** heutzutage; **in those ~s** damals; zu jener Zeit; **in this ~ and age, at the present ~:** heutzutage; **this ~ and age, the [present] ~:** die heutige Zeit; **have seen/known better ~s** bessere Tage gesehen/gekannt haben; **I have seen the ~ when ...:** zu meiner Zeit ...; **those were the ~s** das waren noch Zeiten; *(iron.)* schöne Zeiten waren das; *see also* **bad 1 a; good 1 d; d)** *in sing. or pl. (lifetime)* **in our ~[s]** zu unserer Zeit; **end one's ~s** seine Tage beenden; **e)** *(time of prosperity)* **in one's ~:** zu seiner Zeit; *(during lifetime)* in seinem Leben; **sth.'s ~ is over** die Zeiten einer Sache *(Gen.)* sind vorbei; **every dog has its ~:** jeder hat einmal seine Chance; **it has had its ~:** es hat ausgedient *(ugs.)*; **f)** *(victory)* **win** *or* **carry the ~:** den Sieg davontragen; **g)** *(~ for regular event)* **Monday is my ~:** montags bin ich an der Reihe *(ugs.)*; **it's my ~ [for doing** *or* **to do sth.]** ich bin an der Reihe[, etw. zu tun]; **whose ~ is it?** wer ist an der Reihe?

**-day** *adj. suf.* -tägig; **three-~[s]-old** drei Tage alt; **five-~ week** Fünftagewoche, *die*

**day:** ~**-bed** *n.* Liegesofa, *das;* ~**book** *n. (Commerc.)* Journal, *das;* ~**-boy** *n. (Brit.)* externer Schüler; ~**break** *n.* Tagesanbruch, *der;* **at ~break** bei Tagesanbruch; ~**dream 1.** *n.* Tagtraum, *der;* **lost in a ~dream** traumverloren; **2.** *v.i.* träumen; ~**dreamer** *n.* Tagträumer, *der*/-träumerin, *die;* ~**-girl** *n. (Brit.)* externe Schülerin; ~**light** *n.* **a)** *(light of day)* Tageslicht, *das;* **by ~light** bei Tageslicht; **go on working while it's still ~light** weiterarbeiten, solange es noch hell ist; **~light comes** es wird hell; der Tag bricht an; **it's [already] ~light** es ist [schon] hell; **during the hours of ~light, in ~light** bei Tag[eslicht]; **in broad ~light** am hellichten Tag[e]; **~light saving [time]** Sommerzeit, *die;* **b)** *(dawn)* **at** *or* **by/before ~light** bei/vor Tagesanbruch; **c)** *(fig.)* **bring sth. into the ~light** etw. ans Tageslicht bringen; **I see ~light** ich denke, die Situation lichtet sich; *(understand)* mir geht ein Licht auf *(ugs.)*; **scare/beat the [living] ~lights out of sb.** *(sl.)* jmdn. zu Tode erschrecken/*(ugs.)* windelweich schlagen; **it's ~light robbery** es ist der reine Wucher; **d)** *(visible interval)* Luft, *die;* **~-long** *attrib. adj.* den ganzen Tag dauernd; **~ nursery** *n.* **a)** *(room)* Kinderzimmer, *das;* **b)** *(school)* Kindergarten, *der;* **~ release** *n. (Brit.)* [tageweise] Freistellung zur Fortbildung; **~-return 1.** *attrib. adj.* **~-return ticket** *see* **2; 2.** *n.* Tagesrückfahrkarte, *die;* **~-school** *n.* Tagesschule, *die;* **~ shift** *n.* Tagschicht, *die;* **be on [the] ~ shift** Tagschicht haben; **~time** *n.* Tag, *der;* **in** *or* **during the ~time** während des Tages; tagsüber; **~-to-~** *adj.* [tag]täglich; **~-to-~ life** Alltagsleben, *das;* **~ trip** *n.* Tagesausflug, *der;* **~ tripper** *n.* Tagesausflügler, *der*/-ausflüglerin, *die*

**daze** [deɪz] **1.** *v. t.* benommen machen; **be ~d** benommen sein **(at** von). **2.** *n.* Benommenheit, *die;* **in a [complete/bit of a] ~:** [völlig/ein wenig] benommen

**dazzle** ['dæzl] *v. t. (lit., or fig.: delude)* blenden; *(fig.: confuse, impress)* überwältigen

**dB** *abbr.* **decibel[s]** dB

**DC** *abbr.* **a)** *(Electr.)* **direct current** GS; **b)** *(Geog.)* **District of Columbia** Bundesdistrikt Columbia; **c)** *(Mus.)* **da capo** d.c.

**DD** *abbr.* **Doctor of Divinity** ≈ Dr. theol.; *see also* **B. Sc.**

**D-Day** ['di:deɪ] *n.* **a)** *(6 June 1944) Tag der Landung der Alliierten in der Normandie;* **b)** *(starting day)* der Tag X

**DDT** [di:di:'ti:] *n.* DDT, *das*

**deacon** ['di:kn] *n.* Diakon, *der*

**deaconess** ['di:kənɪs] *n.* Diakonin, *die*

**deactivate** [di:'æktɪveɪt] *v. t.* entschärfen ⟨*Bombe*⟩; desaktivieren ⟨*Chemikalie*⟩; abschalten ⟨*Maschine, Motor*⟩

**dead** [ded] **1.** *adj.* **a)** tot; tot, abgestorben ⟨*Gewebe, Pflanze*⟩; **[as] ~ as a doornail/as mutton** mausetot *(ugs.)*; **be ~ from the neck up** *(coll.)* gehirnamputiert sein *(salopp)*; **I wouldn't be seen ~ doing sth./in that dress** *(coll.)* ich würde nie im Leben etw. tun/dieses Kleid anziehen *(ugs.)*; **I wouldn't be seen ~ in a place like that** *(coll.)* keine zehn Pferde würden mich an solch einen Ort bringen *(ugs.)*; **~ men tell no tales** *(prov.)* Tote reden nicht; *see also* **body 1 b; bury a; ¹go 1 j; b)** *(inanimate, extinct)* tot ⟨*Materie*⟩; erloschen ⟨*Vulkan, Gefühl, Interesse*⟩; ausgestorben ⟨*Spezies*⟩; *(without power)* verbraucht, leer ⟨*Batterie*⟩; ausgebrannt ⟨*Glühbirne*⟩; *(extinguished)* ausgegangen ⟨*Zigarette*⟩; erloschen ⟨*Feuer*⟩; *(not glowing)* ausgeglüht ⟨*Kohle, Asche*⟩; **the fire is ~:** das Feuer ist aus *(ugs.)*; *see also* **dodo; c)** *(dull, lustreless)* stumpf ⟨*Haar, Farbe*⟩; *(without force)* wirkungslos ⟨*Gesetz, Politik*⟩; *(without warmth)* kalt ⟨*Stimme, Ton*⟩; ausgestorben, tot ⟨*Stadt*⟩; *(quiet)* [toten]still ⟨*Nacht, Wald, Straße*⟩; unbelebt, tot ⟨*Straße*⟩; *(unexciting)* öde ⟨*Party, Geschmack*⟩; *(flat)* schal, abgestanden ⟨*Getränk*⟩; **d)** *(inactive, unproductive)* tot ⟨*Telefon, Leitung, Saison, Kapital, Ball*⟩; unfruchtbar ⟨*Land, Erde*⟩; **go ~:** zusammenbrechen; *(lose interest)* Interesse verlieren **(on** an + *Dat.*); **the phone has gone ~:** die Leitung ist tot; **the motor is ~:** der Motor läuft nicht; **a ~ engine** eine Maschine, die/ein Motor, der nicht läuft; **e)** *expr. completeness* plötzlich ⟨*Halt*⟩; völlig ⟨*Stillstand*⟩; genau ⟨*Mitte*⟩; *(coll.: absolute)* absolut; **~ silence** *or* **quiet** Totenstille, *die;* **~ calm** Flaute, *die;* Windstille, *die;* **~ faint** [totenähnliche] Ohnmacht; **~ trouble** große Schwierigkeiten *Pl.*; **a ~ shot** ein unfehlbarer Schütze; **f)** *(benumbed)* taub; *(sleeping)* schlafend; **be ~ to sth.** *(lit. or fig.)* etw. nicht mehr empfinden; **be ~ to shame** gar kein Schamgefühl haben; **be ~ to the world** *(unconscious)* bewußtlos sein; weggetreten sein *(ugs.)*; *(asleep)* tief und fest schlafen; **g)** *(exhausted)* erschöpft; kaputt *(ugs.)*; **I feel absolutely ~:** ich bin völlig erschöpft. **2.** *adv.* **a)** *(completely)* völlig; **~ silent** totenstill; **~ straight** schnurgerade; **~ tired** todmüde; **~ easy** *or* **simple/slow** kinderleicht/ganz langsam; **'~ slow'** „besonders langsam fahren"; **~ drunk** stockbetrunken *(ugs.)*; **~ level** völlig eben; **~ still** regungslos; *(without wind)* windstill; **make ~ certain** *or* **sure of sth.** etw. todsicher machen; **be ~ against sth.** absolut gegen etw. sein; **b)** *(exactly)* **~ on the target** genau im Ziel; **~ on time** auf die Minute; **~ on two [o'clock]** Punkt zwei [Uhr]. *See also* **cut 1 f; stop 2 b. 3.** *n.* **a) in the ~ of winter/night** mitten im Winter/in der Nacht; **it was the ~ of winter** es war mitten im Winter; **b)** *pl.* **the ~:** die Toten *Pl.*

**dead: ~-[and-]a'live** *adj.* langweilig; öde ⟨*Ort, Leben*⟩; **~-beat 1.** [-'-] *adj. (exhausted)* völlig zerschlagen; *(without money)* bettelarm; **2.** ['--] *n. (sl.) (sponger)* Nassauer, *der (ugs.)*; *(penniless person)* **he is a ~-beat** er ist bettelarm; **~ 'duck** *n. (sl.)* **a)** *(person)* Null, *die (ugs.)*; **b)** *(thing)* **it is a ~ duck** das kann man vergessen

**deaden** ['dedn] *v. t.* dämpfen; abstumpfen ⟨*Gefühl*⟩; betäuben ⟨*Nerv, Körperteil, Schmerz*⟩; **~ sb./sth. to sth.** jmdn./etw. gegen etw. unempfindlich machen

**dead: ~ 'end** *n. (closed end)* Absperrung, *die;* *(street; also fig.)* Sackgasse, *die;* **~-end** *attrib. adj.* **a) ~-end street/road** Sackgasse, *die;* **b)** *(fig.)* aussichtslos; **she's in a ~-end job** in ihrem Job hat sie keine Aufstiegschancen; **he is a ~-end kid** er ist in ärmlichen Verhältnissen aufgewachsen; **~-eye** *n. (Naut.)* Jungfer, *die;* **~ head** *n. (flowerhead)* verblühte Blüte; **~ 'heat** *n.* totes Rennen; **finish** *or* **end in a ~ heat** unentschieden ausgehen; **~ 'language** *n.* tote Sprache; **~ 'letter** *n.* **a)** *(law)* Gesetz, das nicht angewendet wird; **be a ~ letter** nur noch auf dem Papier bestehen; **b)** *(letter)* unzustellbarer Brief; **~ 'lift** *n.* Gewaltleistung, *die;* **~light** *n. (Naut.)* [Seeschlag]blende, *die;* **~line** *n.* **a)** *(line of limit) Linie um ein Gefängnis o. ä., die von den Gefangenen nicht überschritten werden darf;* **b)** *(time-limit)* [letzter] Termin; **meet the ~line** den Termin einhalten; **set a ~line for sth.** eine Frist für etw. setzen

**deadliness** ['dedlɪnɪs] *n., no pl. (fatal quality)* tödliche Wirkung

**dead: ~lock 1.** *n.* **a)** *(standstill)* völliger Stillstand; **come to a** *or* **reach [a] ~lock/be at ~lock** an einem toten Punkt anlangen/angelangt sein; **the negotiations had reached ~lock** die Verhandlungen waren festgefahren; **b)** *(lock)* einfaches Schloß ohne Feder; **2.** *v. t.* blockieren; **~ 'loss** *n.* **a)** *(complete loss)* [totaler] Verlust; **b)** *(coll.) (worthless thing)* totaler Reinfall *(ugs.)*; *(person)* hoffnungsloser Fall *(ugs.)*

**deadly** ['dedlɪ] **1.** *adj.* **a)** tödlich; *(fig. coll.: awful)* fürchterlich; *(very boring)* todlangweilig; *(very dangerous)* lebensgefährlich; **~ enemy** Todfeind, *der;* **~ fear** Todesangst, *die;* **he looked ~** *(dangerous)* er sah furchterregend aus; **I'm in ~ earnest about this** es ist mir todernst damit; **b)** *(accurate)* [absolut] exakt; **c)** *(Theol.)* **~ sin** Todsünde, *die.* **2.** *adv.* tod-; *(extremely)* äußerst; **~ pale** totenblaß; **~ dull** todlangweilig

**deadly 'nightshade** *n. (Bot.)* Tollkirsche, *die*

**dead: ~ man's 'handle** *n. (Transport)* Sicherheitsfahrschalter, *der;* **~ march** *n.* Trauermarsch, *der;* **~ men** *n. pl. (coll.: bottles)* leere Flaschen; tote Marine *(salopp scherzh.)*

**deadness** ['dednɪs] *n., no pl. (numbness)* Gefühllosigkeit, *die;* *(inactivity)* Öde, *die;* Trostlosigkeit, *die*

**dead: ~-'on 1.** *adj.* [ganz] genau; **he was ~-on with his shot** er hat mit seinem Schuß genau getroffen; **you were ~-on when you said that** du hattest vollkommen recht, als du das sagtest; **2.** *adv.* [ganz] genau; **~pan** *adj. (coll.)* unbewegt; **he looked ~pan** *or* **had a ~pan expression** er verzog keine Miene; **~ 'reckoning** *n. (Naut.)* Koppeln, *das;* Besteckrechnung, *die;* **D~ 'Sea** *pr. n.* Tote Meer, *das;* **D~ Sea Scrolls** *pr. n. pl.* Schriftrollen von Kumran *od.* vom Toten Meer; **~ weight** *n.* **a)** *(inert mass)* Eigengewicht, *das;* Totgewicht, *das (Technik)*; *(fig.)* schwere Bürde; **b)** *(Naut.: weight of cargo etc.)* Tragfähigkeit, *die;* Deadweight, *das;* **~ 'wood** *n.* **a)** totes Holz; **b)** *(fig.)* **be just ~ wood** völlig überflüssig sein; **get rid of much of the ~ wood** *(persons)* viele Nieten loswerden *(ugs.)*; *(things)* viel Überflüssiges loswerden

**deaf** [def] **1.** *adj.* **a)** *(without hearing)* taub; **~ and dumb** taubstumm; **~ in one ear** auf einem Ohr taub; **go** *or* **become ~:** taub werden; **b)** *(insensitive)* **musically ~:** unmusikalisch; **be ~ to sth.** kein Ohr für etw. haben; *(fig.)* taub gegenüber etw. sein; **turn a ~ ear [to sth./sb.]** sich [gegenüber etw./jmdm.] taub stellen; **fall on ~ ears** kein Gehör finden. **2.** *n. pl.* **the ~:** die Gehörlosen *Pl.*

**deaf: ~-aid** *n.* Hörgerät, *das;* **~-and-'dumb alphabet** *or* **language** *n.* Taubstummensprache, *die*

**deafen** ['defn] *v. t.* **~ sb.** bei jmdm. zur Taubheit führen; **I was ~ed by the noise** *(fig.)* ich war von dem Lärm wie betäubt

**deafening** ['defənɪŋ] ohrenbetäubend ⟨*Lärm, Musik, Geschrei*⟩

**deaf 'mute** *n.* Taubstumme, *der/die*

**deafness** ['defnɪs] *n., no pl.* Taubheit, *die;* **cause ~ in sb.** bei jmdm. zur Taubheit führen

**¹deal** [di:l] **1.** *v. t.,* **dealt** [delt] **a)** *(Cards)* austeilen; **who ~t the cards?** wer hat gegeben?; **he was ~t four aces** er bekam vier Asse; **b)** *(deliver as share)* **~ sb. sth.** jmdm. etw. zuteil werden lassen *(geh.)*; **c)** *(administer)* versetzen; **~ sb. a blow** *(lit. or fig.)* jmdm. einen Schlag versetzen; **d)** *(distribute)* verteilen. **2.** *v. i.,* **dealt a)** *(do business)* **~ with sb.** mit jmdm. Geschäfte machen; **~ in sth.** mit etw. handeln; **b)** *(occupy oneself)* **~ with sth.** sich mit etw. befassen; *(manage)* mit etw. fertig werden; **this point must be ~t with** dieser Punkt muß behandelt werden; **I'll ~ with the washing-up** ich kümmere mich um den Abwasch; **the play ~s with the Civil War** das Stück handelt vom Bürgerkrieg; **c)** *(associate)* **~ with sb.** mit jmdm. zu tun haben; **d)** *(behave)* **~ gently/circumspectly with sb./sth.** mit jmdm./etw. sanft/vorsichtig umgehen; **e)** *(take measures)* **~ with sb.** mit jmdm. fertig werden. **3.** *n.* **a)** *(coll.: arrangement, bargain)* Geschäft, *das;* **new ~** neue Bedingungen; *(Polit.)* Reformprogramm, *das;* **make a ~ with sb.** mit jmdm. ein Geschäft abschließen; **you've got a good ~ there** da hast du ein gutes Geschäft gemacht; **it's a ~!** abgemacht!; **big ~!** *(iron.)* na und?; **fair ~** *(bargain)* gutes Geschäft; *(treatment)* faire *od.* gerechte Behandlung; **raw** *or* **rough ~** *(treatment)* ungerechte Behandlung; *(bad luck)* Pech, *das;* **b)** *(coll.: agreement)* **make** *or* **do a ~ with sb.** mit jmdm. eine Vereinbarung treffen; **let's stick to our ~:** laß uns bei unserer Abmachung bleiben; **c)** *(Cards)* **it's your ~:** du gibst

**~ 'out** *v. t.* verteilen; **~ sth. out to sb.** etw. an jmdn. verteilen

**²deal** *n.* **a great** *or* **good ~,** *(coll.)* **a ~:** viel; *(often)* ziemlich viel; **a great** *or* **good ~ of,** *(coll.)* **a ~ of** eine [ganze] Menge, viel; **we resent it a [great/good] ~ that ...** *(coll.)* es ärgert uns ganz schön, daß ... *(ugs.)*

**³deal** *n. (fir/pine timber)* [Tannen-/Kiefern]holz, *das*

**dealer** ['di:lə(r)] *n.* **a)** *(trader)* Händler, *der;* **he's a ~ in antiques** er ist Antiquitätenhändler *od.* handelt mit Antiquitäten; **b)** *(Cards)* Geber, *der;* **he's the ~:** er gibt; **c)** *(Stock Exch.)* Börsenmakler, *der*

**dealing** ['di:lɪŋ] *n.* **have ~s with sb.** mit jmdm. zu tun haben

**dealt** *see* ¹**deal 1, 2**

**dean** [di:n] *n.* **a)** *(Eccl.)* Dechant, *der;* Dekan, *der;* **b)** *(in college, university, etc.) (resident fellow) Fellow mit Aufsichts- und Beratungsfunktion; (head of faculty)* Dekan, *der*

**deanery** ['di:nərɪ] *n.* **a)** *(office)* Dekanat, *das;* **b)** *(house)* Dekanei, *die;* **c)** *(Brit.: group of parishes)* Dekanat, *das*

**dear** [dɪə(r)] **1.** *adj.* **a)** *(beloved; also iron.)* lieb; geliebt; *(sweet; also iron.)* entzückend; reizend; **my ~ sir/madam** [mein] lieber Herr/[meine] liebe Dame; **my ~ man/woman** guter Mann/gute Frau; **my ~ Jones/child/girl** [mein] lieber Jones/liebes Kind/liebes Mädchen; **sb./sth. is [very] ~ to sb.['s heart]** jmd. liebt jmdn./etw. [über alles]; **sb. holds sb./sth. ~ [to him/to his heart]** jmd./etw. liegt jmdm. [sehr] am Herzen; **run for ~ life** um sein Leben rennen; **my ~est wish** mein innigster *od.* sehnlichster Wunsch; **his ~est ambition** sein höchstes Ziel; **b)** *(beginning letter)* **D~ Sir/Madam** Sehr geehrter Herr/Sehr verehrte gnädige Frau; **D~ Mr Jones/Mrs Jones** Sehr geehrter Herr Jones/Sehr verehrte Frau Jones; **D~ Malcolm/Emily** Lieber Malcolm/Liebe Emily; **D~est Auntie Minnie** Liebste Tante Minnie; **My ~ Smith** *(Brit.: less formal)* Lieber Herr Smith; *(between old schoolfellows etc.)* Lieber Smith; *(Amer.: more formal)* Sehr geehrter Herr Smith; **c)** *(in addressing sb.)* lieb; *(in exclamation)* ~ **God!** ach du lieber Gott! *See also* **madam a; sir b; d)** *(expensive)* teuer. **2.** *int.* ~, ~!, ~ **me!, oh ~!** [ach] du liebe *od.* meine Güte. **3.** *n.* **a) you 'are a ~** *(coll.)* du bist wirklich lieb; **she is a ~:** sie ist ein Schatz; **b) [my] ~** *(to wife, husband, younger relative)* [mein] Liebling; [mein] Schatz; *(to aunt)* Tantchen *(das); (to little girl/boy)* [meine] Kleine/[mein] Kleiner; *(to man/woman)* guter Mann/gute Frau; **~est** Liebling *(der).* **4.** *adv.* teuer; *see also* **cost 2 a**

**dearie** ['dɪərɪ] *n.* Kleine, *der/die;* ~ **me!** [ach] du liebe *od.* meine Güte

**dearly** ['dɪəlɪ] *adv.* **a)** *(very fondly, earnestly)* von ganzem Herzen; **I'd ~ love to do sth.** ich würde liebend gern etw. tun; **b)** *(at high price)* teuer; **you'll pay ~ for it** *(fig.)* du wirst teuer dafür bezahlen müssen

**dearth** [dɜ:θ] *n.* Mangel, *der* **(of** an + *Dat.*); **there is a ~ of sth.** es besteht *od.* herrscht Mangel an etw. *(Dat.); there is no ~ of sth.* es fehlt nicht an etw. *(Dat.)*

**death** [deθ] *n.* **a)** Tod, *der;* **end in/mean ~:** zum Tod führen; **be afraid of ~:** Angst vor dem Tod haben; **after ~:** nach dem Tod; **[as] sure as ~:** todsicher; **meet one's death** den Tod finden *(geh.);* **catch one's ~ [of cold]** *(coll.)* sich *(Dat.)* den Tod holen *(ugs.);* **drink will be the ~ of him** er trinkt sich noch zu Tode; **... to ~:** zu Tode ...; **bleed to ~:** verbluten; **freeze to ~:** erfrieren; **beat sb. to ~:** jmdn. totschlagen; **burn [sb.] to ~:** [jmdn.] verbrennen; **he worked/drank himself to ~:** er hat sich totgearbeitet/totgetrunken *(ugs.);* **I'm scared to ~** *(fig.)* mir ist angst und bange **(about** vor + *Dat.*); **be sick** *or* **tired to ~ of sth.** *(fig.)* etw. gründlich satt haben; **be tickled to ~ by sth.** *(fig.)* sich über etw. totlachen; **be done to ~:** getötet werden; *(fig.)* zu Tode geritten werden; **be worked to ~:** zu Tode geschunden werden; *(fig.)* zu Tode geritten werden; **[fight] to the ~:** auf Leben und Tod [kämpfen]; **be in at the ~** *(in fox-hunting)* dabeisein, wenn der Fuchs getötet wird; *(fig.)* das Ende miterleben; **a fate worse than ~** *(joc.)* das Allerschlimmste; ~ **or glory!** Ruhm oder Untergang!; ~ **to Fascism!** Tod dem Faschismus!; **D~** *(personified)* der Tod; **be at ~'s door** an der Schwelle des Todes stehen; **feel/look like ~ [warmed up]** *(sl.)* sich wie eine Leiche auf Urlaub fühlen/wie eine Leiche auf Urlaub aussehen *(salopp);* **b)** *(instance)* Todesfall, *der;* **how many ~s were there?** wie viele Tote gab es?

**death: ~bed** *n.* Totenbett, *das;* Sterbebett, *das; attrib.* auf dem Sterbebett *nachgestellt;* **on one's ~bed** auf dem Sterbebett; **~-blow** *n. (lit. or fig.)* Todesstoß, *der* **(to** für); **~ cell** *n.* Todeszelle, *die;* ~ **certificate** *n. (from authorities)* Sterbeurkunde, *die; (from doctor)* Totenschein, *der;* **~-dealing** *attrib. adj.* todbringend; ~ **duty** *n. (Brit. Hist.)* Erbschaftssteuer, *die;* **~-knell** *n. (lit. or fig.)* Totengeläut, *das*

**deathless** ['deθlɪs] *adj.* unsterblich; *(fig.)* unvergänglich; ~ **prose** *(iron.)* hochgestochene Prosa

**deathly** ['deθlɪ] **1.** *adj.* tödlich; ~ **stillness/hush** Totenstille, *die;* ~ **pallor** Totenblässe, *die.* **2.** *adv.* tödlich; ~ **pale** totenblaß; ~ **still/quiet** totenstill

**death: ~-mask** *n.* Totenmaske, *die;* ~ **penalty** *n.* Todesstrafe, *die;* ~ **rate** *n.* Sterblichkeitsziffer, *die;* **~-rattle** *n.* Todesröcheln, *das;* **~-ray** *n.* tödlicher Strahl; **~-roll** *n.* Verlustliste, *die; (after battle)* Gefallenenliste, *die;* ~ **row** [deθ 'rəʊ] *n.* [Reihe von] Todeszellen; ~ **sentence** *n.* Todesurteil *das;* **~'s head** *n.* Totenkopf, *der;* ~ **squad** *n.* Todesschwadron, *die;* ~ **tax** *(Amer.)* Erbschaftssteuer, *die;* **~-toll** *n.* Zahl der Todesopfer; Blutzoll, *der (geh.);* **~-trap** *n.* lebensgefährliche Sache; **this corner/house/car is a ~-trap** diese Kurve/dieses Haus/Auto ist lebensgefährlich; **~-warrant** *n.* Exekutionsbefehl, *der; (fig.)* Todesurteil, *das;* **~-watch [beetle]** *n. (Zool.)* Totenuhr, *die;* **~-wish** *n. (Psych.)* Todeswunsch, *der*

**deb** [deb] *n. (coll.)* Debütantin, *die*

**débâcle** [deɪ'bɑ:kl] *n.* Debakel, *das (geh.)*

**debar** [dɪ'bɑ:(r)] *v.t.,* **-rr-** ausschließen; ~ **sb. from doing sth.** jmdn. davon ausschließen, etw. zu tun

**debase** [dɪ'beɪs] *v.t.* **a)** verschlechtern; herabsetzen, entwürdigen ⟨*Person*⟩; ~ **oneself** sich erniedrigen; **b)** ~ **the coinage** den Wert der Währung mindern

**debatable** [dɪ'beɪtəbl] *adj.* **a)** *(questionable)* fraglich; **b)** ~ **ground** umstrittenes Gebiet

**debate** [dɪ'beɪt] **1.** *v.t.* debattieren über (+ *Akk.*); **be ~d** diskutiert *od.* debattiert werden. **2.** *v.i.* ~ **[up]on sth.** etw. debattieren; ~ **about sth.** über etw. *(Akk.)* debattieren *od.* streiten. **3.** *n.* Debatte, *die;* **there was much ~ about whether ...:** es wurde viel darüber debattiert, ob ...

**debating** [dɪ'beɪtɪŋ]: ~ **point** *n. (für die Sache unerheblicher, nur aus rhetorischen Gründen vorgebrachter)* Diskussionspunkt; ~ **society** *n. (regelmäßig zusammentretende)* Diskussionsrunde

**debauch** [dɪ'bɔ:tʃ] *(literary)* **1.** *v.t.* **a)** verderben; **b)** *(seduce)* verführen. **2.** *n.* Gelage, *das*

**debauched** [dɪ'bɔ:tʃt] *adj.* verderbt *(geh.)*

**debauchery** [dɪ'bɔ:tʃərɪ] *n. (literary)* Ausschweifung, *die*

**debenture** [dɪ'bentʃə(r)] *n. (Finance)* Schuldverschreibung, *die*

**debilitate** [dɪ'bɪlɪteɪt] *v.t.* schwächen

**debilitating** [dɪ'bɪlɪteɪtɪŋ] *adj.* anstrengend ⟨*Klima*⟩; schwächend ⟨*Krankheit*⟩

**debility** [dɪ'bɪlɪtɪ] *n.* Schwäche, *die*

**debit** ['debɪt] **1.** *n. (Bookk.)* Soll, *das; (debit side)* Soll, *das;* Debet, *das;* ~ **balance** Lastschrift, *die;* ~ **side** *(Finance)* Sollseite, *die.* **2.** *v.t.* belasten; ~ **a sum against** *or* **to sb./sb.'s account,** ~ **sb./sb.'s account with a sum** jmdn./jmds. Konto mit einer Summe belasten

**debonair** [debə'neə(r)] *adj.* frohgemut

**debrief** [di:'bri:f] *v.t. (coll.)* befragen *(bei Rückkehr von einem Einsatz usw.)*

**debris** ['debri:, 'deɪbri:] *n., no pl.* Trümmer *Pl.*

**debt** [det] *n.* Schuld, *die;* **owe sb. a ~ of gratitude** *or* **thanks** jmdm. Dank schulden; [tief] in jmds. Schuld stehen; ~ **of honour** Ehrenschuld, *die;* **National D~:** Staatsverschuldung, *die;* **be in ~:** Schulden haben; verschuldet sein; **get** *or* **run into ~:** in Schulden geraten; sich verschulden; **get out of ~:** aus den Schulden herauskommen; **be in sb.'s ~:** in jmds. Schuld stehen

'**debt collector** *n.* Inkassobevollmächtigte, *der/die;* Schuldeneintreiber, *der (veralt.)*

**debtor** ['detə(r)] *n.* Schuldner, *der*/Schuldnerin, *die*

**debug** [di:'bʌg] *v.t.,* **-gg-: a)** entwanzen; **b)** *(fig. coll.) (remove microphones from)* von Wanzen befreien; *(remove defects from)* von Fehlern befreien

**debunk** [di:'bʌŋk] *v.t. (coll.) (remove false reputation from)* entlarven; *(expose falseness of)* bloßstellen

**début** *(Amer.:* **debut)** ['deɪbu:, 'deɪbju:] *n.* Debüt, *das;* **make one's ~:** debütieren

**débutante** *(Amer.:* **debutante)** ['debju:tɑ:nt, 'deɪbju:tɑ:nt] *n.* Debütantin, *die*

**Dec.** *abbr.* **December** Dez.

**decade** ['dekeɪd] *n.* Jahrzehnt, *das;* Dekade, *die*

**decadence** ['dekədəns] *n.* Dekadenz, *die*

**decadent** ['dekədənt] *adj.* dekadent

**decaffeinated** [di:'kæfɪneɪtɪd] *adj.* entkoffeiniert; koffeinfrei *(veralt.)*

**Decalogue** ['dekəlɒg] *n.* **the ~:** der Dekalog; die Zehn Gebote

**decamp** [dɪ'kæmp] *v.i.* **a)** *(abscond)* verschwinden *(ugs.);* **b)** *(leave camp)* das Lager abbrechen

**decant** [dɪ'kænt] *v.t.* abgießen; dekantieren ⟨*Wein*⟩; *(fig.)* abladen

**decanter** [dɪ'kæntə(r)] *n.* Karaffe, *die*

**decapitate** [dɪ'kæpɪteɪt] *v.t.* **a)** köpfen ⟨*Person, Blume*⟩; enthaupten *(geh.);* **b)** *(Amer.: dismiss)* entlassen

**decathlete** [dɪ'kæθli:t] *n. (Sport)* Zehnkämpfer, *der*

**decathlon** [dɪ'kæθlən] *n. (Sport)* Zehnkampf, *der*

**decay** [dɪ'keɪ] **1.** *v.i.* **a)** *(become rotten)* verrotten; [ver]faulen; ⟨*Zahn:*⟩ faul *od. (fachspr.)* kariös werden; ⟨*Gebäude, Tuch:*⟩ zerfallen; **b)** *(decline)* verfallen; **c)** *(Phys.: decrease)* zerfallen. **2.** *n.* **a)** *(rotting)* Verrotten, *das; (of tooth)* Fäule, *die; (of building)* Zerfall, *der;* Verfall, *der;* **b)** *(decline)* Verfall, *der; (of nation)* Verfall, *der;* Niedergang, *der;* **c)** *(decayed tissue etc.)* Zersetzung, *die;* Fäulnis, *die;* **d)** *(Phys.: decrease)* Zerfall, *der*

**decease** [dɪ'si:s] *(Law/formal)* **1.** *n.* Ableben, *das (geh.).* **2.** *v.i.* versterben *(geh.);* sterben

**deceased** [dɪ'si:st] *(Law/formal)* **1.** *adj.* verstorben; **the ~ man** der Tote *od.* Verstorbene; **Jim Fox ~:** der verstorbene Jim Fox. **2.** *n.* Verstorbene, *der/die*

**decedent** [dɪ'si:dənt] *n. (Amer.)* Verstorbene, *der/die*

**deceit** [dɪ'si:t] *n. (misrepresentation)* Täuschung, *die;* Betrug, *der; (trick)* Täuschungsmanöver, *das;* Betrügerei, *die; (being deceitful)* Falschheit, *die*

**deceitful** [dɪ'si:tfl] *adj.* falsch ⟨*Person, Art, Charakter*⟩; hinterlistig ⟨*Trick*⟩; **that was a ~ thing to say** es war hinterlistig, das zu sagen

**deceitfully** [dɪ'si:tfəlɪ] *adv. see* **deceitful:** falsch; hinterlistig

**deceitfulness** [dɪ'si:tflnɪs] *n., no pl. see* **deceitful:** Falschheit, *die;* Hinterlistigkeit, *die*

**deceive** [dɪ'si:v] *v.t.* täuschen; *(be unfaithful to)* betrügen; **if my eyes/ears do not ~ me** wenn ich richtig sehe/höre; **~ sb. into doing sth.** jmdn. [durch Täuschung] dazu bringen, etw. zu tun; **~ oneself** sich täuschen; *(delude oneself)* sich *(Dat.)* etwas vormachen *(ugs.)*; **[let oneself] be ~d** sich täuschen lassen; **[let oneself] be ~d into doing sth.** sich dazu bringen lassen, etw. zu tun

**deceiver** [dɪ'si:və(r)] *n.* Betrüger, *der*/Betrügerin, *die*

**decelerate** [di:'seləreɪt] **1.** *v.t.* verlangsamen. **2.** *v.i.* ⟨*Fahrzeug, Fahrer:*⟩ die Fahrt verlangsamen

**deceleration** [di:selə'reɪʃn] *n.* Verlangsamung, *die*

**December** [dɪ'sembə(r)] *n.* Dezember, *der; see also* **August**

**decency** ['di:sənsɪ] *n.* **a)** *(modesty, propriety)* Anstand, *der; (of manners, literature, language)* Schicklichkeit, *die (geh.); (fairness, respectability)* Anständigkeit, *die;* **it is [a matter of] common ~:** es ist eine Frage des Anstands; es gehört sich; **b)** *in pl. (requirements of propriety)* Anstandsregeln *Pl.*

**decent** ['di:sənt] *adj.* **a)** *(seemly)* schicklich *(geh.)*; anständig ⟨*Person*⟩; **are you ~?** *(coll.)* hast du was an? *(ugs.)*; **b)** *(passable, respectable)* annehmbar; anständig ⟨*Person, ugs. auch Preis, Gehalt*⟩; **do the ~ thing** das einzig Richtige tun; **c)** *(Brit. coll.: kind)* nett; **that is very ~ of you** das ist sehr liebenswürdig von Ihnen; **be ~ about sth.** auf etw. *(Akk.)* nett reagieren

**decently** ['di:səntlɪ] *adv.* **a)** *(in seemly manner)* anständig; geziemend *(geh.)*; schicklich *(geh.)*; **b)** *(passably, respectably)* annehmbar; **c)** *(Brit. coll.: kindly)* netterweise *(ugs.)*; **behave ~:** sich nett verhalten

**decentralisation, decentralise** *see* **decentraliz-**

**decentralization** [di:sentrəlaɪ'zeɪʃn] *n.* Dezentralisierung, *die*

**decentralize** [di:'sentrəlaɪz] *v.t.* dezentralisieren

**deception** [dɪ'sepʃn] *n.* **a)** *(deceiving, trickery)* Betrug, *der; (being deceived)* Täuschung, *die;* **use ~:** betrügen; **b)** *(trick)* Betrügerei, *die*

**deceptive** [dɪ'septɪv] *adj.* trügerisch

**deceptively** [dɪ'septɪvlɪ] *adv.* täuschend

**decibel** ['desɪbel] *n.* Dezibel, *das*

**decide** [dɪ'saɪd] **1.** *v.t.* **a)** *(settle, judge)* entscheiden über (+ *Akk.*); **~ sth. by tossing a coin** etw. durch Werfen einer Münze entscheiden; **~ the winner** entscheiden, wer gewonnen hat; **~ that ...:** entscheiden, daß ...; **b)** *(resolve)* **be ~d** sich entschieden haben; **~ that ...:** beschließen, daß ...; **~ to do sth.** sich entschließen, etw. zu tun. **2.** *v.i.* sich entscheiden (**between** zwischen + *Dat.*, **in favour of** zugunsten von, **against** gegen, **on** für); **~ against/on doing sth.** sich dagegen/dafür entscheiden, etw. zu tun

**decided** [dɪ'saɪdɪd] *adj.* **a)** *(unquestionable)* entschieden; eindeutig; **he made a ~ effort** er hat sich deutlich *od.* entschieden bemüht; **b)** *(not hesitant)* bestimmt; entschlossen, entschieden ⟨*Haltung, Ansicht*⟩

**decidedly** [dɪ'saɪdɪdlɪ] *adv.* **a)** *(unquestionably)* entschieden; deutlich; **b)** *(firmly)* bestimmt

**decider** [dɪ'saɪdə(r)] *n. (game)* Entscheidungsspiel, *das*

**deciduous** [dɪ'sɪdjʊəs] *adj. (Bot.)* **~ leaves** Blätter, die abgeworfen werden; **~ tree** laubwerfender Baum; ≈ Laubbaum, *der*

**decimal** ['desɪml] **1.** *adj.* Dezimal-; dezimal; **go ~:** sich auf das Dezimalsystem umstellen. **2.** *n.* Dezimalbruch, *der*

**decimal: ~ 'coinage, ~ 'currency** *ns.* Dezimalwährung, *die;* **~ 'fraction** *n.* Dezimalbruch, *der*

**decimalize (decimalise)** ['desɪməlaɪz] *v.t.* *(express as decimal)* als Dezimalzahl schreiben; *(convert to decimal system)* dezimalisieren

**decimal: ~ 'place** *n.* Dezimale, *die;* **calculate sth. to five ~ places** etw. auf fünf Stellen nach dem Komma ausrechnen; **~ 'point** *n.* Komma, *das;* **~ system** *n.* Dezimalsystem, *das*

**decimate** ['desɪmeɪt] *v.t.* dezimieren ⟨*Bevölkerung, Truppe*⟩; drastisch verringern ⟨*Zahl*⟩

**decimetre** ['desɪmi:tə(r)] *n.* Dezimeter, *der*

**decipher** [dɪ'saɪfə(r)] *v.t.* entziffern

**decipherable** [dɪ'saɪfərəbl] *adj.* entzifferbar

**decision** [dɪ'sɪʒn] *n.* **a)** *(settlement, judgement, conclusion)* Entscheidung, *die* (**on** über + *Akk.*); *(resolve)* Entschluß, *der;* **it's 'your ~:** die Entscheidung liegt ganz bei dir; **come to** *or* **arrive at** *or* **reach a ~:** zu einer Entscheidung kommen; **has there been a ~?** ist eine Entscheidung gefallen?; **make** *or* **take a ~:** eine Entscheidung treffen; **make a firm ~ to do sth.** den festen Entschluß fassen, etw. zu tun; **leave the ~ to sb.** jmdm. die Entscheidung überlassen; **~s, ~s!** immer diese Entscheidungen!; **b)** *no pl. (resoluteness)* Entschlossenheit, *die*

**de'cision-making** *n.* Beschlußfassung, *die*

**decisive** [dɪ'saɪsɪv] *adj.* **a)** *(conclusive)* entscheidend; **b)** *(decided)* entschlußfreudig ⟨*Person*⟩; bestimmt ⟨*Charakter, Art*⟩

**decisively** [dɪ'saɪsɪvlɪ] *adv.* **a)** *(conclusively)* entscheidend; **b)** *(decidedly)* entschlossen

**decisiveness** [dɪ'saɪsɪvnɪs] *n., no pl.* **a)** *(conclusiveness)* entscheidende Bedeutung; **b)** *(decidedness)* Entschlossenheit, *die*

**deck** [dek] **1.** *n.* **a)** *(of ship)* Deck, *das;* **above ~:** auf Deck; **below ~[s]** unter Deck; **clear the ~s [for action** *etc.***]** das Schiff klarmachen [zum Gefecht *usw.*]; *(fig.)* alles startklar machen; **on ~:** an Deck; **all hands on ~!** alle Mann an Deck!; **it was all hands on ~** *(fig.)* alle packten mit an; **b)** *(of bus etc.)* Deck, *das;* **the upper ~:** das Oberdeck; **c)** *(sunbathing platform)* ≈ Sonnenterrasse, *die;* **d)** *(tape ~)* Tape-deck, *das; (record ~)* Plattenspieler, *der;* **e)** *(sl.: ground)* Boden, *der;* **hit the ~:** auf den Boden schlagen; **f)** *(Amer.: pack)* **a ~ of cards** ein Spiel Karten; **split/shuffle the ~:** die Karten austeilen/mischen. **2.** *v.t.* **~ sth. [with sth.]** etw. [mit etw.] schmücken; **they were ~ed in all their finery** sie waren prächtig herausgeputzt

**~ 'out** *v.t.* herausputzen ⟨*Person*⟩; [aus]schmücken ⟨*Raum*⟩

**deck: ~-chair** *n.* Liegestuhl, *der; (on ship)* Liege- *od.* Deckstuhl, *der;* **~-hand** *n.* *(Naut.)* Decksmann, *der*

**deckle** ['dekl]: **~-'edge** *n.* Büttenrand, *der;* **~-'edged** *adj.* mit Büttenrand

**declaim** [dɪ'kleɪm] **1.** *v.i.* **a)** **~ against sb./sth.** gegen jmdn./etw. eifern *od. (ugs.)* wettern; **b)** *(deliver impassioned speech)* eifern; deklamieren *(veralt.)*. **2.** *v.t.* deklamieren ⟨*Gedicht*⟩; verkünden *(geh.)* ⟨*Botschaft*⟩

**declamatory** [dɪ'klæmətərɪ] *adj.* deklamatorisch ⟨*Stil, Rede, Art*⟩; leidenschaftlich ⟨*Kritik, Worte*⟩

**declaration** [deklə'reɪʃn] *n.* Erklärung, *die; (at customs)* Deklaration, *die;* Zollerklärung, *die; (of the truth, one's errors)* Eingeständnis, *das;* **~ of love** Liebeserklärung, *die;* **income tax ~:** Einkommensteuererklärung, *die;* **~ of the poll** *or* **election results** Bekanntgabe der Wahlergebnisse; **~ of war** Kriegserklärung, *die;* **make a ~:** eine Erklärung abgeben; *(of guilt)* ein Geständnis ablegen; **D~ of Human Rights** Menschenrechtserklärung, *die*

**declare** [dɪ'kleə(r)] **1.** *v.t.* **a)** *(announce)* erklären; zugeben ⟨*Schuld, Wissen*⟩; *(state explicitly)* kundtun *(geh.)* ⟨*Wunsch, Absicht*⟩; Ausdruck verleihen (+ *Dat.*) *(geh.)* ⟨*Erwartung, Hoffnung*⟩; *(prove)* bezeugen; **[well,] I [do] ~!** *(dated)* das darf [doch] nicht wahr sein! *(ugs.)*; **b)** *(pronounce)* **~ sth./sb. [to be] sth.** etw./jmdn. für etw. erklären; **~ oneself** sich zu erkennen geben; **c)** *(acknowledge)* deklarieren; angeben ⟨*Einkünfte*⟩; *see also* **interest 1 f. 2.** *v.i.* **~ for/against sb./sth.** sich für/gegen jmdn./etw. erklären

**declassify** [di:'klæsɪfaɪ] *v.t.* freigeben

**declension** [dɪ'klenʃn] *n. (Ling.)* Deklination, *die*

**declination** [deklɪ'neɪʃn] *n.* **a)** *(downward bend)* Neigung, *die;* **b)** *(Amer.: refusal)* Ablehnung, *die*

**decline** [dɪ'klaɪn] **1.** *v.i.* **a)** *(fall off)* nachlassen; ⟨*Moral:*⟩ sinken, nachlassen; ⟨*Preis, Anzahl:*⟩ sinken, zurückgehen; ⟨*Gesundheitszustand:*⟩ sich verschlechtern; ⟨*Reich, Kultur:*⟩ verfallen; **~ in popularity** an Beliebtheit verlieren; **his strength ~d rapidly** seine Kräfte nahmen rasch ab; **b)** *(slope downwards)* abfallen; *(droop)* sich neigen; **c) his declining years** die letzten Jahre seines Lebens; **d)** *(refuse)* **~ with thanks** *(also iron.)* dankend ablehnen. **2.** *v.t.* **a)** *(refuse)* ablehnen; **~ to do sth.** *or* **doing sth.** [es] ablehnen, etw. zu tun; **they ~d to make any comment** sie lehnten jede Stellungnahme ab; **b)** *(Ling.)* deklinieren. **3.** *n.* Nachlassen, *das* (**in** *Gen.*); **a ~ in prices/numbers** ein Sinken der Preise/Anzahl; **the ~ of the empire** der Verfall des Reiches; **~ and fall** Verfall und Untergang; **a ~ in wealth/poverty/the birth rate** eine Abnahme des Wohlstands/ein Rückgang der Armut/der Geburten; **be on the ~:** nachlassen; **he is on the ~:** er ist auf dem absteigenden Ast *(ugs.)*; **be in ~:** rückläufig sein

**declutch** [di:'klʌtʃ] *v.i. (Motor Veh.)* auskuppeln; **double-~:** Zwischengas geben

**decoction** [dɪ'kɒkʃn] *n. (product)* Dekokt, *das (Pharm.)*; Abkochung, *die*

**decode** [di:'kəʊd] *v.t.* dekodieren, dechiffrieren ⟨*Mitteilung, Signal*⟩; entschlüsseln ⟨*Schrift, Hieroglyphen*⟩

**decoder** [di:'kəʊdə(r)] *n. (Electronics)* Decoder, *der*

**décolleté** [deɪ'kɒlteɪ] **1.** *adj.* dekolletiert ⟨*Kleid, Dame*⟩. **2.** *n.* Dekolleté, *das*

**decolonize (decolonise)** [di:'kɒlənaɪz] *v.t.* dekolonisieren

**decompose** [di:kəm'pəʊz] *v.i.* sich zersetzen

**decomposition** [di:kɒmpə'zɪʃn] *n.* Zersetzung, *die; (rotting also)* Verrottung, *die*

**decompression** [di:kəm'preʃn] *n.* Dekompression, *die*

**decom'pression: ~ chamber** *n.* Dekompressionskammer, *die;* **~ sickness** *n., no pl.* Dekompressionskrankheit, *die*

**decongestant** [di:kən'dʒestənt] *n. (Med.)* Abschwellung bewirkendes Mittel; **bronchial ~:** ≈ Hustensaft, *der;* **nasal ~:** Nasenspray, *das; (drops)* Nasentropfen *Pl.*

**decontaminate** [di:kən'tæmɪneɪt] *v.t.* dekontaminieren *(fachspr.)*; entseuchen

**decontamination** [di:kəntæmɪ'neɪʃn] *n.* Dekontamination, *die (fachspr.)*; Entseuchung, *die*

**decontrol** [di:kən'trəʊl] *v.t.*, **-ll-** *(Admin.)* freigeben

**décor** ['deɪkɔ:(r)] *n* Ausstattung, *die;* Dekor, *der od. das*

**decorate** ['dekəreɪt] *v.t.* **a)** *(adorn)* schmücken ⟨*Raum, Straße, Baum*⟩; verzieren ⟨*Kuchen, Kleid*⟩; dekorieren ⟨*Schaufenster*⟩; *(with wallpaper)* tapezieren; *(with paint)* streichen; **b)** *(invest with order etc.)* auszeichnen; dekorieren

**decorated** ['dekəreɪtɪd] *adj.* **a)** geschmückt ⟨*Zimmer*⟩; verziert ⟨*Kuchen*⟩; **b)** *(Archit.)* **D~ style** Decorated style, *der (fachspr.) (Stil der englischen Hochgotik)*

**decoration** [dekə'reɪʃn] *n.* **a)** Schmücken, *das; (with paint)* Streichen, *das; (with wallpaper)* Tapezieren, *das; (of cake, dress)* Verzieren, *das; (of shop window)* Dekoration, *die;* **b)** *(adornment) (thing)* Schmuck, *der; (in shop window)* Dekoration, *die;* **c)** *(medal etc.)* Auszeichnung, *die;* Dekoration, *die;* **D~ Day** *(Amer.) amerikanischer Heldengedenktag (30. Mai);* **d)** *in pl.* **Christmas ~s** Weihnachtsschmuck, *der*

**decorative** ['dekərətɪv] *adj.* dekorativ

**decorator** ['dekəreɪtə(r)] *n.* Maler, *der*/Malerin, *die; (paper-hanger)* Tapezierer, *der*/Tapeziererin, *die;* **[firm of] ~s** Malerbetrieb, *der*

**decorous** ['dekərəs] *adj.*, **decorously** ['dekərəslɪ] *adv.* schicklich *(geh.)*

**decorousness** ['dekərəsnɪs] *n., no pl.* Schicklichkeit, *die (geh.)*

**decorum** [dɪ'kɔ:rəm] *n.* Dekorum, *das (geh. veralt.); (seemliness also)* Schicklichkeit, *die (geh.);* **behave with ~:** sich schicklich benehmen

**decoy 1.** [dɪ'kɔɪ] *v. t.* **a)** *(allure)* locken; *(ensnare)* betören; **~ sb./sth. into sth.** jmdn./etw. in etw. *(Akk.)* locken; **~ sb./sth. into doing sth.** jmdn./etw. dazu verleiten, etw. zu tun; **b)** *(Hunting)* locken. **2.** [dɪ'kɔɪ, 'di:kɔɪ] *n.* **a)** *(Hunting)* Lockvogel, *der;* **b)** *(person)* Lockvogel, *der;* **c)** *(bait)* Verlokkung, *die*

**decrease 1.** [dɪ'kri:s] *v. i.* abnehmen; ‹*Anzahl, Einfuhr, Produktivität:*› abnehmen, zurückgehen; ‹*Stärke, Gesundheit:*› nachlassen; **~ in value/size/weight/popularity** an Wert/Größe/Gewicht/Popularität verlieren; **~ in price** im Preis fallen; billiger werden. **2.** *v. t.* reduzieren; [ver]mindern ‹*Wert, Lärm, Körperkraft*›; schmälern ‹*Popularität, Macht*›; senken ‹*Standard, Kaufkraft*›. **3.** ['di:kri:s] *n.* Rückgang, *der; (in weight, knowledge, stocks)* Abnahme, *die; (in strength, power, energy)* Nachlassen, *das; (in value, noise)* Minderung, *die; (in standards)* Senkung, *die;* **a ~ in inflation/strength/speed** ein Rückgang der Inflation/ein Nachlassen der Kräfte/eine Minderung der Geschwindigkeit; **be on the ~** *see* **1**

**decreasingly** [dɪ'kri:sɪŋlɪ] *adv.* immer weniger

**decree** [dɪ'kri:] **1.** *n.* **a)** *(ordinance)* Dekret, *das;* Erlaß, *der;* **b)** *(Law)* Urteil, *das;* **~ nisi/absolute** vorläufiges/endgültiges Scheidungsurteil. **2.** *v. t. (ordain)* verfügen

**decrepit** [dɪ'krepɪt] *adj.* altersschwach; *(dilapidated)* heruntergekommen ‹*Haus, Stadt*›; schrottreif ‹*Auto, Maschine*›

**decrepitude** [dɪ'krepɪtju:d] *n., no pl.* Altersschwäche, *die; (of house)* heruntergekommener Zustand; *(of car, machine)* schrottreifer Zustand

**decry** [dɪ'kraɪ] *v. t.* verwerfen

**dedicate** ['dedɪkeɪt] *v. t.* **a)** *(with name of honoured person)* **~ sth. to sb.** jmdm. etw. widmen; **a statue ~d to the memory of ...:** eine Statue zum Gedenken an ...; **b)** *(give up)* **~ one's life to sth.** sein Leben einer Sache *(Dat.)* weihen; **c)** *(devote solemnly)* weihen

**dedicated** ['dedɪkeɪtɪd] *adj.* **a)** *(devoted)* **be ~ to sth./sb.** nur für etw./jmdn. leben; **b)** *(devoted to vocation)* hingebungsvoll; **a ~ teacher/politician** ein Lehrer/Politiker mit Leib und Seele

**dedication** [dedɪ'keɪʃn] *n.* **a)** *(act, inscription)* Widmung, *die* (**to** *Dat.*); *(in book)* Widmung, *die;* Zueignung, *die; (on building, monument)* Inschrift, *die;* **b)** *(devotion)* Hingabe, *die;* **c)** *(ceremony)* Weihe, *die*

**deduce** [dɪ'dju:s] *v. t.* **~ sth. [from sth.]** etw. [aus etw.] ableiten; auf etw. *(Akk.)* [aus etw.] schließen; **~ from sth. that ...:** aus etw. schließen, daß ...

**deducible** [dɪ'dju:sɪbl] *adj.* ableitbar, *(Philos.)* deduzierbar (**from** aus)

**deduct** [dɪ'dʌkt] *v. t.* **~ sth. [from sth.]** etw. [von etw.] abziehen

**deductible** [dɪ'dʌktɪbl] *adj.* **be ~:** einbehalten werden [können]

**deduction** [dɪ'dʌkʃn] *n.* **a)** *(deducting)* Abzug, *der;* **b)** *(deducing, thing deduced)* Ableitung, *die;* **c)** *(amount)* Abzüge *Pl.;* **a ~ from the price** ein Preisnachlaß

**deductive** [dɪ'dʌktɪv] *adj.* deduktiv

**deductively** [dɪ'dʌktɪvlɪ] *adv.* deduktiv

**deed** [di:d] **1.** *n.* **a)** Tat, *die;* **b)** *(Law)* [gesiegelte] Urkunde; **~ of transfer** Übertragungsurkunde, *die; see also* **covenant 1 b. 2.** *v. t. (Amer.)* **~ sth. to sb.** jmdm. etw. [urkundlich] übertragen

**deed: ~-box** *n. Kasten zur Aufbewahrung von Urkunden;* ≈ Dokumentenbox, *die;* **~ poll** ['di:d pəʊl] *n. (Law)* einseitiges Rechtsgeschäft *(Rechtsw.)*

**deejay** [di:'dʒeɪ] *n. (sl.)* Diskjockey, *der*

**deem** [di:m] *v. t.* erachten für; **[as] I ~ed** wie mir schien; **she is ~ed to be the best singer** sie gilt als die beste Sängerin; **he shall be ~ed to have given his assent** man wird annehmen, daß er seine Zustimmung gegeben hat

**deep** [di:p] *adj.* **1. a)** *(extending far down, going far in, lit. or fig.)* tief; **water ten feet ~:** drei Meter tiefes Wasser; **take a ~ breath/drink** tief Atem holen/einen tiefen Schluck nehmen; **b)** *(lying far down or back or inwards)* tief; **ten feet ~ in water** drei Meter tief unter Wasser; **be ~ in thought/prayer** in Gedanken/im Gebet versunken sein; **be ~ in discussion** mitten in einer Diskussion sein; **be ~ in debt** hoch verschuldet sein; **be standing three ~:** drei hintereinander stehen; **c)** *(profound)* tief ‹*Grund*›; ernst ‹*Problem, Sache*›; gründlich ‹*Studium, Forschung*›; tiefgründig ‹*Bemerkung*›; **give sth. ~ thought** über etw. *(Akk.)* gründlich nachdenken; **he's a ~ one** *(coll.)* er ist ein stilles Wasser *(ugs.);* **in ~ space** [tief] im Weltraum; **d)** *(heartfelt)* tief; aufrichtig ‹*Interesse, Dank*›; **e)** *(low-pitched, intense)* tief; *(full-toned)* volltönend; **the ~-blue sea** das tiefblaue Meer; **f)** *(Cricket) weit vom Schlagmann entfernt. See also* **end 1 f. 2.** *adv.* tief; **still waters run ~** *(prov.)* stille Wasser sind tief *(Spr.);* **~ down** *(fig.)* im Innersten. **3.** *n.* **a)** *(~ part)* **~s** Tiefen *Pl.;* **the ~** *(poet.)* der Ozean; **b)** *(abyss, lit. or fig.)* Tiefe, *die;* **c)** *(Cricket)* **the ~** *äußerer Rand des Spielfeldes*

**deep 'breathing** *n.* tiefes Atmen; **~ [exercise]** Atemübung, *die*

**deepen** ['di:pn] **1.** *v. t.* **a)** tiefer machen; vertiefen; **b)** *(make lower)* tiefer werden lassen ‹*Stimme*›; **c)** *(increase, intensify)* vertiefen; intensivieren ‹*Farbe*›. **2.** *v. i.* **a)** tiefer werden; **b)** *(intensify)* sich vertiefen

**deep: ~-'freeze 1.** *n.* (*Amer.:* **P**) Tiefkühltruhe, *die; (in shop also)* Tiefkühlbox, *die; (upright)* Gefrierschrank, *der;* **2.** *v. t.* tiefgefrieren; **~-fried** *adj.* fritiert; **~-laid** *adj.* ausgeklügelt; ausgetüftelt

**deeply** ['di:plɪ] *adv.* **a)** *(to great depth, lit. or fig.)* tief; **drink ~:** einen kräftigen Zug *od.* Schluck nehmen; **b)** tief ‹*beeindruckt, gerührt, verletzt, getroffen*›; äußerst ‹*interessiert, dankbar, engagiert, selbstbewußt*›; **be ~ in love** sehr verliebt sein; **be ~ indebted to sb.** jmdm. sehr zu Dank verpflichtet sein; **sleep ~:** tief *od.* fest schlafen; **read/study ~:** sehr aufmerksam lesen/studieren

**deepness** ['di:pnɪs] *n., no pl.* Tiefe, *die; (of interest, gratitude)* Ausmaß, *das*

**deep: ~-rooted** *adj.* tief ‹*Abneigung*›; tiefverwurzelt ‹*Tradition*›; **~-sea** *adj.* Tiefsee-; **~-'seated** *adj.* tief sitzend; **D~ 'South** *n. (Amer.)* tiefer Süden *(die Staaten der USA am Golf von Mexiko)*

**deer** [dɪə(r)] *n., pl. same* Hirsch, *der; (roe ~)* Reh, *das*

**deer: ~-forest** *n.* Jagdgehege, *das;* **~-park** *n.* Wildpark, *der;* **~skin** *n.* Rehleder, *das;* **~-stalker** *n.* **a)** *(person)* Jäger *(auf der Pirsch);* **b)** *(hat)* Mütze *(aus Stoff mit einem Schild vorn und hinten);* ≈ Sherlock-Holmes-Mütze, *die*

**de-escalate** [di:'eskəleɪt] *v. t.* deeskalieren

**deface** [dɪ'feɪs] *v. t.* verunstalten; verschandeln ‹*Gebäude*›

**defacement** [dɪ'feɪsmənt] *n.* Verunstaltung, *die; (of building)* Verschandelung, *die*

**de facto** [di: 'fæktəʊ, deɪ 'fæktəʊ] **1.** *adj.* de facto; **a ~ government** eine De-facto-Regierung. **2.** *adv.* de facto

**defamation** [defə'meɪʃn, di:fə'meɪʃn] *n.* Diffamierung, *die*

**defamatory** [dɪ'fæmətərɪ] *adj.* diffamierend; **be ~ about sb.** jmdn. diffamieren

**defame** [dɪ'feɪm] *v. t.* diffamieren; beschmutzen ‹*Name, Ansehen*›

**default** [dɪ'fɔ:lt, dɪ'fɒlt] **1.** *n.* **a)** *(lack)* Mangel, *der;* **in ~ of** mangels (+ *Gen.*); in Ermangelung *(geh.)* (+ *Gen.*); **b)** *(Law) (failure to act)* Versäumnis, *das; (failure to appear)* Säumnis, *die od. das;* **judgement by ~:** Versäumnisurteil, *das;* **c)** *(failure to pay)* Verzug, *der; (failure to act or appear)* Ausbleiben, *das; (Sport)* Nichterscheinen, *das;* **~ of payment** Zahlungsverzug, *der;* **lose/go by ~:** durch Abwesenheit verlieren/nicht zur Geltung kommen; **win by ~:** durch Nichterscheinen des Gegners gewinnen. **2.** *v. i.* versagen; **~ on one's payments/debts** seinen Zahlungsverpflichtungen nicht nachkommen

**defaulter** [dɪ'fɔ:ltə(r), dɪ'fɒltə(r)] *n.* **a)** *(Brit. Mil.)* Straffällige, *der;* **b)** *(who fails to pay)* säumiger Schuldner/säumige Schuldnerin

**defeat** [dɪ'fi:t] **1.** *v. t.* **a)** *(overcome)* besiegen; *(in battle or match also)* schlagen; ablehnen, zu Fall bringen ‹*Antrag, Vorschlag*›; **b)** *(baffle)* **sth. ~s me** ich kann etw. nicht begreifen; **it ~s me why ...:** ich verstehe einfach nicht, warum ...; *(frustrate)* **the task has ~ed us** diese Aufgabe hat uns überfordert; **~ the object/purpose of sth.** etw. völlig sinnlos machen; **~ one's own object** seine eigenen Pläne durchkreuzen. **2.** *n. (being defeated)* Niederlage, *die; (defeating)* Sieg, *der* (**of** über + *Akk.*); **the ~ of a motion/bill** das Scheitern eines Antrags/Gesetzentwurfs; **admit ~:** seine Niederlage eingestehen

**defeatism** [dɪ'fi:tɪzm] *n.* Defätismus, *der*

**defeatist** [dɪ'fi:tɪst] **1.** *n.* Defätist, *der.* **2.** *adj.* defätistisch; **you're so ~ about things** du siehst die Dinge immer so schwarz

**defecate** ['defəkeɪt] *v. i.* Kot ausscheiden; defäkieren *(Med.)*

**defecation** [defə'keɪʃn] *n.* Ausscheidung, *die;* Defäkation, *die (Med.)*

**defect 1.** ['di:fekt, dɪ'fekt] *n.* **a)** *(lack)* Mangel, *der;* **b)** *(shortcoming)* Fehler, *der; (in construction, body, mind, etc. also)* Defekt, *der;* **the ~s in his character, his character ~s** seine Charakterfehler; **he has the ~s of his qualities** er hat die für seine guten Eigenschaften typischen Charakterfehler. **2.** [dɪ'fekt] *v. i.* überlaufen (**to** zu); **~ from the cause** sich von der Sache lossagen

**defection** [dɪ'fekʃn] *n.* Abfall, *der; (desertion)* Flucht, *die;* **~ from the army** Desertion aus der Armee

**defective** [dɪ'fektɪv] *adj.* **a)** *(faulty)* defekt ‹*Maschine*›; gestört ‹*Gehirn*›; fehlerhaft ‹*Sprache, Material, Arbeiten, Methode, Plan*›; mangelhaft, gestört ‹*Verdauung, Kreislauf, Wachstum, Entwicklung*›; **sb./sth. is ~ in sth.** es mangelt jmdm./einer Sache an etw. *(Dat.);* **have a ~ heart** einen Herzfehler haben; **b)** *(mentally deficient)* geistig gestört; **c)** *(Ling.)* defektiv

**defectiveness** [dɪ'fektɪvnɪs] *n., no pl.* Fehlerhaftigkeit, *die*

**defector** [dɪ'fektə(r)] *n.* Überläufer, *der*/-läuferin, *die; (from a cause or party)* Abtrünnige, *der/die; (from army)* Deserteur, *der*

**defence** [dɪ'fens] *n. (Brit.)* **a)** *(defending)* Verteidigung, *die; (of body against disease)* Schutz, *der;* **in ~ of** zur Verteidigung (+ *Gen.*); **b)** *(thing that protects, means of* *resisting attack)* Schutz, *der;* **c)** *(justification)* Rechtfertigung, *die;* **in sb.'s ~:** zu jmds. Verteidigung; **come to sb.'s ~:** jmdm. zur Seite springen; **d)** *(military resources)* Verteidigung, *die;* **e)** *in pl. (fortification)* Befestigungsanlagen *Pl.; (fig.)* Widerstandskraft, *die;* **sb.'s ~s are down** *(fig.)* jmds. Widerstandskraft ist erschöpft; **f)** *(Law)* Verteidigung, *die;* **the case for the ~:** die Verteidigung; **~ witness** Zeuge/Zeugin der Verteidigung; **g)** *(Sport)* Verteidigung, *die*

**de'fence budget** *n.* Verteidigungshaushalt, *der*

**defenceless** [dɪ'fenslɪs] *adj. (Brit.)* wehrlos; **look ~:** hilflos dreinschauen

**de'fence mechanism** *n. (Physiol., Psych.)* Abwehrmechanismus, *der*

**defend** [dɪ'fend] **1.** *v. t.* **a)** *(protect)* schützen (**from** vor + *Dat.*); *(by fighting)* verteidigen; **b)** *(uphold by argument, vindicate, speak or write in favour of)* verteidigen; verteidigen, rechtfertigen ⟨*Politik, Handeln*⟩; **c)** *(Sport)* verteidigen ⟨*Titel, Tor*⟩; **d)** *(Law)* verteidigen; **~ oneself** sich selbst verteidigen. **2.** *v. i. (Sport)* verteidigen

**defendant** [dɪ'fendənt] *n. (Law) (accused)* Angeklagte, *der/die; (sued)* Beklagte, *der/die*

**defender** [dɪ'fendə(r)] *n.* **a)** *(one who defends)* Verteidiger, *der; (of principle, method, etc.)* Verfechter, *der;* **b)** *(Sport) (of championship)* Titelverteidiger, *der*/-verteidigerin, *die; (of goal)* Verteidiger, *der*/Verteidigerin, *die*

**defense, defenseless** *(Amer.) see* **defence, defenceless**

**defensible** [dɪ'fensɪbl] *adj.* **a)** *(easily defended)* wehrhaft; **b)** *(justifiable)* vertretbar

**defensive** [dɪ'fensɪv] **1.** *adj.* **a)** *(protective)* defensiv ⟨*Strategie, Handlung*⟩; **~ player** Defensivspieler, *der;* **~ wall** Schutzwall, *der;* **~ fortification** Verteidigungsanlage, *die;* **b)** *(by argument)* rechtfertigend; **c)** *(excessively self-justifying)* **he's always so ~ when he's criticized** er will sich immer um jeden Preis rechtfertigen, wenn er kritisiert wird. **2.** *n.* Defensive, *die;* **be/act on the ~:** in der Defensive sein; **she's always so much on the ~:** sie geht immer gleich in die Defensive

**defensively** [dɪ'fensɪvlɪ] *adv.* **act ~:** sich in übertriebener Weise rechtfertigen

[1]**defer** [dɪ'fɜ:(r)] *v. t.*, **-rr- a)** *(postpone)* aufschieben; **~red annuity** aufgeschobene Rente; **~red payment** Ratenzahlung, *die;* **~red shares/stock** Nachzugsaktien *Pl.;* **b)** *(Amer.: postpone call-up of)* zurückstellen

[2]**defer** *v. i.*, **-rr-: ~ [to sb.]** sich [jmdm.] beugen; **~ to sb.'s wishes** sich jmds. Wünschen fügen

**deference** ['defərəns] *n.* Respekt, *der;* Ehrerbietung, *die (geh.);* **in ~ to sb./sth.** aus Achtung vor jmdm./etw.; **in ~ to your wishes** Ihren Wünschen entsprechend

**deferential** [defə'renʃl] *adj.* respektvoll; groß ⟨*Respekt*⟩; **be ~ to sb./sth.** jmdm./einer Sache mit Respekt begegnen

**deferentially** [defə'renʃəlɪ] *adv.* respektvoll

**deferment** [dɪ'fɜ:mənt] *n.* **a)** *(deferring)* Aufschub, *der;* **b)** *(Amer.: postponement of call-up)* **have a ~:** zurückgestellt sein

**defiance** [dɪ'faɪəns] *n.* Aufsässigkeit, *die; (open disobedience)* Mißachtung, *die;* **act of ~:** Herausforderung, *die;* **in ~ of sb./sth.** jmdm./einer Sache zum Trotz

**defiant** [dɪ'faɪənt] *adj.* aufsässig ⟨*Tonfall, Kind, Benehmen*⟩

**defiantly** [dɪ'faɪəntlɪ] *adv.* aufsässig

**deficiency** [dɪ'fɪʃənsɪ] *n.* **a)** *(lack)* Mangel, *der* (**of, in** an + *Dat.*); **mental ~** geistige Behinderung; **nutritional ~:** Ernährungsmangel, *der;* **b)** *(inadequacy)* Unzulänglichkeit, *die;* **c)** *(deficit)* Defizit, *das*

**de'ficiency disease** *n.* Mangelkrankheit, *die*

**deficient** [dɪ'fɪʃənt] *adj.* **a)** *(not having enough)* **sb./sth. is ~ in sth.** jmdm./einer Sache mangelt es an etw. *(Dat.);* **be [mentally] ~:** geistig behindert sein; **b)** *(not being enough)* nicht ausreichend; *(in quality also)* unzulänglich

**deficit** ['defɪsɪt] *n.* Defizit, *das* (**of** an + *Dat.*); **a ~ of manpower** ein Mangel an Arbeitskräften

**'deficit spending** *n. (Finance)* Defizitfinanzierung, *die*

[1]**defile 1.** [dɪ'faɪl] *v. i.* [hintereinander] marschieren; defilieren *(geh.).* **2.** ['di:faɪl] *n.* **a)** *(narrow way)* Engpaß, *der;* **b)** *(gorge)* Hohlweg, *der*

[2]**defile** [dɪ'faɪl] *v. t.* **a)** verschandeln; *(pollute)* verderben ⟨*Aussicht*⟩; verpesten ⟨*Luft*⟩; **b)** *(desecrate)* beflecken ⟨*Unschuld, Reinheit*⟩

**defilement** [dɪ'faɪlmənt] *n.* **a)** Verschandelung, *die; (of air)* Verpestung, *die;* **b)** *(desecration)* Befleckung, *die*

**definable** [dɪ'faɪnəbl] *adj. (able to be set forth)* definierbar; erklärbar; **love is not ~ in words** Liebe kann man nicht mit Worten erklären

**define** [dɪ'faɪn] *v. t.* **a)** *(mark out limits of, make clear)* definieren; festlegen; **be ~d [against sth.]** sich [gegen etw.] abzeichnen; **~ one's position** *(fig.)* Stellung beziehen (**on** zu); **b)** *(set forth essence or meaning of)* definieren; **c)** *(characterize)* charakterisieren

**definite** ['defɪnɪt] *adj. (having exact limits)* bestimmt; *(precise)* eindeutig, definitiv ⟨*Antwort, Entscheidung*⟩; eindeutig ⟨*Beschluß, Verbesserung, Standpunkt*⟩; eindeutig, klar ⟨*Vorteil*⟩; klar *od.* scharf umrissen ⟨*Ziel, Plan, Thema*⟩; klar ⟨*Konzept, Linie, Vorstellung*⟩; deutlich ⟨*Konturen, Umrisse*⟩; genau ⟨*Zeitpunkt*⟩; entschlossen ⟨*Schritte, Stimme, Person*⟩; **you don't seem to be very ~:** Sie scheinen sich nicht ganz sicher zu sein; **she was so ~ about marrying him** sie war so fest entschlossen, ihn zu heiraten

**definitely** ['defɪnɪtlɪ] **1.** *adv.* eindeutig ⟨*festlegen, größer sein, verbessert, erklären*⟩; endgültig ⟨*entscheiden, annehmen*⟩; fest ⟨*vereinbaren*⟩; **she's ~ going to America** sie fährt auf jeden Fall nach Amerika. **2.** *int. (coll.)* na, klar *(ugs.)*

**definition** [defɪ'nɪʃn] *n.* **a)** Definition, *die;* **by ~:** per definitionem *(geh.);* **b)** *(making or being distinct, degree of distinctness)* Schärfe, *die;* **improve the ~ on the TV** den Fernseher schärfer einstellen

**definitive** [dɪ'fɪnɪtɪv] *adj.* **a)** *(decisive)* endgültig, definitiv ⟨*Beschluß, Antwort, Urteil*⟩; entschieden ⟨*Ton, Art*⟩; entscheidend ⟨*Vorsprung*⟩; **b)** *(most authoritative)* maßgeblich; **c)** *(Philat.)* **~ stamp** Dauermarke, *die*

**definitively** [dɪ'fɪnɪtɪvlɪ] *adv.* endgültig; definitiv; mit Entschiedenheit ⟨*beanspruchen, behaupten*⟩

**deflate** [dɪ'fleɪt] **1.** *v. t.* **a)** *(release air etc. from)* **~ a tyre/balloon** die Luft aus einem Reifen/Ballon ablassen; **b)** *(cause to lose conceitedness)* ernüchtern; **~ sb.'s opinion of himself** jmds. Selbsteinschätzung *(Dat.)* einen Dämpfer versetzen *(ugs.);* **c)** *(Econ.)* deflationieren. **2.** *v. i.* **a)** ⟨*Reifen:*⟩ Luftdruck verlieren; **b)** *(Econ.)* deflationieren

**deflation** [dɪ'fleɪʃn] *n. (Econ., Geol.)* Deflation, *die*

**deflationary** [dɪ'fleɪʃənərɪ] *adj. (Econ.)* deflationär

**deflect** [dɪ'flekt] **1.** *v. t.* *(bend)* umleiten ⟨*Fluß*⟩; brechen, beugen ⟨*Licht*⟩; *(cause to deviate)* **~ sb./sth. [from sb./sth.]** jmdn./etw. [von jmdm./einer Sache] ablenken. **2.** *v. i.* *(bend)* einen Bogen machen; *(deviate)* abbiegen; *(fig.)* abweichen

**deflection** *see* **deflexion**

**deflector** [dɪ'flektə(r)] *n.* Deflektor, *der*

**deflexion** [dɪ'flekʃn] *n. (Brit.)* **a)** *(bending)* Umleitung, *die; (deviation)* Ablenkung, *die; (turn)* Abweichung, *die; (fig.)* Ablenkung, *die;* **b)** *(Phys.)* Ausschlag, *der*

**deflower** [di:'flaʊə(r)] *v. t.* deflorieren

**defocus** [di:'fəʊkəs] *v. t.*, **-s-** *or* **-ss-** unscharf machen; *(Phys.)* defokussieren ⟨*Strahl*⟩

**defoliant** [di:'fəʊlɪənt] *n.* Entlaubungsmittel, *das*

**defoliate** [di:'fəʊlɪeɪt] *v. t.* entlauben

**defoliation** [di:fəʊlɪ'eɪʃn] *n.* Entlaubung, *die*

**deforestation** [di:fɒrɪ'steɪʃn] *n.* Entwaldung, *die;* Abholzung, *die*

**deform** [dɪ'fɔ:m] **1.** *v. t.* **a)** *(deface)* deformieren; verunstalten; **b)** *(misshape)* verformen. **2.** *v. i.* **a)** *(become disfigured)* entstellt werden; **b)** *(Phys.)* sich verformen

**deformation** [di:fɔ:'meɪʃn] *n.* **a)** *(disfigurement)* Deformation, *die;* Entstellung, *die;* **b)** *(Phys.)* Verformung, *die*

**deformed** [dɪ'fɔ:md] *adj.* entstellt ⟨*Gesicht*⟩; verunstaltet ⟨*Person, Körperteil*⟩

**deformity** [dɪ'fɔ:mɪtɪ] *n. (being deformed)* Mißgestalt, *die; (malformation)* Verunstaltung, *die*

**defraud** [dɪ'frɔ:d] *v. t.* **~ sb. [of sth.]** jmdn. [um etw.] betrügen

**defray** [dɪ'freɪ] *v. t.* bestreiten ⟨*Kosten*⟩

**defrayal** [dɪ'freɪəl], **defrayment** [dɪ'freɪmənt] *ns.* Bestreitung, *die*

**defrock** [di:'frɒk] *see* **unfrock**

**defrost** [di:'frɒst] *v. t.* auftauen ⟨*Speisen*⟩; abtauen ⟨*Kühlschrank*⟩; enteisen ⟨*Windschutzscheibe, Fenster*⟩

**deft** [deft] *adj.* sicher und geschickt

**deftly** ['deftlɪ] *adv.* sicher und geschickt

**deftness** ['deftnɪs] *n., no pl.* Geschicklichkeit, *die*

**defunct** [dɪ'fʌŋkt] *adj.* tot, verstorben ⟨*Person*⟩; *(extinct)* ausgestorben; *(fig.)* defekt ⟨*Maschine*⟩; veraltet ⟨*Gesetz*⟩; eingegangen ⟨*Zeitung*⟩; stillgelegt ⟨*Betrieb, Bahnlinie*⟩; überholt, vergessen ⟨*Brauch, Idee, Mode*⟩

**defuse** [di:'fju:z] *v. t. (lit. or fig.)* entschärfen

**defy** [dɪ'faɪ] *v. t.* **a)** auffordern; **~ sb. to do sth.** jmdn. auffordern, etw. zu tun; **b)** *(resist openly)* **~ sb.** jmdm. trotzen *od.* Trotz bieten; *(refuse to obey)* **~ sb./sth.** sich jmdm./einer Sache widersetzen; **c)** *(present insuperable obstacles to)* widerstehen; **it defies explanation** das spottet jeder Erklärung

**degeneracy** [dɪ'dʒenərəsɪ] *n. (also Biol.)* Degeneration, *die*

**degenerate 1.** [dɪ'dʒenəreɪt] *v. i.* **a)** **~ [into sth.]** [zu etw.] verkommen *od.* degenerieren; **b)** *(Biol.)* **~ [into sth.]** [zu etw.] verkümmern *od.* degenerieren. **2.** [dɪ'dʒenərət] *adj. (also Biol.)* degeneriert; **become ~:** degenerieren

**degeneration** [dɪdʒenə'reɪʃn] *n. (also Biol., Med.)* Degeneration, *die*

**degradation** [degrə'deɪʃn] *n.* **a)** *(abasement)* Erniedrigung, *die;* **b)** *(demotion; also Geol.)* Degradierung, *die;* **c)** *(Biol.)* Degeneration, *die;* **d)** *(Chem.)* Abbau, *der*

**degrade** [dɪ'greɪd] *v. t.* **a)** *(abase)* erniedrigen; herabsetzen ⟨*Ansehen, Maßstab*⟩; **b)** *(demote)* degradieren; **c)** *(Chem.)* abbauen; **d)** *(Geol.)* zerfallen lassen; erodieren

**degrading** [dɪ'greɪdɪŋ] *adj.* entwürdigend; erniedrigend

**degree** [dɪ'gri:] *n.* **a)** *(Math., Phys.)* Grad, *der;* **an angle/a temperature of 45 ~s** ein Winkel/eine Temperatur von 45 Grad; **b)** *(stage in scale or extent)* Grad, *der;* **by ~s** allmählich; **a certain ~ of imagination** ein gewisses Maß an Phantasie; **to a high ~:** in hohem Grade *od.* Maße; **to some** *or* **a certain ~:** [bis] zu einem gewissen Grad; **to the last ~:** in höchstem Grade; **obstinate to a ~:** reichlich widerspenstig *(ugs.);* **to what ~?** [in]wieweit?; **c)** *(relative condition)* Art, *die;* **in its ~:** auf seine Art; **d)** *(step in* *genealogical descent)* [Verwandtschafts]grad, *der;* **e) forbidden** *or* **prohibited ~s** *Verwandtschaftsgrade, die eine Heirat ausschließen;* **f)** *(rank)* Stand, *der;* **g)** *(academic rank)* [akademischer] Grad; **take/receive a ~ in sth.** einen akademischen Grad in etw. *(Dat.)* erwerben/verliehen bekommen; **have a ~ in physics/maths** einen Hochschulabschluß in Physik/Mathematik haben; **h)** *(Ling.)* **~s of comparison** Steigerungsstufen *Pl.*; **positive/comparative/superlative ~:** Positiv, *der*/Komparativ, *der*/Superlativ, *der;* **i)** *(Amer.)* **give sb. the third ~:** jmdn. schonungslos ins Verhör nehmen

**degree: ~ ceremony** *n.* Feierstunde zur Verleihung der akademischen Würde; **~ course** *n.* Studium, *das;* **~ day** *n.* Tag der Verleihung der akademischen Würde

**dehumanize (dehumanise)** [di:'hju:mənaɪz] *v. t.* entmenschlichen; dehumanisieren

**dehydrate** [di'haɪdreɪt] *v. t.* **a)** *(remove water from)* das Wasser entziehen (+ *Dat.*), austrocknen ‹*Körper*›; **~d** dehydratisiert *(fachspr.)*; getrocknet; **b)** *(make dry)* austrocknen

**dehydration** [di:haɪ'dreɪʃn] *n. see* **dehydrate:** Dehydration, *die (fachspr.)*; Austrocknung, *die*

**de-ice** [di:'aɪs] *v. t.* enteisen

**de-icer** [di:'aɪsə(r)] *n.* Defroster, *der*

**deify** ['di:ɪfaɪ] *v. t. (make a god of)* vergotten; deifizieren; *(worship)* vergöttern

**deign** [deɪn] *v. t.* **~ to do sth.** sich [dazu] herablassen, etw. zu tun

**deism** ['di:ɪzm] *n.* Deismus, *der*

**deist** ['di:ɪst] *n.* Deist, *der*/Deistin, *die*

**deity** ['di:ɪtɪ] *n.* **a)** *(god)* Gottheit, *die;* **the D~:** Gott; die Gottheit *(geh.)*; **b)** *(divine status)* Göttlichkeit, *die;* Gottheit, *die (geh.)*

**dejected** [dɪ'dʒektɪd] *adj.* niedergeschlagen

**dejection** [dɪ'dʒekʃn] *n.* Niedergeschlagenheit, *die*

**delay** [dɪ'leɪ] **1.** *v. t.* **a)** *(postpone)* verschieben; **he ~ed his visit for a few weeks** er verschob seinen Besuch einige Wochen; **b)** *(make late)* aufhalten; verzögern ‹*Ankunft, Abfahrt*›; **the train has been seriously ~ed** der Zug hat beträchtliche Verspätung; **c)** *(hinder)* aufhalten; *(retard)* **be ~ed** ‹*Veranstaltung:*› verspätet *od.* später erfolgen. **2.** *v. i. (wait)* warten; *(loiter)* trödeln *(ugs.)*; **don't ~:** warte nicht damit; **~ in doing sth.** zögern, etw. zu tun. **3.** *n.* **a)** Verzögerung, *die* **(to** bei); **what's the ~ now?** weshalb geht es jetzt nicht weiter?; **without ~:** unverzüglich; **without further ~:** ohne weitere Verzögerung; **b)** *(Transport)* Verspätung, *die;* **trains are subject to ~:** es ist mit Zugverspätungen zu rechnen

**delayed-action** [dɪleɪd'ækʃn] *adj.* **~ bomb** Bombe mit Zeitzünder; **~ mechanism** *(Photog.)* Selbstauslöser, *der;* **~ drug** Medikament mit Depotwirkung

**delectable** [dɪ'lektəbl] *adj.* köstlich; **she looked ~:** sie sah reizend aus

**delectation** [di:lek'teɪʃn] *n.* Ergötzen, *das (geh.)*; Vergnügen, *das*

**delegate 1.** ['delɪgət] *n.* **a)** *(elected representative)* Delegierte, *der/die; (of firm)* Beauftragte, *der/die;* **b)** *(deputy)* Vertreter, *der*/Vertreterin, *die;* **c)** *(member of deputation)* Delegierte, *der/die.* **2.** ['delɪgeɪt] *v. t.* **a)** *(depute)* delegieren; **b)** *(commit)* **~ power/responsibility/a task [to sb.]** Macht/Verantwortlichkeit/eine Aufgabe [an jmdn.] delegieren; **he does not know how to ~:** er will alles selbst erledigen

**delegation** [delɪ'geɪʃn] *n.* **a)** *(body of delegates)* Delegation, *die;* **b)** *(deputation)* Abordnung, *die;* Delegation, *die;* **c)** *(entrusting of authority to deputy)* Delegation, *die* **(to** an + *Akk.*)

**delete** [dɪ'li:t] *v. t.* streichen **(from** in + *Dat.*); *(Computing)* löschen; **~ where inapplicable** Nichtzutreffendes streichen

**deleterious** [delɪ'tɪərɪəs] *adj.* schädlich **(to** für); **~ [to health]** gesundheitsschädlich

**deletion** [dɪ'li:ʃn] *n.* Streichung, *die; (Computing)* Löschung, *die*

**delft** [delft] **(delf** [delf]**)** *n.* **~ [pottery]/tiles** *etc.* Delfter Keramik/Kacheln *usw.*

**deliberate 1.** [dɪ'lɪbərət] *adj.* **a)** *(intentional)* absichtlich; bewußt ‹*Lüge, Irreführung*›; vorsätzlich ‹*Verbrechen*›; **b)** *(fully considered)* wohlerwogen; [sorgfältig] überlegt; **c)** *(cautious)* behutsam; **d)** *(unhurried and considered)* bedächtig. **2.** [dɪ'lɪbəreɪt] *v. i.* **a)** *(think carefully)* **~ on sth.** über etw. *(Akk.)* [sorgfältig] nachdenken; **b)** *(debate)* **~ over** *or* **on** *or* **about sth.** über etw. *(Akk.)* beraten. **3.** *v. t.* ‹*Gruppe:*› beraten; ‹*Einzelner:*› überlegen

**deliberately** [dɪ'lɪbərətlɪ] *adv.* **a)** *(intentionally)* absichtlich; mit Absicht; vorsätzlich ‹*ein Verbrechen begehen*›; **b)** *(with full consideration)* **[very] ~:** [ganz] bewußt; **c)** *(in unhurried manner)* bedächtig

**deliberation** [dɪlɪbə'reɪʃn] *n.* **a)** *(care)* Sorgfalt, *die;* **b)** *(unhurried nature)* Bedächtigkeit, *die;* **c)** *(careful consideration)* Überlegung, *die;* **after much ~:** nach reiflicher Überlegung; **d)** *(discussion)* Beratung, *die*

**deliberative** [dɪ'lɪbərətɪv] *adj.* beratend

**delicacy** ['delɪkəsɪ] *n.* **a)** *(tactfulness and care)* Feingefühl, *das;* Delikatesse, *die (geh.)*; **b)** *(fineness)* Zartheit, *die;* Feinheit, *die;* **c)** *(weakliness)* Zartheit, *die;* **d)** *(need of discretion etc.)* Delikatheit, *die;* **e)** *(food)* Delikatesse, *die*

**delicate** ['delɪkət] *adj.* **a)** *(easily injured)* empfindlich ‹*Organ*›; zart ‹*Gesundheit, Konstitution*›; *(sensitive)* sensibel, empfindlich ‹*Person, Natur*›; empfindlich ‹*Waage, Instrument, Verfassung*›; **b)** *(requiring careful handling)* empfindlich; *(fig.)* delikat, heikel ‹*Frage, Angelegenheit, Problem*›; **c)** *(fine, of exquisite quality, subdued)* zart; fein; delikat; *(dainty)* delikat; **d)** *(subtle)* fein; **e)** *(deft, light)* geschickt; zart; **f)** *(tactful)* taktvoll; behutsam

**delicately** ['delɪkətlɪ] *adv.* fein; **~ put** taktvoll ausgedrückt

**delicatessen** [delɪkə'tesən] *n.* Feinkostgeschäft, *das;* Delikatessengeschäft, *das*

**delicious** [dɪ'lɪʃəs] *adj.* köstlich, lecker ‹*Speise, Geschmack*›; köstlich ‹*Anblick, Spaß, Humor*›

**deliciously** [dɪ'lɪʃəslɪ] *adv.* köstlich; herrlich ‹*kühl, lustig*›

**deliciousness** [dɪ'lɪʃəsnɪs] *n., no pl.* Köstlichkeit, *die*

**delight** [dɪ'laɪt] **1.** *v. t.* erfreuen. **2.** *v. i.* **sb. ~s in doing sth.** es macht jmdm. Freude, etw. zu tun; **~ to do sth.** etw. gern tun. **3.** *n.* **a)** *(great pleasure)* Freude, *die;* **~ at sth./at doing sth.** Freude über etw. *(Akk.)* /darüber, etw. zu tun; **~ in sth./in doing sth.** Freude an etw. *(Dat.)* /daran, etw. zu tun; **to my/our ~:** zu meiner/unserer Freude; **sb. takes ~ in doing sth.** es macht jmdm. Freude, etw. zu tun; **b)** *(cause of pleasure)* Vergnügen, *das;* **these cakes are a ~ to eat** diese Kuchen schmecken köstlich

**delighted** [dɪ'laɪtɪd] *adj.* freudig ‹*Schrei*›; **be ~** ‹*Person:*› hocherfreut sein; **be ~ by** *or* **with** *or* **at sth.** sich über etw. *(Akk.)* freuen; **be ~ to do sth.** sich freuen, etw. zu tun; **we shall be ~ to accept your invitation** wir werden Ihre Einladung gern annehmen

**delightedly** [dɪ'laɪtɪdlɪ] *adv.* erfreut

**delightful** [dɪ'laɪtfl] *adj.* wunderbar; köstlich ‹*Geschmack, Klang*›; reizend ‹*Person, Landschaft*›

**delightfully** [dɪ'laɪtfəlɪ] *adv.* wunderbar; bezaubernd ‹*singen, tanzen, hübsch*›; angenehm ‹*hell, luftig*›

**delimit** [dɪ'lɪmɪt] *v. t.* begrenzen ‹*Gebiet, Region*›; *(fig.)* eingrenzen

**delimitation** [dɪlɪmɪ'teɪʃn] *n.* Begrenzung, *die; (fig.)* Eingrenzung, *die*

**delineate** [dɪ'lɪnɪeɪt] *v. t. (draw)* zeichnen; *(describe)* darstellen; **sharply ~d** sich scharf abzeichnend

**delinquency** [dɪ'lɪŋkwənsɪ] *n.* **a)** *no pl.* Kriminalität, *die;* **b)** *(misdeed)* Straftat, *die*

**delinquent** [dɪ'lɪŋkwənt] **1.** *n. (bes. jugendlicher)* Randalierer, *der.* **2.** *adj.* **a)** *(offending)* kriminell; **b)** *(Amer.: in arrears)* säumig

**delirious** [dɪ'lɪrɪəs] *adj.* **a)** delirant *(Med.)*; **be ~:** im Delirium sein; ≈ phantasieren; **b)** *(wildly excited)* **be ~ [with sth.]** außer sich *(Dat.)* [vor etw. *(Dat.)*] sein; **c)** *(ecstatic, wild)* wahnsinnig; rasend ‹*Zorn, Wut*›

**deliriously** [dɪ'lɪrɪəslɪ] *adv.* **a)** wie im Delirium; **b)** *(ecstatically)* wahnsinnig

**delirium** [dɪ'lɪrɪəm] *n.* Delirium, *das*

**delirium tremens** [dɪlɪrɪəm 'tri:menz] *n., no pl.* Delirium tremens, *das (Med.)*; Säuferwahn, *der (veralt.)*

**deliver** [dɪ'lɪvə(r)] *v. t.* **a)** *(utter)* halten ‹*Rede, Vorlesung, Predigt*›; vorbringen ‹*Worte*›; vortragen ‹*Verse*›; *(pronounce)* verkünden ‹*Urteil, Meinung, Botschaft*›; **b)** *(launch)* werfen ‹*Ball*›; versetzen ‹*Stoß, Schlag, Tritt*›; vortragen ‹*Angriff*›; **c)** *(hand over)* bringen; liefern ‹*Ware*›; zustellen ‹*Post, Telegramm*›; überbringen ‹*Botschaft*›; **~ sth. to the door** etw. ins Haus liefern; **~ [the goods]** *(fig.)* es schaffen *(ugs.)*; *(fulfil promise)* halten, was man versprochen hat; **d)** *(give up)* aushändigen; **stand and ~!** halt, Geld her!; **e)** *(render)* erzählen ‹*Geschichte*›; geben, liefern ‹*Bericht, Beschreibung*›; stellen ‹*Ultimatum*›; geben ‹*Versprechen*›; ablegen ‹*Gelübde*›; **f)** *(Law)* aushändigen ‹*Dokument*›; **g)** *(assist in giving birth, aid in being born)* entbinden; *(give birth to)* gebären; **be ~ed [of a child]** [von einem Kind] entbunden werden; **h)** *(formal: unburden)* **~ oneself of one's opinion** seine Meinung loswerden; **i)** *(save)* **~ sb./sth. from sb./sth.** jmdn./etw. von jmdm./etw. erlösen; **~ us from evil** *(Relig.)* erlöse uns von dem Übel *od.* Bösen *(bibl.)*

**~ 'up** *v. t.* aushändigen; übergeben

**deliverance** [dɪ'lɪvərəns] *n.* Erlösung, *die* **(from** von); **~ from captivity** Befreiung aus der Gefangenschaft

**delivery** [dɪ'lɪvərɪ] *n.* **a)** *(handing over)* Lieferung, *die; (of letters, parcels)* Zustellung, *die;* **there is no charge for ~:** Lieferung frei Haus; **there are no deliveries on Sunday** sonntags wird keine Post zugestellt *od.* ausgetragen; **take ~ of sth.** etw. annehmen; **pay on ~:** bei Lieferung bezahlen; *(Post)* per Nachnahme bezahlen; **b)** Wurf, *der;* **~ of a blow/punch** Schlag, *der;* **c)** *(uttering)* Vortragen, *das; (manner of uttering)* Vortragsweise, *die;* Vortrag, *der;* **d)** *(childbirth)* Entbindung, *die*

**delivery: ~ boy** *n.* Austräger, *der;* **~ date** *n.* Liefertermin, *der;* **~ girl** *n.* Austrägerin, *die;* **~ man** *n.* Lieferant, *der;* Ausfahrer, *der (landsch.)*; **~ note** *n.* Lieferschein, *der;* **~ room** *n. (Med.)* Kreißsaal, *der;* **~ service** *n.* Zustelldienst, *der;* **~ van** *n.* Lieferwagen, *der*

**dell** [del] *n.* [bewaldetes] Tal; Grund, *der (veralt.)*

**delouse** [di:'laʊs] *v. t.* entlausen

**delphinium** [del'fɪnɪəm] *n. (Bot.)* Rittersporn, *der*

**delta** ['deltə] *n.* **a)** *(of river; Greek letter)* Delta, *das;* **b)** *(Sch., Univ.: mark)* Vier, *die*

**delta 'wing** *n.* Deltaflügel, *der;* **~ aircraft** Deltaflugzeug, *das*

**delude** [dɪ'lju:d, dɪ'lu:d] *v. t.* täuschen; **~ sb. into believing that ...:** jmdm. weismachen, daß ...; **stop deluding yourself!** machen Sie sich doch nichts vor!

**deluge** ['delju:dʒ] **1.** *n.* **a)** *(rain)* sintflutartiger Regen; **b)** *(Bibl.)* **the D~:** die Sintflut; **c)** **~ of complaints/letters** Flut von Beschwerden/Briefen. **2.** *v. t. (lit. or fig.)* überschwemmen; ~ **sb. with questions** jmdn. mit Fragen überschütten

**delusion** [dɪ'lju:ʒn, dɪ'lu:ʒn] *n.* Illusion, *die; (as symptom or form of madness)* Wahnvorstellung, *die;* **be under a ~:** einer Täuschung unterliegen; **be under the ~ that ...:** sich *(Dat.)* der Täuschung hingeben, daß ...; **have ~s of grandeur** größenwahnsinnig sein

**delusive** [dɪ'lju:sɪv, dɪ'lu:sɪv] *adj.*, **delusively** [dɪ'lju:sɪvlɪ, dɪ'lu:sɪvlɪ] *adv.* trügerisch

**de luxe** [də'lʌks, də'lu:ks] *adj.* Luxus-; ~ **trade** Handel mit Luxusartikeln

**delve** [delv] *v. i.* **a)** *(arch./poet.: dig)* graben **(for** nach); **b)** *(search)* ~ **into sth. [for sth.]** tief in etw. *(Akk.)* greifen[, um etw. herauszuholen]; **c)** *(research)* ~ **into sth.** sich in etw. *(Akk.)* vertiefen; ~ **into sb.'s past** in jmds. Vergangenheit nachforschen

**Dem.** *abbr. (Amer.)* **Democrat** Dem.

**demagogue** *(Amer.:* **demagog)** ['deməgɒg] *n.* Demagoge, *der*/Demagogin, *die*

**demagoguery** ['deməgɒgərɪ], **demagogy** ['deməgɒgɪ] *ns.* Demagogie, *die*

**demand** [dɪ'mɑ:nd] **1.** *n.* **a)** *(request)* Forderung, *die* **(for** nach); **a ~ for sb. to do sth.** eine Forderung, daß jmd. etw. tun soll; **payable on ~:** zahlbar bei Sicht *(Kaufmannsspr.);* **final ~:** letzte Mahnung; **b)** *(desire for commodity)* Nachfrage, *die* **(for** nach); **by popular ~:** auf vielfachen Wunsch; **sth./sb. is in [great] ~:** etw. ist [sehr] gefragt/jmd. ist [sehr] begehrt; ~ **for teachers/clerks** Bedarf an Lehrern/Büroangestellten; **c)** *(claim)* **make ~s on sb.** jmdn. beanspruchen; **make too many ~s on sb.'s patience/time** jmds. Geduld/Zeit zu sehr beanspruchen; **I have many ~s on my time** ich bin zeitlich sehr beansprucht. *See also* **supply 2 a. 2.** *v. t.* **a)** *(ask for, require, need)* verlangen **(of, from** von); fordern ‹*Recht, Genugtuung*›; ~ **to know/see sth.** etw. zu wissen/zu sehen verlangen; **he ~ed to be told everything** er wollte unbedingt alles wissen; ~ **money with menaces** Geld erpressen; **b)** *(insist on being told)* unbedingt wissen wollen; **he ~ed my business** er fragte mich nachdrücklich, was ich wünschte

**demanding** [dɪ'mɑ:ndɪŋ] *adj.* anspruchsvoll; *(taxing)* anstrengend ‹*Kind*›; **physically [very] ~:** körperlich [sehr] anstrengend

**de'mand note** *n.* **a)** *(Brit.: request for payment)* Zahlungsaufforderung, *die;* **b)** *(Amer.: bill payable at sight)* Sichtwechsel, *der (Bankw.)*

**demarcate** ['di:mɑ:keɪt] *v. t.* festlegen ‹*Grenze*›; demarkieren *(geh.);* ~ **sth. from sth.** etw. von etw. abgrenzen

**demarcation** [di:mɑ:'keɪʃn] *n. (of frontier)* Demarkation, *die (geh.); (of topics)* Abgrenzung, *die;* **line of ~:** *(frontier)* Demarkationslinie, *die; (of topics)* Trennungslinie, *die*

**demar'cation dispute** *n.* Streit um die Abgrenzung der Zuständigkeitsbereiche

**démarche** ['deɪmɑ:ʃ] *n. (Diplom.)* Demarche, *die*

**demean** [dɪ'mi:n] *v. refl. (lower one's dignity)* ~ **oneself [to do sth.]** sich [dazu] erniedrigen[, etw. zu tun]; ~ **oneself by sth./doing sth.** sich durch etw. erniedrigen/sich dadurch erniedrigen, daß man etw. tut

**demeaning** [dɪ'mi:nɪŋ] *adj.* erniedrigend

**demeanour** *(Brit.; Amer.:* **demeanor)** [dɪ'mi:nə(r)] *n.* Benehmen, *das*

**demented** [dɪ'mentɪd] *adj.* wahnsinnig; **be ~ with worry** verrückt vor Angst sein *(ugs.);* **like somebody ~:** wie ein Wahnsinniger/eine Wahnsinnige

**dementedly** [dɪ'mentɪdlɪ] *adv.* wie von Sinnen

**dementia** [dɪ'menʃə] *(Med.)* Demenz, *die*

**demerara** [demə'reərə] *n.* ~ **[sugar]** brauner Zucker; Farin, *der*

**demerit** [di:'merɪt] *n.* **a)** Schwäche, *die;* **b)** *(quality deserving blame)* [Charakter]fehler, *der; (action)* Fehlverhalten, *das;* **c)** *(Amer.: mark)* Strafpunkt, *der*

**demesne** [dɪ'mi:n, dɪ'meɪn] *n. (land attached to mansion etc.)* Grundstück des Landsitzes

**demi-** ['demɪ] *pref.* Halb-

**'demigod** *n.* Halbgott, *der*

**demijohn** ['demɪdʒɒn] *n.* Demijohn, *der (fachspr.);* Korbflasche, *die*

**demilitarisation, demilitarise** *see* **demilitariz-**

**demilitarization** [di:mɪlɪtəraɪ'zeɪʃn] *n.* Entmilitarisierung, *die*

**demilitarize** [di:'mɪlɪtəraɪz] *v. t.* entmilitarisieren

**demi-monde** ['demɪmɔ̃d] *n.* Demimonde, *die (geh.);* Halbwelt, *die*

**demise** [dɪ'maɪz] *n. (death)* Ableben, *das (geh.); (fig.)* Verschwinden, *das; (of firm, party, creed, etc.)* Untergang, *der*

**demisemiquaver** [demɪ'semɪkweɪvə(r), 'demɪsemɪkweɪvə(r)] *n. (Brit. Mus.)* Zweiunddreißigstelnote, *die*

**demist** [di:'mɪst] *v. t. (Brit.)* trockenblasen; *(with cloth etc.)* trockenreiben

**demister** [di:'mɪstə(r)] *n. (Brit.)* Defroster, *der;* Gebläse, *das*

**demo** ['deməʊ] *n., pl.* **~s** *(coll.)* Demo, *die (ugs.)*

**demob** [di:'mɒb] *(Brit. coll.)* **1.** *v. t.,* **-bb-** aus dem Kriegsdienst entlassen. **2.** *n.* Entlassung aus dem Kriegsdienst

**demobilisation, demobilise** *see* **demobiliz-**

**demobilization** [di:məʊbɪlaɪ'zeɪʃn] *n.* Demobilisation, *die; (of soldier)* Entlassung aus dem Kriegsdienst

**demobilize** [di:'məʊbɪlaɪz] *v. t.* demobilisieren ‹*Armee, Kriegsschiff*›; aus dem Kriegsdienst entlassen ‹*Soldat*›

**democracy** [dɪ'mɒkrəsɪ] *n.* Demokratie, *die*

**democrat** ['deməkræt] *n.* **a)** *(advocate of democracy)* Demokrat, *der*/Demokratin, *die;* **b) D~** *(Amer. Polit.)* Demokrat, *der*/Demokratin, *die*

**democratic** [demə'krætɪk] *adj.* **a)** demokratisch; **b)** *(Amer. Polit.)* **D~ Party** Demokratische Partei

**democratically** [demə'krætɪkəlɪ] *adv.* demokratisch

**democratize** [dɪ'mɒkrətaɪz] *v. t.* demokratisieren

**demographic** [di:mə'græfɪk, demə'græfɪk], **demographical** [di:mə'græfɪkl, demə'græfɪkl] *adj.* demographisch

**demolish** [dɪ'mɒlɪʃ] *v. t.* **a)** *(pull down)* abreißen; *(break to pieces)* zerstören; demolieren; schleifen, niederreißen ‹*Festungsanlagen*›; ~ **by bombing** zerbomben; **b)** *(overthrow)* auflösen ‹*Institution*›; abschaffen ‹*System, Privilegien*›; widerlegen, umstoßen ‹*Theorie*›; entkräften ‹*Einwand*›; zerstören ‹*Legende, Mythos*›; **c)** *(joc.: eat up)* verschlingen

**demolition** [demə'lɪʃn, di:mə'lɪʃn] *n.* **a)** *see* **demolish a:** Abriß, *der;* Zerstörung, *die;* Demolierung, *die;* Schleifung, *die;* ~ **contractors** Abbruchunternehmen, *das;* **due for ~:** abbruchreif; ~ **work** Abbruchsarbeit, *die;* **b)** *see* **demolish b:** Auflösung, *die;* Abschaffung, *die;* Widerlegung, *die;* Entkräftung, *die;* Zerstörung, *die*

**demon** ['di:mən] *n.* **a)** Dämon, *der;* **b)** *(person, animal)* Teufel, *der;* ~ **bowler** *(Cricket)* sehr schneller Werfer; **he is a ~ for work** er arbeitet wie ein Besessener

**demonetize (demonetise)** [di:'mʌnɪtaɪz] *v. t. (Finance)* demonetisieren *(Bankw.);* aus dem Umlauf ziehen

**demoniac** [dɪ'məʊnɪæk] **1.** *adj.* dämonisch; *(possessed)* besessen. **2.** *n.* Besessene, *der/die*

**demoniacal** [di:mə'naɪəkl, demə'naɪəkl] *adj.* dämonisch

**demonic** [di:'mɒnɪk] *see* **demoniac 1**

**demonstrability** [demənstrə'bɪlɪtɪ, dɪmɒnstrə'bɪlɪtɪ] *n., no pl.* Beweisbarkeit, *die*

**demonstrable** ['demənstrəbl, dɪ'mɒnstrəbl] *adj.* beweisbar; nachweislich ‹*Schaden*›; **it is ~ that ...:** man kann beweisen, daß ...; es läßt sich nachweisen, daß ...

**demonstrably** ['demənstrəblɪ, dɪ'mɒnstrəblɪ] *adv.* nachweislich

**demonstrate** ['demənstreɪt] **1.** *v. t.* **a)** *(by examples, experiments, etc.)* zeigen; demonstrieren; *(show, explain)* vorführen ‹*Vorrichtung, Gerät*›; **b)** *(be proof of)* zeigen; beweisen; **c)** *(logically prove the truth of)* beweisen; nachweisen; **d)** *(prove the existence of)* zeigen ‹*Gefühl, Bedürfnis, Gutwilligkeit*›. **2.** *v. i.* **a)** *(make, take part in, a meeting or procession)* demonstrieren; **b)** *(give a demonstration)* ~ **on sth./sb.** etw./jmdn. als Demonstrationsobjekt benutzen

**demonstration** [demən'streɪʃn] *n.* **a)** *(as way of teaching)* Demonstration, *die;* praktische Vorführung; **cookery ~s** Anschauungsunterricht im Kochen; **b)** *(showing of appliances etc.)* Vorführung, *die;* **give sb. a ~ of sth.** jmdm. etw. vorführen; **c)** *(meeting, procession)* Demonstration, *die;* **d)** *(exhibition of feeling etc.)* Ausdruck, *der;* **make a ~ of sth.** etw. zeigen; **e)** *(proof)* Beweis, *der*

**demonstrative** [dɪ'mɒnstrətɪv] *adj.* **a)** *(with open expression)* offen; unverhohlen ‹*Freude*›; **b)** *(serving to point out or to exhibit)* anschaulich; **c)** *(logically conclusive)* schlüssig ‹*Beweis, Argument*›; **d)** *(Ling.)* Demonstrativ-; hinweisend

**demonstrator** ['demənstreɪtə(r)] *n.* **a)** *(in a meeting or procession)* Demonstrant, *der*/Demonstrantin, *die;* **b)** *(Commerc.)* Vorführer, *der*/Vorführerin, *die*

**demoralisation, demoralise** *see* **demoraliz-**

**demoralization** [dɪmɒrəlaɪ'zeɪʃn] *n.* Demoralisierung, *die*

**demoralize** [dɪ'mɒrəlaɪz] *v. t.* demoralisieren

**demote** [di:'məʊt] *v. t.* degradieren **(to** zu); zurückstufen ‹*Schüler*›

**demotic** [dɪ'mɒtɪk] *adj.* **a)** *(popular)* volkstümlich; **b)** ~ **Greek** Demotike, *die*

**demotion** [di:'məʊʃn] *n.* Degradierung, *die* **(to** zu); *(Sch.)* Zurückstufung, *die*

**demur** [dɪ'mɜ:(r)] *v. i.,* **-rr-** Einwände erheben; ~ **to sth.** gegen etw. Einwände erheben; ~ **at doing sth.** Einwände dagegen erheben, etw. zu tun

**demure** [dɪ'mjʊə(r)] *adj.* **a)** *(affectedly quiet and serious)* betont zurückhaltend; **b)** *(sober)* nüchtern; *(grave, composed)* ernst; gesetzt ‹*Benehmen*›; **c)** *(decorous)* sittsam *(veralt.);* gesittet ‹*Rede*›

**demurely** [dɪ'mjʊəlɪ] *adv.* zurückhaltend; ~ **dressed** sittsam *(veralt.)* gekleidet

**demythologize (demythologise)** [di:mɪ'θɒlədʒaɪz] *v. t.* entmythologisieren

**den** [den] *n.* **a)** *(of wild beast)* Höhle, *die;* **fox's ~:** Fuchsbau, *der;* **Daniel in the lions' ~** *(Bibl.)* Daniel in der Löwengrube; **b)** *(resort of criminals etc.)* ~ **of thieves, thieves' ~:** Diebeshöhle, *die;* Diebesnest, *das;* ~ **of vice** *or* **iniquity** Lasterhöhle, *die (ugs. abwertend);* **robbers' ~:** Räuberhöhle, *die (veralt.);* **c)** *(coll.: small room)* Bude, *die (ugs.)*

**denationalisation, denationalise** *see* **denationaliz-**

**denationalization** [di:næʃənəlaɪ'zeɪʃn] *n., no pl.* Privatisierung, *die*

**denationalize** [di:'næʃənəlaɪz] *v. t.* privatisieren

**denaturalize (denaturalise)** [di:'nætʃərəlaɪz] *v. t.* **a)** *(make unnatural)* denaturieren; *(make unfit for drinking etc.)* denaturieren *(Chemie, Physik);* ungenießbar machen; vergällen *(Chemie)* ‹*Alkohol*›; **~d** denaturiert *(Chemie, Physik);* ungenießbar; **b)** *(deprive of citizenship)* denaturalisieren

**denature** [di:'neɪtʃə(r)] *v. t.* denaturieren

**denazification** [di:nɑ:tsɪfɪ'keɪʃn] *n.* Entnazifizierung, *die*

**denazify** [di:'nɑ:tsɪfaɪ] *v. t.* entnazifizieren

**dendrochronology** [dendrəʊkrə'nɒlədʒɪ] *n.* Dendrochronologie, *die;* Jahresringforschung, *die*

**deniable** [dɪ'naɪəbl] *adj.* bestreitbar; *(refutable)* widerlegbar

**denial** [dɪ'naɪəl] *n.* **a)** *(refusal)* Verweigerung, *die; (of request, wish)* Ablehnung, *die;* **b)** *(contradiction)* Leugnen, *das;* **an official ~:** ein offizielles Dementi; **~ of [the existence of] God** Gottesleugnung, *die;* **c)** *(disavowal of person)* Verleugnung, *die*

**denier** ['denjə(r)] *n.* Denier, *das (Textilw.);* **20 ~ stockings** 20-den-Strümpfe

**denigrate** ['denɪgreɪt] *v. t.* verunglimpfen; **~ sb.'s character** jmdn. verunglimpfen *od. (ugs.)* schlechtmachen

**denigration** [denɪ'greɪʃn] *n.* Verunglimpfung, *die*

**denigratory** ['denɪgreɪtərɪ] *adj.* verunglimpfend

**denim** ['denɪm] *n.* **a)** *(fabric)* Denim ®, *der;* Jeansstoff, *der;* **~ jacket** Jeansjacke, *die;* **b)** *in pl. (garment)* Bluejeans *Pl.; (for workman)* Arbeitsanzug, *der*/-hose, *die*

**denizen** ['denɪzən] *n. (inhabitant, occupant)* Bewohner, *der*/Bewohnerin, *die*

**Denmark** ['denmɑ:k] *pr. n.* Dänemark *(das)*

**denominate** [dɪ'nɒmɪneɪt] *v. t.* bezeichnen

**denomination** [dɪnɒmɪ'neɪʃn] *n.* **a)** *(class of units)* Einheit, *die;* **coins/paper money of the smallest ~:** Münzen/Papiergeld mit dem geringsten Nennwert; **b)** *(Relig.)* Glaubensgemeinschaft, *die;* Konfession, *die;* **c)** *(name, designation)* Bezeichnung, *die;* **d)** *(class, kind)* Art, *die*

**denominational** [dɪnɒmɪ'neɪʃənl] *adj. (Relig.)* konfessionell; **~ school** Konfessions- *od.* Bekenntnisschule, *die*

**denominator** [dɪ'nɒmɪneɪtə(r)] *n. (Math.)* Nenner, *der; see also* **common denominator**

**denotation** [di:nə'teɪʃn] *n.* **a)** *(marking)* Kennzeichnung, *die;* **b)** *(sign, indication)* Zeichen, *das;* **c)** *(designation)* Bezeichnung, *die;* **d)** *(meaning)* Bedeutung, *die; (esp. Ling.)* Denotation, *die*

**denote** [dɪ'nəʊt] *v. t.* **a)** *(indicate)* hindeuten auf (+ *Akk.*); **~ that ...:** darauf hindeuten, daß ...; **b)** *(designate)* bedeuten; *(by specified symbol)* bezeichnen; **c)** *(signify)* symbolisieren; bedeuten

**dénouement, denouement** [deɪ'nu:mɑ̃] *n.* Ausgang, *der;* Auflösung, *die*

**denounce** [dɪ'naʊns] *v. t.* **a)** *(inform against)* denunzieren *(abwertend); (accuse publicly)* beschuldigen; *(openly attack)* anprangern; **~ sb. to sb.** jmdn. bei jmdm. denunzieren; **~ sb. as a spy** jmdn. beschuldigen, ein Spion zu sein; **b)** *(terminate)* [auf]kündigen

**denouncement** [dɪ'naʊnsmənt] *see* **denunciation**

**dense** [dens] *adj.* **a)** *(compacted in substance)* dicht; massiv ‹*Körper*›; *(photog.)* undurchlässig ‹*Negativ*›; **b)** *(crowded together)* dichtgedrängt; eng ‹*Schrift*›; **the population is very ~:** die Bevölkerungsdichte ist sehr hoch; **c)** *(stupid)* dumm; **he's pretty ~:** er ist ziemlich schwer von Begriff

**densely** ['denslɪ] *adv.* dicht; **~ packed** dichtgedrängt

**denseness** ['densnɪs] *n., no pl.* **a)** Dichte, *die;* **b)** *(stupidity)* Begriffsstutzigkeit, *die*

**density** ['densɪtɪ] *n.* **a)** *(also Phys.)* Dichte, *die;* **population ~:** Bevölkerungsdichte, *die;* **b)** *(Photog.)* Schwärzung, *die;* Dichte, *die*

**dent** [dent] **1.** *n.* Beule, *die;* Delle, *die (landsch.); (fig. coll.)* Loch, *das;* **make a ~ in production/in sb.'s savings** ein Loch in die Produktion/in jmds. Ersparnisse reißen; **make a bit of a ~ in sb.'s pride** jmds. Stolz leicht anknacksen *(ugs.).* **2.** *v. t.* einbeulen; verbeulen; eindellen ‹*Holz, Tisch*› *(ugs.); (fig.)* anknacksen *(ugs.);* **he ~ed his car in a collision** sein Auto wurde bei einem Zusammenstoß verbeult *od.* eingebeult

**dental** ['dentl] **1.** *adj.* **a)** Zahn-; **~ care** Zahnpflege, *die;* **~ training** Ausbildung in der Zahnheilkunde; **b)** *(Phonet.)* Dental-; **~ consonant** *see* **2. 2.** *n. (Phonet.)* Dental, *der;* Zahnlaut, *der*

**dental: ~ floss** *n.* Zahnseide, *die;* **~ mechanic** *n.* Zahntechniker, *der*/-technikerin, *die;* **~ surgeon** *n.* Zahnarzt, *der*/-ärztin, *die*

**dentate** ['denteɪt] *adj. (Bot., Zool.)* gezähnt

**dentine** ['denti:n] *(Amer.:* **dentin** ['dentɪn]) *n. (Med.)* Dentin, *das (fachspr.);* Zahnbein, *das*

**dentist** ['dentɪst] *n.* Zahnarzt, *der*/-ärztin, *die;* **at the ~['s]** beim Zahnarzt; **~'s chair** Zahnarztstuhl, *der*

**dentistry** ['dentɪstrɪ] *n., no pl.* Zahnheilkunde, *die*

**denture** ['dentʃə(r)] *n.* **~[s]** Zahnprothese, *die;* [künstliches] Gebiß; **partial ~:** Teilprothese, *die*

**denuclearize (denuclearise)** [di:'nju:klɪəraɪz] *v. t.* atomwaffenfrei machen

**denudation** [di:nju:'deɪʃn] *n. (of valley, slope)* Abholzung, *die; (of tree)* Entlaubung, *die; (fig.)* Entzug, *der; (Geol.)* Denudation, *die (fachspr.);* Abtragung, *die*

**denude** [dɪ'nju:d] *v. t.* **a)** abholzen, kahlschlagen ‹*Tal, Hang*›; **~ a tree [of its leaves]** einen Baum entlauben; **~d of trees** abgeholzt; **~ sb. of sth.** *(fig.)* jmdm. etw. entziehen; **b)** *(Geol.)* erodieren *(fachspr.)*

**denunciation** [dɪnʌnsɪ'eɪʃn] *n.* **a)** Denunziation, *die (abwertend); (public accusation)* Beschuldigung, *die; (act of attacking)* Anprangerung, *die;* **b)** *(of treaty etc.)* [Auf]kündigung, *die*

**deny** [dɪ'naɪ] *v. t.* **a)** *(declare untrue)* bestreiten; zurückweisen ‹*Beschuldigung*›; **he denied knowing it** er bestritt, es zu wissen; **it cannot be denied** *or* **there is no ~ing the fact that ...:** es läßt sich nicht bestreiten *od.* leugnen, daß ...; **he denied this to be the case** er bestritt, daß dies der Fall sei; **~ all knowledge of sth.** bestreiten, irgendetwas von etw. zu wissen; **b)** *(refuse)* verweigern; **~ sb. sth.** jmdm. etw. verweigern; **he can't ~ her anything** er kann ihr nichts abschlagen; **recognition was denied [to] him** die Anerkennung blieb ihm versagt; **c)** *(disavow, repudiate; refuse access to)* verleugnen; ablehnen ‹*Verantwortung*›; **d)** *(Relig.)* **~ oneself** *or* **the flesh** sich kasteien

**deodorant** [di:'əʊdərənt] **1.** *adj.* desodorierend; **~ spray** Deo[dorant]spray, *der od. das.* **2.** *n.* Deodorant, *das*

**deodorisation, deodorise** *see* **deodoriz-**

**deodorization** [di:əʊdəraɪ'zeɪʃn] *n.* Desodorierung, *die*

**deodorize** [di:'əʊdəraɪz] *v. t.* desodorieren

**dep.** *abbr.* **a)** **departs** *(Railw.)* Abf.; *(Aeronaut.)* Abfl.; **b)** **deputy** stellv.

**depart** [dɪ'pɑ:t] **1.** *v. i.* **a)** *(go away, take one's leave)* weggehen; fortgehen; sich entfernen *(geh.);* **b)** *(set out, start, leave)* abfahren; ‹*Schiff auch:*› auslaufen, ablegen; ‹*Flugzeug:*› abfliegen; *(on one's journey)* abreisen; **ready to ~:** abfahrbereit; **c)** *(fig.: deviate)* **~ from sth.** von etw. abweichen; **d)** *(literary: die)* **~ from this life** aus dem Leben *od.* von hinnen scheiden *(geh.);* **he has ~ed from us** er ist von uns gegangen *(verhüll.).* **2.** *v. t. (literary)* **~ this life/world** aus dem Leben/aus dieser Welt scheiden *(geh.)*

**departed** [dɪ'pɑ:tɪd] **1.** *adj.* **a)** *(bygone)* vergangen; **b)** *(deceased)* dahingeschieden *(geh. verhüll.).* **2.** *n.* **the ~:** der/die Dahingeschiedene; die Dahingeschiedenen *(geh. verhüll.)*

**department** [dɪ'pɑ:tmənt] *n.* **a)** *(of municipal administration)* Amt, *das; (of State administration)* Ministerium, *das; (of university)* Seminar, *das; (of shop)* Abteilung, *die;* **D~ of Employment/Education** Arbeits-/Erziehungsministerium, *das;* **the shipping ~/personnel ~:** die Versand-/Personalabteilung; **English ~:** anglistisches *od.* englisches Seminar; **history ~:** Seminar *od.* Institut für Geschichte; **~ of pathology** Pathologie, *die;* pathologisches Institut; *(in hospital)* pathologische Abteilung; **b)** *(administrative district in France)* Departement, *das;* **c)** *(fig.: area of activity)* Ressort, *das;* **it's not my ~:** da kenne ich mich nicht aus; *(not my responsibility)* dafür bin ich nicht zuständig

**departmental** [di:pɑ:t'mentl] *adj.* **a)** *see* **department a, b:** Amts-; Ministerial-; Seminar-; Abteilungs-; Departement-; **b)** **be ~:** die Abteilung betreffen

**departmentally** [di:pɑ:t'mentəlɪ] *adv. see* **departmental a:** auf Amts-/Ministerial-/Seminar-/Abteilungsebene

**de'partment store** *n.* Kaufhaus, *das*

**departure** [dɪ'pɑ:tʃə(r)] *n.* **a)** *(going away)* Abreise, *die;* **take one's ~:** sich entfernen *(geh.);* **after sb.'s ~:** nachdem jmd. weggegangen war/ist; **make a hasty ~:** sich rasch entfernen; **b)** *(deviation)* **~ from sth.** Abweichen von etw.; **c)** *(of train, bus, ship)* Abfahrt, *die; (of aircraft)* Abflug, *der;* **two ~s a day** täglich zwei Abfahrtszeiten; **d)** *(of action or thought)* Ansatz, *der;* **point of ~:** Ansatzpunkt, *der;* **this product is a new ~ for us** mit diesem Produkt schlagen wir einen neuen Weg ein

**departure: ~ gate** *n.* Flugsteig, *der;* **~ lounge** *n.* Abflughalle, *die;* **~ platform** *n.* [Abfahrt]gleis, *das;* **~ time** *n. (of train, bus)* Abfahrzeit, *die; (of aircraft)* Abflugzeit, *die*

**depend** [dɪ'pend] *v. i.* **a)** **~ [up]on** abhängen von; **it [all] ~s on whether/what/how ...:** das hängt [ganz] davon ab *od.* kommt ganz darauf an, ob/was/wie ...; **that ~s** es kommt darauf an; **~ing on how ...:** je nachdem, wie ...; **b)** *(rely, trust)* **~ [up]on** sich verlassen auf (+ *Akk.*); *(have to rely on)* angewiesen sein auf (+ *Akk.*); **~ on sb. for help** sich auf jmds. Hilfe verlassen/auf jmds. Hilfe angewiesen sein

**dependability** [dɪpendə'bɪlɪtɪ] *n., no pl.* Verläßlichkeit, *die;* Zuverlässigkeit, *die*

**dependable** [dɪ'pendəbl] *adj.* verläßlich; zuverlässig

**dependably** [dɪ'pendəblɪ] *adv.* zuverlässig

**dependant** [dɪ'pendənt] *n.* **a)** Abhängige, *der/die;* **~s** *(Taxation)* abhängige Angehörige; **b)** *(servant)* Bedienstete, *der/die*

**dependence** [dɪ'pendəns] *n.* **a)** Abhängigkeit, *die;* **~ [up]on sb./sth.** Abhängigkeit von jmdm./etw.; **b)** *(reliance)* **put** *or* **place ~ [up]on sb.** sich auf jmdn. verlassen

**dependency** [dɪ'pendənsɪ] *n.* **a)** *(country)* Territorium, *das;* **b)** *(condition of being dependent)* Abhängigkeit, *die* **(on** von)

**dependent** [dɪ'pendənt] **1.** *n. see* **dependant. 2.** *adj.* **a)** *(also Ling., Math.)* abhängig; **be ~ on sth.** von etw. abhängen *od.* abhängig sein; **b)** **be ~ on** *(be unable to do without)* angewiesen sein auf (+ *Akk.*); abhängig sein von ‹*Droge, Ursache*›; **be ~ on heroin** heroinabhängig sein

**depict** [dɪ'pɪkt] *v. t.* darstellen

**depiction** [dɪ'pɪkʃn] *n.* Darstellung, *die*

**depilate** ['depɪleɪt] *v. t.* enthaaren; depilieren *(Med.)*

**depilatory** [dɪ'pɪlətərɪ] **1.** *adj.* Enthaarungs-. **2.** *n.* Enthaarungsmittel, *das*

**deplete** [dɪ'pli:t] *v. t.* **a)** *(reduce in number or amount)* erheblich verringern; **the audience is ~d** die Zuschauerzahl hat sich deutlich verringert; **our stores are ~d** unser Vorrat ist zusammengeschrumpft; **air ~d of oxygen**

Luft mit wenig Sauerstoff; **b)** *(empty)* entleeren; *(exhaust)* erschöpfen

**depletion** [dɪˈpli:ʃn] *n.* **a)** Verringerung, *die;* **b)** *(emptying)* Entleerung, *die; (exhausting)* Erschöpfung, *die*

**deplorable** [dɪˈplɔ:rəbl] *adj.* beklagenswert; erbärmlich ⟨*Essen, Leistung*⟩

**deplorably** [dɪˈplɔ:rəblɪ] *adv.* erbärmlich; **~ neglected** schändlich verwahrlost

**deplore** [dɪˈplɔ:(r)] *v.t.* **a)** *(disapprove of)* verurteilen; **b)** *(bewail, regret)* beklagen; **sth. is to be ~d** etw. ist beklagenswert

**deploy** [dɪˈplɔɪ] **1.** *v.t.* **a)** *(bring into effective action)* einsetzen; **b)** *(Mil.)* einsetzen; *(extend)* ausschwärmen lassen. **2.** *v.i. (Mil.)* eingesetzt werden

**deployment** [dɪˈplɔɪmənt] *n.* Einsatz, *der*

**deponent** [dɪˈpəʊnənt] **1.** *adj. (Ling.)* **~ verb** Deponens, *das.* **2.** *n.* **a)** *(Law)* ≈ Zeuge, *der*/Zeugin, *die;* **b)** *(Ling.)* Deponens, *das*

**depopulate** [di:ˈpɒpjʊleɪt] *v.t.* entvölkern

**depopulation** [di:pɒpjʊˈleɪʃn] *n.* Entvölkerung, *die*

**deport** [dɪˈpɔ:t] **1.** *v.t.* deportieren; *(from country)* ausweisen. **2.** *v. refl.* sich benehmen

**deportation** [di:pɔ:ˈteɪʃn] *n.* Deportation, *die; (from country)* Ausweisung, *die*

**deportee** [di:pɔ:ˈti:] *n.* Deportierte, *der/die; (from country)* Ausgewiesene, *der/die*

**deportment** [dɪˈpɔ:tmənt] *n.* Benehmen, *das*

**depose** [dɪˈpəʊz] **1.** *v.t.* absetzen; **~ sb. from an office** jmdn. eines Amtes entheben. **2.** *v.i. & t. (Law)* [unter Eid] aussagen

**deposit** [dɪˈpɒzɪt] **1.** *n.* **a)** *(in bank)* Depot, *das; (credit)* Guthaben, *das; (Brit.: at interest)* Sparguthaben, *das;* **make a ~:** etwas einzahlen; **have £70 on ~:** ein [Spar]guthaben von 70 Pfund haben; **b)** *(payment as pledge)* Kaution, *die; (first instalment)* Anzahlung, *die;* **pay** *or* **make** *or* **leave a ~:** eine Kaution zahlen *od.* hinterlegen/eine Anzahlung leisten; **there is a five pence ~ on the bottle** auf der Flasche sind fünf Pence Pfand; **put down a ~ on sth.** eine Anzahlung für etw. leisten; **lose one's ~** *(Polit.)* die Kaution verlieren; **c)** *(for safe keeping)* anvertrautes Gut; **d)** *(natural accumulation) (of sand, mud, lime, etc.; also Med.)* Ablagerung, *die; (of ore, coal, oil)* Lagerstätte, *die; (in glass, bottle)* Bodensatz, *der.* **2.** *v.t.* **a)** *(lay down in a place)* ablegen; abstellen ⟨*etw. Senkrechtes, auch Tablett, Teller usw.*⟩; absetzen ⟨*Mitfahrer*⟩; **b)** *(leave lying)* ⟨*Wasser usw.:*⟩ ablagern; **be ~ed** sich ablagern; **~ a layer of sand/dust over sth.** etw. mit einer Schicht Sand/Staub überziehen; **c)** *(in bank)* deponieren, [auf ein Konto] einzahlen ⟨*Geld*⟩; *(Brit.: at interest)* [auf ein Sparkonto] einzahlen; **~ money in a bank** Geld bei einer Bank einzahlen; **d)** *(pay as pledge)* anzahlen

**deˈposit account** *n. (Brit.)* Sparkonto, *das*

**deposition** [depəˈzɪʃn, di:pəˈzɪʃn] *n.* **a)** *(depositing) (of papers, money, etc.)* Hinterlegung, *die* (**with** bei); *(of mud, coal, ore, etc.)* Ablagerung, *die;* **b)** *(from office)* Absetzung, *die;* **c)** *(Law: giving of evidence, allegation)* [eidliche Zeugen]aussage

**depositor** [dɪˈpɒzɪtə(r)] *n. (Banking)* Einleger, *der*/Einlegerin, *die*

**depository** [dɪˈpɒzɪtərɪ] *n. (storehouse)* Lagerhaus, *das; (place for safe keeping)* Aufbewahrungsort, *der; (fig.)* Fundgrube, *die*

**depot** [ˈdepəʊ] *n.* **a)** Depot, *das;* **b)** *(storehouse)* Lager, *das;* **grain ~:** Getreidespeicher, *der;* **c)** **[bus] ~** *(Brit.)* Depot, *das;* Omnibusgarage, *die; (Amer.: bus station)* Omnibusbahnhof, *der; (Amer.: railway station)* Bahnhof, *der*

**deprave** [dɪˈpreɪv] *v.t.* **a)** *(make bad)* beeinträchtigen; **b)** *(corrupt)* verderben

**depraved** [dɪˈpreɪvd] *adj.* verdorben; lasterhaft ⟨*Gewohnheit*⟩

**depravity** [dɪˈprævɪtɪ] *n.* Lasterhaftigkeit, *die;* Verderbtheit, *die (geh.);* Verdorbenheit, *die*

**deprecate** [ˈdeprɪkeɪt] *v.t.* **a)** *(disapprove of)* mißbilligen; **b)** *(plead against)* abzuwenden suchen

**deprecation** [deprɪˈkeɪʃn] *n.* Mißbilligung, *die*

**depreciate** [dɪˈpri:ʃɪeɪt, dɪˈpri:sɪeɪt] **1.** *v.t.* **a)** *(diminish in value)* abwerten; herabsetzen; abwerten ⟨*Währung*⟩; **b)** *(disparage)* herabsetzen. **2.** *v.i.* an Wert verlieren

**depreciation** [dɪpri:ʃɪˈeɪʃn, dɪpri:sɪˈeɪʃn] *n. (of money, currency, property)* Wertverlust, *der; (of person)* Herabsetzung, *die;* **allowance for ~:** Abschreibung, *die*

**depreciatory** [dɪˈpri:ʃətərɪ] *adj.* verächtlich; abfällig

**depredation** [deprɪˈdeɪʃn] *n.* **a)** Verwüstung, *die;* **b)** *(ravages of disease etc.)* verheerende Wirkung

**depress** [dɪˈpres] *v.t.* **a)** *(deject)* deprimieren; **b)** *(push or pull down)* herunterdrücken; *(cause to move to a lower level)* absenken; **c)** *(reduce activity of)* unterdrücken; sich nicht entfalten lassen ⟨*Handel, Wirtschaftswachstum*⟩

**depressant** [dɪˈpresənt] **1.** *adj. (Med.)* beruhigend; sedativ *(fachspr.).* **2.** *n.* **a)** *(influence)* Hemmnis, *das;* **b)** *(Med.)* Beruhigungsmittel, *das;* Sedativ[um], *das (fachspr.)*

**depressed** [dɪˈprest] *adj.* deprimiert ⟨*Person, Stimmung*⟩; abgesenkt ⟨*Gelände, Ebene*⟩; unterdrückt ⟨*Bevölkerung, Völker*⟩ geschwächt ⟨*Industrie*⟩; **~ area** unter [wirtschaftlicher] Depression leidendes Gebiet

**depressing** [dɪˈpresɪŋ] *adj.* deprimierend

**depressingly** [dɪˈpresɪŋlɪ] *adv.* deprimierend

**depression** [dɪˈpreʃn] *n.* **a)** Depression, *die;* **b)** *(sunk place)* Vertiefung, *die;* **c)** *(Meteorol.)* Tief[druckgebiet], *das;* Depression, *die (fachspr.);* **d)** *(reduction in vigour, vitality)* Schwächung, *die;* **e)** *(Econ.)* **the D~:** die Weltwirtschaftskrise; **economic ~:** Wirtschaftskrise, *die;* Depression, *die;* **f)** *(lowering, sinking)* Senkung, *die; (pressing down)* Herunterdrücken, *das*

**depressive** [dɪˈpresɪv] **1.** *adj.* **a)** *(tending to depress)* bedrückend; deprimierend; **b)** *(Psych.)* depressiv. **2.** *n. (Psych.)* Depressive, *der/die*

**depressurize (depressurise)** [di:ˈpreʃəraɪz] *v.t.* dekomprimieren

**deprival** [dɪˈpraɪvl] *see* **deprivation a**

**deprivation** [deprɪˈveɪʃn, di:praɪˈveɪʃn] *n.* **a)** *(being deprived)* Entzug, *der; (of one's rights, liberties, or title)* Aberkennung, *die;* **b)** *(loss of desired thing)* Entbehrung, *die;* **that is a great ~:** das ist ein großer Verlust; **oxygen ~:** Sauerstoffmangel, *der*

**deprive** [dɪˈpraɪv] *v.t.* **a)** *(strip, bereave)* **~ sb. of sth.** jmdm. etw. nehmen; *(debar from having)* jmdm. etw. vorenthalten; **trees that ~ a house of light** Bäume, die einem Haus das Licht nehmen; **the village was ~d of electricity** das Dorf war ohne Stromversorgung; **he will be ~d of his right to vote** ihm wird das Wahlrecht entzogen werden; **~ sb. of citizenship** jmdm. die Staatsbürgerschaft aberkennen; **~ sb. of his command** jmdm. das Kommando entziehen; **am I depriving you of it?** brauchen Sie das gerade?; **be ~d of one's car/books** auf sein Auto/seine Bücher verzichten müssen; **be ~d of light** nicht genug Licht haben; **~ sb. of a pleasure** jmdm. ein Vergnügen vorenthalten; jmdn. eines Vergnügens berauben *(geh.);* **b)** *(depose)* absetzen; **c)** *(prevent from having normal life)* benachteiligen

**deprived** [dɪˈpraɪvd] *adj.* benachteiligt ⟨*Kind, Familie usw.*⟩

**Dept.** *abbr.* **Department** Amt/Min./Seminar/Abt.

**depth** [depθ] *n.* **a)** *(lit. or fig.)* Tiefe, *die;* **at a ~ of 3 metres** in einer Tiefe von 3 Metern; **3 feet in ~:** 3 Fuß tief; **what is the ~ of the pond?** wie tief ist der Teich?; **~ of thought/meaning** Gedankentiefe, *die*/Bedeutungsgehalt, *der;* **from/in the ~s of the forest/ocean** aus/in der Tiefe des Waldes/des Ozeans; **from the ~s of his soul** aus tiefster Seele; **sink** *or* **fall into the ~s of oblivion/despair** völlig in Vergessenheit/in tiefste Verzweiflung geraten; **sink** *or* **fall to such ~s that ...** *(fig.)* so tief sinken, daß ...; **in the ~s of winter** im tiefen Winter; **great ~ of feeling** große Gefühls- *od.* Ausdruckstiefe; **b)** *(mental profundity)* geistige Tiefe; **c)** **in ~:** gründlich, intensiv ⟨*studieren*⟩; **an in-~ study/analysis** *etc.* eine gründliche Untersuchung/Analyse *usw.;* **defence in ~:** tief gestaffelte Verteidigung; **d)** **be out of one's ~:** nicht mehr stehen können; keinen Grund mehr unter den Füßen haben; *(fig.)* ins Schwimmen kommen *(ugs.);* überfordert sein; **go/get out of one's ~** *(lit. or fig.)* den Grund unter den Füßen verlieren; **don't go out of your ~:** geh nicht zu tief hinein

**depth: ~-bomb, ~-charge** *ns.* Wasserbombe, *die;* **~-charge** *v.t.* mit Wasserbomben angreifen; **~ of field** *n. (Photog.)* Schärfentiefe, *die;* **~ psychology** *n.* Tiefenpsychologie, *die*

**deputation** [depjʊˈteɪʃn] *n.* Abordnung, *die;* Delegation, *die*

**depute 1.** [dɪˈpju:t] *v.t.* **a)** *(commit task or authority to)* **~ sb. to do sth.** jmdn. beauftragen, etw. zu tun; **~ sth. to sb.** etw. auf jmdn. übertragen; **b)** *(appoint as deputy)* **~ sb. to do sth.** jmdn. [als Stellvertreter] damit betrauen, etw. zu tun. **2.** [ˈdepju:t] *n. (Scot.: deputy)* Stellvertreter, *der*/-vertreterin, *die*

**deputize (deputise)** [ˈdepjʊtaɪz] *v.i.* als Stellvertreter einspringen; **~ for sb.** jmdn. vertreten

**deputy** [ˈdepjʊtɪ] *n.* **a)** *attrib.* stellvertretend; **~ sheriff** *(Amer.)* Hilfssheriff, *der;* **b)** *(person appointed to act for another)* [Stell]vertreter, *der*/-vertreterin, *die;* **act as ~ for sb.** jmdn. vertreten; **c)** *(parliamentary representative)* Abgeordnete, *der/die;* Deputierte, *der/die;* **Chamber of Deputies** Abgeordnetenkammer, *die;* **d)** *(Brit.: coal-mine overseer)* Steiger, *der*

**derail** [dɪˈreɪl, di:ˈreɪl] *v.t. usu. in pass.* zum Entgleisen bringen; **be ~ed** entgleisen

**derailment** [dɪˈreɪlmənt, di:ˈreɪlmənt] *n.* Entgleisung, *die;* **cause the ~ of sth.** etw. zum Entgleisen bringen

**derange** [dɪˈreɪndʒ] *v.t.* **a)** *(throw into confusion, put out of order)* durcheinanderbringen; *(make insane)* geistig verwirren; **b)** *(disturb, interrupt)* stören

**deranged** [dɪˈreɪndʒd] *adj.* **[mentally] ~:** geistesgestört

**derangement** [dɪˈreɪndʒmənt] *n.* **a)** Unordnung, *die;* **cause ~ of** durcheinanderbringen; **b)** **[mental] ~:** Geistesgestörtheit, *die*

**Derby** [ˈdɑ:bɪ] *n.* **a)** *(annual horse-race at Epsom)* Derby [in Epsom], *das; (other race or contest)* Derby, *das;* **~ Day** Tag des Derbys [in Epsom]; **local ~:** Lokalderby, *das;* **b)** **d~** *(Amer.: bowler hat)* Melone, *die*

**deregulation** [di:regjʊˈleɪʃn] *n.* **~ of prices/fares** Aufhebung der Preiskontrolle

**derelict** [ˈderɪlɪkt] **1.** *adj.* **a)** *(abandoned)* verlassen und verfallen; aufgegeben ⟨*Schiff*⟩; **b)** *(Amer.: negligent)* nachlässig. **2.** *n.* **a)** *(abandoned property)* herrenloses Gut; *(ship)* aufgegebenes Schiff; *(wreck)* [treibendes] Wrack; **b)** *(person)* Ausgestoßene, *der/die*

**dereliction** [derɪˈlɪkʃn] *n.* **a)** *(abandoning)* Vernachlässigung, *die; (state)* verkommener Zustand; **the building is in a state of ~:** das Gebäude ist verkommen; **b)** *(neglect)* **~ of duty** Pflichtverletzung, *die*

**derestrict** [di:rɪ'strɪkt] *v. t.* [wieder] freigeben; **~ed road** Straße ohne Geschwindigkeitsbeschränkung

**derestriction** [di:rɪ'strɪkʃn] *n.* Freigabe, *die*

**deride** [dɪ'raɪd] *v. t. (treat with scorn)* sich lustig machen über (+ *Akk.*); *(laugh scornfully at)* verlachen

**de rigueur** [də rɪ'gɜ:(r)] *pred. adj.* de rigueur *nicht attr. (veralt.);* unerläßlich

**derision** [dɪ'rɪʒn] *n.* Spott, *der;* **be an object of ~:** Zielscheibe des Spottes sein; **bring sb./sth. into ~:** jmdn./etw. zum Gespött *od.* lächerlich machen

**derisive** [dɪ'raɪsɪv] *adj. (ironical)* spöttisch; *(scoffing)* verächtlich

**derisively** [dɪ'raɪsɪvlɪ] *adv. see* **derisive:** spöttisch; verächtlich

**derisory** [dɪ'raɪsərɪ, dɪ'raɪzərɪ] *adj.* **a)** *(ridiculously inadequate)* lächerlich; **b)** *(scoffing)* verächtlich; *(ironical)* spöttisch

**derivation** [derɪ'veɪʃn] *n.* **a)** *(obtaining from a source)* Herleitung, *die;* **b)** *(extraction, origin)* Herkunft, *die; (descent)* Abstammung, *die;* **c)** *(Ling.)* Ableitung, *die;* Derivation, *die (fachspr.); (origin)* Ursprung, *der;* Herkunft, *die*

**derivative** [dɪ'rɪvətɪv] **1.** *adj.* abgeleitet; *(lacking originality)* nachahmend; epigonal; *(secondary)* indirekt. **2.** *n.* **a)** Abkömmling, *der; (word)* Ableitung, *die;* Derivat[iv], *das (Sprachw.); (chemical substance)* Derivat, *das;* **b)** *(Math.)* Ableitung, *die*

**derive** [dɪ'raɪv] **1.** *v. t.* **a)** *(get, obtain, form)* **~ sth. from sth.** etw. aus etw. gewinnen; **he ~s much of his earnings from free-lance work** er bezieht einen großen Teil seines Einkommens aus freiberuflicher Tätigkeit; **the river ~s its name** *or* **the name of the river is ~d from a Greek god** der Name des Flusses geht auf eine griechische Gottheit zurück; **he ~s pleasure from his studies** er hat Freude an seinem Studium; **~ profit/advantage from sth.** aus etw. Nutzen/seinen Vorteil ziehen; **b)** *(deduce)* ableiten; herleiten; **c) ~ one's origin/ancestry/pedigree from sth.** aus etw. stammen. **2.** *v. i.* **~ from** beruhen auf (+ *Dat.*); **the word ~s from Latin** das Wort stammt *od.* kommt aus dem Lateinischen

**dermatitis** [dɜ:mə'taɪtɪs] *n. (Med.)* Hautentzündung, *die;* Dermatitis, *die (fachspr.)*

**dermatologist** [dɜ:mə'tɒlədʒɪst] *n. (Med.)* Hautarzt, *der*/-ärztin, *die;* Dermatologe, *der*/Dermatologin, *die*

**dermatology** [dɜ:mə'tɒlədʒɪ] *n. (Med.)* Dermatologie, *die*

**dern** [dɜ:n], **derned** [dɜ:nd] *(Amer.) see* **[2]darn, darned**

**derogate** ['derəgeɪt] *v. i. (formal)* **~ from sth.** etw. schmälern

**derogation** [derə'geɪʃn] *n. (formal)* Schmälerung, *die* (**from** *Gen.*)

**derogatory** [dɪ'rɒgətərɪ] *adj.* **a)** *(depreciatory)* abfällig; abschätzig; **~ sense [of a word]** abwertende Bedeutung [eines Wortes]; **b)** *(tending to detract)* **be ~ to sth.** einer Sache *(Dat.)* abträglich sein; **be regarded as ~:** als etwas Ehrenrühriges angesehen werden

**derrick** ['derɪk] *n.* **a)** *(for moving or hoisting)* [Derrick]kran, *der;* **b)** *(over oil-well)* Bohrturm, *der*

**derring-do** [derɪŋ'du:] *n. (literary)* Wagemut, *der;* **a deed of ~:** eine wagemutige Tat

**derv** [dɜ:v] *n. (Brit. Motor Veh.)* Diesel[kraftstoff], *der*

**dervish** ['dɜ:vɪʃ] *n.* Derwisch, *der*

**desalination** [di:sælɪ'neɪʃn] *n.* Entsalzung, *die*

**descale** [di:'skeɪl] *v. t.* entkalken

**descant 1.** ['deskænt] *n.* **a)** *(Mus.)* Diskant, *der;* **b)** *(poet.: melody)* Weise, *die;* Melodie, *die.* **2.** [dɪ'skænt] *v. i.* **a)** *(formal: talk lengthily)* **~ upon sth.** sich über etw. *(Akk.)* verbreiten; **b)** *(sing descant)* Diskant singen

**'descant recorder** *n. (Mus.)* Sopranflöte, *die*

**descend** [dɪ'send] **1.** *v. i.* **a)** *(go down)* hinuntergehen/-steigen/-klettern/-fahren; *(come down)* herunterkommen; *(sink)* niedergehen (**on** auf + *Dat.*); **the lift ~ed** der Aufzug fuhr nach unten; **~ in the lift** mit dem Aufzug nach unten fahren; **~ into hell** zur Hölle hinabsteigen *od.* niederfahren; **~ on sb.** *(fig.)* über jmdn. hereinbrechen; **night ~ed upon the village** die Nacht senkte sich auf das Dorf herab; **b)** *(slope downwards)* abfallen; **the hill ~s into/towards the sea** der Hügel fällt zum Meer hin ab; **c)** *(in quality, thought, etc.)* herabsinken; **~ from the general to the particular** vom Allgemeinen zum Besonderen gehen *od.* kommen; **d)** *(in pitch)* fallen; sinken; tiefer werden; **~ to a low note** auf einen tiefen Ton hinuntergehen; **e)** *(make sudden attack)* **~ on sth.** über etw. *(Akk.)* herfallen; **~ on sb.** *(lit., or fig.: arrive unexpectedly)* jmdn. überfallen; **~ on a country** in ein Land einfallen; **f)** *(fig.: lower oneself)* **~ to sth.** sich zu etw. erniedrigen; **g)** *(pass by inheritance)* vererbt werden (**to** an + *Akk.*); **h)** *(derive)* abstammen (**from** von); *(have origin)* zurückgehen (**from** auf + *Akk.*); **i)** *(go forward in time)* weitergehen. **2.** *v. t.* **a)** *(go/come down)* hinunter- / heruntergehen / -steigen / -klettern / -fahren; hinab-/herabsteigen *(geh.);* **b)** *(go along)* hinuntergehen/-fahren ⟨*Straße*⟩

**descendant** [dɪ'sendənt] *n.* Nachkomme, *der;* **be ~s/a ~ of** abstammen von

**descended** [dɪ'sendɪd] *adj.* **be ~ from sb.** von jmdm. abstammen

**descent** [dɪ'sent] *n.* **a)** *(going or coming down) (of person)* Abstieg, *der; (of parachute, plane, bird, avalanche)* Niedergehen, *das;* **the ~ of the mountain took us a few hours** für den Abstieg vom Berg brauchten wir einige Stunden; **the D~ from the Cross** die Kreuzabnahme; **b)** *(way)* Abstieg, *der;* **the ~ leading to the river** der Weg hinunter zum Fluß; **c)** *(slope)* Abfall, *der;* **the road made a sharp ~ into the valley** die Straße fiel zum Tal hin steil ab; **the ~ was very steep** das Gefälle war sehr stark; **d)** *(sudden attack)* **the Danes made numerous ~s upon the English coast** die Dänen fielen mehrfach an der englischen Küste ein; **e)** *(decline, fall)* Abstieg, *der;* **f)** *(lineage)* Abstammung, *die;* Herkunft, *die;* **be of Russian/noble ~:** russischer/adliger Abstammung sein; **g)** *(transmission by inheritance)* Herkunft, *die;* **jazz traces its ~ from African music** der Jazz hat seine Ursprünge in afrikanischer Musik

**describable** [dɪ'skraɪbəbl] *adj.* beschreibbar; **be ~:** zu beschreiben sein; **it's not ~ in words** es ist unbeschreiblich *od.* nicht mit Worten zu beschreiben

**describe** [dɪ'skraɪb] *v. t.* **a)** *(set forth in words)* beschreiben; schildern; *(distinguish)* bezeichnen; **it can't be ~d in words** es ist unbeschreiblich *od.* nicht mit Worten zu beschreiben; **~ [oneself] as ...:** [sich] als ... bezeichnen; **sth. can hardly be ~d as ...:** etw. ist kaum ... zu nennen; **b)** *(move in, draw)* beschreiben ⟨*Kreis, Bogen, Kurve*⟩

**description** [dɪ'skrɪpʃn] *n.* **a)** *(describing, verbal portrait)* Beschreibung, *die;* Schilderung, *die;* **she is beautiful beyond ~:** sie ist unbeschreiblich schön; **he answers [to]** *or* **fits the ~:** er entspricht der Beschreibung *(Dat.);* **b)** *(sort, class)* Art, *die;* **cars of every ~:** Autos aller Art; **c)** *(more or less complete definition)* Beschreibung, *die; (designation)* Bezeichnung, *die*

**descriptive** [dɪ'skrɪptɪv] *adj.* **a)** anschaulich; beschreibend ⟨*Lyrik*⟩; deskriptiv ⟨*Analyse*⟩; **b)** *(not expressing feelings or judgements; also Ling.)* deskriptiv

**descriptively** [dɪ'skrɪptɪvlɪ] *adv.* anschaulich ⟨*schreiben, sprechen*⟩; deskriptiv ⟨*analysieren*⟩

**descry** [dɪ'skraɪ] *v. t. (catch sight of)* erblicken; erspähen; *(fig.: perceive, observe)* erkennen

**desecrate** ['desɪkreɪt] *v. t.* entweihen; schänden

**desecration** [desɪ'kreɪʃn] *n.* Entweihung, *die;* Schändung, *die*

**desegregate** [di:'segrɪgeɪt] *v. t.* die Rassentrennung aufheben an (+ *Dat.*)

**desegregation** [di:segrɪ'geɪʃn] *n.* Aufhebung der Rassentrennung (**of** an + *Dat.*)

**deselect** [di:sɪ'lekt] *v. t. (Brit. Polit.)* nicht mehr als Wahlkandidat vorsehen

**desensitize (desensitise)** [di:'sensɪtaɪz] *v. t. (Med., Phot., Psych.)* desensibilisieren

**[1]desert** [dɪ'zɜ:t] *n.* **a)** *in pl. (what is deserved)* Verdienste *Pl.;* **meet with** *or* **get one's [just] ~s** das bekommen, was man verdient hat; **b)** *(deserving)* Verdienst, *das*

**[2]desert** ['dezət] **1.** *n.* Wüste, *die; (fig.)* Einöde, *die;* **the Sahara D~:** die Wüste Sahara; **a cultural ~** *(fig.)* kulturelles Ödland. **2.** *adj.* öde; Wüsten⟨*klima, -stamm*⟩

**[3]desert** [dɪ'zɜ:t] **1.** *v. t.* verlassen; im Stich lassen ⟨*Frau, Familie usw.*⟩. **2.** *v. i. (run away)* davonlaufen; ⟨*Soldat:*⟩ desertieren; **~ to sb.** zu jmdm. überlaufen

**deserted** [dɪ'zɜ:tɪd] *adj.* verlassen; **the streets were ~:** die Straßen waren wie ausgestorben

**deserter** [dɪ'zɜ:tə(r)] *n.* Deserteur, *der;* Fahnenflüchtige, *der/die*

**desertion** [dɪ'zɜ:ʃn] *n.* Verlassen, *das; (of one's duty)* Vernachlässigen, *das; (Mil.)* Desertion, *die;* Fahnenflucht, *die;* **~ to the enemy** Überlaufen zum Feind

**desert island** [dezət 'aɪlənd] *n.* einsame Insel

**deserve** [dɪ'zɜ:v] **1.** *v. t.* verdienen; **he ~s to win** er verdient [es] zu gewinnen; **he ~s to be punished** er verdient [es], bestraft zu werden; er verdient Strafe; **what have I done to ~ this?** womit habe ich das verdient?; **he got what he ~d** er hat es nicht besser verdient. **2.** *v. i. (formal)* **~ well of** sich verdient gemacht haben um

**deservedly** [dɪ'zɜ:vɪdlɪ] *adv.* verdientermaßen; **and ~ so** und das zu Recht; **be ~ punished** zu Recht bestraft werden

**deserving** [dɪ'zɜ:vɪŋ] *adj.* **a)** *(worthy)* verdienstvoll; **donate money to a ~ cause** Geld für einen guten Zweck geben; **the ~ poor** die unverschuldet Bedürftigen; **b)** *(meritorious)* **be ~ of sth.** etw. verdienen; **people most ~ of help** Leute, die am ehesten Hilfe verdienen

**déshabillé** [deɪzæ'bi:eɪ] *n.* Nachlässigkeit in der Kleidung; **in ~:** nachlässig gekleidet; *(partly undressed)* halbbekleidet

**desiccated** ['desɪkeɪtɪd] *adj.* getrocknet; vertrocknet ⟨*Person*⟩; **~ fruit** Dörr- *od.* Backobst, *das*

**desideratum** [dɪzɪdə'reɪtəm] *n., pl.* **desiderata** [dɪzɪdə'reɪtə] *(literary)* Desiderat, *das (geh.);* Desideratum, *das (geh.)*

**design** [dɪ'zaɪn] **1.** *n.* **a)** *(preliminary sketch)* Entwurf, *der;* **~s of costumes** Kostümentwürfe; **a technical ~:** eine technische Zeichnung; **b)** *(pattern)* Muster, *das;* **c)** *no art. (art)* Design, *das;* Gestaltung, *die (geh.);* **d)** *(established form of a product)* Entwurf, *der; (of machine, engine, etc.)* Bauweise, *die;* **e)** *(general idea, construction from parts)* Konstruktion, *die;* **a machine of faulty/good ~:** eine schlecht/gut konstruierte Maschine; **f)** *(mental plan)* Planung, *die;* **argument from ~** *(Theol.)* theologischer Gottesbeweis; **g)** *in pl. (scheme of attack)* **have ~s on sb./sth.** es auf jmdn./etw. abgesehen haben; **h)** *(purpose)* Absicht, *die;* **by ~:** mit Absicht; absichtlich; **i)** *(end in view)* Ziel, *das.* **2.** *v. t.* **a)** *(draw plan of)* entwerfen; konstruieren, entwerfen ⟨*Maschine, Fahrzeug, Flugzeug*⟩; **b)** *(make preliminary* *sketch of)* entwerfen; **c)** *(contrive, plan)* planen; aufstellen ⟨*Lehrplan*⟩; **d)** *(intend)* beabsichtigen; **be ~ed to do sth.** ⟨*Maschine, Werkzeug, Gerät:*⟩ etw. tun sollen; **the book is ~ed as an aid to beginners** das Buch ist als Hilfe für Anfänger konzipiert; **e)** *(set apart)* vorsehen; **be ~ed for sb./sth.** für jmdn./etw. gedacht *od.* vorgesehen sein; **f)** *(destine)* bestimmen. **3.** *v. i.* Entwürfe machen

**designate 1.** ['dezɪgnət] *postpos. adj.* designiert. **2.** ['dezɪgneɪt] *v. t.* **a)** *(serve as name of, describe)* bezeichnen; *(serve as distinctive mark of)* kennzeichnen; **~ sth. A** etw. als A bezeichnen/kennzeichnen; **b)** *(specify, particularize)* angeben; aufzeigen ⟨*Fehler, Mangel*⟩; **c)** *(appoint to office)* designieren *(geh.)*; **be ~d as sb.'s successor** zu jmds. Nachfolger ernannt werden

**designation** [dezɪg'neɪʃn] *n.* **a)** Bezeichnung, *die;* **b)** *(appointing to office)* Designation, *die*

**designedly** [dɪ'zaɪnɪdlɪ] *adv.* absichtlich

**designer** [dɪ'zaɪnə(r)] *n.* Designer, *der*/Designerin, *die; (of machines, buildings)* Konstrukteur, *der*/Konstrukteurin, *die; (of clothes);* Modedesigner, *der*/-designerin, *die; (Theatre: stage ~)* Bühnenbildner, *der*/-bildnerin, *die; attrib.* Modell⟨*kleidung, -jeans*⟩; *see also* **costume designer**

**designing** [dɪ'zaɪnɪŋ] *adj.* *(crafty, artful, scheming)* ränkevoll; intrigant

**desirability** [dɪzaɪərə'bɪlɪtɪ] *n., no pl.* Wünschbarkeit, *die (bes. schweiz.)*; **consider the ~ of sth.** erwägen, ob etw. wünschenswert ist

**desirable** [dɪ'zaɪərəbl] *adj.* **a)** *(worth having or wishing for)* wünschenswert; **'knowledge of French ~'** „Französischkenntnisse erwünscht"; **b)** *(causing desire)* attraktiv; begehrenswert ⟨*Frau*⟩

**desire** [dɪ'zaɪə(r)] **1.** *n.* **a)** *(wish)* Wunsch, *der* **(for** nach); *(longing)* Sehnsucht, *die* **(for** nach); **~ to do sth.** Wunsch, etw. zu tun; **~ for wealth** Verlangen nach Reichtum; **~ for freedom/peace** Freiheits-/Friedenswille, *der;* **his ~ for adventure** seine Abenteuerlust; **I have no ~ to see him** ich habe nicht den Wunsch, ihn zu sehen; **I have no ~ to cause you any trouble** ich möchte Ihnen keine Unannehmlichkeiten bereiten; **b)** *(request)* Wunsch, *der;* **at your ~:** auf Ihren Wunsch; **c)** *(thing desired)* **she is my heart's ~:** sie ist die Frau meines Herzens; **d)** *(lust)* Verlangen, *das;* **fleshly ~s** fleischliche Begierden. **2.** *v. t.* **a)** *(wish)* sich *(Dat.)* wünschen; *(long for)* sich sehnen nach; **he only ~d her happiness** er wollte nur ihr Glück; **b)** *(request)* wünschen; **as ~d, the door has been painted red** die Tür ist, wie gewünscht, rot gestrichen worden; **the furniture can be arranged as ~d** die Einrichtung kann ganz nach Wunsch gestaltet werden; **what do you ~ me to do?** was habe ich zu tun?; **c)** *(ask for)* **leave much to be ~d** viel zu wünschen übriglassen; **d)** *(sexually)* begehren ⟨*Mann, Frau*⟩; **e)** *(arch.: pray, entreat)* ersuchen *(geh.)*

**desirous** [dɪ'zaɪərəs] *pred. adj. (formal)* **be ~ to do sth.** den Wunsch haben, etw. zu tun; **be ~ of sth.** etw. wünschen

**desist** [dɪ'zɪst, dɪ'sɪst] *v. i. (literary)* einhalten *(geh.)*; **~ from sth.** von etw. ablassen *(geh.)*; **~ in one's efforts to do sth.** von seinen Bemühungen ablassen, etw. zu tun

**desk** [desk] *n.* **a)** Schreibtisch, *der; (in school)* Tisch, *der; (teacher's raised ~)* Pult, *das;* **~ unit** Schreibplatz, *der;* **~ copy** Arbeitsexemplar, *das;* **~ dictionary** Wörterbuch für den Schreibtisch; **b)** *(compartment) (for cashier)* Kasse, *die; (for receptionist)* Rezeption, *die;* **information ~:** Auskunft, *die;* **sales ~:** Verkauf, *der;* **c)** *(music-stand)* Notenpult, *das;* **d)** *(section of newspaper office)* Ressort, *das*

**desk: ~-bound** *adj.* an den Schreibtisch gefesselt *(fig.)*; **~ calendar, ~ diary** *ns.* Tischkalender, *der;* **~ editor** *n.* Manuskriptbearbeiter, *der*/-bearbeiterin, *die;* Lektor, *der*/Lektorin, *die;* **~ lamp** *n.* Schreibtischlampe, *die;* **~-top** *adj.* **~-top publishing** Desktop publishing, *das;* **~-top computer** Tischcomputer, *der*

**desolate 1.** ['desələt] *adj.* **a)** *(ruinous, neglected, barren)* trostlos ⟨*Haus, Ort*⟩; desolat ⟨*Zustand*⟩; **b)** *(solitary)* einsam; **c)** *(uninhabited)* öde; verlassen; **d)** *(forlorn, wretched)* trostlos ⟨*Leben*⟩; arm ⟨*Seele*⟩; verzweifelt ⟨*Schrei*⟩. **2.** ['desəleɪt] *v. t.* **a)** *(depopulate)* entvölkern; **b)** *(devastate)* verwüsten ⟨*Land*⟩; **c)** *(make wretched)* in Verzweiflung stürzen

**desolation** [desə'leɪʃn] *n.* **a)** *(desolating)* Verwüstung, *die;* **b)** *(neglected, solitary, or barren state)* Öde, *die; (state of ruin)* Verwüstung, *die;* **c)** *(loneliness, being forsaken)* Verlassenheit, *die;* **d)** *(grief, wretchedness)* Verzweiflung, *die*

**despair** [dɪ'speə(r)] **1.** *n.* **a)** Verzweiflung, *die;* **commit suicide in ~:** aus Verzweiflung Selbstmord begehen; **a cry of ~:** ein Verzweiflungsschrei; **his ~ of ever seeing her again** seine aufgegebene Hoffnung, sie je wiederzusehen; **b)** *(cause)* **be the ~ of sb.** jmdn. zur Verzweiflung bringen *od.* verzweifeln lassen. **2.** *v. i.* **a)** verzweifeln; **b) ~ of doing sth.** die Hoffnung aufgeben, etw. zu tun; **~ of sth.** die Hoffnung auf etw. *(Akk.)* aufgeben

**despatch** *(Brit.) see* **dispatch**

**desperado** [despə'rɑ:dəʊ] *n., pl.* **~es** *(Amer.:* **~s)** Desperado, *der*

**desperate** ['despərət] *adj.* **a)** verzweifelt; *(coll.: urgent)* dringend; **get** *or* **become ~:** verzweifeln; **feel ~:** verzweifelt sein; **be ~ for sth.** etw. dringend brauchen; **he was ~ for a beer** *(coll.)* er lechzte nach einem Bier; **be ~ to do sth.** verzweifelt versuchen, etw. zu tun; **don't do anything ~:** tun Sie nur nichts Unüberlegtes!; **b)** *(staking all on a small chance)* extrem ⟨*Maßnahmen, Lösung*⟩; **a ~ disease must have a ~ remedy** *(fig.)* extreme Situationen erfordern extreme Maßnahmen; **c)** *(extremely dangerous or serious)* verzweifelt ⟨*Lage, Situation*⟩; **things are getting ~:** die Lage wird immer verzweifelter; **d)** *(extremely bad)* schrecklich; **be in ~ need of sth.** etw. äußerst dringend brauchen

**desperately** ['despərətlɪ] *adv.* **a)** verzweifelt; hoffnungslos ⟨*verliebt*⟩; *(urgently)* dringend; *(recklessly, with extreme energy)* verzweifelt; **be ~ ill** *or* **sick** todkrank sein; **b)** *(appallingly, shockingly, extremely)* schrecklich *(ugs.)*

**desperation** [despə'reɪʃn] *n.* Verzweiflung, *die;* **out of** *or* **in [sheer] ~:** aus [lauter] Verzweiflung; **be in ~:** verzweifelt sein; **act** *or* **deed of ~:** Verzweiflungstat, *die;* **fight with ~:** verzweifelt kämpfen

**despicable** ['despɪkəbl] *adj.*, **despicably** ['despɪkəblɪ] *adv.* verabscheuungswürdig

**despise** [dɪ'spaɪz] *v. t.* verachten; verschmähen *(geh.)* ⟨*Geschenke*⟩; **this is not to be ~d** das ist nicht zu verachten

**despite** [dɪ'spaɪt] *prep.* trotz; **~ what she said** ungeachtet dessen, was sie sagte; **~ his warning** trotz seiner Warnung

**despoil** [dɪ'spɔɪl] *v. t. (literary)* berauben **(of** *Gen.*); ausplündern

**despoliation** [dɪspəʊlɪ'eɪʃn] *n.* Plünderung, *die*

**despond** [dɪ'spɒnd] *n. (arch.)* **Slough of D~** *(literary)* Pfuhl der Verzweiflung *(dichter.)*

**despondency** [dɪ'spɒndənsɪ] *n., no pl.* Niedergeschlagenheit, *die;* **view a situation with ~:** einer Lage sehr mutlos gegenüberstehen; **fall into ~:** den Mut verlieren; **answer in a tone of ~:** bedrückt antworten

**despondent** [dɪ'spɒndənt] *adj.* niedergeschlagen; bedrückt; **be ~ about sth.** wegen etw. *od.* über etw. *(Akk.)* bedrückt sein; **feel ~:** niedergeschlagen sein; **grow** *or* **get ~:** mutlos werden; **don't become ~!** nur Mut!

**despondently** [dɪ'spɒndəntlɪ] *adv.* niedergeschlagen

**despot** ['despɒt] *n.* Despot, *der*

**despotic** [dɪ'spɒtɪk] *adj.*, **despotically** [dɪ'spɒtɪkəlɪ] *adv.* despotisch

**despotism** ['despətɪzm] *n.* *(tyranny)* Despotie, *die;* Gewaltherrschaft, *die; (political system)* Despotismus, *der; (fig.: absolute power)* Tyrannei, *die*

**dessert** [dɪ'zɜ:t] *n.* **a)** süße Nachspeise; **b)** *(Brit.: after dinner)* Dessert, *das;* Nachtisch, *der*

**dessert: ~ apple** *n.* Dessertapfel, *der;* **~spoon** *n.* Dessertlöffel, *der;* **~spoonful** *n.* Eßlöffel, *der;* **a ~spoonful** ein Eßlöffel; **~ wine** *n.* Dessertwein, *der*

**destabilize** [di:'steɪbɪlaɪz] *v. t. (Polit.)* destabilisieren

**destination** [destɪ'neɪʃn] *n.* *(of persons)* Reiseziel, *das; (of goods)* Bestimmungsort, *der; (of train, bus)* Zielort, *der;* **arrive at one's ~:** am Ziel ankommen; **place/port of ~:** Bestimmungsort, *der*/-hafen, *der*

**destine** ['destɪn] *v. t.* bestimmen; **~ sb. for sth.** jmdn. für etw. bestimmen; ⟨*Schicksal:*⟩ jmdn. für etw. vorbestimmen; **be ~d to do sth.** dazu ausersehen *od.* bestimmt sein, etw. zu tun; **we were ~d [never] to meet again** wir sollten uns [nie] wiedersehen; **be ~d for sth.** für etw. bestimmt sein; **qualities which ~d him for leadership** Eigenschaften, die ihn für Führungsaufgaben prädestinierten

**destiny** ['destɪnɪ] *n.* **a)** Schicksal, *das;* Los, *das;* **find one's ~:** seine Bestimmung finden; **b)** *no art. (power)* das Schicksal

**destitute** ['destɪtju:t] *adj.* **a)** *(without resources)* mittellos; **the ~ [poor]** die Mittellosen; **b)** *(devoid)* **be ~ of sth.** *(formal)* einer Sache *(Gen.)* bar sein *(geh.)*

**destitution** [destɪ'tju:ʃn] *n., no pl.* Armut, *die;* Not, *die*

**destroy** [dɪ'strɔɪ] *v. t.* **a)** *(demolish)* zerstören; kaputtmachen *(ugs.)* ⟨*Tisch, Stuhl, Uhr, Schachtel*⟩; **the paintings were ~ed by fire** die Gemälde wurden durch einen Brand vernichtet; **b)** *(make useless)* vernichten ⟨*Ernte, Papiere, Dokumente*⟩; **c)** *(kill, annihilate)* vernichten ⟨*Feind, Insekten*⟩; **the dog will have to be ~ed** der Hund muß eingeschläfert werden; **d)** *(fig.)* zunichte machen ⟨*Hoffnungen, Chancen*⟩; ruinieren ⟨*Zukunft*⟩; zerstören ⟨*Glück, Freundschaft, Schönheit, Macht*⟩

**destroyer** [dɪ'strɔɪə(r)] *n.* Zerstörer, *der*

**destruct** [dɪ'strʌkt] *(Amer.)* **1.** *v. t. & i.* zerstören. **2.** *n.* Zerstörung, *die*

**destruction** [dɪ'strʌkʃn] *n.* **a)** Zerstörung, *die; (of documents, mankind, a regime, an enemy)* Vernichtung, *die; (of toys, small objects)* Kaputtmachen, *das (ugs.)*; *(of hopes)* Zunichtemachen, *das;* **bring about one's own ~:** sich selbst zugrunde richten; **b)** *(cause of ruin)* Untergang, *der*

**destructive** [dɪ'strʌktɪv] *adj.* **a)** *(destroying, tending to destroy)* zerstörerisch; verheerend ⟨*Sturm, Feuer, Krieg*⟩; zersetzend ⟨*Einfluß, Haltung, Tendenz*⟩; destruktiv ⟨*Mensch*⟩; **~ urge** Destruktionstrieb, *der (Psych.)*; Zerstörungswut, *die;* **b)** *(negative)* destruktiv ⟨*Kritik, Vorstellung, Kommentar, Einfluß, Ziel*⟩

**destructively** [dɪ'strʌktɪvlɪ] *adv.* zerstörerisch; **behave ~:** sich destruktiv aufführen

**destructor** [dɪ'strʌktə(r)] *n. (Brit.)* Müllverbrennungsanlage, *die*

**desuetude** [dɪ'sju:ɪtju:d, 'deswɪtju:d] *n. (literary)* **fall into ~:** in Vergessenheit geraten; ⟨*Wort, Sitte:*⟩ außer Gebrauch kommen

**desultory** ['desəltərɪ] *adj.* **a)** *(going from one subject to another, disconnected)* sprunghaft; zwanglos, ungezwungen ⟨*Gespräch*⟩; **b)** *(unmethodical)* planlos

**detach** [dɪˈtætʃ] *v. t.* **a)** *(unfasten)* entfernen; ablösen ⟨*Aufgeklebtes*⟩; abbrechen ⟨*Angewachsenes*⟩; abtrennen ⟨*zu Entfernendes*⟩; abnehmen ⟨*wieder zu Befestigendes*⟩; abhängen ⟨*Angekuppeltes*⟩; herausnehmen ⟨*innen Befindliches*⟩; **a couple of pages of the book have become ~ed** einige Seiten des Buches sind lose; **~ oneself from sb.** sich von jmdm. lösen; **b)** *(Mil., Navy)* abkommandieren **(from** aus); detachieren *(veralt.)*

**detachable** [dɪˈtætʃəbl] *adj.* abnehmbar; herausnehmbar ⟨*Futter*⟩

**detached** [dɪˈtætʃt] *adj.* **a)** *(impartial)* unvoreingenommen; *(unemotional)* unbeteiligt; **~ garage** freistehende Garage; **b)** *(separate)* **~ house** Einzelhaus, *das;* **~ retina** abgelöste Netzhaut

**detachment** [dɪˈtætʃmənt] *n.* **a)** *(detaching) see* **detach a:** Entfernen, *das;* Ablösen, *das;* Abbrechen, *das;* Abtrennen, *das;* Abnehmen, *das;* Abhängen, *das;* Herausnehmen, *das;* **b)** *(Mil., Navy)* Abteilung, *die;* Detachement, *das (veralt.);* **c)** *(being aloof)* Abstand, *der;* Distanz, *die;* **d)** *(independence of judgement)* Unvoreingenommenheit, *die*

**detail** [ˈdiːteɪl] **1.** *n.* **a)** *(item)* Einzelheit, *die;* Detail, *das;* **enter** *or* **go into ~s** ins Detail gehen; auf Einzelheiten eingehen; **a minor ~:** eine Kleinigkeit; **leave the ~s to sb. else** die Kleinarbeit [einem] anderen überlassen; **our correspondent will be giving you the ~s** unser Korrespondent wird [Ihnen] im einzelnen darüber berichten; **plan sth. down to the last ~:** etw. bis ins letzte Detail planen; **but that is a ~** *(iron.)* aber was macht das schon?; **b)** *(dealing with things item by item)* **in ~:** Punkt für Punkt; **have too much ~:** zu sehr ins einzelne *od.* Detail gehen; **we haven't discussed anything in ~ yet** wir haben bisher noch nicht im einzelnen darüber gesprochen; **in great** *or* **much ~:** in allen Einzelheiten; **in greater ~:** [noch] näher; **in minute ~:** haarklein; **go into ~:** ins Detail gehen; auf Einzelheiten eingehen; **attention to ~:** Sorgfalt in den Details; **c)** *(account)* Aufstellung, *die;* **d)** *(in building, picture, etc.)* Detail, *das;* **e)** *(part of picture)* Ausschnitt, *der;* **f)** *(Mil.)* Dienstplan, *der;* **g)** *(body for special duty)* Kommando, *das.* **2.** *v. t.* **a)** *(list)* einzeln aufführen; **be fully ~ed** *(stated, described)* im Detail ausgeführt werden; **b)** *(Mil.)* abkommandieren; einteilen

**detailed** [ˈdiːteɪld] *adj.* detailliert; eingehend ⟨*Studie*⟩

**detain** [dɪˈteɪn] *v. t.* **a)** *(keep in confinement)* festhalten; *(take into confinement)* verhaften; **b)** *(delay)* aufhalten; **do not let me ~ you** lassen Sie sich durch mich nicht aufhalten

**detainee** [dɪteɪˈniː] *n.* Verhaftete, *der/die*

**detect** [dɪˈtekt] *v. t.* **a)** *(discover presence of)* entdecken; bemerken ⟨*Trauer, Verärgerung*⟩; wahrnehmen ⟨*Bewegung*⟩; aufdecken ⟨*Irrtum, Verbrechen*⟩; durchschauen ⟨*Beweggrund*⟩; feststellen ⟨*Strahlung*⟩; **~ a note of anger in sb.'s voice** eine gewisse Verärgerung aus jmds. Stimme heraushören; **b)** *(reveal guilt of)* **~ sb. in doing sth.** jmdn. bei etw. ertappen

**detectable** [dɪˈtektəbl] *adj.* feststellbar; wahrnehmbar ⟨*Bewegung*⟩

**detection** [dɪˈtekʃn] *n.* **a)** *see* **detect a:** Entdeckung, *die;* Bemerken, *das;* Wahrnehmung, *die;* Aufdeckung, *die;* Durchschauen, *das;* Feststellung, *die;* **in order to escape ~:** um nicht entdeckt zu werden; **try to escape ~:** versuchen, unentdeckt zu bleiben; **b)** *(work of detective)* Ermittlungsarbeit, *die*

**detective** [dɪˈtektɪv] **1.** *n.* Detektiv, *der;* *(policeman)* Kriminalbeamte, *der/*Kriminalbeamtin, *die;* **private ~:** Privatdetektiv, *der.* **2.** *attrib. adj.* Kriminal-; **~ novel** Kriminalroman, *der;* **~ work** Ermittlungsarbeit, *die;* **~ story** Detektivgeschichte, *die*

**detector** [dɪˈtektə(r)] *n.* **a)** *(device)* Detektor, *der;* *(indicator)* Anzeiger, *der;* **b)** *(Electr.)* [Kristall]detektor, *der*

**détente** [deɪˈtɑ̃t] *n.* *(Polit.)* Entspannung, *die*

**detention** [dɪˈtenʃn] *n.* **a)** Festnahme, *die;* *(confinement)* Haft, *die;* **b)** *(Sch.)* Nachsitzen, *das;* *(Mil.)* Arrest, *der (veralt.);* **give sb. two hours' ~:** jmdn. zwei Stunden nachsitzen lassen; **c)** *(delay)* [unfreiwilliger] Aufenthalt

**deˈtention centre** *n.* *(Brit.)* Jugendstrafanstalt, *die*

**deter** [dɪˈtɜː(r)] *v. t.*, **-rr-** abschrecken; **~ sb. from sth.** jmdn. von etw. abhalten; **~ sb. from doing sth.** jmdn. davon abhalten, etw. zu tun; **the danger did not ~ him** er ließ sich durch die Gefahr nicht abschrecken; die Gefahr schreckte ihn nicht *(geh.);* **be ~red by sth.** sich durch etw. abschrecken lassen

**detergent** [dɪˈtɜːdʒənt] **1.** *adj.* reinigend. **2.** *n.* Reinigungsmittel, *das;* *(for washing)* Waschmittel, *das;* Detergens, *das (Chemie)*

**deteriorate** [dɪˈtɪərɪəreɪt] **1.** *v. t.* verschlechtern; verringern, mindern ⟨*Wert*⟩. **2.** *v. i.* sich verschlechtern; ⟨*Haus:*⟩ verfallen, verkommen; ⟨*Holz, Leder:*⟩ verrotten; **his condition** *or* **he has ~d** sein Zustand hat sich verschlechtert; **his work has ~d** seine Arbeit hat nachgelassen; **~ in value** an Wert verlieren

**deterioration** [dɪtɪərɪəˈreɪʃn] *n.* *see* **deteriorate 2:** Verschlechterung, *die;* Verfall, *der;* Verrottung, *die;* **preserve paintings from ~:** Gemälde vor Schädigungen schützen

**determinable** [dɪˈtɜːmɪnəbl] *adj.* *(capable of being fixed or ascertained)* bestimmbar; **sth. is ~:** etw. läßt sich bestimmen

**determinate** [dɪˈtɜːmɪnət] *adj.* **a)** *(limited, finite)* begrenzt; **b)** *(distinct)* bestimmt; **c)** *(definitive)* eindeutig; fest ⟨*Begriff*⟩

**determination** [dɪtɜːmɪˈneɪʃn] *n.* **a)** *(ascertainment, definition)* Bestimmung, *die;* **b)** *(resoluteness)* Entschlossenheit, *die;* **with [sudden] ~:** [kurz] entschlossen; **he had an air of ~ about him** er wirkte fest entschlossen; **c)** *(intention)* [feste] Absicht; **d)** *(Law: ending)* Ablauf, *der;* **e)** *(judicial decision)* Entscheidung, *die;* **f)** *(fixing beforehand)* Festlegung, *die*

**determine** [dɪˈtɜːmɪn] **1.** *v. t.* **a)** *(decide)* beschließen; **~ to do sth.** beschließen, etw. zu tun; sich entschließen, etw. zu tun; **b)** *(make decide)* veranlassen; **~ sb. to do sth.** jmdn. dazu veranlassen, etw. zu tun; **c)** *(be a decisive factor for)* bestimmen; entscheiden über (+ *Akk.*); **d)** *(ascertain, define)* feststellen; bestimmen; **e)** *(fix beforehand)* festlegen; **f)** *(Law: end)* beenden. **2.** *v. i.* *(decide)* **~ on doing sth.** beschließen, etw. zu tun; **~ on sth.** sich für etw. entscheiden

**determined** [dɪˈtɜːmɪnd] *adj.* **a)** *(resolved)* **be ~ to do** *or* **on doing sth.** etw. unbedingt tun wollen; fest entschlossen sein, etw. zu tun; **sb. is ~ that ...:** es ist für jmdn. beschlossene Sache, daß ...; **I am ~ that he shall win** ich werde alles Mögliche tun, daß er siegt; **b)** *(resolute)* entschlossen; resolut ⟨*Person*⟩; **c)** *(fixed)* bestimmt

**determinedly** [dɪˈtɜːmɪndlɪ] *adv.* entschlossen

**determinism** [dɪˈtɜːmɪnɪzm] *n.* Determinismus, *der*

**deterrence** [dɪˈterəns] *n.* Abschreckung, *die*

**deterrent** [dɪˈterənt] **1.** *adj.* abschreckend. **2.** *n.* Abschreckungsmittel, *das* **(to** für); **~ strategy** Strategie der Abschreckung

**detest** [dɪˈtest] *v. t.* verabscheuen; **~ doing sth.** es verabscheuen, etw. zu tun

**detestable** [dɪˈtestəbl] *adj.* verabscheuenswert; verabscheuungswürdig

**detestably** [dɪˈtestəblɪ] *adv.* abscheulich

**detestation** [diːteˈsteɪʃn] *n., no pl.* Abscheu, *der* **(of** vor + *Dat.*)

**dethrone** [diːˈθrəʊn] *v. t.* *(lit. or fig.)* entthronen

**dethronement** [diːˈθrəʊnmənt] *n.* *(lit. or fig.)* Entthronung, *die*

**detonate** [ˈdetəneɪt] **1.** *v. i.* detonieren. **2.** *v. t.* zur Explosion bringen; zünden

**detonation** [detəˈneɪʃn] *n.* **a)** *(detonating)* Detonation, *die;* **b)** *(Motor Veh.)* Klopfen, *das*

**detonator** [ˈdetəneɪtə(r)] *n.* **a)** *(part of bomb or shell)* Sprengkapsel, *die;* Detonator, *der;* **b)** *(Railw.)* Knallkapsel, *die*

**detour** [ˈdiːtʊə(r), ˈdeɪtʊə(r)] **1.** *n.* Umweg, *der;* *(in a road, river)* Bogen, *der;* Schleife, *die;* *(diversion)* Umleitung, *die;* **make a ~:** einen Umweg machen. **2.** *v. t.* umleiten

**detract** [dɪˈtrækt] *v. i.* **~ from sth.** etw. beeinträchtigen; **~ from sb.'s merits** jmds. Verdienste schmälern

**detraction** [dɪˈtrækʃn] *n.* Beeinträchtigung, *die* **(from** *Gen.*); *(defamation)* Schmähung, *die*

**detractor** [dɪˈtræktə(r)] *n.* Verleumder, *der/*Verleumderin, *die*

**detriment** [ˈdetrɪmənt] *n.* Schaden, *der;* **to the ~ of sth.** zum Nachteil *od.* Schaden einer Sache *(Gen.);* **without ~ to** ohne Schaden für; **I know nothing to his ~:** mir ist nichts Nachteiliges über ihn bekannt

**detrimental** [detrɪˈmentl] *adj.* schädlich; **be ~ to sth.** einer Sache *(Dat.)* schaden *od.* *(geh.)* abträglich sein

**detrimentally** [detrɪˈmentəlɪ] *adv.* auf schädliche Weise

**detritus** [dɪˈtraɪtəs] *n., no pl.* **a)** *(debris)* Überbleibsel, *das;* **b)** *(Geol.)* Geröll, *das;* Detritus, *der*

**de trop** [dəˈtrəʊ] *pred. adj.* fehl am Platz; überflüssig

**[1]deuce** [djuːs] *n.* **a)** *(on dice; arch. Cards)* Zwei, *die;* **b)** *(Tennis)* Einstand, *der*

**[2]deuce** *n.* *(coll.) see* **devil 1 c**

**deuced** [djuːsɪd, djuːst] *adj., adv.* *(arch.) see* **damned 1 b, c, 2**

**deus ex machina** [deɪəs eks ˈmɑːkɪnə, diːəs eks ˈmɑːkɪnə] *n.* Deus ex machina, *der*

**deuterium** [djuːˈtɪərɪəm] *n.* Deuterium, *das*

**Deuteronomy** [djuːtəˈrɒnəmɪ] *n.* *(Bibl.)* das fünfte Buch Mose

**Deutschmark** [ˈdɔɪtʃmɑːk] *n.* Deutsche Mark

**devaluation** [diːvæljuːˈeɪʃn] *n.* **a)** Abwertung, *die;* **b)** *(Econ.)* Abwertung, *die;* Devalvation, *die*

**devalue** [diːˈvæljuː] *v. t.* **a)** *(reduce value of)* abwerten; **b)** *(Econ.)* abwerten; devalvieren

**devastate** [ˈdevəsteɪt] *v. t.* verwüsten; verheeren; *(fig.)* niederschmettern

**devastating** [ˈdevəsteɪtɪŋ] *adj.* verheerend; niederschmetternd ⟨*Nachricht, Analyse*⟩; überwältigend ⟨*Leidenschaft*⟩; vernichtend ⟨*Spielweise, Kritik*⟩

**devastation** [devəˈsteɪʃn] *n., no pl.* Verwüstung, *die;* Verheerung, *die*

**develop** [dɪˈveləp] **1.** *v. t.* **a)** *(bring into existence)* entwickeln; aufbauen ⟨*Handel, Handelszentrum*⟩; **the girl had ~ed a mature figure** die Figur des Mädchens war voll entwickelt; **the machine was ~ed from their plans** die Maschine wurde nach ihren Plänen entwickelt; **~ a business from scratch** ein Geschäft neu aufziehen; **b)** *(bring to more evident form)* entwickeln ⟨*Instinkt, Fähigkeiten, Kräfte*⟩; entfalten ⟨*Persönlichkeit, Individualität*⟩; erschließen ⟨*natürliche Ressourcen*⟩; **c)** *(bring to fuller form)* entwickeln; *(expand; make more sophisticated)* weiterentwickeln; ausbauen ⟨*Verkehrsnetz, System, Handel, Verkehr, Position*⟩; wachsen lassen ⟨*Pflanze, Korn*⟩; **~ sth. further** etw. weiterentwickeln; **~ an essay into a book** einen Essay zu einem Buch ausbauen; **a highly ~ed civilization** eine hochentwickelte Zivilisation; **d)** *(begin to exhibit, begin to suffer from)* annehmen ⟨*Ge-*

*wohnheit*⟩; bei sich entdecken ⟨*Vorliebe*⟩; bekommen ⟨*Krankheit, Fieber, Lust*⟩; entwickeln ⟨*Talent, Stärke*⟩; erkranken an (+ *Dat.*) ⟨*Krebs, Tumor*⟩; **~ a taste for sth.** Geschmack an etw. *(Akk.)* finden; **the car ~ed a fault** an dem Wagen ist ein Defekt aufgetreten; **e)** *(Photog.)* entwickeln; **f)** *(construct buildings etc. on, convert to new use)* erschließen; sanieren ⟨*Altstadt*⟩; aufschließen ⟨*Schacht*⟩; **g)** *(Mus.)* durchführen ⟨*Thema*⟩; **h)** *(Chess)* entwickeln; **i)** *(Amer.: make known)* an den Tag bringen. **2.** *v. i.* **a)** *(come into existence, become evident)* sich entwickeln (**from** aus; **into** zu); ⟨*Defekt, Symptome, Erkrankungen:*⟩ auftreten; **b)** *(become fuller)* sich [weiter]entwickeln (**into** zu); **c)** *(Amer.: become known)* an den Tag kommen; **it ~ed that ...:** es stellte sich heraus, daß ...

**developable** [dɪ'veləpəbl] *adj.* entwicklungsfähig; erschließungsfähig ⟨*Gebiet*⟩

**developer** [dɪ'veləpə(r)] *n.* **a)** *(Photog.) (chemical agent)* Entwickler, *der;* **b)** *(person who develops real estate)* ≈ Bauunternehmer, *der;* **c)** *(person who matures)* **late** *or* **slow ~:** Spätentwickler, *der*

**de'veloping country** *n.* Entwicklungsland, *das*

**development** [dɪ'veləpmənt] *n.* **a)** *(bringing into existence)* Entwicklung, *die* (**from** aus, **into** zu); **b)** *(bringing into more evident form) (of individuality)* Entfaltung, *die; (of heat, gas, vapour)* Entwicklung, *die; (of natural resources etc.)* Erschließung, *die;* **sth. is in the course of ~:** etw. befindet sich in der Entwicklung; **c)** *(bringing into fuller form)* Entwicklung, *die; (expansion)* Ausbau, *der;* Weiterentwicklung, *die;* **be capable of [further] ~:** noch weiter entwicklungsfähig sein; **d)** *(beginning to exhibit)* Entwicklung, die; *(of a talent also)* Entfaltung, *die; (beginning to suffer from)* Beginn, *der;* **e)** *(of land etc.)* Erschließung, *die;* **regional ~:** Regionalplanung, *die;* **f)** *(evolution)* Entwicklung, *die;* **g)** *(full-grown state)* Vollendung, *die;* **h)** *(developed product or form)* **a ~ of sth.** eine Fortentwicklung *od.* Weiterentwicklung einer Sache; **at that time tea-bags were a new ~:** damals waren Teebeutel eine Neuerung; **i)** *(Photog.)* Entwickeln, *das;* Entwicklung, *die;* **j)** *(Mus.)* Durchführung, *die;* **k)** *(Chess)* Entwicklung, *die;* **l)** *(developed land)* **[new] ~:** Neubaugebiet, *das*

**developmental** [dɪveləp'mentl] *adj.* Entwicklungs-

**de'velopment area** *n. (Brit.)* Entwicklungsgebiet, *das*

**deviance** ['di:vɪəns], **deviancy** ['di:vɪənsɪ] *n.* abweichendes Verhalten; Devianz, *die (Soziol.)*

**deviant** ['di:vɪənt] **1.** *adj.* [von der Norm] abweichend; deviant *(Soziol.)*. **2.** *n.* [von der Norm] Abweichende, *der/die/das;* **a sexual ~:** jmd. mit [von der Norm] abweichendem Sexualverhalten; sexuell devianter Mensch *(Soziol.)*

**deviate** ['di:vɪeɪt] *v. i. (lit. or fig.)* abweichen

**deviation** [di:vɪ'eɪʃn] *n.* **a)** *(deviating)* Abweichung, *die;* **b)** *(of compass-needle)* Ablenkung, *die;* Deviation, *die;* **c)** *(Statistics)* **[standard] ~:** [Standard]abweichung, *die*

**deviationism** [di:vɪ'eɪʃənɪzm] *n. (Polit.)* Abweichlertum, *das*

**deviationist** [di:vɪ'eɪʃənɪst] *n. (Polit.)* Abweichler, *der*/Abweichlerin, *die*

**device** [dɪ'vaɪs] *n.* **a)** *(contrivance)* Gerät, *das; (as part of sth.)* Vorrichtung, *die;* **nuclear ~:** atomarer Sprengkörper; **b)** *(plan, scheme)* List, *die;* **rhetorical ~s** rhetorische Kunstgriffe; **c)** *(drawing, design, figure)* Verzierung, *die;* **d)** *(emblematic or heraldic design)* Emblem, *das;* **e)** *(motto)* Motto, *das;* Devise, *die;* **f)** *in pl. (fancy, will)* **leave sb. to his own ~s** jmdn. sich *(Dat.)* selbst überlassen; **be left to one's own ~s** sich *(Dat.)* selbst überlassen sein

**devil** ['devl] **1.** *n.* **a)** *(Satan)* **the D~:** der Teufel; **b)** *(heathen god)* Götze, *der; (evil spirit, Satan's follower)* Teufel, *der;* **the ~ of greed** der Dämon Habgier; **c)** *or* **D~** *(coll.)* **who/where/what** *etc.* **the ~?** wer/wo/was *usw.* zum Teufel? *(salopp);* **the ~ take him!** hol' ihn der Teufel! *(salopp);* **he's got the ~ in him** er hat den Teufel im Leib *(ugs.);* **the ~!** Teufel auch! *(salopp);* **the ~ knows** weiß der Teufel *(salopp);* **there will be the ~ to pay** da ist der Teufel los *(ugs.);* **go to the ~:** zum Teufel gehen *(salopp);* sich zum Teufel scheren *(salopp);* **[you can] go to the ~!** scher dich zum Teufel! *(salopp);* **work/shout like the ~:** wie ein Besessener arbeiten/schreien; **run/fight like the ~:** wie der Teufel rennen/kämpfen *(ugs.);* **between the ~ and the deep [blue] sea** in einer Zwickmühle *(ugs.);* **~ take it!** verdammt noch mal!; **it was ~ take the hindmost** es galt nur noch: Rette sich, wer kann!; **play the ~ with sb./sth.** jmdm./einer Sache übel mitspielen; **better the ~ one knows** lieber das bekannte Übel; **speak** *or* **talk of the ~ [and he will appear]** wenn man vom Teufel spricht[, kommt er]; *see also* **idle 1 f; needs; d) a** *or* **the ~ of a mess** ein verteufelter Schlamassel *(ugs.);* **be in a ~ of a mess** im dicksten Schlamassel sitzen *(ugs.);* **a** *or* **the ~ of a problem** ein verteufelt schwieriges Problem; **have a ~ of a temper** verteufelt jähzornig sein *(ugs.);* **have the ~ of a time** es verteufelt schwer haben; **be a ~!** sei kein Frosch!; **he is a ~ of a [good] teacher** er ist ein verdammt guter Lehrer *(ugs.);* **this car is the [very] ~ to start** dieses Auto läßt sich verteufelt schwer starten *(ugs.);* **the crossword is a real ~:** das Kreuzworträtsel ist verteufelt schwer *(ugs.);* **e)** *(wicked or cruel person, vicious animal)* Teufel, *der (fig.); (mischievously energetic or self-willed person)* Teufel, *der (fig. ugs.);* Teufelsbraten, *der (ugs. scherzh.); (able, clever person)* As, *das (ugs.);* **he's a ~ with the women** er spielt mit den Frauen; **he's a clever ~:** er ist ein schlauer Hund *(ugs.);* **you ~!** *(ugs.)* du Schlingel!; **a poor ~:** ein armer Teufel; **lucky ~:** Glückspilz, *der (ugs.);* **unlucky ~:** Unglücksrabe, *der (ugs.);* **cheeky/naughty ~:** Frechdachs, *der (fam., meist scherzh.);* **queer** *or* **odd ~:** komischer Kauz; **f)** *(fighting spirit)* Kampfgeist, *der;* **g)** *(Law) [unbezahlter] Gehilfe eines Anwalts;* **h)** *(literary hack) Zuarbeiter eines Schriftstellers;* **i)** *(S.Afr.)* **[dust] ~:** Sandsturm, *der. See also* **due 3 b; Tasmanian 1 b. 2.** *v. t., (Brit.)* **-ll-: a)** *(Cookery) kleingeschnitten und scharf gewürzt braten;* **b)** *(Amer. coll.: harass, worry)* piesacken *(ugs.)*

**'devil-fish** *n.* **a)** *(angler-fish)* Seeteufel, *der;* **b)** *(Amer.: ray)* Teufelsrochen, *der*

**devilish** ['devəlɪʃ] **1.** *adj.* **a)** *(of the Devil)* teuflisch ⟨*Künste, Zauberei*⟩; ⟨*Erfindung, Lehre*⟩ des Teufels; **b)** *(damnable)* teuflisch. **2.** *adv. (arch. coll.)* verteufelt *(ugs.)*

**devilishly** ['devəlɪʃlɪ] *adv.* *(diabolically)* teuflisch; *(exceedingly)* verteufelt *(ugs.)*

**'devil-may-care** *adj.* sorglos-unbekümmert

**devilment** ['devlmənt] *n.* **a)** *(mischief)* Unfug, *der; (wild spirits)* Übermut, *der;* **be up to some ~:** Unfug treiben *od.* anstellen; **b)** *(devilish phenomenon)* Teufelei, *die*

**devilry** ['devlrɪ] *n.* **a)** *(black magic)* Teufelskunst, *die;* **b)** *(wickedness, cruelty)* teuflische Bosheit; *(action)* Teufelei, *die;* **c)** *(mischief)* Unfug, *der; (hilarity)* Schabernack, *der;* **out of sheer ~:** aus purem Schabernack

**devil: ~'s 'advocate** *n. (RC Ch.; also fig.)* Advocatus Diaboli, *der;* **~'s 'coach-horse** *n. (Brit. Zool.)* Schwarzer *od.* Stinkender Moderkäfer; **~s-on-'horseback** *n. (Gastr.)* Austern in Röllchen aus Frühstücksspeck; Austern auf englische Art; **~'s own** *attrib. adj.* **the ~'s own** ein/eine verteufelt... *(ugs.);* **[take] the ~'s own time** eine verteufelt lange Zeit [dauern] *(ugs.);* **he has the ~'s own luck** er hat verteufeltes Glück *(ugs.)*

**devious** ['di:vɪəs] *adj.* **a)** *(winding)* verschlungen; **take a ~ route** einen Umweg fahren; **b)** *(unscrupulous, insincere)* verschlagen ⟨*Person*⟩; hinterhältig ⟨*Person, Methode, Tat*⟩

**deviously** ['di:vɪəslɪ] *adv.* hinterhältigerweise; **behave ~:** sich hinterhältig verhalten

**deviousness** ['di:vɪəsnɪs] *n., no pl.* Hinterhältigkeit, *die;* Verschlagenheit, *die*

**devise** [dɪ'vaɪz] *v. t.* *(plan)* entwerfen; schmieden ⟨*Pläne*⟩; kreieren ⟨*Mode, Stil*⟩; ausarbeiten ⟨*Programm*⟩

**devoid** [dɪ'vɔɪd] *adj.* **~ of sth.** *(lacking)* ohne etw.; bar einer Sache *(Gen.) (geh.); (free from)* frei von etw.

**devolution** [di:və'lu:ʃn] *n.* **a)** *(deputing, delegation)* Übertragung, *die;* Delegieren, *das; (Polit.)* Dezentralisierung, *die;* **b)** *(descent of property, power, etc.)* Übergang, *der* (**on [to]** auf + *Akk.*); **c)** *(Biol.)* Degeneration, *die;* **d)** *(Brit. Polit.) Übertragung von administrativer Unabhängigkeit;* Devolution, *die (fachspr.)*

**devolve** [dɪ'vɒlv] *v. i.* **a)** *(be transferred)* **~ [up]on sb.** ⟨*Pflicht, Verantwortung, Aufgabe:*⟩ jmdm. zufallen; **b)** *(descend)* vererbt werden; **~ to sb.** auf jmdn. übergehen

**Devonian** [dɪ'vəʊnɪən] **1.** *adj. (Geol.)* devonisch. **2.** *n. (Geol.)* Devon, *das*

**Devonshire cream** [devnʃɪə 'kri:m] *n. sehr fetter Rahm;* Dickrahm, *der*

**devote** [dɪ'vəʊt] *v. t. (consecrate)* widmen; **~ one's thoughts/energy to sth.** sein Denken/seine Energie auf etw. *(Akk.)* verwenden; **~ sums of money to sth.** Geldsummen für etw. bestimmen

**devoted** [dɪ'vəʊtɪd] *adj.* treu; ergeben ⟨*Diener*⟩; aufrichtig ⟨*Freundschaft, Liebe, Verehrung*⟩; **he is very ~ to his work/his wife** er geht in seiner Arbeit völlig auf/liebt seine Frau innig

**devotedly** [dɪ'vəʊtɪdlɪ] *adv.* [treu] ergeben; innig ⟨*lieben*⟩

**devotee** [devə'ti:] *n.* **a)** *(enthusiast)* Anhänger, *der*/Anhängerin, *die; (of music, art)* Liebhaber, *der*/Liebhaberin, *die; (of a person)* Verehrer, *der*/Verehrerin, *die;* **b)** *(pious person)* [fanatischer/glühender] Anhänger/[fanatische/glühende] Anhängerin

**devotion** [dɪ'vəʊʃn] *n.* **a)** *(addiction, loyalty, devoutness)* **~ to sb./sth.** Hingabe an jmdn./etw.; **~ to music/the arts** Liebe zur Musik/Kunst; **~ to duty** Pflichteifer, *der;* **b)** *(devoting)* Weihung, *die;* **c)** *(divine worship)* Anbetung, *die* (**to** *Gen.*); **d)** *in pl. (prayers)* Gebet, *das;* **be at one's ~s** seine Andacht halten; **book of ~s** Andachtsbuch, *das*

**devotional** [dɪ'vəʊʃənl] *adj.* fromm; andächtig ⟨*Gebet*⟩; religiös ⟨*Literatur, Lied*⟩; Andachts⟨*buch, -übung*⟩

**devour** [dɪ'vaʊə(r)] *v. t.* **a)** verschlingen; ⟨*Pest:*⟩ dahinraffen *(geh.);* **b)** *(absorb the attention of)* verzehren; **he was ~ed by anxiety** er verzehrte sich vor Angst

**devouring** [dɪ'vaʊərɪŋ] *adj.* verzehrend ⟨*Hunger, Leidenschaft, Feuer*⟩; verschlingend ⟨*Fluten*⟩; menschenfressend, alles verschlingend ⟨*Ungeheuer, Tier*⟩

**devout** [dɪ'vaʊt] *adj.* fromm; sehnlich ⟨*Wunsch*⟩; inständig ⟨*Hoffnung*⟩

**devoutly** [dɪ'vaʊtlɪ] *adv.* in [frommer] Andacht ⟨*knien, beten, bekennen*⟩; inständig ⟨*hoffen, wünschen*⟩

**dew** [dju:] **1.** *n.* Tau, *der.* **2.** *v. t. (poet./literary)* betauen *(geh.)*

**dew: ~berry** *n.* Brombeere, *die;* **~-claw** *n.* Afterklaue, *die;* **~-drop** *n.* Tautropfen, *der*

**Dewey system** ['dju:ɪ sɪstəm] *n. (Bibliog.)* Dezimalklassifikation, *die*

**dewlap** ['dju:læp] *n.* *(of animal)* Wamme, *die;* *(of person)* Doppelkinn, *das*

**dew:** **~-point** *n.* *(Phys.)* Taupunkt, *der;* **~-pond** *n.* *(Brit.) flacher, künstlich angelegter Teich, in dem sich Tau- und Regenwasser sammelt*

**dewy** ['dju:ı] *adj.* taufeucht; tauig *(geh.)*

'**dewy-eyed** *adj.* naiv; **go all ~** ganz feuchte Augen bekommen

**dexter** ['dekstə(r)] *adj.* *(Her.)* recht...; dexter *(fachspr.)*

**dexterity** [dek'sterıtı] *n., no pl.* **a)** *(skill)* Geschicklichkeit, *die;* **~ in argument** Redegewandtheit, *die;* **b)** *(right-handedness)* Rechtshändigkeit, *die*

**dexterous[ly]** *see* **dextr-**

**dextrose** ['dekstrəʊs] *n.* *(Chem.)* Traubenzucker, *der;* Dextrose, *die (fachspr.)*

**dextrous** ['dekstrəs] *adj.* **a)** *(nimble of hand, skilful, clever)* geschickt; **b)** *(using right hand)* rechtshändig

**dextrously** ['dekstrəslı] *adv.* geschickt; mit großem Geschick

**dhow** [daʊ] *n.* *(Naut.)* D[h]au, *die*

**DHSS** *abbr.* *(Brit. Hist.)* **Department of Health and Social Security** *Amt für Gesundheit und Sozialwesen*

**dia.** *abbr.* **diameter** D.; Durchm.

**diabetes** [daıə'bi:ti:z] *n., pl. same* *(Med.)* Zuckerkrankheit, *die;* Diabetes, *der (fachspr.)*

**diabetic** [daıə'betık, daıə'bi:tık] *(Med.)* **1.** *adj.* **a)** *(of diabetes)* diabetisch; **b)** *(having diabetes)* diabetisch *(Med.);* zuckerkrank; **c)** *(for diabetics)* Diabetiker⟨*nahrung, -schokolade usw.*⟩. **2.** *n.* Diabetiker, *der*/Diabetikerin, *die*

**diabolic** [daıə'bɒlık], **diabolical** [daıə'bɒlıkl] *adj.* **a)** *(cruel, wicked)* teuflisch; diabolisch; *(coll.: extremely bad)* mörderisch *(ugs.)* ⟨*Hitze*⟩; teuflisch *(ugs.)* ⟨*Kälte, Wetter*⟩; **this child is a ~ nuisance!** *(coll.)* dieses Kind kann einen zur Weißglut treiben! *(ugs.);* **shopping today was ~** *(coll.)* das Einkaufen heute war die reinste Hölle *(ugs.);* **b)** *(of the Devil)* diabolisch; teuflisch

**diabolically** [daıə'bɒlıkəlı] *adv.* *(coll.)* teuflisch *(ugs.)* ⟨*kalt, grausam*⟩; mörderisch *(ugs.)* ⟨*heiß*⟩

**diachronic** [daıə'krɒnık] *adj.,* **diachronically** [daıə'krɒnıkəlı] *adv.* *(Ling.)* diachronisch

**diacritic** [daıə'krıtık], **diacritical** [daıə'krıtıkl] **1.** *adj.* **a)** *(distinctive)* distinktiv *(geh.);* **b)** *(Ling.)* **~ mark** *or* **sign** diakritisches Zeichen. **2.** *n.* *(Ling.)* diakritisches Zeichen

**diadem** ['daıədem] *n.* Diadem, *das;* *(wreath)* Kranz, *der*

**diagnose** [daıəg'nəʊz] *v. t.* diagnostizieren ⟨*Krankheit*⟩; feststellen ⟨*Fehler*⟩

**diagnosis** [daıəg'nəʊsıs] *n., pl.* **diagnoses** [daıəg'nəʊsi:z] **a)** *(of disease)* Diagnose, *die;* **make a ~:** eine Diagnose stellen; **b)** *(of difficulty, fault)* Feststellung, *die*

**diagnostic** [daıəg'nɒstık] **1.** *adj.* diagnostisch; **~ sign** *(Med.)* Symptom, *das.* **2.** *n.* *(Med.)* Symptom, *das*

**diagnostics** [daıəg'nɒstıks] *n. sing.* Diagnostik, *die*

**diagonal** [daı'ægənl] **1.** *adj.* diagonal. **2.** *n.* Diagonale, *die*

**diagonally** [daı'ægənəlı] *adv.* diagonal

**diagram** ['daıəgræm] **1.** *n.* **a)** *(sketch)* schematische Darstellung; **I'll make a ~ to show you how to get there** ich zeichne Ihnen auf, wie Sie dorthin kommen; **b)** *(graphic or symbolic representation)* Diagramm, *das;* **c)** *(Geom.)* Diagramm, *das.* **2.** *v. t.,* *(Brit.)* **-mm-** [in einem Diagramm] graphisch darstellen; *(make sketch of)* aufzeichnen

**diagrammatic** [daıəgrə'mætık] *adj.,* **diagrammatically** [daıəgrə'mætıkəlı] *adv.* diagrammatisch

**dial** ['daıəl] **1.** *n.* **a)** *(of clock or watch)* Zifferblatt, *das;* **b)** *(of gauge, meter, etc., on radio or television)* Skala, *die;* **c)** [**sun**]**~:** Sonnenuhr, *die;* **d)** *(Teleph.)* Wählscheibe, *die;* **e)** *(Brit. sl.: face)* Visage, *die (salopp abwertend).* **2.** *v. t.,* *(Brit.)* **-ll-** *(Teleph.)* wählen; **~** [**London**] **direct** [nach London] durchwählen; **~ a call to somewhere/to sb.** irgendwo/bei jmdm. anrufen. **3.** *v. i.,* *(Brit.)* **-ll-** *(Teleph.)* wählen

**dialect** ['daıəlekt] *n.* Dialekt, *der;* Mundart, *die;* *(of class)* Ausdrucksweise, *die;* *attrib.* **~ expression** mundartlicher *od.* dialektaler Ausdruck

**dialectal** [daıə'lektl] *adj.* dialektal; mundartlich

**dialectic** [daıə'lektık] **1.** *n. in sing. or pl. constr. as sing.* Dialektik, *die.* **2.** *adj.* **a)** dialektisch; **b)** *(dialectal)* dialektal; dialektisch

**dialectical** [daıə'lektıkl] *adj.* **a)** *see* **dialectic 2 a; b) ~ materialism** dialektischer Materialismus

**dialling** (*Amer.:* **dialing**) ['daıəlıŋ]: **~ code** *n.* Vorwahl, *die;* Ortsnetzkennzahl, *die (Amtsspr.);* **~ tone** *n.* Freizeichen, *das;* Wählton, *der (fachspr.)*

**dialogue** (*Amer.:* **dialog**) ['daıəlɒg] *n.* Dialog, *der;* **written in ~** [**form**] in der Form eines Dialogs geschrieben

'**dial tone** *(Amer.)* *see* **dialling tone**

**dialysis** [daı'ælısıs] *n., pl.* **dialyses** [daı'ælısi:z] **a)** *(Chem.)* Dialyse, *die;* **b)** *(Med.)* [Hämo]dialyse, *die (fachspr.);* Blutwäsche, *die*

**diameter** [daı'æmıtə(r)] *n.* **a)** Durchmesser, *der;* Diameter, *der (Geom.);* **b) a magnification of eight ~s** eine achtfache Vergrößerung; **magnify 2,000 ~s** zweitausendfach vergrößern

**diametrical** [daıə'metrıkl] *adj.* diametral; **I hold opinions in ~ opposition to his** meine Ansichten sind seinen diametral entgegengesetzt

**diametrically** [daıə'metrıkəlı] *adv.* **a)** *(in direct opposition)* diametral ⟨*entgegengesetzt, widersprechen*⟩; **b)** *(straight through)* diametrisch

**diamond** ['daıəmənd] **1.** *n.* **a)** Diamant, *der;* **it was [a case of] ~ cut ~** *(fig.)* da sind die Richtigen aneinandergeraten; **b)** *(figure)* Raute, *die;* Rhombus, *der;* **c)** *(Cards)* Karo, *das; see also* **club 1 d; d)** *(tool)* [Glaser]diamant, *der;* **e)** *(Baseball)* *(space enclosed by bases)* Innenfeld, *das;* *(entire field)* Spielfeld, *das. See also* **rough diamond. 2.** *adj.* **a)** *(made of ~[s])* diamanten; *(set with ~[s])* diamantenbesetzt; Diamant⟨*ring, -staub, -schmuck*⟩; **b)** *(rhomb-shaped)* rautenförmig

**diamond:** **~-drill** *n.* Diamantbohrer, *der;* **~-field** *n.* Diamantlagerstätte, *die;* **~ 'jubilee** *n.* 60jähriges/75jähriges Jubiläum; **~-merchant** *n.* Diamantenhändler, *der*/-händlerin, *die;* **~ mine** *n.* Diamantenbergwerk, *das;* **~-shaped** *adj.* rautenförmig; **~ 'wedding** *n.* diamantene Hochzeit

**dianthus** [daı'ænθəs] *n.* *(Bot.)* Nelke, *die*

**diaper** ['daıəpə(r)] *n.* **a)** *(Amer.: nappy)* Windel, *die;* **b)** *(fabric) mit kleinen Rauten o. ä. gemustertes [Jacquard]gewebe*

**diaphanous** [daı'æfənəs] *adj.* durchsichtig

**diaphragm** ['daıəfræm] *n.* Diaphragma, *das (fachspr.);* *(Anat. also)* Zwerchfell, *das;* *(Zool., Bot. also)* Scheidewand, *die;* *(Photog. also)* Blende, *die;* *(contraceptive also)* Pessar, *das;* *(Mech., Teleph. also)* Membran, *die*

**diapositive** [daıə'pɒzıtıv] *n.* *(Photog.)* Diapositiv, *das*

**diarist** ['daıərıst] *n.* Tagebuchautor, *der*/-autorin, *die*

**diarrhoea** (*Amer.:* **diarrhea**) [daıə'ri:ə] *n.* Durchfall, *der;* Diarrhö[e], *die (Med.)*

**diary** ['daıərı] *n.* **a)** Tagebuch, *das;* **keep a ~:** [ein] Tagebuch führen; **b)** *(for appointments)* Terminkalender, *der;* **pocket/desk ~:** Taschen-/Tischkalender, *der*

**Diaspora** [daı'æspərə] *n.* Zerstreuung der Juden; *(persons)* Diaspora, *die*

**diastolic** [daıə'stɒlık] *adj.* *(Physiol.)* diastolisch

**diatonic** [daıə'tɒnık] *adj.* *(Mus.)* diatonisch

**diatribe** ['daıətraıb] *n.* *(speech)* Schmährede, *die;* *(piece of writing)* Schmähschrift, *die*

**dibber** ['dıbə(r)] *see* **dibble 1**

**dibble** ['dıbl] **1.** *n.* Pflanzholz, *das.* **2.** *v. t.* [mit dem Pflanzholz] pflanzen

**dice** [daıs] **1.** *n., pl. same* **a)** *(cube)* Würfel, *der;* **throw ~:** würfeln; **throw ~ for sth.** etw. auswürfeln; **no ~!** *(fig. coll.)* kommt nicht in Frage!; **b)** *in sing.* *(game)* Würfelspiel, *das;* **play ~:** würfeln; **c)** *in pl.* *(Cookery)* Würfel *Pl.;* **cut into ~:** würfeln. **2.** *v. i.* würfeln (**for** um); **~ with death** mit seinem Leben spielen. **3.** *v. t.* *(Cookery)* würfeln

**dicey** ['daısı] *adj.* *(sl.)* riskant; *(unreliable)* unzuverlässig

**dichotomy** [daı'kɒtəmı, dı'kɒtəmı] *n.* Dichotomie, *die*

**dick** [dık] *n.* **a)** *(sl.: detective)* Schnüffler, *der (ugs. abwertend);* **b)** *(coarse: penis)* Schwanz, *der (derb);* Riemen, *der (derb). See also* **clever Dick; Tom a**

**dickens** ['dıkınz] *n.* *(coll.)* **what/why/who** *etc.* **the ~ ...:** was/warum/wer *usw.* zum Kuckuck ... *(salopp)*

**Dickensian** [dı'kenzıən] **1.** *n.* Dickensianer. **2.** *adj.* Dickenssch; **~ conditions** Zustände, wie man sie aus Dickens' Romanen kennt

[1]**dicky (dickey)** ['dıkı] *n.* **a)** *see* **dicky-bird; b)** *(Brit. Hist.: seat)* Klappsitz *(im Fond eines Zweisitzers);* **c)** *(shirt-front)* Vorhemd, *das*

[2]**dicky** *adj.* *(sl.)* mies *(ugs. abwertend);* klapprig *(ugs.)* ⟨*Herz*⟩

'**dicky-bird** *n.* *(child lang./coll.)* Piepvogel, *der (Kinderspr.);* *(sl.: word)* **not a ~:** kein Sterbenswörtchen

**dicta** *pl. of* **dictum**

**dictate 1.** [dık'teıt] *v. t. & i.* diktieren; *(prescribe)* vorschreiben; **~ to** Vorschriften machen (+ *Dat.*); **I will not be ~d to** ich lasse mir keine Vorschriften machen. **2.** ['dıkteıt] *n., usu. in pl.* Diktat, *das*

**dic'tating-machine** *n.* Diktiergerät, *das*

**dictation** [dık'teıʃn] *n.* Diktat, *das;* **take a ~:** ein Diktat aufnehmen

**dictator** [dık'teıtə(r)] *n.* *(lit. or fig.)* Diktator, *der;* **be a ~** *(fig.)* diktatorisch sein

**dictatorial** [dıktə'tɔ:rıəl] *adj.,* **dictatorially** [dıktə'tɔ:rıəlı] *adv.* *(lit. or fig.)* diktatorisch

**dictatorship** [dık'teıtəʃıp] *n.* *(lit. or fig.)* Diktatur, *die*

**diction** ['dıkʃn] *n.* Diktion, *die (geh.)*

**dictionary** ['dıkʃənərı] *n.* Wörterbuch, *das; see also* **walking 1**

**dictum** ['dıktəm] *n., pl.* **~s** *or* **dicta** ['dıktə] **a)** *(pronouncement, maxim)* Spruch, *der;* Diktum, *das (geh.);* **b)** *(Law)* richterliche Meinung

**did** *see* [1]**do**

**didactic** [dı'dæktık, daı'dæktık] *adj.* **a)** didaktisch; **b)** *(authoritarian)* schulmeisterlich *(abwertend)*

**diddle** ['dıdl] *v. t.* *(sl.)* übers Ohr hauen *(ugs.);* **~ sb. out of sth.** jmdm. etw. abluchsen *(salopp);* **~ sb. into doing sth.** jmdn. so verschaukeln, daß er etw. tut *(ugs.)*

**diddums** ['dıdəmz] *n.* *(child lang./coll.)* der/die arme Kleine; [**poor little**] **~!** armes Kleines!

**didn't** ['dıdnt] *(coll.)* = **did not;** *see* [1]**do**

**dido** ['daıdəʊ] *n., pl.* **~s** *or* **~es** *(Amer. coll.)* Mätzchen, *das (ugs.)*

[1]**die** [daı] **1.** *v. i.,* **dying** ['daııŋ] **a)** sterben; ⟨*Tier, Pflanze:*⟩ eingehen, *(geh.)* sterben; ⟨*Körperteil:*⟩ absterben; **be dying** sterben; **~ from** *or* **of sth.** an etw. *(Dat.)* sterben; **~ of grief** vor Kummer sterben; **~ of a heart attack/a brain tumour** einem Herzanfall/

Hirntumor erliegen; ~ **from one's injuries** seinen Verletzungen erliegen; ~ **a rich man** als reicher Mann sterben; ~ **by one's own hand** *(literary)* Hand an sich *(Akk.)* legen *(geh.)*; ~ **in one's bed** im Bett sterben; ~ **in one's boots** *(working)* in den Sielen sterben; ⟨*Soldat:*⟩ im Kampf fallen; **sb. would ~ rather than do sth.** um nichts in der Welt würde jmd. etw. tun; **never say ~** *(fig.)* nur nicht den Mut verlieren; **b)** *(fig.)* **be dying for sth.** etw. unbedingt brauchen; **be dying for a cup of tea** nach einer Tasse Tee lechzen; **be dying to do sth.** darauf brennen, etw. zu tun; **I'm dying to know how she ...:** ich möchte zu gerne wissen, wie sie ...; **be dying of boredom/curiosity** vor Langeweile sterben/vor Neugier platzen; ~ **[laughing]** sich totlachen *(ugs.)*; **I [nearly] ~d with** *or* **of embarrassment** es war mir furchtbar peinlich; ~ **with** *or* **of shame** sich zu Tode schämen; **c)** *(disappear)* in Vergessenheit geraten; ⟨*Gefühl, Liebe, Ruhm:*⟩ vergehen; ⟨*Ton:*⟩ verklingen; ⟨*Flamme:*⟩ verlöschen; ⟨*Worte, Lächeln:*⟩ ersterben *(geh.)*; **the secret ~d with them** sie haben das Geheimnis mit ins Grab genommen; **d)** *(coll.: cease to function)* ⟨*Zeitschrift, Firma:*⟩ eingehen *(ugs.)*; **the engine ~d on me** *(coll.)* der Motor ist mir abgestorben. *See also* **ditch 1; harness 1 b. 2.** *v. t.* **dying: ~ a natural/violent death** eines natürlichen/gewaltsamen Todes sterben; **let the matter ~ a natural death** die Sache langsam einschlafen lassen; **sth. ~s the death** *(coll.)* mit etw. ist nichts mehr *(ugs.)*

~ **a'way** *v. i.* ⟨*Laut, Geräusch:*⟩ schwächer werden; ⟨*Wind, Zorn:*⟩ sich legen

~ **'back** *v. i.* absterben

~ **'down** *v. i.* ⟨*Sturm, Wind, Protest, Aufruhr:*⟩ sich legen; ⟨*Flammen:*⟩ kleiner werden; ⟨*Feuer:*⟩ herunterbrennen; ⟨*Lärm:*⟩ leiser werden; ⟨*Kämpfe:*⟩ nachlassen; ⟨*Epidemie:*⟩ abklingen

~ **'off** *v. i.* ⟨*Pflanzen, Tiere:*⟩ [nacheinander] eingehen; ⟨*Blätter:*⟩ [nacheinander] absterben; ⟨*Menschen:*⟩ [nacheinander] sterben

~ **'out** *v. i.* aussterben

**²die** *n.* **a)** *pl.* **dice** [daɪs] *(formal)* Würfel, *der;* **the ~ is cast** die Würfel sind gefallen; **as straight** *or* **true as a ~:** schnurgerade ⟨*Weg, Linie*⟩; *(fig.)* grundehrlich; **b)** *pl.* **~s** *(engraved stamp)* Stempel, *der;* **c)** *pl.* **~s** *(Metalw.)* Gußform, *die; (in drop-forging)* Gesenk, *das;* **d)** *(for cutting threads)* [Gewinde]schneideisen, *das*

**die: ~-casting** *n.* **a)** *(process)* [Kokillen]guß, *der;* **b)** *(product)* Gußstück, *das;* **~-hard 1.** *n.* hartnäckiger Typ; *(reactionary)* Ewiggestrige, *der/die;* **2.** *adj.* hartnäckig; *(dyed-in-the-wool)* eingefleischt; *(reactionary)* ewiggestrig

**diesel** ['di:zl] *n.* ~ **[engine]** Diesel[motor], *der;* ~ **[lorry/car]** Diesel, *der;* ~ **[train]** *(Railw.)* Dieseltriebwagen, *der;* ~ **[fuel]** Diesel[kraftstoff], *der*

**diesel-e'lectric** *adj.* dieselelektrisch

**'diesel oil** *n.* Dieseltreibstoff, *der*

**¹diet** ['daɪət] **1.** *n.* **a)** *(for slimming)* Diät, *die;* Schlankheitskur, *die;* **be/go on a ~:** eine Schlankheitskur *od.* Diät machen; **b)** *(Med.)* Diät, *die;* Schonkost, *die;* **c)** *(habitual food)* Kost, *die.* **2.** *v. i.* eine Schlankheitskur *od.* Diät machen

**²diet** *n. (Polit.)* Reichstag, *der*

**dietary** ['daɪɪtərɪ] *adj.* ~ **rules** Diätvorschriften; ~ **habits** Eßgewohnheiten; ~ **deficiencies** mangelhafte Ernährung

**dietetic** [daɪə'tetɪk] *adj.* Diät-; diätetisch

**dietetics** [daɪə'tetɪks] *n., no pl.* Ernährungslehre, *die;* Diätetik, *die (fachspr.)*

**dietitian (dietician)** [daɪə'tɪʃn] *n.* Diätassistent, *der/*-assistentin, *die*

**'diet-sheet** *n.* Diätplan, *der*

**differ** ['dɪfə(r)] *v. i.* **a)** *(vary, be different)* sich unterscheiden; **the two accounts of what happened ~ed greatly** die beiden Berichte von den Ereignissen wichen stark voneinander ab; **opinions/ideas ~:** die Meinungen/Vorstellungen gehen auseinander; **tastes/temperaments ~:** die Geschmäcker *(ugs.)* /Temperamente sind verschieden; **people ~:** es sind nicht alle Menschen gleich; ~ **from sb./sth. in that ...:** sich von jmdm./etw. dadurch *od.* darin unterscheiden, daß ...; **b)** *(disagree)* anderer Meinung sein; ~ **with sb. over** *or* **on sth.** über etw. *(Akk.)* anderer Meinung sein als jmd.; *see also* **agree 1 a; beg 1 b**

**difference** ['dɪfərəns] *n.* **a)** Unterschied, *der;* ~ **in age** Altersunterschied, *der;* **have a ~ of opinion [with sb.]** eine Meinungsverschiedenheit [mit jmdm.] haben; **there is a ~ in her now** *(in appearance)* sie sieht jetzt anders aus; *(in character)* sie hat sich geändert; **it makes a ~:** es ist ein *od.* *(ugs.)* macht einen Unterschied; **what ~ would it make if ...?** was würde es schon ausmachen, wenn ...?; **the new curtains make a big ~ to the room** mit den neuen Vorhängen sieht das Zimmer schon ganz anders aus; **it makes a ~:** es ist ein *od. (ugs.)* macht einen Unterschied; **as if 'that made any ~:** als ob das etwas ändern würde; **make all the ~ [in the world]** ungeheuer viel ausmachen; **I could [as well] have stayed at home for all the ~ it made** da hätte ich auch gleich zu Hause bleiben können; **make no ~ [to sb.]** [jmdm.] nichts ausmachen; **a holiday with a ~:** Urlaub – einmal anders; **same ~** *(coll.)* ein und dasselbe; **b)** *(between amounts)* Differenz, *die;* **pay the ~:** den Rest[betrag] bezahlen; **split the ~:** sich *(Dat.)* den Rest[betrag] teilen; *(fig.)* einen Kompromiß machen; **c)** *(dispute)* **have a ~ with sb.** mit jmdm. eine Auseinandersetzung haben; **resolve** *or* **settle one's ~s** seine Differenzen beilegen

**different** ['dɪfərənt] *adj.* verschieden; *(pred. also)* anders; *(attrib. also)* ander...; **be ~ from** *or (esp. Brit.)* **to** *or (Amer.)* **than ...:** anders sein als ...; **the two sisters are very ~ from each other** die beiden Schwestern sind sehr verschieden; **she was totally ~ from** *or* **to what I'd expected** sie war ganz anders, als ich erwartet hatte; ~ **viewpoints/cultures** unterschiedliche Standpunkte/Kulturen; **how are they ~?** worin *od.* wodurch unterscheiden sie sich?; **I feel a ~ person** ich fühle mich wie neu geboren; **I asked several ~ people** ich habe mehrere *od.* verschiedene Leute gefragt; **wear a ~ dress on every occasion** zu jedem Anlaß ein anderes Kleid tragen; **oh, that's ~:** ach so, das ist was anderes; **a holiday that is ~:** Urlaub – einmal anders; **the same, only ~** *(coll.)* fast der-/die-/dasselbe

**differential** [dɪfə'renʃl] **1.** *adj.* **a)** unterschiedlich; ungleich ⟨*Behandlung*⟩; gestaffelt ⟨*Lohn, Kosten*⟩; unterscheidend ⟨*Merkmal*⟩; ~ **tariffs/duties** *(Commerc.)* Differentialtarife/-zölle; **b)** *(Math.)* ~ **calculus** Differentialrechnung, *die;* ~ **equation** Differentialgleichung, *die;* ~ **coefficient** *see* **derivative 2 b. 2.** *n.* **a)** *(Commerc.)* **[wage] ~:** [Einkommens]unterschied, *der;* **price ~s** Preisunterschiede; **b)** *(Motor Veh.)* Differential[getriebe], *das;* Ausgleichsgetriebe, *das*

**differentiate** [dɪfə'renʃɪeɪt] **1.** *v. t.* **a)** unterscheiden; **b)** *(Biol.)* herausbilden; **c)** *(Math.)* differenzieren. **2.** *v. i.* **a)** *(recognize the difference)* unterscheiden; differenzieren; **b)** *(treat sth. differently)* einen Unterschied machen; differenzieren

**differentiation** [dɪfərenʃɪ'eɪʃn] *n.* **a)** Unterscheidung, *die;* Differenzierung, *die;* **b)** *(Biol., Math.)* Differenzierung, *die*

**differently** ['dɪfərəntlɪ] *adv.* anders **(from,** *esp. Brit.* **to** als); ~ **[to** *or* **from each other]** verschieden; *(with different result, at various times)* unterschiedlich; **they reacted ~ to the news** sie reagierten unterschiedlich auf die Nachricht

**differing** ['dɪfərɪŋ] *adj.* unterschiedlich

**difficult** ['dɪfɪkəlt] *adj.* **a)** schwer; schwierig; **a ~ writer** ein schwieriger Schriftsteller; **he finds it ~ to do sth.** ihm fällt es schwer, etw. zu tun; **make things ~ for sb.** es jmdm. nicht leicht machen; **the ~ thing is ...:** die Schwierigkeit ist ...; **b)** *(unaccommodating)* schwierig; **he is being ~:** er macht Schwierigkeiten; **he is ~ to get on with** es ist schwer, mit ihm auszukommen

**difficulty** ['dɪfɪkəltɪ] *n.* **a)** Schwierigkeit, *die;* **with [great] ~:** [sehr] mühsam; **with the greatest ~:** unter größten Schwierigkeiten; **without [great] ~:** ohne große Probleme; mühelos; **have ~ [in] doing sth.** Schwierigkeiten haben, etw. zu tun; **experience** *or* **have [some] ~ in walking** Beschwerden beim Gehen haben; **b)** *usu. in pl. (trouble)* **be in ~** *or* **difficulties** in Schwierigkeiten sein; **under great difficulties** unter großen Schwierigkeiten; **fall** *or* **get into difficulties** in Schwierigkeiten kommen *od.* geraten

**diffidence** ['dɪfɪdəns] *n., no pl.* Zaghaftigkeit, *die; (modesty)* Zurückhaltung, *die*

**diffident** ['dɪfɪdənt] *adj.* zaghaft; *(modest)* zurückhaltend

**diffraction** [dɪ'frækʃn] *n. (Phys.)* Beugung, *die;* Diffraktion, *die (veralt.)*

**diffuse 1.** [dɪ'fju:z] *v. t.* verbreiten; diffundieren *(fachspr.)*; **~d lighting/traces** diffuse Beleuchtung/Spuren. **2.** *v. i.* sich ausbreiten **(through** in + *Dat.*); diffundieren *(fachspr.)*. **3.** [dɪ'fju:s] *adj.* **a)** *(dispersed)* diffus; **b)** *(verbose)* weitschweifig; diffus *(fig.)*

**diffusion** [dɪ'fju:ʒn] *n.* **a)** *(also Anthrop.)* Verbreitung, *die;* **b)** *(Phys.)* Diffusion, *die*

**dig** [dɪg] **1.** *v. i.*, **-gg-, dug** [dʌg] **a)** graben **(for** nach); **b)** *(Archaeol.: excavate)* Ausgrabungen machen; graben; *(fig.: search)* ~ **for information** versuchen, Informationen zu bekommen; **c)** ~ **at sb.** eine [spitze] Bemerkung über jmdn. machen. **2.** *v. t.*, **-gg-, dug a)** graben; ~ **a hole [in sth.]** ein Loch [in etw. *(Akk.)*] graben; **b)** *(turn up with spade etc.)* umgraben; *(obtain by digging)* ~ **potatoes/peat** Kartoffeln ernten *od. (landsch.)* ausmachen/Torf stechen; **c)** *(Archaeol.)* ausgraben; **d)** *(sl.: appreciate)* stark finden *(Jugendspr.)*; *(understand)* schnallen *(salopp)*. **3.** *n.* **a)** Grabung, *die;* **b)** *(Archaeol. coll.)* Ausgrabung, *die; (site)* Ausgrabungsort, *der;* **c)** *(fig.)* Anspielung, *die* **(at** auf + *Akk.*); **have** *or* **make a ~ at sb./sth.** eine [spitze] Bemerkung über jmdn./etw. machen; **d)** *see* **rib**

~ **'in 1.** *v. i.* **a)** *(Mil.)* sich eingraben; *(fig.)* sich festsetzen; **b)** *(coll.: begin eating, eat)* zulangen *(ugs.)*. **2.** *v. t.* **a)** *(Mil.)* eingraben; ~ **oneself in** sich eingraben; *(fig.)* sich etablieren; **b)** *(thrust)* **the cat dug its claws in** die Katze krallte sich fest; ~ **one's heels** *or* **toes in** *(fig. coll.)* sich auf die Hinterbeine stellen *(ugs.)*; **c)** *(mix with soil)* eingraben

~ **into** *v. t.* **a)** wühlen in (+ *Akk.*) ⟨*Tasche*⟩; eindringen in (+ *Akk.*) ⟨*Materie*⟩; vordringen in (+ *Akk.*) ⟨*Vergangenheit, Geschichte*⟩; **b)** *(coll.: begin eating)* zulangen bei *(ugs.)*; **c)** *(take from)* ~ **into one's savings** seine Ersparnisse angreifen; **have to ~ into one's pocket** in die Tasche greifen müssen; **d)** *(mix with)* ~ **compost into the soil** Kompost untergraben; **e)** *(embed itself in)* sich graben in (+ *Akk.*)

~ **'out** *v. t. (lit. or fig.)* ausgraben; ~ **sb. out from underneath the debris/out of the wreckage** jmdn. aus den Trümmern bergen

~ **'up** *v. t.* **a)** umgraben ⟨*Garten, Rasen, Erde*⟩; ausgraben ⟨*Pflanzen, Knochen, Leiche, Schatz*⟩; **b)** *(fig.: find)* ausgraben ⟨*Fakten, Informationen*⟩; *(coll. derog.: obtain)* aufgabeln *(ugs.)*

**digest 1.** [dɪ'dʒest, daɪ'dʒest] *v. t.* **a)** *(assimilate, lit or fig.)* verdauen; **b)** *(consider)* durchdenken. **2.** ['daɪdʒest] *n.* **a)** *(periodical)* Digest, *der od. das (Zeitschrift mit Auszügen aus Büchern od. anderen Zeitschriften);* **b)** *(summary)* Zusammenfassung, *die*

**digestible** [dɪ'dʒestɪbl, daɪ'dʒestɪbl] *adj.* verdaulich; *(fig.)* verständlich

**digestion** [dɪ'dʒestʃn, daɪ'dʒestʃn] *n.* Verdauung, *die;* Digestion, *die (Physiol.); (fig.)* [geistige] Verarbeitung

**digestive** [dɪ'dʒestɪv, daɪ'dʒestɪv] **1.** *adj.* Verdauungs-; ~ **biscuit** *(Brit.) see* **2. 2.** *n. (Brit.: biscuit)* Keks *(aus Vollkornmehl)*

**digger** ['dɪgə(r)] *n.* **a)** *(Archaeol.)* Ausgräber, *der*/Ausgräberin, *die; (miner)* Bergmann, *der; (gold-~)* Goldgräber, *der;* **b)** *(Mech.)* Bagger, *der; (garden tool)* Grabschaufel, *die;* **trench ~:** Grabenbagger, *der;* **c)** *(coll.) (Australian)* Australier, *der*/Australierin, *die; (New Zealander)* Neuseeländer, *der*/Neuseeländerin, *die*

**diggings** ['dɪgɪŋz] *n. pl.* **a)** *(Mining)* [Gold]lagerstätte, *die;* **b)** *(Archaeol.)* Ausgrabungsort, *der*

**digit** ['dɪdʒɪt] *n.* **a)** *(numeral)* Ziffer, *die;* **a six-~ number** eine sechsstellige Zahl; **b)** *(Zool., Anat.) (finger)* Finger, *der; (toe)* Zehe, *die*

**digital** ['dɪdʒɪtl] *adj.* **a)** *(numerical)* digital; **~ clock/watch** Digitaluhr, *die;* **~ computer** Digitalrechner, *der;* **~ recording** Digitalaufnahme, *die;* **b)** *(Zool., Anat.)* digital

**digitize (digitise)** ['dɪdʒɪtaɪz] *v. t. (Computing)* digitalisieren

**dignified** ['dɪgnɪfaɪd] *adj.* würdig; *(self-respecting, stately)* würdevoll

**dignify** ['dɪgnɪfaɪ] *v. t.* **a)** *(make stately)* Würde verleihen (+ *Dat.*); **b)** *(give distinction to)* Glanz verleihen (+ *Dat.*); auszeichnen 〈*Person*〉; **c)** *(give grand title to)* aufwerten *(fig.)*

**dignitary** ['dɪgnɪtərɪ] *n.* Würdenträger, *der;* **dignitaries** *(notabilities)* Honoratioren; **church ~:** kirchlicher Würdenträger

**dignity** ['dɪgnɪtɪ] *n.* Würde, *die;* **speak with quiet ~:** ruhig und würdevoll sprechen; **he is not one to stand on his ~:** er hat keine Angst, sich *(Dat.)* etwas zu vergeben; **be beneath one's ~:** unter seiner Würde sein

**digress** [daɪ'gres, dɪ'gres] *v. i.* abschweifen **(from** von, **on** zu)

**digression** [daɪ'greʃn, dɪ'greʃn] *n.* Abschweifung, *die; (passage)* Exkurs, *der*

**digs** [dɪgz] *n. pl. (Brit. coll.)* Bude, *die (ugs.);* **he's in ~:** er hat eine [eigene] Bude *(ugs.)*

**dike** [daɪk] *n.* **a)** *(flood-wall)* Deich, *der;* **b)** *(ditch)* Graben, *der;* **c)** *(causeway)* Damm, *der;* **d)** *(Mining, Geol.)* Gang, *der; (of igneous rock)* Eruptivgang, *der*

**diktat** ['dɪktæt] *n.* **a)** *(decree)* Anordnung, *die;* **b)** *(severe settlement)* Diktat, *das*

**dilapidated** [dɪ'læpɪdeɪtɪd] *adj.* verfallen 〈*Gebäude*〉; verwahrlost 〈*Äußeres, Erscheinung*〉

**dilapidation** [dɪlæpɪ'deɪʃn] *n., no pl.* Verfall, *der;* **in a state of ~:** in verwahrlostem Zustand

**dilatation** [daɪlə'teɪʃn, dɪlə'teɪʃn] *n.* **a)** *see* **dilation; b)** *(Med.)* Dilatation, *die (fachspr.);* Erweiterung, *die*

**dilate** [daɪ'leɪt, dɪ'leɪt] **1.** *v. i.* **a)** sich weiten; **b)** *(discourse)* **~ [up]on sth.** sich über etw. *(Akk.)* verbreiten. **2.** *v. t.* ausdehnen; blähen 〈*Nüstern*〉

**dilation** [daɪ'leɪʃn, dɪ'leɪʃn] *n.* Dilatation, *die; (Phys. also)* Ausdehnung, *die; (Med. also)* Erweiterung, *die*

**dilatory** ['dɪlətərɪ] *adj.* langsam; saumselig *(geh.);* zögernd 〈*Antwort, Reaktion*〉; *(causing delay)* **be ~ in** sich *(Dat.)* [viel] Zeit lassen bei

**dildo** ['dɪldəʊ] *n., pl.* **~s** Godemiché, *der*

**dilemma** [dɪ'lemə, daɪ'lemə] *n. (also Logic)* Dilemma, *das;* **be on the horns of** *or* **faced with a ~:** vor einem Dilemma stehen

**dilettante** [dɪlɪ'tæntɪ] **1.** *n., pl.* **dilettanti** [dɪlɪ'tænti:] *or* **~s** Dilettant, *der*/Dilettantin, *die;* Laie, *der.* **2.** *adj.* dilettantisch; laienhaft 〈*Interesse*〉

**diligence** ['dɪlɪdʒəns] *n.* Fleiß, *der; (purposefulness)* Eifer, *der*

**diligent** ['dɪlɪdʒənt] *adj.* fleißig; *(purposeful)* eifrig; sorgfältig, gewissenhaft 〈*Arbeit, Suche*〉

**diligently** ['dɪlɪdʒəntlɪ] *adv.* fleißig; *(purposefully)* eifrig; **execute one's duties ~:** seine Pflichten gewissenhaft erfüllen

**dill** [dɪl] *n. (Bot.)* Dill, *der*

**dill: ~ pickle** *n. mit Dill eingelegte Gurke usw.;* **~-water** *n.* Dillöl, *das (Pharm.)*

**dilly** ['dɪlɪ] *n. (sl.)* irre Type *(ugs.); (thing)* irres Ding *(ugs.)*

**dilly-dally** ['dɪlɪdælɪ] *v. i. (coll.)* **a)** *(dawdle)* trödeln; **b)** *(vacillate)* **~ over the choice of sth.** sich nicht für etw. entscheiden können; **stop ~ing!** entscheide dich endlich!

**diluent** ['dɪljʊənt] *n.* Verdünnungsmittel, *das*

**dilute 1.** [daɪ'lju:t, 'daɪlju:t] *adj.* **a)** verdünnt; **b)** *(washed out)* verwaschen 〈*Farbe*〉; *(faded)* verblaßt, ausgebleicht 〈*Farbe*〉; **c)** *(fig.)* blaß *(geh.).* **2.** [daɪ'lju:t] *v. t.* **a)** verdünnen; **b)** ausbleichen 〈*Farbe*〉; **c)** *(fig.)* abschwächen; entschärfen

**dilution** [daɪ'lju:ʃn, daɪ'lu:ʃn] *n.* **a)** *(act)* Verdünnen, *das;* **b)** *(state, substance)* Verdünnung, *die;* **c)** *(fig.)* Abschwächung, *die*

**dim** [dɪm] **1.** *adj.* **a)** schwach, trüb 〈*Licht, Flackern*〉; matt, gedeckt 〈*Farbe*〉; dämmrig, dunkel 〈*Zimmer*〉; undeutlich, verschwommen 〈*Gestalt*〉; **grow ~:** schwächer werden; **b)** *(fig.)* blaß; verschwommen; **in the ~ and distant past** in ferner Vergangenheit; **have a ~ suspicion that ...:** den leisen Verdacht haben, daß ...; **have only a ~ understanding of sth.** nur eine ungefähre *od.* vage Vorstellung von etw. haben; **c)** *(indistinct)* schwach, getrübt 〈*Seh-, Hörvermögen*〉; **his eyesight/hearing had grown ~:** seine Augen hatten/sein Gehör hatte nachgelassen; **d)** *(coll.) (stupid)* beschränkt; *(clumsy)* ungeschickt; **e) take a ~ view of sth.** *(coll.)* von etw. nicht erbaut sein. **2.** *v. i.,* **-mm-:** *(lit. or fig.)* schwächer werden. **3.** *v. t.,* **-mm- a)** verdunkeln; verdüstern; *(fig.)* trüben; dämpfen; **~ the lights** *(Theatre, Cinemat.)* die Lichter langsam verlöschen lassen; **b)** *(Amer. Motor Veh.)* abblenden

**~ 'out** *v. t.* **a)** verdunkeln; **b)** *(Theatre)* **~ out the lights on stage** die Bühne abblenden. *See also* **dim-out**

**dime** [daɪm] *n. (Amer.)* Zehncentstück, *das;* ≈ Groschen, *der (ugs.);* **be a ~ a dozen** *(fig.)* Dutzendware sein *(fig. abwertend);* **it's not worth a ~** *(fig.)* es ist keinen Pfifferling wert *(ugs.);* **~ novel** Groschenroman, *der (abwertend)*

**dimension** [dɪ'menʃn, daɪ'menʃn] **1.** *n. (lit. or fig.)* Dimension, *die; (measurement)* Abmessung, *die.* **2.** *v. t.* dimensionieren

**-dimensional** [dɪ'menʃənl, daɪ'menʃənl] *adj. in comb.* -dimensional

**diminish** [dɪ'mɪnɪʃ] **1.** *v. i.* nachlassen; 〈*Zahl:*〉 sich verringern; 〈*Vorräte, Autorität, Einfluß:*〉 abnehmen; 〈*Wert, Bedeutung, Ansehen:*〉 geringer werden; **~ in value/number** an Wert verlieren/an Zahl od. zahlenmäßig abnehmen. **2.** *v. t.* vermindern; verringern; *(fig.)* herabwürdigen 〈*Person*〉; schmälern 〈*Ansehen, Ruf*〉; beeinträchtigen 〈*Schönheit, Freundschaft*〉

**diminished** [dɪ'mɪnɪʃt] *adj.* geringer 〈*Wert, Anzahl, Einfluß, Popularität*〉; vermindert 〈*Stärke, Fähigkeit*〉; verringert 〈*Belegschaft*〉; verkleinert 〈*Reich*〉; **[plead] ~ responsibility** *(Law)* [auf] verminderte Zurechnungsfähigkeit [plädieren]; **~ interval** *(Mus.)* vermindertes Intervall

**diminishing** [dɪ'mɪnɪʃɪŋ] *adj.* sinkend; abnehmend 〈*Vorräte*〉; schwindend 〈*Kraft, Einfluß, Macht*〉; **law of ~ returns** *(Econ.)* Gesetz vom abnehmenden Ertragszuwachs; Ertragsgesetz, *das*

**diminuendo** [dɪmɪnjʊ'endəʊ] *(Mus.) n., pl.* **~s** Diminuendo, *das*

**diminution** [dɪmɪ'nju:ʃn] *n. (of number, supplies)* Verringerung, *die; (of value)* Minderung, *die; (of strength, influence)* Schwinden, *das; (of reputation, fame)* Schmälerung, *die; (Mus.)* Diminution, *die*

**diminutive** [dɪ'mɪnjʊtɪv] **1.** *adj.* **a)** winzig; **b)** *(Ling.)* diminutiv. **2.** *n. (Ling.)* Diminutiv[um], *das*

**dimly** ['dɪmlɪ] *adv.* schwach; undeutlich 〈*sehen*〉; ungefähr 〈*begreifen*〉; **I ~ remember it** ich erinnere mich noch dunkel daran

**dimmer** ['dɪmə(r)] *n.* **a)** Dimmer, *der;* Helligkeitsregler, *der;* **b)** *(Amer. Motor Veh.: switch)* Abblendschalter, *der*

**dimness** ['dɪmnɪs] *n., no pl.* **a)** Trübheit, *die; (almost darkness)* Halbdunkel, *das;* **b)** *(fig.)* Undeutlichkeit, *die;* Unklarheit, *die*

**dimorphic** [daɪ'mɔ:fɪk] *adj. (Biol., Chem., Min.)* dimorph

**dimorphism** [daɪ'mɔ:fɪzm] *n. (Biol., Chem., Min.)* Dimorphie, *die*

**'dim-out** *n.* **a)** Verdunk[e]lung, *die;* **b)** *(Theatre)* Abblendung, *die*

**dimple** ['dɪmpl] *n.* Grübchen, *das; (on golf-ball etc.)* kleine Vertiefung

**dim: ~-wit** *n. (coll.)* Dummkopf, *der (ugs.);* **~-witted** ['dɪmwɪtɪd] *adj. (coll.)* dusselig *(salopp);* dämlich *(ugs. abwertend)*

**din** [dɪn] **1.** *n.* Lärm, *der.* **2.** *v. t.,* **-nn-: ~ sth. into sb.** jmdm. etw. einhämmern *od.* einbleuen

**din-din[s]** ['dɪndɪn(z)] *n. (child lang.)* Freßchen, *das (ugs.)*

**dine** [daɪn] **1.** *v. i. (at midday/in the evening)* [zu Mittag/zu Abend] essen *od. (geh.)* speisen; dinieren *(geh.);* **~ off/on sth.** etw. [zum Mittag-/Abendessen] verzehren; **~ off sth.** *(eat from)* von etw. speisen. **2.** *v. t.* bewirten; *see also* **wine and dine**

**~ 'out** *v. i.* **a)** auswärts [zu Mittag/Abend] essen; **b) ~ out on sth.** wegen etw. zum Essen eingeladen werden

**diner** ['daɪnə(r)] *n.* **a)** Gast, *der (zum Abendessen);* **b)** *(Railw.)* Speisewagen, *der;* **c)** *(Amer.: restaurant)* Restaurant, *das*

**ding-a-ling** ['dɪŋəlɪŋ] *see* **ting-a-ling**

**ding-dong** ['dɪŋdɒŋ] **1.** *n.* **a)** Bimbam, *das;* **b)** *(coll.: argument)* Krach, *der (ugs.).* **2.** *adj.* hin- und herwogend. **3.** *adv.* mit Feuereifer

**dinghy** ['dɪŋgɪ, 'dɪŋɪ] *n.* Ding[h]i, *das; (inflatable)* Schlauchboot, *das*

**dingle** ['dɪŋgl] *n.* waldiges kleines Tal

**dingo** ['dɪŋgəʊ] *n., pl.* **~es a)** *(dog)* Dingo, *der;* **b)** *(Austral. sl.: rogue)* [gemeiner] Hund *(salopp)*

**dingy** ['dɪndʒɪ] *adj.* schmuddelig

**dining** ['daɪnɪŋ]: **~ area** *n.* ≈ Eßecke, *die;* **~-car** *n. (Railw.)* Speisewagen, *der;* **~-chair** *n.* Eßzimmerstuhl, *der;* **~-hall** *n.* Speisesaal, *der;* **~-room** *n. (in private house)* Eßzimmer, *das; (in hotel etc.)* Speisesaal, *der;* **~-table** *n.* Eßtisch, *der*

**dinkel** ['dɪŋkl] *see* ²**spelt**

**dinkum** ['dɪŋkəm] *(Austral. and NZ coll.) adj.* astrein *(ugs.);* **fair ~:** echt *(ugs.);* **[the] ~ oil** die Wahrheit

**dinky** ['dɪŋkɪ] *adj. (coll.)* **a)** *(Brit.: pretty)* niedlich; **b)** *(Amer.: trifling)* kümmerlich

**dinner** ['dɪnə(r)] *n.* Essen, *das; (at midday also)* Mittagessen, *das; (in the evening also)* Abendessen, *das; (formal event)* Diner, *das;* **have** *or* **eat [one's] ~:** zu Mittag/Abend essen; **go out to ~:** [abends] essen gehen; *(to friends)* zum [Abend]essen eingeladen sein; **~'s ready!** [das] Essen ist fertig!; **be at** *or* **having** *or* **eating [one's] ~:** gerade beim Essen sein; **have people [in] to** *or* **for ~:** Gäste zum Essen haben

**dinner: ~-dance** *n. Abendessen mit anschließendem Tanz;* **~-gong** *n.* Gong, *der;* **~-jacket** *n. (Brit.)* Dinnerjacket, *das;*

~ **lady** *n. (Brit.) Serviererin beim Mittagessen in der Schule;* ~-**party** *n.* Abendessen, *das; (more formal)* Abendgesellschaft, *die;* ~-**plate** *n.* flacher Teller; Eßteller, *der;* ~-**service** *n.* Eßgeschirr, *das;* ~-**table** *n.* Eßtisch, *der;* **be at** *or* **seated round the** ~-**table** bei Tisch sitzen; ~-**time** *n.* Essenszeit, *die;* **at** ~-**time** zur Essenszeit; *(12–2 p.m.)* mittags

**dinosaur** ['daınəsɔ:(r)] *n.* Dinosaurier, *der*

**dint** [dınt] *n.* **a) by** ~ **of** durch; **by** ~ **of doing sth.** indem jmd. etw. tut; **b)** *see* **dent 1**

**diocesan** [daı'ɒsısən] *adj. (Eccl.)* diözesan; ~ **synod** Diözesansynode, *die*

**diocese** ['daıəsıs] *n. (Eccl.)* Diözese, *die*

**dioxide** [daı'ɒksaıd] *n. (Chem.)* Dioxid, *das (fachspr.);* Dioxyd, *das*

**dip** [dıp] **1.** *v. t.*, **-pp-: a)** [ein]tauchen (**in** in + *Akk.*); **she** ~**ped her hand into the sack** sie griff in den Sack; **b)** *(dye)* in ein Färbemittel tauchen; **c)** *(Agric.)* dippen ⟨*Schaf*⟩; **d)** *(Brit. Motor Veh.)* ~ **one's [head] lights** abblenden; **[drive with** *or* **on]** ~**ped headlights** [mit] Abblendlicht [fahren]. **2.** *v. i.*, **-pp-: a)** *(go down)* sinken; **the sun** ~**ped below the horizon** die Sonne versank hinter dem Horizont; **b)** *(Aeronaut.)* vor dem Steigen plötzlich absacken; **c)** *(incline downwards, lit. or fig.)* abfallen; **the magnetic needle** ~**s** die Magnetnadel neigt sich; **d)** *(go under water)* [ein]tauchen; ~ **under** untertauchen; **e)** *(Brit. Motor Veh.)* abblenden. **3.** *n.* **a)** *(dipping)* [kurzes] Eintauchen; **give sb./sth. a** ~ **in sth.** jmdn./etw. in etw. *(Akk.)* [kurz] eintauchen; *see also* **lucky dip; b)** *(coll.: bathe)* [kurzes] Bad; **c)** *(of stratum)* Fallen, *das (Geol.); (of road)* Senke, *die; (hollow, depression in landscape)* Mulde, *die;* **d)** *(Gastr.)* Dip, *der;* **e)** *(for sheep)* Räudebad, *das;* **f)** *(underworld sl.: pickpocket)* Krebs, *der (Gaunerspr.)*

~ **into** *v. t.* **a)** greifen in (+ *Akk.*); *(put ladle into)* den Löffel tauchen in (+ *Akk.*); *(fig.)* ~ **into one's pocket** *or* **purse** tief in die Tasche greifen; ~ **into one's reserves/savings** seine Reserven antasten/Ersparnisse angreifen; **b)** *(look cursorily at)* einen flüchtigen Blick werfen in (+ *Akk.*); **the book is good for** ~**ping into** man kann das Buch gut in kurzen Abschnitten lesen

**Dip.** *abbr.* **Diploma** Dipl.

**Dip. Ed.** [dıp 'ed] *abbr.* **Diploma in Education** Pädagogikdiplom, *das; see also* **B.Sc.**

**diphtheria** [dıf'θıərıə] *n. (Med.)* Diphtherie, *die*

**diphthong** ['dıfθɒŋ] *n. (Phonet.)* Diphthong, *der (fachspr.);* Doppellaut, *der*

**diploma** [dı'pləʊmə] *n.* **a)** *(Educ.)* Diplom, *das;* **b)** *(conferring honour)* [Ehren]urkunde, *die;* **c)** *(charter)* Charte, *die*

**diplomacy** [dı'pləʊməsı] *n. (Polit.; also fig.)* Diplomatie, *die;* **use** ~ *(fig.)* diplomatisch vorgehen

**diplomat** ['dıpləmæt] *n. (Polit.; also fig.)* Diplomat, *der*/Diplomatin, *die*

**diplomatic** [dıplə'mætık] *adj.*, **diplomatically** [dıplə'mætıkəlı] *adv. (Polit.; also fig.)* diplomatisch

**diplomatic:** ~ '**bag** *n.* ~ **bags** Kuriergepäck, *das;* ~ **corps** *n.* diplomatisches Korps; ~ **im'munity** *n.* diplomatische Immunität; ~ **service** *n.* diplomatischer Dienst

**diplomatist** [dı'pləʊmətıst] *see* **diplomat**

**dipole** ['daıpəʊl] *n. (Electr., Magn., Chem., Radio)* Dipol, *der*

**dipper** ['dıpə(r)] *n.* **a)** *(excavating machine)* Löffelbagger, *der;* **b)** *(Ornith.)* Wasseramsel, *die;* **c)** *(ladle)* Schöpfkelle, *die;* **d)** *(Amer. Astron.)* **Big/Little D**~: Großer/Kleiner Wagen *od.* Bär; **e)** *see* **big dipper a**

**dippy** ['dıpı] *adj. (sl.)* übergeschnappt *(ugs.);* **go** ~: überschnappen *(ugs.);* **be** ~ **about sb./sth.** verrückt nach jmdm./etw. sein

**dip:** ~-**stick** *n.* [Öl-/Benzin]meßstab, *der;* ~-**switch** *n. (Brit. Motor Veh.)* Abblendschalter, *der*

**dire** [daıə(r)] *adj.* **a)** *(dreadful)* entsetzlich; furchtbar; **b)** *(ominous)* unheilvoll; **c)** *(extreme)* ~ **necessity** dringende Notwendigkeit; **be in** ~ **need of sth.** etw. dringend benötigen *od.* brauchen; **in cases of** ~ **emergency** im äußersten Notfall; **be in** ~ **[financial] straits** in einer ernsten [finanziellen] Notlage sein

**direct** [dı'rekt, daı'rekt] **1.** *v. t.* **a)** *(turn)* richten (**to[wards]** auf + *Akk.*); ~ **one's steps towards sth.** seine Schritte nach etw. lenken; ~ **sb.'s attention to sth.** jmds. Aufmerksamkeit auf etw. *(Akk.)* lenken; **the remark/wink was** ~**ed at you** die Bemerkung/das Zwinkern galt dir; ~ **a blow at sb.** nach jmdm. schlagen; **the bomb/missile was** ~**ed at** die Bombe/das Geschoß galt (+ *Dat.*); **government policy is** ~**ed at reducing inflation** die Regierungspolitik ist darauf ausgerichtet, die Inflation einzudämmen; ~ **sb. to a place** jmdm. den Weg zu einem Ort weisen *od.* sagen; ~ **a parcel to sb./an address in L.** ein Paket an jmdn. adressieren/an eine Adresse in L. senden *od.* schicken; **b)** *(control)* leiten; beaufsichtigen ⟨*Arbeitskräfte, Arbeitsablauf*⟩; lenken ⟨*Volksmassen*⟩; regeln, dirigieren ⟨*Verkehr*⟩; **does fate** ~ **our actions?** lenkt das Schicksal unser Tun?; **c)** *(order)* anweisen; ~ **sb. to do sth.** jmdn. anweisen, etw. zu tun; ~ **sth. to be done** *or* **that sth. [should] be done** anordnen, daß etw. zu tun sei; **as** ~**ed [by the doctor]** wie [vom Arzt] verordnet; nach [ärztlicher] Verordnung; **d)** *(Theatre, Cinemat., Telev., Radio)* Regie führen bei; inszenieren; ~**ed by Orson Welles** unter der Regie von Orson Welles. **2.** *adj.* **a)** *(straight, without intermediaries; also Geneal., Logic)* direkt; durchgehend ⟨*Zug*⟩; unmittelbar ⟨*Ursache, Gefahr, Auswirkung*⟩; *(immediate)* unmittelbar, persönlich ⟨*Erfahrung, Verantwortung, Beteiligung*⟩; **be in the** ~ **line of fire** genau in der Schußlinie stehen; **'keep away from** ~ **heat'** „nicht unmittelbar der Hitze aussetzen!"; **b)** *(diametrical)* genau ⟨*Gegenteil*⟩; direkt ⟨*Widerspruch*⟩; diametral ⟨*Gegensatz*⟩; **c)** *(frank)* direkt, offen; glatt ⟨*Absage*⟩; **he's a very** ~ **person** er ist immer sehr direkt *od.* geradeheraus; **be** ~ **with sb.** offen zu jmdm. sein. **3.** *adv.* direkt

**direct:** ~ '**access** *n. (Computing)* direkter Zugriff; Direktzugriff, *der;* ~ '**action** *n.* direkte Aktion; ~ '**current** *n. (Electr.)* Gleichstrom, *der;* ~ '**flight** *n.* Direktflug, *der;* ~-'**grant school** *n. (Brit. Hist.) staatlich unterstützte Privatschule;* ~ '**hit** *n.* Volltreffer, *der*

**direction** [dı'rekʃn, daı'rekʃn] *n.* **a)** *(guidance)* Führung, *die; (of firm, orchestra)* Leitung, *die; (of play, film, TV or radio programme)* Regie, *die; (of play also)* Spielleitung, *die;* **b)** *usu. in pl. (order)* Anordnung, *die; (instruction)* ~**s [for use]** Gebrauchsanweisung, *die;* ~**s for use** *(of machine)* Bedienungsanleitung, *die;* **on** *or* **by sb.'s** ~: auf jmds. Anordnung *(Akk.)* [hin]; **give sb.** ~**s to the museum/to York** jmdm. den Weg zum Museum/nach York beschreiben; **c)** *(point moved towards or from, lit. or fig.)* Richtung, *die;* **from which** ~? aus welcher Richtung?; **travel in a southerly** ~**/in the** ~ **of London** in südliche[r] Richtung/in Richtung London reisen; **go in the** ~ **of the tower** in Richtung des Turms gehen; **in the** ~ **of** *(fig.)* in Richtung auf (+ *Akk.*); **sense of** ~: Orientierungssinn, *der; (fig.)* Orientierung, *die;* **lose all sense of** ~ *(lit. or fig.)* jede Orientierung verlieren; **complaints poured in from all** ~**s** *(fig.)* von allen Seiten hagelte es Beschwerden

**directional** [dı'rekʃənl, daı'rekʃənl] *adj.* **a)** *(spatial)* Richtungs-; ~ **gyro** Kurskreisel, *der;* **b)** *(directorial)* führend ⟨*Rolle*⟩; steuernd ⟨*Kontrolle*⟩; **c)** *(Communications)* Richt-

**direction:** ~-**finder** *n. (Communications)* Peilgerät, *das;* ~-**indicator** *n. (Motor Veh.)* [Fahrt]richtungsanzeiger, *der*

**directive** [dı'rektıv, daı'rektıv] *n.* Weisung, *die;* Direktive, *die*

**direct 'labour** *n.* **do the work by** ~: die Arbeit mit eigenen Arbeitskräften ausführen

**directly** [dı'rektlı, daı'rektlı] **1.** *adv.* **a)** *(in direct manner)* direkt; unmittelbar ⟨*folgen, verantwortlich sein*⟩; **b)** *(exactly)* direkt; genau; wörtlich ⟨*zitieren, abschreiben*⟩; **c)** *(at once)* direkt; umgehend; **d)** *(shortly)* gleich; sofort. **2.** *conj. (Brit. coll.)* sowie

**directness** [dı'rektnıs, daı'rektnıs] *n., no pl.* **a)** *(of route, course)* Geradheit, *die;* ~ **of aim** Zielgenauigkeit, *die;* **b)** *(fig.)* Direktheit, *die;* **he replied with** ~ **and honesty** er antwortete offen und ehrlich

**di'rect object** *n. (Ling.)* direktes Objekt

**director** [dı'rektə(r), daı'rektə(r)] *n.* **a)** *(Commerc.)* Direktor, *der*/Direktorin, *die; (of project)* Leiter, *der*/Leiterin, *die;* **board of** ~**s** Aufsichtsrat, *der;* **b)** *(Theatre, Cinemat., Telev., Radio)* Regisseur, *der*/Regisseurin, *die; (Mus., esp. Amer.)* Dirigent, *der*/Dirigentin, *die*

**directorate** [dı'rektərət, daı'rektərət] *n.* **a)** *(position, period of service)* Direktorat, *das; (of project)* Leitung, *die;* **b)** *(board of directors)* Direktorium, *das*

**director-'general** *n., pl.* **directors-general** Generaldirektor, *der*/-direktorin, *die; (Telev., Radio)* ≈ Intendant, *der*/Intendantin, *die*

**directorial** [dırek'tɔ:rıəl, daırek'tɔ:rıəl] *adj.* **a)** direktorial; **b)** *(Theatre, Cinemat., Telev., Radio)* als Regisseur/Regisseurin *nachgestellt*

**directorship** [dı'rektəʃıp, daı'rektəʃıp] *n. (Commerc.)* Leitung, *die;* **hold two** ~**s** in zwei Aufsichtsräten sein

**directory** [dı'rektərı, daı'rektərı] *n. (of local residents)* Adreßbuch, *das; (telephone* ~*)* Telefonbuch, *das;* Fernsprechbuch, *das (postamtl.); (of tradesmen etc.)* Branchenverzeichnis, *das;* ~ **enquiries** *(Brit.),* ~ **information** *(Amer.)* [Fernsprech]auskunft, *die*

**direct:** ~ **pro'portion** *n.* direkte Proportionalität; ~ **question** *n. (Ling.)* direkter Fragesatz; ~ **speech** *n. (Ling.)* direkte Rede; ~ **tax** *n.* direkte Steuer; ~ **taxation** *n.* direkte Besteuerung

**direly** ['daıəlı] *adv.* **be** ~ **in need of sth.** etw. dringend brauchen

**dirge** [dɜ:dʒ] *n.* **a)** *(for the dead)* Grabgesang, *der;* **b)** *(mournful song)* Klagegesang, *der;* Klage, *die (dichter.)*

**dirigible** ['dırıdʒıbl, dı'rıdʒıbl] **1.** *adj.* lenkbar. **2.** *n.* Luftschiff, *das*

**dirk** [dɜ:k] *n.* [längerer] Dolch

**dirndl** ['dɜ:ndl] *n.* Dirndl[kleid], *das;* ~ **[skirt]** Dirndlrock, *der*

**dirt** [dɜ:t] *n., no pl.* **a)** Schmutz, *der;* Dreck, *der (ugs.);* **be covered in** ~: ganz schmutzig sein; *(stronger)* vor Schmutz starren; ~ **cheap** spottbillig; **treat sb. like** ~: jmdn. wie [den letzten] Dreck behandeln *(salopp);* **do sb.** ~ *(fig. sl.)* jmdm. eins auswischen *(ugs.);* **b)** *(soil)* Erde, *die;* **c)** *(fig.)* *(lewdness)* Schmutz, *der; (worthless thing)* Dreck, *der (salopp abwertend);* Schund, *der (ugs.); (person)* Abschaum, *der;* **give me the** ~ **on him** *(coll.)* sag mir, wo er Dreck am Stecken hat *(ugs.)*

**'dirt-farmer** *n. (Amer.)* [richtiger] Farmer *(der selbst sein Land bestellt)*

**dirtiness** ['dɜ:tınıs] *n., no pl.* Schmutzigkeit, *die*

**dirt:** ~ **road** *n. (Amer.)* unbefestigte Straße; ~-**track** *n. (Sport)* Aschenbahn, *die; (made of earth)* ≈ Sandbahn, *die*

**dirty** ['dɜ:tɪ] **1.** *adj.* **a)** schmutzig; dreckig *(ugs.)*; **get one's shoes/hands ~:** sich *(Dat.)* die Schuhe/Hände schmutzig machen; **get sth. ~:** etw. schmutzig machen; **~ money** Schmutzzulage, *die;* **b)** *(with dark tinge)* schmutzig ‹*Farbe*›; **~ grey colour** schmutziggraue Farbe; **c) ~ weather** stürmisches Wetter; Dreckwetter, *das (ugs. abwertend);* **d)** *(coll.: causing fall-out)* ‹*Kernwaffe:*› mit starkem Fallout; schmutzig *(fig.)*; **e) ~ look** *(coll.)* giftiger Blick; **give sb. a ~ look** jmdn. giftig ansehen; **f)** *(ill-gotten)* schmutzig ‹*Geld*›; **g)** *(fig.: obscene)* schmutzig; schlüpfrig; *(sexually illicit)* **spend a ~ weekend together** ein Liebeswochenende zusammen verbringen; *(lascivious)* **have a ~ mind** eine schmutzige Phantasie haben; **~ old man** alter Lustmolch *(ugs. abwertend);* geiler alter Bock *(salopp abwertend);* **h)** *(despicable, sordid)* schmutzig ‹*Lüge, Gerücht, Geschäft*›; dreckig *(salopp abwertend)*, gemein ‹*Lügner, Betrüger*›; *(unsportsmanlike)* unfair; **do the ~ on sb.** *(coll.)* jmdn. [he]reinlegen *(ugs.)*; **~ dog** *(fig. sl.)* Schwein, *das (ugs. abwertend);* **~ trick** gemeiner Trick; **play sb. a ~ trick** jmdn. ganz gemein übers Ohr hauen *(ugs.)*; **~ work [at the crossroads]** *(coll.)* schmutziges Geschäft; **do sb.'s/the ~ work** sich *(Dat.)* für jmdn./sich *(Dat.)* die Finger schmutzig machen; **get the ~ end of the stick** *(coll.)* der Dumme sein *(ugs.)*. **2.** *adv. (sl.)* **~ great** riesig *(ugs.)*. **3.** *v. t.* schmutzig machen; beschmutzen

**dirty 'word** *n.* unanständiges Wort; *(fig.)* Schimpfwort, *das*

**disability** [dɪsə'bɪlɪtɪ] *n.* **a)** Behinderung, *die; (inability to be gainfully employed)* Invalidität, *die;* Erwerbsunfähigkeit, *die;* **suffer from** *or* **have a ~:** behindert/erwerbsunfähig sein; **b)** *(cause of inability)* Behinderung, *die*

**disability: ~ allowance** *n.* Erwerbsunfähigkeitsentschädigung, *die;* **~ pension** *n.* Erwerbsunfähigkeitsrente, *die*

**disable** [dɪ'seɪbl] *v. t.* **a) ~ sb. [physically]** jmdn. zum Invaliden machen; **be ~d by sth.** durch etw. behindert sein; **be permanently ~d by sth.** eine bleibende Behinderung bei etw. davontragen; **strikes which ~ the economy** Streiks, die die Wirtschaft lahmlegen; **b)** *(make unable to fight)* kampfunfähig machen ‹*Feind, Schiff, Panzer, Flugzeug*›; kampfunfähig schlagen ‹*Boxer*›; unbrauchbar machen ‹*Gewehr, Kanone*›

**disabled** [dɪ'seɪbld] **1.** *adj.* **a)** behindert; **~ ex-serviceman** Kriegsinvalide, *der;* **physically/mentally ~:** körperbehindert/geistig behindert; **b)** *(unable to fight)* kampfunfähig ‹*Schiff, Panzer, Flugzeug, Boxer*›; unbrauchbar ‹*Kanone, Gewehr*›. **2.** *n. pl.* **the [physically/mentally] ~:** die [Körper]behinderten/[geistig] Behinderten

**disablement** [dɪ'seɪblmənt] *n., no pl.* Behinderung, *die*

**disabuse** [dɪsə'bju:z] *v. t.* **~ sb. of sth.** jmdn. von etw. abbringen

**disadvantage** [dɪsəd'vɑ:ntɪdʒ] **1.** *n.* **a)** Nachteil, *der; (state of being disadvantaged)* Benachteiligung, *die;* **be at a ~:** im Nachteil sein; benachteiligt sein; **his inexperience put him at a ~:** er war durch seine mangelnde Erfahrung benachteiligt; **b)** *no pl. (damage)* Schaden, *der;* **be to sb.'s/sth.'s ~:** sich zu jmds. Nachteil/zum Nachteil einer Sache auswirken. **2.** *v. t.* benachteiligen

**disadvantaged** [dɪsəd'vɑ:ntɪdʒd] *adj.* benachteiligt

**disadvantageous** [dɪsædvən'teɪdʒəs] *adj.* **a)** nachteilig; ungünstig ‹*Zeitpunkt*›; **be ~ to sb./sth.** für jmdn./etw. von Nachteil sein; **b)** *(unflattering)* unvorteilhaft

**disaffected** [dɪsə'fektɪd] *adj.* **a)** *(disloyal)* illoyal (**to** gegenüber); **b)** *(estranged)* entfremdet (**from** *Dat.*)

**disaffection** [dɪsə'fekʃn] *n., no pl.* Entfremdung, *die* (**from** von)

**disagree** [dɪsə'gri:] *v. i.* **a)** anderer Meinung sein; **~ with sb.** mit jmdm. nicht übereinstimmen; anderer Meinung als jmd. sein; **~ with sth.** mit etw. nicht übereinstimmen; **~ [with sb.] about** *or* **over sth.** sich [mit jmdm.] über etw. *(Akk.)* nicht einig sein; *see also* **agree 1 a; b)** *(quarrel)* eine Auseinandersetzung haben; **c)** *(be mutually inconsistent)* nicht übereinstimmen; **d) ~ with sb.** *(have bad effects on)* jmdm. nicht bekommen

**disagreeable** [dɪsə'grɪəbəl] *adj.* unangenehm; unappetitlich ‹*Nahrungsmittel*›

**disagreeably** [dɪsə'grɪəblɪ] *adv.* **a)** unangenehm; **b)** *(bad-temperedly)* übellaunig

**disagreement** [dɪsə'gri:mənt] *n.* **a)** *(difference of opinion)* Uneinigkeit, *die; (refusal to agree)* **be in ~:** geteilter Meinung sein; **be in ~ with sb./sth.** mit jmdm./etw. nicht übereinstimmen; **b)** *(strife, quarrel)* Meinungsverschiedenheit, *die;* **c)** *(discrepancy)* Diskrepanz, *die*

**disallow** [dɪsə'laʊ] *v. t.* nicht gestatten; abweisen ‹*Antrag, Anspruch, Klage*›; *(refuse to admit)* nicht anerkennen; nicht gelten lassen; *(Sport)* nicht geben ‹*Tor*›

**disambiguate** [dɪsæm'bɪgjʊeɪt] *v. t.* eindeutig machen; disambiguieren *(Sprachw.)*

**disappear** [dɪsə'pɪə(r)] *v. i.* verschwinden; ‹*Brauch, Kunst, Tierart:*› aussterben; ‹*Angst, Ärger, Laune:*› verfliegen; **do a ~ing act** *or* **trick** *(fig.)* spurlos verschwinden

**disappearance** [dɪsə'pɪərəns] *n.* Verschwinden, *das; (of customs; extinction)* Aussterben, *das*

**disappoint** [dɪsə'pɔɪnt] *v. t.* enttäuschen; **be ~ed in** *or* **by** *or* **with sb./sth.** von jmdm./etw. enttäuscht sein; **he was ~ed at** *or* **by** *or* **with having failed/the way things had changed** er war enttäuscht [darüber], daß er durchgefallen war/darüber, wie sich die Dinge verändert hatten

**disappointing** [dɪsə'pɔɪntɪŋ] *adj.* enttäuschend; **how ~!** so eine Enttäuschung!

**disappointingly** [dɪsə'pɔɪntɪŋlɪ] *adv.* enttäuschend; **~, he only came fourth** enttäuschenderweise wurde er nur vierter

**disappointment** [dɪsə'pɔɪntmənt] *n.* Enttäuschung, *die;* **come as a ~ to sb.** eine Enttäuschung für jmdn. sein

**disapprobation** [dɪsæprə'beɪʃn], **disapproval** [dɪsə'pru:vl] *ns.* Mißbilligung, *die;* **show one's/cause ~:** sein Mißfallen zeigen/Mißfallen erregen; **with ~:** mißbilligend; mit Mißbilligung

**disapprove** [dɪsə'pru:v] **1.** *v. i.* dagegen sein; **~ of sb./sth.** jmdn. ablehnen/etw. mißbilligen; **~ of sb. doing sth.** es mißbilligen, wenn jmd. etw. tut. **2.** *v. t.* mißbilligen

**disapproving** [dɪsə'pru:vɪŋ] *adj.*, **disapprovingly** [dɪsə'pru:vɪŋlɪ] *adv.* mißbilligend

**disarm** [dɪ'sɑ:m] **1.** *v. t.* **a)** entwaffnen; entschärfen ‹*Bombe*›; **b)** *(fig.)* entwaffnen; verstummen lassen ‹*Kritik*›; abbauen ‹*Feindseligkeit*›. **2.** *v. i.* abrüsten

**disarmament** [dɪ'sɑ:məmənt] *n.* Abrüstung, *die;* **~ talks** Abrüstungsgespräche

**disarming** [dɪ'sɑ:mɪŋ] *adj.* entwaffnend

**disarmingly** [dɪ'sɑ:mɪŋlɪ] *adv.* entwaffnend

**disarrange** [dɪsə'reɪndʒ] *v. t.* durcheinanderbringen; zerzausen ‹*Haar*›

**disarray** [dɪsə'reɪ] **1.** *n.* Unordnung, *die; (confusion)* Wirrwarr, *der;* **fall into ~:** durcheinandergeraten; **be in ~:** in Unordnung sein. **2.** *v. t.* in Unordnung bringen

**disassemble** [dɪsə'sembl] *v. t.* auseinandernehmen ‹*Maschine*›; abbauen ‹*Gebäude, Anlage*›

**disassembly** [dɪsə'semblɪ] *n. (of machine)* Auseinandernehmen, *das; (of structure)* Abbau, *der*

**disassociation** [dɪsəsəʊsɪ'eɪʃn] *see* **dissociation a**

**disaster** [dɪ'zɑ:stə(r)] *n.* **a)** Katastrophe, *die;* **air ~:** Flugzeugunglück, *das; (with many deaths also)* Flugzeugkatastrophe, *die;* **a railway/mining ~:** ein Eisenbahn-/Grubenunglück; **natural ~:** Naturkatastrophe, *die;* **motorway ~:** schwerer Unfall auf der Autobahn; **end in ~:** in einer Katastrophe enden; **b)** *(complete failure)* Fiasko, *das;* Katastrophe, *die;* **lead to ~:** zu einem Fiasko *od.* einer Katastrophe führen; **prove a ~:** sich als katastrophal erweisen

**disaster: ~ area** *n.* Katastrophengebiet, *das;* **he/she is a [walking] ~ area** *(fig. coll.)* er/sie ist eine wandelnde Katastrophe *(fig.)*; **~ fund** *n.* Nothilfefonds, *der*

**disastrous** [dɪ'zɑ:strəs] *adj.* katastrophal; verhängnisvoll ‹*Irrtum, Entscheidung, Politik*›; verheerend ‹*Überschwemmung, Wirbelsturm, Feuer*›

**disastrously** [dɪ'zɑ:strəslɪ] *adv.* katastrophal

**disavow** [dɪsə'vaʊ] *v. t.* verleugnen; nicht anerkennen ‹*Rechtsprechung, Vereinbarung*›; **~ responsibility for sth.** die Verantwortung für etwas von sich weisen

**disavowal** [dɪsə'vaʊəl] *n.* Verleugnung, *die*

**disband** [dɪs'bænd] **1.** *v. t.* auflösen; **the ~ed soldiers** die entlassenen Soldaten. **2.** *v. i.* sich auflösen

**disbar** [dɪs'bɑ:(r)] *v. t.* **-rr-** *(Law)* die Zulassung entziehen (+ *Dat.*)

**disbelief** [dɪsbɪ'li:f] *n.* Unglaube, *der;* **be met with ~:** auf Unglauben stoßen; **in ~:** ungläubig

**disbelieve** [dɪsbɪ'li:v] **1.** *v. t.* **~ sb./sth.** jmdm. nicht glauben *od. (geh.)* keinen Glauben schenken/etw. nicht glauben. **2.** *v. i.* nicht glauben; **~ in sth.** nicht an etw. *(Akk.)* glauben

**disbeliever** [dɪsbɪ'li:və(r)] *n.* Ungläubige, *der/die;* **be a ~ in sth.** nicht an etw. *(Akk.)* glauben

**disburden** [dɪs'bɜ:dn] *see* **unburden**

**disburse** [dɪs'bɜ:s] *v. t.* ausgeben

**disbursement** [dɪs'bɜ:smənt] *n.* Auszahlung, *die; (expenditure)* Ausgabe, *die*

**disc** [dɪsk] *n.* **a)** Scheibe, *die;* **b)** *(gramophone record)* [Schall]platte, *die; see also* **compact disc; c)** *(Computing)* **[magnetic] ~:** Magnetplatte, *die;* **floppy ~:** Floppy disk, *die;* Diskette, *die;* **hard ~** *(exchangeable)* [harte] Magnetplatte; *(fixed)* Festplatte, *die;* **d)** *(Anat.)* Bandscheibe, *die; see also* **slipped disc; e)** *(Bot.)* Körbchen, das

**discard 1.** [dɪ'skɑ:d] *v. t.* **a)** wegwerfen; ablegen ‹*Kleidung*›; fallenlassen ‹*Vorschlag, Idee, Mensch*›; **b)** *(Cards)* abwerfen. **2.** ['dɪskɑ:d] *n.* Ausschuß, *der; (person)* Ausgestoßene, *der/die*

**disc: ~ brake** *n.* Scheibenbremse, *die;* **~ drive** *n. (Computing)* Diskettenlaufwerk, *das*

**discern** [dɪ'sɜ:n] *v. t.* wahrnehmen; **sth. can be ~ed** etw. ist zu erkennen; **~ from sth. whether ...:** an etw. *(Dat.)* erkennen, ob ...

**discernible** [dɪ'sɜ:nɪbl] *adj.* erkennbar; wahrnehmbar ‹*Stimme, Geruch*›; **a ~ pattern has emerged** ein Schema ist erkennbar geworden

**discerning** [dɪ'sɜ:nɪŋ] *adj.* fein ‹*Gaumen, Ohr, Geschmack*›; scharf ‹*Auge*›; urteilsfähig ‹*Richter, Kritiker*›; kritisch ‹*Leser, Kunde, Zuschauer, Kommentar*›; scharfsichtig ‹*Kritik*›

**discernment** [dɪ'sɜ:nmənt] *n., no pl. (act of discerning)* Wahrnehmung, *die; (faculty of discerning)* Urteilsfähigkeit, *die*

**discharge 1.** [dɪs'tʃɑ:dʒ] *v. t.* **a)** *(dismiss, allow to leave)* entlassen (**from** aus); freisprechen ‹*Angeklagte*›; *(exempt from liabilities)* befreien (**from** von); **the patient ~d himself from hospital** der Patient verließ eigenmächtig das Krankenhaus; **b)** *(send out)* abschießen ‹*Pfeil, Torpedo*›; ablassen ‹*Flüssigkeit, Gas*›; absondern ‹*Eiter*›; *(unload* *from ship)* ausschiffen; löschen ⟨*Ladung*⟩; *(Electr.)* entladen; **c)** *(relieve of load)* entladen; löschen ⟨*Schiff*⟩; *(fire)* abfeuern ⟨*Gewehr, Kanone*⟩; **d)** *(acquit oneself of, pay)* erfüllen ⟨*Pflicht, Verbindlichkeiten, Versprechen*⟩; bezahlen ⟨*Schulden*⟩. **2.** *v. i.* **a)** entladen werden; ⟨*Schiff auch:*⟩ gelöscht werden; ⟨*Batterie:*⟩ sich entladen; ⟨*Gewehr:*⟩ losgehen; **b)** *(flow)* münden (**into** in + *Akk.*); **c)** ⟨*Wunde, Geschwür:*⟩ eitern. **3.** [dɪs'tʃɑ:dʒ, 'dɪstʃɑ:dʒ] *n.* **a)** *(dismissal)* Entlassung, *die* (**from** aus); *(of defendant)* Freispruch, *der; (exemption from liabilities)* Befreiung, *die; (written certificate of release)* Entlassungsschein, *der; (written certificate of exemption)* Entlastungsschein, *der;* **be granted a full ~ [by the court]** [vom Gericht] in allen Punkten freigesprochen werden; **b)** *(emission)* Ausfluß, *der; (of gas)* Austritt, *der; (of pus)* Absonderung, *die; (Electr.)* Entladung, *die; (of gun)* Abfeuern, *das;* **vaginal ~:** [Scheiden]ausfluß, *der;* **c)** *(of debt)* Begleichung, *die; (of duty)* Erfüllung, *die*

**'disc harrow** *n. (Agric.)* Scheibenegge, *die*

**disciple** [dɪ'saɪpl] *n.* **a)** *(Relig.)* Jünger, *der;* **b)** *(follower)* Anhänger, *der*/Anhängerin, *die;* Jünger, *der (geh., oft scherzh.)*

**disciplinarian** [dɪsɪplɪ'neərɪən] *n.* Zuchtmeister, *der*/-meisterin, *die (veralt., noch scherzh.); (in school, family also)* [strenger] Erzieher; **he is a poor ~:** er kann nicht für Disziplin sorgen

**disciplinary** ['dɪsɪplɪnərɪ, dɪsɪ'plɪnərɪ] *adj.* Disziplinar-; disziplinarisch; **~ action** Disziplinarmaßnahme, *die;* **~ proceedings** Disziplinarverfahren, *das*

**discipline** ['dɪsɪplɪn] **1.** *n.* **a)** *(order, branch)* Disziplin, *die;* **maintain ~:** die Disziplin aufrechterhalten; **lack of ~:** Mangel an Disziplin; **change ~s** die Disziplin *od.* das Fach wechseln; **b)** *(mental training)* Schulung, *die;* **the ~ of adversity** die strenge Schule der Not; **c)** *(system of rules)* Kanon, *der;* **d)** *(punishment)* Strafe, *die; (physical also)* Züchtigung, *die (geh.); (Relig.)* Kasteiung, *die.* **2.** *v. t.* **a)** disziplinieren; *(train in military exercises)* ausbilden; **you must ~ yourself to eat less** Sie müssen sich zwingen, weniger zu essen; **~ one's emotions/feelings** *etc.* seine Emotionen/Gefühle *usw.* unter Kontrolle halten; **b)** *(punish)* bestrafen; *(physically also)* züchtigen *(geh.); (Relig.)* kasteien

**disciplined** ['dɪsɪplɪnd] *adj.* diszipliniert; **highly/well ~:** sehr diszipliniert; **badly ~:** undiszipliniert

**'disc jockey** *n.* Diskjockey, *der*

**disclaim** [dɪs'kleɪm] *v. t.* **a)** abstreiten; **b)** *(Law)* verzichten auf (+ *Akk.*)

**disclaimer** [dɪs'kleɪmə(r)] *n.* Gegenerklärung, *die; (Law)* Verzichterklärung, *die*

**disclose** [dɪs'kləʊz] *v. t.* **a)** *(expose to view)* den Blick freigeben auf (+ *Akk.*); **b)** *(make known)* enthüllen; bekanntgeben ⟨*Information, Nachricht*⟩; **research ~d that ...:** Nachforschungen ergaben, daß ...; **he didn't ~ why he'd come** er verriet nicht, warum er gekommen war

**disclosure** [dɪs'kləʊʒə(r)] *n.* Enthüllung, *die; (of information, news)* Bekanntgabe, *die;* **for fear of possible ~:** aus Furcht vor einer möglichen Enthüllung; **the newspaper's ~ of bribery** die Enthüllungen der Zeitung über Bestechung

**disco** ['dɪskəʊ] *n., pl.* **~s** *(coll.)* **a)** *(discothèque, party)* Disko, *die;* **b)** *(equipment)* **travelling ~:** rollende Disko

**'disco dancing** *n.* Diskotanz, *der*

**discolor** *(Amer.) see* **discolour**

**discoloration** [dɪskʌlə'reɪʃn] *n.* Verfärbung, *die*

**discolour** [dɪs'kʌlə(r)] *(Brit.)* **1.** *v. t.* verfärben; *(fade)* ausbleichen. **2.** *v. i.* sich verfärben; *(fade)* ausbleichen

**discolouration** *(Brit.) see* **discoloration**

**discombobulate** [dɪskəm'bɒbjʊleɪt] *v. t. (Amer. joc.)* durcheinanderbringen

**discomfit** [dɪs'kʌmfɪt] *v. t.* **a)** *(baffle, disconcert)* verunsichern; **b)** *(arch.: overwhelm, thwart)* schlagen

**discomfiture** [dɪs'kʌmfɪtʃə(r)] *n.* Verunsicherung, *die*

**discomfort** [dɪs'kʌmfət] **1.** *n.* **a)** *no pl. (uneasiness of body)* Beschwerden *Pl.;* **cause/give sb. ~:** jmdm. Beschwerden machen; **b)** *no pl. (uneasiness of mind)* Unbehagen, *das;* **c)** *(hardship)* Unannehmlichkeit, *die.* **2.** *v. t.* zu schaffen machen (+ *Dat.*)

**discompose** [dɪskəm'pəʊz] *v. t.* aus der Fassung bringen; **appear ~d** einen verstörten Eindruck machen

**discomposure** [dɪskəm'pəʊʒə(r)] *n., no pl.* Verstörtheit, *die*

**'disco music** *n.* Diskomusik, *die*

**disconcert** [dɪskən'sɜ:t] *v. t.* verstören; irritieren; **I was ~ed to find the gates locked** ich war verwirrt, als ich vor verschlossenen Toren stand

**disconcerted** [dɪskən'sɜ:tɪd] *adj.* verstört; irritiert

**disconcerting** [dɪskən'sɜ:tɪŋ] *adj.*, **disconcertingly** [dɪskən'sɜ:tɪŋlɪ] *adv.* irritierend

**disconnect** [dɪskə'nekt] *v. t.* **a)** abtrennen; abhängen ⟨*Wagen*⟩; **b)** *(Electr., Teleph.)* **~ the electricity from a house** ein Haus von der Stromversorgung abtrennen; **~ the TV** den Stecker des Fernsehers herausziehen; **the loudspeakers have become ~ed** die Lautsprecher sind nicht mehr angeschlossen; **if you don't pay your telephone bill you will be ~ed** wenn Sie Ihre Telefonrechnung nicht bezahlen, wird Ihr Telefon abgestellt; **operator, I've been ~ed** hallo, Vermittlung, die Verbindung ist unterbrochen; **~ a call** ein Gespräch unterbrechen

**disconnected** [dɪskə'nektɪd] *adj.* **a)** abgetrennt; abgestellt ⟨*Telefon*⟩; **is the cooker/TV ~?** ist der Stecker beim Herd/Fernseher herausgezogen?; **b)** *(incoherent)* unzusammenhängend ⟨*Rede, Worte*⟩

**disconnectedly** [dɪskə'nektɪdlɪ] *adv.* unzusammenhängend

**disconnection,** *(Brit.)* **disconnexion** [dɪskə'nekʃn] *n.* Abtrennung, *die*

**disconsolate** [dɪs'kɒnsələt] *adj.*, **disconsolately** [dɪs'kɒnsələtlɪ] *adv.* untröstlich

**discontent** [dɪskən'tent] **1.** *n.* Unzufriedenheit, *die.* **2.** *v. t.* unzufrieden machen

**discontented** [dɪskən'tentɪd] *adj.* unzufrieden (**with, about** mit)

**discontentment** [dɪskən'tentmənt] *n., no pl.* Unzufriedenheit, *die*

**discontinuance** [dɪskənt'tɪnjʊəns], **discontinuation** [dɪskəntɪnjʊ'eɪʃn] *ns.* Einstellung, *die; (of subscription)* Abbestellung, *die; (of treatment)* Abbruch, *der; (of habit)* Aufgabe, *die*

**discontinue** [dɪskən'tɪnju:] *v. t.* **a)** einstellen; abbestellen ⟨*Abonnement*⟩; abbrechen ⟨*Behandlung*⟩; aufgeben ⟨*Gewohnheit*⟩; **b)** *(Commerc.)* **a ~d range** *or* **line** eine auslaufende Serie

**discontinuity** [dɪskɒntɪ'nju:ɪtɪ] *n.* Bruch, *der;* **a ~ of style** ein stilistischer Bruch

**discontinuous** [dɪskən'tɪnjʊəs] *adj.* nicht kontinuierlich; diskontinuierlich *(geh.)*

**discontinuously** [dɪskən'tɪnjʊəslɪ] *adv.* mit Unterbrechungen; nicht kontinuierlich

**discord** ['dɪskɔ:d] *n.* **a)** Zwietracht, *die; (quarrelling)* Streit, *der;* **b)** *(Mus.) (chord)* Dissonanz, *die; (interval)* Disharmonie, *die; (single note)* Mißton, *der;* **c)** *(harsh noise)* Mißklang, *der*

**discordant** [dɪ'skɔ:dənt] *adj.* **a)** gegensätzlich; **b)** *(dissonant)* mißtönend

**discordantly** [dɪ'skɔ:dəntlɪ] *adv.* **a)** gegensätzlich; **b)** *(dissonantly)* mißtönend

**discothèque** ['dɪskətek] *n.* Diskothek, *die*

**discount 1.** ['dɪskaʊnt] *n. (Commerc.)* Rabatt, *der; (on bill of exchange)* Diskont, *der; (discounting)* Diskontierung, *die;* **give** *or* **offer [sb.] a ~ on sth.** [jmdm.] Rabatt auf etw. *(Akk.)* geben *od.* gewähren; **~ for cash** Skonto, *der od. das;* Rabatt bei Barzahlung; **at a ~:** mit Rabatt; *(St. Exch.)* unter dem Nennwert; *(fig.)* nicht gefragt; **the books were sold at a [big] ~:** die Bücher wurden [weit] unter dem normalen Preis verkauft. **2.** [dɪ'skaʊnt] *v. t.* **a)** *(disbelieve)* unberücksichtigt lassen; *(discredit)* widerlegen ⟨*Beweis, Theorie*⟩; *(underrate)* zu gering einschätzen; *(lessen)* schmälern ⟨*Wert*⟩; *(reduce effect of)* einkalkulieren; **b)** *(Commerc.)* diskontieren ⟨*Wechsel*⟩

**'discount broker** *n. (Commerc.)* Wechselmakler, *der*

**'discount: ~ house** *n. (Commerc.)* Diskontbank, *die;* **~ shop, ~ store** *ns.* Discountladen, *der;* Discountgeschäft, *das*

**discourage** [dɪ'skʌrɪdʒ] *v. t.* **a)** *(dispirit)* entmutigen; **be** *or* **become ~d [by sth.** *or* **because of sth.]** sich [durch etw.] entmutigen lassen; **be ~d because ...:** sich entmutigt fühlen, weil ...; **b)** *(advise against)* abraten; **~ sb. from sth.** jmdm. von etw. abraten; **~ sb. from doing sth.** jmdm. davon abraten, etw. zu tun; **c)** *(act against)* zu unterbinden suchen; **d)** *(disapprove of)* nicht gutheißen; **sth. must be ~d** man darf etw. nicht gutheißen; **e)** *(stop)* abhalten ⟨*Person*⟩; verhindern ⟨*Handlung*⟩; **~ sb. from doing sth.** jmdn. davon abhalten, etw. zu tun; **not ~d by fear of reprisals** ohne Furcht vor Vergeltungsmaßnahmen

**discouragement** [dɪ'skʌrɪdʒmənt] *n.* **a)** Entmutigung, *die;* **b)** *(deterrent)* Abschreckung, *die;* **act as a ~ to sb.** eine abschreckende Wirkung auf jmdn. haben; **c)** *(depression)* Mutlosigkeit, *die*

**discouraging** [dɪ'skʌrɪdʒɪŋ] *adj.* **a)** *(dispiriting)* entmutigend; **paint a ~ picture of sth.** ein düsteres Bild von etw. malen; **he was rather ~:** er hat mir/ihm/ihr *usw.* wenig Mut gemacht; **the article makes ~ reading** die Lektüre des Artikels ist entmutigend; **b)** *(deterring)* abschreckend

**discouragingly** [dɪ'skʌrɪdʒɪŋlɪ] *adv.* entmutigend

**discourse 1.** ['dɪskɔ:s] *n.* Diskurs, *der;* **hold a ~** *or* **be in ~ with sb.** einen Diskurs mit jmdm. haben *od.* führen. **2.** [dɪ'skɔ:s] *v. i.* **~ [upon sth.]** sich [über etw. *(Akk.)*] ausführlich äußern; *(converse)* [über etw.] ausführlich reden

**discourteous** [dɪs'kɜ:tɪəs] *adj.*, **discourteously** [dɪs'kɜ:tɪəslɪ] *adv.* unhöflich

**discourtesy** [dɪs'kɜ:təsɪ] *n.* Unhöflichkeit, *die;* **he did her a ~:** er beging ihr gegenüber eine Unhöflichkeit

**discover** [dɪ'skʌvə(r)] *v. t.* **a)** *(find, notice, get knowledge of, realize)* entdecken; **b)** *(by search)* herausfinden; **~ a meaning in life** entdecken, daß das Leben einen Sinn hat; **it was never ~ed how ...:** es kam nie heraus, wie ...; **~ sb.'s identity** herausfinden, wer jmd. ist; **as far as I can ~:** soweit ich feststellen kann; **c)** *(Chess)* **~ed check** Abzugsschach, *das*

**discoverable** [dɪ'skʌvərəbl] *adj.* auffindbar

**discoverer** [dɪ'skʌvərə(r)] *n.* Entdecker, *der*/Entdeckerin, *die*

**discovery** [dɪ'skʌvərɪ] *n.* Entdeckung, *die;* **voyage of ~:** Entdeckungsreise, *die;* **for fear of ~** aus Angst, entdeckt zu werden

**'disc parking** *n. (Brit.)* Parken mit Parkscheibe

**discredit** [dɪs'kredɪt] **1.** *n.* **a)** *no pl.* Mißkredit, *der;* **bring ~ on sb./sth., bring sb./sth. into ~:** jmdn./etw. in Mißkredit *(Akk.)* bringen; **be to the ~ of sb.** jmdm. keine Ehre machen; **without any ~ to the firm** ohne die Firma in Mißkredit zu bringen; **b)** *(sb.*

*or sth. that ~s)* **be a ~ to sb./sth.** jmdm./einer Sache keine Ehre machen; **c)** *no pl. (doubt)* **throw ~ on sth.** etw. unglaubwürdig erscheinen lassen; **fall into ~:** ins Zwielicht geraten. **2.** *v. t.* **a)** *(disbelieve)* keinen Glauben schenken (+ *Dat.*); *(discount as unreliable)* anzweifeln; *(cause to be disbelieved)* unglaubwürdig machen; **careful research has ~ed this theory** sorgfältige Untersuchungen haben diese Theorie zweifelhaft werden lassen; **b)** *(disgrace)* diskreditieren *(geh.);* in Verruf bringen; **be ~ed** diskreditiert werden *(geh.);* in Verruf geraten

**discreditable** [dɪs'kredɪtəbl] *adj.* unehrenhaft

**discreditably** [dɪs'kredɪtəblɪ] *adv.* unehrenhaft; **perform ~ in the examination** bei der Prüfung unrühmlich abschneiden

**discreet** [dɪ'skri:t] *adj.*, **~er** [dɪ'skri:tə(r)], **~est** [dɪ'skri:tɪst] diskret; taktvoll; *(unobtrusive)* diskret; dezent ⟨*Parfüm, Kleidung*⟩

**discreetly** [dɪ'skri:tlɪ] *adv.* diskret; dezent ⟨*gekleidet*⟩

**discreetness** [dɪ'skri:tnɪs] *n., no pl.* Diskretheit, *die*

**discrepancy** [dɪ'skrepənsɪ] *n.* Diskrepanz, *die;* **there is wide ~ between the statements of the two witnesses** die beiden Zeugenaussagen stimmen bei weitem nicht überein

**discrepant** [dɪ'skrepənt] *adj.* [voneinander] abweichend

**discrete** [dɪ'skri:t] *adj.* eigenständig; *(Math., Phys.)* diskret; **a ~ whole** ein Ganzes aus eigenständigen Teilen

**discreteness** [dɪ'skri:tnɪs] *n., no pl.* Eigenständigkeit, *die*

**discretion** [dɪ'skreʃn] *n.* **a)** *(prudence)* Umsicht, *die; (reservedness)* Diskretion, *die;* **use ~:** diskret sein; **reach years** *or* **the age of ~:** mündig werden; **~ is the better part of valour** *(prov.)* Vorsicht ist besser als Nachsicht *(ugs. scherzh.);* Vorsicht ist die Mutter der Weisheit; **b)** *(liberty to decide)* Ermessen, *das;* **leave sth. to sb.'s ~:** etw. in jmds. Ermessen *(Akk.)* stellen; etw. jmds. Entscheidung *(Dat.)* überlassen; **at sb.'s ~:** nach jmds. Ermessen; **be within** *or* **at** *or* **left to sb.'s ~:** in jmds. Ermessen *(Dat.)* liegen; **use one's ~:** nach eigenem Ermessen *od.* Gutdünken handeln; **at ~** *(as one pleases)* nach Gutdünken *od.* Belieben

**discretionary** [dɪ'skreʃənərɪ] *adj.* Ermessens-; **a ~ grant** *ein Stipendium, das nach Ermessen der Behörden vergeben wird;* **~ powers** Entscheidungsgewalt, *die*

**discriminate** [dɪ'skrɪmɪneɪt] **1.** *v. t.* unterscheiden. **2.** *v. i.* **a)** *(distinguish, use discernment)* unterscheiden; **~ between [two things]** unterscheiden zwischen [zwei Dingen]; **b) ~ against sb.** jmdn. diskriminieren; **~ in favour of sb.** jmdn. bevorzugen

**discriminating** [dɪ'skrɪmɪneɪtɪŋ] *adj.* kritisch ⟨*Urteil, Auge, Kunde, Kunstsammler*⟩; fein ⟨*Geschmack, Gaumen, Ohr*⟩

**discriminatingly** [dɪ'skrɪmɪneɪtɪŋlɪ] *adv.* kritisch; scharfsichtig ⟨*kritisieren*⟩

**discrimination** [dɪskrɪmɪ'neɪʃn] *n.* **a)** *(act of discriminating)* Unterscheidung, *die;* **b)** *(discernment)* [kritisches] Urteilsvermögen; **c)** *(differential treatment)* Diskriminierung, *die* (**against** *Gen.*); **~ against Blacks/women** Diskriminierung von Schwarzen/Frauen; **~ against foreign imports** die Erschwerung von ausländischen Importen; **~ in favour of** Bevorzugung (+ *Gen.*); **racial ~:** Rassendiskriminierung, *die*

**discriminatory** [dɪ'skrɪmɪnətərɪ] *adj.* diskriminierend

**discursive** [dɪ'skɜ:sɪv] *adj.*, **discursively** [dɪ'skɜ:sɪvlɪ] *adv.* weitschweifig

**discursiveness** [dɪ'skɜ:sɪvnɪs] *n., no pl.* Weitschweifigkeit, *die*

**discus** ['dɪskəs] *n. (Sport)* **a)** Diskus, *der;* **b)** *(event)* Diskuswerfen, *das*

**discuss** [dɪ'skʌs] *v. t.* **a)** *(talk about)* besprechen; **~ sth. with sb.** etw. mit jmdm. besprechen; **the children were ~ing the wedding** die Kinder sprachen über die Hochzeit; **I'm not willing to ~ this matter at present** ich möchte jetzt nicht darüber sprechen; **b)** *(debate)* diskutieren über (+ *Akk.*); *(examine)* erörtern; diskutieren

**discussion** [dɪ'skʌʃn] *n.* **a)** *(conversation)* Gespräch, *das; (more formal)* Unterredung, *die;* **after much ~:** nach langen Gesprächen/Unterredungen; **let's have a ~ about it** wir wollen darüber reden *od.* sprechen; **there was some ~ before they ...:** sie besprachen sich miteinander, bevor sie ...; **b)** *(debate)* Diskussion, *die; (examination)* Erörterung, *die;* **come up for ~:** zur Diskussion gestellt werden; **be under ~:** zur Diskussion stehen; **matter** *or* **topic for ~:** Thema *od.* Gegenstand der Diskussion; **hold** *or* **have a ~ with sb.** mit jmdm. diskutieren

**discussion: ~ group** *n.* Diskussionsrunde, *die;* **~ programme** *n. (Radio, Telev.)* Diskussionssendung, *die*

**disdain** [dɪs'deɪn] **1.** *n.* Verachtung, *die;* **with ~:** verächtlich; **a look of ~:** ein verächtlicher *od.* geringschätziger Blick. **2.** *v. t.* verachten; verächtlich ablehnen ⟨*Rat, Hilfe*⟩; **~ to do sth.** zu stolz sein, etw. zu tun

**disdainful** [dɪs'deɪnfl] *adj.* verächtlich, geringschätzig ⟨*Lachen, Ton, Blick, Kommentar*⟩; **look ~:** verächtlich dreinblicken; **be ~ of advice/simple pleasures** Ratschläge verächtlich ablehnen/einfache Freuden verachten

**disdainfully** [dɪs'deɪnfəlɪ] *adv.* verächtlich; geringschätzig; voll Verachtung ⟨*ignorieren*⟩; **look ~ at sb./sth.** jmdn./etw. verächtlich *od.* geringschätzig ansehen

**disease** [dɪ'zi:z] *n. (lit. or fig.)* Krankheit, *die;* **suffer from a ~:** an einer Krankheit leiden; **the spreading of ~:** die Ausbreitung von Krankheiten

**diseased** [dɪ'zi:zd] *adj. (lit. or fig.)* krank

**disembark** [dɪsɪm'bɑ:k] **1.** *v. t.* ausschiffen. **2.** *v. i.* von Bord gehen; **wait a long time to ~:** lange auf die Ausschiffung warten

**disembarkation** [dɪsembɑ:'keɪʃn] *n. (of troops)* Landung, *die; (of cargo, passengers)* Ausschiffung, *die*

**disembodied** [dɪsɪm'bɒdɪd] *adj.* körperlos ⟨*Seele, Geist*⟩; geisterhaft ⟨*Stimme*⟩

**disembowel** [dɪsɪm'baʊəl] *v. t.*, *(Brit.)* **-ll-** die Eingeweide herausnehmen (+ *Dat.*); *(by violence)* den Bauch aufschlitzen (+ *Dat.*)

**disenchant** [dɪsɪn'tʃɑ:nt] *v. t.* **a)** entzaubern *(geh.);* **b)** *(disillusion)* ernüchtern; **he became ~ed with sb./sth.** jmd./etw. hat ihn desillusioniert

**disenchantment** [dɪsɪn'tʃɑ:ntmənt] *n. see* **disenchant:** Entzauberung, *die (geh.);* Ernüchterung, *die* (**with** in bezug auf)

**disenfranchise** [dɪsɪn'fræntʃaɪz] *see* **disfranchise**

**disengage** [dɪsɪn'geɪdʒ] **1.** *v. t.* **a)** lösen (**from** aus, von); **~ one's hand** seine Hand frei bekommen; **b)** *(Mech.)* **~ the clutch** auskuppeln; **~ the gear** den Gang herausnehmen; **c)** *(Mil.)* abziehen. **2.** *v. i.* **a)** sich zurückziehen (**from** aus); ⟨*Kupplung:*⟩ sich lösen; **b)** *(Mil.)* sich zurückziehen (**from** aus); **c)** *(Fencing)* sich [aus der gegnerischen Bindung] lösen

**disengaged** [dɪsɪn'geɪdʒd] *adj.* **a)** frei; **b)** *(uncommitted)* nicht [politisch] engagiert

**disentangle** [dɪsɪn'tæŋgl] **1.** *v. t.* **a)** *(extricate)* befreien (**from** aus); *(fig.)* herauslösen (**from** aus); **b)** *(unravel)* entwirren; *(fig.)* ordnen ⟨*Gedanken*⟩; entwirren ⟨*Handlung, Hinweise*⟩. **2.** *v. i.* sich entwirren

**disentanglement** [dɪsɪn'tæŋglmənt] *n. (lit. or fig.)* Entwirrung, *die*

**disentomb** [dɪsɪn'tu:m] *v. t.* ausgraben; freilegen

**disequilibrium** [dɪsi:kwɪ'lɪbrɪəm] *n., no pl.* gestörtes Gleichgewicht; Ungleichgewicht, *das*

**disestablishment** [dɪsɪ'stæblɪʃmənt] *n.* **the ~ of the Church** die Trennung der Kirche vom Staat

**disfavour** (*Brit.; Amer.:* **disfavor**) [dɪs'feɪvə(r)] **1.** *n.* **a)** *(displeasure, disapproval)* Mißfallen, *das; (condition of being out of favour)* Ungnade, *die;* **incur sb.'s ~:** jmds. Unwillen erregen; **b)** *(disadvantage)* **in sb.'s ~:** zu jmds. Ungunsten. **2.** *v. t.* mißbilligen

**disfigure** [dɪs'fɪgə(r)] *v. t.* entstellen; verunstalten ⟨*Landschaft*⟩

**disfigurement** [dɪs'fɪgəmənt] *n.* Entstellung, *die; (of countryside)* Verunstaltung, *die*

**disfranchise** [dɪs'fræntʃaɪz] *v. t.* die Privilegien entziehen (+ *Dat.*); *(of right to vote)* das Wahlrecht entziehen (+ *Dat.*)

**disgorge** [dɪs'gɔ:dʒ] *v. t.* **a)** ausspucken; ausspeien *(geh.); (fig.)* ausspeien *(geh.);* herausgeben ⟨*Gefangene, Beute, Eigentum*⟩; **b)** *(discharge)* ergießen ⟨*Wasser*⟩

**disgrace** [dɪs'greɪs] **1.** *n., no pl.* **a)** *(ignominy)* Schande, *die;* Schmach, *die (geh. emotional); (deep disfavour)* Ungnade, *die;* **bring ~ on sb./sth.** Schande über jmdn./etw. bringen; **send sb. home in ~:** jmdn. wegen ungebührlichen Verhaltens nach Hause schicken; **he had to resign in ~:** er mußte unehrenhaft zurücktreten; **b) be a ~ [to sb./sth.]** [für jmdn./etw.] eine Schande sein. **2.** *v. t.* **a)** *(bring shame on)* ⟨*Person:*⟩ Schande machen (+ *Dat.*); ⟨*Person, Handlung:*⟩ Schande bringen über (+ *Akk.*); **~ oneself** sich blamieren; ⟨*Kind, Hund:*⟩ sich danebenbenehmen *(ugs.);* **b) be ~d** *(be put out of favour)* in Ungnade fallen; *(be held up to reproach)* bloßgestellt werden

**disgraceful** [dɪs'greɪsfl] *adj.* erbärmlich; miserabel ⟨*Handschrift*⟩; skandalös ⟨*Benehmen, Enthüllung, Bedingungen, Verstoß, Behandlung, Tat*⟩; **what a ~ thing to say/do!** wie kann man nur so etwas Schändliches sagen/tun!; **it's [absolutely** *or* **really** *or* **quite] ~:** es ist [wirklich] ein Skandal; **how ~!** was für eine Schande!; **you look ~:** du siehst ja furchtbar aus! *(ugs.)*

**disgracefully** [dɪs'greɪsfəlɪ] *adv.* erbärmlich; schändlich ⟨*verraten, betrügen, behandeln*⟩; **behave ~:** sich schändlich *od. (geh.)* schimpflich benehmen; **arrive ~ late** *(coll.)* furchtbar spät eintreffen; **she neglected her duties quite ~:** sie vernachlässigte ihre Pflichten geradezu sträflich

**disgruntled** [dɪs'grʌntld] *adj.* verstimmt; **be in a ~ mood** verstimmt sein

**disguise** [dɪs'gaɪz] **1.** *v. t.* **a)** verkleiden ⟨*Person*⟩; verstellen ⟨*Stimme*⟩; tarnen ⟨*Gegenstand*⟩; **~ oneself** sich verkleiden; **he ~d himself with a false beard** er tarnte sich mit einem falschen Bart; **b)** *(misrepresent)* verschleiern; **there is no disguising the fact that ...:** es läßt sich nicht verheimlichen, daß ...; **a ~d tax** eine versteckte Steuer; **c)** *(conceal)* verbergen; hinter dem Berg halten mit ⟨*Ansichten, Mißbilligung*⟩; **the herbs ~ the taste of the meat** die Kräuter überdecken den Geschmack des Fleisches. **2.** *n.* Verkleidung, *die; (fig.)* Maske, *die;* **adopt/wear a ~:** eine Verkleidung wählen/verkleidet sein; **wear sth. as a ~:** etw. zur Tarnung tragen; **in the ~ of** verkleidet als; **in ~:** verkleidet; **without any attempt at ~:** ohne irgendeinen Versuch, sich zu tarnen; *see also* **blessing c**

**disgust** [dɪs'gʌst] **1.** *n. (nausea)* Ekel, *der* (**at** vor + *Dat.*); *(revulsion)* Abscheu, *der* (**at** vor + *Dat.*); *(indignation)* Empörung, *die* (**at** über + *Akk.*); **in/with ~:** angewidert; *(with indignation)* empört. **2.** *v. t.* anwidern; *(fill with nausea)* anwidern; ekeln; *(fill with indignation)* empören

**disgusted** [dɪs'gʌstɪd] *adj.* angewidert; *(nauseated)* angewidert; angeekelt; *(indig-*

*nant)* empört; **feel ~ at sth./with sb.** angewidert/angeekelt von etw./empört über etw./jmdn. sein

**disgustedly** [dɪsˈgʌstɪdlɪ] *adv.* voller Ekel; angewidert; *(with nausea)* angewidert, angeekelt; *(indignantly)* empört

**disgusting** [dɪsˈgʌstɪŋ] *adj.* widerlich; widerwärtig; *(nauseating also)* ekelhaft; miserabel *(ugs. abwertend)* ⟨*Prüfungsergebnis, schulische Leistungen*⟩; **don't be ~:** sei nicht so geschmacklos

**disgustingly** [dɪsˈgʌstɪŋlɪ] *adv.* widerlich; *(causing nausea also)* ekelhaft; unmöglich *(ugs.)* ⟨*sich kleiden*⟩; *(iron.)* unverschämt ⟨*gut aussehen, reich*⟩

**dish** [dɪʃ] **1.** *n.* **a)** *(for food)* Schale, *die; (flatter)* Platte, *die; (deeper)* Schüssel, *die;* **b)** *in pl. (crockery)* Geschirr, *das;* **wash** *or (coll.)* **do the ~es** Geschirr spülen; abwaschen; **c)** *(type of food)* Gericht, *das;* **it is [not] my/everybody's ~** *(fig. sl.)* darauf steh' ich [nicht]/darauf steht [nicht] jeder *(ugs.);* **d)** *(coll.: person) (woman, girl)* klasse Frau *(ugs.); (man)* klasse Typ *(ugs.);* **be quite a ~:** eine Wucht sein *(salopp);* **e)** *(receptacle)* Schale, *die; (concavity)* Mulde, *die;* **f)** *(Radio, Telev.)* Parabolantenne, *die.* **2.** *v. t.* **a)** anrichten ⟨*Essen*⟩; **b)** *(coll.) (outmanœuvre)* austricksen *(ugs.); (ruin)* kleinkriegen *(ugs.);* zunichte machen ⟨*Hoffnung, Chancen*⟩

**~ 'out** *v. t.* **a)** austeilen ⟨*Essen*⟩; **b)** *(coll.: distribute)* verteilen

**~ 'up** *v. t.* auftragen, servieren ⟨*Essen*⟩; *(fig.)* auftischen *(ugs. abwertend)*

**dishabille** [dɪsəˈbiːl] *see* **déshabillé**

**disharmony** [dɪsˈhɑːmənɪ] *n. (lit. or fig.)* Disharmonie, *die*

**dish: ~cloth** *n.* **a)** *(for washing)* Abwaschlappen, *der;* Spültuch, *das;* **b)** *(Brit.: for drying)* Geschirrtuch, *das;* **~-cover** *n.* Cloche, *die (Gastr.); (against flies etc.)* Fliegenglocke, *die*

**dishearten** [dɪsˈhɑːtn] *v. t.* entmutigen; **be ~ed** den Mut verlieren/verloren haben

**disheartening** [dɪsˈhɑːtənɪŋ] *adj.*, **dishearteningly** [dɪsˈhɑːtənɪŋlɪ] *adv.* entmutigend

**dished** [dɪʃt] *adj.* konkav

**dishevelled** *(Amer.:* **disheveled***)* [dɪˈʃevld] *adj.* unordentlich ⟨*Kleidung*⟩; zerzaust ⟨*Haar, Bart*⟩; ungepflegt ⟨*Erscheinung*⟩

**'dish-mop** *n.* ≈ Spülbürste, *die*

**dishonest** [dɪˈsɒnɪst] *adj.* unehrlich ⟨*Person*⟩; unaufrichtig ⟨*Person, Antwort*⟩; unlauter *(geh.)* ⟨*Geschäftsgebaren, Vorhaben*⟩; unredlich ⟨*Geschäftsmann*⟩; unreell ⟨*Geschäft, Gewinn*⟩; **~ goings-on** undurchsichtige Vorgänge; **be ~ with sb.** unehrlich *od.* unaufrichtig gegen jmdn. sein

**dishonestly** [dɪˈsɒnɪstlɪ] *adv.* unehrlich; unaufrichtig; unlauter *(geh.)* ⟨*handeln*⟩; unredlich ⟨*sich verhalten*⟩

**dishonesty** [dɪˈsɒnɪstɪ] *n.* Unehrlichkeit, *die;* Unaufrichtigkeit, *die; (of methods)* Unlauterkeit, *die (geh.)*

**dishonor** *etc. (Amer.) see* **dishonour** *etc.*

**dishonour** [dɪˈsɒnə(r)] **1.** *n.* Schande, *die;* **bring ~ [up]on the nation/sb.** Schande über die Nation/jmdn. bringen. **2.** *v. t.* **a)** beleidigen; **b)** *(disgrace)* entehren; **~ one's family** seiner Familie *(Dat.)* Schande machen; **c)** *(Commerc.)* nicht honorieren ⟨*Wechsel*⟩; nicht einlösen, zurückgehen lassen ⟨*Scheck*⟩; nicht bezahlen ⟨*Schulden*⟩

**dishonourable** [dɪˈsɒnərəbl] *adj.* unehrenhaft

**dishonourably** [dɪˈsɒnərəblɪ] *adv.* in unehrenhafter Weise

**dish: ~-rack** *n.* Abtropfgestell, *das; (in dishwasher)* Geschirrwagen, *der;* **~-towel** *n.* Geschirrtuch, *das;* **~washer** *n.* **a)** Geschirrspülmaschine, *die;* Geschirrspüler, *der (ugs.);* **b)** *(person)* Geschirrspüler, *der*/-spülerin, *die;* **~-washing** *n.* Geschirrspülen, *das;* **~-washing machine** *see* **~washer a;** **~-water** *n.* Abwaschwasser, *das;* Spülwasser, *das;* **this tea's like ~-water** der Tee schmeckt wie Spülwasser

**dishy** [ˈdɪʃɪ] *adj. (Brit. sl.)* klasse *(ugs.)*

**disillusion** [dɪsɪˈljuːʒn, dɪsɪˈluːʒn] **1.** *n., no pl.* Desillusion, *die* **(with** über + *Akk.*). **2.** *v. t.* ernüchtern; **I don't want to ~ you, but ...:** ich möchte dir nicht deine Illusionen rauben, aber ...

**disillusioned** [dɪsɪˈljuːʒnd, dɪsɪˈluːʒnd] *adj.* desillusioniert; **become ~ with sth.** seine Illusionen über etw. *(Akk.)* verlieren

**disillusionment** [dɪsɪˈljuːʒnmənt, dɪsɪˈluːʒnmənt] *n.* Desillusionierung, *die*

**disincentive** [dɪsɪnˈsentɪv] *n.* Hemmnis, *das;* **act as** *or* **be a ~ to sb. to do sth.** jmdn. davon abhalten, etw. zu tun

**disinclination** [dɪsɪnklɪˈneɪʃn] *n.* Abneigung, *die* **(for, to** gegen)

**disincline** [dɪsɪnˈklaɪn] *v. t.* abgeneigt machen **(for, to** gegen)

**disinclined** [dɪsɪnˈklaɪnd] *adj.* abgeneigt

**disinfect** [dɪsɪnˈfekt] *v. t.* desinfizieren

**disinfectant** [dɪsɪnˈfektənt] **1.** *adj.* desinfizierend. **2.** *n.* Desinfektionsmittel, *das*

**disinfection** [dɪsɪnˈfekʃn] *n.* Desinfektion, *die;* Desinfizierung, *die*

**disinfest** [dɪsɪnˈfest] *v. t.* von Ungeziefer befreien; entwesen *(fachspr.)*

**disinformation** [dɪsɪnfəˈmeɪʃn] *n.* Desinformation, *die*

**disingenuous** [dɪsɪnˈdʒenjʊəs] *adj.* unaufrichtig

**disingenuously** [dɪsɪnˈdʒenjʊəslɪ] *adv.* in unaufrichtiger Weise

**disinherit** [dɪsɪnˈherɪt] *v. t.* enterben; *(fig.)* entrechten

**disinheritance** [dɪsɪnˈherɪtəns] *n.* Enterbung, *die*

**disintegrate** [dɪsˈɪntɪgreɪt] **1.** *v. i.* **a)** zerfallen; ⟨*Straßenbelag:*⟩ aufbrechen; ⟨*Gestein:*⟩ zerbröckeln, zerfallen; *(shatter suddenly)* zerbersten; *(fig.)* sich auflösen; **b)** *(Phys.)* zerfallen. **2.** *v. t.* **a)** zerstören; *(by weathering also)* zerfressen; *(by exploding)* sprengen; *(fig.)* auflösen; **b)** *(Phys.)* spalten

**disintegration** [dɪsɪntɪˈgreɪʃn] *n.* **a)** Zerfall, *der; (of road surface)* Aufbrechen, *das; (fig.)* Auflösung, *die; (of personality)* [allmähliche] Zerstörung; *(of hopes)* Zusammenbruch, *der;* **b)** *(Phys.)* Zerfall, *der*

**disinter** [dɪsɪnˈtɜː(r)] *v. t.,* **-rr-: a)** ausgraben; **b)** *(fig.)* ans Licht bringen

**disinterest** [dɪsˈɪntrəst, dɪsˈɪntrɪst] *see* **disinterestedness**

**disinterested** [dɪsˈɪntrəstɪd, dɪsˈɪntrɪstɪd] *adj.* **a)** *(impartial)* unvoreingenommen; unparteiisch; *(free from selfish motive)* selbstlos; uneigennützig; **b)** *(coll.: uninterested)* desinteressiert

**disinterestedly** [dɪsˈɪntrəstɪdlɪ, dɪsˈɪntrɪstɪdlɪ] *adv. see* **disinterested:** unvoreingenommen; unparteiisch; selbstlos; uneigennützig; desinteressiert

**disinterestedness** [dɪsˈɪntrəstɪdnɪs, dɪsˈɪntrɪstɪdnɪs] *n., no pl. see* **disinterested:** Unvoreingenommenheit, *die;* Selbstlosigkeit, *die;* Uneigennützigkeit, *die;* Desinteresse, *das* **(in** an + *Dat.*)

**disinterment** [dɪsɪnˈtɜːmənt] *n.* **a)** Ausgrabung, *die;* **b)** *(fig.)* Ausgraben, *das*

**disinvestment** [dɪsɪnˈvestmənt] *n. (Econ.)* Desinvestition, *die*

**disjoin** [dɪsˈdʒɔɪn] *v. t.* [voneinander] trennen

**disjointed** [dɪsˈdʒɔɪntɪd] *adj.*, **disjointedly** [dɪsˈdʒɔɪntɪdlɪ] *adv.* unzusammenhängend; zusammenhanglos

**disjunctive** [dɪsˈdʒʌŋktɪv] *adj.* **a)** trennend; **b)** *(Ling., Logic)* disjunktiv

**disk** *see* **disc**

**diskette** [dɪsˈket] *n. (Computing)* Diskette, *die*

**dislike** [dɪsˈlaɪk] **1.** *v. t.* nicht mögen; *(a little stronger)* nicht leiden können; **~ sb./sth. greatly** *or* **intensely** jmdn./etw. ganz und gar nicht leiden können; **I don't ~ it** ich finde es nicht schlecht; **~ doing sth.** es nicht mögen/nicht leiden können, etw. zu tun; etw. ungern tun; **I ~ your having to stay late** ich sehe es nicht gern, daß du lange bleiben mußt. **2.** *n.* **a)** *no pl.* Abneigung, *die* **(of, for** gegen); **she took an instant ~ to him/the house** sie empfand sofort eine Abneigung gegen ihn/das Haus; **have a ~ for sb./sth.** eine Abneigung gegen jmdn./etw. haben *od. (geh.)* hegen; **feel ~ for sb./sth.** jmdn./etw. nicht leiden können; **b)** *(object)* **one of my greatest ~s is ...:** zu den Dingen, die ich am wenigsten leiden kann, gehört ...

**dislocate** [ˈdɪsləkeɪt] *v. t.* **a)** *(Med.)* luxieren *(fachspr.);* ausrenken; auskugeln ⟨*Schulter, Hüfte*⟩; **b)** *(fig.)* beeinträchtigen

**dislocation** [dɪsləˈkeɪʃn] *n.* **a)** *(Med.)* Luxation, *die (fachspr.);* Ausrenkung, *die; (of shoulder, hip)* Auskugelung, *die;* **b)** *(fig.)* Beeinträchtigung, *die*

**dislodge** [dɪsˈlɒdʒ] *v. t.* entfernen **(from** aus); *(detach)* lösen **(from** von); *(Mil.: drive out)* vertreiben **(from** aus)

**disloyal** [dɪsˈlɔɪəl] *adj.* illoyal **(to** gegenüber); treulos ⟨*Freund, Ehepartner*⟩; **be ~:** nicht loyal sein

**disloyalty** [dɪsˈlɔɪəltɪ] *n.* Illoyalität, *die* **(to** gegenüber); *(to spouse, friend)* Treulosigkeit, *die*

**dismal** [ˈdɪzməl] *adj.* trist; düster; trostlos ⟨*Landschaft, Ort*⟩; bedrückend ⟨*Niedergang*⟩; *(coll.: feeble)* kläglich ⟨*Zustand, Leistung, Versuch*⟩; **in a ~ manner/tone of voice** düster/mit bedrückter Stimme; **a ~ failure** ein völliger Reinfall *(ugs.)*

**dismally** [ˈdɪzməlɪ] *adv.* trostlos; trübe ⟨*beleuchtet*⟩; kläglich ⟨*fehlschlagen, jammern*⟩

**dismantle** [dɪsˈmæntl] *v. t.* zerlegen; demontieren; *(fig.)* demontieren; abbauen ⟨*Schuppen, Gerüst*⟩; *(permanently)* abreißen, niederreißen ⟨*Gebäude*⟩; schleifen ⟨*Befestigungsanlage*⟩; abwracken ⟨*Schiff*⟩

**dismast** [dɪsˈmɑːst] *v. t. (Naut.)* entmasten

**dismay** [dɪsˈmeɪ] **1.** *v. t.* bestürzen; **he was ~ed to hear that ...:** mit Bestürzung hörte er, daß ...; **he was ~ed at the news** er war bestürzt über die Nachricht. **2.** *n.* Bestürzung, *die* **(at** über + *Akk.*); **he was filled with ~ at the news** die Nachricht erfüllte ihn mit Bestürzung; **watch in** *or* **with ~:** bestürzt zusehen

**dismember** [dɪsˈmembə(r)] *v. t.* **a)** verstümmeln; **b)** *(partition)* zersplittern

**dismemberment** [dɪsˈmembəmənt] *n.* **a)** Verstümmelung, *die;* **b)** *(partitioning)* Zersplitterung, *die*

**dismiss** [dɪsˈmɪs] *v. t.* **a)** *(send away, ask to leave or disperse)* entlassen; auflösen, aufheben ⟨*Versammlung*⟩; **~!** *(Mil.)* weggetreten!; **b)** *(from employment)* entlassen; **c)** *(from the mind)* verwerfen; *(treat very briefly)* abtun; **d)** *(Law)* abweisen ⟨*Klage*⟩; entlassen ⟨*Geschworene*⟩; **~ with costs** kostenpflichtig abweisen; **e)** *(Cricket)* ausscheiden lassen

**dismissal** [dɪsˈmɪsl] *n.* **a)** Entlassung, *die; (of committee, gathering, etc.)* Auflösung, *die;* Aufhebung, *die;* **she made a gesture of ~ to the servant** sie entließ den Diener mit einer Handbewegung; **b)** *(from employment)* Entlassung, *die;* **give sb. his/her ~:** jmdn. entlassen; **c)** *(from the mind)* Aufgabe, *die; (rejection)* Ablehnung, *die; (very brief treatment)* Abtun, *das;* **d)** *(Law) (of a case)* Abweisung, *die; (of jury)* Entlassung, *die;* **e)** *(Cricket)* Ausscheiden, *das*

**dismissive** [dɪsˈmɪsɪv] *adj.* abweisend; *(disdainful)* abschätzig; **be ~ about sth.** etw. abtun *od.* nicht würdigen

**dismissively** [dɪsˈmɪsɪvlɪ] *adv.* abweisend; *(disdainfully)* abschätzig

**dismount** [dɪsˈmaʊnt] **1.** *v.i.* absteigen. **2.** *v.t.* abwerfen ‹*Reiter*›
**disobedience** [dɪsəˈbiːdɪəns] *n.* Ungehorsam, *der;* **act of ~:** ungehorsames Verhalten; Ungehorsam, *der;* **~ to orders** Nichtbefolgen der Anordnungen
**disobedient** [dɪsəˈbiːdɪənt] *adj.* ungehorsam; **be ~ to orders/to sb.** Anordnungen nicht befolgen/jmdm. nicht gehorchen
**disobediently** [dɪsəˈbiːdɪəntlɪ] *adv.* ungehorsam; **act/behave ~:** ungehorsam sein
**disobey** [dɪsəˈbeɪ] *v.t.* nicht gehorchen (+ *Dat.*); nicht befolgen, mißachten ‹*Befehl, Vorschrift usw.*›; übertreten ‹*Gesetz*›; *(Mil.)* den Gehorsam verweigern (+ *Dat.*)
**disoblige** [dɪsəˈblaɪdʒ] *v.t.* **~ sb.** jmds. Wunsch nicht nachkommen
**disobliging** [dɪsəˈblaɪdʒɪŋ] *adj.* ungefällig; **be very/most ~:** wenig/kein bißchen entgegenkommend sein
**disorder** [dɪsˈɔːdə(r)] **1.** *n.* **a)** Unordnung, *die;* Durcheinander, *das;* **everything was in [complete] ~:** alles war ein einziges[, heilloses] Durcheinander; **the meeting broke up in ~:** die Versammlung endete in einem heillosen Durcheinander; **throw sth. into ~:** etw. in Unordnung bringen; **the marchers were thrown into ~:** die Marschierenden gerieten aus der Reihe; **the troops fled in ~:** die Soldaten flohen in ungeordneten Haufen; **leave the house in a state of ~:** das Haus in großer Unordnung hinterlassen; **b)** *(rioting, disturbance)* Unruhen *Pl.;* **c)** *(Med.)* [Funktions]störung, *die;* **suffer from a mental ~:** geisteskrank sein; **a stomach/liver ~:** ein Magen-/Leberleiden; **a blood ~:** eine Blutkrankheit. **2.** *v.t.* **a)** in Unordnung bringen; durcheinanderbringen; **b)** verwirren ‹*Geist*›
**disordered** [dɪsˈɔːdəd] *adj.* **a)** unordentlich; ungeordnet ‹*Wortschwall, Gedanken[gang]*›; wirr ‹*Phantasie*›; **b)** *(Med.)* gestört; angegriffen ‹*Organ*›; *(mentally unbalanced)* geistesgestört
**disorderly** [dɪsˈɔːdəlɪ] *adj.* **a)** *(untidy)* unordentlich; ungeordnet ‹*Denkweise, Ansammlung*›; **b)** *(unruly)* undiszipliniert; disziplinlos; zügellos, unsolide ‹*Lebensweise*›; aufrührerisch ‹*Mob*›; **~ conduct** ungebührliches *od.* ungehöriges Benehmen
**disˈorderly house** *n. (brothel)* öffentliches Haus *(verhüll.); (gambling-den)* Spielhölle, *die (abwertend)*
**disorganization** [dɪsɔːgənaɪˈzeɪʃn] *n., no pl.* Desorganisation, *die; (muddle)* Durcheinander, *das;* **cause ~ of sth.** etw. durcheinanderbringen
**disorganize** [dɪsˈɔːgənaɪz] *v.t.* durcheinanderbringen; desorganisieren *(geh.)*
**disorganized** [dɪsˈɔːgənaɪzd] *adj.* chaotisch; unsystematisch, chaotisch ‹*Arbeiter, Person*›; **he's completely ~:** er geht völlig unsystematisch vor
**disorient** [dɪsˈɔːrɪənt, dɪsˈɒrɪənt], **disorientate** [dɪsˈɒrɪənteɪt, dɪsˈɔːrɪənteɪt] *v.t.* die Orientierung nehmen (+ *Dat.*); *(fig.)* verwirren
**disorientated** [dɪsˈɒrɪənteɪtɪd, dɪsˈɔːrɪənteɪtɪd] *adj.* verwirrt; desorientiert
**disorientation** [dɪsɒrɪənˈteɪʃn, dɪsɔːrɪənˈteɪʃn] *n. (lit. or fig.)* Verwirrung, *die;* Desorientiertheit, *die*
**disoriented** [dɪsˈɔːrɪəntɪd, dɪsˈɒrɪəntɪd] *see* **disorientated**
**disown** [dɪsˈəʊn] *v.t.* **a)** *(repudiate)* verleugnen; **if you do that I'll ~ you** *(joc.)* wenn du das tust, sind wir geschiedene Leute; **b)** *(renounce allegiance to)* nicht anerkennen
**disparage** [dɪˈspærɪdʒ] *v.t.* **a)** herabsetzen; **b)** *(discredit)* in Verruf bringen; diskreditieren *(geh.)*
**disparagement** [dɪˈspærɪdʒmənt] *n.* Herabsetzung, *die;* **speak with ~ of sth./sb.** sich verächtlich über etw./jmdn. äußern
**disparaging** [dɪˈspærɪdʒɪŋ] *adj.* abschätzig
**disparagingly** [dɪˈspærɪdʒɪŋlɪ] *adv.* abschätzig
**disparate** [ˈdɪspərət] *adj.* [völlig] verschieden; disparat *(geh.)*
**disparity** [dɪˈspærɪtɪ] *n.* Disparität, *die (geh.); (difference also)* Unterschied, *der; (lack of parity)* Ungleichheit, *die*
**dispassionate** [dɪˈspæʃənət] *adj.* leidenschaftslos; *(impartial)* unvoreingenommen
**dispassionately** [dɪˈspæʃənətlɪ] *adv.* leidenschaftslos; *(impartially)* unvoreingenommen
**dispatch** [dɪˈspætʃ] **1.** *v.t.* **a)** *(send off)* schicken; **~ sb. [to do sth.]** jmdn. entsenden *(geh.)* [um etw. zu tun]; **b)** *(get through)* erledigen; abschließen ‹*Geschäft*›; erfüllen ‹*Pflicht*›; **c)** *(kill)* töten; **d)** *(eat)* verschlingen; verputzen *(ugs.)*. **2.** *n.* **a)** *(official report, Journ.)* Bericht, *der;* Depesche, *die (veralt.);* **they were mentioned in ~es** *(Mil.)* ≈ ihnen wurde förmliche Anerkennung ausgesprochen; **b)** *(sending off)* Absenden, *das; (of troops, messenger, delegation)* Entsendung, *die (geh.);* **c)** *(killing)* Tötung, *die;* **d)** *(prompt execution)* Erledigung, *die;* **e)** *(prompt efficiency)* **act with ~:** prompt handeln
**dispatch: ~-box, ~-case** *ns.* Aktenkoffer, *der*
**dispatcher** [dɪˈspætʃə(r)] *n.* Verkehrsbetriebsregler, *der*
**dispatch: ~ note** *n.* Versandanzeige, *die;* **~-rider** *n.* Bote, *der; (Mil.)* Meldefahrer, *der*
**dispel** [dɪˈspel] *v.t.*, **-ll-** vertreiben; zerstreuen ‹*Besorgnis, Befürchtung*›; verdrängen, unterdrücken ‹*Gefühl, Erinnerung, Vorahnung*›
**dispensable** [dɪˈspensəbl] *adj.* entbehrlich
**dispensary** [dɪˈspensərɪ] *n. (Pharm.)* Apotheke, *die; (in hospital)* [Krankenhaus]apotheke, *die*
**dispensation** [dɪspenˈseɪʃn] *n.* **a)** *(distribution)* Verteilung, *die* (**to** an + *Akk.*); *(of grace)* Zuteilwerdenlassen, *das; (of favours)* Gewährung, *die;* **~ of justice** Rechtsprechung, *die;* **b)** *(management)* Verfügung, *die; (Theol.: by Providence)* **divine ~:** göttliche Fügung; **c)** *(exemption)* Sonderregelung, *die;* **~ from the examination** Erlaß der Prüfung; **d)** *(Eccl.)* Dispens, *die*
**dispense** [dɪˈspens] **1.** *v.i.* **~ with** verzichten auf (+ *Akk.*); *(set aside)* außer acht lassen; *(do away with)* überflüssig machen. **2.** *v.t.* **a)** *(distribute, administer)* verteilen (**to** an + *Akk.*); gewähren ‹*Gastfreundschaft*›; zuteil werden lassen ‹*Gnade*›; spenden ‹*Sakrament*›; **~ justice** Recht sprechen; **the machine ~s hot drinks** der Automat gibt heiße Getränke aus; **the device ~s liquid soap/toilet-paper** aus der Vorrichtung kommt flüssige Seife/Toilettenpapier; **b)** *(Pharm.)* dispensieren *(fachspr.);* bereiten und abgeben
**dispenser** [dɪˈspensə(r)] *n.* **a)** *(Pharm.)* Apotheker, *der*/Apothekerin, *die;* **b)** *(vending-machine)* Automat, *der; (container)* Spender, *der*
**dispensing ˈchemist** *n.* Apotheker, *der*/Apothekerin, *die*
**dispersal** [dɪˈspɜːsl] *n.* **a)** *(scattering)* Zerstreuung, *die; (diffusion)* Ausbreitung, *die; (of mist, oil slick)* Auflösung, *die; (Mil.)* Auseinanderziehen, *das;* **b)** *(Bot., Zool.)* Verbreitung, *die;* **c)** *(Phys.)* Dispersion, *die*
**disperse** [dɪˈspɜːs] **1.** *v.t.* **a)** *(scatter)* zerstreuen; *(dispel)* auflösen ‹*Dunst, Öl*›; vertreiben ‹*Wolken, Gase*›; *(Mil.)* auseinanderziehen; **b)** *(Phys.)* dispergieren *(fachspr.);* verteilen; zerlegen ‹*Lichtstrahl*›. **2.** *v.i.* sich zerstreuen; *(Phys.)* sich verteilen
**dispersion** [dɪˈspɜːʃn] *n.* **a)** *(scattering)* Zerstreuung, *die; (diffusion)* Ausbreitung, *die; (Mil.)* Auseinanderziehen, *das;* **b) D~** *(Jewish Hist.) see* **Diaspora**; **c)** *(Phys.)* Dispersion, *die; (system)* Dispersoid, *das;* **d)** *(Statistics)* Streuung, *die;* Dispersion, *die (fachspr.)*
**dispirit** [dɪˈspɪrɪt] *v.t.* entmutigen
**dispirited** [dɪˈspɪrɪtɪd] *adj.* entmutigt; mutlos ‹*Gesichtsausdruck*›; halbherzig ‹*Versuch*›
**dispiritedly** [dɪˈspɪrɪtɪdlɪ] *adv.* entmutigt
**dispiriting** [dɪˈspɪrɪtɪŋ] *adj.* entmutigend
**displace** [dɪsˈpleɪs] *v.t.* **a)** *(move from place)* verschieben; *(force to flee)* vertreiben; *(remove from office)* entlassen; **b)** *(supplant)* ersetzen; *(crowd out)* verdrängen; **c)** *(Phys.: take the place of)* verdrängen
**displaced ˈperson** *n.* Vertriebene, *der/die*
**displacement** [dɪsˈpleɪsmənt] *n.* **a)** *(moving)* Verschiebung, *die; (removal from office)* Entlassung, *die;* **b)** *(supplanting)* Ersetzung, *die;* **c)** *(Phys.: [amount] taking the place of sth.)* Verdrängung, *die;* **d)** *(Naut.: weight displaced)* [Wasser]verdrängung, *die;* **e)** *(Psych.)* Verschiebung, *die;* **f)** *(Motor Veh.)* Hubraum, *der*
**display** [dɪˈspleɪ] **1.** *v.t.* **a)** tragen ‹*Abzeichen*›; vorzeigen ‹*Fahrkarte, Einladung*›; aufstellen ‹*Trophäe*›; *(to public view)* ausstellen; *(on notice-board)* aushängen; *(standing)* aufstellen ‹*Schild*›; *(attached)* aufhängen ‹*Schild, Fahne*›; *(make manifest)* zeigen; *(depict)* zeigen, darstellen; **b)** *(flaunt)* zur Schau stellen; **c)** *(Commerc.)* ausstellen; **d)** *(reveal involuntarily)* zeigen; **e)** *(Printing)* hervorheben. **2.** *n.* **a)** Aufstellung, *die; (to public view)* Ausstellung, *die; (manifestation)* Demonstration, *die;* **a ~ of ill-will/courage** eine Demonstration von jmds. Übelwollen/Mut; **b)** *(exhibition)* Ausstellung, *die; (Commerc.)* Auslage, *die;* Display, *das (Werbespr.);* **a military ~:** eine öffentliche militärische Veranstaltung; **a fashion ~:** eine Modenschau; **a ~ of flowers** ein Blumenarrangement; **an air ~:** eine Flugschau; **be on ~:** ausgestellt werden; **[be] for ~:** zur Ansicht [sein]; **put a house on ~:** ein Haus als Musterhaus herrichten; **c)** *(ostentatious show)* Zurschaustellung, *die;* **make a ~ of one's knowledge/affection** sein Wissen/seine Gefühle zur Schau stellen; **d)** *(Communications)* optische Darstellung; *(on radar screen)* Schirmbilddarstellung, *die; (device)* Display, *das;* **e)** *(Printing)* Hervorhebung, *die;* **~ advertising** [größere] Zeitungsanzeige; **f)** *(Ornith.)* Imponiergehabe, *das; (courtship ~)* Balzverhalten, *das*
**display: ~ cabinet, ~ case** *see* [2]**case 1 d**; **~ window** *n.* Schaufenster, *das*
**displease** [dɪsˈpliːz] *v.t.* **a)** *(earn disapproval of)* **~ sb./the authorities** jmds. Mißfallen/das Mißfallen der Behörden erregen; **b)** *(annoy)* verärgern; **be ~d [with sb./at sth.]** [über jmdn./etw.] verärgert sein; **she was most ~d to see that ...:** sie war sehr ärgerlich, als sie sah, daß ...
**displeasing** [dɪsˈpliːzɪŋ] *adj.* unangenehm; unerfreulich ‹*Anblick, Aussicht*›; unschön ‹*Akzent*›; **be ~ to sb./to the eye/ear** jmdm. mißfallen/keine Freude für das Auge/das Ohr sein
**displeasure** [dɪsˈpleʒə(r)] *n., no pl.* Mißfallen, *das* (**at** über + *Akk.*); **arouse/cause ~:** Mißfallen erregen
**disport** [dɪˈspɔːt] *v. refl. & i. (literary)* sich vergnügen
**disposable** [dɪˈspəʊzəbl] **1.** *adj.* **a)** *(to be thrown away after use)* Wegwerf-; **~ bottle/container/syringe** Einwegflasche/-behälter/-spritze; **be ~:** nach Gebrauch weggeworfen werden; **b)** *(available)* verfügbar; *(Finance also)* disponibel *(fachspr.)*. **2.** *n.* Wegwerfartikel, *der*
**disposable: ~ ˈassets** *n. pl. (Finance)* frei verfügbares *od.* disponibles Vermögen; **~ ˈincome** *n. (Finance)* verfügbares Einkommen
**disposal** [dɪˈspəʊzl] *n.* **a)** *(getting rid of, kill-*

*ing)* Beseitigung, *die;* *(of waste)* Entsorgung, *die;* ~ **of sewage** Abwasserbeseitigung, *die;* **b)** *(putting away)* Forträumen, *das;* **c)** *(eating up)* Aufessen, *das;* **d)** *(settling)* Erledigung, *die;* *(of argument)* Beilegung, *die;* **e)** *(treating)* Abhandlung, *die;* **f)** *(bestowal)* Übertragung, *die* **(to** auf + *Akk.*); **g)** *(sale)* Veräußerung, *die;* **h)** *(control)* Verfügung, *die;* **place** *or* **put sth./sb. at sb.'s [complete]** ~: jmdm. etw./jmdn. [ganz] zur Verfügung stellen; **have sth./sb. at one's** ~: etw./jmdn. zur Verfügung haben; **be at sb.'s** ~: jmdm. zur Verfügung *od.* zu jmds. Verfügung stehen; **i)** *see* **disposition a**

**dispose** [dɪ'spəʊz] **1.** *v. t.* **a)** *(make inclined)* ~ **sb. to sth.** jmdn. zu etw. veranlassen; ~ **sb. to do sth.** jmdn. dazu veranlassen, etw. zu tun; **b)** *(arrange)* anordnen; *(Mil.)* aufstellen ‹*Truppen*›. **2.** *v. i.* *(determine course of events)* entscheiden; Entscheidungen treffen; **man proposes, God ~s** *(prov.)* der Mensch denkt, Gott lenkt *(Spr.)*

~ **of** *v. t.* **a)** *(do as one wishes with)* ~ **of sth./sb.** über etw./jmdn. frei verfügen; **b)** *(kill, get rid of)* beseitigen ‹*Rivalen, Leiche, Abfall*›; erlegen, töten ‹*Gegner, Drachen*›; **she ~d of the tea-leaves down the sink** sie hat die Teeblätter in den Ausguß getan *od.* den Ausguß hinuntergespült; **c)** *(put away)* wegräumen; **d)** *(eat up)* aufessen; verputzen *(ugs.)*; **e)** *(settle, finish)* erledigen; ~ **of the business** das Geschäftliche erledigen *od.* regeln; **f)** *(disprove)* widerlegen

**disposed** [dɪ'spəʊzd] *adj.* **be** ~ **to sth.** zu etw. neigen; **be** ~ **to do sth.** dazu neigen, etw. zu tun; **be** ~ **to anger** leicht zornig werden; **I'm not ~/don't feel** ~ **to help that lazy fellow** ich bin nicht geneigt/fühle mich nicht veranlaßt, diesem Faulpelz zu helfen; **feel** ~ **to make a complaint** meinen, daß man sich beschweren muß; **be well/ill** ~ **towards sb.** jmdm. wohl/übel gesinnt sein; **be well/ill** ~ **towards sth.** einer Sache *(Dat.)* positiv/ablehnend gegenüberstehen

**disposition** [dɪspə'zɪʃn] *n.* **a)** *(arrangement; also Mil.: attack plan)* Aufstellung, *die;* *(of guards etc.)* Aufstellung, *die;* Postierung, *die;* *(of seating, figures)* Anordnung, *die;* ~ **of troops** Truppenaufstellung, *die;* **b)** *in pl.* *(preparations; also Mil.)* Vorbereitungen *Pl.*; **c)** *(ordinance of Providence, fate, or God)* Fügung, *die;* **d)** *(temperament)* Veranlagung, *die;* Disposition, *die;* **his boastful** ~: seine prahlerische Art; **she has a/is of a rather irritable** ~: sie ist ziemlich reizbar; **e)** *(inclination)* Hang, *der;* Neigung, *die* **(towards** zu); **have a** ~ **to do sth./to[wards] sth.** dazu neigen, etw. zu tun/zu etw. neigen

**dispossess** [dɪspə'zes] *v. t.* **a)** *(oust)* verdrängen; entthronen ‹*Monarchen*›; stürzen ‹*Diktator*›; enterben ‹*Kind*›; **b)** *(deprive)* ~ **sb. of sth.** jmdm. etw. entziehen; *(fig.)* jmdm. etw. rauben

**disproportion** [dɪsprə'pɔ:ʃn] *n.* Mißverhältnis, *das*

**disproportionate** [dɪsprə'pɔ:ʃənət] *adj.* **a)** *(relatively too large/small)* vom Normalen abweichend; unangemessen; **be [totally]** ~ **to sth.** in einem [völligen] Mißverhältnis *od.* in [gar] keinem Verhältnis zu etw. stehen; **b)** *(lacking proportion)* unproportioniert

**disproportionately** [dɪsprə'pɔ:ʃənətlɪ] *adv.* unverhältnismäßig

**disprove** [dɪs'pru:v] *v. t.* widerlegen; ~ **sb.'s innocence** jmds. Schuld beweisen

**disputable** [dɪ'spju:təbl, 'dɪspjʊtəbl] *adj.* strittig; disputabel *(geh.)*

**disputant** [dɪ'spju:tənt] *n.* Disputant, *der*/Disputantin, *die*

**disputation** [dɪspjʊ'teɪʃn] *n.* **a)** *no pl.* *(argument)* Meinungsverschiedenheiten *Pl.*; Streit, *der;* **b)** *(arch.: academic debate)* Disputation, *die*

**disputatious** [dɪspjʊ'teɪʃəs] *adj.* streitlustig; streitbar

**dispute** [dɪ'spju:t] **1.** *n.* **a)** *no pl.* *(controversy)* Streit, *der;* **there has been some** ~ **as to what ...:** es hat Streit darüber gegeben, was ...; **be a matter/subject of much** ~: eine sehr umstrittene Frage/ein sehr umstrittenes Thema sein; **it is a matter of** ~ **whether ...:** man kann darüber streiten, ob ...; **that is [not] in** ~: darüber wird [nicht] gestritten; **be beyond** ~: außer Frage stehen; **b)** *(argument)* Streit, *der* **(over** um); **a** ~ **arose as to whether ...:** wegen der Frage, ob ..., kam es zum *od.* zu einem Streit; *see also* **demarcation dispute; industrial dispute. 2.** *v. t.* **a)** *(discuss)* sich streiten über (+ *Akk.*); ~ **whether .../how ...:** sich darüber streiten, ob .../wie ...; **b)** *(oppose)* bestreiten; anfechten ‹*Rechtsanspruch*›; angreifen ‹*Entscheidung*›; **c)** *(resist)* [an]kämpfen gegen; **d)** *(contend for)* streiten um; **they are disputing the leadership of the party** sie machen sich *(Dat.)* gegenseitig die Parteiführung streitig. **3.** *v. i.* *(argue)* streiten; ~ **with sb. on** *or* **about sth.** mit jmdm. über etw. *(Akk.)* diskutieren

**disqualification** [dɪskwɒlɪfɪ'keɪʃn] *n.* **a)** *(disqualifying)* Ausschluß, *der* **(from** von); *(Sport)* Disqualifikation, *die;* **b)** *(thing that disqualifies)* Grund zum Ausschluß

**disqualify** [dɪs'kwɒlɪfaɪ] *v. t.* **a)** *(debar)* ausschließen **(from** von); *(Sport)* disqualifizieren; **b)** *(make unfit)* ungeeignet machen; ~ **sb./sth. for sth.** jmdn./etw. für etw. ungeeignet machen; **c)** *(incapacitate)* verbieten (+ *Dat.*)

**disquiet** [dɪs'kwaɪət] *n.* Unruhe, *die*

**disquisition** [dɪskwɪ'zɪʃn] *n.* Abhandlung, *die;* *(long speech)* Vortrag, *der;* Sermon, *der (abwertend)*

**disregard** [dɪsrɪ'gɑ:d] **1.** *v. t.* ignorieren; nicht berücksichtigen ‹*Tatsache*›; ~ **a request** einer Bitte *(Dat.)* nicht nachkommen. **2.** *n.* Mißachtung, *die* **(of, for** *Gen.*); *(of wishes, feelings)* Gleichgültigkeit, *die* **(for, of** gegenüber); **he shows a total** ~ **of** *or* **for other people/others' feelings/wishes** ihm sind andere/die Gefühle anderer/die Wünsche anderer völlig gleichgültig

**disrepair** [dɪsrɪ'peə(r)] *n.* *(of building)* schlechter [baulicher] Zustand; Baufälligkeit, *die;* *(of furniture etc.)* schlechter Zustand; **the house is in a state of/has fallen into** ~: das Haus ist baufällig

**disreputable** [dɪs'repjʊtəbl] *adj.* zwielichtig; übelbeleumdet ‹*Person*›; verrufen ‹*Etablissement, Gegend*›; schäbig ‹*Aussehen, Kleidung*›

**disrepute** [dɪsrɪ'pju:t] *n.* Verruf, *der;* *(of area)* Verrufenheit, *die;* **bring sb./sth. into** ~: jmdn./etw. in Verruf bringen; **fall into** ~: in Verruf kommen *od.* geraten

**disrespect** [dɪsrɪ'spekt] *n.* Mißachtung, *die;* **show [only]** ~ **for sb./sth.** [überhaupt] keine Achtung *od.* keinen Respekt vor jmdm./etw. haben; **I meant no** ~ **[to you]** ich wollte [Ihnen gegenüber] nicht respektlos sein

**disrespectful** [dɪsrɪ'spektfl] *adj.* respektlos; **be** ~ **towards sb.** vor jmdm. keinen Respekt *od.* keine Achtung haben

**disrespectfully** [dɪsrɪ'spektfəlɪ] *adv.* respektlos

**disrobe** [dɪs'rəʊb] *(formal)* **1.** *v. t.* **a)** *(divest of robe)* das Gewand abnehmen (+ *Dat.*); **b)** *(undress)* ausziehen; entkleiden *(geh.)*. **2.** *v. i.* **a)** *(divest oneself of robe, coat, etc.)* ablegen; **b)** *(undress)* sich ausziehen; sich entkleiden *(geh.)*

**disrupt** [dɪs'rʌpt] *v. t.* **a)** *(break up)* zerschlagen ‹*Regierung, Partei, System*›; **b)** *(interrupt)* unterbrechen; stören ‹*Klasse, Sitzung*›

**disruption** [dɪs'rʌpʃn] *n.* **a)** *(break-up)* Zerschlagung, *die;* **b)** *(interruption)* Unterbrechung; *(of class, meeting)* Störung, *die*

**disruptive** [dɪs'rʌptɪv] *adj.* **a)** *(breaking up)* zerstörerisch; **b)** *(violently interrupting)* störend

**diss** [dɪs] *v. t.* *(Amer. coll.)* verächtlich machen; dissen *(Jugendspr.)*

**dissatisfaction** [dɪsætɪs'fækʃn] *n., no pl.* Unzufriedenheit, *die* **(with, at** mit)

**dissatisfied** [dɪ'sætɪsfaɪd] *adj.* **be** ~ **with** *or* **at sb./sth.** mit jmdm./etw. unzufrieden sein

**dissect** [dɪ'sekt] *v. t.* **a)** *(cut into pieces)* zerschneiden, zerlegen **(into** in + *Akk.*); **b)** *(Med., Biol.)* präparieren; sezieren, präparieren ‹*Leiche*›; **c)** *(analyse)* zergliedern

**dissection** [dɪ'sekʃn] *n.* **a)** *(cutting into pieces)* Zerlegung, *die;* **b)** *(Med., Biol.)* Präparation, *die;* *(of body)* Sektion, *die;* Präparation, *die;* **c)** *(Med.: thing cut up)* Präparat, *das;* **d)** *(analysis)* Zergliederung, *die*

**dissemble** [dɪ'sembl] **1.** *v. t.* *(disguise)* verbergen ‹*Gefühle, Absichten*›; verheimlichen ‹*Liebe*›. **2.** *v. i.* **a)** *(conceal one's motives)* sich verstellen; **b)** *(talk or act hypocritically)* heucheln

**disseminate** [dɪ'semɪneɪt] *v. t.* *(lit. or fig.)* verbreiten; verstreuen ‹*Samen, Truppen, Flüchtlinge*›; *see also* **sclerosis a**

**dissemination** [dɪsemɪ'neɪʃn] *n.* Verbreitung, *die*

**dissension** [dɪ'senʃn] *n.* Dissens, *der;* Streit, *der* **(on** über + *Akk.*); **~s** Streitigkeiten; Meinungsverschiedenheiten

**dissent** [dɪ'sent] **1.** *v. i.* **a)** *(refuse to assent)* nicht zustimmen; ~ **from sth.** mit etw. nicht übereinstimmen; **b)** *(disagree)* ~ **from sth.** von etw. abweichen. **2.** *n.* **a)** *(difference of opinion)* Ablehnung, *die;* *(from majority)* Abweichung, *die;* **b)** *(refusal to accept)* Ablehnung, *die*

**dissenter** [dɪ'sentə(r)] *n.* Andersdenkende, *der/die;* **be a** ~ **from sth.** etw. ablehnen

**dissentient** [dɪ'senʃɪənt, dɪ'senʃənt] **1.** *adj.* andersdenkend ‹*Person, Minderheit*›; abweichend ‹*Meinung, Vorstellung, Standpunkt*›. **2.** *n.* Andersdenkende, *der/die*

**dissertation** [dɪsə'teɪʃn] *n.* *(spoken)* Vortrag, *der;* *(written)* Abhandlung, *die;* *(for bachelor's degree)* Diplomarbeit, *die;* *(for master's degree)* Magisterarbeit, *die;* *(for Ph. D.)* Dissertation, *die*

**disservice** [dɪ'sɜ:vɪs] *n.* **do sb. a** ~: jmdm. einen schlechten Dienst erweisen

**dissidence** ['dɪsɪdəns] *n., no pl.* Uneinigkeit, *die;* Meinungsverschiedenheit, *die*

**dissident** ['dɪsɪdənt] **1.** *adj.* **a)** *(disagreeing)* andersdenkend; **a** ~ **person** ein Andersdenkender; **a** ~ **group/faction** eine Dissidentengruppe; **b)** *(dissentient)* **hold a** ~ **view** *or* **opinion** eine abweichende Meinung vertreten. **2.** *n.* Dissident, *der*/Dissidentin, *die;* Regimekritiker, *der*/-kritikerin, *die*

**dissimilar** [dɪ'sɪmɪlə(r)] *adj.* unähnlich; unterschiedlich, verschieden ‹*Ideen, Ansichten, Geschmäcker*›; **be [highly]** ~ **to sth./sb.** [ganz] anders als etw./jmd. sein

**dissimilarity** [dɪsɪmɪ'lærɪtɪ] *n.* Unähnlichkeit, *die*

**dissimulate** [dɪ'sɪmjʊleɪt] *v. t.* verbergen ‹*Gefühle*›; verheimlichen ‹*Tatsache, Wahrheit, Ideale*›; verleugnen ‹*Identität*›

**dissipate** ['dɪsɪpeɪt] **1.** *v. t.* **a)** *(dispel)* auflösen ‹*Nebel, Dunst*›; vertreiben ‹*Angst, Sorgen, Wolken*›; zerstreuen ‹*Befürchtungen, Zweifel*›; zunichte machen ‹*Begeisterung, Illusion*›; aufhellen, heben ‹*düstere Stimmung*›; **b)** *(bring to nothing)* zerstören; **c)** *(break up)* auseinandertreiben ‹*Gruppe, Truppen, Menge*›; auseinanderbrechen lassen ‹*Familie, Gemeinde, Volk*›; **d)** *(fritter away)* vergeuden; *(squander)* durchbringen ‹*Vermögen, Erbschaft*›; verschwenden ‹*Geld*›; ~ **sb.'s energy** jmdn. entkräften; jmds. Energien aufzehren. **2.** *v. i.* **a)** *(disperse)* ‹*Nebel, Dunst:*› sich auflösen; **b)** *(break up)* ‹*Menge:*› sich zerstreuen

**dissipated** ['dɪsɪpeɪtɪd] *adj.* ausschweifend; zügellos; ~ **morals** lockere Moral

**dissipation** [dɪsɪ'peɪʃn] *n.* **a)** *(scattering)* Auflösung, *die;* **b)** *(intemperate living)* Ausschweifung, *die;* **c)** *(wasteful expenditure)* Verschwendung, *die; (of fortune, inheritance)* Vergeudung, *die;* ~ **of money/energy** Geld-/Energieverschwendung, *die;* **d)** *(frivolous amusement)* Amüsement, *das*

**dissociate** [dɪ'səʊʃɪeɪt, dɪ'səʊsɪeɪt] *v.t.* **a)** *(disconnect)* trennen; ~ **oneself from sth./sb.** sich von etw./jmdm. distanzieren; ~ **oneself from all responsibility** alle Verantwortung ablehnen; **b)** *(Chem.)* dissoziieren

**dissociation** [dɪsəʊsɪ'eɪʃn] *n.* **a)** Distanzierung, *die* **(of** von); *(of ideas)* Abgrenzung, *die;* **b)** *(Chem.)* Dissoziation, *die*

**dissolute** ['dɪsəlu:t, 'dɪsəlju:t] *adj.* *(licentious)* ausschweifend; *(against morality)* lasterhaft; freizügig ‹*Mode*›; zügellos ‹*Benehmen*›

**dissolutely** ['dɪsəlu:tlɪ, 'dɪsəlju:tlɪ] *adv.* lasterhaft ‹*leben*›; zügellos ‹*sich benehmen*›

**dissolution** [dɪsə'lu:ʃn, dɪsə'lju:ʃn] *n.* **a)** *(disintegration)* Zersetzung, *die;* **b)** *(undoing, dispersal)* Auflösung, *die;* ~ **of a bond** Lösung einer Bindung

**dissolve** [dɪ'zɒlv] **1.** *v.t.* auflösen; abbrechen ‹*Freundschaft*›; **acid ~s protein** Säure zersetzt Eiweiß. **2.** *v.i.* **a)** sich auflösen; *(in acid)* sich zersetzen; ‹*Vorstellung:*› vorbeigehen; ~ **into tears/laughter** in Tränen/Gelächter ausbrechen; ~ **into thin air** sich in Luft auflösen; **b)** *(Cinemat.)* überblenden. **3.** *n. (Cinemat.)* Überblendung, *die*

**dissonance** ['dɪsənəns] *n.* *(Mus.)* Dissonanz, *die; (fig.)* Disharmonie, *die*

**dissonant** ['dɪsənənt] *adj.* *(Mus.)* dissonant; *(fig.)* disharmonisch; voneinander abweichend ‹*Meinungen*›

**dissuade** [dɪ'sweɪd] *v.t.* ~ **sb. from sth.** jmdn. von etw. abbringen; ~ **sb. from doing sth.** jmdn. davon abbringen, etw. zu tun

**dissuasion** [dɪ'sweɪʒn] *n.* Abbringen, *das*

**distance** ['dɪstəns] **1.** *n.* **a)** Entfernung, *die* **(from** zu); **their ~ from each other** die räumliche Entfernung zwischen ihnen; **keep [at] a [safe] ~ [from sb./sth.]** jmdm./einer Sache nicht zu nahe kommen; **maintain a safe ~ from the car in front** einen Sicherheitsabstand zum Vordermann einhalten; **b)** *(fig.: aloofness)* Abstand, *der;* **keep one's ~** *or* **at a ~ [from sb./sth.]** Abstand [zu jmdm./etw.] wahren; **c)** *(way to cover)* Strecke, *die;* Weg, *der; (gap)* Abstand, *der;* **accompany sb. for part of the ~:** jmdn. einen Teil des Weges *od.* ein Stück begleiten; **from this ~:** aus dieser Entfernung; von hier aus; **at a ~ of ... [from sb./sth.]** in einer Entfernung von ... [von jmdm./etw.]; **a short ~ away** ganz in der Nähe; **fall a ~ of one metre** einen Meter tief fallen; **that's no [great] ~:** das ist nicht weit; das ist keine Entfernung; **d)** *(remoter field of vision)* Ferne, *die;* **in/into the ~:** in der/die Ferne; **run off into the ~:** weit weglaufen; **the car vanished into the ~:** das Auto verschwand in der Ferne; **middle ~** *(Art)* Mittelgrund, *der;* **e)** *(distant point)* Entfernung, *die;* **at a ~/[viewed] from a ~:** von weitem; *(fig.)* oberflächlich betrachtet; **they remained at a ~:** sie blieben in einiger Entfernung stehen; **f)** *(space of time)* Abstand, *der;* **at a ~ of 20 years** aus einem Abstand von 20 Jahren; nach [einem Zeitraum von] 20 Jahren; **g)** *(Racing, Boxing)* Distanz, *die;* **go** *or* **stay the ~:** über die volle Distanz gehen; *(fig.)* [bis zum Schluß] durchhalten. *See also* **²hail 1a; striking-distance. 2.** *v.t.* **a)** *(leave behind in race)* hinter sich *(Dat.)* lassen; **b)** *(fig.)* entfremden; ~ **oneself from sb./sth.** sich von jmdm./etw. distanzieren

**distance:** ~ **learning** *n.* Fernstudium, *das;* ~ **runner** *n.* Langstreckenläufer, *der*/-läuferin, *die*

**distant** ['dɪstənt] *adj.* **a)** *(far)* fern; **from nearby and ~ parts** von *od.* aus nah und fern; **be ~ [from sb.]** weit [von jmdm.] weg sein; **about three miles ~ from here** ungefähr drei Meilen von hier [entfernt]; **b)** *(fig.: remote)* entfernt ‹*Ähnlichkeit, Verwandtschaft, Verwandte, Beziehung*›; **it's a ~ prospect/possibility** das ist Zukunftsmusik; ~ **memories/recollections** weit zurückreichende Erinnerungen; **have a ~ memory of sth.** sich an etw. *(Akk.)* vage erinnern; **c)** *(in time)* fern; **in the ~ past/future** in ferner Vergangenheit/Zukunft; **in some ~ era** in fernen Zeiten; **d)** *(cool)* reserviert, distanziert ‹*Mensch, Haltung*›; **be ~ with sb.** jmdm. gegenüber reserviert sein

**distantly** ['dɪstəntlɪ] *adv.* **a)** *(far)* fern; **b)** *(fig.: remotely)* entfernt; ~ **resemble each other** eine entfernte Ähnlichkeit aufweisen; **c)** *(coolly)* reserviert

**distaste** [dɪs'teɪst] *n.* Abneigung, *die;* **[have] a ~ for sb./sth.** eine Abneigung gegen jmdn./etw. [haben]; **in ~:** aus Abneigung; **turn away in ~:** sich angewidert abwenden

**distasteful** [dɪs'teɪstfl] *adj.* unangenehm; **be ~ to sb.** jmdm. zuwider sein

**distastefully** *adv.* geschmacklos; **look ~ at sth.** etw. angewidert betrachten

**distastefulness** *n., no pl.* Widerwärtigkeit, *die*

**¹distemper** [dɪ'stempə(r)] **1.** *n.* **a)** *(paint)* Temperafarbe, *die;* **b)** *(method)* Temperamalerei, *die.* **2.** *v.t.* mit Temperafarbe bemalen

**²distemper** *n.* *(animal disease)* Staupe, *die*

**distend** [dɪ'stend] *v.t.* aufblähen, auftreiben ‹*Leib, Bauch*›; blähen ‹*Nüstern*›; aufblasen ‹*Backen, Ballon*›; erweitern ‹*Gefäße, Darm, Ader*›; aufschwellen ‹*Euter*›

**distension** [dɪ'stenʃn] *n.* Aufblähung, *die;* Auftreiben, *das; (of blood-vessel, intestine)* Erweiterung, *die*

**distich** ['dɪstɪk] *n.* *(Pros.)* Distichon, *das*

**distil** *(Amer.:* **distill)** [dɪ'stɪl] *v.t.,* **-ll-: a)** *(lit. or fig.)* destillieren; brennen ‹*Branntwein*›; ~ **sth. from sth.** *(fig.)* etw. aus etw. [heraus]destillieren; **b)** *(give forth in drops)* tröpfeln

**distillate** ['dɪstɪleɪt] *n.* Destillat, *das*

**distillation** [dɪstɪ'leɪʃn] *n.* Destillation, *die; (fig.)* Herausdestillieren, *das; (result)* Destillat, *das*

**distiller** [dɪ'stɪlə(r)] *n.* Destillateur, *der;* Branntweinbrenner, *der*

**distillery** [dɪ'stɪlərɪ] *n.* [Branntwein]brennerei, -destillation, *die;* Destille, *die*

**distinct** [dɪ'stɪŋkt] *adj.* **a)** *(different)* verschieden; **keep two things ~:** zwei Dinge auseinanderhalten; **as ~ from** im Unterschied zu; **b)** *(clearly perceptible, decided)* deutlich; klar ‹*Stimme, Sicht*›; ausgeprägt ‹*Falten, Charme*›; **c)** *(separate)* unterschiedlich; **d)** *(particular)* bestimmt ‹*Gegend, Gebiet*›

**distinction** [dɪ'stɪŋkʃn] *n.* **a)** *(making a difference)* Unterscheidung, *die;* **by way of ~, for ~:** zur Unterscheidung; **b)** *(difference)* Unterschied, *der;* **there is a clear ~ between A and B** es besteht ein deutlicher Unterschied zwischen A und B; **make** *or* **draw a ~ between A and B** einen Unterschied zwischen A und B machen; **draw a sharp/clear ~ between A and B** streng/klar zwischen A und B trennen; **a ~ without a difference** ein nomineller Unterschied; **c)** *(being different)* Andersartigkeit, *die;* **d)** *(distinctive feature)* besonderes Merkmal; **have the ~ of being ...:** sich dadurch auszeichnen, daß man ... ist; **e)** *(showing of special consideration)* Ehrung, *die;* **be mentioned with special ~:** besonders lobend erwähnt werden; **a mark of ~:** eine Ehre *od.* Auszeichnung; **f)** *(mark of honour)* Auszeichnung, *die;* **gain** *or* **get a ~ in one's examination** das Examen mit Auszeichnung bestehen; **g)** *(excellence)* hoher Rang; **a scientist of ~:** ein Wissenschaftler von Rang [und Namen]

**distinctive** [dɪ'stɪŋktɪv] *adj.* unverwechselbar; **be ~ of sth.** für etw. typisch *od.* charakteristisch sein

**distinctively** [dɪ'stɪŋktɪvlɪ] *adv.* unverwechselbar

**distinctly** [dɪ'stɪŋktlɪ] *adv.* **a)** *(clearly)* deutlich; **we couldn't see ~ in the mist** in dem Nebel konnten wir nichts deutlich erkennen; **b)** *(decidedly)* merklich; **be ~ aware of sth.** etw. deutlich spüren; **c)** *(markedly)* ausgeprägt

**distinctness** [dɪ'stɪŋktnɪs] *n., no pl.* **a)** *(difference)* Verschiedenheit, *die;* **b)** *(separateness)* Getrenntheit, *die*

**distinguish** [dɪ'stɪŋgwɪʃ] **1.** *v.t.* **a)** *(make out)* erkennen; *(hear)* verstehen; *(read)* lesen; entziffern; **b)** *(differentiate)* unterscheiden; *(characterize)* kennzeichnen; ~ **sth./sb. from sth./sb.** etw./jmdn. von etw./jmdm. unterscheiden; **c)** *(divide)* einteilen; ~ **things/persons into ...:** Dinge/Personen einteilen in (+ *Akk.*); **d)** *(make prominent)* ~ **oneself [by sth.]** sich [durch etw.] hervortun; ~ **oneself by doing sth.** sich dadurch hervortun, daß man etw. tut; ~ **oneself in an exam** in einem Examen glänzen *(ugs.);* **you've really ~ed yourself, haven't you?** *(iron.)* na, da hast du vielleicht 'ne Glanzleistung vollbracht!; **e)** *(characterize)* auszeichnen. **2.** *v.i.* unterscheiden; ~ **between persons/things** Personen/Dinge auseinanderhalten *od.* voneinander unterscheiden; **one can barely ~ between the original and the copy** man kann das Original kaum von der Kopie unterscheiden

**distinguishable** [dɪ'stɪŋgwɪʃəbl] *adj.* **a)** *(able to be made out)* erkennbar; *(audible)* hörbar; *(readable)* lesbar; *(decipherable)* entzifferbar; **b)** *(able to be differentiated)* erkennbar; unterscheidbar; **c)** *(able to be divided)* einteilbar

**distinguished** [dɪ'stɪŋgwɪʃt] *adj.* **a)** *(eminent)* namhaft, angesehen ‹*Persönlichkeit, Schule, Firma*›; glänzend ‹*Laufbahn*›; hervorragend ‹*Qualität*›; **a ~ politician** ein Politiker von Rang [und Namen]; **b)** *(looking eminent)* vornehm, *(geh.)* distinguiert ‹*Aussehen, Mensch*›; **c)** *(remarkable)* ~ **[for/by sth.]** sich [durch etw.] auszeichnend *attr.*

**distort** [dɪ'stɔ:t] *v.t.* **a)** verzerren ‹*Gesicht, Stimme, Musik*›; verformen ‹*Gegenstand*›; ‹*Schmerz, Krankheit:*› entstellen; **b)** *(misrepresent)* entstellt *od.* verzerrt wiedergeben; verdrehen ‹*Worte, Wahrheit*›

**distortion** [dɪ'stɔ:ʃn] *n.* **a)** Verzerrung, *die; (by disease)* Entstellung, *die;* **b)** *(misrepresentation)* Entstellung, *die; (of words, truth)* Verdrehung, *die*

**distract** [dɪ'strækt] *v.t.* **a)** *(divert)* ablenken; ~ **sb.['s attention/concentration/mind from sth.]** jmdn. [von etw.] ablenken; **b)** *usu. in pass. (make mad or angry)* wahnsinnig machen; **grow ~ed** außer sich geraten; **~ed with joy/worry** außer sich vor Freude/Sorge; **c)** *(bewilder)* irritieren

**distracted** [dɪ'stræktɪd] *adj.* **a)** *(mad)* von Sinnen *nachgestellt;* außer sich *nachgestellt; (worried)* besorgt; beunruhigt; **run round like one ~:** wie von Sinnen umherlaufen; **b)** *(mentally far away)* abwesend

**distraction** [dɪ'strækʃn] *n.* **a)** *(frenzy)* Wahnsinn, *der;* **love sb. to ~:** jmdn. wahnsinnig *od.* bis zur Raserei lieben; **drive sb. to ~:** jmdn. wahnsinnig machen *od.* zum Wahnsinn treiben; **be worried to ~ by sth.** sich *(Dat.)* wegen etw. wahnsinnige *(ugs.)* Sorgen machen; **b)** *(confusion)* Unruhe, *die;* **c)** *(diversion)* Ablenkung, *die;* **d)** *(interruption)* Störung, *die;* **I don't want any ~s** ich möchte nicht gestört werden; **be a ~:** ein Störfaktor sein; **e)** *(amusement)* Zerstreuung, *die; (pastime)* Zeitvertreib, *der*

**distrain** [dɪ'streɪn] *v.i.* *(Law)* ~ **[upon sb./sth.]** [jmdn. *od.* bei jmdm./etw.] pfänden

**distraint** [dɪ'streɪnt] *n.* *(Law)* Pfändung, *die*

**distraught** [dɪ'strɔ:t] *adj.* aufgelöst (**with** vor + *Dat.*); verstört ‹*Blick, Gesichtsausdruck*›; **tearful and ~:** in Tränen aufgelöst

**distress** [dɪ'stres] **1.** *n.* **a)** *(anguish)* Kummer, *der* (**at** über + *Akk.*); **suffer ~:** Leid erdulden; Kummer ertragen; **be in [a state of] ~:** in Sorge sein; **cause sb. much ~:** jmdm. viel Kummer zufügen *od.* bereiten; **b)** *(suffering caused by want)* Not, *die;* Elend, *das;* **c)** *(danger)* Not, *die;* Gefahr, *die;* **an aircraft/a ship in ~:** ein Flugzeug in Not/ein Schiff in Seenot; **d)** *(exhaustion)* Erschöpfung, *die;* **e)** *(misfortune)* Unglück, *das;* Schicksalsschlag, *der;* **f)** *(Law) see* **distraint. 2.** *v. t.* **a)** *(worry)* bedrücken; bekümmern; *(cause anguish to)* ängstigen; *(upset)* nahegehen (+ *Dat.*); mitnehmen; **don't ~ yourself/try not to ~ yourself** ängstigen Sie sich nicht; **we were most ~ed** wir waren zutiefst betroffen *od.* bestürzt; **b)** *(exhaust)* erschöpfen; **c)** *(afflict)* plagen; heimsuchen

**distressed** [dɪ'strest] *adj.* **a)** *(anguished)* leidvoll; betrübt; *(desperate)* gequält; verzweifelt; **b)** *(impoverished)* notleidend ‹*Volkswirtschaft, Dritte Welt*›; verarmt ‹*Adel*›; armselig ‹*Verhältnisse*›

**distressed 'area** *n. (Brit.)* Notstandsgebiet *(mit hoher Arbeitslosigkeit)*

**distressing** [dɪ'stresɪŋ] *adj.* **a)** *(upsetting)* erschütternd; **be ~ to sb.** jmdn. sehr belasten; **b)** *(regrettable)* beklagenswert

**di'stress signal** *n.* Notsignal, *das*

**distribute** [dɪ'strɪbju:t] *v. t.* **a)** verteilen (**to** an + *Akk.*, **among** unter + *Akk.*); austeilen ‹*Sakramente*›; **b)** *(divide, classify)* aufteilen; **~ sth. into parts/categories/groups** etw. in Absätze/Kategorien unterteilen/in Gruppen aufteilen; **c)** *(Printing)* ablegen

**distribution** [dɪstrɪ'bju:ʃn] *n.* **a)** Verteilung, *die* (**to** an + *Akk.*, **among** unter + *Akk.*); *(of seeds)* [Aus]streuen, *das; (Econ.: of goods)* Distribution, *die (fachspr.);* Vertrieb, *der; (of films)* Verleih, *der;* **~ of weight** Gewichtverteilung, *die;* **the ~ of wealth** die Vermögensverteilung; **b)** *(division)* Aufteilung, *die; (classification)* Einteilung, *die*

**distributive** [dɪ'strɪbjʊtɪv] *(Ling.)* **1.** *n.* Distributivum, *das.* **2.** *adj. see* **pronoun**

**distributor** [dɪ'strɪbjʊtə(r)] *n.* **a)** Verteiler, *der*/Verteilerin, *die; (Econ.)* Vertreiber, *der; (firm)* Vertrieb, *der; (of films)* Verleih[er], *der;* **b)** *(Motor Veh.)* [Zünd]verteiler, *der*

**district** ['dɪstrɪkt] *n.* **a)** *(administrative area)* Bezirk, *der;* **b)** *(Brit.: part of county)* Distrikt, *der;* **c)** *(Amer.: political division)* Wahlkreis, *der;* **d)** *(tract of country, area)* Gegend, *die;* **country ~s** ländliche Gegenden; **residential ~:** Wohngebiet, *das*

**district: ~ at'torney** *n. (Amer. Law)* [Bezirks]staatsanwalt, *der*/-anwältin, *die;* **~ 'court** *n. (Amer. Law)* [Bundes]bezirksgericht, *das;* **~ 'heating** *n.* Fernheizung, *die;* **~ 'nurse** *n. (Brit.)* Gemeindeschwester, *die*

**distrust** [dɪs'trʌst] **1.** *n.* Mißtrauen, *das* (**of** gegen); **show ~ of sb.** jmdm. Mißtrauen entgegenbringen. **2.** *v. t.* mißtrauen (+ *Dat.*); *(because of bad experiences)* mit Argwohn *od.* Mißtrauen begegnen (+ *Dat.*); **I rather ~ his driving ability/his motives** ich traue seinen Fahrkünsten nicht so recht/ich bezweifle seine Motive

**distrustful** [dɪs'trʌstfl] *adj.* mißtrauisch; **be ~ of sb./sth.** jmdm./einer Sache nicht trauen

**disturb** [dɪ'stɜ:b] *v. t.* **a)** *(break calm of)* stören; aufscheuchen ‹*Vögel*›; aufhalten, behindern ‹*Fortschritt*›; **'do not ~!'** „bitte nicht stören!"; **~ing the peace** Ruhestörung, *die;* **sorry to ~ you at this late hour** entschuldigen Sie bitte die späte Störung; **if you find that the noise ~s you** wenn Sie sich durch den Lärm gestört fühlen; **~ sb.'s sleep** jmdn. im Schlaf stören; **don't let us ~ you** lassen Sie sich [durch uns] nicht stören; **they hoped they would not be ~ed** sie hofften, ungestört zu sein; **b)** *(move from settled position)* durcheinanderbringen; bewegen ‹*Blätter*›; **could I ~ you for a minute?** dürfte ich Sie einen Augenblick stören?; **c)** *(worry)* beunruhigen; *(agitate)* nervös machen; **be greatly ~ed by the fact that ...:** sehr darüber beunruhigt sein, daß ...; **don't be ~ed** beunruhigen Sie sich nicht

**disturbance** [dɪ'stɜ:bəns] *n.* **a)** *(interruption)* Störung, *die; (nuisance)* Belästigung, *die;* **be a ~ to sth.** etw. stören; **I don't want any ~s** ich möchte nicht gestört werden; **b)** *(agitation, tumult)* Unruhe, *die;* **social/political ~s** soziale/politische Unruhen; **racial ~[s]** Rassenunruhen

**disturbed** [dɪ'stɜ:bd] *adj.* **a)** *(worried)* besorgt ‹*Eindruck, Ausdruck*›; *(restless)* unruhig ‹*Nacht*›; **b)** *(Psych.)* **be [mentally] ~:** geistig gestört sein; **a ~ person** ein Geistesgestörter/eine Geistesgestörte

**disunity** [dɪs'ju:nɪtɪ] *n.* Uneinigkeit, *die*

**disuse** [dɪs'ju:s] *n.* **a)** *(discontinuance)* Außer-Gebrauch-Kommen, *das; (disappearance)* Verschwinden, *das; (abolition)* Abschaffung, *die;* **the bicycle was rusty from ~:** das Fahrrad war rostig, weil es nicht benutzt wurde; **b)** *(disused state)* **fall into ~:** außer Gebrauch kommen

**disused** [dɪs'ju:zd] *adj.* stillgelegt ‹*Bergwerk, Eisenbahnlinie*›; leerstehend ‹*Gebäude*›; ausrangiert *(ugs.)* ‹*Fahrzeug, Möbel*›

**disyllabic** [dɪsɪ'læbɪk, daɪsɪ'læbɪk] *adj. (Ling.)* zweisilbig

**ditch** [dɪtʃ] **1.** *n.* Graben, *der; (at side of road)* Straßengraben, *der;* **be driven to the last ~** *(fig.)* in die Enge getrieben werden; **die in a ~** *(lit. or fig.)* im Straßengraben sterben. **2.** *v. t. (sl.)* **a)** *(abandon)* sitzenlassen ‹*Familie, Freunde*›; sausenlassen *(ugs.)* ‹*Plan*›; **b)** *(make forced sea-landing with)* im Bach landen mit *(salopp)*

**'ditchwater** *n.* stehendes, fauliges Wasser; **[as] dull as ~:** sterbenslangweilig

**dither** ['dɪðə(r)] **1.** *v. i.* schwanken; **I'm ~ing** ich bin noch am Schwanken; **~ about doing sth.** lange hin und her überlegen, ob man etw. tun soll [oder nicht]. **2.** *n. (coll.)* **be all of a ~** *or* **in a ~:** am Rotieren *(ugs.)* sein

**dithery** ['dɪðərɪ] *adj.* unentschlossen

**ditto** ['dɪtəʊ] *n., pl.* **~s: p. 5 is missing, p. 19 ~:** S. 5 fehlt, ebenso S. 19; **~ marks** Unterführungszeichen, *das;* **I'm hungry. – D~:** Ich habe Hunger. – Dito *(ugs.)*

**ditty** ['dɪtɪ] *n.* Weise, *die*

**'ditty bag** *n. (Naut.) Segeltuchtasche für Werkzeug, Nähzeug, Rasierzeug usw. des Seemanns*

**diuretic** [daɪjʊə'retɪk] *(Med.)* **1.** *adj.* diuretisch *(fachspr.);* harntreibend; **~ drug/substance/remedy** *see* **2. 2.** *n.* Diuretikum, *das (fachspr.);* harntreibendes Mittel

**diurnal** [daɪ'ɜ:nl] *adj.* **a)** *(of the day)* Tages-; **b)** *(daily)* täglich

**diva** ['di:və] *n.* Primadonna, *die;* Göttin, *die (fig. geh.)*

**divan** [dɪ'væn] *n.* **a)** *(couch, bed)* [Polster]liege, *die;* **b)** *(long seat)* Chaiselongue, *die*

**di'van bed** *see* **divan a**

**dive** [daɪv] **1.** *v. i.,* **~d** *or (Amer.)* **dove** [dəʊv] **a)** *(plunge into water)* tauchen; *(from diving-board, rock, etc.)* einen Kopfsprung machen; **b)** *(plunge downwards)* ‹*Vogel, Flugzeug usw.:*› einen Sturzflug machen; ‹*Unterseeboot usw.:*› abtauchen *(Seemannsspr.),* tauchen; ‹*Achterbahn usw.:*› hinunterschießen; **c)** *(dart down)* sich hinwerfen; **~ under the table for protection** schnell unter dem Tisch Schutz suchen; **d)** *(dart)* **~ [out of sight]** sich schnell verstecken; *(when frightened)* sich flüchten *od.* verkriechen; sich schnell verstecken; **e)** *(rush)* hechten; springen; **~ into the nearest pub** gleich in die nächste Kneipe stürzen; **~ into bed** ins Bett springen; **f)** *(plunge with hand)* **~ into sth.** in etw. *(Akk.)* mit der Hand greifen *od.* fassen; *(fig.: begin to eat)* über etw. *(Akk.)* herfallen; **g)** *(begin to work)* **~ into a job** sich auf eine Arbeit stürzen. **2.** *n.* **a)** *(plunge)* Kopfsprung, *der; (of bird, aircraft, etc.)* Sturzflug, *der* (**towards** auf + *Akk.*); *(of submarine etc.)* [Unter]tauchen; **b)** *(sudden darting movement)* Sprung, *der;* Satz, *der;* **make a ~ for cover** schnell in Deckung gehen; **c)** *(coll.: disreputable place)* Spelunke, *die (abwertend)*

**~ 'in** *v. i.* [mit dem Kopf voraus] hineinspringen; *(fig.: help oneself)* zulangen

**dive: ~-bomb** *v. t. (Mil.)* im Sturzflug bombardieren; **~-bomber** *n. (Mil.)* Sturzkampfflugzeug, *das*

**diver** ['daɪvə(r)] *n.* **a)** *(Sport)* Kunstspringer, *der*/-springerin, *die;* **b)** *(as profession)* Taucher, *der*/Taucherin, *die;* **c)** *(diving bird)* Taucher, *der*

**diverge** [daɪ'vɜ:dʒ, dɪ'vɜ:dʒ] *v. i.* **a)** auseinandergehen; **here the road ~s from the river** hier entfernt die Straße sich vom Fluß; **b)** *(fig.)* ‹*Berufswege, Pfade:*› sich trennen; *(from norm etc.)* abweichen; **c)** *(differ)* ‹*Meinungen, Ansichten:*› voneinander abweichen, *(geh.)* divergieren

**divergence** [daɪ'vɜ:dʒəns, dɪ'vɜ:dʒəns] *n.* **a)** Divergenz, *die (fachspr.);* Auseinandergehen, *das;* **b)** *(fig.)* Abweichung, *die; (of careers, life-styles)* Auseinanderstreben, *das;* **~ of opinions/views** Meinungsverschiedenheit, *die* (**over** über + *Akk.*)

**divergent** [daɪ'vɜ:dʒənt, dɪ'vɜ:dʒənt] *adj.* **a)** divergent *(fachspr.);* auseinandergehend, -laufend ‹*Routen, Wege*›; *(fig.)* auseinanderstrebend ‹*Berufswege*›; **~ lens** *(Optics)* Zerstreuungslinse, *die;* **b)** *(differing)* unterschiedlich, voneinander abweichend ‹*Ansichten, Methoden*›

**diverse** [daɪ'vɜ:s, dɪ'vɜ:s] *adj.* **a)** *(unlike)* verschieden[artig]; unterschiedlich; **be [very] ~ from sth.** [ganz] anders sein als etw.; **b)** *(varied)* vielseitig, breit gefächert ‹*[Aus]bildung, Interessen, Kenntnisse*›; umfassend ‹*Wissen*›; vielfältig ‹*Arbeitsgebiet*›; bunt [gewürfelt] ‹*Mischung*›

**diversification** [daɪvɜ:sɪfɪ'keɪʃn, dɪvɜ:sɪfɪ'keɪʃn] *n.* **a)** *(varying)* [Auf]fächerung, *die;* breite Fächerung; **b)** *(Econ.)* Streuung, *die;* **~ [of production]** Diversifikation, *die*

**diversify** [daɪ'vɜ:sɪfaɪ, dɪ'vɜ:sɪfaɪ] **1.** *v. t.* **a)** *(vary)* abwechslungsreich[er] gestalten; Abwechslung bringen in (+ *Akk.*); **b)** *(Econ.)* diversifizieren *(fachspr.).* **2.** *v. i.* sich auf neue Produktions-/Produktbereiche umstellen

**diversion** [daɪ'vɜ:ʃn, dɪ'vɜ:ʃn] *n.* **a)** *(diverting of attention)* Ablenkung, *die;* **b)** *(feint)* Ablenkungsmanöver, *das;* **create a ~:** ein Ablenkungsmanöver durchführen; **c)** *no pl. (recreation)* Unterhaltung, *die; (distraction)* Zerstreuung, *die;* Abwechslung, *die;* **d)** *(amusement)* [Möglichkeit der] Freizeitbeschäftigung; **the ~s of the big city** das Unterhaltungsangebot der Großstadt; **e)** *(deviating) (of river, traffic)* Ableitung, *die;* **f)** *(Brit.: alternative route)* Umleitung, *die;* **there is a traffic ~ on the road** der Verkehr auf der Straße wird umgeleitet

**diversionary** [daɪ'vɜ:ʃənərɪ, dɪ'vɜ:ʃənərɪ] *adj.* Ablenkungs‹*angriff, -manöver*›

**diversity** [daɪ'vɜ:sɪtɪ, dɪ'vɜ:sɪtɪ] *n.* Vielfalt, *die;* **~ of opinion, ~ in opinions** *or* **views** Meinungsvielfalt, *die*

**divert** [daɪ'vɜ:t, dɪ'vɜ:t] *v. t.* **a)** umleiten ‹*Verkehr, Fluß, Fahrzeug*›; ablenken ‹*Aufmerksamkeit, Gedankengang, Blick*›; ableiten ‹*Lavastrom, Blitz*›; lenken ‹*Energien, Aggressionen*›; **~ sb.'s attention/gaze from sth. to sth. else** jmds. Aufmerksamkeit/Blick von etw. auf etw. anderes lenken; **b)** *(distract)* ablenken; **c)** *(entertain)* unterhalten

**diverting** [daɪ'vɜ:tɪŋ, dɪ'vɜ:tɪŋ] *adj. (entertaining)* unterhaltsam

**divest** [daɪˈvest, dɪˈvest] *v. t.* **a)** *(formal: unclothe)* entkleiden *(geh.)*; ~ **sb. of sth.** jmdm. etw. abnehmen; ~ **sth. of sth.** etw. einer Sache *(Gen.)* entkleiden; ~ **oneself of one's clothing/jewellery** seine Kleidung/seinen Schmuck ablegen; **b)** ~ **sb./sth. of sth.** *(deprive)* jmdn./etw. einer Sache *(Gen.)* berauben; *(rid)* jmdn./etw. von einer Sache befreien; ~ **sb. of a responsibility** jmdn. einer Verantwortung *(Gen.)* entheben; ~ **oneself of sth.** sich einer Sache *(Gen.)* entledigen

**divide** [dɪˈvaɪd] **1.** *v. t.* **a)** teilen; *(subdivide)* aufteilen; *(with precision)* einteilen; *(into separated pieces)* zerteilen; ~ **sth. in[to] parts** *(separate)* etw. [in Stücke *(Akk.)*] aufteilen; ~ **sth. into halves/quarters** etw. halbieren/vierteln; ~ **sth. in two** etw. [in zwei Teile] zerteilen; **b)** *(by marking out)* ~ **sth. into sth.** etw. in etw. *(Akk.)* unterteilen; **c)** *(part by marking)* trennen; ~ **sth./sb. from** *or* **and sth./sb.** etw./jmdn. von etw./jmdm. trennen; **d)** *(mark off)* ~ **sth. from sth. else** etw. von etw. anderem abgrenzen; **dividing line** Trennungslinie, *die;* **e)** *(distinguish)* unterscheiden; **f)** *(classify)* einteilen ‹*Lebewesen, Gegenstände, Gesellschaft*›; **g)** *(cause to disagree)* entzweien; **be ~d over an issue** in einer Angelegenheit nicht einig sein; **opinion is ~d** die Meinungen sind geteilt; **be ~d against itself** zerstritten sein; **h)** *(distribute)* aufteilen; ~ **sth. among/between persons/groups** etw. unter Personen/Gruppen *(Akk. od. Dat.)* aufteilen; **i)** *(share)* teilen; **j)** *(Math.)* dividieren *(fachspr.)*, teilen **(by** durch); ~ **three into nine** neun durch drei dividieren *od.* teilen; **k)** *(part for voting)* [durch Hammelsprung] abstimmen lassen. **2.** *v. i.* **a)** *(separate)* ~ **[in** *or* **into parts]** sich [in Teile] teilen; ‹*Buch, Urkunde usw.*:› sich [in Teile] gliedern *od.* [in Teile] gegliedert sein; **we ~d into groups for discussion** wir bildeten Diskussionsgruppen; ~ **into two** sich in zwei Teile teilen; **b)** ~ **[from sth.]** von etw. abzweigen; **c)** *(Math.)* ~ **[by a number/amount]** sich [durch eine Zahl/einen Betrag] dividieren *(fachspr.) od.* teilen lassen; **3 ~s into 36 to give 12** 3 geht zwölfmal in 36; **d)** *(be parted in voting)* **the council ~d and a vote was taken** der Rat stimmte [durch Hammelsprung] ab. **3.** *n.* **a)** *(Geog.)* Wasserscheide, *die;* **b)** *(fig.) (line)* Grenze, *die; (gulf)* Kluft, *die; (rift)* Riß, *der;* **the Great D~**: die Scheidelinie; *(euphem.)* die Schwelle des Todes *(geh.)*

~ **ˈoff 1.** *v. t.* trennen; ~ **off an area** einen Bereich abtrennen *od.* abteilen. **2.** *v. i.* ~ **off from sth.** sich von etw. trennen

~ **ˈout** *v. t.* ~ **sth. out [among/between persons]** etw. unter Personen *(Akk. od. Dat.)* aufteilen; *(distribute)* etw. an Personen *(Akk.)* verteilen

~ **ˈup 1.** *v. t.* aufteilen; ~ **persons up into groups** Personen in Gruppen einteilen. **2.** *v. i.* ~ **up into sth.** sich in etw. *(Akk.)* aufteilen lassen

**divided** [dɪˈvaɪdɪd]: ~ **ˈhighway** *n. (Amer.) see* **dual carriageway**; ~ **ˈskirt** *n.* Hosenrock, *der*

**dividend** [ˈdɪvɪdend] *n.* **a)** *(Commerc., Finance)* Dividende, *die;* **b)** *in pl. (fig.: benefit)* Vorteil, *der;* **your studying will pay ~s** Ihr Studium wird sich auszahlen *od.* rentieren; **reap the ~s** die Früchte ernten *od.* den Nutzen daraus ziehen

**dividend:** ~ **stripping** *n. (Finance)* Rosinenpickerei, *die (abwertend);* **~-warrant** *n. (Brit. Finance)* Dividendenschein, *der*

**divider** [dɪˈvaɪdə(r)] *n.* **a)** *(screen)* Trennwand, *die; (other means)* Abgrenzung, *die;* **b)** **~s** *pl.* Stechzirkel, *der*

**divination** [dɪvɪˈneɪʃn] *n.* **a)** *(foreseeing)* Ahnung, *die;* **powers of ~**: Gabe der Weissagung; **b)** *(discovering)* Deutung, *die*

**divine** [dɪˈvaɪn] **1.** *adj.*, **~r** [dɪˈvaɪnə(r)], **~st** [dɪˈvaɪnɪst] **a)** göttlich; *(devoted to God)* gottgeweiht; ~ **service** Gottesdienst, *der;* **the ~ right of kings** das Gottesgnadentum; **have no ~ right to do sth.** kein gottgewolltes Recht haben, etw. zu tun; **b)** *(superhumanly excellent)* überragend ‹*Begabung*›; göttlich ‹*Schönheit, Musik*›; *(superhumanly gifted)* gottbegnadet; **c)** *(coll.: delightful)* traumhaft. **2.** *n.* Geistliche, *der/die.* **3.** *v. t.* **a)** *(discover)* deuten; *(guess)* erraten; ~ **what sb. is thinking** *or* **sb.'s thoughts** jmds. Gedanken lesen; **b)** *(locate)* aufspüren; **c)** *(foresee)* vorhersehen; *(foretell)* weissagen; ~ **the future** in die Zukunft sehen

**divinely** [dɪˈvaɪnlɪ] *adv.* **a)** *(by God/a god)* von Gott/von einem Gott; **b)** *(with superhuman excellence)* genial; virtuos; *(with superhuman giftedness)* gottbegnadet; **c)** *(coll.: excellently, extremely well)* traumhaft

**diving** [ˈdaɪvɪŋ] *n. (Sport)* Kunstspringen, *das*

**diving:** **~-bell** *n.* Taucherglocke, *die;* **~-board** *n.* Sprungbrett, *das;* **~-suit** *n.* Taucheranzug, *der*

**divining-rod** [dɪˈvaɪnɪŋrɒd] *see* **dowsing-rod**

**divinity** [dɪˈvɪnɪtɪ] *n.* **a)** *(god)* Gottheit, *die;* **b)** *no pl. (being a god)* Göttlichkeit, *die;* **c)** *no pl. (theology)* Theologie, *die*

**divisible** [dɪˈvɪzɪbl] *adj.* **a)** *(separable)* aufteilbar; *(capable of being marked out)* [unter-, ein]teilbar; **be ~ into ...**: sich in ... aufteilen lassen; **b)** *(Math.)* **be ~ [by a number/an amount]** [durch eine Zahl/einen Betrag] teilbar sein

**division** [dɪˈvɪʒn] *n.* **a)** *see* **divide 1 a**: Teilung/Auf-/Ein-/Zerteilung, *die;* **b)** *(parting) (of things)* Abtrennung, *die; (of persons)* Trennung, *die; (marking off)* Abgrenzung, *die;* **c)** *(distinguishing)* Unterscheidung, *die;* Abgrenzung, *die* **(from** gegenüber); **d)** *(classifying)* Einteilung, *die;* **e)** *(distributing)* Verteilung, *die* **(between/among** an + *Akk.*); *(sharing)* Teilen, *das;* ~ **of labour** Arbeitsteilung, *die;* **f)** *(disagreement)* Unstimmigkeit, *die;* **g)** *(Math.)* Teilen, *das;* Dividieren, *das;* Division, *die (fachspr.);* **do ~**: dividieren; **long ~**: ausführliche Division *(mit Aufschreiben der Zwischenprodukte);* **short ~**: verkürzte Division *(ohne Aufschreiben der Zwischenprodukte);* **h)** *(separation in voting)* Abstimmung [durch Hammelsprung]; **i)** *(dividing line)* Trennungslinie, *die; (between states)* Grenze, *die; (partition)* Trennwand, *die;* **j)** *(part)* Unterteilung, *die;* Abschnitt, *der; (of drawer)* Fach, *das;* **k)** *(section)* Abteilung, *die;* **l)** *(group)* Gruppe, *die;* **m)** *(Mil. etc.)* Division, *die; (of police)* Einheit, *die;* **n)** *(of High Court)* Kammer, *die;* **o)** *(Footb. etc.)* Liga, *die;* Spielklasse, *die; (in British football)* Division, *die;* **p)** *(administrative district)* [Verwaltungs]bezirk, *der*

**divisional** [dɪˈvɪʒənl] *adj. (of section)* Abteilungs-

**division:** **~-bell** *n. (Parl.)* Abstimmungsklingel, *die;* ~ **sign** *n.* Divisionszeichen, *das*

**divisive** [dɪˈvaɪsɪv] *adj.* **a)** *(dividing in opinion etc.)* strittig; umstritten ‹*Vorschlag*›; **b)** *(dividing)* spalterisch; **have a ~ effect on sth.** etw. spalten

**divisor** [dɪˈvaɪzə(r)] *n. (Math.)* Divisor, *der;* Teiler, *der*

**divorce** [dɪˈvɔːs] **1.** *n.* **a)** [Ehe]scheidung, *die; attrib.* ~ **court** Scheidungsgericht, *das;* ~ **proceedings** [Ehe]scheidungsverfahren, *das;* **want a ~**: sich scheiden lassen wollen; **get** *or* **obtain a ~**: sich scheiden lassen; geschieden werden; **grounds for ~**: Scheidungsgründe; **b)** *(fig.)* Trennung, *die.* **2.** *v. t.* **a)** *(dissolve marriage of)* scheiden ‹*Ehepartner*›; **they were ~d last year** sie wurden letztes Jahr geschieden *od.* ließen sich letztes Jahr scheiden; **b)** ~ **one's husband/wife** sich von seinem Mann/seiner Frau scheiden lassen; **her husband refused to ~ her** ihr Mann willigte nicht in die Scheidung ein; **c)** *(fig.)* ~ **sth./sb. from sth.** etw./jmdn. von etw. loslösen; **keep sth. ~d from sth.** etw. von etw. getrennt halten

**divorcee** [dɪvɔːˈsiː] *n.* Geschiedene, *der/die;* **be a ~**: geschieden sein

**divot** [ˈdɪvət] *n. (Golf)* ausgehacktes Rasenstück

**divulge** [daɪˈvʌldʒ, dɪˈvʌldʒ] *v. t.* preisgeben; enthüllen ‹*Identität*›; bekanntgeben ‹*Nachrichten*›; lüften ‹*Geheimnis*›; verraten ‹*Alter*›

**divvy** [ˈdɪvɪ] *(coll.)* **1.** *n.* **a)** *(share)* Anteil, *der;* **b)** *(distribution)* Verteilung, *die*

**Dixie** [ˈdɪksɪ] *n.* **a)** die Südstaaten [der USA]; **b)** *(Mus.)* Dixie, *der*

**dixie** *n. (Brit.)* Kochkessel, *der*

**ˈDixieland** *n.* **a)** *(Mus.)* Dixie[land], *der;* **b)** *see* **Dixie a**

**DIY** *abbr.* **do-it-yourself**

**dizzily** [ˈdɪzɪlɪ] *adv.* **a)** *(giddily)* taumelnd; schwankend; *(fig.)* benommen; **b)** *(so as to cause giddiness)* auf schwindelerregende Weise

**dizziness** [ˈdɪzɪnɪs] *n., no pl.* Schwindelgefühl, *das*

**dizzy** [ˈdɪzɪ] *adj.* **a)** *(giddy)* schwind[e]lig; **I feel ~**: mir ist schwindlig; **he felt ~**: ihm wurde schwindlig; **b)** *(making giddy)* schwindelerregend; **the ~ heights of fame** die schwindelerregenden Höhen des Ruhms

**DJ** [diːˈdʒeɪ] *abbr.* **a)** *(disc jockey)* Diskjockey, *der;* **b)** *(Brit.: dinner-jacket)* Smokingjacke, *die*

**D. Litt.** [diː ˈlɪt] *abbr.* **Doctor of Letters** ≈ Dr. habil.; *see also* **B. Sc.**

**DM, D-mark** [ˈdiːmɑːk] *abbr.* **Deutschmark** DM; D-Mark, *die*

**D. Mus.** [diː ˈmʌz] *abbr.* **Doctor of Music** Doktor der Musikwissenschaften; *see also* **B.Sc.**

**DNA** *abbr.* **deoxyribonucleic acid** DNS

**D-notice** [ˈdiː nəʊtɪs] *n. (Brit.)* **the government had issued a ~ to the media** die Regierung hatte den Medien die Veröffentlichung [aus Sicherheitsgründen] untersagt

**¹do** [də, *stressed* duː] **1.** *v. t., neg. coll.* **don't** [dəʊnt], *pres. t.* **he does** [dʌz], *neg. (coll.)* **doesn't** [ˈdʌznt], *p. t.* **did** [dɪd], *neg. (coll.)* **didn't** [ˈdɪdnt], *pres. p.* **doing** [ˈduːɪŋ], *p. p.* **done** [dʌn] **a)** *(impart)* tun; **do sb. a favour** jmdm. einen Gefallen tun; **b)** *(perform)* machen ‹*Hausaufgaben, Hausarbeit, Examen, Striptease, Handstand*›; vollbringen ‹*Tat*›; tun, erfüllen ‹*Pflicht*›; tun, verrichten ‹*Arbeit*›; ausführen ‹*Malerarbeiten*›; vorführen ‹*Trick, Nummer, Tanz*›; durchführen ‹*Test*›; aufführen ‹*Stück*›; singen ‹*Lied*›; mitmachen ‹*Rennen, Wettbewerb*›; spielen ‹*Musikstück, Rolle*›; tun ‹*Buße*›; **do the shopping / washing-up / cleaning / gardening** einkaufen [gehen]/abwaschen/saubermachen/die Gartenarbeit erledigen; **do a test on sb.** jmdn. einem Test unterziehen; **do a lot of reading/walking** *etc.* viel lesen/spazierengehen *usw.*; **do a dance/the foxtrot** tanzen/Foxtrott tanzen; **do one's round** seine Runde machen; **is there anything we can do to help?** können wir [Ihnen] irgendwie helfen *od.* behilflich sein?; **have nothing to do** nichts zu tun haben; **what are you going/planning to do?** was hast du vor?; **what does he do for a living?** was macht er beruflich?; **what is ˈhe/ˈthat doing here?** was hat er/das hier zu suchen?; **Don't just sit there! Do something!** Sitz nicht so tatenlos herum! Tu *od.* Unternimm doch etwas!; **have sth. [already] done** etw. fertig haben *od.* mit etw. fertig sein; **what are you doing this evening?** was machst du heute abend?; **what am I going to do?** *(baffled)* was mach' ich bloß?; **do sth. to sth./sb.** etw. mit etw./jmdm. machen; **what have you done to yourself/the**

**cake?** was hast du bloß mit dir/dem Kuchen gemacht?; **do one or two things to the car** noch ein oder zwei Dinge am Wagen in Ordnung bringen; **how could you do this to me?** wie konntest du mir das nur antun!; **he/it does something** *or* **things to me** *(fig. coll.)* er/das macht mich an *(salopp)*; **do sth. for sb./sth.** etw. für jmdn./etw. tun; **what can I do for you?** was kann ich für Sie tun?; *(in shop)* was darf's sein?; **this dress does something/nothing for you** *(coll.)* dieses Kleid steht dir gut/nicht [gut]; **do sth. about sth./sb.** etw. gegen etw./jmdn. unternehmen; **there's nothing we can do about the noise** wir können nichts gegen den Lärm tun *od.* machen; **why don't you do something about your hair?** tu doch mal was für dein Haar!; **what are you going to do about money while you're on holiday?** wie machst du das mit dem Geld, wenn du im Urlaub bist?; **what shall we do for food?** was machen wir mit dem Essen?; **can you do anything with these apples?** kannst du etwas mit diesen Äpfeln anfangen?; **what's to do?** was ist zu tun?; **not know what to do with oneself** nicht wissen, was man machen soll; **that does it** jetzt reicht's *(ugs.)*; **that's done it** das war der ausschlaggebende Faktor; *(caused a change for the worse)* das hat das Faß zum Überlaufen gebracht; *(caused a change for the better)* das hätten wir; **that will/should do it** so müßte es gehen; *(is enough)* das müßte genügen; **he's [really] done it** *(ruined things)* er hat es [wahrlich] geschafft; *(achieved something)* er hat es [wirklich] geschafft; **do a Garbo** *(coll.)* es der Garbo *(Dat.)* gleichtun; **how many miles has this car done?** wie viele Kilometer hat der Wagen gefahren?; **the car does** *or* **can do/was doing about 100 m.p.h./does 45 miles to the gallon** das Auto schafft/fuhr mit ungefähr 160 Stundenkilometer/frißt *(ugs.) od.* braucht sechs Liter pro 100 Kilometer; **c)** *(spend)* **do a spell in the armed forces** eine Zeitlang bei der Armee sein; **how much longer have you to do at college?** wie lange mußt du noch aufs College gehen?; **d)** *(produce)* machen ‹*Übersetzung, Kopie*›; schreiben ‹*Gedicht, Roman, Brief*›; anfertigen ‹*Bild, Skulptur*›; herstellen ‹*Artikel, Produkte*›; schaffen ‹*Pensum*›; **e)** *(provide)* haben ‹*Vollpension, Mittagstisch*›; *(coll.: offer for sale)* führen; *(effect)* erreichen; **f)** *(deal with) (prepare)* machen ‹*Bett, Frühstück*›; *(work on)* machen *(ugs.)*, fertig machen ‹*Garten, Hecke*›; *(clean)* saubermachen; putzen ‹*Schuhe, Fenster*›; machen *(ugs.)* ‹*Treppe*›; *(arrange)* [zurecht]machen ‹*Haare*›; fertig machen ‹*Korrespondenz, Akten, Zimmer*›; *(make up)* schminken ‹*Lippen, Augen, Gesicht*›; machen *(ugs.)* ‹*Nägel*›; *(cut)* schneiden ‹*Nägel*›; schneiden ‹*Gras, Hecke, Blumen*›; *(paint)* machen *(ugs.)* ‹*Zimmer*›; streichen ‹*Haus, Möbel*›; *(attend to)* sich kümmern um ‹*Bücher, Rechnungen, Korrespondenz*›; abfertigen ‹*Patienten*›; *(repair)* in Ordnung bringen; machen ‹*Garten*›; *(wash)* abwaschen ‹*Geschirr*›; **a living-room done in blue** ein blau gestrichenes Wohnzimmer; **g)** *(cook)* braten; **how do you like your meat done?** wie hätten Sie gern das Fleisch?; **well done** durch[gebraten]; **the meat isn't/the potatoes aren't done [enough] yet** das Fleisch ist/die Kartoffeln sind noch nicht richtig durch *od.* gar; **h)** *(solve)* lösen ‹*Problem, Rätsel*›; machen ‹*Puzzle, Kreuzworträtsel*›; **i)** *(translate)* übersetzen; **j)** *(study, work at)* machen; haben ‹*Abiturfach*›; durchnehmen ‹*Wissensgebiet*›; **do history at university** Geschichte studieren; **k)** *(play the part of)* spielen; *(impersonate)* imitieren; nachmachen; *(act like)* spielen; mimen *(ugs.)*; **l)** *(sl.: rob)* einsteigen in (+ *Akk.*) ‹*Haus*› *(ugs.)*; **m)** *(sl.: prosecute)* **do sb. [for sth.]** jmdn. wegen etw. rankriegen *(ugs.)*; **n)** *(sl.: with sexual intercourse)* **do sb.** jmdn. bumsen *(salopp)*; **do it [with sb.]** es [mit jmdm.] machen *(salopp)*; **o)** *(sl.: swindle)* reinlegen *(ugs.)*; **do sb. out of sth.** jmdn. um etw. bringen; **p)** *(sl.) (defeat, kill)* fertigmachen *(ugs.)*; *(ruin)* erledigen *(ugs.)*; **q)** *(coll.: exhaust)* schaffen *(ugs.)*; fertigmachen *(ugs.)*; **we were completely done [in** *or* **up]** wir waren total geschafft *(ugs.) od.* fix und fertig *(ugs.)*; **r)** *(traverse)* schaffen ‹*Entfernung*›; **s)** *(sl.: undergo)* absitzen, *(salopp)* abreißen ‹*Strafe*›; **t)** *(coll.: visit)* besuchen; **do Europe in three weeks** Europa in drei Wochen absolvieren *od.* abhaken *(ugs.)*; **u)** *(Brit. coll.: provide sth. for)* versorgen; **do oneself well** es sich *(Dat.)* gutgehen lassen; **v)** *(satisfy)* zusagen (+ *Dat.*); *(suffice for, last)* reichen (+ *Dat.*); **do sb. very nicely/better** jmdm. voll und ganz/mehr zusagen; **we've got enough food here to do us for a week** wir haben genug Essen für eine Woche hier. **2.** *v. i., forms as* **1: a)** *(act)* tun; *(perform)* spielen; **you can do just as you like** du kannst machen, was du willst; **do as they do** mach es wie sie; **b)** *(perform deeds)* **do or die** kämpfen oder untergehen; **do-or-die** verzweifelt ‹*Versuch, Angriff*›; wild entschlossen ‹*Gesichtsausdruck*›; **c)** *(fare)* **how are you doing?** wie geht's dir?; **d)** *(get on)* vorankommen; *(in exams)* abschneiden; **how are you doing at school?** wie geht es in der Schule?; was macht die Schule?; **do well/badly at school** gut/schlecht in der Schule sein; **e) how do you do?** *(formal)* guten Tag/Morgen/Abend!; **f)** *(coll.: manage)* **how are we doing for time** *or* **as regards time?** wie steht es mit der Zeit *od. (ugs.)* sieht es mit der Zeit aus?; **g)** *(finish)* **have done with** *see* **done e; h)** *(serve purpose)* es tun; *(suffice)* [aus]reichen; *(be suitable)* gehen; **would that do?** tut's das [auch]?; **that won't do** das geht nicht; **that will never do** das geht einfach nicht; **you won't do, Peter** du bist nicht gut genug, Peter; **nothing but the best will do for her** das Beste ist gerade gut genug für sie; **that will do!** jetzt aber genug!; **it doesn't/wouldn't do to tell lies/be late for work/believe all that one is told** es ist/wäre nicht gut zu lügen/zu spät zur Arbeit zu kommen/alles zu glauben, was einem gesagt wird; **i)** *(be usable)* **do for** *or* **as sth.** als etw. benutzt werden können; **make do** *see* **make 1 t; j)** *(happen)* **what's doing?** was ist los?; **what's doing at your place?** was ist bei euch los?; was läuft bei euch? *(ugs.)*; **there's nothing doing on the job market** es tut sich nichts auf dem Arbeitsmarkt *(ugs.)*; **Nothing doing. He's not interested** Nichts zu machen *(ugs.)*. Er ist nicht interessiert; **what's to do?** was ist los? *See also* **doing; done. 3.** *v. substitute, forms as* **1: a)** *replacing v.: usually not translated;* **you mustn't act as he does** du darfst nicht so wie er handeln; **if you drank as much water as you do coffee** wenn du soviel Wasser trinken würdest, wie du Kaffee trinkst; **b)** *replacing v. and obj. etc.* **he read the Bible every day as his father did before him** er las täglich in der Bibel, wie es schon sein Vater vor ihm getan hatte *od.* wie schon vor ihm sein Vater; **as they did in the Middle Ages** wie sie es im Mittelalter taten; wie im Mittelalter; **if I ate as much chocolate as you do** wenn ich soviel Schokolade äße wie du; **you might not want to ..., but if you do, ...:** du willst vielleicht nicht ..., falls aber doch, ...; **c)** *as ellipt. aux.* **You went to Paris, didn't you? – Yes, I did** Du warst doch in Paris, oder *od.* nicht wahr? – Ja[, stimmt *od.* war ich]; **d)** *with 'so', 'it', 'which', etc.* **I knew John Lennon. – So did I** Ich kannte John Lennon. – Ich auch; **if you want to go abroad then do so** wenn du ins Ausland reisen willst, tu es [ruhig]; **go ahead and do it** nur zu; **then please do so within 10 days** dann [tun Sie das] bitte innerhalb von 10 Tagen; **e)** *in emphatic repetition* **come in, do!** komm doch herein!; **take a seat, do!** nehmen Sie doch Platz!; **f)** *in tag questions* **I know you from somewhere, don't I?** wir kennen uns doch irgendwoher, nicht?; **he doesn't by any chance play the guitar, does he?** er spielt nicht zufällig Gitarre, oder?; **so you enjoyed yourself in Spain, did you?** es hat Ihnen also in Spanien gefallen, ja?. **4.** *v. aux.* + *inf. as pres. or past, forms as* **1: a)** *for special emphasis* **I do love Greece** Griechenland gefällt mir wirklich gut; ich liebe Griechenland ganz einfach; **I do apologize** es tut mit wirklich leid; **you do look glum** du siehst ja so bedrückt aus; **you do smoke a lot** du rauchst ja wirklich viel; **so we did go after all** also gingen wir schließlich doch; **but I tell you, I did see him** aber ich sage dir doch, daß ich ihn gesehen habe; **b)** *for inversion* **little did he know that ...:** er hatte keine Ahnung, daß ...; **rarely do such things happen** so etwas passiert nur selten; **did he but realize it** wenn ihm das bloß klar wäre!; **c)** *in questions* **do you know him?** kennst du ihn?; **what does he want?** was will er?; **doesn't/didn't he want** *or* **does/did he not want to accompany us?** will/wollte er uns nicht begleiten?; **didn't they look wonderful?** haben sie nicht wunderhübsch ausgesehen?; **d)** *in negation* **I don't** *or* **do not wish to take part** ich möchte nicht teilnehmen; **e)** *in neg. commands* **don't** *or* **do not expect to find him in a good mood** erwarten Sie nicht, daß Sie ihn in guter Stimmung antreffen; **children, do not forget ...:** Kinder, vergeßt [ja] nicht ...; **don't be so noisy!** seid [doch] nicht so laut!; **don't worry yourselves** macht euch keine Sorgen; **don't!** tu's/tut's/tun Sie's nicht!; **f)** + *inf. as imper. for emphasis etc.* **do sit down, won't you?** bitte setzen Sie sich doch!; wollen Sie sich nicht setzen?; **do let us know how you ...:** sag uns aber Bescheid, wie du ...; **do be quiet, Paul!** Paul, sei doch mal ruhig!; **do look here** schau doch mal her!; **do hurry up** beeil dich doch!; **do cheer up!** Kopf hoch!

**do a'way with** *v. t.* abschaffen

**'do by** *v. t.* **do well by sb.** jmdn. gut behandeln; **he felt hard done by** er fühlte sich zurückgesetzt *od.* schlecht behandelt; **do as you would be done by** handle so, wie du behandelt werden möchtest

**do 'down** *v. t. (coll.)* **a)** *(get the better of)* ausstechen; **b)** *(speak ill of)* schlechtmachen; heruntermachen *(ugs.)*

**'do for** *v. t.* **a)** *see* **'do 2 i; b)** *(coll.: destroy)* **do for sb.** jmdn. fertigmachen *od.* schaffen *(ugs.)*; **do for sth.** etw. kaputtmachen *(ugs.)*; **be done for** *(exhausted)* fix und fertig *(ugs.) od.* ganz geschafft *(ugs.)* sein; **if we don't do better next time we're done for** wenn wir das nächste Mal nicht besser sind, sind wir erledigt; **c)** *(Brit. coll.: keep house for)* **do for sb.** für jmdn. sorgen; ‹*Putzfrau:*› für *od.* bei jmdm. putzen

**do 'in** *v. t. (sl.)* kaltmachen *(salopp)*; alle machen *(derb)*; *see also* **'do 1 q**

**do 'out** *v. t. (clean)* saubermachen; *(redecorate)* streichen; *(in wallpaper)* tapezieren; *(decorate, furnish)* herrichten

**do 'over** *v. t.* **a)** *(sl.: beat)* zusammenschlagen; **b)** *(Amer. coll.: do again)* noch einmal machen

**do 'up 1.** *v. t.* **a)** *(fasten)* zumachen; binden ‹*Schnürsenkel, Fliege*›; **b)** *(wrap)* einpacken; verpacken; *(arrange)* zurechtmachen; **she did her hair up in a bun** sie machte sich *(Dat.)* einen Knoten; **c)** *(adorn)* zurechtmachen ‹*Menschen*›; schmücken ‹*Kutsche, Pferd, Haus*›; dekorieren ‹*Haus*›. **2.** *v. i.* ‹*Kleid, Reißverschluß, Knopf usw.:*› zugehen

**'do with** *v. t.* **a)** *(get by with)* auskommen

mit; *(get benefit from)* **I could do with a glass of orange-juice** ich könnte ein Glas Orangensaft vertragen *(ugs.)*; **he could do with a good hiding** eine Tracht Prügel würde ihm nicht schaden; **b) have to do with** zu tun haben mit; **have something/nothing/little to do with sth./sb.** etwas/nichts/wenig mit etw./jmdm. zu tun haben; **it's to do with that job I applied for** es geht um die Stelle, für die ich mich beworben habe

[1]**do without** *v. t.* **do without sth.** ohne etw. auskommen; auf etw. *(Akk.)* verzichten; **he could not do without her** er konnte nicht ohne sie leben; **he can't do without drink** er kann das Trinken nicht lassen; *abs.* **you've never had to do with'out** du hast nie auf etwas verzichten müssen

[2]**do** [du:] *n., pl.* **dos** *or* **do's** [du:z] **a)** *(sl.: swindle)* Schwindel, *der;* krumme Sache *(ugs.)*; **b)** *(Brit. coll.: festivity)* Feier, *die;* Fete, *die (ugs.)*; **c)** *in pl.* **the dos and don'ts** die Ge- und Verbote (**of** *Gen.*); **the dos and don'ts of bringing up children** was man bei der Kindererziehung tun und lassen sollte; **d)** *in pl. (Brit. coll.)* **fair dos!** gleiches Recht für alle

[3]**do** *see* **doh**

**do.** *abbr.* **ditto** do.; dto.

**doc** [dɒk] *n. (coll.)* Doktor, *der (ugs.)*; *as address* Herr/Frau Doktor

**docile** ['dəʊsaɪl] *adj.* sanft; *(submissive)* unterwürfig

**docilely** ['dəʊsaɪllɪ] *adv.* unterwürfig ⟨*sich verhalten*⟩

**docility** [də'sɪlɪtɪ] *n., no pl.* Sanftmut, *die;* *(submissiveness)* Unterwürfigkeit, *die*

[1]**dock** [dɒk] **1.** *n.* **a)** Dock, *das;* **the ship came into ~:** das Schiff ging in[s] Dock; **be in ~:** im Dock liegen; *(coll.: in hospital)* im Krankenhaus liegen; **b)** *usu. in pl. (area)* Hafen, *der;* **at the ~s in Hull** im Hafen von Hull; **down by the ~[s]** unten im Hafen; **c)** *(Amer.) (ship's berth)* Kai, *der;* *(for trucks etc.)* Laderampe, *die.* **2.** *v. t.* **a)** *(bring into ~)* [ein]docken; **b)** *(Astronaut.)* docken. **3.** *v. i.* **a)** *(come into ~)* anlegen; **b)** *(Astronaut.)* docken

[2]**dock** *n. (in lawcourt)* Anklagebank, *die;* **stand/be in the ~** *(lit. or fig.)* ≈ auf der Anklagebank sitzen; **put sb. in the ~** *(lit. or fig.)* ≈ jmdn. auf die Anklagebank bringen

[3]**dock** *n. (Bot.)* Ampfer, *der*

[4]**dock** *v. t.* **a)** *(cut short)* kupieren ⟨*Hund, Pferd, Schwanz*⟩; **b)** *(lessen)* kürzen ⟨*Lohn, Stipendium usw.*⟩; **he had his pay ~ed by £14, he had £14 ~ed from his pay** sein Lohn wurde um 14 Pfund gekürzt

**docker** ['dɒkə(r)] *n.* Hafenarbeiter, *der;* Schauermann, *der;* Docker, *der*

**docket** ['dɒkɪt] **1.** *n.* **a)** *(Brit. Commerc.: list)* Liste, *die;* **b)** *(Brit.: custom-house warrant)* Zollquittung, *die;* **c)** *(voucher)* Bestellschein, *der;* *(delivery note)* Lieferschein, *der;* **d)** *(endorsement on documents etc.)* [Register mit] Inhaltsangabe. **2.** *v. t.* *(endorse)* mit Inhaltsangabe versehen; *(label)* etikettieren

**dock: ~-land** *n.* das Hafenviertel; **~-yard** *n.* Schiffswerft, *die*

**doctor** ['dɒktə(r)] **1.** *n.* **a)** *(physician)* Arzt, *der*/Ärztin, *die;* Doktor, *der (ugs.)*; *as title* Doktor, *der;* *as address* Herr/Frau Doktor; **~'s orders** ärztliche Anweisung; **just what the ~ ordered** [ganz] genau das richtige!; **an apple a day keeps the ~ away** *(prov.)* [iß] täglich einen Apfel, und du bleibst gesund; **you're the ~** *(coll.)* Sie sind der Fachmann; **works ~:** Werksarzt, *der;* **b)** *(Amer.: dentist)* Zahnarzt, *der*/-ärztin, *die;* **c)** *(Amer.: veterinary surgeon)* Tierarzt, *der*/-ärztin, *die;* **d)** *(holder of degree)* Doktor, *der;* **D~ of Medicine/Divinity** Doktor der Medizin/Theologie; **graduate as ~, do one's ~'s degree** promovieren; seinen Doktor machen *(ugs.)*. **2.** *v. t. (coll.)* **a)** *(falsify)* verfälschen ⟨*Dokumente, Tonbänder*⟩; frisieren *(ugs.)* ⟨*Bilanzen, Bücher*⟩; *(adulterate)* panschen *(ugs.)* ⟨*Wein*⟩; verwürzen ⟨*Gericht*⟩; *(improve by altering)* verfeinern ⟨*Gericht*⟩; verschönern ⟨*Aussehen*⟩; **her punch had been ~ed with something** ihrem Punsch war etwas beigemischt worden; **b)** *(treat)* behandeln ⟨*Patienten*⟩; **~ oneself** sein eigener Arzt sein; **c)** *(patch up)* zusammenflicken *(ugs.)*; **d)** *(sterilize)* sterilisieren ⟨*Tier*⟩

**doctoral** ['dɒktərl] *adj.* Doktor-; **~ thesis** Dissertation, *die;* Doktorarbeit, *die*

**doctorate** ['dɒktərət] *n.* Doktorwürde, *die;* **do a ~:** seinen Doktor machen *(ugs.)*; promovieren

**doctrinaire** [dɒktrɪ'neə(r)] *adj.* doktrinär

**doctrinal** [dɒk'traɪnl, 'dɒktrɪnl] *adj.*, **doctrinally** [dɒk'traɪnəlɪ, 'dɒktrɪnəlɪ] *adv.* doktrinell

**doctrine** ['dɒktrɪn] *n.* **a)** *(principle)* Lehre, *die;* **the ~ of free speech/equality** der Grundsatz der Redefreiheit/der Gleichheitsgrundsatz; **educational ~s** pädagogische Grundsätze; **b)** *(body of instruction)* Doktrin, *die;* Lehrmeinung, *die*

**document 1.** ['dɒkjʊmənt] *n.* Dokument, *das;* Urkunde, *die;* **all the necessary ~s** alle erforderlichen Unterlagen. **2.** ['dɒkjʊment] *v. t.* **a)** *(prove by document[s])* dokumentieren; [mit Dokumenten] belegen; **b)** *(furnish with document[s])* **be well ~ed** ⟨*Leben, Zeit usw.*⟩ gut belegt sein

**documentary** [dɒkjʊ'mentərɪ] **1.** *adj.* **a)** *(pertaining to documents)* dokumentarisch, urkundlich ⟨*Beweis*⟩; **b)** *(factual)* dokumentarisch; **~ film** Dokumentarfilm, *der.* **2.** *n.* *(film)* Dokumentarfilm, *der*

**documentation** [dɒkjʊmen'teɪʃn] *n.* **a)** *(documenting)* Dokumentation, *die;* **b)** *(material)* Dokument, *das;* Beweisstücke

**dodder** ['dɒdə(r)] *v. i.* **a)** *(totter)* wacklig gehen; **b)** *(tremble)* zittern

**dodderer** ['dɒdərə(r)] *n.* Tattergreis, *der (ugs.)*

**doddery** ['dɒdərɪ] *adj.* tatterig *(ugs.)* ⟨*alter Mann*⟩; zittrig ⟨*Beine, Bewegungen*⟩

**doddle** ['dɒdl] *n. (Brit. coll.)* Kinderspiel, *das (fig.)*

**dodecaphonic** [dəʊdeka'fɒnɪk] *adj. (Mus.)* Zwölfton-

**dodge** [dɒdʒ] **1.** *v. i.* **a)** *(move quickly)* ausweichen; **~ [out of sight]** schnell verschwinden; **~ behind the hedge/the trees** hinter die Hecke/die Bäume springen *od.* schlüpfen; **~ out of the way/to the side** zur Seite springen; **b)** *(move to and fro)* ständig in Bewegung sein; **~ through the traffic** sich durch den Verkehr schlängeln. **2.** *v. t.* *(elude by movement)* ausweichen (+ *Dat.*) ⟨*Schlag, Hindernis usw.*⟩; entkommen (+ *Dat.*) ⟨*Polizei, Verfolger*⟩; *(avoid)* sich drücken vor (+ *Dat.*) ⟨*Wehrdienst*⟩; umgehen ⟨*Steuer*⟩; aus dem Weg gehen (+ *Dat.*) ⟨*Frage, Problem*⟩; *(evade by trickery)* austricksen *(ugs.)*; **~ doing sth.** es umgehen, etw. zu tun; sich davor drücken, etw. zu tun; *see also* **column. 3.** *n.* **a)** *(move)* Sprung zur Seite; **b)** *(trick)* Trick, *der;* **he's up to all the ~s** er ist mit allen Wassern gewaschen

**dodgem** ['dɒdʒəm] *n.* [Auto]skooter, *der;* *in pl.* [Auto]skooterbahn, *die;* **have a ride/go on the ~s** Autoskooter fahren

**dodger** ['dɒdʒə(r)] *n.* Drückeberger, *der (ugs. abwertend)*

**dodgy** ['dɒdʒɪ] *adj.* **a)** *(cunning)* gerissen *(ugs.)*; ausgekocht *(ugs.)*; **b)** *(Brit. coll.) (unreliable)* unsicher; schwach ⟨*Knie, Herz usw.*⟩; *(awkward)* verzwickt; vertrackt; *(tricky)* knifflig; *(risky)* gewagt; heikel; **the car's a bit ~ sometimes** das Auto hat hin und wieder seine Mucken *(ugs.)*

**dodo** ['dəʊdəʊ] *n., pl.* **~s** *or* **~es** Dodo, *der;* Dronte, *die;* **[as] dead as the** *or* **a ~:** völlig ausgestorben

**doe** [dəʊ] *n. (Zool.)* **a)** *(deer)* Damtier, *das;* Damgeiß, *die;* **b)** *(hare)* Häsin, *die;* **c)** *(rabbit)* [Kaninchen]weibchen, *das*

**DOE** *abbr. (Brit.)* **Department of the Environment** Umweltministerium, *das*

**does** [dʌz] *see* [1]**do**

'**doe-skin** *n.* **a)** Rehfell, *das;* **b)** *(leather)* Rehleder, *das;* **c)** *(fine cloth)* Doeskin, *der*

**doesn't** ['dʌznt] *(coll.)* = **does not;** *see* [1]**do**

**doff** [dɒf] *v. t.* sich entledigen (+ *Gen.*) ⟨*Kleidung*⟩; abnehmen ⟨*Hut*⟩

**dog** [dɒg] **1.** *n.* **a)** Hund, *der;* **not [stand** *or* **have] a ~'s chance** nicht die geringste Chance [haben]; **I was as sick as a ~:** mir war hundeelend; *(fig.)* ich hätte heulen können; **it shouldn't happen to a ~:** das würde man seinem ärgsten Feind nicht wünschen; **dressed up/done up like a ~'s dinner** *(coll.)* aufgeputzt wie ein Pfau *(ugs.)*; ⟨*Frau:*⟩ aufgetakelt wie eine Fregatte *(ugs.)*; **a hair of the ~ [that bit one]** ein Schluck gegen den Kater; **give a ~ a bad name [and hang him]** einmal in Verruf gekommen, bleibt man immer verdächtig; **go to the ~s** vor die Hunde gehen *(ugs.)*; **help a lame ~ over a stile** einem Bedürftigen unter die Arme greifen; **love me, love my ~:** man muß mich so nehmen, wie ich bin; **a ~ in the manger** ein Biest, das keinem was gönnt; **~-in-the-manger** mißgünstig ⟨*Benehmen*⟩; **put on ~** *(coll.)* angeben *(ugs.)*; **be like a ~ with two tails** sich freuen wie ein Schneekönig *(ugs.)*; **see a man about a ~:** etwas erledigen; *(visit lavatory)* hingehen, wo auch der Kaiser zu Fuß hingeht *(scherzh.)*; **there's life in the old ~ yet** er ist noch ganz schön fit für sein Alter *(ugs.)*; er gehört noch nicht zum alten Eisen *(ugs.)*; **you can't teach an old ~ new tricks** alte Menschen können sich nicht mehr umstellen; **the ~s** *(Brit. coll.: greyhound-racing)* das Windhundrennen; **try it on the ~:** ihn/sie *usw.* als Versuchskaninchen benutzen; *see also* **cat a; day e; hot; sleeping; b)** *(Hunting)* [Jagd]hund, *der;* **[you must] let the ~ see the rabbit** *(fig.)* laß mich mal ran *(ugs.)*; *(sb. must be given a fair chance)* du mußt ihn *usw.* ranlassen; **c)** *(male ~)* Rüde, *der;* **d)** *(despicable person; coll.: fellow)* Hund, *der (derb)*; **you ~!** du Hund[esohn]! *(derb)*; **wise old ~/clever old ~/sly ~/cunning ~:** schlauer Fuchs *(ugs.)*. **2.** *v. t.*, **-gg-** *(follow)* verfolgen; *(fig.)* heimsuchen; verfolgen; **~ sb.'s steps** jmdm. hart auf den Fersen bleiben

**dog: ~-biscuit** *n.* Hundekuchen, *der;* **~-breeder** *see* **breeder; ~cart** *n.* Dogcart, *der;* **~-collar** *n.* **a)** [Hunde]halsband, *das;* **b)** *(joc.: clerical collar)* Kollar, *das;* **~ days** *n. pl.* Hundstage *Pl.*; **~-dirt** *n. (coll.)* Hundedreck, *der (ugs.)*

**doge** [dəʊdʒ] *n. (Hist.)* Doge, *der*

**dog: ~-eared** *adj.* **a ~-eared book** ein Buch mit Eselsohren; **~-eat-'~** *adj.* gnadenlos; **~-end** *n. (sl.)* Kippe, *die (ugs.)*; **~fight** *n.* **a)** Hundekampf, *der;* *(fig.)* Handgemenge, *das;* **b)** *(between aircraft)* Luftkampf, *der;* **~fish** *n.* **[spotted/spiny] ~:** Katzen-/Dornhai, *der*

**dogged** ['dɒgɪd] *adj.* hartnäckig ⟨*Weigerung, Verurteilung*⟩; zäh ⟨*Durchhaltevermögen, Ausdauer*⟩; beharrlich ⟨*Haltung, Kritik*⟩

**doggedly** ['dɒgɪdlɪ] *adv. see* **dogged:** hartnäckig; zäh; beharrlich

**doggerel** ['dɒgərəl] **1.** *adj.* holp[e]rig, unbeholfen ⟨*Übersetzung, Geschreibsel*⟩; **~ verse** *or* **rhyme** Knittelvers, *der.* **2.** *n.* Knittelvers, *der*

**doggie** ['dɒgɪ] *n. (coll.)* Hündchen, *das*

'**doggie-bag** *n. (coll.)* *Tüte, in der man Essensreste [bes. von einer Mahlzeit im Restaurant] mit nach Hause nimmt*

**doggo** ['dɒgəʊ] *adv. (sl.)* **lie ~:** sich nicht mucksen *(ugs.)* *od.* rühren

**doggone** ['dɒgɒn] *adj., adv. (Amer. sl.)* verdammt

**doggy** *see* **doggie**
**dog: ~house** *n.* **a)** *(Amer.)* Hundehütte, *die;* **b) be in the ~house** *(sl.: in disgrace)* in Ungnade sein; verschissen haben *(derb);* **he is in the ~house** *(in family life)* bei ihm hängt der Haussegen schief; **~-leg** *n.* Knick, *der;* **~ licence** *n.* Hundesteuerbescheinigung, *die;* **~like** *adj.* hundeähnlich ⟨*Aussehen*⟩; hündisch ⟨*Ergebenheit*⟩
**dogma** ['dɒgmə] *n.* Dogma, *das*
**dogmatic** [dɒg'mætɪk] *adj.* dogmatisch; **~ theology** Dogmatik, *die;* **be ~ about sth.** in etw. *(Dat.)* dogmatisch sein
**dogmatically** [dɒg'mætɪkəlɪ] *adv.* dogmatisch
**dogmatism** ['dɒgmətɪzm] *n.* Dogmatismus, *der*
**do-gooder** [du:'gʊdə(r)] *n.* Wohltäter, *der (iron.); (reformer)* Weltverbesserer, *der (iron.)*
**dog: ~-paddle** *v.i.* Hundepaddeln machen; **~rose** *n. (Bot.)* Hundsrose, *die;* **~sbody** *n. (Brit. coll.)* Mädchen für alles; **~'s 'breakfast** *n. (sl.)* Bockmist, *der (salopp);* **make a ~'s breakfast of sth.** etw. verbocken *(ugs.);* **~'s life** *n.* **a ~'s life** ein Hundeleben; **give** *or* **lead sb. a ~'s life** jmdn. schäbig behandeln; **~-star** *n.* Sirius, *der;* Hundsstern, *der;* **~-tag** *n. (lit. or fig.)* Hundemarke, *die;* **~-'tired** *adj.* hundemüde; **~-tooth** *n. (Archit.)* Hundszahnornament, *das;* **~-trot** *n.* gemächlicher Trott; **~-violet** *n. (Bot.)* Hundsveilchen, *das;* **~-watch** *n. (Naut.) (from 4 p.m. to 6 p.m./from 6 p.m. to 8 p.m.)* 1./2. Plattfuß, *der (Seemannsspr.);* **~wood** *n. (Bot.)* Hartriegel, *der;* Hornstrauch, *der*
**doh** [dəʊ] *n. (Mus.)* do
**doily** ['dɔɪlɪ] *n.* [Spitzen-, Zier]deckchen, *das*
**doing** ['du:ɪŋ] **1.** *pres. p. of* [1]**do. 2.** *n.* **a)** *vbl. n. of* [1]**do; b)** *no pl.* Tun, *das;* **be [of] sb.'s ~:** jmds. Werk sein; **it was not [of]** *or* **none of his ~:** er hatte nichts damit zu tun; **that takes a lot of/some ~:** da gehört sehr viel/schon etwas dazu; **c)** *in pl.* **sb.'s ~s** *(actions)* jmds. Tun und Treiben; **the ~s** *(sl.)* die Dinger *(ugs.); (thing with unknown name)* das Dings *(ugs.)*
**do-it-yourself** [du:ɪtjə'self] **1.** *adj.* Do-it-yourself-; **~ equipment** Heimwerkerausrüstung, *die.* **2.** *n.* Heimwerken, *das;* Do-it-yourself, *das*
**doldrums** ['dɒldrəmz] *n. pl.* **a)** *(low spirits)* Niedergeschlagenheit, *die;* Trübsinn, *der;* **in the ~:** niedergeschlagen; **b)** *(Naut.)* **in the ~:** ohne Wind; *(fig.)* in einer Flaute
**dole** [dəʊl] **1.** *n. (coll.)* **the ~:** Stempelgeld, *das (ugs.);* Stütze, *die (ugs.);* **draw the ~:** Stempelgeld *od.* Stütze kriegen; **be/go on the ~:** stempeln gehen *(ugs.).* **2.** *v.t.* **~ out** [in kleinen Mengen] verteilen; [sparsam] austeilen
**doleful** ['dəʊlfl] *adj.* traurig ⟨*Augen, Blick, Gesichtsausdruck*⟩
**dolefully** ['dəʊlfəlɪ] *adv. (sadly)* traurig; trübselig
**doll** [dɒl] **1.** *n.* **a)** *(small model of person, dummy)* Puppe, *die;* **b)** *(pretty but silly woman)* Dummchen, *das (ugs.);* Püppchen, *das (ugs.); (sl.: young woman)* Mieze, *die (ugs.).* **2.** *v.t.* **~ up** herausputzen; herausstaffieren *(abwertend);* auftakeln ⟨*Frau*⟩ *(abwertend);* **she was all ~ed up** sie war so richtig aufgedonnert *(abwertend)*
**dollar** ['dɒlə(r)] *n.* Dollar, *der;* **feel/look like a million ~s** *(coll.)* sich pudelwohl fühlen *(ugs.)*/tipptopp aussehen *(ugs.);* **sixty-four [thousand] ~ question** *(lit. or fig.)* Preisfrage, *die; see also* **bottom 2 b**
**dollar: ~ 'bill** *n.* Dollarnote, *die;* Dollarschein, *der;* **~ sign** *n.* Dollarzeichen, *das*
**'dollhouse** *(Amer.) see* **doll's house**
**dollop** ['dɒləp] **1.** *n. (coll.)* Klacks, *der (ugs.).* **2.** *v.t. (coll.)* klatschen *(ugs.)*
**doll's house** *n.* Puppenhaus, *das*
**dolly** ['dɒlɪ] *n.* **a)** Puppe, *die;* Püppchen, *das; (child language)* Püppi, *die (Kinderspr.);* **b)** *see* **dolly-bird**
**'dolly-bird** *n. (coll.)* Mieze, *die (ugs.)*
**dolmen** ['dɒlmən] *n. (Archaeol.)* Dolmen, *der*
**Dolomites** ['dɒləmaɪts] *pr. n. pl.* **the ~:** die Dolomiten
**dolorous** ['dɒlərəs] *adj. (literary/dated)* **a)** *(dismal)* düster; trist; schwermütig ⟨*Klang*⟩; *(distressing)* bedrückend ⟨*Nachricht, Vorstellung*⟩; **b)** *(distressed)* gequält ⟨*Blick, Ausdruck, Seufzer*⟩
**dolphin** ['dɒlfɪn] *n. (Zool., Her., Sculpture)* Delphin, *der*
**dolt** [dəʊlt] *n.* Tölpel, *der;* Tolpatsch, *der*
**domain** [də'meɪn] *n.* **a)** *(estate)* Gut, *das;* Ländereien *Pl.; (of the State; also fig.)* Domäne, *die; see also* **public domain; b)** *(field)* Domäne, *die (geh.);* [Arbeits-, Wissens-, Aufgaben]gebiet, *das*
**dome** [dəʊm] *n.* Kuppel, *die; (fig.)* Gewölbe, *das*
**Domesday [Book]** ['du:mzdeɪ (bʊk)] *n. das Reichsgrundbuch Englands aus dem Jahre 1086*
**domestic** [də'mestɪk] **1.** *adj.* **a)** *(household)* häuslich ⟨*Verhältnisse, Umstände*⟩; *(family)* familiär ⟨*Atmosphäre, Angelegenheit, Reibereien*⟩; ⟨*Wasserversorgung, Ölverbrauch*⟩ der privaten Haushalte; **~ servant** Hausgehilfe, *der/-gehilfin, die;* **~ help** Haushaltshilfe, *die;* **~ waste** Hausmüll, *der;* **~ life** Familienleben, *das;* **b)** *(of one's own country)* inländisch; einheimisch ⟨*Produkt, Tier-/Pflanzenart*⟩; innenpolitisch ⟨*Problem, Auseinandersetzungen*⟩; *(home-produced)* im Inland hergestellt; **~ economy/trade** Binnenwirtschaft, *die*/Binnenhandel, *der;* **c)** *(kept by man)* **~ animal** Haustier, *das;* **~ rabbit/cat** Hauskaninchen, *das*/Hauskatze, *die;* **d)** *(fond of home life)* häuslich [veranlagt]. **2.** *n.* Domestik, *der (veralt.);* Hausangestellte, *der/die*
**domesticate** [də'mestɪkeɪt] *v.t.* **a)** *(make fond of home life or work)* fürs häusliche Leben begeistern; *(accustom to home life or work)* an häusliches Leben gewöhnen; **b)** *(naturalize)* einbürgern ⟨*Tier, Pflanze*⟩; **c)** *(tame)* zähmen; domestizieren *(fachspr.)*
**domesticated** [də'mestɪkeɪtɪd] *adj.* **a)** *(fond of home life or work)* häuslich; **b)** *(naturalized)* eingebürgert; **c)** *(tamed)* domestiziert *(fachspr.);* gezähmt
**domesticity** [dəʊmes'tɪsɪtɪ, dɒmes'tɪsɪtɪ] *n., no pl. (being domestic)* Häuslichkeit, *die*
**domestic 'science** *n., no pl.* Hauswirtschaftslehre, *die*
**domicile** ['dɒmɪsaɪl, 'dɒmɪsɪl] **(domicil** ['dɒmɪsɪl]**) 1.** *n.* **a)** *(home)* Heimat, *die;* **b)** *(Law) (place of residence)* [ständiger] Wohnsitz; *(fact of residing)* Aufenthalt, *der.* **2.** *v.t.* ansiedeln
**dominance** ['dɒmɪnəns] *n., no pl.* Dominanz, *die;* Vorherrschaft, *die* **(over** über + *Akk.*); *(of colours etc.)* Vorherrschen, *das*
**dominant** ['dɒmɪnənt] **1.** *adj.* **a)** dominierend *(geh.);* beherrschend; hervorstechend, herausragend ⟨*[Wesens]merkmal, Eigenschaft*⟩; vorherrschend ⟨*Kultur, Farbe, Geschmack*⟩; **have a ~ position** eine beherrschende Stellung einnehmen; **be ~ over** dominieren über (+ *Akk.*); **b)** *(imposing)* beherrschend ⟨*Gebäude, Berg usw.*⟩; **c)** *(Mus.)* dominant; **~ seventh** Dominantseptakkord, *der;* **d)** *(Genetics)* dominant. **2.** *n. (Mus.)* Dominante, *die*
**dominate** ['dɒmɪneɪt] **1.** *v.t.* beherrschen. **2.** *v.i.* **a) ~ over sb./sth.** jmdn./etw. beherrschen; ⟨*großer Mensch, Turm:*⟩ jmdn./etw. überragen; **b)** *(be the most influential)* dominieren
**domination** [dɒmɪ'neɪʃn] *n., no pl.* [Vor]herrschaft, *die* **(over** über + *Akk.*); **under Roman ~:** unter römischer Herrschaft; **X's ~ of the car market** die Vorherrschaft von X auf dem Automarkt
**domineer** [dɒmɪ'nɪə(r)] *v.i.* despotisch herrschen; **~ over sb./sth.** jmdn./etw. tyrannisieren
**domineering** [dɒmɪ'nɪərɪŋ] *adj.* herrisch, herrschsüchtig ⟨*Person*⟩
**Dominican** [də'mɪnɪkən] **1.** *adj.* dominikanisch. **2.** *n.* Dominikaner[mönch], *der*
**Dominican Re'public** *pr. n.* **the ~:** die Dominikanische Republik
**dominion** [də'mɪnjən] *n.* **a)** *(control)* Herrschaft, *die* **(over** über + *Akk.*); **[be] under Roman ~:** unter römischer Herrschaft [stehen]; **have ~ over sb./a country** Macht über jmdn. haben/ein Land beherrschen; **b)** *usu. in pl. (feudal domains)* Ländereien *Pl.; (territory of sovereign or government)* Reich, *das;* **c)** *(Commonwealth Hist.)* Dominion, *das;* **the D~ of Canada** das Dominion Kanada
**domino** ['dɒmɪnəʊ] *n., pl.* **~es a)** *(piece for game)* Domino[stein], *der;* **b) ~es** *sing. (game)* Domino[spiel], *das;* **play ~es** Domino spielen; **c)** *(cloak)* Domino, *der*
**'domino effect** *n.* Dominoeffekt, *der*
[1]**don** [dɒn] *n.* **a) Don** *(Spanish title)* Don; **b)** *(Spanish gentleman)* spanischer Edelmann; **c)** *(Univ.)* [Universitäts]dozent, *der (bes. in Oxford und Cambridge)*
[2]**don** *v.t.,* **-nn-** anlegen *(geh.);* anziehen ⟨*Mantel usw.*⟩; aufsetzen ⟨*Hut*⟩
**donate** [də'neɪt] *v.t.* spenden ⟨*Organe*⟩; stiften, spenden ⟨*Geld, Kleidung*⟩; stiften ⟨*Land*⟩; **~ money to charity** Geld für wohltätige Zwecke stiften; **he ~d his body to science** er stellte seinen Körper der Wissenschaft zur Verfügung
**donation** [də'neɪʃn] *n.* Spende, *die* **(to[wards]** für); Schenkung, *die (Rechtsspr.); (large-scale)* Stiftung, *die;* **a ~ of money/clothes** eine Geld-/Kleiderspende; **make a ~ of £1,000 [to charity]** 1 000 Pfund [für wohltätige Zwecke] spenden *od.* stiften
**done** [dʌn] *adj.* **a)** *p.p. of* [1]**do; what's ~ is ~:** geschehen ist geschehen; **well ~!** großartig!; **b)** *(coll.: acceptable)* **it's not ~ [in this country]** das macht man [hierzulande] nicht; **it's [not] the ~ thing** es ist [nicht] üblich; **c)** *as int. (accepted)* abgemacht!; einverstanden!; **d)** *(finished)* **be ~:** vorbei sein; **be ~ with sth.** mit etw. fertig sein; *(fed up)* etw. satt haben; **she's ~ with him** sie ist fertig mit ihm *(ugs.);* **be ~ with alcohol/cigarettes** das Trinken/Zigarettenrauchen aufgegeben haben; **is your plate ~ with?** brauchen Sie Ihren Teller noch?; **when the operation was ~ with** als die Operation vorbei *od.* beendet war; **e) have ~ [doing sth.]** aufgehört haben, etw. zu tun; **have ~ with sth./doing sth.** mit etw. aufhören/aufhören, etw. zu tun
**donjon** ['dɒndʒən, 'dʌndʒən] *n.* Hauptturm, *der;* Wachtturm, *der*
**donkey** ['dɒŋkɪ] *n. (lit. or fig.)* Esel, *der;* **she could talk the hind leg[s] off a ~!** *(fig.)* die kann einem die Ohren abreden! *(ugs.)*
**donkey: ~ jacket** *n.* dicke, wasserundurchlässige Jacke; **~'s years** *n. pl. (coll.)* eine Ewigkeit *(ugs.);* **for** *or* **in ~'s years** eine Ewigkeit *(ugs.);* **~-work** *n.* Schwerarbeit, *die*
**donnish** ['dɒnɪʃ] *adj.* **a)** *(of college don)* akademisch; professoral *(oft abwertend);* **b)** *(pedantic)* oberlehrerhaft *(abwertend);* professoral *(abwertend)*
**donor** ['dəʊnə(r)] *n.* **a)** *(of gift)* Schenker, *der*/Schenkerin, *die; (to institution etc.)* Stifter, *der*/Stifterin, *die;* **b)** *(of blood, organ, etc.)* Spender, *der*/Spenderin, *die;* **be a ~ of sth.** etw. spenden; **blood ~:** Blutspender, *der/-spenderin, die*
**Don Quixote** [dɒn 'kwɪksət] *pr. n.* Don Quichotte
**don't** [dəʊnt] **1.** *v. i. (coll.)* **= do not;** *see* [1]**do.**

2. *n.* Nein, *das;* Verbot, *das;* **dos and ~s** *see* [2]**do c**

**don't:** **~-'care** *n.* Gleichgültige, *der/die;* **~-'know** *n.* jmd., der keine Meinung hat; **be a ~-know** zu etw. unentschieden sein

**doodad** ['du:dæd] *n. (Amer.)* **a)** *(fancy article, trivial ornament)* Spielerei, *die; in pl.* Kinkerlitzchen *Pl. (ugs.);* Firlefanz, *der (ugs.);* **b)** *(gadget)* Dingsbums, *das (ugs.);* Apparillo, *der (ugs.)*

**doodah** ['du:dɑ:] *n. (sl.)* **a)** *(gadget) see* **doodad b; b)** *(thingamy) (thing)* Dings, *das (ugs.);* Dingsbums, *das (ugs.); (person)* Dingsbums, *der/die;* Dingsda, *der/die;* **c) be all of a ~:** ganz aus dem Häuschen sein *(ugs.)*

**doodle** ['du:dl] **1.** *v.i.* ≈ Männchen malen; [herum]kritzeln; doodeln. **2.** *n.* Kritzelei, *die; in pl.* Gekritzel, *das;* Kritzeleien *Pl.*

**'doodle-bug** *n.* **a)** *(Amer. Zool.) (tiger-beetle)* Ameisenjungfer, *die; (larva)* Ameisenlöwe, *der;* **b)** *(Hist. coll.: flying bomb)* V1-Rakete, *die*

**doom** [du:m] **1.** *n.* **a)** *(fate)* Schicksal, *das; (ruin)* Verhängnis, *das;* **meet one's ~:** vom Schicksal heimgesucht *od. (geh.)* ereilt werden; **b)** *no pl., no art. (Last Judgement)* das Jüngste Gericht; *see also* **crack. 2.** *v.t.* verurteilen; verdammen; **~ sb./sth. to sth.** jmdn./eine Sache zu etw. verdammen *od.* verurteilen; **~ sb. to die** jmdn. dem Tode weihen *(geh.);* **be ~ed to fail** *or* **failure** zum Scheitern verurteilt sein; **be ~ed to exile** ins Exil verbannt werden; **be ~ed** verloren sein

**doomsday** ['du:mzdeɪ] *n.* der Jüngste Tag; **till ~** *(fig.)* bis zum Jüngsten Tag; noch Ewigkeiten

**door** [dɔ:(r)] *n.* **a)** Tür, *die; (of castle, barn)* Tor, *das; (of car, coach)* Tür, *die;* [Wagen]schlag, *der;* **'~s open at 7'** „Einlaß ab 7 Uhr"; **he popped** *(coll.)* *or* **put his head round the ~:** er streckte den Kopf durch die Tür; **just pop a note through the ~** *(coll.)* wirf einfach einen Zettel durch den Briefschlitz; **walk sb. right to the ~:** jmdn. bis vor die *od.* bis zur Haustür begleiten; **I'll drop you at the ~:** ich bringe dich vorbei; **milk is delivered to the ~:** Milch wird an die Haustür geliefert; **lay sth. at sb.'s ~** *(fig.)* jmdm. etw. anlasten *od.* zur Last legen; **next ~:** nebenan; **the boy/girl next ~:** der Junge/das Mädchen von nebenan; **two/three ~s away [from ...]** zwei/drei Türen *od.* Häuser entfernt [von ...]; **live next ~ to sb.** neben jmdm. *od.* nebenan wohnen; **next ~ to** *(fig.) (beside)* neben (+ *Dat.*); *(almost)* fast; beinahe; **from ~ to ~:** von Haus zu Haus; von Tür zu Tür; **go from ~ to ~:** von Tür zu Tür gehen; Klinken putzen *(ugs. abwertend);* **b)** *(fig.: entrance)* Zugang, *der* **(to** zu); **all ~s are open/closed to him** ihm stehen alle Türen offen/sind alle Türen verschlossen; **close the ~ to sth.** etw. unmöglich machen; **have/get one's foot/keep a foot in the ~:** mit einem Fuß *od.* Bein drin sein/hineinkommen/drinbleiben; **leave the ~ open for sth.** die Tür für *od.* zu etw. offenhalten; **leave the ~ open for sb. to do sth.** jmdm. die Tür offenhalten, etw. zu tun; **open the ~ to** *or* **for sth.** etw. möglich machen; **packed to the ~s** voll [besetzt]; gerammelt voll *(ugs.);* **show sb. the ~:** jmdm. die Tür weisen; jmdn. vor die Tür setzen *(ugs.);* **c)** *(~way)* [Tür]eingang, *der;* **walk through the ~:** zur Tür hineingehen/hereinkommen; **shop ~:** Geschäftseingang, *der;* **d) out of ~s** im Freien; draußen; **go out of ~s** nach draußen gehen; ins Freie gehen. *See also* **darken 1 b; indoors**

**door:** **~bell** *n.* Türklingel, *die;* **~ chimes** *n. pl.* Türglocke, *die;* **~-handle** *n.* Türklinke, *die;* **~-keeper** *n.* Pförtner, *der;* Portier, *der;* **~knob** *n.* Türknopf, -knauf, *der;* **~-knocker** *see* **knocker a; ~man** *n.* Portier, *der;* **~mat** *n.* Fußmatte, *die; (fig.)* Fußabtreter, *der;* Putzlappen, *der;* **~nail** *n.* Türnagel, *der;* Tornagel, *der; see also* **dead 1 a; ~post** *n.* Türpfosten, *der;* **~step** *n.* Eingangsstufe, *die;* Türstufe, *die; (sl.: slice)* dicke Scheibe Brot; **on one's/the ~step** *(fig.)* vor jmds./der Tür; **have sth. right on the ~step** *(fig.)* etw. direkt vor der [Haus]tür haben; **~stop** *n.* Türanschlag, *der; (stone, wedge, etc.)* Türstopper, *der;* **~-to-~** *adj.* **~-to-~ collection** Haussammlung, *die;* **~-to-~ journey** Fahrt von Haus zu Haus; **~-to-~ selling** Hausverkauf, *der;* **~-to-~ salesman** Vertreter, *der;* Hausierer, *der (abwertend);* **~way** *n.* Eingang, *der;* **~yard** *n. (Amer.) (garden-patch)* Vorgarten, *der; (yard)* Vorhof, *der*

**dope** [dəʊp] **1.** *n.* **a)** *(stimulant)* Aufputschmittel, *das; (sl.: narcotic)* Stoff, *der (salopp);* **~ test** Dopingkontrolle, *die;* **b)** *(sl.) (information)* Informationen *Pl.; (misleading information)* Märchen *Pl. (ugs.);* **c)** *(coll.: fool)* Dussel, *der (ugs.);* **I felt such a ~:** ich kam mir ziemlich dußlig vor *(ugs.).* **2.** *v.t. (administer stimulant to)* dopen ‹*Pferd, Athleten*›; *(administer narcotic to)* Rauschgift verabreichen (+ *Dat.*); *(stupefy)* betäuben. **3.** *v.i.* Rauschgift *od.* Drogen nehmen

**~ 'out** *v.t. (sl.)* rauskriegen *(ugs.)*

**dopey** ['dəʊpɪ] *adj. (sl.)* **a)** benebelt *(ugs.);* **b)** *(stupid)* blöd; dämlich; bekloppt

**dorm** [dɔ:m] *n. (coll.) see* **dormitory a, c**

**dormant** ['dɔ:mənt] *adj.* untätig ‹*Vulkan*›; ruhend ‹*Tier, Pflanze*›; verborgen, schlummernd ‹*Talent, Fähigkeiten*›; **lie ~** ‹*Tier:*› schlafen; ‹*Pflanze, Ei:*› ruhen; ‹*Talent, Fähigkeiten:*› schlummern; **be** *or* **lie ~:** ‹*Regel, Gesetz, Anspruch:*› ruhen

**dormer** ['dɔ:mə(r)]: **~ [window]** *n.* Mansardenfenster, *das*

**dormitory** ['dɔ:mɪtərɪ] *n.* **a)** Schlafsaal, *der;* **b)** *(commuter area)* **~ suburb** *or* **town** Schlafstadt, *die;* **c)** *(Amer.: student hostel)* Studentenwohnheim, *das*

**dormouse** ['dɔ:maʊs] *n., pl.* **dormice** ['dɔ:maɪs] Haselmaus, *die*

**dorsal** ['dɔ:səl] *adj. (Anat., Zool., Bot.)* dorsal *(fachspr.);* Rücken-

**dory** *n. (Naut.)* Dory, *das (fachspr.)*

**dos** *pl. of* [2]**do**

**dosage** ['dəʊsɪdʒ] *n.* **a)** *(giving of medicine)* Dosierung, *die;* **b)** *(size of dose)* Dosis, *die*

**dose** [dəʊs] **1.** *n.* **a)** *(amount of medicine)* Dosis, *die; (fig.)* Dosis, *die;* Quantum, *das;* **take a ~ of medicine** Medizin [ein]nehmen; **in small ~s** *(fig.)* in kleinen Mengen; **like a ~ of salts** *(sl.)* in Null Komma nichts *(ugs.);* **b)** *(amount of radiation)* Strahlen-, Bestrahlungsdosis, *die;* **c)** *(sl.: venereal infection)* Tripper, *der.* **2.** *v.t. (give medicine to)* Arznei geben (+ *Dat.*); **~ sb. with sth.** jmdm. etw. geben *od.* verabreichen

**doss** [dɒs] *(Brit. sl.)* **1.** *n. (bed)* was zum Pennen *(salopp); (of down-and-out)* Platte, *die (salopp).* **2.** *v.i.* **a)** pennen *(salopp);* **b) ~ down** sich hinhauen *(salopp)*

**doss-house** *n. (Brit. sl.)* Nachtasyl, *das*

**dossier** ['dɒsɪə(r), 'dɒsjeɪ] *n.* Akte, *die; (bundle of papers)* Dossier, *das;* **compile a ~ of information** ein Dossier anlegen

**dot** [dɒt] **1.** *n.* **a)** Punkt, *der; (smaller)* Pünktchen, *das;* **b) on the ~:** auf den Punkt genau; **at 5 on the ~, on the ~ of 5** Punkt 5 Uhr; **[in] the year ~** *(Brit. coll.)* Anno dunnemals *(ugs. scherzh.).* **2.** *v.t.,* **-tt-: a)** *(mark with ~)* mit Punkten/einem Punkt markieren; **~ted with white** weiß gepunktet; **b)** *(place [diacritical] ~ over)* **~ one's i's/j's** i-/j-Punkte machen; **dot the i's and cross the t's** *(fig.)* peinlich genau sein; **c)** *(Mus.)* punktieren; **d)** *(mark as with ~s)* [be]sprenkeln; **the sky was ~ted with stars** der Himmel war von Sternen übersät; **e)** *(scatter)* verteilen; **be ~ted about the place** über den ganzen Ort verstreut sein

**dotage** ['dəʊtɪdʒ] *n.* Senilität, *die (abwertend);* Altersblödsinn, *der (fachspr.);* **be in one's ~:** senil sein

**dotard** ['dəʊtəd] *n.* seniler Mensch *(abwertend);* **that old ~:** der/die senile Alte

**dote** [dəʊt] *v.i.* **[absolutely] ~ on sb./sth.** jmdn./etw. abgöttisch lieben

**doting** ['dəʊtɪŋ] *adj.* vernarrt; **her ~ father/husband** ihr in sie vernarrter Vater/Mann

**'dot matrix** *n. (Computing)* Punktmatrix, *die;* **~ printer** Nadeldrucker, *der*

**dotted** ['dɒtɪd] *adj.* gepunktet ‹*Kleid, Linie*›; *(Mus.)* punktiert ‹*Note usw.*›; **sign on the ~ line** *(fig.)* unterschreiben

**dotty** ['dɒtɪ] *adj. (coll.)* **a)** *(silly)* dümmlich; **a ~ female** ein Dumm[er]chen *(ugs.);* **be ~ over** *or* **about sb./sth.** in jmdn./etw. vernarrt sein; **go ~ over** *or* **about sb./sth.** für jmdn./etw. schwärmen; **b)** *(feeble-minded)* schrullig *(ugs. abwertend);* vertrottelt *(ugs. abwertend);* **go ~:** vertrotteln; **c)** *(absurd)* blödsinnig *(ugs.);* verrückt ‹*Idee*›; **that was a ~ thing to do** das war Blödsinn *(ugs.)*

**double** ['dʌbl] **1.** *adj.* **a)** *(consisting of two parts etc.)* doppelt ‹*Anstrich, Stofflage, Sohle*›; **~ wall** Doppelwand, *die;* **b)** *(twofold)* doppelt ‹*Sandwich, Futter, Fenster, Boden*›; **win a ~ gold** zwei Goldmedaillen gewinnen; **give a ~ ring on the phone** das Telefon zweimal klingeln lassen; **underline sth. with a ~ line** etw. doppelt unterstreichen; **~ sink** Doppelspüle, *die;* **sleep with a ~ layer of blankets** unter zwei Bettdecken schlafen; **c)** *(with pl.: two)* zwei ‹*Punkte, Klingen*›; **d)** *(for two persons)* Doppel-; **~ seat** Doppelsitz, *der;* **~ bed/room/cabin** Doppelbett, *das*/-zimmer, *das*/-kabine, *die;* **e) folded ~:** einmal *od.* einfach gefaltet; **be bent ~ with pain** sich vor Schmerzen krümmen; **f)** *(having some part ~)* Doppel-‹*adler, -heft, -stecker*›; **~ flower** *(Bot.)* gefüllte *od.* doppelte Blüte; **~ domino/six** Pasch/Sechserpasch, *der;* **g)** *(dual)* doppelt ‹*Sinn, [Verwendungs]zweck*›; **have a ~ meaning** einen doppelten Sinn haben; doppeldeutig sein; **h)** *(twice as much)* doppelt ‹*Anzahl*›; **a room ~ the size of this** ein doppelt so großes Zimmer wie dieses; **that's ~ what I usually eat** das ist doppelt soviel, wie ich sonst esse; **be ~ the height/width/length/area/time** doppelt so hoch/breit/lang/groß/lang sein; **be ~ the breadth/weight/cost** doppelt so breit/schwer/teuer sein; **~ the heat/strength** doppelt so heiß/stark; **at ~ the cost** zum doppelten Preis; **have ~ the responsibility** doppelt so große Verantwortung haben; **i)** *(twice as many)* doppelt so viele wie; **j)** *(of twofold size etc.)* doppelt ‹*Portion, Lautstärke, Kognak, Whisky*›; **k)** *(of extra size etc.)* doppelt so groß ‹*Anstrengung, Mühe, Schwierigkeit, Problem, Anreiz*›; **l)** *(deceitful)* falsch ‹*Spiel*›. **2.** *adv. (to twice the amount)* doppelt. **3.** *n.* **a)** *(~ quantity)* Doppelte, *das;* **b)** *(~ measure of whisky etc.)* Doppelte, *der; (~ room)* Doppelzimmer, *das;* **c)** *(twice as much)* das Doppelte; doppelt soviel; *(twice as many)* doppelt so viele; **~ or quits** doppelt oder nichts; **d)** *(duplicate person)* Doppelgänger, *der*/-gängerin, *die;* **I saw somebody today who was your ~:** ich habe heute jemanden gesehen, der Ihnen zum Verwechseln ähnlich sah; **e)** *(duplicate thing)* Gegenstück, *das* **(of** zu); **f) at the ~:** unverzüglich; *(Mil.)* aufs schnellste; **g)** *(pair of victories)* Doppelerfolg, *der;* **h)** *(pair of championships)* Double, *das;* Doppel, *das;* **i)** *(Bridge)* Verdoppelung, *die;* **j)** *in pl. (Tennis etc.)* Doppel, *das;* **women's** *or* **ladies'/men's/mixed ~s** Damen-/Herrendoppel, *das*/gemischtes Doppel; **k)** *(Darts)* Wurf mit doppeltem Punktwert; **l)** *(Racing)* Doppelwette, *die.* **4.** *v.t.* **a)** verdoppeln; *(make ~)* doppelt nehmen ‹*Decke*›; **b)** *(Bridge, Mus.)* verdoppeln; **c)** *(Naut.)* umschiffen ‹*Kap usw.*›; **d)** *(clench)* ballen

‹*Faust*›; **e)** *(bend over upon itself)* ~ **[over]** doppelt nehmen. **5.** *v. i.* **a)** sich verdoppeln; **b)** *(run)* laufen; *(turn sharply)* einen Haken schlagen; **c)** *(have two functions)* doppelt verwendbar sein; **the sofa ~s as a bed** man kann das Sofa auch als Bett benutzen
~ **'back** *v. i.* kehrtmachen *(ugs.)*
~ **'up 1.** *v. i.* **a)** sich krümmen; ~ **up with pain** sich vor Schmerzen *(Dat.)* krümmen; **b)** *(fig.)* ~ **up with laughter/mirth** sich vor Lachen/Heiterkeit krümmen; **c)** *(share quarters)* sich *(Dat.)* eine Unterkunft teilen; *(in hotel etc.)* sich *(Dat.)* ein Zimmer teilen. **2.** *v. t.* **a)** in die Knie zwingen; *(fig.)* **the sight ~d us up with laughter/mirth** bei dem Anblick krümmten wir uns vor Lachen/Heiterkeit; **be ~d up with laughter/pain** *etc.* sich vor Lachen/Schmerzen *usw.* krümmen; **b)** *(fold)* einmal falten

**double:** ~**-'acting** *adj.* doppelt wirkend; ~ **'agent** *n.* Doppelagent, *der*/-agentin, *die;* ~**-barrelled** *(Amer.:* ~**-barreled)** ['dʌblbærəld] *adj.* **a)** doppelläufig; ~**-barrelled [shot]gun/rifle** Doppelflinte/-büchse, *die;* **b)** *(fig.: twofold)* doppelt; Doppel-; zweifach; **c)** *(fig.: with two parts)* Doppel-; ~**-barrelled surname** *(Brit.)* Doppelname, *der;* ~**-bass** [dʌbl'beɪs] *n. (Mus.)* Kontrabaß, *der;* ~**-bedded** [dʌbl'bedɪd] *adj.* ‹*Zimmer*› mit Doppelbett/mit zwei Einzelbetten; ~ **'bend** *n.* S-Kurve, *die;* ~ **'bill** *n.* Doppelprogramm, *das;* ~ **'bind** *n.* Zwickmühle, *die;* **be in a ~ bind** in einer Zwickmühle stecken; ~**-'blind** *(Med., Psych.)* **1.** *adj.* Doppelblind-; **2.** *n.* Doppelblindversuch, *der;* ~ **'boiler** *n. (Cookery)* Wasserbadtopf, *der;* ~**-'book** *v. t.* doppelt reservieren; *(fig.)* sich zweierlei vornehmen für; ~**-breasted** [dʌbl'brestɪd] *adj. (Tailoring)* zwei- *od.* doppelreihig; ~**-breasted jacket** Zweireiher, *der;* ~**-'check** *v. t.* **a)** *(verify twice)* zweimal kontrollieren; ~**-check sb.'s statements** jmds. Aussagen zweimal überprüfen; **b)** *(verify in two ways)* zweifach überprüfen; ~ **'chin** *n.* Doppelkinn, *das;* ~ **'cream** *n.* Sahne mit hohem Fettgehalt; ~**-'cross 1.** *n.* Doppelspiel, *das;* **2.** *v. t.* ein Doppelspiel treiben mit; reinlegen *(ugs.);* ~**-'dealer** *n.* Betrüger, *der;* ~**-dealing 1.** [-'--] *n.* Betrügerei, *die;* **2.** ['----] *adj.* betrügerisch; ~**-decker** [dʌbldekə(r)] **1.** ['----] *adj.* Doppeldecker-; Doppelstock- *(Amtsspr.);* ~**-decker bus** Doppeldeckerbus, *der;* Doppelstockomnibus, *der (Amtsspr.);* ~**-decker train** Doppelstockzug, *der;* **a ~-decker sandwich** ein doppelter Sandwich; ein Doppeldecker *(ugs.);* **2.** [-'--] *n.* Doppeldecker, *der; (train)* Doppelstockzug, *der;* ~**-de'clutch** *see* **declutch;** ~ **'door** *n. (door with two parts)* Flügeltür, *die; (twofold door)* Doppeltür, *die;* ~ **'Dutch** *see* **Dutch 2 c;** ~**-dyed** *adj. (Textiles)* doppelt gefärbt; *(fig.)* Erz‹*schurke, -ganove*›; unverbesserlich ‹*Heuchler*›; ~**-edged** *adj. (lit. or fig.)* zweischneidig

**double entendre** [du:bl ɑ̃'tɑ̃dr] *n.* Zweideutigkeit, *die*

**double:** ~ **'entry** *see* **entry h;** ~ **ex'posure** *n. (Photog.)* Doppelbelichtung, *die; (result)* doppelt belichtetes Foto; ~ **'fault** *see* **fault 1 d;** ~ **'feature** *n.* Doppelprogramm, *das;* ~ **'figures** *see* **figure 1 l;** ~**-'glazed** *adj.* Doppel‹*fenster*›; ~ **'glazing** *n.* Doppelverglasung, *die;* ~ **'harness** *n.* **a)** *(fig.: matrimony)* Ehe, *die;* **b)** *(fig.: close partnership)* enge Zusammenarbeit; ~ **'header** *n. (Amer.) zwei Spiele zwischen denselben Gegnern an einem Tag;* ~**-'jointed** *adj.* sehr gelenkig; ~ **'life** *n.* Doppelleben, *das;* ~**-'lock** *v. t.* zweimal abschließen; ~ **'meaning** *see* **double entendre;** ~ **'negative** *n.* doppelte Verneinung; ~**-page 'spread** *see* **spread 3 k;** ~**-park** *v. t. & i.* in der zweiten Reihe parken; ~**-'parking** *n.* Parken in der zweiten Reihe; ~ **'play** *n. (Baseball)* doppeltes Ausmachen; ~**-quick 1.** ['---] *adj.* **a) in ~-quick time/at a ~-quick pace** im Laufschritt; **b)** *(fig.)* ganz schnell; **2.** [--'-] *adv. (Mil.)* im Laufschritt; *(fig.)* ganz schnell; ~ **'room** *n.* Doppelzimmer, *das;* ~ **'saucepan** *see* ~ **boiler;** ~**-'spaced** *adj.* mit doppeltem Zeilenabstand *nachgestellt;* ~ **'spread** *see* **spread 3 k;** ~ **'standard** *n. (rule)* Doppelmoral, *die;* ~ **star** *n. (Astron.)* Doppelstern, *der;* ~**-stop** *v. i. (Mus.)* mit Doppelgriff spielen

**doublet** ['dʌblɪt] *n.* **a)** *(Hist.: garment)* Wams, *das;* **b)** *(one of pair)* Dublette, *die*

**double:** ~ **'take** *n.* **he did a ~ take a moment after he saw her walk by** nachdem sie vorbeigegangen war, stutzte er und sah er ihr nach; ~**-talk** *n.* Doppeldeutigkeiten; ~**-think** *n.* zwiespältiges Denken; ~ **'time** *n.* **a)** *(Econ.)* doppelter Stundenlohn; **be on ~ time** 100% Zuschlag bekommen; **b)** *(Mil.: running pace)* Laufschritt, *der;* ~ **'track** *see* **track 1 e;** ~ **'vision** *n. (Med.)* Doppeltsehen, *das;* ~ **'wedding** *n.* Doppelhochzeit, *die*

**doubloon** [dʌ'blu:n, də:blu:n] *n. (Hist.)* Dublone, *die*

**doubly** ['dʌblɪ] *adv.* doppelt; **make ~ sure that ...:** [ganz] besonders darauf achten, daß ...; **this response made him ~ angry/upset** diese Antwort hat ihn sehr *od.* besonders geärgert/bestürzt

**doubt** [daʊt] **1.** *n.* **a)** Zweifel, *der;* ~**[s] [about** *or* **as to sth./as to whether ...]** *(as to future)* Ungewißheit, *(as to fact)* Unsicherheit [über etw. *(Akk.)*/darüber, ob ...]; **there was no ~** *or* **there were no ~s in our minds about** *or* **as to ...:** uns war ... klar; wir waren uns über ... *(Akk.)* im klaren; ~**[s] about** *or* **as to sth.,** ~ **of sth.** *(inclination to disbelieve)* Zweifel an etw. *(Dat.);* **there's no ~ that ...:** es besteht kein Zweifel daran, daß ...; ~**[s]** *(hesitations)* Bedenken *Pl.;* **have ~ about doing sth., have [one's] ~s about doing sth.** [seine] Bedenken haben, ob man etw. tun soll [oder nicht]; **he's now having ~s [about whether ...]** ihm kommen jetzt Bedenken[, ob ...]; **have one's ~s [about sb./sth.]** seine Bedenken [gegen jmdn./etw.] haben; **have one's ~s about whether ...:** bezweifeln *od.* daran zweifeln, daß ...; **be in ~ about** *or* **as to sth.** *(disbelieve)* über etw. *(Akk.)* im Zweifel sein; **be in no ~ about** *or* **as to sth.** nicht an etw. *(Dat.)* zweifeln; **be in ~ about** *or* **as to whether to do sth.** *(have reservations)* Bedenken haben, ob man etw. tun soll; **when** *or* **if in ~:** im Zweifelsfall; **no ~** *(certainly)* gewiß; *(probably)* sicherlich; *(admittedly)* wohl; **there's no ~ about it** daran besteht kein Zweifel; das steht fest; **cast ~ on sth.** etw. in Zweifel ziehen; **b)** *no pl. (uncertain state of things)* Ungewißheit, *die;* **be in ~:** ungewiß sein; **beyond [all] ~, without [a] ~:** ohne [jeden] Zweifel; **it is beyond [all] ~ that ...:** es steht [völlig] außer Zweifel, daß ...; **without a shadow of [a] ~:** ohne den geringsten Zweifel. **2.** *v. i.* zweifeln; ~ **of sth./sb.** an etw./jmdm. zweifeln. **3.** *v. t.* anzweifeln; zweifeln an (+ *Dat.*); **she ~ed him** sie zweifelte an ihm; **I don't ~ that** *or* **it** ich zweifle nicht daran; ich bezweifle das nicht; **I ~ whether** *or* **if** *or* **that ...:** ich bezweifle, daß ...; ich zweifle daran, daß ...; **not ~ that** *or* **but that** *or* **but** nicht daran zweifeln, daß ...; nicht bezweifeln, daß ...

**doubter** ['daʊtə(r)] *n.* Zweifler, *der*/Zweiflerin, *die*

**doubtful** ['daʊtfl] *adj.* **a)** *(sceptical)* skeptisch ‹*Mensch, Wesen*›; **a ~ person** ein Skeptiker/eine Skeptikerin; **b)** *(showing doubt)* ungläubig ‹*Gesicht, Blick, Stirnrunzeln*›; **c)** *(uncertain)* zweifelnd; **be ~ as to** *or* **about sth.** an etw. *(Dat.)* zweifeln; **be ~ whether ...:** daran zweifeln, daß ...; *(be unsure)* sich *(Dat.)* nicht sicher sein, ob ...; **be ~ about sth.** hinsichtlich einer Sache unsicher sein; **d)** *(causing doubt)* fraglich; **the situation looks ~:** die Lage ist unsicher; **e)** *(uncertain in meaning etc.)* ungewiß ‹*Ergebnis, Ausgang, Herkunft, Aussicht*›; *(questionable)* zweifelhaft ‹*Ruf, Charakter, Organisation, Wert, Tugend, Autorität, Kräfte, Potential*›; *(ambiguous)* unklar ‹*Bedeutung*›; *(unsettled)* unsicher ‹*Lage*›; **f)** *(unreliable)* zweifelhaft ‹*Person, Maßstab, Stütze*›; **g)** *(giving reason to suspect evil)* bedenklich ‹*Gewohnheit, Spiel, Botschaft*›

**doubtfully** ['daʊtfəlɪ] *adv.* **a)** *(with doubt)* skeptisch; **b)** *(ambiguously)* mißverständlich

**doubting Thomas** [daʊtɪŋ 'tɒməs] *n.* ungläubiger Thomas

**doubtless** ['daʊtlɪs] *adv.* **a)** *(certainly)* gewiß; **b)** *(probably)* sicherlich; **c)** *(admittedly)* wohl

**douche** [du:ʃ] *n.* **a)** *(jet)* Dusche, *die; (Med.)* Spülung, *die;* **b)** *(device)* Dusche, *die; (Med.)* Spülapparat, *der*

**dough** [dəʊ] *n.* **a)** Teig, *der;* **yeast ~:** Hefeteig, *der;* **b)** *(sl.: money)* Knete, *die (salopp)*

**'doughnut** *n.* [Berliner] Pfannkuchen, *der;* Berliner, *der (landsch.)*

**doughtily** ['daʊtɪlɪ] *adv.,* **doughty** ['daʊtɪ] *adj. (arch./joc.)* kühn; wacker *(veralt./scherzh.)*

**doughy** ['dəʊɪ] *adj.* teigig ‹*Konsistenz, Finger, Schüssel, Masse*›

**dour** [dʊə(r)] *adj.* hartnäckig ‹*Person, Charakter, Arbeiten*›; düster ‹*Blick, Gesicht*›; finster ‹*Miene, Stirnrunzeln*›

**douse** [daʊs] *v. t.* **a)** *(extinguish)* ausmachen ‹*Licht, Laterne, Kerze, Feuer*›; **b)** *(throw water on)* übergießen ‹*Feuer, Flamme, Menschen*›; ~ **sth. with water** etw. mit Wasser übergießen

[1]**dove** [dʌv] *n. (Ornith., Polit., Relig.)* Taube, *die*

[2]**dove** [dəʊv] *see* **dive 1**

**dove:** ~**-coloured** *adj.* taubengrau; ~**cot,** ~**-cote** *n.* Taubenschlag, *der;* **flutter the ~cots** *(fig.)* für einige Aufregung sorgen; ~**-grey** *see* ~**-coloured;** ~**tail 1.** *n. (Carpentry)* **a)** *(joint)* Schwalbenschwanzverbindung, *die;* **b)** *(tenon)* Schwalbenschwanz, *der;* **2.** *v. t.* **a)** *(fig.: fit together)* aufeinander abstimmen ‹*Pläne, Verabredungen, Termine*›; **b)** *(put together with ~tails)* verschwalben **(into, with** mit); **3.** *v. i. (fig.: fit together)* ‹*Vorbereitungen, Zeitpläne:*› aufeinander abgestimmt sein

**dovish** ['dʌvɪʃ] *adj.* gemäßigt; kompromißbereit

**dowager** ['daʊədʒə(r)] *n.* **a)** *(widow with title or property)* Witwe von Stand; **Queen ~/~ duchess** Königin-/Herzoginwitwe, *die;* **b)** *(coll.: dignified elderly lady)* Matrone, *die*

**dowdily** ['daʊdɪlɪ] *adv.* schäbig

**dowdiness** ['daʊdɪnɪs] *n.* Unansehnlichkeit, *die; (shabbiness)* Schäbigkeit, *die*

**dowdy** ['daʊdɪ] *adj. (unattractively dull)* unansehnlich; *(shabby)* schäbig

**dowel** ['daʊəl] *(Carpentry)* **1.** *n.* [Holz]dübel, *der.* **2.** *v. t., (Brit.)* **-ll-:** ~ **[together]** zusammendübeln

**doweling,** *(Brit.)* **dowelling** ['daʊəlɪŋ] *n.* Verdübelung, *die*

**'dower house** *n. (Brit.)* Haus einer Witwe *(Teil des Wittums)*

**Dow-Jones index** [daʊ'dʒəʊnz ɪndeks] *n. (Econ.)* Dow-Jones-[Aktien]index, *der*

[1]**down** [daʊn] *n. (Geog.)* [baumloser] Höhenzug; *in pl.* Downs *Pl. (an der Süd- und Südostküste Englands);* **the North/South D~s** die North/South Downs

[2]**down** *n.* **a)** *(of bird)* Daunen *Pl.;* Flaum, *der;* **chicks covered in ~:** Vogeljunge im Daunenkleid; **b)** *(hair)* Flaum, *der;* **have a covering of ~:** mit Flaum bedeckt sein; **c)** *(fluffy substance)* Flausch, *der; (of thistle, dandelion)* Flaum, *der*

[3]**down 1.** *adv.* **a)** *(to lower place)* runter *(bes.*

*ugs.); herunter/hinunter (bes. schriftsprachlich); (in lift)* abwärts; *(in crossword puzzle)* senkrecht; **[right] ~ to sth.** [ganz] bis zu etw. her-/hinunter; **come on ~!** komm [hier/weiter] herunter!; **b)** *(to ~stairs)* runter *(bes. ugs.);* herunter/hinunter *(bes. schriftsprachlich);* **c)** *(of money: at once)* sofort; **pay ~ for sth., pay for sth. cash ~:** etw. [in] bar bezahlen; **d)** *(into prostration)* nieder⟨*fallen, -geschlagen werden*⟩; **shout the place/house ~** *(fig.)* schreien, daß die Wände zittern; **e)** *(on to paper)* **copy sth. ~ from the board** etw. von der Tafel abschreiben; **f)** *(on programme)* **put a meeting ~ for 2 p.m.** ein Treffen für *od.* auf 14 Uhr ansetzen; **put oneself ~ for a dental appointment** sich *(Dat.)* einen Termin beim *od.* vom Zahnarzt geben lassen; **g)** *(to place regarded as lower)* runter *(bes. ugs.);* herunter/hinunter *(bes. schriftsprachlich);* **go ~ to the shops/the end of the road** zu den Läden/zum Ende der Straße hinuntergehen; **h)** *(with current)* stromab[wärts]; *(with wind)* mit/vor dem Wind; **brought ~ by river** flußabwärts befördert; **i)** *(to place regarded as less important)* **go ~ to one's cottage in the country for the weekend** zum Wochenende in sein Ferienhaus auf dem Land *od. (DDR)* seine Datsche fahren; **j)** *(southwards)* runter *(bes. ugs.);* herunter/hinunter *(bes. schriftsprachlich);* **come ~ from Edinburgh to London** von Edinburgh nach London [he]runterkommen; **k)** *(Brit.: from capital)* raus *(bes. ugs.);* heraus/hinaus *(bes. schriftsprachlich);* **get ~ to Reading from London** von London nach Reading raus-/hinausfahren; **l)** *(Brit.: from university)* **come ~ [from Oxford]** das Studium [in Oxford] abschließen; **m)** *(Naut.: with rudder to windward)* in Lee; **put the helm ~:** das Ruder in Lee legen; **n)** *as int.* runter! *(bes. ugs.); (to dog)* leg dich!; nieder!; *(Mil.)* hinlegen!; **~ with imperialism/the president!** nieder mit dem Imperialismus/dem Präsidenten!; **o)** *(in lower place)* unten; **~ on the floor** auf dem Fußboden; **low/lower ~:** tief/tiefer unten; **~ at the bottom of the hill** [unten] am Fuß des Berges; **~ under the table** unter dem Tisch; **wear one's hair ~:** sein Haar offen tragen; **~ below the horizon** hinter *od.* unter dem Horizont; **~ at the bottom of the sea/pool** [tief] auf dem Meeresgrund/Grund des Schwimmbeckens; **~ there/here** da/hier unten; **X metres ~:** X Meter tief; **his flat is on the next floor ~:** seine Wohnung ist ein Stockwerk tiefer; **p)** *(facing ~wards, bowed)* zu Boden; **keep one's eyes ~:** zu Boden sehen; **q)** *(~stairs)* unten; **r)** *(in fallen position)* unten; **~ [on the floor]** *(Boxing)* am Boden; auf den Brettern; **~ and out** *(Boxing)* k.o.; *(fig.)* fertig *(ugs.); see also* **down-and-out; s)** *(prostrate)* auf dem Fußboden/der Erde; **be ~ with an illness** eine Krankheit haben; **t)** ausgefallen ⟨*Computer*⟩; **u)** *(on paper)* nieder-; **be ~ in writing/on paper/in print** niedergeschrieben/zu Papier gebracht/gedruckt sein; **v)** *(on programme)* angesetzt ⟨*Termin, Treffen*⟩; **be ~ for an appointment** einen Termin haben; **be ~ to speak** als Redner vorgesehen sein; **be ~ to run in a race** für ein Rennen gemeldet sein; **w)** *(in place regarded as lower)* unten; **~ at the bottom of the garden** am unteren Ende des Gartens; **~ at the doctor's/social security office** beim Arzt/Sozialamt; **x)** *(brought to the ground)* **be ~:** am Boden liegen; **y)** *(in place regarded as less important)* **~ in Wales/in the country** weit weg in Wales/draußen auf dem Lande; **~ on the farm** auf dem Bauernhof; **z) ~ [south]** unten [im Süden] *(ugs.);* **aa)** *(Brit.: not in capital)* draußen; **bb)** *(Brit.: not in university)* nicht mehr im Studium; *(for vacation)* nicht an der Universität; **how long have you been ~ from Oxford?** seit wann sind Sie nicht mehr an der Universität Oxford?; **cc)** *(Amer.)* **~ south/east** in den Südstaaten/im Osten; **dd)** *(in depression)* **~ [in the mouth]** niedergeschlagen; **are you [feeling] ~ about something?** bedrückt Sie etwas?; **ee) be ~ on sb./sth.** *(dislike)* etwas gegen jmdn./etw. haben; **be very ~ on sb./sth.** jmdm./einer Sache gegenüber sehr kritisch eingestellt sein; **ff) ~ to the ground** *see* [1]**ground 1b; gg)** *(now cheaper)* [jetzt] billiger; **prices have gone/are ~:** die Preise sind gesunken; **hh) be ~ to ...** *(have only ... left)* nichts mehr haben außer ...; **we're ~ to our last £100** wir haben nur noch 100 Pfund; **strip off ~ to one's underwear** sich bis auf die Unterwäsche ausziehen; **be [left] ~ to sb.** an jmdm. hängenbleiben; **now it's ~ to him to do something** nun liegt es bei *od.* an ihm, etwas zu tun; **ii)** *(to reduced consistency or size)* **thin gravy ~:** Soße verdünnen; **the water had boiled right ~:** das Wasser war fast verdampft; **wear the soles ~:** die Sohlen ablaufen; **jj)** *(to smoother state)* **sand sth. ~:** etw. abschmirgeln; **kk)** *(including lower limit)* **from ... ~ to ...:** von ... bis zu ... hinunter; **ll)** *(from earlier time)* weiter-; **last ~ to the present day/our time** bis zum heutigen Tag/bis in unsere Zeit weitergegeben werden; **mm)** *(more quietly)* leiser; **put the sound/TV ~:** den Ton/Fernseher leiser stellen; **nn)** *(in position of lagging or loss)* weniger; **be three points/games ~:** mit drei Punkten/Spielen zurückliegen; **start the second half 1-0 ~:** mit einem 1:0-Rückstand in die zweite Halbzeit gehen; **we're £3,000 ~ on last year, in terms of profit** was unseren Gewinn angeht, so liegt er um 3 000 Pfund unter dem des letzten Jahres; **be ~ on one's earnings of the previous year** weniger verdienen als im Vorjahr; **be ~ on one's luck** eine Pechsträhne haben. *See also* [1]**heel 1b; up 1aa. 2.** *prep.* **a)** *(~wards along)* runter *(bes. ugs.);* herunter/hinunter *(bes. schriftsprachlich);* **lower ~ the river** weiter unten am Fluß; **fall ~ the stairs/steps** die Treppe/Stufen herunterstürzen; **fall ~ the ladder** die Leiter runter-/herunterrutschen; **walk ~ the hill/road** den Hügel/die Straße heruntergehen; **lower sb. ~ a cliff** jmdn. an einem Felsen herunterlassen; **b)** *(~wards through)* durch; **c)** *(~wards into)* rein in (+ *Akk.*) *(bes. ugs.);* hinein in (+ *Akk.*) *(bes. schriftsprachlich);* **fall ~ a hole/well/ditch** in ein Loch/einen Brunnen/einen Graben fallen; **trickle ~ the plug-hole** ins Abflußloch tröpfeln; **d)** *(~wards over)* über (+ *Akk.*); **ivy grew ~ the wall** Efeu wuchs an der Mauer herunter; **spill water all ~ one's skirt** sich *(Dat.)* Wasser über den Rock gießen; **condensation running ~ the windows** an den Fenstern herunterlaufendes Kondenswasser; **e)** *(from top to bottom of)* runter *(bes. ugs.);* herunter/hinunter *(bes. schriftsprachlich);* **his eye travelled ~ the list** sein Auge wanderte über die Liste; **draw a line ~ the page** eine Linie längs über die Seite ziehen; **f)** *(~wards in time)* weiter-; **the tradition has continued ~ the ages** die Tradition ist von Generation zu Generation weitergegeben worden; **g)** *(along)* **go ~ the road/corridor/track** die Straße/den Korridor/den Weg hinunter- *od.* entlang- *od. (ugs.)* langgehen; **come ~ the street** die Straße herunter- *od.* entlangkommen; **turn ~ a side-street** in eine Seitenstraße einbiegen; **part one's hair ~ the middle** einen Mittelscheitel tragen; **h)** *(Brit. sl.: to)* **go ~ the pub/disco** in die Kneipe/Disko gehen; **i)** *(at or in a lower position in or on)* [weiter] unten; **further ~ the ladder/coast** weiter unten auf der Leiter/an der Küste; **live in a hut ~ the mountain/hill** in einer Hütte weiter unten am Berg wohnen; **live just ~ the road** ein Stück weiter unten in der Straße wohnen; **a place just ~ the river** eine Stelle etwas weiter flußabwärts; *see also* **downtown; j)** *(from top to bottom along)* an (+ *Dat.*); **~ the stem of a plant/the side of a house** am Stiel einer Pflanze/an der Seite eines Hauses; **the lines ~ the page** die senkrechten Linien auf der Seite; **the buttons ~ the back of the dress** die senkrechte Knopfreihe auf dem Rücken des Kleides; **there were festivities ~ every road** auf allen Straßen wurde gefeiert; **k)** *(all over)* überall auf (+ *Dat.*); **I've got coffee [all] ~ my skirt** mein ganzer Rock ist voll Kaffee; **leave marks ~ sb.'s face** in jmds. ganzem Gesicht Spuren hinterlassen; **l)** *(Brit. sl.: in, at)* **~ the pub/café/town** in der Kneipe/im Café/in der Stadt; **be ~ the shops** einkaufen sein *(ugs.). See also* **stage 1a; up 2d. 3.** *adj.* *(directed ~wards)* nach unten führend ⟨*Rohr, Kabel*⟩; ⟨*Rolltreppe*⟩ nach unten; nach unten gerichtet ⟨*Kolbenhub, Sog*⟩; **~ train/line/journey** *(Railw.)* Zug/Gleis/Fahrt Richtung Stadt. **4.** *v. t. (coll.)* **a)** *(knock ~)* auf die Bretter schicken ⟨*Boxer*⟩; **b)** *(fig.: defeat)* fertigmachen *(ugs.)* ⟨*Gegner*⟩; **c)** *(drink ~)* leer machen *(ugs.)* ⟨*Flasche, Glas*⟩; schlucken *(ugs.)* ⟨*Getränk*⟩; **d)** *(throw ~)* ⟨*Tier:*⟩ abschmeißen *(ugs.)* ⟨*Reiter, Last*⟩; **~ tools** *(cease work)* zu arbeiten aufhören; *(make a break)* die Arbeit unterbrechen; *(finish work)* Feierabend machen; *(go on strike)* die Arbeit niederlegen; **e)** *(shoot ~)* abschießen, runterholen *(ugs.)* ⟨*Flugzeug*⟩; **f)** *(stop by shot etc.)* zusammenschießen *(ugs.);* **g)** *(Footb.)* legen *(Sportjargon)* ⟨*Gegenspieler*⟩. **5.** *n.* **a)** *(Wrestling)* Wurf, *der;* **b)** *(Amer. and Can. Footb.)* Versuch, *der;* **c) ups and ~s** *see* **up 4; d)** *(coll.)* **have a ~ on sb./sth.** jmdn./etw. auf dem Kieker haben *(ugs.)*

**down: ~-and-out** *n.* Stadtstreicher, *der*/Stadtstreicherin, *die;* Penner, *der*/Pennerin, *die (ugs.);* **~beat 1.** *n. (Mus.)* erster/betonter Taktteil; **2.** *adj. (coll.)* **a)** *(relaxed)* ungezwungen; **b)** *(pessimistic)* düster ⟨*Film usw.*⟩; **~cast** *adj.* **a)** *(dejected)* niedergeschlagen ⟨*Blick, Gesicht*⟩; **b)** *(directed ~-wards)* gesenkt ⟨*Blick, Kopf*⟩; **with one's head ~cast** mit gesenktem Kopf; **~draught** *n.* [Luft]zug von oben; **~fall** *n.* *(ruin)* Untergang, *der;* **be** *or* **mean sb.'s ~fall** jmds. Untergang *od.* Ruin sein; **~grade** *n.* Gefällstrecke, *die;* **he was on the ~grade** es ging bergab mit ihm; **~grade** *v. t.* niedriger einstufen; **~-'hearted** *adj.* niedergeschlagen ⟨*Blick, Gesicht*⟩; **~hill 1.** ['--] *adj.* bergab führend ⟨*Fahrt*⟩; ⟨*Strecke, Weg*⟩ bergab; **the journey was ~hill** die Reise führte bergab; **he's on the ~hill path** *(fig.)* es geht bergab mit ihm; **a ~hill trend** *(fig.)* ein Abwärtstrend; **the ~hill course of the economy** *(fig.)* die Talfahrt der Wirtschaft; **be ~hill all the way** *(fig.)* ganz einfach sein; **2.** [-'-] *adv.* bergab; **come ~hill** den Berg herunterkommen; **sb./sth. is going ~hill** *(fig.)* es geht bergab mit jmdm./etw.; **3.** ['--] *n.* **a)** *(~ward slope)* Gefällstrecke, *die;* **b)** *(Skiing)* Abfahrtslauf, *der;* **~land** *n.* [baumloses] Hügelland; **~-market** *adj.* weniger anspruchsvoll; **~ payment** *n.* Anzahlung, *die;* **~pipe** *n.* [Regenab]fallrohr, *das;* **~pour** *n.* Regenguß, *der;* **~right 1.** *adj.* **a)** *(utter)* ausgemacht ⟨*Frechheit, Dummheit, Idiot, Lügner*⟩; glatt ⟨*Lüge*⟩; **b)** *(straightforward)* ehrlich ⟨*Rat, Darstellung, Person*⟩; offen ⟨*Wort*⟩; **2.** *adv.* geradezu; ausgesprochen; **it would be ~right stupid to do that** es wäre eine ausgemachte Dummheit, das zu versuchen; **~stage** *(Theatre)* **1.** *adv.* im Vordergrund der Bühne; **move ~stage** sich zum Vordergrund der Bühne bewegen; **2.** *adj.* **a ~stage door/entrance** eine Vordertür/ein Vordereingang zur Bühne; **~stairs 1.** [-'-] *adv.* die Treppe hinunter ⟨*gehen, fallen, kommen*⟩; unten ⟨*wohnen, sein*⟩; **2.** ['--] *adj.* im Parterre *od.* Erdgeschoß *nachgestellt;* Parterre⟨*wohnung*⟩; **3.** [ˈ-ˈ] *n.* Untergeschoß, *das;* **~stream 1.** [-ˈ-] *adv.* flußabwärts; **2.** [ˈ--] *adj.* flußabwärts gelegen ⟨*Ort*⟩; **the ~stream voyage** die Reise flußabwärts; **~-stroke** *n.* **a)** *(in writing)* Abstrich, *der;* **b)** *(Mech.: of piston)* Abwärtshub, *der;* **~-swing** *n. (Golf, Commerc.)* Abschwung, *der;* **~ time** *n. (Computing)* Ausfallzeit, *die;* **~-to-earth** *adj.* praktisch, nüchtern ⟨*Person*⟩; realistisch ⟨*Plan, Vorschlag*⟩; sachlich ⟨*Bemerkung, Antwort*⟩; **~town** *(Amer.)* **1.** *adj.* im Stadtzentrum *nachgestellt;* in der Innenstadt *nachgestellt;* **~town Manhattan** das Stadtzentrum Manhattan; **2.** *adv.* ins Stadtzentrum, in die Innenstadt ⟨*gehen, fahren*⟩; im Stadtzentrum, in der Innenstadt ⟨*leben, liegen, sein*⟩; **3.** *n.* Stadtzentrum, *das;* Innenstadt, *die;* **~trodden** *adj.* geknechtet; unterdrückt; **~turn** *n. (Econ., Commerc.)* Abschwung, *der;* **~ ˈunder** *(coll.)* **1.** *adv.* in/*(to)* nach Australien/Neuseeland; **2.** *n. (Australia)* Australien *(das); (New Zealand)* Neuseeland *(das)*

**downward** [ˈdaʊnwəd] **1.** *adj.* nach unten *nachgestellt;* nach unten gerichtet; **~ movement/trend** *(lit. or fig.)* Abwärtsbewegung, *die*/-trend, *der;* **~ gradient** *or* **slope** Gefälle, *das;* **move in a ~ direction** sich abwärts *od.* nach unten bewegen; **he was on a/the ~ path** *(fig.)* mit ihm ging es bergab. **2.** *adv.* abwärts ⟨*sich bewegen*⟩; nach unten ⟨*sehen, gehen*⟩; *see also* **face down[ward]**

**downwards** [ˈdaʊnwədz] *see* **downward 2**

**ˈdownwind 1.** *adv.* mit dem Wind; vor dem Wind ⟨*segeln*⟩; **be ~ of sb./sth.** in jmds. Windschatten/im Windschatten einer Sache *(Gen.)* sein. **2.** *adj.* in Windrichtung liegend; **the ~ side** die windabgewandte Seite

**downy** [ˈdaʊnɪ] *adj.* flaumig; flaumweich ⟨*Haar, Haut*⟩; Flaum⟨*haar, -bart*⟩

**dowry** [ˈdaʊrɪ] *n.* Mitgift, *die (veralt.);* Aussteuer, *die*

**¹dowse** *see* **douse**

**²dowse** [daʊz] *v.i.* mit der Wünschelrute suchen (for nach)

**dowser** [ˈdaʊzə(r)] *n. (person)* Wünschelrutengänger, *der*/-gängerin, *die*

**dowsing-rod** [ˈdaʊzɪŋrɒd] *n.* Wünschelrute, *die*

**doxology** [dɒkˈsɒlədʒɪ] *n. (Eccl.)* Doxologie, *die*

**doyen** [ˈdɔɪən, ˈdwɑ:jæ̃] *n.* Doyen, *der*

**doyenne** [dɔɪˈen, dwɑ:ˈjen] *n.* Doyenne, *die*

**doyley** *see* **doily**

**doz.** *abbr.* **dozen** Dtzd.

**doze** [dəʊz] **1.** *v.i.* dösen *(ugs.);* [nicht tief] schlafen; **lie dozing** im Halbschlaf liegen. **2.** *n.* Nickerchen, *das (ugs.);* **fall into a ~:** eindösen *(ugs.)*

**~ ˈoff** *v.i.* eindösen *(ugs.)*

**dozen** [ˈdʌzn] *n.* **a)** *pl. same (twelve)* Dutzend, *das;* **six ~ bottles of wine** sechsmal zwölf Flaschen Wein; **there were several/a few ~ [people] there** Dutzende von Leuten/ein paar Dutzend Leute waren da; **a ~ times/reasons** *(fig. coll.: many)* dutzendmal/Dutzende von Gründen; **half a ~:** sechs; ein halbes Dutzend *(veralt.);* **b)** *pl.* **~s** *(set of twelve)* Dutzend, *das;* **by the ~** *(in twelves)* im Dutzend; *(fig. coll.: in great numbers)* in großen Scharen; **do one's daily ~** *(coll.)* Frühsport machen; **c)** *in pl. (coll.: many)* Dutzende *Pl.;* **in [their] ~s** *(in great numbers)* in großen Scharen; **~s of times** dutzendmal

**dozy** [ˈdəʊzɪ] *adj. (drowsy)* dösig *(ugs.);* schläfrig

**D. Phil.** [di:ˈfɪl] *abbr.* **Doctor of Philosophy** Dr. phil.; *see also* **B. Sc.**

**DPP** *abbr. (Brit.)* **Director of Public Prosecutions** ≈ Generalstaatsanwalt, *der*

**Dr** *abbr.* **a) doctor** *(as prefix to name)* Dr.; **b) debtor** Sch.

**drab** [dræb] *adj.* **a)** *(dull brown)* gelblich braun; sandfarben; *(dull-coloured)* matt; **b)** *(dull, monotonous)* langweilig ⟨*Ort, Gebäude*⟩; trostlos, öde ⟨*Landschaft, Umgebung*⟩; grau, trist ⟨*Stadt*⟩; farblos ⟨*Person*⟩; **c)** *(fig.)* eintönig, trist ⟨*Leben*⟩

**drabness** [ˈdræbnɪs] *n., no pl.* **a)** *(of surroundings)* Trostlosigkeit, *die;* Ödheit, *die;* **b)** *(fig.: of life, existence)* Eintönigkeit, *die*

**drachma** [ˈdrækmə] *n. pl.* **~s** *or* **drachmae** [ˈdrækmi:] Drachme, *die*

**Draconian** [drəˈkəʊnɪən] *adj.* drakonisch

**draft** [drɑ:ft] **1.** *n.* **a)** *(rough copy) (of speech)* Konzept, *das; (of treaty, parliamentary bill)* Entwurf, *der;* **~ copy/version** Konzept, *das;* **~ letter** Entwurf eines Briefes; **b)** *(plan of work)* Skizze, *die;* [Bau-, Riß-]zeichnung, *die;* **c)** *(Mil.: detaching for special duty)* Sonderkommando, *das; (Brit.: those detached)* Abkommandierte *Pl.;* Sonderkommando, *das;* **d)** *(Amer. Mil.: conscription)* Einberufung, *die; (those conscripted)* Wehrpflichtige *Pl.;* Einberufene *Pl.;* **e)** *(Commerc.)* Abhebung, *die;* Abheben, *das; (cheque drawn)* Wechsel, *der;* Tratte, *die;* **f)** *(Amer.) see* **draught. 2.** *v.t.* **a)** *(make rough copy of)* entwerfen; **b)** *(Mil.)* abkommandieren; **c)** *(Amer. Mil.: conscript)* einberufen; **be ~ed** eingezogen *od.* einberufen werden; **d)** *(fig.) (call upon)* berufen; *(select)* auswählen

**ˈdraft-dodger** *n. (Amer. Mil.) jmd., der sich dem Wehrdienst entzieht*

**draftee** [drɑ:fˈti:] *n. (Amer. Mil.)* Wehrpflichtige, *der*

**draftsman** [ˈdrɑ:ftsmən] *n., pl.* **draftsmen** [ˈdrɑ:ftsmən] **a)** *jemand, der Gesetzesvorlagen usw. verfaßt;* ≈ Schreiber, *der;* **b)** *see* **draughtsman**

**drafty** *(Amer.) see* **draughty**

**drag** [dræg] **1.** *n.* **a)** *(dredging apparatus)* Suchanker, *der;* **b)** *see* **drag-net; c)** *(Hunting) (artificial scent)* Fuchs, *der; (club)* Schleppjagd, *die;* Reitjagd, *die;* **d)** *(difficult progress)* **it was a long ~ up the hill** der Aufstieg auf den Hügel war ein ganz schöner Schlauch *(ugs.);* **e)** *(Aeronaut.)* Strömungswiderstand, *der;* **~ coefficient** *or* **factor** [Luft]widerstandszahl, *die;* **f)** *(obstruction)* Hindernis, *das* (**on** für); Hemmnis, *das* (**on** für); **be a ~ on sb./sth.** jmdm./für etw. eine Last sein; **g)** *(boring thing)* langweilige Sache *od.* Angelegenheit; **be a ~:** langweilig sein; **h)** *(sl.: at cigarette)* Zug, *der;* **i)** *no pl. (sl.: women's dress worn by men)* Frauenkleider *Pl.;* **j)** *(Amer. sl.: road)* **the main ~:** die Hauptstraße; **k)** *(Amer. sl.: influence)* Einfluß, *der.* **2.** *v.t.,* **-gg-: a)** [herum]schleppen; **~ one's feet** *or* **heels** *(fig.)* sich *(Dat.)* Zeit lassen (**over, in** mit); **b)** *(move with effort)* **~ oneself** sich schleppen; **~ one's feet** [mit den Füßen] schlurfen; **I could scarcely ~ myself out of bed** ich konnte mich kaum aufraffen aufzustehen; **c)** *(fig. coll.: take despite resistance)* **he ~ged me to a dance** er schleifte mich *(ugs.)* zu einer Tanzveranstaltung; **~ the children away from the television** die Kinder [mit Gewalt] vom Fernsehen losreißen; **he ~s her about with him everywhere** er schleppt sie überall mit sich herum; **~ sb. into sth.** jmdn. in etw. *(Akk.)* hineinziehen; **~ sb. into doing sth.** jmdn. dazu drängen, etw. zu tun; **d)** *(search)* [mit einem Schleppnetz] absuchen ⟨*Fluß-, Seegrund*⟩; **e)** *(Naut.)* **the ship ~s her anchor** das Schiff treibt vor Anker. **3.** *v.i.,* **-gg-: a)** schleifen; **~ on** *or* **at a cigarette** *(coll.)* an einer Zigarette ziehen; **b)** *(fig.: pass slowly)* sich [hin]schleppen

**~ ˈdown** *v.t.* nach unten ziehen; **~ sb. down to one's own level** *(fig.)* jmdn. auf sein Niveau herabziehen

**~ ˈin** *v.t.* hineinziehen

**~ ˈon** *v.i. (continue)* sich [da]hinschleppen; **time ~ged on** die Zeit verstrich; **~ on for months** sich über Monate hinziehen

**~ ˈout** *v.t. (protract unduly)* hinausziehen; in die Länge ziehen; **~ out [one's days/existence]** [sein Leben/Dasein] fristen

**~ ˈup** *v.t. (coll.)* wieder ausgraben ⟨*alte Geschichte, Skandal*⟩

**drag: ~-hounds** *n. pl.* Hunde für die Schleppjagd; **~-net** *n. (lit. or fig.)* Schleppnetz, *das; (fig.)* Netz, *das*

**dragon** [ˈdrægn] *n.* Drache, *der; (fig.: fearsome person)* Drachen, *der*

**ˈdragon-fly** *n. (Zool.)* Libelle, *die*

**dragoon** [drəˈgu:n] **1.** *n. (Mil.)* Dragoner, *der.* **2.** *v.t.* zwingen; **~ sb. into doing sth.** jmdn. zwingen, etw. zu tun

**ˈdrag racing** *n.* Beschleunigungsrennen *Pl.*

**dragster** [ˈdrægstə(r)] *n.* Dragster, *der; für Beschleunigungsrennen gebautes Fahrzeug*

**drain** [dreɪn] **1.** *n.* **a)** Abflußrohr, *das; (underground)* Kanalisationsrohr, *das; (grating at roadside)* Gully, *der;* **open ~:** Abflußrinne, *die;* **down the ~** *(fig. coll.)* für die Katz *(ugs.);* **go down the ~** *(fig. coll.)* umsonst *od.* vergeblich *od. (ugs.)* für die Katz sein; **that was money [thrown] down the ~** *(fig. coll.)* das Geld war zum Teufel *(salopp) od.* zum Fenster hinausgeworfen *(ugs.);* **be going down the ~:** vor die Hunde gehen *(geh.);* **laugh like a ~** *(fig. coll.)* schallend lachen; sich vor Lachen ausschütten wollen; **b)** *(fig.: constant demand)* Belastung, *die* (**on** *Gen.*); **be a ~ on sb.'s strength** an jmds. Kräften zehren. **2.** *v.t.* **a)** trockenlegen ⟨*Teich*⟩; entwässern ⟨*Land*⟩; ableiten ⟨*Wasser*⟩; **b)** *(Cookery)* abgießen ⟨*Wasser, Kartoffeln, Gemüse*⟩; **c)** *(Geog.)* **the river ~s the valley** der Fluß nimmt das Wasser des ganzen Tales auf; **d)** *(drink all contents of)* austrinken; **e)** *(fig.: deprive)* **~ a country of its manpower/wealth** *or* **resources** ein Land ausbluten/auslaugen; **~ sb. of his energy** jmdn. auslaugen. **3.** *v.i.* **a)** ⟨*Geschirr, Gemüse:*⟩ abtropfen; ⟨*Flüssigkeit:*⟩ ablaufen; **b) the colour ~ed from her face** *(fig.)* die Farbe wich aus ihrem Gesicht

**drainage** [ˈdreɪnɪdʒ] *n.* **a)** *(draining)* Entwässerung, *die;* Trockenlegung, *die; (fig.)* Ausbeutung, *die;* **b)** *(Geog.: natural ~)* [natürliche] Entwässerung; *(artificial ~ of fields etc.)* Entwässerung, *die;* Dränung *od.* Dränage, *die (fachspr.); (system)* Entwässerungssystem, *das; (of city, house, etc.)* Kanalisation, *die*

**draining-board** [ˈdreɪnɪŋ bɔ:d] *(Brit.; Amer.:* **ˈdrainboard***) n.* Abtropfbrett, *das*

**drain: ~-pipe** *n.* **a)** *(to carry off rain-water)* Regen[abfall]rohr, *das;* **b)** *(to carry off sewage)* Abwasserleitung, *die; (underground)* Kanalisationsleitung, *die;* **~-pipes, ~-pipe ˈtrousers** *ns. pl. (Fashion)* Röhrenhosen

**drake** [dreɪk] *n.* Enterich, *der;* Erpel, *der; see also* **¹duck 1 a**

**dram** [dræm] *n.* **a)** *(Pharm.) (weight)* Drachme, *die;* **fluid ~** *(Brit.)* 3,5515 cm³; *(Amer.)* 3,6967 cm³; **b)** *(small drink)* Schlückchen, *das (ugs.)*

**drama** [ˈdrɑ:mə] *n.* **a)** *(play, lit. or fig.)* Drama, *das;* **b)** *no pl. (genre)* Drama, *das; (dramatic art)* Schauspielkunst, *die;* Dramatik, *die; (fig.: episode as in play)* Schauspiel, *das; attrib.* **~ critic** Theaterkritiker, *der;* **~ school** Schauspielschule, *die*

**dramatic** [drəˈmætɪk] *adj.* **a)** *(Theatre)* dramatisch; **~ art** Dramatik, *die;* **a ~ critic** ein Theaterkritiker; **b)** *(fig.)* dramatisch; *(exaggerated)* theatralisch; bühnenreif

**dramatically** [drəˈmætɪkəlɪ] *adv.* dramatisch; *(in exaggerated way)* theatralisch

**dramatic ˈirony** *n.* tragische Ironie *(Literaturwiss.)*

**dramatics** [drəˈmætɪks] *n., no pl.* **a)** Theater[spiel], *das;* **amateur ~:** Laientheater, *das;* **b)** *(fig. derog.)* Theatralik, *die (geh. abwertend)*

**dramatisation, dramatise** *see* **dramatiz-**

**dramatis personae** [dræmətɪs pəˈsəʊni:,

dræmətɪs pə'səʊnaɪ] *n. pl., often constr. as sing.* dramatis personae; die Personen; *(fig.)* Hauptpersonen *Pl.*

**dramatist** ['dræmətɪst] *n.* Dramatiker, *der*/Dramatikerin, *die*

**dramatization** [dræmətaɪ'zeɪʃn] *n.* **a)** Dramatisierung, *die;* **a television/stage ~:** eine Fernseh-/Bühnenbearbeitung; **b)** *(fig.)* Dramatisieren, *das*

**dramatize** ['dræmətaɪz] *v. t.* **a)** dramatisieren; [für die Bühne/das Fernsehen *usw.*] bearbeiten; **b)** *(fig.)* dramatisieren; [künstlich] hochspielen; *(emphasize)* betonen

**drank** *see* **drink 2, 3**

**drape** [dreɪp] **1.** *v. t.* **a)** *(cover, adorn)* **~ oneself/sb. in sth.** sich/jmdn. in etw. *(Akk.)* hüllen; **~ an altar/walls with sth.** einen Altar/Wände mit etw. behängen; **b)** *(put loosely)* **~ sth. over/round sth.** etw. über etw. *(Akk.)*/um etw. legen *od.* drapieren; **c)** *(rest casually)* legen; hängen. **2.** *n.* **a)** *(cloth)* Tuch, *das;* **b)** *usu. in pl. (Amer.: curtain)* Vorhang, *der*

**draper** ['dreɪpə(r)] *n.* *(Brit.)* Textilkaufmann, *der;* **the ~'s [shop]** das Textilgeschäft; *see also* **baker**

**drapery** ['dreɪpərɪ] *n.* **a)** *(Brit.: cloth)* Stoffe; Textilien *Pl.;* **b)** *(Brit.: trade)* Textilgewerbe, *das;* **~ shop** Textilgeschäft, *das;* **c)** *(arrangement of cloth)* Draperie, *die;* **d)** *(cloth artistically arranged)* Faltenwurf, *der;* **e)** *usu. in pl. (Amer.: curtain)* Vorhang, *der*

**drastic** ['dræstɪk, 'drɑ:stɪk] *adj.* drastisch; erheblich ⟨*Wandel, Verbesserung*⟩; durchgreifend, rigoros ⟨*Mittel*⟩; dringend ⟨*Bedarf*⟩; einschneidend ⟨*Veränderung*⟩; erschreckend ⟨*Mangel*⟩; bedrohlich ⟨*Lage*⟩; **something ~ will have to be done** drastische Maßnahmen müssen ergriffen werden

**drastically** ['dræstɪkəlɪ, 'drɑ:stɪkəlɪ] *adv.* drastisch; erheblich; rigoros, hart ⟨*durchgreifen*⟩; **be ~ in need of sth.** dringenden Bedarf an etw. *(Dat.)* haben

**drat** [dræt] *v. t. (coll.)* **~ [it]/him/the weather!** verflucht!/verfluchter Kerl!/verfluchtes Wetter! *(salopp)*

**dratted** ['drætɪd] *adj. (coll.)* verflucht

**draught** [drɑ:ft] *n.* **a)** *(of air)* [Luft]zug, *der;* **where is the ~ coming from?** woher zieht es?; **be [sitting] in a ~:** im Zug sitzen; **there's a ~ [in here]** es zieht [hier]; **feel the ~** *(fig. sl.)* [finanziell] in der Klemme sitzen *(ugs.);* **b) [beer] on ~:** [Bier] vom Faß; **c)** *(swallowing) (act)* Zug, *der; (amount)* Schluck, *der;* **d)** *(Naut.)* Tiefgang, *der*

**draught: ~ animal** *n.* Zugtier, *das;* **~ 'beer** *n.* Faßbier, *das;* **~-board** *n. (Brit.)* Damebrett, *das;* **~-excluder** *n.* Abdichtvorrichtung, *die;* Zugluft-Verhinderer, *der;* **~horse** *n.* Zugpferd, *das;* **~-proof 1.** *adj.* winddicht; **2.** *v. t.* winddicht machen

**draughts** [drɑ:fts] *n., no pl. (Brit.)* Damespiel, *das;* **have a game of ~:** eine Partie Dame spielen; **play ~:** Dame spielen

**draughtsman** ['drɑ:ftsmən] *n., pl.* **draughtsmen** ['drɑ:ftsmən] *(Brit.)* **a)** Zeichner, *der*/Zeichnerin, *die;* **b)** *(in game)* Damestein, *der*

**draughtsmanship** ['drɑ:ftsmənʃɪp] *n. (art and practice)* Zeichenkunst, *die; (skill)* zeichnerisches Können

**draughty** ['drɑ:ftɪ] *adj.* zugig

**Dravidian** [drə'vɪdɪən] *(Ethnol.)* **1.** *adj.* drawidisch. **2.** *n.* **a)** *(person)* Drawide, *der*/Drawidin, *die;* **b)** *(language)* Drawidisch, *das*

**draw** [drɔ:] **1.** *v. t.,* **drew** [dru:], **drawn** [drɔ:n] **a)** *(pull)* ziehen; einholen ⟨*Fangnetz*⟩; spannen ⟨*Bogen*⟩; **~ the curtains/blinds** *(open)* die Vorhänge aufziehen/die Jalousien hochziehen; *(close)* die Vorhänge zuziehen/die Jalousien herunterlassen; **~ the bolt** *(fasten)* den Riegel vorschieben; *(unfasten)* den Riegel zurückschieben; **~ sth. towards one** etw. zu sich heranziehen *od.* hinziehen; **b)** *(attract, take in)* anlocken ⟨*Publikum, Menge, Kunden*⟩; **all eyes were ~n to him** alle Blicke waren auf ihn gerichtet; **~ the fresh air into one's lungs** die frische Luft tief einatmen; **~ criticism upon oneself** Kritik auf sich *(Akk.)* ziehen; **be ~n to sb.** von jmdm. angezogen werden; **feel ~n to sb.** sich von jmdm. angezogen *od.* zu jmdm. hingezogen fühlen; **~ sb. into sth.** jmdn. in etw. *(Akk.)* mit hineinziehen; **he refused to be ~n** *(be provoked)* er ließ sich nichts entlocken; **~ sb. out of himself** jmdn. aus sich herauslocken; **~ the enemy's/*(fig.)* sb.'s fire** das feindliche Feuer/jmds. Kritik auf sich ziehen; *see also* **breath a, b; c)** *(take out)* herausziehen; ziehen **(from** aus); aufstöbern, aufjagen ⟨*Fuchs, Dachs*⟩ **(from** aus); **~ money from the bank/one's account** Geld bei der Bank holen/von seinem Konto abheben; **~ a pistol on sb.** eine Pistole auf jmdn. richten; **~ the cork from the bottle** die Flasche entkorken; **~ water from a well** Wasser an einem Brunnen holen *od.* schöpfen; **~ beer from a barrel** Bier vom Faß zapfen; *see also* **blood 1 a; ~ trumps** Trümpfe ziehen; **~ cards from a pack** Karten von einem Haufen abheben; **d)** *(derive, elicit)* finden; **~ an example from a book** ein Beispiel einem Buch entnehmen; **~ a response from sb.** von jmdm. eine Antwort bekommen; *(interested)* Echo bei jmdm. finden; **~ comfort/sustenance from sth.** Trost/Halt in etw. *(Dat.)* finden; **~ reassurance/encouragement from sth.** Zuversicht/Mut aus etw. schöpfen; **~ inspiration from sth.** sich von etw. inspirieren lassen; Anregungen bei *od.* in etw. *(Dat.)* finden; **~ applause/a smile [from sb.]** Applaus/ein Lächeln [bei jmdm.] hervorrufen; *see also* **conclusion d; e)** *(get as one's due)* erhalten; bekommen; beziehen ⟨*Gehalt, Rente, Arbeitslosenunterstützung*⟩; **f)** *(select at random)* **~ [straws]** [Lose] ziehen; losen; **~ [for partners]** [die Partner] auslosen; **Italy has been ~n against Spain in the World Cup** Italien ist als Gegner für Spanien im Weltmeisterschaftsspiel ausgelost worden; **~ a winner** ein Gewinnlos ziehen; **g)** *(trace)* ziehen ⟨*Strich*⟩; zeichnen ⟨*geometrische Figur, Bild*⟩; *(fig.: represent in words)* darstellen; **do you ~?** kannst du zeichnen?; **~ the line at sth.** *(fig.)* bei etw. nicht mehr mitmachen; **the line has to be ~n somewhere** *or* **at some point** *(fig.)* irgendwo muß Schluß sein; **it's difficult to ~ the line** *(fig.)* es ist schwierig, die Grenze zu ziehen; **h)** *(Commerc.: write out)* ziehen ⟨*Wechsel*⟩ **(on** auf + *Akk.*); **~ a cheque on one's bank for £100** einen Scheck über 100 Pfund auf seine Bank ausstellen; **i)** *(formulate)* ziehen ⟨*Parallele, Vergleich*⟩; herstellen ⟨*Analogie*⟩; herausstellen ⟨*Unterschied*⟩; *see also* **distinction b; j)** *(end with neither side winner)* unentschieden beenden ⟨*Spiel*⟩; **the match was ~n** das Spiel ging unentschieden aus; *abs.* **they drew three-all** sie spielten 3 : 3 unentschieden; **k)** *(disembowel)* ausnehmen ⟨*Geflügel, Fisch*⟩; ausweiden ⟨*Wild*⟩; **l)** *(extend)* [aus]dehnen; ziehen ⟨*Draht*⟩; **long ~n death agony** lang dauernder Todeskampf; **m)** *(Naut.)* **~ 3 m. [of water]** 3 m Tiefgang haben; **n)** *(Hunting)* **~ a covert** [ein Tier aus seinem Versteck] aufjagen. *See also* **blank 2 c; hang 1 f; lot g. 2.** *v. i.,* **drew, drawn a)** *(make one's way, move)* ⟨*Person:*⟩ gehen; ⟨*Fahrzeug:*⟩ fahren; ⟨*Flugzeug:*⟩ fliegen; **~ into sth.** ⟨*Zug:*⟩ in etw. *(Akk.)* einfahren; ⟨*Schiff:*⟩ in etw. *(Akk.)* einlaufen; **~ towards sth.** sich einer Sache *(Dat.)* nähern; **~ together** zusammenkommen; **~ closer together** enger zusammenrücken; **~ to an end** zu Ende gehen; **b)** *(allow draught)* ⟨*Kamin, Zigarette:*⟩ ziehen; **~ well/badly** einen guten/schlechten Zug haben; **c)** *(infuse)* ⟨*Tee:*⟩ ziehen. **3.** *n.* **a)** *(raffle)* Tombola, *die; (for matches, contests)* Auslosung, *die;* **be the luck of the ~** *(fig.)* Glück[s]sache sein; **b)** *([result of] drawn game)* Unentschieden, *das; (Chess)* Remis, *das;* **end in a ~:** mit einem Unentschieden enden; **c)** Attraktion, *die; (film, play)* Publikumserfolg, *der;* **d) be quick/slow on the ~:** den Finger schnell/zu langsam am Abzug haben; *(fig.)* sich geistesgegenwärtig zeigen/nicht geistesgegenwärtig genug sein; ⟨*Quizteilnehmer:*⟩ schlagfertig sein/nicht schlagfertig genug sein; **e)** *(Amer.: in smoking)* Zug, *der*

**~ a'side** *v. t.* zur Seite ziehen; **~ sb. aside** jmdn. beiseite nehmen

**~ a'way 1.** *v. i.* **a)** *(move ahead)* **~ away from sth./sb.** sich von etw. entfernen/jmdm. davonziehen; **b)** *(set off)* losfahren; **c)** *(recoil)* zurückweichen **(from** vor + *Dat.*). **2.** *v. t.* wegnehmen; wegziehen; weglocken ⟨*Person*⟩

**~ 'back 1.** *v. t.* zurückziehen; aufziehen ⟨*Vorhang*⟩. **2.** *v. i.* zurückweichen; *(fig.)* sich zurückziehen

**~ 'in 1.** *v. i.* **a)** *(move in and stop)* einfahren; **the car drew in to the side of the road** das Auto fuhr an den Straßenrand heran; **b)** ⟨*Tage:*⟩ kürzer werden; ⟨*Abende, Nächte:*⟩ länger werden. **2.** *v. t. (fig.)* hineinziehen ⟨*Person*⟩; zum Mitmachen überreden; **I refuse to be ~n in** ich will nicht mit hineingezogen werden

**~ 'off** *v. t.* ausziehen ⟨*Kleidung*⟩; ablassen ⟨*Flüssigkeit*⟩

**~ on 1.** [-'-] *v. i.* ⟨*Zeit:*⟩ vergehen, *(geh.)* fortschreiten; *(approach)* ⟨*Winter, Nacht:*⟩ nahen. **2.** *v. t.* **a)** ['--] anziehen ⟨*Kleidung*⟩; **b)** [-'-] *(induce)* anziehen *(fig.)* ⟨*Person*⟩; **c)** ['--] **~ on sth.** von etw. zehren; **you may ~ on my account** du kannst von meinem Konto abheben

**~ 'out 1.** *v. t. (extend)* ausdehnen; in die Länge ziehen; **long ~n out** ausgedehnt; in die Länge gezogen. **2.** *v. i.* **a)** abfahren; **the train/bus drew out of the station** der Zug fuhr aus dem Bahnhof aus/der Bus verließ den Busbahnhof; **b)** ⟨*Tage:*⟩ länger werden; ⟨*Abende:*⟩ kürzer werden

**~ 'up 1.** *v. t.* **a)** *(formulate)* abfassen; aufsetzen ⟨*Vertrag*⟩; aufstellen ⟨*Liste*⟩; entwerfen ⟨*Plan, Budget*⟩; **b)** heranziehen; **~ up a chair!** holen Sie sich doch einen Stuhl!; **c) ~ oneself up [to one's full height]** sich [zu seiner vollen Größe] aufrichten; **d)** aufstellen ⟨*Truppen, Fahrzeuge*⟩. **2.** *v. i.* [an]halten

**~ upon** *see* **~ on 2 c**

**draw: ~back** *n. (snag)* Nachteil, *der;* **~bridge** *n.* Zugbrücke, *die*

**drawee** [drɔ:'i:] *n. (Commerc.)* Bezogene, *der;* Trassat, *der (fachspr.)*

**drawer** *n.* **a)** [drɔ:(r), 'drɔ:ə(r)] *(in furniture)* Schublade, *die;* **b)** ['drɔ:ə(r)] *(maker of drawings)* Zeichner, *der*/Zeichnerin, *die;* **c)** *(Commerc.)* Aussteller, *der;* Trassant, *der (fachspr.);* **d)** *in pl.* [drɔ:z, 'drɔ:əz] *(dated/joc.: underpants)* Unterhosen *Pl.; (for women)* Schlüpfer *Pl.*

**drawing** ['drɔ:ɪŋ] *n.* **a)** *(activity)* Zeichnen, *das;* **be good at ~:** gut zeichnen können; **b)** *(sketch)* Zeichnung, *die*

**drawing: ~-board** *n.* Zeichenbrett, *das;* **so it's back to the ~-board, I'm afraid** dann müssen wir wohl wieder von vorne beginnen, fürchte ich; **~-office** *n.* Konstruktionsbüro, *das;* **~-paper** *n.* Zeichenpapier, *das;* **~-pin** *n. (Brit.)* Reißzwecke, *die;* **~-room** *n.* Salon, *der*

**'drawknife** *n.* Zugmesser, *das*

**drawl** [drɔ:l] **1.** *v. i.* gedehnt *od. (ugs.)* breit sprechen. **2.** *v. t.* dehnen; gedehnt *od. (ugs.)* breit aussprechen. **3.** *n.* gedehntes *od. (ugs.)* breites Sprechen; **speak with a ~:** gedehnt sprechen

**drawn** [drɔ:n] **1.** *p.p. of* **draw. 2.** *adj.* verzogen ⟨*Gesicht*⟩; **look ~:** *(from tiredness)* abgespannt aussehen; *(from worries)* abgehärmt aussehen; **c)** *(Sport)* unentschieden; ~ **game** Unentschieden, *das; (Chess)* Remis, *das*

**'draw-string** *n.* Durchziehband, *das*

**dray** [dreɪ] *n.* Tafelwagen, *der;* Rollwagen, *der*

**dread** [dred] **1.** *v. t.* sich sehr fürchten vor (+ *Dat.*); große Angst haben vor (+ *Dat.*); **the ~ed day/moment** der gefürchtete *od.* mit Schrecken erwartete Tag/Augenblick; **I ~ the moment when ...:** ich fürchte mich vor dem Augenblick, wenn ...; **I ~ to think [what may have happened]** ich mag gar nicht daran denken[, was passiert sein könnte]; **I ~ the thought of ...:** mich schreckt der Gedanke an (+ *Akk.*) ... **2.** *n., no pl. (terror)* Angst, *die;* **be** *or* **live** *or* **stand in ~ of sth./sb.** in [ständiger] Furcht vor etw./jmdm. leben. **3.** *adj. (literary)* fürchterlich

**dreadful** ['dredfl] *adj.* schrecklich; furchtbar; *(coll.: very bad)* fürchterlich; **I feel ~** *(unwell)* ich fühle mich scheußlich *(ugs.); (embarrassed)* es ist mir furchtbar peinlich

**dreadfully** ['dredfəlɪ] *adv.* **a)** schrecklich; entsetzlich, furchtbar ⟨*leiden*⟩; *(coll.: very badly)* grauenhaft, fürchterlich; **b)** *(coll.: extremely)* schrecklich; furchtbar

**dream** [dri:m] **1.** *n.* **a)** Traum, *der;* **sweet ~s!** träume süß!; **have a ~ about sb./sth.** von jmdm./etw. träumen; **I had a bad ~ last night** letzte Nacht habe ich schlecht geträumt; **it was all a bad ~:** das ganze war wie ein böser Traum; **in a ~:** im Traum; **go/ work like a ~** *(coll.)* wie eine Eins fahren/ funktionieren *(ugs.);* **b)** *(fig.: reverie)* **go** *or* **walk around/be/live in a [complete] ~:** in einer [perfekten] Traumwelt leben; **c)** *(ambition, vision)* Traum, *der;* **have ~s of doing sth.** davon träumen, etw. zu tun; **never in one's wildest ~s** nicht in seinen kühnsten Träumen; **d)** *(perfect person)* ~ **[man/ woman]** Traummann, *der*/-frau, *die; (perfect thing)* Traum, *der; attrib.* traumhaft; Traum⟨*haus, -auto, -urlaub*⟩. *See also* **wet dream. 2.** *v. i.,* **~t** [dremt] *or* **~ed** träumen; *(while awake)* vor sich *(Akk.)* hin träumen; **~ about** *or* **of sb./sth.** von jmdm./etw. träumen; **~ of doing sth.** *(fig.)* davon träumen, etw. zu tun; **he wouldn't ~ of doing it** *(fig.)* er würde nicht im Traum daran denken *od.* es würde ihm nicht im Traum einfallen, das zu tun. **3.** *v. t.,* **~t** *or* **~ed** träumen; **she never** *or* **little ~t that she'd win** sie hätte sich *(Dat.)* nie träumen lassen, daß sie gewinnen würde

~ **'up** *v. t.* sich *(Dat.)* ausdenken; sich *(Dat.)* einfallen lassen

**dreamer** ['dri:mə(r)] *n. (in sleep)* Träumende, *der/die; (day-dreamer)* Träumer, *der*/Träumerin, *die*

**dreamily** ['dri:mɪlɪ] *adv.* verträumt

**'dream-land** *n.* Traumland, *das;* Reich der Träume, *das*

**dreamless** ['dri:mlɪs] *adj.* traumlos

**dreamlike** ['dri:mlaɪk] *adj.* traumhaft

**dreamt** *see* **dream 2, 3**

**dreamy** ['dri:mɪ] *adj.* **a)** verträumt ⟨*Person, Blick*⟩; träumerisch ⟨*Stimmung*⟩; **b)** *(dreamlike)* traumähnlich; **c)** *(coll.: delightful)* traumhaft [schön]

**'dreamy-eyed** *adj.* ⟨*Verliebte, Mädchen, Kind*⟩ mit verträumten Augen

**drearily** ['drɪərɪlɪ] *adv. see* **dreary:** monoton; düster

**dreary** ['drɪərɪ] *adj.* trostlos; monoton ⟨*Musik*⟩; langweilig ⟨*Unterricht, Lehrbuch*⟩; düster ⟨*Gemüt, Gedanken*⟩

**dredge** [dredʒ] *v. t.* ausbaggern; *(fig.)* ausgraben; ~ **up** *(fig.)* ausgraben

**dredger** ['dredʒə(r)] *n.* Bagger, *der; (boat)* Schwimmbagger, *der;* Naßbagger, *der*

**dregs** [dregz] *n. pl.* **a)** [Boden]satz, *der;* **drain one's glass to the ~:** sein Glas bis zur Neige *od.* bis zum letzten Tropfen leeren; **b)** *(fig.)* Abschaum, *der*

**drench** [drenʃ] *v. t.* durchnässen; **get completely ~ed, get ~ed to the skin** naß bis auf die Haut werden

**drenching** ['drenʃɪŋ] **1.** *n.* **get a ~:** bis auf die Haut naß werden. **2.** *adj.* ~ **rain** strömender Regen

**Dresden** ['drezdn] *pr. n.* Dresden *(das);* ~ **china** *or* **porcelain** Meißner Porzellan

**dress** [dres] **1.** *n.* **a)** *(woman's or girl's frock)* Kleid, *das;* **b)** *no pl. (clothing)* Kleidung, *die;* **be in native/formal ~:** nach Art der Einheimischen/formell gekleidet sein; **articles of ~:** Kleidungsstücke; **c)** *no pl. (manner of dressing)* Kleidung, *die;* **she's rather slovenly in her ~:** sie kleidet sich sehr nachlässig; **d)** *(external covering)* Kleid, *das. See also* **evening dress; full dress; morning dress. 2.** *v. t.* **a)** *(clothe)* anziehen; **be ~ed** angezogen sein; **be well ~ed** gut gekleidet sein; **the bride was ~ed in white** die Braut trug Weiß; **get ~ed** sich anziehen; **b)** *(provide clothes for)* einkleiden ⟨*Familie*⟩; **c)** *(deck, adorn)* schmücken; beflaggen ⟨*Schiff*⟩; dekorieren ⟨*Schaufenster*⟩; **d)** *(arrange)* frisieren ⟨*Haare*⟩; **e)** *(Med.)* verbinden, versorgen ⟨*Wunde*⟩; **f)** *(Cookery)* zubereiten; **g)** *(treat, prepare)* hobeln ⟨*Holz*⟩; gerben ⟨*tierische Häute, Felle*⟩; schleifen ⟨*Tontöpfe, Metall, Stein*⟩; *(put finish on)* appretieren ⟨*Gewebe, Holz, Leder*⟩; polieren ⟨*Tontöpfe, Metall, Stein*⟩; **h)** *(Mil.)* ~ **ranks** die Front ausrichten; **i)** *(Agric.: manure)* düngen. **3.** *v. i. (wear clothes)* sich anziehen; sich kleiden; *(get ~ed)* sich anziehen; sich ankleiden *(geh.);* **I like to ~ in dark colours** ich trage gerne dunkle Farben; ~ **for dinner** sich zum Abendessen umziehen

~ **'down** *v. t. (fig.)* zurechtweisen

~ **'up 1.** *v. t.* **a)** *(in formal clothes)* feinmachen; fein anziehen; **sb. is all ~ed up and nowhere to go** *(fig.)* jmds. ganzer Aufwand ist umsonst *(ugs.);* **b)** *(disguise)* verkleiden; *(elaborately as a game)* herausputzen; **c)** *(smarten)* verschönern. **2.** *v. i.* **a)** *(wear formal clothes)* sich feinmachen; **b)** *(disguise oneself)* sich verkleiden; *(elaborately as a game)* sich herausputzen

**dressage** ['dresɑ:ʒ] *n.* Dressurreiten, *das*

**dress:** ~ **circle** *n. (Theatre)* erster Rang; ~ **coat** *n.* Frack, *der;* **~-conscious** *adj.* modebewußt; **~-designer** *n.* Modeschöpfer, *der*/-schöpferin, *die;* Modedesigner, *der*/-designerin, *die*

**¹dresser** ['dresə(r)] *n.* **a)** *(sideboard)* Anrichte, *die;* Büfett, *das;* **b)** *(Amer.) see* **dressing-table**

**²dresser** *n.* **a) he's a careless/elegant/tasteful ~:** er kleidet sich nachlässig/elegant/geschmackvoll; **b)** *(Theatre)* Garderobier, *der*/Garderobiere, *die;* **c)** *(Med.)* Operationsassistent, *der*/-assistentin, *die*

**dressing** ['dresɪŋ] *n.* **a)** *no pl.* Anziehen, *das;* Ankleiden, *das (geh.);* **b)** *(Cookery)* Dressing, *das;* **c)** *(Med.)* Verband, *der;* **d)** *(Agric.)* Dünger, *der*

**dressing:** **~-case** *n.* Kosmetikkoffer, *der;* ~ **'down** *n.* **give sb. a ~ down** jmdm. einen Rüffel verpassen *od.* eine Standpauke halten *(ugs.);* **get a ~ down** zurechtgewiesen *od. (ugs.)* heruntergemacht werden; eins auf den Deckel kriegen *(ugs.);* **~-gown** *n.* Bademantel, *der;* **~-room** *n.* **a)** *(of actor or actress)* [Schauspieler]garderobe, *die;* [Künstler]garderobe, *die;* **b)** *(for games-players)* Umkleidekabine, *die;* **c)** *(in house)* Ankleideraum, *der;* Ankleidezimmer, *das;* **~-table** *n.* Frisierkommode, *die; (with knee-hole)* Frisiertoilette, *die*

**dress:** ~ **length** *n. Stoffstück, das für ein Kleid ausreicht;* **~maker** *n.* Damenschneider, *der*/-schneiderin, *die;* **~making** *n.* Damenschneiderei, *die;* ~ **rehearsal** *n. (lit. or fig.)* Generalprobe, *die;* ~ **sense** *n.* **she hasn't much ~ sense** sie hat nicht viel Sinn für Mode; ~ **'shirt** *n.* Smokinghemd, *das;* **~-shop** *n.* Geschäft für Damenbekleidung; Kleiderladen, *der (ugs.);* ~ **'suit** *n.* Abendanzug, *der;* **~-uniform** *n. (Mil.)* Paradeuniform, *die*

**dressy** ['dresɪ] *adj.* **a) be ~** ⟨*Person:*⟩ immer schick angezogen sein; **b)** *(smart)* fein, elegant ⟨*Kleidung*⟩; **c)** *(grand, formal)* vornehm ⟨*Veranstaltung*⟩

**drew** *see* **draw 1, 2**

**dribble** ['drɪbl] **1.** *v. i.* **a)** *(trickle)* tropfen; **b)** *(slobber)* ⟨*Baby:*⟩ sabbern; **c)** *(Sport)* dribbeln. **2.** *v. t.* **a)** ⟨*Baby:*⟩ kleckern; **b)** *(Sport)* dribbeln mit ⟨*Ball*⟩. **3.** *n. (trickle)* Tröpfeln, *das*

**driblet** ['drɪblɪt] *n.* Tropfen, *der;* **in** *or* **by ~s** in kleinen Mengen; kleckerweise *(ugs.)*

**dribs** *n. pl.* ~ **and drabs** [drɪbz n 'dræbz] kleine Mengen; **in ~ and drabs** kleckerweise *(ugs.)*

**dried** [draɪd] *adj.* getrocknet; ~ **fruit[s]** Dörr- *od.* Backobst, *das;* ~ **milk/egg/meat** Trockenmilch, *die od.* Milchpulver, *das*/Trockenei *od.* Eipulver, *das*/Trockenfleisch, *das*

**¹drier** *see* **dry 1**

**²drier** ['draɪə(r)] *n. (for hair)* Trockenhaube, *die; (hand-held)* Fön ⓦ, *der;* Haartrockner, *der; (for laundry)* [Wäsche]trockner, *der*

**driest** *see* **dry 1**

**drift** [drɪft] **1.** *n.* **a)** *(flow, steady movement)* Wanderung, *die;* **b)** *(fig.: trend, shift, tendency)* Tendenz, *die;* **c)** *(flow of air or water)* Strömung, *die;* **the North Atlantic D~:** der Nordatlantische Strom; **d)** *(Naut., Aeronaut.: deviation from course)* Abdrift, *die (fachspr.);* Abweichung vom Sollkurs; **e)** *(Motor Veh.: controlled slide)* Driften, *das;* **f)** *(wind-propelled mass) (of snow or sand)* Verwehung, *die; (of leaves)* zusammengewehter Haufen; **g)** *(fig.: gist, import)* das Wesentliche; **get** *or* **catch the ~ of sth.** etw. im wesentlichen verstehen; **I don't get your ~:** ich kann Ihnen nicht ganz folgen *od.* verstehe nicht ganz, worauf Sie hinauswollen; **h)** *(Geol.: deposits)* Geschiebe, *das;* **glacial ~:** [Glazial]geschiebe, *das.* **2.** *v. i.* **a)** *(be borne by current; fig.: move passively or aimlessly)* treiben; ⟨*Wolke:*⟩ ziehen; ~ **out to sea** aufs Meer hinaustreiben; ~ **off course** abtreiben; vom Kurs abgelenkt werden; **come ~ing along** angetrieben kommen; **the mist ~ed away** der Nebel verwehte; **the smoke ~ed to the east** der Rauch zog nach Osten ab; **his thoughts ~ed** er schweifte mit seinen Gedanken ab; **let things ~:** die Dinge treiben lassen; den Dingen ihren Lauf lassen; ~ **along** *(fig.)* sich treiben lassen; ~ **into crime** in die Kriminalität [ab]driften; ~ **into unconsciousness** in Bewußtlosigkeit versinken; **months ~ed by** die Monate vergingen; **b)** *(coll.: come or go casually)* ~ **in** hereinschneien *(ugs.);* ~ **out** abziehen *(ugs.);* ~ **in at 1 a. m.** um ein Uhr nachts eintrudeln *(ugs.);* **c)** *(form ~s)* zusammengeweht werden; **~ing sand** Treibsand, *der*

~ **a'part** *v. i.* sich *(Dat.)* fremd werden; *(in marriage)* sich auseinanderleben

**drifter** ['drɪftə(r)] *n.* **a)** *(Naut.)* Drifter, *der;* **b)** *(person)* jmd., der sich treiben läßt; *(vagrant)* Gammler, *der (ugs.);* **be a ~:** sich treiben lassen

**drift:** **~-ice** *n.* Treibeis, *das;* **~-net** *n.* Treibnetz, *das;* **~wood** *n.* Treibholz, *das*

**¹drill** [drɪl] **1.** *n.* **a)** *(tool)* Bohrer, *der; (Dent.)* Bohrinstrument, *das; (Metalw.)* Drillbohrer, *der; (Carpentry, Building)* Bohrmaschine, *die;* **b)** *(Mil.: training)* Drill, *der;* **c)** *(Educ.; also fig.)* Übung, *die;* **lifeboat ~:** Rettungsbootübung, *die;* **d)** *(Brit. coll.: agreed procedure)* Prozedur, *die;* **know the ~:** wissen, wie es gemacht wird; **what's the ~?** wie wird das gemacht? **2.** *v. t.* **a)** *(bore)* bohren ⟨*Loch, Brunnen*⟩; an-, ausbohren ⟨*Zahn*⟩; ~ **sth.** *(right through)* etw. durchbohren; **b)** *(Mil.: instruct)* drillen; **c)** *(Educ.; also fig.)* ~ **sb. in sth.,** ~ **sth. into sb.** mit jmdm. etw. systematisch einüben; jmdm. etw. eindrillen *(ugs.) od. (abwertend)* einpauken. **3.** *v.i.* **a)** *(bore)* bohren **(for** nach); ~ **deep/50 ft. into the ground** tief/15 m tief bohren; **finish ~ing** die Bohrung/Bohrungen beenden; ~ **down a long way** tief bohren; ~ **through sth.** etw. durchbohren; **b)** *(Mil.)* exerzieren

**²drill** *n. (Agric.)* **a)** *(furrow)* Saatrille, *die;* **b)** *(machine)* Drillmaschine, *die*

**³drill** *n. (Textiles)* Drillich, *der*

**drill: ~-bit** *n.* Bohrer, *der;* **~-chuck** *n.* Bohrfutter, *das*

**drilling** ['drɪlɪŋ]: ~ **platform** *n.* Bohrturmplattform, *die;* ~ **rig** *n.* Bohrturm, *der; (in offshore ~)* Bohrinsel, *die*

**drily** *see* **dryly**

**drink** [drɪŋk] **1.** *n.* **a)** *(type of liquid)* Getränk, *das; (class of liquids)* Getränke *Pl.;* **many different sorts of ~s** viele verschiedene Getränke; **b)** *(quantity of liquid)* Getränk, *das;* **have a ~:** [etwas] trinken; **would you like a ~ of milk?** möchten Sie etwas Milch [trinken]?; **take a long ~ from sth.** einen großen Schluck aus etwas nehmen; **give sb. a ~ [of fruit-juice]** jmdm. etwas [Fruchtsaft] zu trinken geben; **c)** *(glass of alcoholic liquor)* Glas, *das; (not with food)* Drink, *der;* Glas, *das;* Gläschen, *das;* **have a ~:** ein Glas trinken; **let's have a ~!** trinken wir einen!; **she likes a ~ now and then** hin und wieder trinkt sie ganz gern einen *od.* ein Glas; **I think we all need a ~!** ich glaube, wir können alle einen vertragen *(ugs.);* **he has had a few ~s** er hat einige getrunken *(ugs.);* **d)** *no pl., no art. (intoxicating liquor)* Alkohol, *der;* **[strong] ~:** scharfe *od.* hochprozentige Getränke; **in ~, the worse for ~:** betrunken; **take to ~:** zu trinken anfangen; ~ **was his ruin** der Alkohol war sein Verderben; **the ~ problem** der Alkoholismus *od.* Alkoholmißbrauch; **have a ~ problem** Probleme mit [dem] Alkohol haben; **drive sb. to ~:** jmdn. zum Trinker werden lassen; **e)** *(coll.: sea)* **the ~:** der große Bach *(Flieger-, Seemannsspr.).* **2.** *v.t.,* **drank** [dræŋk], **drunk** [drʌŋk] **a)** trinken ⟨*Kaffee, Glas Milch, Flasche Whisky*⟩; ~ **down** *or* **off [in one gulp]** [in einem *od.* auf einen Zug] austrinken; **b)** *(absorb)* ⟨*Pflanze, poröses Material:*⟩ aufsaugen; **the car ~s petrol** *(fig.)* das Auto schluckt viel Benzin; **c)** ~ **oneself to death** sich zu Tode trinken; ~ **sb. under the table** jmdn. unter den Tisch trinken. **3.** *v.i.,* **drank, drunk** trinken; ~ **from a bottle** aus einer Flasche trinken; ~ **of sth.** *(literary)* von etw. trinken; **~[ing and] driving** Alkohol am Steuer; ~ **and drive** unter Alkoholeinfluß fahren; ~ **to sb./sth.** auf jmdn./etw. trinken; **I'll ~ to that** *(coll.)* dem kann ich nur zustimmen; *see also* **fish 1a**

~ **'in** *v.t.* **a)** *(readily take in)* einsaugen ⟨*Luft; fig.: Schönheit*⟩; ⟨*Pflanze:*⟩ aufsaugen ⟨*Wasser*⟩; **b)** *(absorb eagerly)* begierig aufnehmen ⟨*Worte, Geschichten*⟩

~ **'up** *v.t. & i.* austrinken; ⟨*Pflanze:*⟩ aufsaugen

**drinkable** ['drɪŋkəbl] *adj.* **a)** *(suitable for drinking)* trinkbar ⟨*Wasser*⟩; **b)** *(pleasant to drink)* trinkbar *(ugs.)* ⟨*Wein*⟩

**drinker** ['drɪŋkə(r)] *n.* Trinker, *der*/Trinkerin, *die*

**drinkie** ['drɪŋkɪ] *n. (coll.)* was zu trinken *(ugs.);* **have ~s** trinken

**drinking** ['drɪŋkɪŋ]: **~-bout** *n.* Trinkgelage, *das;* ~ **fountain** *n.* Trinkbrunnen, *der;* **~-glass** *n.* Glas, *das;* **~-song** *n.* Trinklied, *das;* **~-'up time** *n. (Brit.) Zeit zwischen Ende des Ausschanks und der Schließung der Gaststätte (meist 10 Minuten);* **~-vessel** *see* **vessel a;** **~-water** *n.* Trinkwasser, *das*

**drip** [drɪp] **1.** *v.i.,* **-pp-: a)** tropfen; *(overflow in drops)* triefen; **be ~ping with water/moisture** triefend naß sein; **the windows were ~ping with condensation** an den Fenstern lief Kondenswasser herunter; ~ **off/down sth.** von etw. [herunter]tropfen; **b)** *(fig.)* **be ~ping with** überladen sein mit ⟨*Schmuck*⟩; überlaufen vor (+ *Dat.*) ⟨*Gefühlen*⟩; triefen von *od.* vor ⟨*Ironie, Sentimentalität usw.*⟩. **2.** *v.t.,* **-pp-** tropfen lassen. **3.** *n.* **a)** *(act)* Tropfen, *das;* **b)** *(liquid)* Tropfen, *der;* **c)** *(Med.)* Tropfinfusion, *die;* **the patient was on a ~:** der Patient hing am Tropf; **d)** *(coll.: feeble, spineless person)* Schlappschwanz, *der (salopp abwertend)*

**drip: ~-dry** *(Textiles)* **1.** [-'-] *v.i.* knitterfrei trocknen; **2.** ['--] *adj.* bügelfrei; schnelltrocknend; **~-feed** *v.t. (Med.)* durch parenterale Tropfinfusion ernähren

**dripping** ['drɪpɪŋ] **1.** *adj.* tropfend ⟨*Wasserhahn*⟩; ~ **bathing-costumes** tropfnasse Badeanzüge. **2.** *adv.* ~ **wet** tropf- *od. (ugs.)* patsch- *od. (ugs.)* klitschnaß. **3.** *n.* **a)** Tropfen, *das;* **b)** *(Cookery)* Schmalz, *das;* **bread and ~:** Schmalzbrot, *das*

**drive** [draɪv] **1.** *n.* **a)** *(trip)* Fahrt, *die;* **take sb. for a ~:** jmdn. *od.* mit jmdm. spazierenfahren; **b)** *(distance travelled)* [Auto]fahrt, *die;* **a ~ of 40 kilometres, a 40-kilometre ~:** eine [Auto]fahrt von 40 Kilometern; **a nine-hour ~, a ~ of nine hours** eine neunstündige Autofahrt; **within an hour's ~ of sth.** keine Autostunde von etw. entfernt; **be an hour's ~ from sth.** eine Autostunde von etw. entfernt sein; **have a long ~ to work** eine lange Anfahrt zur Arbeit haben; **c)** *(street)* Straße, *die;* **d)** *(private road)* Zufahrt, *die; (entrance) (to small building)* Einfahrt, *die; (to large building)* Auffahrt, *die;* **e)** *(energy to achieve)* Tatkraft, *die;* **a salesman with ~:** ein dynamischer Vertreter; **f)** *(Commerc., Polit., etc.: vigorous campaign)* Aktion, *die;* Kampagne, *die;* **export/sales/recruiting/charity ~:** Export-/Verkaufs-/Anwerbe-/Wohltätigkeitskampagne, *die;* **g)** *(Mil.: offensive)* Vorstoß, *der;* **h)** *(Psych.)* Trieb, *der;* **i)** *(Motor Veh.: position of steering-wheel)* **left-hand/right-hand ~:** Links-/Rechtssteuerung *od.* -lenkung, *die;* **be left-hand ~:** Linkssteuerung haben; ein Linkslenker sein *(Kfz-W.);* **j)** *(Motor Veh., Mech. Engin.: transmission of power)* Antrieb, *der;* **belt/front-wheel/rear-wheel ~:** Riemen-/Front-/Heckantrieb, *der;* **fluid ~:** hydraulische Kupplung; **k)** *(Cards etc.)* **whist/bridge ~:** Whist-/Bridge-Runde mit vielen Teilnehmern; **l)** *(Sport)* Drive, *der (fachspr.);* Treibschlag, *der.* **2.** *v.t.,* **drove** [drəʊv], **driven** ['drɪvn] **a)** fahren ⟨*Auto, Lkw, Route, Strecke, Fahrgast*⟩; lenken ⟨*Kutsche, Streitwagen*⟩; treiben ⟨*Tier*⟩; führen ⟨*Pflug*⟩; **this is a nice car to ~/this car is easy to ~:** dieses Auto fährt sich gut/leicht; **~ a carriage** *or* **coach and four through** *(fig.)* zerfetzen *(fig.);* zunichte machen ⟨*Argumentation*⟩; **b)** *(as job)* ~ **a lorry/train** Lkw-Fahrer/Lokomotivführer sein; **c)** *(compel to move)* vertreiben; ~ **sb. out of** *or* **from a place/country** jmdn. von einem Ort/aus einem Land vertreiben; ~ **sb. out of** *or* **from the house** jmdn. aus dem Haus jagen; **d)** *(chase, urge on)* treiben ⟨*Vieh, Wild*⟩; **e)** *(fig.)* ~ **sb. to sth.** jmdn. zu etw. treiben; ~ **sb. to do sth.** *or* **into doing sth.** jmdn. dazu treiben, etw. zu tun; ~ **sb. to suicide** jmdn. zum *od.* in den Selbstmord treiben; ~ **sb. out of his mind** *or* **wits** jmdn. in den Wahnsinn treiben *od.* um den Verstand bringen; **f)** ⟨*Wind, Wasser:*⟩ treiben; **be ~n off course** abgetrieben werden; **g)** *(cause to penetrate)* ~ **sth. into sth.** etw. in etw. *(Akk.)* treiben; ~ **sth. into sb.'s head** *(fig.)* jmdm. etw. einbleuen *od.* einhämmern *(ugs.);* **h)** *(power)* antreiben ⟨*Mühle, Maschine*⟩; **be steam-~n** *or* **~n by steam** dampfgetrieben sein; **be ~n by electricity** [einen] Elektroantrieb haben; **i)** *(incite to action)* antreiben; **he was hard ~n** er wurde hart herangenommen; **be ~n by ambition** von Ehrgeiz getrieben werden; **j)** *(overwork)* ~ **oneself [too] hard** sich [zu sehr] schinden; **k)** *(transact)* ~ **a good bargain** ein gutes Geschäft machen; *see also* **hard 1 a. 3.** *v.i.,* **drove, driven a)** *(conduct motor vehicle)* fahren; **in Great Britain we ~ on the left** bei uns in Großbritannien ist Linksverkehr; **he ~s to see her every weekend** er besucht sie jedes Wochenende mit dem Auto; ~ **at 30 m.p.h.** mit 50 km/h fahren; **learn to ~:** [Auto]fahren lernen; den Führerschein machen *(ugs.);* **can you ~?** kannst du Auto fahren?; ~ **past** vorbeifahren; ~ **into a bollard/the back of a lorry** gegen einen Poller fahren/auf einen Lastwagen fahren; **b)** *(travel)* mit dem [eigenen] Auto fahren; **c)** *(rush, dash violently)* ⟨*Hagelkörner, Wellen:*⟩ schlagen; **clouds were driving across the sky** Wolken jagten über den Himmel

~ **at** *v.t.* hinauswollen auf (+ *Akk.*); **what are you driving at?** worauf wollen Sie hinaus?

~ **a'way 1.** *v.i.* wegfahren. **2.** *v.t.* **a)** wegfahren, wegbringen ⟨*Ladung, Fahrzeug*⟩; *(chase away)* wegjagen; **b)** *(fig.)* zerstreuen ⟨*Bedenken, Befürchtungen, Verdacht*⟩

~ **'back** *v.t. (force to retreat)* zurückschlagen ⟨*Eindringlinge*⟩; **be ~n back on doing sth.** *(fig.)* keine andere Wahl haben, als etw. zu tun

~ **'off 1.** *v.i.* **a)** wegfahren; **b)** *(Golf)* abschlagen. **2.** *v.t.* *(repel)* zurückschlagen ⟨*Angreifer*⟩

~ **'on 1.** *v.i.* weiterfahren. **2.** *v.t.* *(impel)* treiben **(to** zu)

~ **'out** *v.t.* **a)** hinauswerfen ⟨*Person*⟩; hinausjagen ⟨*Hund*⟩; hinausblasen ⟨*Luft*⟩; **b)** *(fig.)* vertreiben ⟨*Sorgen*⟩; austreiben ⟨*bösen Geist*⟩

~ **'up 1.** *v.i.* vorfahren **(to** vor + *Dat.*); **she drove up to the starting line** sie fuhr an die Startlinie heran. **2.** *v.t.* hochtreiben ⟨*Kosten*⟩

**drive: ~-belt** *n. (Mech. Engin.)* Treibriemen, *der;* **~-in** *adj.* Drive-in-; **~-in bank** Bank mit Autoschalter; **~-in cinema** *or (Amer.)* **movie [theater]** Autokino, *das*

**drivel** ['drɪvl] **1.** *n.* Gefasel, *das (ugs. abwertend);* **talk ~:** faseln *(ugs. abwertend).* **2.** *v.i., (Brit.)* **-ll-: a)** *(talk stupidly)* faseln *(ugs. abwertend);* **b)** *(slaver)* geifern

**driven** *see* **drive 2, 3**

**'drive-on** *adj.* ~ **car ferry** Autofährschiff, *das*

**driver** ['draɪvə(r)] *n.* **a)** Fahrer, *der*/Fahrerin, *die;* Führer, *der (Amtsspr.); (of locomotive)* Führer, *der*/Führerin, *die; (of horse-drawn carriage)* Kutscher, *der*/Kutscherin, *die;* **be in the ~'s seat** *(fig.)* das Steuer *od.* die Zügel in der Hand haben *(fig.);* **b)** *(Golf)* Driver, *der (fachspr.);* Holz 1, *das*

**driverless** ['draɪvəlɪs] *adj.* führerlos

**'driver's license** *(Amer.) see* **driving-licence**

**drive: ~-shaft** *n.* Antriebswelle, *die;* **~way** *n. see* **drive 1d**

**driving** ['draɪvɪŋ] **1.** *n., no pl.* Fahren, *das;* **his ~ is awful** er fährt furchtbar. **2.** *adj.* **a)** ~ **rain** peitschender Regen; **b)** *(fig.)* treibend; ~ **ambition** brennender Ehrgeiz

**driving: ~-gloves** *n. pl.* Autohandschuhe; **~-instructor** *n.* Fahrlehrer, *der*/-lehrerin, *die;* **~-lesson** *n.* Fahrstunde, *die;* **[take] ~-lessons** Fahrunterricht [nehmen]; **~-licence** *n.* Führerschein, *der;* **~-mirror** *n.* Rückspiegel, *der;* **~-range** *n. (Golf)* Drivingrange, *das;* **~-school** *n.* Fahrschule, *die;* **~-seat** *n.* **a)** Fahrersitz, *der;* **b) be in the ~-seat = be in the driver's seat** *see* **driver a;** **~-test** *n.* Fahrprüfung, *die;* **take/pass/fail one's ~-test** die Fahrprüfung ablegen/bestehen/nicht bestehen; **~-wheel** *n.* Treibrad, *das*

**drizzle** ['drɪzl] **1.** *n.* Sprühregen, *der;* Nieseln, *das;* **there was light ~:** es hat leicht genieselt. **2.** *v. i.* **it's drizzling** es nieselt; **drizzling rain** Nieselregen, *der*

**droll** [drəʊl] *adj.* **a)** *(amusing)* drollig; **b)** *(odd)* komisch

**dromedary** ['drɒmɪdərɪ, 'drʌmɪdərɪ] *n.* *(Zool.)* Dromedar, *das*

**drone** [drəʊn] **1.** *n.* **a)** *(of bees, flies)* Summen, *das; (of machine)* Brummen, *das;* **b)** *(derog.: monotonous tone of speech)* Geleier, *das;* **c)** *(Zool.: bee; Aeronaut.)* Drohne, *die; (fig.: idler)* Müßiggänger, *der;* **d)** *(of bagpipe)* Bordunpfeife, *die.* **2.** *v.i.* **a)** *(buzz, hum)* ⟨*Biene:*⟩ summen; ⟨*Maschine:*⟩ brummen; **b)** *(derog.: monotonously)* ⟨*Rezitator:*⟩ leiern; ⟨*Rede, Predigt:*⟩ in einförmigem Tonfall vorgetragen werden. **3.** *v. t.* leiern

**drool** [dru:l] *v. i.* **a)** *(show excessive delight)* **~ over sb./sth.** über jmdn./etw. in Verzückung geraten; **b)** *(slaver)* geifern

**droop** [dru:p] **1.** *v. i.* **a)** herunterhängen; ⟨*Blume:*⟩ den Kopf hängen lassen; ⟨*Stiel:*⟩ sich beugen, sich biegen; **his shoulders ~:** seine Schultern hängen; **her head ~ed forwards** ihr Kopf sank nach vorn; **his eyelids were ~ing** ihm fielen die Augen zu; **the dog's tail ~ed** der Hund ließ den Schwanz hängen; **b)** *(fig.: flag)* ⟨*Mut, Moral:*⟩ sinken; ⟨*Mensch:*⟩ ermatten. **2.** *v. t.* [herunter]hängen lassen

**drop** [drɒp] **1.** *n.* **a)** *(of liquid)* Tropfen, *der;* **~s of rain/dew/blood/sweat** Regen-/Tau-/Bluts-/Schweißtropfen; **~ by ~, in ~s** tropfenweise; **be a ~ in the ocean** *or* **in the** *or* **a bucket** *(fig.)* ein Tropfen auf einen heißen Stein sein; **b)** *(fig.: small amount)* **[just] a ~:** [nur] ein kleiner Tropfen; **a ~ too much** *(of flavouring etc.)* eine Idee zuviel; **c)** *(fig. coll.: of alcohol)* Gläschen, *das;* **have had a ~ too much** ein Glas über den Durst getrunken haben *(ugs.);* **take a ~:** sich *(Dat.)* einen genehmigen *(ugs.);* **that's a nice ~ of beer/wine** das ist ein feines Bierchen/Weinchen *(ugs.);* **d)** *in pl. (Med.)* Tropfen *Pl.;* **e)** *(sweet)* Drops, *der;* **f)** *(vertical distance)* **there was a ~ of 50 metres from the roof to the ground below** vom Dach bis zum Boden waren es 50 Meter; **g)** *(abrupt descent of land)* plötzlicher Abfall; Absturz, *der;* **there was a sheer** *or* **steep ~ of some 500 ft.** das Gelände fiel etwa 150 m steil ab; **h)** *(Aeronaut.) (of men)* Absetzen, *das; (of supplies)* Abwurf, *der;* **i)** *(fig.: decrease)* Rückgang, *der;* **~ in temperature/prices/outgoings** Temperatur- / Preis- / Ausgabenrückgang, *der;* **a ~ in the price of coffee/in house prices** ein Preisrückgang bei Kaffee/bei Häusern; **a ~ in the cost of living** ein Sinken der Lebenshaltungskosten; **a ~ in salary/wages/income** eine Gehalts-/Lohn-/Einkommensminderung; **a ~ in value** eine Wertminderung; ein Wertverlust; **a ~ in atmospheric pressure/the voltage/power output** *(Phys.)* ein Druck-/Spannungs-/Leistungsabfall; **a ~ in crime** ein Rückgang der Kriminalität; **a ~ in turnover/sales/production** ein Umsatz-/Absatz-/Produktionsrückgang; **j)** *(coll.: advantage)* **get** *or* **have the ~ on sb.** jmdm. zuvorkommen; **k)** *(pendant, hanging ornament)* Gehänge, *das; (of ear-ring)* Ohrgehänge, *das;* **l)** *(underworld sl.: hiding-place)* Versteck, *das. See also* **hat b. 2.** *v. i.,* **-pp- a)** *(fall) (accidentally)* [herunter]fallen; *(deliberately)* sich [hinunter]fallen lassen; *(have abrupt descent)* abstürzen **(to** zu); **~ out of** *or* **from sb.'s hand** jmdm. aus der Hand fallen; **let sth. ~:** etw. fallen lassen; **b)** *(sink to ground)* ⟨*Mensch:*⟩ fallen; **~ to the ground** umfallen; zu Boden fallen; **~ like flies** wie die Fliegen umfallen; **~ [down] dead** tot umfallen; **~ dead!** *(sl.)* scher dich zum Teufel!; **~ into bed/an armchair** ins Bett/in einen Sessel sinken; **be fit** *or* **ready to ~** *(coll.)* zum Umfallen *od.* Umsinken müde sein; **~ on** *or* **to one's knees** auf die Knie fallen; **c)** *(in amount etc.)* sinken; ⟨*[An]zahl:*⟩ abnehmen, sinken; ⟨*Preis, Wert, Verkaufsziffern:*⟩ sinken, fallen; ⟨*Wind:*⟩ abflauen, sich legen; ⟨*Stimme:*⟩ sich senken; ⟨*Kinnlade:*⟩ herunterfallen *od.* -klappen; **the record has ~ped a place/to third place** die Schallplatte ist um einen Platz/auf Platz drei gefallen; **d)** *(move, go)* **~ down stream** [sich] stromabwärts treiben [lassen]; **~ back** *(Sport)* zurückfallen; **~ behind in one's work** mit seiner Arbeit in Rückstand geraten; **~ behind schedule** hinter dem Zeitplan zurückbleiben; **~ astern** *(Naut.)* achteraus sacken; **e)** *(fall in drops)* ⟨*Flüssigkeit:*⟩ tropfen **(from** aus); **f)** *(pass into some condition)* **~ [back] into one's old routine** in den alten Trott verfallen *od.* zurückfallen; **~ into the habit** *or* **way of doing sth.** die Gewohnheit annehmen *od.* sich *(Dat.)* angewöhnen, etw. zu tun; **~ into a dialect** in einen Dialekt fallen; **g)** *(cease)* **the affair was allowed to ~:** man ließ die Angelegenheit auf sich *(Dat.)* beruhen; **and there the matter ~ped** und dabei blieb es; **h) let ~:** beiläufig erwähnen ⟨*Termin, Tatsache, Absicht*⟩; fallenlassen ⟨*Bemerkung*⟩; **let [it] ~ that/when ...:** beiläufig erwähnen, daß/wann ... *See also* **pin 1 a. 3.** *v. t.,* **-pp-: a)** *(let fall)* fallen lassen; abwerfen ⟨*Bomben, Flugblätter, Nachschub*⟩; absetzen ⟨*Fallschirmjäger, Truppen*⟩; **~ a letter in the letter-box** einen Brief einwerfen *od.* in den Briefkasten stecken; **~ the curtain** *(Theatre)* den Vorhang herablassen; **~ the latch on the door** den Türriegel vorlegen; **b)** *(by mistake)* fallen lassen; **she ~ped crumbs on the floor/juice on the table** ihr fielen Krümel auf den Boden/tropfte Saft auf den Tisch; **he ~ped the glass/ball** ihm fiel das Glas/der Ball herunter; **c)** *(let fall in ~s)* tropfen; **d)** *(utter casually)* fallenlassen ⟨*Namen*⟩; **~ a hint** eine Anspielung machen; **~ a word in sb.'s ear [about sth.]** einmal mit jmdm. [über etw.] sprechen; **e)** *(send casually)* **~ sb. a note** *or* **line** jmdm. [ein paar Zeilen] schreiben; **~ sb. a postcard** jmdm. eine Karte schreiben; **f)** *(set down, unload from car)* absetzen ⟨*Mitfahrer, Fahrgast*⟩; *(from ship)* an Land gehen lassen; *(from aircraft)* von Bord gehen lassen; **g)** *(omit) (in writing)* auslassen; *(in speech)* nicht aussprechen; **~ one's h's** das h [im Anlaut] nicht aussprechen; **~ a subject from the syllabus/a name from a list** ein Fach aus dem Lehrplan/einen Namen von einer Liste streichen; **h)** *(discontinue, abandon)* fallenlassen ⟨*Plan, Thema, Schlagzeile, Anklage*⟩; einstellen ⟨*Untersuchung, Ermittlungen*⟩; ablegen ⟨*Titel*⟩; absetzen ⟨*Fernsehsendung*⟩; beiseite lassen ⟨*Formalitäten*⟩; aufgeben, Schluß machen mit ⟨*Verstellung, Heuchelei*⟩; **~ it!** laß das!; **~ everything!, ~ whatever you're doing!** laß alles stehen und liegen!; **shall we ~ the subject?** lassen Sie uns [lieber] das Thema wechseln; **~ a case** *(Law)* einen Fall zu den Akten legen; **i)** *(stop associating with)* fallenlassen ⟨*Freund, Freundin*⟩; *(exclude)* **~ sb. from a team** jmdn. aus einer Mannschaft nehmen; **~ sb. from a committee** jmdn. aus einem Ausschuß entlassen; **j) ~ one's voice** die Stimme senken; **k)** *(lower)* tiefer hängen ⟨*Lampe*⟩; auslassen ⟨*Rocksaum*⟩; **~ped handlebars** Rennlenker, *der;* **l)** *(knock down, fell)* zu Boden strecken; **m)** *(lose by gambling or in business)* verlieren. *See also* **brick 1 a; clanger; curtsy 1**

**~ a'way** *v. i.* ⟨*Mitgliedschaft, Einnahmen:*⟩ sinken; ⟨*Gelände:*⟩ abfallen

**~ by 1.** [-'-] *v. i.* vorbeikommen. **2.** ['--] *v. t.* **~ by sb.'s house** bei jmdm. vorbeigehen *od.* hereinschauen

**~ 'in 1.** *v. t. (deliver)* vorbeibringen. **2.** *v. i.* **a)** hineinfallen; **b)** *(visit)* hereinschauen; vorbeikommen; **~ in on sb.** *or* **at sb.'s house** bei jmdm. hereinschauen; **~ in for a pint** auf ein Bier vorbeikommen

**~ 'off 1.** *v. i.* **a)** *(fall off)* abfallen; *(become detached)* abgehen; **b)** *(fall asleep)* einnicken; **c)** *(decrease)* ⟨*Teilnahme, Geschäft:*⟩ zurückgehen; ⟨*Unterstützung, Interesse:*⟩ nachlassen; ⟨*Absatz:*⟩ rückläufig sein. **2.** *v. t.* **a)** *(fall off)* abfallen von; **~ off a truck** von einem Lkw herunterfallen; **b)** *(set down)* absetzen ⟨*Fahrgast*⟩; **the ship ~ped off the cargo** das Schiff hat seine Ladung gelöscht; **~ a package/the shopping off at sb.'s house** ein Paket/die Einkäufe bei jmdm. vorbeibringen

**~ 'out** *v. i.* **a)** *(fall out)* herausfallen **(of** aus); **your teeth will ~ out** Ihnen werden die Zähne ausfallen; **b)** *(withdraw beforehand)* seine Teilnahme absagen; *(withdraw while in progress)* aussteigen *(ugs.)* **(of** aus); *(abandon sth.)* ausscheiden **(of** aus); *(disappear from one's place in a series or group)* ausfallen; **~ out of the bidding** aussteigen *(ugs.);* nicht mehr mitbieten; **c)** *(cease to take part)* aussteigen *(ugs.)* **(of** aus); ⟨*Student:*⟩ das Studium abbrechen *od.* aufgeben; **~ out of university/the course** das Studium abbrechen *od.* aufgeben; **~ out [of society]** aussteigen *(ugs.);* **d)** *(be omitted)* aus-, weggelassen werden **(of** aus). *See also* **drop-out**

**~ 'round** *v. i.* vorbeikommen

**drop: ~-forging** *n. (Metalw.)* Gesenkschmieden, *das;* **~-head** *n. (Brit. Motor Veh.)* Klappverdeck, *das; (vehicle)* Kabriolett, *das;* **~-kick** *n. (Football)* Dropkick, *der; (Rugby)* Sprungtritt, *der;* **~-leaf table** *n.* Klapptisch, *der*

**droplet** ['drɒplɪt] *n.* Tröpfchen, *das*

**'drop-out** *n. (coll.)* **a)** *(act of withdrawing)* Aussteigen, *das (ugs.); (from expedition or trip)* Ausfall, *der;* Rücktritt, *der;* **the ~ rate** die Aussteigerquote; *(among students or trainees)* die Zahl der Abbrecher; **b)** *(person) (from college etc.)* Abbrecher, *der*/Abbrecherin, *die; (from society)* Aussteiger, *der*/Aussteigerin, *die (ugs.)*

**dropper** ['drɒpə(r)] *n. (esp. Med.)* Tropfer, *der;* Guttiole, *die (fachspr.)*

**droppings** ['drɒpɪŋz] *n. pl.* Mist, *der; (of horse)* Pferdeäpfel *Pl.; (of cattle)* Kuhfladen *Pl.*

**'drop-shot** *n. (Tennis etc.)* Stoppball, *der*

**dropsy** ['drɒpsɪ] *n.* Wassersucht, *die*

**dross** [drɒs] *n.* **a)** Abfall, *der;* **b)** *(Metallurgy)* Gekrätz, *das;* **c)** *(fig.)* Tand, *der (geh. veralt.);* **human ~** *(derog.)* Abschaum, *der (abwertend)*

**drought** [draʊt] *(Amer., Scot., Ir./poet.:* **drouth** [draʊθ]) *n.* **a)** Dürre, *die;* **a period of ~:** eine Dürreperiode; **b)** *(fig.: shortage)* Mangel, *der* **(of an** + *Dat.)*

**¹drove** *see* **drive 2, 3**

**²drove** [drəʊv] *n.* **a)** *(herd)* Herde, *die;* **b)** *usu. in pl. (fig.: of people)* Schar, *die;* **in ~s** scharenweise; in Scharen

**drover** ['drəʊvə(r)] *n.* Viehtreiber, *der*

**drown** [draʊn] **1.** *v. i.* ertrinken. **2.** *v. t.* **a)** ertränken; **be ~ed** ertrinken; **b)** *(fig.)* **~ one's sorrows [in liquor]** seine Sorgen [im Alkohol] ertränken; **c)** *(submerge, flood)* überfluten; überschwemmen; verwässern ⟨*Whisky, Brandy*⟩; **~ed valley** *(Geog.)* überflutetes Tal; Ria[s]tal, *das;* **d)** *(make inaudible)* übertönen ⟨*Geräusch, Musik*⟩. *See also* **rat 1 a**

**~ 'out** *v. t. (make inaudible)* übertönen; niederschreien ⟨*Redner*⟩

**drowse** [draʊz] *v. i.* [vor sich hin]dösen; **~ off** eindösen; einnicken

**drowsily** ['draʊzɪlɪ] *adv. (while falling asleep)* schläfrig; *(on just waking)* verschlafen

**drowsiness** ['draʊzɪnɪs] *n., no pl.* Schläfrigkeit, *die;* **cause ~:** müde *od.* schläfrig machen

**drowsy** ['draʊzɪ] *adj.* **a)** *(half asleep)* schläf-

rig; *(on just waking)* verschlafen; **feel ~:** sich schläfrig fühlen; **b)** *(soporific)* einschläfernd
**drub** [drʌb] *v.t.*, **-bb-** *(thrash)* verprügeln; verdreschen *(ugs.); (beat in fight)* schlagen
**drubbing** ['drʌbɪŋ] *n.* **a)** *(thrashing)* Tracht Prügel, *die;* **b)** *(fig.)* Niederlage, *die*
**drudge** [drʌdʒ] **1.** *n.* Schwerarbeiter, *der (fig.);* Kuli, *der (ugs. abwertend).* **2.** *v.i.* schuften; sich abplacken
**drudgery** ['drʌdʒərɪ] *n.* Schufterei, *die;* Plackerei, *die*
**drug** [drʌg] **1.** *n.* **a)** *(Med., Pharm.)* Medikament, *das;* [Arznei]mittel, *das; (as ingredient)* Mittel, *das;* **this patient is on ~s** dieser Patient muß Medikamente nehmen; **b)** *(narcotic, opiate, etc.)* Droge, *die;* Rauschgift, *das;* **take ~s** Drogen *od.* Rauschgift nehmen; **be on ~s** [regelmäßig] Drogen *od.* Rauschgift nehmen; **c)** *(Commerc. fig.)* **a ~ on the market** unverkäufliche Ware; ein Ladenhüter *(ugs.).* **2.** *v.t.*, **-gg- a)** *(administer ~ to)* **he was ~ged and kidnapped** er wurde betäubt und entführt; **b)** *(add ~ to)* **~ sb.'s food/drink** jmds. Essen/Getränk *(Dat.)* ein Betäubungsmittel beimischen
**drug: ~ addict** *n.* Drogen- *od.* Rauschgiftsüchtige, *der/die;* **~ addiction** *n.;* Drogen- *od.* Rauschgiftsucht, *die*
**druggist** ['drʌgɪst] *n.* Drogist, *der*/Drogistin, *die*
**drug: ~-peddler** *n.* Dealer, *der (Drogenszene);* Drogen- *od.* Rauschgifthändler, *der;* **~-pusher** Pusher, *der (Drogenszene);* Drogen- *od.* Rauschgifthändler, *der;* **~store** *n. (Amer.)* Drugstore, *der;* **~-taking** *n., no pl.* Drogeneinnahme, *die*
**Druid** ['dru:ɪd] *n.* Druide, *der*
**drum** [drʌm] **1.** *n.* **a)** Trommel, *die;* **b)** *in pl. (in jazz or pop)* Schlagzeug, *das; (section of band etc.)* Trommeln *Pl.;* **c)** *(sound)* Trommeln, *das;* **d)** *(Anat.) see* **ear-drum; e)** *(container for oil etc.)* Faß, *das;* **~ of paint** Farbenhobbock, *der.* **2.** *v.i.*, **-mm-** trommeln. **3.** *v.t.*, **-mm-: ~ one's fingers on the desk** mit den Fingern auf den Tisch trommeln
**~ into** *v.t.* **~ sth. into sb.** jmdm. etw. einhämmern *(ugs.) od.* einbleuen *(ugs.)*
**~ 'out** *v.t. (Mil.)* **~ sb. out** jmdn. austrommeln *(veralt.); (fig.)* jmdn. [mit Schimpf und Schande] ausstoßen; **he was ~med out of town** er wurde aus der Stadt gejagt
**~ 'up** *v.t. (Mil.)* zusammentrommeln; *(fig.)* auftreiben ⟨*Kunden, Unterstützung*⟩; erwecken ⟨*Enthusiasmus*⟩; zusammentrommeln *(ugs.)* ⟨*Helfer, Anhänger*⟩; anbahnen ⟨*Geschäfte*⟩
**drum: ~-beat** *n.* Trommelschlag, *der;* **~ brake** *n.* Trommelbremse, *die;* **~fire** *n. (Mil.; also fig.)* Trommelfeuer, *das;* **~head** *n.* **a)** *(Mus.)* [Trommel]fell, *das;* **b)** *attrib.* **~head court martial** Standgericht, *das*
**drumlin** ['drʌmlɪn] *n. (Geol.)* Drumlin, *der*
**drum: ~ 'major** *n. (Mil.)* Tambourmajor, *der;* **~ majo'rette** *n.* Tambourmajorette, *die*
**drummer** ['drʌmə(r)] *n.* **a)** Schlagzeuger, *der;* **b)** *(Amer.: representative)* Vertreter, *der*/Vertreterin, *die*
**'drumstick** *n.* **a)** *(Mus.)* Trommelschlegel, *der;* **b)** *(of fowl)* Keule, *die;* Schlegel, *der (südd., österr., schweiz.)*
**drunk** [drʌŋk] **1.** *adj.* **be ~:** betrunken sein; **be half ~:** angetrunken sein; **get ~ [on gin]** [von Gin] betrunken werden; *(intentionally)* sich [mit Gin] betrinken; **get sb. ~:** jmdn. betrunken machen; **be ~ as a lord** *(coll.)* voll wie eine Haubitze sein *(ugs.);* **~ in charge [of a vehicle]** betrunken am Steuer. **2.** *n.* Betrunkene, *der/die*
**drunkard** ['drʌŋkəd] *n.* Trinker, *der*/Trinkerin, *die;* Säufer, *der*/Säuferin, *die (derb abwertend)*
**drunken** ['drʌŋkn] *attrib. adj.* **a)** betrunken; besoffen *(derb); (habitually drunk)* versoffen *(derb);* **b) a ~ brawl** *or* **fight** eine Schlägerei zwischen Betrunkenen; **in a ~ stupor** im Vollrausch; **~ driving** Trunkenheit am Steuer
**drunkenness** ['drʌŋknnɪs] *n., no pl.* **a)** *(temporary)* Betrunkenheit, *die;* **b)** *(habitual)* Trunksucht, *die*
**drupe** [dru:p] *n. (Bot.)* Steinfrucht, *die*
**Druze** [dru:z] *n.* Druse, *der*/Drusin, *die*
**dry** [draɪ] **1.** *adj.*, **drier** ['draɪə(r)], **driest** ['draɪɪst] **a)** trocken; trocken, *(very ~)* herb ⟨*Wein*⟩; ausgetrocknet ⟨*Fluß, Flußbett*⟩; **get** *or* **become ~:** trocken werden; trocknen; **~ bread** trocken[es] Brot; **go ~:** austrocknen; **my throat is** *or* **feels ~:** meine Kehle ist wie ausgetrocknet; **~ work** Arbeit, die durstig macht; **as ~ as a bone** völlig trocken; **there wasn't a ~ eye in the house** da blieb kein Auge trocken; **store sth. in a ~ place** etw. trocken lagern; **b)** *(not using liquid)* Trocken-; **~ shave/shampoo** Trockenrasur, *die*/-shampoo, *das;* **c)** *(not rainy)* trocken ⟨*Wetter, Klima*⟩; **d)** *(coll.: thirsty)* durstig; **I'm a bit ~:** ich habe eine trockene Kehle; **e) go ~:** ⟨*Flüssigkeit:*⟩ verdunsten; ⟨*Suppe usw.:*⟩ verkochen; **f)** *(not yielding)* ausgetrocknet, versiegt ⟨*Brunnen*⟩; **g)** *(teetotal)* **go ~:** das Alkoholverbot *od.* die Prohibition einführen; **h)** *(fig.)* trocken ⟨*Humor*⟩; *(impassive, cold)* kühl ⟨*Art, Bemerkung usw.*⟩; **i)** *(fig.: meagre, bare)* nüchtern ⟨*Fakten, Dankesworte*⟩; nackt ⟨*Tatsachen*⟩; *(dull)* trocken ⟨*Stoff, Bericht, Vorlesung*⟩; **be as ~ as dust** sterbenslangweilig *od. (ugs.)* stinklangweilig sein. **2.** *n. (coll.)* **a) give it a good ~:** trockne es gut ab; **b)** *(place)* **in the ~:** im Trock[e]nen. **3.** *v.t.* **a)** trocknen ⟨*Haare, Wäsche*⟩; abtrocknen ⟨*Geschirr, Baby*⟩; **~ oneself** sich abtrocknen; **~ one's eyes** *or* **tears/hands** sich *(Dat.)* die Tränen abwischen/die Hände abtrocknen; **b)** *(preserve)* trocknen ⟨*Kräuter, Holz, Blumen*⟩; dörren ⟨*Obst, Fleisch*⟩. **4.** *v.i.* trocknen; trocken werden; **~ hard on sth.** ⟨*Schlamm:*⟩ an etw. *(Dat.)* an- *od.* festtrocknen
**~ 'out 1.** *v.t.* **a)** trocknen; **b)** einer Entziehungskur unterziehen ⟨*Alkoholiker, Drogenabhängigen*⟩; trockenlegen *(ugs.)* ⟨*Alkoholiker*⟩; ausnüchtern ⟨*Betrunkenen*⟩. **2.** *v.i.* **a)** trocknen; **b)** ⟨*Alkoholiker, Drogenabhängiger:*⟩ eine Entziehung[skur] machen; ⟨*Alkoholiker:*⟩ trocken werden *(ugs.);* ⟨*Betrunkener:*⟩ ausnüchtern
**~ 'up 1.** *v.t.* **a)** abtrocknen ⟨*Geschirr*⟩; **b)** austrocknen ⟨*Fluß, Teich*⟩; versiegen lassen ⟨*Brunnen*⟩. **2.** *v.i.* **a)** *(~ the dishes)* abtrocknen; *see also* **drying-up; b)** ⟨*Brunnen, Quelle:*⟩ versiegen; ⟨*Fluß, Teich:*⟩ austrocknen; **a dried-up person** ein vertrockneter Typ; **c)** *(fig.)* ⟨*Initiative, Ideen, Erfindergeist:*⟩ versiegen; ⟨*Renten, Ersparnisse:*⟩ schrumpfen; **d)** *(be unable to continue)* steckenbleiben; **e)** *(coll.: stop talking)* **~ up!** halt die Klappe! *(ugs.);* hör auf zu sülzen! *(salopp)*
**dryad** ['draɪæd] *n. (Mythol.)* Dryade, *die*
**dry: ~ 'battery** *n. (Electr.)* Trockenbatterie, *die;* **~ 'cell** *n. (Electr.)* Trockenelement, *das;* **~-'clean** *v.t.* chemisch reinigen; **have sth. ~-cleaned** etw. in die Reinigung geben; **'~-clean only'** „chemisch reinigen"; **~-'cleaners** *n. pl.* chemische Reinigung; **~-'cleaning** *n.* chemische Reinigung; **~ 'dock** *n.* Trockendock, *das*
**dryer** *see* **[2]drier**
**dry: ~-eyed** *adj.* ohne Rührung; **~ goods** *n. pl. (Commerc.)* Textilwaren *Pl.;* Kurzwaren *Pl.;* **~ 'ice** *n.* Trockeneis, *das*
**drying** ['draɪɪŋ]: **~-cupboard** *n.* Wäschetrockenschrank, *der;* **~-'up** *n.* Abtrocknen, *das;* **do the ~-up** abtrocknen
**dry 'land** *n.* Festland, *das;* **be back on ~** wieder festen Boden unter den Füßen haben
**dryly** ['draɪlɪ] *adv. (fig.)* **a)** *(coldly)* kühl; **b)** *(with dry humour)* trocken; **sb. is ~ humorous** jmd. hat einen trockenen Humor
**'dry measure** *n.* Trocken[hohl]maß, *das*
**dryness** ['draɪnɪs] *n., no pl.* **a)** Trockenheit, *die;* **b)** *(fig.: coldness)* Kühle, *die;* **c)** *(fig.: of humour)* Trockenheit, *die;* **d)** *(fig.: dullness)* Trockenheit, *die;* Langweiligkeit, *die*
**dry: ~ 'rot** *n.* **a)** Trockenfäule, *die;* **b)** *(fungi)* Polyparus, *der (fachspr.);* Hausschwamm, *der;* Holzschwamm, *der;* **~ 'run** *n. (coll.)* Probelauf, *der;* **~stone** *adj.* **~stone wall** Trockensteinmauer, *die*
**D. Sc.** [di:es'si:] *abbr.* **Doctor of Science** Dr. rer. nat.; *see also* **B. Sc.**
**DSS** *abbr. (Brit.)* **Department of Social Security** Amt für Sozialwesen
**DTs** [di: 'ti:z] *n. pl. (coll.)* Delirium, *das;* **have the ~:** [vom Trinken] das Zittern haben *(ugs.)*
**dual** [dju:əl] *adj.* **a)** doppelt; Doppel-; **~ status/role/function** Doppelstatus, *der*/-rolle, *die*/-funktion, *die;* **b)** *(Psych.)* **~ personality** gespaltene Persönlichkeit
**dual: ~ 'carriageway** *n. (Brit.)* zweispurige Straße; **~ con'trol** *n. (Aeronaut.)* Doppelsteuerung, *die; (Motor Veh.)* doppelte Bedienungselemente
**dualism** ['dju:əlɪzm] *n. (Philos., Theol.)* Dualismus, *der*
**duality** [dju:'ælɪtɪ] *n.* Dualität, *die*
**dual-'purpose** *adj.* zweifach verwendbar
**[1]dub** [dʌb] *v.t.*, **-bb-** *(Cinemat.)* synchronisieren
**[2]dub** *v.t.*, **-bb-: a) ~ sb. [a] knight** jmdn. zum Ritter schlagen; **b)** *(call, nickname)* titulieren
**[3]dub** *n. (sl.: novice)* Flasche, *die (ugs.)*
**dubbin** ['dʌbɪn] *n.* Lederfett, *das*
**dubious** ['dju:bɪəs] *adj.* **a)** *(doubting)* unschlüssig; **feel ~ of sb.'s honesty** an jmds. Ehrlichkeit *(Dat.)* zweifeln; **I'm ~ about accepting the invitation** ich weiß nicht recht, ob ich die Einladung annehmen soll; **b)** *(suspicious)* dubios; zweifelhaft; **c)** *(questionable)* zweifelhaft; fragwürdig; **d)** *(of doubtful result)* ungewiß; **e)** *(unreliable)* zweifelhaft
**dubiously** ['dju:bɪəslɪ] *adv.* **a)** *(doubtingly)* unschlüssig; **b)** *(suspiciously)* dubios
**ducal** ['dju:kl] *adj.* herzoglich; Herzogs⟨*titel, -krone*⟩
**duchess** ['dʌtʃɪs] *n.* Herzogin, *die*
**duchy** ['dʌtʃɪ] *n.* Herzogtum, *das*
**[1]duck** [dʌk] **1.** *n.* **a)** *pl.* **~s** *or (collect.) same (Ornith.; as food)* Ente, *die;* **wild ~:** Wildente, *die;* **toy ~:** Schwimmente, *die;* Spielzeugente, *die;* **can a ~ swim?** *(iron.)* und ob!; **it was [like] water off a ~'s back** *(fig.)* das lief alles an ihm/ihr *usw.* ab; **take to sth. like a ~ to water** bei etw. gleich in seinem Element sein; **fine weather for ~s** *(joc./iron.)* bei dem Wetter könnte man Flossen gebrauchen *(scherzh.);* **play [at] ~s and drakes** [flache] Steine über die Wasseroberfläche springen lassen; titschern; **play ~s and drakes with, make ~s and drakes of** *(fig.)* verschwenden; durchbringen ⟨*Ersparnisse, Vermögen*⟩; zum Fenster hinauswerfen ⟨*Geld*⟩; **b)** *(Brit. coll.: dear)* **[my] ~:** Schätzchen; **c)** *(Cricket)* **be out for a ~:** ohne einen Punkt zu machen aus sein; **break one's ~:** den ersten Punkt holen. *See also* **dead duck; lame duck. 2.** *v.i.* **a)** *(bend down)* sich [schnell] ducken; **~ [down] [out of sight]** sich ducken, um nicht gesehen zu werden; **b)** *(under water)* tauchen; **c)** *(coll.: move hastily)* türmen *(ugs.).* **3.** *v.t.* **a) ~ sb. [in water]** jmdn. untertauchen; jmdn. tunken *(landsch.);* **b) ~ one's head** den Kopf einziehen; **c)** *(fig. coll.: evade)* ausweichen ⟨*einer Frage, einem Problem*⟩
**~ 'out** *v.i. (coll.)* **~ out [of sth.]** sich [vor etw. *(Dat.)*] drücken *(ugs.);* [vor etw. *(Dat.)*] kneifen *(ugs. abwertend)*

**[2]duck** *n. (Textiles)* Segeltuch, *das*

**duck: ~bill, ~-billed 'platypus** *see* **platypus; ~-boards** *n. pl.* Lattenrost, *der;* **~-egg** *n.* Entenei, *das;* **~-egg 'blue** *n.* zartes Blaugrau

**duckie** ['dʌkɪ] *see* **[1]duck 1 b**

**ducking** ['dʌkɪŋ] *n. (immersion)* [Ein-, Unter]tauchen, *das;* **give sb. a ~:** jmdn. untertauchen; jmdn. tunken *(landsch.)*

**'ducking-stool** *n. (Hist.)* Tauchstuhl, *der*

**duckling** ['dʌklɪŋ] *n.* Entenküken, *das; (as food)* junge Ente; *see also* **ugly a**

**'duck-pond** *n.* Ententeich, *der*

**ducks** [dʌks] *see* **[1]duck 1 b**

**'duckweed** *n. (Bot.)* Wasserlinse, *die;* Entengrütze, *die*

**duct** [dʌkt] **1.** *n.* **a)** *(for fluid, gas, cable)* [Rohr]leitung, *die;* Rohr, *das; (for air)* Ventil, *das;* **b)** *(Anat.)* Gang, *der;* **hepatic/cystic/acoustic ~:** Leber-/Gallenblasen-/Gehörgang, *der;* **spermatic ~:** Samenleiter, *der;* **tear-~:** Tränenkanal, *der;* **c)** *(Bot.)* Gang, *der;* Kanal, *der.* **2.** *v. t.* leiten

**ductile** ['dʌktaɪl] *adj.* dehnbar, *(fachspr.)* duktil ⟨*Metall*⟩

**ducting** ['dʌktɪŋ] *n.* Leitungssystem, *das*

**dud** [dʌd] *(coll.)* **1.** *n.* **a)** *(useless thing)* Niete, *die (ugs.); (counterfeit)* Fälschung, *die; (banknote)* Blüte, *die (ugs.); (failure)* Reinfall, *der (ugs.); (Cards)* Lusche, *die (ugs.);* **this battery/light-bulb/watch/ball-point is a ~:** diese Batterie/Glühlampe/Uhr/dieser Kugelschreiber taugt nichts; **that cheque was a ~:** der Scheck war faul *(ugs.);* **b)** *(bomb etc.)* Blindgänger, *der;* **c)** *(ineffectual person)* Niete, *die (ugs.);* Versager, *der.* **2.** *adj.* **a)** mies *(ugs.);* schlecht; *(fake)* gefälscht; geplatzt ⟨*Scheck*⟩; **a ~ banknote** eine Blüte *(ugs.);* **b) a ~ bullet/shell/bomb** ein Blindgänger

**dude** [dju:d, du:d] *n. (Amer. sl.)* **a)** *(dandy)* feiner Pinkel aus der Stadt *(ugs.);* **b)** *(fellow, guy)* Typ, *der (ugs.)*

**'dude ranch** *n. (Amer.)* Ferienranch, *die*

**dudgeon** ['dʌdʒn] *n.* **in high ~:** äußerst empört

**due** [dju:] **1.** *adj.* **a)** *(owed)* geschuldet; zustehend ⟨*Eigentum, Recht usw.*⟩; **the share/reward ~ to him** der ihm zustehende Anteil/die ihm zustehende Belohnung; der Anteil, der/die Belohnung, die ihm zusteht; **the amount ~:** der zu zahlende Betrag; **there's sth. ~ to me, I've got sth. ~, I'm ~ for sth.** mir steht etw. zu; **b)** *(immediately payable, lit. or fig.)* fällig; **be more than ~** *(fig.)* überfällig sein; **c)** *(that it is proper to give)* gebührend, geziemend *(geh.);* erforderlich ⟨*Hilfe*⟩; entsprechend ⟨*Ermutigung*⟩; angemessen ⟨*Belohnung*⟩; **be ~ to sb.** jmdm. gebühren; **recognition ~ to sb.** Anerkennung, die jmdm. gebührt; **respect ~ from sb. to sb.** Respekt, den jmd. jmdm. schuldet; **with all ~ respect, madam** bei allem gebotenen Respekt, meine Dame; **with ~ allowance** *or* **regard** unter gebührender Berücksichtigung **(for** *Gen.*); **d)** *(that it is proper to use)* gebührend, geziemend *(geh.);* nötig; reiflich ⟨*Überlegung*⟩; **with ~ caution/care** mit der nötigen Vorsicht/Sorgfalt; **they were given ~ warning** sie wurden hinreichend gewarnt; **in ~ time** rechtzeitig; **~ process of law** ordentliches Gerichtsverfahren; **e)** *(attributable)* **~ to negligence** auf Grund von Nachlässigkeit; **the mistake was ~ to negligence** der Fehler war durch Nachlässigkeit verursacht; **the discovery is ~ to Newton** die Entdeckung ist Newton *(Dat.)* zu verdanken; **it's ~ to her that we missed the train** ihretwegen verpaßten wir den Zug; es lag an ihr, daß wir den Zug verpaßten; **his death was ~ to a heart attack** Ursache seines Todes war ein Herzanfall; **the difficulty is ~ to our ignorance** die Schwierigkeit ergibt sich aus unserer Unwissenheit; **be ~ to the fact that ...:** darauf zurückzuführen sein, daß ...; **f)** *(scheduled, expected, under engagement or instructions)* **be ~ to do sth.** etw. tun sollen; **I'm ~** *(my plan is)* **to leave tomorrow** ich werde morgen abfahren; **be ~ [to arrive]** ankommen sollen; **the train is now ~:** der Zug müßte jetzt planmäßig ankommen; **when are we ~ to land/dock?** wann landen wir/laufen wir ein?; **I'm ~ in Paris tonight** ich muß heute abend in Paris sein; **the baby is ~ in two weeks' time** das Baby kommt in zwei Wochen; **g)** *(likely to get, deserving)* **be ~ for sth.** etw. verdienen; **he is ~ for promotion** seine Beförderung ist fällig. *See also* **course 1 c. 2.** *adv.* **a) ~ north** genau nach Norden; **~ north wind** Wind direkt von Norden; **the town is ~ north of us** die Stadt liegt genau nördlich von uns; **b) ~ to** auf Grund (+ *Gen.*); aufgrund (+ *Gen.*). **3.** *n.* **a)** *in pl. (debt)* Schulden *Pl.;* **pay one's ~s** seine Schulden bezahlen; **b)** *no pl. (fig.: just deserts, reward)* **sb.'s ~:** das, was jmdm. zusteht; **that was no more than his ~:** das stand ihm auch zu; **give sb. his ~:** jmdm. Gerechtigkeit widerfahren lassen; **but to give him** *or* **the Devil his ~ he ...:** aber das muß man ihm lassen, er ...; **c)** *usu. in pl. (fee)* Gebühr, *die; (toll)* Zoll, *der;* **membership ~s** Mitgliedsbeiträge *Pl.*

**duel** ['dju:əl] **1.** *n.* **a)** Duell, *das; (Univ.)* Mensur, *die;* **fight a ~:** ein Duell/eine Mensur austragen; **b)** *(fig.: contest)* Kampf, *der;* **~ of wits** geistiger Wettstreit; **~ of words** Wortgefecht, *das;* Rededuell, *das;* **propaganda ~:** Propagandagefecht, *das.* **2.** *v. i., (Brit.)* **-ll-** sich duellieren; *(Univ.)* eine Mensur austragen *od.* schlagen

**duet** [dju:'et] *n. (Mus.) (for voices)* Duett, *das; (instrumental)* Duo, *das*

**duettist** [dju:'etɪst] *n.* [Duett]partner, *der*/[Duett]partnerin, *die*

**duff** [dʌf] *adj. (Brit. sl.)* mies *(ugs.)*

**duffel bag, duffel coat** *see* **duffle bag, duffle coat**

**duffer** ['dʌfə(r)] *n.* Trottel, *der (ugs. abwertend);* **be a ~ at football/school** im Fußball/in der Schule eine Niete sein *(ugs.)*

**duffle** ['dʌfl]: **~ bag** *n.* Matchbeutel, *der; (waterproof also)* Seesack, *der;* **~ coat** *n.* Dufflecoat, *der*

**dug** *see* **dig 1, 2**

**'dug-out** *n.* **a)** *(canoe)* Einbaum, *der;* **b)** *(Mil.: shelter)* Unterstand, *der*

**duke** [dju:k] *n.* **a)** Herzog, *der;* **royal ~:** Herzog und Mitglied des Königshauses; **b)** *in pl. (sl.: fists)* Flossen *Pl. (salopp);* **put up your ~s** Fäuste hoch! *(salopp)*

**dukedom** ['dju:kdəm] *n.* **a)** *(territory)* Herzogtum, *das;* **b)** *(rank)* Herzogwürde, *die*

**dulcet** ['dʌlsɪt] *adj.* lieblich; **sb.'s ~ tones** *(iron.)* jmds. zarte Stimme *(iron.)*

**dulcimer** ['dʌlsɪmə(r)] *n. (Mus.)* Hackbrett, *das;* Zimbal, Zymbal, *das*

**dull** [dʌl] **1.** *adj.* **a)** *(stupid)* beschränkt; *(slow to understand)* begriffsstutzig *(abwertend);* **b)** *(boring)* langweilig; stumpfsinnig ⟨*Arbeit, Routine*⟩; nichtssagend ⟨*Eindruck*⟩; **c)** *(gloomy)* trübe ⟨*Wetter, Tag*⟩; **d)** *(not bright)* matt, stumpf ⟨*Farbe, Glanz, Licht, Metall*⟩; trübe ⟨*Augen*⟩; blind ⟨*Spiegel*⟩; *(not sharp)* dumpf ⟨*Geräusch, Aufprall, Schmerz, Gefühl*⟩; **e)** *(not keen)* unscharf; schwach ⟨*Augen, Gehör*⟩; **grow ~** ⟨*Geisteskräfte:*⟩ nachlassen; **f)** *(sluggish)* träge; **g)** *(listless)* lustlos; *(dejected)* niedergeschlagen; bedrückt; **h)** *(blunt)* stumpf; **i)** *(Commerc.)* flau. *See also* **ditchwater. 2.** *v. t.* **a)** *(make less acute)* schwächen; trüben; betäuben ⟨*Schmerz*⟩; **b)** *(make less bright or sharp)* stumpf werden lassen; verblassen lassen ⟨*Farbe*⟩; **c)** *(blunt)* stumpf machen; **d)** *(fig.)* dämpfen ⟨*Freude, Enthusiasmus*⟩; abstumpfen ⟨*Geist, Sinne, Verstand, Vorstellungskraft*⟩; lindern ⟨*Kummer, Haß*⟩; **~ the edge of sth.** *(fig.)* einer Sache *(Dat.)* ihren Reiz nehmen

**dullard** ['dʌləd] *n.* Dummkopf, *der (ugs.)*

**dullness** ['dʌlnɪs] *n., no pl.* **a)** *(stupidity)* Beschränktheit, *die; (slow-wittedness)* Begriffsstutzigkeit, *die (abwertend);* [geistige] Trägheit; **b)** *(boringness)* Langweiligkeit, *die; (of work, life, routine)* Stumpfsinn, *der;* **c)** *(of weather)* Trübheit, *die;* **d)** *(of colour, light, metal)* Stumpfheit, *die;* Mattheit, *die;* **e)** *(of sight, hearing etc.)* Schwächung, *die; (of sight, mind, senses)* Trübung, *die;* **f)** *(sluggishness)* Trägheit, *die*

**dull-witted** [dʌl'wɪtɪd] *see* **dull 1 a**

**dully** ['dʌllɪ] *adv.* **a)** *(dimly, indistinctly)* trübe ⟨*scheinen*⟩; dumpf ⟨*fühlen, aufprallen, tönen, schmerzen*⟩; **his arm was aching ~:** er spürte einen dumpfen Schmerz im Arm; **b)** *(sluggishly)* träge; **c)** *(listlessly)* lustlos; *(dejectedly)* niedergeschlagen; bedrückt

**duly** ['dju:lɪ] *adv.* **a)** *(rightly, properly)* ordnungsgemäß; **b)** *(sufficiently)* ausreichend; hinreichend; **he was ~ punished** er wurde gehörig bestraft; **c)** *(punctually)* pünktlich

**dumb** [dʌm] **1.** *adj.,* **~er** ['dʌmə(r)], **~est** ['dʌmɪst] **a)** stumm; **a ~ person** ein Stummer/eine Stumme; **~ animals** *or* **creatures** die Tiere; die stumme Kreatur *(dichter.);* **~ friend** vierbeiniger Freund; **b)** *(temporarily speechless)* stumm; **he was [struck] ~ with fright/amazement** vor Furcht/Staunen verschlug es ihm die Sprache; **c)** *(inarticulate)* sprachlos ⟨*Massen, Millionen*⟩; *(saying nothing)* stumm, schweigend; **d)** *(coll.: stupid)* doof *(ugs.);* **act ~:** sich dumm stellen *(ugs.);* **a ~ blonde** eine dümmliche Blondine *(ugs.).* **2.** *n. pl.* **the ~:** die Stummen; **the deaf and ~:** die Taubstummen

**'dumb-bell** *n.* **a)** Hantel, *die;* **b)** *(sl.: stupid person)* Dummkopf, *der (ugs.);* Dümmling, *der (ugs.)*

**dumbfound** [dʌm'faʊnd] *v. t.* sprachlos machen; verblüffen

**dumbfounded** [dʌm'faʊndɪd] *adj.* sprachlos; verblüfft; **be ~:** sprachlos sein

**dumbly** ['dʌmlɪ] *adv.* stumm

**dumb: ~ show** *n.* **in ~ show** durch Mimik; **~ 'waiter** *n.* **a)** *(trolley)* stummer Diener; **b)** *(lift)* Speisenaufzug, *der*

**dumdum** ['dʌmdʌm] *n.* **~ [bullet]** Dumdum[geschoß], *das*

**dummy** ['dʌmɪ] **1.** *n.* **a)** *(of tailor)* Schneiderpuppe, *die; (in shop)* Modepuppe, *die;* Schaufensterpuppe, *die; (of ventriloquist)* Puppe, *die; (figurehead, person acting for another)* Strohmann, *der; (stupid person)* Dummkopf, *der (ugs.);* Doofi, *der (ugs.);* **like a stuffed ~:** wie ein Ölgötze *(ugs.);* **b)** *(imitation)* Attrappe, *die;* Dummy, *der; (Commerc.)* Schaupackung, *die;* **c)** *(esp. Brit.: for baby)* Schnuller, *der;* **d)** *(Bridge etc.) (person)* Strohmann, *der; (hand)* Tisch, *der;* **e)** *(Rugby coll.)* **sell sb. the** *or* **a ~:** jmdn. antäuschen. **2.** *attrib. adj.* unecht; blind ⟨*Tür, Fenster*⟩; Übungs- *(Mil.);* **~ gun** Gewehrattrappe, *die;* **~ run** Probelauf, *der*

**dump** [dʌmp] **1.** *n.* **a)** *(place)* Müllkippe, *die; (heap)* Müllhaufen, *der; (permanent)* Müllhalde, *die;* **b)** *(Mil.)* Depot, *das;* Lager, *das;* **c)** *(coll. derog.: unpleasant place)* Schweinestall, *der (derb abwertend);* Dreckloch, *das (salopp abwertend); (boring town)* Kaff, *das (ugs. abwertend);* Nest, *das (ugs. abwertend).* **2.** *v. t.* **a)** *(dispose of)* werfen; *(deposit)* abladen, kippen ⟨*Sand, Müll usw.*⟩; *(leave)* lassen; *(place)* abstellen; **b)** *(Commerc.: send abroad)* zu Dumpingpreisen verkaufen; **c)** *(fig. coll.: abandon)* abladen *(ugs.)*

**dumper** ['dʌmpə(r)] *n.* Kipper, *der*

**dumping** ['dʌmpɪŋ] *n.* **a)** [Schutt]abladen, *das;* **'no ~ [of refuse]'** „Schuttabladen verboten"; **b)** *(Commerc.: sending abroad)* Dumping, *das*

**'dumping-ground** *n.* Müllkippe, *die;* Schuttabladeplatz, *der; (fig.)* Abstellplatz, *der*

**dumpling** ['dʌmplɪŋ] *n.* **a)** *(Gastr.)* Kloß, *der;* **apple ~:** Apfel im Schlafrock; **b)** *(coll.: short, plump person)* Tönnchen, *das (ugs.)*

**dumps** [dʌmps] *n. pl. (coll.)* **be** *or* **feel [down] in the ~:** ganz down sein *(ugs.)*

'**dump truck** *n.* Kipper, *der*

**dumpy** ['dʌmpɪ] *adj.* pummelig *(ugs.)*

[1]**dun** [dʌn] **1.** *adj.* graubraun. **2.** *n.* Graubraun, *das*

[2]**dun** *v. t.,* **-nn-** *(demand money due from)* [Geld] anmahnen bei; **~ sb. for sth.** bei jmdm. etw. anmahnen

**dunce** [dʌns] *n.* Null, *die (ugs. abwertend);* Niete, *die (ugs. abwertend);* **the ~ of the class** das Schlußlicht der Klasse *(ugs.);* **~'s cap** *(Hist.)* Spotthut, *der (für schlechte Schüler)*

**dunderhead** ['dʌndəhed] *n.* Schwachkopf, *der (ugs. abwertend)*

**dune** [dju:n] *n.* Düne, *die*

**dung** [dʌŋ] **1.** *n.* Dung, *der;* Mist, *der.* **2.** *v. t.* mit Mist düngen

**dungaree** [dʌŋgə'ri:] *n.* **a)** *(fabric)* grober Kattun; **b)** *in pl. (garment)* Latzhose, *die;* **a pair of ~s** eine Latzhose

'**dung-beetle** *n.* Mistkäfer, *der*

**dungeon** ['dʌndʒn] *n.* Kerker, *der;* Verlies, *das*

'**dunghill** *n.* Misthaufen, *der*

**dunk** [dʌŋk] *v. t.* **a)** tunken; stippen *(bes. nordd.);* **b)** *(immerse)* tauchen

**Dunkirk** [dʌn'kɜ:k] *pr. n.* Dünkirchen *(das);* **~ spirit** Durchhaltevermögen, *das*

**dunlin** ['dʌnlɪn] *n. (Ornith.)* Alpenstrandläufer, *der*

**duo** ['dju:əʊ] *n., pl.* **~s** **a)** *(Theatre)* Paar, *das;* **comedy ~:** Komikerpaar, *das;* **b)** *(Mus.)* Duo, *das;* **c)** *(coll.: couple)* Duo, *das (oft iron.);* **an odd ~:** ein komisches Gespann *(ugs.)*

**duodenal** [dju:ə'di:nl] *adj. (Anat.)* duodenal *(fachspr.);* Zwölffingerdarm-

**duodenal 'ulcer** *n. (Med.)* Zwölffingerdarmgeschwür, *das*

**duodenum** [dju:ə'di:nəm] *n. (Anat.)* Duodenum, *das (fachspr.);* Zwölffingerdarm, *der*

**dupe** [dju:p] **1.** *v. t.* düpieren *(geh.);* übertölpeln; **be ~d [into doing sth.]** sich übertölpeln lassen [und etw. tun]; **be ~d into believing sth.** auf etw. *(Akk.)* hereinfallen. **2.** *n.* Düpierte, *der/die (geh.);* Dumme, *der/die;* Gelackmeierte, *der/die (salopp scherzh.)*

**duple** ['dju:pl] *adj.* **~ time** *(Mus.)* gerader Takt

**duplex** ['dju:pleks] **1.** *adj.* **a)** *(twofold)* doppelt; zweifach; **b)** *(esp. Amer.: two-storey)* zweistöckig ‹*Wohnung*›; **c)** *(esp. Amer.: two-family)* Zweifamilien‹*haus*›. **2.** *n. (esp. Amer.)* zweistöckige Wohnung

**duplicate 1.** ['dju:plɪkət] *adj.* **a)** *(identical)* Zweit-; **~ key** Nach- *od.* Zweitschlüssel, *der;* **~ copy** Zweit- *od.* Abschrift, *die;* Doppel, *das;* **b)** *(twofold)* doppelt; **c)** *(Cards)* **~ bridge/whist** *Form des Bridge/Whists, bei der das Spiel mit derselben Verteilung der Karten, aber mit anderen Spielern wiederholt wird.* **2.** *n.* **a)** Kopie, *die; (second copy of letter/document/key)* Duplikat, *das;* **b) prepare/complete sth. in ~:** etw. in doppelter Ausfertigung machen/ausfüllen; **make sth. in ~:** etw. doppelt anfertigen; **c)** *(Cards)* = **~ bridge** *etc.; see* **1 c. 3.** ['dju:plɪkeɪt] *v. t.* **a)** *(make a copy of, make in duplicate)* **~ sth.** eine zweite Anfertigung von etw. machen; etw. nachmachen *(ugs.);* **they have tried to ~ his results** sie haben versucht, zu denselben Ergebnissen wie er zu kommen; **b)** *(be exact copy of)* genau gleichen (+ *Dat.*); **c)** *(on machine)* vervielfältigen; **d)** *(unnecessarily)* [unnötigerweise] noch einmal tun

**duplicating** ['dju:plɪkeɪtɪŋ]: **~ machine** *see* **duplicator; ~ paper** *n. (Printing)* Vervielfältigungspapier, *das*

**duplication** [dju:plɪ'keɪʃn] *n.* **a)** Wiederholung, *die;* **b)** *(on machine)* Vervielfältigung, *die;* **c)** *(unnecessary)* [unnötige] Wiederholung; **avoid unnecessary ~!** vermeiden Sie unnötige Wiederholungen!; **~ of effort** doppelte Arbeit

**duplicator** ['dju:plɪkeɪtə(r)] *n. (Printing)* Vervielfältigungsgerät, *das*

**duplicity** [dju:'plɪsɪtɪ] *n.* Falschheit, *die*

**durability** [djʊərə'bɪlɪtɪ] *n., no pl.* **a)** *(permanence) (of friendship, peace, etc.)* Dauerhaftigkeit, *die; (of person)* Unverwüstlichkeit, *die;* **b)** *(resistance to wear or decay) (of garment, material)* Haltbarkeit, die; Strapazierfähigkeit, *die; (of metal, rock, component)* Widerstandsfähigkeit, *die*

**durable** ['djʊərəbl] **1.** *adj.* **a)** *(lasting)* dauerhaft ‹*Friede, Freundschaft usw.*›; **b)** *(resisting wear or decay)* solide; strapazierfähig, haltbar ‹*Kleidung, Stoff*›; widerstandsfähig ‹*Metall, Fels, Bauelement*›; **~ goods** *see* **2. 2.** *n. in pl. (Econ.)* **consumer ~s** langlebige *od.* dauerhafte Konsumgüter

**duration** [djʊə'reɪʃn] *n.* Dauer, *die;* **be of short/long ~:** von kurzer/langer Dauer sein; **the courses are of three years' ~:** die Kurse dauern drei Jahre; **for the ~ of sth.** für die Dauer *od.* während [der Dauer] einer Sache *(Gen.);* **for the ~** *(of war)* auf Kriegsdauer; **I'm afraid we're here for the ~** *(fig. coll.)* wir werden wohl bis zum Ende ausharren müssen, fürchte ich

**duress** [djʊə'res, 'djʊəres] *n., no pl.* Zwang, *der;* **under ~:** unter Zwang

**during** ['djʊərɪŋ] *prep.* während; *(at a point in)* in (+ *Dat.*); **~ the rehearsal/wedding ceremony** während *od.* bei der Probe/Trauung; **~ the night** während *od.* in der Nacht; **~ the journey** während *od.* auf der Reise

**dusk** [dʌsk] *n. (twilight)* [Abend]dämmerung, *die;* Einbruch der Dunkelheit; **at/after/until ~:** bei/nach/bis zum Einbruch der Dunkelheit

**dusky** ['dʌskɪ] *adj. (dark-coloured)* dunkel; dunkelhäutig ‹*Person, Schönheit*›; **a ~ blue/red** ein dunkles Blau/Rot

**dust** [dʌst] **1.** *n., no pl.* **a)** Staub, *der; (pollen)* Blütenstaub, *der;* **be covered in ~:** ‹*Erde:*› staubbedeckt sein; ‹*Gegenstände:*› eingestaubt *od.* verstaubt sein; **the ~ of ages** der Staub der Jahrhunderte; **make a great deal of ~:** sehr stauben; **throw ~ in sb.'s eyes** *(fig.)* jmdm. Sand in die Augen streuen; **shake the ~ off one's feet** *(fig.)* den Staub von den Füßen schütteln *(geh.);* **turn to ~ and ashes** Staub werden; *(fig.)* zunichte werden; **wait till the ~ has settled** *(fig.)* warten, bis sich die Wogen geglättet haben; **you couldn't see him for ~** *(fig.)* man konnte nur noch seine Staubwolke sehen; **b)** *(coll.: ~ing)* Staubwischen, *das;* **give sth. a ~:** den Staub von etw. abwischen; etw. abstauben. *See also* **bite 1; raise 1 b. 2.** *v. t.* **a)** *(clear of ~)* abstauben ‹*Möbel*›; **~ a room/house** in einem Zimmer/Haus Staub wischen; **the house/the furniture needs ~ing** *or* **to be ~ed** in dem Haus muß Staub gewischt werden/die Möbel müssen abgestaubt werden; **b)** *(sprinkle; also Cookery)* **~ sth. with sth.** etw. mit etw. bestäuben; *(with talc etc.)* etw. mit etw. pudern; *(with grated material)* etw. mit etw. bestreuen; **~ sth. over** *or* **on [to] sth.** *(using powder)* etw. auf etw. *(Akk.)* stäuben; *(using grated material)* etw. auf etw. *(Akk.)* streuen. **3.** *v. i.* Staub wischen

**~ 'off** *v. t.* abstauben; *(fig. derog.)* aus der Mottenkiste hervorholen

**dust: ~bin** *n. (Brit.)* Mülltonne, *die;* Abfalltonne, *die;* **relegate sth. to the ~bin** *(fig.)* etw. in *od.* auf den Müll wandern lassen *(ugs.);* **~ bowl** *n. (Geog.)* Trockengebiet, *das (mit häufigen Staubstürmen);* **~-cart** *n. (Brit.)* Müllwagen, *der;* **~-cloth** *n.* Schonbezug, *der; (duster)* Staubtuch, *das;* **~-coat** *n. (Brit.)* Staubmantel, *der;* **~-cover** *n. (on record-player)* Abdeckhaube, *die; (for clothes)* Staubschutz, *der; (on book) see* **~-jacket; ~ devil** *see* **devil 1 i**

**duster** ['dʌstə(r)] *n.* **a)** *(cloth)* Staubtuch, *das;* **b)** *(coat)* Staubmantel, *der*

**dusting** ['dʌstɪŋ] *n.* **a)** *(removal of dust) see* **dust 2 a:** Abstauben, *das;* Staubwischen, *das;* **give a room a ~:** in einem Zimmer Staub wischen; **b)** *(sprinkling)* Bestreuen, *das; see also* **crop-dusting**

**dust: ~-jacket** *n.* Schutzumschlag, *der;* **~man** ['dʌstmən] *n., pl.* **~men** ['dʌstmən] *(Brit.)* Müllwerker, *der (Berufsbez.);* Müllmann, *der;* **~pan** *n.* Kehrschaufel, *die;* **~-proof** *adj.* staubdicht; **~-sheet** *n.* Staubdecke, *die;* **~ storm** *n.* Staubsturm, *der;* **~-trap** *n.* Staubfänger, *der (abwertend);* **~-up** *n. (coll.)* Krach, *der (ugs.);* **~-wrapper** *see* **~-jacket**

**dusty** ['dʌstɪ] *adj.* **a)** staubig ‹*Straße, Stadt, Zimmer*›; verstaubt ‹*Bücher, Möbel*›; **the house is/has got very ~:** das Haus ist sehr verstaubt; im Haus hat sich viel Staub angesammelt; **b)** *(dull)* schmutzig ‹*Rosa, Blau, Grün*›; **c)** *(vague)* vage; **d)** *(bad-tempered)* schroff ‹*Antwort*›; **e) not so ~** *(Brit. dated sl.)* gar nicht so übel *(ugs.)*

**Dutch** [dʌtʃ] **1.** *adj.* **a)** holländisch; niederländisch; **b)** *(coll.)* **go ~ [with sb.] [on sth.]** getrennte Kasse [mit jmdm.] [bei etw.] machen; **talk to sb. like a ~ uncle** jmdm. ernstlich ins Gewissen reden. *See also* **English 1. 2.** *n.* **a)** *constr. as pl.* **the ~:** die Holländer *od.* Niederländer; **b)** *(language)* Holländisch, *das;* Niederländisch, *das;* **[Cape] ~:** Kapholländisch, *das;* **c) it was all double ~ to him** das waren alles böhmische Dörfer für ihn. *See also* **English 2 a**

**dutch** *n. (Brit. sl.)* **my old ~:** meine gute Alte

**Dutch: ~ 'auction** *see* **auction 1 a; ~ 'barn** *n.* offene Scheune; **~ 'courage** *n.* angetrunkener Mut; **give oneself** *or* **get ~ courage** sich *(Dat.)* Mut antrinken; **~ 'doll** *n.* holländische Gliederpuppe; **~ 'door** *n. (Amer.)* quergeteilte Tür; **~ 'elm disease** *n. (Bot.)* Ulmensterben, *das;* **~ 'hoe** *n. (Agric.)* Schuffel, *die;* **~man** ['dʌtʃmən] *n., pl.* **~men** ['dʌtʃmən] **a)** Holländer, *der;* Niederländer, *der;* **b)** *(fig. coll.)* **or I'm a ~man** oder ich will Emil heißen; **c)** *(ship)* holländisches Schiff; **The Flying ~man** Der Fliegende Holländer; **~ 'oven** *n. (Cookery)* **a)** *(box) Backgefäß mit mehreren Fächern;* **b)** *(pot)* Schmortopf, *der;* **~ 'treat** *n. gemeinsames Vergnügen, bei dem jeder für sich selbst bezahlt;* **~woman** *n.* Holländerin, *die;* Niederländerin, *die*

**dutiable** ['dju:tɪəbl] *adj. (Customs)* zollpflichtig; abgabenpflichtig

**dutiful** ['dju:tɪfl] *adj.* pflichtbewußt ‹*Ehefrau, Arbeiter, Bürger*›; gehorsam ‹*Tochter, Sklave*›; ehrerbietig ‹*Antwort*›

**dutifully** ['dju:tɪfəlɪ] *adv.* pflichtbewußt ‹*handeln*›; treu ‹*dienen*›

**duty** ['dju:tɪ] *n.* **a)** *no pl. (moral or legal obligation)* Pflicht, *die;* Verpflichtung, *die;* **~ calls** die Pflicht ruft; **have a ~ to do sth.** die Pflicht haben, etw. zu tun; **have a ~ to sb.** jmdm. gegenüber eine Verpflichtung haben; **one's ~ to** *or* **towards sb./sth.** seine Pflicht gegenüber jmdm./einer Sache; **do one's ~ [by sb.]** [jmdm. gegenüber] seine Pflicht [und Schuldigkeit] tun; **make it one's ~ to do sth.** es sich *(Dat.)* zur Pflicht machen, etw. zu tun; **be/feel in ~ bound to do sth.** verpflichtet sein/sich verpflichtet fühlen, etw. zu tun; **in ~ bound** pflichtschuldigst; **b)** *(specific task, esp. professional)* Aufgabe, *die;* Pflicht, *die;* **do one's ~:** seine Pflicht tun; **take up one's duties** seinen Dienst antreten; **your duties will consist of ...:** zu Ihren Aufgaben gehören ...; **[purely] in [the] line of ~:** [rein] dienstlich; **the ~-nurse/~-porter** die diensthabende Schwester/der diensthabende Pförtner; **on**

**~:** im Dienst; **be on ~:** Dienst haben; **while on ~:** während des Dienstes; im Dienst; **go/come on ~ at seven p.m.** um 19 Uhr seinen Dienst antreten; **off ~:** nicht im Dienst; **be off ~:** keinen Dienst haben; ⟨*ab ... Uhr*⟩ dienstfrei sein; **go/come off ~ at eight a.m.** seinen Dienst um acht Uhr beenden; **Dr Smith is off ~ tomorrow** Dr. Smith hat morgen dienstfrei; *see also* **off-duty; c)** *(Econ.: tax)* Zoll, *der;* **pay ~ on sth.** Zoll für etw. bezahlen; etw. verzollen; **be liable to ~:** zollpflichtig sein; **~ on alcohol** Branntweinsteuer, *die;* **free of ~:** zollfrei ⟨*Ware, Preis*⟩; **d) do ~ as/for sth.** *(serve as)* als/zu etw. dienen; **e)** *(arch.: respect, respectful conduct)* Ehrerbietung, *die (geh.)*

**duty: ~-bound** *adj.* **be/feel [oneself] ~-bound to do sth.** verpflichtet sein/sich verpflichtet fühlen, etw. zu tun; *see also* **duty a; ~-free** *adj.* zollfrei ⟨*Ware, Preis*⟩; **~-frees** *n. pl. (coll.)* zollfreie Waren; **~-free 'shop** *n.* Duty-free-Shop, *der;* **~ officer** *n. (Mil.)* Offizier vom Dienst; **~-paid** *adj. (Econ.)* verzollt ⟨*Ware*⟩; **~ visit** *n.* Pflichtbesuch, *der*

**duvet** ['du:veɪ] *n.* Federbett, *das*

**dwarf** [dwɔ:f] **1.** *n., pl.* **~s** *or* **dwarves** [dwɔ:vz] **a)** *(person)* Liliputaner, *der*/Liliputanerin, *die;* Zwerg, *der*/Zwergin, *die (auch abwertend);* **b)** *(tree)* Zwergbaum, *der; (plant)* Zwergpflanze, *die; (animal)* Zwergtier, *das;* **c)** *(Mythol.)* Zwerg, *der*/Zwergin, *die;* **d)** *(Astron.)* Zwerg[stern], *der.* **2.** *adj.* **a)** Zwerg⟨*baum, -stern*⟩; **b)** *(stunted)* winzig. **3.** *v. t.* **a)** *(stunt in growth)* verkümmern lassen; **b)** *(cause to look small)* klein erscheinen lassen; verzwergen *(geh.);* **c)** *(fig.)* in den Schatten stellen; verzwergen *(geh.)*

**dwarfish** ['dwɔ:fɪʃ] *adj.* zwergenhaft ⟨*Gestalt*⟩; sehr klein ⟨*Tier, Pflanze*⟩

**dwell** [dwel] *v. i.,* **dwelt** [dwelt] *(literary; lit. or fig.)* wohnen; weilen *(geh.)*

**~ [up]on** *v. t.* **a)** *(in discussion)* sich länger *od.* ausführlich befassen mit; *(in thought)* in Gedanken verweilen bei; **don't ~ upon the past** halten Sie sich nicht bei *od.* mit der Vergangenheit auf; **b)** *(prolong)* gedehnt aussprechen ⟨*Wort, Silbe*⟩; *(Mus.)* [aus]halten ⟨*Note*⟩

**dweller** ['dwelə(r)] *n., esp. in comb.* Bewohner, *der*/Bewohnerin, *die;* **city-~s** Großstädter *Pl.;* **caravan-~s** [ständige] Caravaner *Pl.*

**dwelling** ['dwelɪŋ] *n. (Admin. lang./literary)* Wohnung, *die;* **council ~:** Sozialwohnung, *die*

**dwelling: ~-house** *n.* Wohnhaus, *das;* **~-place** *n.* Wohnsitz, *der*

**dwelt** *see* **dwell**

**dwindle** ['dwɪndl] *v.i.* **a) ~ [away]** abnehmen; ⟨*Unterstützung, Interesse:*⟩ nachlassen; ⟨*Güter, Vermögen:*⟩ zusammenschrumpfen; ⟨*Vorräte, Handel, Hoheitsgebiet:*⟩ schrumpfen; ⟨*Macht, Einfluß, Tageslicht:*⟩ schwinden *(geh.);* ⟨*Gewinn, Umsatz:*⟩ rückläufig sein; ⟨*Bodenschätze:*⟩ zur Neige gehen *(geh.);* ⟨*Ruhm:*⟩ verblassen *(geh.);* **~ in importance** an Bedeutung abnehmen *od.* verlieren; **~ away to nothing** dahinschwinden; **b)** *(fig.: degenerate)* herunterkommen **(into** zu**)**

**dye** [daɪ] **1.** *n.* **a)** *(substance)* Färbemittel, *das;* **eyelash ~:** Wimperntusche, *die;* **b)** *(colour)* Farbe, *die.* **2.** *v. t.,* **~ing** ['daɪɪŋ] färben; **~d blond hair** blondgefärbtes Haar; **~d-in-the-wool** *(fig.)* eingefleischt, *(ugs.)* in der Wolle gefärbt ⟨*Konservativer, Gewerkschaftler, Reaktionär*⟩. **3.** *v. i.,* **~ing** sich färben lassen

**dyer** ['daɪə(r)] *n.* Färber, *der*/Färberin, *die*

**'dyestuff** *see* **dye 1 a**

**dying** ['daɪɪŋ] **1.** *adj.* **a)** sterbend ⟨*Person, Tier*⟩; eingehend ⟨*Pflanze*⟩; absterbend ⟨*Baum*⟩; verendend ⟨*Tier*⟩; aussterbend ⟨*Kunst, Kultur, Tradition, [Tier]art, Menschenschlag*⟩; zuendegehend ⟨*Jahr*⟩; erlöschend ⟨*Glut, Leidenschaft*⟩; **he's a ~ man** *(will not recover)* er lebt nicht mehr lange; **b)** *(related to time of death)* letzt...; **to my ~ day** bis an mein Lebensende. **2.** *n. pl.* **the ~:** die Sterbenden. *See also* **[1]die**

**dyke** *see* **dike**

**dynamic** [daɪ'næmɪk] *adj.,* **dynamically** [daɪ'næmɪkəlɪ] *adv. (lit. or fig.; also Mus.)* dynamisch

**dynamics** [daɪ'næmɪks] *n., no pl.* **a)** *(Mech.)* Dynamik, *die (fachspr.);* Kräftelehre, *die;* **b)** *(in other sciences)* -dynamik, *die*

**dynamism** ['daɪnəmɪzm] *n.* Dynamik, *die*

**dynamite** ['daɪnəmaɪt] **1.** *n.* **a)** *(explosive)* Dynamit, *das;* **b)** *(fig.: politically dangerous person or thing)* Sprengstoff, *der;* **these revelations are ~:** diese Enthüllungen sind [politisch] brisant; **c)** *(fig.: sensational person or thing)* **be ~** ⟨*Person:*⟩ eine Wucht sein *(salopp);* ⟨*Sache:*⟩ eine Sensation sein. **2.** *v. t.* mit Dynamit sprengen

**dynamo** ['daɪnəməʊ] *n., pl.* **~s a)** Dynamomaschine, *die; (of car)* Lichtmaschine, *die; (of bicycle)* Dynamo, *der;* **b)** *(fig.)* **[human] ~:** Energiebündel, *das (ugs.)*

**dynastic** [dɪ'næstɪk] *adj.* dynastisch; ⟨*Regierung, Herrschaft, Diktatur*⟩ einer Dynastie; **~ families** Familiendynastien *Pl.*

**dynasty** ['dɪnəstɪ] *n. (lit. or fig.)* Dynastie, *die*

**dyne** [daɪn] *n. (Phys.)* Dyn, *das*

**dysentery** ['dɪsəntərɪ] *n. (Med.)* Ruhr, *die;* Dysenterie, *die (fachspr.)*

**dyslexia** [dɪs'leksɪə] *n. (Med., Psych.)* Dyslexie, *die (fachspr.);* Lesestörung, *die*

**dyslexic** [dɪs'leksɪk] *(Med., Psych.)* **1.** *adj.* dyslektisch *(fachspr.);* **a ~ child** ein Kind mit einer Lesestörung. **2.** *n.* Dyslektiker, *der*/Dyslektikerin, *die (fachspr.);* Mensch mit einer Lesestörung

**dyspepsia** [dɪs'pepsɪə] *n. (Med.)* Dyspepsie, *die (fachspr.);* Verdauungsstörung, *die*

**dystrophy** ['dɪstrəfɪ] *n. (Med.)* Dystrophie, *die (fachspr.);* Ernährungsstörung, *die;* **muscular ~:** Muskeldystrophie, *die; (fortschreitender)* Muskelschwund

# E

**E, e** [i:] *n., pl.* **Es** *or* **E's a)** *(letter)* E, e, *das;* **b) E** *(Mus.)* E, e, *das;* **E flat** es, Es, *das;* **c) E** *(Sch., Univ.: mark)* Fünf, *die;* **he got an E** er bekam „mangelhaft" *od.* eine Fünf

**E.** *abbr.* **a)** east O; **b)** eastern ö.

**each** [i:tʃ] **1.** *adj.* jeder/jede/jedes; **there's cream between ~ layer** zwischen den einzelnen Schichten ist Sahne; **we have two votes ~, we ~ have two votes** jeder von uns hat zwei Stimmen; **they cost** *or* **are a pound ~:** sie kosten ein Pfund pro Stück *od.* je[weils] ein Pfund; **they ~ have ...:** sie haben jeder ...; jeder von ihnen hat ...; **books at £1 ~:** Bücher zu je einem Pfund *od.* für je ein Pfund; **two teams with 10 players ~:** zwei Mannschaften mit je 10 Spielern; **I gave them a book ~** *or* **~ a book** ich habe jedem von ihnen ein Buch *od.* ihnen je ein Buch gegeben; **~ one of them** jeder/jede/jedes einzelne von ihnen; **~ and every employee** jeder einzelne Mitarbeiter; **I travelled 10 miles ~ way every day** ich habe jeden Tag 16 km pro Weg zurückgelegt; **back a horse ~ way** *(Brit. Racing)* auf Sieg oder Platz eines Pferdes wetten; **the houses ~ have their own garage[s]** die Häuser haben alle ihre eigene Garage. **2.** *pron.* **a)** jeder/jede/jedes; **they are ~ of them ...** jeder *usw.* von ihnen ist ...; **~ despises the other** jeder verachtet den anderen; sie verachten sich [gegenseitig]; **have some of ~:** von jedem etwas nehmen/haben *usw.;* **b) ~ other** sich [gegenseitig]; einander *(meist geh.);* **they are cross with ~ other** sie sind böse aufeinander; **we have not seen ~ other in years** wir haben uns jahrelang nicht gesehen; **they wore ~ other's hats** jeder trug den Hut des anderen; **be in love with ~ other** ineinander verliebt sein; **live next door to ~ other** Tür an Tür wohnen

**eager** ['i:gə(r)] *adj.* eifrig ⟨*Person, Arbeiter, Art*⟩; rege, lebhaft ⟨*Interesse*⟩; brennend, sehnlich ⟨*Wunsch*⟩; erwartungsvoll ⟨*Ton, Gesichtsausdruck, Lächeln*⟩; begeistert ⟨*Anhänger einer Partei*⟩; **be ~ to do sth.** etw. unbedingt tun wollen; **be ~ to make a good impression** eifrig bemüht sein, einen guten Eindruck zu machen; **be ~ to learn** lernbegierig *od.* -eifrig sein; **be ~ for sth.** etw. unbedingt haben wollen; *see also* **beaver 1 a**

**eagerly** ['i:gəlɪ] *adv.* eifrig ⟨*ja sagen, zustimmen*⟩; bereitwillig ⟨*Auskunft geben*⟩; gespannt, ungeduldig ⟨*warten, Ausschau halten, aufblicken*⟩; erwartungsvoll ⟨*lächeln*⟩; begierig ⟨*ergreifen*⟩; **look forward ~ to sth.** sich sehr auf etw. *(Akk.)* freuen; **~ seize an opportunity** eine Gelegenheit beim Schopf ergreifen

**eagerness** ['i:gənɪs] *n., no pl.* Eifer, *der;* **~ to learn** Lerneifer, *der;* Lernbegier[de], *die;* **~ to succeed** Erfolgshunger, *der;* **~ to assist** Hilfsbereitschaft, *die*

**eagle** ['i:gl] *n.* **a)** Adler, *der;* **b)** *(Golf)* Eagle, *das*

**eagle: ~ 'eye** *n.* Falkenauge, *das (geh.);* **have/keep/fix one's ~ eye on sb./sth.** ein wachsames Auge *od.* einen wachsamen Blick auf jmdn./etw. haben; **~-eyed** *adj.* adleräugig

**eaglet** ['i:glɪt] *n. (Ornith.)* Adlerjunge, *das*

**[1]ear** [ɪə(r)] *n.* **a)** Ohr, *das; (of red deer)* Lauscher, *der; (of red fox)* Gehör, *das; (of rabbit, hare)* Löffel, *der; (of hound)* Behang, *der (Jägerspr.);* **his good/bad ~:** sein besseres/schlechteres Ohr; **~, nose, and throat hospital/specialist** Hals-Nasen-Ohren-Klinik, *die*/-Arzt, *der*/-Ärztin, *die;* **smile from ~ to ~:** von einem Ohr zum anderen strahlen *(ugs.);* **have nothing between one's ~s** *(fig. coll.)* nichts im Kopf haben *(ugs.);* **be out on one's ~** *(fig. coll.)* auf der Straße stehen *(ugs.);* **this brought a storm of criticism about his ~s** das setzte ihn einem Sturm der Kritik aus; **sb. would give his/her ~s to do sth.** jmd. würde alles darum geben, etw. zu tun; **over head and ~s, head over ~s** *(fig. coll.)* bis über die *od.* beide Ohren; **up to one's ~s in work/debt** bis zum Hals in Arbeit/Schulden; **be pleasing to the ~[s]** sich angenehm anhören; **come to** *or* **reach sb.'s ~s** jmdm. zu Ohren kommen; **have a word in sb.'s ~:** jmdm. ein Wort im Vertrauen sagen; **listen with half an ~:** [nur] mit halbem Ohr zuhören; **keep one's ~s open** *(fig.)* die Ohren offenhalten; **have/keep an ~ to the ground** sein Ohr ständig am Puls der Masse haben *(ugs. scherzh.);* **be[come] all ~s** [plötzlich] ganz Ohr sein; **go in [at] one ~ and out [at] the other** *(coll.)* zum einen Ohr herein, zum anderen wieder hinausgehen; **lend an ~ to sb.** jmdm. Gehör schenken; **give ~ to** ein geneigtes Ohr haben für *(geh.);* **have**

sb.'s ~/get *or* win the ~ of sb. bei jmdm. Gehör *od.* ein offenes Ohr finden; **b)** *no pl.* *(faculty of discriminating sound)* Gehör, *das;* **have an ~ *or* a good ~/no ~ for music** ein [gutes]/kein Gehör für Musik haben; **play by ~** *(Mus.)* nach dem Gehör spielen; **play it by ~** *(fig.)* es auf sich *(Akk.)* zukommen lassen *(und dementsprechend reagieren)*

**2ear** *n. (Bot.)* Ähre, *die;* **~ of corn** Kornähre, *die*

**ear: ~ache** *n. (Med.)* Ohrenschmerzen *Pl.;* **~-clip** *n.* Ohr[en]klipp, *der;* **~-drops** *n. pl.* **a)** *(Med.)* Ohrentropfen *Pl.;* **b)** *(earrings)* Ohrgehänge, *das;* **~-drum** *n. (Anat.)* Trommelfell, *das*

**-eared** [ɪəd] *adj. in comb.* **long-/short-~** lang-/kurzohrig

**'ear-flap** *n.* Ohrenklappe, *die*

**earful** ['ɪəfʊl] *n. (coll.)* **get an ~:** ordentlich was zu hören bekommen *(ugs.);* **give sb. an ~ about sth.** jmdm. ein paar Takte [über etw.] erzählen *(ugs.)*

**earl** [ɜ:l] *n.* Graf, *der*

**earldom** ['ɜ:ldəm] *n.* **a)** *(territory)* Grafschaft, *die;* **b)** *(rank)* Grafenwürde, *die*

**'ear-lobe** *n.* Ohrläppchen, *das*

**early** ['ɜ:lɪ] **1.** *adj.* **a)** früh; **they had an ~ lunch** sie aßen früh zu Mittag; **I am a bit ~:** ich bin etwas zu früh gekommen *od. (ugs.)* dran; **the train was 10 minutes ~:** der Zug kam 10 Minuten zu früh; **an ~ train** *(earlier than one usually takes)* ein früherer Zug; **have an ~ night** früh ins Bett gehen; **~ riser** Frühaufsteher, *der/*-aufsteherin, *die;* **~ to bed, ~ to rise [makes a man healthy, wealthy, and wise]** *(prov.)* früh zu Bette und auf zu früher Stund', macht den Menschen glücklich, reich, gesund *(Spr.);* **an ~ reply** eine baldige Antwort; **at the earliest** frühestens; **the ~ part of** der Anfang (+ *Gen.*); **in the ~ afternoon/evening** am frühen Nachmittag/Abend; **into the ~ hours** bis in die frühen Morgenstunden; **at/from an ~ age** in jungen Jahren/von klein auf; **from one's earliest years** von frühester Kindheit an; **at an ~ stage, in its ~ stages** im Frühstadium; **~ Gothic** Frühgotik, *die;* **an ~ work/the ~ writings of an author** ein Frühwerk/die Frühschriften eines Autors; **~ Christian times** die frühchristliche Zeit; **b)** *(of the distant past)* vorgeschichtlich ⟨*Fund, Fossilien*⟩; *(prehistoric)* frühgeschichtlich ⟨*Fund, Fossilien*⟩; **the earliest records of a civilization** die frühesten Spuren einer Zivilisation; **at a very ~ date** schon sehr früh; **c)** *(forward in flowering, ripening, etc.)* frühblühend ⟨*Pflanze*⟩; Früh⟨*gemüse, -obst*⟩. **2.** *adv.* früh; **~ next week** Anfang der nächsten Woche; **~ next Wednesday** nächsten Mittwoch früh; **~ in June** Anfang Juni; **the earliest I can come is Friday** ich kann frühestens Freitag kommen; **I cannot come earlier than Thursday** ich kann nicht vor Donnerstag kommen; **from ~ in the morning till late at night** von früh [morgens] bis spät [nachts]; **~ on** schon früh; **earlier on this week/year** früher in der Woche/im Jahr

**early: ~ bird** *n. (joc.) jmd., der etw. frühzeitig tut; (getting up)* Frühaufsteher, *der/*-aufsteherin, *die;* **the ~ bird catches the worm** *(prov.)* Morgenstunde hat Gold im Munde *(Spr.);* **~ 'closing** *n.* **it is ~ closing** die Geschäfte haben nachmittags geschlossen; **~-'closing day** *n. Tag, an dem die Geschäfte nachmittags geschlossen haben;* **~ 'days** *n. pl.* **in the ~ days** am Anfang (of *Gen.*); **it is ~ days [yet]** es ist noch zu früh; **~-'warning** *attrib. adj.* Frühwarn-

**ear: ~mark 1.** *n.* Ohrmarke, *die; (fig.)* Kennzeichen, *das;* **2.** *v. t.* **a)** *(mark, lit. or fig.)* [kenn]zeichnen; **b)** *(assign to definite purpose)* bestimmen; vorsehen; **~-muffs** *n. pl.* Ohrenschützer *Pl.*

**earn** [ɜ:n] *v. t.* **a)** ⟨*Person, Tat, Benehmen:*⟩ verdienen; **~ed income** Einkommen aus Arbeit; **it ~ed him much respect** es trug ihm viel Respekt ein; **b)** *(bring in as income or interest)* einbringen; **c)** *(incur)* eintragen; einbringen; **he ~ed nothing but ingratitude** er erntete nur Undank

**earner** ['ɜ:nə(r)] *n.* **be a nice little ~** *(coll.)* ganz schön was einbringen *(ugs.)*

**1earnest** ['ɜ:nɪst] **1.** *adj.* **a)** *(serious, zealous)* ernsthaft; **be ~ in one's endeavour to do sth.** sich ernsthaft bemühen, etw. zu tun; **b)** *(ardent)* innig ⟨*Wunsch, Gebet, Hoffnung*⟩; leidenschaftlich ⟨*Appell*⟩. **2.** *n.* **in ~:** mit vollem Ernst; **this time I'm in ~ [about it]** diesmal ist es mir Ernst *od.* meine ich es ernst [damit]; **it's raining in ~ now** jetzt regnet es richtig

**2earnest** *n.* **a)** *(money)* Handgeld, *das;* **b)** *(foretaste)* Vorgeschmack, *der* **(of** von)

**earnestly** ['ɜ:nɪstlɪ] *adv.* ernsthaft

**earning** ['ɜ:nɪŋ] *n.* **a)** Erreichen, *das; (of money)* Verdienen, *das;* **b)** *in pl. (money earned)* Verdienst, *der; (of business etc.)* Ertrag, *der*

**ear: ~phone** *n.* Kopfhörer, *der;* **~-piece** *n.* Hörmuschel, *die;* **~-piercing 1.** *adj.* durch Mark und Bein gehend ⟨*Lärm*⟩; **2.** *n.* Durchstechen der Ohrläppchen; **~-plug** *n.* Ohropax, *das* Ⓦ; **~-ring** *n.* Ohrring, *der;* **~shot** *n.* **out of/within ~shot** außer/in Hörweite; **~-splitting** *adj.* ohrenbetäubend

**earth** [ɜ:θ] **1.** *n.* **a)** *(land, soil)* Erde, *die; (ground)* Boden, *der;* **be brought/come down *or* back to ~ [with a bump]** *(fig.)* [schnell] wieder auf den Boden der Tatsachen zurückgeholt werden/zurückkommen; **b)** *or* **E~** *(planet)* Erde, *die;* **c)** *(abode of man)* Erde, *die;* **on ~** *(existing anywhere)* auf der Welt; auf Erden *(geh.);* **nothing on ~ will stop me** keine Macht der Welt kann mich aufhalten; **how/what** *etc.* **on ~ ...?** wie/was *usw.* in aller Welt ...?; **who on ~ is that?** wer ist das bloß?; **what on ~ do you mean?** was meinst du denn nur?; **where on ~ has she got to?** wo ist sie denn bloß hingegangen?; **look like nothing on ~:** *(be unrecognizable)* nicht zu erkennen sein; *(look repellent)* furchtbar aussehen; **be like nothing on ~:** unvergleichlich sein; **feel like nothing on ~:** sich ganz mies fühlen *(ugs.);* **on ~** *(Relig.)* auf Erden; **d)** *(land and sea together)* Erde, *die;* Welt, *die;* **e)** *(of animal)* Bau, *der;* **run to ~:** in seinen Unterschlupf hetzen ⟨*Tier*⟩; **have gone to ~** *(fig.)* untergetaucht sein; **f)** *(coll.)* **charge/cost/pay the ~:** ein Vermögen *od. (ugs.)* eine ganze Stange Geld verlangen/kosten/bezahlen; **it won't cost the ~:** das kostet nicht die Welt *(ugs.);* **promise sb. the ~:** jmdm. das Blaue vom Himmel versprechen *(ugs.);* **g)** *(Chem.)* Erde, *die;* **h)** *(Brit. Electr.)* Erde, *die;* Erdung, *die.* **2.** *v. t. (Brit. Electr.)* erden

**~ 'up** *v. t.* mit Erde bedecken

**'earth-closet** *n. (Brit.)* Humustoilette, *die*

**earthen** ['ɜ:θn] *adj. (made of clay)* irden; Ton-

**earthenware** ['ɜ:θnweə(r)] **1.** *n., no pl.* **a)** *(vessels etc.)* Tonwaren *Pl.;* Irdenware, *die (selten);* **b)** *(clay)* Ton, *der.* **2.** *adj.* Ton-; tönern

**earthiness** ['ɜ:θɪnɪs] *n., no pl.* **a)** Erdigkeit, *die;* **b)** *(of person)* Derbheit, *die*

**earthly** ['ɜ:θlɪ] *adj.* irdisch; **no ~ use** *etc. (coll.)* nicht der geringste Nutzen *usw.;* **this is no ~ use to me** *(coll.)* das nützt mir nicht im geringsten *od.* überhaupt nicht; **not an ~** *(sl.)* nicht die geringste Chance

**earth: ~-moving 1.** *n.* Erdarbeiten *Pl.;* **2.** *adj.* **~-moving vehicle** Fahrzeug für Erdarbeiten; **~quake** *n.* Erdbeben, *das;* **~ sciences** *n. pl.* Geowissenschaften *Pl.;* **~-shaking, ~-shattering** *adjs. (fig.)* weltbewegend; **not of ~-shattering importance** nicht weltbewegend; **~ tremor** *n.* Erdstoß, *der;* leichtes Erdbeben; **~work** *n.* **a)** *(bank)* Wall, *der;* **b)** *(raising of bank)* Erdarbeiten *Pl.;* **~worm** *n.* Regenwurm, *der*

**earthy** ['ɜ:θɪ] *adj.* **a)** erdig; **b)** derb ⟨*Person*⟩

**ear: ~-trumpet** *n.* Hörrohr, *das;* **~-wax** *n.* Ohrenschmalz, *das*

**earwig** ['ɪəwɪg] *n.* Ohrwurm, *der*

**ease** [i:z] **1.** *n.* **a)** *(freedom from pain or trouble)* Ruhe, *die;* **set sb. at ~:** jmdn. beruhigen; **b)** *(leisure)* Muße, *die; (idleness)* Müßiggang, *der;* **a life of ~:** ein Leben der Muße; **c)** *(freedom from constraint)* Entspanntheit, *die;* **at [one's] ~:** entspannt; behaglich; **she sat there taking her ~:** sie machte es sich gemütlich *od.* behaglich; **be *or* feel at [one's] ~:** sich wohl fühlen; **put *or* set sb. at his ~:** jmdm. die Befangenheit nehmen; **he is always at his ~** *(never embarrassed)* er ist immer unbefangen *od.* ungezwungen; **d) with ~** *(without difficulty)* mit Leichtigkeit; **e)** *(relief from pain)* Linderung, *die;* **f)** *(Mil.)* **[stand] at ~!** rührt euch! *See also* **ill 3c. 2.** *v. t.* **a)** *(relieve)* lindern ⟨*Schmerz, Kummer*⟩; *(make lighter, easier)* erleichtern ⟨*Last, Arbeit*⟩; entspannen ⟨*Lage, Person*⟩; verringern ⟨*Belastung, Druck*⟩; **~ sb. of a burden** jmdm. eine Last abnehmen; **b)** *(give mental ~ to)* erleichtern; **~ sb.'s mind** jmdn. beruhigen; **c)** *(relax, adjust)* lockern ⟨*Griff, Knoten*⟩; verringern ⟨*Druck, Spannung, Geschwindigkeit*⟩; beruhigen ⟨*Verkehr*⟩; **d)** *(joc.: rob)* erleichtern *(ugs. scherzh.);* **~ sb. of sth.** jmdn. um etw. erleichtern; **e)** *(cause to move)* behutsam bewegen; **~ the clutch in** die Kupplung langsam kommen lassen; **~ the cap off a bottle** eine Flasche vorsichtig öffnen. **3.** *v. i.* **a)** ⟨*Belastung, Druck, Wind, Sturm:*⟩ nachlassen; **b) ~ off *or* up** *(begin to take it easy)* sich entspannen; **~ off, you're going much too fast** fahre ein bißchen langsamer, du bist viel zu schnell; **c)** ⟨*Aktien usw.:*⟩ nachgeben

**easel** ['i:zl] *n.* Staffelei, *die*

**easily** ['i:zɪlɪ] *adv.* **a)** *(without difficulty)* leicht; **more ~ said than done** leichter gesagt als getan; **b)** *(without doubt)* zweifelsohne; **it is ~ a hundred metres deep** es ist gut und gerne 100 m tief; **c)** *(quite possibly)* leicht; **that may ~ be** das kann gut sein

**easiness** ['i:zɪnɪs] *n.* Leichtigkeit, *die*

**east** [i:st] **1.** *n.* **a)** Osten, *der;* **the ~** Ost *(Met., Seew.);* **in/to[wards]/from the ~:** im/nach *od. (geh.)* gen/von Osten; **to the ~ of** östlich von; östlich (+ *Gen.*); **~, west, home's best** *(prov.)* ob Osten oder Westen, zu Hause ist's zum besten; **b)** *usu.* **E~** *(part lying to the ~)* Osten, *der; (Geog., Polit.: world lying ~ of Europe)* Osten, *der;* Orient, *der;* Morgenland, *das (dichter.);* **from the E~:** aus dem Osten; **the E~** *(Amer.: NE part of US)* der Osten; *see also* **Far East; Middle East; Near East; c)** *(Cards)* Ost. **2.** *adj.* östlich; Ost⟨*küste, -wind, -grenze, -tor*⟩. **3.** *adv.* ostwärts; nach Osten; **~ of** östlich von; östlich (+ *Gen.*); **~ and west** nach Osten und Westen ⟨*verlaufen, sich erstrecken*⟩; **~ by north/south** *see* **1by 1d**

**east: E~ 'Africa** *pr. n.* Ostafrika *(das);* **E~ Anglia** [i:st 'æŋglɪə] *pr. n. die beiden englischen Grafschaften Norfolk und Suffolk;* **E~ Ber'lin** *pr. n.* Ost-Berlin *(das);* Berlin, *das (DDR);* **~bound** *adj.* ⟨*Zug, Verkehr usw.*⟩ in Richtung Osten; **E~ 'End** *n. (Brit.)* Londoner Osten; **E~-Ender** [i:st'endə(r)] *n. (Brit.)* Bewohner/Bewohnerin des Londoner Ostens

**Easter** ['i:stə(r)] *n.* Ostern, *das od. Pl.;* **at ~:** [zu *od.* an] Ostern; **next/last ~:** nächste/letzte Ostern

**Easter: ~ 'Day** *n.* Ostersonntag, *der;* **~ egg** *n.* Osterei, *das*

**easterly** ['i:stəlɪ] **1.** *adj.* **a)** *(in position or direction)* östlich; **in an ~ direction** nach Osten; **b)** *(from the east)* ⟨*Wind*⟩ aus östlichen Richtungen; **the wind was ~:** der Wind kam aus östlichen Richtungen. **2.** *adv.* **a)** *(in position)* östlich; *(in direction)* ostwärts; **b)** *(from the east)* aus *od.* von Ost[en]. **3.** *n.* Ost[wind], *der*

**eastern** ['i:stən] *adj.* östlich; Ost⟨*grenze, -hälfte, -seite, -fenster, -wind*⟩; *see also* **bloc; Far Eastern; Middle Eastern; Near Eastern**

**Eastern:** ~ '**Europe** *pr. n.* Osteuropa *(das);* ~ **Euro'pean 1.** *adj.* osteuropäisch; **2.** *n.* Osteuropäer, *der*/-europäerin, *die;* ~ **Germany** *pr. n.* Ostdeutschland *(das)*

**easternmost** ['i:stənməʊst] *adj.* östlichst...

**Easter:** ~ '**Sunday** *see* ~ **Day;** ~ **term** *n.* *(Brit.)* **a)** *(Univ.) see* **Trinity term; b)** *(Law)* Sitzungsperiode von Ostern bis Pfingsten; **~tide** *n. (arch.)* [Tage *Pl.* nach] Ostern; ~ **week** *n.* Osterwoche, *die*

**east:** **E~ 'German** *(Hist.)* **1.** *adj.* ostdeutsch; **2.** *n.* Ostdeutsche, *der/die;* **E~ 'Germany** *pr. n. (Hist.)* Ostdeutschland *(das);* **E~ 'Indies** *see* **Indies b; ~-north-'~: 1.** *n.* Ostnordost[en], *der;* **2.** *adj.* ostnordöstlich; **3.** *adv.* nach Ostnordost[en]; **E~ 'Prussia** *pr. n.* Ostpreußen *(das);* **E~ Side** *n. (Amer.) Ostteil von Manhattan;* **~-south-'~: 1.** *n.* Ostsüdost[en], *der;* **2.** *adj.* ostsüdöstlich; **3.** *adv.* nach Ostsüdost[en]

**eastward** ['i:stwəd] **1.** *adj.* nach Osten gerichtet; *(situated towards the east)* östlich; **in an ~ direction** nach Osten; [in] Richtung Osten. **2.** *adv.* ostwärts; **they are ~ bound** sie fahren nach *od.* [in] Richtung Osten. **3.** *n.* Osten, *der*

**eastwards** ['i:stwədz] *see* **eastward 2**

**easy** ['i:zɪ] **1.** *adj.* **a)** *(not difficult)* leicht; **~ to clean/learn/see** *etc.* leicht zu reinigen/lernen/sehen *usw.;* **it is ~ to see that ...:** es ist offensichtlich, daß ...; man sieht sofort, daß ...; **it's as ~ as falling off a log** *or* **as ~ as pie** *or* **as ~ as anything** *(coll.)* es ist kinderleicht; **be an ~ winner** mit Leichtigkeit siegen; **the ~ fit of a coat** *etc.* der bequeme Sitz eines Mantels *usw.;* **it is ~ for him to talk** er hat leicht *od.* gut reden; **it's ~ for him to complain** er kann sich gut beklagen; **on ~ terms** auf Raten ⟨*kaufen*⟩; **b)** *(free from pain, anxiety, etc.)* sorglos, angenehm ⟨*Leben, Zeit*⟩; **make life ~ for oneself** sich *(Dat.)* das Leben leichtmachen; **make it** *or* **things ~ for sb.** es jmdm. leichtmachen; **[not] ~ in one's mind** be[un]ruhigt; **I do not feel altogether ~ about it/her** ich mache mir deswegen/ihretwegen doch Sorgen; **~ circumstances** *(coll.)* Wohlstand, *der; see also* **conscience; c)** *(free from constraint, strictness, etc.)* ungezwungen; unbefangen ⟨*Art*⟩; **at an ~ pace** in einem gemütlichen *od.* gemächlichen Tempo; **he is an ~ person** *or* **is ~ to get on with/work with** mit ihm kann man gut auskommen/zusammenarbeiten; **I'm ~** *(coll.)* es ist mir egal; **be ~ on the eye** *(coll.)* ansprechend aussehen; **woman** *or* **lady of ~ virtue** *(euphem.)* Freudenmädchen, *das (verhüll.).* **2.** *adv.* leicht; **easier said than done** leichter gesagt als getan; **~ come ~ go** *(coll.)* wie gewonnen, so zerronnen *(Spr.);* **~ does it** immer langsam *od.* sachte; **go ~:** vorsichtig sein; **go ~ on** *or* **with** sparsam sein *od.* umgehen mit; **be** *or* **go ~ on** *or* **with sb.** mit jmdm. nachsichtig sein; **take it ~!** beruhige dich!; **take it** *or* **things** *or* **life ~:** sich nicht übernehmen; **stand ~!** *(Brit. Mil.)* rührt euch!

**easy:** **~-care** *attrib. adj.* pflegeleicht; ~ '**chair** *n.* Sessel, *der;* **~-going** *adj. (calm, placid)* gelassen; *(casually pleasant, comfortable)* gemütlich; *(informal)* ungezwungen; *(lax)* nachlässig; *(careless)* unbekümmert; ~ '**meat** *n. (coll.)* leichte Beute; **sth./sb. is ~ meat** man hat [ein] leichtes Spiel mit etw./jmdm.; ~ '**money** *n.* leicht verdientes Geld; ~ '**option** *n.* leichter Weg; **E~ Street** *n.* **be on E~ Street** im Wohlstand leben

**eat** [i:t] **1.** *v. t.,* **ate** [et, eɪt], **eaten** ['i:tn] **a)** ⟨*Mensch:*⟩ essen; ⟨*Tier:*⟩ fressen; **I've had enough to ~:** ich habe genug gegessen; ich bin satt *od.* gesättigt; **I could ~ a horse!** ich habe einen Bärenhunger! *(ugs.);* **you should ~ regular meals** du solltest regelmäßig essen; **don't be afraid – he won't ~ you!** *(fig.)* keine Angst, er wird dich schon nicht fressen *(ugs.);* **I could ~ you** du siehst zum Fressen aus *(ugs.);* **she looks nice enough to ~:** sie sieht zum Anbeißen aus *(ugs.);* **~ sb. out of house and home** jmdn. arm essen; jmdm. die Haare vom Kopf fressen *(ugs.);* **what's ~ing you?** *(coll.)* was hast du denn?; **~ one's words** seine Worte zurücknehmen; **b)** *(destroy, consume, make hole in)* fressen; **~ its way into/through sth.** sich in etw./durch etw. hindurchfressen. *See also* **bread 1b; dirt a; hat b; heart 1a; humble 1a. 2.** *v. i.,* **ate, eaten a)** ⟨*Person:*⟩ essen; ⟨*Tier:*⟩ fressen; **~ out of sb.'s hand** *(lit. or fig.)* jmdm. aus der Hand fressen *(ugs.);* **b)** *(make a way by gnawing or corrosion)* **~ into** sich hineinfressen in (+ *Akk.*); **~ through sth.** sich durch etw. durchfressen

~ '**out** *v. i.* essen gehen

~ '**up 1.** *v. t.* **a)** *(consume)* ⟨*Person:*⟩ aufessen; ⟨*Tier:*⟩ auffressen; **the chickens were ~en up by the fox** die Hühner wurden vom Fuchs gefressen; **the car ~s up a lot of petrol** das Auto verbraucht *od. (ugs.)* frißt viel Benzin; **be ~en up by sth.** *(fig.)* vor etw. [fast] vergehen; **b)** *(traverse rapidly)* **our car ~s up the miles** unser Auto frißt die Meilen nur so *(ugs.).* **2.** *v. i.* aufessen

**eatable** ['i:təbl] **1.** *adj.* genießbar; eßbar. **2.** *n. in pl.* Lebensmittel *Pl.;* **have no ~s with one** nichts zu essen dabeihaben

'**eat-by date** *n.* Verfallsdatum, *das*

**eaten** *see* **eat**

**eater** ['i:tə(r)] *n.* **a)** *(person)* Esser, *der*/Esserin, *die;* **a big ~:** ein guter Esser; **b)** *(apple)* Eßapfel, *der*

**eating** ['i:tɪŋ] *n.* Essen, *das;* **make good ~:** ein gutes Essen sein; **not for ~:** nicht zum Essen [geeignet]

**eating:** **~ apple** *n.* Eßapfel, *der;* **~-house** *n.* Restaurant, *das;* Speisehaus, *das;* **~-place** *n.* Eßgelegenheit, *die*

**eats** [i:ts] *n. pl. (coll.)* Fressalien *Pl. (ugs.);* **what's for ~?** was gibt's zu essen? *(ugs.)*

**eau-de-Cologne** [əʊdəkə'ləʊn] *n.* Eau de Cologne, *das;* Kölnisch Wasser, *das*

**eaves** [i:vz] *n. pl.* Dachgesims, *das*

**eaves:** **~drop** *v. i.* lauschen; **~drop on sth./sb.** etw./jmdn. belauschen; **~dropper** *n.* Lauscher, *der*/Lauscherin, *die*

**ebb** [eb] **1.** *n.* **a)** *(of tide)* Ebbe, *die;* **the tide is on the ~:** es ist Ebbe; **b)** *(decline, decay)* Niedergang, *der;* **their morale was at its lowest ~:** ihre Moral war auf dem Tiefpunkt angelangt; **my funds are at a low ~:** in meinem Geldbeutel ist Ebbe *(ugs.);* **the ~ and flow** das Auf und Ab; **the ~ and flow of life** die Höhen und Tiefen des Lebens. **2.** *v. i.* **a)** *(flow back)* zurückgehen; **b)** *(recede, decline)* schwinden; **~ away** dahinschwinden; **his life is ~ing out** mit ihm geht es zu Ende

'**ebb-tide** *n.* Ebbe, *die*

**ebony** ['ebənɪ] **1.** *n.* Ebenholz, *das.* **2.** *adj.* Ebenholz⟨*baum*⟩; ebenholzfarben ⟨*Haar, Haut*⟩; **~ box** *etc.* Kiste *usw.* aus Ebenholz

**ebullience** [ɪ'bʌlɪəns, ɪ'bʊlɪəns] *n.* Überschwenglichkeit, *die;* **~ of youth** jugendlicher Überschwang

**ebullient** [ɪ'bʌlɪənt, ɪ'bʊlɪənt] *adj. (exuberant)* überschwenglich; übersprudelnd, überschäumend ⟨*Temperament, Laune*⟩

**EC** *abbr.* **European Community** EG

**eccentric** [ɪk'sentrɪk] **1.** *adj.* **a)** *(odd, whimsical)* exzentrisch ⟨*Person*⟩; *(differing from the usual)* ausgefallen, ungewöhnlich ⟨*Person*⟩; **b)** *(not placed centrally, irregular)* exzentrisch; einseitig ⟨*Belastung*⟩. **2.** *n.* Exzentriker, *der*/Exzentrikerin, *die*

**eccentrically** [ɪk'sentrɪkəlɪ] *adv.* exzentrisch

**eccentricity** [eksən'trɪsɪtɪ] *n.* Exzentrizität, *die*

**Eccles cake** ['eklz keɪk] *n. (Brit.) rundes Rosinengebäck*

**Ecclesiastes** [ɪkli:zɪ'æsti:z] *n. (Bibl.)* Ekklesiastes, *der;* Prediger Salomo

**ecclesiastic** [ɪkli:zɪ'æstɪk] *n.* Kleriker, *der*/Klerikerin, *die;* Geistliche, *der/die*

**ecclesiastical** [ɪkli:zɪ'æstɪkl] *adj.* kirchlich; Kirchen⟨*recht, -amt, -jahr*⟩; **~ music** geistliche Musik; Kirchenmusik, *die*

**ECG** *abbr.* **electrocardiogram** EKG

**echelon** ['eʃəlɒn, 'eɪʃəlɒn] *n.* **a)** *(of troops)* Echelon, *der;* Staffelstellung, *die* **in ~:** in Staffelstellung; **b)** *(of ships, aircraft, etc.)* Staffel, *die;* **in ~:** in staffelförmiger Formation; **c)** *(group in an organization)* Stab, *der;* **the lower ~s** die niedrigeren Ränge

**echinoderm** [ɪ'kaɪnədɜ:m, 'ekɪnədɜ:m] *n.* *(Zool.)* Echinoderme, *der (fachspr.);* Stachelhäuter, *der*

**echo** ['ekəʊ] **1.** *n., pl.* **~es a)** Echo, *das;* **cheer sb. to the ~:** jmdn. begeistert *od.* stürmisch feiern; **b)** *(fig.)* Anklang, *der* **(of** an + *Akk.*). **2.** *v. i.* **a)** ⟨*Ort:*⟩ hallen **(with** von); **it ~es in here** hier gibt es ein Echo; **b)** ⟨*Geräusch:*⟩ widerhallen. **3.** *v. t.* **a)** *(repeat)* zurückwerfen; **b)** *(repeat words of)* echoen; wiederholen; *(imitate words or opinions of)* widerspiegeln

**éclair** ['eɪkleə(r), eɪ'kleə(r)] *n.* Eclair, *das*

**eclectic** [ɪ'klektɪk] **1.** *adj.* eklektisch. **2.** *n.* Eklektiker, *der*

**eclipse** [ɪ'klɪps] **1.** *n.* **a)** *(Astron.)* Eklipse, *die (fachspr.);* Finsternis, *die;* **~ of the sun, solar ~:** Sonnenfinsternis, *die;* **~ of the moon, lunar ~:** Mondfinsternis, *die;* **in ~:** verfinstert; **b)** *(deprivation of light)* Dunkelheit, *die;* Finsternis, *die;* **c)** *(fig.)* Niedergang, *der;* **his fame suffered a total ~:** sein Ruhm verblaßte völlig; **in ~:** im Dunkel. **2.** *v. t.* **a)** verfinstern ⟨*Sonne, Mond*⟩; **b)** *(fig.: outshine, surpass)* in den Schatten stellen

**ecliptic** [ɪ'klɪptɪk] *n. (Astron.)* Ekliptik, *die*

**eco-** ['i:kə] *in comb.* öko-/Öko-

**ecological** [i:kə'lɒdʒɪkl] *adj.* ökologisch

**ecologist** [i:'kɒlədʒɪst] *n.* Ökologe, *der*/Ökologin, *die*

**ecology** [i:'kɒlədʒɪ] *n.* Ökologie, *die*

**economic** [i:kə'nɒmɪk, ekə'nɒmɪk] *adj.* **a)** *(of economics)* Wirtschafts⟨*politik, -abkommen, -system, -modell*⟩; ökonomisch, wirtschaftlich ⟨*Entwicklung, Zusammenbruch*⟩; **~ cycle** Konjunkturzyklus, *der;* Konjunkturablauf, *der;* **b)** *(giving adequate return)* wirtschaftlich ⟨*Miete*⟩; **c)** *(maintained for profit)* wirtschaftlich; gewinnbringend

**economical** [i:kə'nɒmɪkl, ekə'nɒmɪkl] *adj.* wirtschaftlich; ökonomisch; sparsam ⟨*Person*⟩; **be ~ with sth.** mit etw. haushalten; **the car is ~ to run** das Auto ist wirtschaftlich; **~ use of words** knappe Ausdrucksweise

**economically** [i:kə'nɒmɪkəlɪ, ekə'nɒmɪkəlɪ] *adv.* **a)** *(with reference to economics)* wirtschaftlich; **b)** *(in a saving manner)* sparsam; **be ~ minded** wirtschaftlich denken

**economics** [i:kə'nɒmɪks, ekə'nɒmɪks] *n., no pl.* **a)** Wirtschaftswissenschaft, *die (meist Pl.);* [politische] Ökonomie; **b)** *(application of the science)* wirtschaftlicher Aspekt; **the ~ of the situation** die wirtschaftliche *od.* finanzielle Seite der Situation; **c)** *(condition of a country)* Wirtschaft, *die*

**economise** *see* **economize**

**economist** [ɪ'kɒnəmɪst] *n.* Wirtschaftswissenschaftler, *der*/-wissenschaftlerin, *die;* **political ~:** Wirtschaftspolitiker, *der*/-politikerin, *die*

**economize** [ɪ'kɒnəmaɪz] *v. i.* sparen; **~ on sth.** etw. sparen

**economy** [ɪ'kɒnəmɪ] *n.* **a)** *(frugality)* Sparsamkeit, *die; (of effort, motion)* Wirtschaftlichkeit, *die; (of style)* Kürze, *die;* Knappheit, *die;* **b)** *(instance)* Einsparung, *die;* **make economies** zu Sparmaßnahmen greifen; **c)** *(of country etc.)* Wirtschaft, *die*

**economy: ~ class** *n.* Touristenklasse, *die;* Economyklasse, *die;* **~ size** *n.* Haushaltspackung, *die;* Sparpackung, *die;* **an ~-size packet of salt** eine Haushaltspackung Salz

**ecstasy** ['ekstəsɪ] *n.* Ekstase, *die;* Verzückung, *die;* **be in/go into ecstasies [over sth.]** in Ekstase [über etw. *(Akk.)*] sein/geraten

**ecstatic** [ɪk'stætɪk] *adj.*, **ecstatically** [ɪk'stætɪkəlɪ] *adv.* ekstatisch; verzückt

**ECT** *abbr.* **electroconvulsive therapy** EKT

**ECU, ecu** ['eɪkju:] *abbr.* **European currency unit** Ecu, *der od. die*

**Ecuador** [ekwa'dɔ:(r)] *pr. n.* Ekuador *(das)*

**Ecuadorean** [ekwə'dɔ:rɪən] **1.** *adj.* ecuadorianisch; ekuadorianisch; **sb. is ~:** jmd. ist Ekuadorianer/Ekuadorianerin. **2.** *n.* Ekuadorianer, *der*/Ekuadorianerin, *die*

**ecumenical** [i:kjʊ'menɪkl, ekjʊ'menɪkl] *adj.* **a)** *(Relig.)* ökumenisch; **E~ Council** Ökumenisches Konzil; **b)** *(world-wide)* [welt]umfassend; [welt]umspannend

**ecumenicalism** [i:kjʊ'menɪkəlɪzm, ekjʊ'menɪkəlɪzm] *n.* *(Relig.)* ökumenische Bewegung; Ökumenismus, *der (kath. Kirche)*

**ecumenism** [i:'kju:mənɪzm] *n.* *(Relig.)* Ökumene, *die;* ökumenische Bewegung

**eczema** ['ekzɪmə, 'eksɪmə] *n.* *(Med.)* Ekzem, *das (fachspr.);* Hautausschlag, *der*

**ed.** *abbr.* **a) edited [by]** hg.; hrsg.; **b) edition** Ausg.; **c) editor** Hrsg.; **d) editor's note** Anm. d. Hrsg.; *(in newspaper)* Anm. d. Red.

**Edam** ['i:dæm] *n.* Edamer [Käse], *der*

**eddy** ['edɪ] **1.** *n.* **a)** *(whirlpool)* Strudel, *der;* **b)** *(of wind, fog, smoke)* Wirbel, *der;* **eddies of dust** Staubwirbel *Pl.* **2.** *v. i.* ⟨*Blätter:*⟩ wirbeln; ⟨*Wasser:*⟩ sprudeln

**edelweiss** ['eɪdlvaɪs] *n.* Edelweiß, *das*

**edema** *(Amer.) see* **oedema**

**Eden** ['i:dn] *n.* Eden *(das); (fig.)* Paradies, *das;* **the Garden of ~** der Garten Eden

**edge** [edʒ] **1.** *n.* **a)** *(of knife, razor, weapon)* Schneide, *die; (sharpness)* Schärfe, *die; (fig.: effectiveness)* Schärfe, *die;* Beißende, *das;* Schneidende, *das;* **the knife has lost its ~/has no ~:** das Messer ist stumpf geworden *od.* ist nicht mehr scharf/ist stumpf *od.* schneidet nicht; **take the ~ off sth.** etw. stumpf machen; *(fig.)* etw. abschwächen; **that took the ~ off our hunger** das nahm uns erst einmal den Hunger; **be on ~ [about sth.]** [wegen etw.] nervös *od.* gereizt sein; **her nerves have been all on ~ lately** in letzter Zeit ist sie schrecklich nervös; **set sb.'s teeth on ~:** jmdn. nervös machen; **give sb. the rough** *or* **sharp ~ of one's tongue** jmdm. gehörig Bescheid sagen *(ugs.);* **have/get the ~ [on sb./sth.]** *(coll.)* jmdm./einer Sache überlegen *od. (ugs.)* über sein/jmdn./etw. übertreffen; **b)** *(of solid, bed, brick, record, piece of cloth)* Kante, *die; (of dress)* Saum, *der;* **~ of a table** Tischkante, *die;* **roll off the ~ of the table** vom Tisch hinunterrollen; **a book with gilt ~s** ein Buch mit Goldschnitt; **c)** *(boundary) (of sheet of paper, road, forest, desert, cliff)* Rand, *der; (of sea, lake, river)* Ufer, *das; (of estate)* Grenze, *die;* **~ of the paper/of a road** Papierrand, *der*/Straßenrand, *der;* **platform ~:** Bahnsteigkante, *die;* **the ~ of the kerb** die Bordsteinkante; **at the ~ of a precipice** am Rande eines Abgrundes; **fall off the ~ of the cliff** die Klippe hinunterfallen; **on the ~ of sth.** *(fig.)* am Rande einer Sache *(Gen.);* **be on the ~ of disaster/bankruptcy** am Rande des Untergangs/Bankrotts stehen; **go over the ~** *(fig. coll.)* verrückt werden *(salopp).* **2.** *v. i. (move cautiously)* sich schieben; **~ along sth.** sich an etw. *(Dat.)* entlangschieben; **~ away** sich davonstehlen; sich wegschleichen; **~ away from sb./sth.** sich allmählich von jmdm./etw. entfernen; **~ up to sb.** sich an jmdn. heranmachen *(ugs.);* **~ out of the room** sich aus dem Zimmer stehlen. **3.** *v. t.* **a)** *(furnish with border)* säumen ⟨*Straße, Platz*⟩; besetzen ⟨*Kleid, Hut*⟩; einfassen ⟨*Garten, Straße*⟩; **~ with fur** mit Pelz verbrämen ⟨*Kragen*⟩; **b)** *(push gradually)* [langsam] schieben; **~ oneself** *or* **one's way through a crowd** sich [langsam] durch eine Menschenmenge schieben *od.* drängen; **he ~d his chair nearer to the fire** er rückte mit seinem Stuhl etwas näher ans Feuer; **c)** *(Cricket)* mit der Kante des Schlägers schlagen ⟨*Ball*⟩

**edged** [edʒd] *adj.* mit einer Schneide versehen; **an ~ blade/tool** eine scharfe Klinge/ein Werkzeug mit einer Schneide; **double-** *or* **two-~ blade** zweischneidige Klinge; **sharp-/dull-~:** scharf/stumpf; **black-/rough-~:** schwarzrandig/mit einem unebenen Rand

**edgeways** ['edʒweɪz], **edgewise** ['edʒwaɪz] *adv.* **a)** *(with edge uppermost or foremost)* mit der Schmalseite voran; **stand sth. ~:** etw. hochkant stellen; **b)** *(edge to edge)* Kante an Kante; **c)** *(fig.)* **I can't get a word in ~!** ich komme überhaupt nicht zu Wort!

**edging** ['edʒɪŋ] *n.* *(border, fringe) (of dress)* Borte, *die; (of lawn, garden, flower-bed)* Einfassung, *die; (lace, ribbon)* Paspel, *die;* **fur ~:** Pelzbesatz, *der*

**'edging-shears** *n. pl.* Kantenschneider, *der*

**edgy** ['edʒɪ] *adj.* nervös

**edible** ['edɪbl] **1.** *adj.* eßbar; genießbar. **2.** *n. in pl.* Nahrungsmittel *Pl.;* Lebensmittel *Pl.*

**edict** ['i:dɪkt] *n.* Erlaß, *der;* Edikt, *das (hist.)*

**edification** [edɪfɪ'keɪʃn] *n.* Erbauung, *die;* **for the ~ of ...:** zur Erbauung (+ *Gen.*)

**edifice** ['edɪfɪs] *n.* Gebäude, *das; (fig.)* Gefüge, *das;* Gebäude, *das*

**edifying** ['edɪfaɪɪŋ] *adj.* erbaulich

**edit** ['edɪt] *v. t.* **a)** *(act as editor of)* herausgeben ⟨*Zeitung*⟩; **b)** *(set in order for publication)* redigieren ⟨*Buch, Artikel, Manuskript*⟩; **c)** *(prepare an edition of)* bearbeiten; **~ the works of Homer** die Werke Homers neu herausgeben; **d)** *(take extracts from and collate)* schneiden, cutten, montieren ⟨*Film, Bandaufnahme*⟩; **e) ~ sth. out** etw. weglassen

**edition** [ɪ'dɪʃn] *n.* **a)** *(form of work, one copy; also fig.)* Ausgabe, *die;* **paperback ~:** Taschenbuchausgabe, *die;* **first ~:** Erstausgabe, *die;* **he is a second ~ of his father** er gleicht seinem Vater aufs Haar; **b)** *(from same types or at one time)* Auflage, *die;* **the book is in its fourth ~:** das Buch erscheint in seiner vierten Auflage; **the work has already gone through six ~s** die Arbeit erscheint schon in der sechsten Auflage; **morning/evening ~ of a newspaper** Morgen-/Abendausgabe einer Zeitung

**editor** ['edɪtə(r)] *n.* **a)** *(who prepares the work of others)* Redakteur, *der*/Redakteurin, *die; (of particular work)* Bearbeiter, *der*/Bearbeiterin, *die; (scholarly)* Herausgeber, *der*/-geberin, *die;* **b)** *(who conducts a newspaper or periodical)* Herausgeber, *der*/-geberin, *die;* **chief/sports/business ~:** Chef-/Sport-/Wirtschaftsredakteur, *der;* **c)** *(of films etc.)* Cutter, *der*/Cutterin, *die*

**editorial** [edɪ'tɔ:rɪəl] **1.** *n.* Leitartikel, *der.* **2.** *adj. (of an editor)* redaktionell; Redaktions⟨*assistent*⟩; **~ staff** Redaktion[sangestellte *Pl.*], *die;* **~ department** Redaktion, *die;* **~ job/work** Lektorenstelle, *die*/Lektorentätigkeit, *die;* **~ article** Leitartikel, *der*

**editorship** ['edɪtəʃɪp] *n.* Chefredaktion, *die;* Schriftleitung, *die;* **under the [general] ~ of Mr X** unter Herrn X als Herausgeber

**EDP** *abbr.* **electronic data processing** EDV

**EDT** *abbr. (Amer.)* **Eastern Daylight Time** östliche Sommerzeit

**educable** ['edjʊkəbl] *adj.* erziehbar

**educate** ['edjʊkeɪt] *v. t.* **a)** *(bring up)* erziehen; **~ sb. in sth.** jmdm. etw. beibringen; **b)** *(provide schooling for)* **he was ~d at Eton and Cambridge** er hat seine Ausbildung in Eton und Cambridge erhalten; **c)** *(give intellectual and moral training to)* bilden; **~ oneself** sich [weiter]bilden; **the public must be ~d how to save energy** die Öffentlichkeit muß aufgeklärt werden, wie man Energie spart; **d)** *(train)* schulen ⟨*Geist, Körper*⟩; [aus]bilden ⟨*Geschmack*⟩; dressieren, abrichten ⟨*Tier*⟩; **~ oneself to do sth.** sich dazu erziehen, etw. zu tun

**educated** ['edjʊkeɪtɪd] *adj.* gebildet; **make an ~ guess** eine wohlbegründete *od.* fundierte Vermutung anstellen

**education** [edjʊ'keɪʃn] *n.* **a)** *(instruction)* Erziehung, *die; (course of instruction)* Ausbildung, *die; (system)* Erziehungs[- und Ausbildungs]wesen, *das; (science)* Erziehungswissenschaften *Pl.;* Pädagogik, *die;* **~ is free** die Schulausbildung ist kostenlos; **Ministry of E~:** Ministerium für Erziehung und Unterricht; Kultusministerium, *das;* **be a man of ~:** ein gebildeter Mensch sein; **receive a good ~:** eine gute Ausbildung genießen; **sb. with school/a higher/university ~:** jmd. mit Schulbildung/mit einer höheren Schulbildung/Universitätsausbildung; **literary/scientific ~:** literarische/naturwissenschaftliche Bildung; **lecturer in ~:** Dozent/Dozentin für Pädagogik; **science/methods of ~:** Erziehungswissenschaften *Pl.*/-methoden *Pl.;* **b)** *(development of character or mental powers)* Schulung, *die. See also* **College of Education**

**educational** [edjʊ'keɪʃənl] *adj.* pädagogisch; erzieherisch; Lehr⟨*film, -spiele, -anstalt*⟩; Erziehungs⟨*methoden, -arbeit*⟩; **~ equipment** Unterrichtsmittel *Pl.;* **for ~ purposes** zu Lehr- *od.* Unterrichtszwecken

**educationalist** [edjʊ'keɪʃənəlɪst] *n.* Pädagoge, *der*/Pädagogin, *die;* Erziehungswissenschaftler, *der*/-wissenschaftlerin, *die*

**educationally** [edjʊ'keɪʃənəlɪ] *adv.* pädagogisch; **~ subnormal** lernbehindert; **be ~ backward** ein niedriges Bildungsniveau haben

**educationist** [edjʊ'keɪʃənɪst] *see* **educationalist**

**educative** ['edjʊkətɪv] *adj. (educational)* erzieherisch, pädagogisch ⟨*Fragen, Gründe*⟩; *(instructive)* erzieherisch; Erziehungs-; lehrreich ⟨*Film, Buch*⟩

**educator** ['edjʊkeɪtə(r)] *n.* Pädagoge, *der*/Pädagogin, *die;* Erzieher, *der*/Erzieherin, *die; (fig.)* Erzieher, *der*

**Edward** ['edwəd] *pr. n. (Hist., as name of ruler etc.)* Eduard *(der)*

**Edwardian** [ed'wɔ:dɪən] **1.** *adj.* Edwardianisch. **2.** *n.* Edwardianer, *der*

**EEC** *abbr.* **European Economic Community** EWG

**eel** [i:l] *n.* Aal, *der;* **be as slippery as an ~:** aalglatt sein

**e'en** [i:n] *(arch./poet.) see* [1,2]**even**

**e'er** [eə(r)] *(poet.) see* **ever**

**eerie** ['ɪərɪ] *adj.* unheimlich ⟨*Ort, Gebäude, Form*⟩; schaurig ⟨*Klang*⟩; schauerlich ⟨*Schrei*⟩; **give sb. an ~ feeling** jmdn. schaudern lassen

**eerily** ['ɪərɪlɪ] *adv. see* **eerie:** unheimlich; schaurig

**eff** [ef] *v. i. (sl.)* **~ and blind** fluchen

**efface** [ɪ'feɪs] **1.** *v. t.* **a)** *(rub out)* beseitigen ⟨*Inschrift*⟩; **b)** *(fig.: obliterate)* auslöschen; tilgen *(geh.).* **2.** *v. refl.* sich im Hintergrund halten

**effect** [ɪ'fekt] **1.** *n.* **a)** *(result)* Wirkung, *die* (on auf + *Akk.*); **her words had little ~ on him** ihre Worte erzielten bei ihm nur eine geringe Wirkung; **the ~s of sth. on sth.** die Auswirkungen einer Sache *(Gen.)* auf etw. *(Akk.);* die Folgen einer Sache *(Gen.)* für etw.; **the ~ of this was that ...:** das hatte zur Folge, daß ...; **be of no** *or* **to no ~:** erfolglos *od.* ergebnislos sein; **with the ~ that ...:** mit der Folge *od.* dem Resultat, daß ...; **take ~:** wirken; die erwünschte Wirkung erzielen; **in ~:** in Wirklichkeit; praktisch; **b)** *no art. (impression)* Wirkung, *die;* Effekt, *der;* **solely** *or* **only for ~:** nur des Effekts wegen; aus reiner Effekthascherei *(abwertend);* **c)** *(meaning)* Inhalt, *der;* Sinn, *der;* **or words to that ~:** oder etwas in diesem Sinne; **a letter to the following ~:** ein Brief folgenden Inhalts; **we received a letter to the ~ that ...:** wir erhielten ein Schreiben des Inhalts, daß ...; **all families received instructions to that ~:** alle Familien bekamen entsprechende Anweisungen; **to the same ~:** desselben Inhalts; **d)** *(operativeness)* Kraft, *die;* Gültigkeit, *die;* **be in ~:** gültig *od.* in Kraft sein; **come into ~:** gültig *od.* wirksam werden; ⟨*bes. Gesetz:*⟩ in Kraft treten; **bring** *or* **carry** *or* **put into ~:** in Kraft setzen ⟨*Gesetz*⟩; verwirklichen ⟨*Plan*⟩; verwerten ⟨*Erfahrung, Kenntnisse*⟩; **give ~ to sth.** etw. in Kraft treten lassen; **take ~:** in Kraft treten; **with ~ from 2 November/Monday** mit Wirkung vom 2. November/von Montag; **e)** *in pl. (in play, film, broadcast)* **light ~s** Lichteffekte *Pl.;* **f)** *in pl. (property)* Vermögenswerte *Pl.;* Eigentum, *das;* **personal ~s:** persönliches Eigentum; Privateigentum, *das;* **household ~s:** Hausrat, *der.* **2.** *v. t.* durchführen; herbeiführen ⟨*Einigung*⟩; erzielen ⟨*Übereinstimmung, Übereinkommen*⟩; tätigen ⟨*Umsatz, Kauf*⟩; abschließen ⟨*Versicherung*⟩; leisten ⟨*Zahlung*⟩; **~ one's purpose** *or* **intention/desire** seine Absicht verwirklichen *od.* in die Tat umsetzen/sich *(Dat.)* einen Wunsch erfüllen; **payment was ~ed in dollars** die Zahlung erfolgte in Dollar

**effective** [ɪˈfektɪv] *adj.* **a)** *(having an effect)* wirksam ⟨*Mittel*⟩; effektiv ⟨*Maßnahmen*⟩; gleichwertig ⟨*Ersatz*⟩; **the measures have not been ~:** die Maßnahmen blieben ohne Wirkung *od.* waren wirkungslos; **be ~** ⟨*Arzneimittel:*⟩ wirken; **b)** *(having come into operation)* gültig; **~ from/as of** mit Wirkung vom; **the law is no longer ~/is ~ as from 1 September** das Gesetz hat keine Gültigkeit mehr *od.* ist außer Kraft/tritt ab 1. September in Kraft *od.* wird ab 1. September wirksam; **c)** *(powerful in effect)* überzeugend ⟨*Rede, Redner, Worte*⟩; kraftvoll ⟨*Stimme*⟩; **d)** *(striking)* wirkungsvoll; effektvoll; **e)** *(existing)* wirklich, tatsächlich ⟨*Hilfe*⟩; effektiv ⟨*Gewinn, Umsatz*⟩; **the ~ strength of the army** die Ist-Stärke der Armee

**effectively** [ɪˈfektɪvlɪ] *adv. (in fact)* effektiv; *(with effect)* wirkungsvoll; effektvoll; **they are ~ the same** effektiv sind sie gleich

**effectiveness** [ɪˈfektɪvnɪs] *n., no pl.* Wirksamkeit, *die;* Effektivität, *die*

**effectual** [ɪˈfektjʊəl] *adj.* **a)** *(sufficient)* wirksam ⟨*Mittel, Maßnahmen*⟩; **b)** *(valid)* [rechts]gültig, bindend ⟨*Vertrag, Dokument*⟩

**effectually** [ɪˈfektjʊəlɪ] *adv.* erfolgreich

**effectuate** [ɪˈfektjʊeɪt] *v. t.* bewirken; herbeiführen ⟨*Änderung*⟩; erzielen ⟨*Übereinstimmung*⟩

**effeminate** [ɪˈfemɪnət] *adj.* unmännlich, *(geh.)* effeminiert ⟨*Mann*⟩

**effervesce** [efəˈves] *v. i.* sprudeln; efferveszieren *(fachspr.); (fig.)* übersprudeln; überschäumen; **be effervescing with sth.** vor etw. übersprudeln *od.* überschäumen

**effervescence** [efəˈvesəns] *n., no pl.* Sprudeln, *das; (fig.)* Übersprudeln, *das;* Überschäumen, *das*

**effervescent** [efəˈvesənt] *adj.* sprudelnd; *(fig.)* übersprudelnd, überschäumend ⟨*Freude, Verhalten*⟩; überschwenglich ⟨*Stimme*⟩; **~ tablets** Brausetabletten

**effete** [eˈfi:t] *adj. (exhausted, worn out)* verbraucht; saft- und kraftlos ⟨*Person*⟩; überlebt ⟨*System*⟩; *(soft, decadent)* verweichlicht

**efficacious** [efɪˈkeɪʃəs] *adj.* wirksam ⟨*Methode, Mittel, Medizin*⟩

**efficaciousness** [efɪˈkeɪʃəsnɪs], **efficacy** [ˈefɪkəsɪ] *ns., no pl.* Wirksamkeit, *die*

**efficiency** [ɪˈfɪʃənsɪ] *n.* **a)** *(of person)* Fähigkeit, *die;* Tüchtigkeit, *die; (of machine, factory, engine)* Leistungsfähigkeit, *die; (of organization, method)* Rationalität, *die;* Effizienz, *die (geh.);* **b)** *(Mech., Phys.)* Wirkungsgrad, *der*

**efficient** [ɪˈfɪʃənt] *adj.* effizient *(geh.);* fähig ⟨*Person*⟩; tüchtig ⟨*Arbeiter, Sekretärin*⟩; leistungsfähig ⟨*Maschine, Abteilung, Fabrik*⟩; rationell ⟨*Methode, Organisation*⟩

**efficiently** [ɪˈfɪʃəntlɪ] *adv.* einwandfrei; gut; effizient *(geh.)*

**effigy** [ˈefɪdʒɪ] *n.* Bildnis, *das;* **hang/burn sb. in ~:** jmdn. in effigie hängen/verbrennen *(geh.)*

**effing** [ˈefɪŋ] *adj. (sl.)* Scheiß- *(salopp)*

**effluent** [ˈeflʊənt] **1.** *adj.* abfließend ⟨*Fluß, Wasser*⟩; **~ drain** Abfluß, *der.* **2.** *n.* **a)** *(stream)* Abfluß, *der;* **b)** *(outflow from sewage tank, waste etc.)* Abwässer *Pl.*

**effluvium** [eˈflu:vɪəm] *n., pl.* **effluvia** [eˈflu:vɪə] Ausdünstung, *die*

**effort** [ˈefət] *n.* **a)** *(exertion)* Anstrengung, *die;* Mühe, *die;* **make an/every ~** *(physically)* sich anstrengen; *(mentally)* sich bemühen; **without [any]/only with the greatest ~:** ohne Anstrengung *od.* mühelos/nur mit äußerster Anstrengung *od.* größter Mühe; **for all his ~s** trotz all seiner Bemühungen; **vain ~s** vergebliche Bemühungen; **it is an ~ [for me] to get up in the mornings** es kostet [mich] einige Mühe *od.* Anstrengung, morgens aufzustehen; **[a] waste of time and ~:** verlorene *od.* vergebliche Liebesmüh; **make every possible ~ to do sth.** jede nur mögliche Anstrengung unternehmen *od.* machen, etw. zu tun; **he makes no ~ at all** er bemüht sich überhaupt nicht; er gibt sich überhaupt keine Mühe; **b)** *(attempt)* Versuch, *der;* **in an ~ to do sth.** beim Versuch, etw. zu tun; **make no ~ to be polite** sich *(Dat.)* nicht die Mühe machen, höflich zu sein; **make one last ~:** einen letzten Versuch unternehmen; **~s are being made to do sth.** es sind Bestrebungen im Gange, etw. zu tun; **c)** *(activity)* **research ~[s]** Einsatz in der Forschungsarbeit; **business ~s** geschäftliche Unternehmungen; **d)** *(coll.: result)* Leistung, *die;* **he made a pretty poor ~ of the job** er hat ziemlich nachlässige Arbeit geleistet; **the book was one of his first ~s** das Buch war einer seiner ersten Versuche

**effortless** [ˈefətlɪs] *adj.* mühelos; leicht; flüssig, leicht ⟨*Stil*⟩

**effortlessly** [ˈefətlɪslɪ] *adv.* mühelos; ohne Anstrengung; flüssig ⟨*schreiben*⟩

**effrontery** [ɪˈfrʌntərɪ] *n.* Dreistigkeit, *die;* **have the ~ to do sth.** die Frechheit *od. (geh.)* Stirn besitzen, etw. zu tun

**effusion** [ɪˈfju:ʒn] *n.* **a)** *(pouring forth) (of light, sound)* Ausströmen, *das;* Entströmen, *das; (of the Holy Spirit)* Ausgießung, *die;* **b)** *(utterance)* Überschwang, *der;* **literary/romantic ~s** literarische/romantische Ergüsse

**effusive** [ɪˈfju:sɪv] *adj.* überschwenglich; exaltiert *(geh.)* ⟨*Mensch, Stil, Charakter*⟩

**effusively** [ɪˈfju:sɪvlɪ] *adv. see* **effusive:** überschwenglich; exaltiert *(geh.)*

**effusiveness** [ɪˈfju:sɪvnɪs] *n., no pl. (of speech, action, greeting)* Überschwenglichkeit, *die; (of style)* Exaltiertheit, *die (geh.)*

**Efta** [ˈeftə], **EFTA** *n. abbr.* **European Free Trade Association** EFTA

**e.g.** [i:ˈdʒi:] *abbr.* **for example** z. B.

**egalitarian** [ɪgælɪˈteərɪən] **1.** *adj.* egalitär *(geh.)* ⟨*Person, Einstellung, Gruppe*⟩; Gleichheits⟨*prinzipien*⟩. **2.** *n.* Verfechter/Verfechterin des Egalitarismus

**[1]egg** [eg] *n.* Ei, *das;* **a bad ~** *(fig. coll.) (person)* eine üble Person; **a good/tough ~** *(sl.) (person)* ein feiner *od. (veralt.)* famoser/harter Kerl *(ugs.);* **good ~!** *(dated coll.)* famos! *(veralt.);* **have** *or* **put all one's ~s in one basket** *(fig. coll.)* alles auf eine Karte setzen; **it's like teaching your grandmother to suck ~s** da will das Ei wieder klüger sein als die Henne; **as sure as ~s is** *or* **are ~s** *(coll.)* so sicher wie das Amen in der Kirche *(ugs.)*

**[2]egg** *v. t.* anstacheln (to zu); **~ sb. on [to do sth.]** jmdn. anstacheln *od.* aufhetzen[, etw. zu tun]

**egg:** **~-and-'spoon race** Eierlaufen, *das;* **~-beater** *n.* **a)** *(device)* Rührbesen, *der;* **b)** *(Amer. sl.: helicopter)* Hubschrauber, *der;* **~-cosy** *n. (Brit.)* Eierwärmer, *der;* **~-cup** *n.* Eierbecher, *der;* **~ 'custard** *n.* Eierkrem, *die;* **~ 'flip** *n.* Eierlikör, *der;* **~head** *n. (coll.)* Eierkopf, *der (abwertend);* Egghead, *der (geh. oft scherzhaft od. abwertend);* **~-'nog** *see* **~-flip;** **~-plant** *n.* Aubergine, *die; (fruit also)* Eierfrucht, *die; (plant also)* Eierpflanze, *die;* **~ powder** *n.* Eipulver, *das;* **~-shaped** *adj.* eiförmig; **~shell** *n.* **a)** Eierschale, *die;* **b)** *attrib. (fragile)* **~shell china** Eierschalenporzellan, *das;* **~shell glaze** Mittelglanzglasur, *die;* **~-slice** *n.* ≈ Wender, *der;* **~-spoon** *n.* Eierlöffel, *der;* **~-timer** *n.* Eieruhr, *die;* **~-whisk** *n.* Schneebesen, *der;* **~-white** *n.* Eiweiß, *das;* **~ yolk** *n.* Eigelb, *das;* Eidotter, *der od. das*

**ego** [ˈegəʊ, ˈi:gəʊ] *n., pl.* **~s a)** *(Psych.)* Ego, *das; (Metaphys.)* Ich, *das;* **b)** *(self-esteem)* Selbstbewußtsein, *das;* **inflated ~:** übersteigertes Selbstbewußtsein; **boost sb.'s ~:** jmds. Selbstbewußtsein stärken; jmdm. Auftrieb geben

**egocentric** [egəʊˈsentrɪk] *adj.* egozentrisch; ichbezogen

**egoism** [ˈegəʊɪzm] *n., no pl.* **a)** *(systematic selfishness)* Egoismus, *der;* Selbstsucht, *die (abwertend);* **b)** *(self-opinionatedness)* Selbstherrlichkeit, *die;* **c)** *see* **egotism a**

**egoist** [ˈegəʊɪst] *n.* Egoist, *der*/Egoistin, *die*

**egoistic** [egəʊˈɪstɪk], **egoistical** [egəʊˈɪstɪkl] *adj.* **a)** *(self-regarding, selfish)* egoistisch; selbstsüchtig; eigennützig; **b)** *see* **egotistic a**

**egotism** [ˈegətɪzm] *n., no pl.* **a)** Egotismus, *der (fachspr.);* Ichbezogenheit, *die;* **b)** *(self-conceit)* Egotismus, *der;* Selbstgefälligkeit, *die;* **c)** *see* **egoism a**

**egotist** [ˈegətɪst] *n.* Egotist, *der*/Egotistin, *die (fachspr.); (one who thinks or talks too much of himself/herself)* Egozentriker, *der*/Egozentrikerin, *die*

**egotistic** [egəˈtɪstɪk], **egotistical** [egəˈtɪstɪkl] *adj.* **a)** ichbezogen ⟨*Rede, Gespräch*⟩; **b)** selbstsüchtig, selbstgefällig *(abwertend)* ⟨*Person*⟩

**egregious** [ɪˈgri:dʒəs] *adj.* ungeheuer[lich]; ausgemacht ⟨*Trottel*⟩

**egress** [ˈi:gres] *n. (formal)* Ausgang, *der* **(to, into** zu)

**egret** [ˈi:grɪt, ˈegrɪt] *n. (Ornith.)* Reiher, *der*

**Egypt** [ˈi:dʒɪpt] *pr. n.* Ägypten *(das)*

**Egyptian** [ɪˈdʒɪpʃn] **1.** *adj.* ägyptisch; **sb. is ~:** jmd. ist Ägypter/Ägypterin; *see also* **English 1. 2.** *n.* **a)** *(person)* Ägypter, *der*/Ägypterin, *die;* **b)** *(language)* Ägyptisch, *das; see also* **English 2 a**

**Egyptologist** [i:dʒɪpˈtɒlədʒɪst] *n.* Ägyptologe, *der*/Ägyptologin, *die*

**Egyptology** [i:dʒɪpˈtɒlədʒɪ] *n., no pl.* Ägyptologie, *die*

**eh** [eɪ] *int. (coll.) expr. inquiry or surprise* wie?; wie bitte?; *inviting assent* nicht [wahr]?; *asking for sth. to be repeated or explained* was?; hä? *(salopp);* **wasn't that good, eh?** war das nicht gut?; **let's not have any more fuss, eh?** Schluß mit dem Theater, ja? *(ugs.)*

**eider** [ˈaɪdə(r)]: **~ [duck]** *n.* Eiderente, *die;* **~[-down]** *n.* [Eider]daunen *Pl.;* Flaumfedern *Pl.*

**eiderdown** [ˈaɪdədaʊn] *n.* Daunenbett, *das;* Federbett, *das*

**eight** [eɪt] 1. *adj.* acht; at ~: um acht; it's ~ [o'clock] es ist acht [Uhr]; half past ~: halb neun; ~ thirty acht Uhr dreißig; ~ ten/fifty zehn nach acht/vor neun; *(esp. in timetable)* acht Uhr zehn/fünfzig; around *or* at about ~: gegen acht [Uhr]; half ~ *(coll.)* halb neun; girl of ~: Mädchen von acht Jahren; ~-year-old boy achtjähriger Junge; an ~-year-old ein Achtjähriger/eine Achtjährige; be ~ [years old] acht [Jahre alt] sein; at [the age of] ~, aged ~: mit acht Jahren; im Alter von acht Jahren; he won ~-six er hat acht zu sechs gewonnen; Book/Volume/Part/Chapter E~: Buch/Band/Teil/Kapitel acht; achtes Buch/achter Band/achter Teil/achtes Kapitel; ~-figure number achtstellige Zahl; ~-page achtseitig; ~-storey[ed] building achtstöckiges *od.* achtgeschossiges Gebäude; ~-sided polygon achtseitiges Vieleck; bet at ~ to one acht zu eins wetten; ~ times achtmal. 2. *n.* a) *(number, symbol)* Acht, *die;* the first/last ~: die ersten/letzten acht; there were ~ of us present wir waren [zu] acht; ~ of us attended the lecture wir waren [zu] acht bei der Vorlesung; come ~ at a time/in ~s acht auf einmal kommen/zu je acht kommen; arabic/Roman ~: arabische/römische Acht; stack the boxes in ~s die Kisten zu achten stapeln; the [number] ~ [bus] die Buslinie Nr. 8; der Achter *(ugs.);* two-~ time *(Mus.)* Zweiachteltakt, *der;* behind the ~ ball *(Amer.)* *(at a disadvantage)* im Nachteil; *(in a baffling situation)* in einer mißlichen Lage; b) *(8-shaped figure)* [figure of] ~: Achter, *der (ugs.);* Acht, *die;* c) *(Cards)* ~ of hearts/trumps Herz-/Trumpfacht, *die;* d) *(size)* a size ~ dress ein Kleid [in] Größe 8; wear size ~ shoes [Schuh]größe 8 haben *od.* tragen; wear an ~, be size ~: Größe 8 tragen *od.* haben; e) *(Rowing)* *(crew)* Achtermannschaft, *die;* *(boat)* Achter, *der;* the E~s *(boat-races)* Achterrennen, *das;* f) have had one over the ~ *(sl.)* einen über den Durst getrunken haben *(ugs.)*

**eighteen** [eɪ'ti:n] 1. *adj.* achtzehn; *see also* eight 1. 2. *n.* Achtzehn, *die;* in the ~ seventies in den siebziger Jahren des neunzehnten Jahrhunderts; ~ hundred hours *see* hundred 1 a; *see also* eight 2 a, d

**eighteenth** [eɪ'ti:nθ] 1. *adj.* achtzehnt...; *see also* eighth 1. 2. *n.* *(fraction)* Achtzehntel, *das;* *see also* eighth 2

**eightfold** ['eɪtfəʊld] 1. *adj.* achtfach; an ~ increase ein Anstieg um das Achtfache. 2. *adv.* achtfach; multiply ~: sich verachtfachen; increase ~: sich auf das Achtfache erhöhen

**eighth** [eɪtθ] 1. *adj.* acht...; be/come ~: achter sein/als achter ankommen; an ~ part/share ein Achtel; ~ largest achtgrößt... 2. *n.* *(in sequence)* achte, *der/die/das;* *(in rank)* Achte, *der/die/das;* *(fraction)* Achtel, *das;* be the ~ to do sth. der/die/das achte sein, der/die/das etw. tut; *(day)* the ~ of May der achte Mai; the ~ [of the month] der Achte [des Monats]

**'eighth-note** *n.* *(Amer. Mus.)* Achtel, *das;* Achtelnote, *die*

**eightieth** ['eɪtɪɪθ] 1. *adj.* achtzigst...; *see also* eighth 1. 2. *n.* *(fraction)* Achtzigstel, *das;* *see also* eighth 2

**eighty** ['eɪtɪ] 1. *adj.* achtzig; one-and-~ *(arch.)* *see* ~-one 1; *see also* eight 1. 2. *n.* Achtzig, *die;* be in one's eighties in den Achtzigern sein; be in one's early/late eighties Anfang/Ende Achtzig sein; the eighties *(years)* die achtziger Jahre; the temperature will be rising [well] into the eighties die Temperatur steigt auf [gut] über 80 Grad Fahrenheit; one-and-~ *(arch.)* *see* ~-one 2; *see also* eight 2 a

**eighty:** ~-'first *etc. adj.* einundachtzigst... *usw.;* *see also* eighth 1; ~-'one *etc.* 1. *adj.* einundachtzig *usw.;* *see also* eight 1; 2. *n.* Einundachtzig *usw., die;* *see also* eight 2 a

**Eire** ['eərə] *pr. n.* Irland *(das);* Eire *(das)*

**eisteddfod** [aɪ'steðvəd] *n., pl.* ~s *or* ~au [aɪ'steðvədaɪ] a) *(of Welsh bards)* Eisteddfod, *das;* b) *(gathering for competitions)* Dichter- und Sängerfest, *das*

**either** ['aɪðə(r), 'i:ðə(r)] 1. *adj.* a) *(each)* at ~ end of the table an beiden Enden des Tisches; on ~ side of the road auf beiden Seiten der Straße; ~ way *see* way 1 c; b) *(one or other)* [irgend]ein ... [von beiden]; take ~ one nimm einen/eine/eins von [den] beiden. 2. *pron.* a) *(each)* beide *Pl.;* ~ is possible beides ist möglich; I can't cope with ~: ich kann mit keinem von beiden fertig werden; I don't like ~ [of them *or* of the two] ich mag beide nicht *od.* keinen von beiden; b) *(one or other)* einer/eine/ein[e]s [von beiden]; ~ of the buses jeder der beiden Busse; beide Busse. 3. *adv.* a) *(any more than the other)* auch [nicht]; 'I don't like that ~: ich mag es auch nicht; I don't like 'that ~: auch das mag ich nicht; she plays the piano badly and she can't sing ~: sie spielt schlecht Klavier, und singen kann sie auch nicht; b) *(moreover, furthermore)* noch nicht einmal; there was a time, and not so long ago ~: früher, noch gar nicht einmal so lange her. 4. *conj.* ~ ... or ...: entweder ... oder ...; *(after negation)* weder ... noch ...; I've never been to ~ Berlin or Munich ich bin weder in Berlin noch in München gewesen

**'either-or** 1. *adj.* Entweder-Oder-⟨*Problem*⟩. 2. *n.* Entweder-Oder, *das*

**ejaculate** [ɪ'dʒækjʊleɪt] 1. *v. t.* a) *(utter suddenly)* ausstoßen ⟨*Fluch, Gebet*⟩; b) *(eject)* ausstoßen; ejakulieren ⟨*Samen*⟩. 2. *v. i.* *(eject semen)* ejakulieren

**ejaculation** [ɪdʒækjʊ'leɪʃn] *n.* a) *(utterance)* Ausbruch, *der;* *(cry)* Ausruf, *der;* b) *(ejection)* Ausstoß, *der;* *(of semen)* Ejakulation, *die;* Samenerguß, *der*

**eject** [ɪ'dʒekt] 1. *v. t.* a) *(expel)* *(from committee, hall, meeting)* hinauswerfen (from aus); *(from machine-gun)* auswerfen; *(from aircraft)* hinausschleudern; b) *(dispossess)* hinauswerfen; exmittieren *(Amtsspr.).* 2. *v. i.* sich hinauskatapultieren

**ejection** [ɪ'dʒekʃn] *n.* *(of intruder etc.)* Vertreibung, *die;* *(of heckler, troublesome drunk)* Hinauswurf, *der;* *(of empty cartridge)* Ausstoß, *der;* Auswerfen, *das;* *(of pilot)* Hinausschleudern, *das*

**ejector** [ɪ'dʒektə(r)] *n.* *(of firearm)* Auswerfer, *der*

**e'jector seat** *n.* Schleudersitz, *der*

**eke** [i:k] *v. t.* ~ out strecken ⟨*Vorräte, Essen, Einkommen*⟩; ~ out a living *or* an existence sich *(Dat.)* seinen Lebensunterhalt [notdürftig *od.* mühsam] verdienen

**elaborate** 1. [ɪ'læbərət] *adj.* kompliziert; ausgefeilt ⟨*Stil*⟩; durchorganisiert ⟨*Studium, Forschung*⟩; kunstvoll [gearbeitet] ⟨*Arrangement, Stickerei, Verzierung, Kleidungsstück*⟩; üppig, umfangreich ⟨*Menü*⟩. 2. [ɪ'læbəreɪt] *v. t.* weiter ausarbeiten; weiter ausführen ⟨*Arbeit, Plan, Thema*⟩. 3. *v. i.* mehr ins Detail gehen; could you ~? könnten Sie das näher ausführen?; ~ on sth. etw. ausführlicher erklären *od.* näher ausführen

**elaborately** [ɪ'læbərətlɪ] *adv.* anspruchsvoll ⟨*sich kleiden*⟩; kompliziert ⟨*ausarbeiten, planen*⟩; kunstvoll ⟨*entwerfen, verzieren*⟩; umfangreich ⟨*vorbereiten*⟩

**elaboration** [ɪlæbə'reɪʃn] *n.* *(of plan, theory, etc.)* Ausarbeitung, *die (meist Pl.);* *(of style)* Ausfeilung, *die;* *(that which elaborates)* Elaborat, *das (abwertend)*

**élan** ['eɪlɑ̃] *n., no pl.* Energie, *die;* Schwung, *der*

**eland** ['i:lənd] *n.* *(Zool.)* Eleantilope, *die*

**elapse** [ɪ'læps] *v. i.* ⟨*Zeit:*⟩ vergehen, ins Land gehen

**elastic** [ɪ'læstɪk, ɪ'lɑ:stɪk] 1. *adj.* a) elastisch; b) *(springy)* geschmeidig ⟨*Bewegung*⟩; federnd ⟨*Gang*⟩; elastisch ⟨*Muskel*⟩; c) *(fig.: flexible)* flexibel; weit ⟨*Gewissen*⟩; weit auslegbar ⟨*Klausel, Bestimmung*⟩; Gummi⟨*begriff, -paragraph*⟩ *(ugs.).* 2. *n.* *(~ band)* Gummiband, *das;* *(fabric)* elastisches Material

**elasticated** [ɪ'læstɪkeɪtɪd, ɪ'lɑ:stɪkeɪtɪd] *adj.* elastisch

**elastic 'band** *n.* Gummiband, *das*

**elasticity** [elæs'tɪsɪtɪ, i:læs'tɪsɪtɪ] *n., no pl.* a) *(of material etc.)* Elastizität, *die;* b) *(springiness)* Geschmeidigkeit, *die;* c) *(fig.: flexibility)* Flexibilität, *die;* *(of rules, laws)* [weite] Auslegbarkeit; d) *(Econ.)* Anpassungsfähigkeit, *die*

**elastic 'stocking** *n.* Gummistrumpf, *der*

**elate** [ɪ'leɪt] *v. t.* erfreuen; erbauen *(geh.);* be ~d by/over sth. aufgrund einer Sache *(Gen.)*/über etw. *(Akk.)* hocherfreut *od.* in Hochstimmung sein

**elated** [ɪ'leɪtɪd] *adj.* freudig erregt; ~ mood *or* state of mind Hochstimmung, *die;* be *or* feel ~: in Hochstimmung sein

**elation** [ɪ'leɪʃn] *n., no pl.* freudige Erregung; feel ~ at one's success über seinen Erfolg hocherfreut sein

**elbow** ['elbəʊ] 1. *n.* a) Ell[en]bogen, *der;* b) *(of piping)* Knie, *das;* c) *(bend, corner)* Knick, *der;* *(of river)* Biegung, *die;* Knie, *das;* *(of road)* Biegung, *die;* d) *(of garment)* Ellbogen, *der;* e) at one's ~: bei sich; in Reichweite; sth./sb. is at sb.'s ~: etw. ist in Reichweite/jmd. ist in jmds. Nähe; bend *or* lift one's ~ *(coll.: drink)* einen heben *(ugs.);* give sb. the ~ *(coll.)* jmdm. den Laufpaß geben *(ugs.);* out at ~s an den Ellbogen abgetragen *od.* durchgewetzt ⟨*Mantel*⟩; heruntergekommen ⟨*Person*⟩; be up to one's *or* the ~s in sth./work mit etw. alle Hände voll zu tun haben/bis über die Ohren in Arbeit stecken. 2. *v. t.* ~ one's way sich mit den Ellenbogen einen Weg bahnen; sich drängeln *(ugs.);* ~ sb. aside jmdn. mit den Ellenbogen zur Seite stoßen; ~ sb. out *(fig.)* jmdn. hinausdrängeln

**elbow:** ~-grease *n., no pl.* *(joc.)* Muskelkraft, *die;* ~ patch *n.* [Ellbogen]flicken, *der;* Ellbogenverstärkung, *die* *(Textilw.);* ~-room *n.* *(lit. or fig.)* Ell[en]bogenfreiheit, *die;* *(fig.)* Spielraum, *der*

**[1]elder** ['eldə(r)] 1. *attrib. adj.* älter...; Pliny the E~, the ~ Pliny Plinius der Ältere. 2. *n.* a) *(senior)* Ältere, *der/die;* he is my ~ by several years er ist mehrere Jahre älter als ich; b) *in pl.* Alten *Pl.;* our ~s and betters die Älteren mit mehr Lebenserfahrung; the village ~s die Dorfältesten; the ~s of the tribe die Stammesältesten; c) *(official in Church)* [Kirchen]älteste, *der/die*

**[2]elder** *n.* *(Bot.)* Holunder, *der*

**elder:** ~berry *n.* Holunderbeere, *die;* ~berry 'wine *n.* Holunderbeerwein, *der;* ~flower *n.* Holunderblüte, *die;* ~flower 'wine *n.* Holunderblütenwein, *der*

**elderly** ['eldəlɪ] 1. *adj.* älter. 2. *n. pl.* the ~: ältere Menschen

**elder:** ~ 'statesman *n.* Elder statesman, *der (Politik);* ~ 'wine *see* elderberry wine

**eldest** ['eldɪst] *adj.* ältest...

**eldorado** [eldə'rɑ:dəʊ] *n., pl.* ~s Eldorado, *das*

**elect** [ɪ'lekt] 1. *adj.* a) *postpos.* *(chosen but not installed)* gewählt; the President ~: der gewählte *od.* designierte Präsident; b) *(choice)* auserlesen, exklusiv ⟨*Gruppe*⟩; *(chosen)* [aus]erwählt. 2. *v. t.* a) *(choose by vote)* wählen; ~ sb. chairman/MP *etc.* jmdn. zum Vorsitzenden/Abgeordneten *usw.* wählen; ~ sb. to the chair/to the Senate jmdn. zum Vorsitzenden/in den Senat wählen; b) *(choose)* ~ to do sth. sich dafür entscheiden, etw. zu tun

**election** [ɪ'lekʃn] *n.* Wahl, *die;* presidential ~s *(Amer.)* Präsidentschaftswahlen *Pl.;* general/local ~: allgemeine/kommunale Wahlen; ~ as chairman Wahl zum Vorsitzenden; ~ **results** Wahlergebnisse *Pl.;* ~ **day** Wahltag, *der; see also* **by-election**

**e'lection campaign** *n.* Wahlkampf, *der; (in US presidential election)* Wahlkampagne, *die*

**electioneer** [ɪlekʃə'nɪə(r)] *v. i.* **be/go ~ing** Wahlkampf machen

**electioneering** [ɪlekʃə'nɪərɪŋ] *n.* Agitation, *die* (**for/against** für/gegen)

**elective** [ɪ'lektɪv] *adj.* **a)** *(chosen or filled by election)* gewählt; **an ~ office** ein Amt, das durch Wahl besetzt wird/wurde; **b)** *(having the power to elect)* wahlberechtigt; **c)** *(optional)* wahlfrei, fakultativ ⟨*Kursus, Fach*⟩

**elector** [ɪ'lektə(r)] *n.* **a)** Wähler, *der*/Wählerin, *die;* Wahlberechtigte, *der/die;* **b)** E~ *(Hist.: prince)* Kurfürst, *der*

**electoral** [ɪ'lektərl] *adj.* Wahl⟨*liste, -zettel, -system, -bezirk, -berechtigung*⟩; Wähler⟨*liste, -verzeichnis, -wille, -gruppe*⟩

**electoral 'college** *n.* Wahlmännergremium, *das;* Wahlausschuß, *der*

**electorate** [ɪ'lektərət] *n.* Wähler *Pl.;* Wählerschaft, *die*

**electric** [ɪ'lektrɪk] **1.** *adj.* elektrisch ⟨*Strom, Feld, Licht, Orgel usw.*⟩; Elektro⟨*kabel, -motor, -karren, -herd, -kessel*⟩; Elektrizitäts⟨*lehre, -erzeuger, -werk*⟩; Strom⟨*versorgung*⟩; *(fig.)* spannungsgeladen ⟨*Atmosphäre*⟩; elektrisierend ⟨*Wirkung*⟩. **2.** *n. in pl.* elektrische Geräte; Elektrogeräte *Pl.; (whole system)* Elektrik, *die*

**electrical** [ɪ'lektrɪkl] *adj.* elektrisch ⟨*Defekt, Kontakt*⟩; Elektro⟨*abteilung, -handel, -geräte*⟩

**electrical: ~ engi'neer** *n.* Elektroingenieur, *der*/-ingenieurin, *die;* ~ **engi'neering** *n.* Elektrotechnik, *die*

**electrically** [ɪ'lektrɪkəlɪ] *adv.* elektrisch; *(fig.)* [wie] elektrisiert

**electric: ~ 'blanket** *n.* Heizdecke, *die;* ~ **'blue** *n.* Stahlblau, *das;* ~ **'chair** *n.* elektrischer Stuhl; ~ **cooker** *n.* Elektroherd, *der;* ~ **'eel** *n.* Zitteraal, *der;* ~ **'eye** *n.* Photozelle, *die;* ~ **'fan** *n.* Ventilator, *der;* ~ **'fence** *n.* elektrischer Zaun; Elektrozaun, *der;* ~ **'fire** *n.* [elektrischer] Heizofen; Heizstrahler, *der;* ~ **gui'tar** *n.* elektrische Gitarre; E-Gitarre, *die*

**electrician** [ɪlek'trɪʃn, elek'trɪʃn] *n.* Elektriker, *der*/Elektrikerin, *die; (who sets up electrical apparatus)* Elektromechaniker, *der*/-mechanikerin, *die*

**electricity** [ɪlek'trɪsɪtɪ, elek'trɪsɪtɪ] *n., no pl.* **a)** Elektrizität, *die;* **b)** *(supply)* Strom, *der;* **install ~:** Stromanschlüsse legen; **c)** *(fig.)* Spannung, *die*

**electricity: ~ bill** *n.* Stromrechnung, *die;* ~ **man** *n. (fitter)* Elektroinstallateur, *der; (meter-reader, collector)* Stromableser, *der;* Strommann, *der (ugs.);* ~ **meter** *n.* Stromzähler, *der*

**electric: ~ 'shock** *n.* Stromschlag, *der;* [elektrischer] Schlag; *(Med.)* Elektroschock, *der;* ~ **'storm** *n.* Gewitter, *das;* Gewittersturm, *der*

**electrification** [ɪlektrɪfɪ'keɪʃn] *n.* **a)** *(charging)* Unter-Strom-Setzen, *das;* **b)** *(conversion)* Elektrifizierung, *die;* **c)** *(fig.)* Elektrisierung, *die*

**electrify** [ɪ'lektrɪfaɪ] *v. t.* **a)** *(charge)* an das Stromnetz anschließen ⟨*Maschine*⟩; unter Strom setzen ⟨*Kabel, Leiter*⟩; **b)** *(convert)* elektrifizieren ⟨*Eisenbahnstrecke*⟩; **c)** *(fig.)* elektrisieren

**electro-** [ɪlektrəʊ] *in comb.* elektro-/Elektro-

**electro'cardiogram** *n.* Elektrokardiogramm, *das*

**electro'chemical** *adj.* elektrochemisch

**electrocon'vulsive** *adj.* Elektrokrampf-; ~ **shock/treatment** *or* **therapy** Elektroschock, *der*/Elektroschockbehandlung, *die*

**electrocute** [ɪ'lektrəkju:t] *v. t.* durch Stromschlag töten

**electrocution** [ɪlektrə'kju:ʃn] *n.* **a)** *(execution)* Hinrichtung auf dem elektrischen Stuhl; **b)** *(death)* Tod durch Stromschlag

**electrode** [ɪ'lektrəʊd] *n.* Elektrode, *die*

**electrolyse** [ɪ'lektrəlaɪz] *v. t.* **a)** *(Chem.)* elektrolysieren; **b)** *(Med.)* elektroresezieren

**electrolysis** [ɪlek'trɒlɪsɪs, elek'trɒlɪsɪs] *n., pl.* **electrolyses** [ɪlek'trɒlɪsi:z, elek'trɒlɪsi:z] **a)** *(Chem.)* Elektrolyse, *die;* **b)** *(Med.)* Elektroresektion, *die*

**electrolyte** [ɪ'lektrəlaɪt] *n.* Elektrolyt, *der*

**electrolytic** [ɪlektrə'lɪtɪk] *adj. (Chem.)* elektrolytisch

**electrolyze** *(Amer.) see* **electrolyse**

**electro'magnet** *n.* Elektromagnet, *der*

**electromag'netic** *adj.* elektromagnetisch

**electro'magnetism** *n.* Elektromagnetismus, *der*

**electron** [ɪ'lektrɒn] *n.* Elektron, *das*

**electron: ~ 'beam** *n.* Elektronenstrahl, *der;* ~ **'gun** *n.* Elektronenkanone, *die*

**electronic** [ɪlek'trɒnɪk, elek'trɒnɪk] *adj.* elektronisch; Elektronen⟨*uhr, -orgel*⟩

**electronic: ~ 'brain** *n. (coll.)* Elektronen[ge]hirn, *das (ugs.);* ~ **com'puter** *n.* Computer, *der;* Elektronenrechner, *der;* ~ **'flash** *n.* Elektronenblitz, *der;* ~ **mail** *n.* elektronische Post

**electronics** [ɪlek'trɒnɪks, elek'trɒnɪks] *n., no pl.* Elektronik, *die*

**electron: ~ 'microscope** *n.* Elektronenmikroskop, *das;* ~ **'optics** *n.* Elektronenoptik, *die*

**e'lectroplate** *v. t.* galvanisieren

**electro'static** *adj.* elektrostatisch

**elegance** ['elɪgəns] *n., no pl.* Eleganz, *die; (of life-style)* Kultiviertheit, *die*

**elegant** ['elɪgənt] *adj.* elegant; kultiviert ⟨*Lebensstil*⟩

**elegantly** ['elɪgəntlɪ] *adv.* elegant

**elegiac** [elɪ'dʒaɪək] **1.** *adj.* elegisch. **2.** *n. in pl.* elegische Verse

**elegy** ['elɪdʒɪ] *n.* Elegie, *die*

**element** ['elɪmənt] *n.* **a)** *(component part)* Element, *das;* **a novel with a strong ~ of religion** ein Roman mit einem stark religiösen Element; **have all the ~s of a real scandal** alle Voraussetzungen für einen richtigen Skandal tragen; **an ~ of truth** ein Körnchen Wahrheit; **an ~ of chance/danger in sth.** eine gewisse Zufälligkeit/Gefahr bei etw.; **when reduced to its ~s** im Grunde [genommen]; **b)** *(Chem.)* Element, *das;* Grundstoff, *der;* **c)** *in pl. (atmospheric agencies)* Elemente *Pl.;* **d)** *(Philos.)* **the four ~s** die vier Elemente; **be in one's ~** *(fig.)* in seinem Element sein; **be out of one's ~** *(fig.)* sich fehl am Platz fühlen; **e)** *(Electr.) (wire)* Heizelement, *das; (electrode)* Elektrode, *die;* **f)** *in pl. (rudiments of learning)* Grundlagen *Pl.;* Elemente *Pl.;* **g)** *in pl. (Relig.)* Brot und Wein; **h)** *(Math., Logic)* Element, *das*

**elemental** [elɪ'mentl] *adj.* **a)** *(of the four elements)* urgewaltig; elementar; **b)** Natur⟨*gottheit, -religion*⟩; Elementar⟨*geist*⟩; **c)** *(fig.)* elementar; natürlich ⟨*Größe*⟩; urwüchsig, ursprünglich ⟨*Leben, Phantasie*⟩; **d)** *(essential)* grundlegend

**elementary** [elɪ'mentərɪ] *adj.* **a)** elementar; grundlegend ⟨*Fakten, Wissen*⟩; schlicht ⟨*Fabel, Stil*⟩; Grundschul⟨*lehrer, -bildung*⟩; Grund⟨*stufe, -kurs, -ausbildung, -rechnen, -kenntnisse*⟩; Ausgangs⟨*text, -thema*⟩; Anfangs⟨*stadium*⟩; **course in ~ German** Grundkurs in Deutsch; **my knowledge is ~:** ich habe nur Anfängerkenntnisse; **be still in its ~ stages** noch in den Anfängen stecken; **an ~ mistake** ein grober Fehler; **b)** *(Chem.)* elementar; Elementar-

**elementary: ~ 'particle** *n. (Phys.)* Elementarteilchen, *das;* ~ **school** *n.* Grundschule, *die*

**elephant** ['elɪfənt] *n.* Elefant, *der;* **see pink ~s** weiße Mäuse sehen; **white ~** *(fig.)* nutzloser Besitz; *(costly thing)* ≈ Faß ohne Boden *(fig.);* **a white ~ stall** *eine Bude, an der Sachen angeboten werden, die deren ehemalige Besitzer gern loswerden wollen*

**elephantine** [elɪ'fæntaɪn] *adj.* **a)** *(of elephants)* Elefanten-; **b)** *(huge)* massig ⟨*Körper, Mensch, Ringer, Boxer*⟩; gigantisch ⟨*Masse*⟩; **c)** *(clumsy)* schwerfällig

**elevate** ['elɪveɪt] *v. t.* **a)** *(bring higher)* erhöhen ⟨*Temperatur*⟩; aufschütten ⟨*Boden*⟩; [empor]heben ⟨*Gerät, Gegenstand*⟩; *(fig.)* aufwerten ⟨*Stellung*⟩ (**into** zu); **b)** *(Eccl.)* emporheben, zeigen ⟨*Hostie*⟩; **c)** *(raise)* heben ⟨*Stimme, Blick*⟩; aufrichten ⟨*Blick, Geschützrohr*⟩; auf einer Hochtrasse führen ⟨*Bahn*⟩; **d)** *(in rank)* befördern; **~ sb. to top management/a professorship/the peerage** jmdn. in die Unternehmensspitze berufen/auf einen Lehrstuhl berufen/in den Adelsstand erheben; **e)** *(morally, intellectually)* erbauen ⟨*Geist, Person*⟩; aufrichten ⟨*Mut*⟩; erheben ⟨*Seele, Gemüt*⟩

**elevated** ['elɪveɪtɪd] *adj.* **a)** *(raised)* gehoben ⟨*Stellung*⟩; erhöht ⟨*Lage, Plazierung*⟩; hochgelegen ⟨*Land*⟩; aufgeschüttet ⟨*Damm, Straße*⟩; erhoben ⟨*Stimme, Blick, Bein, Arm*⟩; **keep one's arm in an ~ position** den Arm erhoben halten; **b)** *(above ground level)* Hoch⟨*bahn, -straße*⟩; **c)** *(noble, refined)* erhaben; edel; **feel ~:** sich aufgerichtet fühlen; **d)** *(formal, dignified)* gehoben ⟨*Stil, Rede, Wortwahl*⟩

**elevation** [elɪ'veɪʃn] *n.* **a)** *(position of house, building, land)* erhöhte Lage; **b)** *(Eccl.: of the Host)* Elevation, *die;* **c)** *(of temperature)* Ansteigen, *das;* Anstieg, *der;* **d)** *(of voice)* Heben, *das;* Hebung, *die;* **e)** *(in rank)* Beförderung, *die; (to the peerage)* Erhebung, *die; (to top management, professorship)* Berufung, *die;* **f)** *(of mind, thought)* Erhebung, *die; (state)* Erhabenheit, *die;* **the ~ of his style** sein gehobener Stil; **g)** *(height)* Höhe, *die;* **~ of the ground** Bodenerhebung *od.* Anhöhe *die;* **h)** *(angle)* Elevation, *die;* **angle of ~:** Elevationswinkel, *der;* Erhöhungswinkel, *der;* **i)** *(drawing, diagram)* Aufriß, *der*

**elevator** ['elɪveɪtə(r)] *n.* **a)** *(machine)* Förderwerk, *das;* Elevator, *der;* **b)** *(storehouse)* Getreidesilo, *der od. das;* **c)** *(Amer.) see* **lift 3 b**; **d)** *(Aeron.)* Höhenruder, *das*

**eleven** [ɪ'levn] **1.** *adj.* elf; *see also* **eight 1.** **2.** *n. (number, symbol; also Sport)* Elf, *die; see also* **eight 2 a, d**

**eleven-'plus** *n. (Brit. Educ. Hist.)* ≈ **[examination]** *Prüfung der elf- bis zwölfjährigen Schüler [vor Fortsetzung der schulischen Laufbahn an höherer Schule]*

**elevens** [ɪ'levnz], **elevenses** [ɪ'levnzɪz] *n. sing. or pl. (Brit. coll.)* ≈ zweites Frühstück [gegen elf Uhr]

**eleventh** [ɪ'levnθ] **1.** *adj.* elft...; **at the ~ hour** im letzten Augenblick; in letzter Minute; **an ~-hour change of plan** eine Planungsänderung in letzter Minute; *see also* **eighth 1.** **2.** *n. (fraction)* Elftel, *das; see also* **eighth 2**

**elf** [elf] *n., pl.* **elves** [elvz] **a)** *(Mythol.)* Elf, *der*/Elfe, *die;* **b)** *(mischievous creature)* [boshafter] Schelm; Kobold, *der*

**elfin** ['elfɪn] *adj.* elfenhaft

**elfish** ['elfɪʃ] *adj.* elfenhaft; *(mischievous)* schalkhaft; koboldhaft

**elicit** [ɪ'lɪsɪt] *v. t.* entlocken ⟨*Antwort, Auskunft, Wahrheit, Geheimnis*⟩ (**from** *Dat.*); hervorrufen ⟨*Begeisterung, Zustimmung*⟩; gewinnen ⟨*Unterstützung*⟩ (**amongst** bei); **the discussion has ~ed some important facts** die Diskussion brachte einige interessante Einzelheiten ans Tageslicht

**elide** [ɪ'laɪd] *v. t. (Ling.)* elidieren *(fachspr.);* auslassen

**eligibility** [elɪdʒɪ'bɪlɪtɪ] *n., no pl. (fitness)* Qualifikation, *die; (for a job)* Eignung, *die; (entitlement)* Berechtigung, *die* (**for** zu)

**eligible** ['elɪdʒɪbl] *adj.* **a) be ~ for sth.** *(fit)* für etw. qualifiziert *od.* geeignet sein; *(entitled)* zu etw. berechtigt sein; **be ~ for membership/a pension/an office** mitglieds-/pensionsberechtigt sein/für ein Amt in Frage kommen; **be ~ to do sth.** etw. tun dürfen; **become ~ to vote** das Wahlrecht erhalten; **b)** *(marriageable)* begehrt ‹*Junggeselle*›

**eliminate** [ɪ'lɪmɪneɪt] *v. t.* **a)** *(remove)* beseitigen ‹*Zweifel, Fehler*›; ausschließen ‹*Möglichkeit*›; eliminieren, beseitigen ‹*Gegner*›; **b)** *(exclude)* ausschließen; *(Sport)* aus dem Wettbewerb werfen; **the team was ~d at the end of the third round** die Mannschaft schied nach der dritten Runde aus; **c)** *(Physiol.)* ausscheiden

**elimination** [ɪlɪmɪ'neɪʃn] *n.* **a)** *(removal) (of doubt, error)* Beseitigung, *die; (of opponent)* Eliminierung, *die;* Beseitigung, *die;* **process of ~:** Ausleseverfahren, *das;* **b)** *(exclusion)* Ausschluß, *der; (Sport)* Ausscheiden, *das;* **c)** *(Physiol.)* Ausscheidung, *die*

**elision** [ɪ'lɪʒn] *n. (Ling.)* Elision, *die (fachspr.);* Auslassung, *die*

**élite** [eɪ'li:t] *n. (the best)* Elite, *die; (of society, club)* Spitze, *die;* Crème, *die; (group, class)* Elite, *die;* **the ~** *(high society)* die oberen Zehntausend *(ugs.)*

**élitism** [eɪ'li:tɪzm] *n.* Elitedenken, *das*

**élitist** [eɪ'li:tɪst] **1.** *adj.* elitär; Elite‹*denken*›. **2.** *n.* Anhänger/Anhängerin des Elitedenkens; elitär Denkender/Denkende

**elixir** [ɪ'lɪksə(r)] *n.* Heilmittel, *das;* **~ [of life]** [Lebens]elixier, *das*

**Elizabeth** [ɪ'lɪzəbəθ] *pr. n. (Hist., as name of ruler etc.)* Elisabeth

**Elizabethan** [ɪlɪzə'bi:θn] **1.** *adj.* elisabethanisch. **2.** *n.* elisabethanischer Zeitgenosse

**elk** [elk] *n., pl.* **~s** *or same* **a)** *(deer)* Elch, *der;* **b)** *(moose)* Riesenelch, *der*

**'elk-hound** *n.* Jämthund, *der*

**¹ellipse** [ɪ'lɪps] *n. (Math.)* Ellipse, *die*

**ellipsis** [ɪ'lɪpsɪs] (**²ellipse**) *n., pl.* **ellipses** [ɪ'lɪpsi:z] **a)** *(Ling., Lit.)* Ellipse, *die;* **b)** *(set of dots etc.)* Auslassungszeichen *Pl.*

**elliptic** [ɪ'lɪptɪk], **elliptical** [ɪ'lɪptɪkl] *adj.* **a)** *(of ellipses; also Ling.)* elliptisch; Ellipsen‹*bogen, -bahn*›; **b)** *(Lit.)* kryptisch *(geh.);* **c)** *(brief, concise)* komprimiert; knapp

**elliptically** [ɪ'lɪptɪkəlɪ] *adv. (Ling., Lit.)* in elliptischen Sätzen

**elm** [elm] *n.* Ulme, *die*

**'elmwood** *n.* Ulmen- *od.* Rüsternholz, *das*

**elocution** [elə'kju:ʃn] *n.* **a)** *no pl. (art)* Sprechkunst, *die;* Vortragskunst, *die;* **teacher of ~:** Sprecherzieher, *der*/-erzieherin, *die;* **give lessons in ~** Sprechunterricht geben; **b)** *(style of speaking)* Redeweise, *die;* Diktion, *die*

**elocutionary** [elə'kju:ʃənərɪ] *adj.* deklamatorisch ‹*Sprechweise, Fertigkeit, Effekt*›

**elocutionist** [elə'kju:ʃənɪst] *n.* Vortragskünstler, *der*/-künstlerin, *die*

**elongate** ['i:lɒŋgeɪt] *v. t.* länger werden lassen ‹*Schatten*›; strecken ‹*Körper*›; recken ‹*Hals*›

**elongated** ['i:lɒŋgeɪtɪd] *adj.* langgestreckt ‹*Gestalt, Gliedmaße*›; langgereckt ‹*Hals*›

**elongation** [i:lɒŋ'geɪʃn] *n.* Verlängerung, *die; (of limbs, neck)* [Aus]recken, *das; (of forms, shapes)* Strecken, *das*

**elope** [ɪ'ləʊp] *v. i.* weglaufen; durchbrennen *(ugs.)*

**elopement** [ɪ'ləʊpmənt] *n.* Weglaufen, *das;* Durchbrennen, *das (ugs.)*

**eloquence** ['eləkwəns] *n.* Beredtheit, *die;* Eloquenz, *die (geh.);* **he is a man of great ~:** er ist ein sehr beredter Mann

**eloquent** ['eləkwənt] *adj.* **a)** eloquent *(geh.);* gewandt ‹*Sprechweise, Ausdruck, Stil, Redner*›; beredt ‹*Person*›; **b)** *(fig.)* beredt ‹*Blick, Schweigen*›

**eloquently** ['eləkwəntlɪ] *adv.* **a)** gewandt ‹*sprechen, schreiben, sich ausdrücken, formulieren*›; **b)** *(fig.)* beredt ‹*schauen*›

**else** [els] *adv.* **a)** *(besides, in addition)* sonst [noch]; **anybody/anything ~?** sonst noch jemand/etwas?; **don't mention it to anybody ~:** erwähnen Sie es gegenüber niemandem sonst; **somebody/something ~:** [noch] jemand anders/noch etwas; **everybody/everything ~:** alle anderen/alles andere; **nobody ~:** niemand sonst; sonst niemand; **nothing ~:** sonst *od.* weiter nichts; **will there be anything ~, sir?** *(asked by salesperson)* darf es sonst noch etwas sein[, der Herr]?; *(asked by butler)* haben Sie sonst noch einen Wunsch, Herr ...?; **nothing ~, thank you** das ist alles, danke; **that is something ~ again** das ist wieder etwas anderes; **be something ~** *(Amer. coll.: very good)* schon was Besonderes sein *(ugs.);* **anywhere ~?** anderswo? *(ugs.);* woanders?; **not anywhere ~:** sonst nirgendwo; **somewhere ~:** anderswo *(ugs.);* woanders; **go somewhere ~:** anderswohin *(ugs.) od.* woandershin gehen; **everywhere ~:** auch sonst überall; **go everywhere ~:** sonst überallhin gehen; **nowhere ~:** sonst nirgendwo; **go nowhere ~:** sonst nirgendwohin gehen; **little ~:** kaum noch etwas; nur noch wenig; **much ~:** [noch] vieles andere *od.* mehr; **not much ~:** nicht mehr viel; nur noch wenig; **who/what/when/how ~?** wer/was/wann/wie sonst noch?; **where ~?** wo/wohin sonst noch?; **why ~?** warum sonst?; **b)** *(instead)* ander...; **sb. ~'s hat** der Hut von jmd. anders *od.* jmd. anderem *(ugs.);* **anybody/anything ~?** [irgend] jemand anders/etwas anderes?; **anyone ~ but Joe would have realized that** jeder [andere] außer Joe hätte das bemerkt; **somebody/something ~:** jemand anders/etwas anderes; **everybody/everything ~:** alle anderen/alles andere; **nobody/nothing ~:** niemand anders/nichts anderes; **no one ~ but he** nur er; niemand außer ihm; **nothing ~ but the best** nur das Beste; **there's nothing ~ for it** es hilft nichts; **anywhere ~?** anderswo? *(ugs.);* woanders?; **somewhere ~:** anderswo *(ugs.);* woanders; **go somewhere ~:** woandershin gehen; **his mind was/his thoughts were somewhere ~:** im Geist/mit seinen Gedanken war er woanders; **everywhere ~:** überall anders; überall sonst; **nowhere ~** nirgendwo sonst; **go nowhere ~:** nirgendwo sonst hingehen; **there's not much ~ we can do but ...:** wir können kaum etwas anderes tun, als ...; **who ~ [but]?** wer anders [als]?; **it was John – who ~?** es war John – wer [denn] sonst? **what ~ can I do?** was kann ich anderes machen?; **why ~ would I have done it?** warum hätte ich es sonst getan?; **when/where ~ can we meet?** wann/wo können wir uns statt dessen treffen?; **where ~ could we go?** wohin könnten wir statt dessen gehen?; **how ~ would you do it?** wie würden Sie es anders *od.* sonst machen?; **c)** *(otherwise)* sonst; anderenfalls; **or ~:** oder aber; **do it or ~ ...!** tun Sie es, sonst ...!; **do it or ~!** *(coll.)* tu es gefälligst!

**'elsewhere** *adv.* woanders; **go ~** woandershin gehen; **his mind was/his thoughts were ~:** im Geist/mit seinen Gedanken war er woanders

**elucidate** [ɪ'lju:sɪdeɪt, ɪ'lu:sɪdeɪt] *v. t.* erläutern; aufklären ‹*Geheimnis*›

**elucidation** [ɪlju:sɪ'deɪʃn, ɪlu:sɪ'deɪʃn] *n.* Erläuterung, *die; (of mystery)* Aufklärung, *die*

**elude** [ɪ'lju:d, ɪ'lu:d] *v. t.* sich entziehen (+ *Dat.*); mißachten ‹*Befehl, Gesetz, Forderung*›; umgehen ‹*Verpflichtung*›; *(avoid)* ausweichen (+ *Dat.*) ‹*Person, Schlag, Angriff, Blick, Frage, Gefahr*›; *(escape from)* entkommen (+ *Dat.*); **the causes of this disease have so far ~d medical science** die Mediziner konnten die Ursachen dieser Krankheit noch nicht herausfinden; **~ the police** sich dem Zugriff der Polizei entziehen; **sleep ~s me** der Schlaf flieht mich *(veralt. geh.);* ich kann keinen Schlaf finden; **the name ~s me at the moment** der Name ist mir im Moment entfallen *od.* fällt mir im Moment nicht ein; **the significance of his remark ~s me** die Bedeutung seiner Bemerkung ist mir nicht klar

**elusive** [ɪ'lju:sɪv, ɪ'lu:sɪv] *adj.* **a)** *(avoiding grasp or pursuit)* schwer zu erreichen ‹*Person*›; schwer zu fassen ‹*Straftäter*›; scheu ‹*Fuchs, Waldbewohner*›; **I have phoned every day but she has been very ~:** ich habe jeden Tag angerufen, aber sie ist sehr schwer zu erreichen; **b)** *(incapable of being prolonged)* flüchtig ‹*Freude, Glück*›; **c)** *(tending to escape from memory)* schwer zu behaltend; *(präd.)* schwer zu behalten ‹*Gedanke, Wort*›; **~ memory** schwache Erinnerung; **d)** *(avoiding definition)* schwer definierbar ‹*Begriff, Sinn*›; **e)** *(hard to pin down or identify)* schwer zu bestimmend, *(präd.)* schwer zu bestimmen ‹*Geruch*›; schwer durchschaubar ‹*Mensch*›; **f)** *(evasive)* ausweichend ‹*Antwort*›

**elver** ['elvə(r)] *n. (Zool.)* Glasaal, *der*

**elves** *pl. of* **elf**

**elvish** ['elvɪʃ] *see* **elfish**

**Elysium** [ɪ'lɪzɪəm] *n.* **a)** *(Greek Mythol.)* Elysium, *das;* **b)** *(fig.: place of ideal happiness)* Paradies, *das;* Elysium, *das (dichter.)*

**em** [em] *n. (Printing)* Cicero, *das*

**'em** [əm] *pron. (coll.)* se *(Akk.) (ugs.);* ihnen *(Dat.)*

**emaciated** [ɪ'meɪsɪeɪtɪd, ɪ'meɪʃɪeɪtɪd] *adj.* ausgemergelt; abgezehrt; **become ~:** abmagern

**emaciation** [ɪmeɪsɪ'eɪʃn] *n., no pl.* Ausmergelung, *die;* Abzehrung, *die*

**e-mail** *abbr.* **electronic mail**

**emanate** ['eməneɪt] *v. i.* **a)** *(originate)* ausgehen **(from** von); **b)** *(proceed, issue)* ausgestrahlt werden **(from** von); ausstrahlen; **c)** *(formal: be sent out)* ‹*Befehle:*› erteilt *od.* erlassen werden; ‹*Briefe, Urkunden:*› ausgestellt *od.* ausgefertigt werden

**emanation** [emə'neɪʃn] *n.* **a)** *(Theol.)* Emanation, *die* **(from** aus); **b)** *no pl. (issuing)* Ausstrahlen, *das;* **c)** *(sth. proceeding from source)* Ausströmung, *die;* **d)** *(fig.)* Ausfluß, *der;* **be an ~ of** *or* **from sth.** von etw. ausgehen; **~ of grace/love from God** Ausgehen von Gnade/Liebe von Gott

**emancipate** [ɪ'mænsɪpeɪt] *v. t.* emanzipieren; unabhängig machen; **~ sb. from slavery** jmdn. aus der Sklaverei befreien; **~ oneself from sth./sb.** sich von etw. emanzipieren *od.* frei machen/sich von jmdm. frei machen

**emancipated** [ɪ'mænsɪpeɪtɪd] *adj.* emanzipiert ‹*Frau, Vorstellung, Einstellung*›; **become ~:** sich emanzipieren; **~ slave** freigelassener Sklave

**emancipation** [ɪmænsɪ'peɪʃn] *n.* Emanzipation, *die; (of slave)* Freilassung, *die;* **~ from servitude/superstition** Befreiung aus der Knechtschaft/vom Aberglauben

**emasculate** [ɪ'mæskjʊleɪt] *v. t.* **a)** *(Med.: castrate)* entmannen; emaskulieren *(fachspr.);* kastrieren ‹*Tier*›; **b)** *(weaken)* schwächen; kastrieren *(ugs. scherzh.);* verwässern ‹*Plan, Vorschlag, Gesetzentwurf*›

**emasculation** [ɪmæskjʊ'leɪʃn] *n.* **a)** *(Med.: castration)* Entmannung, *die;* Emaskulation, *die (fachspr.); (of animal)* Kastration, *die;* **b)** *(weakening)* Schwächung, *die;* Kastration, *die; (of plan, proposal)* Verwässerung, *die*

**embalm** [ɪm'bɑ:m] *v. t.* einbalsamieren

**embankment** [ɪm'bæŋkmənt] *n.* Damm, *der;* **~ of a river** Uferdamm, *der;* **~ of earth/stone** Erd-/Steindamm, *der;* **~ of a road** Straßendamm, *der;* Böschung, *die;* **~ of a track/railway** Bahndamm, *der;* **the Thames E~** die Themse-Uferstraße *(in London)*

**embargo** [em'bɑ:gəʊ, ɪm'bɑ:gəʊ] **1.** *n., pl.* **~es a)** Embargo, *das;* **be under an ~:** mit einem Embargo belegt sein; **put** *or* **lay an ~ on sth., place** *or* **lay sth. under an ~:** etw. mit einem Embargo belegen; **lift** *or* **raise** *or* **remove an ~ [from sth.]** ein Embargo [für etw.] aufheben; **b)** *(impediment)* Stopp, *der;* **~ on new appointments** Einstellungsstopp, *der;* Einstellungssperre, *die;* **~ on further spending** Ausgabenstopp, *der.* **2.** *v. t.* mit einem Embargo belegen

**embark** [ɪm'bɑ:k] **1.** *v. t.* einschiffen ‹*Passagiere, Waren*›. **2.** *v. i.* **a)** sich einschiffen (**for** nach); **the troops ~ed at night** die Truppen wurden nachts eingeschifft; **b)** *(engage)* **~ [up]on sth.** etw. in Angriff nehmen; **~ [up]on a war** einen Krieg anfangen *od.* beginnen

**embarkation** [embɑ:'keɪʃn] *n.* Einschiffung, *die;* **port of ~:** Einschiffungshafen, *der;* **~ leave** Einschiffungsurlaub, *der*

**embarrass** [ɪm'bærəs] *v. t.* **a)** *(make feel awkward)* in Verlegenheit bringen; **become seriously ~ed** in ernste Verlegenheit kommen; **be ~ed by lack of money** in Geldverlegenheit sein; **b)** *(arch.: encumber)* behindern

**embarrassed** [ɪm'bærəst] *adj.* verlegen ‹*Person, Blick, Lächeln, Benehmen, Schweigen*›; **be** *or* **feel/look/get ~:** verlegen sein/aussehen/werden; **now don't be ~!** geniere dich nicht!; **make sb. feel ~:** jmdn. verlegen machen

**embarrassing** [ɪm'bærəsɪŋ] *adj.* peinlich ‹*Benehmen, Schweigen, Situation, Augenblick, Frage, Thema*›; beschämend ‹*Großzügigkeit*›; verwirrend ‹*Auswahl*›; **~ person** jmd., der andere blamiert; **I find it very ~ to have to say this, but ...:** es ist mir sehr peinlich, so etwas sagen zu müssen, aber ...

**embarrassingly** [ɪm'bærəsɪŋlɪ] *adv.* peinlich; irritierend ‹*freimütig*›; unerhört ‹*grob*›; beschämend ‹*großzügig*›

**embarrassment** [ɪm'bærəsmənt] *n.* Verlegenheit, *die; (instance)* Peinlichkeit, *die;* **much to his ~:** zu seiner großen Verlegenheit; **cause sb. ~:** jmdn. verlegen machen; **cause sb. a great deal of ~:** jmdn. in große Verlegenheit bringen; **he was a source of ~ to his family** seine Familie mußte sich seinetwegen schämen; **financial ~[s]** Geldverlegenheit, *die;* **~ of riches** verwirrende [Über]fülle

**embassy** ['embəsɪ] *n.* Botschaft, *die*

**embattled** [ɪm'bætld] *adj.* kampfbereit ‹*Armee*›; befestigt ‹*Turm, Wall, Gebäude*›

**embed** [ɪm'bed] *v. t.*, **-dd- a)** *(fix)* einlassen; **stones ~ded in rock** in Fels eingelagerte Steine; **a brick firmly ~ded in mortar** ein fest in Mörtel gefügter Ziegelstein; **~ sth. in cement/concrete** etw. einzementieren/einbetonieren; **the bullet ~ded itself in the ground** die Kugel bohrte sich in den Boden; **~ded in the mud** im Schlamm versunken; **~ded sentences** *(Ling.)* eingeschobene Sätze; **b)** *(fig.)* **be firmly ~ded in sth.** fest in etw. *(Dat.)* verankert sein

**embellish** [ɪm'belɪʃ] *v. t.* **a)** *(beautify)* schmücken; beschönigen ‹*Wahrheit*›; **b)** ausschmücken ‹*Geschichte, Bericht*›

**embellishment** [ɪm'belɪʃmənt] *n.* **a)** *no pl. (ornamentation) (of church, room)* Verschönerung, *die; (of story)* Ausschmückung, *die; (of truth)* Beschönigung, *die;* **b)** *(sth. that embellishes)* Verzierung, *die; (in narrative)* Mittel der Ausschmückung; **c)** *(Mus.)* Verzierung, *die;* Ornament, *das (fachspr.)*

**ember** ['embə(r)] *n., usu. in pl. (lit. or fig.)* Glut, *die;* **dying ~s** verlöschende Glut; *see also* **¹fan 2**

**'ember day** *n. (Eccl.)* Quatember, *der*

**embezzle** [ɪm'bezl] *v. t.* unterschlagen; veruntreuen

**embezzlement** [ɪm'bezlmənt] *n.* Unterschlagung, *die;* Veruntreuung, *die*

**embitter** [ɪm'bɪtə(r)] *v. t.* verschlimmern; verschärfen ‹*Kampf*›; verschlechtern, trüben ‹*Beziehungen*›; verbittern ‹*Person*›

**emblazon** [ɪm'bleɪzn] *v. t.* **a)** *(Her.)* verzieren; blasonieren *(fachspr.);* **b)** *(mark boldly)* **the book-covers were ~ed with his name** sein Name prangte auf den Umschlägen

**emblem** ['embləm] *n.* **a)** *(Her.)* Wappenbild, *das;* **b)** *(symbol)* Emblem, *das;* Wahrzeichen, *das; (on national flag etc.)* Hoheitszeichen, *das;* **~ of peace** Friedenssymbol, *das*

**emblematic** [emblɪ'mætɪk], **emblematical** [emblɪ'mætɪkl] *adj.* emblematisch; sinnbildlich; **be ~ of sth.** das Sinnbild einer Sache *(Gen.)* sein

**embodiment** [ɪm'bɒdɪmənt] *n.* **a)** *(act, state)* Verkörperung, *die;* **b)** *(incarnation)* Inbegriff, *der;* **c)** *(incorporation)* Eingliederung, *die;* Integration, *die (geh.)*

**embody** [ɪm'bɒdɪ] *v. t.* **a)** *(express tangibly)* Ausdruck verleihen (+ *Dat.*); **his ideas are embodied in this letter** seine Vorstellungen kommen in diesem Brief zum Ausdruck *od.* erhalten in diesem Brief Form und Gestalt; **b)** *(give concrete form to)* verkörpern ‹*Vorstellungen, Gefühle, Ideale*›; **c)** *(be incarnation of)* personifizieren; verkörpern; der Inbegriff (+ *Gen.*) sein; **d)** *(include)* enthalten

**embolden** [ɪm'bəʊldn] *v. t.* ermutigen; **~ sb. to do sth.** jmdn. [dazu] ermutigen, etw. zu tun

**embolism** ['embəlɪzm] *n. (Med.)* Embolie, *die*

**emboss** [ɪm'bɒs] *v. t.* prägen ‹*Metall, Papier, Leder usw.*›; *(with heat)* gaufrieren ‹*Papier, Gewebe usw.*›; **an ~ed design** ein erhabenes Muster; **~ed notepaper** geprägtes Briefpapier; **~ed stamp** im Prägedruck hergestellte Brief-/Wertmarke

**embrace** [ɪm'breɪs] **1.** *v. t.* **a)** *(hold in arms)* umarmen; **they ~d [each other]** sie umarmten sich *od. (geh.)* einander; **b)** *(fig.: surround)* umgeben; **c)** *(accept)* wahrnehmen, ergreifen ‹*Gelegenheit*›; annehmen ‹*Angebot*›; **d)** *(adopt)* annehmen; **~ a cause** eine Sache zu seiner eigenen machen; **~ Catholicism** sich zum Katholizismus bekennen; **e)** *(include)* umfassen. **2.** *n.* Umarmung, *die;* **he held her to him in a close ~:** er hielt sie eng umschlungen

**embrasure** [ɪm'breɪʒə(r)] *n.* **a)** *(of door, window)* [abgeschrägte] Laibung; **b)** *(in parapet)* Schießscharte, *die*

**embrocation** [embrə'keɪʃn] *n.* Einreibemittel, *das;* Liniment, *das (fachspr.)*

**embroider** [ɪm'brɔɪdə(r)] *v. t.* sticken ‹*Blumen, Muster*›; besticken ‹*Tuch, Kleid*›; *(fig.)* ausschmücken ‹*Erzählung, Wahrheit*›

**embroiderer** [ɪm'brɔɪdərə(r)] *n.* Sticker, *der*/Stickerin, *die*

**embroidery** [ɪm'brɔɪdərɪ] *n.* **a)** Stickerei, *die;* **b)** *no pl. (embroidering)* Sticken, *das;* **c)** *(fig.: ornament)* Ausschmückungen *Pl.;* schmückendes Beiwerk

**embroil** [ɪm'brɔɪl] *v. t.* **~ sb. in sth.** jmdn. in etw. *(Akk.)* hineinziehen; **become/be ~ed in a war** in einen Krieg verwickelt werden/sein; **~ oneself in a dispute** sich in einen Streit einmischen

**embryo** ['embrɪəʊ] *n., pl.* **~s** Embryo, *der;* **in ~** *(fig.)* im Keim; in nuce *(geh.);* **the plans are as yet in ~:** die Planungen befinden sich erst im Anfangsstadium

**embryology** [embrɪ'ɒlədʒɪ] *n. (Biol.)* Embryologie, *die*

**embryonic** [embrɪ'ɒnɪk] *adj. (Biol., fig.)* Embryonal‹*entwicklung, -struktur, -zustand, -stadium*›; unausgereift ‹*Vorstellung*›; **~ membrane** Eihülle, *die;* **~ plant** Pflanzenembryo, *der;* **~ plan** Plan im Embryonalstadium

**'em dash** *n. (Printing)* Geviertstrich, *der*

**emend** [ɪ'mend] *v. t.* *(Lit.)* emendieren *(fachspr.);* berichtigen

**emendation** [i:men'deɪʃn] *n. (Lit.)* Emendation, *die (fachspr.);* Berichtigung, *die*

**emerald** ['emərəld] **1.** *n.* **a)** Smaragd, *der;* **b)** *see* **emerald green. 2.** *adj.* **a)** smaragdgrün; **b) ~ ring** Smaragdring, *der;* **c) the E~ Isle** die Grüne Insel

**emerald 'green** *n.* Smaragdgrün, *das*

**emerge** [ɪ'mɜ:dʒ] *v. i.* **a)** *(come up out of liquid, come into view, crop up)* auftauchen (**from** aus, **from behind** hinter + *Dat.*, **from beneath** *or* **under** unter + *Dat.* hervor); **the sun ~d from behind the clouds** die Sonne trat hinter den Wolken hervor; **~ from the shadow into bright daylight** aus dem Schatten ans helle Tageslicht treten *od.* kommen; **the river ~s from the mountains** der Fluß tritt aus dem Gebirge heraus; **the caterpillar ~d from the egg/as a beautiful butterfly** die Raupe schlüpfte aus dem Ei/wurde zu einem wunderschönen Schmetterling; **difficulties may ~ in this venture** bei diesem Unterfangen können sich Schwierigkeiten einstellen; **b)** *(come out, become known, arise by evolution)* hervorgehen (**from** aus); ‹*Leben:*› entstammen (**from** + *Dat.*); ‹*Wahrheit:*› an den Tag kommen; ‹*Virus usw.:*› entstehen; **it ~s that ...:** es zeigt sich *od.* stellt sich heraus, daß ...; **it ~s from this that ...:** hieraus geht hervor, daß ...; **two essential points ~d from the discussion** aus der Diskussion haben sich zwei wesentliche Punkte ergeben

**emergence** [ɪ'mɜ:dʒəns] *n.* **a)** *(rising out of liquid)* Auftauchen, *das;* **b)** *(coming forth)* Hervortreten, *das; (of mode, school of thought, new ideas)* Aufkommen, *das*

**emergency** [ɪ'mɜ:dʒənsɪ] **1.** *n.* **a)** *(serious happening)* Notfall, *der;* **in an** *or* **in case of ~:** im Notfall; **be prepared for any ~:** auf den Notfall vorbereitet sein; **[case of] ~:** *(Med.)* Notfall, *der;* **be called out on an ~:** zu einem Notfall gerufen werden; **b)** *(Polit.)* Ausnahmezustand, *der;* **declare a state of ~:** den Ausnahmezustand ausrufen *od.* erklären. **2.** *adj.* Not‹*bremse, -ruf, -ausgang, -landung*›; **~ ward** Unfallstation, *die*

**emergent** [ɪ'mɜ:dʒənt] *adj.* **a)** *(rising out)* aufragend ‹*Insel, Felsen, Baum*› (**from** aus); jung, sprießend ‹*Vegetation*›; **b)** jung, aufstrebend ‹*Volk*›

**emeritus** [ɪ'merɪtəs] *adj.* emeritiert ‹*Professor*›; **professor ~:** Professor emeritus

**emery** ['emərɪ] *n.* Schmirgel, *der*

**emery: ~-board** *n.* Schleifbrett, *das; (strip for finger-nails)* Sandblattfeile, *die;* **~-paper** *n.* Schmirgelpapier, *das*

**emetic** [ɪ'metɪk] *(Med.)* **1.** *adj.* emetisch *(fachspr.);* Brechreiz erregend; **be ~:** Brechreiz erregen. **2.** *n.* Emetikum, *das (fachspr.);* Brechmittel, *das*

**EMF** *abbr.* **electromotive force** EMK

**emigrant** ['emɪgrənt] **1.** *adj.* auswandernd; emigrierend; **~ birds** Zugvögel *Pl;* **the ~ population in the USA** die Einwanderer in den USA. **2.** *n. (person)* Auswanderer, *der*/Auswanderin, *die;* Emigrant, *der*/Emigrantin, *die; (plant)* Wanderpflanze, *die*

**emigrate** ['emɪgreɪt] *v. i.* auswandern, emigrieren (**to** nach, **from** aus)

**emigration** [emɪ'greɪʃn] *n.* Auswanderung, Emigration, *die* (**to** nach, **from** aus)

**émigré** ['emɪgreɪ] *n.* Emigrant, *der*/Emigrantin, *die*

**eminence** ['emɪnəns] *n.* **a)** *no pl. (distinguished superiority)* hohes Ansehen; **person of great ~:** bedeutender *od.* hochangesehener Mensch; **win/reach/attain ~:** hohes Ansehen erwerben/erreichen/erlangen; **rise to** *or* **reach ~:** zu hohem Ansehen gelangen; **b)** *(person)* angesehener Mensch; **c)** *(rising ground)* Erhebung, *die;* **d) E~** *(Eccl.)* Eminenz, *die*

**éminence grise** [eɪmi:nɑ̃s 'gri:z] *n.* graue Eminenz

**eminent** ['emɪnənt] *adj.* **a)** *(exalted, distinguished)* bedeutend, hochangesehen ‹*Redner, Gelehrter, Künstler*›; **~ guest** hoher

Gast; **the most ~ citizens** die angesehensten Bürger; **be ~ in one's field** eine Koryphäe auf seinem Gebiet sein; **b)** *(remarkable)* ausnehmend ⟨*Eigenschaft*⟩

**eminently** ['emɪnəntlɪ] *adv.* ausnehmend; vorzüglich ⟨*geeignet*⟩; überaus ⟨*erfolgreich*⟩; **~ respectable** hochangesehen

**emir** [e'mɪə(r)] *n.* Emir, *der*

**emirate** ['emɪərət] *n.* Emirat, *das*

**emissary** ['emɪsərɪ] *n.* Emissär, *der*/Emissärin, *die;* Abgesandte, *der/die;* **special ~:** Sonderbotschafter, *der*/-botschafterin, *die*

**emission** [ɪ'mɪʃn] *n.* **a)** *(giving off or out)* Aussendung, *die; (of vapour)* Ablassen, *das; (of liquid)* Ausscheidung, *die; (of sparks)* Versprühen, *das;* **~ of light/heat** Licht-/Wärmeausstrahlung, *die;* **~ of fumes** Abgasemission, *die;* **~ of smell/gas** Geruchs-/Gasausströmung, *die;* **~ of rays** Strahlenaussendung, *die;* **~ of sound** Geräuschabgabe, *die;* **~ of smoke/lava** Rauch-/Lavaausstoß, *der;* **b)** *(thing given off)* Abstrahlung, *die; (effluvium)* Ausdünstung, *die; (of semen)* Samenerguß, *der*

**emit** [ɪ'mɪt] *v. t.*, **-tt-** aussenden ⟨*Strahlen*⟩; ausstrahlen ⟨*Wärme, Licht*⟩; ausstoßen ⟨*Lava, Asche, Rauch, Schrei*⟩; ausscheiden ⟨*Flüssigkeit*⟩; abgeben ⟨*Geräusch*⟩; versprühen ⟨*Funken*⟩; ausströmen ⟨*Geruch, Gas*⟩; ablassen ⟨*Dampf*⟩

**emolument** [ɪ'mɒljʊmənt] *n., usu. in pl.* Vergütung, *die;* Bezüge *Pl.*

**emotion** [ɪ'məʊʃn] *n.* **a)** *(state)* Ergriffenheit, *die;* Bewegtheit, *die;* **speak with deep ~:** tief ergriffen *od.* bewegt sprechen; **charged with ~:** gefühlsgeladen; **be overcome with ~:** von Gefühl übermannt sein; **be touched with/full of ~:** ergriffen/bewegt sein; **show no ~:** keine Gefühlsregung *od.* Emotionen zeigen; **b)** *(feeling)* Gefühl, *das;* **conflicting ~s** widerstrebende Gefühle

**emotional** [ɪ'məʊʃənl] *adj.* **a)** *(of emotions)* emotional; Gefühls⟨*ausdruck, -leben, -erlebnis, -reaktion*⟩; Gemüts⟨*zustand, -störung*⟩; seelisch ⟨*Belastung*⟩; psychologisch ⟨*Erpressung*⟩; gefühlsgeladen ⟨*Worte, Musik, Geschichte, Film*⟩; gefühlsbetont, emotional ⟨*Verhalten*⟩; gefühlsmäßig ⟨*Einschätzung, Entscheidung*⟩; gefühlvoll ⟨*Stimme, Ton*⟩; **~ appeal** Appell an die Gefühle *od.* Emotionen; **b)** *(liable to excessive emotion)* emotiv *(geh.);* leicht erregbar ⟨*Person*⟩; **~ character** *or* **nature** *or* **disposition** leichte Erregbarkeit; **get ~ over sth.** sich über etw. *(Akk.)* erregen

**emotionalism** [ɪ'məʊʃənəlɪzm] *n., no pl.* Gefühlsbetontheit, *die;* Rührseligkeit, *die (abwertend)*

**emotionally** [ɪ'məʊʃənəlɪ] *adv.* emotional; gefühlvoll ⟨*sprechen, sich verhalten*⟩; gefühlsmäßig, emotional ⟨*reagieren*⟩; gefühlsbetont ⟨*denken*⟩; **thank sb. ~:** [sich bei] jmdm. von Herzen [be]danken; **be ~ exhausted/worn out/disturbed** seelisch erschöpft/ausgelaugt/gestört sein; **get ~ involved with sb.** eine gefühlsmäßige Bindung mit jmdm. eingehen

**emotionless** [ɪ'məʊʃnlɪs] *adj.* emotionslos; emotionsfrei; gefühllos; ausdruckslos ⟨*Gesicht*⟩; gleichgültig ⟨*Stimme*⟩

**emotive** [ɪ'məʊtɪv] *adj.* emotional; gefühlsbetont; emotiv *(Psych., Sprachw.)*

**empathy** ['empəθɪ] *n.* Empathie, *die (Psych.);* Einfühlung, *die*

**emperor** ['empərə(r)] *n.* Kaiser, *der;* **~ penguin** Kaiserpinguin, *der*

**emphasis** ['emfəsɪs] *n., pl.* **emphases** ['emfəsi:z] **a)** *(in speech etc.)* Betonung, *die;* **the ~ is on ...:** die Betonung liegt auf ...; **lay** *or* **place** *or* **put ~ on sth.** etw. betonen; **b)** *(intensity)* Nachdruck, *der;* **do sth. with ~:** etw. nachdrücklich tun; **c)** *(importance attached)* Gewicht, *das;* **lay** *or* **place** *or* **put [considerable] ~ on sth.** [großes] Gewicht auf etw. *(Akk.)* legen; **the school's ~ is on languages** die Schule legt das Schwergewicht auf die [Fremd]sprachen; **the ~ has shifted** der Akzent hat sich verlagert; **with particular** *or* **special ~ on sth.** unter besonderer Berücksichtigung einer Sache *(Gen.)*

**emphasize (emphasise)** ['emfəsaɪz] *v. t. (lit. or fig.)* betonen; *(attach importance to)* Gewicht auf etw. *(Akk.)* legen; **sth. cannot be too strongly ~d** etw. kann nicht genug betont werden

**emphatic** [ɪm'fætɪk] *adj.* nachdrücklich; emphatisch *(geh.);* eindringlich, emphatisch *(geh.)* ⟨*Redner*⟩; *(forcible)* demonstrativ ⟨*Rückzug, Ablehnung*⟩; eindringlich ⟨*Demonstration*⟩; **make sth. more ~:** einer Sache *(Dat.)* Nachdruck verleihen; **be quite ~ that ...:** durchaus darauf bestehen, daß ...

**emphatically** [ɪm'fætɪkəlɪ] *adv.* nachdrücklich; emphatisch *(geh.);* eindringlich ⟨*sprechen*⟩; *(decisively)* entschieden ⟨*bestreiten usw.*⟩

**emphysema** [emfɪ'si:mə] *n. (Med.)* Emphysem, *das*

**empire** ['empaɪə(r)] **1.** *n.* **a)** Reich, *das;* **the E~** *(Hist.) (British)* das Empire; das britische Weltreich; *(Holy Roman)* das Heilige Römische Reich; **b)** *(commercial organization)* Imperium, *das (fig.)*

**empire: ~-builder** *n. (fig.)* **be an ~-builder** seinen Einflußbereich ausweiten wollen; **~-building** *n. (fig.)* **it is just ~-building** es geht dabei nur um den Aufbau eines kleinen Imperiums

**empirical** [ɪm'pɪrɪkl] *adj.* empirisch; empirisch begründet ⟨*Entscheidung, Argument, Wissen, Schlußfolgerung*⟩

**empirically** [ɪm'pɪrɪkəlɪ] *adv.* empirisch

**empiricism** [ɪm'pɪrɪsɪzm] *n., no pl.* **a)** *(method)* Empirie, *die;* **b)** *(Philos.)* Empirismus, *der*

**emplacement** [ɪm'pleɪsmənt] *n. (Mil.)* Geschützstand, *der*

**employ** [ɪm'plɔɪ] **1.** *v. t.* **a)** *(take into one's service)* einstellen; *(keep in one's service)* beschäftigen; **are you ~ed in London/as a teacher?** arbeiten Sie in London/als Lehrer?; **be ~ed by** *or* **with a company** bei einer Firma arbeiten; **b)** *(use services of)* **~ sb. in** *or* **on sth.** jmdn. für etw. einsetzen; **~ sb. in** *or* **on doing sth., ~ sb. to do sth.** jmdn. dafür einsetzen, etw. zu tun; **c)** *(use)* einsetzen **(for, in, on** für); unternehmen ⟨*Anstrengungen*⟩; anwenden ⟨*Methode, List*⟩ **(for, in, on** bei); **~ sth. to do sth.** etw. anwenden, um etwas zu tun; **~ [one's] time on sth./ [on] doing sth.** [seine] Zeit mit etw. verbringen/damit verbringen, etw. zu tun; **d)** *(busy)* **~ oneself/sb. doing sth./in sth.** sich/jmdn. damit beschäftigen, etw. zu tun/mit etw. beschäftigen. **2.** *n., no pl., no indef. art.* Arbeit, *die;* Beschäftigung, *die;* **be in the ~ of sb.** bei jmdm. beschäftigt sein; in jmds. Diensten stehen *(veralt.);* **the firm has 500 people in its ~:** bei der Firma sind 500 Leute beschäftigt

**employable** [ɪm'plɔɪəbl] *adj.* **a)** *(fit to be taken into service)* **be ~:** zu beschäftigen sein; **b)** *(usable)* verwendbar; **be ~ as/for sth.** als/für etw. verwendet werden können

**employee** *(Amer.:* **employe)** [emplɔɪ'i:, em'plɔɪi:] *n.* Angestellte, *der/die; (in contrast to employer)* Arbeitnehmer, *der*/-nehmerin, *die;* **the firm's ~s** die Belegschaft der Firma

**employer** [ɪm'plɔɪə(r)] *n.* Arbeitgeber, *der*/-geberin, *die;* **the firm is only a small ~:** die Firma hat nur wenige Beschäftigte

**employment** [ɪm'plɔɪmənt] *n., no pl.* **a)** *(work)* Arbeit, *die;* **there's no ~ available** es gibt keine freien Stellen *od.* keine Arbeit; **be in gainful ~:** erwerbstätig sein; **be in ~ with sb.** bei jmdm. arbeiten; **be in/without regular ~:** eine/keine feste Anstellung haben; **b)** *(regular trade or profession)* Beschäftigung, *die;* **what is your ~?** welchen Beruf üben Sie aus?; **c)** *no art. (amount of work available)* **full ~:** Vollbeschäftigung, *die;* **d) Secretary for E~** *(Brit.)* Arbeitsminister, *der*/ministerin, *die*

**employment: ~ agency** *n.* Stellenvermittlung, *die;* **~ exchange, ~ office** *ns. (Brit.)* Arbeitsamt, *das*

**emporium** [em'pɔ:rɪəm] *n., pl.* **~s** *or* **emporia** [em'pɔ:rɪə] **a)** *(market)* Handelszentrum, *das;* **b)** *(shop)* Kaufhaus, *das*

**empower** [ɪm'paʊə(r)] *v. t. (authorize)* ermächtigen; *(enable)* befähigen

**empress** ['emprɪs] *n.* Kaiserin, *die*

**emptiness** ['emptɪnɪs] *n., no pl. (lit. or fig.)* Leere, *die*

**empty** ['emptɪ] **1.** *adj.* **a)** leer; **find an ~ seat/parking-place** einen freien Sitz-/Parkplatz finden; **~ of sth.** ohne etw.; **~ of people** menschenleer; **the street is ~ of traffic** in der Straße herrscht kein Verkehr; *see also* **stomach 1 a; b)** *(coll.: hungry)* **I feel a bit ~:** ich bin ein bißchen hungrig; **an hour later you feel quite ~:** eine Stunde später hat man schon wieder Hunger; **c)** *(fig.) (foolish)* dumm; hohl ⟨*Kopf*⟩; *(meaningless)* leer. **2.** *n. (vehicle)* Leerfahrzeug, *das; (bottle)* leere Flasche; *(container)* leerer Behälter. **3.** *v. t.* **a)** *(remove contents of)* leeren; [aus]leeren ⟨*Tasche*⟩; *(finish using contents of)* aufbrauchen; *(remove people from)* räumen; *(eat/drink whole contents of)* leer essen/leeren; **~ one's bladder/bowels** die Blase/den Darm entleeren; **b)** *(transfer)* umfüllen **(into** in + *Akk.*); *(pour)* schütten **(over** über + *Akk.*); **~ sth. into/down the sink** etw. in den Ausguß schütten. **4.** *v. i.* **a)** *(become ~)* sich leeren; **b)** *(discharge)* **~ into** ⟨*Fluß, Abwasserkanal:*⟩ münden in (+ *Akk.*)

**empty: ~-'handed** *pred. adj.* mit leeren Händen; **~-headed** *adj.* hohlköpfig *(abwertend)*

**EMS** *abbr.* **European Monetary System** EWS

**emu** ['i:mju:] *n. (Ornith.)* Emu, *der*

**emulate** ['emjʊleɪt] *v. t.* **a)** *(try to equal or excel)* nacheifern (+ *Dat.*); **b)** *(imitate zealously)* nachahmen

**emulation** [emjʊ'leɪʃn] *n.* **a)** *(attempt at equalling or excelling)* **~ of sb.** Bestreben, es jmdm. gleichzutun; **b)** *(zealous imitation)* Nachahmung, *die*

**emulsifier** [ɪ'mʌlsɪfaɪə(r)] *n.* Emulgator, *der*

**emulsify** [ɪ'mʌlsɪfaɪ] *v. t.* emulgieren

**emulsion** [ɪ'mʌlʃn] *n.* **a)** Emulsion, *die;* **b)** *see* **emulsion paint**

**e'mulsion paint** *n.* Dispersionsfarbe, *die*

**en** [en] *n. (Printing)* Halbgeviert, *das*

**enable** [ɪ'neɪbl] *v. t.* **~ sb. to do sth.** es jmdm. ermöglichen, etw. zu tun; **~ sth. [to be done]** etw. ermöglichen; **~ an investigation to be made** eine Untersuchung ermöglichen; **enabling act** *(Law)* Ermächtigungsgesetz, *das; (Amer. Law: legalizing)* gesetzliche Sonderregelung

**enact** [ɪ'nækt] *v. t.* **a)** *(ordain, make law)* erlassen; **~ that ...:** verfügen, daß ...; **b)** *(act out)* aufführen ⟨*Theaterstück*⟩; spielen ⟨*Rolle*⟩; mitwirken bei ⟨*Feier*⟩; **be ~ed** ⟨*Geschehen, Szene:*⟩ sich abspielen

**enamel** [ɪ'næml] **1.** *n.* **a)** Emaille, *die;* Email, *das; (paint)* Lack, *der; (on pottery)* Glasur, *die;* **b)** *(~ painting)* Email[le]malerei, *die;* **c)** *(Anat.)* [Zahn]schmelz, *der.* **2.** *attrib. adj.* **a)** *(containing ~)* Email[le]-; **b)** *(with ~ coating and/or design)* emailliert; Email[le]⟨*geschirr*⟩. **3.** *v. t.*, *(Brit.)* **-ll-:** emaillieren; glasieren ⟨*Ton, Steinzeug*⟩

**enamoured** *(Brit.; Amer.:* **enamored)** [ɪ'næməd] *adj.* **~ of sb.** *(in love with)* in jmdn. verliebt; *(liking)* von jmdm. angetan; **[not exactly** *or* **particularly] ~ of sth.** von etw. [nicht gerade] begeistert

**en bloc** [ã 'blɒk] *adv.* en bloc

**encamp** [ɪn'kæmp] *(Mil.)* **1.** *v. t.* **the troops**

**were ~ed near the border** die Truppen bezogen ein Lager nahe der Grenze. **2.** *v.i.* ein Lager aufschlagen

**encampment** [ɪn'kæmpmənt] *n.* **a)** *no pl.* Lagern, *das;* **b)** *(place)* Lager, *das*

**encapsulate** [ɪn'kæpsjʊleɪt] *v.t.* **a)** *(in capsule)* einkapseln ‹*Medikament*›; in eine[r] Kapsel einschließen; *(as in capsule)* einschließen; **b)** *(fig.)* festhalten; einfangen *(geh.)*

**encase** [ɪn'keɪs] *v.t.* einschließen; fassen ‹*Edelstein*›; **the watch was ~d in metal** die Armbanduhr hatte ein Metallgehäuse; **~ in plaster** eingipsen ‹*Bein, Arm*›

**encash** [ɪn'kæʃ] *v.t.* *(Brit.)* *(realize)* [in bar] einnehmen; sich *(Dat.)* [bar] auszahlen lassen ‹*Gewinn*›; *(convert into cash)* [bar] einlösen

**encephalitis** [ensefə'laɪtɪs] *n.* *(Med.)* Enzephalitis, *die (fachspr.);* Gehirnentzündung, *die*

**enchant** [ɪn'tʃɑ:nt] *v.t.* **a)** *(bewitch)* verzaubern; **she ~s men with her beauty** *(fig.)* sie bezaubert die Männer mit ihrer Schönheit; **b)** *(delight)* entzücken; **be ~ed by sth.** von etw. entzückt sein; **we were ~ed by the place** wir waren von dem Ort bezaubert

**enchanted** [ɪn'tʃɑ:ntɪd] *adj.* **a)** *(bewitched)* verzaubert; **~ forest** Zauberwald, *der;* **~ evening** *(fig.)* zauberischer Abend *(geh.);* **b)** *(delighted)* entzückt

**enchanting** [ɪn'tʃɑ:ntɪŋ] *adj.* **a)** zauberisch *(veralt.);* **~ power** Zauberkraft, *die;* **b)** *(delightful)* entzückend; bezaubernd

**enchantingly** [ɪn'tʃɑ:ntɪŋlɪ] *adv.* bezaubernd

**enchantment** [ɪn'tʃɑ:ntmənt] *n.* **a)** Verzauberung, *die; (fig.)* Zauber, *der;* **world of ~:** Zauberwelt, *die;* **b)** *(delight)* Entzücken, *das* **(with** über + *Akk.***)**

**enchantress** [ɪn'tʃɑ:ntrɪs] *n.* *(lit. or fig.)* Zauberin, *die*

**encipher** [ɪn'saɪfə(r)] *v.t.* verschlüsseln; chiffrieren

**encircle** [ɪn'sɜ:kl] *v.t.* **a)** umgeben; **the enemy ~d us** der Feind kreiste uns ein *od.* umstellte uns; **~d with** *or* **by bodyguards** von Leibwächtern umringt; **his arms ~d her waist** seine Arme umschlangen ihre Taille; **b)** *(mark with circle)* einkreisen ‹*Buchstabe, Antwort*›

**encirclement** [ɪn'sɜ:klmənt] *n.* *(Mil.)* Einkreisung, *die*

**encl.** *abbr.* **enclosed a, enclosure[s]** Anl.

**enclave** ['enkleɪv] *n.* *(lit. or fig.)* Enklave, *die*

**enclitic** [en'klɪtɪk] *(Ling.)* **1.** *adj.* enklitisch. **2.** *n.* Enklitikon, *das*

**enclose** [ɪn'kləʊz] *v.t.* **a)** *(surround)* umgeben; *(shut up or in)* einschließen; **be ~d in a cell/tomb/coffin** in einer Zelle/einem Grab/Sarg eingeschlossen sein; **~d in this casing is ...:** in diesem Gehäuse befindet sich ...; **~ land in** *or* **with barbed wire** Land mit Stacheldraht einzäunen; **b)** *(put in envelope with letter)* beilegen **(with, in** *Dat.***)**; **I [herewith] ~ the completed application form** anbei der ausgefüllte Bewerbungsbogen; **your passport is ~d herewith** Ihr Paß liegt als Anlage bei; **please find ~d, ~d please find** als Anlage übersenden wir Ihnen; anbei erhalten Sie; **a cheque for £10 is ~d** beiliegend finden Sie einen Scheck über 10 Pfund; **c)** *(Math.)* einschließen; **d)** *(Hist.: make private)* zur privaten Nutzung einfrieden

**enclosed** [ɪn'kləʊzd] *adj.* **a)** *(in a container)* darin enthalten; *(included with letter)* beigelegt; beigefügt; **from the ~ you will see that ...:** aus der Anlage werden Sie ersehen, daß ...; **b)** *(closed off)* eingefriedet; *(by fence)* eingezäunt

**enclosure** [ɪn'kləʊʒə(r)] *n.* **a)** *(action)* Einfriedung, *die; (with fence)* Einzäunung, *die;* **b)** *(place)* eingefriedeter/eingezäunter Bereich; *(in zoo)* Gehege, *das; (paddock)* Koppel, *die;* **c)** *(fence)* Umzäunung, *die; (wall etc.)* Einfriedung, *die;* **d)** *(with letter in envelope)* Anlage, *die*

**encode** [ɪn'kəʊd] *v.t.* verschlüsseln; chiffrieren

**encomium** [en'kəʊmɪəm] *n., pl.* **~s** *or* **encomia** [en'kəʊmɪə] Lobpreisung, *die (geh.);* **give sb. an ~:** jmdn. lobpreisen *(geh.)*

**encompass** [ɪn'kʌmpəs] *v.t.* **a)** *(encircle)* umgeben; *(surround)* umringen; **b)** *(take in)* umfassen; **c)** *(contain)* einhüllen

**encore** [ɒŋ'kɔ:(r), 'ɒŋkɔ:(r)] **1.** *int.* Zugabe! **2.** *n.* Zugabe, *die;* **receive three ~s** drei Zugaben geben müssen; **give an ~** ‹*Band, Orchester:*› eine Zugabe spielen. **3.** *v.t.* als Zugabe verlangen ‹*Lied, Tanz usw.*›; um eine Zugabe bitten ‹*Sänger, Tänzer, Künstler*›

**encounter** [ɪn'kaʊntə(r)] **1.** *v.t.* **a)** *(as adversary)* treffen auf (+ *Akk.*); **b)** *(by chance)* begegnen (+ *Dat.*); **c)** *(meet with, come across)* stoßen auf (+ *Akk.*) ‹*Problem, Schwierigkeit, Kritik, Widerstand usw.*›. **2.** *n.* **a)** *(in combat)* Zusammenstoß, *der;* **have an ~ with the authorities over a matter** mit den Behörden wegen einer Angelegenheit aneinandergeraten; **I had a slight ~ with another car yesterday** *(coll. iron.)* ich hatte gestern eine etwas heftige Begegnung mit einem anderen Auto *(iron.);* **verbal ~:** Wortgefecht, *das;* **this was not his first ~ with the law** das war nicht das erste Mal, daß er mit dem Gesetz in Konflikt kam; **b)** *(chance meeting, introduction)* Begegnung, *die;* **have a chance ~ with sb.** jmdm. zufällig begegnen

**en'counter group** *n.* Encountergruppe, *die (Psych.)*

**encourage** [ɪn'kʌrɪdʒ] *v.t.* **a)** *(stimulate, incite)* ermutigen; **bread ~s rats and mice** Brot lockt Ratten und Mäuse an; **b)** *(promote)* fördern; beleben ‹*Verkauf*›; **~ a smile/a response from sb.** jmdm. ein Lächeln/eine Reaktion entlocken; **~ bad habits** schlechte Angewohnheiten unterstützen; **we do not ~ smoking in this office** wir unterstützen es nicht, daß in diesem Büro geraucht wird; **c)** *(urge)* **~ sb. to do sth.** jmdn. dazu ermuntern, etw. zu tun; **d)** *(cheer)* **be [much] ~d by sth.** durch etw. neuen Mut schöpfen; **we were ~d to hear** *or* **felt ~d when we heard ...:** wir schöpften neuen Mut, als wir hörten ...

**encouragement** [ɪn'kʌrɪdʒmənt] *n.* **a)** *(support, incitement)* Ermutigung, *die* **(from** durch); **give sb. ~:** jmdn. ermutigen; **get** *or* **receive ~ from sth.** durch etw. ermutigt werden; **b)** *(urging)* Ermunterung, *die;* **c)** *(stimulus)* Ansporn, *der;* **be an ~ to rats/moths** *etc.* Ratten/Motten *usw.* anlocken

**encouraging** [ɪn'kʌrɪdʒɪŋ] *adj.* ermutigend; **the teacher is very ~** *(by nature)* der Lehrer hat eine sehr ermutigende Art

**encouragingly** [ɪn'kʌrɪdʒɪŋlɪ] *adv.* ermutigend

**encroach** [ɪn'krəʊtʃ] *v.i.* *(lit. or fig.)* **~ [on sth.]** [in etw. (*Akk.*)] eindringen; **the shadows began ~ing on the lawn** die Schatten drangen allmählich auf den Rasen vor; **the sea is ~ing [on the land]** das Meer dringt vor; **~ on sb.'s time** jmds. Zeit immer mehr in Anspruch nehmen

**encroachment** [ɪn'krəʊtʃmənt] *n.* *(lit. or fig.)* Eindringen, *das* **(on** in + *Akk.***)**; **make ~s** eindringen; **make ~s on sb.'s time** jmds. Zeit immer mehr in Anspruch nehmen

**encrust** [ɪn'krʌst] *v.t.* überkrusten; **be ~ed with diamonds/beads/gold** über und über mit Diamanten/Perlen besetzt/mit Gold überzogen sein

**encumber** [ɪn'kʌmbə(r)] *v.t.* **a)** *(hamper)* behindern; **~ oneself/sb. with sth.** sich/jmdn. mit etw. belasten; **b)** *(burden)* **~ sb. with debt** jmdn. mit Schulden belasten

**encumbrance** [ɪn'kʌmbrəns] *n.* **a)** *(burden)* Last, *die; (nuisance)* Belastung, *die;* **b)** *(impediment)* Hindernis, *das* **(to** für); **be without ~** *(without family)* ohne Anhang sein; **c)** *(on property)* Belastung, *die*

**encyclic** [en'sɪklɪk], **encyclical** [en'sɪklɪkl] **1.** *adj.* **~ letter** Enzyklika, *die.* **2.** *n.* Enzyklika, *die*

**encyclopaedia** [ensaɪklə'pi:dɪə, ɪnsaɪklə'pi:dɪə] *n.* **a)** Lexikon, *das;* Enzyklopädie, *die;* **b)** *(Hist.)* **the E~:** die Enzyklopädie. *See also* **walking 1**

**encyclopaedic** [ensaɪklə'pi:dɪk, ɪnsaɪklə'pi:dɪk] *adj.* enzyklopädisch

**encyclopedia** *etc. see* **encyclopaedia** *etc.*

**end** [end] **1.** *n.* **a)** *(extremity, farthest point, limit)* Ende, *das; (of nose, hair, tail, branch, finger)* Spitze, *die;* **go to the ~s of the earth** bis ans Ende der Welt gehen; **that was the ~** *(coll.) (no longer tolerable)* da war Schluß *(ugs.); (very bad)* das war das Letzte *(ugs.);* **you are the ~** *(coll.)* du bist [einfach] unmöglich; **he beat him all ~s up** er hat ihn vernichtend geschlagen; **at an ~:** zu Ende; **come to an ~:** enden *(see also* **1 g**); **my patience has come to** *or* **is now at an ~:** meine Geduld ist jetzt am Ende; **our supplies have come to an ~:** unsere Vorräte sind erschöpft; **come to/be coming to the ~ of sth.** etw. aufbrauchen/fast aufgebraucht haben; **turn sth. ~ for ~:** etw. umdrehen; **look at a building/a pencil ~ on** ein Gebäude von der Schmalseite/einen Bleistift von der Spitze her betrachten; **~ on against** *or* **to sth.** mit dem Ende gegen etw.; **from ~ to ~:** von einem Ende zum anderen; **~ to ~:** längs hintereinander; **lay ~ to ~:** aneinanderreihen; **keep one's ~ up** *(fig.)* seinen Mann stehen; **make an ~ of sth.** etw. abschaffen; **make [both] ~s meet** *(fig.)* [mit seinem Geld] zurechtkommen; **no ~** *(coll.)* unendlich viel; **it's been criticized no ~:** es ist über die Maßen kritisiert worden; **have no ~ of trouble/a surprise** nichts als Ärger haben/maßlos überrascht sein; **no ~ of a fuss** ein wahnsinniges Theater *(ugs.);* **there is no ~ to sth.** *(coll.)* etw. nimmt kein Ende; **there's no ~ to what you can achieve/learn** du kannst unendlich viel erreichen/lernen; **put an ~ to sth.** einer Sache *(Dat.)* ein Ende machen; **not know** *or* **not be able to tell one ~ of sth. from the other** bei etw. nicht wissen, wo hinten und vorne ist *(ugs.);* **b)** *(of box, packet, tube, etc.)* Schmalseite, *die; (top/bottom surface)* Ober-/Unterseite, *die;* **on ~** *(upright)* hochkant; **sb.'s hair stands on ~** *(fig.)* jmdm. stehen die Haare zu Berge *(ugs.); see also* **g**; **c)** *(remnant)* Rest, *der; (of cigarette, candle)* Stummel, *der;* **tie up the/a few [loose] ~s** *(fig.)* die/ein paar Einzelheiten erledigen; **d)** *(side)* Seite, *die;* **how are things at the business/social/at your ~?** wie sieht es geschäftlich/mit den sozialen Kontakten/bei dir aus?; **be on the receiving ~ of sth.** etw. abbekommen *od.* einstecken müssen; **he was on the receiving ~ in the fight** er mußte in dem Kampf einiges einstecken; **e)** *(half of sports pitch or court)* Spielfeldhälfte, *die;* **change ~s** die Seiten wechseln; **choice of ~s** Seitenwahl, *die;* **f)** *(of swimming-pool)* **deep/shallow ~ [of the pool]** tiefer/flacher Teil [des Schwimmbeckens]; **go in/be thrown in at the deep ~** *(fig.)* ins kalte Wasser springen/geworfen werden; **go [in] off the deep ~** *(fig. coll.)* aus der Haut fahren *(ugs.);* **g)** *(conclusion, lit. or fig.)* Ende, *das; (of lesson, speech, story, discussion, meeting, argument, play, film, book, sentence)* Schluß, *der;* Ende, *das;* **the ~ is not yet in** Ende ist noch nicht abzusehen; *(there is still hope)* es ist noch nicht aller Tage Abend; **by the ~ of the hour/day/week** *etc.* **we were exhausted** als die Stunde/der Tag/die Woche *usw.* herum war, waren wir erschöpft; **at the ~ of 1987/March** Ende 1987/März; **by the ~ of the meeting** als die Versammlung zu Ende war; **until** *or* **till the ~ of time** bis ans Ende aller Tage; **read to the ~ of the page** die Seite zu Ende lesen; **leave before the ~ of the film** gehen, ehe der Film zu Ende ist; **that's the ~ of sth.** *(coll.: sth. is used up)* etw. ist alle *(ugs.)*; **that's the ~ of 'that** *(fig.)* damit ist die Sache erledigt; **will there never be an ~ to all this?** wird das alles nie ein Ende nehmen?; **want [to see] an ~ to sth.** das Ende einer Sache *(Gen.)* wollen; **I shall never hear the ~ of it** *(joc.)* das werde ich noch lange zu hören bekommen; **I wonder if there's an ~ to it all** ich frage mich, ob das denn gar kein Ende nimmt; **be at an ~:** zu Ende sein; **bring a meeting/discussion/lesson to an ~:** eine Versammlung/Diskussion/Unterrichtsstunde beenden; **his education/journey was brought to an abrupt ~:** seine Ausbildung/Reise fand ein plötzliches Ende; **come to an ~:** ein Ende nehmen (*see also* **1 a**); **have come to the ~ of sth.** mit etw. fertig sein; **be coming to the ~ of sth.** mit etw. fast fertig sein; **when you come to the ~ of the page** wenn Sie mit der Seite fertig sind; **in the ~:** schließlich; **on ~:** ununterbrochen; *see also* **b; h)** *(downfall, destruction)* Ende, *das; (death)* Ende, *das (geh. verhüll.)*; **meet one's ~:** den Tod finden *(geh.)*; **meet its ~** ‹*Sache:*› sein Ende finden *(fig.)*; **sb. is nearing his ~:** mit jmdm. geht es zu Ende *(verhüll.)*; **this will be the ~ of him** das bedeutet das Ende für ihn; **drink will be the ~ of him** der Alkohol wird ihn noch ins Grab bringen; **sb. comes to a bad** *or* **sticky ~:** es nimmt ein böses *od.* schlimmes Ende mit jmdm.; **i)** *(purpose, object)* Ziel, *das;* Zweck, *der;* **~ in itself** Selbstzweck, *der;* **be an ~ in itself** *(likewise a purpose)* auch ein lohnendes Ziel sein; *(the only purpose)* das eigentliche Ziel sein; **the ~ justifies the means** der Zweck heiligt die Mittel; **with this ~ in view** mit diesem Ziel vor Augen; **as a means to an ~:** als Mittel zum Zweck; **for material ~s** aus materiellen Gründen; **gain** *or* **win** *or* **achieve one's ~s** seine Ziele erreichen; **to** *or* **for this ~:** zu diesem Zweck *od. (veralt.)* Ende; **to** *or* **for what ~[s]** zu welchem Zweck *od. (veralt.)* Ende; **to no ~:** vergebens; ohne Erfolg. *See also* **bitter 1 b; East End; tether 1 b; West End; without 1 a; world a. 2.** *v. t.* **a)** *(bring to an ~)* beenden; kündigen ‹*Abonnement*›; **~ one's life/days** *(spend last part of life)* sein Leben/seine Tage beschließen; **b)** *(put an ~ to, destroy)* ein Ende setzen (+ *Dat.*); **~ it [all]** *(coll.: kill oneself)* [mit dem Leben] Schluß machen *(ugs.)*; **c)** *(stand as supreme example of)* **a car/feast/race** *etc.* **to ~ all cars/feasts/races** *etc.* ein Auto/Fest/Rennen *usw.*, das alles [bisher Dagewesene] in den Schatten stellt. **3.** *v. i.* enden; **where does it all ~?** wo soll das noch hinführen?; **~ by doing sth.** schließlich etw. tun; **the project ~ed in chaos/disaster** das Vorhaben endete im Chaos/in einer Katastrophe; **the discussion ~ed in a quarrel** die Diskussion endete mit einem Streit; **the match ~ed in a draw** das Spiel ging unentschieden aus

**~ 'up** *v. i.* enden; **we ~ed up in a ditch** *(coll.)* wir landeten in einem Graben *(ugs.)*; **he'll ~ up in prison** *(coll.)* er wird im Gefängnis landen *(ugs.)*; **we ~ed up at his place** *(coll.)* wir landeten schließlich bei ihm zu Hause *(ugs.)*; **~ up [as] a teacher/an alcoholic** *(coll.)* schließlich Lehrer/zum Alkoholiker werden; **I always ~ up doing all the work** *(coll.)* am Ende bleibt die ganze Arbeit immer an mir hängen

**'end-all** *see* **be 4**

**endanger** [ɪn'deɪndʒə(r)] *v. t.* gefährden

**endangered** [ɪn'deɪndʒəd] *adj.* gefährdet; **an ~ species** eine vom Aussterben bedrohte Art

**'en dash** *n. (Printing)* Halbgeviertstrich, *der*

**endear** [ɪn'dɪə(r)] *v. t.* **~ sb./sth./oneself to sb.** jmdn./etw./sich bei jmdm. beliebt machen

**endearing** [ɪn'dɪərɪŋ] *adj.* reizend; gewinnend ‹*Lächeln, Art*›

**endearingly** [ɪn'dɪərɪŋlɪ] *adv.* reizend; gewinnend ‹*lächeln*›

**endearment** [ɪn'dɪəmənt] *n.* Zärtlichkeit, *die;* **term of ~:** Kosename, *der*

**endeavour** (*Brit.; Amer.:* **endeavor**) [ɪn'devə(r)] **1.** *v. i.* **~ to do sth.** sich bemühen, etw. zu tun. **2.** *n.* Bemühung, *die; (attempt)* Versuch, *der;* **~ to do sth.** Bemühen, etw. zu tun *(geh.)*; **make every ~ to do sth.** alle Anstrengungen unternehmen, um etw. zu tun; **make an ~** *or* **make ~s to do sth.** *or* **at doing sth.** sich bemühen, etw. zu tun; **despite his best ~s** obwohl er sich nach Kräften bemühte; **human ~:** das Streben des Menschen

**endemic** [en'demɪk] *adj. (Biol., Med.)* endemisch; einheimisch ‹*Pflanze, Tier*›; örtlich begrenzt auftretend ‹*Infektionskrankheit*›; *(regularly found)* verbreitet ‹*Krankheit*›; [allgemein] verbreitet ‹*Gewalt, Alkoholismus, Rastlosigkeit*›

**endemically** [en'demɪkəlɪ] *adv.* endemisch

**'end-game** *n.* Endspiel, *das*

**ending** ['endɪŋ] *n.* Schluß, *der; (of word)* Endung, *die; see also* **happy ending**

**endive** ['endɪv] *n.* **a)** Endivie, *die;* **b)** *(Amer.: chicory crown)* Brüsseler Endivie; Chicorée, *der od. die*

**endless** ['endlɪs] *adj.* **a)** endlos; *(coll.: innumerable)* unzählig; *(eternal)* unendlich; **have an ~ wait, wait an ~ time** endlos lange warten; **the journey seemed ~:** die Reise schien kein Ende zu nehmen; **b)** *(infinite)* unendlich; endlos ‹*Straße*›; unbegrenzt ‹*Auswahl*›; unendlich lang ‹*Straße, Liste*›

**endless 'cable** *n.* Umlaufseil, *das*

**endlessly** ['endlɪslɪ] *adv.* **a)** *(incessantly)* unaufhörlich ‹*streiten, schwatzen*›; *(interminably)* endlos lange ‹*warten*›; **b)** *(infinitely)* endlos ‹*sich erstrecken, lang*›

**endmost** ['endməʊst] *adj.* letzt...; **the ~ leaves on the branches** die Blätter an den Spitzen der Zweige/Äste

**endocrine** ['endəʊkrɪn] *adj. (Physiol.)* endokrin

**endorse** [ɪn'dɔ:s] *v. t.* **a)** *(write on back of)* auf der Rückseite beschriften; **~ sth. with one's signature** etw. auf der Rückseite signieren; **~ sth. on the [back of the] document** etw. auf die Rückseite des Dokuments schreiben; **b)** *(sign one's name on back of)* indossieren ‹*Scheck, Wechsel*›; **~ a cheque** *etc.* **[over] to sb.** einen Scheck *usw.* durch Indossament auf jmdn. übertragen; **c)** *(support, declare approval of)* beipflichten (+ *Dat.*) ‹*Meinung, Aussage*›; billigen, gutheißen ‹*Entscheidung, Handlung, Einstellung*›; unterstützen ‹*Antrag, Vorschlag, Kandidaten, Kandidatur*›; **d)** *(Brit.: make entry regarding offence on)* einen Strafvermerk machen auf (+ *Akk. od. Dat.*)

**endorsement** [ɪn'dɔ:smənt] *n.* **a)** *(writing on back)* Beschriftung auf der Rückseite; **the ~ of a document with one's signature** das Unterzeichnen eines Dokuments auf der Rückseite; **b)** *(of cheque)* Indossament, *das;* **~ to sb.** Übertragung durch Indossament auf jmdn.; **c)** *(support, declaration of approval)* Billigung, *die; (of proposal, move, candidate)* Unterstützung, *die;* **d)** *(Brit.: entry regarding offence)* Strafvermerk, *der* **(of** auf + *Akk. od. Dat.*)

**endow** [ɪn'daʊ] *v. t.* **a)** *(give permanent income to)* [über Stiftungen/eine Stiftung] finanzieren ‹*Einrichtung, Krankenhaus usw.*›; mit Geld ausstatten ‹*Person*›; stiften ‹*Preis, Lehrstuhl*›; **~ed school** durch Stiftungen finanzierte Schule; **b)** *(fig.)* **nature has ~ed her with great beauty** die Natur hat sie mit großer Schönheit ausgestattet; **be ~ed with charm/a talent for music** *etc.* Charme/musikalisches Talent *usw.* besitzen; **be well ~ed** ‹*Frau:*› Holz vor der Hütte haben *(ugs.)*; ‹*Mann:*› stark gebaut sein *(verhüll.)*

**endowment** [ɪn'daʊmənt] *n.* **a)** *(endowing, property, fund, etc.)* Stiftung, *die;* **b)** *(talent etc.)* Begabung, *die*

**endowment: ~ assurance** *n.* abgekürzte *od.* gemischte Lebensversicherung; **~ mortgage** *n.* ≈ Tilgungslebensversicherung, *die;* **~ policy** *see* **~ assurance**

**end: ~-paper** *n.* Vorsatz, *der;* Vorsatzblatt, *das;* **~-point** *n.* **a)** *(Chem.)* Umschlagspunkt, *der;* **b)** *(fig.)* Endpunkt, *der;* **~-product** *n. (lit. or fig.; also Chem.)* Endprodukt, *das; (fig.)* Resultat, *das*

**endue** [ɪn'dju:] *v. t. (literary)* **a)** *(clothe)* bekleiden **(with** mit); **b)** *(furnish) see* **endow b**

**endurable** [ɪn'djʊərəbl] *adj.* erträglich

**endurance** [ɪn'djʊərəns] *n.* **a)** Widerstandskraft, *die* **(of** gegen); *(ability to withstand strain)* Ausdauer, *die; (patience)* Geduld, *die;* **the material's ~ [of wear and tear]** die Strapazierfähigkeit des Materials; **past** *or* **beyond ~:** unerträglich; **b)** *(lastingness)* Dauerhaftigkeit, *die*

**en'durance test** *n.* Belastungsprobe, *die*

**endure** [ɪn'djʊə(r)] **1.** *v. t. (undergo, tolerate)* ertragen; *(submit to)* über sich ergehen lassen; *(suffer)* erleiden ‹*Verlust, Unrecht*›; **~ to do sth.** es ertragen, etw. zu tun; **I can't ~ the thought of** *or* **to think of him alone there** der Gedanke, daß er allein dort ist, ist mir unerträglich. **2.** *v. i.* fortdauern; **Shakespeare is a name which will ~:** der Name Shakespeares wird die Zeit überdauern

**enduring** [ɪn'djʊərɪŋ] *adj. (lasting)* dauerhaft; beständig ‹*Glaube, Tradition*›

**'end user** *n. (Econ.)* Endverbraucher, *der*

**endways** ['endweɪz], **endwise** ['endwaɪz] *advs.* **a)** *(with end towards spectator)* **turn sth. ~ towards sb.** jmdm. die Schmalseite einer Sache *(Gen.)* zuwenden; **b)** *(with end foremost)* **~ [on]** längs; **let's have the bed facing that wall ~ [on]** laß uns das Bett mit der Schmalseite zu der Wand aufstellen!; **c)** *(with end uppermost)* **~ [on]** hochkant; **d)** *(end to end)* der Länge nach hintereinander; längs hintereinander

**ENE** [i:stnɔ:θ'i:st] *abbr.* **east-north-east** ONO

**enema** ['enɪmə] *n., pl.* **~s** *or* **enemata** [enɪ'mɑ:tə] *(Med.)* **a)** *(injection, substance)* Einlauf, *der;* Klistier, *das (Med.)*; **b)** *(syringe)* Klistierspritze, *die (Med.)*

**enemy** ['enəmɪ] **1.** *n.* **a)** *(lit. or fig.)* Feind, *der* **(of, to** *Gen.*); **make enemies** sich *(Dat.)* Feinde machen *od.* schaffen; **make an ~ of sb.** sich *(Dat.)* jmdn. zum Feind machen; **~ of the people/state** Volks-/Staatsfeind, *der;* **the ~ at the gate/within** der Feind vor den Toren/in den eigenen Reihen; **the E~:** der böse Feind *(verhüll.)*; **how goes the ~?** *(dated fig. coll.: the time)* wie spät ist es?; **be one's own worst ~, be nobody's ~ but one's own** niemandem schaden als sich *(Dat.)* selbst; **b)** *(member of hostile army or nation, hostile force)* Feind, *der; (ship)* feindliches Schiff. **2.** *adj.* feindlich; **destroyed by ~ action** durch Feindeinwirkung zerstört

**energetic** [enə'dʒetɪk] *adj.* **a)** *(strenuously active)* energiegeladen; schwungvoll ‹*Redner*›; tatkräftig ‹*Mitarbeiter*›; lebhaft ‹*Kind*›; **be an ~ person** sehr tatkräftig sein; **I don't feel ~ enough** ich habe nicht genug Energie; **b)** *(vigorous)* schwungvoll; entschieden, energisch ‹*Zustimmung, Ablehnung*›; kräftig ‹*Rühren, Schlag, Beifall*›

**energetically** [enə'dʒetɪkəlɪ] *adv.* schwungvoll; entschieden ‹*sich äußern*›

**energize (energise)** ['enədʒaɪz] *v. t.* **a)** *(infuse energy into)* in Schwung bringen *(ugs.)*; **b)** *(Electr.)* mit Strom versorgen

**energy** ['enədʒɪ] *n.* **a)** *(vigour)* Energie, *die; (active operation)* Kraft, *die;* **save your ~:** schone deine Kräfte!; **I've no ~ left** ich habe keine Energie mehr; **build up one's ~:** Kräfte sammeln; **b)** *in pl. (individual's powers)* Kraft, *die;* **c)** *(Phys.)* Energie, *die;* **sources of ~:** Energiequellen; *see also* **conservation b; potential 1**

**energy: ~ crisis** *n.* Energiekrise, *die;* **~-giving** *adj.* energiespendend; **~ value** *n.* Nährwert, *der*

**enervate** ['enəveɪt] *v. t.* schwächen

**enervation** [enə'veɪʃn] *n.* Schwächung, *die; (state)* Schwäche, *die*

**enfant terrible** [ɑ̃fɑ̃ te'ri:bl] *n., pl.* **enfants terribles** [ɑ̃fɑ̃ te'ri:bl] Enfant terrible, *das*

**enfeeble** [ɪn'fi:bl] *v. t.* schwächen

**enfeeblement** [ɪn'fi:blmənt] *n.* Schwächung, *die; (state)* Schwäche, *die*

**enfold** [ɪn'fəʊld] *v. t.* **a)** *(wrap up)* **~ sb. in** *or* **with sth.** jmdn. in etw. *(Akk.)* einhüllen *od.* mit etw. umhüllen; **b)** *(clasp)* umschließen; **he ~ed her in his arms** er schloß sie in seine Arme

**enforce** [ɪn'fɔ:s] *v. t.* **a)** erzwingen; **~ sth. [up]on sb.** jmdm. etw. aufzwingen; **~ the law** dem Gesetz Geltung verschaffen; das Gesetz durchsetzen; **b)** *(give more force to)* Nachdruck verleihen (+ *Dat.*)

**enforceable** [ɪn'fɔ:səbl] *adj.* durchsetzbar

**enforcement** [ɪn'fɔ:smənt] *n.* Erzwingung, *die; (of law)* Durchsetzung, *die*

**enfranchise** [ɪn'fræntʃaɪz] *v. t.* **a)** *(invest with municipal rights)* einen Parlamentssitz verleihen (+ *Dat.*); **b)** *(give vote to)* das Wahlrecht verleihen (+ *Dat.*); **be ~d** das Wahlrecht erhalten

**enfranchisement** [ɪn'fræntʃɪzmənt] *n.* **a)** *(investing with municipal rights)* Verleihung eines Parlamentssitzes (**of** an + *Akk.*); **b)** *(giving of vote to)* Verleihung des Wahlrechts (**of** an + *Akk.*)

**ENG** *abbr.* **electronic news-gathering** elektronische Berichterstattung; EB

**Engadine** ['eŋgədi:n] *pr. n.* **the ~:** das Engadin

**engage** [ɪn'geɪdʒ] **1.** *v. t.* **a)** engagieren; **a singer was ~d to sing at the wedding** ein Sänger/eine Sängerin wurde engagiert *od.* verpflichtet, der/die bei der Hochzeit singen sollte; **b)** *(hire)* einstellen; **we have ~d his services** er arbeitet für uns; wir nehmen seine Dienste in Anspruch; **c)** *(employ busily)* beschäftigen (**in** mit); *(involve)* verwickeln (**in** in + *Akk.*); **~ oneself in sth.** sich mit etw. befassen *od.* beschäftigen; **~ sb. in conversation** jmdn. ins Gespräch ziehen; *(more absorbingly)* jmdn. in ein Gespräch verwickeln; **d)** *(attract and hold fast)* wecken [und wachhalten] ‹*Interesse*›; auf sich *(Akk.)* ziehen ‹*Aufmerksamkeit*›; fesseln ‹*Person*›; in Anspruch nehmen ‹*Konzentration*›; gewinnen ‹*Sympathie, Unterstützung*›; **e)** *(arrange to occupy)* mieten; **f)** *(enter into conflict with)* angreifen; *(bring into conflict)* **~ sb. in a duel** jmdn. in einen Zweikampf verwickeln; **g)** *(Mech.)* **~ one cog with another** die Zahnräder ineinandergreifen lassen; **~ the clutch/gears** einkuppeln/einen Gang einlegen; **h)** *(Fencing)* **~ [foils]** [die Klingen] kreuzen. **2.** *v. i.* **a) ~ in sth.** sich an etw. *(Dat.)* beteiligen; **~ in politics** sich politisch engagieren; **~ in various sports** verschiedene Sportarten betreiben; **b)** *(pledge)* **~ to do sth.** sich verpflichten, etw. zu tun; *(vow)* geloben, etw. zu tun; **~ that ...:** versprechen, daß ...; **c)** *(Mech.)* ineinandergreifen; **the clutch would not ~:** die Kupplung ließ sich nicht einrücken *od.* faßte nicht; **d)** *(come into conflict)* **~ with the enemy** den Feind angreifen

**engaged** [ɪn'geɪdʒd] *adj.* **a)** *(to be married)* verlobt; **be ~ [to be married] [to sb.]** [mit jmdm.] verlobt sein; **become** *or* **get ~ [to be married] [to sb.]** sich [mit jmdm.] verloben; **b)** *(bound by promise)* verabredet; **be otherwise ~:** etwas anderes vorhaben; **are you ~ this evening?** bist du für heute abend verabredet?; hast du [für] heute abend etwas vor?; **c)** *(occupied with business)* beschäftigt; **be** *or* **have become ~ in sth./in doing sth.** mit etw. befaßt *od.* beschäftigt sein/damit befaßt *od.* beschäftigt sein, etw. zu tun; **d)** *(occupied or used by person)* besetzt ‹*Toilette, Taxi*›; **the telephone [line]/number is ~** der [Telefon]anschluß/die Nummer ist besetzt; **you're always ~:** bei dir ist immer besetzt; **~ signal** *or* **tone** *(Brit. Teleph.)* Besetztzeichen, *das*

**engagement** [ɪn'geɪdʒmənt] *n.* **a)** *(to be married)* Verlobung, *die* (**to** mit); **have a long ~:** lange verlobt sein; **b)** *(appointment made with another)* Verabredung, *die;* **have a previous** *or* **prior ~:** schon anderweitig festgelegt sein; **social ~** gesellschaftliche Verpflichtung; **lunch/dinner ~** Verabredung zum Mittag-/Abendessen; **c)** *(booked appearance)* Engagement, *das;* **d)** *(hiring, appointment)* Einstellung, *die;* **e)** *(Mil.)* Kampfhandlung, *die*

**en'gagement ring** *n.* Verlobungsring, *der*

**engaging** [ɪn'geɪdʒɪŋ] *adj.* bezaubernd; gewinnend ‹*Lächeln*›; einnehmend ‹*Persönlichkeit, Art*›

**engagingly** [ɪn'geɪdʒɪŋlɪ] *adv.* gewinnend ‹*lächeln*›

**engender** [ɪn'dʒendə(r)] *v. t.* zur Folge haben; erzeugen; ‹*Person:*› hervorrufen

**engine** ['endʒɪn] *n.* **a)** *(mechanical contrivance)* Motor, *der; (of spacecraft, jet aircraft)* Triebwerk, *das;* **b)** *(locomotive)* Lok[omotive], *die*

**'engine-driver** *n. (Brit.)* Lok[omotiv]führer, *der*

**engineer** [endʒɪ'nɪə(r)] **1.** *n.* **a)** Ingenieur, *der*/Ingenieurin, *die; (service ~, installation ~)* Techniker, *der*/Technikerin, *die; see also* **chemical engineer; civil engineer; electrical engineer; mechanical engineer; sound engineer; b)** *(maker or designer of engines)* Maschinenbauingenieur, *der;* **c) [ship's] ~:** Maschinist, *der;* **d)** *(Amer.: engine-driver)* Lok[omotiv]führer, *der;* **e)** *(Mil.) (designer and constructor of military works)* technischer Offizier; *(soldier)* Pionier, *der; see also* **Royal Engineers. 2.** *v. t.* **a)** *(coll.: contrive)* arrangieren; entwickeln ‹*Plan*›; **b)** *(manage construction of)* konstruieren

**engineering** [endʒɪ'nɪərɪŋ] *n., no pl.* **a)** Technik, *die;* **career in ~:** Ingenieurlaufbahn, *die;* **b)** *attrib.* technisch ‹*Arbeiten, Fähigkeiten*›; **~ science** Ingenieurwesen, *das;* **~ company** *or* **firm** Maschinenbaufirma, *die*

**'engine-room** *n.* Maschinenhaus, *das;* Maschinenraum, *der*

**England** ['ɪŋglənd] *pr. n.* England *(das)*

**Englander** ['ɪŋgləndə(r)] *n. (Hist.)* **Little ~:** *Gegner der imperialistischen Politik Englands*

**English** ['ɪŋglɪʃ] **1.** *adj.* englisch; **he/she is ~:** er ist Engländer/sie ist Engländerin; *see also* **bond 1 h. 2.** *n.* **a)** *(language)* Englisch, *das;* **grammar of ~:** englische Grammatik; Grammatik der englischen Sprache; **say sth. in ~:** etw. auf englisch sagen; **speak ~:** Englisch sprechen; **be speaking ~:** englisch sprechen; **I [can] speak/read ~:** ich spreche Englisch/kann Englisch lesen; **I cannot** *or* **do not speak/read ~:** ich spreche kein Englisch/kann Englisch nicht lesen; **translate into/from [the] ~:** ins Englische/aus dem Englischen übersetzen; **speak a very pure [form of] ~:** ein sehr reines Englisch sprechen; **write sth. in ~:** etw. [auf *od.* in] englisch schreiben; **is that [good** *or* **correct] ~?** ist das gutes Englisch?; **what you've written is just not ~!** was du da geschrieben hast, ist einfach kein Englisch!; **her ~ is very good** sie schreibt/spricht ein sehr gutes Englisch; **the King's/Queen's ~:** die englische Hochsprache; **British/American ~:** britisches/amerikanisches Englisch; **Northern/Southern ~:** in Nordengland/Südengland gesprochenes Englisch; **Middle ~:** Mittelenglisch, *das;* **Old ~:** Altenglisch, *das;* **in plain ~:** in einfachen Worten; **say sth. in plain ~:** etw. frei heraussagen; **now put it into plain ~:** ≈ nun sag es noch mal auf deutsch; **b)** *pl.* **the ~:** die Engländer; **c)** *(Amer. Billiards) see* **side 1 k.** *See also* **pidgin English**

**English: ~ 'breakfast** *n.* englisches Frühstück; **~ 'Channel** *pr. n.* **the ~ Channel** der [Ärmel]kanal; **~ 'horn** *n. (Mus.)* Englischhorn, *das;* Englisch Horn, *das (fachspr.);* **~man** ['ɪŋglɪʃmən] *n., pl.* **~men** ['ɪŋglɪʃmən] Engländer, *der; see also* **castle 1 a**

**Englishness** ['ɪŋglɪʃnɪs] *n., no pl.* englische Eigenart

**'Englishwoman** *n.* Engländerin, *die*

**engrave** [ɪn'greɪv] *v. t.* **a)** gravieren ‹*Platte, Porträt, Illustration*›; **the brass plate had been ~d with his name** sein Name war in die Messingplatte eingraviert worden; **b)** *(carve)* **~ figures** *etc.* **[up]on a surface** Figuren *usw.* in eine Oberfläche eingravieren; **~ sth. [up]on a stone** etw. in einen Stein meißeln; **~ one's name on a tree** seinen Namen in einen Baum schnitzen; **the memory of that day has been** *or* **is ~d indelibly on my mind** *(fig.)* die Erinnerung an diesen Tag hat sich mir unauslöschlich eingeprägt *od.* eingegraben

**engraver** [ɪn'greɪvə(r)] *n. (of metal)* Graveur, *der;* Stecher, *der; (of wood)* Holzschneider, *der; (of stone)* Steinschneider, *der;* Graveur, *der*

**engraving** [ɪn'greɪvɪŋ] *n.* **a)** *(action)* Gravieren, *das;* **b)** *(design, marks)* Gravur, *die;* Gravierung, *die;* **c)** *(Art) (form)* Gravierkunst, *die;* Kupferstich, *der; (print)* Stich, *der; (print from wood)* Holzschnitt, *der*

**engross** [ɪn'grəʊs] *v. t. (fully occupy)* fesseln; völlig in Anspruch nehmen ‹*Zeit, Kraft usw.*›; **be ~ed in sth.** in etw. *(Akk.)* vertieft sein; **become** *or* **get ~ed in sth.** sich in etw. *(Akk.)* vertiefen

**engrossing** [ɪn'grəʊsɪŋ] *adj.* fesselnd

**engulf** [ɪn'gʌlf] *v. t.* verschlingen *(auch fig.); (wrap up)* einhüllen; **the house was ~ed in flames** das Haus stand in hellen Flammen

**enhance** [ɪn'hɑ:ns] *v. t.* erhöhen ‹*Wert, [An]reiz, Macht, Aussichten, Schönheit*›; verstärken ‹*Wirkung*›; steigern ‹*Qualität, Wirkung*›; heben ‹*Stimmung, Aussehen*›; betonen ‹*Augen*›

**enhancement** [ɪn'hɑ:nsmənt] *n. see* **enhance:** Erhöhung, *die;* Verstärkung, *die;* Steigerung, *die;* Hebung, *die;* Betonung, *die*

**enigma** [ɪ'nɪgmə] *n.* Rätsel, *das*

**enigmatic** [enɪg'mætɪk], **enigmatical** [enɪg'mætɪkl] *adj.* rätselhaft

**enjambment (enjambement)** [en'dʒæmmənt] *n. (Pros.)* Enjambement, *das*

**enjoin** [ɪn'dʒɔɪn] *v. t.* **~ a duty/restriction on sb.** jmdm. eine Pflicht/Einschränkung auferlegen; **~ silence/obedience [on sb.]** [jmdn.] zum Schweigen ermahnen/Gehorsam [von jmdm.] fordern; **notices on the wall ~ed silence** Schilder an der Wand mahnten zur Ruhe; **~ caution on sb.** jmdn. zur Vorsicht ermahnen; **~ sb. [not] to do sth.** jmdn. eindringlich ermahnen, etw. [nicht] zu tun; **~ that sth. should be done** nachdrücklich fordern, daß etw. getan wird

**enjoy** [ɪn'dʒɔɪ] **1.** *v. t.* **a) I ~ed the book/film/work** das Buch/der Film/die Arbeit hat mir gefallen; **are you ~ing your meal?** schmeckt dir das Essen?; **he ~s reading/travelling** er liest/reist gern; **he ~s music and drama** er mag Musik und Theater; **we really ~ed seeing you again** wir haben uns wirklich gefreut, euch wiederzusehen; **as a rule, people don't actually ~ going to the dentist** im allgemeinen geht man nicht gerade gern zum Zahnarzt; **b)** *(have use of)* genießen ‹*Rechte, Privilegien, Vorteile*›; sich erfreuen (+ *Gen.*) ‹*hohen Einkommens*›; **~ the right**

**to vote** das Wahlrecht ausüben können; **c)** *(experience)* sich erfreuen (+ *Gen.*) 〈*Respekts, guter Gesundheit*〉; genießen 〈*Achtung*〉. **2.** *v. refl.* sich amüsieren; **you look as if you're ~ing yourself** du siehst ganz vergnügt aus; **we thoroughly ~ed ourselves in Spain** wir hatten viel Spaß in Spanien; **~ yourself at the theatre** viel Spaß im Theater!; **the children ~ed themselves making sandcastles** die Kinder vergnügten sich damit, Sandburgen zu bauen

**enjoyable** [ɪnˈdʒɔɪəbl] *adj.* schön; angenehm 〈*Empfindung, Unterhaltung, Arbeit*〉; unterhaltsam 〈*Buch, Film, Stück*〉

**enjoyably** [ɪnˈdʒɔɪəblɪ] *adv.* angenehm

**enjoyment** [ɪnˈdʒɔɪmənt] *n.* *(delight)* Vergnügen, *das* (**of** an + *Dat.*); **don't spoil other people's ~:** verdirb anderen nicht die Freude

**enlarge** [ɪnˈlɑːdʒ] **1.** *v. t.* vergrößern; *(widen)* verbreitern 〈*Straße, Durchgang*〉; weiter machen 〈*Kleidungsstück*〉; erweitern 〈*Wissen*〉; **the tumour had become ~d** der Tumor war größer geworden. **2.** *v. i.* **a)** sich vergrößern; größer werden; *(widen)* sich verbreitern; **b) ~ [up]on sth.** etw. weiter ausführen

**enlargement** [ɪnˈlɑːdʒmənt] *n.* **a)** Vergrößerung, *die; (making or becoming wider)* Verbreiterung, *die;* **b)** *(further explanation)* weitere Ausführung

**enlarger** [ɪnˈlɑːdʒə(r)] *n.* *(Photog.)* Vergrößerungsapparat, *der*

**enlighten** [ɪnˈlaɪtn] *v. t.* aufklären (**on, as to** über + *Akk.*); **let me ~ you on the matter** laß mich dir die Sache erklären; **be ~ing** erhellend sein

**enlightened** [ɪnˈlaɪtnd] *adj.* aufgeklärt

**enlightenment** [ɪnˈlaɪtnmənt] *n., no pl.* Aufklärung, *die;* **[spiritual] ~:** [geistige] Erleuchtung; **the E~** *(Hist.)* die Aufklärung; **the Age of E~:** das Zeitalter der Aufklärung

**enlist** [ɪnˈlɪst] **1.** *v. t.* **a)** *(Mil.)* anwerben; **~ed person** *(Amer.) (soldier)* Soldat, *der; (sailor)* Matrose, *der;* **b)** *(secure as means of help)* gewinnen. **2.** *v. i.* **~ [for the army/navy]** in die Armee/Marine eintreten; **~ [as a soldier]** Soldat werden

**enlistment** [ɪnˈlɪstmənt] *n.* **a)** *(Mil.)* Anwerbung, *die;* **b)** *(securing as means of help)* Gewinnung, *die*

**enliven** [ɪnˈlaɪvn] *v. t.* beleben; anregen 〈*Phantasie*〉; in Schwung bringen *(ugs.)* 〈*Person, Schulklasse usw.*〉; lebhafter gestalten 〈*Tanz, Unterricht*〉

**en masse** [ɑ̃ ˈmæs] *adv.* **a)** *(all together)* alle zusammen; **taken ~:** alles in allem; **b)** *(in a crowd)* in Massen

**enmesh** [ɪnˈmeʃ] *v. t.* **~ sb./sth. [in sth.]** jmdn./etw. [mit etw.] fangen; *(fig.)* jmdn./etw. [in etw. *(Akk.)*] verstricken; **a fly had become ~ed in the spider's web** eine Fliege hatte sich in dem Spinnennetz verfangen

**enmity** [ˈenmɪtɪ] *n.* Feindschaft, *die*

**ennoble** [ɪˈnəʊbl] *v. t.* **a)** adeln; **b)** *(elevate)* erheben

**ennui** [ˈɒnwiː] *n.* Ennui, *der (geh.)*

**enormity** [ɪˈnɔːmɪtɪ] *n.* **a)** *(atrocity)* Ungeheuerlichkeit, *die (abwertend);* **b)** *see* **enormousness**

**enormous** [ɪˈnɔːməs] *adj.* **a)** enorm; riesig, gewaltig 〈*Figur, Tier, Meer, Kathedrale, Fluß, Wüste, Menge*〉; gewaltig, enorm 〈*Veränderung, Unterschied, Liebe, Haß, Widerspruch, Größe, Ausgabe, Kraft*〉; ungeheuer 〈*Mut, Charme, Schmerz, Problem, Gefahr*〉; **b)** *(fat)* ungeheuer dick

**enormously** [ɪˈnɔːməslɪ] *adv.* ungeheuer; enorm, ungeheuer 〈*groß, hoch, sich ändern, wachsen, sich bessern*〉

**enormousness** [ɪˈnɔːməsnɪs] *n., no pl.* ungeheure Größe; Riesenhaftigkeit, *die; (of size, length, height)* ungeheures Ausmaß

**enough** [ɪˈnʌf] **1.** *adj.* genug; genügend; **that's ~ arguing for one evening** für heute [abend] haben wir uns genug gestritten; **there's ~ room** *or* **room ~:** es ist Platz genug *od.* genügend Platz; **be man/fool/miser** *etc.* **~ to do sth.** Manns/dumm/geizig *usw.* genug sein, etw. zu tun; **he made ~ fuss about getting it/having got it** *(iron.)* er hat so einen Wirbel darum gemacht, daß er es haben wollte/er hat großen Wirbel darum gemacht, daß er es bekommen hatte; **more than ~:** mehr als genug; **~ noise to wake the dead** ein Lärm, um Tote aufzuwecken. **2.** *n., no pl., no art.* genug; **be ~ to do sth.** genügen, etw. zu tun; **she says she's not getting ~ out of her marriage** sie sagt, ihre Ehe gebe ihr nicht genug *od.* fülle sie nicht aus; **are there ~ of us to lift this heavy weight?** sind wir genug [Leute], um diese schwere Last zu heben?; **four people are quite ~:** vier Leute genügen völlig; **he's had quite ~** *(is drunk)* er hat genug; **that [amount] will be ~ to go round** das reicht für alle; **you [already] have ~ to do looking after the baby** du hast schon genug damit zu tun, auf das Baby aufzupassen; **~ of ...:** genug von ...; **have you had ~ of the meat dish?** hast du genug Fleisch gehabt?; **I've seen ~ of Bergman's films** ich habe genug Bergman-Filme gesehen; **are there ~ of these books to go round?** reichen diese Bücher für alle?; **~ of that!** genug davon!; **[that's] ~ [of that]!** [jetzt ist es] genug!; **~ of your nonsense!** Schluß mit dem Unsinn!; **have had ~ [of sb./sth.]** genug [von jmdm./etw.] haben; **I've had ~:** jetzt reicht's mir aber!; jetzt habe ich aber genug!; **haven't you had ~ of travelling?** hast du nicht langsam genug vom Reisen?; **more than ~, ~ and to spare** mehr als genug; **[that's] ~ about ...:** genug über ... *(Akk.)* geredet; **but ~ about politics** aber Schluß mit der Politik; **~ about that** genug davon!; Schluß damit!; **~ said** mehr braucht man dazu nicht zu sagen; **~ is ~:** mal muß es auch genug sein *(ugs.)*; **it's ~ to make you weep** es ist zum Weinen; **it's ~ to make you sick** da wird einem ganz schlecht; **~ is as good as a feast** allzuviel ist ungesund *(Spr.)*; **cry '~'** *(fig.)* aufgeben; **as if that were not ~:** als ob das noch nicht genügte; **be ~ of a man/fool/miser** *etc.* **to do sth.** Manns/dumm/geizig *usw.* genug sein, etw. zu tun. **3.** *adv.* genug; **the meat is not cooked ~:** das Fleisch ist nicht genügend durch; **you don't express your views ~:** du sagst zu wenig über deine Ansichten; **he is not trying hard ~:** er gibt sich nicht genug *od.* genügend Mühe; **they were friendly ~ towards us** sie waren soweit recht nett zu uns; **she's a pretty ~ girl** sie ist doch ein recht hübsches Mädchen; **you know well ~ what we're referring to** ihr wißt recht gut, was wir meinen; **oddly/strangely/funnily ~:** merkwürdiger-/seltsamer-/*(ugs.)* komischerweise; **sure ~:** natürlich; **be good/kind ~ to do sth.** so gut sein, etw. zu tun; *see also* **²fair 1 a; right 1 b; true 1 a**

**en passant** [ɑ̃ ˈpæsɑ̃] *adv.* en passant *(geh.)*; beiläufig; **just ~:** ganz nebenbei

**enquire** *etc. see* **inquir-**

**enrage** [ɪnˈreɪdʒ] *v. t.* wütend machen; reizen 〈*wildes Tier*〉; **be ~d by sth.** über etw. *(Akk.)* wütend werden/von etw. gereizt werden; **be ~d at** *or* **with sb./sth.** auf jmdn./etw. wütend sein; **become** *or* **get ~d** wütend werden (**at, with** über, auf + *Akk.*); **I was ~d to hear that ...:** ich war wütend, als ich erfuhr, daß ...

**enrapture** [ɪnˈræptʃə(r)] *v. t.* entzücken; 〈*Gesang, Musik:*〉 bezaubern; **be ~d by sth./sb.** von etw./jmdm. entzückt sein

**enraptured** [ɪnˈræptʃəd] *adj.* entzückt; verzückt

**enrich** [ɪnˈrɪtʃ] *v. t.* **a)** *(make wealthy)* reich machen; bereichern *(veralt.)*; **b)** *(fig.)* bereichern; anreichern 〈*Nahrungsmittel, Boden, Uran*〉; verbessern 〈*Haut, Qualität, Gewebe*〉; erweitern 〈*Kenntnisse*〉; **we were greatly ~ed by the experience** diese Erfahrung hat uns sehr bereichert

**enrichment** [ɪnˈrɪtʃmənt] *n.* *(lit. or fig.)* Bereicherung, *die; (of soil, food, uranium)* Anreicherung, *die*

**enrol** (*Amer.:* **enroll**) [ɪnˈrəʊl] **1.** *v. i.*, **-ll-** sich anmelden; sich einschreiben *od.* eintragen [lassen]; *(Univ.)* sich einschreiben; sich immatrikulieren; **~ in sth.** in etw. *(Akk.)* eintreten; **~ for a course/test** sich zu einem Kurs/einer Prüfung anmelden. **2.** *v. t.*, **-ll-** einschreiben 〈*Studenten, Kursteilnehmer*〉; anwerben 〈*Rekruten*〉; aufnehmen 〈*Schüler, Mitglied, Rekrut*〉; **~ sb. in sth.** jmdn. in etw. *(Akk.)* aufnehmen; **~ sb. for a course/the army** jmdn. für einen Kurs annehmen/in die Armee aufnehmen; **State E~led Nurse** *(Brit.)* ≈ Krankenpflegehelfer, *der*/-helferin, *die*

**enrolment** (*Amer.:* **enrollment**) [ɪnˈrəʊlmənt] *n.* **a)** Anmeldung, *die; (Univ.)* Immatrikulation, *die;* Einschreibung, *die; (in army)* Eintritt, *der;* **b)** *(Amer.: number of students)* Studentenzahl, *die*

**en route** [ɑ̃ ˈruːt] *adv.* unterwegs; auf dem Weg; **~ to Scotland/for Edinburgh** unterwegs *od.* auf dem Weg nach Schottland/Edinburgh; **~ [for] home/to school** auf dem Heim-/Schulweg

**ensconce** [ɪnˈskɒns] *v. t.* **~ oneself in sth.** sich in etw. *(Dat.)* niederlassen; *(hide)* sich in etw. *(Dat.)* verbergen; **be ~d in/behind sth.** sich in/hinter etw. *(Dat.)* niedergelassen haben

**ensemble** [ɑ̃ˈsɑ̃bl] *n.* Ensemble, *das*

**enshrine** [ɪnˈʃraɪn] *v. t.* *(lit. or fig.)* bewahren

**ensign** [ˈensaɪn, ˈensn] *n.* **a)** *(banner)* Hoheitszeichen, *das;* **b)** *(Brit.)* **blue/red/white ~:** Flagge der britischen Marinereserve/britischen Handelsschiffe/britischen Marine; **c)** *(standard-bearer)* Fähnrich, *der; (Hist.: infantry officer)* Fahnenjunker, *der;* **d)** *(Amer.: naval officer)* Fähnrich zur See

**enslave** [ɪnˈsleɪv] *v. t.* **a)** versklaven; **b)** *(fig.)* **marriage had ~d her to the kitchen sink** die Ehe hatte sie an den Spülstein gekettet; **become ~d to a habit** zum Sklaven einer Gewohnheit werden

**ensnare** [ɪnˈsneə(r)] *v. t.* *(lit. or fig.)* fangen; **the questions were designed to ~ him** *(fig.)* die Fragen waren als Falle für ihn gedacht

**ensue** [ɪnˈsjuː] *v. i.* folgen (**from, on** aus); **the discussion which ~d** die anschließende *od.* folgende Diskussion; **points/problems ensuing from this** Punkte/Probleme, die sich hieraus ergeben

**ensuing** [ɪnˈsjuːɪŋ] *adj.* darauffolgend

**en suite** [ɑ̃ ˈswiːt] *adv.* daran anschließend; **rooms arranged ~:** miteinander verbundene Zimmer; **with ... ~:** mit sich [daran] anschließendem / anschließender / anschließenden ...

**ensure** [ɪnˈʃʊə(r)] *v. t.* **a) ~ that ...** *(satisfy oneself that)* sich vergewissern, daß ...; *(see to it that)* gewährleisten, daß ...; **b)** *(secure)* **~ sth.** etw. gewährleisten; **this will ~ victory for the Labour Party** dies wird der Labour Party den Sieg sichern; **I cannot ~ you a good seat** ich kann nicht dafür garantieren, daß Sie einen guten Platz bekommen; **c)** *(make safe)* **~ sb./sth. against sth.** jmdn./etw. vor etw. *(Dat.) od.* gegen etw. schützen; **they ~d themselves against possible disappointment/criticism/hostility** sie sicherten sich gegen eine eventuelle Enttäuschung/Kritik/Anfeindung ab; *abs.* **proper insulation will ~ against loss of heat** sorgfältige Isolierung schützt gegen Wärmeverlust

**ENT** *abbr. (Med.)* **ear, nose, and throat** HNO

**entablature** [ɪnˈtæblətʃə(r)] *n.* *(Archit.)* Gebälk, *das*

**entail** [ɪn'teɪl] **1.** *v. t.* **a)** *(involve)* mit sich bringen; **what exactly does your job ~?** worin besteht Ihre Arbeit ganz genau?; **sth. ~s doing sth.** etw. bedeutet, daß man etw. tun muß; **b)** *(impose)* **~ sth. [on sb.]** etw. [für jmdn.] mit sich bringen; ‹*Person:*› [jmdm.] etw. aufbürden; **~ disgrace on sb./one's family** jmdm./seiner Familie Schande machen; **c)** *(Law)* in ein Fideikommiß umwandeln; *(leave)* als Fideikommiß vererben. **2.** *n. (Law)* Fideikommiß, *das*

**entailment** [ɪn'teɪlmənt] *n. (Law)* Umwandlung in ein Fideikommiß

**entangle** [ɪn'tæŋgl] *v. t.* **a)** *(catch)* einfangen; sich verfangen lassen; **he got bits of straw ~d in his hair** Strohhalme verfingen sich in seinem Haar; **he got his trouser-leg ~d in his bicycle chain** sein Hosenbein hat sich in der Fahrradkette verfangen; **get [oneself]** *or* **become ~d in** *or* **with sth.** sich in etw. *(Dat.)* verfangen; **get [oneself]** *or* **become ~d in a mass of details** *(fig.)* sich in einer Unmenge von Einzelheiten verlieren; **be ~d in sth.** sich in etw. *(Dat.)* verfangen haben; **b)** *(fig.: involve)* verwickeln; **don't ~ yourself in obligations you cannot meet** laß dich nicht auf Verpflichtungen *(Akk.)* ein, die du nicht erfüllen kannst; **get [oneself] ~d in sth.** sich in etw. *(Akk.)* verwickeln lassen; **be/become ~d in sth.** in etw. *(Akk.)* verwickelt sein/werden; **get [oneself]/be ~d with** sich einlassen/eingelassen haben auf (+ *Akk.*) ‹*Probleme*›; in Konflikt geraten/sein mit ‹*Gesetz*›; sich einlassen/eingelassen haben mit ‹*Frau, Mann, politischer Gruppe*›; **c)** *(make tangled)* völlig durcheinanderbringen; **get sth. ~d [with sth.]** etw. [mit etw.] durcheinanderbringen; **the threads have become** *or* **are ~d [with each other]** die Fäden haben sich verwirrt

**entanglement** [ɪn'tæŋglmənt] *n.* **a)** Verwicklung, *die;* Verfangen, *das;* **b)** *(fig.: involvement)* **his ~ in a divorce case** seine Verwicklung in eine Scheidungsaffäre; **get oneself into an ~ with sb.** sich mit jmdm. einlassen; **c)** *(thing that entangles)* Verwicklung, *die; (entangled things)* Durcheinander, *das; (Mil.)* [Draht]verhau, *der*

**entente** [ɑ̃'tɑ̃t] *n.* Entente, *die;* **~ cordiale** [ɑ̃tɑ̃t kɔ:dɪ'ɑ:l] *(Hist.)* Entente cordiale, *die*

**enter** ['entə(r)] **1.** *v. i.* **a)** *(go in)* hineingehen; ‹*Fahrzeug:*› hineinfahren; *(come in)* hereinkommen; *(walk into room)* eintreten; *(cross border into country)* einreisen; *(drive into tunnel etc.)* hineinfahren; *(come on stage)* auftreten; **~ Macbeth** *(Theatre)* Auftritt Macbeth; **~ into a building/another world** ein Gebäude/eine andere Welt betreten; **~ into the world of entertainment** in die Unterhaltungsbranche einsteigen *(ugs.);* **someone called 'E~!'** jemand rief: „Herein!"; **only a small amount of light ~ed through the windows** durch die Fenster fiel *od.* kam nur wenig Licht; **b)** *(penetrate)* eindringen; **c)** *(announce oneself as competitor in race etc.)* sich zur Teilnahme anmelden **(for** an + *Dat.*). **2.** *v. t.* **a)** *(go into)* [hinein]gehen in (+ *Akk.*); ‹*Fahrzeug:*› [hinein]fahren in (+ *Akk.*); ‹*Flugzeug:*› [hinein]fliegen in (+ *Akk.*); betreten ‹*Gebäude, Zimmer*›; eintreten in (+ *Akk.*) ‹*Zimmer*›; einlaufen in (+ *Akk.*) ‹*Hafen*›; einreisen in (+ *Akk.*) ‹*Land*›; *(drive into)* hineinfahren in (+ *Akk.*); *(come into)* [herein]kommen in (+ *Akk.*); **~ a bus/train** in einen Bus/Zug [ein]steigen; **~ the ship/plane** *(go/come into)* an Bord [des Schiffes/Flugzeugs] gehen/kommen; **a small amount of light ~ed the room** in den Raum fiel *od.* kam wenig Licht; **the poison ~ed the blood** das Gift gelangte ins Blut; **it would never ~ his mind** *or* **head to cheat you** es käme ihm nie in den Sinn, dich zu betrügen; **has it ever ~ed your mind** *or* **head that ...?** ist dir nie der Gedanke gekommen, daß ...?; **~ sb.'s heart/soul** von jmdm. Besitz ergreifen *(geh.);* **b)** *(penetrate)* eindringen in (+ *Akk.*); **c)** *(become a member of)* beitreten (+ *Dat.*) ‹*Verein, Klub, Organisation, Partei*›; eintreten in (+ *Akk.*) ‹*Kirche*›; ergreifen ‹*Beruf*›; **~ the army/[the] university** zum Militär/auf die *od.* zur Universität gehen; **~ school** in die *od.* zur Schule kommen; **~ the legal profession/the medical profession/teaching** die juristische Laufbahn einschlagen/den Arztberuf ergreifen/den Lehrberuf ergreifen; Jurist/Arzt/Lehrer werden; **~ a monastery/nunnery** Mönch/Nonne werden; in ein Kloster eintreten; **~ the House of Commons** Mitglied *od.* Abgeordneter des Unterhauses werden; **d)** *(participate in)* sich beteiligen an (+ *Dat.*) ‹*Diskussion, Unterhaltung*›; teilnehmen an (+ *Dat.*) ‹*Rennen, Wettbewerb*›; **e)** *(procure admission for)* **be ~ed in a school** an einer Schule zugelassen werden; **f)** *(write)* **~ sth. in a book/register** *etc.* etw. in ein Buch/Register *usw.* eintragen; **~ a name in** *or* **on a list** einen Namen in eine Liste eintragen *od.* auf eine Liste setzen; **~ sth. in a dictionary/an index** etw. in ein Wörterbuch/ein Register aufnehmen; **g)** *(record)* **~ an action against sb.** gegen jmdn. Klage einreichen *od.* erheben; **~ a caveat** Einspruch einlegen *od.* erheben; **~ a judgement** ein Urteil fällen; **~ one's protest** Protest *od.* Widerspruch erheben; **~ a bid** ein Gebot abgeben; **h) ~ sb./sth. for** jmdn./etw. anmelden für ‹*Rennen, Wettbewerb, Prüfung*›; **~ one's name for** sich anmelden für ‹*Rennen, Wettbewerb, Prüfung*›

**~ into** *v. t.* **a)** *(engage in)* anknüpfen ‹*Gespräch*›; sich beteiligen an (+ *Dat.*) ‹*Diskussion, Debatte, Wettbewerb*›; aufnehmen ‹*Beziehung, Verhandlungen*›; *(bind oneself by)* eingehen ‹*Verpflichtung, Ehe, Beziehung*›; schließen ‹*Vertrag*›; **~ into details/long-drawn-out explanations** ins Detail gehen/sich in langatmigen Erklärungen ergehen; **it's not worth ~ing into a discussion about it** es lohnt sich nicht, eine Diskussion darüber anzufangen; **~ into an understanding with sb.** mit jmdm. eine Vereinbarung treffen *od.* eingehen; **~ into the pros and cons** auf das Für und Wider eingehen; **b)** *(sympathize with)* nachempfinden ‹*jmds. Gefühle*›; nachvollziehen ‹*jmds. Gedanken*›; sich hineinversetzen, einfühlen in (+ *Akk.*) ‹*Person, Rolle, Stimmung*›; **~ into the spirit of Christmas** in Weihnachtsstimmung kommen; **she really ~s into anything she does** sie ist bei allem, was sie tut, ganz bei der Sache; **c)** *(form part of)* Bestandteil sein von; **~ into sb.'s considerations** bei jmds. Überlegungen eine Rolle spielen; **having children doesn't ~ into our plans** Kinder sind [bei uns] nicht geplant; **that doesn't ~ into it at all** das hat damit gar nichts zu tun

**~ on** *v. t.* **a)** *(Law: assume possession of)* in Besitz nehmen; **b)** *(begin)* beginnen ‹*Karriere, Laufbahn, Amtsperiode*›; aufnehmen ‹*Studium*›; in Angriff nehmen ‹*Aufgabe, Projekt*›

**~ 'up** *v. t.* eintragen; **~ up the books** die Bücher auf den letzten Stand bringen

**~ upon** *see* **~ on**

**enteric** [en'terɪk] *adj.* **a)** *(Anat.)* Darm-; **b) ~ fever** *(Med.)* Typhus, *der;* Typhus abdominalis, *der (fachspr.)*

**enteritis** [entə'raɪtɪs] *n. (Med.)* Enteritis, *die (fachspr.);* Dünndarmentzündung, *die*

**enterprise** ['entəpraɪz] *n.* **a)** *(undertaking)* Unternehmen, *das;* **commercial ~:** Handelsunternehmen, *das;* **free/private ~:** freies/privates Unternehmertum; **b)** *no indef. art. (readiness to undertake new ventures)* Unternehmungsgeist, *der*

**enterprising** ['entəpraɪzɪŋ] *adj.* unternehmungslustig; rührig ‹*Geschäftsmann*›; kühn ‹*Reise, Gedanke, Idee*›

**entertain** [entə'teɪn] *v. t.* **a)** *(amuse)* unterhalten; **we were greatly ~ed by ...:** wir haben uns köstlich über ... *(Akk.)* amüsiert; **b)** *(receive with hospitality)* bewirten; **they enjoy ~ing** sie haben gern Gäste; **do some** *or* **a bit of/a lot of ~ing** manchmal/sehr oft Gäste einladen; **~ sb. to lunch/dinner** *(Brit.)* jmdn. zum Mittag-/Abendessen einladen; **c)** *(have in the mind)* haben ‹*Meinung, Vorstellung*›; hegen *(geh.)* ‹*Gefühl, Vorurteil, Verdacht, Zweifel, Groll*›; *(consider)* in Erwägung ziehen; **he would never ~ the idea of doing that** er würde es nie ernstlich erwägen, das zu tun; **~ ambitions/ideas** *or* **thoughts of doing sth.** den Ehrgeiz haben/sich mit dem Gedanken tragen, etw. zu tun; **~ hopes of achieving sth.** sich *(Dat.)* Hoffnungen machen, etw. zu erreichen

**entertainer** [entə'teɪnə(r)] *n.* Entertainer, *der*/Entertainerin, *die;* Unterhalter, *der*/Unterhalterin, *die*

**entertaining** [entə'teɪnɪŋ] **1.** *adj.* unterhaltsam. **2.** *n., no pl., no indef. art.* **she does a lot of ~:** sie bewirtet häufig Gäste; **she's not very good at ~:** sie ist keine sehr gute Gastgeberin

**entertainment** [entə'teɪnmənt] *n.* **a)** *(amusement)* Unterhaltung, *die;* **much to our ~, to our great ~:** zu unserem großen Vergnügen; **get ~ from sth.** etw. unterhaltsam finden; **the world of ~:** die Welt des Showbusineß; **~ value** Unterhaltungswert, *der;* **have [great] ~ value** [sehr] unterhaltsam sein; **provide ~ for the children** für die Unterhaltung der Kinder sorgen; **b)** *(public performance, show)* Veranstaltung, *die*

**enthral** *(Amer.:* **enthrall**) [ɪn'θrɔ:l] *v. t.,* **-ll-: a)** *(captivate)* gefangennehmen *(fig.);* **b)** *(delight)* begeistern; entzücken

**enthrone** [ɪn'θrəʊn] *v. t.* inthronisieren; **he was ~d [as] King** er bestieg den Königsthron

**enthronement** [ɪn'θrəʊnmənt] *n.* Inthronisation, *die;* Thronbesteigung, *die*

**enthuse** [ɪn'θju:z, ɪn'θu:z] *(coll.)* **1.** *v. i.* **~ [about** *or* **over sth./sb.]** [über etw./jmdn.] in Begeisterung ausbrechen. **2.** *v. t.* begeistern

**enthusiasm** [ɪn'θju:zɪæzəm, ɪn'θu:zɪæzəm] *n.* **a)** *no pl.* Begeisterung, *die;* Enthusiasmus, *der;* **~ for** *or* **about sth.** Begeisterung für *od.* über etw. *(Akk.)*; **for this job we want someone with ~:** wir brauchen einen begeisterungsfähigen Menschen für diese Arbeit; **I've no ~ about going out shopping** ich habe keine Lust, einkaufen zu gehen; **b)** *(object)* Leidenschaft, *die*

**enthusiast** [ɪn'θju:zɪæst, ɪn'θu:zɪæst] *n.* Enthusiast, *der; (for sports, pop music)* Fan, *der;* **a great DIY/cookery ~:** ein begeisterter Heimwerker/Koch; **be a great ~ for sth.** sich sehr für etw. begeistern

**enthusiastic** [ɪnθju:zɪ'æstɪk, ɪnθu:zɪ'æstɪk] *adj.* begeistert; enthusiastisch, begeistert ‹*Applaus, Empfang, Lob*›; **be ~ about sth.** von etw. begeistert sein; **not be very ~ about doing sth.** keine große Lust haben, etw. zu tun; **become ~ about sth.** sich für etw. begeistern

**enthusiastically** [ɪnθju:zɪ'æstɪkəlɪ, ɪnθu:zɪ'æstɪkəlɪ] *adv.* begeistert; enthusiastisch, begeistert ‹*empfangen, applaudieren, loben*›

**entice** [ɪn'taɪs] *v. t.* locken **(into** in + *Akk.*); **~ sb./sth. [away] from sb./sth.** jmdn./etw. von jmdm./etw. fortlocken; **~ mice from their holes** Mäuse aus ihren Mauselöchern [heraus]locken; **~ sb. into doing** *or* **to do sth.** jmdn. dazu verleiten, etw. zu tun

**enticement** [ɪn'taɪsmənt] *n.* **a)** *no pl.* Lockung, *die; (into depravity, immorality)* Verleitung, *die* **(into** zu); **~ from sth.** Fortlockung von etw.; **b)** *(thing)* Lockmittel, *das*

**enticing** [ɪn'taɪsɪŋ] *adj.*, **enticingly** [ɪn'taɪsɪŋlɪ] *adv.* verlockend

**entire** [ɪn'taɪə(r)] *adj.* **a)** *(whole)* ganz; **take an ~ fortnight for one's holiday** volle vierzehn Tage Urlaub machen; **b)** *(intact)* vollständig ‹*Buch, Manuskript, Service, Ausgabe*›; **remain ~:** unversehrt bleiben

**entirely** [ɪn'taɪəlɪ] *adv.* **a)** *(wholly)* völlig; ganz ‹*wach*›; **not ~ suitable for the occasion** dem Anlaß nicht ganz angemessen; **b)** *(solely)* ganz ‹*für sich behalten*›; allein, voll ‹*verantwortlich sein*›; **it's up to you ~:** es liegt ganz bei dir; **it's your responsibility ~:** du allein hast die Verantwortung

**entirety** [ɪn'taɪərətɪ] *n., no pl. (completeness)* Uneingeschränktheit, *die;* **in its ~:** als Ganzes; in seiner Gesamtheit

**entitle** [ɪn'taɪtl] *v. t.* **a)** *(give title of)* **~ a book/film ...:** einem Buch/Film den Titel ... geben; **b)** *(give rightful claim)* berechtigen **(to** zu); **~ sb. to do sth.** jmdn. berechtigen *od.* jmdm. das Recht geben, etw. zu tun; **your degree does not ~ you to more pay** auf Grund Ihres akademischen Grades haben Sie noch keinen Anspruch auf höhere Bezahlung; **she is ~d to a bit of respect from you** sie kann ein wenig Respekt von dir verlangen; **be ~d to [claim] sth.** Anspruch auf etw. *(Akk.)* haben; **be ~d to do sth.** das Recht haben, etw. zu tun

**entitlement** [ɪn'taɪtlmənt] *n.* *(rightful claim)* Anspruch, *der* **(to** auf + *Akk.*); **your leave ~ is four weeks** Sie haben Anspruch auf vier Wochen Urlaub

**entity** ['entɪtɪ] *n.* **a)** *no pl. (existence)* Entität, *die (Philos.);* Existenz, *die; (independence)* Eigenständigkeit, *die;* **b)** *(thing that exists)* **[separate] ~:** eigenständiges Gebilde

**entomb** [ɪn'tu:m] *v. t. (place in tomb)* beisetzen *(geh.); (fig.)* einkerkern

**entombment** [ɪn'tu:mmənt] *n.* Beisetzung, *die (geh.); (fig.)* Einkerkerung, *die*

**entomological** [entəmə'lɒdʒɪkl] *adj.* entomologisch

**entomologist** [entə'mɒlədʒɪst] *n.* Entomologe, *der*/Entomologin, *die*

**entomology** [entə'mɒlədʒɪ] *n.* Entomologie, *die;* Insektenkunde, *die*

**entourage** [ɒntʊ'rɑ:ʒ] *n.* Gefolge, *das;* **have a permanent ~ of beautiful women** ständig von schönen Frauen umgeben sein

**entr'acte** ['ɒntrækt] *n. (Theatre)* **a)** *(interval)* Zwischenakt, *der;* **b)** *(performance in interval)* Entreakt, *der*

**entrails** ['entreɪlz] *n. pl.* Eingeweide; Gedärm, *das; (fig.)* Innere, *das;* **read the ~** *(fig.)* die Zukunft deuten

**¹entrain** [ɪn'treɪn] *v. t.* **a)** *(result in)* nach sich ziehen; **b)** *(carry along in flow)* mitführen ‹*Tröpfchen, Dampf*›

**²entrain 1.** *v. t.* [in einen/den Zug] verladen. **2.** *v. i.* [in einen/den Zug] einsteigen; **~ for London** in den Zug nach London einsteigen

**¹entrance** ['entrəns] *n.* **a)** *(entering)* Eintritt, *der* **(into** in + *Akk.*); *(of troops)* Einzug, *der; (of vehicle)* Einfahrt, *die; (into office, position)* Antritt, *der* **(into, upon** *Gen.*); **before his ~ into the room** bevor er das Zimmer betrat *od.* ins Zimmer trat; **[ceremonial] ~:** [feierlicher] Einzug; **b)** *(on to stage, lit. or fig.)* Auftritt, *der;* **make an** *or* **one's ~:** seinen Auftritt haben; **she likes to make a dramatic ~** *(fig.)* sie setzt sich gern in Szene; **c)** *(way in)* Eingang, *der* **(to** *Gen. od.* zu); *(for vehicle)* Einfahrt, *die;* **factory ~:** Fabrik- *od.* Werk[s]tor, *das;* **the ~ to the cellar/city is through a trapdoor/large gates** man gelangt durch eine Falltür/große Tore in den Keller/die Stadt; **d)** *no pl., no art. (right of admission)* Aufnahme, *die* **(to** in + *Akk.*); **gain ~ to/apply for ~ at a school/university** an einer Schule/Universität aufgenommen werden/sich um die Aufnahme an einer Schule/Universität bewerben; **~ to the concert is by ticket only** man kommt nur mit einer Eintrittskarte in das Konzert; *see also* **common entrance; e)** *(fee)* Eintritt, *der*

**²entrance** [ɪn'trɑ:ns] *v. t.* **a)** *(throw into trance)* in Trance versetzen; **b)** *(carry away as in trance)* hinreißen; bezaubern; **become ~d** verzaubert werden; **be ~d by** *or* **with sth.** von etw. hingerissen *od.* bezaubert sein

**entrance** ['entrəns]: **~ examination** *n.* Aufnahmeprüfung, *die;* **~ fee** *n.* Eintrittsgeld, *das; (for competition)* Teilnahmegebühr, *die; (on joining club)* Aufnahmegebühr, *die;* **~ hall** *n.* Eingangshalle, *die;* **~ money** *see* **~ fee; ~ requirement** *n.* Aufnahmebedingung, *die*

**entrancing** [ɪn'trɑ:nsɪŋ] *adj.* bezaubernd; hinreißend

**entrant** ['entrənt] *n.* **a)** Eintretende, *der/die; (into country)* Einreisende, *der/die;* **b)** *(immigrant)* Einwanderer, *der;* **illegal ~s into the country** illegale Einwanderer; **c)** *(into a profession etc.)* Anfänger, *der*/Anfängerin, *die;* **d)** *(for competition, race, etc.)* Teilnehmer, *der*/Teilnehmerin, *die* **(for** *Gen.*, an + *Dat.*)

**entrap** [ɪn'træp] *v. t.,* **-pp-: a)** *(catch in trap)* fangen; **be ~ped** gefangen sein; in der Falle sitzen; **b)** *(enclose and retain)* einschließen; **c)** *(beguile)* locken (to in + *Akk.*); **~ sb. into doing sth./into sth.** jmdn. verlocken *(geh.) od.* verleiten, etw. zu tun/jmdn. zu etw. verlocken *(geh.) od.* verleiten

**entreat** [ɪn'tri:t] *v. t. (ask)* inständig bitten; *(beseech)* anflehen; **~ sb. to do sth.** jmdn. inständig bitten/jmdn. anflehen, etw. zu tun

**entreating** [ɪn'tri:tɪŋ] *adj.*, **entreatingly** [ɪn'tri:tɪŋlɪ] *adv.* flehentlich

**entreaty** [ɪn'tri:tɪ] *n. see* **entreat:** inständige/flehentliche Bitte; **make an ~ to sb. to do sth.** jmdn. inständig/flehentlich bitten, etw. zu tun

**entrecôte** ['ɒntrəkəʊt] *n. (Gastr.)* **~ [steak]** Entrecote, *das*

**entrée** ['ɒntreɪ, 'ɑ̃treɪ] *n.* **a)** *(right of admission)* Zutritt, *der* **(of, to, into** zu); **give sb. an/the ~ to sth.** jmdm. Zutritt zu etw. verschaffen; **b)** *(Gastr.) (Brit.)* Entree, *das;* Zwischengericht, *das; (Amer.: main dish)* Hauptgericht, *das*

**entrench** [ɪn'trenʃ] *v. t.* **a)** in Sicherheit bringen ‹*Person, Besitz*›; **~ oneself in/behind sth.** *(lit. or fig.)* sich in/hinter etw. *(Dat.)* verschanzen; **become ~ed** *(fig.)* ‹*Vorurteil, Gedanke:*› sich festsetzen; ‹*Tradition:*› sich verwurzeln; **b)** *(apply extra safeguards to)* verankern ‹*Rechte, Privilegien*›

**entrenchment** [ɪn'trenʃmənt] *n. (lit. or fig.)* Verschanzung, *die*

**entre nous** [ɒntrə 'nu:] *adv.* unter uns; **well, ~, what really happened was ...:** nun, unter uns gesagt, was wirklich geschah, war ...

**entrepôt** ['ɒntrəpəʊ] *n.* **a)** *(commercial centre)* Umschlagplatz, *der;* **b)** *(storehouse)* Speicher, *der*

**entrepreneur** [ɒntrəprə'nɜ:(r)] *n.* **a)** Unternehmer, *der*/Unternehmerin, *die;* **b)** *(middleman)* Vermittler, *der*

**entrepreneurial** [ɒntrəprə'nɜ:rɪəl] *adj.* unternehmerisch

**entropy** ['entrəpɪ] *n. (Phys.)* Entropie, *die*

**entrust** [ɪn'trʌst] *v. t.* **~ sb. with sth.** jmdm. etw. anvertrauen; **he could not be ~ed with such responsibility** man konnte ihm keine solche Verantwortung übertragen; **~ sb./sth. to sb./sth.** jmdn./etw. jmdm./einer Sache anvertrauen; **~ a task to sb.** jmdn. mit einer Aufgabe betrauen; **~ sth. to sb.'s safe keeping** jmdm. etw. zur Aufbewahrung anvertrauen

**entry** ['entrɪ] *n.* **a)** Eintritt, *der* **(into** in + *Akk.*); *(of troops)* Einzug, *der; (of foreign matter into wound etc.)* Eindringen, *das; (into organization, cartel)* Beitritt, *der* **(into** zu); *(into country)* Einreise, *die; (ceremonial entrance)* [feierlicher] Einzug; **upon ~ into Britain** bei der Einreise nach Großbritannien; **gain ~ to the house** ins Haus gelangen; **gain ~ to the EEC** der EG beitreten; **force an ~:** sich *(Dat.)* [gewaltsam] Zutritt *od.* Zugang verschaffen; *see also* **¹port 1a; b)** *(on to stage)* Auftritt, *der;* **c)** *no pl., no art. (liberty to enter) (into car-park)* Einfahrt, *die* **(into** in + *Akk.*); *(into building)* Zutritt, *der* **(into** zu); *(into country)* Einreise, *die* **(to** in + *Akk.*); *see also* **'no entry'; d)** *(Law: taking possession)* Inbesitznahme, *die;* **make ~ of** *or* **on** in Besitz nehmen; **e)** *(way in)* Eingang, *der; (for vehicle)* Einfahrt, *die;* **f)** *(passage between buildings)* Durchgang, *der;* **g)** *(Mus.)* Einsatz, *der;* **h)** *(registration, item registered)* Eintragung, *die* **(in, into** in + *Akk. od. Dat.*); *(in dictionary, encyclopaedia, yearbook, index)* Eintrag, *der;* **make an ~:** eine Eintragung vornehmen; **double/single ~** *(Bookk.)* doppelte/einfache Buchführung; **i)** *(body of entrants) (for race etc.)* Teilnehmerfeld, *das; (for university/school)* [Zahl der] Studienanfänger/Schulanfänger; **j)** *(person or thing in competition)* Nennung, *die; (set of answers etc.)* Lösung, *die;* **latest date for entries** Einsendeschluß, *der; (for sporting event)* Meldeschluß, *der*

**entry: ~ fee** *see* **entrance fee; ~ form** *n.* Anmeldeformular, *das; (for competition)* Teilnahmeschein, *der;* **~ permit** *n.* Einreiseerlaubnis, *die;* Einreisegenehmigung, *die;* **E~phone, (P)** *n.* Sprechanlage, *die;* **~ visa** *n.* Einreisevisum, *das*

**entwine** [ɪn'twaɪn] *v. t.* **a)** *(interweave, lit. or fig.)* verflechten **(with** mit); **~ one's hair with ribbons** sich *(Dat.)* Bänder ins Haar flechten; **b)** *(wreathe)* **~ sth. about** *or* **round sb./sth.** etw. um jmdn./etw. schlingen *od. (geh.)* winden; **~ sth. with sth.** etw. mit etw. umschlingen *od. (geh.)* umwinden

**enumerable** [ɪ'nju:mərəbl] *adj.* zählbar

**'E number** *n. (Commerc.)* E-Nummer, *die*

**enumerate** [ɪ'nju:məreɪt] *v. t.* **a)** *(count)* zählen; **b)** *(mention one by one)* [einzeln] aufzählen *od.* aufführen

**enumeration** [ɪnju:mə'reɪʃn] *n.* **a)** *(counting)* Zählung, *die;* **b)** *(mentioning one by one)* Aufzählung, *die;* Auflistung, *die;* **c)** *(list)* Auflistung, *die*

**enunciate** [ɪ'nʌnsɪeɪt] *v. t.* **a)** *(pronounce)* artikulieren; **b)** *(express)* formulieren ‹*Idee, Theorie*›; zum Ausdruck bringen ‹*Überzeugung, Wahrheit*›

**enunciation** [ɪnʌnsɪ'eɪʃn] *n.* **a)** *(pronunciation)* Artikulation, *die;* [deutliche] Aussprache; **b)** *(expression)* Formulierung, *die*

**enure** *see* **inure**

**envelop** [ɪn'veləp] *v. t.* [ein]hüllen **(in** in + *Akk.*); **we were ~ed in mist** Nebel hüllte uns ein; **be ~ed in flames** ganz von Flammen umgeben sein; **he ~ed her in his arms** er schloß sie in die Arme

**envelope** ['envələʊp, 'ɒnvələʊp] *n.* **a)** *(for letter)* [Brief]umschlag, *der;* **b)** *(Aeronaut.: gas-container)* Hülle, *die*

**enviable** ['envɪəbl] *adj.* beneidenswert; **be ~ for sth.** um etw. zu beneiden sein

**envious** ['envɪəs] *adj.* neidisch **(of** auf + *Akk.*); **speak in ~ tones** in neiderfülltem Ton sprechen; **I'm so ~ of you!** wie ich dich beneide!

**enviously** ['envɪəslɪ] *adv.* neidisch; neiderfüllt

**environment** [ɪn'vaɪərənmənt] *n.* **a)** *(natural surroundings)* **the ~:** die Umwelt; **the Department of the E~** *(Brit.)* das Umweltministerium; **b)** *(surrounding objects, region)* Umgebung, *die; (surrounding circumstances)* Umwelt, *die;* Umfeld, *das (bes. Psych., Soziol.); (social surroundings)* Milieu, *das;* **physical/working/metropolitan ~:** Umwelt, *die*/Arbeitswelt, *die*/Großstadtmilieu, *das;* **home/family ~:** häusliches Milieu/Familienverhältnisse *Pl.*

**environmental** [ɪnvaɪərən'mentl] *adj.* Umwelt‹*verschmutzung, -schutz, -einflüsse*›; **for ~ reasons** aus Gründen des Umweltschutzes; **~ group** Umweltschutzorganisation, *die*

**environmentalist** [ɪnvaɪərən'mentəlɪst] *n.* Umweltschützer, *der*/-schützerin, *die*

**environs** [ɪn'vaɪərənz, 'envɪrənz] *n. pl.* Umgebung, *die;* **Oxford and its ~:** Oxford und Umgebung

**envisage** [ɪn'vɪzɪdʒ], **envision** [ɪn'vɪʒn] *v. t. (imagine, contemplate)* sich *(Dat.)* vorstellen; **what do you ~ for the future of the department?** wie siehst du die Zukunft der Abteilung?; **what do you ~ doing [about it]?** was gedenkst du [in der Sache] zu tun?; **she doesn't ~ staying in London for much longer** sie hat nicht vor, noch länger in London zu bleiben

**envoy** ['envɔɪ] *n. (messenger)* Bote, *der*/Botin, *die; (Diplom. etc.)* Gesandte, *der*/Gesandtin, *die*

**envy** ['envɪ] **1.** *n.* **a)** Neid, *der;* **feelings of ~:** Neidgefühle; **they could not conceal their ~ of her** sie konnten nicht verbergen, daß sie neidisch auf sie waren; **b)** *(object)* **his new sports car was the ~ of all his friends** alle seine Freunde beneideten ihn um seinen neuen Sportwagen; **you'll be the ~ of all your friends** alle deine Freunde werden dich beneiden. **2.** *v. t.* beneiden; **~ sb. sth.** jmdn. um etw. beneiden; **I don't ~ you your job** ich beneide dich nicht um deine Tätigkeit

**enwrap** [ɪn'ræp] *v. t.,* **-pp-** **~ sb./sth. in sth.** jmdn./etw. in etw. *(Akk.)* [ein]hüllen

**enzyme** ['enzaɪm] *n. (Chem.)* Enzym, *das*

**Eocene** ['i:əsi:n] *(Geol.)* **1.** *adj.* eozän; Eozän-. **2.** *n.* Eozän, *das*

**eon** *see* aeon

**EP** *abbr.* **extended-play [record]** EP

**epaulette** *(Amer.:* **epaulet***)* ['epɔ:let, 'epəʊlet, epə'let] *n.* **a)** Epaulette, *die;* **b)** *(shoulder-strap)* Schulterklappe, *die*

**épée** ['epeɪ] *n.* [Fecht]degen, *der*

**ephemeral** [ɪ'fi:mərl, ɪ'femərl] *adj.* **a)** *(short-lived)* ephemer[isch] *(geh.);* kurzlebig; **b)** *(lasting only a day)* eintägig

**epic** ['epɪk] **1.** *adj.* **a)** episch; **~ poet** epischer Dichter; Epiker, *der;* **~ subject** Stoff für ein Epos; **b)** *(of heroic type or scale, lit. or fig.)* monumental; **~ film** Filmepos, *das;* **~ book** monumentaler Roman; Epos, *das (fig.);* **an ~ voyage** eine waghalsige Reise. **2.** *n.* Epos, *das; (film)* [Film]epos, *das; (book)* monumentaler Roman; Epos, *das (fig.);* **folk/national ~:** Volks-/Nationalepos, *das*

**epicentre** *(Brit.; Amer.:* **epicenter***)* ['epɪsentə(r)] *n.* Epizentrum, *das*

**epicure** ['epɪkjʊə(r)] *n.* Feinschmecker, *der;* Gourmet, *der*

**epicurean** [epɪkjʊə'ri:ən] **1.** *adj. (devoted to pleasure)* epikureisch *(geh.);* **~ person** *see* **2. 2.** *n. (person devoted to pleasure)* Epikureer, *der (geh.);* Genußmensch, *der*

**epidemic** [epɪ'demɪk] *(Med.; also fig.)* **1.** *adj.* epidemisch. **2.** *n.* Epidemie, *die*

**epidermal** [epɪ'dɜ:ml] *adj. (Anat., Biol.)* epidermal

**epidermis** [epɪ'dɜ:mɪs] *n. (Anat., Biol.)* Epidermis, *die (fachspr.);* Oberhaut, *die*

**epidiascope** [epɪ'daɪəskəʊp] *n.* Epidiaskop, *das*

**epidural** [epɪ'djʊərəl] *n. (Med.)* Epiduralanästhesie, *die*

**epiglottis** [epɪ'glɒtɪs] *n. (Anat.)* Epiglottis, *die (fachspr.);* Kehldeckel, *der*

**epigram** ['epɪgræm] *n. (Lit.)* **a)** *(short poem)* Epigramm, *das;* Sinngedicht, *das;* **b)** *(pointed saying)* Sinnspruch, *der;* **c)** *(mode of expression)* epigrammatischer Ausdruck

**epigrammatic** [epɪgrə'mætɪk] *adj. (Lit.)* epigrammatisch

**epigraph** ['epɪgrɑ:f] *n.* **a)** *(inscription)* Epigraph, *das;* **b)** *(motto)* Motto, *das*

**epilepsy** ['epɪlepsɪ] *n. (Med.)* Epilepsie, *die*

**epileptic** [epɪ'leptɪk] *(Med.)* **1.** *adj.* epileptisch; *see also* **¹fit a. 2.** *n.* Epileptiker, *der*/Epileptikerin, *die*

**epilogue** *(Amer.:* **epilog***)* ['epɪlɒg] *n. (Lit.)* Epilog, *der; (concluding part of literary work also)* Nachwort, *das*

**Epiphany** [ɪ'pɪfənɪ] *n. (Relig.)* Epiphanie, die; **[Feast of the] ~:** Epiphanias, *das;* Dreikönigsfest, *das;* **at ~:** am Dreikönigstag

**episcopal** [ɪ'pɪskəpl] *adj.* episkopal; bischöflich; Episkopal⟨*system, -kirche*⟩; Bischofs⟨*ornat, -mütze*⟩

**episcopalian** [ɪpɪskə'peɪlɪən] **1.** *adj. (of episcopal church)* der Episkopalkirche *nachgestellt.* **2.** *n.* **a)** *(member of episcopal church)* Episkopale, *der/die;* **b)** *(adherent of episcopacy)* Episkopalist, *der*/Episkopalistin, *die*

**episcopate** [ɪ'pɪskəpət] *n. see* **bishopric a**

**episode** ['epɪsəʊd] *n.* **a)** *(also Mus.)* Episode, *die;* **b)** *(instalment of serial)* Folge, *die;* **read next week's exciting ~:** lesen Sie die spannende Fortsetzung in der nächsten Woche!

**episodic** [epɪ'sɒdɪk], **episodical** [epɪ'sɒdɪkl] *adj.* episodisch; episodenhaft ⟨*Szene, Ereignis*⟩

**epistemology** [epɪstɪ'mɒlədʒɪ] *n. (Philos.)* Epistemologie, *die (fachspr.);* Erkenntnislehre, *die*

**epistle** [ɪ'pɪsl] *n. (Bibl., Lit., or usu. joc.: letter)* Epistel, *die*

**epistolary** [ɪ'pɪstələrɪ] *adj.* epistolarisch *(veralt.);* **~ style** Briefstil, *der*

**epitaph** ['epɪtɑ:f] *n.* Epitaph, *das;* Grab[in]schrift, *die*

**epithet** ['epɪθet] *n.* **a)** *(expressing quality or characteristic)* Beiname, *der; (as term of abuse)* Schimpfname, *der;* **b)** *(Ling.)* Epitheton, *das (fachspr.);* Beiwort, *das*

**epitome** [ɪ'pɪtəmɪ] *n.* **a)** *(of quality, type, etc.)* Inbegriff, *der;* **b)** *(thing representing another in miniature)* Widerspiegelung im kleinen; **be the ~ of sth.** etw. im kleinen widerspiegeln

**epitomize** [ɪ'pɪtəmaɪz] *v. t.* **a)** *(fig.: represent in miniature)* im kleinen widerspiegeln; **b)** *(fig.: embody)* **~ sth.** der Inbegriff einer Sache *(Gen.)* sein

**epoch** ['i:pɒk, 'epɒk] *n. (also Geol.)* Epoche, *die;* **a new ~ in British politics** eine neue Ära in der britischen Politik

**epochal** ['i:pɒkl, 'epɒkl] *adj.* **a)** *(of epoch[s])* der Epoche[n] *nachgestellt;* **b)** *see* **epoch-making**

'**epoch-making** *adj.* epochal ⟨*Bedeutung*⟩; epochemachend ⟨*Entdeckung*⟩

**eponymous** [ɪ'pɒnɪməs] *adj.* namengebend

**epoxy** [ɪ'pɒksɪ] *(Chem.)* **1.** *adj.* Epoxyd-; Epoxid- *(fachspr.);* **~ resin** *see* **2. 2.** *n.* Epoxydharz, *das;* Epoxidharz, *das (fachspr.)*

**epsilon** [ep'saɪlən] *n.* Epsilon, *das*

**Epsom salt** [epsəm 'sɔ:lt, epsəm 'sɒlt] *n.* **~[s]** *(Med.)* Bittersalz, *das*

**equable** ['ekwəbl] *adj.* **a)** *(uniform)* gleichförmig ⟨*Stil*⟩; **b)** *(balanced)* ausgeglichen ⟨*Wesen, Person, Klima*⟩; **c)** *(equally proportioned)* ausgewogen ⟨*Maße, System, Proportionen*⟩; **d)** *(fair-minded)* sachlich ⟨*Einstellung, Art*⟩

**equably** ['ekwəblɪ] *adv.* **a)** *(in uniform style)* gleichförmig; **b)** *(in balanced manner)* **~ [disposed** *or* **tempered]** ausgeglichen; **c)** *(in equal proportions)* gleichmäßig; **d)** *(in fair-minded manner)* sachlich

**equal** ['i:kwl] **1.** *adj.* **a)** gleich; **~ in** *or* **of ~ height/weight/size/importance/strength** *etc.* gleich hoch/schwer/groß/wichtig/stark *usw.;* **add flour and cornflour in ~ measure** *or* **amounts** gleich viel Mehl und Stärkemehl hinzufügen; **marry sb. of ~ rank** standesgemäß heiraten; **not ~ in length** verschieden lang; **~ rights** gleiche Rechte; Gleichberechtigung, *die;* **divide a cake into ~ parts/portions** einen Kuchen in gleich große Stücke/Portionen aufteilen; **~ amounts of milk and water** gleich viel Milch und Wasser; **she had ~ success with her second novel** mit ihrem zweiten Roman hatte sie ebenso großen Erfolg; **she does both jobs with ~ pleasure/enjoyment** beide Tätigkeiten machen ihr gleich viel Spaß; **all men were created ~:** alle Menschen sind gleich geschaffen; **some are more ~ than others** *(joc.)* einige sind gleicher; **his salary is ~ to mine** er verdient genausoviel wie ich; **be ~ in size to sth.** ebenso groß wie etw. sein; **three times four is ~ to twelve** drei mal vier ist [gleich] zwölf; **none was ~ to her in beauty/elegance** keine kam ihr an Schönheit/Eleganz gleich; **Britain is now ~ with France in terms of medals won** Großbritannien ist *od.* liegt jetzt im Medaillenspiegel gleichauf mit Frankreich; **Michael came ~ third** *or* **third ~ with Richard in the class exams** bei den Klassenprüfungen kam Michael zusammen mit Richard auf den dritten Platz; **~ pay [for ~ work]** gleicher Lohn für gleiche Arbeit; **have ~ standing [with sb.]** [jmdm.] gleichgestellt sein; **be on ~ terms [with sb.]** [mit jmdm.] gleichgestellt sein; **meet each other/discuss matters on ~ terms** als Gleichgestellte zusammenkommen/Angelegenheiten als Gleichgestellte erörtern; **all/other things being ~:** wenn nichts dazwischen kommt; *see also* **equal opportunity; b) ~ to** *(adequate for):* **be ~ to sth./sb.** *(strong, clever, etc. enough)* einer Sache/jmdm. gewachsen sein; **a job ~ to sb.'s abilities** eine Arbeit, die jmds. Fähigkeiten entspricht; **be ~ to doing sth.** imstande sein, etw. zu tun; **c)** *(impartial)* gerecht; **they were all given ~ treatment** sie wurden alle gleich behandelt; **d)** *(evenly balanced)* ausgeglichen; **the battle was not ~:** es war ein ungleicher Kampf. **2.** *n.* Gleichgestellte, *der/die;* **be among [one's] ~s** unter seinesgleichen sein; **talk to sb. as [if he were] one's ~:** mit jmdm. wie mit seinesgleichen sprechen; **be sb.'s/sth.'s ~:** jmdm. ebenbürtig sein/einer Sache *(Dat.)* gleichkommen; **he/she/it has no** *or* **is without ~:** er/sie/es hat nicht seines-/ihresgleichen; **he has met an** *or* **his ~ in her** in ihr hat er jemanden gefunden, der ihm ebenbürtig ist. **3.** *v. t., (Brit.)* **-ll- a)** *(be equal to)* **~ sb./sth. [in sth.]** jmdm./einer Sache [in etw. *(Dat.)*] entsprechen; **three times four ~s twelve** drei mal vier ist [gleich] zwölf; **she easily ~s him in intelligence** so intelligent wie er ist sie allemal; **the square on the hypotenuse ~s the sum of the squares on the other two sides** das Quadrat über der Hypotenuse ist gleich der Summe der Quadrate über den Katheten; **no pop group has ~led the Beatles in terms of success** keine Popgruppe ist je an den Erfolg der Beatles herangekommen; **b)** *(do sth. equal to)* **~ sb.** es jmdm. gleichtun; **I don't know if I could ever ~ such a high score/your success/such an achievement** ich weiß nicht, ob ich je eine so hohe Punktzahl erreichen könnte/so erfolgreich sein könnte wie Sie/eine solche Leistung vollbringen könnte

**equalisation, equalise, equaliser** *see* **equaliz-**

**equality** [ɪ'kwɒlɪtɪ] *n.* Gleichheit, *die; (equal rights)* Gleichberechtigung, *die;* **~ between the races/the religions, racial/religious ~:** Gleichberechtigung der Rassen/Konfessionen; **~ between the sexes** Gleichheit von Mann und Frau; **women are campaigning for ~ with men** die Frauen kämpfen für ihre Gleichstellung den Männern gegenüber

**equalization** [i:kwəlaɪ'zeɪʃn] *n.* Angleichung, *die* **(to, with** an + *Akk.)*

**equalize** ['i:kwəlaɪz] **1.** *v. t.* ausgleichen ⟨*Druck, Temperatur*⟩, angleichen ⟨*Maßstäbe, Einkommen, Chancen*⟩ **(with** *Dat.*); gleichstellen ⟨*Personen, gesellschaftliche Gruppen*⟩ **(to, with** *Dat. od.* mit). **2.** *v. i.* **a)** *(become equal)* sich ausgleichen; **~ with sth.** sich einer Sache *(Dat.)* angleichen; **b)** *(Footb. etc.)* den Ausgleich[streffer] erzielen

**equalizer** ['i:kwəlaɪzə(r)] *n. (Footb. etc.)* Ausgleich[streffer], *der*

**equally** ['i:kwəlɪ] *adv.* **a)** ebenso; **rank ~ [with one another]** den gleichen Rang einnehmen; **be ~ close to a and b** von a und b gleich weit entfernt sein; **the two are ~ gifted** die beiden sind gleich begabt; **b)** *(in equal shares)* in gleiche Teile ‹*aufteilen*›; gleichmäßig ‹*verteilen*›; **consist ~ of A and B** zu gleichen Teilen aus A und B bestehen; **c)** *(according to the same rule and measurement)* in gleicher Weise; gleich ‹*behandeln*›

**equal oppor'tunity** *n.* Chancengleichheit, *die;* **an ~** *or* **equal opportunities employer** ein Arbeitgeber, der jedem die gleiche Chance gibt *(unabhängig von Geschlecht, Rasse usw.)*

**'equals sign** *n. (Math.)* Gleichheitszeichen, *das*

**equanimity** [ekwə'nɪmɪtɪ, i:kwə'nɪmɪtɪ] *n., no pl.* **a)** *(composure, resignation)* Gelassenheit, *die;* **b)** *(evenness of mind, temper)* Gleichmut, *der*

**equate** [ɪ'kweɪt] *v.t.* **~ sth. [to** *or* **with sth.]** etw. [einer Sache *(Dat.)* *od.* mit etw.] gleichsetzen

**equation** [ɪ'kweɪʒn] *n.* **a)** *(Math.)* Gleichung, *die;* **b)** *(Chem.)* [chemische] Gleichung; [Reaktions]gleichung, *die*

**equator** [ɪ'kweɪtə(r)] *n. (Geog., Astron.)* Äquator, *der*

**equatorial** [ekwə'tɔ:rɪəl, i:kwə'tɔ:rɪəl] *adj. (Geog., Astron.)* äquatorial ‹*Hitze, Klima*›; Äquatorial‹*gegend, -strom*›; Äquator‹*linie, -durchmesser, -gürtel, -sonne*›; **~ telescope** *(Astron.)* Äquatoreal, *das*

**equerry** ['ekwərɪ] *n.* **a)** *(in charge of horses)* königlicher Stallmeister; **b)** *(of royal household)* Kammerherr, *der*

**equestrian** [ɪ'kwestrɪən] **1.** *adj.* **a)** *(of horse-riding)* reiterlich; Reit‹*turnier, -talent*›; **b)** *(on horseback)* Reiter‹*standbild, -bildnis*›; **c)** *(of knights)* Ritter-. **2.** *n.* Reiter, *der*/Reiterin, *die;* **circus ~s** Zirkusreiter

**equestrianism** [ɪ'kwestrɪənɪzm] *see* **horsemanship**

**equidistant** [i:kwɪ'dɪstənt] *adj.* gleich weit entfernt **(from** von)

**equilateral** [i:kwɪ'lætərl] *adj. (Math.)* gleichseitig ‹*Dreieck, Rechteck, Hyperbel*›

**equilibrium** [i:kwɪ'lɪbrɪəm] *n., pl.* **equilibria** [i:kwɪ'lɪbrɪə] *or* **~s** Gleichgewicht, *das; (sense of balance)* Gleichgewichtssinn, *der;* **lose/keep one's ~** das Gleichgewicht verlieren/nicht verlieren; **mental/emotional ~:** geistige/emotionale Ausgeglichenheit; **in ~:** im Gleichgewicht; **maintain/restore ~:** das Gleichgewicht halten/wiederfinden; **~ of power** *(fig.)* Gleichgewicht der Kräfte; **stable/unstable/neutral ~** *(Phys.)* stabiles/labiles/indifferentes Gleichgewicht

**equine** ['ekwaɪn, 'i:kwaɪn] *adj.* **a)** *(of horse)* Pferde‹*körper*›; **b)** *(like horse)* pferdeähnlich ‹*Gang, Haltung, Gesichtszüge, Augen*›

**equinoctial** [i:kwɪ'nɒkʃl, ekwɪ'nɒkʃl] *adj. (Astron., Geog.)* Äquinoktial‹*punkt, -kreis, -stürme*›; **~ line** Himmelsäquator, *der*

**equinox** ['i:kwɪnɒks, 'ekwɪnɒks] *n.* **a)** Tagundnachtgleiche, *die;* Äquinoktium, *das (fachspr.);* **spring** *or* **vernal ~:** Frühjahrs-Tagundnachtgleiche, *die;* **autumn** *or* **autumnal ~:** Herbst-Tagundnachtgleiche, *die;* **b)** *(Astron.: equinoctial point)* Äquinoktialpunkt, *der;* see also **precession**

**equip** [ɪ'kwɪp] *v.t.,* **-pp-** ausrüsten ‹*Fahrzeug, Armee*›; ausstatten ‹*Zimmer, Küche*›; **fully ~ped** komplett ausgerüstet/ausgestattet; **~ sb./oneself [with sth.] [for a journey** *etc.***]** jmdn./sich [für eine Reise *usw.*] [mit etw.] ausrüsten; **be ~ped with sth.** *(fig.)* über etw. *(Akk.)* verfügen; **he is well ~ped for the job** *(fig.)* er bringt gute Voraussetzungen für den Job mit

**equipment** [ɪ'kwɪpmənt] *n.* **a)** Ausrüstung, *die; (of kitchen, laboratory, etc.)* Ausstattung, *die; (sth. needed for activity)* Geräte; **breathing ~:** Sauerstoffgerät, *das;* **climbing/diving ~:** Bergsteiger-/Taucherausrüstung, *die;* **fighting/skiing ~:** Kampf-/Skiausrüstung, *die;* **gardening/gymnastics/recording ~:** Garten-/Turn-/Aufnahmegeräte; **mining ~:** Bergbauausrüstung, *die;* **playground ~:** Spielgeräte *(auf einem Spielplatz);* **riding ~:** Reitzeug, *das (ugs.);* **writing ~:** Schreibutensilien; **b)** *(fig.: intellectual resources)* **mental/intellectual ~:** geistiges Rüstzeug

**equitable** ['ekwɪtəbl] *adj.* **a)** *(fair)* gerecht; **in an ~ manner** gerecht; **b)** *(valid)* billig; **~ jurisdiction** Rechtsprechung nach dem Billigkeitsrecht

**equitably** ['ekwɪtəblɪ] *adv.* gerecht

**equity** ['ekwɪtɪ] *n.* **a)** *(Law)* billiges *od.* natürliches Recht; **in ~:** billigermaßen; **acknowledge a claim in ~:** einen Anspruch billigerweise anerkennen; **b)** *(fairness)* Gerechtigkeit, *die;* **with ~:** gerecht; **c)** *(use of justice as well as law)* Billigkeit, *die;* **on the basis of ~:** auf der Grundlage der Billigkeit; **d) E~** *(Brit. Theatre) britische Schauspielergewerkschaft;* **e)** *in pl. (stocks and shares without fixed interest)* [Stamm]aktien; **f)** *(value of shares)* Eigenkapital, *das;* **g)** *(net value of mortgaged property) Wert eines Besitzes nach Abzug der Belastungen*

**equivalence** [ɪ'kwɪvələns], **equivalency** [ɪ'kwɪvələnsɪ] *n.* **a)** *(being equivalent)* **~ [of value]** Gleichwertigkeit, *die; (of two amounts)* Wertgleichheit, *die;* **b)** *(having equivalent meaning)* **~ [in meaning]** Äquivalenz, *die (bes. Logik);* Bedeutungsgleichheit, *die;* **c)** *(correspondence)* Entsprechung, *die;* **d)** *(Chem.)* Äquivalenz, *die*

**equivalent** [ɪ'kwɪvələnt] **1.** *adj.* **a)** *(equal, having same result)* gleichwertig; **be ~ to sth.** einer Sache *(Dat.)* entsprechen; **be ~ to doing sth.** dasselbe sein, wie wenn man etw. tut; **something of ~ value** etwas Gleichwertiges; **an ~ amount [of money]** ein entsprechender *od.* gleich hoher Betrag; **an ~ amount of flour** gleich viel Mehl; **b)** *(meaning the same)* äquivalent *(Sprachw.);* entsprechend; **these two words are [not] ~ in meaning** diese beiden Wörter sind [nicht] bedeutungsgleich; **c)** *(corresponding)* entsprechend; **be ~ to sth.** einer Sache *(Dat.)* entsprechen; **d)** *(Chem.)* äquivalent. **2.** *n.* **a)** *(equivalent or corresponding thing or person)* Pendant, *das;* Gegenstück, *das;* **be the ~ of sb./sth.** das Pendant *od.* Gegenstück zu jmdm./einer Sache sein; **b)** *(word etc. having same meaning)* Entsprechung, *die* **(of** zu); Äquivalent, *das* **(of** für); **c)** *(thing having same result)* **be the ~ of sth.** einer Sache *(Dat.)* entsprechen; **d)** *(Chem.)* Äquivalent, *das*

**equivocal** [ɪ'kwɪvəkl] *adj.* **a)** *(ambiguous)* zweideutig; **~ meaning** Zweideutigkeit, *die;* **b)** *(questionable)* zweifelhaft ‹*Person, Erfolg, Glück, Ruf*›

**equivocally** [ɪ'kwɪvəkəlɪ] *adv. (ambiguously)* zweideutig

**equivocate** [ɪ'kwɪvəkeɪt] *v.i.* zweideutige Aussagen machen; ausweichen

**equivocation** [ɪkwɪvə'keɪʃn] *n.* zweideutige Formulierungen

**ER** *abbr.* **King Edward/Queen Elizabeth**

**er** [ɜ:(r)] *int.* äh

**era** ['ɪərə] *n.* **a)** *(system of chronology)* Ära, *die;* **b)** *(period)* Zeit; **the Adenauer ~:** die Ära Adenauer; **Byzantine/computer ~:** byzantinische Zeit/*(ugs.)* Computerzeitalter, *das;* **the Renaissance/Beatles ~:** die Zeit der Renaissance/Beatles; **Roman/Viking ~:** Römer-/Wikingerzeit, *die;* **a new ~ in fashion began** in der Mode begann eine neue Ära; **c)** *(Geol.)* Ära, *die (fachspr.);* Erdzeitalter, *das*

**eradicate** [ɪ'rædɪkeɪt] *v.t. (remove)* ausrotten; gründlich beseitigen ‹*Ursache*›

**eradication** [ɪrædɪ'keɪʃn] *n.* Ausrottung, *die*

**eradicator** [ɪ'rædɪkeɪtə(r)] *n.* Tintenentferner, *der*

**erase** [ɪ'reɪz] *v.t.* **a)** *(rub out)* auslöschen; *(with rubber, knife)* ausradieren; **b)** *(obliterate)* tilgen *(geh.)* **(from** aus); **c)** *(remove recorded signal from; also Computing)* löschen

**eraser** [ɪ'reɪzə(r)] *n.* **[pencil] ~:** Radiergummi, *der;* **[blackboard] ~:** *Block mit Filzbelag o. ä. zum Löschen von Kreideschrift; (sponge)* Tafelschwamm, *der*

**erasure** [ɪ'reɪʒə(r)] *n.* **a)** *(rubbing out)* Auslöschen, *das; (with rubber)* Ausradieren, *das;* **b)** *(obliteration)* Tilgung, *die* **(from** aus); **c)** *(removal of recorded signal)* Löschen, *das; (place)* gelöschte Stelle

**ere** [eə(r)] *(poet./arch.)* **1.** *prep.* vor (+ *Dat.*) **~ long** binnen kurzem; **~ now** bereits; **~ then** bis dann. **2.** *conj.* ehe

**erect** [ɪ'rekt] **1.** *adj.* **a)** *(upright, vertical; also fig.)* aufrecht; gerade ‹*Rücken, Wuchs*›; **stand ~:** ‹*Soldat:*› strammstehen; **with head ~:** mit hocherhobenem Kopf; **b)** *(Physiol.: enlarged and rigid)* erigiert; **c)** *(raised)* aufgestellt ‹*Ohren*›. **2.** *v.t.* **a)** *(build)* errichten; aufbauen ‹*Gerüst*›; aufstellen ‹*Standbild, Mast, Verkehrsschild*›; aufschlagen, aufstellen ‹*Zelt*›; konstruieren ‹*Theorie*›; **b)** *(raise)* aufrichten ‹*Körper, Ohren, Stacheln*›

**erectile** [ɪ'rektaɪl] *adj. (Physiol.)* schwellfähig; erektil *(fachspr.)*

**erection** [ɪ'rekʃn] *n.* **a)** *(building) see* **erect 2 a:** Errichtung, *die;* Aufbau, *der;* Aufstellen, *das;* Aufschlagen, *das;* Konstruieren, *das;* **b)** *(structure)* Bauwerk, *das; (other than a building)* Konstruktion, *die;* **c)** *(raising)* Aufstellen, *das;* **d)** *(Physiol.)* Anschwellen, *das; (of penis)* Erektion, *die*

**erectly** [ɪ'rektlɪ] *adv. (in upright manner, vertically; also fig.)* aufrecht

**erectness** [ɪ'rektnɪs] *n., no pl. (uprightness)* **~ [of stance** *or* **bearing** *or* **posture]** aufrechte Haltung

**erg** [ɜ:g] *n. (Phys.)* Erg, *das*

**ergo** ['ɜ:gəʊ] *adv. (literary)* ergo

**ergonomic** [ɜ:gə'nɒmɪk] *adj.* ergonomisch

**ergonomics** [ɜ:gə'nɒmɪks] *n., no pl.* Ergonomie, *die;* Ergonomik, *die*

**ergot** ['ɜ:gət] *n.* **a)** *(disease)* Mutterkornbefall, *der;* **b)** *(fungus)* Mutterkornpilz, *der;* **c)** *(dried mycelium)* Mutterkorn, *das*

**erica** ['erɪkə, ɪ'ri:kə] *n. (Bot.)* Erika, *die*

**ermine** ['ɜ:mɪn] *n.* **a)** *(fur; also Her.)* Hermelin, *der;* **b)** *(Zool.)* Hermelin, *das*

**Ernie** ['ɜ:nɪ] *n. (Brit. coll.; abbr. of Electronic Random Number Indicator Equipment) Gerät zur Ziehung der Gewinnzahlen für Prämienanleihen;* **have you ever won anything on ~?** haben Sie je etwas mit Prämienanleihen gewonnen?

**erode** [ɪ'rəʊd] **1.** *v.t.* **a)** ‹*Säure, Rost:*› angreifen; ‹*Wasser, Regen, Meer:*› auswaschen; ‹*Wind:*› verwittern lassen; ‹*Wasser, Regen, Meer, Wind:*› erodieren *(Geol.);* **b)** *(fig.)* unterminieren ‹*Grundlage, Fundament, Beziehung*›. **2.** *v.i.* **a)** verwittern; **b)** *(fig.)* unterminiert werden

**erogenous** [ɪ'rɒdʒɪnəs] *adj.* erogen ‹*Zone*›; **~ stimulation** sexuelle Stimulation

**erosion** [ɪ'rəʊʒn] *n.* **a)** *see* **erode 1 a:** Angreifen, *das;* Auswaschung, *die;* Verwitterung, *die;* Erosion, *die (Geol.);* **b)** *(fig.)* Unterminierung, *die*

**erosive** [ɪ'rəʊsɪv] *adj. (Geol.)* erodierend

**erotic** [ɪ'rɒtɪk] *adj.* erotisch

**erotica** [ɪ'rɒtɪkə] *n. pl.* Erotika

**erotically** [ɪ'rɒtɪkəlɪ] *adv.* erotisch

**eroticism** [ɪ'rɒtɪsɪzm] *n.* Erotik, *die*

**err** [ɜ:(r)] *v.i.* sich irren; **to ~ is human** *(prov.)* Irren ist menschlich; **you ~ in your opinion of him** Sie schätzen ihn falsch ein; **let's ~ on the right** *or* **safe side and ...:** um sicher zu gehen, wollen wir ...

**errand** ['erənd] *n.* **a)** Botengang, *der; (shopping)* Besorgung, *die;* **go on** *or* **run an ~:** einen Botengang/eine Besorgung machen; **go** *or* **run ~s** Botengänge/Besorgungen machen; **send sb. on an ~:** jmdn. auf einen Botengang schicken/jmdn. etwas besorgen lassen; **go on an ~ of mercy [for sb.]** Hilfe für jmdn. holen; **send sb. on an ~ of mercy** jmdn. auf eine Rettungsmission entsenden; *see also* **fool's errand; b)** *(object of journey)* Auftrag, *der;* **c)** *(purpose)* Zweck, *der*

**errand: ~-boy** *n.* Laufbursche, *der;* Bote[njunge], *der;* **~-girl** *n.* Laufmädchen, *das;* Botin, *die*

**errant** ['erənt] *adj.* irrig, falsch ‹*Prinzip, Maßstab, Meinung, Vorstellung*›; fehlgeleitet ‹*Person, Verhalten*›; untreu ‹*Ehemann, Ehefrau*›; *see also* **knight errant**

**errata** *pl. of* **erratum**

**erratic** [ɪ'rætɪk] **1.** *adj.* unregelmäßig; sprunghaft ‹*Wesen, Person, Art*›; unbeständig ‹*Charakter, Leistung, Wetter*›; launenhaft ‹*Verhalten*›; ungleichmäßig ‹*Bewegung, Verlauf*›; **the ~ moods of the weather** die wechselnden Launen des Wetters; **he is rather ~ in the standard of work he produces** das Niveau seiner Arbeiten ist recht unterschiedlich. **2.** *n. see* **erratic block**

**erratically** [ɪ'rætɪkəlɪ] *adv.* unregelmäßig; launenhaft ‹*sich verhalten*›; ungleichmäßig ‹*sich bewegen, verlaufen*›

**erratic 'block** *n. (Geol.)* erratischer Block *(fachspr.);* Findling, *der*

**erratum** [e'reɪtəm, e'rɑ:təm] *n., pl.* **errata** [e'reɪtə, e'rɑ:tə] *(Bibliog., Printing)* Erratum, *das (fachspr.);* Druckfehler, *der*

**erroneous** [ɪ'rəʊnɪəs] *adj.* falsch; irrig ‹*Schlußfolgerung, Eindruck, Ansicht, Auffassung, Annahme*›

**erroneously** [ɪ'rəʊnɪəslɪ] *adv.* fälschlich; irrigerweise

**error** ['erə(r)] *n.* **a)** *(mistake)* Fehler, *der;* **gross ~ of judgement** grobe Fehleinschätzung; **printing/typographical ~:** Druck-/Setzfehler, *der;* **b)** *(wrong opinion)* Irrtum, *der;* **lead sb. into ~:** jmdn. irreleiten; **realize the ~ of one's ways** seine Fehler einsehen; **in ~:** irrtümlich[erweise]; **be in ~ in one's calculations** sich verrechnen; **c)** *(Math. etc.)* Abweichung, *die*

**erstwhile** ['ɜ:stwaɪl] *adj.* einstig; einstmalig *(veralt.)*

**erudite** ['erʊdaɪt] *adj.* gelehrt ‹*Abhandlung, Vortrag*›; gebildet, gelehrt ‹*Person*›

**erudition** [erʊ'dɪʃn] *n., no pl.* Gelehrsamkeit, *die (geh.)*

**erupt** [ɪ'rʌpt] *v. i.* **a)** ‹*Vulkan, Geysir:*› ausbrechen; **ashes and lava ~ed from the volcano** Asche und Lava wurden aus dem Vulkan geschleudert; **~ with anger/into a fit of rage** *(fig.)* einen Wutanfall bekommen; **b)** *(appear)* ‹*Hautausschlag:*› ausbrechen

**eruption** [ɪ'rʌpʃn] *n.* **a)** *(of volcano, geyser)* Ausbruch, *der;* Eruption, *die (Geol.);* **b)** *(rash)* Eruption, *die (Med.);* Hautausschlag, *der;* **c)** *(fig.)* Ausbruch, *der*

**eruptive** [ɪ'rʌptɪv] *adj.* eruptiv; **~ rocks** *(Geol.)* Eruptivgestein, *das*

**erythema** [erɪ'θi:mə] *n. (Med.)* Erythem, *das (fachspr.);* Hautrötung, *die*

**erythrocyte** [ɪ'rɪθrəsaɪt] *n. (Anat.)* Erythrozyt, *der (fachspr.);* rotes Blutkörperchen

**escalate** ['eskəleɪt] **1.** *v. i.* sich ausweiten **(into** zu); eskalieren *(geh.)* **(into** zu); ‹*Löhne, Preise, Kosten:*› [ständig] steigen. **2.** *v. t.* ausweiten **(into** zu); eskalieren *(geh.)* **(into** zu); beschleunigen ‹*Anstieg*›

**escalation** [eskə'leɪʃn] *n. (of rioting, war)* Ausweitung, *die;* Eskalation, *die (geh.); (of wages, prices, costs)* Anstieg, *der*

**escalator** ['eskəleɪtə(r)] *n.* **a)** Rolltreppe, *die;* **b)** *(Commerc.)* **~ clause** Gleitklausel, *die*

**escalope** ['eskələʊp] *n. (Gastr.)* Schnitzel, *das*

**escapade** [eskə'peɪd] *n.* Eskapade, *die (geh.)*

**escape** [ɪ'skeɪp] **1.** *n.* **a)** *(lit. or fig.)* Flucht, *die* **(from** aus); *(from prison or mental hospital also)* Ausbruch, *der* **(from** aus); *(of large wild animal)* Ausbruch, *der; (of small animal)* Entlaufen, *das; (of bird)* Entfliegen, *das;* **there is no ~** *(lit. or fig.)* es gibt kein Entkommen; **~ vehicle** Fluchtfahrzeug, *das;* **~ route** *(lit. or fig.)* Fluchtweg, *der;* **make one's ~ [from sth.]** [aus etw.] entkommen; **have a narrow/miraculous ~:** gerade noch einmal/wie durch ein Wunder davonkommen; **have a lucky ~:** glücklich davonkommen; noch einmal Glück haben; **that was a narrow ~** *(joc.)* gerade noch mal davongekommen; **you had a lucky ~** *(joc.)* da haben Sie aber noch mal Glück gehabt; **~ from reality** Flucht vor der Realität; **b)** *(leakage of gas etc.)* Austritt, *der;* Entweichen, *das;* **c)** *(plant)* verwilderte Pflanze. *See also* **fire-escape. 2.** *v. i.* **a)** *(lit. or fig.)* fliehen **(from** aus); entfliehen *(geh.)* **(from** *Dat.*); *(successfully)* entkommen **(from** *Dat.*); *(from prison or mental hospital also)* ausbrechen **(from** aus); ‹*Großtier:*› ausbrechen; ‹*Kleintier:*› entlaufen **(from** *Dat.*); ‹*Vogel:*› entfliegen **(from** *Dat.*); **~ to freedom** in die Freiheit entkommen; **while trying to ~:** auf der Flucht; **~d prisoner/convict** entflohener Gefangener/Sträfling; **~ to one's room** sich in sein Zimmer zurückziehen; **~ into a dream world** *(fig.)* in eine Traumwelt flüchten; **b)** *(leak)* ‹*Gas:*› ausströmen; ‹*Flüssigkeit:*› auslaufen; **c)** *(avoid harm)* davonkommen; **~ alive** mit dem Leben davonkommen; **he ~d, but she was killed** er überlebte, während sie getötet wurde. **3.** *v. t.* **a)** entkommen (+ *Dat.*) ‹*Verfolger, Angreifer, Feind*›; entgehen (+ *Dat.*) ‹*Bestrafung, Gefangennahme, Tod, Entdeckung, Schicksal*›; verschont bleiben von ‹*Katastrophe, Krankheit, Zerstörung, Reduzierung, Auswirkungen*›; **~ observation/a duty** sich der Beobachtung/einer Pflicht entziehen; **he ~d the consequences** ihm blieben die Konsequenzen erspart; **~ being seen** nicht gesehen werden; **she narrowly ~d being killed** sie wäre fast getötet worden; **the car ~d damage** der Wagen blieb unbeschädigt; **one can't ~ the fact that ...:** es läßt sich nicht leugnen, daß ...; **b)** *(not be remembered by)* entfallen sein (+ *Dat.*); **c) ~ sb.['s notice]** *(not be seen)* jmdm. entgehen; **~ notice** nicht bemerkt werden; **~ sb.'s attention** jmds. Aufmerksamkeit *(Dat.)* entgehen; *see also* **memory b; d)** *(not be understood by)* **~ sb.** sich jmds. Verständnis *(Dat.)* entziehen; **e)** *(be uttered involuntarily by)* entfahren (+ *Dat.*)

**escape: ~ artist** *see* **escapologist; ~ clause** *n. (Law)* Ausweichklausel, *die*

**escapee** [ɪskeɪ'pi:, e'skeɪpi:] *n.* Entflohene, *der/die*

**escape: ~-hatch** *n. (Naut., Aeronaut.)* Notausstieg, *der; (fig.)* Rettungsanker, *der;* **~ mechanism** *n. (Psych.)* Abwehrmechanismus, *der*

**escapement** [ɪ'skeɪpmənt] *n. (Horol.)* Hemmung, *die*

**e'scape-proof** *adj.* ausbruchsicher

**escaper** [ɪ'skeɪpə(r)] *n.* Entflohene, *der/die*

**escape: ~ road** *n.* Auslaufstrecke, *die;* **~ route** *n.* Fluchtweg, *der;* **~ valve** *n.* Sicherheitsventil, *das*

**escapism** [ɪ'skeɪpɪzm] *n. (Psych.)* Eskapismus, *der (fachspr.);* Realitätsflucht, *die*

**escapist** [ɪ'skeɪpɪst] *(Psych.)* **1.** *n.* Eskapist, *der (fachspr.);* Aussteiger, *der/*Aussteigerin, *die (ugs.).* **2.** *adj.* eskapistisch *(fachspr.);* Aussteiger- *(ugs.)*

**escapologist** [eskə'pɒlədʒɪst] *n. (Brit.)* Entfesselungskünstler, *der*

**escarpment** [ɪ'skɑ:pmənt] *n. (Geog.)* Steilhang, *der*

**eschatology** [eskə'tɒlədʒɪ] *n. (Theol.)* Eschatologie, *die*

**eschew** [ɪs'tʃu:] *v. t. (literary)* meiden *(geh.)*

**escort 1.** ['eskɔ:t] *n.* **a)** *(armed guard)* Eskorte, *die;* Geleitschutz, *der (Milit.);* **police ~:** Polizeieskorte, *die;* **with an ~, under ~:** mit einer Eskorte; **fighter ~:** Jagdschutz, *der;* **b)** *(person[s] protecting or guiding)* Begleitung, *die;* **be sb.'s ~:** jmdn. begleiten; **c)** *(man accompanying woman socially)* Begleiter, *der;* **d)** *(hired companion)* Begleiter, *der/*Begleiterin, *die; (woman also)* ≈ Hostess, *die.* **2.** [ɪ'skɔ:t] *v. t.* **a)** begleiten; *(lead)* führen; geleiten *(geh.); (as guard of honour; also Mil.)* eskortieren; **~ sb. to safety** jmdn. in Sicherheit bringen; **b)** *(take forcibly)* bringen

**escort** ['eskɔ:t]: **~ agency** *n. Agentur für Begleiter/Begleiterinnen;* **~ carrier** *n. (Navy)* Geleitflugzeugträger, *der;* **~ duty** *n.* **be on ~ duty** als Geleitschutz eingesetzt sein; **~ vessel** *n. (Navy)* Geleitschiff, *das*

**escritoire** [eskrɪ'twɑ:(r)] *n.* Sekretär, *der*

**escutcheon** [ɪ'skʌtʃn] *n. (Her.)* Schild, *der;* **be a blot on sb.'s ~** *(fig.)* jmds. Ehre beflecken

**ESE** [i:stsaʊθ'i:st] *abbr.* **east-south-east** OSO

**Eskimo** ['eskɪməʊ] **1.** *adj.* Eskimo-; *see also* **English 1. 2.** *n.* **a)** *no pl. (language)* Eskimoisch, *das; see also* **English 2 a; b)** *pl.* **~s** *or same* Eskimo, *der/*Eskimofrau, *die;* **the ~[s]** die Eskimos

**'Eskimo dog** *n.* Eskimohund, *der*

**ESN** *abbr.* **educationally subnormal**

**esophagus** *(Amer.) see* **oesophagus**

**esoteric** [esə'terɪk, i:sə'terɪk] *adj.* esoterisch *(geh.)*

**ESP** *abbr. (Psych.)* **extra-sensory perception** ASW

**espalier** [ɪ'spælɪə(r)] *n.* **a)** *(trellis)* Spalier, *das;* **b)** *(tree)* Spalierbaum, *der*

**esparto** [ɪ'spɑ:təʊ] *n.* **~ [grass]** *(Bot.)* Esparto, *der;* Espartogras, *das*

**especial** [ɪ'speʃl] *attrib. adj.* [ganz] besonder...; **have ~ talent** besonders begabt sein; **for your ~ benefit** gerade um deinetwillen

**especially** [ɪ'speʃəlɪ] *adv.* besonders; **more ~ because ...:** um so eher, als ...; **what ~ do you want to see?** was möchten Sie insbesondere sehen?; **~ as** zumal; **more ~:** ganz besonders

**Esperanto** [espə'ræntəʊ] *n., no pl.* Esperanto, *das; see also* **English 2 a**

**espionage** ['espɪənɑ:ʒ, 'espɪənɪdʒ] *n.* Spionage, *die;* **carry out ~ for sb.** für jmdn. spionieren; *see also* **industrial espionage**

**esplanade** [esplə'neɪd, esplə'nɑ:d] *n.* Esplanade, *die (geh.)*

**espousal** [ɪ'spaʊzl] *n.* Eintreten, *das* **(of** für)

**espouse** [ɪ'spaʊz] *v. t.* **a)** eintreten für; **b)** *(arch.) (marry)* ehelichen *(veralt.); (give in marriage)* vermählen *(veralt.)* **(to** mit)

**espresso** [e'spresəʊ] *n., pl.* **~s** *(coffee)* Espresso, *der*

**e'spresso bar** *n.* Espressobar, *die;* Espresso, *das*

**esprit de corps** [espri: də 'kɔ:] *n.* Korpsgeist, *der (geh.);* Gemeinschaftsgeist, *der*

**espy** [ɪ'spaɪ] *v. t. (dated/joc.)* entdecken

**Esq.** *abbr.* **Esquire** ≈ Hr.; *(on letter)* ≈ Hrn.; **Jim Smith, ~:** Hr./Hrn. Jim Smith

**essay 1.** ['eseɪ] *n.* Essay, *der;* Aufsatz, *der (bes. Schulw.).* **2.** [ɪ'seɪ] *v. t.* sich versuchen an (+ *Dat.*); **~ to do sth.** sich bemühen, etw. zu tun

**essayist** ['eseɪɪst] *n.* Essayist, *der/*Essayistin, *die*

**essence** ['esəns] *n.* **a)** Wesen, *das; (gist)* Wesentliche, *das; (of problem, message, teaching)* Kern, *der;* **she is the [very] ~ of grace/kindness** sie ist der Inbegriff der Anmut/der Liebenswürdigkeit; **in ~:** im wesentlichen; **be of the ~:** von entscheidender Bedeutung sein; **b)** *(Cookery)* Essenz, *die*

**essential** [ɪ'senʃl] **1.** *adj.* **a)** *(fundamental)* wesentlich ‹*Unterschied, Merkmal, Aspekt*›; entscheidend ‹*Frage*›; zentral ‹*Thema*›; **b)** *(indispensable)* unentbehrlich; lebenswichtig ‹*Versorgungseinrichtungen, Nahrungsmittel, Güter, Organe*›; unabdingbar ‹*Erfordernis, Qualifikation, Voraussetzung*›; unbedingt notwendig ‹*Bestandteile, Maßnahmen, Ausrüstung*›; wesentlich, entscheidend ‹*Rolle*›; **the ~ thing is for her to be happy** die Hauptsache ist, daß sie glücklich ist; **~ to life** lebensnotwendig *od.* -wichtig; **it is [absolutely** *or* **most] ~ that ...:** es ist unbedingt notwendig, daß ...; **these measures are ~:** diese Maßnahmen sind unbedingt erforderlich; **~ oil** *see* **ethereal oil. 2.** *n., esp. in pl.* **a)** *(indispensable element)* Notwendigste, *das;* **be an ~ for sth.** für etw. unentbehrlich sein; **the ~s of life** die lebensnotwendigsten Güter; **the bare ~s** das Allernotwendigste; **b)** *(fundamental element)* Wesentliche, *das;* **confine oneself to the ~:** sich auf das Wesentliche beschränken; **the ~s of French grammar** die Grundzüge der französischen Grammatik

**essentially** [ɪ'senʃəlɪ] *adv.* im Grunde; **my opinion does not ~ differ from yours** ich bin nicht grundsätzlich anderer Meinung als Sie

**establish** [ɪ'stæblɪʃ] **1.** *v. t.* **a)** *(set up, create, found)* schaffen ‹*Einrichtung, Frieden, Präzedenzfall, Ministerposten*›; gründen ‹*Organisation, Institut*›; stiften ‹*Krankenhaus, Frieden*›; errichten ‹*Reich, Geschäft, Lehrstuhl, System*›; einsetzen, bilden ‹*Regierung, Ausschuß*›; einsetzen ‹*Sakrament*›; herstellen ‹*Kontakt, Beziehungen*› **(with** zu); aufschlagen ‹*Hauptquartier*›; aufstellen ‹*Rekord*›; erlassen ‹*Gesetz*›; einführen ‹*Mode, Steuer, neue Methoden*›; ins Leben rufen, begründen ‹*Bewegung*›; **~ a routine** Routine entwickeln; **~ one's authority** sich *(Dat.)* Autorität verschaffen; **~ law and order** Recht und Ordnung herstellen; **b)** *(settle, place)* unterbringen; **be ~ed in one's new home** sich in seinem neuen Heim eingerichtet haben; **~ sb. in business** jmdm. zum Start im Geschäftsleben verhelfen; **~ sb. in a business of his/her own** jmdm. zur Gründung eines eigenen Geschäfts verhelfen; **c)** *(appoint)* einsetzen; **d)** *(secure acceptance for)* etablieren; **become ~ed** sich einbürgern; **be firmly ~ed** einen festen Platz haben; **~ one's reputation** sich einen Namen machen; **e)** *(prove)* beweisen ‹*Schuld, Unschuld, Tatsache*›; unter Beweis stellen ‹*Können*›; nachweisen ‹*Anspruch*›; **an inspection ~ed that ...:** eine Prüfung ergab, daß ...; **f)** *(discover)* feststellen; ermitteln ‹*Umstände, Aufenthaltsort*›. **2.** *v. refl. (take up one's quarters)* **~ oneself [at** *or* **in a place]** sich [an einem Ort] niederlassen; **the practice has ~ed itself** der Brauch hat sich eingebürgert; **~ oneself as a carpenter** sich *(Dat.)* als Tischler einen festen Kundenkreis gewinnen

**established** [ɪ'stæblɪʃt] *adj.* **a)** *(entrenched)* eingeführt ‹*Geschäft usw.*›; bestehend ‹*Ordnung*›; etabliert ‹*Schriftsteller*›; **long-~ company** alteingeführte *od.* -eingesessene Firma; **this firm has an ~ reputation** diese Firma ist sehr renommiert; **~ civil servant** ≈ Beamter auf Lebenszeit; **b)** *(accepted)* üblich; etabliert ‹*Stilrichtung, Gesellschaftsordnung*›; geltend ‹*Norm*›; fest ‹*Brauch*›; feststehend ‹*Tatsache*›; überkommen ‹*Glaube*›; **become ~:** sich durchsetzen; **c)** *(Eccl.)* **~ church/religion** Staatskirche/-religion, *die*

**establishment** [ɪ'stæblɪʃmənt] *n.* **a)** *(setting up, creation, foundation)* Gründung, *die; (of government, committee)* Einsetzung, *die; (of democracy, empire)* Errichtung, *die; (of movement)* Begründung, *die; (of peace, relations)* Schaffung, *die;* **b)** *(settlement, placement)* Unterbringung, *die;* **c)** *(appointment)* Einsetzung, *die;* **d)** *(proving)* Nachweis, *der;* **e)** *(institution)* **[business] ~:** Unternehmen, *das;* **commercial/industrial ~:** Handels-/Industrieunternehmen, *das;* **educational ~:** Schule, *die;* **f)** *(household, residence)* Haus, *das;* **g)** *(organized body)* Truppe, *die; (quota)* Personalbestand, *der;* **peace[-time]/war ~** *(Mil.)* Friedens-/Kriegsstärke, *die;* **h)** *(Brit.)* **the E~** *(social group)* das Establishment

**estate** [ɪ'steɪt] *n.* **a)** *(landed property)* Gut, *das;* **family/private ~:** Familien-/Privatbesitz, *der;* **~ in the country** Landgut, *das;* **b)** *(Brit.: area with buildings) (housing ~)* [Wohn]siedlung, *die; (industrial ~)* Industriegebiet, *das; (trading ~)* Gewerbegebiet, *das;* **live on an ~:** in einer Wohnsiedlung leben; **on the industrial/trading ~:** im Industrie-/Gewerbegebiet; **c)** *(plantation)* Plantage, *die;* **d)** *(total assets) (of deceased person)* Erbmasse, *die (Rechtsspr.); Nach*laß, *der; (of bankrupt)* Konkursmasse, *die (Wirtsch., Rechtsspr.);* **e)** *(Law: person's interest in landed property)* Eigentumsrecht, *das; see also* **personal estate; real estate; f)** *(political class)* Stand, *der;* **the Three E~s [of the Realm]** die drei [Reichs]stände; **the fourth ~** *(joc.)* die Zunft der Journalisten *(scherzh.);* **g)** *(arch.: condition)* Stand, *der;* **reach man's ~:** in den Mannesstand treten *(veralt.);* **the [holy] ~ of matrimony** der heilige Stand der Ehe *(geh.);* **h)** *(Brit.) see* **estate car**

**estate: ~ agent** *n. (Brit.)* **a)** Grundstücksmakler, *der;* Immobilienmakler, *der;* **b)** *(steward)* Gutsverwalter, *der;* **~ car** *n. (Brit.)* Kombiwagen, *der;* **~ duty** *(Brit.),* **~ tax** *(Amer.) ns.* Erbschaftssteuer, *die*

**esteem** [ɪ'sti:m] **1.** *n., no pl.* Achtung, *die* **(for** vor + *Dat.*); Wertschätzung, *die (geh.)* **(for** *Gen.,* für); **hold sb./sth. in [high** *or* **great] ~:** [hohe *od.* große] Achtung vor jmdm./etw. haben; **go up** *or* **rise/go down** *or* **sink in sb.'s ~:** in jmds. Achtung steigen/sinken; **[as a] token** *or* **mark of my ~:** [als] Zeichen meiner Hochachtung *od. (geh.)* Wertschätzung. **2.** *v. t.* **a)** *(think favourably of)* schätzen; **highly** *or* **much** *or* **greatly ~ed** hochgeschätzt *(geh.);* sehr geschätzt; **b)** *(consider)* **~ [as]** erachten für *(geh.);* ansehen als; **~ sth. an honour** sich *(Dat.)* etw. zur Ehre anrechnen *(geh.)*

**ester** ['estə(r)] *n. (Chem.)* Ester, *der*

**esthetic** *etc. (Amer.) see* **aesthetic** *etc.*

**estimable** ['estɪməbl] *adj.* schätzenswert

**estimate 1.** ['estɪmət] *n.* **a)** *(of number, amount, etc.)* Schätzung, *die;* **at a rough ~:** grob geschätzt; **b)** *(of character, qualities, etc.)* Einschätzung, *die;* **form an ~ of sb.'s abilities** jmds. Fähigkeiten beurteilen; **c)** *(Commerc.)* Kostenvoranschlag, *der;* **give an ~ of £50** die Kosten auf 50 Pfund veranschlagen; **d)** *(Brit. Parl.)* **the E~s** der Etat. **2.** ['estɪmeɪt] *v. t.* schätzen ‹*Größe, Entfernung, Zahl, Umsatz*› **(at** auf + *Akk.*); einschätzen ‹*Fähigkeiten, Durchführbarkeit, Aussichten*›; **how far would you ~ the distance to be?** wie groß ist nach Ihrer Schätzung die Entfernung

**estimation** [estɪ'meɪʃn] *n.* Schätzung, *die; (of situation etc.)* Einschätzung, *die;* Beurteilung, *die; (esteem)* Wertschätzung, *die (geh.);* **in sb.'s ~:** nach jmds. Schätzung; **go up/down in sb.'s ~:** in jmds. Achtung steigen/sinken

**estimator** ['estɪmeɪtə(r)] *n.* Kalkulator, *der*

**Estonia** [e'stəʊnɪə] *pr. n.* Estland *(das)*

**Estonian** [e'stəʊnɪən] **1.** *adj.* estländisch; estnisch; *see also* **English 1. 2.** *n.* **a)** *(language)* Estnisch[e], *das;* Estländisch[e], *das; see also* **English 2 a; b)** *(person)* Este, *der*/Estin, *die;* Estländer, *der*/Estländerin, *die*

**estrange** [ɪ'streɪndʒ] *v. t.* entfremden **(from** *Dat.*); **be/become ~d from sb.** jmdm. entfremdet sein/sich jmdm. entfremden; **they are ~d** sie sind einander fremd geworden; *(married couple also)* sie haben sich auseinandergelebt; **her ~d husband/his ~d wife** ihr ihr fremd gewordener Mann/seine ihm fremd gewordene Frau; **the ~d couple** die einander fremd gewordenen Ehepartner

**estrangement** [ɪ'streɪndʒmənt] *n.* Entfremdung, *die* **(from** von); **since their ~:** seit sie sich fremd geworden sind; *(of married couple also)* seit sie sich auseinandergelebt haben

**estrogen** *(Amer.) see* **oestrogen**

**estuary** ['estjʊərɪ] *n. (Geog.)* Ästuar, *das (fachspr.);* [Trichter]mündung, *die;* **the Thames ~:** die Mündung der Themse

**ETA** *abbr.* **estimated time of arrival** voraussichtliche Ankunftszeit

**et al.** [et 'æl] *abbr.* **and others** et al.

**etc.** *abbr.* **et cetera** usw.

**et cetera, etcetera** [et'setərə, ɪt'setərə] und so weiter; et cetera

**etch** [etʃ] **1.** *v. t.* **a)** ätzen **(on** auf *od.* in + *Akk.*); *(on metal also)* ‹*bes. Künstler:*› radieren; **b)** *(fig.)* einprägen **(in, on** *Dat.*); **be ~ed in** *or* **on sb.'s mind/memory** sich jmdm. eingeprägt haben/ins Gedächtnis eingegraben haben. **2.** *v. i.* ätzen; *(on metal also)* ‹*bes. Künstler:*› radieren

**etching** ['etʃɪŋ] *n.* Ätzung, *die; (piece of art)* Radierung, *die;* **come up and see my ~s** *(joc.)* komm mit rauf, ich zeig' dir meine Briefmarkensammlung *(ugs. scherzh.)*

**eternal** [ɪ'tɜ:nl, i:'tɜ:nl] *adj.* **a)** ewig; **be called to one's ~ rest** in die Ewigkeit abberufen werden *(geh. verhüll.);* **life ~:** das ewige Leben; **~ triangle** Dreiecksverhältnis, *das;* **b)** *(coll.: unceasing)* ewig *(ugs.);* **you'll have my ~ thanks** *or* **gratitude** ich werde Ihnen ewig dankbar sein

**eternally** [ɪ'tɜ:nəlɪ, i:'tɜ:nəlɪ] *adv.* **a)** ewig; **be ~ damned** auf ewig verdammt sein; **b)** *(coll.: unceasingly)* ewig *(ugs.)*

**eternity** [ɪ'tɜ:nɪtɪ, i:'tɜ:nɪtɪ] *n.* **a)** Ewigkeit, *die;* **for** *or* **in all** *or* **throughout ~, from here to ~:** [bis] in alle Ewigkeit; **b)** *(coll.: long time)* Ewigkeit, *die (ugs.);* **wait for [what seemed] an ~:** [scheinbar] eine Ewigkeit warten

**ether** ['i:θə(r)] *n.* **a)** *(Chem.)* Äther, *der;* **b)** *(Phys.; also fig.)* Äther, *der*

**ethereal** [ɪ'θɪərɪəl] *adj.* **a)** *(delicate, light, airy; also Phys., Chem.)* ätherisch; **b)** *(poet.: heavenly)* ätherisch *(veralt.);* himmlisch

**ethereal 'oil** *n. (Chem.)* ätherisches Öl

**ethic** ['eθɪk] **1.** *n.* Ethik, *die (geh.);* Ethos, *das (geh.).* **2.** *adj. see* **ethical a, b, d**

**ethical** ['eθɪkl] *adj.* **a)** *(relating to morals)* ethisch; **~ philosophy** Ethik, *die;* **~ philosopher** Ethiker, *der*/Ethikerin, *die;* **b)** *(morally correct)* moralisch einwandfrei; **it is not ~ for a doctor ...:** es entspricht nicht dem Berufsethos eines Arztes ...; **c)** *(Med.)* verschreibungspflichtig ‹*Medikament*›; **d)** *(Ling.)* **~ dative** Dativus ethicus, *der*

**ethicality** [eθɪ'kælɪtɪ] *n., no pl. (moral correctness)* Sittlichkeit, *die*

**ethically** ['eθɪkəlɪ] *adv.* **a)** *(according to ethical rules)* ethisch; **be ~ obliged** *or* **bound to do sth.** die moralische Verpflichtung haben, etw. zu tun; **b)** *(in a morally correct way)* moralisch einwandfrei

**ethics** ['eθɪks] *n., no pl.* **a)** Moral, *die; (moral philosophy)* Ethik, *die;* **b)** *usu. constr. as pl. (moral code of person, group, etc.)* Ethik, *die (geh.);* Ethos, *das (geh.);* **medical ~:** ärztliche Ethik; **professional ~:** Berufsethos, *das;* **legal ~:** Standespflichten der Juristen; **c)** *constr. as pl. (moral correctness)* ethische Berechtigung

**Ethiopia** [i:θɪ'əʊpɪə] *pr. n.* Äthiopien *(das)*

**Ethiopian** [i:θɪ'əʊpɪən] **1.** *adj.* äthiopisch; **sb. is ~:** jmd. ist Äthiopier/Äthiopierin. **2.** *n.* Äthiopier, *der*/Äthiopierin, *die*

**ethnic** ['eθnɪk] *adj.* **a)** *(ethnological)* ethnisch; Volks⟨*gruppe, -musik, -tanz*⟩; **~ mix** Völkergemisch, *das;* **~ minority** ethnische Minderheit; **~ cleansing** ethnische Säuberung; **b)** *(from specified group)* Volks⟨*chinesen, -deutsche*⟩

**ethnology** [eθ'nɒlədʒɪ] *n.* Ethnologie, *die;* vergleichende Völkerkunde

**ethology** [i:'θɒlədʒɪ] *n.* **a)** *(science of animal behaviour)* Verhaltensforschung, *die;* Ethologie, *die;* **b)** *(science of character-formation)* Charakterkunde, *die*

**ethos** ['i:θɒs] *n.* *(guiding beliefs)* Gesinnung, *die; (fundamental values)* Ethos, *das (geh.); (characteristic spirit)* Geist, *der*

**ethyl** ['eθɪl, 'i:θaɪl] *n.* *(Chem.)* Äthyl, *das*

**ethyl 'alcohol** *n.* *(Chem.)* Äthylalkohol, *der*

**ethylene** ['eθɪli:n] *n.* *(Chem.)* Äthylen, *das;* **~ 'glycol** Äthylenglykol, *das*

**etiology** *(Amer.) see* **aetiology**

**etiquette** [etɪ'ket, 'etɪket] *n.* **a)** *(social convention, court ceremonial)* Etikette, *die;* **breach of ~:** Verstoß gegen die Etikette; **book of ~:** Buch mit Verhaltensregeln; **that's ~:** das gehört sich so; **it's not ~:** das gehört sich nicht; **b)** *(professional code)* **professional ~ [of the law]** Berufspraxis [der Juristen]; **medical/legal ~:** Berufspraxis der Ärzte/Juristen

**Etna** ['etnə] *pr. n.* **[Mount] ~:** der Ätna

**Etonian** [i:'təʊnɪən] *n.* Etonschüler, *der*

**Etruscan** [ɪ'trʌskn] *(Ethnol.)* **1.** *adj.* etruskisch. **2.** *n.* **a)** *(language)* Etruskisch, *das;* **b)** *(person)* Etrusker, *der*/Etruskerin, *die*

**étude** ['eɪtju:d, eɪ'tju:d] *n.* *(Mus.)* Etüde, *die*

**etymological** [etɪmə'lɒdʒɪkl] *adj.*, **etymologically** [etɪmə'lɒdʒɪkəlɪ] *adv.* *(Ling.)* etymologisch

**etymologist** [etɪ'mɒlədʒɪst] *n.* *(Ling.)* Etymologe, *der*/Etymologin, *die*

**etymology** [etɪ'mɒlədʒɪ] *n.* *(Ling.)* Etymologie, *die; see also* **folk etymology**

**EU** *abbr.* **European Union** EU

**eucalypt** ['ju:kəlɪpt], **eucalyptus** [ju:kə'lɪptəs] *n.* **a)** **~ [oil]** *(Pharm.)* Eukalyptusöl, *das;* **b)** *(Bot.)* Eukalyptus[baum], *der*

**Eucharist** ['ju:kərɪst] *n.* *(Eccl.)* Eucharistie, *die*

**eugenics** [ju:'dʒenɪks] *n., no pl.* Eugenik, *die (fachspr.);* Erbgesundheitslehre, *die*

**eulogise** *see* **eulogize**

**eulogistic** [ju:lə'dʒɪstɪk] *adj.* lobrednerisch

**eulogize** ['ju:lədʒaɪz] *v. t.* preisen *(geh.)*

**eulogy** ['ju:lədʒɪ] *n.* **a)** *(speech, writing)* Lobrede, *die;* Eloge, *die (geh.); (Amer.: funeral oration)* Grabrede, *die;* **b)** *(praise)* Lobspruch, *der*

**eunuch** ['ju:nək] *n.* Eunuch, *der; (fig. derog.)* Schwächling, *der (abwertend)*

**euonymus** [ju:'ɒnɪməs] *n.* *(Bot.)* Spindelstrauch, *der;* Evonymus, *der od. die; (Euonymus europaeus)* Pfaffenhütchen, *das*

**euphemism** ['ju:fəmɪzm] *n.* Euphemismus, *der (bes. Sprachw.);* verhüllende Umschreibung; **resort to ~:** zu Euphemismen greifen

**euphemistic** [ju:fə'mɪstɪk] *adj.*, **euphemistically** [ju:fə'mɪstɪkəlɪ] *adv.* euphemistisch *(bes. Sprachw.);* verhüllend

**euphonious** [ju:'fəʊnɪəs] *adj.* **a)** *(pleasant-sounding)* wohlklingend *(geh.);* **b)** *(Ling., Phonet.)* euphonisch

**euphonium** [ju:'fəʊnɪəm] *n.* *(Mus.)* Euphonium, *das*

**euphony** ['ju:fənɪ] *n.* **a)** *(pleasing sound)* Wohlklang, *der (geh.);* **b)** *(Ling., Phonet.)* Euphonie, *die*

**euphorbia** [ju:'fɔ:bɪə] *n.* *(Bot.)* Euphorbia[pflanze], *die (fachspr.);* Wolfsmilch, *die*

**euphoria** [ju:'fɔ:rɪə] *n., no pl.* Euphorie, *die (geh.); (elation also)* Hochstimmung, *die*

**euphoric** [ju:'fɔ:rɪk] *adj.* euphorisch *(geh.)*

**Euphrates** [ju:'freɪti:z] *pr. n.* Euphrat, *der*

**Eurasia** [jʊə'reɪʒə] *pr. n.* Eurasien *(das)*

**Eurasian** [jʊə'reɪʒn] **1.** *adj.* eurasisch. **2.** *n.* Eurasier, *der*/Eurasierin, *die*

**eureka** [jʊə'ri:kə] *int.* heureka *(geh.);* ich hab's *(ugs.)*

**Euro-** ['jʊərəʊ] *in comb.* euro-/Euro-

**Eurocrat** ['jʊərəkræt] *n.* Eurokrat, *der*/Eurokratin, *die*

**'Eurodollar** *n.* *(Econ.)* Eurodollar, *der*

**Europe** ['jʊərəp] *pr. n.* **a)** Europa *(das);* **the continent of ~:** der europäische Kontinent; **b)** *(Brit. coll.: EEC)* EG, *die;* **go into ~:** der EG beitreten; **c)** *(Brit. coll.: mainland ~)* Kontinent, *der*

**European** [jʊərə'pi:ən] **1.** *adj.* europäisch; **sb. is ~:** jmd. ist Europäer/Europäerin; **win ~ recognition** in ganz Europa Anerkennung finden. **2.** *n.* Europäer, *der*/Europäerin, *die*

**European: ~ 'Cup** *n.* *(Footb.)* Europacup, *der;* Europapokal, *der;* **~ Eco'nomic Community** *n.* Europäische Wirtschaftsgemeinschaft; **~ Free 'Trade Association** *n.* Europäische Freihandelsassoziation

**Europeanise** *see* **Europeanize**

**Europeanism** [jʊərə'pi:ənɪzm] *n.* Europäertum, *das; (ideal of the unification of Europe)* europäischer Gedanke

**Europeanize** [jʊərə'pi:ənaɪz] *v. t.* europäisieren

**European: ~ 'Monetary System** *n.* Europäisches Währungssystem; **~ 'Parliament** *n.* Europäisches Parlament; **~ plan** *n.* *(Amer. Hotel Managem.)* Unterkunft ohne Verpflegung

**'Eurovision** *n.* *(Telev.)* Eurovision, *die*

**Eustachian tube** [ju:s'teɪʃn tju:b] *n.* *(Anat.)* Eustachische Röhre

**euthanasia** [ju:θə'neɪzɪə] *n.* Euthanasie, *die;* Sterbehilfe, *die; (painless death)* Gnadentod, *der (geh.)*

**evacuate** [ɪ'vækjʊeɪt] *v. t.* **a)** *(remove from danger, clear of occupants)* evakuieren **(from** aus); **b)** *(esp. Mil.: cease to occupy)* räumen; **c)** *(Physiol.)* entleeren ⟨*Darm*⟩

**evacuation** [ɪvækjʊ'eɪʃn] *n.* **a)** *(removal of people or things, clearance of place)* Evakuierung, *die* **(from** aus); **b)** *(esp. Mil.: withdrawal from occupation)* **the ~ of a territory** die Räumung eines Gebietes; **the ~ of the army** der Abzug der Armee; **c)** *(Physiol.)* Entleerung, *die*

**evacuee** [ɪvækjʊ'i:] *n.* Evakuierte, *der/die; attrib.* **~ children** evakuierte Kinder

**evade** [ɪ'veɪd] *v. t.* **a)** ausweichen (+ *Dat.*) ⟨*Angriff, Angreifer, Schlag, Blick, Problem, Schwierigkeit, Tatsache, Frage, Hindernis, Thema*⟩; sich entziehen (+ *Dat.*) ⟨*Verhaftung, Ergreifung, Wehrdienst, Einberufung, Gerechtigkeit, Pflicht, Verantwortung, Liebkosung*⟩; entkommen (+ *Dat.*) ⟨*Polizei, Verfolger, Verfolgung, Gegner*⟩; hinterziehen ⟨*Steuern, Zölle*⟩; umgehen ⟨*Zahlungsverpflichtung*⟩; **~ recognition** nicht erkannt werden; **~ doing sth.** vermeiden, etw. zu tun; **~ giving an answer** der Beantwortung einer Frage ausweichen; **b)** *(circumvent)* umgehen ⟨*Gesetz, Vorschrift*⟩; **c)** *(elude)* **the significance of his remark ~s me** die Bedeutung seiner Bemerkung ist mir nicht klar; **~ definition** sich einer Definition entziehen

**evaluate** [ɪ'væljʊeɪt] *v. t.* **a)** *(value)* schätzen ⟨*Wert, Preis, Schaden, Kosten*⟩; **b)** *(quantify, express numerically)* in Zahlen ausdrücken; quantifizieren; **c)** *(appraise)* einschätzen; *(judge)* beurteilen

**evaluation** [ɪvæljʊ'eɪʃn] *n.* **a)** Schätzung, *die; (quantification)* Berechnung, *die;* Quantifizierung, *die;* **b)** *(appraisal)* Einschätzung, *die; (of data)* Auswertung, *die*

**evanescent** [i:və'nesənt, evə'nesənt] *adj.* flüchtig ⟨*Erscheinung, Vision, Glück*⟩; vergänglich ⟨*Reiz*⟩

**evangelical** [i:væn'dʒelɪkl] *adj.* **a)** *(of the Gospels)* **~ texts/preaching** Texte/Verkündigung des Evangeliums; **b)** *(Protestant)* evangelikal; **c)** *(evangelizing, crusading)* missionarisch *(fig.)*

**evangelicalism** [i:væn'dʒelɪkəlɪzm] *n., no pl.* evangelikale Lehre

**evangelise** *see* **evangelize**

**evangelism** [ɪ'vændʒəlɪzm] *n.* **a)** *(preaching the Gospel)* Evangelisation, *die;* **b)** *(evangelicalism)* evangelikale Lehre; **c)** *(crusading zeal)* Bekehrungseifer, *der*

**evangelist** [ɪ'vændʒəlɪst] *n.* **a)** *(Gospel-writer)* Evangelist, *der;* **b)** *(Gospel-preacher)* Evangelist, *der;* Prediger, *der; (itinerant preacher)* Wanderprediger, *der*

**evangelize** [ɪ'vændʒəlaɪz] *v. t.* evangelisieren

**evaporate** [ɪ'væpəreɪt] **1.** *v. i.* **a)** *(become vapour)* verdunsten; **b)** *(lose liquid)* eindicken; *(completely)* eintrocknen; **c)** *(fig.)* sich in Luft auflösen; dahinschwinden *(geh.);* ⟨*Furcht, Begeisterung:*⟩ verfliegen. **2.** *v. t.* **a)** *(turn into vapour)* verdunsten lassen; **b)** *(cause to lose liquid)* evaporieren *(Chem.);* eindampfen *(Chem.)*

**evaporated 'milk** *n.* Kondensmilch, *die*

**evaporation** [ɪvæpə'reɪʃn] *n.* **a)** *(changing into vapour)* Verdunstung, *die;* **b)** *(losing liquid)* Eindickung, *die; (completely)* Eintrocknung, *die*

**evasion** [ɪ'veɪʒn] *n.* **a)** *(avoidance)* Umgehung, *die; (of duty)* Vernachlässigung, *die; (of responsibility, question)* Ausweichen, *das* **(of** vor + *Dat.*); **tax ~:** Steuerhinterziehung, *die;* **b)** *(evasive statement)* Ausrede, *die;* **~s** Ausflüchte *Pl.;* **c)** *(prevarication)* Ausflüchte *Pl.*

**evasive** [ɪ'veɪsɪv] *adj.* **a)** **be/become [very] ~:** [ständig] ausweichen; **be ~ about sth.** um etw. herumreden; **b)** *(aimed at evasion)* ausweichend ⟨*Antwort*⟩; **take ~ action** ein Ausweichmanöver machen

**evasively** [ɪ'veɪsɪvlɪ] *adv.* ausweichend

**Eve** [i:v] *pr. n.* *(Bibl.)* Eva *(die)*

**eve** *n.* **a)** Vorabend, *der; (day)* Vortag, *der;* **the ~ of** der Abend/Tag vor (+ *Dat.*); der Vorabend/Vortag (+ *Gen.*); *see also* **Christmas Eve; New Year's Eve; b)** *(fig.)* **[be] on the ~ of sth.** kurz vor etw. *(Dat.)* [stehen]; **c)** *(arch.: evening)* Abend, *der*

**¹even** ['i:vn] **1.** *adj.*, **~er** ['i:vənə(r)], **~est** ['i:vənɪst] **a)** *(smooth, flat)* eben ⟨*Boden, Fläche*⟩; glatt ⟨*Faser, Gewebe*⟩; **make sth. ~:** etw. ebnen/glätten; **b)** *(level)* gleich hoch ⟨*Stapel, Stuhl-, Tischbein*⟩; gleich lang ⟨*Vorhang, Stuhl-, Tischbein usw.*⟩; **be of ~ height/length** gleich hoch/lang sein; **~ with** genauso hoch/lang wie; **on an ~ keel** *(Naut., Aeronaut.)* auf ebenem Kiel *(Seemannsspr.);* ≈ ausgetrimmt *(Seemannsspr., Fliegerspr.); (fig.)* ausgeglichen; **keep the firm on an ~ keel** die Firma über Wasser halten; **c)** *(straight)* gerade ⟨*Saum, Kante*⟩; **d)** *(parallel)* parallel **(with** zu); **e)** *(regular)* regelmäßig ⟨*Zähne*⟩; ebenmäßig ⟨*Gesichtszüge*⟩; *(steady)* gleichmäßig ⟨*Schrift, Rhythmus, Atmen, Schlagen*⟩; stetig ⟨*Fortschritt*⟩; **f)** *(equal)* gleich [groß] ⟨*Menge, Abstand*⟩; ausgewogen ⟨*Kräfteverhältnis*⟩; gleichmäßig ⟨*Verteilung, Aufteilung*⟩; ausgeglichen ⟨*Punktestand*⟩; **start out ~:** mit den gleichen Voraussetzungen beginnen; **the teams are/the score is ~:** die Mannschaften sind punktgleich/die Punktzahl ist dieselbe *od.* gleich; **we need another goal to make it ~:** wir brauchen noch ein Tor zum Ausgleich; **the match is still ~:** die Begegnung steht noch unentschieden; **~s** *(Brit.),* **~ money** *(Betting)* eins zu eins; **an ~s** *or* **~ money favourite [to win]** ein 1:1-Favorit; **I have an ~ chance of getting there on time** meine Chancen, pünktlich anzukommen, stehen fünfzig zu fünfzig *od. (ugs.)* fifty-fifty; **the odds are ~, it's ~ odds** *or* **an ~ bet** die Chancen stehen fünfzig zu fünfzig *od. (ugs.)* fifty-fifty; **~ Stephen** [i:vn 'sti:vn] *(coll.)* ≈ fifty-fifty *(ugs.);* **g)** *(balanced)* im Gleichgewicht; **with an ~ hand** *(fig.)* gerecht; **h)** *(quits, fully revenged)* **be** *or* **get ~ with sb.**

es jmdm. heimzahlen; **i)** *(uniform)* gleichmäßig; **j)** *(calm)* ausgeglichen; **have an ~ temper** ausgeglichen sein; **k)** *(divisible by two, so numbered)* gerade ‹*Zahl, Seite, Hausnummer*›; **the ~ syllables** die zweite, vierte usw. Silbe; **l)** *(exact)* **an ~ dozen** ein rundes Dutzend *(ugs.)*; **let's make it an ~ ten** sagen wir rund zehn *(ugs.)*. *See also* **break even. 2.** *adv.* **a)** sogar; selbst; **~ perhaps ...:** vielleicht sogar ...; **hard, unbearable ~:** hart, sogar *od.* wenn nicht gar unerträglich; **does he ~ suspect the danger?** ahnt er überhaupt die Gefahr?; **do sth. ~ without being told** etw. auch ohne Aufforderung tun; **~ afterwards** selbst *od.* sogar danach; **~ before[hand]** auch schon vorher; **~ today** selbst *od.* sogar heute noch; **b)** *with negative* **not** *or* **never ~ ...:** [noch] nicht einmal ...; **without ~ saying goodbye** ohne wenigstens auf Wiedersehen zu sagen; **c)** *with compar. adj. or adv.* sogar noch ‹*komplizierter, weniger, schlimmer usw.*›; **d) ~ if** *or* **though Arsenal win** selbst wenn Arsenal gewinnt; **~ if Arsenal won** selbst wenn Arsenal gewinnen würde; *(fact)* obgleich Arsenal gewann; **~ supposing we had been present** selbst wenn wir dabeigewesen wären; **~ were she to appear** selbst wenn sie auftauchen sollte; **~ as** *(just when)* gerade als; *(in just the way that)* geradeso wie; *(during the period that)* während ... noch; **~ so** [aber] trotzdem *od.* dennoch; *(arch.: that is correct)* so ist es; **~ now/then** *(as well as previously)* selbst *od.* sogar jetzt/dann; *(at this/that very moment)* gerade in diesem Augenblick. **3.** *v. t.* ebnen; *(smooth)* glätten

**~ 'out 1.** *v. t.* **a)** *(make smooth)* glätten; **b)** *(distribute more equally)* gleich verteilen; ausgleichen ‹*Unterschiede*›. **2.** *v. i.* **a)** *(become smooth)* ‹*Boden:*› sich einebnen; **b)** *(become more equal)* sich ausgleichen

**~ 'up 1.** *v. t.* ausgleichen; **so as to ~ things up** zum Ausgleich. **2.** *v. i.* *(settle debt, get revenge)* abrechnen

**²even** *n. (poet.)* Abend, *der*

**even-'handed** *adj.* gerecht

**evening** ['i:vnɪŋ] *n.* **a)** Abend, *der; attrib.* Abend‹*vorstellung, -ausgabe, -messe*›; **this/tomorrow ~:** heute/morgen abend; **during the ~:** am Abend; **[early/late] in the ~:** am [frühen/späten] Abend; *(regularly)* [früh/spät] abends; **at eight in the ~:** um acht Uhr abends; **on the ~ of 2 May** am Abend des 2. Mai; **on Wednesday ~s/~:** Mittwoch abends/am Mittwoch abend; **one ~:** eines Abends; **every ~:** jeden Abend; **~ came** es wurde Abend; **~s, of an ~:** abends; **two ~s ago** vorgestern abend; **the other ~:** neulich abends; **a good ~'s viewing** ein gutes Abendprogramm [im Fernsehen]; **the cool of the ~** die Abendkühle; **an ~ of cards** ein Abend beim Kartenspiel; *see also* **good 1 m; b)** *(coll: greeting)* 'n Abend! *(ugs.)*; **c)** *(soirée)* Abend, *der;* **discussion ~:** Diskussionsabend, *der;* **d)** *(fig.)* Abend, *der (geh.)*; *(of life)* Lebensabend, *der (geh.)*

**evening: ~ class** *n.* Abendkurs, *der;* **take** *or* **do ~ classes in pottery** *etc.* Abendkurse im Töpfern *usw.* besuchen; **~ 'dress** *n.* Abendkleidung, *die;* **in [full] ~ dress** in Abendkleidung; **~ dress, ~ gown** *ns.* Abendkleid, *das;* **~ 'meal** *n.* Abendessen, *das;* **~ 'paper** *n.* Abendzeitung, *die;* **~ 'primrose** *n.* Nachtkerze, *die;* **~ school** *n.* Abendschule, *die;* **~ 'service** *n. (Eccl.)* Abendandacht, *die; (mass)* Abendgottesdienst, *der;* **~ 'star** *n.* Abendstern, *der*

**evenly** ['i:vnlɪ] *adv.* gleichmäßig; **say sth. ~:** etw. in ruhigem Ton sagen; **be ~ spaced** den gleichen Abstand voneinander haben; **the runners are ~ matched** die Läufer sind einander ebenbürtig

**even-numbered** ['i:vnnʌmbəd] *adj.* gerade; **the houses are ~:** die Häuser haben gerade Hausnummern

**'evensong** *n. (Eccl.)* Abendandacht, *die*

**event** [ɪ'vent] *n.* **a) in the ~ of his dying** *or* **death** im Falle seines Todes; falls er stirbt; **in the ~ of rain** bei Regenwetter; **in the ~ of sickness/war** im Falle einer Krankheit/im Kriegsfalle; **in that ~:** in dem Falle; **in such an ~:** in solch einem Falle; **in the unlikely ~ of sb. doing sth.** falls, was nicht sehr wahrscheinlich ist, jmd. etw. tut; **in the ~ that** *(Amer.)* im Falle, daß; **b)** *(outcome)* **in any/either ~ = in any case** *see* **¹case a; at all ~s** auf jeden Fall; **in the ~:** letzten Endes; **c)** *(occurrence)* Ereignis, *das;* **~s have proved ...:** die Ereignisse haben gezeigt ...; **the dramatic ~s in Rome** das dramatische Geschehen in Rom; **~s are taking place in Argentina which ...:** es geschehen Dinge in Argentinien, die ...; **sth. is [quite] an ~:** etw. ist schon ein Ereignis; *see also* **course 1 a; wise; d)** *(Sport)* Wettkampf, *der;* **show-jumping ~:** Jagdspringen, *das;* Springprüfung, *die;* **three-day ~:** Military, *die;* Vielseitigkeitsprüfung, *die*

**even-'tempered** *adj.* ausgeglichen

**eventful** [ɪ'ventfl] *adj.* ereignisreich ‹*Tag, Zeiten*›; bewegt ‹*Leben, Jugend, Zeiten*›

**'eventide** *n. (arch.)* Abendzeit, *die (geh.)*

**eventual** [ɪ'ventjʊəl] *adj.* **predict sb.'s ~ downfall** vorhersagen, daß jmd. schließlich zu Fall kommen wird; **lead to sb.'s ~ downfall** schließlich zu jmds. Sturz führen; **the career of Napoleon and his ~ defeat** der Aufstieg Napoleons und schließlich seine Niederlage; **we are heading towards ~ destruction** wir steuern letztlich auf den Untergang zu

**eventuality** [ɪventjʊ'ælɪtɪ] *n.* Eventualität, *die;* **the ~ of war** der mögliche Kriegsfall; **in certain eventualities** in bestimmten [möglichen] Fällen; **be ready for all eventualities** auf alle Eventualitäten gefaßt sein

**eventually** [ɪ'ventjʊəlɪ] *adv.* schließlich; **she'll ~ get married** sie wird irgendwann *od.* eines Tages heiraten; **I'll do that ~:** ich mache das irgendwann [noch]

**eve-of-'poll** *adj.* **~ [survey]** [Umfrage] kurz vor der Wahl

**ever** ['evə(r)] *adv.* **a)** *(always, at all times)* immer; stets; **for ~:** für immer ‹*weggehen, gelten*›; ewig ‹*lieben, dasein, leben*›; auf ewig *(dichter.)* ‹*unerreichbar*›; **go on for ~:** immer so bleiben; *(derog.)* ewig dauern; **it is for ~ changing** es ändert sich dauernd; **the traffic-lights took for ~ to change** *(coll.)* die Ampeln schalteten erst nach einer Ewigkeit um; **Arsenal for ~!** es lebe Arsenal!; **for ~ and ~:** immer und ewig; *(in the Lord's Prayer)* in Ewigkeit; **for ~ and a day** eine Ewigkeit; **~ since [then]** seit [dieser Zeit]; **~ after[wards]** seitdem; **I've been frightened of dogs ~ 'since** *or* **'after** seitdem *od.* seit diesem Tag habe ich Angst vor Hunden; **~ since he inherited it** von dem Tag an, an dem er das geerbt hat; **~ since I've known her** solange ich sie kenne; **~ since I can remember** soweit ich zurückdenken kann; **~ since she was a child** von Kindheit an; **~ yours** *or* **yours ~, Ethel** Deine/Eure Ethel; immer die Deine/Eure, Ethel *(veralt.)*; **b)** *in comb. with compar. adj. or adv.* noch; immer; **get ~ deeper into debt** sich noch *od.* immer mehr verschulden; **~ further** noch immer weiter; **c)** *in comb. with participles etc.* **~-increasing** ständig zunehmend; **~-recurring** immer wiederkehrend; **~-present** allgegenwärtig; **~-youthful** ewig jugendlich; **~-changing rules** sich ständig ändernde Vorschriften; **an ~-patient mother** eine Mutter, die nie die Geduld verliert; **go round in ~-decreasing circles** *(fig. coll.)* [mit immer größeren Anstrengungen] immer weniger erreichen; **d)** *(at any time)* je[mals]; **not ~:** noch nie; **~ before** je zuvor; **never ~:** nie im Leben; **never ~ before** noch nie zuvor; **nothing ~ happens** es passiert nie etwas; **his best performance ~:** seine beste Vorstellung überhaupt; **it hardly ~ rains** es regnet so gut wie nie; **don't you ~ do that again!** mach das bloß nicht noch mal!; **did you ~?** *(coll.)* hast du Töne? *(salopp)*; **he's a devil if ~ there was one** *(coll.)* er ist ein Teufel, alles, was recht ist *(ugs.)*; **better than ~:** besser denn je; **more frequently than ~:** häufiger als je zuvor; **the same as ~** *or* **as it ~ was** das gleiche wie immer; **as ~:** wie gewöhnlich; *(iron.)* wie gehabt; **yours as ~, Bob** *(in letter)* wie immer, Dein Bob; **as ... as ~:** unverändert ...; **I'm as stupid as ~:** ich bin immer noch nicht schlauer; **he's as kind a man as ~ lived** er ist der freundlichste Mensch, den es je gegeben hat; **if I ~ catch you doing that again** wenn ich dich dabei noch einmal erwische; **seldom, if ~,** *(coll.)* **seldom ~:** so gut wie nie; **as if I ~ would!** ich doch nicht!; **a fool if ~ there was one** der größte Narr, den man sich *(Dat.)* vorstellen kann; **is he ~ conceited** *(Amer. coll.)* ist der vielleicht eingebildet! *(ugs.)*; **the first men ~** *or* **the first ~ men to reach the moon** die ersten, die je auf dem Mond waren; **you're the first ~:** du bist der/die allererste; **the greatest tennis-player ~:** der größte Tennisspieler, den es je gegeben hat; **the hottest day ~:** der heißeste Tag seit Menschengedenken; **e)** *(coll.) emphasizing question* **what ~ does he want?** was will er nur?; **who/which ~ could it be?** wer/welcher könnte das nur sein?; **how ~ did I drop it?/could I have dropped it?** wie konnte ich es nur fallen lassen?; **when ~ did he do it?** wann hat er es nur getan?; **where ~ in the world have you been?** wo in aller Welt hast du bloß gesteckt?; **why ~ not?** warum denn nicht?; **f)** *intensifier* **before ~ he opened his mouth** noch bevor er seinen Mund aufmachte; **as soon as ~ I can** so bald wie irgend möglich; **I'm ~ so sorry** *(coll.)* mir tut es ja so leid; **~ so nice** *(coll.)* so ungemein schön; **~ so slightly drunk** *(coll.)* ein ganz klein wenig betrunken; **thanks ~ so [much]** *(coll.)* vielen herzlichen Dank; **he liked her ~ so** *(coll.)* er mochte sie so sehr; **it was ~ such a shame** *(coll.)* es war so schade; **g)** *(arch.: always)* all[e]zeit *(veralt.)*; **it was ~ thus** so ist es immer; **h) ~ and again** *or (literary)* **anon** dann und wann

**'everglade** *n. (Amer. Geog.)* Sumpfgebiet, *das;* **the E~s** die Everglades

**'evergreen 1.** *adj.* **a)** immergrün ‹*Baum, Strauch, Landschaft*›; **b)** *(fig.)* immer wieder aktuell ‹*Problem, Thema*›; immer wieder gern gehört ‹*Lied, Schlager, Sänger*›; **~ song** Evergreen, *der.* **2.** *n.* immergrüne Pflanze/immergrüner Baum

**ever'lasting** *adj.* **a)** *(eternal)* immerwährend; ewig ‹*Leben, Gesetz, Höllenqualen, Gott, Gedenken, Berge, Fels*›; unvergänglich ‹*Ruhm, Ehre*›; **b)** *(incessant)* ewig *(ugs.)*; endlos

**everlastingly** [evə'lɑ:stɪŋlɪ] *adv.* **a)** *(eternally)* ewig ‹*leben, leiden*›; **b)** *(incessantly)* ewig *(ugs.)*; ständig

**'ever-loving** *adj.* **your ~ wife/husband** *(in letter)* Deine Dich ewig liebende Frau/Dein Dich ewig liebender Mann

**ever'more** *adv.* auf ewig; **for ~:** in [alle] Ewigkeit

**every** ['evrɪ] *adj.* **a)** *(each single)* jeder/jede/jedes; **~ man will do his duty** jeder [einzelne] wird seine Pflicht tun; **have ~ reason** allen Grund haben; **~ [single] time/on ~ [single] occasion** [aber auch] jedesmal; **~ [single] time we ...:** [aber auch] jedesmal, wenn wir ...; **there was one man for ~ three women** auf einen Mann kamen drei Frauen; **he ate ~ last** *or* **single biscuit** *(coll.)* er hat die ganzen Kekse aufgegessen *(ugs.)*; **she's spent ~ last penny** *(coll.)* sie hat das ganze Geld ausgegeben; **~ one** jeder/jede/jedes [einzelne]; **~ time** *(coll.: without any hesita-*

*tion)* jederzeit; **give me** *or* **I prefer Switzerland ~ time** *(coll.)* es geht doch nichts über die Schweiz; **~ which way** *(Amer.)* in alle Richtungen; **b)** *after possessive adj.* **your ~ wish** all[e] deine Wünsche; **his ~ thought** all[e] seine Gedanken; **c)** *(indicating recurrence)* **she comes [once] ~ day** sie kommt jeden Tag [einmal]; **~ three/few days** alle drei/paar Tage; **~ third day** jeder dritte/jeden dritten Tag; **~ other** *(every second, or fig.: almost every)* jeder/jede/jedes zweite; **~ now and then** *or* **again, ~ so often, ~ once in a while** hin und wieder; **d)** *(the greatest possible)* unbedingt, uneingeschränkt ‹*Vertrauen*›; voll ‹*Beachtung*›; all ‹*Respekt, Aussicht*›; **there's ~ prospect of a victory for England** alles deutet auf einen Sieg Englands hin; **I wish you ~ happiness/success** ich wünsche dir alles Gute/viel Erfolg; **there's ~ likelihood of their coming** aller Wahrscheinlichkeit nach kommen sie

**'everybody** *n. & pron.* jeder; **has ~ seen it?** haben es alle *od.* hat es jeder gesehen?; **~ else** alle anderen; **~ knows ~ else round here** hier kennt jeder jeden; **he asked ~ to be quiet** er bat alle um Ruhe; **hello, ~!** *(coll.)* Tag, zusammen! *(ugs.)*; **would ~ be quiet please?** würden Sie bitte alle ruhig sein?; **it's not ~ who can ...:** nicht jeder kann ...; **it's ~'s duty** es ist jedermanns Pflicht; jeder[mann] ist verpflichtet; **opera isn't [to] ~'s taste** Oper ist nicht jedermanns Sache; **holidays to suit ~'s purse** Urlaub für jeden Geldbeutel; *see also* **anybody c**

**'everyday** *attrib. adj.* alltäglich; Alltags‹*kleidung, -sprache*›; routinemäßig ‹*Geschäftsführung*›; **in ~ life** im Alltag; im täglichen Leben; **an ~ story of country folk** eine Geschichte über den Alltag der Leute vom Lande; **~ reality** Alltag, *der;* **~ expressions** Ausdrücke der Alltagssprache; **it is a matter of ~ knowledge that ...** jedermann weiß, daß ...

**'Everyman** *n., no pl.* der Durchschnittsbürger; [Herr] Jedermann *(veralt.)*

**everyone** ['evrɪwʌn, 'evrɪwən] *see* **everybody**

**'everyplace** *(Amer.) see* **everywhere**

**'everything** *n. & pron.* **a)** alles; **~ [that] you have** alles, was du hast; **~ else** alles andere; **some pupils are good at ~:** manche Schüler sind in allen Fächern gut; **~ comes to him who waits** *(prov.)* mit Geduld und Spucke fängt man eine Mucke *(ugs.)*; **the man who has ~:** der Mann, der schon alles hat; **~ interesting/valuable** alles Interessante/Wertvolle; **there's a [right] time for ~:** alles zu seiner Zeit; **they bought the house and ~ in it** sie kauften das Haus mit allem Inventar; **he is ~ a man should be** er hat alle Qualitäten, die ein Mann besitzen sollte; **b)** *(coll.: all that matters)* alles; **looks aren't ~:** das Aussehen [allein] ist nicht alles; **her child is ~ to her** das Kind ist ihr ein und alles; **have ~:** [einfach] alles haben

**'everyway** *adv.* in jeder Beziehung

**'everywhere 1.** *adv.* **a)** *(in every place)* überall; **b)** *(to every place)* **go ~:** überall hingehen/-fahren; **~ you go/look** wohin man auch geht/sieht. **2.** *n.* **from ~:** überallher; von überall [her]; **~ is quiet in Holland on a Sunday** überall in Holland ist es sonntags ruhig

**evict** [ɪ'vɪkt] *v. t.* exmittieren *(Rechtsspr.)*; **~ a family [from the house]** eine Familie zur Räumung [des Hauses] zwingen

**eviction** [ɪ'vɪkʃn] *n.* Zwangsräumung, *die;* Exmission, *die (Rechtsspr.)*; **the ~ of the tenant** die zwangsweise Vertreibung des Mieters [aus seiner Wohnung]; **action for ~** *(Law)* Räumungsklage, *die;* **~ order** *(Law)* Räumungsbefehl, *der*

**evidence** ['evɪdəns] **1.** *n.* **a)** Beweis, *der; (indication)* Anzeichen, *das;* Beweis, *der;* **be ~ of sth.** etw. beweisen; **provide ~ of sth.** den Beweis *od.* Beweise für etw. liefern; **as ~ of sth.** als *od.* zum Beweis für etw.; **we do not have any ~ for this** wir haben nicht einen einzigen Beweis *od.* keinerlei Anhaltspunkte dafür; **there was no ~ of a fight** nichts deutete auf einen Kampf hin; **give ~ of having been damaged** offensichtlich beschädigt worden sein; **hard ~:** durchschlagende Beweise; *see also* **external 1 f; internal evidence; b)** *(Law)* Beweismaterial, *das; (object)* Beweisstück, *das; (testimony)* [Zeugen]aussage, *die;* **give ~:** [als Zeuge] aussagen; **give ~ under oath/for sb./against sb.** unter Eid/für jmdn./gegen jmdn. aussagen; **refuse to give ~:** die Aussage verweigern; **hear** *or* **take ~:** Zeugen vernehmen; **hearing** *or* **taking of ~:** Beweisaufnahme, *die;* **because of insufficient ~:** aus Mangel an Beweisen; mangels Beweise *(Amtsspr.)*; **piece of ~:** Beweisstück, *das; (statement)* Beweis, *der;* **incriminating ~:** Belastungsmaterial, *das;* **[turn] King's/Queen's ~** *(Brit.) or (Amer.)* **State's ~:** [als] Kronzeuge [auftreten]; **the witness said in ~ that ...:** der Zeuge sagte aus, daß ...; **call sb. in ~:** jmdn. als Zeugen benennen *od.* anrufen; **submit sth. in ~:** etw. als Beweis vorlegen; *see also* **circumstantial a; presumptive; c) be [much] in ~:** [stark] in Erscheinung treten; **he was nowhere in ~:** er war nirgends zu sehen; **sth. is very much in ~:** überall sieht man etw. **2.** *v. t.* zeugen von

**evident** ['evɪdənt] *adj.* offensichtlich; deutlich ‹*Verbesserung*›; **the effect is still ~:** die Wirkung ist [immer] noch deutlich sichtbar; **be ~ to sb.** jmdm. klar sein; **it soon became ~ that ...:** es stellte sich bald heraus, daß ...

**evidently** ['evɪdəntlɪ] *adv.* offensichtlich

**evil** ['i:vl, 'i:vɪl] **1.** *adj.* **a)** böse; schlecht ‹*Charakter, Beispiel, Einfluß, System*›; übel, verwerflich ‹*Praktiken*›; **with ~ intent** in *od.* aus böser Absicht; **the E~ One** der Böse; **~ doings** Missetaten *Pl.*; **~ tongue** böse Zunge; Lästerzunge, *die (abwertend)*; **the ~ eye** der böse Blick; **b)** *(unlucky)* verhängnisvoll, unglückselig ‹*Tag, Stunde*›; böse, schlecht ‹*Zeichen*›; schwer, schlimm ‹*Schicksal*›; **~ days** *or* **times** schlechte *od.* schlimme Zeiten; **fall on ~ days** ins Unglück geraten; **c)** *(disagreeable)* übel ‹*Geruch, Geschmack*›; *(coll.: unattractive)* mies *(ugs.)*‹*Kneipe, Wetter*›. **2.** *n.* **a)** *no pl. (literary)* Böse, *das;* **the root of all ~:** die Wurzel allen Übels; **deliver us from ~** *(Relig.)* erlöse uns von dem Übel *(bibl.)*; **he saw the ~ of his ways** er erkannte, daß er auf dem Pfad der Sünde wandelte *(geh.)*; **speak ~ of sb.** schlecht über jmdn. reden; **do ~:** Böses tun; sündigen; **b)** *(bad thing)* Übel, *das;* **necessary** *or* **inescapable ~:** notwendiges Übel; **social ~s** soziale Mißstände; **the lesser ~:** das kleinere Übel; **choose the lesser of two ~s** von zwei Übeln das kleinere wählen

**'evil-doer** *n.* Übeltäter, *der*/-täterin, *die*

**evil: ~-'minded** *adj.* bösartig, böswillig; **~-smelling** *adj.* übelriechend; **~-tasting** *adj.* widerlich schmeckend

**evince** [ɪ'vɪns] *v. t.* ‹*Person:*› an den Tag legen; ‹*Äußerung, Handlung:*› zeugen von

**eviscerate** [ɪ'vɪsəreɪt] *v. t.* ausweiden ‹*Wild*›; ausnehmen ‹*Geflügel, Fisch*›; *(fig.)* der Substanz berauben

**evocation** [evə'keɪʃn] *n.* Heraufbeschwören, *das;* Evokation, *die (geh.)*; **the film is an ~ of Edwardian England** in dem Film lebt das England unter Edward VII noch einmal auf

**evocative** [ɪ'vɒkətɪv] *adj.* evokativ *(geh.)*; *(thought-provoking)* aufrüttelnd *(fig.)*; **be ~ of sth.** an etw. *(Akk.)* erinnern; etw. heraufbeschwören; **an ~ scent** ein Duft, der Erinnerungen weckt

**evoke** [ɪ'vəʊk] *v. t.* **a)** evozieren *(geh.)*; heraufbeschwören; **b)** *(elicit, provoke)* hervorrufen ‹*Bewunderung, Überraschung, Wirkung*›; erregen ‹*Interesse*›

**evolution** [i:və'lu:ʃn, evə'lu:ʃn] *n.* **a)** *(development)* Entwicklung, *die;* **b)** *(Biol.: of species etc.)* Evolution, *die;* **theory of ~:** Evolutionstheorie, *die;* **c)** *(Mil., Naut.)* Formierung, *die;* Evolution, *die (veralt.)*; *(Dancing etc.)* Figur, *die;* Evolution, *die (veralt.)*; **d)** *(of heat, gas, etc.)* Entstehung, *die*

**evolutionary** [i:və'lu:ʃənərɪ, evə'lu:ʃənərɪ] *adj.* **a)** evolutionär; sich [langsam] entwickelnd; **the ~ process** der Entwicklungsprozeß; **b)** *(Biol.)* evolutionär; **~ theory** Evolutionstheorie, *die*

**evolutionism** [i:və'lu:ʃənɪzm, evə'lu:ʃənɪzm] *n., no pl.* Evolutionismus, *der*

**evolutionist** [i:və'lu:ʃənɪst, evə'lu:ʃənɪst] *n.* Evolutionist, *der*/Evolutionistin, *die*

**evolve** [ɪ'vɒlv] **1.** *v. i.* **a)** *(develop)* sich entwickeln **(from** aus**)**; **b)** *(Biol.)* sich entwickeln **(into** zu**)**; **~ out of** entstehen aus; sich entwickeln aus. **2.** *v. t.* **a)** entwickeln; **b)** *(Biol.)* entwickeln ‹*Art usw.*› **(from** aus**)**

**ewe** [ju:] *n.* Mutterschaf, *das*

**ewer** ['ju:ə(r)] *n.* [Wasch]krug, *der*

**[1]ex** [eks] *n. (coll.)* Verflossene, *der/die (ugs.)*

**[2]ex** *prep.* **a)** *(Commerc.)* **ex works/store** ‹*Güter*› ab Werk/Lager; **b)** *(Finance)* ohne

**ex-** *pref.* Ex-‹*Freundin, Präsident, Champion*›; Alt‹*[bundes]kanzler, -bundespräsident, -bürgermeister*›; ehemalig

**exacerbate** [ek'sæsəbeɪt] *v. t.* verschlimmern ‹*Schmerz, Krankheit, Wut*›; steigern ‹*Unzufriedenheit, Feindschaft*›; verschlechtern ‹*Zustand*›; verschärfen ‹*Lage*›

**exact** [ɪg'zækt] **1.** *adj.* **a)** genau; exakt, genau ‹*Daten, Berechnung*›; **those were his ~ words** das waren genau seine Worte; **an ~ copy of the painting/inscription** eine perfekte Kopie des Gemäldes/eine wortgetreue Wiedergabe der Inschrift; **on the ~ spot where ...:** genau an der Stelle, wo ...; **could you give me the ~ money?** könnten Sie mir das Geld passend geben?; **11 to be ~:** 11, um genau zu sein; **be ~ in one's work** es mit der Arbeit genau nehmen; **b)** *(rigorous)* streng; **c) ~ science** exakte Wissenschaft. **2.** *v. t.* **a)** fordern, verlangen; erheben ‹*Gebühr, Zoll*›; **~ from sb. a promise of sth.** von jmdm. verlangen, daß er etw. verspricht; **b)** *(call for)* ‹*Sache:*› erfordern, verlangen

**exacting** [ɪg'zæktɪŋ] *adj.* anspruchsvoll; streng ‹*Prüfer, Lehrer, Maßstab*›; hoch ‹*Anforderung, Maßstab*›; **be very ~ about punctuality** großen Wert auf Pünktlichkeit legen

**exaction** [ɪg'zækʃn] *n.* Forderung, *die* **(of** nach**)**

**exactitude** [ɪg'zæktɪtju:d] *n., no pl.* Genauigkeit, *die;* **with complete ~:** mit letzter Genauigkeit

**exactly** [ɪg'zæktlɪ] *adv.* **a)** genau; **when ~** *or* **~ when did he leave?** wann genau ging er?; wann ging er genau?; **~ what happened we'll never know** was genau geschehen ist, werden wir nie erfahren; **at ~ the right moment** genau im richtigen Moment; **~!** genau!; **~ a year ago today** heute vor genau einem Jahr; **I'm not ~ sure** ich bin nicht ganz sicher; **at four o'clock ~:** Punkt vier Uhr; **~ as** genau[so] wie; **~ as you wish** ganz wie du willst; **not ~** *(coll. iron.)* nicht gerade; **I'll tell her ~ what I think of her** ich werde ihr ganz genau sagen, was ich von ihr halte; **b)** *(with perfect accuracy)* [ganz] genau; **so ~:** mit solcher Genauigkeit

**exactness** [ɪg'zæktnɪs] *n., no pl.* Genauigkeit, *die;* **doubt the ~ of the figure** bezweifeln, daß die Zahl genau stimmt

**exaggerate** [ɪg'zædʒəreɪt] *v. t.* **a)** übertreiben; **you are exaggerating his importance/its worth** du machst ihn wichtiger, als er ist/so wertvoll ist/war es nun auch wieder nicht; **the story had been grossly ~d** die Sache war gewaltig aufgebauscht worden *(ab-*

*wertend);* **you always ~:** du mußt immer übertreiben; **b)** *(accentuate)* unterstreichen; betonen

**exaggerated** [ɪg'zædʒəreɪtɪd] *adj.* übertrieben; **grossly** *or* **highly ~:** stark übertrieben; **he has an ~ opinion of himself** er hat eine übertrieben hohe Meinung von sich selbst

**exaggeratedly** [ɪg'zædʒəreɪtɪdlɪ] *adv.* übertrieben

**exaggeration** [ɪgzædʒə'reɪʃn] *n.* Übertreibung, *die;* **it is a wild/is no ~ to say that ...:** es ist stark/nicht übertrieben, wenn man sagt, daß ...; **no ~!** ohne Übertreibung!; **he's prone to ~:** er übertreibt gern; **that, of course, is an ~:** das ist natürlich übertrieben; **that's a bit of an** *or* **a slight ~:** das ist leicht übertrieben

**exalt** [ɪg'zɔ:lt] *v. t.* **a)** *(praise)* [lob]preisen; **~ sb. to the skies** jmdn. in den Himmel heben *(ugs.);* **b)** *(raise in rank or power)* erheben; *(raise in estimation)* hochachten

**exaltation** [egzɔ:l'teɪʃn, eksɔ:l'teɪʃn] *n.* **a)** *(fig.: elevation)* Erhebung, *die;* **b)** *(elation)* Begeisterung, *die*

**exalted** [ɪg'zɔ:ltɪd] *adj.* **a)** *(high-ranking)* hoch; **those in ~ positions** hochgestellte Persönlichkeiten; **b)** *(lofty, sublime)* hoch ⟨*Ideal*⟩; erhaben ⟨*Thema, Stil, Stimmung, Gedanke*⟩

**exam** [ɪg'zæm] *(coll.) see* **examination c**

**examination** [ɪgzæmɪ'neɪʃn] *n.* **a)** *(inspection)* Untersuchung, *die; (of accounts)* [Über]prüfung, *die;* **on ~ it was found to contain drugs** die Untersuchung ergab, daß es Drogen enthielt; **on closer** *or* **further ~:** bei genauerer *od.* näherer Untersuchung *od.* Überprüfung; **be under ~:** untersucht *od.* überprüft werden; **give sth. a thorough ~:** etw. gründlich untersuchen *od.* überprüfen; **carry out an ~ of sth./into sth.** etw. untersuchen *od.* überprüfen/eine Untersuchung über etw. *(Akk.)* anstellen *od.* durchführen; **b)** *(Med.)* Untersuchung, *die;* **give sb. a thorough ~:** jmdn. gründlich untersuchen; **undergo an ~:** sich untersuchen lassen; **c)** *(test of knowledge or ability)* Prüfung, *die; (final ~ at university)* Examen, *das; attrib.* Prüfungs-/Examens-; **~ nerves** Prüfungsangst, *die;* **d)** *(Law) (of witness, accused)* Verhör, *das;* Vernehmung, *die; (of case)* Untersuchung, *die;* **he is still under ~:** er wird noch verhört *od.* vernommen; **be subjected to ~:** einem Verhör *od.* einer Vernehmung unterzogen werden

**exami'nation-paper** *n.* **a) ~[s]** schriftliche Prüfungsaufgaben; **b)** *(with candidate's answers)* ≈ Klausurarbeit, *die*

**examine** [ɪg'zæmɪn] *v. t.* **a)** *(inspect)* untersuchen (**for** auf + *Akk.*); prüfen ⟨*Dokument, Gewissen, Gefühle, Geschäftsbücher*⟩; kontrollieren ⟨*Ausweis, Gepäck*⟩; **b)** *(Med.)* untersuchen; **c)** *(test knowledge or ability of)* prüfen (**in** in + *Dat.*); **~ sb. on his knowledge of French** jmds. Französischkenntnisse prüfen; **d)** *(Law)* verhören; vernehmen

**examinee** [ɪgzæmɪ'ni:] *n.* Prüfungskandidat, *der*/-kandidatin, *die;* Prüfling, *der; (Univ. also)* Examenskandidat, *der*/-kandidatin, *die; (to qualify for higher education also)* Abiturient, *der*/Abiturientin, *die*

**examiner** [ɪg'zæmɪnə(r)] *n.* Prüfer, *der*/Prüferin, *die;* **board of ~s** Prüfungsausschuß, *der*

**examining body** [ɪg'zæmɪnɪŋ bɒdɪ] *n.* ≈ Prüfungsamt, *das*

**example** [ɪg'zɑ:mpl] *n.* **a)** Beispiel, *das;* **by way of [an] ~:** als Beispiel; **she is a perfect ~ of how ...:** sie ist das beste Beispiel dafür, wie ...; **take sth. as an ~:** etw. zum Beispiel nehmen; **just to give [you] an** *or* **one ~:** um [dir] nur ein Beispiel zu nennen; **for ~:** zum Beispiel; **she's an ~ to us all** sie gibt uns *(Dat.)* allen ein Beispiel; **set an ~** *or* **a good ~ to sb.** jmdm. ein Beispiel geben; **follow sb.'s ~ [in doing sth.]** sich *(Dat.)* an jmdm. ein Beispiel nehmen [und etw. tun]; *(in a particular action)* jmds. Beispiel folgen; **b)** *(as warning)* [abschreckendes] Beispiel; **make an ~ of sb.** ein Exempel an jmdm. statuieren; **punish sb. as an ~ to others** jmdn. exemplarisch bestrafen; **let that be an ~ to you** laß dir das eine Lehre sein

**exasperate** [ɪg'zæspəreɪt, ɪg'zɑ:spəreɪt] *v. t. (irritate)* verärgern; *(infuriate)* zur Verzweiflung bringen; **be ~d at** *or* **by sb./sth.** über jmdn./etw. verärgert/verzweifelt sein; **feel ~d** verärgert/verzweifelt sein; **become** *or* **get ~d [with sb.]** sich [über jmdn.] ärgern

**exasperating** [ɪg'zæspəreɪtɪŋ, ɪg'zɑ:spəreɪtɪŋ] *adj.* ärgerlich; ⟨*Aufgabe*⟩ die einen zur Verzweiflung bringt; **be ~:** einen zur Verzweiflung bringen

**exasperatingly** [ɪg'zæspəreɪtɪŋlɪ, ɪg'zɑ:spəreɪtɪŋlɪ] *adv.* zum Verzweifeln

**exasperation** [ɪgzæspə'reɪʃn, ɪgzɑ:spə'reɪʃn] *n. see* **exasperate:** Ärger, *der*/Verzweiflung, *die* (**with** über + *Akk.*); **in ~:** verärgert/verzweifelt

**excavate** ['ekskəveɪt] *v. t.* **a)** ausschachten; *(with machine)* ausbaggern; fördern, abbauen ⟨*Erz, Metall*⟩; **b)** *(Archaeol.)* ausgraben; *abs.* Ausgrabungen vornehmen

**excavation** [ekskə'veɪʃn] *n.* **a)** Ausschachtung, *die; (with machine)* Ausbaggerung, *die; (of ore, metals)* Förderung, *die;* Abbau, *der;* **b)** *(Archaeol.)* Ausgrabung, *die;* **~ work** Ausgrabungsarbeiten *Pl.;* **c)** *(place)* [Bau]grube, *die; (Archaeol.)* Ausgrabungsstätte, *die*

**excavator** ['ekskəveɪtə(r)] *n.* **a)** *(machine)* Bagger, *der;* **b)** *(Archaeol.: person)* Ausgräber, *der*/Ausgräberin, *die*

**exceed** [ɪk'si:d] *v. t.* **a)** *(be greater than)* übertreffen (**in** an + *Dat.*); ⟨*Kosten, Summe, Anzahl:*⟩ übersteigen (**by** um); **not ~ing** bis zu; **b)** *(go beyond)* überschreiten; hinausgehen über (+ *Akk.*) ⟨*Auftrag, Befehl*⟩; *(surpass)* übertreffen (**in** an + *Dat.*)

**exceedingly** [ɪk'si:dɪŋlɪ] *adv.* äußerst; ausgesprochen ⟨*häßlich, dumm*⟩; **fit ~ well** ausgezeichnet passen; **a joke in ~ bad taste** ein ausgesprochen geschmackloser Witz; **it was ~ obvious that she was pregnant** es war überdeutlich zu sehen, daß sie schwanger war

**excel** [ɪk'sel] **1.** *v. t.,* **-ll-** übertreffen; **~ oneself** *(lit. or iron.)* sich selbst übertreffen. **2.** *v. i.,* **-ll-** sich hervortun (**at, in** in + *Dat.*); **~ as an orator** ein hervorragender Redner sein; **she ~s at cookery** sie ist eine glänzende Köchin

**excellence** ['eksələns] *n.* hervorragende Qualität; *(merit)* hervorragende Leistung; **an unusual degree of ~:** eine außergewöhnlich hohe Qualitätsstufe/ein außergewöhnlich hohes Leistungsniveau; **moral/academic ~:** höchster moralischer/wissenschaftlicher Rang; **this school is known for its standards of ~:** diese Schule ist für ihr außerordentliches Niveau bekannt

**excellency** ['eksələnsɪ] *n.* Exzellenz, *die*

**excellent** ['eksələnt] *adj.* ausgezeichnet; hervorragend; exzellent *(geh.);* vorzüglich ⟨*Wein, Koch, Speise*⟩; **be in an ~ mood** bester Laune sein; **he's an ~ chap** er ist ein Prachtkerl *(ugs.)*

**excellently** ['eksələntlɪ] *adv.* ausgezeichnet; hervorragend; exzellent *(geh.)*

**except** [ɪk'sept] **1.** *prep.* **~ [***(coll.)* **for]** außer (+ *Dat.*); **~ for** *(in all respects other than)* bis auf (+ *Akk.*); abgesehen von; **~ [for the fact] that ...,** *(coll.)* **~ ...:** abgesehen davon, daß ...; **I know little of her ~ that she ...** *or (coll.)* **~ she ...:** ich weiß wenig über sie, nur daß sie ...; **I should buy a new car ~ that** *or (coll.)* **~ I've no money** ich würde mir ein neues Auto kaufen, ich habe nur kein Geld; **I'd come, ~ that** *or (coll.)* **~ I have no time** ich würde kommen, doch ich habe keine Zeit; **there was nothing to be done ~ [to] stay there** man konnte nichts anderes tun als dableiben; **where could he be ~ in the house?** wo könnte er [denn] sonst sein, wenn nicht im Haus?; **she's everywhere ~ where she ought to be** sie ist überall, nur nicht da, wo sie sein soll. **2.** *v. t.* ausnehmen (**from** bei); **~ed** ausgenommen; **nobody ~ed** alle ohne Ausnahme; **errors ~ed** Irrtümer vorbehalten; **present company ~ed** Anwesende ausgenommen

**excepting** [ɪk'septɪŋ] *prep.* außer (+ *Dat.*); **not ~ Peter** Peter nicht ausgenommen; **~ that ...,** *(coll.)* **~ ...:** abgesehen davon, daß ...

**exception** [ɪk'sepʃn] *n.* **a)** Ausnahme, *die;* **with the ~ of** mit Ausnahme (+ *Gen.*); **with the ~ of her/myself** mit Ausnahme von ihr/mir; **the ~ proves the rule** *(prov.)* Ausnahmen bestätigen die Regel; **this case is an ~ to the rule** dieser Fall ist die Ausnahme von der Regel; **be no ~ [to the rule]** durchaus keine Ausnahme sein; **there's an ~ to every rule** keine Regel ohne Ausnahme; **make an ~ [of/for sb.]** [bei jmdm.] eine Ausnahme machen; **by way of an ~:** ausnahmsweise; **b)** *no pl., no art.* **take ~ to sth.** *(be offended by sth., object to sth.)* an etw. *(Dat.)* Anstoß nehmen; **great ~ is taken to sth.** etw. erregt großen Unwillen

**exceptional** [ɪk'sepʃənl] *adj.* außergewöhnlich; **in ~ cases** in Ausnahmefällen

**exceptionally** [ɪk'sepʃənəlɪ] *adv.* **a)** *(as an exception)* ausnahmsweise; **b)** *(remarkably)* ungewöhnlich; außergewöhnlich

**excerpt 1.** ['eksɜ:pt] *n.* Auszug, *der* (**from, of** aus); *(from book also)* Exzerpt, *das (geh.); (from film, speech)* Ausschnitt, *der; (from record)* Stück, *das.* **2.** [ɪk'sɜ:pt] *v. t.* exzerpieren *(geh.)* (**from** aus)

**excess** [ɪk'ses] *n.* **a)** *(inordinate degree or amount)* Übermaß, *das* (**of** an + *Dat.*); **produce an ~ of sth.** einen Überschuß an etw. *(Dat.)* produzieren; **such ~ of detail** ein solches Übermaß an Details; **eat/drink/be generous to ~:** übermäßig essen/trinken/großzügig sein; **don't do anything to ~:** man soll nichts übertreiben; **carry sth. to ~:** etw. bis zum Exzeß treiben; **in ~:** im Übermaß; **b)** *esp. in pl. (act of immoderation, overindulgence)* Exzeß, *der; (sexual or gluttonous also)* Ausschweifung, *die; (savage also)* Ausschreitung, *die;* **c) be in ~ of sth.** etw. übersteigen; **a figure in ~ of a million** eine Zahl von über einer Million; **a speed in ~ of ...:** eine Geschwindigkeit von mehr als ...; **d)** *(surplus)* Überschuß, *der;* **~ weight** Übergewicht, *das;* **e)** *(esp. Brit. Insurance)* Selbstbeteiligung, *die;* Selbstbehalt, *der (fachspr.)*

**excess** ['ekses]: **~ 'baggage** *n.* Mehrgepäck, *das;* **~ 'fare** *n.* Zuschlag, *der*

**excessive** [ɪk'sesɪv] *adj.* übermäßig; exzessiv; übertrieben ⟨*Forderung, Lob, Ansprüche*⟩; zu stark ⟨*Schmerz, Belastung*⟩; unmäßig ⟨*Esser, Trinker*⟩; **~ drinking of alcohol** übermäßiger Alkoholgenuß; **an ~ talker/eater** ein Schwätzer *(abwertend)*/Vielfraß *(ugs.);* **sb. is being rather ~:** jmd. ist ziemlich extrem

**excessively** [ɪk'sesɪvlɪ] *adv.* **a)** *(immoderately)* übertrieben; exzessiv; unmäßig ⟨*trinken, essen*⟩; **~ cautious** übervorsichtig; **talk/spend ~:** [all]zuviel reden/ausgeben; **b)** *(exceedingly)* ausgesprochen

**excess** ['ekses]: **~ 'luggage** *see* **~ baggage; ~ 'postage** *n.* Nachgebühr, *die*

**exchange** [ɪks'tʃeɪndʒ] **1.** *v. t.* **a)** tauschen ⟨*Plätze, Zimmer, Ringe, Küsse*⟩; umtauschen, wechseln ⟨*Geld*⟩; austauschen ⟨*Adressen, [Kriegs]gefangene, Erinnerungen, Gedanken, Erfahrungen*⟩; wechseln ⟨*Blicke, Worte, Ringe*⟩; **[no] shots were ~d** es fand [k]ein Schußwechsel statt; **the two men ~d letters** die beiden Männer führten einen Briefwechsel; **~ blows/insults** sich schlagen/sich gegenseitig beleidigen; **b)** *(give in place of another)* eintauschen (**for** für, gegen); umtauschen ‹*[gekaufte] Ware*› (**for** gegen); austauschen ‹*Spion*› (**for** gegen); *(interchange)* austauschen (**for** gegen). **2.** *v. i.* tauschen. **3.** *n.* **a)** Tausch, *der; (of prisoners, spies, compliments, greetings, insults)* Austausch, *der;* **an ~ of ideas/blows** ein Meinungsaustausch/Handgreiflichkeiten *Pl.;* **in ~:** dafür; **in ~ for sth.** für etw.; **fair ~ is no robbery** *(prov.; joc./iron.)* so kann jeder zufrieden sein *(scherzh./iron.);* **b)** *(Educ.)* Austausch, *der;* **an ~ of pupils** ein Schüleraustausch; **an ~ student** ein Austauschstudent/eine Austauschstudentin; **the pupils are going on [an] ~ to Paris** die Schüler fahren im Rahmen eines Austauschprogramms nach Paris; **c)** *(quarrel)* Wortwechsel, *der;* **d)** *(of money)* Umtausch, *der;* **bill of ~:** Wechsel, *der;* Tratte, *die (Bankw.);* **~ [rate], rate of ~:** Wechsel- *od.* Umrechnungskurs, *der;* **e)** *see* **telephone exchange; f)** *(Commerc.: building)* Börse, *die. See also* **employment exchange; foreign exchange; Labour Exchange; stock exchange**

**exchangeable** [ɪks'tʃeɪndʒəbl] *adj.* austauschbar (**for** gegen); **these goods are not ~:** diese Waren sind vom Umtausch ausgeschlossen

**exchequer** [ɪks'tʃekə(r)] *n.* **a)** *(Brit.)* Schatzamt, *das;* Finanzministerium, *das; see also* **chancellor a; b)** *(royal or national treasury)* Staatsschatz, *der*

[1]**excise** ['eksaɪz] *n.* Verbrauchsteuer, *die;* **Customs and E~ Department** *(Brit.) Amt für Zölle und Verbrauchsteuern*

[2]**excise** [ɪk'saɪz] *v. t.* **a)** *(from book, article)* entfernen (**from** aus); *(from film also)* herausschneiden (**from** aus); **b)** *(Med.)* entfernen; exzidieren *(fachspr.)*

**excision** [ɪk'sɪʒn] *n.* **a)** Entfernung, *die* (**from** aus); **b)** *(Med.)* Entfernung, *die;* Exzision, *die (fachspr.)*

**excitable** [ɪk'saɪtəbl] *adj.* leicht erregbar; **have an ~ temper** reizbar sein

**excite** [ɪk'saɪt] *v. t.* **a)** *(thrill)* begeistern; **she was/became ~d by the idea** die Idee begeisterte sie; **it greatly ~d the children** es machte die Kinder ganz aufgeregt; **b)** *(agitate)* aufregen; **be/become ~d by sth.** sich über etw. *(Akk.)* aufregen *od.* erregen; **c)** *(elicit)* erregen; **d)** *(stimulate; also Physiol.)* anregen; *(sexually)* erregen; **e)** *(provoke)* aufstacheln (**to** zu)

**excited** [ɪk'saɪtɪd] *adj.* **a)** *(pleasurably)* aufgeregt (**at** über + *Akk.*); **you don't seem very ~ [about it]** du scheinst [davon] nicht sehr begeistert zu sein; **I'm ~ to see what happens next** ich bin gespannt, was als nächstes geschieht; **it's nothing to get ~ about** es ist nichts Besonderes; **don't get ~:** sei nicht gleich so aufgeregt; **b)** *(agitated)* erregt; aufgeregt; **it's nothing to get ~ about** es besteht kein Grund zur Aufregung; **don't get ~, it's only Tom** keine Aufregung, es ist nur Tom; **don't get so ~:** reg dich nicht so auf; **get all ~** *(coll.)* sich furchtbar aufregen *(ugs.);* **c)** *(Physiol.)* angeregt; *(sexually)* erregt

**excitedly** [ɪk'saɪtɪdlɪ] *adv.* aufgeregt; gespannt ‹*warten*›; **look forward ~ to the holidays** den Ferien entgegenfiebern

**excitement** [ɪk'saɪtmənt] *n.* **a)** *no pl.* Aufregung, *die; (enthusiasm)* Begeisterung, *die; (suspense)* Spannung, *die;* **in [a state of] ~:** aufgeregt; **in all the ~/in his ~ he forgot to say thank you** in der Aufregung vergaß er, sich zu bedanken; **full of ~:** ganz aufgeregt; **wild with ~:** wie toll vor Aufregung *od.* Erregung; **b)** *(incident)* Aufregung, *die;* **c)** *(Physiol.: sexual)* Erregung, *die*

**exciting** [ɪk'saɪtɪŋ] *adj.* aufregend; *(full of suspense)* spannend; **it isn't exactly ~:** es ist nicht gerade berauschend *(ugs.)*

**exclaim** [ɪk'skleɪm] **1.** *v. t.* ausrufen; **~ that ...:** rufen, daß ... **2.** *v. i.* aufschreien; **~ in delight** vor Freude aufschreien

**exclamation** [ekskl ə'meɪʃn] *n.* Ausruf, *der;* **utter an ~ of pain/delight** vor Schmerz aufschreien/einen Freudenschrei ausstoßen

**exclamation: ~ mark,** *(Amer.)* **~ point** *ns.* Ausrufezeichen, *das*

**exclude** [ɪk'sklu:d] *v. t.* **a)** *(keep out, debar)* ausschließen (**from** von); **sb. is ~d from a profession/the Church/a room** jmdm. ist die Ausübung eines Berufes/die Zugehörigkeit zur Kirche/der Zutritt zu einem Raum verwehrt; **the public were ~d from the courtroom** die Verhandlung fand unter Ausschluß der Öffentlichkeit statt; **~ noise/draughts from a room** Lärm von einem Zimmer fernhalten/ein Zimmer gegen Zugluft abdichten; **~ sb. from one's will/the Party** jmdn. im Testament nicht bedenken/aus der Partei ausschließen; **b)** *(make impossible, preclude)* ausschließen; **this ~s any [further] question of sth.** damit ist etw. völlig ausgeschlossen; **c)** *(leave out of account)* nicht berücksichtigen (**from** bei)

**excluding** [ɪk'sklu:dɪŋ] *prep.* **~ drinks/VAT** Getränke ausgenommen/ohne Mehrwertsteuer

**exclusion** [ɪk'sklu:ʒn] *n.* Ausschluß, *der;* **[talk about sth.] to the ~ of everything else** ausschließlich [über etw. *(Akk.)* sprechen]

**exclusive** [ɪk'sklu:sɪv] **1.** *adj.* **a)** *(not shared)* alleinig ‹*Besitzer, Kontrolle*›; ungeteilt ‹*Aufmerksamkeit*›; einzig ‹*Beschäftigung*›; Allein‹*eigentum*›; *(Journ.)* Exklusiv‹*bericht, -interview*›; *(Fashion)* Modell‹*kleid usw.*›; **~ right** Alleinrecht, *das; (Journ.)* Exklusivrecht, *das;* **have ~ rights** die Alleinrechte/Exklusivrechte haben; **b)** *(select, privileged)* exklusiv; *(unwilling to mix)* unnahbar; distanziert; **c)** *(excluding)* ausschließlich; **~ of** ohne; **~ of drinks** Getränke ausgenommen; **the price is ~ of postage** Versandkosten sind im Preis nicht inbegriffen; **be mutually ~:** sich gegenseitig ausschließen. **2.** *n. (Journ.)* Exklusivbericht, *der*

**exclusively** [ɪk'sklu:sɪvlɪ] *adv.* ausschließlich; *(Journ.)* exklusiv

**exclusiveness** [ɪk'sklu:sɪvnɪs] *n., no pl.* Exklusivität, *die*

**excommunicate** [ekskə'mju:nɪkeɪt] *v. t. (Eccl.)* exkommunizieren

**excommunication** [ekskəmju:nɪ'keɪʃn] *n. (Eccl.)* Exkommunikation, *die*

**excoriate** [eks'kɔ:rɪeɪt] *v. t. (fig.: censure)* vernichtend kritisieren

**excrement** ['ekskrɪmənt] *n. in sing. or pl.* Exkremente *Pl. (bes. Med.);* Kot, *der (geh.)*

**excrescence** [ɪk'skresəns] *n.* **a)** Auswuchs, *der;* Wucherung, *die;* Exkreszenz, *die (fachspr.);* **b)** *(fig.)* Auswuchs, *der*

**excreta** [ɪk'skri:tə] *n. pl.* Ausscheidungen *Pl.*

**excrete** [ɪk'skri:t] *v. t.* ausscheiden

**excretion** [ɪk'skri:ʃn] *n.* Ausscheidung, *die*

**excretory** [ɪk'skri:tərɪ] *adj.* Ausscheidungs-

**excruciating** [ɪk'skru:ʃɪeɪtɪŋ] *adj.* unerträglich; qualvoll ‹*Tod*›; quälend ‹*Frage*›; **it is ~:** es ist unerträglich *od.* nicht auszuhalten; **be in ~ pain** unerträgliche Schmerzen haben; **an ~ pun** ≈ ein schlimmer Kalauer

**excruciatingly** [ɪk'skru:ʃɪeɪtɪŋlɪ] *adv.* entsetzlich; furchtbar; wahnsinnig ‹*lustig*›

**exculpate** ['ekskəlpeɪt] *v. t.* freisprechen; **he was ~d** seine Unschuld wurde festgestellt; **~ oneself** sich rechtfertigen (**from** gegenüber)

**exculpation** [ekskəl'peɪʃn] *n., no pl.* Entlastung, *die; (vindication)* Rechtfertigung, *die*

**excursion** [ɪk'skɜ:ʃn] *n.* **a)** Ausflug, *der;* **day ~:** Tagesausflug, *der;* **go on/make an ~:** einen Ausflug machen; **~ rates/fares** Sonderpreis [für Ausflüge]; **b)** *(fig.: digression)* Ausflug, *der;* Exkurs, *der (geh.)*

**excursionist** [ɪk'skɜ:ʃənɪst] *n.* Ausflügler, *der*/Ausflüglerin, *die*

**excursion: ~ ticket** *n.* Ausflugskarte, *die;* **~ train** *n. (Amer.)* Sonderzug, *der*

**excusable** [ɪk'skju:zəbl] *adj.* entschuldbar; verzeihlich

**excusably** [ɪk'sku:zəblɪ] *adv.* verständlicherweise

**excuse 1.** [ɪk'skju:z] *v. t.* **a)** *(forgive, exonerate)* entschuldigen; **~ oneself** *(apologize)* sich entschuldigen; **~ me** Entschuldigung; Verzeihung; **please ~ me** bitte entschuldigen Sie; **~ me[, what did you say]?** *(Amer.)* Verzeihung[, was haben Sie gesagt]?; **~ me if I don't get up** entschuldigen Sie, wenn ich nicht aufstehe; **~ sth. in sb., ~ sb. sth.** etw. bei jmdm. entschuldigen; **I can be ~d for confusing them** es ist verzeihlich, daß ich sie verwechselt habe; **sb. can be ~d for that** das ist verzeihlich; **acts which nothing can ~:** Taten, die durch nichts zu entschuldigen sind; **b)** *(release, exempt)* befreien; **~ sb. [from] sth.** jmdn. von etw. befreien; **they were ~d payment of all taxes** ihnen wurden alle Steuern erlassen; **~ oneself from doing sth.** sich erlauben, etw. nicht zu tun; **c)** *(allow to leave)* entschuldigen; **~ oneself** sich entschuldigen; **and now, if I may be ~d** *or* **if you will ~ me** wenn Sie mich jetzt bitte entschuldigen wollen; **you are ~d** ihr könnt gehen; **may I be ~d?** *(wishing to leave the table)* darf ich aufstehen?; *(euphem.: wishing to go to the toilet)* darf ich mal verschwinden *od.* austreten? **2.** [ɪk'skju:s] *n.* **a)** Entschuldigung, *die;* **give** *or* **offer an ~ for sth.** sich für etw. entschuldigen; **there is no ~ for what I did** was ich getan habe, ist nicht zu entschuldigen; **what did he give as his ~ this time?** welche Entschuldigung hatte er diesmal?; **I'm not trying to make ~s, but ...:** das soll keine Entschuldigung sein, aber ...; **make one's/sb.'s ~s to sb.** sich/jmdn. bei jmdm. entschuldigen; **any ~ for a drink!** zum Trinken gibt es immer einen Grund; **be as good an ~ as any** ein willkommener Anlaß sein; **b)** *(evasive statement)* Ausrede, *die;* **make ~s** sich herausreden; **c)** *(pathetic specimen)* **this is an ~ for a pencil/letter** *etc.*, **isn't it!** das kann man wohl kaum als Bleistift/Brief *usw.* bezeichnen

**ex-di'rectory** *adj. (Brit. Teleph.)* Geheim‹*nummer, -anschluß*›; **famous people are usually ~:** berühmte Leute stehen gewöhnlich nicht im Telefonbuch

**ex 'dividend** *(Finance) adv.* abzüglich Dividende

**execrable** ['eksɪkrəbl] *adj.,* **execrably** ['eksɪkrəblɪ] *adv.* abscheulich

**execration** [eksɪ'kreɪʃn] *n.* **a)** *(act)* Fluchen, *das;* **b)** *(curse)* Fluch, *der;* Verwünschung, *die;* **c)** *no pl. (abhorrence)* Abscheu, *der;* **hold sth. in ~:** etw. verabscheuen

**execute** ['eksɪkju:t] *v. t.* **a)** *(kill)* hinrichten; exekutieren *(Milit.);* **b)** *(put into effect, perform)* ausführen; durchführen ‹*Vorschrift, Gesetz*›; **c)** *(Law: give effect to)* vollstrecken; *(make legally valid)* rechtsgültig machen; unterzeichnen ‹*Urkunde*›

**execution** [eksɪ'kju:ʃn] *n.* **a)** *(killing)* Hinrichtung, *die;* Exekution, *die (Milit.);* **b)** *(putting into effect, performance)* Ausführung, *die;* Durchführung, *die; (of will, verdict)* Vollstreckung, *die;* **put sth. into ~:** etw. aus- *od.* durchführen/vollstrecken; **in the ~ of one's duty/duties** bei Erfüllung seiner Pflicht; in [treuer] Pflichterfüllung; **c)** *(Mus.)* Vortrag, *der;* **d)** *(Law: seizure of property, carrying out)* Vollstreckung, *die; (rendering legally valid)* [rechtsgültige] Unterzeichnung

**executioner** [eksɪ'kju:ʃənə(r)] *n.* Scharfrichter, *der*

**executive** [ɪg'zekjʊtɪv] **1.** *n.* **a)** *(person)* leitender Angestellter/leitende Angestellte; **b)** *(administrative body)* **the ~** *(of government)* die Exekutive; *(of political organization, trade union)* der Vorstand. **2.** *adj.* **a)** *(Commerc.)* leitend ‹*Stellung, Funktion*›; geschäftsführend ‹*Vorsitzende[r]*›; **~ powers**

Vollmacht, *die; (Commerc. Law)* Prokura, *die;* ~ **ability** Führungsqualitäten *Pl.;* **b)** *(relating to government)* exekutiv; ~ **powers** Exekutivgewalt, *die*

**executive:** ~ **com'mittee** *n.* [geschäftsführender] Vorstand; ~ **'council** *n.* Ministerrat, *der*

**executor** [ɪg'zekjʊtə(r)] *n. (Law)* Testamentsvollstrecker, *der;* **the ~ of his will** sein Testamentsvollstrecker; **literary ~:** Verwalter/Verwalterin des literarischen Nachlasses

**exegesis** [eksɪ'dʒi:sɪs] *n., pl.* **exegeses** [eksɪ'dʒi:si:z] Auslegung, *die;* Exegese, *die (auch Theol.)*

**exemplary** [ɪg'zemplərɪ] *adj.* **a)** *(model)* vorbildlich; **b)** *(deterrent)* exemplarisch; ~ **damages** *(Law)* Buße, *die;* **c)** *(illustrative)* beispielhaft; exemplarisch

**exemplification** [ɪgzemplɪfɪ'keɪʃn] *n.* Veranschaulichung, *die;* Exemplifikation, *die (geh.)*

**exemplify** [ɪg'zemplɪfaɪ] *v. t.* veranschaulichen; exemplifizieren *(geh.); (serve as example of)* als Beispiel dienen für

**exempt** [ɪg'zempt] **1.** *adj.* **[be] ~ [from sth.]** [von etw.] befreit [sein]; **make sb. ~ from sth.** jmdn. von etw. befreien. **2.** *v. t.* befreien; **be ~ed from sth.** von etw. befreit werden

**exemption** [ɪg'zempʃn] *n.* Befreiung, *die;* **~ from payment of a fine** Erlaß einer Geldstrafe

**exercise** ['eksəsaɪz] **1.** *n.* **a)** *no pl., no indef. art. (physical exertion)* Bewegung, *die; (of dog also)* Auslauf, *der; (fig.)* Training, *das;* **get ~:** Bewegung haben; **take ~:** sich *(Dat.)* Bewegung verschaffen; **provide ~ for sth.** etw. trainieren; eine gute Übung für etw. sein; **b)** *(task set, activity; also Mus., Sch.)* Übung, *die;* **the object of the ~:** der Sinn der Übung; **c)** *(to improve fitness)* [Gymnastik]übung, *die;* **morning ~s** Morgengymnastik, *die;* **d)** *no pl. (employment, application)* Ausübung, *die;* **the ~ of tolerance is essential** Toleranz zu üben ist sehr wichtig; **e)** *usu. in pl. (Mil.)* Übung, *die;* **go on ~s** eine Übung machen; **f)** *in pl. (Amer.: ceremony)* Feierlichkeiten *Pl.*. **2.** *v. t.* **a)** ausüben ‹*Recht, Macht, Einfluß*›; walten lassen ‹*Vorsicht*›; **~ restraint/discretion/patience** sich in Zurückhaltung/Diskretion/Geduld üben; **~ one's right of veto** von seinem Vetorecht Gebrauch machen; **~ tact** taktvoll sein; **~ great care** sehr vorsichtig sein; **b)** *(tax the powers of)* in Anspruch nehmen; *(perplex, worry)* beschäftigen; **~ the mind** die geistigen Fähigkeiten herausfordern; **c)** *(physically)* trainieren; **d)** *(Mil.)* drillen. **3.** *v. i.* sich *(Dat.)* Bewegung verschaffen

**'exercise book** *n.* [Schul]heft, *das*

**exerciser** ['eksəsaɪzə(r)] *n. (device)* Trainingsgerät, *das*

**exert** [ɪg'zɜ:t] **1.** *v. t.* aufbieten ‹*Kraft, Beredsamkeit*›; ausüben ‹*Einfluß, Druck, Macht*›; **~ all one's force on the door** sich mit aller Kraft gegen die Tür stemmen. **2.** *v. refl.* sich anstrengen; **don't ~ yourself** *(iron.)* überanstrenge dich nur nicht

**exertion** [ɪg'zɜ:ʃn] *n.* **a)** *no pl. (exerting) (of strength, force)* Aufwendung, *die; (of influence, pressure, force)* Ausübung, *die;* **by the ~ of all sb.'s strength** unter Aufbietung aller Kräfte; **b)** *(effort)* Anstrengung, *die;* **by her own ~s she managed ...:** durch eigene Anstrengung gelang es ihr, ...

**exeunt** ['eksɪʌnt] *v. i. (Theatre: as stage direction)* ab; **~ omnes** [eksɪʌnt 'ɒmni:z] alle ab

**ex gratia** [eks 'greɪʃə] *adj.* freiwillig; ohne Anerkennung einer Rechtspflicht

**exhalation** [ekshə'leɪʃn] *n.* **a)** *(breathing out)* Ausatmung, *die; (of smoke, gas; also Med.)* Exhalation, *die;* **b)** *(puff of breath)* Atemzug, *der;* **c)** *(gas etc. emitted)* exhalierte Dämpfe/Gase

**exhale** [eks'heɪl] **1.** *v. t.* **a)** *(from lungs)* ausatmen; exhalieren *(Med.);* **b)** *(emit)* verströmen ‹*Duft*›; ausstoßen ‹*Rauch, Gas*›. **2.** *v. i.* ausatmen; exhalieren *(Med.)*

**exhaust** [ɪg'zɔ:st] **1.** *v. t.* **a)** *(use up)* erschöpfen; erschöpfend behandeln ‹*Thema*›; *(try out fully)* ausschöpfen; **she ~ed her ideas in her first novel** sie hat den Vorrat ihrer Ideen bereits in ihrem ersten Roman erschöpft; **b)** *(drain of strength, resources, etc.)* erschöpfen; **have been ~ed by sth./have ~ed oneself** von etw. erschöpft sein/sich völlig verausgabt haben; **this work is ~ing me** diese Arbeit strengt mich sehr an; **c)** *(draw off)* herauspumpen; **~ sth. from sth.** etw. aus etw. [heraus]pumpen; **d)** *(empty)* auspumpen. **2.** *n.* **a)** **~ [system]** Abgasrohr, *das; (Motor Veh.)* Auspuff, *der; (of train)* Abgasleitung, *die;* **b)** *(what is expelled)* Abgase *Pl.; (of car)* Auspuffgase *Pl.*

**exhausted** [ɪg'zɔ:stɪd] *adj.* erschöpft

**exhausting** [ɪg'zɔ:stɪŋ] *adj.* anstrengend; beschwerlich ‹*Husten*›; ermüdend ‹*Wetter*›; **he is ~ company** *or* **~ to be with** er ist sehr anstrengend

**exhaustion** [ɪg'zɔ:stʃn] *n., no pl.* Erschöpfung, *die*

**exhaustive** [ɪg'zɔ:stɪv] *adj.* umfassend

**exhaustively** [ɪg'zɔ:stɪvlɪ] *adv.* umfassend; **treat a subject ~:** ein Thema erschöpfend *od.* umfassend behandeln

**ex'haust-pipe** *n.* Abzugsrohr, *das; (of car)* Auspuffrohr, *das*

**exhibit** [ɪg'zɪbɪt] **1.** *v. t.* **a)** *(display)* vorzeigen; *(show publicly)* ausstellen; **he has ~ed in London** er hat in London ausgestellt; **~ in court** *(Law)* dem Gericht vorlegen; **b)** *(manifest)* zeigen ‹*Mut, Verachtung, Symptome, Neigung, Angst*›; beweisen ‹*Mut, Können*›. **2.** *n.* **a)** Ausstellungsstück, *das;* **b)** *(Law: in court; also fig.)* Beweisstück, *das*

**exhibition** [eksɪ'bɪʃn] *n.* **a)** *(public display)* Ausstellung, *die;* **~ catalogue** Ausstellungskatalog, *der;* **b)** *(act)* Vorführung, *die; (manifestation)* **give an ~ of one's skills** sein Können demonstrieren; **her ~ of grief** die Zurschaustellung ihrer Trauer; **c)** *(derog.)* **make an ~ of oneself** sich unmöglich aufführen; **what an ~!** ein unmögliches Benehmen!; **d)** *(Brit. Univ.: scholarship)* Stipendium, *das*

**exhibitioner** [eksɪ'bɪʃənə(r)] *n. (Brit. Univ.)* Stipendiat, *der*

**exhibitionism** [eksɪ'bɪʃənɪzm] *n.* Exhibitionismus, *der*

**exhibitionist** [eksɪ'bɪʃənɪst] *n.* Exhibitionist, *der/*Exhibitionistin, *die*

**exhibitor** [ɪg'zɪbɪtə(r)] *n.* Aussteller, *der/* Ausstellerin, *die*

**exhilarate** [ɪg'zɪləreɪt] *v. t.* erfrischen, beleben; *(gladden)* fröhlich stimmen; *(stimulate)* anregen

**exhilarated** [ɪg'zɪləreɪtɪd] *adj.* erfrischt; belebt; *(gladdened)* fröhlich gestimmt; *(stimulated)* angeregt; **feel ~:** sich erfrischt/angeregt fühlen/fröhlich gestimmt sein

**exhilarating** [ɪg'zɪləreɪtɪŋ] *adj.* belebend; fröhlich stimmend ‹*Nachricht, Musik, Anblick*›; **~ feeling** erhebendes Gefühl

**exhilaration** [ɪgzɪlə'reɪʃn] *n.* **[feeling of] ~:** Hochgefühl, *das;* **the ~ of hang-gliding** das Hochgefühl beim Drachenfliegen

**exhort** [ɪg'zɔ:t] *v. t.* **~ sb. to do sth.** jmdn. [ernsthaft] ermahnen, etw. zu tun

**exhortation** [eksɔ:'teɪʃn] *n.* **a)** *(exhorting)* Ermahnung, *die;* **b)** *(formal address)* Appell, *der;* Exhortation, *die (kath. Rel.)*

**exhumation** [eksjʊ'meɪʃn] *n.* Exhumierung, *die*

**exhume** [ɪg'zju:m] *v. t.* exhumieren; *(fig.)* ausgraben

**exigence** ['eksɪdʒəns], **exigency** ['eksɪdʒənsɪ] *n.* **a)** *usu. in pl. (urgent demand)* Erfordernis, *das;* **b)** *(emergency)* Notlage, *die; (Polit. also)* Krisensituation, *die;* **c)** *(urgency)* Dringlichkeit, *die*

**exigent** ['eksɪdʒənt] *adj.* **a)** *(exacting)* anspruchsvoll; **b)** *(urgent)* dringend ‹*Fall, Lage*›; zwingend ‹*Grund, Notwendigkeit, Umstand*›

**exiguous** [eg'zɪgjʊəs] *adj.* gering; schmal *(geh.)* ‹*Gehalt, Budget*›; dürftig ‹*Kost*›

**exile** ['eksaɪl, 'egzaɪl] **1.** *n.* **a)** Exil, *das; (forcible also)* Verbannung, *die* **(from** aus); **order sb.'s ~:** jmdn. ins Exil schicken; **live/be in ~:** im Exil leben/sein; **go into ~:** ins Exil gehen; **internal ~:** Verbannung, *die (an einen Ort innerhalb des eigenen Landes);* **the E~** *(Jewish Hist.)* die Babylonische Gefangenschaft; **b)** *(exiled person, lit. or fig.)* Verbannte, *der/die;* Exilierte, *der/die (geh.).* **2.** *v. t.* verbannen; exilieren *(geh.);* **~d Russian** Exilrusse, *der/*-russin, *die*

**exist** [ɪg'zɪst] *v. i.* **a)** *(be in existence)* existieren; ‹*Zweifel, Gefahr, Problem, Zusammenarbeit, Brauch, Einrichtung:*› bestehen; **ever since records have ~ed ...:** seit es Aufzeichnungen gibt, ...; **fairies do ~:** es gibt Feen; **the biggest book that has ever ~ed** das größte Buch aller Zeiten; **the conditions that ~ in the Third World** die Bedingungen, die man in der dritten Welt vorfindet; **does life ~ on Venus?** gibt es Leben auf der Venus?; **b)** *(survive)* existieren; überleben; **~ on sth.** von etw. leben; **c)** *(be found)* **sth. ~s only in Europe** es gibt etw. nur in Europa

**existence** [ɪg'zɪstəns] *n.* **a)** *(existing)* Existenz, *die;* **doubt sb.'s ~/the ~ of sth.** bezweifeln, daß es jmdn./etw. gibt; **the continued ~ of this tradition** das Fortbestehen dieser Tradition; **be in ~:** existieren; **the only such plant [which is] in ~:** die einzige Pflanze dieser Art, die es gibt; **come into ~:** entstehen; **bring sth. into ~:** etw. einführen; **go out of ~:** verschwinden; **b)** *(mode of living)* Dasein, *das; (survival)* Existenz, *die;* **struggle for ~:** Existenzkampf, *der;* **means of ~:** Existenzgrundlage, *die*

**existent** [ɪg'zɪstənt] *see* **existing**

**existential** [egzɪ'stenʃl] *adj.* existentiell

**existentialism** [egzɪ'stenʃəlɪzm] *n., no pl. (Philos.)* Existentialismus, *der*

**existentialist** [egzɪ'stenʃəlɪst] *n. (Philos.)* Existentialist, *der/*Existentialistin, *die; attrib.* existentialistisch

**existing** [ɪg'zɪstɪŋ] *adj.* existierend; *(present)* bestehend ‹*Ordnung, Schwierigkeiten*›; gegenwärtig ‹*Lage, Führung, Stand der Dinge*›

**exit** ['eksɪt] **1.** *n.* **a)** *(way out)* Ausgang, *der* **(from** aus); *(from drive, motorway)* Ausfahrt, *die;* **b)** *(from stage)* Abgang, *der;* **make one's ~:** abgehen; **c)** *(from room)* Hinausgehen, *das; (from group)* Weggehen, *das;* **make a speedy ~:** schnell hinausgehen/weggehen; **she made a dramatic ~:** ihr Abgang war dramatisch; **d)** *(departure)* **right of ~ from a country** Recht, ein Land zu verlassen. **2.** *v. i.* **a)** *(make one's ~)* hinausgehen **(from** aus); *(from stage)* abgehen **(from** von); **b)** *(Theatre: as stage direction)* ab: **~ Hamlet** Hamlet ab

**exit:** **~ permit** *n.* Ausreiseerlaubnis, *die;* **~ poll** *n. Befragung der ein Wahllokal verlassenden Wähler;* **~ visa** *n.* Ausreisevisum, *das*

**exodus** ['eksədəs] *n.* Auszug, *der;* Exodus, *der (geh.);* **general ~:** allgemeiner Aufbruch; **[the Book of] E~:** das zweite Buch Mose

**ex officio** [eks ə'fɪʃɪəʊ] **1.** *adv.* ex officio *(geh.);* von Amts wegen. **2.** *adj.* **~ chairman** Vorsitzender von Amts wegen *od.* ex officio *(geh.);* **be an ~ member** kraft seines Amtes Mitglied sein

**exonerate** [ɪg'zɒnəreɪt] *v. t.* entlasten; **~ sb. from a duty/task** jmdn. von einer Pflicht/ Aufgabe befreien; **~ sb. from blame** jmdn. von der Schuld freisprechen

**exoneration** [ɪgzɒnəˈreɪʃn] *n.* Entlastung, *die; (from task, obligation)* Befreiung, *die*
**exorbitance** [ɪgˈzɔːbɪtəns] *n., no pl.* Maßlosigkeit, *die;* Exorbitanz, *die (geh.)*
**exorbitant** [ɪgˈzɔːbɪtənt] *adj.* [maßlos] überhöht ‹*Preis, Miete, Gewinn, Anforderung, Rechnung*›; maßlos ‹*Ehrgeiz, Forderung*›; exorbitant *(geh.);* **£10 – that's ~!** 10 Pfund – das ist unverschämt viel! *(ugs.);* **be ~ in one's demands** [maßlos] überhöhte Ansprüche stellen
**exorcise** *see* **exorcize**
**exorcism** [ˈeksɔːsɪzm] *n.* Exorzismus, *der;* Teufelsaustreibung, *die*
**exorcist** [ˈeksɔːsɪst] *n.* Exorzist, *der*
**exorcize** [ˈeksɔːsaɪz] *v. t.* austreiben; exorzieren; **be ~d from** *or* **out of sb./sth.** jmdm./einer Sache ausgetrieben werden
**exotic** [ɪgˈzɒtɪk] **1.** *adj.* exotisch. **2.** *n.* Exot[e], *der*/Exotin, *die*
**exotica** [ɪgˈzɒtɪkə] *n. pl.* Exotika *Pl.*
**exotically** [ɪgˈzɒtɪkəlɪ] *adv.* exotisch; **~ named ...:** mit dem exotischen Namen ...
**expand** [ɪkˈspænd] **1.** *v. i.* **a)** *(get bigger)* sich ausdehnen; ‹*Unternehmen, Stadt, Staat:*› expandieren; ‹*Verkehrsaufkommen, Wissen:*› zunehmen; ‹*Institution:*› erweitert werden; ‹*geistiger Horizont:*› sich erweitern; **~ into sth.** zu etw. anwachsen; **~ing watch-strap** elastisches Gliederband; **b)** *(Commerc.)* expandieren; **~ into a large organization** zu einer großen Organisation heranwachsen; **~ into other areas of production** die Produktion um andere Sektoren erweitern; **c) ~ on a subject** ein Thema weiter ausführen; **d)** *(spread out)* sich öffnen; **e)** *(become genial)* freundlich werden. **2.** *v. t.* **a)** *(enlarge)* ausdehnen; erweitern ‹*Horizont, Wissen*›; dehnen ‹*Körper*›; aufblasen ‹*Ballon*›; aufpumpen ‹*Reifen*›; **~ sth. into sth.** etw. zu etw. erweitern; **~ed metal** Streckmetall, *das (Bauw.);* **b)** *(Commerc.: develop)* erweitern; **~ the economy** das Wirtschaftswachstum fördern; **c)** *(amplify)* weiter ausführen ‹*Gedanken, Notiz, Idee*›
**expandable** [ɪkˈspændəbl] *adj.* [aus]dehnbar; *(Commerc.)* entwicklungsfähig
**expanse** [ɪkˈspæns] *n.* [weite] Fläche; **~ of water** Wasserfläche, *die;* **surrounded by a huge ~ of desert** umgeben von einer sich weithin erstreckenden Wüste; **she was swathed in an ~ of red silk** sie war in weite Bahnen roter Seide gehüllt
**expansion** [ɪkˈspænʃn] *n.* **a)** Ausdehnung, *die; (of territorial rule also)* Expansion, *die; (of sphere of influence)* Ausweitung, *die; (of knowledge, building)* Erweiterung, *die;* **the ~ of the volume of traffic on the roads** die zunehmende Verkehrsdichte auf den Straßen; **b)** *(Commerc.)* Expansion, *die;* **the ~ of this small business into a huge organization** die Erweiterung dieses kleinen Betriebes zu einer großen Firma; **c)** *(amplification)* Erweiterung, *die;* **further ~ of the ideas** weitere Ausführung der Ideen
**expansionary** [ɪkˈspænʃənərɪ] *adj. (also Commerc.)* expansionistisch
**exˈpansion joint** *n.* Dehnungsfuge, *die*
**expansive** [ɪkˈspænsɪv] *adj. (effusive)* offen; *(responsive)* zugänglich; **be ~:** aus sich herausgehen
**expatiate** [ɪkˈspeɪʃɪeɪt] *v. i.* **~ [up]on sth.** etw. ausführlich erörtern; sich über etw. *(Akk.)* verbreiten *(oft abwertend)*
**expatiation** [ɪkspeɪʃɪˈeɪʃn] *n.* [ausführliche] Erörterung (**[up]on** *Gen.*)
**expatriate 1.** [eksˈpætrɪeɪt, eksˈpeɪtrɪeɪt] *v. t. (exile)* ausbürgern; expatriieren. **2.** [eksˈpætrɪət, eksˈpeɪtrɪət] *adj.* im Ausland lebend; **~ community** Kolonie, *die.* **3.** *n. (exile)* Exilant, *der*/Exilantin, *die; (foreigner)* Ausländer, *der*/Ausländerin, *die; (emigrant)* Auswanderer, *der*/Auswanderin, *die*
**expatriation** [ekspætrɪˈeɪʃn, ekspeɪtrɪˈeɪʃn] *n. (forcible)* Ausbürgerung, *die;* Expatriation, *die; (voluntary)* [freiwilliges] Exil
**expect** [ɪkˈspekt] *v. t.* **a)** *(regard as likely, anticipate)* erwarten; **~ to do sth.** damit rechnen, etw. zu tun; **~ sth. from sb.** etw. von jmdm. erwarten; **~ sb. to do sth.** damit rechnen, daß jmd. etw. tut; **I ~ you'd like something to eat** ich nehme an, daß du gern etwas essen möchtest; **don't ~ me to help you out** von mir hast du keine Hilfe zu erwarten; **it is ~ed that ...:** man erwartet, daß ...; **that was [not] to be ~ed** das war [auch nicht] zu erwarten; **I ~ed as much** das habe ich erwartet; **it is everything one ~s** es erfüllt alle Erwartungen; **it is all one can ~:** mehr kann man [auch] nicht erwarten; **~ the worst** mit dem Schlimmsten rechnen; **be ~ing a baby/child** ein Baby/Kind erwarten; **be ~ing** *abs.* schwanger sein; **is he/she ~ing you?** werden Sie erwartet?; **I/we shall not ~ you till I/we see you** wenn du kommst, bist du da *(ugs.);* **~ me when you see me** *(coll.)* wenn ich komme, bin ich da *(ugs.);* **b)** *(require)* erwarten; **~ sb. to do sth.** von jmdm. erwarten, daß er etw. tut; **~ sth. from** *or* **of sb.** etw. von jmdm. erwarten; **they are ~ed to be present** man erwartet [von ihnen], daß sie da sind; **c)** *(coll.: think, suppose)* glauben; **I ~ so** ich glaube schon; **I rather ~ not** ich glaube kaum; **I don't ~ so** ich glaube nicht; **I ~ it was/he did** *etc.* das glaube ich gern
**expectancy** [ɪkˈspektənsɪ] *n.* **a)** *no pl.* Erwartung, *die;* **with an air** *or* **a look of ~:** mit erwartungsvoller Miene; **mood of ~:** erwartungsvolle Stimmung; **b)** *(prospective chance)* **an ~ of another 28 years of life** eine Lebenserwartung von noch 28 Jahren; *see also* **life expectancy**
**expectant** [ɪkˈspektənt] *adj.* **a)** erwartungsvoll; **b) ~ mother** werdende Mutter
**expectantly** [ɪkˈspektəntlɪ] *adv.* erwartungsvoll; gespannt ‹*warten*›
**expectation** [ekspekˈteɪʃn] *n.* **a)** *no pl. (expecting)* Erwartung, *die;* **in the ~ of sth.** in Erwartung einer Sache *(Gen.);* **b)** *usu. in pl. (thing expected)* Erwartung, *die;* **have great ~s for sb./sth.** große Erwartungen in jmdn./etw. setzen; **come up to ~[s]/sb.'s ~s** den/jmds. Erwartungen entsprechen; **contrary to ~** *or* **to all ~s** wider Erwarten; **be a success beyond all ~s** über alles Erwarten erfolgreich sein; **c) ~ of life** *see* **life e; d)** *in pl. (prospects of inheritance)* **have great ~s** ein großes Erbe in Aussicht haben
**expectorate** [ɪkˈspektəreɪt] *v. t. & i.* aushusten; *(spit)* [aus]spucken
**expedience** [ɪkˈspiːdɪəns], **expediency** [ɪkˈspiːdɪənsɪ] *n.* Zweckmäßigkeit, *die;* **he has sacrificed his integrity for ~:** er hat seine Integrität den sogenannten Sachzwängen geopfert
**expedient** [ɪkˈspiːdɪənt] **1.** *adj., usu. pred.* **a)** *(appropriate, advantageous)* angebracht; **b)** *(politic)* zweckmäßig. **2.** *n.* Mittel, *das*
**expediently** [ɪkˈspiːdɪəntlɪ] *adv.* zweckmäßigerweise; **act ~:** handeln, wie man es für zweckmäßig hält
**expedite** [ˈekspɪdaɪt] *v. t. (hasten)* beschleunigen; vorantreiben; *(execute promptly)* umgehend ausführen
**expedition** [ekspɪˈdɪʃn] *n.* **a)** Expedition, *die;* **b)** *(Mil.)* Feldzug, *der;* Expedition, *die (veralt.);* **send an ~ to Egypt** Truppen nach Ägypten schicken; **c)** *(excursion)* Ausflug, *der;* **go on a hunting/shopping ~:** einen Jagdausflug/eine Einkaufstour machen; **d)** *no pl. (speed)* Eile, *die*
**expeditionary** [ekspɪˈdɪʃənərɪ] *adj.* **~ force** *(Mil.)* Expeditionskorps, *das*
**expeditious** [ekspɪˈdɪʃəs] *adj. (doing or done speedily)* schnell; *(suited for speedy performance)* schnell durchführbar
**expeditiously** [ekspɪˈdɪʃəslɪ] *adv.* schnell
**expel** [ɪkˈspel] *v. t.,* **-ll-: a)** ausweisen; **~ sb. from school [for misconduct]** jmdn. [wegen schlechten Betragens] von der Schule verweisen; **~ sb. from a country** jmdn. aus einem Land ausweisen; **~ from a club** aus einem Verein ausschließen; **b)** *(with force)* vertreiben (**from** aus); auswerfen ‹*Patrone*›; absaugen ‹*Küchendunst*›; **c)** *(from substance; also Med.)* austreiben ‹*Gas, Wasser usw.*›
**expend** [ɪkˈspend] *v. t.* **a)** aufwenden (**[up]on** für); **~ much care in doing sth.** etw. mit viel Sorgfalt tun; **b)** *(use up)* aufbrauchen (**[up]on** für)
**expendable** [ɪkˈspendəbl] *adj.* **a)** *(inessential)* entbehrlich; **be ~** *(Mil.; also fig.)* geopfert werden können; **b)** *(used up in service)* zum Verbrauch bestimmt
**expenditure** [ɪkˈspendɪtʃə(r)] *n.* **a)** *(amount spent)* Ausgaben *Pl.* (**on** für); *(of fuel, effort, etc.)* Aufwand, *der;* **b)** *(spending)* Ausgabe, *die; (using up of fuel or effort)* Aufwand, *der* (**of** an + *Akk.*); **~ of money/time** Geldausgabe, *die*/Zeitaufwand, *der*
**expense** [ɪkˈspens] *n.* **a)** Kosten *Pl.;* **regardless of ~:** ungeachtet der Kosten; **those who can afford the ~:** diejenigen, die es sich leisten können; **at little ~:** preiswert; **at great ~ to sb./sth.** unter großen Kosten für jmdn./etw.; **living ~s** Lebenshaltungskosten *Pl.;* **at sb.'s ~:** auf jmds. Kosten *(Akk.);* **at one's own ~:** auf eigene Kosten; **go to the ~ of travelling first-class** sogar noch das Geld für die erste Klasse ausgeben; **go to some/great ~:** sich in Unkosten/große Unkosten stürzen; **put sb. to ~:** jmdm. Kosten verursachen; **put sb. to the ~ of sth./of doing sth.** jmdm. die Kosten für etw. zumuten/dafür zumuten, etw. zu tun; **b)** *(expensive item)* teure Angelegenheit; **be** *or* **prove a great** *or* **big ~:** mit großen Ausgaben verbunden sein; **c)** *usu. in pl. (Commerc. etc.: amount spent [and repaid])* Spesen *Pl.;* **with [all] ~s paid** auf Spesen; **the ~s incurred** die anfallenden Spesen; **he is able to claim ~s** er kann sich *(Dat.)* seine Spesen erstatten lassen; **put sth. on ~s** etw. auf die Spesenabrechnung setzen; **it all goes on to ~s** das geht alles auf Spesen; **d)** *(fig.)* Preis, *der;* **[be] at the ~ of sth.** auf Kosten von etw. [gehen]; **at considerable ~ in terms of human lives** unter großem Verlust an Menschenleben; **he achieved it, but at the ~ of his life** er erreichte es, aber es kostete ihn das Leben; **at sb.'s ~:** auf jmds. Kosten *(Akk.)*
**exˈpense account** *n.* Spesenabrechnung, *die; attrib.* ‹*Essen, Leben*› auf Spesen
**expensive** [ɪkˈspensɪv] *adj.* teuer; **prove ~ to sb.** jmdn. teuer zu stehen kommen
**expensively** [ɪkˈspensɪvlɪ] *adv.* teuer; **~ priced** teuer
**experience** [ɪkˈspɪərɪəns] **1.** *n.* **a)** *no pl., no indef. art.* Erfahrung, *die;* **have ~ of sth./sb.** Erfahrung in etw. *(Dat.)* /mit jmdm. haben; **have ~ of doing sth.** Erfahrung darin haben, etw. zu tun; **several years' ~:** mehrjährige Erfahrung; **learn by** *or* **through** *or* **from ~:** durch eigene *od.* aus eigener Erfahrung lernen; **he learnt through** *or* **by ~ that ...:** die Erfahrung hat ihn gelehrt, daß ...; **his first ~ of war/freedom** seine erste Begegnung mit dem Krieg/der Freiheit; **a man of your ~:** ein Mann mit deiner Erfahrung; **in/from my [own] [previous] ~:** nach meiner/aus eigener Erfahrung; **know from** *or* **by ~ that ...:** aus Erfahrung wissen, daß ...; **~ has shown that ...:** die Erfahrung hat gezeigt, daß ...; **chalk** *or* **charge it up** *or* **put it down to ~:** durch Schaden wird man klug; **~ of life** Lebenserfahrung, *die;* **b)** *(incident)* Erfahrung, *die;* Erlebnis, *das;* **have an [unpleasant/odd] ~:** eine [unangenehme/merkwürdige] Erfahrung machen; **he went through some terrible wartime ~s** er hat im Krieg Schreckliches mitgemacht; **it's quite an ~!** das ist [schon] ein Erlebnis!; **c) the American ~ shows how ...:** das Beispiel Amerika

zeigt, wie ... **2.** *v. t.* erleben; stoßen auf (+ *Akk.*), haben ‹*Schwierigkeiten*›; kennenlernen ‹*Lebensweise*›; verspüren, empfinden ‹*Hunger, Kälte, Schmerz, Freude, Trauer, Gefühl*›; **he is unable to ~ things deeply** er ist nicht fähig, etwas tief zu empfinden; **only he who has himself ~d poverty** nur wer Armut selbst erfahren hat

**experienced** [ɪk'spɪərɪənst] *adj.* erfahren; **be ~ in sth.** in etw. *(Dat.)* erfahren sein; mit etw. Erfahrung haben; **an ~ eye** ein geschulter Blick

**experiment 1.** [ɪk'sperɪmənt] *n.* **a)** Experiment, *das* (**on** an + *Dat.*); Versuch, *der* (**on** an + *Dat.*); **do an ~**: ein Experiment machen; **series of ~s** Versuchsreihe, *die;* **b)** *(fig.)* Experiment, *das;* **by ~**: experimentell; **as an ~**: versuchsweise. **2.** [ɪk'sperɪment] *v. i.* experimentieren; Versuche anstellen; **~ on sb./sth.** an jmdm./etw. experimentieren *od.* Versuche anstellen; **~ with sth.** mit etw. experimentieren

**experimental** [ɪksperɪ'mentl] *adj.* **a)** experimentell; *(based on experiment)* Experimental‹*physik, -psychologie*›; *(used for experiments)* Experimentier‹*theater, -kino*›; Versuchs‹*labor, -bedingungen*›; *(used in experiment)* Versuchs‹*tier*›; **at the/an ~ stage** im Versuchsstadium; im Experimentierstadium; **b)** *(fig.: tentative)* vorläufig; **~ drilling/flight** Probebohrung, *die*/-flug, *der;* **on an ~ basis** versuchsweise

**experimentalist** [ɪksperɪ'mentəlɪst] *n.* Experimentator, *der*

**experimentally** [ɪksperɪ'mentəlɪ] *adv.* **a)** *(as an experiment)* versuchsweise; **b)** *(by experiment)* experimentell

**experimentation** [ɪksperɪmen'teɪʃn] *n.* Experimentieren, *das*

**experimenter** [ɪk'sperɪmentə(r)] *n.* Experimentator, *der*

**expert** ['ekspɜ:t] **1.** *adj.* **a)** ausgezeichnet; **be ~ in *or* at sth.** Fachmann *od.* Experte in etw. *(Dat.)* sein; sich in etw. *(Dat.)* sehr gut auskennen; **be ~ in *or* at doing sth.** etw. ausgezeichnet können; **b)** *(of an ~)* fachmännisch; **~ witness** sachverständiger Zeuge; **an ~ opinion** die Meinung eines Fachmanns; **~ knowledge** Fachkenntnis, *die;* **cast one's ~ eye over sth.** etw. fachmännisch begutachten; **do an ~ job** fachmännisch arbeiten. **2.** *n.* Fachmann, *der;* Experte, *der*/Expertin, *die; (Law)* Sachverständige, *der/die;* **among ~s** unter Fachleuten; in Fachkreisen; **be an ~ in *or* at/on sth.** Fachmann *od.* Experte in etw. *(Dat.)*/für etw. sein; **an ~ on the subject** ein Fachmann *od.* Experte auf dem Gebiet; **she's an ~ at solving riddles** sie ist eine Expertin im Rätsellösen; **forensic/mining ~**: Gerichts-/Bergbausachverständige, *der/die*

**expertise** [ekspɜ:'ti:z] *n.* Fachkenntnisse; *(skill)* Können, *das;* **area of ~** Fachgebiet, *das*

**expertly** ['ekspɜ:tlɪ] *adv.* meisterhaft; fachmännisch ‹*reparieren, beraten, beurteilen*›

**expiate** ['ekspɪeɪt] *v. t.* sühnen *(geh.)*

**expiation** [ekspɪ'eɪʃn] *n.* Sühne, *die (geh.);* Buße, *die;* **in ~ of** zur *od.* als Buße für

**expiatory** ['ekspɪeɪtərɪ] *adj.* **an ~ act** ein Akt der Sühne; **~ sacrifice** Sühneopfer, *das*

**expiration** [ekspɪ'reɪʃn] *n.* **a)** *see* **expiry; b)** *(of air)* Ausatmung, *die*

**expire** [ɪk'spaɪə(r)] **1.** *v. i.* **a)** *(become invalid)* ablaufen; ‹*Patent, Titel:*› erlöschen; ‹*Gesetz, Statut:*› außer Kraft treten; ‹*Gutschein:*› verfallen; ‹*Vertrag, Amtszeit:*› auslaufen; **b)** *(literary: die)* versterben *(geh.).* **2.** *v. t. (exhale)* ausatmen

**expiry** [ɪk'spaɪərɪ] *n. see* **expire 1 a:** Ablauf, *der;* Erlöschen, *das;* Außerkrafttreten, *das;* Verfall, *der;* **before/at *or* on the ~ of sth.** vor/nach Ablauf einer Sache *(Gen.);* **the ~ date *or* date of ~ is the ...:** der Vertrag/die Pacht *usw.* läuft am ... ab *usw.*

**explain** [ɪk'spleɪn] **1.** *v. t., also abs.* erklären; erläutern ‹*Grund, Motiv, Gedanken*›; darlegen ‹*Absicht, Beweggrund*›; aufklären ‹*Geheimnis*›; **I need to have it ~ed [to me]** ich brauche eine Erklärung; **be good at ~ing [things]** gut erklären können; **how do you ~ that?** wie erklären Sie sich *(Dat.)* das? **2.** *v. refl.* **a)** *often abs. (justify one's conduct)* **please ~ [yourself]** bitte erklären Sie mir das; **he refused to ~**: er wollte mir keine Erklärung dafür geben; **let me ~ [myself]** lassen Sie mich Ihnen das erklären; **I'd better ~ [myself]** ich sollte Ihnen das erklären; **you've got some ~ing to do** Sie müssen mir da einiges erklären; **b)** *(make one's meaning clear)* **please ~ yourself** bitte erklären Sie das [näher]

**~ a'way** *v. t.* eine [plausible] Erklärung finden für

**explainable** [ɪk'spleɪnəbl] *adj.* zu erklärend *nicht präd.;* **be ~**: sich erklären lassen

**explanation** [eksplə'neɪʃn] *n.* Erklärung, *die;* **need ~**: einer Erklärung bedürfen; **in ~ [of sth.]** zur Erklärung [einer Sache *(Gen.)*]; **what is the ~ of this?** wie soll ich mir das erklären?; **some ~ is called for** es bedarf einer Erklärung *(Gen.)*

**explanatory** [ɪk'splænətərɪ] *adj.* erklärend; erläuternd ‹*Bemerkung*›

**expletive** [ɪk'spli:tɪv, ek'spli:tɪv] **1.** *n.* **a)** *(oath)* Kraftausdruck, *der;* **b)** *(Ling.)* Füllwort, *das;* Expletiv, *das (fachspr.).* **2.** *adj. (Ling.)* füllend; **~ word** Füllwort, *das*

**explicable** [ɪk'splɪkəbl] *adj.* erklärbar

**explicate** ['eksplɪkeɪt] *v. t.* **a)** *(explain)* erläutern; explizieren *(geh.);* aufklären ‹*Geheimnis*›; **b)** *(develop meaning of)* ausführen

**explicit** [ɪk'splɪsɪt] *adj.* **a)** *(stated in detail)* ausführlich; *(openly expressed)* offen; unverhüllt; *(definite)* klar; ausdrücklich ‹*Zustimmung, Erwähnung*›; **please would you be more ~**: bitte drücken Sie sich etwas deutlicher aus; **he did not make his meaning very ~**: er wurde nicht sehr deutlich; **make ~ mention of sth.** etw. ausdrücklich erwähnen; **b)** *(Theol.)* **~ faith** Fides explicita, *die*

**explicitly** [ɪk'splɪsɪtlɪ] *adv.* ausdrücklich; deutlich ‹*beschreiben, ausdrücken*›; *(in openly expressed manner)* unverhüllt

**explicitness** [ɪk'splɪsɪtnɪs] *n., no pl.* Deutlichkeit, *die; (open expression)* **with less ~**: weniger deutlich

**explode** [ɪk'spləʊd] **1.** *v. i.* **a)** explodieren; **b)** *(fig.)* explodieren; ‹*Bevölkerung:*› rapide zunehmen; **~ with laughter** in Gelächter ausbrechen. **2.** *v. t.* **a)** zur Explosion bringen; **b)** *(fig.)* widerlegen ‹*Vorstellung, Doktrin, Theorie*›

**exploded 'view** *n.* Explosionsdarstellung, *die;* auseinandergezogene Darstellung

**exploit 1.** ['eksplɔɪt] *n. (feat; also joc.: deed)* Heldentat, *die.* **2.** [ɪk'splɔɪt] *v. t.* **a)** *(derog.)* ausbeuten ‹*Arbeiter, Kolonie usw.*›; ausnutzen ‹*Gutmütigkeit, Freund, Unwissenheit*›; **b)** *(utilize)* nutzen; nützen; ausnutzen ‹*Gelegenheit, Situation*›; ausbeuten ‹*Grube*›

**exploitation** [eksplɔɪ'teɪʃn] *n.* **a)** *(derog.) (of the working classes)* Ausbeutung, *die; (of genius, good nature)* Ausnutzung, *die;* **b)** *(utilization)* Nutzung, *die*

**exploitative** [ɪk'splɔɪtətɪv], **exploitive** [ɪk'splɔɪtɪv] *adj. (derog.)* ausbeuterisch

**exploration** [eksplə'reɪʃn] *n.* **a)** Erforschung, *die; (of town, house)* Erkundung, *die;* **in the course of his ~s** im Verlauf seiner Erforschung/Erkundung; **voyage of ~**: Entdeckungsreise, *die;* **b)** *(fig.)* Untersuchung, *die;* **c)** *(Med.)* Untersuchung, *die;* Exploration, *die (fachspr.)*

**explorative** [ɪk'splɒrətɪv], **exploratory** [ɪk'splɒrətərɪ] *adjs.* Forschungs-; **~ talks** Sondierungsgespräche; **~ drilling** Suchbohrung, *die;* **~ operation** *(Med.)* explorative Operation; Operation zu diagnostischen Zwecken

**explore** [ɪk'splɔ:(r)] *v. t.* **a)** erforschen; erkunden ‹*Stadt, Haus*›; **go exploring/out to ~**: auf Entdeckungsreise gehen; **b)** *(fig.)* untersuchen; **~ every avenue** alle möglichen Wege prüfen; **~ how the land lies** das Terrain sondieren

**explorer** [ɪk'splɔ:rə(r)] *n.* **a)** Entdeckungsreisende, *der/die;* **Arctic ~**: Arktisforscher, *der*/-forscherin, *die;* **~s of the Nile** Erforscher des Nils; **b)** *(Amer.: Scout)* Pfadfinder, *der*

**explosion** [ɪk'spləʊʒn] *n.* **a)** Explosion, *die; (noise)* [Explosions]knall, *der;* **b)** *(fig.: of anger etc.)* Ausbruch, *der;* **if the boss gets to hear of this there will be an ~**: wenn das der Chef erfährt, explodiert er; **c)** *(rapid increase)* Explosion, *die;* explosionsartiger Anstieg; **~ of population** Bevölkerungsexplosion, *die*

**explosive** [ɪk'spləʊsɪv, ɪk'spləʊzɪv] **1.** *adj.* **a)** explosiv; **highly ~**: hochexplosiv; **~ substance** Explosivstoff, *der;* **~ device** Sprengkörper, *der;* **b)** *(fig.)* explosiv; brisant ‹*Thema*›. **2.** *n.* Sprengstoff, *der;* **high ~**: hochexplosiver Stoff; **~s expert** Sprengstoffexperte, *der*/-expertin, *die*

**explosively** [ɪk'spləʊsɪvlɪ, ɪk'spləʊzɪvlɪ] *adv. (lit. or fig.)* explosionsartig

**exponent** [ɪk'spəʊnənt] *n.* **a)** *(of doctrine)* Vertreter, *der*/Vertreterin, *die; (representative also)* Exponent, *der*/Exponentin, *die; (of cause)* Verfechter, *der*/Verfechterin, *die;* **b)** *(Math.)* Exponent, *der;* Hochzahl, *die;* **c)** *(Mus.)* Interpret, *der*/Interpretin, *die*

**exponential** [ekspə'nenʃl] *adj.* exponentiell; Exponential-; **~ function** *(Math.)* Exponentialfunktion, *die*

**exponentially** [ekspə'nenʃəlɪ] *adv.* exponentiell

**export 1.** [ɪk'spɔ:t, 'ekspɔ:t] *v. t.* exportieren; ausführen; **~ing country** Ausfuhrland, *das;* **~ to other nations/to South Africa** in andere Länder/nach Südafrika exportieren; **oil-~ing countries** [erd]ölexportierende Länder. **2.** ['ekspɔ:t] *n.* **a)** *(process, amount exported)* Export, *der;* Ausfuhr, *die; (exported articles)* Exportgut, *das;* Ausfuhrgut, *das;* **boost ~s** den Export *od.* die Ausfuhr ankurbeln; **ban on the ~ of grain** Ausfuhrverbot für Getreide; **~s of sugar** Zuckerexporte *od.* -ausfuhren; **b)** *attrib.* Export‹*leiter, -handel, -markt, -kaufmann*›

**exportation** [ekspɔ:'teɪʃn] *n.* Export, *der;* Ausfuhr, *die*

**export** ['ekspɔ:t]: **~ drive** *n.* Exportkampagne, *die;* **~ duty** *n.* Exportzoll, *der;* Ausfuhrzoll, *der*

**exporter** [ɪk'spɔ:tə(r), 'ekspɔ:tə(r)] *n.* Exporteur, *der; (person also)* Exporthändler, *der; (firm also)* Exportfirma, *die; (country)* **be an ~ of coal** Kohle exportieren

**export** ['ekspɔ:t]: **~ licence** *n.* Ausfuhrlizenz, *die;* **~ permit** *n.* Exporterlaubnis, *die;* Ausfuhrerlaubnis, *die;* **~ 'reject** *n.* [wegen ungenügender Qualität] nicht exportfähige Ware; **~ surplus** *n.* Exportüberschuß, *der*

**expose** [ɪk'spəʊz] **1.** *v. t.* **a)** *(uncover)* freilegen; bloßlegen ‹*Draht, Nerv*›; entblößen ‹*Haut, Körper, Knie*›; **~ to view** freilegen; sichtbar machen; **b)** *(make known)* offenbaren ‹*Schwäche, Tatsache, Geheimnis, Plan*›; aufdecken ‹*Irrtum, Mißstände, Verbrechen, Verrat*›; entlarven ‹*Täter, Verräter, Spion*›; **c)** *(subject)* **~ to sth.** einer Sache *(Dat.)* aussetzen; *(acquaint with sth.)* mit etw. vertraut machen; **~ to ridicule** der Lächerlichkeit *(Dat.)* preisgeben; **d)** *(Photog.)* belichten; **e)** *(leave out of doors to die)* aussetzen. **2.** *v. refl.* sich [unsittlich] entblößen

**exposé** [ek'spəʊzeɪ] *n.* **a)** *(of facts)* Exposé, *das;* **b)** *(of sth. discreditable)* Enthüllung, *die; (of crime)* Aufdeckung, *die*

**exposed** [ɪk'spəʊzd] *adj.* **a)** *(unprotected)* ungeschützt; **~ to the wind/elements** dem

Wind/den Elementen ausgesetzt; ~ **position** *(lit. or fig.)* exponierte Stellung; **b)** *(visible)* freigelegt; sichtbar ‹*Körperteil*›; **c)** *(Photog.)* belichtet

**exposition** [ekspə'zɪʃn] *n.* **a)** *(statement, presentation)* Darstellung, *die; (commentary)* Kommentar, *der* (**of** zu); *(explanation)* Erläuterung, *die* (**of** zu); *(act of expounding)* ~ **of heretical views** Verbreitung ketzerischer Ansichten; **b)** *(Mus., Lit.: of principal themes)* Exposition, *die;* **c)** *(exhibition)* Ausstellung, *die*

**expostulate** [ɪk'spɒstjʊleɪt] *v.i.* protestieren; ~ **with sb. about** *or* **on sth.** mit jmdm. über etw. *(Akk.)* debattieren

**expostulation** [ɪkspɒstjʊ'leɪʃn] *n.* Protest, *der*

**exposure** [ɪk'spəʊʒə(r)] *n.* **a)** *(to air, cold, etc.) (being exposed)* Ausgesetztsein, *das; (exposing)* Aussetzen, *das; (of goods etc.)* Ausstellung, *die; (of children)* Aussetzung, *die;* **die of/suffer from ~ [to cold]** an Unterkühlung *(Dat.)* sterben/leiden; ~ **to infection** Kontakt mit Krankheitserregern; **indecent ~:** Entblößung in schamverletzender Weise; **media ~:** Publicity, *die;* **b)** *(unmasking) (of fraud etc.)* Enthüllung, *die; (of criminal)* Entlarvung, *die; (of hypocrite or hypocrisy)* Bloßstellung, *die;* **c)** *(Photog.) (exposing time)* Belichtung, *die; (picture)* Aufnahme, *die*

**ex'posure meter** *n. (Photog.)* Belichtungsmesser, *der*

**expound** [ɪk'spaʊnd] *v.t.* **a)** darlegen ‹*These, Theorie, Doktrin*› (**to** *Dat.*); **b)** *(explain)* auslegen ‹*Schriften, Gesetz*› (**to** *Dat.*)

**express** [ɪk'spres] **1.** *v.t.* **a)** *(indicate)* ausdrücken; **b)** *(put into words)* äußern, zum Ausdruck bringen ‹*Meinung, Wunsch, Dank, Bedauern, Liebe*›; ~ **sth. in another language** etw. in einer anderen Sprache ausdrücken; ~ **oneself** sich ausdrücken; **he ~ed himself strongly on that subject** er äußerte sich sehr entschieden zu diesem Thema; ~ **one's willingness** *or* **readiness to do sth.** sich bereit erklären, etw. zu tun; **c)** *(represent by symbols)* ausdrücken ‹*Zahl, Wert*›; **d)** *(squeeze)* [heraus]drücken; [heraus]pressen; **e)** *(send by ~ delivery)* als Schnellsendung schicken. **2.** *attrib. adj.* **a)** Eil‹*brief, -bote usw.*›; Schnell‹*paket, -sendung*›; *see also* ~ **train;** **b)** *(particular)* besonder...; bestimmt; ausdrücklich ‹*Absicht*›; **c)** *(stated)* ausdrücklich ‹*Wunsch, Befehl usw.*›. **3.** *adv.* als Eilsache ‹*senden*›. **4.** *n.* **a)** *(train)* Schnellzug, *der;* D-Zug, *der; (messenger)* Eilbote, *der;* **by ~:** durch Eilboten; **b)** *(Amer.: company)* Transportunternehmen, *das*

**express: ~ company** *n. (Amer.)* Transportunternehmen, *das;* ~ **de'livery** *n.* Eilzustellung, *die*

**expression** [ɪk'spreʃn] *n.* **a)** Ausdruck, *der;* **find ~ in sth.** in etw. *(Dat.)* Ausdruck finden *od.* zum Ausdruck kommen; **give ~ to one's gratitude** seine Dankbarkeit zum Ausdruck bringen; seiner Dankbarkeit *(Dat.)* Ausdruck verleihen *(geh.);* **manner** *or* **mode of ~:** Ausdrucksweise, *die;* **profuse ~s of gratitude** überschwengliche Dankesbezeugungen; **the ~ on his face** *or* **his facial ~ was one of deepest hatred** sein Gesichtsausdruck zeugte von tiefstem Haß; tiefster Haß stand ihm im Gesicht geschrieben; **full of/without ~:** ausdrucksvoll/-los; **devoid of all ~:** völlig ausdruckslos; **she put a martyred ~ on her face** sie setzte ihre Duldermiene auf; **b)** *(Art, Mus., Math.)* Ausdruck, *der;* **play/sing with ~:** ausdrucksvoll *od.* -stark spielen/singen

**expressionism** [ɪk'spreʃənɪzm] *n., no pl.* Expressionismus, *der*

**expressionist** [ɪk'spreʃənɪst] *n.* Expressionist, *der*/Expressionistin, *die; attrib.* expressionistisch ‹*Kunst usw.*›

**expressionistic** [ɪkspreʃə'nɪstɪk] *adj.* expressionistisch

**expressionless** [ɪk'spreʃnlɪs] *adj.* ausdruckslos

**ex'pression-mark** *n. (Mus.)* Vortragsbezeichnung, *die*

**expressive** [ɪk'spresɪv] *adj.* **a) be ~ of sth.** etw. ausdrücken; **b)** *(significant)* ausdrucksvoll; vielsagend ‹*Schweigen*›; expressiv *(geh.),* ausdrucksvoll ‹*Geste*›

**expressively** [ɪk'spresɪvlɪ] *adv.* ausdrucksvoll

**express: ~ 'letter** *n.* Eilbrief, *der;* ~ **'lift** *n.* Schnellaufzug, *der*

**expressly** [ɪk'spreslɪ] *adv.* **a)** *(particularly)* ausdrücklich; **b)** *(definitely)* eindeutig; ausdrücklich

**express: ~ 'train** *n.* Schnellzug, *der;* D-Zug, *der;* **~way** *n. (Amer.)* Schnell[verkehrs]straße, *die*

**expropriate** [eks'prəʊprɪeɪt] *v.t.* enteignen; ‹*Staat usw.:*› verstaatlichen

**expropriation** [eksprəʊprɪ'eɪʃn] *n.* Enteignung, *die;* Expropriation, *die (veralt.); (esp. by State)* Verstaatlichung, *die*

**expulsion** [ɪk'spʌlʃn] *n. (from school, college)* Verweisung, *die* (**from** von); Relegation, *die* (**from** von); *(from home)* Vertreibung, *die* (**from** aus); *(from country)* Ausweisung, *die* (**from** aus); *(from club)* Ausschluß, *der* (**from** aus); *(Med.: from the body)* Austreibung, *die* (**from** aus); *(of gas, water, etc. from substance)* Austreiben, *das* (**from** aus)

**expunge** [ɪk'spʌndʒ] *v.t.* [aus]streichen (**from** aus); *(fig.)* tilgen (**from** aus)

**expurgate** ['ekspəgeɪt] *v.t. (purify)* zensieren, *(verhüll.)* säubern ‹*Text, Buch, Theaterstück*›; **~d version/edition** zensierte *od. (verhüll.)* bereinigte Fassung/Ausgabe

**exquisite** ['ekskwɪzɪt, ɪk'skwɪzɪt] *adj.* **a)** erlesen; exquisit, bezaubernd ‹*Aussicht, Landschaft, Muster, Melodie, Frau, Anmut*›; ausgesucht ‹*Höflichkeit*›; **b)** *(acute)* heftig ‹*Schmerz, Freude*›; riesig ‹*Triumph*›; unerträglich ‹*Leiden, Schmerzen*›

**exquisitely** ['ekskwɪzɪtlɪ, ɪk'skwɪzɪtlɪ] *adv.* **a)** *(excellently, beautifully)* vorzüglich; kunstvoll ‹*verziert, geschnitzt*›; **b)** *(acutely)* äußerst; außerordentlich

**ex-'service** *adj. (Brit.)* Veteranen-; **~man** ehemaliger Soldat

**ext.** *abbr.* **a) exterior; b) external; c) [telephone] extension** App.

**extant** [ek'stænt, 'ekstənt] *adj.* [noch] vorhanden *od.* existent

**extemporaneous** [ɪkstempə'reɪnɪəs] *adj.* improvisiert; ~ **translation** Stegreifübersetzung, *die*

**extempore** [ɪk'stempərɪ] **1.** *adv.* aus dem Stegreif; ex tempore *(Theater, geh.);* **speak ~:** frei sprechen; extemporieren. **2.** *adj.* improvisiert ‹*Gedicht, Lied*›; **give an ~ speech** eine Rede aus dem Stegreif *od.* eine Stegreifrede halten

**extemporisation, extemporise** *see* **extemporiz-**

**extemporization** [ɪkstempəraɪ'zeɪʃn] *n.* Improvisation, *die;* Extempore, *das*

**extemporize** [ɪk'stempəraɪz] *v.t. & i.* improvisieren; extemporieren

**extend** [ɪk'stend] **1.** *v.t.* **a)** *(stretch out)* ausstrecken ‹*Arm, Bein, Hand*›; ausziehen ‹*Leiter, Teleskop*›; spannen ‹*Seil*›; ausbreiten ‹*Flügel*›; ~ **one's hand to sb.** jmdm. die Hand reichen *od.* entgegenstrecken; **the table can be ~ed** der Tisch ist ausziehbar; **b)** *(make longer) (in space)* verlängern; ausdehnen ‹*Grenze*›; ausbauen ‹*Bahnlinie, Straße*›; *(in time)* verlängern; verlängern lassen ‹*Leihbuch, Visum*›; ~ **a credit** Kreditverlängerung gewähren; ~ **the time limit** den Termin hinausschieben; **c)** *(enlarge)* ausdehnen ‹*Einfluß, Macht, Forschung[sgebiet]*›; erweitern ‹*Wissen, Wortschatz, Bedeutung, Freundeskreis, Besitz, Geschäft*›; verlängern ‹*Aufsatz, Referat*›; ausbauen, vergrößern ‹*Haus, Geschäft, Fabrik, Unternehmen*›; **d)** *(offer)* gewähren, zuteil werden lassen ‹*[Gast]freundschaft, Schutz, Gunst, Hilfe, Kredit*› (**to** *Dat.*); erweisen ‹*Freundlichkeit, Gefallen*› (**to** *Dat.*); *(accord)* aussprechen ‹*Dank, Einladung, Glückwunsch*› (**to** *Dat.*); ausrichten ‹*Gruß*› (**to** *Dat.*); ~ **a welcome to sb.** jmdn. willkommen heißen; **e)** *(tax)* fordern; ~ **oneself** sich verausgaben. **2.** *v.i.* sich erstrecken; **the wall ~s for miles** die Mauer zieht sich meilenweit hin; **the bridge ~s over the river** die Brücke führt über den Fluß; **the road ~s from X to Y** die Straße führt von X nach Y; **the winter season ~s from November to March** die Wintersaison währt von November bis März; **negotiations ~ed over weeks** die Verhandlungen zogen sich über Wochen *od.* wochenlang hin; **the problem ~s to other fields as well** das Problem berührt auch andere Bereiche

**extended** [ɪk'stendɪd]: ~ **'family** *n.* Großfamilie, *die;* **~-play** *adj.* EP-‹*Platte, Band*›

**extendible** [ɪk'stendɪbl], **extensible** [ɪk'stensɪbl] *adjs.* [aus]dehnbar ‹*Stoff*›; ausziehbar ‹*Fernrohr, Leiter*›; erweiterungsfähig ‹*Gebäude, Gewerbe, Firma, Industrie*›

**extension** [ɪk'stenʃn] *n.* **a)** *(stretching out) (of arm, leg, hand)* [Aus]strecken, *das; (of wings)* Ausbreiten, *das; (of muscle)* Streckung, *die;* **b)** *(extent)* Umfang, *der; (range)* Reichweite, *die;* **c)** *(prolonging)* Verlängerung, *die; (of road, railway)* Ausbau, *der;* ~ **of time** Fristverlängerung, *die;* **ask for an ~:** um Verlängerung bitten; Verlängerung beantragen; **be granted** *or* **get an ~:** Verlängerung bekommen; **d)** *(enlargement) (of power, influence, research, frontier)* Ausdehnung, *die; (of enterprise, trade, knowledge)* Erweiterung, *die; (of house, estate)* Ausbau, *der;* **e)** *(additional part) (of house)* Anbau, *der; (of office, university, hospital, etc.)* Erweiterungsbau, *der;* **build an ~ to a hospital** einen Erweiterungsbau zu einem Krankenhaus errichten; ein Krankenhaus ausbauen; **two ~s** zwei Anbauten; **f)** *(telephone)* Nebenanschluß, *der;* Fernsprechnebenstelle, *die (fachspr.); (number)* Apparat, *der;* **g)** ~ **course** *(correspondence course)* Fernstudium, *das*

**extension: ~ cord** *(Amer.) see* ~ **lead;** ~ **ladder** *n.* Ausziehleiter, *die;* ~ **lead** *n. (Brit.)* Verlängerungsschnur, *die*

**extensive** [ɪk'stensɪv] *adj.* ausgedehnt ‹*Ländereien, Reisen, Stadt, Wald, Besitz[tümer], Handel, Forschungen*›; extensiv ‹*Wirtschaft*›; weit ‹*Land[strich], Meer[esfläche], Blick*›; umfangreich ‹*Reparatur, Investitionen, Wissen, Nachforschungen, Studien, Auswahl, Angebot, Sammlung*›; beträchtlich ‹*Schäden, Geldmittel, Anstrengungen*›; weitreichend ‹*Änderungen, Reformen, Einfluß, Machtbefugnis, Unterstützung*›; langwierig ‹*Operation, Unternehmung, Suche*›; ausführlich ‹*Bericht, Einleitung*›; **make ~ use of sth.** von etw. ausgiebig Gebrauch machen

**extensively** [ɪk'stensɪvlɪ] *adv.* beträchtlich ‹*ändern, beschädigen*›; gründlich ‹*reparieren*›; ausführlich ‹*berichten, schreiben*›; **they used these rooms ~:** sie machten ausgiebig von diesen Räumen Gebrauch

**extent** [ɪk'stent] *n.* **a)** *(space over which sth. extends)* Ausdehnung, *die; (of wings)* Spannweite, *die;* **b)** *(scope) (of damage, debt, knowledge, power, authority)* Umfang, *der; (of influence, genius)* Größe, *die; (of damage, loss, disaster, power, authority)* Ausmaß, *das;* **losses to the ~ of £100** Verluste in Höhe von 100 Pfund; **to what ~?** inwieweit?; in welchem Maße?; **the full ~ of his power** seine ganze Machtfülle; **to a great**

*or* **large/small** *or* **slight ~:** in hohem/geringem Maße; **to some** *or* **a certain ~:** in gewissem Maße; **to the same ~ as ...:** im selben Maße wie ...; **to a greater/lesser ~:** in höherem/geringerem Maße; **to a greater or lesser ~:** mehr oder weniger; **to such an ~ that ...:** in solchem Maße, daß ...; **her condition has not improved to any [great] ~:** ihr Zustand hat sich [fast] überhaupt nicht gebessert; **c)** *(area of sea, land)* Weite, *die;* **you can see the whole ~ of the park** man kann den Park in seiner ganzen Ausdehnung sehen

**extenuate** [ɪk'stenjʊeɪt] *v. t.* verharmlosen, beschönigen ‹*Vergehen, Verbrechen, Fehler, Schuld*›; entschuldigen ‹*Benehmen*›; **extenuating circumstances** mildernde Umstände

**extenuation** [ɪkstenjʊ'eɪʃn] *n. (of crime, offence, fault, guilt)* Verharmlosung, *die;* Beschönigung, *die;* **in ~ of sth./sb.** als Entschuldigung für etw./jmdn.

**exterior** [ɪk'stɪərɪə(r)] **1.** *adj.* **a)** äußer...; Außen‹*fläche, -wand, -anstrich*›; **~ varnish** Lack für Außenanstriche; **b)** *([coming from] outside)* äußer...; außerhalb gelegen; **c)** *(Cinemat.)* **~ scene** Außenaufnahme, *die.* **2.** *n.* **a)** Äußere, *das; (of house)* Außenwände *Pl.;* **b)** *(appearance)* Äußere, *das;* **a man with a pleasant/rough ~:** ein Mann von angenehmem/ungeschlachtem Äußerem; **judge people by their ~:** Menschen nach ihrem Äußeren beurteilen; **c)** *(Cinemat.)* Außenaufnahme, *die*

**exterminate** [ɪk'stɜ:mɪneɪt] *v. t.* ausrotten; vertilgen, vernichten ‹*Ungeziefer*›

**extermination** [ɪkstɜ:mɪ'neɪʃn] *n.* Ausrottung, *die; (of pests)* Vertilgung, *die;* Vernichtung, *die*

**external** [ɪk'stɜ:nl] **1.** *adj.* **a)** äußer...; Außen‹*fläche, -wirkung, -druck, -winkel, -durchmesser, -abmessungen*›; **give the ~ appearance of ease** äußerlich einen ungezwungenen Eindruck machen; **purely ~:** nur *od.* rein äußerlich; **b)** *(applied to outside)* äußerlich ‹*Heilmittel*›; **for ~ use only** nur äußerlich anzuwenden; nur zur äußerlichen Anwendung; **c)** *(of foreign affairs)* Außen‹*minister, -handel, -wirtschaft, -politik*›; **Ministry of E~ Affairs** Außenministerium, *das;* Ministerium für auswärtige Angelegenheiten *od.* des Auswärtigen; **d)** *(Univ.)* extern; **~ student** Externe, *der/die;* **do ~ studies/an ~ degree** ein Fernstudium absolvieren; **e)** *(of world of phenomena)* äußer...; **the ~ world** die Welt der Erscheinungen; **f) ~ evidence** sich auf äußere Umstände gründender Beweis. **2.** *n. in pl.* Äußerlichkeiten *Pl.*

**externalize (externalise)** [ɪk'stɜ:nəlaɪz] *v. t* nach außen projizieren; *(Philos.)* veräußerlichen; *(Psych.)* externalisieren

**externally** [ɪk'stɜ:nəlɪ] *adv.* äußerlich; **the medicine is only to be used ~:** die Medizin ist nur zur äußerlichen Anwendung [bestimmt]; **be ~ calm** äußerlich *od.* nach außen hin ruhig sein; **the work is done ~:** die Arbeit wird außer Haus[e] erledigt

**extinct** [ɪk'stɪŋkt] *adj.* erloschen ‹*Vulkan, Feuer, Leidenschaft, Liebe, Hoffnung*›; ausgestorben ‹*Art, Rasse, Volk, Gattung, Leben*›; untergegangen ‹*Volk, Dynastie, Reich, Kultur, Sitte, Brauch*›; abgeschafft ‹*Einrichtung, Amt, Posten, System, Gesetz*›; tot ‹*Sprache*›; **become ~** ‹*Art, Rasse, Volk, Gattung:*› aussterben; ‹*Vulkan, Hoffnung, Adelstitel:*› erlöschen

**extinction** [ɪk'stɪŋkʃn] *n., no pl. (of fire, light) (extinguishing)* Löschen, *das; (being extinguished)* Erlöschen, *das;* Verlöschen, *das; (abolition) (of religion, system, institution, law, custom)* Abschaffung, *die; (of debt)* Tilgung, *die; (of independence etc.)* Aufhebung, *die;* **threatened with ~:** vom Aussterben bedroht

**extinguish** [ɪk'stɪŋgwɪʃ] *v. t.* **a)** löschen; erlöschen lassen ‹*Leidenschaft, Hoffnung*›; auslöschen ‹*Leben*›; **b)** *(destroy)* beseitigen

**extinguisher** [ɪk'stɪŋgwɪʃə(r)] *n.* **a)** *(for fire)* Feuerlöscher, *der;* **b)** *(for candle)* Löschhütchen, *das*

**extirpate** ['ekstɜ:peɪt] *v. t.* [mit der Wurzel] ausreißen ‹*Pflanze, Haare*›; entfernen ‹*Tumor*›; ausrotten ‹*Rasse, Volk, Sekte, Gattung*›; aufräumen mit, ausmerzen ‹*Ketzerei, Unsitten, Vorurteil*›

**extol** [ɪk'stəʊl, ɪk'stɒl] *v. t.,* **-ll-** rühmen; preisen

**extort** [ɪk'stɔ:t] *v. t.* erpressen **(out of, from** von); **~ a secret/confession from sb.** ein Geheimnis/Geständnis aus jmdm. herauspressen

**extortion** [ɪk'stɔ:ʃn] *n.* **a)** *(of money, taxes)* Erpressung, *die;* **£50? This is sheer ~!** 50 Pfund? Das ist ja Wucher!; **b)** *(illegal exaction)* Erpressung im Amt

**extortionate** [ɪk'stɔ:ʃənət] *adj.* **a)** *(excessive, exorbitant)* Wucher‹*preis, -zinsen usw.*›; horrend ‹*Gebühr, Steuer*›; maßlos überzogen ‹*Forderung*›; **b)** *(using extortion)* erpresserisch ‹*Methode*›

**extortioner** [ɪk'stɔ:ʃənə(r)] *n.* Erpresser, *der*/Erpresserin, *die*

**extra** ['ekstrə] **1.** *adj.* **a)** *(additional)* zusätzlich; Mehr‹*arbeit, -kosten, -ausgaben, -aufwendungen*›; Sonder‹*bus, -zug*›; **~ hours of work** Überstunden; **all we need is an ~ hour/three pounds** wir brauchen nur noch eine Stunde/drei Pfund [zusätzlich]; **without any ~ charge** ohne Aufschlag; **drinks are ~:** Getränke werden extra bezahlt *od.* *(ugs.)* gehen extra; **make an ~ effort** sich besonders anstrengen; **take ~ care** besonders vorsichtig sein; **for ~ safety** als zusätzliche *od.* besondere Sicherheitsvorkehrung; **can I have an ~ helping?** kann ich noch eine Portion haben?; **b)** *(more than is necessary)* überzählig ‹*Exemplar, Portion*›; **an ~ pair of gloves** noch ein *od.* ein zweites Paar Handschuhe; **have an ~ bed** noch ein Bett frei *od.* ein unbenutztes Bett haben; **we have an ~ ten minutes to kill** wir müssen noch zehn Minuten mehr totschlagen. **2.** *adv.* **a)** *(more than usually)* besonders; extra ‹*lang, stark, fein*›; überaus ‹*froh*›; **an ~ large blouse** eine Bluse in Übergröße; **an ~ special occasion** eine ganz besondere Gelegenheit; **b)** *(additionally)* extra; **packing and postage ~:** zuzüglich Verpackung und Porto. **3.** *n.* **a)** *(added to services, salary, etc.)* zusätzliche Leistung; *(on car etc. offered for sale)* Extra, *das; (adornment on dress etc.)* besondere Note; *(outside normal school curriculum)* zusätzliches Angebot; **b)** *(sth. with ~ charge)* **be an ~:** zusätzlich berechnet werden; **c)** *(in play, film, etc.)* Statist, *der*/Statistin, *die;* Komparse, *der*/Komparsin, *die;* **d)** *(Cricket) Lauf, der nicht durch Schlag erzielt wird*

**extra-** [ekstrə] *pref.* außer-; extra- *(mit Fremdwörtern lateinischen Ursprungs)*

**extract 1.** ['ekstrækt] *n.* **a)** Extrakt, *der (fachspr. auch: das);* **an ~ of certain plants** ein Auszug *od.* Extrakt aus bestimmten Pflanzen; **b)** *(from book, music, etc.)* Auszug, *der;* Extrakt, *der (geh.);* **in ~s** auszugsweise; im Extrakt *(geh.).* **2.** [ɪk'strækt] *v. t.* **a)** ziehen, *(fachspr.)* extrahieren ‹*Zahn*›; herausziehen ‹*Dorn, Splitter usw.*›; **~ a bullet from a wound** eine Kugel aus einer Wunde entfernen; **she ~ed herself from his embrace** sie befreite *od.* löste sich aus seiner Umarmung; **~ sth. from sb.** *(fig.)* etw. aus jmdm. herausholen; **~ a promise from sb.** jmdm. ein Versprechen abnötigen; **b)** *(obtain)* extrahieren; **~ the juice of apples** Äpfel entsaften; **~ sugar from beet** aus Rüben Zucker gewinnen; **~ oil from the earth** Erdöl fördern; **~ metal from ore/honey from the honeycomb** Metall aus Erz/Honig aus der Wabe gewinnen; **~ papers from a folder** einem Aktenordner Unterlagen entnehmen; **c)** *(derive)* erfassen ‹*Bedeutung, Hauptpunkte*›; **~ happiness/pleasure/comfort from sth.** Fröhlichkeit/Freude/Trost aus etw. schöpfen; **~ much pleasure from life** dem Leben viel Freude abgewinnen; **d)** *(Math.)* ziehen ‹*Wurzel*›

**extraction** [ɪk'strækʃn] *n.* **a)** *(of tooth; also Chem.)* Extraktion, *die; (of thorn, splinter, etc.)* Herausziehen, *das; (of bullet)* Entfernen, *das; (of juice, honey, metal)* Gewinnung, *die; (of oil)* Förderung, *die;* **b)** *(descent)* Abstammung, *die;* Herkunft, *die;* **be of German ~:** deutscher Abstammung *od.* Herkunft sein

**extractive** [ɪk'stræktɪv] *adj.* **~ industries** Rohstoffindustrie, *die;* **~ processes** Extraktionsverfahren *Pl.*

**extractor** [ɪk'stræktə(r)] *n. (for extracting juice)* Entsafter, *der*

**ex'tractor fan** *n.* Entlüfter, *der;* Exhaustor, *der*

**extra-curricular** [ekstrəkə'rɪkjʊlə(r)] *adj.* extracurricular *(fachspr.);* ‹*Aktivität*› außerhalb des Lehrplans

**extraditable** [ekstrə'daɪtəbl] *adj.* **this is an ~ offence** für dieses Vergehen kann man ausgeliefert werden

**extradite** ['ekstrədaɪt] *v. t.* **a)** ausliefern ‹*Verbrecher*›; **b)** *(obtain extradition of)* **~ sb.** jmds. Auslieferung erwirken

**extradition** [ekstrə'dɪʃn] *n.* Auslieferung, *die;* **~ treaty** Auslieferungsvertrag, *der*

**extra-'marital** *adj.* außerehelich

**extra'mural** *adj. (Univ.)* außerhalb der Universität *nachgestellt;* außeruniversitär; **~ courses** *or* **classes** Hochschulkurse außerhalb der Universität; Fernkurse

**extraneous** [ɪk'streɪnɪəs] *adj.* **a)** *(from outside)* von außen; *(Med.)* körperfremd; **free from ~ matter** frei von Fremdstoffen; **b)** *(irrelevant)* belanglos; **be ~ to sth.** für etw. ohne Belang sein

**extraordinarily** [ɪk'strɔ:dɪnərɪlɪ, ekstrə'ɔ:dɪnərəlɪ] *adv.* außergewöhnlich; überaus, ungemein ‹*merkwürdig*›

**extraordinary** [ɪk'strɔ:dɪnərɪ, ekstrə'ɔ:dɪnərɪ] *adj.* **a)** *(exceptional)* außergewöhnlich; *(unusual, peculiar)* ungewöhnlich ‹*Gabe*›; merkwürdig, eigenartig ‹*Zeichen, Benehmen, Angewohnheit*›; außerordentlich ‹*Verdienste, Einfluß*›; *(additional)* außerordentlich ‹*Versammlung*›; **how ~!** wie seltsam!; **b)** *(more than ordinary)* ungewöhnlich; **~ powers** außerordentliche Vollmachten; **c)** *(specially employed)* außerordentlich ‹*Gesandte[r], Professor[in]*›; **ambassador ~:** Sonderbotschafter, *der*

**extrapolate** [ɪk'stræpəleɪt] *(Math. etc.)* **1.** *v. t.* extrapolieren **(to** auf + *Akk.,* **from** aus); *(fig.)* ableiten; extrapolieren *(geh.).* **2.** *v. i.* extrapolieren

**extra: ~-'sensory** *adj.* außersinnlich; **~sensory perception** außersinnliche Wahrnehmung; **~ter'restrial** *adj.* außerirdisch; ex[tra]terrestrisch *(fachspr.);* **~terri'torial** *adj.* exterritorial

**extra 'time** *n. (Sport)* **after ~:** nach einer Verlängerung; **the match went to ~:** das Spiel wurde verlängert; **play ~:** in die Verlängerung gehen

**extravagance** [ɪk'strævəgəns] *n.* **a)** *no pl. (being extravagant)* Extravaganz, *die; (of claim, wish, order, demand)* Übertriebenheit, *die; (of words, thoughts, ideas, etc.)* Verstiegenheit, *die; (with money)* Verschwendungssucht, *die;* **the ~ of her tastes** ihr teurer Geschmack; **b)** *(extravagant thing)* Luxus, *der*

**extravagancy** [ɪk'strævəgənsɪ] *see* **extravagance a**

**extravagant** [ɪk'strævəgənt] *adj.* **a)** *(wasteful)* verschwenderisch; aufwendig ‹*Lebensstil*›; teuer ‹*Geschmack*›; **b)** *(immoderate)* übertrieben ⟨*Benehmen, Lob, Eifer, Begeisterung usw.*⟩; maßlos ⟨*Gebrauch, Begeisterung*⟩; **c)** *(beyond bounds of reason)* abwegig ⟨*Theorie, Frage, Einfall*⟩; **it is not ~ to suppose that ...:** die Vermutung liegt nahe, daß ...; **d)** *(exorbitant)* überhöht ⟨*Preis*⟩

**extravagantly** [ɪk'strævəgəntlɪ] *adv.* extravagant ⟨*einrichten, ausstatten, sich kleiden*⟩; verschwenderisch ⟨*benutzen, verbrauchen*⟩; luxuriös, aufwendig ⟨*leben*⟩; außergewöhnlich ⟨*sich benehmen*⟩; überschwenglich ⟨*loben*⟩; **spend money ~:** mit vollen Händen Geld ausgeben

**extravaganza** [ɪkstrævə'gænzə] *n. (composition) (Lit.)* phantastische Dichtung; *(Mus.)* phantastische Komposition; *(Theatre)* Ausstattungsstück, *das*

**extreme** [ɪk'stri:m] **1.** *adj.* **a)** *(outermost, utmost)* äußerst... ⟨*Spitze, Rand, Ende*⟩; extrem, kraß ⟨*Gegensätze*⟩; **the ~ end of the finger** die Fingerspitze *od.* -kuppe; **the ~ points of a line/scale** die Endpunkte einer Linie/Skala; **at the ~ edge/left** ganz am Rand/ganz links; **in the ~ North** im äußersten Norden; **b)** *(reaching high degree)* extrem; gewaltig ⟨*Entfernung, Unterschied*⟩; höchst... ⟨*Gefahr*⟩; äußerst... ⟨*Notfall, Grenzen, Höflichkeit, Bescheidenheit*⟩; stärkst... ⟨*Schmerzen*⟩; heftigst... ⟨*Zorn*⟩; tiefst... ⟨*Haß, Dankbarkeit*⟩; größt... ⟨*Überraschung, Wichtigkeit, Wunsch*⟩; stürmisch ⟨*Begeisterung*⟩; **c)** *(not moderate)* extrem ⟨*Person, Einstellung, Gesinnung, Forderungen, Ideen, Tendenzen, Kritik*⟩; **~ right-wing views** rechtsextreme Ansichten; **d)** *(RC & Orthodox Ch.)* **~ unction** die Letzte Ölung; **e)** *(severe)* drastisch ⟨*Maßnahme*⟩; **take ~ action against sb.** rigoros gegen jmdn. vorgehen. **2.** *n.* Extrem, *das;* [krasser] Gegensatz; **~s of heat and cold** extreme Hitze und Kälte; **the ~s of wealth and poverty** größter Reichtum und äußerste Armut; **~s of passion** extreme Pole der Leidenschaft; **~s of temperature** extreme Temperaturunterschiede; **go to the ~ of doing sth.** bis zum Äußersten gehen und etw. tun; **go to ~s** *or* **to any ~** *or* **to the last ~:** vor nichts zurückschrecken; **go to the other ~:** ins andere Extrem verfallen; **go from one ~ to another** von *od.* aus einem Extrem ins andere fallen; **annoying/monotonous in the ~:** äußerst unangenehm/extrem *od.* äußerst eintönig; **run to ~s** einen Hang zum Extremen haben; *see also* **carry 1g**

**extremely** [ɪk'stri:mlɪ] *adv.* äußerst; **Did you enjoy the party? – Yes, ~:** Hat dir die Party gefallen? – Ja, sehr sogar!

**extremeness** [ɪk'stri:mnɪs] *n., no pl. (of views, actions, policies)* Extremität, *die; (of measures)* Härte, *die*

**extremism** [ɪk'stri:mɪzm] *n., no pl.* Extremismus, *der*

**extremist** [ɪk'stri:mɪst] *n.* **a)** Extremist, *der*/Extremistin, *die;* **right-wing ~:** Rechtsextremist, *der*/-extremistin, *die;* **b)** *attrib.* extremistisch

**extremity** [ɪk'stremɪtɪ] *n.* **a)** *(of branch, path, road)* äußerstes Ende; *(of region)* Rand, *der;* **the southernmost ~ of a continent** die Südspitze eines Kontinents; **b)** *in pl. (hands and feet)* Extremitäten *Pl.;* **c)** *(adversity)* äußerste *od.* höchste Not; *(intensity)* Heftigkeit, *die;* **be reduced to ~:** in eine Notlage geraten

**extricate** ['ekstrɪkeɪt] *v.t.* **~ sth. from sth.** etw. aus etw. herausziehen; **~ oneself/sb. from sth.** sich/jmdn. aus etw. befreien

**extrinsic** [ek'strɪnsɪk] *adj.* **a)** äußer...; äußerlich ⟨*Wert*⟩; extrinsisch *(Philos.);* **be ~ to sth.** einer Sache *(Dat.)* fremd sein; **b)** *(not essential)* irrelevant **(to** für)

**extrovert** ['ekstrəvɜ:t] **1.** *n.* extravertierter Mensch; Extravertierte, *der/die;* **be an ~:** extravertiert sein. **2.** *adj.* extravertiert; **have ~ tendencies** zur Extravertiertheit neigen

**extroverted** ['ekstrəvɜ:tɪd] *adj.* extravertiert

**extrude** [ɪk'stru:d] *v.t.* ausstoßen; ausstrecken ⟨*Fühler*⟩; extrudieren *(fachspr.)* ⟨*Metall, Kunststoff*⟩; *(Geol.)* auswerfen ⟨*Gestein*⟩; *(fig.: expel)* ausschließen **(from** aus)

**extrusion** [ɪk'stru:ʒn] *n. (of metal, plastic, etc.)* Extrudieren, *das (fachspr.); (article extruded)* Formstück, *das*

**exuberance** [ɪg'zju:bərəns] *n.* **a)** *(vigour)* Überschwang, *der; (of health)* Robustheit, *die;* **~ of joy/spirits** überschwengliche Freude/Stimmung; **~ of youth** jugendlicher Überschwang; **b)** *(of language, style)* Lebendigkeit, *die*

**exuberant** [ɪg'zju:bərənt] *adj.* **a)** *(overflowing, abounding)* strotzend ⟨*Gesundheit*⟩; überschäumend ⟨*Kraft, Freude, Eifer, Heiterkeit*⟩; **b)** *(effusive)* überschwenglich; sehr lebhaft ⟨*Farbe*⟩; **he was ~ when ...:** er freute sich überschwenglich, als ...

**exuberantly** [ɪg'zju:bərəntlɪ] *adv.* überschwenglich ⟨*begrüßen, beschreiben*⟩; **~ happy** überglücklich

**exude** [ɪg'zju:d] **1.** *v.i.* abgesondert werden **(from** aus); ⟨*Blut:*⟩ fließen **(from** aus); *(fig.)* ausgehen **(from** von). **2.** *v.t.* absondern ⟨*Flüssigkeit, Harz*⟩; ausströmen ⟨*Geruch*⟩; *(fig.)* ausstrahlen ⟨*Charme, Zuversicht*⟩

**exult** [ɪg'zʌlt] *v.i.* **a)** *(literary: rejoice)* jubeln; frohlocken *(geh.)* **(in, at, over** über + *Akk.*); **~ to find that ...:** darüber frohlocken, daß ...; **~ with joy** vor Freude jubeln; **b)** *(triumph)* triumphieren **(over** über + *Akk.*)

**exultant** [ɪg'zʌltənt] *adj.* **a)** *(literary: exulting)* jubelnd ⟨*Person, Menge, Lachen*⟩; unbändig ⟨*Freude*⟩; **be ~:** jubeln; **be in an ~ mood** in Hochstimmung sein; **b)** *(triumphant)* triumphierend ⟨*Sieger*⟩

**exultantly** [ɪg'zʌltəntlɪ] *adv.* überglücklich

**exultation** [egzʌl'teɪʃn] *n.* Jubel, *der*

**eye** [aɪ] **1.** *n.* **a)** Auge, *das;* **as far as the ~ can see** soweit das Auge reicht; **~s** *(look, glance, gaze)* Blick, *der;* **a pair of blue ~s** zwei blaue Augen; **close** *or* **shut/open one's ~s** die Augen schließen/öffnen; **that will make him open his ~s** *(fig.)* da wird er Augen machen; **open sb.'s ~s to sth.** *(fig.)* jmdm. die Augen über etw. *(Akk.)* öffnen; **shut** *or* **close one's ~s to sth.** *(fig.)* die Augen vor etw. *(Dat.)* verschließen; **the sun/light is [shining] in my ~s** die Sonne/das Licht blendet mich; **I've got the sun in my ~s** die Sonne blendet mich; **out of the corner of one's ~:** aus den Augenwinkeln; **lift up one's ~s** die Augen erheben; aufblicken; **drop** *or* **lower one's ~s** die Augen niederschlagen; den Blick senken; **with one's own** *or* **very ~s** mit eigenen Augen; **under/before sb.'s very ~s** unter/vor jmds. Augen *(Dat.);* **measure a distance by ~** *or* **with one's ~[s]** einen Abstand nach Augenmaß schätzen; **judge sth. by ~:** etw. nach dem Augenschein beurteilen *(geh.);* **paint/draw sth. by ~:** etw. nach der Natur malen/zeichnen; **with the ~ of an artist, with an artist's ~:** mit den Augen eines Künstlers; **look sb. in the ~:** jmdm. gerade in die Augen sehen; **not be able to look sb. in the ~:** jmdm. nicht ins Gesicht sehen können; **have ~s [only] for sb.** sich [nur] für jmdn. interessieren; **be unable to take one's ~s off sb./sth.** die Augen *od.* den Blick nicht von jmdm./etw. abwenden können; **make [sheep's] ~s at sb.** jmdm. [schöne] Augen machen; **keep an ~ on sb./sth.** auf jmdn./etw. aufpassen; ein Auge auf jmdn./etw. haben; **keep a sharp** *or* **close** *or* **strict ~ on sb./sth.** scharf auf jmdn./etw. aufpassen; streng auf jmdn./etw. achten; **keep one's ~[s] on sb./sth.** jmdn./etw. im Auge behalten; **have [got] an** *or* **one's ~[s] on sb./sth.** ein Auge auf jmdn./etw. geworfen haben; **I've got my ~ on you!** ich lasse dich nicht aus den Augen!; **keep an ~ open** *or* **out [for sb./sth.]** [nach jmdm./etw.] Ausschau halten; **keep one's ~s open** die Augen offenhalten; **keep one's ~s skinned** *or* **peeled** *(coll.)* wie ein Schießhund aufpassen *(ugs.);* **keep one's ~s open** *or (coll.)* **peeled** *or (coll.)* **skinned for sth.** nach etw. Ausschau halten; **keep one's ~s and ears open** Augen und Ohren offenhalten; **with one's ~s open** *(fig.)* mit offenen Augen; bewußt; **with one's ~s shut** *(fig.) (without full awareness)* blind; *(with great ease)* im Schlaf; **with a friendly/jealous/eager/critical ~:** freundlich / eifersüchtig / erwartungsvoll / kritisch; **have you no ~s in your head?** hast du keine Augen im Kopf? *(ugs.);* bist du blind?; **where are your ~s?, use your ~s!** wo hast du deine Augen?; **I haven't [got] ~s at** *or* **in the back of my head** ich habe hinten keine Augen; **in the ~s of God/the law** vor Gott/nach dem Gesetz; **in sb.'s ~s** in jmds. Augen *(Dat.);* **see sb./sth. through sb.'s ~s** jmdn./etw. mit jmds. Augen sehen; **look at sth. through the ~s of sb.** etw. mit jmds. Augen betrachten; **pore one's ~s out over a book** über einem Buch sitzen, bis die Augen ermüden; **tire one's ~s out** seine Augen ermüden; **be all ~s** gespannt zusehen; **[all] my ~** *(sl.)* [alles] Schnickschnack *(ugs. abwertend);* **do sb. in the ~** *(coll.)* jmdn. übers Ohr hauen *(ugs.);* **[an] ~ for [an] ~:** Auge um Auge; **~s front!/right!/left!** *(Mil.)* Augen geradeaus/rechts/links!; **have an ~ to sth./doing sth.** auf etw. *(Akk.)* bedacht sein/darauf bedacht sein, etw. zu tun; **with an ~ to sth.** im Hinblick auf etw. *(Akk.);* **with an ~ to doing sth.** mit dem Gedanken, etw. zu tun; **hit sb. in the ~** *(fig.)* jmdm. ins Auge springen *od.* fallen; **that was one in the ~ for him** *(coll.)* das war ein Schlag ins Kontor *(ugs.)* für ihn; **see ~ to ~ [on sth. with sb.]** [mit jmdm.] einer Meinung [über etw. *(Akk.)*] sein; **not see ~ to ~ with sb. on sth.** über etw. *(Akk.)* anderer Meinung als jmd. sein; **be up to one's ~s** *(fig.)* bis über beide Ohren drinstecken *(ugs.);* **be up to one's ~s in work/debt** bis über beide Ohren in der Arbeit/in Schulden stecken *(ugs.);* **have an ~ for sth.** ein Auge *od.* einen Blick für etw. haben; **have an ~ for sb.** jmdn. gern haben; **a man with an ~ for the ladies** ein Mann, der die Frauen gern hat; **have a keen/good ~ for sth.** einen geschärften/einen sicheren *od.* den richtigen Blick für etw. haben; **see with half an ~ that ...:** auf den ersten Blick sehen, daß ...; **get one's ~ in at shooting/tennis** sich einschießen/sich einspielen; **b)** *(sth. like an ~)* Auge, *das; (of peacock's tail)* Pfauenauge, *das; (on butterfly's wing)* Augenfleck, *der; (of needle, fish-hook)* Öhr, *das; (metal loop)* Öse, *die.* **2.** *v.t.*, **~ing** *or* **eying** ['aɪɪŋ] beäugen; **~ sb. up and down/from head to foot** jmdn. von oben bis unten/von Kopf bis Fuß mustern

**eye: ~ball** *n.* Augapfel, *der;* **~ball to ~ball** *(coll.)* hautnah ⟨*Konfrontation*⟩; **be** *or* **meet ~ball to ~ball** sich *(Dat.)* Auge in Auge gegenüberstehen; **~-bath** *n.* Augenbadewanne, *die;* **~black** *n. (dated)* schwarze Wimperntusche; **~bright** *n. (Bot.)* Augentrost, *der;* **~brow** *n.* Augenbraue, *die;* **raise** *or* **lift an ~brow** *or* **one's ~brows [at sth.]** die [Augen]brauen [wegen etw.] hochziehen; *(fig.) (in surprise)* die Stirn runzeln **(at** über + *Akk.*); *(superciliously)* die Nase rümpfen **(at** über + *Akk.*); **it will raise a few ~brows** das wird einiges Stirnrunzeln hervorrufen; **up to the** *or* **one's ~brows [in sth.]** bis über beide Ohren [in etw. *(Dat.)*]; **~brow pencil** Augenbrauenstift, *der;* **~-catching** *adj.* ins Auge springend *od.* fallend ⟨*Inserat, Plakat, Buchhülle usw.*⟩; **be [very] ~-catching** ein [wirkungsvoller] Blickfang sein; **she is very ~-catching** sie zieht die Augen aller auf sich *(Akk.);* **~-contact** *n.* Blickkontakt, *der*

**-eyed** [aɪd] *adj. in comb.* -äugig; **big-~/bright-~**: groß-/helläugig; **fierce-~/sad-~**: mit grimmigen/traurigen Augen *od.* grimmigem/traurigem Blick *nachgestellt;* **be sad-~**: traurige Augen haben

**eye: ~-dropper** *n. (Med.)* Augentropfer, *der;* **~-drops** *n. pl. (Med.)* Augentropfen *Pl.*

**eyeful** ['aɪfʊl] *n. (coll.) (woman)* Klassefrau, *die (ugs.); (sight)* **get an ~ [of sth.]** einiges [von etw.] zu sehen bekommen

**eye: ~glass** *n. (dated)* Augenglas, *das (veralt.);* **~ hospital** *n.* Augenklinik, *die;* **~lash** *n.* Augenwimper, *die; see also* **flutter 2 a**

**eyeless** ['aɪlɪs] *adj.* blind ‹*Person, Tier*›

**eyelet** ['aɪlɪt] *n.* **a)** Öse, *die; (Naut.)* Auge, *das;* **b)** *(to look through)* Guckloch, *das*

**eye: ~-level** *n.* Augenhöhe, *die; attrib.* in Augenhöhe *nachgestellt;* **~lid** *n.* Augenlid, *das;* **~-liner** *n.* Eyeliner, *der;* Lidstrich, *der;* **~-opener** *n. (surprise, revelation)* Überraschung, *die;* **the book was an ~-opener to the public** das Buch hat der Öffentlichkeit die Augen geöffnet; **~-patch** *n.* Augenklappe, *die;* **~piece** *n. (Optics)* Okular, *das;* **~-shade** *n.* Augenschirm, *der;* **~-shadow** *n.* Lidschatten, *der;* **~sight** *n.* Sehkraft, *die;* **have good ~sight** gute Augen haben; gut sehen können; **his ~sight is poor** er hat schlechte Augen; **~sore** *n.* Schandfleck, *der (abwertend);* **the building is an ~sore** das Gebäude beleidigt das Auge; **~-strain** *n.* Überanstrengung der Augen; **be a cause of ~-strain** die Augen überanstrengen; **~ test** *n.* Sehtest, *der;* **~-tooth** *n.* Eckzahn, *der;* **cut one's ~-teeth** *(fig.)* Erfahrungen sammeln; **she would give her ~-teeth for it/to do it** sie würde alles dafür geben/darum geben, es zu tun; **~wash** *n.* **a)** *(Med.: lotion)* Augenwasser, *das;* **b)** *(coll.) (nonsense)* Gewäsch, *das (ugs. abwertend); (concealment)* Augen[aus]wischerei, *die (ugs.);* **~witness** *n.* Augenzeuge, *der/*-zeugin, *die;* **~witness account** *or* **report** Augenzeugenbericht, *der;* **be an ~witness of sth.** Augenzeuge einer Sache *(Gen.)* sein

**eyrie** ['ɪərɪ] *n. (nest)* Horst, *der*

# F

**F, f** [ef] *n., pl.* **Fs** *or* **F's a)** *(letter)* F, f, *das;* **b)** F *(Mus.)* F, f, *das;* **F sharp** fis, Fis, *das;* **c)** F *(Sch., Univ.: mark)* Sechs, *die;* **he got an F** er bekam „ungenügend" *od.* eine Sechs

**F.** *abbr.* **a) Fahrenheit** F; **b) Fellow**; **c)** *(on pencil)* **firm** F; **d) franc** F; **e)** *(Phys.)* **farad[s]** F

**f.** *abbr.* **a) female** weibl.; **b) feminine** f.; **c) focal length** f; **f/8** *(Photog.)* Blende 8; **d) following [page]** f.; **e) forte** f; **f) folio** F.

**FA** *abbr. (Brit.)* **Football Association** *(Britischer Fußballverband)*

**fa** *see* **fah**

**fab** [fæb] *adj. (Brit. coll.)* fabelhaft *(ugs.);* dufte, toll *(salopp)*

**Fabian** ['feɪbɪən] *adj.* Hinhalte-; Verzögerungs‹*taktik, -manöver*›

**fable** ['feɪbl] *n.* **a)** *(story of the supernatural, myth, lie)* Märchen, *das;* **land of ~**: Märchen- *od.* Fabelland, *das;* **separate fact from ~**: Dichtung und Wahrheit unterscheiden; **b)** *(thing that does not really exist, brief story)* Fabel, *die*

**fabled** ['feɪbld] *adj.* **a)** *(told as in fable)* **it is ~ that ...**: es heißt, daß ...; **b)** *(mythical)* Fabel‹*land, -wesen, -tier*›; **c)** *(celebrated)* berühmt **(for** für**)**

**fabric** ['fæbrɪk] *n.* **a)** *(material, construction, texture)* Gewebe, *das;* **woven/knitted/ribbed/coarse/mixed ~**: Web-/Strickware, *die*/Rips, *der*/Grob-/Mischgewebe, *das;* **b)** *(thing put together)* Gebilde, *das;* **c)** *(fig.: frame)* Gefüge, *das;* **destroy the ~ of sb.'s life** jmds. Welt zerstören; **d)** *(of building)* bauliche Substanz; Bausubstanz, *die*

**fabricate** ['fæbrɪkeɪt] *v. t.* **a)** *(invent)* erfinden; *(forge)* fälschen; **b)** *(construct, manufacture)* herstellen

**fabrication** [fæbrɪ'keɪʃn] *n.* **a)** *(of story etc., falsehood)* Erfindung, *die;* **the story is [a] pure ~**: die Geschichte ist frei erfunden; **b)** *(construction, manufacture)* Herstellung, *die*

**fabulous** ['fæbjʊləs] *adj.* **a)** *(unhistorical, legendary, celebrated)* sagenhaft; **~ animal/creature** *or* **being** Fabeltier/-wesen, *das;* **b)** *(exaggerated)* phantastisch ‹*Geschichte*›; **c)** *(coll.: marvellous)* fabelhaft *(ugs.)*

**façade** [fə'sɑːd] *n. (lit. or fig.)* Fassade, *die;* **that's just a ~** *(fig.)* das ist alles nur Fassade

**face** [feɪs] **1.** *n.* **a)** Gesicht, *das;* **wash one's ~**: sich *(Dat.)* das Gesicht waschen; **blush/be smiling all over one's ~**: bis über die Ohren rot werden/über das ganze Gesicht strahlen; **go purple** *or* **black in the ~** *(with strangulation),* **go blue in the ~** *(with cold)* blau im Gesicht werden; **go red** *or* **purple in the ~** *(with exertion or passion or shame)* rot im Gesicht werden; **the stone struck me on my ~** *or* **in the ~**: der Stein traf mich ins Gesicht; **the ~ of an angel/a devil/a criminal** ein Engels-/Teufels-/Verbrechergesicht; **bring A and B ~ to ~**: A und B einander *(Dat.)* gegenüberstellen; **stand ~ to ~**: sich *(Dat.)* gegenüberstehen; **meet sb. ~ to ~**: jmdn. persönlich kennenlernen; **come** *or* **be brought ~ to ~ with sb.** mit jmdm. konfrontiert werden; **come ~ to ~ with the fact that ...**: vor der Tatsache stehen, daß ...; **fly in the ~ of sb./sth.** jmdn. mit Verachtung strafen/sich über etw. *(Akk.)* hinwegsetzen; **in [the] ~ of sth.** *(despite)* trotz; *(confronted with)* vor (+ *Dat.*); **cowardice in the ~ of the enemy** Feigheit vor dem Feind; **slam the door in sb.'s ~**: jmdm. die Tür vor der Nase zuknallen *(ugs.);* **shine in sb.'s ~**: jmdm. ins Gesicht scheinen; **fall [flat] on one's ~** *(lit. or fig.)* auf die Nase fallen *(ugs.);* **look sb./sth. in the ~**: jmdm./einer Sache ins Gesicht sehen; **put one's ~ on** *(coll.)* sich anmalen *(ugs.);* **set one's ~ against sb./sth.** sich jmdm./einer Sache entgegenstellen; **show one's ~**: sich sehen *od.* blicken lassen; **tell sb. to his ~ what ...**: jmdm. [offen] ins Gesicht sagen, was ...; **use sb.'s nickname to his ~**: jmds. Spitznamen in seiner Gegenwart benutzen; **talk/scream/complain** *etc.* **till one is blue in the ~**: reden/schreien/klagen *usw.* bis man verrückt wird *(ugs.);* **shut one's ~** *(sl.)* die *od.* seine Klappe halten *(salopp);* **have the ~ to do sth.** die Stirn haben, etw. zu tun; **save one's ~**: das Gesicht wahren *od.* retten; **lose ~ [with sb.] [over sth.]** das Gesicht [vor jmdm.] [wegen etw.] verlieren; **sth. makes sb. lose ~**: etw. kostet jmdn. das Gesicht *od.* Ansehen; **see by sb.'s ~ that ...**: es jmdm. [am Gesicht] *od.* es jmds. Gesicht *(Dat.)* ansehen, daß ...; **make** *or* **pull a ~/~s [at sb.]** *(to show dislike)* ein Gesicht/Gesichter machen *od.* ziehen; *(to amuse or frighten)* eine Grimasse/Grimassen schneiden; **don't make a ~!** mach nicht so ein Gesicht!; **with a ~ like thunder** *or* **as black as thunder** schwarz vor Ärger; **on the ~ of it** dem Anschein nach; **change the ~ of sth.** einer Sache *(Dat.)* ein neues Gesicht geben; **put a brave** *or* **good** *or* **bold ~ on it/the matter/the affair** *etc.* gute Miene zum bösen Spiel machen; **b)** *(front) (of mountain, cliff)* Wand, *die; (of building)* Stirnseite, *die; (of clock, watch)* Zifferblatt, *das; (of dice)* Seite, *die; (of coin, medal, banknote, playing-card)* Vorderseite, *die; (of tool)* Bahn, *die; (of golf-club, cricket-bat, hockey-stick, tennis-racket)* Schlagfläche, *die;* **c)** *(surface)* **the ~ of the earth** die Erde; **disappear off** *or* **from the ~ of the earth** spurlos verschwinden; **be wiped off the ~ of the earth** ausradiert werden; **d)** *(Geom.; also of crystal, gem)* Fläche, *die;* **e)** *see* **type-face**; **f)** *see* **coal-face**. *See also* **face down[ward]**; **face up[ward]**; **fall 2 n**; **laugh 2**; **[1]long 1 b**; **[2]smack 1 b**; **straight face**. **2.** *v. t.* **a)** *(look towards)* sich wenden zu; **sb. ~s the front** jmd. sieht nach vorne; **[stand] facing one another** sich *(Dat.) od. (meist geh.)* einander gegenüber [stehen]; **the house facing the church** das Haus gegenüber der Kirche; **the window ~s the garden/front** das Fenster geht zum Garten/zur Straße hinaus *od.* liegt zum Garten/zur Straße; **travel/sit facing the engine** mit dem Gesicht in Fahrtrichtung fahren/in Fahrtrichtung sitzen; **sit facing the stage** vor der Bühne *od.* mit dem Gesicht zur Bühne sitzen; **b)** *(fig.: have to deal with)* ins Auge sehen (+ *Dat.*) ‹*Tod, Vorstellung*›; gegenübertreten (+ *Dat.*) ‹*Kläger*›; sich stellen (+ *Dat.*) ‹*Anschuldigung, Kritik*›; stehen vor (+ *Dat.*) ‹*Ruin, Entscheidung*›; eingehen ‹*Risiko*›; **~ trial for murder, ~ a charge of murder** sich wegen Mordes vor Gericht verantworten müssen; **c)** *(not shrink from)* ins Auge sehen (+ *Dat.*) ‹*Tatsache, Wahrheit*›; mit Fassung gegenübertreten (+ *Dat.*) ‹*Kläger*›; **~ sth. out** etw. durchstehen; **~ sb. down** jmdn. demoralisieren *od. (ugs.)* kleinkriegen; **refuse to be ~d down by threats** sich von Drohungen nicht kleinkriegen lassen *(ugs.);* **~ the music** *(fig.)* die Suppe auslöffeln *(ugs.);* **let's ~ it** *(coll.)* machen wir uns *(Dat.)* doch nichts vor *(ugs.);* **d) ~d with these facts** mit diesen Sachen konfrontiert; **be ~d with sth.** sich einer Sache *(Dat.)* gegenübersehen; **he was ~d with the possibility** für ihn ergab sich die Möglichkeit; **he is ~d with a lawsuit** gegen ihn wird ein Prozeß eingeleitet; **the problems/questions that we are ~d with** die Probleme/Fragen, vor denen wir stehen; **e)** *(coll.: bear)* verkraften; abkönnen *(nordd. salopp, meist verneint);* **f)** *(dress, trim)* besetzen ‹*Kleidungsstück*›; verkleiden, verblenden ‹*Wand*›; **a cloak ~d with white** ein Umhang mit weißem Besatz. **3.** *v. i.* **a)** *(look)* **~ forwards/backwards** ‹*Person/Bank, Sitz:*› in/entgegen Fahrtrichtung sitzen/aufgestellt sein; **in which direction was he facing?** in welche Richtung blickte er?; **~ away [from sb.]** das Gesicht [von jmdm.] abwenden; **stand facing away from sb.** mit dem Rücken zu jmdm. stehen; **~ away from/on to the road/east[wards]** *or* **to[wards] the east** ‹*Fenster, Zimmer:*› nach hinten/vorn/Osten liegen; **one side of the house ~s to[wards] the sea** eine Seite des Hauses liegt zum Meer; **b)** *(Amer. Mil.)* eine Wendung machen; **~ about/to the right/left** eine Kehrt-/Rechts-/Linkswendung machen; **left/right ~!** ganze Abteilung links/rechts um!

**~ 'up to** *v. t.* ins Auge sehen (+ *Dat.*); sich abfinden mit ‹*Möglichkeit*›; auf sich nehmen ‹*Verantwortung*›

**face: ~ card** *see* **court card**; **~-cloth** *n.* *(cloth for ~)* Waschlappen [für das Gesicht]; **~-cream** *n.* Gesichtscreme, *die*

**-faced** [feɪst] *adj. in comb.* -gesichtig

**face: ~ 'down[ward]** *adv.* mit der Vorderseite nach unten; **put one's cards ~ down on the table** seine Karten verdeckt auf den Tisch legen; **lie ~ down[ward]** ⟨*Person:*⟩ auf dem Bauch liegen; ⟨*Buch:*⟩ auf dem Gesicht liegen; *see also* **face 2c; ~-flannel** *(Brit.) see* **~-cloth**

**faceless** ['feɪslɪs] *adj.* **a)** *(without face)* gesichtslos; **b)** *(anonymous)* anonym *(fig.)*

**face: ~-lift** *n.* **a)** Facelifting, *das;* **have** *or* **get a ~-lift** sich *(Dat.)* die Gesichtshaut liften *od.* straffen lassen; **b)** *(fig.: improvement in appearance)* Verschönerung, *die;* **~-off** *n. (Ice Hockey)* Bully, *das;* **~-powder** *n.* Gesichtspuder, *das;* **~-saving 1.** *adj.* zur Wahrung des Gesichts *nachgestellt;* **as a ~-saving gesture** um das Gesicht zu retten *od.* zu wahren; **2.** *n.* Wahrung des Gesichts

**facet** ['fæsɪt] *n.* **a)** *(of many-sided body, esp. of cut stone)* Facette, *die;* **b)** *(aspect)* Seite, *die;* **every ~:** alle Seiten *od. (geh.)* Facetten

**faceted** ['fæsɪtɪd] *adj.* facettiert ⟨*Edelstein, Diamant, Linse*⟩

**facetious** [fə'si:ʃəs] *adj.* [gewollt] witzig; *(impudently)* frech; **[not] be ~ [about sth.]** [keine] Witze [über etw. *(Akk.)*] machen *(ugs.)*

**facetiously** [fə'si:ʃəslɪ] *adv.* [gewollt] witzig

**face: ~-to-face** *adj.* unmittelbar ⟨*Gegenüberstellung*⟩; **~ 'up[ward]** *adv.* mit der Vorderseite nach oben; **lie ~ up[ward]** ⟨*Karte:*⟩ offen *od.* aufgedeckt liegen; ⟨*Person:*⟩ auf dem Rücken liegen; *(open)* ⟨*Buch:*⟩ aufgeschlagen liegen; **~ value** *n. (Finance)* Nominalwert, *der (fachspr.);* Nennwert, *der;* **accept sth. at [its] ~ value** *(fig.)* etw. für bare Münze nehmen; **take sb. at [his/her] ~ value** *(fig.)* jmdn. nach seinem Äußeren beurteilen; **~-worker** *n. (Mining)* Untertagearbeiter, *der*

**facia** ['feɪʃə] *n.* **a)** *(plate)* **~ [board]** Firmenschild, *das;* **b)** *(Motor Veh.)* **~ [board** *or* **panel]** Armaturenbrett, *das*

**facial** ['feɪʃl] **1.** *adj.* Gesichts-. **2.** *n.* Gesichtsmassage, *die;* **have a ~:** sich *(Dat.)* das Gesicht massieren lassen

**facile** ['fæsaɪl, 'fæsɪl] *adj. (often derog.)* leicht ⟨*Sieg, Arbeit, Aufgabe*⟩; einfach ⟨*Art, Methode, Technik*⟩; gewandt ⟨*Lügner, Schriftsteller*⟩; nichtssagend, banal ⟨*Bemerkung*⟩; oberflächlich, *(abwertend)* flach ⟨*Person, Einstellung*⟩

**facilitate** [fə'sɪlɪteɪt] *v. t.* erleichtern

**facility** [fə'sɪlɪtɪ] *n.* **a)** *esp. in pl.* Einrichtung, *die;* **cooking/washing facilities** Koch-/Waschgelegenheit, *die;* **sports facilities** Sportanlagen; **drying facilities** *(indoor)* Trockenraum, *der; (outdoor)* Trockenplatz, *der;* **postal facilities** Postdienste; **shopping facilities** Einkaufsmöglichkeiten; **banking facilities** Banken; **travel facilities** Verkehrsmittel; **b)** *(unimpeded opportunity)* Möglichkeit, *die;* **c)** *(ease, aptitude, freedom from difficulty)* Leichtigkeit, *die; (dexterity)* Gewandtheit, *die;* **~ in speech/writing** Rede-/Schreibgewandtheit, *die*

**facing** ['feɪsɪŋ] *n.* **a)** *(on garment)* Aufschlag, *der;* Besatz, *der;* **b)** *in pl. (cuffs, collar, etc. of jacket)* [Uniform]aufschläge *Pl.;* **c)** *(covering)* Verblendung, *die;* Verkleidung, *die*

**facsimile** [fæk'sɪmɪlɪ] *n.* **a)** Faksimile, *das;* **b)** *(system)* Bildfunk, *der*

**fact** [fækt] *n.* **a)** *(true thing)* Tatsache, *die;* **~s and figures** Fakten und Zahlen; **the ~ remains that ...:** Tatsache bleibt: ...; **the true ~s of the case** *or* **matter** der wahre Sachverhalt; **know for a ~ that ...:** genau *od.* sicher wissen, daß ...; **is that a ~?** *(coll.)* Tatsache? *(ugs.);* **and that's a ~:** und daran gibt's nichts zu zweifeln *(ugs.);* **the value/reason lies in the ~ that ...:** der Nutzen/Grund besteht darin, daß ...; **look the ~s in the face, face [the] ~s** den Tatsachen ins Gesicht sehen; **it is a proven/an established/an undisputed/an accepted ~ that ...:** es ist erwiesen/steht fest/ist unbestritten/man geht davon aus, daß ...; **the ~ [of the matter] is that ...:** die Sache ist die, daß ...; **[it is a] ~ of life** [das ist die] harte *od.* rauhe Wirklichkeit; **tell** *or* **teach sb. the ~s of life** *(coll. euphem.)* jmdn. [sexuell] aufklären; **b)** *(reality)* Wahrheit, *die;* Tatsachen *Pl.;* **distinguish ~ from fiction** Fakten und Fiktion *(geh.) od.* Dichtung und Wahrheit unterscheiden; **in ~:** tatsächlich; **I don't suppose you did/would do it? – In ~, I did/would** Ich nehme an, Sie haben es nicht getan/würden es nicht tun. – Doch[, ich habe es tatsächlich getan/würde es tatsächlich tun]; **I was planning to go to your party and had in ~ bought a bottle of wine** ich wollte zu deiner Party kommen und hatte sogar *od.* auch schon eine Flasche Wein gekauft; **he was supposed to arrive before eight, but he didn't in ~ get here till after twelve** er sollte vor acht Uhr ankommen, ist dann aber doch erst nach 12 Uhr hier eingetroffen; **he has left us; in ~ he is not coming back** er hat uns verlassen, und er kommt auch nicht mehr zurück; **I don't think he'll come back; in ~ I know he won't** ich glaube nicht, daß er zurückkommt, ich weiß es sogar; **c)** *(thing assumed to be ~)* Faktum, *das;* **deny the ~ that ...:** [die Tatsache] abstreiten, daß ...; **d)** *(Law: crime)* [Straf]tat, *die;* **be an accessory before/after the ~:** jmdm. Beihilfe leisten/Begünstigung gewähren. *See also* **matter 1d**

**'fact-finding** *adj.* Erkundungs⟨*fahrt, -flug, -trupp*⟩; **~ committee/trip/study** Untersuchungsausschuß, *der*/Informationsreise, *die*/Ermittlungsarbeit, *die*

**faction** ['fækʃn] *n.* **a)** *(party or group)* Splittergruppe, *die;* Faktion, *die (veralt.);* **b)** *no pl. (party strife)* Parteihader, *der*

**factional** ['fækʃənl] *adj.* parteiintern ⟨*Konflikt, Uneinigkeit, Streit*⟩; **a ~ group/splinter group** eine Gruppierung/Splittergruppe

**factious** ['fækʃəs] *adj.* faktiös; parteisüchtig ⟨*Absicht*⟩

**factitious** [fæk'tɪʃəs] *adj.,* **factitiously** [fæk'tɪʃəslɪ] *adv.* künstlich

**factor** ['fæktə(r)] **1.** *n.* **a)** *(Math.; also fact, circumstance)* Faktor, *der;* **b)** *(Biol.)* Erbfaktor, *der;* **c)** *(merchant)* Kommissionär, *der;* **d)** *(Scot.: land-agent, steward)* Gutsverwalter, *der;* **e)** *(agent, deputy)* Vertreter, *der. See also* **common factor. 2.** *v. t.* **a)** *(Math.)* in Faktoren zerlegen; **b)** *(resolve into components)* zerlegen

**factoring** ['fæktərɪŋ] *n. (Commerc.)* Factoring, *das*

**factorize (factorise)** ['fæktəraɪz] *(Math.)* **1.** *v. t.* in Faktoren zerlegen. **2.** *v. i.* sich in Faktoren zerlegen lassen

**factory** ['fæktərɪ] *n.* Fabrik, *die;* Werk, *das;* **a ~ for assembling cars/machines** ein Kraftfahrzeug[montage]werk/eine Maschinenfabrik

**factory: ~ farm** *n. (Agric.)* [voll]automatisierter landwirtschaftlicher Betrieb; **~-made** *adj.* fabrik- *od.* serienmäßig hergestellt; **~-made clothes/furniture** Konfektion[skleidung], *die*/Serienmöbel *Pl.;* **~ ship** *n.* Fabrikschiff, *das;* **~ work** *n.* Fabrikarbeit, *die;* **~ worker** *n.* Fabrikarbeiter, *der*/-arbeiterin, *die*

**factotum** [fæk'təʊtəm] *n.* Faktotum, *das*

**factual** ['fæktʃʊəl] *adj.* sachlich ⟨*Bericht, Darlegung, Stil*⟩; auf Tatsachen beruhend ⟨*Aspekt, Punkt, Beweis*⟩; wahr ⟨*Geschichte*⟩; **~ error** Sachfehler, *der*

**factually** ['fæktʃʊəlɪ] *adv.* sachlich; mit Tatsachen *od.* Fakten ⟨*beweisen*⟩

**faculty** ['fækəltɪ] *n.* **a)** *(physical capability)* Fähigkeit, *die;* Vermögen, *das;* **~ of sight/speech/hearing/thought** Seh-/Sprach-/Hör-/Denkvermögen, *das;* **b)** *(mental power)* **mental ~, ~ of the mind** geistige Kraft; Geisteskraft, *die;* **in [full] possession of [all] one's faculties** im [Voll]besitz [all] seiner [geistigen] Kräfte; **all one's creative faculties** seine ganze Kreativität *od.* schöpferische Kraft; **c)** *(aptitude)* Begabung, *die;* Fähigkeit, *die;* **have a ~ for doing sth.** die Fähigkeit *od.* das Talent haben, etw. zu tun; **d)** *(Univ.: department)* Fakultät, *die;* Fachbereich, *der;* **~ of arts/sciences/medicine** philosophische/naturwissenschaftliche/medizinische Fakultät; **e)** *(Amer. Sch., Univ.: staff)* Lehrkörper, *der;* **f)** *(members of particular profession)* Berufsstand, *der;* **the [medical] ~:** die Ärzteschaft; der Ärztestand

**fad** [fæd] *n.* Marotte, *die;* Spleen, *der (ugs.);* **the latest fashion ~:** die neueste Modetorheit; **a ~ for doing sth.** die Marotte *od.* der Spleen, etw. zu tun

**faddish** ['fædɪʃ], **faddy** ['fædɪ] *adjs.* heikel ⟨*Person, Geschmack*⟩

**fade** [feɪd] **1.** *v. i.* **a)** *(droop, wither)* ⟨*Blätter, Blumen, Kränze:*⟩ [ver]welken, welk werden; **b)** *(lose freshness, vigour)* verblassen; [v]erlöschen; ⟨*Läufer:*⟩ langsamer werden; ⟨*Frau, Schönheit:*⟩ verblühen; **c)** *(lose colour)* bleichen; **~ [in colour]** [ver]bleichen; verschießen; **guaranteed not to ~:** garantiert farbecht; **d)** *(grow pale, dim)* **the light ~d [into darkness]** es dunkelte; **the fading light of evening** das dämmrige Abendlicht *(dichter.);* die Abenddämmerung; **e)** *(fig.: lose strength)* ⟨*Erinnerung:*⟩ verblassen; ⟨*Eingebung, Kreativität, Optimismus:*⟩ nachlassen; ⟨*Freude, Lust, Liebe:*⟩ erlöschen; ⟨*Ruhm:*⟩ verblassen; ⟨*Traum, Hoffnung:*⟩ zerrinnen; schwinden; **~ from sb.'s mind** jmds. Gedächtnis *(Dat.)* entfallen; **f)** *(disappear, depart, leave)* weichen; ⟨*Metapher, Bedeutung, Stern:*⟩ verschwinden; *(blend)* übergehen **(into** in + *Akk.***)**; *(grow faint)* ⟨*Laut:*⟩ verklingen; **~ into the distance** in der Ferne entschwinden; ⟨*Laut, Stimme:*⟩ in der Ferne verklingen; **~ from sight** *or* **sb.'s eyes** dem Blick entschwinden *(geh.);* **his smile ~d from his face** das Lächeln schwand aus seinem Gesicht; **g)** *(lose power)* ⟨*Bremskraft, Bremse:*⟩ nachlassen; **h)** *(Radio, Telev., Cinemat.)* **~ [down]** ausgeblendet werden; **~ up** eingeblendet werden; **i)** *(deviate)* ⟨*Golfball usw.:*⟩ einen Bogen beschreiben. **2.** *v. t.* **a)** *(cause to ~)* ausbleichen ⟨*Vorhang, Gobelin, Teppich, Farbe*⟩; **b)** *(Radio, Telev., Cinemat.)* einblenden **(into** in + *Akk.***)**; **~ one scene into another** eine Szene in eine andere überblenden; **~ a sound down/up** ein Geräusch aus-/einblenden. **3.** *n. (Radio, Telev., Cinemat., Motor Veh.)* Fading, *das (fachspr.)*

**~ a'way** *v. i.* **a)** schwinden; ⟨*Farbe:*⟩ verblassen; ⟨*Laut:*⟩ verklingen **(into** in + *Dat.***)**; ⟨*Erinnerung, Augenlicht, Kraft:*⟩ nachlassen; ⟨*Kranke[r]:*⟩ immer schwächer werden; ⟨*Interesse, Hoffnung:*⟩ erlöschen; *(joc.)* ⟨*dünne Person:*⟩ immer weniger werden *(scherzh.);* **the daylight ~d away** es dämmerte; **b)** *(depart, leave)* gehen

**~ 'in** *(Radio, Telev., Cinemat.)* **1.** *v. i.* eingeblendet werden. **2.** *v. t.* einblenden. *See also* **fade-in**

**~ 'out 1.** *v. i.* **a)** *(Radio, Telev., Cinemat.)* ausgeblendet werden; **b)** *(disappear, depart)* **~ out of sb.'s life/mind** aus jmds. Leben/Bewußtsein verschwinden. **2.** *v. t. (Radio, Telev., Cinemat.)* ausblenden. *See also* **fade-out**

**faded** ['feɪdɪd] *adj.* welk ⟨*Blume, Blatt, Laub*⟩; verblichen ⟨*Stoff, Jeans, Farbe, Gemälde, Ruhm, Teppich*⟩; verblüht ⟨*Schönheit*⟩; verblaßt ⟨*Erinnerung*⟩

**'fade-in** *n. (Radio, Telev., Cinemat.)* Einblendung, *die*

**fadeless** ['feɪdlɪs] *adj.* farbecht ⟨*Stoff*⟩; echt ⟨*Farbe*⟩

**'fade-out** *n.* **a)** *(Radio, Telev., Cinemat.)* Ausblendung, *die;* **b)** *(Radio: by ionospheric* *disturbances)* Fading, *das (fachspr.);* Schwund, *der;* **c)** *(fig.: disappearance)* Niedergang, *der*

**fading** ['feɪdɪŋ] *n. (Radio)* Fading, *das (fachspr.);* Schwund, *der*

**faecal** ['fi:kl] *adj. (Physiol.)* Kot-; kotig; fäkal *(fachspr.)*

**faeces** ['fi:si:z] *n. pl.* Fäkalien *Pl.*

**faff about** [fæf ə'baʊt] *v. i. (Brit. coll.)* herummachen *(ugs.);* **stop faffing about!** reg dich ab! *(ugs.)*

[1]**fag** [fæg] **1.** *v. i.,* **-gg- a)** *(toil)* sich [ab]schinden *(ugs.),* sich abrackern *(salopp)* (**[away] at** mit); **b)** *(Brit. Sch.)* ~ **for a senior** einen älteren Schüler bedienen. **2.** *v. t.,* **-gg-:** ~ **sb. [out]** jmdn. schlauchen *(ugs.);* ~ **oneself out** sich [ab]schinden *(ugs.);* **be ~ged out** geschlaucht sein *(ugs.).* **3.** *n.* **a)** *(Brit. coll.)* Schinderei, *die (ugs. abwertend);* **b)** *(Brit. Sch.)* Diener, *der; Internatsschüler, der einem älteren bestimmte Dienste leistet;* **c)** *(sl.: cigarette)* Glimmstengel, *der (ugs. scherzh.)*

[2]**fag** *n. (sl.: homosexual)* Schwule, *der (ugs.)*

[1]**fag-end** *n.* **a)** *(remnant)* Schluß, *der;* Ende, *das;* **b)** *(sl.: cigarette-end)* Kippe, *die (ugs.)*

**faggot** *(Amer.:* **fagot***)* ['fægət] *n.* **a)** *(sticks, twigs)* Reisigbündel, *das;* **b)** *usu. in pl. (Gastr.)* Leberknödel, *der;* **c)** *(woman)* Weib, *das (abwertend);* **d)** *(sl.: homosexual)* Schwule, *der*

**fah** [fɑ:] *n. (Mus.)* fa

**Fahr.** *abbr.* **Fahrenheit** F

**Fahrenheit** ['færənhaɪt] *adj.* Fahrenheit; ~ **scale** Fahrenheitskala, *die*

**fail** [feɪl] **1.** *v. i.* **a)** *(not succeed)* scheitern; ~ **in sth.** mit etw. scheitern; **he ~ed in doing it** es gelang ihm nicht, es zu tun; ~ **in one's duty** seine Pflicht versäumen; ~ **as a human being/a doctor** als Mensch/Arzt versagen; **he ~ed in his attempts to escape** seine Fluchtversuche schlugen fehl *od.* mißlangen; **b)** *(miscarry, come to nothing)* scheitern; fehlschlagen; **if all else ~s** wenn alle Stricke *od.* Stränge reißen *(ugs.);* **c)** *(become bankrupt)* Bankrott machen; bankrott gehen; **d)** *(in examination)* nicht bestehen (**in** in + *Dat.*); durchfallen *(ugs.)* (**in** in + *Dat.*); **e)** *(be rejected)* ⟨*Bewerber, Kandidat, Bewerbung:*⟩ abgelehnt werden; **f)** *(become weaker)* ⟨*Augenlicht, Gehör, Gedächtnis, Stärke, Eifer, Entschlossenheit:*⟩ nachlassen; ⟨*Atem:*⟩ schwächer werden; ⟨*Mut:*⟩ sinken; **his voice ~ed** ihm versagte die Stimme; **he** *or* **his health is ~ing** sein Gesundheitszustand verschlechtert sich; **the light was ~ing** *(fig. literary)* es dämmerte; **g)** *(break down, stop)* ⟨*Versorgung:*⟩ zusammenbrechen; ⟨*Motor, Radio:*⟩ aussetzen; ⟨*Generator, Batterie, Pumpe:*⟩ ausfallen; ⟨*Bremse, Herz:*⟩ versagen; **h)** *(prove misleading)* ⟨*Prophezeiung, Vorhersage:*⟩ sich nicht bewahrheiten; **i)** *(be insufficient)* ⟨*Ernte:*⟩ schlecht ausfallen; **j)** *(formal: fall short)* **sth. ~s of its intended effect** etw. erreicht die beabsichtigte Wirkung nicht. **2.** *v. t.* **a)** ~ **to do sth.** *(not succeed in doing)* etw. nicht tun [können]; ~ **to reach a decision** zu keinem Entschluß kommen; ~ **to achieve one's purpose/aim** seine Absicht/sein Ziel verfehlen; ~ **to pass an exam** eine Prüfung nicht bestehen; in einer Prüfung durchfallen *(ugs.);* ~ **to remember sth.** etw. vergessen; **his hopes ~ed to materialize** seine Hoffnungen haben sich nicht verwirklicht; **the letter ~ed to reach its destination** der Brief ist nicht an seinem Bestimmungsort eingetroffen; **b)** *(be unsuccessful in)* nicht bestehen ⟨*Prüfung*⟩; durchfallen in (+ *Dat.*) *(ugs.)* ⟨*Prüfung*⟩; **c)** *(reject)* durchfallen lassen *(ugs.)* ⟨*Prüfling*⟩; **d)** ~ **to do sth.** *(not do)* etw. nicht tun; *(neglect to do)* [es] versäumen, etw. zu tun; **not ~ to do sth.** etw. tun; **he never ~s to send me a card** er schreibt mir immer eine Karte *od.* versäumt es nie, mir eine Karte zu schreiben; **I ~ to see the reason why ...:** ich sehe nicht ein, warum ...; **e)** *(not suffice for)* im Stich lassen; **his legs ~ed him** seine Beine ließen ihn im Stich *od. (geh.)* versagten ihm den Dienst; **his heart** *or* **courage ~ed him** ihn verließ der Mut; **words ~ sb.** jmdm. fehlen die Worte; jmd. findet keine Worte; **f) the wind ~ed us** *(did not blow)* wir hatten keinen Wind; *(was blowing the wrong way)* die Windrichtung war ungünstig. **3.** *n.* **without ~:** auf jeden Fall; garantiert

**failed** [feɪld] *attrib. adj.* nicht bestanden ⟨*Prüfung*⟩; durchgefallen *(ugs.)* ⟨*Prüfling*⟩; gescheitert ⟨*Person, Geschäft, Ehe, Versuch*⟩

**failing** ['feɪlɪŋ] **1.** *n.* Schwäche, *die.* **2.** *prep.* ~ **that** *or* **this** andernfalls; wenn nicht; ~ **which** widrigenfalls *(Papierdt.);* ..., ~ **which you can ...:** ..., ansonsten können Sie ... **3.** *adj.* sich verschlechternd ⟨*Gesundheitszustand*⟩; nachlassend ⟨*Kraft*⟩; sinkend ⟨*Mut*⟩; dämmrig ⟨*Licht*⟩

[1]**fail-safe** *adj.* ausfallsicher; abgesichert ⟨*Methode*⟩; Failsafe-⟨*Vorkehrung, Prinzip*⟩ *(fachspr.)*

**failure** ['feɪljə(r)] *n.* **a)** *(omission, neglect)* Versäumnis, *das;* ~ **to do sth.** das Versäumnis, etw. zu tun; ~ **to observe** *or* **follow the rule** Nichtbeachtung *od.* Übertretung der Regel; ~ **to appear in court** Nichterscheinen *(Amtsspr.)* vor Gericht; ~ **to deliver goods** Nichtlieferung von Waren; ~ **to pass an exam** Nichtbestehen einer *od. (ugs.)* Durchfall bei einer Prüfung; **b)** *(lack of success)* Scheitern, *das; (of an application)* Ablehnung, *die;* **be doomed to ~, be bound to end in ~:** zum Scheitern verurteilt sein; **end in ~:** scheitern; **c)** *(unsuccessful person or thing)* Versager, *der;* **the party/play/film was a ~:** das Fest/Stück/der Film war ein Mißerfolg; **our plan/attempt was a ~:** unser Plan/Versuch war fehlgeschlagen; **the cake/dish turned out a ~:** der Kuchen/das Gericht mißlang; **be a ~ as a doctor/teacher** als Arzt/Lehrer versagen; **be a ~ at doing sth.** keine glückliche Hand bei etw. haben; **d)** *(non-occurrence of a process)* **the ~ of the medicine to have the desired effect** das Ausbleiben der Wirkung der Arznei; **my ~ to understand his motives** mein fehlendes Verständnis für seine Motive; **his ~ to keep in touch/to contact us was ...:** daß er es unterlassen hat, von sich hören zu lassen/mit uns Kontakt aufzunehmen, war ...; **e)** *(running short, breaking down) (of supply)* Zusammenbruch, *der; (of engine, generator)* Ausfall, *der;* **signal/pump/engine/generator ~:** Ausfall des Signals/der Pumpe/des Motors/des Generators; **power** *or* **electricity ~:** Stromausfall, *der;* **brake ~:** Versagen der Bremsen; **crop ~, ~ of crops** Mißernte, *die;* **f)** *(Med.)* Versagen, *das;* Insuffizienz, *die (fachspr.);* **g)** *(deterioration, weakening) (of health)* Verschlechterung, *die; (of hearing, eyesight, strength)* Nachlassen, *das; (of energy)* Erlahmen, *das; (of courage)* Sinken, *das;* **h)** *(absence, non-existence)* Fehlen, *das;* ~ **of justice** Versagen der Justiz; **i)** *(bankruptcy)* Zusammenbruch, *der;* **a bank ~:** der Zusammenbruch einer Bank

**fain** [feɪn] *(arch.)* **1.** *adv.* [zu] gern. **2.** *pred. adj.* bereit; geneigt; **be ~ to do** *or* **of doing sth.** geneigt sein, etw. zu tun

**faint** [feɪnt] **1.** *adj.* **a)** *(dim, indistinct, pale)* matt ⟨*Licht, Farbe, Stimme, Lächeln*⟩; schwach ⟨*Geruch, Duft*⟩; leise ⟨*Flüstern, Geräusch, Stimme, Ton, Ruf, Schritt*⟩; entfernt ⟨*Ähnlichkeit*⟩; undeutlich ⟨*Umriß, Linie, Gestalt, Spur, Stimme, Fotokopie*⟩; **b)** *(weak, vague)* leise ⟨*Wunsch, Hoffnung, Verdacht, Ahnung*⟩; gering ⟨*Chance*⟩; **not have the ~est idea** *or* **notion** nicht die geringste *od.* blasseste Ahnung haben; **Where is he? – I haven't the ~est idea** *or (coll.)* **~est** Wo ist er? – Keine Ahnung! *(ugs.);* **c)** *(giddy, weak)* matt; schwach; **she felt/looked ~:** sie fühlte sich/schien einer Ohnmacht nahe; ihr war schwindelig/ihr schien schwindelig zu sein; **be ~ with** *or* **feel ~ from hunger** *etc.* vor Hunger *usw.* matt *od.* schwach sein; **his breathing grew ~:** sein Atem wurde schwächer; **d)** *(timid)* gering, schwach ⟨*Mut*⟩; **~ heart never won fair lady** *(prov.)* wer nicht wagt, der nicht gewinnt *(Spr.);* **e)** *(feeble)* schwach ⟨*Lob, Widerstand*⟩; zaghaft ⟨*Versuch, Bemühung*⟩; *see also* **damn 1 a; f)** *see* [2]**feint. 2.** *v. i.* ohnmächtig werden, in Ohnmacht fallen (**from** vor + *Dat.*). **3.** *n.* Ohnmacht, *die;* **in a [dead] ~:** ohnmächtig; **go off in** *or* **fall into a ~:** ohnmächtig werden; in Ohnmacht fallen

**faint: ~-heart** *n.* Hasenherz, *das (abwertend);* **~-hearted** *adj.* hasenherzig *(abwertend);* zaghaft ⟨*Versuch*⟩; **~-heartedly** hasenherzig *(abwertend)*

**faintly** ['feɪntlɪ] *adv.* **a)** *(indistinctly)* undeutlich ⟨*markieren, hören*⟩; kaum ⟨*sichtbar*⟩; schwach ⟨*riechen, scheinen*⟩; entfernt ⟨*sich ähneln*⟩; **b)** *(slightly)* leise ⟨*hoffen, verdächtigen*⟩; wenig ⟨*interessieren*⟩; leicht ⟨*enttäuschen, herablassend*⟩; **c)** *(feebly)* zaghaft ⟨*versuchen, lächeln*⟩

**faintness** ['feɪntnɪs] *n., no pl.* **a)** *(dimness, feebleness) (of marking, outline, voice)* Undeutlichkeit, *die; (of resemblance)* Entferntheit, *die; (of colour)* Mattheit, *die; (of old photograph)* Verblaßtheit, *die;* **the ~ of the smell/light** der schwache Geruch/das schwache Licht; **the ~ of his smile/recollection** sein schwaches Lächeln/seine schwache Erinnerung; **b)** *(dizziness)* Schwäche, *die;* Mattigkeit, *die;* **feeling of ~:** Schwächegefühl, *das;* **c)** *(cowardice)* **~ of spirits** Verzagtheit, *die;* **~ of heart** *(literary)* Zagheit, *die (geh.)*

[1]**fair** [feə(r)] *n.* **a)** *(gathering)* Markt, *der; (with shows, merry-go-rounds)* Jahrmarkt, *der;* **village/cattle ~:** Dorf-/Viehmarkt, *der;* **a day after the ~** *(fig.)* zu spät; **b)** *see* **fun-fair; c)** *(exhibition)* Ausstellung, *die;* Messe, *die;* **agricultural/world/industries ~:** Landwirtschafts-/Welt-/Industrieausstellung, *die;* **book/antiques/trade ~:** Buch-/Antiquitäten-/Handelsmesse, *die*

[2]**fair 1.** *adj.* **a)** *(just)* gerecht; begründet ⟨*Beschwerde, Annahme*⟩; berechtigt ⟨*Frage*⟩; fair ⟨*Spiel, Kampf, Prozeß, Preis, Beurteilung, Handel*⟩; *(representative, typical)* typisch, markant ⟨*Beispiel, Kostprobe*⟩; **be ~ with** *or* **to sb.** gerecht gegen jmdn. *od.* zu jmdm. sein; **it's only ~ to do sth./for sb. to do sth.** es ist nur recht und billig, etw. zu tun/daß jmd. etw. tut; **strict but ~:** streng, aber gerecht; **a ~ day's wages for a ~ day's work** anständiger Lohn für anständige Arbeit; **that's not ~, you're not ~:** das ist ungerecht *od.* unfair; **[well, that's] ~ enough!** *(coll.)* dagegen ist nichts einzuwenden; *(OK)* na gut; **by ~ means or foul** egal wie *(ugs.);* auf ehrliche oder unehrliche Weise; **all's ~ in love and war** in der Liebe und im Krieg ist alles erlaubt; **~ play** Fairneß, *die;* Fair play, *das;* **~ play in business** anständiges Geschäftsgebaren; **~ and square** ehrlich; *see also* **crack 1 a;** [1]**deal 3 a;** [2]**do d; field 1 e;** [1]**game 1 g; share 1 a; b)** *(not bad, pretty good)* ganz gut ⟨*Bilanz, Vorstellung, Anzahl, Menge, Kenntnisse, Chance*⟩; ziemlich ⟨*Maß, Geschwindigkeit*⟩; **a ~ amount of work** ein schönes Stück Arbeit; **she has a ~ amount of sense** sie ist ganz vernünftig; **not all, but a ~ number** nicht alle, aber doch recht viele; **be a ~ judge of character** ein recht guter Menschenkenner sein; *see also* **middling 1 b; c)** *(favourable)* schön ⟨*Wetter, Tag, Abend*⟩; günstig ⟨*Wetterlage, Wind*⟩; heiter ⟨*Wetter, Tag, Himmel, Morgen*⟩; **the barometer/weather is set ~:** das Barometer steht auf Schönwetter/das schöne Wetter hält an; **be in a ~ way to doing sth.** gute Aus-

sichten haben, etw. zu tun; **be in a ~ way to succeed/winning** gute Erfolgs-/Gewinnchancen haben; **d)** *(considerable, satisfactory)* ansehnlich ⟨*Erbe, Vermögen*⟩; **e)** *(specious)* groß ⟨*Rede, Worte, Versprechung*⟩; schön ⟨*Geschichte*⟩; **f)** *(complimentary)* schön ⟨*Rede, Worte*⟩; **g)** *(blond)* blond ⟨*Haar, Person*⟩; *(not dark)* hell ⟨*Teint, Haut*⟩; hellhäutig ⟨*Person*⟩; **very ~:** hellblond; **a ~ head** ein Blondkopf; **h)** *(poet. or literary: beautiful)* hold *(dichter. veralt.)* ⟨*Kind, Mädchen, Maid, Prinz, Gesicht*⟩; schön ⟨*Stadt*⟩; *(pure, unsullied)* gut, unbescholten ⟨*Name, Ruf*⟩; **the ~ sex** das schöne Geschlecht; **with her own ~ hands** *(iron.)* mit ihren zarten Händen; **i)** *(clean, clear)* rein *(meist geh.)* ⟨*Wasser*⟩; sauber ⟨*Handschrift*⟩; **~ copy** Reinschrift, *die;* **make a ~ copy of sth.** etw. ins reine schreiben. **2.** *adv.* **a)** *(in a fair manner)* fair ⟨*kämpfen, spielen*⟩; gerecht ⟨*behandeln*⟩; **b)** *(coll.: completely)* völlig; **the sight ~ took my breath away** der Anblick hat mir glatt *(ugs.)* den Atem verschlagen; **c) ~ and square** *(honestly)* offen und ehrlich; *(accurately)* voll, genau ⟨*schlagen, treffen*⟩. *See also* **bid 2 a; dinkum; play 2 a. 3.** *n.* **~'s ~** *(coll.)* Gerechtigkeit muß sein

**fair: ~-faced** *adj. (having light complexion)* hellhäutig; **~ground** *n.* Festplatz, *der;* **~-haired** *adj.* blond; **~-haired boy** *(Amer. fig.)* Liebling, *der;* Favorit, *der*

**fairing** *n. (structure)* Verkleidung, *die*

**fairish** ['feərɪʃ] *adj.* passabel

**'Fair Isle** *attrib. adj. (Textiles) für die Insel Fair Isle typisch;* ≈ Shetland⟨*pullover, -muster*⟩

**fairly** ['feəlɪ] *adv.* **a)** fair ⟨*kämpfen, spielen*⟩; gerecht ⟨*bestrafen, beurteilen, behandeln*⟩; **come by sth. ~:** auf ehrliche Weise zu etw. kommen; **b)** *(tolerably)* ziemlich; **c)** *(completely)* völlig; heftig, sehr ⟨*bestürmen, bedrängen*⟩; **it ~ took my breath away** es hat mir glatt *(ugs.)* den Atem verschlagen; **d)** *(actually)* richtig; **I ~ jumped for joy** ich habe einen regelrechten Freudensprung gemacht; **e) ~ and squarely** *(honestly)* offen und ehrlich; *(accurately)* voll, genau ⟨*schlagen, treffen*⟩; **look at a situation ~ and squarely** eine Lage nüchtern betrachten; **beat sb. ~ and squarely** jmdn. nach allen Regeln der Kunst *(ugs.)* besiegen

**'fair-minded** *adj.* unvoreingenommen

**fairness** ['feənɪs] *n., no pl.* Gerechtigkeit, *die;* **sense of ~:** Gerechtigkeitsgefühl, *das;* **in all ~ [to sb.]** fairerweise; um fair [gegen jmdn.] zu sein

**fair: ~way** *n.* **a)** *(channel)* Fahrrinne, *die;* **b)** *(Golf)* Fairway, *das;* **~-weather friend** *n.* Freund, der/Freundin, die nur in guten Zeiten treu ist

**fairy** ['feərɪ] **1.** *n.* **a)** *(Mythol.)* Fee, *die; (in a household)* Kobold, *der;* **b)** *(sl.: homosexual)* Tunte, *die (salopp);* Warme, *der (salopp).* **2.** *attrib. adj.* feenhaft ⟨*Stimme, Wesen*⟩; Feen⟨*reigen, -reich*⟩

**fairy: ~ 'godmother** *n. (lit. or fig.)* gute Fee; **F~land** *n. (land of fairies)* Feenland, *das; (enchanted region)* Märchenland, *das;* **winter ~land** winterliche Märchenlandschaft; **~ lights** *n. pl.* kleine farbige Lichter; **~ 'ring** *n. (Bot.)* Hexenring, *der;* **~ story** *see* **~-tale 1; ~-tale 1.** *n. (lit. or fig.)* Märchen, *das;* **2.** *adj.* Märchen⟨*landschaft*⟩; märchenhaft schön ⟨*Szene, Wirkung, Kleid, Ball*⟩; märchenhaft ⟨*Schönheit*⟩

**fait accompli** [feɪt æ'kɔ̃pli:, feɪt ə'komplɪ] *n.* vollendete Tatsache; Fait accompli, *das (geh.)*

**faith** [feɪθ] *n.* **a)** *(reliance, trust)* Vertrauen, *das;* **have ~ in sb./sth.** Vertrauen zu jmdm./etw. haben; auf jmdn./etw. vertrauen; **have ~ in oneself** Selbstvertrauen haben; **lose ~ in sb./sth.** das Vertrauen zu jmdm./etw. verlieren; **pin one's ~ on** *or* **put one's ~ in sb./sth.** sein Vertrauen auf *od.* in jmdn./etw. setzen; **b)** *(belief)* Glaube, *der;* **on ~:** in gutem Glauben; **c)** *(religious belief)* Glaube, *der;* **the ~:** der [christliche] Glaube; **different Christian ~s** verschiedene christliche Glaubensrichtungen; **a matter of ~:** eine Glaubenssache; **d)** *(promise)* [Ehren]wort, *das; (pledge of fidelity)* Treue, *die;* **pledge one's ~ to sb.** jmdm. Treue geloben; **to do that would be breaking ~:** das zu tun, wäre [ein] Wortbruch; **break ~ with an ally** an einem Verbündeten treubrüchig werden; **keep ~ with sb.** jmdm. treu bleiben *od.* die Treue halten; **e)** *(loyalty)* Redlichkeit, *die;* **good/bad ~:** Vertrauen/Mißtrauen, *das;* **in good ~:** ohne Hintergedanken; *(unsuspectingly)* in gutem Glauben; guten Glaubens; **in all good ~:** auf Treu und Glauben; **in bad ~:** in böser Absicht

**faithful** ['feɪθfl] **1.** *adj.* **a)** *(showing faith, loyal)* treu; **remain ~ to sb./sth.** jmdm./einer Sache treu bleiben; **remain ~ to one's promise** [sein] Wort halten; sein Versprechen halten; **b)** *(conscientious)* pflichttreu; treu ⟨*Briefschreiber*⟩; [ge]treu ⟨*Diener*⟩; **c)** *(accurate)* [wahrheits]getreu; originalgetreu ⟨*Wiedergabe, Kopie*⟩. **2.** *n. pl.* **the ~:** die Gläubigen; **the party ~:** treue Anhänger der Partei

**faithfully** ['feɪθfəlɪ] *adv.* **a)** *(loyally)* treu ⟨*dienen*⟩; pflichttreu ⟨*überbringen, zustellen*⟩; gewissenhaft ⟨*hüten, halten*⟩; hoch und heilig, fest ⟨*versprechen*⟩; **promise [me] ~ that ...** *(coll.: emphatically)* versprich mir ganz fest, daß ...; **b)** *(accurately)* wahrheitsgetreu ⟨*erzählen*⟩; originalgetreu ⟨*wiedergeben*⟩; genau ⟨*befolgen*⟩; **c) yours ~** *(in letter)* mit freundlichen Grüßen; *(more formally)* hochachtungsvoll

**faith: ~-healer** *n.* Gesundbeter, *der*/-beterin, *die;* **~-healing** *n.* Gesundbeten, *das*

**faithless** ['feɪθlɪs] *adj.* **a)** *(perfidious, unreliable)* untreu ⟨*Geliebte[r], Mann, Frau*⟩; treulos ⟨*Untertan, Diener, Freund, Handeln, Verhalten*⟩; **be ~ to sb./sth.** jmdm./einer Sache untreu sein; **b)** *(unbelieving)* ungläubig

**fake** [feɪk] **1.** *adj.* unecht; gefälscht ⟨*Dokument, Banknote, Münze*⟩; **~ money** Falschgeld, *das.* **2.** *n.* **a)** *(thing ~d up)* Imitation, *die; (painting)* Fälschung, *die;* **b)** *(trick)* Finte, *die; (fig.)* Schwindel, *der (abwertend);* **c)** *(spurious person)* Schwindler, *der*/Schwindlerin, *die.* **3.** *v. t.* **a)** *(feign, contrive)* nachahmen ⟨*Akzent*⟩; fälschen ⟨*Unterschrift*⟩; vortäuschen ⟨*Krankheit, Einbruch, Unfall*⟩; **b)** *(make plausible)* **~ [up]** imitieren ⟨*Diamanten*⟩; fälschen ⟨*Gemälde*⟩; erfinden ⟨*Geschichte*⟩; **c)** *(alter so as to deceive)* frisieren *(ugs.);* verfälschen. **4.** *v. i.* simulieren

**faker** ['feɪkə(r)] *n. (swindler)* Schwindler, *der*/Schwindlerin, *die; (pretender)* Heuchler, *der*/Heuchlerin, *die*

**fakir** ['feɪkɪə(r), fə'kɪə(r)] *n.* Fakir, *der*

**falcon** ['fɔ:lkn, 'fɔ:kn] *n. (Ornith.)* Falke, *der*

**falconer** ['fɔ:lkənə(r), 'fɔ:kənə(r)] *n. (Hunting)* Falkner, *der*/Falknerin, *die*

**falconry** ['fɔ:lknrɪ, 'fɔ:knrɪ] *n., no pl., no indef. art.* Falknerei, *die*

**fall** [fɔ:l] **1.** *n.* **a)** *(act or manner of falling)* Fallen, *das; (of person)* Sturz, *der;* **~ of leaves/snow/rain** Blatt- *od.* Laub-/Schnee-/Regenfall, *der;* **in a ~:** bei einem Sturz; **have a ~:** stürzen; **a ten-inch ~ of rain/snow** eine Niederschlagsmenge von 254 mm/25 cm Schnee[fall]; **b)** *(collapse, defeat)* Fall, *der; (of culture, dynasty, empire)* Untergang, *der; (of government)* Sturz, *der;* **~ from power** Entmachtung, *die;* **c)** *(lapse into sin)* [Sünden]fall, *der;* **the F~ [of man]** *(Theol.)* der Sündenfall; **d)** *(slope)* Abfall, *der* (**to** zu, **nach**); **e)** *usu. in pl. (waterfall)* [Wasser]fall, *der;* **Niagara F~s** Niagarafälle; der Niagarafall; **f)** *(fig.: decrease) see* **drop 1 i; g)** *(of night etc.)* Einbruch, *der;* **h)** *(Amer.: autumn)* Herbst, *der;* **i)** *(Wrestling) (throw)* Schulterwurf, *der; (wrestling-bout)* Ringkampf, *der; (fig.)* **try a** *or* **one's ~ with sb.** es auf eine Kraftprobe mit jmdm. ankommen lassen. See also **ride 2 c. 2.** *v. i.,* **fell** [fel], **~en** ['fɔ:ln] **a)** *(drop)* fallen; **~ off sth., ~ down from sth.** von etw. [herunter]fallen; **~ down [into] sth.** in etw. *(Akk.)* [hinein]fallen; **~ out of sth.** aus etw. [heraus]fallen; **~ to the ground** zu Boden *od.* auf den Boden fallen; **she let sth. ~ [from her hand]** *(deliberately)* sie hat etw. [aus der Hand] fallen lassen; *(by mistake)* ihr ist etw. aus der Hand gefallen; **~ down dead** tot umfallen; **~ down the stairs** *or* **downstairs** die Treppe herunter-/hinunterfallen; **~ into the trap** in die Falle gehen; **always ~ on one's feet** *(fig.)* immer [wieder] auf die Beine *(ugs.) od.* Füße fallen; **nearly** *or* **almost ~ off one's chair** *(lit. or fig.)* fast vom Stuhl fallen *(ugs.);* **~ to earth** auf die Erde *od.* zur Erde fallen; **the blossom ~s** die Blüte fällt ab; **the land ~s to sea level** das Gelände fällt auf Meeresspiegelhöhe ab; **~ from a great height** aus großer Höhe abstürzen; **~ing star** *(Astron.)* Sternschnuppe, *die;* **rain/snow is ~ing** es regnet/schneit; **b)** *(fig.)* ⟨*Nacht, Dunkelheit:*⟩ hereinbrechen; ⟨*Abend:*⟩ anbrechen; ⟨*Stille:*⟩ eintreten; **night began to ~:** die Nacht brach herein; **c)** *(fig.: swoop)* **~ upon** ⟨*Katastrophe, Unglück, Seuche:*⟩ hereinbrechen über (+ *Akk.*) *(geh.);* ⟨*Rache:*⟩ treffen; ⟨*Furcht:*⟩ befallen; **d)** *(fig.: be uttered)* ⟨*Worte, Bemerkungen:*⟩ fallen; **~ from sb.'s lips** *or* **mouth** über jmds. Lippen *(Akk.)* kommen; **let ~ a remark** eine Bemerkung fallenlassen; **e)** *(lose high position)* fallen; **~ from power** entmachtet werden; **~ from one's high estate** seinen hohen Rang einbüßen; **~en angel** gefallener Engel; **~en arch** *(Med.)* Senkfuß, *der;* **f)** *(lose chastity)* fallen; *(become pregnant)* **~ [with child]** schwanger werden; **a ~en woman** ein gefallenes Mädchen; **g)** *(become detached)* ⟨*Blätter:*⟩ [ab]fallen; **~ out** ⟨*Haare, Federn:*⟩ ausfallen; **h)** *(hang down)* fallen; **a lock fell over her face** eine Locke fiel *od.* hing ihr ins Gesicht; **i)** *(be born)* ⟨*Lamm, Kalb usw.:*⟩ geworfen werden; **j)** *(sink to lower level)* sinken; ⟨*Barometer:*⟩ fallen; ⟨*Absatz, Verkauf:*⟩ zurückgehen; *(in pitch)* ⟨*Musik:*⟩ [in der Tonhöhe] fallen; **~ by 10 per cent/from 10 [°C] to 0 [°C]** um 10%/von 10[°C] auf 0[°C] sinken; **[make sb.] ~ in sb.'s esteem** *or* **estimation/eyes** *(fig.)* [jmdn.] in jmds. Achtung/Augen *(Dat.)* sinken [lassen]; **~ into error/sin/temptation** einen Fehler/eine Sünde begehen/der Versuchung er- *od.* unterliegen; **k)** *see* **~ away b; l)** *(issue)* ⟨*Fluß:*⟩ münden (**into** in + *Akk.*); **m)** *(subside)* ⟨*Wasserspiegel, Gezeitenhöhe:*⟩ fallen; ⟨*Wind, Sturm:*⟩ sich legen; **n)** *(show dismay)* **his/her face** *or* **countenance fell** er/sie machte ein langes Gesicht *(ugs.);* **o)** *(look down)* **his/her glance/eyes fell** er/sie senkte den Blick/die Augen; **p)** *(no longer stand)* fallen; ⟨*Baum:*⟩ umstürzen; ⟨*Pferd:*⟩ stürzen; **~ to the ground** zu Boden fallen; *(fig.)* ⟨*Plan, Verabredung usw.:*⟩ ins Wasser fallen; ⟨*Argument, These:*⟩ in sich zusammenfallen; **~ into one another's arms** einander in die Arme fallen *od.* sinken; **~ on one's knees** auf die Knie fallen; sich auf die Knie werfen; **~ at sb.'s feet** *or* **down before sb.** jmdm. zu Füßen fallen; **~ [flat] on one's face** *(lit. or fig.)* auf die Nase fallen *(ugs.);* **q)** *(be defeated)* ⟨*Festung, Stadt:*⟩ fallen; ⟨*Monarchie, Regierung:*⟩ gestürzt werden; ⟨*Reich:*⟩ untergehen; **the fortress fell to the enemy** die Festung fiel dem Feind in die Hände; **r)** *(fail)* untergehen; **united we stand, divided we ~:** Einigkeit macht stark *(Spr.);* **s)** *(perish)* ⟨*Soldat:*⟩ fallen; **the ~en [soldiers]** die Gefallenen; **t)** *(collapse, break)* einstürzen;

**cause a building to ~:** ein Gebäude zum Einsturz bringen; **~ to pieces, ~ apart** ⟨*Buch, Wagen:*⟩ auseinanderfallen; *(fig.)* ⟨*Unternehmen, jmds. Welt:*⟩ zusammenbrechen; **~ in two** entzweigehen; **~ apart at the seams** an den Nähten aufplatzen; *(fig.)* ⟨*Plan:*⟩ ins Wasser fallen *(ugs.)*; **u)** *(Cricket)* **a wicket ~s** ein Schlagmann wird ausgeschlagen; **v)** *(come by chance, duty, etc.)* fallen **(to** an + *Akk.*); **it fell to me** *or* **to my lot to do it** das Los, es tun zu müssen, hat mich getroffen; **~ [in] sb.'s way** jmdm. zufallen; **~ among thieves** unter die Räuber fallen; **~ into an ambush** in einen Hinterhalt fallen; **he has ~en into the role of a mere spectator** er ist in die Rolle des Zuschauers gedrängt worden; **~ into bad company** in schlechte Gesellschaft geraten; **~ into conversation with sb.** mit jmdm. ins Gespräch kommen; **~ into decay** ⟨*Gebäude:*⟩ verfallen; *(fig.)* ⟨*Monarchie, Reich, Institution:*⟩ zerfallen; ⟨*Gesetz:*⟩ seine Bedeutung verlieren; **~ into parts/sections** in Teile/Abschnitte zerfallen; ⟨*Roman:*⟩ sich in Teile/Abschnitte gliedern; **~ into different categories** in *od.* unter verschiedene Kategorien fallen; **~ to doing sth.** anfangen *od.* beginnen, etw. zu tun; **they fell to fighting among themselves** es kam zu einer Schlägerei zwischen ihnen; *abs.* **~ to** beginnen, drauflos zu essen/arbeiten *usw.*; *see also* **~ on; w)** *(take specified direction)* ⟨*Auge, Strahl, Licht, Schatten:*⟩ fallen **(upon** auf + *Akk.*); **x)** *(have specified place)* liegen **(on, to** auf + *Dat.*, **within** in + *Dat.*); **~ into** *or* **under a category** in *od.* unter eine Kategorie fallen; **y)** *(pass into specified state)* **~ into a rage** einen Wutanfall bekommen; **~ into despair** verzweifeln; **~ into a deep sleep** in tiefen Schlaf fallen *od. (geh.)* versinken; **~ ill** krank werden; **~ into a swoon** *or* **faint** in Ohnmacht fallen; **z)** *(occur)* fallen **(on** auf + *Akk.*) ⟨*Datum*⟩; **Easter ~s late this year** Ostern fällt dieses Jahr spät. *See also* **asleep a; astern; [2]flat 1 a, b; foul 1 f; grace 1 e; hand 1 c; [1]line 1 f; love 1 a; place 1 j; prey 1 b; push 1 a; short 2 c; silent a; victim a; wayside**

**~ a'bout** *v. i.* **~ about [laughing** *or* **with laughter]** sich [vor Lachen] kringeln *(ugs.)*

**~ a'way** *v. i.* **a)** abfallen **(from** von); *(from allegiance)* sich lösen **(from** aus); ⟨*Mitgliedschaft, Einnahmen:*⟩ sinken; *(from friend, truth)* sich abwenden **(from** von); **b)** *(have slope)* abfallen **(to** zu)

**~ 'back** *v. i.* zurückweichen; ⟨*Armee:*⟩ sich zurückziehen; *(lag)* zurückbleiben; *see also* **fall-back**

**~ 'back on** *v. t.* zurückgreifen auf (+ *Akk.*)

**~ behind 1.** ['---] *v. t.* zurückfallen hinter (+ *Akk.*). **2.** [--'-] *v. i.* zurückbleiben; **~ behind with sth.** mit etw. in Rückstand *(Akk.)* geraten

**~ 'down** *v. i.* **a)** *see* **~ 2 a; b)** *(collapse)* ⟨*Brücke, Gebäude:*⟩ einstürzen; ⟨*Person:*⟩ hinfallen; **~ down [on sth.]** *(fig. coll.)* [bei etw.] versagen; **the argument ~s down on one point** das Argument sticht in einem Punkt nicht; **the theory fell down for** *or* **on lack of evidence** die Theorie war nicht haltbar, weil es an Beweisen fehlte; **~ down on a job** einer Aufgabe nicht gewachsen sein

**~ for** *v. t. (coll.)* **a)** *(~ in love with)* sich verknallen in *(ugs.)*; **b)** *(be persuaded by)* hereinfallen auf (+ *Akk.*) *(ugs.)*

**~ 'in** *v. i.* **a)** hineinfallen; **b)** *(Mil.)* antreten **(for** zu); **~ in!** angetreten!; **c)** *(collapse)* ⟨*Gebäude, Wand usw.:*⟩ einstürzen

**~ 'in with** *v. t.* **a)** *(meet and join)* stoßen zu; **b)** *(agree)* beipflichten (+ *Dat.*) ⟨*Person, Meinung, Vorschlag usw.*⟩; eingehen auf (+ *Akk.*) ⟨*Plan, Person, Bitte, Forderung*⟩; entsprechen (+ *Dat.*) ⟨*Forderung, Bitte*⟩; einstimmen in (+ *Akk.*) ⟨*Ton*⟩

**~ 'off** *v. i.* **a)** *see* **~ 2 a; b)** ⟨*Nachfrage, Produktion, Aufträge, Anzahl:*⟩ zurückgehen; **c)** ⟨*Mut, Niveau:*⟩ sinken; ⟨*Dienstleistungen, Gesundheit, Geschäft:*⟩ sich verschlechtern; ⟨*Begeisterung, Eifer, Interesse:*⟩ nachlassen. *See also* **fall-off**

**~ on** *v. t.* **a)** *(lit., or fig.: attack)* herfallen über; **b)** *(be borne by)* **~ on sb.** jmdm. zufallen; ⟨*Verdacht, Schuld, Los:*⟩ auf jmdn. fallen

**~ 'out** *v. i.* **a)** herausfallen; **b)** *see* **~ 2 g; c)** *(quarrel)* **~ out [with sb. over sth.]** sich [mit jmdm. über etw. *(Akk.)*] [zer]streiten; **d)** *(come to happen)* vonstatten gehen; **see how things ~ out** abwarten, wie sich die Dinge entwickeln; **it [so] fell out that ...** *(literary)* es begab sich *(geh.)*, daß ...; **e)** *(Mil.)* wegtreten; **~ out!** weggetreten! *See also* **fall-out**

**~ over 1.** ['---] *v. t.* **a)** *(stumble over)* fallen über (+ *Akk.*); **they were ~ing over each other to get the sweets** sie drängelten sich, um die Süßigkeiten zu bekommen; **~ over oneself** *or* **one's own feet** über seine eigenen Füße stolpern; **b) ~ over oneself to do sth.** *(fig. coll.)* sich vor Eifer überschlagen, um etw. zu tun *(ugs.)*. **2.** [-'--] *v. i.* umfallen; *(in faint)* hinfallen; **~ over on to sth.** auf etw. *(Akk.)* fallen; *see also* **backwards a**

**~ 'through** *v. i. (fig.)* ins Wasser fallen *(ugs.)*; ⟨*Einigungsversuch:*⟩ fehlschlagen

**~ upon a)** *see* **~ on; b)** *see* **~ 2 c, w**

**fallacious** [fə'leɪʃəs] *adj.* **a)** *(containing a fallacy)* irrig; **~ conclusion/syllogism** Fehl- *od.* Trugschluß, *der*; **b)** *(deceptive, delusive)* irreführend ⟨*Methode, Bericht*⟩; trügerisch ⟨*Hoffnung, Friede*⟩

**fallacy** ['fæləsɪ] *n.* **a)** *(delusion, error)* Irrtum, *der*; **b)** *(unsoundness, delusiveness)* Irrigkeit, *die*; **c)** *(Logic)* Trugschluß, *der*

**'fall-back** *adj.* **~ pay** Überbrückungsgeld, *das*; **~ job** *(for seasonal worker)* Nebenerwerb, *der (zur Überbrückung außerhalb der Saison)*

**fallen** *see* **fall 2**

**'fall guy** *n. (sl.)* **a)** *(victim)* Lackierte, *der/die (salopp)*; **b)** *(scapegoat)* Prügelknabe, *der (ugs.)*; **be the ~ for sb.** den Prügelknaben für jmdn. abgeben

**fallibility** [fælɪ'bɪlɪtɪ] *n., no pl.* Fehlbarkeit, *die*

**fallible** ['fælɪbl] *adj.* **a)** *(liable to err)* fehlbar ⟨*Person*⟩; **~ human nature** die Fehlbarkeit des Menschen; **b)** *(liable to be erroneous)* nicht unfehlbar

**'fall-off** *n. (in quality)* [Ver]minderung, *die* **(in** *Gen.*); *(in quantity)* Rückgang, *der* **(in** *Gen.*); **~ in quality/exports** Qualitäts[ver]minderung, *die*/Exportrückgang, *der*

**Fallopian tube** [fə'ləʊpɪən tju:b] *n. (Anat.)* Eileiter, *der*

**'fall-out** *n.* radioaktiver Niederschlag; *(fig.: side-effects)* Abfallprodukte; **~ shelter** Atombunker, *der*

**[1]fallow** ['fæləʊ] **1.** *n. (Agric.)* Brache, *die*. **2.** *adj. (lit. or fig.)* brachliegend; **~ ground** *or* **field/land** Brache, *die*/Brachland, *das*; **lie ~** *(lit. or fig.)* brachliegen

**[2]fallow** *adj. (in colour)* rotbraun

**'fallow deer** *n.* Damhirsch, *der*

**false** [fɔ:ls, fɒls] **1.** *adj.* **a)** falsch; Fehl⟨*deutung, -urteil*⟩; Falsch⟨*meldung, -eid, -aussage, -geld*⟩; treulos ⟨*Geliebte[r]*⟩; gefälscht ⟨*Urkunde, Dokument*⟩; **~ doctrine** Irrlehre, *die*; **be ~ to one's wife** seine Frau betrügen; seiner Frau *(Dat.)* untreu sein; **b)** *(sham)* falsch ⟨*Scham, Bescheidenheit, Stolz*⟩; künstlich ⟨*Wimpern, Auge*⟩; *(deliberate)* geheuchelt ⟨*Bescheidenheit*⟩; gekünstelt ⟨*Tränen, Lächeln*⟩; **distinguish the real from the ~:** zwischen Richtigem und Falschem *od.* Echtem und Unechtem unterscheiden; **under a ~ name** unter falschem Namen; **c)** *(deceptive)* falsch ⟨*Hoffnung, Sparsamkeit*⟩; unberechtigt ⟨*Furcht*⟩; trügerisch ⟨*Wärme, Licht*⟩. **2.** *adv.* unehrlich; **play sb. ~:** mit jmdm. ein falsches Spiel treiben

**false: ~ a'larm** *n.* blinder Alarm; **~ 'bottom** *n.* doppelter Boden; **~ 'card** *n. zwecks Irreführung des Gegners gespielte Karte*; **~ 'colours** *n. pl.* **sail under ~ colours** *(fig.)* unter falscher Flagge segeln; **~ 'dawn** *n. (Astron.)* ≈ Zodiakallicht, *das*; *(fig.)* Täuschung, *die*; **~ 'hair** *n.* falsches Haar

**falsehood** ['fɔ:lshʊd, 'fɒlshʊd] *n.* **a)** *no pl. (falseness)* Unrichtigkeit, *die*; **b)** *(untrue thing)* Unwahrheit, *die*; **tell a ~:** die Unwahrheit sagen

**false 'keel** *n. (Naut.)* Schutzkiel, *der*

**falsely** ['fɔ:lslɪ, 'fɒlslɪ] *adv.* **a)** *(dishonestly)* unaufrichtig ⟨*sprechen*⟩; falsch ⟨*schwören*⟩; **b)** *(incorrectly, unjustly)* falsch ⟨*auslegen, verstehen*⟩; fälschlich[erweise] ⟨*annehmen, glauben, behaupten, anklagen, beschuldigen, verurteilen*⟩; **c)** *(insincerely)* gekünstelt ⟨*lächeln*⟩

**false 'move** *see* **false step**

**falseness** ['fɔ:lsnɪs, 'fɒlsnɪs] *n., no pl.* **a)** *(incorrectness)* Unrichtigkeit, *die*; Falschheit, *die*; **b)** *(faithlessness)* Treulosigkeit, *die* **(to** gegenüber); **c)** *(insincerity)* Unaufrichtigkeit, *die*

**false: ~ po'sition** *n. Lage, in der man scheinbar entgegen seinen Prinzipien handeln muß*; **he was put in a ~ position** er wurde in ein schiefes Licht gerückt; **~ pre'tences** *n. pl.* Vorspiegelung falscher Tatsachen; **~ 'start** *n. (Sport; also fig.)* Fehlstart, *der*; **~ 'step** *n. (lit. or fig.)* falscher Schritt; **make a ~ step** einen falschen Schritt tun; **~ 'teeth** *n. pl.* [künstliches] Gebiß; Prothese, *die*

**falsetto** [fɔ:l'setəʊ, fɒl'setəʊ] *n., pl.* **~s** *(voice)* Kopfstimme, *die*; *(Mus.: of man)* Falsett, *das*; Fistelstimme, *die*

**falsies** ['fɔ:lsɪz, 'fɒlsɪz] *n. pl. (coll.)* Gummibusen, *der (salopp)*

**falsification** [fɔ:lsɪfɪ'keɪʃn, fɒlsɪfɪ'keɪʃn] *n.* **a)** *(alteration)* Fälschung, *die*; *(of fact, event, truth, history)* Verfälschung, *die*; **lies and ~s** Lügen und Unwahrheiten; **b)** *(showing that sth. is false)* Widerlegung, *die*

**falsify** ['fɔ:lsɪfaɪ, 'fɒlsɪfaɪ] *v. t.* **a)** *(alter)* fälschen; *(misrepresent)* verfälschen ⟨*Tatsache, Geschichte, Ereignis, Wahrheit*⟩; **b)** *(show to be false)* widerlegen; falsifizieren *(geh.)*

**falsity** ['fɔ:lsɪtɪ, 'fɒlsɪtɪ] *n., no pl.* **a)** *(incorrectness)* Falschheit, *die*; **b)** *(falsehood)* Unwahrheit, *die*; *(error)* Unrichtigkeit, *die*; **c)** *(deceitfulness, unfaithfulness)* Treulosigkeit, *die*; **d)** *(artificiality)* Unnatürlichkeit, *die*

**falter** ['fɔ:ltə(r), 'fɒltə(r)] **1.** *v. i.* **a)** *(waver)* stocken; ⟨*Mut, Hoffnung:*⟩ sinken; **~ in one's resolve/desire/determination** in seinem Entschluß/Wunsch/seiner Entschlossenheit schwankend werden; **their courage/hopes did not ~:** sie verloren nicht den Mut/die Hoffnung; **b)** *(stumble, stagger)* wanken; **with ~ing steps** mit [sch]wankenden Schritten. **2.** *v. t.* **~ [out] sth.** etw. stammeln

**fame** [feɪm] *n., no pl.* Ruhm, *der*; **rise to ~:** zu Ruhm kommen *od.* gelangen; **win ~ for oneself** Ruhm gewinnen; **a man of [great] literary/political ~:** ein [sehr] berühmter Literat/Politiker; **is that Erich Segal of 'Love Story' ~?** ist das der Erich Segal, der mit „Love Story" berühmt geworden ist?; **ill ~:** schlechter Ruf; *see also* **house 1 e**

**famed** [feɪmd] *adj.* berühmt **(for** für, wegen); *see also* **far-famed**

**familiar** [fə'mɪljə(r)] **1.** *adj.* **a)** *(well acquainted)* bekannt; **be ~ with sb.** jmdn. näher kennen; **we never really got ~:** wir lernten uns *(Akk.)* nie richtig kennen *od. (ugs.)* wurden nie so richtig warm miteinander; **b)** *(having knowledge)* vertraut; **are you ~ with Ancient Greek?** können Sie Altgriechisch?; **c)** *(well known)* vertraut; bekannt ⟨*Gesicht, Name, Lied*⟩; gewohnt ⟨*Geruch*⟩; *(common, usual)* geläufig ⟨*Ausdruck*⟩; gängig ⟨*Vorstellung*⟩; **be on ~ ground** *(fig.)* Bescheid wissen; **he looks ~:** er kommt mir bekannt vor;

**his name seems ~ [to me]** sein Name kommt mir bekannt vor; **the word is ~ to me** das Wort ist mir geläufig; **d)** *(informal)* familiär, freundschaftlich ⟨*Ton, Begrüßung*⟩; ungezwungen ⟨*Sprache, Art, Stil*⟩; **are you on ~ terms with him?** kennt ihr euch gut?; **a ~ term of address** eine vertrauliche Anrede; **e)** *(presumptuous)* plump-vertraulich *(abwertend)*; **f)** *(intimate)* intim; **make oneself** *or* **become** *or* **get too ~ with sb.** mit jmdm. zu vertraulich werden; **be on ~ terms with sb.** enge Beziehungen zu jmdm. unterhalten. **2.** *n. (literary: friend, associate)* Vertraute, *der/die (geh.)*

**familiarity** [fəmılı'ærıtı] *n.* **a)** *no pl. (acquaintance)* Vertrautheit, *die;* **b)** *no pl. (relationship)* ungezwungenes Verhältnis; familiäres Verhältnis; **c)** *(of action, behaviour)* Vertraulichkeit, *die;* **the ~ of their greeting** ihre freundschaftliche Begrüßung; **~ breeds contempt** *(prov.)* zu große Vertraulichkeit erzeugt Verachtung; **d)** *no pl. (sexual intimacy)* Intimität, *die;* Vertraulichkeiten *Pl.;* **attempts at ~:** plumpe Annäherungsversuche; **e)** *in pl. (caresses)* Intimitäten *Pl.;* Vertraulichkeiten *Pl.*

**familiarize (familiarise)** [fə'mılјəraız] *v. t.* vertraut machen; einweisen ⟨*neuen Mitarbeiter*⟩; **~ oneself with a/one's new job** sich einarbeiten

**familiarly** [fə'mılјəlı] *adv.* **a)** *(informally)* ungezwungen; **b)** *(intimately)* näher ⟨*kennen*⟩; **c)** *(presumptuously)* plump-vertraulich *(abwertend)*; **d)** *(commonly)* **~ known as ...:** allgemein ... genannt; **more ~ known as** besser bekannt als

**family** ['fæməlı] *n.* **a)** Familie, *die;* **be one of the ~:** zur Familie gehören; **with just the immediate ~:** im engsten Familienkreis; **start a ~:** eine Familie gründen; **give my regards to Mr and Mrs Brown and ~:** grüßen Sie Familie Brown von mir; **run in the ~:** in der Familie liegen; **be in the** *or* **a ~ way** *(coll.)* in anderen Umständen sein *(verhüll.)*; **b)** *(ancestry)* **of [good] ~:** aus guter Familie; **c)** *(group, race)* Geschlecht, *das;* **the ~ of human beings** das Menschengeschlecht; **d)** *(brotherhood)* [große] Familie; **the ~ of Christians/of man** die Christenheit/die Menschheit; **the ~ of nations** die Völkerfamilie *(geh.)*; **e)** *(group of things; also Biol.)* Familie, *die; (Ling.)* [Sprach]familie, *die;* **f)** *attrib.* Familien-; familiär ⟨*Hintergrund*⟩; **in the ~ circle** im Kreis der Familie; *see also* **council a**

**family: ~ al'lowance** *n.* Kindergeld, *das;* **~ 'Bible** *n.* Familienbibel, *die;* **F~ Division** *n. (Brit. Law) Abteilung für Familienrecht im obersten Gericht;* **~ 'doctor** *n.* Hausarzt, *der;* **~ 'income supplement** *n. (Brit.)* ≈ Familienzulage, *die;* **~ man** *n.* Familienvater, *der; (home-loving man)* häuslich veranlagter Mann; **~ name** *n.* Familienname, *der;* Nachname, *der;* **~ 'planning** *n.* Familienplanung, *die;* **~ 'planning clinic** *n.* ≈ Familienberatung[sstelle], *die;* **~ 'tree** *n.* Stammbaum, *der*

**famine** ['fæmın] *n.* **a)** Hungersnot, *die;* **b)** *(shortage)* Knappheit, *die;* **~-stricken** von Hunger betroffen

**famish** ['fæmıʃ] *v. i.* hungern; **I'm ~ing!** *(coll.)* ich sterbe vor Hunger *(ugs.)*

**famished** ['fæmıʃt] *adj.* ausgehungert; halb verhungert; **I'm absolutely ~** *(coll.)* ich sterbe vor Hunger *(ugs.)*

**famous** ['feıməs] *adj.* **a)** *(well-known)* berühmt; **a ~ victory** ein rühmlicher Sieg; **b)** *(coll.: excellent)* prima *(ugs.)*; famos *(ugs. veralt.)*

**famously** ['feıməslı] *adv. (coll.)* prima *(ugs.)*; famos *(ugs. veralt.)*

**¹fan** [fæn] **1.** *n.* **a)** Fächer, *der;* **b)** *(sth. spread out)* Fächer, *der; (of peacock)* Rad, *das;* **c)** *(apparatus)* Ventilator, *der.* **2.** *v. t.,* **-nn-:** fächeln ⟨*Gesicht*⟩; anfachen ⟨*Feuer*⟩; **~ oneself/sb.** sich/jmdm. Luft zufächeln; **~ one's face** sich *(Dat.)* das Gesicht fächeln; **~ the fire into a brisk blaze** das Feuer anfachen, bis es hell lodert; **~ the flame[s]** *or* **embers** *(fig.)* das Feuer schüren; Öl ins Feuer gießen; **~ dissatisfaction/hate** Unzufriedenheit/Haß schüren

**~ 'out 1.** *v. t.* fächern; auffächern ⟨*Spielkarten*⟩. **2.** *v. i.* fächern; ⟨*Soldaten:*⟩ ausfächern

**²fan** *n. (devotee)* Fan, *der;* **she is a Garbo ~:** sie ist ein Garbo-Fan; **I'm quite a ~ of yours!** ich bewundere Sie!

**fanatic** [fə'nætık] **1.** *adj.* fanatisch. **2.** *n.* Fanatiker, *der*/Fanatikerin, *die*

**fanatical** [fə'nætıkl] *see* **fanatic 1**

**fanatically** [fə'nætıkəlı] *adv.* fanatisch

**fanaticism** [fə'nætısızm] *n.* Fanatismus, *der*

**'fan belt** *n. (Motor Veh.)* Keilriemen, *der*

**fancier** ['fænsıə(r)] *n.* Liebhaber, *der*/Liebhaberin, *die;* **be a rose-/pigeon-~:** Rosen/Tauben züchten

**fanciful** ['fænsıfl] *adj.* **a)** *(whimsical)* versponnen ⟨*Person*⟩; abstrus, überspannt ⟨*Vorstellung, Gedanke*⟩; **b)** *(fantastically designed)* phantastisch ⟨*Gemälde, Design*⟩; reich verziert ⟨*Kleid, Kostüm*⟩

**fancifully** ['fænsıfəlı] *adv.* phantasievoll ⟨*erzählen*⟩; phantastisch ⟨*[aus]geschmückt*⟩

**fan: ~ club** *n.* Fanklub, *der;* **~-cooled** *adj.* gebläsegekühlt

**fancy** ['fænsı] **1.** *n.* **a)** *(taste, inclination)* **have a ~ for sth.** eine augenblickliche Schwäche für etw. haben; **have a ~ for a drink/some ice cream** Lust auf einen Drink/ein Eis haben; **he has taken a ~ to our plan/a new car/her** unser Plan/ein neues Auto/sie hat es ihm angetan; **take** *or* **catch sb.'s ~:** jmdm. gefallen; jmdn. ansprechen; **b)** *(whim)* Laune, *die;* **I just go where the ~ takes me** ich fahre einfach drauf los *od.* ins Blaue; **just as the ~ takes me** ganz nach Lust und Laune; **he only paints when the ~ takes him** er malt nur, wenn ihm [gerade] danach ist; **a passing ~:** eine [vorübergehende] Laune; nur so eine Laune; **tickle sb.'s ~:** jmdn. reizen; **c)** *(notion)* merkwürdiges Gefühl; *(delusion, belief)* Vorstellung, *die;* **a mere ~:** bloße Einbildung; **have a ~ that something is wrong** so ein Gefühl haben, daß etwas nicht stimmt; **d)** *(faculty of imagining)* Phantasie, *die;* **let one's ~ roam** seine Phantasie schweifen lassen *(geh.)*; seiner Phantasie *(Dat.)* freien Lauf lassen; **in ~ he saw himself as ...:** in Gedanken sah er sich als ...; **e)** *(mental image)* Phantasievorstellung, *die;* **just a ~:** nur Einbildung; **f)** *(cake)* fein[st]es Gebäck; **g)** *constr. as pl. (fanciers)* Liebhaber *Pl.;* Kreis der Kenner. **2.** *attrib. adj.* **a)** *(ornamental)* kunstvoll ⟨*Arbeit, Muster, Dribbling*⟩; ausgefallen ⟨*Artikel, Design*⟩; schick ⟨*Auto, Laden*⟩; raffiniert ⟨*Gerät*⟩; fein[st] ⟨*Kuchen, Spitzen*⟩; **~ jewellery** Modeschmuck, *der;* **nothing ~:** etwas ganz Schlichtes; **the meal will be nothing ~:** es gibt nichts Besonderes *od.* nur etwas ganz Einfaches zu essen; **b)** *(whimsical)* überspannt; **c)** *(extravagant)* stolz *(ugs.)*; **~ prices** Phantasiepreise *(ugs.)*; gepfefferte Preise *(ugs.)*; **d)** *(based on imagination)* phantasievoll; **e)** *(specially bred)* speziell gezüchtet ⟨*Tier*⟩; **f)** *(Amer.: high-quality)* feinst... ⟨*Lebensmittel*⟩; Delikateß⟨*gurke, -senf*⟩. **3.** *v. t.* **a)** *(imagine)* sich *(Dat.)* einbilden; **~ oneself [to be] clever** sich einbilden, klug zu sein; sich für klug halten; **a fancied resemblance** eine eingebildete Ähnlichkeit; **b)** *(coll.) in imper. as excl. of surprise* **~ meeting you here!** na, so etwas, Sie hier zu treffen!; **~ his still being so naïve** nicht zu fassen, daß er noch immer so naiv ist; **~ that!** sieh mal einer an!; also so etwas!; **just ~, she's run off with ...:** stell dir vor, sie ist mit ... durchgebrannt!; **c)** *(suppose)* glauben; denken; **..., I ~:** ..., möchte ich meinen; **d)** *(wish to have)* mögen; **what do you ~ for dinner?** was hättest du gern zum Abendessen?; **I don't ~ this house at all** mir gefällt dieses Haus überhaupt nicht; **he fancies [the idea of] doing sth.** er würde gern etw. tun; er hätte Lust, etw. zu tun; **I don't ~ a secretarial job** eine Sekretärinnenstelle reizt mich überhaupt nicht; **~ a walk?** hast du Lust zu einem Spaziergang?; **do you think she fancies him?** glaubst du, sie mag ihn?; **e)** *(coll.: have high opinion of)* **~ oneself** von sich eingenommen sein; **~ oneself as a singer** sich für einen [großen] Sänger halten; **~ one's/sb.'s chances** seine/jmds. Chancen hoch einschätzen; **he fancies his chances with her** er glaubt, bei ihr landen zu können *(ugs.)*

**fancy: ~ 'dress** *n.* [Masken]kostüm, *das;* **in ~ dress** kostümiert; **~-dress party** Kostümfest, *das;* **~-dress ball** *or* **dance** Maskenball, *der;* **~-'free** *adj.* frei und ungebunden; *see also* **footloose**; **~ goods** *n. pl.* Geschenkartikel; **~ man** *n. (sl. derog.)* **a)** *(woman's lover)* Liebhaber, *der;* **b)** *(pimp)* Zuhälter, *der;* **~ woman** *n. (sl. derog.)* Geliebte, *die;* **~-work** *n.* feine Handarbeit

**fanfare** ['fænfeə(r)] *n.* Fanfare, *die;* **a ~ of trumpets** Trompetenstöße *Pl.*

**fang** [fæŋ] *n.* **a)** *(canine tooth)* Reißzahn, *der;* Fang[zahn], *der; (of boar; joc.: of person)* Hauer, *der; (of vampire)* Vampirzahn, *der;* **draw sb.'s/sth.'s ~s** *(fig.)* jmdn./etw. unschädlich machen; **b)** *(of snake)* Giftzahn, *der;* **c)** *(root of tooth)* Zahnwurzel, *die*

**fan: ~ heater** *n.* Heizlüfter, *der;* **~light** *n.* Oberlicht, *das; (fan-shaped)* Fächerfenster, *das (Archit.)*; **~ mail** *n.* Fanpost, *die;* Verehrerpost, *die*

**fanny** ['fænı] *n.* **a)** *(Amer. sl.: buttocks)* Po, *der (fam.)*; **b)** *(Brit. coarse: vulva)* Möse, *die (vulg.)*

**fan: ~ palm** *n.* Fächerpalme, *die;* **~-shaped** *adj.* fächerförmig; **~tail** *n.* Fächerschwanz, *der; (pigeon)* Pfautaube, *die*

**fantasia** [fæn'teızıə, fæntə'zi:ə] *n. (Mus.)* Fantasia, *die (fachspr.)*; Fantasie, *die*

**fantastic** [fæn'tæstık] *adj.* **a)** *(grotesque, quaint)* bizarr; skurril; *(fanciful)* phantastisch; *(eccentric)* absurd ⟨*Gerücht, Plan, Geschichte*⟩; **b)** *(coll.: magnificent, excellent, extraordinary)* phantastisch *(ugs.)*

**fantastically** [fæn'tæstıkəlı] *adv.* **a)** phantastisch; **b)** *(coll.: excellently, extraordinarily)* phantastisch *(ugs.)*

**fantasy** ['fæntəzı] *n.* **a)** Phantasie, *die; (mental image, day-dream)* Phantasiegebilde, *das;* **b)** *(Lit.)* Fantasie, *die;* **c)** *(Mus.) see* **fantasia**

**fan: ~ 'tracery** *n. (Archit.)* fächerförmiges Maßwerk; **~ 'vaulting** *n. (Archit.)* Fächergewölbe, *das*

**far** [fɑ:(r)] **1.** *adv.,* **farther, further; farthest, furthest a)** *(in space)* weit; **~ away** weit entfernt *(see also* **d)**; **~ [away] from** weit entfernt von *(see also* **d)**; **see sth. from ~ away** etw. aus der Ferne sehen; **have you come [from] ~** *or* **from ~ off** *or* **away?** hatten Sie einen weiten Weg?; kommen Sie von weither?; **how ~ have you come?** wieviel Kilometer mußten Sie zurücklegen?; **he travelled ~ into Russia/the desert/the jungle** er reiste bis tief ins Innere Rußlands/in die Wüste/in den Dschungel; **I won't be ~ off** *or* **away** ich werde ganz in der Nähe sein; **~ above/below** hoch über/tief unter (+ *Dat.*); *adv.* hoch oben/tief unten; **so ~:** bis hierher *(see also* **d)**; **fly as ~ as Munich** bis [nach] München fliegen; **~ and near** fern und nah; **~ and wide** weit und breit; **from ~ and near** *or* **wide** von fern und nah; **b)** *(in time)* weit; **~ into the night** bis spät *od.* tief in die Nacht; **the day** *or* **time is not ~ off** *or* **distant when ...:** es dauert nicht mehr lange, bis ...;

as ~ **back as I can remember** soweit ich zurückdenken kann; **c)** *(by much)* weit; ~ **too** viel zu; ~ **different from** ganz *od.* völlig anders als; ~ **longer/better** weit[aus] länger/besser; **the rent is ~ beyond what I can afford to pay** die Miete übersteigt bei weitem meine Mittel; **they were not ~ wrong** sie hatten gar nicht so unrecht; **you were/I was not ~ out** du lagst/ich lag gar nicht so falsch *(ugs.)*; **your guess wasn't ~ out** deine Vermutung war gar nicht so abwegig; **your shot/guess wasn't ~ off** du hast fast getroffen/richtig vermutet; **d)** *(fig.)* **as ~ as** *(to whatever extent, to the extent of)* so weit [wie]; **I haven't got as ~ as phoning her** ich bin noch nicht dazu gekommen, sie anzurufen; **not as ~ as I know** nicht, daß ich wüßte; **your plans are all right as ~ as they go** Ihre Pläne sind soweit gut; **as ~ as I remember/know** soweit ich mich erinnere/weiß; **go so ~ as to do sth.** so weit gehen und etw. tun; **he's gone so ~ as to collect the material** er sammelt immerhin schon Material; **in so ~ as** insofern *od.* insoweit als; **so ~** *(until now)* bisher; bis jetzt; **so ~ so good** so weit, so gut; ~ **away** *(in thought)* weit weg; ~ **and away** bei weitem; weitaus; **by ~**: bei weitem; **better by ~**: weitaus besser; **by ~ the best** der/die/das weitaus beste/*(in rank)* Beste; ~ **from easy/good** alles andere als leicht/gut; ~ **from admiring his paintings, I dislike them intensely** nicht nur, daß ich seine Gemälde nicht bewundere, sie gefallen mir ganz und gar nicht; ~ **from it!** ganz im Gegenteil!; ~ **be it from me/us** *etc.* **to do that** es liegt mir/uns *usw.* fern, das zu tun; **go ~**: weit kommen; **I am ~ from doing sth.** ich bin weit davon entfernt, etw. zu tun; **he will go ~ in life** er wird es im Leben weit bringen; **go ~ to** *or* **towards sth./doing sth.** viel zu etw. beitragen/dazu beitragen, etw. zu tun; **not go ~**: nicht weit *od.* lange reichen; **one pound won't go ~**: ein Pfund ist schnell alle *od. (ugs.)* weg; **go too ~**: zu weit gehen; **this has gone ~ enough** damit ist jetzt Schluß; **carry** *or* **take sth. too ~**: etw. zu weit treiben; **that's carrying the joke too ~**: da hört der Spaß auf; **you are carrying things too ~ by saying that ...**: du übertreibst, wenn du sagst, daß ...; **how ~ [can she be trusted]?** inwieweit [kann man ihr trauen]?; **he's too ~ gone** er ist nicht mehr in der Lage, etw. zu tun; *(drunk)* er hat zuviel intus *(ugs.)*; *(delirious)* er ist nicht mehr ganz bei Sinnen *od.* klar im Kopf. *See also* **few 1a; further 2; furthest 2. 2.** *adj.*, **farther, further; farthest, furthest a)** *(remote)* weit entfernt; *(remote in time)* fern; **in the ~ distance** in weiter Ferne; **b)** *(more remote)* weiter entfernt; **the ~ bank of the river/side of the road** das andere Flußufer/die andere Straßenseite; **the ~ door/wall** *etc.* die hintere Tür/Wand *usw. See also* **cry 1a; further 1; furthest 1**

**'far-away** *attrib. adj.* **a)** *(remote in space)* entlegen; abgelegen; *(remote in time)* fern; **b)** *(dreamy)* verträumt ⟨*Stimme, Blick, Augen*⟩

**farce** [fɑ:s] *n.* **a)** Farce, *die;* **become nothing but a ~**: zur reinen Farce werden; **b)** *(Theatre)* Posse, *die;* Farce, *die*

**farcical** ['fɑ:sɪkl] *adj.* **a)** *(absurd)* farcenhaft; absurd; **b)** *(Theatre)* possenhaft ⟨*Stück, Element*⟩

**farcically** ['fɑ:sɪkəlɪ] *adv. (absurdly)* absurd

**fare** [feə(r)] **1.** *n.* **a)** *(price)* Fahrpreis, *der; (money)* Fahrgeld, *das;* **train/boat ~**: Bahnpreis/Preis für die Überfahrt; **what** *or* **how much is the ~?** was kostet die Fahrt/*(by air)* der Flug/*(by boat)* die Überfahrt?; **have the exact ~**: das Fahrgeld passend haben; **have one's ~ ready** das Fahrgeld bereithalten; **[all] ~s, please, any more ~s?** noch jemand zugestiegen? noch jemand ohne [Fahrschein]?; **b)** *(passenger)* Fahrgast, *der;* **c)** *(food)* Kost, *die; see also* ³**bill 1d. 2.** *v. i. (get on)* **I don't know how he is faring/how he ~d on his travels** ich weiß nicht, wie es ihm geht/wie es ihm auf seinen Reisen ergangen ist; ~ **thee well** *(arch.)* leb[e] wohl *(veralt.)*

**Far:** ~ **'East** *n.* **the ~ East** der Ferne Osten; Fernost *o. Art.;* ~ **'Eastern** *adj.* fernöstlich; des Fernen Ostens *nachgestellt;* ⟨*Person*⟩ aus dem Fernen Osten

**'fare-stage** *n.* Teilstrecke, *die; (end of section)* Zahlgrenze, *die (Verkehrsw.)*

**farewell** [feə'wel] **1.** *int.* leb[e] wohl *(veralt.)*; **say ~ to sth.** von etw. Abschied nehmen. **2.** *n.* **a) a few words of ~**: ein paar Worte des Abschieds *od. (veralt.)* Lebewohls; **make one's ~s** sich verabschieden; *(by visiting)* Abschiedsbesuche machen; *see also* **bid 1e; b)** *attrib.* ~ **speech/gift** *etc.* Abschiedsrede, *die*/-geschenk, *das usw.*

**far:** ~**-famed** *adj.* weithin berühmt; ~**-fetched** *adj.* weit hergeholt; an *od.* bei den Haaren herbeigezogen *(ugs.)*; ~**-flung** *adj.* *(widely spread)* weit ausgedehnt; *(distant)* weit entfernt; abgelegen

**farm** [fɑ:m] **1.** *n.* **a)** [Bauern]hof, *der;* [Land]wirtschaft, *die; (larger)* Gut, *das;* Gutshof, *der; (in English-speaking countries outside Europe)* Farm, *die;* **poultry/chicken ~**: Geflügel-/Hühnerfarm, *die;* ~ **bread/eggs** Landbrot, *das*/Landeier *Pl.;* ~ **animals** Nutzvieh, *das; see also* **dairy farm; b)** *see* **farmhouse; c)** *(place for breeding animals)* Zucht, *die;* **trout ~**: Forellenzucht, *die.* **2.** *v. t.* **a)** bebauen, bewirtschaften ⟨*Land*⟩; züchten ⟨*Lachs, Forellen*⟩; **be engaged in sheep-~ing** Schafzucht betreiben; **b)** *(take proceeds of)* pachten; **c)** *see* ~ **out. 3.** *v. i.* Landwirtschaft betreiben; **he ~s in Africa** er ist Landwirt in Afrika; er hat eine Farm in Afrika

~ **'out** *v. t.* **a)** verpachten ⟨*Land*⟩; **b)** vergeben ⟨*Arbeit*⟩ **(to** an + *Akk.*); **c)** *(hire out)* verdingen *(veralt.)* ⟨*Arbeitskräfte*⟩; in Lohnarbeit geben ⟨*Arbeitskräfte*⟩; **d)** in Pflege geben ⟨*Kinder*⟩ **(to** *Dat.*, bei)

**farmer** ['fɑ:mə(r)] *n.* Landwirt, *der*/-wirtin, *die;* Bauer, *der*/Bäuerin, *die;* **poultry ~**: Geflügelzüchter, *der*/-züchterin, *die*

**farm:** ~**-hand** *n.* Landarbeiter, *der*/-arbeiterin, *die; (on a small farm)* Knecht, *der*/Magd, *die (veralt.)*; ~**house** *n.* Bauernhaus, *das; (larger)* Gutshaus, *das*

**farming** ['fɑ:mɪŋ] *n, no pl., no indef. art.* Landwirtschaft, *die;* ~ **of crops** Ackerbau, *der;* ~ **of animals** Viehzucht, *die;* ~ **community** Landwirtschaft betreibende Gemeinde; ~ **implement** Ackergerät, *das;* landwirtschaftliches Gerät; **go into ~**: Landwirt *od.* Bauer werden

**farm:** ~**stead** *n.* Bauernhof, *der;* Gehöft, *das;* ~**-worker** *n.* Landarbeiter, *der*/-arbeiterin, *die;* ~**yard** *n.* Hof, *der*

**Faroes** ['feərəʊz] *pr. n. pl.* Färöer *Pl.*

**'far-off** *adj. (in space)* [weit] entfernt; *(in time)* fern

**'far-out** *adj.* **a)** *(distant)* [weit] entfernt; **b)** *(fig. coll.: excellent)* toll *(ugs.)*; super *(ugs.)*

**farrago** [fə'rɑ:gəʊ] *n., pl.* ~**s** *(Amer.:* ~**es)** *(mixture)* Gemisch, *das; (disordered assemblage)* Allerlei, *das*

**'far-reaching** *adj.* ausgedehnt ⟨*Wälder, Felder*⟩; weitreichend ⟨*Konsequenzen, Bedeutung, Wirkung*⟩

**farrier** ['færɪə(r)] *n. (Brit.: smith)* Hufschmied, *der*

**farrow** ['færəʊ] **1.** *n.* Wurf, *der (von Ferkeln, Frischlingen).* **2.** *v. t.* werfen ⟨*Ferkel, Frischling*⟩. **3.** *v. i.* ⟨*Sau:*⟩ ferkeln; ⟨*Bache:*⟩ frischen

**far:** ~**-seeing** *adj.* weitblickend; ~**-sighted** *adj.* **a)** *(able to see a great distance)* scharfsichtig; **b)** *(having foresight)* weitblickend

**fart** [fɑ:t] *(coarse)* **1.** *v. i.* **a)** furzen *(derb)*; **b)** *(fool)* ~ **about** *or* **around** sich mit jedem Scheißdreck aufhalten *(derb).* **2.** *n.* **a)** Furz, *der (derb);* **b)** *(person)* Scheißer, *der (derb)*

**farther** ['fɑ:ðə(r)] *see* **further 1a, 2a**

**farthermost** ['fɑ:ðəməʊst] *see* **furthermost**

**farthest** ['fɑ:ðɪst] *see* **furthest**

**farthing** ['fɑ:ðɪŋ] *n.* **a)** *(Brit. Hist.)* Farthing, *der;* **that old bike isn't worth a ~**: das alte Fahrrad ist keinen [roten] Heller wert; **to the last ~**: auf Heller und Pfennig; **b)** *(fig.)* **it doesn't matter a ~**: es macht nicht das geringste *od. (ugs.)* nicht die Bohne was aus; **he doesn't care a ~ for her** er kümmert sich keinen Deut um sie; sie ist ihm völlig schnuppe *(ugs. abwertend)*; *see also* **brass farthing**

**Far 'West** *n. (Amer.)* **the ~**: der Westen der USA

**fascia** ['feɪʃɪə, 'feɪʃə] *n.* **a)** *(Archit.)* Faszie, *die;* **b)** *see* **facia**

**fascicle** ['fæsɪkl] *n.* Lieferung, *die;* Faszikel, *der (Buchw.)*

**fascinate** ['fæsɪneɪt] *v. t.* **a)** fesseln; bezaubern; faszinieren *(geh.)*; **it ~s me how ...**: ich finde es erstaunlich *od.* faszinierend, wie ...; **b)** *(deprive of power)* hypnotisieren ⟨*Beute*⟩

**fascinated** ['fæsɪneɪtɪd] *adj. (enchanted)* fasziniert; **the audience watched ~**: das Publikum sah gebannt zu

**fascinating** ['fæsɪneɪtɪŋ] *adj.* faszinierend *(geh.)*; bezaubernd; hochinteressant ⟨*Thema, Faktum, Meinung*⟩; spannend, fesselnd ⟨*Buch*⟩; **there is something ~ about her** sie hat etwas Faszinierendes [an sich *(Dat.)*]

**fascinatingly** ['fæsɪneɪtɪŋlɪ] *adv.* faszinierend *(geh.)*; hochinteressant, fesselnd ⟨*erzählen, beschreiben*⟩; berauschend, hinreißend ⟨*schön*⟩

**fascination** [fæsɪ'neɪʃn] *n., no pl.* Faszination, *die (geh.)*; *(quality of fascinating)* Zauber, *der;* Reiz, *der;* **find a certain ~ in sth.** einen gewissen Reiz an einer Sache verspüren; **have a ~ for sb.** einen besonderen Reiz auf jmdn. ausüben

**Fascism** ['fæʃɪzm] *n.* Faschismus, *der;* **Italian ~**: der italienische Faschismus

**Fascist** ['fæʃɪst] **1.** *n.* Faschist, *der*/Faschistin, *die.* **2.** *adj.* faschistisch

**fashion** ['fæʃn] **1.** *n.* **a)** Art [und Weise]; **talk/behave in a peculiar ~**: merkwürdig sprechen/sich merkwürdig verhalten; **dress in a similar ~**: sich ähnlich kleiden; **she will do it in her own ~**: sie wird es auf ihre [eigene] Art [und Weise] tun; **in the Japanese ~**: im japanischen Stil; **in the usual ~**: in der üblichen Art; *as sentence-modifier* wie üblich; **in this ~**: auf diese Weise; so; **he expresses himself in a striking ~**: er hat eine bemerkenswerte Ausdrucksweise *od.* einen bemerkenswerten Ausdruck; **walk crab-~/in a zigzag ~**: im Krebsgang/Zickzack gehen; **German-~** nach deutscher Sitte; nach Art der Deutschen; **after** *or* **in the ~ of** im Stil *od.* nach Art von; **in best British ~**: nach guter, alter britischer Art; **after** *or* **in a ~**: schlecht und recht; einigermaßen; **after** *or* **in one's/its ~**: auf seine/ihre Art; **Were you successful? – Well yes, after** *or* **in a ~**: Hast du Erfolg gehabt? – Na ja, so einigermaßen *od.* es geht *(ugs.)*; **b)** *(custom, esp. in dress)* Mode, *die;* **be dressed in the height of** *or* **the latest ~**: hochmodern *od.* nach der neuesten Mode gekleidet sein; **the latest summer/autumn ~s** die neusten Sommer-/Wintermodelle; **~s for men's clothes/women's clothes** die Herrenmode/Damenmode; **the Paris ~s** die Pariser Mode; **it is the ~**: es ist Mode *od.* modern; **hats are the ~ this summer** in diesem Sommer sind Hüte in Mode; **be all the ~**: große Mode *od.* groß in Mode sein; **in ~**: in Mode; modern; **she always follows the/every ~**: sie geht immer nach *od.* mit der Mode/sie macht immer jede Mode mit; **be out of ~:** nicht mehr modern *od.* in Mode sein; **come into/go out of ~:** in Mode/aus der Mode kommen; **bring sth. into ~:** etw. in Mode bringen; **lead** *or* **set the ~:** die Mode vorschreiben; **the ~s in literature/music/art** die Richtungen in der Literatur/Musik-/Kunstrichtungen; **c)** *(usages of society)* Sitte, *die;* Brauch, *der;* **it was the ~ in those days** das war damals Sitte *od.* Brauch; **men/women of ~:** Herren/Damen der Gesellschaft. *See also* **old-fashioned. 2.** *v. t.* **a)** formen, gestalten **(after, according to** nach; **out of, from** aus; **[in]to** zu); **~ sth. after sth.** etw. einer Sache *(Dat.)* nachbilden; **b)** *(shape to leg)* in Paßform bringen ‹*Strümpfe*›

**fashionable** ['fæʃənəbl] *adj.* modisch ‹*Kleider, Person, Design*›; modern ‹*Sitte*›; vornehm ‹*Gegend, Hotel, Restaurant*›; zur Zeit bevorzugt ‹*Tätigkeit*›; Mode‹*farbe, -krankheit, -wort, -autor*›; **it isn't ~ any more** es ist nicht mehr modern *od.* in Mode; **all the ~ people** die Schickeria

**fashionably** ['fæʃənəblɪ] *adv.* modisch ‹*sich kleiden*›; modern ‹*leben*›

**fashion: ~-conscious** *adj.* modebewußt; **~ designer** *n.* Modeschöpfer, *der*/-schöpferin, *die;* **~ magazine** *n.* Modezeitschrift, *die;* Modemagazin, *das;* **~ parade** *n.* Mode[n]schau, *die;* **~-plate** *n.* **a)** *(picture)* Modezeichnung, *die;* **b)** *(fig.: man/woman)* Modegeck, *der*/-puppe, *die (abwertend);* **~ show** *n.* Mode[n]schau, *die*

**[1]fast** [fɑːst] **1.** *v. i.* fasten; **a day of ~ing** ein Fast[en]tag. **2.** *n. (going without food)* Fasten, *das; (hunger-strike)* Hungerstreik, *der; (day)* Fast[en]tag, *der; (season)* Fastenzeit, *die;* **break one's ~:** das Fasten brechen; **a 40-day ~:** eine Fastenzeit von 40 Tagen

**[2]fast 1.** *adj.* **a)** *(fixed, attached)* fest; **the rope is ~:** das Tau ist fest[gemacht]; **make [the boat] ~:** das Boot festmachen *od.* vertäuen; **hard and ~:** fest; bindend, verbindlich ‹*Regeln*›; klar ‹*Entscheidung*›; **b)** *(steady, close)* fest ‹*Freundschaft*›; unzertrennlich, treu ‹*Freunde*›; **c)** *(not fading)* farbecht ‹*Stoff*›; echt, beständig ‹*Farbe*›; *(against light)* lichtecht; *(against washing)* waschecht; **d)** *(rapid)* schnell; tempogeladen, aktionsreich ‹*Krimi, Film*›; **~ train** Schnellzug, *der;* D-Zug, *der;* **~ speed** hohe Geschwindigkeit; **he is a ~ worker** *(lit. or fig.)* er arbeitet schnell; *(in amorous activities)* er geht mächtig ran *(ugs.);* **I say, that was ~ work** na, das ging ja sehr schnell; **pull a ~ one [on sb.]** *(sl.)* jmdn. übers Ohr hauen *od.* reinlegen *(ugs.);* **e) be ~ [by ten minutes], be [ten minutes] ~** ‹*Uhr:*› [zehn Minuten] vorgehen; **f)** schnell ‹*Tennisplatz, Billardtisch usw.*›; **~ road** Straße, auf der man schnell vorankommt; **~ line** *(Railw.)* Schnellverkehrsgleis, *das;* **g)** *(immoral)* flott ‹*Person, Leben*›; locker ‹*Lebenswandel*›; leichtlebig ‹*Frau*›; **h)** *(Photog.)* hochempfindlich ‹*Film*›; lichtstark ‹*Objektiv*›. *See also* **furious. 2.** *adv.* **a)** *(lit. or fig.)* fest; **the wall stood ~:** die Mauer blieb stehen; **hold ~ to sth.** sich an etw. *(Dat.)* festhalten; *(fig.)* an etw. *(Dat.)* festhalten; **stand ~ in one's belief** an seiner Meinung festhalten; **stand ~ by sth./sb.** zu etw./jmdm. stehen; **b)** *(soundly)* **be ~ asleep** fest schlafen; *(when one should be awake)* fest eingeschlafen sein; **c)** *(quickly)* schnell; **not so ~!** nicht so hastig!; **d)** *(ahead)* **that clock is running ~:** diese Uhr geht vor; **play ~ and loose with sb.** mit jmdm. ein falsches *od.* doppeltes Spiel treiben

**fast: ~back** *n. (back of car)* Fließheck, *das;* Fastback, *das; (car)* Wagen mit Fließheck; Fastback, *das;* **~ 'bowler** *n. (Cricket)* schneller Werfer; **~ 'breeder [reactor]** *n.* schneller Brüter; **~ 'buck** *see* **[4]buck; ~ day** *n.* Fast[en]tag, *der*

**fasten** ['fɑːsn] **1.** *v. t.* **a)** festmachen, befestigen **(on, to** an + *Dat.*); festmachen, vertäuen **(to** an + *Dat.*) ‹*Boot*›; festziehen, anziehen ‹*Schraube*›; zumachen ‹*Kleid, Spange, Knöpfe, Jacke*›; [ab]schließen, [ver]schließen ‹*Tür*›; schließen ‹*Fenster*›; anstecken ‹*Brosche*› **(to** an + *Akk.*); **~ sth. together with a clip** etw. zusammenheften; **~ the rope to a post** das Tau an einem Pfosten anbinden *od.* festmachen; **~ sth. up with string** etw. zu- *od.* verschnüren; **~ one's safety-belt** sich anschnallen; seinen Sicherheitsgurt anlegen; **~ up one's shoes** seine Schuhe binden *od.* schnüren; **she ~ed her hair back** sie band ihre Haare zurück; **~ off a thread** einen Fadens vernähen; **b)** heften ‹*Blick*› **([up]on** auf + *Akk.*); richten ‹*Aufmerksamkeit, Gedanken*› **([up]on** auf + *Akk.*); setzen ‹*Erwartungen, Hoffnungen*› **([up]on** auf + *Akk.*); **~ one's attention/affections on sb.** jmdm. seine Aufmerksamkeit zuwenden/Zuneigung schenken; **c)** *(assign)* anhängen, beilegen ‹*Spottnamen*› **([up]on** + *Dat.*); **~ the blame/charge [up]on sb.** die Schuld auf jmdn. schieben; jmdm. die Schuld in die Schuhe schieben *(ugs.).* **2.** *v. i.* **a)** sich schließen lassen; **the skirt ~s at the back** der Rock wird hinten zugemacht; **the hook and the eye ~ together** der Haken und die Öse werden miteinander verbunden; **b) ~ [up]on sth.** *(lay hold of)* festhalten ‹*Person*›; *(fig.) (single out)* etw. herausgreifen; *(seize upon)* etw. aufs Korn nehmen *(ugs.)*

**fastener** ['fɑːsnə(r)] *n.* Verschluß, *der*

**fastening** ['fɑːsnɪŋ] *n. (device)* Verschluß, *der*

**'fast food** *n. im Schnellrestaurant angebotenes Essen;* Fast food, *das;* **~ restaurant** Schnellrestaurant, *das*

**fastidious** [fæ'stɪdɪəs] *adj. (hard to please)* heikel, *(ugs.)* pingelig **(about** in bezug auf + *Akk.*); *(carefully selective)* wählerisch **(about** in bezug auf + *Akk.*)

**fastidiously** [fæ'stɪdɪəslɪ] *adv.* **behave ~:** pingelig *(ugs.)*/wählerisch sein; **dress ~:** in seiner/ihrer Kleidung untadelig sein; **~ clean** peinlich sauber

**fast: ~ lane** *n.* Überholspur, *die;* **life in the ~ lane** *(fig.)* schnelles, lockeres Leben; Leben auf vollen Touren *(ugs.);* **~-moving** *adj.* schnell; spannend, tempogeladen ‹*Film, Drama*›; **a ~-moving train** ein schnell fahrender Zug

**fastness** ['fɑːstnɪs] *n.* **a)** *no pl. (of colour, dye)* [Farb]echtheit, *die; (against light)* Lichtechtheit, *die; (against washing)* Waschechtheit, *die;* **b)** *no pl. (of vehicle, person, etc.)* Schnelligkeit, *die;* **c)** *(stronghold)* Feste, *die*

**fat** [fæt] **1.** *adj.* **a)** dick; fett *(abwertend);* rund ‹*Wangen, Gesicht*›; fett ‹*Schwein*›; **grow** *or* **get ~:** dick werden; **grow ~** *(fig.)* reich werden; **you won't get ~ on that** *(fig. coll.)* das wird dir nicht viel einbringen; **b) ~ cattle** Mast- *od.* Schlachtvieh, *das;* **c)** *(containing much ~)* fett ‹*Essen, Fleisch, Brühe*›; **d)** *(fig.)* dick ‹*Bündel, Buch, Brieftasche, Zigarre*›; umfangreich ‹*Filmrolle, Band*›; üppig, fett ‹*Gewinn, Gehalt, Bankkonto, Scheck*›; **e)** *(sl. iron.)* **~ lot of good 'you are** du bist mir 'ne schöne Hilfe *(iron.);* **a ~ lot [of good it would do me]** [das würde mir] herzlich wenig [helfen]; **~ lot he knows** was der nicht alles weiß *(iron.);* **a ~ chance** herzlich wenig Aussicht; **~ chance 'he's got** da hat er ja Mordschancen *(iron.).* **2.** *n.* Fett, *das;* **low in ~:** fettarm ‹*Nahrungsmittel*›; **put on ~:** Fett ansetzen; **lose ~:** abnehmen; **the ~ is in the fire** *(fig.)* der Teufel ist los *(ugs.);* **live off** *or* **on the ~ of the land** *(fig.)* wie die Made im Speck leben *(ugs.). See also* **chew 1. 3.** *v. t.*, **-tt-** mästen; herausfüttern; **~ted cattle** Schlacht- *od.* Mastvieh, *das;* **kill the ~ted calf [for sb.]** [jmdm.] ein Festessen zum Empfang geben

**fatal** ['feɪtl] *adj.* **a)** *(ruinous, disastrous)* verheerend **(to** für); fatal; schicksalsschwer ‹*Tag, Moment*›; **it would be ~:** das wäre das Ende; **it is ~ to assume that ...:** es ist ein verhängnisvoller Irrtum anzunehmen, daß ...; **b)** *(deadly)* tödlich ‹*Unfall, Verletzung*›; **that sort of thing in her present state would be ~:** das würde in ihrem augenblicklichen Zustand den sicheren Tod für sie bedeuten; **deal sb. a ~ blow** jmdm. einen vernichtenden Schlag versetzen; **be** *or* **come as a ~ blow to sb.** *(fig.)* ein schwerer Schlag für jmdn. sein; **c)** *(inevitable)* unabwendbar; unvermeidlich; schicksalhaft ‹*Tag*›; **d)** *(of destiny)* schicksalhaft; Schicksals-

**fatalism** ['feɪtəlɪzm] *n., no pl.* Fatalismus, *der (geh.);* Schicksalsergebenheit, *die*

**fatalist** ['feɪtəlɪst] *n.* Fatalist, *der*/Fatalistin, *die*

**fatalistic** [feɪtə'lɪstɪk] *adj.* fatalistisch; schicksalsergeben ‹*Person*›

**fatality** [fə'tælɪtɪ] *n. (death)* Todesfall, *der; (in car crash, war, etc.)* [Todes]opfer, *das*

**fatally** ['feɪtəlɪ] *adv.* tödlich ‹*verwunden, enden*›; *(disastrously)* verhängnisvoll; auf verhängnisvolle Weise ‹*beeinflußt*›; unwiderstehlich ‹*attraktiv*›; **be ~ wrong** *or* **mistaken** einem verhängnisvollen Irrtum unterliegen; **be ~ ill** todkrank sein

**'fat cat** *n. (Amer. sl.)* Geldsack, *der (ugs.) (mit politischem Einfluß)*

**fate** [feɪt] *n.* **a)** Schicksal, *das;* **an accident** *or* **stroke of ~:** eine Fügung des Schicksals; **~ decided otherwise** das Schicksal hat es anders bestimmt *od.* wollte es anders; **as sure as ~:** todsicher; **b)** *(Mythol.)* **the F~s** die Parzen. *See also* **death a**

**fated** ['feɪtɪd] *adj. (doomed)* zum Scheitern verurteilt ‹*Plan, Projekt*›; **be ~ to fail** *or* **to be unsuccessful** zum Scheitern verurteilt sein; **it was ~ that we should never meet again** es war uns *(Dat.)* bestimmt, uns nie wiederzusehen; **be ~:** unter einem ungünstigen Stern stehen

**fateful** ['feɪtfl] *adj.* **a)** *(important, decisive)* schicksalsschwer ‹*Tag, Stunde, Entscheidung*›; entscheidend ‹*Worte*›; **b)** *(controlled by fate)* schicksalhaft ‹*Begegnung, Treffen, Ereignis*›; **c)** *(prophetic)* schicksalverkündend; *(of misfortune)* unheilverkündend; prophetisch ‹*Worte, Äußerung*›

**fat: ~-head** *n.* Dummkopf, *der (ugs.);* Schafskopf, *der (ugs. abwertend);* **~-headed** *adj.* dumm; blöd *(ugs.)*

**father** ['fɑːðə(r)] **1.** *n.* **a)** Vater, *der;* **become a ~:** Vater werden; **he is a** *or* **the ~ of six** er hat sechs Kinder; **be ~ to sb.** jmds. Vater sein; **be [like] a ~ to sb.** wie ein Vater zu jmdm. sein; **he is his ~'s son** er ist ganz der Vater; **like ~ like son** der Apfel fällt nicht weit vom Stamm *(ugs. scherzhaft, Spr.);* **the wish is ~ to the thought** der Wunsch ist der Vater des Gedankens; **the ~ and mother of a row/beating** *(coll.)* ein furchtbarer Krach/eine furchtbare Tracht Prügel *(ugs.); see also* **child; b)** *in pl. (forefathers)* Väter *Pl.;* **c)** *(originator)* Vater, *der;* Urheber, *der;* **F~s [of the Church]** Kirchenväter *Pl.;* **d)** *(revered person)* Vater, *der;* **the ~ of his country** der Landesvater; **e)** *(God)* **[our heavenly] F~:** [unser himmlischer] Vater; **God the F~, the Son, and the Holy Ghost** der Vater, der Sohn und der Heilige Geist; **the Our F~:** das Vaterunser; **f)** *(confessor)* Beichtvater, *der; (priest)* Pfarrer, *der; (monk)* Pater, *der;* **F~** *(as title: priest)* Herr Pfarrer; *(as title: monk)* Pater; **the Holy F~:** der Heilige Vater; **Right/Most Reverend F~ [in God]** Ehrwürdiger Vater; **F~ Superior** Prior, *der;* **g) F~** *(venerable person, god)* Vater, *der;* **F~ Thames** die Themse; **[Old] F~ Time** der Chronos *(geh.);* **h)** *(oldest member)* [Dienst]älteste, *der;* **F~ of the House of Commons** *(Brit. Polit.)* der Alterspräsident des Unterhauses. *See also* **city fathers; Pil-**

grim Fathers. **2.** *v.t.* **a)** *(beget)* zeugen; **b)** *(originate)* ins Leben rufen

**father: F~ 'Christmas** *n.* der Weihnachtsmann; **~-figure** *n.* Vaterfigur, *die*

**fatherhood** ['fɑ:ðəhʊd] *n., no pl.* Vaterschaft, *die*

**father: ~-in-law** *n., pl.* **~s-in-law** Schwiegervater, *der;* **~land** *n.* Vaterland, *das*

**fatherless** ['fɑ:ðəlɪs] *adj.* vaterlos; **be ~:** keinen Vater haben

**fatherly** ['fɑ:ðəlɪ] **1.** *adj.* väterlich; **~ responsibilities** Vaterpflichten *Pl.;* **~ words of advice** väterliche Ratschläge. **2.** *adv.* wie ein Vater; väterlich ⟨*belehren*⟩

**'Father's Day** *n.* Vatertag, *der*

**fathom** ['fæðəm] **1.** *n. (Naut.)* Fathom, *das (geh.);* Faden, *der.* **2.** *v.t.* **a)** *(measure)* mit dem Lot messen; **b)** *(fig.: comprehend)* verstehen; **~ sb./sth. out** jmdn./etw. ergründen; **I just cannot ~ him out** er ist mir ein Rätsel

**fathomless** ['fæðəmlɪs] *adj. (immeasurable)* unermeßlich; grenzenlos, unendlich ⟨*Liebe Gottes*⟩; bodenlos ⟨*Abgrund*⟩

**fatigue** [fə'ti:g] **1.** *n.* **a)** Ermüdung, *die;* Erschöpfung, *die;* **fight against ~:** gegen die Müdigkeit ankämpfen; **extreme ~:** Übermüdung, *die;* **b)** *(of metal etc.)* Ermüdung, *die;* **c)** *(of muscle, organ, etc.)* Übermüdung, *die;* Überanstrengung, *die;* **d)** *(task)* mühselige Arbeit; Mühsal, *die (geh.);* **e)** *(Mil.)* Arbeitsdienst, *der;* **be put on ~ duty** zum Arbeitsdienst eingeteilt werden; **~s** *see* **fatigue-dress. 2.** *v.t.* ermüden; **with a ~d look** mit müdem Blick; **feel ~d** sich müde *od.* abgespannt fühlen; **look ~d** erschöpft aussehen; **too ~d to do sth.** zu erschöpft, etw. zu tun

**fatigue: ~-dress** *n. (Mil.)* Arbeitsanzug, *der;* **~-party** *n. (Mil.)* Arbeitskommando, *das*

**fatless** ['fætlɪs] *adj.* ohne Fett *nachgestellt;* mager ⟨*Fleisch*⟩

**fatness** ['fætnɪs] *n., no pl. (corpulence)* Dicke, *die;* Beleibtheit, *die (verhüll.);* Fettheit, *die (abwertend)*

**'fatstock** *n., no pl.* Mastvieh, *das*

**fatted** ['fætɪd] *adj. see* **fat 3**

**fatten** ['fætn] **1.** *v.t.* herausfüttern ⟨*Person*⟩; mästen ⟨*Tier*⟩; **~ oneself on sth.** *(fig.)* sich an etw. *(Akk.)* bereichern. **2.** *v.i.* ⟨*Tier:*⟩ fett werden; ⟨*Person:*⟩ dick werden; fett werden *(abwertend);* **~ on sth.** sich mästen mit etw.; *(fig.)* profitieren von etw.; Nutzen ziehen aus etw.

**fattening** ['fætnɪŋ] *adj.* dick machend ⟨*Nahrungsmittel*⟩; **~ foods** Dickmacher *Pl. (ugs.);* **be ~:** dick machen

**fatty** ['fætɪ] **1.** *adj.* **a)** fett ⟨*Fleisch, Soße*⟩; fetthaltig ⟨*Speise, Nahrungsmittel*⟩; fettig ⟨*Substanz*⟩; **b)** *(consisting of fat)* Fett-; **~ tissue/tumour** Fettgewebe, *das*/Fettgeschwulst, *die.* **2.** *n. (coll.)* Dicke, *der/die;* Dickerchen, *das (scherzh.)*

**fatty 'acid** *n. (Chem.)* Fettsäure, *die*

**fatuous** ['fætjʊəs] *adj.* albern; töricht; einfältig ⟨*Grinsen*⟩

**fatuously** ['fætjʊəslɪ] *adv.* albern; töricht ⟨*handeln*⟩; einfältig ⟨*bewundern*⟩

**faucet** ['fɔ:sɪt] *n.* **a)** *(for barrel)* Faßzapfen, *der;* **b)** *(Amer.: tap)* Wasserhahn, *der*

**fault** [fɔ:lt, fɒlt] **1.** *n.* **a)** *(defect)* Fehler, *der;* **we all have our little ~s** wir alle haben unsere Schwächen; **confess one's ~s** seine Sünden bekennen; **to a ~:** allzu übertrieben; übermäßig; **meticulous to a ~:** peinlich genau; **find ~ [with sb./sth.]** etw. [an jmdm./etw.] auszusetzen haben; **find ~ with goods** Mängel an Waren feststellen; **[sold] with all ~s** ohne Mängelgewähr [verkauft]; **free from** *or* **without ~:** mangelfrei; **b)** *(responsibility)* Schuld, *die;* Verschulden, *das;* **whose ~ was it?** wer war schuld [daran]?; **it's all your own ~!** das ist deine eigene Schuld!; du bist selbst schuld!; **it isn't my ~:** ich habe keine Schuld; es ist nicht meine Schuld; **not through any ~ of mine** nicht durch meine Schuld; **the ~ lies with him** die Schuld liegt bei ihm; **be at ~:** im Unrecht sein (*see also* **g**); **my memory was at ~:** mein Gedächtnis hat mich getrogen *(geh.);* **it is difficult to determine who is at ~:** es ist schwierig zu sagen, wer die Schuld daran trägt *od.* wer dafür verantwortlich ist; **c)** *(thing wrongly done)* Fehler, *der;* **commit a ~:** einen Fehler begehen; **d)** *(Tennis etc.)* Fehler, *der;* **double ~:** Doppelfehler, *der;* **e)** *(in gas or water supply; also Electr.)* Defekt, *der;* **f)** *(Geol.)* Verwerfung, *die;* **g)** *(Hunting)* Verlieren der Fährte; **be at ~:** die Fährte verloren haben; *(fig.)* vor einem Rätsel stehen; nicht mehr weiter wissen (*see also* **b**). **2.** *v.t.* **a)** Fehler finden an (+ *Dat.*); etwas auszusetzen haben an (+ *Dat.*); **he/his argument had been ~ed** er/seine Argumentation war bemängelt *od.* kritisiert worden; **b)** *(declare faulty)* bemängeln

**fault: ~finder** *n.* Krittler, *der*/Krittlerin, *die (abwertend);* **~finding 1.** *n.* Krittelei, *die (abwertend);* **2.** *adj.* krittelig *(abwertend);* **~finding critic/criticism** Krittler, *der*/Krittelei, *die*

**faultily** ['fɔ:ltɪlɪ, 'fɒltɪlɪ] *adv.* fehlerhaft; mangelhaft

**faultless** ['fɔ:ltlɪs, 'fɒltlɪs] *adj.* einwandfrei; tadellos ⟨*Erscheinung*⟩; fehlerlos, fehlerfrei ⟨*Übersetzung, Englisch*⟩; untadelig ⟨*Betragen*⟩; ausgezeichnet ⟨*Ruf*⟩

**faultlessly** ['fɔ:ltlɪslɪ, 'fɒltlɪslɪ] *adv.* fehlerfrei; fehlerlos; makellos ⟨*schön*⟩; **the dress fits ~:** das Kleid hat einen tadellosen Sitz

**faulty** ['fɔ:ltɪ, 'fɒltɪ] *adj.* fehlerhaft; unzutreffend ⟨*Argument*⟩; defekt ⟨*Gerät usw.*⟩; **~ design/calculation** Fehlkonstruktion, *die*/Fehlkalkulation, *die*

**faun** [fɔ:n] *n. (Mythol.)* Faun, *der*

**fauna** ['fɔ:nə] *n., pl.* **~e** ['fɔ:ni:] *or* **~s** *(Zool.)* Fauna, *die*

**faute de mieux** [fəʊt də 'mjз:] *adv.* faute de mieux *(geh.);* in Ermangelung eines Besseren; im Notfall

**faux pas** [fəʊ 'pɑ:] *n., pl. same* [fəʊ 'pɑ:z] Fauxpas, *der*

**favor** *etc. (Amer.) see* **favour** *etc.*

**favour** ['feɪvə(r)] *(Brit.)* **1.** *n.* **a)** Gunst, *die;* Wohlwollen, *das;* **look with ~ on** mit Wohlwollen betrachten; wohlwollend gegenüberstehen (+ *Dat.*) ⟨*Person, Plan, Idee usw.*⟩; **find ~ in the eyes of sb.** *or* **in sb.'s eyes** *(literary)* vor jmds. Augen *(Dat.)* Gnade finden; **find/lose ~ with sb.** ⟨*Sache:*⟩ bei jmdm. Anklang finden/jmdm. nicht mehr gefallen; ⟨*Person:*⟩ jmds. Wohlwollen gewinnen/verlieren; **as a mark of her ~:** als *od.* zum Zeichen ihrer Wertschätzung *od.* Anerkennung; **be in ~ [with sb.]** [bei jmdm.] beliebt *od. (ugs.)* gut angeschrieben sein; ⟨*Idee, Kleidung usw.:*⟩ [bei jmdm.] in Mode sein; **be out of ~ [with sb.]** [bei jmdm.] unbeliebt *od. (ugs.)* schlecht angeschrieben sein; [bei jmdm.] in Ungnade sein *(oft spött.);* ⟨*Idee, Kleidung usw.:*⟩ [bei jmdm.] nicht mehr in Mode sein; **get back in[to] sb.'s ~:** jmds. Gunst *od.* Wohlwollen wiedergewinnen; **b)** *(kindness)* Gefallen, *der;* Gefälligkeit, *die;* **sb. requests the ~ of your company** *(formal)* jmd. gibt sich *(Dat.)* die Ehre, Sie einzuladen; **ask a ~ of sb.** jmdn. um einen Gefallen bitten; **do sb. a ~, do a ~ for sb.** jmdm. einen Gefallen tun; **do me the ~ of shutting up** *(iron.)* tu mir den Gefallen und halt den Mund; **as a ~:** aus Gefälligkeit; **as a ~ to sb.** jmdm. zuliebe; **get special ~s** besondere Vergünstigungen genießen; **c)** *(aid, support)* **be in ~ of sth.** für etw. sein; **in ~ of** zugunsten (+ *Gen.*); **all those in ~:** alle, die dafür sind; **in sb.'s ~:** zu jmds. Gunsten; **the exchange rate is in our ~:** der Wechselkurs steht *od.* ist günstig für uns; **d)** *(partiality)* Begünstigung, *die;* **show ~ to[wards] sb.** jmdn. begünstigen; **e)** *(ornament, badge)* Andenken, *das; (ribbon, cockade)* Schleife, *die;* Kokarde, *die; (party-badge)* Abzeichen, *das;* Plakette, *die. See also* **fear 1 a. 2.** *v.t.* **a)** *(approve)* für gut halten, gutheißen ⟨*Plan, Idee, Vorschlag*⟩; *(think preferable)* bevorzugen; **I ~ the first proposal** ich bin für den ersten Vorschlag; **b)** **~ sb.** *(treat sb. kindly)* jmdm. günstig gesinnt sein; jmdm. wohlwollen; *(encourage or sponsor sb.)* jmdn. unterstützen; jmdn. fördern; **c)** *(oblige)* beehren **(with** mit**)** *(geh.);* **~ sb. with a smile/glance/an interview** jmdm. ein Lächeln/einen Blick schenken/ein Interview gewähren *(geh.);* **he ~ed me with a visit** *(iron.)* er beglückte mich mit einem Besuch; **d)** *(treat with partiality)* bevorzugen; **e)** *(aid, support)* helfen (+ *Dat.*); **f)** *(confirm)* bekräftigen, bestätigen ⟨*Ansicht, Meinung, Theorie*⟩; **g)** *(prove advantageous to)* begünstigen; **the weather ~ed our journey** das Wetter trug zum Gelingen unserer Reise [wesentlich] bei

**favourable** ['feɪvərəbl] *adj. (Brit.)* **a)** günstig ⟨*Eindruck, Licht*⟩; gewogen ⟨*Haltung, Einstellung*⟩; wohlmeinend ⟨*Blick, Urteil*⟩; **~ attitude towards sth.** positive Einstellung einer Sache gegenüber; **be ~ to[wards] sth.** einer Sache *(Dat.)* positiv gegenüberstehen; **b)** *(praising)* freundlich ⟨*Erwähnung, Empfehlung*⟩; positiv, günstig ⟨*Bericht[erstattung], Bemerkung*⟩; **c)** *(promising)* vielversprechend; gut ⟨*Omen, Zeichen*⟩; **d)** *(helpful)* günstig **(to** für**)** ⟨*Wetter, Wind, Umstand*⟩; **be ~ for doing sth.** günstig sein, um etw. zu tun; **e)** *(giving consent)* zustimmend; **give sb. a ~ answer** jmdm. eine Zusage geben

**favourably** ['feɪvərəblɪ] *adv. (Brit.)* **a)** wohlwollend ⟨*ansehen, anhören, denken, urteilen*⟩; günstig ⟨*stimmen*⟩; **be ~ impressed with sb./sb.'s ideas** von jmdm./jmds. Ideen sehr angetan sein; **be ~ disposed towards sb./sth.** jmdm./einer Sache positiv gegenüberstehen; **b)** *(in praising manner)* lobend ⟨*erwähnen*⟩; positiv ⟨*vermerken*⟩; **c)** *(promisingly)* vielversprechend; **d)** *(helpfully)* günstig; **e)** *(with consent)* **answer ~:** eine positive Antwort geben

**favoured** ['feɪvəd] *adj. (Brit.) (privileged)* bevorzugt; *(well-liked)* Lieblings⟨*platz, -buch, -gericht*⟩; **the ~ few** die kleine Gruppe der Auserwählten *(iron.);* **most-~ nation** meistbegünstigter Staat; **most-~-nation treatment** Meistbegünstigung, *die (Wirtsch.)*

**favourite** ['feɪvərɪt] *(Brit.)* **1.** *adj.* Lieblings-; **~ son** *(Amer. Polit.)* Favorit, *der;* Spitzenkandidat, *der;* **sb.'s ~ person** jmds. Liebling. **2.** *n.* **a)** *(film/food/country/pupil etc.)* Lieblingsfilm, *der*/-essen, *das*/-land, *das*/-schüler, *der usw.; (person in general)* Liebling, *der;* **this/he is my ~:** das/ihn mag ich am liebsten; **she's a great ~ with the children** sie wird von den Kindern sehr geliebt; **b)** *(Sport)* Favorit, *der*/Favoritin, *die;* **start ~:** als Favorit an den Start gehen; **c)** *(unduly favoured intimate)* Günstling, *der*

**favouritism** ['feɪvərɪtɪzm] *n., no pl. (Brit.)* Begünstigung, *die; (when selecting sb. for a post etc.)* Günstlingswirtschaft, *die*

**¹fawn** [fɔ:n] **1.** *n.* **a)** *(fallow deer)* [Dam]kitz, *das; (buck)* Bockkitz, *das; (doe)* Geißkitz, *das;* **b)** *(colour)* Rehbraun, *das.* **2.** *adj.* rehfarben; **~ colour** Rehbraun, *das*

**²fawn** *v.i.* **a)** *(show affection)* seine Freude zeigen; ⟨*Hund:*⟩ [bellen und] mit dem Schwanz wedeln; **~ [up]on sb.** um jmdn. herumstreichen; **b)** *(cringe)* **~ [on** *or* **upon sb.]** sich [bei jmdm.] einschmeicheln; [vor jmdm.] katzbuckeln *(abwertend)*

**'fawn-coloured** *adj.* rehfarben

**fawning** ['fɔ:nɪŋ] *adj. (showing affection)* schwanzwedelnd [und bellend] ⟨*Hund*⟩; *(cringing)* sich einschmeichelnd; katzbuckelnd *(abwertend)*

**fax** [fæks] **1.** *n.* Fax, *das;* Fernkopie, *die.* **2.** *v. t.* faxen; fernkopieren

**'fax machine** *n.* Fernkopierer, *der*

**FBI** *abbr. (Amer.)* **Federal Bureau of Investigation** FBI, *das*

**FC** *abbr.* **Football Club** FC, *der*

**FCO** *abbr. (Brit.)* **Foreign and Commonwealth Office** [Britisches] Außen- und Commonwealthministerium; ≈ AA

**fealty** ['fi:əltɪ] *n. (Hist.)* Lehnstreue, *die; (fig.)* Treue, *die*

**fear** [fɪər] **1.** *n.* **a)** Furcht, Angst, *die* (**of** vor + *Dat.*); *(instance)* Befürchtung, *die;* **out of ~:** aus Angst; **~ of death** *or* **dying/heights/open spaces** Todes-/Höhen-/Platzangst, *die;* **~ of flying** Flugangst, *die;* Angst vorm Fliegen *(ugs.);* **~ of doing sth.** Angst *od.* Furcht davor, etw. zu tun; **have a [terrible] ~ of sth./sb.** [furchtbare] Angst vor etw./jmdm. haben; **have a ~** *or* **have ~s of doing sth.** Angst davor haben, etw. zu tun; **in ~:** angstvoll; angsterfüllt; **be in ~:** Angst haben; **in ~ of being caught** in der Angst, gefaßt zu werden; **in ~ and trembling** zitternd und zagend *(geh.);* mit schlotternden Knien *(ugs.);* **for ~ of waking** *or* **[that] we should wake** *or* **lest we [should] wake the others** aus Angst [davor], die anderen zu wecken *od.* daß wir die anderen wecken könnten; **without ~ or favour** völlig unparteiisch *od.* unvoreingenommen; **b)** *(object of ~)* Furcht, *die; in pl.* Befürchtungen *Pl.;* **what are your main ~s?** wovor haben Sie am meisten Angst?; **c)** *(dread and reverence)* [Ehr]furcht, *die* (**of** vor + *Dat.*); **put the ~ of God into sb.** *(fig.)* jmdn. fürchterlich erschrecken; jmdm. gehörig Angst einjagen; **d)** *(anxiety for sb.'s/sth.'s safety)* Sorge, *die* (**for** um); **go** *or* **be in ~ of one's life** Angst um sein Leben haben; in Todesangst sein; **e)** *(coll.: risk)* Gefahr, *die;* **no** *or* **not any ~ of sth./'that happening** keine Gefahr, daß etw./dies geschieht; **there's no ~ of 'that [ever happening]!** *(iron.)* die Gefahr besteht bestimmt nicht! *(iron.);* **no ~!** *(coll.)* keine Bange! *(ugs.).* **2.** *v. t.* **a)** *(be afraid of)* **~ sb./sth.** vor jmdm./etw. Angst haben; sich vor jmdm./etw. fürchten; **~ to do** *or* **doing sth.** Angst haben *od.* sich fürchten, etw. zu tun; **you have nothing to ~:** Sie haben nichts zu befürchten; **~ the worst** das Schlimmste befürchten; **b)** *(be worried about)* befürchten; **~ [that ...]** fürchten[, daß ...]; **it is to be ~ed that ...:** es steht zu befürchten, daß ...; **we need not ~ that/but [that] he will come** wir brauchen uns keine Sorgen zu machen, daß er kommt/nicht kommt. **3.** *v. i.* sich fürchten; **~ for sb./sth.** um jmdn./etw. bangen *(geh.) od.* fürchten; **never ~** *(also joc. iron.)* keine Bange *(ugs.)*

**fearful** ['fɪəfl] *adj.* **a)** *(terrible)* furchtbar; grauenhaft 〈*Erfahrung, Anblick, Tod, Untier*〉; *(coll.: extreme)* fürchterlich; scheußlich 〈*Farbe, Wetter*〉; **we had a ~ wait** wir mußten furchtbar lange warten; **b)** *(frightened)* ängstlich; *(apprehensive)* **~ of sth./sb.** erfüllt von Angst vor etw./jmdm.; **be ~ of sth./sb.** vor etw./jmdm. Angst haben; **be ~ of doing sth.** Angst [davor] haben, etw. zu tun; **be ~ [that** *or* **lest] ...:** Angst haben, daß ...

**fearfully** ['fɪəfəlɪ] *adv.* **a)** *(terribly)* furchtbar; *(coll.: extremely)* fürchterlich; schrecklich; furchtbar 〈*nett, gut, laut, heiß*〉; **b)** *(in frightened manner)* ängstlich

**fearless** ['fɪəlɪs] *adj.* furchtlos; *(through skill)* kühn; **be ~ [of sth./sb.]** keine Angst [vor etw./jmdm.] haben *od.* kennen

**fearlessly** ['fɪəlɪslɪ] *adv.* furchtlos; ohne Angst

**fearsome** ['fɪəsəm] *adj.* furchteinflößend; furchterregend; gräßlich 〈*Anblick*〉; **he/it is a ~-looking man/weapon** er/die Waffe sieht furchterregend aus

**feasibility** [fi:zɪ'bɪlɪtɪ] *n., no pl.* **a)** *(practicability)* Durchführbarkeit, *die; (of method)* Tauglichkeit, *die;* Anwendbarkeit, *die; (possibility)* Möglichkeit, *die;* **b)** *(coll.) (manageability)* Machbarkeit, *die; (convenience)* Annehmlichkeit, *die*

**feasi'bility study** *n.* Tauglichkeitsstudie, *die;* Eignungsstudie, *die*

**feasible** ['fi:zɪbl] *adj.* **a)** *(practicable)* durchführbar 〈*Plan, Vorschlag*〉; anwendbar 〈*Methode*〉; erreichbar 〈*Ziel*〉; gangbar 〈*Weg, Lösung*〉; *(possible)* möglich; **b)** *(coll.) (manageable)* machbar; *(convenient)* möglich

**feast** [fi:st] **1.** *n.* **a)** *(Relig.)* Fest, *das;* **the ~ of Christmas/Easter/Epiphany** das Weihnachts-/Oster-/Erscheinungsfest; **movable/immovable ~:** beweglicher/unbeweglicher Feiertag; **breakfast is a movable ~ in our family** *(joc.)* wir frühstücken nicht zu festen Zeiten; **b)** *(banquet)* Festessen, *das;* Bankett, *das (geh.); (fig.)* Labsal, *das (geh.);* **a ~ for the eyes/ears** eine Augenweide/ein Ohrenschmaus; *see also* **enough 2. 2.** *v. i.* **a)** schlemmen; schwelgen; **~ on sth.** sich an etw. *(Dat.)* gütlich tun; *(fig.)* sich an etw. *(Dat.)* laben *(geh.);* sich an etw. *(Dat.)* weiden *(geh.);* **b)** *(celebrate with festivities)* Feste/ein Fest begehen; feiern. **3.** *v. t.* festlich bewirten; **he ~ed his eyes on her beauty** seine Augen labten *od.* weideten sich an ihrer Schönheit *(geh.)*

**'feast-day** *n.* [kirchlicher] Feiertag

**feat** [fi:t] *n. (action)* Meisterleistung, *die;* Bravourleistung, *die; (thing)* Meisterwerk, *das;* **a ~ of intellect/strength** eine intellektuelle/physische Meisterleistung; **no mean** *or* **small ~:** eine beachtliche Leistung

**feather** ['feðə(r)] **1.** *n.* **a)** Feder, *die; (on arrow)* [Pfeil]feder, *die; (for hat)* [Hut]feder, *die;* **as light as a ~:** federleicht; herrlich locker 〈*Kuchen*〉; **show the white ~** *(fig.)* es mit der Angst [zu tun] kriegen *(ugs.);* kneifen *(ugs.);* **fine ~s make fine birds** *(prov.)* Kleider machen Leute *(Spr.);* **a ~ in sb.'s cap** *(fig. coll.)* ein Grund für jmdn., stolz zu sein; **ruffle sb.'s ~s** jmdn. reizen *od.* aufregen; **you could have knocked me down with a ~:** ich war völlig von den Socken *(ugs.);* **make the ~s fly = make the fur fly** *see* **fur 1 a; b)** *collect. (plumage)* Gefieder, *das;* Federkleid, *das (geh.);* **in high** *or* **full** *or* **fine ~** *(fig.)* in guter Form. *See also* **bird a. 2.** *v. t.* **a)** *(furnish with ~s)* mit Federn versehen; befiedern; **~ one's nest** *(fig.)* auf seinen finanziellen Vorteil bedacht sein; **b)** *(turn edgeways)* aufdrehen 〈*Paddel, Ruder*〉. *See also* **¹tar 2**

**feather: ~ 'bed** *n.* mit Federn gefüllte Matratze; **~-bed** *v. t.* [ver]hätscheln; **~ 'boa** *n.* Federboa, *die;* **~-brain** *n.* Schwachkopf, *der (ugs.);* **~-brained** ['feðəbreɪnd] *adj.* schwachköpfig *(ugs.);* **~ 'duster** *n.* Federwisch, *der*

**feathered** ['feðəd] *adj.* gefiedert

**feather: ~-stitch** *n.* Federstich, *der;* **~weight** *n.* **a)** *(very light thing/person)* Fliegengewicht, *das;* **be a ~weight** federleicht sein; **b)** *(Boxing etc.)* Federgewicht, *das; (person also)* Federgewichtler, *der*

**feathery** ['feðərɪ] *adj.* **a)** *(covered with feathers)* befiedert; gefiedert; **b)** *(adorned with feathers)* federngeschmückt; Feder〈*hut, -schmuck*〉; **c)** *(feather-like) (in quality)* federnartig; gefiedert 〈*Blatt*〉; *(in weight)* federleicht; locker 〈*Kuchenteig*〉

**feature** ['fi:tʃə(r)] **1.** *n.* **a)** *usu. in pl. (part of face)* Gesichtszug, *der;* **facial ~s** Gesichtszüge; **b)** *(distinctive characteristic)* Charakteristische, *das;* [charakteristisches] Merkmal; Charakteristikum, *das;* **be a ~ of sth.** charakteristisch für etw. sein; **which ~s of city life attract you most?** was zieht dich am Stadtleben besonders an?; **a/one particular ~:** ein besonderes Merkmal; **make a ~ of sth.** etw. [sehr] betonen *od.* herausstellen; **c)** *(Journ. etc.)* Reportage, *die;* Dokumentarbericht, *der;* Feature, *das;* **d)** *(Cinemat.)* **~ [film]** Hauptfilm, *der;* Spielfilm *der;* **e)** *(Radio, Telev.)* **~ [programme]** Feature, *das.* **2.** *v. t. (make attraction of)* vorrangig vorstellen; den Vorrang geben (+ *Dat.*); *(give special prominence to) (in film)* in der Hauptrolle zeigen; *(in show)* als Stargast präsentieren. **3.** *v. i.* **a)** *(be ~)* vorkommen; **b)** *(be [important] participant)* **~ in sth.** eine [bedeutende] Rolle bei etw. spielen; **~ in a film** die Hauptrolle in einem Film spielen

**featureless** ['fi:tʃəlɪs] *adj.* eintönig; ereignislos 〈*Zeit*〉

**Feb.** *abbr.* **February** Febr.

**febrile** ['fi:braɪl] *adj.* fiebrig; Fieber〈*schweiß, -schlaf, -zustand*〉

**February** ['februərɪ] *n.* Februar, *der; see also* **August**

**feces** *(Amer.) see* **faeces**

**feckless** ['feklɪs] *adj. (feeble)* schwächlich 〈*Person*〉; *(futile)* vergeblich 〈*Versuch, Anstrengung*〉; nutzlos, vertan 〈*Leben*〉; *(inefficient)* untauglich; *(aimless)* ziellos

**fecund** ['fi:kənd, 'fekənd] *adj. (fertile, fertilizing, lit. or fig.)* fruchtbar

**fecundity** [fɪ'kʌndɪtɪ] *n., no pl. (fertility, fertilizing power, lit. or fig.)* Fruchtbarkeit, *die*

**fed** [fed] **1.** *see* **feed 1, 2. 2.** *pred. adj. (sl.)* **be/get ~ up with sb./sth.** jmdn./etw. satt haben *(ugs.);* **you're looking rather ~ up** du siehst aus, als hättest du die Nase voll *(ugs.);* **be/get ~ up with doing sth.** es satt haben, etw. zu tun *(ugs.);* **be/get ~ up to the [back] teeth with sb./sth.** jmdn./etw. zum Kotzen finden *(derb)*

**federal** ['fedərl] *adj.* **a)** Bundes-; föderativ 〈*System*〉; bundesweit 〈*Feiertag*〉; bundeseigen 〈*Betrieb*〉; **~ district/territory** *etc.* Bundesdistrikt, *der*/-territorium, *das usw.;* **~ legislation/representative** Gesetzgebung/Abgeordneter des Bundes; **b)** *(relating to or favouring the central government)* föderalistisch 〈*Partei usw.*〉; **~ supporter/tendency** Anhänger des/Neigung zum Föderalismus; **c) F~** *(Amer. Hist.: of Northern States in Civil War)* der Unionisten *nachgestellt;* **d)** *(having largely independent units)* föderiert

**federate** ['fedəreɪt] **1.** *v. t.* **a)** *(organize on federal basis)* föderalistisch organisieren; föderalisieren; **b)** *(band together in league)* zu einem Bund zusammenschließen; föderieren. **2.** *v. i.* sich [zu einem Bund] zusammenschließen

**federation** [fedə'reɪʃn] *n.* **a)** *(federating)* Zusammenschluß, *der;* **b)** *(group of states)* Bündnis, *das;* Föderation, *die; (society)* Bund, *der;* Verband, *der*

**fee** [fi:] *n.* **a)** Gebühr, *die;* **b)** *(of doctor, lawyer, etc.)* Honorar, *das; (of performer)* Gage, *die;* **what ~ do you charge?** was verlangen Sie als Honorar/Gage?; **c)** *in pl. (of company director etc.)* Bezüge *Pl.;* **d)** *see* **transfer fee; e)** *(entrance money)* Gebühr, *die;* **matriculation/registration ~:** Einschreibe-/Aufnahmegebühr, *die;* **f)** *(administrative charge)* Bearbeitungsgebühr, *die;* **g)** *in pl. (regular payment for instruction)* **school ~s** Schulgeld, *das;* **tuition ~s** *see* **tuition b**

**feeble** ['fi:bl] *adj.* **a)** *(weak)* schwach; **b)** *(deficient)* schwächlich; *(in resolve, argument, commitment)* halbherzig; **c)** *(lacking energy)* schwach 〈*Leistung, Kampf, Stimme, Applaus*〉; wenig überzeugend 〈*Argument, Entschuldigung, Erklärung, Vorstellung*〉; zaghaft, kläglich 〈*Versuch, Bemühung*〉; kraftlos 〈*Drohung*〉; lahm *(ugs.)* 〈*Witz*〉; **d)** *(indistinct)* schwach 〈*[Licht]schein, Herzschlag*〉

**'feeble-minded** *adj.* **a)** töricht; **b)** *(Psych.)* geistesschwach; **~ person** Schwachsinnige, *der/die*

**feebly** ['fi:blɪ] *adv.* **a)** *(weakly)* mühsam 〈*gehen, sich bewegen*〉; **b)** *(deficiently)* schwach; kaum 〈*reagieren*〉; **c)** *(without* *energy)* schwach ⟨*widerstehen, unterstützen, applaudieren*⟩; zaghaft ⟨*versuchen, ablehnen, widersprechen, behaupten*⟩

**feed** [fi:d] **1.** *v. t.*, **fed** [fed] **a)** *(give food to)* füttern; ~ **sb./an animal with sth.** jmdm. etw. zu essen/einem Tier [etw.] zu fressen geben; ~ **a baby/an animal/an invalid on** *or* **with sth.** ein Baby/Tier/einen Invaliden mit etw. füttern; **the dog is fed every evening at 6 o'clock** der Hund bekommt jeden Abend um 6 Uhr sein Fressen; ~ **intravenously** intravenös ernähren; ~ **[at the breast]** stillen; **b)** *(provide food for)* ernähren; satt machen; ~ **sb./an animal on** *or* **with sth.** jmdn./ein Tier mit etw. ernähren; **c)** *(put food into mouth of)* füttern; ~ **oneself** allein *od.* ohne Hilfe essen; **can the child ~ herself with a spoon yet?** kann das Kind schon mit dem Löffel essen?; **be ~ing one's face** *(coll. derog.)* fressen *(abwertend)*; **d)** *(graze)* weiden lassen; weiden; **e)** *(produce food for)* ~ **sb. [with sth.]** jmdn. [mit etw.] versorgen; **f)** *(nourish)* mit Nährstoffen versorgen; *(fig.)* verstärken; **g)** *see* ~ **up**; **h)** *(give out)* verfüttern ⟨*Viehfutter*⟩; **i)** *(keep supplied)* speisen ⟨*Wasserreservoir*⟩; unterhalten ⟨*Feuer*⟩; am Brennen halten ⟨*Ofen*⟩; *(supply with material)* versorgen; *(supply)* ~ **a film into the projector** einen Film in das Vorführgerät einlegen; ~ **data into the computer** Daten in den Computer eingeben; den Computer mit Daten füttern; ~ **sth. to sb.**, ~ **sb. sth.** *(fig.)* jmdn. mit etw. füttern; ~ **sth. to the flames** etw. den Flammen übergeben; *see also* **¹meter 1 b**; **j)** *(lead)* ~ **sth. through sth.** etw. durch etw. hindurchführen; **k)** *(Theatre sl.)* ~ **the actor [with] his cues** *or* **the cues to the actor** dem Schauspieler das Stichwort geben; **l)** *(Football etc.)* zuspielen (**to** *Dat.*). *See also* **fed 2. 2.** *v. i.*, **fed** ⟨*Tier:*⟩ fressen (**from** aus); ⟨*Person:*⟩ essen (**off** von); ~ **on sth.** ⟨*Tier:*⟩ etw. fressen, mit etw. gefüttert werden; ⟨*Person:*⟩ sich von etw. [er]nähren, etw. essen, etw. futtern *(ugs.)*; *(fig.)* von etw. leben; ~ **off sth.** sich von etw. ernähren; *(fig.)* von etw. leben. **3.** *n.* **a)** *(instance of eating) (of animals)* Fressen, *das; (of baby)* Mahlzeit, *die;* **when is the baby's next ~ due?** wann muß das Baby wieder gefüttert werden?; **on the** ~ *(feeding)* am *od.* beim Fressen; bei der Nahrungsaufnahme; *(looking out for food)* auf Nahrungssuche; **b)** *(pasture)* Viehfutter, *das;* **out at** ~: auf der Weide; **c)** *(horse's oats etc.)* [Futter]ration, *die; (fodder)* **[cattle/sheep/pig]** ~: [Vieh-/Schaf-/Schweine]futter, *das;* **be off its** ~ ⟨*Tier:*⟩ schlecht fressen; **be off one's** ~ ⟨*Person:*⟩ schlecht essen; keinen Appetit haben; **d)** *(coll.) (meal)* Mahlzeit, *die; (feast)* Mahl, *das;* **have [quite] a** ~: [ordentlich] futtern *(ugs.)*; [kräftig] zulangen; **e)** *(of machine)* Versorgung, *die; (of furnace)* Begichtung, *die; (supplying of material)* Einspeisung, *die;* **f)** *(material supplied to machine)* Nachschub, *der; (amount supplied)* Nachschub, *der;* Nachfüllmenge, *die; (into computer)* Einspeisung, *die;* **g)** *(hopper)* Trichter, *der*

~ **'back 1.** *v. t.* **a)** zurückleiten; weiterleiten, -geben ⟨*Informationen*⟩; **be fed back** zurückfließen; **b)** *(Electr.)* rückkoppeln. **2.** *v. i.* ~ **back into sth.** in etw. *(Akk.)* zurückfließen; ~ **back to sth./sb.** an etw./jmdn. weitergeleitet werden. *See also* **feedback**

~ **'up** *v. t. (fatten)* mästen; *(fill up with food)* vollstopfen *(ugs.)*; *see also* **fed 2**

**'feedback** *n.* **a)** *(information about result, response)* Reaktion, *die;* Feedback, *das (fachspr.)*; **b)** *(Electr.)* **[positive/negative]** ~: [positive/negative] Rückkopplung; **c)** *(Biol., Psych., etc.)* Reafferenz, *die (fachspr.)*; Rückkopplung, *die*

**feeding** ['fi:dɪŋ]: **~-bottle** *n.* [Saug]flasche, *die;* **~-time** *n.* **a)** Fütterungszeit, *die;* **b)** *(fig. joc.)* Essenszeit, *die;* **~-time!** Essen!

**feed: ~lot** *n.* Weide, *die;* **~-pipe** *n.* Zuleitungsrohr, *das;* Füllrohr, *das;* **~stock** *n.* Einsatz- *od.* Ausgangsmaterial, *das*

**feel** [fi:l] **1.** *v. t.*, **felt** [felt] **a)** *(explore by touch)* befühlen; ~ **sb.'s pulse** jmdm. den Puls fühlen; *(fig.)* bei jmdm. vorfühlen; jmdm. auf den Zahn fühlen *(ugs.)* (**on, about** hinsichtlich); ~ **one's way** sich *(Dat.)* seinen Weg ertasten; *(fig.: try sth. out)* vorsichtig vorgehen; sich vorsichtig vor[an]tasten; **be ~ing one's way** versuchen, sich zurechtzufinden; ~ **one's way along the corridor/towards the door** sich den Flur entlangtasten/sich zur Tür tasten; **b)** *(perceive by touch)* fühlen; *(become aware of)* bemerken; *(be aware of)* merken; *(have sensation of)* spüren; ~ **sb.'s temperature** fühlen, ob jmd. Fieber hat; **c)** *see* ~ **up**; **d)** *(be conscious of)* empfinden ⟨*Mitleid, Dank, Eifersucht*⟩; verspüren ⟨*Drang, Wunsch*⟩; spüren ⟨*Gefühle anderer*⟩; ~ **the cold/heat** unter der Kälte/Hitze leiden; ~ **one's age** sein Alter spüren; ~ **pride in sb./sth.** stolz auf jmdn./etw. sein; ~ **bitterness/amazement** verbittert/erstaunt sein; ~ **the temptation** sich versucht fühlen; **make itself felt** zu spüren sein; *(have effect)* sich bemerkbar machen; **make one's presence felt** sich bemerkbar machen; **e)** *(experience)* empfinden; *(be affected by)* zu spüren bekommen; **f)** *(be emotionally affected by)* leiden unter (+ *Dat.*); **he felt it terribly when his dog died** er litt ganz furchtbar, als sein Hund starb; **g)** *(have vague or emotional conviction)* ~ **[that]** ...: das Gefühl haben, daß ...; **h)** *(think)* **if that's what you ~ about the matter** wenn du so darüber denkst; ~ **it to be one's duty to** ...: es für seine Pflicht halten, zu ...; ~ **oneself hard done by** sich schlecht behandelt fühlen; ~ **[that]** ...: glauben, daß ...; **if you ~ [that] you would like to know more** wenn Sie gern mehr wissen möchten. *See also* **bone 1 a**; **draught a. 2.** *v. i.*, **felt a)** *(search with hand etc.)* ~ **[about] in sth. [for sth.]** in etw. *(Dat.)* [nach etw.] [herum]suchen; ~ **[about] in one's bag/pocket [to see whether ...]** in seiner Tasche [herum]kramen[, um festzustellen, ob ...] *(ugs.)*; ~ **[about] [after** *or* **for sth.] with sth.** mit etw. [nach etw.] [umher]tasten; **b)** *(have sense of touch)* fühlen; **c)** *(be conscious that one is)* sich ... fühlen; ~ **angry/enthusiastic/sure/delighted/disappointed** böse/begeistert/sicher/froh/enttäuscht sein; **she felt quite sick/horrified at the idea** der Gedanke machte sie ganz krank/widerte sie an; **I felt such a fool** ich kam mir wie ein Idiot vor; ~ **[the] better for sth.** *(in mind)* sich erleichtert fühlen; *(in body)* sich besser fühlen; ~ **inclined to do sth.** dazu neigen, etw. zu tun; ~ **committed to sth.** sich einer Sache *(Dat.)* verschrieben haben; **the child did not ~ loved/wanted/needed** das Kind hatte das Gefühl, ungeliebt/unerwünscht/überflüssig zu sein; **I ~ dubious about doing that** ich weiß nicht recht, ob ich das machen soll; ~ **quite hopeful** guter Hoffnung sein; **I felt sorry for him** er tat mir leid; ~ **hard done by** sich schlecht behandelt fühlen; ~ **like sth.** sich *(Dat.)* vorkommen wie etw.; **he makes you ~ like a fool/lady** bei ihm kommt man sich *(Dat.)* wie ein Idiot vor/er gibt einem das Gefühl, eine Dame zu sein; ~ **like a new man/woman** sich wie neugeboren fühlen; **what do you ~ like** *or* **how do you ~ today?** wie fühlst du dich *od.* wie geht es dir heute?; **what would you ~ like** *or* **how would you ~ if someone said such a thing to you?** was würdest du empfinden *od.* denken, wenn jemand so etwas zu dir sagte?; **let's see what we ~ like** *or* **how we ~ when ...**: warten wir ab, in welcher Verfassung wir sind *od. (what we should like to do)* wie uns der Sinn steht, wenn ...; ~ **like sth./doing sth.** *(coll.: wish to have/do)* auf etw. *(Akk.)* Lust haben/Lust haben, etw. zu tun; **do you ~ like a cup of tea?** möchtest du eine Tasse Tee?; **I ~ like a new hairdo** ich könnte eine neue Frisur gebrauchen; **we ~ as if** *or* **as though ...**: es kommt uns vor, als ob ...; *(have the impression that)* wir haben das Gefühl, daß ...; **how do you ~ about him now/the idea?** was empfindest du jetzt für ihn/was hältst du von der Idee?; **if that's how** *or* **the way you ~ about it** wenn du so darüber denkst; **she just didn't ~ that way about him** sie hatte nun einmal nicht solche Gefühle für ihn; ~ **the same [way] about each other** für einander das gleiche empfinden; ~ **[quite] one'self** sich wohl fühlen; **d)** *(be emotionally affected)* ~ **passionately/bitterly about sth.** sich für etw. begeistern/über etw. *(Akk.)* verbittert sein; ~ **kindly towards sb.** jmdm. wohlgesonnen sein; **e)** *(be consciously perceived as)* sich ... anfühlen; ~ **like sth.** sich wie etw. anfühlen; **it ~s funny/strange/nice/uncomfortable** es ist ein komisches/seltsames/angenehmes/unangenehmes Gefühl; **it ~s so good to be away from the hustle** es tut gut, der Hetze entronnen zu sein; **it all ~s so strange here** es kommt einem hier alles so seltsam vor. *See also* **cheap 1 c. 3.** *n.* **a)** *(sense of touch)* [Be]tasten, *das;* **be dry/soft** *etc.* **to the** ~: sich trocken/weich *usw.* anfühlen; **b)** *(act of feeling)* Abtasten, *das;* **c)** *(sensation when touched)* Gefühl, *das;* **d)** *(sensation characterizing a situation, place, etc.)* Atmosphäre, *die;* **there is a mysterious/ghostly ~ about the place** der Ort hat etwas Mysteriöses/Gespenstisches [an sich]; **get a [real]/the ~ of sth.** ein [wirkliches] Gespür für etw. bekommen; **get the ~ of things in a firm/of a new job** sich in einer Firma zurechtfinden/sich in eine neue Arbeit hineinfinden; **have a ~ for sth.** *(fig.)* ein Gespür *od.* einen Blick für etw. haben; *(talent)* eine Ader für etw. haben

~ **for** *v. t.* ~ **for sb.** mit jmdm. Mitleid haben

~ **'out** *v. t.* **a)** *(sound out)* ~ **sb. out** jmds. Ansichten feststellen; **b)** *(test practicability of)* zur Diskussion stellen; austesten

~ **'up** *v. t. (sl.)* befummeln *(salopp)*

~ **with** *v. t.* Mitgefühl haben mit; mitfühlen; **I ~ with you** Sie haben mein Mitgefühl

**feeler** ['fi:lə(r)] *n.* Fühler, *der;* **put out ~s** *(fig.)* seine Fühler ausstrecken

**feeling** ['fi:lɪŋ] **1.** *n.* **a)** *(sense of touch)* **[sense of]** ~: Tastsinn, *der;* **have no ~ in one's legs** kein Gefühl in den Beinen haben; **b)** *(physical sensation)* Gefühl, *das;* **you'll have a painful** ~: es wird weh tun; **c)** *(emotion)* Gefühl, *das;* **what are your ~s for each other?** was empfindet ihr füreinander?; **say sth. with** ~: etw. mit Nachdruck sagen; **~s were running high** Emotionen wurden geweckt; **there were strong ~s about it** es gab sehr entschiedene Ansichten darüber; **bad** ~ *(jealousy)* Neid, *der; (annoyance)* Verstimmung, *die;* **d)** *in pl. (sensibilities)* Gefühle; **hurt sb.'s ~s** jmdn. verletzen; **e)** *(sympathy)* Mitgefühl, *das;* Einfühlungsvermögen, *das;* **f)** *(consciousness)* **a ~ of hopelessness/harmony** *etc.* ein Gefühl der Hoffnungslosigkeit/Harmonie *usw.*; **there was a ~ of mystery/peace about the place** der Ort hatte etwas Mysteriöses/Friedvolles [an sich *(Dat.)*] *od.* mutete mysteriös/friedvoll an; **I have a funny ~ that ...**: ich habe das komische Gefühl, daß ... *(ugs.)*; **g)** *(belief)* Gefühl, *das;* **have a/the ~ [that] ...**: das Gefühl haben, daß ...; **h)** *(sentiment)* Ansicht, *die;* **air one's ~s** seinem Herzen Luft machen; seine Ansicht äußern; **the general ~ was that ...**: man war allgemein der Ansicht, daß ...; *see also* **mixed a**; **i)** *(general emotional effect)* Eindruck, *der.* **2.** *adj.* **a)** *(sensitive)* empfindlich; **b)** *(sympathetic)* einfühlsam; **be ~ about other people** sich in andere Leute einfühlen können; **c)** *(showing emotion)* gefühlvoll

**feelingly** ['fi:lɪŋlɪ] *adv.* **a)** *(sympathetically)* mitfühlend ⟨*reagieren*⟩; **b)** *(in manner showing emotion)* gefühlvoll; **say sth. ~:** etw. mit Nachdruck sagen

**feet** *pl. of* **foot**

**feign** [feɪn] *v. t.* vorspiegeln; vortäuschen; **~ ignorance** sich dumm stellen; **~ that one is ...:** vorgeben, ... zu sein; **~ to do sth.** vorgeben, etw. zu tun

[1]**feint** [feɪnt] **1.** *n.* **a)** *(Boxing, Fencing)* Finte, *die;* **make a ~:** eine Finte ausführen; fintieren; **b)** *(Mil.)* Scheinangriff, *der;* **make a ~ [at *or* of attacking sb./sth.]** einen Scheinangriff [auf jmdn./etw.] ausführen. **2.** *v. i.* **a)** *(Boxing, Fencing)* **~ at sb./sth.** eine Finte gegen jmdn./etw. ausführen; **b)** *(Mil.)* **~ at *or* [up]on sb./sth.** einen Scheinangriff auf jmdn./etw. durchführen

[2]**feint** *adj. (Commerc.)* **~ lines** feine Linierung; **ruled ~:** fein liniert

**feldspar** ['feldspɑ:(r)] *see* **felspar**

**felicitate** [fɪ'lɪsɪteɪt] *v. t. (literary)* **~ sb. [on sth.]** jmdn. [zu etw.] beglückwünschen

**felicitation** [fɪlɪsɪ'teɪʃn] *n.* Glückwunsch, *der;* Gratulation, *die;* **give sb. one's ~s on sth.** jmdn. zu etw. beglückwünschen; jmdm. zu etw. gratulieren

**felicitous** [fɪ'lɪsɪtəs] *adj.* glücklich ⟨*Zufall, Nachricht, Umstand, Wahl*⟩; nett ⟨*Bemerkung, Art*⟩; gelungen ⟨*Formulierung, Kommentar, Anspielung*⟩; geeignet, passend ⟨*Worte*⟩

**felicitously** [fɪ'lɪsɪtəslɪ] *adv.* glücklich

**felicity** [fɪ'lɪsɪtɪ] *n.* **a)** *no pl. (happiness)* Glück, *das;* **b)** *(thing or person causing happiness)* Glück, *das;* **c)** *(fortunate trait)* glückliche Gabe; **d)** *(in choice of words)* Formulierungskunst, *die;* **~ of expression** glückliche Wahl des Ausdrucks

**feline** ['fi:laɪn] **1.** *adj.* *(of cat[s])* Katzen-; *(catlike)* katzenartig; katzenhaft. **2.** *n.* Katze, *die;* **the ~s** die Katzen *od. (fachspr.)* Feliden

[1]**fell** *see* **fall 2**

[2]**fell** [fel] *v. t.* **a)** *(cut down)* fällen ⟨*Baum*⟩; **b)** *(strike down)* niederstrecken ⟨*Gegner*⟩

[3]**fell** *n. (Brit.)* **a)** *(in names: hill)* Berg, *der;* **b)** *(stretch of high moorland)* Hochmoor, *das*

[4]**fell** *adj.* **a) at *or* in one ~ swoop** auf einen Schlag; **b)** *(poet./rhet.) (fierce)* wild; grimmig ⟨*Drohung, Feind*⟩; *(destructive)* vernichtend

**fellatio** [fə'lɑ:tɪəʊ] *n.* Fellatio, *die*

**fellow** ['feləʊ] **1.** *n.* **a)** *usu. in pl. (comrade)* Kamerad, *der;* **~s at school/work** Schulkameraden/Arbeitskollegen; **a good ~:** ein guter Kumpel *(ugs.);* **b)** *usu. in pl. (equal)* Gleichgestellte, *der/die;* **be among one's ~s** unter seinesgleichen sein; **c)** *(contemporary)* Zeitgenosse, *der/*-genossin, *die;* **d)** *(counterpart)* Gegenstück, *das;* **e)** *(Brit. Univ.)* Fellow, *der; (elected graduate)* graduierter Stipendiat/graduierte Stipendiatin; *(member of governing body)* Mitglied des Verwaltungsrats; **f)** *(member of academy or society)* Fellow, *der;* Mitglied, *das;* **g)** *(coll.: man, boy)* Bursche, *der (ugs.);* Kerl, *der (ugs.); (boy-friend)* Freund, *der;* **the ~s** die Jungs *(ugs.);* **well, young ~:** nun, junger Mann; **old *or* dear ~:** alter Junge *od.* Knabe *(ugs.);* **a ~** *(anyone)* ein Mann; **young ~-my-lad** junger Mann; **I'm not the sort of ~ who ...:** ich bin nicht der Typ, der ...; **a devil of a ~:** ein Teufelskerl; **the other ~** *(fig.)* der andere; **h)** *(derog.: despised person)* Kerl, *der (abwertend). See also* [2]**hail 4; stout 1c. 2.** *attrib. adj.* Mit-; **~ lodger/worker** Mitbewohner/Kollege, *der/* Mitbewohnerin/Kollegin, *die;* **~ man *or* human being** Mitmensch, *der;* **~ sufferer** Leidensgenosse, *der/*-genossin, *die;* **my ~ teachers/workers** *etc.* meine Lehrer-/Arbeitskollegen *usw.;* **~ member of the party** Parteigenosse, *der/*-genossin, *die;* **~ member of the club** Klubkamerad, *der/*-kameradin, *die;* **~ student** Kommilitone, *der/*Kommilitonin, *die*

**fellow: ~ 'countryman** *see* **countryman a; ~-'feeling** *n.* **a)** *(sympathy)* Mitgefühl, *das;* **have a ~-feeling for sb.** mit jmdm. fühlen; **b)** *(mutual understanding)* Zusammengehörigkeitsgefühl, *das*

**fellowship** ['feləʊʃɪp] *n.* **a)** *no pl. (companionship)* Gesellschaft, *die;* **in a spirit of good ~:** von Gemeinschaftsgeist erfüllt; **b)** *no pl. (community of interest)* Zusammengehörigkeit, *die;* **c)** *(association)* Verbundenheit, *die;* **d)** *(brotherhood)* [Glaubens]gemeinschaft, *die;* **e)** *(Univ. etc.)* Status eines Fellows; Fellowship, *die*

**fellow-'traveller** *n.* **a)** *(who travels with another)* Mitreisende, *der/die;* **b)** *(with Communist sympathies)* Sympathisant, *der/* Sympathisantin, *die*

**felonious** [fə'ləʊnɪəs] *adj.* verbrecherisch

**felony** ['felənɪ] *n.* Kapitalverbrechen, *das*

**felspar** ['felspɑ:(r)] *n. (Min.)* Feldspat, *der*

[1]**felt** [felt] *n. (cloth)* Filz, *der;* **~ hat/slippers/mat** Filzhut, *der/*-pantoffeln *Pl. /*-matte, *die*

[2]**felt** *see* **feel 1, 2**

**felt[-tipped] 'pen** *n.* Filzstift, *der*

**female** ['fi:meɪl] **1.** *adj.* **a)** weiblich; Frauen-⟨*stimme, -station, -chor, -verein*⟩; **~ animal/bird/fish/insect** Weibchen, *das;* **~ child/doctor** Mädchen, *das/*Ärztin, *die;* **~ elephant/whale** [Elefanten-/Wal]kuh, *die;* **a ~ engineer/student/slave** eine Ingenieurin/Studentin/Sklavin; **~ impersonator** Frauendarsteller, *der;* **b) ~ screw/thread** [Schrauben]mutter, *die/*Innengewinde, *das.* **2.** *n.* **a)** *(person)* Frau, *die; (foetus, child)* Mädchen, *das; (animal)* Weibchen, *das;* **b)** *(derog.: woman)* Weib[sbild], *das (ugs. abwertend)*

**feminine** ['femɪnɪn] **1.** *adj.* **a)** *(of women)* weiblich; Frauen⟨*angelegenheit, -problem, -leiden*⟩; Damen⟨*mode*⟩; *(womanly)* fraulich; feminin; feminin, *(abwertend)* weibisch ⟨*Mann*⟩; **she is so very ~ [in her ways]** sie gibt sich so betont fraulich; **b)** *(Ling.)* weiblich; feminin *(fachspr.).* **2.** *n. (Ling.)* Femininum, *das*

**feminine 'rhyme** *n. (Pros.)* weiblicher Reim

**femininity** [femɪ'nɪnɪtɪ] *n., no pl.* Weiblichkeit, *die; (more mature)* Fraulichkeit, *die*

**feminism** ['femɪnɪzm] *n., no pl.* Feminismus, *der*

**feminist** ['femɪnɪst] **1.** *n.* Feministin, *die/* Feminist, *der;* Frauenrechtlerin, *die/* -rechtler, *der.* **2.** *adj.* feministisch; Feministen⟨*bewegung, -blatt, -gruppe*⟩

**femme fatale** [fæm fæ'tɑl] *n.* Femme fatale, *die (geh.)*

**femoral** ['femərl] *adj. (Anat.)* femoral *(fachspr.);* Oberschenkel[knochen]-

**femur** ['fi:mə(r)] *n., pl.* **~s *or* femora** ['femərə] **a)** *(Anat.)* Oberschenkelknochen, *der;* Femur, *der (fachspr.);* **b)** *(Zool.)* Femur, *der*

**fen** [fen] *n.* Sumpfland, *das;* Fenn, *das;* Fehn, *das (nordd.);* **the Fens** die Fens

**fence** [fens] **1.** *n.* **a)** Zaun, *der;* **sunk ~:** Sicherungsgraben, *der;* **mend one's ~s** *(fig.)* das Kriegsbeil begraben *(ugs.);* **sit on the ~** *(fig.)* sich nicht einmischen; sich neutral verhalten; **b)** *(for horses to jump)* Hindernis, *das;* **c)** *(sl.: receiver)* Hehler, *der/*Hehlerin, *die.* **2.** *v. i. (Sport)* fechten. **3.** *v. t. (surround with fence)* einzäunen; *(surround)* umgeben; *(fig.)* absichern **(with** durch)

**~ 'in** *v. t.* einzäunen; *(fig.)* einengen **(with** durch)

**~ 'off** *v. t.* abzäunen; *(fig.)* absperren

**fencer** ['fensə(r)] *n.* Fechter, *der/*Fechterin, *die*

**fencing** ['fensɪŋ] *n., no pl.* **a)** Einzäunen, *das;* **b)** *(Sport/Hist.)* Fechten, *das; attrib.* Fecht-; **c)** *(enclosure)* Zaun, *der;* Einzäunung, *die;* **d)** *(fences)* Zäune *Pl.;* Umfriedung, *die (geh.);* **e)** *(material for fences)* Zaun, *der*

**fend** [fend] *v. i.* **~ for sb.** für jmdn. sorgen; **~ for oneself** für sich selbst sorgen; *(in hostile surroundings)* sich allein durchschlagen

**~ 'off** *v. t.* abwehren; von sich fernhalten; **~ off these criticisms/the flies/fans** sich gegen diese Kritik wehren/sich *(Dat.)* die Fliegen/Fans vom Leib halten

**fender** ['fendə(r)] *n.* **a)** Schutz, *der, o. Pl.;* Schutzvorrichtung, *die;* **b)** *(for fire)* Kaminschutz, *der;* **c)** *(for dock-wall etc.)* Fender, *der;* Dalbe, *die (Seemannsspr.);* **d)** *(on ship)* Fender, *der;* **e)** *(Brit.: car bumper)* Stoßstange, *die;* **f)** *(Amer.) (train bumper)* Rammbohle, *die; (car mudguard or wing)* Kotflügel, *der; (bicycle mudguard)* Schutzblech, *das*

**fenland** ['fenlənd] *n.* Marschland, *das*

**fennel** ['fenl] *n. (Bot.)* Fenchel, *der*

**fenugreek** ['fenjʊgri:k] *n. (Bot.)* Griechisch-Heu, *das;* Bockshornklee, *der*

**feral** ['fɪərl, 'ferl] *adj.* **a)** *(wild)* wild; wildwachsend ⟨*Pflanze*⟩; **b)** *(after escape)* verwildert; **become ~:** verwildern

**ferment 1.** [fə'ment] *v. i.* **a)** *(undergo fermentation)* gären; **cause to ~:** in *od.* zur Gärung bringen; **begin to ~:** in Gärung übergehen; **b)** *(be in state of agitation)* gären; ⟨*Plan, Idee:*⟩ reifen; ⟨*Wut, Frustration:*⟩ rumoren, brodeln. **2.** *v. t.* **a)** *(subject to fermentation)* zur Gärung bringen; **b)** *(excite)* heraufbeschwören ⟨*Gewalt, Unzufriedenheit, Unruhe*⟩. **3.** ['fɜ:ment] *n.* **a)** *(fermenting agent)* Enzym, *das;* **b)** *(fermentation)* Gärung, *die;* Fermentation, *die (fachspr.);* **c)** *(agitation)* Unruhe, *die;* Aufruhr, *der;* **in [a] ~:** in Unruhe *od.* Aufruhr

**fermentation** [fɜ:men'teɪʃn] *n.* **a)** Gärung, *die;* Fermentation, *die (fachspr.);* **be under *or* undergo ~:** gären; sich in Gärung befinden; **b)** *(agitation) (political)* Unruhe, *die; (of ideas)* Reifen, *das*

**fern** [fɜ:n] *n.* Farnkraut, *das; collect.* Farn, *der*

**ferocious** [fə'rəʊʃəs] *adj.* wild ⟨*Tier, Person, Aussehen, Blick, Lachen*⟩; grimmig ⟨*Stimme*⟩; heftig ⟨*Schlag, Kampf, Stoß*⟩; *(fig.)* scharf ⟨*Kritik, Angriff*⟩; heftig ⟨*Bemerkung, Äußerung, Streit, Auseinandersetzung*⟩; **~-looking** furchterregend

**ferociously** [fə'rəʊʃəslɪ] *adv.* wütend ⟨*bellen, knurren*⟩; grimmig ⟨*blicken, lachen, sagen*⟩; heftig ⟨*kämpfen, streiten*⟩; *(fig.)* scharf, heftig ⟨*angreifen, kritisieren*⟩

**ferociousness** [fə'rəʊʃəsnɪs], **ferocity** [fə'rɒsɪtɪ] *ns., no pl. see* **ferocious:** Wildheit, *die;* Grimmigkeit, *die;* Heftigkeit, *die;* Schärfe, *die*

**ferrel** ['ferl] *see* **ferrule**

**ferret** ['ferɪt] **1.** *n.* Frettchen, *das.* **2.** *v. i.* **~ [about *or* around]** herumstöbern *(ugs.);* herumschnüffeln *(abwertend);* **~ for sth.** nach etw. stöbern *(ugs.) od. (abwertend)* schnüffeln

**~ 'out** *v. t.* aufspüren; aufstöbern *(ugs.)*

**Ferris wheel** ['ferɪs wi:l] *n.* Riesenrad, *das*

**ferro-** [ferəʊ] *in comb.* Ferro-

**ferro'concrete** *n.* Stahlbeton, *der*

**ferrous** ['ferəs] *adj. (containing iron)* eisenhaltig; Eisen-

**ferrule** ['feru:l, 'ferl] *n.* Zwinge, *die*

**ferry** ['ferɪ] **1.** *n.* **a)** Fähre, *die;* **b)** *(service)* Fährverbindung, *die;* Fähre, *die (ugs.).* **2.** *v. t.* **a)** *(convey in boat)* **~ [across *or* over]** übersetzen; **b)** *(transport)* befördern, bringen ⟨*Güter, Personen*⟩; **~ the children back and forth to school** die Kinder zur Schule und wieder nach Hause fahren

**ferry: ~-boat** *n.* Fährboot, *das; (punt)* Stakfähre, *die;* Kahnfähre, *die;* **~man** ['ferɪmən] *n., pl.* **~men** ['ferɪmən] Fährmann, *der;* **~ service** *n.* **a)** Fährverbindung, *die;* **b)** *(business)* Fährbetrieb, *der*

**fertile** ['fɜ:taɪl] *adj.* **a)** *(fruitful)* fruchtbar **(in** an + *Dat.*); *(fig.)* produktiv; schöpferisch; **have a ~ imagination** viel Phantasie haben;

b) *(capable of developing)* befruchtet; c) *(able to become parent)* fortpflanzungsfähig
**fertilisation, fertilise, fertiliser** *see* fertiliz-
**fertility** [fɜ:ˈtɪlɪtɪ] *n., no pl.* a) Fruchtbarkeit, *die (auch fig.);* Fertilität, *die;* b) *(ability to become parent)* Fortpflanzungsfähigkeit, *die*
**fertility:** ~ **drug** *n. (Med.)* Hormonpräparat, *das (zur Steigerung der Fruchtbarkeit);* ~ **symbol** *n. (Anthrop.)* Fruchtbarkeitssymbol, *das*
**fertilization** [fɜ:tɪlaɪˈzeɪʃn] *n.* a) *(Biol.)* Befruchtung, *die;* b) *(Agric.)* Düngung, *die*
**fertilize** [ˈfɜ:tɪlaɪz] *v. t.* a) *(Biol.)* befruchten; b) *(Agric.)* düngen
**fertilizer** [ˈfɜ:tɪlaɪzə(r)] *n.* Dünger, *der*
**fervency** [ˈfɜ:vənsɪ] *n., no pl. see* **fervent:** Leidenschaftlichkeit, *die;* Inbrunst, *die;* Glut, *die*
**fervent** [ˈfɜ:vənt] *adj.* leidenschaftlich; inbrünstig ⟨*Gebet, Wunsch, Hoffnung*⟩; glühend ⟨*Leidenschaft, Verehrer, Liebe, Haß*⟩
**fervently** [ˈfɜ:vəntlɪ] *adv. see* **fervent:** leidenschaftlich; inbrünstig; glühend
**fervour** *(Brit.; Amer.:* **fervor**) [ˈfɜ:və(r)] *n. (of discussion, feeling, person, campaign)* Leidenschaftlichkeit, *die; (of love, belief)* Inbrunst, *die; (of passion)* Glut, *die*
**fess[e]** [fes] *n. (Her.)* Balken, *der*
**fest** [fest] *n. (Amer.)* Fest, *das*
**fester** [ˈfestə(r)] *v. i.* a) *(lit. or fig.)* eitern; schwären *(geh.);* b) *(putrefy)* verfaulen
**festival** [ˈfestɪvl] 1. *n.* a) *(feast day)* Fest, *das;* **the ~ of Christmas/Easter** das Weihnachts-/Osterfest; b) *(special performance)* Festival, *das;* Festspiele *Pl.;* **the Bayreuth F~:** die Bayreuther Festspiele; **the Edinburgh F~:** das Edinburgh-Festival. 2. *attrib. adj.* Fest-
**festive** [ˈfestɪv] *adj.* a) *(joyous)* festlich; fröhlich; b) *(of a feast)* Fest-; **the ~ season** die Weihnachtszeit; c) *(convivial)* gesellig
**festivity** [feˈstɪvɪtɪ] *n.* a) *no pl. (gaiety)* Feststimmung, *die;* b) *(festive celebration)* Feier, *die;* **festivities** Feierlichkeiten *Pl.*
**festoon** [feˈstu:n] 1. *n.* a) *(chain of flowers)* Girlande, *die;* b) *(carved ornament)* Feston, *das.* 2. *v. t.* schmücken (**with** mit)
**fetal** *(Amer.) see* **foetal**
**fetch** [fetʃ] 1. *v. t.* a) holen; *(collect)* abholen (**from** von); ~ **sb. sth., ~ sth. for sb.** jmdm. etw. holen; b) *(be sold for)* erzielen ⟨*Preis*⟩; **my car ~ed £500** ich habe für den Wagen 500 Pfund bekommen; c) ~ **a sigh** aufseufzen; ~ **a deep breath** tief Atem *od.* Luft holen; **just give me time to ~ my breath** laß mich erst mal wieder zu Atem kommen; d) *(deal)* ~ **sb. a blow/punch** jmdm. einen Schlag versetzen; e) *(draw forth)* erregen ⟨*Bewunderung, Ärger*⟩; entlocken ⟨*Tränen, Lachen*⟩ (**from** + *Dat.*). 2. *v. i.* ~ **and carry [for sb.]** [bei jmdm.] Mädchen für alles sein *(ugs.);* **he is always there to ~ and carry for her** *(does every little thing)* er bedient sie vorn und hinten *(ugs.)*
~ ˈ**up** *(coll.)* 1. *v. t.* erbrechen; wieder von sich geben; *(fig.)* speien. 2. *v. i.* landen *(ugs.)*
**fetching** [ˈfetʃɪŋ] *adj.* einnehmend, gewinnend ⟨*Lächeln, Stimme, Wesen, Benehmen*⟩; schick ⟨*Kleidung*⟩; **that suit looks very ~ on you** das Kostüm steht dir ausgezeichnet
**fetchingly** [ˈfetʃɪŋlɪ] *adv.* einnehmend ⟨*lächeln, sich benehmen*⟩; ausgesprochen ⟨*hübsch*⟩; schick, geschmackvoll ⟨*gekleidet, eingerichtet*⟩
**fête** [feɪt] 1. *n.* a) [Wohltätigkeits]basar, *der;* b) *(festival)* Fest, *das;* Feier, *die.* 2. *v. t.* feiern
**fetid** [ˈfetɪd] *adj.* stinkend; übelriechend; ~ **smell/odour/stench** Gestank, *der*
**fetish** [ˈfetɪʃ] *n.* a) Manie, *die (geh.);* Fetisch, *der (geh.);* Fimmel, *der (ugs.);* **she makes something of a ~ of** *or* **has a ~ about tidiness** Sauberkeit ist bei ihr zur Manie geworden; sie hat einen richtigen Sauberkeitsfimmel *(ugs.);* b) *(inanimate object of worship; also Psych.)* Fetisch, *der*
**fetishism** [ˈfetɪʃɪzm] *n.* Fetischismus, *der*
**fetishist** [ˈfetɪʃɪst] *n.* Fetischist, *der*/Fetischistin, *die*
**fetlock** [ˈfetlɒk] *n.* Köte, *die*
**fetter** [ˈfetə(r)] 1. *n.* a) *(shackle)* Fußfessel, *die;* b) *usu. in pl. (bond)* Fesseln *Pl.; in pl. (fig.: captivity)* Gefangenschaft, *die;* Fesseln *Pl.;* c) *in pl. (restraint)* Fesseln *Pl..* 2. *v. t.* a) *(bind [as] with ~s)* fesseln; **be ~ed to sth./sb.** *(fig.)* an etw./jmdn. gekettet sein; b) *(impede)* einengen ⟨*Freiheit, Rechte, Souveränität, Personen*⟩; hemmen ⟨*Fortschritt, Entwicklung, Wachstum, Entfaltung*⟩; lähmen ⟨*Phantasie*⟩
**fettle** [ˈfetl] *n.* **be in good** *or* **fine/poor ~:** sich in guter/schlechter Verfassung befinden; ⟨*Sache:*⟩ sich in gutem/schlechtem Zustand befinden
**fetus** *(Amer.) see* **foetus**
**feud** [fju:d] 1. *n.* Zwist, *der;* Zwistigkeiten *Pl.; (Hist./fig.)* Fehde, *die;* **carry on a ~ with sb.** eine Fehde mit jmdm. ausfechten *od.* austragen. 2. *v. i.* ~ **[with sb./each other]** [mit jmdm./miteinander] im Streit liegen
**feudal** [ˈfju:dl] *adj.* a) *(of [holding of] fief)* Leh[e]ns-; b) *(of or according to feudal system)* Feudal-; feudalistisch; ~ **overlord** Feudal- *od.* Lehnsherr, *der;* ~ **rights** Lehensherrlichkeit, *die;* **in ~ Britain** im feudalistischen England
**feudalism** [ˈfju:dəlɪzm] *n., no pl.* Feudalismus, *der*
ˈ**feudal system** *n. (Hist.)* Feudalsystem, *das*
**fever** [ˈfi:və(r)] *n.* a) *no pl. (Med.: high temperature)* Fieber, *das;* **have a** *or* **suffer from a [high] ~:** [hohes] Fieber haben; **a ~ of 105 °F** 40,5 °C Fieber; b) *(Med.: disease)* Fieberkrankheit, *die;* c) *(nervous excitement)* Erregung, *die;* Aufregung, *die;* **the crowd was in a ~ of excitement** die Menge befand sich in heller Aufregung; **in a ~ of anticipation** im Fieber der Erwartung
**fevered** [ˈfi:vəd] *adj.* fiebrig ⟨*Stirn, Gesicht, Haut usw.*⟩
**fever:** ~ **heat** *n.* a) *(high temperature)* Fieberhitze, *die;* b) *(fig.) see* **fever pitch;** ~ **hospital** *n.* Seuchenkrankenhaus, *das*
**feverish** [ˈfi:vərɪʃ] *adj.* a) *(Med.: having symptoms of fever)* fiebrig; Fieber⟨*zustand, -schweiß, -traum*⟩; **be ~:** fiebern; Fieber haben; **spend a ~ night** eine Nacht im Fieber verbringen; b) *(excited)* erregt, aufgeregt ⟨*Geschrei, Lachen*⟩; fiebrig ⟨*Erwartung, Nervosität*⟩; heftig ⟨*Andrang*⟩; fieberhaft ⟨*Aufregung, Eifer, Kampf, Eile*⟩; **make ~ attempts to do sth.** fieberhaft versuchen, etw. zu tun
**feverishly** [ˈfi:vərɪʃlɪ] *adv.* a) *(Med.)* im Fieber; **toss and turn ~:** sich im Fieber hin und her wälzen; b) *(excitedly)* fieberhaft ⟨*kämpfen, gestikulieren*⟩
ˈ**fever pitch** *n.* Siedepunkt, *der (fig.);* **reach ~:** auf dem Siedepunkt angelangt sein; **at ~:** auf dem Siedepunkt
**few** [fju:] 1. *adj.* a) *(not many)* wenige; *abs.* nur wenige; ~ **people** [nur] wenige [Leute]; **these ~ marks** die paar Mark; **openings for sociologists are ~:** freie Stellen für Soziologen sind knapp *od.* rar; **trees were ~ in that barren region** es gab nur wenige Bäume in dieser kargen Gegend; **the responsibility of these ~ men** die Verantwortung dieser wenigen; **with very ~ exceptions** mit ganz wenigen Ausnahmen; **very ~ housewives know that** das wissen die wenigsten Hausfrauen; **his ~ belongings** seine paar Habseligkeiten; seine wenige Habe; **how could those ~ people have achieved such a thing?** wie konnten so wenige [Leute] das nur erreicht haben?; **[all] too ~ people** [viel] zu wenig Leute; ~ **and far between** rar; **they were ~ in number** sie waren nur sehr wenige *od.* nur ein kleines Häuflein; **these stamps are ~ in number** diese Briefmarken sind selten; **a ~ ...:** wenige ...; **not a ~ ...:** eine ganze Reihe ...; **they made not a ~ criticisms of the idea** sie übten nicht wenig Kritik an der Idee; **[just** *or* **only] a ~ trouble-makers** einige [wenige] Störenfriede; **just a ~ words from you** nur ein paar Worte von dir; b) *(some)* wenige; **he said his ~ words** er sagte nur ein paar Worte; **a ~ ...:** einige *od.* ein paar ...; **a very ~:** nur wenige; **a ~ more ...:** noch einige *od.* ein paar ...; **some ~ [...]** einige wenige [...]; **every ~ minutes** alle paar Minuten; **a good ~ [...]/quite a ~ [...]** *(coll.)* eine ganze Menge [...]/ziemlich viele [...]; **there are a ~ which ...:** es gibt welche *od.* ein paar, die ... 2. *n.* a) *(not many)* wenige; **these are the beliefs of ~:** das glauben nur wenige; **a ~:** wenige; **the ~:** die wenigen; **the wealthy ~:** die wenigen Reichen; ~ **of us/them** nur wenige von uns/nur wenige [von ihnen]; ~ **of the people** nur wenige [Leute]; ~ **of the words meant anything to him** er konnte mit nur wenigen Wörtern etwas anfangen; **they are among** *or* **some of the very ~ who ...:** sie gehören zu den wenigen, die ...; **only a ~ of them/the applicants** nur wenige [von ihnen]/[der] Bewerber; **just a ~ of you/her friends** nur ein paar von euch/ihrer Freunde; **the privilege of [only] a ~:** das Vorrecht von nur wenigen *od.* einiger weniger; **not a ~ of them** eine ganze Reihe von ihnen; **not a ~:** nicht wenige; ziemlich viele; b) *(some)* **the/these/those ~ who** diejenigen, die; **there were a ~ of us who ...:** es gab einige unter uns, die ...; **with a ~ of our friends** mit einigen *od.* ein paar unserer Freunde; **a ~ [more] of these biscuits** [noch] ein paar von diesen Keksen; **a ~ [who]** einige[, die]; **some ~:** einige wenige [Leute]; **some ~ of us/the members** einige wenige von uns/[der] Mitglieder; **a good ~/quite a ~** *(coll.)* eine ganze Menge/ziemlich viele [Leute]; **a good ~ of us/quite a ~ of us** *(coll.)* eine ganze Menge von uns/ziemlich viele von uns; **have had a ~** *(coll.: be drunk)* einen sitzen haben *(salopp). See also* **fewer; fewest**
**fewer** [ˈfju:ə(r)] 1. *adj.* weniger; **become ~ and ~:** immer weniger werden; **smokers are ~ in number than twenty years ago** es gibt weniger Raucher als vor zwanzig Jahren. 2. *n.* ~ **of the apples/of us** weniger Äpfel/von uns
**fewest** [ˈfju:ɪst] 1. *adj.* **[the] ~ [...]** die wenigsten [...]. 2. *n.* **the ~ [of us/them]** die wenigsten [von uns/ihnen]; **at [the] ~:** mindestens
**fey** [feɪ] *adj.* a) *(disordered in mind)* versponnen; b) *(clairvoyant)* hellseherisch; *(otherworldly)* entrückt
**fez** [fez] *n., pl.* ~**zes** Fes, *der*
**ff** *abbr.* **fortissimo** ff
**ff.** *abbr.* a) **and following pages** ff.; b) **folios** Bl.
**fiancé** [fɪˈɑ̃seɪ] *n.* Verlobte, *der*
**fiancée** [fɪˈɑ̃seɪ] *n.* Verlobte, *die*
**fiasco** [fɪˈæskəʊ] *n., pl.* ~**s** Fiasko, *das*
**fiat** [ˈfi:æt, ˈfi:ət] *n.* a) *(authorization)* Genehmigung, *die;* b) *(decree)* Anordnung, *die*
**fib** [fɪb] 1. *n.* Flunkerei, *die (ugs.);* **tell ~s** flunkern *(ugs.);* schwindeln; **that was a ~:** das war geschwindelt. 2. *v. i.,* **-bb-** schwindeln; flunkern *(ugs.).* 3. *v. t.,* **-bb-:** ~ **one's way out [of sth.]** sich [aus etw.] herausschwindeln
**fibber** [ˈfɪbə(r)] *n.* Flunkerer, *der (ugs.);* Schwindler, *der*/Schwindlerin, *die*
**fibre** *(Brit.; Amer.:* **fiber**) [ˈfaɪbə(r)] *n.* a) Faser, *die;* **with every ~ of his being** *(fig.)* mit jeder Faser seines Herzens; b) *(substance consisting of fibres)* [Faser]gewebe, *das;* c) *(substance that can be felted)* Faserstoff, *der;* d) *(roughage)* Ballaststoffe

*Pl.*; **e)** *(fibrous structure)* Fasergefüge, *das;* Faserstruktur, *die;* **f)** *(character)* Wesensart, *die; (strength)* Festigkeit, *die; (essence)* Grundstruktur, *die;* **moral ~:** Charakterstärke, *die. See also* **optical fibre**

**fibre: ~board** *n.* Holzfaserplatte, *die;* **~glass** *(Amer.:* **fiber glass***) n. (fibrous glass)* Glasfaser, *die; (plastic)* glasfaserverstärkter Kunststoff; **~glass boat** Kunststoffboot, *das;* **~'optics** *n.* Faseroptik, *die*

**fibrillation** [fɪbrɪ'leɪʃn] *n. (Med.)* Zucken, *das; (esp. of heart-muscle)* Flimmern, *das*

**fibrin** ['faɪbrɪn] *n. (Med.)* Fibrin, *das*

**fibrositis** [faɪbrə'saɪtɪs] *n. (Med.)* Rheumatismus der Weichteile; Fibrositis, *die (fachspr.)*

**fibrous** ['faɪbrəs] *adj.* faserig ⟨*Aufbau, Beschaffenheit, Eigenschaft*⟩; Faser⟨*gewebe, -holz, -stoff*⟩

**fibula** ['fɪbjʊlə] *n., pl.* **~e** ['fɪbjʊli:] *or* **~s a)** *(Anat.)* Wadenbein, *das;* **b)** *(Hist.: brooch)* Fibel, *die*

**fiche** [fi:ʃ] *n., pl. same or* **~s** *see* **microfiche**

**fickle** ['fɪkl] *adj.* unberechenbar, launisch ⟨*Glück, Schicksal, Person*⟩

**fiction** ['fɪkʃn] *n.* **a)** *(literature)* erzählende Literatur; **b)** *(thing feigned or imagined)* **a ~/~s** eine Erfindung; **be pure ~** *or* **a mere ~:** [eine] reine Erfindung sein; *(conventionally accepted falsehood)* kleine Unaufrichtigkeit. *See also* **fact b; legal fiction**

**fictional** ['fɪkʃənl] *adj.* belletristisch; fiktional *(fachspr.)*; erfunden ⟨*Inhalt, Geschichte*⟩; **~ literature** erzählende Literatur; Belletristik, *die (ohne Lyrik)*; **~ characters** fiktive Figuren

**fictionalize** ['fɪkʃənəlaɪz] *v.t.* als Fiktion darstellen

**'fiction-writer** *n.* Belletrist, *der*/Belletristin, *die*

**fictitious** [fɪk'tɪʃəs] *adj.* **a)** *(counterfeit)* fingiert; vorgetäuscht ⟨*Ohnmacht, Verletzung*⟩; Schein⟨*schwangerschaft*⟩; unwahr ⟨*Behauptung, Darstellung*⟩; **b)** *(assumed)* falsch ⟨*Name, Identität*⟩; angenommen ⟨*Rolle*⟩; **c)** *(imaginary)* [frei] erfunden ⟨*Person, Figur, Geschichte*⟩; **d)** *(regarded as what it is called by legal or conventional fiction)* Schein-; fiktiv; **~ character** *or* **person** erfundene *od.* fiktive Person; **~ person** *(legal entity)* juristische Person; **e)** *(of or in novels)* fiktiv

**fiddle** ['fɪdl] **1.** *n.* **a)** *(Mus.) (coll./derog.)* Fidel, *die; (violin for traditional or folk music)* Geige, *die;* Fidel, *die;* **[as] fit as a ~:** kerngesund; **a face as long as a ~** *(fig.)* ein Gesicht wie drei *od.* sieben Tage Regenwetter *(ugs.)*; **play first/second ~** *(fig.)* die erste/zweite Geige spielen *(ugs.)*; **play second ~ to sb.** in jmds. Schatten *(Dat.)* stehen; **b)** *(sl.: swindle)* Gaunerei, *die;* **it's some sort of ~:** an der Sache ist was faul *(ugs.)*; **it's all a ~:** das ist alles Schiebung *(ugs.)*; **get sth. by a ~:** sich *(Dat.)* etw. ergaunern; **be on the ~:** krumme Dinger machen *(ugs.)*. **2.** *v.i.* **a)** *(coll.: play the ~)* Geige spielen; **b) ~ about** *(coll.: waste time)* herumtrödeln *(ugs.)*; *(be frivolous)* [herum]schludern *(ugs.)*; **~ about with** *or* **away at sth.** *(work on to adjust etc.)* an etw. *(Dat.)* herumfummeln *(ugs.)*; *(tinker with)* an etw. *(Dat.)* herumbasteln *(ugs.)*; **~ at sth.** an etw. *(Dat.)* herumspielen *od.* herumfingern; **~ with sth.** *(play with)* mit etw. herumspielen; **c)** *(sl.: deceive)* krumme Dinger drehen *(ugs.)*; **he ~d, lied, and cheated** er hat geschoben, gelogen und betrogen. **3.** *v.t. (sl.) (falsify)* frisieren *(ugs.)* ⟨*Bücher, Rechnungen*⟩; *(get by cheating)* [sich *(Dat.)*] ergaunern *(ugs.)*; **~ one's way into sth. [by lying/cheating]** sich [mit Lügen/Betrügereien] in etw. *(Akk.)* einschleichen

**fiddle-de-dee** [fɪdldɪ'di:] **1.** *int.* Schnickschnack. **2.** *n.* Schnickschnack, *der (ugs.)*

**fiddle-faddle** ['fɪdlfædl] *n.* Unsinn, *der;* Unfug, *der*

**fiddler** ['fɪdlə(r)] *n.* **a)** *(player)* Geiger, *der*/Geigerin, *die;* **b)** *(sl.: swindler etc.)* Gauner, *der*/Gaunerin, *die (abwertend)*

**'fiddler crab** *n.* Winkerkrabbe, *die*

**'fiddlestick** *(coll.)* **1.** *n.* Geigenbogen, *der.* **2.** *int.* **~s** dummes Zeug *(ugs.)*; Schnickschnack *(ugs.)*

**fiddling** ['fɪdlɪŋ] *adj.* **a)** *(petty)* belanglos; **b)** *(coll.) see* **fiddly**

**fiddly** ['fɪdlɪ] *adj. (coll.)* **a)** *(awkward to do)* knifflig; **b)** *(awkward to use)* umständlich

**fidelity** [fɪ'delɪtɪ] *n.* **a)** *(faithfulness)* Treue, *die* **(to** zu); **oath of ~:** Treueid, *der;* **breach of ~:** Treubruch, *der;* **b)** *(conformity to truth or fact)* Glaubwürdigkeit, *die;* **c)** *(exact correspondence to the original) (of photograph, imitation)* Naturtreue, *die; (of translation)* [Wort]treue, *die;* **d)** *(Radio, Telev., etc.)* Wiedergabetreue, *die;* [original]getreue Wiedergabe; *(of sound)* Klangtreue, *die; (of picture)* Bildtreue, *die*

**fidget** ['fɪdʒɪt] **1.** *n.* **a) [be] in a [terrible] ~:** [ganz] zappelig [sein] *(ugs.)*; **put sb. in a ~:** jmdn. unruhig machen; **have/get the ~s** zappelig sein/werden *(ugs.)*; **give sb. the ~s** jmdn. zappelig *od.* kribbelig machen *(ugs.)*; **b)** *(restless mood)* Unrast, *die;* **be [all] in a ~:** [sehr] unruhig sein; **have/get the ~s** ruhelos sein/werden; **c)** *(person)* Zappelphilipp, *der (ugs.)*. **2.** *v.i.* **a) ~ [about]** [herum]zappeln *(ugs.)*; herumrutschen; **b)** *(be uneasy)* nervös sein; **make sb. ~:** jmdn. unruhig machen

**fidgety** ['fɪdʒɪtɪ] *adj.* unruhig ⟨*Person, Pferd, Stimmung*⟩; nervös ⟨*Bewegungen, Zuckungen*⟩

**fiduciary** [fɪ'dju:ʃərɪ] *adj.* **a)** treuhänderisch; **~ money** Giralgeld, *das;* **b)** *(Finance: depending on public confidence or securities)* ungedeckt ⟨*Papiergeld*⟩

**fief** [fi:f] *n.* **a)** *(feudal benefice)* Lehen, *das;* **b)** *(sphere of control)* Machtbereich, *der*

**field** [fi:ld] **1.** *n.* **a)** *(cultivated)* Feld, *das;* Acker, *der; (for grazing)* Weide, *die; (meadow)* Wiese, *die;* **wheat/tobacco/poppy ~:** Weizen-/Tabak-/Mohnfeld, *das;* **work in the ~s** auf dem Feld arbeiten; **~s of rye** Roggenfelder; **b)** *(area rich in minerals etc.)* Lagerstätte, *die;* **gas-~:** Gasfeld, *das;* **c)** *(battlefield)* Schlachtfeld, *das; (fig.)* Feld, *das;* **leave sb. a clear** *or* **the ~** *(fig.)* jmdm. das Feld überlassen; **hold the ~:** das Feld beherrschen; **d)** *(scene of campaign)* [Kriegs]schauplatz, *der;* **enter the ~** *(fig.)* eingreifen; auf der Bildfläche erscheinen *(ugs.)*; **in the ~:** im Feld; an der Front; *(fig.)* ⟨*Vertreter*⟩ im Außendienst; ⟨*Student*⟩ in der Praxis; **be sent out into the ~:** [hin]ausgeschickt werden; **keep the ~:** weiterkämpfen; **take the ~:** in den Kampf ziehen *(see also* **f**); **e)** *(battle)* **a hard-fought/hard-won ~:** eine erbitterte Schlacht/ein schwer erkämpfter Sieg; **win/lose the ~:** siegreich sein/die Schlacht verlieren; **f)** *(playing ~)* Sportplatz, *der; (ground marked out for game)* Platz, *der;* [Spiel]feld, *das;* **send sb. off the ~:** jmdn. vom Platz schicken; **take the ~:** das Spielfeld betreten *(see also* **d**); **g)** *(Sport: area for defence or attack)* [Spiel]feld, *das;* **h)** *(competitors in sports event)* Feld, *das; (fig.)* Teilnehmerkreis, *der;* **play the ~** *(fig. coll.)* sich nicht festlegen [wollen]; alles nehmen, wie es kommt; *(take advantage of all chances offered)* alle gebotenen Chancen wahrnehmen; **i)** *(Hunting)* Feld, *das;* Gruppe, *die;* **lead the ~** *(lit. or fig.)* das Feld anführen; **j)** *(airfield)* Flugplatz, *der;* Flugfeld, *das (veralt.)*; **k)** *(expanse)* Fläche, *die; (fig.)* Gebiet, *das;* **l)** *(Her.)* Feld, *das;* Grund, *der;* **m)** *(of picture etc.)* Grund, *der;* **n)** *(area of operation, subject areas, etc.)* Fach, *das;* [Fach]gebiet, *das; (range of vision or view)* Sichtfeld, *das;* **his researches range over a wide ~:** seine Forschungen, die sich über ein großes Gebiet erstrecken; **in the ~ of medicine** auf dem Gebiet der Medizin; **workers in the ~:** die Leute vom Fach; **he's working in his own ~:** er arbeitet in seinem [erlernten] Beruf; **that is outside my ~:** das fällt nicht in mein Fach; **~ of vision** *or* **view** Blickfeld, *das;* **o)** *(Phys.)* **magnetic/gravitational ~:** Magnet-/Gravitationsfeld, *das;* **p)** *attrib. (found in open country)* Feld-; **~-marigold** [Saat]wucherblume, *die;* **~-mushroom** Wiesenchampignon, *der;* **~-poppy** Klatschmohn, *der;* **q)** *attrib. (carried out in natural environment; light and mobile)* Feld⟨*studie, -forschung, -artillerie, -ausrüstung*⟩. *See also* **airfield; coalfield; gold-field; minefield; oilfield. 2.** *v.i. (Cricket, Baseball, etc.)* als Fänger spielen; **he ~s well** er ist ein guter Fänger. **3.** *v.t.* **a)** *(Cricket, Baseball, etc.) (stop)* fangen ⟨*Ball*⟩; *(stop and return)* auffangen und zurückwerfen; **b)** *(put into ~)* aufstellen, aufs Feld schicken ⟨*Mannschaft, Spieler*⟩; **c)** *(fig.: deal with)* fertig werden mit; parieren ⟨*Fragen*⟩

**'field-day** *n.* **a)** *(Mil.)* Feldübung, *die;* Manöver, *das;* **b)** *(fig.)* großer Tag; **have a ~-day** seinen großen Tag haben

**fielder** ['fi:ldə(r)] *n. (Cricket, Baseball, etc.)* Feldspieler, *der*

**'field events** *n. pl. (Sport)* technische Disziplinen

**fieldfare** ['fi:ldfeə(r)] *n. (Ornith.)* Wacholderdrossel, *die*

**field: ~-glasses** *n. pl.* Feldstecher, *der;* **~ hockey** *(Amer.) see* **hockey a; ~ hospital** *n. (Mil.)* Feldlazarett, *das;* **F~ 'Marshal** *n. (Brit. Mil.)* Feldmarschall, *der;* **~ mouse** *n.* Brandmaus, *die;* **~ officer** *n. (Mil.)* Stabsoffizier, *der;* **~sman** ['fi:ldzmən] *n., pl.* **~smen** ['fi:ldzmən] *see* **fielder; ~ sports** *n. pl.* Sport im Freien *(bes. Jagen und Fischen)*; **~-test 1.** *n. see* **~-trial; 2.** *v.t.* in der Praxis erproben; **~-trial** *n.* Feldversuch, *der;* **~-trip** *n.* Exkursion, *die;* **~-work** *n.* **a)** *(Mil.: temporary fortification)* Feldbefestigung, *die;* **b)** *(outdoor work) (of surveyor etc.)* Arbeit im Gelände; *(of sociologist, collector of scientific data, etc.)* Feldforschung, *die;* **~-worker** *n.* Feldforscher, *der*/-forscherin, *die*

**fiend** [fi:nd] *n.* **a)** *(very wicked person)* Scheusal, *das;* Unmensch, *der;* **b) the F~:** der Teufel *od.* Satan; **c)** *(evil spirit)* böser Geist; **d)** *(coll.) (mischievous or tiresome person)* Plagegeist, *der; (artful person)* Schlaufuchs, *der;* **e)** *(devotee)* Fan, *der;* **travel/theatre ~:** Reise-/Theaternarr, *der*/-närrin, *die;* **motor-bike/health-food ~:** Motorrad-/Naturkostfreak, *der;* **fresh-air ~:** Frischluftfanatiker, *der*/-fanatikerin, *die*

**fiendish** ['fi:ndɪʃ] *adj.* **a)** *(deviously treacherous)* niederträchtig; **b)** *(coll.: artful)* gerissen *(ugs.)*; ausgefuchst *(ugs.)*; **c)** *(extremely awkward)* höllisch; **d)** *(fiendlike)* teuflisch

**fiendishly** ['fi:ndɪʃlɪ] *adv.* **a)** *(in deviously treacherous manner)* niederträchtig; auf niederträchtige Weise; **b)** *(coll.: artfully)* auf gerissene Weise; **~ clever** gerissen und schlau; **c)** *(extremely awkwardly)* höllisch; **d)** *(in fiendlike manner)* teuflisch

**fierce** [fɪəs] *adj.* **a)** *(violently hostile)* wild; erbittert ⟨*Widerstand, Kampf*⟩; wuchtig ⟨*Schlag*⟩; heftig ⟨*[Bomben]angriff*⟩; feindselig ⟨*Benehmen*⟩; **b)** *(raging)* wütend; tobend ⟨*Wind*⟩; grimmig ⟨*Haß, Wut*⟩; grausam ⟨*Krankheit, Tyrannei*⟩; scharf ⟨*Kritik, Verurteilung*⟩; wild ⟨*Tier*⟩; **c)** *(ardent)* ungestüm ⟨*Leidenschaft, Verlangen*⟩; heftig ⟨*Andrang, Streit*⟩; heiß ⟨*Wettbewerb*⟩; hitzig ⟨*Kampagne*⟩; leidenschaftlich ⟨*Ehrgeiz, Stolz, Wille*⟩; wild ⟨*Entschlossenheit, Jagd*⟩; **d)** *(unpleasantly strong or intense)* unerträglich; **the heat is a bit ~:** die Hitze ist ein bißchen zu stark; **e)** *(violent in action)* hart ⟨*Bremsen, Ruck*⟩

**fiercely** ['fɪəslɪ] *adv.* **a)** *(with violent hos-*

*tility)* heftig ‹*angreifen, Widerstand leisten*›; wütend, grimmig ‹*brüllen*›; **b)** *(with raging force)* wütend ‹*toben*›; aufs heftigste ‹*kritisieren, bekämpfen*›; **the fire burnt ~ for several hours** der Brand wütete mehrere Stunden; **c)** *(ardently)* äußerst ‹*stolz, unabhängig sein*›; wild ‹*entschlossen, kämpfen*›; **d)** *(with unpleasant strength or intensity)* unerträglich; **e)** *(with violent action)* heftig; scharf ‹*bremsen*›

**fiery** ['faɪərɪ] *adj.* **a)** *(consisting of or flaming with fire)* glühend; feurig ‹*Atem*›; **b)** *(looking like fire)* feurig; *(blazing red)* feuerrot; glutrot; **c)** *(hot as fire)* glühendheiß; **~ temperature** Gluthitze, *die;* **d)** *(producing burning sensation)* brennend, juckend ‹*Ausschlag*›; feurig ‹*Geschmack, Gewürz*›; scharf ‹*Getränk*›; **e)** *(fervent, full of spirit)* feurig ‹*Liebhaber, Pferd*›; *(irascible, impassioned)* hitzig ‹*Temperament, Debatte*›; feurig ‹*Rede, Redner*›; **~ zeal** Feuereifer, *der;* **have a ~ temper** ein Hitzkopf sein

**fiery 'cross** *n.* **a)** *(Hist.: rallying-signal of Scottish Highlanders)* Feuerkreuz, *das;* **b)** *(Amer.: of Ku Klux Klan)* Flammenkreuz, *das*

**fiesta** [fi:'estə] *n.* Fest, *das*

**FIFA** ['fi:fə] *abbr.* **International Football Federation** FIFA, *die;* Fifa, *die*

**fife** [faɪf] *n.* Pfeife, *die*

**fifteen** [fɪf'ti:n] **1.** *adj.* fünfzehn; *see also* **eight 1. 2.** *n.* **a)** Fünfzehn, *die; see also* **eight 2 a, d; eighteen 2; b)** *(Rugby Football)* [Rugby]mannschaft, *die*

**fifteenth** [fɪf'ti:nθ] **1.** *adj.* fünfzehnt...; *see also* **eighth 1. 2.** *n.* *(fraction)* Fünfzehntel, *das; see also* **eighth 2**

**fifth** [fɪfθ] **1.** *adj.* fünft...; *see also* **eighth 1. 2.** *n.* **a)** *(in sequence)* fünfte, *der/die/das; (in rank)* Fünfte, *der/die/das; (fraction)* Fünftel, *das;* **b)** *(~ form)* fünfte [Schul]klasse; Fünfte, *die (Schuljargon);* **c)** *(Mus.)* Quinte, *die;* **d)** *(day)* **the ~ of May** der fünfte Mai; **the ~ [of the month]** der Fünfte [des Monats]; **e)** *(Amer. coll.) (bottle)* ≈ Dreiviertelliterflasche, *die; (of a gallon) ca. dreiviertel Liter. See also* **eighth 2**

**fifth:** **~ 'column** *n.* fünfte Kolonne; **~-'columnist** *n.* Mitglied der fünften Kolonne; **~ form** *see* **form 1 d**

**fiftieth** ['fɪftɪɪθ] **1.** *adj.* fünfzigst...; *see also* **eighth 1. 2.** *n.* *(fraction)* Fünfzigstel, *das; see also* **eighth 2**

**fifty** ['fɪftɪ] **1.** *adj.* **a)** fünfzig; **one-and-~** *(arch.) see* **fifty-one 1; b)** *(large indefinite number)* **~ times** hundertmal; zigmal *(ugs.). See also* **eight 1. 2.** *n.* Fünfzig, *die;* **one-and-~** *(arch.) see* **fifty-one 2;** *see also* **eight 2 a; eighty 2**

**fifty:** **~-~** *adv., adj.* fifty-fifty *(ugs.);* halbehalbe *(ugs.);* **go ~-~:** fifty-fifty *od.* halbpart machen; **on a ~-~ basis** auf der Basis, daß fifty-fifty geteilt wird; **~-'first** *etc. adj.* einundfünfzigst... *usw.; see also* **eighth 1; ~fold** ['fɪftɪfəʊld] *adj., adv.* fünfzigfach; *see also* **eightfold; ~-'one** *etc.* **1.** *adj.* einundfünfzig *usw.; see also* **eight 1; 2.** *n.* Einundfünfzig *usw., die; see also* **eight 2 a**

**¹fig** [fɪg] *n.* **a)** Feige, *die;* **b)** *(valueless thing)* **it's not worth a ~:** das ist keinen Pfifferling *od.* keine müde Mark wert *(ugs.);* **not care** *or* **give a ~ about** *or* **for sth.** sich nicht die Bohne *(ugs.) od.* keinen Deut für etw. interessieren

**²fig** *n.* *(attire)* Staat, *der; (legal, academic, etc.)* Ornat, *der;* **in full ~:** in vollem Staat

**fig.** *abbr.* **figure** Abb.

**fight** [faɪt] **1.** *v. i.,* **fought** [fɔ:t] **a)** *(lit. or fig.)* kämpfen; *(with fists)* sich schlagen; **~ to do sth.** kämpfen, um etw. zu tun; **~ to save sb.'s life** um jmds. Leben kämpfen; **watch animals/people ~ing** Tieren/Menschen beim Kampf zusehen; **~ shy of sb./sth.** jmdm./einer Sache aus dem Weg gehen; **~ shy of doing sth.** sich davor drücken, etw. zu tun *(ugs.);* es vermeiden, etw. zu tun; **b)** *(squabble)* [sich] streiten, [sich] zanken (**about** wegen). *See also* **cat a; ¹cock 1 a; hand 1 a; tooth a. 2.** *v. t.,* **fought a)** *(in battle)* **~ sb./sth.** gegen jmdn./etw. kämpfen; *(using fists)* **~ sb.** sich mit jmdm. schlagen; ‹*Boxer:*› gegen jmdn. boxen; **b)** *(seek to overcome)* bekämpfen; *(resist)* **~ sb./sth.** gegen jmdn./etw. ankämpfen; **c)** *(contend in )* durchfechten; durchkämpfen; **~ a battle** einen Kampf austragen; **be ~ing a losing battle** *(fig.)* auf verlorenem Posten stehen *od.* kämpfen; **~ sb.'s battles for him** *(fig.)* jmdm. alle Schwierigkeiten aus dem Weg räumen; **~ the good fight** *(fig.)* für die gute *od.* gerechte Sache kämpfen; **d)** ausfechten ‹*Problem*›; führen ‹*Kampagne*›; kandidieren bei ‹*Wahl*›; **e) ~ one's way** sich *(Dat.)* den Weg freikämpfen; *(fig.)* sich *(Dat.)* seinen Weg bahnen; **~ one's way to the top** *(fig.)* sich an die Spitze kämpfen; **~ one's way up** *(fig.)* sich nach oben kämpfen; sich hochkämpfen. **3.** *n.* **a)** *(combat, campaign, boxing-match)* Kampf, *der* (**for** um); *(brawl)* Schlägerei, *die; (literary: battle)* Schlacht, *die;* **their ~ for freedom** ihr Freiheitskampf; **make a ~ of it, put up a ~:** sich wehren; *(fig.)* sich zur Wehr setzen; **give in without a ~** *(fig.)* klein beigeben; **aren't you going to make a ~ of it?** *(fig.)* willst du dir das etwa gefallen lassen?; **world championship title ~:** Titelkampf um die Weltmeisterschaft; **b)** *(squabble)* Streit, *der;* **they are always having ~s** zwischen ihnen gibt es dauernd Streit; **he likes a good ~:** er hat nichts gegen einen guten Streit; **c)** *(ability to ~)* Kampffähigkeit, *die; (appetite for ~ing)* Kampfgeist, *der;* **have no ~ left in one** nicht mehr zum Kampf fähig sein; *(fig.)* erledigt *od.* fertig sein; **all the ~ had gone out of him** *(fig.)* sein Kampfgeist war erloschen; **show ~** *(lit. or fig.)* Stärke demonstrieren

**~ against** *v. t.* **a)** *(in war)* kämpfen gegen; *(in boxing-match)* antreten gegen; **b)** *(resist)* kämpfen gegen; ankämpfen gegen ‹*Wellen, Wind, Gefühle*›; bekämpfen ‹*Krankheit, Analphabetentum*›

**~ 'back 1.** *v. i.* zurückschlagen; sich zur Wehr setzen. **2.** *v. t.* **a)** *(suppress)* zurückhalten; **b)** *(resist)* zurückdrängen; aufhalten ‹*Vormarsch*›

**~ 'down** *v. t.* zurückhalten

**~ for** *v. t. (lit. or fig.)* kämpfen für; **~ for one's life** um sein Leben kämpfen

**~ 'off** *v. t. (lit. or fig.)* abwehren; abwimmeln *(ugs.)* ‹*Reporter, Fans, Bewunderer*›; widerstehen (+ *Dat.*) ‹*Versuchung*›; bekämpfen ‹*Erkältung*›; **~ off the desire** dem Wunsch widerstehen

**~ 'out** *v. t. (lit. or fig.)* ausfechten; **~ it out amongst yourselves** macht das unter euch *(Dat.)* aus

**~ over** *v. t.* **a)** *(~ with regard to)* [sich] streiten über (+ *Akk.*); **b)** *(~ to gain possession of)* kämpfen um; *(squabble to gain possession of)* [sich] streiten um; [sich] zanken um

**~ with** *v. t.* **a)** kämpfen mit; **b)** *(squabble with)* [sich] streiten mit; [sich] zanken mit; **c)** *(~ on the side of)* kämpfen [zusammen] mit

**fighter** ['faɪtə(r)] *n.* **a)** Kämpfer, *der*/Kämpferin, *die; (warrior)* Krieger, *der; (boxer)* Fighter, *der;* **b)** *(aircraft)* Kampfflugzeug, *das;* **~ pilot** Jagdflieger, *der*

**fighting** ['faɪtɪŋ] **1.** *adj.* Kampf‹*truppen, -schiff, -flugzeug*›; *see also* **¹cock 1 a. 2.** *n.* Kämpfe; **be in a ~ mood** kämpferisch gestimmt sein

**fighting:** **~ 'chance** *n.* **have a ~ chance of succeeding/of doing sth.** Aussicht auf Erfolg haben/gute Chancen haben, etw. zu tun; **~ 'drunk** *adj. (coll.)* betrunken und streitsüchtig; **~ fish** *n.* Kampffisch, *der;* **~ 'fit** *adj.* topfit *(ugs.);* **~ fund** *n.* Geldmittel [aus einer Spendenaktion] zur Durchführung einer Kampagne; **raise a ~ fund** eine Spendenaktion durchführen; **~ 'mad** *adj.* [vor Wut] rasend; **~ 'words** *n. pl. (coll.)* Kampfparolen

**'fig-leaf** *n. (lit. or fig.)* Feigenblatt, *das*

**figment** ['fɪgmənt] *n.* *(imagined thing)* Hirngespinst, *das;* **a ~ of one's** *or* **the imagination** pure Einbildung

**'fig-tree** *n.* Feigenbaum, *der*

**figurative** ['fɪgjʊrətɪv, 'fɪgərətɪv] *adj.* **a)** *(metaphorical)* bildlich; übertragen; figurativ *(Sprachw.);* **b)** *(metaphorically so called)* im übertragenen Sinne; **c)** *(with many figures of speech)* bilderreich; **d)** *(emblematic)* symbolisch; **be ~ of sth.** symbolisch für etw. stehen

**figuratively** ['fɪgjʊrətɪvlɪ, 'fɪgərətɪvlɪ] *adv.* **a)** *(metaphorically)* bildlich; [im] übertragenen [Sinne]; figurativ *(Sprachw.);* **b)** *(with many figures of speech)* bilderreich; **c)** *(emblematically)* symbolisch

**figure** ['fɪgə(r)] **1.** *n.* **a)** *(shape)* Form, *die;* **b)** *(Geom.)* Figur, *die;* **c)** *(one's bodily shape)* Figur, *die;* **have to worry about one's ~:** auf seine Figur achten müssen; **keep one's ~:** sich *(Dat.)* seine Figur bewahren; schlank bleiben; **lose one's ~:** dick werden; **d)** *(person as seen)* Gestalt, *die; (literary ~)* Figur, *die; (historical etc. ~)* Persönlichkeit, *die;* **a fine ~ of a man/woman** eine stattliche Erscheinung; **a ~ of fun** eine Spottfigur; **make** *or* **cut a brilliant/poor** *etc.* **~:** eine glänzende/erbärmliche *usw.* Figur machen *od.* abgeben; **e)** *(image)* Bild, *das;* **she looked a ~ of misery** sie bot ein Bild des Jammers; **f)** *(three-dimensional representation)* Figur, *die; (two-dimensional representation)* Gestalt, *die;* **g)** *(emblem)* Symbol, *das;* **a ~ of peace** ein Friedenssymbol; **h)** *(simile etc.)* **~ [of speech]** Redewendung, *die; (Rhet.)* Redefigur, *die;* **it's just a ~ of speech** das habe ich nicht wirklich gemeint; **i)** *(illustration)* Abbildung, *die;* **j)** *(decorative pattern)* Muster, *das;* **k)** *(Dancing, Skating)* Figur, *die;* **l)** *(numerical symbol)* Ziffer, *die; (number so expressed)* Zahl, *die; (amount of money)* Betrag, *der; (amount paid for sth.)* Erlös, *der; (value)* [Zahlen]wert, *der;* **double ~s** zweistellige Zahlen; **membership is in double ~s** die Mitgliederzahl ist zweistellig; **three/four** *etc.* **~s** drei-/vierstellige *usw.* Zahlen; **go** *or* **run into three ~s** sich auf dreistellige Zahlen belaufen; **three-/four-** *etc.* **~:** drei-/vierstellig *usw.;* **m)** *in pl. (arithmetical calculations)* Rechnen, *das; (accounts, result of calculations)* Zahlen *Pl.;* **can you check my ~s?** kannst du mal nachrechnen?; **do the ~s** den [Jahres-, Rechnungs]abschluß durchführen; **last month's ~s** die Zahlen/Werte des Vormonats; **he is good at ~s** er kann gut rechnen; *see also* **head 1 b; n)** *(Ling.)* [grammatische] Figur. *See also* **eight 2 b; father-figure. 2.** *v. t.* **a)** *(represent pictorially)* darstellen; **b)** *(picture mentally)* sich *(Dat.)* vorstellen; **~ oneself as sth.** sich selbst als etw. [an]sehen; **c)** *(be symbol of)* versinnbildlichen; **d)** *(embellish)* verzieren; **e)** *(Mus.)* beziffern; **f)** *(mark with number[s])* mit einer Zahl versehen; **g)** *(calculate)* schätzen; sagen; **h)** *(Amer.: understand)* verstehen; **i)** *(Amer.: ascertain)* herausfinden. *See also* **³bass 2 c. 3.** *v. i.* **a)** *(make appearance)* vorkommen; erscheinen; *(in play)* auftreten; **children don't ~ in her plans for the future** Kinder spielen in ihren Zukunftsplänen keine Rolle; **this image often ~d in her dreams** dieses Bild tauchte in ihren Träumen häufig auf; **~ prominently on the music scene/in world politics** in der Musikszene/Weltpolitik eine bedeutende Rolle spielen; **b)** *(do arithmetic)* rechnen; **c)** *(coll.: be likely, understandable)* **it ~s that ...:** es kann gut sein, daß ...; **that ~s** das kann gut sein *od.* stimmt sicher

~ **on** v. t. rechnen mit; ~ **on doing sth.** damit rechnen, etw. zu tun
~ **'out** v. t. a) (work out by arithmetic) ausrechnen; b) (Amer.: estimate) ~ **out that ...**: damit rechnen, daß ...; c) (understand) verstehen; **I can't ~ him out** ich werde nicht schlau aus ihm; d) (ascertain) herausfinden; **it's difficult to ~ out whether ...**: es ist schwer zu sagen, ob ...; **I can't ~ out where we've met before** ich weiß nicht, wo wir uns schon gesehen haben
**figure: ~-head** n. (lit. or fig.) Galionsfigur, die; **~-skating** n. Eiskunstlauf, der; **~-work** n., no pl. **do some ~-work** ein paar Berechnungen anstellen
**Fiji** ['fi:dʒi:] pr. n. Fidschi (das); Fidschiinseln Pl.
**filament** ['fɪləmənt] n. a) Faden, der; (Chem.) Filament, das (fachspr.); Faser, die; b) (conducting wire or thread) Glühfaden, der; c) (Bot.) Staubfaden, der; Filament, das (fachspr.)
**filbert** ['fɪlbət] n. a) (cultivated hazel) Haselnußstrauch, der; b) (nut) Haselnuß, die
**filch** [fɪltʃ] v. t. stibitzen (ugs.)
**¹file** [faɪl] 1. n. Feile, die; (nail-~) [Nagel]feile, die. 2. v. t. feilen ⟨Fingernägel⟩; mit der Feile bearbeiten ⟨Holz, Eisen⟩; ~ **sth. to make it smooth** etw. glatt feilen
~ **a'way** v. t. abfeilen
~ **'down** v. t. abfeilen
**²file** 1. n. a) (holder) Ordner, der; (box) Kassette, die; [Dokumenten]schachtel, die; **on ~**: in der Kartei/in od. bei den Akten; **on or in sb.'s ~s** in jmds. Kartei/in od. bei jmds. Akten; **put sth. on ~**: etw. in die Akten/Kartei aufnehmen; b) (set of papers) Ablage, die; (as cards) Kartei, die; **open/keep a ~ on sb./sth.** eine Akte über jmdn./etw. anlegen/führen; c) (series of issues of newspaper etc.) [Zeitungs]bündel, das (von aufeinanderfolgenden Nummern); d) (Computing) Datei, die; e) (stiff wire) Zettelspieß, der; f) (Law) Akten Pl.; **reopen/close the ~ on a case** einen Fall wiederaufnehmen/abschließen. 2. v. t. a) (place on a ~) [in die Kartei] einordnen/[in die Akten] aufnehmen; ablegen (Bürow.); (place among public records) archivieren; ~ **sth. in drawers** etw. [geordnet] in Schubladen aufbewahren; b) (submit) einreichen ⟨Antrag⟩; c) ⟨Journalist:⟩ einsenden ⟨Bericht⟩
~ **a'way** v. t. ablegen (Bürow.)
**³file** 1. n. a) (Mil. etc.) Reihe, die; **stand in ~**: in Reih und Glied stehen; **[in] single or Indian ~**: [im] Gänsemarsch; b) (row of persons or things) Reihe, die. 2. v. i. in einer Reihe gehen; nacheinander gehen
~ **a'way** v. i. [einer nach dem anderen] weggehen; [nacheinander] fortgehen
~ **'off** see ~ away
**file: ~ card** n. Karteikarte, die; ~ **copy** n. Belegexemplar, das; (of letter) Kopie für die Akten
**filet** ['fɪleɪ] n. (Gastr.) Filet, das
**filial** ['fɪlɪəl] adj. a) (of or due from son or daughter) kindlich ⟨Gehorsam, Achtung, Treue⟩; Kindes-, Sohnes-/Tochter⟨liebe, -pflicht⟩; b) (Biol.) ~ **generation** Filialgeneration, die
**filibuster** ['fɪlɪbʌstə(r)] 1. n. (obstructionist) Verschleppungstaktiker, der; (obstruction) Verschleppungstaktik, die; Filibuster, das. 2. v. i. obstruieren; Dauerreden halten
**filigree** ['fɪlɪgri:] n. (lit. or fig.) Filigran, das
**¹filing** ['faɪlɪŋ] n. ~s (particles) Späne; **iron ~s** Eisen[feil]späne
**²filing** n. (action of ²file 2 a) Ablage, die
**filing: ~ cabinet** n. Aktenschrank, der; ~ **clerk** n. Archivkraft, die; ~ **system** n. Ablagesystem, das
**Filipino** [fɪlɪ'pi:nəʊ] 1. adj. philippinisch. 2. n., pl. ~s Filipino, der/Filipina, die
**fill** [fɪl] 1. v. t. a) (make full) ~ **sth. [with sth.]** etw. [mit etw.] füllen; **the room was ~ed** (with people) der Raum war fast voll besetzt; ~ **the walls with photos** die Wände mit Fotos vollhängen; ~ **sb./sb.'s heart with fear** jmdm. Furcht einflößen; **~ed with** voller ⟨Reue, Bewunderung, Neid, Verzweiflung⟩ (at über + Akk.); **be ~ed with envy at sb.'s success** auf jmds. Erfolg (Akk.) neidisch sein; b) (distend) blähen ⟨Segel⟩; c) (stock abundantly) füllen; (fig.) anfüllen; **be ~ed with people/flowers/fish** etc. voller Menschen/Blumen/Fische usw. sein; **the journey had ~ed his mind with new ideas** die Reise hatte ihm zahlreiche neue Anregungen gegeben; d) (occupy whole capacity of, spread over) füllen; besetzen ⟨Sitzplätze⟩; (fig.) ausfüllen ⟨Gedanken, Zeit⟩; **the room was ~ed to capacity** der Raum war voll besetzt od. (ugs.) [proppen]voll; **tears suddenly ~ed her eyes** plötzlich standen ihr Tränen in den Augen; **when you've ~ed this notebook ...**: wenn dein Heft voll ist ...; **the fat lady ~ed two seats** die dicke Dame brauchte zwei Plätze; **enough cake to ~ three large plates** genug Kuchen für drei große Teller; ~ **the bill** (fig.) den Erwartungen entsprechen; (be appropriate) angemessen sein; e) (pervade) erfüllen; **light/silence ~ed the room** Licht strömte in das Zimmer/Schweigen breitete sich im Zimmer aus; f) (block up) füllen ⟨Lücke⟩; füllen, (veralt.) plombieren ⟨Zahn⟩; g) (Cookery) (stuff) füllen; (put layer of sth. solid in) belegen; (put layer of sth. spreadable in) bestreichen; h) (satisfy) sättigen; satt machen; i) (hold) innehaben ⟨Posten⟩; versehen ⟨Amt⟩; (take up) ausfüllen ⟨Position⟩; j) (execute) ausführen ⟨Auftrag⟩; k) (appoint sb. to) besetzen ⟨Posten, Lehrstuhl⟩. 2. v. i. a) (become full) ~ **[with sth.]** sich [mit etw.] füllen; (fig.) sich [mit etw.] erfüllen; b) (be distended by wind) sich blähen. 3. n. a) (as much as one wants) **eat/drink one's ~**: sich satt essen/trinken; **have had one's ~ [of food and drink]** seinen Hunger und Durst gestillt haben; **weep one's ~**: sich ausweinen; **have had one's ~ of sth./doing sth.** genug von etw. haben/etw. zur Genüge getan haben; b) (enough to ~ sth.) **he needs a ~ of tobacco for his pipe/of petrol/of ink** er muß seine Pfeife stopfen/tanken/Tinte nachfüllen
~ **'in** 1. v. t. a) füllen; zuschütten, auffüllen ⟨Erdloch⟩; b) (complete) ausfüllen; ergänzen ⟨Auslassungen⟩; c) (insert) einsetzen; d) (find occupation during) überbrücken ⟨Zeit⟩; **how did you ~ in your evenings?** was hast du abends unternommen?; e) (coll.: inform) ~ **sb. in [on sth.]** jmdn. [über etw. (Akk.)] unterrichten od. ins Bild setzen. 2. v. i. ~ **in for sb.** für jmdn. einspringen
~ **'out** 1. v. t. a) (enlarge to proper size or extent) ausfüllen; vervollständigen ⟨Essay, Aufsatz⟩; b) (Amer.: complete) ausfüllen ⟨Formular usw.⟩. 2. v. i. a) (become enlarged) sich ausdehnen; b) (become plumper) [Fett] ansetzen; voller werden
~ **'up** 1. v. t. a) (make full) ~ **sth. up [with sth.]** etw. [mit etw.] füllen; **put a little milk into the cup and then ~ it up with water** gießen Sie etwas Milch in die Tasse und füllen Sie mit Wasser auf; ~ **oneself/sb. up [with sth.]** sich/jmdn. [mit etw.] vollstopfen; **their mother tried to ~ them up** ihre Mutter versuchte, sie satt zu kriegen; **that will ~ you up!** davon wirst du satt!; b) (put petrol into) ~ **up [the tank]** tanken; ~ **her up!** (coll.) voll[tanken]!; c) auffüllen ⟨Loch⟩; zuschmieren ⟨Riß⟩; d) (complete) ausfüllen ⟨Formular usw.⟩. 2. v. i. ⟨Theater, Zimmer, Zug usw.:⟩ sich füllen; ⟨Becken, Spülkasten:⟩ vollaufen
**filled** [fɪld] adj. gefüllt; **a cream-~ cake** ein Kuchen mit Cremefüllung
**filler** ['fɪlə(r)] n. a) (to fill cavity) Füllmasse, die; Spachtelmasse, die; b) (to increase bulk) Sattmacher, der
**'filler cap** n. Tankverschluß, der
**fillet** ['fɪlɪt] 1. n. a) (Gastr.) Filet, das; ~ **[steak]** (slice) Filetsteak, das; (cut) Filet, das; ~ **of pork/beef/cod/halibut** Schweine-/Rinder-/Kabeljau-/Heilbuttfilet, das; b) (Archit.) (narrow flat band) Leiste, die; (between flutes of column) Kannelüre, die; c) (headband) Haarband, das. 2. v. t. a) (divide into fillets) filetieren; b) (remove bones from) entgräten ⟨Fisch⟩; ausbeinen ⟨Fleisch⟩
**filling** ['fɪlɪŋ] 1. n. a) (for teeth) Füllung, die; Plombe, die (veralt.); b) (for pancakes etc.) Füllung, die; (for sandwiches etc.) Belag, der; (for spreading) Aufstrich, der. 2. adj. sättigend
**'filling station** n. Tankstelle, die
**fillip** ['fɪlɪp] n. Anreiz, der; Ansporn, der; **give sb. a ~**: jmdn. anspornen; **give or be a ~ to the economy** die Wirtschaft beleben
**filly** ['fɪlɪ] n. a) junge Stute; Stutfohlen, das; b) (sl.: young woman) Käfer, der (ugs. veralt.); Biene, die (ugs. veralt.)
**film** [fɪlm] 1. n. a) (thin layer) Schicht, die; ~ **[of varnish/dust]** [Lack-/Staub]schicht, die; ~ **[of oil/slime]** [Öl-/Schmier]film, der; b) (Photog.) Film, der; **put sth. on ~**: etw. ablichten; **the events are all on ~**: die Vorgänge sind alle gefilmt worden; c) (Cinemat.: story etc.) Film, der; Streifen, der (ugs.); **make/direct a ~**: einen Film drehen/bei einem Film Regie führen; d) in pl. (cinema industry) Kino, das; Film, der; **go into ~s** zum Kino od. Film gehen; **she is in ~s** sie ist beim Film; e) no pl. (as art-form) der Film; **are you interested in ~?** interessieren Sie sich für [den] Film? 2. v. t. (Cinemat. etc.) a) (record on motion ~) filmen; (for motion picture) drehen ⟨Kinofilm, Szene⟩; b) (make cinema etc. ~ of) verfilmen ⟨Buch usw.⟩. 3. v. i. ⟨Szene:⟩ sich filmen lassen; ⟨Buch, Geschichte:⟩ sich verfilmen lassen
~ **'over** v. i. ⟨Spiegel, Glas:⟩ anlaufen; **her eyes ~ed over with tears** Tränen traten ihr in die Augen
**film: ~ clip** see ²clip 2 b; ~ **crew** n. Kamerateam, das; ~ **director** n. Filmregisseur, der/-regisseurin, die; ~ **editor** n. Cutter, der/Cutterin, die; **~-goer** n. Kinogänger, der/-gängerin, die; ~ **library** n. Filmarchiv, das; ~ **projector** n. Projektor, der; ~ **script** n. Drehbuch, das; ~ **set** n. Dekoration, die; **~setting** n. (Printing) Lichtsatz, der; ~ **show** n. Filmvorführung, die; ~ **star** n. Filmstar, der; **~-strip** n. Filmstreifen, der
**filmy** ['fɪlmɪ] adj. hauchdünn
**Filofax, (P)** ['faɪləʊfæks] n. ≈ Terminplaner, der
**filter** ['fɪltə(r)] 1. n. a) Filter, der; b) (Brit.) (route) Abbiegespur, die; (light) grünes Licht für Abbieger. 2. v. t. filtern. 3. v. i. a) (flow through filter) ⟨Flüssigkeiten:⟩ sickern; ⟨Luft usw.:⟩ durch einen Filter strömen; b) (make way gradually) ~ **through/into/down sth.** durch etw. hindurch-/in etw. (Akk.) hinein-/etw. hinuntersickern; c) (at road junction) sich einfädeln; ~ **off** sich ausfädeln
~ **'out** 1. v. t. (lit. or fig.) herausfiltern. 2. v. i. durchsickern
~ **'through** see ~ out 2
**filter: ~-bed** n. Filterkies, der; Filtersand, der; ~ **coffee** n. Filterkaffee, der; ~ **lane** n. (Brit.) Abbiegespur, die; ~ **paper** n. Filterpapier, das; **~-tip** n. a) Filter, der; b) **~-tip [cigarette]** Filterzigarette, die
**filth** [fɪlθ] n., no pl. a) (disgusting dirt) Dreck, der; (pollution) Schmutzigkeit, die; b) (moral corruption) Verderbtheit, die; (vileness) Abscheulichkeit, die; c) (obscenity) Schmutz [und Schund]; d) (foul language) unflätige Sprache; Schweinereien (ugs.)
**filthiness** ['fɪlθɪnɪs] n., no pl. a) Schmutzig-

keit, *die;* Verdrecktheit, *die (ugs.);* **b)** *(obscenity)* Unzüchtigkeit, *die*

**filthy** ['fɪlθɪ] **1.** *adj.* **a)** *(disgustingly dirty)* dreckig *(ugs.);* schmutzig; *(fig.)* widerlich ‹*Angewohnheit*›; *(fond of filth)* im Dreck lebend ‹*Tiere*›; **b)** *(vile)* widerlich; gemein ‹*Lügner, Trick*›; schmutzig ‹*Phantasie, Gedanken*›; ~ **lucre** schnöder Mammon *(abwertend, auch scherzh.);* **c)** *(very unpleasant)* ekelhaft; scheußlich; ~ **weather** scheußliches Wetter; Dreckwetter, *das (ugs.);* **d)** *(obscene)* schweinisch *(ugs.);* obszön, unflätig ‹*Sprache*›; **he is ~, he is a ~ devil** er ist ein Schweinigel *(ugs.);* **a ~-minded person** ein Mensch mit einer schmutzigen Phantasie. **2.** *adv.* ~ **dirty** völlig verdreckt *(ugs.);* ~ **rich** *(coll.)* stinkreich *(ugs.)*

**filtrate** ['fɪltreɪt] *n.* Filtrat, *das*

**filtration** [fɪl'treɪʃn] *n.* Filtrierung, *die; (percolation)* Durchsickern, *das*

**fin** [fɪn] *n.* **a)** *(Zool.; on boat)* Flosse, *die; (flipper)* [Schwimm]flosse, *die; (on car)* Heckflosse, *die;* **b)** *(in internal-combustion engine)* Kühlrippe, *die; (on radiator etc.)* Rippe, *die. See also* **tail-fin**

**final** ['faɪnl] **1.** *adj.* **a)** *(ultimate)* letzt...; End‹*spiel, -stadium, -stufe, -ergebnis*›; Schluß‹*bericht, -szene, -etappe, -phase*›; ~ **examination** Abschlußprüfung, *die;* **have a ~ swim** ein letztes Mal schwimmen gehen; **give a ~ wave** noch einmal *od.* ein letztes Mal winken; **what will be the ~ outcome of this crisis?** wie wird diese Krise letztendlich ausgehen?; **b)** *(conclusive)* endgültig ‹*Urteil, Entscheidung*›; **have the ~ word** das letzte Wort haben; **is this your ~ decision/word/verdict?** ist das Ihr letztes Wort?; **the ~ solution** *(euphem.)* die Endlösung; **I'm not coming with you, and that's ~!** ich komme nicht mit, und damit basta! *(ugs.);* **c)** *(concerned with goal)* ~ **cause** Endziel, *das;* ~ **clause** *(Ling.)* Finalsatz, *der.* **2.** *n.* **a)** *(Sport etc.)* Finale, *das; (of ball game also)* Endspiel, *das; (of quiz game)* Endrunde, *die;* **b)** *in sing. or pl. (examination)* Abschlußprüfung, *die; (at university)* Examen, *das;* **c)** *(newspaper)* Spätausgabe, *die*

**final 'drive** *n. (Motor Veh.)* Achsantrieb [mit Gelenkwelle]

**finale** [fɪ'nɑːlɪ] *n.* **a)** *(Mus.)* Finale, *das;* **b)** *(close of drama)* Schlußszene, *die;* **c)** *(conclusion)* Abschluß, *der*

**finalise** *see* **finalize**

**finalist** ['faɪnəlɪst] *n.* Teilnehmer/Teilnehmerin in der Endausscheidung; *(Sport)* Finalist, *der*/Finalistin, *die*

**finality** [faɪ'nælɪtɪ] *n., no pl.* Endgültigkeit, *die; (of tone of voice)* Entschiedenheit, *die*

**finalize** ['faɪnəlaɪz] *v. t.* [endgültig] beschließen; unter Dach und Fach bringen ‹*Geschäft, Vertrag*›; *(complete)* zum Abschluß bringen; ~ **sth. with sb.** etw. mit jmdm. [endgültig] absprechen

**finally** ['faɪnəlɪ] *adv.* **a)** *(in the end)* schließlich; *(expressing impatience etc.)* endlich; **b)** *(in conclusion)* abschließend; zum Schluß; **c)** *(conclusively)* bestimmt, entschieden ‹*sagen*›; *(once for all)* ein für allemal

**finance** [faɪ'næns, fɪ'næns, 'faɪnæns] **1.** *n.* **a)** *in pl. (resources)* Finanzen *Pl.;* **b)** *(management of money)* Geldwesen, *das;* **high ~:** Hochfinanz, *die;* **be in ~:** im Finanz- und Geldwesen tätig sein; **c)** *(support)* Gelder *Pl. (ugs.);* Geldmittel *Pl.* **2.** *v. t.* finanzieren; finanziell unterstützen ‹*Person*›; **how are you going to ~ yourself at university?** wie willst du dein Studium finanzieren?

**finance: ~ company** *n.* Finanzierungsgesellschaft, *die;* ~ **director** *n.* Leiter der Finanzabteilung; ~ **house** *see* ~ **company**

**financial** [faɪ'nænʃl, fɪ'nænʃl] *adj.* finanziell; Finanz‹*mittel, -quelle, -experte, -lage*›; Geld‹*mittel, -geber, -sorgen*›; Finanzierungs‹*last, -geschäft*›; Wirtschafts‹*nachrichten, -bericht*›

**financially** [faɪ'nænʃəlɪ, fɪ'nænʃəlɪ] *adv.* finanziell; **be ~ rewarded for sth.** für etw. mit Geld entlohnt werden

**financial 'year** *n.* Geschäftsjahr, *das; (im öffentlichen Haushalt)* Rechnungsjahr, *das*

**financier** [faɪ'nænsɪə(r), fɪ'nænsɪə(r)] *n.* **a)** *(expert)* Finanzexperte, *der*/-expertin, *die;* **b)** *(capitalist)* Finanzier, *der*

**fin-back 'whale** *see* **rorqual**

**finch** [fɪnʃ] *n. (Ornith.)* Fink[envogel], *der*

**find** [faɪnd] **1.** *v. t.,* **found** [faʊnd] **a)** *(get possession of by chance)* finden; *(come across unexpectedly)* entdecken; ~ **that ...:** herausfinden *od.* entdecken, daß ...; **hope this letter ~s you well** [ich] hoffe, daß dieser Brief Dich gesund antreffen wird; **he was found dead/injured** er wurde tot/verletzt aufgefunden; **b)** *(obtain)* finden ‹*Zustimmung, Erleichterung, Rückendeckung, Trost, Gegenliebe*›; stoßen auf (+ *Akk.*) ‹*Kritik, Ablehnung*›; erlangen ‹*Popularität*›; **have found one's feet** *(be able to walk)* laufen können; *(be able to act by oneself)* selbständig sein; auf eigenen Füßen stehen; **c)** *(recognize as present)* sehen ‹*Veranlassung, Schwierigkeit*›; feststellen ‹*Züge, Ähnlichkeit*›; *(acknowledge or discover to be)* finden; ~ **no difficulty in doing sth.** etw. nicht schwierig finden; **these plants are found nowhere else** diese Pflanzen findet man sonst nirgendwo; **you don't ~ many flowers here** es gibt hier nicht viele Blumen; ~ **sb. in/out** jmdn. antreffen/nicht antreffen; ~ **sb./sth. to be ...:** feststellen, daß jmd./etw. ... ist/war; ~ **oneself somewhere** sich irgendwo wiederfinden; **when I came in, I found him opening his/my letters** als ich hineinkam, war er gerade dabei, seine Briefe zu öffnen/ertappte ich ihn dabei, wie er meine Briefe öffnete; ~ **oneself doing sth.** sich dabei ertappen, wie man etw. tut; **you must** *or* **will have to take us as you ~ us** du darfst dich nicht daran stören, wie es bei uns aussieht/zugeht *usw.;* **you won't ~ me doing 'that** das wirst du nicht erleben, daß ich das tue; **d)** *(discover by trial or experience to be or do)* für ... halten; **do you ~ him easy to get on with?** finden Sie, daß sich gut mit ihm auskommen läßt?; **she ~s it hard to come to terms with his death** es fällt ihr schwer, sich mit seinem Tod abzufinden; **she ~s it impossible to discuss the subject** es ist ihr unmöglich, das Thema zu erörtern; ~ **sth. necessary** etw. für nötig befinden *od.* erachten; ~ **sth./sb. to be ...:** herausfinden, daß etw./jmd. ... ist/war; **sth. has been found to be ...:** man hat herausgefunden, daß etw. ... ist; **I found that it was already noon** ich stellte fest, daß es schon mittag war; **we ~ [that] we are struggling all the time** wir sehen, wie wir uns die ganze Zeit abmühen; **you will ~ [that] ...:** Sie werden sehen *od.* feststellen, daß ...; **e)** *(discover by search)* finden; **want to ~ sth.** etw. suchen; ~ **[again]** wiederfinden; **f)** *(Hunting)* aufstöbern; *abs.* Wild aufstöbern; **g)** *(reach by natural or normal process)* [heraus]finden; ~ **one's place in society** seinen Platz in der Gesellschaft finden; **h)** *(succeed in obtaining)* finden ‹*Zeit, Mittel und Wege, Worte*›; auftreiben ‹*Geld, Gegenstand*›; aufbringen ‹*Kraft, Energie*›; **when I ~ the opportunity** bei passender Gelegenheit; ~ **it in oneself** *or* **one's heart to do sth.** es über sich *od.* übers Herz bringen, etw. zu tun; ~ **its mark** sein Ziel finden *od.* treffen; **i)** *(ascertain by study or calculation or inquiry)* finden; **love will ~ a way** der Liebe ist kein Ding unmöglich *(veralt.);* ~ **what time the train leaves** herausfinden, wann der Zug [ab]fährt; ~ **one's way [to/into sth.]** [zu etw.] hinfinden/[in etw. *(Akk.)*] hineinfinden; *(accidentally)* [zu etw.] hingelangen/[in etw. *(Akk.)*] hineingeraten; ~ **one's way home** nach Hause zurückfinden; ~ **one's way into journalism/films** zum Journalismus/Film kommen; **she found her way into teaching quite by accident** eher zufällig war sie Lehrerin geworden; ~ **its way [into sth.]** [in etw. *(Akk.)*] gelangen; **the disease found its way into other organs** die Krankheit griff auf andere Organe über; **j)** *(Law)* ~ **sb. guilty/not guilty** jmdn. schuldig sprechen/freisprechen; ~ **a verdict of guilty/innocent** [im Urteil] auf schuldig/nicht schuldig erkennen; **the jury found him not guilty of murder** die Geschworenen entschieden, daß er des Mordes nicht schuldig war; **k)** *(supply)* besorgen; ~ **sb. sth.** *or* **sth. for sb.** jmdn. mit etw. versorgen; ~ **sb. in sth.** jmdn. mit etw. versehen; jmdm. etw. verschaffen; **all found** bei freier Kost und Logis; bei freier Station *(veralt.).* **2.** *v. refl.,* **found a)** *(provide for one's own needs)* ~ **oneself [in sth.]** sich selbst [mit etw.] versorgen; **b)** *(discover one's vocation)* zu sich selbst finden; seine wahre Bestimmung finden. **3.** *n.* **a)** Fund, *der;* **make a ~/two ~s** fündig/zweimal fündig werden; **b)** *(person)* Entdeckung, *die*

~ **for** *v. t. (Law)* ~ **for the defendant/plaintiff** zugunsten der Verteidigung/des Klägers entscheiden; ~ **for the accused** auf Freispruch erkennen

~ **'out** *v. t.* **a)** *(discover, devise)* herausfinden; bekommen ‹*Informationen*›; ~ **out new ways** einen neuen Weg finden; **manage to ~ out how ...:** herausbekommen, wie ...; ~ **out about** *(get information on)* sich informieren über (+ *Akk.*); *(learn of)* erfahren von; **b)** *(detect in offence, act of deceit, etc.)* erwischen, ertappen ‹*Dieb usw.*›; ~ **out a liar** einem Lügner auf die Schliche kommen; einen Lügner durchschauen; **your sins will ~ you out** deine Sünden werden an den Tag kommen

**findable** ['faɪndəbl] *pred. adj.* **be [easily] ~:** [leicht] zu finden sein

**finder** ['faɪndə(r)] *n.* **a)** *(of sth. lost)* Finder, *der*/Finderin, *die; (of sth. unknown)* Entdecker, *der*/Entdeckerin, *die;* **~s keepers** *(coll.)* wer's findet, dem gehört's *(ugs.);* **b)** *(Photog.)* Sucher, *der*

**fin de siècle** [fæ̃ də 'sjekl] *adj.* Fin-de-siècle-‹*Architektur, Atmosphäre usw.*›

**finding** ['faɪndɪŋ] *n.* **a)** Finden, *das;* ~ **is keeping** wer's findet, dem gehört's *(ugs.);* **b)** *usu. in pl. (conclusion[s])* Ergebnis, *das; (verdict)* Urteil, *das;* **what were the ~s of the investigations?** was haben die Ermittlungen ergeben?; **c)** *in pl. (Amer.) (small parts or tools)* Handwerkszeug, *das; (sewing essentials)* Nähzeug, *das*

**¹fine** [faɪn] **1.** *n.* **a)** Geldstrafe, *die; (for minor offence)* Bußgeld, *das;* **b)** *(literary)* **in ~** *(finally)* zu guter Letzt; *(to sum up)* kurzum; *(in short)* kurz und gut. **2.** *v. t.* mit einer Geldstrafe belegen; **we were ~d £10** wir mußten ein Bußgeld von 10 Pfund bezahlen; **be ~d for speeding** ein Bußgeld wegen überhöhter Geschwindigkeit zahlen müssen

**²fine 1.** *adj.* **a)** *(of high quality)* gut; hochwertig ‹*Qualität, Lebensmittel*›; fein ‹*Besteck, Gewebe, Spitze*›; edel ‹*Pferd, Holz, Wein*›; **b)** *(pure)* rein ‹*Öl, Metall, Wein*›; **c)** *(containing specified proportion of pure metal)* fein; **gold 18 carats ~:** 18karätiges Gold; **d)** *(delicately beautiful)* zart ‹*Porzellan, Spitze*›; ansprechend ‹*Beleuchtung, Manuskript*›; fein ‹*Muster, Kristall, Stickerei, Gesichtszüge*›; **e)** *(refined)* edel ‹*Empfindungen*›; fein ‹*Taktgefühl, Geschmack*›; **a man of ~ feelings** ein Mann mit viel Feingefühl; **sb.'s ~r feelings** das Gute in jmdm.; **f)** *(delicate in structure or texture)* fein; **g)** *(thin)* fein; hauchdünn; **cut** *or* **run it ~:** knapp kalkulieren; **we'd be cutting it ~ if there are only three minutes to spare** es wird etwas knapp werden, wenn wir nur drei Minuten Zeit haben; **h)** *([in] small particles)* [hauch]fein ‹*Sand, Staub*›; ~ **rain** Nieselregen, *der;* **i)** *(sharp, narrow-pointed)* scharf ‹*Spitze, Klinge*›; spitz ‹*Nadel, Schreibfeder*›; **j)** ~ **print** *see* **small print; k)** *(capable of delicate perception, discrimination)* fein ‹*Gehör*›; scharf ‹*Auge*›; genau ‹*Waage, Werkzeug*›; empfindlich ‹*Meßgerät*›; **l)** *(perceptible only with difficulty)* fein ‹*Unterschied, Nuancen*›; *(precise)* klein ‹*Detail*›; **the ~r points** die Feinheiten; **m)** *(excellent)* schön; gut ‹*Ruf, Charakter, Stimmung, Hotel*›; edel ‹*Gesinnung*›; ausgezeichnet ‹*Sänger, Schauspieler*›; nett ‹*Person*›; **a ~ time to do sth.** *(iron.)* ein passender Zeitpunkt, etw. zu tun *(iron.);* **well, that's a ~ thing to say** *(iron.)* das ist wirklich nett *od.* reizend, so was zu sagen *(iron.);* **that's a ~ excuse/way to treat your father** *(iron.)* das ist ja eine schöne Entschuldigung/feine Art, seinen Vater zu behandeln *(iron.);* **you 're a ~ one!** *(iron.)* du bist mir vielleicht einer! *(ugs.);* **[this/that is] all very ~, but ...:** [das ist ja] alles schön und gut, aber ...; **n)** *(satisfactory)* schön; gut; **that's ~ with** *or* **by me** ja, ist mir recht; **everything is ~:** es ist alles in Ordnung; **o)** *(well conceived or expressed)* schön ‹*Worte, Ausdruck usw.*›; gelungen ‹*Rede, Übersetzung usw.*›; **p)** *(of handsome appearance or size)* schön; stattlich ‹*Mann, Baum, Tier*›; **~-looking** gutaussehend; **a ~ body of men** eine vortreffliche Gruppe; **q)** *(in good health or state)* gut; **feel ~:** sich wohl fühlen; **she is ~ there now** sie fühlt sich jetzt wohl dort; **they had a few problems, but they're ~ now** es gab Probleme zwischen ihnen, aber jetzt kommen sie klar; **How are you? – F~, thanks. And you?** Wie geht es Ihnen? – Gut, danke. Und Ihnen?; **the car is ~ now** das Auto ist jetzt wieder in Ordnung *od.* läuft wieder; **r)** *(bright and clear)* schön ‹*Wetter, Sommerabend*›; ~ **and sunny** heiter und sonnig; **one ~ day ...:** eines schönen Tages ...; **one of these ~ days ...:** eines [schönen] Tages; **s)** *(ornate)* prächtig ‹*Kleidung*›; ~ **feathers** prächtiges Gefieder; *(fig.)* prächtige Gewänder; *see also* **feather 1a; t)** *(fastidious)* vornehm, fein ‹*Dame, Herr, Art, Manieren*›; *(affectedly ornate)* geziert; schönklingend ‹*Worte*›; gewählt ‹*Ausdrucksweise*›; **his ~ sensibilities** sein Feingefühl; **she's too ~ to associate with us** sie ist sich *(Dat.)* zu fein für uns. *See also* **dandy 2; point 1b. 2.** *n. (fine weather)* schönes Wetter; **in rain or ~:** bei Regen oder Sonnenschein; **in the ~:** bei schönem Wetter. **3.** *adv.* **a)** *(in small particles)* fein ‹*mahlen, raspeln, hacken*›; **b)** *(elegantly)* gewählt ‹*sich ausdrücken*›; **c)** *(delicately)* fein ‹*gewebt, gesponnen usw.*›; **d)** *(coll.: well)* gut

**fine:** ~ **'art** *n.* **a)** *(subject)* bildende Kunst; **b)** *(skill)* **get** *or* **have [got] sth. [down] to a ~ art** etw. zu einer richtigen Kunst entwickeln; etw. aus dem Effeff beherrschen *(ugs.);* **c) the ~ arts** die Schönen Künste; **~-drawn** *adj.* sehnig, hager ‹*Gestalt*›; fein geschnitten ‹*Gesichtszüge*›; *(subtle)* feinsinnig; **~-grained** *adj.* fein gekörnt ‹*Sand, Salz, Papier*›; fein genarbt ‹*Leder*›; fein gemasert ‹*Holz*›

**finely** ['faɪnlɪ] *adv.* **a)** *(exquisitely)* ~ **executed** *or* **crafted jewellery** fein gearbeiteter Schmuck; **b)** *(delicately)* fein ‹*gewebt, gehäkelt usw.*›; genau ‹*ausbalanciert*›; **c)** *(to a fine point or edge)* **a ~-sharpened blade** eine sorgfältig geschärfte Klinge; **a ~-pointed needle** eine feinspitzige Nadel; eine Nadel mit feiner Spitze; **a ~-drawn line** eine fein *od.* dünn [aus]gezogene Linie; **d)** *(into small particles)* fein ‹*mahlen*›; **e)** *(subtly)* fein[sinnig]

**fine 'print** *see* **small print**

**finery** ['faɪnərɪ] *n., no pl.* Pracht, *die; (garments etc.)* Staat, *der;* **in all her wedding ~:** in ihrem Hochzeitsstaat

**finesse** [fɪ'nes] **1.** *n.* **a)** *(refinement)* Feinheit, *die; (of diplomat)* Gewandtheit, *die; (delicate manipulation)* Finesse, *die;* **b)** *(artfulness)* Raffinesse, *die;* **the ~ of the negotiators** das Geschick der Verhandlungspartner; **c)** *(Cards)* Schneiden, *das.* **2.** *v.i.* **a)** mit aller Raffinesse vorgehen; **b)** *(Cards)* schneiden. **3.** *v.t. (Cards)* schneiden mit

**fine-tooth 'comb** *n.* feingezähnter Kamm; **go through a manuscript** *etc.***/house** *etc.* **with a ~** *(fig.)* ein Manuskript *usw.* Punkt für Punkt durchgehen/ein Haus *usw.* durchkämmen

**finger** ['fɪŋgə(r)] **1.** *n.* **a)** Finger, *der;* **sb.'s ~s itch [to do sth.]** es juckt jmdm. in den Fingern[, etw. zu tun] *(ugs.);* **lay a ~ on sb.** *(fig.)* jmdm. ein Härchen krümmen *(ugs.);* **they never lift** *or* **move** *or* **raise a ~ to help her** *(fig.)* sie rühren keinen Finger, um ihr zu helfen; **they didn't lift** *or* **move** *or* **raise a ~** *(fig.)* sie haben keinen Finger krumm gemacht; **get** *or* **pull** *or* **take one's ~ out** *(fig. sl.)* Dampf dahinter machen *(ugs.);* **point a** *or* **one's ~ at sb./sth.** mit dem Finger/*(fig. ugs.)* mit Fingern auf jmdn./etw. zeigen; **put the ~ on sb.** *(fig. sl.)* jmdn. verpfeifen *(ugs. abwertend);* **have a ~ in sth.** *(fig.)* die Finger in etw. *(Dat.)* haben; **put** *or* **lay one's ~ on sth.** *(fig.)* etw. genau ausmachen; **I can't put my ~ on it** *(fig.)* ich kann es nicht genau ausmachen; **sth. slips through sb.'s ~s** etw. gleitet jmdm. durch die Finger; *(fig.)* etw. geht jmdm. durch die Lappen *(ugs.);* **let sth. slip through one's ~s** *(fig.)* sich *(Dat.)* etw. entgehen *od. (ugs.)* durch die Lappen gehen lassen; **his ~s are [all] thumbs, he is all ~s and thumbs** er hat zwei linke Hände *(ugs.);* **count the things/people on the ~s of one hand** die Dinge/Menschen an einer Hand abzählen; **b)** *(of glove etc.)* Finger, *der;* **c)** *(finger-like object)* **chocolate ~:** Löffelbiskuit mit Schokoladeüberzug; **a ~ of toast** ein Streifen Toast; **sponge ~s** schmale Stücke Rührkuchen; **d)** *(sl.: amount of liquor)* Fingerbreit, *der;* **a ~ of whisky** ein Fingerbreit Whisky. *See also* **bone 1a; 'burn 2c; cross 2a; fish finger; forefinger; green 1a; index finger; little finger; middle finger; pie; ring-finger. 2.** *v.t.* **a)** *(touch with ~s)* berühren ‹*Ware*›; greifen ‹*Akkord*›; *(turn about with ~s)* anfassen; *(toy or meddle with)* befingern; herumfingern an (+ *Dat.*); **b)** *(Amer. sl.: indicate)* ~ **sb./sth. to the police** jmdn. bei der Polizei verpfeifen/etw. der Polizei stecken *(ugs. abwertend)*

**finger:** **~-board** *n.* Griffbrett, *das;* **~-bowl** *n.* Fingerschale, *die;* **~-end** Fingerspitze, *die;* **~-glass** *see* **~-bowl**

**fingering** ['fɪŋgərɪŋ] *n. (Mus.)* Fingersatz, *der; (proper method)* Fingertechnik, *die*

**finger:** **~-mark** *n.* Fingerabdruck, *der;* **~-nail** *n.* Fingernagel, *der;* **~-paint** *n.* Fingerfarbe, *die;* **~-post** *n.* Wegweiser, *der;* **~print 1.** *n.* Fingerabdruck, *der;* **leave one's ~prints** *(fig.)* seine Fingerabdrücke hinterlassen; *see also* **take 1i; 2.** *v.t.* einen Fingerabdruck nehmen von; **~print sb.** jmdm. die Fingerabdrücke abnehmen; **~-stall** *n.* Fingerling, *der;* **~tip** *n.* Fingerspitze, *die;* **have sth. at one's ~tips** *(fig.)* etw. aus dem Effeff können *od.* im kleinen Finger haben *(ugs.);* **to the ~tips** *(fig.)* durch und durch; **he's a Spaniard to the very ~tips** er ist durch und durch Spanier

**finial** ['fɪnɪəl] *n. (Archit.)* Kreuzblume, *die*

**finical** ['fɪnɪkl], **finicking** ['fɪnɪkɪŋ] *adjs.* heikel; **she's so ~ about her appearance** sie ist so heikel, wenn es um ihr Äußeres geht; **she's so ~ about what she eats** in puncto Essen ist sie sehr wählerisch

**finicky** ['fɪnɪkɪ] *adj.* **a)** *see* **finical; b)** *(needing much attention to detail)* kniff[e]lig ‹*Arbeit, Stickerei*›

**finish** ['fɪnɪʃ] **1.** *v.t.* **a)** *(bring to an end)* beenden ‹*Unterhaltung*›; erledigen ‹*Arbeit*›; abschließen ‹*Kurs, Ausbildung*›; **have you ~ed the letter/book?** hast du den Brief/das Buch fertig[geschrieben]?; **have ~ed sth.** etw. fertig haben; mit etw. fertig sein; **have ~ed doing one's homework** seine Hausaufgaben fertig haben; mit seinen Hausaufgaben fertig sein; **~ writing/reading sth.** etw. zu Ende schreiben/lesen; **haven't you ~ed eating yet?** hast du noch nicht zu Ende gegessen *od.* fertiggegessen?; *abs.* **please let me ~ [speaking]** bitte lassen Sie mich ausreden; **have you quite ~ed?** sind Sie fertig?; *(iron.)* nun, bist du jetzt endlich fertig?; **b)** *(get through)* aufessen ‹*Mahlzeit*›; auslesen ‹*Buch, Zeitung*›; austrinken ‹*Flasche, Glas*›; **I should ~ the book by this evening** ich müßte das Buch bis heute abend durchhaben *(ugs.);* **c)** *(kill)* umbringen; *(destroy)* vernichten ‹*Ernte*›; *(coll.: overcome)* schaffen *(ugs.); (overcome completely)* bezwingen ‹*Feind*›; *(ruin)* zugrunde richten; **any more stress would ~ him** noch mehr Streß würde ihn kaputtmachen *(ugs.);* **a cold would ~ her** eine Erkältung würde das Ende für sie bedeuten; **it almost ~ed me!** das hat mich fast geschafft! *(ugs.);* **this scandal ~ed her as an actress** dieser Skandal bedeutete das Ende ihrer Schauspielerkarriere; **d)** *(perfect)* vervollkommnen; den letzten Schliff geben (+ *Dat.*); ~ **a seam** einen Saum vernähen; **e)** *(complete education of)* ausbilden; *(make highly accomplished)* mit allen Fertigkeiten ausstatten; *(make polished)* verfeinern ‹*Umgangsformen*›; ausfeilen ‹*Sprechweise*›; **f)** *(complete manufacture of by surface treatment)* eine schöne Oberfläche geben (+ *Dat.*); glätten ‹*Papier, Holz*›; appretieren ‹*Gewebe, Leder*›; glasieren ‹*Tonwaren*›; polieren ‹*Metall*›; verputzen ‹*Mauerwerk*›; **~ sth. with a coat of varnish/waterproof coating/by polishing it** etw. zum Schluß lackieren/imprägnieren/polieren; **the ~ed article** *or* **product** das fertige Produkt. **2.** *v.i.* **a)** *(reach the end)* aufhören; ‹*Geschichte, Episode:*› enden; ‹*Sturm, Unwetter:*› sich legen; **when does the concert ~?** wann ist das Konzert aus?; **coffee to ~:** Kaffee zum Abschluß; **b)** *(come to end of race)* das Ziel erreichen; ~ **first** als erster durchs Ziel gehen; erster werden; ~ **badly/well** nicht durchhalten/einen guten Endspurt haben; **c)** ~ **in sth.** mit etw. enden; ~ **by doing sth.** zum Schluß etw. tun. **3.** *n.* **a)** *(termination, cause of ruin)* Ende, *das;* **fight to a ~:** bis zur Entscheidung kämpfen; **it would be the ~ of him as a politician** das würde das Ende seiner Karriere als Politiker bedeuten; **b)** *(Hunting)* Ende der Jagd; **be in at the ~:** beim Halali dabeisein; *(fig.)* das Ende *od.* den Schluß miterleben; **c)** *(point at which race etc. ends)* Ziel, *das;* **arrive at the ~:** das Ziel erreichen; durchs Ziel gehen; **d)** *(what serves to give completeness)* letzter Schliff; **a ~ to sth.** die Vervollkommnung *od.* Vollendung einer Sache; **form a perfect ~ to a memorable evening** einen krönenden Abschluß eines unvergeßlichen Abends bilden; **e)** *(accomplished or completed state)* Schliff, *der;* **have ~:** Schliff haben; **f)** *(mode of finishing)* [technische] Ausführung; Finish, *das; (of paper)* Oberflächenfinish, *das; (of material, fabric)* Appretur, *die; (of metal)* Politur, *die;* **paintwork with a matt/gloss ~:** Matt-/Hochglanzlack, *der;* **kitchen furniture with a vinyl ~:** vinylbeschichtete Küchenmöbel

~ **'off** *v.t.* **a)** *see* ~ **1c, d; b)** *(provide with ending)* abschließen; beenden; ~ **off a story** eine Geschichte zu Ende schreiben/erzählen; **c)** *(finish or trim neatly)* sauber verarbeiten

~ **'up** *v.i.* **a)** *see* ~ **2c; b)** = **end up; c)** *(complete all outstanding work)* alles erledigen

~ **with** *v. t.* **a)** *(complete one's use of)* **have you ~ed with the sugar?** brauchen Sie den Zucker noch?; **have ~ed with a book** ein Buch aus- *od.* fertiggelesen *od.* zu Ende gelesen haben; **are you ~ed with your plate?** hast du deinen Teller leergegessen?; **if these clothes are ~ed with, then throw them away** wenn du diese Sachen nicht mehr brauchst, wirf sie weg; **b)** *(end association with)* brechen mit; **she ~ed with her boyfriend** sie hat mit ihrem Freund Schluß gemacht; **c) have ~ed with doing sth.** es aufgegeben haben, etw. zu tun

**finisher** ['fɪnɪʃə(r)] *n.* **a)** *(person)* Fertigbearbeiter, *der*/-bearbeiterin, *die;* **metal-~:** Polierer, *der*/Poliererin, *die;* **cloth-~:** Appretierer, *der*/Appretiererin, *die;* **b)** *(coll.) (crushing blow)* vernichtender Schlag; **be a ~ to sb.** jmdn. schaffen *od.* jmdm. den Rest geben *(ugs.)*

**finishing:** **~-post** *n.* Zielpfosten, *der;* **~-school** *n.* Mädchenpensionat, *das (veralt.) (besonders zur Vorbereitung auf das gesellschaftliche Leben);* ~ **'touch** *n.* **as a ~ touch to sth.** zur Vollendung *od.* Vervollkommnung einer Sache; um eine Sache abzurunden; **put the ~ touches to sth.** einer Sache *(Dat.)* den letzten Schliff geben

**finite** ['faɪnaɪt] **a)** *(bounded)* begrenzt; ~ **number** *(Math.)* endliche Zahl; **b)** *(Ling.)* finit

**Finland** ['fɪnlənd] *pr. n.* Finnland *(das)*

**Finn** [fɪn] *n.* Finne, *der*/Finnin, *die*

**Finnish** ['fɪnɪʃ] **1.** *adj.* finnisch; **sb. is ~:** jmd. ist Finne/Finnin; **the ~ language** das Finnische; *see also* **English 1. 2.** *n.* Finnisch, *das; see also* **English 2 a**

**'fin whale** *see* **rorqual**

**fiord** [fjɔ:d] *n.* Fjord, *der*

**fir** [fɜ:(r)] *n.* **a)** *(tree)* Tanne, *die;* **b)** *(wood)* Tanne, *die;* Tannenholz, *das. See also* **Scotch fir; silver fir**

**'fir-cone** *n.* Tannenzapfen, *der*

**fire** ['faɪə(r)] **1.** *n.* **a)** Feuer, *das; (flame)* Flamme, *die;* **set ~ to sth.** ⟨*Person:*⟩ etw. anzünden; **set ~ to oneself** sich anzünden; **strike ~ from sth.** Funken aus etw. schlagen; **be on ~:** brennen *(auch fig.);* in Flammen stehen; **catch** *or* **take ~,** *(Scot., Ir.)* **go on ~** *(lit. or fig.)* Feuer fangen; ⟨*Wald, Gebäude:*⟩ in Brand geraten; **set sth. on ~:** etw. anzünden; *(in order to destroy)* etw. in Brand stecken; *(deliberately)* Feuer an etw. *(Akk.)* legen; **he won't/it's not going to set the Thames** *(Brit.) or (Amer.)* **the world on ~:** er hat das Pulver nicht erfunden *(ugs.)*/es ist nichts Weltbewegendes *od.* Welterschütterndes; **b)** *(in grate)* [offenes] Feuer; *(electric or gas ~)* Heizofen, *der; (in the open air)* Lagerfeuer, *das;* **open ~:** Kaminfeuer, *das;* **round** *or* **by the ~:** am warmen Ofen; **over a low ~:** auf kleinem Feuer; **make up the ~:** nachlegen; **turn up the ~** *(electric)* die Heizung/*(gas)* das Gas höher drehen *od.* aufdrehen; **switch on another bar of the ~:** einen weiteren Heizstab einschalten; **have ~ in one's belly** *(ambition)* Ehrgeiz haben; *(enthusiasm)* begeisterungsfähig sein; **play with ~** *(lit. or fig.)* mit dem Feuer spielen; **light the ~:** den Ofen anstecken; *(in grate)* das [Kamin]feuer anmachen; **lay a ~:** ein Feuer anlegen; **make a ~:** ein Feuer [an]machen; **c)** *(destructive burning)* Brand, *der;* **in case of ~, follow these instructions** bei Feuer *od.* im Brandfall ist diesen Anweisungen Folge zu leisten; **insure sth. against ~:** etw. gegen Feuer versichern; **where's the ~?** *(coll. iron.)* wo brennt's denn? *(ugs.);* **F~!** Feuer!; es brennt!; **go through ~ and water [to help sb.]** *(fig.)* [für jmdn.] durchs Feuer gehen; **d)** *(fervour)* Feuer, *das;* **the ~ with which he speaks** die Leidenschaft, mit der er spricht; **his speech was full of ~:** er hielt eine glühende *od.* feurige *od. (geh.)* flammende Rede; **e)** *(firing of guns)* Schießen, *das;* Schießerei, *die;* **pistol ~:** [Pistolen]schüsse; **cannon ~:** Kanonenfeuer, *das;* **be exposed to the ~ of critics** *(fig.)* im Kreuzfeuer der Kritik stehen; von den Kritikern unter Beschuß genommen werden; **line of ~** *(lit. or fig.)* Schußlinie, *die;* **running ~** *(lit. or fig.)* Trommelfeuer, *das;* **between two ~s** *(lit. or fig.)* zwischen zwei Feuern; **be/come under ~:** beschossen werden/unter Beschuß geraten; *(fig.)* heftig angegriffen werden/unter Beschuß geraten. *See also* **cease 2 b; coal b; draw 1 b; fat 2; frying-pan; fuel 1; hang 1 i; hold 1 t; iron 1 b; open 3 c; smoke 1 a. 2.** *v. t.* **a)** *(set fire to)* anzünden; in Brand stecken; **b)** *(kindle)* zünden ⟨*Sprengladung*⟩; **c)** *(fig.: stimulate)* beflügeln ⟨*Phantasie*⟩; anregen ⟨*Ehrgeiz*⟩; erregen ⟨*Interesse*⟩; inspirieren, anregen ⟨*Person*⟩; *(fill with enthusiasm)* begeistern, in Begeisterung versetzen ⟨*Person*⟩; **d)** *(bake)* brennen ⟨*Tonwaren, Ziegel*⟩; **e)** *(supply with fuel)* befeuern ⟨*Ofen*⟩; [be]heizen ⟨*Lokomotive*⟩; **f)** *(cause to explode)* zünden ⟨*Sprengladung*⟩; [in die Luft] sprengen ⟨*Mine*⟩; **g)** *(discharge)* abschießen ⟨*Gewehr*⟩; abfeuern ⟨*Kanone*⟩; **~ one's gun/pistol/rifle at sb.** auf jmdn. schießen; **h)** *(produce with guns)* **~ a 21-gun salute** 21 Salutschüsse abgeben; **i)** *(propel from gun etc.)* abgeben, abfeuern ⟨*Schuß*⟩; *(fig.)* vom Stapel lassen *(ugs.)*⟨*Kritik, Bemerkungen*⟩; **~ a bullet/cartridge** einen Schuß abgeben; **~ blank cartridges** mit Platzpatronen schießen; **two shots were ~d/~d by sb.** es fielen zwei Schüsse/zwei Schüsse wurden von jmdm. abgegeben; **~ questions at sb.** jmdn. mit Fragen bombardieren; Fragen auf jmdn. abfeuern; **j)** *(coll.: dismiss)* feuern *(ugs.)*⟨*Angestellten*⟩. **3.** *v. i.* **a)** *(shoot)* schießen; feuern; **~!** [gebt] Feuer!; **be the first to ~:** das Feuer eröffnen; **~ at/on sth./sb.** auf etw./jmdn. schießen; **~ into the air/at the ground/into the crowd** in die Luft/in den Boden/in die Menge schießen; **~ on sth. from above** etw. aus der Luft beschießen; **b)** ⟨*Motor:*⟩ zünden; **the engine is not firing properly** der Motor läuft nicht richtig

~ **a'way** *v. i. (fig. coll.)* losschießen *(fig. ugs.);* **~ away!** schieß los!; fang an!

~ **'out** *(Amer.) see* **~ 2 j**

**fire:** **~-alarm** *n.* Feuermelder, *der;* **~arm** *n.* Schußwaffe, *die;* **~-axe** *n.* Feuerwehraxt, *die;* **~-ball** *n.* **a)** *(large meteor)* Feuerkugel, *die;* **b)** *(ball of flame)* Feuerball, *der;* **c)** *(globular lightning)* Kugelblitz, *der;* **d)** *(energetic person)* Energiebündel, *das (ugs.);* **~-bell** *n.* Feuerglocke, *die;* **~brand** *n.* Brandfackel, *die; (fig.)* Unruhestifter, *der*/-stifterin, *die;* Aufwiegler, *der*/Aufwieglerin, *die;* **~-break** *n.* Brandschneise, *die;* **~-breathing** *adj.* feuerspeiend; **~-brick** *n.* Schamottestein, *der;* **~ brigade** *n. (Brit.)* Feuerwehr, *die;* **~-bucket** *n.* Löscheimer, *der;* **~ chief** *n. (Amer.)* Branddirektor, *der;* **~-clay** *n.* Schamotte, *die;* **~-damaged** *adj.* durch Brand beschädigt; **~damp** *n.* Grubengas, *das;* **~ department** *(Amer.) see* **~ brigade;** **~ door** *n.* Feuerschutztür, *die;* **~-drill** *n. (for firemen)* Feuerwehrübung, *die; (for others)* Probe[feuer]alarm, *der;* **~-eater** *n.* **a)** *(conjurer)* Feuerschlucker, *der;* **b)** *(fond of fighting)* Kampfhahn, *der (ugs.); (fond of quarrelling)* Streithahn, *der (ugs.);* **~-engine** *n.* Löschfahrzeug, *das;* **~-escape** *n. (staircase)* Feuertreppe, *die; (ladder)* Feuerleiter, *die;* **~ extinguisher** *n.* Feuerlöscher, *der;* **portable ~ extinguisher** Handfeuerlöscher, *der;* **~-fighter** *n.* Feuerwehrmann, *der*/-frau, *die;* **~-fighting** *n.* Feuerbekämpfung, *die;* Brandbekämpfung, *die;* **~-fighting equipment** Feuerlöscheinrichtung, *die;* **~fly** *n.* Leuchtkäfer, *der;* Glühwürmchen, *das (ugs.);* **~-guard** *n.* Schutzgitter, *das;* Kamingitter, *das;* **~ hazard** *n.* Brandrisiko, *das;* **~-hose** *n.* Feuerwehrschlauch, *der;* **~ insurance** *n.* Feuerversicherung, *die;* Brandversicherung, *die;* **~-irons** *n. pl.* Kaminbesteck, *das;* **~light** *n.* Schein des Feuers; Schein der Flammen; **~-lighter** *n. (Brit.)* Feueranzünder, *der;* **~man** ['faɪəmən] *n., pl.* **~men** ['faɪəmən] **a)** *(member of fire brigade)* Feuerwehrmann, *der;* **~man's lift** Feuerwehrgriff, *der;* **b)** *(Railw.)* Heizer, *der;* **~place** *n.* Kamin, *der;* **~-power** *n.* Feuerkraft, *die;* **~-practice** *see* **~-drill;** **~ precautions** *n. pl.* Feuerschutz, *der;* **~proof 1.** *adj.* feuerfest; **2.** *v. t.* feuerfest machen; **~-raiser** *n. (Brit.)* Brandstifter, *der*/-stifterin, *die;* **~-raising** *n. (Brit.)* Brandstiftung, *die;* **~-resistant** *adj.* feuerbeständig; **~ risk** *see* **~ hazard;** **~-screen** *n.* Ofenschirm, *der;* **F~ Service** *n.* Feuerwehr, *die;* **~side** *n.* Kaminecke, *die;* **at** *or* **by the ~side** am Kamin; **at** *or* **by one's own ~side** am heimischen Herde; **~side chat** Plauderei am Kamin; **~ station** *n.* Feuerwache, *die;* **~-tender** *n.* Gerätewagen *(der Feuerwehr);* **~-tongs** *n. pl.* Feuerzange, *die;* **a pair of ~-tongs** eine Feuerzange; **~-trap** *n.* Feuerfalle, *die;* **~-walker** *n. jmd., der barfüßig über glühende Steine läuft;* Feuerläufer, *der*/-läuferin, *die;* **~-watcher** *n.* Feuerposten, *der;* Brandwart, *der; (in war)* Luftschutzwart, *der;* **~-water** *n. (coll.)* Feuerwasser, *das (ugs.);* **~wood** *n.* Brennholz, *das;* **~work** *n.* **a)** Feuerwerkskörper, *der;* **~work display** Feuerwerk, *das;* **b)** *in pl. (display)* Feuerwerk, *das; (fig.: display of wit)* Feuerwerk des Geistes; **intellectual ~-works** ein geistiges *od.* intellektuelles Feuerwerk; **there were** *or* **it caused ~works** *(fig.)* da war was los *od.* flogen die Funken *(ugs.)*

**firing** ['faɪərɪŋ] *n.* **a)** *(of houses)* Anzünden, *das; (of pottery)* Brennen, *das;* **b)** *(fuel)* Feuerung, *die;* **the ~ for these furnaces was coal** diese Öfen wurden mit Kohle befeuert; **c)** *no pl. (of guns)* Abfeuern, *das;* **we could hear ~ in the distance** in der Ferne konnten wir Schüsse hören; **the ~ in the streets** die Schießerei in den Straßen

**firing:** **~-line** *n. (lit. or fig.)* Feuerlinie, *die;* **~-party, ~-squad** *ns. (at military funeral)* Ehrensalutkommando, *das; (at military execution)* Exekutionskommando, *das*

**¹firm** [fɜ:m] *n.* **a)** *(carrying on a business)* Firma, *die;* **~ of architects/decorators** Architektenbüro, *das*/Malerbetrieb, *der;* **b)** *(group working together)* Team, *das;* Arbeitsgemeinschaft, *die*

**²firm 1.** *adj.* **a)** fest; stabil ⟨*Verhältnis, Konstruktion, Stuhl*⟩; straff ⟨*Busen*⟩; stramm ⟨*Bäckchen*⟩; verbindlich ⟨*Angebot*⟩; **be on ~ ground again** *(lit. or fig.)* wieder festen Boden unter den Füßen haben; **do sth. to make a chair/bench ~:** etw. tun, damit ein Stuhl/eine Bank feststeht; **as ~ as a rock** felsenfest; **they are ~ friends** sie sind gut befreundet; **have a ~ grip on sth.** etw. fest in der Hand haben; **the chair is not ~:** der Stuhl wackelt *od.* ist wacklig; **make a ~ date** eine feste Zeit vereinbaren; **b)** *(resolute)* entschlossen ⟨*Blick*⟩; bestimmt, entschieden ⟨*Ton*⟩; stark ⟨*Widerstand*⟩; **in ~ pursuit of his goal** in energischer *od.* entschiedener Verfolgung seines Ziels; **be a ~ believer in sth.** fest an etw. *(Akk.)* glauben; **be ~ when you speak to him** sei bestimmt, wenn du mit ihm sprichst; **be ~ in one's beliefs** fest auf seiner Überzeugung beharren; an seiner Überzeugung festhalten; **~ insistence** Beharrlichkeit, *die;* **she has a ~ character** sie besitzt Charakterstärke; **c)** *(insisting on obedience etc.)* bestimmt; **be ~ with sb.** jmdm. gegenüber bestimmt auftreten; **a ~ hand** eine feste Hand; **with a ~ hand** mit fester *od.* starker Hand; **d)** *(Commerc.)* fest; stabil ⟨*Markt*⟩; **oil is not ~:** der Ölmarkt ist nicht stabil. **2.** *adv.* **stand ~!** *(fig.)* sei standhaft!; laß dich nicht davon abbringen!; **stand ~ in sth.** *(fig.)* fest *od.* unerschütterlich bei etw. bleiben; **hold ~ to sth.** *(fig.)* an einer Sache festhalten. **3.** *v. t.* **a)** *(make firm or solid)* fest werden lassen; festigen, straffen ‹*Muskulatur, Körper*›; **b)** fest [ein]pflanzen ‹*Pflanzen*›

**~ 'up 1.** *v. t.* konkretisieren ‹*Plan, Geschäft, Vereinbarung*›. **2.** *v. i.* ‹*Plan, Geschäft, Vereinbarung:*› sich konkretisieren

**firmament** ['fɜ:məmənt] *n. (literary)* Firmament, *das*

**firmly** ['fɜ:mlɪ] *adv.* **a)** fest; **the jelly has set ~:** der Gelee ist fest geworden; **a ~-built structure** eine stabile Konstruktion; **sth. is ~ under lock and key** etw. ist sicher weggeschlossen; **b)** *(resolutely)* beharrlich ‹*unterstützen, sich widersetzen*›; bestimmt, energisch ‹*reden*›; **deal with** *or* **treat sb. ~:** jmdm. gegenüber bestimmt auftreten

**firmness** ['fɜ:mnɪs] *n., no pl.* **a)** *(solidity)* Festigkeit, *die; (of foundations, building)* Stabilität, *die; (of offer)* Verbindlichkeit, *die;* **b)** *(resoluteness)* Entschlossenheit, *die; (of voice)* Bestimmtheit, *die; (of support, belief)* Beständigkeit, *die;* Beharrlichkeit, *die;* **the ~ of his resolve** seine feste Entschlossenheit; **c)** *(insistence on obedience etc.)* Bestimmtheit, *die;* **use ~ with sb., treat sb. with ~:** jmdm. gegenüber bestimmt auftreten

**first** [fɜ:st] **1.** *adj.* erst...; *(for the ~ time ever)* Erst‹*aufführung, -besteigung*›; *(of an artist's ~ achievement)* Erstlings‹*film, -roman, -stück, -werk*›; **he was ~ to arrive** er kam als erster an; **who was ~?** wer war erster?; **for the [very] ~ time** zum [aller]ersten Mal; **there's always a ~ time** *(coll.)* irgendwann passiert's dann eben doch *(ugs.)*; **~ thing you know** *(coll.)* ehe du dich's versiehst; **just buy the ~ thing one sees** das erste beste kaufen; **I'll do it at the ~ opportunity** ich tue es bei der erstbesten Gelegenheit; **say the ~ thing that comes into one's head** das sagen, was einem zuerst einfällt; **the ~ two** die ersten beiden *od.* zwei; **come in ~** *(win race)* [das Rennen] gewinnen; **head/feet ~:** mit dem Kopf/den Füßen zuerst *od.* voran; **~ thing after breakfast** *(coll.)* gleich nach dem Frühstück; **~ thing in the morning** gleich frühmorgens; *(coll.: tomorrow)* gleich morgen früh; **~ thing on arrival** *(coll.)* gleich nach der Ankunft; **the ~ thing [to do]** *(coll.)* das erste [, was man tun muß]; **~ things ~** *(coll.)* eins nach dem anderen; immer [hübsch] der Reihe nach; **have [the] ~ claim to sth.** eine Option auf etw. *(Akk.)* haben; **she is ~ in the class** sie ist Klassenbeste *od.* die Beste in der Klasse; **he's always [the] ~ to help** er ist immer als erster zur Stelle, wenn Hilfe benötigt wird; **not know the ~ thing about a matter** von einer Sache nicht das geringste verstehen; **~ soprano/cello** *(Mus.)* erster Sopran/Cellist; *see also* **eighth 1. 2.** *adv.* **a)** *(before anyone else)* zuerst; als erster/erste ‹*sprechen, ankommen*›; *(before anything else)* an erster Stelle ‹*stehen, kommen*›; *(when listing: firstly)* zuerst; als erstes; **women and children ~!** Frauen und Kinder zuerst; **ladies ~!** Ladies first!; den Damen der Vortritt!; **you [go] ~** *(as invitation)* Sie haben den Vortritt; bitte nach Ihnen; **~ come ~ served** wer zuerst kommt, mahlt zuerst *(Spr.)*; **we must put our children's education ~:** die Schulbildung unserer Kinder muß für uns an erster Stelle stehen; **this matter is** *or* **comes ~ on the agenda** diese Angelegenheit ist der erste Punkt unserer Tagesordnung; **come ~ with sb.** *(fig.)* bei jmdm. zuerst kommen; **say ~ one thing and then another** erst so und dann wieder so sagen *(ugs.)*; **b)** *(beforehand)* vorher; **... but ~ we must ...:** ... aber zuerst *od.* erst müssen wir ...; **c)** *(for the ~ time)* zum ersten Mal; das erste Mal; erstmals ‹*bekanntgeben, sich durchsetzen*›; **d)** *(in preference)* eher; lieber; **I'd [rather] die ~:** eher *od.* lieber würde ich sterben; **I wouldn't give him a penny. I'd see him damned ~:** ich würde ihm keinen Pfennig geben, soll er zum Teufel gehen! *(ugs.)*; **e) ~ of all** zuerst; *(in importance)* vor allem; **~ of all let me express my gratitude to you** zu [aller]erst *od.* als erstes möchte ich Ihnen meinen Dank aussprechen; **~ and foremost** *(basically)* zunächst einmal; *(in importance)* vor allem; **~ and last** *(almost entirely)* in erster Linie; *(reckoned altogether)* im ganzen; insgesamt; **f)** *(~-class)* **travel ~:** erster Klasse reisen. **3.** *n.* **a) the ~** *(in sequence)* der/die/das erste; *(in rank)* der/die/das Erste; **the ~ shall be last** *(Bibl.)* die Ersten werden die Letzten sein; **be the ~ to arrive** als erster/erste ankommen; **she is the ~ in the class** sie ist Klassenbeste *od.* die Beste in der Klasse; **~ among equals** Primus inter pares *(geh.)*; **this is the ~ I've heard of it** das höre ich zum ersten Mal; **b) at ~:** zuerst; anfangs; **from the ~:** von Anfang an; **from ~ to last** von Anfang bis Ende; **I've always said from ~ to last that ...:** ich habe schon immer gesagt, daß ...; **it took five years, from ~ to last** es hat alles in allem fünf Jahre gedauert; **c)** *(day)* **the ~ of May** der erste Mai; **the ~ [of the month]** der Erste [des Monats]; **d)** *(Brit. Univ.)* Eins, *die; (person)* **he's a ~ [in History]** er hat eine Eins [in Geschichte] bekommen; **get** *or* **take** *or* **be awarded a ~ in one's finals** sein Examen mit [der Note] Eins bestehen; **e)** *(~ form)* erste [Schul]klasse; Erste, *die (Schuljargon)*; **f)** *(Motor Veh.)* erster Gang; **in ~:** im ersten [Gang]; **change down to ~:** in den ersten [Gang] runterschalten; **g)** *(pioneering feat)* Pioniertat, *die;* **h)** *in pl. (best-quality goods)* erstklassige Ware; Ware von erster *od.* bester Qualität. *See also* **eighth 2**

**first: ~ 'aid** *n.* Erste Hilfe; **give [sb.] ~ aid** [jmdm.] Erste Hilfe leisten; **~-aid tent/post** *or* **station** Sanitätszelt, *das*/-wache, *die;* **~-aid box/kit** Verbandskasten, *der*/Erste-Hilfe-Ausrüstung, *die;* **~ 'base** *see* [1]**base 1 c**; **~ 'blood** *see* **blood 1 a**; **~-born 1.** *adj.* erstgeboren; **2.** *n.* Erstgeborene, *der/die;* **~ 'class** *n.* **a)** erste Kategorie; *(for produce)* Klasse A; **b)** *(Transport)* erste Klasse; **travel in the ~ class** erster Klasse reisen; **c)** *(Brit. Univ.) see* **first 3 d**; **d)** *(Post) bevorzugt beförderte Post;* **~-class 1.** ['--] *adj.* **a)** *(of the ~ class)* **~-class carriage** Erste[r]-Klasse-Wagen, *der;* **~-class ticket** Fahrkarte erster Klasse; **~-class compartment** Erste[r]-Klasse-Abteil, *das;* Abteil erster Klasse; **~-class honours degree** *(Brit. Univ.)* Prädikatsexamen, *das;* **~-class mail** *or* **post** *bevorzugt beförderte Post;* **~-class stamp** *Briefmarke für bevorzugt beförderte Post;* **b)** *(excellent)* erstklassig; **a ~-class idiot** *(iron.)* ein Vollidiot; **2.** [-'-] *adv.* **a)** *(by the ~ class)* erster Klasse ‹*reisen*›; **send a letter ~-class** *einen Brief bevorzugt befördern lassen;* **b)** *(coll.: excellently)* prima *(ugs.)*; großartig; **~ 'coat** *n. (of paint)* erster Anstrich; **~ 'cousin** *see* **cousin**; **~ e'dition** *n.* Erstausgabe, *die;* **~ 'floor** *see* **floor 1 b**; **~ form** *see* **form 1 d**; **~-fruits** *n. pl.* Erstlinge; *(fig.)* erste Ergebnisse; **~ 'gear** *n., no pl. (Motor Veh.)* erster Gang; *see also* **gear 1 a**; **~hand** *adj.* aus erster Hand *nachgestellt;* **from ~hand experience** aus eigener Erfahrung; **have ~hand knowledge of sth.** etw. aus erster Hand wissen; **have ~hand acquaintance with suffering** viel Leid erfahren haben; *see also* **hand 1 j**; **F~ 'Lady** *n.* First Lady, *die;* **~ lieu'tenant** *see* **lieutenant a**; **~ 'light** *n.* **at ~ light** im *od.* beim Morgengrauen

**firstly** ['fɜ:stlɪ] *adv.* zunächst [einmal]; *(followed by 'secondly')* erstens

**first: ~ name** *n.* Vorname, *der;* **be on ~-name terms with sb.** jmdn. mit Vornamen anreden; **~-named** *attrib. adj.* erstgenannt...; **~ 'night** *n. (Theatre)* Premiere, *die;* **~-night nerves/audience** Premierenfieber, *das*/-publikum, *das;* **~ off** *adv. (coll.)* zuerst; **~ of'fender** *n.* Ersttäter, *der;* **~ 'officer** *n. (Naut.)* Erster Offizier; **~ 'person** *see* **person d**; **~ 'proof** *see* **proof 1 f**; **~-rate 1.** ['--] *adj.* **a)** *(excellent)* erstklassig; **b)** *(coll.)* **feel a ~-rate fool** *(iron.)* sich *(Dat.)* wie ein Dummkopf ersten Ranges vorkommen; **2.** [-'-] *adv. (coll.)* prima *(ugs.)*; großartig; **~ 'reading** *see* **reading g**; **~ refusal** *see* **refusal**; **~ school** *n. (Brit.)* ≈ Grundschule, *die;* **F~ 'Secretary** *n.* Erster Sekretär; **~ 'strike** *n. (Mil.)* Erstschlag, *der;* Präventivschlag, *der;* **~-strike capability** Präventivschlagkapazität, *die;* **~ 'string** *see* **string 1 b**; **~-time** *attrib. adj.* **~-time voter** Erstwähler, *der;* **~-time buyer** *jmd., der zum ersten Mal ein eigenes Haus/eine Eigentumswohnung kauft;* **~ 'water** *see* **water 1 d**

**firth** [fɜ:θ] *n.* Förde, *die*

**'fir tree** *see* **fir a**

**fiscal** ['fɪskl] *adj.* fiskalisch; finanzpolitisch; **~ policy** Fiskal- *od.* Finanzpolitik, *die;* **~ year** *(Brit.)* Geschäftsjahr, *das;* Rechnungsjahr, *das; (Amer.)* Finanzjahr, *das;* Etatjahr, *das;* **~ autonomy** Finanzhoheit, *die*

**fiscally** ['fɪskəlɪ] *adv.* fiskalisch; finanzpolitisch

**fish** [fɪʃ] **1.** *n., pl. same or (esp. child lang./poet.)* **~es a)** Fisch, *der;* **~ and chips** Fisch mit Pommes frites; **~ and chip shop** ≈ Fischbraterei, *die;* **a big ~ in a little pond** *(fig.)* ein Großer bei den Kleinen; **a little ~ in a big pond** *(fig.)* nur einer von vielen; **[be] like a ~ out of water** [sich] wie ein Fisch auf dem Trockenen [fühlen]; **drink like a ~** *(coll.)* wie ein Loch saufen *(derb)*; **have other ~ to fry** *(fig. coll.)* Wichtigeres zu tun haben; **neither ~ nor fowl** *(fig.)* weder Fisch noch Fleisch *(ugs.)*; **there are plenty more ~ in the sea** *(fig. coll.)* es gibt noch andere auf der Welt; **b)** *(Astrol.)* **the F~[es]** die Fische; *see also* **archer b**; **c)** *(coll.: person)* **queer ~:** komischer Kauz; **big ~:** großes Tier; großer *od.* dicker Fisch *(ugs., scherzh.)*; **cold ~:** kalter Fisch *(ugs.)*; **the poor ~!** der arme Tropf! **2.** *v. i.* **a)** fischen; *(with rod)* angeln; **go ~ing** fischen/angeln gehen; **go trout-~ing** auf Forellenfang gehen; **~ in troubled waters** *(fig.)* im trüben fischen; **b)** *(fig. coll.) (try to get information)* auf Informationen aussein; *(delve)* **~ around in one's bag** in der Tasche herumsuchen. **3.** *v. t.* **a)** fischen; fangen ‹*Fisch*›; *(with rod)* angeln; **~ a river/lake** in einem Fluß/See fischen/angeln; **b)** *(fig.: take, pull)* [heraus]fischen *(ugs.)* **(out of** aus)

**~ for** *v. t.* **a)** fischen/angeln; fischen/angeln auf (+ *Akk.*) *(Anglerjargon)*; **b)** *(fig. coll.)* suchen nach; **be ~ing for sth.** auf etw. *(Akk.)* aussein *(ugs.)*

**~ 'out** *v. t. (fig. coll.)* herausfischen *(ugs.)*; **~ sb./a dead body out of the river** jmdn./eine Leiche aus dem Fluß fischen *(ugs.)*

**~ 'up** *v. t.* herausfischen

**fish: ~-bone** *n.* [Fisch]gräte, *die;* **~-bowl** *n.* Fischglas, *das;* **~ cake** *n. (Cookery)* Fischfrikadelle, *die;* **~ course** *n.* Fischgang, *der*

**fisherman** ['fɪʃəmən] *n., pl.* **fishermen** ['fɪʃəmən] Fischer, *der; (angler)* Angler, *der;* **~'s story** Seemannsgarn, *das*

**fishery** ['fɪʃərɪ] *n.* **a)** *no pl., no indef. art. (fishing)* Fischfang, *der;* Fischerei, *die;* **b)** *(fishing-grounds)* Fischfanggebiet, *das;* Fischereigewässer, *das;* **in-shore fisheries** Küstenfischerei, *die;* **deep-sea fisheries** Hochseefischerei, *die*

**fishery pro'tection vessel** *n. (Naut.)* Fischereischutzboot, *das*

**fish: ~-eye lens** *n. (Photog.)* Fischaugenobjektiv, *das;* **~-farm** *n.* Fischzucht[anlage], *die;* ~-**farming** *n.* Fischzucht, *die;* ~'**finger** *n.* Fischstäbchen, *das;* ~-**fork** *n.* Fischgabel, *die;* ~-**glue** *n.* Fischleim, *der;* ~-**hook** *n.* Angelhaken, *der*

**fishing** ['fɪʃɪŋ] *n. (occupation)* Fischen, *das; (with rod)* Angeln, *das; attrib.* Fischerei-; **freshwater** ~: Süßwasserfischerei, *die;* ~ **craft** *pl.* Fischereifahrzeuge

**fishing:** ~ **boat** *n.* Fischerboot, *das;* ~ **expedition** *n.* **a)** Fangfahrt, *die;* **go on a** ~ **expedition** auf Fischfang gehen; **b)** *(fig.)* Schnüffeltour, *die (ugs.);* ~ **fleet** *n.* Fischereiflotte, *die;* ~-**grounds** *n. pl.* Fischgründe *Pl.;* ~ **limits** *n. pl.* Fischereigrenze, *die;* ~-**line** *n.* Angelschnur, *die;* ~-**net** *n.* Fischernetz, *das;* ~ **rights** *n. pl.* Fischereirecht, *das;* ~-**rod** *n.* Angelrute, *die;* ~-**smack** *n.* Fischkutter, *der;* ~ **story** *n.* Seemannsgarn, *das;* ~-**tackle** *n.* Angelgeräte; ~-**vessel** *n.* Fischereifahrzeug, *das;* ~ **village** *n.* Fischerdorf, *das*

**fish:** ~-**kettle** *n.* Fischkessel, *der;* ~-**knife** *n.* Fischmesser, *das;* ~-**knife and -fork** Fischbesteck, *das;* ~-**ladder** *n.* Fischleiter, *die;* Fischpaß, *der;* ~**like** *adj.* fischartig; ~-**meal** *n.* Fischmehl, *das;* ~**monger** ['fɪʃmʌŋgə(r)] *n. (Brit.)* Fischhändler, *der*/-händlerin, *die;* **a** ~**monger's** ein Fischgeschäft; *see also* **baker;** ~-**net** *n.* Fischnetz, *das;* ~-**net stockings** Netzstrümpfe; ~ **paste** *n.* Fischpaste, *die;* ~-**pond** *n.* Fischteich, *der;* ~ **shop** *n.* Fischgeschäft, *das;* ~-**slice** *n.* Wender, *der; (carving-knife)* Fischvorlegemesser, *das;* ~-**tank** *n.* Fischkasten, *der;* Fischbehälter, *der;* ~**wife** *n. (derog.)* Fischweib, *das (veralt.)*

**fishy** ['fɪʃɪ] *adj.* **a)** fischartig; ~ **smell/taste** Fischgeruch/-geschmack, *der;* **b)** *(coll.: questionable)* verdächtig; zweifelhaft, fragwürdig ⟨*Umstände*⟩; nicht ganz astrein *(ugs.)* ⟨*Sache*⟩; **there's something** ~ **about this whole business** an der ganzen Sache ist was faul *(ugs.)*

**fissile** ['fɪsaɪl] *adj. (Nucl. Phys.)* fissil *(fachspr.);* spaltbar

**fission** ['fɪʃn] **1.** *n.* **a)** *(Nucl. Phys.)* [Kern]spaltung, *die;* Fission, *die (fachspr.);* **b)** *(Biol.)* [Zell]teilung, *die;* Fission, *die (fachspr.)*

**fissionable** ['fɪʃənəbl] *adj. (Nucl. Phys.)* spaltbar; fissil *(fachspr.)*

**fissure** ['fɪʃə(r)] *n.* Riß, *der; (Geol.)* Erdspalte, *die;* Bodenriß, *der*

**fist** [fɪst] *n.* **a)** Faust, *die;* **b)** *(coll.: hand)* Hand, *die;* Pfote, *die (salopp); (joc.: handwriting)* Handschrift, *die;* Klaue, *die (ugs. abwertend)*

'**fist-fight** *n.* Schlägerei, *die*

**fistful** ['fɪstfʊl] *n.* Handvoll, *die;* **a** ~ **of coins** eine Handvoll Münzen

**fisticuffs** ['fɪstɪkʌfs] *n. pl.* Handgreiflichkeiten *Pl.;* **the quarrel ended in** ~: der Streit endete mit einer Schlägerei

**fistula** ['fɪstjʊlə] *n. (Med., Zool.)* Fistel, *die*

[1]**fit** [fɪt] *n.* **a)** Anfall, *der;* ~ **of coughing** Hustenanfall, *der;* **fainting** ~: Ohnmachtsanfall, *der;* **collapse in a** ~: einen Kollaps *od.* Anfall erleiden; zusammenbrechen; **epileptic** ~: epileptischer Anfall; **b)** *(fig.)* [plötzliche] Anwandlung; **give sb. a** ~ *(startle sb.)* jmdm. einen Schrecken einjagen; *(outrage sb.)* jmdn. aus der Haut fahren lassen *(ugs.);* **[almost] have** *or* **throw a** ~: [fast] Zustände kriegen *(ugs.);* **she'll have a** ~ **when she hears that** *(fig. coll.)* sie kriegt einen Anfall, wenn sie das erfährt *(ugs.);* **have forty** ~**s** *(coll.)* Zustände kriegen *(ugs.);* einen Anfall bekommen *(ugs.);* **be in** ~**s of laughter** sich vor Lachen biegen; **sb./sth. has sb. in** ~**s [of laughter]** jmd. ruft dröhnendes Gelächter bei jmdm. hervor/etw. löst dröhnendes Gelächter bei jmdm. aus; **in a** ~ **of ...:** in einem Anfall *od.* einer Anwandlung von ...; **in** *or* **by** ~**s [and starts]** mit [häufigen] Unterbrechungen

[2]**fit 1.** *adj.* **a)** *(suitable)* geeignet; ~ **to eat** *or* **to be eaten/for human consumption** eßbar/zum Verzehr geeignet; **be** ~ **to be seen** sich sehen lassen können; *see also* **survival a; b)** *(worthy)* würdig; wert; **a man not** ~ **to hold high office** ein Mann, der eines hohen Amtes nicht würdig ist; *see also* **candle 1 a; c)** *(right and proper)* richtig; **as is only** ~ **[and proper]** wie es sich gehört *od. (geh.)* gebührt; **see** *or* **think** ~ **[to do sth.]** es für richtig *od.* angebracht halten[, etw. zu tun]; **do as you see** *or* **think** ~: tu, was du für richtig hältst; **d)** *(ready)* **be** ~ **to drop** zum Umfallen müde sein; **e)** *(healthy)* gesund; fit *(ugs.);* in Form *(ugs.);* **keep** *or* **stay** ~: sich fit halten; fit bleiben; **get** ~ **again after an illness** nach einer Krankheit wieder zu Kräften kommen; **be** ~ **and well** in guter körperlicher Verfassung sein; ~ **for duty** *or* **service** dienstfähig *od.* -tauglich; ~ **for work/travel** arbeits-/reisefähig; *see also* **fiddle 1 a. 2.** *n.* Paßform, *die;* **it is a good/bad** ~: es sitzt *od.* paßt gut/nicht gut; **be an excellent** ~: einen tadellosen Sitz haben; wie angegossen sitzen *od.* passen; **the coat is a tight** ~: das Jackett sitzt stramm *od.* ist eng; **three in the back seat is a tight** ~: drei auf dem Rücksitz ist sehr eng; **I can just get it in the suitcase, but it's a tight** ~ *(fig.)* ich kriege es noch in den Koffer, aber nur gerade so *(ugs.).* **3.** *v. t.,* **-tt-: a)** ⟨*Kleider:*⟩ passen (+ *Dat.*); ⟨*Schlüssel:*⟩ passen in (+ *Akk.*); ⟨*Deckel, Bezug:*⟩ passen auf (+ *Akk.*); **the suit** ~**s him properly** der Anzug paßt ihm gut *od.* sitzt gut; **make sth. to** ~: etw. passend machen; **b)** *(Dressm. etc.)* anpassen ⟨*Kleidungsstück, Brille*⟩; **when may I come to be** ~**ted?** wann kann ich zur Anprobe kommen?; **c)** *(correspond to, suit)* entsprechen (+ *Dat.*); *(make correspond)* abstimmen **(to** auf + *Akk.*); anpassen **(to** an + *Akk.*); **the description** ~**s this man** die Beschreibung paßt auf diesen Mann *od.* trifft auf diesen Mann zu; **the translation** ~**s the context** die Übersetzung wird dem Kontext gerecht; ~ **the bill** = **fill the bill** *see* **fill 1 d; d)** *(put into place)* anbringen **(to** an + *Dat. od. Akk.*); einbauen ⟨*Motor, Ersatzteil*⟩; einsetzen ⟨*Scheibe, Tür, Schloß*⟩; *(equip)* ausstatten; **e)** *(make competent)* befähigen **(for** zu); **the experience helped to** ~ **her for the task** die Erfahrung trug dazu bei, daß sie für die Aufgabe gerüstet war. **4.** *v. i.,* **-tt-** passen; *(agree)* zusammenpassen; übereinstimmen; ~ **well** ⟨*Kleidungsstück:*⟩ gut sitzen; **the two pieces** ~ **together to form a screwdriver** die beiden Teile zusammen ergeben einen Schraubenzieher; **we must find a lid that** ~**s** wir müssen einen passenden Deckel finden; *see also* **cap 1 a; glove a**

~ '**in 1.** *v. t.* **a)** unterbringen; **b)** *(install)* einbauen; **c)** *(to a schedule)* einen Termin geben (+ *Dat.*); unterbringen, einschieben ⟨*Treffen, Besuch, Sitzung*⟩; **I could** ~ **you in just before lunch** so kurz vor Mittag hätte ich Zeit für Sie; **the hairdresser usually manages to** ~ **me in** gewöhnlich kann mich der Friseur zwischendurch drannehmen *(ugs.);* ~ **sth. in with sth.** etw. mit etw. abstimmen. **2.** *v. i.* **a)** hineinpassen; **b)** *(be in accordance)* ~ **in with sth.** mit etw. übereinstimmen; ~ **in with sb.'s plan/ideas** in jmds. Plan/Konzept *(Akk.)* passen; **how does that** ~ **in?** wie paßt das dazu *od.* ins Ganze?; **it didn't** ~ **in with our plans** es ließ sich nicht mit unseren Plänen vereinbaren; **I'll just** ~ **in with you/your arrangements** ich richte mich ganz nach dir/deinen Plänen; **c)** *(settle harmoniously)* ⟨*Person:*⟩ sich anpassen **(with** an + *Akk.*); ~ **in easily with a group** sich leicht in eine Gruppe einfügen; **he** ~**s in well here/with the others** er paßt gut hierher/mit den anderen zusammen

~ '**out** *v. t.* ausstatten; *(for expedition etc.)* ausrüsten

~ '**up** *v. t. (fix)* anbringen ⟨*Lampe, Waschbecken*⟩; *(install, mount)* aufstellen ⟨*Arbeitsbank usw.*⟩; ~ **sb./sth. up with sth.** jmdn./etw. mit einer Sache versehen *od.* ausstatten; ~ **a room up as an office** ein Zimmer als Büro einrichten

**fitful** ['fɪtfl] *adj.* unbeständig; unruhig ⟨*Schlaf*⟩; vereinzelt ⟨*Schüsse*⟩; ungleichmäßig ⟨*Fortgang, Arbeitsweise*⟩; launisch ⟨*Brise*⟩

**fitfully** ['fɪtfəlɪ] *adv.* unregelmäßig; sporadisch ⟨*arbeiten*⟩; unruhig ⟨*schlafen*⟩; **the sun shone** ~: die Sonne kam vereinzelt durch

**fitfulness** ['fɪtflnɪs] *n., no pl.* Unbeständigkeit, *die; (of sleep)* Unregelmäßigkeit, *die*

**fitment** ['fɪtmənt] *n. (piece of furniture)* Einrichtungsgegenstand, *der; (piece of equipment)* Zubehörteil, *das;* ~**s** Ausstattung, *die*

**fitness** ['fɪtnɪs] *n., no pl.* **a)** *(physical)* Fitneß, *die;* ~ **for active service** *(Mil.)* Wehrdiensttauglichkeit, *die;* **b)** *(suitability)* Eignung, *die; (appropriateness)* Angemessenheit, *die;* **have a sense of the** ~ **of things** ein Gefühl dafür haben, was angebracht *od.* angemessen ist

**fitted** ['fɪtɪd] *adj.* **a)** *(suited)* geeignet **(for** für, zu); **b)** *(shaped)* tailliert, auf Taille gearbeitet ⟨*Kleider*⟩; ~ **carpet** Teppichboden, *der;* ~ **sheet** Spannbettuch, *das;* ~ **kitchen/cupboards** Einbauküche, *die*/Einbauschränke

**fitter** ['fɪtə(r)] *n.* **a)** Monteur, *der; (of pipes)* Installateur, *der; (of machines)* Maschinenschlosser, *der;* **electrical** ~: Elektriker, *der;* Elektroinstallateur, *der;* **b)** *(of clothes)* Schneider, *der*/Schneiderin, *die (als Zuschneider u. für Änderungen)*

**fitting** ['fɪtɪŋ] **1.** *adj. (appropriate)* passend; angemessen; geeignet ⟨*Moment, Zeitpunkt*⟩; günstig, passend ⟨*Gelegenheit*⟩; *(becoming)* schicklich *(geh.)* ⟨*Benehmen*⟩; **I thought it** ~ **to inform him** ich hielt es für angebracht, ihn zu informieren; **it is not** ~ **for a young woman ...:** es schickt sich nicht für eine junge Dame, ... **2.** *n.* **a)** *usu. in pl. (fixture)* Anschluß, *der; (connecting piece used for installations)* Fitting, *das (Technik);* ~**s** *(furniture)* Ausstattung, *die;* **a car with luxurious** ~**s** ein Wagen mit Luxusausstattung; **electrical** ~**s** Elektroinstallationen; *see also* **fixture a; b)** *(of clothes)* Anprobe, *die;* **go to the tailor's for a** ~: zur Anprobe gehen; **c)** *(Brit.: size)* Größe, *die;* **shoes of a wide/narrow** ~: weite/enge Schuhe

**fittingly** ['fɪtɪŋlɪ] *adv.* passend ⟨*sich kleiden*⟩; angemessen ⟨*enden*⟩; schicklich ⟨*sich benehmen*⟩

**fitting:** ~-**room** *n.* Anprobe, *die;* ~-**shop** *n.* Montagehalle, *die*

**five** [faɪv] **1.** *adj.* **a)** fünf; *see also* **eight 1; b)** ~-**finger exercise** *(Mus.: also fig.)* Fingerübung, *die;* ~ **o'clock shadow** [nachmittäglicher] Stoppelbart *(ugs.); see also* **week. 2.** *n. (number, symbol)* Fünf, *die; see also* **eight 2 a, c, d**

**five-and-'ten** *n. (Amer.)* Billigkaufhaus, *das*

**fivefold** ['faɪvfəʊld] *adj., adv.* fünffach; *see also* **eightfold**

**fiver** ['faɪvə(r)] *n. (coll.) (Brit.)* Fünfpfundschein, *der; (Amer.)* Fünfdollarschein, *der*

**fives** [faɪvz] *n. sing.: ein Wandballspiel;* **Eton** ['i:tn] ~: *Wandballspiel mit drei Wänden;* **Rugby** ~: *Wandballspiel mit vier Wänden*

**five:** ~-**star** *adj.* Fünf-Sterne-⟨*Hotel, General*⟩; *(fig.)* ausgezeichnet; ~-'**year plan** *n.* Fünfjahresplan, *der*

**fix** [fɪks] **1.** *v. t.* **a)** *(place firmly, attach, prevent from moving)* befestigen; festmachen; *(fig.: imprint)* einprägen; ~ **a post in[to] the ground** einen Pfosten im Boden verankern; ~ **a stone firmly into position** einen Stein an der vorgesehenen Stelle einsetzen; ~ **sth. to/on sth.** etw. an/auf etw. *(Dat.)* befestigen *od.* festmachen; ~ **shelves to the wall/a**

**handle on the door** Regale an der Wand/eine Klinke an der Tür anbringen; **~ bayonets** Bajonette aufpflanzen; **~ sth. in one's mind** sich *(Dat.)* etw. fest einprägen; **b)** *(direct steadily)* richten ‹*Blick, Gedanken, Augen*› (**[up]on** auf + *Akk.*); setzen ‹*Hoffnung*› (**[up]on** auf + *Akk.*); **her mind was [firmly] ~ed on her work** sie war ganz auf ihre Arbeit fixiert; **his thoughts were ~ed elsewhere** er war mit seinen Gedanken [ganz] woanders; **c)** *(decide, specify)* festsetzen, festlegen ‹*Termin, Preis, Strafe, Grenze*›; *(settle, agree on)* ausmachen; *(allocate)* übertragen ‹*Verantwortung*›; zuschieben ‹*Schuld*› (**[up]on** + *Dat.*); **~ the price at £50** den Preis auf 50 Pfund festsetzen; **nothing's been ~ed yet** es ist noch nichts fest [ausgemacht *od.* beschlossen]; **it was ~ed that ...:** es wurde beschlossen *od.* vereinbart, daß ...; **d)** *(repair)* in Ordnung bringen; reparieren; **need ~ing** repariert werden müssen; **e)** *(arrange)* arrangieren; **~ a rehearsal for Friday** eine Probe für *od.* auf Freitag *(Akk.)* ansetzen; **they tried to ~ things so that ...:** sie versuchten es so zu arrangieren, daß ...; **have you anything ~ed for Saturday evening?** hast du [für] Samstagabend schon etwas vor?; **nothing definite has been ~ed yet** es ist noch nichts Endgültiges vereinbart *od.* ausgemacht; **f)** *(manipulate fraudulently)* manipulieren ‹*Rennen, Kampf*›; bestechen ‹*Zeugen*›; **the whole thing was ~ed** das war eine abgekartete Sache; **g)** *(Amer. coll.: prepare)* machen ‹*Essen, Kaffee, Drink*›; **~ one's hair** sich frisieren; **~ one's face** sich schminken; **h)** *(sl.: deal with)* in Ordnung bringen; regeln; **~ sb.** *(get even with)* es jmdm. heimzahlen; *(kill)* jmdn. kaltmachen *(salopp)*; **Don't bother about that. I'll ~ things with her** Mach dir deswegen keine Sorgen. Ich regle das mit ihr *od.* bringe das mit ihr in Ordnung; **I'll soon ~ that** *(prevent)* das werd' ich zu verhindern wissen; **that'll ~ her** dann kann sie nichts mehr machen; **i)** *(make permanent)* fixieren ‹*Farben, Photo, Gewebe*›; **j)** *(coll.: castrate)* kastrieren; **k)** *(Bot.: assimilate)* ‹*Pflanze:*› binden. **2.** *v. i.* **a)** *(coll.: arrange)* **~ for sb. to do sth.** es arrangieren, daß jmd. etw. tun kann; **b)** *(Amer. coll.: intend)* vorhaben; **be ~ing to do sth.** vorhaben, etw. zu tun; **c)** *(sl.: inject narcotics)* fixen *(Drogenjargon)*. **3.** *v. refl. see* **2 c. 4.** *n.* **a)** *(predicament)* Patsche, *die (ugs.)*; Klemme, *die (ugs.)*; **be in a ~:** in der Klemme sein *(ugs.)*; **get oneself in[to] a ~:** sich *(Dat.)* eine schöne Suppe einbrokken *(ugs.)*; **b)** *(Naut.)* Standort, *der;* Position, *die;* **radio ~:** Funkortung, *die;* **c)** *(sl.: of narcotics)* Fix, *der (Drogenjargon)*; **d)** *(Amer. sl.: bribery)* Bestechung, *die; (illicit arrangement)* abgekartete Sache *(ugs.)*

**~ on** *v. t.* **a)** [-'-] anbringen; **b)** ['--] *(decide on)* sich entscheiden für; *(determine)* festsetzen, festlegen ‹*Termin*›; **~ on doing sth.** beschließen, etw. zu tun

**~ 'up** *v. t.* **a)** *(arrange)* arrangieren; festsetzen, ausmachen ‹*Termin, Treffpunkt*›; **we've nothing ~ed up for tonight** wir haben noch nichts vor [für] heute abend; **let's ~ up when and where we'll next meet** machen wir aus, wann und wo wir uns das nächste Mal treffen; **we ~ed up that ...:** wir vereinbarten, daß ...; **I'll ~ up for you to accompany me** ich werde es arrangieren, daß du mich begleiten kannst; **b)** *(provide)* versorgen; *(provide with accommodation)* unterbringen; **~ sb. up with sth.** jmdm. etw. verschaffen *od.* besorgen; **~ sb. up [with a bed] for the night** jmdn. für die Nacht unterbringen; **c)** *(establish)* **get oneself ~ed up** sich etablieren; **you can stay with us until you get yourself ~ed up** du kannst bei uns wohnen, bis du ein Zimmer/eine Wohnung *usw.* hast; **~ sb. up in the spare room** jmdn. im Gästezimmer unterbringen; **d)** *(furnish)* einrichten

**fixate** [fɪk'seɪt] *v. t. (Psych.)* fixieren (**upon** auf + *Akk.*)

**fixation** [fɪk'seɪʃn] *n. (fixing, being fixed, obsession, Psych.)* Fixierung, *die;* **he has a ~ about his mother** er ist zu stark auf seine Mutter fixiert

**fixed** [fɪkst] *adj.* **a)** *pred. (coll.: placed)* **how are you/is he** *etc.* **~ for cash/fuel?** wie sieht's bei dir/ihm *usw.* mit dem Geld/Treibstoff aus? *(ugs.)*; **they are better ~ financially than we are** sie stehen finanziell besser da als wir; **how are you ~ for this evening?** was hast du [für] heute abend vor?; **b)** *(not variable)* fest; starr ‹*Lächeln, Gesichtsausdruck*›; **~ assets** Anlagevermögen, *das;* **~ cost** Fixkosten *Pl.*; **~ price** Festpreis, *der;* **~-interest stocks** festverzinsliche Wertpapiere; **~ capital** Anlagekapital, *das;* **~ focus** *(Photog.)* Fixfokus, *der;* **~ idea** fixe Idee; **have no ~ ideas on sth.** keine feste Vorstellung von etw. haben; **~ income** festes Einkommen; **~-income investments** Festgeldanlagen; **~ odds** feste *od.* gleichbleibende Gewinnchancen; **~ salary** Fixum, *das;* **~ star** Fixstern, *der;* **~-wing aircraft** Starrflügelflugzeug, *das;* Starrflügler, *der; see also* [1]**abode; address 2 a; c)** *(firm, resolute)* fest ‹*Absicht*›; **be ~ in one's determination** fest entschlossen sein; **with the ~ intention of doing sth.** in *od.* mit der festen Absicht, etw. zu tun

**fixedly** ['fɪksɪdlɪ] *adv.* starr, unverwandt ‹*blicken, lächeln*›; **stare ~ out of the window** aus dem Fenster starren

**fixed 'point** *n.* **a)** *(Phys.)* Fixpunkt, *der;* Festpunkt, *der;* **b)** *(Computing)* Festkomma, *das*

**fixer** ['fɪksə(r)] *n.* **a)** *(Photog.)* Fixiermittel, *das;* **b)** *(coll.: person)* Organisator, *der; (derog.) Mittelsmann, der durch Schmiergeldzahlungen unlautere geschäftliche Transaktionen ermöglicht*

**fixings** ['fɪksɪŋz] *n. pl. (Amer. Cookery: trimmings)* Beilagen *Pl.*

**fixity** ['fɪksɪtɪ] *n., no pl.* Beständigkeit, *die;* **~ of purpose** Zielstrebigkeit, *die*

**fixture** ['fɪkstʃə(r)] *n.* **a)** *(furnishing)* eingebautes Teil; *(pipe etc.)* fest verlegtes Rohr *usw.*; *(accessory)* festes Zubehörteil; **~s** *(Law)* unbewegliches Inventar; **~s and fittings** Ausstattung und Installationen; **lighting ~s** Beleuchtungskörper; **b)** *(Sport)* Veranstaltung, *die;* **the Derby is an annual ~:** das Derby findet jedes Jahr statt; **~ list** Spielplan, *der;* **c)** *(fig. joc.: established person or thing)* [lebendes] Inventar *(scherzh.)*; **be a ~:** zum Inventar gehören *(scherzh.)*

**fizz** [fɪz] **1.** *v. i.* [zischend] sprudeln. **2.** *n.* **a)** *(effervescence)* Sprudeln, *das;* **the lemonade has lost its ~:** die Limonade sprudelt nicht mehr; **b)** *(coll.: effervescent drink)* Sprudel, *der; (flavoured)* Brause[limonade], *die (ugs.)*; **gin ~:** Gin-Fizz, *der*

**fizzle** ['fɪzl] *v. i.* zischen

**~ 'out** *v. i.* ‹*Feuerwerk:*› zischend verlöschen; ‹*Begeisterung:*› sich legen; ‹*Kampagne:*› im Sande verlaufen

**fizzy** ['fɪzɪ] *adj.* sprudelnd; **~ lemonade** Brause[limonade], *die;* **~ drinks** kohlensäurehaltige Getränke; **be ~:** sprudeln

**fjord** see **fiord**

**fl.** *abbr.* **a) floor** OG; **b) fluid** fl.

**flab** [flæb] *n. (coll.)* Fett, *das;* Speck, *der (ugs.)*

**flabbergast** ['flæbəgɑ:st] *v. t.* verblüffen; umhauen *(ugs.)*; **I was [absolutely] ~ed** ich war [völlig] verblüfft; es hat mich [einfach] umgehauen *(ugs.)*; **she looked at them, ~ed** sie sah sie völlig verblüfft an

**flabby** ['flæbɪ] *adj.* schlaff ‹*Muskeln, Bauch, Fleisch, Hände, Wangen, Brüste*›; wabbelig *(ugs.)*, schwammig ‹*Bauch, Fleisch*›; *(fig.)* schwammig; schwach ‹*Willenskraft*›

**flaccid** ['flæksɪd] *adj.* schlaff; *(fig.)* lasch

[1]**flag** [flæg] **1.** *n.* Fahne, *die; (small paper etc. device)* Fähnchen, *das; (national ~, ~ on ship)* Flagge, *die;* **red/white ~:** rote/weiße Fahne; **yellow ~:** Quarantäneflagge, *die;* **~ of convenience** billige Flagge *(Seew.)*; **~ of truce** Parlamentärflagge, *die;* **keep the ~ flying** *(fig.)* die Fahne hochhalten; **show the ~** *(fig.)* seiner Repräsentationspflicht nachkommen; **put the ~[s] out** *(fig. coll.)* drei Kreuze machen *(ugs.)*. **2.** *v. t.*, **-gg-: a)** beflaggen ‹*Gebäude*›; *(mark with ~s)* [mit Fähnchen] markieren; *(Computing)* markieren; kennzeichnen; **b)** *(communicate by ~-signals)* [mit Fahne *od.* Fähnchen] signalisieren; **c)** *see* **~ down**

**~ 'down** *v. t.* [durch Winken] anhalten

[2]**flag** *v. i.*, **-gg-: a)** *(lose vigour)* erlahmen; **business is ~ging** die Geschäfte lassen nach; **b)** ‹*Blume:*› den Kopf hängen lassen; ‹*Pflanze:*› schlappen *(ugs.)*, die Blätter hängen lassen

[3]**flag 1.** *n. see* **flagstone. 2.** *v. t.*, **-gg-** mit Fliesen/Steinplatten belegen; fliesen ‹*Fußboden*›

**flag: ~-captain** *n. (Navy)* Kommandant des Flaggschiffs; **~-day** *n.* **a)** *(Brit.) Tag der Straßensammlung für wohltätige Zwecke;* **b) F~ Day** *(Amer.) 14. Juni als Gedenktag der Einführung der amerikanischen Nationalflagge*

**flagella** *pl. of* **flagellum**

[1]**flagellate** ['flædʒəleɪt] *v. t.* geißeln

[2]**flagellate** ['flædʒələt] *(Zool.)* **1.** *adj.* geißelförmig; **~ organism** *see* **2. 2.** *n.* Flagellat, *der (fachspr.)*; Geißeltierchen, *das*

**flagellation** [flædʒə'leɪʃn] *n.* Flagellation, *die;* Geißelung, *die*

**flagellum** [flə'dʒeləm] *n., pl.* **flagella** [flə'dʒelə] **a)** *(Bot.: runner)* Ausläufer, *der;* **b)** *(Biol.)* Flagellum, *das;* Geißel, *die*

**flageolet** [flædʒə'let, 'flædʒəlet] *n. (Mus.)* Flageolett, *das*

**flag: ~-lieutenant** *n. (Navy)* Flaggleutnant, *der;* **~-officer** *n. (Navy)* Flaggoffizier, *der*

**flagon** ['flægən] *n.* **a)** *(with handle and spout; for Eucharist)* Kanne, *die;* **b)** *(big bottle)* [bauchige] Weinflasche *(in Bocksbeutelform)*

**'flag-pole** *see* **flagstaff**

**flagrancy** ['fleɪgrənsɪ] *n., no pl.* Schändlichkeit, *die; (of disregard, defiance)* Schamlosigkeit, *die*

**'flag-rank** *n. (Navy)* Rang eines Flaggoffiziers; ≈ Admiralsrang, *der*

**flagrant** ['fleɪgrənt] *adj.* eklatant; flagrant ‹*Verstoß*›; *(scandalous)* ungeheuerlich; himmelschreiend ‹*Unrecht*›; schamlos ‹*Verbrecher, Sünder*›

**flagrante delicto** *see* **in flagrante [delicto]**

**flagrantly** ['fleɪgrəntlɪ] *adv.* eklatant; flagrant ‹*verstoßen*›; unverhohlen ‹*beleidigen*›; **a ~ criminal act** ein ungeheuerliches Verbrechen

**flag: ~ship** *n. (Navy)* Flaggschiff, *das; (fig. attrib.)* führend...; **~staff** *n.* Flaggenmast, *der;* Fahnenmast, *der; (horizontal)* Fahnenstange, *die; (on ship)* Flaggenstock, *der (Seemannsspr.)*; **~stone** *n.* Steinplatte, *die; (for floor)* Fliese, *die; in pl. (pavement)* Straßenpflaster, *das;* **~ stop** *(Amer.) see* **request stop**

**flail** [fleɪl] **1.** *v. i.* [wild] um sich schlagen; ‹*Propeller:*› sich rasend drehen; **with arms ~ing he tried to keep his balance** mit den Armen fuchtelnd, versuchte er, das Gleichgewicht zu halten. **2.** *v. t. (strike with ~)* dreschen; *(strike as if with ~)* [wild] einschlagen auf (+ *Akk.*). **3.** *n.* Dreschflegel, *der*

**flair** [fleə(r)] *n.* Gespür, *das; (special ability)* Talent, *das;* [natürliche] Begabung; **have ~** *(talent)* Talent haben; talentiert sein; *(for dress)* Stil *od.* Geschmack haben; **have a ~ for sth.** *(talent)* ein Talent *od.* eine Begabung für etw. haben; *(instinct)* ein [feines] Gespür für etw. haben; **have [quite] a ~ for**

**writing/[learning] languages** schriftstellerisch [recht] begabt sein/[recht] sprachbegabt sein; **he has a ~ for making money** er weiß, wie man zu Geld kommt

**flak** [flæk] *n.* Flakfeuer, *das (Milit.); (gun)* Flak, *die (Milit.);* **get a lot of ~ for sth.** *(fig.)* wegen etw. [schwer] unter Beschuß geraten; **give sb. a lot of ~ for sth.** *(fig.)* jmdn. wegen etw. [schwer] unter Beschuß nehmen

**flake** [fleɪk] **1.** *n.* **a)** *(of snow, soap, cereals)* Flocke, *die; (of dry skin)* Schuppe, *die; (of plaster)* ≈ Bröckchen, *das; (of metal)* ≈ Span, *der; (of enamel, paint)* ≈ Splitter, *der; (of pastry, rust)* ≈ Krümel, *der; (of chocolate, coconut)* Raspel, *die;* **b)** *(of fish's flesh)* ≈ Stück, *das;* **c)** *(shark as food)* Seeaal, *der.* **2.** *v. i.* ⟨*Stuck, Verputz, Stein:*⟩ abbröckeln; ⟨*Farbe, Rost, Emaille:*⟩ abblättern; ⟨*Haut:*⟩ sich schuppen

~ **'off** *v. i.* ⟨*Farbe, Rost, Emaille:*⟩ abblättern; ⟨*Stuck, Verputz, Stein:*⟩ abbröckeln

~ **'out** *v. i. (coll.)* umkippen *(ugs.);* **be ~d out** total erschöpft sein

**'flak jacket** *n.* kugelsichere Weste

**flaky** ['fleɪkɪ] *adj.* bröcklig ⟨*Farbe, Gips, Rost*⟩; blättrig ⟨*Kruste*⟩; schuppig ⟨*Haut*⟩; ~ **pastry** Blätterteig, *der*

**flambé** ['flɑ̃beɪ] *(Cookery)* **1.** *adj.* flambiert. **2.** *v. t.* flambieren

**flamboyance** [flæm'bɔɪəns], **flamboyancy** [flæm'bɔɪənsɪ] *n.* Extravaganz, *die; (of plumage)* Pracht, *die; (of clothes, lifestyle)* Pracht, *die;* Pomp, *der (abwertend)*

**flamboyant** [flæm'bɔɪənt] *adj.* **a)** extravagant; prächtig ⟨*Farben, Federkleid*⟩; *(derog.)* großspurig ⟨*Wesen, Verhalten, Geste*⟩; **b)** *(Archit.)* ~ **style** Flamboyantstil, *der*

**flamboyantly** [flæm'bɔɪəntlɪ] *adv.* extravagant; prächtig, extravagant ⟨*schmücken, kleiden*⟩

**flame** [fleɪm] **1.** *n.* **a)** Flamme, *die;* **be in ~s** in Flammen stehen; **burst into ~:** in Brand geraten; **go up in ~s** in Flammen aufgehen; **b)** *(colour)* ≈ Rotorange, *das;* **c)** *(joc.: sweetheart)* Flamme, *die (ugs.);* **old ~:** alte Flamme *(ugs. veralt.). See also* **[1]fan 2; feed 1 i. 2.** *v. i.* **a)** brennen; **b)** *(glow)* glühen

~ **'up** *v. i. (lit. or fig.)* aufflammen; ⟨*Fett:*⟩ anfangen zu brennen

**flame: ~-coloured** *adj.* feuerfarben; ~ **gun** *n.* Flämmgerät, *das*

**flameless** ['fleɪmlɪs] *adj.* ohne offene Flamme *nachgestellt*

**flamenco** [flə'meŋkəʊ] *n., pl.* **~s** Flamenco, *der*

**flame: ~-proof** *see* **proof 2b, 3c;** ~ **thrower** *n.* Flammenwerfer, *der*

**flaming** ['fleɪmɪŋ] **1.** *adj.* **a)** *(bright-coloured)* feuerrot; flammend ⟨*Rot, Abendhimmel*⟩; hochrot ⟨*Wangen*⟩; **b)** *(very hot)* glühend heiß; *(coll.: passionate)* heftig, leidenschaftlich ⟨*Auseinandersetzung*⟩; **be in a ~ temper** *(coll.)* geladen sein *(salopp);* kochen *(ugs.);* ~ **June** der heiße Juni; **c)** *(coll.: damned)* verdammt. **2.** *adv.* **a)** ~ **red** feuerrot; **b)** *(coll.: damned)* **he is too ~ idle** *or* **lazy** er ist, verdammt noch mal, einfach zu faul *(ugs.);* **who does he ~ well think he is?** verdammt noch mal, für wen hält der sich eigentlich? *(ugs.)*

**flamingo** [flə'mɪŋgəʊ] *n., pl.* **~s** *or* **~es** *(Ornith.)* Flamingo, *der*

**flammability** [flæmə'bɪlɪtɪ] *see* **inflammability**

**flammable** ['flæməbl] *see* **inflammable a**

**flan** [flæn] *n.* **[fruit] ~:** [Obst]torte, *die;* **[cheese] ~:** *flache Pastete mit [Käse]füllung oder -belag*

**'flan case** *n.* Tortenboden, *der*

**Flanders** ['flɑːndəz] *pr. n.* Flandern *(das)*

**flange** [flændʒ] *n.* Flansch, *der; (of wheel)* Spurkranz, *der*

**flanged** [flændʒd] *adj.* mit Flansch/Spurkranz versehen

**flank** [flæŋk] **1.** *n. (of person)* Seite, *die; (of animal; also Mil.)* Flanke, *die; (of mountain, building)* Seite, *die;* Flanke, *die (selten); (of beef)* Dünnung, *die;* **attack sb.'s ~** *(Mil.)* jmdn. von der Flanke her angreifen; ~ **forward** *(Rugby)* Außenstürmer, *der.* **2.** *v. t.* **a)** flankieren; **a road ~ed by** *or* **with trees** eine von Bäumen flankierte Straße; **b) ~ing movement** Flankenangriff, *der*

**flannel** ['flænl] **1.** *n.* **a)** *(fabric)* Flanell, *der;* **b)** *in pl. (trousers)* Flanellhose, *die; (garments)* Flanellsachen *Pl.;* **cricketing ~s** Kricketkleidung [aus Flanell]; **c)** *(Brit.) (for washing oneself)* Waschlappen, *der; (for washing the floor)* Aufwischlappen, *der;* **d)** *(Brit. sl.) (verbose nonsense)* Geschwafel, *das (ugs. abwertend); (flattery)* Schmeicheleien. **2.** *attrib. adj.* Flanell-

**flannelette** [flænə'let] *n.* [Baumwoll]flanell, *der*

**flap** [flæp] **1.** *v. t.,* **-pp-** schlagen; ~ **its wings** mit den Flügeln schlagen; *(at short intervals)* [mit den Flügeln] flattern. **2.** *v. i.,* **-pp-** **a)** ⟨*Flügel:*⟩ schlagen; ⟨*Segel, Fahne, Vorhang:*⟩ flattern; **b) sb.'s ears were ~ping** *(fig. coll.)* jmd. hat mitgehört; *(was very interested)* jmd. spitzte die Ohren; **c)** *(fig. coll.: panic)* die Nerven verlieren; **stop ~ping** reg dich ab *(ugs.).* **3.** *n.* **a)** Klappe, *die; (of leather shorts)* Hosenlatz, *der; (of saddle)* Seitenblatt, *das; (envelope-seal, tongue of shoe)* Lasche, *die; (of table)* klappbarer Teil; **b)** *(fig. coll.: panic)* **be in a ~:** furchtbar aufgeregt sein; **get [oneself] in[to] a ~:** sich furchtbar aufregen; durchdrehen *(ugs.);* **there's a ~ on** es herrscht große Aufregung

**flapjack** ['flæpdʒæk] *n.* **a)** *(oatcake)* süßer Haferkeks; **b)** *(pancake)* Pfannkuchen, *der*

**flare** [fleə(r)] **1.** *v. i.* **a)** *(blaze)* flackern; *(fig.)* ausbrechen; **tempers ~d** die Gemüter erhitzten sich; **b)** *(widen)* sich erweitern; *(Dressm., Tailoring)* ausgestellt sein; **c)** *(billow)* sich bauschen. **2.** *n.* **a)** *(as signal; also Naut.)* Leuchtsignal, *das; (from pistol)* Leuchtkugel, *die; (Aeronaut.: to illuminate target)* Leuchtbombe, *die;* **b)** *(blaze of light)* Lichtschein, *der;* **c)** *(widening)* **skirt/trousers with ~s** ausgestellter Rock/ausgestellte Hose; **d)** *in pl. (trousers)* ausgestellte Hose

~ **'up** *v. i.* **a)** *(burn more fiercely)* aufflackern; auflodern; **b)** *(break out)* [wieder] ausbrechen; ~ **up again** ⟨*Kampf, Streit:*⟩ wieder aufflackern; **c)** *(become angry)* aufbrausen; aus der Haut fahren *(ugs.). See also* **flare-up**

**flared** [fleəd] *adj. (Dressm., Tailoring)* ausgestellt

**flare: ~-path** *n. (Aeronaut.)* Anflugbefeuerung, *die;* **~-up** *n.* **a)** *(of fire)* Aufflackern, *das;* Auflodern, *das;* **b)** *(of violence, rioting)* Ausbruch, *der;* **a new ~-up** ein erneutes Aufflackern; **c)** *(of rage)* Aufregung, *die*

**flash** [flæʃ] **1.** *n.* **a)** *(of light)* Aufleuchten, *das;* Aufblinken, *das; (as signal)* Lichtsignal, *das;* Blinkzeichen, *das;* **~es from a gun** Mündungsfeuer eines Gewehrs; **did you see the ~?** hast du es aufblitzen *od.* aufleuchten sehen?; ~ **of lightning** Blitz, *der;* **[as] quick as a ~** *(coll.)* schnell wie ein Blitz *(ugs.);* **reply as quick as a ~** *(coll.)* wie aus der Pistole geschossen antworten *(ugs.);* **give a ~ of the headlamps** *(Motor Veh.)* aufblenden; die Lichthupe betätigen; ~ **in the pan** *(fig. coll.)* Zufallstreffer, *der;* **b)** *(Photog.)* Blitzlicht, *das;* **use [a] ~:** mit Blitzlicht fotografieren; ~ **photo** Blitzlichtaufnahme, *die;* **c)** *(fig.)* ~ **of genius** *or* **inspiration** *or* **brilliance** Geistesblitz, *der;* ~ **of wit** geistreicher Einfall; ~ **of insight** *or* **intuition** Eingebung, *die;* ~ **of temper** *or* **anger** Wutausbruch, *der;* **d)** *(instant)* **be over in a ~:** gleich *od.* im Nu vorbei sein; **the answer came to me in a ~:** blitzartig kam mir die Antwort; **it all happened in a ~:** es geschah alles blitzschnell; **e)** *(Radio, Telev.) see* **news flash; f)** *(Cinemat.)* [kurze] Einblendung; **g)** *(Brit. Mil.: insignia)* Abzeichen, *das.* **2.** *v. t.* **a)** aufleuchten lassen; ~ **a torch in sb.'s face** jmdm. mit einer Taschenlampe ins Gesicht leuchten; ~ **a signal/warning** blinken/zur Warnung blinken; ~ **a message** eine Botschaft blinken; ~ **the/one's headlights** aufblenden; die Lichthupe betätigen; ~ **sb. with one's headlamps** jmdn. anblinken *od.* mit der Lichthupe anblenden; **b)** *(fig.)* **her eyes ~ed fire** ihre Augen sprühten Feuer *od.* funkelten böse; **her eyes ~ed back defiance** ihre Augen funkelten trotzig; **c)** *(give briefly and suddenly)* ~ **sb. a smile/glance** jmdm. ein Lächeln/einen Blick zuwerfen; **d)** *(display briefly)* kurz zeigen; *(flaunt)* zur Schau tragen ⟨*Reichtum*⟩; funkeln lassen ⟨*Diamanten*⟩; ~ **one's money about** *or* **around** mit [dem] Geld um sich werfen *(ugs.);* **e)** *(Communications)* durchgeben; ~ **news across the world** Nachrichten in die ganze Welt ausstrahlen. **3.** *v. i.* **a)** aufleuchten; **the lightning ~ed** es blitzte; **a signal was ~ing** ein Lichtsignal blitzte; **the lighthouse ~es once a minute** der Leuchtturm gibt einmal in der Minute ein Signal; **~ing light** Blinklicht, *das; (device) (Naut.)* Blinkfeuer, *das; (Motor Veh.)* Blinkleuchte, *die;* ~ **at sb. with one's headlamps** jmdn. anblinken *od.* mit der Lichthupe anblenden; **b)** *(fig.)* **her eyes ~ed in anger** ihre Augen blitzten vor Zorn; **c)** *(move swiftly)* ~ **by** *or* **past** vorbeiflitzen *(ugs.); (fig.)* ⟨*Zeit, Ferien:*⟩ wie im Fluge vergehen; **d)** *(burst suddenly into perception)* **sth. ~ed through my mind** etw. schoß mir durch den Kopf; **the truth ~ed upon me** die Wahrheit kam über mich; **his whole life ~ed before his eyes** sein ganzes Leben rollte noch einmal vor seinen Augen ab; **e)** *(Brit. sl.: expose oneself)* sich [unsittlich] entblößen. **4.** *adj. (coll.)* protzig *(ugs. abwertend);* ~ **Harry** *(Brit.)* Stenz, *der (ugs. abwertend)*

~ **'over** *v. i. (Electr.)* überspringen

**flash: ~back** *n. (Cinemat. etc.)* Rückblende, *die* (**to** auf + *Akk.*); **~ bulb** *n. (Photog.)* Blitzbirnchen, *das;* ~ **card** *n. als Lernhilfe verwendete Karte, mit der dem Schüler ein Wort, Buchstabe oder sonstiges Zeichen kurz gezeigt wird;* **~-cube** *n. (Photog.)* Blitzwürfel, *der;* Würfelblitz, *der*

**flasher** ['flæʃə(r)] *n.* **a)** *(in advertising)* blinkende Leuchtreklame; *(Motor Veh.)* Blinker, *der;* **headlamp ~:** Lichthupe, *die;* **b)** *(Brit. sl.: who exposes himself)* Exhibitionist, *der*

**flash: ~-flood** *n.* Überschwemmung, *die (durch heftige Regenfälle);* **~-gun** *n. (Photog.)* Blitz[licht]gerät, *das*

**flashily** ['flæʃɪlɪ] *adv.* auffällig; protzig *(ugs. abwertend)*

**flashing** ['flæʃɪŋ] *n. (Building)* Dichtungsblech, *das*

**flash: ~-lamp** *n.* Blinklampe, *die;* **~light** *n.* **a)** *(for signals)* Blinklicht, *das; (in lighthouse)* Leuchtfeuer, *das;* **b)** *(Photog.)* Blitzlicht, *das;* **c)** *(Amer.)* Taschenlampe, *die;* **~-point** *n.* Flammpunkt, *der; (fig.)* Siedepunkt, *der*

**flashy** ['flæʃɪ] *adj.* auffällig; protzig *(ugs. abwertend);* **he's a ~ dresser** er kleidet sich [sehr] auffällig; ~ **young men** großspurige junge Männer

**flask** [flɑːsk] *n.* **a)** *see* **Thermos; vacuum flask; b)** *(for wine, oil)* [bauchige] Flasche; *(Chem.)* Kolben, *der;* **c)** *(hip-flask)* Taschenflasche, *die;* Flachmann, *der (ugs. scherzh.)*

**[1]flat** [flæt] *n. (Brit.: dwelling)* Wohnung, *die*

**[2]flat 1.** *adj.* **a)** flach; eben ⟨*Fläche*⟩; platt ⟨*Nase, Reifen*⟩; *(uniform)* gleichmäßig ⟨*Tönung, Farbton*⟩; **knock sb. ~:** jmdn. niederstrecken; **the rug is not ~:** der Teppich liegt nicht glatt; **spread the blanket ~ on the**

**ground** die Decke glatt auf dem Boden ausbreiten; **fall ~ on the ground** der Länge nach hinfallen; **fall ~ on one's back** auf den Rücken fallen; **lie ~ on one's stomach** flach auf dem Bauch liegen; **b)** *(fig.)* *(monotonous)* eintönig; *(dull)* lahm *(ugs.)*; fade; *(stale)* schal, abgestanden ‹*Bier, Sekt*›; *(Electr.)* leer ‹*Batterie*›; *(Commerc.: inactive)* flau; **fall ~**: nicht ankommen *(ugs.)*; seine Wirkung verfehlen; **go ~**: schal werden; **feel ~**: erschöpft sein; **c)** *(downright)* glatt *(ugs.)* ‹*Absage, Weigerung, Widerspruch*›; **[and] that's ~**: und damit basta *(ugs.)*; **d)** *(Mus.)* [um einen Halbton] erniedrigt ‹*Note*›; **e)** *(Phonet.)* kurz und offen ‹*Vokal*›. **2.** *adv.* **a)** flach; **b)** *(outright)* rundweg; glattweg *(ugs.)*; **c)** *(Mus.)* zu tief ‹*spielen, singen*›; **d)** *(coll.: completely)* **~ broke** total pleite; **e)** *(coll.: exactly)* **in two hours ~**: in genau zwei Stunden; **in no time ~**: in Null Komma nichts *(ugs.)*. **3.** *n.* **a)** flache Seite; **~ of the hand** Handfläche, *die;* **b)** *(level ground)* Ebene, *die; (shoal)* Untiefe, *die;* **walk on the ~**: auf ebener Strecke gehen; **c)** *(Mus.)* erniedrigter Ton; *(symbol)* Erniedrigungszeichen, *das;* **d)** *(Horse-racing)* **the ~**: das Flachrennen; *(season)* die Saison für Flachrennen; **on the ~**: bei Flachrennen; **e)** *(coll.: flat tyre)* Platte, *der (ugs.)*; Plattfuß, *der (ugs.)*; **f)** *(Theatre)* Kulisse, *die*

**flat: ~-bottomed** ['flætbɒtəmd] *adj.* flach; **~car** *n. (Amer. Railw.)* Flachwagen, *der;* **~-chested** [flæt'tʃestɪd] *adj.* flachbrüstig; flachbusig; **~ 'feet** *n. pl.* Plattfüße; **~-fish** *n.* Plattfisch, *der;* **~-footed** [flæt'fʊtɪd] *adj.* plattfüßig; *(fig. coll.) (uninspired)* phantasielos; platt *(abwertend)*; *(unprepared)* unvorbereitet; **~-heeled** *adj.* ‹*Schuh*› mit flachem Absatz; flach ‹*Schuh*›; **~-hunting** *n. (Brit.)* Wohnungssuche, *die;* **~-iron** *n.* Bügeleisen, *das;* Plätteisen, *das*

**flatlet** ['flætlɪt] *n. (Brit.)* Appartement, *das*

**flatly** ['flætlɪ] *adv.* rundweg; glatt *(ugs.)*

**'flat-mate** *n. (Brit.)* Mitbewohner, *der*/Mitbewohnerin, *die;* **they were ~s** sie haben zusammengewohnt

**flatness** ['flætnɪs] *n., no pl.* **a)** Flachheit, *die; (of nose)* Plattheit, *die;* **b)** *(uniformity)* Gleichmäßigkeit, *die;* **c)** *(fig.: monotony)* Eintönigkeit, *die; (dullness)* Fadheit, *die*

**flat: ~ 'out** *adv.* **a)** *(at top speed)* **he ran/worked ~ out** er rannte/arbeitete, so schnell er konnte; **drive ~ out** mit Vollgas fahren; **go ~ out** ‹*Fahrzeug:*› mit Höchstgeschwindigkeit fahren; **b)** *(exhausted)* total erledigt; total erschöpft; **~-pack** *adj.* ‹*Möbel*› zum Selbstbauen; **~ race** *n.* Flachrennen, *das;* **~ racing** *n., no pl., no indef. art.* Flachrennen, *das;* **~ rate** *n.* Einheitstarif, *der;* **~ 'spin** *n. (Aeronaut.)* Flachtrudeln, *das;* **go into a ~ spin** ins Flachtrudeln kommen; *(fig. coll.)* durchdrehen *(ugs.)*

**flatten** ['flætn] **1.** *v. t.* **a)** flach *od.* platt drücken ‹*Schachtel*›; dem Erdboden gleichmachen ‹*Stadt, Gebäude*›; umknicken ‹*Bäume, Kornähren*›; **~ed against the door** flach *od.* platt gegen die Tür gedrückt; **b)** *(humiliate)* **feel ~ed** sich niedergedrückt *od.* niedergeschlagen fühlen; **c)** *(Mus.)* erniedrigen. **2.** *v. refl.* **~ oneself against sth.** sich flach *od.* platt gegen etw. drücken

**~ 'out 1.** *v. i.* **a)** flacher werden; **b)** *(Aeronaut.)* in die Waagerechte gehen. **2.** *v. t.* ganz flach drücken

**flatter** ['flætə(r)] **1.** *v. t.* **a)** schmeicheln (+ *Dat.*); **I'm not just ~ing [you]** das ist keine bloße Schmeichelei; **feel ~ed** sich geschmeichelt fühlen; **be ~ed [by sth.]** sich [durch etw.] geschmeichelt fühlen; **the portrait ~s her/him** das Porträt ist geschmeichelt; **b)** *(falsely encourage)* **sth. ~s sb. into doing sth.** etw. verleitet jmdn. dazu, etw. zu tun. **2.** *v. refl.* **~ oneself [on being/having sth.]** sich *(Dat.)* einbilden[, etw. zu sein/haben]

**flatterer** ['flætərə(r)] *n.* Schmeichler, *der*/Schmeichlerin, *die*

**flattering** ['flætərɪŋ] *adj.* schmeichelhaft; schmeichelnd, schmeichlerisch ‹*Person*›; vorteilhaft ‹*Kleid, Licht, Frisur*›

**flattery** ['flætərɪ] *n.* Schmeichelei, *die;* **~ will get you nowhere** mit Schmeicheleien erreichst du gar nichts

**flat 'tyre** *n.* Reifenpanne, *die; (the tyre itself)* platter Reifen

**flatulence** ['flætjʊləns] *n.* Blähungen; Flatulenz, *die (Med.)*; **suffer from ~**: Blähungen haben

**flat: ~ware** *n., no pl. (dishes)* Geschirr, *das; (Amer.: cutlery)* Besteck, *das;* **~worm** *n.* Plattwurm, *der*

**flaunt** [flɔ:nt] **1.** *v. t.* zur Schau stellen. **2.** *v. i.* ‹*Fahne:*› [stolz] flattern; ‹*Blume:*› sich wiegen, prangen

**flautist** ['flɔ:tɪst] *n.* Flötist, *der*/Flötistin, *die*

**flavor** *etc. (Amer.) see* **flavour** *etc.*

**flavour** ['fleɪvə(r)] *(Brit.)* **1.** *n.* **a)** Aroma, *das; (taste)* Geschmack, *der;* **the dish lacks ~**: das Gericht schmeckt fade; **add ~ to sth.** einer Sache *(Dat.)* Geschmack geben; **different ~s** verschiedene Geschmacksrichtungen; **b)** *(fig.)* Touch, *der (ugs.)*; Anflug, *der;* **nostalgic ~**: nostalgischer Touch; Anflug von Nostalgie. **2.** *v. t.* **a)** abschmecken; würzen; **orange-~ed sweets** Bonbons mit Orangengeschmack; **b)** *(fig.)* Würze verleihen (+ *Dat.*)

**flavouring** ['fleɪvərɪŋ] *n. (Brit.)* Aroma, *das;* **add [more] ~ to sth.** etw. [stärker] würzen

**flavourless** ['fleɪvəlɪs] *adj. (Brit.)* fade

**flavoursome** ['fleɪvəsəm] *adj. (Brit.)* schmackhaft

**flaw** [flɔ:] **1.** *n.* **a)** *(imperfection)* Makel, *der; (in plan, argument, character, or logic; crack in china, glass, or jewel)* Fehler, *der; (in workmanship, or goods)* Mangel, *der;* **b)** *(Law)* Formfehler, *der.* **2.** *v. t.* entstellen ‹*Gesicht, Schönheit*›; beschädigen ‹*Porzellan, Glas*›

**flawed** [flɔ:d] *adj.* fehlerhaft

**flawless** ['flɔ:lɪs] *adj.* **a)** makellos ‹*Schönheit*›; untadelig ‹*Verhalten*›; einwandfrei, fehlerlos ‹*Aussprache, Verarbeitung*›; **b)** *(masterly)* vollendet ‹*Aufführung, Wiedergabe*›; **c)** lupenrein ‹*Edelstein*›

**flawlessly** ['flɔ:lɪslɪ] *adv. see* **flawless a, b**: makellos; untadelig; einwandfrei; fehlerlos; vollendet

**flax** [flæks] *n.* **a)** *(Bot.)* Flachs, *der;* **b)** *(Textiles: fibre)* Flachsfaser, *die;* Flachs, *der*

**flaxen** ['flæksn] *adj.* flachsfarben; *(made of flax)* flächsern; **she's a ~ blonde** sie ist flachsblond

**'flaxen-haired** *adj.* flachsblond

**flay** [fleɪ] *v. t.* **a)** häuten; abziehen ‹*Haut*›; abschälen ‹*Rinde*›; **~ sb. alive** jmdm. bei lebendigem Leibe die Haut abziehen; *(fig. coll.)* jmdm. das Fell gerben *(salopp)*; **b)** *(fig.: criticize)* heruntermachen *(ugs.)*; **he was ~ed by them** sie ließen kein gutes Haar an ihm *(ugs.)*

**flea** [fli:] *n.* Floh, *der;* **send sb. away** *or* **off with a ~ in his/her ear** *(fig. coll.)* jmdn. abblitzen lassen *(ugs.)*; **as fit as a ~** *(coll.)* kerngesund

**flea: ~-bite** *n.* Flohbiß, *der;* **it's just a ~-bite** *(fig.)* es ist nur eine Kleinigkeit *od. (ugs.)* ein Klacks; **~-circus** *n.* Flohzirkus, *der;* **~ market** *n. (coll. joc.)* Flohmarkt, *der;* **~-pit** *n. (Brit. sl. derog.)* Flohkino, *das (ugs.)*

**fleck** [flek] **1.** *n.* **a)** Tupfen, *der; (small)* Punkt, *der; (blemish on skin)* Fleck, *der;* **b)** *(speck)* Flocke, *die.* **2.** *v. t.* sprenkeln; **the sky is ~ed with wispy clouds** der Himmel ist mit Wölkchen übersät; **green eyes ~ed with brown** braungesprenkelte grüne Augen

**fled** *see* **flee**

**fledg[e]ling** ['fledʒlɪŋ] *n.* Jungvogel, *der; (fig.)* Anfänger, *der;* Grünschnabel, *der (abwertend)*; **~ writer** Jungautor, *der*/-autorin, *die;* **~ actor** Nachwuchsschauspieler, *der*/-schauspielerin, *die*

**flee** [fli:] **1.** *v. i.,* **fled** [fled] **a)** fliehen; **~ from sth./sb.** aus etw./vor jmdm. flüchten *od.* fliehen; **~ abroad** [sich] ins Ausland flüchten; **~ before** *or* **from the storm** vor dem Sturm flüchten *od.* fliehen; **~ from sth.** *(fig.)* einer Sache *(Dat.)* entfliehen; **the police arrived and the thieves fled** als die Polizei kam, ergriffen die Diebe die Flucht; **be ~ing from justice** auf der Flucht vor den Richtern sein; **b)** *(vanish)* sich verflüchtigen; ‹*Jugend, Zeit:*› vergehen. **2.** *v. t.,* **fled a)** fliehen aus; **~ the country** aus dem Land fliehen *od.* flüchten; **b)** *(avoid, shun)* sich entziehen (+ *Dat.*); fliehen *(geh.)* ‹*Gesellschaft, Personen*›

**fleece** [fli:s] **1.** *n.* Vlies, *das;* [Schaf]fell, *das; (quantity shorn)* Schur, *die; (woollen fabric)* Flausch, *der; (artificial fabric)* Webpelz, *der; see also* **Golden Fleece. 2.** *v. t. (fig.)* ausplündern; *(charge excessively)* neppen *(ugs. abwertend)*; **be ~d of one's money** um sein Geld gebracht werden

**fleecy** ['fli:sɪ] *adj.* flauschig; **~ cloud** Schäfchenwolke, *die*

**¹fleet** [fli:t] *n.* **a)** *(Navy)* Flotte, *die;* **the F~**: die Marine; *see also* **admiral a**; **b)** *(in operation together) (vessels)* Flotte, *die; (aircraft)* Geschwader, *das; (vehicles)* ≈ Kolonne, *die;* **a fishing ~**: eine Fischfangflotte; *see also* **merchant fleet**; **c)** *(under same ownership)* Flotte, *die (fig.)*; **he owns a ~ of cars** ihm gehört ein ganzer Wagenpark

**²fleet** *adj. (poet./literary)* flink; **~ of foot, ~-footed** leichtfüßig; schnellfüßig

**fleeting** ['fli:tɪŋ] *adj.* flüchtig; vergänglich ‹*Natur, Schönheit*›; **~ visit** Stippvisite, *die (ugs.)*

**fleetingly** ['fli:tɪŋlɪ] *adv.* flüchtig; **she was here ~**: sie war kurz hier

**'Fleet Street** *pr. n. (Brit. fig.)* die [überregionale britische] Presse

**Fleming** ['flemɪŋ] *n.* Flame, *der*/Flämin, *die*

**Flemish** ['flemɪʃ] **1.** *adj.* flämisch; *see also* **English 1. 2.** *n.* Flämisch, *das; see also* **English 2 a**

**flesh** [fleʃ] *n., no pl., no indef. art.* **1. a)** Fleisch, *das;* **he's got no ~ on him** er hat kein Fleisch auf den Rippen; **~ and blood** Fleisch und Blut; **it's more than ~ and blood can stand** das ist mehr, als ein Mensch ertragen kann; **one's own ~ and blood** sein eigen[es] Fleisch und Blut *(geh.)*; *see also* **creep 1 b**; **b)** *(of fruit, plant)* [Frucht]fleisch, *das;* **c)** *(fig.: body)* Fleisch, *das (geh.)*; **and the Word was made ~** *(Bibl.)* und das Wort ist Fleisch geworden; **go the way of all ~**: den Weg allen Fleisches gehen *(geh.)*; **in the ~**: in natura; **one ~**: ein Leib und eine Seele; **sins of the ~**: fleischliche Sünden; *see also* **spirit 1 d**; **d)** *(as food)* Fleisch, *das;* **human ~**: Menschenfleisch, *das.* **2.** *v. t.* **~ out** ausstatten; untermauern ‹*Plan*›. **3.** *v. i.* **~ out** Fleisch ansetzen

**flesh: ~-colour** *n.* Fleischfarbe, *die;* **~-coloured** *adj.* fleischfarben; **~-eating** *adj.* fleischfressend

**fleshly** ['fleʃlɪ] *adj. (carnal)* fleischlich; *(mortal, worldly)* irdisch

**flesh: ~-pots** *n. pl.* **a)** *(high living)* **wallow in the ~-pots** wie die Made im Speck leben; **b)** *(strip-tease clubs etc.)* einschlägige Lokale; **~ tints** *n. pl. (Art)* Fleischtöne; **~-wound** *n.* Fleischwunde, *die*

**fleshy** ['fleʃɪ] *adj.* **a)** *(fat, boneless)* fett; fleischig ‹*Hände*›; **the ~ parts of a fish** die grätenlosen Stücke eines Fisches; **b)** *(Bot.)* fleischig; **c)** *(like flesh)* fleischartig

**fleur-de-lis** [flɜ:də'li:] *n., pl.* **fleurs-de-lis** [flɜ:də'li:] **a)** *(Her.)* Lilie, *die;* **b)** *in sing. or* *pl. (Hist.: arms of France)* bourbonische Lilie; **c)** *(Bot.)* Lilie, *die*

**flew** *see* **[2]fly 1, 2**

**[1]flex** [fleks] *n. (Brit. Electr.)* Kabel, *das*

**[2]flex** *v.t.* **a)** *(Anat.)* beugen ‹*Arm, Knie*›; **b)** **~ one's muscles** *(lit. or fig.)* seine Muskeln spielen lassen

**flexibility** [fleksɪˈbɪlɪtɪ] *n., no pl.* **a)** Biegsamkeit, *die;* Elastizität, *die;* **b)** *(fig.)* Flexibilität, *die*

**flexible** [ˈfleksɪbl] *adj.* **a)** biegsam; elastisch; **b)** *(fig.)* flexibel; dehnbar ‹*Vorschriften*›; schwach ‹*Wille*›; **~ working hours** *or* **time** gleitende Arbeitszeit

**flexibly** [ˈfleksɪblɪ] *adv.* **a)** elastisch; **b)** *(fig.)* flexibel

**flexitime** [ˈfleksɪtaɪm] *(Brit.),* **flextime** [ˈflekstaɪm] *(Amer.) ns. (Office Managem.)* Gleitzeit, *die;* **be on** *or* **work ~:** gleitende Arbeitszeit haben

**flibbertigibbet** [flɪbətɪˈdʒɪbɪt] *n.* Leichtfuß, *der (ugs.); (gossipy person)* Klatschbase, *die (ugs.)*

**flick** [flɪk] **1.** *n.* **a)** **~ of the wrist** kurze, schnelle Drehung des Handgelenks; **a ~ of the switch** ein einfaches Klicken des Schalters; **a ~ with the whip** ein Schnalzen mit der Peitsche; **with a ~ of its tongue/tail** mit vorschnellender Zunge/mit einem Schlag des Schwanzes; **he removed the piece of dirt with a ~ of his finger[s]** er schnippte den Schmutz mit den Fingern weg; **give the room a quick ~ with the duster** *(coll.)* kurz mit dem Staubtuch durchs Zimmer gehen; **b)** *(sound) (of switch)* Klicken, *das; (of whip)* Schnalzen, *das; (of fingers)* Schnipsen, *das. See also* **flicks. 2.** *v.t.* schnippen; anknipsen ‹*Schalter*›; verspritzen ‹*Tinte*›; **~ one's fingers/whip** mit den Fingern schnipsen/mit der Peitsche schnalzen; **~ sth. from** *or* **off sth.** *(with fingers)* etw. von etw. schnippen; *(with duster)* etw. von etw. wischen; **the cow ~ed her tail** die Kuh schlug mit dem Schwanz; **would you just ~ the duster round the room?** *(coll.)* würdest du bitte eben mit dem Staubtuch durchs Zimmer gehen? *(ugs.).* **3.** *v.i.* **the lizard's tongue ~ed out** die Eidechse ließ die Zunge hervorschnellen

**~ through** *v.t.* durchblättern

**flicker** [ˈflɪkə(r)] **1.** *v.i.* **a)** flackern; ‹*Fernsehapparat:*› flimmern; **shadows ~ed on the wall** Schatten huschten über die Wand; **a smile ~ed round her lips** ein Lächeln spielte um ihre Lippen; **b)** *(quiver)* ‹*Zunge:*› züngeln; ‹*Fahne, Lid:*› flattern; ‹*Blatt:*› zittern. **2.** *n.* **a)** Flackern, *das; (of TV)* Flimmern, *das; (of shadow)* Huschen, *das; (fig.)* Aufflackern, *das; (of smile)* Anflug, *der; (of hope, life)* Funke, *der;* **b)** *(of bird's tail)* Wippen, *das; (of eyelid)* Flattern, *das*

**~ ˈout** *v.i. (lit. or fig.)* verlöschen

**ˈflick-knife** *n. (Brit.)* Schnappmesser, *das*

**flicks** [flɪks] *n. pl. (coll.)* the **~** das Kino; **what's on at the ~?** was gibt's im Kino?

**flier** *see* **flyer**

**[1]flight** [flaɪt] **1.** *n.* **a)** *(flying)* Flug, *der;* **in ~:** im Flug; **whilst in ~:** während des Fluges; **b)** *(journey, passage)* Flug, *der; (migration of birds)* Zug, *der;* **the six o'clock ~ to ...:** die 6-Uhr-Maschine nach ...; **on [board] a ~ to ...:** an Bord eines Flugzeugs nach ...; **the ~ from Paris to Rome takes about two hours** die Flugzeit von Paris nach Rom beträgt etwa zwei Stunden; **c)** *(fig.: of thought)* Höhenflug, *der;* **d)** *(set of stairs)* **~ [of stairs** *or* **steps]** Treppe, *die;* **live two ~s up** zwei Treppen hoch wohnen; **e)** *(flock of birds)* Schwarm, *der;* Flug, *der (Jägerspr.); (volley of arrows)* [Pfeil]hagel, *der; (Air Force)* ≈ Staffel, *die;* **in the first** *or* **top ~** *(fig.)* in der Spitzengruppe; **the first** *or* **top ~ of actors** die besten Schauspieler; die Spitzenschauspieler; **f)** *(tail of dart)* Befiederung, *die.* **2.** *v.t. (Cricket etc.)* **~ the ball** den Ball mit unberechenbarer Flugbahn werfen

**[2]flight** *n.* **a)** *(fleeing)* Flucht, *die;* **take [to] ~:** die Flucht ergreifen; **put to ~:** in die Flucht schlagen; **b)** *(Econ.)* **the ~ from the dollar** die Flucht aus dem Dollar

**flight: ~ attendant** *n.* Flugbegleiter, *der*/-begleiterin, *die;* **~ bag** *n.* ≈ Reisetasche, *die;* **~ control** *n.* **a)** *(Aeronaut.)* ≈ Flugsicherung, *die;* **b)** *(system of levers, cables, etc.)* Steuerung, *die;* **~ controller** *n. (Aeronaut.)* Fluglotse, *der;* **~-deck** *n.* **a)** *(of aircraft-carrier)* Flugdeck, *das;* **b)** *(of aircraft)* Cockpit, *das;* **~ engineer** *n.* Flugingenieur, *der*

**flightless** [ˈflaɪtlɪs] *adj.* flugunfähig

**flight: ~ lieutenant** *n. (Air Force)* Hauptmann [der Luftwaffe]; **~ mechanic** *n.* Bordmechaniker, *der;* Bordwart, *der;* **~ number** *n.* Flugnummer, *die;* **~ officer** *n.* **a)** *(Brit. Air Force)* [weiblicher] Hauptmann; **b)** *(Amer. Air Force)* Stabsfeldwebel, *der;* **~ path** *n. (Aeronaut.)* Flugweg, *der; (Astronaut.)* Flugbahn, *die;* **~ plan** *n.* Flugplan, *der;* **~-recorder** *n.* Flugschreiber, *der;* **~ simulator** *n.* Flugsimulator, *der;* **~-test** *v.t.* [im Flug] testen

**flighty** [ˈflaɪtɪ] *adj.* **a)** *(fickle)* flatterhaft; **b)** *(capricious)* kapriziös

**flimsily** [ˈflɪmzɪlɪ] *adv.* dünn; hastig ‹*errichtet*›; schlecht ‹*gebunden, verpackt*›; **a ~ built** *or* **constructed raft** ein flüchtig zusammengezimmertes Floß

**flimsy** [ˈflɪmzɪ] **1.** *adj.* **a)** dünn; *(very thin)* hauchdünn ‹*Seide, Papier*›; fadenscheinig ‹*Kleidung, Vorhang*›; *(of inadequate material or workmanship)* nicht [sehr] haltbar ‹*Verpackung*›; nicht [sehr] stabil ‹*Konstruktion, Haus, Schiff*›; **b)** *(fig.)* fadenscheinig *(abwertend)* ‹*Entschuldigung, Argument*›; dürftig *(abwertend)* ‹*Entwurf, Handlung*›. **2.** *n. (thin paper)* Durchschlagpapier, *das; (document)* Durchschlag, *der*

**flinch** [flɪnʃ] *v.i.* **a)** zurückschrecken; **~ from sth./doing sth.** vor einer Sache zurückschrecken/davor zurückschrecken, etw. zu tun; **~ from one's responsibilities** sich seinen Pflichten entziehen; **don't ~ from the facts** man muß den Tatsachen ins Auge sehen; **b)** *(wince)* zusammenzucken

**fling** [flɪŋ] **1.** *n.* **a)** *(throw)* **give sth. a ~:** etw. werfen; **b)** *(fig.: attempt)* **have a ~ at sth., give sth. a ~:** es mit etw. versuchen; **have a ~ at doing sth.** es damit versuchen, etw. zu tun; **c)** *(fig.: indulgence)* **have one's ~:** sich ausleben; **youth must have its ~:** die Jugend muß sich austoben [können]; **have one last ~:** sein Leben noch einmal richtig genießen; *(by going on a drinking spree)* noch einmal einen draufmachen *(ugs.).* **2.** *v.t.,* **flung** [flʌŋ] **a)** werfen; **~ open/shut** aufreißen/zuwerfen; **~ back one's head** den Kopf zurückwerfen; **~ one's arms round sb.'s neck** jmdm. die Arme um den Hals werfen; **~ sth. away** *(lit. or fig.)* etw. fortwerfen; **~ down the money** das Geld hinschmeißen *(ugs.);* **~ off one's attacker** seinen Angreifer wegstoßen; **~ off one's clothes** die Kleider von sich werfen; **~ on one's jacket** [sich *(Dat.)*] die Jacke überwerfen; **the horse flung him off** das Pferd warf ihn ab; **b)** *(fig.)* **~ sb. into jail** jmdn. ins Gefängnis werfen; **~ sb. into confusion** jmdn. in Verwirrung stürzen; **~ sb. a despairing look** jmdm. einen verzweifelten Blick zuwerfen; **~ down a challenge to sb.** jmdn. herausfordern; **~ caution/prudence to the winds/~ aside one's scruples** alle Vorsicht/alle Umsicht/seine Skrupel über Bord werfen; **~ off restraints** Fesseln abwerfen. **3.** *v. refl.,* **flung a) ~ oneself at sb.** sich auf jmdn. stürzen; **~ oneself in front of/upon** *or* **on to sth.** sich vor/auf etw. *(Akk.)* werfen; **~ oneself at sb.'s feet** sich jmdm. zu Füßen werfen; **~ oneself into a chair** sich in einen Sessel fallen lassen *od.* werfen; **~ oneself into sb.'s arms** in jmds. Arme stürzen; **b)** *(fig.)* **~ oneself into sth.** sich in etw. *(Akk.)* stürzen; **~ oneself at sb.** sich jmdm. an den Hals werfen *(ugs.)*

**flint** [flɪnt] *n.* Feuerstein, *der;* Flint, *der (veralt.);* **as hard as ~:** hart wie Stein

**flint: ~ glass** *n.* Flintglas, *das;* **~lock** *n. (Hist.)* Steinschloßgewehr, *das*

**flinty** [ˈflɪntɪ] *adj.* **a)** *(containing flint)* feuersteinhaltig; *(resembling flint)* feuersteinartig; **b)** *(fig.)* unbeugsam; **have a ~ heart** ein Herz aus Stein haben

**[1]flip** [flɪp] **1.** *n.* **a)** Schnipsen, *das;* **give sth. a ~:** etw. hochschnipsen; **b)** *(coll.: outing)* [kurzer] Ausflug. **2.** *adj. (coll.)* schnodderig *(ugs.).* **3.** *v.t.,* **-pp-** schnipsen; **~ [over]** *(turn over)* umdrehen; **~ one's lid** *(fig. sl.)* ausflippen *(ugs.).* **4.** *v.i.,* **-pp-: a)** *(sl.)* ausflippen; **b)** *(turn over)* **the plane ~ped [over] on to its back** das Flugzeug drehte sich auf den Rücken

**~ through** *see* **flick through**

**[2]flip** *n. (drink)* Flip, *der; see also* **egg-flip**

**ˈflip chart** *n.* Flip-chart, *die*

**ˈflip-flops** *n. pl.* [Plastik-/Gummi]sandalen

**flippancy** [ˈflɪpənsɪ] *n., no pl.* Unernst, *der;* Leichtfertigkeit, *die*

**flippant** [ˈflɪpənt] *adj.,* **flippantly** [ˈflɪpəntlɪ] *adv.* unernst; leichtfertig

**flipper** [ˈflɪpə(r)] *n.* **a)** *(Zool.)* Flosse, *die;* **b)** *(of swimmer)* [Schwimm]flosse, *die*

**flipping** [ˈflɪpɪŋ] *(Brit. sl.)* **1.** *adj.* **it's a ~ nuisance/waste of time** das ist schon verflixt ärgerlich/eine blöde Zeitvergeudung *(ugs.);* **you're a ~ idiot** du bist wirklich ein Idiot!; **~ heck!** Scheibe! *(ugs. verhüll.).* **2.** *adv.* verflixt *(ugs.)* ‹*lästig, ärgerlich, kalt*›; ganz schön *(ugs.)* ‹*schlimm, wütend*›

**ˈflip side** *n.* B-Seite, *die*

**flirt** [flɜːt] **1.** *n.* **he/she is just a ~:** er/sie will nur flirten; **she looks a bit of a ~:** sie scheint einem Flirt nicht abgeneigt zu sein. **2.** *v.i.* **a) ~ [with sb.]** [mit jmdm.] flirten; **b)** *(fig.)* **~ with sth.** mit etw. liebäugeln; **~ with the idea of doing sth.** mit dem Gedanken spielen *od.* liebäugeln, etw. zu tun; **~ with danger/death** die Gefahr [leichtfertig] herausfordern/mit dem Leben spielen

**flirtation** [flɜːˈteɪʃn] *n.* Flirt, *der;* **there's a lot of ~ between the two of them** die beiden flirten ganz schön miteinander; **it was merely innocent ~:** es war nur ein unschuldiger Flirt

**flirtatious** [flɜːˈteɪʃəs] *adj.* kokett ‹*Blick, Art*›; **their ~ involvement** ihr Flirt; **she's a ~ woman** sie flirtet gern

**flirtatiousness** [flɜːˈteɪʃəsnɪs] *n., no pl.* Koketterie, *die*

**flit** [flɪt] **1.** *v.i.,* **-tt-: a)** huschen; **thoughts/recollections ~ted through his mind** Gedanken/Erinnerungen schossen ihm durch den Kopf; **his mind ~ted from one thing to another** seine Gedanken eilten von einem Thema zum anderen; **b)** *(depart)* **~ northward** nach Norden ziehen; **~ away** verschwinden; **c)** *(esp. Scot., N. Engl.: move house)* umziehen. **2.** *n.* **do a ~** *(coll.)* sich absetzen *(ugs.); see also* **moonlight 2**

**flitch** [flɪtʃ] *n.* **~ [of bacon]** Speckseite, *die*

**float** [fləʊt] **1.** *v.i.* **a)** *(on water)* treiben; ‹*gestrandetes Schiff:*› flott werden; **~ away** wegtreiben; **she just ~ed for some time** sie ließ sich eine Weile treiben; **~ to the surface** an die Oberfläche treiben; **b)** *(through air)* schweben; **~ across sth.** ‹*Wolke, Nebel:*› über etw. *(Akk.)* ziehen; **~ away** fortschweben; **c)** *(fig.)* **~ about** *or* **[a]round** umgehen; im Umlauf sein; **thoughts ~ through my mind** Gedanken gehen mir durch den Kopf; **d)** *(sl.: move casually)* **~ [around** *or* **about]** herumziehen *(ugs.);* **~ in and out** rein- und rausgehen *(ugs.);* **~ about the area** sich in der Gegend herumtreiben; **e)** *(Finance)* floaten. **2.** *v.t.* **a)** *(convey by water, on rafts)* flößen; *(set afloat)* flott machen ‹*Schiff*›; *(through air)* schweben lassen; **the ship was ~ed by the tide** das Schiff kam bei

Flut wieder flott; ~ the cream on top of the soup die Sahne [vorsichtig] auf die Suppe geben; b) (fig.: circulate) in Umlauf bringen; c) (Finance) floaten lassen; freigeben; d) (Commerc.) ausgeben, auf den Markt bringen ‹Aktien›; gründen ‹Unternehmen›; lancieren ‹Plan, Idee›; lancieren, auflegen ‹Anleihe›. 3. n. a) (for carnival) Festwagen, der; (Brit.: delivery cart) Wagen, der; see also milk-float; b) (petty cash) Bargeld, das; (to provide change) Wechselgeld, das; c) (Angling) Floß, das (fachspr.); Schwimmer, der; (on net) Schwimmkörper, der; d) (in cistern, carburettor; also Aeronaut.) Schwimmer, der; e) (of fish) Schwimmblase, die; f) in sing. or pl. (Theatre: footlights) Rampenlicht, das; g) (of plasterer) Reibebrett, das

**floating** ['fləʊtɪŋ] adj. treibend; schwimmend ‹Hotel›; the ~ population (fig.) die mobile Bevölkerung

**floating:** ~ 'bridge n. (bridge) Pontonbrücke, die; (ferry) Kettenfähre, die; ~ 'capital n. frei verfügbares Kapital; ~ 'debt n. (Finance) schwebende Schuld; ~ 'dock n. Schwimmdock, das; ~ 'kidney n. (Med.) Wanderniere, die; ~ 'point n. (Computing) Fließkomma, das; ~ 'rib n. (Anat.) freie Rippe; ~ 'voter n. Wechselwähler, der/-wählerin, die

**[1]flock** [flɒk] 1. n. a) (of sheep, goats; also Eccl.) Herde, die; (of birds) Schwarm, der; b) (of people) Schar, die; in ~s in [großen od. hellen] Scharen; scharenweise; c) (of things) Reihe, die. 2. v. i. strömen; ~ round sb. sich um jmdn. scharen; ~ in/out/together [in Scharen] hinein-/heraus-/zusammenströmen; ~ to Mecca/the seaside [in Scharen] nach Mekka/ans Meer strömen; ~/come ~ing to hear sb. speak herbeiströmen/herbeigeströmt kommen, um jmdn. reden zu hören

**[2]flock** n. a) (of wool, cotton, etc.) Flocke, die; b) in pl. (material) Reißwolle, die

**flock:** ~-mattress n. mit Reißwolle gefüllte Matratze; ~ 'wallpaper n. Velourstapete, die; Flocktapete, die (fachspr.)

**floe** [fləʊ] n. Eisscholle, die

**flog** [flɒg] v. t., -gg-: a) (beat as punishment) auspeitschen; (urge on) [mit der Peitsche] antreiben; ~ a dead horse (fig.) seine Kraft und Zeit verschwenden; ~ sth. to death (fig.) etw. zu Tode reiten; ~ oneself to death (fig.) sich fast zu Tode arbeiten; b) (Brit. sl.: sell) verscheuern (salopp)

**flood** [flʌd] 1. n. a) Überschwemmung, die; the river is in ~: der Fluß führt Hochwasser; the F~ (Bibl.) die Sintflut; attrib. ~ area Überschwemmungsgebiet, das; b) (fig.) Flut, die; in full ~: in voller Stärke; in ~s of tears tränenüberströmt; c) (Theatre coll.) see floodlight 1; d) (of tide) Flut, die; (poet.: river) Strom, der; ~ and field (literary) Wasser und Land; the tide is at the ~: es ist Flut. 2. v. i. a) ‹Fluß:› über die Ufer treten; there's danger of ~ing es besteht Überschwemmungsgefahr; there's been a lot of ~ing in the area es ist in dem Gebiet schon zu zahlreichen Überschwemmungen gekommen; b) (fig.) strömen; ~ through sb. jmdn. durchströmen od. -fluten; light ~ed into the room Licht flutete ins Zimmer; applications for the job ~ed in eine Flut von Bewerbungen ging ein. 3. v. t. a) überschwemmen; (with moving liquid) überfluten; (deluge, irrigate) unter Wasser setzen; the cellar was ~ed der Keller stand unter Wasser; be ~ed out durch eine Überschwemmung obdachlos werden; b) (fig.) überschwemmen; ~ed with light lichtdurchflutet

**flood:** ~ control n. Hochwasserschutz, der; ~gate n. (Hydraulic Engin.) Schütze, die; open the ~gates to sth. (fig.) einer Sache (Dat.) Tür und Tor öffnen; ~light 1. n. Scheinwerfer, der; (illumination in a broad beam) Flutlicht, das; 2. v. t., ~lit ['flʌdlɪt] anstrahlen ‹Bauwerk›; beleuchten ‹Weg, Straße›; mit Flutlicht erhellen ‹Stadion›; ~lighting n., no indef. art. (lights) Flutlichtanlage, die; ~-tide n. Flut, die; ~ warning n. Hochwasserwarnung, die; (at the seaside) Flutwarnung, die; ~ water n. Hochwasser, das; (in motion) anflutendes Wasser

**floor** [flɔ:(r)] 1. n. a) Boden, der; (of room) [Fuß]boden, der; built-in ~-to-ceiling cupboards raumhohe Einbauschränke; wipe the ~ with sb. (fig. sl.) jmdn. auseinandernehmen (salopp); take the ~ (dance) sich aufs Parkett begeben; see also c; b) (storey) Stockwerk, das; first ~ (Amer.) Erdgeschoß, das; first ~ (Brit.), second ~ (Amer.) erster Stock; on the top ~: im obersten Stock; ground ~: Erdgeschoß, das; Parterre, das; get in on the ground ~ [of sth.] (fig. coll.) [bei etw.] von Anfang an dabeisein; c) (in debate, meeting) Sitzungssaal, der; (Parl.) Plenarsaal, der; cross the ~ (Brit.) mit der Gegenpartei stimmen; from the ~: seitens der Anwesenden; (Parl.) seitens des Plenums; be given or have the ~: das Wort haben; take the ~ (Amer.: speak) das Wort ergreifen; see also a; [2]hold 1 n; d) (fig.: of prices/wages) Mindestpreis/-lohn, der. 2. v. t. a) (confound) überfordern; (overcome, defeat) besiegen; her rejoinder ~ed him completely mit ihrer Antwort hat sie es ihm ganz schön gegeben (ugs.); b) (knock down) zu Boden schlagen od. strecken; c) (pave) ~ [with sth.] mit einem Boden [aus etw.] versehen

**floor:** ~ area n. Grundfläche, die; ~board n. Dielenbrett, das; ~-cloth n. (Brit.) Scheuertuch, das; ~-covering n. Fußbodenbelag, der

**flooring** ['flɔ:rɪŋ] n. Fußboden[belag], der; parquet ~: Parkettfußboden, der

**floor:** ~ lamp n. (Amer.) Stehlampe, die; ~ manager n. a) (Telev.) Aufnahmeleiter, der; b) (in shop) ≈ Abteilungsleiter, der; ~ plan n. Grundriß eines/des Stockwerks; ~-polish n. Bohnerwachs, das; ~-polisher n. Bohnermaschine, die; Bohner, der (DDR); ~ show n. ≈ Unterhaltungsprogramm, das; ~ space n. Grundfläche, die; ~-tile n. Fliese, die; ~-walker n. (Amer.) ≈ Abteilungsleiter, der

**floozie (floosie)** ['flu:zɪ] n. (coll.) Flittchen, das (ugs. abwertend)

**flop** [flɒp] 1. v. i., -pp-: a) plumpsen; (flap) flattern; she ~ped into a chair sie ließ sich in einen Sessel plumpsen; the fish ~ped about in the boat der Fisch zappelte im Boot; he ~ped down on his knees er ließ sich auf die Knie fallen; b) (coll.: fail) fehlschlagen; ein Reinfall sein (ugs.); ‹Theaterstück, Show:› durchfallen. 2. n. a) (coll.: failure) Reinfall, der (ugs.); Flop, der (ugs.); b) (motion, sound) Plumps, der

**floppy** ['flɒpɪ] adj. weich und biegsam; ~ disc see disc c; ~ ears/hat Schlappohren/Schlapphut, der

**flora** ['flɔ:rə] n., pl. ~e ['flɔ:ri:] or ~s Flora, die; (list, treatise) a ~ of North America eine Übersicht/Abhandlung über die Flora Nordamerikas

**floral** ['flɔ:rl, 'flɒrl] adj. geblümt ‹Kleid, Stoff, Tapete›; Blumen‹gesteck, -arrangement, -muster›; ~ perfumes nach Blumen duftende Parfüms; a ~ tribute to sb. ein Blumengruß für jmdn.

**Florence** ['flɒrəns] pr. n. Florenz (das)

**Florentine** ['flɒrəntaɪn] 1. adj. florentinisch. 2. n. Florentiner, der/Florentinerin, die

**floret** ['flɔ:rɪt] n. (Bot.) Einzelblüte eines Blütenstandes

**florid** ['flɒrɪd] adj. a) (over-ornate) schwülstig (abwertend); blumig ‹Stil, Redeweise›; überladen ‹Architektur, Stil, Ornament›; b) (high-coloured) gerötet ‹Teint›

**florist** ['flɒrɪst] n. Florist, der/Floristin, die; (grower of flowers) ≈ Gärtner, der/Gärtnerin, die; ~'s [shop] Blumenladen, der

**floss** [flɒs] n. a) (silk, thread) Rohseide, die; (loosely twisted, of silk or cotton) ≈ Sticktwist, der; b) (on cocoon) Flockseide, die. See also candy-floss; dental floss

**flotation** [fləʊ'teɪʃn] n. a) (Phys.) Auftrieb, der; b) (Metall.) Schwimmaufbereitung, die; Flotation, die; c) (Commerc.) see float 2 d: Ausgabe, die; Gründung, die; Lancierung, die

**flotilla** [flə'tɪlə] n. Flottille, die

**flotsam** ['flɒtsəm] n. ~ [and jetsam] Treibgut, das; ~ and jetsam (fig.: of society) menschliches Treibgut

**[1]flounce** [flaʊns] v. i. stolzieren

**[2]flounce** (Dressm.) 1. n. Volant, der. 2. v. t. mit einem Volant besetzen

**[1]flounder** ['flaʊndə(r)] v. i. taumeln; (stumble, lit. or fig.) stolpern; (struggle) sich quälen; ~ through a speech eine Rede zusammenstottern

**[2]flounder** n. (Zool.) Flunder, die

**flour** [flaʊə(r)] 1. n. Mehl, das; see also cornflour. 2. v. t. (Cookery) mit Mehl bestäuben; bemehlen (fachspr.)

**flourish** ['flʌrɪʃ] 1. v. i. a) gedeihen; ‹Handel, Geschäft:› florieren, gutgehen; ‹Kunst, Musik, Kirche:› eine Blütezeit erleben od. haben; ‹Zeitung, Firma:› sich gut entwickeln; b) (be active) seine Blütezeit erleben od. haben; ‹Künstler:› seine beste Schaffensperiode haben. 2. v. t. schwingen; ~ one's cane at sb. vor jmdm. mit dem Stock herumfuchteln (ugs.). 3. n. a) do sth. with a ~: etw. schwungvoll od. mit einer schwungvollen Bewegung tun; with a ~ of his stick/hand seinen Stock schwenkend/mit einer schwungvollen Handbewegung; b) (in writing) Schnörkel, der; c) (ornate language) Ausschmückung, die; a ~ of fine words ein Feuerwerk von schönen Worten; d) (Mus.: fanfare) Fanfare, die; (florid passage) Verzierung, die; ~ of trumpets Fanfarenstoß, der

**floury** ['flaʊərɪ] adj. mehlig

**flout** [flaʊt] v. t. mißachten; sich hinwegsetzen über (+ Akk.) ‹Ratschlag, Wunsch, öffentliche Meinung›

**flow** [fləʊ] 1. v. i. a) fließen; ‹Körner, Sand:› rinnen, rieseln; ‹Gas:› strömen; two rivers ~ into each other/into the sea zwei Flüsse fließen zusammen/münden ins Meer; the river ~ed over its banks der Fluß trat über die Ufer; the oil has ~ed out das Öl ist ausgelaufen; lava ~ed across the valley Lava ergoß sich od. strömte ins Tal; blood will ~ (fig.) es wird Blut fließen; b) (fig.) fließen; ‹Personen:› strömen; keep the traffic ~ing smoothly den Verkehr fließend halten; keep the conversation ~ing das Gespräch in Fluß halten; the writing does not ~: der Text ist nicht flüssig geschrieben; talk ~ed freely das Gespräch war sehr lebhaft; is the work ~ing smoothly? geht die Arbeit gut von der Hand?; c) (abound) ~ freely or like water reichlich od. in Strömen fließen; d) ~ from (be derived from) sich ergeben aus; (be produced from) fließen aus ‹Feder›; fließen von ‹Lippen›; e) (rise) ‹Flut, Wasser:› steigen; the tide ~s twice a day die Flut kommt zweimal am Tag. 2. n. a) Fließen, das; (progress) Fluß, der; (volume) Durchflußmenge, die; ~ of water/blood/air/gas/lava/money/people Wasser-/Blut-/Luft-/Gas-/Lava-/Geld-/Menschenstrom, der; ~ of electricity/traffic/capital/conversation Strom-/Verkehrs-/Kapital-/Gesprächsfluß, der; ~ of information/news/ideas/thoughts/words Informations-/Nachrichten-/Ideen-/Gedanken-/Redefluß, der; the elegant ~ of

**his prose** der elegante Fluß seiner Prosa; **improve the work ~**: den Arbeitsablauf verbessern; *see also* **cash-flow; b)** *(of tide, river)* Flut, *die;* **the tide is on the ~**: die Flut kommt; es ist Flut; **c)** *(Phys.: of solid)* Fließen, *das*

**~ a'way** *v. i.* abfließen

**'flow chart** *n.* Flußdiagramm, *das*

**flower** [flaʊə(r)] **1.** *n.* **a)** *(blossom)* Blüte, *die; (plant)* Blume, *die;* **send sb. ~s** jmdm. Blumen schicken; **'no ~s [by request]'** „es wird gebeten, von Blumenspenden abzusehen"; **say it with ~s** es mit Blumen sagen; Blumen sprechen lassen; **[be] in [full] ~**: in [voller] Blüte [stehen]; **come into ~**: zu blühen beginnen; **b)** *no pl. (fig.: best part)* Zierde, *die; (prime)* Blüte, *die;* **in the ~ of youth/her age** in der Blüte der Jugend/ihrer Jahre. **2.** *v. i.* blühen; *(fig.)* erblühen **(into** zu)

**flower: ~ arrangement** *n.* **a)** *see* **flower-arranging; b)** *(result)* Blumenarrangement, *das; (smaller also)* Gesteck, *das;* **~-arranging** *n.* Blumenstecken, *das;* **~-bed** *n.* Blumenbeet, *das*

**flowered** [flaʊəd] *adj.* geblümt ‹*Stoff, Teppich, Tapete*›; **purple-~** purpurblühend ‹*Pflanze*›

**flower: ~-garden** *n.* Blumengarten, *der;* **~-girl** *n.* Blumenverkäuferin, *die;* **~-head** *n.* Köpfchen, *das (Bot.); (of composite)* Körbchen, *das (Bot.)*

**flowering** ['flaʊərɪŋ] *adj.* **~ cherry/shrub/currant** Zierkirsche, *die*/Blütenstrauch, *der*/Goldjohannisbeere, *die*

**flowerless** ['flaʊəlɪs] *adj.* blütenlos ‹*Pflanze*›; **~ gardens** Gärten ohne Blumen

**flower: ~ people** *n. pl.* Blumenkinder; **~pot** *n.* Blumentopf, *der;* **~-shop** *n.* Blumenladen, *der;* **~-show** *n.* Blumenschau, *die*

**flowery** ['flaʊərɪ] *adj.* ‹*Wiese*› voller Blumen; ‹*Garten*› voller Blumen/Blüten; geblümt ‹*Stoff, Muster*›; blumig ‹*Duft, Wein*›; *(fig.)* blumig ‹*Sprache, Ausdruck*›

**flowing** ['fləʊɪŋ] *adj.* fließend; wallend ‹*Haar, Bart, Gewand*›; flüssig ‹*Handschrift*›

**'flow-meter** *n.* Durchflußmeßgerät, *das*

**flown** *see* **[2]fly 1, 2**

**flow: ~ rate** *n.* Durchflußmenge, *die;* **~-sheet** *see* **flow chart**

**flu** [flu:] *n. (coll.)* Grippe, *die;* **get** *or* **catch [the] ~**: Grippe bekommen

**fluctuate** ['flʌktjʊeɪt] *v. i.* schwanken; fluktuieren *(bes. Wirtsch., Soziol.);* **the level of attendance ~s** die Teilnehmerzahl schwankt *od.* ist schwankend

**fluctuation** [flʌktjʊ'eɪʃn] *n.* Schwankung, *die;* Fluktuation, *die (bes. Wirtsch., Soziol.)*

**flue** [flu:] *n.* **a)** *(in chimney)* Rauchabzug, *der;* Feuerzug, *der (Technik);* **b)** *(for passage of hot air)* Luftkanal, *der;* **c)** *(in boiler)* Flammrohr, *das (Technik)*

**fluency** ['flu:ənsɪ] *n.* Gewandtheit, *die; (in speaking)* Redegewandtheit, *die;* **I was complimented on the ~ of my Greek** mein flüssiges *od.* gutes Griechisch wurde gelobt

**fluent** ['flu:ənt] *adj.* gewandt ‹*Stil, Redeweise, Redner, Schreiber, Erzähler*›; **be ~ in Russian, speak ~ Russian, be a ~ speaker of Russian** fließend Russisch sprechen; **you'll soon become ~**: du wirst bald fließend sprechen [können]; **my Arabic is ~**: ich spreche fließend Arabisch

**fluently** ['flu:əntlɪ] *adv.* fließend ‹*sprechen, lesen*›; flüssig ‹*schreiben*›; gewandt ‹*sich ausdrücken*›; ununterbrochen ‹*fluchen*›

**fluff** [flʌf] **1.** *n.* **a)** Flusen; Fusseln; *(on birds, rabbits, etc.)* Flaum, *der;* **there are pieces of ~ all over my trousers** meine Hose ist voller Fusseln; **the carpet is covered in ~**: der Teppich ist mit Flusen bedeckt; **bit of ~** *(coll.: young woman)* Mieze, *die (ugs.);* **b)** *(sl.: mistake)* Patzer, *der (ugs.).* **2.** *v. t.* **a) ~ out** *or* **up** aufschütteln ‹*Kissen*›; **the bird ~ed itself/its feathers** der Vogel plusterte sich/seine Federn auf; **b)** *(sl.: bungle)* verpatzen *(ugs.);* **~ one's lines** seinen Text verpatzen

**fluffy** ['flʌfɪ] *adj.* [flaum]weich ‹*Kissen, Küken, Haar*›; flauschig ‹*Spielzeug, Stoff, Decke*›; locker ‹*Haar, Omelett, Brot*›; flockig ‹*Schnee*›; schaumig ‹*Eiweiß*›

**flugelhorn** ['flu:glhɔ:n] *n. (Mus.)* Flügelhorn, *das*

**fluid** ['flu:ɪd] **1.** *n.* **a)** *(liquid)* Flüssigkeit, *die;* **b)** *(liquid or gas)* Fluid, *das (Technik, Chemie).* **2.** *adj.* **a)** *(liquid)* flüssig; *see also* **dram a; b)** *(liquid or gaseous)* fluid *(Technik, Chemie);* **c)** *(flowing)* flüssig ‹*Stil*›; fließend ‹*Linie, Form*›; **d)** *(fig.)* ungewiß, unklar ‹*Lage*›; [noch] nicht fest umrissen ‹*Plan*›

**fluid: ~ 'clutch** *n. (Motor Veh.),* **~ 'coupling** *n. (Mech. Engin.)* hydraulische Kupplung; Flüssigkeitskupplung, *die*

**fluidity** [flu:'ɪdɪtɪ] *n., no pl.* Flüssigkeit, *die;* Fluidität, *die (Technik, Chemie)*

**fluid: ~ 'ounce** *n. (Brit.)* 28,41 cm$^3$; **~'ounce** *n. (Amer.)* 29,57 cm$^3$; **~ pressure** *n.* hydrostatischer Druck *(Physik)*

**[1]fluke** [flu:k] *n. (piece of luck)* Glücksfall, *der;* **by a** *or* **some [pure] ~**: [nur] durch einen glücklichen Zufall; **by some extraordinary ~**: durch außergewöhnliches Glück; **it was a bit of a ~**: es war ein bißchen Glück dabei

**[2]fluke** *n.* **a)** *(Vet. Med.: flatworm)* Saugwurm, *der;* Trematode, *die (fachspr.);* **liver ~**: Leberegel, *der;* **b)** *(fish)* Flunder, *die*

**[3]fluke** *n.* **a)** *(of whale's tail)* Fluke, *die (Zool.);* Schwanzflosse, *die;* **b)** *(of anchor)* Flunke, *die (Seemannsspr.);* Ankerarm, *der;* **c)** *(of lance, harpoon, etc.)* Widerhaken, *der*

**fluky** ['flu:kɪ] *adj.* glücklich ‹*Zufall, Zusammentreffen, Sieg*›; zufällig ‹*Ergebnis, Relikt*›; Zufalls‹*treffer, -ergebnis*›

**flummox** ['flʌməks] *v. t. (coll.)* aus der Fassung bringen; durcheinanderbringen; **be ~ed by sth.** durch etw. verwirrt sein

**flung** *see* **fling 2, 3**

**flunk** [flʌŋk] *(Amer. coll.)* **1.** *v. i.* durchfallen *(ugs.).* **2.** *v. t.* verhauen *(ugs.)* ‹*Prüfung, Examen*›; durchfallen lassen *(ugs.)* ‹*Kandidaten*›; **~ the exam** im Examen *od.* bei der Prüfung durchfallen *(ugs.);* **get ~ed** durchfallen *(ugs.)*

**~ 'out** *v. i.* rausfliegen *(salopp);* [hinaus]fliegen *(ugs.);* **~ out of school** von der Schule fliegen *(ugs.)*

**flunkey, flunky** ['flʌŋkɪ] *n. (usu. derog.)* Lakai, *der (abwertend)*

**fluoresce** [flu:ə'res] *v. i.* fluoreszieren

**fluorescence** [flu:ə'resəns] *n.* Fluoreszenz, *die*

**fluorescent** [flu:ə'resənt] *adj.* fluoreszierend; **~ material** Leuchtstoff, *der;* **~ display** Leuchtanzeige, *die*

**fluorescent: ~ 'lamp, ~ 'light** *ns.* Leuchtstofflampe, *die (Elektrot.);* ≈ Neonlampe, *die;* **~ 'lighting** *n.* Neonbeleuchtung, *die;* Neonlicht, *das;* **~ 'screen** *n.* Leuchtschirm, *der;* **~ 'tube** *n.* Leucht[stoff]röhre, *die*

**fluoridate** ['flu:ərɪdeɪt] *v. t.* fluori[si]eren

**fluoridation** [flu:ərɪ'deɪʃn] *n.* Fluori[si]erung, *die*

**fluoride** ['flu:əraɪd] *n.* Fluorid, *das;* **~ toothpaste** fluorhaltige Zahnpasta

**fluorine** ['flu:əri:n] *n. (Chem.)* Fluor, *das*

**fluorspar** ['flu:əspɑ:(r)] *n. (Min.)* Flußspat, *der;* Fluorit, *der*

**flurried** ['flʌrɪd] *adj.* nervös

**flurry** ['flʌrɪ] **1.** *n.* **a)** Aufregung, *die;* **there was a sudden ~ of activity** es herrschte plötzlich rege Betriebsamkeit; **a ~ of excitement** helle *od.* große Aufregung; **b)** *(of rain/snow)* [Regen-/Schnee]schauer, *der;* **~ [of wind]** Windstoß, *der.* **2.** *v. t.* durcheinanderbringen; **don't let yourself be flurried** laß dich nicht nervös *od. (ugs.)* verrückt machen

**[1]flush** [flʌʃ] **1.** *v. i. (blush)* rot werden; erröten **(with** vor + *Dat.*); **~ hotly/bright red** puter-/knallrot anlaufen *od.* werden. **2.** *v. t.* ausspülen ‹*Becken*›; durch-, ausspülen ‹*Rohr*›; **~ the toilet** *or* **lavatory** spülen; **~ sth. down the toilet** etw. die Toilette hinunterspülen. **3.** *n.* **a)** *(blush)* Erröten, *das; (in fever, menopause)* Flush, *der (Med.);* fliegende Hitze; *(glow of light or colour)* Glühen, *das;* **hot ~es** Hitzewallungen; **b)** *(elation)* **in the [first] ~ of victory** *or* **conquest** im [ersten] Siegestaumel; **~ of excitement** Woge der Begeisterung; **~ of enthusiasm** Begeisterungstaumel, *der;* **c)** *(bloom, vigour)* Blüte, *die (geh.);* **in the first ~ of youth/romance** in der ersten Blüte der Jugend/in der ersten Liebesglut; **d)** *(of lavatory, drain, etc.)* Spülung, *die;* **e)** *(sudden abundance)* Flut, *die*

**[2]flush** *adj.* **a)** *(level)* bündig; **be ~ with sth.** mit etw. bündig abschließen; *(horizontally)* auf gleicher Ebene mit etw. liegen; **b)** *usu. pred. (plentiful)* reichlich vorhanden *od.* im Umlauf ‹*Geld*›; **be ~ [with money]** gut bei Kasse sein *(ugs.)*

**[3]flush** *v. t.* aufscheuchen ‹*Vögel, Wild*›

**~ 'out** *v. t.* aufscheuchen *(fig.)* ‹*Spion, Verbrecher*›

**[4]flush** *n. (Cards) Karten derselben Farbe; (Poker)* Flush, *der;* **straight ~**: Straight Flush, *der;* Farbsequenz, *die;* **royal ~**: Royal Flush, *der;* höchste Farbsequenz

**flushed** [flʌʃt] *adj.* gerötet ‹*Wangen, Gesicht*›; **you're extremely ~**: du bist ganz rot [im Gesicht]; **~ with pride** vor Stolz glühend

**flush 'toilet** *n.* Toilette mit Wasserspülung

**fluster** ['flʌstə(r)] **1.** *v. t.* aus der Fassung bringen; **she is not easily ~ed** sie ist nicht leicht aus der Fassung zu bringen. **2.** *n.* **be [all] in a ~**: [völlig] durcheinander *od.* verstört sein

**flustered** ['flʌstəd] *adj.* **be/become ~**: nervös sein/werden

**flute** [flu:t] *n.* **a)** *(Mus.)* Flöte, *die;* **b)** *(Archit.)* Kannelüre, *die;* **~s** Kannelierung, *die;* **c)** *(wineglass)* [Sekt]flöte, *die*

**fluted** ['flu:tɪd] *adj.* gerüscht ‹*Stoff, Manschette*›; gerillt ‹*Griff, Tischbein, Stiel*›; *(Archit.)* kanneliert

**flutist** ['flu:tɪst] *see* **flautist**

**flutter** ['flʌtə(r)] **1.** *v. i.* **a)** ‹*Vogel, Motte, Papier usw.:*› flattern; **~ down** hinunter-/herunterflattern; **a leaf ~ed down** ein Blatt taumelte zur Erde; **~ about** umherflattern; **she was ~ing about** *(fig.)* sie lief unruhig hin und her; **b)** *(flap)* ‹*Vorhang, Fahne, Segel, Drachen, Flügel:*› flattern; ‹*Blumen, Gräser usw.:*› schaukeln; **c)** *(beat abnormally)* ‹*Herz:*› schneller *od.* höher schlagen; *(Med.)* ‹*Puls, Herz:*› flattern. **2.** *v. t.* **a)** flattern mit ‹*Flügel*›; **~ one's eyelashes** mit den Wimpern klimpern; **~ one's eyelashes at sb.** jmdm. mit den Wimpern zuklimpern; **b)** *(agitate)* erregen; *see also* **dovecot. 3.** *n.* **a)** Flattern, *das;* **b)** *(fig.) (stir)* [leichte] Unruhe; *(nervous state)* Aufregung, *die;* **put sb. in a ~**: jmdn. in Aufregung versetzen; **be in a [great] ~**: ganz aufgelöst sein; **be all of a ~**: vor Aufregung fast vergehen; **c)** *(Brit. sl.: bet)* Wette, *die; (small speculative venture)* kleine Spekulation; **have a ~**: ein paar Scheinchen riskieren *(ugs.);* **I enjoy an occasional ~**: hin und wieder riskiere ich ganz gern ein paar Scheinchen *(ugs.);* **d)** *(Med.)* **heart/ventricular ~**: Herz-/Kammerflattern, *das;* **e)** *(Mus.)* Flatterzunge, *die;* **f)** *(Electronics) (in pitch)* rasches Schwanken der Tonhöhe; *(in loudness)* rasches Schwanken der Tonstärke

**flux** [flʌks] *n.* **a)** *(change)* **be in a state of ~**: im Fluß sein; sich verändern; **b)** *(Metalw.)* Flußmittel, *das;* **c)** *(Phys.)* Fluß, *der; (amount of radiation or particles)* Fluß, *der;* Flux, *der*

**[1]fly** [flaɪ] *n.* **a)** *(Zool.)* Fliege, *die;* **the only ~ in the ointment** *(fig.)* der einzige Haken [bei der Sache] *(ugs.)*; **he wouldn't hurt a ~** *(fig.)* er kann keiner Fliege etwas zuleide tun; **[die** *or* **drop** *or* **fall] like flies** *(fig.)* [sterben *od.* umfallen] wie die Fliegen; **I'd like to be a ~ on the wall of his classroom** in seiner Klasse möchte ich gern Mäuschen sein *od.* spielen *(ugs.)*; **[there are] no flies on him** *(fig. sl.)* ihm kann man nichts vormachen *(ugs.)*; *see also* **breed 2a; b)** *(Angling)* Fliege, *die*

**²fly 1.** *v. i.*, **flew** [flu:], **flown** [fləʊn] **a)** fliegen; **~ about/away** *or* **off** umher-/weg- *od.* davonfliegen; **~ high** *(fig.) (be ambitious)* hoch hinauswollen; *(prosper)* Karriere machen; *see also* **crow 1a; high-flown; b)** *(as or in aircraft or spacecraft)* fliegen; *(in balloon)* fliegen; fahren; **~ into Heathrow** in Heathrow landen; **~ under a bridge** unter einer Brücke hindurchfliegen; **~ past [sth.]** [an etw. *(Dat.)*] vorbeifliegen; **c)** *(float, flutter)* fliegen; **rumours are ~ing about** *(fig.)* es gehen Gerüchte um; **d)** *(move quickly)* fliegen; **glass was ~ing everywhere** überall flogen Glassplitter herum; **come ~ing towards sb.** jmdm. entgegengeflogen kommen; **~ to sb.'s assistance** jmdm. zu Hilfe eilen; **~ open** auffliegen; *(be opened)* aufgerissen werden; **knock** *or* **send sb./sth. ~ing** jmdn./etw. umstoßen; **send sth. ~ing to the other side of the room** etw. quer durchs Zimmer schleudern; **~ to arms** *(arch.)* zu den Waffen eilen; **e)** *(fig.)* **~ [by** *or* **past]** wie im Fluge vergehen; dahinfliegen *(dichter.)*; **how time flies!, doesn't time ~!** wie die Zeit vergeht!; **f)** *(wave in the air)* ‹Fahne:› gehißt sein; *see also* **¹flag 1; g)** *(attack angrily, react violently)* **~ at sb.** *(lit. or fig.)* über jmdn. herfallen; **let ~:** zuschlagen; *(fig.: become angry)* außer sich geraten; *(fig.: use strong language)* losschimpfen; **let ~ with** abschießen ‹Pfeil, Rakete, Gewehr›; werfen ‹Stein›; **let ~ at sb. with a gun/hammer** auf jmdn. schießen/mit einem Hammer auf jmdn. losgehen; **~ into a temper** *or* **rage** *or* **tantrum** einen Wutanfall bekommen; *see also* **face 1a; handle 1a; h)** *(flee)* fliehen; *(coll.: depart hastily)* eilig aufbrechen; **~ for one's life** um sein Leben rennen/fahren *usw.*; **I really must ~** *(coll.)* jetzt muß ich aber schnell los. **2.** *v. t.*, **flew, flown a)** *(operate, transport or perform by ~ing)* fliegen ‹Flugzeug, Fracht, Einsatz›; fliegen über (+ *Akk.*) ‹Strecke›; *(travel over)* überfliegen; überqueren; **~ sb./sth. to and from Berlin** jmdn./etw. nach Berlin fliegen und aus Berlin ausfliegen; **~ sth. into Gatwick** etw. nach Gatwick fliegen; **~ Concorde/Lufthansa** mit der Concorde/Lufthansa fliegen; **b)** *(cause to ~)* gehißt haben, *(as mark of nationality etc.)* führen ‹Flagge›; fliegen lassen ‹Taube, Falke›; **~ a kite** einen Drachen steigen lassen; *(fig.)* einen Versuchsballon steigen lassen; **go ~ a kite!** *(sl.)* hau ab! *(salopp)*; **c)** *(flee)* **~ the country** aus dem Land fliehen; **~ one's pursuers** vor seinen Verfolgern fliehen; **the bird has flown its cage** der Vogel ist aus seinem Käfig entflogen; **~ the coop** *(Amer. fig. coll.)* sich aus dem Staube machen *(ugs.)*; *(leave home)* durchbrennen *(ugs.)*. **3.** *n.* **a)** *in sing. or pl. (on trousers)* Hosenschlitz, *der;* **b)** *(of flag)* Flugseite, *die;* fliegendes Ende; **c)** *in pl. (Theatre)* Schnürboden, *der*

**~ 'in 1.** *v. i. (arrive in aircraft)* [mit dem Flugzeug] eintreffen (**from** aus); *(come in to land)* landen. **2.** *v. t. (cause to land)* landen; *(bring by aircraft)* einfliegen

**~ 'off** *v. i.* **a)** abfliegen; **b)** *(become detached)* abgehen; ‹Hut:› wegfliegen

**~ 'out 1.** *v. i.* abfliegen (**of** von); **~ out there** dort hinfliegen. **2.** *v. t.* ausfliegen; **~ troops out to the disaster area** Truppen in das Katastrophengebiet fliegen

**³fly** *adj. (esp. Brit. sl.)* clever

**fly: ~ 'agaric** *n.* Fliegenpilz, *der;* **~-away** *adj.* widerspenstig ‹Haar›; **~-blown** *adj. (infested with flies' eggs)* ≈ von Fliegenlarven befallen; *(fig.)* befleckt; **~-by** *n. (Astronaut.)* Vorbeiflug, *der;* **~-by-night 1.** *adj.* zwielichtig; **2.** *n. jmd., der sich nachts heimlich aus dem Staub macht;* **~-by-wire** *n. (Aeronaut.)* elektronische Flugsteuerung; *attrib.* **a ~-by-wire aircraft** ein Flugzeug mit elektronischer Flugsteuerung; **~catcher** *n. (Ornith.)* Schnäpper, *der*

**flyer** ['flaɪə(r)] *n.* **a)** *(bird)* Flieger, *der;* **b)** *(pilot)* Flieger, *der*/Fliegerin, *die;* **c)** *(fast-moving vehicle or animal)* Flitzer, *der (ugs.)*; *(train)* Expreß, *der;* **the horse is a ~:** das Pferd ist pfeilschnell; **d)** *see* **high-flyer; e)** *(handbill)* Handzettel, *der; (Police)* Steckbrief, *der;* **f)** *(Amer.: investment)* Spekulation, *die;* **take a ~:** spekulieren

**fly: ~-fish** *v. i.* mit [künstlichen] Fliegen fischen; **~-fishing** *n.* Fliegenfischerei, *die;* **~-'half** *n. (Rugby)* Halbspieler, *der*

**flying** ['flaɪɪŋ] **1.** *adj.* Kurz-; *(designed for rapid action)* fliegend ‹Verband, Kolonne, Ambulanz›; **~ visit** Stippvisite, *die (ugs.)*. **2.** *n.* Fliegen, *das; attrib.* Flug‹wetter, -zeit, -geschwindigkeit, -erfahrung›; **an hour's ~ time** eine Flugstunde; **be frightened of ~:** Angst vor dem Fliegen haben

**flying: ~ 'bomb** *n.* V-Waffe, *die;* **~ 'buttress** *n. (Archit.)* Strebebogen, *der;* Schwibbogen, *der;* **~ 'doctor** *n. Arzt, der seine Patienten mit dem Flugzeug besucht;* **F~ Dutchman** *see* **Dutchman c; ~ field** *n.* Flugfeld, *das;* **~ 'fish** *n.* fliegender Fisch; **~ 'fox** *n. (Zool.)* Flugfuchs, *der;* Fliegender Hund; **~ instructor** *n.* Fluglehrer, *der;* **~ 'jump, ~ 'leap** *ns.* Sprung mit Anlauf; großer Satz *(ugs.)*; **take a ~ jump** *or* **leap** Anlauf nehmen; **~ machine** *n.* Luftfahrzeug, *das;* Flugmaschine, *die (veralt.)*; **~ 'mare** *n. (Wrestling)* Schulterschwung, *der;* **~ officer** *n. (Brit. Air Force)* Oberleutnant, *der;* **~ 'picket** *n.* mobiler Streikposten; **~ 'saucer** *n.* fliegende Untertasse; **~ school** *n.* Fliegerschule, *die;* **~ squad** *n. (Police)* Überfallkommando, *das;* **~ 'start** *n. (Sport)* fliegender Start; **get off to** *or* **have a ~ start** *(fig.) (begin successfully)* einen glänzenden Start haben; *(have an advantage)* die besten Voraussetzungen haben *(fig.)*; **have got a ~ start over others** anderen gegenüber im Vorteil sein; **~-suit** *n.* Fliegerkombination, *die;* **~ 'tackle** *n. (Rugby, Amer. Footb.)* Fassen, *das (im Lauf oder Sprung)*

**fly: ~leaf** *n.* Vorsatzblatt, *das;* Vorsatz, *der;* **~over** *n. (Brit.)* [Straßen]überführung, *die;* Fly-over, *der;* **~-paper** *n.* Fliegenfänger, *der;* **~-past** *n.* Luftparade, *die;* **~-post 1.** *v. t.* illegal Plakate kleben für; **2.** *v. i.* illegal Plakate kleben; **~-screen** *n.* Fliegengitter, *das;* **~sheet** *n.* Prospekt, *der;* **~-spray** *n.* Insektenspray, *der od. das;* **~-swatter** *n.* Fliegenklappe, *die;* Fliegenklatsche, *die;* **~-tipping** *n., no pl., no indef. art.* illegales Deponieren von Bauschutt; **~-trap** *n. (trap)* Fliegenfänger, *der; (plant)* [Venus]fliegenfalle, *die;* **~weight** *n. (Boxing etc.)* Fliegengewicht, *das; (person also)* Fliegengewichtler, *der;* **~wheel** *n.* Schwungrad, *das;* **fluid ~wheel** *(Motor Veh.)* Flüssigkeitskupplung, *die;* **~-whisk** *n.* Fliegenwedel, *der*

**FM** *abbr.* **a) Field Marshal** FM; **b) frequency modulation** FM

**f-number** ['efnʌmbə(r)] *n. (Photog.)* Blende[nzahl], *die*

**FO** *abbr. (Brit. Hist.)* **Foreign Office** ≈ AA

**foal** [fəʊl] **1.** *n.* Fohlen, *das;* **in** *or* **with ~:** trächtig. **2.** *v. i.* fohlen

**foam** [fəʊm] **1.** *n.* **a)** Schaum, *der;* **b)** *see* **foam plastic; c)** *see* **foam rubber. 2.** *v. i. (lit. or fig.)* schäumen (**with** vor + *Dat.*); **~ at the mouth** Schaum vorm Mund haben; *(fig. coll.)* [vor Wut] schäumen

**foam: ~-backed** *adj.* schaumstoffverstärkt; **~ bath** *n.* Schaumbad, *das;* **~ extinguisher** *n.* Schaumlöscher, *der;* Schaumlöschgerät, *das;* **~ 'mattress** *n.* Schaumgummimatratze, *die;* **~ 'plastic** *n.* Schaumstoff, *der;* **~ 'rubber** *n.* Schaumgummi, *der*

**foamy** ['fəʊmɪ] *adj.* schaumig; schäumend ‹Brandung›

**¹fob** [fɒb] *v. t.*, **-bb-: ~ sb. off with sth.** jmdn. mit etw. abspeisen *(ugs.)*; **~ sth. off on [to] sb.** jmdm. etw. andrehen *(ugs.)*

**²fob** *n.* Uhrtasche, *die*

**f. o. b.** *abbr.* **free on board** fob

**focal** ['fəʊkl]: **~ 'distance, ~ 'length** *ns.* Brennweite, *die;* **~ plane** *n.* Brennebene, *die;* **~ point** *n.* Brennpunkt, *der (auch fig.)*; Fokus, *der;* **become the ~ point of interest** *or* **attention** in den Brennpunkt des Interesses rücken

**foc's'le** ['fəʊksl] *see* **forecastle**

**focus** ['fəʊkəs] **1.** *n., pl.* **~es** *or* **foci** ['fəʊsaɪ] **a)** *(Optics, Photog.)* Brennpunkt, *der; (focal length)* Brennweite, *die; (adjustment of eye or lens)* Scharfeinstellung, *die;* **depth of ~:** *(adjustment)* Schärfentiefe, *die; (focal length)* Brennweite, *die;* **out of/in ~:** unscharf/scharf eingestellt ‹Kamera, Teleskop›; unscharf/scharf ‹Foto, Film, Vordergrund usw.›; *(fig.)* unklar *od.* verschwommen/klar; **see things in ~** *(fig.)* die Gegebenheiten klar erkennen; **get sth. in ~** *(fig.)* etw. klarer erkennen; **bring into ~:** scharf einstellen; *(fig.)* deutlich machen; **come into ~:** scharf werden; *(fig.)* sich herauskristallisieren; **b)** *(fig.: centre, central object)* Mittelpunkt, *der; (of storm)* Zentrum, *das; (of earthquake)* Herd, *der;* Hypozentrum, *das (Geol.)*; *(Med.: of disease)* Herd, *der;* **be the ~ of attention** im Brennpunkt des Interesses stehen; **the principal ~ of research is ...:** im Mittelpunkt der Forschung steht ...; **c)** *(Geom.)* Brennpunkt, *der.* **2.** *v. t.*, **-s-** *or* **-ss-: a)** *(Optics, Photog.)* einstellen (**on** auf + *Akk.*); fokussieren *(fachspr.)*; **~ a camera properly** *or* **correctly** eine Kamera auf die richtige Entfernung einstellen; **badly ~ed picture** unscharfes Bild; **~ one's eyes on sth./sb.** die Augen auf etw./jmdn. richten; **b)** *(concentrate)* bündeln ‹Licht, Strahlen›; *(fig.)* konzentrieren (**on** auf + *Akk.*). **3.** *v. i.*, **-s-** *or* **-ss-: a) the camera ~es automatically** die Kamera hat automatische Scharfeinstellung; **he can't** *or* **his eyes don't ~ properly** er sieht nicht klar *od.* nur verschwommen; **I can't ~ on print at that distance** ich kann Gedrucktes auf diese Entfernung nicht klar erkennen; **his eyes ~ed [up]on the window** sein Blick war auf das Fenster gerichtet; **b)** ‹Licht, Strahlen:› sich bündeln; *(fig.)* sich konzentrieren (**on** auf + *Akk.*)

**fodder** ['fɒdə(r)] *n.* [Vieh]futter, *das; (fig.)* Futter, *das;* **~ plant** Futterpflanze, *die; see also* **cannon-fodder**

**foe** [fəʊ] *n. (poet./rhet.)* Feind, *der*

**'foeman** ['fəʊmən] *n., pl.* **~men** ['fəʊmən] *(arch./literary)* Widersacher, *der (geh.)*

**foetal** ['fi:tl] *adj.* fötal; fetal; **the ~ position** die Fötuslage

**foetid** ['fi:tɪd] *see* **fetid**

**foetus** ['fi:təs] *n.* Fötus, *der;* Fetus, *der*

**fog** [fɒg] **1.** *n.* **a)** Nebel, *der;* **there are ~s in winter** es herrscht oft dichter Nebel im Winter; **drive in ~:** bei *od.* im Nebel fahren; **London was blanketed in ~:** über London lag eine Nebeldecke; **be in a [complete] ~** *(fig.)* [völlig] verunsichert sein; **be in a ~ about sth./as to what to do** sich *(Dat.)* im unklaren über etw. *(Akk.)* sein/darüber sein, was zu tun ist; **b)** *(Photog.)* Schleier, *der.* **2.** *v. t.*, **-gg-: a)** in Nebel hüllen; *(bewilder)* verwirren; **~ [up]** *(obscure as if with ~, make confusing)* vernebeln ‹Aussicht, Straße, Sachverhalt›; **b)** *(Photog.)* **the negative is ~ged** das Negativ hat einen

Schleier. **3.** *v. i.*, **-gg-: a)** ~ **[up]** *(become blurred)* beschlagen; **b)** *(Photog.)* einen Schleier bekommen

**fog: ~-bank** *n.* Nebelbank, *die;* **~-bound** *adj.* **a)** *(surrounded)* in Nebel gehüllt; **b)** *(immobilized)* durch Nebel festgehalten

**fogey** *see* **fogy;** *see also* **young fogey**

**foggy** ['fɒgɪ] *adj.* **a)** neblig; **b)** *(fig.)* nebelhaft ‹*Vorstellung, Sprache, Bewußtsein*›; **[I] haven't the foggiest [idea** *or* **notion]** *(coll.)* [ich] hab' keinen blassen Schimmer *(ugs.)*

**fog: ~-horn** *n. (Naut.)* Nebelhorn, *das;* **a voice like a ~-horn** *(fig.)* eine dröhnende *od.* durchdringende Stimme; **~-lamp, ~-light** *ns. (Motor Veh.)* Nebelscheinwerfer, *der;* **~-signal** *n.* **a)** *(Railw.)* Knallsignal, *das;* **b)** *(Naut.)* Nebelsignal, *das*

**fogy** ['fəʊgɪ] *n.* **[old]** ~: [alter *od.* rückständiger] Opa *(salopp)*/[alte *od.* rückständige] Oma *(salopp)*

**föhn** [fɜːn] *n. (Meteorol.)* Föhn, *der*

**foible** ['fɔɪbl] *n.* **a)** Eigenheit, *die;* **b)** *(Fencing)* ≈ Klingenschwäche, *die*

**¹foil** [fɔɪl] *n.* **a)** *(metal as thin sheet)* Folie, *die;* **tin ~:** Stanniol[papier], *das;* **aluminium ~:** Alu[minium]folie, *die;* **b)** *(to wrap or cover food etc.)* Folie, *die;* **c)** *(behind mirror-glass)* Spiegelbelag, *der (Technik);* **d)** *(sb./sth. contrasting)* ≈ Kontrast, *der*

**²foil** *v. t.* **a)** *(frustrate)* vereiteln ‹*Versuch, Plan, Flucht*›; durchkreuzen ‹*Vorhaben, Plan*›; **they were ~ed in their attempts to escape** ihre Fluchtversuche wurden zunichte gemacht *od.* vereitelt; **[I've been] ~ed again** es war wieder nichts; **b)** *(parry)* parieren *(auch fig.);* abwehren

**³foil** *n. (sword)* Florett, *das*

**⁴foil** *n. (hydrofoil)* Tragflächenboot, *das;* Gleitboot, *das*

**foist** [fɔɪst] *v. t.* **a)** *(introduce surreptitiously)* **~ sth./sb. into sth.** etw./jmdn. in etw. *(Akk.)* einschmuggeln; **b)** *(palm)* ~ **[off] on to** *or* **[up]on sb.** jmdm. andrehen *(ugs.)* ‹*schlechte Waren*›; jmdm. zuschieben ‹*Schuld, Verantwortung*›; auf jmdn. abwälzen ‹*Probleme, Verantwortung*›; **~ oneself on [to] sb.** sich jmdm. aufdrängen

**¹fold** [fəʊld] **1.** *v. t.* **a)** *(double over on itself)* [zusammen]falten; zusammenlegen ‹*Laken, Wäsche*›; **b)** *(collapse)* zusammenklappen; **c)** *(embrace)* **~ sb. in one's arms** jmdn. in die Arme schließen; **d)** *(wind)* **~ one's arms about** *or* **[a]round sb.** die Arme um jmdn. schlingen *od.* legen; **e) ~ one's arms** die Arme verschränken; **~ one's hands** die Hände falten; **the crow ~ed its wings** die Krähe legte die Flügel an; **f)** *(envelop)* **~ sth./sb. in sth.** etw./jmdn. in etw. *(Akk.)* einhüllen; **~ed in a handkerchief** in ein Taschentuch eingewickelt. **2.** *v. i.* **a)** *(become ~ed)* sich zusammenlegen; sich zusammenfalten; **b)** *(collapse)* zusammenklappen; *(fig.)* *(cease to function)* eingehen *(ugs.); (go bankrupt)* Konkurs *od.* Bankrott machen; **c)** *(be able to be ~ed)* sich falten lassen; **it ~s easily** es ist leicht zu falten; es läßt sich leicht falten; **d)** *(be collapsible)* sich zusammenklappen lassen. **3.** *n.* **a)** *(doubling)* Falte, *die;* **the baggy ~s of skin under his eyes** die Tränensäcke unter seinen Augen; **~s of flesh** Fettwülste; **b)** *(hollow, nook in mountain, etc.)* Falte, *die (Geol.);* [Tal]mulde, *die;* **c)** *(coil of serpent, string, etc.)* Windung, *die;* **d)** *(act of ~ing)* Faltung, *die;* **e)** *(line made by ~ing)* Kniff, *der;* **f)** *(Geol.)* [Gebirgs]faltung, *die*

**~ a'way 1.** *v. t.* zusammenklappen. **2.** *v. i.* zusammenklappbar sein; sich zusammenklappen lassen. *See also* **foldaway**

**~ 'back 1.** *v. t.* zurückschlagen, aufschlagen ‹*Laken*›; zurückklappen ‹*Rücksitz*›; umknicken ‹*Papier*›. **2.** *v. i.* sich zurückschlagen lassen

**~ 'down 1.** *v. t.* **a)** *(make more compact)* zusammenklappen; **b)** *(bend back part of)* *see* **~ back 1; c)** *(open out)* ausklappen. **2.** *v. i. see* **1:** sich zusammenklappen lassen; sich zurückschlagen lassen

**~ 'in** *v. t.* **a)** *(double over and inwards)* nach innen umlegen; **b)** *(Cookery)* unterrühren; unterheben, unterziehen ‹*Eischnee*›

**~ into** *v. t. (Cookery)* unterrühren unter (+ *Akk.*); unterheben unter (+ *Akk.*), unterziehen ‹*Eischnee*› unter (+ *Akk.*)

**~ 'out** *v. i.* ‹*Landkarte:*› sich auseinanderfalten lassen; ‹*Tisch:*› sich hochklappen lassen; **the settee ~s out to become a double bed** das Sofa läßt sich zu einem Doppelbett ausklappen; *see also* **fold-out**

**~ 'over** *v. t.* umlegen ‹*Saum*›; umknicken ‹*Seiten*›

**~ 'up 1.** *v. t.* **a)** *(make more compact by ~ing)* zusammenfalten; zusammenlegen ‹*Laken, Wäsche*›; **b)** *(collapse)* zusammenklappen. **2.** *v. i.* **a)** *(be able to be ~ed up)* sich zusammenfalten lassen; **b)** *(collapse)* sich zusammenklappen lassen; **how does this table ~ up?** wie wird dieser Tisch zusammengeklappt?; *(fig.) see* **¹fold 2b** *(fig.)*

**²fold** *n.* **a)** *see* **sheep-fold; b)** *(fig.: body of believers)* Gemeinde, *die;* Herde, *die (geh.);* **he has left the ~:** er hat den Schoß der Kirche verlassen *(geh.)*

**-fold 1.** *adj. in comb.* **a)** *(times)* -fach; **b)** *(having so many parts etc.)* -fältig. **2.** *adv. in comb.* -fach

**'foldaway** *adj.* zusammenklappbar; Klapp‹*tisch, -stuhl, -fahrrad, -bett*›

**folder** ['fəʊldə(r)] *n.* **a)** *(cover, holder for loose papers)* Mappe, *die;* **b)** *(folded circular etc.)* Faltblatt, *das; (map also)* Faltkarte, *die*

**folding** ['fəʊldɪŋ] *adj. see* **foldaway**

**folding: ~ 'door** *n.* Falttür, *die;* **~ 'doors** *n. pl.* Falttür, *die; (of hangar, barn, etc.)* Falttor, *das*

**'fold-out** *n.* ausfaltbare Seite

**foliage** ['fəʊlɪɪdʒ] *n., no pl.* **a)** *(leaves)* Blätter *Pl.; (of tree also)* Laub, *das;* **b)** *(Art)* Laubwerk, *das*

**foliage: ~ leaf** *n.* [Laub]blatt, *das;* **~ plant** *n.* Blattpflanze, *die*

**folio** ['fəʊlɪəʊ] **1.** *n., pl.* **~s a)** *(leaf of paper etc.)* [nur auf der Vorderseite numeriertes] Blatt; **b)** *(leaf- or page-number of printed book)* Seitenzahl, *die;* **c)** *(sheet folded once)* Doppelbogen, *der;* **in ~:** in Folio; im Folioformat; **d)** *(book)* Foliant, *der;* **First F~:** erste Folioausgabe. **2.** *adj.* Folio-

**folk** [fəʊk] *n., pl. same or* **~s a)** *(a people)* Volk, *das;* **b)** *in pl.* **~[s]** *(people)* Leute *Pl.; (people in general)* die Leute; **some ~[s]** manche [Leute]; **c)** *in pl.* **~s** *(coll., as address: people, friends)* Leute *Pl. (ugs.);* **d)** *in pl. (people of a particular class)* **[the] rich/poor ~:** die Reichen/Armen; **old ~[s]** alte Leute; **e)** *in pl.* **~s** *(coll.) (one's relatives)* Verwandte *Pl.;* Leute *Pl. (ugs.); (one's parents)* Alte Herrschaften *(ugs.);* **f)** *see* **folk-music; g)** *attrib. (of the people, traditional)* Volks-; **~ handicrafts** Volkskunst, *die;* **~ museum** Heimatmuseum, *das*

**folk: ~-dance** *n.* Volkstanz, *der;* **~-dancing** *n.* Volkstanz, *der;* **~ etymology** *n.* Volksetymologie, *die;* **~-hero** *n.* Volksheld, *der;* **~lore** *n.* **a)** *(traditional beliefs)* [volkstümliche] Überlieferung; Folklore, *die;* **b)** *(study)* Volkskunde, *die;* Folklore, *die;* **~-memory** *n.* mündliche Überlieferung, *die;* **~-music** *n.* Volksmusik, *die;* **~-singer** *n.* Sänger/Sängerin von Volksliedern; *(modern)* Folksänger, *der*/-sängerin, *die;* **~-singing** *n.* Singen von Volksliedern *od. (modern)* Folksongs; **~-song** *n.* Volkslied, *das; (modern)* Folksong, *der*

**folksy** ['fəʊksɪ] *adj.* **a)** *(sociable, informal)* gesellig; **b)** *(having characteristics of folk art)* volkstümlich

**folk: ~-tale** *n.* Volksmärchen, *das;* **~-ways** *n. pl.* traditionelle Lebensweise; **~weave** *n.* grobgewebter Stoff

**folky** ['fəʊkɪ] *see* **folksy b**

**follicle** ['fɒlɪkl] *n.* Follikel, *der (Biol., Med.)*

**follow** ['fɒləʊ] **1.** *v. t.* **a)** folgen (+ *Dat.*); **you're being ~ed** Sie werden verfolgt; **b)** *(go along)* folgen (+ *Dat.*); entlanggehen/-fahren ‹*Straße usw.*›; **c)** *(come after in order or time)* folgen (+ *Dat.*); folgen auf (+ *Akk.*); **A is ~ed by B** auf A folgt B; **d)** *(accompany)* [nach]folgen (+ *Dat.*); **e)** *(provide with sequel)* **~ sth. with sth.** einer Sache *(Dat.)* etw. folgen lassen; **~ your meal with a brandy** schließen Sie Ihr Essen mit einem Kognak ab; **his first novel was ~ed by a string of best-sellers** auf seinen ersten Roman folgte eine ganze Reihe von Bestsellern; **that's a hard act to ~** *(fig.)* das macht ihm/ihr keiner so leicht nach; **~ that!** *(coll.)* das mach mir erst mal nach!; **f)** *(go after as admirer or suitor)* verehren; anhängen *(geh.)* (+ *Dat.*); **g)** *(result from)* die Folge sein von; hervorgehen aus; **a stroke is often ~ed by permanent paralysis** die Folge eines Schlaganfalls ist oft eine dauernde Lähmung; **h)** *(treat or take as guide or leader)* folgen (+ *Dat.*); sich orientieren an (+ *Dat.*); *(adhere to)* anhängen (+ *Dat.*); sich bekennen zu; **i)** *(act according to)* folgen (+ *Dat.*) ‹*Prinzip, Instinkt, Trend*›; verfolgen ‹*Politik*›; befolgen ‹*Vorschrift, Regel, Anweisung, Rat, Warnung*›; handeln nach ‹*Gefühl, Wunsch*›; sich halten an (+ *Akk.*) ‹*Konventionen, Diät, Maßstab*›; **~ one's heart** der Stimme des Herzens folgen; *see also* **example a; fashion 1b; ²lead 3a; nose 1a; j)** *(practise)* ausüben ‹*Beruf, Handwerk, eine Kunst*›; **~ the teaching/medical profession/the arts** Lehrer/Arzt/Künstler sein; **k)** *(keep up with mentally, grasp meaning of)* folgen (+ *Dat.*); **I can't ~ what he says** ich kann ihm nicht folgen; **do you ~ me?, are you ~ing me?** verstehst du, was ich meine?; **I don't ~ you/your meaning** ich verstehe Sie nicht/verstehe nicht, was Sie meinen; **~ the music from the score** die Partitur mitlesen; **l)** *(be aware of the present state or progress of)* verfolgen ‹*Ereignisse, Nachrichten, Prozeß*›; **~ a TV serial** eine Fernsehserie regelmäßig sehen. **2.** *v. i.* **a)** *(go, come)* **~ after sb./sth.** jmdm./einer Sache folgen; **b)** *(go or come after person or thing)* folgen; **you go ahead in the car and I'll ~ on my bike** du fährst mit dem Auto voraus, und ich komme mit dem Fahrrad nach; **~ in the wake of sth.** etw. ablösen; auf etw. *(Akk.)* folgen; **c)** *(come next in order or time)* folgen; **in the years that ~ed** in den darauffolgenden Jahren; **as ~s** wie folgt; **the details are as ~s** die Einzelheiten lauten folgendermaßen; **there are two options, as ~s: ...:** es gibt zwei Möglichkeiten, und zwar folgende: ...; **would you like coffee to ~?** hätten Sie danach *od.* anschließend gerne [einen] Kaffee?; **what ~s next?** was kommt danach? ; **d)** *(ensue)* folgen; **e) ~ from sth.** *(result)* die Folge von etw. sein; *(be deducible)* aus etw. folgen; **it ~s [from this] that ...:** daraus folgt, daß ...; das heißt, daß ...

**~ 'on** *v. i.* **a)** *(continue)* **~ on from sth.** die Fortsetzung von etw. sein; **b)** *(Cricket)* sofort zum zweiten Mal schlagen; *see also* **follow-on**

**~ 'out** *v. t.* **a)** *(pursue to the end)* durchführen ‹*Plan, Projekt*›; sich *(Dat.)* erfüllen ‹*Wunsch*›; zu Ende verfolgen ‹*Ziel, Politik, Idee*›; **b)** *(carry out)* [genau] befolgen ‹*Regel, Anweisung*›

**~ 'through 1.** *v. t.* zu Ende verfolgen; durchziehen *(ugs.).* **2.** *v. i. (Sport)* durchschwingen; *see also* **follow-through**

**~ 'up** *v. t.* **a)** *(pursue steadily)* stetig verfolgen; **b)** *(add further action etc. to)* ausbauen ‹*Erfolg, Sieg*›; **c)** *(investigate further)* nachgehen (+ *Dat.*) ‹*Hinweis*›; *(consider further)* berücksichtigen ‹*Bitte, Angebot*›. *See also* **follow-up**

**follower** ['fɒləʊə(r)] *n.* Anhänger, *der*/Anhängerin, *die;* **be a dedicated ~ of fashion** immer mit der Mode gehen

**following** ['fɒləʊɪŋ] **1.** *adj.* **a)** *pres. p. of* **follow; on the ~ day** am Tag danach *od.* darauf; **on the ~ Monday** am nächsten Montag; **b)** *(now to be mentioned)* folgend; **the ~ items** folgende Gegenstände; **in the ~ way** folgendermaßen; **for the ~ reasons** aus folgenden Gründen; **the ~:** folgendes; *(persons)* folgende; **c)** *(blowing in one's direction of travel)* **~ wind** Rückenwind, *der.* **2.** *prep.* nach. **3.** *n.* Anhängerschaft, *die*

**follow: ~-my-'leader** *(Amer.:* **~-the-'leader)** *n. Spiel, bei dem alle Mitspieler das nachmachen, was einer vormacht;* **~-on** *n. (Cricket)* ≈ sofortiger zweiter Durchgang *(nachdem man im ersten nicht nahe genug an die Punktzahl des Gegners herangekommen ist);* **~-through** *n. (Sport)* Durchschwung, *der;* **~-up** *n.* Fortsetzung, *die; (Med.)* Nachuntersuchung, *die;* **there's never any ~-up to his promises** er erfüllt *od.* hält seine Versprechen nie; **as a ~-up** im Anschluß **(to** an + *Akk.*); **~-up letter/visit** Nachfaßbrief, *der*/-besuch, *der (Werbespr.)*

**folly** ['fɒlɪ] *n.* **a)** Torheit, *die (geh.);* **it would be [sheer] ~:** es wäre [äußerst] töricht *(geh.);* **an act of ~:** eine Torheit *(geh.);* **b)** *(costly structure considered useless)* nutzloser Prunkbau; **c)** *in pl. (Theatre)* Revue mit Glamourgirls

**foment** [fə'ment, fəʊ'ment] *v. t.* **a)** *(foster)* schüren; **b)** *(bathe)* mit feuchter Wärme behandeln

**fomentation** [fəʊmen'teɪʃn] *n.* **a)** *(fostering)* Schüren, *das;* **b)** *(warm cloth[s])* heißer Umschlag; **c)** *(application of warm cloth[s])* Behandlung mit feuchter Wärme *od.* mit heißen Umschlägen

**fond** [fɒnd] *adj.* **a)** *(tender)* zärtlich; *(affectionate)* liebevoll ⟨*Blick*⟩; lieb ⟨*Erinnerung*⟩; *(in letters)* **~[est] love** mit lieben Grüßen; alles Liebe; **say a ~ farewell** sich überschwenglich verabschieden; **be ~ of sb.** jmdn. mögen *od.* gern haben; **be ~ of sth.** etw. mögen; **be ~ of doing sth.** etw. gern tun; **she's very ~ of Greece/the theatre** sie liebt Griechenland/das Theater; **I'm not very ~ of sweets** ich mache mir nicht viel aus Süßigkeiten; **he's become very ~ of living in Spain** er lebt mittlerweile sehr gern in Spanien; **b)** *(foolishly credulous or hopeful)* kühn ⟨*Hoffnung, Traum*⟩; gutgläubig ⟨*Person*⟩; allzu zuversichtlich ⟨*Glaube*⟩; voreingenommen ⟨*Eltern*⟩; **he had ~ hopes of becoming an ambassador one day** er glaubte allen Ernstes daran, einmal Botschafter zu werden; **c)** *(over-affectionate)* übertrieben liebevoll

**fondant** ['fɒndənt] *n.* Fondant, *der od. das*

**fondle** ['fɒndl] *v. t.* streicheln

**fondly** ['fɒndlɪ] *adv.* **a)** *(tenderly)* zärtlich; *(with affection)* liebevoll; **he looks ~ back upon his days at university** er erinnert sich gern an seine Studentenzeit; **b)** *(with foolish credulousness or hopefulness)* allzu zuversichtlich

**fondness** ['fɒndnɪs] *n., no pl.* **a)** *(tenderness)* Zärtlichkeit, *die; (affection)* Liebe, *die;* **look back with great ~ on sth.** sich sehr gern an etw. *(Akk.)* erinnern; **~ for sth./doing sth.** *(special liking)* Vorliebe für etw./dafür, etw. zu tun; **~ for sb./art/the sea** Liebe zu jmdm./zur Kunst/zum Meer; **b)** *(foolish credulousness or hopefulness)* allzu große Gutgläubigkeit; törichte Zuversicht

**fondue** ['fɒndju:, 'fɒndu:] *n. (Gastr.)* Fondue, *das od. die*

**¹font** [fɒnt] *n.* Taufstein, *der*

**²font** *(Amer.) see* **¹fount**

**food** [fu:d] *n.* **a)** *no pl., no art.* Nahrung, *die; (for animals)* Futter, *das;* **take ~:** Nahrung zu sich nehmen; **lack of ~:** Nahrungsmangel, *der;* **nutritious ~:** nahrhafte Kost; **be ~ for [the] worms** tot sein; **b)** *no pl., no art. (as commodity)* Lebensmittel *Pl.;* **one's week's shopping for ~** *or* **~ shopping** der wöchentliche Lebensmitteleinkauf; **c)** *no pl. (in solid form)* Essen, *das;* **some ~:** etwas zu essen; **there was plenty of ~ and drink** es gab reichlich zu essen und zu trinken; **she had prepared some delicious ~ for the party** für die Party hatte sie einige leckere Sachen vorbereitet; **he likes his ~ too much for that!** dazu ißt er viel zu gern!; **he's very keen on Italian ~:** er mag die italienische Küche; er ißt gern italienisch; **d)** *(particular kind)* Nahrungsmittel, *das;* Kost, *die; (for animals)* Futter, *das;* **nuts are a very nutritious ~:** Nüsse sind sehr nahrhaft; **canned ~s** Konserven *Pl.;* **preserved/imported ~s** eingemachte/importierte Nahrungsmittel; **e)** *(nutriment)* Nahrung, *die;* **f)** *(fig.: material for mental work)* Stoff, *der;* **~ for thought** Stoff zum Nachdenken; **~ for discussion** Diskussionsstoff, *der*

**food: ~-chain** *n. (Ecol.)* Nahrungskette, *die;* **~ fish** *n.* Speisefisch, *der*

**foodie** ['fu:dɪ] *n. (Brit. coll.)* ≈ Feinschmecker, *der*/-schmeckerin, *die*

**food: ~ parcel** *n.* Lebensmittelpaket, *das;* **~ poisoning** *n.* Lebensmittelvergiftung, *die;* **~-processor** *n.* Küchenmaschine, *die;* **~ rationing** *n.* Rationierung [von Lebensmitteln]; **~ shop** *see* **~ store; ~ stamps** *n. pl. (Amer.)* Lebensmittelgutscheine; **~ store** *n.* Lebensmittelgeschäft, *das;* **~stuff** *n.* Nahrungsmittel, *das;* **perishable ~stuffs** leicht verderbliche Lebensmittel; **~ supplies** *n. pl.* Vorräte; **~ value** *n.* Nährwert, *der*

**¹fool** [fu:l] **1.** *n.* **a)** Dummkopf, *der (ugs.);* **look a ~:** unmöglich *(ugs.)* aussehen; *(as regards behaviour)* dumm dastehen *(ugs.);* **he's a ~ to believe stories like that** er ist ein Narr *od. (ugs.)* er ist schön dumm, wenn er solche Geschichten glaubt; **what a ~ I am!** wie dumm von mir!; **oh, you 'are a ~!** wie kannst du nur so dumm sein!; **he makes you feel like a ~:** bei ihm kommt man sich *(Dat.)* wie ein Narr vor; **be no** *or* **nobody's ~:** nicht dumm *od. (ugs.)* nicht auf den Kopf gefallen sein; **I would never be such a ~:** so dumm wäre ich nie; **be ~ enough to do sth.** so dumm *od. (ugs.)* so blöd sein *od.* dumm genug sein, etw. zu tun; **make a ~ of oneself** sich lächerlich machen; **there's no ~ like an old ~:** Alter schützt vor Torheit nicht[, ganz im Gegenteil]; **a ~ and his money are soon parted** ein Dummkopf ist sein Geld bald wieder los; **a ~'s bolt is soon shot** ein Dummkopf hat sein Pulver bald verschossen *(ugs.);* **not suffer ~s gladly** Dummheit nicht ertragen können; **~s rush in where angels fear to tread** blinder Eifer schadet nur *(Spr.);* **b)** *(Hist.: jester, clown)* Narr, *der;* **act** *or* **play the ~:** herumalbern *(ugs.);* den Clown spielen *(abwertend);* **c)** *(dupe)* **make a ~ of sb.** jmdn. blamieren. *See also* **all 1 b; April. 2.** *v. i.* herumalbern *(ugs.);* **you're ~ing!** mach keine Witze! *(ugs.).* **3.** *v. t.* **a)** *(cheat)* **~ sb. out of sth.** jmdn. um etw. betrügen; **~ sb. into doing sth.** jmdn. [durch Tricks] dazu bringen, etw. zu tun; **b)** *(dupe)* täuschen; hereinlegen *(ugs.); (play tricks on)* foppen; **don't be ~ed by him** laß dich von ihm nicht täuschen *od. (ugs.)* hereinlegen; **you could have ~ed me** *(iron.)* ach, was du nicht sagst!

**~ a'bout, ~ a'round** *v. i. (play the ~)* herumalbern *(ugs.);* Unsinn machen; *(idle)* herumtrödeln *(ugs.); (trifle)* Zeit vergeuden; **~ about** *or* **around with sth./sb.** mit etw./jmdm. herumspielen

**~ a'way** *v. t.* verschwenden; vergeuden

**~ with** *v. t.* [herum]spielen mit

**²fool** *n. (Gastr.) Süßspeise aus Kompott, das mit Sahne o. ä. verrührt ist*

**foolery** ['fu:lərɪ] *n., no pl.* Alberei, *die*

**foolhardy** ['fu:lhɑ:dɪ] *adj.* tollkühn ⟨*Handlung, Behauptung, Person*⟩; draufgängerisch ⟨*Person*⟩; **that was a ~ thing to say** es war sehr riskant, das zu sagen

**foolish** ['fu:lɪʃ] *adj.* **a)** töricht; verrückt *(ugs.)* ⟨*Idee, Vorschlag*⟩; **we were ~ to expect miracles** es war töricht von uns, Wunder zu erwarten; **~ minds** Dummköpfe *(ugs.);* **don't do anything ~:** mach keinen Unsinn; **what a ~ thing to do/say** wie kann man nur so etwas Dummes tun/sagen; **b)** *(ridiculous)* albern *(ugs.)* ⟨*Verhalten*⟩; blöd, dumm *(ugs.)* ⟨*Grinsen, Bemerkung*⟩; lächerlich ⟨*Aussehen*⟩

**foolishly** ['fu:lɪʃlɪ] *adv.* **a)** *(in foolish manner)* törichterweise; **b)** *(in ridiculous manner)* lächerlich ⟨*sich benehmen*⟩; blöd, dumm *(ugs.)* ⟨*grinsen*⟩

**fool: ~proof** *adj. (not open to misuse)* wasserdicht *(fig.); (not open to misinterpretation)* unmißverständlich; *(infallible)* absolut sicher; *(that cannot break down)* narrensicher *(ugs.);* **~scap** ['fu:lskæp, 'fu:lzkæp] *n.* **a)** *(size of paper)* Kanzleiformat, *das;* **b)** *(paper of this size)* Kanzleipapier, *das;* **~'s 'errand** *n.* nutzloses Unternehmen; **go on a ~'s errand** sich vergeblich bemühen; **I was sent on a ~'s errand** man hat mich völlig umsonst losgeschickt; **~'s 'paradise** *n.* Traumwelt, *die;* **be** *or* **live in a ~'s paradise** in einer Traumwelt leben; sich *(Dat.)* Illusionen machen; **~'s 'parsley** *n. (Bot.)* Hundspetersilie, *die*

**foot** [fʊt] **1.** *n., pl.* **feet** [fi:t] **a)** Fuß, *der;* **at sb.'s feet** zu jmds. Füßen; **be at sb.'s feet** *(fig.)* jmdm. zu Füßen liegen *(geh.);* **fall/sit at sb.'s feet** jmdm. zu Füßen fallen/sitzen; **sit at sb.'s feet** *(fig.)* jmds. Jünger sein; **lay the blame for sth. at sb.'s feet** jmdm. etw. anlasten *od.* zur Last legen; **put one's best ~ forward** *(fig.)* sein Bestes tun; **please wipe your feet** bitte Schuhe abtreten; **do sth. with both feet** *(fig.)* sich voll in etw. *(Akk.)* reinknien *(ugs.);* **feet of clay** *(fig.)* eine Schwachstelle; **feet first** mit den Füßen zuerst *od.* voran; **go into sth. feet first** *(fig.)* sich Hals über Kopf *(ugs.)* in etw. hineinstürzen; **have one ~ in the grave** *(fig.)* mit einem Fuß im Grabe stehen; **have both [one's] feet on the ground** *(fig.)* mit beiden Beinen [fest] auf der Erde stehen; **keep one's feet** *(fig.)* nicht hinfallen; **have a ~ in both camps** *(fig.)* auf beiden Schultern Wasser tragen; **my ~!** *(coll.)* beileibe nicht!; **on ~:** zu Fuß; **set sth. on ~:** etw. in Gang bringen *od.* setzen; **on one's/its feet** *(lit. or fig.)* auf den Beinen; **you'll be back on your feet again before long** *(fig.)* bald wirst du wieder auf die Beine kommen; **put** *or* **get sb. [back] on his feet** *(fig.)* jmdn. auf die Beine bringen; **put** *or* **get** *or* **set sth. [back] on its feet** *(fig.)* etw. [wieder] auf die Beine bringen *od.* stellen; **get on one's feet** sich erheben; aufstehen; **put one's ~ down** *(fig.) (be firmly insistent or repressive)* energisch werden; *(accelerate motor vehicle)* [Voll]gas geben; **put one's ~ in it** *(fig. coll.)* ins Fettnäpfchen treten *(ugs.);* einen Fauxpas begehen; **put one's feet up** die Beine hochlegen; **start [off]** *or* **get off** *or* **begin on the right/wrong ~** *(fig.)* einen guten/schlechten Start haben; **set ~ in/on sth.** etw. betreten; **go away and never set ~ in here** *or* **in this place again** geh fort und setze keinen Fuß mehr über diese Schwelle; **he had never set ~ in Britain/outside London** er hatte noch nie einen Fuß auf britischen Boden gesetzt/er war noch nie aus London herausgekommen; **be rushed off one's feet** *(fig.)* in Trab gehalten werden *(ugs.);* **stand on one's own [two] feet** *(fig.)* auf eigenen Füßen stehen; **sweep sb. off his/her feet** *(fig.)* jmdn. *od.* jmds. Herz im Sturm erobern; **rise** *or* **get to one's feet** sich erheben; aufstehen; **help sb. to his feet** jmdm. aufhelfen; **it's a bit muddy under ~:** der Boden ist ein bißchen matschig; **tread sth./sb. under ~:** auf etw./jmdn. treten; *(fig.)* etw./ jmdn. unterdrücken; **get under sb.'s feet** *(fig.)* jmdm. vor die Füße laufen; **with four children under her feet** mit vier Kindern, die ihr vor den Füßen herumlaufen; **get one's feet wet** *(fig.)* sich hineinfinden; **never put a ~ wrong** *(fig.)* nie etwas falsch machen; **b)** *(step)* **swift/light of ~:** schnell-/leichtfüßig; **c)** *pl. same (Brit. Hist.)* Infanterie, *die (Milit.)*; **five hundred ~:** fünfhundert Infanteristen *(Milit.) od.* Fußsoldaten; **d)** *(far end)* unteres Ende; *(of bed)* Fußende, *das; (lowest part)* Fuß, *der; (of sail)* Unterliek, *das;* **at the ~ of the list/page** unten auf der Liste/Seite; **the compost heap is at the ~ of the garden** der Komposthaufen ist im hinteren Teil des Gartens; **e)** *(of stocking etc.)* Fuß, *der;* Füßling, *der;* **f)** *(Pros.: metrical unit)* [Vers]fuß, *der;* **g)** *(Phonet.: unit of speech)* ≈ Akzentgruppe, *die;* **h)** *pl.* **feet** *or same (linear measure)* Fuß, *der (30,48 cm);* **7 ~** *or* **feet** 7 Fuß; **i)** *(base)* Fuß, *der; (of statue, pillar)* Sockel, *der;* Basis, *die;* **j)** *(Zool.: of invertebrate)* Fuß, *der;* **k)** *(Bot.)* Ansatzstelle, *die. See also* **[1]ball 1b; cold feet; cubic b; door b; drag 2a; fall 2a, p; find 1b; hand 1a; square 2b; walk 2b. 2.** *v. t.* **a)** **~ it** *(dance)* tanzen; *(walk)* zu Fuß gehen; **b)** *(pay)* **~ the bill** die Rechnung bezahlen

**footage** ['fʊtɪdʒ] *n.* Filmmaterial, *das*

**foot-and-'mouth [disease]** *n.* Maul- und Klauenseuche, *die*

**football** ['fʊtbɔ:l] *n.* **a)** Fußball, *der; (elongated)* [ovaler] Ball; *(fig.)* Spielball, *der;* **b)** *(Brit.: soccer)* Fußball, *der; (Amer.: American ~)* Football, *der. See also* **American football; Rugby football**

**'football boot** *n.* Fußballschuh, *der*

**footballer** ['fʊtbɔ:lə(r)] *n.* **a)** *(Brit.: soccer player)* Fußballspieler, *der;* Fußballer, *der (ugs.);* **b)** *(Amer.: American football player)* Footballspieler, *der*

**football: ~ pitch** *n.* Fußballplatz, *der;* **~ pools** *n. pl.* **the ~ pools** das Fußballtoto; *see also* **[2]pool 1a**

**foot: ~-bath** *n.* **a)** *(washing of feet)* Fußbad, *das;* **b)** *(small bath)* Fußwanne, *die;* **~-brake** *n.* Fußbremse, *die;* **~-bridge** *n.* Steg, *der; (across road, railway, etc.)* Fußgängerbrücke, *die*

**-footed** ['fʊtɪd] *adj. in comb.* -füßig; **nimble-~:** leichtfüßig; **large-/small-~:** mit großen/kleinen Füßen *nachgestellt*

**footer** ['fʊtə(r)] *(Brit. sl.) see* **football 1b**

**-footer** ['fʊtə(r)] *n. in comb.* **she is a six-~:** sie ist sechs Fuß groß; **the boat was a nine-~:** das Boot war neun Fuß lang

**foot: ~fall** *n.* Schritt, *der;* **~-fault** *(Lawn Tennis)* **1.** *n.* Fußfehler, *der;* **2.** *v.i.* einen Fußfehler machen; **~hill** *n., usu. pl.* [Gebirgs]ausläufer, *der;* **~hold** *n.* Halt, *der; (fig.)* Stützpunkt, *der;* **get a ~hold** *(fig.)* Fuß fassen

**footing** ['fʊtɪŋ] *n.* **a)** *(fig.: status)* Stellung, *die;* **be on an equal ~ [with sb.]** [jmdm.] gleichgestellt sein; **put A on an equal ~ with B** A mit B auf die gleiche Stufe stellen; **place sth. on a firm ~:** etw. auf eine feste Basis stellen; **be on a friendly ~ with sb.** ein freundschaftliches Verhältnis zu jmdm. haben; **be on a war ~:** sich im Kriegszustand befinden; **b)** *(foothold)* Halt, *der;* **lose/miss/ keep one's ~:** den Halt verlieren/keinen Halt finden/sich halten; **c)** *(surface for standing on)* Grund, *der; (fig.)* Stellung, *die;* **gain a ~ as a journalist** sich *(Dat.)* eine Position als Journalist schaffen; als Journalist Fuß fassen; **d)** *(Building)* Bankett, *das*

**footle** ['fu:tl] *v. i. (sl.)* **~ about** *(trifle)* herumtrödeln *(ugs.); (play the fool)* Unfug treiben

**'footlights** *n. pl. (Theatre)* Rampenlicht, *das*

**footling** ['fu:tlɪŋ] *adj.* läppisch *(abwertend);* albern *(ugs.)*

**foot: ~loose** *adj.* ungebunden; **~loose and fancy-free** frei und ledig; **~man** ['fʊtmən] *n., pl.* **~men** ['fʊtmən] *(servant)* Lakai, *der;* Diener, *der;* **~mark** *see* **~print; ~-muff** *n.* Fußsack, *der;* **~note** *n.* Fußnote, *die;* **~path** *n. (path)* Fußweg, *der; (Brit.: pavement)* Gehsteig, *der;* Bürgersteig, *der;* **~plate** *n. (Brit. Railw.)* Führerstand, *der;* **~plate workers** Lokomotivführer und Heizer; **~print** *n.* Fußabdruck, *der;* **~prints in the snow** Fußspuren im Schnee; **~-race** *n.* Wettlauf, *der;* Wettrennen, *das;* **~-rest** *n.* Fußstütze, *die; (on bicycle or motor cycle)* Fußraste, *die;* **~-rot** *n. (Vet. Med.)* Stoppellähme, *die;* **~-rule** *n.* [einen Fuß langes] Lineal; **~-scraper** *n.* Fußabstreifer, *der;* Abtreter, *der*

**footsie** ['fʊtsɪ] *n. (coll.)* **play ~ [with sb.]** [mit jmdm.] füßeln

**foot: ~-slog** *(coll.)* **1.** *v. i.* latschen *(salopp);* **2.** *n.* Gelaufe, *das;* **~-soldier** *n.* Infanterist, *der (Milit.);* Fußsoldat, *der;* **~sore** *pred. adj.* **be ~sore** wunde Füße haben; **~step** *n.* Schritt, *der;* **follow** *or* **tread in sb.'s ~steps** *(fig.)* in jmds. Fußstapfen *(Akk.)* treten; **~stool** *n.* Fußbank, *die;* Fußschemel, *der;* **~way** *n.* Fußweg, *der;* **~wear** *n., no pl.* Schuhwerk, *das;* Fußbekleidung, *die (Kaufmannsspr.);* **~work** *n., no pl. (Sport, Dancing)* Beinarbeit, *die*

**fop** [fɒp] Dandy, *der;* Geck, *der*

**foppish** ['fɒpɪʃ] *adj.* dandyhaft *(geh.);* geckenhaft *(abwertend)*

**for** [fə(r), *stressed* fɔ:(r)] **1.** *prep.* **a)** *(representing, on behalf of, in exchange against)* für; *(in place of)* für; anstelle von; **what is the German ~ 'buzz'?** wie heißt „buzz" auf Deutsch?; **I. Smith ~ B. Jones** *(as signature)* B. Jones, i. A. I. Smith; *see also* **eye 1a; b)** *(in defence, support, or favour of)* für; **be ~ doing sth.** dafür sein, etw. zu tun; **the voting was 5 ~ and 10 against** es stimmten 5 dafür und 10 dagegen; **it's each [man]** *or* **every man ~ himself** jeder ist auf sich selbst gestellt; **c)** *(to the benefit of)* für; **do sth. ~ sb.** für jmdn. etw. tun; **die ~ one's country** für sein Land sterben; **d)** *(with a view to)* für; *(conducive[ly] to)* zu; **they invited me ~ Christmas/Monday/supper** sie haben mich zu Weihnachten/für Montag/zum Abendessen eingeladen; **meet ~ a discussion** sich zu einer Besprechung treffen; **what is it ~?** wofür/wozu ist das? **that's what I'm there ~:** dafür/dazu bin ich ja da; **be saving up ~ sth.** auf etw. *(Akk.)* sparen; **he did everything ~ his family's well-being** er tat alles für das Wohlergehen der Familie; **e)** *(being the motive of)* für; *(having as purpose)* zu; **reason ~ living** Grund zu leben; **a dish ~ holding nuts** eine Schale für Nüsse; **f)** *(to obtain, win, save)* **a request ~ help** eine Bitte um Hilfe; **study ~ a university degree** auf einen Hochschulabschluß hin studieren; **go/ run ~ a doctor** gehen/laufen, um einen Arzt zu holen; **phone ~ a doctor** nach einem Arzt telefonieren; **take sb. ~ a ride in the car/a walk** jmdn. im Auto spazierenfahren/mit jmdm. einen Spaziergang machen; **work ~ a living** für den Lebensunterhalt arbeiten; **draw on sb. ~ money** jmdn. um Geld angehen; **oh ~ a few minutes' peace!** wäre hier doch *od.* hätte ich doch einmal ein paar Minuten Ruhe!; **run/jump** *etc.* **~ it** loslaufen/-springen *usw.; see also* **life a; g)** *(to reach)* nach; **set out ~ England/the north/an island** nach England/Norden/zu einer Insel aufbrechen; **7.30 ~ 8** zwischen halb acht und acht; **h)** *(to be received by)* für; **there's** *or* **that's gratitude** *etc.* **~ you!** *(iron.)* und so was nennt sich Dankbarkeit *usw.!;* **that's Jim ~ you** das sieht Jim mal wieder ähnlich; **i)** *(as regards)* **checked ~ accuracy** auf Richtigkeit geprüft; **be dressed/ready ~ dinner** zum Dinner angezogen/fertig sein; **open ~ business** eröffnet; **open ~ lunch [from ... to ...]** Mittagstisch [von ... bis ...]; **have sth. ~ breakfast/pudding** etw. zum Frühstück/Nachtisch haben; **whether you should do it is not ~ me to say** ob du es tun sollst, kann ich dir nicht sagen; **enough ... ~:** genug ... für; **that's quite enough ~ me** das reicht mir völlig; **too ... ~:** zu ... für; **sb. is not long ~ this world** jmd. wird nicht mehr lange unter uns *(Dat.)* weilen; **there is nothing ~ it but to do sth.** es gibt keine andere Möglichkeit, als etw. zu tun; **be '~ it** *(sl.: face trouble)* dran sein *(ugs.);* **j)** *(Cricket)* **be out ~ a duck/59** ohne Punktgewinn/mit 59 Punkten aus sein; **65 ~ 3 [wickets]** 65 Punkte mit drei Schlägern ausgeschlagen; **k)** *(to the amount of)* **cheque/ bill ~ £5** Scheck/Rechnung über *od.* in Höhe von 5 Pfund; **the voucher is good ~ 50p** der Gutschein ist 50 p wert; **l)** *(to affect, as if affecting)* für; **things don't look very promising ~ the business** was die Geschäfte angeht, sieht das alles nicht sehr vielversprechend aus; **learn to do things ~ oneself** lernen, die Dinge selbständig zu erledigen; **I think it would work out ~ us to meet some time** ich glaube, es läßt sich machen, daß wir uns einmal treffen; **it is wise/advisable ~ sb. to do sth.** es ist vernünftig/ratsam, daß jmd. etw. tut; **it's always nice ~ us to know that you're well** wir hören immer wieder gern, daß es dir gutgeht; **it's hopeless ~ me to try and explain the system** es ist sinnlos, dir das System erklären zu wollen; **m)** *(as being)* für; **what do you take me ~?** wofür hältst du mich?; **I/you** *etc.* **~ one** ich/ du *usw.* für mein[en]/dein[en] *usw.* Teil; **see sb. ~ what he really is** jmdn. als das erkennen, was er wirklich ist *od.* so sehen, wie er wirklich ist; **n)** *(on account of, as penalty of)* wegen; **famous/well-known ~ sth.** berühmt/ bekannt wegen *od.* für etw.; **live ~ one's work** für seine *od.* die Arbeit leben; **~ love of his wife** aus Liebe zu seiner Frau; **jump/ shout ~ joy** vor Freude in die Luft springen/schreien; **this is ~ being good** das kriegst du, weil du so artig warst; **had it not been ~ him** wäre er nicht gewesen; **but ~ you/your kindness we might not be here today** nur deinetwegen/nur dank deiner Güte sind wir heute hier; **were it not ~ you/ your help, I should not be able to do it** ohne dich/deine Hilfe wäre ich nicht dazu in der Lage; **o)** *(on the occasion of)* **~ the first time** zum ersten Mal; **why can't you help ~ once?** warum kannst du nicht einmal helfen?; **you are mistaken ~ once** nun hast du dich aber mal geirrt; **what shall I give him ~ his birthday?** was soll ich ihm zum Geburtstag schenken?; **p)** *(in spite of)* **~ all ...:** trotz ...; **~ all that, ...:** trotzdem ...; **~ all that he ...:** obwohl er ...; **q)** *(on account of the hindrance of)* vor (+ *Dat.*); **~ fear of ...:** aus Angst vor (+ *Dat.*); **he couldn't see the ring ~ looking at it** *(iron.)* er sah den Ring einfach nicht, obwohl er doch gerade auf ihn blickte; **but ~ ..., except ~ ...:** wenn nicht ... gewesen wäre, [dann] ...; **but ~ the captain's carelessness** wenn der Kapitän nicht so leichtfertig gewesen wäre; **were it not ~ the children** wenn die Kinder nicht wären; *see also* **wood a; r)** *(corresponding to)* für; **~ every cigarette you smoke you are reducing your life expectancy by one day** jede Zigarette, die du rauchst, verkürzt deine Lebenserwartung um einen Tag; **~ fifty fish eggs that die, a hundred survive** auf fünfzig Fischeier, die absterben, kommen hundert, die sich weiterentwickeln; **man ~ man** Mann für Mann; **s)** *(so far as concerns)* **~ all I know/care ...:** möglicherweise/was mich betrifft, ...; **~ my part** *or* **~ myself, I ...:** ich für mein[en] Teil ...; **~ one thing, ...:** zunächst einmal ...; **t)** *(considering the usual* *nature of)* für; **not bad ~ a first attempt** nicht schlecht für den ersten Versuch; **very active ~ a man of eighty** sehr rege für einen Achtziger; **u)** *(during)* seit; **we've/we haven't been here ~ three years** wir sind seit drei Jahren hier/nicht mehr hier gewesen; **we waited ~ hours/three hours** wir warteten stundenlang/drei Stunden lang; **we have been waiting ~ hours [on end]** wir warten schon seit Stunden; **how long are you here ~?** *(coll.)* wie lange bleiben Sie hier?; **stay here ~ a week/some time** eine Woche/einige Zeit hier bleiben; **sit here ~ now** *or* **~ the moment** *or* **~ the present** bleiben Sie im Augenblick hier sitzen; *see also* **ever a; v)** *(to the extent of)* **walk ~ 20 miles/~ another 20 miles** 20 Meilen [weit] gehen/weiter gehen. **2.** *conj. (since, as proof)* denn

**forage** ['fɒrɪdʒ] **1.** *n.* **a)** *(food for horses or cattle)* Futter, *das;* **b)** *(search for ~)* Nahrungssuche, *die;* Futtersuche, *die;* **on the ~:** auf Nahrungssuche; **c)** *(fig.: search for thing)* **on the ~ for sth.** auf der Jagd nach etw. *(ugs.).* **2.** *v. i.* auf Nahrungssuche sein; **~ for sth.** auf der Suche nach etw. sein; *(fig.: rummage)* nach etw. stöbern; **~ in sb.'s suitcase/among sb.'s papers** jmds. Koffer/Papiere durchstöbern *od.* -wühlen

'**forage cap** *n.* Käppi, *das*

**forasmuch** [fɒrəz'mʌtʃ] *adv. (Law/arch.)* **~ as** insofern [als]

**foray** ['fɒreɪ] **1.** *n.* Streifzug, *der; (Mil.)* Ausfall, *der; (brief trip)* kurzer Besuch *(iron.)* **(to** bei); *(fig.: venture)* Ausflug, *der (scherzh.);* **go on** *or* **make a ~:** einen Streifzug unternehmen; *(Mil.)* einen Ausfall machen. **2.** *v. i.* plündernd einfallen

**forbad, forbade** *see* **forbid**

[1]**forbear** ['fɔ:beə(r)] *n., usu. in pl.* Vorfahr, *der*

[2]**forbear** [fɔ:'beə(r)] **1.** *v. i.,* **forbore** [fɔ:'bɔ:(r)], **forborne** [fɔ:'bɔ:n] **a)** *(refrain)* **~ from doing sth.** davon Abstand nehmen, etw. zu tun; **b)** *(be patient)* sich gedulden; **~ with sth.** etw. geduldig ertragen; **be ~ing** Geduld haben. **2.** *v. t.,* **forbore, forborne: ~ sth./to do** *or* **doing sth.** auf etw. *(Akk.)* verzichten/darauf verzichten, etw. zu tun

**forbearance** [fɔ:'beərəns] *n., no pl.* Nachsicht, *die; (forbearing nature)* Nachsichtigkeit, *die;* **show ~:** sich nachsichtig zeigen; Nachsicht üben

**forbid** [fə'bɪd] *v. t.,* **-dd-, forbad** [fə'bæd] *or* **forbade** [fə'bæd, fə'beɪd], **forbidden** [fə'bɪdn] **a) ~ sb. to do sth.** jmdm. verbieten, etw. zu tun; **~ [sb.] sth.** [jmdm.] etw. verbieten; **it is ~den [to do sth.]** es ist verboten *od.* nicht gestattet[, etw. zu tun]; **'the taking of photographs is ~den'** „Fotografieren nicht gestattet"; **b)** *(make impossible)* nicht zulassen; nicht erlauben; **I'd like to do it but time ~s** ich würde es gern tun, finde aber nicht die Zeit dazu; **but decency ~s** aber das verbietet [mir] der Anstand; **God/Heaven ~ [that ...]!** Gott/der Himmel bewahre[, daß ...]!; *(future)* der Himmel verhüte[, daß ...]

**forbidden** [fə'bɪdn] **1.** *see* **forbid. 2.** *adj.* verboten; **~ fruit** *(fig.)* verbotene Früchte; **~ ground** Gebiet, das nicht betreten werden darf; *(fig.)* **be ~ ground** tabu sein; *see also* **degree e**

**forbidding** [fə'bɪdɪŋ] *adj.* furchteinflößend ⟨*Aussehen, Stimme*⟩; unwirtlich ⟨*Landschaft*⟩; *(fig.)* düster ⟨*Aussicht*⟩

**forbiddingly** [fə'bɪdɪŋlɪ] *adv.* drohend ⟨*sich abzeichnen*⟩; entmutigend ⟨*lang, steil, teuer, schwer*⟩

**forbore, forborne** *see* [2]**forbear**

[1]**force** [fɔ:s] **1.** *n.* **a)** *no pl. (strength, power)* Stärke, *die; (of bomb, explosion, attack, storm)* Wucht, *die; (physical strength)* Kraft, *die;* **[a wind of] ~ 12** *(Meteorol.)* Windstärke 12; **destructive ~ of a bomb** Zerstörungskraft einer Bombe; **achieve sth. by brute ~:** etw. mit roher Gewalt erreichen; **in ~/in great ~** *(in large numbers)* zahlreich/in großer Zahl; *see also* **b; b)** *no pl. (fig.: power, validity)* Kraft, *die; (power to convince)* Überzeugungskraft, *die;* **by ~ of** auf Grund (+ *Gen.*); kraft (+ *Gen.*) *(Papierdt.);* **achieve a victory by ~ of numbers** einen Sieg durch zahlenmäßige Überlegenheit erringen; **~ of conviction/will** Überzeugungs-/Willenskraft, *die;* **~ of arms** Waffengewalt, *die;* **~ of character** Charakterstärke, *die;* **~ of evidence** Beweiskraft, *die;* **have the ~ of law** Gesetzeskraft haben; **argue with much ~:** sehr überzeugend argumentieren; **his dramatic sense comes out with great ~:** seine dramatische Begabung zeigt sich [hier] in voller Stärke; **in ~** *(in effect)* in Kraft; **come into ~** ⟨*Gesetz usw.:*⟩ in Kraft treten; **put in[to] ~:** in Kraft setzen; **the methods currently in ~:** die zur Zeit gängigen Methoden; *see also* **a; c)** *(coercion, violence)* Gewalt, *die;* **use** *or* **employ ~ [against sb.]** Gewalt [gegen jmdn.] anwenden; **use of ~:** Gewaltanwendung, *die;* **by ~:** gewaltsam; mit Gewalt; **resort to ~:** zur Gewalt greifen; **with the threat of ~:** unter Androhung von Gewalt; **d)** *(organized group) (of workers)* Kolonne, *die;* Trupp, *der; (of police)* Einheit, *die; (Mil.)* Armee, *die;* Streitmacht, *die (veralt.);* **the ~s** die Armee; **be in the ~s** beim Militär sein; **the ~** *(Police)* die Polizei; **a large ~ of infantry/naval ~:** starke Infanterie-/Marineverbände; **join ~s [with sb.]** *(fig.)* sich [mit jmdm.] zusammentun; *see also* **armed; labour force; police force; sales force; task force; work-force; e)** *(forceful agency or person)* Kraft, *die;* Macht, *die;* **a ~ for evil** ein Handlanger *od.* Werkzeug des Bösen; **the ~s of destiny/evil** die Macht des Schicksals/Bösen; **there are ~s in action/at work here ...:** hier walten Kräfte/sind Kräfte am Werk ...; **he is a ~ in the land** *(fig.)***/a ~ to be reckoned with** er ist ein einflußreicher Mann im Land/eine Macht, die nicht zu unterschätzen ist; *see also* **life force; spent b; f)** *(meaning)* Bedeutung, *die;* **g)** *(Phys.)* Kraft, *die.* **2.** *v. t.* **a)** *(coerce by violent means)* **~ sb. to do sth.** jmdn. zwingen, etw. zu tun; **~ sb. into marriage/compliance** jmdn. zur Heirat zwingen/jmds. Einverständnis erzwingen; **be ~d into war** sich zum Krieg gezwungen sehen; **be ~d to do sth.** gezwungen sein *od.* sich gezwungen sehen, etw. zu tun; **~ sb. out of the room [at gunpoint]** jmdn. [mit vorgehaltener Waffe] zwingen, das Zimmer zu verlassen; **b)** *(compel by non-violent means)* **~ sb./oneself [to do sth.]** jmdn./sich zwingen[, etw. zu tun]; **~ sb./oneself into sth.** *(fig.)* jmdn./sich zu etw. zwingen; **I was ~d to accept/into accepting the offer** ich fühlte mich verpflichtet/ich war *od.* sah mich gezwungen, das Angebot anzunehmen; **I was ~d to the conclusion** *or* **to conclude that ...** *(fig.)* ich mußte zu dem Schluß gelangen, daß ...; **~ sb.'s hand** *(fig.)* jmdn. zwingen zu handeln; *see also* **issue 1 f; c)** *(take by ~)* **~ sth. from sb.** jmdm. etw. entreißen; **he ~d it out of her hands** er riß es ihr aus der Hand; **~ a promise out of sb.** *(fig.)* jmdm. ein Versprechen abringen; **~ a confession from sb.** *(fig.)* jmdn. zu einem Geständnis zwingen; **~ a smile from sb.** *(fig.)* jmdm. ein Lächeln entlocken; **d)** *(push)* **~ sth. into sth.** etw. in etw. *(Akk.)* [hinein]zwängen; **~ sth. [up] through an opening** etw. [nach oben und] durch eine Öffnung pressen; **~ one's way** sich *(Dat.)* [gewaltsam] einen Weg bahnen; **e)** *(impose, inflict)* **~ sth. [up]on sb.** jmdm. etw. aufzwingen; **he ~d his attentions on her** er drängte sich ihr mit seinen Aufmerksamkeiten auf; **f)** *(break open)* **~ [open]** aufbrechen; **g)** *(storm)* stürmen ⟨*Festung*⟩; **h)** *(effect by violent means)* sich *(Dat.)* erzwingen ⟨*Zutritt*⟩; **~ one's way in[to a building]** sich *(Dat.)* mit Gewalt Zutritt [zu einem Gebäude] verschaffen; **I had to ~ my way out** ich mußte Gewalt anwenden, um herauszukommen; **i) ~ the pace** *(lit. or fig.)* das Tempo forcieren; **~ the bidding** das Gebot in die Höhe treiben; **j)** *(produce with effort)* sich zwingen zu; **~ a smile** sich zu einem Lächeln zwingen; **k)** *(put strained sense upon)* Gewalt antun (+ *Dat.*); vergewaltigen ⟨*Sprache*⟩; überstrapazieren ⟨*Vergleich*⟩; **l)** treiben ⟨*Pflanzen*⟩; **m)** *(rape)* **~ a woman** einer Frau *(Dat.)* Gewalt antun *(veralt.)*

**~ 'down** *v. t.* **a)** drücken ⟨*Preis*⟩; **b)** *(compel to land)* zur Landung zwingen ⟨*Flugzeug*⟩; **c)** *(make oneself eat)* herunterwürgen *(ugs.)* ⟨*Nahrung*⟩

**~ 'up** *v. t.* hochtreiben ⟨*Preis*⟩

[2]**force** *n. (N. Engl.)* Wasserfall, *der*

**forced** [fɔ:st] *adj.* **a)** *(contrived, unnatural)* gezwungen; gewollt ⟨*Geste, Vergleich, Metapher*⟩; gekünstelt ⟨*Benehmen*⟩; **b)** *(compelled by force)* erzwungen; Zwangs⟨*arbeit, -anleihe*⟩; **~-labour camp** Arbeitslager, *das;* **c)** *(produced artificially)* **~ vibration** *(Phys.)* unfreie *od.* erzwungene Schwingung; **~-air ventilation** Zwangslüftung, *die (Technik)*

**forced: ~ 'landing** *n.* Notlandung, *die;* **~ 'march** *n. (Mil.)* Gewaltmarsch, *der;* **~ 'marriage** *n.* erzwungene Ehe

'**force-feed** *v. t.* zwangsernähren; *(fig.)* vollstopfen **(on** mit)

**forceful** ['fɔ:sfl] *adj.* stark ⟨*Persönlichkeit, Charakter*⟩; energisch ⟨*Person, Art, Stimme, Maßnahme*⟩; überzeugend ⟨*Darlegung*⟩; schwungvoll ⟨*Rede-, Schreibweise*⟩; eindrucksvoll ⟨*Sprache*⟩; eindringlich ⟨*Worte*⟩

**forcefully** ['fɔ:sfəlɪ] *adv.* eindringlich ⟨*reden, darlegen*⟩; energisch ⟨*verfolgen, umgehen*⟩; nachdrücklich ⟨*erinnern*⟩

**force majeure** [fɔ:s mɑ'ʒɜ:(r)] *n.* höhere Gewalt

'**forcemeat** *n. (Cookery)* Farce, *die*

**forceps** ['fɔ:seps] *n., pl. same* **[pair of] ~:** Zange, *die;* **obstetrical ~:** Geburtszange, *die;* **~ baby/delivery** Zangengeburt, *die*

**forcible** ['fɔ:sɪbl] *adj.* **a)** *(done by force)* gewaltsam; **b)** *see* **forceful**

**forcibly** ['fɔ:sɪblɪ] *adv.* **a)** *(by force)* gewaltsam; mit Gewalt; **b)** *see* **forcefully**

**forcing-house** ['fɔ:sɪŋhaʊs] *n. (lit. or fig.)* Treibhaus, *das*

**ford** [fɔ:d] **1.** *n.* Furt, *die.* **2.** *v. t.* durchqueren; *(wade through)* durchwaten

**fore** [fɔ:(r)] **1.** *adj., esp. in comb.* vorder...; Vorder⟨*teil, -front usw.*⟩. **2.** *n.* **[be/come] to the ~:** im Vordergrund [stehen]/in den Vordergrund [rücken]. **3.** *int. (Golf)* Achtung. **4.** *adv. (Naut.)* vorn; **~ and aft** längs[schiffs]

**fore-and-'aft** *(Naut.)* **1.** *adj.* Längs-; **~ sail** Schratsegel, *das.* **2.** *adv.* längs[schiffs]; **~ rigged** längsschiffs getakelt

[1]'**forearm** *n.* Unterarm, *der*

[2]**fore'arm** *v. t.* rüsten; *(fig.)* **be ~ed** gerüstet *od.* vorbereitet sein; *see also* **forewarn**

**forebear** *see* [1]**forbear**

**fore'bode** *v. t. (portend)* ankündigen; **these clouds ~ a storm** die Wolken bedeuten *od.* deuten auf Sturm

**foreboding** [fɔ:'bəʊdɪŋ] *n.* Vorahnung, *die; (unease caused by premonition)* ungutes Gefühl; *(omen)* Vorzeichen, *das;* Omen, *das*

'**forecast 1.** *v. t.,* **~** *or* **~ed** vorhersagen. **2.** *n.* Voraussage, *die;* Prognose, *die; (Meteorol.)* [Wetter]vorhersage, *die;* Wetterbericht, *der;* **the ~ is for rain** laut Wettervorhersage wird es regnen

'**forecaster** *n.* Meteorologe, *der*/Meteorologin, *die*

**forecastle** ['fəʊksl] *n. (Naut.)* Back, *die; (Hist.: deck)* [Vorder]kastell, *das*

**foreclose** [fɔ:'kləʊz] *(Law)* **1.** *v. t.* kündigen; **~ a mortgage** eine Hypothekenforderung geltend machen. **2.** *v. i.* **~ on sb./a mortgage** eine Hypothekenforderung gegenüber jmdm./eine Hypothekenforderung geltend machen

**'forecourt** *n.* Vorhof, *der;* ~ **attendant** ≈ Tankwart, *der;* ~ **service** Service an der Tankstelle
**'foredeck** *n. (Naut.)* Vordeck, *das*
**fore'doom** *v. t.* vorherbestimmen; **be ~ed to failure** zum Scheitern verurteilt sein
**'forefather** *n., usu. in pl.* Vorfahr, *der;* **our ~s** unsere Vorväter
**'forefinger** *n.* Zeigefinger, *der*
**'forefoot** *n.* Vorderfuß, *der*
**'forefront** *n.* **[be] in the ~ of** in vorderster Linie (+ *Gen.*) [stehen]
**foregather** *see* **forgather**
**forego** *see* **forgo**
**foregoing** ['fɔ:gəʊɪŋ, fɔ:'gəʊɪŋ] *adj.* vorhergehend
**'foregone** *adj.* **be a ~ conclusion** *(be predetermined)* von vornherein feststehen; *(be certain)* so gut wie sicher sein
**'foreground** *n.* Vordergrund, *der*
**'forehand** *(Tennis etc.)* **1.** *adj.* Vorhand-. **2.** *n. (also part of horse)* Vorhand, *die*
**forehead** ['fɒrɪd, 'fɔ:hed] *n.* Stirn, *die*
**foreign** ['fɒrɪn] *adj.* **a)** *(from abroad)* ausländisch; Fremd⟨*herrschaft, -kapital, -sprache*⟩; fremdartig ⟨*Gebräuche*⟩; fremdländisch ⟨*Aussehen*⟩; ~ **word** fremdsprachliches Wort; *(used in English)* Fremdwort, *das;* **talk ~** *(coll.)* auswärts reden *od.* sprechen *(ugs. scherzh.)*; ~ **worker** Gastarbeiter, *der/*-arbeiterin, *die;* **he is ~:** er ist Ausländer; **b)** *(abroad)* fremd; Auslands⟨*reise, -niederlassung, -markt*⟩; ~ **country** Ausland, *das;* **from a ~ country** aus einem anderen Land; aus dem Ausland; ~ **travel** Reisen ins Ausland; *see also* **part 1 g; c)** *(related to countries abroad)* außenpolitisch; Außen⟨*politik, -handel*⟩; ~ **affairs** auswärtige Angelegenheiten; **spokesman on ~ affairs** außenpolitischer Sprecher; ~ **news** Nachrichten aus dem Ausland; **d)** *(from outside)* fremd; ~ **body** *or* **substance** Fremdkörper, *der;* **e)** *(alien, unfamiliar)* fremd; **be ~ to sb./sb.'s nature** jmdm. fremd sein/ nicht jmds. Art sein; **be ~ to sth.** *(unrelated)* in keiner Beziehung zu etw. stehen
**foreign: ~ 'aid** *n.* Entwicklungshilfe, *die;* **F~ and 'Commonwealth Office** *n. (Brit.)* Außenministerium, *das;* ~ **cor're'spondent** *n. (Journ.)* Auslandskorrespondent, *der/*-korrespondentin, *die*
**foreigner** ['fɒrɪnə(r)] *n.* Ausländer, *der/* Ausländerin, *die*
**foreign: ~ ex'change** *n. (dealings)* Devisenhandel, *der; (currency)* fremde Währung; Devisen *Pl.*; **~ exchange market** Devisenmarkt, *der;* **~ 'language** *n.* Fremdsprache, *die; attrib.* **~-language newspaper/broadcast** fremdsprachige Zeitung/Rundfunksendung; **~-language teaching** Fremdsprachenunterricht, *der;* **~ 'legion** *n.* Fremdenlegion, *die;* **F~ 'Minister** *n.* Außenminister, *der;* **F~ 'Ministry** *n.* Außenministerium, *das;* **F~ Office** *n. (Brit. Hist./coll.)* Außenministerium, *das;* Auswärtiges Amt; **~-owned** *adj.* **~-owned subsidiaries** Tochtergesellschaften in ausländischem Besitz; **F~ 'Secretary** *n. (Brit.)* Außenminister, *der;* ~ **service** *see* **diplomatic service**
**fore'knowledge** *n.* vorherige Kenntnis; **with the ~ that ...:** im Wissen, daß ...
**'forelady** *(Amer.) see* **forewoman a**
**foreland** ['fɔ:lənd] *n. (Geog.)* Kap, *das*
**'foreleg** *n.* Vorderbein, *das;* Vorderlauf, *der (Jägerspr.)*
**'forelimb** *n.* Vordergliedmaße, *die*
**'forelock** *n.* Stirnlocke, *die;* **take time** *etc.* **by the ~** *(fig.)* die Gelegenheit beim Schopf ergreifen; **touch one's ~** *(coll. joc.)* einen Diener machen *(iron.)*
**foreman** ['fɔ:mən] *n., pl.* **foremen** ['fɔ:mən] **a)** *(chief workman)* Vorarbeiter, *der;* Werkmeister, *der;* **b)** *(Law)* Sprecher [der Geschworenen/*(in Germany)* der Schöffen]
**'foremast** *n. (Naut.)* Fockmast, *der*
**foremost** ['fɔ:məʊst, 'fɔ:məst] **1.** *adj.* **a)** vorderst...; **the two ~ runners** die beiden Läufer an der Spitze; **fall downstairs head ~:** mit dem Kopf zuerst die Treppe hinunterfallen; **b)** *(fig.)* führend; **be in the ~ rank** zur Spitze zählen. **2.** *adv. see* **first 2 e**
**'forename** *n.* Vorname, *der*
**'forenoon** *n. (Naut., Law/arch.)* Vormittag, *der;* **in the ~:** am Vormittag
**forensic** [fə'rensɪk] *adj.* gerichtlich; forensisch *(fachspr.)*; ~ **medicine** Gerichtsmedizin, *die;* ~ **science** Kriminaltechnik, *die;* ~ **laboratory** kriminaltechnisches Labor
**'fore-paw** *n.* Vorderpfote, *die*
**'foreplay** *n.* Vorspiel, *das*
**'forerunner** *n.* **a)** *(predecessor)* Vorläufer, *der/*Vorläuferin, *die;* **b)** *(harbinger, sign)* Vorbote, *der*
**foresail** ['fɔ:seɪl, 'fɔ:sl] *n. (Naut.)* Focksegel, *das*
**foresaw** *see* **foresee**
**foresee** [fɔ:'si:] *v. t., forms as* **[1]see** voraussehen; **trouble which had not been ~n** unvorhergesehener Ärger; **as far as one can ~** *or* **as can be ~n** aller Voraussicht nach
**foreseeable** [fɔ:'si:əbl] *adj.* **a)** vorhersehbar; **b) in the ~ future** in nächster Zukunft; in absehbarer Zeit
**foreseen** *see* **foresee**
**fore'shadow** *v. t.* vorausahnen lassen; vorausdeuten auf (+ *Akk.*)
**'foreshore** *n.* Vorland, *das; (between high-water and low-water marks)* ≈ Strand, *der*
**fore'shorten** *v. t.* **a)** *(Art, Photog.)* [perspektivisch] verkürzen; **b)** *(shorten, condense)* verkürzen; verdichten *(fig.)* ⟨*Ereignisse*⟩
**'foresight** *n., no pl.* Weitblick, *der;* Voraussicht, *die;* **act with ~:** vorausschauend handeln; **use ~:** vorausschauend sein; Weitblick zeigen; **have the ~ to do sth.** so vorausschauend sein, etw. zu tun
**'foreskin** *n. (Anat.)* Vorhaut, *die*
**forest** ['fɒrɪst] *n.* **a)** Wald, *der; (commercially exploited)* Forst, *der; attrib.* Wald⟨*brand, -land*⟩; **covered in ~s** bewaldet; ~ **law** Forstrecht, *das;* ~ **warden** *or (Amer.)* **ranger** Förster, *der; see also* **deer-forest; b)** *(fig.)* Wald, *der* **(of** von); *(of ideas etc.)* Gewirr, *das;* Wust, *der (abwertend)*
**fore'stall** *v. t.* zuvorkommen (+ *Dat.*); *(prevent by prior action)* vermeiden; *(anticipate)* vorhersehen
**'forestay** *n. (Naut.)* Vorstag, *das*
**forested** ['fɒrɪstɪd] *adj.* bewaldet
**forester** ['fɒrɪstə(r)] *n.* **a)** *(warden)* Förster, *der;* **b)** *(dweller)* Waldbewohner, *der*
**forestry** ['fɒrɪstrɪ] *n.* Forstwirtschaft, *die; (science)* Forstwissenschaft, *die;* **F~ Commission** *(Brit.) britische Forstbehörde*
**'forest-tree** *n.* Waldbaum, *der;* Forstbaum, *der*
**'foretaste** *n.* Vorgeschmack, *der;* **have a ~ of sth.** einen Vorgeschmack von etw. bekommen
**fore'tell** *v. t.,* **foretold** vorhersagen; voraussagen
**'forethought** *n. (prior deliberation)* [vorherige] Überlegung; *(care for the future)* Vorausdenken, *das; (premeditation)* Vorausplanung, *die*
**foretold** *see* **foretell**
**forever** [fə'revə(r)] *(Amer.)* = **for ever;** *see* **ever a**
**fore'warn** *v. t.* vorwarnen; **we were ~ed of the difficulties** man hatte uns vor den Schwierigkeiten gewarnt; **~ed is forearmed** *(prov.)* wer gewarnt ist, ist gewappnet
**fore'warning** *n.* Vorwarnung, *die;* **be given adequate ~:** hinreichend vorgewarnt sein
**'forewoman** *n.* **a)** *(chief workwoman)* Vorarbeiterin, *die;* **b)** *(Law)* Sprecherin [der Geschworenen/*(in Germany)* der Schöffen]
**'foreword** *n.* Vorwort, *das*
**forfeit** ['fɔ:fɪt] **1.** *v. t.* verlieren *(auch fig.)*; einbüßen *(geh., auch fig.)*; verlustig gehen (+ *Gen.*) *(Amtsspr.)*; verwirken *(geh.)* ⟨*Recht, jmds. Gunst*⟩; **he ~ed the good opinion of his friends** er verscherzte sich *(Dat.)* die Sympathien seiner Freunde. **2.** *n.* **a)** *(penalty)* Strafe, *die; (fig.)* Preis, *der;* **b)** *(Games)* Pfand, *das;* **pay/redeem a ~:** ein Pfand geben/einlösen; **c)** *(~ing)* Verlust, *der;* Einbuße, *die.* **3.** *adj.* **be ~:** verfallen **(to** *Dat.*); ⟨*Leben, Recht:*⟩ verwirkt sein *(geh.)*
**forfeiture** ['fɔ:fɪtʃə(r)] *n.* Verlust, *der;* Einbuße, *die*
**forgather** [fɔ:'gæðə(r)] *v. i.* sich treffen; zusammenkommen
**forgave** *see* **forgive**
**[1]forge** [fɔ:dʒ] **1.** *n.* **a)** *(workshop)* Schmiede, *die;* **b)** *(blacksmith's hearth)* Esse, *die; (furnace for melting or refining metal)* Schmiedeofen, *der.* **2.** *v. t.* **a)** schmieden **(into** zu); **b)** *(fig.)* schmieden ⟨*Plan, Verbindung*⟩; schließen ⟨*Vereinbarung, Freundschaft, Frieden*⟩; prägen ⟨*Charakter*⟩; *(fabricate)* erfinden; sich *(Dat.)* ausdenken; **c)** *(counterfeit)* fälschen; **~d money** Falschgeld, *das*
**[2]forge** *v. i.* **a)** *(advance rapidly)* ~ **into the lead** die Führung übernehmen; in Führung gehen; ~ **ahead** [das Tempo] beschleunigen; ⟨*Wettläufer:*⟩ vorstoßen; *(fig.)* vorankommen; Fortschritte machen; *(take lead)* sich an die Spitze setzen; die Führung übernehmen; **b)** *(progress steadily)* ~ **on** *(lit. or fig.)* [stetig] vorankommen
**forger** ['fɔ:dʒə(r)] *n.* Fälscher, *der/*Fälscherin, *die*
**forgery** ['fɔ:dʒərɪ] *n.* Fälschung, *die;* **commit an act of ~:** eine Fälschung begehen
**forget** [fə'get] **1.** *v. t.,* **-tt-, forgot** [fə'gɒt], **forgotten** [fə'gɒtn] *or (Amer./arch./poet.)* **forgot a)** vergessen; *(~ learned ability)* verlernen; vergessen; **these names are easy to ~** *or* **easily forgotten** diese Namen vergißt man leicht; **gone but not forgotten** in bleibender Erinnerung; *(iron.)* aus den Augen, aber schwerlich aus dem Sinn; **never-to-be-forgotten** unvergeßlich; **I was quite ~ting you know her** ich habe ganz vergessen, daß du sie ja kennst; **I ~ his name** *(have forgotten)* ich habe seinen Namen vergessen; **~ doing sth./having done sth.** vergessen, daß man etw. getan hat; **~ to do sth.** vergessen, etw. zu tun; **don't ~ that ...:** vergiß nicht *od.* denk[e] daran, daß ...; **~ how to dance** das Tanzen verlernen; **a thrashing he won't ~ in a hurry** eine Tracht Prügel, die er nicht so schnell vergessen wird; **b)** *(leave)* vergessen; **c) and don't you ~ it** *(coll.)* vergiß das ja nicht; **~ sth.** *(decide to ignore)* etw. beiseite lassen; **~ it!** *(coll.)* schon gut!; vergiß es! **2.** *v. i.,* **-tt-, forgot, forgotten** es vergessen; **I almost forgot** fast hätte ich es vergessen; **I quite forgot** ich habe es ganz vergessen; **~ about sth.** etw. vergessen; **~ about it!** *(coll.)* schon gut!; **I had forgotten all about his** *or* **him coming today** ich hatte ganz vergessen, daß er heute kommt; **I forgot about Joe** ich habe gar nicht an Joe gedacht. **3.** *v. refl.,* **-tt-, forgot, forgotten a)** *(act unbecomingly or unworthily)* sich vergessen; **b)** *(neglect one's own interests)* sich selbst vergessen; nicht an sich *(Akk.)* denken
**forgetful** [fə'getfl] *adj.* **a)** *(absent-minded)* vergeßlich; **b) ~ of sth.** ohne an etw. *(Akk.)* zu denken; **be ~ of sth.** etw. vergessen; **be ~ of one's duty** seine Pflicht vernachlässigen
**forgetfully** [fə'getfəlɪ] *adv.* in Gedanken
**forgetfulness** [fə'getflnɪs] *n., no pl.* Vergeßlichkeit, *die;* Zerstreutheit, *die;* **in a moment of ~:** in einem Moment von Geistesabwesenheit
**for'get-me-not** *n. (Bot.)* Vergißmeinnicht, *das; attrib.* **~ blue** vergißmeinnichtblau
**forgettable** [fə'getəbl] *adj.* **easily ~:** leicht zu vergessen

**forging** ['fɔ:dʒɪŋ] *n. (object)* Schmiedestück, *das*
**forgivable** [fə'gɪvəbl] *adj.* verständlich; verzeihlich
**forgivably** [fə'gɪvəblɪ] *adv.* verständlicherweise
**forgive** [fə'gɪv] *v. t.,* **forgave** [fə'geɪv], **forgiven** [fə'gɪvn] **a)** vergeben ⟨*Sünden*⟩; verzeihen ⟨*Unrecht*⟩; entschuldigen, verzeihen ⟨*Unterbrechung, Neugier, Ausdrucksweise*⟩; **~ sb. [sth.** *or* **for sth.]** jmdm. [etw.] verzeihen *od. (geh.)* vergeben; **~ sb. for doing sth.** jmdm. verzeihen, daß er/sie etw. getan hat; **God ~ me** möge Gott mir vergeben; **am I ~n?** verzeihst du mir?; **you are ~n** ich verzeihe dir; **~ us [for] our sins** vergib uns unsere Sünden; **I'll never ~ myself for not having offered to help** ich werde es mir nie verzeihen, nicht wenigstens meine Hilfe angeboten zu haben; **~ me for saying so, but ...:** entschuldigen *od.* verzeihen Sie[, daß ich es sage], [aber] ...; **she doesn't ~ easily** es fällt ihr schwer zu verzeihen; **~ and forget** vergeben und vergessen; **b)** *(remit, let off)* erlassen; **~ sb. a debt** jmdm. eine Schuld erlassen
**forgiveness** [fə'gɪvnɪs] *n., no pl.* Verzeihung, *die; (esp. of sins)* Vergebung, *die (geh.);* **ask/beg [sb.'s] ~:** [jmdn.] um Verzeihung/*(geh.)* Vergebung bitten; **grant sb. [one's] ~:** jmdm. verzeihen; **~ of sins** Vergebung der Sünden; Sündenvergebung, *die*
**forgiving** [fə'gɪvɪŋ] *adj.,* **forgivingly** [fə'gɪvɪŋlɪ] *adv.* versöhnlich
**forgo** [fɔ:'gəʊ] *v. t., forms as* [1]**go** verzichten auf (+ *Akk.*)
**forgone** *see* **forgo**
**forgot, forgotten** *see* **forget**
**fork** [fɔ:k] **1.** *n.* **a)** *(for eating with)* Gabel, *die;* **knife and ~:** Messer und Gabel; Besteck, *das;* **the knives and ~s** das Besteck; **~ lunch** Gabelfrühstück, *das (veralt.);* ≈ kaltes Büfett; **~ supper** ≈ kaltes Büfett; **b)** *(Agric.)* Gabel, *die;* Forke, *die (bes. nordd.);* **c)** *in sing. or pl. (on bicycle)* Gabel, *die;* **d)** *([point of] division into branches)* Gabelung, *die; (one branch)* Abzweigung, *die; (of tree)* Astgabel, *die.* **2.** *v. i.* **a)** *(divide)* sich gabeln; **b)** *(turn)* abbiegen; **~ [to the] left [for]** [nach] links abbiegen [nach]. **3.** *v. t.* gabeln; **~ in manure** Mist [mit einer Gabel] untergraben
**~ 'out** *(sl.)* **1.** *v. t.* lockermachen *(ugs.);* **~ out money** blechen *(ugs.).* **2.** *v. i.* **~ out [for sth.]** [für etw.] blechen *(ugs.)*
**~ 'over** *v. t.* lockern ⟨*Boden*⟩
**~ 'up** *see* **~ out**
**forked** [fɔ:kt] *adj.* gegabelt; **speak with ~ tongue** *(fig.)* mit gespaltener *od.* doppelter Zunge sprechen *(geh.)*
**forked 'lightning** *n., no pl., no indef. art.* Linienblitz, *der*
**'fork-lift truck** *n.* Gabelstapler, *der*
**forlorn** [fə'lɔ:n] *adj.* **a)** *(desperate)* verzweifelt; **~ hope** *(faint hope)* verzweifelte Hoffnung; *(desperate enterprise)* aussichtsloses Unterfangen; **b)** *(forsaken)* [einsam und] verlassen; *(wretched)* erbärmlich *(auch fig.);* desolat ⟨*Anblick, Zustand*⟩
**form** [fɔ:m] **1.** *n.* **a)** *(type, guise, style)* Form, *die;* **~ of address** [Form der] Anrede; **~ of life/government** Lebens-/Regierungsform, *die;* **the reward will take the ~ of a holiday** die Belohnung wird eine Urlaubsreise sein; **malaria takes various ~s** Malaria äußert sich in verschiedenen Formen; **in human ~:** in menschlicher Gestalt; in Menschengestalt; **in the ~ of** in Form von *od.* + *Gen.;* **in book ~:** in Buchform; als Buch; **b)** *no pl. (shape, visible aspect)* Form, *die;* Gestalt, *die; (Lit., Mus., Art)* Form, *die;* **~ without substance** Form ohne Inhalt; **take ~** *(lit. or fig.)* Gestalt annehmen *od.* gewinnen; **give ~ to sth.** einer Sache *(Dat.)* Gestalt geben *od.* verleihen; **the ~ and content of a novel** Form und Inhalt eines Romans; **c)** *(printed sheet)* Formular, *das;* **d)** *(Brit. Sch.)* Klasse, *die;* **first/second** *etc.* **~:** erste/zweite *usw.* Klasse *(an einer weiterführenden Schule); see also* **sixth form; e)** *(bench)* Bank, *die;* **f)** *no pl., no indef. art. (Sport: physical condition)* Form, *die;* **peak ~:** Bestform, *die;* **improvement in ~:** Formanstieg, *der;* **out of ~:** außer Form; nicht in Form; **in [good] ~** *(lit. or fig.)* [gut] in Form; **in top ~/at the top of his** *etc.* **~** *(lit. or fig.)* in Höchstform; **she was in great ~ at the party** *(fig.)* bei der Party war sie groß in Form; **on/off ~** *(lit. or fig.)* in/nicht in Form; **be slightly off ~:** nicht ganz in Form sein; **g)** *(Sport: previous record)* bisherige Leistungen; **on/judging by [past/present] ~** *(fig.)* nach der Papierform; **true to ~** *(fig.)* wie üblich *od.* zu erwarten; **h)** *(set procedure)* **in due/proper ~:** in angemessener/richtiger Form; **matter of ~:** Routineangelegenheit *od.* -sache, *die;* **as a matter of ~:** der Form halber; **common ~:** übliches Verfahren; **what's the ~?** was ist das übliche Verfahren?; **tell me the ~:** wie wird üblicherweise verfahren?; **i)** *(etiquette)* **for the sake of ~:** der Form halber; um der Form zu genügen; **good/bad ~:** gutes/schlechtes Benehmen; **it's bad** *or* **not good ~ to do this** so etwas gehört sich nicht; **j)** *(figure)* Gestalt, *die;* **k)** *(Ling.)* Form, *die;* **plural ~:** Pluralform, *die;* Plural, *der;* **feminine ~:** Femininum, *das;* **negative ~:** Verneinung, *die;* Negation, *die;* **l)** *(Philos.)* Form, *die;* **m)** *no pl. (sl.: criminal record)* Vorstrafe, *die;* **have ~:** vorbestraft sein; **n)** *(hare's lair)* Lager, *das;* Sasse, *die (Jägerspr.);* **o)** *see* **formwork. 2.** *v. t.* **a)** *(make; also Ling.)* bilden; **be ~ed from sth.** aus etw. entstehen; **b)** *(shape, mould)* formen, gestalten **(into** zu); *(fig.)* formen ⟨*Charakter usw.*⟩; **c)** *(construct in the mind)* sich *(Dat.)* bilden ⟨*Meinung, Urteil*⟩; gewinnen ⟨*Eindruck*⟩; fassen ⟨*Entschluß, Plan*⟩; kommen zu ⟨*Schluß*⟩; vornehmen ⟨*Schätzung*⟩; *(acquire, develop)* entwickeln ⟨*Vorliebe, Ge wohnheit, Wunsch*⟩; schließen ⟨*Freundschaft*⟩; **d)** *(constitute, compose, be, become)* bilden; **Schleswig once ~ed [a] part of Denmark** Schleswig war einmal ein Teil von Dänemark; **Joe ~ed one of our party** Joe war einer von uns; **young people ~ed the bulk of the protesters** das Gros der Protestierenden bestand aus jungen Leuten; **e)** *(establish, set up)* bilden ⟨*Regierung*⟩; gründen ⟨*Bund, Verein, Firma, Partei, Gruppe*⟩; **the men ~ed themselves into a committee** die Männer gründeten ein Komitee; **f)** *(take formation as)* bilden; **the dancers ~ed [themselves into] a circle** die Tänzer bildeten einen Kreis. **3.** *v. i.* **a)** *(come into being)* sich bilden; ⟨*Idee:*⟩ sich formen, Gestalt annehmen; **b)** *(fully develop)* sich ausformen; **c)** *(Mil.)* sich aufstellen **(in[to]** in + *Dat.*); sich formieren **(in[to]** zu); **~ [up]** sich formieren
**formal** ['fɔ:ml] **1.** *adj.* **a)** formell; förmlich ⟨*Person, Art, Einladung, Begrüßung*⟩; steif ⟨*Person, Begrüßung*⟩; *(official)* offiziell; *(regular)* regelmäßig angelegt ⟨*Garten*⟩; **wear ~ dress** *or* **clothes** Gesellschaftskleidung tragen; **~ call** Höflichkeitsbesuch, *der;* **b)** *(explicit)* formell; *(in recognized form)* traditionell; herkömmlich; **a ~ 'yes'/'no'** eine bindende Zusage/endgültige Absage; **~ education/knowledge** ordentliche Schulbildung/reales Wissen; **make a ~ apology** sich in aller Form entschuldigen; **c)** *(of the outward form)* formal; äußerlich; *(Philos., Logic)* formal. **2.** *n. (Amer.)* **a)** *(event)* gesellschaftliches Ereignis; **b)** *(dress)* Gesellschaftskleidung, *die*
**formaldehyde** [fɔ:'mældɪhaɪd] *n. (Chem.)* Formaldehyd, *der*
**formalise** *see* **formalize**
**formalism** ['fɔ:məlɪzm] *n.* Formalismus, *der*
**formality** [fɔ:'mælɪtɪ] *n.* **a)** *(requirement)* Formalität, *die;* **drop the** *or* **dispense with the formalities** sich nicht mit Formalitäten aufhalten; **b)** *no pl. (being formal, ceremony)* Förmlichkeit, *die*
**formalize** ['fɔ:məlaɪz] *v. t.* **a)** *(specify and systematize)* formalisieren; **b)** *(make official)* formell bekräftigen
**formally** ['fɔ:məlɪ] *adv.* **a)** *(ceremoniously)* formell; förmlich; feierlich ⟨*empfangen*⟩; *(officially)* offiziell; *(regularly)* regelmäßig; **b)** *(explicitly)* ausdrücklich ⟨*formulieren, wünschen*⟩; in aller Form ⟨*sich entschuldigen*⟩; **c)** *(in form)* formal; äußerlich
**format** ['fɔ:mæt] **1.** *n.* **a)** *(of book) (general appearance, layout)* Aufmachung, *die; (shape and size)* Format, *das;* **b)** *(Telev., Radio: of programme)* Aufbau, *der;* **c)** *(Computing)* Format, *das.* **2.** *v. t.,* **-tt-** *(Computing)* formatieren
**formation** [fɔ:'meɪʃn] *n.* **a)** *no pl. (forming) (of substance, object)* Bildung, *die; (of character)* Formung, *die; (of handwriting)* Ausbildung, *die;* Ausformung, *die; (of plan)* Entstehung, *die; (Ling.)* Bildung, *die; (establishing)* Gründung, *die;* **b)** *(thing formed; also Ling.)* Bildung, *die;* **c)** *(Mil., Aeronaut., Dancing)* Formation, *die; (Footb.)* Aufstellung, *die;* **battle ~:** Gefechtsordnung, *die;* **in close ~:** in geschlossener Formation; **~ flying** Formationsflug, *der;* **~ dancing** Formationstanz, *der;* **d)** *(Geol.)* Formation, *die;* **rock ~s** Gesteinsformationen *Pl.;* **e)** *(structure)* Aufbau, *der;* Struktur, *die*
**formative** ['fɔ:mətɪv] *adj.* **a)** formend, prägend ⟨*Einfluß*⟩; **the ~ years of life** die entscheidenden Lebensjahre; **b)** *(Ling.)* wortbildend; **~ element** Wortbildungselement, *das;* Formativ, *das*
**former** ['fɔ:mə(r)] *attrib. adj.* **a)** *(earlier)* früher; *(ex-)* ehemalig; Ex-; **in ~ times** früher; **b)** *(first-mentioned)* **the ~:** der/die/das erstere; *pl.* die ersteren; **in the ~ case** im ersteren Fall
**-former** [fɔ:mə(r)] *n. in comb. (Brit. Sch.)* -kläßler, *der*/-kläßlerin, *die;* **third-~:** Drittkläßler, *der*/-kläßlerin, *die; see also* **sixth-former**
**formerly** ['fɔ:məlɪ] *adv.* früher; **Mrs Bloggs, ~ Miss Smith** Frau Bloggs, früher Fräulein Smith
**Formica, (P)** [fɔ:'maɪkə] *n.* ≈ Resopal, *das* Ⓦz; **surfaced with ~:** kunststoffbeschichtet
**formidable** ['fɔ:mɪdəbl] *adj.* gewaltig; ungeheuer; bedrohlich, gefährlich ⟨*Herausforderung, Gegner*⟩; *(arousing dread)* furchterregend; *(awe-inspiring)* formidabel; beeindruckend
**formless** ['fɔ:mlɪs] *adj.* formlos; *(having no physical existence)* immateriell; körperlos
**form: ~ letter** *n.* vorgedruckter Brief; **~-master** *n. (Brit. Sch.)* Klassenlehrer, *der;* **~-mate** *n. (Brit. Sch.)* Klassenkamerad, *der*/-kameradin, *die;* Mitschüler, *der*/-schülerin, *die;* **~-mistress** *n. (Brit. Sch.)* Klassenlehrerin, *die;* **~-room** *n. (Brit. Sch.)* Klassenraum, *der*
**formula** ['fɔ:mjʊlə] *n., pl.* **~s** *or (esp. as tech. term)* **~e** ['fɔ:mjʊli:] **a)** *(Math., Chem., Phys.)* Formel, *die;* **b)** *(fixed form of words)* Formel, *die;* **trite ~s** nichtssagende Floskeln; **find a ~** *(to reconcile differences)* einen gemeinsamen Nenner finden; **c)** *(set form)* Schema, *das;* **d)** *(prescription, recipe)* Rezeptur, *die;* Formel, *die; (fig.)* Rezept, *das;* Formel, *die;* **no sure ~ exists** es gibt kein Patentrezept; **e)** *(Motor-racing)* Formel, *die;* **f)** *(Amer.: infant's food)* Säuglingsmilchpräparat, *das*
**formulate** ['fɔ:mjʊleɪt] *v. t.* formulieren; *(devise)* entwickeln; **~ in words/writing** in Worte fassen/schriftlich formulieren
**formulation** [fɔ:mjʊ'leɪʃn] *n.* Formulierung, *die;* **the ~ of a question** eine Fragestellung
**'formwork** *n.* Schalung, *die*

**fornicate** ['fɔːnɪkeɪt] *v.i.* Unzucht treiben; huren *(abwertend)*

**fornication** [fɔːnɪ'keɪʃn] *n.* Unzucht, *die;* Hurerei, *die (abwertend)*

**forsake** [fə'seɪk] *v.t.*, **forsook** [fə'sʊk], **~n** [fə'seɪkn] **a)** *(give up)* entsagen *(geh.)* (+ *Dat.*); verzichten auf (+ *Akk.*); **b)** *(desert)* verlassen

**forsaken** [fə'seɪkn] *adj.* verlassen

**forsook** *see* **forsake**

**forsooth** [fə'suːθ] *adv. (arch./iron./derog.)* fürwahr *(geh.)*

**forswear** [fɔː'sweə(r)] *v.t., forms as* **swear** abschwören (+ *Dat.*); *(deny)* ableugnen; abschwören *(veralt.)*

**forswore, forsworn** *see* **forswear**

**forsythia** [fɔː'saɪθɪə] *n. (Bot.)* Forsythie, *die*

**fort** [fɔːt] *n. (Mil.)* Fort, *das;* **hold the ~** *(fig.)* die Stellung halten *(fig.)*

**¹forte** ['fɔːteɪ, fɔːt] *n.* Stärke, *die;* starke Seite *(ugs.)*

**²forte** ['fɔːtɪ] *(Mus.)* **1.** *adj.* laut; forte *nicht attr.;* forte gespielt/gesungen; forte. **2.** *adv.* forte. **3.** *n.* Forte, *das*

**fortepiano** [fɔːtɪpɪ'ænəʊ] *n., pl.* **~s** *(Mus.)* Fortepiano, *das*

**forth** [fɔːθ] *adv.* **a) and so ~:** und so weiter; **b) from this/that day** *etc.* **~:** von diesem/jenem Tag *usw.* an; von Stund an *(geh.);* **c)** *(literary)* **stretch ~:** ausstrecken; **give ~:** von sich geben; **go ~:** hinausgehen; ⟨*Befehl:*⟩ ausgehen; *(emerge)* hervorgehen; **ride ~:** losreiten; **show ~:** zeigen

**Forth Bridge** [fɔːθ 'brɪdʒ] *n.* **it's like [painting] the ~** *(fig.)* es ist eine Arbeit, mit der man nie zum Ende kommt

**forthcoming** ['fɔːθkʌmɪŋ, fɔːθ'kʌmɪŋ] *adj.* **a)** *(approaching)* bevorstehend; *(about to appear)* in Kürze zu erwartend; in Kürze anlaufend ⟨*Film*⟩*;* in Kürze erscheinend ⟨*Ausgabe, Buch usw.*⟩; **be ~:** bevorstehen; *(about to appear)* in Kürze zu erwarten sein/anlaufen/erscheinen; **~ events** *(Journ.)* „Veranstaltungskalender"; **b)** *pred. (made available)* **be ~** ⟨*Geld, Antwort:*⟩ kommen; ⟨*Ware:*⟩ geliefert werden; ⟨*Hilfe:*⟩ geleistet werden; **not be ~:** ausbleiben; **c)** *(responsive)* mitteilsam, gesprächig ⟨*Person*⟩; **she wasn't very ~ with hard facts** mit der Mitteilung von Tatsachen hielt sie sich ziemlich zurück

**forthright** ['fɔːθraɪt] *adj.* direkt; offen ⟨*Blick*⟩

**forthwith** [fɔːθ'wɪθ, fɔːθ'wɪð] *adv.* unverzüglich

**fortieth** ['fɔːtɪɪθ] **1.** *adj.* vierzigst...; *see also* **eighth 1. 2.** *n. (fraction)* Vierzigstel, *das; see also* **eighth 2**

**fortification** [fɔːtɪfɪ'keɪʃn] *n.* **a)** *no pl. (Mil.: fortifying)* Befestigung, *die;* **b)** *usu. in pl. (Mil.: defensive works)* Befestigung, *die;* Festungsanlage, *die;* **c)** *(of wine)* Aufspriten, *das*

**fortify** ['fɔːtɪfaɪ] *v.t.* **a)** *(Mil.)* befestigen; **b)** *(strengthen, lit. or fig.)* stärken; **c)** aufspriten ⟨*Wein*⟩; anreichern ⟨*Nahrungsmittel*⟩

**fortissimo** [fɔː'tɪsɪməʊ] *(Mus.)* **1.** *adj.* fortissimo *nicht attr.;* fortissimo gespielt/gesungen; Fortissimo-. **2.** *adv.* fortissimo. **3.** *n., pl.* **~s** *or* **fortissimi** [fɔː'tɪsɪmiː] Fortissimo, *das*

**fortitude** ['fɔːtɪtjuːd] *n., no pl.* innere Stärke

**fortnight** ['fɔːtnaɪt] *n.* vierzehn Tage; zwei Wochen; **a ~ [from] today** heute in vierzehn Tagen; **a ~ on Monday** *etc.* Montag *usw.* in vierzehn Tagen; **a ~ ago today** heute vor vierzehn Tagen; **in a ~['s time]** in vierzehn Tagen; **stay/go away for a ~:** vierzehn Tage [lang] bleiben/[für] vierzehn Tage verreisen; **take a ~'s leave** [sich *(Dat.)*] vierzehn Tage Urlaub nehmen; **once a ~, every ~:** alle vierzehn Tage *od.* zwei Wochen

**fortnightly** ['fɔːtnaɪtlɪ] **1.** *adj.* vierzehntäglich; zweiwöchentlich; **~ magazine** *see* **3;** **at ~ intervals** in Abständen von zwei Wochen; alle zwei Wochen. **2.** *adv.* alle vierzehn Tage; alle zwei Wochen. **3.** *n.* Halbmonatsschrift, *die*

**fortress** ['fɔːtrɪs] *n. (lit. or fig.)* Festung, *die*

**fortuitous** [fɔː'tjuːɪtəs] *adj.*, **fortuitously** [fɔː'tjuːɪtəslɪ] *adv.* zufällig

**fortunate** ['fɔːtʃʊnət, 'fɔːtʃənət] *adj.* glücklich; **it is ~ for sb. [that ...]** es ist jmds. Glück[, daß ...]; **sb. is ~ to be alive** jmd. kann von Glück sagen *od.* reden, daß er noch lebt; **it was very ~ that ...:** es war ein Glück, daß ...; **how ~!, this is ~!** welch ein Glück!

**fortunately** ['fɔːtʃʊnətlɪ, 'fɔːtʃənətlɪ] *adv.* **a)** *(luckily)* glücklicherweise; zum Glück; **~ for everybody/me** zum Glück [aller]/zu meinem Glück; **b)** *(favourably, advantageously)* gut ⟨*dastehen, gestellt sein*⟩

**fortune** ['fɔːtʃən, 'fɔːtʃuːn] *n.* **a)** *(private wealth)* Vermögen, *das;* **family/private ~:** Familien-/Privatvermögen, *das;* **make one's ~:** sein Glück machen; **come into a ~:** ein Vermögen erben; **his brains are his/her face is her ~** *(fig. joc.)* sein Verstand ist sein/ihr Gesicht ist ihr Kapital; **a [small] ~:** ein [kleines] Vermögen; **make a ~:** ein Vermögen machen; **b)** *(prosperous condition)* Glück, *das; (of country)* Wohl, *das;* **seek one's ~:** sein Glück suchen; **c)** *(luck, destiny)* Schicksal, *das;* **bad/good ~:** Pech/Glück, *das;* **that was a piece of good ~:** das war Glück; **by sheer good ~ there was ...:** es war reines Glück, daß ... war; **he's had a change of ~:** das Blatt hat sich [für ihn] gewendet *(ugs.);* **thank one's good ~ that ...:** dem Glück dafür danken, daß ...; **F~** *(personified)* das Glück; Fortuna *(die);* **~ favours the brave** *(prov.)* das Glück ist auf der Seite der Mutigen; **~ smiles on sb.** das Glück lächelt *od.* lacht jmdm.; **tell sb.'s ~:** jmdm. wahrsagen *od.* sein Schicksal vorhersagen; **tell ~s** wahrsagen; *see also* **soldier 1; d)** *in pl. (ups and downs, good or bad luck befalling sb., sth.)* Schicksal, *das;* **the ~s of war** das Kriegsglück *(geh.);* **the changing ~s of the combatants** der wechselnde Erfolg der Kämpfer

**fortune: ~ cookie** *n. (Amer. Cookery) Plätzchen mit einer eingebackenen Weissagung;* **~-hunter** *n. (derog.)* Mitgiftjäger, *der (abwertend);* **~-teller** *n.* Wahrsager, *der*/Wahrsagerin, *die;* **~-telling** *n., no pl.* Wahrsagerei, *die*

**forty** ['fɔːtɪ] **1.** *adj.* vierzig; **have ~ 'winks** ein Nickerchen *(fam.)* machen *od.* halten; **one-and-~** *(arch.) see* **~-one 1;** *see also* **eight 1. 2.** *n.* Vierzig, *die;* **the roaring forties** *(Geog.) stürmisches Ozeangebiet zwischen dem 40. und 50. Breitengrad;* Roaring forties *Pl.;* **the Forties** *(Brit. Geog.) Seegebiet zwischen der Nordostküste Schottlands und der Südwestküste Norwegens;* **one-and-~** *(arch.) see* **~-one 2;** *see also* **eight 2 a; eighty 2**

**forty: ~-'first** *etc. adj.* einundvierzigst... *usw.; see also* **eighth 1; ~-'five** *n. (record)* Single[platte], *die;* **~fold** *adj., adv.* vierzigfach; *see also* **eightfold; ~-'one** *etc.* **1.** *adj.* einundvierzig *usw.; see also* **eight 1; 2.** *n.* Einundvierzig *usw., die; see also* **eight 2 a**

**forum** ['fɔːrəm] *n. (also Roman Hist.)* Forum, *das;* **~ for discussion** [Diskussions]forum, *das;* **the ~ of public opinion** das Forum der Öffentlichkeit

**forward** ['fɔːwəd] **1.** *adv.* **a)** *(in direction faced, onwards in progress)* vorwärts; **bend ~:** sich vorbeugen; **take three steps ~:** drei Schritte vortreten; **~ march!** *(Mil.)* vorwärts marsch!; **b)** *(towards end of room etc. faced)* nach vorn; vor⟨*laufen, -rücken, -schieben*⟩; **work one's way ~:** sich nach vorn durcharbeiten; **the seat is too far ~:** der Sitz ist zu weit vorn; **c)** *(closer)* heran; **rush ~ to help sb.** jmdm. zu Hilfe eilen; **he came ~ to greet me** er kam auf mich zu, um mich zu begrüßen; **d)** *(ahead, in advance)* voraus⟨*schicken, -gehen*⟩; **e)** *(into better state)* **the country began to move ~:** mit dem Land ging es allmählich aufwärts; **f)** *(into future)* voraus⟨*schauen, -denken*⟩; **from that day/time ~:** von dem *od.* jenem Tag an/von da an; **from this day/time ~:** von heute/jetzt an; **date ~** *(Commerc.)* vordatieren; **g)** *(into prominence)* in den Vordergrund; **come ~** *(present oneself)* ⟨*Zeuge, Helfer:*⟩ sich melden; **h)** *(indicating motion) (Naut.)* nach vorn [zum Bug]; *(Aeronaut.)* nach vorn [in den Bug]; **i)** *(Naut., Aeronaut.: indicating position) (inside)* vorn [im Bug]; *(outside)* vorn [am Bug]; **j)** *(Cricket)* **play ~:** nach vorn treten, um zu schlagen. *See also* **backward 1 b; bring forward; carry forward; go forward; go forward with; look forward to; push forward; put forward; set forward. 2.** *adj.* **a)** *(directed ahead)* vorwärts gerichtet; nach vorn *nachgestellt;* **~ movement** Vorwärtsbewegung, *die;* **~ pass** *(Rugby)* Vorpaß, *der;* **~ somersault** Salto vorwärts; **b)** *(at or to the front)* Vorder-; vorder...; **c)** *(lying in one's line of motion)* vor einem *nachgestellt;* **the ~ horizon** der vor einem liegende Horizont; **d)** *(advanced)* frühreif ⟨*Kind, Pflanze, Getreide*⟩*;* fortschrittlich ⟨*Vorstellung, Ansicht, Maßnahme*⟩*;* [früh]zeitig, verfrüht ⟨*Frühling, Blüte*⟩*;* **be well ~ with one's work/in one's plans** mit seiner Arbeit/seinen Plänen gut vorangekommen *od.* weit gediehen sein; **e)** *(bold)* dreist; **f)** *(Commerc.)* Termin⟨*geschäft, -verkauf*⟩; Zukunfts⟨*planung*⟩; **g)** *(Naut.)* zum Vor[der]schiff gehörend. **3.** *n. (Sport)* Stürmer, *der*/Stürmerin, *die.* **4.** *v.t.* **a)** *(send on)* nachschicken ⟨*Brief, Paket, Post*⟩ **(to** an + *Akk.*); *(dispatch)* abschicken ⟨*Waren*⟩ **(to** an + *Akk.*); **'please ~', 'to be ~ed'** „bitte nachsenden"; **b)** *(pass on)* weiterreichen, weiterleiten ⟨*Vorschlag, Plan*⟩ **(to** an + *Akk.*); **c)** *(promote)* voranbringen ⟨*Karriere, Vorbereitung*⟩; **~ one's own interests** seine eigenen Interessen verfolgen; **d)** *(accelerate)* beschleunigen ⟨*Wachstum*⟩

**forwarding** ['fɔːwədɪŋ]: **~ address** *n.* Nachsendeanschrift, *die;* **~ agent** *n.* Spediteur, *der;* **~ instructions** *n. pl.* Anweisung über die Nachsendung/*(for dispatch)* den Versand

**forward: ~ line** *n. (Sport)* Sturm, *der;* **~-looking** *adj.* vorausschauend

**forwardly** ['fɔːwədlɪ] *adv.* dreist

**forwardness** ['fɔːwədnɪs] *n., no pl.* **a)** *(boldness)* Dreistigkeit, *die;* **b)** *(advanced state) (of child, crop)* Frühreife, *die; (of season)* verfrühter *od.* [früh]zeitiger Beginn

**forwards** ['fɔːwədz] *see* **forward 1 a, b, c**

**forwent** *see* **forgo**

**fossil** ['fɒsɪl] **1.** *n.* **a)** Fossil, *das;* **b)** *(fig. derog.) (antiquated person)* Fossil, *das; (antiquated thing)* verstaubtes Relikt; **c)** *(Ling.)* **[linguistic] ~:** Sprachrelikt, *das.* **2.** *attrib. adj.* fossil *(Paläont.);* **~ fuel** fossiler Brennstoff

**fossilisation, fossilise** *see* **fossiliz-**

**fossilization** [fɒsɪlaɪ'zeɪʃn] *n.* Fossilisation, *die (Paläont.)*

**fossilize** ['fɒsɪlaɪz] **1.** *v.t.* fossilisieren lassen *(Paläont.);* versteinern lassen *(auch fig.);* **become ~d** *see* **2; ~d** fossil *(Paläont.); (fig.)* antiquiert; verstaubt *(abwertend);* **~d remains** Fossilien *Pl.* **2.** *v.i.* fossilisieren *(Paläont.);* versteinern *(auch fig.)*

**foster** ['fɒstə(r)] **1.** *v.t.* **a)** *(encourage)* fördern; pflegen ⟨*Freundschaft*⟩*; (harbour)* hegen *(geh.);* **b)** *(rear as ~-child)* in Pflege haben ⟨*Kind*⟩*;* **the child was ~ed from the age of two** das Kind war seit seinem dritten Lebensjahr in Pflege *od.* bei Pflegeeltern. **2.** *adj.* **~-:** Pflege⟨*bruder, -eltern, -sohn usw.*⟩; **~ home** Pflegestelle, *die;* **put a child into ~ care** ein Kind in Pflege geben; **be in ~ care** in Pflege sein

**'foster-child** *n.* Pflegekind, *das*

**'foster-mother** *n.* **a)** Pflegemutter, *die;* **b)** *(Brit.: for chickens)* künstliche Glucke

**fought** *see* **fight 1, 2**

**foul** [faʊl] **1.** *adj.* **a)** *(offensive to the senses, loathsome)* abscheulich; übel ⟨*Geruch, Geschmack*⟩; **b)** *(polluted)* verschmutzt ⟨*Wasser, Luft*⟩; *(putrid)* faulig ⟨*Wasser*⟩; stickig ⟨*Luft*⟩; **c)** *(sl.: awful)* scheußlich *(ugs.);* mies *(ugs. abwertend);* **d)** *(morally vile)* anstößig, unanständig ⟨*Sprache, Gerede*⟩; lose ⟨*Maul, Mundwerk*⟩; schmutzig ⟨*Phantasie, Gedanke, Gewerbe*⟩; niederträchtig ⟨*Verleumdung, Tat*⟩; feige, abscheulich ⟨*Mord*⟩; gemein, schäbig ⟨*Behandlung*⟩; böse, *(geh.)* übel ⟨*Streich*⟩; ~ **deed** Schandtat, *die;* **e)** *(unfair)* unerlaubt, unredlich ⟨*Mittel*⟩; *(Sport)* regelwidrig, verboten ⟨*Schlag, Hieb*⟩; ~ **play** *(Sport)* Foulspiel, *das; (fig.: unfair dealing)* Betrug, *der;* **the police do not suspect ~ play** die Polizei vermutet kein Verbrechen; **there was a lot of ~ play** *(Sport)* es ging recht unfair zu; *see also* **[2]fair 1 a; f) fall** *or* **run ~ of** *(Naut.)* zusammenstoßen *od.* kollidieren mit; *(fig.)* kollidieren *od.* in Konflikt geraten mit ⟨*Vorschrift, Gesetz, Polizei*⟩; aneinandergeraten mit ⟨*Person*⟩; **g)** *(Naut.: entangled)* unklar; **h)** *(clogged up)* verstopft. **2.** *n.* *(Sport)* Foul, *das;* Regelverstoß, *der;* **commit a ~:** foulen; ein Foul *od.* einen Regelverstoß begehen. **3.** *v. t.* **a)** *(make foul)* beschmutzen *(auch fig.);* verunreinigen *(abwertend);* verpesten ⟨*Luft*⟩; *see also* **nest 1 a; b)** *(be entangled with)* sich verfangen in (+ *Dat.*); **c)** *see* ~ **up b; d)** *(Sport)* foulen

~ **'up** *v. t.* **a)** *(coll.: spoil)* vermasseln *(salopp);* verderben ⟨*Atmosphäre, Beziehung*⟩; **b)** *(block)* blockieren. *See also* **foul-up**

**foully** ['faʊllɪ] *adv.* *(wickedly)* skrupellos ⟨*ermorden, verurteilen*⟩; schlecht ⟨*behandeln*⟩; böswillig ⟨*verleumden*⟩

**foul-mouthed** ['faʊlmaʊðd] *adj.* unanständig; unflätig

**foulness** ['faʊlnɪs] *n., no pl.* **a)** Abscheulichkeit, *die;* **b)** *(state of being polluted)* Verschmutzung, *die; (putridness)* Fauligkeit, *die*

**foul:** ~**-smelling** *adj.* übelriechend; ~**-up** *n.* Durcheinander, *das;* Schlamassel, *der (ugs.)*

**[1]found** [faʊnd] *v. t.* **a)** *(establish)* gründen; begründen ⟨*Wissenschaft, Religion, Glauben, Kirche*⟩; **F~ing Fathers** *Mitglieder der verfassunggebenden Versammlung der USA von 1787;* Gründerväter; **b)** *(fig.: base)* begründen; ~ **sth. [up]on sth.** etw. auf etw. *(Akk.)* gründen; **be ~ed [up]on sth.** [sich] auf etw. *(Akk.)* gründen; auf etw. *(Dat.)* beruhen; *see also* **ill-founded; well-founded**

**[2]found** *see* **find 1, 2**

**[3]found** *v. t.* *(Metallurgy)* gießen; *(Glassmaking)* gießen; *(melt)* schmelzen

**foundation** [faʊn'deɪʃn] *n.* **a)** *(establishing)* Gründung, *die; (of hospital, monastery)* Stiftung, *die; (of school of painting, of religion)* Begründung, *die;* **b)** *(institution)* Stiftung, *die;* **be on the ~** *(Brit.)* ein Stipendium erhalten; **c)** *usu. in pl.* ~**[s]** *(underlying part, lit. or fig.) (of building)* Fundament, *das; (of road)* Unterbau, *der;* **lay the ~s** das Fundament legen; *(for road)* den Unterbau legen; **be without** *or* **have no ~** *(fig.)* unbegründet sein; der Grundlage entbehren; **lay the ~ of/for sth.** *(fig.)* das Fundament *od.* die Grundlage zu etw. legen; **shake sth. to its ~s** *(fig.)* etw. in seinen Grundfesten erschüttern; **d)** *(cosmetic)* Grundierung, *die;* **e)** *see* **foundation garment**

**foundation:** ~ **course** *n.* *(Univ. etc.)* Grundkurs, *der;* ~ **cream** *n.* Grundierungscreme, *die;* ~ **garment** *n.* Mieder, *das;* ~**-stone** *n.* *(lit. or fig.)* Grundstein, *der*

**[1]founder** ['faʊndə(r)] *n.* Gründer, *der*/Gründerin, *die; (of hospital, or with an endowment)* Stifter, *der*/Stifterin, *die; (of sect, science, school, religion)* Begründer, *der*/Begründerin, *die;* ~ **member** Gründungsmitglied, *das*

**[2]founder** *v. i.* **a)** ⟨*Schiff:*⟩ sinken, untergehen; ⟨*Pferd:*⟩ straucheln, stürzen; ⟨*Erdboden, Gebäude:*⟩ einstürzen; **b)** *(fig.: fail)* sich zerschlagen

**foundling** ['faʊndlɪŋ] *n.* Findelkind, *das;* Findling, *der*

**foundry** ['faʊndrɪ] *n.* *(Metallurgy)* Gießerei, *die; (Glass-making)* Glashütte, *die*

**[1]fount** [faʊnt, fɒnt] *n.* *(Printing)* Schrift, *die*

**[2]fount** [faʊnt] *n.* *(poet./rhet.: fountain)* Born, *der (dichter., auch fig. geh.)*

**fountain** ['faʊntɪn] *n.* **a)** *see* **drinking fountain; b)** *(jet[s] of water)* Fontäne, *die; (structure)* Springbrunnen, *der;* **c)** *(fig.: source)* Quelle, *die;* ~ **of youth** Jungbrunnen, *der. See also* **soda-fountain**

**fountain:** ~**-head** *n.* Quelle, *die;* ~**-pen** *n.* Füllfederhalter, *der;* Füller, *der (ugs.)*

**four** [fɔ:(r)] **1.** *adj.* vier; *see also* **eight 1. 2.** *n.* **a)** *(number, symbol)* Vier, *die;* **b)** *(set of ~ people)* Vierergruppe, *die; (Rowing)* Vierer, *der;* **the ~:** die vier; **make up a ~ at tennis/bridge** im Doppel Tennis spielen/der vierte Mitspieler beim Bridge sein; **c) on all ~s** auf allen vieren *(ugs.);* **be/crawl/move on all ~s** auf allen vieren kriechen *(ugs.);* **get down on all ~s** sich auf alle viere begeben *(ugs.). See also* **eight 2 a, c, d**

**four:** ~**-ball** *n.* *(Golf)* Vierball, *der;* ~**-door** *attrib. adj.* viertürig ⟨*Auto*⟩; ~**fold** ['fɔ:fəʊld] *adj., adv.* vierfach; *see also* **eightfold;** ~**-footed** ['fɔ:fʊtɪd] *adj.* vierfüßig; ~**-handed** ['fɔ:hændɪd] *adj.* **a)** ⟨*Spiel*⟩ mit vier Mitspielern; **b)** *(Mus.)* zu vier Händen *nachgestellt;* vierhändig; ~**-in-hand** *adj.* vierspännig; ~**-in-hand tie** *(Amer.)* Schlips, *der;* Krawatte, *die;* ~**-leaf clover,** ~**-leaved clover** *n.* vierblättriges Kleeblatt; ~**-legged** ['fɔ:legɪd, 'fɔ:legd] *adj.* vierbeinig; ~**-letter 'word** *n.* vulgärer Ausdruck; *(expressing anger)* ≈ Kraftausdruck, *der;* ~**pence** ['fɔ:pəns] *n.* *(Brit.)* vier Pence; ~**penny** ['fɔ:pənɪ] *adj.* *(Brit.) (costing 4p or 4d)* Vier-Pence-; ~**-poster** *n.* Himmelbett, *das;* ~**-score** *adj.* *(arch.)* achtzig; ~**some** ['fɔ:səm] *n.* **a)** Quartett, *das;* **go in** *or* **as a ~some** zu viert gehen; **b)** *(Golf)* Vierer, *der;* ~**-square** *adj.* **a)** *(square)* quadratisch; **b)** *(fig.: resolute)* unerschütterlich; tatkräftig ⟨*Unterstützung*⟩; *(forthright)* direkt ⟨*Inangriffnahme*⟩; unverblümt ⟨*Schilderung*⟩; ~**-stroke** *adj.* *(Mech. Engin.)* Viertakt⟨*motor, -verfahren*⟩

**fourteen** [fɔ:'ti:n] **1.** *adj.* vierzehn; *see also* **eight 1. 2.** *n.* Vierzehn, *die; see also* **eight 2 a, d; eighteen 2**

**fourteenth** [fɔ:'ti:nθ] **1.** *adj.* vierzehnt...; *see also* **eighth 1. 2.** *n.* *(fraction)* Vierzehntel, *das; see also* **eighth 2**

**fourth** [fɔ:θ] **1.** *adj.* **a)** viert...; **the ~ finger** der kleine Finger; *see also* **eighth 1; b)** ~ **dimension** vierte Dimension; *see also* **estate f. 2.** *n.* **a)** *(in sequence)* vierte, *der/die/das; (in rank)* Vierte, *der/die/das; (fraction)* Viertel, *das;* **b)** *(~ form)* vierte [Schul]klasse; Vierte, *die (Schuljargon);* **c)** *(Motor Veh.)* vierter Gang; **in ~:** im vierten [Gang]; **change up [in]to ~:** in den vierten Gang schalten; **d)** *(Mus.)* Quarte, *die;* **e)** *(person)* vierter Teilnehmer/vierte Teilnehmerin; *(in a game)* vierter Mitspieler/vierte Mitspielerin; **make a ~:** als vierter/vierte mitmachen; **f)** *(day)* **the ~ of May** der vierte Mai; **the ~ [of the month]** der Vierte [des Monats]; **F~ of July** *(Amer.) Unabhängigkeitstag der USA;* **F~ of June** *(Brit.) jährliche Feier in Eton. See also* **eighth 2**

**fourth:** ~ **form** *see* **form 1 d;** ~ **'gear** *n., no pl.* *(Motor Veh.)* vierter Gang; *see also* **gear 1 d**

**fourthly** ['fɔ:θlɪ] *adv.* viertens

**four-wheel 'drive** *n.* *(Motor Veh.)* Vierrad. Allradantrieb, *der*

**fowl** [faʊl] **1.** *n. pl.* ~**s** *or same* **a)** Haushuhn, *das; (collectively)* Geflügel, *das;* **b)** *(Gastr.)* Huhn, *das;* **boiling ~:** Suppenhuhn, *das;* **c)** *(literary: bird)* Vogel, *der; see also* **waterfowl; wildfowl. 2.** *v. i.* **go ~ing** auf die Vogeljagd gehen

**fowler** ['faʊlə(r)] *n.* Vogeljäger, *der*

**fox** [fɒks] **1.** *n., pl.* ~**es** *or (esp. Hunting) same;* **a)** Fuchs, *der (auch fig. ugs.);* **as cunning as a ~:** schlau wie ein Fuchs; **b)** *(fur)* Fuchs[pelz], *der.* **2.** *v. t.* verwirren; **that's got you ~ed** *or* **that's ~ed you, hasn't it?** jetzt bist du verblüfft, was?

**fox:** ~ **cub** *n.* Fuchswelpe, *der;* ~ **fur** *n.* Fuchspelz, *der;* ~**glove** *n.* *(Bot.)* Fingerhut, *der;* ~**hole** *n.* **a)** Fuchsbau, *der;* **b)** *(Mil.)* Schützenloch, *das; (fig.)* Versteck, *das;* ~**hound** *n.* Foxhound, *der;* ~**-hunt** **1.** *n.* Fuchsjagd, *die;* **2.** *v. i.* **go ~-hunting** auf die Fuchsjagd gehen; ~**-hunter** *n.* Fuchsjäger, *der;* ~**-hunting** *n.* Fuchsjagd, *die;* ~**tail** *n.* **a)** Fuchsschwanz, *der;* **b)** *(Bot.) (Alopecurus)* Fuchsschwanz, *der; (Hordeum)* Gerste, *die; (Setaria)* Borstenhirse, *die;* ~**-'terrier** *n.* Foxterrier, *der;* ~**trot** **1.** *n.* Foxtrott, *der;* **2.** *v. i.* Foxtrott tanzen

**foxy** ['fɒksɪ] *adj.* **a)** [fuchs]schlau ⟨*Augen, Manöver*⟩; **b)** *(Amer. sl.: attractive)* dufte *(salopp)*

**'foxy-looking** *adj.* fuchsgesichtig

**foyer** ['fɔɪeɪ, 'fwɑjeɪ] *n.* Foyer, *das*

**Fr.** *abbr.* **a)** *(Eccl.)* **Father** P.; **b) French** frz.; fr.; franz.

**fr.** *abbr.* **franc[s]** fr

**fracas** ['frækɑ:] *n., pl. same* ['frækɑ:z] [lautstarke] Auseinandersetzung; Krawall, *der*

**fractal** ['fræktəl] *adj.* *(Math.)* fraktal

**fraction** ['frækʃn] *n.* **a)** *(Math.)* Bruch, *der;* **do ~s** bruchrechnen; *see also* **decimal fraction; improper d; proper fraction; vulgar c; b)** *(small part)* Bruchteil, *der; (tiny bit)* Kleinigkeit, *die (ugs.);* Idee, *die;* **the car missed the pedestrian by a ~ of an inch** das Auto hätte den Fußgänger um Haaresbreite überfahren; **c)** *(Chem.)* Fraktion, *die*

**fractional** ['frækʃənl] *adj.* **a)** *(Math.)* Bruch⟨*zahl, -rechnen*⟩; *(fig.: very slight)* geringfügig; ~ **part** Bruchteil, *der;* **b)** *(Chem.)* ~ **crystallization/distillation** fraktionierte Kristallisation/Destillation

**fractionally** ['frækʃənəlɪ] *adv.* *(fig.: very slightly)* geringfügig

**fractious** ['frækʃəs] *adj.* *(unruly)* aufsässig; ungebärdig *(geh.);* störrisch ⟨*Pferd*⟩; *(peevish)* quengelig ⟨*Kind*⟩

**fracture** ['fræktʃə(r)] **1.** *n.* *(also Med., Min.)* Bruch, *der;* **nose ~:** Nasenbeinbruch, *der.* **2.** *v. t.* *(also Med.)* brechen; *(break up)* aufspalten; ~ **one's jaw** *etc.* sich *(Dat.)* den Kiefer *usw.* brechen; ~ **one's skull** sich *(Dat.)* einen Schädelbruch zuziehen; **have a ~d jaw** *etc.* sich *(Dat.)* den Kiefer *usw.* gebrochen haben. **3.** *v. i.* *(Med.)* brechen

**fragile** ['frædʒaɪl] *adj.* **a)** zerbrechlich; zart ⟨*Teint, Hand*⟩; **'~ – handle with care'** „Vorsicht, zerbrechlich!"; **feel ~** *(coll.: ill, esp. because of hangover)* sich ganz zerschlagen fühlen; **b)** *(fig.)* fadenscheinig ⟨*Entschuldigung, Grund*⟩; heikel ⟨*Situation*⟩; unsicher ⟨*Frieden*⟩; zart ⟨*Glück, Gesundheit, Konstitution*⟩; gebrechlich ⟨*alte Frau*⟩; schwach ⟨*Selbstvertrauen*⟩

**fragility** [frə'dʒɪlɪtɪ] *n., no pl.* Zerbrechlichkeit, *die; (of health, constitution, frame, beauty)* Zartheit, *die; (fig.: of peace, situation)* Unsicherheit, *die*

**fragment** **1.** ['frægmənt] *n.* Bruchstück, *das; (of document, conversation)* Fetzen, *der; (of china)* Scherbe, *die; (of rock)* Brocken, *der; (Lit., Mus.)* Fragment, *das;* Bruchstück, *das;* **it was in ~s** es war zerbrochen. **2.** [fræg'ment] *v. t. & i.* zersplittern

**fragmentary** ['frægməntərɪ] *adj.* bruchstückhaft; fragmentarisch
**fragmentation** [frægmən'teɪʃn] *n.* Zersplitterung, *die*
**fragmen'tation bomb** *n. (Mil.)* Splitterbombe, *die*
**fragmented** [fræg'mentɪd] *adj.* bruchstückhaft
**fragrance** ['freɪgrəns] *n.* Duft, *der*
**fragrant** ['freɪgrənt] *adj.* duftend; *(fig.)* angenehm ⟨*Erinnerung, Gefühl*⟩; ~ **odour** *or* **smell** *or* **aroma** Wohlgeruch, *der;* **be ~ with sth.** nach etw. duften
**frail** [freɪl] *adj.* zerbrechlich; zart ⟨*Gesundheit*⟩; gebrechlich ⟨*Greis, Greisin*⟩; *(lacking force)* schwach ⟨*Stimme*⟩; *(morally weak)* schwach, labil ⟨*Mensch, Natur, Charakter*⟩; *(transient)* vergänglich ⟨*Leben, Glück*⟩; *(slender)* schwach ⟨*Hoffnung*⟩; gering ⟨*Verständnis*⟩
**frailty** ['freɪltɪ] *n.* **a)** *no pl.* Zerbrechlichkeit, *die; (of health)* Zartheit, *die; (moral weakness)* Schwachheit, *die; (transience)* Vergänglichkeit, *die;* **b)** *esp. in pl. (fault)* Schwäche, *die*
**frame** [freɪm] **1.** *n.* **a)** *(of vehicle, bicycle)* Rahmen, *der; (of easel, rucksack, bed, umbrella)* Gestell, *das; (of ship, aircraft)* Gerüst, *das; (of building)* Tragwerk, *das (Bauw.);* **timber ~:** Fachwerk, *das;* Gebälk, *das; see also* **climbing-frame; b)** *(border)* Rahmen, *der;* **[spectacle] ~s** [Brillen]gestell, *das;* **c)** *(fig.: established order)* Struktur, *die;* ~ **of government/society** Regierungs-/Gesellschaftsform, *die;* ~ **of reference** *(Phys., Sociol.)* Bezugssystem, *das;* **d)** *(of person, animal)* Körper, *der;* **a man of gigantic ~:** ein Mann von hünenhafter Gestalt; **e)** *(Photog., Cinemat.)* [Einzel]bild, *das; (Telev.)* [einzelnes Fernseh]bild; **f)** *(of comic strip)* [Einzel]bild, *das;* **g)** *(Hort.)* Frühbeet, *das;* **h)** *(Snooker) (triangle)* [dreieckiger] Rahmen; *(round of play)* Spiel, *das;* [Spiel]runde, *die. See also* **mind 1e. 2.** *v. t.* **a)** rahmen ⟨*Bild, Spiegel*⟩; umrahmen ⟨*Text usw. mit Verzierungen*⟩; **a face ~d in curls** ein von Locken umrahmtes Gesicht; **b)** *(compose)* formulieren ⟨*Frage, Antwort, Satz*⟩; aufbauen ⟨*Rede, Aufsatz*⟩; *(devise)* entwerfen ⟨*Gesetz, Politik, Plan*⟩; ausarbeiten ⟨*Plan, Methode, Denksystem*⟩; aufstellen ⟨*Regel, Theorie*⟩; *(shape)* konstruieren; schaffen ⟨*Bau[werk]*⟩; gestalten ⟨*[Um]welt, Leben*⟩; ~ **one's words** sich ausdrücken; **her lips ~d a curse** ihre Lippen formten einen Fluch; **c)** *(sl.: incriminate unjustly)* ~ **sb.** jmdm. etwas anhängen *(ugs.)*
~ **'up** *v. t. (Amer. sl.)* manipulieren; türken *(ugs.); see also* **frame-up**
**'frame house** *n.* Haus mit Holzgerüst
**framer** ['freɪmə(r)] *n.* Rahmenschreiner, *der;* **picture-~:** Bildereinrahmer, *der*
**frame: ~-up** *n. (coll.)* abgekartetes Spiel *(ugs.);* **~work** *n. (of ship etc.)* Gerüst, *das; (of building)* Fachwerk, *das;* Gebälk, *das; (fig.: of project)* Gerüst, *das; (of novel)* Rahmen, *der; (of essay, lecture, etc.)* Aufbau, *der;* Gliederung, *die; (of society, government, system)* [Grund]struktur, *die;* Grundlagen *Pl.;* **[with]in the ~work of** *(as part of)* im Rahmen (+ *Gen.*); *(in relation to)* im Zusammenhang mit; **outside the ~work of** *(not as part of)* außerhalb (+ *Gen.*)
**framing** ['freɪmɪŋ] *n. (Building)* Fachwerk, *das*
**franc** [fræŋk] *n. (Swiss)* Franken, *der; (French, Belgian, Luxemburg)* Franc, *der*
**France** [frɑːns] *pr. n.* Frankreich *(das)*
**franchise** ['fræntʃaɪz] **1.** *n.* **a)** Stimmrecht, *das; (esp. for Parliament)* Wahlrecht, *das;* **b)** *(Commerc.)* Lizenz, *die.* **2.** *v. t. (Commerc.)* [die] Lizenz erteilen (+ *Dat.*)
**Francis** ['frɑːnsɪs] *pr. n. (Hist., as name of ruler etc.)* Franz *(der);* **St ~:** der hl. Franziskus
**Franciscan** [fræn'sɪskn] **1.** *n.* Franziskaner, *der*/Franziskanerin, *die.* **2.** *adj.* franziskanisch/Franziskaner⟨*mönch, -kloster*⟩
**Franco-** ['fræŋkəʊ] *in comb.* französisch-; franko⟨*kanadisch*⟩; Franko⟨*kanadier*⟩; **~-German** deutsch-französisch; **the ~-Prussian War** der Deutsch-Französische Krieg
**Franconia** [fræŋ'kəʊnɪə] *pr. n.* Franken, *das*
**Franconian** [fræŋ'kəʊnɪən] **1.** *adj.* fränkisch. **2.** *n. (person)* Franke, *der*/Fränkin, *die; (dialect)* Fränkisch, *das*
**francophone** ['fræŋkəfəʊn] **1.** *adj.* frankophon. **2.** *n.* Frankophone, *der/die*
**franglais** ['frɑ̃gleɪ] *n.* von englischen Ausdrücken durchsetztes Französisch; Franglais, *das*
**Frank** [fræŋk] *n. (Hist.)* Franke, *der*/Fränkin, *die*
**¹frank** *adj.* **a)** *(candid)* offen ⟨*Bekenntnis, Aussprache, Blick, Gesicht, Mensch*⟩; freimütig ⟨*Geständnis, Äußerung*⟩; *(undisguised)* offen ⟨*Abneigung, Widerwille*⟩; unverhohlen ⟨*Bewunderung, Neugier, Verlangen*⟩; *(uninhibited)* unbefangen; **give me your ~ opinion** sag mir offen deine Meinung; **be ~ with sb.** zu jmdm. offen sein; jmdm. offen seine Meinung sagen; **to be [quite]** ~ *(as sentence-modifier)* offen gesagt; ~ **and open** offen und ehrlich ⟨*Gesicht*⟩; frei und ungezwungen ⟨*Benehmen*⟩; **b)** *(Med.)* eindeutig; manifest *(fachspr.)*
**²frank 1.** *v. t. (Post)* **a)** *(in lieu of postage stamp)* freistempeln; **b)** *(put postage stamp on)* frankieren. **2.** *n. Vermerk über Gebührenfreiheit*
**³frank** *n. (Amer. coll.: frankfurter)* Frankfurter [Würstchen]
**Frankenstein** ['fræŋknstaɪn] **~['s 'monster]** *n. seinen Schöpfer vernichtendes Ungeheuer;* ≈ Monster, *das*
**frankfurter** ['fræŋkfɜːtə(r)] (*Amer.:* **frankfurt** ['fræŋkfɜːt]) *n.* Frankfurter [Würstchen]
**frankincense** ['fræŋkɪnsens] *n.* Weihrauch, *der; (turpentine)* Terpentin, *das*
**franking-machine** ['fræŋkɪŋməʃiːn] *n. (Brit. Post)* Frankiermaschine, *die;* Freistempler, *der*
**Frankish** ['fræŋkɪʃ] *adj. (Hist.)* fränkisch
**frankly** ['fræŋklɪ] *adv. (candidly)* offen; frank und frei; *(honestly)* offen *od.* ehrlich gesagt; *(openly, undisguisedly)* unverhohlen ⟨*kritisch, materialistisch usw.*⟩; *(uninhibitedly)* unbefangen
**frankness** ['fræŋknɪs] *n., no pl.* Offenheit, *die;* Freimütigkeit, *die; (uninhibitedness)* Unbefangenheit, *die*
**frantic** ['fræntɪk] *adj.* **a)** *(nearly mad)* **be ~ with fear/rage** *etc.* außer sich *(Dat.)* sein vor Angst/Wut *usw.;* **drive sb. ~:** jmdn. in den Wahnsinn treiben *od.* wahnsinnig machen; **she was getting ~:** sie war am Durchdrehen *(ugs.);* sie geriet außer sich; **b)** *(very anxious, noisy, uncontrolled)* hektisch ⟨*Aktivität, Suche, Getriebe*⟩; heftig ⟨*Protest*⟩; tosend, stürmisch, *(geh.)* frenetisch ⟨*Beifall*⟩; **c)** *(showing that sb. is ~)* erregt ⟨*Schrei, Wort, Gebärde*⟩
**frantically** ['fræntɪkəlɪ], **franticly** ['fræntɪklɪ] *adv.* verzweifelt ⟨*schreien, suchen, protestieren*⟩; stürmisch, *(geh.)* frenetisch ⟨*applaudieren*⟩; wie angestochen, wie wild *(ugs.)* ⟨*herumrennen*⟩; **the shops are ~ busy** in den Läden herrscht hektische Betriebsamkeit
**frappé** ['fræpeɪ] *adj.* geeist
**fraternal** [frə'tɜːnl] *adj.* brüderlich; ~ **twins** zweieiige Zwillinge
**fraternisation, fraternise** *see* **fraterniz-**
**fraternity** [frə'tɜːnɪtɪ] *n.* **a)** *(set of men with common interest)* Vereinigung, *die; (guild)* Gilde, *die (hist.);* Zunft, *die (hist.);* **the teaching/medical/legal ~:** die Lehrer-/Ärzte-/Juristenzunft; die Zunft der Lehrer/Ärzte/Juristen; **b)** *(Relig.)* Bruderschaft, *die;* Fraternität, *die (kath. Kirche);* **c)** *(Amer. Univ.: society)* [studentische] Verbindung; **d)** *no pl. (brotherliness)* Brüderlichkeit, *die*
**fraternization** [frætənaɪ'zeɪʃn] *n.* Verbrüderung, *die;* ~ **[with sb.]** *(Mil.)* Fraternisierung [mit jmdm.]
**fraternize** ['frætənaɪz] *v. i.* ~ **[with sb.]** sich verbrüdern [mit jmdm.]; *(Mil.)* fraternisieren [mit jmdm.]
**Frau** [fraʊ] *n.* Deutsche, *die;* deutsche Frau
**fraud** [frɔːd] *n.* **a)** *no pl. (cheating, deceit)* Betrug, *der;* Täuschung, *die; (Law)* [arglistige] Täuschung; **b)** *(trick, false thing)* Schwindel, *der; (Law)* Betrug, *der;* **~s** Betrügereien; **pious ~:** frommer Betrug; **c)** *(person) (impostor, sham)* Betrüger, *der*/Betrügerin, *die;* Schwindler, *der*/Schwindlerin, *die; (hypocrite)* Heuchler, *der*/Heuchlerin, *die;* **you [old] ~!** *(coll.)* du alter Schlawiner! *(ugs.)*
**fraudulent** ['frɔːdjʊlənt] *adj.* betrügerisch; **with ~ intent** in betrügerischer Absicht; ~ **name** falscher Name
**fraudulently** ['frɔːdjʊləntlɪ] *adv.* in betrügerischer Weise
**fraught** [frɔːt] *adj.* **a) be ~ with danger** voller Gefahren *od.* sehr gefahrvoll sein; ~ **with tension** spannungsgeladen; ~ **with meaning/memories** bedeutungsschwer/mit Erinnerungen befrachtet; ~ **with obstacles/difficulties** voller Hindernisse/Schwierigkeiten; **silence ~ with menace** bedrohliche Stille; **b)** *(coll.: distressingly tense)* stressig *(ugs.)* ⟨*Atmosphäre, Situation, Diskussion*⟩; gestreßt *(ugs.)* ⟨*Person*⟩
**Fräulein** ['frɔɪlaɪn] *n.* [junge] Deutsche; deutsche [junge] Frau
**¹fray** [freɪ] *n. (fight)* [Kampf]getümmel, *das; (noisy quarrel)* Streit, *der;* **in the thick of the ~:** mitten im dicksten Getümmel; **plunge into the ~:** sich ins [Kampf]getümmel stürzen; **in the heat of the ~** *(fig.)* in der Hitze des Gefechts *(fig.);* **be eager/ready for the ~** *(lit. or fig.)* kampflustig/kampfbereit sein; **enter** *or* **join the ~** *(lit. or fig.)* sich in den Kampf *od.* ins Getümmel stürzen
**²fray 1.** *v.i.* [sich] durchscheuern; ⟨*Hosenbein, Teppich, Seilende:*⟩ ausfransen; **our nerves/tempers began to ~** *(fig.)* wir verloren langsam die Nerven/unsere Gemüter erhitzten sich. **2.** *v. t.* durchscheuern; ausfransen ⟨*Hosenbein, Teppich, Seilende*⟩; *(fig.)* belasten; strapazieren
**frayed** [freɪd] *adj.* durchgescheuert; ausgefranst ⟨*Hosenbein, Teppich, Seilende*⟩; *(fig.)* strapaziert ⟨*Nerven, Geduld*⟩; erregt, erhitzt ⟨*Gemüt*⟩; **his politeness was by now somewhat ~:** seine Höflichkeit war inzwischen etwas verkrampft
**frazzle** ['fræzl] *n. (coll.)* **to a ~:** völlig; total *(ugs.);* **my nerves were worn to a ~:** ich war mit den Nerven völlig am Ende
**freak** [friːk] **1.** *n.* **a)** *(monstrosity) (person, animal)* Mißgeburt, *die; (plant)* mißgebildete Pflanze; Mutation, *die;* ~ **of nature** Laune der Natur; **b)** *(freakish thing or occurrence)* Laune, *die; (attrib.)* ungewöhnlich ⟨*Wetter, Ereignis*⟩; völlig überraschend ⟨*Sieg, Ergebnis*⟩; **c)** *(sl.: fanatic)* Freak, *der;* **health ~:** Gesundheitsfanatiker, *der;* **health-food ~:** Reformköstler, *der (ugs.);* Körnerfresser, *der (salopp);* **d)** *(coll.: eccentric person)* Freak, *der;* Ausgeflippte, *der/die (salopp); (derog.)* komischer Vogel *(ugs.);* **e)** *(caprice)* Laune, *die.* **2.** *v. i.* ~ **[out]** *(sl.) (with fury)* die Nerven verlieren; durchdrehen *(ugs.); (with ecstasy)* vor Freude [ganz] außer sich *(Dat.)* sein
**freakish** ['friːkɪʃ] *adj. (capricious)* launisch; verrückt *(ugs.); (abnormal)* absonderlich; ~ **trick of fortune** Laune des Schicksals
**freaky** ['friːkɪ] *adj.* **a)** *see* **freakish; b)** *(sl.: bizarre)* irre *(salopp);* verrückt *(ugs.)*

**freckle** ['frekl] *n.* Sommersprosse, *die*
**freckled** ['frekld], **freckle-faced** ['freklfeɪst], **freckly** ['freklɪ] *adjs.* sommersprossig
**Frederick** ['fredrɪk] *pr. n. (Hist., as name of ruler etc.)* Friedrich
**free** [fri:] **1.** *adj.*, **freer** ['fri:ə(r)], **freest** ['fri:ɪst] **a)** frei; **get ~:** freikommen; sich befreien; **her heart is ~** *(fig.)* ihr Herz ist noch frei; **go ~** *(escape unpunished)* straffrei ausgehen; **let sb. go ~** *(leave captivity)* jmdn. freilassen; *(unpunished)* jmdn. freisprechen; **set ~:** freilassen; *(fig.)* erlösen; **as ~ as air** *or* **a bird** *or* **the wind** frei wie ein Vogel; **b)** *(Polit.)* frei; **it's a ~ country** *(coll.)* wir leben in einem freien Land; **c)** *(unrestricted, unconstrained, unrepressed)* frei; *(untrammelled)* frei; ungebunden; *(frank, open)* offen; freimütig; *(improper)* freizügig; *(forward, familiar)* ungezwungen; **~ of sth.** *(outside)* außerhalb etw.; *(without)* frei von etw.; **~ of prejudice/imperfections** vorurteils-/fehlerfrei; **~ of debts/tax/charge/cost** schulden-/steuer-/gebührenfrei/kostenlos; **be glad to be ~ of sth./sb.** froh sein, etw./jmdn. los zu sein; **~ and easy** ungezwungen; locker *(ugs.)*; **give sb. a ~ rein to do sth.** jmdm. freie Hand lassen, etw. zu tun; **give ~ rein to sth.** einer Sache *(Dat.)* freien Lauf lassen; **make ~ with sth.** mit etw. sehr großzügig umgehen; *(help oneself)* etw. ungeniert benutzen; **make [rather too] ~ with sb.** sich *(Dat.)* jmdm. gegenüber etwas [zuviel] herausnehmen; **be ~ with one's hands** *(hitting)* eine lockere Hand haben; *(stroking)* sich *(Dat.)* Freiheiten herausnehmen; **d)** *(Commerc., Econ.)* frei ‹*Wirtschaft, Wettbewerb*›; **e)** *(not fixed, untied)* frei; lose; **work ~:** ‹*Teil:*› sich lösen; **she wrenched herself ~ from his arms** sie entwand sich seinen Armen; **get one hand ~:** eine Hand freibekommen; **f)** *(having liberty)* **sb. is ~ to do sth.** es steht jmdm. frei, etw. zu tun; **you're ~ to choose** du kannst frei [aus]wählen; **leave sb. ~ to do sth.** es jmdm. ermöglichen, etw. zu tun; **he's not ~ to marry** er kann/darf nicht heiraten; **our thoughts are ~ to roam** die Gedanken sind frei; **feel ~!** nur zu! *(ugs.)*; **Do you mind if I smoke? – Feel ~!** Stört es Sie, wenn ich rauche? – Nein, ganz und gar nicht!; **feel ~ to correct me** du darfst mich gerne korrigieren; **make sb. ~ of sth.** jmdm. etw. zur Verfügung stellen; **~ from sth.** frei von etw.; **~ from pain/troubles** schmerz-/sorgenfrei; **g)** *(provided without payment)* kostenlos; frei ‹*Überfahrt, Unterkunft, Versand, Verpflegung*›; Frei‹*karte, -exemplar, -fahrt*›; Gratis‹*probe, -vorstellung*›; **they get ~ lunches** sie haben freies Mittagessen; **'admission ~':** „Eintritt frei"; **have a ~ ride on the train** umsonst mit der Bahn fahren; **have a ~ ride at sb.'s expense** *(fig. coll.)* auf jmds. Kosten faulenzen; **be out for a ~ ride** *(fig. coll.)* Trittbrettfahrer sein *(abwertend)*; **for ~** *(coll.)* umsonst; **publicity for ~** *(coll.)* kostenlose Werbung; **h)** *(not occupied, not reserved, not being used)* frei; **~ time** Freizeit, *die;* **when would you be ~ to start work?** wann könnten Sie mit der Arbeit anfangen?; **have a ~ period** *(Sch.)* eine Freistunde haben; **he's ~ in the mornings** er hat morgens Zeit; **when can you arrange to be ~?** wann könnten Sie sich freimachen?; **i)** *(generous)* **be ~ with sth.** mit etw. großzügig umgehen; **be a ~ spender** sein Geld mit vollen Händen ausgeben; **j)** *(not strict)* frei ‹*Übersetzung, Interpretation, Bearbeitung usw.*›; **draw a ~ likeness of sb.** jmdn. mit künstlerischer Freiheit zeichnen; **k)** *(Chem., Phys.)* frei ‹*Elektron, Energie*›. **2.** *adv.* **a)** *(without cost or payment)* gratis; umsonst; **he gets his accommodation ~:** er hat freies Logis; **b)** *(freely)* frei; **c)** *(Naut.)* auf raumem Kurs. **3.** *v. t. (set at liberty)* freilassen; *(disentangle)* befreien **(of, from** von); **~ sb./oneself from** jmdn./sich befreien von ‹*Tyrannei, Unterdrückung, Tradition*›; jmdn./sich befreien aus ‹*Gefängnis, Sklaverei, Umklammerung*›; *(make secure)* jmdn./sich schützen vor (+ *Dat.*) ‹*Gefahr, Infektion*›; **~ oneself from debt/obligations** sich seiner Schulden/Verpflichtungen entledigen; **~ sb./oneself of** jmdn./sich befreien *od.* freimachen von
**-free** [fri:] *in comb.* -frei
**freebie** ['fri:bɪ] *(Amer. coll.)* **1.** *n.* Gratisgeschenk, *das.* **2.** *adj.* Gratis‹*essen, -getränk*›; **~ ticket** Freikarte, *die*
**'freeboard** *n. (Naut.)* Freibord, *der*
**freebooter** ['fri:bu:tə(r)] *n.* Freibeuter, *der (hist.)*
**free: ~-born** *adj.* frei *(hist.)*; **F~ 'Church** *n.* Freikirche, *die*
**freedom** ['fri:dəm] *n.* **a)** Freiheit, *die;* **give sb. his ~:** jmdn. freigeben; *(from prison, slavery)* jmdn. freilassen; **~ of the press** Pressefreiheit, *die;* **~ of action/speech/movement** Handlungs-/Rede-/Bewegungsfreiheit, *die;* **~ from taxes/pain** Steuer-/Schmerzfreiheit, *die;* **b)** *(frankness)* Ungezwungenheit, *die;* *(over-familiarity)* Vertraulichkeit, *die;* **c)** *(ease)* **~ of operation of the mechanism** Leichtgängigkeit des Mechanismus; **d)** *(privilege)* **[give sb.** *or* **present sb. with] the ~ of the city** [jmdm.] die Ehrenbürgerrechte [verleihen]; **e)** *(use)* **give sb. the ~ of sth.** jmdm. etw. zur freien Verfügung überlassen. *See also* **conscience**
**'freedom fighter** *n.* Freiheitskämpfer, *der/*-kämpferin, *die*
**free: ~ 'enterprise** *n.* freies Unternehmertum; **~ 'fall** *n.* freier Fall; **~-fall parachuting** Fallschirmspringen mit freiem Fall; **~ 'fight** *n.* Kampf jeder gegen jeden; **~-for-all 1.** *n.* [allgemeine] Schlägerei; *(less violent)* [allgemeines] Gerangel; **the discussion soon became a ~-for-all** bei der Diskussion redeten bald alle wild durcheinander; **2.** *adj.* **a)** allgemein ‹*Schlägerei, Gerangel*›; **b)** *(observing no rules)* wild ‹*Diskussion, Schlägerei*›; ‹*Spiel*› ohne [feste] Regeln; **~ 'gift** *n.* Gratisgabe, *die;* **~ 'hand** *n.* **a) I picked it up with my ~ hand** ich hob es mit der freien Hand auf; **b)** *(fig.)* freier [Handlungs]spielraum; **give sb. a ~ hand** jmdm. freie Hand lassen; **c) with a ~ hand** *(generously)* großzügig; **~-hand** *adj.* freihändig; **~ 'hit** *n. (Hockey, Polo)* Freischlag, *der;* **~hold 1.** *n.* Besitzrecht, *das;* **2.** *adj.* Eigentums-; **~hold land** freier Grundbesitz; **~holder** *n.* Grundeigentümer, *der;* **~ house** *n. (Brit.)* *brauereiunabhängiges Wirtshaus;* **~ 'kick** *n. (Footb.)* Freistoß, *der;* **~-lance 1.** *n.* **a)** freier Mitarbeiter/freie Mitarbeiterin; **b)** *(Hist.: mercenary)* Söldner, *der;* **2.** *adj.* freiberuflich; **~-lance translating** freiberufliche Arbeit als Übersetzer; **3.** *v. i.* freiberuflich arbeiten; **~-'loader** *n. (sl.)* Nassauer, *der (ugs., meist abwertend)*; **~ 'love** *n.* freie Liebe
**freely** ['fri:lɪ] *adv.* **a)** *(willingly)* großzügig; freimütig ‹*eingestehen*›; **b)** *(without restriction, loosely)* frei; **c)** *(frankly)* offen; **d)** *(abundantly)* reichlich
**free: ~man** ['fri:mən] *n., pl.* **~men** ['fri:mən] **a)** Freie, *der (hist.)*; **b)** *(who has freedom of city etc.)* Ehrenbürger, *der;* **~ 'market** *n. (Econ.)* freier Markt; **F~mason** *n.* Freimaurer, *der;* **~masonry** *n.* **a) F~masonry** Freimaurerei, *die;* **b)** *(fig.: corporate feeling)* Zusammengehörigkeitsgefühl, *das;* **~ on 'board 1.** *adv.* frei Schiff; **2.** *adj.* frei Schiff geliefert; **~ 'pass** *n.* Freikarte, *die;* *(Railw.)* Freifahrschein, *der;* **~ 'play** *n.* **a)** *(Mech.)* Spiel, *das;* **b)** *(fig.)* **give ~ play to sth.** etw. sich frei entfalten lassen; **allow one's imagination ~ play** der Phantasie freien Lauf lassen; **~ port** *n.* Freihafen, *der;* **~post** *n.* *(Brit.)* **'~post'** „Gebühr zahlt Empfänger"
**freer** *see* **free 1**
**'free-range** *adj.* freilaufend ‹*Huhn*›; **~ eggs** Eier von freilaufenden Hühnern
**freesia** ['fri:zɪə] *n. (Bot.)* Freesie, *die*
**free: ~ 'speech** *n.* Redefreiheit, *die;* **~-spoken** *adj.* freimütig
**freest** *see* **free 1**
**free: ~-standing** *adj.* frei stehend; **~-style** *n. (Sport)* Freistil, *der;* **~thinker** *n.* Freidenker, *der;* **~-thinking 1.** *n.* Freidenkertum, *das;* **2.** *adj.* freidenkerisch; **~ 'trade** *n.* Freihandel, *der;* **~ 'verse** *n. (Lit.)* freie Verse; **~ 'vote** *n. (Brit. Parl.)* [dem Fraktionszwang nicht unterworfene] freie Stimmabgabe; **~way** *n. (Amer.)* Autobahn, *die;* **~ 'wheel** *n.* Freilauf, *der;* **~-wheel** *v. i.* im Freilauf fahren; *(fig.: drift)* sich treiben lassen; **~ 'will** *n.* **a)** *no art. (power)* Willensfreiheit, *die;* **b)** *(choice)* **do sth. of one's own ~ will** etw. aus freiem Willen tun; **be left to sb.'s own ~ will** jmds. freier Entscheidung *(Dat.)* überlassen sein; **~ 'world** *n.* freie Welt
**freeze** [fri:z] **1.** *v. i.*, **froze** [frəʊz], **frozen** ['frəʊzn] **a)** frieren; **it will ~** *(Meteorol.)* es wird Frost geben; **it froze hard last night** heute nacht war starker Frost; **b)** *(become covered with ice)* ‹*See, Fluß, Teich:*› zufrieren; ‹*Straße:*› vereisen; **c)** *(solidify)* ‹*Flüssigkeit:*› gefrieren; ‹*Rohr, Schloß:*› einfrieren; **the pond has frozen solid** der Teich ist ganz zugefroren; **d)** *(become rigid)* steif frieren; *(fig.)* ‹*Lächeln:*› gefrieren *(geh.)*; **e)** *(become fastened)* festfrieren ‹**to** an + *Dat.*›; **~ together** aneinander festfrieren; **f)** *(be or feel cold)* sehr frieren; *(fig.)* erstarren ‹**with** vor + *Dat.*›; ‹*Blut:*› gefrieren *(geh.)*; **he is freezing** er *od.* ihn friert sehr; **my hands are freezing** meine Hände sind eiskalt; **~ to death** erfrieren; *(fig.)* bitterlich frieren; **g)** *(make oneself motionless)* erstarren; **~!** keine Bewegung!. **2.** *v. t.*, **froze, frozen a)** zufrieren lassen ‹*Teich, Fluß*›; gefrieren lassen ‹*Rohr*›; *(fig.)* erstarren lassen; **~ sb.'s blood** *(fig.)* jmdm. das Blut in den Adern gefrieren lassen *(geh.)*; **you look absolutely frozen** *(fig.)* du siehst ganz durchgefroren aus; **we were frozen stiff** *(fig.)* wir waren steif gefroren; **b)** *(preserve)* tiefkühlen, tiefgefrieren ‹*Lebensmittel*›; **c)** *(make unrealizable or unchangeable)* einfrieren ‹*Kredit, Guthaben, Gelder, Löhne, Preise usw.*›; **d)** *(Cinemat.)* in einem Stehkader festhalten; **e)** *(stiffen)* gefrieren lassen ‹*Erdboden*›; festfrieren lassen ‹*Wäsche*› **(to** an + *Dat.*); **f)** *(deaden)* ‹*Spritze:*› taub machen; ‹*Spray:*› vereisen; **g)** *(kill)* erfrieren lassen ‹*Pflanzen*›; **h)** *(fig.)* erstarren lassen; gefrieren lassen *(geh.)* ‹*Lächeln*›. **3.** *n.* **a)** *see* **freeze-up a; b)** *(fixing)* Einfrieren, *das* **(on** *Gen.*); **price/wage/nuclear ~:** Preis-/Lohn-/Atomwaffenstopp, *der;* **c)** *(Cinemat.)* **~[-frame]** Stehkader, *der*
**~ 'out** *v. t. (socially)* hinausekeln
**~ 'over** *v. i.* ‹*Teich, Fluß:*› zufrieren; ‹*Fenster-, Windschutzscheibe, Straße*› vereisen
**~ 'up 1.** *v. i.* ‹*Fluß, Teich:*› zufrieren; ‹*Schloß, Rohr:*› einfrieren; ‹*Fenster:*› vereisen. **2.** *v. t. see* **1:** zufrieren/einfrieren/vereisen lassen. *See also* **freeze-up**
**'freeze-dry** *v. t.* gefriertrocknen
**freezer** ['fri:zə(r)] *n. (deep-freeze)* Tiefkühltruhe, *die;* Gefriertruhe, *die;* **[upright] ~:** Tiefkühlschrank, *der;* Gefrierschrank, *der;* **~ compartment** Tiefkühlfach, *das;* Gefrierfach, *das;* **~ [room]** Kühlraum, *der;* **[ice-cream] ~:** Eismaschine, *die*
**'freeze-up** *n.* **a)** *(period)* Dauerfrost, *der;* Frostperiode, *die;* **b)** *(fig.)* Stillstand, *der*
**freezing** ['fri:zɪŋ] **1.** *adj. (lit. or fig.)* frostig; **~ temperatures** Temperature unter null Grad; **it is ~ in here** es ist eiskalt hier drinnen. **2.** *n.* **a)** *no pl. (~-point)* **above/below ~:** über/unter dem/den Gefrierpunkt; **b)** *(of food)* Einfrieren, *das*
**'freezing-point** *n.* Gefrierpunkt, *der*

**freight** [freɪt] **1.** *n.* **a)** Fracht, *die;* ~ **charges** Frachtgeld, *das;* Frachtkosten *Pl.;* **b)** *(transport)* Frachtsendung, *die;* **send goods ~:** Waren als Frachtgut senden; **c)** *(hire)* Charter, *die.* **2.** *v. t.* **a)** befrachten; **b)** *(hire)* chartern; *(hire out)* vermieten

**freightage** [ˈfreɪtɪdʒ] *n., no pl.* Frachtkosten *Pl.*

ˈ**freight car** *n. (Amer. Railw.)* Güterwagen, *der*

**freighter** [ˈfreɪtə(r)] *n.* **a)** *(ship)* Frachter, *der;* Frachtschiff, *das; (aircraft)* Frachtflugzeug, *das;* **b)** *(Amer. Railw.)* Güterwagen, *der*

**freight: ~-liner** *n. (Railw.)* [Container]güterzug, *der;* ~ **train** *n. (Railw.)* Güterzug, *der*

**French** [frentʃ] **1.** *adj.* französisch; **he/she is ~:** er ist Franzose/sie ist Französin; **the ~ people** die Franzosen; ~ **lessons** *(lit. or euphem.)* Französischstunden; *see also* **English 1. 2.** *n.* **a)** Französisch, *das;* **b)** *(euphem.: bad language)* **pardon** *or* **excuse my ~:** entschuldigen Sie die Ausdrucksweise!; **c)** *constr. as pl.* **the ~:** die Franzosen. *See also* **English 2 a**

**French: ~ ˈbean** *n. (Brit.)* Gartenbohne, *die;* [grüne] Bohne; ~ ˈ**bread** *n.* französisches [Stangen]weißbrot; ~ **Caˈnadian** *n.* Frankokanadier, *der/*-kanadierin, *die;* **~-Caˈnadian** *adj.* frankokanadisch; ~ ˈ**chalk** *n.* Schneiderkreide, *die;* ~ ˈ**dressing** *n.* Vinaigrette, *die;* ~ **fried poˈtatoes,** ~ ˈ**fries** *ns. pl.* Pommes frites *Pl.;* ~ ˈ**horn** *n. (Mus.)* [Wald-]horn, *das*

**Frenchified** [ˈfrentʃɪfaɪd] *adj.* französiert

**French: ~ ˈkiss** *n.* französischer Kuß *(ugs.);* Zungenkuß, *der;* ~ ˈ**leave** *n.* **take ~ leave** *(without giving notice)* sich [auf] französisch empfehlen *od.* verabschieden *(ugs.); (without permission)* sich heimlich davonstehlen; ~ ˈ**letter** *n. (Brit. coll.)* Pariser, *der (salopp);* **~man** [ˈfrentʃmən] *n., pl.* **~men** [ˈfrentʃmən] Franzose, *der;* ~ ˈ**mustard** *n. (Brit.)* französischer Senf; ~ ˈ**polish** *n.* Schellackpolitur, *die;* **~-ˈpolish** *v. t.* [mit Schellackpolitur] polieren; ~ **Revoˈlution** *n. (Hist.)* Französische Revolution; ~ ˈ**toast** *n.* **a)** *(toasted)* einseitig geröstete Toastscheibe; **b)** *(fried)* arme Ritter; ~ **verˈmouth** *n.* trockener Wermut; ~ ˈ**window** *n., in sing. or pl.* französisches Fenster; **~woman** *n.* Französin, *die*

**Frenchy** [ˈfrentʃɪ] *(coll.)* **1.** *adj.* [betont] französisch. **2.** *n.* Franzose, *der;* Franzmann, *der (ugs. veraltend)*

**frenetic** [frɪˈnetɪk] *adj.* **a)** *(frantic)* verzweifelt ‹*Hilferuf, Versuch*›; **b)** *(fanatic)* frenetisch, rasend ‹*Beifall*›; fanatisch ‹*Sekte*›

**frenzied** [ˈfrenzɪd] *adj.* rasend; wahnsinnig ‹*Tat*›

**frenzy** [ˈfrenzɪ] *n.* **a)** *(derangement)* Wahnsinn, *der;* **b)** *(fury, agitation)* Raserei, *die;* **in a ~ of despair/passion** in einem Anfall von Verzweiflung/von wilder Leidenschaft übermannt

**frequency** [ˈfriːkwənsɪ] *n.* **a)** Häufigkeit, *die;* **b)** *(of pulse)* Puls, *der;* [Puls]frequenz, *die (Med.);* **c)** *(Phys., Statistics)* Frequenz, *die*

ˈ**frequency modulation** *n. (Radio, Telev.)* Frequenzmodulation, *die*

**frequent 1.** [ˈfriːkwənt] *adj.* **a)** häufig; **it's a ~ practice/occurrence** es ist üblich/kommt häufig vor; **become less ~:** seltener werden; **b)** *(habitual, constant)* eifrig ‹*[Kino-, Theater]besucher, Briefschreiber*›; **he is a ~ visitor to our restaurant** er ist Stammgast in unserem Restaurant; **c)** *(abundant)* zahlreich. **2.** [frɪˈkwent] *v. t.* frequentieren *(geh.);* häufig besuchen ‹*Café, Klub usw.*›; häufig aufsuchen ‹*Futterplatz*›; **much ~ed** stark frequentiert *(geh.);* vielbefahren ‹*Straße*›

**frequently** [ˈfriːkwəntlɪ] *adv.* häufig

**fresco** [ˈfreskəʊ] *n., pl.* **~es** *or* **~s** **a)** *no pl., no art. (method)* Freskomalerei, *die;* **b)** *(a painting)* Fresko, *das*

**fresh** [freʃ] **1.** *adj.* **a)** neu; frisch, ausgeruht ‹*Truppen*›; frisch, neu ‹*Energie, Mut*›; *(lately made or arrived)* frisch; *(raw, inexperienced)* [jung und] unerfahren; **a ~ series of attacks** eine neuerliche Serie von Angriffen; **make a ~ start** noch einmal von vorn anfangen; *(fig.)* neu beginnen; ~ **from school/India** frisch von der Schule/gerade aus Indien gekommen; ~ **from** *or* **off the press** druckfrisch; frisch aus der Presse; ~ **from the oven** ofenfrisch; frisch aus dem Ofen; **b)** *(not preserved or stale or faded)* frisch ‹*Obst, Fisch, Gemüse, Fleisch, Eier, Tee, Blumen usw.*›; **c)** *(clean, bright)* frisch ‹*Aussehen, Gesichtsfarbe, Hemd, Wäsche*›; **d)** *(pure, cool)* frisch ‹*Luft, Wasser, Wind*›; **go out for some ~ air** nach draußen gehen, um Luft zu schöpfen *(geh.);* **the wind became ~:** der Wind frischte auf; **e)** *(vigorous, fit)* frisch; *(refreshed)* erfrischt; **as ~ as a daisy/as paint** ganz frisch; *(in appearance)* frisch wie der junge Morgen *(meist scherzh.);* **f)** *(cheeky)* keck; **get ~ with sb.** jmdm. frech kommen *(ugs.). See also* [1]**ground 1 b. 2.** *adv.* frisch; **we're ~ out of eggs** *(coll.)* uns sind gerade die Eier ausgegangen; **~-ground/-painted** frisch gemahlen/gestrichen

**freshen** [ˈfreʃn] **1.** *v. i.* **a)** frisch[er] werden; *(increase)* ‹*Wind:*› auffrischen; **b)** *(brighten)* ein frisch[er]es Aussehen bekommen. **2.** *v. t.* *(ventilate)* durchlüften ‹*Zimmer*›

~ ˈ**up 1.** *v. i.* sich frisch machen. **2.** *v. t.* erfrischen; ~ **oneself/sb. up** sich/jmdn. frisch machen

**fresher** [ˈfreʃə(r)] *(Brit. Univ. sl.) see* **freshman a**

**freshly** [ˈfreʃlɪ] *adv.* frisch

**freshman** [ˈfreʃmən] *n., pl.* **freshmen** [ˈfreʃmən] **a)** Erstsemester, *das;* Frischling, *der (scherzh.);* **b)** *(Amer.) (in school)* Anfänger, *der/*Anfängerin, *die; (person beginning)* Neuling, *der*

**freshness** [ˈfreʃnɪs] *n., no pl.* Frische, *die; (of idea, metaphor, etc.)* Neuartigkeit, *die; (originality)* Originalität, *die*

**fresh ˈwater** *n.* Süßwasser, *das*

ˈ**freshwater** *adj.* Süßwasser-; ~ **sailor** Binnenschiffer, *der*

[1]**fret** [fret] **1.** *v. i.,* **-tt-** *(worry)* beunruhigt sein; besorgt sein; **don't ~:** sei unbesorgt!; ~ **at** *or* **about** *or* **over sth.** sich über etw. *(Akk.) od.* wegen etw. aufregen; ~ **and fume** *(anxiously/impatiently)* voller Unruhe/Ungeduld sein. **2.** *v. t.,* **-tt-: a)** *(distress)* beunruhigen; quälen; ~ **oneself** sich beunruhigen; sich *(Dat.)* Sorgen machen (**about** wegen); **b)** *(chafe)* [wund] scheuern. **3.** *n.* Ärger, *der;* **be in a ~:** voll Verdruß sein

[2]**fret** *n. (Mus.)* Bund, *der*

**fretful** [ˈfretfl] *adj.* *(peevish)* verdrießlich; mürrisch; quengelig *(ugs.)* ‹*Kleinkind*›; *(restless)* unruhig; *(impatient)* ungeduldig; *(ill-humoured)* übellaunig

**fret: ~saw** *n.* Laubsäge, *die;* **~work** *n.* **a)** *(Archit.)* durchbrochene Arbeit; **b)** *(wood)* Laubsägearbeit, *die*

**Freudian** [ˈfrɔɪdɪən] *adj.* freudianisch; ~ **interpretation** Freudsche Interpretation; ~ **slip** Freudsche Fehlleistung; Freudscher Versprecher *(ugs.)*

**Fri.** *abbr.* **Friday** Fr.

**friable** [ˈfraɪəbl] *adj.* bröck[e]lig

**friar** [ˈfraɪə(r)] *n.* Ordensbruder, *der;* **Black/Grey/White F~:** Dominikaner/Franziskaner/Karmeliter, *der;* **F~ Peter** Bruder Peter

**fricassee** [ˈfrɪkəsiː, frɪkəˈsiː] *(Cookery)* **1.** *n.* Frikassee, *das.* **2.** *v. t.* frikassieren

**fricative** [ˈfrɪkətɪv] *(Phonet.)* **1.** *adj.* frikativ. **2.** *n.* Frikativ, *der (fachspr.);* Reibelaut, *der*

**friction** [ˈfrɪkʃn] *n.* **a)** Reibung, *die; attrib.* Reibungs-; **b)** *(fig.: between persons)* Reibereien; **c)** *(of body or scalp)* Einreibung, *die;* Friktion, *die (Med.)*

**Friday** [ˈfraɪdeɪ, ˈfraɪdɪ] **1.** *n.* Freitag, *der;* **on ~:** [am] Freitag; **on a ~, on ~s** freitags; **we got married on a ~:** wir haben an einem Freitag geheiratet; ~ **13 August** Freitag, der 13. August; *(at top of letter etc.)* Freitag, den 13. August; **on ~ 13 August** am Freitag, den *od.* dem 13. August; **next/last ~:** [am] nächsten/letzten *od.* vergangenen Freitag; **[on] ~ next/last** kommenden/vergangenen Freitag; **we were married a year [ago] last/next ~:** vergangenen/kommenden Freitag vor einem Jahr haben wir geheiratet; **[last] ~'s mail/newspaper** die Post/Zeitung vom [letzten] Freitag; **our ~ session** unsere Freitagssitzung; *(this ~)* unsere Sitzung am Freitag; **Good ~:** Karfreitag, *der;* **man/girl ~:** Mädchen für alles *(ugs.).* **2.** *adv. (coll.)* **a)** ~ **[week]** Freitag [in einer Woche]; **b)** **~s** freitags; Freitag *(ugs.);* **she comes ~s** sie kommt freitags

**fridge** [frɪdʒ] *n. (Brit. coll.)* Kühlschrank, *der;* **~-freezer** Kühl- und Gefrier-Kombination, *die*

**fried** *see* [1]**fry 2, 3**

**friend** [frend] *n.* **a)** Freund, *der/*Freundin, *die;* **~s and relations** Verwandte und Freunde; **be ~s with sb.** mit jmdm. befreundet sein; **I'm not ~s with you any more!** *(joc. or child language)* du bist nicht mehr mein Freund!; **let's be ~s again** wir wollen uns wieder vertragen; **make ~s [with sb.]** [mit jmdm.] Freundschaft schließen; **he makes ~s easily** er findet leicht Anschluß; **make a ~ of sb.** sich mit jmdm. anfreunden; **a ~ in need is a ~ indeed** *(prov.)* Freunde in der Not gehn hundert *od.* tausend auf ein Lot *(Spr.);* **between ~s** unter Freunden; **b)** *(helper, patron)* Freund, *der* (**of, to** *Gen.*); **~s in high places** *or* **at court** einflußreiche Freunde; Freunde höheren Orts; **the F~s of Covent Garden** der Freundes- *od.* Förderkreis des Covent Garden; **c)** *(Quaker)* **the Society of F~s** die Quäker; die Gesellschaft der Freunde; **d)** **my honourable/noble ~** *(Brit. Parl.)* mein verehrter Freund; **my learned ~** *(Law)* mein verehrter *od.* werter Kollege

**friendless** [ˈfrendlɪs] *adj.* ohne Freund[e] *nachgestellt*

**friendliness** [ˈfrendlɪnɪs] *n., no pl.* Freundlichkeit, *die*

**friendly** [ˈfrendlɪ] **1.** *adj.* **a)** freundlich (**to** zu); freundschaftlich ‹*Rat, Beziehungen, Wettkampf, Gespräch*›; **be on ~ terms** *or* **be ~ with sb.** mit jmdm. auf freundschaftlichem Fuße stehen; **we're very ~ with our neighbours** wir sind mit unseren Nachbarn sehr gut befreundet; *see also* **neighbourhood d; b)** *(not hostile)* freundlich [gesinnt] ‹*Bewohner*›; befreundet ‹*Staat*›; zutraulich ‹*Tier*›; ~ **game** *(Sport)* Freundschaftsspiel, *das;* **c)** *(well-wishing)* wohlwollend ‹*Erwähnung*›; günstig gestimmt ‹*Götter*›. **2.** *n.* *(Sport)* Freundschaftsspiel, *das*

ˈ**Friendly Society** *n. (Brit.)* Versicherungsverein auf Gegenseitigkeit

**friendship** [ˈfrendʃɪp] *n.* Freundschaft, *die;* **[feelings of] ~:** freundschaftliche Gefühle; **strike up a ~ with sb.** sich mit jmdm. anfreunden

**frier** *see* **fryer**

**Friesian** [ˈfriːzɪən, ˈfriːʒən] *(Agric.)* **1.** *adj.* schwarzbunt. **2.** *n.* Schwarzbunte, *die*

[1]**frieze** [friːz] *n. (Textiles)* Fries, *der;* Friese, *die (fachspr.)*

[2]**frieze** *n. (Archit.)* Fries, *der*

**frigate** [ˈfrɪgət] *n. (Naut.)* Fregatte, *die*

**fright** [fraɪt] *n.* **a)** Schreck, *der;* Schrecken, *der;* **in his ~:** vor Schreck; **take ~:** erschrecken; **the ~ of one's life** der Schock seines Lebens; **give sb. a ~:** jmdm. einen Schreck[en] einjagen; **get** *or* **have a ~:** einen Schreck[en] bekommen; **b)** *(grotesque per-*

*son or thing)* **be** *or* **look a ~:** zum Fürchten aussehen *(ugs.)*

**frighten** ['fraɪtn] *v. t.* ⟨*Explosion, Schuß:*⟩ erschrecken; ⟨*Gedanke, Drohung:*⟩ angst machen (+ *Dat.*); **be ~ed at** *or* **by sth.** vor etw. *(Dat.)* erschrecken; **she is not easily ~ed** sie fürchtet sich nicht so schnell; **~ sb. out of his wits/life** jmdn. furchtbar/zu Tode erschrecken; **~ sb. to death** *(fig.)* jmdn. zu Tode erschrecken; **be ~ed to death** *(fig.)* zu Tode erschrocken sein; **~ sb. into doing sth.** jmdm. solche Angst machen, daß er etw. tut **~ a'way, ~ 'off** *v. t.* vertreiben; *(put off)* abschrecken

**frightened** ['fraɪtnd] *adj.* verängstigt; angsterfüllt ⟨*Stimme*⟩; **be ~ [of sth.]** [vor etw. *(Dat.)*] Angst haben

**frightening** ['fraɪtnɪŋ] *adj.* furchterregend

**frightful** ['fraɪtfl] *adj.* furchtbar; schrecklich; *(coll.: terrible)* furchtbar *(ugs.)*

**frightfully** ['fraɪtfəlɪ] *adv.* furchtbar; schrecklich; *(coll.: extremely)* furchtbar *(ugs.)*

**frigid** ['frɪdʒɪd] *adj.* **a)** *(very cold)* eisig kalt; **b)** *(formal, unfriendly)* frostig; *(sexually unresponsive)* frigid[e] ⟨*Frau*⟩

**frigidity** [frɪ'dʒɪdɪtɪ] *n., no pl.* **a)** *(coldness)* eisige Kälte; **b)** *(formality, unfriendliness)* Frostigkeit, *die; (of woman)* Frigidität, *die*

**frill** [frɪl] *n.* **a)** *(ruffled edge)* Rüsche, *die;* **b)** *(on animal, plant)* Kragen, *der; (on bird)* Halskrause, *die;* **c)** *in pl. (embellishments)* Beiwerk, *das;* Ausschmückungen *(fig.);* **with no ~s** ⟨*Ferienhaus, Auto*⟩ ohne besondere Ausstattung

**frilly** ['frɪlɪ] **1.** *adj.* mit Rüschen besetzt; Rüschen⟨*kleid, -bluse*⟩. **2.** *n. in pl. (coll.)* Rüschenunterwäsche, *die*

**fringe** [frɪndʒ] **1.** *n.* **a)** *(bordering)* Fransen; Fransenkante, *die* (**on** an + *Dat.*); **b)** *(hair)* [Pony]fransen *(ugs.);* Pony, *der;* **c)** *(edge)* Rand, *der; attrib.* Rand⟨*geschehen, -gruppe, -gebiet*⟩; **~ benefits** zusätzliche Leistungen; **live on the ~[s] of the city** am Stadtrand *od.* in den Randgebieten der Stadt wohnen; **lunatic ~:** Extremisten. **2.** *v. t.* säumen *(auch fig. geh.)*

**frippery** ['frɪpərɪ] *n.* Putz, *der;* Zierat, *der (geh.); (knick-knacks, trifles)* Tand, *der (geh.);* Kinkerlitzchen *Pl. (ugs.)*

**Frisco** ['frɪskəʊ] *pr. n. (Amer. sl.)* San Francisco *(das)*

**Frisian** ['frɪzɪən] **1.** *adj.* friesisch; *see also* **English 1. 2.** *n.* **a)** *(language)* Friesisch, *das;* **b)** *(person)* Friese, *der*/Friesin, *die. See also* **English 2 a**

**frisk** [frɪsk] **1.** *v. i.* **~ [about]** [herum]springen; **~ away** davonspringen. **2.** *v. t. (coll.)* filzen *(ugs.).* **3.** *n.* **a)** *(frolic)* Hüpfer, *der;* **b)** *(coll.: body search)* Filzung, *die (ugs.)*

**frisky** ['frɪskɪ] *adj.* munter; **as ~ as a kitten** so ausgelassen wie ein Füllen *(geh.)*

**frisson** ['fri:sɔ̃] *n.* Schauer, *der*

**fritillary** [frɪ'tɪlərɪ] *n.* **a)** *(Bot.)* Fritillaria, *die (fachspr.);* Kaiserkrone, *die;* **b)** *(Zool.)* Fleckenfalter, *der*

**[1]fritter** ['frɪtə(r)] *n. (Cookery)* **apple/sausage ~s** Apfelstücke/Würstchen in Pfannkuchenteig

**[2]fritter** *v. t.* **~ away** vergeuden; verplempern *(ugs.)*

**frivolity** [frɪ'vɒlɪtɪ] *n.* **a)** *no pl.* Oberflächlichkeit, *die;* Leichtfertigkeit, *die;* **b)** *(thing)* Tand, *der (geh.); (act)* **he watched these frivolities with contempt** er beobachtete dieses leichtfertige Treiben mit Verachtung

**frivolous** ['frɪvələs] *adj.* **a)** *(not serious)* frivol; extravagant ⟨*Kleidung*⟩; **b)** *(trifling, futile)* belanglos

**frivolously** ['frɪvələslɪ] *adv.* frivol; extravagant ⟨*gekleidet*⟩

**frizzle** ['frɪzl] **1.** *v. i.* brutzeln; braten. **2.** *v. t.* brutzeln *(ugs.);* braten

**frizzy** ['frɪzɪ] *adj.* kraus

**fro** [frəʊ] *adv. see* **to 2 b**

**frock** [frɒk] *n.* **a)** Kleid, *das;* **b)** *(Mil.)* Uniformrock, *der*

**frock-coat** *n.* Gehrock, *der*

**[1]frog** [frɒg] *n.* **a)** Frosch, *der;* **have a ~ in the** *or* **one's throat** *(coll.)* einen Frosch im Hals haben *(ugs.);* **b)** *(sl. derog.: Frenchman)* Franzmann, *der (ugs., veralt.)*

**[2]frog** *n.* **a)** *(coat-fastening)* Posamentenverschluß, *der;* **b)** *(on belt)* Schlaufe, *die*

**froggy** ['frɒgɪ] **1.** *adj.* Frosch⟨*gesicht, -stimme*⟩. **2.** *n. (sl. derog.) see* **[1]frog b**

**frog: ~man** ['frɒgmən] *n., pl.* **~men** ['frɒgmən] Froschmann, *der;* **~-march** *v. t. (carry)* zu viert an Händen und Füßen [mit dem Gesicht nach unten] tragen; *(hustle)* ≈ im Polizeigriff abführen; **~-spawn** *n.* Froschlaich, *der*

**frolic** ['frɒlɪk] **1.** *v. i.,* **-ck-: ~ [about** *or* **around]** [herum]springen. **2.** *n. (prank, lark)* Spaß, *der; (fun, merriment)* Ausgelassenheit, *die*

**frolicsome** ['frɒlɪksəm] *adj. (dated)* ausgelassen

**from** [frəm, *stressed* frɒm] *prep.* **a)** *expr. starting-point* von; *(~ within)* aus; **[come] ~ Paris/Munich** aus Paris/München [kommen]; **~ Paris to Munich** von Paris nach München; **where have you come ~?** woher kommen Sie?; wo kommen Sie her?; **b)** *expr. beginning* von; **~ the year 1972 we never saw him again** seit 1972 haben wir ihn nie mehr [wieder]gesehen; **~ tomorrow [until ...]** von morgen an [bis ...]; **start work ~ 2 August** am 2. August anfangen zu arbeiten; vom 2. August an arbeiten; **~ now on** von jetzt an; ab jetzt; **~ then on** seitdem; *(relating to a place)* von da an; *see also* **as 4; c)** *expr. lower limit* von; **blouses [ranging] ~ £2 to £5** Blusen [im Preis] zwischen 2 und 5 Pfund; **dresses ~ £20 [upwards]** Kleider von 20 Pfund aufwärts *od.* ab 20 Pfund; **~ 4 to 6 eggs** 4 bis 6 Eier; **~ the age of 18 [upwards]** ab 18 Jahre *od.* Jahren; **~ a child** *(since childhood)* schon als Kind; **d)** *expr. distance* von; **be a mile ~ sth.** eine Meile von etw. entfernt sein; **away ~ home** von zu Hause weg; **e)** *expr. removal, avoidance* von; *expr. escape* vor (+ *Dat.*); **release the bomb ~ the aircraft** die Bombe aus dem Flugzeug ausklinken; **f)** *expr. change* von; **~ ... to ...:** von ... zu ...; *(relating to price)* von ... auf ...; **~ crisis to crisis, ~ one crisis to another** von einer Krise zur anderen; **g)** *expr. source, origin* aus; **pick apples ~ a tree** Äpfel vom Baum pflücken; **buy everything ~ Harrods/the same shop** alles bei Harrods/im selben Laden kaufen; **where do you come ~?, where are you ~?** woher kommen Sie?; **~ the country/another planet** vom Land/von einem anderen Planeten; **h)** *expr. viewpoint* von [... aus]; **i)** *expr. giver, sender* von; **take it ~ me that ...:** laß dir gesagt sein, daß ...; **j)** *(after the model of)* **painted ~ life/nature** nach dem Leben/nach der Natur gemalt; **k)** *expr. reason, cause* **she was weak ~ hunger/tired ~ so much work** sie war schwach vor Hunger/müde von der vielen Arbeit; **~ his looks you might think ...:** so wie er aussieht, könnte man denken ...; **~ what I can see/have heard ...:** wie ich das sehe/wie ich gehört habe, ...; **~ the look of things ...:** wie es aussieht, ...; **l)** *with adv.* von ⟨*unten, oben, innen, außen*⟩; **m)** *with prep.* **~ behind/under[neath] sth.** hinter/unter etw. *(Dat.)* hervor; **~ amidst the trees** zwischen den Bäumen hervor; **~ before the marriage** aus der Zeit vor der Heirat; **the cries came ~ inside/outside the house** die Schreie kamen aus dem Inneren des Hauses/von draußen

**frond** [frɒnd] *n. (Bot.)* Wedel, *der;* Blatt, *das*

**front** [frʌnt] **1.** *n.* **a)** Vorderseite, *die; (of door)* Außenseite, *die; (of house)* Vorderfront, *die;* Frontseite, *die; (of dress)* Vorderteil, *das; (of queue)* vorderes Ende; *(of procession)* Spitze, *die; (of book)* vorderer Deckel; *(of cloth)* rechte Seite; **in** *or* **at the ~ [of sth.]** vorn [in etw. *position: Dat., movement: Akk.*]; **sit in the ~ of the car** vorne sitzen; **the index is at the ~:** das Register ist vorn; **to the ~:** nach vorn; **the living-room is at** *or* **in the ~ of the house** das Wohnzimmer liegt zur Straße hin *od. (ugs.)* nach vorn[e] raus; **lie on one's ~:** auf dem Bauch liegen; **a spot on the ~ of her dress** ein Fleck vorne am Kleid; **in ~:** vorn[e]; **be in ~ of sth./sb.** vor etw./jmdm. sein; **walk in ~ of sb.** *(preceding)* vor jmdm. gehen; *(to position)* vor jmdn. gehen; **look in ~ of one** nach vorn sehen; **he was murdered in ~ of his wife** er wurde vor den Augen seiner Frau ermordet; **b)** *(Mil.; also fig.)* Front, *die;* **on the Western ~:** an der Westfront; **send sb. to the ~:** jmdn. an die Front schicken; **be attacked on all ~s** an allen Fronten/*(fig.)* von allen Seiten angegriffen werden; **change of ~** *(fig.)* Gesinnungswandel; Frontwechsel *(Politik);* **on the international/home ~:** im Ausland/Inland; **on the sports ~:** im sportlichen Bereich; **on the entertainment ~:** auf dem Unterhaltungssektor; **the workers'/people's ~:** die Arbeiter-/Volksfront; **c)** *(promenade) (at seaside)* Strandpromenade, *die; (inland)* Uferpromenade, *die;* **d)** *(Theatre)* **~ of [the] house** Foyer und Zuschauerraum; **e)** *(Archit.)* ⟨*West-, Garten- usw.*⟩seite, *die;* **f)** *(Meteorol.)* Front, *die;* **cold/warm ~:** Kalt-/Warmluftfront, *die;* **g)** *see* **shirt-front; h)** *(outward appearance)* Aussehen, *das; (bluff)* Fassade, *die (oft abwertend); (pretext, façade)* Tarnung, *die;* **put on** *or* **show** *or* **present a bold/brave ~:** sich nach außen unerschrocken zeigen/nach außen hin gefaßt bleiben; **preserve a calm ~:** nach außen hin ruhig bleiben; **it's all a ~:** das ist alles nur Fassade *(abwertend);* **i)** *(used as cover) (person)* Strohmann, *der; (organization)* Tarnorganisation, *die.* **2.** *adj.* **a)** vorder...; Vorder⟨*rad, -zimmer, -zahn, -eingang, -ansicht*⟩; **~ garden** Vorgarten, *der;* **the ~ four coaches of a train** die ersten vier *od.* vier vorderen Wagen eines Zuges; **~ row** erste Reihe; **b)** *(Phonet.)* **~ vowel** Vorderzungenvokal, *der.* **3.** *v. i.* **a) ~ on to the street/upon the lake** zur Straße/zum See hin liegen; **b)** *(sl.: act as cover)* **~ for sb.** für jmdn. den Strohmann spielen. **4.** *v. t. (furnish with façade)* **~ a building with stone** ein Gebäude mit einer Fassade aus Stein versehen

**frontage** ['frʌntɪdʒ] *n.* **a)** *(land)* Grundstück[steil] zwischen Gebäude und Straße; **river/street ~:** an den Fluß/die Straße grenzender Teil des Grundstücks; **b)** *(extent)* Frontbreite, *die;* **c)** *(façade)* Fassade, *die*

**frontal** ['frʌntl] *adj.* **a)** Frontal-; **b)** *(Art)* frontal ⟨*Darstellung*⟩; **[full] ~:** frontal dargestellt ⟨*Akt*⟩; **c)** *(Anat.)* Stirn⟨*bein, -hirn, -höhle, -lappen*⟩

**frontally** ['frʌntəlɪ] *adv.* frontal

**front: ~ 'bench** *n. (Brit. Parl.)* vorderste Bank; **~-bencher** [frʌnt'bentʃə(r)] *n. (Brit. Parl.)* führender Politiker; **~ 'door** *n. (of flat)* Wohnungstür, *die; (of house; also fig.)* Haustür, *die*

**frontier** ['frʌntɪə(r)] *n.* **a)** *(lit. or fig.)* Grenze, *die; attrib.* Grenz⟨*stadt, -posten, -streitigkeiten*⟩; **at** *or* **on the ~:** an der Grenze; **push the ~s of science forward** *(fig.)* wissenschaftliches Neuland erobern; **b)** *(Amer.: borders of civilization)* Grenzland, *das*

**frontispiece** ['frʌntɪspi:s] *n.* Frontispiz, *das;* Titelbild, *das*

**front: ~ 'line** *n.* Front[linie], *die;* **~ man** *n.* Strohmann, *der;* **~ 'page** *n.* Titelseite, *die;* **make the ~ page** auf die Titelseite kommen; **~-page** *adj.* ⟨*Artikel*⟩ auf der ersten Seite; **~ passage** *n. (Anat. coll.)* Scheide, *die;* **~-rank** *adj. (fig.)* herausragend; **~ runner** *n.* **a)** *(in race)* Läufer, *der gern an der Spitze* *läuft;* **b)** *(in any competition)* Spitzenkandidat, *der;* ~ **'seat** *n. (in theatre)* Platz in den ersten Reihen; *(in car)* Vordersitz, *der; (in bus, coach)* vorderer Sitzplatz

**frost** [frɒst] **1.** *n.* **a)** Frost, *der; (frozen dew or vapour)* Reif, *der;* **windows covered with ~:** vereiste Fensterscheiben; **white/black ~:** Frost mit/ohne Reif; **early/late ~s** Herbst-/Frühlingsfröste; **ten degrees of ~** *(Brit.)* zehn Grad minus; **there is still ~ in the ground** der Boden ist noch gefroren; **b)** *(fig.: hostility)* Frostigkeit, *die;* **c)** *(sl.: failure)* Reinfall, *der (ugs.);* Pleite, *die (salopp).* **2.** *v. t.* **a)** *(esp. Amer. Cookery)* mit Zucker bestreuen; *(ice)* glasieren; **b)** *(give ~like surface to)* mattieren ⟨*Glas, Metall*⟩; **~ed glass** Mattglas, *das*

~ **'over 1.** *v. t.* **be ~ed over** vereist sein. **2.** *v. i.* vereisen

**frost: ~-bite** *n.* Erfrierung, *die;* **~-bitten** *adj.* durch Frost geschädigt; **sb. is ~-bitten** jmd. hat Erfrierungen; **his toes are ~-bitten** er hat Frost *od.* Erfrierungen in den Zehen

**frostily** ['frɒstɪlɪ] *adv.* frostig

**frosting** ['frɒstɪŋ] *n. (esp. Amer. Cookery)* Zucker, *der; (icing)* Glasur, *die*

**frosty** ['frɒstɪ] *adj. (lit. or fig.)* frostig; *(covered with hoar-frost)* bereift; *(fig.: white)* schneeweiß

**froth** [frɒθ] **1.** *n.* **a)** *(foam)* Schaum, *der;* **b)** *(worthless matter)* Tand, *der (geh.).* **2.** *v. i.* schäumen; **~ at the mouth** Schaum vor dem Mund haben; **~ at the mouth with rage** *(fig.)* vor Wut schäumen *(geh.).* **3.** *v. t. (Cookery)* **[beat and] ~ the eggs** die Eier schaumig schlagen

**frothy** ['frɒθɪ] *adj.* schaumig; schäumend ⟨*Bier, Brandung, Maul*⟩; *(fig.: empty, shallow)* oberflächlich ⟨*Mensch*⟩; seicht *(abwertend)* ⟨*Unterhaltung, Roman*⟩

**frown** [fraʊn] **1.** *v. i.* **a)** die Stirn runzeln; **~ at sth./sb.** etw./jmdn. stirnrunzelnd ansehen; **b)** *(express disapproval)* die Stirn runzeln **(at, [up]on** über + *Akk.*); **~ [up]on a suggestion** über einen Vorschlag die Nase rümpfen; **gambling is very much ~ed upon here** das Glücksspiel ist hier streng verpönt; **c)** *(present gloomy aspect)* **~ [down]** düster herabblicken **(upon** auf + *Akk.*). **2.** *n.* Stirnrunzeln, *das;* **with a [deep/worried/puzzled] ~:** mit [stark/sorgenvoll/verwirrt] gerunzelter Stirn; **a ~ of disapproval** ein mißbilligender Blick

**froze** *see* **freeze 1, 2**

**frozen** ['frəʊzn] **1.** *see* **freeze 1, 2. 2.** *adj.* **a)** gefroren, zugefroren ⟨*Fluß, See*⟩; erfroren ⟨*Tier, Mensch, Pflanze*⟩; eingefroren ⟨*Wasserleitung*⟩; **I am ~ stiff/through** *(fig.)* ich bin ganz steif gefroren/völlig durchgefroren; **my hands are ~** *(fig.)* meine Hände sind eiskalt; **b)** *(to preserve)* tiefgekühlt; **~ food** Tiefkühlkost, *die*

**FRS** *abbr.* **Fellow of the Royal Society**

**fructose** ['frʌktəʊs] *n. (Chem.)* Fructose, *die (fachspr.);* Fruchtzucker, *der*

**frugal** ['fru:gl] *adj.* **a)** *(careful, economical)* sparsam ⟨*Hausfrau*⟩; genügsam ⟨*Lebensweise, Mensch, Wesen*⟩; **b)** *(costing little)* frugal, karg ⟨*Mahl*⟩; einfach, karg ⟨*Zimmer, Einrichtung*⟩

**frugally** ['fru:gəlɪ] *adv.* frugal, genügsam ⟨*leben, essen*⟩; einfach ⟨*eingerichtet*⟩

**fruit** [fru:t] **1.** *n.* **a)** Frucht, *die; (collectively)* Obst, *das;* Früchte; **~s of the earth** Früchte des Feldes; **bear ~** *(lit. or fig.)* Früchte tragen; **b)** *(Bot.: seed with envelope)* Frucht, *die;* **c)** *(fig.) (product of action)* Frucht, *die (geh.);* Früchte *(geh.);* **~s** *(revenues produced)* Früchte *(geh.);* **this book is the ~ of long study** dieses Buch ist die Frucht langjähriger Arbeit *(geh.);* **d)** *(Bibl.: offspring)* Frucht, *die (geh.);* **the ~ of her womb/his loins** die Frucht ihres Leibes/seiner Lenden *(geh.).* **2.** *v. i.* [Früchte] tragen; *(fig.)* Früchte tragen

**fruit: ~-cake** *n.* englischer Teekuchen; **he is as nutty as a ~-cake** *(sl.) (eccentric)* er ist ein verrücktes Huhn *(ugs.); (insane)* er ist völlig übergeschnappt *(ugs.);* ~ **'cocktail** *n.* Früchtecocktail, *der*

**fruiterer** ['fru:tərə(r)] *n.* Obsthändler, *der*/-händlerin, *die*

**fruitful** ['fru:tfl] *adj.* **a)** fruchtbar; *(fig.)* fruchtbar ⟨*Diskussion, Lebensabschnitt, Anregung*⟩; erfolgreich ⟨*Karriere, Leben, Bemühungen*⟩; **be ~ and multiply** *(Bibl.)* seid fruchtbar und mehret euch; **b)** *(beneficial)* ertragreich ⟨*Beschäftigung*⟩; nützlich ⟨*Entdeckung*⟩

**fruitfully** ['fru:tfəlɪ] *adv.* nutzbringend

**fruition** [fru:'ɪʃn] *n. (of plan, aim)* Verwirklichung, *die; (of hope)* Erfüllung, *die;* **bring to ~:** verwirklichen ⟨*Plan, Ziel*⟩; **come to ~** ⟨*Plan:*⟩ Wirklichkeit werden; ⟨*Hoffnung:*⟩ sich erfüllen

**fruit: ~ juice** *n.* Fruchtsaft, *der;* **~-knife** *n.* Obstmesser, *das*

**fruitless** ['fru:tlɪs] *adj. (unprofitable)* nutzlos ⟨*Versuch, Gespräch*⟩; fruchtlos ⟨*Verhandlung, Bemühung, Suche*⟩; **the investigation was ~:** die Untersuchung verlief ergebnislos; **it is ~ to ...:** es ist nutzlos zu ...

**fruitlessly** ['fru:tlɪslɪ] *adv.* umsonst ⟨*versuchen, sich bemühen, suchen*⟩; fruchtlos, ergebnislos ⟨*verhandeln, diskutieren*⟩

**fruit: ~ machine** *n. (Brit.)* Spielautomat, *der;* ~ **'salad** *n.* Obstsalat, *der;* **~ salts** *n. pl.* Magenpulver, *das;* **~-tree** *n.* Obstbaum, *der*

**fruity** ['fru:tɪ] *adj.* **a)** fruchtig ⟨*Duft, Geschmack, Wein*⟩; **b)** *(coll.) (rich in tone)* volltönend ⟨*Stimme*⟩; herzhaft ⟨*Lachen*⟩; *(full of scandalous interest)* saftig *(ugs.)* ⟨*Geschichte, Buch, Witz*⟩

**frump** [frʌmp] *n. (derog.)* Vogelscheuche, *die (ugs.)*

**frumpy** ['frʌmpɪ] *adj. (derog.)* ohne jeden Schick *nachgestellt*

**frustrate** [frʌ'streɪt, 'frʌstreɪt] *v. t.* vereiteln, durchkreuzen ⟨*Plan, Vorhaben, Versuch*⟩; zunichte machen ⟨*Hoffnung, Bemühungen*⟩; enttäuschen ⟨*Erwartung, Hoffnung*⟩; **he was ~d in his attempts/efforts** seine Versuche/Bemühungen waren vergebens

**frustrated** [frʌ'streɪtɪd, 'frʌstreɪtɪd] *adj.* frustriert

**frustrating** [frʌ'streɪtɪŋ, 'frʌstreɪtɪŋ] *adj.* frustrierend; ärgerlich ⟨*Angewohnheit*⟩; **he is a ~ person to deal with** es ist frustrierend, mit ihm zu tun zu haben

**frustration** [frʌ'streɪʃn] *n.* Frustration, *die; (defeat)* Enttäuschung, *die; (of plans, efforts)* Scheitern, *das*

**[1]fry** [fraɪ] **1.** *n.* **a)** Pfannengericht, *das;* **b)** *(internal parts of animals)* [gebratene] Innereien; *see also* **lamb's fry; c)** *(Amer.: social gathering)* Grillparty, *die.* **2.** *v. t.* braten; **fried eggs/potatoes** Spiegeleier/Bratkartoffeln; *see also* **fish 1 a. 3.** *v. i.* braten; *(coll.: burn)* **~ in the sun** in der Sonne schmoren *(ugs.)*

~ **'up** *v. t.* aufbraten ⟨*Reste*⟩; **let's ~ up something** laß uns schnell was brutzeln *(ugs.); see also* **fry-up**

**[2]fry** *n. (young fishes etc.)* Brut, *die;* **'small ~** *(fig.)* unbedeutende Leute; *(children)* junges Gemüse *(ugs.);* **compared with him all the others are 'small ~** *(fig.)* im Vergleich mit ihm sind alle anderen unbedeutend

**fryer** ['fraɪə(r)] *n.* **a)** *(vessel)* Friteuse, *die;* **b)** *(Amer.: chicken)* Brathühnchen, *das;* Brathähnchen, *das*

**frying-pan** ['fraɪɪŋpæn] *n.* Bratpfanne, *die;* **[fall/jump] out of the ~ into the fire** vom Regen in die Traufe [kommen] *(ugs.)*

**fry: ~pan** *(Amer.) see* **frying-pan; ~-up** *n.* Pfannengericht, *das*

**ft.** *abbr.* **feet, foot** ft.

**fuchsia** ['fju:ʃə] *n. (Bot.)* Fuchsie, *die*

**fuck** [fʌk] *(coarse)* **1.** *v. t.* **a)** ficken *(vulg.);* **b)** *(damn)* **~ ...:** zum Teufel mit ... *(derb);* **~ you!** leck mich am Arsch! *(derb).* **2.** *v. i.* ficken *(vulg.).* **3.** *n.* **a)** *(act)* Fick, *der (vulg.);* **b)** *(person)* **be a good ~:** gut ficken *(vulg.);* **c)** *(damn)* **I don't give/care a ~:** es ist mir scheißegal *(derb)*

~ **about,** ~ **around** *(coarse)* **1.** *v. i.* rumgammeln *(ugs.);* **~ about** *or* **around with sth.** an etw. *(Dat.)* rumfummeln *(ugs.).* **2.** *v. t.* verarschen *(derb)*

~ **'off** *v. i. (coarse)* **~ off!** verpiß dich! *(salopp)*

~ **'up** *(coarse) v. t.* versauen *(derb)*

**fucking** ['fʌkɪŋ] *(coarse)* **1.** *adj.* Scheiß- *(salopp);* **what the ~ hell's that for?** wofür ist das denn, verdammte Scheiße? *(derb).* **2.** *adv.* verdammt *(ugs.)*

**fuddle** ['fʌdl] *v. t.* **a)** *(intoxicate)* benebeln ⟨*Sinne*⟩; **they were slightly ~d** sie waren [leicht] beschwipst *od.* angesäuselt *(ugs.);* **b)** *(confuse)* verwirren

**fuddy-duddy** ['fʌdɪdʌdɪ] *(sl.)* **1.** *adj.* verkalkt *(ugs.).* **2.** *n.* Fossil, *das (fig.)*

**[1]fudge** [fʌdʒ] *n. (sweet)* Karamelbonbon, *der od. das;* [weiche] Karamelle, *die*

**[2]fudge 1.** *v. t.* frisieren *(ugs.)* ⟨*Geschäftsbücher*⟩; ausweichen (+ *Dat.*) ⟨*Problem*⟩; sich *(Dat.)* aus den Fingern saugen ⟨*Ausrede, Geschichte, Entschuldigung*⟩. **2.** *v. i.* ausweichen. **3.** *n.* Schwindel, *der*

**fuel** ['fju:əl] **1.** *n.* Brennstoff, *der; (for vehicle)* Kraftstoff, *der; (for ship, aircraft, spacecraft)* Treibstoff, *der; (for cigarette-lighter)* Gas, *das; (petrol)* Benzin, *das; (Nucl. Engin.)* Kernbrennstoff, *der;* Spaltstoff, *der;* **add ~ to the flames** *or* **fire** *(fig.)* Öl ins Feuer gießen. **2.** *v. t., (Brit.)* **-ll-** heizen ⟨*Ofen*⟩; beschicken ⟨*Hochofen*⟩; auftanken ⟨*Schiff, Flugzeug*⟩; betreiben ⟨*Kraftwerk, Motor*⟩; *(fig.: stimulate)* Nahrung geben (+ *Dat.*) ⟨*Verdacht, Hoffnung, Spekulationen*⟩; anheizen ⟨*Inflation*⟩; fördern ⟨*Entwicklung*⟩. **3.** *v. i., (Brit.)* **-ll-** auftanken

**fuel: ~ cell** *n.* Brennstoffzelle, *die;* **~ consumption** *n.* Brennstoffverbrauch, *der; (of vehicle)* Kraftstoffverbrauch, *der; (of aircraft, rocket)* Treibstoffverbrauch, *der;* **~ element** *n. (Nucl. Engin.)* Brenn[stoff]element, *das;* **~ injection** *n.* Treibstoffeinspritzung, *die; (in vehicle)* Benzineinspritzung, *die;* **~ oil** *n.* Heizöl, *das;* **~ pump** *n.* Kraftstoffpumpe, *die;* **~ tank** *n. (of motor cycle, vehicle)* Kraftstofftank, *der; (of aircraft, spacecraft)* Treibstofftank, *der; (of ship)* Treiböltank, *der; (for storage)* Kraftstoffbehälter, *der*

**fug** [fʌg] *n. (coll.)* Mief, *der (salopp)*

**fugitive** ['fju:dʒɪtɪv] **1.** *adj.* **a)** *(lit. or fig.)* flüchtig; **b)** *(flitting, shifting)* unstet ⟨*Wesen, Charakter*⟩. **2.** *n.* **a)** Flüchtige, *der/die;* **be a ~ from justice/from the law** auf der Flucht vor der Justiz/dem Gesetz sein; **b)** *(exile)* Flüchtling, *der*

**fugue** [fju:g] *n. (Mus.)* Fuge, *die*

**fulcrum** ['fʊlkrəm] *n., pl.* **fulcra** ['fʊlkrə] **a)** *(Mech.)* Drehpunkt, *der;* **b)** *(fig.: factor)* [Dreh- und] Angelpunkt, *der*

**fulfil** *(Amer.:* **fulfill)** [fʊl'fɪl] *v. t.,* **-ll-** erfüllen; stillen ⟨*Verlangen, Bedürfnisse*⟩; entsprechen (+ *Dat.*) ⟨*Erwartungen*⟩; erhören ⟨*Gebet*⟩; ausführen ⟨*Befehl*⟩; beenden ⟨*Arbeit, Werk*⟩; halten ⟨*Versprechen*⟩; **be fulfilled** ⟨*Traum:*⟩ in Erfüllung gehen; ⟨*Wunsch, Hoffnung, Prophezeiung:*⟩ sich erfüllen; **~ oneself** sich selbst verwirklichen; **be** *or* **feel fulfilled [in one's job]** [in seinem Beruf] Erfüllung finden

**fulfilling** [fʊl'fɪlɪŋ] *adj. (giving satisfaction)* befriedigend

**fulfilment** *(Amer.:* **fulfillment)** [fʊl'fɪlmənt] *n. see* **fulfil:** Erfüllung, *die;* Erhörung, *die;* Ausführung, *die;* Beendigung, *die;* **bring sth. to ~:** etw. erfüllen; **sth. reaches ~:** etw. erfüllt sich; **find ~ in one's work** Erfüllung in seiner Arbeit finden

**¹full** [fʊl] **1.** *adj.* **a)** voll; **the jug is ~ of water** der Krug ist voll Wasser; **his pockets are ~ of money** er hat die Taschen voller Geld; **the bus was completely ~:** der Bus war voll besetzt; **~ of hatred/holes** voller Haß/Löcher; **my heart is too ~ for words** mir ist das Herz so voll, daß ich keine Worte finde; **be ~ up** *(coll.)* voll [besetzt] sein; ⟨*Behälter:*⟩ randvoll sein; ⟨*Liste:*⟩ voll sein; ⟨*Flug:*⟩ völlig ausgebucht sein; **b) ~ of** *(engrossed with):* **be ~ of oneself/one's own importance** sehr von sich eingenommen sein/sich sehr wichtig nehmen; **ever since this event she's been ~ of it** seit diesem Ereignis spricht sie von nichts anderem [mehr]; **the newspapers are ~ of the crisis** die Zeitungen sind voll von Berichten über die Krise; **he is ~ of his subject** er geht völlig in seinem Fachgebiet auf; **c)** *(replete with food)* voll ⟨*Magen*⟩; satt ⟨*Person*⟩; **I'm ~ [up]** *(coll.)* ich bin voll [bis obenhin] *(ugs.)*; **d)** *(comprehensive)* ausführlich, umfassend ⟨*Bericht, Beschreibung*⟩; *(abundant, satisfying)* vollwertig ⟨*Mahlzeit*⟩; erfüllt ⟨*Leben*⟩; *(complete)* geschlagen *(ugs.)*, ganz ⟨*Stunde*⟩; ganz ⟨*Jahr, Monat, Semester, Seite*⟩; voll ⟨*Gehalt, Bezahlung, Unterstützung, Mitgefühl, Verständnis*⟩; **weigh a ~ ten tons** volle zehn Tonnen wiegen; **the event received ~ TV coverage** das Fernsehen berichtete in aller Ausführlichkeit über das Ereignis; **with illustrations in ~ colour** durchgehend farbig illustriert; **the ~ details of the case** alle Einzelheiten des Falls; **in ~ daylight** am hellichten Tag; **the moon is ~:** es ist Vollmond; **in ~ bloom** in voller Blüte; **they were in ~ flight** *(fleeing)* sie flohen, so schnell sie konnten; *(impressive)* sie waren in Hochform; **this will require a ~ day's work** dazu braucht man einen ganzen Tag; **~ member** Vollmitglied, *das;* **~ membership** Vollmitgliedschaft, *die;* **in ~ possession of one's faculties** im Vollbesitz seiner Kräfte; **in ~ view of sb.** [direkt] vor jmds. Augen; **we were in ~ view of the house** wir konnten vom Haus aus ohne weiteres gesehen werden; **the ship came into ~ view** man konnte das Schiff allmählich richtig sehen; **at ~ speed** mit Höchstgeschwindigkeit; **~ speed** *or* **steam ahead!** *(lit. or fig.)* volle Kraft *od.* Volldampf voraus!; **the machine was operating at ~ capacity** die Maschine lief auf Hochtouren; **the team/cabinet was at ~ strength** die Mannschaft spielte in ihrer besten Besetzung/das Kabinett war vollzählig; **bound in ~ leather** in Ganzleder gebunden; **pay the ~ fare** voll bezahlen; den vollen Fahrpreis bezahlen; **~ name** voller Name; **~ sister/brother** leibliche Schwester/leiblicher Bruder; **e)** *(intense in quality)* hell, voll ⟨*Licht*⟩; satt ⟨*Farbe*⟩; voll ⟨*Klang, Stimme, Aroma*⟩; **f)** *(rounded, plump)* voll ⟨*Gesicht, Busen, Lippen, Mund*⟩; füllig ⟨*Figur*⟩; weit geschnitten ⟨*Rock*⟩; voll ⟨*Segel*⟩; **be ~ in the face** ein volles Gesicht haben. **2.** *n.* **a) in ~:** vollständig; **write your name [out] in ~:** schreiben Sie Ihren Namen aus; **b) satisfy sb./enjoy sth. to the ~:** jmdn. vollauf zufriedenstellen/etw. in vollen Zügen genießen; **c) the moon is at/past the ~:** es ist Vollmond/abnehmender Mond. **3.** *adv.* **a)** *(very)* **know ~ well that ...:** ganz genau *od.* sehr wohl wissen, daß ...; **b)** *(exactly, directly)* genau; voll *(ugs.)*; **~ in the face** direkt ins Gesicht ⟨*schlagen, scheinen*⟩; **look sb. ~ in the face** jmdn. voll ansehen

**²full** *v. t. (Textiles)* walken ⟨*Tuche*⟩

**full: ~ 'age** *n.* Volljährigkeit, *die;* **~ back** *n. (Sport)* Verteidiger, *der*/Verteidigerin, *die;* **~-blooded** ['fʊlblʌdɪd] *adj.* **a)** *(pure-bred)* reinrassig ⟨*Tier*⟩; reinblütig ⟨*Mensch*⟩; **b)** *(vigorous, hearty, sensual)* vollblütig; **~-blown** *adj.* **a)** *(at height of bloom)* voll aufgeblüht; **b)** *(fig.)* ausgewachsen ⟨*Skandal*⟩; ausgereift ⟨*Theorie, Plan, Gedanke*⟩; umfassend ⟨*Bericht*⟩; **~ 'board** *n.* Vollpension, *die;* **~-bodied** *adj.* vollmundig, *(fachspr.)* körperreich ⟨*Wein*⟩; voll ⟨*Ton, Klang*⟩; **~-cream** *adj.* **~-cream milk/cheese** Vollmilch, *die*/Vollfettkäse, *der;* **~ 'dress** *n.* Gesellschaftsanzug, *der;* **~-dress** *adj.* Gala⟨*uniform, -diner*⟩; *(fig.)* großangelegt; **~-dress occasion** feierliche Veranstaltung; **~ em'ployment** *n.* Vollbeschäftigung, *die*

**fuller's earth** [fʊləz 'ɜ:θ] *n. (Min.)* Fullererde, *die;* Walkerde, *die*

**full: ~ 'face** *n. (Art, Photog.)* **in ~ face** en face; **~-face 1.** *adv. (Art, Photog.)* en face; **2.** *adj.* **a)** *(Art, Photog.)* En-face-; **b) ~-face helmet** Integralhelm, *der;* **~-faced** *adj.* mit vollem Gesicht *nachgestellt;* **~-grown** *adj.* ausgewachsen ⟨*Mensch, Tier*⟩; **~ 'house** *n.* **a)** *(Theatre)* ausverkauftes *od.* volles Haus; **play to ~ houses every night** jeden Abend vor ausverkauftem Haus spielen; **b)** *(Poker)* Full house, *das;* *(Bingo)* Voll, *das;* **~ 'length 1.** *n.* **at ~ length** *(in ~ detail)* in aller Ausführlichkeit; *(unabridged)* ungekürzt; **[stretched out] at ~ length** der Länge nach *od.* *(ugs.)* längelang ausgestreckt; **2.** *adv.* längelang *(ugs.)*, der Länge nach ⟨*hinfallen, liegen*⟩; **~-length** *adj.* abendfüllend ⟨*Film, Theaterstück*⟩; **~-length novel** größerer Roman; **~-length mirror** großer Spiegel *(in dem man sich ganz sehen kann);* **~-length portrait** Ganzporträt, *das;* **~-length dress** langes Kleid; **~ 'marks** *n. pl., no art.* die höchste Bewertung; *(Sch., Univ.)* die besten Noten; **~ marks!** *(fig. coll.)* ausgezeichnet!; **you get ~ marks for observation** das hast du ausgezeichnet beobachtet; **give sb. ~ marks** *(fig.)* jmdm. höchstes Lob zollen; **~ 'moon** *n.* Vollmond, *der*

**fullness** ['fʊlnɪs] *n., no pl. (of skirt)* weiter Schnitt; *(of figure)* Fülligkeit, *die;* *(of face)* Rundheit, *die;* **a feeling of ~:** ein Völlegefühl; **in the ~ of time** *(literary)* wenn die Zeit dafür gekommen ist/als die Zeit dafür gekommen war

**full: ~-page** *adj.* ganzseitig; **~ pitch** *see* **~ toss;** **~ 'play** *n.* **give sth. ~ play** einer Sache *(Dat.)* freien Lauf lassen; **give sb. ~ play** jmdm. völlig freie Hand lassen; **~ 'point** Punkt, *der;* **~ pro'fessor** *n.* ordentlicher Professor; **~-scale** *adj.* **a)** in Originalgröße *nachgestellt;* **b)** großangelegt ⟨*Werbekampagne, Untersuchung, Suchaktion*⟩; umfassend ⟨*Umarbeitung, Revision*⟩; **a ~-scale war/novel** ein richtiger Krieg/größerer Roman; **~ 'score** *n. (Mus.)* Partitur, *die;* **~-size** *see* **-size;** **~ 'stop** *n.* **a)** Punkt, *der;* **b)** *(fig. coll.)* **come to a ~ stop** zum Stillstand kommen; **I'm not going, ~ stop** ich gehe nicht, [und damit] basta! *(ugs.)*; **~ 'time 1.** *adv.* ganztags ⟨*arbeiten*⟩; **2.** *n. (Sport)* Spielende, *das;* **~-time** *adj.* ganztägig; Ganztags⟨*arbeit, -beschäftigung*⟩; **sb. is ~-time** jmd. arbeitet ganztags; **~-time teacher** Lehrer mit vollem Deputat; **this is a ~-time job** *(fig.)* das hält einen den ganzen Tag auf Trab *(ugs.)*; **~-'timer** *n.* Ganztagsbeschäftigte, *der/die;* **become a ~-timer** anfangen, ganztags zu arbeiten; **~ 'toss** *(Cricket) n.* Ball, *der den Schlagmann erreicht, ohne den Boden zu berühren*

**fully** ['fʊlɪ] *adv.* **a)** voll [und ganz]; fest ⟨*entschlossen*⟩; reich ⟨*belohnt*⟩; ausführlich ⟨*erklären usw.*⟩; **~ convinced** restlos überzeugt; **b)** *(at least)* **~ two hours** volle zwei Stunden; **~ three weeks ago** vor gut drei Wochen

**fully: ~-fledged** *attrib. adj.* flügge ⟨*Vogel*⟩; *(fig.)* [ganz] selbständig; **~-qualified** *attrib. adj.* vollqualifiziert

**fulmar** ['fʊlmə(r)] *n. (Ornith.)* Eissturmvogel, *der*

**fulminate** ['fʌlmɪneɪt] *v. i.* *(protest)* **~ against sb./sth.** gegen jmdn./etw. Sturm laufen

**fulsome** ['fʊlsəm] *adj.* übertrieben, *(ugs. abwertend)* dick aufgetragen ⟨*Lob, Kompliment, Schmeichelei*⟩

**fulsomely** ['fʊlsəmlɪ] *adv.* übertrieben ⟨*loben, schmeicheln*⟩

**fumble** ['fʌmbl] **1.** *v. i.* **~ at** *or* **with** [herum]fingern an (+ *Dat.*); **~ with one's papers** in seinen Papieren kramen *(ugs.)*; **~ in one's pockets for sth.** in seinen Taschen nach etw. fingern *od.* *(ugs.)* kramen; **~ for the light-switch** nach dem Lichtschalter tasten; **~ [about** *or* **around] in the dark** im Dunkeln herumtasten; **~ [about] for the right words** *(fig.)* nach den richtigen Worten suchen. **2.** *v. t.* **a)** nesteln an (+ *Dat.*); **b)** *(Games)* nicht sicher fangen ⟨*Ball*⟩

**fume** [fju:m] **1.** *n.* **a)** *in pl.* **petrol/ammonia ~s** Benzin-/Ammoniakdämpfe; **~s of wine/whisky** Alkohol-/Whiskydunst, *der;* **[cigarette/cigar] ~:** [Zigaretten-/Zigarren]rauch, *der;* **b)** *(fit of anger);* **be in a ~:** vor Wut schäumen. **2.** *v. i.* **a)** ⟨*Feuer, Ofen:*⟩ rauchen; **b)** *(be angry)* vor Wut schäumen; **~ at** *or* **over sb.** auf *od.* über jmdn. wütend sein; **~ at** *or* **over** *or* **about sth.** wegen etw. wütend sein. **3.** *v. t.* **~d oak** geräuchertes Eichenholz *(Holzverarb.)*

**fumigate** ['fju:mɪgeɪt] *v. t.* **a)** ausräuchern; **b)** *(apply fumes to)* begasen ⟨*Pflanzen*⟩

**fumigation** [fju:mɪ'geɪʃn] *n. see* **fumigate:** Ausräucherung, *die;* Begasung, *die*

**fun** [fʌn] **1.** *n.* Spaß, *der;* **be half the ~:** [mit] das Schönste sein; **have ~ doing sth.** Spaß daran haben, etw. zu tun; **I/we had great ~ playing with the dog** es hat [mir/uns] viel Spaß gemacht, mit dem Hund zu spielen; **have ~!** viel Spaß!; **[are you] having ~?** *(iron.)* macht Spaß, was? *(ugs. iron.)*; **we'll have great ~:** es wird bestimmt sehr lustig; **I was just having a bit of ~:** ich habe nur Spaß gemacht; **be full of ~:** ein fröhliches Wesen haben; ⟨*Tier:*⟩ sehr verspielt sein; **make ~ of** *or* **poke ~ at sb./sth.** sich über jmdn./etw. lustig machen; **in ~:** im Spaß; **the things he said were only in ~:** was er gesagt hat, war nur Spaß; **for ~, for the ~ of it** zum Spaß; **what ~!** toll!; wie schön!; **spoil the** *or* **sb.'s ~:** jmdm. den Spaß verderben; **sounds like ~!** das wird sicher toll werden!; **like ~** *(very much)* wie verrückt *(salopp)*; *(iron.: not at all)* von wegen!; **sth. is [good** *or* **great/no] ~:** etw. macht [großen/keinen] Spaß; **he is [good** *or* **great] ~ to have at a party** eine Party mit ihm ist immer sehr lustig; **sb. is [great] ~/no ~ to be with** es macht [großen] Spaß/keinen Spaß, mit jmdm. zusammenzusein; **it's no ~ being unemployed** es ist kein Vergnügen, arbeitslos zu sein; **~ and games** *(coll.)* Vergnügungen; **we had the usual ~ and games with him** *(iron.: trouble)* wir hatten wieder das übliche Theater mit ihm *(ugs.)*; **enjoy** *or* **have the ~ of the fair** *(fig.)* sich vergnügen; see also **figure 1 d. 2.** *adj. (coll.)* lustig; amüsant; **have a ~ time at a party** sich auf einer Party gut amüsieren

**function** ['fʌŋkʃn] **1.** *n.* **a)** Aufgabe, *die;* **in his ~ as surgeon** in seiner Funktion *od.* Eigenschaft als Chirurg; **b)** *(mode of action)* Funktion, *die;* **c)** *(formal event)* Veranstaltung, *die;* *(reception)* Empfang, *der;* *(official ceremony)* Feierlichkeit, *die;* **d)** *(Math.)* Funktion, *die.* **2.** *v. i.* ⟨*Maschine, System, Organisation:*⟩ funktionieren; ⟨*Organ:*⟩ arbeiten; **~ as** *(have the ~ of)* fungieren als; *(serve as)* dienen als; **I just don't ~ early in the morning** *(coll.)* am frühen Morgen bin ich zu nichts zu gebrauchen

**functional** ['fʌŋkʃənl] *adj.* **a)** *(with regard mainly to use)* funktionell; funktional ⟨*Erziehung*⟩; **~ building** Zweckbau, *der;* **b)** *(able to operate or work)* funktionsfähig; **be ~ again** wieder funktionieren; **c)** *(Physiol.)* **~ disease** Funktionsstörung eines Organs

**functionalism** ['fʌŋkʃənəlɪzm] *n.* Funktionalismus, *der*

**functionally** ['fʌŋkʃənəlɪ] *adv.* funktionell

**functionary** ['fʌŋkʃənərɪ] *n.* Funktionär, *der*/Funktionärin, *die*

**fund** [fʌnd] **1.** *n.* **a)** *(collection of money)* Fonds, *der;* **b)** *(fig.: stock, store)* Fundus, *der* (**of** von, an + *Dat.*); **c)** *in pl. (resources)* Mittel *Pl.;* Gelder *Pl.;* **public ~s** öffentliche Mittel; **be in ~s** bei Kasse sein *(ugs.);* **be pressed for** *or* **short of ~s** knapp *od.* schlecht bei Kasse sein *(ugs.).* **2.** *v. t.* **a)** finanzieren; **b)** *(invest)* anlegen; investieren

**fundamental** [fʌndə'mentl] **1.** *adj.* **a)** grundlegend (**to** für); fundamental, grundlegend ‹*Unterschied, Bedeutung, Bestandteil*›; elementar ‹*Bedürfnisse*›; *(primary, original)* Grund‹*struktur, -form, -typus*›; **b)** *(Mus.)* **~ note** Grundton, *der; (Acoustics)* **~ tone** Grundton, *der.* **2.** *n.* **a)** *in pl.* Grundlage, *die;* Fundament, *das;* **b)** *(Mus.) (note)* Grundton, *der; (tone)* Fundamentalbaß, *der*

**fundamentalism** [fʌndə'mentəlɪzm] *n.* Fundamentalismus, *der*

**fundamentalist** [fʌndə'mentəlɪst] *n.* Fundamentalist, *der*/Fundamentalistin, *die*

**fundamentally** [fʌndə'mentəlɪ] *adv.* grundlegend; von Grund auf ‹*verschieden, ehrlich*›; völlig ‹*abhängig*›; **I am ~ opposed to this** ich bin grundsätzlich dagegen; **man is ~ good/evil** der Mensch ist von Natur aus gut/böse

**fundamental 'particle** *see* **elementary particle**

**funeral** ['fju:nərl] *n.* **a)** Beerdigung, *die;* Beisetzung, *die (geh.);* **b)** *(procession)* Leichenzug, *der (geh.);* Trauerzug, *der;* **c)** *attrib.* **~ director** Bestattungsunternehmer, *der;* **~ home** *(Amer.) or* **parlour** Bestattungsunternehmen, *das;* **~ march** Trauermarsch, *der;* **~ procession** Leichenzug, *der (geh.)* Trauerzug, *der;* **~ service** Trauerfeier, *die;* **~ pile** *or* **pyre** Scheiterhaufen, *der;* **~ expenses** Bestattungskosten *Pl.;* **d)** *(sl.: one's concern)* **that's his/not my ~:** das ist sein/nicht mein Problem; **e)** *(Amer.: service)* Trauerfeier, *die;* **preach sb.'s ~:** die Trauerfeier für jmdn. abhalten

**funereal** [fju:'nɪərɪəl] *adj.* **a)** *(of funeral)* Trauer-; **b)** *(gloomy)* düster; **~ voice** Grabesstimme, *die (ugs.);* **~ expression** Trauermiene, *die (ugs.);* trauervolle Miene; **~ pace** Geschwindigkeit eines Trauerzuges

**'fun-fair** *n. (Brit.)* Jahrmarkt, *der*

**fungal** ['fʌŋgl] *see* **fungous**

**fungicide** ['fʌndʒɪsaɪd] *n. (Hort.)* Fungizid, *das; (Pharm.)* Antimykotikum, *das*

**fungous** ['fʌŋgəs] *adj.* pilzartig; *(Med.)* Hautpilz-; **~ infection** Pilzinfektion, *die*

**fungus** ['fʌŋgəs] *n., pl.* **fungi** ['fʌŋgaɪ, 'fʌndʒaɪ] *or* **~es a)** Pilz, *der;* **b)** *(Med.)* Hautpilz, *der;* **c)** *(disease of fish)* Fischschimmel, *der;* **d)** *(sl.: beard)* **[face-] ~:** Sauerkohl, *der (salopp scherzh.)*

**funicular [railway]** [fju:'nɪkjʊlə(r) (reɪlweɪ)] *n.* [Stand]seilbahn, *die*

**funk** [fʌŋk] *(sl.)* **1.** *n.* Bammel, *der (salopp);* Schiß, *der (salopp);* **be in/go into a [blue] ~:** [mächtig] Bammel *od.* Schiß haben/kriegen *(salopp);* **put sb. in a [blue] ~:** jmdm. Angst einjagen. **2.** *v. t.* kneifen vor (+ *Dat.*) *(ugs.);* **he ~ed it** er hat gekniffen *(ugs.)*

**funky** ['fʌŋkɪ] *adj. (sl.)* irre *(salopp)* ‹*Musik*›

**'fun-loving** *adj.* lebenslustig

**funnel** ['fʌnl] **1.** *n.* **a)** *(cone)* Trichter, *der;* **b)** *(of ship etc.)* Schornstein, *der.* **2.** *v. t., (Brit.)* **-ll-** konzentrieren ‹*Aufmerksamkeit, Anstrengung, Bemühungen*›; schleusen ‹*Daten, Verkehr*›; lenken ‹*Verkehr*›. **3.** *v. i., (Brit.)* **-ll-** strömen

**funnily** ['fʌnɪlɪ] *adv.* komisch; **~ enough** komischerweise *(ugs.)*

**funny** ['fʌnɪ] **1.** *adj.* **a)** *(comical)* komisch; lustig; witzig ‹*Mensch, Einfall, Bemerkung*›; **are you being** *or* **trying to be ~?** das soll wohl ein Witz sein?; **b)** *(strange)* komisch; seltsam; **don't get any ~ ideas** *(coll.)* komm bloß nicht auf komische Gedanken! *(ugs.);* **be ~ about money** in Gelddingen komisch *od.* eigen sein; **that's ~, he's gone** komisch, er ist weg; **the ~ thing 'is that ...:** das Komische [daran] ist, daß ...; **have a ~ feeling that ...:** das komische Gefühl haben, daß ...; **there's something ~ going on here** hier ist doch was faul *(ugs.);* **c)** *(coll.: unwell)* **I feel ~:** mir ist komisch *od. (ugs.)* blümerant; **he's a bit ~ in the head** er ist nicht ganz richtig im Kopf *(ugs.).* **2.** *n. (coll.)* **a)** *in pl. (comic section)* Comicseite, *die;* **b)** *(joke)* Witz, *der*

**funny: ~-bone** *n. (Anat.)* Musikantenknochen, *der;* **~ business** *n.* **a)** *(comic behaviour)* Alberei, *die;* **b)** *(sl.: misbehaviour, deception)* krumme Touren *(ugs.);* **~-face** *n. (joc./coll.)* Krümel, *der (fam.);* **~-ha-'ha** *adj. (coll.)* [zum Lachen] komisch; **~ man** *n.* Komiker, *der;* **~-pe'culiar** *adj. (coll.)* seltsam

**fur** [fɜ:(r)] **1.** *n.* **a)** *(coat of animal)* Fell, *das; (for or as garment)* Pelz, *der;* **trimmed/lined with ~:** mit Pelz besetzt *od.* verbrämt/gefüttert; **make the ~ fly** *(fig.)* hohe Wellen schlagen; *attrib.* **~ coat/hat** Pelzmantel, *der/*-mütze, *die;* **~ rug** Fell, *das (als Vorleger);* **b)** *(coating)* Belag, *der; (formed by hard water)* Wasserstein, *der; (in kettle)* Kesselstein, *der.* **2.** *v. t.,* **-rr-: hard water will ~ [up] the kettle/pipes** bei hartem Wasser bildet sich Kesselstein im Kessel/Wasserstein in den Rohren. **3.** *v. i.,* **-rr-: the kettle has/pipes have ~red [up]** im Kessel hat sich Kesselstein/in den Rohren hat sich Wasserstein gebildet

**furbelow** ['fɜ:bɪləʊ] *n.* **frills and ~s** *(lit. or fig.)* Kinkerlitzchen *Pl. (ugs. abwertend)*

**furbish** ['fɜ:bɪʃ] *v. t.* blank reiben; polieren

**'fur-clad** *adj.* in Pelz gekleidet

**furious** ['fjʊərɪəs] *adj.* wütend; heftig ‹*Streit, Kampf, Sturm, Lärm*›; wild ‹*Tanz, Sturm, Tempo, Kampf*›; **be ~ with sb./at sth.** wütend auf jmdn./über etw. *(Akk.)* sein; **the fun was fast and ~:** der Spaß war in vollem Gange

**furiously** ['fjʊərɪəslɪ] *adv.* wütend; wild ‹*kämpfen, tanzen*›; wie wild *(ugs.)*‹*arbeiten, in die Pedale treten*›; heftig ‹*erröten, kämpfen*›

**furl** [fɜ:l] *v. t.* einrollen ‹*Segel, Flagge*›; zusammenrollen ‹*Schirm*›

**furlong** ['fɜ:lɒŋ] *n.* Achtelmeile, *die*

**furlough** ['fɜ:ləʊ] *n. (Mil.)* Urlaub, *der;* **be/go on ~:** Urlaub haben/in Urlaub gehen

**furnace** ['fɜ:nɪs] *n.* Ofen, *der; (blast-~)* Hochofen, *der; (smelting-~)* Schmelzofen, *der; (pottery-kiln)* Brennofen, *der;* **this room is like a ~:** hier ist eine Hitze wie im Treibhaus *od.* Backofen

**furnish** ['fɜ:nɪʃ] *v. t.* **a)** möblieren; **live in ~ed accommodation** möbliert wohnen; **~ing fabrics** Möbel- und Vorhangstoffe; **b)** *(provide, supply)* liefern ‹*Vorräte*›; **~ sb. with sth.** jmdm. etw. liefern; **the army was ~ed with supplies** die Armee wurde mit Vorräten versorgt *od.* beliefert

**furnishings** ['fɜ:nɪʃɪŋz] *n. pl.* Einrichtungsgegenstände; **including ~ and fittings** mit kompletter Einrichtung

**furniture** ['fɜ:nɪtʃə(r)] *n., no pl.* Möbel *Pl.;* **piece of ~:** Möbel[stück], *das;* **the house has hardly any ~:** das Haus ist kaum eingerichtet; **a bed and a chair were all the ~:** ein Bett und ein Stuhl waren das ganze Mobiliar; **be [a] part of the ~** *(fig. coll.)* zum lebenden Inventar gehören *(scherzh.)*

**furniture: ~ beetle** *n.* Totenuhr, *die;* **~ polish** *n.* Möbelpolitur, *die;* **~ van** *n.* Möbelwagen, *der*

**furore** [fjʊə'rɔ:rɪ] *(Amer.:* **furor** ['fjʊərɔ:(r)]) *n.* **create** *or* **cause a ~:** Furore machen; *(cause a scandal)* einen Skandal verursachen; **when the ~ died down** als allmählich Gras über die Sache gewachsen war

**furred** [fɜ:d] *adj. (Med.)* belegt ‹*Zunge*›

**furrier** ['fʌrɪə(r)] *n. (dresser)* Kürschner, *der*/Kürschnerin, *die; (dealer)* Pelzhändler, *der/*-händlerin, *die*

**furrow** ['fʌrəʊ] **1.** *n. (lit. or fig.)* Furche, *die;* **cut a ~ through the waves** ‹*Schiff:*› die Wellen durchpflügen; *see also* **plough 2c. 2.** *v. t.* **a)** *(plough)* pflügen; **b)** *(make ~s in)* durchpflügen; **c)** *(mark with wrinkles)* **~ed face** zerfurchtes Gesicht

**furry** ['fɜ:rɪ] *adj.* haarig; flauschig ‹*Mantel, Stofftier*›; belegt ‹*Zunge*›; **it has a ~ feel** es fühlt sich weich und flauschig an

**further** ['fɜ:ðə(r)] **1.** *adj. compar. of* **far: a)** *(of two)* ander...; *(in space)* weiter entfernt; **on the ~ bank of the river/side of town** am anderen Ufer/Ende der Stadt; **b)** *(additional)* weiter...; **till ~ notice/orders** bis auf weiteres; **I could eat this until ~ orders** *(fig. joc.)* ich könnte das bis in alle Ewigkeit essen *(ugs.);* **will there be anything ~?** darf es noch etwas sein?; haben Sie sonst noch einen Wunsch?; **~ details** *or* **particulars** weitere *od.* nähere Einzelheiten. **2.** *adv. compar. of* **far: a)** weiter; **before it goes any ~:** bevor es sich weiter ausbreitet; **not let it go any ~:** es nicht weitersagen; **one could go ~ and fare worse** es gibt Schlimmeres; **he never got ~ than secondary school** er ist über die Hauptschule nicht hinausgekommen; **until you hear ~ from us** bis Sie wieder von uns hören; **nothing was ~ from his thoughts** nichts lag ihm ferner; **b)** *(moreover)* außerdem; **c)** *(euphem.: in hell)* **I'll see you/him** *etc.* **~ first!** ich denke nicht im Traum daran! **3.** *v. t.* fördern; **in order to ~ one's career** um beruflich voranzukommen

**furtherance** ['fɜ:ðərəns] *n., no pl.* Förderung, *die;* Unterstützung, *die;* **in ~ of sth.** zur Förderung *od.* Unterstützung einer Sache *(Gen.)*

**further edu'cation** *n.* Weiterbildung, *die; (for adults also)* Erwachsenenbildung, *die*

**furthermore** [fɜ:ðə'mɔ:(r)] *adv.* außerdem; überdies

**furthermost** ['fɜ:ðəməʊst] *adj.* äußerst...; entlegenst...; **to the ~ ends of the earth** bis ans Ende der Welt

**furthest** ['fɜ:ðɪst] **1.** *adj. superl. of* **far** am weitesten entfernt; **take sb. to ~ Siberia** jmdn. ins hinterste Sibirien bringen; **to the ~ limits of the kingdom** bis in die entlegensten *od.* entferntesten Winkel des Königreichs; **ten miles at the ~:** höchstens zehn Meilen. **2.** *adv. superl. of* **far** am weitesten ‹*springen, laufen*›; am weitesten entfernt ‹*sein, wohnen*›

**furtive** ['fɜ:tɪv] *adj.* verstohlen; **the fox is ~ in its movements** der Fuchs bewegt sich unauffällig; **he is a ~ person** er wirkt schuldbewußt und bemüht, nicht aufzufallen

**furtively** ['fɜ:tɪvlɪ] *adv.* verstohlen

**fury** ['fjʊərɪ] *n.* **a)** Wut, *die; (of storm, sea, battle, war)* Wüten, *das;* **in a ~:** wütend; **in a terrible ~:** in heller Wut; **in a blind ~:** blindwütig; **fly into a/be in a ~:** einen Wutanfall bekommen/haben; **exposed to the ~ of the elements** dem Wüten der Elemente ausgeliefert; **b) like ~** *(coll.)* wie wild *(ugs.);* **c) Furies** *(Mythol.)* Furien; **[avenging] furies** Rachegeister

**furze** [fɜ:z] *n. (Brit. Bot.)* Stechginster, *der*

**¹fuse** [fju:z] **1.** *v. t.* **a)** *(blend)* verschmelzen (**into** zu); **b)** *(melt)* schmelzen. **2.** *v. i.* **a)** *(blend)* **~ together** miteinander verschmelzen; **~ with sth.** *(fig.)* sich mit etw. verbinden; **b)** *(melt)* schmelzen

**²fuse 1.** *n.* **[time-]~:** [Zeit]zünder, *der; (cord)* Zündschnur, *die;* **be on a short ~** *(fig.)* leicht explodieren *(fig.).* **2.** *v. t.* **~ a bomb** *etc.* einen Zünder an einer Bombe *usw.* anbringen

**³fuse** *(Electr.)* **1.** *n.* Sicherung, *die.* **2.** *v. t.* **a)** **~ the lights** die Sicherung durchbrennen lassen; **b)** *(provide with ~)* mit einer Sicherung versehen; absichern. **3.** *v.i.* **the lights have ~d** die Sicherung [für die Lampen] ist durchgebrannt

**'fuse-box** *n. (Electr.)* Sicherungskasten, *der*

**fuselage** ['fju:zəlɑ:ʒ] *n. (Aeronaut.)* [Flugzeug]rumpf, *der*

**fusible** ['fju:zɪbl] *adj.* schmelzbar

**fusillade** [fju:zɪ'leɪd] *n.* Gewehrfeuer, *das*

**fusion** ['fju:ʒn] *n.* **a)** *(blending)* Verschmelzung, *die; (fig.) (of political groups, enterprises)* Verbindung, *die;* Fusion, *die; (of ideas, ideologies, races)* Verschmelzung, *die;* **b)** *(melting)* Schmelzen, *das;* **c)** *(Phys.)* Fusion, *die*

**fuss** [fʌs] **1.** *n.* Theater, *das (ugs.);* **stop this silly ~:** hör mit dem Theater auf! *(ugs.);* **~ and bother** Rummel, *der (ugs.);* **without any ~:** ohne großes Theater *(ugs.);* **kick up a ~:** ein großes Theater machen; **make a ~ [about sth.]** Aufhebens [von etw.] *od.* einen Wirbel [um etw.] machen; **make a ~ of** *or* **over** [einen] Wirbel machen um ⟨*Person, Tier*⟩; **he is made a ~ of** um ihn wird Wirbel gemacht. **2.** *v.i.* Wirbel machen; *(get agitated)* sich [unnötig] aufregen; **she is always ~ing over sb./sth.** sie macht immer ein Theater mit jmdm./etw. *(ugs.).* **3.** *v.t.* **don't ~ ~ me!** mach mich nicht verrückt! *(ugs.)*

**fussily** ['fʌsɪlɪ] *adv.* **a)** *(bustlingly)* übereifrig; rührig; **b)** *(fastidiously)* mäklig *(ugs.);* **c)** *(with undue detail)* überladen

**'fuss-pot** *n. (coll.)* **be a ~:** Theater machen *(ugs.);* **don't be a ~:** mach kein Theater! *(ugs.)*

**fussy** ['fʌsɪ] *adj.* **a)** *(bustling)* übereifrig; rührig; *(easily flustered)* reizbar; überempfindlich; **don't be so ~!** mach nicht so ein Theater! *(ugs.);* **b)** *(fastidious)* eigen; penibel; **be ~ about one's food** *or* **what one eats** mäklig im Essen sein *(ugs.);* **I'm not ~** *(in answer: I don't mind)* ich bin nicht wählerisch; **c)** *(full of undue detail)* überladen; *(full of unnecessary decoration)* verspielt

**fusty** ['fʌstɪ] *adj.* **a)** *(mouldy)* schimmelig; **b)** *(stuffy)* muffig; **c)** *(old-fashioned)* verstaubt

**futile** ['fju:taɪl] *adj.* vergeblich ⟨*Versuch, Bemühungen, Vorschlag usw.*⟩; zum Scheitern verurteilt ⟨*Plan, Vorgehen usw.*⟩

**futilely** ['fju:taɪllɪ] *adv.* vergeblich

**futility** [fju:'tɪlɪtɪ] *n., no pl. (of effort, attempt, etc.)* Vergeblichkeit, *die; (of plan)* Zwecklosigkeit, *die; (of war)* Sinnlosigkeit, *die*

**futon** ['fu:tɒn] *n.* Futon, *der*

**future** ['fju:tʃə(r)] **1.** *adj.* **a)** [zu]künftig; **at some ~ date** zu einem späteren Zeitpunkt; **b)** *(Ling.)* futurisch; **~ tense** Futur, *das;* Zukunft, *die; see also* **perfect 1 h; c) the ~ life** das Leben im Jenseits; das Leben nach dem Tod. **2.** *n.* **a)** Zukunft, *die;* **sth. is a thing of the ~:** etw. ist Zukunftsmusik; **what will her ~ be?** wie wird ihre Zukunft aussehen?; **a man with a ~:** ein Mann mit Zukunft; **in ~:** in Zukunft; künftig; **in the distant ~:** in ferner Zukunft; **sth. is still very much in the ~:** etw. liegt noch in weiter Ferne; **see sb. in the near ~:** jmdn. demnächst sehen; **there's no/little ~ in it** das hat keine/wenig Zukunft; **b)** *(Ling.)* Futur, *das;* Zukunft, *die;* **c)** *in pl. (Commerc.)* Terminware, *die; (contracts)* Lieferungsverträge

**future 'shock** *n.* Zukunftsschock, *der*

**futurism** ['fju:tʃərɪzm] *n.* Futurismus, *der*

**futuristic** [fju:tʃə'rɪstɪk] *adj.* futuristisch

**futurology** [fju:tʃə'rɒlədʒɪ] *n.* Futurologie, *die*

**fuze** *(Amer.) see* **[2]fuse**

**fuzz** [fʌz] *n.* **a)** *(fluff)* Flaum, *der;* **b)** *(frizzy hair)* Kraushaar, *das;* **a ~ of black curls** schwarzes Kraushaar; **c)** *no pl. (sl.) (police)* Polente, *die (salopp); (policeman)* Polyp, *der (salopp)*

**fuzzy** ['fʌzɪ] *adj.* **a)** *(like fuzz)* flaumig; **b)** *(frizzy)* kraus; wuschelig *(ugs.);* **c)** *(blurred)* verschwommen; unscharf

**fuzzy-wuzzy** ['fʌzɪwʌzɪ] *n. (sl. derog.)* Krauskopf, *der*

# G

**G, g** [dʒi:] *n., pl.* **Gs** *or* **G's a)** *(letter)* G, g, *das;* **b) G** *(Mus.)* G, g, *das;* **G sharp** gis, Gis, *das;* **G flat** ges, Ges, *das*

**g.** *abbr.* **a) gram[s] g; b) gravity** *g*

**gab** [gæb] *(coll.)* **1.** *n.* Gequatsche, *das (ugs. abwertend);* **have the gift of the ~:** reden können. **2.** *v.i.,* **-bb-** quatschen *(salopp)*

**gabardine** ['gæbədi:n] *n.* Gabardine, *der;* **~ [coat/suit]** Gabardinemantel/-anzug, *der*

**gabble** ['gæbl] **1.** *v.i. (inarticulately)* brabbeln *(ugs.); (volubly)* schnattern *(fig.).* **2.** *v.t.* herunterschnurren *(salopp)* ⟨*Gebet, Gedicht*⟩; herunterhaspeln *(ugs.)* ⟨*Entschuldigung*⟩. **3.** *n.* Gebrabbel, *das (ugs.)*

**gable** ['geɪbl] *n.* **a)** Giebel, *der;* **b)** *see* **gable-end**

**gabled** ['geɪbld] *adj.* gegiebelt; Giebel⟨*dach, -haus*⟩

**'gable-end** *n.* Giebelseite, *die*

**Gabon** [gə'bɒn] *pr. n.* Gabun *(das)*

**[1]gad** [gæd] *int.* **[by] ~!** bei Gott!

**[2]gad** *v.i.,* **-dd-** *(coll.)* **~ about** *or* **around** herumziehen; sich herumtreiben *(ugs. abwertend);* **~ about** *or* **around the country** im Land herumreisen

**'gadabout** *(coll.) n.* Herumtreiber, *der/* -treiberin, *die (ugs. abwertend)*

**'gadfly** *n.* Bremse, *die*

**gadget** ['gædʒɪt] *n.* Gerät, *das; (larger)* Apparat, *der;* **~s** *(derog.: knick-knack)* [technischer] Krimskrams *(ugs.)*

**gadgetry** ['gædʒɪtrɪ] *n., no pl.* [hochtechnisierte] Ausstattung

**Gael** [geɪl] *n.* Gäle, *der*/Gälin, *die*

**Gaelic** ['geɪlɪk, 'gælɪk] **1.** *adj.* gälisch; *see also* **English 1. 2.** *n.* Gälisch, *das; see also* **English 2 a**

**Gaelic 'coffee** *n.* Irish coffee, *der*

**[1]gaff** [gæf] **1.** *n.* **a)** *(Fishing)* Speer, *der; (stick with iron hook)* Gaff, *das;* **b)** *(Naut.)* Gaffel, *die.* **2.** *v.t.* mit dem Speer/Gaff erlegen

**[2]gaff** *n. (sl.)* **blow the ~:** plaudern **(on** über **+** *Akk.***); I'm not going to blow the ~:** ich werde dichthalten *(ugs.);* **stand the ~** *(Amer.)* durchhalten; **stand the ~ for sth.** etw. büßen

**gaffe** [gæf] *n.* Fauxpas, *der;* Fehler, *der;* **make** *or* **commit a ~:** einen Fauxpas begehen; ins Fettnäpfchen treten *(ugs. scherzh.)*

**gaffer** ['gæfə(r)] *n. (coll.)* **a)** *(old fellow)* Alte, *der;* **some old ~:** so'n alter Typ *(ugs.);* **b)** *(Brit.: foreman)* Vorarbeiter, *der*

**gag** [gæg] **1.** *n.* **a)** Knebel, *der; (Med.)* Mundsperrer, *der;* **b)** *(joke)* Gag, *der.* **2.** *v.t.,* **-gg-: a) ~ sb.** jmdn. knebeln; *(Med.)* jmdm. einen Mundsperrer anlegen; *(fig.: silence sb.)* jmdn. zum Schweigen bringen; **b)** *(cause to choke or retch)* **~ sb.** jmdn. würgen. **3.** *v.i.,* **-gg-: a)** Späße machen; witzeln; **b)** *(choke, retch)* würgen

**gaga** ['gɑ:gɑ:] *adj. (sl.)* übergeschnappt *(ugs.); (senile)* senil, *(ugs.)* verkalkt; **be [a bit] ~:** nicht mehr ganz dicht sein *(ugs.);* **go ~:** überschnappen *(ugs.); (become senile)* senil werden, *(ugs.)* verkalken; **she is really ~ about him** sie ist total vernarrt in ihn *(ugs.)*

**gage** *(Amer./Naut.) see* **gauge**

**gaggle** ['gægl] *n.* **a) ~ [of geese]** Schar [Gänse], *die;* **b)** *(fig.: disorderly group)* Schwarm, *der;* Pulk, *der*

**gaiety** ['geɪətɪ] *n., no pl.* **a)** Fröhlichkeit, *die;* **b)** *(merry-making)* Festivität, *die;* Vergnügung, *die*

**gaily** ['geɪlɪ] *adv.* **a)** *(merrily)* fröhlich; **b)** *(brightly, showily)* in leuchtenden Farben ⟨*gekleidet, bemalt, geschmückt*⟩; **~ coloured** farbenfroh; **c)** *(airily, without thinking)* fröhlich; unbekümmert

**gain** [geɪn] **1.** *n.* **a)** Gewinn, *der;* **be to sb.'s ~:** für jmdn. von Vorteil sein; **ill-gotten ~s** unrechtmäßig erworbener Besitz; *see also* **capital gain; b)** *(increase)* Zunahme, *die* **(in** an **+** *Dat.***); a ~ of ten kilograms in weight** eine Gewichtszunahme von zehn Kilogramm; **a ~ in efficiency/value** eine Effektivitäts-/Wertsteigerung; **c)** *(Electronics)* Verstärkung, *die.* **2.** *v.t.* **a)** *(obtain)* gewinnen; finden ⟨*Zugang, Zutritt*⟩; sich *(Dat.)* schaffen ⟨*Feind*⟩; erwerben ⟨*Wissen, Ruf*⟩; erlangen ⟨*Freiheit, Ruhm*⟩; erzielen ⟨*Vorteil, Punkte*⟩; verdienen ⟨*Lebensunterhalt, Geldsumme*⟩; erreichen ⟨*Ziel*⟩; **~ possession of sth.** in den Besitz einer Sache *(Gen.)* kommen; **~ nothing** nichts erreichen; **~ time** Zeit gewinnen; **b)** *(win)* gewinnen ⟨*Preis, Schlacht*⟩; erringen ⟨*Sieg*⟩; **c)** *(obtain as increase)* **~ weight/five pounds [in weight]** zunehmen/fünf Pfund zunehmen; **~ speed** schneller werden; **~ momentum** in Schwung kommen; ⟨*Idee:*⟩ an Boden gewinnen; **d)** *(reach)* gewinnen *(geh.),* erreichen ⟨*Gipfel, Ufer*⟩; **e)** *(become fast by)* ⟨*Uhr:*⟩ vorgehen um ⟨*zwei Minuten täglich*⟩. *See also* **[1]ground 1 b; upper 1 a. 3.** *v.i.* **a)** *(make a profit)* **~ by sth.** von etw. profitieren; bei etw. gewinnen; **~ in influence/prestige** an Einfluß/Prestige gewinnen; **~ in health/speed/wealth/wisdom** gesünder/schneller/reicher/weiser werden; **~ in knowledge** sein Wissen vergrößern; **~ in weight** zunehmen; **b)** *(be improved)* gewinnen; **~ by comparison** durch einen Vergleich gewinnen; **c)** *(become fast)* ⟨*Uhr:*⟩ vorgehen; **d) ~ [up]on sb.** *(come closer)* jmdm. [immer] näher kommen; *(increase lead)* den Vorsprung zu jmdm. vergrößern

**gainful** ['geɪnfl] *adj.* bezahlt; *(profitable)* gewinnbringend; **~ employment** Erwerbstätigkeit, *die*

**gainfully** ['geɪnfəlɪ] *adv.* **~ employed** erwerbstätig

**gainsay** [geɪn'seɪ] *v.t.,* **gainsaid** [geɪn'seɪd, geɪn'sed] *(arch./literary)* leugnen

**gait** [geɪt] *n.* **a)** Gang, *der;* **with a slow ~:** mit langsamen Schritten; **b)** *(of horse)* Gangart, *die*

**gaiter** ['geɪtə(r)] *n.* **a)** Gamasche, *die;* **b)** *(Amer.) see* **galosh**

**gal** [gæl] *n. (sl.)* Mädchen, *das;* **you're a nice ~:** du bist ein netter Käfer *(ugs.)*

**gal.** *abbr.* **gallon[s]** gal.; gall.

**gala** ['gɑ:lə, 'geɪlə] *n.* **a)** *(fête)* Festveranstaltung, *die; attrib.* Gala⟨*abend, -diner, -vorstellung*⟩; **b)** *(Brit.: sports festival)* Sportfest, *das;* **swimming ~:** Schwimmfest, *das*

**galactic** [gə'læktɪk] *adj. (of a galaxy)* galaktisch; *(of the Galaxy)* Milchstraßen-

**Galahad** ['gæləhæd] *n.* edler Ritter

**galantine** ['gælənti:n] *n. (Cookery)* Galantine, *die*

**galaxy** ['gæləksɪ] *n.* **a)** *(Milky Way)* **the G~:** die Galaxis *(Astron.);* die Milchstraße; **b)** *(independent system of stars)* Galaxie, *die;* **c)** *(fig.: outstanding group)* illustre Schar *(geh.)*

**gale** [geɪl] *n.* **a)** Sturm, *der;* **it's blowing a ~ outside** draußen stürmt es *od.* tobt ein Sturm; ~ **force** Sturmstärke, *die;* **b)** *(fig.: outburst)* Sturm, *der;* **~s of laughter** Lachsalven

**[1]Galicia** [gə'lɪʃə] *pr. n. (in Spain)* Galicien *(das)*

**[2]Galicia** *pr. n. (in SW Poland and W. Russia)* Galizien *(das)*

**Galilee** ['gælɪli:] *pr. n.* Galiläa *(das);* **Sea of ~:** See Genezareth, *der*

**[1]gall** [gɔ:l] *n.* **a)** *(Physiol.)* Galle, *die;* **b)** *(fig.: bitterness)* Bitternis, *die (geh.);* **be ~ and wormwood** [bitter wie] Galle und Wermut sein; **c)** *(sl.: impudence)* Unverschämtheit, *die;* Frechheit, *die*

**[2]gall 1.** *n. (sore)* Schürfwunde, *die.* **2.** *v. t.* wund scheuern; *(fig.) (annoy)* ärgern; *(vex)* schmerzen; **be ~ed by sth.** unter etw. *(Dat.)* leiden

**[3]gall** *see* **gall-nut**

**gallant** ['gælənt] **1.** *adj.* **a)** *(brave)* tapfer; *(chivalrous)* ritterlich; **b)** *(grand, stately)* stattlich ⟨*Schiff*⟩; **c)** ['gælənt, gə'lænt] *(attentive to women, amatory)* galant; **say ~ things** Galanterien *od.* Artigkeiten sagen *(geh.).* **2.** ['gælənt, gə'lænt] *n. (dated: ladies' man)* Kavalier, *der (veralt.)*

**gallantly** ['gæləntlɪ] *adv.* **a)** *(bravely)* tapfer; **b)** *(grandly)* stattlich; **c)** ['gæləntlɪ, gə'læntlɪ] *(with courtesy)* galant

**gallantry** ['gæləntrɪ] *n.* **a)** *(bravery)* Tapferkeit, *die;* **b)** *(courtliness, polite act or speech)* Galanterie, *die (geh.)*

**'gall-bladder** *n. (Anat.)* Gallenblase, *die*

**galleon** ['gælɪən] *n. (Hist.)* Galeone, *die*

**gallery** ['gælərɪ] *n.* **a)** Galerie, *die; see also* **shooting-gallery; b)** *(Theatre)* dritter Rang; Olymp, *der (ugs. scherzh.); (esp. Golf: group of spectators)* Zuschauer; **play to the ~** *(fig. coll.)* für die Galerie spielen; **c)** *(displaying works of art) (building)* Galerie, *die; (room)* Ausstellungsraum, *der;* **d)** *(Mining)* Stollen, *der*

**'gallery tray** *n.* Galerietablett, *das*

**galley** ['gælɪ] *n.* **a)** *(Hist.)* Galeere, *die;* **b)** *(kitchen) (of ship)* Kombüse, *die; (of aircraft)* Bordküche, *die;* **c)** *(Printing)* Satzschiff, *das;* ~ **[proof]** [Druck]fahne, *die*

**'galley-slave** *n.* Galeerensklave, *der*

**Gallic** ['gælɪk] *adj.* **a)** *(of the Gauls)* gallisch; **b)** *(often joc.: French)* französisch; gallisch ⟨*Witz*⟩

**Gallicism** ['gælɪsɪzm] *n.* **a)** *(word or idiom)* Gallizismus, *der;* **b)** *(characteristic)* französische Eigenart

**galling** ['gɔ:lɪŋ] *adj.* äußerst unangenehm

**gallivant** [gælɪ'vænt] *v. i. (coll.)* herumziehen *(ugs.);* ~ **about** *or* **around the country/Europe** im Lande/in Europa herumziehen

**'gall-nut** *n. (Bot.)* Gallapfel, *der*

**gallon** ['gælən] *n.* Gallone, *die;* **[imperial] ~** *(Brit.)* britische Gallone (4,546 l); **wine ~** *(Brit.),* ~ *(Amer.)* amerikanische Gallone (3,785 l); **drink ~s of water** *etc. (fig. coll.)* literweise *od.* eimerweise Wasser *usw.* trinken

**galloon** [gə'lu:n] *n.* Galone, *die;* Galon, *der*

**gallop** ['gæləp] **1.** *n.* **a)** Galopp, *der;* **at a ~/at full ~:** im Galopp/in vollem Galopp; **b)** *(ride)* Galoppritt, *der;* **c)** *(track)* Galopp[renn]bahn, *die.* **2.** *v. i.* **a)** ⟨*Pferd, Reiter:*⟩ galoppieren; **b)** *(fig.)* ~ **through** im Galopp *(ugs.)* durchlesen ⟨*Buch*⟩; rasch herunterspielen ⟨*Musikstück*⟩; im Galopp *(ugs.)* erledigen ⟨*Arbeit*⟩; **~ing consumption/inflation** *(fig.)* galoppierende Schwindsucht/Inflation

**gallows** ['gæləʊz] *n. sing.* Galgen, *der;* **be sent to the ~:** zum [Tod am] Galgen verurteilt werden

**gallows: ~-bird** *n.* Galgenvogel, *der (ugs. abwertend);* ~ **humour** *n.* Galgenhumor, *der*

**'gallstone** *n. (Med.)* Gallenstein, *der*

**Gallup poll** ['gæləp pəʊl] *n.* Meinungsumfrage, *die*

**galop** ['gæləp] *n. (Mus.)* Galopp, *der*

**galore** [gə'lɔ:(r)] *adv.* im Überfluß; in Hülle und Fülle

**galosh** [gə'lɒʃ] *n.* [Gummi]überschuh, *der;* [Gummi]galosche, *die*

**galumph** [gə'lʌmf] *v. i. (coll.)* **a)** *(in triumph)* stolzieren; **b)** *(noisily, clumsily)* stapfen

**galvanic** [gæl'vænɪk] *adj. (fig.) (sudden remarkable)* elektrisierend; Blitz⟨*wirkung, -reaktion*⟩; *(stimulating, full of energy)* mitreißend ⟨*Aufführung, Rede, Persönlichkeit*⟩

**galvanize (galvanise)** ['gælvənaɪz] *v. t.* **a)** *(fig.: rouse)* wachrütteln ⟨*Volk, Partei usw.*⟩; ~ **sb. into action/activity** jmdn. veranlassen, sofort aktiv zu werden; ~ **sb. into life** jmdn. aufrütteln; **b)** *(coat with zinc)* verzinken

**Gambia** ['gæmbɪə] *pr. n.* Gambia *(das)*

**gambit** ['gæmbɪt] *n. (Chess)* Gambit, *das; (fig.: trick, device)* Schachzug, *der;* **[opening] ~** *(fig.)* einleitender Schachzug; *(in a conversation)* einleitende Bemerkung; **conversational ~** *(fig.)* Gesprächseinstieg *od.* -aufhänger, *der*

**gamble** ['gæmbl] **1.** *v. i.* **a)** [um Geld] spielen; ~ **at cards/on horses** mit Karten um Geld spielen/auf Pferde wetten; **b)** *(fig.)* spekulieren; ~ **on the Stock Exchange/in oil shares** an der Börse/in Öl[aktien] spekulieren; ~ **on sth.** sich auf etw. *(Akk.)* verlassen; auf etw. *(Akk.)* spekulieren *(ugs.).* **2.** *v. t.* **a)** verspielen; ~ **money on horses** Geld für Pferdewetten einsetzen; **b)** *(fig.)* riskieren, aufs Spiel setzen ⟨*Vermögen*⟩. **3.** *n. (lit. or fig.)* Glücksspiel, *das;* **he likes the occasional ~:** er spielt gelegentlich ganz gern; **take a ~:** ein Wagnis eingehen *od.* auf sich *(Akk.)* nehmen

**~ a'way** *v. t.* verspielen ⟨*Vermögen, Geld, Geschäft, Haus*⟩; *(on the Stock Exchange)* verspekulieren ⟨*Vermögen*⟩

**gambler** ['gæmblə(r)] *n.* Glücksspieler, *der; (risk-taker)* Glücksritter, *der;* **born ~:** Spieler- *od.* Abenteurernatur, *die*

**gambling** ['gæmblɪŋ] *n.* Spiel[en], *das;* Glücksspiel, *das; (on horses, dogs)* Wetten, *das*

**gambling: ~ debts** *n. pl.* Spielschulden; **~-den** *n.* Spielhölle, *die (abwertend);* **~-machine** *n.* Spielautomat, *der*

**gambol** ['gæmbl] **1.** *n.* **~[s]** Herumspringen, *das.* **2.** *v. i., (Brit.)* **-ll-** ⟨*Kind, Lamm:*⟩ herumspringen

**[1]game** [geɪm] **1.** *n.* **a)** *(form of contest)* Spiel, *das; (contest) (with ball)* Spiel, *das; (at [table-]tennis, chess, cards, billiards, cricket)* Partie, *die;* **have** *or* **play a ~ of tennis/chess** *etc.* **[with sb.]** eine Partie Tennis/Schach *usw.* [mit jmdm.] spielen; **give sb. a ~ of tennis/chess** *etc.* eine Partie Tennis/Schach *usw.* mit jmdm. spielen; **have** *or* **play a ~ of football [with sb.]** Fußball [mit jmdm.] spielen; **play a good/poor ~ [of cards** *etc.***]** gut/schlecht [Karten *usw.*] spielen; ein guter [Karten- *usw.*]spieler sein; **be back in/get back into the ~ again** *(have a chance of winning)* wieder Gewinnchancen haben/bekommen; **it's all in the ~:** das ist alles dabei möglich; das kann alles dazugehören; **be on/off one's ~:** gut in Form/nicht in Form sein; **beat sb. at his own ~** *(fig.)* jmdn. mit seinen eigenen Waffen schlagen *(geh.);* **play the ~** *(fig.)* sich an die Spielregeln halten *(fig.);* **I'll show her that two can play [at] that ~** *or* **that it's a ~ that two can play** *(fig.)* was sie kann, kann ich auch; *see also* **name 1 a; b)** *(fig.: scheme, undertaking)* Vorhaben, *das;* **sb.'s ~ is to do sth.** jmd. führt etw. im Schilde; *(policy)* jmds. Taktik ist es, etw. zu tun; **play a [double] ~:** ein [falsches] Spiel treiben; **play sb.'s ~:** jmdm. in die Hände arbeiten; *(for one's own benefit)* jmds. Spiel mitspielen; **the ~ is up** *(coll.)* das Spiel ist aus; **give the ~ away** alles verraten; **so that's your little ~!** ach, das führst du im Schilde!; **what's his ~?** *(coll.)* was hat er vor?; **what's the ~?** *(coll.)* was soll das?; **c)** *(policy, line of action)* Gewerbe, *das;* Branche, *die;* **the ~ of politics** die Politik; **the publishing/newspaper ~:** das Verlags-/Zeitungs- *od.* Pressewesen; **be new to the ~** *(fig.)* neu im Geschäft sein *(auch fig. ugs.);* **go [out]/be on the ~** *(Brit. sl.)* ⟨*Dieb, Prostituierte:*⟩ anschaffen *od.* auf die Anschaffe gehen *(salopp); see also* **candle 1 a; d)** *(diversion)* Spiel, *das; (piece of fun)* Scherz, *der;* Spaß, *der;* **don't play ~s with me** versuch nicht, mich auf den Arm zu nehmen *(ugs.);* **make ~ of sb./sth.** *(dated)* sich über jmdn./etw. lustig machen; jmdn./etw. zum Gelächter machen *(geh. veralt.);* **e)** *in pl. (athletic contests)* Spiele; *(in school) (sports)* Schulsport, *der; (athletics)* Leichtathletik, *die;* **good at ~s** gut im Sport; **f)** *(portion of play)* Spiel, *das; (winning score)* **21 points is ~:** zum Gewinn eines Spiels sind 21 Punkte erforderlich; ~ **all** eins beide; eins zu eins; **two ~s all** zwei beide; zwei zu zwei; ~ **to Graf** *(Tennis)* Spiel Graf; **~, set, and match** *(Tennis)* Spiel, Satz und Sieg; *(fig.: complete and decisive victory)* voller Erfolg **(to** für); Sieg auf der ganzen Linie **(to** für); **g)** *no pl. (Hunting, Cookery)* Wild, *das;* **fair ~:** jagdbares Wild; *(fig.)* Freiwild, *das;* **easy ~** *(fig. coll.)* leichte Beute; **big ~:** Großwild, *das.* **2.** *v. i.* [um Geld] spielen

**[2]game** *adj.* mutig; ~ **spirit/manner** Unverzagtheit, *die;* **remain ~:** sich nicht entmutigen lassen; **be ~ to do sth.** *(be willing)* bereit sein, etw. zu tun; **are you ~?** machst du mit?; **be ~ for sth./anything** zu etw./allem bereit sein

**[3]game** *adj. (crippled)* lahm ⟨*Arm, Bein*⟩

**game: ~-bag** *n.* Tragetasche, *die;* ~ **bird** *n.* **the pheasant is a ~ bird** Fasane sind Federwild; ~ **birds** Federwild, *das;* **~cock** *n.* Kampfhahn, *der;* **~keeper** *n.* Wildheger, *der*

**gamely** ['geɪmlɪ] *adv.* mutig ⟨*kämpfen*⟩

**game: ~ park** *n.* Wildreservat, *das;* ~ **point** *n. (Sport)* Spielpunkt, *der;* ~ **reserve** *n.* Wildreservat, *das*

**gamesmanship** ['geɪmzmənʃɪp] *n., no pl.* Gerissen- *od.* Gewieftheit *(ugs.)* beim Spiel

**gamete** ['gæmi:t] *n. (Biol.)* Gamet, *der;* Geschlechtszelle, *die*

**'game-warden** *n.* Wildhüter, *der*

**gamin** ['gæmɪn, 'gæmæ̃] *n.* Gamin, *der (veralt.);* Gassenjunge, *der (abwertend)*

**gamine** [gə'mi:n] *n. (small mischievous young woman)* schelmisches Mädchen; kesse Motte *(salopp)*

**gaming** ['geɪmɪŋ]: **~-house** *n.* Spielbank, *die;* **~-machine** *n.* Münzspielgerät, *das;* **~-table** *n.* Spieltisch, *der*

**gamma** ['gæmə] *n.* **a)** *(letter)* Gamma, *das;* **b)** *(Sch., Univ.: mark)* Drei, *die*

**gamma: ~ radiation** *n. (Phys.)* Gammastrahlung, *die;* ~ **rays** *n. pl. (Phys.)* Gammastrahlen *Pl.*

**gammon** ['gæmən] *n. (ham cured like bacon)* Räucherschinken, *der*

**gammy** ['gæmɪ] *adj. (sl.)* lahm ⟨*Arm, Bein, Fuß*⟩

**gamut** ['gæmət] *n.* **a)** *(Mus.) (series of notes, compass)* Tonumfang, *der; (recognized scale)* Skala, *die;* Tonleiter, *die;* **b)** *(fig.: range)* Skala, *die;* **run the whole ~ of ...:** die ganze Skala von ... durchgehen

**gamy** ['geɪmɪ] *adj.* **a)** *(having flavour or scent of game)* nach Wild ⟨*schmecken*⟩; ~ **taste** Wildgeschmack, *der;* **b)** *(spirited)* mutig; **c)** *(Amer.: scandalous)* pikant

**gander** ['gændə(r)] *n.* **a)** *(Ornith.)* Gänserich, *der;* **what's sauce for the goose is sauce for the ~** *(prov.)* was dem einen recht ist, ist dem andern billig *(Spr.);* **b)** *(sl.: look glance)* Blick, *der;* **take** *or* **have a ~ at/round sth.** sich *(Dat.)* etw. ansehen

**[1]gang** [gæŋ] **1.** *n.* **a)** *(of workmen, slaves, prisoners)* Trupp, *der;* **b)** *(of criminals)* Bande, *die;* Gang, *die;* ~ **of thieves/criminals/terrorists** Diebes-/Verbrecher-/Terroristenbande, *die;* **c)** *(coll.: band causing any kind of disapproval)* Gang, *die;* Bande, *die (abwertend, oft scherzh.);* **d)** *(coll.: group of friends etc.)* Haufen, *der;* Bande, *die (scherzh.).* **2.** *v. i.* **a)** ~ **up [with sb.]** *(join)* sich [mit jmdm.] zusammentun *(ugs.);* **b)** ~ **up against** *or* **on** *(coll.: combine against)* sich verbünden *od.* zusammenschließen gegen

**[2]gang** *v. i. (Scot.: go)* gehen; ~ **agley** [əˈgleɪ] ⟨*Plan:*⟩ scheitern

**ˈgang-bang** *n. (sl.)* Bandenfick, *der (derb)*

**ganger** [ˈgæŋə(r)] *n. (Brit.)* Vorarbeiter, *der*

**gangling** [ˈgæŋglɪŋ] *adj.* schlaksig *(ugs.)* ⟨*Person, Gang, Gestalt*⟩

**ganglion** [ˈgæŋglɪən] *n., pl.* **ganglia** [ˈgæŋglɪə] *or* ~**s** *(Anat.)* Ganglion, *das (fachspr.);* Nervenknoten, *der*

**gangly** [ˈgæŋglɪ] *see* **gangling**

**gang: ~plank** *n. (Naut.)* Laufplanke, *die;* ~ **rape** *n.* Vergewaltigung durch eine Gruppe

**gangrene** [ˈgæŋgri:n] *n.* **a)** *(Med.)* Gangrän, *die od. fachspr. das;* [Faul]brand, *der;* **b)** *(fig.: corruption)* Krebsgeschwür, *das (fig.)*

**gangrenous** [ˈgæŋgrɪnəs] *adj. (Med.)* gangränös *(fachspr.);* brandig

**gangster** [ˈgæŋstə(r)] *n.* Gangster, *der (abwertend); attrib.* Gangster⟨*film*⟩

**ˈgang warfare** *n.* Bandenkrieg, *der*

**ˈgangway 1.** *n.* Gangway, *die; (Brit.: between rows of seats)* Gang, *der;* **leave a ~** *(fig.)* einen Durchgang freilassen. **2.** *int.* Platz

**ganja** [ˈgændʒə] *n. (Bot.)* Indischer Hanf

**gannet** [ˈgænɪt] *n.* **a)** *(Ornith.)* Tölpel, *der;* **b)** *(sl.: greedy person)* Raffke, *der (salopp abwertend)*

**gantlet** [ˈgæntlɪt] *(Amer.) see* **[2]gauntlet**

**gantry** [ˈgæntrɪ] *n. (crane)* Portal, *das; (on road)* Schilderbrücke, *die; (Railw.)* Signalbrücke, *die; (Astronaut.)* Startrampe, *die*

**gaol** [dʒeɪl] *n., v. t. (Brit. in official use) see* **jail**

**gaoler** [ˈdʒeɪlə(r)] *(Brit. in official use) see* **jailer**

**gap** [gæp] *n.* **a)** Lücke, *die; (in sparking plug)* Elektrodenabstand, *der;* **a ~ in the curtains** ein Spalt im Vorhang; **b)** *(Geog.: gorge, pass)* Joch, *das;* **c)** *(fig.: contrast, divergence in views etc.)* Kluft, *die;* **that is a ~ in his education/knowledge** er hat hier eine Bildungs-/Wissenslücke; **fill a ~:** eine Lücke füllen *od.* schließen; **stop** *or* **close** *or* **bridge a ~:** eine Kluft überbrücken *od.* überwinden; **close the ~ [on sb.]** den Abstand [zu jmdm.] aufholen

**gape** [geɪp] **1.** *v. i.* **a)** *(open mouth)* den Mund aufsperren; *([be] open wide)* ⟨*Schnabel, Mund:*⟩ aufgesperrt sein; ⟨*Loch, Abgrund, Wunde:*⟩ klaffen; **gaping** klaffend ⟨*Wunde*⟩; gähnend ⟨*Loch*⟩; ~ **at the seams** ⟨*Kleid:*⟩ in den Nähten aufgeplatzt sein; **b)** *(stare)* Mund und Nase aufsperren *(ugs.);* ~ **at sb./sth.** jmdn./etw. mit offenem Mund anstarren *od.* anstieren; **what are you gaping at?** worauf stierst du so?; **gaping** erstaunt starrend ⟨*Person*⟩. **2.** *n.* stierer Blick

**gap-toothed** [ˈgæptu:θt] *adj.* ⟨*Person*⟩ mit Zahnlücken

**gar** [gɑ:(r)] *see* **garfish**

**garage** [ˈgærɑ:ʒ, ˈgærɪdʒ] **1.** *n.* **a)** *(for parking)* Garage, *die;* **bus ~:** Busdepot, *das;* **b)** *(for selling petrol)* Tankstelle, *die; (for repairing cars)* [Kfz-]Werkstatt, *die; (for selling cars)* Autohandlung, *die.* **2.** *v. t.* in die Garage stellen ⟨*Fahrzeug*⟩; **be kept ~d** in der Garage stehen; **where do you ~ your car?** wo parken Sie Ihr Auto?

**garb** [gɑ:b] **1.** *n.* Tracht, *die;* **strange ~:** seltsame Kleidung; **official ~:** Amtstracht, *die.* **2.** *v. t.* kleiden; *(fig.: invest)* verleihen *(Dat.);* **~ed in white robes** in Weiß gekleidet

**garbage** [ˈgɑ:bɪdʒ] *n.* **a)** Abfall, *der;* Müll, *der;* **b)** *(fig.: foul or rubbishy literature)* Schund, *der;* **c)** *(coll.: nonsense)* Quatsch, *der (salopp);* ~ **in,** ~ **out** *(Computing fig. coll.)* wenn der Input nichts taugt, ist auch der Output entsprechend

**garbage: ~ can** *(Amer.) see* **dustbin;** ~ **collection** *n. (Amer.)* Müllabfuhr, *die;* ~ **collector** *(Amer.) see* **dustman;** ~ **disˈposal unit,** ~ **disposer** *ns.* Abfallvernichter, *der;* Müllwolf, *der*

**garble** [ˈgɑ:bl] *v. t.* **a)** verstümmeln, entstellen ⟨*Bericht, Korrespondenz, Tatsache*⟩; **b)** *(confuse)* durcheinanderbringen; durcheinanderwerfen; **get ~d** durcheinandergeraten

**garden** [gɑ:dn] **1.** *n.* **a)** Garten, *der;* **everything in the ~ is lovely** *(fig. coll.)* es ist alles in Butter *(ugs.);* **lead sb. up the ~ [path]** *(fig. coll.)* jmdn. an der Nase herumführen *(ugs.);* **tea ~:** Gartencafé, *das;* **a small amount of ~:** ein kleines Stück Garten; **b)** *usu. in pl., with name prefixed (Brit.) (park)* -park, *der; (street, square)* -garten, *der;* **c)** *(land for raising crops)* Plantage, *die;* **d)** *(Amer.: large hall)* Halle, *die;* **e)** *attrib. (Bot.: cultivated)* Garten⟨*pflanze, -kresse, -gemüse*⟩. *See also* **kitchen garden; market garden; zoological garden[s]. 2.** *v. i.* gärtnern

**garden: ~ centre** *n.* Gartencenter, *das;* ~ **chair** *n.* Gartenstuhl, *der;* ~ **ˈcity** *n.* Gartenstadt, *die*

**gardener** [ˈgɑ:dnə(r)] *n.* Gärtner, *der*/Gärtnerin, *die*

**garden ˈgnome** *n.* Gartenzwerg, *der*

**gardenia** [gɑ:ˈdi:nɪə] *n. (Bot.)* **a)** *(tree, shrub)* Gardenie, *die;* **b)** *(flower)* Gardenienblüte, *die*

**gardening** [ˈgɑ:dnɪŋ] *n.* Gartenarbeit, *die; attrib.* Garten⟨*gerät, -buch, -handschuh*⟩; **he likes ~:** er gärtnert gern

**garden: ~ party** *n.* Gartenfest, *das;* ~ **ˈshed** *n.* Geräteschuppen, *der;* ~ **ˈsuburb** *n. (Brit.)* Gartenstadt, *die*

**garfish** [ˈgɑ:fɪʃ] *n., pl. same (Zool.) (needlefish)* Hornhecht, *der; (gar)* Knochenhecht, *der; (halfbeak)* Halbschnabelhecht, *der*

**gargantuan** [gɑ:ˈgæntjʊən] *adj.* gigantisch; riesig ⟨*Mensch, Hunger, Gelächter*⟩; Riesen⟨*größe, -hunger, -gebrüll*⟩

**gargle** [ˈgɑ:gl] **1.** *v. i.* gurgeln. **2.** *n.* **a)** *(liquid)* Gurgelmittel, *das;* Gargarisma, *das (fachspr.);* **b)** *(act)* Gurgeln, *das*

**gargoyle** [ˈgɑ:gɔɪl] *n. (Archit.)* Wasserspeier, *der*

**garish** [ˈgeərɪʃ] *adj.* **a)** *(bright, showy)* grell ⟨*Farbe, Licht, Beleuchtung*⟩; knallbunt ⟨*Kleidung, Verzierung*⟩; protzig *(abwertend)* ⟨*Lebensstil*⟩; **b)** *(over-decorated)* protzig *(abwertend)* ⟨*Gebäude, Baustil, Aussehen*⟩; grellbunt, knallbunt ⟨*Muster*⟩

**garishly** [ˈgeərɪʃlɪ] *adv.* grell ⟨*beleuchten*⟩; protzig *(abwertend)* ⟨*einrichten*⟩; grellbunt, knallbunt ⟨*kleiden, tapezieren*⟩; grell-, knall⟨*bunt*⟩

**garland** [ˈgɑ:lənd] **1.** *n. (wreath of flowers etc.; Art: festoon)* Girlande, *die; (of laurel)* Kranz, *der;* ~ **of flowers/laurel/oak-leaves** Blumen-/Lorbeer-/Eichenkranz, *der.* **2.** *v. t.* bekränzen

**garlic** [ˈgɑ:lɪk] *n.* Knoblauch, *der*

**garlicky** [ˈgɑ:lɪkɪ] *adj.* nach Knoblauch riechend ⟨*Atem*⟩; nach Knoblauch ⟨*riechen, schmecken*⟩

**garment** [ˈgɑ:mənt] *n.* **a)** Kleidungsstück, *das; in pl. (clothes)* Kleidung, *die;* Kleider; **b)** *(fig.: covering)* Gewand, *das (geh.)*

**garner** [ˈgɑ:nə(r)] *v. t.* speichern ⟨*Getreide*⟩; *(fig.: collect)* sammeln ⟨*Kenntnisse usw.*⟩

**garnet** [ˈgɑ:nɪt] *n. (Min.)* Granat, *der*

**garnish** [ˈgɑ:nɪʃ] **1.** *v. t. (lit. or fig.)* garnieren. **2.** *n. (Cookery)* Garnierung, *die*

**garotte** *see* **garrotte**

**garret** [ˈgærɪt] *n. (room on top floor)* Dachkammer, *die;* Mansarde, *die; (attic)* [Dach]boden, *der*

**garrison** [ˈgærɪsn] **1.** *n.* Garnison, *die.* **2.** *v. t. (furnish with ~)* in Garnison legen; garnisonieren *(fachspr.); (occupy as ~)* mit einer Garnison belegen; garnisonieren *(fachspr.)*

**garrison: ~ duty** *n.* Garnison[s]dienst, *der;* ~ **town** *n.* Garnison[s]stadt, *die*

**garrotte** [gəˈrɒt] *v. t.* **a)** garrottieren; **b)** *(throttle to rob)* [er]würgen [und ausrauben]

**garrulous** [ˈgærʊləs] *adj.* **a)** *(talkative)* gesprächig; geschwätzig; **b)** *(wordy)* wortreich; weitschweifig, langatmig ⟨*Rede, Kommentar*⟩

**garrulously** [ˈgærʊləslɪ] *adv.* geschwätzig

**garter** [ˈgɑ:tə(r)] *n.* **a)** Strumpfband, *das;* **b) the [Order of the] G~** *(Brit.)* der Hosenbandorden; **c)** *(Amer.: suspender)* Sockenhalter, *der*

**ˈgarter stitch** *n.* Kraus[gestrick], *das;* **knit in ~:** kraus rechts stricken

**gas** [gæs] **1.** *n., pl.* **~es** [ˈgæsɪz] **a)** Gas, *das;* **natural ~:** Erdgas, *das;* **cook by** *or* **with ~:** mit Gas kochen; **on a low/high ~:** auf kleiner/großer Flamme; **b)** *(Amer. coll.: petrol)* Benzin, *das;* **step on the ~:** Gas geben; *(fig.: hurry)* einen Zahn zulegen *(salopp);* **c)** *(anaesthetic)* Narkotikum, *das;* Lachgas, *das;* **d)** *(for lighting)* Leuchtgas, *das;* **e)** *(to fill balloon)* [Trag]gas, *das;* **f)** *(Mining)* Grubengas, *das;* **g)** *(coll.: idle talk)* leeres Geschwätz *(abwertend);* Blabla, *das (salopp);* **h)** *(sl.: sb./sth. attractive and impressive)* Wucht, *die (salopp).* **2.** *v. t.,* **-ss-** *esp. in p.p.* mit Gas vergiften; *(in Third Reich)* vergasen; ~ **oneself** den Gashahn aufdrehen *(ugs. verhüll.).* **3.** *v. i.,* **-ss-** *(coll.)* schwatzen *(abwertend),* schwafeln *(ugs. abwertend)* **(about** von)

**gas: ~bag** *n.* **a)** Gaszelle, *die;* **b)** *(derog.: talker)* Schwätzer, *der*/Schwätzerin, *die (abwertend);* Schwafler, *der*/Schwaflerin, *die (ugs. abwertend);* ~ **chamber** *n.* Gaskammer, *die;* **~-cooled** *adj.* gasgekühlt; ~ **cylinder** *n.* Gasflasche, *die*

**gaseous** [ˈgæsɪəs, ˈgeɪsɪəs] *adj.* gasförmig

**gas:** ~ **ˈfire** *n.* Gasofen, *der;* **~-fired** [ˈgæsfaɪəd] *adj.* mit Gas betrieben; Gas⟨*boiler, -ofen usw.*⟩; **~-fitter** *n.* Gasinstallateur, *der*

**gash** [gæʃ] **1.** *n. (slash, cut)* Schnittwunde, *die; (cleft)* [klaffende] Spalte; *(in sack etc.)* Schlitz, *der.* **2.** *v. t.* eine Schnittwunde beibringen (+ *Dat.*); aufritzen ⟨*Haut*⟩; aufschlitzen ⟨*Sack*⟩; ~ **one's finger/knee** sich *(Dat. od. Akk.)* in den Finger schneiden/sich *(Dat.)* das Knie aufschlagen

**gas: ~ heater** *n.* Gasofen, *der;* ~ **holder** *n.* Gasometer, *der;* Gasbehälter, *der;* ~ **jet** *n.* Gasflamme, *die; (burner)* Gasbrenner, *der*

**gasket** [ˈgæskɪt] *n.* **a)** *(sheet, ring)* Dichtung, *die;* **b)** *(packing)* Packung, *die*

**gas: ~ lamp** *n.* Gaslampe, *die; (in street etc.)* Gaslaterne, *die;* **~light** *n.* **a)** *see* ~ **lamp; b)** *no pl. (illumination)* Gaslicht, *das;* Gasbeleuchtung, *die;* ~ **lighter** *n.* **a)** [Gas]anzünder, *der;* **b)** *(cigarette-lighter)* Gasfeuerzeug, *das;* ~ **main** *n.* Hauptgasleitung, *die;* **~man** *n. (fitter)* Gasinstallateur, *der; (meter-reader, collector)* Gasableser, *der;* Gasmann, *der (ugs.);* **~-mantle** *n.* Glühstrumpf, *der;* ~ **mask** *n.* Gasmaske, *die;* ~ **meter** *n.* Gaszähler, *der*

**gasoline (gasolene)** [ˈgæsəli:n] *n. (Amer.)* Benzin, *das*

**gasometer** [gæˈsɒmɪtə(r)] *n.* Gasometer, *der*

**ˈgas oven** *n.* **a)** *see* **gas stove a; b)** *see* **gas chamber**

**gasp** [gɑ:sp] **1.** *v. i.* nach Luft schnappen **(with** vor); **make sb. ~** *(fig.)* jmdm. den Atem nehmen; **leave sb. ~ing [with sth.]** jmdm. [vor etw.] den Atem verschlagen *od.*

rauben; **he was ~ing for air** *or* **breath/under the heavy load** er rang nach Luft/keuchte unter der schweren Last. **2.** *v. t.* **~ out** hervorstoßen ‹*Bitte, Worte*›; **~ [one's] life away, ~ [one's] breath away** sein Leben aushauchen *(geh.)*. **3.** *n.* Keuchen, *das;* **give a ~ of fear/surprise** vor Furcht/Überraschung die Luft einziehen; **she gave a ~ of joy** es verschlug ihr vor Freude den Atem; **be at one's last ~**: in den letzten Zügen liegen *(ugs.);* **sth. is at its last ~**: etw. tut's nicht mehr lange *(ugs.);* **fight** *etc.* **to the last ~** *(fig.)* bis zum letzten Atemzug kämpfen *usw.*

**gas: ~-pipe** *n.* Gasleitung, *die;* **~ pistol** *n.* Gasanzünder, *der;* **~ poker** *n.* Gasanzünder, *der (für Kohle);* **~-proof** *adj.* gasdicht; **~ ring** *n.* Gasbrenner, *der;* **~ station** *n. (Amer.)* Tankstelle, *die;* **~ stove** *n.* **a)** Gasherd, *der;* **b)** *(portable)* Gaskocher, *der*

**gassy** [ˈgæsɪ] *adj.* **a)** gasig; *(containing gas)* gashaltig; **b)** *(fizzy)* sprudelnd; schäumend ‹*Bier*›; **be ~**: sprudeln

**gas: ~ tank** *n.* **a)** Gastank, *der;* **b)** *(Amer.: petrol tank)* Benzintank, *der;* **~ tap** *n.* Gashahn, *der;* **~-tight** *adj.* gasdicht

**gastric** [ˈgæstrɪk] *adj.* gastrisch *(fachspr.);* Magen‹*beschwerden, -wand, -säfte usw.*›

**gastric: ~ ˈflu** *(coll.),* **~ influˈenza** *ns.* Darmgrippe, *die;* **~ ulcer** *n.* Magengeschwür, *das*

**gastritis** [gæˈstraɪtɪs] *n. (Med.)* Magenschleimhautentzündung, *die;* Gastritis, *die (fachspr.)*

**gastro-enteritis** [gæstrəʊentəˈraɪtɪs] *n. (Med.)* Gastroenteritis, *die (fachspr.);* Magen-Darm-Katarrh, *der*

**gastronomic** [gæstrəˈnɒmɪk] *adj.* gastronomisch; kulinarisch ‹*Genüsse*›

**gastronomy** [gæˈstrɒnəmɪ] *n.* Gastronomie, *die;* **French ~**: französische Küche

**gastropod** [ˈgæstrəpɒd] *n. (Zool.)* Gastropode, *der*

**gas: ~ turbine** *n.* Gasturbine, *die;* **~works** *n. sing., pl. same* Gaswerk, *das*

**gate** [geɪt] *n.* **a)** *(lit. or fig.)* Tor, *das; (barrier)* Sperre, *die; (of animal pen)* Gatter, *das; (in garden fence)* [Garten]pforte, *die; (of lift)* [Scheren]gitter, *das; (Railw.: of level crossing)* [Bahn]schranke, *die; (in airport)* Flugsteig, *der;* **the ~s of heaven/hell** die Himmelspforte *(dichter.)*/die Pforten der Hölle *(geh.);* **pay at the ~**: am Eingang bezahlen; **b)** *(Sport) (number to see match)* Besucher[zahl], *die; (money) see* **gate-money; c)** *(Amer. sl.: dismissal)* **give sb. the ~**: jmdn. vor die Tür setzen *(ugs.);* jmdn. rausschmeißen *(salopp);* **get the ~**: vor die Tür gesetzt werden *(ugs.);* rausgeschmissen werden *(salopp);* **d)** *(of gear in vehicle)* Kulisse, *die;* **e)** *(Cinemat.)* Bildfenster, *das*

**gateau** [gæˈtəʊ] *n., pl.* **~s** *or* **~x** [gæˈtəʊz] Torte, *die*

**gate: ~crash 1.** *v. t.* ohne Einladung einfach hingehen zu; **2.** *v. i.* ohne Einladung einfach hingehen; **~crasher** *n.* Eindringling, *der; (at party)* ungeladener Gast; **~house** *n.* Torhaus, *das;* **~keeper** *n. (attendant)* Torwächter, *der;* Pförtner, *der;* **~leg[ged]** [ˈgeɪtleg(d)] *adj.* **~leg[ged] table** Klapptisch, *der;* **~man** *see* **~keeper; ~-money** *n.* Eintrittsgelder *Pl.;* Einnahmen *Pl.;* **~post** *n.* Torpfosten, *der;* **between you and me and the ~post** *(coll.)* unter uns *(Dat.)* gesagt; **~way** *n.* **a)** *(gate)* Tor, *das;* **b)** *(Archit.) (structure)* Torbau, *der; (frame)* Torbogen, *der;* **c)** *(fig.)* Tor, *das* **(to** zu)

**gather** [ˈgæðə(r)] **1.** *v. t.* **a)** *(bring together)* sammeln; zusammentragen ‹*Informationen*›; pflücken ‹*Obst, Blumen*›; **~ sth. [together]** etw. zusammensuchen *od.* -sammeln; **~ [in] potatoes/the harvest** Kartoffeln ernten/die Ernte einbringen; **be ~ed to one's fathers** zu seinen Vätern versammelt werden *(veralt., scherzh.);* **b)** *(infer, deduce)* schließen **(from** aus); **~ from sb. that ...**: von jmdm. erfahren, daß ...; **I ~ he's doing a good job** ich höre, daß er gute Arbeit leistet; **not much can be ~ed from the facts/his statement** aus den Fakten/seiner Erklärung läßt sich nicht viel entnehmen; **as far as I can ~**: soweit ich weiß; **as you will have ~ed** wie Sie sicherlich vermutet haben; **c) it is just ~ing dust** das ist bloß ein Staubfänger; **~ speed/momentum** *or* **force/strength** schneller/stärker werden/zu Kräften kommen; **d)** *(summon up)* **~ [together]** zusammennehmen ‹*Kräfte, Mut*›; **~ oneself [together]** sich zusammennehmen; **~ one's thoughts** seine Gedanken ordnen; **~ one's breath/strength** [wieder] zu Atem kommen/Kräfte sammeln; **e)** *(draw)* **~ sb. into one's arms** jmdn. in die Arme nehmen *od. (geh.)* schließen; **she ~ed her shawl round her neck** sie schlang den Schal um den Hals; **~ oneself for a jump** sich zum Sprung sammeln; **f)** *(Sewing)* ankrausen. **2.** *v. i.* **a)** sich versammeln; ‹*Wolken:*› sich zusammenziehen; ‹*Staub:*› sich ansammeln; ‹*Schweißperlen:*› sich sammeln; **be ~ed [together]** versammelt sein; **~ round** zusammenkommen; **~ round sb./sth.** sich um jmdn./etw. versammeln; **tears/beads of perspiration ~ed in her eyes/on her forehead** Tränen/Schweißperlen traten ihr in die Augen/auf die Stirn; **b)** *(increase)* zunehmen; **~ing dangers** wachsende Gefahren; **darkness was ~ing round him** es wurde dunkler um ihn [herum]; **c)** *(Sewing)* angekraust sein; **d)** *(Med.)* ‹*Furunkel:*› reif werden. **3.** *n. in pl. (Sewing)* Kräusel[falten]

**~ ˈup** *v. t.* **a)** *(bring together and pick up)* aufsammeln; auflesen; zusammenpacken ‹*Habseligkeiten, Werkzeug*›; **be left to ~ up the pieces of one's life** *(fig.)* vor dem Scherbenhaufen seines Lebens stehen; **b)** *(draw)* hochraffen ‹*Rock*›; **~ oneself up to one's full height** sich zu seiner vollen Größe aufrichten; **c)** *(sum up)* zusammentragen ‹*Fakten*›; **d)** *(summon)* sammeln ‹*Kräfte, Gedanken usw.*›

**gathering** [ˈgæðərɪŋ] *n.* **a)** *(group)* Gruppe, *die;* **b)** *(assembly, meeting)* Versammlung, *die; (in Scottish Highlands)* Volksfest, *das;* **social ~**: gesellschaftliches Ereignis; **c)** *(Sewing)* Kräusel[falten]

**GATT** [gæt] *abbr.* **General Agreement on Tariffs and Trade** GATT, *das*

**gauche** [gəʊʃ] *adj.* linkisch; *(clumsy)* schwerfällig; *(tactless)* plump

**gaucheness** [ˈgəʊʃnɪs] *n., no pl. see* **gauche:** Linkische, *das;* Schwerfälligkeit, *die;* Plumpheit, *die;* **~ of manner** linkische Art

**gaucherie** [ˈgəʊʃəriː] *n.* **a)** *no pl. (manner)* linkische Art; **b)** *(action)* Plumpheit, *die*

**gaucho** [ˈgaʊtʃəʊ] *n., pl.* **~s** Gaucho, *der*

**gaudily** [ˈgɔːdɪlɪ] *adv.* prunkvoll ‹*dekoriert*›; übertrieben aufwendig; protzig *(abwertend);* **~ coloured** knallbunt

[1]**gaudy** [ˈgɔːdɪ] *adj.* protzig *(abwertend);* grell, *(ugs.)* knallig ‹*Farben*›

[2]**gaudy** *n. (Brit. Univ.) (jährliches)* [College]fest

**gauge** [geɪdʒ] **1.** *n.* **a)** *(standard measure)* [Normal]maß, *das; (of textile)* Gauge, das *(fachspr.); (of bullet)* Kaliber, *das; (of rail)* Spurweite, *die;* **standard/broad/narrow ~**: Normal- *od.* Regel-/Breit-/Schmalspur, *die;* **b)** *(instrument)* Meßgerät, *das; (to measure water-level)* Pegel, *der;* Wasserstandsanzeiger, *der; (for dimensions of tools or wire)* Lehre, *die; see also* **oil-gauge; petrol-gauge; c)** *(Naut.) Schiffsposition in bezug auf den Wind;* **have the weather ~ [of sb.]** in Luv [von jmdm.] liegen; *(fig.)* die Oberhand [über jmdn.] haben; **d)** *(fig.: criterion, test)* Kriterium, *das;* Maßstab, *der.* **2.** *v. t.* **a)** *(measure)* messen; **b)** *(fig.)* beurteilen **(by** nach)

**Gaul** [gɔːl] *n. (Hist.)* **a)** *(country)* Gallien, *das;* **b)** *(person)* Gallier, *der*/Gallierin, *die*

**gauleiter** [ˈgaʊlaɪtə(r)] *n.* **a)** *(Hist.)* Gauleiter, *der;* **b)** *(fig.: local or petty tyrant)* Ortstyrann, *der*

**gaunt** [gɔːnt] *adj.* **a)** *(haggard)* hager; *(from suffering)* verhärmt; **b)** *(grim, desolate)* öde; kahl ‹*Baum*›; karg ‹*Landschaft*›

[1]**gauntlet** [ˈgɔːntlɪt] *n.* **a)** Stulpenhandschuh, *der;* **b)** *(wrist-part of glove)* Stulpe, *die;* **c)** *(Hist.: armoured glove)* Panzerhandschuh, *der;* **d) fling** *or* **throw down the ~** *(fig.)* jmdm. den Fehdehandschuh hinwerfen *od.* vor die Füße werfen; **pick** *or* **take up the ~** *(fig.)* den Fehdehandschuh aufnehmen *od.* aufheben

[2]**gauntlet** *n.* **run the ~**: Spießruten laufen

**gauss** [gaʊs] *n., pl. same or* **~es** *(Phys.)* Gauß, *das*

**gauze** [gɔːz] *n.* **a)** Gaze, *die;* **b)** *(of wire etc.)* Drahtgeflecht, *das;* Gaze, *die*

**gave** *see* **give 1, 2**

**gavel** [ˈgævl] *n.* Hammer, *der*

**gavotte** [gəˈvɒt] *n. (Mus.)* Gavotte, *die*

**gawk** [gɔːk] *v. i. (coll.)* gaffen *(abwertend);* **~ at sth./sb.** etw./jmdn. begaffen

**gawky** [ˈgɔːkɪ] *adj.* linkisch; unbeholfen; *(with disproportionately long limbs)* schlaksig *(ugs.)*

**gawp** [gɔːp] *see* **gawk**

**gay** [geɪ] **1.** *adj.* **a)** fröhlich; *(sportive)* fidel *(ugs.)* ‹*Person, Gesellschaft*›; **b)** *(showy, bright-coloured)* farbenfroh ‹*Stoff, Ausstattung*›; fröhlich, lebhaft ‹*Farbe*›; **~ with flowers/flags** mit Blumen/Fahnen fröhlich geschmückt; **c)** *(coll.: homosexual)* schwul *(ugs.);* Schwulen‹*lokal, -blatt*›; **d)** *(euphem.: immoral)* locker; **a ~ dog** ein lockerer Vogel *(salopp, oft scherzh.)*. **2.** *n. (coll.)* Schwule, *der (ugs.)*

**gayety** *(Amer.) see* **gaiety**

**gayness** [ˈgeɪnɪs] *see* **gaiety**

**Gaza [strip]** [ˈgɑːzə (strɪp)] *pr. n.* Gazastreifen, *der*

**gaze** [geɪz] **1.** *v. i.* blicken; *(more fixedly)* starren; **~ at sb./sth.** jmdn./etw. anstarren *od.* ansehen; **~ after sb./sth.** jmdm./einer Sache hinterhersehen; **~ around** *or* **about** um sich blicken. **2.** *n.* Blick, *der*

**gazelle** [gəˈzel] *n.* Gazelle, *die*

**gazette** [gəˈzet] **1.** *n.* **a)** *(Brit.: official journal)* **London G~**: Londoner Amtsblatt; **b)** *(newspaper)* Anzeiger, *der.* **2.** *v. t. (Brit.: announce)* [amtlich] bekanntgeben

**gazetteer** [gæzɪˈtɪə(r)] *n.* alphabetisches [Orts]verzeichnis

**gazump** [gəˈzʌmp] *v. t. (sl.) durch nachträgliches Überbieten um die Chance bringen, ein Haus zu kaufen*

**GB** *abbr.* **Great Britain** GB

**GC** *abbr. (Brit.)* **George Cross**

**GCE** *abbr. (Brit. Hist.)* **General Certificate of Education**

**GCSE** *abbr. (Brit.)* **General Certificate of Secondary Education**

**GDP** *abbr.* **gross domestic product** BIP

**GDR** *abbr. (Hist.)* **German Democratic Republic** DDR, *die*

**gear** [gɪə(r)] **1.** *n.* **a)** *(Motor Veh.)* Gang, *der; (transmission)* Übersetzung, *die;* **first/second** *etc.* **~** *(Brit.)* der erste/zweite *usw.* Gang; **top/bottom ~** *(Brit.)* der höchste/erste Gang; **high/low ~**: hoher/niedriger Gang; **change** *or* **shift ~**: schalten; **change** *or* **shift [up] a ~** *(fig.)* einen Gang zulegen *(ugs.);* **change into second/a higher/lower ~** in den zweiten Gang/in einen höheren/niedrigeren Gang schalten; **a bicycle with ten-speed ~s** ein Fahrrad mit Zehngangschaltung; **put** *or* **get** *or* **shift the car into ~**: den Wagen in Gang setzen; einen Gang einlegen; **in ~** *(fig.)* in Ordnung; im Gleis; **out of ~**: im Leerlauf; *(fig.)* in Unordnung; aus dem Gleis [geraten]; **the car is in/out of ~**: es ist ein/kein Gang eingelegt; **leave the**

car in ~: den Gang drin lassen; **b)** *(combination of wheels, levers, etc.)* Getriebe, *das;* **c)** *(clothes)* Aufmachung, *die;* **travelling ~**: Reisekleidung, *die; see also* **headgear; d)** *(equipment, tools)* Gerät, *das;* Ausrüstung, *die;* **e)** *(apparatus)* Vorrichtung, *die;* **f)** *(harness)* [Sielen]geschirr, *das.* **2.** *v.t. (adjust, adapt)* anpassen (**to** *Dat.*); abstimmen, ausrichten (**to** auf + *Akk.*)

**gear: ~box, ~case** *ns.* Getriebekasten, *der;* **five-speed ~box** Fünfganggetriebe, *das;* **~-change** *n. (Brit.)* **an upward/a downward ~-change** ein Hoch-/Herunterschalten; **have a smooth/awkward ~-change** ⟨*Fahrrad, Auto:*⟩ sich leicht/schlecht schalten

**gearing** ['gɪərɪŋ] *n.* **a)** Getriebe, *das;* **b)** *(Brit. Finance) Verhältnis von Ausschüttung auf Vorzugsaktien zu Ausschüttung auf Stammaktien*

**gear: ~-lever,** *(Amer.)* **~-shift, ~-stick** *ns.* Schalthebel, *der;* Schaltknüppel, *der;* **~wheel** *n.* Zahnrad, *das*

**gecko** ['gekəʊ] *n., pl.* **~s** *(Zool.)* Gecko, *der*

**geddit** ['gedɪt] *v.i. (sl.)* **~?** verstanden? *(ugs.);* kapiert? *(salopp)*

[1]**gee** [dʒi:] *int. (to horse)* hü

[2]**gee** *int. (coll.)* Mann *(salopp);* Mensch [Meier] *(salopp)*

'**gee-gee** *n. (Brit. coll.: horse)* Hottehü, *das (Kinderspr.)*

**geese** *pl. of* **goose**

'**gee-up** *int. see* [1]**gee**

**gee 'whiz** *int. (coll.) see* [2]**gee**

**geezer** ['gi:zə(r)] *n.* **a)** *(sl.: old man)* Opa, *der (ugs. scherzh. od. abwertend);* **b)** *(coll.: fellow)* Typ, *der (ugs.)*

**Geiger counter** ['gaɪgə kaʊntə(r)] *n. (Phys.)* Geigerzähler, *der*

**geisha** ['geɪʃə] *n., pl.* **~s** *or same* Geisha, *die*

**gel** [dʒel] **1.** *n.* Gel, *das.* **2.** *v.i.,* **-ll-: a)** gelatinieren; gelieren; **b)** *(fig.)* Gestalt annehmen

**gelatin** ['dʒelətɪn], *(esp. Brit.)* **gelatine** ['dʒeləti:n] *n.* Gelatine, *die;* **blasting ~**: Sprenggelatine, *die*

**gelatinous** [dʒɪ'lætɪnəs] *adj.* **a)** *(resembling gelatin)* gelatineartig; **b)** *(consisting of gelatin)* gelatinös

**geld** [geld] *v.t.* kastrieren; *(spay)* sterilisieren

**gelding** ['geldɪŋ] *n.* kastriertes Tier; *(male horse)* Wallach, *der*

**gelignite** ['dʒelɪgnaɪt] *n.* Gelatinedynamit, *das*

**gem** [dʒem] *n.* **a)** Edelstein, *der; (cut also)* Juwel, *das od. der; ([semi-]precious stone with engraved design)* Gemme, *die;* **b)** *(fig.)* Juwel, *das;* Perle, *die; (choicest part)* Glanzstück, *das*

**Geminean** [dʒemɪ'ni:ən] *n. (Astrol.)* Zwilling, *der*

**Gemini** ['dʒemɪnaɪ, 'dʒemɪnɪ] *n. (Astrol., Astron.)* Zwillinge *Pl.;* Gemini *Pl.; see also* **Aries**

'**gemstone** *n.* Edelstein, *der*

**gen** [dʒen] *(Brit. sl.)* **1.** *n.* notwendige Angaben; **give sb. the ~ on** *or* **about sth.** jmdn. über etw. *(Akk.)* informieren. **2.** *v.t.,* **-nn-: ~ oneself/sb. up on** *or* **about sth.** sich/jmdn. über etw. *(Akk.)* informieren. **3.** *v.i.,* **-nn-: ~ up on** *or* **about sth.** sich über etw. *(Akk.)* informieren

**Gen.** *abbr.* **General** Gen.

**gendarme** ['ʒɒndɑ:m] *n.* Gendarm, *der*

**gender** ['dʒendə(r)] *n.* **a)** *(Ling.)* [grammatisches] Geschlecht; Genus, *das;* **b)** *(joc.: one's sex)* Geschlecht, *das*

**gene** [dʒi:n] *n. (Biol.)* Gen, *das*

**genealogical** [dʒi:nɪə'lɒdʒɪkl, dʒenɪə'lɒdʒɪkl] *adj.* genealogisch; **~ tree** Stammbaum, *der*

**genealogist** [dʒi:nɪ'ælədʒɪst, dʒenɪ'ælədʒɪst] *n.* Genealoge, *der*/Genealogin, *die;* Ahnenforscher, *der*/-forscherin, *die*

**genealogy** [dʒi:nɪ'ælədʒɪ, dʒenɪ'ælədʒɪ] *n.* **a)** Genealogie, *die (fachspr.); (pedigree)* Ahnentafel, *die (geh.); (investigation)* Ahnenforschung, *die;* **b)** *(Zool., Bot.)* Stammbaum, *der*

**genera** *pl. of* **genus**

**general** ['dʒenrl] **1.** *adj.* **a)** allgemein; **the ~ public** weite Kreise der Öffentlichkeit *od.* Bevölkerung; **in ~ use** allgemein verbreitet; **be in ~ use as sth.** allgemein als etw. benutzt werden; **not for ~ use** *(not to be used by everybody)* nicht für den allgemeinen Gebrauch bestimmt; **his ~ health/manner** sein Allgemeinbefinden/sein Benehmen im allgemeinen; **he has had a good ~ education** er hat eine gute Allgemeinbildung; **a ~ view of the building** eine Gesamtansicht des Gebäudes; **come to a ~ agreement** sich grundsätzlich einigen; **reach a ~ decision** eine grundsätzliche Entscheidung treffen; **in a ~ state of decay** in einem Zustand allgemeinen Verfalls; **~ matters** allgemeine Angelegenheiten; **the cold weather has been ~ in England** es ist in ganz England kalt gewesen; **b)** *(prevalent, widespread, usual)* allgemein; weitverbreitet ⟨*Übel, Vorurteil, Aberglaube, Ansicht*⟩; häufig ⟨*Leiden*⟩; **it is the ~ custom** *or* **rule** es ist allgemein üblich *od.* ist Sitte *od.* Brauch; **c)** *(not limited in application)* allgemein; *(true of [nearly] all cases)* allgemeingültig; generell; **as a ~ rule** im allgemeinen; **in the ~ way [of things]** normalerweise; **in ~**: im allgemeinen; **'G~ Enquiries'** „Auskunft"; **d)** *(not detailed, vague)* allgemein; ungefähr, vage ⟨*Vorstellung, Beschreibung, Ähnlichkeit usw.*⟩; allgemein gehalten ⟨*Übersetzung, Bestimmung, Vertrag*⟩; oberflächlich ⟨*Ähnlichkeit*⟩; **in its ~ form** im großen und ganzen; **in the most ~ terms, in a very ~ way** nur ganz allgemein; **the ~ idea** *or* **plan is that we ...**: wir haben uns das so vorgestellt, daß wir ...; **yes, that was the ~ idea** ja, so war es gedacht; **e)** *(Mil.)* Generals⟨*rang, -streifen usw.*⟩; **~ officer** General, *der;* **f)** *(chief, head)* General⟨*direktor, -vertretung*⟩. **2.** *n. (Mil.)* General, *der; (tactician, strategist)* Stratege, *der;* **~ of the army/air force** *(Amer.)* Fünfsternegeneral, *der*

**general: G~ A'merican** *n.* General American, *das;* amerikanische Standardsprache; **~ anaes'thetic** *n. see* **anaesthetic 2; G~ As'sembly** *n.* Generalversammlung, *die;* Vollversammlung, *die;* **G~ Certificate of Edu'cation** *n. (Brit. Hist.) (ordinary level)* ≈ mittlere Reife; *(advanced level)* ≈ Abitur, *das;* **G~ Certificate of Secondary Edu'cation** *n. (Brit.) Abschluß der Sekundarstufe;* **~ 'dealer** *n.* Gemischtwarenhändler, *der;* **~ de'livery** *n. (Amer.)* Schalter für postlagernde Sendungen; *written in address* postlagernd; **~ e'lection** *n. see* **election; ~ head'quarters** *n. sing. or pl.* Generalkommando, *das;* **~ hospital** *n.* Allgemeinkrankenhaus, *das; (Mil.)* Lazarett, *das*

**generalist** ['dʒenrəlɪst] *n.* Generalist, *der*

**generality** [dʒenə'rælɪtɪ] *n.* **a)** *(applicability)* allgemeine Anwendbarkeit; *(of conclusion)* Allgemeingültigkeit, *die;* **a method of great ~**: eine vielseitig anwendbare Methode; **b)** *(vagueness)* Allgemeinheit, *die;* **c) talk in/of generalities** verallgemeinern/über Allgemeines sprechen; **d)** *(main, body, bulk, majority) (of mankind, electorate, etc.)* Großteil, *der; (of voters, individuals, etc.)* Mehrheit, *die*

**generalisation, generalise** *see* **generaliz-**

**generalization** [dʒenrəlaɪ'zeɪʃn] *n.* Generalisierung, *die;* Verallgemeinerung, *die;* **hasty ~**: voreilige Verallgemeinerung

**generalize** ['dʒenrəlaɪz] **1.** *v.t.* **a)** generalisieren; verallgemeinern; **b)** *(infer)* ableiten; **c)** *(base general statement on)* eine allgemeingültige Feststellung treffen anhand von; **d)** *(Math., Philos.)* generalisieren; **e)** *(bring into use)* verbreiten. **2.** *v.i.* **~ [about sth.]** [etw.] verallgemeinern; **~ about the French people** die Franzosen alle in einen Topf werfen *(ugs.) od.* über einen Kamm scheren; **you can't ~; each one is different** man soll nicht verallgemeinern – jeder einzelne ist wieder anders

**general 'knowledge** *n.* Allgemeinwissen, *das;* **it is ~ that ...**: es ist allgemein bekannt, daß ...; **~ exam/questions** das Allgemeinwissen betreffende Prüfung/Fragen

**generally** ['dʒenrəlɪ] *adv.* **a)** *(extensively)* allgemein; **~ available** überall erhältlich; **b) ~ speaking** im allgemeinen; **c)** *(usually)* im allgemeinen; normalerweise; **d)** *(summarizing the situation)* ganz allgemein

**general: ~ 'manager** *n.* [leitender] Direktor/[leitende] Direktorin; **~ 'meeting** *n.* Generalversammlung, *die;* Hauptversammlung, *die;* **G~ 'Post Office** *n. (Brit.)* Hauptpost[amt, *das*], *die;* **~ 'practice** *n. (Med.)* Allgemeinmedizin, *die;* **~ prac'titioner** *n. (Med.)* Arzt/Ärztin für Allgemeinmedizin; **~ 'public** *n.* Öffentlichkeit, *die;* Allgemeinheit, *die;* **the lecture is open to the ~ public** die Vorlesung *od.* der Vortrag ist öffentlich; **~ reader** *n.* Durchschnittsleser, *der*/-leserin, *die*

**generalship** ['dʒenrlʃɪp] *n., no pl. (strategy)* Führung, *die;* Kommando, *das; (fig.)* Leitung, *die*

**general: ~ shop** *see* **~ store; ~ 'staff** *n.* Generalstab, *der;* **~ store** *n.* Gemischtwarenhandlung, *die (veralt.);* **~ 'strike** *n.* Generalstreik, *der*

**generate** ['dʒenəreɪt] *v.t. (produce)* erzeugen (**from** aus); *(result in)* führen zu

**generating station** ['dʒenəreɪtɪŋ steɪʃn] *n.* Elektrizitätswerk, *das*

**generation** [dʒenə'reɪʃn] *n.* **a)** Generation, *die;* **the present/rising ~**: die heutige/heranwachsende *od.* junge Generation; **~ gap** Generationsunterschied, *der;* **first-/second-~ computers** *etc.* Computer *usw.* der ersten/zweiten Generation; **b)** *(production)* Erzeugung, *die;* **~ of electricity** Stromerzeugung, *die;* **c)** *(procreation)* **organs of ~**: Geschlechtsorgane; Fortpflanzungsorgane

**generative** ['dʒenərətɪv] *adj.* generativ; Zeugungs⟨*fähigkeit, -kraft usw.*⟩

**generator** ['dʒenəreɪtə(r)] *n.* **a)** Generator, *der; (in motor car also)* Lichtmaschine, *die;* **b)** *(originator)* Schöpfer, *der;* **be a ~ of new ideas** neue Ideen entwickeln

**generic** [dʒɪ'nerɪk] *adj.* **a)** gattungsmäßig; generisch *(fachspr.);* **~ term** *or* **name** *or* **heading** Ober- *od.* Gattungsbegriff, *der;* **b)** *(Biol.)* Gattungs⟨*name, -bezeichnung*⟩

**generosity** [dʒenə'rɒsɪtɪ] *n.* Großzügigkeit, *die;* Generosität, *die (geh.); (magnanimity)* Großmut, *die;* Generosität, *die (geh.)*

**generous** ['dʒenərəs] *adj.* **a)** großzügig; generös *(geh.); (noble-minded)* edel *(geh.);* großmütig; **he is ~ with compliments** er spart nicht mit Komplimenten; **b)** *(ample, abundant)* großzügig; reichhaltig ⟨*Mahl*⟩; reichlich ⟨*Nachschub, Vorrat, Portion*⟩; üppig ⟨*Figur, Formen, Mahl*⟩; weit ⟨*Ärmel, Kleidungsstück*⟩; breit ⟨*Saum*⟩; **~ size 12** groß ausgefallene Größe 12

**generously** ['dʒenərəslɪ] *adv.* großzügig; generös *(geh.); (magnanimously)* großmütig; **'please give ~'** „wir bitten um großzügige Spenden"

**genesis** ['dʒenɪsɪs] *n., pl.* **geneses** ['dʒenɪsi:z] **a) G~** *no pl.* das erste Buch Mose; Schöpfungsgeschichte, *die;* **b)** *(origin)* Ursprung, *der;* Herkunft, *die; (development into being)* Entstehung, *die*

**genetic** [dʒɪ'netɪk] *adj.* **a)** genetisch; **~ code** genetischer Code; **~ engineering** Gentechnologie, *die;* **b)** *(concerning origin)* entwicklungsgeschichtlich; **~ development** Entwicklungsgeschichte, *die*

**genetically** [dʒɪ'netɪkəlɪ] *adv.* **a)** *(according to genetics)* genetisch; **b)** *(according to origin)* entwicklungsgeschichtlich

**geneticist** [dʒɪ'netɪsɪst] *n.* Genetiker, *der*/Genetikerin, *die*

**genetics** [dʒɪ'netɪks] *n., no pl.* Genetik, *die;* Erbbiologie, *die*

**Geneva** [dʒɪ'ni:və] **1.** *pr. n.* Genf *(das);* **Lake ~:** der Genfer See. **2.** *attrib. adj.* Genfer

**genial** ['dʒi:nɪəl] *adj. (mild)* angenehm; mild ‹*Klima, Luft*›; *(jovial, kindly)* freundlich; *(sociable)* jovial, leutselig ‹*Person, Art*›; *(amiable)* liebenswürdig; *(cheering, enlivening)* anregend; belebend

**geniality** [dʒi:nɪ'ælɪtɪ] *n., no pl.* Freundlichkeit, *die;* **hearty ~:** Herzlichkeit, *die*

**genially** ['dʒi:nɪəlɪ] *adv.* freundlich; **be ~ disposed towards sb.** jmdm. freundlich gesinnt sein

**genie** ['dʒi:nɪ] *n., pl.* **genii** ['dʒi:nɪaɪ] Flaschenteufel, *der*

**genital** ['dʒenɪtl] **1.** *n. in pl.* Geschlechtsorgane; Genitalien. **2.** *adj.* Geschlechts‹*teile, -organe, -drüse*›

**genitalia** [dʒenɪ'teɪlɪə] *n. pl. see* **genital 1**

**genitival** [dʒenɪ'taɪvl] *adj. (Ling.)* genitivisch; Genitiv-

**genitive** ['dʒenɪtɪv] *(Ling.)* **1.** *adj.* Genitiv-; genitivisch; **~ case** Genitiv, *der.* **2.** *n.* Genitiv, *der; see also* **absolute c**

**genius** ['dʒi:nɪəs] *n., pl.* **~es** *or* **genii** ['dʒi:nɪaɪ] **a)** *pl.* **~es** *(person)* Genie, *das;* **b)** *(natural ability; also iron.)* Talent, *das;* Begabung, *die; (extremely great)* Genius, *der (geh.);* Genie, *das;* **a man of ~:** ein genialer Mensch; ein Genie; **~ for languages** Sprachbegabung, *die;* **c)** *(special character; prevalent feeling, opinions, or taste)* Geist, *der; (of people)* Charakter, *der;* Wesen, *das;* **d)** *(spirit)* [Schutz]geist, *der;* Genius, *der; (of place, country)* Geist, *der;* Genius, *der;* **good/evil ~:** guter/böser Geist

**Genoa** ['dʒenəʊə] *pr. n.* Genua *(das)*

**genocide** ['dʒenəsaɪd] *n.* Völkermord, *der;* Genozid, *der (geh.)*

**genre** [ʒɑ̃r] *n.* **a)** Genre, *das;* Gattung, *die;* **b)** *see* **~-painting a**

**'genre-painting** *n.* **a)** Genremalerei, *die;* **b)** *(picture)* Genrebild, *das*

**gent** [dʒent] *n.* **a)** *(coll./joc.)* Gent, der *(iron.);* **b)** *(in shops etc.)* **~s'** Herren‹*friseur, -ausstatter*›; **c) the G~s** *(Brit. coll.)* die Herrentoilette

**genteel** [dʒen'ti:l] *adj.* vornehm; fein; **they lived in ~ poverty** sie lebten in vornehmer Armut

**genteelly** [dʒen'ti:llɪ] *adv.* vornehm

**gentian** ['dʒenʃn, 'dʒenʃɪən] *n. (Bot.)* Enzian, *der*

**Gentile** ['dʒentaɪl] **1.** *n.* Nichtjude, *der*/-jüdin, *die; (Bibl.)* Heide, *der*/Heidin, *die.* **2.** *adj.* nichtjüdisch; *(Bibl.)* heidnisch

**gentility** [dʒen'tɪlɪtɪ] *n., no pl.* **a)** *(condition)* Zugehörigkeit zum niederen Adel; **b)** *(members)* niederer Adel; **c)** *(superiority)* Vornehmheit, *die;* **appearance of ~:** vornehme Erscheinung

**gentle** ['dʒentl] *adj.,* **~r** ['dʒentlə(r)], **~st** ['dʒentlɪst] **a)** sanft; sanftmütig ‹*Wesen*›; liebenswürdig, freundlich ‹*Person, Verhalten, Ausdrucksweise*›; *(not stormy, rough, or violent)* leicht, schwach ‹*Brise*›; ruhig ‹*Fluß, Wesen*›; *(not loud)* leise ‹*Geräusch*›; *(moderate)* gemäßigt ‹*Tempo*›; mäßig ‹*Hitze*›; gemächlich ‹*Tempo, Schritte, Spaziergang*›; *(gradual)* sanft ‹*Abhang usw.*›; *(mild, not drastic)* mild ‹*Reinigungsmittel, Shampoo usw.*›; wohlig ‹*Wärme*›; *(easily managed)* zahm, lammfromm ‹*Tier*›; **be ~ with sb./sth.** sanft mit jmdm./etw. umgehen; **with ~ care** äußerst vorsichtig *od.* behutsam; **a ~ reminder/hint** ein zarter Wink/eine zarte Andeutung; **the ~ sex** das zarte Geschlecht *(ugs. scherzh.);* **the ~ art** *or* **craft** die edle Kunst; **b)** *(dated: honourable, well-born)* edel *(veralt.);* **of ~ birth** von hoher *od.* edler Geburt; **c) ~ reader** *(arch.)* lieber *od.* geneigter Leser

**'gentlefolk[s]** *n. pl.* feine Leute; vornehme Leute

**gentleman** ['dʒentlmən] *n., pl.* **gentlemen** ['dʒentlmən] **a)** *(man of good manners and breeding)* Herr, *der;* Gentleman, *der;* **~ scholar** Privatgelehrter; **a country ~:** ein Landedelmann; **b)** *(man)* Herr, *der;* **Gentlemen!** meine Herren!; **Ladies and Gentlemen!** meine Damen und Herren!; **Gentlemen, ...** *(in formal, business letter)* Sehr geehrte Herren!; **the gentlemen of the jury/press** die Herren Geschworenen/von der Presse; **gentlemen's** Herren‹*schneider, -friseur*›; **c)** *(man attached to household of sovereign etc.)* Höfling, *der;* **d)** *in pl., constr. as sing.* **the Gentlemen['s]** *(Brit.)* die Herrentoilette; **'Gentlemen'** „Herren"

**gentleman 'farmer** *n.* Gutsherr, *der*

**gentlemanly** ['dʒentlmənlɪ] *adj.* gentlemanlike *nicht attrib.;* eines Gentlemans *nachgestellt;* **~ person** Gentleman, *der*

**'gentleman's** *or* **'gentlemen's agreement** *n.* Gentleman's *od.* Gentlemen's Agreement, *das;* Vereinbarung auf Treu und Glauben

**gentleness** ['dʒentlnɪs] *n., no pl.* Sanftheit, *die; (of nature)* Sanftmütigkeit, *die; (of nurse, words, action)* Behutsamkeit, *die; (of shampoo, cleanser, etc.)* Milde, *die; (of animal)* Zahmheit, *die*

**'gentlepeople** *see* **gentlefolk[s]**

**'gentlewoman** *n. (arch.)* **a)** *(woman of good birth or breeding)* Dame von Stand; **b)** *(lady)* Dame, *die*

**gently** ['dʒentlɪ] *adv. (tenderly)* zart; zärtlich; *(mildly)* sanft; *(carefully)* vorsichtig; behutsam; *(quietly, softly)* leise; *(moderately)* sanft; *(slowly)* langsam; **she ~ broke the news to him** sie brachte ihm die Nachricht schonend bei; **a ~ teasing/sarcastic manner** eine leicht neckende/sarkastische Art; **she took things very ~:** sie ließ es langsam angehen *(ugs.);* **~ does it!** immer sachte! *(ugs.);* **~!** [sachte] sachte!

**gentrification** [dʒentrɪfɪ'keɪʃn] *n. Einzug von sozial Höherstehenden in heruntergekommene Wohnviertel*

**gentry** ['dʒentrɪ] *n. pl.* **a)** niederer Adel; Gentry, *die;* **b)** *(derog.: people)* Leute *Pl.;* **light-fingered ~:** Taschendiebe *Pl.*

**genuflect** ['dʒenju:flekt] *v. i.* niederknien; das Knie *od.* die Knie beugen

**genuflection, genuflexion** [dʒenju:'flekʃn] *n.* Kniefall, *der;* [Nieder]knien, *das*

**genuine** ['dʒenjʊɪn] *adj.* **a)** *(actually from reputed source or author)* echt; authentisch ‹*Text*›; **the ~ article** die echte Ausgabe *(fig.);* **b)** *(true)* aufrichtig; wahr ‹*Zuneigung, Grund, Not*›; echt ‹*Tränen*›; ernsthaft, ernstgemeint ‹*Angebot*›; echt, überzeugt ‹*Skeptiker, Kommunist usw.*›

**genuinely** ['dʒenjʊɪnlɪ] *adv.* wirklich; **it is ~ antique** es ist echt antik

**genus** ['dʒi:nəs, 'dʒenəs] *n., pl.* **genera** ['dʒenərə] **a)** *(Biol., Logic)* Gattung, die; **b)** *(in popular use)* Gattung, *die;* Art, *die*

**geodesic** [dʒi:ə'desɪk, dʒi:ə'di:sɪk] *adj.* geodätisch

**geodesy** [dʒi:'ɒdɪsɪ] *n.* Geodäsie, *die*

**geodetic** [dʒi:ə'detɪk, dʒi:ə'di:tɪk] *see* **geodesic**

**geographer** [dʒɪ'ɒgrəfə(r)] *n.* Geograph, *der*/Geographin, *die*

**geographic** [dʒi:ə'græfɪk], **geographical** [dʒi:ə'græfɪkl] *adj.* geographisch; **~ latitude** [geographische] Breite

**geographically** [dʒi:ə'græfɪkəlɪ] *adv.* geographisch

**geography** [dʒɪ'ɒgrəfɪ] *n.* Geographie, *die;* Erdkunde, *die (Schulw.);* **physical/political/regional ~:** physische Geographie *od.* Naturgeographie, *die*/politische Geographie *od.* Staatengeographie, *die*/Landeskunde, *die;* **show sb. the ~ of the house** *(coll.)* jmdm. zeigen, wo sich die einzelnen Räume befinden; *(location of WC)* jmdm. zeigen, wo das [gewisse] Örtchen ist *(fam. verhüll.)*

**geological** [dʒi:ə'lɒdʒɪkl] *adj.,* **geologically** [dʒi:ə'lɒdʒɪkəlɪ] *adv.* geologisch

**geologist** [dʒɪ'ɒlədʒɪst] *n.* Geologe, *der*/Geologin, *die*

**geology** [dʒɪ'ɒlədʒɪ] *n.* Geologie, *die; (features)* geologische Beschaffenheit

**geometric** [dʒi:ə'metrɪk], **geometrical** [dʒi:ə'metrɪkl] *adj.* geometrisch; **geometric mean** geometrisches Mittel; **geometrical progression** *or* **series** geometrische Reihe

**geometrically** [dʒi:ə'metrɪkəlɪ] *adv.* geometrisch

**geometry** [dʒɪ'ɒmɪtrɪ] *n.* Geometrie, *die*

**ge'ometry set** *n.* Reißzeug, *das*

**geophysical** [dʒi:ə'fɪzɪkl] *adj.* geophysikalisch

**geophysics** [dʒi:ə'fɪzɪks] *n., no pl.* Geophysik, *die*

**Geordie** ['dʒɔ:dɪ] *n. (Brit.)* Geordie, *der; Einwohner von Tyneside*

**George** [dʒɔ:dʒ] *n.* **a)** *(Hist., as name of ruler etc.)* Georg; **b) by ~!** *(Brit. dated coll.)* potz Blitz!; bei Gott!

**George:** **~ 'Cross** *n. (Brit.)* Georgskreuz, *das;* **~ 'Medal** *n. (Brit.)* Georgsmedaille, *die*

**georgette** [dʒɔ:'dʒet] *n. (Textiles)* [Crêpe] Georgette, *der*

**Georgia** ['dʒɔ:dʒɪə] *pr. n. (in USSR)* Georgien *(das); (in US)* Georgia *(das)*

**¹Georgian** ['dʒɔ:dʒɪən] *adj. (Brit. Hist.)* georgianisch

**²Georgian** *adj. (USSR)* georgisch; *(US)* aus/in/von Georgia *nachgestellt*

**geostationary** [dʒi:ə'steɪʃənərɪ] *adj.* geostationär

**Ger.** *abbr.* **German** dt.

**geranium** [dʒə'reɪnɪəm] *n.* **a)** *(in popular use)* Geranie, *die;* Pelargonie, *die;* **b)** *(herb or shrub Geranium)* Storchschnabel, *der;* Geranie, *die;* Geranium, *das*

**gerbil** ['dʒɜ:bɪl] *n. (Zool.)* Wüstenmaus, *die;* Rennmaus, *die*

**gerfalcon** *see* **gyrfalcon**

**geriatric** [dʒerɪ'ætrɪk] **1.** *adj.* geriatrisch. **2.** *n. (also joc.)* Greis, *der*/Greisin, *die*

**geriatrician** [dʒerɪə'trɪʃn] *n.* Geriater, *der*/Geriaterin, *die*

**geriatrics** [dʒerɪ'ætrɪks] *n., no pl.* Geriatrie, *die;* Altersheilkunde, *die*

**germ** [dʒɜ:m] *n. (lit. or fig.)* Keim, *der;* **I don't want to catch your ~s** ich möchte mich nicht bei dir anstecken; **I don't want you to spread your ~s around** behalte deine Bazillen für dich!; **wheat ~:** Weizenkeim, *der;* **a ~ of truth is contained in this legend** *(fig.)* diese Legende enthält einen wahren Kern

**German** ['dʒɜ:mən] **1.** *adj.* deutsch; **a ~ person** ein Deutscher/eine Deutsche; **the ~ people** die Deutschen; **he/she is ~:** er ist Deutscher/sie ist Deutsche; **have a ~ degree** *(in subject)* einen Universitätsabschluß in Germanistik haben; *(from country)* einen akademischen Grad von einer deutschen Universität haben; **he is a native ~ speaker** seine Muttersprache ist Deutsch; **he is a '~ translator** *(translator from German)* er ist Übersetzer für Deutsch; **'~ teacher/student** Deutschlehrer/-student, *der;* **~ 'teacher/student** deutscher Lehrer/Student; **~ studies** Germanistik, *die;* **~ department** Germanistisches Institut. *See also* **East German 1; English 1; West German 1. 2.** *n.* **a)** *(person)* Deutsche, *der/die;* **he/she is a ~:** er ist Deutscher/sie ist Deutsche; **b)** *(language)* Deutsch, *das;* **High ~:** Hochdeutsch, *das;* **Low ~:** Niederdeutsch, *das. See also* **East German 2; English 2 a; West German 2**

**german** *adj. postpos.* leiblich
**German Democratic Re'public** *pr. n. (Hist.)* Deutsche Demokratische Republik
**germane** [dʒɜː'meɪn] *adj.* ~ to von Bedeutung für
**Germanic** [dʒɜː'mænɪk] **1.** *adj.* germanisch; *(having German characteristics)* deutsch; ~ **Confederation/Empire** *(Hist.)* Deutscher Bund/Deutsches Reich; ~ **people** Germanen. **2.** *n. (Ling.)* **East/North/West** ~: Ost-/Nord-/Westgermanisch, *das*
**Germanise** *see* **Germanize**
**Germanism** ['dʒɜːmənɪzm] *n.* **a)** *(word or idiom)* Germanismus, *der;* **b)** *(German ideas or actions)* deutsche Eigenart *od.* Sitte
**Germanist** ['dʒɜːmənɪst] *n.* Germanist, *der*/Germanistin, *die*
**germanium** [dʒɜː'meɪnɪəm] *n. (Chem.)* Germanium, *das*
**Germanize** ['dʒɜːmənaɪz] **1.** *v.t.* eindeutschen; germanisieren *(abwertend).* **2.** *v.i.* deutsch werden
**German:** ~ **'measles** *n. sing.* Röteln *Pl.;* ~ **'sausage** *n.* ≈ Fleischwurst, *die;* ~ **'shepherd [dog]** *n.* [deutscher] Schäferhund; ~ **'silver** *n.* Neusilber, *das*
**Germany** ['dʒɜːmənɪ] *pr. n.* Deutschland *(das);* **Federal Republic of** ~: Bundesrepublik Deutschland, *die; see also* **East Germany; West Germany**
**'germ-cell** *n.* Keimzelle, *die*
**germicide** ['dʒɜːmɪsaɪd] *n.* keimtötendes Mittel; Bakterizid, *das (fachspr.)*
**germinal** ['dʒɜːmɪnl] *adj.* **a)** *(in earliest stage of development)* noch unentwickelt; ~ **form** Anfangsstadium, *das;* **b)** *(of germ)* germinal *(Bot.);* Keim-
**germinate** ['dʒɜːmɪneɪt] **1.** *v.i.* keimen; *(fig.)* entstehen. **2.** *v.t.* zum Keimen bringen; *(fig.)* hervorbringen
**germination** [dʒɜːmɪ'neɪʃn] *n.* Keimung, *die;* Keimen, *das; (fig.)* Entstehung, *die*
**germ 'warfare** *n.* Bakterienkrieg, *der;* biologische Kriegführung
**gerrymander** [dʒerɪ'mændə(r)] **1.** *v.t. willkürlich in Wahlbezirke aufteilen, um einer politischen Partei Vorteile zu verschaffen.* **2.** *n.* Wahlkreisschiebungen *Pl. (ugs.)*
**gerund** ['dʒerənd] *n. (Ling.)* Gerundium, *das*
**Gestapo** [ge'stɑːpəʊ] *n.* Gestapo, *die*
**gestation** [dʒe'steɪʃn] *n.* **a)** *(of animal)* Trächtigkeit, *die; (of woman)* Schwangerschaft, *die;* ~ **period** Tragezeit, *die*/Zeit der Schwangerschaft; **b)** *(fig.)* Reifung, *die;* Heranreifen, *das*
**gesticulate** [dʒe'stɪkjʊleɪt] *v.i.* gestikulieren; **he ~d to the lorry-driver to stop reversing** er signalisierte dem Lkw-Fahrer, nicht weiter rückwärts zu fahren
**gesticulation** [dʒestɪkjʊ'leɪʃn] *n.* Gesten; **wild** ~: wildes Gestikulieren
**gesture** ['dʒestʃə(r)] **1.** *n.* Geste, *die (auch fig.);* Gebärde, *die (geh.);* **a** ~ **of resignation** eine resignierte Geste. **2.** *v.i.* gestikulieren; ~ **to sb. to do sth.** jmdm. zu verstehen geben *od. (geh.)* jmdm. bedeuten, etw. zu tun. **3.** *v.t.* zu verstehen geben; ~ **sb. to do sth.** jmdm. zu verstehen geben *od. (geh.)* jmdm. bedeuten, etw. zu tun
**get** [get] **1.** *v.t.,* **-tt-,** *p.t.* **got** [gɒt], *p.p.* **got** *or (in comb./arch./ Amer. except in sense* **m)** **gotten** ['gɒtn] **(got** *also coll. abbr. of* **has got** *or* **have got) a)** *(obtain)* bekommen; kriegen *(ugs.); (by buying)* kaufen; sich *(Dat.)* anschaffen ‹*Auto usw.*›; *(by one's own effort for special purpose)* sich *(Dat.)* besorgen ‹*Visum, Genehmigung, Arbeitskräfte*›; sich *(Dat.)* beschaffen ‹*Geld*›; einholen ‹*Gutachten*›; *(by contrivance)* kommen zu; *(find)* finden ‹*Zeit*›; *(extract)* fördern ‹*Kohle, Öl*›; ~ **an income from sth.** ein Einkommen aus etw. beziehen; **where did you ~ that?** wo hast du das her?; **the bogy man will come and ~ you** der schwarze Mann kommt und holt dich; **he got him by the leg/arm** er kriegte ihn am Bein/Arm zu fassen; ~ **sb. a job/taxi,** ~ **a job/taxi for sb.** jmdm. einen Job verschaffen/ein Taxi besorgen *od.* rufen; ~ **oneself sth./a rich man/a job** sich *(Dat.)* etw. zulegen/einen reichen Mann finden/einen Job finden; **I need to ~ some bread** ich muß Brot besorgen *od.* holen; **you can't ~ this kind of fruit in the winter months** dieses Obst gibt es im Winter nicht zu kaufen; ~ **water from a well** das Wasser vom Brunnen holen; *see also* **best 3c; better 3a; kick 1c; upper 1a; 'wind 1f; worst 3a; b)** *(fetch)* holen; **what can I ~ you?** was kann ich Ihnen anbieten?; **is there anything I can ~ you in town?** soll ich dir etwas aus der Stadt mitbringen?; ~ **sb. from the station** jmdn. vom Bahnhof abholen; **c)** ~ **the bus** *etc. (be in time for, catch)* den Bus *usw.* erreichen *od. (ugs.)* kriegen; *(travel by)* den Bus nehmen; **d)** *(prepare)* machen *(ugs.),* zubereiten ‹*Essen*›; **e)** *(coll.: eat)* essen; zu sich nehmen ‹*Imbiß*›; ~ **something to eat** etwas zu essen holen; *(be given)* etwas zu essen bekommen; **f)** *(gain)* erreichen; **what do I ~ out of it?** was habe ich davon?; **g)** *(by calculation)* erhalten; **h)** *(receive)* bekommen; erhalten, *(ugs.)* kriegen ‹*Geldsumme, Belohnung*›; ernten ‹*Lob*›; **the country ~s very little sun/rain** die Sonne scheint/es regnet nur sehr wenig in dem Land; **he got the full force of the blow** er bekam die volle Wucht des Schlages ab; **she got some bruises from the fall** sie hat sich *(Dat.)* mehrere Prellungen bei dem Sturz zugezogen; **he got his jaw broken in a fight** bei einer Schlägerei wurde ihm der Kiefer gebrochen; ~ **nothing but ingratitude** nichts als Undank ernten; **i)** *(receive as penalty)* bekommen, *(ugs.)* kriegen ‹*6 Monate Gefängnis, lebenslänglich, Geldstrafe, Tracht Prügel*›; **that's what I ~ for trying to be helpful** *(iron.)* das hat man nun davon, daß man helfen will; **you'll ~ it** *(coll.)* du kriegst Prügel *(ugs.);* es setzt was *(ugs.); (be scolded)* du kriegst was zu hören *(ugs.);* **you'll really ~ it this time** diesmal wirst du nicht ungeschoren davonkommen; *see also* **best 3d; boot 1a; neck 1a; 'sack 1b; j)** *(kill)* töten; erlegen ‹*Wild*›; *(hit, injure)* treffen; erwischen; **I'll ~ you for that** das wirst du mir büßen; **they've got me** jetzt haben sie mich; ich bin getroffen *(Milit.);* ~ **him, boy!** *(to dog)* faß!; **k)** *(win)* bekommen; finden ‹*Anerkennung*›; sich *(Dat.)* verschaffen ‹*Ansehen*›; erzielen ‹*Tor, Punkt, Treffer*›; gewinnen ‹*Spiel, Preis, Belohnung*›; belegen ‹*ersten usw. Platz*›; ~ **fame** berühmt werden; ~ **permission** die Erlaubnis erhalten; **he got his fare paid by the firm** seine Firma hat [ihm] die Fahrt bezahlt; **l)** *(come to have)* finden ‹*Schlaf, Ruhe*›; bekommen ‹*Einfall, Vorstellung, Gefühl*›; gewinnen ‹*Eindruck*›; *(contract)* bekommen ‹*Kopfschmerzen, Grippe, Malaria*›; ~ **some rest** sich ausruhen; ~ **one's freedom** seine Freiheit wiederhaben; ~ **an idea/a habit from sb.** von jmdm. eine Idee/Angewohnheit übernehmen; **I hope I don't ~ the flu from you** hoffentlich steckst du mich nicht mit deiner Grippe an; *see also* **brain 1a; religion b; m) have got** *(coll.: have)* haben; **give it all you've got** gib dein Bestes; **have got a toothache/a cold** Zahnschmerzen/eine Erkältung haben *od.* erkältet sein; **have got to do sth.** etw. tun müssen; **something has got to be done [about it]** dagegen muß etwas unternommen werden; **n)** *(succeed in bringing, placing, etc.)* bringen; kriegen *(ugs.);* ~ **sth. through the door** *etc.* etw. durch die Tür *usw.* bekommen; **she could hardly ~ herself out of bed** sie kam kaum aus dem Bett hoch; **that bike won't ~ you very far** mit dem Fahrrad wirst du nicht weit kommen; **I must ~ a message to her** ich muß ihr eine Nachricht zukommen lassen; **he's got you where he wants you** er hat dich genau da[hin] gekriegt, wo er dich hin haben wollte *(ugs.);* **o)** *(bring into some state)* **this music will ~ the party going** diese Musik wird Schwung in die Party bringen; ~ **a project going** ein Projekt in Gang bringen; ~ **a machine going** eine Maschine in Gang setzen *od.* bringen; ~ **things going** *or* **started** die Dinge in Gang bringen; ~ **everything packed/prepared** alles [ein]packen/vorbereiten; ~ **sth. ready/done** etw. fertig machen; ~ **oneself talked about** sich ins Gerede bringen; ~ **one's feet wet** nasse Füße kriegen; ~ **one's hands dirty** sich *(Dat.)* die Hände schmutzig machen; **I want to ~ the work done** ich möchte die Arbeit fertig haben; **I didn't ~ much done today** ich habe heute nicht viel geschafft; ~ **with child** *(dated)* schwängern; **he's got his sums right** er hat richtig gerechnet; **I need to ~ my house painted** ich muß mein Haus streichen lassen; **you'll ~ yourself thrown out/arrested** du schaffst es noch, daß du rausgeworfen/verhaftet wirst; **I got myself lost** ich habe mich verlaufen; ~ **sb. talking/drunk/interested** jmdn. zum Reden bringen/betrunken machen/jmds. Interesse wecken; ~ **one's hair cut/clothes dry-cleaned** sich *(Dat.)* die Haare schneiden lassen/seine Sachen reinigen lassen; **p)** *(induce)* ~ **sb. to do sth.** jmdn. dazu bringen, etw. zu tun; ~ **sth. to do sth.** es schaffen, daß etw. etw. tut; **I can never ~ you to listen to me** nie hörst du mir zu!; **I can't ~ the car to start/the door to shut** ich kriege das Auto nicht in Gang/die Tür nicht zu; **q)** *(bring in)* einbringen ‹*Ernte*›; **r)** *(Radio, Telev.: pick up)* empfangen ‹*Sender*›; **he's trying to ~ BBC 2** er versucht, BBC 2 reinzukriegen *(ugs.);* **s)** *(get in touch with by telephone)* ~ **sb. [on the phone]** jmdn. [telefonisch] erreichen; **please ~ me this number** bitte verbinden Sie mich mit dieser Nummer; **t)** *(answer)* **I'll ~ it!** ich geh' schon!; *(answer doorbell)* ich mach' auf; *(answer the phone)* ich gehe ran *(ugs.) od.* nehme ab; **u)** *(coll.: perplex)* in Verwirrung bringen; **this question will ~ him** mit dieser Frage kriegen wir ihn *(ugs.);* **you've got me there; I don't know** da bin ich überfragt – ich weiß es nicht; **v)** *(coll.) (understand)* kapieren *(ugs.);* verstehen ‹*Personen*›; *(hear)* mitkriegen *(ugs.);* ~ **it?** alles klar? *(ugs.);* **w)** *(coll.: annoy)* aufregen *(ugs.);* **x)** *(coll.: attract, involve emotionally)* packen. **2.** *v.i.,* **-tt-, got, gotten a)** *(succeed in coming or going)* kommen; ~ **to London/the top before dark** London/den Gipfel vor Einbruch der Dunkelheit erreichen; **we got as far as Oxford** wir kamen bis Oxford; **we have got as far as quadratic equations** wir sind bis zu quadratischen Gleichungen gekommen; **how did that ~ here?** wie ist das hierher gekommen?; **b)** *(come to be)* ~ **working** sich an die Arbeit machen; ~ **talking [to sb.]** [mit jmdm.] ins Gespräch kommen; ~ **to talking about sth./sb.** auf etw./jmdn. zu sprechen kommen; **I got [to] thinking how nice ...:** ich habe mir überlegt, wie nett ...; ~ **going** *or* **started** *(leave)* losgehen; aufbrechen; *(start talking)* loslegen *(ugs.); (become lively or operative)* in Schwung kommen; **once he ~s going** wenn er einmal anfängt; ~ **going on** *or* **with sth.** mit etw. anfangen; sich hinter etw. *(Akk.)* klemmen *(ugs.);* ~ **going on sb.** jmdn. bearbeiten; **I can't ~ started in the mornings** ich komme morgens nicht in Gang; *see also* **way 1f; c)** ~ **to know sb.** jmdn. kennenlernen; **he got to like/hate her** mit der Zeit mochte er sie/begann er, sie zu hassen; ~ **to hear of sth.** von etw. erfahren; **I never ~ to see you any more** dich sieht man ja gar nicht mehr *od.* bekommt man ja gar nicht mehr zu Gesicht; ~ **to do sth.** *(succeed in doing)* etw. tun

können; dazu kommen, etw. zu tun; **d)** *(become)* werden; ~ **ready/washed** sich fertigmachen/waschen; ~ **frightened/hungry** Angst/Hunger kriegen; **the time is ~ting near** die Zeit naht; ~ **excited about sth.** sich auf etw. *(Akk.)* freuen; ~ **interested in sth.** sich für etw. interessieren; ~ **caught in the rain** vom Regen überrascht werden; ~ **well soon!** gute Besserung!; *see also* **better 1; e)** *(sl.: be off, clear out)* verschwinden *(ugs.)*

~ **a'bout** *v. i.* **a)** *(move)* sich bewegen; *(travel)* herumkommen; **b)** *(spread)* sich herumsprechen; ‹*Gerücht:*› sich verbreiten

~ **across 1.** [--'-] *v. i.* **a)** *(to/from other side)* rüberkommen *(ugs.)*; **b)** *(coll.: be communicated)* rüberkommen *(ugs.)*; ~ **across [to sb.]** ‹*Person:*› sich [jmdm.] verständlich machen; ‹*Witz, Idee:*› [bei jmdm.] ankommen. **2.** *[stress varies] v. t.* **a)** *(cross)* überqueren; ~ **sb./sth. across [sth.]** *(transport to/from other side)* jmdn./etw. [über etw. *(Akk.)*] hin-/herüberbringen; **b)** *(coll.: communicate)* vermitteln, klarmachen (**to** *Dat.*); ~ **a joke across to sb.** mit einem Witz bei jmdm. ankommen

~ **a'long** *v. i.* **a)** *(advance, progress)* ~ **along well** [gute] Fortschritte machen; **how is he ~ting along with his work/is his work ~ting along?** wie kommt er mit seiner Arbeit voran/kommt seine *od.* geht es mit seiner Arbeit voran?; **the patient is ~ting along very well** mit dem Patienten geht es aufwärts; **b)** *(manage)* zurechtkommen; **c)** *(agree or live sociably)* auskommen; ~ **along with each other** *or* **together** miteinander auskommen; **d)** *(leave)* sich auf den Weg machen; ~ **along with you!** *(fig. coll.)* ach, geh *od.* komm! *(ugs.)*; ach, erzähl mir doch nichts! *(ugs.)*

~ **a'round 1.** *v. i.* **a)** *see* ~ **round 1 b; b)** *see* ~ **about a. 2.** *v. t. see* ~ **round 2 a, b, d**

~ **at** *v. t.* **a)** herankommen an (+ *Akk.*); **let sb. ~ at sth.** jmdn. an etw. *(Akk.)* [heran]lassen; **woodworm has got at the wardrobe** in dem Schrank ist der Holzwurm; **b)** *(coll.: start work on)* sich machen an (+ *Akk.*); **c)** *(~ hold of; ascertain)* [he]rausfinden ‹*Wahrheit, Ursache usw.*›; **d)** *(coll.)* **what are you/is he getting at?** worauf wollen Sie/will er hinaus?; *(referring to)* worauf spielen Sie/spielt er jetzt an?; **e)** *(sl.: tamper with)* sich zu schaffen machen an (+ *Dat.*); *(bribe)* bestechen; *(influence)* unter Druck setzen; **f)** *(sl.: attack, taunt)* anmachen *(salopp)*; **I have the feeling that I'm being got at** ich habe das Gefühl, daß man mich anpflaumen will *(ugs.)*

~ **a'way 1.** *v. i.* **a)** wegkommen; *(stand back)* zurücktreten; **you need to ~ away [from here]** du müßtest einmal [von hier] fort; **I can't ~ away from work** ich kann nicht von der Arbeit weg; ~ **away from the field** *(Racing)* sich vom Feld absetzen; **there is no ~ting away from the fact that ...:** man kommt nicht um die Tatsache *od.* darum herum, daß ...; ~ **away from it all** *see* **all 1 a; b)** *(escape)* entkommen; entwischen *(ugs.)*; **that's the one that got away** *(fig.)* das/der/die ist mir/dir *usw.* durch die Lappen gegangen *(ugs.)*; **c)** *(start)* aufbrechen; ‹*Läufer:*› losrennen; ‹*Schwimmer:*› losschwimmen; **d)** *in imper. (coll.)* ~ **away [with you]!** ach, geh *od.* komm! *(ugs.)*; ach, erzähl mir doch nichts! *(ugs.)*. **2.** *v. t.* **a)** *(remove, move)* wegnehmen; entfernen, *(ugs.)* wegkriegen ‹*Fleck*›; wegräumen ‹*Besteck, Geschirr*›; ~ **sth. away from sb.** jmdm. etw. wegnehmen; **we've got to ~ her away from here/his influence/her boy-friend** wir müssen sie von hier fortbringen/seinem Einfluß entziehen/von ihrem Freund fernhalten; **b)** *(post)* zur Post bringen; abschicken; wegkriegen *(ugs.)*. *See also* **get-away**

~ **a'way with** *v. t.* **a)** *(steal and escape with)* entkommen mit; **b)** *(as punishment)* davonkommen mit; **c)** *(coll.: go unpunished for)* ungestraft davonkommen mit; **the things he ~s away with!** was der sich *(Dat.)* alles erlauben kann!; ~ **away with it** es sich *(Dat.)* erlauben können; *(succeed)* damit durchkommen; **he can ~ away with anything** *or (fig.)* **murder** er kann sich *(Dat.)* alles erlauben

~ **'back 1.** *v. i.* **a)** *(return)* zurückkommen; ~ **back home** nach Hause kommen; **b)** *(stand away)* zurücktreten. **2.** *v. t.* **a)** *(recover)* wieder- *od.* zurückbekommen; wieder- *od.* zurückkriegen *(ugs.)*; zurückgewinnen ‹*Kraft, Ehefrau, Freund usw.*›; ~ **one's strength back** wieder zu Kräften kommen; **b)** *(return)* zurücktun; **I can't ~ the lid back on it** ich kriege den Deckel nicht wieder drauf *(ugs.)*; ~ **the children back home** die Kinder nach Hause zurückbringen; **c)** ~ **one's 'own back [on sb.]** *(sl.)* sich [an jmdm.] rächen

~ **'back at** *v. t. (coll.)* ~ **back at sb. for sth.** jmdm. etw. heimzahlen

~ **'back to** *v. t.* ~ **back to sb./sb.'s question** auf jmdn./jmds. Frage zurückkommen; **I'll ~ back to you on that** ich komme darauf noch zurück; ~ **back to one's work/to work/to the office** wieder an seine Arbeit/an die Arbeit/ins Büro gehen; **~ting back to what I was saying ...:** um [noch einmal] auf das, was ich gesagt habe, zurückzukommen

~ **behind 1.** [--'-] *v. i.* zurückbleiben; ins Hintertreffen geraten *(ugs.)*; *(with payments)* in Rückstand geraten. **2.** *[stress varies] v. t.* **a)** ~ **behind sb./sth.** sich hinter jmdn./etw. stellen; **b)** *(not progress as fast as)* ~ **behind sb./sth.** hinter jmdm./etw. zurückbleiben

~ **'by 1.** *v. i.* **a)** *(move past)* passieren; vorbeikommen; **let sb. ~ by** jmdn. vorbeilassen; **b)** *(coll.: be acceptable, adequate)* **she should [just about] ~ by in the exam** sie müßte die Prüfung [gerade so] schaffen; **his essay isn't very good but it will ~ by** sein Aufsatz ist nicht sehr gut, aber es reicht noch; **c)** *(coll.: survive, manage)* über die Runden kommen *(ugs.)* (**on** mit). **2.** *v. t.* **a)** *(move past)* ~ **by sb./sth.** an jmdm./etw. vorbeikommen; **he got by the car in front** er überholte den vorderen Wagen; **b)** *(pass unnoticed)* entgehen (+ *Dat.*); unbemerkt vorbeikommen an (+ *Dat.*)

~ **down 1.** [-'-] *v. i.* **a)** *(come down)* heruntersteigen; *(go down)* hinuntersteigen; *(from bus etc.)* aussteigen (**from** aus); *(from horse)* absteigen (**from** von); **help sb. ~ down from the horse/bus** jmdm. vom Pferd/aus dem Bus helfen; **b)** *(leave table)* aufstehen; **c)** *(bend down)* sich bücken; ~ **down on one's knees** niederknien; sich hinknien. **2.** *[stress varies] v. t.* **a)** *(come down)* heruntersteigen; herunterkommen; *(go down)* hinuntersteigen; hinuntergehen; **b)** ~ **sb./sth. down** *(manage to bring down)* jmdn./etw. hin-/herunterbringen; *(with some difficulty)* jmdn./etw. hin-/herunterbekommen; *(take down from above)* jmdn./etw. hin-/herunterholen; **c)** ~ **one's trousers ~:** die Hose herunterziehen; **d)** *(swallow)* hinunterschlucken; **e)** *(write, record)* ~ **sth. down [on paper]** etw. schriftlich festhalten *od.* zu Papier bringen; **f)** *(coll.: depress)* fertigmachen *(ugs.)*; **g)** *(reduce)* kürzen ‹*Aufsatz*› (**to** auf + *Akk.*); senken ‹*Fieber, Preis*›; *(by bargaining)* herunterdrücken ‹*Preis*›; **I got him down [to £40]** ich habe ihn [auf 40 Pfund] heruntergehandelt

~ **'down to** *v. t.* ~ **down to sth.** sich an etw. *(Akk.)* machen; ~ **down to writing a letter** sich hinsetzen und einen Brief schreiben; **let's ~ down to the facts now** wenden wir uns nun den Fakten zu!; *see also* **brass tacks; business f**

~ **'in 1.** *v. i.* **a)** *(enter) (into bus etc.)* einsteigen; *(into bath)* hineinsteigen; *(into bed)* sich hinlegen; *(into room, house, etc.)* eintreten; *(intrude)* eindringen; **b)** *(arrive)* ankommen; *(get home)* heimkommen; **c)** *(be elected)* gewählt werden; ~ **in for Islington** als Abgeordneter für Islington ins Unterhaus einziehen; **d)** *(obtain place) (at institution etc.)* angenommen werden; *(at university)* einen Studienplatz bekommen; *(as employee)* genommen werden; **e)** *(coll.: gain an advantage)* ~ **in first/before sb.** die Nase vorn haben *(ugs.)*/schneller als jmd. sein. **2.** *v. t.* **a)** *(bring in)* einbringen ‹*Ernte*›; hineinbringen, ins Haus bringen ‹*Einkäufe, Kind*›; einlagern ‹*Kohlen, Kartoffeln*›; hineinfahren, in die Garage fahren ‹*Auto*›; reinholen ‹*Wäsche*›; einholen ‹*Netze, Hummerkörbe*›; *(Brit.: fetch and pay for)* holen ‹*Getränke*›; **b)** *(coll.: enter)* einsteigen in (+ *Akk.*) ‹*Auto, Zug*›; **c)** *(submit)* abgeben ‹*Artikel, Hausarbeit*›; einreichen ‹*Bewerbung, Bericht*›; **d)** *(receive)* erhalten; reinkriegen *(ugs.)*; **e)** *(send for)* holen; rufen ‹*Arzt, Polizei*›; hinzuziehen ‹*Spezialist*›; **f)** *(plant, sow)* in die Erde kriegen *(ugs.)*; auspflanzen ‹*Blumenzwiebeln*›; aussäen ‹*Samen*›; **g)** *(fit in)* reinkriegen *(ugs.)*; einschieben ‹*Unterrichtsstunde*›; **try to ~ in a word about sth.** sich zu etw. äußern wollen; *see also* **edgeways c; h)** *(cause to be admitted)* ~ **sb. in** *(as member, pupil, etc.)* jmdm. die Aufnahme ermöglichen; jmdn. reinbringen *(ugs.)*; **his good results should ~ him in** mit seinen guten Noten müßte er reinkommen; **you can ~ him in as a guest** du kannst ihn als Gast mitbringen; **i)** *(Boxing)* ~ **a blow/punch in** einen Schlag *od.* Treffer landen; *(fig.: coll.)* einen Schlag versetzen. *See also* **eye 1 a; hand 1 k**

~ **'in on** *v. t. (coll.)* sich beteiligen an (+ *Dat.*); *see also* **act 1 e**

~ **into** *v. t.* **a)** *(bring into)* fahren ‹*Auto usw.*› in (+ *Akk.*) ‹*Garage*›; bringen in (+ *Akk.*) ‹*Haus, Bett, Hafen*›; **b)** *(enter)* gehen/*(as intruder)* eindringen in (+ *Akk.*) ‹*Haus*›; [ein]steigen in (+ *Akk.*) ‹*Auto usw.*›; [ein]treten in (+ *Akk.*) ‹*Zimmer*›; steigen in (+ *Akk.*) ‹*Wasser*›; **the coach ~s into the station at 9 p.m.** der Bus kommt um 21.00 Uhr am Busbahnhof an; **it's getting into the hundreds** das geht schon in die Hunderte; **c)** *(gain admission to)* eingelassen werden in (+ *Akk.*); angenommen werden in (+ *Dat.*) ‹*Schule*›; einen Studienplatz erhalten an (+ *Dat.*) ‹*Universität*›; genommen werden von ‹*Firma*›; ~ **sb. into a school/firm/club** dafür sorgen, daß jmd. von einer Schule angenommen/einer Firma genommen/einem Verein aufgenommen wird; ~ **into Parliament** ins Parlament einziehen; **d)** *(coll.: make put on)* hineinkriegen in (+ *Akk.*); ~ **into one's clothes** sich anziehen; **I can't ~ into these trousers** ich komme in diese Hose nicht mehr rein *(ugs.)*; **e)** *(penetrate)* [ein]dringen in (+ *Akk.*); **sand got into my eyes** ich habe Sand in die Augen bekommen; **how did the fly ~ into the jam?** wie ist die Fliege in die Marmelade gekommen?; **f)** *(begin to undergo)* geraten in (+ *Akk.*); kommen in (+ *Akk.*) ‹*Schwierigkeiten*›; *(cause to undergo)* stürzen in (+ *Akk.*) ‹*Schulden, Unglück*›; bringen in (+ *Akk.*) ‹*Schwierigkeiten*›; **g)** *(accustom to, become accustomed to)* annehmen ‹*Gewohnheit*›; ~ **into the job/work** sich einarbeiten; **once you've got into the book, ...:** wenn man sich einmal eingelesen hat, ...; *see also* **habit 1 a; way 1 l, o; h)** *(change in mood to)* geraten in (+ *Akk.*) ‹*Wut, Panik*›; *(cause to change in mood to)* bringen in (+ *Akk.*) ‹*Wut*›; stürzen in (+ *Akk.*) ‹*Verzweiflung, Panik*›; **i) what's got into him?** was ist nur in ihn gefahren?; **something must have got into him** irgend etwas muß in ihn gefahren sein. *See also* **act 1 e**

~ **'in with** *v. t. (coll.)* ~ **in [well] with sb.** sich mit jmdm. gut stellen; **he got in with a bad crowd** er geriet in schlechte Gesellschaft; **he got in with a pretty girl** er bändelte mit einem hübschen Mädchen an

**~ off 1.** [-'-] *v. i.* **a)** *(alight)* aussteigen; *(dismount)* absteigen; **tell sb. where he ~s off** *or* **where to ~ off** *(fig. coll.)* jmdn. in seine Grenzen verweisen; **she told him where to ~ off in no uncertain terms** sie machte ihm unmißverständlich klar, daß er zu weit gegangen war; **b)** *(not remain on sb./sth.)* runtergehen; *(from chair)* aufstehen; *(from ladder, tree, table, lawn, carpet)* herunterkommen; *(let go)* loslassen; **~ off, you filthy dog!** verschwinde, du dreckiger Köter!; **c)** *(start)* aufbrechen; **~ off to school/to work** zur Schule/Arbeit losgehen/-fahren; **we hope to ~ off before seven** wir hoffen, noch vor sieben wegzukommen; **~ off to an early start** früh aufbrechen *od.* wegkommen; **~ off to a good** *etc.* **start** einen guten *usw.* Start haben; *see also* **foot 1 a; d)** *(be sent)* ⟨*Brief:*⟩ abgeschickt werden; ⟨*Paket, Telegramm:*⟩ aufgegeben werden; **e)** *(escape punishment or injury)* davonkommen; **~ off lightly** glimpflich davonkommen; **f)** *(fall asleep)* einschlafen; **g)** *(leave)* [weg]gehen; **~ off early** [schon] früh [weg]gehen. **2.** *[stress varies] v. t.* **a)** *(dismount from)* [ab]steigen von ⟨*Fahrrad*⟩; steigen von ⟨*Pferd*⟩; *(alight from)* aussteigen aus ⟨*Bus, Zug usw.*⟩; steigen aus ⟨*Boot*⟩; **b)** *(not remain on)* herunterkommen von ⟨*Rasen, Teppich, Mauer, Leiter, Tisch*⟩; aufstehen von ⟨*Stuhl*⟩; verschwinden von, verlassen ⟨*Gelände*⟩; **~ off my toes!** geh von meinem Fuß runter! *(ugs.)*; **~ off the subject** vom Thema abkommen; **c)** *(cause to start)* [los]schicken; **it takes ages to ~ the children off to school** es dauert eine Ewigkeit, die Kinder für die Schule fertigzumachen; **~ sth. off to a good** *etc.* **start** einer Sache *(Dat.)* zu einem guten *usw.* Start verhelfen; **d)** *(remove)* ausziehen ⟨*Kleidung usw.*⟩; entfernen ⟨*Fleck, Farbe usw.*⟩; abbekommen ⟨*Deckel, Ring*⟩; **~ sth. off sth.** etw. von etw. entfernen/abbekommen; **~ sb./an animal off [sth.]** jmdn./ein Tier [von etw.] wegjagen; **I can't ~ my shoes off** ich kriege die Schuhe nicht aus *(ugs.)*; **~ that cat off my desk/me!** schaff mir die Katze vom Tisch/Leib!; **~ sb. off a subject** jmdn. von einem Thema abbringen; **e)** *(send, dispatch)* abschicken; aufgeben ⟨*Telegramm, Paket*⟩; **f)** *(cause to escape punishment)* davonkommen lassen; **the lawyer got his client off with a small fine** der Rechtsanwalt konnte für seinen Klienten ein niedriges Bußgeld durchsetzen; **g)** *(not have to do, go to, etc.)* frei haben; **~ off school/doing one's homework** nicht zur Schule zu gehen/keine Hausaufgaben zu machen brauchen; **~ time/a day off [work]** frei/einen Tag frei bekommen; **~ off work [early]** [früher] Feierabend machen; **I have got the afternoon off** ich habe den Nachmittag frei; **h)** *(cause to fall asleep)* zum Einschlafen bringen; **i)** *(coll.: obtain from)* bekommen von; kriegen von *(ugs.)*; **I got that recipe off my mother** das Rezept habe ich von meiner Mutter

**~ 'off with** *v. t. (Brit. coll.)* aufreißen *(salopp)*; anbändeln mit *(ugs.)*; **~ sb. off with sb.** jmdn. mit jmdm. zusammenbringen *od.* verkuppeln

**~ on 1.** [-'-] *v. i.* **a)** *(climb on) (on bicycle)* aufsteigen; *(on horse etc.)* aufsitzen; *(enter vehicle)* einsteigen; **you can't ~ on, the bus is full** Sie können nicht mehr rein *(ugs.)*, der Bus ist voll; **b)** *(make progress)* vorankommen; **~ on in life/the world** es zu etwas [im Leben] bringen; **you're ~ting on very nicely** Sie machen gute Fortschritte; **c)** *(fare)* **how did you ~ on there?** wie ist es dir dort ergangen?; **he's ~ting on well** es geht ihm gut; **I didn't ~ on too well in my exams** meine Prüfungen sind nicht besonders gut gelaufen *(ugs.)*; **d)** *(become late)* vorrücken; **it's ~ting on for five** es geht auf fünf zu; **it's ~ting on for six months since ...:** es sind bald sechs Monate, seit ...; **time is ~ting on** es wird langsam spät; **e)** *(advance in age)* älter werden; **be ~ting on in years/for seventy** langsam älter werden/auf die Siebzig zugehen; **f) there were ~ting on for fifty people** es waren an die fünfzig Leute da; **g)** *(manage)* zurechtkommen; **h)** *see* **~ along c. 2.** *[stress varies] v. t. (coll.)* **a)** *(climb on)* steigen auf (+ *Akk.*) ⟨*Fahrrad, Pferd*⟩; *(cause to climb on)* setzen auf (+ *Akk.*); *(enter, board)* einsteigen in (+ *Akk.*) ⟨*Zug, Bus, Flugzeug*⟩; gehen auf (+ *Akk.*) ⟨*Schiff*⟩; *(cause to enter or board)* setzen in (+ *Akk.*) ⟨*Bus, Zug, Flugzeug*⟩; bringen auf (+ Akk.) ⟨*Schiff*⟩; **b)** *(put on)* anziehen ⟨*Kleider, Schuhe*⟩; aufsetzen ⟨*Hut, Kessel*⟩; *(load)* [auf]laden auf (+ *Akk.*); **~ the cover [back] on** den Deckel [wieder] drauftun; *(with some difficulty)* den Deckel [wieder] draufbekommen; **c)** *(coll.)* **~ something on sb.** *(discover sth. incriminating)* etwas gegen jmdn. in der Hand haben. *See also* **foot 1 a; move 1 f; nerve 1 b**

**~ 'on to** *v. t.* **a)** *see* **~ on 2 a; b)** *(contact)* sich in Verbindung setzen mit; *(by telephone)* anrufen; *(more insistently)* **~ on to sb.** jmdm. auf die Pelle rücken *(ugs.)*; **c)** *(trace, find)* ausfindig machen; **~ on to sb.'s trail/scent** jmdm. auf die Spur kommen/jmds. Fährte aufnehmen; **d)** *(realize)* **~ on to sth.** hinter etw. *(Akk.)* kommen; **~ on to the fact that ...:** dahinterkommen, daß ...; **e)** *(move or pass to)* übergehen zu; *(unintentionally in conversation)* kommen auf (+ *Akk.*); **we don't ~ on to anatomy until next year** zur Anatomie kommen wir erst im nächsten Jahr

**~ 'on with** *v. t.* **a)** weitermachen mit; **let sb. ~ on with it** *(coll.)* jmdn. [allein weiter]machen lassen; **enough to be ~ting on with** genug für den Anfang *od.* fürs erste; **b)** = **~ along with** *see* **~ along a, c**

**~ 'out 1.** *v. i.* **a)** *(go away) (walk out)* rausgehen (**of** aus); *(drive out)* rausfahren (**of** aus); *(alight)* aussteigen (**of** aus); *(climb out)* rausklettern (**of** aus); **~ out from under** *(fig. coll.)* noch einmal davonkommen; **~ out [of my room]!** raus [aus meinem Zimmer]!; **we'd better ~ out, and quick!** wir verschwinden hier besser, und zwar schnell!; **you need to ~ out a bit more** du müßtest hier öfter mal raus; **she likes to ~ out for a breath of fresh air** sie geht gern mal vor die Tür, um frische Luft zu schnappen; **b)** *(leak)* austreten (**of** aus); *(escape from cage, jail)* ausbrechen, entkommen (**of** aus); *(fig.)* ⟨*Geheimnis:*⟩ herauskommen; ⟨*Nachrichten:*⟩ durchsickern; **c) ~ out [of it]!** *(sl.)* ach, geh *od.* komm!; ach, erzähl mir doch nichts! *(ugs.)*; **d)** *(Cricket)* ausgeschlagen werden. **2.** *v. t.* **a)** *(cause to leave)* rausbringen (**of** aus); *(send out)* rausschicken (**of** aus); *(throw out)* rauswerfen (**of** aus); **~ all the passengers out** alle Passagiere aussteigen lassen; **~ a nail out/out of the wall** einen Nagel herauskriegen/aus der Wand kriegen *(ugs.)*; **~ a stain out/out of sth.** einen Fleck wegbekommen/aus etw. herausbekommen; **b)** *(bring or take out)* herausholen (**of** aus); herausziehen ⟨*Korken*⟩; *(drive out)* herausfahren (**of** aus); **you only ~ out what you put in** *(fig.)* man kriegt nur raus, was man reingesteckt hat *(ugs.)*; **c)** *(withdraw)* abheben ⟨*Geld*⟩ (**of** von); **d)** *(publish)* herausbringen; **e)** *(speak, utter)* hervorbringen ⟨*Entschuldigung, Gruß usw.*⟩; herausbringen ⟨*Wort*⟩; **f)** *(Cricket)* ausschlagen; **g)** *(work out)* herausbekommen, *(ugs.)* herauskriegen ⟨*Rechenaufgabe, Summe, Rätsel*⟩. *See also* **get-out**

**~ 'out of** *v. t.* **a)** *(leave)* verlassen ⟨*Zimmer, Haus, Stadt, Land*⟩; *(cause to leave)* entfernen aus; *(extract from)* herausziehen aus; *(bring or take out of)* herausholen; *(leak from)* austreten aus; *(withdraw from)* abheben von; **~ a book out of the library** ein Buch aus der Bibliothek ausleihen; **~ a lazy person out of bed** einen Faulpelz aus dem Bett kriegen *(ugs.)*; **~ him out of my sight!** schaff ihn mir aus den Augen!; **~ me out of this mess** hol mich aus diesem Schlamassel heraus! *(ugs.)*; **~ sth. out of one's head** *or* **mind** sich *(Dat.)* etw. aus dem Kopf schlagen; **he can't ~ the idea out of his head** er wird den Gedanken nicht los; *see also* **~ out 1 a, b, c, 2 a, b, c; b)** *(draw out of)* herausbringen *(ugs.) od.* herausbekommen ⟨*Wahrheit, Worte*⟩ aus; **c)** *(escape)* herauskommen aus; *(avoid)* herumkommen um *(ugs.)*; sich drücken vor (+ *Dat.*) *(ugs.)* ⟨*Arbeit*⟩; **I can't ~ out of it now** jetzt muß ich mich auch daran halten; **d)** *(gain from)* herausholen ⟨*Geld*⟩ aus; machen *(ugs.) od.* erzielen ⟨*Gewinn*⟩ bei; **I couldn't ~ much out of this book** das Buch hat mir nicht viel gegeben; **~ a word/the truth/a confession out of sb.** aus jmdm. ein Wort/die Wahrheit/ein Geständnis herausbringen; **~ the best/most/utmost out of sb./sth.** das Beste/Meiste/Äußerste aus jmdm./etw. herausholen. *See also* **bed 1 a; depth d; habit 1 a; hand 1 b; way 1 l**

**~ outside [of]** *v. t. (sl.: eat)* sich reinziehen *(ugs.)*

**~ 'over 1.** *v. i.* **a)** *(cross)* **~ over to the other side** auf die andere Seite gehen; **manage to ~ over to the other side** es schaffen, auf die andere Seite zu kommen; **I need to talk to you. When can you ~ over here?** ich muß dich sprechen – wann kannst du mal vorbeikommen?; **b)** *(coll.) see* **~ across 1 b. 2.** *v. t.* **a)** *(cross)* gehen über (+ *Akk.*); setzen über (+ *Akk.*) ⟨*Fluß*⟩; *(climb)* klettern über (+ *Akk.*); *(cause to cross)* [hinüber]bringen über (+ *Akk.*); **we got ourselves safely over the river** wir kamen sicher über den Fluß; **manage to ~ over the road** es schaffen, über die Straße zu kommen; **b)** *see* **~ across 2 b; c)** *(surmount)* überwinden; **d)** *(overcome)* überwinden; hinwegkommen über (+ *Akk.*); **e)** *(recover from)* überwinden; hinwegkommen über (+ *Akk.*); verwinden *(geh.)* ⟨*Verlust*⟩; sich erholen von ⟨*Krankheit*⟩; **f)** *(fully believe)* **I can't ~ over his cheek/the fact that ...:** solche Frechheit kann ich nicht begreifen/ich kann gar nicht fassen, daß ...; **g)** *(travel over)* zurücklegen ⟨*Strecke*⟩; **h)** *(coll.: do, so as not to have still to come)* hinter sich bringen; **you might as well ~ it over and done with** je eher du es tust, desto schneller hast du es hinter dir

**~ 'over with** *v. t. (coll.)* **~ sth. over with** etw. hinter sich bringen

**~ 'past 1.** *v. i. see* **~ by 1 a. 2.** *v. t. see* **~ by 2 a, b**

**~ 'round 1.** *v. i.* **a)** *see* **~ about; b) ~ round to doing sth.** dazu kommen, etw. zu tun. **2.** *v. t.* **a) she got round the shops very quickly** sie erledigte ihre Besorgungen sehr schnell; **b)** *(avoid)* umgehen ⟨*Gesetz, Bestimmungen*⟩; **c) ~ sb. round, ~ round sb.** *(get one's way with)* jmdn. herumkriegen *(ugs.)*; *(persuade)* jmdn. überzeugen (to von); **d)** *(overcome)* lösen ⟨*Problem usw.*⟩; überwinden ⟨*Hindernis usw.*⟩; umgehen ⟨*Schwierigkeit usw.*⟩. *See also* **table 1 a; tongue c**

**~ there** *v. i.* **a)** *(reach a place)* dorthin kommen; **b)** *(sl.: succeed)* es schaffen; **c)** *(understand)* verstehen, was gemeint ist; dahinterkommen *(ugs.)*

**~ through 1.** [-'-] *v. i.* **a)** *(pass obstacle)* durchkommen; *(make contact by radio or telephone)* durchkommen *(ugs.)*; Verbindung bekommen (**to** mit); **b)** *(be transmitted)* durchkommen *(ugs.)*; durchdringen (**to** bis zu *od.* nach); **c)** *(win heat or round)* gewinnen; **~ through to the finals** in die Endrunde kommen; **d) ~ through [to**

sb.] *(make sb. understand)* sich [jmdm.] verständlich machen; **e)** *(pass)* bestehen; durchkommen *(ugs.)*; **f)** ~ **through on** auskommen mit ⟨*Gehalt*⟩; **g)** *(be approved)* angenommen werden; durchkommen *(ugs.)*. **2.** *[stress varies] v. t.* **a)** *(pass through)* [durch]kommen durch; ~ **sth. through sth.** etw. durch etw. [durch]bekommen *od.* *(ugs.)* [durch]kriegen; **b)** *(help to make contact)* ~ **sb. through to** jmdn. verbinden mit; **c)** *(bring)* [durch]bringen; übermitteln ⟨*Nachricht*⟩ **(to** *Dat.*); ~ **food/a message through to sb.** jmdm. Nahrungsmittel/eine Nachricht zukommen lassen; **d)** *(bring as far as)* ~ **a team through to the finals** eine Mannschaft in die Endrunde bringen; **e)** *(communicate)* ~ **sth. through to sb.** jmdm. etw. klarmachen; **f)** *(pass)* durchkommen bei *(ugs.)*, bestehen ⟨*Prüfung*⟩; *(help to pass)* durchbringen ⟨*Prüfling*⟩; **g)** *(Parl.: cause to be approved)* durchbringen; **h)** *(consume, use up)* verbrauchen; verqualmen *(ugs. abwertend)* ⟨*Zigaretten*⟩; aufessen ⟨*Essen*⟩; ablatschen *(salopp)* ⟨*Schuhe*⟩; abtragen ⟨*Kleidung*⟩; *(spend)* durchbringen ⟨*Geld, Vermögen*⟩; **i)** *(survive)* durchstehen; überstehen; kommen durch; **j)** *(manage to deal with)* fertig werden mit, erledigen ⟨*Arbeit*⟩; durchkriegen ⟨*Buch*⟩; **let me ~ through this work first** laß mich erst diese Arbeit fertigmachen!; ~ **through reading a book/writing a letter** ein Buch auslesen/einen Brief fertigschreiben

~ **'through with** *v. t.* **a)** *(finish)* fertig werden mit ⟨*Arbeit*⟩; erledigen ⟨*Formalitäten*⟩; auslesen ⟨*Buch*⟩; **b)** *(coll.: finish dealing with sb.)* **wait till I ~ through with him!** warte, bis ich mit ihm fertig bin!

~ **to** *v. t.* **a)** *(reach)* kommen zu ⟨*Gebäude*⟩; erreichen ⟨*Person, Ort*⟩; **I've got to here** ich bin bis hierher gekommen; **he is ~ting to the age when ...:** er wird bald das Alter erreicht haben, wo ...; **where have you got to in German/in this book?** wie weit bist du gekommen in Deutsch/mit *od.* in dem Buch?; **I haven't got to the end [of the novel] yet** ich habe [den Roman] noch nicht zu Ende gelesen; **where has the child/the book got to?** wo ist das Kind hin/das Buch hingekommen?; **b)** *(begin)* ~ **to doing sth.** anfangen, etw. zu tun; **c)** *(annoy)* ~ **to sb.** *(coll.)* jmdm. auf die Nerven gehen *(ugs.)*; **don't let him ~ to you!** laß dir von ihm nicht auf den Nerven rumtrampeln! *(salopp)*

~ **to'gether 1.** *v. i.* zusammenkommen; **we must ~ together again sometime** wir müssen uns bald mal wiedersehen; **why not ~ together after work?** wollen wir uns nach Feierabend treffen? **2.** *v. t.* **a)** *(collect)* zusammenbringen; ~ **one's things together** seine Sachen zusammenpacken; ~ **one's thoughts together** seine Gedanken sammeln; **b)** *(sl.: organize)* ~ **it** *or* **things together** die Dinge auf die Reihe kriegen *(ugs.)*; ~ **oneself together** sich am Riemen reißen *(ugs.)*. *See also* **get-together**

~ **'under** *v. t.* *(shelter)* gehen unter (+ *Akk.*); kriechen unter (+ *Akk.*) ⟨*Decke, Bett*⟩; ~ **sth. under sth.** etw. unter etw. *(Akk.)* tun; **how did my passport manage to ~ under your books?** wie ist mein Paß nur unter deine Bücher gekommen?

~ **up 1.** [-'-] *v. i.* **a)** *(rise from bed, chair, floor; leave table)* aufstehen; **please don't ~ up!** bitte bleiben Sie sitzen!; **b)** *(climb)* [auf]steigen, aufsitzen **(on** auf + *Dat. od. Akk.*); **c)** *(rise, increase in force)* zunehmen; **the sea is ~ting up** die See wird immer wilder; **d)** *(Cricket)* ⟨*Ball*:⟩ steil hochfliegen; **e)** ~ **up and go** *(coll.)* in Gang kommen. **2.** *[stress varies] v. t.* **a)** *(call, awaken)* wecken; *(cause to leave bed)* aus dem Bett holen; ~ **oneself up** aufwachen; *(leave bed)* aus dem Bett kommen; **b)** *(cause to stand up)* aufhelfen (+ *Dat.*); hochkriegen *(ugs.)*; **c)** *(cause to mount)* ~ **sb. up on the horse** jmdm. aufs Pferd helfen; **d)** *(climb)* hinaufsteigen; **your car will not ~ up that hill** dein Auto kommt den Berg nicht hinauf *od.* schafft den Berg nicht; **water got up my nose** ich habe Wasser in die Nase gekriegt *(ugs.)*; **e)** *(carry up)* ~ **sb./sth. up [sth.]** jmdn./etw. [etw.] her-/hinaufbringen; *(with some difficulty)* jmdn. etw. [etw.] her-/hinaufbekommen; **f)** *(organize)* organisieren; auf die Beine stellen; auf die Beine bringen ⟨*Personen*⟩; **g)** *(arrange appearance of, dress up)* zurechtmachen; herrichten ⟨*Zimmer*⟩; hübsch aufmachen ⟨*Buch, Geschenk*⟩. *See also* **back 1a; get-up; get-up-and-go; steam 1; ¹wind 1e**

~ **'up to** *v. t.* **a)** *(reach)* erreichen ⟨*Leistungsniveau*⟩; *(cause to reach)* bringen auf (+ *Akk.*); **b)** *(indulge in)* aussein auf (+ *Akk.*); ~ **up to mischief** etwas anstellen; **what have you been ~ting up to?** was hast du getrieben *od.* angestellt?

**get: ~-'at-able** *adj.* zugänglich; **~-away** *n.* Flucht, *die; attrib.* Flucht⟨*plan, -wagen*⟩; **make one's ~-away** entkommen; **~-out** *n.* **a)** *(coll.: evasion)* Ausweg, *der;* **b) as** *or* **like [all] ~-out** *(sl.)* wie nur irgend etwas; **~-rich-'quick** *adj.* **~-rich-quick manual/methods** Handbuch/Methoden, wie man schnell reich wird

**gettable** ['getəbl] *adj.* erhältlich

**get: ~-together** *n. (coll.)* Zusammenkunft, *die; (informal social gathering)* gemütliches Beisammensein; **have a ~-together** sich treffen; zusammenkommen; **~-up** *n. (coll.)* Aufmachung, *die;* **buy a new ~-up** sich neu einkleiden; **~-up-and-'go** *n. (coll.)* Elan, *der;* Schwung, *der*

**geyser** *n.* **a)** ['gi:zə(r), 'gaɪzə(r)] *(hot spring)* Geysir, *der;* **b)** ['gi:zə(r)] *(Brit.: water-heater)* Durchlauferhitzer, *der*

**Ghana** ['gɑ:nə] *pr. n.* Ghana *(das)*

**Ghanaian** [gɑ:'neɪən] **1.** *adj.* ghanaisch; **sb. is ~:** jmd. ist Ghanaer/Ghanaerin. **2.** *n.* Ghanaer, *der*/Ghanaerin, *die*

**ghastly** ['gɑ:stlɪ] *adj.* **a)** grauenvoll; gräßlich; entsetzlich ⟨*Verletzungen*⟩; schrecklich ⟨*Geschichte, Fehler, Irrtum*⟩; **b)** *(coll.: objectionable, unpleasant)* scheußlich *(ugs.)*; gräßlich *(ugs.)*; **I feel ~:** ich fühle mich scheußlich; **c)** *(pale)* leichenblaß; leichenhaft ⟨*Blässe*⟩; gespenstisch ⟨*Weiß*⟩; **d)** *(forced)* verzerrt ⟨*Grinsen, Grimasse*⟩

**Ghent** [gent] *pr. n.* Gent *(das)*

**gherkin** ['gɜ:kɪn] *n.* Essiggurke, *die*

**ghetto** ['getəʊ] *n., pl.* **~s** Getto, *das*

**ghetto-blaster** ['getəʊblɑ:stə(r)] *n. (sl.)* [lauter] Radiorecorder

**ghost** [gəʊst] **1.** *n.* **a)** Geist, *der;* Gespenst, *das;* **b) give up the ~:** den *od.* seinen Geist aufgeben *(veralt., scherzh.)*; *(fig.: give up hope)* die Hoffnung aufgeben; **c)** *(shadowy outline)* Schatten, *der; (trace)* Spur, *die;* **the ~ of a smile** der Anflug eines Lächelns; **not have the** *or* **a ~ of a chance/an idea** nicht die geringste Chance/Ahnung haben; **d)** *(Telev.)* Geisterbild, *das.* **2.** *v. t.* ~ **sb.'s speech** *etc.* für jmdn. eine Rede *usw.* [als Ghostwriter] schreiben. **3.** *v. i.* ~ **[for sb.]** [für jmdn.] als Ghostwriter arbeiten

**ghosting** ['gəʊstɪŋ] *n., no pl. (Telev.)* ein Geisterbild

**'ghostlike** *adj.* gespenstisch

**ghostly** ['gəʊstlɪ] *adj.* gespenstisch; geisterhaft; **a ~ presence** die Anwesenheit eines Geistes

**ghost: ~ story** *n.* Gespenstergeschichte, *die;* **~ town** *n.* Geisterstadt, *die;* **~ train** *n.* Geisterbahn, *die;* **~ writer** *n.* Ghostwriter, *der*

**ghoul** [gu:l] *n. Mensch mit einem Hang zum Makabren*

**ghoulish** ['gu:lɪʃ] *adj.* teuflisch ⟨*Freude*⟩; schaurig ⟨*Gelächter*⟩; makaber ⟨*Geschichte*⟩

**GHQ** *abbr.* **General Headquarters** HQ; H.-Qu.

**GI** ['dʒi:aɪ, dʒi:'aɪ] **1.** *adj.* GI-⟨*Uniform, Haarschnitt*⟩; **~ bride** Amibraut, *die (ugs.)*; **~ Joe** Amisoldat, *der (ugs.)*. **2.** *n.* GI, *der*

**giant** ['dʒaɪənt] **1.** *n.* **a)** *(legendary being)* Riese, *der; (Greek Mythol.)* Gigant, *der;* **b)** *(person)* Riese, *der; (animal, plant)* besonders großes Exemplar; **a ~ of a man/plant** ein Riese von einem Mann/eine riesengroße Pflanze; **c)** *(person of extraordinary ability)* Größe, *die;* **he was one of the ~s of his time** er war einer der Großen seiner Zeit; **d)** *(sth. with power)* Koloß, *der;* **a ~ among rivers** ein gigantischer Strom; **e)** *(Astron.)* Riese[nstern], *der.* **2.** *attrib. adj.* riesig; Riesen- *(ugs.)*; Riesen⟨*tier, -pflanze*⟩

**giantess** ['dʒaɪəntɪs] *n.* Riesin, *die*

**giant: ~-killer** *n.* Riesenbezwinger, *der;* **~ 'panda** *n.* Bambusbär, *der;* Riesenpanda, *der;* **~ 'slalom** *n.* Riesenslalom, *der*

**Gib.** [dʒɪb] *pr. n. (coll.)* Gibraltar *(das)*

**gibber** ['dʒɪbə(r)] *v.i.* plappern; ⟨*Affe*:⟩ schnattern; **I just stood there like a ~ing idiot** ich stand da wie ein Idiot

**gibberish** ['dʒɪbərɪʃ] *n.* **a)** *(unintelligible chatter)* Kauderwelsch, *das;* **b)** *(nonsense)* Geschwafel, *das (ugs.)*; **talk ~:** schwafeln *(ugs.)*

**gibbet** ['dʒɪbɪt] *n. (Hist.)* Galgen, *der*

**gibbon** ['gɪbən] *n. (Zool.)* Gibbon, *der*

**gibe** [dʒaɪb] **1.** *n.* Spöttelei, *die (ugs.)*; Stichelei, *die (ugs.)*; **make ~s at sb.** jmdn. verspotten; gegen jmdn. sticheln *(ugs.)*. **2.** *v. i.* **~ at sb./sth.** über jmdn./etw. spötteln; sich über jmdn./etw. lustig machen

**giblets** ['dʒɪblɪts] *n. pl.* [Geflügel]klein, *das*

**Gibraltar** [dʒɪ'brɔ:ltə(r)] *pr. n.* Gibraltar *(das)*; **the Rock/Straits of ~:** der Felsen/die Straße von Gibraltar

**giddiness** ['gɪdɪnɪs] *n., no pl.* Schwindel, *der;* **a feeling of ~:** ein Schwindelgefühl; **fits of ~:** Schwindelanfälle

**giddy** ['gɪdɪ] *adj.* **a)** *(dizzy)* schwind[e]lig; **I feel ~, I have a ~ feeling** mir ist schwindlig; mir schwindelt; **b)** *(causing vertigo)* schwindelerregend ⟨*Höhe, Abgrund*⟩; atemberaubend ⟨*Geschwindigkeit*⟩; **c)** *(fig.: frivolous)* ausgelassen; verrückt *(ugs.)*; **d) my ~ aunt!** *(fig. sl.)* ach, du dicker Vater! *(ugs.)*; ach, du dickes Ei! *(ugs.)*; *see also* **goat a**

**gift** [gɪft] *n.* **a)** *(present)* Geschenk, *das;* Gabe, *die (geh.)*; *(to an organization)* Schenkung, *die;* **make sb. a ~ of sth., make a ~ of sth. to sb.** jmdm. etw. schenken *od.* zum Geschenk machen; **it was given to me as a ~:** ich habe es geschenkt bekommen; **a ~ box/pack** eine Geschenkpackung; **I wouldn't [even] have it as a ~:** das würde ich nicht mal geschenkt nehmen; **b)** *(money given to charity)* Spende, *die;* **c)** *(talent etc.)* Begabung, *die;* **a person of many ~s** ein vielseitig begabter Mensch; **have a ~ for languages/mathematics** sprachbegabt/mathematisch begabt sein; *see also* **gab 1; tongue c; d)** *(easy task etc.)* **be a ~:** geschenkt sein *(ugs.)*; **e)** *(right to give)* **sth. is in the ~ of sb.** jmd. hat das Recht, etw. zu vergeben; etw. kann von jmdm. vergeben werden; **f)** *(Law)* Schenkung, *die*

**gifted** ['gɪftɪd] *adj.* begabt **(in, at** für); **highly ~:** hochbegabt; begnadet ⟨*Künstler*⟩; **be ~ in** *or* **at languages** sprachbegabt sein

**gift: ~-horse** *n.* **never** *or* **don't look a ~-horse in the mouth** *(prov.)* einem geschenkten Gaul schaut man nicht ins Maul *(Spr.)*; **~ shop** *n.* Geschenkboutique, *die;* Geschenkladen, *der;* **~ tax** *n. (Amer.)* Schenkungssteuer, *die;* **~ token, ~ voucher** *ns.* Geschenkgutschein, *der;* **~-wrap** *v. t.* als Geschenk einpacken; in Geschenkpapier einpacken

**¹gig** [gɪg] *n. (boat, vehicle)* Gig, *das*

**²gig** *n. (coll.: performance)* Gig, *der*

**giga-** ['gɪgə] *pref.* giga-/Giga-

**gigantic** [dʒaɪ'gæntɪk] *adj.* gigantisch; riesig; enorm, gewaltig ⟨*Verbesserung, Appetit,*

*Portion*⟩; **a ~ success/effort** ein Riesenerfolg/eine Riesenanstrengung; **grow to a ~ size** riesengroß werden

**giggle** ['gɪgl] **1.** *n.* **a)** Kichern, *das;* Gekicher, *das;* **have a ~ about sth.** über etw. *(Akk.)* kichern; **with a ~:** kichernd; **[a fit of] the ~s** ein Kicheranfall; **get/have the ~s** kichern müssen; **b)** *(coll.) (amusing person)* Witzbold, *der; (amusing thing, joke)* Spaß, *der;* **it was a bit of a ~:** es war ganz amüsant; **for a ~:** aus Spaß; **we did it for a ~:** wir wollten unseren Spaß haben. **2.** *v. i.* kichern

**¹gild** [gɪld] *v. t.* vergolden; *(with gold-coloured paint)* mit Goldbronze überziehen; **~ed cage** *(fig.)* goldener Käfig *(fig.);* **~ed youth** Jeunesse dorée, *die (veralt.);* **~ the lily** etwas Vollkommenes [unnötigerweise] noch vervollkommnen [wollen]; des Guten zuviel tun

**²gild** *see* **guild**

**gilding** ['gɪldɪŋ] *n.* Goldauflage, *die; (process)* Vergoldung, *die; (paint)* Goldfarbe, *die*

**¹gill** [gɪl] *n., usu. in pl.* **a)** *(of fish etc.)* Kieme, *die;* **green about the ~s** *(fig.)* grün *od.* blaß um die Nase[nspitze] *(ugs.);* **b)** *(of mushroom etc.)* Lamelle, *die*

**²gill** *n. (Brit.)* **a)** *(ravine)* [bewaldete] Schlucht; **b)** *(torrent)* Wildbach, *der*

**³gill** [dʒɪl] *n.* Viertelpint, *das (0,142 l)*

**gillie** ['gɪlɪ] *n. (Hunting)* Jagdgehilfe, *der*

**gilt** [gɪlt] **1.** *n.* **a)** *(gilding)* Goldauflage, *die; (paint)* Goldfarbe, *die;* **take the ~ off the gingerbread** *(fig.)* der Sache den Reiz nehmen; **b)** *in pl.* = **gilt-edged securities** *see* **gilt-edged. 2.** *adj.* vergoldet

**gilt-edged** *adj. (Commerc.)* **~ securities/stocks** mündelsichere Wertpapiere

**gimcrack** ['dʒɪmkræk] *adj.* schäbig

**gimlet** ['gɪmlɪt] *n.* [Hand]bohrer, *der;* **~ eye** Luchsauge, *das; (fig.)* Scharfblick, *der*

**gimme** ['gɪmɪ] *(coll.)* = **give me**

**gimmick** ['gɪmɪk] *n. (coll.)* Gag, *der;* **a publicity/public relations/promotional ~:** ein Werbegag

**gimmickry** ['gɪmɪkrɪ] *n. (coll.)* Firlefanz, *der (ugs.);* Pipifax, *der (ugs.);* **advertising ~:** Werbetricks *od.* -gags

**gimmicky** ['gɪmɪkɪ] *adj. (coll.)* vergagt; **~ publicity stunts** verrückte Werbegags

**¹gin** [dʒɪn] *n. (drink)* Gin, *der;* **~ and tonic** Gin [und] Tonic, *der;* **~ and it** *(Brit. coll.)* Gin und [italienischer] Wermut; **pink ~:** Gin und Angostura

**²gin** *n. (trap)* Falle, *die; (snare)* Schlinge, *die*

**ginger** ['dʒɪndʒə(r)] **1.** *n.* **a)** Ingwer, *der;* **b)** *(colour)* Rötlichgelb, *das;* **his hair was a bright shade of ~:** er hatte helles rötliches Haar; **c)** *(vigour)* Feuer, *das;* Schwung, *der.* **2.** *adj.* **a)** *(flavour)* Ingwer⟨*gebäck, -geschmack*⟩; **b)** *(colour)* rötlichgelb; rotblond ⟨*Bart, Haare*⟩. **3.** *v. t.* **~ up** *(fig.)* in Schwung bringen

**ginger: ~-'ale** *n.* Ginger-ale, *das;* **~-'beer** *n.* Ingwerbier, *das;* Ginger-beer, *das;* **~-beer plant** *Mischung aus Hefe und Bakterie zur Gärung von Ginger-beer;* **~bread 1.** *n.* **a)** Pfefferkuchen, *der; see also* **gilt 1 a; b)** *(Archit. etc.)* überflüssiger [geschmackloser] Schmuck; **2.** *adj. (fig.)* überladen; zuckerbäckerhaft ⟨*[Bau]stil*⟩; **~ group** *n. (Brit.)* Initiative, *die;* Aktionsgruppe, *die*

**gingerly** ['dʒɪndʒəlɪ] *adv.* behutsam; [übertrieben] vorsichtig

**ginger: ~-nut** *n.* Pfeffernuß, *die;* **~-snap** *n.* Ingwerkeks, *der;* **~ 'wine** *n.* Ingwerwein, *der*

**gingery** ['dʒɪndʒərɪ] *adj.* ingwerartig

**gingham** ['gɪŋəm] *n. (Textiles)* Gingan, *der*

**gingivitis** [dʒɪndʒɪ'vaɪtɪs] *n. (Med.)* Gingivitis, *die (fachspr.);* Zahnfleischentzündung, *die*

**ginormous** [dʒaɪ'nɔːməs] *adj. (Brit. sl.)* elefantös *(ugs. scherzh.)*

**gin: ~-palace** *n.* auffällig aufgemachte Kneipe; **~ 'rummy** *n.* Rommé mit Zehn

**ginseng** ['dʒɪnseŋ] *n. (Bot., Med.)* Ginseng, *der*

**gin 'sling** *n.* Gin-Sling, *der*

**gippy tummy** [dʒɪpɪ 'tʌmɪ] *n. (sl.)* Durchfall, *der;* Durchmarsch, *der (salopp)*

**gipsy** *see* **gypsy**

**giraffe** [dʒɪ'rɑːf, dʒɪ'ræf] *n.* Giraffe, *die*

**gird** [gɜːd] *v. t.,* **~ed** *or* **girt** [gɜːt] **a)** *(encircle)* **~ sb./sb.'s waist with sth.** jmdn./jmds. Taille mit etw. gürten; etw. um jmdn./jmds. Taille als Gürtel legen; **b)** *(surround)* umgeben; **c)** *(secure)* **~ on one's armour/sword** seine Rüstung anlegen/sich *(Dat.)* sein Schwert umgürten; **d)** *(prepare)* **~ oneself for sth.** sich zu etw. rüsten; **be ~ed for sth.** für etw. gewappnet sein

**~ up** *v. t.* gürten; **~ up one's loins** *(literary)* seine Lenden gürten *(veralt.);* sich gürten

**girder** ['gɜːdə(r)] *n.* [Eisen-/Stahl]träger, *der*

**¹girdle** ['gɜːdl] **1.** *n.* **a)** *(corset)* Hüfthalter, *der;* Hüftgürtel, *der;* **b)** *(belt, cord, etc.)* Gürtel, *der; (sash)* Schärpe, *die;* **a ~ of trees/forests** eine Baumkette *od.* ein Gürtel von Bäumen/ein Waldgürtel; **c)** *(Anat.)* ⟨*Schulter-, Becken*⟩gürtel, *der.* **2.** *v. t.* umgeben; ⟨*Bäume:*⟩ umstehen; ⟨*Fluß, Wasser:*⟩ umfließen, umströmen

**²girdle** *(Scot.) see* **griddle**

**girl** [gɜːl] *n.* **a)** Mädchen, *das; (teenager)* junges Mädchen; *([young] woman)* Frau, *die; (daughter)* Mädchen, *das (ugs.);* Tochter, *die;* **baby ~:** kleines Mädchen; **~s' school** Mädchenschule, *die;* **a ~'s name** ein Mädchenname; **a little Italian ~:** eine kleine Italienerin; ein kleines italienisches Mädchen; **[my] ~** *(as address)* [mein] Mädchen; **the ~s** *(female friends)* meine/ihre *usw.* Freundinnen; **the Smith ~s** die Mädchen von Smiths; *see also* **old girl; b)** *(worker)* Mädchen, *das; (secretary)* Sekretärin, *die; (maid)* [Haus-/Dienst]mädchen, *das;* **the ~ at the cash-desk/switchboard** die Kassiererin/Telefonistin; **c)** *(sweetheart)* Mädchen, *das;* Freundin, *die*

**girl: ~ 'Friday** *n. see* **Friday 1; ~friend** *n.* Freundin, *die;* **~ 'guide** *see* **guide 1 e**

**girlhood** ['gɜːlhʊd] *n.* Kindheit, *die*

**girlie** ['gɜːlɪ] **1.** *adj.* mit nackten Mädchen *nachgestellt.* **2.** *n.* [kleines] Mädchen

**girlish** ['gɜːlɪʃ] *adj. (coll.)* mädchenhaft; **a ~ voice** eine Mädchenstimme; **~ laughter** Mädchenlachen, *das*

**girl 'scout** *n. (Amer.)* Pfadfinderin, *die*

**giro** ['dʒaɪərəʊ] *n., pl.* **~s** Giro, *das; attrib.* Giro⟨*bank, -geschäft, -konto, -scheck*⟩; **post office/bank ~:** Postgiro- *od. (veralt.)* Postscheck-/Giroverkehr, *der*

**girt** *see* **gird**

**girth** [gɜːθ] *n.* **a)** *(circumference)* Umfang, *der; (at waist)* Taillenumfang, *der; (at belly)* Bauchumfang, *der; (of ship)* Spantumfang, *der;* **in ~:** im Umfang *usw.;* **b)** *(band round horse)* Bauchgurt, *der*

**gismo** ['gɪsməʊ] *n. (sl.)* Ding, *das (ugs.)*

**gist** [dʒɪst] *n.* Wesentliche, *das; (of tale, argument, question, etc.)* Kern, *der;* **this is the ~ of what he said** das hat er im wesentlichen gesagt; **get the ~ of sth.** das Wesentliche einer Sache mitbekommen; **could you give me the ~ of it/what's been going on?** könntest du mir sagen, worum es hier geht?/was losgewesen ist?

**git** [gɪt] *n. (Brit. sl. derog.)* Idiot, *der (salopp);* **stupid ~:** Blödmann, *der (derb); (woman)* blöde Kuh *(derb)*

**give** [gɪv] **1.** *v. t.,* **gave** [geɪv], **given** ['gɪvn] **a)** *(hand over, pass)* geben; *(transfer from one's authority, custody, or responsibility)* übergeben; übergeben (**to** an + *Akk.*); **she gave him her bag to carry** sie gab ihm ihre Tasche zum Tragen; **G~ it to me! I'll do it** Gib her! Ich mache das; **~ me ...** *(on telephone)* geben Sie mir ...; verbinden Sie mich mit ...; **b)** *(as gift)* schenken; *(donate)* spenden; geben; *(bequeath)* vermachen; **~ sb. sth., ~ sth. to sb.** jmdm. etw. schenken; **~ sb. sth.** *or* **~ sth. [to] sb. as a present** jmdm. etw. schenken; *(sth. of great value)* jmdm. etw. zum Geschenk machen; **each of the boys was ~n a book** die Jungen bekamen jeder ein Buch [geschenkt]; **the book was ~n me by my son** das Buch hat mir mein Sohn geschenkt; **I was ~n it by my son** mein Sohn hat es mir geschenkt; ich habe es von meinem Sohn [geschenkt] bekommen; *abs.* **I wouldn't have it if it was ~n [to] me** ich würde es nicht mal geschenkt nehmen; **it is more blessed to ~ than to receive** *(Bibl.)* Geben ist seliger denn Nehmen *(Spr.);* **~ alms/to the poor** Almosen/den Armen geben; **~ towards sth.** zu etw. beisteuern; **~ blood** Blut spenden; **~ [a donation] to charity** für wohltätige Zwecke spenden; **'please ~ generously'** „wir bitten um großzügige Spenden"; **~ and take** *(fig.)* Kompromisse eingehen; *(in marriage etc.)* geben und nehmen; **c)** *(sell)* verkaufen; geben; *(pay)* zahlen; geben *(ugs.); (sacrifice)* geben; opfern; **I'll ~ you the machine for £2** für 2 Pfund gebe ich dir *od.* hast du die Maschine; **what will you ~ me for this watch?** was *od.* wieviel geben Sie mir für diese Uhr?; **I'll ~ you anything you ask for it** ich zahle Ihnen jeden Preis dafür; **~ sb. sth. [in exchange] for sth.** jmdm. etw. für etw. [im Tausch] geben; **I would ~ anything** *or* **my right arm/a lot to be there** ich würde alles/viel darum geben, wenn ich dort sein könnte; **d)** *(assign)* aufgeben ⟨*Hausaufgaben, Strafarbeit usw.*⟩; *(sentence to)* geben ⟨*10 Jahre Gefängnis usw.*⟩; **~ sb. a translation to do/an essay to write for homework** jmdm. eine Übersetzung/einen Aufsatz aufgeben; **he was ~n ten years** er bekam zehn Jahre; **e)** *(grant, award)* geben ⟨*Erlaubnis, Arbeitsplatz, Interview, Rabatt, Fähigkeit, Kraft*⟩; verleihen ⟨*Preis, Titel, Orden usw.*⟩; **be ~n sth.** etw. bekommen; **he was ~n the privilege/honour of doing it** ihm wurde das Vorrecht/die Ehre zuteil, es zu tun; **~ me strength to do it** gib mir Kraft, es zu tun; **it is ~n to few/her** es ist wenigen/ihr gegeben *od. (geh.)* beschieden; **~ sb. to understand** *or* **believe that ...:** jmdn. glauben lassen, daß ...; **he gave me to understand** *or* **believe that ...** *(unintentionally)* was er sagte, ließ mich glauben, daß ...; **f)** *(entrust sb. with)* übertragen (**to** *Dat.*); **~ sb. the power to do sth.** jmdn. ermächtigen, etw. zu tun; **g)** *(allow sb. to have)* geben ⟨*Recht, Zeit, Arbeit*⟩; überlassen ⟨*seinen Sitzplatz*⟩; lassen ⟨*Wahl, Zeit*⟩; **be ~n little freedom** wenig Freiheit haben; **~ sb./a horse a rest** jmdm./einem Pferd eine Pause gönnen; **they gave me [the use of] their car for the weekend** sie überließen mir übers Wochenende ihr Auto; **~ it time and it will work out well** gut Ding will Weile haben *(Spr.);* **I will ~ you a day to think it over** ich lasse dir einen Tag Bedenkzeit; **I can ~ you an hour. Then I must go** Ich habe [für Sie] eine Stunde Zeit. Dann muß ich gehen; **~ yourself time to think about it** laß dir Zeit, und denk darüber nach; **~ me the good old times** *(fig. coll.)* es geht doch nichts über die guten alten Zeiten; **~ me London any day** *or* **time** *or* **every time** *(fig. coll.)* London ist mir zehnmal lieber; **I['ll] ~ you/him** *etc.* **that** *(fig. coll.: grant)* das gebe ich zu; zugegeben; **you've got to ~ it to him** *(fig. coll.)* das muß man ihm lassen; **~ or take** *(coll.)* mehr oder weniger; **it cost £5, ~ or take a few pence** es hat fünf Pfund gekostet, vielleicht ein paar Pence mehr oder weniger; **~ or take a few errors, this book is ...:** abgesehen von ein paar Fehlern ist dieses Buch ...; **~ oneself to sb.** *(yield sexually)* sich jmdm. hingeben; **~n that** *(because)* da; *(if)* wenn; **~n the right**

**tools** mit dem richtigen Werkzeug; **~n time/the cash, I'll do/buy it** wenn ich Zeit/das nötige Geld habe, mache/kaufe ich es; **h)** *(offer to sb.)* geben, reichen ⟨*Arm, Hand usw.*⟩; **~ sb. one's attention/confidence** jmdm. seine Aufmerksamkeit/sein Vertrauen schenken; **please ~ me your attention** ich bitte um Ihre Aufmerksamkeit; **~ sb. in marriage** jmdn. verheiraten; **my heart is ~n to another** mein Herz gehört einer/einem anderen; **she gave him an infection/a cold** sie hat ihn angesteckt/mit ihrer Erkältung angesteckt; **she gave him four sons** sie hat ihm vier Söhne geschenkt *(geh.); see also* **~ way; i)** *(cause sb./sth. to have)* geben; verleihen ⟨*Charme, Reiz, Gewicht, Nachdruck*⟩; bereiten, machen ⟨*Freude, Mühe, Kummer*⟩; bereiten, verursachen ⟨*Schmerz*⟩; bieten ⟨*Abwechslung, Schutz*⟩; leisten ⟨*Hilfe*⟩; gewähren ⟨*Unterstützung*⟩; erteilen ⟨*Absolution*⟩; **~ sb. sth./be ~n sth. to eat** jmdm. etw. zu essen geben/etw. zu essen bekommen; **~ sb. some refreshment** jmdm. eine Erfrischung reichen; **~ sb. pork for dinner** jmdm. Schweinefleisch zum Abendessen geben *od.* reichen; **I was ~n the guest-room** man gab mir das Gästezimmer; **~ a clear picture/~ good reception** *(Telev.)* ein gutes Bild/einen guten Empfang haben; **the answer was ~n me in a dream** die Antwort kam mir im Traum; **her words gave me much pain/quite a shock** ihre Worte schmerzten/schockierten mich sehr; **~ hope to sb.** jmdm. Hoffnung machen; **~ sb. the name of Jim** jmdn. Jim nennen; jmdm. den Namen Jim geben; **the village gave its name to the battle** die Schlacht wurde nach dem Dorf benannt; **Latin, which has ~n the English language so many words** das Lateinische, aus dem so viele englische Wörter stammen; **~ sb. something to cry for/to complain about** jmdm. einen Grund zum Weinen/Klagen geben; **~ one's labour [free of charge]** unbezahlt arbeiten; seine Arbeit unentgeltlich machen; **~ sb. what for** *(sl.)* es jmdm. geben *(ugs.)*; **j)** *(convey in words, tell, communicate)* angeben ⟨*Namen, Anschrift, Alter, Grund, Zahl*⟩; nennen ⟨*Grund, Einzelheiten, Losungswort*⟩; geben ⟨*Rat, Beispiel, Befehl, Anweisung, Antwort*⟩; fällen ⟨*Urteil, Entscheidung*⟩; sagen ⟨*Meinung*⟩; erlassen ⟨*Gesetze*⟩; bekanntgeben ⟨*Nachricht, Ergebnis*⟩; machen ⟨*Andeutung*⟩; erteilen ⟨*Verweis, Rüge*⟩; *(present, set forth)* ⟨*Wörterbuch, Brief:*⟩ enthalten; ⟨*Zeitung:*⟩ bringen ⟨*Bericht*⟩; **~ details of sth.** Einzelheiten einer Sache *(Gen.)* darlegen; **~ sth. a mention** etw. erwähnen; **~ a brief history of sth.** einen kurzen Abriß der Geschichte einer Sache *(Gen.)* geben; **~ sb. the facts** jmdn. mit den Fakten vertraut *od.* bekannt machen; **she gave us the news/the news of her engagement** sie teilte es uns mit/teilte uns ihre Verlobung mit; **~ it as one's opinion that ...:** die Meinung äußern, daß ...; **~ sb. a decision** jmdm. eine Entscheidung mitteilen; **~ sb. the right time** jmdm. die genaue Zeit sagen; **~ him my best wishes** richte ihm meine besten Wünsche aus; **the average wage is ~n as £6,000** der Durchschnittslohn wird mit 6 000 Pfund angegeben; **don't ~ me 'that** *(coll.)* erzähl mir [doch] nichts! *(ugs.)*; **don't ~ me that legal jargon** laß mich mit deinem Juristenkauderwelsch in Ruhe!; **~!** *(coll.: disclose what you know)* [nun] red schon!; **~n** *(in formal dating)* ausgefertigt; **k) ~n** *(specified)* gegeben; **l)** *(perform, read, sing, etc.)* geben ⟨*Vorstellung, Konzert*⟩; halten ⟨*Vortrag, Seminar*⟩; vorlesen ⟨*Gedicht, Erzählung*⟩; singen ⟨*Lied*⟩; spielen ⟨*Schauspiel, Oper, Musikstück*⟩; **~ us a song** sing mal was; **m)** *(in speeches)* ausbringen ⟨*Toast, Trinkspruch*⟩; *(as toast)* **ladies and gentlemen, I ~ you the Queen** meine Damen, meine Herren, auf die Königin *od.* das Wohl der Königin; *(as speaker)* **I ~ you the Lord Mayor** das Wort hat der Oberbürgermeister; **n)** *(produce)* geben ⟨*Licht, Milch*⟩; tragen ⟨*Früchte*⟩; ergeben ⟨*Zahlen, Resultat*⟩; erbringen ⟨*Ernte*⟩; **~ your answer to the third decimal place** berechnen Sie das Ergebnis auf die dritte Stelle hinter dem Komma; **~ a high yield** sehr ertragreich sein; reichen Ertrag bringen; **o)** *(cause to develop)* machen; **sth. ~s me a headache** von etw. bekomme ich Kopfschmerzen; **running ~s me an appetite** Laufen macht mich hungrig; **he did this to ~ himself courage** er tat das, um sich *(Dat.)* Mut zu machen; **p)** *(make sb. undergo)* geben; versetzen ⟨*Schlag, Stoß*⟩; verabreichen *(geh.)*, geben ⟨*Arznei*⟩; **~ sb. a hammering** *(Sport)* jmdm. eine schwere Schlappe beibringen; **~ sb. a [friendly] look** jmdm. einen [freundlichen] Blick zuwerfen; **he gave her hand a squeeze** er drückte ihr die Hand; **~ it to sb.** *(thrash or scold him)* es jmdm. geben *(ugs.)*; **~ as good as one gets** *(coll.)* es jmdm. mit gleicher Münze heimzahlen; **q)** *(execute, make, show)* geben ⟨*Zeichen, Stoß, Tritt*⟩; machen ⟨*Satz, Ruck*⟩; ausstoßen ⟨*Schrei, Seufzer, Pfiff*⟩; **~ a [little] smile** [schwach] lächeln; **the flame gave a final flicker** die Flamme flackerte noch einmal auf; **~ sth./sb. a look** sich *(Dat.)* etw./jmdn. ansehen; **r)** *(devote, dedicate)* widmen; **be ~n to sth./doing sth.** zu etw. neigen/etw. gern tun; **~ [it] all one's got** *(coll.)* sein möglichstes tun; **s)** *(be host at)* geben ⟨*Party, Ball, Empfang, Essen usw.*⟩; **t)** *(predict time remaining as)* **~ sb./sth. two months/a year** jmdm./einer Sache zwei Monate/ein Jahr geben; **u) ~ birth, ~ chase,** *etc. see the nouns.* **2.** *v. i.,* **gave, given a)** *(yield, bend)* nachgeben *(auch fig.)*; ⟨*Knie:*⟩ weich werden; ⟨*Bett:*⟩ federn; *(break down)* zusammenbrechen; ⟨*Eisdecke, Boden:*⟩ einbrechen; ⟨*Brücke:*⟩ einstürzen; *(fig.)* nachlassen; **something's got to ~:** irgendwo muß man zurückstecken; **b)** *(lead)* **~ on to the street/garden/into a room** ⟨*Tür usw.:*⟩ auf die Straße hinaus-/in den Garten/ein Zimmer führen; **c) what ~s [with you]?** *(coll.)* was ist los [bei dir]?; **d) ~ of sth.** etw. opfern; **~ of oneself** sich [auf]opfern. **3.** *n.* **a)** Nachgiebigkeit, *die; (elasticity)* Elastizität, *die;* **have [no] ~:** [nicht] nachgeben; **b) ~ and take** *(exchange of ideas)* Gedankenaustausch, *der; (compromise)* Kompromiß, *der;* Entgegenkommen, *das; (exchange of benefits or mutual concessions)* Geben und Nehmen, *das;* **with a bit of ~ and take** mit etwas Kompromißbereitschaft

**~ a'way** *v. t.* **a)** *(without charge, as gift)* verschenken; *(fig.: lose by negligence)* verschenken ⟨*Punkt, Tor usw.*⟩; vergeben ⟨*Chance, Tor, Elfmeter*⟩; **b)** *(in marriage)* dem Bräutigam zuführen; **c)** *(distribute)* verteilen, vergeben ⟨*Preise*⟩; überreichen ⟨*Zeugnisse usw.*⟩; **d)** *(fig.: betray)* verraten. *See also* **[1]game 1 b; give-away**

**~ 'back** *v. t. (lit. or fig.)* zurückgeben, wiedergeben

**~ 'forth** *see* **forth c**

**~ in 1.** ['--] *v. t.* abgeben; **~ sb.'s name in for sth.** jmdn. zu etw. anmelden. **2.** [-'-] *v. i.* nachgeben **(to** *Dat.***)**; *(in guessing-game)* aufgeben; **~ in to temptation/blackmail/a superior force** der Versuchung *(Dat.)* erliegen/auf Erpressung *(Akk.)* eingehen/sich einer Übermacht *(Dat.)* ergeben; **~ in to persuasion** sich überzeugen lassen

**~ 'off** *v. t.* ausströmen ⟨*Rauch, Geruch*⟩; aussenden ⟨*Strahlen*⟩

**~ out 1.** ['--] *v. t.* **a)** *(distribute)* verteilen ⟨*Prospekte, Flugblätter, Karten, Preise*⟩; austeilen ⟨*Stifte, Hefte, Papier usw.*⟩; vergeben ⟨*Arbeit*⟩; **b)** *(declare)* bekanntgeben ⟨*Nachricht*⟩; *(pretend)* vorgeben; **~ oneself out to be ...:** sich als ... ausgeben. **2.** [-'-] *v. i.* ⟨*Vorräte:*⟩ ausgehen; ⟨*Maschine:*⟩ versagen; ⟨*Kraft:*⟩ nachlassen; **my patience/voice gave out** ich war mit meiner Geduld am Ende/mir versagte die Stimme

**~ 'over** *v. t.* **a) be ~n over to sth.** für etw. beansprucht werden; **the rest of the day was ~n over to pleasure** der Rest des Tages war dem Vergnügen gewidmet; **b)** *(abandon)* **~ sth./sb. over to sb.** etw. jmdm. überlassen/jmdn. jmdm. ausliefern; **~ oneself over to sb./sth.** sich jmdm./einer Sache ergeben *od.* hingeben; jmdm./einer Sache verfallen; **c)** *(coll.: stop)* **~ over [doing sth.]** aufhören[, etw. zu tun]

**~ 'up 1.** *v. i.* aufgeben. **2.** *v. t.* **a)** *(abandon, renounce)* aufgeben; ablegen ⟨*Gewohnheit*⟩; abschaffen ⟨*Auto, Fernsehgerät, Putzfrau*⟩; widmen ⟨*Zeit*⟩; *(relinquish, stop using)* verzichten auf (+ *Akk.*) ⟨*Territorium, Kinder, Süßigkeiten*⟩; **~ sth. up/~ up doing sth.** *(abandon habit)* sich *(Dat.)* etw. abgewöhnen/sich abgewöhnen, etw. zu tun; **~ sb./sth. up as a bad job** *(coll.)* jmdn./etw. abschreiben *(ugs.)*; **~ oneself up to sth.** sich einer Sache *(Dat.)* hingeben; **b) ~ sb. up** *(as not coming)* jmdn. nicht mehr erwarten; mit jmdm. nicht mehr rechnen; *(as beyond help)* jmdn. aufgeben; **~ up for lost/dead** verloren geben/für tot halten; **c)** *(hand over to police etc.)* übergeben **(to** *Dat.***)**; ausliefern ⟨*Spion usw.*⟩; **~ oneself up [to sb.]** sich [jmdm.] stellen

**~ 'way** *v. i.* **a)** *(yield, lit. or fig.)* nachgeben; *(collapse)* ⟨*Brücke, Balkon:*⟩ einstürzen; **his legs gave way under him** er knickte [in den Knien] ein; **~ way to sth.** einer Sache *(Dat.)* nachgeben; **~ way to tears** seinen Tränen freien Lauf lassen; **~ way to anger** seinem Ärger Luft machen; **~ way to persuasion** sich überzeugen lassen; **~ way to fear** der Angst erliegen; **his health gave way under this stress** seine Gesundheit hielt dieser Belastung nicht stand; **b)** *(in traffic)* **~ way [to traffic from the right]** [dem Rechtsverkehr] die Vorfahrt lassen; **'G~ Way'** „Vorfahrt beachten"; **c)** *(be succeeded by)* **~ way to sth.** einer Sache *(Dat.)* weichen; von etw. abgelöst werden; **winter gives way to spring** auf den Winter folgt der Frühling

**'give-away** *n. (coll.)* **a)** *(what betrays)* **the tremble in her voice was the ~:** mit ihrer zitternden Stimme hat sie sich verraten; **it was a dead ~:** es verriet alles; **b)** *attrib. (Commerc.)* **~ prices** Schleuderpreise

**given** *see* **give 1, 2**

**'given name** *n. (Amer.)* Vorname, *der*

**giver** ['gɪvə(r)] *n.* Geber, *der*/Geberin, *die; (donor)* Spender, *der*/Spenderin, *die*

**give-'way sign** *n. (Brit.)* Vorfahrtsschild, *das*

**gizmo** *see* **gismo**

**gizzard** ['gɪzəd] *n. (of bird)* Muskelmagen, *der; (of insect, fish, etc.)* Kaumagen, *der;* **stick in sb.'s ~** *(fig.)* jmdm. gegen den Strich gehen *(ugs.)*

**Gk.** *abbr.* **Greek** griech./Griech.

**glacé** ['glæseɪ] *adj.* **a)** glasiert ⟨*Früchte*⟩; *(candied)* kandiert; **b) ~ leather** Glacéleder, *das;* **~ kid gloves** Glacéhandschuhe

**glacial** ['gleɪsɪəl, 'gleɪʃl] *adj.* **a)** *(icy)* eisig; *(fig.)* eiskalt; **b)** *(Geol.)* Gletscher-; **~ epoch** *or* **period** Eiszeit, *die;* Glazialzeit, *die (fachspr.)*

**glaciation** [gleɪsɪ'eɪʃn, glæsɪ'eɪʃn] *n. (Geol.)* Vergletscherung, *die*

**glacier** ['glæsɪə(r)] *n.* Gletscher, *der*

**glad** [glæd] *adj.* **a)** *pred.* froh; **be ~ about sth.** sich über etw. *(Akk.)* freuen; **be ~ that ...:** sich freuen, daß ...; *(be relieved)* froh sein [darüber], daß ...; **[I'm] ~ to meet you** es freut mich *od.* ich freue mich, Sie kennenzulernen; **be ~ to hear sth.** sich freuen, etw. zu hören; *(relieved)* froh sein, etw. zu hören; **I am always ~ to see her** ich freue mich jedesmal, wenn ich sie sehe; **Don't mention it. I was ~ to be of assistance** Keine

Ursache. Das habe ich doch gern [für Sie] getan; **I'm ~ to know that ...:** zu meiner Freude erfahre ich, daß ...; **he's ~ to be alive** er ist froh, daß er lebt; **..., you'll be ~ to know/hear:** ..., das freut Sie sicherlich; **I'd be ~ to [help you]** aber gern [helfe ich Ihnen]; **we shall be ~ to come/give further information** wir werden gern kommen/wir geben Ihnen gerne weitere Informationen; **be ~ of sth.** über etw. *(Akk.)* froh sein; für etw. dankbar sein; **Take your gloves. You'll be ~ of them** Nimm deine Handschuhe mit. Du wirst sie gebrauchen können; **a sight which makes one ~ to be alive** ein Anblick, der einem Freude am Leben gibt; **I'd be ~ if you'd do some work** *(iron.)* ich hätte nichts dagegen, wenn du dich jetzt etwas nützlich machst *(iron.)*; **b)** *(giving joy)* froh ⟨*Botschaft*⟩; freudig ⟨*Nachricht, Ereignis, Tag usw.*⟩; *(marked by joy)* fröhlich; *(bright, beautiful)* herrlich ⟨*Morgen*⟩

**gladden** ['glædn] *v.t.* erfreuen

**glade** [gleɪd] *n.* Lichtung, *die*

**glad 'eye** *n.* **give sb. the ~** *(coll.)* jmdm. schöne Augen machen *(ugs.)*

**glad 'hand** *n.* **give sb. the ~** *(coll.)* jmdm. die Hand schütteln

**gladiator** ['glædɪeɪtə(r)] *n.* *(Roman Ant.)* Gladiator, *der*

**gladiolus** [glædɪ'əʊləs] *n., pl.* **gladioli** [glædɪ'əʊlaɪ] *or* **~es** *(Bot.)* Gladiole, *die*

**gladly** ['glædlɪ] *adv.* **a)** *(willingly)* gern; **b)** *(with joy)* freudig

**gladness** ['glædnɪs] *n., no pl.* Freude, *die; (of voice etc.)* Fröhlichkeit, *die*

**'glad rags** *n. pl. (coll.)* Festkleidung, *die*

**Gladstone bag** [glædstən 'bæg] *n.* zweiteiliger Reisehandkoffer

**glamor** *(Amer.) see* **glamour**

**glamorize (glamorise)** ['glæməraɪz] *v.t.* *(add glamour to)* [mehr] Glanz verleihen (+ *Dat.*); *(idealize)* verherrlichen (**into** zu); glorifizieren

**glamorous** ['glæmərəs] *adj.* glanzvoll; glamourös ⟨*Filmstar, Lebenswandel usw.*⟩; schillernd ⟨*Name, Persönlichkeit*⟩; mondän ⟨*Kleidung*⟩; **a ~ job** ein Traumberuf

**glamorously** ['glæmərəslɪ] *adv.* mondän ⟨*gekleidet sein*⟩; glanzvoll ⟨*darstellen*⟩

**glamour** ['glæmə(r)] *n.* Glanz, *der; (of person)* Ausstrahlung, *die*

**glamour: ~ boy** *n.* Schönling, *der;* **~ girl** *n.* Glamourgirl, *das*

**glamourize** *(Brit.) see* **glamorize**

**'glamour puss** *n. (sl.)* Glitzermieze, *die*

**glance** [glɑ:ns] **1.** *n.* **a)** *(quick look)* Blick, *der;* **cast** *or* **take** *or* **have a [quick] ~ at sth./sb.** einen [kurzen] Blick auf etw./jmdn. werfen; **cast** *etc.* **a quick ~ at the newspaper/letter** die Zeitung durchblättern/den Brief überfliegen; **cast** *etc.* **a hasty ~ round the room** sich hastig im Zimmer umsehen; **give sb. a [knowing/quick** *etc.*] **~:** jmdm. einen [wissenden/kurzen *usw.*] Blick zuwerfen; **not give sb./sth. so much as a ~:** jmdn./eine Sache keines Blickes würdigen; **at a ~:** auf einen Blick; **at first/a casual ~:** auf den ersten Blick/wenn man flüchtig hinsieht; **b)** *(Cricket)* Streifschlag, *der.* **2.** *v.i.* **a)** blicken; schauen; **~ at sb./sth.** jmdn./etw. anblicken; **~ at one's watch** auf seine Uhr blicken; **she ~d at herself in the mirror** sie warf einen Blick in den Spiegel; **~ over/across at sb. [nervously** *etc.*] jmdm. einen [nervösen *usw.*] Blick zuwerfen; **~ down/up [at sth.]** [auf etw. *(Akk.)*] hinunter-/[zu etw.] aufblicken; **~ over** *or* **through the newspaper** *etc.* die Zeitung *usw.* durchblättern; **~ at the newspaper** *etc.* einen Blick in die Zeitung *usw.* werfen; **~ round [the room]** sich [im Zimmer] umsehen; **~ around/from one thing to another** ⟨*Augen, Blick:*⟩ umherwandern/von einem Gegenstand zum anderen wandern; **b)** *(allude briefly)* **~ at sth.** etw. nur kurz streifen *od.* ansprechen; **c) ~ [off sth.]** abprallen [an etw. *(Dat.)*]; ⟨*Messer, Schwert:*⟩ abgleiten [an etw. *(Dat.)*]; **strike sb. a glancing blow** jmdn. nur streifen

[1]**gland** [glænd] *n.* Drüse, *die*

[2]**gland** *n. (Mech.)* Dichtung, *die*

**glandular** ['glændjʊlə(r)] *adj.* Drüsen-; **~ swelling** geschwollene Drüse/Drüsen

**glandular 'fever** *n.* Drüsenfieber, *das*

**glans** [glænz] *n.* **~ [penis]** *(Anat.)* Eichel, *die*

**glare** [gleə(r)] **1.** *n.* **a)** *(dazzle)* grelles Licht; **shine with a ~:** grell scheinen; **the ~ of the sun** die grelle Sonne; das grelle Sonnenlicht; **amidst the ~/in the full ~ of publicity** *(fig.)* im Rampenlicht der Öffentlichkeit; **b)** *(hostile look)* feindseliger Blick; **with a ~:** feindselig; **c)** *(gaudiness)* Grellheit, *die.* **2.** *v.i.* **a)** *(glower)* [finster] starren; **~ at sb./sth.** jmdn./etw. anstarren; **b)** ⟨*Licht:*⟩ grell scheinen; *(shine by reflection)* ⟨*Strand, Straße:*⟩ flimmern; **~ down** ⟨*Sonne:*⟩ herunterbrennen. **3.** *v.t.* **~ contempt/defiance/hate** *etc.* **at sb.** jmdn. verächtlich/herausfordernd/haßerfüllt *usw.* anstarren

**glaring** ['gleərɪŋ] *adj.* *(dazzling)* grell [strahlend/scheinend *usw.*]; gleißend hell ⟨*Licht*⟩; *(fig.: conspicuous)* schreiend; eklatant; grob ⟨*Fehler*⟩; kraß ⟨*Gegensatz*⟩

**glaringly** ['gleərɪŋlɪ] *adv.* **a)** grell; **~ bright** gleißend hell; **b)** *(fig.)* **be ~ obvious** überdeutlich sein

**glasnost** ['glæsnɒst] *n.* Glasnost, *die*

**glass** [glɑ:s] **1.** *n.* **a)** *no pl. (substance)* Glas, *das;* **pieces of/broken ~:** Glasscherben *Pl.; (smaller)* Glassplitter *Pl.;* **a pane/sheet of ~:** eine Glasscheibe/Glasplatte; **b)** *(drinking ~)* Glas, *das;* **a ~ of milk** ein Glas Milch; **a friendly ~:** ein Gläschen unter Freunden; **he's fond of his ~:** er trinkt gern ein Gläschen; **wine by the ~:** offener Wein; **raise one's ~ [to sb.]** *(fig.)* [auf jmdn.] das Glas erheben; **c)** *(of spectacles, watch)* Glas, *das; (pane, covering picture)* [Glas]scheibe, *die;* **d)** *in pl. (spectacles)* **[a pair of] ~es** eine Brille; **she wears thick ~es** sie trägt eine Brille mit dicken Gläsern; **driving-/reading-~es** Fahr-/Lesebrille, *die;* **e)** *(binoculars)* Fernglas, *das;* **~es** *Pl.* ein Fernglas; **f)** *(barometer)* Barometer, *das;* **g)** *see* **looking-glass.** *See also* **dark glasses; eyeglass; field-glasses; ground glass; hourglass; magnifying glass; opera-glasses; plate glass; water-glass. 2.** *attrib. adj.* Glas-; **people who live in ~ houses should not throw stones** *(prov.)* wer im Glashaus sitzt, soll nicht mit Steinen werfen *(Spr.).* **3.** *v.t., usu. in p.p.* verglasen; **~ed in** verglast

**glass: ~-blower** *n.* Glasbläser, *der*/Glasbläserin, *die;* **~-blowing** *n.* Glasblasen, *das;* **~ 'case** *n.* Vitrine, *die;* Glaskasten, *der;* **~cloth** *n.* Gläsertuch, *das;* **~ 'fibre** *n.* Glasfaser, *die*

**glassful** ['glɑ:sfʊl] *n.* Glas, *das* (**of** von); **a ~ of milk** ein Glas Milch

**glass: ~house** *n.* **a)** *(~works)* Glashütte, *die;* **b)** *(Brit.: greenhouse)* Gewächshaus, *das;* Glashaus, *das;* **c)** *(Brit. sl.: military prison)* Bunker, *der (Soldatenspr. salopp);* **~-making** *n.* Glasherstellung, *die;* **~-paper** *n.* Glaspapier, *das;* **~ware** *n.* Glas, *das;* **~ 'wool** *n.* Glaswolle, *die;* **~works** *n. sing.* Glashütte, *die*

**glassy** ['glɑ:sɪ] *adj.* gläsern; *(fig.)* glasig ⟨*Blick*⟩; spiegelglatt ⟨*Wasseroberfläche*⟩

**'glassy-eyed** *adj.* glasig; ⟨*Person*⟩ mit glasigem Blick; **begin to look ~:** einen glasigen Blick bekommen

**Glaswegian** [glæz'wi:dʒn] **1.** *adj.* Glasgower. **2.** *n.* Glasgower, *der*/Glasgowerin, *die*

**glaucoma** [glɔ:'kəʊmə] *n. (Med.)* Glaukom, *das (fachspr.);* grüner Star

**glaze** [gleɪz] **1.** *n.* *(on food or pottery)* Glasur, *die; (of paint)* Lasur, *die; (on paper, fabric)* Appretur, *die.* **2.** *v.t.* **a)** *(cover with ~)* glasieren ⟨*Eßwaren, Töpferwaren*⟩; satinieren ⟨*Papier, Leder, Kunststoff, Tuch*⟩; lasieren ⟨*Farbe, bemalte Fläche*⟩; **~d tile** Kachel, *die;* **b)** *(fit with glass)* **~ [in]** verglasen ⟨*Fenster, Haus usw.*⟩; hinter Glas setzen ⟨*Bild*⟩. **3.** *v.i.* **~ [over]** ⟨*Augen:*⟩ glasig werden

**glazed** [gleɪzd] *adj.* glasig ⟨*Blick*⟩

**glazier** ['gleɪzɪə(r), 'gleɪʒə(r)] *n.* Glaser, *der*

**glazing** ['gleɪzɪŋ] *n.* *(pane)* [Glas]scheibe, *die; (layer)* Glasur, *die; see also* **double glazing**

**gleam** [gli:m] **1.** *n.* **a)** Schein, *der; (fainter, transient, or more subdued)* Schimmer, *der;* **~ of light** Lichtschein, *der;* **b)** *(fig.: faint trace)* Anflug, *der* (**of** von); **~ of hope/truth** Hoffnungsschimmer, *der*/Funke Wahrheit; **there was a ~ of anticipation in his eyes** seine Augen leuchteten erwartungsvoll. **2.** *v.i.* ⟨*Sonne, Licht:*⟩ scheinen; ⟨*Fußboden, Fahrzeug, Stiefel:*⟩ glänzen; ⟨*Zähne:*⟩ blitzen; ⟨*Augen:*⟩ leuchten

**gleaming** ['gli:mɪŋ] **1.** *adj.* glänzend ⟨*Wasser, Metall, Fahrzeug*⟩; schimmernd ⟨*Licht*⟩; leuchtend ⟨*Augen*⟩. **2.** *adv.* **~ white** leuchtend *od.* strahlend weiß; blendend *od.* blitzend weiß ⟨*Zähne*⟩

**glean** [gli:n] **1.** *v.t.* **a)** zusammentragen ⟨*Angaben, Informationen, Nachrichten usw.*⟩; herausfinden ⟨*Inhalt eines Briefes, Gesprächs usw.*⟩; **~ sth. from sth.** einer Sache *(Dat.)* etw. entnehmen; **b)** *(Agric.)* nachlesen ⟨*Getreide, Feld*⟩. **2.** *v.i.* Ähren lesen

**gleaner** ['gli:nə(r)] *n.* Ährenleser, *der*/Ährenleserin, *die*

**gleanings** ['gli:nɪŋz] *n. pl.* **a)** *(of news)* zusammengeklaubte Informationen; *(of research, study)* Ausbeute, *die;* **b)** *(of corn etc.)* Nachlese, *die*

**glee** [gli:] *n.* **a)** Freude, *die; (gloating joy)* Schadenfreude, *die;* Häme, *die;* **do sth. with** *or* **in ~:** etw. voll [Schaden]freude tun; **b)** *(Mus.)* Glee, *der*

**'glee club** *n.* Gesangverein, *der*

**gleeful** ['gli:fl] *adj.* freudig; vergnügt; *(gloatingly joyful)* schadenfroh; hämisch; **be ~:** sich [hämisch] freuen

**gleefully** ['gli:fəlɪ] *adv.* freudig; vor Freude ⟨*lachen usw.*⟩; *(gloatingly)* schadenfroh; hämisch

**glen** [glen] *n.* [schmales] Tal

**glib** [glɪb] *adj. (derog.)* aalglatt ⟨*Person*⟩; *(impromptu, offhand)* leicht dahingesagt, unbedacht ⟨*Antwort*⟩; *(unreflecting)* vorschnell ⟨*Schluß, Verallgemeinerung*⟩; *(voluble)* gewandt, geschickt ⟨*Redner, Politiker, Verkäufer*⟩; *(facile in the use of words)* zungenfertig ⟨*Person*⟩; flink ⟨*Zunge*⟩; flinkzüngig ⟨*Antwort*⟩; **be ~ in finding excuses** schnell Entschuldigungen bei der Hand haben

**glide** [glaɪd] **1.** *v.i.* **a)** gleiten; *(through the air)* schweben; *(slip, steal, creep)* schleichen; ⟨*Gespenst:*⟩ huschen; **b)** *(Aeronaut.)* ⟨*Segelflugzeug:*⟩ gleiten, schweben; ⟨*Flugzeug:*⟩ im Gleitflug fliegen; ⟨*Person:*⟩ segelfliegen; **~ down** im Gleitflug niedergehen. **2.** *n.* **a)** *(Dancing)* Schleifschritt, *der;* **b)** *(Mus.)* Portamento, *das (fachspr.);* **c)** *(Phonet.)* Gleitlaut, *der*

**'glide path** *n. (Aeronaut.)* Gleitflugbahn, *die*

**glider** ['glaɪdə(r)] *n.* Segelflugzeug, *das;* **~ [pilot]** Segelflieger, *der*/-fliegerin, *die*

**gliding** ['glaɪdɪŋ] *n. (Sport)* Segelfliegen, *das; attrib.* Segelflug-

**glimmer** ['glɪmə(r)] **1.** *n.* *(of light etc.)* [schwacher] Schein; Glimmer, *der (selten);* Schimmer, *der* (**of** von) *(auch fig.); (of fire, candle)* Glimmen, *das;* **~ of light** Lichtschimmer, *der;* **~ of hope** Hoffnungsschimmer, *der.* **2.** *v.i.* glimmen; ⟨*Satin usw.:*⟩ schimmern

**glimmering** ['glɪmərɪŋ] *n. (lit. or fig.)* Schimmer, *der* (**of** von)

**glimpse** [glɪmps] **1.** *n.* [kurzer] Blick; **catch** *or* **have** *or* **get a ~ of sb./sth.** jmdn./etw. [kurz] zu sehen *od.* zu Gesicht bekommen;

*(fig.)* einen Eindruck von jmdm./Einblick in etw. *(Akk.)* bekommen; **it gives us a ~ of what life must have been like then** es gibt uns einen Einblick in das damalige Leben. **2.** *v. t.* flüchtig sehen; *(fig.)* einen Einblick bekommen in (+ *Akk.*); einen Eindruck gewinnen von

**glint** [glɪnt] **1.** *n.* Schimmer, *der; (reflected flash)* Glitzern, *das; (of eyes)* Funkeln, *das; (of knife, dagger)* Blitzen, *das.* **2.** *v. i.* blinken; glitzern

**glissando** [glɪ'sændəʊ] *n., pl.* **glissandi** [glɪ'sændi:] *or* **~s** *(Mus.)* Glissando, *das*

**glisten** ['glɪsn] *v. i.* glitzern; *see also* **glitter 1 a**

**glitch** [glɪtʃ] *n. (sl.)* Panne, *die*

**glitter** ['glɪtə(r)] **1.** *v. i.* **a)** glitzern; ‹*Augen, Juwelen, Sterne:*› funkeln; **the sky ~s with stars, stars ~ in the sky** am Himmel funkeln Sterne; **all that ~s** *or* **glistens is not gold** *(prov.)* es ist nicht alles Gold, was glänzt *(Spr.);* **b)** *esp. in pres. p. (fig.)* glänzen; **~ing prizes** verlockende *od.* attraktive Preise. **2.** *n.* **a)** Glitzern, *das; (of diamonds)* Funkeln, *das;* **b)** *(fig.: ~ing attractiveness)* verlockende Aussicht (**of** auf + *Akk.*); **c)** *(tinsel etc.)* Flitterwerk, *das;* Glitzerwerk, *das*

**glitz** [glɪts] *n.* Glanz, *der*

**glitzy** ['glɪtsɪ] *adj.* glanzvoll

**gloaming** ['gləʊmɪŋ] *n., no pl.* **the ~:** die Abenddämmerung

**gloat** [gləʊt] *v. i.* **~ over sth.** *(look at with selfish delight)* sich an etw. *(Dat.)* weiden *od.* ergötzen; *(derive sadistic pleasure from)* sich hämisch über etw. *(Akk.)* freuen

**gloatingly** ['gləʊtɪŋlɪ] *adv. (with delight)* selbstgefällig; genüßlich; *(with sadistic pleasure)* hämisch

**global** ['gləʊbl] *adj.* **a)** *(world-wide)* global; weltweit; weltumspannend ‹*Kommunikationssystem*›; **~ warming** globaler Temperaturanstieg; **~ peace/warfare** Weltfrieden/-krieg, *der;* **~ strategy** Globalstrategie, *die;* **the ~ village** das Weltdorf; **b)** *(comprehensive)* Gesamt-; umfassend ‹*Berichterstattung*›; **take a ~ view** die Dinge global betrachten

**globally** ['gləʊbəlɪ] *adv.* **a)** *(on a world-wide basis)* global; weltweit; **b)** *(comprehensively)* umfassend

**globe** [gləʊb] *n.* **a)** *(sphere)* Kugel, *die;* **b)** *(sphere with map)* Globus, *der;* **c)** *(world)* **the ~:** der Globus; der Erdball; **d)** *(spherical object)* Kugel, *die*

**globe: ~ 'artichoke** *see* **artichoke; ~-fish** *n.* Kugelfisch, *der;* **~-flower** *n.* Trollblume, *die;* **~-trotter** *n.* Globetrotter, *der;* Weltenbummler, *der;* **~-trotting** *n.* Globetrotten, *das;* Weltreisen, *das*

**globular** ['glɒbjʊlə(r)] *adj.* kugelförmig

**globule** ['glɒbju:l] *n.* Kügelchen, *das; (of liquid)* Tröpfchen, *das*

**globulin** ['glɒbjʊlɪn] *n. (Biochem.)* Globulin, *das*

**glockenspiel** ['glɒkənspi:l, 'glɒkənʃpi:l] *n. (Mus.)* Glockenspiel, *das*

**gloom** [glu:m] *n.* **a)** *(darkness)* Dunkel, *das (geh.);* **b)** *(despondency)* düstere Stimmung; **cast a ~ over sth.** einen Schatten auf etw. *(Akk.)* werfen *(fig.)*

**gloomily** ['glu:mɪlɪ] *adv.* finster; düster

**gloomy** ['glu:mɪ] *adj.* **a)** *(dark)* düster; finster; dämmrig ‹*Tag, Nachmittag usw.*›; **b)** *(depressing)* düster, finster [stimmend]; bedrückend; *(depressed)* trübsinnig ‹*Person*›; bedrückt ‹*Gesicht*›; **he always tends to see the ~ side of things** er sieht immer gleich schwarz; **have a ~ outlook on life** dem Leben erwartungslos *od.* pessimistisch gegenüberstehen; **feel ~ about the future** der Zukunft pessimistisch entgegensehen; **be in a ~ mood** düsterer Stimmung *od.* niedergeschlagen sein; **look ~:** niedergeschlagen *od.* bedrückt aussehen; ein bedrücktes Gesicht machen

**glorification** [glɔ:rɪfɪ'keɪʃn] *n.* **a)** *(praise)* Verherrlichung, *die;* Glorifizierung, *die;* **b)** *(worship)* Verehrung, *die;* Anbetung, *die;* **c)** *(exaltation)* Verehrung, *die*

**glorify** ['glɔ:rɪfaɪ] *v. t.* **a)** *(extol)* verherrlichen; glorifizieren; *(misrepresent thus)* **glorified** besser *(ugs.);* **he's no more than a glorified messenger-boy** er ist nichts weiter als *od.* doch nur ein besserer Botenjunge; **b)** *(worship)* verehren; anbeten; **c)** *(exalt)* verehren; ehren ‹*Helden, Andenken*›

**glorious** ['glɔ:rɪəs] *adj.* **a)** *(illustrious)* ruhmreich ‹*Held, Sieg, Geschichte*›; rühmlich ‹*Tat, Rolle*›; verehrungswürdig ‹*Heilige*›; **b)** *(honourable)* ehrenhaft ‹*Sache, Angelegenheit*›; ehrenvoll, rühmlich ‹*Tod, Kampf, Sieg, Tat*›; glorreich, glanzvoll ‹*Ende einer Karriere, Errungenschaft*›; **c)** *(delightful)* wunderschön; herrlich; *(iron.)* schön; **it was ~ fun** es war ein prächtiger *od.* köstlicher Spaß

**gloriously** ['glɔ:rɪəslɪ] *adv.* **a)** *(honourably)* rühmlich; *(illustriously)* glanzvoll; **die ~:** in Ehren sterben; **b)** *(splendidly)* wunderschön; herrlich

**glory** ['glɔ:rɪ] **1.** *n.* **a)** *(splendour)* Schönheit, *die; (majesty)* Herrlichkeit, *die;* **the Empire at the height of its ~:** das Imperium auf dem Höhepunkt seiner Macht; **a lily in all its ~:** eine Lilie in ihrer vollen Pracht; **in all one's ~** *(iron.)* in all seiner Pracht und Herrlichkeit *(iron.);* **b)** *(honour)* Ehre, *die; (credit)* Verdienst, *das; (fame)* Ruhm, *der;* **they did all the work and he got all the ~:** sie haben die ganze Arbeit getan, und ihm wird es als Verdienst angerechnet; **cover oneself with ~:** sich mit Ruhm bedecken *(geh.);* sich mit Ruhm bekleckern *(ugs., iron.);* **c)** *(worshipful praise)* Ehre, *die;* Ruhm, *der;* **~ [be] to God in the highest** Ehre sei Gott in der Höhe; **[built] to the ~ of God** [erbaut] zur Ehre/zum Ruhme Gottes; **~ be!** *(dated sl.) expr. surprise* ach du lieber Himmel! *(ugs.); expr. annoyance* Himmel noch mal! *(ugs.); expr. delight* himmlisch!; **d)** *(source of distinction)* Größe, *die; (deed)* Ruhmestat, *die; (achievement)* Glanzleistung, *die;* **be the ~ of a nation** der Stolz *od.* die Zierde eines Volkes sein; *see also* **Old Glory; e)** *(heavenly bliss)* ewige Seligkeit; **Christ in ~:** Christus in seiner Herrlichkeit; **go/send to ~** *(arch. sl.)* abfahren *(veralt.)*/ins Jenseits befördern *(salopp).* **2.** *v. i.* **~ in sth./doing sth.** *(be pleased by)* etw. genießen/es genießen, etw. zu tun; *(be proud of)* sich einer Sache *(Gen.)* rühmen/sich rühmen, etw. zu tun; **~ in the name/title of ...:** den stolzen Namen/Titel ... besitzen *od.* führen

**'glory-hole** *n. (sl.)* Rumpelkammer, *die*

**[1]gloss** [glɒs] **1.** *n.* **a)** *(sheen)* Glanz, *der;* **~ paint** Lackfarbe, *die;* **~ finish** Glanz, *der;* **paper/photo with a ~ finish** Glanzpapier, *das*/Glanzabzug, *der;* **give sth. a high ~:** einer Sache *(Dat.)* Hochglanz verleihen; **b)** *(fig.)* Anstrich, *der.* **2.** *v. t.* polieren; auf Hochglanz bringen

**~ over** *v. t.* bemänteln; beschönigen ‹*Fehler*›; *(conceal)* unter den Teppich kehren *(ugs.)*

**[2]gloss 1.** *n.* **a)** *(comment)* [Wort]erklärung, *die; (Ling.)* Glosse, *die (fachspr.);* **b)** *(misrepresentation of another's words)* [bewußt] falsche Auslegung; **c)** *(glossary)* Glossar, *das; (translation)* Interlinearübersetzung, *die; (continuous explanation)* Kommentar, *der.* **2.** *v. t.* glossieren

**glossary** ['glɒsərɪ] *n.* Glossar, *das*

**glossy** ['glɒsɪ] **1.** *adj.* **a)** glänzend; *(printed on ~ paper)* Hochglanz-; auf Glanzpapier gedruckt; **~ paper, paper with a ~ finish** Glanzpapier, *das;* **~ [photographic] print** Glanzabzug, *der;* **b)** *(fig.)* glanzvoll. **2.** *n. (coll.)* **a)** *(magazine)* auf [Hoch]glanzpapier gedruckte Zeitschrift; Hochglanzzeitschrift, *die;* **b)** *(photograph)* Glanzabzug, *der*

**glottal** ['glɒtl] *adj. (Phonet.)* glottal; Stimmritzen‹*laut, -verschluß usw.*›

**glottal 'stop** *n. (Phonet.)* Glottisschlag, *der;* Knacklaut, *der*

**glottis** ['glɒtɪs] *n. (Anat.)* Glottis, *die*

**glove** [glʌv] *n.* **a)** Handschuh, *der;* **sth. fits sb. like a ~:** etw. paßt jmdm. wie angegossen *(ugs.); (fig.)* etw. trifft auf jmdn. haargenau zu; **throw down/take up the ~** *(fig.)* den Fehdehandschuh werfen/aufnehmen *(geh.);* **b)** *see* **boxing-glove; argue sth. with the ~s off** sich in allem Ernst *od.* offen und ehrlich über etw. *(Akk.)* auseinandersetzen. *See also* **hand 1 a**

**glove: ~ box** *n.* **a)** *see* **~ compartment; b)** *(for toxic material etc.)* Handschuhkasten, *der;* **~ compartment** *n.* Handschuhfach, *das*

**gloved** [glʌvd] *adj.* behandschuht

**'glove puppet** *n.* Handpuppe, *die*

**glow** [gləʊ] **1.** *v. i.* **a)** glühen; ‹*Lampe, Leuchtfarbe:*› schimmern, leuchten; **b)** *(fig.) (with warmth or pride)* ‹*Gesicht, Wangen:*› glühen (**with** vor + *Dat.*); *(with health or vigour)* strotzen (**with** vor + *Dat.*); *(with pleasure or excitement)* strahlen (**with** vor + *Dat.*); *(with rage or fervour)* glühen (**with** vor + *Dat.*); **c)** *(be suffused with warm colour)* [warm] leuchten; **~ with the tints of autumn** in allen Herbstfarben leuchten. **2.** *n.* **a)** Glühen, *das; (of candle, lamp)* Schein, *der; (of embers, lava, sunset)* Glut, *die;* **b)** *(fig.)* Glühen, *das;* **feel a ~ of pride** vor Stolz glühen; **his cheeks had a healthy ~:** seine Wangen hatten eine blühende Farbe; **~ of youth/health** blühende Jugend/Gesundheit; **feel a ~ of happiness/passion** ein warmes Glücksgefühl/glühende Leidenschaft verspüren

**glower** ['glaʊə(r)] *v. i.* finster dreinblicken; **~ at sb.** jmdn. finster anstarren

**glowing** ['gləʊɪŋ] *adj.* glühend *(auch fig.);* [warm] leuchtend ‹*Herbstfarben*›; *(fig.: enthusiastic)* begeistert ‹*Bericht, Beschreibung*›; überschwenglich ‹*Lob*›; **be in ~ health** sich blühender Gesundheit *(Gen.)* erfreuen; **describe sth. in ~ colours/terms** *(fig.)* etw. in glühenden *od.* leuchtenden Farben/glühenden Worten beschreiben; **~ promises** glänzende Versprechungen

**glow: ~-lamp** *n. (Electr.)* Glühlampe, *die;* **~-worm** *n.* Glühwürmchen, *das*

**gloxinia** [glɒk'sɪnɪə] *n. (Bot.)* Gloxinie, *die*

**glucose** ['glu:kəʊs, 'glu:kəʊz] *n.* Glucose, *die;* **~ [powder]** *(Med.)* Traubenzucker, *der*

**glue** [glu:] **1.** *n.* Klebstoff, *der;* Leim, *der;* Kleber, *der (ugs.);* **like ~** *(fig.)* wie festgeklebt; **cling like ~ to sth./sb.** *(fig.)* an etw./jmdm. kleben *(ugs.).* **2.** *v. t.* **a)** kleben; leimen; **~ sth. together/on** etw. zusammen-/ankleben; **~ sth. to sth.** etw. an etw. *(Dat.)* an- *od.* festkleben; **as though ~d to the spot** wie angewurzelt; **b)** *(fig.)* **be ~d to sth./sb.** an etw./jmdm. kleben *(ugs.);* **their eyes** *or* **they were ~d to the TV screen** sie starrten auf den Bildschirm

**glue: ~-pot** *n.* Leimtopf, *der;* **~-sniffing** *n.* Schnüffeln, *das (ugs.);* Sniefen, *das (ugs.)*

**glug** [glʌg] *v. i.,* **-gg-** gluckern; glucksen

**glum** [glʌm] *adj.,* **glumly** ['glʌmlɪ] *adv.* verdrießlich; mißgelaunt

**glut** [glʌt] **1.** *n. (Commerc.)* Überangebot, *das* (**of** an, von + *Dat.*); **a ~ of apples/talent** eine Apfelschwemme/eine Menge Talente. **2.** *v. t.,* **-tt-** **a)** *(Commerc.)* überschwemmen; **b)** *(gorge)* **~ oneself** sich vollstopfen *(ugs.)* (**with, on** mit); **be ~ted with sth.** *(fig.)* einer Sache *(Gen.)* überdrüssig sein

**glutamate** ['glu:təmeɪt] *n. (Chem.)* Glutamat, *das;* **monosodium ~:** [Mono]natriumglutamat, *das*

**gluten** ['glu:tən] *n.* Gluten, *das;* Kleber, *der (fachspr.);* ~ **bread** Glutenbrot, *das*

**glutinous** ['glu:tɪnəs] *adj.* klebrig

**glutton** ['glʌtən] *n.* **a)** Vielfraß, *der (ugs.);* **a ~ for books/punishment** *(iron.)*/**work** *(fig.)* eine Leseratte *(ugs.)*/ein Masochist *(fig.)*/ein Arbeitstier *(fig.);* **b)** *(Zool.)* Vielfraß, *der*

**gluttonous** ['glʌtənəs] *adj.* gefräßig

**gluttony** ['glʌtənɪ] *n.* Gefräßigkeit, *die*

**glycerine** ['glɪsəri:n] (*Amer.:* **glycerin** ['glɪsərɪn]) *n.* Glyzerin, *das*

**glycogen** ['glaɪkədʒən] *n. (Med., Biol.)* Glykogen, *das*

**glycol** ['glaɪkɒl] *n. (Chem.)* Glykol, *das*

**gm.** *abbr.* **gram[s]** g

**G-man** ['dʒi:mæn] *n., pl.* **G-men** ['dʒi:men] *(Amer. sl.)* G-man, *der*

**GMT** *abbr.* **Greenwich mean time** GMT; WEZ

**gnarled** [nɑ:ld], **gnarly** ['nɑ:lɪ] *adjs.* knorrig; knotig ⟨*Finger, Hand*⟩

**gnash** [næʃ] *v. t.* ~ **one's teeth [in anger]** [vor Zorn] mit den Zähnen knirschen; **~ing of teeth** Zähneknirschen, *das*

**gnat** [næt] *n.* [Stech]mücke, *die; see also* **[1]strain 3 b**

**gnaw** [nɔ:] **1.** *v. i.* **a)** ~ **[away] at sth.** an etw. *(Dat.)* nagen; ~ **through sth.** durch etw. ein Loch nagen; sich durch etw. fressen; **b)** *(fig.)* ~ **[away] at sth./sb.'s savings** an etw. *(Dat.)* nagen/an jmds. Ersparnissen zehren. **2.** *v. t.* **a)** nagen an (+ *Dat.*); abnagen ⟨*Knochen*⟩; kauen an *od.* auf *(Dat.)* ⟨*Fingernägeln*⟩; **~ a hole in sth.** ein Loch in etw. *(Akk.)* nagen; **b)** *(fig.)* nagen an (+ *Dat.*) ⟨*Gewissen*⟩; zehren an ⟨*Herzen*⟩

**gnawing** ['nɔ:ɪŋ] *adj.* nagend ⟨*Hunger, Schmerz, Zweifel, Kummer usw.*⟩; quälend ⟨*Zahnschmerzen, Angst*⟩

**gneiss** [gnaɪs, naɪs] *n. (Geol.)* Gneis, *der*

**gnome** [nəʊm] *n.* **a)** Gnom, *der; (in garden)* Gartenzwerg, *der;* **b)** *(fig. coll.)* **the ~s of Zurich** die Zürcher Gnome; die Schweizer Bankiers

**gnomic** ['nəʊmɪk] *adj.* gnomisch

**gnostic** ['nɒstɪk] **1.** *adj.* **a)** *(relating to or having knowledge)* kognitiv; *(Relig.)* erleuchtet; **b) G~** *(Relig. Hist.)* gnostisch. **2.** *n.* **G~** *(Relig. Hist.)* Gnostiker, *der*

**Gnosticism** ['nɒstɪsɪzm] *n. (Relig. Hist.)* Gnostizismus, *der*

**GNP** *abbr.* **gross national product** BSP

**gnu** [nu:, nju:] *n. (Zool.)* Gnu, *das*

**[1]go** [gəʊ] **1.** *v. i., pres.* **he goes** [gəʊz], *p. t.* **went** [went], *pres. p.* **going** ['gəʊɪŋ], *p. p.* **gone** [gɒn, gɔ:n] **a)** gehen; ⟨*Fahrzeug:*⟩ fahren; ⟨*Flugzeug:*⟩ fliegen; ⟨*Vierfüßer:*⟩ laufen; ⟨*Reptil:*⟩ kriechen; *(on horseback etc.)* reiten; *(on skis, roller-skates)* laufen; *(in wheelchair, pram, lift)* fahren; **go by bicycle/car/bus/train** *or* **rail/boat** *or* **sea** *or* **ship** mit dem [Fahr]rad/Auto/Bus/Zug/Schiff fahren; **go by plane** *or* **air** fliegen; **go by Lufthansa/Concorde** mit der Lufthansa/der Concorde fliegen; **go on foot** zu Fuß gehen; laufen *(ugs.);* **as one goes [along]** *(fig.)* nach und nach; **do sth. as one goes [along]** *(lit.)* etw. beim Gehen *od.* unterwegs tun; **go on a journey** eine Reise machen; verreisen; **go first-class/at 50 m.p.h.** erster Klasse reisen *od.* fahren/80 Stundenkilometer fahren; **go with sb.** mit jmdm. gehen; jmdn. begleiten; ⟨*Hund:*⟩ jmdm. folgen; **have far to go** weit zu gehen *od.* zu fahren haben; es weit haben; **the doll/dog goes everywhere with her** sie hat immer ihre Puppe/ihren Hund dabei; **who goes there?** *(sentry's challenge)* wer da?; **there you go** *(coll., giving sth.)* bitte!; da! *(ugs.);* **b)** *(proceed as regards purpose, activity, destination, or route)* ⟨*Bus, Zug, Lift, Schiff:*⟩ fahren; *(use means of transportation)* fahren; *(fly)* fliegen; *(proceed on outward journey)* weg-, abfahren; *(travel regularly)* ⟨*Verkehrsmittel:*⟩ verkehren **(from ... to** zwischen + *Dat.* ... und); **know where one is going** *(fig.)* wissen, was man will; **his hand went to his pocket** er griff nach seiner Tasche; **go to the toilet/cinema/moon/a museum/a funeral** auf die Toilette/ins Kino gehen/zum Mond fliegen/ins Museum/zu einer Beerdigung gehen; **go to a dance** tanzen gehen; **go [along] to the doctor['s]** *etc.* zum Arzt *usw.* gehen; **go [out] to China** nach China gehen; **go [over] to America** nach Amerika [hinüber]fliegen/-fahren; **go [off] to London** nach London [ab]fahren/[ab]fliegen; **go [over** *or* **across] to the mainland** zum Festland [hinüber]fahren/-fliegen; **last year we went to Italy** letztes Jahr waren wir in Italien; **go this/that way** hier/da entlanggehen/-fahren; **go out of one's way** einen Umweg machen; *(fig.)* keine Mühe scheuen; **go towards sth./sb.** auf etw./jmdn. zugehen; **don't go on the grass** geh nicht auf den Rasen; **go by sth./sb.** ⟨*Festzug usw.:*⟩ an etw./jmdm. vorbeiziehen; ⟨*Bus usw.:*⟩ an etw./jmdm. vorbeifahren; **go in/out** hinein-/hinausgehen; **go in and out [of sth.]** [in etw. *(Dat.)*] ein- und ausgehen; **go into sth.** in etw. *(Akk.)* [hinein]gehen; **I'd never go on motorways** ich würde niemals [auf der] Autobahn fahren; **go out for some fresh air** frische Luft schöpfen gehen; **go out to the post-box** zum Briefkasten gehen; **go [out] for a walk** einen Spaziergang machen; spazierengehen; **go bathing** baden gehen; **go cycling** radfahren; **go looking for sb.** jmdn. suchen gehen; **go chasing after sth./sb.** hinter etw./jmdm. herrennen *(ugs.);* **go to do sth.** gehen, um etw. zu tun; *(while standing still)* etw. tun wollen; **go to live in Berlin** nach Berlin ziehen; **go to sea** in See stechen; *(become sailor)* zur See gehen *(ugs.);* **go to see sb.** jmdn. aufsuchen; **I went to water the garden** ich ging den Garten sprengen; **go and do sth.** [gehen und] etw. tun; **you ought to go and find a flat** du solltest dir eine Wohnung suchen; **I'll go and get my coat** ich hole jetzt meinen Mantel; **I'll just go and put my shoes on** ich ziehe mir nur eben Schuhe an; **go and see whether ...:** nachsehen [gehen], ob ...; **go on a pilgrimage** *etc.* eine Pilgerfahrt *usw.* machen; **go on TV/the radio** im Fernsehen/Radio auftreten; **I'll go!** ich geh schon!; *(answer phone)* ich geh ran *od.* nehme ab; *(answer door)* ich mache auf; **'you go** *(to the phone)* geh du mal ran!; **c)** *(start)* losgehen; *(in vehicle)* losfahren; **let's go!** *(coll.)* fangen wir an!; **here goes!** *(coll.)* dann mal los!; **whose turn is it to go?** *(in game)* wer ist an der Reihe?; **go first** *(in game)* anfangen; **from the word go** *(fig. coll.)* [schon] von Anfang an; **d)** *(pass, circulate, be transmitted)* gehen; **a shiver went up** *or* **down my spine** ein Schauer lief mir über den Rücken *od.* den Rücken hinunter; **go to** *(be given to)* ⟨*Preis, Sieg, Gelder, Job:*⟩ gehen an (+ *Akk.*); ⟨*Titel, Krone, Besitz:*⟩ übergehen auf (+ *Akk.*); ⟨*Ehre, Verdienst:*⟩ zuteil werden *(Dat.);* **go towards** *(be of benefit to)* zugute kommen (+ *Dat.*); **go according to** *(be determined by)* sich richten nach; *see also* **head 1 a; e)** *(make specific motion, do something specific)* **go round** ⟨*Rad:*⟩ sich drehen; **there he** *etc.* **goes again** *(coll.)* da, schon wieder!; **here we go again** *(coll.)* jetzt geht das wieder los!; **f)** *(act, work, function effectively)* gehen; ⟨*Mechanismus, Maschine:*⟩ laufen; **get the car to go** das Auto ankriegen *(ugs.) od.* starten; **at midnight we were still going** um Mitternacht waren wir immer noch dabei *od.* im Gange; **go by electricity** mit Strom betrieben werden; **the clock doesn't go** die Uhr geht nicht; **go to it!** *(coll.)* an die Arbeit!; **keep going** *(in movement)* weitergehen/-fahren; *(in activity)* weitermachen; *(not fail)* sich aufrecht halten; **the car still keeps going** das Auto läuft noch immer; **keep oneself going** durchhalten; **keep sb. going** *(enable to continue)* jmdn. aufrecht halten; **that'll keep me going** das reicht mir; damit komme ich aus; **keep sth. going** etw. in Gang halten; **make sth. go, get/set sth. going** etw. in Gang bringen; **set sb. going** *(iron.)* jmdn. aufs Thema bringen *(ugs.);* jmdn. in Fahrt bringen *(ugs.);* **g) go to** *(attend):* **go to work** zur Arbeit gehen; **go to church/kindergarten/school** in die Kirche/den Kindergarten/die Schule gehen; **go to Eton/Oxford** Eton besuchen/in Oxford studieren; **go to a comprehensive school** eine Gesamtschule besuchen; auf eine Gesamtschule gehen; **go as a witch** *etc.* als Hexe *usw.* gehen; **what should I go in?** was soll ich anziehen?; **h)** *(have recourse)* **go to the police** zur Polizei gehen; **go to the originals** auf die Quellen zurückgreifen; **go to the relevant authority/UN** sich an die zuständige Behörde/UN wenden; **go on hunger strike** in den Hungerstreik treten; **go into the army** zur Armee gehen; **where do we go from here?** *(fig.)* und was nun? *(ugs.);* **i)** *(depart)* gehen; ⟨*Bus, Zug:*⟩ [ab]fahren; ⟨*Post:*⟩ rausgehen *(ugs.); (resign)* zurücktreten; *(abdicate)* abdanken; **go away** weggehen; *(move away)* wegziehen; **he/the bus has gone** er/der Bus ist schon weg *(ugs.);* **I must go** ich muß gehen; **I must be going now** ich muß allmählich gehen; **time to go!** wir müssen/ihr müßt *usw.* gehen!; **'gone away'** *(on envelope)* „verzogen"; **Oh no! There goes my quiet weekend** Oh nein, jetzt ist mein geruhsames Wochenende dahin!; **to go** *(Amer.)* ⟨*Speisen, Getränke*⟩ zum Mitnehmen; **my headache has gone** mein Kopfweh ist weg; **j)** *(euphem.: die)* sterben; **be dead and gone** tot sein; **after I go** wenn ich einmal nicht mehr bin; **k)** *(fail)* [dahin]schwinden; nachlassen; *(cease to function)* kaputtgehen; ⟨*Maschine, Computer usw.:*⟩ ausfallen; ⟨*Sicherung:*⟩ durchbrennen; *(break)* brechen; ⟨*Seil usw.:*⟩ reißen; *(collapse)* einstürzen; ⟨*Mast:*⟩ umstürzen; *(fray badly)* ausfransen; **the jacket has gone at the elbows** die Jacke ist an den Ellbogen durchgescheuert *od.* abgewetzt; **his memory is going** sein Gedächtnis läßt nach; **l)** *(disappear)* weggehen; ⟨*Mantel, Hut, Fleck:*⟩ verschwinden; ⟨*Zahn:*⟩ ausfallen; ⟨*Kultur:*⟩ vergehen; ⟨*Geruch, Rauch:*⟩ sich verziehen; ⟨*Geld, Zeit:*⟩ draufgehen *(ugs.)* **(in, on** für); *(be relinquished)* aufgegeben werden; ⟨*Absatz usw.:*⟩ gestrichen werden; ⟨*Unterrichtsfach:*⟩ entfallen; ⟨*Tradition:*⟩ abgeschafft werden; *(be dismissed)* ⟨*Arbeitskräfte:*⟩ entlassen werden; *(Cricket) (be out)* aussein; **be gone from sight** außer Sicht geraten sein; **my coat/the stain has gone** mein Mantel/der Fleck ist weg; **where has my hat gone?** wo ist mein Hut [geblieben]?; **I don't know where my money goes** ich weiß nicht, wo das Geld bleibt; **that aid to developing countries goes on the growing of food** diese Entwicklungshilfe wird für den Anbau von Nahrungsmitteln verwendet; **this paragraph will have to go** dieser Absatz muß gestrichen werden; **all his money goes on women** er gibt sein ganzes Geld für Frauen aus; **all hope has gone** alle Hoffnung ist dahin; **m)** *(elapse)* ⟨*Zeit:*⟩ vergehen; ⟨*Interview usw.:*⟩ vorüber-, vorbeigehen; **that has all gone by** das ist jetzt alles vorbei; **in days gone by** in längst vergangenen Zeiten; **n) to go** *(still remaining)* **have sth. [still] to go** [noch] etw. übrig haben; **he has two years to go before he can retire** an der Rente fehlen ihm noch zwei Jahre; **there's hours to go** es dauert noch Stunden; **one week** *etc.* **to go to ...:** noch eine Woche *usw.* bis ...; **there's only another mile to go** [es ist] nur noch eine Meile; **have still a mile to go** noch eine Meile vor sich *(Dat.)* haben; **one down, two to go** einer ist bereits erledigt, bleiben noch zwei übrig *(salopp);* **o)** *(be sold)* weggehen *(ugs.);* verkauft werden; **it went for £1** es ging für 1 Pfund weg; **I shan't let it go for less** für weniger gebe ich es nicht her; **go to sb.** an jmdn. gehen; **going! going! gone!** zum ersten! zum zweiten! zum dritten!; **p)** *(run)* ‹*Grenze, Straße usw.:*› verlaufen, gehen; *(afford access, lead)* gehen; führen; *(extend)* reichen; *(fig.)* gehen; **go high[er]** ‹*Preis:*› [noch weiter] steigen, [noch weiter] in die Höhe gehen; **the line goes across the page/to the corner/upwards** der Strich geht quer über die Seite/bis in die Ecke/verläuft nach oben; **my holiday goes from ... to ...:** ich habe Urlaub von ... bis ...; **as** *or* **so far as he/it goes** soweit; **sth. is correct as** *or* **so far as it goes** etw. ist soweit in Ordnung; **go a long way** ‹*Geld, Vorräte:*› lange reichen; **he will go a long way** *(fig.)* er wird es weit bringen; **go some/a long way to[wards] achieving sth.** ein kleines/ganzes Stück weiterhelfen *od.* einiges/eine Menge dazu beitragen, etw. zu erreichen; **ten pounds in those days went a long way** damals waren zehn Pfund noch etwas wert; **a little of his company goes a long way** *(coll. derog.)* wenn man nur kurze Zeit mit ihm verbracht hat, reicht das erst mal für eine Weile *od. (salopp)* ist man erst mal für eine Weile bedient; **q)** *(fig.: advance)* **we'll go half-way to meet the cost** wir kommen ihnen *usw.* bei den Kosten halbwegs entgegen; **I'll go as high as £100** *(at auction)* ich gehe *od.* biete bis zu 100 Pfund [mit]; *see also* **bother 3b; expense 1a; trouble a; way 1e; r)** *(turn out, progress)* ‹*Ereignis, Projekt, Interview, Abend:*› verlaufen; **go for/against sb./sth.** ‹*Wahl, Kampf:*› zu jmds./einer Sache Gunsten/Ungunsten ausgehen; ‹*Entscheidung, Urteil:*› zu jmds./einer Sache Gunsten/Ungunsten ausfallen; ‹*Rechtsfall:*› zu jmds./einer Sache Gunsten/Ungunsten entschieden werden; **how did your holiday/party go?** wie war Ihr Urlaub/Ihre Party?; **how is the book going?** was macht [denn] das Buch?; **how are the rehearsals going?** was machen die Proben?; wie läuft es mit den Proben?; **go according to plan** nach Plan gehen; planmäßig verlaufen; **things have been going well/badly/smoothly** *etc.* **of late** in der letzten Zeit läuft alles gut/schief/glatt *usw.*; **the way things are going, ...:** so wie es aussieht *od.* so wie die Dinge liegen, ...; **how are things going?, how is it going?,** *(coll. joc.)* **how goes it?** wie stehen die Aktien? *(ugs. scherzh.);* wie steht's?; **s)** *(be, have form or nature, be in temporary state)* sein; ‹*Sprichwort, Gedicht, Titel:*› lauten; **this is how things go, that's the way it goes** so ist es nun mal; **go against sth.** mit etw. nicht übereinstimmen; **go against one's principles** gegen seine Prinzipien gehen; **go against logic** der Logik widersprechen; gegen alle Logik sein; **go armed/naked** bewaffnet sein/nackt herumlaufen; **go in rags** in Lumpen *od.* zerlumpt gehen; **go hungry** hungern; hungrig bleiben; **go without food/water** es ohne Essen/Wasser aushalten; **go in fear of one's life** in beständiger Angst um sein Leben leben; **may the blessings of God go with you** möge der Segen des Herrn dich begleiten; der Segen des Herrn sei mit dir; **how does the tune/song/wording go [now]?** wie geht die Melodie/das Lied/lauten die Worte [denn nun]?; **the argument goes like this** das Argument ist folgendes; **now the tale/rumour/theory goes that ...:** es wird erzählt/es geht das Gerücht/es wird die Theorie vertreten, daß ...; **go to the tune of ...:** der Melodie von ... folgen; **this noun/verb goes like ...:** dieses Substantiv/Verb geht genauso wie ...; **as things/canteens/actors** *etc.* **go** verglichen mit anderen Dingen/Kantinen/Schauspielern *usw.*; **as things go, it's not expensive** das ist verhältnismäßig billig; **go by** *or* **under the name of ...:** unter dem Namen ... bekannt sein; **t)** *(become)* werden; **the tyre has gone flat** der Reifen ist platt; **the phone has gone dead** die Leitung ist tot; **go on the blink** kaputtgehen *(ugs.);* **go all freaky/Indian** *etc.* völlig ausflippen *(ugs.)*/ganz auf indisch *usw.* machen; **go serious/arty on sb.** jmdm. auf die ernste/Künstlertour kommen *(ugs.);* **go nuclear/metric** *(coll.)* zur Atommacht werden/das metrische System einführen; **the constituency/York went Tory** der Wahlkreis/York ging an die Tories; **u)** *(have usual place)* kommen; *(belong)* gehören; **where does the box go?** wo kommt *od.* gehört die Kiste hin?; **where do you want this chair to go?** wo soll *od.* kommt der Stuhl hin?; **that chair will go nicely in the corner** dieser Stuhl macht sich gut *od.* paßt gut in die Ecke; **this goes under a different heading** das gehört unter eine andere Überschrift; **each drink goes** *or* **all drinks go on the bill** alle Getränke kommen *od.* gehen auf die Rechnung; **the cheque is to go in[to] my account** der Scheck geht auf mein Konto; **v)** *(fit)* passen; **go in[to] sth.** in etw. *(Akk.)* gehen *od.* [hinein]passen; **it won't go [in]** es geht nicht rein *(ugs.);* **go through sth.** durch etw. [hindurch]gehen *od.* [hindurch]passen; **six into twelve goes twice** sechs geht zweimal in zwölf; **five goes into forty exactly** vierzig durch fünf geht auf; **w)** *(harmonize, match)* passen **(with** zu); **the two colours don't go** die beiden Farben passen nicht zusammen *od.* beißen sich; **x)** *(serve, contribute)* dienen; **the qualities that go to make a leader** die Eigenschaften, die einen Führer ausmachen; **the sounds that go to make up a language** die Laute, aus denen eine Sprache besteht; **this fact goes to prove that ...** folgende Tatsache belegt, daß ...; **it just goes to show that ...:** daran zeigt sich, daß ...; **y)** *(make sound of specified kind)* machen; *(emit sound)* ‹*Turmuhr, Gong:*› schlagen; ‹*Glocke:*› läuten; **There goes the bell. School is over** Es klingelt. Die Schule ist aus; **the fire alarm went at 3 a.m.** der Feueralarm ging um 3 Uhr morgens los; **a police car with its siren going** ein Polizeiwagen mit eingeschalteter Sirene; **z)** *as intensifier (coll.)* **don't go making** *or* **go and make him angry** verärgere ihn bloß nicht; **he might go and hang himself** nachher hängt er sich womöglich auf; **don't go and make a fool of yourself** mach dich doch nicht lächerlich; **don't go looking for trouble** such keinen Streit; **don't go thinking ...:** glaube doch ja nicht, daß ...; **I gave him a £10 note and, of course, he had to go and lose it** ich gab ihm einen 10-Pfund-Schein, und er mußte ihn natürlich prompt verlieren; **now you've been and gone and done it** *(sl.)* du hast ja was Schönes angerichtet! *(ugs. iron.);* **go tell him I'm ready** *(coll./Amer.)* geh und sag ihm, daß ich fertig bin; **she said to her dog 'Go fetch it'** sie sagte zu ihrem Hund: „Los, hol's!"; **let's go get ourselves a drink** *(coll./Amer.)* holen wir uns was zu trinken; **aa)** *(coll.: be acceptable or permitted)* erlaubt sein; gehen *(ugs.);* **everything/anything goes** es ist alles erlaubt; **it/that goes without saying** es/das ist doch selbstverständlich; es/das versteht sich von selbst; **what he** *etc.* **says, goes** was er *usw.* sagt, gilt; wenn er *usw.* etwas sagt, dann gilt es auch; *see also* **¹let 1a; bb)** *(coll. euphem.: defecate or urinate)* auf die Toilette gehen; **really have to go** wirklich müssen *(ugs.);* **I want to go somewhere** ich muß mal wohin *od.* verschwinden *(ugs.);* **cc) go astray, go into action, go blackberrying, go to the country,** *etc. see the noun, adverb, etc. See also* **going; gone. 2.** *v. t., forms as* **1: a)** *(Cards)* spielen; **b)** *(sl.)* **go it** es toll treiben; *(work hard)* rangehen; **he has been going it a bit too hard** er hat es etwas zu weit getrieben; **go it!** los!; weiter!; **100 m.p.h.? That's really going it!** 160 km/h? Das ist wirklich ein tolles Tempo; *see also* **alone 1. 3.** *n., pl.* **goes** [gəʊz] *(coll.)* **a)** *(attempt, try)* Versuch, *der; (chance)* Gelegenheit, *die;* **have a go** es versuchen *od.* probieren; **have a go at doing sth.** versuchen, etw. zu tun; **have a go at sth.** sich an etw. *(Dat.)* versuchen; **someone has had a go at this lock** jmd. hat sich an dem Schloß zu schaffen gemacht; **he's had several goes at the driving test** er hat schon mehrere Anläufe genommen, den Führerschein zu bekommen; **have a good go with the vacuum cleaner** gründlich saugen; **let me have/can I have a go?** laß mich [auch ein]mal/kann ich [auch ein]mal? *(ugs.);* **it's my go** ich bin an der Reihe *od.* dran; **I've had my go already** ich hab[e] schon *(ugs.);* ich war schon dran *(ugs.);* **it's your turn to have a go** du bist jetzt dran *(ugs.);* **now 'you have a go** jetzt mach du mal; **you missed one go** du hast einmal ausgesetzt; du bist einmal übersprungen worden; **in two/three goes** bei zwei/drei Versuchen; **at one go** auf einmal; **at the first go** auf Anhieb; **give sth. a go** etw. mal versuchen *(ugs.);* **b) have a go at sb.** *(scold)* sich *(Dat.)* jmdn. vornehmen *od.* vorknöpfen *(ugs.); (attack)* über jmdn. herfallen; **have a go at a policeman** sich mit einem Polizisten anlegen *(ugs.);* **c)** *(period of activity)* **in one go** auf einmal; **he downed his beer in one go** er trank sein Bier in einem Zug aus; **the dentist said he'd fill the teeth in two goes** der Zahnarzt meinte, daß er die Füllungen in zwei Sitzungen machen würde; **d)** *(energy)* Schwung, *der;* **be full of go** voller Schwung *od.* Elan sein; **have plenty of** *or* **a lot of go** einen enormen Schwung *od.* Elan haben; **e)** *(vigorous activity)* **it's all go** es ist alles eine einzige Hetzerei *(ugs.);* **it's all go at work** es ist ganz schön was los bei der Arbeit; wir müssen ganz schön ran bei der Arbeit; **be on the go** auf Trab sein *(ugs.);* **keep sb. on the go** jmdn. auf Trab halten *(ugs.);* **have two jobs** *etc.* **on the go** zwei Jobs *usw.* gleichzeitig haben; **f)** *(success)* Erfolg, *der;* **make a go of sth.** *(turn sth. into a success)* mit etw. Erfolg haben; eine Sache zum Erfolg führen; *(not let sth. be a failure)* das Beste aus etw. machen; **it's no go** da ist nichts zu machen; **it's a go** *(dated coll.)* [es ist] abgemacht; *see also* **no-go; g) be all the go** der letzte Schrei sein *(ugs.);* groß in Mode sein; **h) that was a near go** das war knapp; das wäre beinahe schiefgegangen; **i)** *(dated coll.: incident)* Geschichte, *die;* **a rum go** eine komische Geschichte. **4.** *adj. (coll.)* **all systems go** alles in Ordnung; alles klar

**go about 1.** [--'-] *v. i.* **a)** *(move from place to place)* herumgehen; *(by vehicle)* herumfahren; **go about in groups** in Gruppen herumziehen; **go about in leather gear/dressed like a tramp** in Lederkleidung/wie ein Landstreicher herumlaufen; **go about doing sth.** *(be in the habit of)* etw. immer tun; **b)** *(circulate)* ‹*Gerücht, Geschichte, Grippe:*› umgehen; **c)** *(Naut.)* wenden. **2.** ['---] *v. t.* **a)** *(set about)* erledigen ‹*Arbeit*›; angehen ‹*Problem*›; **how does one go about it?** wie geht man da vor?; wie stellt man das am besten an?; **go about it [in] the right way** es richtig angehen; **go about it tactfully** *etc.* taktvoll *usw.* vorgehen; **b)** *(busy oneself with)* nachgehen (+ *Dat.*) ‹*Arbeit usw.*›

**'go after** *v. t. (hunt)* jagen; zu stellen versuchen; *(fig.)* anstreben; sich bemühen um ‹*Job*›; **decide what you want and go after it** werd dir darüber klar, was du willst, und dann versuche, es auch zu bekommen

**'go against** *v. t.* zuwiderhandeln (+ *Dat.*); handeln gegen ‹*Prinzip, Gesetz*›; **go against sb.** sich jmdm. in den Weg stellen *od.* widersetzen; *see also* **¹go 1r, s**

**go a'head** *v. i.* **a)** *(in advance)* vorausgehen (of *Dat.*); *(Sport)* an die Spitze gehen; die Führung übernehmen; **the runner went ahead of the others** der Läufer zog an den anderen vorbei; **You go ahead. I'll meet you there** Geh mal schon vor. Wir treffen uns dann dort; **b)** *(proceed)* weitermachen; *(make progress)* ⟨*Arbeit:*⟩ fortschreiten, vorangehen; **go ahead with a plan** einen Plan durchführen; **go ahead and do it** es einfach machen; **go ahead!** nur zu!; **May I explain it to you? – OK. Go ahead** Darf ich es Ihnen erklären? – Ja, schießen Sie nur los *(ugs.)*. *See also* **go-ahead**

**go a'long 1.** *v. i.* dahingehen/-fahren; *(attend)* hingehen. **2.** *v. t.* entlanggehen/-fahren

**go a'long with** *v. t.* **a) go along with sth.** *(share sb.'s opinion)* einer Sache *(Dat.)* zustimmen; *(agree to)* sich einer Sache *(Dat.)* anschließen; **b) go along with you!** *(coll.)* ach, geh *od.* komm *(ugs.)*; ach, erzähl mir doch nichts! *(ugs.)*

**go a'round** *see* **go about 1 a, b; go round**

**'go at** *v. t.* **go at sb.** *(attack)* über jmdn. herfallen; auf jmdn. losgehen; **go at sth./it** *(work at)* sich hinter etw. *(Akk.)* klemmen/sich dahinterklemmen *(ugs.)*; sich an etw. *(Akk.)* machen/sich dranmachen

**go a'way** *v. i.* weggehen; *(on holiday or business)* wegfahren; verreisen; **what did the bride wear to go away in?** was trug die Braut, als sie auf Hochzeitsreise ging?; **the problem won't go away** das Problem kann man nicht einfach ignorieren; *see also* **[1]go 1 i; going-away**

**go 'back** *v. i.* **a)** *(return)* zurückgehen/-fahren; *(restart)* ⟨*Schule, Fabrik:*⟩ wieder anfangen; *(fig.)* zurückgehen; **I wouldn't want to go back to that place** dorthin wollte ich auf keinen Fall wieder zurück; **go back to a subject** auf ein Thema zurückkommen; **go back to the beginning** noch mal von vorne anfangen; **there'll be/there's no going back** da gibt es kein Zurück mehr; **b)** *(be returned)* zurückgegeben werden; ⟨*Waren:*⟩ zurückgehen (**to** an + *Akk.*); **c)** *(be put back)* ⟨*Uhren:*⟩ zurückgestellt werden

**go 'back on** *v. t.* nicht [ein]halten ⟨*Versprechen, Wort*⟩

**go before 1.** [-'-] *v. i.* *(live before)* früher leben; *(happen before)* vorher *od.* früher geschehen. **2.** ['--] *v. t.* **a)** *(live before)* **go before sb.** vor jmds. Zeit *(Dat.)* leben; **b)** *(appear before)* **go before sth./sb.** ⟨*Person:*⟩ vor etw./jmdm. erscheinen; ⟨*Sache:*⟩ vor etw./jmdn. kommen

**'go by** *v. t.* **go by sth.** sich nach etw. richten; *(adhere to)* sich an etw. *(Akk.)* halten; **if the report is anything to go by** wenn man nach dem Bericht gehen kann; **go by appearances** nach dem Äußeren gehen *od.* urteilen; *see also* **[1]go 1 b, m; go-by**

**go 'down** *v. i.* **a)** hinuntergehen/-fahren; ⟨*Taucher:*⟩ [hinunter]tauchen; *(set)* ⟨*Sonne:*⟩ untergehen; *(sink)* ⟨*Schiff:*⟩ sinken, untergehen; *(drown)* ⟨*Person:*⟩ untergehen, ertrinken; *(fall to ground)* ⟨*Flugzeug usw.:*⟩ abstürzen; **go down to the bottom of the garden/to the doctor/to the beach** zum hinteren Ende des Gartens gehen/zum Arzt gehen/an den Strand gehen; **b)** *(be digested)* verdaut werden; *(be swallowed)* hinuntergeschluckt werden; **go down the wrong way** in die falsche Kehle geraten; **sugar helps the medicine go down** mit Zucker kriegt man die Arznei besser hinunter *(ugs.)*; **c)** *(become less)* sinken; ⟨*Umsatz, Schwellung:*⟩ zurückgehen; ⟨*Vorräte usw.:*⟩ abnehmen; ⟨*Währung:*⟩ fallen; *(become lower)* fallen; *(subside)* ⟨*Wind usw.:*⟩ nachlassen; **go down in sb.'s estimation/in the world** in jmds. Achtung *(Dat.)* sinken/sich verschlechtern; **d) go down well/all right** *etc.* **[with sb.]** [mit jmdm.] gut *usw.* klarkommen *(ugs.)*; ⟨*Film, Schauspieler, Vorschlag:*⟩ [bei jmdm.] gut *usw.* ankommen *(ugs.)*; **that didn't go down [at all] well with his wife** das hat ihm seine Frau nicht abgenommen; **e)** *(be defeated)* unterliegen; **go down to sb.** gegen jmdn. verlieren; **f)** *(be recorded in writing)* niedergeschrieben werden; schriftlich vermerkt werden; **g)** *(Bridge)* den Kontrakt nicht erfüllen; *(Cards)* [seine Karten] aufdecken; **h)** *(Brit. Univ.)* abgehen; *(at end of term)* in die Semesterferien gehen; **i)** ⟨*Maschine, Computer usw.:*⟩ ausfallen

**go 'down with** *v. t.* bekommen ⟨*Krankheit*⟩; *see also* **go down d**

**'go for** *v. t.* **a)** *(go to fetch)* **go for sb./sth.** jmdn./etw. holen; **b)** *(apply to)* **go for sb./sth.** für jmdn./etw. gelten; **that goes for me too** das gilt auch für mich; ich auch; **what goes for me goes for you too** was für mich gilt, gilt auch für dich; **c)** *(attack)* **go for sb. [with a knife** *etc.***]** [mit einem Messer *usw.*] auf jmdn. losgehen; **d)** *(pass for)* **go for sth.** als etw. durchgehen; **e)** *(like)* **go for sb./sth.** jmdn./etw. gut finden; **I could ~ for 'him** der könnte mir gefallen; **f)** *(count for)* **go for nothing/little** nichts/wenig gelten *od.* zählen; **g)** *(aim at)* es abgesehen haben auf (+ *Akk.*). *See also* **[1]go 1 o, r**

**go 'forth** *see* **forth c**

**go 'forward** *v. i.* weitergehen/-fahren; *(fig.)* voranschreiten; ⟨*Uhren:*⟩ vorgestellt werden

**go 'forward with** *v. t.* weiter durchführen; weiter verfolgen ⟨*Plan usw.*⟩

**go 'in** *v. i.* **a)** *(go indoors)* hineingehen; reingehen *(ugs.)*; **b)** *(be covered by cloud)* verschwinden; weggehen *(ugs.)*; **c)** *(be learnt)* [in den Kopf] reingehen *(ugs.)*; **it just won't go in** es will einfach nicht in den Kopf; **d)** *(Cricket)* zum Schlagen drankommen; **e) go in and win!** Bangemachen gilt nicht! *(fam.)*; nur Mut! *See also* **[1]go 1 b, v**

**go 'in for** *v. t.* **go in for sth.** *(choose as career)* etw. [er]lernen wollen; *(enter)* an etw. *(Dat.)* teilnehmen; *(indulge in, like)* für etw. zu haben sein; *(have as one's hobby, pastime, etc.)* sich auf etw. *(Akk.)* verlegen; **so you'd like to go in for teaching** du willst also Lehrer/Lehrerin werden; **I don't really go in for jogging** ich habe nicht viel übrig fürs Joggen; **go in for wearing loud colours** gern knallige Farben tragen

**'go into** *v. t.* **a)** *(join)* eintreten in (+ *Akk.*) ⟨*Streitkräfte, Orden, Geschäft usw.*⟩; gehen in (+ *Akk.*) ⟨*Industrie, Politik*⟩; gehen zu ⟨*Film, Fernsehen*⟩; beitreten (+ *Dat.*) ⟨*Bündnis*⟩; **go into law/the church** Jurist/Geistlicher werden; **go into nursing** Krankenschwester/-pfleger werden; **go into publishing** ins Verlagswesen gehen; **go into general practice** *(Med.)* sich als allgemeiner Mediziner niederlassen; **b)** *(go and live in)* gehen in (+ *Akk.*) ⟨*Krankenhaus, Heim usw.*⟩; ziehen in (+ *Akk.*) ⟨*Wohnung, Heim*⟩; **go into digs/lodgings** sich *(Dat.)* eine Bude *(ugs.)*/ein Zimmer nehmen; **c)** *(consider)* eingehen auf *(Akk.)*; *(investigate, examine)* sich befassen mit; *(explain)* darlegen; **d)** *(crash into)* [hinein]fahren in (+ *Akk.*); fahren gegen ⟨*Baum usw.*⟩; **e)** *(pass into specified state)* verfallen in (+ *Akk.*); **go into hysterics/a fit** hysterisch werden/einen Anfall bekommen; **go [off] into laughter** *etc.* in Lachen *usw.* ausbrechen; **the book is going into paperback/its fifth edition** das Buch erscheint als Paperback/in der fünften Auflage; **f)** *([begin to] wear)* tragen. *See also* **[1]go 1 b, v**

**go 'in with** *v. t.* **go in with sb.** [mit jmdm.] mitmachen

**go off 1.** [-'-] *v. i.* **a)** *(Theatre)* abgehen; **b) go off with sb./sth.** sich mit jmdm./etw. auf- und davonmachen *(ugs.)*; **his wife has gone off with the milkman** seine Frau ist mit dem Milchmann durchgebrannt *(ugs.)*; **c)** ⟨*Alarm, Schußwaffe, Klingel:*⟩ losgehen; ⟨*Wecker:*⟩ klingeln; ⟨*Bombe:*⟩ hochgehen; **d)** *(turn bad)* schlecht werden; *(turn sour)* sauer werden; *(fig.)* sich verschlechtern; **e)** ⟨*Licht, Gas, Wasser:*⟩ ausfallen; **f) go off [to sleep]** einschlafen; **g)** *(be sent)* abgehen (**to** an + *Akk.*); **h) go off well** *etc.* gut *usw.* verlaufen. *See also* **[1]go 1 b. 2.** ['--, -'-] *v. t.* **a)** *(begin to dislike)* **go off sth.** von etw. abkommen; **go off sb.** jmdn. nicht mehr mögen; **go off beer/the cinema** sich *(Dat.)* nichts mehr aus Bier/Kino machen; **b) go off the gold standard** vom Goldstandard abgehen; **c) go off into** *see* **go into f**

**go on 1.** [-'-] *v. i.* **a)** weitergehen/-fahren; *(by vehicle)* die Reise/Fahrt *usw.* fortsetzen; *(go ahead)* vorausgehen; *(drive ahead)* vorausfahren; **b)** *(continue)* weitergehen; ⟨*Kämpfe:*⟩ anhalten; ⟨*Verhandlungen, Arbeiten:*⟩ [an]dauern; *(continue to act)* weitermachen; *(continue to live)* weiterleben; **I can't go on** ich kann nicht mehr; ich weiß nicht mehr weiter; **go on for weeks** *etc.* Wochen *usw.* dauern; **this has been going on for months** das geht schon seit Monaten so; **the case went on for years** der Prozeß hat sich jahrelang hingezogen; **go on to say** *etc.* fortfahren und sagen *usw.*; **'moreover', he went on, ...:** „außerdem", fuhr er fort, ...; **go on and on** dauern und dauern; kein Ende nehmen wollen; sich endlos hinziehen; **go on [and on]** *(coll.)* *(chatter)* reden und reden; **she does go on so** sie redet unaufhörlich; **go on about sb./sth.** stundenlang von jmdm./etw. erzählen; *(complain)* sich ständig über jmdn./etw. beklagen; **go on at sb.** *(coll.)* auf jmdm. herumhacken *(ugs.)*; **c)** *(elapse)* ⟨*Zeit:*⟩ vergehen; **as time/the years went on** im Laufe der Zeit/Jahre; **d)** *(happen)* passieren; vor sich gehen; **there's more going on in the big cities** in den großen Städten ist mehr los; **the things that go on there** die Dinge, die da vor sich gehen; **what's going on?, what goes on?** was geht vor?; was ist los?; **e) be going on [for] ...** *(be nearly)* fast ... sein; **he is going on [for] ninety** er geht auf die Neunzig zu; **he is seven going on [for] eight** er ist fast acht; **it is going on [for] ten o'clock** es geht auf 10 Uhr zu; **f)** *(behave)* sich benehmen; sich aufführen; **g)** ⟨*Kleidung:*⟩ passen; **my dress wouldn't go on** ich kriegte mein Kleid nicht an *(ugs.)*; ich kam nicht in mein Kleid rein *(ugs.)*; **this hat won't go on** diesen Hut kriege ich nicht auf *(ugs.)*; **h)** *(Theatre)* auftreten; *(Cricket)* mit dem Werfen beginnen; **i)** *see* **go forward; j)** *(be lit)* ⟨*Licht:*⟩ angehen; *(be supplied)* ⟨*Strom, Wasser:*⟩ kommen; **go on again** ⟨*Strom, Gas, Wasser:*⟩ wiederkommen; **k) go on!** *(proceed)* los, mach schon! *(ugs.)*; *(resume)* fahren Sie fort!; *(coll.: stop talking nonsense)* ach, geh *od.* komm *(ugs.)*; ach, erzähl mir doch nichts! *(ugs.)*; *see also* **goings-on. 2.** ['--] *v. t.* **a)** *(ride on)* fahren mit; **go on the roundabout/swings/Big Dipper** Karussell/Schiffschaukel/Achterbahn fahren; **b)** *(continue)* **go on working/talking** *etc.* weiterarbeiten/weiterreden *usw.*; **go on trying** es weiter[hin] versuchen; **c)** *(coll.: be guided by)* sich stützen auf (+ *Akk.*); **there's little evidence to go on** es gibt wenig Beweismaterial, auf das man sich stützen kann; **d)** *(begin to receive)* bekommen, erhalten ⟨*Arbeitslosengeld, Sozialfürsorge*⟩; *see also* **dole 1; e)** *see* **go on to b; f)** *(start to take)* nehmen ⟨*Medikament, Drogen*⟩; **go on a diet** eine Abmagerungs- *od.* Schlankheitskur machen; **g)** *(coll.: like)* *see* **much 2.** *See also* **[1]go 1 l; stage 1 b**

**go 'on for** *see* **go on 1 e**

**go 'on to** *v. t.* **a)** *(proceed to)* übergehen zu; **he went on to become ...:** er wurde schließlich ...; **b)** *(change working arrangements to)* übergehen zu ⟨*Kurzarbeit, Überstunden*⟩

**go 'on with** *v. t.* **a) go on with sth.** mit

etw. weitermachen; **something/enough to go on with** *or* **be going on with** etwas/genug für den Anfang *od.* fürs erste; **here's something to be going on with** hiermit kann man schon [ein]mal anfangen; **here's £10 to be going on with** hier sind erst [ein]mal 10 Pfund [für den Anfang] *(ugs.)*; **here's a cup of tea to be going on with** hier hast du erst einmal eine Tasse Tee; **b)** *see* **go along with b**

**go 'out** *v. i.* **a)** *(from home)* ausgehen; **go out to work/go out charring/for a meal** arbeiten/putzen/essen gehen; **go out and about** unterwegs sein; auf den Beinen sein; **out you go!** hinaus *od. (ugs.)* raus mit dir!; **go out with sb.** *(regularly)* mit jmdm. gehen *(ugs.)*; **b) go out [on strike]** in den Ausstand treten; **c)** *(be extinguished)* ⟨*Feuer, Licht, Zigarre usw.:*⟩ ausgehen; **go out like a light** *(fig. coll.: fall asleep)* sofort weg sein *(ugs.)* *od.* einschlafen; **d)** *(ebb)* ⟨*Ebbe, Wasser:*⟩ ablaufen, zurückgehen; **the tide has gone out** es ist Ebbe; **e)** *(Polit.)* [aus der Regierung] ausscheiden; ⟨*Regierung:*⟩ abgelöst werden; **f)** *(be issued)* verteilt werden; *(Radio, Telev.: be transmitted)* übertragen werden; ausgestrahlt werden; **g)** *(euphem.: die)* [hinüber]gehen *(verhüll.)*; **he went out peacefully in his sleep** er ist sanft entschlafen *(geh.)*; **h)** *(end)* ⟨*Monat, Jahr:*⟩ zu Ende gehen; **i)** *(of fashion)* unmodern werden; ⟨*Brauch:*⟩ aussterben; **j)** *(Sport: be defeated)* unterliegen (**to** *Dat.*). *See also* **[1]go 1 b; business b; walk 3 a**

**go 'out to** *v. t.* ⟨*Sympathie:*⟩ sein mit; **my heart/sympathy goes out to them** ich fühle mit ihnen mit. *See also* **go out j**

**go over 1.** [-'--] *v. i.* **a) he went over to the fireplace/man in the corner** er ging zum Kamin/zu dem Mann in der Ecke hinüber; **we're going over to our friends** wir fahren zu unseren Freunden; **I'm just going over to the shop** ich gehe kurz ins Geschäft hinüber; **b)** *(be received)* ⟨*Rede, Ankündigung, Plan:*⟩ ankommen (**with** bei); **c)** *(Radio, Telev.)* **go over to sb./sth./Belfast** zu jmdm./in etw. *(Akk.)*/nach Belfast umschalten. *See also* **[1]go 1 b. 2.** ['---] *v. t.* **a)** *(re-examine, think over, rehearse)* durchgehen; **go over sth./the facts in one's head** *or* **mind** etw. im Geiste durchgehen/die Fakten überdenken; **b)** *(clean)* saubermachen; *(inspect and repair)* durchsehen ⟨*Maschine, Auto usw.*⟩; **go over the house with the Hoover/duster** durchsaugen/mit dem Staubtuch durchs Haus gehen; **c)** *(survey)* begutachten; sich *(Dat.)* ansehen; **d) go over sth. with a pen** etw. mit dem Stift nachziehen. *See also* **going-over**

**go 'over to** *v. t.* **a)** hinübergehen zu; übertreten zu ⟨*Glauben, Partei*⟩; überwechseln zu ⟨*Revolutionären*⟩; ⟨*Verräter:*⟩ überlaufen zu ⟨*Feind*⟩; überlaufen in (+ *Akk.*) ⟨*Lager des Feindes*⟩; **b)** *(change to)* übergehen zu. *See also* **[1]go 1 b**

**go round 1.** [-'-] *v. i.* **a)** *(call)* **go round and** *or* **to see sb.** jmdn. besuchen; bei jmdm. vorbeigehen *(ugs.)*; **go round to sb.'s house** *(call at)* jmdn. aufsuchen; **b)** *(look round)* sich umschauen; **c)** *(suffice)* reichen; langen *(ugs.)*; **enough coffee to go round** genug Kaffee für alle; **d)** *(spin)* sich drehen; **my head is going round** mir dreht sich alles; **e)** *(circulate)* **the word went round that ...:** es ging die Parole um, daß ...; **f)** *(Golf)* **go round in 70** eine 70er Runde spielen. **2.** ['--] *v. t.* **a)** *(inspect)* besichtigen; **b)** *(encompass)* ⟨*Gürtel:*⟩ herumreichen um ⟨*Taille*⟩; **the trousers won't go round my waist** die Hose paßt mir nicht in der Taille *od.* um die Taille herum; **c) have enough food to go round [so many people]** [für so viele Leute] genügend zu essen haben

**go through 1.** [-'-] *v. i.* ⟨*Ernennung, Gesetzesvorlage:*⟩ durchkommen; ⟨*Geschäft:*⟩ [erfolgreich] abgeschlossen werden; ⟨*Antrag, Bewerbung:*⟩ durchgehen; **go through to the final** in die Endrunde kommen; **as soon as his divorce has gone through** sobald seine Scheidung durch ist. **2.** ['--] *v. t.* **a)** *(execute, undergo)* erledigen ⟨*Formalität, Anforderung*⟩; abwickeln ⟨*Geschäft*⟩; absolvieren ⟨*Kurs, Lehre*⟩; durchziehen *(ugs.)* ⟨*Programm*⟩; **go through a marriage ceremony/divorce proceedings** sich trauen lassen/die Scheidung durchmachen; **b)** *(rehearse)* durchgehen; **c)** *(examine)* durchsehen ⟨*Post, Unterlagen*⟩; *(search)* durchsuchen ⟨*Taschen*⟩; **d)** *(endure)* durchmachen ⟨*schwere Zeiten*⟩; durchstehen ⟨*Belastung*⟩; *(suffer)* erleiden ⟨*Schmerzen*⟩; **e)** *(use up)* verbrauchen; durchbringen ⟨*Erbschaft*⟩; aufbrauchen ⟨*Vorräte*⟩; **f)** *(be published in)* erleben ⟨*Auflagen*⟩. *See also* **[1]go 1 v**

**go 'through with** *v. t.* zu Ende führen; ausführen ⟨*Hinrichtung*⟩; **she realized that she would have to go through with it** sie sah ein, daß sie jetzt nicht mehr zurückkonnte; **she told him that she couldn't go through with the wedding** sie sagte ihm, daß aus der Hochzeit nichts würde

**go to'gether** *v. i.* **a)** *(coincide)* zusammengehen; **b)** *(match)* zusammenpassen; **c)** *(date regularly)* miteinander gehen *(ugs.)*

**go 'under** *v. i.* *(sink below surface)* untergehen; *(fig.: fail)* ⟨*Geschäftsmann:*⟩ scheitern; ⟨*Unternehmen:*⟩ eingehen; **~ under to sth.** einer Sache *(Dat.)* zum Opfer fallen

**go 'up** *v. i.* **a)** hinaufgehen/-fahren; ⟨*Ballon:*⟩ aufsteigen; ⟨*Flugzeug, Flieger*⟩ fliegen; *(Theatre)* ⟨*Vorhang:*⟩ aufgehen, hochgehen; ⟨*Lichter:*⟩ angehen; **b)** *(increase)* ⟨*Bevölkerung, Zahl:*⟩ wachsen; ⟨*Preis, Wert, Zahl, Niveau:*⟩ steigen; **everything is going up these days** heutzutage wird alles teurer; **c)** *(be constructed)* ⟨*Gebäude, Barrikade:*⟩ errichtet werden; **d)** *(be destroyed)* in die Luft fliegen *(ugs.)*; hochgehen *(ugs.)*; *see also* **flame 1 a; smoke 1 a; e)** *(Brit. Univ.)* sein Studium aufnehmen; **go up to Oxford** sein Studium in Oxford aufnehmen; *(at beginning of term)* nach den Semesterferien nach Oxford zurückkehren; **f) go up to sb.** *(approach for talk)* auf jmdn. zugehen; **g) go up in the world** [gesellschaftlich] aufsteigen

**'go with** *v. t.* **a)** *(be concomitant with)* einhergehen mit; **b)** *(be included with)* gehören zu; **c)** *(date regularly)* gehen mit *(ugs.)*. *See also* **[1]go 1 a, w**

**go without 1.** ['---] *v. t.* verzichten auf (+ *Akk.*); **have to go without sth.** ohne etw. auskommen müssen. **2.** [--'-] *v. i.* *(receive nothing)* **if you won't eat that dinner, you'll have to go without** wenn du das Essen nicht ißt, mußt du eben ohne auskommen

**[2]go** *n.* *(game)* Go, *das*

**goad** [gəʊd] **1.** *v. t.* **a) ~ sb. into sth./doing sth.** jmdn. zu etw. anstacheln/dazu anstacheln, etw. zu tun; **~ sb. into a fury** jmdn. in Wut bringen; **b)** antreiben ⟨*Vieh usw.*⟩. **2.** *n.* Stachelstock, *der; (fig.)* Stachel, *der; (stimulus)* Ansporn, *der*

**~ 'on** *v. t.* **~ sb. on** jmdn. anstiften

**'go-ahead 1.** *adj.* *(enterprising)* unternehmungslustig; *(progressive)* fortschrittlich; **~ spirit** Unternehmungsgeist, *der.* **2.** *n.* grünes Licht *(fig.)*; **give sb./sth. the ~:** jmdm./einer Sache grünes Licht geben

**goal** [gəʊl] *n.* **a)** *(aim)* Ziel, *das;* **what do you have as your ~?** welches Ziel hast du dir gesetzt?; **attain** *or* **reach** *or* **accomplish one's ~:** sein Ziel erreichen; **b)** *(Assoc. Footb., Hockey)* Tor, *das; (Rugby)* Mal, *das;* **keep ~:** das Tor hüten; **[play] in ~:** im Tor [stehen]; **score/kick a ~:** einen Treffer erzielen; **win by two ~s to one** zwei zu eins gewinnen; **c)** *(of race)* Ziellinie, *die;* Ziel, *das*

**goal: ~ area** *n.* Torraum, *der;* **~ average** *n.* **on ~ average** nach Toren; **~ difference** *n.* Tordifferenz, *die*

**goalie** ['gəʊlɪ] *n.* *(coll.)* Tormann, *der;* Schlußmann, *der (ugs.)*

**goal: ~keeper** *n.* Torwart, *der;* **~-kick** *n.* *(Assoc. Footb.)* Abstoß, *der; (Rugby)* Tritt nach dem Mal

**goalless** ['gəʊllɪs] *adj.* torlos; **end in a ~ draw** torlos [unentschieden] enden

**goal: ~-line** *n.* *(Assoc. Footb., Hockey)* Torlinie, *die; (Rugby)* Mallinie, *die;* **~-minder** *n.* *(Amer.)* Torwart, *der;* **~-mouth** *n.* Raum unmittelbar vor dem Tor; **~-post** *n.* Torpfosten, *der;* **move the ~-posts** *(fig. coll.)* sich nicht an die vereinbarten Bedingungen halten; **~-tender** *n.* *(Amer.)* Torwart, *der*

**go-as-you-'please** *adj.* ungezwungen

**goat** [gəʊt] *n.* **a)** Ziege, *die;* **act** *or* **play the [giddy] ~:** den Clown spielen; herumalbern; **get sb.'s ~** *(sl.)* jmdn. aufregen *(ugs.)*; **b)** *(Astrol.)* **the G~** der Steinbock; *see also* **archer b; c)** *(coll.: fool)* Idiot, *der (ugs. abwertend);* Esel, *der (ugs.)*; **d)** *(coll.: licentious man)* **old ~:** alter [geiler] Bock *(salopp)*; **e)** *(Amer.: scapegoat)* Sündenbock, *der (ugs.)*

**goatee** [gəʊ'ti:] *n.* **~ [beard]** Kinnbart, *der;* Spitzbart, *der*

**'goatherd** *n.* Ziegenhirt[e], *der*

**goatish** ['gəʊtɪʃ] *adj.* *(fig.)* geil

**goat: ~skin** *n.* Ziegenleder, *das; (bottle)* Ziegenlederflasche, *die;* **~'s milk** *n.* Ziegenmilch, *die;* **~sucker** *see* **nightjar**

**[1]gob** [gɒb] *n.* *(sl.)* Gosche, *die (landsch. derb);* Schnauze, *die (derb abwertend);* Maul, *das (derb abwertend);* **shut your ~!** halt's Maul! *(derb)*; halt die Schnauze! *(derb)*

**[2]gob** *v. i.* *(coarse: spit)* rotzen *(derb)*

**[1]gobble** ['gɒbl] **1.** *v. t.* **~ [down** *or* **up]** hinunterschlingen. **2.** *v. i.* schlingen

**~ up** *v. t.* *(fig. coll.)* verschlingen; ⟨*Land, Imperium:*⟩ sich *(Dat.)* einverleiben ⟨*kleineres Land usw.*⟩

**[2]gobble** *v. i.* *(make sound)* kollern

**gobbledegook, gobbledygook** ['gɒbldɪgʊk, 'gɒbldɪgu:k] *n.* Kauderwelsch, *das*

**'go-between** *n.* Vermittler, *der*/Vermittlerin, *die; (in love affair)* Postillon d'amour, *der*

**Gobi** ['gəʊbɪ] *pr. n.* **the ~ [Desert]** die [Wüste] Gobi

**goblet** ['gɒblɪt] *n.* Kelchglas, *das*

**goblin** ['gɒblɪn] *n.* Kobold, *der*

**'gob-stopper** *n.* *(Brit.)* Riesenlutscher, *der;* Maulstopfer, *der (ugs.)*

**goby** ['gəʊbɪ] *n.* *(Zool.)* Grundel, *die*

**'go-by** *n.* **give the ~ to sb., give sb. the ~:** jmdn. schneiden

**'go-cart** *n.* **a)** *(handcart)* Handwagen, *der;* **b)** *(for child)* Sport[kinder]wagen, *der*

**god** [gɒd] *n.* **a)** Gott, *der;* **the drink of the ~s** der Göttertrank; **be** *or* **lie in the lap** *or* **on the knees of the ~s** im Schoß der Götter liegen; **a feast [fit] for the ~s** ein göttliches Mahl; **a gift from the ~s** ein Geschenk des Himmels; **a sight [fit] for the ~s** eine Augenweide; *(with grandeur)* ein majestätischer Anblick; *(iron.)* ein Bild für die Götter *(ugs. scherzh.)*; **ye ~s [and little fishes]!** mein Gott!; **b) God** *no pl. (Theol.)* Gott; **Almighty God** der allmächtige Gott; **God the Father, Son, and Holy Ghost** Gott Vater, Sohn und Heiliger Geist; **God moves in a mysterious way** *(prov.)* die Wege des Herrn sind unerforschlich; **God helps those who help themselves** *(prov.)* hilf dir selbst, so hilft dir Gott *(Spr.)*; **God knows** *(as God is witness)* weiß Gott *(ugs.)*; **God knows, I tried** ich habe es, weiß Gott, versucht; **God [only] knows** *(nobody knows)* weiß der Himmel *(ugs.)*; **God willing, if it is God's will** so Gott will; **an act of God** höhere Gewalt; **before God** bei Gott; **play God** sich zum Gott aufwerfen; **under God** auf Erden *(geh.)*; **God's gift** ein Geschenk Gottes; ein Gottesgeschenk; **she thinks she's God's gift to men** sie denkt, sie ist der Traum aller Männer; **God's truth** [nichts als] die reine Wahrheit *(geh.)*; **be with God** bei Gott sein *(bibl.)*; **God's [own]**

**country** Paradies auf Erden; **God's earth** Gottes [weite] Erde; **God!/good God!/my God!/oh God!/God in Heaven!** [ach] Gott!/großer *od.* allmächtiger *od.* guter Gott!/mein Gott!/o Gott!/[guter] Gott im Himmel!; **dear God!** lieber Gott!; **for God's sake!** um Himmels *od.* Gottes willen!; **I hope to God that ...:** ich hoffe bei Gott, daß ...; **God be with you** Gott mit euch; **God, he's so stupid!** [mein] Gott, ist er dumm!; **by God** bei Gott; **thank God!** Gott sei Dank!; **God damn it!** zum Teufel noch mal! *(ugs.)*; **God damn you/him** *etc.* Gott verfluche dich/ihn *usw.*; **God help you/him** *etc.* möge Gott dir/ihm *usw.* helfen; Gott steh dir/ihm *usw.* bei; **God grant ...:** Gott gebe ...; **please God!** so es Gott gefällt; **as God is my witness/judge** Gott ist mein Zeuge; *see also* **bless a; forbid b; help 1 e; man 1 a, b; name 1 d; c)** *(fig.)* Gott, *der;* Götze, *der (geh., abwertend); see also* **tin god; d)** *(Theatre)* **the ~s** der Olymp *(ugs. scherzh.)*

**'God-awful** *adj. (sl.)* fürchterlich

**god: ~child** *n.* Patenkind, *das;* **~-dam, ~-damn, ~-damned 1.** *adj.* gottverdammt *(derb);* **[it is] none of your ~-dam business** das geht dich einen Dreck an *(salopp);* **2.** *adv.* gottverdammt *(derb);* **you're ~-dam right!** du hast, verdammt noch mal, recht! *(derb);* **~-daughter** *n.* Patentochter, *die*

**goddess** ['gɒdɪs] *n.* Göttin, *die*

**'godfather** *n.* **a)** Pate, *der;* Patenonkel, *der;* **my ~s!** [ach] du meine *od.* liebe Güte!; **b)** *(fig.)* Boß, *der (ugs.); (of Mafia etc.)* Pate, *der*

**'God-fearing** *adj.* gottesfürchtig

**'God-forsaken** *adj.* gottverlassen

**'God-given** *adj.* gottgegeben

**godhead** ['gɒdhed] *n.* Göttlichkeit, *die;* **the G~:** die Gottheit; Gott, *der*

**godless** ['gɒdlɪs] *adj.* gottlos

**godlike** ['gɒdlaɪk] *adj.* göttlich; göttergleich *(geh.)*

**godliness** ['gɒdlɪnɪs] *n., no pl.* Gottgefälligkeit, *die*

**godly** ['gɒdlɪ] *adj.* gottgefällig; gottergeben

**god: ~mother** *n.* Patin, *die;* Patentante, *die;* **~parent** *n. (male)* Pate, *der; (female)* Patin, *die;* **~send** *n.* Gottesgabe, *die;* **be a ~send to sb.** für jmdn. ein Geschenk des Himmels sein; **~son** *n.* Patensohn, *der*

**God'speed** *n. (dated)* **wish** *or* **bid sb. ~:** jmdm. eine glückliche Reise wünschen

**godwit** ['gɒdwɪt] *n. (Ornith.)* Pfuhlschnepfe, *die*

**goer** ['gəʊə(r)] *n.* **a)** *(horse)* Geher, *der;* **be a good ~:** gut gehen; **b)** *(active person)* Energiebündel, *das (ugs.);* **c)** *in comb.* -gänger, *der;* -besucher, *der; see also* **church-goer, film-goer,** *etc.*

**goes** *see* ¹**go 1, 2**

**Goethian (Goethean)** ['gɜ:tɪən] *adj. (of Goethe)* Goethisch; Goethesch; *(having characteristics of Goethe)* goethisch; goethesch

**'go-getter** *n. (coll.)* Ellbogenmensch, *der (abwertend);* Draufgänger, *der*

**'go-getting** *adj.* draufgängerisch; Ellbogen gebrauchend

**goggle** ['gɒgl] **1.** *n. in pl.* **[a pair of] ~s** eine Schutzbrille. **2.** *adj.* **~ eyes** Glupschaugen *(nordd.);* Froschaugen *(ugs.).* **3.** *v. i.* glotzen *(ugs.);* **~ at sb./sth.** jmdn./etw. anglotzen *(ugs.)*

**goggle: ~-box** *n. (sl.)* Glotze, *die (salopp);* Glotzkiste, *die (salopp);* **~-eyed** *adj.* glotzäugig *(ugs.)*

**'go-go** *adj. (coll.)* Go-go-; **~ dancer** *or* **girl** Go-Go-Girl, *das*

**going** ['gəʊɪŋ] **1.** *n.* **a)** *vbl. n. of* ¹**go 1; b)** *(progress)* Vorankommen, *das; (Horse-racing, Hunting, etc.)* Geläuf, *das;* **150 miles in two hours, that is good ~:** 150 Meilen in zwei Stunden, das ist wirklich gut; **the ~ was slow/heavy** man kam nur langsam/schwer voran; **the journey was slow ~:** die Reise zog sich [in die Länge]; **interviewing her is heavy ~:** ein Gespräch mit ihr ist ganz schön mühsam *od.* ein schwieriges Geschäft; **this book is heavy ~:** dieses Buch liest sich schwer; **while the ~ is good** solange noch Zeit dazu ist *od.* es noch geht. **2.** *adj.* **a)** *pres. p. of* ¹**go 1, 2; b)** *(available)* erhältlich; **there is sth. ~:** es gibt etw.; **take any job ~:** jede Arbeit annehmen, die es nur gibt; **this cabbage was the best one ~:** das war der beste Kohl, den man bekommen konnte; **c) be ~ to do sth.** etw. tun [werden/wollen]; **he's ~ to be a ballet-dancer when he grows up** wenn er groß ist, wird er Balletttänzer; **I was ~ to say** ich wollte sagen; **I was not ~** *(did not intend)* **to do sth.** ich hatte nicht die Absicht, etw. zu tun; **it's ~ to snow** es wird schneien; **d)** *(current)* üblich; **the ~ rate of exchange** der augenblickliche Wechselkurs; **e) a ~ concern** eine gesunde Firma; **f) have a lot/nothing** *etc.* **~ for one** *(coll.)* viel/nichts *usw.* haben, was für einen spricht; **g) to be ~ on with** *see* **go on with; set/keep sth. ~, keep sb. ~** *see* ¹**go 1 f; get ~** *see* **get 1 o, 2 b; be ~ on fifteen** *etc. see* **go on 1 e; ~ strong** *see* **strong 2; ~ great guns** *see* **gun 1 a**

**going: ~-a'way** *attrib. adj.* ⟨*Ausstattung, Kleid*⟩ für die Hochzeitsreise; **~-over** *n.* **a)** *(coll.: overhaul) (of list etc.)* Durchsicht, *die; (of engine etc.)* Überholung, *die;* Überprüfung, *die;* **give sth. a [good etc.] ~-over** eine Sache [gründlich *usw.*] durchgehen *od.* durchsehen; **give the room a ~-over with the Hoover/duster** das Zimmer durchsaugen/im Zimmer Staub wischen; **b)** *(sl.: thrashing)* **give sb. a [good] ~-over** jmdn. [ordentlich] verprügeln *(ugs.);* **c)** *(Amer. coll.: scolding)* **give sb. a [good] ~-over** sich *(Dat.)* jmdn. [einmal ordentlich] vorknöpfen *(ugs.)*

**goings-on** [gəʊɪŋz'ɒn] *n. pl.* Ereignisse; Vorgänge; **there have been some strange ~:** seltsame Dinge sind da passiert; **be disgusted by sb.'s ~:** empört über jmds. Treiben *od.* Geschichten *(Akk.)* sein

**goitre** *(Brit.; Amer.:* **goiter)** ['gɔɪtə(r)] *n. (Med.)* Kropf, *der*

**'go-kart** *n.* Go-Kart, *der*

**gold** [gəʊld] **1.** *n.* **a)** *no pl., no indef. art.* Gold, *das;* **the price of ~:** der Goldpreis; **be worth one's weight in ~:** nicht mit Gold aufzuwiegen sein; **a heart of ~:** ein goldenes Herz; **she is pure ~:** sie ist Gold wert; **b)** *no pl., no indef. art. (wealth)* Geld, *das; (coins)* Goldmünzen *Pl.;* **a crock** *or* **pot of ~ at the end of the rainbow** ein Krug/Topf voll Gold am Ende des Regenbogens *(ein unerfüllbarer Wunsch);* **c)** *(colour)* Gold, *das;* **the ~ of her hair** ihr goldenes Haar; **d)** *(medal)* Gold, *das;* **win six Olympic ~s** sechsmal olympisches Gold gewinnen; **e)** *(Archery)* Gold, *das. See also* **glitter 1 a; good 1 f. 2.** *attrib. adj.* golden; Gold⟨*münze, -stück, -kette, -krone usw.*⟩

**gold: ~ 'brick** *n.* **a)** *(sl.: fraud)* Schwindel, *der;* **sell sb. a ~ brick** jmdn. übers Ohr hauen *(ugs.);* jmdm. etwas andrehen *(ugs.);* **b)** *(Amer. sl.: shirker)* Drückeberger, *der (ugs. abwertend);* **~-coloured** *adj.* goldfarben; **~crest** *n. (Ornith.)* Wintergoldhähnchen, *das;* **~-digger** *n.* Goldgräber, *der;* **she's a ~-digger** *(fig. sl.)* sie ist nur auf das Geld der Männer aus; **~ 'disc** *n.* Goldene Schallplatte; **~-dust** *n.* **a)** Goldstaub, *der;* **be like ~-dust** eine Rarität sein; **b)** *(Bot.)* Felsensteinkraut, *das*

**golden** ['gəʊldn] *adj.* **a)** golden; **~ brown/yellow** goldbraun/goldgelb; **b)** *(fig.)* golden; einmalig ⟨*Gelegenheit*⟩

**golden: ~ 'age** *n.* goldenes Zeitalter; **~ boy** *n.* Goldjunge, *der;* **~ 'calf** *n.* Goldenes Kalb; **~ 'disc** *see* **gold disc; ~ 'eagle** *n.* Steinadler, *der;* **G~ 'Fleece** *n. (Greek Mythol.)* Goldenes Vlies; **G~ 'Gate** *pr. n. (Geog.)* Goldenes Tor; **the ~ Gate Bridge** die Golden-Gate-Brücke; **~ girl** *n.* Goldmädchen, *das;* **~-haired** *adj.* mit goldenem Haar *nachgestellt (dichter.);* **~ 'hamster** *n.* Goldhamster, *der;* **~ 'handshake** *n.* Abfindung[ssumme], *die;* **~ 'jubilee** *n.* goldenes Jubiläum; **~ 'mean** *n.* goldene Mitte; **~ re'triever** *n.* Golden Retriever, *der;* **~ rod** *n. (Bot.)* Goldrute, *die;* **~ 'rule** *n.* goldene Regel; **~ 'syrup** *n. (Brit.)* Sirup, *der;* **~ 'wedding** *n.* goldene Hochzeit

**gold: ~-fever** *n.* Goldrausch, *der;* **~-field** *n.* Goldfeld, *das;* **~finch** *n.* Stieglitz, *der;* Distelfink, *der;* **~fish** *n.* Goldfisch, *der;* **~fish bowl** *n.* Goldfischglas, *das;* **like being in a ~fish bowl** *(fig.)* wie auf dem Präsentierteller; **~ 'foil** *n.* Goldfolie, *die*

**goldilocks** ['gəʊldɪlɒks] *n.* Blondkopf, *der*

**gold: ~ 'leaf** *n.* Blattgold, *das;* **~ 'medal** *n.* Goldmedaille, *die;* **~ 'medallist** *n.* Goldmedaillengewinner, *der*/-gewinnerin, *die;* **~-mine** *n.* Goldmine, *die; (fig.)* Goldgrube, *die;* **~ 'plate** *n., no pl., no indef. art.* **a)** vergoldete Ware; *(coating)* Goldauflage, *die;* **be ~ plate** vergoldet sein; **b)** *(vessels, tableware)* Goldgeschirr, *das;* **~-plate** *v. t.* vergolden; **~ reserve** *n.* Goldreserve, *die;* **~-rush** *n.* **the ~-rush to Alaska** der Strom von Goldgräbern nach Alaska; **~smith** *n.* Goldschmied, *der*/-schmiedin, *die;* **~ standard** *n.* Goldstandard, *der; see also* **go off 2 b; ~ 'thread** *n.* Goldfaden, *der*

**golf** [gɒlf] **1.** *n., no pl.* Golf, das; *attrib.* Golf⟨*platz, -schlag usw.*⟩. **2.** *v. i.* Golf spielen; **his ~ing friends** seine Golffreunde

**golf: ~-bag** *n.* Golftasche, *die;* **~ ball** *n.* **a)** Golfball, *der;* **b)** *(coll.: in typewriter)* Kugelkopf, *der;* **~-club** *n.* **a)** *(implement)* Golfschläger, *der;* **b)** *(association)* Golfclub, *der;* **~-course** *n.* Golfplatz, *der*

**golfer** ['gɒlfə(r)] *n.* Golfer, *der*/Golferin, *die;* Golfspieler, *der*/Golfspielerin, *die*

**golf-links** *n. pl.* Golfplatz, *der*

**Goliath** [gə'laɪəθ] *n. (lit. or fig.)* Goliath, *der*

**golliwog** ['gɒlɪwɒg] *n.* Negerpuppe, *die;* **have hair like a ~:** wie ein Struwwelpeter aussehen

¹**golly** ['gɒlɪ] *see* **golliwog**

²**golly** *int.* meine Güte!; **by ~:** Menschenskind!

**golosh** *(Brit.) see* **galosh**

**gonad** ['gəʊnæd] *n. (Anat., Zool.)* Gonade, *die*

**gondola** ['gɒndələ] *n.* **a)** *(boat)* Gondel, *die;* **b)** *(Amer. Railw.)* **~ [car]** offener Güterwagen; offener Flachwagen; **c)** *(of ski-lift, airship)* Gondel, *die;* **d)** *(in shop)* Gondel, *die;* Verkaufsregal, *das*

**gondolier** [gɒndə'lɪə(r)] *n.* Gondoliere, *der*

**gone** [gɒn, gɔ:n] **1.** *p. p. of* ¹**go 1. 2.** *pred. adj.* **a)** *(away)* weg; **it's time you were ~:** es ist *od.* wird Zeit, daß du gehst; **he has been ~ ten minutes** *(coll.)* er ist seit zehn Minuten fort *od.* weg; **he will be ~ a year** er wird ein Jahr lang weg sein; **no, it's ~ again** *(fig.: forgotten)* es ist mir schon wieder entfallen; **b)** *(of time: after)* nach; **not be back until ~ ten o'clock** erst nach zehn Uhr zurückkommen; **it's ~ ten o'clock** es ist zehn Uhr vorbei; **at ~ midnight** nach Mitternacht; **c)** *(used up)* **be all ~:** alle sein *(ugs.);* **d)** *(coll.: pregnant)* **be six** *etc.* **months ~:** im sechsten *usw.* Monat sein; **e) be ~ on sb./sth.** *(sl.)* ganz weg von jmdm./etw. sein *(ugs.). See also* **far 1 d; forget 1 a;** ¹**go 1 k**

**goner** ['gɒnə(r)] *n. (sl.)* **he is a ~:** er hat die längste Zeit gelebt *(ugs.);* **the ship is a ~:** das Schiff macht es nicht mehr lange *od.* wird bald seinen Geist aufgeben *(ugs.)*

**gong** [gɒŋ] *n.* **a)** Gong, *der;* **b)** *(sl.: medal)* Orden, *der; in pl.* Blech, *das (ugs.);* Lametta, *das (ugs.)*

**gonna** ['gɒnə] *(sl./Amer. coll.)* = **going to;** *see* **going 2 c**

**gonorrhoea** (*Amer.:* **gonorrhea**) [gɒnəˈrɪə] *n.* *(Med.)* Gonorrhöe, *die (fachspr.);* Tripper, *der*

**goo** [gu:] *n.* *(coll.)* Schmiere, *die (ugs.); (fig.)* Gefühlsduselei, *die (ugs. abwertend); (in film etc.)* Schmalz, *der (ugs. abwertend)*

**good** [gʊd] **1.** *adj.*, **better** [ˈbetə(r)], **best** [best] **a)** *(satisfactory)* gut; *(reliable)* gut; zuverlässig; *(sufficient)* gut; ausreichend ‹*Vorrat*›; ausgiebig ‹*Mahl*›; *(competent)* gut; geeignet; **his ~ eye/leg** sein gesundes Auge/Bein; **in ~ health** bei guter Gesundheit; **come in a ~ third** einen guten dritten Platz belegen; **come ~** *(sl.)* groß rauskommen *(ugs.);* **Late again! It's just not ~ enough** *(coll.)* Schon wieder zu spät. So geht es einfach nicht!; **your excuse is not ~ enough** diese Entschuldigung reicht nicht; **in ~ time** frühzeitig; **all in ~ time** alles zu seiner Zeit; **take ~ care of sb.** gut für jmdn. sorgen; **be ~ at sth.** in etw. *(Dat.)* gut sein; **be ~ at doing sth.** etw. gut können; **speak ~ English** gut[es] Englisch sprechen; **be ~ with people** *etc.* mit Menschen *usw.* gut *od.* leicht zurechtkommen; **the ~ ship 'Victory'** die gute, alte „Victory"; **b)** *(favourable, advantageous)* gut; günstig ‹*Gelegenheit, Augenblick, Angebot*›; **a ~ chance of succeeding** gute Erfolgschancen; **too ~ to be true** zu schön, um wahr zu sein; **in the ~ sense** im positiven Sinn; **I've heard so many ~ things about you** ich habe schon soviel Gutes von Ihnen gehört; **the ~ thing about it is that ...:** das Gute daran ist, daß ...; **be on to a ~ thing** was Gutes aufgetan haben *(ugs.);* **be too much of a ~ thing** zuviel des Guten sein; **you can have too much of a ~ thing** man kann es auch übertreiben; **be ~ for sb./sth.** gut für jmdn./etw. sein; **apples are ~ for you** Äpfel sind gesund; **eat more than is ~ for one** mehr essen, als einem guttut; **know what is ~ for one** wissen, was sich gehört; **it's a ~ thing you told him** nur gut, daß du es ihm gesagt hast; **make a ~ death** *or* **end** einen schönen Tod haben; **the water isn't ~ to drink** das Wasser kann man nicht trinken; **c)** *(prosperous)* gut; **~ times** eine schöne Zeit; **have it ~:** es gut haben; **d)** *(enjoyable)* schön ‹*Leben, Urlaub, Wochenende*›; **the ~ things** alles, was gut und schön ist; **the ~ things in life** Annehmlichkeiten; **the ~ old days** die gute alte Zeit; **the ~ life** das angenehme[, sorglose] Leben; **have a ~ time!** viel Spaß *od.* Vergnügen!; **did you have a ~ time in Spain?** war es schön in Spanien?; **be after a ~ time** auf sein Vergnügen aussein; **have a ~ journey!** gute Reise!; **it's ~ to be alive** es ist eine Lust zu leben; **it's ~ to be home again** es ist schön, wieder zu Hause zu sein; **ox liver is not very ~ to eat** Rinderleber ist nicht gut zum Verzehr geeignet; **Did you have a ~ day at the office?** Wie war es heute im Büro?; **e)** *(cheerful)* gut; angenehm ‹*Patient*›; **~ humour** *or* **spirits** *or* **mood** gute Laune; **feel ~:** sich wohl fühlen; **I'm not feeling too ~** *(coll.)* mir geht es nicht sehr gut; **f)** *(well-behaved)* gut; brav; **be ~!, be a ~ girl/boy!** sei brav *od.* lieb!; **[as] ~ as gold** ganz artig *od.* brav; **g)** *(virtuous)* rechtschaffen; *(kind)* nett; gut ‹*Absicht, Wünsche, Benehmen, Tat*›; **the ~ guy** der Gute; **be ~ to sb.** gut zu jmdm. sein; **would you be so ~ as to** *or* **~ enough to do that?** wären Sie so freundlich *od.* nett, das zu tun?; **how ~ of you!** wie nett von Ihnen!; **that/it is ~ of you** das/es ist nett *od.* lieb von dir; **a ~ nature** Gutmütigkeit, *die;* **he has a very ~ nature** er ist sehr gutmütig; **~ works** gute Taten *od.* Werke; *see also* **turn 1 l; h)** *(commendable)* gut; **~ for 'you** *etc. (coll.),* **~ 'on you** *etc. (esp. Austral. and NZ coll.)* bravo!; **~ old Jim** *etc. (coll.)* der gute alte Jim *usw. (ugs.);* **~ man!** *(coll.)* mein lieber Mann!; alle Achtung!; **my ~ man/friend** *(coll.)* mein lieber Herr/Freund *(ugs.; auch iron.);* **the ~ man/woman** *(dated)* der werte Herr/die werte Dame *(geh.);* **your ~ man/lady** Ihr lieber Mann/Ihre liebe Frau; Ihr werter Gatte/Ihre werte Gattin; **~ men and true** rechtschaffene Leute; **that's a ~ one** *(sl.)* der ist gut! *(ugs.); (iron.);* das ist'n Ding! *(ugs.); see also* **fellow 1 a; i)** *(attractive)* schön; gut ‹*Figur, Haltung*›; gepflegt ‹*Erscheinung, Äußeres*›; wohlgeformt ‹*Nase, Beine*›; **look ~:** gut aussehen; **~ looks** gutes Aussehen; **j)** *(thorough)* gut; **take a ~ look round** sich gründlich umsehen; **give sb. a ~ beating/scolding** jmdn. tüchtig verprügeln/ausschimpfen; **give sth. a ~ polish** etw. ordentlich polieren; **have a ~ weep/rest/sleep** sich richtig ausweinen/ausruhen/[sich] richtig ausschlafen *(ugs.);* **k)** *(considerable)* [recht] ansehnlich ‹*Menschenmenge*›; ganz schön, ziemlich *(ugs.)* ‹*Stück Wegs, Entfernung, Zeitraum, Strecke*›; gut, anständig ‹*Preis, Erlös*›; hoch ‹*Alter*›; **a ~ bit better** *(coll.)* ein ganzes Stück besser; **a ~ dose of ...:** eine gute Dosis ...; *(fig.)* eine gehörige Portion ...; **take a ~ long time** ziemlich *od.* recht lange dauern; seine Zeit brauchen; **have a ~ long sleep** [sich] richtig ausschlafen; **live to a ~ old age** ein recht hohes Alter erreichen; **a ~ four hours** *etc.* volle *od.* ganze vier Stunden *usw.;* gut vier Stunden *usw.;* **a ~ half pound** ein gutes halbes Pfund; **he is a ~ seventy** *(coll.)* er ist gute siebzig *(ugs.);* **l)** *(sound, valid)* gut ‹*Grund, Rat, Gedanke*›; berechtigt ‹*Anspruch*›; *(Commerc.)* solide ‹*Kunde*›; sicher ‹*Anleihe, Kredit*›; gedeckt ‹*Scheck*›; **~ sense** Vernunft, *die;* **have the ~ sense to do sth.** so vernünftig sein, etw. zu tun; **be ~ for a year** es ein Jahr machen; ‹*Gerät usw.:*› ein Jahr halten; ‹*Ticket:*› ein Jahr gelten; **~ for five journeys** gültig für fünf Fahrten; **I'm ~ for another hour's walk** ich kann noch eine Stunde weiterlaufen; **he's ~ for £5,000** er wird bestimmt 5 000 Pfund geben *(ugs.);* **how much is he ~ for?** wieviel wird er wohl geben? *(ugs.);* **the draft is ~ for ...:** der Wechsel ist auf ... *(Akk.)* ausgestellt; **m)** *in greeting* gut; **~ afternoon/day** guten Tag!; **~ evening/morning** *or (Brit. arch.)* **morrow** guten Abend/Morgen!; **~ night** gute Nacht!; **a ~-night kiss** ein Gutenachtkuß; **n)** *in exclamation* gut; **very ~, sir** sehr wohl!; **~ God/Lord** *etc. see the nouns;* **o)** *(best)* gut ‹*Geschirr, Anzug*›; **p)** *(serious)* ernst ‹*Musik*›; schön ‹*Künste*›; **q)** *(orthodox)* gut ‹*Christ, Moslem*›; **r)** *(correct, fitting)* gut; *(appropriate)* angebracht; ratsam; **s)** *(socially prestigious)* gut; **be of a ~/very ~ family** aus guter Familie/bestem Hause stammen; **t) as ~ as** so gut wie; *see also* **give 1 p; u) make ~** *(succeed)* erfolgreich sein; *(effect)* in die Tat umsetzen; ausführen ‹*Plan*›; erfüllen ‹*Versprechen*›; *(compensate for)* wiedergutmachen ‹*Fehler*›; *(indemnify)* ersetzen ‹*Schaden, Ausgaben*›; *(prove)* belegen ‹*Behauptung, Anschuldigung*›; **the film made ~ at the box office** der Film war ein Kassenerfolg; **they soon made ~ in Australia** sie brachten es bald zu was in Australien *(ugs.). See also* **best 1; better 1; ¹egg; form 1 f, h; luck a; temper 1 a. 2.** *adv.* **a)** *(coll.) as intensifier* **~ and ...:** richtig ...; **~ and angry** *(Amer.)* richtig böse; **hit sb. ~ and proper** jmdn. ordentlich verprügeln; **it was raining ~ and hard** es hat [so] richtig gegossen; **they quizzed him ~ and proper** sie haben ihn ordentlich in die Mangel genommen *(ugs.);* **b)** *(Amer. coll.: well)* gut; **get along ~:** gut zurechtkommen; **he's doing pretty ~ these days** es geht ihm in letzter Zeit sehr gut. *See also* **best 2; better 2. 3.** *n.* **a)** *(use)* Nutzen, *der;* **be some ~ to sb./sth.** jmdm./einer Sache nützen; **he'll never be any ~:** aus dem wird nichts Gutes werden; **is this book any ~?** taugt dieses Buch etwas?; **you're a lot of ~, I must say!** *(iron.)* du bist mir vielleicht einer! *(ugs.);* **be no ~ to sb./sth.** für jmdn./etw. nicht zu gebrauchen sein; **not be any ~ for work** nicht zur Arbeit taugen *od.* geeignet sein; **it is no/not much ~ doing sth.** es hat keinen/kaum einen Sinn, etw. zu tun; **what's the ~ of ...?, what ~ is ...?** was nützt ...?; **what's the ~ of knowing Latin?** was nützt einem Latein?; wozu ist Latein gut?; *see also* **no-good; b)** *(benefit)* **for your/his** *etc.* **own ~:** zu deinem/seinem *usw.* Besten *od.* eigenen Vorteil; **for the ~ of mankind/the country** zum Wohl[e] der Menschheit/des Landes; **for ~ or ill** *see* **ill 2 a; do no/little ~:** nichts/wenig helfen *od.* nützen; **do sb./sth. ~:** jmdm./einer Sache nützen; ‹*Ruhe, Erholung:*› jmdm./einer Sache guttun; ‹*Arznei:*› jmdm./einer Sache helfen; **I'll tell him, but what ~ will that do?** ich sag es ihm, aber was nützt *od.* hilft das schon?; **do sb. a lot/a world of ~:** jmdm. sehr guttun; **just sitting there won't do you any ~:** einfach dasitzen hilft dir auch nicht weiter; **you aren't doing yourself any ~:** du tust dir keinen Gefallen; **much ~ may it do you** *(iron.)* [na, dann] viel Vergnügen; **look what ~** *or* **a lot of ~** *or* **much ~ it did him** *(iron.)* [und] was hat es ihm genützt?; und das hat er nun davon gehabt *(iron.);* **to the ~** *(for the best)* zum Guten; *(in profit)* plus; **this development was all to the ~:** diese Entwicklung war nur von Vorteil; **the delay was partly to the ~:** die Verspätung hatte auch ihr Gutes; **end up [a game** *etc.***] £10 to the ~:** [bei einem Spiel *usw.*] 10 Pfund gutmachen; **come home £10 to the ~:** mit 10 Pfund plus nach Hause kommen; **be 4 points/wins to the ~:** 4 Punkte/Siege voraus *od.* im Vorteil sein; **finish the work with two days to the ~:** zwei Tage früher mit der Arbeit fertig sein; **come to no ~:** kein gutes Ende nehmen; **c)** *(goodness)* Gute, *das;* **the highest ~** *(Philos.)* das Höchste Gut; **there's ~ and bad in everyone** in jedem steckt Gutes und Böses; **the difference between ~ and bad** *or* **evil** der Unterschied zwischen Gut und Böse; **d)** *(kind acts)* Gute, *das;* **be up to** *or* **after no ~:** nichts Gutes im Sinn haben *od.* im Schilde führen; **do ~:** Gutes tun; **e) for ~ [and all]** *(finally)* ein für allemal; *(permanently)* für immer [und ewig]; endgültig; **f)** *constr. as pl. (virtuous people)* **the ~:** die Guten; **g)** *in pl. (wares etc.)* Waren; *(belongings)* Habe, *die; (Brit. Railw.)* Fracht, *die; attrib.* Fracht‹*büro, -tarif, -schiff, -flugzeug, -zettel usw.*›; Güter‹*abfertigung, -produktion, -verkehr, -wagen usw.*›; **~s and chattels** Sachen; **canned/manufactured ~s** Konserven/Fertigwaren; **stolen ~s** gestohlene Waren; Diebesgut, *das;* **by ~s** per Bahnfracht; als Frachtgut; **h)** *in pl.* **the ~s** *(coll.: what is wanted)* das Gewünschte; das Verlangte; **deliver the ~s** *(fig.)* halten, was man verspricht; **sb. is the ~s** jmd. ist der Richtige; **he's got the ~s** er ist der richtige Mann

**good:** **~ˈbye** (*Amer.:* **~ˈby**) [gʊdˈbaɪ] **1.** *int.* auf Wiedersehen!; *(on telephone)* auf Wiederhören!; **2.** *n., pl.* **~byes** (*Amer.:* **~bys**) *(farewell remark or gesture)* Lebewohl, *das (geh.); (taking of leave)* Abschied, *der;* **say ~bye to sb.** jmdm. auf Wiedersehen sagen; **say ~bye, say one's ~byes** sich verabschieden; **nod/wave ~bye** zum Abschied nicken/winken; **kiss sb. ~bye** jmdm. einen Abschiedskuß geben; **say ~bye to sth.** Abschied nehmen von etw.; **say ~bye to sth., kiss sth. ~bye** *(fig.: have lost it)* etw. abschreiben *(ugs.);* **~-ˈfellowship** *n.* Kameradschaftlichkeit, *die;* **~-for-nothing** *(derog.)* **1.** *adj.* nichtsnutzig; **2.** *n.* Taugenichts, *der;* **G~ ˈFriday** *see* **Friday 1; ~-hearted** [ˈgʊdhɑ:tɪd] *adj.* gutherzig; gutgemeint ‹*Bemühungen*›; **~-humoured** [gʊdˈhju:məd] *adj.*, **~-humouredly** [gʊdˈhju:mədlɪ] *adv.* gutmütig

**goodies** ['gʊdɪz] *n. pl. (coll.) (food)* Naschereien; *(sweets)* Süßigkeiten; *(attractive things)* Attraktionen; tolle Sachen

**goodish** ['gʊdɪʃ] *adj.* **a)** *(quite good)* ganz gut; recht gut; **b)** *(considerable)* ganz schön

**good: ~-looker** *n.* flotte Erscheinung *(ugs.)*; **be a ~-looker** gut aussehen; **~-'looking** *adj.* gutaussehend

**goodly** ['gʊdlɪ] *adj.* stattlich; ansehnlich

**good: ~-'natured** *adj.* gutwillig; gutmütig; **~-naturedly** [gʊd'neɪtʃədlɪ] *adv.* gutmütig; **~-'neighbour** *attrib. adj.* gutnachbarlich; **a ~-neighbour policy** eine Politik der guten Nachbarschaft

**goodness** ['gʊdnɪs] **1.** *n., no pl.* **a)** *(virtue)* Güte, *die;* **have the ~ to do sth.** die Güte haben, etw. zu tun *(geh., auch iron.)*; **b)** *(of food)* Nährgehalt, *der;* Güte, *die; (of soil)* Fruchtbarkeit, *die;* Güte, *die.* **2.** *int.* **[my] ~** *expr. surprise* meine Güte! *(ugs.)*; **[oh] my ~** *expr. shock* lieber Himmel!; **~ gracious** *or* **me!** [ach] du lieber Himmel *od.* liebe Güte! *(ugs.)*; **for ~' sake** um Himmels willen; **~ [only] knows** weiß der Himmel *(ugs.)*; **I hope to ~ that ...:** gebe Gott, daß ...; **I wish to ~ I'd never met him** wenn ich ihn doch bloß nie kennengelernt hätte!; **surely to ~ you don't mean that** das ist doch wohl nicht dein Ernst?; **thank ~:** Gott sei Dank

**good: ~-o, ~-oh** *int. (coll.)* toll! prima!

**goods** *see* **good 3 g, h**

**good: ~-sized** *see* **-sized; ~s station** *n. (Brit. Railw.)* Güterbahnhof, *der;* **~s train** *n. (Brit. Railw.)* Güterzug, *der;* **~s vehicle** *n.* Nutzfahrzeug, *das;* **~s yard** *n. (Brit. Railw.)* Güterbahnhof, *der;* **~-'tempered** *adj.* ausgeglichen; gutmütig; verträglich ⟨*Person*⟩; **~-time** *adj.* **a ~-time girl** ein leichtes Mädchen *(abwertend)*; **~ 'will** *n.* gute Absicht; **~'will** *n.* **a)** *(friendly feeling)* guter Wille; *attrib.* Goodwill⟨*botschaft, -reise usw.*⟩; **men of ~will** Menschen, die guten Willens sind; **b)** *(willingness)* Bereitwilligkeit, *die;* **with ~will** bereitwillig; **c)** *(Commerc.)* Goodwill, *der*

**[1]goody** ['gʊdɪ] *n. (coll.: hero)* Gute, *der/die; see also* **goodies**

**[2]goody** *int. (coll.)* toll; prima; **~, ~ gumdrops!** juhu!; juchhe!

**goody: ~-goody 1.** *n.* Tugendbold, *der (iron.)*; **2.** *adj.* [scheinheilig] tugendhaft; musterhaft *(iron.)*; **~-'two-shoes** *n.* Tugendlamm, *das (iron.)*

**gooey** ['gu:ɪ] *adj.,* **gooier** ['gu:ɪə(r)], **gooiest** ['gu:ɪɪst] *(coll.)* klebrig; *(fig.)* rührselig; schnulzig *(ugs. abwertend)*

**goof** [gu:f] *(sl.)* **1.** *n.* **a)** *(fool)* Döskopp, *der (salopp)*; Doofi, *der (ugs.)*; **b)** *(gaffe)* Schnitzer, *der (ugs.)*; Patzer, *der (ugs.).* **2.** *v. i.* Mist machen *od.* bauen *(salopp).* **3.** *v. t.* vermasseln *(salopp)*; Murks machen bei *(salopp)*

**~ about, ~ around** *v. i. (sl.)* herumpfuschen *(ugs. abwertend)*; *(spend time idly)* herumhängen *(salopp)*; herumtrödeln

**goofy** ['gu:fɪ] *adj. (sl.)* **a)** dämlich *(ugs.)*; bescheuert *(salopp)*; **b)** vorstehend ⟨*Zähne*⟩

**googly** ['gu:glɪ] *n. (Cricket) (zur Täuschung des Schlagmanns)* gedrehter Ball

**gook** [gu:k, gʊk] *n. (Amer. sl. derog.)* Schlitzauge, *das (salopp abwertend)*

**goon** [gu:n] *n. (sl.)* **a)** *(hatchet man)* Schläger, *der (abwertend)*; **b)** *(fool)* Blödmann, *der (salopp)*

**goosander** [gu:'sændə(r)] *n. (Ornith.)* Gänsesäger, *der*

**goose** [gu:s] *n., pl.* **geese** [gi:s] **a)** Gans, *die;* **all mothers think their geese are swans** jede Mutter glaubt, ihre Kinder seien etwas Besonderes; **kill the ~ that lays the golden eggs** *(fig.)* das Huhn, das goldene Eier legt, schlachten; **roast ~:** Gänsebraten, *der; see also* **boo 1; cook 2 a; b)** *(simpleton)* Gans, *die (ugs.)*

**gooseberry** ['gʊzbərɪ] *n.* **a)** *(berry, shrub)* Stachelbeere, *die;* **b) play ~:** das fünfte Rad am Wagen sein *(ugs.)*

**'gooseberry bush** *n.* Stachelbeerstrauch, *der;* **we found you under a ~** *(fig.)* dich hat uns der Klapperstorch gebracht *(Kinderspr.)*

**goose: ~ bumps** *n. pl. (Amer.)* Gänsehaut, *die;* **~-egg** *n.* Gänseei, *das;* **~-flesh** *n., no pl.* Gänsehaut, *die;* **~-foot** *n., pl.* **~-foots** *(Bot.)* Gänsefuß, *der;* **~-grass** *n.* Klebkraut, *das;* **~-neck** *n.* Schwanenhals, *der (fig.)*; **~-pimples** *n. pl.* **have ~-pimples** eine Gänsehaut haben; **~ step 1.** *n.* Stechschritt, *der;* **2.** *v. i.* im Stechschritt marschieren

**gopher** ['gəʊfə(r)] *n. (Zool.)* **a)** Taschenratte, *die;* **b)** *(squirrel)* Ziesel, *der*

**gorblimey** [gɔ:'blaɪmɪ] *int. (Brit. sl.)* Mensch! *(salopp)*

**Gordian knot** [gɔ:dɪən 'nɒt] *n.* gordischer Knoten; **cut the ~:** den gordischen Knoten durchhauen

**[1]gore** [gɔ:(r)] *v. t.* [mit den Hörnern] aufspießen *od.* durchbohren; **be ~d to death by a bull** von den Hörnern eines Stieres durchbohrt [und tödlich verletzt] werden

**[2]gore** *n. (blood)* Blut, *das*

**[3]gore** *n.* Keil, *der; (of skirt)* [Rock]bahn, *die*

**gorge** [gɔ:dʒ] **1.** *n.* **a)** Schlucht, *die;* Klamm, *die;* **b) sb.'s ~ rises at sth.** *(fig.)* jmdm. wird schlecht *od.* übel von *od.* bei etw.; **c)** *(rhet.: throat) (of person)* Kehle, *die; (of animal)* Schlund, *der.* **2.** *v. i.* sich vollstopfen **(on** mit) *(ugs.)*; ⟨*Tier:*⟩ sich vollfressen **(on** mit). **3.** *v. t.* **a)** *(satiate)* vollstopfen *(ugs.)*; **~ oneself with** *or* **on sth.** sich mit etw. vollstopfen *(ugs.)*; **b)** *(fill full)* anfüllen **(with** mit)

**gorgeous** ['gɔ:dʒəs] *adj.* **a)** *(magnificent)* prächtig; hinreißend ⟨*Frau, Mann, Lächeln*⟩; *(richly coloured)* farbenprächtig; **the ~ colours of sth.** die Farbenpracht einer Sache; **b)** *(coll.: splendid)* sagenhaft *(ugs.)*

**gorgeously** ['gɔ:dʒəslɪ] *adv.* **a)** prächtig; hinreißend ⟨*lächeln*⟩; **b)** *(coll.: splendidly)* sagenhaft

**gorgon** ['gɔ:gən] *n.* **a)** *(Greek Mythol.)* Gorgo, *die;* **b)** *(person)* Drachen, *der (ugs. abwertend)*

**gorilla** [gə'rɪlə] *n.* Gorilla, *der*

**gormandize (gormandise)** ['gɔ:məndaɪz] *v. i.* prassen; schlemmen

**gormless** ['gɔ:mlɪs] *adj. (Brit. coll.)* dämlich *(ugs.)*

**gorse** [gɔ:s] *n.* Stechginster, *der*

**gory** ['gɔ:rɪ] *adj.* **a)** blutbefleckt ⟨*Hände*⟩; blutbeschmiert ⟨*Waffe*⟩; blutig ⟨*Schlacht*⟩; **b)** *(fig.: sensational)* blutrünstig

**gosh** [gɒʃ] *int. (coll.)* Gott

**goshawk** ['gɒshɔ:k] *n. (Ornith.)* [Hühner]habicht, *der*

**gosling** ['gɒzlɪŋ] *n.* Gänseküken, *das;* Gössel, *das (nordd.)*

**'go-slow** *n. (Brit.)* Bummelstreik, *der*

**gospel** ['gɒspl] *n.* **a)** *(Relig.)* Evangelium, *das; (reading)* Lesung, *die;* **b)** *(fig.)* Evangelium, *das;* **take sth. for** *or* **as ~:** etw. für bare Münze nehmen; **preach the ~ of nonviolence** Gewaltlosigkeit predigen

**gospel: ~ 'oath** *n.* Eid auf die Bibel; **~ singer** *n.* Gospelsänger, *der/*-sängerin, *die;* **~ 'truth** *n.* absolute *od.* reine Wahrheit

**gossamer** ['gɒsəmə(r)] *n.* **a)** Altweibersommer, *der;* **like ~:** wie Spinnfäden; **b)** *(fig.)* Spinnfäden *(fig.)*; *attrib.* hauchdünn ⟨*Flügel*⟩

**gossip** ['gɒsɪp] **1.** *n.* **a)** *(person)* Klatschweib, *das (ugs. abwertend)*; **b)** *(talk)* Schwatz, *der; (malicious)* Klatsch, *der (ugs. abwertend)*; **the latest ~ is that ...:** seit neustem wird geklatscht, daß ... **2.** *v. i.* schwatzen; *(maliciously)* klatschen *(ugs. abwertend)*

**gossip: ~ column** *n.* Klatschspalte, *die (ugs. abwertend)*; **~ columnist** *n.* Klatschspaltenkolumnist, *der/*-kolumnistin, *die (abwertend)*

**gossiper** ['gɒsɪpə(r)] *see* **gossip 1 a**

**'gossip-monger** *n. (derog.)* Klatschmaul, *das (ugs. abwertend)*

**gossipy** ['gɒsɪpɪ] *adj.* geschwätzig *(abwertend)*; *(conversational)* plaudernd ⟨*Ton, Stil*⟩; im Plauderton geschrieben ⟨*Buch, Brief*⟩

**got** *see* **get**

**Goth** [gɒθ] *n.* Gote, *der*

**Gothic** ['gɒθɪk] **1.** *adj.* **a)** gotisch; **b)** *(Lit.) für den Schauerroman charakteristisch;* **~ novel** Schauerroman, *der;* **c)** *(Printing)* gotisch. **2.** *n.* **a)** *(Ling.)* Gotisch[e], *das;* **b)** *(Archit.)* Gotik, *die;* **c)** *(type, script)* Gotisch, *das*

**Gothic Re'vival** *n. (Archit.)* Neugotik, *die*

**gotta** ['gɒtə] *(coll.)* = **got to, got a; I['ve] ~ go** ich muß gehen; **I['ve] ~ present for you** ich habe da ein Geschenk für dich

**gotten** *see* **get**

**gouache** [gu:'ɑ:ʃ] *n. (Art)* Gouache, *die*

**gouge** [gaʊdʒ, gu:dʒ] **1.** *v. t.* **a)** aushöhlen; ausmeißeln; **~ a channel** ⟨*Fluß:*⟩ eine Rinne auswaschen; **b)** *(Amer.: overcharge)* betrügen. **2.** *n.* **a)** Hohleisen, *das;* Hohlmeißel, *der;* **b)** *(Amer.: overcharging)* Betrug, *der*

**~ out** *v. t.* ausschneiden; ausstechen; **~ sb.'s eye out** jmdm. ein Auge ausstechen

**goulash** ['gu:læʃ] *n. (Gastr.)* Gulasch, *das od. der*

**gourd** [gʊəd] *n.* **a)** *(fruit, plant)* [Flaschen]kürbis, *der;* **b)** *(bottle, bowl)* Kürbisflasche, *die;* Kalebasse, *die*

**gourmand** ['gʊəmənd] *n. (glutton)* Gourmand, *der*

**gourmet** ['gʊəmeɪ] *n.* Gourmet, *der; attrib.* **~ meal/restaurant** Feinschmeckergericht, *das/*-lokal, *das*

**gout** [gaʊt] *n. (Med.)* Gicht, *die*

**gouty** ['gaʊtɪ] *adj. (Med.)* gichtkrank; gichtig

**Gov.** *abbr.* **a) Government** Reg.; Rg.; **b) Governor** Gouv.

**govern** ['gʌvn] **1.** *v. t.* **a)** *(rule)* regieren ⟨*Land, Volk*⟩; *(administer)* verwalten ⟨*Provinz, Kolonie*⟩; **b)** *(dictate)* bestimmen; **be ~ed by sth.** sich von etw. leiten lassen; **self-interest ~s all his actions** Eigennutz beherrscht all sein Tun; **c)** *(regulate proceedings of)* leiten ⟨*Geschäft, Unternehmen*⟩; ⟨*Vorschriften:*⟩ regeln; **d)** *(be in command of)* den Befehl haben über (+ *Akk.*) ⟨*Festung, Stadt*⟩; **e)** *(restrain)* zügeln ⟨*Temperament, Leidenschaften*⟩; **f)** *(constitute a law or principle for)* ⟨*Prinzipien:*⟩ die Grundlage bilden für; **the laws which ~ the animal kingdom** die Gesetze, denen das Tierreich unterworfen ist; **g)** *(Ling.)* verlangen; regieren ⟨*Kasus*⟩. **2.** *v. i.* regieren

**governable** ['gʌvənəbl] *adj.* regierbar

**governance** ['gʌvənəns] *n.* Regieren, *das; (office, function)* Regierungsgewalt, *die; (control)* Herrschaft, *die*

**governess** ['gʌvənɪs] *n.* Gouvernante, *die (veraltet)*; Hauslehrerin, *die*

**governing** ['gʌvənɪŋ] *adj.* **a)** *(ruling)* regierend; **b)** *(guiding)* dominierend ⟨*Einfluß*⟩; geltend ⟨*Vorschriften*⟩; **sb.'s ~ principle** das Prinzip, von dem jmd. sich leiten läßt; **~ body** leitendes Gremium

**government** ['gʌvnmənt] *n.* **a)** Regierung, *die;* **form a G~:** die Regierung bilden; **b)** *(system, form)* Regierungsform, *die;* **c)** *(an administration or ministry)* **[central] ~:** Zentralregierung, *die; attrib.* Regierungs-; **~ money** Staatsgelder *Pl.*; **~ securities** *or* **stocks** Staatspapiere *od.* -anleihen; **~-controlled establishment** staatlich kontrollierte Einrichtung; *see also* **body 1 d**

**governmental** [gʌvn'mentl] *adj.* Regierungs-

**government: ~ de'partment** *n.* Regierungsstelle, *die;* **~ 'surplus** *n.* Waren aus

Regierungsbeständen; *attrib.* ~ **surplus radio** Radio aus Regierungsbeständen

**governor** ['gʌvənə(r)] *n.* **a)** *(ruler)* Herrscher, *der;* **b)** *(of province, town, etc.)* Gouverneur, *der;* Statthalter, *der (hist.);* **c)** *(of State of US)* Gouverneur, *der;* **d)** *(of institution)* Direktor, *der*/Direktorin, *die;* **[board of] ~s** Vorstand, *der; (of school)* Schulleitung, *die; (of bank, company)* Direktorium, *das;* Direktion, *die;* **e)** *(of prison)* Gefängnisdirektor, *der*/-direktorin, *die;* **f)** *(commandant)* Kommandant, *der;* Gouverneur, *der;* **g)** *(sl.) (employer)* Boß, *der (ugs.); (father)* Alte, *der (salopp);* **hey, ~!** *(as voc.: mister)* hallo, Chef! *(salopp);* **h)** *(Mech.)* Regler, *der*

**Governor-'General** *n.* Generalgouverneur, *der*

**governorship** ['gʌvənəʃɪp] *n.* Gouverneursamt, *das*

**Govt.** *abbr.* **Government** Reg.; Rg.

**gown** [gaʊn] *n.* **a)** [elegantes] Kleid; **bridal/baptismal ~:** Braut-/Taufkleid, *das;* **b)** *(official or uniform robe)* Talar, *der;* Robe, *die;* **town and ~:** Bürger und Studenten; **c)** *(surgeon's overall)* [Operations]kittel, *der*

**GP** *abbr.* **a) general practitioner; b) Grand Prix**

**GPO** *abbr.* **a)** *(Hist.)* **General Post Office** Post, *die;* **b)** *(Amer.)* **Government Printing Office** Staatsdruckerei, *die*

**gr.** *abbr.* **a) grain[s]** Gran, *der (veralt.);* **b) gram[s]** g; **c) gross** bto.

**grab** [græb] **1.** *v. t.,* **-bb-: a)** greifen nach; *(seize)* packen; *(capture, arrest)* schnappen *(ugs.);* **~ sth. away from sb.** jmdm. etw. entreißen; **~ sb. by the arm** *etc.* jmdn. am Arm *usw.* packen; **should we ~ some food** *or* **a bite to eat?** *(coll.)* sollen wir schnell etwas essen?; **could you ~ a table while I ...** *(coll.)* versuch du, einen Tisch zu ergattern, während ich ... *(ugs.);* **I managed to ~ her before she got on the bus** *(stop her)* ich konnte sie gerade noch aufhalten, bevor sie in den Bus stieg; **~ the chance** die Gelegenheit ergreifen; **I would ~ an offer like that** ein solches Angebot würde ich mir nicht entgehen lassen; **~ hold of sb./sth.** sich *(Dat.)* jmdn./etw. schnappen *(ugs.);* **b)** *(sl.: impress)* **how does that ~ you?** wie findest du das?; **this doesn't [really] ~ me** das läßt mich [im Grunde] kalt. **2.** *v. i.,* **-bb- a) ~ at sth.** nach etw. greifen; **don't ~ like that!** grapsch nicht so! *(ugs.);* **b)** *(act jerkily)* ‹*Bremse:*› ruckartig greifen. **3.** *n.* **a) make a ~ at** *or* **for sb./sth.** nach jmdm./etw. greifen *od. (ugs.)* grapschen; **be up for ~s** *(sl.)* zu erwerben sein; ‹*Posten:*› frei sein; **b)** *(sl.: robbery)* Raubüberfall, *der; (burglary)* Bruch, *der (ugs.);* **c)** *(Mech.)* Greifer, *der. See also* **smash-and-grab [raid]**

**grab: ~-bag** *n. (Amer.)* Grabbelsack, *der (ugs.);* **~ handle** *n.* Haltegriff, *der;* **~ rail** *n.* Haltestange, *die*

**grace** [greɪs] **1.** *n.* **a)** *(charm)* Anmut, *die (geh.);* Grazie, *die;* **b)** *(attractive feature)* Charme, *der;* **airs and ~s** vornehmes Getue *(ugs. abwertend);* affektiertes Benehmen; **c)** *(accomplishment)* **social ~s** Umgangsformen *Pl.;* **d)** *(decency)* Anstand, *der;* **have the ~ to do sth.** so anständig sein und etw. tun; **he didn't even have the ~ to apologize** er brachte es nicht einmal fertig, sich zu entschuldigen; *(civility)* **with [a] good/bad ~:** bereitwillig/widerwillig; **he accepted my criticism with good/bad ~:** er trug meine Kritik mit Fassung/nahm meine Kritik mit Verärgerung hin; **e)** *(favour)* Wohlwollen, *das;* Gunst, *die; (Theol.)* Gnade, *die;* **be in sb.'s good ~s** in jmds. Gunst stehen; bei jmdm. gut angeschrieben sein *(ugs.);* **~ and favour house/residence** *etc. von der Regierung od. Krone zur Verfügung gestelltes Haus/gestellte Residenz usw.;* **act of ~:** Gnadenakt, *der;* **there, but for the ~ of God, go I** es hätte leicht auch mich erwischen können; **by the ~ of God Queen of ...:** von Gottes Gnaden Königin von ...; **state of ~** *(Theol.)* Stand der Gnade; **he fell from ~:** er fiel in Ungnade; **in the year of ~ 1892** *(literary)* im Jahr des Herrn 1892; **f)** *(favour shown by granting delay)* Frist, *die; (Commerc.)* Zahlungsfrist, *die;* **give sb. a day's ~:** jmdm. einen Tag Aufschub gewähren; **we will grant you two weeks' ~:** wir lassen Ihnen zwei Wochen Zeit; **g)** *(prayers)* Tischgebet, *das;* **say ~:** das Tischgebet sprechen; **h)** *in address* **Your G~:** Euer Gnaden; **i)** *(Mus.) see* **grace-note; j)** *(Greek Mythol.)* **the G~s** die Grazien. *See also* **saving grace. 2.** *v. t.* **a)** *(adorn)* zieren *(geh.);* schmücken; **b)** *(honour)* auszeichnen; ehren; **~ a première by** *or* **with one's presence** eine Premiere mit seiner Anwesenheit beehren *(geh.)*

**graceful** ['greɪsfl] *adj.* elegant; graziös ‹*Bewegung, Eleganz*›; geschmeidig ‹*Katze, Pferd*›

**gracefully** ['greɪsfəlɪ] *adv.* elegant; graziös ‹*tanzen, sich bewegen*›; **grow old ~:** mit Würde alt werden

**gracefulness** ['greɪsflnɪs] *n., no pl.* Eleganz, *die; (of movement, form, style)* Grazie, *die*

**graceless** ['greɪslɪs] *adj. (lacking sense of decency)* taktlos; *(lacking charm and elegance)* ungehobelt, schroff ‹*Benehmen, Person*›

**'grace-note** *n. (Mus.)* Verzierung, *die;* Manier, *die (fachspr.)*

**gracious** ['greɪʃəs] **1.** *adj.* **a)** liebenswürdig; freundlich; *(iron./joc.)* gütig; **~ living** kultivierter Lebensstil; **our ~ Queen** unsere gnädige Königin; **b)** *(merciful)* gnädig. **2.** *int.* **~!, good[ness] ~!, [goodness] ~ me!** [ach] du meine *od.* liebe Güte!

**graciously** ['greɪʃəslɪ] *adv.* liebenswürdig; freundlich; *(with condescension)* gnädig

**gradation** [grə'deɪʃn] *n.* **a)** *usu. in pl. (stage)* **~ s of madness/an illness** Stufen *od.* Grade des Wahnsinns/einer Krankheit; **b)** *(degree in rank, merit, intensity, etc.)* Stufung, *die;* **~s of colour** Farbskala, *die;* **~ on a thermometer** Gradeinteilung, *die*

**grade** [greɪd] **1.** *n.* **a)** Rang, *der; (Mil.)* Dienstgrad, *der; (salary ~)* Gehaltsstufe, *die; (in things: degree of quality, size, or value)* [Handels-, Güte]klasse, *die; (of textiles)* Qualität, *die; (position, level)* Stufe, *die; (intensity of illness)* Grad, *der;* **what ~ is your job?** in welcher Gehaltsklasse sind Sie?; **a high ~ of intelligence** ein hohes Maß an Intelligenz; **b)** *(Amer. Sch.: class)* Klasse, *die;* **c)** *(Sch., Univ.: mark)* Note, *die;* Zensur, *die;* **attain ~ B or a higher ~:** eine Zwei oder eine bessere Note erreichen; **d)** *(Amer.: gradient) (ascent)* Steigung, *die; (descent)* Neigung, *die;* **at ~:** auf gleicher Höhe; ebenerdig ‹*Wohnung usw.*›; **e) on the up/down ~** *(lit.)* ansteigend/abfallend; *(fig.)* auf dem auf-/absteigenden Ast; **make the ~:** es schaffen. **2.** *v. t.* **a)** einstufen ‹*Arbeit nach Gehalt, Schüler nach Fähigkeiten, Leistungen*›; [nach Größe/Qualität] sortieren ‹*Eier, Kartoffeln*›; **b)** *(mark)* benoten; zensieren. **3.** *v. i. (pass gradually)* übergehen **(into** in + *Akk.***)**

**'grade crossing** *n. (Amer.)* Kreuzung, *die; (of railroad tracks and road)* schienengleicher Bahnübergang

**grader** ['greɪdə(r)] *n. (Amer. Sch.)* **a ninth/tenth-~:** ein Schüler der 9./10. Klasse; ein Neunt-/Zehntkläßler *(südd., schweiz.)*

**'grade school** *n. (Amer.)* Grundschule, *die*

**gradient** ['greɪdɪənt] *n.* **a)** *(amount of slope) (ascent)* Steigung, *die; (descent)* Gefälle, *das; (inclined part of road)* Neigung, *die;* **a ~ of 1 in 10** eine Steigung/ein Gefälle von 10%; **b)** *([rate of] rise or fall of temperature etc.)* Gradient, *der (bes. Math.); (ascent)* Anstieg, *der; (descent)* Abfall, *der*

**gradual** ['grædʒʊəl] *adj.* allmählich; sanft ‹*Steigung, Gefälle usw.*›

**gradually** ['grædʒʊəlɪ] *adv.* allmählich; sanft ‹*ansteigen, abfallen*›

**graduate 1.** ['grædʒʊət] *n.* **a)** Graduierte, *der/die; (who has left university)* Akademiker, *der*/Akademikerin, *die;* **university ~:** Hochschulabsolvent, *der*/-absolventin, *die;* **he is an Oxford ~:** er hat seinen Universitätsabschluß in Oxford gemacht; **b)** *(Amer. Sch.)* Schulabgänger, *der*/-abgängerin, *die.* **2.** ['grædʒʊeɪt] *v. i.* **a)** einen akademischen Grad/Titel erwerben; **he ~d from Oxford University** er schloß sein Studium an der Universität von Oxford ab; **b)** *(Amer. Sch.)* die [Schul]abschlußprüfung bestehen **(from** an + *Dat.***)**; **c)** *(move up)* **he's ~d from comics to detective stories** er hat sich vom Comicleser zum Krimileser entwickelt; **d)** *(pass by degrees)* **~ into** allmählich übergehen in (+ *Akk.*). **3.** ['grædʒʊeɪt] *v. t.* **a)** *(mark out)* mit Gradeinteilung versehen; graduieren *(bes. Technik)* ‹*Thermometer*›; *(arrange in gradations)* gradweise abstufen; **b)** *(Amer. Univ.)* graduieren; *(Amer. Sch.)* aus der Schule entlassen

**graduated** ['grædʒʊeɪtɪd] *adj. (marked with lines)* mit einer Skala versehen; *(arranged in grades)* abgestuft; **~ markings** unterteilte Markierung

**graduate school** ['grædʒʊət sku:l] *n. (Amer.) Hochschulabteilung für Fortgeschrittenenstudium*

**graduation** [grædʒʊ'eɪʃn] *n.* **a)** *(Univ.)* Graduierung, *die;* **b)** *(Amer. Sch.)* Entlassung, *die;* **c)** *attrib.* Abschluß-; **d)** *(mark on a scale)* Graduation, *die (bes. Technik)*

**graffiti** [grə'fi:ti:] *n. sing. or pl.* Graffiti *Pl.*

[1]**graft** [grɑ:ft] **1.** *n.* **a)** *(Bot.) (shoot, scion)* Edelreis, *das;* Pfropfreis, *das; (process)* Pfropfung, *die; (place)* Pfropfstelle, *die;* **b)** *(Med.)* Transplantat, *das;* **c)** *(Brit. sl.: work)* Plackerei, *die (ugs.).* **2.** *v. t.* **a)** *(Bot.)* pfropfen; **b)** *(fig.)* **~ sth. on to sth.** etw. einer Sache *(Dat.)* aufpfropfen; **c)** *(Med.)* transplantieren *(fachspr.);* verpflanzen. **3.** *v. i.* **a)** *(Bot.)* pfropfen; **b)** *(Brit. sl.: work)* schuften *(ugs.)*

[2]**graft** *(coll.)* **1.** *n. (dishonesty)* Gaunerei, *die; (profit)* Fischzug, *der.* **2.** *v. i.* mit kleinen Gaunereien Geld machen

**grafter** ['grɑ:ftə(r)] *n. (Brit. coll.)* **a)** *(dishonest person)* Gauner, *der;* **b)** *(worker)* Wühler, *der (ugs.);* Arbeitstier, *das (ugs.)*

**Grail** [greɪl] *n.* **[Holy] ~:** [Heiliger] Gral

**grain** [greɪn] **1.** *n.* **a)** Korn, *das; (collect.: [species of] corn)* Getreide, *das;* Korn, *das;* **b)** *(particle)* Korn, *das;* **c)** *(unit of weight)* Gran, *das (veralt.); (fig.: small amount)* **a ~ of truth** ein Gran *od.* Körnchen Wahrheit; **not a ~ of love/sense** kein Fünkchen Liebe/Funke [von] Verstand; **d)** *(texture)* Korn, *das (fachspr.);* Griff, *der; (of fibre in wood)* Maserung, *die; (in paper)* Faser, *die;* Faserverlauf, *der; (in leather)* Narbung, *die;* **go against the ~ [for sb.]** *(fig.)* jmdm. gegen den Strich gehen *(ugs.).* **2.** *v. t.* körnen ‹*Papier*›; masern ‹*Holz*›; narben ‹*Leder*›

**grained** [greɪnd] *adj.* gekörnt ‹*Papier*›; genarbt ‹*Leder*›; maserig, gemasert ‹*Holz*›

**'grain elevator** *n.* Getreideheber, *der*

**grainy** ['greɪnɪ] *adj.* körnig; gemasert ‹*Holz*›; genarbt ‹*Leder*›

**gram** [græm] *n.* Gramm, *das*

**grammar** ['græmə(r)] *n.* **a)** *(also book)* Grammatik, *die;* **sth. is [bad] ~:** etw. ist grammat[ikal]isch [nicht] richtig *od.* korrekt; **b)** *(Brit. coll.) see* **grammar school a**

**'grammar book** *n.* Grammatik, *die;* Sprachlehre, *die*

**grammarian** [grə'meərɪən] *n.* Grammatiker, *der*/Grammatikerin, *die*

**'grammar school** *n.* **a)** *(Brit.)* ≈ Gymnasium, *das;* **b)** *(Amer.)* ≈ Realschule, *die*

**grammatical** [grə'mætɪkl] *adj.* **a)** gram-

mat[ikal]isch richtig *od.* korrekt; **b)** *(of grammar)* grammatisch
**grammatically** [grə'mætɪkəlɪ] *adv.* grammat[ikal]isch ⟨*richtig, falsch*⟩; **speak English ~:** grammatisch richtiges *od.* korrektes Englisch sprechen
**gramme** *see* **gram**
**gramophone** ['græməfəʊn] *n.* Plattenspieler, *der*
'**gramophone record** *n.* Schallplatte, *die*
**gran** [græn] *n. (coll./child lang.)* Oma, *die (Kinderspr./ugs.)*
**granary** ['grænərɪ] *n.* **a)** Getreidesilo, *der od. das;* Kornspeicher, *der;* **b) ~ [loaf]** Vollkornbrot, *das (mit in die Kruste eingebackenen Getreidekörnern)*
**grand** [grænd] **1.** *adj.* **a)** *(in official titles: chief)* Groß⟨*meister, -herzog usw.*⟩; *see also* **cross 1 g; lodge 1 c; b)** *(most or very important)* groß; **~ finale** großes Finale; *see also* **²slam; c)** *(final)* **~ total** Gesamtsumme, *die;* **d)** *(main)* Haupt⟨*eingang, -raum, -halle usw.*⟩; **e)** *(great)* groß ⟨*Armee, Leidenschaft usw.*⟩; **f)** *(splendid)* grandios; *(impressive)* eindrucksvoll ⟨*Erscheinung, Figur, Person*⟩; *(conducted with solemnity, splendour, etc.)* glanzvoll; **live in ~ style** auf großem Fuß leben; **g)** *(distinguished)* vornehm; **put on a ~ air** die Nase hoch tragen *(ugs. abwertend);* **h)** *(dignified, lofty)* erhaben; groß ⟨*Versprechungen, Pläne, Worte*⟩; *(noble, admirable)* ehrwürdig; **i)** *(coll.: excellent)* großartig. **2.** *n.* **a)** *(piano)* Flügel, *der;* **b)** *pl. same (sl.: thousand pounds or (Amer.) dollars)* Riese, *der (salopp)*
**grand: ~aunt** *n.* Großtante, *die;* **~child** *n.* Enkel, *der*/Enkelin, *die;* Enkelkind, *das;* **~-dad[dy]** ['grændæd(ɪ)] *n. (coll./child lang.)* Großpapa, *der (fam.);* Opa, *der (Kinderspr./ugs.);* **~daughter** *n.* Enkelin, *die;* Enkeltochter, *die;* **~ 'duchess** *n.* Großherzogin, *die;* **~ 'duchy** *n.* Großherzogtum, *das;* **~ 'duke** *n.* Großherzog, *der*
**grandee** [græn'di:] *n.* Grande, *der*
**grandeur** ['grændʒə(r), 'grændjə(r)] *n.* **a)** Erhabenheit, *die;* **b)** *(splendour of living, surroundings, etc.)* Großartigkeit, *die;* Glanz, *der;* **live a life of ~:** in Glanz und Herrlichkeit leben; **c)** *(nobility of character)* Größe, *die;* Erhabenheit, *die;* **d)** *(power, rank)* Größe, *die;* Macht, *die*
'**grandfather** *n.* Großvater, *der;* **~ clock** Standuhr, *die*
**grandiloquence** [græn'dɪləkwəns] *n., no pl.* Großsprecherei, *die (abwertend); (of style)* Pathos, *das*
**grandiloquent** [græn'dɪləkwənt] *adj.* großtönend *(geh. abwertend);* hochtrabend *(abwertend)* ⟨*Stil, Worte, Rede*⟩
**grandiose** ['grændɪəʊs] *adj.* **a)** *(impressive)* grandios; **b)** *(pompous)* bombastisch *(abwertend);* großtönend *(geh. abwertend)* ⟨*Worte, Art*⟩
**grand 'jury** *n. (Hist./Amer.)* Großes Geschworenengericht
**grandly** ['grændlɪ] *adv.* großartig; aufwendig ⟨*sich kleiden*⟩; in großem Stil ⟨*leben*⟩
**grand: ~ma[ma]** *n. (coll./child lang.)* Großmama, *die (fam.);* Oma, *die (Kinderspr./ugs.);* **~ 'master** *n.* Großmeister, *der;* **~mother** *n.* Großmutter, *die; see also* **¹egg; G~ 'National** *n. (Brit. Horse-racing)* Grand National, *das;* **~nephew** *n.* Großneffe, *der*
**grandness** ['grændnɪs] *n., no pl.* Großartigkeit, *die; (pomp)* Pracht[fülle], *die*
**grand: ~niece** *n.* Großnichte, *die;* **~ old man** *n.* Grand Old Man, *der; älteste bedeutende männliche Persönlichkeit in einem bestimmten Bereich;* **G~ Old Party** *n. (Amer.)* Republikanische Partei; **~ 'opera** *n.* große Oper; **~pa[pa]** *n. (coll./child lang.)* Großpapa, *der (fam.);* Opa, *der (Kinderspr./ugs.);* **~parent** *n. (male)* Großvater, *der; (female)* Großmutter, *die;* **~parents** Großeltern *Pl.;* **~ pi'ano** *n.* [Konzert]flügel, *der;* **G~ Prix** [grɑ̃ 'pri:] *n.* Grand Prix, *der;* **~sire** *n. (arch.) (grandfather)* Großvater, *der; (ancestor)* Ahne, *der (geh.);* **~son** *n.* Enkel, *der;* Enkelsohn, *der;* **~stand** *n.* [Haupt]tribüne, *die;* **~stand finish** packendes Finish; **~stand view** guter Überblick **(of** über + *Akk.*); **~stand play** *(Amer.)* Effekthascherei, *die;* **~ 'tour** *n.* **a)** *(Hist.)* Bildungsreise, *die;* Kavalierstour, *die;* **b)** *(fig.)* große Fahrt *od.* Reise *(scherzh.);* **make the ~ tour of** auf große Fahrt *od.* Reise gehen zu *(scherzh.);* **~uncle** *n.* Großonkel, *der*
**grange** [greɪndʒ] *n.* Gutshof, *der;* Landsitz, *der*
**granite** ['grænɪt] *n.* **a)** Granit, *der;* **b)** *(fig.: unyieldingness)* Unnachgiebigkeit, *die*
**granny (grannie)** ['grænɪ] *n.* **a)** *(coll./child lang.)* Großmama, *die (fam.);* Oma, *die (Kinderspr./ugs.);* **b)** *see* **granny knot**
**granny: ~ flat** *n.* Einliegerwohnung, *die;* **~ knot** *n.* Altweiberknoten, *der (Seemannsspr.)*
**grant** [grɑ:nt] **1.** *v. t.* **a)** *(consent to fulfil)* erfüllen ⟨*Wunsch*⟩; erhören ⟨*Gebet, Flehen*⟩; stattgeben (+ *Dat.*) ⟨*Gesuch*⟩; gewähren ⟨*Gunst*⟩; **~ sb. his wish** jmdm. seinen Wunsch erfüllen; **b)** *(concede, give)* gewähren; gestatten ⟨*Blick*⟩; geben ⟨*Zeit*⟩; bewilligen ⟨*Geldmittel*⟩; verleihen ⟨*akademischen Grad, Auszeichnung*⟩; zugestehen ⟨*Recht*⟩; erteilen ⟨*Erlaubnis*⟩; *(transfer legally)* übertragen **(to** auf + *Akk.*); **c)** *(in argument)* zugeben; einräumen *(geh.);* **~ed that ...:** zugegeben, daß ...; **~ing this to be true** *or* **that this is true** nehmen wir einmal an, daß das stimmt; **take sb./sth. [too much] for ~ed** sich *(Dat.)* jmds. [allzu] sicher sein/etw. für [allzu] selbstverständlich halten; **he's a good fellow, [that] I ~ you** er ist ein guter Kumpel *od.* Kerl, das gebe ich zu; **I beg your pardon – G~ed** Entschuldigen Sie! – Bitte; **nobody likes to be taken for ~ed** keiner mag es, wenn man sich nicht um ihn bemüht. **2.** *n.* **a)** *(sum of money)* Zuschuß, *der; (financial aid [to student])* [Studien]beihilfe, *die; (scholarship)* Stipendium, *das;* **b)** *(conceding, allowing) (of request, respite)* Gewährung, *die; (of pension, holiday)* Bewilligung, *die; (of award, degree)* Verleihung, *die; (of permission)* Erteilung, *die*
'**grant-aided school** *n. (Brit.)* subventionierte Schule
**grant-in-'aid** *n., pl.* **grants-in-aid** *(Educ.)* [staatlicher Schul]zuschuß
**granular** ['grænjʊlə(r)] *adj.* körnig; granulös *(Med.)*
**granulate** ['grænjʊleɪt] *v. t.* granulieren *(bes. Technik);* **~d sugar** [Zucker]raffinade, *die;* Kristallzucker, *der*
**granule** ['grænju:l] *n.* Körnchen, *das*
**grape** [greɪp] *n.* Weintraube, *die;* Weinbeere, *die;* **a bunch of ~s** eine Traube; **the juice of the ~** *(literary)* der Saft der Rebe[n] *(dichter.);* **[it's] sour ~s** *(fig.)* die Trauben hängen zu hoch
**grape: ~fruit** *n., pl. same* Grapefruit, *die;* **~ harvest** *n.* Weinlese, *die;* **~ 'hyacinth** *n.* Traubenhyazinthe, *die;* **~-juice** *n.* Traubensaft, *der;* **~shot** *n., pl. same (Mil. Hist.)* Kartätsche, *die;* **~vine** *n.* **a)** Wein, *der;* **b)** *(fig.)* **the ~vine** die Flüsterpropaganda; **I heard [it] on the ~vine that they were getting married** es wird geflüstert, daß sie heiraten wollen
**graph** [græf, grɑ:f] **1.** *n.* graphische Darstellung; Graph, *der (Math.).* **2.** *v. t.* graphisch darstellen
**graphic** ['græfɪk] **1.** *adj.* **a)** graphisch; **~ art** Graphik, *die;* **~ artist** Graphiker, *der*/Graphikerin, *die;* **b)** *(clear, vivid)* plastisch; anschaulich; **in ~ detail** in allen Einzelheiten. **2.** *n.* **a)** *(product)* Graphik, *die;* **b)** *in pl. see* **graphics**
**graphical** ['græfɪkl] *see* **graphic 1**
**graphically** ['græfɪkəlɪ] *adv.* **a)** *(clearly, vividly)* plastisch; anschaulich; **b)** *(by use of graphic methods)* graphisch
**graphic 'arts** *n. pl.* Graphik, *die*
**graphics** ['græfɪks] *n. (design and decoration)* graphische Gestaltung; *(use of diagrams)* graphische Darstellung; **computer ~:** Computergraphik, *die*
**graphite** ['græfaɪt] *n.* Graphit, *der*
**graphologist** [grə'fɒlədʒɪst] *n.* Graphologe, *der*/Graphologin, *die*
**graphology** [grə'fɒlədʒɪ] *n.* Graphologie, *die*
'**graph paper** *n.* Diagrammpapier, *das*
**grapnel** ['græpnəl] *n.* Draggen, *der (bes. Seew.);* Dreghaken, *der; (to seize ship)* Enterhaken, *der*
**grapple** ['græpl] **1.** *v. i. (in fighting)* handgemein werden; **they ~d together** *(Wrestling)* sie rangen miteinander; **~ with** *(fig.)* sich auseinandersetzen *od. (ugs.)* herumschlagen mit; **~ with death** mit dem Tode ringen. **2.** *v. t.* **a)** *(seize, fasten)* [mit Enterhaken] festhaken ⟨*Schiff*⟩; *(drag)* [mit Dreghaken] absuchen ⟨*Fluß*⟩; **b)** *(grip with hands)* packen
**grappling** ['græplɪŋ]: **~-hook, ~-iron** *ns. see* **grapnel**
**grasp** [grɑ:sp] **1.** *v. i.* **~ at** *(lit. or fig.)* ergreifen; sich stürzen auf (+ *Akk.*) ⟨*Angebot*⟩; *see also* **straw b. 2.** *v. t.* **a)** *(clutch at, seize)* ergreifen *(auch fig.);* **manage to ~:** zu fassen bekommen; **b)** *(hold firmly)* festhalten; **~ sb. in one's arms** jmdn. [fest] in den Armen halten; **~ the nettle** *(fig.)* das Problem beherzt anpacken; **c)** *(understand)* verstehen; erfassen ⟨*Bedeutung*⟩. **3.** *n.* **a)** *(firm hold)* Griff, *der;* **twist from sb.'s ~:** sich jmds. Griff *(Dat.)* entwinden; **he had my hand in a firm ~:** er hielt meine Hand mit festem Griff; **tighten/loosen one's ~:** fester zupacken/den Griff lockern; **sth. is within/beyond sb.'s ~:** etwas ist in/außer jmds. Reichweite; **success was almost within/was completely beyond his ~** *(fig.)* der Erfolg war zum Greifen nah/in unerreichbarer Ferne; **b)** *(mental hold)* **have a good ~ of sth.** etw. gut beherrschen; **his ~ of this subject is remarkable** er beherrscht das Thema außergewöhnlich gut; **sth. is beyond/within sb.'s ~:** etw. überfordert jmds. [intellektuelle] Fähigkeiten/kann von jmdm. verstanden werden
**graspable** ['grɑ:spəbl] *adj. (fig.)* verständlich
**grasping** ['grɑ:spɪŋ] *adj. (greedy)* habgierig
**grass** [grɑ:s] **1.** *n.* **a)** Gras, *das;* **be as green as ~** *(fig.)* noch feucht hinter den Ohren sein *(ugs.);* **not let the ~ grow under one's feet** *(fig. coll.)* die Sache nicht auf die lange Bank schieben *(ugs.);* **the ~ is always greener on the other side [of the hill** *or* **fence]** *(prov.)* die Kirschen aus Nachbars Garten schmecken immer viel besser; **b)** *no pl. (lawn)* Rasen, *der;* **c)** *no pl. (grazing, pasture)* Weide, *die; (pasture land)* Weideland, *das;* **be out at ~:** auf der Weide sein; **put** *or* **turn out to ~:** auf die Weide treiben *od.* führen; *(fig.)* in den Ruhestand versetzen; nicht mehr zur Arbeit einsetzen ⟨*Pferd*⟩; **d)** *(sl.: marijuana)* Grass, *das (ugs.);* **e)** *(Brit. sl.: police informer)* Spitzel, *der.* **2.** *v. t.* **a)** *(cover with turf)* mit Rasen bedecken; **b)** *(Brit. sl.: betray)* verpfeifen *(ugs.).* **3.** *v. i. (Brit. sl.: inform police)* singen *(salopp);* **~ on sb.** jmdn. verpfeifen *(ugs.)*
**grass: ~-box** *n.* Grasfangkorb, *der;* **~ 'court** *n.* Rasenplatz, *der;* Grasplatz, *der;* **~-green** *adj.* grasgrün; **~hopper** *n.* Grashüpfer, *der; see also* **knee-high; ~land** *n.* Grasland, *das; (for grazing)* Weideland, *das;* **~-root[s]** *attrib. adj. (Polit.)* Basis-; **~ roots** *n. pl. (fig.) (source)* Wurzeln; *(Polit.)* Basis, *die;* **~-seed** *n.* Grassamen, *der;* **~ 'skirt** *n.* Baströckchen, *das;*

~ **snake** *n.* **a)** *(Brit.: ringed snake)* Ringelnatter, *die;* **b)** *(Amer.: green snake)* Grasnatter, *die;* ~ **widow** *n.* Strohwitwe, *die (ugs. scherzh.);* ~ **widower** *n.* Strohwitwer, *der (ugs. scherzh.)*

**grassy** ['grɑ:sɪ] *adj.* mit Gras bewachsen

[1]**grate** [greɪt] *n.* Rost, *der; (fireplace)* Kamin, *der*

[2]**grate 1.** *v. t.* **a)** *(reduce to particles)* reiben; *(less finely)* raspeln; **b)** *(grind)* ~ **one's teeth in anger/in one's sleep** vor Wut/im Schlaf mit den Zähnen knirschen; **c)** *(utter in harsh tone)* [durch die Zähne] knirschen. **2.** *v. i.* **a)** *(rub)* knirschen; **the door ~s [up]on its hinges** die Tür knirscht in den Angeln; **b)** *(have irritating effect)* ~ **[up]on sb./sb.'s nerves** jmdm. auf die Nerven gehen; **c)** *(sound harshly)* knirschen; **her shrill voice ~d [up]on our ears** ihre schrille Stimme gellte uns in den Ohren

**grateful** ['greɪtfl] *adj.* **a)** dankbar (**to** *Dat.*); **a ~ word of thanks** ein herzliches Wort des Dankes; **b)** *(pleasant, agreeable)* wohltuend

**gratefully** ['greɪtfəlɪ] *adv.* dankbar; **thank sb.** ~: jmdm. aufrichtig danken

**grater** ['greɪtə(r)] *n.* Reibe, *die; (less fine)* Raspel, *die*

**gratification** [grætɪfɪ'keɪʃn] *n.* **a)** *(pleasure)* Genugtuung, *die;* **the ~ of doing sth.** die Genugtuung, etw. zu tun; **b)** *(satisfaction) see* **gratify b:** Befriedigung, *die;* Erfüllung, *die;* Stillung, *die*

**gratify** ['grætɪfaɪ] *v. t.* **a)** *(please)* freuen; **be gratified by** *or* **with** *or* **at sth.** über etw. *(Akk.)* erfreut sein; **I was gratified** *or* **it gratified me to hear that ...:** mit Genugtuung erfuhr ich, daß ...; **b)** *(satisfy)* befriedigen ⟨*Neugier, Bedürfnis, Eitelkeit*⟩; erfüllen ⟨*Wunsch*⟩; stillen ⟨*Sehnsucht, Verlangen*⟩

**gratifying** ['grætɪfaɪɪŋ] *adj.* erfreulich

**gratin** ['grætæ̃] *n. (Cookery)* Gratin, *das;* **cauliflower au ~** [əʊ 'grætæ̃] gratinierter Blumenkohl

**grating** ['greɪtɪŋ] *n. (framework)* Gitter, *das*

**gratis** ['greɪtɪs, 'grætɪs, 'grɑ:tɪs] **1.** *adv.* gratis, kostenlos ⟨*bekommen, abgeben*⟩; umsonst, unentgeltlich ⟨*tun*⟩. **2.** *adj.* gratis *nicht attr.;* Gratis⟨*mahlzeit, -vorstellung usw.*⟩

**gratitude** ['grætɪtju:d] *n., no pl.* Dankbarkeit, *die* (**to** gegenüber); **show one's ~ to sb.** sich jmdm. gegenüber dankbar zeigen

**gratuitous** [grə'tju:ɪtəs] *adj.* **a)** *(uncalled-for, motiveless)* grundlos; unnötig; *(without logical reason)* unbegründet; **b)** *(got or given free)* unentgeltlich ⟨*Dienstleistung*⟩

**gratuitously** [grə'tju:ɪtəslɪ] *adv.* **a)** *(without motive or reason)* ohne Grund; **b)** *(free of cost)* unentgeltlich

**gratuity** [grə'tju:ɪtɪ] *n.* **a)** *(formal: tip)* Trinkgeld, *das;* **b)** *(Brit.: bounty)* Sonderzuwendung, *die*

**graunch** [grɔ:nʃ] **1.** *v. t.* ~ **the gears** knirschend schalten. **2.** *v. i. (make grinding sound)* knirschen

[1]**grave** [greɪv] *n.* Grab, *das;* **the house was as quiet** *or* **silent** *or* **still as the ~:** im Haus herrschte Grabesstille; **dig one's own ~** *(fig.)* sich *(Dat.)* selbst sein Grab graben *(fig.);* **he would turn in his ~** *(fig.)* er würde sich im Grabe herumdrehen; **sb. is walking on** *or* **over my/his** *etc.* ~ *(fig.)* es überläuft mich/ihn *usw.* eiskalt; **carry a scar** *etc.* **to one's ~:** eine Narbe *usw.* bis an sein Lebensende tragen; **a message from beyond the ~:** eine Botschaft aus dem Jenseits; **take a secret to the ~:** ein Geheimnis mit ins Grab nehmen; *see also* **cradle 1 a; foot 1 a**

[2]**grave** *adj.* **a)** *(important, dignified, solemn)* ernst; **b)** *(formidable, serious)* schwer, gravierend ⟨*Fehler, Irrtum, Verfehlung*⟩; ernst ⟨*Situation, Lage, Schwierigkeit*⟩; groß ⟨*Gefahr, Risiko, Verantwortung*⟩; schlimm ⟨*Nachricht, Zeichen*⟩

[3]**grave** [grɑ:v, greɪv] *adj. (Ling.)* ~ **accent** Accent grave, *der;* Gravis, *der*

**grave-digger** ['greɪvdɪgə(r)] *n.* Totengräber, *der*

**gravel** ['grævl] **1.** *n.* **a)** *(small stones)* Kies, *der; attrib.* ~ **path/pit** Kiesweg, *der*/-grube, *die;* **b)** *(Geol., Mining)* Geröll, *das;* **c)** *(Med.)* **[bladder/kidney]** ~: Harn-/Nierengrieß, *der.* **2.** *v. t., (Brit.)* **-ll-** kiesen

**gravelly** ['grævəlɪ] *adj.* **a)** kieshaltig ⟨*Boden*⟩; **b)** rauh, heiser ⟨*Stimme*⟩

**gravely** ['greɪvlɪ] *adv.* **a)** *(in grave manner)* ernst; **b)** *(seriously)* ernstlich; **be ~ mistaken** sich schwer irren *(ugs.)*

**graven image** [greɪvn 'ɪmɪdʒ] *n.* Götzenbild, *das*

**grave** [greɪv]: **~side** *n.* **at the ~side** am Grab; **~stone** *n.* Grabstein, *der;* **~yard** *n.* Friedhof, *der;* **be a ~yard of reputations** manch einen guten Ruf zerstört haben

**graving dock** ['greɪvɪŋ dɒk] *see* **dry dock**

**gravitas** ['grævɪtɑ:s] *n. (literary)* Gravität, *die (veralt.)*

**gravitate** ['grævɪteɪt] *v. i.* gravitieren *(Phys., Astron., geh.);* **young people ~ to[wards] the cities** junge Leute zieht es in die Städte

**gravitation** [grævɪ'teɪʃn] *n.* Gravitation, *die;* Schwerkraft, *die; (fig.)* Streben, *das*

**gravitational** [grævɪ'teɪʃənl] *adj.* Gravitations⟨*feld, -energie usw.*⟩; ~ **pull** Anziehungskraft, *die;* ~ **force** Schwerkraft, *die*

**gravity** ['grævɪtɪ] *n.* **a)** *(solemnity)* Feierlichkeit, *die;* **b)** *(importance) (of mistake, offence)* Schwere, *die; (of situation)* Ernst, *der;* **c)** *(seriousness, staidness)* Ernst, *der;* **the ~ of his manner** seine Ernsthaftigkeit; **keep** *or* **preserve one's ~:** ernst bleiben; **d)** *(Phys., Astron.)* Gravitation, *die;* Schwerkraft, *die;* **the law/force of ~:** das Gravitationsgesetz/die Schwerkraft; **centre of ~** *(lit. or fig.)* Schwerpunkt, *der;* **specific ~** *(Phys.)* spezifisches Gewicht; Wichte, *die (fachspr.)*

'**gravity feed** *n.* Schwerkraftzufuhr, *die (Technik)*

**gravy** ['greɪvɪ] *n.* **a)** *(juices)* Bratensaft, *der;* **b)** *(dressing)* [Braten]soße, *die;* **c)** *(sl.: money)* Nebenverdienst, *der; (tip)* Trinkgeld, *das*

**gravy: ~-boat** *n.* Sauciere, *die;* Soßenschüssel, *die;* ~ **train** *n.* **ride/board the ~ train** *(sl.)* leichtes Geld machen *(ugs.)*

**gray** *etc. (Amer.) see* **grey** *etc.*

**grayling** ['greɪlɪŋ] *n., pl. same (Zool.)* Äsche, *die*

[1]**graze** [greɪz] **1.** *v. i.* grasen; weiden. **2.** *v. t.* **a)** *(feed)* weiden ⟨*Schafe, Rinder*⟩; **b)** *(feed on)* abweiden ⟨*Feld, Wiese*⟩

[2]**graze 1.** *n.* Schürfwunde, *die.* **2.** *v. t.* **a)** *(touch lightly)* streifen; **b)** *(scrape)* abschürfen ⟨*Haut*⟩; zerkratzen ⟨*Oberfläche*⟩; ~ **one's knee/elbow** sich *(Dat.)* das Knie/den Ellbogen aufschürfen. **3.** *v. i.* ~ **against/by** *or* **past the wall** an der Mauer entlang-/vorbeischrammen

**grazier** ['greɪzɪə(r), 'greɪʒə(r)] *n.* **a)** Viehzüchter, *der;* **b)** *(Austral.: sheep-farmer)* Schafzüchter, *der*

**grazing** ['greɪzɪŋ] **1.** *n. (feeding)* Weiden, *das; (land)* Weide, *die;* Weideland, *das.* **2.** *adj.* weidend; ~ **land** Weideland, *das;* ~ **rights** Weiderecht, *das*

**grease 1.** [gri:s] *n.* Fett, *das; (lubricant)* Schmierfett, *das.* **2.** [gri:z, gri:s] *v. t.* einfetten; einreiben ⟨*Haut, Rücken usw.*⟩; *(lubricate)* schmieren; **like ~d lightning** *(coll.)* wie ein geölter Blitz *(ugs.);* ~ **sb.'s palm** *(fig.)* jmdn. schmieren *(salopp abwertend);* ~ **the wheels** *(fig.)* der Sache *(Dat.)* nachhelfen

**grease: ~-gun** *n.* Fettpresse, *die (Technik);* ~ **monkey** *n. (sl.)* Schmiermaxe, *der (ugs.);* **~-paint** *n.* [Fett]schminke, *die;* **~-proof** *adj.* fettdicht; **~-proof paper** Pergament- *od.* Butterbrotpapier, *das*

**greasy** ['gri:zɪ, 'gri:sɪ] *adj.* **a)** fettig; fett ⟨*Essen*⟩; speckig ⟨*Kleidung*⟩; *(lubricated)* geschmiert; *(slippery, dirty with lubricant)* schmierig; **b)** *(fig.: unctuous)* schmierig *(abwertend)*

**great** [greɪt] **1.** *adj.* **a)** *(large)* groß; ~ **big** *(coll.)* riesengroß *(ugs.);* ~ **thick** *(coll.)* mordsdick *(ugs.);* **give sb. a ~ big hug** *(coll.)* jmdn. mit großer Herzlichkeit umarmen; **a ~ many** sehr viele; **a ~ amount of patience** eine Menge Geduld *(ugs.); see also* [2]**deal; b)** *(beyond the ordinary)* groß; sehr gut ⟨*Freund*⟩; sehr schwer ⟨*Krise*⟩; **a ~ [old] age** ein hohes Alter; **take ~ care of/a ~ interest in** sich sehr kümmern um/interessieren für; **c)** *(important)* groß ⟨*Tag, Ereignis, Attraktion, Hilfe*⟩; *(powerful, influential, of remarkable ability)* groß ⟨*Person, Komponist, Schriftsteller*⟩; *(impressive)* großartig; **the ~ thing is** die Hauptsache ist; *in titles or names* **Peter the G~:** Peter der Große; *in excl.* **G~ Scott!** großer Gott!; *(having much skill)* **be ~ at sth.** in etw. *(Dat.)* ganz groß sein *(ugs.); (having much knowledge)* **be ~ on modern music** in zeitgenössischer Musik sehr beschlagen sein *(ugs.);* **be a ~ one for sth.** etw. sehr gern tun; *see also* **spirit 1 h; d)** *(coll.: splendid)* großartig; **e)** *(in relationship)* Groß⟨*onkel, -tante, -neffe, -nichte*⟩; Ur⟨*großmutter, -großvater, -enkel, -enkelin*⟩; **~-~-:** Urgroß⟨*onkel, -tante, -neffe, -nichte*⟩; Urur⟨*großmutter, -großvater, -enkel, -enkelin*⟩. **2.** *n.* **a)** *(person)* Größe, *die;* **literary/football ~s** literarische Größen/Fußballgrößen; *as pl.* **the ~:** die Großen [der Geschichte/Literatur *usw.*]; **the ~est** *(sl.)* der/die Größte/die Größten *(ugs.);* **b) G~s** *(Brit. Univ.)* klassische Philologie

**Great:** ~ '**Bear** *n. (Astron.)* Großer Bär; ~ '**Britain** *pr. n.* Großbritannien *(das);* **g~coat** *n.* [Winter]mantel, *der;* ~ '**Dane** *n.* deutsche Dogge

**Greater:** ~ '**London** *pr. n.* Groß-London; ~ **London** '**Council** *n. (Hist.)* Stadtrat von Groß-London

**great: ~-hearted** *adj.* hochherzig; großmütig; ~ '**house** *n.* Gutshaus, *das;* Herrenhaus, *das;* **the ~ houses of England** englische Schlösser und Adelssitze; **G~** '**Lakes** *pr. n. pl.* Große Seen *Pl.*

**greatly** ['greɪtlɪ] *adv.* sehr; höchst ⟨*verärgert*⟩; stark ⟨*beeinflußt, beunruhigt*⟩; weit ⟨*überlegen*⟩; bedeutend ⟨*verbessert*⟩; **sth. is ~ to be feared** etw. muß ernstlich befürchtet werden; **it doesn't ~ matter** es ist nicht so wichtig

**greatness** ['greɪtnɪs] *n., no pl.* Größe, *die; (extent, degree)* Ausmaß, *das;* ~ **of heart/mind/soul** Hochherzigkeit, *die*/Großmut, *die*/Seelengröße, *die*

**Great:** ~ '**Power** *n.* Großmacht, *die;* ~ **Salt** '**Lake** *pr. n.* Großer Salzsee; **g~ tit** *n. (Ornith.)* Kohlmeise, *die;* **g~** '**toe** *n.* großer Zeh; ~ '**War** *n.* erster Weltkrieg

**grebe** [gri:b] *n. (Ornith.)* Lappentaucher, *der*

**Grecian** ['gri:ʃn] **1.** *adj.* griechisch. **2.** *n.* Grieche, *der*/Griechin, *die*

**Greece** [gri:s] *pr. n.* Griechenland *(das)*

**greed** [gri:d] *n.* Gier, *die* (**for** nach); *(gluttony)* Gefräßigkeit, *die (abwertend); (of animal)* Freßgier, *die;* ~ **for money/power** Geld-/Machtgier, *die*

**greedily** ['gri:dɪlɪ] *adv.* gierig

**greediness** ['gri:dɪnɪs] *n., no pl.* Gier, *die*

**greedy** ['gri:dɪ] *adj.* gierig; *(gluttonous)* gefräßig *(abwertend); (eager)* begierig; **be ~ for sth.** nach etw. gieren; ~ **for money/power/success** geldgierig/machthungrig/erfolgshungrig; **be ~ to do/get sth.** etw. unbedingt tun/bekommen wollen

'**greedy-guts** *n. sing. (coll.)* Vielfraß, *der (ugs.)*

**Greek** [gri:k] **1.** *adj.* griechisch; **sb. is ~:** jmd. ist Grieche/Griechin; *see also* **calends; English 1. 2.** *n.* **a)** *(person)* Grieche, *der*/Griechin, *die;* **b)** *(language)* Griechisch, *das;* **modern ~:** Neugriechisch, *das;* **it's all ~ to me** *(fig.)* das sind mir *od.* für mich böhmische Dörfer; *see also* **English 2a**

**Greek: ~ 'Church** *see* **~ Orthodox Church; ~ 'god** *n. (fig.)* Adonis, *der;* **~ Orthodox 'Church** *n.* griechisch-orthodoxe Kirche

**green** [gri:n] **1.** *adj.* **a)** grün; **have ~ fingers** *or* **a ~ thumb** *(fig.)* eine grüne Hand haben *(ugs.);* **~ vegetables** Grüngemüse, *das;* **b)** *(Polit.)* **G~:** grün; **he/she is ~:** er ist ein Grüner/sie ist eine Grüne; **the G~s** die Grünen; **c)** *(environmentally safe)* ökologisch; **d)** *(unripe, young, tender)* grün ⟨*Obst, Apfel, Banane, Zweig*⟩; **e)** *(not dried, seasoned, smoked, or tanned)* grün ⟨*Holz, Speck, Heringe*⟩; nicht gegerbt ⟨*Fell*⟩; **f)** *(pale)* **his face turned ~ at the sight of the blood** beim Anblick des Blutes wurde er ganz grün im Gesicht; **be/turn ~ with envy/jealousy** vor Neid/Eifersucht grün sein/werden; **g)** *(immature, naïve)* unreif; *(gullible)* naiv; einfältig; *(inexperienced)* grün. **2.** *n.* **a)** *(colour)* Grün, *das;* **b)** *(piece of land)* Grünfläche, *die;* **village ~:** Dorfanger, *der;* **c)** *in pl. (green vegetables)* Grüngemüse, *das;* **d)** *(verdure, vegetation)* Grün, *das;* **e)** *(Snooker)* grüne Kugel; **f)** *(~ clothes)* **dressed in ~:** grün gekleidet; **g)** *(traffic-light)* Grün, *das;* **the traffic-light is at ~:** die Ampel steht auf Grün. **3.** *v. i.* grünen

**green: ~back** *n. (Amer.)* [Geld]schein, *der;* **~ 'belt** *n.* Grüngürtel, *der;* **~ 'card** *n. (Insurance)* grüne Karte *(Verkehrsw.)*

**greenery** ['gri:nərɪ] *n., no pl.* Grün, *das*

**green: ~-eyed** *adj.* grünäugig; *(fig.)* neidisch; **be ~-eyed** grüne Augen haben; **~-'field site** *n.* Bauplatz im Grünen; **~finch** *n.* Grünfink, *der;* **~fly** *n. (Brit.)* grüne Blattlaus; **~gage** *n.* Reineclaude, *die;* **~grocer** *n. (Brit.)* Obst- und Gemüsehändler, *der*/-händlerin, *die; see also* **baker; ~grocery** *n. (Brit.)* **a)** Obst- und Gemüsehandlung, *die;* **b)** *in sing. or pl. (goods)* Obst und Gemüse; **~horn** *n.* Greenhorn, *das;* **~house** *n.* Gewächshaus, *das;* **~house effect** *(Ecol.)* Treibhauseffekt, *der*

**greenish** ['gri:nɪʃ] *adj.* grünlich

**'greenkeeper** *n. (Golf)* Golfwart, *der*

**Greenland** ['gri:nlənd] *pr. n.* Grönland *(das)*

**Greenlander** ['gri:nləndə(r)] *n.* Grönländer, *der*/Grönländerin, *die*

**green 'light** *n.* **a)** grünes Licht; *(as signal)* Grün, *das;* **it's a ~ light** die Ampel ist grün; **b)** *(fig. coll.)* **give sb./get the ~ light** jmdm. grünes Licht geben/grünes Licht erhalten

**greenness** ['gri:nnɪs] *n., no pl.* **a)** *(of colour)* Grün, *das;* grüne Farbe; **b)** *(of sth. covered with herbage)* Grün, *das;* **c)** *(unripeness)* grüner Zustand; **d)** *(fig.: youth, immaturity)* Unreife, *die; (inexperience)* Unerfahrenheit, *die; (gullibility)* Naivität, *die;* Einfalt, *die*

**green: G~ 'Paper** *n. (Brit.) öffentliches Diskussionspapier über die Regierungspolitik;* **G~ Party** *n. (Polit.)* die Grünen; **~ 'pepper** *see* **pepper 1b; ~ revo'lution** *n.* grüne Revolution; **~-room** *n. (Theatre)* Konversationszimmer, *das;* **~sward** *n. (literary)* Grünfläche, *die*

**Greenwich** ['grɪnɪdʒ, 'grenɪdʒ, 'grɪnɪtʃ, 'grenɪtʃ] *n.* **~ [mean] time** Greenwicher Zeit; [mittlere] Greenwich-Zeit

**'greenwood** *n.* [grüner] Wald

**greet** [gri:t] *v. t.* **a)** begrüßen; *(in passing)* grüßen; *(receive)* empfangen; **~ sb. with sth.** jmdn. mit etw. begrüßen/grüßen/empfangen; **b)** *(meet)* empfangen; **~ sb.'s eyes/ears** sich jmds. Augen *(Dat.)* darbieten/an jmds. Ohr *(Akk.)* dringen

**greeting** ['gri:tɪŋ] *n.* Begrüßung, *die; (in passing)* Gruß, *der; (words)* Grußformel, *die; (reception)* Empfang, *der;* **please give my ~s to your parents** grüßen Sie bitte Ihre Eltern von mir; **my husband also sends his ~s** mein Mann läßt auch grüßen

**greeting: ~[s] card** *n.* Grußkarte, *die; (for anniversary, birthday)* Glückwunschkarte, *die;* **~[s] telegram** *n.* Glückwunschtelegramm, *das*

**gregarious** [grɪ'geərɪəs] *adj.* **a)** *(Zool.)* gesellig; Herden⟨*tier, -trieb*⟩; **b)** *(fond of company)* gesellig

**gregariousness** [grɪ'geərɪəsnɪs] *n., no pl.* **a)** *(Zool.)* Herdenleben, *das;* **b)** *(of person)* Geselligkeit, *die*

**Gregorian** [grɪ'gɔ:rɪən] *adj.* gregorianisch; **~ calendar/chant** Gregorianischer Kalender/Gesang

**Gregory** ['gregərɪ] *pr. n. (Hist., as name of pope)* Gregor

**gremlin** ['gremlɪn] *n. (coll. joc.)* ≈ Kobold, *der*

**grenade** [grɪ'neɪd] *n.* Granate, *die; see also* **hand-grenade**

**Grenadier Guards** [grenədɪə(r) 'gɑ:dz] *n. pl. (Brit.)* Grenadiergarde, *die*

**grew** *see* **grow**

**grey** [greɪ] **1.** *adj.* **a)** *(lit. or fig.)* grau; **he** *or* **his hair went** *or* **turned ~:** er wurde grau *od.* ergraute; **grow ~ in sb.'s service** *(fig.)* in jmds. Diensten ergrauen; **~ area** *(fig.)* Grauzone, *die;* **b)** *(anonymous)* gesichtslos ⟨*Person*⟩. **2.** *n.* **a)** Grau, *das;* **b)** *(~ clothes)* **dressed in ~:** grau gekleidet; **c)** *(horse)* Grauschimmel, *der*

**grey: ~beard** *n.* Graubart, *der (ugs.);* **~ cells** *n. pl.* graue Substanz *(Anat.);* **~ 'eminence** *see* **éminence grise; G~ Friar** *n.* Franziskaner, *der;* **~ goose** *n.* Graugans, *die;* **~-haired, ~-headed** *adjs.* grauhaarig; **~-hen** *n.* Birkhenne, *die*

**'greyhound** *n.* Windhund, *der*

**'greyhound-racing** *n.* Windhundrennen, *das*

**greyish** ['greɪɪʃ] *adj.* gräulich

**greylag** ['greɪlæg] *n.* **~ [goose]** Graugans, *die*

**grey: ~ matter** *n.* graue Substanz *(Anat.); (fig.: intelligence)* graue Zellen; **~ 'squirrel** *n.* Grauhörnchen, *das*

**grid** [grɪd] *n.* **a)** *(grating)* Rost, *der;* **b)** *(of lines)* Gitter[netz], *das;* **c)** *(for supply)* [Versorgungs]netz, *das;* **d)** *see* **gridiron a; e)** *(Motor-racing)* Startmarkierung, *die;* **f)** *(of town streets)* rechtwinkliges Straßennetz; **~ pattern** rechtwinkliges Straßensystem; **g)** *(Electronics)* Gitter, *das*

**griddle** ['grɪdl] *n. [beheizbare] runde Eisenplatte zum Backen;* **~ cake** Crêpe, *die*

**'gridiron** *n.* **a)** *(Cookery)* Bratrost, *der;* **b)** *(Amer.: football field)* Footballfeld, *das*

**grief** [gri:f] *n.* **a)** Kummer, *der* **(over, at** über + *Akk.*, um); *(at loss of sb.)* Trauer, *die* **(for** um); **she felt [real] ~:** es bekümmerte sie sehr; **be a [great] ~ to sb.** jmdm. [großen *od.* viel] Kummer machen; **come to ~** *(fail)* scheitern; **the car came to ~:** das Auto wurde beschädigt *(ugs. scherzh.);* **b) good** *or* **great ~!** guter *od.* großer Gott!

**'grief-stricken** *adj.* untröstlich **(at** über + *Akk.*); **say sth. in a ~ voice** etw. mit vor Kummer erstickter Stimme sagen; **the ~ look on his face** sein gramvolles Gesicht

**grievance** ['gri:vəns] *n.* *(complaint)* Beschwerde, *die;* Klage, *die; (resentment, grudge)* Groll, *der;* **air one's ~s** seine Beschwerden vorbringen/seinem Groll Luft machen; **I have no ~s against him personally** ich habe nichts gegen ihn persönlich

**'grievance procedure** *n.* Schlichtungsverfahren, *das*

**grieve** [gri:v] **1.** *v. t.* betrüben; bekümmern. **2.** *v. i.* trauern **(for um)**; **my heart ~s** *or* **I ~ for you** *(sympathize)* ich trauere mit dir; **~ over sb./sth.** jmdm./einer Sache nachtrauern

**grievous** ['gri:vəs] *adj.* **a)** *(causing grief)* schmerzlich; **b)** *(flagrant, heinous)* schwer; **~ wrong[s]** schreiendes Unrecht; **c)** *(severe)* schwer ⟨*Verwundung, Krankheit*⟩; groß ⟨*Schmerz*⟩; **d)** *(bringing serious trouble)* folgenschwer ⟨*Irrtum, Dummheit*⟩; schwer ⟨*Autounfall*⟩; **~ bodily harm** *(Law)* schwere Körperverletzung

**grievously** ['gri:vəslɪ] *adv.* **a)** *(seriously)* schwer ⟨*verletzt, benachteiligt*⟩; **b)** *(strongly, exceedingly)* stark, ernstlich ⟨*beunruhigt*⟩

**griffin** ['grɪfɪn] *n.* Greif, *der*

**[1]grill** [grɪl] **1.** *v. t.* **a)** *(cook)* grillen; **b)** *(fig.: question)* in die Mangel nehmen *(ugs.).* **2.** *v. i.* grillen; **be ~ing in the hot sun** *(fig.)* sich von *od.* in der heißen Sonne braten lassen *(ugs.).* **3.** *n.* **a)** *(Gastr.)* Grillgericht, *das;* **mixed ~:** Mixed grill, *der;* gemischte Grillplatte; **b)** *(restaurant)* Grillrestaurant, *das;* **c)** *(on cooker)* Grill, *der;* **d)** *see* **gridiron a**

**grille ([2]grill)** *n.* **a)** *(grating)* Gitter, *das;* **b)** *(Motor Veh.)* [Kühler]grill, *der*

**'grill-room** *see* **[1]grill 3b**

**grim** [grɪm] *adj. (stern)* streng; grimmig ⟨*Lächeln, Gesicht, Blick, Schweigen, Humor*⟩; furchterregend ⟨*Krieger*⟩; *(unrelenting, merciless, severe)* erbittert ⟨*Widerstand, Kampf, Schlacht*⟩; grimmig ⟨*Entschlossenheit, Winter*⟩; eisern ⟨*Vorsatz*⟩; *(sinister, ghastly)* grauenvoll ⟨*Aufgabe, Anblick, Nachricht*⟩; grausig ⟨*Wetter, Zeiten*⟩; trostlos ⟨*Wetter, Winter, Tag, Landschaft, Aussichten*⟩; *(mirthless)* grimmig ⟨*Humor, Spaß*⟩; **hold** *or* **hang** *or* **cling on [to sth.] like ~ death** sich mit aller Kraft [an etw. *(Dat.)*] festklammern; *see also* **reaper b**

**grimace** [grɪ'meɪs] **1.** *n.* Grimasse, *die;* **make a ~:** eine Grimasse machen *od.* schneiden. **2.** *v. i.* Grimassen machen *od.* schneiden; **~ with pain/disgust** vor Schmerz/Ekel das Gesicht verziehen

**grime** [graɪm] *n.* Schmutz, *der; (soot)* Ruß, *der*

**grimly** ['grɪmlɪ] *adv.* grimmig; eisern ⟨*entschlossen sein, sich festhalten*⟩; verbissen, erbittert ⟨*kämpfen*⟩

**Grimm's Law** ['grɪmz lɔ:] *n. (Ling.)* germanische *od.* erste Lautverschiebung

**grimy** ['graɪmɪ] *adj.* schmutzig; schwarz *(ugs.);* **buildings ~ with soot** rußgeschwärzte Gebäude

**grin** [grɪn] **1.** *n.* Grinsen, *das.* **2.** *v. i.*, **-nn-** grinsen; **~ at sb.** jmdn. angrinsen; **~ and bear it** gute Miene zum bösen Spiel machen; *see also* **Cheshire cat. 3.** *v. t.*, **-nn-: ~ approval/satisfaction** *etc.* beifällig/zufrieden *usw.* grinsen

**grind** [graɪnd] **1.** *v. t.*, **ground** [graʊnd] **a)** *(reduce to small particles)* **~ [up]** zermahlen; pulverisieren ⟨*Metall*⟩; mahlen ⟨*Kaffee, Pfeffer, Getreide*⟩; **~ sth. to dust/[a] powder/into flour** *etc.* etw. zu Staub/[einem] Pulver/zu Mehl *usw.* zermahlen; **b)** *(sharpen)* schleifen ⟨*Schere, Messer*⟩; schärfen ⟨*Klinge*⟩; *(smooth, shape)* schleifen ⟨*Linse, Edelstein*⟩; **~ sth. to a sharp edge** etw. scharf schleifen; *see also* **axe 1a; c)** *(rub harshly)* zerquetschen; **~ a cigarette-end into the ground** einen Zigarettenstummel austreten; **~ facts into pupils** Schülern Fakten einhämmern; **~ dirt into sth.** Schmutz in etw. *(Akk.)* treten; **~ one's teeth** mit den Zähnen knirschen; **d)** *(produce by grinding)* mahlen ⟨*Mehl*⟩; **e)** *(turn, cause to work)* drehen ⟨*Leier*⟩; **~ the coffee-mill** den Kaffee mahlen; **~ a barrel-organ** eine Drehorgel spielen; **f)** *(fig.: oppress, harass)* auspressen *(fig.);* **~ the faces of the poor** *(literary)* die Armen [grausam] ausbeuten; **~ing poverty/tyranny** erdrückende Armut/Tyrannei. **2.** *v. i.*, **ground a)** *(toil)* hart arbeiten; *(study)* büffeln *(ugs.);* **b)** *(rub gratingly)* knirschen **(on** auf + *Dat.*); **bring sth. ~ing to a halt** etw. lahmlegen; **~ to a halt, come to a ~ing halt** ⟨*Fahrzeug:*⟩ quietschend zum Stehen kommen; *(fig.)* ⟨*Verkehr:*⟩ zum Erliegen kommen; ⟨*Maschine:*⟩ stehenbleiben; ⟨*Projekt:*⟩ sich festfahren. **3.** *n.* Plackerei, *die* *(ugs.)*; **the daily** ~ *(coll.)* der alltägliche Trott

~ **a'way 1.** *v. t.* abschleifen. **2.** *v. i. (fig.)* hart arbeiten (**at** an + *Dat.*); *(study)* büffeln *(ugs.)* (**at** *Akk.*)

~ **'down** *v. t.* **a)** zermahlen; pulverisieren ⟨*Metall*⟩; mahlen ⟨*Kaffee*⟩; **b)** *(fig.: oppress)* ⟨*Tyrann, Regierung:*⟩ unterdrücken; ⟨*Armut, Verantwortung:*⟩ erdrücken; **c)** *(sharpen)* abschleifen

~ **'in** *v. t.* **a)** *(Mech.)* einschleifen ⟨*Ventil*⟩; **b)** ~ **the dirt in** den Schmutz ein- *od.* festtreten; ~ **in facts** *(fig. coll.)* Fakten einhämmern

~ **'on** *v. i.* sich mühsam voranarbeiten

~ **'out** *v. t. (fig.)* sich *(Dat.)* abquälen ⟨*Verse, Melodie, Aufsatz*⟩

**grinder** ['graɪndə(r)] *n.* **a)** Schleifmaschine, *die*; *(pulverizing machine)* Mühle, *die*; **b)** *in comb. (person)* ⟨*Messer-, Scheren*⟩schleifer, *der*; **c)** *(tooth)* Mahlzahn, *der*; **d)** *(millstone)* Läufer, *der. See also* **organ-grinder**

**'grindstone** *n.* Schleifstein, *der*; **hold** *or* **keep one's/sb.'s nose to the** ~ *(fig.)* sich dahinterklemmen *(ugs.)*/dafür sorgen, daß jmd. sich dahinterklemmt *(ugs.)*; **get back to the** ~: sich wieder an die Arbeit machen

**gringo** ['grɪŋgəʊ] *n., pl.* ~**s** *(often derog.)* Gringo, *der (abwertend)*

**grip** [grɪp] **1.** *n.* **a)** *(firm hold)* Halt, *der*; *(fig.: power)* Umklammerung, *die*; **hold sth. with a firm** ~: etw. mit festem Griff halten; **have a** ~ **on sth.** etw. festhalten; **loosen one's** ~: loslassen; **take a** ~: festhalten (**on** *Akk.*); **get** *or* **take a** ~ **on oneself** *(fig.)* sich zusammenreißen *(ugs.)*; **gain a** ~: einen Halt finden; ⟨*Reifen:*⟩ greifen; **have/get a** ~ **on sth.** *(fig.)* etw. im Griff haben/in den Griff bekommen; **winter tightened its** ~: der Winter wurde noch strenger; **come** *or* **get to** ~**s with sth./sb.** *(fig.)* mit etw. fertigwerden/sich *(Dat.)* jmdn. vorknöpfen *od.* vornehmen *(ugs.)*; **be in the** ~ **of** *(fig.)* beherrscht werden von ⟨*Angst, Leidenschaft, Furcht*⟩; heimgesucht werden von ⟨*Naturkatastrophe, Armut, Krieg*⟩; **lose one's** ~ *(fig.)* nachlassen; **lose one's** ~ **on reality** *(fig.)* den Bezug zur Realität verlieren; **the Prime Minister is losing his** ~ *(fig.)* der Premierminister hat die Situation nicht mehr richtig im Griff; **b)** *(strength or way of* ~*ping)* Griff, *der*; **shorten/lengthen one's** ~: den Schläger *o. ä.* kürzer/länger fassen; **c)** *(holding-device)* Klammer, *die*; *(part which is held)* Griff, *der*; *(of oar)* Holm, *der*; **d)** *see* **hair-grip**; **e)** *(bag)* Reisetasche, *die.* **2.** *v. t.*, **-pp-** greifen nach; ⟨*Reifen:*⟩ greifen; *(fig.)* ergreifen; fesseln ⟨*Publikum, Aufmerksamkeit*⟩; ~ **sb.'s collar/hand** *or* **sb. by the collar/hand** jmdn. am Kragen packen/sich an jmds. Hand klammern; ~ **sb.'s imagination** *(fig.)* jmdn. fesseln. **3.** *v. i.*, **-pp-** ⟨*Räder, Bremsen usw.:*⟩ greifen; ~ **at** greifen nach

**gripe** [graɪp] **1.** *n.* **a)** *(sl.: complaint)* Meckern, *das (ugs. abwertend)*; **one more** ~ **about my driving ...**: noch ein Wort über meinen Fahrstil ...; **his favourite** ~ **is ...**: am liebsten schimpft er über (+ *Akk.*) ...; **have a good** ~ **about sth./at sb.** sich über etw. *(Akk.)* ausschimpfen/jmdn. tüchtig ausschimpfen; **b)** *in pl. (colic)* **get/have the** ~**s** Bauchschmerzen *od. (ugs.)* Bauchweh bekommen/haben. **2.** *v. i. (sl.)* meckern *(ugs. abwertend)* (**about** über + *Akk.*)

**gripping** ['grɪpɪŋ] *adj. (fig.)* packend

**grisly** ['grɪzlɪ] *adj.* grausig

**Grisons** ['gri:zɔ̃] *pr. n.* Graubünden *(das)*

**grist** [grɪst] *n.* **a)** Mahlgut, *das*; *(Brewing)* Malzschrot, *der od. das*; **b)** *(fig.)* **it's all** ~ **to the/sb.'s mill** man kann aus allem etwas machen/jmd. versteht es, aus allem etwas zu machen

**gristle** ['grɪsl] *n.* Knorpel, *der*

**gristly** ['grɪslɪ] *adj.* knorp[e]lig

**grit** [grɪt] **1.** *n.* **a)** Sand, *der*; **b)** *see* **gritstone**; **c)** *(coll.: courage, endurance)* Schneid, *der (ugs.)*. **2.** *v. t.*, **-tt-**: **a)** streuen ⟨*vereiste Straßen*⟩; **b)** ~ **one's teeth** die Zähne zusammenbeißen *(ugs.)*

**grits** [grɪts] *n. pl.* **a)** *(oats)* geschälte Haferkörner; **b)** *(oatmeal)* Haferschrot, *der od. das*

**'gritstone** *n. (Geol.)* Grit, *der (fachspr.)*; Sandstein, *der*

**gritty** ['grɪtɪ] *adj.* **a)** *(containing grit)* sandig ⟨*Weg, Boden, Butterbrot*⟩; *(full of hard particles)* grobkörnig ⟨*Struktur, Sand*⟩; **b)** *(fig.: courageous)* **be** ~: Schneid haben

**grizzle** ['grɪzl] *v. i. (Brit. coll.)* quengeln *(ugs.)*

**grizzled** ['grɪzld] *adj.* grau ⟨*Haar, Bart*⟩; grauhaarig ⟨*Person*⟩; *(partly grey)* graumeliert ⟨*Haar*⟩

**grizzly** ['grɪzlɪ] *n.* ~ **[bear]** Grislybär, *der*

**groan** [grəʊn] **1.** *n. (of person)* Stöhnen, *das*; *(of thing)* Ächzen, *das (fig.)*; **give a** ~ **of pain** vor Schmerz stöhnen; **a** ~ **rose from the crowd** die Menge stöhnte auf. **2.** *v. i.* **a)** ⟨*Person:*⟩ [auf]stöhnen (**at** bei); ⟨*Tisch, Planken:*⟩ ächzen *(fig.)*; ~ **inwardly** innerlich aufstöhnen; **a** ~**ing board** *(literary)* ein reichgedeckter Tisch; **b)** *(fig.: be oppressed)* stöhnen. **3.** *v. t.* stöhnen

**groats** [grəʊts] *n. pl. (hulled)* geschälte [Hafer]körner; *(hulled and crushed)* [Hafer]grütze, *die*

**grocer** ['grəʊsə(r)] *n.* Lebensmittelhändler, *der*/-händlerin, *die*; *see also* **baker**

**grocery** ['grəʊsərɪ] *n.* **a)** *in pl. (goods)* Lebensmittel *Pl.*; **b)** ~ **[store]** Lebensmittelgeschäft, *das*; **c)** *(trade)* Lebensmittelhandel, *der*

**grog** [grɒg] *n.* Grog, *der*; *(Austral. and NZ coll.: alcoholic liquor)* Schnaps, *der (ugs.)*

**groggily** ['grɒgɪlɪ] *adv.* benommen ⟨*sprechen, gehen*⟩; auf unsicheren *od. (ugs.)* auf wackeligen Beinen ⟨*gehen*⟩

**groggy** ['grɒgɪ] *adj.* wackelig auf den Beinen *(ugs.) präd.*; groggy *(ugs.) präd.*

**groin** [grɔɪn] *n.* **a)** *(Anat.)* Leistengegend, *die*; *(euphem.: genitals)* Weichteile, *die (verhüll.)*; **b)** *(Archit.)* Grat, *der (fachspr.)*

**grommet** *see* **grummet**

**groom** [gru:m, grʊm] **1.** *n.* **a)** *(stable-boy)* Stallbursche, *der*; Stallknecht, *der (veralt.)*; *(stable-girl)* Stallgehilfin, *die*; **b)** *(bride*~*)* Bräutigam, *der*; **c)** *(Brit.: officer of Royal Household)* *Bediensteter des britischen Hofes.* **2.** *v. t.* **a)** striegeln ⟨*Pferd*⟩; *(smarten)* pflegen ⟨*Kleidung*⟩; ~ **oneself** sich zurechtmachen; **well/badly** ~**ed** gepflegt/ungepflegt; **b)** *(fig.: prepare)* ~ **sb. for/as sth.** jmdn. für/als etw. aufbauen; ~ **sb. for a career** jmdn. auf *od.* für eine Laufbahn vorbereiten

**groove** [gru:v] **1.** *n.* **a)** *(channel)* Nut, *die (bes. Technik)*; *(of gramophone record)* Rille, *die*; **b)** *(fig.: routine)* **get into a** ~ ⟨*Arbeit:*⟩ routinemäßig ablaufen; ⟨*Person:*⟩ zum Gewohnheitsmenschen werden; **be stuck in a** ~: aus dem Trott nicht mehr herauskommen; **c) be in the** ~ *(dated sl.)* gut drauf sein *(salopp)*; *(perform excellently)* groß in Form sein *(ugs.)*; *(be appreciative)* ⟨*Publikum:*⟩ begeistert mitgehen. **2.** *v. t.* nuten

**groovy** ['gru:vɪ] *adj. (dated sl.) (excellent, very good)* klasse *(ugs.)*; **be** ~ *(Jazz)* in Form sein *(ugs.)*; gut drauf sein *(salopp)*

**grope** [grəʊp] **1.** *v. i.* tasten (**for** nach); ~ **for the right word/truth** nach dem richtigen Wort/der Wahrheit suchen; ~ **after sth.** *(fig.)* etw. herauszufinden versuchen. **2.** *v. t.* **a)** ~ **one's way [along]** sich [entlang]tasten; *(fig.)* [sich durch]lavieren *(ugs. abwertend)*; **b)** *(sl.: caress)* ~ **sb.** jmdn. betatschen *(ugs. abwertend)*

**grosgrain** ['grəʊgreɪn] *n. (Textiles)* grob gerippter Stoff; Grosgrain, *der (fachspr.)*

**gros point** ['grəʊ pwæ̃] *n.* **a)** *(embroidery)* Kreuzstichstickerei, *die*; **b)** *(stitch)* Kreuzstich, *der*

**¹gross** [grəʊs] **1.** *adj.* **a)** *(flagrant)* grob ⟨*Fahrlässigkeit, Fehler, Irrtum*⟩; übel ⟨*Laster, Beleidigung*⟩; schwer ⟨*Verbrechen, Beleidigung*⟩; schreiend ⟨*Ungerechtigkeit*⟩; **b)** *(obese)* fett *(abwertend)*; *(luxuriant)* üppig, dicht ⟨*Vegetation*⟩; **c)** *(coarse, rude)* ordinär *(abwertend)*; *(coll.: disgusting)* **that's really** ~**!** das ist wirklich ekelhaft!; **d)** *(total)* Brutto-; Gesamt⟨*umsatz, -absatz*⟩; ~ **national product** Bruttosozialprodukt, *das*; **e)** *(dull, not delicate)* grob ⟨*Person, Geschmack*⟩; **f)** *(coarse)* deftig ⟨*Mahlzeit, Essen*⟩. **2.** *v. t.* **a)** *(yield)* [insgesamt] einbringen ⟨*Geld*⟩; **b)** ~ **up** einbeziehen; ~**ed up** Brutto⟨*dividende, -rendite*⟩

**²gross** *n., pl. same* Gros, *das*; **by the** ~: en gros

**grossly** ['grəʊslɪ] *adv.* **a)** *(flagrantly)* äußerst; grob ⟨*übertreiben*⟩; schwer ⟨*beleidigen*⟩; **b)** *(coarsely, rudely)* ordinär ⟨*sich benehmen, sprechen*⟩; ohne Manieren ⟨*essen*⟩

**grotesque** [grəʊ'tesk] **1.** *adj.* grotesk. **2.** *n.* **a)** *(decoration)* Groteske, *die*; **b)** *(Printing)* Grotesk, *die*

**grotesquely** [grəʊ'tesklɪ] *adv.* grotesk

**grotto** ['grɒtəʊ] *n., pl.* ~**es** *or* ~**s** Grotte, *die*

**grotty** ['grɒtɪ] *adj. (Brit. sl.)* mies *(ugs.)*; *(dirty)* dreckig *(ugs.)*; **the bathroom looks** ~: das Bad ist total versifft *(salopp)*

**grouch** [graʊtʃ] *(coll.)* **1.** *v. i.* schimpfen; mosern *(ugs.)*. **2.** *n.* **a)** *(person)* Miesepeter, *der (ugs. abwertend)*; **b)** *(cause)* Ärger, *der*; **have a** ~ **against sb.** auf jmdn. sauer sein *(salopp)*

**grouchy** ['graʊtʃɪ] *adj. (coll.)* griesgrämig

**¹ground** [graʊnd] **1.** *n.* **a)** Boden, *der*; **work above/below** ~: über/unter der Erde arbeiten; **1,000 feet above the** ~: 1 000 Fuß über dem Erdboden; **deep under the** ~: tief unter der Erde; **uneven, hilly** ~: unebenes, hügeliges Gelände; **on high** ~: in höheren Lagen; **cover much** ~ *(distance)* eine weite Strecke zurücklegen; **b)** *(fig.)* **be above/below** ~: am Leben *od.* unter den Lebenden sein/unter der Erde sein *od.* liegen; **cut the** ~ **from under sb.'s feet** jmdm. den Wind aus den Segeln nehmen *(ugs.)*; **be** *or* **suit sb. down to the** ~ *(coll.)* genau das richtige für jmdn. sein; **Friday suits me down to the** ~: Freitag paßt mir prima *(ugs.)*; **that's Billy down to the** ~ *(coll.)* das ist typisch Billy *(ugs.)*; **fall to the** ~: zunichte werden; **be dashed to the** ~: [mit einem Schlag] zunichte werden; **from the** ~ **up** *(coll.) (thoroughly)* von der Pike auf *(ugs.)* ⟨*lernen*⟩; *(entirely anew)* ganz von vorne ⟨*anfangen*⟩; **get off the** ~ *(coll.)* konkrete Gestalt annehmen; **get sth. off the** ~ *(coll.)* etw. in die Tat umsetzen; **go to** ~: ⟨*Fuchs usw.:*⟩ im Bau verschwinden; ⟨*Person:*⟩ untertauchen; **run to** ~: aufstöbern; **run sb./oneself into the** ~ *(coll.)* jmdn./sich kaputtmachen *(ugs.)*; **run sth. into the** ~ *(coll.: overdo sth.)* es mit etw. übertreiben; **on the** ~ *(in practice)* an Ort und Stelle; **be/not be on firm** *or* **solid** ~: sich auf sicherem/schwankendem Boden bewegen; **thin/thick on the** ~: dünn/dicht gesät; **break fresh** *or* **new** ~: Neuland betreten; **cover much** *or* **a lot of** ~: weit vorankommen; **cover the** ~ ⟨*Student:*⟩ den Stoff erarbeiten; ⟨*Buch:*⟩ eine umfassende Darstellung geben; **cover the same** ~ ⟨*Vorträge, Buch:*⟩ denselben Stoff behandeln; **gain** *or* **make** ~: Boden gewinnen (**on** gegenüber); *(become established)* Fuß fassen; **give** *or* **lose** ~: an Boden verlieren; **hold** *or* **keep** *or* **stand one's** ~: nicht nachgeben; **shift one's** ~: umschwenken; *see also* **foot 1 a**; **c)** *(special area)* Gelände, *das*; **[sports]** ~: Sportplatz, *der*; **[cricket]** ~: Cricketfeld, *das*; *see also* **common ground**; **forbidden 2**; **d)** *in pl. (attached to house)* Anlage, *die*; **e)** *(Brit.: floor)*

Boden, *der;* **f)** *(motive, reason)* Grund, *der;* **on the ~[s] of, on ~s of** auf Grund (+ *Gen.*); *(giving as one's reason)* unter Berufung auf (+ *Akk.*); **on the ~s that ...:** unter Berufung auf die Tatsache, daß ...; **on health/religious** *etc.* **~s** aus gesundheitlichen/religiösen *usw.* Gründen; **on what ~s do you suspect him?** mit welcher Begründung verdächtigen Sie ihn?; **the ~s for divorce are ...:** als Scheidungsgrund gilt ...; **there are no ~s for this assumption** es besteht kein Grund zu dieser Annahme; **have/give [no] ~s for sth.** [k]einen Grund für etw. haben/[keine] Gründe für etw. angeben; **have no ~s for sth./to do sth.** keinen Grund für etw. haben/keinen Grund haben, etw. zu tun; **have no ~s for complaint** keinen Grund zur Klage haben; **have good ~s for doing sth.** allen Grund haben, etw. zu tun; **g)** *(in embroidery, painting, etc.)* Grund, *der;* **on a white ~:** auf weißem Grund; **h)** *in pl. (sediment)* **~s** Satz, *der; (of coffee)* Kaffeesatz, *der;* **i)** *(Electr.)* Erde, *die;* **~ed plug** *(Amer.)* Schukostecker, *der;* **j)** *(bottom of sea)* Grund, *der;* **touch ~** *(fig.)* wieder Grund unter den Füßen haben. **2.** *v. t.* **a)** *(cause to run ashore)* auf Grund setzen; **be ~ed** auf Grund gelaufen sein; **b)** *(base, establish)* gründen (**on** auf + *Akk.*); **be ~ed on** gründen auf (+ *Dat.*); **well ~ed** wohlbegründet; **c)** *(instruct)* **~ sb. [in the essentials]** jmdn. in die Anfangsgründe einführen; **be well/not well ~ed in a subject** über gute/keine guten Grundkenntnisse auf einem Gebiet verfügen; **d)** *(Mil.)* niederlegen; **e)** *(Aeronaut.)* am Boden festhalten; *(prevent from flying)* nicht fliegen lassen ‹*Piloten*›; **be ~ed by bad weather/owing to a defect** *etc.* wegen schlechten Wetters/eines Defekts *usw.* nicht starten können; **f)** *(Electr.)* erden. **3.** *v. i. (run ashore)* ‹*Schiff:*› auf Grund laufen

**²ground 1.** *see* **grind 1, 2. 2.** *adj.* gemahlen ‹*Kaffee, Getreide*›; pulverisiert ‹*Holz, Gummi*›; **~ meat** *(Amer.)* Hackfleisch, *das;* **~ coffee** Kaffeepulver, *das;* **fine-/coarse-/medium-~ coffee** fein-/grobgemahlener/mittelfein gemahlener Kaffee

**ground: ~-bait** *n.* Grundköder, *der;* **~ bass** ['graʊnd beɪs] *n. (Mus.)* Basso ostinato, *der;* Ground, *der;* **~ control** *n. (Aeronaut.)* **a)** *(personnel, equipment, etc.)* Flugsicherungskontrolldienst, *der;* **b)** *(directing)* **~ control approach** GCA-Verfahren, *das;* **~ crew** *n. (Aeronaut.)* Bodenpersonal, *das;* **~ effect** *n.* Bodeneffekt, *der (Technik);* **~ 'floor** *see* **floor 1 b; ~ forces** *n. pl.* Bodentruppen *Pl.;* **~ frost** *n.* Bodenfrost, *der;* **~ 'glass** *n.* Mattglas, *das*

**grounding** ['graʊndɪŋ] *n.* **a)** Grundkenntnisse *Pl.;* Grundwissen, *das;* **b)** *(Aeronaut.)* **the ~ of the plane was ordered** dem Flugzeug wurde Startverbot erteilt

**ground: ~ ivy** *n.* Gundelrebe, *die;* **~keeper** *(Amer.) see* **groundsman**

**groundless** ['graʊndlɪs] *adj.* unbegründet; **these reports/rumours/statements are ~:** diese Berichte/Gerüchte/Aussagen entbehren jeder Grundlage

**ground: ~ 'level** *n.* **above/below ~ level** oberhalb/unterhalb der ebenen Erde; **on** *or* **at ~ level** ebenerdig; ‹*Wohnung, Fenster*› zu ebener Erde; **~-nut** *n. (Brit.)* Erdnuß, *die;* **~-plan** *n.* Grundriß, *der; (fig.)* Grundstruktur, *die;* **~-rent** *n.* Grundrente, *die;* **~ 'rice** *n.* Reismehl, *das;* **~ rule** *n.* **a)** *(Sport)* Platzregel, *die;* **b)** *(basic principle)* Grundregel, *die*

**groundsel** ['graʊnsl] *n. (Bot.)* Greiskraut, *das*

**ground: ~sheet** *n.* Bodenplane, *die;* **~sman** ['graʊndzmən] *n., pl.* **~smen** ['graʊndzmən] *(Sport)* Platzwart, *der;* **~ speed** *n. (Aeronaut.)* Grundgeschwindigkeit, *die;* **~-squirrel** *n.* Erdhörnchen, *das;* **~ staff** *n. (Aeronaut.)* Bodenpersonal, *das;* **~ station** *n. (Astronaut., Communications)* Bodenstation, *die;* **~ swell** *n.* schwere Dünung; **the ~ swell of public opinion** *(fig.)* der wachsende Druck der öffentlichen Meinung; **~ traffic** *n.* Bodenverkehr, *der;* **~ water** *n.* Grundwasser, *das;* **~work** *n.* Vorarbeiten; *(fig.)* Grundlage, *die;* **do the ~work for sth.** die Vorarbeiten für etw. machen; **~ 'zero** *n.* [Boden]nullpunkt, *der*

**group** [gru:p] **1.** *n.* **a)** Gruppe, *die; attrib.* Gruppen‹*verhalten, -dynamik, -bewußtsein*›; **~ of houses/trees/islands** Häuser-/Baum-/Inselgruppe, *die;* **the Germanic ~ of languages** die germanische Sprachfamilie; **b)** *(Commerc.)* [Unternehmens]gruppe, *die;* **c)** *(Polit.)* Gruppe, *die; (Parl.)* Fraktion, *die;* **d)** *see* **pop group; e)** *(Math., Chem.)* Gruppe, *die.* **2.** *v. t.* gruppieren; **~ books according to their subjects** Bücher nach ihrer Thematik ordnen; **~ flowers together** Blumen zusammenstellen; **you can't ~ all criminals together** man kann nicht alle Verbrecher in einen Topf werfen *(ugs.);* **be ~ed into classes** Klassen zugeordnet werden

**group: ~ captain** *n. (Air Force)* Oberst der Luftwaffe; **~ discussion** *n.* Gruppendiskussion, *die*

**groupie** ['gru:pɪ] *n. (sl.)* Groupie, *das*

**grouping** ['gru:pɪŋ] *n. (placing in groups)* Gruppierung, *die; (classification)* Klassifizierung, *die;* **blood ~:** Bestimmung der Blutgruppe; *([belonging to a] blood group)* Blutgruppe[nzugehörigkeit], *die*

**group: ~ practice** *n.* Gemeinschaftspraxis, *die;* **~ sex** *n.* Gruppensex, *der;* **~ therapy** *n.* Gruppentherapie, *die*

**¹grouse** [graʊs] *n.* **a)** *pl. same* Rauhfußhuhn, *das;* **[red] ~** *(Brit.)* Schottisches Moorschneehuhn; **b)** *no pl. (as food)* Waldhuhn, *das;* schottisches Moorhuhn

**²grouse** *(coll.)* **1.** *v.i.* meckern *(ugs.),* mosern *(ugs.)* (**about** über + *Akk.*). **2.** *n.* Meckerei, *die (ugs.);* Moserei, *die (ugs.);* **my only ~ is that ...:** mir stinkt nur, daß ... *(salopp)*

**grouser** ['graʊsə(r)] *n. (coll.)* Meckerer, *der;* Meckerfritze, *der*/-liese, *die (ugs.)*

**'grouse-shooting** *n.* Jagd auf Moorhühner

**grout** [graʊt] **1.** *n.* Mörtelschlamm, *der.* **2.** *v. t.* verstreichen ‹*Fugen, Löcher*›; [aus]fugen ‹*Mauer, Fliesen*›

**grove** [grəʊv] *n.* Wäldchen, *das;* Hain, *der (dichter. veralt.)*

**grovel** ['grɒvl] *v. i., (Brit.)* **-ll-: a)** *(lie prone)* auf dem Bauch liegen; *(go down on one's knees)* sich auf die Knie werfen; **be ~ling on the floor** auf dem Fußboden kriechen; **b)** *(fig.: be subservient)* katzbuckeln *(abwertend); (in apology)* zu Kreuze kriechen *(abwertend)* (**before** vor + *Dat.*)

**grovelling** *(Amer.:* **groveling***)* ['grɒvəlɪŋ] *adj.* kriechend; *(fig.)* kriecherisch *(abwertend)*

**grow** [grəʊ] **1.** *v. i.,* **grew** [gru:], **grown** [grəʊn] **a)** *(sprout)* ‹*Pflanze:*› wachsen; **leaves are beginning to ~ on the trees** an den Bäumen bilden sich allmählich Blätter; **b)** *(in size etc.)* wachsen; **haven't you ~n!** du bist aber gewachsen *od.* groß geworden!; **~ing lad** Junge, der noch im Wachsen ist *od.* noch wächst; **it just ~ed** *(coll.)* es hat sich einfach so entwickelt; **c)** *(develop, expand)* wachsen; *(increase numerically)* ‹*Bevölkerung:*› zunehmen, wachsen; **~ out of** *or* **from sth.** sich aus etw. entwickeln; *(from sth. abstract)* aus etw. erwachsen; von etw. herrühren; ‹*Situation, Krieg usw.:*› die Folge von etw. sein; ‹*Plan:*› aus etw. erwachsen; **~ in** zunehmen *od.* gewinnen an (+ *Dat.*) ‹*Größe, Bedeutung, Autorität, Ansehen, Weisheit*›; gewinnen an (+ *Dat.*) ‹*Popularität, Format*›; **d)** *(become)* werden; **~ used to sth./sb.** sich an etw./jmdn. gewöhnen; **~ like sb.** jmdm. ähnlich werden; **~ apart** *(fig.)* sich auseinanderleben; **~ away from sb.** *(fig.)* sich jmdm. entfremden; **~ to be sth.** allmählich etw. werden; **he grew to be a man** er wuchs zum Manne heran *(geh.);* **~ to love/hate** *etc.* **sb./sth.** jmdn./etw. liebenlernen/hassenlernen *usw.;* **~ to like sb./sth.** nach und nach Gefallen an jmdm./etw. finden; **~ old [gracefully]** [mit Würde] alt werden. *See also* **growing; grown 2. 2.** *v. t.,* **grew, grown a)** *(cultivate) (on a small scale)* ziehen; *(on a large scale)* anpflanzen; züchten ‹*Blumen*›; *(produce)* züchten ‹*Kristalle*›; **b) ~ one's hair [to a great length]** sich *(Dat.)* die Haare [sehr lang] wachsen lassen; **~ a beard** sich *(Dat.)* einen Bart wachsen lassen; **the lizard will ~ a new tail** der Eidechse wächst ein neuer Schwanz

**~ into** *v. t.* **a)** *(become)* werden zu; **b)** *(become big enough for)* hineinwachsen in (+ *Akk.*) ‹*Kleidungsstück*›

**~ on** *v. t.* **it ~s on you** man findet mit der Zeit Geschmack *od.* Gefallen daran; **he grew on us** wir haben ihn schätzengelernt

**~ 'out of** *v. t.* **a)** *(become too big for)* herauswachsen aus ‹*Kleidungsstück*›; **b)** *(lose in the course of time)* ablegen ‹*Angewohnheit*›; entwachsen (+ *Dat.*) ‹*Kindereien*›; überwinden ‹*Zustand*›; *see also* **~ 1 c**

**~ 'up** *v. i.* **a)** *(spend early years)* aufwachsen; *(become adult)* erwachsen werden; **she grew up to be a gifted pianist** sie wuchs zu einer begabten Pianistin heran; **what do you want to be** *or* **do when you ~ up?** was willst du denn mal werden, wenn du groß bist?; **b)** *(fig.: become mature)* erwachsen werden; **~ up!** werde endlich erwachsen!; **c)** *(develop)* ‹*Freundschaft, Feindschaft, Streit:*› sich entwickeln; ‹*Legende:*› entstehen, sich bilden; ‹*Tradition, Brauch:*› sich herausbilden

**~ 'up into** *v. t.* werden *od.* sich entwickeln zu

**grower** ['grəʊə(r)] *n.* **a)** *usu. in comb. (person)* Produzent, *der*/Produzentin, *die;* **fruit-/apple-/vegetable-~:** Obst-/Apfel-/Gemüsebauer, *der;* **coffee-/tobacco-~:** Kaffee-/Tabakpflanzer, *der;* **b)** *(plant)* **be a slow/free ~:** langsam/schnell wachsen; eine langsam/schnell wachsende Pflanze sein

**growing** ['grəʊɪŋ] **1.** *adj.* wachsend; sich verdichtend ‹*Anzeichen*›; immer umfangreicher werdend ‹*Sachgebiet*›; sich immer mehr verbreitend ‹*Praktik*›. **2.** *n.* Anbau, *der; attrib.* **~ season** Vegetationsperiode, *die;* **good/bad ~ weather** dem Pflanzenwachstum förderliches/abträgliches Wetter

**'growing pains** *n. pl.* Wachstumsschmerzen *Pl.; (fig.)* Anfangsschwierigkeiten *Pl.*

**growl** [graʊl] **1.** *n. (of dog, lion)* Knurren, *das; (of bear)* Brummen, *das;* **a ~ of disapproval** ein mißbilligendes Knurren. **2.** *v. i.* **a)** ‹*Hund, Löwe:*› knurren; ‹*Bär:*› [böse] brummen; **~ at sb.** jmdn. anknurren/anbrummen; **b)** *(murmur angrily)* knurren. **3.** *v. t.* **~ [out]** knurren

**grown** [grəʊn] **1.** *see* **grow. 2.** *adj.* erwachsen; **fully ~:** ausgewachsen

**'grown-up 1.** *n.* Erwachsene, *der/die.* **2.** *adj.* erwachsen; **~ books/clothes** Bücher/Kleider für Erwachsene; **act in a ~ way** sich wie ein Erwachsener verhalten

**growth** [grəʊθ] *n.* **a)** *(of industry, economy, population)* Wachstum, *das* (**of, in** *Gen.*); *(of interest, illiteracy)* Zunahme, *die* (**of, in** *Gen.*); *attrib.* Wachstums‹*hormon, -rate*›; **b)** *(growing of organisms, crystals)* Wachstum, *das; (cultivation)* Anbau, *der;* **c)** *(amount grown)* Wachstum, *das;* **d)** *(thing grown)* Vegetation, *die;* Pflanzenwuchs, *der; (in classification of vineyards)* Lage, *die;* **a thick ~ of weeds** dicht wucherndes Unkraut; **cut away the old ~:** die alten Triebe ab- *od.* wegschneiden; **a four days' ~ [of beard]** ein vier Tage alter Bart; **e)** *(Med.)* Geschwulst, *die;* Gewächs, *das*

**growth:** ~ **industry** *n.* Wachstumsindustrie, *die;* ~ **stock** *n.* Wachstumsaktien *Pl.*

**groyne** [grɔɪn] *n.* Buhne, *die*

**grub** [grʌb] **1.** *n.* **a)** Larve, *die; (maggot)* Made, *die; (ugs.)* Wurm, *der; (caterpillar)* Raupe, *die; (larva of cockchafer etc.)* Engerling, *der;* **b)** *(sl.: food)* Futterage, *die (ugs.);* Fressen, *das (salopp); (victuals)* Fressalien *Pl. (ugs.);* ~**['s] up!** ran an die Futterkrippe! *(ugs.);* **lovely** ~! ein Spitzenfraß! *(salopp);* **pub** ~ *(Brit.)* Kneipenessen, *das (ugs.).* **2.** *v. i.,* **-bb-: a)** *(dig)* wühlen, buddeln *(ugs.)* **(for** nach); **b)** *(search) (in bag, cupboard, etc.)* wühlen, kramen **(for** nach); ~ **about** [herum]wühlen; [herum]kramen; ~ **about for sth.** nach etw. wühlen *od.* kramen. **3.** *v. t.,* **-bb- a)** *(dig)* umgraben ‹*Land, Boden*›; ‹*Tier:*› aufwühlen; *(remove roots or stumps from)* roden ‹*Land*›; *(extract by digging)* ausgraben; *(uproot)* [aus]roden ‹*Buschwerk, Baum*›; **b)** *(fig.)* **barely ~bing a subsistence** gerade eben in der Lage zu existieren

~ **'out** *v. t.* roden ‹*Land*›; [aus]roden ‹*Wurzelstock*›; *(fig.)* zutage fördern

~ **'up** *v. t.* ausgraben; [aus]jäten ‹*Unkraut*›; [aus]roden ‹*Wurzelstock*›

**grubby** ['grʌbɪ] *adj. (dirty)* schmudd[e]lig *(ugs. abwertend); (slovenly)* schlampig *(ugs. abwertend)*

**'grub-screw** *n. (Mech. Engin.)* Gewindestift, *der*

**grudge** [grʌdʒ] **1.** *v. t.* ~ **sb. sth.** jmdm. etw. mißgönnen *od.* nicht gönnen; **I don't ~ him his success** ich gönne ihm seinen Erfolg; ~ **every penny that is taken in tax** der Steuer jeden Pfennig mißgönnen; ~ **doing sth.** *(be unwilling to do sth.)* nicht bereit sein, etw. zu tun; *(do sth. reluctantly)* etw. ungern tun; **I ~ paying £20 for this** es geht mir gegen den Strich, dafür 20 Pfund zu zahlen *(ugs.).* **2.** *n.* Groll, *der;* **have** *or* **hold a ~ against sb.** einen Groll *od. (ugs.)* Haß auf jmdn. haben; jmdm. grollen; **I owe him a ~:** den habe ich gefressen *(ugs.); see also* **²bear 1 h**

**grudging** ['grʌdʒɪŋ] *adj.* widerwillig ‹*Lob, Bewunderung, Unterstützung*›; widerwillig gewährt ‹*Zuschuß*›; **be ~ in one's approval** nur widerwillig zustimmen

**grudgingly** ['grʌdʒɪŋlɪ] *adv.* widerwillig

**gruel** ['gru:əl] *n.* [Hafer]schleim, *der;* Schleimsuppe, *die*

**gruelling** *(Amer.:* **grueling)** ['gru:əlɪŋ] **1.** *adj.* aufreibend; zermürbend; [äußerst] strapaziös ‹*Reise, Marsch*›; mörderisch *(ugs.)* ‹*Tempo, Rennen*›. **2.** *n. (Brit.)* **the boxer got a ~:** der Boxer bezog tüchtig Prügel *(ugs.);* **take a ~ from sth.** durch etw. sehr leiden

**gruesome** ['gru:səm] *adj.,* **gruesomely** ['gru:səmlɪ] *adv.* grausig; schaurig

**gruff** [grʌf] *adj.* barsch; schroff; ruppig, bärbeißig ‹*Benehmen, Wesen*›; *(low-pitched, hoarse)* rauh ‹*Stimme, Lachen*›

**grumble** ['grʌmbl] **1.** *v. i.* **a)** murren; ~ **at sb. about** *or* **over sth.** sich bei jmdm. über etw. *(Akk.) od.* wegen etw. beklagen; **put up with sth. without grumbling** etw. ohne Murren ertragen; **b)** *(rumble)* ‹*[Geschütz]donner:*› grollen. **2.** *n.* **a)** *(act)* Murren, *das; (complaint)* Klage, *die;* **without a ~:** ohne Murren; **she's always full of ~s** sie hat immer etwas zu murren; **my chief ~ is that ...:** vor allem mißfällt mir, daß ...; am meisten stört mich, daß ...; **b)** *(rumble of thunder, cannon)* Grollen, *das*

**grumbler** ['grʌmblə(r)] *n.* Querulant, *der*/Querulantin, *die*

**grumbling a'ppendix** *n. (Med.)* Blinddarmreizung, *die*

**grummet** ['grʌmɪt] *n.* **a)** *(Naut.)* Grummet, *das;* Grummetstropp, *der;* **b)** *(washer)* Durchführung, *die;* **c)** *(in cap)* Versteifungsring, *der*

**grumpily** ['grʌmpɪlɪ] *adv.* unleidlich; grantig *(ugs.)*

**grumpiness** ['grʌmpɪnɪs] *n., no pl.* Unleidlichkeit, *die;* Grantigkeit, *die (ugs.)*

**grumpy** ['grʌmpɪ] *adj.* unleidlich; grantig *(ugs.)*

**grunt** [grʌnt] **1.** *n.* Grunzen, *das;* **give a ~:** grunzen. **2.** *v. i.* grunzen; **he only ~ed in answer** er gab nur ein Grunzen zur Antwort. **3.** *v. t.* ~ **[out]** grunzen

**gruyère** ['gru:jeə(r)] *n.* Gruyère[käse], *der;* Greyerzer [Käse], *der*

**gryphon** ['grɪfn] *see* **griffin**

**'G-string** *n.* **a)** *(Mus.)* G-Saite, *die;* **b)** *(garment) (of showgirl)* ≈ Cache-sex, *das;* G-String, *die od. der; (of tribesman)* Lendenschurz, *der*

**'G-suit** *n. (Aeronaut.)* Anti-g-Anzug, *der*

**Gt.** *abbr.* **Great** Gr.

**guano** ['gwɑ:nəʊ] *n., pl.* **~s** Guano, *der*

**guarantee** [gærən'ti:] **1.** *v. t.* **a)** garantieren; garantieren für, bürgen für ‹*Echtheit usw.*›; ~ **sth. to sb.** jmdm. etw. zusichern; **b)** *(by formal agreement)* garantieren für; [eine] Garantie geben auf (+ *Akk.*); ~ **sth. for a year** auf etw. *(Akk.)* ein Jahr Garantie geben; **is the clock ~d?** hat die Uhr Garantie?; gibt es auf die Uhr Garantie?; **the clock is ~d for a year** die Uhr hat ein Jahr Garantie; ~ **sb. regular employment** jmdm. eine Beschäftigungsgarantie geben; **~d wage** Garantielohn, *der;* **~d genuine** *etc.* garantiert echt *usw.;* **c)** *(Law: take responsibility for)* bürgen für ‹*Darlehen, Schuld usw.*›; **d)** *(in popular use) (promise)* garantieren *(ugs.); (ensure)* bürgen für ‹*Qualität*›; garantieren ‹*Erfolg*›; **be ~d to do sth.** etw. garantiert tun; **there's no ~ing he'll get a work permit** es ist gar nicht gesagt, daß er eine Arbeitserlaubnis kriegt. **2.** *n.* **a)** *(Commerc. etc.)* Garantie, *die; (document)* Garantieschein, *der; (Law)* Bürgschaft, *die;* **there's a year's ~ on this radio, this radio has** *or* **carries a year's ~:** auf dieses Radio gibt es *od.* dieses Radio hat ein Jahr Garantie; **is it still under ~?** ist noch Garantie darauf?; **come under** *or* **be covered by the ~:** unter die Garantie fallen; **b)** *(guarantor)* Garant, *der; (Law)* Bürge, *der*/Bürgin, *die;* **c)** *(in popular use: promise)* Garantie, *die (ugs.);* **give sb. a ~ that ...:** jmdm. garantieren, daß ...; **you have my ~:** das garantiere ich dir; **be a ~ of sth.** eine Garantie für etw. sein

**guarantor** ['gærəntə(r), gærən'tɔ:(r)] *n.* Bürge, *der*/Bürgin, *die;* **be** *or* **stand ~ for sb., be sb.'s ~** eine Bürgschaft für jmdn. übernehmen; für jmdn. bürgen

**guaranty** ['gærəntɪ] *n.* **a)** *(undertaking)* Garantie, *die; (to pay another's debt)* Bürgschaft, *die;* **b)** *(basis of security)* Garantie, *die;* Gewähr, *die*

**guard** [gɑ:d] **1.** *n.* **a)** *(Mil.: guardsman)* Wachtposten, *der;* **b)** *no pl. (Mil.: group of soldiers)* Wache, *die;* Wachmannschaft, *die;* ~ **of honour** Ehrenwache, *die;* Ehrengarde, *die;* **change ~:** Wachablösung machen; **relieve ~:** die Wache ablösen; **mount ~:** Wache beziehen; *see also* **old guard; c) G~s** *(Brit. Mil.: household troops)* Garderegiment, *das;* Garde, *die; see also* **Foot Guards; Horse Guards; Life Guards; d)** *(watch; also Mil.)* Wache, *die;* **be on ~:** Wache haben; **keep** *or* **stand ~:** Wache halten *od.* stehen; **keep** *or* **mount** *or* **stand ~ over sth./sb.** etw./jmdn. bewachen; **be on [one's] ~ [against sb./sth.]** *(lit. or fig.)* [vor jmdm./etw.] auf der Hut sein; sich [vor jmdm./etw.] hüten; **be off [one's] ~** *(fig.)* nicht auf der Hut sein; **be caught** *or* **taken off [one's] ~ [by sth.]** *(fig.)* [von etw.] überrascht werden; **put sb. on [his/her] ~:** jmdn. mißtrauisch machen; **put** *or* **throw sb. off [his/her] ~:** jmdn. überrumpeln *(ugs.);* **under ~:** unter Bewachung; **be [kept/held] under ~:** bewacht werden; unter Bewachung stehen; **keep** *or* **hold/put under ~:** bewachen; unter Bewachung stellen; **put a ~ on sb./sth.** jmdn./etw. bewachen lassen; **e)** *(Brit. Railw.)* [Zug]schaffner, *der*/-schaffnerin, *die;* **f)** *(Amer.: prison warder)* [Gefängnis]wärter, *der*/-wärterin, *die;* **g)** *(safety device)* Schutz, *der;* Schutzvorrichtung, *die; (worn on body)* Schutz, *der;* Schützer, *der; (crossbar on sword)* Parierstange, *die; (of rapier)* Stichblatt, *das; (Fencing: of weapon)* Glocke, *die;* **h)** *(posture) (Boxing, Fencing)* Deckung, *die; (Cricket)* Abwehrhaltung, *die;* **on ~!** *(Fencing)* en garde!; **take ~:** in Verteidigungsstellung gehen; **drop** *or* **lower one's ~:** die Deckung fallen lassen; *(fig.)* seine Reserve aufgeben; **have one's ~ down** *(fig.)* sich ungezwungen verhalten *od.* bewegen. *See also* **security guard. 2.** *v. t.* **a)** *(watch over)* bewachen; *(keep safe)* hüten ‹*Geheimnis, Schatz, Juwelen*›; schützen ‹*Leben*›; beschützen ‹*Blinden, Schwächeren, Prominenten*›; ~ **sb./oneself against sth.** jmdn. vor etw. *(Dat.)* beschützen/sich vor etw. *(Dat.)* schützen; **b)** *(keep in check)* hüten, im Zaum halten ‹*Zunge*›; mäßigen ‹*Worte*›

~ **against** *v. t.* sich hüten vor (+ *Dat.*); verhüten ‹*Unfall*›; vorbeugen (+ *Dat.*) ‹*Krankheit, Gefahr, Irrtum*›; ~ **against doing sth.** sich [davor] hüten, etw. zu tun

**guard:** ~ **dog** *n.* Wachhund, *der;* ~ **duty** *n.* Wachdienst, *der;* **be on** *or* **do ~ duty** Wachdienst haben

**guarded** ['gɑ:dɪd] *adj.,* **guardedly** ['gɑ:dɪdlɪ] *adv.* zurückhaltend; vorsichtig

**'guardhouse** *n. (Mil.)* Wache, *die;* Wach[t]haus, *das*

**guardian** ['gɑ:dɪən] *n.* **a)** Hüter, *der;* Wächter, *der;* **b)** *(Law)* Vormund, *der;* **place sb. under the care of a ~:** jmdm. einen Vormund geben

**guardian 'angel** *n.* Schutzengel, *der*

**guardianship** ['gɑ:dɪənʃɪp] *n.* **a)** *no pl.* Schutz, *der;* **b)** *(Law)* Vormundschaft, *die;* **have [legal] ~ of sb.** jmds. Vormund sein

**guard:** **~rail** *n.* Geländer, *das; (Railw.)* Radlenker, *der;* **~room** *n. (Mil.)* Wachstube, *die;* Wachlokal, *das*

**guardsman** ['gɑ:dzmən] *n., pl.* **guardsmen** ['gɑ:dzmən] *(belonging to guard)* Wachtposten, *der; (belonging to Guards)* Gardist, *der;* Gardesoldat, *der*

**'guard's van** *n. (Brit. Railw.)* Gepäckwagen *(mit Dienstabteil)*

**Guatemala** [gwætɪ'mɑ:lə] *pr. n.* Guatemala *(das)*

**Guatemalan** [gwætɪ'mɑ:lən] **1.** *adj.* guatemaltekisch; **sb. is ~:** jmd. ist Guatemalteke/Guatemaltekin. **2.** *n.* Guatemalteke, *der*/Guatemaltekin, *die*

**guava** ['gwɑ:və] *n.* **a)** *(fruit)* Guave, *die;* Guajave, *die;* **b)** *(tree)* Guajavabaum, *der*

**gubbins** ['gʌbɪnz] *n. (Brit.)* **a)** *no pl. (trash)* Schund, *der (ugs. abwertend);* Ramsch, *der (ugs. abwertend); (personal effects)* Kram, *der (ugs.);* Krempel, *der (ugs.); (gadgetry)* Zeug, *das;* **b)** *(coll.: fool)* Simpel, *der (ugs.)*

**gubernatorial** [gju:bənə'tɔ:rɪəl] *adj. (Amer.)* Gouverneurs-

**gudgeon** ['gʌdʒn] *n. (Zool.)* Gründling, *der*

**'gudgeon-pin** *n. (Mech. Engin.)* Kolbenbolzen, *der*

**guelder rose** ['geldə rəʊz] *n. (Bot.)* Schneeball, *der*

**guerilla** *see* **guerrilla**

**Guernsey** ['gɜ:nzɪ] *n.* **a)** *pr. n.* Guernsey *(das);* **b)** *(animal)* Guernseyrind, *das*

**guerrilla** [gə'rɪlə] *n.* Guerillakämpfer, *der*/-kämpferin, *die; (in Latin America)* Guerillero, *der*/Guerillera, *die; attrib.* Guerilla-

**guess** [ges] **1.** *v. t.* **a)** *(estimate)* schätzen; *(surmise)* raten; *(surmise correctly)* erraten; raten ‹*Rätsel*›; **I ~ her [age] to be ten** ich schätze sie auf zehn; **can you ~ his weight?** schätz mal, wieviel er wiegt; ~ **who's here!** rate mal, wer da ist!; ~ **what!** *(coll.)* stell dir vor!; **he ~ed from their manner that ...:** er entnahm aus ihrem Verhalten, daß ...; **you'd never ~ that ...:** man würde nie vermuten, daß ...; **I ~ed as much** das habe ich mir schon gedacht; **b)** *(esp. Amer.: suppose)* **I ~:** ich glaube; ich schätze *(ugs.)*; **I ~ I ought to apologize** ich sollte mich wohl entschuldigen; **I ~ we'll have to** wir müssen wohl; **I ~ so/not** ich glaube schon *od.* ja/nicht *od.* kaum. **2.** *v. i. (estimate)* schätzen; *(make assumption)* vermuten; *(surmise correctly)* es erraten; **~ at sth.** etw. schätzen; *(surmise)* über etw. *(Akk.)* Vermutungen anstellen; **I'm just ~ing** das ist nur eine Schätzung/eine Vermutung; **you've ~ed right/wrong** deine Vermutung ist richtig/falsch; **Do you know what he said? – No, but I can ~:** Weißt du, was er gesagt hat? – Nein, aber ich kann es mir denken; **well, ~!** na, rate mal!; **keep sb. ~ing** *(coll.)* jmdn. im unklaren *od.* ungewissen lassen; **how did you ~?** wie hast du das nur erraten?; **you'll never ~!** darauf kommst du nie!. **3.** *n.* Schätzung, *die;* **at a ~:** schätzungsweise; **what's your ~?** was schätzen Sie?; **make** *or* **have a ~:** schätzen; **have a ~!** rate *od.* schätz mal!; **my ~ is [that] ...:** ich schätze, daß ...; **miss one's ~** *(Amer.)* sich verschätzen; **I'll give you three ~es** *(coll.)* dreimal darfst du raten *(ugs.)*; **have another ~ coming** *(coll.)* sich verrechnet haben *(ugs.)*; *see also* **anybody b**

**guessing-game** ['gesɪŋgeɪm] *n.* Ratespiel, *das*

**guesstimate** ['gestɪmət] *n. (coll.)* grobe Schätzung

**'guesswork** *n., no pl., no indef. art.* **be ~:** eine Vermutung sein; **rely largely on ~:** [weitgehend] auf Vermutungen angewiesen sein; **How did you know? – Oh, it was only [by] ~:** Woher wußtest du das? – Ach, ich habe nur geraten

**guest** [gest] *n.* Gast, *der; attrib.* Gast⟨*auftritt, -spiel, -vortrag, -redner*⟩; Gäste⟨*handtuch*⟩; **be my ~** *(fig. coll.)* tun Sie sich/tu dir keinen Zwang an; **as [the] ~ of** als Gast (+ *Gen.*); **~ of honour** Ehrengast, *der*

**guest: ~-house** *n.* Pension, *die;* **~ list** *n.* Gästeliste, *die* **(at** *Gen.***)**; **~-night** *n.* Gästeabend, *der;* **~-room** *n.* Gästezimmer, *das;* **~ worker** *n.* Gastarbeiter, *der*/-arbeiterin, *die*

**guff** [gʌf] *n. (sl.)* Mumpitz, *der (ugs.)*

**guffaw** [gʌ'fɔ:, 'gʌfɔ:] **1.** *n.* brüllendes Gelächter; **give a [great] ~:** in brüllendes Gelächter ausbrechen. **2.** *v. i.* brüllend lachen

**guidance** ['gaɪdəns] *n., no pl., no indef. art.* **a)** *(leadership, direction)* Führung, *die; (by teacher, tutor, etc.)* [An]leitung, *die;* **pray for God's ~:** Gott bitten, einem den rechten Weg zu weisen; **b)** *(advice)* Rat, *der;* **turn to sb. for ~:** jmdn. um Rat fragen *od.* bitten; **give sb. ~ on sth.** jmdn. in etw. *(Dat.)* beraten; **financial/vocational ~:** Finanz-/Berufsberatung, *die*

**guide** [gaɪd] **1.** *n.* **a)** Führer, *der*/Führerin, *die; (Tourism)* [Fremden]führer, *der*/-führerin, *die; (professional mountain-climber)* [Berg]führer, *der*/-führerin, *die;* **b)** *(fig.: mentor)* Lehrer, *der*/Lehrerin, *die;* **God is my ~:** Gott leitet mich; **c)** *(directing principle)* Richtschnur, *die;* **always let your conscience be your ~:** laß dich stets von deinem Gewissen leiten; **d)** *(indicator)* **be a [good/bad] ~ to sth.** ein [guter/schlechter] Anhaltspunkt für etw. sein; **be no/little ~ to sth.** keine/nur begrenzte Rückschlüsse auf etw. *(Akk.)* zulassen; **e)** *(Brit.: member of girls' organization)* **[Girl] G~:** Pfadfinderin, *die;* **the G~s** *(organization)* die Pfadfinderinnen; **King's/Queen's G~:** *(im Britischen Commonwealth) Pfadfinderin der höchsten Rangstufe;* **f)** *(handbook)* Handbuch, *das;* **a ~ to healthier living** ein Ratgeber für ein gesünderes Leben; **g)** *(book for tourists)* [Reise]führer, *der; (on entertainment, with dates)* Veranstaltungskalender, *der;* **a ~ to York/the cathedral/the museum** ein Führer für *od.* durch York/für die Kathedrale/ein Museumsführer; **h)** *(Mech. Engin.)* Führung, *die.* **2.** *v. t.* **a)** führen ⟨*Personen, Pflug, Maschinenteil usw.*⟩; **b)** *(fig.)* bestimmen ⟨*Handeln, Urteil*⟩; anleiten ⟨*Schüler, Lehrling*⟩; **be ~d by sth./sb.** sich von etw./jmdm. leiten lassen; **guiding star** *(fig.)* Leitstern, *der (geh.);* **guiding hand** *(fig.)* leitende Hand; **c)** *(conduct affairs of)* führen, lenken ⟨*Land, Staat*⟩; lenken ⟨*Angelegenheit*⟩; führen ⟨*Finanzen*⟩

**'guidebook** *see* **guide 1 g**

**guided missile** [gaɪdɪd 'mɪsaɪl] *n.* Lenkflugkörper, *der*

**'guide-dog** *n.* **~ [for the blind]** Blinden[führ]hund, *der*

**guided tour** [gaɪdɪd 'tʊə(r)] *n.* Führung, *die* **(of** durch**)**

**guide: ~line** *n. (fig.)* Richtlinie, *die; (model)* Vorlage, *die;* **~-post** *n.* Wegweiser, *der*

**Guider** ['gaɪdə(r)] *n. (Brit.)* Pfadfinderführerin, *die*

**guild** [gɪld] *n.* **a)** Verein, *der;* Vereinigung, *die;* **b)** *(Hist.) (of merchants)* Gilde, *die; (of artisans)* Zunft, *die*

**'guild-hall** *n.* **a)** *(town hall)* Rathaus, *das;* **[the] Guildhall** *(Brit.)* die Guildhall *(in London);* **b)** *(Hist.) (for merchants)* Gildehaus, *das; (for artisans)* Zunfthaus, *das*

**guile** [gaɪl] *n., no pl.* Arglist, *die (geh.);* Hinterlist, *die; (wiliness)* List, *die;* **be without ~:** ohne Arg *od.* Falsch sein *(geh.)*

**guileful** ['gaɪlfl] *adj.* arglistig *(geh.);* hinterlistig; *(wily)* listig

**guileless** [gaɪllɪs] *adj.* arglos

**guillemot** ['gɪlɪmɒt] *n. (Ornith.) (Uria)* Lumme, *die; (Cepphus)* Teiste, *die*

**guillotine** ['gɪləti:n] **1.** *n.* **a)** Guillotine, *die;* Fallbeil, *das;* **b)** *(for paper)* Papierschneidemaschine, *die; (for metal)* Schlagschere, *die;* **c)** *(Brit. Parl.)* Begrenzung der Beratungszeit *(im Gesetzgebungsverfahren).* **2.** *v. t.* **a)** *(behead)* guillotinieren; mit der Guillotine *od.* dem Fallbeil hinrichten; **b)** *(cut)* schneiden

**guilt** [gɪlt] *n., no pl.* **a)** Schuld, *die* **(of, for** an + *Dat.***)**; **bear the ~ of** *or* **for sth.** die Schuld für etw. auf sich *(Akk.)* tragen; **b)** *(awareness of being in the wrong)* Schuldbewußtsein, *das; (guilty feeling)* Schuldgefühle *Pl.;* **feel [full of] ~:** [starke] Schuldgefühle haben; **~ was written all over his face** sein schlechtes Gewissen stand ihm im Gesicht geschrieben; **~ complex** *(Psych.)* Schuldkomplex, *der;* **~-feelings** Schuldgefühle

**guiltily** ['gɪltɪlɪ] *adv.* schuldbewußt

**guiltless** ['gɪltlɪs] *adj.* unschuldig **(of** an + *Dat.***)**

**guilty** ['gɪltɪ] *adj.* **a)** schuldig; **the ~ person** der/die Schuldige; **be ~ of murder** des Mordes schuldig sein; **find sb. ~/not ~ [of sth.]** jmdn. [an etw. *(Dat.)*] schuldig sprechen/[von etw.] freisprechen; **~ thoughts** böse Gedanken; **[return** *or* **find a verdict of] ~/not ~:** [auf] „schuldig"/„nicht schuldig" [erkennen]; **feel ~ about sth./having done sth.** *(coll.)* ein schlechtes Gewissen haben wegen etw./, weil man etw. getan hat; **everyone is/we're all ~ of that** *(coll.)* das tut jeder/das tun wir alle; **I've often been ~ of that myself** *(coll.)* das habe ich auch schon oft gemacht; **be ~ of bad taste** eine Geschmacklosigkeit begangen haben; **b)** *(prompted by guilt)* schuldbewußt ⟨*Miene, Blick, Verhalten*⟩; schlecht ⟨*Gewissen*⟩

**Guinea** ['gɪnɪ] *pr. n.* Guinea *(das)*

**guinea** *n. (Hist.)* Guinee, *die*

**guinea: ~-fowl, ~-hen** *ns.* Perlhuhn, *das*

**Guinean** ['gɪnɪən] **1.** *adj.* guineisch. **2.** *n.* Guineer, *der*/Guineerin, *die*

**'guinea-pig** *n.* **a)** *(animal)* Meerschweinchen, *das;* **b)** *(fig.: subject of experiment) (person)* Versuchsperson, *die;* Versuchskaninchen, *das (ugs. abwertend); (thing)* Versuchsobjekt, *das;* **act as ~:** Versuchskaninchen spielen

**guise** [gaɪz] *n.* **a)** *(semblance)* Gestalt, *die;* **in** *or* **under the ~ of** in Gestalt (+ *Gen.*); **b)** *(pretence)* Vorwand, *der;* **c)** *(external appearance)* Äußere, *das*

**guitar** [gɪ'tɑ:(r)] *n.* Gitarre, *die; attrib.* Gitarren⟨*musik, -spieler, -konzert*⟩; **electric ~:** elektrische Gitarre; Elektrogitarre, *die*

**guitarist** [gɪ'tɑ:rɪst] *n.* Gitarrist, *der*/Gitarristin, *die*

**Gujarati** [gu:dʒə'rɑ:tɪ] **1.** *adj.* gudscharatisch. **2.** *n.* **a)** *(person)* Gudscharate, *der*/Gudscharatin, *die;* **b)** *(language)* Gudscharati, *das*

**gulch** [gʌltʃ] *n. (Amer.)* Schlucht, *die;* Klamm, *die*

**gules** [gju:lz] *(esp. Her.)* **1.** *n.* Rot, *das.* **2.** *adj.* rot

**gulf** [gʌlf] *n.* **a)** *(portion of sea)* Golf, *der;* Meerbusen, *der;* **the [Arabian** *or* **Persian] G~:** der Persische Golf; **the G~ of Bothnia/Mexico** der Bottnische Meerbusen/der Golf von Mexiko; **b)** *(wide difference, impassable gap)* Kluft, *die;* **there is a great ~ between them** es besteht eine tiefe Kluft zwischen ihnen; **c)** *(chasm)* Abgrund, *der*

**Gulf: ~ States** *pr. n. pl.* Golfstaaten *Pl.;* **~ Stream** *pr. n.* Golfstrom, *der*

**gull** [gʌl] *n.* Möwe, *die*

**gullet** ['gʌlɪt] *n.* **a)** *(food-passage)* Speiseröhre, *die;* **b)** *(throat)* Kehle, *die;* Gurgel, *die*

**gullible** ['gʌlɪbl] *adj.* leichtgläubig; *(trusting)* gutgläubig

**'gull-wing** *adj.* **~ door** Flügeltür, *die*

**gully** ['gʌlɪ] *n.* **a)** *(artificial channel)* Abzugskanal, *der;* Abzugsrinne, *die;* **b)** *(drain)* Gully, *der;* **c)** *(water-worn ravine)* [Erosions]rinne, *die;* Runse, *die (Geol.);* **d)** *(Cricket) Position/Feldspieler seitlich hinter dem Schlagmann*

**'gully-hole** *see* **gully b**

**gulp** [gʌlp] **1.** *v. t.* hinunterschlingen; hinuntergießen ⟨*Getränk*⟩. **2.** *v. i. (swallow with difficulty)* würgen; *(choke, swallow on account of shock)* schlucken; **~ for air** nach Luft ringen *od.* schnappen. **3.** *n.* **a)** *(act of ~ing, effort to swallow)* Schlucken, *das;* **swallow in** *or* **at one ~:** mit einem Schluck herunterstürzen ⟨*Getränk*⟩; in einem Bissen herunterschlingen ⟨*Speise*⟩; **b)** *(large mouthful) (of drink)* kräftiger Schluck; *(of food)* großer Bissen; **c)** *(act of swallowing due to shock)* **give a ~:** schlucken

**~ 'back** *v. t.* hinunterschlucken ⟨*Tränen*⟩; unterdrücken ⟨*Schluchzer*⟩

**~ 'down** *v. t.* hinunterschlingen; hinuntergießen ⟨*Getränk*⟩

**¹gum** [gʌm] *n., usu. in pl. (Anat.)* **~[s]** Zahnfleisch, *das*

**²gum 1.** *n.* **a)** *(viscous secretion)* Gummi, *das; (glue)* Klebstoff, *der;* **b)** *(sweet)* Gummibonbon, *der od. das;* **c)** *(Amer.) see* **chewing-gum; d)** *(tree) see* **gum-tree. 2.** *v. t.*, **-mm-: a)** *(smear with ~)* mit Klebstoff bestreichen; gummieren ⟨*Briefmarken, Etiketten usw.*⟩; **b)** *(fasten with ~)* kleben

**~ 'up** *v. t.* aufkleben; **~ up the works** *(fig. sl.)* alles vermasseln *(salopp)*

**gum: ~ 'arabic** *see* **Arabic 1; ~boil** *n.* Zahnfleischabszeß, *der;* **~boot** *n.* Gummistiefel, *der*

**gummy** ['gʌmɪ] *adj.* **a)** *(sticky)* klebrig; **b)** *(covered with gum)* mit Klebstoff verschmiert

**gumption** ['gʌmpʃn] *n., no pl., no indef. art. (coll.)* **a)** *(resourcefulness)* Grips, *der (ugs.); (enterprising spirit)* Unternehmungsgeist, *der;* **she had the ~ to open the door** sie war clever genug, die Tür zu öffnen; **b)** *(practical sense)* praktische Veranlagung; **have a lot of ~:** sehr praktisch veranlagt sein

**gum: ~-shield** *n.* Mundschutz, *der;* **~-tree** *n.* Gummiharz liefernder Baum; *(eucalyptus)* [Australischer] Gummibaum; **be up a ~-tree** *(fig.)* in der Klemme sitzen *(ugs.)*

**gun** [gʌn] **1.** *n.* **a)** Schußwaffe, *die; (piece of artillery)* Geschütz, *das; (rifle)* Gewehr, *das; (pistol)* Pistole, *die; (revolver)* Revolver, *der;* **big ~** *(sl.: important person)* hohes *od.* großes Tier *(ugs.);* **be going great ~s** laufen wie geschmiert *(ugs.);* ⟨*Person:*⟩ toll in Schwung sein *(ugs.);* **son of a ~** *(coll.)* Hund, *der (salopp); (joc.)* alter Hund *(salopp);* **stick to one's ~s** auf seinem Posten bleiben; *(fig.)* auf seinem Standpunkt beharren; **give it the ~!** *(coll.)* drück auf die Tube! *(ugs.);* **~s or butter** *(fig.)* Macht oder Wohlleben; **b)** *(starting-pistol)* Startpistole, *die;* **wait for the ~:** auf den Startschuß warten; **beat** *or* **jump the ~:** einen Fehlstart verursachen; *(fig.)* vorpreschen; *(by saying sth.)* vorzeitig etwas bekanntwerden lassen; **c)** *(member of shooting-party)* Schütze, *der.* **2.** *v. t.,* **-nn- a)** *(Amer. coll.)* erschießen; umlegen *(salopp);* **b)** *(coll.)* **~ the engine** den Motor hochdrehen

**~ 'down** *v. t.* niederschießen

**~ for** *v. t.* **a)** *(seek with gun)* Jagd machen auf (+ *Akk.*); **b)** *(fig.)* auf dem Kieker haben *(ugs.)*

**gun: ~-battle** *n.* Schießerei, *die;* **~boat** *n.* Kanonenboot, *das;* **~boat diplomacy** Kanonenbootpolitik, *die;* **~-carriage** *n.* [fahrbare] Geschützlafette; **~-cotton** *n.* Schießbaumwolle, *die;* **~ crew** *n.* Geschützbedienung, *die;* **~ dog** *n.* Jagdhund, *der;* **~-fight** *n. (Amer. coll.)* Schießerei, *die;* **~fighter** *n.* Revolverheld, *der;* **~-fire** *n.* Geschützfeuer, *das; (of small arms)* Schießerei, *die*

**gunge** [gʌndʒ] *(Brit. coll.)* **1.** *n.* Schmiere, *die.* **2.** *v. t.* **~ up** verschmieren; **be/get ~d up** schmierig werden

**gung-ho** [gʌŋ'həʊ] *adj.* wild entschlossen; **be very ~ for sth.** ein leidenschaftlicher Verfechter einer Sache *(Gen.)* sein

**gungy** ['gʌndʒɪ] *adj. (Brit. coll.)* schmierig

**gunk** [gʌŋk] *n. (sl.)* Schmiere, *die*

**gun: ~man** ['gʌnmən] *n., pl.* **~men** ['gʌnmən] [mit einer Schußwaffe] bewaffneter Mann; **~-metal** *n.* Geschützbronze, *die; (colour)* Metallgrau, *das;* **~ moll** *n. (Amer. sl.)* **a)** *(armed woman criminal)* Revolverbraut, *die (salopp);* **b)** *see* **moll**

**gunnel** ['gʌnl] *see* **gunwale**

**gunner** ['gʌnə(r)] *n.* Artillerist, *der; (private soldier)* Kanonier, *der*

**gunnery** ['gʌnərɪ] *n., no pl.* Geschützwesen, *das*

**gunny** ['gʌnɪ] *n.* Rupfen, *der;* **~ cloth** Rupfenleinwand, *die;* **~-sack** Rupfensack, *der*

**gun: ~-play** *n., no pl., no indef. art.* Schießereien; *(single fight)* Schießerei, *die;* **~point** *n. see* **point 1b;** **~powder** *n.* Schießpulver, *das;* **Gunpowder Plot** *(Hist.)* Pulververschwörung, *die;* **~room** *n.* **a)** *(in house)* Waffenkammer, *die;* **b)** *(in warship)* Kadettenmesse, *die;* **~-runner** *n.* Waffenschmuggler, *der*/-schmugglerin, *die;* **~-running** *n.* Waffenschmuggel, *der;* **~ship** *n.* Kampfhubschrauber, *der;* **~shot** *n.* **a)** *(shot)* Schuß, *der;* **~shot wound** Schußwunde, *die;* **b) within/out of ~shot** in/außer Schußweite; **~slinger** *see* **gunman;** **~smith** *n.* Büchsenmacher, *der*

**gunwale** ['gʌnl] *n. (Naut.)* Schandeck, *das;* Schandeckel, *der; (of rowing-boat)* Dollbord, *der*

**guppy** ['gʌpɪ] *n. (Zool.)* Guppy, *der*

**gurgle** ['gɜ:gl] **1.** *n.* Gluckern, *das; (of brook)* Plätschern, *das; (of baby)* Lallen, *das; (with delight)* Glucksen, *das.* **2.** *v. i.* gluckern; ⟨*Bach:*⟩ plätschern; ⟨*Baby:*⟩ lallen/glucksen. **3.** *v. t.* glucksen

**Gurkha** ['gɜ:kə, 'gʊəkə] *n.* Gurkha, *der*

**gurnard** ['gɜ:nəd], **gurnet** ['gɜ:nɪt] *n. (Zool.)* Knurrhahn, *der*

**guru** ['gʊru:] *n.* **a)** Guru, *der;* **b)** *(mentor)* Mentor, *der*

**gush** [gʌʃ] **1.** *n.* **a)** *(sudden stream)* Schwall, *der;* **b)** *(effusiveness)* Überschwenglichkeit, *die;* **c)** *(sentimental affectation)* Schmalz, *der (abwertend).* **2.** *v. i.* **a)** strömen; schießen; *(fig.: speak or act effusively)* überschwenglich sein; **~ out** herausströmen; herausschießen; **water ~ed down through the ceiling** das Wasser floß in Strömen durch die Decke; **b)** *(fig.: speak or act with sentimental affectation)* schwärmen. **3.** *v. t.* **a) sth. ~es water/oil/blood** Wasser/Öl/Blut schießt aus etw. hervor; **b) '...' she ~ed** „...", sagte sie begeistert

**gusher** ['gʌʃə(r)] *n.* **a)** *(oil-well)* [natürlich sprudelnde] Ölquelle; **b)** *(person)* exaltierter Mensch

**gushing** ['gʌʃɪŋ] *adj.* **a)** reißend ⟨*Strom*⟩; strömend ⟨*Regen*⟩; **b)** *(effusive)* exaltiert

**gusset** ['gʌsɪt] *n. (strengthening)* Verstärkung, *die; (enlarging)* Einsatz, *der; (triangular)* Zwickel, *der;* Keil, *der*

**gust** [gʌst] **1.** *n.* **a)** *(rush of wind)* **~ [of wind]** Windstoß, *der;* Bö[e], *die;* **b) ~ of rain** Regenbö[e], *die.* **2.** *v. i.* böig wehen

**gusto** ['gʌstəʊ] *n., no pl. (enjoyment)* Genuß, *der; (vitality)* Schwung, *der*

**gusty** ['gʌstɪ] *adj.* böig; **~ rain** Regenböen

**gut** [gʌt] **1.** *n.* **a)** *(material)* Darm, *der; (for fishing-line)* Seidenwurmdarm, *der; (Med.: for stitches)* Katgut, *das;* **b)** *in pl. (bowels)* Eingeweide *Pl.;* Gedärme *Pl.;* **hate sb.'s ~s** *(coll.)* jmdn. auf den Tod nicht ausstehen können; **sweat** *or* **work one's ~s out** *(coll.)* sich dumm und dämlich schuften *(ugs.);* **c)** *in pl. (fig.: substantial contents)* Innereien *Pl. (scherzh.); (of problem, matter)* Kern, *der;* **sth. has no ~s in it** etw. ist ohne Saft und Kraft; etw. ist fad[e]; **d)** *in pl. (coll.: pluck)* Schneid, *der (ugs.);* Mumm, *der (ugs.);* **e)** *(intestine)* Darm, *der;* **large/small ~:** Dick-/Dünndarm, *der;* **bust a ~** *(sl.)* sich totarbeiten *(ugs.);* **f)** *(narrow water-passage) (of sea)* Meerenge, *die;* Sund, *der; (of river)* Fluß-, Stromenge, *die.* **2.** *v. t.,* **-tt- a)** *(take out ~s of)* ausnehmen; **b)** *(remove or destroy fittings in)* ausräumen; **the fire ~ted the house** bei dem Feuer ist das Haus ausgebrannt; **it was ~ted [by the fire]** es brannte aus; **c)** *(extract essence of)* ≈ exzerpieren ⟨*Buch*⟩. **3.** *attrib. adj.* **a)** *(fundamental)* grundlegend ⟨*Problem*⟩; **b)** *(instinctive)* gefühlsmäßig ⟨*Reaktion*⟩

**gutsy** ['gʌtsɪ] *adj. (coll.: courageous)* mutig

**gutta-percha** [gʌtə'pɜ:tʃə, gʌtə'pɜ:kə] *n.* Guttapercha, *die od. das*

**gutter** ['gʌtə(r)] **1.** *n.* **a)** *(below edge of roof)* Dach- *od.* Regenrinne, *die; (at side of street)* Rinnstein, *der;* Gosse, *die; (open conduit)* Rinne, *die;* **the ~** *(fig.)* die Gosse; **b)** *(track worn by water)* Rinne, *die.* **2.** *v. i.* ⟨*Kerze:*⟩ tropfen; ⟨*Flamme:*⟩ [immer schwächer] flackern

**guttering** ['gʌtərɪŋ] *n. (on roof)* Dachrinnen; *(in floor)* Rinnen

**gutter: ~ press** *n.* Sensationspresse, *die (abwertend);* **~snipe** *n.* Gassenjunge, *der (abwertend)*

**guttural** ['gʌtərl] **1.** *adj.* **a)** *(from the throat)* guttural; kehlig; **b)** *(of the throat)* Kehl-; *(of the larynx)* Kehlkopf-; **c)** *(Phonet.)* Kehl-; guttural *(Sprachw. veralt.).* **2.** *n. (Phonet.)* Gaumensegellaut, *der;* Guttural[laut], *der (Sprachw. veralt.)*

**guv** [gʌv], **guv'nor** ['gʌvnə(r)] *(Brit. sl.) see* **governor g**

[1]**guy** [gaɪ] *n. (rope, wire)* Halteseil, *das; (for hoisted things)* Lenkseil, *das*

[2]**guy 1.** *n.* **a)** *(sl.: man)* Typ, *der (ugs.);* **b)** *in pl. (Amer.: everyone)* **[listen,] you ~s!** [hört mal,] Kinder! *(ugs.);* **c)** *(Brit.: effigy)* Guy-Fawkes-Puppe, *die;* **Guy Fawkes Day** *Festtag (5. November) zum Gedenken an die Pulververschwörung.* **2.** *v. t. (ridicule)* sich lustig machen über (+ *Akk.*)

**Guyana** [gaɪ'ænə] *pr. n.* Gu[a]yana *(das)*

**Guyanese** [gaɪə'ni:z] **1.** *adj.* gu[a]yanisch. **2.** *n.* Gu[a]yaner, *der*/Gu[a]yanerin, *die*

**guy: ~-rope** *n.* Zelt[spann]leine, *die;* **~-wire** *n.* Spanndraht, *der;* Drahtseilabspannung, *die*

**guzzle** ['gʌzl] **1.** *v. t. (eat)* hinunterschlingen; *(drink)* hinuntergießen; *(eat or drink up)* wegputzen *(ugs.).* **2.** *v. i.* schlingen

**gybe** [dʒaɪb] *(Naut.)* **1.** *v. i.* **a)** *(swing across)* übergehen; **b)** *(change course)* halsen; *(accidentally)* eine Patenthalse machen. **2.** *n. (change of course)* Halse, *die; (accidental)* Patenthalse, *die; (swing of boom)* Schwenken, *das;* **~-oh!** rund achtern!

**gym** [dʒɪm] *n. (coll.)* **a)** *(gymnasium)* Turnhalle, *die;* **b)** *no pl., no indef. art. (gymnastics)* Turnen, *das;* **~ teacher** Turnlehrer, *der*/Turnlehrerin, *die*

**gymkhana** [dʒɪm'kɑ:nə] *n.* **a)** *(meeting)* Gymkhana, *das;* **b)** *(display)* Sportfest, *das*

**gymnasium** *n.* **a)** [dʒɪm'neɪzɪəm] *pl.* **~s** *or* **gymnasia** [dʒɪm'neɪzɪə] Turnhalle, *die;* **b)** [dʒɪm'neɪzɪəm, gɪm'nɑ:zɪʊm] *pl.* **~s** *(German school)* Gymnasium, *das*

**gymnast** ['dʒɪmnæst] *n.* Turner, *der*/Turnerin, *die*

**gymnastic** [dʒɪm'næstɪk] *adj.* turnerisch ⟨*Können*⟩; **~ exercise** gymnastische Übung; *(esp. with apparatus)* Turnübung, *die;* **~ equipment** Turngeräte; *(portable)* gymnastische Geräte

**gymnastics** [dʒɪm'næstɪks] *n., no pl.* **a)** *(exercise)* Gymnastik, *die; (esp. with apparatus)* Turnen, *das; attrib.* Gymnastik-/Turn⟨*stunde, -lehrer*⟩; **b)** *(fig.)* **mental ~:** Gehirnakrobatik, *die (ugs. scherzh.);* **verbal ~:** Wortakrobatik, *die (ugs. scherzh.)*

**gym: ~-shoe** *n.* Turnschuh, *der;* **~-slip, ~-tunic** *ns.* Trägerrock, *der (für die Schule)*

**gynaecological** [gaɪnɪkə'lɒdʒɪkl] *adj. (Med.)* gynäkologisch

**gynaecologist** [gaɪnɪ'kɒlədʒɪst] *n. (Med.)* Gynäkologe, *der*/Gynäkologin, *die;* Frauenarzt, *der*/Frauenärztin, *die*

**gynaecology** [gaɪnɪ'kɒlədʒɪ] *n. (Med.)* Gynäkologie, *die;* Frauenheilkunde, *die*

**gynecological** *etc. (Amer.) see* **gynaec-**

**gyp** [dʒɪp] *n.* **give sb. ~** *(coll.) (scold sb.)* jmdn. zusammenstauchen *(ugs.); (pain sb.)* jmdm. sehr zu schaffen machen *(ugs.)*

**gypsophila** [dʒɪp'sɒfɪlə] *n. (Bot.)* Gipskraut, *das*

**gypsum** ['dʒɪpsəm] *n.* Gips, *der*

**gypsy, Gypsy** ['dʒɪpsɪ] *n.* Zigeuner, *der*/Zigeunerin, *die;* **family of gypsies** Zigeunerfamilie, *die*

**gypsy: ~ moth** *n. (Zool.)* Schwammspinner, *der;* **~ rose** *n. (Bot.)* Krätz[en]kraut, *das*

**gyrate** [dʒaɪə'reɪt] *v. i.* sich drehen; kreiseln

**gyration** [dʒaɪə'reɪʃn] *n.* Drehung, *die;* kreiselnde Bewegung

**gyratory** ['dʒaɪərətərɪ] *adj.* kreiselnd

**gyrfalcon** ['dʒɜ:fɔ:lkn, 'dʒɜ:fɒlkn] *n. (Ornith.)* Gerfalke, *der*

**gyro** ['dʒaɪərəʊ] *n., pl.* **~s** *(coll.) see* **gyroscope**

**'gyro-compass** *n.* Kreiselkompaß, *der*

**gyroscope** ['dʒaɪərəskəʊp] *n. (Phys., Naut., Aeronaut.)* Kreisel, *der; (for scientific purposes)* Gyroskop, *das*

**gyroscopic** [dʒaɪərə'skɒpɪk] *adj.* Kreisel-

**gyro-'stabilizer** *n.* Schiffskreisel, *der*

# H

**[1]H, h** [eɪtʃ] *n., pl.* **Hs** *or* **H's** ['eɪtʃɪz] *(letter)* H, h, *das; see also* **drop 3 g**
**[2]H** *abbr. (on pencil)* **hard** H
**h.** *abbr.* **a) hecto-** h; **b) hour[s]** Std[n].; **at 17⁰⁰h** um 17.00 h
**ha** [hɑ:] **1.** *int. expr. surprise, triumph* ha; *expr. hesitation* hm. **2.** *v. i. see* **hum 1 a. 3.** *n., pl.* **ha's** *see* **hum 3 b**
**ha.** *abbr.* **hectare[s]** ha
**habeas corpus** [heɪbɪəs 'kɔ:pəs] *n., no pl. (Law)* Anordnung eines Haftprüfungstermins; **Habeas Corpus Act** Habeaskorpusakte, *die*
**haberdasher** ['hæbədæʃə(r)] *n.* **a)** *(Brit.)* Kurzwarenhändler, *der*/-händlerin, *die;* **b)** *(Amer.) (dealer in men's accessories)* Inhaber eines Geschäfts für Herrenartikel; *(dealer in menswear)* Herrenausstatter, *der;* **c) ~'s** *see* **haberdashery b**
**haberdashery** ['hæbədæʃərɪ] *n.* **a)** *(goods) (Brit.)* Kurzwaren *Pl.; (Amer.: men's accessories)* Herrenartikel; *(Amer.: menswear)* Herrenmoden; **b)** *(shop) (Brit.)* Kurzwarengeschäft, *das;* Kurzwarenhandlung, *die; (Amer.)* Geschäft für Herrenartikel/Herrenmodengeschäft, *das;* **c)** *(department) (Brit.)* Kurzwarenabteilung, *die; (Amer.)* Abteilung für Herrenartikel/Herrenmodenabteilung, *die*
**habit** ['hæbɪt] **1.** *n.* **a)** *(set practice)* Gewohnheit, *die;* **good/bad ~:** gute/schlechte [An]gewohnheit; **the ~ of smoking** das [gewohnheitsmäßige] Rauchen; **have a** *or* **the ~ of doing sth.** die Angewohnheit haben, etw. zu tun; **the sun has a ~ of disappearing at the weekend** *(iron.)* zum Wochenende verzieht sich die Sonne regelmäßig; **make a [regular] ~ of doing sth.** sich *(Dat.)* angewöhnen, etw. [regelmäßig] zu tun; **you shouldn't make a ~ of it** du solltest es nicht zur Gewohnheit werden lassen; **let sth. become** *or (coll.)* **get to be a ~:** etw. zur Gewohnheit werden *od. (ugs.)* einreißen lassen; **out of** *or* **from [force of] ~:** aus Gewohnheit; **old ~s die hard** der Mensch ist ein Gewohnheitstier *(ugs.);* **be in the ~ of doing sth.** die Gewohnheit haben, etw. zu tun; **not be in the ~ of doing sth.** es nicht gewohnt sein, etw. zu tun; **I'm not in the ~ of accepting lifts from strangers** ich pflege mich nicht von Fremden im Auto mitnehmen zu lassen; **get** *or* **fall into a** *or* **the ~ of doing sth.** [es] sich *(Dat.)* angewöhnen, etw. zu tun; **get into** *or* **form** *or* **acquire good ~s** gute Angewohnheiten annehmen; **get** *or* **fall into** *or (coll.)* **pick up bad ~s** schlechte [An]gewohnheiten annehmen; **get out of** *or* **give up** *or* **stop a/the ~:** sich *(Dat.)* etwas/das abgewöhnen; eine/die Angewohnheit ablegen; **get out of the ~ of doing sth.** [es] sich *(Dat.)* abgewöhnen, etw. zu tun; **b)** *(coll.) (addiction)* Süchtigkeit, *die;* [Drogen]abhängigkeit, *die; (craving)* Sucht, *die;* **have got the ~:** süchtig sein; User sein *(Drogenjargon);* **c)** *(dress)* Habit, *der od. das; (woman's riding-dress)* Reitkostüm, *das; (arch.: clothing)* Gewand, *das;* **d)** *(Psych.)* Habit, *das od. der;* **e)** *(Biol., Chem.)* Habitus, *der.* **2.** *v. t. (formal: clothe)* kleiden
**habitable** ['hæbɪtəbl] *adj.* bewohnbar
**habitat** ['hæbɪtæt] *n.* **a)** *(of animals, plants)* Habitat, *das (Zool., Bot.);* Lebensraum, *der;* Standort, *der (Bot.); (of humans)* Lebensraum, *der;* **b)** *see* **habitation b**
**habitation** [hæbɪ'teɪʃn] *n.* **a)** *(inhabiting)* [Be]wohnen, *das;* **fit/unfit** *or* **not fit for human ~:** bewohnbar/unbewohnbar; **b)** *(place)* Wohnstätte, *die (geh.)*
**habit-forming** ['hæbɪtfɔ:mɪŋ] *adj.* Abhängigkeit erzeugend; **be ~:** Abhängigkeit erzeugen; abhängig machen; *(fig.)* leicht zur Gewohnheit werden [können]
**habitual** [hə'bɪtjʊəl] *adj.* **a)** *(customary)* gewohnt; üblich; **b)** *(continual, recurring)* ständig; **that's a ~ problem of hers** das ist immer wieder ihr Problem; **c)** *(given to habit)* gewohnheitsmäßig; Gewohnheits- ⟨*trinker*⟩; notorisch *(abwertend),* gewohnheitsmäßig ⟨*Lügner*⟩
**habitually** [hə'bɪtjʊəlɪ] *adv.* **a)** *(regularly, recurrently)* regelmäßig; **b)** *(incessantly)* ständig
**habituate** [hə'bɪtjʊeɪt] *v. t.* **~ sb./oneself to sth./sb.** jmdn./sich an etw./jmdn. gewöhnen; **~ sb./oneself to doing sth.** jmdn./sich daran gewöhnen, etw. zu tun; **become [too] ~d to sth.** sich [zu sehr] an etw. *(Akk.)* gewöhnen
**habitué** [hə'bɪtjʊeɪ] *n.* Habitué, *der (veralt.);* regelmäßiger Besucher; *(of hotel, casino, etc.)* Stammgast, *der*
**Habsburg** ['hæpsbɜ:g] *pr. n.* **a)** *(place)* Habsburg *(das);* **b)** *(family name)* Habsburger, *der;* **the ~ family** die Habsburger *Pl.;* **the ~ emperors** die habsburgischen Kaiser; die Habsburgerkaiser
**[1]hack** [hæk] **1.** *v. t.* **a)** *(cut)* hacken ⟨*Holz*⟩; **~ sb./sth. to bits** *or* **pieces** jmdn. zerstückeln/etw. in Stücke hacken; **~ to bits** *or* **pieces** *(fig.)* zerpflücken; kaputtmachen ⟨*Ruf*⟩; verreißen ⟨*Artikel*⟩; **~ sth. out of sth.** etw. aus etw. heraushacken; **~ one's way [through/along/out of sth.]** sich *(Dat.)* einen Weg [durch etw./etw. entlang/aus etw. heraus] [frei]schlagen; **b)** *(Footb.)* **~ sb.'s shin** jmdm. *od.* jmdn. vors *od.* gegen das Schienbein treten. **2.** *v. i.* **a)** *(deal blows)* **~ at** herumhacken auf (+ *Dat.*); **~ through the undergrowth** sich *(Dat.)* einen Weg durchs Unterholz schlagen; **b) ~ing cough** trockener Husten; Reizhusten, *der*
**~ a'bout** *v. t.* verpfuschen *(ugs.); (fig.)* zurechtstutzen
**~ a'way 1.** *v. i.* **~ away at sth.** auf etw. *(Akk.)* einhacken; *(fig.)* etw. aushöhlen. **2.** *v. t.* weghacken
**~ 'off** *v. t.* abhacken; abschlagen
**~ 'out** *v. t.* heraushauen **(from** aus); *(fig.: work out)* zustande bringen
**[2]hack 1.** *n.* **a)** *(drudge)* ≈ Gelegenheitsarbeiter, *der;* Mietling, *der (veralt. abwertend); (uninspired worker)* Arbeitstier, *das; (writer)* Schreiberling, *der (abwertend);* **newspaper ~:** Zeitungsschreiber, *der;* **publisher's ~:** Lohnschreiber, *der;* Auftragsschreiber, *der;* **b)** *(hired horse)* Mietpferd, *das;* **c)** *(horse for ordinary riding)* Reitpferd, *das;* **d)** *see* **[1]jade 1 a; e)** *(Amer.) (taxi)* Taxi, *das; (taxi-driver)* Taxifahrer, *der.* **2.** *adj.* **a) ~ writer** Lohnschreiber, *der;* **b)** *(mediocre)* Nullachtfünfzehn- *(ugs. abwertend)*
**hacker** ['hækə(r)] *n. (Computing)* Hacker, *der*
**hacking** ['hækɪŋ]: **~ coat, ~ jacket** *ns.* Reitjackett, *das; (sports jacket)* Sportjacke, *die*
**hackle** ['hækl] *n.* **a)** *(long feather/feathers)* Schmuckfeder, *die*/Schmuckfedern; *(neck plumage)* Kragen, *der;* Kragenfedern; **b)** *in pl. (animal's hair)* Nacken[- und Rücken]haare *Pl.;* **a cock's/a dog's ~s are up** ein Hahn sträubt die Federn *od.* stellt die Federn auf/einem Hund sträubt sich das Fell; **sb.'s ~s rise/are up** *(fig.)* jmd. gerät/ist in Harnisch; **get sb.'s ~s up, make sb.'s ~s rise** *(fig.)* jmdn. wütend machen; **that kind of thing always gets his ~s up** bei so was sieht er immer rot *(ugs.);* so etwas bringt ihn immer in Harnisch; **c)** *(comb)* Hechel, *die (Landw.)*
**hackney** ['hæknɪ] *n.* [gewöhnliches] Pferd; Gaul, *der (ugs.)*
**hackney: ~ 'cab, ~ 'carriage** *ns.* Droschke, *die (veralt.);* Taxe, *die;* **~ 'coach** *n. (Hist.)* [Pferde]droschke, *die*
**hackneyed** ['hæknɪd] *adj.* abgegriffen; abgedroschen *(ugs.)*
**'hack-saw** *n.* [Metall]bügelsäge, *die*
**had** *see* **have 1, 2**
**haddie** ['hædɪ] *(Scot.) see* **haddock**
**haddock** ['hædək] *n., pl. same* Schellfisch, *der;* **smoked ~:** Haddock, *der*
**Hades** ['heɪdi:z] *n., no pl.* **a)** *(Greek Mythol.)* Hades, *der;* **to/in ~:** in den/im Hades; **b)** *(coll. euphem.) see* **hell a**
**hadji** ['hædʒɪ] *n.* Hadschi, *der*
**hadn't** ['hædnt] *(coll.)* = **had not;** *see* **have 1, 2**
**Hadrian's Wall** [heɪdrɪənz 'wɔ:l] *n. (Hist.)* Hadrianswall, *der*
**haematology** [hi:mə'tɒlədʒɪ] *n. (Med.)* Hämatologie, *die*
**haemoglobin** [hi:mə'gləʊbɪn] *n. (Anat., Zool.)* Hämoglobin, *das*
**haemophilia** [hi:mə'fɪlɪə] *n. (Med.)* Hämophilie, *die (fachspr.);* Bluterkrankheit, *die*
**haemophiliac** [hi:mə'fɪlɪæk] *n. (Med.)* Bluter, *der*/Bluterin, *die*
**haemorrhage** ['hemərɪdʒ] *(Med.)* **1.** *n.* Hämorrhagie, *die (fachspr.);* Blutung, *die.* **2.** *v. i.* starke Blutungen haben
**haemorrhoid** ['hemərɔɪd] *n., usu. in pl. (Med.)* Hämorrhoide, *die*
**haft** [hɑ:ft] *n.* Griff, *der;* Heft, *das (geh.)*
**hag** [hæg] *n.* **a)** *(old woman)* [alte] Hexe; **b)** *(witch)* Hexe, *die;* **c)** *see* **hagfish**
**'hagfish** *n.* Inger, *der;* Schleimaal, *der*
**haggard** ['hægəd] *adj. (worn)* ausgezehrt; *(with worry)* abgehärmt; *(tired)* abgespannt
**haggis** ['hægɪs] *n. (Gastr.)* Haggis, *der; gefüllter Schafsmagen*
**haggle** ['hægl] **1.** *v. i.* sich zanken **(over, about** wegen); *(over price)* feilschen *(abwertend)* **(over, about** um). **2.** *n.* Gezänk, *das (abwertend); (over price)* Gefeilsche, *das (abwertend)*
**hagiography** [hægɪ'ɒgrəfɪ] *n.* Hagiographie, *die*
**'hag-ridden** *adj.* **be ~ by sth.** von etw. geplagt *od.* gequält werden; **look ~:** niedergedrückt aussehen
**Hague** [heɪg] *pr. n.* **The ~:** Den Haag *(das);* der Haag *(geh.);* **The ~ Conventions** die Haager Konventionen
**ha ha** [hɑ: 'hɑ:] *int.* haha!
**ha-ha** ['hɑ:hɑ:] *n.* Umfassungsgraben, *der;* Aha, *das (Bauw.)*
**haiku** ['haɪku:] *n., pl. same (Lit.)* Haiku, *das*
**[1]hail** [heɪl] **1.** *n.* **a)** *no pl., no indef. art. (Meteorol.)* Hagel, *der;* **b)** *(fig.: shower)* Hagel, *der; (of curses, insults, questions, praise)* Schwall, *der;* Flut, *die;* **a ~ of bullets/missiles/stones/arrows** ein Kugel-/Geschoß-/Stein-/Pfeilhagel *od.* -regen. **2.** *v. i.* **a)** *(impers.) (Meteorol.)* **it ~s** *or* **is ~ing** es hagelt; **b)** *(fig.: descend)* **~ down** niederprasseln **(on** auf + *Akk.*); **~ down on sb.** ⟨*Beschimpfungen, Vorwürfe usw.:*⟩ auf jmdn. einprasseln. **3.** *v. t.* niederhageln *od.* niederprasseln lassen
**[2]hail 1.** *v. t.* **a)** *(call out to)* anrufen, *(fachspr.)* anpreien ⟨*Schiff*⟩; *(signal to)* heranwinken, anhalten ⟨*Taxi*⟩; **within/not within ~ing distance** in/außer Rufweite; **b)** *(salute)* grüßen; *(receive, welcome)* begrüßen; empfangen; **c)** *(acclaim)* zujubeln (+ *Dat.*); bejubeln **(as** als); **~ sb. king** jmdm. als König zujubeln. **2.** *v. i.* **a)** rufen; **b) where does the ship ~ from?** woher kommt das Schiff?; **where do you ~ from?** woher kommst du?; wo bist du her? *(ugs.).* **3.** *n.* **a)** *(salutation)*

Gruß, *der; (shout of acclamation)* Jubelruf, *der;* **b)** *(call)* [Zu]ruf, *der;* **within/out of ~:** in/außer Rufweite. **4.** *int. (arch.)* sei gegrüßt *(geh.);* **~ Macbeth/to thee, O Caesar** Heil Macbeth/dir, o Cäsar; **H~ Mary** = Ave Maria *see* **ave a; ~-fellow-well-met** kumpelhaft; **be ~-fellow-well-met with sb.** jmdn. kumpelhaft behandeln; **say ~ and farewell to sb.** jmdn. begrüßen und von ihm [zugleich] Abschied nehmen; *see also* **all 1 a**

**hail: ~stone** *n. (Meteorol.)* Hagelkorn, *das;* **~storm** *n. (Meteorol.)* heftiger Hagelfall; Hagelschauer, *der*

**hair** [heə(r)] *n.* **a)** *(one strand)* Haar, *das;* **a dog's ~:** ein Hundehaar; **without turning a ~** *(fig.)* ohne eine Miene zu verziehen; **not harm a ~ of sb.'s head** *(fig.)* jmdm. kein Haar krümmen; *see also* **dog 1 a; hang 2 a; short 1 a; split 3 b; b)** *collect., no pl. (many strands, mass)* Haar, *das;* Haare *Pl.; attrib.* Haar-; *(horse~)* Roßhaar-; **the cat has a lovely coat of black ~:** die Katze hat ein wunderschönes schwarzes Fell; **do one's/sb.'s ~:** sich/jmdm. das Haar machen *(ugs.);* **do one's own ~:** sich *(Dat.)* das Haar selbst machen *(ugs.);* **have** *or* **get one's ~ done** sich *(Dat.)* das Haar *od.* die Haare machen *(ugs.)* lassen; **where did you get your ~ done?** bei welchem Friseur warst du?; **pull sb.'s ~:** jmdn. an den Haaren ziehen; **he's losing his ~:** ihm gehen die Haare aus; **he has still not lost his ~:** er hat seine Haare noch [alle]; **keep your ~ on!** *(sl.),* **don't lose your ~!** *(coll.)* geh [mal] nicht gleich an die Decke! *(ugs.);* **let one's ~ down** sein Haar aufmachen *od.* lösen; *(fig. coll.)* [ganz] locker sein *(ugs.);* sich [ganz] locker geben *(ugs.); (give free expression to one's feelings etc.)* aus sich herausgehen; *(have a good time)* auf den Putz hauen *(ugs.);* die Sau rauslassen *(salopp);* **sb.'s ~ stands on end** *(fig.)* jmdm. stehen die Haare zu Berge *(ugs.);* **get in sb.'s ~** *(fig. coll.)* jmdm. auf die Nerven *od.* den Wecker gehen *od.* fallen *(ugs.);* **get out of my ~!** *(coll.)* laß mich in Ruhe! *(ugs.);* **keep out of sb.'s ~** *(coll.)* jmdn. in Ruhe lassen; *see also* **curl 1 a, 2 a; [1]tear 2 b; c)** *(Bot.)* Haar, *das;* **d)** *(thin filament)* Faden, *der;* **e)** *(minute amount)* **a ~:** eine Idee; **by a ~:** knapp ‹*gewinnen*›; **to a ~:** haargenau; *(in every detail)* haarklein

**hair: ~breadth 1.** *n.* winzige Kleinigkeit; **by [no more than] a ~breadth** [nur] um Haaresbreite ‹*verfehlen*›; nur knapp ‹*gewinnen*›; **the firm was within a ~breadth of bankruptcy** die Firma wäre um ein Haar *(ugs.)* bankrott gegangen; **2.** *adj.* minimal; hauchdünn *(ugs.)* ‹*Chance*›; **that was a ~breadth escape** das war äußerst *od. (ugs.)* verdammt knapp; **~brush** *n.* Haarbürste, *die;* **~-conditioner** *n.* Frisiermittel, *das;* **~-cream** *n.* Haarcreme, *die;* Pomade, *die;* **~-curler** *n.* Lockenwickler, *der;* **~cut** *n.* **a)** *(act)* Haareschneiden, *das;* **go for/need a ~cut** zum Friseur gehen/müssen; **give sb. a ~cut** jmdm. die Haare schneiden; **get/have a ~cut** sich *(Dat.)* die Haare schneiden lassen; **b)** *(style)* Haarschnitt, *der;* **~-do** *n. (coll.)* **a) get a ~-do** sich *(Dat.)* das Haar machen lassen *(ugs.);* **give sb. a ~-do** jmdm. das Haar machen *(ugs.);* **b)** *(style)* Frisur, *die;* **~dresser** *n.* **a)** *(Brit.)* Friseur, *der*/Friseuse, *die;* **men's ~dresser** Herrenfriseur, *der*/-friseuse, *die;* **ladies' ~dresser** Damenfriseur, *der*/-friseuse, *die;* **go to the ~dresser['s]** zum Friseur gehen; **b)** *(Amer.: for women)* Damenfriseur, *der*/-friseuse, *die;* **~dresser's** Damen[frisier]salon, *der;* **go to the ~dresser['s]** zum Friseur gehen; **~dressing** *n.* der Friseurberuf; *attrib.* **~dressing salon** Friseursalon, *der;* **~-drier** *n.* Haartrockner, *der;* Fön ®, *der; (with a hood)* Trockenhaube, *die;* **~-dye** *n.* Haarfärbemittel, *das;* **use ~-dye** sich *(Dat.)* das Haar färben

**-haired** [heəd] *adj. in comb.* **black-/dark-/frizzy-~:** schwarz-/dunkel-/kraushaarig; **greasy-~:** mit fettigem Haar *nachgestellt*

**hair: ~ follicle** *n.* Haarbalg, *der;* **~-grip** *n. (Brit.)* Haarklammer, *die;* **~ lacquer** *see* **~spray**

**hairless** ['heəlɪs] *adj.* unbehaart ‹*Körper[teil], Pflanze, Blatt*›; kahlköpfig ‹*Person*›; kahl ‹*Kopf*›

**hair: ~-line** *n.* **a)** *(edge of hair)* Haaransatz, *der;* **his ~-line is receding, he has a receding ~-line** er bekommt eine Stirnglatze; **b)** *(narrow line)* haarfeine Linie; haarfeiner Strich; **c)** *(crack)* haarfeiner Riß; **~-line crack** *(esp. Metallurgy, Mech. Engin.)* Haarriß, *der;* **~-line fracture** *(Med.)* Fissur, *die;* **d)** *(in writing or printing)* Haarstrich, *der;* **~-net** *n.* Haarnetz, *das;* **~-piece** *n.* Haarteil, *das;* **~pin** *n.* Haarnadel, *die;* **~pin 'bend** *n.* Haarnadelkurve, *die;* **~-raising** ['heəreɪzɪŋ] *adj.* furchterregend; *(very bad)* haarsträubend; mörderisch ‹*Rennstrecke; Abstieg vom Berg usw.*›; **~-restorer** *n.* Haarwuchsmittel, *das;* **~'s breadth** *see* **~breadth; ~ 'shirt** *n.* härenes Hemd *(geh.);* Härenhemd, *das (veralt.); (worn as a penance)* Büßerhemd, *das;* **~-slide** *n. (Brit.)* Haarspange, *die;* **~-space** *n. (Printing)* Haarspatium, *das;* **~-splitting** *(derog.)* **1.** *adj.* haarspalterisch *(abwertend);* **2.** *n.* Haarspalterei, *die (abwertend);* **~spray** *n.* Haarspray, *das;* **~-spring** *n. (Horol.)* Unruhfeder, *die;* **~-style** *n.* Frisur, *die;* **~-stylist** *n.* Friseur, *der*/Friseuse, *die;* Hair-Stylist, *der*/-Stylistin, *die;* **~-trigger** *n. (Arms)* Stecher, *der*

**hairy** ['heərɪ] *adj.* **a)** *(having hair)* behaart; flauschig ‹*Schal, Pullover, Teppich*›; **you're beginning to get a ~ chest** du bekommst Haare auf der Brust; **a very ~ dog** ein Hund mit einem dichten Fell; *(having very long hair)* ein sehr langhaariger Hund; **be all ~:** voller Haare sein; **b)** *(made of hair)* aus Haar *(nachgestellt);* hären *(geh.)*‹*Gewand*›; **c)** *(sl.: difficult, dangerous)* haarig; **d)** *(sl.: unpleasant, frightening)* eklig *(ugs.);* **e)** *(sl.: crude, clumsy)* unmöglich *(ugs.)*

**Haiti** [hɑː'iːtɪ, 'heɪtɪ] *pr. n.* Haiti *(das)*

**Haitian** [hɑː'iːʃn, 'heɪʃn] **1.** *adj.* haitianisch; **sb. is ~:** jmd. ist Haitianer/Haitianerin. **2.** *n.* Haitianer, *der*/Haitianerin, *die*

**hajji** *see* **hadji**

**hake** [heɪk] *n., pl. same (Zool.)* Seehecht, *der*

**halal** [hɑː'lɑːl] *(Islam)* **1.** *v. t.* nach muslimischem Ritus schlachten. **2.** *n.* Fleisch von einem nach muslimischem Ritus geschlachteten Tier. **3.** *adj.* ‹*Fleisch*› von einem nach muslimischem Ritus geschlachteten Tier

**halberd** ['hælbəd] *n. (Arms Hist.)* Hellebarde, *die*

**halbert** ['hælbət] *see* **halberd**

**'halcyon days** ['hælsɪən deɪz] *n. pl. (happy days)* glückliche Tage *Pl.;* glückliche Zeiten *Pl.*

**[1]hale** [heɪl] *adj.* kräftig ‹*Körper, Konstitution*›; rege ‹*Geist*›; **~ and hearty** gesund und munter

**[2]hale** *v. t. (literary)* **~ sb. to prison** jmdn. ins Gefängnis werfen *(geh.);* **~ sb. before the magistrate** jmdn. vor den Friedensrichter *od.* das Schiedsgericht zerren

**half** [hɑːf] **1.** *n., pl.* **halves** [hɑːvz] **a)** *(part)* Hälfte, *die;* **~ [of sth.]** die Hälfte [von etw.]; **~ of Europe** halb Europa; **I've only ~ left** ich habe nur noch die Hälfte; **~ [of] that** die Hälfte [davon]; **I don't believe ~ of it!** ich glaube nicht die Hälfte davon; **cut sth. in ~** *or* **into [two] halves** etw. in zwei Hälften schneiden; **divide sth. in ~** *or* **into halves** etw. halbieren; **one/two and a ~ hours, one hour/two hours and a ~:** anderthalb *od.* eineinhalb/zweieinhalb Stunden; **she is three and a ~:** sie ist dreieinhalb; **that was a performance/game/job and a ~** *(fig. coll.)* das war vielleicht eine Vorstellung/ein Spiel/eine Arbeit *(ugs.);* **an idiot/a joker/a fool/a woman and a ~** *(fig. coll.)* ein Oberidiot/-witzbold/-trottel *(ugs.)*/eine Superfrau *(ugs.);* **not/never do anything/things by halves** keine halben Sachen machen; **you don't do things by halves, do you?** *(iron.)* du meinst wohl, wenn schon, denn schon?; **be too cheeky/big by ~:** entschieden zu frech/groß sein; **be too clever by ~** *(iron.)* oberschlau *(ugs. iron.) od.* superklug *(ugs. iron.)* sein; **go halves** *or* **go ~ and ~ [with sb.] in** *or* *(coll.)* **on sth.** sich *(Dat.)* etw. [mit jmdm.] teilen; bei etw. halbe-halbe [mit jmdm.] machen *(ugs.);* **how the other ~ lives** wie andere Leute leben; **that's only** *or* **just** *or* **not the ~ of it** das ist noch nicht alles; **you don't know the ~ of it** [ja,] wenn es nur das wäre!; **my other ~** *(coll.)* meine bessere Hälfte *(ugs.); see also* **better 1; b)** *(coll.: ~ pint)* kleines Glas; *(of beer)* kleines Bier; Kleine, *das (ugs.);* **a ~ of bitter/lager/cider** ein kleines Bitter/ein kleines Lager/ein kleiner Apfelwein; **c)** *(Brit. Hist. coll.: ~ a new penny)* Halbe, *der (ugs.);* **d)** *(child's ticket)* Fahrkarte zum halben Preis; halbe Fahrkarte; **one and a ~ to Oxford** eineinhalbmal nach Oxford; **two halves to Oxford** zwei halbe [Fahrkarten] nach Oxford; **e)** *(Brit. Sch.: term)* Halbjahr, *das;* **f)** *(Footb. etc.) (period)* Halbzeit, *die; (of pitch)* [Spielfeld]hälfte, *die; (coll.: ~-back)* Läufer, *der*/Läuferin, *die;* **g)** *(Golf)* halbiertes Loch; **the outward/inward ~:** die Löcher 1–9/10–18. **2.** *adj.* **a)** *(equal to a ~)* halb; **~ the house/books/staff/time** die Hälfte des Hauses/der Bücher/des Personals/der Zeit; **~ the world** die halbe Welt; **he is drunk ~ the time** *(very often)* er ist fast immer betrunken; **she knits ~ the time/the day** *(a lot of, a good deal of)* sie strickt die ganze Zeit/den halben Tag; **~ an hour** eine halbe Stunde; **be only ~ the man/woman one used to be** *(fig.)* längst nicht mehr der/die alte sein; **b)** *(forming a ~)* **they each have a ~ share in the boat** das Boot gehört jedem [von ihnen] zur Hälfte; **be given a ~ day's holiday** einen halben Tag freibekommen; **c)** *(Bookbinding)* Halb‹*leder, -leinen*›; *see also* **battle 1 c; [1]ear a; eye 1 a; mind 1 b. 3.** *adv.* **a)** *(to the extent of ~)* zur Hälfte; halb ‹*öffnen, schließen, aufessen, fertig, voll, geöffnet*›; *(almost)* fast ‹*fallen, ersticken, tot sein*›; **our journey was now ~ done** die Hälfte der Reise lag hinter uns; **~ as much/many/big/heavy** halb so viel/viele/groß/schwer; **~ run [and] ~ walk** teils laufen, teils gehen; **~ cough and ~ sneeze** halb husten, halb niesen; **we had only ~ entered the room when ...:** wir waren noch nicht ganz eingetreten, als ...; **I ~ wished/hoped that ...:** ich wünschte mir/hoffte fast, daß ...; **only ~ hear what ...:** nur zum Teil hören, was ...; **~ listen for/to** mit halbem Ohr horchen auf (+ *Akk.*)/zuhören (+ *Dat.*); **I ~ laughed** *(almost)* ich hätte fast [los]gelacht; **I felt ~ dead** *(fig.)* ich war halbtot; **be only ~ ready** *or* **done** *(Cookery)* erst halb gar sein; **~ cook sth.** etw. halb gar werden lassen; **be ~ happy, ~ worried about sth.** teils glücklich, teils besorgt über etw. *(Akk.)* sein; **leave the food ~ eaten** die Hälfte von dem Essen übriglassen; **go ~ crazy/wild** halb verrückt *(ugs.)* werden; **not ~ cooked yet** noch lange nicht gar; **not ~ finished yet** noch lange nicht fertig; **not ~ long/strong enough** bei weitem nicht lang/stark genug; **not ~** *(sl.) (most certainly)* und ob!; *(extremely)* irrsinnig *(ugs.);* **not ~ bad** *(coll.)* toll *(ugs.);* **not ~ a bad fellow/meal** *(coll.)* ein toller Typ/ein tolles Essen *(ugs.);* **not ~ he wouldn't!** *(coll.)* und ob er das wäre/tun würde!; **it wasn't ~ a problem** *(coll.)* es war ein großes *od. (ugs.)* wahnsinniges Problem; **she can't ~ be stubborn**

*(coll.)* sie ist wahnsinnig *(ugs.)* dickköpfig; **there won't ~ be trouble** *(coll.)* es wird einen Riesenkrach geben; *see also* **again a; b)** *(by the amount of a ~-hour)* halb; **at ~ past the hour** um halb; **from eight o'clock till ~ past** von acht bis halb neun; **~ past** *or (coll.)* **~ one/two/three** *etc.* halb zwei/drei/vier *usw.*; **~ past twelve** halbeins; **~ past midday/midnight** halb eins mittags/nachts

**half-** *in comb.* halb ‹*gar, verbrannt, betrunken, voll, leer*›; **~-cold** fast kalt; **~-starved** halb verhungert; **a ~-dozen** ein halbes Dutzend; **~-pound bag/~-litre glass** Halbpfundtüte, *die*/-literglas, *das;* **a ~-mile** eine halbe Meile; **~-year** Halbjahr, *das;* halbes Jahr

**half: ~-and-'~ 1.** *n.* **Does it contain a or b? – H~-and-~:** Enthält es a oder b? – Halb und halb; **it is all silver, not ~-and-~:** es ist reines Silber, nicht halb Silber und halb etwas anderes; **settle for ~-and-~:** sich für eine Kombination aus beidem entscheiden; **2.** *adj.* **a)** *(equal)* **take a ~-and-~ share in the duties** sich mit jmdm. in die Pflichten teilen; **~-and-~ mixture of a and b** Mischung, die je zur Hälfte aus a und b besteht; **b)** *(indecisive)* halb ‹*Maßnahme*›; **3.** *adv.* zu gleichen Teilen; **they divide their earnings/share the duties ~-and-~:** sie teilen ihre Einkünfte/die Pflichten gleichmäßig untereinander auf; **~-arse[d]** ['hɑ:fɑ:s(t)] *adj. (sl.)* bescheuert *(salopp);* beknackt *(salopp);* **do a ~-arse[d] job** Murks machen *(ugs.);* pfuschen *(ugs.);* **~-back** *n. (Footb., Hockey)* Läufer, *der*/Läuferin, *die;* **~-baked** [hɑ:f'beɪkt] *adj.* **a)** *(Cookery)* nicht richtig durchgebacken; **b)** *(fig.) (not thorough[ly planned])* unausgegoren *(abwertend),* unausgereift ‹*Plan, Aufsatz*›; *(not earnest, lacking in strength of purpose)* lasch ‹*Haltung, Person*›; **c)** *(~-witted)* nicht ganz gar *od.* dicht *(ugs.);* **~-binding** *n. (Bookbinding)* Halblederinband, *der;* Halbfranzeinband, *der;* **~-blood** *see* **~-breed a; ~-'blue** *n. (Brit. Univ.)* **get a** *or* **one's ~-blue** die Universität bei weniger wichtigen Sportwettkämpfen oder als Reservespieler vertreten; **~-'board** *n.* Halbpension, *die;* **~-board accommodation** [Unterkunft mit] Halbpension; **~-boot** *n.* Halbstiefel, *der;* **~-breed** *n.* **a)** Mischling, *der;* Halbblut, *das;* **b)** *see* **cross-breed 1; ~-brother** *n.* Halbbruder, *der;* **be ~-brother to sb.** jmds. Halbbruder sein; **~-caste 1.** *n.* Mischling, *der;* Halbblut, *das;* **2.** *adj.* Mischlings-; **~ 'cock** *see* **[1]cock 1e; ~-cocked** [hɑ:f'kɒkt] *adj., adv. (Amer.)* = **at ~ cock** *see* **[1]cock 1e; ~-'crown** *n. (Brit. Hist.)* Half-crown, *die;* **~-'hardy** *adj. (Hort.)* [bedingt] winterhart; **~-hearted** [hɑ:f'hɑ:tɪd] *adj.,* **~-heartedly** [hɑ:f'hɑ:tɪdlɪ] *adv.* halbherzig; **~ hitch** *see* **hitch 3b; ~ 'holiday** *n.* halber freier Tag; **I'll take a ~ holiday on Wednesday** ich werde [am] Mittwoch einen halben Tag Urlaub nehmen; **there will be a ~ holiday in May** im Mai gibt es einen halben Tag frei; **~-hose** *see* **hose 1b; ~-'hour** *n.* halbe Stunde; **at the ~-hour** um halb; **the clock chimes at the ~-hour** die Uhr schlägt jeweils um halb; **~-'hourly 1.** *adj.* halbstündlich; halbstündlich verkehrend ‹*Bus usw.*›; **the bus service is ~-hourly** der Bus verkehrt halbstündlich; **2.** *adv.* jede halbe Stunde; halbstündlich; **~-hunter** *see* **hunter e; ~-'inch 1.** *n.* halber Inch; halber Zoll; *attrib.* ['--] halbzollig; Halbzoll‹*bohrer, -schraube*›; **2.** *v. t. (Brit. sl.)* klauen *(ugs.);* klemmen *(salopp);* **~-landing** *n.* Treppenabsatz, *der;* Zwischenpodest, *das (Bauw.);* **~-life** *n. (Phys.)* Halbwertszeit, *die;* **~-light** *n.* Halblicht, *das;* **~-'mast** *n.* **be [flown] at ~-mast** ‹*Flagge:*› auf halbmast gehißt sein *od.* stehen; **raise/lower to ~-mast** auf halbmast hissen/setzen ‹*Flagge*›; **~-measure** *n.* **a) a ~ measure of whisky** ein halber Whisky; **b)** *in pl.* halbe Maßnahme; Halbheit, *die (abwertend);* **there are no ~ measures with him** er macht keine halben Sachen *(ugs.);* bei ihm gibt es keine Halbheiten; **~ 'moon** *n.* **a)** Halbmond, *der;* **b)** *(Anat.)* Möndchen, *das;* **the ~ moons of his nails** seine Nagelmöndchen; **~ 'nelson** *n. (Wrestling)* Halbnelson, *der;* **get/have got a ~ nelson on sb./sth.** *(fig.)* jmdn./etw. unter Kontrolle bringen/haben; ‹*Erpresser usw.:*› jmdn./etw. in die Hand kriegen/in der Hand haben; **~-note** *(Amer. Mus.) see* **minim a; ~ 'pay** *n.* Ruhegehalt, *das;* Pension, *die;* **be on ~ pay** Ruhegehalt *od.* Pension beziehen; **~penny** ['heɪpnɪ], *pl. usu.* **~pennies** ['heɪpnɪz] *for separate coins,* **~pence** ['heɪpəns] *for sum of money (Brit. Hist.) (coin)* Halfpenny, *der; (sum)* halber Penny; **~pennyworth** ['heɪpəθ] *n. (Brit.)* **a)** *(Hist.: amount)* **a ~pennyworth of ...:** für einen halben Penny ...; **b)** *(fig.: small amount)* **not a** *or* **one ~pennyworth of** nicht für fünf Pfennig *(ugs.)* ‹*Verstand*›; nicht das kleinste bißchen ‹*Ruhe, Gastfreundschaft, Entgegenkommen usw.*›; **~-'pint** *n.* **a)** *(quantity)* halbes Pint; **b)** *(coll.: small or insignificant person)* halbe Portion *(ugs. spött.);* **~-'price 1.** *n.* halber Preis; **all articles are at ~-price** alle Artikel gibt es zum halben Preis; **bring sth. down** *or* **reduce sth. to ~-price** etw. um die Hälfte heruntersetzen *od.* reduzieren; **2.** *adj.* zum halben Preis *nachgestellt;* **~-price air fares** um die Hälfte herabgesetzte Flugpreise; **3.** *adv.* zum halben Preis; **~-seas-over** [hɑ:fsi:z'əʊvə(r)] *adj. (sl.)* angesäuselt *(ugs.);* **~-shell** *n.* Austernschale, *die:* **lobster on the ~-shell** *(Gastr.)* auf einer Austernschale servierter Hummer; **~-sister** *n.* Halbschwester, *die;* **be ~-sister to sb.** jmds. Halbschwester sein; **~-size 1.** *n.* Zwischengröße, *die;* halbe Größe; **a ~-size larger** eine halbe Nummer größer; **2.** *adj.* halb ‹*Portion*›; klein ‹*Blumentopf, Spaten*›; **~-'staff** *(Amer.) see* **~-mast; ~-step** *(Amer. Mus.) see* **semitone; ~-'term** *n. (Brit.)* **a) it is nearly ~-term** das Trimester ist fast zur Hälfte vorüber; **by/at/towards ~-term** bis zur/in der/gegen die Mitte des Trimesters; **b)** *(holiday)* **~-term [holiday/break]** Ferien in der Mitte des Trimesters; **before ~-term** in der ersten Trimesterhälfte; **~-timbered** [hɑ:f'tɪmbəd] *adj.* Fachwerk‹*haus, -bauweise*›; **be ~-timbered** ein Fachwerkbau sein; **~-'time 1.** *n.* **a)** *(Sport)* Halbzeit, *die; attrib.* ['--] Halbzeit‹*pfiff, -stand*›; **blow the whistle for ~-time** die erste Halbzeit abpfeifen; **by/to ~-time** bis zur Halbzeit; **at ~-time** bei *od.* bis zur Halbzeit; *(during interval)* in der Halbzeitpause; **b)** *(Industry)* Kurzarbeit, *die (mit um 50 Prozent gekürzter Arbeitszeit);* **~-time working** Kurzarbeit, *die;* **several cotton-mills were put on ~-time** in mehreren Baumwollspinnereien wurde Kurzarbeit eingeführt; **1,150 workers were put on ~-time** *or* **had to go on ~-time schedules** 1150 Arbeiter mußten kurzarbeiten; **2.** *adv. (Industry)* kurz‹*arbeiten*›; **~-title** *n. (Printing)* **a)** Schmutztitel, *der;* Vortitel, *der;* **b)** *(section title)* Zwischentitel, *der;* **~-tone** *n.* **a)** *(Printing etc.)* Rasterbild, *das;* **b)** *(Amer. Mus.) see* **semitone; ~-track** *n.* **a)** *(system)* Halbkettenantrieb, *der;* **b)** *(vehicle)* Halbkettenfahrzeug, *das;* **~-truth** *n.* Halbwahrheit, *die;* **you've only told us a ~-truth** du hast uns nur die halbe Wahrheit gesagt; **~-'volley** *see* **volley 1c; ~-'way 1.** *adj.* halb ‹*Maßnahme*›; **~-way point** Mitte, *die;* **we're well over the ~-way mark** wir haben gut die Hälfte geschafft; **~-way house** Gasthaus auf halbem Weg; *(fig.: compromise)* Kompromiß, *der;* Mittelweg, *der;* **~-way line** *(Footb.)* Mittellinie, *die;* **2.** *adv.* die Hälfte des Weges ‹*begleiten, fahren*›; **not ~-way satisfactory** nicht einmal halbwegs zufriedenstellend; **by midday they had climbed ~-way up the mountain** bis zum Mittag hatten sie den halben Aufstieg hinter sich; *see also* **[1]go 1q; [1]meet 1b; ~-wit** *n.* Schwachkopf, *der; (scatter-brain)* Schussel, *der;* **~-witted** ['hɑ:fwɪtɪd] *adj.* dumm; *(mentally deficient)* debil; schwachsinnig; **~-witted person** Schwachkopf, *der;* **~-'yearly 1.** *adj.* halbjährlich; **at ~-yearly intervals** in halbjährigen Abständen; halbjährlich; **2.** *adv.* halbjährlich; jedes halbe Jahr

**halibut** ['hælɪbət] *n., pl. same (Zool.)* Heilbutt, *der*

**halide** ['heɪlaɪd, 'hælaɪd] *n. (Chem.)* Halogenid, *das;* Halid, *das*

**halitosis** [hælɪ'təʊsɪs] *n., pl.* **halitoses** [hælɪ'təʊsi:z] *(Med.)* Halitose, *die (fachspr.);* schlechter Atem

**hall** [hɔ:l] *n.* **a)** *(large [public] room)* Saal, *der; (public building)* Halle, *die; (for receptions, banquets)* Festsaal, *der; (in medieval house: principal living-room)* Wohnsaal, *der;* **school/church ~:** Aula, *die*/Gemeindehaus, *das; see also* **servants' hall; b)** *(mansion)* Herrenhaus, *das;* Herrensitz, *der;* **c)** *(Univ.) (residential building)* **~ [of residence]** Studentenwohnheim, *das; (Hist.: college)* Kolleg, *das;* **live in ~:** im [Studenten]wohnheim wohnen; **d)** *(Univ.: dining-room)* Speisesaal, *der;* Mensa, *die;* **in ~:** im Speisesaal; in der Mensa; **e)** *no art. (dinner taken in ~)* Abendessen in der Mensa; **f)** *see* **guild-hall b; g)** *in pl. (music-~s)* Varieté, *das;* **be on the ~s** im Varieté auftreten; **do a turn on the ~s** mit einer Nummer im Varieté auftreten; **h)** *(entrance-passage)* Diele, *die;* Flur, *der;* **i)** *(Amer.: corridor)* Korridor, *der;* Flur, *der*

**hallal** *see* **halal**

**halliard** *see* **halyard**

**'hallmark 1.** *n.* [Feingehalts]stempel, *der;* Repunze, *die; (fig.: distinctive mark)* Kennzeichen, *das;* **be the ~ of quality/perfection** *(fig.)* für Qualität/Vollkommenheit bürgen *od.* stehen. **2.** *v. t.* stempeln; repunzieren

**hallo** [hə'ləʊ] **1.** *int.* **a)** *(to call attention)* hallo!; **b)** *(Brit.) see* **hello. 2.** *n., pl.* **~s** Hallo, *das;* Halloruf, *der;* **give a ~:** hallo rufen. **3.** *v. i.* hallo rufen; **~ to sb.** jmdn. anrufen

**hall of 'fame** *n.* Ruhmeshalle, *die*

**halloo** [hə'lu:] **1.** *int.* **a)** *(Hunting)* horrido!; **b)** *see* **hallo 1a. 2.** *n.* **a)** *(Hunting)* Horrido, *das;* **b)** *see* **hallo 2. 3.** *v. i. (Hunting)* horrido rufen. **4.** *v. t. (Hunting)* anfeuern ‹*Jagdhund*›

**hallow** ['hæləʊ] **1.** *n.* **All H~s, H~mas = All Saints' Day** *see* **all 1b. 2.** *v. t.* **a)** *(sanctify)* heiligen; **~ed** geheiligt *(auch fig.);* heilig ‹*Boden*›; **b)** *(honour)* als heilig verehren; **~ed be Thy Name** *(in Lord's Prayer)* geheiligt werde Dein Name

**Hallowe'en** [hæləʊ'i:n] *n.* Halloween, *das; Abend vor Allerheiligen;* **on** *or* **at ~:** [an] Halloween

**hall: ~ 'porter** *n. (Brit.)* [Hotel]portier, *der;* **~-stand** *n.* [Flur]garderobe, *die*

**hallucinant** [hə'lu:sɪnənt] **1.** *adj. see* **hallucinogenic. 2.** *n. see* **hallucinogen**

**hallucinate** [hə'lu:sɪneɪt] *v. i.* halluzinieren *(Med., Psych.);* Halluzinationen haben

**hallucination** [həlu:sɪ'neɪʃn] *n. (act)* Halluzinieren, *das; (instance, imagined object)* Halluzination, *die;* Sinnestäuschung, *die*

**hallucinatory** [hə'lu:sɪnətərɪ] *adj.* **a)** *(producing hallucinations) see* **hallucinogenic; b)** *(associated with hallucinations)* halluzinatorisch *(Med., Psych.);* **c)** *(unreal)* imaginär *(geh.);* **be purely ~:** reine Einbildung sein

**hallucinogen** [hə'lu:sɪnədʒən] *n. (Med.)* Halluzinogen, *das*

**hallucinogenic** [həlu:sɪnə'dʒenɪk] *adj. (Med.)* halluzinogen

**'hallway** *n.* **a)** *see* **hall h; b)** *(corridor)* Flur,

*der;* Korridor, *der;* Gang, *der (bes. südd., österr., schweiz.)*
**halm** *see* **haulm**
**halo** [ˈheɪləʊ] *n., pl.* **~es a)** *(Meteorol.)* Halo, *der (fachspr.);* Hof, *der;* **there was a ~ round** *or* **a ~ surrounded the moon** der Mond hatte einen Hof *od. (fachspr.)* Halo; **b)** *(circle)* Ring, *der; (of light)* Lichthof, *der;* **c)** *(around head)* Heiligen-, Glorienschein, *der;* **d)** *(fig.: aura)* Nimbus, *der;* **put a romantic ~ about sth.** etw. mit einer romantischen Gloriole umgeben
**halogen** [ˈhælədʒən] *n. (Chem.)* Halogen, *das (fachspr.);* Salzbildner, *der*
[1]**halt** [hɒlt, hɔːlt] **1.** *n.* **a)** *(temporary stoppage)* Pause, *die; (on march or journey)* Rast, *die;* Pause, *die; (esp. Mil. also)* Halt, *der;* **make a ~:** Rast/eine Pause machen/haltmachen; **call a ~:** eine Pause machen lassen/haltmachen lassen; **let's call a ~:** machen wir eine Pause!; **b)** *(interruption)* Unterbrechung, *die;* **come to a ~ = come to a standstill** *see* **standstill;** *see also* **call 2f; come 1h; grind 2b; c)** *(Brit. Railw.)* Haltepunkt, *der.* **2.** *v.i.* **a)** *(stop)* ⟨*Fußgänger, Tier:*⟩ stehenbleiben; ⟨*Fahrer:*⟩ anhalten; *(for a rest)* eine Pause machen; *(esp. Mil.)* haltmachen; *(to collect one's thoughts etc.)* innehalten; **~, who goes there?** *(Mil.)* halt, wer da?; **b)** *(end)* eingestellt werden. **3.** *v.t.* **a)** *(cause to stop)* anhalten; haltmachen lassen ⟨*Marschkolonne usw.*⟩; **he could not be ~ed** *(fig.)* er war nicht aufzuhalten *od. (ugs.)* zu bremsen; **b)** *(cause to end)* stoppen ⟨*Inflation, Diskussion*⟩; beenden ⟨*Herrschaft*⟩; einstellen ⟨*Projekt*⟩
[2]**halt** *v.i. (not progress smoothly)* ⟨*Argument:*⟩ schwach sein; ⟨*Verse, Übersetzung:*⟩ holprig sein; **~ing** schleppend ⟨*Stimme, Redeweise, Fortschritt*⟩; holprig ⟨*Verse*⟩; zögernd ⟨*Antwort*⟩; schwach ⟨*Argument*⟩; **in a ~ing way** *or* **manner** schleppend ⟨*sprechen*⟩
**halter** [ˈhɒltə(r), ˈhɔːltə(r)] *n.* **a)** *(for horse)* Halfter, *das; (for cattle)* **[rope] ~:** Strick, *der;* **b)** *(for hanging)* Strick, *der;* Strang, *der;* **you'll find a ~ round your neck if ...:** du findest dich am Galgen wieder, wenn ...; **the ~** *(arch./literary: hanging)* Strang, *der (geh.);* **c)** *(Dressmaking) (strap)* Nackenträger, *der;* Nackenband, *das; (top with a ~)* Oberteil *od.* Top mit Nackenträger; **~ dress/bodice/top/bra** Kleid/Mieder/Oberteil *od.* Top/Büstenhalter mit Nackenträger; **~ neck** Nackenband, *das*
**halting** *see* [2]**halt**
**haltingly** [ˈhɒltɪŋlɪ, ˈhɔːltɪŋlɪ] *adv.* schleppend ⟨*vorankommen*⟩; *(with uncertain steps)* mit unsicheren Schritten ⟨*gehen*⟩; *(hesitantly)* zögernd; **come ~ to the point** nur auf Umwegen zur Sache kommen
**halve** [hɑːv] *v.t.* **a)** *(divide)* halbieren; **b)** *(share)* [ehrlich] teilen; **they ~d the cake [between them]** sie haben sich *(Dat.)* den Kuchen ehrlich geteilt; **c)** *(reduce)* halbieren; auf *od.* um die Hälfte verringern; **'sale – all prices ~d!'** „Ausverkauf – alles zum halben Preis!"; **~ the amount of beer one drinks/number of nights one goes out** nur noch halb soviel Bier trinken/halb sooft abends ausgehen; **d)** *(Golf)* mit der gleichen Anzahl von Schlägen erreichen ⟨*Loch*⟩ **(with** wie); durchspielen ⟨*Runde*⟩; beenden ⟨*Spiel*⟩; **the hole was ~d in 5** beide Spieler erreichten das Loch mit fünf Schlägen; **be ~d** ⟨*Spiel:*⟩ unentschieden enden
**halves** *pl. of* **half**
**halyard** [ˈhæljəd] *n. (Naut.)* Fall, *das; (for flag)* Flagg[en]leine, *die*
**ham** [hæm] **1.** *n.* **a)** *([meat from] thigh of pig)* Schinken, *der;* **b)** *usu. in pl. (back of thigh)* Hinterseite des Oberschenkels; **squat** *or* **sit on one's ~s** in der Hocke sitzen; **c)** *(sl.) (amateur)* Amateur, *der; (poor actor)* Schmierenkomödiant, *der (abwertend);* **radio ~:** Funkamateur, *der;* **d)** *no pl., no art. (sl.: inexpert acting)* Schmierentheater, *das (abwertend).* **2.** *adj. (sl.)* überzogen; **a very ~ performance** ein ziemliches Schmierentheater *(abwertend).* **3.** *v.i.,* **-mm-** *(sl.)* überziehen. **4.** *v.t.,* **-mm-** *(sl.)* überzogen spielen
**~ 'up** *v.t. (sl.)* überzogen spielen ⟨*Stück*⟩; **~ it up** überziehen
**hamadryad** [hæməˈdraɪæd] *n.* **a)** *(Greek and Roman Mythol.)* Hamadryade, *die;* **b)** *(Zool.: cobra)* Königskobra, *die;* **c)** *(Zool.: baboon)* Mantelpavian, *der*
**Hamburg** [ˈhæmbɜːg] **1.** *pr. n.* Hamburg *(das).* **2.** *attrib. adj.* Hamburger
**hamburger** [ˈhæmbɜːgə(r)] *n.* **a)** *(beef cake)* Hacksteak, *das; (filled roll)* Hamburger, *der;* **b) H~** *(person)* Hamburger, *der*/Hamburgerin, *die*
**Hamelin** [ˈhæməlɪn] *pr. n.* Hameln *(das)*
**ham: ~-fisted** [hæmˈfɪstɪd], **~-handed** [hæmˈhændɪd] *adjs. (sl.)* tolpatschig *(ugs.)* ⟨*Mensch, Art*⟩; dilettantisch ⟨*Bearbeitung, Vorgehensweise*⟩; plump *(abwertend)* ⟨*Vorstellung, Humor*⟩; **~-fisted** *or* **~-handed actions** Tolpatschigkeiten
**Hamitic** [həˈmɪtɪk] *adj. (Ling.)* hamitisch
**hamlet** [ˈhæmlɪt] *n.* Weiler, *der*
**hammer** [ˈhæmə(r)] **1.** *n.* **a)** *(tool; also Anat.)* Hammer, *der;* **the H~ and Sickle** Hammer und Sichel; **go** *or* **be at sth. ~ and tongs** sich bei etw. schwer ins Zeug legen *(ugs.);* **go** *or* **be at it ~ and tongs** *(quarrel)* sich streiten, daß die Fetzen fliegen; **b)** *(of gun)* Hahn, *der;* **c)** *(auctioneer's mallet)* Hammer, *der;* **come under the ~:** unter den Hammer kommen; **d)** *(Athletics)* [Wurf]hammer, *der;* **[throwing] the ~** *(event)* das Hammerwerfen. **2.** *v.t.* **a)** *(strike with ~)* hämmern; *(fig.)* hämmern auf *(Akk.)* ⟨*Tasten, Tisch*⟩; einhämmern auf *(Akk.)* ⟨*Gegner, Opfer*⟩; **~ a nail into sth.** einen Nagel in etw. *(Akk.)* hämmern *od.* schlagen; **~ sth. into sb.['s head]** *(fig.)* jmdm. etw. einhämmern; **~ home** einschlagen ⟨*Nagel, Bolzen usw.*⟩; **He must not do that. We'll ~ it home** Er darf das nicht tun. Wir werden es ihm einbleuen; **b)** *(coll.: inflict heavy defeat on)* abservieren *(ugs.)* ⟨*Gegner*⟩; vernichtend schlagen ⟨*Feind*⟩; ausstechen ⟨*Konkurrenten*⟩; **c)** *(St. Exch.)* für zahlungsunfähig erklären. **3.** *v.i.* **a)** *(give blows)* hämmern; klopfen; **~ at sth.** an etw. *(Dat.)* [herum]hämmern; **~ at** *or* **on the door** an *od.* gegen die Tür hämmern; **b)** *(fig. coll.: travel fast)* düsen *(ugs.);* kacheln *(salopp)*
**~ a'way** *v.i.* hämmern; **~ away at** herumhämmern *od. (ugs.)* -kloppen auf (+ *Dat.*); *(fig.: work hard at)* sich hineinknien in (+ *Akk.*) *(ugs.)* ⟨*Tätigkeit*⟩; [herum]bosseln an (+ *Dat.*) *(ugs.)* ⟨*Aufsatz*⟩
**~ 'down** *v.t.* festhämmern, -klopfen
**~ 'out** *v.t.* **a)** *(make smooth)* ausklopfen ⟨*Delle, Beule*⟩; ausbeulen ⟨*Kotflügel usw.*⟩; glatt klopfen ⟨*Blech usw.*⟩; **b)** *(fig.: devise)* ausarbeiten ⟨*Plan, Methode, Vereinbarung*⟩; kommen zu ⟨*Entscheidung, Entschluß*⟩
**hammock** [ˈhæmək] *n.* Hängematte, *die*
**hammy** [ˈhæmɪ] *adj.* **a)** *(resembling ham)* schinkenartig; Schinken⟨*geschmack, -geruch*⟩; **have a ~ taste** nach Schinken schmecken; **b)** *(sl.: of ham actors)* theatralisch *(abwertend)* ⟨*Nummer, Rolle, Aufführung, Darstellung*⟩
[1]**hamper** [ˈhæmpə(r)] *n.* **a)** *(basket)* [Deckel]korb, *der;* **b)** *(consignment of food)* Präsentkorb, *der;* **Christmas ~:** Weihnachtsgeschenkkorb, *der*
[2]**hamper** *v.t.* behindern; hemmen ⟨*Entwicklung, Wachstum usw.*⟩; **~ sb. in his progress, ~ sb.'s progress** ⟨*Hindernis:*⟩ jmdn. aufhalten; **~ sb. in his movements** jmdn. behindern *od.* in seiner Bewegungsfreiheit beeinträchtigen
**hamster** [ˈhæmstə(r)] *n.* Hamster, *der; see also* **golden hamster**
**'hamstring 1.** *n. (Anat.)* **a)** *(in man, ape)* Kniesehne, *die;* **b)** *(in quadruped)* Achillessehne, *die.* **2.** *v.t.,* **hamstrung** *or* **~ed a)** *(cripple)* die Kniesehnen/Achillessehnen durchtrennen (+ *Dat.*); **b)** *(fig.: destroy efficiency of)* lähmen
**hand** [hænd] **1.** *n.* **a)** *(Anat., Zool.)* Hand, *die;* **eat from** *or* **out of sb.'s ~** *(lit. or fig.)* jmdm. aus der Hand fressen; **I need an extra/a strong pair of ~s** ich brauche noch jmdn., der/eine kräftige Person, die mir hilft; **get one's ~s dirty, dirty** *or* **soil one's ~s** *(lit. or fig.)* sich *(Dat.)* die Hände schmutzig machen; **give sb. one's ~** *(reach, shake)* jmdm. die Hand geben *od.* reichen; **give** *or* **lend [sb.] a ~ [with** *or* **in sth.]** [jmdm.] [bei etw.] helfen; **not/never do a ~'s turn** keine/niemals eine Hand rühren *(ugs.);* keinen/niemals einen Finger krumm machen *(ugs.);* **pass** *or* **go through sb.'s ~s** *(fig.)* durch jmds. Hand *od.* Hände gehen; **pass through many/several ~s** durch viele/etliche Hände gehen; **many ~s make light work** *(prov.)* viele Hände machen der Arbeit bald ein Ende *(Spr.);* **~ in ~:** Hand in Hand; **go ~ in ~ [with sth.]** *(fig.)* [mit etw.] Hand in Hand gehen; **the problem/project/matter in ~:** das vorliegende Problem/Projekt/die vorliegende Angelegenheit; *see also* **d; hold ~s** Händchen halten *(ugs. scherzh.);* sich bei den Händen halten; **hold sb.'s ~:** jmds. Hand halten; jmdm. die Hand halten; *(fig.: give sb. close guidance)* jmdn. bei der Hand nehmen; *(fig.: give sb. moral support or backing)* jmdn. moralisch unterstützen; jmdm. das Händchen halten *(iron.);* **take one's child's/big brother's ~:** ⟨*Erwachsener:*⟩ sein Kind an die Hand nehmen/⟨*Kind:*⟩ sich von seinem großen Bruder an die Hand nehmen lassen; **~s off!** Hände *od.* Finger weg!; **~s off my wife/Chile!** Hände weg von meiner Frau/Chile!; **take/keep one's ~s off sb./sth.** jmdn./etw. loslassen/nicht anfassen; **take your ~s off me this instant!** nimm sofort die Finger weg!; **keep one's ~s off sth.** *(fig.)* die Finger von etw. lassen *(ugs.);* **show of ~s** Handzeichen, *das;* **~s up [all those in favour]** *(as sign of assent)* wer dafür ist, hebt die Hand!; **~s up!** *(as sign of surrender)* Hände hoch!; **~s down** *(fig.) (easily)* mit links *(ugs.); (without a doubt, by a large margin)* ganz klar *(ugs.);* eindeutig *(ugs.);* **be good with one's ~s** [handwerklich] geschickt sein; **change** *or (coll.)* **swap ~s** die Hand wechseln; die andere Hand nehmen; *see also* **c; turn one's ~ to sth.** sich einer Sache *(Dat.)* zuwenden; **put** *or* **set one's ~ to** sich machen an (+ *Akk.*) ⟨*Arbeit, Aufgabe*⟩; *see also* **l; put** *or* **set one's ~ to doing sth.** sich daran machen, etw. zu tun; **have sth. at ~:** etw. zur Hand haben; **have sb. at ~:** jmdn. bei sich haben; **be at ~** *(be nearby)* in der Nähe sein; *(be about to happen)* unmittelbar bevorstehen; **out of ~** *(without delay)* unverzüglich; *(summarily)* kurzerhand; *see also* **b; be to ~** *(be readily available, within reach)* zur Hand sein; *(be received)* ⟨*Brief, Notiz, Anweisung:*⟩ vorliegen; **come to ~** *(turn up)* sich finden; *(be received)* ⟨*Brief, Mitteilung:*⟩ eingehen; **she uses whatever comes to ~:** sie nimmt, was gerade da ist; **fight ~ to ~:** Mann gegen Mann kämpfen; **go/pass from ~ to ~:** von Hand zu Hand gehen; **~ over** *or* **fist** Zug um Zug ⟨*hinaufklettern, einziehen*⟩; **~ over fist** *(fig.) (with steady progress)* laufend; *(with rapid progress)* rapide; **live from ~ to mouth** von der Hand in den Mund leben; **be ~ in glove [with]** unter einer Decke stecken [mit]; **bind sb. ~ and foot** jmdn. an Händen und Füßen fesseln; **wait on** *or* **serve sb. ~ and foot** *(fig.)* jmdn. vorn und hinten bedienen *(ugs.);* **on [one's] ~s and knees** auf Händen und Knien; **crawl on [one's] ~s and knees** auf allen vieren kriechen *(ugs.);* **get down on one's ~s and knees**

auf die Knie gehen; **his ~s are tied** *(fig.)* ihm sind die Hände gebunden; **have one's ~s full** die Hände voll haben; *(fig.: be fully occupied)* alle Hände voll zu tun haben *(ugs.)*; **~ on** *or* **over heart** *(fig.)* Hand aufs Herz; **get one's ~s on sb./sth.** jmdn. erwischen *od.* *(ugs.)* in die Finger kriegen/etw. auftreiben; **lay** *or* **put one's ~ on sth.** etw. finden; **lay [one's] ~s on sth.** sich einer Sache bemächtigen; **everything** *or* **anything** *or* **all they could lay [their] ~s on** alles, wessen sie habhaft werden konnten; **lay ~s on sb.** jmdm. etw. tun; Hand an jmdn. legen *(geh.)*; *(violate)* sich an jmdm. vergreifen; **by ~** *(manually)* mit der *od.* von Hand; *(in handwriting)* handschriftlich; *(by messenger)* durch Boten; **be made by ~**: Handarbeit sein; **bring up by ~**: mit der Flasche aufziehen; *see also* **banana a**; **clean 1 b**; **finger 1 a**; **hand-to-hand**; **hand-to-mouth**; **join 1 a**; **shake 2 a**; **sit 1 b**; **wash 1 a**; **b)** *(fig.: authority)* **with a strict/firm/iron ~**: mit fester/starker Hand/eiserner Faust ⟨*regieren*⟩; **with a heavy ~**: mit eiserner Strenge; **he needs a father's ~**: er braucht die väterliche Hand; **hold one's ~**: abwarten; **hold one's ~ and not do sth.** davon Abstand nehmen, etw. zu tun; **keep in ~**: unter Kontrolle behalten ⟨*Schüler, Demonstranten*⟩ (*see also* **d**); **get out of ~**: außer Kontrolle geraten; *see also* **a**; *see also* **free hand**; **take 1 a**; **upper 1 a**; **c)** *in pl. (custody)* **in sb.'s ~s, in the ~s of sb.** *(in sb.'s possession)* in jmds. Besitz; *(in sb.'s care)* in jmds. Obhut; **I am in your ~s** die Entscheidungen überlasse ich Ihnen; **put oneself in sb.'s ~s** sich jmdm. anvertrauen; **be in the ~s of the police** ⟨*Verdächtiger:*⟩ sich in Polizeigewahrsam befinden; **may I leave the matter in your ~s?** darf ich die Angelegenheit Ihnen überlassen?; **the matter/the decision is now out of my ~s** ich bin für die Angelegenheit/die Entscheidung nicht mehr zuständig; **take sth. out of sb.'s ~s** *(withdraw sth. from sb.)* jmdm. etw. entziehen *od.* aus der Hand nehmen; *(relieve sb. of sth.)* jmdm. etw. abnehmen; **fall into sb.'s ~s** ⟨*Person, Geld:*⟩ jmdm. in die Hände fallen; ⟨*Verantwortung:*⟩ jmdm. zufallen; **be in good/bad ~s** in guten/schlechten Händen sein; **have [got] sth./sb. on one's ~s** sich um etw./jmdn. kümmern müssen; **he's got such a lot/enough on his ~s at the moment** er hat augenblicklich so viel/genug um die Ohren *(ugs.)*; **suddenly we had a riot on our ~s** plötzlich sahen wir uns mit Ausschreitungen konfrontiert; **have time on one's ~s** [viel] Zeit haben; *(too much)* mit seiner Zeit nichts anzufangen wissen; **they are off our ~s at last** endlich sind wir sie los *(ugs.)*; **have [got] sth./sb. off one's ~s** etw./jmdn. lossein *(ugs.)*; **take sb./sth. off sb.'s ~s** jmdm. jmdn./etw. abnehmen; **change ~s** den Besitzer wechseln; *see also* **a**; **d)** *(disposal)* **have sth. in ~**: etw. zur Verfügung haben; *(not used up)* etw. [übrig] haben; **keep in ~**: in Reserve halten ⟨*Geld*⟩ (*see also* **b**); **have on ~**: dahaben; **be on ~**: dasein; **e)** *(share)* **have a ~ in sth.** bei etw. seine Hände im Spiel haben; **take a ~ [in sth.]** sich [an etw. *(Dat.)*] beteiligen; **take a ~ [at bridge]** [Bridge] mitspielen; *see also* **²bear 1 k**; **f)** *(agency)* Wirken, *das (geh.)*; **the ~ of a thief/artist/craftsman has been at work here** hier war ein Dieb/Künstler/Handwerker am Werk; **the ~ of God** die Hand Gottes; **these two paintings are by the same ~**: diese beiden Gemälde stammen von derselben Hand; **suffer/suffer injustice at the ~s of sb.** unter jmdm./jmds. Ungerechtigkeit zu leiden haben; **die by one's own ~[s]** *(literary)* Hand an sich *(Akk.)* legen *(geh.)*; **g)** *(pledge of marriage)* **ask for** *or* **seek sb.'s ~ [in marriage]** um jmds. Hand bitten *od.* *(geh.)* anhalten; um jmdn. anhalten *(geh.)*; **ask sb. for his daughter's ~**: jmdn. um die Hand seiner Tochter bitten; bei jmdm. um die Hand seiner Tochter anhalten *(geh.)*; **win sb.'s ~**: jmdn. zur Frau *od.* jmds. Hand gewinnen; **h)** *(worker)* Arbeitskraft, *die;* Arbeiter, *der;* *(Naut.: seaman)* Hand, *die (fachspr.)*; Matrose, *der;* **the ship sank with all ~s** das Schiff sank mit der gesamten Mannschaft; **i)** *(person having ability)* **be a good/poor/rotten ~ at [playing] tennis** ein guter/schwacher/miserabler Tennisspieler sein; **I'm no ~ at painting** ich kann nicht malen; *see also* **old 1 b**; **j)** *(source)* Quelle, *die;* **at first/second/third ~**: aus erster/zweiter/dritter Hand; *see also* **firsthand**; **second-hand**; **k)** *(skill)* Geschick, *das;* *(characteristic style)* Handschrift, *die;* **get one's ~ in** wieder in Übung kommen *od.* *(ugs.)* reinkommen; **get one's ~ in at sth.** etw. lernen; **keep one's ~ in [at singing/dancing]** [im Singen/Tanzen] in der Übung bleiben *od.* nicht aus der Übung kommen; *see also* **try 2 b**; **l)** *(style of handwriting)* Handschrift, *die;* Hand, *die (veralt.)*; *(signature)* Unterschrift, *die;* **witness the ~ of J. C.** laut eigener Unterschrift – J. C.; **set one's ~ to sth.** seine Unterschrift unter etw. *(Akk.)* setzen; *see also* **a**; **m)** *(of clock or watch)* Zeiger, *der;* **n)** *(side)* Seite, *die;* **on the right/left ~**: rechts/links; rechter/linker Hand; **on sb.'s right/left ~**: rechts/links von jmdm.; zu jmds. Rechten/Linken; **on either ~**: zu *od.* auf beiden Seiten; **on every ~, on all ~s** von allen Seiten ⟨*umringt sein*⟩; ringsum ⟨*etw. sehen*⟩; von überallher ⟨*eintreffen*⟩; **on the one ~ ..., [but] on the other [~] ...**: einerseits ..., andererseits ...; auf der einen Seite ..., auf der anderen Seite ...; **[but] on the other ~**: aber andererseits *od.* auf der anderen Seite; *see also* **left-hand**; **right-hand**; **o)** *(measurement)* Handbreit, *die;* **p)** *(Cards)* Karte, *die;* *(player)* Mitspieler, *der*/-spielerin, *die;* *(period of play)* Runde, *die;* **have a good/bad ~**: ein gutes/schlechtes Blatt haben; eine gute/schlechte Karte haben; **play a good ~**: gut spielen; *see also* **¹force 2 b**; **play 2 a**; **show 2 a**; **q)** *(coll.: applause)* Beifall, *der;* Applaus, *der;* **give him a big ~, let's have a big ~ for him** viel Applaus *od.* Beifall für ihn! **2.** *v. t.* **a)** *(deliver)* geben; ⟨*Überbringer:*⟩ übergeben ⟨*Sendung, Lieferung*⟩; **~ sth. from one to another** etw. von einem zum anderen weitergeben *od.* -reichen; **~ sth. [a]round [to sb.]** *(offer for distribution)* [jmdm.] etw. anbieten; **~ sth. [a]round** *(pass round, circulate)* etw. herumgeben *od.* -reichen; *(among group)* etw. herumgehen lassen; **you've got to ~ it to them/her** *etc. (fig. coll.)* das muß man ihnen/ihr *usw.* lassen; **b)** *(help)* helfen; **~ sb. out of/into/over sth.** jmdm. aus etw./in etw. *(Akk.)*/über etw. *(Akk.)* helfen

**~ 'back** *v. t. (return)* zurückgeben

**~ 'down** *v. t.* **a)** *(pass on)* überliefern ⟨*Geschichte, Information, Tradition*⟩; weitergeben ⟨*Gegenstand*⟩ **(to an + *Akk.*)**; [weiter]vererben ⟨*Erbstück*⟩ **(to an + *Akk.*)**; **that ring has been ~ed down from your great-great-grandmother** der Ring ist ein Erbstück von deiner Urgroßmutter; **b)** *(Law)* verhängen ⟨*Strafe*⟩ **(to über + *Akk.*)**; fällen ⟨*Entscheidung*⟩; verkünden ⟨*Urteil*⟩; **~ down a fine to sb.** jmdn. mit einer Geldstrafe belegen; **c)** *(give to person below)* hinunter-/herunterreichen

**~ 'in** *v. t.* abgeben ⟨*Klausur, Arbeit, Aufsatz*⟩ **(to, at bei)**; einreichen ⟨*Petition, Bewerbung*⟩ **(to, at bei)**

**~ 'on** *v. t.* weitergeben ⟨*Rundschreiben, Nachricht, Erfahrungen, Information*⟩ **(to an + *Akk.*)**; **at 65 he ~ed the business on to his son** mit 65 hat er das Geschäft seinem Sohn übergeben

**~ 'out** *v. t.* aus-, verteilen **(to an + *Akk.*, among unter + *Dat.*)**; geben ⟨*Ratschläge, Tips, Winke*⟩ **(to an + *Akk.*)**; verteilen ⟨*Komplimente, Lob*⟩ **(to an + *Akk.*)**; *see also* **hand-out**

**~ 'over 1.** *v. t.* **a)** *(deliver)* übergeben **(to *Dat.*)**; freilassen ⟨*Geisel*⟩; **~ over your guns/money!** Waffen/Geld her!; gebt eure Waffen/euer Geld her!; **he ~ed the housekeeping money over to his wife** er händigte seiner Frau das Haushaltsgeld aus; **b)** *(transfer)* übergeben *od.* -reichen **(to *Dat.*)**; *(pass)* herüber- *od.* rübergeben *od.* -reichen **(to *Dat.*)**; *(allow to have)* abgeben. **2.** *v. i.* *(to next speaker/one's successor)* das Wort/die Arbeit übergeben **(to an + *Akk.*)**

**~ 'up** *v. t.* heraufreichen **(to *Dat.*)**

**hand-** *in comb.* **a)** *(operated by hand, held in the hand)* Hand⟨*hammer, -hebel, -gepäck, -werkzeug, -mixer*⟩; **b)** *(done by hand)* hand⟨*gestickt*⟩; mit der Hand *od.* von Hand ⟨*glasiert, verziert, gebacken*⟩

**hand: ~bag** *n.* Handtasche, *die;* **~-baggage** *n.* Handgepäck, *das;* **~bell** *n.* Handglocke, *die;* *(musical instrument)* Glocke, *die;* **~bill** *n.* Handzettel, *der;* **~book** *n.* Handbuch, *das;* *(guidebook)* Führer, *der;* **~-brake** *n.* Handbremse, *die*

**h & c** *abbr.* **hot and cold running water** fl. h. u. k. W.

**hand: ~cart** *n.* Handwagen, *der;* **~clap** *n.* **a)** *(single clap)* In-die-Hände-Klatschen, *das;* **give three ~claps** dreimal in die Hände klatschen; **b)** *(applause)* [Hände]klatschen, *das;* *see also* **slow handclap**; **~clasp** *n.* Händedruck, *der;* **~craft 1.** *n. see* **handicraft a**; **2.** *v. t.* in Handarbeit herstellen; **~cream** *n.* Handcreme, *die;* **~cuff 1.** *n., usu. in pl.* Handschelle, *die;* **2.** *v. t.* in Handschellen *(Akk.)* legen ⟨*Hände*⟩; **~cuff sb.** jmdm. Handschellen anlegen

**handed-'down** *adj.* abgelegt ⟨*Kleidungsstück*⟩; *(to posterity)* überliefert

**hand-'finished** *adj. see* **finish 1 f**: mit der Hand *od.* von Hand geglättet/appretiert/glasiert/poliert/lackiert *usw.*

**handful** ['hændfʊl] *n.* **a)** *(quantity, or fig.: small number)* Handvoll, *die;* **a few ~s of nuts** ein paar Handvoll *od.* ein paar Hände voll Nüsse; **they picked them up by the ~**: sie sammelten ganze Hände voll davon auf; **come out in ~s** *or* **by the ~** ⟨*Haar:*⟩ büschelweise ausgehen; **b)** *(fig. coll.: troublesome person[s] or thing[s])*; **these children are/this dog is a real ~**: die Kinder halten/der Hund hält einen ständig auf Trab *(ugs.)*; **it's quite a ~ looking after the children** mit der Versorgung der Kinder hat man alle Hände voll zu tun; **that car is quite a ~ to steer** das Auto zu lenken ist Schwerarbeit *(ugs.)*

**hand: ~-grenade** *n. (Mil.)* Handgranate, *die;* **~-gun** *n. (Arms)* Faustfeuerwaffe, *die;* **~-held** *adj.* **~-held camera** Handkamera, *die;* **~hold** *n.* Halt, *der;* **provide ~holds/a ~hold for sb.** jmdm. Halt bieten; **use sth. as a ~hold** sich an etw. *(Dat.)* festhalten

**handicap** ['hændɪkæp] **1.** *n.* **a)** *(Sport) (advantage)* Handikap, *das (fachspr.)*; Vorgabe, *die;* *(disadvantage)* **carry a ~** ⟨*Jockey:*⟩ ein Ergänzungsgewicht mitführen; ⟨*Pferd:*⟩ ein Ergänzungsgewicht tragen; **b)** *(race, competition)* Handikaprennen, *das;* Ausgleichsrennen, *das;* **c)** *(fig.: hindrance)* Handikap, *das;* **have a mental/physical ~**: geistig behindert/körperbehindert sein; **be a ~/more of a ~ than a help** hinderlich/eher hinderlich als eine Hilfe sein; **don't let the child become a ~ to you** laß dich durch das Kind nicht zu sehr einschränken. **2.** *v. t.*, **-pp- a)** *(Sport: impose a ~ on)* ein Handikap festlegen für; **b)** *(fig.: put at a disadvantage)* benachteiligen; handikapen *(ugs.)*; *(fig.: obstruct)* ein Hemmnis darstellen für

**handicapped** ['hændɪkæpt] **1.** *adj.* behindert; **mentally/physically ~**: geistig behindert/körperbehindert. **2.** *n. pl.* **the [mentally/physically] ~**: die [geistig/körperlich]

Behinderten; **a home for the ~:** ein Heim für Behinderte; ein Behindertenheim

**handicapper** ['hændɪkæpə(r)] *n. (Sport) (person)* Handikapper, *der*/Handikapperin, *die;* Ausgleicher, *der*/Ausgleicherin, *die*

**handicraft** ['hændɪkrɑ:ft] *n.* **a)** *(craft)* [Kunst]handwerk, *das; (knitting, weaving, needlework)* Handarbeit, *die;* **b)** *no pl. (manual skill)* Handfertigkeit, *die*

**handily** ['hændɪlɪ] *adv.* praktisch; günstig ‹*gelegen*›; deutlich ‹*gewinnen, schlagen*›

**handiness** ['hændɪnɪs] *n., no pl.* **a)** *(convenience)* Vorteil, *der; (nearness)* günstige Lage; **b)** *(adroitness)* Geschicklichkeit, *die*

**handiwork** ['hændɪwɜ:k] *n., no pl., no indef. art.* **a)** *(working)* handwerkliche Arbeit; **he enjoys ~:** er arbeitet gern handwerklich; **a nice piece of ~!** *(fig.)* gute Arbeit!; **b)** *(piece of work)* [Hand]arbeit, *die;* **this painting is the ~ of a master** dieses Bild ist das Werk eines Meisters *od.* ein Meisterwerk; **this ring/newly decorated kitchen is all my own ~:** diesen Ring habe ich selbst gemacht *od. (geh.)* gearbeitet/diese Küche habe ich selbst renoviert; **c)** *(derog.: bad piece of work)* Werk, *das (ugs.);* **whose ~ is this?** wer hat das [denn] verbrochen? *(ugs.)*

**handkerchief** ['hæŋkətʃɪf, 'hæŋkətʃi:f] *n., pl.* **~s** *or* **handkerchieves** ['hæŋkətʃi:vz] Taschentuch, *das*

**handle** ['hændl] **1.** *n.* **a)** *(part held)* [Hand]griff, *der; (of bag etc.)* [Trag]griff, *der; (of knife, chisel)* Heft, *das;* Griff, *der; (of axe, brush, comb, broom, saucepan)* Stiel, *der; (of handbag)* Bügel, *der; (of door)* Klinke, *die; (of bucket, watering-can, cup, jug)* Henkel, *der; (of pump)* Schwengel, *der;* **fly off the ~** *(fig. coll.)* an die Decke gehen *(ugs.);* ausflippen *(salopp);* **b)** *(coll.: title)* Titel, *der;* **have a ~ to one's name** einen Titel haben; **c)** *(fact used against one)* Handhabe, *die;* **d)** *(feel)* Griff, *der;* **have a natural/give a warm ~:** sich natürlich/warm anfühlen. **2.** *v. t.* **a)** *(touch, feel)* anfassen; **'Fragile! H~ with care!'** „Vorsicht! Zerbrechlich!"; **mind how you ~ those glasses** geh bitte vorsichtig mit den Gläsern um; **b)** *(deal with)* umgehen mit ‹*Person, Tier, Situation*›; führen ‹*Verhandlung*›; erledigen ‹*Korrespondenz, Telefonat usw.*›; *(cope with)* fertigwerden *od.* zurechtkommen mit ‹*Person, Tier, Situation*›; **train sb. to ~ dogs** jmdn. zum Hundeführer ausbilden; **c)** *(control)* handhaben ‹*Fahrzeug, Flugzeug*›; **d)** *(treat)* behandeln ‹*Person*›; **e)** *(process, transport)* umschlagen ‹*Fracht*›; **Heathrow ~s x passengers per year** in Heathrow werden pro Jahr x Passagiere abgefertigt; **the railway ~s x tons of coal a week** die Bahn befördert wöchentlich x Tonnen Kohle; **f)** *(discuss)* behandeln ‹*Thema, Ansicht, Frage*›; **g)** *(deal in)* handeln mit. **3.** *v. i.* ‹*Gerät:*› sich handhaben lassen; ‹*Fahrzeug, Boot:*› sich fahren; ‹*Flugzeug:*› sich fliegen

**handlebar** ['hændlbɑ:(r)] *n.* Lenkstange, *die;* Lenker, *der;* **~ moustache** Schnauzbart, *der*

**handler** ['hændlə(r)] *n.* **a)** *(of police-dog)* Hundeführer, *der*/-führerin, *die;* **b)** *(dealer)* **be a ~ of sth.** mit etw. handeln; **a ~ of stolen goods** ein Hehler

**handling** ['hændlɪŋ] *n., no pl.* **a)** *(management)* Handhabung, *die; (of troops, workforce, bargaining, discussion)* Führung, *die; (of situation, class, crowd)* Umgang, *der* **(of** mit); **b)** *(use)* Handhabung, *die; (Motor Veh.)* Fahrverhalten, *das;* Handling, *das;* **what's your car's ~ like?** wie fährt sich dein Auto?; **c)** *(treatment)* Behandlung, *die;* **the child needs firm/considerate ~:** das Kind braucht eine feste Hand/muß rücksichtsvoll behandelt werden; **come in for some rough ~** ‹*Sache:*› schlecht behandelt werden; ‹*Person:*› ganz schön etwas abbekommen *(ugs.);* **d)** *(processing)* Beförderung, *die; (of passengers)* Abfertigung, *die*

**hand: ~list** *n.* Aufstellung, *die;* Liste, *die;* **~ luggage** *n.* Handgepäck, *das;* **~made** *adj.* handgearbeitet; in Handarbeit hergestellt; handgeschöpft ‹*Papier*›; **~maid, ~maiden** *ns.* **a)** *(arch.: female attendant)* Kammerfrau, *die;* [Kammer]zofe, *die;* **b)** *(fig.: subordinate)* Dienerin, *die;* **~-me-down 1.** *n.* **a)** *(garment ~ed down)* abgelegtes *od.* getragenes *od.* gebrauchtes Kleidungsstück **(from** *Gen.*); **I got the hat/ring as a ~-me-down from my aunt** den Hut/Ring habe ich von meiner Tante übernommen *od. (scherzh.)* geerbt; **b)** *(ready-made garment)* [billiges] Kleidungsstück von der Stange; **2.** *adj.* gebraucht; alt; **~-out** *n.* **a)** *(alms)* Almosen, *das;* Gabe, *die;* **b)** *(information)* Handout, *das; (press release)* Presseerklärung, *die;* **~-painted** *adj.* handbemalt ‹*Gegenstand*›; handgemalt ‹*Muster, Bild*›; **~-'picked** *adj.* sorgfältig ausgewählt; handverlesen *(ugs. scherzh.);* **~rail** *n.* Geländer, *das;* Handlauf, *der (Bauw.); (on ship)* Handläufer, *der;* **~set** *n. (Teleph.)* Handapparat, *der;* **~shake** *n.* Händedruck, *der;* Handschlag, *der; see also* **golden handshake**

**handsome** ['hænsəm] *adj.,* **~r** ['hænsəmə(r)], **~st** ['hænsəmɪst] **a)** *(good-looking)* gutaussehend ‹*Mann, Frau*›; schön, edel ‹*Tier, Möbel, Vase usw.*›; **~ is as ~ does** *(prov.)* man soll nicht nach dem Äußeren urteilen; **b)** *(generous)* großzügig ‹*Geschenk, Belohnung, Mitgift*›; nobel ‹*Behandlung, Verhalten, Empfang*›; *(considerable)* stattlich, ansehnlich ‹*Vermögen, Summe, Preis*›; stolz ‹*Preis, Summe*›

**handsomely** ['hænsəmlɪ] *adv.* großzügig; mit großem Vorsprung ‹*gewinnen*›

**hand: ~s-'on** *adj.* praktisch; **~spring** *n.* Handstandüberschlag, *der;* **~stand** *n.* Handstand, *der;* **~-to-~** *adj.* **~-to-~ combat** ein Kampf Mann gegen Mann; **~-to-mouth** *adj.* **a)** *(meagre)* kärglich, kümmerlich ‹*Leben, Dasein*›; **eke out/lead a ~-to-mouth life/existence** von der Hand in den Mund leben; **b)** *(precarious)* Gelegenheits‹*arbeit*›; **operate on a ~-to-mouth basis** von der Hand in den Mund leben *(fig.);* **~-towel** *n.* [Hände]handtuch, *das;* **~work** *n., no pl.* Handarbeit, *die;* **~writing** *n.* [Hand]schrift, *die;* **his style of ~writing** seine [Hand]schrift; **~-'written** *adj.* handgeschrieben; handschriftlich

**handy** ['hændɪ] *adj.* **a)** *(ready to hand)* griffbereit; greifbar; **keep/have sth. ~:** etw. griffbereit *od.* greifbar haben; **there is a ~ socket just by my bed** ich habe direkt am Bett eine Steckdose; **the house is very ~ for the market/town centre** *etc.* von dem Haus aus ist man sehr schnell auf dem Markt/in der Stadt *usw.;* **b)** *(useful)* praktisch; nützlich; **come in ~:** sich als nützlich erweisen; **that'll come in ~!** das kann ich gebrauchen!; **c)** *(adroit)* geschickt; **be ~ about the house** handwerklich geschickt sein; **be [quite/very] ~ with sth.** [ganz gut/sehr gut] mit etw. umgehen können; **he is too ~ with his gun/fists** er greift zu schnell zum Gewehr/ihm sitzen die Fäuste allzu locker

**'handyman** *n.* Handwerker, *der;* **[home]~:** Heimwerker, *der;* **be a ~:** handwerklich geschickt sein

**hang** [hæŋ] **1.** *v. t.,* **hung** [hʌŋ] *(see also* **f**): **a)** *(support from above)* hängen; aufhängen ‹*Gardinen*›; **~ sth. from sth.** etw. an etw. *(Dat.)* aufhängen; **~ sth. on sb.** *(fig. sl.)* jmdm. etw. anhängen *(ugs. abwertend);* **b)** *(place on wall)* aufhängen ‹*Bild, Gemälde, Zeichnung*›; **~ a picture from a nail** ein Bild an *od.* mit einem Nagel aufhängen; **c)** *(paste up)* ankleben ‹*Tapete*›; **~ [the] wallpaper** tapezieren; **d)** *(install)* aufhängen ‹*Glocke*›; einhängen ‹*Tür, Tor*›; **e)** *(Cookery)* abhängen lassen ‹*Fleisch, Wild*›; **be well hung** gut abgehangen sein; **f)** *p. t., p.p.* **hanged** *(execute)* hängen, *(ugs.)* aufhängen **(for** wegen); **~ oneself** sich erhängen *od. (ugs.)* aufhängen; **be ~ed, drawn, and quartered** *(Hist.)* gehängt werden*(, die Eingeweide herausgenommen bekommen)* und gevierteilt werden; **I'll be** *or* **I am ~ed if ...** *(fig.)* der Henker soll mich holen, wenn ...; **[well,] I'm ~ed!** beim *od.* zum Henker! *(derb);* **I'm ~ed if I will** *(said as a retort)* den Teufel werd' ich *(salopp);* **~ it!** zum Henker! *(derb);* **~ the expense!** die Kosten interessieren mich nicht; **g)** *(let droop)* **~ one's head in** *or* **for shame** beschämt den Kopf senken; **h)** *(decorate)* schmücken; **i)** **~ fire** ‹*Schußwaffe:*› mit Verzögerung losgehen; **he won't ~ fire in doing it** *(fig.)* er wird keinen Augenblick zögern, es zu tun. **2.** *v. i.,* **hung a)** *(be supported from above)* hängen; ‹*Kleid usw.*› fallen; **~ from the ceiling** an der Decke hängen; von der Decke [herab]hängen; **~ by a rope** an einem Strick hängen; **~ in folds** ‹*Haut, Segel, Markise, Zelt:*› Falten werfen; **~ loose** lose sein; **~ tough** *(coll.)* hart bleiben; **~ in there!** *(sl.)* halte durch!; **~ by a hair** *(fig.)* an einem seidenen Faden hängen; **he had the threat of prison ~ing over his head** ihm drohte eine Gefängnisstrafe; **time ~s heavily** *or* **heavy** die Zeit wird einem lang; **time ~s heavily** *or* **heavy on sb.** die Zeit wird jmdm. lang; *see also* **balance 1 c; lip a; thereby; thread 1 b; b)** *(be executed)* hängen; **let sth. go ~** *(coll.)* etw. schleifen lassen *(ugs.);* **let things go ~:** alles schleifen lassen *(ugs.);* **let sb. go ~:** jmdn. abschreiben *(ugs.);* **c)** *(droop)* **the dog's ears and tail hung [down]** der Hund ließ die Ohren und den Schwanz hängen; **his head hung** er hielt den Kopf gesenkt; **with his head ~ing** mit gesenktem Kopf. **3.** *n., no pl.* **a)** *(how sth. ~s)* Sitz, *der;* **the ~ of those clothes is perfect** die Kleider sitzen perfekt; **get the ~ of** *(fig. coll.) (get the knack of, understand)* klarkommen mit *(ugs.)* ‹*Gerät, Arbeit*›; *(see the meaning of)* kapieren *(ugs.)* ‹*Sprache, Argument*›; **you'll soon get the ~ of it/doing it** du wirst den Bogen bald raushaben *(ugs.)*/wirst bald raushaben, wie man es macht; **b) I don't give** *or* **care a ~ about that/him** *(coll.)* das/er kümmert mich nicht die Bohne *(ugs.)*

**~ about** *(Brit.),* **~ around 1.** [--'-] *v. i.* **a)** *(loiter about)* herumlungern *(salopp);* **we ~ about** *or* **around there all evening** wir hängen da den ganzen Abend rum *(ugs.);* **b)** *(coll.: wait)* warten; **keep sb. ~ing about** *or* **around** jmdn. warten lassen; **don't ~ about, get a move on!** trödel nicht, beeile dich!; **~ about!** *(sl.)* wart mal!; Sekunde mal! *(ugs.).* **2.** ['---] *v. t.* herumlungern an/in/*usw.* (+ *Dat.*) *(salopp);* **~ about the exit** am Ausgang herumlungern

**~ 'back** *v. i.* **a)** *(be reluctant)* sich zieren; **don't ~ back!** na komm schon!; **b)** *(keep rearward position)* zurückbleiben

**~ on 1.** [-'-] *v. i.* **a)** *(hold fast)* sich festhalten; **~ on to** *(lit.: grasp)* sich festhalten an (+ *Dat.*) ‹*Gegenstand*›; *(fig. coll.: retain)* behalten ‹*Eigentum, Stellung*›; **b)** *(stand firm, survive)* durchhalten; **c)** *(sl.: wait)* warten; **~ on [a minute]!** Moment *od. (ugs.)* Sekunde mal!; **d)** *(coll.: not ring off)* dranbleiben *(ugs.).* **2.** ['--] *v. t.* **~ on sth.** *(fig.)* von etw. abhängen; **~ on sb.'s words** jmdm. gespannt zuhören

**~ 'out 1.** *v. t.* **a)** *(suspend)* aufhängen ‹*Wäsche*›; **b)** *(cause to protrude)* heraushängen lassen ‹*Zunge, Tentakel*›. **2.** *v. i.* **a)** *(protrude)* heraushängen; **the dog's tongue hung out** dem Hund hing die Zunge heraus; **let it all ~ out** *(fig. sl.)* die Sau rauslassen *(ugs.);* **just let it all ~ out!** mach einfach das, wozu du lustig bist! *(ugs.);* **b)** *(sl.) (reside)* wohnen; seine Bude haben *(ugs.); (be often pres-*

*ent)* sich herumtreiben *(ugs.)*; rumhängen *(ugs.)*
~ **to'gether** *v. i.* **a)** *(be coherent)* ‹*Handlung:*› stimmig sein; ‹*Teile eines Ganzen:*› sich zusammenfügen; ‹*Aussagen:*› zusammenstimmen; **b)** *(be or remain associated)* zusammenhalten
~ **'up 1.** *v. t.* **a)** *(suspend)* aufhängen; ~ **up sth. on a hook** etw. an einen Haken hängen *od.* an einem Haken aufhängen; **b)** *(fig.: put aside)* an den Nagel hängen *(ugs.)*; **c)** *(postpone)* aufschieben, vertagen ‹*Entscheidung*›; *(indefinitely)* auf die lange Bank schieben; **d)** *(cause delay to)* aufhalten ‹*Person*›; **the negotiations were hung up for a week** die Verhandlungen kamen für eine Woche zum Stillstand; **e)** *(sl.: cause inhibition to)* **be hung up about sth.** ein gestörtes Verhältnis zu etw. haben. *See also* **hang-up. 2.** *v. i. (Teleph.)* einhängen; auflegen; ~ **up on sb.** einfach einhängen *od.* auflegen
**hangar** ['hæŋə(r), 'hæŋgə(r)] *n.* Hangar, *der;* Flugzeughalle, *die*
**'hangdog** *adj.* zerknirscht
**hanger** ['hæŋə(r)] *n.* **a)** *(for clothes)* Bügel, *der;* **b)** *(loop on clothes etc.)* Aufhänger, *der*
**hanger-'on** *n.* **there are many hangers-on in every political party** in jeder politischen Partei gibt es viele, denen es nur um den persönlichen Vorteil geht; **the rock group with its usual [crowd of] hangers-on** die Rockgruppe mit ihrem üblichen Anhang
**hang: ~-glider** *n.* Hängegleiter, *der;* Drachen, *der;* **~-glider pilot** Drachenflieger, *der/*-fliegerin, *die;* **~-gliding** *n.* Drachenfliegen, *das*
**hanging** ['hæŋɪŋ] **1.** *n.* **a)** *see* **hang 1:** [Auf]hängen, *das;* Ankleben, *das;* Einhängen, *das;* Abhängen, *das;* **b)** *(execution)* Hinrichtung [durch den Strang]; ~ **is too good for sb.** der Strang wäre noch eine zu milde Strafe [für jmdn.]; **this is a ~ matter** *or* **crime** darauf steht der Tod durch Erhängen; **it's/that's not a** *or* **no ~ matter** *(fig.)* das ist doch kein Beinbruch! *(ugs.)*; **c)** *in pl. (drapery)* Behang, *der.* **2.** *adj.* ~ **basket/staircase/balcony** Hängekorb, *der*/freitragende Treppe/vorstehender Balkon
**hanging: ~ 'gardens** *n. pl.* hängende Gärten; ~ **judge** *n. Richter, der schnell mit der Todesstrafe bei der Hand ist;* ~ **'paragraph** *n. (Printing) Absatz mit ausgerückter erster Zeile;* ~ **'valley** *n. (Geog.)* Hängetal, *das;* ~ **'wardrobe** *n.* Kleiderschrank, *der*
**hang: ~man** ['hæŋmən] *n., pl.* **~men** ['hæŋmən] Henker, *der;* **~over** *n.* **a)** *(aftereffects)* Kater, *der (ugs.)*; **b)** *(remainder)* Relikt, *das;* **~-up** *n. (sl.)* **a)** *(difficulty)* Problem, *das;* **we have no ~-ups about morals** die Moral ist bei uns kein Thema; **b)** *(inhibition)* Macke, *die (ugs.)*; **have a ~-up about sth.** ein gestörtes Verhältnis zu etw. haben; **c)** *(fixation)* Komplex, *der* **(about** wegen); **he has a ~-up about his mother** er hat einen Mutterkomplex
**hank** [hæŋk] *n.* Strang, *der*
**hanker** ['hæŋkə(r)] *v. i.* ~ **after** *or* **for** ein [heftiges] Verlangen haben nach ‹*Person, etwas Neuem, Zigarette*›; sich *(Dat.)* sehnlichst wünschen ‹*Gelegenheit*›
**hankering** ['hæŋkərɪŋ] *n. (craving)* Verlangen, *das* **(after, for** nach); *(longing)* Sehnsucht, *die* **(after, for** nach)
**hanky** ['hæŋkɪ] *n. (coll.)* Taschentuch, *das*
**hanky-panky** [hæŋkɪ'pæŋkɪ] *n., no pl., no indef. art. (sl.)* **a)** *(underhand dealing)* Mauschelei, *die (abwertend)*; **there's been some ~/there was some ~ going on** es ist gemauschelt worden *(ugs. abwertend)*; **b)** *(love affair)* Techtelmechtel, *das;* **be involved in some ~ with sb.** ein Techtelmechtel mit jmdm. haben; **c)** *(illicit sexual activity)* Knutscherei, *die (ugs.)*; Gefummel, *das (ugs. abwertend)*; **there was some ~ going on** es wurde geknutscht *od.* gefummelt *(ugs.)*

**Hanover** ['hænəʊvə(r)] *pr. n.* Hannover *(das);* **the House of ~** *(Hist.)* das Haus Hannover
**Hanoverian** [hænə'vɪərɪən] **1.** *n. (Hist.)* Hannoveraner, *der*/Hannoveranerin, *die;* **be a ~:** aus dem Haus Hannover sein. **2.** *adj.* hannoversch
**Hansard** ['hænsɑːd] *n.* Hansard, *der; die britischen Parlamentsberichte*
**Hanse** [hæns] *n. (Hist.)* Hanse, *die*
**Hanseatic** [hænsɪ'ætɪk] *adj. (Hist.)* hansisch; **~ town** Hansestadt, *die;* **the ~ League** der Hansebund
**hansom [cab]** ['hænsəm (kæb)] *n. (Hist.)* Hansom, *der*
**Hants** *abbr.* **Hampshire**
**haphazard** [hæp'hæzəd] **1.** *adj.* willkürlich ‹*Auswahl*›; unbedacht ‹*Bemerkung*›; **arranged in a ~ fashion** willkürlich *od.* wahllos angeordnet; **the whole thing was rather ~:** das Ganze geschah ziemlich planlos. **2.** *adv. (at random)* willkürlich; wahllos
**haphazardly** [hæp'hæzədlɪ] *adv.* willkürlich; wahllos; **~ planned** planlos
**hapless** ['hæplɪs] *adj.* unglückselig
**ha'p'orth** ['heɪpəθ] *see* **halfpennyworth**
**happen** ['hæpn] *v. i.* **a)** *(occur)* geschehen; ‹*Vorhergesagtes:*› eintreffen; **these things [do] ~:** das kommt vor; **it was the only thing that 'could ~:** es konnte [gar] nicht anders kommen; **what's ~ing?** was ist los?; **what's ~ing this evening?** was ist für heute abend geplant?; **I can't** *or* **don't see 'that ~ing** das kann ich mir nicht vorstellen; **it all ~ed like this ...:** das war so ...; **nothing ever ~s here** hier ist nichts los; **don't let it ~ again!** daß mir das nicht wieder vorkommt!; **that's what ~s!** das kommt davon!; **~ to sb.** jmdm. passieren; **what has ~ed to him/her arm?** was ist mit ihm/ihrem Arm?; **what can have ~ed to him?** was mag mit ihm los sein?; **it all ~ed so quickly that ...:** es ging alles so schnell, daß ...; **it's all ~ing** *(sl.)* es ist was los *(ugs.)*; **it's all ~ing for him** *(sl.)* es läuft gut bei ihm *(ugs.)*; **b)** *(chance)* **~ to do sth./be sb.** zufällig etw. tun/jmd. sein; **it so ~s** *or* **as it ~s I have ...:** zufällig habe ich *od.* ich habe zufällig ...; **how does it ~ that ...?** wie kommt es, daß ...?; **do you ~ to know him?** kennen Sie ihn zufällig?
~ **'by** *v. i.* zufällig vorbeikommen
~ **[up]on** *v. t.* zufällig treffen ‹*Person*›; zufällig finden ‹*Arbeit, Gegenstand*›
**happening** ['hæpnɪŋ] *n.* **a)** *usu. in pl. (event)* Ereignis, *das;* **a regrettable ~:** ein bedauerlicher Vorfall; **such ~s cannot be tolerated** solche Vorfälle können nicht toleriert werden; **b)** *(improvised performance)* Happening, *das*
**happenstance** ['hæpnstæns, 'hæpnstɑːns] *n. (Amer.)* Zufall, *der*
**happily** ['hæpɪlɪ] *adv.* **a)** glücklich ‹*lächeln*›; fröhlich, vergnügt ‹*spielen, lachen*›; gut ‹*zurechtkommen*›; **they lived ~ ever after[wards]** *(at end of fairy-tale)* sie lebten fortan glücklich und zufrieden[, und wenn sie nicht gestorben sind, dann leben sie noch heute]; **b)** *(gladly)* mit Vergnügen; **c)** *(aptly)* gut; treffend, passend ‹*ausdrücken, formulieren*›; **d)** *(fortunately)* glücklicherweise; zum Glück; **it ended ~:** es ging gut aus
**happiness** ['hæpɪnɪs] *n., no pl. see* **happy a:** Glück, *das;* Heiterkeit, *die;* Zufriedenheit, *die;* **I wish you every ~:** [ich wünsche Ihnen] alles Gute
**happy** ['hæpɪ] *adj.* **a)** *(joyful)* glücklich; heiter ‹*Bild, Veranlagung, Ton*›; *(contented)* zufrieden; *(causing joy)* erfreulich ‹*Gedanke, Erinnerung, Szene*›; froh ‹*Ereignis*›; glücklich ‹*Zeiten*›; **I'm not ~ with her work** ich bin mit ihrer Arbeit nicht zufrieden; **not be ~ about sth./doing sth.** nicht froh über etw. *(Akk.)* sein/etw. nicht gern tun; **are you ~?** *(not needing help)* kommen Sie allein zurecht?; **~ birthday!** herzlichen Glückwunsch zum Geburtstag!; **~ anniversary!** herzlichen Glückwunsch! *(zum Jahrestag)*; **~ Christmas!** frohe Weihnachten!; **~ New Year!** ein glückliches neues Jahr!; **~ days/landings!** *(dated coll.)* viel Glück!; **~ event** *(euphem.: birth)* freudiges Ereignis *(verhüll.)*; **[strike] a ~ medium** den goldenen Mittelweg [wählen]; **~ release** *(death)* Erlösung, *die; see also* **day a; 'lark; return 3 a; sandboy; b)** *(glad)* **be ~ to do sth.** etw. gern *od.* mit Vergnügen tun; **[I'm] ~ to meet you** [es] freut mich, Sie kennenzulernen; **I'm ~ for you** das freut mich für dich; **make sb. ~:** jmdn. zufriedenstellen; **yes, I'd be ~ to** *(as reply to request)* ja, gern *od.* mit Vergnügen; **I'd be only too ~ to do that** ich würde das nur zu gern tun; **c)** *(lucky)* glücklich; **by a ~ chance/accident/coincidence** durch einen glücklichen Zufall; **d)** *(apt)* glücklich ‹*Einfall*›; gut ‹*Wahl, Methode*›; **e)** *in comb. (quick to use sth.)* **bomb-~:** mit Bomben schnell bei der Hand *nur präd.;* **gun-~** schießwütig *(ugs.)*; *see also* **slap-happy; trigger-happy**
**happy: ~ 'ending** *n.* Happy-End, *das;* ~ **'families** *n. sing. (Cards)* Quartett, *das;* **~-go-'lucky** *adj.* sorglos; unbekümmert; ~ **hour** *n. Zeitspanne am frühen Abend, in der die Getränke in einer Bar o. ä. billiger verkauft werden;* ~ **'hunting-ground[s]** *n. [pl.]* **a)** *(N. Amer. Ind. Mythol.)* **the ~ hunting-grounds** die ewigen Jagdgründe; **b)** *(fig.)* Eldorado, *das*
**hara-kiri** [hærə'kɪrɪ] *n.* Harakiri, *das*
**harangue** [hə'ræŋ] **1.** *n.* Tirade, *die (abwertend).* **2.** *v. t.* eine Ansprache halten an (+ *Akk.*); **stop haranguing me about how ...:** hör auf, mir ständig zu predigen *(ugs.)*, wie ...
**harass** ['hærəs] *v. t.* schikanieren; **constantly ~ the enemy** den Feind nicht zur Ruhe kommen lassen; **~ sb. with complaints** jmdn. mit [ständigen] Beschwerden belästigen; **~ sb. into doing sth.** jmdm. so sehr zusetzen, daß er etw. tut
**harassed** ['hærəst] *adj.* geplagt **(with** von); gequält ‹*Blick, Ausdruck*›
**harassment** ['hærəsmənt] *n.* Schikanierung, *die;* **constant ~ of/by the enemy** ständiger Kleinkrieg mit dem Feind; **sexual ~:** [sexuelle] Belästigung
**harbinger** ['hɑːbɪndʒə(r)] *n.* Vorbote, *der*/Vorbotin, *die*
**harbour** *(Brit.; Amer.:* **harbor)** ['hɑːbə(r)] **1.** *n.* **a)** *(for ships)* Hafen, *der;* **in ~:** im Hafen; **b)** *(shelter)* Unterschlupf, *der.* **2.** *v. t.* beherbergen; Unterschlupf gewähren (+ *Dat.*) ‹*Verbrecher, Flüchtling*›; *(fig.)* hegen *(geh.)* ‹*Hoffnung, Groll, Verdacht*›
**'harbour-master** *n.* Hafenmeister, *der*
**hard** [hɑːd] **1.** *adj.* **a)** hart; fest ‹*Gelee, Eiskrem, Preis*›; stark, heftig ‹*Regen*›; hart, streng ‹*Frost*›; gesichert ‹*Beweis, Zahlen, Daten, Information*›; **~ water area** Gebiet mit hartem Wasser; **drive a ~ bargain** hart verhandeln; **a drop of the ~ stuff** *(coll.)* etw. Hochprozentiges; **the ~ fact is that ...:** es ist einfach eine Tatsache, daß ...; **~ facts** nackte *od.* unumstößliche Tatsachen; *see also* **cheese c; iron 1 a; liquor a; nail 1 b; nut a; b)** *(difficult)* schwer; schwierig; **this is ~ to believe** das ist kaum zu glauben; es fällt schwer, das zu glauben; **it is ~ to do sth.** es ist schwer, etw. zu tun; **he's ~ to get on with** mit ihm ist schwer auszukommen; **this is a [very] ~ thing [for me] to say** es fällt mir [sehr] schwer, das zu sagen; **make it ~ for sb. [to do sth.]** es jmdm. schwermachen[, etw. zu tun]; **make sth. ~ for sb.** jmdm. etw. schwermachen; **[choose to] go about/do sth. the ~ way** es sich *(Dat.)* bei etw. unnötig schwermachen; **learn sth. the ~ way** etw. durch schlechte Erfahrungen lernen; **be [a] ~ [person] to please/prove wrong/catch out** schwer zufriedenzustellen/zu widerlegen/zu über-

führen sein; be ~ to convince [of sth.] schwer [von etw.] zu überzeugen sein; be ~ to understand schwer zu verstehen sein; have a ~ row to hoe (fig. dated) es nicht leicht haben; be ~ of hearing schwerhörig sein; be ~ going ⟨Buch:⟩ sich schwer lesen; ⟨Arbeit:⟩ anstrengend sein; play ~ to get (coll.) so tun, als sei man nicht interessiert; have a ~ time doing sth. Schwierigkeiten haben, etw. zu tun; give sb. a ~ time jmdm. das Leben schwermachen; it's a ~ life (joc.) das Leben ist schwer; c) (involving suffering) hart, anstrengend, beschwerlich ⟨Marsch⟩; it is [a bit] ~ on him es ist [schon] schlimm für ihn; ~ luck (coll.) Pech; see also [1]line 1 a; d) (strenuous) hart; beschwerlich ⟨Reise⟩; konzentriert ⟨Gespräch, Diskussion⟩; leidenschaftlich ⟨Spieler⟩; be a ~ drinker viel trinken; this is really ~ work! (coll.) das ist wirklich nicht leicht; go in [too much] for ~ drinking/gambling zu viel trinken/spielen; be a ~ worker/campaigner sehr viel arbeiten/sich im Wahlkampf voll einsetzen; try one's ~est to do sth. sich nach Kräften bemühen, etw. zu tun; I worked my very ~est ich arbeitete, so hart ich konnte; e) (vigorous) heftig ⟨Angriff, Schlag⟩; kräftig ⟨Schlag, Stoß, Tritt, Klaps⟩; (severe) streng ⟨Winter⟩; (strong) hart, hochprozentig ⟨alkoholisches Getränk⟩; f) (unfeeling) hart; streng ⟨Kritiker⟩; be ~ [up]on sb. streng mit jmdm. sein; take a ~ line [with sb. on sth.] [in bezug auf etw. (Akk.)] eine harte Linie [gegenüber jmdm.] vertreten; see also nail 1 b; g) (harsh) hart; be ~ on sb./sth. jmdn./etw. strapazieren; h) (Phonet.) hart. 2. adv. a) (strenuously) hart ⟨arbeiten, trainieren⟩; schnell ⟨laufen⟩; fleißig ⟨lernen, studieren, üben⟩; genau ⟨überlegen, beobachten, ansehen⟩; scharf ⟨nachdenken⟩; gut ⟨aufpassen, zuhören, sich festhalten⟩; fest ⟨kleben⟩; he drinks ~: er ist ein starker Trinker; concentrate ~/~er sich sehr/mehr konzentrieren; try ~: sich sehr bemühen; work ~ and play ~: intensiv arbeiten und leben; be ~ at work on sth. an etw. (Dat.) intensiv od. konzentriert arbeiten; go ~ at it sich richtig hineinknien (ugs.); be ~ 'at it schwer arbeiten; we found him already ~ 'at it wir fanden ihn schon mitten in der Arbeit; it's freezing ~ outside es friert Stein und Bein draußen (ugs.); b) (vigorously) heftig; herzhaft ⟨küssen⟩; laut ⟨rufen⟩; fest ⟨schlagen, drücken, klopfen⟩; c) (severely, drastically) hart; streng ⟨zensieren⟩; come down ~ on sb. jmdn. zusammenstauchen (ugs.); cut back or down ~ on sth. etw. drastisch einschränken; he took the news very ~: die Nachricht traf ihn hart od. sehr; be ~ up knapp bei Kasse sein (ugs.); be ~ up for sth. um etw. verlegen sein; d) (with difficulty) it goes ~ with sb. jmd. bekommt Schwierigkeiten; be ~ put to it [to do sth.] große Schwierigkeiten haben[, etw. zu tun]; e) hart ⟨kochen⟩; fest ⟨gefrieren [lassen]⟩; bake ~: abbacken; set ~: fest werden; f) (close) darkness/trouble is ~ at hand es wird gleich dunkel/gibt gleich Ärger; follow ~ upon sth. unmittelbar auf etw. (Akk.) folgen; ~ by in nächster Nähe; ~ by sth. nahe an etw. (Dat.); see also [1]heel 1 a; trail 1 b; g) (Naut.) hart; ~ a-port! hart backbord!

**hard:** ~ and 'fast see [2]fast 1 a; ~back (Printing) 1. n. gebundene Ausgabe; Hardcover-Ausgabe, die; attrib. Hard-cover ⟨-Verlag, -Verkäufe⟩; in ~back gebunden; mit festem Einband; 2. adj. gebunden; Hard-cover-; ~backed ['hɑ:dbækt] adj. see ~back 2; ~bitten adj. hartgesotten; abgebrüht (ugs.) ⟨Veteran, Journalist, Karrieremacher⟩; ~board n. Hartfaserplatte, die; attrib. Hartfaser⟨trennwand, -unterlage⟩; ~-boiled adj. a) (boiled solid) hartgekocht; b) (fig.) (shrewd) ausgekocht (ugs.); (realistic, unsentimental) realistisch; (tough) hartgesotten; ~ 'case n. (intractable person) ausgebuffter Typ (ugs.); (criminal) Gangster, der; ~ 'cash n. a) (coins) Hartgeld, das; b) (actual money) Bargeld, das; in ~ cash in bar ⟨bezahlen⟩; ~ 'coal n. Anthrazit, der; ≈ Steinkohle, die; ~ 'copy n. (Computing) Hardcopy, die; Papierausdruck, der; ~ 'core n. a) (nucleus) harter Kern; (of a problem) Kern, der; b) (Brit.: material) Packlage, die (Bauw.); ~-core attrib. adj. hart ⟨Pornographie⟩; zum harten Kern gehörend ⟨Terrorist⟩; ~ 'court n. (Tennis) Hartplatz, der; ~ 'cover n. Hardcover-Einband, der; attrib. Hard-cover ⟨-Ausgabe⟩; in ~ covers als Hard cover ⟨herauskommen⟩; ~ 'currency n. (Econ.) harte Währung; attrib. ⟨Markt, Land⟩ mit harter Währung; ~-currency shop Geschäft, in dem nur harte Währungen angenommen werden; ~ 'disc see disc c; ~-drinking attrib. adj. ⟨Mann/Frau,⟩ der/die viel [Alkohol] trinkt; ~ drug n. harte Droge; ~-earned adj. schwer verdient

**harden** ['hɑ:dn] 1. v. t. a) (make hard) härten; b) (fig.: reinforce) bestärken (in in + Dat.); ~ sb.'s attitude/conviction jmdn. in seiner Haltung/Überzeugung bestärken; c) (make robust) abhärten (to gegen); d) (make tough) unempfindlich machen (to gegen); ~ sb./oneself to sth. jmdn./sich gegenüber etw. hart machen; ~ sb. to killing jmdn. an das Töten gewöhnen; he ~ed his heart against her er verhärtete sich gegen sie. 2. v. i. a) (become hard) hart werden; härten; b) (become confirmed) sich verhärten; c) ⟨Preis:⟩ sich festigen; d) (become severe) ⟨Gesicht:⟩ einen harten Ausdruck annehmen; ⟨Gesichtsausdruck:⟩ hart werden; his face ~ed into anger sein Gesicht verhärtete sich zornig

~ 'off v. t. widerstandsfähig machen ⟨Pflanze⟩

**hardened** ['hɑ:dnd] adj. a) verhärtet ⟨Arterie⟩; b) (grown tough) abgehärtet, unempfindlich (to, against gegen); hartgesotten ⟨Verbrecher, Sünder, Krieger⟩; be ~ to sth. gegen etw. unempfindlich sein; become or get ~ to sth. gegen etw. unempfindlich werden; a ~ drinker jemand, der viel verträgt; c) (seasoned) eingefleischt

**hardener** ['hɑ:dnə(r)] n. Härter, der

**hardening** ['hɑ:dnɪŋ] n. a) (of steel) Härten, das; (of arteries) Verhärtung, die; b) (making callous) Verhärtung, die

**hard:** ~-featured adj. ⟨Person⟩ mit harten Gesichtszügen; hart ⟨Gesicht⟩; ~ 'feeling[s] n. [pl.] (coll.) no ~ feelings schon gut; make sure there are no ~ feelings dafür sorgen, daß er/sie/usw. nicht mehr böse ist; with no ~ feelings on either side ohne daß es einer dem anderen nachtrug; ~-fought adj. heftig ⟨Kampf⟩; hart ⟨Spiel, Wettbewerb⟩; ~ 'hat n. a) (Brit.: bowler hat) Bowler, der; b) (protective headgear) Schutzhelm, der; ~-headed adj. sachlich; nüchtern; be ~-headed about what one wants genau wissen, was man will; ~-hearted [hɑ:d'hɑ:tɪd] adj. hartherzig (towards gegenüber); ~-'hitting adj. schlagkräftig; (fig.) aggressiv ⟨Rede, Politik, Kritik⟩

**hardiness** ['hɑ:dɪnɪs] n., no pl. Widerstandsfähigkeit, die

**hard:** ~ 'labour n. Zwangsarbeit, die; ~ 'landing n. (Astronaut.) harte Landung; ~-line adj. kompromißlos; ~-'liner n. Befürworter einer harten Linie (on gegenüber); ~-'luck story n. Leidensgeschichte, die

**hardly** ['hɑ:dlɪ] adv. kaum; he can ~ have arrived yet er kann kaum jetzt schon angekommen sein; ~ anyone or anybody/anything kaum jemand/etwas; fast niemand/nichts; ~ any wine/beds kaum Wein/Betten; fast kein Wein/keine Betten; ~ ever so gut wie nie; ~ at all fast überhaupt nicht

**hard 'money** n. (Amer.) Hartgeld, das

**hardness** ['hɑ:dnɪs] n., no pl. Härte, die; (of blow) Heftigkeit, die; (of person) Strenge, die; ~ of hearing Schwerhörigkeit, die

**hard:** ~ 'news n. sing. gesicherte Fakten; ~-nose[d] ['hɑ:dnəʊz(d)] adj. (coll.) abgebrüht; ~-on n. (sl.) Ständer, der (ugs.); ~ 'palate n. (Anat.) harter Gaumen; ~ 'pressed adj. hart bedrängt; be ~ pressed große Schwierigkeiten haben; ~ 'rock n. (Mus.) Hard Rock, der; ~-scrabble (Amer.) 1. n. karger Boden; 2. adj. ertragsarm ⟨Bauernhof⟩; karg ⟨Boden, Feld, Acker⟩; ~ sell n. aggressive Verkaufsmethoden; attrib. aggressiv ⟨Werbung, [Verkaufs]methode⟩

**hardship** ['hɑ:dʃɪp] n. a) no pl., no indef. art. Not, die; Elend, das; life of ~: entbehrungsreiches od. hartes Leben; b) (instance) Notlage, die; ~s Not, die; Entbehrungen; if it's not too much of a ~ for you wenn es nicht zuviel verlangt ist; c) (sth. causing suffering) Unannehmlichkeit, die

**hard:** ~ 'shoulder n. Standspur, die; ~ 'standing n. befestigter Abstellplatz; ~ 'tack n. Schiffszwieback, der; it'll be ~ tack from now on (fig.) von jetzt an gibt es nur noch trocken Brot (fig.); ~-top n. Hardtop, das; ~ware n., no pl., no indef. art. a) (goods) Eisenwaren Pl.; (for domestic use also) Haushaltswaren Pl.; attrib. Eisen-/Haushaltswaren⟨geschäft⟩; b) (sl.: weapons) Schießeisen (ugs.); military ~ware Waffen Pl.; c) (Computing) Hardware, die; ~-wearing adj. strapazierfähig; ~ 'wheat n. Hartweizen, der; ~-wired adj. (Computing) festverdrahtet; ~-won adj. schwer errungen od. erkämpft ⟨Sieg⟩; mühsam gewonnen ⟨Schlacht⟩; schwer erarbeitet ⟨Reichtum⟩; ~wood n. Hartholz, das; attrib. Hartholz⟨möbel, -fußboden, -baum⟩; ~ 'words n. pl. a) (difficult to understand) schwierige Wörter; b) (angry) harte Worte; ~-working adj. fleißig ⟨Person⟩

**hardy** ['hɑ:dɪ] adj. a) (robust) abgehärtet; zäh, robust ⟨Rasse⟩; b) (Hort.) winterhart; c) (bold) unerschrocken

**hardy:** ~ 'annual n. a) (Hort.) winterharte einjährige Pflanze; b) (fig. joc.) nicht totzukriegendes Thema (scherzh.); ~ per'ennial n. a) (Hort.) winterharte mehrjährige Pflanze; b) (fig. joc.) Dauerbrenner, der (ugs.)

**hare** [heə(r)] 1. n. Hase, der; run like a ~: wie ein geölter Blitz laufen (ugs.); [as] mad as a March ~ (fig.) völlig verrückt (ugs.); run with the ~ and hunt with the hounds (fig.) auf beiden Schultern od. Achseln Wasser tragen (veralt.). 2. v. i. sausen (ugs.); go haring about herumsausen (ugs.)

**hare:** ~ and 'hounds n. sing. Schnitzeljagd, die; ~bell n. (Bot.) a) (Scottish bluebell) Rundblättrige Glockenblume; b) (English bluebell) Hasenglöckchen, das; ~-brained adj. unüberlegt; ~'lip n. Hasenscharte, die

**harem** ['hɑ:ri:m, hɑ:'ri:m] n. Harem, der

**haricot** ['hærɪkəʊ] n. a) (Cookery) Ragout, das; ~ of veal Kalbsragout, das; b) see haricot bean

**haricot bean** n. Gartenbohne, die; (pod also) grüne Bohne; (seed also) weiße Bohne

**hark** [hɑ:k] v. i. a) (arch.: listen) ~ [to sb.] hören [auf jmdn.]; ~! horch!/horcht!; b) (coll.) just ~ at him! hör ihn dir/hört ihn euch nur an!

~ 'back v. i. ~ back to (come back to) zurückkommen auf (+ Akk.); zurückgreifen auf (+ Akk.) ⟨Tradition⟩; wieder anfangen von ⟨alten Zeiten⟩; (go back to) ⟨Idee, Brauch:⟩ zurückgehen auf (+ Akk.)

**Harlequin** ['hɑ:lɪkwɪn] n. Harlekin, der

**harlot** ['hɑ:lət] (arch./derog.) n. Metze, die (veralt.)

**harlotry** ['hɑ:lətrɪ] *n. (arch./derog.)* Prostitution, *die*

**harm** [hɑ:m] **1.** *n.* Schaden, *der;* **do ~:** Schaden anrichten; **do ~ to sb., do sb. ~:** jmdm. schaden; *(injure)* jmdn. verletzen; **the blow didn't do him any ~:** der Schlag war harmlos; **the dog won't do you any ~:** der Hund tut dir nichts; **it will do you no** *or* **won't do you any ~** *(iron.)* es würde dir nichts schaden; **do ~ to sth.** einer Sache *(Dat.)* schaden; **sb./sth. comes to no ~:** jmdm./einer Sache passiert nichts; **there is no ~ done** nichts ist passiert; **there's no ~ in doing sth., it will do no ~ to do sth.** *(could be of benefit)* es kann nicht schaden, etw. zu tun; **there's no ~ in asking** Fragen kostet nichts; **it will do more ~ than good** es wird mehr schaden als nützen; **where's** *or* **what's the ~ in it?** was ist denn schon dabei?; **see no ~ in it/sth./doing sth.** nichts dabei/bei etw. finden/dabei finden, etw. zu tun; **let's hope no ~ will come of it** wir wollen hoffen, daß es sich nicht negativ auswirkt; **stay here, out of ~'s way** bleib hier, wo dir nichts passieren kann; **keep out of ~'s way** der Gefahr fernbleiben; an einem sicheren Ort aufbewahren ‹*Medikamente*›; von der Gefahr fernhalten ‹*Person*›; **get sb. out of ~'s way** jmdn. in Sicherheit bringen; *see also* **intend a; ³mean a. 2.** *v.t.* etwas [zuleide] tun (+ *Dat.*); schaden (+ *Dat.*) ‹*Beziehungen, Land, Karriere, Ruf*›

**harmful** ['hɑ:mfl] *adj.* schädlich **(to** für); schlecht ‹*Angewohnheit*›

**harmfulness** ['hɑ:mflnɪs] *n., no pl.* Schädlichkeit, *die*

**harmless** ['hɑ:mlɪs] *adj.* harmlos; **make** *or* **render ~:** unschädlich machen; entschärfen ‹*Bombe*›

**harmlessly** ['hɑ:mlɪslɪ] *adv.* ohne Schaden anzurichten

**harmlessness** ['hɑ:mlɪsnɪs] *n., no pl.* Harmlosigkeit, *die*

**harmonic** [hɑ:'mɒnɪk] **1.** *adj. (also Mus., Math.)* harmonisch. **2.** *n.* **a)** *(Mus.)* Oberton, *der;* **b)** *(component frequency)* Harmonische, *die (Physik);* **upper ~s** harmonische Oberschwingungen *(Physik)*

**harmonica** [hɑ:'mɒnɪkə] *n. (Mus.)* Mundharmonika, *die*

**harmonious** [hɑ:'məʊnɪəs] *adj.,* **harmoniously** [hɑ:'məʊnɪəslɪ] *adv.* harmonisch

**harmonise** *see* **harmonize**

**harmonium** [hɑ:'məʊnɪəm] *n. (Mus.)* Harmonium, *das*

**harmonize** ['hɑ:mənaɪz] **1.** *v.t.* **a)** *(bring into harmony)* aufeinander abstimmen; **~ sth. with sth.** etw. mit etw. in Einklang bringen *od.* auf etw. *(Akk.)* abstimmen; **b)** *(Mus.)* harmonisieren. **2.** *v.i. (be in harmony)* harmonieren **(with** mit); ‹*Interessen, Ansichten, Wort und Tat:*› miteinander im *od.* in Einklang stehen; **~ well together** ‹*Farben, Klänge:*› gut harmonieren

**harmony** ['hɑ:mənɪ] *n.* **a)** Harmonie, *die;* **live in perfect ~:** völlig harmonisch *od.* in vollkommener Harmonie zusammenleben; **peace and ~:** Friede und Eintracht; **be in ~** *see* **harmonize 2; be in ~ with sth.** mit etw. im *od.* in Einklang stehen; **be out of ~ with sth.** mit etw. nicht im *od.* in Einklang stehen; **b)** *(Mus.)* Harmonie, *die; (theory of ~)* Harmonielehre, *die;* **sing in ~:** mehrstimmig singen; *see also* **sphere c**

**harness** ['hɑ:nɪs] **1.** *n.* **a)** Geschirr, *das;* **b)** *(on parachute)* Gurtzeug, *das; (for toddler, dog)* Laufgeschirr, *das; (for window-cleaner, steeplejack, etc.)* Sicherheitsgürtel, *der;* **in ~** *(fig.) (in the daily routine)* in der Tretmühle *(ugs. abwertend); (together)* gemeinsam; **die in ~:** in den Sielen sterben; **out of ~** *(fig.)* außer Dienst; *see also* **double harness. 2.** *v.t.* **a)** *(put ~ on)* anschirren; **~ a horse to a cart** ein Pferd vor einen Wagen spannen; **b)** *(fig.)* nutzen

**'harness-racing** Trabrennen, *das*

**harp** [hɑ:p] **1.** *n.* Harfe, *die.* **2.** *v.i.* **~ on [about] sth.** [immer wieder] von etw. reden; *(critically)* auf etw. *(Dat.)* herumreiten *(salopp); (complainingly)* über etw. *(Akk.)* lamentieren *(ugs.);* **don't ~ on about it!** hör auf damit!

**harpist** ['hɑ:pɪst] *n.* Harfenist, *der*/Harfenistin, *die;* Harfenspieler, *der*/-spielerin, *die*

**harpoon** [hɑ:'pu:n] **1.** *n.* Harpune, *die.* **2.** *v.t.* harpunieren

**harpoon-'gun** *n.* Harpunengeschütz, *das*

**'harp-seal** *n. (Zool.)* Sattelrobbe, *die*

**harpsichord** ['hɑ:psɪkɔ:d] *n. (Mus.)* Cembalo, *das*

**harpy** ['hɑ:pɪ] *n.* **a)** *(grasping person)* Hyäne, *die (ugs. abwertend);* **b)** *(Greek and Roman Mythol.)* Harpyie, *die*

**harridan** ['hærɪdən] *n.* Schreckschraube, *die (ugs. abwertend)*

**harrier** ['hærɪə(r)] *n.* **a)** *(Ornith.)* Weihe, *die;* **b)** *(Hunting)* Harrier, *der (Hund für die Hasenjagd);* **c)** *(Sport)* Querfeldeinläufer, *der*/-läuferin, *die*

**Harris tweed** [hærɪs 'twi:d] *n.* Harris-Tweed, *der; attrib.* Harris-Tweed‹-*Jackett*›

**harrow** ['hærəʊ] **1.** *n.* Egge, *die.* **2.** *v.t.* **a)** eggen; **b)** *(distress)* quälen

**harrowing** ['hærəʊɪŋ] *adj.* entsetzlich; *(horrific)* grauenhaft ‹*Anblick, Geschichte*›

**harry** ['hærɪ] *v.t.* **a) ~ [continuously]** wiederholt angreifen; **b)** *(harass)* bedrängen; **be harried by telephone calls** von Anrufern belästigt *od.* behelligt werden

**harsh** [hɑ:ʃ] *adj.* **a)** rauh ‹*Gewebe, Oberfläche, Gegend, Land, Klima*›; schrill ‹*Ton, Stimme*›; grell ‹*Licht, Farbe, Ton*›; schroff, stark ‹*Kontrast*›; scharf ‹*Geschmack*›; stechend, streng ‹*Geruch*›; hart ‹*Bedingungen, Leben*›; **b)** *(excessively severe)* [sehr] hart; [äußerst] streng ‹*Richter, Disziplin*›; rücksichtslos ‹*Tyrann, Herrscher, Verhalten, Politik*›; **back to ~ reality** zurück zur grauen Wirklichkeit; **don't be ~ on him** sei nicht zu streng mit ihm

**harshly** ['hɑ:ʃlɪ] *adv.* **a)** *(disagreeably)* grell ‹*klingen*›; in schroffem Ton ‹*reden*›; **b)** *(extremely severely)* [sehr] hart

**harshness** ['hɑ:ʃnɪs] *n., no pl.* **a)** *see* **harsh a:** Rauheit, *die;* schriller Klang; Grelle, *die;* Schroffheit, *die;* Schärfe, *die; (of life conditions)* Härte, *die;* **b)** *see* **harsh b:** Härte, *die;* Strenge, *die;* Rücksichtslosigkeit, *die*

**hart** [hɑ:t] *n.* Hirsch, *der*

**harum-scarum** [heərəm'skeərəm] *(coll.)* **1.** *adj.* unbesonnen. **2.** *n.* Wildfang, *der*

**harvest** ['hɑ:vɪst] **1.** *n.* **a)** Ernte, *die;* **timber ~:** Holzschlag, *der;* **find/reap a [rich] harvest** *(fig.)* einen [tollen] Fang machen; **b)** *(time)* Ernte[zeit], *die.* **2.** *v.t.* ernten; schlagen ‹*Holz*›; lesen ‹*Weintrauben*›; fangen ‹*Fisch*›; *(fig.)* gewinnen ‹*Energie*›; ansammeln ‹*Vermögen*›; **~ the crops** die Ernte einbringen; **~ the fruits of one's labours** *(fig.)* die Früchte seiner Arbeit ernten

**harvester** ['hɑ:vɪstə(r)] *n.* **a)** *(machine)* Erntemaschine, *die; see also* **combine 3 b; b)** *(person)* Erntearbeiter, *der*/-arbeiterin, *die*

**harvest: ~ 'festival** *n.* Erntedankfest, *das;* **~ 'home** *n.* Erntefest, *das;* **~man** ['hɑ:vɪstmən] *n., pl.* **-men** ['hɑ:vɪstmən] *(Zool.)* Weberknecht, *der;* **~ 'moon** *n.* Vollmond zur Zeit der Herbst-Tagundnachtgleiche; **~ mouse** *n.* Zwergmaus, *die*

**has** *see* **have 1, 2**

**has-been** ['hæzbi:n] *n. (coll.)* **be [a bit of] a ~:** seine besten Jahre hinter sich haben; **a seedy ~ of an actor** ein abgetakelter Schauspieler

**¹hash** [hæʃ] **1.** *n. (Cookery)* Haschee, *das; (fig.)* Aufguß, *der (abwertend);* **make a ~ of sth.** *(coll.)* etw. verpfuschen *od.* verpatzen *(ugs.);* **settle sb.'s ~** *(coll.)* jmdn. zur Vernunft bringen; *(by forceful methods)* jmdn. unschädlich machen; **I'll settle his ~:** dem werd' ich's zeigen *(ugs.).* **2.** *v.t.* haschieren; *(fig. coll.)* verpfuschen *(ugs.);* verpatzen *(ugs.);* **~ and rehash sth.** etw. x-mal durchkauen *(ugs.)*

**~ 'up** *v.t.* zerkleinern; *(fig. coll.)* verpfuschen *(ugs.);* verpatzen *(ugs.)*

**²hash** *n. (coll.: drug)* Hasch, *das (ugs.)*

**hashish** ['hæʃɪʃ] *n.* Haschisch, *das*

**Hasidic** [hə'sɪdɪc] *adj.* chassidisch

**hasn't** ['hæznt] = **has not;** *see* **have 1, 2**

**hasp** [hɑ:sp] *n.* Haspe, *die; (fastener snapping into a lock)* [Schnapp]schloß, *das; (fastener for book or cape)* Schließe, *die*

**hassle** ['hæsl] *(coll.)* **1.** *n.* **~[s]** Krach, *der (ugs.); (trouble, problem)* Ärger, *der;* **get involved in ~s with sb.** mit jmdm. Ärger kriegen *(ugs.);* **no end of ~[s]** nichts als Ärger; **it's a real ~:** das ist ein echtes Problem; **it's too much [of a]/such a ~:** das macht zuviel/soviel Umstände. **2.** *v.t.* schikanieren; **don't ~ me** nerv mich nicht *(ugs.)*

**hassock** ['hæsək] *n.* **a)** *(cushion)* Kniekissen, *das;* **b)** *(tuft of grass)* Grasbüschel, *das*

**haste** [heɪst] *n., no pl.* Eile, *die; (rush)* Hast, *die;* **in his ~:** in seiner Hast; **no need for ~:** kein Grund zur Eile; **more ~, less speed** *(prov.)* eile mit Weile *(Spr.);* **do sth. in ~:** etw. eilig tun; **yours in ~** *(at end of letter)* in Eile, Dein/Deine; **make ~:** sich beeilen

**hasten** ['heɪsn] **1.** *v.t. (cause to hurry)* drängen; *(accelerate)* beschleunigen. **2.** *v.i.* eilen; *(precipitately)* hasten *(geh.);* **~ away** davoneilen; **~ to do sth.** sich beeilen, etw. zu tun; **I ~ to add/say** ich muß *od.* möchte gleich hinzufügen/sagen

**hastily** ['heɪstɪlɪ] *adv. (hurriedly)* eilig; *(precipitately)* hastig; *(rashly)* übereilt; *(quick-temperedly)* heftig; hitzig; **judge sb. too ~:** jmdn. vorschnell beurteilen

**hasty** ['heɪstɪ] *adj. (hurried)* eilig; flüchtig ‹*Skizze, Blick*›; *(precipitate)* hastig; *(rash)* übereilt; *(quick-tempered)* heftig; hitzig; **beat a ~ retreat** sich schnellstens zurückziehen *od. (ugs.)* aus dem Staub machen; *(fig.)* schnell einen Rückzieher machen; **he's a man of ~ temper/disposition** er hat eine recht hitzige Art

**hasty 'pudding** *n. (Brit.)* Mehlbrei, *der; (Amer.)* Maismehlbrei, *der*

**hat** [hæt] *n.* **a)** Hut, *der;* **[sailor's/woollen/knitted] ~:** [Matrosen-/Woll-/Strick]mütze, *die;* **without a ~:** ohne Hut/Mütze; **doff** *or* **raise one's ~ to sb.** vor jmdm. den Hut ziehen; **take off one's ~, take one's ~ off** seinen *od.* den Hut abnehmen; **take one's ~ off** *or* **take off one's ~ to sb./sth.** *(lit. or fig.)* vor jmdm./etw. den Hut ziehen; **~s off to him!** Hut ab vor ihm!; **b)** *(fig.)* **bad ~** *(Brit. sl.)* übler Kunde *(ugs.);* **at the drop of a ~:** auf der Stelle; **sb. will/would eat his ~ if ...:** jmd. frißt einen Besen/will einen Besen fressen, wenn ... *(salopp);* **somewhere** *or* **a place to hang [up] one's ~:** ein Ort, an dem man zu Hause ist; **throw one's ~ in the ring** seine Kandidatur anmelden; **my ~!** *expr. surprise* ist es/[denn] das die Möglichkeit! *(ugs.); expr. disbelief* daß ich nicht lache!; **be old ~** *(coll.)* ein alter Hut sein *(ugs.);* **become old ~** *(coll.)* aus der Mode kommen; **they pulled his name out of a ~:** er wurde ganz zufällig ausgewählt; **produce sth. out of a ~:** etw. aus dem Ärmel schütteln; **pass** *or* **send round the ~** *or* **the ~ round** *(coll.)* den Hut herumgehen lassen; **with ~ in hand** demütig; **talk through one's ~** *(sl.)* dummes Zeug reden *(ugs.);* **keep sth. under one's ~:** etw. für sich behalten; **[when he is] wearing his ... ~:** in seiner Rolle als ...; **switch ~s** die Rollen vertauschen; **wear two ~s** zwei Interessen gleichzeitig vertreten

**hat: ~band** *n.* Hutband, *das;* **~box** *n.* Hutschachtel, *die*

**¹hatch** [hætʃ] *n.* **a)** *(opening)* Luke, *die;*

under ~es unter Deck; **down the ~!** *(fig. sl.)* runter damit! *(ugs.)*; **b)** *(serving-~)* Durchreiche, *die. See also* **escape-hatch**

**²hatch 1.** *v. t. (lit. or fig.)* ausbrüten. **2.** *v. i.* [aus]schlüpfen; *see also* **chicken 1 a. 3.** *n.* **a)** *(act of ~ing)* Schlüpfen, *das;* **b)** *(brood ~ed)* Brut, *die*

**~ 'out 1.** *v. i.* ausschlüpfen; **the eggs have ~ed out** die Eier sind ausgebrütet. **2.** *v. t.* ausbrüten

**~ 'up** *v. t.* ausbrüten *(fig.)*; aushecken *(ugs.)*

**³hatch** *v. t. (Art)* schraffieren

**'hatchback** *n.* **a)** *(door)* Heckklappe, *die;* **a ~ model** ein Modell mit Heckklappe; **b)** *(vehicle)* Schräghecklimousine, *die*

**hatchery** ['hætʃərɪ] *n. (for birds)* Brutplatz, *der; (for fish)* Laichplatz, *der*

**hatchet** ['hætʃɪt] *n.* Beil, *das;* **bury the ~** *(fig.)* das Kriegsbeil begraben

**hatchet: ~ face** *n.* scharfgeschnittenes Gesicht; **~-faced** *adj.* mit scharfen Gesichtszügen *nachgestellt;* **~ job** *n.* **do a ~ job on sb./sth.** jmdn./etw. in der Luft zerreißen *(salopp);* **~ man a)** *(professional killer)* Killer, *der;* **be a real ~ man** *(fig.)* kein Pardon kennen; **b)** *(henchman)* Erfüllungsgehilfe, *der (fig. abwertend)*

**hatchling** ['hætʃlɪŋ] *n.* Junge, *das*

**hatchment** ['hætʃmənt] *n. (Her.)* Totenschild, *der od. das*

**hate** [heɪt] **1.** *n.* **a)** Haß, *der;* **~ for sb.** Haß auf *od.* gegen jmdn.; **b)** *(coll.: object of dislike)* **be sb.'s ~:** jmdm. verhaßt sein; **my pet ~ at the moment is ...:** ... hasse ich zur Zeit am meisten. **2.** *v. t.* hassen; **I ~ having to get up at seven** ich hasse es, um sieben Uhr aufstehen zu müssen; **I ~ to say this** *(coll.)* ich sage das nicht gern; **I ~ [having] to trouble you** *(coll.)* tut mir leid, daß ich Sie damit behelligen muß; **I ~ to think what would have happened if .../I ~ the thought of having to leave this job** *(coll.)* ich darf gar nicht daran denken, was geschehen wäre, wenn .../wie es wäre, wenn ich die Stelle aufgeben müßte

**hateful** ['heɪtfl] *adj.* abscheulich; verabscheuenswürdig *(geh.)*; **that would be a ~ thing to do** das [zu tun] wäre abscheulich

**hatful** ['hætfʊl] *n.* **a) a ~ of eggs** ein Hut voll[er] Eier; **b)** *(fig.: considerable number/amount)* **a ~ of** eine ganze Menge *(ugs.)*

**hatless** ['hætlɪs] *adj.* ohne Hut *nachgestellt*

**hat: ~-peg** *n.* Huthaken, *der;* **~-pin** *n.* Hutnadel, *die*

**hatred** ['heɪtrɪd] *n.* Haß, *der;* **feel ~ for** *or* **of sb./sth.** Haß auf *od.* gegen jmdn./etw. empfinden

**'hat-stand** *n.* Hutständer, *der*

**hatter** ['hætə(r)] *n.* Hutmacher, *der;* **[as] mad as a ~** *(fig.)* völlig verrückt *(ugs.)*

**'hat trick** *n.* Hattrick, *der;* **make** *or* **score a ~:** einen Hattrick erzielen; **be on a ~:** vor einem Hattrick stehen

**haughtily** ['hɔ:tɪlɪ] *adv.* hochmütig

**haughtiness** ['hɔ:tɪnɪs] *n., no pl.* Hochmut, *der*

**haughty** ['hɔ:tɪ] *adj.* hochmütig

**haul** [hɔ:l] **1.** *v. t.* **a)** *(pull)* ziehen; schleppen; *(Fishing)* einholen ⟨*Netze*⟩; **~ sth. up the wall** etw. die Mauer hochziehen; **~ the boat up on the beach** das Boot auf den Strand ziehen; **be ~ed before the court** *(fig. coll.)* vor Gericht gestellt werden; **~ down** einholen ⟨*Flagge, Segel*⟩; *see also* **coal b; b)** *(transport)* transportieren; befördern; **c)** *(Naut.) (mit geändertem Kurs)* steuern; **~ the ship into the wind** anluven. **2.** *v. i.* ziehen; **~ [up]on** *or* **at sth.** an etw. *(Dat.)* [kräftig] ziehen. **3.** *n.* **a)** Ziehen, *das;* Schleppen, *das; (Fishing)* Einholen, *das;* **b)** *(catch)* Fang, *der; (fig.)* Beute, *die;* **c)** *(distance)* Strecke, *die; see also* **long haul; short haul**

**haulage** ['hɔ:lɪdʒ] *n., no pl.* **a)** *(hauling)* Transport, *der;* **b)** *(charges)* Transportkosten *Pl.*

**hauler** ['hɔ:lə(r)] *(Amer.),* **haulier** ['hɔ:lɪə(r)] *(Brit.) n. (person)* Spediteur, *der; (firm)* Spedition[sfirma], *die*

**haulm** [hɔ:m, hɑ:m] *n.* **a)** *no pl., no indef. art. (Agric.)* Kraut, *das;* **b)** *(stem) (of grass, straw)* Halm, *der; (of leaf, fruit)* Stiel, *der*

**haunch** [hɔ:nʃ] *n.* **a) sit on one's/its ~es** auf seinem Hinterteil sitzen; **b)** *(Gastr.)* Keule, *die;* **c)** *(Archit.)* [Bogen]schenkel, *der*

**haunt** [hɔ:nt] **1.** *v. t.* **a) ~ a house/castle** in einem Haus/Schloß spuken *od.* umgehen; **the old farmhouse is ~ed by ghosts** in dem alten Bauernhaus spuken Geister; **b)** *(fig.: trouble)* ⟨*Erinnerung, Gedanke:*⟩ plagen, verfolgen; **c)** *(frequent)* häufig besuchen ⟨*Ort, Lokal*⟩. **2.** *n.* **a favourite ~ of artists** ein beliebter Treffpunkt für Künstler; **these are my old ~s** hier habe ich mich früher immer herumgetrieben *(ugs.)*

**haunted** ['hɔ:ntɪd] *adj.* **a) a ~ house** ein Haus, in dem es spukt; **a ~ castle** ein Spukschloß; **b)** *(fig.: troubled)* gehetzt ⟨*Blick, Eindruck*⟩

**haunting** ['hɔ:ntɪŋ] *adj.* sehnsüchtig ⟨*Klänge, Musik*⟩; lastend ⟨*Erinnerung*⟩; drückend ⟨*Schuld*⟩

**Hausa** ['haʊsə] *n., pl. same* **a)** *(person)* Haus[s]a, *der*/Haus[s]afrau, *die;* **b)** *(language)* Hausa, *das*

**hausfrau** ['haʊsfraʊ] *n.* [biedere] Hausfrau

**haute couture** [əʊt ku:'tjʊə(r)] *n., no pl.* Haute Couture, *die*

**haute école** [əʊt eɪ'kɒl] *n., no pl.* [die] Hohe Schule

**hauteur** [əʊ'tɜ:(r)] *n., no pl.* Stolz, *der*

**Havana** [hə'vænə] *n.* **a)** *(cigar)* Havanna, *die;* **b)** *pr. n.* Havanna *(das)*

**have 1.** [hæv] *v. t., pres.* **he has** [hæz], *p. t. & p. p.* **had** [hæd] **a)** *(possess)* haben; **I ~ it!** ich hab's[!]; **and what ~ you** *(coll.)* und so weiter; **I ~ something to say [to you]** ich habe Ihnen etwas zu sagen; **~ nothing to do/wear/say** nichts zu tun/anzuziehen/zu sagen haben; **they ~ some French** sie können etwas Französisch; **I still ~ some work to do** ich muß noch etwas arbeiten; **you ~ some explaining to do** du schuldest mir eine Erklärung; **you ~ five minutes [in which] to do it** Sie haben fünf Minuten [Zeit], um es zu tun; **b)** *(obtain)* bekommen; **there was no money/help to be had** es war kein Geld/keine Hilfe zu bekommen *od. (ugs.)* aufzutreiben; **we shall ~ snow** es wird schneien; **let's not ~ any ...:** laß uns ... vermeiden; **come on, let's ~ it!** *(coll.)* rück schon raus damit! *(ugs.)*; **c)** *(take)* nehmen; **~ a cigarette** nehmen Sie eine Zigarette; *see also* **e; d)** *(keep)* behalten; haben; **you can ~ that pencil** Sie können den Bleistift behalten *od.* haben; **e)** *(eat, drink, etc.)* **~ breakfast/dinner/lunch** frühstücken/zu Abend/zu Mittag essen; **~ a cup of tea** eine Tasse Tee trinken; **~ a cigarette** eine Zigarette rauchen; *see also* **c; f)** *(experience)* haben ⟨*Spaß, Vergnügen*⟩; **g)** *(suffer)* haben ⟨*Krankheit, Schmerz, Enttäuschung, Abenteuer*⟩; erleiden ⟨*Schock*⟩; *(feel)* haben ⟨*Gefühl, Idee*⟩; *(show)* haben ⟨*Güte, Freundlichkeit, Frechheit*⟩; **let him/them ~ it** *(coll.)* gib's ihm/ihnen *(ugs.)*; **h)** *(engage in)* **~ a game of football** Fußball spielen; **~ a try** es [einmal] versuchen; **~ it [with sb.]** *(sl.: copulate)* es [mit jmdm.] machen *(salopp)*; **i)** *(accept)* **I won't ~ it** das lasse ich mir nicht bieten; **I won't ~ him in the house** er kommt mir nicht ins Haus; **I won't ~ you behaving like that** so kannst du dich nicht benehmen; **j)** *(give birth to)* **~ a baby/children** ein Baby/Kinder bekommen; **~ pups** *etc.* Junge bekommen; **k)** *(sl.: copulate with)* **he had her on the sofa** er machte es mit ihr auf dem Sofa *(salopp)*; **l)** *(coll.: beat)* **you ~ me there** da bringen Sie mich aber in Verlegenheit; **m)** *(coll.: swindle)* **I was had** ich bin [he]reingelegt worden *(ugs.)*; **ever been had!** da bist du ganz schön reingefallen *(ugs.)*; **n)** *(know)* **I ~ it on good authority that ...:** ich weiß es aus zuverlässiger Quelle, daß ...; **she 'will ~ it that ...:** sie besteht darauf, daß ...; **she won't ~ it that ...:** sie will nichts davon hören, daß ...; **rumour/legend/tradition has it that they escaped** einem Gerücht/der Legende/der Überlieferung zufolge sind sie entkommen; **as Goethe has it** wie Goethe sagt; **o)** *(as guest)* **~ sb. to stay** jmdn. zu Besuch haben; **thanks for having me** danke für die Einladung; **p)** *(summon)* **he had me into his office** er hat mich in sein Büro beordert; **q)** *(in coll. phrases)* **you've had it now** *(coll.)* jetzt ist es aus *(ugs.)*; **if you want another drink, you've had it** *(coll.)* falls du noch was trinken willst, da geht nichts mehr *(ugs.)*; **this car/dress has had it** *(coll.)* dieser Wagen/dieses Kleid hat ausgedient. **2.** [həv, əv, *stressed* hæv] *v. aux.,* **he has** [həz, əz, *stressed* hæz], **had** [həd, əd, *stressed* hæd] **a)** *forming past tenses* **I've** *or* **I ~/I had read** ich habe/hatte gelesen; **I've** *or* **I ~/I had gone** ich bin/war gegangen; **having seen him** *(because)* weil ich ihn gesehen habe/hatte; *(after)* wenn ich ihn gesehen habe/nachdem ich ihn gesehen hatte; **if I had known ...:** wenn ich gewußt hätte ...; **b)** *(cause to be)* **~ sth. made/repaired** etw. machen/reparieren lassen; **~ the painters in** die Maler haben; **~ sb. do sth.** jmdn. etw. tun lassen; **~ a tooth extracted** sich *(Dat.)* einen Zahn ziehen lassen; **~ oneself tattooed** sich tätowieren lassen; **c) she had her purse stolen** man hat ihr das Portemonnaie gestohlen; **d)** *expr. obligation* **~ to** müssen; **you don't ~ to** du brauchst *od.* mußt nicht; **I only ~ to do the washing-up** ich muß nur noch den Abwasch machen; **I ~ only to see him to feel annoyed** ich brauche ihn nur zu sehen, und ich ärgere mich; **he 'has to be guilty** er ist fraglos schuldig. **3.** [hæv] *n. in pl.* **the ~s and the have-nots** die Besitzenden und die Besitzlosen

**~ a'way** *see* **~ off b**

**~ 'off** *v. t.* **a)** abmachen; **b) ~ it off [with sb.]** *(sl.)* es [mit jmdm.] treiben *(salopp)*

**~ 'on** *v. t.* **a) ~ the light on** das Licht anhaben; **b)** *(wear)* **~ a dress/hat on** ein Kleid/einen Hut tragen; ein Kleid anhaben/einen Hut aufhaben *(ugs.)*; **c)** *(Brit. coll.: deceive)* **~ sb. on** jmdn. auf den Arm nehmen *(ugs.)*

**~ 'out** *v. t.* **a)** entfernen; **~ a tooth/one's tonsils out** sich *(Dat.)* einen Zahn ziehen lassen/sich *(Dat.)* die Mandeln herausnehmen lassen; **b)** *(discuss and settle)* **~ sth. out** sich über etw. *(Akk.)* offen [mit jmdm.] aussprechen; **~ it out with sb.** mit jmdm. offen sprechen

**~ 'up** *v. t.* **a)** aufgehängt haben ⟨*Vorhang, Bild*⟩; **b)** *(coll.: bring to court)* **~ sb. up** jmdn. rankriegen *(ugs.)*

**haven** ['heɪvn] *n.* **a)** *(mooring)* geschützte Anlegestelle, *die; (fig.)* Zufluchtsort, *der;* **a ~ of peace** eine Insel des Friedens; **b)** *(arch.: harbour)* Port, *der (veralt.)*

**have-not** ['hævnɒt] *see* **have 3**

**haven't** ['hævnt] **= have not;** *see* **have 1, 2**

**haver** ['heɪvə(r)] *v. i.* **a)** *(talk foolishly)* **~ [on] about sth.** über etw. *(Akk.)* schwafeln *(ugs.)*; **b)** *(vacillate)* zögern

**haversack** ['hævəsæk] *n.* Brotbeutel, *der*

**havoc** ['hævək] *n., no pl.* **a)** *(devastation)* Verwüstungen; **cause** *or* **create** *or* **wreak ~:** Verwüstungen anrichten; **play ~ with** ruinieren ⟨*Gesundheit, Frisur usw.*⟩; **b)** *(confusion)* Chaos; **play ~ with sth.** etw. völlig durcheinanderbringen

**¹haw** [hɔ:] *n. (Bot.)* **a)** *(tree) (white)* Weißdorn, *der; (red)* Rotdorn, *der;* **b)** *(fruit)* Weißdorn-/Rotdornfrucht, *die*

**²haw** *v. i., n. see* **hum 1 a, 3 b**

**Hawaii** [hə'waɪɪ] *pr. n.* Hawaii *(das)*

**Hawaiian** [hə'waɪən] **1.** *adj.* hawaiisch. **2.** *n.* **a)** *(person)* Hawaiianer, *der*/Hawaiianerin, *die;* **b)** *(language)* Hawaiisch, *das*

'**hawfinch** *n.* [Kirsch]kernbeißer, *der*

**haw-haw** ['hɔ:hɔ:] **1.** *int. (laughter)* haha. **2.** *n.* **let out a loud ~:** laut auflachen

[1]**hawk** [hɔ:k] **1.** *n. (Ornith., Polit.)* Falke, *der;* **watch sb. like a ~:** jmdn. mit Argusaugen beobachten. **2.** *v. i.* mit dem Falken jagen; beizen *(Jägerspr.)*

[2]**hawk** *v. t. (peddle)* **~ sth.** *(at door)* mit etw. hausieren [gehen]; *(in street)* etw. [auf der Straße] verkaufen; **~ sth. around** *(fig.)* mit etw. hausieren [gehen]

[3]**hawk 1.** *v. t.* **~ [up] phlegm** Schleim auswerfen. **2.** *v. i.* Schleim hochziehen [im Hals]

**hawker** ['hɔ:kə(r)] *n.* Hausierer, *der*/Hausiererin, *die; (in street)* fliegender Händler

'**hawk-eyed** *adj.* adleräugig; **be ~:** Falkenaugen *od.* Adleraugen haben

**hawkish** ['hɔ:kɪʃ] *adj.* raubvogelartig ⟨*Aussehen*⟩; *(Polit.)* militant

'**hawklike** *adj.* falkenartig

**hawk: ~-moth** *n. (Zool.)* Schwärmer, *der;* **~-nosed** *adj.* hakennasig; **be ~-nosed** eine Hakennase *od.* Habichtsnase haben; **~weed** *n. (Bot.)* Habichtskraut, *das*

**hawser** ['hɔ:zə(r)] *n. (Naut.)* Trosse, *die*

**hawthorn** ['hɔ:θɔ:n] *n. (Bot.) (white)* Weißdorn, *der; (red)* Rotdorn, *der*

**hay** [heɪ] *n., no pl.* Heu, *das;* **make ~:** Heu machen; **make ~ while the sun shines** *(prov.)* die Zeit nutzen; *see also* **hit 1 i**

**hay: ~cock** *n.* Heuhaufen, *der;* **~ fever** *n., no pl.* Heuschnupfen, *der;* **~field** *n.* Heuwiese, *die;* **~maker** *n.* **a)** Heumacher, *der;* **b)** *(coll.: blow)* weit ausholender Schlag; Heumacher, *der (Boxen Jargon);* **~making** *n., no pl.* Heuernte, *die;* **~rick** *see* **~stack; ~seed** *n.* **a)** Heublumen *Pl.;* **b)** *(Amer. derog.: yokel)* Bauerntölpel, *der;* **~stack** *n.* Heuschober, *der (südd.);* Heudieme, *die (nordd.); see also* **needle 1**

**haywire** ['heɪwaɪə(r)] *adj. (coll.)* **go ~** ⟨*Instrument:*⟩ verrückt spielen *(ugs.);* ⟨*Plan:*⟩ über den Haufen geworfen werden *(ugs.);* ⟨*Person:*⟩ durchdrehen *(ugs.)*

**hazard** ['hæzəd] **1.** *n.* **a)** *(danger)* Gefahr, *die; (on road)* Gefahrenstelle, *die;* **occupational ~:** Berufsrisiko, *das; see also* **fire hazard; b)** *(chance)* Schicksal, *das;* **c)** *(Golf)* Hindernis, *das.* **2.** *v. t.* **a)** *(endanger)* in Gefahr bringen; **b)** *(venture)* riskieren; **~ a guess** mit Raten probieren

**hazardous** ['hæzədəs] *adj. (dangerous)* gefährlich; *(risky)* riskant

**hazardously** ['hæzədəslɪ] *adv. (dangerously)* gefährlich; *(riskily)* riskant

**haze** [heɪz] **1.** *n.* Dunst[schleier], *der; (fig.)* Nebel, *der.* **2.** *v. t.* vernebeln

**hazel** ['heɪzl] **1.** *n.* **a)** *(Bot.)* Haselnußstrauch, *der; (wood)* Haselholz, *das (veralt.);* **b)** *(colour)* Haselnußbraun, *das.* **2.** *adj.* haselnußbraun

'**hazel-nut** *n.* Haselnuß, *die*

**hazily** ['heɪzɪlɪ] *adv. (lit. or fig.)* verschwommen; unscharf; vage ⟨*verstehen*⟩; unklar ⟨*sich vorstellen*⟩

**haziness** ['heɪzɪnɪs] *n., no pl.* Dunst, *der; (fig.)* Vagheit, *die*

**hazy** ['heɪzɪ] *adj.* dunstig, diesig ⟨*Wetter, Tag[eszeit]*⟩; verschwommen, unscharf ⟨*Konturen*⟩; *(fig.)* vage; **I have a ~ recollection that ...:** ich erinnere mich dunkel, daß ...

**H-bomb** ['eɪtʃbɒm] *n.* H-Bombe, *die*

**HE** *abbr.* **a) high explosive; b) His Eminence; c) His/Her Excellency**

[1]**he** [hɪ, *stressed* hi:] **1.** *pron.* er; *referring to personified things or animals which correspond to German feminines/neuters* sie/es; **it was he** *(formal)* er war es; **he who** wer; *(Games)* **be 'he'** dran sein; *see also* **him; himself;** his. **2.** *n., pl.* **hes** [hi:z] Er, *der (ugs.)*

[2]**he** [hi:] *int.* haha!

**he-** [hi:] *pref.* männlich; **he-goat** [Ziegen]bock, *der*

**head** [hed] **1.** *n.* **a)** Kopf, *der;* Haupt, *das (geh.);* **count ~s** die Anzahl feststellen; **mind your ~!** Vorsicht, dein Kopf!; *(on sign)* Vorsicht – geringe Durchgangshöhe!; **turn sb.'s ~** *(fig.)* jmdm. den Kopf verdrehen; **laugh/scream one's ~ off** wie verrückt lachen/schreien; **from ~ to foot** von Kopf bis Fuß; **get one's ~ down** *(coll.)* sich aufs Ohr hauen *(ugs.);* **keep one's ~ down** *(lit. or fig.)* in Deckung bleiben; **stand on one's ~:** [einen] Kopfstand machen; **I could do that [standing] on my ~** *(fig. coll.)* das kann *od.* mache ich mit links *(ugs.);* **he has a price on his ~:** auf seinen Kopf ist eine Belohnung *od.* ein Preis ausgesetzt; **have a [bad] ~** *(fig. coll.: headache)* einen Brummschädel haben *(ugs.);* **the crowned ~s of Europe** die gekrönten Häupter Europas; **taller by a ~, a ~ taller** einen Kopf größer; **win by a ~/short ~:** mit einer Kopflänge/Nasenlänge gewinnen; **be** *or* **stand ~ and shoulders above sb.** *(fig.)* jmdm. haushoch überlegen sein; **give a horse its ~:** einem Pferd die Zügel schießen lassen; **give sb.** *or* **let sb. have his/her ~** *(fig.)* jmdm. freie Hand lassen; **go to sb.'s ~:** jmdm. in den *od.* zu Kopf steigen; **have a [good] ~ for heights** schwindelfrei sein; **~ first** mit dem Kopf zuerst/voran; *(fig.)* kopfüber; **not know whether one is [standing] on one's ~ or one's heels** nicht wissen, wo einem der Kopf steht; **~ over heels** kopfüber; **~ over heels in love** bis über beide Ohren verliebt *(ugs.);* **I can hold up my ~ [again]** ich brauche mich nicht [mehr] zu schämen; **keep one's ~:** einen klaren Kopf behalten; **keep one's ~ above water** *(fig.)* sich über Wasser halten; **put our/your/their ~s together [on sth.]** sich [wegen etw.] zusammensetzen; **lose one's ~:** enthauptet werden; *(fig.)* den Kopf verlieren; **~ to tail** in einer Reihe dicht hintereinander; *(~ beside tail)* nebeneinander in umgekehrter Richtung; **be unable to make ~ or tail of sth./sb.** aus etw./jmdm. nicht klug werden; **be off one's ~** *(coll.)* übergeschnappt sein *(ugs.);* **off the top of one's ~** *(coll.)* aus dem Stegreif; *(as estimate)* über den Daumen gepeilt; **on your** *etc.* **[own] ~ be it** das hast du *usw.* selbst zu verantworten; **promote sb. over sb.'s ~:** jmdn. jmdm. bei der Beförderung vorziehen; **go over sb.'s ~:** jmdn. übergehen; *see also* [1]**ear a; hole 1 a; raise 1 a; b)** *(mind)* Kopf, *der;* **in one's ~:** im Kopf; **enter sb.'s ~:** jmdm. in den Sinn kommen; **two ~s are better than one** *(prov.)* zwei Köpfe sind besser als einer; **it went right out of my ~:** ich habe das völlig vergessen; **take it into one's ~ [to do sth.]** auf die Idee kommen[, etw. zu tun]; **put sth. into sb.'s ~:** jmdn. auf etw. *(Akk.)* bringen; **it went above** *or* **over my ~** *(fig.)* das war zu hoch für mich *(ugs.);* **talk over sb.'s ~:** sich zu kompliziert für jmdn. ausdrücken; **I've got a good/bad ~ for figures** ich kann gut rechnen/rechnen kann ich überhaupt nicht; **use your ~:** gebrauch deinen Verstand; **not quite right in the ~** *(coll.)* nicht ganz richtig [im Kopf] *(ugs.);* **get sth. into one's ~:** etw. begreifen; **get this into your ~!** schreib dir das hinter die Ohren! *(ugs.);* **have got it into one's ~ that ...:** fest [davon] überzeugt sein, daß ...; **the first thing that comes into sb.'s ~:** das erste, was jmdm. einfällt; **you ought to have your ~ examined** *(joc.)* ich glaube, du mußt mal deinen Kopf untersuchen lassen *(ugs. scherzh.);* **the ~ rules the heart** der Verstand kontrolliert die Gefühle; **c)** *(person)* **a** *or* **per ~:** pro Kopf; **d)** *pl. same (in counting)* Stück [Vieh], *das;* **e)** *in pl. (on coin)* **~s or tails?** Kopf oder Zahl?; **~s [it is]** Kopf; **~s I go, tails I stay** bei Kopf gehe ich, bei Zahl bleibe ich; **~s I win, tails you lose** es läuft auf dasselbe hinaus; **f)** *(working end etc.; also Mus.)* Kopf, *der; (of axe)* Blatt, *das; (of spear)* Spitze, *die; (of cylinder)* Zylinderkopf, *der;* **drilling/cutting ~:** Bohr-/Schneidkopf, *der;* **playback/erasing ~:** Wiedergabe-/Löschkopf, *der;* **g)** *(of plant)* Kopf, *der; (of grain)* Ähre, *die;* **~ of lettuce** Salatkopf, *der;* **h)** *(on beer)* Blume, *die;* **i)** *(highest part)* Kopf, *der; (of stairs)* oberes Ende; *(of list, column)* oberste Reihe; *(of mast)* Topp, *der;* **j)** *(upper or more important end)* Kopf, *der; (of table)* Kopf, *der;* Kopfende, *das; (of lake, valley)* oberes Ende; *(of river)* Quelle, *die; (of bed)* Kopfende, *das;* **k)** *(of boil etc.)* Spitze, *die; (fig.: crisis)* **come to a ~:** sich zuspitzen; **bring matters to a ~:** die Sache auf die Spitze treiben; *(force a decision)* die Entscheidung herbeiführen; **l)** *(leader)* Leiter, *der*/Leiterin, *die; (of church, family)* Oberhaupt, *das;* **~ of government** Regierungschef, *der*/-chefin, *die;* **~ of state** Staatsoberhaupt, *das;* **m)** *see* **headmaster; headmistress; n)** *(leadership)* Spitze, *die;* **he is at the ~ of his profession** er hat eine Spitzenstellung in seinem Beruf; **o)** *(of ship)* Bug, *der;* **p)** *see* **headland; q)** *(body of water)* gestautes Wasser; Oberwasser, *das; (height of liquid)* Höhe, *die; (pressure)* Druck, *der;* **under a full ~ of steam** mit Volldampf; **r)** *(title)* Überschrift, *die; (fig.: category)* Rubrik, *die.* **2.** *attrib. adj. (senior)* **~ boy/girl** ≈ Schulsprecher, *der*/-sprecherin, *die (vom Lehrkörper eingesetzt);* **~ waiter** Oberkellner, *der;* **~ clerk** Bürovorsteher, *der; (main)* **~ office** Hauptverwaltung, *die; (Commerc.)* Hauptbüro, *das; (Banking, Insurance)* Hauptgeschäftsstelle, *die.* **3.** *v. t.* **a)** *(provide with heading)* überschreiben; betiteln; **~ed notepaper** Briefpapier mit Kopf; **b)** *(stand at top of)* anführen ⟨*Liste*⟩; *(lead)* leiten; führen ⟨*Bewegung*⟩; **c)** *(precede)* anführen; **d)** *(direct)* **~ sth. towards sth.** etw. auf etw. zusteuern; **we were ~ed towards Plymouth** wir fuhren mit Kurs auf Plymouth; **e)** *(Football)* köpfen; **f)** *(overtake and stop)* **~ sb./sth. [off]** jmdn./etw. abdrängen; **g)** *(surpass)* überholen. **4.** *v. i.* steuern; **~ for London** ⟨*Flugzeug, Schiff:*⟩ Kurs auf London nehmen; ⟨*Auto:*⟩ in Richtung London fahren; **~ towards** *or* **for sb./the buffet** auf jmdn./das Buffet zusteuern; **where are you ~ing?** wo gehst du hin?; **you're ~ing in the wrong direction** *(fig.)* du bist auf dem Holzweg; **you're ~ing for trouble** du wirst Ärger bekommen

**~ 'up** *v. t. (Amer.)* leiten

**head: ~ache** *n.* Kopfschmerzen *Pl.; (fig. coll.)* Problem, *das;* **~achy** *adj. (coll.)* drückend ⟨*Wetter*⟩; **feel ~achy** einen Druck im Kopf haben; **~band** *n.* Stirnband, *das;* **~board** *n. (of bed)* Kopfende, *das;* **~butt 1.** *n.* Kopfstoß, *der;* **2.** *v. t.* einen Kopfstoß geben (+ *Dat.*); **~ count** *n.* **a) take a ~ count** abzählen; die Anzahl feststellen; **b)** *(number of people)* Kopfzahl, *die;* **~-covering** *n.* Kopfbedeckung, *die;* **~-dress** *n.* Kopfschmuck, *der*

**-headed** ['hedɪd] *adj. in comb.* -köpfig

**header** ['hedə(r)] *n.* **a)** *(Football)* Kopfball, *der;* **b)** *(dive)* Kopfsprung, *der;* **c)** *(Building)* Binder, *der*

**head: ~gear** *n., no pl.* **a)** Kopfbedeckung, *die; (hats)* Kopfbedeckungen *Pl.;* **protective ~gear** Kopfschutz, *der;* **b)** *(Mining)* Fördergerüst, *das;* **~-hunter** *n. (lit. or fig.)* Kopfjäger, *der*

**heading** ['hedɪŋ] *n.* **a)** *(title)* Überschrift, *die; (in encyclopaedia)* Stichwort, *das; (fig.: category)* Rubrik, *die;* **come under the ~ [of] X** unter die Rubrik X fallen; **let's discuss these problems under separate ~s** diese Probleme sollten gesondert behandelt werden; **b)** *(direction)* Kurs, *der*

**head: ~lamp** *n.* Scheinwerfer, *der;* **~land** ['hedlənd, 'hedlænd] *n.* **a)** *(Geog.)* Landspitze, *die;* **b)** *(Agric.)* Vorgewende, *das*

**headless** ['hedlɪs] *adj.* ohne Kopf

**head: ~light** *n.* Scheinwerfer, *der;* **~line** *n.* Schlagzeile, *die;* **be ~line news, make**

[the] ~lines, *(coll.)* **hit the ~lines** Schlagzeilen machen; **the [news] ~lines** *(Radio, Telev.)* die Kurznachrichten; *(within news programme)* der [Nachrichten]überblick; *see also* **running head[line]; ~liner** *n. (Amer.)* Star *(der ständig in den Schlagzeilen ist);* **~lock** *n. (Wrestling)* Schwitzkasten, *der*

**'headlong 1.** *adv.* **a)** *(head first)* **fall/plunge ~ into sth.** kopfüber in etw. fallen/springen; **b)** *(uncontrollably)* blindlings; **rush ~ into sth.** *(fig.)* etw. überstürzen. **2.** *adj.* **a)** *(head first)* **~ dive** Kopfsprung, *der;* **b)** *(impetuous)* überstürzt ‹*Flucht, Entscheidung*›

**head: ~man** *n.* Häuptling, *der;* **~'master** *n.* Schulleiter, *der; (in secondary school)* Direktor, *der; (in primary school)* Rektor, *der;* **~'mistress** *n. see* **~master:** Schulleiterin, *die;* Direktorin, *die;* Rektorin, *die;* **~-on 1.** ['--] *adj.* frontal; offen ‹*Konfrontation, Konflikt*›; **a ~-on collision** *or* **crash** ein Frontalzusammenstoß; **2.** [-'-] *adv.* frontal; **meet sth./sb. ~-on** *(fig.: resolutely)* einer Sache/jmdm. entschieden entgegentreten; **~phones** *n. pl.* Kopfhörer, *der;* **~'quarters** *n. sing. or pl.* Hauptquartier, *das; (of firm)* Zentrale, *die;* **police ~quarters** Polizeidirektion, *die;* **~-rest** *n.* Kopfstütze, *die;* **~room** *n., no pl.* [lichte] Höhe, *die; (in car)* Kopffreiheit, *die;* **low ~room** geringe Durchfahrtshöhe; **~scarf** *n.* Kopftuch, *das;* **~-set** *n.* Kopfhörer, *der*

**headship** ['hedʃɪp] *n.* Posten des Schulleiters/der Schulleiterin

**head: ~shrinker** *n.* **a)** Kopfjäger, *der;* **b)** *(sl.: psychiatrist)* Seelenklempner, *der (salopp);* **~square** *n.* [viereckiges] Kopftuch; **~ 'start** *n.* **a ~ start [over sb.]** eine Vorgabe [gegenüber jmdm.]; **~stock** *n.* Spindelstock, *der;* **~stone** *n.* **a)** *(gravestone)* Grabstein, *der;* **b)** *(of building)* Grundstein, *der; (fig.)* Grundpfeiler, *der;* **~strong** *adj.* eigensinnig; störrisch ‹*Pferd, Esel*›; **~ tax** *n. (Amer.)* Kopfsteuer, *die;* **~ 'teacher** *n. see* **headmaster; headmistress; ~-voice** *n.* Kopfstimme, *die;* **~water** *n., usu. in pl.* Quellfluß, *der;* **~way** *n., no pl. (progress)* **make ~way** Fortschritte machen; **~ wind** *n.* Gegenwind, *der;* **~word** *n.* **a)** Stichwort, *das;* **b)** *(Ling.)* Nukleus, *der;* **~-work** *n., no pl.* Kopfarbeit, *die*

**heady** ['hedɪ] *adj.* **a)** vorschnell; unbesonnen; **b)** *(intoxicating)* berauschend

**¹heal** [hi:l] **1.** *v. t.* **a)** *(lit. or fig.)* heilen; **time ~s all** *(fig.)* die Zeit heilt [alle] Wunden; **b)** *(arch.) see* **cure 2 a. 2.** *v. i.* **~ [up]** [ver]heilen

**²heal** *see* **hele**

**healer** ['hi:lə(r)] *n. (person)* Heilkundige, *der/die;* **time is a great ~:** die Zeit heilt alle Wunden

**healing** ['hi:lɪŋ] **1.** *n.* Heilung, *die;* **powers of ~:** Heilkräfte. **2.** *attrib. adj.* **~ effect** Heilwirkung, *die;* **~ influence** heilsamer Einfluß; **~ ointment** Heilsalbe, *die*

**health** [helθ] *n.* **a)** *no pl. (state)* Gesundheitszustand, *der; (healthiness)* Gesundheit, *die;* **in good/very good ~:** bei guter/bester Gesundheit; **sb. suffers from poor** *or* **bad ~:** jmdm. geht es gesundheitlich schlecht; **be restored to ~:** wiederhergestellt sein; **be in poor ~:** in schlechtem gesundheitlichen Zustand sein; **[not] be in the best of ~:** [nicht] bei bester Gesundheit sein; **in my state of ~:** in meinem Gesundheitszustand; **I'm not doing it for [the good of] my ~:** ich mache das nicht meiner Gesundheit zuliebe *od. (fig.)* nicht zum Vergnügen; **at least you have your ~:** du bist wenigstens gesund; **b)** *(toast)* **drink sb.'s ~** *or* **a ~ to sb.** auf jmds. Gesundheit trinken; **good** *or* **your ~!** auf deine Gesundheit!; zum Wohl!; pros[i]t!

**health: ~ authority** *n.* Gesundheitsbehörde, *die;* **~ centre** *n.* medizinisches Versorgungszentrum; Poliklinik, *die (DDR);* **~ certificate** *n.* Gesundheitszeugnis, *das;* **~ education** *n.* Gesundheitslehre, *die;* **~ farm** *n.* Gesundheitsfarm, *die (ugs.);* **~ food** *n.* Reformhauskost, *die;* **~-food shop** Reformhaus, *das;* **~-giving** *adj.* gesund

**healthily** ['helθɪlɪ] *adv.* gesund

**healthiness** ['helθɪnɪs] *n., no pl. (lit. or fig.)* Gesundheit, *die*

**health: ~ insurance** *n.* Krankenversicherung, *die;* **~ 'physics** *n.* Strahlenhygiene, *die;* **~ resort** *n.* Kurort, *der;* **~ salts** *n. pl.* leichtes Magenmittel; **~ service** *n.* Gesundheitsdienst, *der;* **~ visitor** *n.* Krankenschwester/-pfleger im Sozialdienst

**healthy** ['helθɪ] *adj.* **a)** gesund; *(fig.)* **the engine sounds ~:** der Motor hat einen gesunden Klang; **a ~ attitude towards sex** ein gesundes *od.* natürliches Verhältnis zum Sex; **b)** *(salutary)* gut ‹*Zeichen*›; **~ living** ein gesundes Leben; *(safe)* **stay at a ~ distance** in sicherer Entfernung bleiben

**heap** [hi:p] **1.** *n.* **a)** *(pile)* Haufen, *der;* **a ~ of clothes** ein Kleiderhaufen; **at the bottom/top of the ~** *(fig.)* bei den Verlierern/Gewinnern; **lying in a ~/in ~s** auf einem/in Haufen liegen; **he was lying in a ~ on the ground** er lag zusammengesackt am Boden; **b)** *(fig. coll.: quantity)* **a [whole] ~ of** eine [ganze] Menge; **~s of** jede Menge *(ugs.);* **c)** *(fig. coll. derog.: vehicle)* Klapperkiste, *die (ugs.).* **2.** *v. t. (pile)* aufhäufen; **a ~ed spoonful of sugar** ein gehäufter Löffel Zucker; **~ sth. up** etw. aufhäufen; **~ sth. with sth.** etw. mit etw. [hoch] beladen; **~ sth. on sb.** *(fig.)* jmdn. mit etw. überhäufen

**hear** [hɪə(r)] **1.** *v. t.,* **heard** [hɜ:d] **a)** hören; **they ~d the car drive away** sie hörten den Wagen abfahren; **did you ~ him leaving** *or* **leave?** hast du ihn weggehen gehört *od.* hören?; **I have ~d it said that ...:** ich habe sagen hören, daß ...; **I can hardly ~ myself think/speak** ich kann keinen klaren Gedanken fassen/kann mein eigenes Wort nicht verstehen; **let's ~ it!** nun sag's schon!; **from what one ~s** wie man hört; **what's this I ~?** was muß ich da hören?; **you haven't ~d the last of this matter** das letzte Wort in dieser Sache ist noch nicht gesprochen; *see also* **end 1 g; 'last 3 a; b)** *(understand)* verstehen; **c)** *(Law)* [an]hören; verhandeln ‹*Fall*›; **d)** *(answer)* **our prayers have been ~d** unsere Gebete sind erhört worden. **2.** *v. i.,* **heard: ~ about sb./sth.** von jmdm./etw. [etwas] hören; **I've ~d all a'bout you** ich habe schon viel von Ihnen gehört; **~ from sb.** von jmdm. hören; **have you ~d from Tokyo/Smith yet?** haben Sie schon Nachricht aus Tokio/von Smith?; **I never ~d of such a thing!** hat man so was schon gehört!; **he was never ~d of again** von ihm hat man nie wieder [etwas] gehört; **he wouldn't ~ of it** er wollte davon nichts hören. **3.** *int.* **H~! H~!** bravo!; richtig!

**~ 'out** *v. t.* ausreden lassen

**heard** *see* **hear 1, 2**

**hearer** ['hɪərə(r)] *n.* Hörer, *der*/Hörerin, *die*

**hearing** ['hɪərɪŋ] *n.* **a)** *no pl., no art. (faculty)* Gehör, *das;* **have good ~:** gut hören können; **be hard of ~:** schwerhörig sein; **b)** *no pl. (distance)* **within/out of ~:** in/außer Hörweite; **c)** *no pl.* **a fair ~:** eine faire Chance zu sprechen; **get a ~:** sich *(Dat.)* Gehör verschaffen können; **d)** *(Law etc.)* Hearing, *das*

**'hearing-aid** *n.* Hörgerät, *das*

**hearken** ['hɑ:kn] *v. i. (arch./literary)* **~ to sb./sth.** jmdm./einer Sache lauschen

**hearsay** ['hɪəseɪ] *n., no pl.* Gerücht, *das;* Klatsch, *der (abwertend);* **~ evidence** *(Law)* Beweis vom Hörensagen

**hearse** [hɜ:s] *n.* Leichenwagen, *der*

**heart** [hɑ:t] *n.* **a)** *(Anat.; also ~-shaped object)* Herz, *das;* **he has a weak ~** *(Med.)* er hat ein schwaches Herz; **know/learn sth. by ~:** etw. auswendig wissen/lernen; **b)** *(seat of feeling)* **at ~:** im Grunde seines/ihres Herzens; **sb. has sth. at ~, sth. is near** *or* **close to sb.'s ~:** jmdm. liegt etw. am Herzen; **a matter near** *or* **close to sb.'s ~:** ein Herzensanliegen; **go to sb.'s ~:** jmdm. ans Herz gehen; **in one's ~ [of ~s]** im tiefsten Herzen; **from the** *or* **one's ~:** von Herzen; **from the bottom of one's ~:** aus tiefstem Herzen; **with all one's ~ [and soul]** von ganzem Herzen; **put one's ~ and soul into sth.** etw. mit Leib und Seele tun; **put one's ~ into sth.** mit ganzem Herzen bei einer Sache sein; **cry one's ~ out** sich *(Dat.)* die Augen ausweinen *od.* aus dem Kopf weinen; **eat one's ~ out** sich vor Gram/Sehnsucht/Trauer *usw.* verzehren; **eat your ~ out!** da kannst du grün vor Neid werden!; **set one's ~ on sth./on doing sth.** sein Herz an etw. *(Akk.)* hängen/daran hängen, etw. zu tun; **to one's ~'s content** nach Herzenslust; **take sth. to ~:** sich *(Dat.)* etw. zu Herzen nehmen; *(accept)* beherzigen ‹*Rat*›; **take sb. to one's ~:** jmdn. in sein *od.* ins Herz schließen; **my ~ goes out to them** ich verspüre großes Mitleid mit ihnen; **my ~ bleeds for him** ich habe tiefstes Mitgefühl mit ihm; *(iron.)* mir blutet das Herz; **it does my ~ good** es erfreut mein Herz; **somebody after my own ~:** jemand ganz nach meinem Herzen; **have a ~ to ~ talk** offen und ehrlich miteinander sprechen; **her ~ is in the right place** sie hat das Herz auf dem rechten Fleck; **lose one's ~ to sb./sth.** sein Herz an jmdn./etw. verlieren; **give one's ~:** sein Herz schenken; **be sick at ~:** verzweifelt sein; **with a light/heavy ~:** leichten/schweren Herzens; **his ~ is not in it** er ist nicht mit dem Herzen dabei; **all the ~ could desire** alles, was das Herz begehrt; **bless his/her ~:** das liebe Kind!; **wear one's ~ [up]on one's sleeve** das Herz auf der Zunge tragen; **find it in one's ~ to do sth.** es übers Herz bringen, etw. zu tun; **have a ~!** hab' Erbarmen!; **not have the ~ to do sth.** nicht das Herz haben, etw. zu tun; **c)** *(seat of courage)* **take ~:** Mut schöpfen **(from** bei); **put new ~ into sb.** jmdm. neuen Mut geben; **in good ~:** voll Zuversicht; **lose ~:** den Mut verlieren; **his ~ stood still** ihm stand das Herz still; **my ~ was in my boots** ich war am Boden zerstört *(ugs.);* **my ~ sank** mein Mut sank; **d)** *(Cards)* Herz, *das; see also* **club 1 d; e)** *(centre) (of cabbage)* Strunk, *der; (of lettuce)* Herz, *das; (of tree)* Kernholz, *das;* **the ~ of the matter** der wahre Kern der Sache; **go to the ~ of a problem** zum Kern eines Problems kommen; **in the ~ of the forest/England** mitten im Wald/im Herzen Englands. *See also* **¹break 1 h, 2 a; change 1 a; dear 1 a; desire 1 c; gold 1 a; stone 1 a**

**heart: ~ache** *n.* [seelische] Qual; **~ attack** *n.* Herzanfall, *der; (fatal)* Herzschlag, *der;* **~beat** *n.* Herzschlag, *der;* **~['s]-blood** *n. (fig.)* Herzblut, *das (geh.);* **~-break** *n.* Herzeleid, *das (geh.);* tiefer Kummer; **~-breaking** *adj.* herzzerreißend; **~-broken** *adj.* **she was ~-broken** ihr Herz war gebrochen; **~burn** *n., no pl.* **a)** Groll, *der;* **b)** *(Med.)* Sodbrennen, *das;* **~ disease** *n.* Herzkrankheit, *die*

**hearten** ['hɑ:tn] *v. t.* ermutigen

**heartening** ['hɑ:tənɪŋ] *adj.* ermutigend; **~ news** erfreuliche Nachrichten

**heart: ~ failure** *n.* Herzversagen, *das;* **~felt** *adj.* tiefempfunden ‹*Beileid*›; aufrichtig ‹*Dankbarkeit*›; **a ~felt wish** ein Herzenswunsch

**hearth** [hɑ:θ] *n.* **a)** *[gekachelter o. ä.] Platz vor dem Kamin;* **~ and home** *(fig.)* der heimische Herd; **b)** *(in furnace)* Ofenraum, *der; (smith's ~)* Esse, *die*

**hearth-rug** *n.* Kaminvorleger, *der*

**heartily** ['hɑ:tɪlɪ] *adv.* von Herzen; **eat ~:** tüchtig essen; **be ~ sick of sth.** etw. herzlich leid sein

**'heartland** *n.* Landesinnere, *das*
**heartless** ['hɑ:tlɪs] *adj.*, **heartlessly** ['hɑ:tlɪslɪ] *adv.* herzlos; unbarmherzig
**heartlessness** ['hɑ:tlɪsnɪs] *n.*, *no pl.* Unbarmherzigkeit, *die*
**heart: ~-'lung machine** *n. (Med.)* Herz-Lungen-Maschine, *die;* **~-rending** *adj.* herzzerreißend; **~-searching** *n.* Gewissenserforschung, *die;* **~'s-ease** *n. (Bot.)* Veilchen, *das; (Viola tricolor)* Stiefmütterchen, *das;* **~-shaped** *adj.* herzförmig; **~sick** *adj.* verzweifelt; **~-strings** *n. pl.* **touch sb.'s ~-strings** jmdm. zu Herzen gehen; **~-throb** *n. (person)* Idol, *das;* **~-to-~** *n.* **have a ~-to-~:** offen und ehrlich miteinander sprechen; **~ trouble** *n.* Probleme mit dem Herzen; **~-warming** *adj.* herzerfreuend; **~wood** *n. (Bot.)* Kernholz, *das*
**hearty** ['hɑ:tɪ] **1.** *adj.* **a)** *(whole-hearted)* ungeteilt ⟨*Unterstützung, Zustimmung*⟩; *(enthusiastic, unrestrained)* herzlich; begeistert ⟨*Gesang*⟩; **a ~ eater** ein guter Esser; **b)** *(large)* herzhaft ⟨*Mahlzeit*⟩; gesund ⟨*Appetit*⟩; **c)** *(vigorous)* herzhaft ⟨*Ruck, Tritt*⟩; *see also* **¹hale. 2.** *n. (Naut.)* **come on, my hearties!** auf geht's, Jungs!
**heat** [hi:t] **1.** *n.* **a)** *(hotness)* Hitze, *die; (temperature)* Temperatur, *die; (temperature setting)* Temperaturstufe, *die; (fig.: sensation)* Brennen, *das;* **remove sth. from/return sth. to the ~:** etw. vom Feuer nehmen/wieder erhitzen; **b)** *(Phys.)* Wärme, *die;* **latent ~:** Umwandlungswärme, *die;* **specific ~:** spezifische Wärme; **c)** *(fig.) (anger)* Erregung, *die;* **generate a lot of ~/more ~ than light** die Gemüter erregen/mehr Erregung als Erleuchtung erzeugen; **take the ~ out of a situation** eine Situation entschärfen; **in the ~ of the moment** in der Hitze des Gefechts; *(coll.: pressure)* **the ~ is on** die Sache ist heiß *(ugs.)*; **put the ~ on** Druck machen; **put the ~ on sb.** jmdn. unter Druck setzen; **the ~ is off** die Lage hat sich entspannt; **d)** *(Zool.)* Brunst, *die;* **come into** *or* **on/be in** *or* **on ~:** brünstig werden/sein; ⟨*Stute:*⟩ rossig werden/sein; ⟨*Hündin:*⟩ läufig werden/sein; ⟨*Katze:*⟩ rollig werden/sein; **e)** *(Sport)* Vorlauf, *der; see also* **dead heat. 2.** *v. t.* heizen ⟨*Raum*⟩; erhitzen ⟨*Substanz, Lösung*⟩; vorheizen ⟨*Backofen*⟩. **3.** *v. i.* warm werden
**~ 'up** *v. t.* heiß machen ⟨*Essen, Wasser*⟩
**heated** ['hi:tɪd] *adj.* erhitzt; *(fig.: angry)* hitzig; **a ~ exchange** ein heftiger Schlagabtausch *(fig.)*
**heatedly** ['hi:tɪdlɪ] *adv.* hitzig
**heater** ['hi:tə(r)] *n.* **a)** Ofen, *der; (for water)* Boiler, *der;* **b)** *(sl.: firearm)* Kanone, *die (salopp)*
**'heat-exchanger** *n.* Wärmetauscher, *der*
**heath** [hi:θ] *n.* **a)** Heide, *die;* **b)** *(Bot.) (Calluna)* Heidekraut, *das; (Erica)* Erika, *die;* Glockenheide, *die*
**heathen** ['hi:ðn] **1.** *adj.* heidnisch. **2.** *n.* Heide, *der*/Heidin, *die; (fig. derog.)* gottloser Mensch
**heather** ['heðə(r)] *n.* **a)** *(plant)* Heidekraut, *das;* **b)** *(colour)* Erikarot, *das*
**heating** ['hi:tɪŋ] *n.*, *no pl.* Heizung, *die*
**heat: ~-proof** *adj.* feuerfest; **~-pump** *n.* Wärmepumpe, *die;* **~-rash** *n. (Med.)* Hitzebläschen *Pl.;* **~-resistant** *adj.* hitzebeständig; **~ shield** *n. (Astronaut.)* Hitzeschild, *der;* **~-stroke** *n.* Hitzschlag, *der;* **~ treatment** *n. (Metall., Med.)* Wärmebehandlung, *die;* **~wave** *n.* Hitzewelle, *die*
**heave** [hi:v] **1.** *v. t.* **a)** *(lift)* heben; wuchten *(ugs.)*; **b)** *p. t. & p. p.* **hove** [həʊv] *(coll.: throw)* werfen; schmeißen *(ugs.)*; *(Naut.: cast, haul up)* hieven; **c)** *(utter)* **~ a sigh [of relief]** [erleichtert] aufseufzen. **2.** *v. i.* **a)** *(pitch)* [auf und nieder] schwanken; ⟨*Schiff:*⟩ stampfen *(Seemannsspr.)*; *(rise)* sich heben; **b)** *(pull)* ziehen; **~ ho!** hau ruck!; holt auf *(Seemannsspr.)*; **c)** *(pant)* keuchen; **d)** *(retch)* sich übergeben; **e)** *p. t. & p. p.* **hove** *(move)* **~ in sight** in Sicht kommen; **~ to** *(Naut.)* beidrehen. **3.** *n.* **a)** *(pull)* Zug, *der;* **b)** *(throw)* Schwung, *der*
**heaven** ['hevn] *n.* **a)** Himmel, *der;* **in ~:** im Himmel; **go** *or* **ascend to ~:** in den Himmel kommen; **~ on earth** *(fig.)* der Himmel auf Erden; **be sent from ~** *(fig.)* ein Geschenk des Himmels sein; **it was ~ [to her]** *(fig.)* es war der Himmel auf Erden [für sie]; **seventh ~** *(fig.)* der siebte Himmel; **move ~ and earth** *(fig.)* Himmel und Erde in Bewegung setzen; **b)** *in pl., (poet.) in sing. (sky)* Firmament, *das;* Himmelszelt, *das (dichter.)*; **in the ~s** am Himmel; **the ~s opened** es prasselte los; **c)** *(God, Providence)* **by H~!** bei Gott; **[good] H~s!** gütiger Himmel!; **H~s above!** du lieber Himmel!; **H~ [only] knows** weiß der Himmel; **H~ help us** der Himmel steh uns bei; **for H~'s sake** um Gottes *od.* Himmels willen; **thank H~[s]** Gott sei Dank; **I hope to H~ that ...:** ich hoffe zu Gott, daß ...; *see also* **forbid b; name 1 d**
**heavenly** ['hevnlɪ] *adj.* **a)** *(also coll.: delightful)* himmlisch; **b) ~ body** Himmelskörper, *der;* **c)** *(of heaven)* himmlisch; **the H~ City** das Himmelreich
**'heaven-sent** *adj.* **a ~ opportunity** eine Gelegenheit, die wie gerufen kommt/kam
**heavenward[s]** ['hevnwəd(z)] *adv.* himmelwärts
**heavily** ['hevɪlɪ] *adj.* **a)** *(with great weight, severely, with difficulty)* schwer ⟨*beladen, bestraft, atmen*⟩; **~ guarded** streng bewacht; **b)** *(to a great extent)* stark; schwer ⟨*bewaffnet*⟩; tief ⟨*schlafen*⟩; dicht ⟨*bevölkert*⟩; **smoke/drink ~:** ein starker Raucher/Trinker sein; **eat too ~:** zu schwer essen; **gamble ~:** ein [leidenschaftlicher] Spieler sein; **rely ~ on sb./sth.** von jmdn./etw. [vollkommen] abhängig sein; **c)** *(with great force)* **it rained/snowed ~:** es regnete/schneite stark; **fall ~:** hart fallen; **~ underlined** dick unterstrichen; **weigh ~ [up]on sb.** *(fig.)* schwer auf jmdm. lasten; **~ built** kräftig gebaut
**heaviness** ['hevɪnɪs] *n.*, *no pl.* **a)** *(weight)* Gewicht, *das;* **b)** *(great extent)* Ausmaß, *das; (severity)* Härte, *die;* **c)** *(clinging quality)* Schwere, *die;* **d)** *(tiredness)* Schwerfälligkeit, *die*
**heavy** ['hevɪ] **1.** *adj.* **a)** *(in weight)* schwer; dick ⟨*Mantel*⟩; fest ⟨*Schuh*⟩; **~ traffic** Schwerlastverkehr, *der; (dense)* hohes Verkehrsaufkommen; **~ work** Schwerarbeit, *die;* **a ~ crop** *(fig.)* eine [sehr] reiche Ernte; **a ~ silence** eine atemlose Stille; **b)** *(severe)* schwer ⟨*Schaden, Verlust, Strafe, Kampf*⟩; hoch ⟨*Steuern, Schulden, Anforderungen*⟩; massiv ⟨*Druck, Unterstützung*⟩; **~ responsibilities** schwere Verantwortungen; **c)** *(excessive)* unmäßig ⟨*Trinken, Essen, Rauchen*⟩; ausgiebig ⟨*Necking, Petting*⟩; **be ~ on the sugar/petrol** *(coll.)* viel Zucker nehmen/viel Benzin verbrauchen; **a ~ smoker/drinker** ein starker Raucher/Trinker; **a ~ gambler** ein [leidenschaftlicher] Spieler; **be a ~ sleeper** sehr fest schlafen; **d)** *(violent)* schwer ⟨*Schlag, Sturm, Regen, Sturz, Seegang*⟩; hart ⟨*Aufprall*⟩; **~ weather** ungünstiges Wetter; **make ~ weather of sth.** *(fig.)* die Dinge unnötig komplizieren; **e)** *(clinging)* schwer ⟨*Boden*⟩; *see also* **going 1 b; f)** *(hard to digest)* schwer ⟨*Mahlzeit*⟩; **g)** *(overcast)* bedeckt ⟨*Himmel*⟩; **h)** *(in sound)* **~ footsteps** schwere Schritte; **i)** *(clumsy)* plump; *(intellectually slow)* schwerfällig; **~ with sleep** schlaftrunken; **our eyes were ~ with sleep** wir konnten [vor Müdigkeit] kaum noch die Augen offenhalten; **j)** *(tedious)* schwerfällig; *(serious)* seriös ⟨*Zeitung*⟩; ernst ⟨*Musik, Theaterrolle*⟩; *(stern)* streng; gestreng *(veralt.)* ⟨*Vater, Ehemann*⟩; **lie ~ on sb.'s stomach/conscience** jmdm. schwer im Magen liegen/auf der Seele liegen; **time lies ~ on my hands** mir wird die Zeit lang; *see also* **hand 1 b; k)** *(Phys.)* **~ hydrogen/water** schwerer Wasserstoff/schweres Wasser. **2.** *n. (coll.)* **a)** *(newspaper)* seriöse Zeitung; **b)** *(coll.: thug)* Schlägertyp, *der (ugs.)*
**heavy: ~-duty** *adj.* strapazierfähig ⟨*Kleidung, Material*⟩; schwer ⟨*Werkzeug, Maschine*⟩; **~-'footed** *adj.* schwerfällig; **~ 'goods vehicle** *n.* Schwerlastwagen, *der;* **~-'handed** *adj. (clumsy)* ungeschickt ⟨*Person*⟩; umständlich ⟨*Stil*⟩; *(oppressive)* unbarmherzig ⟨*Tyrannei, Diktatur*⟩; **~-'hearted** *adj.* traurig; **~ 'industry** *n.* Schwerindustrie, *die;* **~ 'metal** *n.* **a)** Schwermetall, *das;* **b)** *(Mus.)* Heavy metal, *das;* **a ~-metal band** eine Heavy-metal-Band; **~ 'type** *n. (Printing)* fette Schrift; **~weight** *n. (Boxing etc.)* Schwergewicht, *das; (person also)* Schwergewichtler, *der; (fig.)* Größe, *die*
**Hebraic** [hi:'breɪɪk] *adj.* hebräisch
**Hebrew** ['hi:bru:] **1.** *adj.* hebräisch; *see also* **English 1. 2.** *n.* **a)** *(Israelite)* Hebräer, *der*/Hebräerin, *die;* **b)** *no pl. (language)* Hebräisch, *das;* **a ~ scholar** ein Hebraist; *see also* **English 2 a**
**Hebrides** ['hebrɪdi:z] *pr. n. pl.* Hebriden *Pl.;* **Inner/Outer ~:** Innere/Äußere Hebriden
**heck** [hek] *(coll. euphem.) see* **hell b**
**heckle** ['hekl] *v. t.* **~ sb./a speech** jmdn./eine Rede durch Zwischenrufe unterbrechen
**heckler** ['heklə(r)] *n.* Zwischenrufer, *der*
**hectare** ['hektɑ:(r), 'hekteə(r)] *n.* Hektar, *das od. der*
**hectic** ['hektɪk] *adj.* hektisch
**hecto-** ['hektə] *pref.* hekto-/Hekto-
**hector** ['hektə(r)] **1.** *v. t.* einschüchtern. **2.** *v. i.* bramarbasieren *(geh.)*
**hectoring** ['hektərɪŋ] *adj.* überheblich
**he'd** [hɪd, *stressed* hi:d] **a)** = **he had; b)** = **he would**
**hedge** [hedʒ] **1.** *n. (of bushes, trees, etc.)* Hecke, *die; (fig.: barrier)* Mauer, *die; (fig.: means of protection)* Schutzwall, *der; (against financial loss)* Absicherung, *die.* **2.** *v. t.* **a)** *(surround with ~)* mit einer Hecke umgeben; **~ sb. [in** *or* **round]** *(fig.)* jmdn. in seiner Handlungsfreiheit einschränken; **b)** *(protect)* **~ one's bets** mit verteiltem Risiko wetten; *(fig.)* nicht alles auf eine Karte setzen. **3.** *v. i. (avoid commitment)* sich nicht festlegen; **stop hedging and give me a straight answer** weich nicht dauernd aus, und gib mir eine klare Antwort
**'hedge-clippers** *n. pl.* Heckenschere, *die*
**hedgehog** ['hedʒhɒg] *n.* Igel, *der*
**'hedge-hop** *v. i.* im Tiefflug fliegen
**hedge: ~row** *n.* Hecke, *die* [als Feldbegrenzung]; **~-sparrow** *n.* Heckenbraunelle, *die*
**hedonism** ['hi:dənɪzm] *n.*, *no pl.* Hedonismus, *der*
**hedonist** ['hi:dənɪst] *n.* Hedonist, *der*/Hedonistin, *die*
**hedonistic** [hi:də'nɪstɪk] *adj.* hedonistisch
**heebie-jeebies** ['hi:bɪdʒi:bɪz] *n. pl. (sl.)* **give sb. the ~:** jmdn. kribblig machen *(ugs.)*
**heed** [hi:d] **1.** *v. t.* beachten; beherzigen ⟨*Rat, Lektion*⟩; **~ the danger/risk** sich *(Dat.)* der Gefahr/des Risikos bewußt sein. **2.** *n.*, *no art.*, *no pl.* **give** *or* **pay ~ to, take ~ of** Beachtung schenken (+ *Dat.*); **give** *or* **pay no ~ to, take no ~ of** nicht beachten
**heedful** ['hi:dfl] *adj.* achtsam; **be ~ of sth.** etw. beachten; **be ~ of the danger/necessity** sich *(Dat.)* der Gefahr/Notwendigkeit *(Gen.)* bewußt sein; **be ~ of sb.'s warning** jmds. Warnung beherzigen
**heedless** ['hi:dlɪs] *adj.* unachtsam; **be ~ of sth.** auf etw. *(Akk.)* nicht achten; **be ~ of the danger/risks** die Gefahr/Risiken nicht beachten
**hee-haw** ['hi:hɔ:] **1.** *int.* iah. **2.** *n.* Iah, *das.* **3.** *v. i.* iahen; *(fig.)* wiehern
**¹heel** [hi:l] **1.** *n.* **a)** Ferse, *die;* **~ of the hand**

Handballen, *der;* Achilles' ~ *(fig.)* Achillesferse, *die;* bring a dog to ~: einen Hund bei Fuß rufen; bring sb. to ~ *(fig.)* jmdn. auf Vordermann bringen *(ugs.);* come to ~: bei Fuß gehen; *(fig.)* parieren *(ugs.);* [to] ~! bei Fuß!; at ~: bei Fuß; be on sb.'s ~s *(fig.)* jmdm. auf den Fersen sein *(ugs.);* [hard *or* close] on *or* at the ~s of sb./sth. [dicht] hinter jmdm./etw.; *(in time or quality)* gleich nach jmdm./etw.; show a clean pair of ~s *(fig.)* sich aus dem Staub machen *(ugs.);* show sb. a clean pair of ~s *(fig.)* jmdn. abhängen *(ugs.);* take to one's ~s *(fig.)* Fersengeld geben *(ugs.);* cool one's ~s *(fig. coll.)* lange warten [müssen]; kick one's ~s *(fig. coll.)* rumhängen *(ugs.);* be under the ~ of sb. *(fig.)* unter jmds. Herrschaft sein; *see also* dig in 2 b; b) *(of shoe)* Absatz, *der; (of stocking)* Ferse, *die;* down at ~: abgetreten; *(fig.)* heruntergekommen *(ugs.);* turn on one's ~: auf dem Absatz kehrtmachen; *see also* high heel; c) *(of violin bow)* Frosch, *der; (of golf-club)* Ferse, *die; (of ski)* hinteres Ende; *(of loaf)* Endstück, *das;* d) *(sl.: person)* Schuft, *der (abwertend).* 2. *v. t.* a) ~ a shoe einen Schuh mit einem [neuen] Absatz versehen; b) *(Golf)* mit der Ferse schlagen; c) *(Rugby)* mit dem Absatz spielen

**[2]heel** *(Naut.)* 1. *v. i.* krängen. 2. *v. t.* zum Krängen bringen. 3. *n.* Krängung, *die*

**[3]heel** *see* hele

**heel:** ~ **bar** *n.* Absatzschnelldienst, *der;* ~ **bone** *n. (Anat.)* Fersenbein, *das*

**heelless** ['hi:llɪs] *adj.* ‹*Schuhe*› ohne Absatz

**heft** [heft] 1. *v. t.* anheben *(und dabei das Gewicht feststellen).* 2. *n. (Amer.)* Gewicht, *das*

**heftily** ['heftɪlɪ] *adv.* kräftig; *(fig.)* stark

**hefty** ['heftɪ] *adj.* kräftig; *(heavy)* schwer; *(fig.: large)* hoch ‹*Rechnung, Summe, Strafe, Anteil*›; deutlich ‹*Mehrheit*›; stark ‹*Erhöhung*›

**Hegelian** [he'gi:lɪən, heɪ'gi:lɪən] *(Philos.)* 1. *adj.* hegelianisch. 2. *n.* Hegelianer, *der*/Hegelianerin, *die*

**hegemony** [hɪ'gemənɪ, hɪ'dʒemənɪ] *n.* Hegemonie, *die*

**hegira** ['hedʒɪrə] *n.* Hedschra, *die; (fig. literary)* Exodus, *der*

**heh** [heɪ] *int.* he

**he-he** [hi:'hi:] *int.* haha

**heifer** ['hefə(r)] *n.* Färse, *die*

**heigh-ho** [heɪ'həʊ] *int.* ach ja

**height** [haɪt] *n.* a) Höhe, *die; (of person, animal, building)* Größe, *die;* lose ~ *(Aeron.)* an Höhe verlieren; be three metres in ~: drei Meter hoch sein; at a ~ of three metres in einer Höhe von drei Metern; be six feet in ~ ‹*Person:*› 1,80 m groß sein; what is your ~? wie groß sind Sie?; b) *usu. in pl. (high place)* the ~s die Anhöhe; be afraid of ~s nicht schwindelfrei sein; ~ of land *(Amer. Geog.)* Wasserscheide, *die;* c) *(fig.: highest point)* Höhepunkt, *der;* at the ~ of one's fame auf dem Gipfel seines Ruhms; the ~ of luxury das Nonplusultra an Luxus; the ~ of folly der Gipfel der Dummheit; at the ~ of summer im Hochsommer; *see also* fashion 1 b

**heighten** ['haɪtn] 1. *v. t.* aufstocken; *(fig.: intensify)* verstärken. 2. *v. i. (fig.)* sich verstärken

**heinous** ['heɪnəs] *adj.* schändlich; ruchlos *(geh., veralt.)*

**heir** [eə(r)] *n. (lit. or fig.)* Erbe, *der*/Erbin, *die;* the ~ to the throne der Thronerbe/die Thronerbin; *see also* apparent a; presumptive

**heiress** ['eərɪs] *n.* Erbin, *die (bes. eines Vermögens); see also* heir

**heirloom** ['eəlu:m] *n.* a) Erbstück, *das; (fig.)* Erbe, *das;* b) *(Law) von einem Erbe nicht abtrennbarer Teil*

**heist** [haɪst] *(Amer. sl.)* 1. *n.* Raubüberfall, *der.* 2. *v. t. (steal)* rauben; *(rob)* ausrauben

**hejira** *see* hegira

**held** *see* [2]hold 1, 2

**hele** [hi:l] *v. t. (Hort.)* ~ sth. [in] etw. einpflanzen

**Helen** ['helən] *pr. n.* ~ of Troy [die schöne] Helena

**heli-** ['helɪ] *in comb.* Heli-

**helical** ['helɪkl] *adj.* spiralförmig; spiralig; ~ gear Schrägstirnrad, *das;* ~ spring Schraubenfeder, *die*

**helices** *pl. of* helix

**helicopter** ['helɪkɒptə(r)] *n.* Hubschrauber, *der*

**Heligoland** ['helɪgəlænd] *pr. n.* Helgoland *(das)*

**helio-** ['hi:lɪə] *in comb.* helio-/Helio-

**'heliograph** 1. *n.* Heliograph, *der.* 2. *v. t.* mit dem Heliographen übermitteln

**heliotrope** ['hi:lɪətrəʊp, 'helɪətrəʊp] 1. *n.* a) *(Bot., Min.)* Heliotrop, *das;* b) *(colour)* Bläulichviolett, *das;* Heliotrop, *das.* 2. *adj.* bläulichviolett; heliotrop

**heliport** ['helɪpɔ:t] *n.* Heliport, *der*

**helium** ['hi:lɪəm] *n.* Helium, *das*

**helix** ['hi:lɪks] *n., pl.* helices ['hi:lɪsi:z] a) Spirale, *die;* b) *(Archit.)* Volute, *die;* c) *(Anat.)* Helix, *die*

**hell** [hel] *n.* a) Hölle, *die;* suffer the torments of ~: Höllenqualen erleiden; make sb.'s life [a] ~, make life ~ for sb. jmdm. das Leben zur Hölle machen; all ~ was let loose *(fig.)* es war die Hölle los; ~ on earth *(fig.)* die Hölle auf Erden; b) *(coll.: in imprecations and phrases)* [oh] ~! verdammter Mist! *(ugs.);* what the ~! ach, zum Teufel! *(ugs.);* to *or* the ~ with it! ich hab's satt *(ugs.);* who the ~ are you? wer, zum Teufel, sind Sie? *(ugs.);* ~'s bells! *(sl.)* Mensch, Scheiße! *(salopp);* get the ~ 'out of here!, go to ~! scher dich zum Teufel! *(ugs.);* play [merry] ~ with sth. etw. [ganz schön] ins Schleudern bringen *(ugs.);* there'll be ~ to pay if you get caught wenn sie dich erwischen, ist der Teufel los *(ugs.);* as tired/angry as ~: unheimlich müde/wütend; a *or* one ~ of a *or* a helluva [good] party eine unheimlich gute Party *(ugs.);* a ~ of a *or* a helluva noise ein Höllenlärm *(salopp);* like sb./sth. a ~ of a lot jmdn./etw. wahnsinnig gern mögen *(ugs.);* a ~ of a lot of money wahnsinnig viel Geld *(ugs.);* he thinks he's a ~ of a fellow er denkt, er ist ein Teufelskerl *(ugs.);* that was a ~ of a thing to do das war ungeheuerlich *(abwertend)/(praising)* grandios; work/run like ~: wie der Teufel arbeiten/rennen *(ugs.);* like ~! nie im Leben! *(ugs.);* it hurt like ~: es tat höllisch weh *(ugs.);* beat *or* knock [the] ~ out of sb. jmdn. grün und blau schlagen *(ugs.);* give sb. ~: jmdm. die Hölle heiß machen *(ugs.);* ‹*Schmerzen usw.:*› jmdn. verrückt machen *(ugs.);* get ~: großen Ärger kriegen *(ugs.);* come ~ or high water [völlig] egal, was passieren sollte *(ugs.);* do sth. [just] for the ~ of it etw. [nur so] aus Jux und Tollerei tun *(ugs.);* ~ for leather wie der Teufel *(ugs.);* I'll see you in ~ first ich denke nicht im Traum daran!; *see also* hope 1; raise 1 g

**he'll** [hɪl, *stressed* hi:l] = he will

**hell:** ~**bender** *n. (Amer. Zool.)* Schlammteufel, *der;* ~-**'bent** *adj.* be ~-bent on doing sth. *(coll.)* wild entschlossen sein, etw. zu tun *(ugs.);* ~-**cat** *n. (derog.)* Wildkatze, *die*

**hellebore** ['helɪbɔ:(r)] *n. (Bot.)* Nieswurz, *die*

**Hellenic** [he'li:nɪk] *adj.* hellenisch

**Hellenist** ['helɪnɪst] *n.* Hellenist, *der*/Hellenistin, *die*

**Hellenistic** [helɪ'nɪstɪk] *adj.* hellenistisch

**'hellfire** *n.* Höllenfeuer, *das*

**'hell-hound** *n.* Höllenhund, *der; (fig.)* Teufel, *der*

**hellish** ['helɪʃ] 1. *adj.* höllisch ‹*Qual, Schmerz*›; scheußlich ‹*Arbeit, Zeit*›. 2. *adv. (coll.)* verdammt *(ugs.)*

**hellishly** ['helɪʃlɪ] *adv.* höllisch; scheußlich; *(coll. as intensive)* verdammt *(ugs.)*

**hello** [hə'ləʊ, he'ləʊ] 1. *int. (greeting)* hallo!; *(surprise)* holla! 2. *n.* Hallo, *das*

**hell's 'angel** *n.* Rocker, *der*

**helluva** ['heləvə] = hell of a; *see* hell b

**[1]helm** [helm] *n. (Naut.)* Ruder, *das;* be at the ~ *(lit. or fig.)* am Ruder sein; take the ~ *(lit. or fig.)* das Ruder übernehmen

**[2]helm** *n. (arch.: helmet)* Helm, *der*

**helmet** ['helmɪt] *n.* Helm, *der*

**helmeted** ['helmɪtɪd] *adj.* behelmt

**helmsman** ['helmzmən] *n., pl.* helmsmen ['helmzmən] *(Naut.)* Rudergänger, *der*

**helot** ['helət] *n.* Helot, *der*

**help** [help] 1. *v. t.* a) ~ sb. [to do sth.] jmdm. helfen[, etw. zu tun]; ~ [sb.] with sth. [jmdm.] bei etw. helfen; ~ oneself sich *(Dat.)* selbst helfen; can I ~ you? was kann ich für Sie tun?; *(in shop also)* was möchten Sie bitte?; ~sb. over a difficulty jmdm. über eine Schwierigkeit hinweghelfen; ~ sb. on/off with his coat jmdm. in den/aus dem Mantel helfen; every little ~s auch der kleinste Beitrag hilft weiter; it would ~ [matters], if ...: es wäre von Nutzen, wenn ...; how does that ~? was sollte *od.* könnte das nützen?; b) *(serve)* ~ oneself sich *(Dat.)* nehmen; sich bedienen; ~ oneself to sth. sich *(Dat.)* etw. nehmen; *(coll.: steal)* etw. mitgehen lassen *(ugs.);* ~ sb. to some soup jmdm. etwas Suppe geben; c) *(avoid)* if I/you can ~ it wenn es irgend zu vermeiden ist; not if I can ~ it nicht wenn ich es verhindern kann; it can't be ~ed es läßt sich nicht ändern; *(remedy)* I can't ~ it ich kann nichts dafür *(ugs.);* d) *(refrain from)* I can't ~ it *or* myself ich kann mir nicht helfen; I can't ~ thinking *or* can't ~ but think that ...: ich kann mir nicht helfen, ich glaube, ...; I couldn't ~ hearing what you said ich konnte nicht umhin, zu hören, was Sie sagten; I can't ~ laughing ich muß einfach lachen; e) *(in oath)* so ~ me [God] so wahr mir Gott helfe. 2. *n.* a) Hilfe, *die;* can I be of ~? kann ich Ihnen behilflich sein?; a cry for ~: ein Hilferuf; give sb. some ~: jmdm. helfen (with bei); be of [some]/no/much ~ to sb. jmdm. eine gewisse/keine/eine große Hilfe sein; with the ~ of sth./sb. mit Hilfe einer Sache/mit jmds. Hilfe; mit Hilfe von etw./jmdm.; walk without the ~ of a stick ohne Stock gehen; that's no ~: das hilft nicht; there's no ~ for it daran läßt sich nichts ändern; be a great ~ to sb. jmdm. eine große Hilfe sein; b) *(employee)* Aushilfskraft, *die;* home ~ *(Brit.)* Haushaltshilfe, *die*

~ **'out** 1. *v. i.* aushelfen. 2. *v. t.* ~ sb. out jmdm. helfen

**helper** ['helpə(r)] *n.* Helfer, *der*/Helferin, *die; (paid assistant)* Aushilfskraft, *die*

**helpful** ['helpfl] *adj. (willing)* hilfsbereit; *(useful)* hilfreich; nützlich

**helpfully** ['helpfəlɪ] *adv.* hilfsbereit

**helpfulness** ['helpflnɪs] *n., no pl. (willingness)* Hilfsbereitschaft, *die; (usefulness)* Nützlichkeit, *die*

**helping** ['helpɪŋ] 1. *adj.* lend [sb.] a ~ hand [with sth.] *(fig.)* [jmdm.] [bei etw.] helfen; need a ~ hand jmdn. brauchen, der einem hilft; be ready with a ~ hand bereit sein zu helfen. 2. *n.* Portion, *die*

**helpless** ['helplɪs] *adj.* hilflos; *(powerless)* machtlos

**helplessly** ['helplɪslɪ] *adv.* hilflos

**helplessness** ['helplɪsnɪs] *n., no pl.* Hilflosigkeit, *die; (powerlessness)* Machtlosigkeit, *die*

**helpmate** ['helpmeɪt], **helpmeet** ['helpmi:t] *n.* Gefährte, *der*/Gefährtin, *die (geh.)*

**helter-skelter** ['heltəskeltə(r)] 1. *adv.* in wildem Durcheinander. 2. *adj.* unkontrolliert. 3. *n.* a) wildes Durcheinander; b) *(in fun-fair)* [spiralförmige] Rutschbahn

**helve** [helv] *n.* Stiel, *der*

[1]**hem** [hem] **1.** *n.* Saum, *der.* **2.** *v.t.*, **-mm- a)** säumen; **b)** *(surround)* ~ **sb./sth. in** *or* **about** jmdn./etw. einschließen; **feel ~med in** *(fig.)* sich eingeengt fühlen

[2]**hem** [hem, həm, hm] **1.** *int.* hm! **2.** *n. (sound)* Räuspern, *das;* **give a loud ~:** sich laut räuspern. **3.** *v.i.*, **-mm-** sich räuspern; ~ **and haw** *(coll.)* herumdrucksen *(ugs.)*

**he-man** ['hi:mæn] *n.* **a real ~:** ein richtiger Mann

**hematology** *(Amer.) see* **haematology**

**hemi-** ['hemɪ] *pref.* hemi-/Hemi-

**hemiplegia** [hemɪ'pli:dʒɪə] *n. (Med.)* Halbseitenlähmung, *die;* Hemiplegie, *die (fachspr.)*

**hemiplegic** [hemɪ'pli:dʒɪk] *adj. (Med.)* halbseitig gelähmt

'**hemisphere** *n.* **a)** Halbkugel, *die;* Hemisphäre, *die;* **the Southern ~** *(Geog., Astron.)* die südliche Halbkugel; **b)** *(Anat.)* Hemisphäre, *die*

**hemi'spherical** *adj.* halbkugelig; halbkugelförmig

'**hem-line** *n.* Saum, *der;* **~s are up/down** die Röcke sind kurz/lang; **Yves St. Laurent's new ~:** die neue Rocklänge bei Yves St. Laurent

**hemlock** ['hemlɒk] *n.* Schierling, *der*

**hemlock ['fir, 'spruce]** *ns. (Amer. Bot.)* Hemlocktanne, *die*

**hemo-** *(Amer.) see* **haemo-**

**hemp** [hemp] *n.* **a)** *(Bot., Textiles)* Hanf, *der;* **b)** *(drug)* Haschisch, *das od. der*

'**hem-stitch 1.** *n.* Hohlsaum, *der.* **2.** *v.t.* mit Hohlsaum versehen

**hen** [hen] *n.* **a)** *(Ornith.)* Huhn, *das;* Henne, *die (bes. im Gegensatz zu „Hahn");* **b)** *(Zool.) (lobster, crab)* weiblicher Hummer/Krebs; *(salmon)* Lachsweibchen, *das*

'**henbane** *n., no pl. (Bot., Med.)* Bilsenkraut, *das*

**hence** [hens] *adv.* **a)** *(therefore)* daher; **b)** *(from this time)* **a week/ten years ~:** in einer Woche/zehn Jahren; **c)** *(arch./poet.: from here)* **[from] ~:** von hinnen *(veralt.)*

**hence'forth, hence'forward** *advs.* von nun an; fürderhin *(veralt.)*

**henchman** ['hentʃmən] *n., pl.* **henchmen** ['hentʃmən] *(derog.)* Handlanger, *der*

'**hen-coop** *n.* Hühnerstall, *der*

**hendeca-** [hen'dekə] *in comb.* elf-/Elf-

'**hen-house** *n.* Hühnerhaus, *das;* Hühnerstall, *der*

**henna** ['henə] *n. (dye)* Henna, *das*

**hen: ~-party** *n. (coll.)* [Damen]kränzchen, *das;* **~pecked** ['henpekt] *adj.* **a ~pecked husband** ein Pantoffelheld *(ugs.);* **be ~pecked** unter dem Pantoffel stehen *(ugs.);* **~-run** *n.* [Hühner]auslauf, *der*

**Henry** ['henrɪ] *pr. n. (Hist., as name of ruler etc.)* Heinrich *(der)*

**hep** *adj. (dated sl.)* [über alles Moderne] informiert; **be ~ to sth.** über etw. *(Akk.)* auf dem laufenden sein

**hepatic** [hɪ'pætɪk] *adj. (Anat., Med.)* Leber-

**hepatitis** [hepə'taɪtɪs] *n. (Med.)* Leberentzündung, *die;* Hepatitis, *die (fachspr.)*

**heptagon** ['heptəgən] *n. (Geom.)* Siebeneck, *das;* Heptagon, *das (fachspr.)*

**heptagonal** [hep'tægənl] *adj. (Geom.)* siebeneckig; heptagonal *(fachspr.)*

[1]**her** [hə(r), *stressed* hɜ:(r)] *pron.* sie; *as indirect object* ihr; *reflexively* sich; *referring to personified things or animals which correspond to German masculines/neuters* ihn/es; *as indirect object* ihm; **it was ~:** sie war's; **~ and me** *(coll.)* sie und ich; **if I were ~** *(coll.)* wenn ich sie wäre

[2]**her** *poss. pron. attr.* ihr; *referring to personified things or animals which correspond to German masculines/neuters* sein; **she opened ~ eyes/mouth** sie öffnete die Augen/den Mund; **~ father and mother** ihr Vater und ihre Mutter; **she has problems of her own** sie hat ihre eigenen Probleme; **she has a room of ~ own** sie hat ein eigenes Zimmer; **he complained about ~ being late** er beklagte sich darüber, daß sie zu spät kam; er beklagte sich über ihr Zuspätkommen

**herald** ['herəld] **1.** *n.* **a)** Herold, *der;* **b)** *(messenger)* Bote, *der; (fig.: forerunner)* Vorbote, *der;* **c)** *(Brit.: official of Heralds' College) Beamter des Heroldamtes.* **2.** *v.t. (lit. or fig.)* ankündigen

**heraldic** [he'rældɪk] *adj.* heraldisch; **~ animal** Wappentier, *das*

**heraldry** ['herəldrɪ] *n., no pl.* **a)** Wappenkunde, *die;* Heraldik, *die;* **b)** *(armorial bearings)* Wappenschmuck, *der*

**herb** [hɜ:b] *n.* **a)** Kraut, *das; (Cookery)* Gewürzkraut, *das;* **b)** *(Med.)* [Heil]kraut, *das*

**herbaceous** [hɜ:'beɪʃəs] *adj. (Bot.)* krautartig ‹*Pflanze*›; krautig ‹*Stiel*›; **~ border** Staudenrabatte, *die*

**herbage** ['hɜ:bɪdʒ] *n., no pl. (Agric.) (herbs)* Weide, *die; (succulent parts)* Kraut, *das*

**herbal** ['hɜ:bl] **1.** *attrib. adj.* Kräuter‹*tee, -arznei*›; ‹*Behandlung*› mit Heilkräutern. **2.** *n.* Pflanzenbuch, *das*

**herbalist** ['hɜ:bəlɪst] *n.* **a)** Kräuterhändler, *der*/Kräuterhändlerin, *die* [für Heilkräuter]; **b)** *(Hist.)* Herbalist, *der*

**herbarium** [hɜ:'beərɪəm] *n., pl.* **herbaria** [hɜ:'beərɪə] Herbarium, *das*

'**herb garden** *n.* Kräutergarten, *der*

**herbicide** ['hɜ:bɪsaɪd] *n.* Unkrautvertilgungsmittel, *das;* Herbizid, *das*

**herbivore** ['hɜ:bɪvɔ:(r)] *n. (Zool.)* Pflanzenfresser, *der;* Herbivore, *der (fachspr.)*

**herbivorous** [hɜ:'bɪvərəs] *adj.* pflanzenfressend; herbivor *(fachspr.)*

'**herb-tea** *n.* Kräuteraufguß, *der*

**herby** ['hɜ:bɪ] *adj.* **a ~ taste/smell** ein Geschmack/Geruch nach Kräutern

**Herculean** [hɜ:kjʊ'li:ən, hɜ:'kju:lɪən] *adj.* übermenschlich ‹*Anstrengung*›; bärenstark ‹*Person*›; herkulisch *(geh.)*, ungeheuer ‹*Kraft*›; **~ labour** Herkulesarbeit, *die*

**Hercules** ['hɜ:kjʊli:z] *pr. n.* Herakles, *der;* Herkules, *der (auch fig.);* **the labours of ~:** die zwölf Arbeiten des Herakles

**herd** [hɜ:d] **1.** *n.* **a)** Herde, *die; (of wild animals)* Rudel, *das;* **a ~ of sheep/elephants** eine Herde Schafe/Elefanten; eine Schaf-/Elefantenherde; **ride ~ on sb.** *(Amer.)* jmdn. im Auge behalten; **b)** *(fig.)* Masse, *die;* **the common ~** *(derog.)* die breite Masse; **the ~ instinct** der Herdentrieb. **2.** *v.t.* **a)** *(lit. or fig.)* treiben; **~ [people] together** *(fig.)* [Menschen] zusammenpferchen; **b)** *(tend)* hüten. **3.** *v.i.* sich zu einer Herde zusammenschließen; *(fig.)* sich drängen

'**herdsman** ['hɜ:dzmən] *n., pl.* **~smen** ['hɜ:dzmən] Hirt[e], *der*

**here** [hɪə(r)] **1.** *adv.* **a)** *(in or at this place)* hier; **Schmidt ~** *(on telephone)* Schmidt; **spring is ~:** der Frühling ist da; **stay ~:** hierbleiben; **down/in/up ~:** hier unten/drin/oben; **~ below** *(fig. literary)* hienieden *(geh.);* auf dieser Erde; **~ goes!** *(coll.)* dann mal los! *(ugs.);* **~'s to you!** auf dein Wohl!; **~, there, and everywhere** überall; **that's neither ~ nor there** *(coll.)* das ist völlig nebensächlich; **~ today and gone tomorrow** *(of traveller)* heute hier, morgen dort; *(of money)* wie gewonnen, so zerronnen; **~ you are** *(coll.: giving sth.)* hier; **~ we are** *(on arrival)* da sind *od.* wären wir; **~ we go again** *(coll.)* jetzt geht das wieder los! *(ugs.);* **b)** *(to this place)* hierher; **in[to] ~:** hierherein; **come/bring ~:** [hier]herkommen/-bringen; **put sth. ~:** etw. hierhin- *od.* hierhertun; **~ comes the bus** hier *od.* da kommt der Bus. **2.** *n.* **leave ~:** von hier abreisen; **near ~:** hier in der Nähe; **up to ~, as far as ~:** bis hierhin; **he is up to ~ in problems** die Probleme sind ihm über den Kopf gewachsen; **from ~ on** von nun an; **where do we go from ~?** *(fig.)* was machen wir jetzt? **3.** *int. (attracting attention)* he; *(at roll-call)* hier

**here: ~a'bout[s]** *adv.* hier [in dieser Gegend]; **~'after** *adv. (formal)* im folgenden; *(in the future)* fürderhin *(veralt.); (literary: in the next world)* dereinst *(geh.);* **the life ~after** das Leben im Jenseits; **~'at** *adv. (arch.)* daraufhin; **~'by** *adv. (formal)* hiermit

**hereditary** [hɪ'redɪtərɪ] *adj.* **a)** erblich ‹*Titel, Amt*›; ererbt ‹*Reichtum*›; **~ monarchy/right** Erbmonarchie, *die*/Erbrecht, *das;* **b)** *(Biol.)* angeboren ‹*Instinkt, Verhaltensweise*›; **~ disease** Erbkrankheit, *die;* **c)** *(of a family)* **~ feud/enemy** Erbfehde, *die*/-feind, *der*

**heredity** [hɪ'redɪtɪ] *n. (Biol.)* **a)** *(transmission of qualities)* Vererbung, *die;* **b)** *(genetic constitution)* Erbgut, *das*

**here: ~'in** *adv. (formal)* hierin; **~in'after** *adv. (formal)* im folgenden; **~'of** *adv. (formal)* davon

**heresy** ['herɪsɪ] *n.* Ketzerei, *die;* Häresie, *die (geh.)*

**heretic** ['herɪtɪk] *n.* Ketzer, *der*/Ketzerin, *die;* Häretiker, *der*/Häretikerin, *die (geh.)*

**heretical** [hɪ'retɪkl] *adj.* ketzerisch; häretisch *(geh.)*

**here: ~'to** [hɪə'tʊ, hɪə'tu:] *adv. (formal)* darauf/hierauf; **~to'fore** *adv. (formal) (up to now)* bisher; *(up until that time)* bis dahin; **~'under** *adv. (formal)* im folgenden; **~u'pon** *adv.* hierauf; **~'with** *adv.* **a)** *(with this)* in der Anlage; **we enclose ~with your cheque** wir legen Ihren Scheck diesem Schreiben bei; **b)** *see* **~by**

**heritage** ['herɪtɪdʒ] *n. (lit. or fig.)* Erbe, *das*

**hermaphrodite** [hɜ:'mæfrədaɪt] **1.** *n.* Zwitter, *der (auch fig.);* Hermaphrodit, *der.* **2.** *adj.* zwittrig; hermaphroditisch

**hermeneutics** [hɜ:mɪ'nju:tɪks] *n., no pl.* Hermeneutik, *die*

**hermetic** [hɜ:'metɪk] *adj. (airtight)* luftdicht; *(fig.)* hermetisch *(geh.)*

**hermetically** [hɜ:'metɪkəlɪ] *adv.* hermetisch

**hermit** ['hɜ:mɪt] *n.* **a)** Einsiedler, *der*/Einsiedlerin, *die;* **b)** *(Relig.)* Eremit, *der*

**hermitage** ['hɜ:mɪtɪdʒ] *n.* Einsiedelei, *die*

'**hermit-crab** *n.* Einsiedlerkrebs, *der*

**hernia** ['hɜ:nɪə] *n., pl.* **~s** *or* **~e** ['hɜ:nɪi:] *(Med.)* Bruch, *der;* Hernie, *die (Med.)*

**hero** ['hɪərəʊ] *n., pl.* **~es** Held, *der; (demigod)* Heros, *der;* **~ of the hour** Held des Tages

**heroic** [hɪ'rəʊɪk] *adj.* **a)** heldenhaft; heroisch *(geh.);* **b)** *(Lit.)* **~ epic/legend** Heldenepos, *das*/-legende, *die;* **~ couplet** Heroic couplet, *das;* **~ verse** heroischer Vers; **c)** *(high-flown)* erhaben; *(very large)* gewaltig

**heroically** [hɪ'rəʊɪkəlɪ] *adv.* heldenhaft

**heroics** [hɪ'rəʊɪks] *n. pl.* **a)** *(language)* Theatralische, *das; (foolhardiness)* Draufgängertum, *das;* **b)** *(Lit.)* heroischer Vers

**heroin** ['herəʊɪn] *n., no pl.* Heroin, *das*

**heroine** ['herəʊɪn] *n. fem.* Heldin, *die;* Heroin, *die (geh.);* Heroine, *die (Theater)*

**heroism** ['herəʊɪzm] *n., no pl.* Heldentum, *das*

**heron** ['hern] *n.* Reiher, *der*

**hero: ~-worship 1.** *n.* Heldenverehrung, *die;* **2.** *v.t.* vergöttern; **~-worshipper** *n.* Heldenverehrer, *der*/-verehrerin, *die*

**herpes** ['hɜ:pi:z] *n. (Med.)* Herpes, *der*

**herring** ['herɪŋ] *n.* Hering, *der*

**herring: ~-bone 1.** *n.* **a)** *(Textiles) (stitch)* Fischgrätenstich, *der; (cloth)* Fischgrat, *der;* **b)** *(Archit.)* Fischgrätenverband, *der;* **2.** *adj.* **~-bone pattern** *(Textiles)* Fischgrätenmuster, *das;* **~-gull** *n.* Silbermöwe, *die;* **~-pond** *n. (joc.)* Atlantik, *der*

**hers** [hɜ:z] *poss. pron. pred.* ihrer/ihre/ihres; der/die/das ihre *od.* ihrige *(geh.);* **the book is ~:** das Buch gehört ihr; **that car is ~:** das ist ihr Wagen; der Wagen gehört ihr; **some friends of ~:** ein paar Freunde von ihr; **a book of ~:** ein Buch von ihr; eins ihrer Bücher; **those children of ~:** ihre Gören *(ugs.);*

~ **is a difficult job** sie hat einen schwierigen Job *(ugs.)*

**herself** [hɜːˈself] *pron.* **a)** *emphat.* selbst; **she ~ said so** sie selbst hat das gesagt; **she saw it ~:** sie hat es selbst gesehen; **she wanted to be ~:** sie wollte sie selbst sein; **she was just being ~:** sie gab sich einfach so wie sie ist; **she is [quite] ~ again** sie ist wieder ganz die alte; *(after an illness)* sie ist wieder auf der Höhe *(ugs.)*; **all right in ~:** im wesentlichen gesund; **she's not quite ~:** sie ist nicht ganz in Ordnung; **[all] by ~** *(on her own, by her own efforts)* [ganz] allein[e]; **b)** *refl.* sich; allein[e] ⟨*tun, wählen*⟩; **she wants it for ~:** sie will es für sich [selbst]; **she won't believe anything that she hasn't seen for ~:** sie glaubt nichts, was sie nicht selbst gesehen hat; **younger than/as heavy as ~:** jünger als/so schwer wie sie selbst; **... she thought to ~:** ... dachte sie sich [im stillen]; ... dachte sie bei sich

**hertz** [hɜːts] *n., pl. same (Phys.)* Hertz, *das*

**he's** [hɪz, *stressed* hiːz] **a)** = **he is; b)** = **he has**

**hesitance** [ˈhezɪtəns], **hesitancy** [ˈhezɪtənsɪ] *n., no pl.* Unschlüssigkeit, *die*

**hesitant** [ˈhezɪtənt] *adj.* zögernd ⟨*Politik, Reaktion*⟩; stockend ⟨*Rede*⟩; unsicher ⟨*Person, Stimme*⟩; **be ~ to do sth.** *or* **about doing sth.** Bedenken haben, etw. zu tun

**hesitantly** [ˈhezɪtəntlɪ] *adv.* zögernd ⟨*handeln, reagieren*⟩; stockend ⟨*sprechen*⟩

**hesitate** [ˈhezɪteɪt] *v. i.* **a)** *(show uncertainty)* zögern; **he who ~s is lost** *(prov.)* man muß die Gelegenheit beim Schopfe fassen; **b)** *(falter)* ins Stocken geraten; **c)** *(show reluctance)* ~ **to do sth.** Bedenken haben, etw. zu tun

**hesitation** [hezɪˈteɪʃn] *n.* **a)** *no pl. (indecision)* Unentschlossenheit, *die;* **without the slightest ~:** ohne im geringsten zu zögern; **have no ~ in doing sth.** nicht zögern, etw. zu tun; **b)** *(instance of faltering)* Unsicherheit, *die;* **c)** *no pl. (reluctance)* Bedenken *Pl.*

**Hesse** [ˈhesə] *pr. n.* Hessen *(das)*

**Hessian** [ˈhesɪən] **1.** *adj.* hessisch. **2.** *n.* Hesse, *der*/Hessin, *die*

**hessian** *n.* Sackleinen, *das;* Hessian, *das (fachspr.)*

**het** [het] *adj. (coll.)* ~ **up** aufgeregt; **get ~ up over sth.** sich über etw. *(Akk.)* aufregen

**hetero-** [ˈhetərə] *in comb.* hetero-/Hetero-

**heterodox** [ˈhetərədɒks] *adj.* heterodox

**heterodoxy** [ˈhetərədɒksɪ] *n.* Heterodoxie, *die*

**heterogeneity** [hetərədʒɪˈniːɪtɪ] *n.* Ungleichartigkeit, *die;* Heterogenität, *die*

**heterogeneous** [hetərəˈdʒiːnɪəs, hetərəˈdʒenɪəs] *adj.* ungleichartig; heterogen

**heterosexual 1.** *adj.* heterosexuell. **2.** *n.* Heterosexuelle, *der/die*

**heuristic** [hjʊəˈrɪstɪk] **1.** *adj.* heuristisch. **2.** *n. (procedure)* heuristische Methode

**hew** [hjuː] **1.** *v. t., p. p.* **~n** [hjuːn] *or* **~ed** [hjuːd] **a)** *(cut)* hacken ⟨*Holz*⟩; fällen ⟨*Baum*⟩; losschlagen ⟨*Kohle, Gestein*⟩; **~ away** *or* **off** abschlagen; **b)** *(shape)* hauen ⟨*Stufen*⟩; behauen ⟨*Holz, Stein*⟩. **2.** *v. i., p. p.* **~n** *or* **~ed a)** zuschlagen; **~ at sth.** auf etw. *(Akk.)* einschlagen; **b)** *(Amer.: conform)* **~ to sth.** sich an etw. *(Akk.)* halten

**hex** [heks] *(Amer.)* **1.** *v. t. (lit. or fig.)* verhexen. **2.** *n.* **a) put a ~ on sb./sth.** jmdn./etw. verhexen; **b)** *(witch, lit. or fig.)* Hexe, *die*

**hexagon** [ˈheksəgən] *n. (Geom.)* Sechseck, *das;* Hexagon, *das (fachspr.)*

**hexagonal** [hekˈsægənl] *adj. (Geom.)* sechseckig; hexagonal *(fachspr.)*

**hexameter** [hekˈsæmɪtə(r)] *n. (Pros.)* Hexameter, *der*

**hey** [heɪ] *int.* he!; **~ presto!** simsalabim!

**heyday** [ˈheɪdeɪ] *n., no pl.* Blütezeit, *die*

**HF** *abbr.* **high frequency** HF

**hf.** *abbr.* **half**

**HGV** *abbr. (Brit.)* **heavy goods vehicle**

**HH** *abbr.* **a) Her/His Highness** I. H./S. H.; **b) His Holiness**

**hi** [haɪ] *int.* hallo *(ugs.)*

**hiatus** [haɪˈeɪtəs] *n.* **a)** *(gap)* Bruch, *der; (interruption)* Unterbrechung, *die;* **b)** *(Ling.)* Hiatus, *der*

**hibernate** [ˈhaɪbəneɪt] *v. i.* Winterschlaf halten

**hibernation** [haɪbəˈneɪʃn] *n.* Winterschlaf, *der;* **go into/come out of ~:** sich zum Winterschlaf zurückziehen/aus dem Winterschlaf erwachen

**Hibernian** [haɪˈbɜːnɪən] **1.** *adj.* irisch. **2.** *n.* Ire, *der*/Irin, *die*

**hibiscus** [hɪˈbɪskəs] *n. (Bot.)* Hibiskus, *der*

**hic** [hɪk] *int.* hick *(ugs.)*

**hiccup** [ˈhɪkʌp] **1.** *n.* **a)** Schluckauf, *der;* **have/get [the] ~s** [den] Schluckauf haben/bekommen; **give a ~:** schlucksen *(ugs.)*; hick machen *(ugs.)*; hicksen *(landsch.)*; **an attack of [the] ~s** ein Schluckaufanfall; **b)** *(fig.: stoppage)* Störung, *die;* **without any ~s** reibungslos. **2.** *v. i.* schlucksen *(ugs.)*; hicksen *(landsch.)*; hick machen *(ugs.)*; *(many times)* den Schluckauf haben

**hick** [hɪk] *n. (Amer. coll.)* **[country] ~:** Provinzler, *der (ugs. abwertend)*; Hinterwäldler, *der (spött.)*; **~ town** Provinzstadt, *die;* Provinznest, *das (ugs. abwertend)*

**hickey** [ˈhɪkɪ] *n. (Amer.)* Dings, *das (ugs.)*

**hickory** [ˈhɪkərɪ] *n.* **a)** *(tree)* Hickory[baum], *der;* **b)** *(wood)* Hickory[holz], *das*

**hid** *see* **¹hide 1, 2**

**hidden** *see* **¹hide 1, 2**

**hidden reˈserve** *n. (Econ.)* stille Reserve *od.* Rücklage

**¹hide** [haɪd] **1.** *v. t.,* **hid** [hɪd], **hidden** [ˈhɪdn] **a)** *(put or keep out of sight)* verstecken ⟨*Gegenstand, Person usw.*⟩ **(from** vor + *Dat.*); **~ one's head [in embarrassment/shame]** *(fig.)* sich [vor Verlegenheit/Scham *(Dat.)*] verstecken; **~ one's face in one's hands** sein Gesicht in den Händen bergen; *see also* **bushel; b)** *(keep secret)* verbergen ⟨*Gefühle, Sinn, Freude usw.*⟩ **(from** vor + *Dat.*); verheimlichen ⟨*Tatsache, Absicht, Grund usw.*⟩ **(from** *Dat.*); **have nothing to ~:** nichts zu verbergen haben; **the future is hidden from us** die Zukunft ist uns verborgen; **c)** *(obscure)* verdecken; **~ sth. [from view]** etw. verstecken; *(by covering)* etw. verdecken; ⟨*Nebel, Rauch usw.:*⟩ etw. einhüllen. **2.** *v. i.,* **hid, hidden** sich verstecken *od.* verbergen **(from** vor + *Dat.*); **where is he hiding?** wo hält er sich versteckt *od.* verborgen? **3.** *n. (Brit.)* Versteck, *das; (hunter's ~)* Ansitz, *der (Jägerspr.)*

**~ aˈway** *v. i.* sich verstecken *od.* verbergen; *see also* **hideaway**

**~ ˈout, ~ ˈup** *v. i.* sich versteckt *od.* verborgen halten; *see also* **hide-out**

**²hide** *n. (animal's skin)* Haut, *die; (of furry animal)* Fell, *das; (dressed)* Leder, *das; (joc.: human skin)* Haut, *die;* Fell, *das;* **tan sb.'s ~:** jmdm. das Fell gerben *od.* versohlen *(salopp)*; **save one's own ~:** die eigene Haut retten *(ugs.)*; **when I returned I could find neither ~ nor hair of them** als ich zurückkam, waren sie spurlos verschwunden

**hide: ~-and-ˈseek** *(Amer.:* **~-and-go-ˈseek)** *n.* Versteckspiel, *das;* **play ~-and-seek** Verstecken spielen; **~away** *see* **~-out; ~bound** *adj.* engstirnig, borniert *(abwertend)* ⟨*Person, Ansicht*⟩

**hideous** [ˈhɪdɪəs] *adj.* **a)** *(extremely ugly, offensive to the ear)* scheußlich; *(repulsive, horrific)* entsetzlich; grauenhaft; **b)** *(coll.: unpleasant)* furchtbar *(ugs.)*, schrecklich *(ugs.)*

**hideously** [ˈhɪdɪəslɪ] *adv.* **a)** entsetzlich, grauenhaft ⟨*verstümmelt, entstellt, schreien*⟩; **b)** *(coll.: unpleasantly)* furchtbar *(ugs.)*, schrecklich *(ugs.)* ⟨*langweilig, teuer, kalt, laut usw.*⟩

**ˈhide-out** *n.* Versteck, *das; (of bandits, partisans, etc.)* Versteck, *das;* Unterschlupf, *der; (retreat)* Refugium, *das*

**hidey-hole** *see* **hidy-hole**

**¹hiding** [ˈhaɪdɪŋ] *n.* **go into ~:** sich verstecken; *(to avoid police, public attention)* untertauchen; **be/stay in ~:** sich versteckt halten/sich weiterhin versteckt halten; *(to avoid police, public attention)* untergetaucht sein/bleiben; **come out of ~:** aus seinem Versteck kommen; *(no longer avoid police, public attention)* wieder auftauchen

**²hiding** *n. (coll.: beating)* Tracht Prügel; *(fig.)* Schlappe, *die;* **give sb. a [good] ~:** jmdm. eine [ordentliche] Tracht Prügel verpassen; *(fig.)* jmdm. eine [klare] Abfuhr erteilen; **get/be given/take a real ~ [from sb.]** [von jmdm.] gehörige Prügel beziehen *od.* einstecken müssen; *(fig.)* sich *(Dat.)* [von jmdm.] eine klare Abfuhr holen; **be on a ~ to nothing** eine undankbare Rolle haben

**ˈhiding-place** *n.* Versteck, *das*

**hidy-hole** [ˈhaɪdɪhəʊl] *n. (coll.)* Versteck, *das*

**hierarchic** [haɪəˈrɑːkɪk], **hierarchical** [haɪəˈrɑːkɪkl] *adj.* hierarchisch

**hierarchy** [ˈhaɪərɑːkɪ] *n.* Hierarchie, *die*

**hieroglyph** [ˈhaɪərəglɪf] *n.* **a)** Hieroglyphe, *die;* **b)** *in pl. (joc.: scrawl)* Hieroglyphen *(scherzh.)*

**hieroglyphic** [haɪərəˈglɪfɪk] **1.** *adj.* **a)** *(composed of hieroglyphs)* hieroglyphisch; **b)** *(symbolical)* geheimnisvoll ⟨*Zeichen*⟩. **2.** *n. in pl. (also joc.)* Hieroglyphen

**hi-fi** [ˈhaɪfaɪ] *(coll.)* **1.** *adj.* Hi-Fi-. **2.** *n.* **a)** *(equipment)* Hi-Fi-Anlage, *die;* **b)** *(use of ~)* Hi-Fi, *das; attrib.* Hi-Fi-⟨*fan usw.*⟩

**higgledy-piggledy** [hɪgldɪˈpɪgldɪ] **1.** *adv.* wie Kraut und Rüben *(ugs.)*. **2.** *adj.* wirr, kunterbunt ⟨*Ansammlung usw.*⟩

**high** [haɪ] **1.** *adj.* **a)** *(reaching far up)* hoch ⟨*Berg, Gebäude, Mauer*⟩; **a wall eight feet** *or* **foot ~:** eine acht Fuß hohe Mauer; **I've known him since he was only so ~** *(coll.)* ich kannte ihn schon, als er [noch] so [klein] war; **b)** *(above normal level)* hoch ⟨*Stiefel*⟩; **a dress with a ~ neckline** ein hochgeschlossenes Kleid; **the river/water is ~:** der Fluß/das Wasser steht hoch; **~ and dry** ⟨*Boot:*⟩ auf dem Trockenen; hoch und trocken *(Seemannsspr.)*; **be left ~ and dry** *(fig.)* auf dem trock[e]nen sitzen *(ugs.)*; *(be stuck without transport)* festsitzen *(ugs.)*; **c)** *(far above ground or sea level)* hoch ⟨*Gipfel, Punkt*⟩; groß ⟨*Höhe*⟩; Hoch⟨*ebene, -moor*⟩; **be ~** ⟨*Ort:*⟩ hoch liegen; ⟨*Sonne, Mond:*⟩ hoch stehen; **d)** *(to or from far above the ground)* hoch ⟨*Aufstieg, Sprung*⟩; **~ diving** Turmspringen, *das;* **a ~ dive** ein Sprung vom Turm; *see also* **¹bar 1 b; e)** *(of exalted rank)* hoch ⟨*Beamter, Amt, Gericht*⟩; **the Most H~** *(Bibl.)* der Allerhöchste; **~ and low** arm und reich *(veralt.)*; **a ~er court** eine höhere Instanz; **~er mammals/plants** höhere Säugetiere/Pflanzen; **~ and mighty** *(coll.: ~-handed)* selbstherrlich; *(coll.: self-important)* wichtigtuerisch; *(coll.: superior)* hochnäsig *(ugs.)*; *(arch.: exalted)* hoch ⟨*Adlige*⟩; groß ⟨*Häuptling*⟩; **aim for ~er things** *(fig.)* nach Höherem streben; **be born** *or* **destined for ~er things** zu Höherem geboren *od.* bestimmt sein; **in ~ places** an höherer Stelle; höheren Orts; **people in ~ places** Leute in hohen Positionen; **those in ~ places** die Oberen; **f)** *(great in degree)* hoch; groß ⟨*Gefallen, Bedeutung*⟩; stark ⟨*Wind*⟩; **be ~ in iodine** einen hohen Jodgehalt aufweisen; **be held in ~ regard/esteem** hohes Ansehen/hohe Wertschätzung genießen; hoch angesehen/geschätzt sein; **~ blood pressure** Bluthochdruck, *der;* **~ vacuum** Hochvakuum, *das;* **her ~est aspiration** ihr größter Wunsch; **get a nice ~ polish on the car** das Auto auf Hochglanz polieren; **a/his** *etc.* **~ colour** ein/sein *usw.* rotes Gesicht; **have a ~ opinion of sb./sth.** eine hohe Meinung von jmdm./etw. haben *(geh.)*; viel von jmdm./etw. halten; **g)** *(extreme in opinion)* extrem; **h)** *(noble, virtuous)* hoch ‹*Ideal, Ziel, Prinzip, Berufung*›; edel ‹*Charakter*›; **of ~ birth** von hoher Geburt *(geh.)*; **~ art/comedy** hohe Kunst/Komödie; **i)** *(Geog.)* **~ latitudes** hohe Breiten; **j)** *(of time, season)* **it is ~ time you left** es ist *od.* wird höchste Zeit, daß du gehst; **~ noon** Mittag; **it was ~ noon** es war genau Mittag; **~ summer** Hochsommer, *der;* **k)** *(fully developed)* hoch; Hoch‹*mittelalter, -renaissance usw.*›; **l)** *(long since passed)* fern ‹*Vergangenheit*›; **m)** *(luxurious, extravagant)* üppig ‹*Leben*›; **n)** *(enjoyable)* **have a ~ [old] time** sich bestens amüsieren; **have a ~ [old] time doing sth.** Spaß damit haben, etw. zu tun; **o)** *(coll.) (under the influence) (of a drug)* high *nicht attr. (ugs.)* **(on** von); angeturnt *(ugs.)* **(on** von); *(on cannabis)* bekifft *(ugs.)*; *(on alcohol)* blau *(ugs.)* **(on** von); **get ~ on** sich anturnen mit *(ugs.)* ‹*Haschisch, LSD usw.*›; sich besaufen mit *(salopp)* ‹*Whisky, Bier usw.*›; **p)** *(in pitch)* hoch ‹*Ton, Stimme, Lage, Klang usw.*›; **q)** *(slightly decomposed)* angegangen *(landsch.)* ‹*Fleisch*›; ‹*Wild*› mit Hautgout; **r)** *(Cards)* hoch; **ace is ~:** As ist hoch; **I'm queen** *etc.* **~:** Dame *usw.* ist das Höchste, was ich habe; **s)** *(Ling.) see* **close 1 n.** *See also* **horse 1 a. 2.** *adv.* **a)** *(in or to a ~ position)* hoch; **~ on our list of priorities** weit oben auf unserer Prioritätenliste; **~er up the valley** weiter oben im Tal; **we climbed ~er up the cliff** wir kletterten das Kliff ein Stück höher hinauf; **search** *or* **hunt** *or* **look ~ and low** überall suchen; **search** *or* **hunt** *or* **look ~ and low for sb./sth.** jmdn./etw. suchen wie eine Stecknadel; *see also* **aim 2 a; b)** *(to a ~ level)* hoch; **prices have gone too ~:** die Preise sind zu stark gestiegen; **I'll go as ~ as two thousand pounds** ich gehe bis zweitausend Pfund; **c)** *(at or to a ~ pitch)* hoch ‹*singen*›; **d) play ~** *(Cards)* etwas Hohes spielen; *(Gambling)* mit hohen Einsätzen spielen. **3.** *n.* **a)** *(~est level/figure)* Höchststand, *der; see also* **all-time; b)** *(Meteorol.)* Hoch, *das;* **c)** *(Amer. coll.: ~ school)* Oberschule, *die;* **in junior ~:** in der Unterstufe [der Oberschule]; **d)** *(sl.: drug-induced euphoria)* Rausch[zustand], *der;* **give sb. a ~** ‹*Droge:*› jmdn. high machen *(ugs.)*; **e)** *(~ position)* **on ~:** hoch oben *od. (geh., südd., österr.)* droben; *(in heaven)* im Himmel; **from on ~:** von hoch oben; *(from heaven)* vom Himmel; *(fig.: from a ~ authority)* von oben; **a judgement from on ~:** eine Strafe des Himmels

**high: ~ 'altar** *n. (Eccl.)* Hochaltar, *der;* **~-altitude** *adj.* Höhen-; **~ball** *n. (Amer.)* **a)** *(drink)* Highball, *der;* **b)** *(Railw.: signal)* Freie-Fahrt-Signal, *das;* **~ 'beam** *n.* Fernlicht, *das;* **I was on ~ beam most of the time** ich fuhr die meiste Zeit mit Fernlicht; **~binder** *n. (Amer.)* **a)** *(thug)* Schläger, *der;* **b)** *(assassin)* [chinesischer] Killer; **c)** *(swindler)* Schwindler, *der;* Ganove, *der (ugs.)*; **~-born** *adj.* hochgeboren *(veralt.)*; **~boy** *n. (Amer.) (hochbeinige)* hohe Kommode; Highboy, *der (fachspr.)*; **~brow** *(coll.)* **1.** *n.* Intellektuelle, *der/die;* **2.** *adj.* intellektuell ‹*Person, Gerede usw.*›; hochgestochen *(abwertend)* ‹*Person, Gerede, Musik, Literatur usw.*›; hochgeistig ‹*Interessen, Beschäftigung, Gerede*›; **~ chair** *n. (for baby)* Hochstuhl, *der;* **H~ 'Church** *n.* High Church, *die;* Hochkirche, *die; attrib.* hochkirchlich; **~-class** *adj.* hochwertig ‹*Erzeugnis*›; erstklassig ‹*Unterkunft, Konditor usw.*›; **~ com'mand** *n. (Mil.)* Oberkommando, *das;* **H~ Com'mission** *n.* Hohe Kommission; **H~ Com'missioner** *n.* Hoher Kommissar; **H~ 'Court [of Justice]** *n. (Brit. Law) oberster Gerichtshof für Zivil- und Strafsachen;* **~ day** *n.* **on ~ days and holidays** zu besonderen Anlässen

**higher** ['haɪə(r)]: **~ edu'cation** *n., no pl., no art.* Hochschul[aus]bildung, *die;* **he works in ~ education** er ist im Hochschulbereich tätig; **more funds are needed for ~ education** das Hochschulwesen braucht mehr Mittel; **~ mathe'matics** *n.* höhere Mathematik

**high: ~ ex'plosive** *see* **explosive 2; ~-falutin** [haɪfə'lu:tɪn], **~-faluting** [haɪfə'lu:tɪŋ] *adj. (coll. derog.)* hochtrabend ‹*Gerede, Stil, Sprache usw.*›; aufgeblasen *(ugs. abwertend)* ‹*Person*›; **~ 'fashion** *see* **haute couture; ~ fi'delity** *n.* High-Fidelity, *die;* **reproduce sth. in ~ fidelity** etw. in Hi-Fi-Qualität wiedergeben; **~ fi'nance** *n.* Hochfinanz, *die;* **~-'flier** *see* **~-flyer; ~-flown** *adj.* geschwollen *(abwertend)* ‹*Stil, Ausdrucksweise*›; hochfliegend ‹*Ideen, Pläne*›; **~-'flyer** *n.* **a)** *(ambitious person)* Ehrgeizling, *der (ugs., abwertend)*; **be a ~-flyer** große Rosinen im Kopf haben *(ugs.)*; hoch hinaus wollen; **b)** *(able person)* Hochbegabte, *der/die;* **~-'flying** *adj.* hoch fliegend; *(fig.: ambitious)* hochfliegend ‹*Pläne, Ideen*›; ehrgeizig ‹*Person*›; **~ 'frequency** *n.* hohe Frequenz; *(radio-frequency)* Hochfrequenz, *die;* **~-frequency** *adj.* hochfrequent ‹*Welle, Schwingung, Strahlung, Strom, Ton, Signal*›; Hochfrequenz‹*welle, -schwingung, -signal, -gerät, -sender usw.*›; ‹*Sendung*› ≈ auf Kurzwelle; ‹*Verluste*› im Hochfrequenzbereich; **~ 'German** *see* **German 2 b; ~-grade** *adj.* hochwertig; **~-grade ore** hochhaltiges Erz; Reicherz, *das;* **~-grade steel** Edelstahl, *der;* **~-handed** [haɪ'hændɪd] *adj.* selbstherrlich; **~ 'hat** *n.* **a)** *(tall hat)* Zylinder, *der;* **b)** *(fig.: snobbish person)* dünkelhafter Mensch; **~ 'heel** *n.* **a)** hoher Absatz; **b)** *in pl. (shoes)* hochhackige Schuhe; **~-heeled** [haɪ'hi:ld] *adj.* ‹*Schuhe*› mit hohen Absätzen; **~ 'holiday** *n. (Relig.) einer der beiden höchsten jüdischen Feiertage;* höchster Feiertag; **~ 'jinks** ['haɪ dʒɪŋks] *n. pl.* [übermütige] Ausgelassenheit; **~ jump** *n., no pl.* **a)** *(Sport)* Hochsprung, *der;* **b)** *(fig.: reprimand, punishment)* **he is for the ~ jump, it's the ~ jump for him** er kann sich auf was gefaßt machen *(ugs.)*; **~-jumper** *n. (Sport)* Hochspringer, *der/*-springerin, *die;* **~-'key** *adj. (Photog.)* High-key-‹*Bild, Aufnahme usw.*› *(fachspr.)*; **~ 'kick** *n.* hoher Beinwurf; **~land** ['haɪlənd] **1.** *n., usu. in pl.* Hochland, *das;* **the H~lands** *(in Scotland)* die Highlands; **2.** *adj.* hochländisch; **H~land 'cattle** *n. pl.* schottische Hochlandrinder; **H~land 'dress** *n., no pl.* [schottische] Hochlandtracht; **~lander** ['haɪləndə(r)] *n.* Hochländer, *der/*-länderin, *die;* **H~lander** schottischer Hochländer/schottische Hochländerin; **~-level** *adj.* ‹*Verhandlungen usw.*› auf hoher Ebene; **~-level talks** Spitzengespräche; **~-level computer language** problemorientierte Programmiersprache; **~ life** *n., no pl.* **a)** *(life of upper class)* das Leben der Oberschicht; **b)** *(luxurious living)* **the ~ life** das Leben auf großem Fuße; **~light 1.** *n.* **a)** *(outstanding moment)* Höhepunkt, *der;* **the ~light of the week's events** das herausragende Ereignis der Woche; **b)** *(bright area)* Licht, *das;* **c)** *(in hair) usu. pl.* Strähnchen, *das;* **2.** *v. t.,* **~lighted** ein Schlaglicht werfen auf (+ *Akk.*) ‹*Probleme usw.*›; **~lighter** *n.* Textmarker, *der*

**highly** ['haɪlɪ] *adv.* **a)** *(to a high degree)* sehr; äußerst; hoch‹*begabt, -interessant, -angesehen, -bezahlt, -gebildet, -modern, -aktuell*›; leicht ‹*entzündlich*›; stark ‹*gewürzt*›; **feel ~ honoured** sich hoch geehrt fühlen; **I can ~ recommend the restaurant** ich kann dieses Restaurant sehr empfehlen; *see also* **polish 1 b; b)** *(favourably)* **think ~ of sb./sth., regard sb./sth. ~:** eine hohe Meinung von jmdm./etw. haben; **speak/write ~ of sb./sth.** jmdn./etw. sehr loben

**'highly-strung** *adj.* übererregbar

**high: ~ 'mass** *see* **¹mass; ~-minded** [haɪ'maɪndɪd] *adj.* hochgesinnt ‹*Person*›; hoch, *(geh.)* hehr ‹*Prinzipien, Dienstauffassung usw.*›; **~-necked** *adj.* hochgeschlossen ‹*Kleidungsstück*›

**Highness** ['haɪnɪs] *n.* Hoheit, *die;* **His/Her/Your [Royal] ~:** Seine/Ihre/Eure [Königliche] Hoheit

**high: ~-octane** *adj.* hochoktanig; **~-performance** *adj.* Hochleistungs-; **~-pitched** *adj.* **a)** hoch ‹*Ton, Stimme*›; **b)** *(Archit.)* steil ‹*Dach*›; **c)** *(lofty)* anspruchsvoll; hochgeistig ‹*Unterhaltung*›; **be too ~-pitched intellectually for sb.** jmdm. *od.* für jmdn. zu hoch sein *(ugs.)*; **~ point** *n.* Höhepunkt, *der;* Gipfelpunkt, *der;* **~-powered** ['haɪpaʊəd] *adj.* **a)** *(powerful)* stark ‹*Fahrzeug, Motor, Glühbirne usw.*›; **b)** *(forceful)* dynamisch ‹*Geschäftsmann, Manager usw.*›; **c)** *(authoritative)* mit umfangreichen Vollmachten ausgestattet; *(intellectually excellent)* [äußerst] fähig; hochkarätig *(ugs.)* ‹*Examen*›; **~ 'pressure** *n.* **a)** *(Meteorol.)* Hochdruck, *der;* **an area of ~ pressure** ein Hochdruckgebiet; **b)** *(Mech. Engin.)* Überdruck, *der;* **c)** *(fig.: high degree of activity)* Hochdruck, *der;* **work at ~ pressure** mit Hochdruck arbeiten *(ugs.)*; **~-pressure** *adj.* Hochdruck-; *(fig.: persuasive)* aggressiv ‹*Verkaufsmethoden*›; aufdringlich ‹*Vertreter*›; **~-priced** [haɪ'praɪst] *adj.* teuer; **~ 'priest** *n.* Hohepriester, *der;* **~ 'profile** *see* **profile 1 g; ~-ranking** *adj.* hochrangig; von hohem Rang *nachgestellt;* hoch ‹*Beamter, Offizier*›; **~ re'lief** *see* **²relief a; ~-rise** *adj.* Hochhaus-; **~-rise building** Hochhaus, *das;* **~-rise [block of] flats/office block** Wohn-/Bürohochhaus, *das;* **~ road** *n.* Hauptstraße, *die;* **the ~ road to ruin** der sichere Weg zum Ruin; **a ~ road to happiness** ein sicherer Weg zum Glück; **~ school** *n.* ≈ Oberschule, *die;* **~ 'seas** *n. pl.* **the ~ seas** die hohe See; **~ season** *n.* Hochsaison, *die;* **~ sign** *n. (Amer. coll.)* **give sb. the ~ sign** jmdm. signalisieren, daß die Luft rein ist; **~-sounding** *adj.* hochtönend; hochtrabend *(abwertend)*; **~-speed** *adj.* **a)** schnell[fahrend]; **~-speed train** Hochgeschwindigkeitszug, *der;* **~-speed steel** Schnell[arbeits]stahl, *der;* **b)** *(Photog.) see* **²fast 1 h; ~-spirited** *see* **spirited b; ~ 'spirits** *see* **spirit 1 h; ~ spot** *n. (coll.)* Höhepunkt, *der;* **~ street** *n.* Hauptstraße, *die;* **~-street shop/office** Geschäft/Büro in der Hauptstraße; **~-street banks** Großbanken; **~-'strung** *see* **highly-strung; ~ 'table** *n.* **a)** *(at public dinner)* erhöhte Speisetafel; **b)** *(table for college fellows)* Dozententisch, *der;* **~tail** *v. i. & t. (Amer. sl.)* **~tail [it]** abhauen *(salopp)*; verduften *(ugs.)*; sich aus dem Staub machen *(ugs.)*; **~ 'tea** *see* **tea b; ~-tech** *adj. (coll.)* High-Tech-; **~ 'tech** *(coll.),* **~ tech'nology** *ns.* Spitzentechnologie, *die;* Hochtechnologie, *die;* **~-technology** *adj.* hochtechnisiert; High-Tech-; **~ 'tension ≈ ~ voltage** *see* **voltage; ~-'tension** *see* **~-voltage; ~ 'tide** *see* **tide 1 a; ~ 'treason** *see* **treason a; ~-up** *n. (coll.)* hohes Tier *(ugs.)*; **~ 'voltage** *see* **voltage; ~-'voltage** *adj. (Electr.)* Hochspannungs-; **~ 'water** *n.* Hochwasser, *das;* **~-'water mark** *n.* **a)** *(level reached by tide)* Hochwassermarke, *die;* **b)** *(maximum value)* höchster Stand; Höchststand, *der;* *(highest point of excellence)* Höhepunkt, *der;* **~way** *n.* **a)** *(public road)* öffentliche Straße; *(public path)* öffentlicher Weg; **H~ways Department** Straßenbauamt, *das;* **the King's/Queen's ~way** *(Brit.) eine öffentliche Straße;* **b)** *(main route)* Verkehrsweg, *der;* **the spinal cord is the ~way for all nervous impulses** das Rückenmark ist die Bahn, die alle Nervenimpulse nehmen; **c)** *(fig.:*

*course of action)* **the ~way to ruin** der sichere Weg zum Ruin; **H~way 'Code** *n. (Brit.)* Straßenverkehrsordnung, *die;* **~wayman** ['haɪweɪmən] *n., pl.* **~waymen** ['haɪweɪmən] *(Hist.)* Straßenräuber, *der;* Wegelagerer, *der;* **~ 'wire** *n.* [Hoch]seil, *das*

**hijack** ['haɪdʒæk] **1.** *v. t.* **a)** *(seize)* in seine Gewalt bringen; **they ~ed an aircraft to Cuba** sie haben ein Flugzeug nach Kuba entführt; **he ~ed the lorry to London** er zwang den Fahrer des LKW, nach London zu fahren; **b)** *(coll.: steal)* sich *(Dat.)* unter den Nagel reißen *(ugs.).* **2.** *n. (of aircraft)* Entführung, *die* **(of** *Gen.*); *(of vehicle)* Überfall, *der* **(of** auf + *Akk.*)

**hijacker** ['haɪdʒækə(r)] *n.* Entführer, *der; (of aircraft)* Hijacker, *der;* Flugzeugentführer, *der;* **be seized by ~s** entführt werden

**hike** [haɪk] **1.** *n.* **a)** *(long walk)* Wanderung, *die;* **go on a ~:** eine Wanderung machen; wandern gehen; **be on a ~:** auf einer Wanderung sein; eine Wanderung machen; **b)** *(esp. Amer.: increase)* Anstieg, *der;* Erhöhung, *die* **(in** *Gen.*). **2.** *v. i.* **a)** wandern; eine Wanderung machen; **b)** *(walk vigorously)* wandern; marschieren. **3.** *v. t.* **a)** *(hoist)* hieven *(ugs.);* **b)** *(esp. Amer.: raise)* erhöhen, anheben ‹*Preise usw.*› **(to** auf + *Akk.*)

**~ 'up** *v. i.* ‹*Kleidungsstück:*› hochrutschen *(ugs.),* sich hochschieben

**hiker** ['haɪkə(r)] *n.* Wanderer, *der*/Wanderin, *die*

**hilarious** [hɪ'leərɪəs] *adj.* **a)** *(extremely funny)* urkomisch; rasend komisch *(ugs.);* **b)** *(boisterously merry)* ausgelassen ‹*Party, Stimmung*›

**hilariously** [hɪ'leərɪəslɪ] *adv.* **be ~ funny** rasend komisch sein *(ugs.);* zum Schreien sein *(ugs.)*

**hilarity** [hɪ'lærɪtɪ] *n., no pl.* **a)** *(gaiety)* Fröhlichkeit, *die;* **b)** *(merriment)* übermütige Ausgelassenheit; *(loud laughter)* Heiterkeit, *die*

**Hilary term** [hɪlərɪ 'tɜ:m] *n. (Brit. Univ.)* Frühjahrstrimester, *das*

**hill** [hɪl] *n.* **a)** Hügel, *der; (higher)* Berg, *der;* **walk in the ~s** in den Bergen gehen; **built on a ~:** am Hang gebaut; **be over the ~** *(fig. coll.)* auf dem absteigenden Ast sein *(ugs.); (past the crisis)* über den Berg sein *(ugs.);* **[as] old as the ~s** *(fig.)* uralt; ‹*Person*› [so] alt wie Methusalem; *see also* **up 2 a; uphill; b)** *(heap)* Hügel, *der; (ant~, dung~, mole~)* Haufen, *der;* **c)** *(sloping road)* Steigung, *die;* **park on a ~:** am Berg parken

**hill: ~-billy** *n. (Amer.)* **a)** Hinterwäldler, *der*/Hinterwäldlerin, *die (spött.);* Landpomeranze, *die (ugs. abwertend, auch scherzh.); (of the SE US)* Hillbilly, *der;* **b)** *(Mus.)* Hillbilly, *der;* **~ climb** *n. (Motor Racing)* Bergrennen, *das;* **~-fort** *n.* Bergfestung, *die; (Archaeol.)* Hillfort, *das;* **~-man** *n.* Bergbewohner, *der*

**hillock** ['hɪlək] *n.* [kleiner] Hügel

**hill: ~side** *n.* Hang, *der;* **~ start** *n. (Motor Veh.)* Anfahren am Berg, *das;* **do a ~ start** am Berg anfahren; **~top** *n.* [Berg]gipfel, *der*

**hilly** ['hɪlɪ] *adj.* hüg[e]lig; *(higher)* bergig

**hilt** [hɪlt] *n.* Griff, *der;* Heft, *das (geh., fachspr.);* **[up] to the ~** *(fig.)* voll und ganz ‹*unterstützen usw.*›; schlagend, stichhaltig ‹*beweisen*›

**him** [ɪm, *stressed* hɪm] *pron.* ihn; *as indirect object* ihm; *reflexively* sich; *referring to personified things or animals which correspond to German feminines/neuters* sie/es; *as indirect object* ihr/ihm; **it was ~:** er war's; *see also* **'her**

**Himalayan** [hɪmə'leɪən] *adj.* Himalaya-

**Himalayas** [hɪmə'leɪəz] *pr. n. pl.* Himalaya, *der*

**himself** [hɪm'self] *pron.* **a)** *emphat.* selbst; **b)** *refl.* sich. *See also* **herself**

**'hind** [haɪnd] *n.* Hirschkuh, *die*

**²hind** *adj.* hinter...; **~ legs** Hinterbeine; **get up on one's ~ legs** *(fig. joc.)* sich hinstellen; *see also* **donkey**

**hinder** ['hɪndə(r)] **1.** *v. t. (impede)* behindern; *(delay)* verzögern ‹*Vollendung einer Arbeit, Vorgang*›; aufhalten ‹*Person*›; **~ sb. in his work** jmdn. bei der Arbeit behindern; **~ sb. from doing sth.** jmdn. daran hindern, etw. zu tun. **2.** *v. i.* **will it help or ~?** bedeutet es eine Erleichterung oder eine Erschwernis?

**Hindi** ['hɪndi:] **1.** *adj.* Hindi-; *see also* **English 1. 2.** *n.* Hindi, *das; see also* **English 2 a**

**hind: ~most** *adj. (furthest behind)* hinterst...; *see also* **devil 1 c; ~quarters** *n. pl.* Hinterteil, *das; (of large quadruped)* Hinterteil, *das;* Hinterhand, *die (fachspr.)*

**hindrance** ['hɪndrəns] *n.* **a)** *(action)* Behinderung, *die; see also* **²let a; b)** *(obstacle)* Hindernis, *das* **(to** für); **he is more of a ~ than a help** er stört mehr, als daß er hilft; **be a ~ to navigation** ein Hindernis für die Schiffahrt sein *od.* darstellen

**'hindsight** *n.* **in ~, with [the benefit of] ~:** im nachhinein

**Hindu** ['hɪndu:, hɪn'du:] **1.** *n.* Hindu, *der.* **2.** *adj.* hinduistisch; Hindu‹*gott, -tempel*›

**Hinduism** ['hɪndu:ɪzm] *n., no pl.* Hinduismus, *der*

**Hindustani** [hɪndə'stɑ:ni:] **1.** *adj.* **a)** hindustanisch; **b)** *(Ling.)* Hindustani-; hindustanisch; *see also* **English 1. 2.** *n.* Hindustani, *das; see also* **English 2 a**

**hinge** [hɪndʒ] **1.** *n.* **a)** Scharnier, *das; (continuous)* Klavierband, *das;* **off its ~s** ‹*Tür*› aus den Angeln gehoben; **b)** *(Zool.: of bivalve)* Schloß, *das;* **c)** *(Philat.)* **[stamp-]~:** Klebefalz, *der.* **2.** *v. t.* mit Scharnieren/einem Scharnier versehen; **~ sth. to sth.** etw. mit Scharnieren/einem Scharnier an etw. *(Dat.)* befestigen. **3.** *v. i.* **a)** *(hang and turn)* **~ [up]on sth.** mit Scharnieren/einem Scharnier an etw. *(Dat.)* befestigt sein; **b)** *(fig.: depend)* abhängen **([up]on** von); hängen *(ugs.)* **([up]on** an + *Dat.*)

**hinged** [hɪndʒd] *adj.* mit Scharnieren/einem Scharnier versehen; **~ lid** Klappdeckel, *der*

**hinny** ['hɪnɪ] *n. (Zool.)* Maulesel, *der*

**hint** [hɪnt] **1.** *n.* **a)** *(suggestion)* Wink, *der;* Hinweis, *der;* **give a ~ that ...:** andeuten, daß ...; **give no ~ that ...:** nicht einmal andeutungsweise zu erkennen geben, daß ...; **is that a ~?** ist das ein Wink mit dem Zaunpfahl? *(scherzh.);* **~, ~!** *(joc.)* wenn ich mal mit dem Zaunpfahl winken darf *(scherzh.); see also* **broad 1 b; drop 3 d; take 1 v; b)** *(slight trace)* Spur, *die* **(of** von); **the ~/no ~ of a smile** der Anflug/nicht die Spur eines Lächelns; **there was a ~ of sadness in his smile** in seinem Lächeln zeigte sich ein Anflug von Traurigkeit; **a ~ of aniseed** ein Hauch von Anis; **c)** *(practical information)* Tip, *der* **(on** für); **car repair ~s** Tips für die Autoreparatur. **2.** *v. t.* andeuten; **nothing has yet been ~ed about it** darüber hat man noch nichts herausgelassen *(ugs.).* **3.** *v. i.* **~ at** andeuten

**hinterland** ['hɪntəlænd] *n.* Hinterland, *das; (area surrounding city)* Umland, *das*

**'hip** [hɪp] *n.* **a)** Hüfte, *die;* **with one's hands on one's ~s** die Arme in die Hüften gestemmt; **shoot from the ~** *(lit. or fig.)* aus der Hüfte schießen; **b)** *in sing. or pl. (~-measurement)* Hüftumfang, *der;* Hüftweite, *die; (of man, boy)* Gesäßumfang, *der;* Gesäßweite, *die;* **have thirty-seven-inch ~s** *or* **a thirty-seven-inch ~:** eine Hüftweite/Gesäßweite von vierundneunzig Zentimetern haben; **how large are your ~s?** welche Hüftweite/Gesäßweite hast du?; **c)** *(Archit.)* Grat, *der*

**²hip** *n. (Bot.)* Hagebutte, *die*

**³hip** *int. see* **hurrah 1**

**⁴hip** *see* **hep**

**hip: ~-bath** *n.* Sitzbad, *das;* **~-bone** *n. (Anat.)* Hüftbein, *das;* Hüftknochen, *der;* **~-flask** *n.* Taschenflasche, *die;* Flachmann, *der (ugs. scherzh.);* **~-joint** *n. (Anat.)* Hüftgelenk, *das;* **~-length** *adj.* hüftlang ‹*Kleidungsstück*›; **~-measurement** *n.* Hüftumfang, *der;* Hüftweite, *die; (of man, boy)* Gesäßumfang, *der;* Gesäßweite, *die*

**hippie** ['hɪpɪ] *n. (coll.)* Hippie, *der*

**hippo** ['hɪpəʊ] *n., pl.* **~s** *(coll.) see* **hippopotamus**

**hip-'pocket** *n.* Gesäßtasche, *die*

**Hippocratic oath** [hɪpəkrætɪk 'əʊθ] *n. (Med.)* Eid des Hippokrates

**hippopotamus** [hɪpə'pɒtəməs] *n., pl.* **~es** *or* **hippopotami** [hɪpə'pɒtəmaɪ] *(Zool.)* Nilpferd, *das;* Flußpferd, *das*

**hippy** ['hɪpɪ] *n. see* **hippie**

**hip: ~-roof** *n. (Archit.)* Walmdach, *das;* **~ size** *n. see* **~-measurement**

**hipster** ['hɪpstə(r)] **1.** *adj.* auf der Hüfte sitzend ‹*Hose*›. **2.** *in pl.* Hüfthose, *die*

**hire** [haɪə(r)] **1.** *n.* **a)** *(action)* Mieten, *das; (of servant)* Einstellen, *das;* **conditions of ~:** Mietbedingungen; **b)** *(condition)* **be on ~ [to sb.]** [an jmdn.] vermietet sein; **for** *or* **on ~:** zu vermieten; **'for ~'** „frei"; **there are boats for** *or* **on ~:** man kann Boote mieten; **c)** *(amount)* Leihgebühr, *die;* **d)** *(arch.: wages)* Lohn, *der;* **the labourer is worthy of his ~** *(prov.)* jede Arbeit ist ihres Lohnes wert *(Spr.).* **2.** *v. t.* **a)** *(employ)* anwerben; engagieren ‹*Anwalt, Berater usw.*›; **~d assassin** gedungener Mörder; **b)** *(obtain use of)* mieten; **~ sth. from sb.** etw. bei jmdm. mieten; **c)** *(grant use of)* vermieten; **~ sth. to sb.** etw. jmdm. *od.* an jmdn. vermieten

**~ 'out** *v. t.* vermieten

**'hire-car** *n.* Mietwagen, *der;* Leihwagen, *der*

**hired** [haɪəd]: **~ car** *see* **hire-car; ~ girl** *n. (Amer.)* Hausmädchen, *das; (on farm)* Magd, *die (veralt.);* **~ man** *n. (Amer.)* Gehilfe, *der; (on farm)* Knecht, *der (veralt.)*

**hireling** ['haɪəlɪŋ] *n.* Söldling, *der (abwertend);* Mietling, *der (abwertend)*

**hire-'purchase** *n., no pl., no art. (Brit.)* Ratenkauf, *der;* Teilzahlungskauf, *der; attrib.* Raten-; Teilzahlungs-; **pay for/buy sth. on ~:** etw. in Raten bezahlen/auf Raten *od.* Teilzahlung kaufen

**hirer** ['haɪərə(r)] *n.* Mieter, *der*/Mieterin, *die; (who grants use)* Vermieter, *der*/Vermieterin, *die*

**hirsute** ['hɜ:sju:t] *adj.* behaart; *(unkempt)* zottelig; struppig

**hirsuteness** ['hɜ:sju:tnɪs] *n., no pl.* starke Behaarung; *(unkempt appearance)* Struppigkeit, *die*

**his** [ɪz, *stressed* hɪz] *poss. pron.* **a)** *attrib.* sein; *referring to personified things or animals which correspond to German feminines/neuters* ihr/sein; *see also* **²her; b)** *pred. (the one[s] belonging to him)* seiner/seine/sein[e]s; der/die/das seine *od.* seinige *(geh.);* **towels labelled '~' and 'hers'** mit „Er" und „Sie" gekennzeichnete Handtücher; *see also* **hers**

**Hispanic** [hɪ'spænɪk] **1.** *adj.* lateinamerikanisch; **~ studies** Hispanistik, *die;* **~ Americans** Hispanoamerikaner. **2.** *n.* Lateinamerikaner, *der*/-amerikanerin, *die;* Hispanoamerikaner, *der*/-amerikanerin, *die*

**Hispanicist** [hɪ'spænɪsɪst], **Hispanist** ['hɪspənɪst] *n.* Hispanist, *der*/Hispanistin, *die*

**hiss** [hɪs] **1.** *n. (of goose, snake, escaping steam, crowd, audience)* Zischen, *das; (of cat, locomotive)* Fauchen, *das.* **2.** *v. i.* ‹*Gans, Schlange, Dampf, Publikum, Menge:*› zischen; ‹*Katze, Lokomotive:*› fauchen. **3.** *v. t.* **a)** *(express disapproval of)* auszischen ‹*Redner, Schauspieler*›; **b)** *(utter with a hiss)* zischen

**histamine** ['hɪstəmɪn, 'hɪstəmi:n] *n. (Physiol.)* Histamin, *das*
**histogram** ['hɪstəgræm] *n. (Statistics)* Histogramm, *das*
**histology** [hɪ'stɒlədʒɪ] *n. (Biol.)* Histologie, *die*
**historian** [hɪ'stɔ:rɪən] *n.* **a)** *(writer of history)* Geschichtsschreiber, *der*/-schreiberin, *die;* **b)** *(scholar of history)* Historiker, *der*/Historikerin, *die*
**historic** [hɪ'stɒrɪk] *adj.* **a)** *(famous)* historisch; **b)** *(Ling.)* historisch ⟨*Tempus usw.*⟩
**historical** [hɪ'stɒrɪkl] *adj.* **a)** historisch; geschichtlich ⟨*Belege, Hintergrund*⟩; **~ research** Geschichtsforschung, *die;* **of ~ interest** von historischem *od.* geschichtlichem Interesse; **b)** *(belonging to the past)* in früheren Zeiten üblich ⟨*Methode*⟩; **be ~:** der Geschichte angehören
**historically** [hɪ'stɒrɪkəlɪ] *adv.* **a)** *(with respect to history)* historisch; **b)** *(as a matter of history)* in der Geschichte
**history** ['hɪstərɪ] *n.* **a)** *(continuous record)* Geschichte, *die;* **histories** historische Darstellungen; **b)** *no pl., no art.* Geschichte, *die; (study of past events)* Geschichte, *die;* Geschichtswissenschaft, *die;* **~ relates ...:** die Geschichte erzählt ...; **that's [all] [past] ~** das ist [alles] [längst] vergangen [und vergessen]; das gehört [alles] [längst] der Vergangenheit an; **~ repeats itself** die Geschichte wiederholt sich; **make [boxing] ~:** Geschichte [im Boxen] machen; **go down in ~:** in die Geschichte eingehen; **c)** *(train of events)* Geschichte, *die; (of person)* Werdegang, *der;* **have a ~ of asthma/shop-lifting** schon lange an Asthma leiden/eine Vorgeschichte als Ladendieb haben; **d)** *(eventful past career)* Geschichte, *die;* **he has quite a ~:** er hat eine bewegte Vergangenheit; **e)** *(Theatre)* historisches Drama; **Shakespeare's histories** Shakespeares Historien. *See also* **ancient 1 a; case history; life history; medieval history; natural history**
**'history book** *n.* Geschichtsbuch, *das*
**histrionic** [hɪstrɪ'ɒnɪk] **1.** *adj.* **a)** schauspielerisch ⟨*Talent, Fähigkeiten*⟩; **~ art** Schauspielkunst, *die;* **b)** *(stagy)* theatralisch *(abwertend).* **2.** *n. in pl.* **a)** *(theatrical art)* Schauspielkunst, *die;* Schauspielerei, *die;* **b)** *(melodramatic behaviour)* theatralisches Getue *(abwertend);* **forget the ~s!** laß die Schauspielerei! *(ugs. abwertend)*
**hit** [hɪt] **1.** *v. t.,* **-tt-, hit a)** *(strike with blow)* schlagen; *(strike with missile)* treffen; ⟨*Geschoß, Ball usw.:*⟩ treffen; **I've been ~!** *(struck by bullet)* ich bin getroffen!; **I could ~ him** *(fig. coll.)* ich könnte ihm eine runterhauen *(ugs.);* **the ball ~ me in the face** der Ball traf mich ins Gesicht; **~ sb. over the head** jmdm. eins überziehen *(ugs.);* **~ one's thumb** sich *(Dat.)* auf den Daumen schlagen; **~ by lightning** vom Blitz getroffen; **~ a man when he's down** *(fig.)* jmdn. treten, der schon am Boden liegt; *see also* **belt 1 a; nail 1 b; note 1 a; b)** *(come forcibly into contact with)* ⟨*Fahrzeug:*⟩ prallen gegen ⟨*Mauer usw.*⟩; ⟨*Schiff:*⟩ laufen gegen ⟨*Felsen usw.*⟩; **the aircraft ~ the ground** das Flugzeug schlug auf den Boden auf; **the noise of the hammer ~ting the anvil** das Geräusch des Hammers beim Auftreffen auf den Amboß; **~ the roof** *or* **ceiling** *(fig. coll.: become angry)* an die Decke *od.* in die Luft gehen *(ugs.);* **c)** *(cause to come into contact)* [an]stoßen; [an]schlagen; **~ one's head on sth.** mit dem Kopf gegen etw. stoßen; sich *(Dat.)* den Kopf an etw. *(Dat.)* stoßen; **d)** *(deliver)* **~ a blow at sb., ~ sb. a blow** jmdm. einen Schlag verpassen *(ugs.);* **e)** *(fig.: cause to suffer)* **~ badly** *or* **hard** schwer treffen; **I will ~ them very hard** *(take severe measures against)* ich werde mit aller Schärfe gegen sie vorgehen; **f)** *(fig.: affect)* treffen; **have been ~ by frost/rain** *etc.* durch Frost/Regen *usw.* gelitten haben; **g)** *(fig.: light upon)* finden; stoßen *od.* treffen auf (+ *Akk.*); finden ⟨*Bodenschätze*⟩; **you've ~ it!** du sagst es!; **h)** *(fig.: characterize) see* **~ off; i)** *(fig. coll.) (encounter)* Bekanntschaft machen mit (+ *Dat.*) *(ugs.); (arrive at)* erreichen ⟨*Höchstform, bestimmten Ort, bestimmte Höhe, bestimmtes Alter usw.*⟩; **I think we've ~ a snag** ich glaube, jetzt gibt's Probleme; **~ a pool of water** ⟨*Auto:*⟩ in eine [Wasser]pfütze fahren; **~ an all-time high** ⟨*Preis:*⟩ eine Rekordhöhe erreichen; **the car can ~ 100 miles an hour** das Auto schafft 100 Meilen in der Stunde *(ugs.);* **they ~ all the night-spots** sie statteten allen Nachtlokalen einen Besuch ab *(ugs.);* **~ town** ankommen; **~ the trail** *(Amer. sl.) or* **the road** sich auf den Weg *od. (ugs.)* die Socken machen; **~ the hay** *(sl.)* in die Falle gehen *(ugs.);* sich in die Falle hauen *(ugs.);* **j)** *(fig. coll.: indulge in)* zuschlagen bei (+ *Dat.*) *(salopp);* **[begin to] ~ the bottle** das Trinken anfangen; **k)** *(Cricket)* erzielen ⟨*Lauf*⟩; **~ the ball for six** *(Brit.)* sechs Läufe auf einmal erzielen; **~ sb. for six** *(Brit.)* gegen jmdn. sechs Läufe erzielen; *(fig.: defeat)* jmdn. übertrumpfen; **~ the enemy for six** *(Brit.)* den Feind zerschmettern. **2.** *v. i.,* **-tt-, hit a)** *(direct a blow)* schlagen; **~ hard** fest *od.* hart zuschlagen; **~ at sb./sth.** auf jmdn./etw. einschlagen; *(fig.: criticize)* jmdn./etw. kritisieren; **~ at sth. as being extravagant** etw. als extravagant geißeln; **~ and run** ⟨*Autofahrer:*⟩ Fahrerflucht begehen; ⟨*Angreifer:*⟩ einen Blitzüberfall machen; *see also* **hit-and-run; b)** *(come into forcible contact)* **~ against** *or* **upon sth.** gegen *od.* auf etw. *(Akk.)* stoßen. **3.** *n.* **a)** *(blow)* Schlag, *der;* **b)** *(sarcastic remark)* Seitenhieb, *der* **(at** gegen); Spitze, *die* **(at** gegen); *(censure, rebuke)* Angriff, *der;* **that's a ~ at me** das geht gegen mich; **c)** *(shot or bomb striking target)* Treffer, *der;* **d)** *(success)* Erfolg, *der;* Knüller, *der (ugs.); (success in entertainment)* Schlager, *der;* Hit, *der (ugs.);* **make a ~:** gut ankommen; **make** *or* **be a ~ with sb.** bei jmdm. einschlagen *od.* gut ankommen; **I'm sure she'll be** *or* **make a [big] ~:** ich bin sicher, sie wird [ganz] groß herauskommen *(ugs.);* **e)** *(stroke of luck)* Glückstreffer, *der*
**~ 'back 1.** *v. t.* zurückschlagen. **2.** *v. i.* zurückschlagen; *(verbally)* kontern; sich wehren; **~ back at sb.** *(fig.)* jmdm. Kontra geben
**~ 'off** *v. t.* **a)** *(characterize)* genau treffen; treffend charakterisieren; **b) ~ it off [with each other]** miteinander auskommen; sich verstehen; **~ it off with sb.** mit jmdm. auskommen; sich mit jmdm. verstehen
**~ on** *see* **~ upon**
**~ 'out** *v. i.* **a)** *(aim blows)* drauflosschlagen; **b) ~ out at** *or* **against sb./sth.** *(fig.)* jmdn./etw. scharf angreifen *od.* attackieren
**~ upon** *v. t.* stoßen auf (+ *Akk.*); finden ⟨*richtige Antwort, Methode*⟩; kommen auf (+ *Akk.*) ⟨*Idee*⟩
**hit: ~-and-'miss** *see* **~-or-miss; ~-and-'run** *adj.* **a)** unfallflüchtig ⟨*Fahrer*⟩; **~-and-run accident** Unfall mit Fahrerflucht; **b)** Blitz⟨*angriff, -überfall*⟩; **~-and-run tactics** Taktik des Blitzüberfalls
**hitch** [hɪtʃ] **1.** *v. t.* **a)** *(move by a jerk)* rücken; **b)** *(fasten)* [fest]binden ⟨*Tier*⟩ **(to** an + *Akk.*); binden ⟨*Seil*⟩ **(round** um + *Akk.*); [an]koppeln ⟨*Anhänger usw.*⟩ **(to** an + *Akk.*); spannen ⟨*Zugtier, -maschine usw.*⟩ **(to** vor + *Akk.*); **get ~ed** *(sl.)* heiraten; *see also* **wagon a; c) ~ a lift** *or* **ride** *(coll.)* per Anhalter fahren; trampen; **he was trying to ~ a lift** *or* **ride** er wollte mitgenommen werden. **2.** *v. i. see* **hitch-hike 1. 3.** *n.* **a)** *(jerk)* Ruck, *der;* **give sth. a ~:** an etw. *(Dat.)* rucken; **b)** *(Naut.: knot)* Stek, *der (Seemannsspr.);* **half ~:** halber Schlag; *see also* **clove hitch; c)** *(stoppage)* Unterbrechung, *die;* **go off without a ~:** glatt *od.* reibungslos über die Bühne gehen; **d)** *(impediment)* Problem, *das;* Schwierigkeit, *die;* **have one ~:** einen Haken haben *(ugs.);* **e)** *see* **hitch-hike 2**
**~ 'up** *v. t.* **a)** hochheben ⟨*Rock*⟩; **~ up one's trousers** seinen Hosenbund hochziehen; **b)** *(Amer.: attach)* anspannen
**hitch: ~-hike 1.** *v. i.* per Anhalter fahren; trampen; **2.** *n.* Tramptour, *die;* **~-hiker** *n.* Anhalter, *der*/Anhalterin, *die;* Tramper, *der*/Tramperin, *die;* **~-hiking** *n.* Trampen, *das*
**hitching-post** ['hɪtʃɪŋpəʊst] *n.* Pfosten, *der (zum Anbinden von Zug- und Reittieren)*
**hi-tech** *adj. see* **high-tech**
**hither** ['hɪðə(r)] *adv. (literary)* hierher; **~ and thither** *or* **yon** hierhin und dorthin; *see also* **come-hither**
**hitherto** ['hɪðətʊ, hɪðə'tu:] *adv. (literary)* bisher; bislang; *(up to that time)* bis dahin
**hit: ~ list** *n.* **a)** *(charts) see* **~ parade; b)** *(victims)* Abschußliste, *die (fig.);* **~ man** *n. (Amer.)* Killer, *der (salopp);* **~-or-'miss** *adj. (coll.) (random)* unsicher, unzuverlässig ⟨*Methode*⟩; *(careless)* schlampig, schluderig *(ugs. abwertend)* ⟨*Arbeit*⟩; **it was a very ~-or-miss affair** das ging alles aufs Geratewohl *(ugs.);* **~ parade** *n.* Hitparade, *die;* Schlagerparade, *die;* **~ 'record** *n.* Hit, *der (ugs.)*
**Hittite** ['hɪtaɪt] **1.** *n.* **a)** Hethiter, *der*/Hethiterin, *die;* **b)** *(Ling.)* Hethitisch, *das.* **2.** *adj.* hethitisch
**HIV** *abbr. (Med.)* **human immunodeficiency virus** HIV; **HIV-positive/-negative** HIV-positiv/-negativ
**hive** [haɪv] **1.** *n.* **a)** [Bienen]stock, *der; (of straw)* Bienenkorb, *der;* **frame ~:** Bienenkasten, *der;* **b)** *(fig.: busy place)* **what a ~ of industry!** der reinste Bienenstock! *(ugs.);* **the office is a [regular] ~ of industry** in dem Büro geht es zu wie in einem Bienenstock. **2.** *v. t.* in einen Stock bringen, einfangen ⟨*Bienen*⟩
**~ 'off** *(Brit.)* **1.** *v. i.* ⟨*Firma, Abteilung:*⟩ sich abspalten **(from** von). **2.** *v. t. (separate and make independent)* verselbständigen; *(assign)* zuweisen, übertragen ⟨*Aufgabe usw.*⟩ **(to** *Dat.*); **the firm was ~d off from the parent company** die Firma wurde aus der Muttergesellschaft ausgegliedert
**hiya** ['haɪjə] *int. (coll.)* hallo!
**HM** *abbr.* **a) Her/His Majesty** I. M./S. M.; **b) Her/His Majesty's; c) headmaster/headmistress** ≈ Dir.
**HMG** *abbr. (Brit.)* **Her/His Majesty's Government**
**HMI** *abbr. (Brit.)* **Her/His Majesty's Inspector [of Schools]**
**HMS** *abbr. (Brit.)* **Her/His Majesty's Ship** H.M.S.
**HMSO** *abbr. (Brit.)* **Her/His Majesty's Stationery Office**
**HNC** *abbr. (Brit.)* **Higher National Certificate**
**HND** *abbr. (Brit.)* **Higher National Diploma**
**ho** [həʊ] *int.* **a)** *expr. surprise* oh; nanu; *expr. admiration* oh; *expr. triumph* ha; *drawing attention* he; heda; *expr. derision* haha; **land ~!** Land in Sicht!; **b)** *(Naut.: rallying cry)* **westward ~!** auf nach Westen!
**hoard** [hɔ:d] **1.** *n.* **a)** *(store laid by)* Vorrat, *der;* **make/collect a ~ of sth.** etw. horten; **b)** *(fig.: amassed stock)* Sammlung, *die;* **he had accumulated a ~ of grievances** bei ihm hatten sich eine Menge Klagen angehäuft *od.* angestaut; **c)** *(Archaeol.)* Hort, *der (fachspr.).* **2.** *v. t.* **~ [up]** horten ⟨*Geld, Brennmaterial, Lebensmittel usw.*⟩; hamstern ⟨*Lebensmittel*⟩. **3.** *v. i.* horten
**hoarder** ['hɔ:də(r)] *n.* Hamsterer, *der*/Hamsterin, *die*
**¹hoarding** ['hɔ:dɪŋ] *n.* Horten, *das;* Hamstern, *das*

**[2]hoarding** *n.* **a)** *(fence)* Bretterzaun, *der;* Bretterwand, *die; (round building-site)* Bauzaun, *der;* **b)** *(Brit.: for advertisements)* Reklamewand, *die;* Plakatwand, *die*

**hoar-frost** ['hɔ:frɒst] *n.* [Rauh]reif, *der*

**hoarse** [hɔ:s] *adj.* **a)** *(rough, husky)* heiser ⟨*Laut*⟩; heiser, rauh ⟨*Stimme*⟩; *(croaking)* krächzend ⟨*Laut*⟩; *(with emotion)* belegt ⟨*Stimme*⟩; **b)** *(having a dry, husky voice)* heiser; **shout oneself ~:** sich heiser schreien

**hoarsely** ['hɔ:slɪ] *adv. (in a hoarse voice)* heiser ⟨*sprechen*⟩; mit heiserer Stimme ⟨*reden, schreien, singen*⟩; *(in an emotional voice)* mit belegter Stimme

**hoarseness** ['hɔ:snɪs] *n.* Heiserkeit, *die*

**hoary** ['hɔ:rɪ] *adj.* **a)** *(grey)* grau; ergraut *(geh.); (white)* [schloh]weiß; **become ~:** grau werden, *(geh.)* ergrauen/weiß werden; **b)** *(having grey hair)* grauhaarig; ergraut *(geh.); (having white hair)* weißhaarig; **c)** *(very old)* altehrwürdig ⟨*Gebäude*⟩; **~ old joke** uralter Witz

**hoax** [həʊks] **1.** *v. t.* anführen *(ugs.);* foppen; zum besten haben *od.* halten; **I'd been ~ed** ich hatte mich anführen *(ugs.) od.* foppen lassen; **~ sb. into believing sth.** jmdm. etw. weismachen. **2.** *n. (deception)* Schwindel, *der; (false report)* Falschmeldung, *die;* Ente, *die (ugs.); (practical joke)* Streich, *der; (false alarm)* blinder Alarm

**hoaxer** ['həʊksə(r)] *n.* Schwindler, *der/* Schwindlerin, *die*

**hob** [hɒb] *n.* **a)** *(of cooker)* Kochmulde, *die (Fachspr.);* [Koch]platte, *die;* Kochstelle, *die;* **b)** *(at side of fireplace)* Kamineinsatz, *der;* **c)** *(peg)* Zielpflock, *der*

**hobble** ['hɒbl] **1.** *v. i.* ~ **[about]** [herum]humpeln *od.* -hinken. **2.** *v. t.* **a)** *(cause to ~)* [beim Gehen] behindern; **b)** *(tie together legs of)* an den Füßen fesseln ⟨*Pferd usw.*⟩; **c)** *(tie together)* fesseln ⟨*Vorderbeine*⟩. **3.** *n.* **a)** *no pl. (uneven gait)* Humpeln, *das;* Hinken, *das;* **b)** *(device for hobbling)* [Fuß]fessel, *die*

**[1]hobby** ['hɒbɪ] *n.* Hobby, *das;* Steckenpferd, *das;* **do sth. as a ~:** etw. als Hobby tun

**[2]hobby** *n. (Ornith.)* Baumfalke, *der*

**'hobby-horse** *n.* **a)** *(wicker horse)* Pferdemaske, *die;* **b)** *(child's toy)* Steckenpferd, *das;* **c)** *see* **rocking-horse; d)** *(favourite topic)* Lieblingsthema, *das;* **get on to/start on one's ~:** anfangen, sein Steckenpferd zu reiten *(scherzh.)*

**hob: ~goblin** *n.* **a)** *(mischievous imp)* Kobold, *der;* Puck, *der;* **b)** *(bogy)* Schreckgespenst, *das;* **~nail** *n.* [starker] Schuh- *od.* Stiefelnagel; **~nailed** ['hɒbneɪld] *adj.* Nagel⟨*schuh, -stiefel*⟩; **~-nob** *v. i.,* **-bb-: I've seen them ~-nobbing [together] a lot recently** ich habe sie in letzter Zeit viel zusammen gesehen; **he's always ~-nobbing with the aristocracy** er verkehrt viel in adeligen Kreisen

**hobo** ['həʊbəʊ] *n., pl.* **~es** *(Amer.)* Landstreicher, *der/*-streicherin, *die*

**Hobson's choice** [hɒbsnz 'tʃɔɪs] *n.* **it was [a case of] ~:** es gab eigentlich gar keine Wahl

**[1]hock** [hɒk] *(joint of quadruped's leg)* Sprunggelenk, *das*

**[2]hock** *n. (Brit.: wine)* Rheinwein, *der*

**[3]hock** *(Amer. coll.)* **1.** *v. t.* versetzen. **2.** *n.* **be in ~** *(in pawn)* versetzt sein; *(in prison)* [im Kittchen *od.* Knast] sitzen *(ugs.);* Knast schieben *(salopp); (in debt)* in Schulden stecken; **put sth. in ~:** etw. versetzen; **put sb. in ~** *(in debt)* jmdn. in Schulden stürzen; *(in prison)* jmdn. einlochen *(salopp);* **be in ~ to sb.** bei jmdm. in der Kreide stehen *(ugs.)*

**hockey** ['hɒkɪ] *n.* **a)** Hockey, *das;* **b)** *(Can.) see* **ice hockey**

**hockey: ~-player** *n.* Hockeyspieler, *der/*-spielerin, *die;* **~-stick** *n.* Hockeystock, *der;* Hockeyschläger, *der*

**hocus-pocus** [həʊkəs'pəʊkəs] *n. (deception)* Zauberei, *die*

**hod** [hɒd] *n.* **a)** *(Building)* Tragmulde, *die;* **b)** *(for coal)* Kohlenschütte, *die*

**hodgepodge** ['hɒdʒpɒdʒ] *see* **hotchpotch**

**hoe** [həʊ] **1.** *n.* Hacke, *die; see also* **Dutch hoe. 2.** *v. t.* hacken ⟨*Beet, Acker*⟩; **~ up** weg- *od.* heraushacken ⟨*Unkraut*⟩; **~ down** weg- *od.* umhacken ⟨*Büsche*⟩; **~ in** einhacken; *see also* **hard 1 b. 3.** *v. i.* hacken

**'hoe-down** *n. (Amer.)* **a)** *(dance)* Hoedown, *der;* **b)** *(party)* Schwof, *der (ugs.)*

**hog** [hɒg] **1.** *n.* **a)** *(domesticated pig)* [Mast]schwein, *das;* **go the whole ~** *(coll.)* Nägel mit Köpfen machen *(ugs.);* **go the whole ~ with sb.** so weit wie jmd. gehen; **live high off** *or* **on the ~** *(Amer.)* aus dem vollen leben; **b)** *(Zool.: animal of family Suidae)* Schwein, *das;* **c)** *(fig.: person)* Schwein, *das (derb);* Sau, *die (derb);* Ferkel, *das (derb).* **2.** *v. t.,* **-gg-** *(coll.)* sich *(Dat.)* unter den Nagel reißen; **~ the middle of the road** ⟨*Fahrer:*⟩ die ganze Straße für sich beanspruchen; **~ the bathroom** das Badezimmer mit Beschlag belegen

**'hog-back** *n. (Geog.)* [scharfer, steiler und langer] Grat

**hoggish** ['hɒgɪʃ] *adj.* verfressen *(salopp abwertend)*

**Hogmanay** ['hɒgməneɪ] *n. (Scot., N. Engl.)* Silvester, *der od. das*

**hog's back** ['hɒgz bæk] *see* **hog-back**

**hogshead** ['hɒgzhed] *n.* **a)** *(cask)* [großes] Faß; Oxhoftfaß, *das;* **b)** *(measure)* Oxhoft, *das*

**hog: ~-tie** *v. t. (Amer.)* **a)** *(secure)* an Händen und Füßen fesseln ⟨*Person*⟩; an allen vieren fesseln ⟨*Tier*⟩; **b)** *(fig.: impede)* in ein zu enges Korsett zwängen; **sb. is ~-tied** jmdm. sind Hände und Füße gebunden; **~-wash** *n.* **a)** *(coll.: nonsense)* Quatsch, *der (salopp);* **b)** *(pigswill)* Schweinefutter, *das;* **~weed** *n. (Bot.)* Wiesenbärenklau, *der*

**ho-'ho** *int. expr. surprise* ach ne!; *expr. triumph, derision* haha!

**hoick** [hɔɪk] *v. t. (sl.)* wuchten ⟨*[schweren] Gegenstand*⟩ **(over** über + *Akk.,* **into** in + *Akk.*)

**hoi polloi** [hɔɪ pɒ'lɔɪ] *n. pl. (literary)* **[the] ~:** das [gemeine] Volk; die Masse; der Pöbel *(abwertend)*

**hoist** [hɔɪst] **1.** *v. t.* **a)** *(raise aloft)* hoch-, aufziehen, hissen ⟨*Flagge usw.*⟩; heißen *(Seemannsspr.)* ⟨*Flagge usw.*⟩; setzen *(Seemannsspr.)* ⟨*Signal usw.*⟩; **~ sth. up a mast** etw. an einem Mast hoch-/aufziehen/hissen/heißen/setzen; **b)** *(raise by tackle etc.)* hieven ⟨*Last*⟩; setzen ⟨*Segel*⟩. **2.** *n.* **a)** *(act of hoisting)* [Hoch]hieven, *das;* **b)** *(part of flag)* Liek, *das;* **c)** *(goods lift)* [Lasten]aufzug, *der.* **3.** *adj.* **be ~ with one's own petard** sich in seiner eigenen Schlinge fangen

**hoity-toity** [hɔɪtɪ'tɔɪtɪ] *adj. (coll.)* hochnäsig *(abwertend);* eingebildet; *(petulant)* pikiert

**hokum** ['həʊkəm] *n. (sl.)* Humbug, *der*

**[1]hold** [həʊld] *n. (of ship)* Laderaum, *der; (of aircraft)* Frachtraum, *der*

**[2]hold 1.** *v. t.,* **held** [held] **a)** *(grasp)* halten; *(carry)* tragen; *(keep fast)* festhalten; **~ sb. by the arm** jmdn. am Arm festhalten; **they held each other tight** sie hielten sich fest umschlungen; **~ one's belly/head** *etc.* sich *(Dat.)* den Bauch/Kopf *usw.* halten; **~ tight!** *(in bus etc.)* festhalten!; *see also* **baby 1 a; clock 1 a; hand 1 a; nose 1 a; b)** *(support)* ⟨*tragendes Teil:*⟩ halten, stützen, tragen ⟨*Decke, Dach usw.*⟩; aufnehmen ⟨*Gewicht, Kraft*⟩; **c)** *(keep in position)* halten; **~ the door open for sb.** jmdm. die Tür aufhalten; **~ sth. in place** etw. halten; **~ sth. over sb.** *(fig.)* jmdm. ständig mit etw. drohen; *see also* **candle 1 a; d)** *(grasp to control)* halten ⟨*Kind, Hund, Zügel*⟩; **e)** *(keep in particular attitude)* **~ oneself well/badly/straight** sich gut/schlecht/gerade halten; **~ oneself still** stillhalten; **~ oneself ready** *or* **in readiness** sich bereit *od.* in Bereitschaft halten; **~ oneself ready** *or* **in readiness to do sth.** jederzeit bereit sein, etw. zu tun; **~ one's head high** *(fig.) (be confident)* selbstbewußt sein *od.* auftreten; *(be proud)* den Kopf hoch tragen; **f)** *(contain)* enthalten; bergen ⟨*Gefahr, Geheimnis*⟩; *(be able to contain)* fassen ⟨*Liter, Personen usw.*⟩; **the bag ~s flour** in dem Sack wird Mehl aufbewahrt; **the room ~s ten people** in dem Raum haben 10 Leute Platz; der Raum bietet 10 Leuten Platz; **the box won't ~ these books** diese Bücher gehen nicht in die Kiste; **the disaster may ~ lessons for the future** aus dem Unglück kann man vielleicht Lehren für die Zukunft ziehen; **no one knows what the future will ~:** niemand weiß, was die Zukunft bringt *od.* bringen wird; **~ water** ⟨*Behälter:*⟩ wasserdicht sein; Wasser halten; *(fig.)* ⟨*Argument, Theorie:*⟩ stichhaltig sein, hieb- und stichfest sein; ⟨*Annahme, Theorie, Alibi:*⟩ haltbar sein; **g)** *(not be intoxicated by)* **he can/can't ~ his drink** *or* **liquor** er kann etwas/nichts vertragen; **h)** *(possess)* besitzen; haben; halten *(Wirtsch.)* ⟨*Aktien, Anteile*⟩; **i)** *(Cards: have in one's hand)* [auf der Hand] haben; **j)** *(have gained)* halten ⟨*Rekord*⟩; haben ⟨*Diplom, Doktorgrad*⟩; **k)** *(keep possession of)* halten ⟨*Stützpunkt, Stadt, Stellung*⟩; *(Mus.: sustain)* [aus]halten ⟨*Ton*⟩; **~ one's own** *(fig.)* sich behaupten; **~ one's position** *(fig.)* auf seinem Standpunkt beharren; **~ the line on the price/over one's demands** den Preis [stabil] halten/in seinen Forderungen hart *od.* fest bleiben; *see also* **l; fort; [1]ground 1 b; l)** *(occupy)* innehaben, *(geh.)* bekleiden ⟨*Posten, Amt, Stellung*⟩; **~ office** im Amt sein; **~ the line** *(Teleph.)* am Apparat bleiben; *see also* **k; ~ the road** nicht von der Straße abkommen; **~ the road well** ⟨*Auto:*⟩ eine gute Straßenlage haben; **m)** *(engross)* fesseln, *(geh.)* gefangenhalten ⟨*Aufmerksamkeit, Publikum*⟩; **n)** *(dominate)* **~ the stage** *or* **house** das Publikum *od.* ganze Haus in Bann halten *(geh.);* **~ the floor** das Wort führen; das Gespräch/die Diskussion/Debatte *usw.* beherrschen *od.* bestimmen; *see also* **field 1 e; o)** *(keep in specified condition)* halten; **~ the ladder steady** die Leiter festhalten; **~ the audience in suspense** das Publikum fesseln; *see also* **[4]bay 1; ransom 1; p)** *(detain) (in custody)* in Haft halten, festhalten; *(imprison)* festsetzen; inhaftieren; *(arrest)* festnehmen; **be held in a prison** in einem Gefängnis einsitzen; **~ a [connecting] train** einen [Anschluß]zug warten lassen; **there was nothing to ~ me there** da hielt mich nichts mehr; **q)** *(oblige to adhere)* **~ sb. to the terms of the contract/to a promise** darauf bestehen, daß jmd. sich an die Vertragsbestimmungen hält/daß jmd. ein Versprechen hält *od.* einlöst; **You can have the car when I go abroad – I'll ~ you to that** Du kannst das Auto haben, wenn ich ins Ausland gehe – Ich werde dich beim Wort nehmen; **r)** *(Sport: restrict)* **~ one's opponent [to a draw]** ein Unentschieden [gegen den Gegner] halten *od.* verteidigen; **~ one's opponents to three goals** die Zahl der gegnerischen Tore bei drei halten; **s)** *(cause to take place)* stattfinden lassen; abhalten ⟨*Veranstaltung, Konferenz, Gottesdienst, Sitzung, Prüfung*⟩; veranstalten ⟨*Festival, Auktion*⟩; austragen ⟨*Meisterschaften*⟩; führen ⟨*Unterhaltung, Gespräch, Korrespondenz*⟩; durchführen ⟨*Untersuchung*⟩; geben ⟨*Empfang*⟩; halten ⟨*Vortrag, Rede*⟩; **be held** stattfinden; **~ a conversation with sb.** eine Unterhaltung mit jmdm. führen *od.* haben; sich mit jmdm. unterhalten; *see also* **court 1 c; t)** *(restrain)* [fest]halten; **~ sb. from doing sth.** jmdn. davon abhalten, etw. zu tun; **~ one's noise** leise sein; **~ one's fire** [noch] nicht schießen; *(fig.: refrain from* *criticism)* mit seiner Kritik zurückhalten; ~ **your fire!** nicht schießen!; *(fig.)* nun mal sachte! *(ugs.)*; **there is/was no ~ing sb.** jmd. ist/war nicht mehr zu halten *od. (ugs.)* bremsen; für jmdn. gibt/gab es kein Halten mehr; *see also* **breath a; hand 1 b; peace b; u)** *(coll.: withhold)* zurückhalten; ~ **one's payments** mit der Abzahlung säumig sein; ~ **it!** [einen] Moment mal!; ~ **everything!** stopp! *(ugs.)*; *see also* **horse 1 a; v)** *(think, believe)* ~ **a view** *or* **an opinion** eine Ansicht haben **(on** über + *Akk.*); ~ **that ...:** dafürhalten, daß ...; der Ansicht sein, daß ...; ~ **sb. to be ...:** jmdn. für ... halten; glauben, daß jmd. ... ist; ~ **sb./oneself guilty/blameless** jmdn./sich für schuldig/unschuldig halten **(for** an + *Dat.*); ~ **oneself responsible for sth.** sich für etw. verantwortlich fühlen; ~ **sb. in high/low regard** *or* **esteem** viel/wenig von jmdm. halten; jmdn. hochschätzen *(geh.)*/geringschätzen; ~ **sth. against sb.** jmdm. etw. vorwerfen; ~ **it against sb. that ...:** jmdm. vorwerfen, daß ...; *see also* **cheap 1 c; dear 1 a; responsible a; w)** *(Law: pronounce)* ~ **that ...:** entscheiden, daß ... **2.** *v. i.*, **held a)** *(not give way)* ⟨*Seil, Nagel, Anker, Schloß, Angeklebtes:*⟩ halten; ⟨*Damm:*⟩ [stand]halten; **b)** *(remain unchanged)* anhalten; [an]dauern; ⟨*Wetter:*⟩ sich halten, so bleiben; ⟨*Angebot, Versprechen:*⟩ gelten; **his luck held** er hatte auch weiterhin Glück; **c)** *(remain steadfast)* ~ **to sth.** bei etw. bleiben; an etw. *(Dat.)* festhalten; ~ **to** *or* **by one's family** zur Familie stehen *od.* halten; ~ **by one's beliefs/convictions** tun, was man für richtig hält; **he still ~s to the view that ...:** er ist nach wie vor der Ansicht, daß ...; *see also* **aloof 1; d)** *(be valid)* ~ **[good** *or* **true]** gelten; Gültigkeit haben; **e)** *(arch.: wait)* einhalten; ~ **[hard]!** halt[et] ein! *See also* [1]**still 1 a. 3.** *n.* **a)** *(grasp)* Griff, *der;* **grab** *or* **seize ~ of sth.** etw. ergreifen; **get** *or* **lay** *or* **take ~ of sth.** etw. fassen *od.* packen; *(manage to gain a grip on sth.)* etw. zu fassen kriegen *(ugs.) od.* bekommen; *(in order to carry it)* etw. nehmen; **keep ~ of sth.** etw. festhalten; **keep/lose one's ~:** den Halt nicht verlieren/den Halt verlieren; **lose one's ~ on reality** den Sinn für die Realität verlieren; **take ~** *(fig.)* sich durchsetzen; ⟨*Krankheit:*⟩ fortschreiten; **get ~ of sth.** *(fig.)* etw. bekommen *od.* auftreiben; **if the newspapers get ~ of the story** wenn die Zeitungen Wind von der Sache bekommen *(ugs.)*; **get ~ of sb.** *(fig.)* jmdn. erreichen; **get a ~ on oneself** sich fassen; **have a ~ over sb.** jmdn. in der Hand halten; *see also* **catch 1 a; b)** *(influence)* Einfluß, *der* **(on, over** auf + *Akk.*); **lose one's ~:** seinen Einfluß verlieren; **gain a ~:** zu Einfluß gelangen; **c)** *(Sport)* Griff, *der;* **there are no ~s barred** *(fig.)* alles ist erlaubt; **d)** *(thing to hold by)* Griff, *der;* **e) put on ~:** auf Eis legen ⟨*Plan, Programm*⟩

~ **'back 1.** *v. t.* **a)** *(restrain)* zurückhalten; ~ **sb. back from doing sth.** jmdn. [daran] hindern, etw. zu tun; **b)** *(impede progress of)* hindern; **nothing can ~ him back** er ist nicht mehr aufzuhalten; **c)** *(withhold)* zurückhalten; zurückhalten mit ⟨*Bekanntgabe von Ergebnissen, Veröffentlichung eines Berichts*⟩; ~ **sth. back from sb.** jmdm. etw. vorenthalten. **2.** *v. i.* zögern; ~ **back from doing sth.** zögern, etw. zu tun

~ **'down** *v. t.* **a)** festhalten; *(repress)* unterdrücken; niederhalten ⟨*Volk*⟩; *(fig.: keep at low level)* niedrig halten ⟨*Preise, Löhne usw.*⟩; **b)** *(keep)* sich halten in (+ *Dat.*) ⟨*Stellung, Position*⟩

~ **'forth 1.** *v. t. (offer)* anpreisen. **2.** *v. i.* sich in langen Reden ergehen *(oft abwertend)*; ~ **forth about** *or* **on sth.** sich über etw. *(Akk.)* auslassen *(abwertend)*

~ **'in** *v. t.* zügeln ⟨*Pferd, Temperament*⟩; einziehen ⟨*Bauch*⟩; ~ **oneself in** *(temper, emotions)* sich beherrschen; an sich *(Akk.)* halten; *(stomach)* den Bauch einziehen

~ **'off 1.** *v. t. (keep at bay)* von sich fernhalten, *(ugs.)* sich *(Dat.)* vom Leib halten ⟨*Fans, Presse*⟩; in Schach halten ⟨*gegnerische Stürmer*⟩; abwehren ⟨*Angriff*⟩; Einhalt gebieten (+ *Dat.*) ⟨*Inflation, Arbeitslosigkeit*⟩; **he's been ~ing her off for years** er hat sie jahrelang immer wieder abgewiesen; ~ **your dog off!** halten Sie Ihren Hund zurück! **2.** *v. i. (restrain oneself)* ⟨*Käufer usw.:*⟩ sich zurückhalten; ⟨*Feind:*⟩ sich ruhig verhalten; *(be delayed)* ⟨*Regen, Monsun, Winter:*⟩ ausbleiben; auf sich *(Akk.)* warten lassen

~ **'on 1.** *v. t. (keep in position)* [fest]halten. **2.** *v. i.* **a)** *(continue)* andauern; weitergehen; **b)** *(stand firm)* durchhalten; aushalten; ⟨*Regierung:*⟩ sich halten; **c)** ~ **on to sb./sth.** sich an jmdm./etw. festhalten; *(fig.: retain)* jmdn./etw. behalten; **the firm should make every effort to ~ on to him** die Firma sollte alles versuchen, ihn zu halten; **d)** *(Teleph.)* am Apparat bleiben; dranbleiben *(ugs.)*; **e)** *(coll.: wait)* warten; ~ **on!** einen Moment!; **just [you] ~ on now!** *(calm yourself)* nun mal ganz ruhig!; Moment mal!

~ **'out 1.** *v. t.* **a)** *(stretch forth)* ausstrecken ⟨*Hand, Arm usw.*⟩; ausbreiten ⟨*Arme*⟩; hinhalten ⟨*Tasse, Teller*⟩; **b)** *(fig.: offer)* in Aussicht stellen **(to** *Dat.*); **he did not ~ out much hope of the patient's recovery** er hat mir/uns/ihm *usw.* keine großen Hoffnungen gemacht, daß der Patient wieder gesund wird. **2.** *v. i.* **a)** *(maintain resistance)* sich halten; **b)** *(last)* ⟨*Vorräte:*⟩ vorhalten; ⟨*Motor:*⟩ halten; durchhalten *(ugs.)*; **c)** ~ **out for sth.** etw. herauszuschinden versuchen *(ugs.)*; **d)** ~ **out [on sb.]** *(coll.: withhold knowledge)* [jmdm.] etwas verschweigen

~ **'over** *v. t.* vertagen **(till** auf + *Akk.*)

~ **to'gether 1.** *v. t.* zusammenhalten. **2.** *v. i. (lit. or fig.)* zusammenhalten

~ **'under** *v. t.* unter Wasser drücken; *(fig.)* unterdrücken ⟨*Land, Volk, usw.*⟩

~ **'up 1.** *v. t.* **a)** *(raise)* hochhalten; hochheben ⟨*Person*⟩; [hoch]heben ⟨*Hand, Kopf*⟩; ~ **sth. up to the light** etw. ins Licht/*(to see through it)* gegen das Licht halten; ~ **up one's head** *(fig.)* seine Selbstachtung nicht verlieren; **he'd never be able to ~ his head up again** er könnte seine Selbstachtung niemals mehr wiedergewinnen; **b)** *(fig.: offer as an example)* ~ **sb. up as ...:** jmdn. als ... hinstellen; ~ **sb. up as an example** jmdn. als [leuchtendes] Vorbild hinstellen; ~ **sb./sth. up to ridicule/scorn** jmdn./etw. dem Spott/Hohn preisgeben; **c)** *(support)* stützen; tragen ⟨*Dach usw.*⟩; *(fig.: give support to)* stützen ⟨*Regime*⟩; ~ **sth. up with sth.** etw. mit etw. abstützen; **d)** *(delay)* aufhalten; behindern ⟨*Verkehr, Versorgung*⟩; verzögern ⟨*Friedensvertrag*⟩; *(halt)* ins Stocken bringen ⟨*Produktion*⟩; **e)** *(rob)* überfallen [und ausrauben]. *See also* **hold-up. 2.** *v. i.* **a)** *(under scrutiny)* sich als stichhaltig erweisen; **b)** ⟨*Wetter:*⟩ schön bleiben, sich halten

~ **with** *v. t.* ~**/not ~ with sth.** mit etw. einverstanden sein/etw. ablehnen

**holdall** ['həʊldɔ:l] *n.* Reisetasche, *die*

**holder** ['həʊldə(r)] *n.* **a)** *(of post)* Inhaber, *der*/Inhaberin, *die;* **b)** *(of title)* Träger, *der*/Trägerin, *die;* Inhaber, *der*/Inhaberin, *die; (Sport)* Titelhalter, -inhaber, *der; (shareholder)* Aktionär, *der;* Aktieninhaber, *der;* **in the Cup Final, the ~s were beaten** im Pokalendspiel wurden die Pokalverteidiger geschlagen; **c)** ⟨*Zigaretten*⟩spitze, *die;* ⟨*Schirm*⟩ständer, *der;* ⟨*Papier-, Feder-, Zahnputzglas*⟩halter, *der;* **flowerpot~:** Übertopf, *der*

**holding** ['həʊldɪŋ] *n.* **a)** *(tenure)* Land-, Grundbesitz, *der;* **b)** *(land held)* Gut, *das; see also* **smallholding; c)** *(property held)* Besitz, *der; (stocks or shares)* Anteil, *der*

**holding: ~ company** *n. (Commerc.)* Holding[gesellschaft], *die;* ~ **operation** *n.* Aktion zur Schadensbegrenzung

**'hold-up** *n.* **a)** *(robbery)* [Raub]überfall, *der;* **b)** *(stoppage)* Unterbrechung, *die; (delay)* Verzögerung, *die;* **run into a traffic ~** in einen [Verkehrs]stau geraten; **there are ~s on the motorway** auf der Autobahn kommt es zu erheblichen Behinderungen

**hole** [həʊl] **1.** *n.* **a)** Loch, *das;* **make a ~ in sth.** *(fig.)* eine ganze Menge von etw. verschlingen; **be a round/square peg in a square/round ~** *(fig.)* es nicht gut getroffen haben; **be in ~s** voller Löcher sein; **pick ~s in** Löcher machen in (+ *Akk.*) ⟨*Pullover usw.*⟩; *(fig.: find fault with)* zerpflücken *(ugs.)*; auseinandernehmen *(ugs.)*; madig machen *(ugs.)* ⟨*Person*⟩; **be full of ~s** *(fig.)* viele Schwächen haben; ~ **in the heart** Loch in der Herzscheidewand; Septumdefekt, *der (fachspr.)*; **they need it like a ~ in the head** *(coll.)* das ist das Letzte, was sie gebrauchen können *(ugs.)*; **b)** *(burrow) (of fox, badger, rabbit)* Bau, *der; (of mouse)* Loch, *das;* **c)** *(coll.) (dingy abode)* Loch, *das (salopp abwertend); (wretched place)* Kaff, *das (ugs. abwertend);* Nest, *das (ugs. abwertend);* **d)** *(sl.: awkward situation)* Klemme, *die (ugs.);* Patsche, *die (ugs.)*; **be in a ~:** in der Klemme sein *od.* Patsche sitzen; **e)** *(Golf)* Loch, *das; (space between tee and ~)* [Spiel]bahn, *die; (point scored)* Loch, *das;* ~ **in one** Hole-in-One, *das;* As, *das. See also* [1]**burn 2 a. 2.** *v. t.* **a)** Löcher/ein Loch machen in (+ *Akk.*); **be ~d** Löcher/ein Loch haben; **b)** *(Naut.: pierce side of)* **be ~d** leckschlagen *(Seemannsspr.)*; **c)** *(Golf) see* ~ **out**

~ **'out** *v. t. (Golf)* einlochen; *abs.* ~ **out in one** ein Hole-in-One *od.* As spielen

~ **'up** *v. i. (Amer. coll.)* sich verkriechen *(ugs.)*

**hole-and-'corner** *adj.* zwielichtig; anrüchig

**holiday** ['hɒlɪdeɪ, 'hɒlɪdɪ] **1.** *n.* **a)** *(day of recreation)* [arbeits]freier Tag; *(day of festivity)* Feiertag, *der;* **the whole country was given a ~:** das ganze Land bekam einen Tag [arbeits]frei; **tomorrow is a ~:** morgen ist frei/Feiertag; *see also* **bank holiday; national holiday; public holiday; b)** *in sing. or pl. (Brit.: vacation)* Urlaub, *der; (Sch.)* [Schul]ferien *Pl.*; **need a ~:** urlaubsreif sein; **have a good ~!** schönen Urlaub!; *(at Christmas etc.)* schöne Feiertage!; **go to Cornwall for one's ~[s]** im Urlaub/in den Ferien nach Cornwall fahren; in Cornwall urlauben *(ugs.)*; **take** *or* **have a/one's ~:** Urlaub nehmen *od.* machen/seinen Urlaub nehmen; **on ~, on one's ~s** im *od.* in seinem Urlaub; **be [away] on ~** *or* **on one's ~s** in *od.* im *od.* auf Urlaub sein; **go on [a] ~** *or* **on one's ~s** *(leave work)* in Urlaub gehen; *(go away)* in Urlaub fahren; *see also* **busman. 2.** *attrib. adj.* Urlaubs-/Ferien⟨*stimmung, -pläne*⟩; Freizeit⟨*kleidung*⟩. **3.** *v. i.* Urlaub/Ferien machen; urlauben *(ugs.)*

**holiday: ~ camp** *n.* Feriendorf, *das;* Ferienpark, *der;* **~-maker** *n.* Urlauber, *der*/Urlauberin, *die;* ~ **resort** *n.* Ferienort, *der;* ~ **season** *n.* Urlaubszeit, *die*

**holier-than-thou** [həʊlɪəðən'ðaʊ] *adj. (coll.)* selbstgerecht

**holiness** ['həʊlɪnɪs] *n., no pl.* Heiligkeit, *die;* **His H~:** Seine Heiligkeit

**holism** ['hɒlɪzm, 'həʊlɪzm] *n., no pl. (Philos.)* Holismus, *der*

**holistic** [hɒ'lɪstɪk, həʊ'lɪstɪk] *adj. (Philos.)* holistisch

**Holland** ['hɒlənd] *pr. n.* Holland *(das)*

**hollandaise** ['hɒləndeɪz] *n. (Gastr.)* ~ **[sauce]** holländische Soße; Sauce hollandaise, *die*

**holler** ['hɒlə(r)] *(Amer.)* **1.** *v. i.* schreien; brüllen. **2.** *v. t.* schreien

**hollow** ['hɒləʊ] **1.** *adj.* **a)** *(not solid)* hohl; Hohl⟨*ziegel, -mauer, -zylinder, -kugel*⟩; **have**

**~ legs** *(joc.)* nicht satt zu kriegen sein *(ugs.)*; **b)** *(sunken)* eingefallen ⟨*Wangen, Schläfen*⟩; hohl, tiefliegend ⟨*Augen*⟩; nach innen gewölbt ⟨*Stück Blech usw.*⟩; **a ~ place in the ground/road** *etc.* eine Vertiefung im Boden/in der Straße *usw.*; **c)** *(hungry)* **feel ~**: ein Loch im Bauch haben *(ugs.)*; **d)** *(echoing)* hohl ⟨*Ton, Klang*⟩; **speak with a ~ voice** mit Grabesstimme sprechen; **e)** *(fig.: empty)* wertlos; eitel *(geh.)* ⟨*Reichtum*⟩; oberflächlich ⟨*Person*⟩; **f)** *(fig.: cynical)* verlogen; leer ⟨*Versprechen*⟩; gequält ⟨*Lachen*⟩. **2.** *n.* [Boden]senke, *die;* [Boden]vertiefung, *die;* *(area below general level)* Niederung, *die;* **hold sth. in the ~ of one's hand** etw. in der hohlen Hand halten. **3.** *adv.* **beat sb. ~** *(coll.)* jmdn. um Längen schlagen *(ugs.)*. **4.** *v.t.* **~ out** aushöhlen; graben ⟨*Höhle*⟩; bohren, graben ⟨*Tunnel*⟩

**'hollow-eyed** *adj.* hohläugig

**hollowly** ['hɒləʊlɪ] *adv.* hohl ⟨*widerhallen*⟩

**hollowness** ['hɒləʊnɪs] *n. no pl.* **a)** Hohlheit, *die;* **b)** *(of voice)* Hohlheit, *die;* **c)** *(fig.)* *(emptiness)* Hohlheit, *die;* *(falseness)* Verlogenheit, *die*

**'hollow-ware** *n., no pl.* Geschirr, *das;* Gefäße *Pl.*

**holly** ['hɒlɪ] *n.* **a)** *(tree)* Stechpalme, *die;* Ilex, *der (fachspr.)*; **b)** *(foliage)* Stechpalmenzweige *Pl.*

**'hollyhock** *n. (Bot.)* Stockrose, *die*

**¹holm** [həʊm] *n. (Brit.) (islet)* kleine Insel; Holm, *der (nordd.)*; *(in a river)* Werder, *der*

**²holm** *n.* **~ [oak]** *(Bot.)* Steineiche, *die*

**holocaust** ['hɒləkɔːst] *n. (destruction)* Massenvernichtung, *die;* **the H~**: der Holocaust; die Judenvernichtung; **nuclear ~**: atomarer Holocaust

**Holocene** ['hɒləsiːn] *n. (Geol.)* Holozän, *das*

**hologram** ['hɒləgræm] *n.* Hologramm, *das*

**holography** [hɒ'lɒgrəfɪ] *n., no pl., no art.* Holographie, *die*

**hols** [hɒlz] *n. pl. (Brit. coll.)* Ferien *Pl.*

**holster** ['həʊlstə(r)] *n.* [Pistolen]halfter, *die od. das*

**holy** ['həʊlɪ] *adj.* heilig; fromm ⟨*Zweck*⟩; **~ saints** Heilige; **~ smoke** *or* **cow!** *(coll.)* heiliger Bimbam *(ugs.) od. (salopp)* Strohsack!

**holy: H~ 'Bible** *n.* Heilige Schrift; **H~ 'City** *n.* Heilige Stadt; **H~ Com'munion** *see* **communion a**; **~ 'cross** *n.* Kreuz Christi, *das;* **the sign of the ~ cross** das Kreuzzeichen; **~ day** *n.* religiöser Feiertag; **H~ 'Family** *n.* Heilige Familie; **H~ 'Father** *see* **father 1f**; **H~ 'Ghost** *see* **H~ Spirit**; **H~ Grail** *see* **Grail**; **~ 'Joe** *n. (sl. derog.)* Pfaffe, *der (abwertend)*; **H~ Land** *n.* **a)** **the H~ Land** das Heilige Land; **b)** *(revered land)* geheiligtes *od.* heiliges Land; **~ of 'holies** *n. (inner chamber, fig.: sacred place)* Allerheiligste, *das;* **~ 'orders** *see* **order 1h**; **~ place** *n.* **a)** Heilige, *das;* **b)** *in pl. (places of pilgrimage)* heilige Stätten *Pl.*; **H~ Roman 'Empire** *see* **Roman Empire**; **H~ 'Sacrament** *see* **sacrament a**; **H~ 'Saturday** *n.* Karsamstag, *der;* **H~ 'Scripture** *see* **scripture**; **H~ 'See** *see* **²see**; **H~ 'Spirit** *n. (Relig.)* Heiliger Geist; **~ 'terror** *see* **terror c**; **H~ 'Trinity** *see* **Trinity a**; **~ 'war** *n.* heiliger Krieg; **~ 'water** *n. (Eccl.)* Weihwasser, *das;* **H~ Week** *n.* Karwoche, *die*

**homage** ['hɒmɪdʒ] *n. (tribute)* Huldigung, *die* **(to an** + *Akk.*); **pay** *or* **do ~ to sb./sth.** jmdm./einer Sache huldigen

**Homburg** ['hɒmbɜːg] *n.* **~ [hat]** Homburg, *der*

**home** [həʊm] **1.** *n.* **a)** *(place of residence)* Heim, *das;* *(flat)* Wohnung, *die;* *(house)* Haus, *das;* *(household)* [Eltern]haus, *das;* **my ~ is in Leeds** ich bin in Leeds zu Hause *od.* wohne in Leeds; **a ~ of one's own** ein eigenes Zuhause; **give sb./an animal a ~**: jmdm./einem Tier ein Zuhause geben; **work/be away from ~**: auswärts arbeiten/nicht zu Hause sein; **leave/have left ~**: aus dem Haus gehen/sein; **have a good ~**: ein gutes Zuhause haben; **live at ~**: im Elternhaus wohnen; **they had no ~/~s [of their own]** sie hatten kein Zuhause; **safety in the ~**: Sicherheit im Haus[halt]; **make one's ~ in the country/abroad** aufs Land ziehen/ins Ausland gehen; **at ~**: zu Hause; *(not abroad)* im Inland; **be at ~ [to sb.]** *(be available to caller)* [für jmdn.] zu sprechen sein *od.* dasein; *(Sport: play on one's own ground)* auf eigenem Platz *od.* zu Hause [gegen jmdn.] spielen; **who/what is X when he's/it's at ~?** *(joc.)* wer/was ist das denn?; **is our next match at ~ or away?** ist unser nächstes Spiel ein Heimspiel oder ein Auswärtsspiel?; **be/feel at ~** *(fig.)* sich wohl fühlen; **make sb. feel at ~**: es jmdm. behaglich machen; **make yourself at ~**: fühl dich wie zu Hause; **he is quite at ~ in French** er ist im Französischen ganz gut zu Hause; *see also* **d**; **at-home**; **there's no place like ~** *(prov.)* es geht [doch] nichts über das eigene Zuhause; **~ from ~**: zweites Zuhause; **b)** *(fig.)* **this was something very near ~**: das war etwas, das einen sehr direkt betraf; **to take an example nearer ~, ...**: um ein Beispiel zu nehmen, das uns näher liegt, ...; *see also* **from d**; **second home**; **c)** *(Amer., Austral., NZ: dwelling-house)* Haus, *das;* **d)** *(native country)* die Heimat; **at ~**: zu Hause; in der Heimat; *see also* **a**; **e)** *(place where thing is native)* Heimat, *die;* **f)** *(institution)* Heim, *das;* *(coll.: mental ~)* Anstalt, *die (salopp)*; **you ought to be in a ~**: du gehörst in die Klapsmühle; *see also* **mental home**; **nursing home**; **g)** *no art. (Games: safe place)* das Mal; *(in Ludo etc.)* das Haus; *(finishing-point)* das Ziel; **h)** *(Sport: ~ win)* Heimsieg, *der.* **2.** *adj.* **a)** *(connected with home)* Haus-; Haushalts⟨*gerät usw.*⟩; **she enjoyed her ~ life** sie genoß das Zuhausesein; **b)** *(done at home)* häuslich; Selbst⟨*backen, ~brauen usw.*⟩; **c)** *(in the neighbourhood of home)* nahegelegen; **d)** *(Sport)* Heim⟨*spiel, -sieg, -mannschaft*⟩; ⟨*Anhänger, Spieler*⟩ der Heimmannschaft; **~ ground** eigener Platz; **e)** *(not foreign)* [ein]heimisch; inländisch; *see also* **trade. 3.** *adv.* **a)** *(to home)* nach Hause; **find one's way ~**: nach Hause finden; **on one's way ~**: auf dem Weg nach Hause *od.* Nachhauseweg; **get ~**: nach Hause kommen; *(to the finishing-point)* das Ziel erreichen; **get ~ by inches** um eine Nasenlänge gewinnen; **Pierre is going ~ to France tomorrow** Pierre fährt morgen nach Frankreich zurück; **be going ~** *(fig.: be becoming unserviceable)* den Geist aufgeben *(ugs.)*; **he takes ~ £200 a week after tax** er verdient 200 Pfund netto in der Woche; **nothing to write ~ about** *(coll.)* nichts Besonderes *od.* Aufregendes; **b)** *(arrived at home)* zu Hause; **the first competitor ~ was Paul** als erster [Teilnehmer] traf Paul am Ziel ein *od.* ging Paul durchs Ziel; **be ~ and dry** *(fig.)* aus dem Schneider sein *(ugs.)*; **c)** *(Amer.: at home)* zu Hause; **d)** *(to the point aimed at)* **go ~** ⟨*Schlag usw.:*⟩ sitzen *(ugs.)*; ⟨*Schuß:*⟩ treffen; *(fig.)* ⟨*Bemerkungen usw.:*⟩ ins Schwarze treffen, *(ugs.)* sitzen; **e)** *(as far as possible)* **push ~**: [ganz] hineinschieben ⟨*Schublade*⟩; forcieren ⟨*Angriff*⟩; ausnutzen ⟨*Vorteil*⟩; **press ~**: [ganz] hinunterdrücken ⟨*Hebel*⟩; forcieren ⟨*Angriff*⟩; [voll] ausnutzen ⟨*Vorteil*⟩; **drive ~**: [ganz] einschlagen ⟨*Nagel*⟩; **f)** **come** *or* **get ~ to sb.** *(become fully realized)* jmdm. in vollem Ausmaß bewußt werden; **bring sth. ~ to sb.** jmdm. etw. klarmachen *od.* vor Augen führen; *see also* **roost 1. 4.** *v.i.* **a)** ⟨*Vogel usw.:*⟩ zurückkehren; **b)** *(be guided)* **these missiles ~ [in] on their targets** diese Flugkörper suchen sich *(Dat.)* ihr Ziel; **c)** **~ in/on sth.** *(fig.)* etw. herausgreifen

**home: ~ address** *n.* Privatanschrift, *die;* **~-based** ['həʊmbeɪst] *adj.* zu Hause arbeitend; **be ~-based** zu Hause arbeiten; seinen Arbeitsplatz zu Hause haben; **~ bird** *n.* häuslicher Mensch; **~ 'brew** *n.* selbstgebrautes Bier; **~-brewed** ['həʊmbruːd] *adj.* selbstgebraut; **~ 'comforts** *n. pl.* häuslicher Komfort; **~-coming** *n.* Heimkehr, *die;* **~ com'puter** *n.* Heimcomputer, *der;* **H~ Counties** *n. pl. (Brit.)* **the H~ Counties** die Home Counties; *die Grafschaften um London;* **~ eco'nomics** *n. sing. see* **domestic science**; **~ farm** *n. (Brit.)* Herrenhof, *der;* **~ 'ground** *n.* **on [one's] ~ ground** auf heimischem Boden; *(fig.)* zu Hause *(ugs.)*; **~-grown** *adj.* selbstgezogen ⟨*Gemüse, Obst*⟩; **H~ 'Guard** *n. (Brit. Hist.)* **a)** *(army)* Bürgerwehr, *die;* **b)** *(person)* Mitglied der Bürgerwehr; **~ 'help** *(Brit.)* *see* **help 2b**; **~land** *n.* **a)** *(native land)* Heimat, *die;* Heimatland, *das;* **b)** *(in South Africa)* Homeland, *das;* **~ leave** *n.* Heimaturlaub, *der*

**homeless** ['həʊmlɪs] **1.** *adj.* obdachlos. **2.** *n.* **the ~**: die Obdachlosen

**homelessness** ['həʊmlɪsnɪs] *n.* Obdachlosigkeit, *die*

**'homelike** *adj.* wohnlich

**'home-loving** *adj.* häuslich

**homely** ['həʊmlɪ] *adj.* **a)** *(unpretentious, simple)* einfach, schlicht ⟨*Worte, Stil, Sprache usw.*⟩; warmherzig ⟨*Person*⟩; bescheiden ⟨*kleines Haus*⟩; **b)** *(Amer.: not attractive)* nicht sehr attraktiv; wenig attraktiv

**home: ~-made** *adj.* selbstgemacht; selbstgebacken ⟨*Brot*⟩; hausgemacht ⟨*Lebensmittel*⟩; **~-maker** *n.* Hausfrau, *die;* *(man)* Hausmann, *der;* **~ 'movie** *n.* Amateurfilm, *der;* **H~ Office** *n. (Brit.)* Innenministerium, *das*

**homeopathic** *etc. (Amer.) see* **homoeo-**

**home: ~ 'perm** *n.* selbstgemachte Dauerwelle; **~ 'plate** *see* **plate 11**; **~ 'port** *n.* Heimathafen, *der*

**Homer** *pr. n.* Homer *(der)*

**Homeric** [hə'merɪk, həʊ'merɪk] *adj.* Homerisch; *(in the style of Homer)* homerisch

**home: ~ 'rule** *n.* Autonomie, *die;* Selbstbestimmung, *die;* **~ 'run** *n. (Baseball)* Homerun, *der;* **H~ 'Secretary** *n. (Brit.)* Innenminister, *der;* **~sick** *adj.* heimwehkrank; **become/be ~sick** Heimweh bekommen/haben; **~sickness** *n., no pl.* Heimweh, *das;* **~spun** *adj.* **a)** *(spun [and woven] at ~)* selbstgesponnen [und -gewoben]; *(of ~ manufacture)* in Heimarbeit gesponnen; **b** *(unsophisticated)* schlicht; einfach; **~spu philosophy** Lebensweisheiten; **~stead** *n* **a)** *(house with land)* Anwesen, *das;* *(farm* Gehöft, *das;* **b)** *(Austral., NZ: residence* Herrenhaus, *das;* **c)** *(Amer.: area of land* Parzelle, *die;* ≈ Heimstätte, *die;* **~ 'straight** (*Amer.:* **~ 'stretch**) *n. (lit. o fig.)* Zielgerade, *die;* **~ 'town** *n.* Heimatstadt, *die;* Vaterstadt, *die (geh.)*; *(town o residence)* Wohnort, *der;* **~ 'truth** *n.* unangenehme Wahrheit; **tell** *or* **give sb. a few ~ truths** jmdm. [gehörig] die Meinung sagen **now you're going to listen to a few ~ truth** jetzt hörst du mir mal zu!

**homeward** ['həʊmwəd] **1.** *adj.* nach Haus *nachgestellt;* Nachhause⟨*weg*⟩; *(return* Rück⟨*fahrt, -reise, -weg*⟩; *see also* **³bound.** *adv.* nach Hause; heimwärts

**homewards** ['həʊmwədz] *see* **homeward**

**'homework** *n. (Sch.)* Hausaufgabe, *di* **Latin ~**: Hausaufgaben in Latein; **be give ~**: Hausaufgaben aufbekommen *od.* au haben; **give/set sb. too much ~**: jmdm. zu viel [Hausaufgaben] aufgeben; **for ~**: a Hausaufgabe; **do one's ~** *(fig.)* sich mit d Materie vertraut machen; seine Hausau gaben machen *(scherzh.)*

**homicidal** [hɒmɪ'saɪdl] *adj.* gemeingefäh lich; **~ tendency** Drang zum Töten

**homicide** ['hɒmɪsaɪd] *n.* **a)** *(act)* Tötun

*die; (manslaughter)* Totschlag, *der;* **b)** *(person) jemand, der einen Menschen getötet hat*
**homily** ['hɒmɪlɪ] *n.* **a)** *(sermon)* Homilie, *die (Theol.);* **b)** *(tedious discourse)* Moralpredigt, *die;* Predigt, *die (ugs.);* **give sb. a ~:** jmdm. eine [Moral]predigt halten
**homing** ['həʊmɪŋ] *attrib. adj.* zielsuchend ‹*Flugkörper, Torpedo*›; Zielsuch‹*einrichtung, -kopf*›; **~ instinct/sense** Heimfindevermögen, *das*
'**homing pigeon** *n.* Brieftaube, *die*
**hominid** ['hɒmɪnɪd] *(Zool.)* **1.** *adj.* zu den Hominiden gehörend. **2.** *n.* Hominide, *der*
**homo** ['həʊməʊ] *(coll.)* **1.** *adj.* homosexuell; homo *nicht attr. (ugs.).* **2.** *n., pl.* **~s** Homo, *der (ugs.)*
**homo-** [həʊməʊ, hɒməʊ] *in comb.* homo-/Homo-
**homoeopathic** [həʊmɪə'pæθɪk, hɒmɪə'pæθɪk] *adj.* homöopathisch
**homoeopathy** [həʊmɪ'ɒpəθɪ, hɒmɪ'ɒpəθɪ] *n.* Homöopathie, *die*
**homogeneity** [hɒmədʒɪ'ni:ɪtɪ, həʊmədʒɪ'ni:ɪtɪ] *n., no pl.* Homogenität, *die*
**homogeneous** [hɒmə'dʒi:nɪəs, həʊmə'dʒi:nɪəs] *adj.* homogen
**homogenisation, homogenise, homogeniser** *see* **homogeniz-**
**homogenization** [həmɒdʒɪnaɪ'zeɪʃn] *n.* Homogenisierung, *die*
**homogenize** [hə'mɒdʒɪnaɪz] *v. t. (lit. or fig.)* homogenisieren
**homogenizer** [hə'mɒdʒɪnaɪzə(r)] *n.* Homogenisator, *der*
'**homograph** *n. (Ling.)* Homograph, *das*
**homologous** [hə'mɒləgəs] *adj.* homolog
**homonym** ['hɒmənɪm] *n. (Ling.)* Homonym, *das*
**homonymous** [hə'mɒnɪməs] *adj.* homonym
'**homophone** *n. (Ling.)* Homophon, *das*
**Homo sapiens** [hɒməʊ 'sæpɪenz] *n., no pl.* Homo sapiens, *der*
**homo'sexual 1.** *adj.* homosexuell. **2.** *n.* Homosexuelle, *der/die;* **he is a ~:** er ist homosexuell
**homosexu'ality** *n.* Homosexualität, *die*
**homy** ['həʊmɪ] *adj.* wohnlich; heimelig *(veralt.)* ‹*Zimmer, Haus*›; vertraut ‹*Anblick*›
**Hon.** [ɒn] *abbr.* **a) Honorary; b) Honourable**
**honcho** ['hɒntʃəʊ] *n. (Amer. sl.)* Boß, *der (ugs.)*
**Honduran** [hɒn'djʊərən] **1.** *adj.* honduranisch; **sb. is ~:** jmd. ist Honduraner/Honduranerin. **2.** *n.* Honduraner, *der*/Honduranerin, *die*
**Honduras** [hɒn'djʊərəs] *pr. n.* Honduras *(das)*
**hone** [həʊn] **1.** *n.* Wetzstein, *der.* **2.** *v. t.* wetzen ‹*Messer, Klinge usw.*›; **~ a razor to a sharp edge** ein Rasiermesser wetzen, bis die Schneide scharf ist
**honest** ['ɒnɪst] *adj.* **a)** *(acting fairly)* ehrlich; **~ broker** ehrlicher Makler; **b)** *(sincere)* ehrlich; **the ~ truth** die reine Wahrheit; **to be ~ [with you]** offen *od.* ehrlich gesagt; **c)** *(showing righteousness)* redlich; ehrenhaft ‹*Absicht, Tat, Plan*›; ehrlich ‹*Arbeit*›; **d)** *(blameless)* rechtschaffen; **he made an ~ woman of her** *(joc.)* er heiratete sie; **e)** *(got by fair means)* ehrlich erworben ‹*Besitz*›; ehrlich verdient ‹*Geld*›; ehrlich erwirtschaftet ‹*Gewinn*›; **make an ~ living** sein Leben auf ehrliche Weise verdienen; **earn** *or* **turn an ~ penny** sich *(Dat.)* sein Brot ehrlich verdienen; **f)** *(unsophisticated)* [gut und] einfach; *(unadulterated)* rein; **~ bread** gutes, einfaches Brot; **g) ~ [to God], ~ to goodness!** *(coll.)* ehrlich! *(ugs.); see also* **honest-to-God**
**honestly** ['ɒnɪstlɪ] *adv.* **a)** *(fairly)* ehrlich; redlich ‹*handeln*›; **b)** *(frankly)* ehrlich; offen; **c)** *(genuinely, really)* ehrlich *(ugs.);* wirklich; **~!** ehrlich!; *(annoyed)* also wirklich!
**honest: ~-to-God, ~-to-goodness** *adjs.* echt
**honesty** ['ɒnɪstɪ] *n.* **a)** *(truthfulness)* Ehrlichkeit, *die;* Aufrichtigkeit, *die;* **in all ~:** ganz ehrlich; **in all ~, I have to admit ...:** ich muß ehrlicherweise zugeben ...; **b)** *(upright conduct)* Redlichkeit, *die;* Anständigkeit, *die;* **~ is the best policy** *(prov.)* ehrlich währt am längsten *(Spr.);* **c)** *(Bot.)* Silberblatt, *das*
**honey** ['hʌnɪ] *n.* **a)** Honig, *der;* **b)** *(colour)* Honiggelb, *das;* **c)** *(fig.: sweetness)* Lieblichkeit, *die;* **d) sb. is a [real] ~:** jmd. ist ein Schatz *(ugs.);* **e)** *(Amer., Ir.: darling)* Schatz, *der (ugs.)*
**honey: ~-bee** *n.* Honigbiene, *die;* **~ blonde** *adj.* honigblond; **~-coloured** *adj.* honigfarben; **~comb** *n.* Bienenwabe, *die; (filled with honey)* Honigwabe, *die;* **~combed** ['hʌnɪkəʊmd] *adj. (with cavities)* wabenartig durchsetzt *od.* durchzogen; **~dew** *n. (lit. or fig.)* Honigtau, *der;* **~dew [melon]** Honigmelone, *die*
**honeyed** ['hʌnɪd] *adj.* honigsüß ‹*Worte*›
**honey: ~moon 1.** *n.* **a)** Flitterwochen *Pl.;* Honigmond, *der (scherzh.); (journey)* Hochzeitsreise, *die;* **where did you go for your ~moon?** wohin habt ihr eure Hochzeitsreise gemacht?; **be a ~moon couple** sich auf der Hochzeitsreise befinden; **b)** *(fig.: initial period)* anfängliche Begeisterung; **the ~moon period** die Phase der Begeisterung; **2.** *v. i.* seine Flitterwochen verbringen; flittern *(ugs. scherzh.);* **~-pot** *n.* Honigtopf, *der;* **~suckle** *n. (Bot.)* Geißblatt, *das;* **~-sweet** *adj.* honigsüß
**honk** [hɒŋk] **1.** *n.* **a)** *(of horn)* Hupen, *das;* **I gave him a ~ [on my horn]** ich hupte ihn an; **~s** Hupsignale; **b)** *(of goose or seal)* Schrei, *der.* **2.** *v. i.* **a)** ‹*Fahrzeug, Fahrer:*› hupen; **b)** ‹*Gans, Seehund:*› schreien. **3.** *v. t.* **~ one's horn** *see* **horn 1 d**
**honky-tonk** ['hɒŋkɪtɒŋk] *n. (coll.)* **a)** *(nightclub)* Schuppen, *der (ugs.);* **b)** *(music)* Ragtime, *der*
**honor, honorable, honorably** *(Amer.) see* **honour** *etc.*
**honorarium** [ɒnə'reərɪəm] *n., pl.* **~s** *or* **honoraria** [ɒnə'reərɪə] Honorar, *das*
**honorary** ['ɒnərərɪ] *adj.* **a)** ehrenamtlich; Ehren‹*mitglied, -präsident, -doktor, -bürger*›; **b)** *(conferred as an honour)* Ehren-; **~ degree** ehrenhalber verliehener akademischer Grad; **the position is an ~ one** der Posten ist ehrenamtlich
**honour** ['ɒnə(r)] *(Brit.)* **1.** *n.* **a)** *no indef. art. (reputation)* Ehre, *die;* **win/achieve ~:** zu Ehren kommen; **to his ~, he refused** es ehrt ihn, daß er abgelehnt hat; **do ~ to sb./sth.** jmdm./einer Sache zur Ehre gereichen *(geh.);* jmdm./einer Sache Ehre machen; **b)** *(respect)* Hochachtung, *die;* **he was treated with** *or* **shown ~:** ihm wurde große Achtung entgegengebracht; **hold sb./sth. in ~:** jmdn./etw. achten; **do sb. ~, do ~ to sb.** jmdm. Ehre erweisen; *(show appreciation of)* jmdn. würdigen; **do ~ to sth.** etw. würdigen; **in ~ of sb.** jmdm. zu Ehren; **in ~ of sth.** um etw. gebührend zu feiern; **c)** *(privilege)* Ehre, *die;* **have the ~ to do** *or* **of doing sth.** die Ehre haben, etw. zu tun; **may I have the ~ [of the next dance]?** darf ich [um den nächsten Tanz] bitten?; **do sb. an ~:** jmdm. eine Ehre erweisen; **you do me too great an ~:** Sie tun mir zuviel Ehre an; **do sb. the ~ of doing sth.** jmdm. die Ehre erweisen, etw. zu tun; **d)** *no art. (ethical quality)* Ehre, *die;* **he is a man of ~** *or* **with a sense of ~:** er ist ein Ehrenmann *od.* Mann von Ehre; **feel [in] ~ bound to do sth.** sich moralisch verpflichtet fühlen, etw. zu tun; **promise [up]on one's ~:** sein Ehrenwort geben; **be on one's ~:** sein Ehrenwort gegeben haben; **[up]on my ~!** Ehrenwort!; bei meiner Ehre! *(geh.);* **the prisoner was put [up]on his ~ not to escape** der Gefangene mußte sich auf Ehrenwort verpflichten, nicht zu fliehen; **~ bright** *(coll.)* großes Ehrenwort! *(ugs.);* **[there is] ~ among thieves** [es gibt so etwas wie] Ganovenehre; **e)** *(chastity)* Ehre, *die (veralt.);* **f)** *(distinction)* Auszeichnung, *die; (title)* Ehrentitel, *der; see also* **birthday; new year; g)** *in pl. (recognition)* Auszeichnungen; **h)** *in pl. (Univ.)* **she gained ~s in her exam, she passed [the exam] with ~s** sie hat das Examen mit Auszeichnung bestanden; **i)** *in pl.* **do the ~s** *(coll.) (introduce guests)* die Honneurs machen; *(serve guests)* den Gastgeber spielen; **j)** *(ceremony)* **funeral** *or* **last ~s** Trauerfeierlichkeiten *Pl.;* **pay the last ~s to sb.** jmdm. die letzte Ehre erweisen *(geh.);* **military ~s** militärische Ehren; **k)** *in title* **your H~** *(Brit. Law)* hohes Gericht; Euer Ehren; **l)** *(person or thing that brings credit)* **be an ~ to sb./sth.** jmdm./einer Sache Ehre machen; **m)** *(Cards)* Honneur, *das;* **~s are even** es gibt keinen Verlierer. *See also* **affair f; code 1 a; ¹companion c; debt; guard 1 b; guest; legion c; maid of honour; matron b; point 1 c; word 1 c. 2.** *v. t.* **a)** ehren; würdigen ‹*Verdienste, besondere Eigenschaften*›; **be ~ed as an artist** als Künstler Anerkennung finden; **~ your father and your mother** du sollst Vater und Mutter ehren; **be ~ed with a knighthood** in den Ritterstand erhoben werden; **~ sb. with one's presence** *(iron.)* jmdn. mit seiner Gegenwart beehren; **b)** *(acknowledge)* beachten ‹*Vorschriften*›; respektieren ‹*Gebräuche, Rechte*›; **c)** *(fulfil)* sich halten an (+ *Akk.*); *(Commerc.)* honorieren; begleichen ‹*Rechnung, Schuld*›
**honourable** ['ɒnərəbl] *adj. (Brit.)* **a)** *(worthy of respect)* ehrenwert *(geh.);* ehrbar *(geh.);* **b)** *(bringing credit)* achtbar; *(consistent with honour)* ehrenvoll ‹*Frieden, Rückzug, Entlassung*›; **c)** *(ethical)* rechtschaffen; redlich ‹*Geschäftsgebaren*›; **sb.'s intentions are ~:** jmd. hat ehrliche Absichten; **d)** *in title* **the H~ ...:** ≈ der/die ehrenwerte ...; **the ~ gentleman/lady, the ~ member [for X]** *(Brit. Parl.)* der Herr/die Frau Abgeordnete [für den Wahlkreis X]; ≈ der [verehrte] Herr Kollege/die [verehrte] Frau Kollegin; **the Most H~ ...** *(Brit.)* ≈ der/die höchst ehrenwerte ...; **the Right H~ ...** *(Brit.)* ≈ der sehr ehrenwerte ... *See also* **mention 1 b**
**honourably** ['ɒnərəblɪ] *adv. (Brit.)* **a)** *(with credit)* ehrenvoll; **b)** *(ethically)* ehrenhaft ‹*handeln*›
**honours: ~ degree** *n.* Examen mit Auszeichnung; **~ list** *n.* **a)** *(Univ.) Liste der Kandidaten, die das Examen mit Auszeichnung bestanden haben;* **b)** *(of sovereign) Liste der Titel- und Rangverleihungen*
**Hon. Sec.** [ɒn 'sek] *abbr.* **Honorary Secretary**
**hooch** [hu:tʃ] *n. (Amer. coll.)* [schwarz gebrannter] Schnaps; Fusel, *der (ugs. abwertend)*
**¹hood** [hʊd] *n.* **a)** Kapuze, *die;* **b)** *(of vehicle) (Brit.: waterproof top)* Verdeck, *das; (Amer.: bonnet)* [Motor]haube, *die; (of pram)* Verdeck, *das;* **drive with the ~ down** mit offenem Verdeck fahren; **c)** *(over hearth)* [Rauch]abzug, *der; (over stove)* Abzugshaube, *die*
**²hood** [hʊd, hu:d] *n. (sl.: gangster)* Gangster, *der*
**hooded** ['hʊdɪd] *adj. (wearing hood)* mit einer Kapuze bekleidet; *(with hood attached)* ‹*Mantel usw.*› mit Kapuze; **a ~ figure** eine Gestalt mit [einer] Kapuze
**hooded 'crow** *n. (Ornith.)* Nebelkrähe, *die*
**hoodlum** ['hu:dləm] *n.* **a)** *(young thug)* Rowdy, *der (abwertend);* **b)** *(Amer.: gangster) see* **²hood**
**hoodoo** ['hu:du:] *n.* **a)** *(bad spell)* Fluch, *der;* **there is a ~ on that house** es liegt ein Fluch über diesem Haus; **put a ~ on sb.** ‹*Hexe:*› jmdn. verwünschen; **b)** *(bringer of bad luck)* **be a ~:** Unglück bringen

**hoodwink** ['hʊdwɪŋk] *v.t.* hinters Licht führen; täuschen

**hooey** ['hu:ɪ] *(sl.)* **1.** *n.* Quatsch, *der (ugs.)*; Blödsinn, *der (ugs.)*. **2.** *int.* Quatsch [mit Soße]! *(ugs.)*

**hoof** [hu:f] **1.** *n., pl.* **~s** *or* **hooves** [hu:vz] **a)** Huf, *der; (sl. derog.: human foot)* Pedal, *das (ugs. scherzh.)*; **b) buy cattle on the ~** *(for meat)* Lebendvieh kaufen. *See also* **cloven 2. 2.** *v.t. (sl.)* **a)** *(kick)* **he ~ed him out of** *or* **through the door** er gab ihm einen Tritt, daß er durch die Tür flog; **get ~ed out of the army** *(fig.)* aus der Armee fliegen *(ugs.)*; **b)** *(walk)* **~ it** tippeln *(ugs.)*

'**hoofbeat** *n.* Hufschlag, *der*

**hoo-ha** ['hu:hɑ:] *n. (coll.)* Wirbel, *der;* **make a [lot of** *or* **big] ~ [about sth.]** [viel] Wind [um etw.] machen *(ugs.)*

**hook** [hʊk] **1.** *n.* **a)** Haken, *der; (Fishing)* [Angel]haken, *der;* **~ and eye** Haken und Öse; **swallow sth. ~, line, and sinker** *(fig.)* etw. blind glauben; **they fell for it ~, line, and sinker** *(fig.)* sie sind voll und ganz darauf hereingefallen; **get sb. off the ~** *(fig. sl.)* jmdn. herauspauken *(ugs.)*; **get oneself off the ~** *(fig. sl.)* den Kopf aus der Schlinge ziehen; **that lets me/him off the ~** *(fig. sl.)* da bin ich/ist er noch einmal davongekommen; verduften *(ugs.)*; **by ~ or by crook** mit allen Mitteln; **b)** *(telephone cradle)* Gabel, *die;* **the telephone was off the ~:** das Telefon war ausgehängt; **c)** *(Agric.) (for cutting grass or grain)* Sense, *die; (for cutting and lopping)* Hippe, *die;* **d)** *(Boxing)* Haken, *der;* **e)** *(Baseball, Bowling, Cricket, Golf)* Hook, *der;* **f)** *(Geog., Geol.) (in river)* [scharfe] Krümmung; *(sand-spit)* spitz zulaufende Sandbank; *(projecting land)* gekrümmte Landzunge; **the H~** *(coll.) see* **Hook of Holland; g)** *(Mus.)* [Noten]fähnchen, *das.* **2.** *v.t.* **a)** *(grasp)* mit Haken/mit einem Haken greifen; **b)** *(fasten)* mit Haken/mit einem Haken befestigen (**to** an + *Dat.*); festhaken ‹*Tor*› (**to** an + *Akk.*); haken ‹*Bein, Finger*› (**over** über + *Akk.*, **in** in + *Akk.*); **~ a caravan to a car** einen Wohnwagen an ein Auto hängen; **c) be ~ed [on sth./sb.]** *(sl.) (addicted harmfully)* [von etw./jmdm.] abhängig sein; *(addicted harmlessly)* [auf etw./jmdn.] stehen *(ugs., bes. Jugendspr.)*; *(captivated)* [von etw./jmdm.] fasziniert sein; **be ~ed on heroin/drugs** heroin-/drogenabhängig sein; **d)** *(catch)* an die Angel bekommen ‹*Fisch*›; *(fig.)* sich *(Dat.)* angeln; **e) ~ it** *(sl.: leave)* abhauen *(salopp)*; **f)** *(Boxing)* einen Haken versetzen *od.* geben (+ *Dat.*); **g)** *(Rugby)* hakeln; *(Golf)* einen Linksdrall geben (+ *Dat.*), nach links verziehen ‹*Ball*›; *(Cricket) mit waagerechtem Schläger in Schulterhöhe hinter sich schlagen* ‹*Ball*›

**~ 'on 1.** *v.t.* anhaken (**to** an + *Akk.*); anhängen ‹*Wagen, Anhänger, Schiff*› (**to** an + *Akk.*). **2.** *v.i.* angehakt werden (**to** an + *Akk.*)

**~ 'up 1.** *v.t.* **a)** festhaken (**to** an + *Akk.*); zuhaken ‹*Kleid*›; **b)** *(Radio and Telev. coll.)* zusammenschalten ‹*Sender*›; *see also* **hook-up. 2.** *v.i.* ‹*Kleid:*› mit Haken geschlossen werden

**hookah** ['hʊkə] *n.* Huka, *die;* [indische] Wasserpfeife

**hooked** [hʊkt] *adj.* **a)** *(hook-shaped)* hakenförmig; **~ nose** Hakennase, *die;* **b)** *(having hook[s])* mit Haken/mit einem Haken versehen. *See also* **hook 2c**

**hooker** ['hʊkə(r)] *n.* **a)** *(Rugby)* Hakler, *der;* **b)** *(Amer. sl.: prostitute)* Nutte, *die (salopp)*

**hookey** ['hʊkɪ] *n. (Amer. sl.)* **play ~:** [die] Schule schwänzen *(ugs.)*

**hook: ~-'nose** *n.* Hakennase, *die;* **~-nosed** ['hʊknəʊzd] *adj.* mit einer Hakennase *nachgestellt;* hakennasig; **be ~-nosed** eine Hakennase haben; **H~ of 'Holland** *pr. n.* Hoek van Holland *(das)*; **~-up** *n. (Radio and Telev. coll.)* Zusammenschaltung, *die (zu einer Gemeinschaftssendung)*; **~worm** *n.* **a)** *(worm)* Hakenwurm, *der;* **b)** *no art. (disease)* die Hakenwurmkrankheit

**hooky** *see* **hookey**

**hooligan** ['hu:lɪgən] *n.* Rowdy, *der*

**hooliganism** ['hu:lɪgənɪzm] *n., no pl.* Rowdytum, *das*

**hoop** [hu:p] *n.* **a)** *(circular band)* Reifen, *der; (of barrel)* Faßreifen, *der;* Faßband, *das;* **b)** *(toy)* Reifen, *der;* **c)** *(Croquet)* [Krocket]tor, *das;* **d)** *(in circus, show, etc.)* Springreifen, *der;* **go** *or* **be put/put sb. through the hoop[s]** *(fig.)* durch die Mangel gedreht werden/jmdn. durch die Mangel drehen *(salopp)*

**hoop-la** ['hu:plɑ:] *n.* Ringwerfen, *das*

**hoopoe** ['hu:pu:] *n. (Ornith.)* Wiedehopf, *der*

**hooray** *see* **hurray**

**Hooray 'Henry** *n. (Brit.)* [reicher, extrovertierter] Schickimicki *(ugs.)*

**hoosegow** ['hu:sgaʊ] *n. (Amer. sl.)* Knast, *der (ugs.)*

**hoot** [hu:t] **1.** *v.i.* **a)** *(call out)* johlen; **~ with laughter** in johlendes Gelächter ausbrechen; **b)** ‹*Eule:*› schreien; **c)** ‹*Fahrzeug, Fahrer:*› hupen, tuten; ‹*Sirene, Nebelhorn usw.:*› heulen, tuten; **~ at sb./sth.** jmdn./etw. anhupen. **2.** *v.t.* **a)** *(assail with derision)* ausbuhen *(ugs.)*; **b)** heulen *od.* tuten lassen ‹*Sirene, Nebelhorn*›; **~ one's horn** *see* **horn 1 d. 3.** *n.* **a)** *(shout)* **~s of derision/scorn** verächtliches Gejohle; **~s of laughter** johlendes Gelächter; **b)** *(owl's cry)* Schrei, *der;* **c)** *(signal) (of vehicle)* Hupen, *das; (of siren, fog-horn)* Heulen, *das;* Tuten, *das;* **give a ~ of** *or* **on one's horn** ‹*Fahrer:*› hupen; **d)** *(coll.)* **I don't care** *or* **give a ~** *or* **two ~s what you do** es ist mir völlig piepegal *od.* schnuppe *(ugs.)*, was du tust; **not matter a ~** *or* **two ~s [to sb.]** [jmdm.] völlig schnuppe sein *(ugs.)*; **e)** *(coll.: cause of laughter)* **what a ~!** zum Kaputtlachen! *(ugs.)*; **be a ~:** zum Schießen sein *(ugs.)*

**hooter** ['hu:tə(r)] *n. (Brit.)* **a)** *(siren)* Sirene, *die;* **b)** *(motor horn)* Hupe, *die;* **sound one's ~:** hupen; **c)** *(sl.: nose)* Zinken, *der (ugs. scherzh.)*

**hoots** [hu:ts] *int. (Scot., N. Engl.)* ach was!

**hoover** ['hu:və(r)] *(Brit.)* **1.** *n.* **a) H~ (P)** [Hoover]staubsauger, *der;* **b)** *(made by any company)* Staubsauger, *der.* **2.** *v.t. (coll.)* staubsaugen; saugen ‹*Boden, Teppich*›; absaugen ‹*Möbel*›. **3.** *v.i. (coll.)* [staub]saugen

**¹hop** [hɒp] *n.* **a)** *(Bot.) (plant)* Hopfen, *der; in pl. (cones)* Hopfendolden; **b)** *in pl. (Brewing)* Hopfen, *der*

**²hop 1.** *v.i.,* **-pp- a)** hüpfen; ‹*Hase:*› hoppeln; **be ~ping mad [about** *or* **over sth.]** *(coll.)* [wegen etw.] fuchsteufelswild sein *(ugs.)*; **b)** *(fig. coll.)* **~ out of bed** aus dem Bett springen; **~ into the car/on [to] the bus/train/bicycle** sich ins Auto/in den Bus/Zug/aufs Fahrrad schwingen *(ugs.)*; **~ into bed with sb.** mit jmdm. ins Bett steigen *(ugs.)*; **~ off/out** aussteigen; **c)** *(coll.: change location)* **be always ~ping [about] from place to place/country to country** ständig unterwegs sein. **2.** *v.t.,* **-pp- a)** *(jump over)* springen über (+ *Akk.*); **b)** *(coll.: jump aboard)* aufspringen auf (+ *Akk.*); **c) ~ it** *(Brit. sl.: go away)* sich verziehen *(ugs.)*. *See also* **hedgehop. 3.** *n.* **a)** *(action)* Hüpfer, *der;* Hopser, *der (ugs.)*; **~, step, and jump** *see* **triple jump; b) be on the ~** *(Brit. coll.: be bustling about)* auf Trab sein *(ugs.)*; **keep sb. on the ~** *(Brit. coll.)* jmdn. in Trab halten *(ugs.)*; **c) catch sb. on the ~** *(Brit. coll.) (unprepared)* jmdn. überraschen *od.* überrumpeln; *(in the act)* jmdn. auf frischer Tat ertappen; **d)** *(coll.: dance)* Schwof, *der (ugs.)*; **e)** *(distance flown)* Flugstrecke, *die; (stage of journey)* Teilstrecke, *die;* Etappe, *die; (flight)* kurzer Flug; *(trip)* kurze Reise

**hope** [həʊp] **1.** *n.* Hoffnung, *die;* **~ springs eternal [in the human breast]** *(prov.)* der Mensch hofft, solange er lebt; **give up ~:** die Hoffnung aufgeben; **that is my [dearest] ~:** darauf setze ich meine [ganze] Hoffnung; **hold out ~ [for sb.]** [jmdm.] Hoffnung machen; **I don't hold out much ~ for his recovery** ich habe nicht viel Hoffnung, daß er sich wieder erholt; **beyond** *or* **past ~:** hoffnungslos; **in the ~/in ~[s] of sth./doing sth.** in der Hoffnung auf etw. *(Akk.)*/, etw. zu tun; **live in ~[s] of sth.** in der Hoffnung auf etw. *(Akk.)* leben; **sb.'s ~[s] of sth.** jmds. Hoffnung auf etw. *(Akk.)*; **I have some ~[s] of success** *or* **of succeeding** *or* **that I shall succeed** es besteht die Hoffnung, daß ich Erfolg habe; **set** *or* **put** *or* **place one's ~s on** *or* **in sth./sb.** seine Hoffnung auf etw./jmdn. setzen; **raise sb.'s ~s** jmdm. Hoffnung machen; **raise sb.'s ~s too much** *or* **high** jmdm. zu große Hoffnungen machen; **high ~s** große Hoffnungen; **have high ~s of sth./doing sth.** sich *(Dat.)* große Hoffnungen auf etw. *(Akk.)* machen/sich *(Dat.)* große Hoffnungen machen, etw. zu tun; **there is no/some/little ~ that ...:** es besteht keine/einige/wenig Hoffnung, daß ...; **not have a ~ [in hell] [of sth.]** *(coll.)* sich *(Dat.)* keine[rlei] Hoffnung [auf etw. *(Akk.)*] machen können; **there's not a ~ in hell that ...** *(coll.)* es besteht nicht die leiseste Chance, daß ...; **not a ~ [in hell]!** *(coll. iron.)* völlig ausgeschlossen!; **what a ~!** *(coll.)*, **some ~[s]!** *(coll. iron.)* schön wär's!; **be hoping against ~ that ...:** trotz allem die Hoffnung nicht aufgeben, daß ...; **be the great new tennis ~:** die große neue Hoffnung im Tennis sein; **hard work is our only ~ for** *or* **of a better way of life** nur wenn wir hart arbeiten, können wir auf ein besseres Leben hoffen; **my ~ is that ...:** ich hoffe, daß ...; *see also* **alive a; forlorn a. 2.** *v.i.* hoffen (**for** auf + *Akk.*); **I ~ so/not** hoffentlich/hoffentlich nicht; ich hoffe es/ich hoffe nicht; **~ for the best** das Beste hoffen. **3.** *v.t.* **~ to do sth./that sth. may be so** hoffen, etw. zu tun/daß etw. so eintrifft; **I ~ to go to Paris** *(am planning)* ich habe vor, nach Paris zu fahren; **I ~ [that] that is true** hoffentlich stimmt das; **hoping to see you soon** in der Hoffnung, Sie bald zu sehen

'**hope chest** *n. (Amer.)* Aussteuertruhe, *die*

**hoped-for** ['həʊptfɔ:(r)] *attrib. adj.* erhofft

**hopeful** ['həʊpfl] **1.** *adj.* **a)** zuversichtlich; **I'm ~/not ~ that ...:** ich hoffe zuversichtlich/bezweifle, daß ...; **feel ~:** zuversichtlich sein; **be** *or* **feel ~ about the future** hoffnungsvoll *od.* zuversichtlich in die Zukunft blicken; **if you think he will help you, you are very ~ indeed** wenn du denkst, daß er dir helfen wird, dann bist du wirklich ein Optimist; **be ~ of sth./of doing sth./that sth. may be so** auf etw. *(Akk.)* hoffen/voller Hoffnung sein, etw. zu tun/daß etw. so eintrifft; **b)** *(promising)* vielversprechend; aussichtsreich ‹*Kapitalanlage, Kandidat*›. **2.** *n.* **[young] ~:** hoffnungsvoller junger Mensch

**hopefully** ['həʊpfəlɪ] *adv.* **a)** *(expectantly)* voller Hoffnung; **b)** *(promisingly)* vielversprechend; **c)** *(coll.: it is hoped that)* hoffentlich; **~, all our problems should now be over** wir wollen hoffen, daß unsere ganzen *(ugs.)* Probleme jetzt beseitigt sind; **~, it will be available in the autumn** wir hoffen, daß es im Herbst zur Verfügung steht

**hopeless** ['həʊplɪs] *adj.* **a)** hoffnungslos; **b)** *(inadequate, incompetent)* miserabel; **be ~, be a ~ case** ein hoffnungsloser Fall sein *(ugs.)* (**at** in + *Dat.*); **be ~ at doing sth.** etw. überhaupt nicht können

**hopelessly** ['həʊplɪslɪ] *adv.* **a)** hoffnungslos; **be ~ in love** *(fig.)* rettungslos verliebt sein *(ugs.)*; **I'm ~ bad at maths** in Mathematik bin ich ein hoffnungsloser Fall *(ugs. scherzh.)*; **b)** *(inadequately)* miserabel

**hopelessness** ['həʊplɪsnɪs] *n., no pl.* Hoffnungslosigkeit, *die*

**'hop-garden** *n. (Brit. Agric.)* Hopfengarten, *der*

**hopper** ['hɒpə(r)] *n. (Mech.)* Trichter, *der*

**hop: ~sack** *n.* **a)** *(bag)* Hopfensack, *der;* **b)** *(Textiles)* Sackleinen, *das;* Sackleinwand, *die;* **~scotch** *n.* Himmel-und-Hölle-Spiel, *das;* **play ~scotch** „Himmel und Hölle" spielen

**horde** [hɔ:d] *n. (huge number)* große Menge; *(derog./of wild animals)* Horde, *die;* **in [their] ~s** in Scharen; **~s of tourists** Scharen von Touristen

**horizon** [hə'raɪzn] *n.* **a)** Horizont, *der;* **on/over the ~:** am Horizont; **the sun dropped below the ~:** die Sonne verschwand hinter dem Horizont; **there is trouble on the ~** *(fig.)* am Horizont tauchen Probleme auf; **there's nothing on the ~** *(fig.)* da ist nichts in Sicht *(ugs.); see also* **artificial horizon; b)** *(fig.: perceptual limit)* Horizont, *der;* Gesichtskreis, *der;* **broaden one's/sb.'s ~s** seinen/jmds. Horizont erweitern; **c)** *(Geol.)* Horizont, *der;* **d)** *(Archaeol.)* Kulturschicht, *die;* **e)** *(Soil Science)* Bodenhorizont, *der*

**horizontal** [hɒrɪ'zɒntl] **1.** *adj.* horizontal; waagerecht; *see also* **[1]bar 1 b; integration d. 2.** *n.* Horizontale, *die;* Waagerechte, *die*

**horizontally** [hɒrɪ'zɒntəlɪ] *adv.* horizontal; *(flat)* waagerecht; flach ⟨*liegen*⟩

**hormonal** [hɔ:'məʊnl, 'hɔ:mənl] *adj. (Biol., Pharm.)* hormonal; hormonell; **~ deficiency** Hormonmangel, *der*

**hormone** ['hɔ:məʊn] *n. (Biol., Pharm.)* Hormon, *das*

**horn** [hɔ:n] **1.** *n.* **a)** *(of animal or devil)* Horn, *das; (of deer)* Geweihstange, *die (Jägerspr.);* **~s** Geweih, *das;* **lock ~s [with sb.]** *(fig.)* [mit jmdm.] die Klinge[n] kreuzen *(geh.);* **b)** *(substance)* Horn, *das; attrib.* Horn-; **c)** *(Mus.)* Horn, *das;* **[French] ~:** [Wald]horn, *das; see also* **English horn; d)** *(of vehicle)* Hupe, *die; (of ship)* [Signal]horn, *das; (of factory)* [Fabrik]sirene, *die;* **sound** *or* **blow** *or* **hoot** *or* **honk the** *or* **one's ~ [at sb.]** ⟨*Fahrer:*⟩ [jmdn. an]hupen; **e)** *(of snail)* Horn, *das; (of insect)* Fühler, *der;* **draw in one's ~s** *(fig.)* sich zurückhalten; *(restrain one's ambition)* zurückstecken; **f)** *(vessel)* Horn, *das; (to drink from)* Trinkhorn, *das (hist.); (for gunpowder)* Pulverhorn, *das (hist.);* **~ of plenty** Füllhorn, *das;* **g)** *(loudspeaker)* [Schall]trichter, *der;* **h)** *(of crescent)* Horn, *das;* **the ~s of the moon** die Hörnerspitzen des Mondes; **i)** *(Geog.) (of land)* Horn, *das (veralt.);* **the H~:** das Kap Hoorn; **j)** *(coarse: erect penis)* Latte, *die (salopp). See also* **[1]bull 1 a; dilemma; fog-horn; shoehorn. 2.** *v. i. (sl.)* **~ in [on sth.]** sich [in etw. *(Akk.)*] reinhängen *(salopp)*

**horn: ~beam** *n. (Bot.)* Hainbuche, *die;* Hornbaum, *der;* **~bill** *n. (Ornith.)* Nashornvogel, *der*

**horned** [hɔ:nd] *adj.* **a)** gehörnt; *(with antlers)* geweihtragend; **b)** *(poet.: crescent-shaped)* sichelförmig

**horned: ~ 'owl** *n.* Ohreule, *die;* **~ 'toad** *n.* Texaskrötenechse, *die*

**hornet** ['hɔ:nɪt] *n.* Hornisse, *die;* **stir up** *or* **walk into a ~s' nest** *(fig.)* in ein Wespennest stechen *od.* greifen *(ugs.);* **bring a ~s' nest about one's ears** *(fig.)* sich in ein Wespennest setzen *(ugs.)*

**hornless** ['hɔ:nlɪs] *adj.* hornlos; *(without antlers)* geweihlos

**'hornpipe** *n. (Mus.)* Hornpipe, *die*

**'horn-rimmed** *adj.* **~ spectacles** *or* **glasses** Hornbrille, *die*

**horny** ['hɔ:nɪ] *adj.* **a)** *(hard)* hornig ⟨*Fußsohlen, Haut, Hände*⟩; **b)** *(made of horn)* aus Horn *nachgestellt; (like horn)* hornartig; **c)** *(sl.: sexually aroused)* spitz *(ugs.);* geil *(oft abwertend)*

**horology** [hə'rɒlədʒɪ] *n., no pl.* **a)** *(science)* Lehre von der Zeitmessung; **b)** *(clock-making)* Uhrmacherkunst, *die*

**horoscope** ['hɒrəskəʊp] *n. (Astrol.)* Horoskop, *das;* **draw up** *or* **cast sb.'s ~:** jmdm. das Horoskop stellen

**horrendous** [hə'rendəs] *adj. (coll.)* schrecklich *(ugs.);* entsetzlich *(ugs.)* ⟨*Dummheit*⟩; horrend ⟨*Preis*⟩

**horrendously** [hə'rendəslɪ] *adv. (coll.)* entsetzlich *(ugs.);* horrend ⟨*teuer*⟩

**horrible** ['hɒrɪbl] *adj.* **a)** grauenhaft; grausig ⟨*Monster, Geschichte*⟩; grauenvoll ⟨*Verbrechen, Alptraum*⟩; schauerlich ⟨*Maske*⟩; **I find all insects ~:** mir graust vor jeder Art von Insekten; **b)** *(coll.: unpleasant, excessive)* grauenhaft *(ugs.);* horrend ⟨*Ausgaben, Kosten*⟩; **have a ~ surprise** eine ganz böse Überraschung erleben *(ugs.);* **don't be so ~ to me** sei nicht so garstig zu mir; **I have a ~ feeling that ...:** ich habe das ungute Gefühl, daß ...

**horribly** ['hɒrɪblɪ] *adv.* **a)** entsetzlich ⟨*entstellt*⟩; scheußlich ⟨*grinsen*⟩; **it was a ~ frightening story** es war eine überaus grausige Geschichte; **b)** *(coll.: unpleasantly, excessively)* entsetzlich *(ugs.);* fürchterlich *(ugs.)* ⟨*aufregen*⟩; horrend ⟨*teuer*⟩

**horrid** ['hɒrɪd] *adj.* scheußlich; **don't be so ~ to me** *(coll.)* sei nicht so garstig zu mir

**horrific** [hə'rɪfɪk] *adj.* schrecklich; grausig ⟨*Geistergeschichte*⟩; *(coll.)* horrend ⟨*Preis*⟩

**horrify** ['hɒrɪfaɪ] *v. t.* **a)** *(excite horror in)* mit Schrecken erfüllen; **it horrifies me to think what ...:** ich denke mit Schrecken daran, was ...; **I was horrified to see my car rolling into the river** voller Entsetzen sah ich, wie mein Auto in den Fluß rollte; **b)** *(shock, scandalize)* **be horrified** entsetzt sein **(at, by** über + *Akk.*)

**horrifying** ['hɒrɪfaɪɪŋ] *adj.* grauenhaft; grausig ⟨*Film*⟩; **it is ~ to think that ...:** der Gedanke, daß ..., ist schrecklich

**horrifyingly** ['hɒrɪfaɪɪŋlɪ] *adv.* erschreckend

**horror** ['hɒrə(r)] **1.** *n.* **a)** Entsetzen, *das* **(at** über + *Akk.*); *(repugnance)* Grausen, *das;* **she screamed in ~:** sie schrie voller Entsetzen; **there was [an expression of] ~ on her face** Entsetzen/Grauen stand ihr im Gesicht geschrieben; **have a ~ of sb./sth./doing sth.** einen Horror vor jmdm./etw. haben/einen Horror davor haben, etw. zu tun *(ugs.);* **have a fit of the ~s** weiße Mäuse sehen *(ugs.);* **spiders gave her the ~s** vor Spinnen hatte sie eine panische Angst; **he gives me the ~s** er ist mir unheimlich; **b)** *(coll.: dismay)* Entsetzen, *das* **(at** über + *Akk.*); **c)** *(horrifying quality)* Grauenhaftigkeit, *die; (horrifying thing)* Greuel, *der; (horrifying person)* Scheusal, *das;* **'Six Die in Blaze H~'** „Sechs Tote in flammendem Inferno"; **Chamber of H~s** *(lit. or fig.)* Schreckenskabinett, *das.* **2.** *adj.* Horror⟨*comic, -film, -geschichte*⟩. **3.** *int.* **~[s]!** wie schrecklich!; o Graus! *(ugs. scherzh.);* **~ of ~s!** o Schreck, o Graus! *(ugs. scherzh.)*

**horror: ~-stricken, ~-struck** *adjs.* von Entsetzen gepackt; **be ~-stricken** *or* **-struck at sth.** über etw. *(Akk.)* furchtbar entsetzt sein

**hors de combat** [ɔ: də 'kɔ̃bɑ:] *pred. adj.* kampfunfähig; **put** *or* **render sb./sth. ~:** jmdn./etw. außer Gefecht setzen

**hors-d'œuvre** [ɔ:'dɜ:vr, ɔ:'dɜ:v] *n. (Gastr.)* Horsd'œuvre, *das;* ≈ Vorspeise, *die*

**horse** [hɔ:s] **1.** *n.* **a)** Pferd, *das; (adult male)* Hengst, *der;* **be/get on one's high ~** *(fig.)* auf dem hohen Roß sitzen/sich aufs hohe Roß setzen *(ugs.);* **get [down] off one's high ~** *(fig.)* von seinem hohen Roß herunterkommen *od.* -steigen *(ugs.);* **hold your ~s!** *(fig.)* immer sachte mit den jungen Pferden! *(ugs.);* **he ought to hold his ~s** er sollte erst einmal abwarten; **that's/he is a ~ of a different** *or* **of another colour** *(fig.)* das ist etwas anderes/mit ihm sieht die Sache anders aus; **as strong as a ~:** bärenstark *(ugs.);* **eat/work like a ~:** wie ein Scheunendrescher essen *(salopp)*/wie ein Pferd arbeiten; **I could eat a ~** *(coll.)* ich habe einen Bärenhunger *(ugs.);* **[right** *or* **straight] from the ~'s mouth** *(fig.)* aus erster Hand *od.* Quelle; **change** *or* **swap ~s in midstream** *(fig.)* auf halbem Wege die Richtung ändern; **to ~!** aufgesessen!; **it's [a question** *or* **matter of] ~s for courses** *(fig.)* jeder sollte die Aufgaben übernehmen, für die er am besten geeignet ist; **you can lead** *or* **take a ~ to water, but you can't make it drink** *(prov.)* man kann ein Pferd zur Tränke bringen, aber es nicht zwingen zu trinken; **b)** *constr. as pl. (Mil.)* Kavallerie, *die;* Reiterei, *die;* **800 ~:** 800 Reiter *od.* Berittene; **c)** *(Gymnastics)* **[vaulting-]~:** [Sprung]pferd, *das;* **d)** *(framework)* Gestell, *das; (for planks or beams)* [Auflager]bock, *der;* **[clothes-]~:** Wäscheständer, *der;* **e)** *(coll.: horsepower)* PS, *das. See also* **cart 1; cart-horse; dark horse; flog a; gift-horse; hobby-horse; light horse; [2]lock 2 a; marine 2 a; pommel-horse; rocking-horse; sea-horse; Trojan horse; white horse; wild horse; wooden horse. 2.** *v. i.* **~ about** *or* **around** *(coll.)* herumalbern *(ugs.)*

**horse: ~-and-'buggy** *adj. (Amer. fig.)* aus der Zeit der Postkutschen *(fig.) nachgestellt;* **~back 1.** *n.* **a) on ~back** zu Pferd; **ride on ~back** reiten; **b)** *attrib. (Amer.)* **~back riding** Reiten, *das;* **go in for** *or* **enjoy ~back rides** gerne reiten; **2.** *adv.* **go ~back** reiten; **~-box** *n. (trailer)* Pferdeanhänger, *der; (Motor Veh.)* Pferdetransporter, *der;* **~-brass** *see* **brass 1 c; ~-breaker** *n.* Zureiter, *der;* **~-breeder** *see* **breeder; ~-'chestnut** *n. (Bot.)* Roßkastanie, *die;* **~-drawn** *attrib. adj.* pferdebespannt; von Pferden gezogen; **~-drawn vehicle** Pferdewagen, *der;* Pferdefuhrwerk, *das;* **~flesh** *n.* **a)** *(meat)* Pferdefleisch, *das;* **b)** *(horses)* Pferde; **~-fly** *n. (Zool.)* Pferdebremse, *die;* **H~ Guards** *n. pl. (Brit. Mil.) (brigade)* Gardekavallerie, *die;* **~hair** *n.* **a)** *(single hair)* Pferdehaar, *das;* **b)** *no pl., no indef. art. (mass of hairs)* Roßhaar, *das;* **c)** *(fabric)* Roßhaar, *das;* **~ latitudes** *n. pl. (Geog.)* Roßbreiten *Pl.;* **~-laugh** *n.* laute Lache *(ugs.);* **~man** ['hɔ:smən] *n., pl.* **~men** ['hɔ:smən] **a)** *([skilled] rider)* [guter] Reiter; **b)** *(Amer.: breeder)* Pferdezüchter, *der*

**horsemanship** ['hɔ:smənʃɪp] *n., no pl.* **[skills of] ~:** reiterliches Können

**horse: ~ opera** *n. (Amer. sl.)* Pferdeoper, *die (ugs.);* **~play** *n.* Balgerei, *die;* Alberei, *die;* **~power** *n., pl. same (Mech.)* Pferdestärke, *die;* **a 40 ~power car** ein Auto mit 40 PS; **what ~power is your car?** wieviel PS hat dein Auto?; **~-race** *n.* Pferderennen, *das;* **~-racing** *n.* Pferderennsport, *der;* **~-radish** *n.* Meerrettich, *der;* **~ sense** *n. (coll.)* [gesunder Menschen]verstand; **~shoe** *n.* Hufeisen, *das; (Archit.)* Hufeisenbogen, *der; attrib.* hufeisenförmig; **~shoe magnet** Hufeisenmagnet, *der;* **~shoe crab** *(Amer. Zool.)* Königskrabbe, *die;* **~ show** *n.* Pferdeschau, *die;* **~tail** *n.* **a)** *(Bot.)* Schachtelhalm, *der;* **b)** *see* **ponytail; ~-trader** *n.* Pferdehändler, *der;* **~-trading** *n.* **a)** *(Amer.: dealing in horses)* Pferdehandel, *der;* **b)** *(fig.: bargaining)* Kuhhandel, *der (ugs. abwertend);* **~whip 1.** *n.* Reitpeitsche, *die;* **2.** *v. t.* auspeitschen; **~woman** *n.* Reiterin, *die*

**horsy (horsey)** ['hɔ:sɪ] *adj.* **a)** *(horselike)* pferdeähnlich; **~ face/laugh** Pferdegesicht, *das*/wieherndes Lachen *(ugs.);* **b)** *(much concerned with horses)* pferdenärrisch; **~ people** Pferdenarren

**horticultural** [hɔ:tɪ'kʌltʃərl] *adj.* gartenbaulich; Gartenbau⟨*zeitschrift, -ausstellung*⟩; **~ society** Gesellschaft für Gartenbau; **~ show** Gartenschau, *die*

**horticulture** ['hɔ:tɪkʌltʃə(r)] *n.* Gartenbau, *der*

**horticulturist** [hɔ:tɪ'kʌltʃərɪst] *n.* Gärtner, *der*/Gärtnerin, *die*

**hosanna** [həʊ'zænə] *(Bibl.)* **1.** *int.* hosianna. **2.** *n.* Hosianna, *das*

**hose** [həʊz] **1.** *n.* **a)** *(flexible tube)* Schlauch, *der;* **garden ~:** Gartenschlauch, *der;* **b)** *constr. as pl. (stockings)* Strümpfe; **half-~:** Socken; **c)** *constr. as pl. (Hist.) (tights)* Strumpfhose, *die; (breeches)* Kniehose, *die; see also* **doublet a. 2.** *v. t.* sprengen

**~ 'down** *v. t.* abspritzen

**'hose-pipe** *n. see* **hose 1 a**

**hosiery** ['həʊʒərɪ] *n., no pl.* Strumpfwaren *Pl.*

**hospice** ['hɒspɪs] *n.* **a)** *(Brit.) (for the destitute)* Heim für Mittellose; *(for the terminally ill)* Sterbeklinik, *die;* **b)** *(for travellers or students)* Hospiz, *das*

**hospitable** ['hɒspɪtəbl] *adj.* **a)** *(welcoming)* gastfreundlich ‹*Person, Wesensart*›; gastlich ‹*Haus, Hotel, Klima*›; freundlich ‹*Einladung*›; **be ~ to sb.** jmdn. gastfreundlich *od.* gastlich aufnehmen; **b)** *(fig.: favourably disposed)* **be ~ [to sth.]** aufgeschlossen [gegenüber etw.] sein

**hospitably** ['hɒspɪtəblɪ] *adv. (welcomingly)* gastlich; gastfreundlich

**hospital** ['hɒspɪtl] *n.* Krankenhaus, *das;* **in ~** *(Brit.),* **in the ~** *(Amer.)* im Krankenhaus; **into** *or* **to ~** *(Brit.),* **to the ~** *(Amer.)* ins Krankenhaus ‹*gehen, bringen*›; **veterinary/dolls' ~:** Tier-/Puppenklinik, *die*

**hospital: ~ bed** *n.* Krankenhausbett, *das;* **~ case** *n.* Fall fürs Krankenhaus

**hospitalisation, hospitalise** *see* **hospitaliz-**

**hospitality** [hɒspɪ'tælɪtɪ] *n., no pl. (of person)* Gastfreundschaft, *die; (of thing, action, environment)* Freundlichkeit, *die*

**hospitalization** [hɒspɪtəlaɪ'zeɪʃn] *n.* Einweisung ins Krankenhaus; **long periods of ~:** lange Krankenhausaufenthalte

**hospitalize** ['hɒspɪtəlaɪz] *v. t.* ins Krankenhaus einweisen

**hospital: ~ nurse** *n.* Krankenschwester, *die*/Krankenpfleger, *der;* **~ porter** *n.* ≈ Krankenpflegehelfer, *der*/-helferin, *die;* **~ ship** *n.* Lazarettschiff, *das*

**¹host** [həʊst] *n.* **a)** *(large number)* Menge, *die;* **in [their] ~s** in Scharen; **a ~ of people/children** eine Menge Leute/eine Schar von Kindern; **he has ~s** *or* **a ~ of things to do/friends** er hat eine Menge zu erledigen/eine Menge Freunde; **b)** *(arch.: army)* Heer, *das;* **c)** *(Bibl.)* **the Lord [God] of ~s** der Herr der Heerscharen; **the heavenly ~** *(angels)* die himmlischen Heerscharen *(bibl.)*

**²host 1.** *n.* **a)** Gastgeber, *der*/Gastgeberin, *die;* **be** *or* **play ~ to sb.** jmdn. zu Gast haben; **~ country** Gastland, *das;* **b)** *(landlord)* [Gast]wirt, *der;* **mine ~** *(arch./joc.)* der Herr Wirt; **c)** *(compère)* Moderator, *der;* **your ~ for the show is ...:** durch die Show führt Sie ...; *(for chat show)* Gastgeber ist heute abend ...; **d)** *(Biol.: with parasite)* Wirt, *der;* **e)** *(Biol./Med.: recipient)* Empfänger [eines Transplantats]; *(of organ)* [Organ]empfänger, *der.* **2.** *v. t.* **a)** *(act as host at)* Gastgeber sein bei; **China is to ~ the Olympic Games** China soll die Olympischen Spiele ausrichten; **b)** *(compère)* moderieren; **~ a programme** durch ein Programm führen

**³host** *n. (Eccl.: bread)* Hostie, *die*

**hostage** ['hɒstɪdʒ] *n.* Geisel, *die;* **hold/take sb. ~:** jmdn. als Geisel festhalten/nehmen; **a ~ to fortune** etwas, was einem das Schicksal nehmen kann; **give ~s to fortune** *or* **history** *or* **time** sich dem Schicksal in die Hand geben *(geh.)*

**hostel** ['hɒstl] *n. (Brit.)* **a)** Wohnheim, *das;* **b)** *see* **youth hostel**

**hostelry** ['hɒstlrɪ] *n. (arch./literary)* Herberge, *die (veralt.)*

**hostess** ['həʊstɪs] *n.* **a)** Gastgeberin, *die;* **take flowers for the ~:** der Dame des Hauses Blumen mitbringen; **b)** *(in night-club)* Animierdame, *die;* **c)** *(euphem.: prostitute)* Hostess, *die (verhüll.);* **d)** *(in passenger transport)* Hostess, *die; see also* **air hostess; e)** *(compère)* Moderatorin, *die*

**'hostess gown** *n.* Hausmantel, *der*

**hostile** ['hɒstaɪl] *adj.* **a)** feindlich; **b)** *(unfriendly)* feindselig **(to[wards]** gegenüber); **give sb. a ~ look** jmdn. feindselig ansehen; **be ~ to** *or* **towards sb.** jmdm. mit Feindseligkeit begegnen; **be ~ to sth.** etw. ablehnen; **a government ~ to change** eine Veränderungen ablehnende Regierung; **c)** *(inhospitable)* unwirtlich; feindselig ‹*Atmosphäre*›; rauh ‹*Wirklichkeit*›

**hostility** [hɒ'stɪlɪtɪ] *n.* **a)** *no pl. (enmity)* Feindschaft, *die;* **b)** *no pl. (antagonism)* Feindseligkeit, *die* **(to[wards]** gegenüber); **feel no ~ towards anybody** niemandem feindlich gesinnt sein; **show ~ to sth.** einer Sache *(Dat.)* feindlich gegenüberstehen; **c)** *(state of war, act of warfare)* Feindseligkeit, *die;* **an act of ~:** eine feindselige Handlung

**hot** [hɒt] **1.** *adj.* **a)** heiß; *(cooked)* warm ‹*Mahlzeit, Essen*›; *(fig.: potentially dangerous, difficult)* heiß *(ugs.)* ‹*Thema, Geschichte*›; ungemütlich, gefährlich ‹*Lage*›; **bake in a ~ oven** bei hoher Temperatur backen; **the room is much too ~:** in dem Zimmer ist es viel zu heiß; **~ and cold running water** fließend warm und kalt Wasser; **I've climbed more mountains than you've had ~ dinners** *(coll.)* ich habe schon mehr Berge bestiegen, als du dir vorstellen kannst; **be too ~ to handle** *(fig.)* eine zu heiße Angelegenheit sein *(ugs.);* **things were getting too ~ for him [to handle]** *(fig.)* die Sache wurde ihm zu brenzlig *(ugs.);* **make it** *or* **things [too] ~ for sb.** *(fig.)* jmdm. die Hölle heiß machen *(ugs.);* **b)** *(feeling heat)* **I am/feel ~:** mir ist heiß; **I got ~:** mir wurde heiß; **I went ~ and cold all over** es überlief mich heiß und kalt; **c)** *(pungent)* scharf ‹*Gewürz, Senf usw.*›; scharf gewürzt ‹*Essen*›; **d)** *(suggesting heat)* grell, flammend ‹*Farbe*›; **e)** *(passionate, lustful)* glühend ‹*Begeisterung*›; heiß ‹*Küsse, Tränen, Umarmung*›; **be ~ for sth.** heiß auf etw. *(Akk.)* sein *(ugs.);* **be ~ on sth./sb.** *(keen)* auf etw./jmdn. wild sein *(ugs.);* auf etw./jmdn. versessen sein; **he's really ~ on her** *(sexually)* er ist richtig scharf auf sie *(ugs.);* **have a ~ temper** ein hitziges Temperament haben; **f)** *(agitated, angry)* hitzig; **get ~ over sth.** sich an etw. *(Dat.)* erhitzen; **be [all] ~ and bothered** ganz aufgelöst sein; **get [all] ~ and bothered** sich [fürchterlich *(ugs.)*] aufregen; **g)** *(intense)* heiß ‹*[Wett]kampf, Auseinandersetzung*›; **h)** *(coll.: good, skilful)* toll *(ugs.);* **be ~ at sth.** in etw. *(Dat.)* [ganz] groß sein *(ugs.);* **I'm not too ~ at that** darin bin ich nicht besonders umwerfend *(ugs.);* **be ~ on sth.** *(interested)* sich in *od.* mit etw. *(Dat.)* gut auskennen; **not so** *or* **too ~** *(coll.)* nicht gerade berauschend *(ugs.);* **i)** *(recent) (Hunting)* warm, frisch ‹*Fährte*›; *(fig.)* noch warm ‹*Nachrichten*›; **this is really ~ [news]** das ist wirklich das Neueste vom Neuen; **~ off the press[es]** *(Journ., Printing)* frisch aus der Presse; **j)** *(close)* **you are getting ~/are ~** *(in children's games)* es wird schon wärmer/[jetzt ist es] heiß; **follow ~ on sb.'s heels** jmdm. dicht auf den Fersen folgen *(ugs.);* **be ~ on sb.'s track** *or* **trail** jmdm. dicht auf den Fersen sein *(ugs.);* **in ~ pursuit** dicht auf den Fersen *(ugs.);* **k)** *(Mus.: rhythmical)* heiß; schräg *(ugs.)* ‹*Musik*›; **he is a really ~ saxophonist** er spielt ein heißes Saxophon; **l)** *(coll.: in demand)* zugkräftig; **they are the ~test items just now** sie sind die augenblicklichen Renner *(ugs.);* **a ~ property** *(singer, actress, etc.)* eine ertragreiche Zugnummer; *(company, invention, etc.)* eine ertragreiche Geldanlage; **m)** *(sl.: radioactive)* heiß *(Kernphysik);* **n)** *(Sport; also fig.)* heiß *(ugs.)* ‹*Tip, Favorit*›; **o)** *(sl.: illegally obtained)* heiß ‹*Ware, Geld*›. *See also* **¹blow 1 b; cake 1 b; collar 1 a; potato a; red-hot; white-hot. 2.** *adv.* heiß. **3.** *n. in pl.* **have the ~s for sb.** *(sl.)* richtig scharf auf jmdn. sein *(ugs.)*

**~ 'up** *(Brit. coll.)* **1.** *v. t.* **a)** *(heat)* warm machen; **b)** *(excite)* auf Touren bringen *(ugs.);* **c)** *(make more exciting)* in Schwung bringen; *(make more dangerous)* verschärfen; **d)** *(intensify)* anheizen *(ugs.);* **e)** *(Motor Veh.)* frisieren *(ugs.).* **2.** *v. i.* **a)** *(rise in temperature)* heiß werden; **the weather ~s up** es wird wärmer; **b)** *(become exciting)* in Schwung kommen; *(become dangerous)* sich verschärfen; **c)** *(become more intense)* sich verstärken; ‹*Wortgefecht:*› zunehmend heißer *od.* hitziger werden

**hot: ~ 'air** *n. (sl.: idle talk)* leeres Gerede *(ugs.);* **talk ~ air** dummes Gewäsch von sich geben *(ugs. abwertend); see also* **balloon 1 a; ~bed** *n. (Hort.)* Mistbeet, *das;* Frühbeet, *das; (fig.: place favouring growth)* Nährboden, *der* **(of** für); *(of vice, corruption, etc.)* Brutstätte, *die* **(of** für); **~-blooded** ['hɒtblʌdɪd] *adj.* heißblütig

**hotchpotch** ['hɒtʃpɒtʃ] *n. (mixture)* Mischmasch, *der (ugs.)* **(of** aus); **a ~ of people** eine bunte Mischung von Leuten *(scherzh.)*

**hot: ~ cross 'bun** *n. mit einem Kreuz aus Teig verziertes Rosinenbrötchen, das am Karfreitag gegessen wird;* **~ 'dog** *n. (coll.)* Hot dog, *das od. der; attrib.* **a ~-dog stand** ≈ eine Würstchenbude

**hotel** [hə'tel, həʊ'tel] *n.* **a)** Hotel, *das; see also* **private hotel; b)** *(Austral., NZ: public house)* Wirtshaus, *das*

**hotelier** [hə'telɪə(r)] *n.* Hotelier, *der*

**hot: ~ 'flush** *n. (Med.)* **suffer from ~ flushes** unter fliegender Hitze leiden; **~foot 1.** *adv.* stehenden Fußes; **2.** *adj.* **in ~foot pursuit** dicht auf den Fersen *(ugs.);* **3.** *v. i. (Amer. coll.)* **~foot home** machen, daß man nach Hause kommt *(ugs.);* **4.** *v. t.* **~foot it** sich hastig davonmachen; **~head** *n.* Hitzkopf, *der;* **~-headed** *adj.* hitzköpfig; **~house** *n.* Treibhaus, *das; attrib. (lit. or fig.)* Treibhaus-; **~ line** *n. (Polit.)* heißer Draht

**hotly** ['hɒtlɪ] *adv.* heftig; **they were hotly pursued by the police** die Polizei war ihnen dicht auf den Fersen *(ugs.);* **his cheeks flushed ~:** er wurde über und über rot

**hot: ~-'metal** *adj. (Printing)* Bleisatz-; **~ 'money** *n. (Finance)* heißes Geld

**hotness** ['hɒtnɪs] *n., no pl.* **a)** *(temperature)* Hitze, *die;* **test the ~:** die Wärme prüfen; **b)** *(hot sensation)* Hitze, *die;* **c)** *(pungency)* Schärfe, *die;* **d)** *(ardour)* Feuer, *das;* Glut, *die (geh.)*

**hot: ~plate** *n.* Kochplatte, *die; (for keeping food hot)* Warmhalteplatte, *die;* **~pot** *n. (Gastr.)* **[Lancashire] ~pot** *Fleischeintopf mit Kartoffeleinlage;* **~ rod** *n. (Motor Veh.)* hochfrisiertes Auto *(ugs.);* **~ seat** *n. (sl.)* **a)** *(electric chair)* elektrischer Stuhl; **b)** *(uneasy situation)* Folterbank, *die (fig.); (involving heavy responsibility)* **be in the ~ seat** den Kopf hinhalten müssen *(ugs.);* **~ shoe** *n. (Photog.)* [Blitzlicht]mittenkontakt, *der;* **~-shot** *n. (coll.)* As, *das (ugs.);* **~ spot** *n.* **a)** heiße Gegend; **b) a ~ spot of political instability** *(fig.)* ein politischer Krisenherd; **c)** *(night-club)* Nachtlokal, *das;* **d)** *(difficult situation)* **find oneself** *or* **be in/get into a ~ spot** in der Bredouille sein/in die Bredouille kommen *od.* geraten *(ugs.);* **~ 'spring** *n.* heiße Quelle; Thermalquelle, *die;* **~ 'stuff** *n., no pl., no art. (sl.)* **sb./sth. is ~ stuff** jmd./etw. ist große Klasse *(ugs.)*

**'hot-tempered** *adj.* heißblütig

**Hottentot** ['hɒtntɒt] *n. (person)* Hottentotte, *der*/Hottentottin, *die; attrib.* ‹*Gebräuche, Lebensweise*› der Hottentotten

**hot:** ~ **'water** *n. (fig. coll.)* **be in/get into ~ water** in der Bredouille sein/in die Bredouille geraten *(ugs.)*; **he got into ~ water with the authorities** er bekam Ärger mit den Behörden; **~-'water bag** *(Amer.)*, **~-'water bottle** *ns.* Wärmflasche, *die*

**hound** [haʊnd] **1.** *n.* **a)** Jagdhund, *der;* **the [pack of] ~s** *(Brit. Hunting)* die Meute *(Jägerspr.)*; **ride to ~s** mit der Meute jagen; **b)** *(despicable man)* Lump, *der.* **2.** *v. t.* jagen; *(fig.)* verfolgen; **they were ~ed from country to country** sie wurden von einem Land ins andere gejagt

**~ 'down** *v. t. (lit. or fig.)* zur Strecke bringen

**~ 'on** *v. t.* antreiben; **~ sb. on to do sth.** jmdn. [dazu] antreiben, etw. zu tun

**~ 'out** *v. t.* **a)** *(hunt out)* aufspüren; **b)** *(force to leave)* vertreiben **(of** aus); verjagen **(of** aus)

**hound's-tooth** *n. (Textiles) (pattern)* Hahnentritt, *der; (fabric)* Stoff mit Hahnentrittmuster

**hour** ['aʊə(r)] *n.* **a)** Stunde, *die;* **half an ~:** eine halbe Stunde; **an ~ and a half** anderthalb Stunden; **be paid by the ~:** stundenweise bezahlt werden; **it takes her ~s to get ready** sie braucht Stunden, bis sie fertig ist; **I did two ~s' work** ich habe zwei Stunden [lang] gearbeitet; **there aren't enough ~s in the day** der Tag hat nicht genug Stunden [für all die Dinge, die man erledigen möchte]; **an eight-~ day** ein Achtstundentag; **a two-~ session** eine zweistündige Sitzung; **the 24-~ clock** die Vierundzwanzigstundenuhr; *see also* **lunch-hour; b)** *(time o'clock)* Zeit, *die;* **the ~ grows late** *(literary)* es wird spät; **strike the ~:** die volle Stunde schlagen; **on the ~:** zur vollen Stunde; **every ~ on the ~:** jede volle Stunde; **at this late ~:** zu so später Stunde *(geh.)*; **at an early/a late ~:** zu früher/später *od.* vorgerückter Stunde *(geh.)*; **at all ~s** zu jeder [Tages- oder Nacht]zeit; *(late at night)* spät in der Nacht; **till all ~s [of the morning/night]** bis zum Morgengrauen/bis in die späte Nacht; **the small ~s [of the morning]** die frühen Morgenstunden; **0100/0200/1700/1800 ~s** *(on 24-~ clock)* 1.00/2.00/17.00/18.00 Uhr; **c)** *in pl.* **doctor's ~s** Sprechstunde, *die;* **post-office ~s** Schalterstunden der Post; **what ~s do you work?, what are your working ~s?** wie ist deine Arbeitszeit?; **strike for shorter ~s** für eine kürzere Arbeitszeit streiken; **work long ~s** einen langen Arbeitstag haben; **during school ~s** während der Schulstunden *od.* des Unterrichts; **out of/after ~s** *(in office, bank, etc.)* außerhalb der Dienstzeit; *(of doctor)* außerhalb der Sprechstunde; *(in shop)* außerhalb der Geschäftszeit; *(in pub)* außerhalb der Ausschankzeit; *(in school)* außerhalb der Unterrichtszeit; **keep regular/irregular ~s** geregelte/keine geregelten Zeiten einhalten; **what sort of ~s do you keep?** was hast du für einen Tagesrhythmus?; **be accustomed to late ~s** gewöhnlich lange aufbleiben; **d)** *(particular time)* Stunde, *die;* **don't desert me in my ~ of need** verlaß mich nicht in der Stunde der Not; **~ of glory** Stunde des Ruhmes; **sb.'s finest ~:** jmds. größte Stunde; **one's dying** *or* **final ~** *or* **~ of death** jmds. letzte Stunde *od.* Todesstunde; **at an unhappy/a happy ~:** in einer unglücklichen/glücklichen Stunde; **e)** *(present)* **the question** *etc.* **of the ~:** das Problem *usw.* der Stunde; **f)** *(distance)* Stunde, *die;* **they are two ~s from us by train** sie wohnen zwei Bahnstunden von uns entfernt; **he lives an ~ from the sea** er wohnt eine Stunde vom Meer entfernt; **g)** *in pl. (RC Ch.) (times)* Gebetsstunden; *(prayers)* Stundengebete; **book of ~s** Stundenbuch, *das. See also* **eleventh 1**

**hour: ~glass** *n.* Sanduhr, *die;* Stundenglas, *das (veralt.)*; **a woman with an ~glass figure** eine kurvenreiche Frau *(ugs. scherzh.)*; **~-hand** *n.* Stundenzeiger, *der;* kleiner Zeiger

**houri** ['hʊərɪ] *n. (Muslim Mythol.)* Huri, *die*

**'hour-long 1.** *attrib. adj.* einstündig. **2.** *adv.* eine Stunde [lang]

**hourly** ['aʊəlɪ] **1.** *adj.* **a)** *(happening every hour)* stündlich; **at ~ intervals** jede Stunde; stündlich; **there are ~ trains to London** jede *od.* alle Stunde fährt ein Zug nach London; **the bus service is ~:** der Bus verkehrt stündlich; **b)** *(reckoned by the hour)* **he is paid an ~ rate of £6** er hat einen Stundenlohn von 6 Pfund; **on an ~ basis** stundenweise ⟨*mieten*⟩; **c)** *(continual)* ständig; **d) two-~** zweistündlich. **2.** *adv.* stündlich; **be paid ~:** stundenweise bezahlt werden

**house 1.** [haʊs] *n., pl.* **~s** ['haʊzɪz] **a)** *(dwelling, occupants)* Haus, *das;* **a collection from ~ to ~:** eine Haussammlung; **to/at my ~:** zu mir [nach Hause]/bei mir [zu Hause]; **~ of cards** *(lit. or fig.)* Kartenhaus, *das;* **H~ of God** Gotteshaus, *das;* **~ and home** Haus und Hof; **keep ~ [for sb.]** [jmdm.] den Haushalt führen; **keep open ~:** ein offenes Haus haben *od.* führen; **set up ~:** einen eigenen Hausstand gründen; **put** *or* **set one's ~ in order** *(fig.)* seine Angelegenheiten in Ordnung bringen; **[as] safe as ~s** absolut sicher; **[get on] like a ~ on fire** *(fig.)* prächtig [miteinander auskommen]; **go all [a]round the ~s** *(fig.)* überall herumlaufen; *(in discussion)* sich lange im Kreise drehen; **man/lady** *or* **woman of the ~:** Hausherr, *der*/Dame des Hauses; **b)** *in comb. (for animals)* **lion-/reptile-/monkey-~:** Löwen-/Reptilien-/Affenhaus, *das;* **c)** *(Parl.) (building)* Parlamentsgebäude, *das; (assembly)* Haus, *das;* **the H~** *(Brit.)* das Parlament; **H~ of Keys** *Unterhaus der Insel Man; see also* **commons a; lord 1 c; Lower House; parliament; representative 1 b; Upper House; d)** *(institution)* Haus, *das;* **fashion ~:** Modehaus, *das;* **Broadcasting H~:** das Funkhaus; **Congress H~:** das Gewerkschaftshaus; **e)** *(inn etc.)* Wirtshaus, *das;* **keep a good ~:** ein gepflegtes Haus führen; **on the ~:** auf Kosten des Hauses; **~ of ill fame** *or* **repute** *(arch./joc.)*, **~** *(Amer.) (brothel)* öffentliches Haus *(verhüll.)*; *see also* **free house; tied; f)** *(Relig.) (residence)* Ordenshaus, *das; (members)* Ordensgemeinschaft, *die;* Orden, *der;* **a ~ of friars** ein Mönchskloster; **she entered a ~ of nuns** sie ging in ein Kloster; **g)** *(Univ.)* College, *das;* **h)** *(Sch.) eine von mehreren Schülergruppen innerhalb einer Privatschule;* **i)** *(Theatre) (building)* Haus, *das; (audience)* Publikum, *das; (performance)* Vorstellung, *die;* **an empty ~:** ein leeres Haus; **a good/bad ~:** eine gut/schlecht besuchte Vorstellung; **bring the ~ down, bring down the ~:** stürmischen Beifall auslösen; *(cause laughter)* Lachstürme entfesseln; *see also* **full house a; j)** *(family)* Haus, *das;* Geschlecht, *das;* **the H~ of Windsor** das Haus Windsor; **k)** *(Astrol.)* Haus, *das.* **2.** [haʊz] *v. t.* **a)** *(provide with home)* ein Heim geben (+ *Dat.*); **be ~d in sth.** in etw. *(Dat.)* untergebracht sein; **b)** *(receive in ~)* beherbergen; **be ~d by sb.** bei jmdm. unterkommen *od.* Unterkunft finden; **c)** *(keep, store)* unterbringen; einlagern ⟨*Waren*⟩; **d)** *(fig.: encase)* in sich *(Dat.)* bergen *(geh.)*

**house** [haʊs]: **~-agent** *n. (Brit.)* Häusermakler, *der;* **~ arrest** *n.* Hausarrest, *der;* **~boat** *n.* Hausboot, *das;* **~-bound** *adj.* ans Haus gefesselt; **~boy** *n.* Boy, *der;* **~breaker** *n. (burglar)* Einbrecher, *der;* **~breaking** *n., no pl. (burglary)* Einbruch, *der;* **~coat** *n.* Hausmantel, *der;* Morgenmantel, *der;* **~craft** *n., no pl., no art. (Brit.)* Hauswirtschaft, *die;* **~-father** *n.* Hausvater, *der;* **~-flag** *n. (Naut.)* Hausflagge, *die;* **~-fly** *n.* Stubenfliege, *die*

**houseful** ['haʊsfʊl] *n.* **a ~ of guests** ein Haus voll[er] Gäste; **we've already got a ~:** wir haben das Haus schon voll *(ugs.)*

**house guest** ['haʊs gest] *n.* Logiergast, *der*

**household** ['haʊshəʊld] *n.* **a)** Haushalt, *der; attrib.* Haushalts-; **~ chores** Hausarbeit, *die;* **b) the H~** *(Brit.: royal family)* die königliche Hofhaltung

**household 'cavalry** *n. (Brit. Mil.)* berittene königliche Leibgarde

**householder** ['haʊshəʊldə(r)] *n.* **a)** *(home-owner)* Wohnungsinhaber, *der*/-inhaberin, *die;* **b)** *(head of household)* Haushaltsvorstand, *der*

**household:** **~ 'gods** *n. pl. (Roman Ant.; also fig.)* Hausgötter; **~ 'management** *n.* Hauswirtschaft, *die;* **~ 'name** *n.* geläufiger Name; **be a ~ name** ein Begriff sein; **~ 'troops** *n. pl. (Brit. Mil.)* königliche Leibgarde; **~ 'word** *n.* geläufiger Ausdruck

**house** [haʊs]: **~-hunter** *n.* Haussuchende, *der/die;* **~-hunting** *n., no indef. art.* Suche nach einem Haus; **go ~-hunting** sich nach einem Haus umsehen; **~-husband** *n.* Hausmann, *der;* **~keep** *v. i. (coll.)* den Haushalt führen **(for** *Dat.***)**; **~keeper** *n. (woman managing household affairs)* Haushälterin, *die;* Wirtschafterin, *die; (person running own home)* Hausfrau, *die*/Hausmann, *der; (person in charge)* Hausmeister, *der*/-meisterin, *die;* **~keeping** *n.* **a)** *(management)* Hauswirtschaft, *die;* Haushaltsführung, *die;* **he does most of/helps with the ~keeping** er besorgt fast den ganzen Haushalt/hilft im Haushalt; **~keeping money,** *(coll.)* **~keeping** Haushalts- *od.* Wirtschaftsgeld, *das;* **b)** *(fig.: maintenance, record-keeping, etc.)* Wirtschaften, *das;* **~leek** *n. (Bot.)* Hauswurz, *die;* **~ lights** *n. pl. (Theatre)* Lichter im Zuschauerraum; **~ magazine** *n.* Hauszeitschrift, *die;* **~maid** *n.* Hausgehilfin, *die;* **~maid's 'knee** *n. (Med.)* Dienstmädchenknie, *das;* **~man** ['haʊsmən] *n., pl.* **~men** ['haʊsmən] **a)** Hausdiener, *der;* **b)** *(Brit. Med.)* Medizinalassistent, *der;* **~-martin** *see* **martin; ~master** *n. (Sch.) für ein „house" zuständiger Lehrer;* **~mistress** *n. (Sch.) für ein „house" zuständige Lehrerin;* **~-mother** *n.* Hausmutter, *die;* **~-painter** *n.* Maler, *der*/Malerin, *die;* Anstreicher, *der*/Anstreicherin, *die;* **~ party** *n.* ≈ Gesellschaft, *die; mehrtägiges Fest in einem Landhaus;* **~ physician** *n. (in hospital) im Krankenhaus wohnender Arzt; (elsewhere)* Hausarzt, *der;* Anstaltsarzt, *der;* **~-plant** *n.* Zimmerpflanze, *die;* **~ prices** *n. pl.* Immobilienpreise; **~-proud** *adj.* **he/she is ~-proud** Ordnung und Sauberkeit [im Haushalt] gehen ihm/ihr über alles; **~-room** *n., no pl., no indef. art.* **find ~-room for sth.** einen Platz für etw. [in der Wohnung] finden; **I wouldn't give it ~-room** so etwas wollte ich nicht im Haus haben; **~ 'style** *n. (Printing, Publishing)* hauseigener Stil; **~ surgeon** *n. (in hospital) im Krankenhaus wohnender Chirurg; (elsewhere)* Hauschirurg, *der;* Anstaltschirurg, *der;* **~-to-~: 1.** *adj.* **make ~-to-~ enquiries** von Haus zu Haus gehen und fragen; **a ~-to-~ delivery** eine Lieferung von Haus zu Haus; **2.** *adv.* von Haus zu Haus ⟨*gehen usw.*⟩; **~-top** *n.* [Haus]dach, *das;* **cry** *or* **proclaim** *or* **shout sth. from the ~-tops** *(fig.)* etw. öffentlich verkünden; **~-train** *v. t. (Brit.)* **~-train a cat/child** eine Katze/ein Kleinkind dazu bringen, daß sie/es stubenrein/sauber wird; **~-trained** *adj. (Brit.)* stubenrein ⟨*Hund, Katze*⟩; sauber ⟨*Kleinkind*⟩; **~-training** *n. (of pet)* Stubenreinmachen, *das; (of child)* Sauberkeitserziehung, *die;* Sauberkeitsgewöhnung, *die;* **~-warming** ['haʊswɔːmɪŋ] *n.* **~-warming [party]** Einzugsfeier, *die;* **~wife** *n.* Hausfrau, *die;* **~wifely** *adj.* hausfraulich; **~work** *n., no pl.* Hausarbeit, *die*

**housey[-housey], housie[-housie]** ['haʊsɪ (haʊsɪ)] *n.* Lotto, *das*

**housing** ['haʊzɪŋ] *n.* **a)** *no pl. (dwellings collectively)* Wohnungen; *(provision of dwellings)* Wohnungsbeschaffung, *die; attrib.* Wohnungs-; **there was insufficient ~:** es gab zuwenig Wohnungen; **this piece of land has been set aside for ~:** auf diesem Stück Land sollen neue Wohnungen gebaut werden; **~ programme** Wohnungsbauprogramm, *das;* **b)** *no pl. (shelter)* Unterkunft, *die;* **c)** *(Mech. Engin.)* Gehäuse, *das*

**housing: ~ association** *n. (Brit.)* Gesellschaft für sozialen Wohnungsbau; **~ benefit** *n. (Brit.)* Wohngeld, *das;* **~ estate** *n. (Brit.)* Wohnsiedlung, *die*

**hove** *see* **heave 1 b, 2 e**

**hovel** ['hɒvl] *n.* [armselige] Hütte; *(joc.)* Bruchbude, *die (ugs. abwertend)*

**hover** ['hɒvə(r)] *v. i.* **a)** *(hang in air)* schweben; **b)** *(linger)* sich herumdrücken *(ugs.);* **~ about** *or* **round sb./sth.** um jmdn./etw. herumschleichen *(ugs.);* **c)** *(move to and fro)* herumstrolchen *(ugs. abwertend);* **d)** *(waver)* schwanken; **~ between doing this and doing that** schwanken, ob man dieses oder jenes tun soll; **~ between life and death** *(fig.)* zwischen Leben und Tod schweben

**hover: ~craft** *n., pl. same* Hovercraft, *das;* Luftkissenfahrzeug, *das;* **~port** *n.* Anlegestelle [für Hovercrafts]; **~train** *n.* Luftkissenzug, *der; (magnetic)* Magnetschwebebahn, *die*

**how** [haʊ] **1.** *adv.* wie; **learn ~ to ride a bike/swim** *etc.* radfahren/schwimmen *usw.* lernen; **this is ~ to do it** so macht man das; **~ do you know that?** woher weißt du das?; **~ to find the answer?** wie soll man die Lösung finden?; **~ should I know?** woher soll ich das wissen?; **~ 'could you?** wie konntest du nur?; **here's ~!** *(as toast)* zum Wohl!; **~ is it/does it happen that ...:** wie kommt es, daß ...; **~'s that?** *(~ did that happen?)* wie kommt das [denn]?; *(is that as it should be?)* ist es so gut?; *(will you agree to that?)* was hältst du davon?; *(Cricket)* ist der Schlagmann aus?; **~'s that for impudence?** ist das nicht eine Unverschämtheit?; **~ so?** wieso [das]?; **~ can that be?** wie kommt das?; **~ would it be if ...?** wie wäre es, wenn ...?; **~ would this dress be?** wie wäre es mit diesem Kleid?; **~ now?** *(arch.)* wie?; **[I know/see] ~ it is** [ich weiß,] wie das ist; **~ is she/the car?** *(after accident)* wie geht es ihr?/was ist mit dem Auto?; **~ 'are you?** wie geht es dir?; *(greeting)* guten Morgen/Tag/Abend!; **~ do you 'do?** *(formal)* guten Morgen/Tag/Abend!; **~ 'do?** *(coll.)* Morgen/Tag/'n Abend! *(ugs.);* **~ much?** wieviel?; *(joc.: I did not hear)* wie bitte?; **~ many?** wieviel?; wie viele?; **~ many times?** wie oft?; **~ crazy** *etc.* **can you get?** verrückter *usw.* geht's wohl nicht! *(ugs.);* **~ far** *(to what extent)* inwieweit; **~ marvellous/perfect!** wie herrlich *od.* wunderbar!**~ right/wrong you are!** da hast du völlig recht/da irrst du dich gewaltig!; **~ naughty of him** das war aber frech von ihm; **and ~!** *(coll.)* und wie! *(ugs.);* **we must earn a living ~ [best] we can** wir müssen uns unseren Lebensunterhalt, so gut es geht, verdienen; **~ about ...?** wie ist es mit ...?; *(in invitation, proposal, suggestion)* wie wäre es mit ...?; **~ about all the overtime I've done?** wie ist das eigentlich mit meinen ganzen Überstunden?; **~ about having a drink?** wie wäre es mit etwas zu trinken?; **~ about getting up?** wie wäre es, wenn du aufstehst/wir aufstehen?; **~ about [giving me] a lift?** wie sieht's aus, kannst du mich mitnehmen? *(ugs.);* **~ about tomorrow?** wie sieht's morgen aus? *(ugs.);* **~ about it/that?** na, wie ist das?/was sagst du nun?; *(is that acceptable?)* was hältst du davon?; *see also* **come m; ¹do 2 f; ever e; ¹go 1 r, s. 2.** *n.* Wie, *das*

**howbeit** [haʊ'bi:ɪt] *adv. (arch./literary)* nichtsdestominder

**howdah** ['haʊdə] *n. [baldachinartig überdachter] Sitz auf einem Elefanten*

**how-de-do** [haʊdɪ'du:], **how-do-you-do** [haʊdjʊ'du:] *ns.* **[this is] a fine** *or* **pretty ~ [we have landed in]** das ist ja eine schöne Bescherung *(ugs. iron.)*

**howdy** ['haʊdɪ] *int. (Amer.)* = **how do;** *see* **how 1**

**how-d'ye-do** [haʊdjə'du:] *see* **how-de-do**

**however** [haʊ'evə(r)] *adv.* **a)** wie ... auch; egal, wie *(ugs.);* **it's a long journey ~ you choose to travel, whether by train or by car** es ist eine lange Fahrt, ganz gleich, ob du mit dem Zug oder mit dem Auto fährst; **~ beautiful she is** wie schön sie auch ist; ganz gleich, wie schön sie ist; **I shall never win this race, ~ hard I try** ich werde dieses Rennen nie gewinnen, und wenn ich mich noch so anstrenge *od.* wie sehr ich mich auch anstrenge; **b)** *(nevertheless)* jedoch; aber; **I don't like him very much. H~, he has never done me any harm** Ich mag ihn nicht sehr. Er hat mir allerdings noch nie etwas getan; **~, the rain soon stopped, and ...:** es hörte jedoch *od.* aber bald auf zu regnen, und ...; **this, ~, seems not to be true** das scheint jedoch *od.* aber nicht wahr zu sein; **c)** *(coll.)* = **how ever** *see* **ever e**

**howitzer** ['haʊɪtsə(r)] *n. (Mil.)* Haubitze, *die*

**howl** [haʊl] **1.** *n.* **a)** *(of animal)* Heulen, *das; (of distress)* Schrei, *der;* **the repeated ~s of the dog** das wiederholte Heulen des Hundes; **a ~ of pain** *or* **agony** ein Schmerzensschrei; **~s of protest/rage** Protestgeschrei, *das*/wütendes Geschrei; **~s of laughter** brüllendes Gelächter; **~s of delight/merriment** Freudengeheul, *das;* **~s of derision/scorn** verächtliches Gejohle; **b)** *(Electr.)* Pfeifgeräusch, *das.* **2.** *v. i.* ⟨*Tier, Wind:*⟩ heulen; *(with distress)* schreien; **~ in** *or* **with pain/hunger** *etc.* vor Schmerz/Hunger *usw.* schreien; **~ with laughter** vor Lachen brüllen. **3.** *v. t.* [hinaus]schreien

**~ 'down** *v. t.* niederbrüllen

**howler** ['haʊlə(r)] *n.* **a)** *(coll.: blunder)* Schnitzer, *der (ugs.);* **make a ~:** sich *(Dat.)* einen Schnitzer leisten; **b)** *(Zool.) see* **~ monkey**

**'howler monkey** *n. (Zool.)* Brüllaffe, *der*

**howling** ['haʊlɪŋ] **1.** *n.* Heulen, *das; (of distress)* Schreien, *das.* **2.** *adj.* **a)** heulend ⟨*Tier, Wind*⟩; *(crying with distress)* schreiend; *(with laughter)* johlend; **the ~ mob** der johlende Pöbel; **five ~ brats/children** fünf Schreihälse *(ugs.);* **there is a ~ draught in this room** *(coll.)* hier im Zimmer zieht es höllisch *(ugs.);* **b)** *(sl.: extreme)* enorm; fürchterlich ⟨*Katastrophe*⟩; **a ~ mistake** ein Riesenfehler *(ugs.)*

**howso'e'er** *(poet.),* **howso'ever** *adv.* **a)** *(arch.)* wie auch immer; **b)** *(to whatsoever extent)* wie ... auch immer

**hoy** [hɔɪ] *int.* he! *(ugs.)*

**HP** *abbr.* **a)** [eɪtʃ'pi:] *(Brit.)* **hire-purchase; on ~:** auf Teilzahlungsbasis; **b) horsepower** PS; **c) high pressure**

**HQ** *abbr.* **headquarters** HQ

**hr[s].** *abbr.* **hour[s]** Std[n].; **at 0800 hrs.** um 8.00 Uhr

**HRH** *abbr.* **Her/His Royal Highness** I./S. Kgl. H.

**HT** *abbr.* **high tension**

**hub** [hʌb] *n.* **a)** *(of wheel)* [Rad]nabe, *die;* **b)** *(fig.: central point)* Mittelpunkt, *der;* Zentrum, *das;* **the ~ of the universe** *(fig.)* der Nabel der Welt *(geh.)*

**hubbub** ['hʌbʌb] *n.* **a)** *(din)* Lärm, *der;* **a ~ of conversation/voices** ein Stimmengewirr; **b)** *(disturbance)* Tumult, *der;* **be in a ~:** sich in Aufruhr befinden

**hubby** ['hʌbɪ] *n. (coll.)* Mann, *der; (iron./joc.)* der Herr des Hauses

**'hub-cap** *n.* Radkappe, *die*

**hubris** ['hju:brɪs] *n., no pl.* Überheblichkeit, *die;* Hybris, *die (geh.)*

**huckleberry** ['hʌklbərɪ] *n. (Bot.)* **a)** *(Gaylussacia)* Gaylussacie, *die (fachspr.);* ≈ Heidelbeere, *die; attrib.* ≈ Heidelbeer-; **b)** *(Vaccinium)* Heidel- *od.* Blaubeere, *die*

**huckster** ['hʌkstə(r)] *n.* **a)** *(pedlar)* Straßenhändler, *der; (from door to door)* Hausierer, *der;* **b)** *(mercenary person)* Profitjäger, *der (abwertend);* **c)** *(Amer.) (salesman using showmanship)* Werbefachmann, *der; (Radio, Telev.: presenter)* Propagandist, *der*

**huddle** ['hʌdl] **1.** *v. i.* sich drängen; *(curl up, nestle)* sich kuscheln; **~ against each other/together** sich aneinanderdrängen/sich zusammendrängen; **a few cottages ~d on the hillside** ein paar kleine Häuser kauerten sich an den Hang. **2.** *v. t.* **a)** *(put on)* **~ one's coat around one** sich in den Mantel hüllen; **b)** *(crowd together)* [eng] zusammendrängen; **the sheep were ~d against the fence/together** die Schafe drängten sich gegen den Zaun/aneinander. **3.** *v. refl.* **~ oneself against sb./sth.** sich an jmdn./etw. kuscheln; **~ oneself up** sich zusammenkauern. **4.** *n.* **a)** *(tight group)* dichtgedrängte Menge *od.* Gruppe; **[stand] in a ~:** dicht zusammengedrängt [stehen]; **b)** *(coll.: conference)* Besprechung, *die;* **be in a ~/go [off] in[to] a ~:** die Köpfe zusammenstecken *(ugs.)*

**~ 'up** *v. i. (nestle up)* sich zusammenkauern; *(crowd together)* sich [zusammen]drängen; **~ up to sb./sth.** sich an jmdn./etw. kuscheln

**¹hue** [hju:] *n.* **a)** Farbton, *der;* **his face was of** *or* **had** *or* **looked a very sickly ~:** er hatte eine sehr ungesunde Gesichtsfarbe; **the sky took on a reddish ~:** der Himmel färbte sich rötlich; **b)** *(fig.: aspect)* Schattierung, *die;* Couleur, *die*

**²hue** *n.* **~ and cry** *(outcry)* lautes Geschrei; *(protest)* Gezeter, *das (abwertend);* **raise a ~ and cry against sb./sth.** ein lautes Geschrei/Gezeter über jmdn./etw. anstimmen

**huff** [hʌf] **1.** *v. i.* **~ and puff** schnaufen und keuchen; *(fig.: speak threateningly and bombastically)* sich aufblasen *(ugs.).* **2.** *n.* **be in a ~:** beleidigt *od. (ugs.)* eingeschnappt sein; **get into a ~:** einschnappen *(ugs.);* der Beleidigten/die Beleidigte spielen *(ugs.)*; **go off in a ~:** beleidigt *od.* eingeschnappt abziehen *(ugs.)*

**huffy** ['hʌfɪ] *adj.* **a)** *(indignant)* ungehalten *(geh.);* **get ~ [about** *or* **over sth.]** [wegen etw.] beleidigt *od. (ugs.)* eingeschnappt sein; *(become irritated)* [über etw. *(Akk.)*] aufgebracht sein; **b)** *(easily offended)* empfindlich; gereizt ⟨*Stimmung, Laune*⟩

**hug** [hʌg] **1.** *n. (squeeze)* Umarmung, *die; (o[f] animal)* Umklammerung, *die;* **give sb. a ~** jmdn. umarmen. **2.** *v. t.,* **-gg- a)** *(squeeze)* umarmen; ⟨*Tier:*⟩ umklammern; **~ sb./sth to oneself** jmdn./etw. an sich *(Akk.)* drücken *od.* pressen; **~ one's knees** sein Knie umfassen; **the bear ~ged him to deat[h]** der Bär drückte ihn zu Tode; **b)** *(keep clos[e] to)* sich dicht halten an (+ *Dat.*); ⟨*Schi[ff], Auto usw.:*⟩ dicht entlangfahren a[n] (+ *Dat.*); **c)** *(fit tightly around)* eng anliegen an (+ *Dat.*); **a pullover that ~s th[e] figure** ein Pullover, der die Figur betont. *v. refl.,* **-gg-** die Arme um sich schlagen; **w[e] ~ged ourselves for** *or* **on managing to wi[n]** *(fig.)* wir beglückwünschten uns dazu, de[n] Sieg errungen zu haben

**huge** [hju:dʒ] *adj.* riesig; gewaltig ⟨*Unterschied, Verbesserung, Interesse*⟩; **the problem is ~:** das Problem ist außerordentlic[h] schwierig; **she is not just fat: she is ~:** sie i[st] nicht einfach dick: sie ist ein Monstrum; **tell ~ lies** wie gedruckt lügen *(ugs.)*

**hugely** ['hju:dʒlɪ] *adv.* gewaltig; riesig ⟨*si[ch] freuen, sich amüsieren*⟩; außerordentlic[h] ⟨*intelligent*⟩; ungeheuer ⟨*erfolgreich*⟩

**Huguenot** ['hju:gənɒt, 'hju:gənəʊ] *pr.*

Hugenotte, *der*/Hugenottin, *die; attrib.* Hugenotten-

**huh** [hʌ] *int. (Amer.)* pah!

**hula hoop** ['hu:lə hu:p] *n.* Hula-Hoop-Reifen, *der*

**hulk** [hʌlk] *n.* **a)** *(body of ship)* [Schiffs]rumpf, *der; (as store etc.)* Hulk, *die od. der (Seew.);* **b)** *(wreck) (of car, machine, etc.)* Wrack, *das; (of house)* Ruine, *die;* **c)** *(unwieldy ship)* dicker Pott *(ugs.);* **d)** *(fig.) (big thing)* Klotz, *der; (big person)* Koloß, *der (ugs. scherzh.);* **a ~ of a man** ein Klotz von [einem] Mann *(fig. ugs.)*

**hulking** ['hʌlkɪŋ] *adj. (coll.) (bulky)* wuchtig; *(clumsy)* klotzig *(abwertend);* **a ~ great person/thing** ein klobiger Mensch/ein klobiges Etwas; **a ~ great brute of a man/dog** ein grobschlächtiger, brutaler Kerl/ein scheußliches Ungetüm von einem Hund

**¹hull** [hʌl] *n. (Naut.)* Schiffskörper, *der; (Aeronaut.)* Rumpf, *der;* **be ~ down on the horizon** ⟨*Schiff:*⟩ am Horizont entschwinden/auftauchen

**²hull 1.** *n. (Bot.) (pod, husk)* Hülse, *die; (of peas)* Schote, *die; (of barley, oats, etc.)* Spelze, *die.* **2.** *v. t.* enthülsen ⟨*Erbsen, Bohnen, Korn*⟩; entstielen ⟨*Erdbeeren*⟩

**hullabaloo** [hʌləbə'lu:] *n.* **a)** *(noise)* Radau, *der (ugs.);* Lärm, *der; (of show-business life, city)* Trubel, *der;* **b)** *(controversy)* Aufruhr, *der;* **make a ~ about sth.** viel Lärm um etw. machen; **I don't see what all the ~ is about** ich verstehe nicht, was das ganze Theater *(ugs.)* eigentlich soll

**hullo** [hə'ləʊ] *see* **hallo; hello**

**hum** [hʌm] **1.** *v. i.,* **-mm- a)** summen; ⟨*Motor, Maschine, Kreisel:*⟩ brummen; **~ and ha** *or* **haw** *(coll.)* herumdrucksen *(ugs.);* **the workshop was ~ming with the noise of machinery** die Werkstatt war vom Brummen der Maschinen erfüllt; **b)** *(coll.: be in state of activity)* voller Leben *od.* Aktivität sein; **things are ~ming** die Sache ist in Schwung gekommen *od.* läuft *(ugs.);* **make things ~, set things ~ming** die Sache in Schwung bringen *(ugs.);* **c)** *(Brit. sl.: smell)* riechen. **2.** *v. t.,* **-mm-** summen ⟨*Melodie, Lied*⟩. **3.** *n.* **a)** Summen, *das; (of spinning-top, machinery, engine)* Brummen, *das;* **b)** *(inarticulate sound)* Hm, *das;* **~s and ha's** *or* **haws** verlegenes Geräusper; **c)** *(of voices, conversation)* Gemurmel, *das; (of insects and small creatures)* Gesumme, *das; (of traffic)* Brausen, *das;* **d)** *(Electronics)* Brummen, *das;* **e)** *(Brit. sl.: smell)* Geruch, *der.* **4.** *int.* hm

**human** ['hju:mən] **1.** *adj.* menschlich; **~ biology** Humanbiologie, *die;* **result in a terrible loss of ~ life** ⟨*Katastrophe:*⟩ erschreckend viele Menschenleben fordern *(geh.);* **untouched by ~ hand** hygienisch verpackt ⟨*Lebensmittel*⟩; **the ~ condition** das Menschsein; **the ~ race** die menschliche Rasse; das Menschengeschlecht *(geh.);* **~ sacrifice** Menschenopfer, *das;* **~ dustbin** *(joc.)* Resteesser, *der;* **they formed a ~ chain** sie bildeten eine Kette; *(as demonstration)* sie bildeten eine Menschenkette; **do everything within ~ power** alles menschenmögliche tun; **that is not ~:** das ist unmenschlich; **I sometimes wonder if he's ~** *(iron.)* manchmal frage ich mich, ob er überhaupt ein Mensch ist; **I'm only ~:** ich bin auch nur ein Mensch; **it's only ~:** es ist menschlich; **~ error** menschliches Versagen; **the ~ element** *or* **factor** das menschliche Element; der menschliche Faktor; **lack the ~ touch** menschliche Wärme vermissen lassen; **be ~!** sei kein Unmensch!; *see also* **nature d. 2.** *n.* Mensch, *der*

**human: ~ 'being** *n.* Mensch, *der;* **~ 'comedy** *n.* menschliche Komödie *(fig.)*

**humane** [hju:'meɪn] *adj.* **a)** human; **b)** *(tending to civilize)* humanistisch

**humane 'killer** *n. Instrument zur schmerzlosen Tötung von Tieren (bes. im Schlachthof)*

**humanely** [hju:'meɪnlɪ] *adv.* human

**human: ~ engi'neering** *n. (Industry)* Human engineering, *das;* Ergonomie, *die;* **~ 'interest** *n., no pl.* **a story full of/an occupation with a lot of ~ interest** eine Geschichte, in der/ein Beruf, in dem das Menschliche eine große Rolle spielt; **~-interest story** Geschichte aus dem Leben

**humanise** *see* **humanize**

**humanism** ['hju:mənɪzm] *n., no pl.* **a)** Humanität, *die;* Menschlichkeit, *die;* **b)** *(literary culture; also Philos.)* Humanismus, *der*

**humanist** ['hju:mənɪst] *n.* Humanist, *der*/Humanistin, *die*

**humanistic** [hju:mə'nɪstɪk] *adj.* **a)** *(Philos.)* humanistisch; **b)** *(humanitarian)* humanitär ⟨*Einstellung, Zwecke*⟩; von Menschlichkeit zeugend ⟨*Äußerung*⟩; **c)** *(of classical study)* humanistisch; *(as opposed to scientific study)* geisteswissenschaftlich

**humanitarian** [hju:mænɪ'teərɪən] **1.** *adj.* humanitär. **2.** *n. (philanthropist)* Menschenfreund, *der; (promoter of human welfare)* Humanitarist, *der*/Humanitaristin, *die*

**humanitarianism** [hju:mænɪ'teərɪənɪzm] *n., no pl.* Humanitarismus, *der*

**humanity** [hju:'mænɪtɪ] *n.* **a)** *no pl.* Menschsein, *das;* **he was a pathetic specimen of ~:** er war ein jämmerliches Exemplar der Gattung Mensch; **b)** *no pl., no art. (mankind)* Menschheit, *die; (people collectively)* Menschen; **c)** *no pl. (being humane)* Humanität, *die;* Menschlichkeit, *die;* **d)** *in pl. (cultural learning)* **[the] humanities** [die] Geisteswissenschaften; *(study of Latin and Greek classics)* [die] Altphilologie; [die] klassische Philologie

**humanize** ['hju:mənaɪz] *v. t.* **a)** *(make human)* vermenschlichen; **b)** *(adapt to human use)* den menschlichen Bedürfnissen anpassen; humanisieren ⟨*Industrie*⟩; **c)** *(make humane)* humanisieren ⟨*Strafvollzug*⟩; zivilisieren ⟨*Wilde*⟩; geistig bilden ⟨*Gesellschaft*⟩

**'humankind** *n., no pl., no art.* die Menschheit; **all ~:** die ganze Menschheit

**humanly** ['hju:mənlɪ] *adv.* menschlich; *(by human means)* mit menschlichen Mitteln; **do everything ~ possible** alles menschenmögliche tun; **would it be ~ possible to obtain a copy?** wäre es zuviel verlangt, ein Exemplar zu bekommen?

**human: ~ re'lations** *n. pl. (Social Psych., Industry)* Human Relations *Pl.;* **~ 'right** *n.* **~ rights** Menschenrechte *Pl.;* **fundamental ~ right** Grundrecht, *das;* **Court of H~ Rights** Europäischer Gerichtshof für Menschenrechte

**humble** ['hʌmbl] **1.** *adj.* **a)** *(modest)* bescheiden; ergeben ⟨*Untertan, Diener, Gefolgsmann*⟩; bescheiden ⟨*Vorschlag, Meinung*⟩; demütig ⟨*Gebet*⟩; ehrfurchtsvoll ⟨*Bewunderung*⟩; unterwürfig *(oft abwertend)* ⟨*Haltung, Knechtschaft*⟩; **when I look up at the vast universe, it makes me feel very ~:** wenn ich das unermeßliche Universum betrachte, komme ich mir sehr klein und unbedeutend vor; **may I offer** *or* **please accept my ~ apologies** ich bitte ergebenst um Verzeihung; **eat ~ pie** klein beigeben; *see also* **servant c; b)** *(low-ranking)* einfach; niedrig ⟨*Status, Rang usw.*⟩; **he stems from very ~ stock/origins** er ist von sehr niedriger Geburt *od.* Herkunft; **c)** *(unpretentious)* einfach; bescheiden ⟨*Zuhause, Wohnung, Anfang*⟩; **the meal/gift was a very ~ offering** es war ein sehr einfaches Essen/nur eine bescheidene Gabe. **2.** *v. t.* **a)** *(abase)* demütigen; **feel ~d** sich *(Dat.)* klein vorkommen; **~ oneself** sich demütigen *od.* erniedrigen; **b)** *(remove power of)* entmachten; *(defeat decisively)* [vernichtend] schlagen; **~ oneself** sich [selbst] erniedrigen

**'humble-bee** *n.* Hummel, *die*

**humbly** ['hʌmblɪ] *adv.* **a)** *(with humility)* demütig; ergebenst ⟨*um Verzeihung bitten*⟩; ergeben ⟨*dienen*⟩; *(meekly)* unterwürfig; *(in formal address)* höflichst ⟨*bitten, ersuchen*⟩; **b)** *(in low rank)* **~ born** von niedriger Herkunft; **c)** *(unpretentiously)* einfach; bescheiden; spärlich ⟨*ausgestattet*⟩

**humbug** ['hʌmbʌg] *n.* **a)** *no pl., no art. (deception, nonsense)* Humbug, *der (ugs. abwertend);* **b)** *(fraud)* Schwindel, *der;* Betrug, *der;* **c)** *(impostor)* Schwindler, *der*/Schwindlerin, *die (abwertend);* **d)** *(Brit.: sweet)* [Pfefferminz]bonbon, *der od. das*

**humdinger** ['hʌmdɪŋə(r), hʌm'dɪŋə(r)] *n. (sl.)* **be a ~:** Spitze *od.* große Klasse sein *(ugs.);* **she's a real ~:** sie ist absolute Spitze; **when we have a quarrel, it's a real ~:** wenn wir uns streiten, fliegen die Fetzen *(ugs.)*

**humdrum** ['hʌmdrʌm] *adj.* **a)** alltäglich; eintönig ⟨*Leben*⟩; langweilig ⟨*Person*⟩; **b)** *(monotonous)* stumpfsinnig; **the ~ routine of life/things** das tägliche Einerlei

**humerus** ['hju:mərəs] *n., pl.* **humeri** ['hju:məraɪ] *(Anat., Zool.)* Humerus, *der*

**humid** ['hju:mɪd] *adj.* feucht; humid *(Geogr.)*

**humidifier** [hju:'mɪdɪfaɪə(r)] *n.* Luftbefeuchter, *der*

**humidify** [hju:'mɪdɪfaɪ] *v. t.* befeuchten

**humidity** [hju:'mɪdɪtɪ] *n.* **a)** *no pl.* Feuchtigkeit, *die;* **I don't mind the heat but I cannot stand ~:** die Hitze macht mir nichts aus, aber die [hohe] Luftfeuchtigkeit kann ich nicht vertragen; **the ~ of the atmosphere** die [hohe] Luftfeuchtigkeit; **b)** *(degree of moisture)* **~ [of the atmosphere]** Luftfeuchtigkeit, *die (Met.);* Luftfeuchte, *die (bes. fachspr.)*

**humiliate** [hju:'mɪlɪeɪt] *v. t.* demütigen; **I was** *or* **felt totally ~d** ich war zutiefst beschämt

**humiliation** [hju:mɪlɪ'eɪʃn] *n.* Demütigung, *die*

**humility** [hju:'mɪlɪtɪ] *n.* Demut, *die; (of servant)* Ergebenheit, *die; (absence of pride or arrogance)* Bescheidenheit, *die*

**humming** ['hʌmɪŋ]: **~-bird** *n.* Kolibri, *der;* **~-top** *n.* Brummkreisel, *der*

**hummock** ['hʌmək] *n.* **a)** *(hillock)* [kleiner] Hügel; **b)** *(Amer.: rise)* Waldinsel, *die;* **c)** *(in ice-field)* Eishügel, *der*

**humor** *(Amer.) see* **humour**

**humoresque** [hju:mə'resk] *n. (Mus.)* Humoreske, *die*

**humorist** ['hju:mərɪst] *n.* **a)** *(facetious person)* Spaßvogel, *der;* Komiker, *der (fig.);* **b)** *(talker, writer)* Humorist, *der*/Humoristin, *die*

**humorless** *(Amer.) see* **humourless**

**humorous** ['hju:mərəs] *adj.* **a)** *(comic)* lustig, komisch ⟨*Geschichte, Name, Situation*⟩; witzig ⟨*Bemerkung*⟩; **I fail to see anything ~ in the situation** ich finde die Situation überhaupt nicht komisch *od.* lustig; **the ~ side of the situation** das Komische der Situation; **stop trying to be ~:** hör auf damit, komisch wirken zu wollen!; **b)** *(showing sense of humour)* humorvoll ⟨*Person*⟩; **be/not be in a ~ mood** in heiterer Stimmung sein/nicht zum Lachen aufgelegt sein

**humorously** ['hju:mərəslɪ] *adv.* **a)** *(comically)* komisch; lustig; **his remarks were meant ~, not offensively** seine Bemerkungen sollten belustigen und nicht verletzen; **~ enough, ...:** lustigerweise ...; **b)** *(with sense of humour)* humorvoll; **look ~ at the problems of life** den Problemen des Alltags mit Humor begegnen

**humour** ['hju:mə(r)] *(Brit.)* **1.** *n.* **a)** *no pl., no indef. art. (faculty, comic quality)* Humor, *der; (of situation)* Komische, *das;* **see the ~ of sth.** einer Sache *(Dat.)* die komische Seite abgewinnen; **sense of ~:** Sinn für Humor; **he has no sense of ~: er hat keinen Humor; b)** *no pl., no indef. art. (facetiousness)* Witzigkeit, *die;* **a funeral is no place for ~:** bei einer Beerdigung macht man keine Witze; **c)** *(mood)* Laune, *die;* **his ~ is sometimes melancholy** er ist manchmal [in] melancholisch[er Stimmung]; **be in a good/bad ~:** in guter Stimmung sein/schlechte Laune haben; **what sort of ~ are you in?** wie ist deine Stimmung?; **in good ~:** gutgelaunt; **be out of ~:** schlechte Laune haben; **a fit of ill ~:** ein Anfall von schlechter Laune; **have recovered one's good ~:** wieder bei Laune sein; **d)** *(disposition)* Temperament, *das;* **be of a pleasant/jovial ~:** eine angenehme/joviale Art haben; **e)** *(Hist.: body fluid)* Körpersaft, *der;* Humor, *der (Med. veralt.);* **the cardinal ~s** die Hauptsäfte des Körpers; *see also* **aqueous humour; vitreous b. 2.** *v. t.* *(indulge)* willfahren *(geh.)* (+ *Dat.*); **~ sb.** jmdm. seinen Willen lassen; **~ sb.'s taste** jmds. Geschmack *od.* Vorliebe *(Dat.)* entsprechen; **don't [try to] ~ me!** sei nicht so übertrieben rücksichtsvoll!; **do it just to ~ her/him** tu's doch, damit sie ihren/er seinen Willen hat

**humourless** ['hju:məlɪs] *adj. (Brit.)* humorlos; todernst ⟨*Gesicht*⟩; trocken ⟨*Buch*⟩

**humous** ['hju:məs] *adj.* humos *(Bodenk.)*

**hump** [hʌmp] **1.** *n.* **a)** *(human)* Buckel, *der;* Höcker, *der (ugs.); (of animal)* Höcker, *der;* **he has a ~ on his back** er hat einen Buckel; **live on one's ~** *(fig.)* von seinen Reserven leben; **b)** *(mound)* Hügel, *der; (Railw.)* Ablaufberg, *der;* **c)** *(fig.: critical point)* Wendepunkt, *der;* **be over the ~:** über den Berg sein *(ugs.);* **d)** *(Brit. sl.)* **have the ~:** sauer sein *(ugs.);* **get the ~:** [stink]sauer werden *(ugs.).* **2.** *v. t.* *(Brit. sl.) (carry)* schleppen; *(hoist)* **~ a sack on to one's shoulders** einen Sack buckeln *od.* auf den Buckel nehmen *(ugs.)*

**hump: ~back** *n.* **a)** *see* **hunchback; b)** *see* **~back whale; ~back 'bridge** *n.* gewölbte Brücke; **~backed** ['hʌmpbækt] *adj. see* **hunchbacked; ~back 'whale** *n.* Buckelwal, *der;* **~ 'bridge** *see* **~back bridge**

**humph** [hmf] **1.** *int.* hm. **2.** *n.* Hm, *das;* Grunzen, *das (ugs.)*

**humus** ['hju:məs] *n.* Humus, *der*

**Hun** [hʌn] *n.* **a)** *(Hist.)* Hunne, *der*/Hunnin, *die; attrib.* Hunnen-; **b)** *(derog.: German)* Sauerkrautfresser, *der (ugs. abwertend);* **the ~** *(collect.)* der Teutone *(abwertend)*

**¹hunch** [hʌntʃ] **1.** *v. t.* hochziehen ⟨*Schultern*⟩; **sit ~ed in a corner** zusammengekauert in einer Ecke sitzen; **he/the cat ~ed his/its back** er/die Katze machte einen Buckel. **2.** *v. i. (Amer.)* **a)** *(adopt bent posture)* sich krümmen; *(curl up)* sich zusammenrollen; **~ in a chair** gebeugt *od.* mit krummem Rücken auf einem Stuhl sitzen; **b)** *(rise in hump)* sich buckelartig erheben; sich nach oben wölben; **his shoulders ~ed** er zog die Schultern hoch

**~ 'up 1.** *v. t.* hochziehen; **don't sit ~ed up like that** sitz nicht so krumm da!; **~ oneself up** einen Buckel machen. **2.** *v. i. (Amer.) see* **~ 2**

**²hunch** *n.* *(intuitive feeling)* Gefühl, *das;* **I have a ~ that ..., my ~ is that ...:** ich habe das [leise] Gefühl, daß ...; **the detective followed a ~:** der Detektiv folgte einem inneren Gefühl

**hunch: ~back** *n.* **a)** *(back)* Buckel, *der;* **b)** *(person)* Bucklige, *der/die;* **be a ~back** einen Buckel haben; **the H~back of Notre Dame** der Glöckner von Notre-Dame; **~backed** ['hʌntʃbækt] *adj.* buck[e]lig; höckerig ⟨*Kamel*⟩

**hundred** ['hʌndrəd] **1.** *adj.* **a)** hundert; **a** *or* **one ~:** [ein]hundert; **two/several ~:** zweihundert/mehrere hundert; **a** *or* **one ~ and one** [ein]hundert[und]eins; **a** *or* **one ~ and one people** hundert[und]ein Menschen *od.* Mensch; **the ~ metres race** der Hundertmeterlauf; **the H~ Years War** *(Hist.)* der Hundertjährige Krieg; **eighteen ~ hours** 18.00 Uhr; **b) a ~ [and one]** *(fig.: innumerable)* hundert *(ugs.);* **I've told you a ~ times** ich habe es dir schon hundertmal gesagt; **never** *or* **not in a ~ years** nie im Leben; **I've got a ~ [and one] things to do** ich habe hunderterlei zu tun *(ugs.);* **c) a** *or* **one ~ per cent** hundertprozentig; **I'm not a ~ per cent at the moment** *(fig.)* momentan geht es mir nicht sehr gut. *See also* **eight 1; mile a. 2.** *n.* **a)** *(number)* hundert; **a** *or* **one/two ~:** [ein]hundert/zweihundert; **count up to a** *or* **one ~:** bis hundert zählen; **not if I live to be a ~:** nie im Leben; **in** *or* **by ~s** hundertweise; **the seventeen-~s** *etc.* das achtzehnte *usw.* Jahrhundert; **a ~ and one** *etc.* [ein]hundert[und]eins *usw.;* **a** *or* **one/two ~ of the men died** einhundert/zweihundert der Männer starben; **there are five ~ of us** wir sind zu fünfhundert; **it's a ~ to one that ...:** die Chancen stehen hundert zu eins, daß ...; **b)** *(symbol, written figure)* Hundert, *die; in adding numbers by columns* Hunderter, *der (Math.); (set or group of 100)* Hundert, *das; (~-pound etc. note)* Hunderter, *der;* **c)** *(indefinite amount)* **~s** Hunderte *Pl.;* **tourists flock to Rome by the ~[s]** *or* **in their ~s:** die Touristen reisen zu Hunderten nach Rom; **~s of times** hundertmal; **d)** *(Brit. Hist.: county division)* Zent, *die; see also* **Chiltern Hundreds.** *See also* **eight 2 a**

**hundredfold** ['hʌndrədfəʊld] **1.** *adv.* hundertfach. **2.** *adj.* hundertfach. **3.** *n.* Hundertfache, *das;* **improve a ~** *(fig.)* sich um ein Vielfaches verbessern; **she had repaid his kindness a ~:** sie hatte seine Güte tausendfach vergolten; **by a ~:** um das Hundertfache. See also **eightfold**

**hundreds and 'thousands** *n. pl. (sweets)* Liebesperlen *Pl.*

**hundredth** ['hʌndrədθ] **1.** *adj.* hundertst...; **the one-/two-~ person** der [ein]hundertste/zweihundertste Mensch; **a ~ part** ein Hundertstel; *see also* **eighth 1. 2.** *n.* **a)** *(fraction)* Hundertstel, *das;* **a ~ of a second** eine Hundertstelsekunde; **b)** *(in sequence)* hundertste, *der/die/das; (in rank)* Hundertste, *der/die/das;* **Old H~** *(Eccl.)* der hundertste Psalm. *See also* **eighth 2**

**hundredweight** ['hʌndrədweɪt] *n., pl. same or* **~s a)** *(Brit.)* **[long] ~:** 50,8 kg; ≈ Zentner, *der;* **b)** *(in metric weight)* **[metric] ~:** Zentner, *der;* **c)** *(Amer.)* **[short] ~:** 45,36 kg; ≈ Zentner, *der (45,36 kg)*

**hung** *see* **hang 1, 2**

**Hungarian** [hʌŋ'geərɪən] **1.** *adj.* ungarisch; **sb. is ~:** jmd. ist Ungar/Ungarin; *see also* **English 1. 2.** *n.* **a)** *(person)* Ungar, *der*/Ungarin, *die;* **b)** *(language)* Ungarisch, *das; see also* **English 2 a**

**Hungary** ['hʌŋgərɪ] *pr. n.* Ungarn *(das)*

**hunger** ['hʌŋgə(r)] **1.** *n. (lit. or fig.)* Hunger, *der;* **pang[s] of ~:** quälender Hunger; **the pangs of ~ were getting stronger** der Hunger plagte mich *usw.* immer mehr; **~ is the best sauce** *(prov.)* Hunger ist der beste Koch *(Spr.);* **die of ~:** verhungern; *(fig.: be very hungry)* vor Hunger sterben *(ugs.);* **~ for sth.** *(lit. or fig.)* Hunger nach etw. *(geh.);* **~ for revenge/knowledge** Rache-/Wissensdurst, *der.* **2.** *v. i. (have craving);* **~ after** *or* **for sb./sth.** [heftiges] Verlangen nach jmdm./etw. haben

**hunger: ~-march** *n.* Hungermarsch, *der;* **~-marcher** *n.* Hungermarschierer, *der;* **~-strike 1.** *n.* Hungerstreik, *der;* **stage a/go on ~-strike** in den Hungerstreik treten; **2.** *v. i.* in den Hungerstreik treten; **be ~-striking** sich im Hungerstreik befinden; **~-striker** *n.* Hungerstreikende, *der/die*

**hung: ~ 'jury** *n. Geschworenengericht, das zu keinem einstimmigen Urteil/keinem Mehrheitsurteil gelangen kann;* **~-'over** *adj. (coll.)* verkatert *(ugs.);* **~ 'parliament** *n. Parlament, in dem keine Partei die absolute Mehrheit hat*

**hungrily** ['hʌŋgrɪlɪ] *adv.* **a)** hungrig; **my stomach was rumbling/growling ~:** mir knurrte vor Hunger der Magen; **b)** *(fig.: longingly)* sehnsüchtig ⟨*an etw. denken*⟩; [be]gierig ⟨*etw. verfolgen*⟩

**hungry** ['hʌŋgrɪ] *adj.* **a)** *(feeling hunger)* hungrig; *(regularly feeling hunger or lacking food)* hungernd; *(showing hunger)* hungrig, gierig ⟨*Augen, Blick*⟩; **be ~:** Hunger haben; hungrig sein; **we were poor and ~:** wir waren arm und litten Hunger; **[as] ~ as a hunter** *or* **lion** *or* **wolf** hungrig wie ein Löwe *od.* Wolf; **go ~:** hungern; hungrig bleiben; **I don't like fish. – Go ~, then!** Ich mag keinen Fisch. – Dann mußt du eben hungern; **~ years** Hungerjahre *Pl.;* **b)** *(inducing hunger)* hungrig machend; **c)** *(fig.: eager, avaricious)* [hab]gierig ⟨*Spekulant*⟩; stürmisch ⟨*Liebhaber*⟩; brennend, glühend ⟨*Verlangen*⟩; hungrig ⟨*Ozean, Kriegsmaschine usw.*⟩; **be ~ for sb./sth.** sich nach jmdm. sehnen/nach etw. hungern *(geh.);* **be ~ to do sth.** darauf brennen, etw. zu tun; **~ for success/power/knowledge/love** erfolgs-/macht-/bildungs-/liebeshungrig; **~ to learn** lernbegierig; **be ~ after sth.** nach etw. hungern *(geh.);* **success-/war-/freedom-~:** erfolgshungrig/kriegslustig/freiheitsdurstig; **d)** *(barren)* karg

**hunk** [hʌŋk] *n.* **a)** *(large piece)* [großes] Stück; *(clumsy piece)* Brocken, *der; (of bread)* Brocken, *der;* Ranken, *der (landsch.);* **~s of wood** große Holzscheite; **b)** *(coll.: large person)* stattliche Erscheinung; **he is a gorgeous great ~:** er ist ein blendend aussehender, stattlicher Mann; **a great ~ of a weight-lifter** ein Koloß *(ugs. scherzh.)* von einem Gewichtheber

**hunky** ['hʌŋkɪ] *adj. (coll.)* stattlich

**hunky-dory** [hʌŋkɪ'dɔ:rɪ] *adj. (Amer. sl.)* prima *(ugs.);* **everything's ~, it's all ~:** es ist alles in [bester] Ordnung

**hunt** [hʌnt] **1.** *n.* **a)** *(pursuit of game)* Jagd, *die;* **the ~ is up** *(Sport)* die Jagd ist eröffnet; Jagd frei! *(Jägerspr.);* **badger-/deer-~:** Dachs-/Hirschjagd, *die;* **b)** *(search)* Suche, *die; (strenuous search)* Jagd, *die;* **be on the ~ for sb./sth.** auf der Suche/Jagd nach jmdm./etw. sein; **the ~ is on/up [for sb./sth.]** die Suche/Jagd [nach jmdm./etw.] hat begonnen/die Jagd [nach jmdm./etw.] ist eröffnet; **c)** *(body of fox-hunters)* Jagd[gesellschaft], *die; (association)* Jagdverband, *der;* **the local ~:** der örtliche Jägerverein; **d)** *(district)* Jagd, *die;* Jagdrevier, *das.* **2.** *v. t.* **a)** jagen; Jagd machen auf (+ *Akk.*); **he spends his weekends ~ing foxes** am Wochenende geht er auf die Fuchsjagd; **b)** *(search for)* Jagd machen auf (+ *Akk.*) ⟨*Mörder usw.*⟩; fahnden nach ⟨*vermißter Person*⟩; **~ the thimble/slipper** *(Games)* Fingerhutverstecken, *das*/Pantoffelverstecken, *das;* **c)** *(drive, lit. or fig.)* jagen; **he was ~ed from office/out of society** er wurde aus dem Amt gejagt/aus der Gesellschaft ausgestoßen; **d)** *(Amer.: shoot)* schießen ⟨*Wildenten*⟩. **3.** *v. i.* **a)** jagen; **go ~ing** jagen; auf die Jagd gehen; **~ after** *or* **for** Jagd machen auf (+ *Akk.*), jagen ⟨*Tier*⟩; **b)** *(seek)* **~ after** *or* **for sb./sth.** nach jmdm./etw. suchen; **he ~ed through his pockets for a coin** er durchsuchte seine Taschen nach einer Münze; **the police are ~ing for him** die Polizei ist auf der Suche nach ihm; **c)** *(operate irregularly)* abwechselnd zu schnell und zu langsam laufen; pendeln *(Technik)*

**~ a'bout, ~ a'round** *v. i.* **~ about** *or* **around for sb./sth.** [überall] nach jmdm./etw. suchen

**~ 'down** *v. t.* **a)** *(bring to bay)* hetzen und stellen; **the animal was finally ~ed down** das Tier wurde schließlich zur Strecke gebracht *(Jägerspr.);* **b)** *(pursue and overcome)* zur Strecke bringen ⟨*Person*⟩; abschießen ⟨*feindliches Flugzeug*⟩; **c)** *(fig.: track down)* aufstöbern

~ **'out** *v. t.* **a)** *(drive from cover)* aufstöbern; **b)** *(seek out)* suchen; **c)** *(fig.: track down)* ausfindig machen ⟨*Tatsachen, Antworten*⟩
~ **'up** *v. t.* aufspüren
**hunt 'ball** *n. Ball eines Jagdverbandes*
**hunted** ['hʌntɪd] *adj.* **a)** *(pursued)* gejagt; **the deer is a much ~ beast** der Hirsch ist ein vielbejagtes *od.* intensiv bejagtes Tier; **b)** *(fig.: sought)* gesucht; **c)** *(expressing fear)* gejagt, gehetzt ⟨*Blick, Gesichtsausdruck*⟩
**hunter** ['hʌntə(r)] *n.* **a)** Jäger, *der;* **big-game ~:** Großwildjäger, *der;* **whale-~:** Walfänger, *der;* **b)** *(fig.: seeker)* **be a ~ after glory/truth** dem Ruhm nachjagen/der Wahrheit nachspüren; **autograph-~:** Autogrammjäger, *der;* **bargain-~s** *Leute, die ständig auf der Suche nach Sonderangeboten, nach einem Gelegenheitskauf sind;* **treasure-~:** Schatzsucher, *der; see also* **fortune-hunter; c)** *(horse)* Jagdpferd, *das;* **d)** *(dog)* Jagdhund, *der;* **e)** *(watch)* Sprungdeckeluhr, *die;* **half-~:** *Sprungdeckeluhr mit teilweise durchsichtigem Deckel*
**hunter-'killer** *n. zur Jagd auf Schiffe eingesetztes U-Boot*
**hunter's 'moon** *n. Vollmond nach dem „harvest moon"*
**hunting** ['hʌntɪŋ] **1.** *n., no pl.* **a)** die Jagd (**of** auf + *Akk.*); das Jagen (**of** *Gen.*); **there's good ~** *or* **the ~ is good in this forest** dieser Wald ist ein gutes Jagdgebiet; **~, shooting, [and] fishing,** *(iron.)* **huntin', shootin', and fishin'** Fischen und Jagen; **otter-~:** Otterjagd, *die; see also* **fox-hunting; b)** *(fig.: searching)* Suche, *die* (**for** nach); **the ~ of a criminal** die Verbrecherjagd; **after months of/much ~:** nach monatelanger/langer Suche; **[I wish you] good ~** *(fig.)* [ich wünsche dir] viel Glück bei der Suche; *see also* **house-hunting; job-hunting; c)** *(searching through) (of house)* Durchsuchen, *das; (of area)* Absuchen, *das; (in pursuit of game)* Jagen, *das* (**of** in + *Dat.*); **d)** *(Amer.: shooting)* Schießen, *das.* **2.** *adj.* jagend
**hunting: ~-box** *n. (Brit.)* Jagdhütte, *die;* **~-crop** *see* **crop 1 c; ~-ground** *n. (lit. or fig.)* Jagdrevier, *das; see also* **happy hunting-ground[s]; ~-horn** *n.* Jagdhorn, *das;* **~-lodge** *n.* Jagdhaus, *das;* **~-'pink** *n.* Rot des Jagdrocks
**huntsman** ['hʌntsmən] *n., pl.* **huntsmen** ['hʌntsmən] **a)** *(hunter)* Jäger, *der; (riding to hounds)* Jagdreiter, *der;* **b)** *(manager of hunt)* Rüdemeister, *der (Jagdw. hist.); (in fox-hunting)* Pikör, *der (Jagdw. hist.)*
**huntswoman** ['hʌntswʊmən] *n.* Jägerin, *die; (riding to hounds)* Jagdreiterin, *die*
**hurdle** ['hɜ:dl] **1.** *n.* **a)** *(Athletics)* Hürde, *die;* **~ race, ~s** Hürdenlauf, *der; (for horses)* Hürdenrennen, *das;* **the 200 metres ~s** der 200-m-Hürdenlauf; die 200 m Hürden *(Sportjargon);* **b)** *(fig.: obstacle)* Hürde, *die;* **fall at the last ~:** an der letzten Hürde scheitern; **get over** *or* **negotiate a ~:** eine Hürde nehmen; **c)** *(for fence)* Hürde, *die.* **2.** *v. t.* überspringen ⟨*Zaun, Hecke usw.*⟩
**hurdler** ['hɜ:dlə(r)] *n. (Athletics)* Hürdenläufer, *der*/-läuferin, *die*
**hurdy-gurdy** ['hɜ:dɪgɜ:dɪ] *n.* **a)** *(Mus. Hist.)* Drehleier, *die (hist.);* **b)** *(coll.: barrel-organ)* Drehorgel, *die;* Leierkasten, *der (ugs.)*
**hurl** [hɜ:l] **1.** *v. t.* **a)** *(throw)* werfen; *(violently)* schleudern; *(throw down)* stürzen; **~ sb. [down] into the street** jmdn. auf die Straße hinunterstürzen; **she ~ed herself to her death from a 15th-floor window** sie stürzte sich aus einem Fenster im 15. Stock zu Tode; **b)** *(fig.)* **~ insults at sb.** jmdm. Beleidigungen ins Gesicht schleudern; **~ defiant looks/glances at sb.** trotzige Blicke auf jmdn. schleudern; **c)** *(drive)* werfen; **be ~ed around the ship/against each other** durch das Schiff geschleudert/gegeneinandergeschleudert werden; **~ oneself at** *or* **upon sb.** sich auf jmdn. stürzen; **~ oneself into a new job** *(fig.)* sich in eine neue Arbeit stürzen. **2.** *n. (throwing)* Stürzen, *das; (violent)* Schleudern, *das*
**hurling** ['hɜ:lɪŋ] *n. (Sport)* Hurling, *das;* irisches Hockey; *attrib.* Hurling-
**hurly-burly** ['hɜ:lɪbɜ:lɪ] *n.* Tumult, *der;* **the ~ of city life** der Großstadtrummel *(ugs.)*
**hurrah** [hə'rɑ:, hʊ'rɑ:], **hurray** [hə'reɪ, hʊ'reɪ] **1.** *int.* hurra; **~ for sb./sth.!** jmd./etw. lebe hoch!; **~ for the Queen!** ein Hoch der Königin!; **hip, hip, ~!** hipp, hipp, hurra!. **2.** Hurra, *das;* **their joyous ~s** ihre freudigen Hurrarufe. **3.** *v. i.* Hurra rufen
**hurricane** ['hʌrɪkən] *n.* **a)** *(tropical cyclone)* Hurrikan, *der; (storm, lit. or fig.)* Orkan, *der;* **it's/the wind is blowing a ~ outside** draußen tobt ein Orkan; **b)** *(Meteorol.)* Orkan, *der; attrib.* **~ force** Orkanstärke, *die;* **~ force winds** Winde, die Orkanstärke erreichen
**hurricane: ~-lamp** *n.* Sturmlaterne, *die;* **~ season** *n. Jahreszeit, in der Hurrikane am häufigsten auftreten*
**hurried** ['hʌrɪd] *adj.* eilig; überstürzt ⟨*Abreise*⟩; eilig *od.* hastig geschrieben ⟨*Brief, Aufsatz*⟩; eilig vollzogen ⟨*Zeremonie*⟩; in Eile ausgeführt ⟨*Arbeit*⟩; **our farewells were ~:** wir verabschiedeten uns eilig
**hurriedly** ['hʌrɪdlɪ] *adv.* eilig; überstürzt ⟨*abreisen*⟩; in Eile ⟨*ausführen*⟩
**hurry** ['hʌrɪ] **1.** *n.* **a)** *(great haste)* Eile, *die;* **what is** *or* **why the [big] ~?** warum die Eile?; **amongst all the ~ at the airport** in der allgemeinen Hetze am Flughafen; **in a ~:** eilig; **be in a [great** *or* **terrible] ~:** es [furchtbar] eilig haben; in [großer] Eile sein; **do sth. in a ~:** etw. in Eile tun; **leave in a ~:** davoneilen; **I have to get there in a ~:** ich muß so schnell wie möglich dort sein; **I need it in a ~:** ich brauche es dringend; **the handle won't come off again in a ~** *(coll.)* der Griff wird so schnell nicht wieder abgehen; **I shall not ask again in a ~** *(coll.)* ich frage so schnell nicht wieder; **be in a/not be in a** *or* **be in no ~ to do sth.** es eilig/nicht eilig haben, etw. zu tun; **b)** *(urgent requirement)* **there is a ~ for sth.** etw. ist sehr gefragt; **there is a ~ for us to get out** wir müssen uns beeilen, hinauszukommen; **what's the [big] ~?** wozu die Eile?; **there's no ~:** es eilt nicht; es hat keine Eile; **is there any ~ for this letter [to be sent off]?** ist dieser Brief eilig?. **2.** *v. t. (transport fast)* schnell bringen; *(urge to go or act faster)* antreiben; *(quicken process of)* beschleunigen; *(consume fast)* hinunterschlingen ⟨*Essen*⟩; hinunterstürzen ⟨*Getränk*⟩; **~ sb. out of the house** dafür sorgen, daß jmd. bald aus dem Haus herauskommt; **~ dinner** sich mit dem Abendessen beeilen; **~ a soufflé** ein Soufflé zu schnell zubereiten; **~ one's work** seine Arbeit in zu großer Eile erledigen. **3.** *v. i.* sich beeilen; *(to or from place)* eilen; **~ downstairs/out/in** nach unten/nach draußen/nach drinnen eilen; **she hurried from shop to shop** sie hastete von einem Laden zum andern
~ **a'long 1.** *v. i. (coll.)* sich beeilen. **2.** *v. t.* zur Eile antreiben; beschleunigen ⟨*Vorgang*⟩
~ **'on 1.** *v. i.* weitereilen; **the teacher is ~ing on too fast** *(fig.)* der Lehrer geht zu schnell weiter; **I must ~ on** ich muß [rasch] weiter. **2.** *v. t.* antreiben; beschleunigen ⟨*Vorgang*⟩
~ **through** *v. t.* **a)** [--'-] beschleunigen; **b)** ['---] schnell durcheilen; *(fig.)* möglichst schnell durchziehen *(ugs.); (Parl.)* durchpeitschen ⟨*Gesetz*⟩
~ **'up 1.** *v. i. (coll.)* sich beeilen. **2.** *v. t.* antreiben; beschleunigen, vorantreiben ⟨*Vorgang*⟩
**'hurry-scurry 1.** *adv.* in wilder Hast. **2.** *n.* Hektik, *die.* **3.** *v. i.* in wilder Hast laufen
**hurt** [hɜ:t] **1.** *v. t.,* **hurt a)** *(cause pain to)* weh tun (+ *Dat.*); *(injure physically)* verletzen; **~ one's arm/leg/head/back** sich *(Dat.)* am Arm/Bein/Kopf/Rücken weh tun; *(injure)* sich *(Dat.)* den Arm/das Bein/am Kopf/am Rücken verletzen; **you are ~ing me/my arm** du tust mir weh/am Arm weh; **my arm is ~ing me** mein Arm tut [mir] weh; mir tut der Arm weh; **it ~s me to move my arm** es tut [mir] weh, wenn ich den Arm bewege; **it ~s my ears to listen to that noise** dieser Lärm tut meinen Ohren weh; **he wouldn't ~ a fly** *(fig.)* er tut keiner Fliege etwas zuleide; **sth. won't** *or* **wouldn't ~ sb.** etw. tut nicht weh; *(fig.)* etw. würde jmdm. nichts schaden *(ugs.);* **~ oneself** sich *(Dat.)* weh tun; *(injure oneself)* sich verletzen; **b)** *(damage, be detrimental to)* schaden (+ *Dat.*); **sth. won't** *or* **wouldn't ~ sth.** etw. würde einer Sache *(Dat.)* nichts schaden; **c)** *(distress emotionally)* verletzen, kränken ⟨*Person*⟩; verletzen ⟨*Ehrgefühl, Stolz*⟩; **~ sb.'s feelings** jmdn. verletzen; **it ~s me to have to tell you this** es ist mir schmerzlich, Ihnen dies sagen zu müssen; **~ sb.'s sense of honour** jmdn. in seiner Ehre kränken. **2.** *v. i.,* **hurt a)** *(cause pain)* weh tun; schmerzen; **b)** *(cause damage, be detrimental)* schaden; **does it ~ to drive the car with the hand-brake on?** schadet es dem Auto, wenn man mit angezogener Handbremse fährt?; **I don't think it really ~s** ich glaube nicht, daß es wirklich etwas schadet; **publicity never ~s** Publicity kann nie schaden *(ugs.);* **sth. won't** *or* **wouldn't ~** *(also iron.)* etw. würde nichts schaden *(ugs.);* **it won't ~ to have another biscuit** noch ein Keks kann doch nichts schaden; **c)** *(cause emotional distress)* weh tun; ⟨*Worte, Beleidigungen:*⟩ verletzen; ⟨*Person:*⟩ verletzend sein; **d)** *(coll.: suffer)* **I ~ all over** es tut mir überall weh; **my leg ~s** mein Bein tut [mir] weh; **does your hand ~?** tut dir die Hand weh?; **I ~ inside** *(emotionally)* es tut mir innerlich weh. **3.** *n.* **a)** *(bodily injury)* Verletzung, *die;* **b)** *(detriment)* Schaden, *der;* **c)** *(emotional pain)* Schmerz, *der; (emotional injury)* Kränkung, *die*
**hurtful** ['hɜ:tfl] *adj.* **a)** *(physically harmful, detrimental)* schädlich (**to** für); **be ~ to sb./sth.** jmdm./einer Sache schaden; **b)** *(fig.: painful)* schmerzlich; **c)** *(emotionally wounding)* verletzend; **be ~ [in what one says] about sth.** sich in verletzender Form über etw. äußern; **what a ~ thing to say/do!** wie kann man nur so etwas Verletzendes sagen/tun!
**hurtle** ['hɜ:tl] **1.** *v. i.* **a)** *(move rapidly)* rasen *(ugs.);* **he went hurtling down the street/round the corner** er raste die Straße hinunter/um die Ecke; **the car was hurtling along** das Auto brauste *od.* sauste dahin; **b)** *(move with clattering sound)* **the saucepans came hurtling to the floor** die Kochtöpfe fielen mit lautem Klappern auf den Boden. **2.** *v. t.* schleudern
**husband** ['hʌzbənd] **1.** *n.* Ehemann, *der;* **my/your/her ~:** mein/dein/ihr Mann; **give my regards to your ~:** grüßen Sie Ihren Mann *od. (geh.)* Gatten von mir; **~ and wife** Mann und Frau; **they are a ~-[and-]wife team of interior decorators** die Eheleute arbeiten gemeinsam als Innenarchitekten. **2.** *v. t.* regeln ⟨*Angelegenheiten*⟩; haushalten mit ⟨*Mitteln*⟩; bewirtschaften ⟨*Land*⟩
**husbandry** ['hʌzbəndrɪ] *n., no pl.* **a)** *(farming)* Landwirtschaft, *die; (application of farming technique)* Bewirtschaftung, *die;* **animal/dairy ~:** Viehzucht, *die*/Milchviehhaltung, *die;* **b)** *(management)* **bad/good ~:** schlechtes/sparsames Wirtschaften; **bad/good ~ of sth.** verschwenderischer/haushälterischer Umgang mit etw.; **c)** *(careful management)* sparsames Wirtschaften
**hush** [hʌʃ] **1.** *n.* **a)** *(silence)* Schweigen, *das;* **a sudden ~ fell over them** sie verstummten plötzlich; **can we have a bit of ~ now, please?** *(coll.)* ein bißchen mehr Ruhe jetzt,

wenn ich bitten dürfte!; **b)** *(stillness)* Stille, *die;* **dead ~:** Totenstille, *die;* **c)** *(secrecy)* Geheimhaltung, *die;* **why all the ~?** wozu die ganze Geheimnistuerei? *(ugs.).* **2.** *v. t. (silence)* zum Schweigen bringen; zum Verstummen bringen ‹*Vogelgesang, Gerüchte*›; *(still)* beruhigen; besänftigen; *(quieten)* dämpfen ‹*Stimme*›; **she tried to ~ her baby to sleep/her baby's crying** sie versuchte, ihr Baby zum Schlafen zu bringen/ihr schreiendes Baby zu beruhigen. **3.** *v. i.* still sein; *(become silent)* verstummen; **~!** still!

**~ 'up** *v. t.* **a)** *(make silent)* zum Schweigen bringen; **b)** *(keep secret)* **~ sth. up** etw. vertuschen

**hushaby[e]** ['hʌʃəbaɪ] *int.* eiapopeia

**hushed** [hʌʃt] *adj.* schweigend ‹*Publikum*›; gedämpft ‹*Flüstern, Stimme*›; **~ atmosphere** Stille, *die;* **there was a ~ silence** alles schwieg; **with ~ respect/attention** mit respektvollem/gespanntem Schweigen

**hush: ~-hush** *adj. (coll.)* geheim; **strictly/terribly/very ~-hush** streng geheim; **keep sth. ~-hush** etw. geheimhalten; **~ money** *n.* Schweigegeld, *das*

**husk** [hʌsk] **1.** *n.* Schale, *die; (of wheat, grain, rice)* Spelze, *die; (Amer.: of maize)* Hüllblatt, *das;* Liesche, *die (Bot.); (fig.: useless remainder)* Hülse, *die.* **2.** *v. t.* schälen

**huskily** ['hʌskɪlɪ] *adv.* heiser

[1]**husky** ['hʌskɪ] **1.** *adj.* **a)** *(hoarse)* heiser; **her voice has a natural/an attractive ~ quality** ihre Stimme ist von Natur aus rauh/sie hat eine anziehende rauchige Stimme; **b)** *(coll.: tough)* bärenstark *(ugs.).* **2.** *n. (Amer. coll.: strong person)* bärenstarker Typ *(ugs.)*

[2]**husky** *n. (dog)* Eskimohund, *der; (Siberian ~)* Husky, *der; (sledge-dog)* Schlittenhund, *der*

**hussar** [hʊ'zɑ:(r)] *n. (Mil.)* Husar, *der*

**hussy** ['hʌsɪ, 'hʌzɪ] *n. fem.* **a)** *(improper woman)* Flittchen, *das (ugs. abwertend);* **b)** *(pert girl)* Göre, *die (nordd.);* Fratz, *der (fam.)*

**hustings** ['hʌstɪŋz] *n. pl.* **a)** *constr. as sing. or pl. (proceedings)* Wahlveranstaltungen; **b)** *(Hist.: platform) Rednerbühne für die Kandidaten einer Wahl;* **c)** *(fig.)* **he gave a good speech from the ~:** er hielt eine gute Wahlrede

**hustle** ['hʌsl] **1.** *v. t.* **a)** drängen **(into** zu); **b)** *(jostle)* anrempeln *(salopp);* schubsen *(ugs.); (thrust)* [hastig] drängen; **the guide ~d the tourists along/from one church to another** der Führer scheuchte die Touristen voran/von einer Kirche zur anderen *(ugs.);* **~ a Budget through the Senate** ein Budget im Senat durchpeitschen *(ugs.);* **c)** *(sl.: exert pressure on)* bedrängen; **~ sb. to do sth.** jmdn. dazu bringen wollen, etw. zu tun. **2.** *v. i.* **a)** *(push roughly)* **~ against sb./sth.** jmdn. anrempeln/gegen etw. stoßen; **~ through the crowds** sich durch die Menge drängeln; **b)** *(hurry)* hasten; **~ about the house** durchs Haus wirbeln; **we'll have to ~:** wir müssen uns beeilen; **~ and bustle about** geschäftig hin und her eilen *od.* sausen; **c)** *(sl.: strive for business)* **~ for sth.** etw. zu kriegen versuchen *(ugs.);* **d)** *(sl.: solicit)* **~ [on the street]** auf den Strich gehen *(salopp);* **he ~s for her** er besorgt ihr die Freier *(ugs.).* **3.** *n.* **a)** *(jostling)* Gedränge, *das;* **b)** *(hurry)* Hetze, *die;* **~ and bustle** Geschäftigkeit, *die; (in street)* geschäftiges Treiben

**hustler** ['hʌslə(r)] *n. (sl.: prostitute)* Strichmädchen, *das*/Strichjunge, *der (salopp)*

**hut** [hʌt] *n.* Hütte, *die; (Mil.)* Baracke, *die*

**hutch** [hʌtʃ] *n.* **a)** *(for rabbit)* Stall, *der; (for guinea-pig)* Käfig, *der;* **b)** *(derog.: hut, small house)* Hütte, *die*

**hyacinth** ['haɪəsɪnθ] *n.* **a)** *(Bot.)* Hyazinthe, *die;* **wild or wood ~:** Hasenglöckchen, *das; see also* **grape hyacinth; b)** *(colour)* **~ [blue]** Hyazinthblau, *das*

**hybrid** ['haɪbrɪd] **1.** *n.* **a)** *(Biol.)* Hybride, *die od. der* **(between** aus); Kreuzung, *die;* **b)** *(Ethnol.)* Mischling, *der;* **c)** *(fig.: mixture)* Mischung, *die;* **d)** *(Ling.)* hybride Bildung. **2.** *adj.* **a)** *(Biol.)* hybrid ‹*Züchtung*›; **this is a ~ rose** diese Rose ist eine Hybride; **a ~ species/animal/plant** eine Hybridzüchtung; ein[e] Hybride; **b)** *(Ethnol.)* mischerbig; **c)** *(fig.: mixed)* gemischt; Misch‹*kultur, -sprache*›; **d)** *(Ling.)* hybrid

**hybridize (hybridise)** ['haɪbrɪdaɪz] *v. t.* **a)** *(Biol.)* hybridisieren *(fachspr.);* kreuzen; **b)** *(Ling.)* **~ words** hybride Wörter bilden

**hydra** ['haɪdrə] *n.* **a)** *(Greek Mythol.)* Hydra, *die;* **b)** *(Zool.: polyp)* Süßwasserpolyp, *der;* Hydra, *die*

**hydrangea** [haɪ'dreɪndʒə] *n. (Bot.)* Hortensie, *die;* Hydrangea, *die (fachspr.)*

**hydrant** ['haɪdrənt] *n.* Hydrant, *der*

**hydrate** ['haɪdreɪt] *n. (Chem.)* Hydrat, *das*

**hydration** [haɪ'dreɪʃn] *n.* **a)** *(addition of fluid)* Flüssigkeitszufuhr, *die;* **b)** *(Chem.)* Hydra[ta]tion, *die*

**hydraulic** [haɪ'drɔ:lɪk] *adj. (Mech. Engin.)* hydraulisch; **~ engineer** Wasserbauingenieur, *der;* **~ engineering** Wasserbau, *der*

**hydraulic: ~ 'brake** *n. (Mech. Engin.)* hydraulische Bremse; **~ 'fluid** *n. (Mech. Engin.)* hydraulische Flüssigkeit; *(in brake system)* Bremsflüssigkeit, *die;* **~ 'ram** *n. (Mech. Engin.)* **a)** *(pump)* hydraulischer Widder; **b)** *(piston)* Hydraulikkolben, *der*

**hydride** ['haɪdraɪd] *n. (Chem.)* Hydrid, *das*

**hydrocarbon** [haɪdrə'kɑ:bən] *n. (Chem.)* Kohlenwasserstoff, *der*

**hydrochloric acid** [haɪdrəklɔ:rɪk 'æsɪd] *n. (Chem.)* Salzsäure, *die*

**hydrodynamics** [haɪdrədaɪ'næmɪks] *n., no pl. (Phys.)* Hydrodynamik, *die*

**hydroelectric** [haɪdrəʊɪ'lektrɪk] *adj. (Electr.)* hydroelektrisch; **~ power plant** *or* **station** Wasserkraftwerk, *das*

**hydrofoil** ['haɪdrəfɔɪl] *n. (Naut.)* **a)** *(structure)* Tragfläche, *die;* Tragflügel, *der;* **b)** *(vessel)* Tragflächenboot, *das;* Tragflügelboot, *das*

**hydrogen** ['haɪdrədʒən] *n.* Wasserstoff, *der;* Hydrogen[ium], *das (fachspr.);* **a ~-filled balloon** ein mit Wasserstoff gefüllter Ballon; *see also* **peroxide 1 b**

**'hydrogen bomb** *n.* Wasserstoffbombe, *die*

**hydrolyse** ['haɪdrəlaɪz] *v. t. (Chem.)* hydrolysieren

**hydrolysis** [haɪ'drɒlɪsɪs] *n., pl.* **hydrolyses** [haɪ'drɒlɪsi:z] *(Chem.)* Hydrolyse, *die*

**hydrolyze** *(Amer.) see* **hydrolyse**

**hydrometer** [haɪ'drɒmɪtə(r)] *n.* Hydrometer, *das*

**hydrophobia** [haɪdrə'fəʊbɪə] *n.* **a)** *(Med.) (rabies)* Tollwut, *die; (symptom)* Hydrophobie, *die (Med.);* **b)** *(Psych.)* Hydrophobie, *die (fachspr.);* krankhafte Wasserscheu

**hydrophobic** [haɪdrə'fəʊbɪk] *adj.* **a)** *(Med.)* tollwutkrank, tollwutinfiziert ‹*Tier, Person*›; tollwütig ‹*Tier*›; **be ~:** Tollwut haben; **b)** *(water-resistant)* hydrophob *(Chemie, Technik)*

**hydroplane** ['haɪdrəpleɪn] *n.* **a)** *(Naut.: fin-like device)* Gleitfläche, *die; (of submarine)* Tiefenruder, *das;* **b)** *(motor boat)* Gleitboot, *das*

**hydroponics** [haɪdrə'pɒnɪks] *n., no pl. (Hort.)* Hydroponik, *die (fachspr.);* Hydrokultur, *die*

**hydrosphere** ['haɪdrəsfɪə(r)] *n. (Geog.)* Hydrosphäre, *die*

**hydrostatic** [haɪdrə'stætɪk] *adj. (Phys.)* hydrostatisch

**hydrostatics** [haɪdrə'stætɪks] *n., no pl. (Phys.)* Hydrostatik, *die*

**hydrous** ['haɪdrəs] *adj. (Chem., Min.)* wasserhaltig ‹*Salz, Substanz*›

**hydroxide** [haɪ'drɒksaɪd] *n. (Chem.)* Hydroxid, *das*

**hydrozoan** [haɪdrə'zəʊən] *(Zool.)* **1.** *adj.* zu den Hydrozoen gehörend; **~ polyp** Hydroidpolyp, *der.* **2.** *n.* Hydrozoon, *das*

**hyena** [haɪ'i:nə] *n.* **a)** *(Zool.)* Hyäne, *die;* **laughing** *or* **spotted ~:** Tüpfel- *od.* Fleckenhyäne, *die;* **laugh like a ~:** wie eine Hyäne kreischen; ≈ wiehernd lachen; **b)** *(fig.: person)* Hyäne, *die (ugs. abwertend);* **c)** *(Austral. Zool.)* Beutelwolf, *der*

**hygiene** ['haɪdʒi:n] *n., no pl.* **a)** Hygiene, *die;* **conditions of bad ~:** schlechte hygienische Verhältnisse; **domestic ~:** häusliche Hygiene; **feminine ~:** Monatshygiene, *die;* **b)** *no art. (science)* Hygiene, *die (Med.);* **dental ~:** Zahnhygiene, *die*

**hygienic** [haɪ'dʒi:nɪk] *adj.* hygienisch; **not ~:** unhygienisch

**hygienically** [haɪ'dʒi:nɪkəlɪ] *adv.* hygienisch

**hygienist** [haɪ'dʒi:nɪst] *n.* Hygieniker, *der*/Hygienikerin, *die;* **dental ~:** Zahnhygieniker, *der*/-hygienikerin, *die*

**hygrometer** [haɪ'grɒmɪtə(r)] *n. (Meteorol.)* Hygrometer, *das*

**hymen** ['haɪmen] *n. (Anat.)* Hymen, *das od. der (fachspr.);* Jungfernhäutchen, *das*

**hymn** [hɪm] **1.** *n.* **a)** *(Relig.)* Hymne, *die;* Loblied, *das; (sung in service)* Kirchenlied, *das;* **Easter ~, ~ for Easter** Osterlied, *das;* **b)** *(song of praise, lit. or fig.)* Hymne, *die;* **a ~ to nature** eine Hymne an die Natur; **a ~ to Venus/England/the new age** eine Hymne auf Venus/England/das neue Zeitalter. **2.** *v. t. (praise with songs)* besingen *(geh.);* lobpreisen *(dichter.)* ‹*Gott, Werke Gottes*›; *(fig.: praise)* preisen *(geh.)*

**hymnal** ['hɪmnl], **hymnary** ['hɪmnərɪ] *ns.* Gesangbuch, *das;* Hymnar[ium], *das*

**'hymn-book** *n.* Gesangbuch, *das*

**hyoid** ['haɪɔɪd] *(Anat.) adj. & n.* **~ [bone]** Zungenbein, *das*

**hype** [haɪp] *(sl.)* **1.** *n.* **a)** *(deception)* Schwindel, *der (ugs.);* **b)** *(misleading publicity)* Reklameschwindel, *der (ugs.);* **media ~:** Medienrummel, *der.* **2.** *v. t.* **a)** *(cheat)* reinlegen *(ugs.);* **~ sb. into sth./doing sth.** jmdn. [durch Tricks] zu etw. bringen/jmdn. [durch Tricks] dazu bringen, etw. zu tun; **b) ~ [up]** *(publicize excessively)* groß herausbringen

**~ up** *v. t. (sl.)* hochputschen *(ugs.);* **feel ~d up** überdreht sein *(ugs.)*

**hyperactive** [haɪpə'ræktɪv] *adj.* überaktiv

**hyperbola** [haɪ'pɜ:bələ] *n., pl.* **~s** *or* **~e** [haɪ'pɜ:bəli:] *(Geom.)* Hyperbel, *die*

**hyperbole** [haɪ'pɜ:bəlɪ] *n. (Rhet.)* Hyperbel, *die*

**hyperbolic** [haɪpə'bɒlɪk] *adj.* **a)** *(Geom.)* hyperbolisch; **b)** *see* **hyperbolical a**

**hyperbolical** [haɪpə'bɒlɪkl] *adj.* **a)** *(Rhet.)* hyperbolisch ‹*Stil, Wendung usw.*›; **b)** *see* **hyperbolic a**

**hypercritical** [haɪpə'krɪtɪkl] *adj.* hyperkritisch; übertrieben kritisch

**hypermarket** ['haɪpəmɑ:kɪt] *n.* Verbrauchermarkt, *der*

**hypersensitive** [haɪpə'sensɪtɪv] *adj.* hypersensibel; überempfindlich; **be ~ to sth.** überempfindlich auf etw. *(Akk.)* reagieren

**hypersensitivity** [haɪpəsensɪ'tɪvɪtɪ] *n., no pl.* Überempfindlichkeit, *die*

**hypertension** [haɪpə'tenʃn] *n. (Med.)* Hypertonie, *die (fachspr.);* Bluthochdruck, *der*

**hypertensive** [haɪpə'tensɪv] *adj. (Med.)* hypertonisch

**hypertrophied** [haɪ'pɜ:trəfɪd] *adj.* hypertroph ‹*Organ*›; *(fig.: excessive)* hypertroph[isch] *(geh.);* hypertrophiert *(geh.)*

**hypha** ['haɪfə] *n., pl* **~e** ['haɪfi:] *(Bot.)* Hyphe, *die (fachspr.);* Pilzfaden, *der*

**hyphen** ['haɪfn] **1.** *n.* **a)** Bindestrich, *der;* **b)** *(connecting separate syllables)* Trennungsstrich, *der;* Divis, *das (fachspr.).* **2.** *v. t.* mit Bindestrich schreiben

**hyphenate** ['haɪfəneɪt] *see* **hyphen 2**

**hyphenation** [haɪfə'neɪʃn] *n., no pl.* Kopplung, *die*

**hypnosis** [hɪp'nəʊsɪs] *n.*, *pl.* **hypnoses** [hɪp'nəʊsi:z] Hypnose, *die; (act, process)* Hypnotisierung, *die;* **under ~:** in Hypnose *(Dat.)*
**hypnotic** [hɪp'nɒtɪk] **1.** *adj.* hypnotisch; *(producing hypnotism)* hypnotisch; hypnotisierend ‹*Wirkung, Blick*›; **have a ~ effect on sb.** hypnotisierend *od.* einschläfernd auf jmdn. wirken. **2.** *n.* Schlafmittel, *das; (Med. also)* Hypnotikum, *das (fachspr.)*
**hypnotism** ['hɪpnətɪzm] *n.* Hypnotik, *die; (act)* Hypnotisieren, *das*
**hypnotist** ['hɪpnətɪst] *n.* Hypnotiseur, *der*/Hypnotiseuse, *die*
**hypnotize** ['hɪpnətaɪz] *v. t. (lit. or fig.)* hypnotisieren; *(fig.: fascinate)* faszinieren
**hypo** ['haɪpəʊ] *n. (Photog.)* Fixiernatron, *das;* Fixiersalz, *das*
**hypocaust** ['haɪpəkɔ:st] *n. (Roman Ant.)* Hypokaustum, *das*
**hypochondria** [haɪpə'kɒndrɪə] *n.* Hypochondrie, *die*
**hypochondriac** [haɪpə'kɒndrɪæk] **1.** *adj.* hypochondrisch. **2.** *n.* Hypochonder, *der*
**hypocrisy** [hɪ'pɒkrɪsɪ] *n.* **a)** *(simulation of virtue)* Scheinheiligkeit, *die;* **b)** *(dissimulation)* Heuchelei, *die;* Hypokrisie, *die (geh.)*
**hypocrite** ['hɪpəkrɪt] *n.* **a)** *(person feigning virtue)* Scheinheilige, *der/die;* **b)** *(dissembler)* Heuchler, *der*/Heuchlerin, *die;* Hypokrit, *der (geh. veralt.)*
**hypocritical** [hɪpə'krɪtɪkl] *adj.* heuchlerisch; scheinheilig; hypokritisch *(geh. veralt.)*
**hypodermic** [haɪpə'dɜ:mɪk] *(Med.)* **1.** *adj.* subkutan ‹*Injektion*›; subkutan verabreicht ‹*Medikament*›; **~ syringe** Injektionsspritze, *die.* **2.** *n.* **a)** *(injection)* subkutane Injektion; **b)** *(syringe)* Injektionsspritze, *die*
**hypotension** [haɪpəʊ'tenʃn] *n. (Med.)* Hypotonie, *die (fachspr.);* zu niedriger Blutdruck
**hypotensive** [haɪpəʊ'tensɪv] *adj. (Med.)* hypotonisch; *(tending to lower the blood pressure)* blutdrucksenkend ‹*Medikament*›
**hypotenuse** [haɪ'pɒtənju:z] *n. (Geom.)* Hypotenuse, *die;* **square on the ~:** Hypotenusenquadrat, *das*
**hypothermia** [haɪpə'θɜ:mɪə] *n. (Med.)* Hypothermie, *die (fachspr.);* Unterkühlung, *die*
**hypothesis** [haɪ'pɒθɪsɪs] *n.*, *pl.* **hypotheses** [haɪ'pɒθɪsi:z] Hypothese, *die; (unproved assumption also)* Annahme, *die*
**hypothesize (hypothesise)** [haɪ'pɒθɪsaɪz] **1.** *v. i.* eine Hypothese aufstellen; mutmaßen; spekulieren. **2.** *v. t.* annehmen
**hypothetical** [haɪpə'θetɪkl] *adj.* hypothetisch; angenommen; **it will remain ~:** darüber wird man nur mutmaßen *od.* spekulieren können
**hypothetically** [haɪpə'θetɪkəlɪ] *adv.* hypothetisch
**hyrax** ['haɪəræks] *n. (Zool.)* Klippschliefer, *der*
**hyssop** ['hɪsəp] *n. (Bot.)* Ysop, *der*
**hysterectomy** [hɪstə'rektəmɪ] *n. (Med.)* Hysterektomie, *die (fachspr.);* operative Entfernung der Gebärmutter
**hysteria** [hɪ'stɪərɪə] *n.* Hysterie, *die*
**hysterical** [hɪ'sterɪkl] *adj.* hysterisch
**hysterically** [hɪ'sterɪkəlɪ] *adv.* hysterisch; **~ funny** urkomisch
**hysterics** [hɪ'sterɪks] *n. pl. (laughter)* hysterischer Lachanfall; *(crying)* hysterischer Weinkrampf; **have ~:** hysterisch lachen/weinen
**Hz** *abbr.* hertz Hz

# I

**[1]I, i** [aɪ] *n.*, *pl.* **Is** *or* **I's a)** *(letter)* I, i, *das; see also* **dot 2 b; b)** *(Roman numeral)* I
**[2]I 1.** *pron.* ich; **it was I** *(formal)* ich bin es; **it was I who locked the door** *(formal)* ich war es, der die Tür abgeschlossen hat; ich habe die Tür abgeschlossen; *see also* **[1]me; [2]mine; my; myself. 2.** *n., no pl.* **the I** *(Philos.)* das Ich
**I.** *abbr.* **a) Island[s]** I.; **b) Isle[s]** I.
**iamb** ['aɪæm] *see* **iambus**
**iambic** [aɪ'æmbɪk] *(Pros.)* **1.** *adj.* jambisch; **~ pentameter** fünffüßiger Jambus. **2.** *n. in pl.* Jamben
**iambus** [aɪ'æmbəs] *n., pl.* **~es** *or* **iambi** [aɪ'æmbaɪ] *(Pros.)* Jambus, *der*
**IATA** [ɪ'ɑ:tə, aɪ'ɑ:tə] *abbr.* **International Air Transport Association** IATA, *die*
**IBA** *abbr. (Brit.)* **Independent Broadcasting Authority** *Kontrollgremium für den privaten Rundfunk und das Privatfernsehen*
**Iberia** [aɪ'bɪərɪə] *pr. n. (Hist., Geog.)* Iberische Halbinsel
**Iberian** [aɪ'bɪərɪən] **1.** *adj.* iberisch. **2.** *n. (inhabitant of [ancient] Iberia)* Iberer, *der*/Ibererin, *die*
**Iberian Pe'ninsula** *pr. n. (Geog.)* Iberische Halbinsel
**ibex** ['aɪbeks] *n. (Zool.)* Steinbock, *der*
**ibid.** *abbr.* **ibidem** ib.; ibd.; ibid.
**ibidem** ['ɪbɪdem, ɪ'baɪdəm] *adv.* ibidem; ebenda; ebendort
**ibis** ['aɪbɪs] *n. (Ornith.)* Ibis, *der*
**i/c** *abbr.* **a) in charge; b) in command**
**ICBM** *abbr.* **intercontinental ballistic missile**
**ice** [aɪs] **1.** *n.* **a)** *no pl.* Eis, *das;* **become ~:** [zu Eis] gefrieren; **feel/be like ~** *(be very cold)* eiskalt sein; **there was ~ over the pond** eine Eisschicht bedeckte den Teich; **fall through the ~:** auf dem Eis einbrechen; **be on ~** *(coll.) (be held in reserve)* ‹*Plan:*› auf Eis *(Dat.)* liegen *(ugs.);* **put on ~** *(coll.)* auf Eis *(Akk.)* legen *(ugs.);* **be on thin ~** *(fig.)* sich auf dünnes Eis begeben haben; **break the ~** *(fig.: make a beginning)* den Anfang machen; *(break through reserve)* das Eis brechen; *see also* **cut 1 b; [2]skate 2; b)** *(confection)* [Speise]eis, *das;* Eiscreme, *die;* **an ~/two ~s** ein/zwei Eis; **c)** *no pl., no indef. art. (Amer. sl.: diamonds)* Diamanten. **2.** *v. t.* **a)** *(freeze)* einfrieren, tiefkühlen ‹*Lebensmittel*›; *see also* **lolly a; b)** *(cool with ~)* [mit Eis] kühlen; **~d coffee/tea** Eiskaffee, *der*/Tee mit Eis; **be ~d** eisgekühlt sein; **c)** glasieren ‹*Kuchen*›
**~ 'over** *v. i.* ‹*Gewässer:*› zufrieren; ‹*Straße, Flugzeug:*› vereisen
**~ 'up** *v. i.* **a)** *(freeze)* ‹*Wasserleitung:*› einfrieren; **b)** *see* **~ over**
**ice: ~ age** *n.* Eiszeit, *die;* **~-axe** *n.* Pickel, *der*
**iceberg** ['aɪsbɜ:g] *n.* Eisberg, *der;* **the tip of the ~** *(fig.)* die Spitze des Eisbergs
**ice: ~-blue 1.** ['-'] *n.* Eisblau, *das;* **2.** ['--] *adj.* eisblau; **~-bound** *adj.* eingefroren ‹*Schiff*›; durch Vereisung abgeschnitten ‹*Hafen, Küste*›; **~box** *n. (Amer.)* Kühlschrank, *der;* **~-breaker** *n. (Naut.)* Eisbrecher, *der;* **~-cap** *n.* Eisdecke, -schicht, *die; (polar)* Eiskappe, *die;* **~-cold** *adj.* eiskalt; **~-'cream** *n.* Eis, *das;* Eiscreme, *die;* **one ~-cream/two/too many ~-creams** ein/zwei/zuviel Eis; **~-cube** *n.* Eiswürfel, *der;* **~-floe** *see* **floe; ~ hockey** *n.* Eishockey, *das*
**Iceland** ['aɪslənd] *pr. n.* Island *(das)*
**Icelander** ['aɪsləndə(r)] *n.* Isländer, *der*/Isländerin, *die*
**Icelandic** [aɪs'lændɪk] **1.** *adj.* isländisch; *see also* **English 1. 2.** *n.* Isländisch, *das; see also* **English 2 a**
**ice: ~ 'lolly** *see* **lolly a; ~-machine** *n.* Gefrierapparat, *der;* **~-pack** *n.* **a)** *(to relieve pain)* Eispackung, *die;* **b)** *(to keep food cool)* Kälteakku *od.* Kühlakku, *der (ugs.);* **c)** *(sea ice)* [Pack]eisdecke, *die;* **~-rink** *n.* Schlittschuh-, Eisbahn, *die;* **~-skate 1.** *n.* Schlittschuh, *der;* **2.** *v. i.* Schlittschuh laufen; eislaufen; **~-skater** *n.* Schlittschuhläufer, *der;* **~-skating** *n.* Schlittschuhlaufen, *das;* **~-water** *n.* Eiswasser, *das*
**ichthyologist** [ɪkθɪ'ɒlədʒɪst] *n.* Ichthyologe, *der*/Ichthyologin, *die;* Fischkundler, *der*/-kundlerin, *die*
**ichthyology** [ɪkθɪ'ɒlədʒɪ] *n.* Ichthyologie, *die;* Fischkunde, *die*
**icicle** ['aɪsɪkl] *n.* Eiszapfen, *der*
**icily** ['aɪsɪlɪ] *adv.* eisig; *(fig.)* kalt ‹*ablehnend, lächelnd*›; eisig, frostig ‹*empfangen, begrüßen, anblicken*›; **~ cold** eiskalt
**iciness** ['aɪsɪnɪs] *n., no pl.* Eis[es]kälte, *die; (of road)* Eisglätte, *die*
**icing** ['aɪsɪŋ] *n.* **a)** *no pl.* Vereisen, *das; (cooling)* Kühlen, *das; (of cake)* Überziehen mit Zuckerguß; **b)** *(Cookery: sugar coating)* Zuckerguß, *der;* Zuckerglasur, *die;* **[the] ~ on the cake** *(fig.)* das Tüpfelchen auf dem i
**'icing sugar** *n. (Brit.)* Puderzucker, *der*
**icon** ['aɪkən, 'aɪkɒn] *n.* **a)** *(statue)* Standbild, *das;* **b)** *(Orthodox Ch.)* Ikone, *die*
**iconoclast** [aɪ'kɒnəklæst] *n. (lit. or fig.)* Bilderstürmer, *der*
**iconoclastic** [aɪkɒnə'klæstɪk] *adj. (lit. or fig.)* bilderstürmerisch
**icterus** ['ɪktərəs] *n. (Med.)* Ikterus, *der (fachspr.);* Gelbsucht, *die*
**icy** ['aɪsɪ] *adj.* **a)** vereist ‹*Berge, Landschaft, Straße, See*›; eisreich ‹*Region, Land*›; **in ~ conditions** bei Eis; **b)** *(very cold)* eiskalt; eisig; *(fig.)* frostig ‹*Benehmen, Ton*›
**ID** [aɪ'di:] *n.* **~ card/disc/plate** *etc. see* **identification c; have you [got] some** *or* **any ID?** können Sie sich ausweisen?
**id** [ɪd] *n. (Psych.)* Es, *das*
**I'd** [aɪd] **a) = I had; b) = I would**
**idea** [aɪ'dɪə] *n.* **a)** *(conception)* Idee, *die;* Gedanke, *der;* **arrive at an ~:** auf eine Idee *od.* einen Gedanken kommen; **get one's** *or* **the ~ from sth.** sich durch etw. anregen *od.* inspirieren lassen; **the ~ of going abroad** der Gedanke *od.* die Vorstellung, ins Ausland zu fahren; **have a good ~ of sth.** über etw. *(Akk.)* Bescheid wissen; **give/get some ~ of sth.** einen Überblick über etw. *(Akk.)* geben/einen Eindruck von etw. bekommen; **get the ~ [of sth.]** verstehen, worum es [bei etw.] geht; **be getting the ~ quickly** schnell [damit] zurechtkommen; **sb.'s ~ of sth.** *(coll.)* jmds. Vorstellung von etw.; **not my ~ of ...** *(coll.)* nicht, was ich mir unter ... *(Dat.)* vorstelle; **he has no ~** *(coll.)* er hat keine Ahnung *(ugs.);* **b)** *(mental picture)* Vorstellung, *die;* **what gave you 'that ~?** wie bist du darauf gekommen?; **get the ~ that ...:** den Eindruck bekommen, daß ...; **I don't want her to get the ~ that ...:** ich will nicht, daß sie glaubt *od.* den Eindruck bekommt, daß ...; **he's got the ~ that ...:** er bildet sich *(Dat.)* ein, daß ...; **get** *or* **have ~s** *(coll.) (be rebellious)* auf dumme Gedanken kommen *(ugs.); (be ambitious)* sich *(Dat.)* Hoffnungen machen; **put ~s into sb.'s head** jmdn. auf dumme Gedanken bringen; **c)** *(vague notion)* Ahnung, *die;* Vorstellung, *die;* **have you any ~ [of] how ...?** weißt du ungefähr, wie ...?; **have no ~ [of] where ...:** keine Ahnung haben, wo ...; **you can have no ~ [of]**

**how ...:** du kannst dir gar nicht vorstellen, wie ...; **not have the remotest** *or* **slightest** *or* **faintest** *or (coll.)* **foggiest ~:** nicht die entfernteste *od.* mindeste *od.* leiseste Ahnung haben; keinen blassen Schimmer haben *(ugs.)*; **I suddenly had the ~ that ...:** mir kam plötzlich der Gedanke, daß ...; **I've an ~ that ...:** ich habe so eine Ahnung, daß ...; **the ~ of his having committed a murder** die Vorstellung, daß er einen Mord begangen hat *od.* er könne einen Mord begangen haben; **the [very] ~!, what an ~!** *(coll.)* unvorstellbar!; allein die Vorstellung!; **d)** *(way of thinking)* Vorstellung, *die;* **e)** *(plan)* Idee, *die;* **man of ~s** kluger Kopf; einfallsreicher Mensch; **have you any ~s for the future?** hast du [irgendwelche] Zukunftspläne?; **be full of good/new ~s** viele gute/neue Ideen haben; voller guter/neuer Ideen sein; **good ~!** [das ist eine] gute Idee!; **'that's an ~** *(coll.)* das ist eine gute Idee; **that gives me an ~:** das hat mich auf eine Idee gebracht; **the ~ was that ...:** der Plan war, daß ...; **have big ~s** große Rosinen im Kopf haben; **what's the big ~?** *(iron.)* was soll das?; was soll der Blödsinn? *(ugs.)*; **f)** *(archetype)* Leitgedanke, *der; (Platonic Philos.)* Idee, *die*

**ideal** [aɪˈdɪəl] **1.** *adj.* **a)** ideal; vollendet ‹*Genuß, Ehemann, Gastgeber, Rittertum*›; vollkommen ‹*Glück, Welt*›; **b)** *(embodying an idea, existing only in idea)* ideell; gedacht; **c)** *(visionary)* idealistisch. **2.** *n.* **a)** *(perfect type)* Ideal, *das;* Idealvorstellung, *die;* **b)** *(standard for imitation)* Vorbild, *das*

**ideal 'gas** *n. (Phys.)* ideales Gas

**idealise** *see* **idealize**

**idealism** [aɪˈdɪəlɪzm] *n., no pl.* **a)** Idealismus, *der;* **b)** *(representation of things in idealized form)* Idealisierung, *die*

**idealist** [aɪˈdɪəlɪst] *n.* Idealist, *der*/Idealistin, *die*

**idealistic** [aɪdɪəˈlɪstɪk] *adj.* idealistisch; **~ young people** junge Idealisten *Pl.*

**idealize** [aɪˈdɪəlaɪz] *v. t.* **a)** *(exalt)* idealisieren; verklären; **b)** *(represent in ideal form)* idealisieren; idealisierend darstellen

**ideally** [aɪˈdɪəlɪ] *adv.* ideal; **~, the work should be finished in two weeks** im Idealfalle *od.* idealerweise sollte die Arbeit in zwei Wochen abgeschlossen sein

**idée fixe** [i:deɪ ˈfi:ks] *n., pl.* **idées fixes** [i:deɪ ˈfi:ks] fixe Idee; Idée fixe, *die (geh.)*

**identical** [aɪˈdentɪkl] *adj.* **a)** identisch; **the ~ species** dieselbe Art; **he is the ~ convict who ...:** er ist genau der Sträfling, der ...; **b)** *(agreeing in every detail)* identisch; sich *(Dat.)* gleichend; **be ~:** sich *(Dat.)* völlig gleichen; **~ twins** eineiige Zwillinge

**identically** [aɪˈdentɪkəlɪ] *adv.* völlig, genau ‹*gleich, übereinstimmend*›; völlig gleich, völlig einheitlich ‹*bauen usw.*›

**identifiable** [aɪˈdentɪfaɪəbl] *adj.* erkennbar (**by** an + *Dat.*); nachweisbar ‹*Stoff, Substanz*›; bestimmbar ‹*Pflanzen-, Tierart*›; diagnostizierbar ‹*Krankheit*›

**identification** [aɪdentɪfɪˈkeɪʃn] *n.* **a)** *(treating as identical)* Gleichsetzung, *die;* **b)** *(association)* Identifikation, *die;* Identifizierung, *die;* **c)** *(determination of identity) (of person)* Identifizierung, *die;* Wiedererkennen, *das; (of plants or animals)* Bestimmung, *die;* **means of ~:** Ausweispapiere *Pl.;* **have you any means of ~?** können Sie sich ausweisen?; **~ card** [Personal]ausweis, *der;* **~ disc** Erkennungsmarke, *die;* **~ plate** Kennzeichenschild, *das;* **~ badge** Ausweisplakette, *die;* Legitimationsabzeichen, *das*

**identifi'cation parade** *n. (Brit.)* Gegenüberstellung [zur Identifizierung], *die*

**identify** [aɪˈdentɪfaɪ] **1.** *v. t.* **a)** *(treat as identical)* gleichsetzen; **b)** *(associate)* identifizieren; **Guy Fawkes will always be identified with the Gunpowder Plot** bei Guy Fawkes wird jeder sofort an die Pulververschwörung denken; **c)** *(recognize)* identifizieren; bestimmen ‹*Pflanze, Tier*›; **d)** *(establish)* ermitteln. **2.** *v. i.* **~ with sb.** sich mit jmdm. identifizieren

**Identikit, (P)** [aɪˈdentɪkɪt] *n.* Phantombild, *das*

**identity** [aɪˈdentɪtɪ] *n.* **a)** *(sameness)* Übereinstimmung, *die;* **b)** *(individuality, being specified person)* Identität, *die;* **proof of ~:** Identitätsnachweis, *der;* **[case of] mistaken ~:** [Personen]verwechslung, *die;* **c)** *(Math.)* Identität, *die;* identische Gleichung; **d)** **~ card/disc/plate** *etc. see* **identification c**

**identity: ~ crisis** *n.* Identitätskrise, *die;* **~ parade** *see* **identification parade**

**ideogram** [ˈɪdɪəgræm], **ideograph** [ˈɪdɪəgrɑ:f] *ns.* Ideogramm, *das;* Begriffszeichen, *das*

**ideological** [aɪdɪəˈlɒdʒɪkl, ɪdɪəˈlɒdʒɪkl] *adj.*, **ideologically** [aɪdɪəˈlɒdʒɪkəlɪ, ɪdɪəˈlɒdʒɪkəlɪ] *adv.* ideologisch; weltanschaulich

**ideologue** [ˈaɪdɪəlɒg, ˈɪdɪəlɒg] *n.* Ideologe, *der*/Ideologin, *die*

**ideology** [aɪdɪˈɒlədʒɪ, ɪdɪˈɒlədʒɪ] *n.* Ideologie, *die;* Weltanschauung, *die*

**ides** [aɪdz] *n. pl.* Iden *Pl.;* **the ~ of March** die Iden des März

**idiocy** [ˈɪdɪəsɪ] *n.* **a)** *(foolishness)* Dummheit, *die;* Idiotie, *die (abwertend);* **b)** *no pl. (Med.)* Idiotie, *die;* hochgradiger Schwachsinn

**idiolect** [ˈɪdɪəlekt] *n. (Ling.)* Idiolekt, *der*

**idiom** [ˈɪdɪəm] *n.* **a)** *(set phrase)* [Rede]wendung, *die;* idiomatischer Ausdruck; **b)** *(expression peculiar to a group)* Ausdrucksweise, *die; (expression peculiar to a person)* Stil, *der;* Diktion, *die (geh.);* **the legal ~:** die Juristensprache; **c)** *(national language)* Idiom, *das;* [National]sprache, *die;* **d)** *(style of artistic expression)* Ausdrucksform, *die;* **the New Orleans ~:** der New-Orleans-Stil

**idiomatic** [ɪdɪəˈmætɪk] *adj.*, **idiomatically** [ɪdɪəˈmætɪkəlɪ] *adv.* idiomatisch

**idiosyncrasy** [ɪdɪəˈsɪŋkrəsɪ] *n.* **a)** *(mental constitution)* [geistige] Einstellung; **b)** *(view, behaviour)* Eigentümlichkeit, *die;* Eigenheit, *die*

**idiosyncratic** [ɪdɪəsɪŋˈkrætɪk] *adj.*, **idiosyncratically** [ɪdɪəsɪŋˈkrætɪkəlɪ] *adv.* eigenwillig

**idiot** [ˈɪdɪət] *n.* **a)** *(coll.: fool)* Idiot, *der (ugs.);* Trottel, *der (ugs.);* **b)** *(Med.)* Schwachsinnige, *der/die;* Idiot, *der*/Idiotin, *die (veralt.)*

**idiotic** [ɪdɪˈɒtɪk] *adj.* idiotisch *(ugs. abwertend);* schwachsinnig *(abwertend);* **what an ~ thing to do/say** was für ein Schwachsinn

**idiotically** [ɪdɪˈɒtɪkəlɪ] *adv.* idiotisch *(ugs.);* schwachsinnig

**idle** [ˈaɪdl] **1.** *adj.* **a)** *(lazy)* faul; träge; **b)** *(not in use)* außer Betrieb *nachgestellt; (unemployed)* unbeschäftigt, arbeitslos ‹*Person*›; **be ~** ‹*Maschinen, Fabrik:*› stillstehen; **be ~ for an hour** eine Stunde lang untätig sein *od.* nichts tun; *see also* **²lie 2 b**; **c)** *(having no special purpose)* bloß ‹*Neugier*›; nutzlos, leer ‹*Geschwätz*›; **d)** *(groundless)* unbegründet ‹*Annahme, Mutmaßung*›; bloß, rein ‹*Spekulation, Angeberei, Gerücht, Behauptung*›; **no ~ jest** kein Scherz; **no ~ boast** *or* **jest** *(iron.)* kein leeres Versprechen; **e)** *(ineffective)* sinnlos, *(geh.)* müßig ‹*Diskussion, Streit*›; fruchtlos, vergeblich ‹*Versuch*›; leer ‹*Versprechen*›; **f)** *(unoccupied)* frei ‹*Zeit, Stunden, Tag*›; **Satan** *or* **the devil finds** *or* **makes work for ~ hands [to do]** *(prov.)* Müßiggang ist aller Laster Anfang *(Spr.)*. **2.** *v. i.* **a)** faulenzen; **b)** ‹*Motor:*› leer laufen, im Leerlauf laufen

**~ a'way** *v. t.* vertun ‹*Zeit, Leben, Chancen*›

**idleness** [ˈaɪdlnɪs] *n., no pl. (being unoccupied)* Untätigkeit, *die; (avoidance of work)* Müßiggang, *der (geh.)*

**idler** [ˈaɪdlə(r)] *n.* Faulenzer, *der*/Faulenzerin, *die;* Faulpelz, *der (fam.)*

**idly** [ˈaɪdlɪ] *adv.* **a)** *(carelessly)* leichtsinnig; gedankenlos; **b)** *(inactively)* untätig; **stand ~ by while ...** *(fig.)* untätig zusehen, wie ...; **c)** *(indolently)* faul; **spend one's time ~:** seine Zeit mit Faulenzen verbringen

**idol** [ˈaɪdl] *n.* **a)** *(false god)* Götze, *der; (image of deity)* Götzenbild, *das;* **b)** *(person venerated)* Idol, *das; (thing venerated)* Götze, *der*

**idolater** [aɪˈdɒlətə(r)] *n.* **a)** *(worshipper of idols)* Götzendiener, *der;* **b)** *(devoted admirer)* Verehrer, *der*/Verehrerin, *die*

**idolatrous** [aɪˈdɒlətrəs] *adj.* götzendienerisch ‹*Religion, Person*›; abgöttisch, götzenhaft ‹*Verehrung*›

**idolatry** [aɪˈdɒlətrɪ] *n.* **a)** *(worship of false gods)* Götzenverehrung, *die;* **b)** *(veneration of person or thing)* Vergötterung, *die*

**idolize (idolise)** [ˈaɪdəlaɪz] *v. t.* **a)** *(make an idol of)* anbeten; verehren; **b)** *(fig.: venerate)* vergöttern; zum Idol erheben

**idyll (idyl)** [ˈɪdɪl] **a)** *(description of scene)* Idylle, *die;* **prose ~:** Idylle in Prosa; **b)** *(episode)* Idyll, *das*

**idyllic** [aɪˈdɪlɪk, ɪˈdɪlɪk] *adj.* idyllisch

**i.e.** [aɪˈi:] *abbr.* **that is** d. h.; i. e.

**if** [ɪf] **1.** *conj.* **a)** wenn; **if anyone should ask ...:** falls jemand fragt, ...; wenn jemand fragen sollte, ...; **if you were a bird ...:** wenn du ein Vogel wärest; **if you would lend me some money ...:** wenn du mir Geld leihen würdest, ...; **if I knew what to do ...:** wenn ich wüßte, was ich tun soll ...; **if I were you** an deiner Stelle; **if and when ...:** im Falle, daß ...; unter der Voraussetzung, daß ...; **write down the items you wish to buy, if any** schreib auf, welche Artikel du kaufen willst, wenn *od.* falls du etwas möchtest; **better, if anything** vielleicht etwas besser; **tell me what I can do to help, if anything** falls ich irgendwie helfen kann, sag es mir; **if so/not** wenn ja/nein *od.* nicht; **if then/that/at all** wenn überhaupt; **if only for today** wenn auch nur für heute; **if only because/to ...:** schon allein, weil/um ... zu ...; **as if** als ob; **he nodded, as if to say ...:** er nickte, als ob er sagen wollte *od.* wie um zu sagen ...; **as if you didn't know!** als ob du es nicht gewußt hättest!; **it isn't** *or* **it's not as if we were** *or (coll.)* **we're rich** es ist nicht etwa so, daß wir reich wären; **b)** *(whenever)* [immer] wenn; **c)** *(whether)* ob; **d)** *in excl. of wish* **if I only knew, if only I knew!** wenn ich das nur wüßte!; das wüßte ich gern!; **if only he arrives in time!** wenn er nur rechtzeitig ankommt!; **if only you could** *or* **if you could only have seen it!** wenn du es nur hättest sehen können!; **e)** *expr. surprise etc.* **if it isn't Ronnie!** das ist doch Ronnie!; **and if he didn't try to knock me down!** und er hat doch tatsächlich versucht, mich niederzuschlagen!; **f)** *in polite request* **if you will wait a moment** wenn Sie einen Augenblick warten wollen; **if you wouldn't mind holding the door open** wenn Sie so freundlich wären und die Tür aufhielten; wenn Sie freundlicherweise die Tür aufhielten; **g)** *(though)* und wenn; auch *od.* selbst wenn; **if I'm mistaken, you're mistaken too** wenn ich mich auch irre, du irrst dich genauso; **even if he did say that, ...:** selbst wenn er das gesagt hat, ...; **h)** *(despite being)* wenn auch; **likeable, if somewhat rough** liebenswürdig, wenn auch etwas derb. **2.** *n.* Wenn, *das;* Einschränkung, *die;* **ifs and buts** Wenn und Aber, *das*

**iffish** [ˈɪfɪʃ], **iffy** [ˈɪfɪ] *adjs. (coll.)* ungewiß, zweifelhaft

**igloo** [ˈɪglu:] *n.* Iglu, *der od. das*

**igneous** [ˈɪgnɪəs] *adj.* **~ rock** *(Geol.)* Extrusivgestein, *das;* Eruptivgestein, *das*

**ignite** [ɪgˈnaɪt] **1.** *v. t.* **a)** anzünden; entzünden *(geh.);* **b)** *(Chem.: heat)* [bis zur Verbrennung] erhitzen. **2.** *v. i.* sich entzünden

**ignition** [ɪgˈnɪʃn] *n.* **a)** *(igniting)* Zünden, *das;* Entzünden, *das (geh.); (being ignited*

Entzündung, *die;* **we have ~:** wir haben gezündet; **b)** *(Motor Veh.)* Zündung, *die*

**ignition: ~ key** *n. (Motor Veh.)* Zündschlüssel, *der;* **~ system** *n. (Motor Veh.)* Zündanlage, *die*

**ignoble** [ɪg'nəʊbl] *adj.* niedrig ‹*Geburt, Herkunft*›; niederträchtig ‹*Person*›; schändlich ‹*Tat*›

**ignominious** [ɪgnə'mɪnɪəs] *adj.* **a)** verwerflich *(geh.)* ‹*Tat, Idee, Praktik*›; schändlich, verworfen ‹*Person*›; **b)** *(humiliating)* schändlich; schmachvoll *(geh.)*

**ignominiously** [ɪgnə'mɪnɪəslɪ] *adv. (in a humiliating manner)* auf entehrende *od.* erniedrigende Weise; schmachvoll *(geh.)*

**ignominy** ['ɪgnəmɪnɪ] *n.* Schande, *die*

**ignoramus** [ɪgnə'reɪməs] *n.* Ignorant, *der;* Nichtswisser, *der*

**ignorance** ['ɪgnərəns] *n., no pl.* Ignoranz, *die (abwertend);* Unwissenheit, *die;* **keep sb. in ~ of sth.** jmdn. in Unkenntnis über etw. *(Akk.)* lassen; **~ is bliss** das ist das Glück der Unwissenden; was ich nicht weiß, macht mich nicht heiß *(Spr.);* **his ~ of physics** seine mangelnden Kenntnisse in Physik

**ignorant** ['ɪgnərənt] *adj.* **a)** *(lacking knowledge)* unwissend; ungebildet; **b)** *(behaving in uncouth manner)* unkultiviert *(abwertend);* **c)** *(uninformed)* **be ~ of sth.** über etw. *(Akk.)* nicht informiert sein; von etw. keine Ahnung haben; **remain ~ of sth.** über etw. *(Akk.)* nie etwas erfahren; **be ~ in** *or* **of mathematics** mangelnde Kenntnisse in Mathematik haben *od. (geh.)* aufweisen

**ignorantly** ['ɪgnərəntlɪ] *adv.* unwissend; in Unwissenheit; **behave ~:** sich ungehobelt benehmen

**ignore** [ɪg'nɔ:(r)] *v. t.* ignorieren; nicht beachten; nicht befolgen ‹*Befehl, Rat*›; übergehen, überhören ‹*Frage, Bemerkung*›; **he ~d me in the street** er ist [auf der Straße] einfach an mir vorbeigegangen; **I shall ~ that remark!** ich habe das nicht gehört!

**iguana** [ɪ'gwɑ:nə] *n. (Zool.)* Leguan, *der*

**ikon** *see* **icon**

**Iliad** ['ɪlɪæd] *n.* Ilias, *die*

**ilk** [ɪlk] *n.* **a)** *(coll.)* **Bill and [others of] his ~:** Bill und seinesgleichen; **... and that ~:** ... und dergleichen; **he's another of the same ~:** er gehört auch zu *od.* ist auch von derselben Sorte; **people of that ~:** solche Leute; **b) of that ~** *(Scot.)* aus dem Clan/Ort gleichen Namens

**ill** [ɪl] **1.** *adj.,* **worse** [wɜ:s], **worst** [wɜ:st] **a)** *(sick)* krank; **be ~ with flu** an Grippe *(Dat.)* erkrankt sein; [die] Grippe haben; **be ~ with worry** vor Sorgen [ganz] krank sein; sich vor Sorgen verzehren *(geh.);* **b)** *(morally bad)* schlecht, zweifelhaft ‹*Ruf, Ansehen*›; *see also* **fame; c)** *(hostile)* schlimm, böse ‹*Gerücht*›; schlecht, übel ‹*Laune, Stimmung*›; **d)** *(harmful)* **~ effects** schädliche Wirkungen; **do an ~ turn to sb.** jmdm. Schaden zufügen; **e)** *(unfavourable)* ungünstig ‹*Zeitpunkt*›; widrig ‹*Schicksal, Umstand*›; **~ fate** *or* **fortune** *or* **luck** Pech, *das;* **it's an ~ wind that blows nobody [any] good** *(prov.)* des einen Leid, des andern Freud' *(Spr.);* **as ~ luck would have it** wie es das Unglück wollte; **f)** *(improper)* schlecht ‹*Benehmen, Manieren*›. **2.** *n.* **a)** *(evil)* Übel, *das;* **for good or ~:** komme, was will; **through good and ~:** im Glück wie im Unglück; **b)** *(harm)* Schlechte, *das;* Unglück, *das;* **wish sb. ~:** jmdm. nichts Gutes *od.* nur das Schlechteste wünschen; **speak ~ of sb./sth.** Schlechtes über jmdn. *od.* von jmdm./von etw. sagen; **let's not speak ~ of the dead** die Toten soll man ruhen lassen; **c)** *in pl. (misfortunes)* Mißstände *Pl.;* **the ~s that flesh is heir to** die Leiden, mit denen die Menschheit geschlagen ist. **3.** *adv.,* **worse, worst a)** *(badly)* schlecht, unschicklich ‹*sich benehmen*›; *see also* **take 1 i; b)** *(unfavourably)* ungünstig ‹*gelegen*›; **it goes ~ with sb.** es geht jmdm. schlecht; **c)** *(imperfectly)* schlecht, unzureichend ‹*versorgt, ausgestattet*›; **he can ~ afford it** er kann es sich *(Dat.)* kaum leisten; **it ~ becomes sb. to do sth.** es ist nicht jmds. Sache *od.* steht jmdm. nicht zu, etw. zu tun; **~ at ease** verlegen

**I'll** [aɪl] **a) = I shall; b) = I will**

**ill: ~-advised** *adj.* unklug; schlechtberaten ‹*Kunde*›; **be ~-advised** ‹*Person:*› schlecht beraten sein; **~-ad'visedly** *adv.* in unüberlegter Weise; unüberlegt, unklug ‹*handeln*›; **~-assorted** *adj.* schlecht zusammenpassend; nicht harmonierend, unverträglich ‹*Ehepaar usw.*›; bunt zusammengewürfelt ‹*Sammlung*›; **~-behaved** ['ɪlbɪheɪvd] *adj. see* **behave 1 a; ~-bred** *adj.* schlecht erzogen ‹*Kind, Jugendlicher*›; unkultiviert *(abwertend)* ‹*Leute, Kerl usw.*›; **~-conceived** ['ɪlkənsi:vd] *adj.* schlecht durchdacht; **~-defined** ['ɪldɪfaɪnd] *adj.* ungenau definiert, unklar ‹*Verfahren, Vorgehen*›; verschwommen [formuliert] ‹*Gesetz, Verordnung, Vertrag*›; nicht klar *od.* fest umrissen ‹*Aufgabenbereich*›; **~-disposed** ['ɪldɪspəʊzd] *adj. see* **disposed**

**illegal** [ɪ'li:gl] *adj.* ungesetzlich; illegal; *(Games, Sport: contrary to rules)* regelwidrig; unerlaubt; **it is ~ to drive a car without a licence** es ist verboten, ohne Führerschein Auto zu fahren

**illegality** [ɪlɪ'gælɪtɪ] *n.* **a)** *no pl.* Ungesetzlichkeit, *die;* **be unaware of the ~ of sth.** nicht wissen, daß etw. verboten ist; **b)** *(illegal act)* Gesetzesübertretung, *die*

**illegally** [ɪ'li:gəlɪ] *adv.* illegal; **bring sth. into the country ~:** etw. illegal *od.* auf illegalem Wege einführen

**illegibility** [ɪledʒɪ'bɪlɪtɪ] *n., no pl.* Unleserlichkeit, *die*

**illegible** [ɪ'ledʒɪbl] *adj.,* **illegibly** [ɪ'ledʒɪblɪ] *adv.* unleserlich

**illegitimacy** [ɪlɪ'dʒɪtɪməsɪ] *n., no pl. see* **illegitimate: a)** Unehelichkeit, *die;* Illegitimität, *die;* **b)** Unrechtmäßigkeit, *die;* **c)** Unzulässigkeit, *die*

**illegitimate** [ɪlɪ'dʒɪtɪmət] *adj.* **a)** *(not from wedlock)* unehelich; illegitim; **b)** *(not authorized by law)* unrechtmäßig ‹*Machtergreifung, Geschäft*›; mit dem Gesetz unvereinbar ‹*Maßnahme, Vorgehen, Beweggrund*›; **c)** *(wrongly inferred)* unzulässig

**illegitimately** [ɪlɪ'dʒɪtɪmətlɪ] *adv. see* **illegitimate: a)** unehelich; **b)** zu Unrecht; **c)** auf unzulässige Weise

**ill: ~ 'fated** *adj.* unglückselig; verhängnisvoll ‹*Entscheidung, Stunde, Tag*›; **~-'favoured** *adj. (unattractive)* unansehnlich ‹*Person*›; **~ 'feeling** *n.* Verstimmung, *die;* **cause ~ feeling** böses Blut machen *od.* schaffen; **no ~ feeling[s]?** sind Sie jetzt verstimmt *od. (fam.)* böse?; **no ~ feeling[s]** das macht [doch] nichts; ich nehme es nicht übel; **~-founded** ['ɪlfaʊndɪd] *adj.* haltlos ‹*Theorie, Gerücht*›; **be ~-founded** völlig haltlos sein; jeder Grundlage entbehren; **~-gotten** *adj.* unrechtmäßig erworben; **~ 'health** *n.* schwache Gesundheit; **~ humour** *n.* schlechte Laune; Gereiztheit, *die;* **~-humoured** [ɪl'hju:məd] *adj.* schlecht gelaunt

**illicit** [ɪ'lɪsɪt] *adj.* verboten ‹*Glücksspiel*›; unerlaubt ‹*[Geschlechts]verkehr, Beziehung*›; Schwarz‹*handel, -verkauf, -arbeit, -brennerei*›; **~ traffic in drugs** illegaler Drogenhandel

**illicitly** [ɪ'lɪsɪtlɪ] *adv.* illegal ‹*Handel treiben, Schnaps brennen*›

**'ill-informed** *adj.* schlecht informiert; auf Unkenntnis beruhend ‹*Bemerkung, Schätzung, Urteil*›

**illiteracy** [ɪ'lɪtərəsɪ] *n., no pl.* Analphabetentum, *das;* Analphabetismus, *der*

**illiterate** [ɪ'lɪtərət] **1.** *adj.* **a)** des Lesens und Schreibens unkundig; analphabetisch ‹*Bevölkerung*›; **he is ~:** er ist Analphabet; **b)** *(showing lack of learning)* primitiv *(abwertend);* **musically ~:** auf musikalischem Gebiet *od.* musikalisch völlig unbedarft; **he is politically ~:** er ist ein politischer Analphabet. **2.** *n.* Analphabet, *der*/Analphabetin, *die*

**ill: ~-judged** [ɪl'dʒʌdʒd] *adj.* unklug; *(rash)* unüberlegt; leichtfertig; **~-mannered** [ɪl'mænəd] *adj.* rüpelhaft *(abwertend);* ungezogen ‹*Kind*›; **an ~-mannered fellow** ein Rüpel; **~-matched** *adj.* schlecht zusammenpassend; **~-natured** [ɪl'neɪtʃəd] *adj.,* **~ naturedly** [ɪl'neɪtʃədlɪ] *adv.* übellaunig

**illness** ['ɪlnɪs] *n.* **a)** *(a disease)* Krankheit, *die;* Erkrankung, *die;* **children's ~:** Kinderkrankheit, *die;* **b)** *no pl.* Krankheit, *die;* **because of ~:** wegen [einer] Krankheit

**illogical** [ɪ'lɒdʒɪkl] *adj.* unlogisch; unbegründet ‹*Ärger, Verstimmung*›

**illogicality** [ɪlɒdʒɪ'kælɪtɪ] *n.* **a)** *no pl.* Unlogik, *die;* **b)** *(illogical thing)* Ungereimtheit, *die;* logischer Fehler

**illogically** [ɪ'lɒdʒɪkəlɪ] *adv.* auf unlogische Weise; ohne jede Logik

**ill: ~-omened** [ɪl'əʊmənd] *adj.* unheilvoll; **~-starred** ['ɪlstɑ:d] *adj.* unglücklich ‹*Liebesverhältnis*›; unheilvoll, verhängnisvoll ‹*Tag, Jahr, Zufall*›; **the trip was ~-starred** die Reise stand unter einem Unstern *od.* ungünstigen Stern; **~ 'temper** *see* **ill humour; ~-tempered** [ɪl'tempəd] *adj. see* **ill-humoured; ~-timed** [ɪl'taɪmd] *adj.* [zeitlich] ungelegen; ungünstig; unpassend, unbesonnen ‹*Bemerkung*›; **~-'treat** *v. t.* mißhandeln ‹*Lebewesen*›; nicht schonend behandeln, schlecht umgehen mit ‹*Gegenstand*›; **~-'treatment** *n., no pl. (of living thing)* Mißhandlung, *die; (of object)* wenig pflegliche Behandlung; **suffer/receive ~-treatment** mißhandelt/wenig schonend *od.* pfleglich behandelt werden

**illuminate** [ɪ'lju:mɪneɪt, ɪ'lu:mɪneɪt] *v. t.* **a)** *(light up)* ‹*Lampe usw.:*› beleuchten; ‹*Mond, Sonne:*› erleuchten; **b)** *(give enlightenment to)* erleuchten; **c)** *(help to explain)* erhellen; [näher] beleuchten; **~ a period of history** Licht in eine Geschichtsepoche bringen; **d)** *(decorate with lights)* festlich beleuchten; illuminieren; **~d advertisements** Leuchtreklamen; **e)** *(decorate with colours)* ausmalen, *(fachspr.)* illuminieren ‹*Handschriften usw.*›; **~d initial letters** verzierte *od.* ausgemalte Initialen

**illuminating** [ɪ'lju:mɪneɪtɪŋ, ɪ'lu:mɪneɪtɪŋ] *adj.* aufschlußreich

**illumination** [ɪlju:mɪ'neɪʃn, ɪlu:mɪ'neɪʃn] *n.* **a)** *(lighting)* Beleuchtung, *die;* **b)** *(enlightenment)* Erleuchtung, *die;* **c)** *(decorative lights) often in pl.* **~[s]** Festbeleuchtung, *die;* Illumination, *die;* **d)** *(of manuscript)* Buchmalerei, *die;* Illumination, *die (fachspr.)*

**illumine** [ɪ'lju:mɪn, ɪ'lu:mɪn] *v. t. (literary)* **a)** *(light up)* erhellen; illuminieren *(geh.);* **b)** *(enlighten)* erleuchten; Erleuchtung bringen (+ *Dat.*); illuminieren *(geh.)*

**ill-use 1.** [ɪl'ju:z] *v. t. see* **ill-treat. 2.** [ɪl'ju:s] *n. see* **ill-treatment**

**illusion** [ɪ'lju:ʒn, ɪ'lu:ʒn] *n.* **a)** *(false sense-perception)* [Sinnes]täuschung, *die;* Illusion, *die;* **have the ~ of seeing sth.** sich *(Dat.)* einbilden, etw. zu sehen; etw. zu sehen glauben; **the ointment produces an ~ of warmth** die Salbe ruft die Empfindung *od.* Illusion von Wärme hervor; **b)** *(deception)* Wunschbild, *das;* Illusion, *die; (misapprehension)* falsche Vorstellung; Illusion, *die;* **be under an ~:** sich Illusionen *(Dat.)* hingeben; sich *(Dat.)* Illusionen machen; **be under the ~ that ...:** sich *(Dat.)* einbilden, daß ...; **have no ~s about sb./sth.** sich *(Dat.)* über jmdn./etw. keine Illusionen machen *od.* nichts vormachen

**illusionist** [ɪ'lju:ʒənɪst, ɪ'lu:ʒənɪst] *see* **conjurer**

**illusory** [ɪ'lju:sərɪ, ɪ'lu:sərɪ] *adj.* **a)** *(deceptive)* illusorisch; trügerisch; **b)** *(of the nature of an illusion)* imaginär *(geh.)* ⟨*Gestalt*⟩; Wahn⟨*bild, -idee, -vorstellung*⟩; irrig ⟨*Lehre, Ansicht, Annahme*⟩

**illustrate** ['ɪləstreɪt] *v. t.* **a)** *(serve as example of)* veranschaulichen; illustrieren; **b)** *(elucidate by pictures)* [bildlich] darstellen ⟨*Vorgang, Ablauf*⟩; illustrieren ⟨*Buch, Erklärung*⟩; **c)** *(explain)* verdeutlichen; erläutern; *(make clear by examples)* anschaulicher machen; illustrieren; **d)** *(ornament)* illustrieren; bebildern

**illustration** [ɪlə'streɪʃn] *n.* **a)** *(example)* Beispiel, *das* (**of** für); *(drawing)* Abbildung, *die;* bildliche Darstellung; **b)** *(picture)* Abbildung, *die;* Illustration, *die;* **c)** *no pl. (with example)* Illustration, *die;* Erläuterung, *die; (with picture)* Illustration, *die;* Illustrierung, *die;* **by way of ~:** zur Illustration *od.* Verdeutlichung

**illustrative** ['ɪləstrətɪv] *adj.* erläuternd; illustrativ; **be ~ of sth.** beispielhaft *od.* typisch für etw. sein; **~ material** Beispielmaterial, *das*

**illustrator** ['ɪləstreɪtə(r)] *n.* Illustrator, *der*/Illustratorin, *die*

**illustrious** [ɪ'lʌstrɪəs] *adj.* berühmt ⟨*Person*⟩ (**for** wegen); ruhmreich ⟨*Tat, Herrschaft*⟩

**ill 'will** *n.* Böswilligkeit, *die*

**I'm** [aɪm] = **I am**

**image** ['ɪmɪdʒ] *n.* **a)** Bildnis, *das (geh.); (statue)* Standbild, *das;* Statue, *die;* **b)** *(Optics, Math.)* Bild, *das;* **c)** *(semblance)* Bild, *das; (counterpart)* Ebenbild, *das (geh.); (archetype)* Verkörperung, *die;* **God created man in his own ~** *(Bibl.)* Gott schuf den Menschen nach seinem Bilde; **she is the [very] ~ of her mother** sie ist das [getreue] Ebenbild ihrer Mutter; **d)** *(Lit.: simile, metaphor)* Bild, *das;* Metapher, *die (fachspr.);* **e)** *(mental representation)* Bild, *das; (conception)* Vorstellung, *die;* **f)** *(perceived character)* Image, *das;* **improve one's ~:** sein Image aufbessern; **public ~:** Image [in der Öffentlichkeit], *das*

**imagery** ['ɪmɪdʒərɪ, 'ɪmɪdʒrɪ] *n., no pl.* **a)** *(images)* Bilder *Pl.;* bildliche Darstellungen *Pl.; (statues)* Statuen *Pl.;* Standbilder *Pl.;* **b)** *(mental images)* Vorstellungen *Pl.;* **c)** *(Lit.: figurative illustration)* Metaphorik, *die*

**imaginable** [ɪ'mædʒɪnəbl] *adj.* erdenklich; **the biggest lie ~:** die unverschämteste Lüge, die man sich *(Dat.)* vorstellen kann

**imaginary** [ɪ'mædʒɪnərɪ] *adj.* **a)** imaginär *(geh.);* konstruiert ⟨*Bildnis*⟩; eingebildet ⟨*Krankheit*⟩; **b)** *(Math.)* imaginär

**imagination** [ɪmædʒɪ'neɪʃn] *n.* **a)** *no pl., no art.* Phantasie, *die;* **do/see sth. in one's ~:** sich *(Dat.)* vorstellen, etw. zu tun/etw. vor seinem geistigen Auge sehen; **use your ~!** hab doch ein bißchen Phantasie! *(ugs.);* entwickel doch mal etwas Phantasie!; **b)** *no pl., no art. (fancy)* Einbildung, *die;* **catch sb.'s ~:** jmdn. begeistern; **it's just your ~:** das bildest du dir nur ein; **it's all in your ~:** das bildest du dir alles [nur] ein

**imaginative** [ɪ'mædʒɪnətɪv] *adj.* **a)** imaginativ *(geh.);* **~ faculties** Vorstellungsvermögen, *das;* **b)** *(given to using imagination)* phantasievoll; **be too ~:** zuviel Phantasie haben; **c)** *(showing imagination)* einfallsreich

**imaginatively** [ɪ'mædʒɪnətɪvlɪ] *adv.* **a)** einfallsreich; **b)** *(using imagination)* phantasievoll

**imagine** [ɪ'mædʒɪn] *v. t.* **a)** *(picture to oneself)* sich *(Dat.)* vorstellen; **can you ~?** stell dir vor!; **it cannot be ~d** es ist unvorstellbar; **~ things** sich *(Dat.)* Dinge einbilden[, die gar nicht stimmen]; **..., or am I imagining things?** ..., oder bilde ich mir das bloß ein?; **b)** *(think)* sich *(Dat.)* vorstellen; **~ sb./sth. to be/do ...:** denken *od.* sich *(Dat.)* vorstellen, daß jmd./etw. ... ist/tut; **~ sth. to be easy/difficult** *etc.* sich *(Dat.)* etw. leicht/schwer *usw.* vorstellen; **~ oneself to be sth.** sich *(Dat.)* einbilden, etw. zu sein; **do not ~ that ...:** bilden Sie sich *(Dat.)* bloß nicht ein, daß ...; **c)** *(guess)* sich *(Dat.)* vorstellen; **as you can ~, as may be ~d** wie du dir denken *od.* vorstellen kannst/wie man sich denken *od.* vorstellen kann; **d)** *(coll.: suppose)* glauben; **e)** *(get the impression)* **~ [that] ...:** sich *(Dat.)* einbilden[, daß] ...

**imago** [ɪ'meɪgəʊ] *n., pl.* **imagines** [ɪ'meɪdʒɪni:z] *or* **~s** *or (Amer.)* **~es** *(Biol., Psych.)* Imago, *die*

**imam** [ɪ'mɑ:m] *n. (Muslim Rel.)* Imam, *der*

**imbalance** [ɪm'bæləns] *n.* Unausgeglichenheit, *die*

**imbecile** ['ɪmbɪsi:l, 'ɪmbɪsaɪl] **1.** *adj.* **a)** *(stupid)* schwachsinnig *(ugs. abwertend);* **b)** *(Med.)* imbezil[l]. **2.** *n.* **a)** *(stupid person)* Idiot, *der (ugs.);* Schwachkopf, *der;* **b)** *(Med.)* Imbezil[l]e, *der/die*

**imbibe** [ɪm'baɪb] *v. t.* **a)** *(drink)* trinken; **b)** *(fig.: assimilate)* in sich *(Akk.)* aufsaugen

**imbroglio** [ɪm'brəʊljəʊ] *n., pl.* **~s a) a financial ~:** ein finanzielles Chaos; ein Finanzchaos; **b)** *(dramatic situation)* Verwicklungen *Pl.; (political situation)* Wirrwarr, *das*

**imbue** [ɪm'bju:] *v. t.* **a)** *(tinge)* färben; **b)** *(permeate)* durchdringen; **~d with sth.** von etw. durchdrungen

**IMF** *abbr.* **International Monetary Fund** IWF, *der*

**imitate** ['ɪmɪteɪt] *v. t.* **a)** *(mimic)* nachahmen; nachmachen *(ugs.);* **~ sb.** *(follow example of)* es jmdm. gleichtun; **b)** *(produce sth. like)* kopieren; **c)** *(be like)* imitieren

**imitation** [ɪmɪ'teɪʃn] **1.** *n.* **a)** *(imitating)* Nachahmung, *die;* **Tim's ~ of his brother** die Art und Weise, wie Tim seinen Bruder nachahmt/nachahmte; **a style developed in ~ of classical models** ein nach klassischen Vorbildern entwickelter Stil; **do ~s of sb.** jmdn. imitieren *od.* nachahmen; **he sings, tells jokes, and does ~s** er singt, erzählt Witze und ahmt andere Leute nach; **~ is the sincerest [form of] flattery** nachgeahmt zu werden ist das größte Kompliment; **b)** *(copy)* Kopie, *die;* Nachbildung, *die; (counterfeit)* Imitation, *die.* **2.** *adj.* imitiert; Kunst⟨*leder, -horn*⟩; **~ marble/ivory/teak/fur** *etc.* Marmor-/Elfenbein-/Teak-/Pelzimitation *usw., die*

**imitative** ['ɪmɪtətɪv, 'ɪmɪteɪtɪv] *adj.* **a)** uneigenständig; epigonal *(geh.);* **be ~ of sb./sth.** jmdn./etw. nachahmen; **~ arts** bildende Künste; **b)** *(prone to copy)* imitativ *(geh.)*

**imitator** ['ɪmɪteɪtə(r)] *n.* Nachahmer, *der*/Nachahmerin, *die; (one who mimics another)* Imitator, *der*/Imitatorin, *die;* **be an ~ of sb.** jmdn. nachahmen

**immaculate** [ɪ'mækjʊlət] *adj.* **a)** *(spotless)* makellos ⟨*Kleidung, Weiß*⟩; **b)** *(faultless)* tadellos

**Immaculate Con'ception** *n. (RC Ch.)* Unbefleckte Empfängnis

**immaculately** [ɪ'mækjʊlətlɪ] *adv.* **a)** *(spotlessly)* makellos; **~ white** blütenweiß; **b)** *(faultlessly)* tadellos

**immanence** ['ɪmənəns] *n., no pl.* Immanenz, *die*

**immanent** ['ɪmənənt] *adj.* **a)** immanent; **be ~ in sth.** einer Sache *(Dat.)* innewohnen *(geh.);* **b)** *(Theol.)* allgegenwärtig

**immaterial** [ɪmə'tɪərɪəl] *adj.* **a)** *(unimportant)* unerheblich; **it's quite ~ to me** das ist für mich vollkommen uninteressant; **b)** *(not consisting of matter)* immateriell *(geh.);* körperlos ⟨*Wesen*⟩

**immature** [ɪmə'tjʊə(r)] *adj.* **a)** noch nicht voll entwickelt ⟨*Lebewesen*⟩; noch nicht voll ausgereift ⟨*Begabung, Talent*⟩; noch etwas unausgegoren ⟨*Kunststil*⟩; unreif ⟨*Persönlichkeit, Einstellung*⟩; **b)** *(Biol.: unripe)* unreif; noch nicht voll entwickelt ⟨*Organ*⟩

**immaturity** [ɪmə'tjʊərɪtɪ] *n.* **a)** *no pl.* Unreife, *die;* **b)** *no pl. (Biol.: unripeness)* Unreife, *die;* **in ~:** vor der Reife

**immeasurable** [ɪ'meʒərəbl] *adj.* unermeßlich; unmeßbar ⟨*Entfernung*⟩

**immeasurably** [ɪ'meʒərəblɪ] *adv.* **a)** unmeßbar; unendlich ⟨*lang*⟩; **b)** *(immensely)* ungeheuer

**immediate** [ɪ'mi:djət] *adj.* **a)** unmittelbar; *(nearest)* nächst... ⟨*Nachbar[schaft], Umgebung, Zukunft*⟩; engst... ⟨*Familie*⟩; unmittelbar ⟨*Kontakt*⟩; **your ~ action must be to ...:** als erstes müssen Sie ...; **~ inference** direkter Schluß; **his ~ plan is to ...:** zunächst einmal will er ...; **b)** *(occurring at once)* prompt; unverzüglich ⟨*Handeln, Maßnahmen*⟩; umgehend ⟨*Antwort*⟩

**immediately** [ɪ'mi:djətlɪ] **1.** *adv.* **a)** unmittelbar; direkt; **b)** *(without delay)* sofort. **2.** *conj. (coll.)* sobald

**immemorial** [ɪmɪ'mɔ:rɪəl] *adj.* undenklich; **from time ~:** seit undenklichen Zeiten

**immense** [ɪ'mens] *adj.* **a)** ungeheuer; immens; **b)** *(coll.: great)* enorm

**immensely** [ɪ'menslɪ] *adv.* **a)** ungeheuer; **b)** *(coll.: very much)* unheimlich *(ugs.)*

**immensity** [ɪ'mensɪtɪ] *n., no pl. (great size)* Ungeheuerlichkeit, *die*

**immerse** [ɪ'mɜ:s] *v. t.* **a)** *(dip)* [ein]tauchen; **he ~d his head in cold water** er tauchte den Kopf in kaltes Wasser; **b)** *(cause to be under water)* versenken; *(Eccl.)* untertauchen; **~d in water** unter Wasser; **c) be ~d in thought/one's work** *(fig.: involved deeply)* in Gedanken versunken/in seine Arbeit vertieft sein

**immersion** [ɪ'mɜ:ʃn] *n.* **a)** Eintauchen, *das;* **b)** *(Relig.)* Untertauchen, *das;* **c)** *(fig.) (in work)* Vertiefung, *die; (in thought)* Versunkenheit, *die (geh.)*

**im'mersion heater** *n.* Heißwasserbereiter, *der; (small, portable)* Tauchsieder, *der*

**immigrant** ['ɪmɪgrənt] **1.** *n.* Einwanderer, *der*/Einwanderin, *die;* Immigrant, *der*/Immigrantin, *die.* **2.** *adj.* Einwanderer-; **~ population** Einwanderer *Pl.;* **~ workers** ausländische Arbeitnehmer

**immigrate** ['ɪmɪgreɪt] *v. i.* einwandern, immigrieren (**into** nach, **from** aus)

**immigration** [ɪmɪ'greɪʃn] *n.* Einwanderung *die,* Immigration, *die* (**into** nach, **from** aus); *attrib.* Einwanderungs⟨*kontrolle, -beschränkung, -gesetz*⟩; **~ officer** Beamter/Beamtin der Einwanderungsbehörde

**imminence** ['ɪmɪnəns] *n., no pl.* Bevorstehen, *das*

**imminent** ['ɪmɪnənt] *adj.* unmittelbar bevorstehend; drohend ⟨*Gefahr*⟩; **be ~:** unmittelbar bevorstehen/drohen

**imminently** ['ɪmɪnəntlɪ] *adv.* unmittelbar; **the President's arrival is expected ~:** die Ankunft des Präsidenten wird jeden Moment erwartet

**immiscible** [ɪ'mɪsɪbl] *adj.* nicht mischbar

**immobile** [ɪ'məʊbaɪl] *adj.* **a)** *(immovable)* unbeweglich; *(Mil.)* immobil; **b)** *(motionless)* bewegungslos

**immobilisation, immobilise** *see* **immobiliz-**

**immobility** [ɪmə'bɪlɪtɪ] *n., no pl.* **a)** *(immovableness)* Unbeweglichkeit, *die; (of army)* Immobilität, *die;* **b)** *(motionlessness)* Bewegungslosigkeit, *die*

**immobilization** [ɪməʊbɪlaɪ'zeɪʃn] *n.* **a)** *(fixing immovably)* Verankerung, *die;* **b)** *(Med.: restricting in movement)* Ruhigstellung, *die*

**immobilize** [ɪ'məʊbɪlaɪz] *v. t.* **a)** *(fix immovably)* verankern; *(fig.)* lähmen; **b)** *(restrict movement of)* feststellen ⟨*Tür usw.*⟩; ruhigstellen ⟨*Tier, Körperteil, Patienten*⟩; **c)** gegen Wegfahren sichern ⟨*Fahrzeug*⟩

**immoderate** [ɪ'mɒdərət] *adj.* **a)** *(excessive)* unmäßig ⟨*Rauchen, Trinken*⟩; überhöht ⟨*Geschwindigkeit, Preis*⟩; übermäßig ⟨*Lärm*⟩; **b)** *(extreme)* extrem ⟨*Ansichten, Politiker*⟩; maßlos ⟨*Lebensstil*⟩

**immoderately** [ɪ'mɒdərətlɪ] *adv.* **a)** *(excessively)* übermäßig ‹*hoch*›; unmäßig ‹*essen, trinken usw.*›; übertrieben ‹*schnell, laut*›; **b)** *(to an extreme degree)* extrem

**immodest** [ɪ'mɒdɪst] *adj.* **a)** *(impudent)* unbescheiden; **b)** *(improper)* unanständig

**immodestly** [ɪ'mɒdɪstlɪ] *adv.* **a)** *(impudently)* unbescheidenerweise; **b)** *(improperly)* unanständig

**immodesty** [ɪ'mɒdɪstɪ] *n.*, *no pl.* **a)** *(impudence)* Unbescheidenheit, *die;* **b)** *(impropriety)* Unanständigkeit, *die;* **the ~ of her short skirt** ihr unanständig kurzer Rock

**immolate** ['ɪməleɪt] *v.t.* *(literary)* **a)** *(kill)* opfern **(to** *Dat.***)**; **b)** *(fig.: sacrifice)* zum Opfer bringen, aufopfern *(geh.)* **(to** *Dat.***)**

**immolation** [ɪmə'leɪʃn] *n.* *(literary)* **a)** Opferung, *die;* **b)** *(fig.)* Aufopferung, *die*

**immoral** [ɪ'mɒrəl] *adj.* **a)** *(not conforming to morality)* unmoralisch; unsittlich; sittenwidrig *(Rechtsspr.)*; **b)** *(morally evil)* pervers; *(unchaste)* sittenlos; **c)** *(dissolute)* zügellos

**immoral 'earnings** *n. pl.* *(Law)* Einkünfte aus gewerbsmäßiger Unzucht

**immorality** [ɪmə'rælɪtɪ] *n.* **a)** *no pl.* Unsittlichkeit, *die;* Unmoral, *die;* Sittenwidrigkeit, *die (Rechtsspr.)*; **b)** *no pl.* *(wickedness)* Verdorbenheit, *die;* *(unchastity)* Sittenlosigkeit, *die;* **c)** *no pl.* *(dissoluteness)* Zügellosigkeit, *die;* **d)** *(morally evil or unchaste act)* Unsittlichkeit, *die;* **e)** *(dissolute act)* Ausschweifung, *die*

**immorally** [ɪ'mɒrəlɪ] *adv.* **a)** *(without regard for morality)* unmoralisch; unsittlich; **b)** *(wickedly)* unmoralisch; *(unchastely)* sittenlos; **c)** *(dissolutely)* ausschweifend; zügellos

**immortal** [ɪ'mɔ:tl] **1.** *adj.* **a)** *(living for ever)* unsterblich; **b)** *(divine)* ewig; **~ life, the life ~:** das ewige Leben; **c)** *(incorruptible)* unvergänglich; **d)** *(famous for all time)* unsterblich, unvergänglich ‹*Kunstwerk*›. **2.** *n.* **a)** Unsterbliche, *der/die;* **b)** *in pl.* *(Greek and Roman Mythol.)* Unsterbliche; Götter

**immortality** [ɪmɔ:'tælɪtɪ] *n.*, *no pl.* *see* **immortal 1 a, c, d:** Unsterblichkeit, *die;* Unvergänglichkeit, *die*

**immortalize** [ɪ'mɔ:təlaɪz] *v.t.* unsterblich machen

**immortally** [ɪ'mɔ:təlɪ] *adv.* **a)** *(eternally)* ewig[lich]; **b)** *(perpetually)* [immer und] ewig

**immovable** [ɪ'mu:vəbl] *adj.* **a)** unbeweglich; **be ~:** sich nicht bewegen lassen; **b)** *(motionless)* bewegungslos; **c)** *(not subject to change)* unveränderbar; *see also* **feast 1 a; d)** *(steadfast)* unerschütterlich; unverrückbar ‹*Entschluß*›; **e)** *(emotionless)* unbewegt; **f)** *(Law)* unbeweglich

**immovably** [ɪ'mu:vəblɪ] *adv.* **a)** fest; **be ~ stuck** feststecken; **b)** *(in a motionless manner)* bewegungslos; **c)** *(unchangeably)* unveränderbar; **d)** *(steadfastly)* unerschütterlich; **be ~ resolved** fest entschlossen sein; **e)** *(in an emotionless manner)* unbewegt

**immune** [ɪ'mju:n] *adj.* **a)** *(exempt)* sicher **(from** vor + *Dat.***)**; geschützt **(from, against** vor + *Dat.***)**; gefeit *(geh.)* **(from, against** gegen); **~ from criminal liability** nicht strafmündig; **make oneself ~ from criticism** sich gegen Kritik abschirmen; **b)** *(insusceptible)* unempfindlich **(to** gegen); *(to hints, suggestions, etc.)* unempfänglich **(to** für); immun **(to** gegen); **c)** *(Med.)* *(resistant to disease)* immun **(to** gegen); *(relating to immunity)* Immun‹*defekt, -körper, -schwäche, -serum, -system*›

**immunisation, immunise** *see* **immuniz-**

**immunity** [ɪ'mju:nɪtɪ] *n.* **a)** *(freedom)* **~ from criminal liability** Strafunmündigkeit, *die;* **~ from prosecution** Schutz vor Strafverfolgung; **give sb. ~ from punishment** ‹*Person:*› jmdn. von der Bestrafung ausnehmen; ‹*Umstand:*› jmdn. vor Strafe schützen; **b)** *see* **immune b:** Unempfindlichkeit, *die* **(to** gegen); Unempfänglichkeit, *die* **(to** für); Immunität, *die* **(to** gegen); **c)** *(Law)* Immunität, *die* **(from** vor + *Dat.***)**; **d)** *(Med.: capacity to resist disease)* Immunität, *die;* **have ~ to infection** gegen Infektion immun sein

**immunization** [ɪmjʊnaɪ'zeɪʃn] *n.* *(Med.)* Immunisierung, *die*

**immunize** ['ɪmjʊnaɪz] *v.t.* *(Med.)* immunisieren

**immunology** [ɪmjʊ'nɒlədʒɪ] *n.* *(Med.)* Immunologie, *die*

**immure** [ɪ'mjʊə(r)] *(literary)* **1.** *v.t.* einkerkern *(geh.)*. **2.** *v. refl.* **~ oneself** sich abkapseln

**immutability** [ɪmju:tə'bɪlɪtɪ] *n.*, *no pl.* Unveränderlichkeit, *die*

**immutable** [ɪ'mju:təbl] *adj.* unveränderlich

**imp** [ɪmp] *n.* **a)** Kobold, *der;* **b)** *(fig.: mischievous child)* Racker, *der (fam.)*

**impact 1.** ['ɪmpækt] *n.* **a)** Aufprall, *der* **(on, against** auf + *Akk.***)**; *(of shell or bomb)* Einschlag, *der;* *(collision)* Zusammenprall, *der;* **b)** *(fig.: effect)* Wirkung, *die;* **the ~ of plastics on modern life** die Auswirkung von Kunststoffen auf das moderne Leben; **have an ~ on sb./sth.** Auswirkungen auf jmdn./etw. haben; **make an ~ on sb./sth.** Eindruck auf jmdn./etw. machen. **2.** [ɪm'pækt] *v.t.* pressen

**impacted** [ɪm'pæktɪd] *adj.* **a)** *(Dent.)* impaktiert ‹*Zahn*›; **b)** *(Med.)* **~ fracture** Knocheneinkeilung, *die*

**'impact strength** *n.* *(Metallurgy)* Stoßfestigkeit, *die*

**impair** [ɪm'peə(r)] *v.t.* **a)** *(damage)* beeinträchtigen; schaden (+ *Dat.*) ‹*Gesundheit*›; **b)** *(weaken)* beeinträchtigen; **~ed vision** Sehschwäche, *die;* **~ed hearing** Schwerhörigkeit, *die*

**impairment** [ɪm'peəmənt] *n.* Beeinträchtigung, *die;* **~ of memory** Gedächtnisschwäche, *die*

**impale** [ɪm'peɪl] *v.t.* **a)** aufspießen; *(Hist.)* pfählen; **b)** *(Her.)* spalten ‹*Wappen*›

**impalpable** [ɪm'pælpəbl] *adj.* **a)** *(imperceptible to touch)* nicht fühlbar; **b)** *(not easily grasped by the mind)* unfaßbar

**impart** [ɪm'pɑ:t] *v.t.* **a)** *(give)* [ab]geben **(to** an + *Akk.***)**; vermachen **(to** *Dat.***)**; **b)** *(communicate)* kundtun *(geh.)* **(to** *Dat.***)**; vermitteln ‹*Kenntnisse*› **(to** *Dat.***)**

**impartial** [ɪm'pɑ:ʃl] *adj.* unparteiisch; gerecht ‹*Entscheidung, Behandlung, Urteil*›

**impartiality** [ɪmpɑ:ʃɪ'ælɪtɪ] *n.*, *no pl.* Unparteilichkeit, *die*

**impartially** [ɪm'pɑ:ʃəlɪ] *adv.* unparteiisch

**impassable** [ɪm'pɑ:səbl] *adj.* unpassierbar **(to** für); *(to vehicles)* unbefahrbar **(to** für)

**impasse** ['æmpɑ:s] *n.* *(lit. or fig.)* Sackgasse, *die;* **the negotiations have reached an ~:** die Verhandlungen sind in eine Sackgasse geraten

**impassioned** [ɪm'pæʃnd] *adj.* leidenschaftlich

**impassive** [ɪm'pæsɪv] *adj.* **a)** ausdruckslos; **b)** *(incapable of feeling emotion)* leidenschaftslos

**impassively** [ɪm'pæsɪvlɪ] *adv.* *see* **impassive: a)** ausdruckslos; **b)** leidenschaftslos

**impatience** [ɪm'peɪʃəns] *n.*, *no pl.* **a)** Ungeduld, *die* **(at** über + *Akk.***)**; **b)** *(intolerance)* Unduldsamkeit, *die* **(of** gegen); **c)** *(eager desire)* [ungeduldige] Erwartung **(for** *Gen.***)**

**impatient** [ɪm'peɪʃənt] *adj.* **a)** ungeduldig; **~ at sth./with sb.** ungeduldig über etw. *(Akk.)*/mit jmdm.; **b)** *(intolerant)* unduldsam **(of** gegen); **be ~ of sth.** etw. nicht ertragen können; **c)** *(eagerly desirous)* **be ~ for sth.** etw. kaum erwarten können; **be ~ to do sth.** unbedingt etw. tun wollen

**impatiently** [ɪm'peɪʃəntlɪ] *adv.* **a)** ungeduldig; **b)** *(intolerantly)* unduldsam; **c)** *(with eager desire)* begierig

**impeach** [ɪm'pi:tʃ] *v.t.* **a)** *(call in question)* in Frage stellen; **b) ~ sb. with sth.** jmdn. einer Sache *(Gen.)* beschuldigen; **c)** *(find fault with)* anzweifeln; in Zweifel ziehen; **d)** *(Law)* anklagen **(of** *Gen.*, wegen)

**impeachment** [ɪm'pi:tʃmənt] *n.* **a)** *(calling in question)* Infragestellung, *die;* **b)** *(finding of fault)* Anzweif[e]lung, *die;* **c)** *(Law)* Impeachment, *das*

**impeccable** [ɪm'pekəbl] *adj.* makellos; tadellos ‹*Manieren*›

**impeccably** [ɪm'pekəblɪ] *adv.* tadellos; makellos ‹*rein*›

**impecunious** [ɪmpɪ'kju:nɪəs] *adj.* mittellos

**impedance** [ɪm'pi:dəns] *n.* *(Electr.)* Impedanz, *die*

**impede** [ɪm'pi:d] *v.t.* behindern

**impediment** [ɪm'pedɪmənt] *n.* **a)** Hindernis, *das* **(to** für); **b)** *(speech defect)* Sprachfehler, *der*

**impedimenta** [ɪmpedɪ'mentə] *n. pl.* *(also Mil.)* Gepäck, *das*

**impel** [ɪm'pel] *v.t.*, **-ll- a)** *(drive by moral action)* treiben; **feel ~led to do sth.** sich genötigt *od.* gezwungen fühlen, etw. zu tun; **~ sb. to greater efforts** jmdn. zu größeren Bemühungen anspornen; **b)** *(drive forward)* treiben; antreiben ‹*Turbine usw.*›

**impend** [ɪm'pend] *v.i.* **a)** *(be about to happen)* bevorstehen; ‹*Gefahr:*› drohen

**impenetrable** [ɪm'penɪtrəbl] *adj.* **a)** undurchdringlich **(by, to** für); unbezwingbar, uneinnehmbar ‹*Festung*›; **b)** *(inscrutable)* unergründlich

**impenetrably** [ɪm'penɪtrəblɪ] *adv.* **a)** undurchdringlich; **b)** *(inscrutably)* unergründlich; **c)** hoffnungslos ‹*dumm*›

**impenitent** [ɪm'penɪtənt] *adj.* reu[e]los; **be quite ~:** keine Spur von Reue zeigen

**impenitently** [ɪm'penɪtəntlɪ] *adv.* reu[e]los

**imperative** [ɪm'perətɪv] **1.** *adj.* **a)** *(commanding)* gebieterisch *(geh.)* ‹*Stimme, Geste*›; **b)** *(urgent)* dringend erforderlich; **c)** *(obligatory)* zwingend ‹*Verpflichtung*›; **d)** *(Ling.)* imperativisch; **~ mood** Imperativ, *der.* **2.** *n.* **a)** *(command)* Befehl, *der;* **b)** *(Ling.)* Imperativ, *der;* Befehlsform, *die*

**imperceptible** [ɪmpə'septɪbl] *adj.* **a)** nicht wahrnehmbar **(to** für); unsichtbar ‹*Schranke (fig.)*›; **be ~ to sb./the senses** von jmdm./den Sinnen nicht wahrgenommen werden können; **b)** *(very slight or gradual)* unmerklich; *(subtle)* kaum zu erkennen *nicht attr.*; kaum zu erkennend *nicht präd.*; minimal ‹*Unterschied*›

**imperceptibly** [ɪmpə'septɪblɪ] *adv.* **a)** unmerklich; kaum wahrnehmbar ‹*sich bewegen*›; **b)** *(very gradually)* unmerklich; *(very slightly)* geringfügig

**imperfect** [ɪm'pɜ:fɪkt] **1.** *adj.* **a)** *(not fully formed)* unfertig; *(incomplete)* unvollständig; **drainage in this region is ~:** die Entwässerung in dieser Gegend ist mangelhaft; **slightly ~ stockings/pottery** *etc.* Strümpfe/Keramik *usw.* mit kleinen Fehlern; **b)** *(faulty)* mangelhaft; **human beings are ~:** der Mensch ist unvollkommen; **c)** *(Ling.)* Imperfekt-; **the ~ tense** das Imperfekt. **2.** *n.* *(Ling.)* Imperfekt, *das*

**imperfection** [ɪmpə'fekʃn] *n.* **a)** *no pl.* *(incompleteness)* Unvollständigkeit, *die;* **b)** *no pl.* *(faultiness)* Mangelhaftigkeit, *die;* *(of human beings)* Unvollkommenheit, *die;* **c)** *(fault)* Mangel, *der*

**imperfectly** [ɪm'pɜ:fɪktlɪ] *adv.* **a)** *(incompletely)* unvollständig; **b)** *(faultily)* fehlerhaft; mangelhaft

**imperial** [ɪm'pɪərɪəl] *adj.* **a)** kaiserlich; imperial *(geh.)*; Reichs‹*adler, -insignien*›; **I~ Rome** das Rom der Kaiserzeit; das kaiserliche Rom; **b)** *(Brit. Hist.)* des Britischen Weltreiches *nachgestellt;* **c)** *(of an emperor)* Kaiser-; **the I~ Court** der Kaiserhof; der kaiserliche Hof; **Her I~ Majesty** Ihre Kaiserliche Hoheit; **d)** *(majestic)* majestätisch; *(haughty)* hochmütig; erhaben *(iron.)*; **e)**

*(magnificent)* fürstlich; glanzvoll ‹*Stadt*›; **f)** *(fixed by statute)* britisch ‹*Maße, Gewichte*›; *see also* **gallon**

**imperialism** [ɪm'pɪərɪəlɪzm] *n., no pl. (derog.)* Imperialismus, *der;* **US/Soviet ~:** der US-/Sowjetimperialismus

**imperialist** [ɪm'pɪərɪəlɪst] *n. (derog.)* Imperialist, *der*/Imperialistin, *die;* **~ countries** imperialistische Länder

**imperialistic** [ɪmpɪərɪə'lɪstɪk] *adj. (derog.)* imperialistisch

**imperil** [ɪm'perl] *v. t., (Brit.)* **-ll-** gefährden

**imperious** [ɪm'pɪərɪəs] *adj.* **a)** *(overbearing)* herrisch; **b)** *(urgent)* zwingend; mächtig ‹*Triebe usw.*›

**imperiously** [ɪm'pɪərɪəslɪ] *adv.* **a)** *(overbearingly)* herrisch; **b)** *(urgently)* zwingend

**imperishable** [ɪm'perɪʃəbl] *adj.* **a)** *(immortal)* unvergänglich; **b)** *(not decaying)* alterungsbeständig ‹*Material*›; unverderblich ‹*Lebensmittel*›

**imperishably** [ɪm'perɪʃəblɪ] *adv.* unvergänglich

**impermanence** [ɪm'pɜːmənəns] *n., no pl.* Vergänglichkeit, *die*

**impermanent** [ɪm'pɜːmənənt] *adj.* vorübergehend; vergänglich ‹*Leben*›

**impermeable** [ɪm'pɜːmɪəbl] *adj.* undurchlässig; impermeabel *(fachspr.)*

**impermissible** [ɪmpə'mɪsɪbl] *adj.* unzulässig

**impersonal** [ɪm'pɜːsənl] *adj.* **a)** *(having no personality)* **an ~ thing** etwas [rein] Dingliches; **b)** *(not connected with any particular person)* unpersönlich ‹*Art, Zimmer usw.*›

**impersonality** [ɪmpɜːsə'nælɪtɪ] *n., no pl.* Unpersönlichkeit, *die*

**impersonal: ~ 'pronoun** *see* **pronoun; ~ 'verb** *n. (Ling.)* unpersönliches Verb; Impersonale, *das (fachspr.)*

**impersonate** [ɪm'pɜːsəneɪt] *v. t. (pretend to be) (for entertainment)* imitieren; nachahmen; *(for purpose of fraud)* sich ausgeben als

**impersonation** [ɪmpɜːsə'neɪʃn] *n.* **a)** *(personification)* Verkörperung, *die;* **b)** *(imitation)* Imitation, *die;* Nachahmung, *die;* **he does ~s** er ist Imitator; **her ~ of Margaret Thatcher** ihre Margaret-Thatcher-Imitation; **do an ~ of sb.** jmdn. imitieren *od.* nachahmen; **~ of sb.** *(for purpose of fraud)* Auftreten als jmd.

**impersonator** [ɪm'pɜːseneɪtə(r)] *n. (entertainer)* Imitator, *der*/Imitatorin, *die; (sb. with fraudulent intent)* Betrüger, *der*/Betrügerin, *die;* **an ~ posing as a policeman** jemand, der sich als Polizist ausgibt; *see also* **female 1a**

**impertinence** [ɪm'pɜːtɪnəns] *n.* Unverschämtheit, *die;* Impertinenz, *die (geh.)*

**impertinent** [ɪm'pɜːtɪnənt] *adj.* unverschämt; impertinent *(geh.)*

**impertinently** [ɪm'pɜːtɪnəntlɪ] *adv.* unverschämterweise; **behave ~:** sich unverschämt benehmen

**imperturbability** [ɪmpətɜːbə'bɪlɪtɪ] *n., no pl.* Gelassenheit, *die*

**imperturbable** [ɪmpə'tɜːbəbl] *adj.* gelassen; **be completely ~:** durch nichts zu erschüttern sein; die Ruhe weghaben *(ugs.)*

**imperturbably** [ɪmpə'tɜːbəblɪ] *adv.* gelassen; **..., he said ~:** ..., sagte er in aller Ruhe

**impervious** [ɪm'pɜːvɪəs] *adj.* **a)** undurchlässig; **~ to water/bullets/rain** wasserdicht/kugelsicher/regendicht; **b)** *(fig.: impenetrable)* unergründlich; **c) be ~ to sth.** *(fig.)* unempfänglich für etw. sein; **be ~ to argument** Argumenten unzugänglich sein

**impetigo** [ɪmpɪ'taɪgəʊ] *n. (Med.)* Impetigo, *die (fachspr.);* Eiterflechte, *die*

**impetuosity** [ɪmpetjʊ'ɒsɪtɪ] *n.* **a)** *no pl. (quality)* Impulsivität, *die;* **b)** *(act, impulse)* Ausbruch, *der*

**impetuous** [ɪm'petjʊəs] *adj.* impulsiv ‹*Person*›; unüberlegt ‹*Handlung, Entscheidung*›; *(vehement)* stürmisch; ungestüm ‹*Person, Angriff*›

**impetuousness** [ɪm'petjʊəsnɪs] *see* **impetuosity a**

**impetus** ['ɪmpɪtəs] *n.* **a)** Kraft, *die; (of impact)* Wucht, *die;* **b)** *(fig.: impulse)* Motivation, *die;* **give an ~ to sth.** einer Sache *(Dat.)* Impulse geben; **give sth. new** *or* **fresh ~:** einer Sache *(Dat.)* neuen Auftrieb geben; **the ~ behind the development of nuclear power** die treibende Kraft bei der Entwicklung der Kernkraft

**impiety** [ɪm'paɪətɪ] *n.* **a)** *no pl. (ungodliness)* Gottlosigkeit, *die;* **b)** *no pl. (lack of dutifulness)* Respektlosigkeit, *die;* **c)** *(act)* Pietätlosigkeit, *die*

**impinge** [ɪm'pɪndʒ] *v. i.* **a)** *(make impact)* **~ [up]on sth.** auf etw. *(Akk.)* auftreffen; **b)** *(encroach)* **~ [up]on sth.** auf etw. *(Akk.)* Einfluß nehmen

**impious** ['ɪmpɪəs] *adj.* **a)** *(wicked)* gottlos; **b)** *(lacking in respect)* respektlos

**impish** ['ɪmpɪʃ] *adj.* lausbübisch; diebisch ‹*Freude*›; verschmitzt ‹*Grinsen, Blick*›

**impishly** ['ɪmpɪʃlɪ] *adv.* lausbübisch; diebisch ‹*sich freuen*›; verschmitzt ‹*grinsen*›

**implacable** [ɪm'plækəbl] *adj.* unversöhnlich; erbittert ‹*Gegner*›; erbarmungslos ‹*Verfolgung*›; unerbittlich ‹*Schicksal*›

**implacably** [ɪm'plækəblɪ] *adv.* unerbittlich; unaufhaltsam ‹*voranschreiten*›

**implant 1.** [ɪm'plɑːnt] *v. t.* **a)** *(Med.)* implantieren *(fachspr.),* einpflanzen **(in** *Dat.***)**; **~ sb./sth. with sth.** jmdm./einer Sache etw. einpflanzen; **b)** *(Physiol.)* **be ~ed** sich einnisten; **c)** *(fig.: instil)* einpflanzen **(in** *Dat.***)**; **d)** *(plant)* [ein]pflanzen. **2.** ['ɪmplɑːnt] *n. (Med.)* Implantat, *das*

**implantation** [ɪmplɑːn'teɪʃn] *n.* **a)** *(Med.)* Implantation, *die (fachspr.);* Einpflanzung, *die;* **b)** *(fig.: instilling)* Einpflanzung, *die*

**implausibility** [ɪmplɔːzɪ'bɪlɪtɪ] *n., no pl.* Unglaubwürdigkeit, *die*

**implausible** [ɪm'plɔːzɪbl] *adj.*, **implausibly** [ɪm'plɔːzɪblɪ] *adv.* unglaubwürdig

**implement 1.** ['ɪmplɪmənt] *n.* Gerät, *das.* **2.** ['ɪmplɪment] *v. t.* **a)** *(fulfil, complete)* erfüllen ‹*Versprechen, Vertrag*›; einhalten ‹*Termin usw.*›; vollziehen ‹*Erlaß usw.*›; **b)** *(put into effect)* [in die Tat] umsetzen ‹*Politik, Plan usw.*›

**implementation** [ɪmplɪmen'teɪʃn] *n. see* **implement 2:** Erfüllung, *die;* Einhaltung, *die;* Vollzug, *der;* Umsetzung [in die Tat], *die*

**implicate** ['ɪmplɪkeɪt] *v. t.* **a)** *(show to be involved)* belasten ‹*Verdächtigen usw.*›; **be ~d in a scandal** in einen Skandal verwickelt sein; **b)** *(affect)* **be ~d in sth.** von etw. betroffen sein

**implication** [ɪmplɪ'keɪʃn] *n.* **a)** *no pl. (implying)* Implikation, *die (geh.);* **by ~:** implizit; implizite *(geh.);* **b)** *no pl. (being involved)* Verwicklung, *die* **(in** in + *Akk.***)**; **c)** *no pl. (being affected)* Betroffenheit, *die* **(in** von); **d)** *(thing implied)* Implikation, *die*

**implicit** [ɪm'plɪsɪt] *adj.* **a)** *(implied)* implizit *(geh.);* unausgesprochen ‹*Drohung, Zweifel*›; **b)** *(virtually contained)* **be ~ in sth.** in etw. *(Dat.)* enthalten sein; **c)** *(resting on authority)* unbedingt; blind ‹*Vertrauen*›

**implicitly** [ɪm'plɪsɪtlɪ] *adv.* **a)** *(by implication)* implizit *(geh.);* **b)** *(unquestioningly)* blind ‹*vertrauen, gehorchen usw.*›

**implode** [ɪm'pləʊd] **1.** *v. i.* implodieren. **2.** *v. t.* implodieren lassen; **be ~d** implodieren

**implore** [ɪm'plɔː(r)] *v. t.* **a)** *(beg for)* erflehen *(geh.);* flehen um; **'please', she ~d** „bitte", flehte sie; **b)** *(entreat)* anflehen **(for** um); **~ sb. to do/not to do sth.** jmdn. anflehen *od.* inständig bitten, etw. zu tun/nicht zu tun

**imploring** [ɪm'plɔːrɪŋ] *adj.* flehend

**imploringly** [ɪm'plɔːrɪŋlɪ] *adv.* flehentlich *(geh.)*

**imply** [ɪm'plaɪ] *v. t.* **a)** *(involve the existence of)* implizieren *(geh.); (by inference)* schließen lassen auf (+ *Akk.*); **be implied in sth.** in etw. *(Dat.)* enthalten sein; **silence sometimes implies consent** Schweigen bedeutet manchmal Zustimmung; **b)** *(express indirectly)* hindeuten auf (+ *Akk.*); *(insinuate)* unterstellen; **are you ~ing that ...?** willst du damit etwa sagen, daß ...?

**impolite** [ɪmpə'laɪt] *adj.*, **~r** [ɪmpə'laɪtə(r)], **~st** [ɪmpə'laɪtɪst] unhöflich; ungezogen ‹*Kind*›

**impolitely** [ɪmpə'laɪtlɪ] *adv.* unhöflich

**impoliteness** [ɪmpə'laɪtnɪs] *n., no pl.* Unhöflichkeit, *die; (of child)* Ungezogenheit, *die*

**impolitic** [ɪm'pɒlɪtɪk] *adj. (inexpedient)* unklug; unratsam

**imponderable** [ɪm'pɒndərəbl] **1.** *adj.* unwägbar; imponderabel *(geh. veralt.).* **2.** *n.* Unwägbarkeit, *die;* **~s** Unwägbarkeiten; Imponderabilien *(geh.)*

**import 1.** [ɪm'pɔːt] *v. t.* **a)** importieren, einführen ‹*Waren*› **(from** aus, **into** nach); importieren ‹*Kulturgüter*›; **~ing country** Einfuhrland, *das;* **oil-~ing countries** [erd]ölimportierende Länder; **b)** *(signify)* bedeuten. **2.** ['ɪmpɔːt] *n.* **a)** *(process, amount imported)* Import, *der;* Einfuhr, *die;* **~s of beef/sugar** Zucker-/Rindfleischimporte *od.* -einfuhren; **ban on the ~ of sth.** Einfuhrverbot für etw.; **b)** *(article imported)* Importgut, *das;* **c)** *(meaning)* Bedeutung, *die;* Sinn, *der;* **the ~ of his speech was that ...:** was aus seiner Rede hervorging, war, daß ...; **d)** *(importance)* Bedeutung, *die;* **an event of great ~:** ein sehr bedeutungsvolles Ereignis

**importance** [ɪm'pɔːtəns] *n., no pl.* **a)** Bedeutung, *die;* Wichtigkeit, *die;* **be of great ~ to sb./sth.** für jmdn./etw. äußerst wichtig sein; **b)** *(significance)* Bedeutung, *die; (of decision)* Tragweite, *die;* **increase in ~:** an Bedeutung zunehmen; **be of/without ~:** wichtig/unwichtig sein; **c)** *(personal consequence)* Bedeutung, *die;* Gewicht, *das;* **a man of considerable ~:** ein sehr wichtiger Mann; **speak with an air of ~:** mit gewichtiger Miene sprechen; **full of one's own ~:** von seiner eigenen Wichtigkeit überzeugt

**important** [ɪm'pɔːtənt] *adj.* **a)** bedeutend; *(in a particular matter)* wichtig **(to** für); **the most ~ thing is ...:** die Hauptsache ist ...; **b)** *(momentous)* wichtig ‹*Entscheidung*›; bedeutsam ‹*Tag*›; **c)** *(having high rank)* wichtig ‹*Persönlichkeit*›; **very ~ person** wichtige Persönlichkeit; VIP; **d)** *(considerable)* beträchtlich; erheblich; **e)** *(pompous)* wichtigtuerisch; gewichtig *(iron.)*

**importantly** [ɪm'pɔːtəntlɪ] *adv.* **a) bear ~ [up]on sth.** auf etw. bedeutsame Auswirkungen haben; **more/most ~** *as sentence-modifier* was noch wichtiger/am wichtigsten ist; **b)** *(pompously)* wichtigtuerisch

**importation** [ɪmpɔː'teɪʃn] *see* **import 2a**

**'import duty** *n.* Einfuhrzoll, *der*

**importer** [ɪm'pɔːtə(r)] *n.* Importeur, *der;* **be an ~ of cotton** Baumwollimporteur sein; ‹*Land:*› Baumwolle importieren

**'import permit** *n.* Einfuhrerlaubnis, *die*

**importunate** [ɪm'pɔːtjʊnət] *adj.* zudringlich

**importunately** [ɪm'pɔːtʃʊnətlɪ] *adv.* zudringlich; nachdrücklich ‹*beharren auf, instruieren*›

**importune** [ɪmpɔː'tjuːn] **1.** *v. t.* **a)** behelligen; **she ~d her neighbours and relatives for money** sie belästigte ihre Nachbarn und Verwandten mit Bitten um Geld; **b)** *(solicit for immoral purpose)* belästigen. **2.** *v. i.* sich aufdrängen; lästig fallen

**importunity** [ɪmpɔː'tjuːnɪtɪ] *n.* Aufdringlichkeit, *die*

**impose** [ɪm'pəʊz] **1.** *v. t.* **a)** auferlegen *(geh.)* ‹*Bürde, Verpflichtung*› **([up]on** *Dat.***)**; erheben ‹*Steuer, Zoll*› **(on** auf + *Akk.***)**; verhängen ‹*Kriegsrecht*›; anordnen ‹*Rationie-*

*rung*); ~ **a ban on sth.** etw. mit einem Verbot belegen; ~ **a tax on sth.** etw. mit einer Steuer belegen; ~ **a nervous strain on sb.** jmdn. nervlich belasten; **b)** *(compel compliance with)* ~ **sth. [up]on sb.** jmdm. etw. aufdrängen; ~ **one's company [up]on sb.** sich jmdm. aufdrängen; ~ **restraints [up]on sb.** jmdm. Grenzen setzen; **c)** *(Printing)* ausschießen ‹*Seiten*›. **2.** *v. i.* **a)** *(exert influence)* imponieren; Eindruck machen; **b)** *(take advantage)* **I would** *or* **do not want** *or* **wish to** ~: ich will nicht aufdringlich sein. **3.** *v. refl.* ~ **oneself on sb.** sich jmdm. aufdrängen

~ **on** *v. t.* **a)** *(take advantage of)* ausnutzen ‹*Gutmütigkeit, Toleranz usw.*›; ~ **on sb. for help** jmdn. mit der Bitte um Hilfe belästigen; **b)** *(force oneself on)* ~ **on sb.** sich jmdm. aufdrängen

~ **upon** *see* ~ **on**

**imposing** [ɪm'pəʊzɪŋ] *adj.* imposant

**imposition** [ɪmpə'zɪʃn] *n.* **a)** *no pl. (action)* Auferlegung, *die; (of tax)* Erhebung, *die;* **b)** *no pl. (enforcement)* Durchsetzung, *die;* **c)** *no pl. (Printing)* Ausschießen, *das;* **d)** *(tax)* Abgabe, *die;* Steuer, *die;* **e)** *(piece of advantage-taking)* Ausnützung, *die;* **I am weary of the ~s of my relatives** ich bin es leid, mich von meinen Verwandten ausnützen zu lassen; **I hope it's not too much of an** ~: ich hoffe, es macht nicht zu viele Umstände; **f)** *(Brit. Sch.: work set as punishment)* Strafarbeit, *die*

**impossibility** [ɪmpɒsɪ'bɪlɪtɪ] *n.* **a)** *no pl.* Unmöglichkeit, *die;* **the ~ of a man's flying** die Tatsache, daß der Mensch nicht fliegen kann *od.* daß es dem Menschen nicht möglich ist zu fliegen; **b) go after impossibilities** das Unerreichbare wollen; **that's an absolute** ~: das ist völlig unmöglich *od.* ausgeschlossen *od.* ein Ding der Unmöglichkeit *(ugs.)*

**impossible** [ɪm'pɒsɪbl] **1.** *adj.* **a)** unmöglich; **it is ~ for me to do it** es ist mir nicht möglich, es zu tun; **b)** *(not easy)* schwer; *(not easily believable)* unmöglich *(ugs.);* **his car is becoming ~ to start** sein Auto läßt sich kaum noch starten; **c)** *(coll.: intolerable)* unmöglich *(ugs.)*. **2.** *n.* **the** ~: das Unmögliche; Unmögliches; **achieve the** ~: das Unmögliche erreichen

**impossibly** [ɪm'pɒsɪblɪ] *adv.* **a)** unmöglich; **the stone was ~ heavy to lift** der Stein war so schwer, daß man ihn unmöglich anheben konnte; **b)** *(to an inconvenient degree)* unheimlich *(ugs.)* ‹*schwierig, teuer usw.*›; **c)** *(coll.: intolerably)* unmöglich *(ugs.);* **he is ~ idealistic** er ist unmöglich mit seinem Idealismus *(ugs.)*

**impost** ['ɪmpəʊst] *n.* **a)** *(tax)* Abgabe, *die;* **b)** *(Archit.)* Kämpfer[stein], *der*

**impostor** [ɪm'pɒstə(r)] *n.* Hochstapler, *der*/-staplerin, *die; (swindler)* Betrüger, *der*/Betrügerin, *die*

**imposture** [ɪm'pɒstʃə(r)] *n.* **a)** *no pl. (practice of deception)* Hochstapelei, *die; (swindling)* Betrügerei, *die;* **b)** *(act of deception)* Betrug, *der;* Schwindel, *der;* **c)** *(fake)* Fälschung, *die*

**impotence** ['ɪmpətəns], **impotency** ['ɪmpətənsɪ] *n., no pl.* **a)** *(powerlessness)* Machtlosigkeit, *die;* **b)** *(helplessness)* Hilflosigkeit, *die;* **c)** *(lack of sexual power; in popular use: sterility)* Impotenz, *die*

**impotent** ['ɪmpətənt] *adj.* **a)** *(powerless)* machtlos; kraftlos ‹*Argument*›; **be ~ to do sth.** nicht in der Lage sein, etw. zu tun; **b)** *(helpless)* hilflos; **c)** *(lacking in sexual power; in popular use: sterile)* impotent

**impotently** ['ɪmpətəntlɪ] *adv.* **a)** *(powerlessly)* machtlos; **b)** *(helplessly)* hilflos

**impound** [ɪm'paʊnd] *v. t.* **a)** *(shut up)* einpferchen ‹*Vieh*›; einsperren ‹*streunende Hunde usw.*›; *(fig.: confine)* einsperren ‹*Person*›; **b)** *(take possession of)* beschlagnahmen; requirieren *(Milit.)*

**impoverish** [ɪm'pɒvərɪʃ] *v. t.* **a)** verarmen lassen; **be/become ~ed** verarmt sein/verarmen; **b)** *(exhaust)* auslaugen ‹*Boden*›

**impoverishment** [ɪm'pɒvərɪʃmənt] *n., no pl.* **a)** *(making poor)* Verarmung, *die; (being poor)* Armut, *die;* **b)** *(exhaustion) (process)* Auslaugung, *die; (state)* Ausgelaugtheit, *die*

**impracticability** [ɪmpræktɪkə'bɪlɪtɪ] *n.* **a)** *no pl. (of plan)* Undurchführbarkeit, *die; (of prediction)* Unmöglichkeit, *die;* **b)** *(thing)* **be an** ~: undurchführbar sein; **it's an** ~: es läßt sich nicht durchführen

**impracticable** [ɪm'præktɪkəbl] *adj.* undurchführbar ‹*Plan*›; impraktikabel *(geh.)*

**impractical** [ɪm'præktɪkl] **a)** *see* **unpractical; b)** *see* **impracticable**

**impracticality** [ɪmpræktɪ'kælɪtɪ] *see* **impracticability**

**imprecation** [ɪmprɪ'keɪʃn] *n.* Verwünschung, *die*

**imprecise** [ɪmprɪ'saɪs] *adj.*, **imprecisely** [ɪmprɪ'saɪslɪ] *adv.* ungenau; unpräzise *(geh.)*

**imprecision** [ɪmprɪ'sɪʒn] *n.* Ungenauigkeit, *die*

**impregnability** [ɪmpregnə'bɪlɪtɪ] *n., no pl.* Uneinnehmbarkeit, *die; (of strong-room etc.)* Einbruch[s]sicherheit, *die; (fig.)* Unanfechtbarkeit, *die*

**impregnable** [ɪm'pregnəbl] *adj.* uneinnehmbar ‹*Festung, Bollwerk*›; einbruch[s]sicher ‹*Tresorraum usw.*›; *(fig.)* unanfechtbar ‹*Ruf, Tugend, Stellung*›

**impregnate** ['ɪmpregneɪt, ɪm'pregneɪt] *v. t.* **a)** imprägnieren; **b)** *(make pregnant)* schwängern; *(Biol.: fertilize)* befruchten; **Mary was ~d by the Holy Ghost** Maria empfing vom Heiligen Geist

**impregnation** [ɪmpreg'neɪʃn] *n., no pl.* **a)** Imprägnierung, *die;* **b)** *(making pregnant)* Schwängerung, *die; (Biol.: fertilization)* Befruchtung, *die*

**impresario** [ɪmprɪ'sɑːrɪəʊ] *n., pl.* **~s** Intendant, *der*/Intendantin, *die;* Impresario, *der (veralt.)*

**impress 1.** [ɪm'pres] *v. t.* **a)** *(apply)* drücken; ~ **a pattern** *etc.* **on/in sth.** ein Muster *usw.* auf etw. *(Akk.)* aufdrücken *od.* aufprägen/in etw. *(Akk.)* eindrücken *od.* einprägen; **b)** *(arouse strong feeling in)* beeindrucken; Eindruck machen auf (+ *Akk.*); *abs.* Eindruck machen (**with** mit); **be ~ed by** *or* **with sth.** von etw. beeindruckt sein; **c)** *(affect favourably)* beeindrucken; *abs.* Eindruck machen; **d)** *(mark)* stempeln ‹*Dokument*›; ~ **a child with the right attitude** *(fig.)* einem Kind die richtige Einstellung vermitteln; **e)** *(affect)* ~ **sb. favourably/unfavourably** auf jmdn. einen günstigen/ungünstigen Eindruck machen. **2.** ['ɪmpres] *n.* **a)** Druck, *der;* **b)** *(mark)* Abdruck, *der;* **bear the ~ of sth.** *(fig.)* den Stempel *od. (geh.)* das Gepräge von etw. tragen

~ **[up]on** *v. t.* einprägen, einschärfen (+ *Dat.*); **they have had ~ed [up]on them the danger of doing that** ihnen ist eingeschärft worden, wie gefährlich es sei, das zu tun; ~ **sth. [up]on sb.'s memory** jmdm. etw. einprägen *od.* einschärfen

**impression** [ɪm'preʃn] *n.* **a)** *(impressing)* Druck, *der;* **b)** *(mark)* Abdruck, *der;* **c)** *(print)* Druck, *der;* **take an ~ of sth.** einen Abzug von etw. machen; *(of painting, engraving, etc.)* Druck, *der;* **d)** *(Printing) (quantity of copies)* Auflage, *die; (unaltered reprint)* Nachdruck, *der;* **e)** *(effect on persons)* Eindruck, *der* (**of** von); *(effect on inanimate things)* Wirkung, *die;* **make an ~ on sb.** Eindruck auf jmdn. machen; **make a good/bad/strong** *etc.* ~ **on sb.** einen guten/schlechten/starken *usw.* Eindruck auf jmdn. machen; bei jmdm. einen guten/schlechten/starken *usw.* Eindruck hinterlassen; **he had made quite an ~ on the weed-choked flower-bed** nachdem er sich des im Unkraut erstickenden Blumenbeets angenommen hatte, war es kaum noch wiederzuerkennen; **first ~/~s** erster Eindruck/erste Eindrücke; **f)** *(impersonation)* **do ~s** andere Leute imitieren; **g)** *(notion)* Eindruck, *der;* **it's my ~ that ...:** ich habe den Eindruck, daß ...; **what's your ~ of him?** welchen Eindruck hast du von ihm *od.* macht er auf dich?; **form an ~ of sb.** sich *(Dat.)* ein Bild von jmdm. machen; **it's only an** ~: es ist nur eine Vermutung; **give [sb.] the ~ that .../of being bored** [bei jmdm.] den Eindruck erwecken, als ob .../als ob man sich langweile; **be under the ~ that ...:** der Auffassung *od.* Überzeugung sein, daß ...; *(less certain)* den Eindruck haben, daß ...

**impressionable** [ɪm'preʃənəbl] *adj.* beeinflußbar; **have an ~ mind, be** ~: sich leicht beeinflussen lassen; **children who are at the ~ age** Kinder in dem Alter, in dem sie noch formbar sind

**impressionism** [ɪm'preʃənɪzm] *n., no pl.* Impressionismus, *der*

**impressionist** [ɪm'preʃənɪst] *n.* Impressionist, *der*/Impressionistin, *die; attrib.* impressionistisch ‹*Kunst usw.*›

**impressionistic** [ɪmpreʃə'nɪstɪk] *adj.* impressionistisch

**impressive** [ɪm'presɪv] *adj.* beeindruckend; imponierend; **be ~ on account of** *or* ~ **for sth.** durch etw. beeindrucken

**impressively** [ɪm'presɪvlɪ] *adv.* beeindruckend; imponierend

**imprimatur** [ɪmprɪ'mɑːtə(r), ɪmpraɪ'meɪtə(r)] *n.* **a)** *(RC Ch.)* Imprimatur, *das;* **b)** *(fig.: sanction)* **put the ~ of approval on sth.** etw. gutheißen *od.* billigen; **bear the ~ of sb./an institution** jmds. Plazet/das Plazet einer Institution haben *(geh.)*

**imprint 1.** ['ɪmprɪnt] *n.* **a)** Abdruck, *der;* **publisher's/printer's** ~: Impressum, *das;* **b)** *(fig.)* Stempel, *der;* **leave one's ~ on sb./sth.** jmdm./einer Sache seinen Stempel aufdrücken; **the ~ of suffering upon sb.'s face** die Spuren des Leidens in jmds. Gesicht. **2.** [ɪm'prɪnt] *v. t.* **a)** *(stamp)* aufdrucken; aufdrücken ‹*Poststempel*›; *(on metal)* aufprägen; **b)** *(fix indelibly)* **sth. is ~ed in** *or* **on sb.'s memory** etw. hat sich jmdm. [unauslöschlich] eingeprägt; **c)** *(Ethol.)* ~ **on** *or* **to** prägen auf (+ *Akk.*)

**imprison** [ɪm'prɪzn] *v. t.* **a)** in Haft nehmen; **be ~ed** sich in Haft befinden; eine Freiheitsstrafe verbüßen; **be ~ed for three months** eine dreimonatige Freiheitsstrafe erhalten; **b)** *(fig.: confine)* einsperren; *(hold)* festhalten

**imprisonment** [ɪm'prɪznmənt] *n.* **a)** Haft, *die;* **a long term** *or* **period of** ~: eine langjährige Haft- *od.* Freiheitsstrafe; **serve a sentence of** ~: eine Gefängnisstrafe verbüßen; **b)** *(fig.: being confined)* Gefangenschaft, *die;* ~ **by sb./sth.** Gefangensein durch jmdn./etw.

**improbability** [ɪmprɒbə'bɪlɪtɪ] *n.* Unwahrscheinlichkeit, *die*

**improbable** [ɪm'prɒbəbl] *adj.* **a)** *(not likely)* unwahrscheinlich; **b)** *(incongruous)* unmöglich *(ugs.);* **he is an ~ person to be in charge of a large company** es ist eigentlich erstaunlich, daß er der Chef einer großen Firma ist

**impromptu** [ɪm'prɒmptjuː] **1.** *adj.* improvisiert; **an ~ speech** eine Stegreifrede; **an ~ visit** ein Überraschungsbesuch; ein unangekündigter Besuch. **2.** *adv.* aus dem Stegreif. **3.** *n.* **a)** Improvisation, *die;* **b)** *(Mus.)* Impromptu, *das*

**improper** [ɪm'prɒpə(r)] *adj.* **a)** *(wrong)* unrichtig; ungeeignet ‹*Werkzeug*›; **b)** *(unseemly)* ungehörig; unpassend; *(indecent)* unanständig; **c)** *(not in accordance with rules of conduct)* unangebracht; unzulässig ‹*Gebühren*›; **d)** ~ **fraction** *(Math.)* unechter Bruch

**improperly** [ɪm'prɒpəlɪ] *adv.* **a)** *(wrongly)*

unrichtig; **use sth. ~:** etw. unsachgemäß gebrauchen; **b)** *(in unseemly fashion)* unpassend; *(indecently)* unanständig; **c)** *(in contravention of rules of conduct)* unzulässigerweise; **use sth. ~:** etw. mißbrauchen

**impropriety** [ɪmprəˈpraɪətɪ] *n.* **a)** *no pl.* Unrichtigkeit, *die; (unfitness)* Ungeeignetheit, *die;* **say/state** *etc.* **without ~ that ...:** mit Recht sagen/behaupten *usw.*, daß ...; **b)** *no pl. (unseemliness)* Unpassende, *das; (indecency)* Unanständigkeit, *die;* **the ~ of sb.'s clothing** jmds. unpassende/unschickliche Kleidung; **c)** *no pl. (lack of accordance with rules of conduct)* Unrechtmäßigkeit, *die;* Unredlichkeit, *die;* **see no ~ in doing sth.** nichts Unrechtmäßiges *od.* Unredliches darin sehen, etw. zu tun; **d)** *(instance of improper conduct)* Unanständigkeit, *die;* **moral ~:** moralisches Fehlverhalten

**improvable** [ɪmˈpru:vəbl] *adj.* verbesserungsfähig

**improve** [ɪmˈpru:v] **1.** *v.i.* sich verbessern; besser werden; ‹*Person, Wetter:*› sich bessern; *(become more attractive)* sich zu seinem Vorteil verändern; **he was ill, but he's improving now** er war krank, aber es geht ihm jetzt schon besser; **things are improving** es sieht schon besser aus. **2.** *v.t.* verbessern; erhöhen, steigern ‹*Produktion*›; ausbessern ‹*Haus usw.*›; verschönern ‹*öffentliche Anlage usw.*›; **~d health** ein besserer Gesundheitszustand; **~ one's mind** sich [weiter]bilden; **~ one's situation** sich verbessern. **3.** *v. refl.* **~ oneself** sich weiterbilden

**~ [up]on** *v.t.* überbieten ‹*Rekord, Angebot*›; verbessern ‹*Leistung*›

**improvement** [ɪmˈpru:vmənt] *n.* **a)** *no pl.* Verbesserung, *die;* Besserung, *die; (in trading)* Steigerung, *die;* **there is need for ~ in your handwriting** deine Handschrift müßte besser werden; **an ~ on** *or* **over sth.** eine Verbesserung gegenüber etw.; **b)** *(addition)* Verbesserung, *die;* **make ~s to sth.** Verbesserungen an etw. *(Dat.)* vornehmen

**improvidence** [ɪmˈprɒvɪdəns] *n., no pl.* **a)** Sorglosigkeit, *die;* **b)** *(heedlessness)* Leichtsinn, *der;* **c)** *(thriftlessness)* Verschwendungssucht, *die*

**improvident** [ɪmˈprɒvɪdənt] *adj.* **a)** sorglos; leichtsinnig; **he is ~:** er ist ein unbekümmerter Mensch; **~ action** unbedachtes Handeln; **b)** *(heedless)* leichtsinnig; **c)** *(thriftless)* verschwenderisch

**improvidently** [ɪmˈprɒvɪdəntlɪ] *adv.* **a)** leichtsinnigerweise; **b)** *(thriftlessly)* verschwenderisch

**improvisation** [ɪmprəvaɪˈzeɪʃn, ɪmprɒvɪˈzeɪʃn] *n.* **a)** *no pl.* Improvisieren, *das; (composing while performing)* Improvisation, *die;* **his talent for ~:** sein Improvisationstalent; *(in speaking)* sein Talent für Stegreifreden; **b)** *(thing)* Improvisation, *die;* **the speech was an ~:** die Rede war improvisiert *od.* aus dem Stegreif vorgetragen; **the bench was only an ~:** die Bank war nur ein Provisorium

**improvise** [ˈɪmprəvaɪz] *v.t.* improvisieren; aus dem Stegreif vortragen ‹*Rede*›

**imprudence** [ɪmˈpru:dəns] *n.* **a)** *no pl.* Unüberlegtheit, *die;* **with great ~:** sehr unüberlegt; **b)** *(rash act)* Unbesonnenheit, *die*

**imprudent** [ɪmˈpru:dənt] *adj.* unklug; *(showing rashness)* unbesonnen

**imprudently** [ɪmˈpru:dəntlɪ] *adv.* unbesonnenerweise; bedenklich ‹*nah, schnell*›

**impudence** [ˈɪmpjʊdəns] *n.* **a)** Unverschämtheit, *die;* **b)** *(brazenness)* Dreistigkeit, *die*

**impudent** [ˈɪmpjʊdənt] *adj.*, **impudently** [ˈɪmpjʊdəntlɪ] *adv.* unverschämt; *(brazen)* dreist

**impugn** [ɪmˈpju:n] *v.t.* in Zweifel ziehen; anfechten ‹*Anspruch*›

**impulse** [ˈɪmpʌls] *n.* **a)** *(act of impelling)* Stoß, *der;* Impuls, *der; (fig.: motivation)* Impuls, *der;* **give an ~ to sth.** einer Sache *(Dat.)* neue Impulse geben; **b)** *(mental incitement)* Impuls, *der;* **be seized with an irresistible ~ to do sth.** von einem unwiderstehlichen Drang ergriffen werden, etw. zu tun; **c)** *(tendency to act without reflection)* Impulsivität, *die;* **from pure ~:** rein impulsiv; **be ruled/guided by ~:** impulsiv sein; **be a creature of ~:** ein impulsives Wesen haben; **act/do sth. on [an] ~:** impulsiv handeln/etw. tun; **d)** *(impetus)* Stoßkraft, *die;* **e)** *(Biol., Electr., Phys.)* Impuls, *der*

**ˈimpulse buying** *n.* Spontankäufe *Pl.*

**impulsion** [ɪmˈpʌlʃn] *n.* **a)** *(impelling push)* Stoß, *der;* **b)** *(mental impulse)* Antrieb, *der;* **c)** *(impetus)* Impuls, *der;* **give an ~ to sth.** einer Sache *(Dat.)* neue Impulse geben

**impulsive** [ɪmˈpʌlsɪv] *adj.* **a)** impulsiv; **b)** *(driving)* vorwärts treibend; **~ force** Antriebskraft, *die;* **c)** *(Phys.)* stoßartig

**impulsively** [ɪmˈpʌlsɪvlɪ] *adv.* impulsiv

**impulsiveness** [ɪmˈpʌlsɪvnɪs] *n., no pl.* Impulsivität, *die*

**impunity** [ɪmˈpju:nɪtɪ] *n., no pl.* Straffreiheit, *die;* **be able to do sth. with ~:** etw. gefahrlos tun können; *(without being punished)* etw. ungestraft tun können

**impure** [ɪmˈpjʊə(r)] *adj.* **a)** *(dirty)* unsauber; schmutzig ‹*Wasser*›; **b)** *(unchaste)* unrein; unanständig ‹*Person, Sprache*›; schmutzig ‹*Gedanke*›; **c)** *(mixed with extraneous substance)* unrein; *(fig.: of mixed nature)* unrein; uneinheitlich ‹*Stilform*›

**impurity** [ɪmˈpjʊərɪtɪ] *n.* **a)** *no pl. (being dirty)* Unsauberkeit, *die; (of water)* Verschmutzung, *die;* **b)** *no pl. (not being chaste)* Unreinheit, *die;* **moral ~:** moralische Verfehlung; **c)** *no pl. (being mixed with extraneous substance)* Unreinheit, *die;* **d)** *in pl. (dirt)* Schmutz, *der;* **e)** *(foreign matter)* Fremdkörper, *der;* Fremdstoff, *der*

**imputation** [ɪmpjʊˈteɪʃn] *n.* **a)** *no pl.* Zuschreibung, *die; (accusing)* Bezichtigung, *die;* [ungerechtfertigte] Beschuldigung; Imputation, *die (veralt.);* **b)** *(charge)* Anschuldigung, *die;* Beschuldigung, *die*

**impute** [ɪmˈpju:t] *v.t.* **~ sth. to sb./sth.** jmdm./einer Sache etw. zuschreiben; **~ bad intentions to sb.** jmdm. schlechte Absichten unterstellen

**in** [ɪn] **1.** *prep.* **a)** *(position; also fig.)* in (+ *Dat.*); **I looked into all the boxes, but there was nothing in them** ich sah in alle Kisten hinein, aber es war nichts darin; **in the 'Mauretania'** auf der „Mauretania"; **in the fields** auf den Feldern; **a ride in a motor car** eine Autofahrt; **shot/wounded in the leg** ins Bein geschossen/am Bein verwundet; **in this heat** bei dieser Hitze; **the highest mountain in the world** der höchste Berg der Welt; *see also* **bed 1 a; clover; country b; dark 2 a; prison b; rage 1 a; sky 1; sleep 1 b; street a; [2]tear; b)** *(wearing as dress)* in (+ *Dat.*); *(wearing as headgear)* mit; **in brown shoes** mit braunen Schuhen; **a lady in black** eine Dame in Schwarz; **a group of youths in leather jackets** eine Gruppe Jugendlicher in *od.* mit Lederjacken; *see also* **shirt-sleeve 1; c)** *(with respect to)* **two feet in diameter** mit einem Durchmesser von zwei Fuß; **young in years** jung an Jahren; *see also* **herself a; itself a; d)** *(as a proportionate part of)* **eight dogs in ten** acht von zehn Hunden; **pay 33 pence in the pound as interest** 33 Prozent Zinsen zahlen; *see also* **gradient a; e)** *(as a member of)* in (+ *Dat.*); **be in the Scouts** bei den Pfadfindern sein; **be employed in the Civil Service** als Beamter/Beamtin beschäftigt sein; **f)** *(as content of)* **there are three feet in a yard** ein Yard hat drei Fuß; **is there anything in the notion of ...?** ist an der Vorstellung ... etwas dran?; **what is there in this deal for me?** was springt für mich bei dem Geschäft heraus? *(ugs.);* **there is nothing of the hero in him** er hat nichts von einem Helden an sich *(Dat.);* **there is nothing/not much** *or* **little in it** *(difference)* da ist kein/kein großer Unterschied [zwischen ihnen]; **there is something in what you say** an dem, was Sie sagen, ist etwas dran *(ugs.);* **g)** *(coll.: as a kind of)* in (+ *Dat.*); **the latest thing in fashion/in luxury** der letzte Modeschrei/der neueste Luxus; **h)** *expr. identity* in (+ *Dat.*); **have a faithful friend in sb.** an jmdm. einen treuen Freund haben; **we have lost a first-rate teacher in Jim** wir haben mit Jim einen erstklassigen Lehrer verloren; **i)** *(concerned with)* in (+ *Dat.*); **what line of business are you in?** in welcher Branche sind Sie?; **he's in politics** er ist Politiker; **she's in insurance** sie ist in der Versicherungsbranche tätig; **j) be [not] in it** *(as competitor)* [nicht] dabei *od.* im Rennen sein; **k)** *(Mus.)* in; **in [the key of] D flat** in Des; **l)** *(Ling.) (ending with)* [endend] auf (+ *Akk.*); *(beginning with)* beginnend mit; **m)** *(with arrangement of)* in (+ *Dat.*); **sell eggs in half-dozens** Eier im halben Dutzend verkaufen; *see also* **order 1 a; n)** *(with the means of; having as material, colour)* **a message in code** eine verschlüsselte Nachricht; **in writing** schriftlich; **in this way** auf diese Weise; so; **in a few words** mit wenigen Worten; **bind in leather** in Leder binden; **a dress in velvet** ein Kleid aus Samt; **this sofa is also available in leather/blue** dieses Sofa gibt es auch in Leder/Blau; **write sth. in red** etw. in Rot schreiben; **write in red** mit Rot schreiben; **pay in pounds/dollars** in Pfund/Dollars bezahlen; **draw in crayon/ink** *etc.* mit Kreide/Tinte *usw.* zeichnen; **be cast in brass** *etc.* aus Messing *usw.* gegossen sein; *see also* **English 2 a; o)** *(while, during)* **in crossing the river** beim Überqueren des Flusses; **in fog/rain** *etc.* bei Nebel/Regen *usw.;* **in the 20th century** im 20. Jahrhundert; **in the eighties/nineties** in den Achtzigern/Neunzigern; **4 o'clock in the morning/afternoon** 4 Uhr morgens/abends; **in 1990** [im Jahre] 1990; **p)** *(after a period of)* in (+ *Dat.*); **in three minutes/years** in drei Minuten/Jahren; **q)** *(within the ability of)* **have it in one [to do sth.]** fähig sein[, etw. zu tun]; **I didn't know you had it in you** das hätte ich dir nicht zugetraut; **he has in him the makings of a good soldier** er hat das Zeug zu einem guten Soldaten; **be in human nature** in der menschlichen Natur liegen; **there is no malice in him** er hat nichts Bösartiges an sich *(Dat.);* **r)** *(into)* in (+ *Akk.*); **get the whole of sth. in a photo** etwas ganz auf ein Foto kriegen *(ugs.)* *od.* bekommen; **s) in that** insofern als; *see also* **far 1 d; t) in doing this** *(by so doing)* indem jmd. das tut/tat; dadurch; hierdurch. **2.** *adv.* **a)** *(inside)* hinein‹*gehen usw.*›; *(towards speaker)* herein‹*kommen usw.*›; **when the animal is in, shut the cage door** wenn das Tier drin ist, mach die Käfigtür zu; **is everyone in?** sind alle drin? *(ugs.);* **in with you!** rein mit dir! *(ugs.);* **'In'** „Einfahrt"/„Eingang"; **the children have been in and out all day** die Kinder sind den ganzen Tag raus- und reingerannt *(ugs.);* **b)** *(at home, work, etc.)* **be in** dasein; **find sb. in** jmdn. antreffen; **ask sb. in** jmdn. hereinbitten; **he's been in and out all day** er war den ganzen Tag über mal da und mal nicht da; **c)** *(included)* darin; drin *(ugs.);* **cost £50 all in** 50 Pfund kosten, alles inbegriffen; **the word is not in** das Wort ist nicht aufgeführt; **your article is not in** dein Artikel steht nicht drin *(ugs.);* **d)** *(inward)* innen; **e)** *(in fashion)* in *(ugs.);* in Mode; **f)** *(elected)* **be in** gewählt sein; **the Tories are in** die Tories sind am Ruder; **the Tories are in by three votes** die Tories haben die Wahl mit einer Mehrheit von drei Stimmen gewonnen; **g)** *(Cricket)* **our team is in** unsere Mannschaft ist am Schlag; **h)** *(Brit.: burning)* **be in** ‹*Feuer:*› an sein, brennen; **keep the fire in** das Feuer brennen lassen; **i)** *(having arrived)* **be in** ⟨*Zug, Schiff, Ware, Bewerbung:*⟩ dasein; ⟨*Ernte:*⟩ eingebracht sein; **the coach is not due in for another hour** der Bus wird nicht vor einer Stunde dasein; **j)** *(present)* **be in at the start/climax** beim Start/Höhepunkt dabeisein; **k) sb. is in for sth.** *(about to undergo sth.)* jmdm. steht etw. bevor; *(in competition for sth.)* jmd. nimmt im Wettbewerb um etw. teil; *(taking part in sth.)* jmd. nimmt an etw. *(Dat.)* teil; **we're in for it now!** *(coll.)* jetzt blüht uns was! *(ugs.)*; **have it in for sb.** es auf jmdn. abgesehen haben *(ugs.)*; **l)** *(coll.: as participant, accomplice, observer, etc.)* **be in on the secret/discussion** in das Geheimnis eingeweiht sein/bei der Diskussion dabei sein; **be in on the action** dabeisein; **be [well] in with sb.** mit jmdm. [gut] auskommen; **be in with the right/wrong people** mit den richtigen/falschen Leuten verkehren; **m)** *(Sport)* **be in** ⟨*Ball:*⟩ drin sein. *See also* **all 3**; **eye 1 a**; **far 1 d**; **luck b**; **penny c**; **tide 1 a. 3.** *attrib. adj. (fashionable)* Mode-; **the in crowd** die Clique, die gerade in ist *(ugs.)*; **in joke** Insiderwitz, *der.* **4.** *n.* **know the ins and outs of a matter** sich in einer Sache genau auskennen; **I don't know the ins and outs of the argument** ich weiß nicht [genau], worum es bei diesem Streit geht

**in.** *abbr.* **inch[es]**

**inability** [ɪnəˈbɪlɪtɪ] *n., no pl.* **a)** *(being unable)* Unfähigkeit, *die;* **b)** *(lack of power)* Unvermögen, *das*

**in absentia** [ɪn æbˈsentɪə, ɪn æbˈsenʃɪə] *adv.* in absentia *(bes. Rechtsw.)*

**inaccessibility** [ɪnəksesɪˈbɪlɪtɪ] *n., no pl.* **a)** *(unreachableness)* Unzugänglichkeit, *die;* **b)** *(unapproachableness)* Unnahbarkeit, *die*

**inaccessible** [ɪnəkˈsesɪbl] *adj.* **a)** *(that cannot be reached)* unzugänglich; **b)** *(unapproachable)* unnahbar; unzugänglich

**inaccuracy** [ɪnˈækjʊrəsɪ] *n.* **a)** *(incorrectness)* Unrichtigkeit, *die;* **an example of ~ in the use of ...:** ein Beispiel für den unrichtigen Gebrauch von ...; **b)** *(imprecision)* Ungenauigkeit, *die*

**inaccurate** [ɪnˈækjʊrət] *adj.* **a)** *(incorrect)* unrichtig; **b)** *(imprecise)* ungenau

**inaccurately** [ɪnˈækjʊrətlɪ] *adv.* **a)** *(incorrectly)* falsch; **b)** *(imprecisely)* ungenau

**inaction** [ɪnˈækʃn] *n., no pl., no indef. art.* **a)** Untätigkeit, *die;* **b)** *(sluggishness)* Trägheit, *die*

**inactive** [ɪnˈæktɪv] *adj.* **a)** untätig; **b)** *(sluggish)* träge

**inactivity** [ɪnækˈtɪvɪtɪ] *n., no pl.* **a)** Untätigkeit, *die;* **b)** *(sluggishness)* Trägheit, *die*

**inadequacy** [ɪnˈædɪkwəsɪ] *n.* **a)** Unzulänglichkeit, *die;* **b)** *(incompetence)* mangelnde Eignung

**inadequate** [ɪnˈædɪkwət] *adj.* **a)** unzulänglich; **his response was ~ [to the situation]** seine Antwort war [der Situation] nicht angemessen; **the resources are ~ to his needs** die Mittel reichen für seine Bedürfnisse nicht aus; **b)** *(incompetent)* ungeeignet; **feel ~:** sich überfordert fühlen

**inadequately** [ɪnˈædɪkwətlɪ] *adv.* **a)** unzulänglich; **b)** *(incompetently)* mangelhaft

**inadmissibility** [ɪnədmɪsɪˈbɪlɪtɪ] *n., no pl.* Unzulässigkeit, *die*

**inadmissible** [ɪnədˈmɪsɪbl] *adj.* unzulässig

**inadvertent** [ɪnədˈvɜːtənt] *adj.* ungewollt; versehentlich

**inadvertently** [ɪnədˈvɜːtəntlɪ] *adv.* versehentlich

**inadvisability** [ɪnədvaɪzəˈbɪlɪtɪ] *n., no pl.* *(inappropriateness)* Unangebrachtheit, *die;* *(foolishness)* Unvernünftigkeit, *die;* **see the ~ of sth.** sehen, daß etw. nicht ratsam ist

**inadvisable** [ɪnədˈvaɪzəbl] *adj.* nicht ratsam; unratsam

**inalienable** [ɪnˈeɪlɪənəbl] *adj.* unveräußerlich ⟨*Recht*⟩

**inane** [ɪˈneɪn] *adj.,* **inanely** [ɪˈneɪnlɪ] *adv.* dümmlich

**inanimate** [ɪnˈænɪmət] *adj.* unbelebt

**inanity** [ɪˈnænɪtɪ] *n.* Dümmlichkeit, *die*

**inapplicability** [ɪnæplɪkəˈbɪlɪtɪ] *n., no pl.* Nichtanwendbarkeit, *die*

**inapplicable** [ɪnˈæplɪkəbl, ɪnəˈplɪkəbl] *adj.* nicht anwendbar **(to** auf **+** *Akk.*)

**inappropriate** [ɪnəˈprəʊprɪət] *adj.* unpassend; **be ~ for sth.** für etw. nicht geeignet sein; **be ~ to the occasion** dem Anlaß nicht angemessen sein; **this translation is ~:** diese Übersetzung ist nicht angemessen

**inappropriately** [ɪnəˈprəʊprɪətlɪ] *adv.* unpassend

**inapt** [ɪnˈæpt] *adj.,* **inaptly** [ɪnˈæptlɪ] *adv.* unpassend

**inarticulate** [ɪnɑːˈtɪkjʊlət] *adj.* **a)** unverständlich; inartikuliert *(geh.)*; **b)** *(dumb)* unfähig zu sprechen

**inarticulately** [ɪnɑːˈtɪkjʊlətlɪ] *adv.* inartikuliert *(geh.)*; unverständlich ⟨*murmeln*⟩

**inartistic** [ɪnɑːˈtɪstɪk] *adj.* unkünstlerisch ⟨*Person*⟩

**inasmuch** [ɪnəzˈmʌtʃ] *adv.* **~ as a)** insofern als; **b)** *(because)* da

**inattention** [ɪnəˈtenʃn] *n., no pl.* Unaufmerksamkeit, *die* **(to** gegenüber); **~ to detail** Ungenauigkeit im Detail

**inattentive** [ɪnəˈtentɪv] *adj.* unaufmerksam **(to** gegenüber)

**inattentiveness** [ɪnəˈtentɪvnɪs] *n., no pl.* Unaufmerksamkeit, *die*

**inaudible** [ɪnˈɔːdɪbl] *adj.,* **inaudibly** [ɪnˈɔːdɪblɪ] *adv.* unhörbar

**inaugural** [ɪˈnɔːgjʊrl] *adj.* **a)** *(first in series)* Eröffnungs-; **b)** *(given at inauguration)* **~ lecture** *or* **address** Antrittsrede, *die; (of professor)* Antrittsvorlesung, *die*

**inaugurate** [ɪˈnɔːgjʊreɪt] *v. t.* **a)** *(admit to office)* in sein Amt einführen; inaugurieren *(geh.)*; **b)** *(begin)* einführen; aufnehmen ⟨*Frachtverkehr usw.*⟩; in Angriff nehmen ⟨*Projekt*⟩; **c)** *(officially open)* seiner Bestimmung übergeben; *(with ceremony)* einweihen

**inauguration** [ɪnɔːgjʊˈreɪʃn] *n.* **a)** *(admission to office)* Amtseinführung, *die;* Inauguration, *die (geh.)*; **b)** *(beginning)* Einführung, *die; (of service)* Aufnahme, *die; (of project)* Inangriffnahme, *die;* **c)** *(official opening)* Übergabe, *die; (with ceremony)* Einweihung, *die*

**inauspicious** [ɪnɔːˈspɪʃəs] *adj.* **a)** *(ominous)* unheilverkündend; unheilvoll; **we made an ~ start to the project** schon der Beginn des Projekts verhieß nichts Gutes; **b)** *(unlucky)* unglücklich

**ˈinboard** *(Naut., Aeronaut., Motor Veh.)* **1.** *adv.* binnenbords. **2.** *adj.* Innen[bord]-

**ˈinborn** *adj.* angeboren **(in** *Dat.*)

**inˈbred** *adj.* **a)** angeboren; **b)** *(impaired by inbreeding)* **they are/have become ~:** bei ihnen herrscht Inzucht

**inˈbreeding** *n.* Inzucht, *die*

**ˈin-built** *adj.* jmdm./einer Sache eigen

**Inc.** *abbr. (Amer.)* **Incorporated** e. G.

**Inca** [ˈɪŋkə] **1.** *n.* Inka, *der/die.* **2.** *adj.* der Inkas *nachgestellt*

**incalculable** [ɪnˈkælkjʊləbl] *adj.* **a)** *(very great)* unermeßlich; **b)** *(unpredictable)* unabsehbar; unberechenbar ⟨*Person, Temperament*⟩

**in camera** *see* **camera b**

**incandescent** [ɪnkænˈdesənt] *adj.* glühend; **~ lamp** Glühlampe, *die*

**incantation** [ɪnkænˈteɪʃn] *n.* **a)** *(words)* Zauberspruch, *der;* **b)** *(spell)* Beschwörung, *die*

**incapability** [ɪnkeɪpəˈbɪlɪtɪ] *n., no pl.* Unvermögen, *das;* Unfähigkeit, *die*

**incapable** [ɪnˈkeɪpəbl] *adj.* **a)** *(lacking ability)* **be ~ of doing sth.** außerstande sein, etw. zu tun; **be ~ of sth.** zu etw. unfähig sein; **she is ~ of such an act** sie ist zu einer solchen Tat nicht fähig; **b) be ~ of** *(not allow)* nicht zulassen ⟨*Beweis, Messung usw.*⟩; **sb. is ~ of any improvement** jmd. ist zu keiner Besserung fähig; **a statement that is ~ of proof** eine Feststellung, die nicht beweisbar ist; **c)** *(incompetent)* unfähig; **he was drunk to the point of being completely ~:** er war so betrunken, daß er zu nichts mehr fähig war

**incapacitate** [ɪnkəˈpæsɪteɪt] *v. t.* **a)** *(render unfit)* unfähig machen; **~ sb. for** *or* **from doing sth.** es jmdm. unmöglich machen, etw. zu tun; **physically ~d/~d by illness** körperlich/durch Krankheit behindert; **b)** *(disqualify)* ausschließen **(for** von)

**incapacity** [ɪnkəˈpæsɪtɪ] *n., no pl.* Unfähigkeit, *die* **(for** zu); **civil ~** *(Law)* Geschäftsunfähigkeit, *die*

**incarcerate** [ɪnˈkɑːsəreɪt] *v. t.* einkerkern *(geh.)*

**incarceration** [ɪnkɑːsəˈreɪʃn] *n.* Einkerkerung, *die (geh.)*

**incarnate** [ɪnˈkɑːnət] *adj.* **a) be the devil ~:** der leibhaftige Satan *od.* der Teufel in Person sein; **the Word I~** *(Theol.)* das fleischgewordene Wort; **b)** *(in perfect form)* **be beauty/wisdom** *etc.* **~:** die personifizierte Schönheit/Weisheit *usw.* sein

**incarnation** [ɪnkɑːˈneɪʃn] *n.* Inkarnation, *die*

**incautious** [ɪnˈkɔːʃəs] *adj.,* **incautiously** [ɪnˈkɔːʃəslɪ] *adv.* unbedacht

**incendiary** [ɪnˈsendɪərɪ] **1.** *adj.* **a) ~ attack** Brandstiftung, *die;* **~ device** Brandsatz, *der;* **~ bomb** *see* **2 b**; **b)** *(fig.)* aufwieglerisch; Hetz-. **2.** *n.* **a)** *(person)* Brandstifter, *der/*-stifterin, *die; (fig.)* Aufwiegler, *der*/Aufwieglerin, *die;* **b)** *(bomb)* Brandbombe, *die*

**¹incense** [ˈɪnsens] *n.* Weihrauch, *der*

**²incense** [ɪnˈsens] *v. t.* erzürnen; erbosen; **be ~d at** *or* **by sth./with sb.** über etw./jmdn. erbost *od.* erzürnt sein

**incentive** [ɪnˈsentɪv] *n.* **a)** *(motivation)* Anreiz, *der;* **~ to achievement** Leistungsanreiz, *der; attrib.* **~ payment system** System des finanziellen Anreizes; **b)** *(payment)* finanzieller Anreiz

**inception** [ɪnˈsepʃn] *n.* Einführung, *die;* **from** *or* **since/at its ~:** von Beginn an/zu Beginn

**incessant** [ɪnˈsesənt] *adj.,* **incessantly** [ɪnˈsesəntlɪ] *adv.* unablässig; unaufhörlich

**incest** [ˈɪnsest] *n.* Inzest, *der;* Blutschande, *die*

**incestuous** [ɪnˈsestjʊəs] *adj. (lit. or fig.)* inzestuös

**inch** [ɪnʃ] **1.** *n.* **a)** Inch, *der;* Zoll, *der (veraltet)*; **a $2\frac{1}{2}$-~ map** eine Landkarte im Maßstab 1 Meile : $2\frac{1}{2}$ Inches; **he could hardly see an ~ in front of him** er konnte kaum die Hand vor Augen sehen; **miss sth./sb. by ~es** etw./jmdn. um Haaresbreite verfehlen; **b)** *(small amount)* **~ by ~:** ≈ Zentimeter um Zentimeter; **by ~es** ≈ zentimeterweise; **escape death by an ~:** dem Tod mit knapper Not entrinnen; **she came within an ~ of winning** sie hätte um ein Haar gewonnen; **give him an ~ and he will take a mile** wenn man ihm den kleinen Finger reicht, nimmt er gleich die ganze Hand; **not give** *or* **yield an ~:** keinen Fingerbreit nachgeben; keinen Zoll weichen *(geh.)*; **he is every ~ a soldier** er ist Zoll für Zoll ein Soldat *(geh.)*; **he was flogged within an ~ of his life** er wurde fast zu Tode geprügelt; **c)** *in pl. (stature)* Körpergröße, *die.* **2.** *v. t.* ≈ zentimeterweise bewegen; **~ one's way forward** sich Zoll für Zoll vorwärtsbewegen. **3.** *v. i.* ≈ sich zentimeterweise bewegen; **~ along/forward** sich ganz langsam entlang-/vorwärtsbewegen

**inchoate** [ˈɪnkəʊət] *adj.* **a)** *(just begun)* beginnend; **b)** *(undeveloped)* unausgereift

**incidence** [ˈɪnsɪdəns] *n.* **a)** *(occurrence)* Auftreten, *das;* Vorkommen, *das;* **b)** *(man-*

*ner or range of occurrence)* Häufigkeit, *die;* ~ **of crime/accidents** Verbrechens-/Unfallrate, *die;* **c)** *(Phys.)* Einfall, *der;* **angle of** ~: Einfall[s]winkel, *der;* Inzidenzwinkel, *der (fachspr.)*

**incident** ['ɪnsɪdənt] **1.** *n.* **a)** *(notable event)* Vorfall, *der; (minor occurrence)* Begebenheit, *die;* Vorkommnis, *das;* **the evening passed without** ~: der Abend verging ohne besondere Vorkommnisse; **b)** *(clash)* Zwischenfall, *der;* **frontier** ~: Grenzzwischenfall, *der;* **c)** *(in play, novel, etc.)* Episode, *die.* **2.** *adj.* **a)** *(attaching)* ~ **to** verbunden mit; **b)** *(falling)* einfallend 〈*Licht, Strahl*〉

**incidental** [ɪnsɪ'dentl] **1.** *adj.* **a)** *(casual)* beiläufig 〈*Art, Bemerkung*〉; Neben〈*ausgaben, -einnahmen, -gewinn*〉; **b)** *(attaching)* ~ **to** verbunden mit. **2.** *n., in pl.* Nebensächlichkeiten; *(expenses)* Nebenausgaben

**incidentally** [ɪnsɪ'dentəlɪ] *adv.* **a)** *(by the way)* nebenbei [bemerkt]; **b)** *(by chance)* zufällig; **c)** *(as not essential)* am Rande

**inci'dental music** *n.* Begleitmusik, *die*

**'incident room** *n. [temporäres] lokales Einsatzzentrum der Polizei*

**incinerate** [ɪn'sɪnəreɪt] *v. t.* verbrennen

**incinerator** [ɪn'sɪnəreɪtə(r)] *n.* Verbrennungsofen, *der; (in garden)* Abfallverbrenner, *der*

**incipient** [ɪn'sɪpɪənt] *adj.* anfänglich; einsetzend 〈*Schmerzen*〉; aufkommend 〈*Zweifel, Angst*〉

**incise** [ɪn'saɪz] *v. t.* einschneiden

**incision** [ɪn'sɪʒn] *n.* **a)** *(cutting)* Einschneiden, *das;* **b)** *(cut)* Einschnitt, *der;* **abdominal** ~: Bauchschnitt, *der*

**incisive** [ɪn'saɪsɪv] *adj.* schneidend 〈*Ton*〉; scharf 〈*Verstand*〉; scharfsinnig 〈*Genie, Kritik, Methode, Frage, Bemerkung, Argument*〉; präzise 〈*Sprache, Stil*〉

**incisively** [ɪn'saɪsɪvlɪ] *adv.* scharfsinnig; präzise 〈*sich ausdrücken*〉

**incisor** [ɪn'saɪzə(r)] *n. (Anat., Zool.)* Schneidezahn, *der*

**incitation** [ɪnsɪ'teɪʃn] *n. see* **incitement a**

**incite** [ɪn'saɪt] *v. t.* anstiften; aufstacheln, aufwiegeln 〈*Massen, Volk*〉

**incitement** [ɪn'saɪtmənt] *n.* **a)** *(act)* Anstiftung, *die; (of masses, crowd)* Aufstachelung, *die;* Aufwiegelung, *die;* **b)** *(encouragement)* Antrieb, *der*

**incivility** [ɪnsɪ'vɪlɪtɪ] *n.* Unhöflichkeit, *die;* **it is gross** ~ **to refuse** es ist eine grobe Unhöflichkeit abzulehnen

**incl.** *abbr.* **including** inkl.; einschl.

**inclement** [ɪn'klemənt] *adj.* unfreundlich 〈*Wetter*〉

**inclination** [ɪnklɪ'neɪʃn] *n.* **a)** *(slope)* [Ab]hang, *der; (of roof)* Neigung, *die;* **b)** *(preference, desire)* Neigung, *die;* **have a strong** ~ **to[wards]** *or* **for sth.** eine ausgeprägte Neigung für etw. haben; **my** ~ **is to let the matter rest** ich neige dazu, die Sache auf sich beruhen zu lassen; **by** ~ **he tended to be a recluse** er hatte eine Neigung zum Einsiedlertum; **have neither the time nor the** ~ **to pursue the matter** weder die Zeit noch die Lust haben, die Sache zu verfolgen; **my immediate** ~ **was to throw him out** mein erster Gedanke war, ihn hinauszuwerfen; **show no** ~ **to go to bed** keine Anstalten machen, ins Bett zu gehen; **c)** *(liking)* ~ **for sb.** Zuneigung für jmdn.; **d)** *(bow, nod)* Neigung, *die*

**incline 1.** [ɪn'klaɪn] *v. t.* **a)** *(bend)* neigen; **b)** *(dispose)* veranlassen; **all her instincts** ~**d her to stay** alles in ihr drängte sie zu bleiben. **2.** *v. i.* **a)** *(be disposed)* neigen (**to[wards]** zu); ~ **to believe that ...:** geneigt sein zu glauben, daß ...; ~ **to suppose that ...:** zu der Annahme neigen, daß ...; **b)** *(lean)* sich neigen. **3.** ['ɪnklaɪn] *n.* Steigung, *die*

**inclined** [ɪn'klaɪnd] *adj.* **a)** *(disposed)* geneigt; **be mathematically** ~: sich für Mathematik interessieren; **he is not very much** ~ **to believe me** er zeigt wenig Neigung, mir zu glauben; **they are** ~ **to be slow** sie neigen zur Langsamkeit; **if you feel [so]** ~: wenn Sie Lust dazu haben; **if you are that way** ~: wenn das Ihren Neigungen entspricht; **he is that way** ~: er neigt dazu; **be** ~ **to believe that ...:** geneigt sein zu glauben, daß ...; **the door is** ~ **to bang** die Tür schlägt leicht zu; **b)** *(sloping)* abfallend

**inclined 'plane** *n. (Phys.)* schiefe Ebene

**inclose** *see* **enclose**

**include** [ɪn'klu:d] *v. t.* einschließen; *(contain)* enthalten; **his team** ~**s a number of people who ...:** zu seiner Mannschaft gehören einige, die ...; **..., [the] children** ~**d** ..., [die] Kinder eingeschlossen; **does that** ~ **'me?** gilt das auch für mich?; **the list** ~**d several prominent politicians** die Liste enthielt mehrere prominente Politiker; **your name is not** ~**d in the list** dein Name steht nicht auf der Liste; **have you** ~**d the full amount?** haben Sie den vollen Betrag einbezogen?; ~ **sth. in an essay** *etc.* etw. in einen Aufsatz *usw.* aufnehmen; ~**d in the price** im Preis inbegriffen; **postage** ~**d** einschließlich Porto

~ **'out** *v. t. (coll. joc.)* auslassen; **[you can]** ~ **me out** ohne mich!

**including** [ɪn'klu:dɪŋ] *prep.* einschließlich; **I make that ten** ~ **the captain** mit dem Kapitän sind das nach meiner Rechnung zehn; **up to and** ~ **the last financial year** bis einschließlich des letzten Geschäftsjahres; ~ **VAT** inklusive Mehrwertsteuer; **the lights cost me £10,** ~ **the batteries** die Lampen kosteten mich, einschließlich Batterien, 10 Pfund

**inclusion** [ɪn'klu:ʒn] *n.* Aufnahme, *die*

**inclusive** [ɪn'klu:sɪv] *adj.* **a)** inklusive *(bes. Kaufmannsspr.);* einschließlich; **be** ~ **of sth.** etw. einschließen; **the rent is not** ~ **of gas and electricity charges** in der Miete sind Gas und Strom nicht enthalten; **from 2 to 6 January** ~: vom 2. bis einschließlich 6. Januar; **pages 7 to 26** ~: Seite 7 bis 26 einschließlich; **b)** *(including everything)* Pauschal-; Inklusiv-; ~ **terms** Pauschalpreis, *der;* **cost £50** ~: 50 Pfund kosten, alles inbegriffen

**incognito** [ɪnkɒg'ni:təʊ] **1.** *adj., adv.* inkognito. **2.** *n.* Inkognito, *das*

**incoherent** [ɪnkəʊ'hɪərənt] *adj.* zusammenhanglos; ~ **person/talk** sich ohne Zusammenhang ausdrückende Person/zusammenhangloses Gerede

**incoherently** [ɪnkəʊ'hɪərəntlɪ] *adv.* zusammenhanglos

**incombustible** [ɪnkəm'bʌstɪbl] *adj.* unbrennbar

**income** ['ɪnkəm] *n.* Einkommen, *das;* ~**s** *(receipts)* Einkünfte *Pl.;* **live within/beyond one's** ~: entsprechend seinen Verhältnissen/über seine Verhältnisse leben

**income:** ~ **group** *n.* Einkommensklasse, *die;* ~**s policy** *n.* Einkommenspolitik, *die;* ~ **support** *n. (Brit.)* zusätzliche Hilfe zum Lebensunterhalt; ~ **tax** *n.* Einkommensteuer, *die; (on wages, salary)* Lohnsteuer, *die;* ~ **tax return** Einkommensteuererklärung, *die*/Lohnsteuererklärung, *die*

**'incoming** *adj.* **a)** *(arriving)* ankommend; einlaufend 〈*Zug, Schiff*〉; landend 〈*Flugzeug*〉; einfahrend 〈*Zug*〉; eingehend 〈*Telefongespräch, Auftrag*〉; **the** ~ **post** *or* **mail** der Posteingang *(Bürow.)*; **the** ~ **tide** die Flut; **b)** *(succeeding)* neu 〈*Vorsitzender, Präsident, Mieter, Regierung*〉

**incomings** ['ɪnkʌmɪŋz] *n. pl. (revenue, income)* Einnahmen *Pl.;* Einkünfte *Pl.*

**incommensurable** [ɪnkə'menʃərəbl] *adj.* inkommensurabel

**incommensurate** [ɪnkə'menʃərət] *adj. (not comparable)* **be** ~ **with** *or* **to sth.** einer Sache *(Gen.)* unangemessen sein

**incommode** [ɪnkə'məʊd] *v. t. (formal)* **a)** *(annoy)* belästigen; inkommodieren *(geh. veralt.);* **b)** *(inconvenience)* behindern

**incommunicado** [ɪnkəmju:nɪ'kɑ:dəʊ] *pred. adj.* von der Außenwelt abgeschnitten; **hold sb.** ~: jmdn. ohne Verbindung zur Außenwelt halten

**incomparable** [ɪn'kɒmpərəbl] *adj.,* **incomparably** [ɪn'kɒmpərəblɪ] *adv.* unvergleichlich

**incompatibility** [ɪnkəmpætɪ'bɪlɪtɪ] *n., no pl.* **a)** *(inability to harmonize)* Unverträglichkeit, *die;* **divorce on grounds of** ~: Scheidung wegen unüberwindlicher Abneigung; **b)** *(unsuitability for use together)* Nichtübereinstimmung, *die; (of medicines)* Unverträglichkeit, *die;* **c)** *(inconsistency)* Unvereinbarkeit, *die*

**incompatible** [ɪnkəm'pætɪbl] *adj.* **a)** *(unable to harmonize)* unverträglich; **they were** ~ **and they separated** sie paßten nicht zueinander und trennten sich; **b)** *(unsuitable for use together)* unvereinbar; inkompatibel *(Technik);* unverträglich 〈*Medikamente*〉; **c)** *(inconsistent)* unvereinbar

**incompetence** [ɪn'kɒmpɪtəns], **incompetency** [ɪn'kɒmpɪtənsɪ] *n.* Unfähigkeit, *die;* Unvermögen, *das*

**incompetent** [ɪn'kɒmpɪtənt] **1.** *adj.* unfähig; unzulänglich 〈*Arbeit*〉; **he was** ~ **at his job** in seinem Beruf war er völlig unfähig. **2.** *n.* Unfähige, *der/die*

**incompetently** [ɪn'kɒmpɪtəntlɪ] *adv.* stümperhaft

**incomplete** [ɪnkəm'pli:t] *adj.,* **incompletely** [ɪnkəm'pli:tlɪ] *adv.* unvollständig

**incompleteness** [ɪnkəm'pli:tnɪs] *n., no pl.* Unvollständigkeit, *die*

**incomprehensible** [ɪnkɒmprɪ'hensɪbl] *adj.* unbegreiflich; unverständlich 〈*Sprache, Rede, Theorie, Argument*〉

**incomprehension** [ɪnkɒmprɪ'henʃn] *n., no pl.* Verständnislosigkeit, *die* (**of** gegenüber)

**inconceivable** [ɪnkən'si:vəbl] *adj.,* **inconceivably** [ɪnkən'si:vəblɪ] *adv.* **a)** *(coll.: remarkable/remarkably)* unfaßbar; **b)** *(unimaginable/unimaginably)* unvorstellbar

**inconclusive** [ɪnkən'klu:sɪv] *adj.* ergebnislos; nicht schlüssig 〈*Beweis, Argument*〉; **the result was** ~: das Ergebnis gab keinen Aufschluß

**inconclusively** [ɪnkən'klu:sɪvlɪ] *adv.* ergebnislos; nicht schlüssig 〈*argumentieren*〉

**incongruity** [ɪnkɒŋ'gru:ɪtɪ] *n.* **a)** *no pl. (quality)* Deplaziertheit, *die;* **without** ~: ohne deplaziert zu wirken; **b)** *(instance)* Absurdität, *die*

**incongruous** [ɪn'kɒŋgrʊəs] *adj.* **a)** *(inappropriate)* unpassend; **b)** *(inharmonious)* unvereinbar; nicht zusammenpassend 〈*Farben, Kleidungsstücke*〉

**incongruously** [ɪn'kɒŋgrʊəslɪ] *adv.* *(inappropriately)* unpassend; *as sentence-modifier* unpassenderweise

**incongruousness** [ɪn'kɒŋgrʊəsnɪs] *see* **incongruity a**

**inconsequent** [ɪn'kɒnsɪkwənt] *adj.* **a)** *(irrelevant)* sprunghaft 〈*Abweichung, Eingebung*〉; zusammenhanglos 〈*Bemerkung*〉; **b)** *(illogical)* unlogisch; **c)** *(disconnected)* unzusammenhängend

**inconsequential** [ɪnkɒnsɪ'kwenʃl] *adj.* **a)** *(unimportant)* belanglos; **b)** *see* **inconsequent a**

**inconsiderable** [ɪnkən'sɪdərəbl] *adj.* unbeträchtlich; unerheblich; **the costs were not** ~: die Kosten waren nicht unerheblich

**inconsiderate** [ɪnkən'sɪdərət] *adj.* **a)** *(unkind)* rücksichtslos; **b)** *(rash)* unbedacht; unüberlegt

**inconsiderately** [ɪnkən'sɪdərətlɪ] *adv.* *(unkindly)* rücksichtslos; *as sentence-modifier* rücksichtsloserweise

**inconsistency** [ɪnkən'sɪstənsɪ] *n.* **a)** *(incompatibility, self-contradiction)* Widersprüchlichkeit, *die* (**with** zu); **b)** *(illogicality)*

Inkonsequenz, *die;* **c)** *(irregularity)* Unbeständigkeit, *die;* Inkonsistenz, *die (geh.)*

**inconsistent** [ɪnkən'sɪstənt] *adj.* **a)** *(incompatible, self-contradictory)* widersprüchlich; **be ~ with sth.** zu etw. im Widerspruch stehen; **results ~ with the others** Ergebnisse, die nicht zu den anderen passen; **b)** *(illogical)* inkonsequent; **c)** *(irregular)* unbeständig; inkonsistent *(geh.)*

**inconsistently** [ɪnkən'sɪstəntlɪ] *adv.* **a)** *(in a self-contradictory manner)* widersprüchlich; **b)** *(illogically)* inkonsequent; **c)** *(irregularly)* unbeständig; inkonsistent *(geh.)*

**inconsolable** [ɪnkən'səʊləbl] *adj.* untröstlich

**inconspicuous** [ɪnkən'spɪkjʊəs] *adj.* unauffällig; **make oneself ~:** sich so verhalten, daß man nicht auffällt

**inconspicuously** [ɪnkən'spɪkjʊəslɪ] *adv.* unauffällig

**inconstancy** [ɪn'kɒnstənsɪ] *n., no pl. see* **inconstant:** Unstetigkeit, *die;* Wankelmut, *der (geh.);* Ungleichmäßigkeit, *die*

**inconstant** [ɪn'kɒnstənt] *adj.* **a)** *(fickle)* unstet; wankelmütig *(geh.);* **b)** *(irregular)* ungleichmäßig

**incontestable** [ɪnkən'testəbl] *adj.* unbestreitbar; unwiderlegbar ‹*Beweis*›

**incontinence** [ɪn'kɒntɪnəns] *n. (Med.)* Inkontinenz, *die*

**incontinent** [ɪn'kɒntɪnənt] *adj. (Med.)* inkontinent; **be ~:** an Inkontinenz leiden

**incontrovertible** [ɪnkɒntrə'vɜːtɪbl] *adj.* unbestreitbar; unwiderlegbar ‹*Beweis*›

**incontrovertibly** [ɪnkɒntrə'vɜːtɪblɪ] *adv.* unbestreitbar; unwiderlegbar ‹*beweisen*›

**inconvenience** [ɪnkən'viːnɪəns] **1.** *n.* **a)** *no pl. (discomfort, disadvantage)* Unannehmlichkeiten (**to** für); **put sb. to a lot of ~:** jmdm. große Unannehmlichkeiten bereiten; **go to a great deal of ~:** große Unannehmlichkeiten auf sich *(Akk.)* nehmen; **b)** *(instance)* **if it's no ~:** wenn es keine Umstände macht; **it is rather an ~ to have to wait** es ist ziemlich unangenehm, warten zu müssen. **2.** *v. t.* Unannehmlichkeiten bereiten (+ *Dat.*); *(disturb)* stören; **don't ~ yourself just for me** *or* **on my account** mach [dir] meinetwegen nur keine Umstände!

**inconvenient** [ɪnkən'viːnɪənt] *adj.* unbequem; ungünstig ‹*Lage, Standort*›; unpraktisch ‹*Design, Konstruktion, Schnitt*›; **a very ~ time** eine sehr ungünstige Zeit; **come at an ~ time** zu ungelegener Zeit kommen; **if it is not ~ [to you]** wenn es Ihnen recht ist

**inconveniently** [ɪnkən'viːnɪəntlɪ] *adv.* ungünstig ‹*gelegen*›; unbequem ‹*klein*›

**incorporate** [ɪn'kɔːpəreɪt] *v. t.* **a)** *(make a legal corporation)* vereinigen; **~ a company** eine Gesellschaft gründen; **be ~d as a company** zu einer Gesellschaft zusammengeschlossen sein; **b)** *(include)* aufnehmen (**in[to], with** in + *Akk.*); **your suggestion will be ~d in the plan** dein Vorschlag wird in den Plan eingehen; **the new plan ~s many of your suggestions** in dem neuen Plan sind viele deiner Vorschläge enthalten; **c)** *(unite)* verbinden (**into** zu); **~ one's ideas in an essay** seine Gedanken in einem Essay zusammenfassen

**incorporated** [ɪn'kɔːpəreɪtɪd] *adj.* eingetragen ‹*[Handels]gesellschaft*›

**incorporation** [ɪnkɔːpə'reɪʃn] *n.* **a)** *(formation)* Gründung, *die;* **b)** *(inclusion)* Eingliederung, *die; (of material, chemical)* Aufnahme, *die;* **c)** *(union)* Verbindung, *die* (**into** zu)

**incorporeal** [ɪnkɔː'pɔːrɪəl] *adj. (not composed of matter; also Law)* unkörperlich; geisterhaft ‹*Erscheinung, Wesen*›

**incorrect** [ɪnkə'rekt] *adj.* **a)** unrichtig; inkorrekt; **be ~:** nicht stimmen; **it is ~ to say that ...:** es stimmt nicht, daß ...; **you are ~ in believing that ...:** du irrst, wenn du glaubst, daß ...; **b)** *(improper)* inkorrekt; unschicklich

**incorrectly** [ɪnkə'rektlɪ] *adv.* **a)** unrichtigerweise; falsch ‹*beantworten, aussprechen*›; **b)** *(improperly)* inkorrekt; unschicklich

**incorrectness** [ɪnkə'rektnɪs] *n., no pl.* **a)** Unrichtigkeit, *die;* Inkorrektheit, *die;* **b)** *(impropriety)* Inkorrektheit, *die;* Unschicklichkeit, *die*

**incorrigible** [ɪn'kɒrɪdʒɪbl] *adj.*, **incorrigibly** [ɪn'kɒrɪdʒɪblɪ] *adv.* unverbesserlich

**incorruptible** [ɪnkə'rʌptɪbl] *adj.* **a)** *(upright)* unbestechlich; **b)** *(not subject to decay)* unzerstörbar

**increase 1.** [ɪn'kriːs] *v. i.* zunehmen; ‹*Schmerzen:*› stärker werden; ‹*Lärm:*› größer werden; ‹*Verkäufe, Preise, Nachfrage:*› steigen; **~ in skill** größere Fertigkeit gewinnen; **~ in weight/size/price** schwerer/größer/teurer werden; **~ in maturity/value/popularity** an Reife/Wert/Popularität *(Dat.)* gewinnen. **2.** *v. t.* **a)** *(make greater)* erhöhen; vermehren ‹*Besitz*›; **wages are ~d** die Löhne steigen; **b)** *(intensify)* verstärken; **~ one's efforts/commitment** sich mehr anstrengen/engagieren. **3.** ['ɪnkriːs] *n.* **a)** *(becoming greater)* Zunahme, *die* (**in** *Gen.*); *(in measurable amount)* Anstieg, *der* (**in** *Gen.*); *(deliberately caused)* Steigerung, *die* (**in** *Gen.*); **~ in weight/size** Gewichtszunahme, *die*/Vergrößerung, *die;* **~ in popularity** Popularitätsgewinn, *der;* **be on the ~:** [ständig] zunehmen; **b)** *(by reproduction)* Zunahme, *die;* Zuwachs, *der;* **c)** *(amount)* Erhöhung, *die; (of growth)* Zuwachs, *der*

**increasing** [ɪn'kriːsɪŋ] *adj.* steigend; wachsend; **an ~ number of people** mehr und mehr Menschen

**increasingly** [ɪn'kriːsɪŋlɪ] *adv.* in zunehmendem Maße; **become ~ apparent** immer deutlicher werden; **I am ~ of the opinion that ...:** ich bin immer mehr der Meinung, daß ...; **~, the husband looks after the children** immer häufiger kümmert sich der Mann um die Kinder

**incredibility** [ɪnkredɪ'bɪlɪtɪ] *n., no pl.* Unglaublichkeit, *die*

**incredible** [ɪn'kredɪbl] *adj.* **a)** *(beyond belief)* unglaublich; **b)** *(coll.) (remarkable)* unglaublich *(ugs.); (wonderful)* toll *(ugs.)*

**incredibly** [ɪn'kredɪblɪ] *adv.* **a)** unglaublich; **b)** *(coll.: remarkably)* unglaublich *(ugs.);* unwahrscheinlich *(ugs.);* **c)** *as sentence-modifier* es ist/war kaum zu glauben, aber ...

**incredulity** [ɪnkrɪ'djuːlɪtɪ] *n., no pl.* Ungläubigkeit, *die*

**incredulous** [ɪn'kredjʊləs] *adj.* ungläubig; **be ~ of sth.** einer Sache *(Dat.)* keinen Glauben schenken

**incredulously** [ɪn'kredjʊləslɪ] *adv.* ungläubig

**increment** ['ɪnkrɪmənt] *n.* Erhöhung, *die; (amount of growth)* Zuwachs, *der*

**incriminate** [ɪn'krɪmɪneɪt] *v. t.* belasten; **incriminating evidence** belastendes Material

**incriminatory** [ɪn'krɪmɪnətərɪ] *adj.* belastend

**incrustation** [ɪnkrʌs'teɪʃn] *n.* **a)** *(encrusting)* Überkrustung, *die;* **b)** *(deposit)* Inkrustation, *die (Geol.);* Verkrustung, *die*

**incubate** ['ɪnkjʊbeɪt] **1.** *v. t.* bebrüten; *(to hatching; also fig.)* ausbrüten. **2.** *v. i.* **a)** ‹*Henne:*› brüten; **b)** *(be developed)* ‹*Kulturen:*› bebrütet werden

**incubation** [ɪnkjʊ'beɪʃn] *n.* **a)** Inkubation, *die (Biol.);* Bebrütung, *die; (fig.)* Ausbrüten, *das;* **b)** *(Med.)* Inkubation, *die;* **~ period** Inkubationszeit, *die*

**incubator** ['ɪnkjʊbeɪtə(r)] *n.* Inkubator, *der (Biol., Med.); (for babies also)* Brutkasten, *der; (for eggs)* Brutapparat, *der*

**incubus** ['ɪŋkjʊbəs] *n., pl.* **~es** *or* **incubi** ['ɪnkjʊbaɪ] **a)** Alpdruck, *der;* **b)** *(spirit)* Inkubus, *der*

**inculcate** ['ɪnkʌlkeɪt] *v. t.* **~ sth. in[to] sb., ~ sb. with sth.** jmdm. etw. einpflanzen

**inculpate** ['ɪnkʌlpeɪt] *v. t.* **a)** *(accuse)* **~ sb. [for a crime]** jmdn. [eines Verbrechens] beschuldigen; **b)** *(involve)* **~ sb. [in sth.]** jmdn. der Mittäterschaft *(Gen.)* [bei etw.] beschuldigen

**inculpation** [ɪnkʌl'peɪʃn] *n.* Beschuldigung, *die*

**incumbency** [ɪn'kʌmbənsɪ] *n.* Amt, *das*

**incumbent** [ɪn'kʌmbənt] **1.** *n.* **a)** *(Eccl.)* **the ~ of the parish** der Inhaber der Pfarrstelle; **b)** *(office-holder)* Amtsinhaber, *der.* **2.** *adj. (imposed)* **the duty ~ on me** die mir obliegende Pflicht; **it is ~ on sb. to do it** es ist jmds. Pflicht *od.* obliegt jmdm., es zu tun; **I feel it ~ on me** ich sehe es als meine Pflicht an

**incur** [ɪn'kɜː(r)] *v. t.,* **-rr-** sich *(Dat.)* zuziehen ‹*Unwillen, Ärger*›; **~ a loss** einen Verlust erleiden; **~ debts/expenses/risks** Schulden machen/Ausgaben haben/Risiken eingehen; **they had ~red fines** sie waren mit Geldstrafen belegt worden

**incurable** [ɪn'kjʊərəbl] **1.** *adj.* **a)** *(Med.)* unheilbar; **b)** *(fig.)* unheilbar *(ugs.);* unstillbar ‹*Sehnsucht, Verlangen*›; unüberwindbar ‹*Scheu, Zurückhaltung*›. **2.** *n.* unheilbar Kranker/Kranke

**incurably** [ɪn'kjʊərəblɪ] *adv.* unheilbar ‹*krank*›

**incurious** [ɪn'kjʊərɪəs] *adj.* uninteressiert

**incursion** [ɪn'kɜːʃn] *n.* *(invasion)* Eindringen, *das; (by sudden attack)* Einfall, *der*

**indebted** [ɪn'detɪd] *pred. adj.* **a) be/feel deeply ~ to sb.** tief in jmds. Schuld *(Dat.)* stehen *(geh.);* **he was ~ to the book/a friend for this information** er verdankte dem Buch/einem Freund diese Information; **be [much] ~ to sb. for sth.** jmdm. für etw. [sehr] verbunden sein *(geh.) od.* zu Dank verpflichtet sein; **b)** *(owing money)* **be ~ to the bank for a large sum** bei der Bank mit einer hohen Summe verschuldet sein; **be [heavily] ~ to a friend** bei einem Freund [große] Schulden haben

**indebtedness** [ɪn'detɪdnɪs] *n.* **a)** *(something owed)* Dankesschuld, *die (geh.)* (**to** bei); **b)** *(condition of owing money)* Verschuldung, *die*

**indecency** [ɪn'diːsənsɪ] *n.* Unanständigkeit, *die*

**indecent** [ɪn'diːsənt] *adj.* **a)** *(immodest, obscene)* unanständig; *see also* **exposure a; b)** *(unseemly)* ungehörig; **with ~ haste** mit unziemlicher Hast *(geh.)*

**indecent as'sault** *n. (Law)* Notzucht, *die (Rechtsw.)*

**indecently** [ɪn'diːsəntlɪ] *adv.* unanständig

**indecipherable** [ɪndɪ'saɪfərəbl] *adj.* unentzifferbar

**indecision** [ɪndɪ'sɪʒn] *n., no pl.* Unentschlossenheit, *die*

**indecisive** [ɪndɪ'saɪsɪv] *adj.* **a)** *(not conclusive)* ergebnislos ‹*Streit, Diskussion*›; nichts entscheidend ‹*Krieg, Schlacht*›; nichtssagend ‹*Ergebnis, Beobachtung*›; **b)** *(hesitating)* unentschlossen; **be ~ about one's plans** keine festen Pläne haben; **~ about which line of action to choose** unschlüssig, wie man vorgehen soll

**indecisively** [ɪndɪ'saɪsɪvlɪ] *adv.* **a)** *(inconclusively)* ohne Entscheidung; **b)** *(hesitatingly)* unentschlossen

**indecisiveness** [ɪndɪ'saɪsɪvnɪs] *n., no pl.* **a)** Ergebnislosigkeit, *die;* Unentschlossenheit, *die;* **b)** *(hesitation)* **~ over a crucial issue** Unentschlossenheit in einer äußerst wichtigen Sache

**indeclinable** [ɪndɪ'klaɪnəbl] *adj. (Ling.)* indeklinabel

**indecorous** [ɪn'dekərəs] *adj. (improper)* ungehörig; *(in bad taste)* unschicklich

**indeed** [ɪn'diːd] *adv.* **a)** *(in truth)* in der Tat; tatsächlich; **~ that is correct** das stimmt tatsächlich *od.* in der Tat; **b)** *emphat.* **thank you very much ~:** haben Sie vielen herzlichen Dank; **it was very kind of you ~:** es war wirklich sehr freundlich von Ihnen; **I shall be very glad ~ when ...:** ich bin wirklich sehr froh, wenn ...; **~ it is** in der Tat; allerdings; **yes ~, it certainly is/I certainly did** *etc.* ja, das kann man wohl sagen; **no, ~:** nein, ganz bestimmt nicht; **c)** *(in fact)* ja sogar; **~, he can ...:** ja, er kann sogar ...; **if ~ such a thing is possible** wenn so etwas überhaupt möglich ist; **I feel, ~ I know, she will come** ich habe das Gefühl, [ja] ich weiß sogar, daß sie kommen wird; **d)** *(admittedly)* zugegebenermaßen; zwar; **e)** *interrog.* **~?** wirklich?; ist das wahr?; **f)** *expr. irony, surprise, interest, etc.* **He expects to win – Does he ~!** Er glaubt, daß er gewinnt – Tatsächlich?; **I want a fortnight off work – [Do you] ~!** Ich möchte 14 Tage freihaben – Ach wirklich?; **smoked salmon, ~!** soso *od.* sieh mal einer an, geräucherter Lachs [also]!; **g)** *echoing question* **Who is this Mr Smith? – Who is he, ~!** *(you may well ask)* Wer ist denn dieser Mr. Smith? – Ja, wer ist er eigentlich?

**indefatigable** [ɪndɪ'fætɪgəbl] *adj.* unermüdlich

**indefensible** [ɪndɪ'fensɪbl] *adj.* **a)** *(insecure)* unhaltbar; **b)** *(untenable)* unvertretbar; unhaltbar; **c)** *(intolerable)* unverzeihlich

**indefinable** [ɪndɪ'faɪnəbl] *adj.* undefinierbar; **have a certain ~ something** etwas Gewisses haben

**indefinite** [ɪn'defɪnɪt] *adj.* **a)** *(vague)* unbestimmt; **she was rather ~ about it** sie äußerte sich ziemlich vage darüber; **b)** *(unlimited)* unbegrenzt; **~ leave** Urlaub auf unbestimmte Zeit; **c)** *(Ling.)* unbestimmt; indefinit *(fachspr.)*; infinit *(fachspr.)* ‹*Verbform*›; *see also* **article 1 c; pronoun**

**indefinitely** [ɪn'defɪnɪtlɪ] *adv.* **a)** *(vaguely)* unbestimmt; **b)** *(unlimitedly)* unbegrenzt; **it can't go on ~:** es kann nicht endlos so weitergehen; **postponed ~:** auf unbestimmte Zeit verschoben; **it would be easy to prolong the list ~:** die Liste ließe sich beliebig verlängern

**indelible** [ɪn'delɪbl] *adj.* unauslöschlich *(auch fig.)*; nicht zu entfernend ‹*Fleck*›; **~ ink** Wäschetinte, *die;* **~ pencil** Kopierstift, *der;* Tintenstift, *der*

**indelibly** [ɪn'delɪblɪ] *adv.* unauslöschlich

**indelicacy** [ɪn'delɪkəsɪ] *n. see* **indelicate:** Ungehörigkeit, *die;* Geschmacklosigkeit, *die;* Mangel an Feingefühl

**indelicate** [ɪn'delɪkət] *adj.* *(coarse)* ungehörig; *(almost indecent)* geschmacklos; *(slightly tactless)* nicht sehr feinfühlig

**indelicately** [ɪn'delɪkətlɪ] *adv. see* **indelicate:** ungehörig; geschmacklos; wenig feinfühlend

**indemnification** [ɪndemnɪfɪ'keɪʃn] *n.* Entschädigung, *die*

**indemnify** [ɪn'demnɪfaɪ] *v.t.* **a)** *(protect)* **~ sb. against sth.** jmdn. gegen etw. absichern; **b)** *(compensate)* entschädigen

**indemnity** [ɪn'demnɪtɪ] *n.* **a)** *(security)* Absicherung, *die;* **b)** *(compensation)* Entschädigung, *die*

**in'demnity policy** *n.* Haftpflichtversicherung, *die*

**[1]indent 1.** ['ɪndent] *n.* **a)** *(incision)* Einschnitt, *der;* **b)** *(Brit.: requisition)* Requisition, *die;* **c)** *see* **indentures. 2.** [ɪn'dent] *v.t.* **a)** *(make notches in)* einkerben; **b)** *(form recesses in)* einschneiden in (+ *Akk.*); **an ~ed coastline** eine Küste mit tiefen Einschnitten; **c)** *(from margin)* einrücken; **d)** *(Brit.: order)* requirieren. **3.** *v.i.* *(Brit.: make requisition)* **~ [on sb.] for sth.** etw. [bei jmdm.] requirieren

**[2]indent** [ɪn'dent] *v.t.* *(imprint)* eindrücken

**indentation** [ɪnden'teɪʃn] *n.* **a)** *(indenting, notch)* Einkerbung, *die;* **b)** *(recess)* Einschnitt, *der*

**indentures** [ɪn'dentʃəz] *n. pl.* Ausbildungsvertrag, *der*

**independence** [ɪndɪ'pendəns] *n.* Unabhängigkeit, *die;* **declaration of ~:** Unabhängigkeitserklärung, *die;* **~ of mind/spirit** geistige Selbständigkeit

**Inde'pendence Day** *n.* *(Amer.)* Unabhängigkeitstag, *der*

**independent** [ɪndɪ'pendənt] **1.** *adj.* **a)** unabhängig; **~ income/means** eigenes Einkommen; **b)** *(not wanting obligations)* selbständig. **2.** *n.* *(Polit.)* Unabhängige, *der/die*

**independently** [ɪndɪ'pendəntlɪ] *adv.* unabhängig (of von); **they work ~:** sie arbeiten unabhängig voneinander

**inde'pendent school** *n.* *(Brit.)* Schule in nichtstaatlicher Trägerschaft

**'in-depth** *adj. see* **depth c**

**indescribable** [ɪndɪ'skraɪbəbl] *adj.*, **indescribably** [ɪndɪ'skraɪbəblɪ] *adv.* unbeschreiblich

**indestructible** [ɪndɪ'strʌktɪbl] *adj.* unzerstörbar; unerschütterlich ‹*Glaube*›

**indeterminable** [ɪndɪ'tɜːmɪnəbl] *adj.* unbestimmbar

**indeterminacy** [ɪndɪ'tɜːmɪnəsɪ] *n., no pl.* Unbestimmtheit, *die*

**indeterminate** [ɪndɪ'tɜːmɪnət] *adj.* **a)** *(not fixed, vague)* unbestimmt ‹*Form, Menge*›; unklar ‹*Konzept, Bedeutung*›; **b)** *(left undecided)* ergebnislos; offen ‹*Rechtsfrage*›; **c)** *(Math.)* unbestimmt

**index** ['ɪndeks] **1.** *n.* **a)** *(list)* Index, *der;* Register, *das;* **~ of sources** Quellenverzeichnis, *das; see also* **card index; b)** *pl.* **indices** ['ɪndɪsiːz] *(Phys.)* **refractive ~:** Brechzahl, *die;* Brechungsindex, *der;* **c)** *pl.* **indices** *(Math.)* Index, *der; (exponent)* Exponent, *der;* **d)** *(pointer on scale)* Zeiger, *der;* **e)** *(Econ.)* Index, *der;* **f)** *pl.* **indices** *(indication)* [An]zeichen, *das;* **g) the I~** *(Hist.)* der Index; **put on the I~:** auf den Index setzen. **2.** *v.t.* **a)** *(furnish with ~)* mit einem Register *od.* Index versehen; **b)** *(enter in ~)* ins Register aufnehmen; **c)** *(Econ.)* indexieren; **~ pensions** Renten dynamisieren

**indexation** [ɪndek'seɪʃn] *n.* *(Econ.)* Indexierung, *die*

**indexer** ['ɪndeksə(r)] *n.* Verfasser eines Registers/von Registern

**index: ~ finger** *n.* Zeigefinger, *der;* Index, *der (Anat.);* **~-linked** *adj.* *(Econ.)* indexiert; dynamisch ‹*Rente*›; **~-linking** *n.* *(Econ.)* Indexierung, *die;* **~-linking of pensions** ≈ Rentenanpassung, *die;* **~ number** *n.* Indexzahl, *die (bes. Statistik)*

**India** ['ɪndɪə] *pr. n.* Indien *(das);* **~ ink** *(Amer.) see* **Indian ink**

**Indian** ['ɪndɪən] **1.** *adj.* **a)** indisch; **b) [American] ~:** indianisch. *See also* **[3]file 1 a; Red Indian; West Indian 1. 2.** *n.* **a)** Inder, *der*/Inderin, *die;* **b) [American] ~:** Indianer, *der*/Indianerin, *die*

**Indian: ~ 'club** *n.* Keule, *die;* **~ 'corn** *n.* Mais, *der;* **~ 'ink** *n.* *(Brit.)* Tusche, *die;* **~ 'Ocean** *pr. n.* Indischer Ozean; **~ 'rope-trick** *n.* indischer Seiltrick; **~ 'summer** *n.* Altweibersommer, *der;* Nachsommer, *der (auch fig.)*

**'India rubber** *see* **[1]rubber a, b**

**indicate** ['ɪndɪkeɪt] **1.** *v.t.* **a)** *(be a sign of)* erkennen lassen; **this ~s something about his attitude** dies gibt Aufschlüsse über seine Haltung; **b)** *(state briefly)* andeuten; **~ the rough outlines of a project** ein Projekt kurz umreißen *od.* in groben Umrissen darstellen; **they ~d that they might take action** sie gaben zu verstehen, daß sie Schritte unternehmen könnten; **c)** *(mark, point out)* anzeigen; **d)** *(suggest, make evident)* zum Ausdruck bringen (to gegenüber); **e)** *(Med.)* **be ~d** indiziert sein. **2.** *v.i.* blinken *(bes. Verkehrsw.)*

**indication** [ɪndɪ'keɪʃn] *n.* **a)** *(sign, guide)* [An]zeichen, *das* (of *Gen.*, für); **he gave no ~ that he understood** nichts wies darauf hin, daß er verstand; **there is every/no ~ that ...:** alles/nichts weist darauf hin, daß ...; **give a clear ~ of one's intentions** seine Absichten klar zum Ausdruck bringen; **first ~s are that ...:** die ersten Anzeichen deuten darauf hin, daß ...; **that is some ~ of his feelings/the seriousness of the situation** das läßt seine Gefühle erkennen/das deutet darauf hin, wie ernst die Lage ist; **give me a rough ~ of when you will arrive** sagen Sie mir ungefähr wann Sie kommen; **b)** *(Med.)* Indikation, *die*

**indicative** [ɪn'dɪkətɪv] **1.** *adj.* **a)** *(suggestive,* **be ~ of sth./that ...:** auf etw. *(Akk.)* schließen lassen/darauf schließen lassen, daß ...; **b)** *(Ling.)* indikativisch; **~ mood** Indikativ, *der.* **2.** *n.* *(Ling.)* Indikativ, *der*

**indicator** ['ɪndɪkeɪtə(r)] *n.* **a)** *(instrument)* Anzeiger, *der;* **b)** *(board)* Anzeigetafel, *die;* **c)** *(on vehicle)* Blinker, *der;* **d)** *(fig.: pointer)* Indikator, *der (bes. Wirtsch.);* **e)** *(Chem.)* Indikator, *der*

**indices** *pl. of* **index 1 b, c, f**

**indict** [ɪn'daɪt] *v.t.* anklagen **(for, on a charge of** *Gen.*)

**indictable** [ɪn'daɪtəbl] *adj.* strafrechtlich verfolgbar ‹*Person*›; strafbar ‹*Handlung*›

**indictment** [ɪn'daɪtmənt] *n.* **a)** *(Law)* Anklageerhebung, *die;* **~ for** *or* **on a charge of murder** Mordanklage, *die;* **bring an ~ against sb.** Anklage gegen jmdn. erheben; **[bill of] ~:** Anklageschrift, *die;* **b)** *(fig.: accusation)* **~ of sth.** Anklage gegen etw. *(geh.)*

**Indies** ['ɪndɪz] *pr. n. pl.* **a) the ~** *(arch.)* Indien; der indische Subkontinent; **b) East ~:** Malaiischer Archipel; Ostindischer Archipel *(veralt.);* **West ~:** Westindische Inseln

**indifference** [ɪn'dɪfərəns] *n., no pl.* **a)** *(unconcern)* Gleichgültigkeit, *die* **(to[wards]** gegenüber); **b)** *(neutrality)* Indifferenz, *die;* **c)** *(unimportance)* **a matter of ~:** eine Belanglosigkeit; **this is a matter of complete ~ to** *or* **for him** das ist für ihn völlig belanglos

**indifferent** [ɪn'dɪfərənt] *adj.* **a)** *(without concern or interest)* gleichgültig; unbeteiligt ‹*Beobachter*›; **be ~ to[wards] sb./sth.** sich für jmdn./etw. nicht interessieren; **b)** *(not good)* mittelmäßig; *(fairly bad)* mäßig; *(neither good nor bad)* durchschnittlich; **very ~:** schlecht

**indifferently** [ɪn'dɪfərəntlɪ] *adv.* **a)** *(unconcernedly)* gleichgültig; **b)** *(badly)* mäßig

**indigence** ['ɪndɪdʒəns] *n., no pl.* Armut, *die*

**indigenous** [ɪn'dɪdʒɪnəs] *adj.* einheimisch; eingeboren ‹*Bevölkerung*›; **a species ~ to India** eine in Indien heimische *od.* beheimatete Art; **~ inhabitant** Ureinwohner, *der*

**indigent** ['ɪndɪdʒənt] *adj.* arm

**indigestible** [ɪndɪ'dʒestɪbl] *adj.* *(lit. or fig.)* unverdaulich

**indigestion** [ɪndɪ'dʒestʃn] *n., no pl., no indef. art.* Magenverstimmung, *die;* *(chronic)* Verdauungsstörungen

**indignant** [ɪn'dɪgnənt] *adj.* entrüstet **(at, over, about** über + *Akk.*); indigniert ‹*Blick, Geste*›; **grow ~:** sich entrüsten; **it makes me ~:** es regt mich auf; **he was ~ with his wife** er ärgerte sich über seine Frau; **it's no use getting ~:** es hat keinen Zweck, sich aufzuregen

**indignantly** [ɪn'dɪgnəntlɪ] *adv.* entrüstet; indigniert

**indignation** [ɪndɪg'neɪʃn] *n., no pl.* Entrüstung, *die* **(about, at, against, over** über + *Akk.*); **feel great ~ at sb.** sehr entrüstet über jmdn. sein

**indignity** [ɪn'dɪgnɪtɪ] *n.* **a)** *no pl., no art.* *(humiliation)* Demütigung, *die;* **be treated with great ~:** äußerst demütigend behandelt werden; **b)** *no pl.* *(lack of dignity)* **the ~ of my position** das Demütigende [an] meiner Situation; **oh, the ~ of it!** o Schmach und Schande!; **the ~ of having to do sth.** die Demütigung, etw. tun zu müssen

**indigo** ['ɪndɪgəʊ] **1.** *n., pl.* **~s a)** *(dye)* Indigo, *der od. das;* **b)** *(plant)* Indigopflanze, *die;* **c)** *(colour)* ~ **[blue]** Indigoblau, *das.* **2.** *adj.* ~ **[blue]** indigoblau

**indirect** [ɪndɪ'rekt, ɪndaɪ'rekt] *adj.* indirekt; *(long-winded)* umständlich; **follow an ~ route** nicht den direkten Weg nehmen; **that's the more ~ way** das ist der weniger direkte *od.* gradlinige Weg; **that road is rather ~:** diese Straße ist ein ziemlicher Umweg; **by ~ means** auf Umwegen *(fig.)*

**indirectly** [ɪndɪ'rektlɪ, ɪndaɪ'rektlɪ] *adv.* indirekt; auf Umwegen ⟨*hören, herausfinden*⟩

**indirect: ~ 'object** *n. (Ling.)* indirektes Objekt; *(in German)* Dativobjekt, *das;* ~ **'question** *n. (Ling.)* indirekte Frage; ~ **'speech** *n. (Ling.)* indirekte Rede

**indiscernible** [ɪndɪ'sɜ:nɪbl] *adj.* unmerklich; **the sound was virtually ~:** das Geräusch war kaum wahrnehmbar

**indiscipline** [ɪn'dɪsɪplɪn] *n., no pl., no indef. art.* Disziplinlosigkeit, *die*

**indiscreet** [ɪndɪ'skri:t] *adj.* indiskret; taktlos ⟨*Benehmen*⟩; **she was ~ to do that** es war indiskret von ihr, das zu tun

**indiscreetly** [ɪndɪ'skri:tlɪ] *adv.* indiskret; taktlos ⟨*sich benehmen*⟩

**indiscretion** [ɪndɪ'skreʃn] *n.* **a)** *(conduct)* Indiskretion, *die; (tactlessness)* Taktlosigkeit, *die;* **b)** *(imprudence)* Unbedachtheit, *die;* **c)** *(action)* Unbedachtsamkeit, *die; (love affair)* Affäre, *die;* **d)** *(revelation of official secret etc.)* Indiskretion, *die*

**indiscriminate** [ɪndɪ'skrɪmɪnət] *adj.* **a)** *(undiscriminating)* unkritisch; **hand out ~ condemnations** unterschiedslos alles verurteilen; **b)** *(unrestrained, promiscuous)* wahllos; willkürlich ⟨*Anwendung*⟩; unüberlegt ⟨*Ausgaben*⟩

**indiscriminately** [ɪndɪ'skrɪmɪnətlɪ] *adv. see* **indiscriminate:** unkritisch; wahllos; willkürlich; unüberlegt

**indispensability** [ɪndɪspensə'bɪlɪtɪ] *n., no pl.* Unentbehrlichkeit, *die* **(to** für)

**indispensable** [ɪndɪ'spensəbl] *adj.* unentbehrlich **(to** für); unabdingbar ⟨*Voraussetzung*⟩; **make oneself ~:** sich unentbehrlich machen

**indispose** [ɪndɪ'spəʊz] *v.t. (make averse)* einnehmen **(towards** gegen)

**indisposed** [ɪndɪ'spəʊzd] *adj.* **a)** *(unwell)* unpäßlich; indisponiert ⟨*Sänger, Schauspieler*⟩; **b)** *(disinclined)* **be ~ to do sth.** abgeneigt sein, etw. zu tun; **she was ~d to be polite** sie war nicht geneigt, höflich zu sein

**indisposition** [ɪndɪspə'zɪʃn] *n.* **a)** *(ill health)* Unpäßlichkeit, *die; (of singer, actor)* Indisposition, *die;* **b)** *(disinclination)* **an ~ to do sth.** eine Abneigung dagegen, etw. zu tun

**indisputable** [ɪndɪ'spju:təbl] *adj.,* **indisputably** [ɪndɪ'spju:təblɪ] *adv.* unbestreitbar

**indissoluble** [ɪndɪ'sɒljʊbl] *adj.,* **indissolubly** [ɪndɪ'sɒljʊblɪ] *adv.* unauflöslich

**indistinct** [ɪndɪ'stɪŋkt] *adj.* undeutlich; *(blurred)* verschwommen; **grow ~ in the twilight** in der Dämmerung verschwimmen

**indistinctly** [ɪndɪ'stɪŋktlɪ] *adv.* undeutlich ⟨*sprechen*⟩; verschwommen ⟨*sich erinnern*⟩

**indistinguishable** [ɪndɪ'stɪŋgwɪʃəbl] *adj.* **a)** *(not distinguishable)* nicht unterscheidbar; **the twins are ~:** die Zwillinge sind nicht voneinander zu unterscheiden; **b)** *(imperceptible)* nicht erkennbar; nicht wahrnehmbar ⟨*Geräusch*⟩

**individual** [ɪndɪ'vɪdjʊəl] **1.** *adj.* **a)** *(single)* einzeln; **b)** *(special, personal)* besonder... ⟨*Vorteil, Merkmal*⟩; **give ~ attention to one's pupils** seine Schüler individuell betreuen; **~ case** Einzelfall, *der;* **c)** *(intended for one)* für eine [einzelne] Person bestimmt; **~ portions** Einzelportionen; **~ pie** Pastete für eine [einzelne] Person; **d)** *(distinctive)* eigentümlich; individuell; **be ~ in one's view** individuelle *od.* eigene Ansichten vertreten; **e)** *(characteristic)* eigen; individuell. **2.** *n.* **a)** *(one member)* einzelne, *der/die; (animal)* Einzeltier, *das;* einzelnes Tier; **~s** einzelne; **b)** *(one being)* Individuum, *das;* einzelne, *der/die;* **the rights of ~s** die Rechte des Individuums *od.* des einzelnen; **c)** *(coll.: person)* Individuum, *das (abwertend);* **who is that ~?** wer ist dieses Individuum?

**individualise** *see* **individualize**

**individualist** [ɪndɪ'vɪdjʊəlɪst] *n.* Individualist, *der*/Individualistin, *die*

**individualistic** [ɪndɪvɪdjʊə'lɪstɪk] *adj.* individualistisch

**individuality** [ɪndɪvɪdjʊ'ælɪtɪ] *n., no pl.* **a)** *(character)* eigene Persönlichkeit; Individualität, *die;* **b)** *(separate existence)* individuelle Existenz

**individualize** [ɪndɪ'vɪdjʊəlaɪz] *v.t.* **~ sth.** einer Sache *(Dat.)* einen eigenen Charakter geben

**individually** [ɪndɪ'vɪdjʊəlɪ] *adv.* **a)** *(singly)* einzeln; **b)** *(distinctively)* individuell; **c)** *(personally)* persönlich

**indivisibility** [ɪndɪvɪzɪ'bɪlɪtɪ] *n., no pl.* Unteilbarkeit, *die*

**indivisible** [ɪndɪ'vɪzɪbl] *adj.* **a)** *(not divisible)* unteilbar; **b)** *(not distributable)* nicht aufteilbar

**indivisibly** [ɪndɪ'vɪzɪblɪ] *adv.* unteilbar

**Indo-** [ɪndəʊ] *in comb.* Indo-

**Indo-'China** *pr. n.* Indochina *(das)*

**indoctrinate** [ɪn'dɒktrɪneɪt] *v.t.* indoktrinieren *(abwertend)*

**indoctrination** [ɪndɒktrɪ'neɪʃn] *n.* Indoktrination, *die (abwertend)*

**Indo: ~-Euro'pean, ~-Ger'manic 1.** *adjs.* indoeuropäisch; indogermanisch. **2.** *ns. (Ling.)* Indogermanisch, *das*

**indolence** ['ɪndələns] *n., no pl.* Trägheit, *die;* Indolenz, *die (geh.)*

**indolent** ['ɪndələnt] *adj.,* **indolently** ['ɪndələntlɪ] *adv.* träge; indolent *(geh.)*

**indomitable** [ɪn'dɒmɪtəbl] *adj.* unbeugsam; unbezähmbar ⟨*Begeisterung*⟩

**Indonesia** [ɪndə'ni:ʃə] *pr. n.* Indonesien *(das)*

**Indonesian** [ɪndə'ni:ʃn] **1.** *adj.* indonesisch; **sb. is ~:** jmd. ist Indonesier/Indonesierin; *see also* **English 1. 2.** *n.* **a)** *(person)* Indonesier, *der*/Indonesierin, *die;* **b)** *(language)* Indonesisch, *das; see also* **English 2 a**

**'indoor** *adj.* **~ shoes** Schuhe für zu Hause; **~ swimming-pool/sports/tennis** Hallenbad, *das*/-sport, *der*/-tennis, *das;* **~ plants** Zimmerpflanzen; **~ games** Spiele im Haus; *(Sport)* Hallenspiele; **~ aerial** Innenantenne, *die; (in room)* Zimmerantenne, *die;* **I don't enjoy ~ work** ich arbeite nicht gern drinnen *od.* im Haus/Büro *usw.*; **he's not one for [the] ~ life** er ist lieber draußen als drinnen

**indoors** [ɪn'dɔ:z] *adv.* drinnen; im Haus; **come/go ~:** nach drinnen *od.* ins Haus kommen/gehen

**indorse** *see* **endorse**

**indubitable** [ɪn'dju:bɪtəbl] *adj.* unzweifelhaft

**indubitably** [ɪn'dju:bɪtəblɪ] *adv.* zweifellos; zweifelsohne

**induce** [ɪn'dju:s] *v.t.* **a)** *(persuade)* **~ sb. to do sth.** jmdn. dazu bringen, etw. zu tun; **b)** *(bring about)* hervorrufen; verursachen, führen zu ⟨*Krankheit*⟩; **c)** *(Med.)* einleiten ⟨*Wehen, Geburt*⟩; herbeiführen ⟨*Schlaf*⟩; **d)** *(Electr., Phys., Philos.)* induzieren

**inducement** [ɪn'dju:smənt] *n.* *(incentive)* Anreiz, *der;* **as an added ~:** als besonderer Anreiz *od.* Ansporn; **no ~ would persuade her to give up her home** kein noch so verlockendes Angebot könnte sie dazu bewegen, ihr Zuhause aufzugeben

**induct** [ɪn'dʌkt] *v.t.* **a)** einführen **(to** in + *Akk.*); **b)** *(Amer. Mil.)* einziehen; einberufen

**inductance** [ɪn'dʌktəns] *n. (Electr.)* Induktanz, *die*

**inductee** [ɪndʌk'ti:] *n. (Amer. Mil.)* Einberufene, *der/die*

**induction** [ɪn'dʌkʃn] *n.* **a)** *(formal introduction)* Amtseinführung, *die;* **b)** *(initiation)* Einführung, *die* **(into** in + *Akk.*); **~ course** Einführungskurs[us], *der;* **c)** *(Med.)* Einleitung, *die; (of sleep)* Herbeiführen, *das;* **d)** *(Electr., Phys., Math., Philos.)* Induktion, *die;* **e)** *(Amer. Mil.)* Einberufung, *die*

**induction: ~-coil** *n. (Electr.)* Induktionsspule, *die;* **~ heating** *n.* Induktionsheizung, *die*

**inductive** [ɪn'dʌktɪv] *adj.,* **inductively** [ɪn'dʌktɪvlɪ] *adv. (Electr., Phys., Math., Logic)* induktiv

**indue** *see* **endue**

**indulge** [ɪn'dʌldʒ] **1.** *v.t.* **a)** *(yield to)* nachgeben (+ *Dat.*) ⟨*Wunsch, Verlangen, Verlockung*⟩; frönen *(geh.)* (+ *Dat.*) ⟨*Leidenschaft, Neigung*⟩; **b)** *(please)* verwöhnen; **~ sb. in sth.** jmdm. in etw. *(Dat.)* nachgeben; **~ oneself in** schwelgen in *(geh.)* (+ *Dat.*); sich gütlich tun an (+ *Dat.*) ⟨*Speisen, Leckereien*⟩. **2.** *v.i.* **a)** *(allow oneself pleasure)* **~ in** frönen *(geh.)* (+ *Dat.*) ⟨*Leidenschaft, Neigung*⟩; sich gütlich tun an (+ *Dat.*) ⟨*Speisen, Leckereien*⟩; **b)** *(coll.: take alcoholic drink)* sich *(Dat.)* einen genehmigen *(ugs.)*; **I'd better not ~:** ich halte mich besser zurück

**indulgence** [ɪn'dʌldʒəns] *n.* **a)** Nachsicht, *die; (humouring)* Nachgiebigkeit, *die* **(with** gegenüber); **b) sb.'s ~ in sth.** jmds. Hang zu etw.; **constant ~ in bad habits** ständiges Nachgeben gegenüber schlechten Gewohnheiten; **c)** *(thing indulged in)* Luxus, *der;* **d)** *(privilege)* Vorrecht, *das;* **e)** *(Relig.: remission)* Ablaß, *der*

**indulgent** [ɪn'dʌldʒənt] *adj.* nachsichtig **(with, to[wards]** gegenüber); **she's so ~ with that dog of hers** sie verhätschelt ihren Hund so sehr

**indulgently** [ɪn'dʌldʒəntlɪ] *adv.* nachsichtig

**industrial** [ɪn'dʌstrɪəl] *adj.* **a)** industriell; betrieblich ⟨*Ausbildung, Forschung*⟩; Arbeits⟨*unfall, -medizin, -psychologie*⟩; **b)** *(intended for industry)* Industrie⟨*alkohol, -diamant usw.*⟩; **c)** *(characterized by industry)* industrialisiert; **the ~ nations** die Industrienationen. *See also* **archaeology; estate b**

**industrial: ~ 'action** *n.* Arbeitskampfmaßnahmen; **take ~ action** in den Ausstand treten; **~ di'spute** *n.* Arbeitskonflikt, *der;* **~ 'espionage** *n.* Industriespionage, *die;* **~ exhibition** *n.* Industrieausstellung, *die;* **~ 'injury** *n.* Arbeitsverletzung, *die*

**industrialisation, industrialise** *see* **industrializ-**

**industrialist** [ɪn'dʌstrɪəlɪst] *n.* Industrielle, *der/die*

**industrialization** [ɪndʌstrɪəlaɪ'zeɪʃn] *n.* Industrialisierung, *die*

**industrialize** [ɪn'dʌstrɪəlaɪz] *v.i. & t.* industrialisieren

**industrially** [ɪn'dʌstrɪəlɪ] *adv.* industriell

**industrial: ~ park** *n.* Industriegebiet, *das;* **~ re'lations** *n. pl.* Industrial relations *Pl. (Wirtsch.); Beziehungen zwischen Arbeitgebern und Gewerkschaften;* **I~ Revo'lution** *n. (Hist.)* industrielle Revolution; **~ 'town** *n.* Industriestadt, *die;* **~ un'rest** *n.* Unruhe in der Arbeitnehmerschaft; **~ 'waste** *n.* Industriemüll, *der*

**industrious** [ɪn'dʌstrɪəs] *adj.* fleißig; *(busy)* emsig

**industriously** [ɪn'dʌstrɪəslɪ] *adv.* fleißig; *(busily)* emsig

**industry** ['ɪndəstrɪ] *n.* **a)** Industrie, *die;* **several industries** mehrere Industriezweige; **steel/coal ~:** Stahl-/Kohleindustrie, *die;* **the nation's ~:** die Industrie des Landes; **in-**

**centives to ~:** Maßnahmen zur Förderung des industriellen Wachstums; **the leaders of ~:** die Industriebosse *(ugs.)*; die Industriemanager; **~ is thriving** die Industrie blüht; **his experience of ~:** seine Erfahrungen auf dem industriellen Sektor; **the Shakespeare/abortion ~** *(coll.)* die Vermarktung Shakespeares/das Geschäft mit der Abtreibung; **b)** *see* **industrious:** Fleiß, *der;* Emsigkeit, *die*

**inebriated** [ɪ'ni:brɪeɪtɪd] *adj.* **a)** *(drunk)* betrunken; **b)** *(fig.)* berauscht (**with** von); trunken *(geh.)* (**with** von, vor + *Dat.*)

**inedible** [ɪn'edɪbl] *adj.* ungenießbar

**ineducable** [ɪn'edjʊkəbl] *adj.* lernunfähig

**ineffable** [ɪn'efəbl] *adj.* unbeschreiblich

**ineffective** [ɪnɪ'fektɪv] *adj.* **a)** unwirksam; ineffektiv; fruchtlos ⟨*Anstrengung, Versuch*⟩; ineffizient ⟨*Produktionsmethoden*⟩; wirkungslos ⟨*Argument*⟩; **b)** *(inefficient)* untauglich; **c)** *(lacking artistic effect)* reizlos

**ineffectively** [ɪnɪ'fektɪvlɪ] *adv.* unwirksam; ineffektiv

**ineffectiveness** [ɪnɪ'fektɪvnɪs] *n., no pl. see* **ineffective:** Unwirksamkeit, *die;* Ineffizienz, *die;* Fruchtlosigkeit, *die;* Wirkungslosigkeit, *die;* Untauglichkeit, *die;* Reizlosigkeit, *die*

**ineffectual** [ɪnɪ'fektjʊəl] *adj.* unwirksam; ineffektiv; fruchtlos ⟨*Versuch, Bemühung*⟩; ineffizient ⟨*Methode, Person*⟩

**ineffectually** [ɪnɪ'fektjʊəlɪ] *adv.* vergebens; ohne Aussagekraft ⟨*schreiben*⟩

**inefficacious** [ɪnefɪ'keɪʃəs] *adj.* unwirksam; wirkungslos

**inefficacy** [ɪn'efɪkəsɪ] *n., no pl.* *(of measures)* Unwirksamkeit, *die;* Wirkungslosigkeit, *die*

**inefficiency** [ɪnɪ'fɪʃənsɪ] *n.* Ineffizienz, *die;* *(incapability)* Unfähigkeit, *die*

**inefficient** [ɪnɪ'fɪʃənt] *adj.* ineffizient; *(incapable)* unfähig; **the worker/machine is ~:** der Arbeiter/die Maschine leistet nicht genug

**inefficiently** [ɪnɪ'fɪʃəntlɪ] *adv.* ineffizient; **do one's job too ~:** zu wenig leisten

**inelastic** [ɪnɪ'læstɪk, ɪnɪ'lɑ:stɪk] *adj.* **a)** *(not elastic)* unelastisch; **b)** *(unadaptable)* nicht flexibel

**inelegance** [ɪn'elɪgəns] *n., no pl.* **a)** *(of dress)* Mangel an Eleganz; *(of gestures, movements, gait)* Schwerfälligkeit, *die;* **b)** *(lack of refinement, polish)* Ungeschliffenheit, *die (abwertend)*

**inelegant** [ɪn'elɪgənt] *adj.* **a)** unelegant; schwerfällig ⟨*Bewegung, Gang*⟩; **b)** *(unrefined, unpolished)* ungeschliffen *(abwertend)*

**inelegantly** [ɪn'elɪgəntlɪ] *adv.* **a)** unelegant; schwerfällig ⟨*sich bewegen*⟩; **b)** *(without refinement or polish)* ungeschliffen *(abwertend)*

**ineligible** [ɪn'elɪdʒɪbl] *adj.* ungeeignet; **be ~ for** nicht in Frage kommen für ⟨*Beförderung, Position, Mannschaft*⟩; nicht berechtigt sein zu ⟨*Leistungen des Staats usw.*⟩; **be ~ for a pension** nicht pensionsberechtigt sein

**ineluctable** [ɪnɪ'lʌktəbl] *adj.* *(literary)* *(remorseless)* unbarmherzig; *(not to be opposed)* unausweichlich; unentrinnbar *(geh.)* ⟨*Schicksal*⟩

**inept** [ɪ'nept] *adj.* **a)** *(unskilful, clumsy)* unbeholfen; **b)** *(inappropriate)* unangemessen, unpassend ⟨*Vergleich*⟩; unpassend, unangebracht ⟨*Bemerkung, Eingreifen*⟩; **c)** *(foolish)* albern

**ineptitude** [ɪ'neptɪtju:d] *n., no pl.* **a)** *(unskilfulness, clumsiness)* Unbeholfenheit, *die;* **b)** *(inappropriateness)* *(of comparison)* Unangemessenheit, *die;* *(of remark, intervention)* Unangebrachtheit, *die;* **c)** *(foolishness)* Albernheit, *die*

**ineptly** [ɪ'neptlɪ] *adv.* **a)** *(unskilfully, clumsily)* unbeholfen; **b)** *(inappropriately)* **intervene ~:** in unangebrachter Weise eingreifen; **c)** *(foolishly)* albern

**ineptness** *see* **ineptitude**

**inequable** [ɪn'ekwəbl] *adj.* **a)** *(not uniform)* ungleichmäßig; **b)** *(not fair)* ungleich

**inequality** [ɪnɪ'kwɒlɪtɪ] *n.* **a)** *(lack of equality)* Ungleichheit, *die;* **great inequalities between rich and poor** große Ungleichheit zwischen arm und reich; **educational ~:** Ungleichheit der Bildungschancen; **the inequalities in income** die ungleiche Einkommensverteilung; **b)** *(variableness)* Veränderlichkeit, *die;* *(in time)* Unbeständigkeit, *die;* **c)** *(irregularity)* Unebenheit, *die;* **d)** *(Math.)* Ungleichheit, *die;* *(expression)* Ungleichung, *die*

**inequitable** [ɪn'ekwɪtəbl] *adj.*, **inequitably** [ɪn'ekwɪtəblɪ] *adv.* ungerecht

**inequity** [ɪn'ekwɪtɪ] *n.* Ungerechtigkeit, *die*

**ineradicable** [ɪnɪ'rædɪkəbl] *adj.* unausrottbar ⟨*Vorurteil, Aberglaube*⟩

**inert** [ɪ'nɜ:t] *adj.* **a)** reglos; *(sluggish)* träge; *(passive)* untätig; **b)** *(Chem.: neutral)* inert

**inert 'gas** *n.* *(Chem.)* Edelgas, *das*

**inertia** [ɪ'nɜ:ʃə, ɪ'nɜ:ʃjə] *n.* *(also Phys.)* Trägheit, *die; see also* **moment c**

**inertial** [ɪ'nɜ:ʃl] *adj.* **a)** Trägheits-; **b)** *(performed automatically)* Automatik-

**inertia: ~ reel** *n.* Aufrollautomatik, *die;* **~ reel seat-belt** Automatikgurt, *der;* **~ selling** *n.* unverlangte Warenzusendung

**inertly** [ɪ'nɜ:tlɪ] *adv.* reglos; *(sluggishly)* träge; *(passively)* untätig

**inescapable** [ɪnɪ'skeɪpəbl] *adj.* unausweichlich ⟨*Schlußfolgerung, Logik*⟩; **the facts were ~:** man konnte sich den Tatsachen nicht entziehen

**inessential** [ɪnɪ'senʃl] **1.** *adj.* *(not necessary)* unwesentlich; *(dispensable)* entbehrlich. **2.** *n.* Nebensächlichkeit, *die*

**inestimable** [ɪn'estɪməbl] *adj.* unschätzbar

**inevitability** [ɪnevɪtə'bɪlɪtɪ] *n., no pl.* Unvermeidlichkeit, *die;* *(of fate, event)* Unabwendbarkeit, *die*

**inevitable** [ɪn'evɪtəbl] *adj.* unvermeidlich; unabwendbar ⟨*Ereignis, Krieg, Schicksal*⟩; zwangsläufig ⟨*Ergebnis, Folge*⟩; **bow to the ~:** sich in das Unvermeidliche fügen

**inevitably** [ɪn'evɪtəblɪ] *adv.* zwangsläufig

**inexact** [ɪnɪg'zækt] *adj.* ungenau

**inexactitude** [ɪnɪg'zæktɪtju:d] *see* **inexactness**

**inexactly** [ɪnɪg'zæktlɪ] *adv.* ungenau

**inexactness** [ɪnɪg'zæktnɪs] *n.* Ungenauigkeit, *die*

**inexcusable** [ɪnɪk'skju:zəbl] *adj.*, **inexcusably** [ɪnɪk'skju:zəblɪ] *adv.* unverzeihlich; unentschuldbar

**inexhaustible** [ɪnɪg'zɔ:stɪbl] *adj.* unerschöpflich ⟨*Reserven, Quelle, Energie*⟩; unverwüstlich ⟨*Person*⟩

**inexorable** [ɪn'eksərəbl] *adj.*, **inexorably** [ɪn'eksərəblɪ] *adv.* unerbittlich

**inexpediency** [ɪnɪk'spi:dɪənsɪ] *n., no pl.* Unklugheit, *die;* *(of plan, measure)* Ungeeignetheit, *die*

**inexpedient** [ɪnɪk'spi:dɪənt] *adj.* unklug ⟨*Entscheidung, Politik*⟩; ungeeignet ⟨*Plan, Maßnahme*⟩; **she thought it somewhat ~ to reveal the names** es erschien ihr wenig ratsam, die Namen preiszugeben

**inexpensive** [ɪnɪk'spensɪv] *adj.* preisgünstig; **the car is ~ to run** der Wagen ist sparsam im Verbrauch

**inexpensively** [ɪnɪk'spensɪvlɪ] *adv.* günstig ⟨*kaufen*⟩; unaufwendig ⟨*leben*⟩; ohne viel Geld ⟨*einrichten*⟩

**inexperience** [ɪnɪk'spɪərɪəns] *n.* Unerfahrenheit, *die;* Mangel an Erfahrung; **his ~ with this machine** seine mangelnde Vertrautheit mit dieser Maschine

**inexperienced** [ɪnɪk'spɪərɪənst] *adj.* unerfahren; **~ at doing sth.** wenig damit vertraut, etw. zu tun; **~ in sth.** wenig vertraut mit etw.

**inexpert** [ɪn'ekspɜ:t] *adj.* unerfahren; *(unskilled)* ungeschickt; unsachgemäß ⟨*Behandlung*⟩

**inexpertly** [ɪn'ekspɜ:tlɪ] *adv.* ungeschickt; unsachgemäß ⟨*behandeln*⟩

**inexplicable** [ɪnek'splɪkəbl] *adj.* unerklärlich

**inexplicably** [ɪnek'splɪkəblɪ] *adv.* unerklärlich ⟨*hoch, langsam*⟩; *as sentence-modifier* unerklärlicherweise

**inexpressible** [ɪnɪk'spresɪbl] *adj.*, **inexpressibly** [ɪnɪk'spresɪblɪ] *adv.* unbeschreiblich

**inextinguishable** [ɪnɪk'stɪŋgwɪʃəbl] *adj.* nicht löschbar ⟨*Feuer, Flamme*⟩; unauslöschlich ⟨*Liebe, Hoffnung, Sehnsucht, Verlangen*⟩

**in extremis** [ɪn ek'stri:mɪs] *adv.* **a)** *(in great difficulties)* in äußerster Not; **b)** *(at point of death)* in extremis *(Med.)*; **be ~:** im Sterben liegen

**inextricable** [ɪn'ekstrɪkəbl] *adj.* **a)** *(that cannot be unravelled)* unentwirrbar; **b)** unüberschaubar ⟨*Durcheinander*⟩

**inextricably** [ɪn'ekstrɪkəblɪ] *adv.* **become ~ entangled** sich vollkommen verheddern *(ugs.)*; **[be] ~ linked** untrennbar verbunden [sein]

**INF** *abbr.* **intermediate-range nuclear force** Mittelstrecken-Nuklearkräfte *Pl.*

**infallibility** [ɪnfælɪ'bɪlɪtɪ] *n., no pl.* Unfehlbarkeit, *die;* **Papal I~:** päpstliche Unfehlbarkeit; Infallibilität, *die (kath. Kirche)*

**infallible** [ɪn'fælɪbl] *adj.*, **infallibly** [ɪn'fælɪblɪ] *adv.* unfehlbar

**infamous** ['ɪnfəməs] *adj.* **a)** berüchtigt; **of ~ repute** verrufen; **b)** *(wicked)* infam; niederträchtig

**infamy** ['ɪnfəmɪ] *n.* **a)** Verrufenheit, *die;* **b)** *(wickedness)* Infamie, *die;* Niederträchtigkeit, *die*

**infancy** ['ɪnfənsɪ] *n.* **a)** frühe Kindheit; **b)** *(fig.: early state)* Frühzeit, *die;* **be in its ~:** noch in den Anfängen *od.* Kinderschuhen stecken; **c)** *(Law)* Minderjährigkeit, *die*

**infant** ['ɪnfənt] **1.** *n.* **a)** kleines Kind; **teach ~s** ≈ Vorschulklassen unterrichten; **b)** *(Law)* Minderjährige, *der/die.* **2.** *adj.* **a)** kindlich; **b)** *(fig.: not developed)* in den Anfängen steckend

**infanta** [ɪn'fæntə] *n.* *(Hist.)* Infantin, *die*

**infanticide** [ɪn'fæntɪsaɪd] *n.* Kindesmord, *der;* *(custom)* Kindestötung, *die*

**infantile** ['ɪnfəntaɪl] *adj.* **a)** *(relating to infancy)* kindlich; **b)** *(childish)* kindisch *(abwertend)*; infantil *(abwertend)*

**infant: ~ mor'tality** *n.* Säuglingssterblichkeit, *die;* **~ 'prodigy** *n.* Wunderkind, *das*

**infantry** ['ɪnfəntrɪ] *n. constr. as sing. or pl.* Infanterie, *die*

**infantryman** ['ɪnfəntrɪmən] *n., pl.* **infantrymen** ['ɪnfəntrɪmən] Infanterist, *der*

**'infant school** *n.* *(Brit.)* ≈ Vorschule, *die;* *Grundschule für die ersten beiden Jahrgänge*

**infarction** ['ɪnfɑ:kʃn] *n.* *(Med.)* Infarkt, *der*

**infatuated** [ɪn'fætjʊeɪtɪd] *adj.* betört *(geh.)*; verzaubert; **be ~ with sb./oneself** in jmdn./sich selbst vernarrt sein

**infatuation** [ɪnfætjʊ'eɪʃn] *n.* Vernarrtheit, *die* (**with** in + *Akk.*)

**infect** [ɪn'fekt] *v. t.* **a)** *(contaminate)* verseuchen; **b)** *(affect with disease)* infizieren *(Med.)*; **~ sb. with sth.** jmdn. mit etw. infizieren *od.* anstecken; **the wound became ~ed** die Wunde entzündete sich; **be ~ed with sth.** *(fig.)* von etw. infiziert sein; **c)** *(imbue)* anstecken

**infection** [ɪn'fekʃn] *n.* Infektion, *die;* **throat/ear/eye ~:** Hals-/Ohren-/Augenentzündung, *die*

**infectious** [ɪn'fekʃəs] *adj.* **a)** infektiös *(Med.)*, ansteckend ⟨*Krankheit*⟩; **be ~** ⟨*Person:*⟩ eine ansteckende Krankheit haben; ansteckend sein *(ugs.)*; **b)** *(fig.)* ansteckend ⟨*Heiterkeit, Begeisterung, Lachen*⟩

**infectiously** [ɪn'fekʃəslɪ] *adv.* ansteckend ‹*lachen usw.*›
**infectiousness** [ɪn'fekʃəsnɪs] *n., no pl.* **a)** Infektiosität, *die (Med.);* Ansteckungsfähigkeit, *die;* **b)** *(fig.)* **the ~ of her enthusiasm** ihre ansteckend wirkende *od.* mitreißende Begeisterung
**infelicitous** [ɪnfɪ'lɪsɪtəs] *adj.*, **infelicitously** [ɪnfɪ'lɪsɪtəslɪ] *adv.* unangebracht
**infelicity** [ɪnfɪ'lɪsɪtɪ] *n.* Unangebrachtheit, *die;* **infelicities of style** stilistische Ungeschicklichkeiten
**infer** [ɪn'fɜ:(r)] *v. t.*, **-rr-** schließen **(from** aus); erschließen ‹*Voraussetzung*›; gewinnen ‹*Kenntnisse*›; ziehen ‹*Schlußfolgerung*›
**inference** ['ɪnfərəns] *n.* [Schluß]folgerung, *die;* **make ~s** [Schluß]folgerungen ableiten *od.* ziehen; **by ~:** schlußfolgernd
**inferential** [ɪnfə'renʃl] *adj.* **a)** auf [Schluß]folgerungen beruhend; schlußfolgernd; **b)** *(deduced by inference)* gefolgert
**inferior** [ɪn'fɪərɪə(r)] **1.** *adj.* **a)** *(of lower quality)* minderwertig ‹*Ware*›; minder... ‹*Qualität*›; gering ‹*Kenntnis*›; unter..., nieder... ‹*Klasse, Kaste*›; unterlegen ‹*Gegner*›; **~ to sth.** schlechter als etw.; **feel ~:** Minderwertigkeitsgefühle haben; **feel ~ to sb.** sich jmdm. gegenüber unterlegen fühlen; **b)** *(having lower rank)* untergeordnet **(to** *Dat.*); **c)** *(Printing)* tiefgestellt ‹*Buchstabe, Zahl*›. **2.** *n.* Untergebene, *der/die;* **his social ~s** die gesellschaftlich unter ihm Stehenden
**inferiority** [ɪnfɪərɪ'ɒrɪtɪ] *n., no pl.* Unterlegenheit, *die* **(to** gegenüber); *(of goods)* schlechtere Qualität
**inferi'ority complex** *n. (Psych.)* Minderwertigkeitskomplex, *der*
**infernal** [ɪn'fɜ:nl] *adj.* **a)** *(of hell)* höllisch; ‹*Regionen, Geister, Götter*› der Unterwelt; **b)** *(hellish)* teuflisch; **c)** *(coll.: detestable)* verdammt *(salopp)*
**infernally** [ɪn'fɜ:nəlɪ] *adv. (coll.)* verdammt; **he is too ~ clever for me** er ist, verdammt noch mal, zu clever für mich *(ugs.)*
**inferno** [ɪn'fɜ:nəʊ] *n., pl.* **~s** Inferno, *das;* **a blazing ~:** ein flammendes Inferno; **the ~ of the blazing house** das Flammenmeer des brennenden Hauses
**infertile** [ɪn'fɜ:taɪl] *adj.* unfruchtbar
**infertility** [ɪnfɜ:'tɪlɪtɪ] *n., no pl.* Unfruchtbarkeit, *die*
**infest** [ɪn'fest] *v. t.* ‹*Ungeziefer, Schädlinge:*› befallen; ‹*Unkraut:*› überwuchern; *(fig.)* heimsuchen; **~ed with** befallen/überwuchert/heimgesucht von
**infestation** [ɪnfes'teɪʃn] *n.* **~ of rats/insects** Ratten-/Insektenplage, *die*
**infidel** ['ɪnfɪdəl] *n. (Relig. Hist.)* Ungläubige, *der/die*
**infidelity** [ɪnfɪ'delɪtɪ] *n.* Untreue, *die* **(to** gegenüber); **infidelities** *(to lover, wife, husband)* Seitensprünge
**'infighting** *n.* **a)** *(in organization)* interne Machtkämpfe; **b)** *(Boxing)* Nahkampf, *der*
**infiltrate** ['ɪnfɪltreɪt] **1.** *v. t.* **a)** *(penetrate into)* infiltrieren ‹*feindliche Reihen*›; unterwandern ‹*Partei, Organisation*›; **b)** *(cause to enter)* einschleusen ‹*Agenten*›; **c)** *(esp. Biol., Med.: pass into, permeate)* infiltrieren. **2.** *v. i.* **a)** *(penetrate)* einsickern *(fig.);* **~ into** unterwandern ‹*Partei, Organisation*›; infiltrieren ‹*feindliche Reihen*›; **b)** ‹*Flüssigkeit:*› eindringen
**infiltration** [ɪnfɪl'treɪʃn] *n.* **a)** *(penetration) (of enemy lines)* Infiltration, *die; (of party, organization)* Unterwanderung, *die* **(into** *Gen.*); **b)** *(of spies, agents)* Einschleusung, *die;* **c)** *(of liquid)* Einsickern, *das*
**infiltrator** ['ɪnfɪltreɪtə(r)] *n.* Eindringling, *der; (of party, organization)* Unterwanderer, *der*
**infinite** ['ɪnfɪnɪt] *adj.* **a)** *(endless)* unendlich; **I don't have an ~ amount of time/money** ich habe nicht unbegrenzt Zeit/keine unbegrenzten Mittel; **b)** *(very great)* ungeheuer; unendlich groß; **c)** *(very many)* endlos; **his problems seemed to be ~:** seine Probleme schienen kein Ende zu nehmen; **d)** *(Math.)* unendlich
**infinitely** ['ɪnfɪnɪtlɪ] *adv.* **a)** *(endlessly)* unendlich ‹*mitfühlend, dumm usw.*›; endlos ‹*sich erstrecken, teilbar*›; **b)** *(vastly)* unendlich; unendlich viel ‹*weiser, stärker, besser*›
**infinitesimal** [ɪnfɪnɪ'tesɪml] *adj.* **a)** *(Math.)* infinitesimal; *see also* **calculus a; b)** *(very small)* äußerst gering; winzig ‹*Menge*›; **be of ~ value** so gut wie wertlos sein
**infinitive** [ɪn'fɪnɪtɪv] *(Ling.)* **1.** *n.* Infinitiv, *der.* **2.** *adj.* Infinitiv-
**infinity** [ɪn'fɪnɪtɪ] *n.* **a)** *(boundlessness, boundless extent)* Unendlichkeit, *die;* **b)** *(indefinite amount)* **an ~ of [stars** *etc.*] unendlich viele [Sterne *usw.*]; **c)** *(Geom.: infinite distance)* **at ~:** im Unendlichen ‹*sich schneiden*›; **focus on ~** *(Photog.)* auf unendlich stellen; **d)** *(Math.: infinite quantity)* unendliche Menge
**infirm** [ɪn'fɜ:m] *adj.* **a)** *(weak)* gebrechlich; **b)** *(irresolute)* schwach; **~ of purpose** *(literary)* willensschwach
**infirmary** [ɪn'fɜ:mərɪ] *n.* **a)** *(hospital)* Krankenhaus, *das;* **b)** *(sick-quarters)* Krankenstation, *die; (room)* Krankenzimmer, *das*
**infirmity** [ɪn'fɜ:mɪtɪ] *n.* **a)** *no pl. (feebleness)* Gebrechlichkeit, *die;* **b)** *(malady)* Gebrechen, *das (geh.);* **c)** *(weakness of character)* Schwäche, *die*
**in flagrante [delicto]** [ɪn flæ'græntɪ (de'lɪktəʊ)] *adv.* in flagranti
**inflame** [ɪn'fleɪm] *v. t.* **a)** *(excite)* entflammen *(geh.);* **~d with patriotic fever** in patriotischem Fieber entbrannt; **b)** *(aggravate)* schüren ‹*Feindschaft, Haß*›; **c)** *(Med.)* **become/be ~d** ‹*Auge, Wunde:*› sich entzünden/entzündet sein; **d)** *(make hot)* erhitzen; **his face was ~d with anger/passion** sein Gesicht glühte vor Zorn/Leidenschaft
**inflammability** [ɪnflæmə'bɪlɪtɪ] *n., no pl.* Feuergefährlichkeit, *die;* Entflammbarkeit, *die (Chemie)*
**inflammable** [ɪn'flæməbl] *adj.* **a)** *(easily set on fire)* feuergefährlich; leicht entzündlich *od.* entflammbar; **'highly ~'** „feuergefährlich"; **b)** explosiv ‹*Situation*›
**inflammation** [ɪnflə'meɪʃn] *n.* **a)** *(Med.)* Entzündung, *die;* Inflammation, *die (fachspr.);* **b)** *(fig.: of feeling etc.)* Entfachung, *die (geh.)*
**inflammatory** [ɪn'flæmətərɪ] *adj.* **a)** aufrührerisch; **an ~ speech** eine Hetzrede *(abwertend);* **b)** *(Med.)* entzündlich
**inflatable** [ɪn'fleɪtəbl] **1.** *adj.* aufblasbar; **~ dinghy** Schlauchboot, *das.* **2.** *n.* **a)** *(boat)* Schlauchboot, *das;* **b)** *(to jump around on)* Luftkissen, *das*
**inflate** [ɪn'fleɪt] *v. t.* **a)** *(distend)* aufblasen; *(with pump)* aufpumpen; **b)** *(Econ.)* in die Höhe treiben ‹*Preise, Kosten*›; inflationieren ‹*Währung*›; **~ the economy** Inflationspolitik betreiben; **c)** *(fig.: puff up)* **be ~d with pride** von Stolz geschwellt sein
**inflated** [ɪn'fleɪtɪd] *adj. (lit or fig.)* aufgeblasen; geschwollen ‹*Stil*›; **have an ~ opinion of oneself** aufgeblasen sein *(ugs. abwertend);* **have an ~ ego** ein übertriebenes Selbstbewußtsein haben
**inflation** [ɪn'fleɪʃn] *n.* **a)** Aufblasen, *das; (with pump)* Aufpumpen, *das;* **b)** *(Econ.)* Inflation, *die*
**inflationary** [ɪn'fleɪʃənərɪ] *adj. (Econ.)* inflationär; **~ policies** Inflationspolitik, *die*
**in'flation-proofed** *adj.* mit Inflationsausgleich *nachgestellt*
**inflect** [ɪn'flekt] *v. t.* **a)** *(Ling.)* flektieren; beugen; **b)** *(change pitch)* modulieren ‹*Stimme*›
**inflection** *see* **inflexion**
**inflectional** *see* **inflexional**
**inflective** [ɪn'flektɪv] *see* **inflexional**
**inflexibility** [ɪnfleksɪ'bɪlɪtɪ] *n., no pl.* **a)** *(stiffness)* Unbiegsamkeit, *die;* **b)** *(obstinacy)* [geistige] Unbeweglichkeit; *(lack of versatility)* mangelnde Flexibilität
**inflexible** [ɪn'fleksɪbl] *adj.* **a)** *(stiff)* unbiegsam; **b)** *(obstinate)* [geistig] unbeweglich ‹*Person*›; wenig flexibel ‹*Einstellung, Meinung*›
**inflexion** [ɪn'flekʃn] *n. (Brit.)* **a)** *(in voice)* Tonfall, *der;* **a rising ~:** ein Heben der Stimme; **b)** *(bending)* Biegung, *die;* **c)** *(Ling.) (form)* Flexionsform, *die; (suffix)* Flexionsendung, *die*
**inflexional** [ɪn'flekʃənl] *adj. (Brit. Ling.)* flektierend ‹*Sprache*›; **~ ending** Flexionsendung, *die*
**inflict** [ɪn'flɪkt] *v. t.* zufügen ‹*Leid, Schmerzen*›, beibringen ‹*Wunde*›, versetzen ‹*Schlag*› **(on** *Dat.*); **~ punishment [on sb.]** eine Strafe [über jmdn.] verhängen; [jmdm.] eine Strafe auferlegen *(geh.);* **~ oneself** *or* **one's company on sb.** sich jmdm. aufdrängen
**infliction** [ɪn'flɪkʃn] *n.: see* **inflict**: Zufügen, *das;* Beibringen, *das;* Versetzen, *das;* Verhängung, *die*
**'in-flight** *adj.* Bord‹*verpflegung, -programm*›
**inflorescence** [ɪnflə'resəns] *n. (Bot.)* Blütenstand, *der*
**'inflow** *n.* Zustrom, *der*
**influence** ['ɪnflʊəns] **1.** *n. (also thing, person)* Einfluß, *der;* **exercise ~:** Einfluß ausüben **(over** auf + *Akk.*); **owe sth. to ~:** etw. seinen guten Beziehungen verdanken; **have ~ with/over sb.** Einfluß bei jmdm./auf jmdn. haben; **use one's ~ to do sth.** seinen Einfluß nutzen, um etw. zu tun; **you have to have ~ to get a job** man muß Beziehungen haben, um eine Stelle zu bekommen; **a person of ~:** eine einflußreiche Persönlichkeit; **be a good/bad/major ~ [on sb.]** einen guten/schlechten/bedeutenden Einfluß [auf jmdn.] ausüben; **under the ~ of alcohol** unter Alkoholeinfluß; **be under the ~** *(coll.)* betrunken sein; **steal a car while under the ~** *(coll.)* in betrunkenem Zustand ein Auto stehlen. **2.** *v. t.* beeinflussen; **be too easily ~d** sich zu leicht beeinflussen lassen
**influential** [ɪnflʊ'enʃl] *adj.* einflußreich ‹*Person*›; **be ~ in sb.'s decision/on sb.'s career** jmdn. in seiner Entscheidung beeinflussen/jmds. Karriere beeinflussen; **have been ~ in the successful outcome of sth.** den erfolgreichen Ausgang einer Sache *(Gen.)* beeinflußt haben
**influenza** [ɪnflʊ'enzə] *n.* Grippe, *die; see also* **gastric influenza**
**influx** ['ɪnflʌks] *n.* Zustrom, *der*
**info** ['ɪnfəʊ] *n., no pl. (coll.)* Informationen
**inform** [ɪn'fɔ:m] **1.** *n.* **a)** informieren **(of, about** über + *Akk.*); **I am pleased to ~ you that ...:** ich freue mich, Ihnen mitteilen zu können, daß ...; **keep sb./oneself ~ed** jmdn./sich auf dem laufenden halten; **he is not very well ~ed** er ist nicht besonders gut informiert; **why wasn't I ~ed?** warum wurde ich nicht [darüber] informiert?; **b)** *(animate, inspire)* durchdringen; **c)** *(give character or essence to)* prägen. **2.** *v. i.* **~ against** *or* **on sb.** jmdn. anzeigen *od. (abwertend)* denunzieren **(to** bei)
**informal** [ɪn'fɔ:ml] *adj.* **a)** *(without formality)* zwanglos; ungezwungen ‹*Ton, Sprache*›; leger ‹*Kleidungsstück*›; **'dress: ~'** „keine festliche Garderobe"; **b)** *(unofficial)* informell ‹*Gespräch, Treffen*›
**informality** [ɪnfɔ:'mælɪtɪ] *n. no pl.* Zwanglosigkeit, *die;* Ungezwungenheit, *die*
**informally** [ɪn'fɔ:məlɪ] *adv.* **a)** *(casually)* zwanglos; leger ‹*gekleidet*›; **b)** *(unofficially)* informell; **talks are proceeding ~:** die Gespräche laufen auf informeller Ebene
**informant** [ɪn'fɔ:mənt] *n.* Informant, *der/* Informantin, *die;* Gewährsmann, *der*

**informatics** [ɪnfə'mætɪks] *n. sing. (Brit.)* Informatik, *die*

**information** [ɪnfə'meɪʃn] *n., no pl.* **a)** *no indef. art.* Informationen; **give ~ on sth.** Auskunft über etw. *(Akk.)* erteilen; **piece** *or* **bit of ~:** Information, *die;* **some/any ~:** einige/irgendwelche Informationen; **source of ~:** Informationsquelle, *die;* **where can we get hold of some ~?** wo können wir uns informieren?; wo können wir Auskunft bekommen?; **have ~ about sth.** über etw. *(Akk.)* informiert sein; **have no ~ on sb.** nichts über jmdn. wissen; **we have ~ that ...:** uns *(Dat.)* liegen Informationen [darüber] vor, daß ...; **for your ~:** zu Ihrer Information; *(iron.)* damit du Bescheid weißt!; **b)** *(Law)* Anklage, *die*

**information: ~ bureau, ~ centre** *ns.* Auskunftsbüro, *das;* **~ desk** *n.* Informationsschalter, *der;* **~ explosion** *n.* Informationsflut, *die;* **~ office** *see* **~ bureau;** **~ retrieval** *n.* Information Retrieval, *das (DV);* Wiederauffinden von Informationen; **~ science** *n.* Informatik, *die;* **~ scientist** *n.* Informatiker, *der/*Informatikerin, *die;* **~ technology** *n.* Informationstechnologie, *die;* Informationstechnik, *die;* **~ theory** *n.* Informationstheorie, *die*

**informative** [ɪn'fɔ:mətɪv] *adj.* informativ; **not very ~:** nicht sehr aufschlußreich ⟨*Dokument, Schriftstück*⟩; **he was not very ~ about his qualifications** er war nicht sehr mitteilsam, was seine Qualifikationen anbelangte

**informed** [ɪn'fɔ:md] *adj.* **a)** informiert; fundiert ⟨*Schätzung*⟩; **very ~:** sehr gut informiert; *see also* **ill-informed; well-informed; b)** *(educated)* kultiviert; **~ opinion suggests that ...:** Kundige meinen, daß ...

**informer** [ɪn'fɔ:mə(r)] *n.* Denunziant, *der/* Denunziantin, *die (abwertend);* Informant, *der/*Informantin, *die;* **police ~:** Polizeispitzel, *der (abwertend)*

**infraction** [ɪn'frækʃn] *n.* Übertretung, *die;* Regelverstoß, *der (Sport)*

**infra dig.** [ɪnfrə'dɪg] *pred. adj. (coll.)* unter meiner/seiner *usw.* Würde

**infra-red** [ɪnfrə'red] *adj.* **a)** infrarot; **b)** *(using ~ radiation)* Infrarot-

**infrastructure** ['ɪnfrəstrʌktʃə(r)] *n.* Infrastruktur, *die*

**infrequency** [ɪn'fri:kwənsɪ] *n., no pl.* Seltenheit, *die*

**infrequent** [ɪn'fri:kwənt] *adj.* **a)** *(uncommon)* selten; **b)** *(sparse)* vereinzelt

**infrequently** [ɪn'fri:kwəntlɪ] *adv.* selten

**infringe** [ɪn'frɪndʒ] **1.** *v. t.* verstoßen gegen. **2.** *v. i.* **~ [up]on** verstoßen gegen ⟨*Recht, Gesetz usw.*⟩; unbefugt betreten ⟨*Privatgelände usw.*⟩; **~ upon sb.'s privacy** jmds. Privatsphäre verletzen

**infringement** [ɪn'frɪndʒmənt] *n.* **a)** *(violation)* Verstoß, *der* **(of** gegen); **~ of the contract** Vertragsverletzung, *die;* Vertragsbruch, *der;* **b)** *(encroachment)* Übergriff, *der* **(on** auf + *Akk.*); *(on privacy)* Eingriff, *der* **(on** in + *Akk.*)

**infuriate** [ɪn'fjʊərɪeɪt] *v. t.* wütend machen; **be ~d** wütend sein **(by** über + *Akk.*)

**infuriating** [ɪn'fjʊərɪeɪtɪŋ] *adj.* **she is an ~ person** sie kann einen zur Raserei bringen; **it is ~ when/that ...:** es ist wahnsinnig ärgerlich, wenn/daß ... *(ugs.);* **he has some ~ habits** er hat einige Angewohnheiten, die einen rasend machen können; **~ calmness/slowness** aufreizende Gelassenheit/Langsamkeit

**infuriatingly** [ɪn'fjʊərɪeɪtɪŋlɪ] *adv.* aufreizend ⟨*gleichgültig, langsam*⟩

**infuse** [ɪn'fju:z] **1.** *v. t.* **a)** *(instil)* **~ sth. into sb., ~ sb. with sth.** jmdm. etw. einflößen *od. (geh.)* eingeben; **~ new life into an ancient institution** eine altehrwürdige Institution mit neuem Leben erfüllen; **~ vitality into** mit Vitalität erfüllen; **be ~d with new hope** neue Hoffnung schöpfen; **b)** *(steep)* aufgießen ⟨*Tee usw.*⟩. **2.** *v. i.* ⟨*Tee usw.*:⟩ ziehen; **let the tea [stand to] ~:** den Tee ziehen lassen

**infusion** [ɪn'fju:ʒn] *n.* **a)** *(Med.)* Infusion, *die;* **an ~ of new blood into the organization is essential** *(fig.)* die Organisation braucht dringend frisches Blut; **b)** *(imparting)* Einflößen, *das;* **c)** *(steeping)* Aufgießen, *das;* **d)** *(liquid)* Aufguß, *der*

**ingenious** [ɪn'dʒi:nɪəs] *adj.* **a)** *(resourceful)* einfallsreich; *(skilful)* geschickt; **b)** *(cleverly constructed)* genial ⟨*Methode, Idee*⟩; raffiniert ⟨*Spielzeug, Werkzeug, Maschine*⟩

**ingeniously** [ɪn'dʒi:nɪəslɪ] *adv.* genial; raffiniert ⟨*konstruiert*⟩

**ingénue** ['æ̃ʒeɪnju:] *n.* unschuldiges junges Mädchen; *(Theatre)* Naive, *die*

**ingenuity** [ɪndʒɪ'nju:ɪtɪ] *n., no pl.* **a)** *(resourcefulness)* Einfallsreichtum, *der; (skill)* Geschicklichkeit, *die;* **b)** *(cleverness of construction)* Genialität, *die;* **a plan of some ~:** ein recht raffinierter Plan

**ingenuous** [ɪn'dʒenjʊəs] *adj.* **a)** *(frank)* freimütig; **b)** *(innocent)* naiv; unschuldig ⟨*Augen, Lächeln*⟩

**ingenuously** [ɪn'dʒenjʊəslɪ] *adv.* freimütig

**ingest** [ɪn'dʒest] *v. t.* aufnehmen

**ingestion** [ɪn'dʒestʃn] *n.* Aufnahme, *die;* **~ of food** Nahrungsaufnahme, *die*

**inglenook** ['ɪŋglnʊk] *n.* Kaminecke, *die*

**inglorious** [ɪn'glɔ:rɪəs] *adj.* unrühmlich; schmählich *(geh.)* ⟨*Niederlage*⟩

**ingot** ['ɪŋgət] *n.* Ingot, *der (Metall.)*

**ingrained** ['ɪngreɪnd, ɪn'greɪnd] *adj.* **a)** *(embedded)* **the stain was deeply ~ in the fibres** der Fleck war tief in die Fasern eingedrungen; **hands ~ with dirt** stark verschmutzte Hände; **b)** *(fig.)* tief eingewurzelt ⟨*Vorurteil usw.*⟩; **c)** *(thorough)* eingefleischt ⟨*Skeptiker usw.*⟩

**ingrate** ['ɪngreɪt, ɪn'greɪt] *n. (arch.)* Undankbare, *der/die;* **be an ~:** undankbar sein

**ingratiate** [ɪn'greɪʃɪeɪt] *v. refl.* **~ oneself with sb.** sich bei jmdm. einschmeicheln

**ingratiating** [ɪn'greɪʃɪeɪtɪŋ] *adj.* schmeichlerisch

**ingratitude** [ɪn'grætɪtju:d] *n., no pl.* Undankbarkeit, *die* **(to[wards]** gegenüber)

**ingredient** [ɪn'gri:dɪənt] *n.* Zutat, *die;* Ingredienz, *die;* **the ~s of a successful marriage** *(fig.)* die Voraussetzungen für eine gute Ehe; **all the ~s of success** *(fig.)* alles, was man zum Erfolg braucht

**'in-group** *n.* Ingroup, *die (Soziol.);* Eigengruppe, *die (Soziol.)*

**ingrowing** ['ɪngrəʊɪŋ] *adj.* eingewachsen ⟨*Zehennagel usw.*⟩

**inhabit** [ɪn'hæbɪt] *v. t.* bewohnen; **the region was ~ed by penguins/the Celts** in der Gegend lebten Pinguine/die Kelten; **a region ~ed by a rich flora** eine Gegend mit einer reichen Flora

**inhabitable** [ɪn'hæbɪtəbl] *adj.* bewohnbar

**inhabitant** [ɪn'hæbɪtənt] *n.* Bewohner, *der/*Bewohnerin, *die; (of village etc. also)* Einwohner, *der/*Einwohnerin, *die;* **that district has few ~s** in diesem Bezirk leben nur wenige Menschen

**inhalant** [ɪn'heɪlənt] *n. (Med.)* Inhalationsmittel, *das*

**inhalation** [ɪnhə'leɪʃn] *n. (Med.)* Inhalation, *die*

**inhale** [ɪn'heɪl] **1.** *v. t. (breathe in)* einatmen; *(take into the lungs)* inhalieren *(ugs.)* ⟨*Zigarettenrauch usw.*⟩; *(Med.)* inhalieren. **2.** *v. i.* einatmen; *(Med.)* inhalieren; ⟨*Raucher:*⟩ inhalieren *(ugs.),* über die Lunge rauchen

**inhaler** [ɪn'heɪlə(r)] *n. (Med.)* Inhalationsapparat, *der*

**inharmonious** [ɪnhɑ:'məʊnɪəs] *adj.* **a)** disharmonisch; mißtönend; **b)** *(fig.)* unharmonisch

**inharmoniously** [ɪnhɑ:'məʊnɪəslɪ] *adv.* **a)** disharmonisch; **b)** *(fig.)* unharmonisch

**inhere** [ɪn'hɪə(r)] *v. i.* **~ in sth.** einer Sache *(Dat.)* innewohnen *(geh.);* einer Sache *(Dat.)* inhärieren *(Philos.)*

**inherent** [ɪn'hɪərənt, ɪn'herənt] *adj. (belonging by nature)* innewohnend *(geh.);* natürlich ⟨*Anmut, Eleganz*⟩; inhärent *(Philos.);* **our ~ indolence** die uns *(Dat.)* innewohnende Trägheit

**inherently** [ɪn'hɪərəntlɪ, ɪn'herəntlɪ] *adv.* von Natur aus

**inherit** [ɪn'herɪt] *v. t.* erben

**inheritable** [ɪn'herɪtəbl] *adj.* erblich; **~ disease** Erbkrankheit, *die*

**inheritance** [ɪn'herɪtəns] *n.* **a)** *(what is inherited)* Erbe, *das;* **come into one's ~:** sein Erbe antreten; **b)** *no pl. (inheriting)* Erbschaft, *die*

**in'heritance tax** *n.* Erbschaftssteuer, *die*

**inhibit** [ɪn'hɪbɪt] *v. t.* hemmen; **~ sb. from doing sth.** jmdn. daran hindern, etw. zu tun

**inhibited** [ɪn'hɪbɪtɪd] *adj.* gehemmt

**inhibition** [ɪnhɪ'bɪʃn] *n.* **a)** Unterdrückung, *die;* **b)** *(Psych.)* Hemmung, *die;* **c)** *(coll.: emotional resistance)* Hemmung, *die;* **without ~:** hemmungslos; **have no ~s about doing sth.** keine Hemmungen haben, etw. zu tun

**inhomogeneity** [ɪnhɒmədʒɪ'ni:ɪtɪ, ɪnhəʊmədʒɪ'ni:ɪtɪ] *n.* **a)** *no pl. (lack of homogeneity)* Inhomogenität, *die;* **b)** *(irregularity)* Unregelmäßigkeit, *die*

**inhomogeneous** [ɪnhɒmə'dʒi:nɪəs, ɪnhəʊmə'dʒi:nɪəs] *adj.* inhomogen

**inhospitable** [ɪnhɒs'pɪtəbl] *adj.* **a)** ungastlich ⟨*Person, Verhalten*⟩; **b)** unwirtlich ⟨*Gegend, Klima*⟩

**'in-house** *adj.* hausintern

**inhuman** [ɪn'hju:mən] *adj.* **a)** *(brutal)* unmenschlich ⟨*Tyrann, Grausamkeit, Strenge*⟩; inhuman ⟨*Arbeitgeber, Verhalten*⟩; **b)** *(not human)* nicht menschlich

**inhumane** [ɪnhju:'meɪn] *adj.* unmenschlich; inhuman *(geh.);* menschenunwürdig ⟨*Zustände, Behandlung*⟩

**inhumanity** [ɪnhju:'mænɪtɪ] *n. see* **inhumane:** Unmenschlichkeit, *die;* Inhumanität, *die (geh.);* Menschenunwürdigkeit, *die;* **man's ~ to man** die Unmenschlichkeit unter den Menschen

**inimical** [ɪ'nɪmɪkl] *adj.* **a)** *(hostile)* feindselig ⟨*Blick, Beziehungen*⟩; feindlich [gesinnt] ⟨*Macht*⟩; **be ~ to sb.** jmdm. feindlich gesinnt sein; jmdm. feind sein *(geh.);* **b)** *(harmful)* abträglich **(to** *Dat.*) *(geh.);* nachteilig **(to** für); schädlich **(to** für)

**inimitable** [ɪ'nɪmɪtəbl] *adj.* unnachahmlich ⟨*Gabe, Fähigkeit*⟩; einzigartig ⟨*Persönlichkeit*⟩

**iniquitous** [ɪ'nɪkwɪtəs] *adj.* **a)** *(wicked)* schändlich; **b)** *(unjust)* ungerecht ⟨*Urteil*⟩; ungeheuer hoch ⟨*Preis*⟩

**iniquity** [ɪ'nɪkwɪtɪ] *n.* **a)** *(wickedness)* Schändlichkeit, *die; (sin)* Missetat, *die;* **b)** *(injustice)* Ungerechtigkeit, *die*

**initial** [ɪ'nɪʃl] **1.** *adj.* anfänglich; zu Anfang auftretend ⟨*Symptome*⟩; Anfangs⟨*stadium, -schwierigkeiten*⟩; **~ costs** *or* **expenses** Startkosten. **2.** *n. esp. in pl.* Initiale, *die;* **what do the ~s s.a.e. stand for?** wofür steht *od.* was bedeutet die Abkürzung s.a.e.?. **3.** *v. t., (Brit.)* **-ll-** abzeichnen ⟨*Scheck, Quittung, Beleg*⟩; paraphieren ⟨*Vertrag, Abkommen usw.*⟩

**initial 'letter** *n.* Anfangsbuchstabe, *der*

**initially** [ɪ'nɪʃəlɪ] *adv.* anfangs; am *od.* zu Anfang

**initiate 1.** [ɪ'nɪʃɪeɪt] *v. t.* **a)** *(admit)* [feierlich] aufnehmen; initiieren *(Soziol., Völkerk.); (introduce)* einführen **(into** in + *Akk.*); **~ sb. into sth.** *(into club, group, etc.)* jmdn. in etw. *(Akk.)* aufnehmen; *(into knowledge, mystery, etc.)* jmdn. in etw. *(Akk.)* einweihen; **b)** *(begin)* initiieren *(geh.);* in die Wege leiten ⟨*Vorhaben*⟩; einleiten ⟨*Verhandlungen, Reformen*⟩; eröffnen ⟨*Diskussion, Ver-*

*handlung, Feierlichkeiten, Feindseligkeiten*); anstrengen ⟨*Prozeß, Klage*⟩. **2.** [ɪ'nɪʃɪət] *n.* Eingeweihte, *der/die*

**initiation** [ɪnɪʃɪ'eɪʃn] *n.* **a)** *(beginning)* Initiierung, *die (geh.); (of hostilities, discussion, negotiation, festivities)* Eröffnung, *die; (of reforms, negotiations)* Einleitung, *die;* **b)** *(admission)* Aufnahme, *die* **(into** in + *Akk.*); *(into knowledge, mystery, etc.)* Einweihung, *die;* Initiation, *die (Soziol., Völkerk.); (introduction)* Einführung, *die* **(into** in + *Akk.*); ~ **ceremony** Aufnahmezeremonie, *die;* Initiationsritus, *der (Soziol., Völkerk.)*

**initiative** [ɪ'nɪʃətɪv, ɪ'nɪʃɪətɪv] *n.* **a)** *(power)* **the ~ is ours/lies with them** die Initiative liegt bei uns/ihnen; **have the ~** *(Mil.)* den Kampf bestimmen; **b)** *no pl., no indef. art. (ability)* Initiative, *die;* **lack ~**: keine Initiative haben *od.* besitzen; **c)** *(first step)* Initiative, *die;* **take the ~**: die Initiative ergreifen; den ersten Schritt tun; **on one's own ~**: aus eigener Initiative; **d)** *(citizen's right to initiate legislation)* Gesetzesinitiative, *die*

**initiator** [ɪ'nɪʃɪeɪtə(r)] *n.* Initiator, *der/*Initiatorin, *die*

**inject** [ɪn'dʒekt] *v. t.* **a)** [ein]spritzen; injizieren *(Med.);* **b)** *(put fluid into)* ~ **a vein with sth.** etw. in eine Vene spritzen *od. (Med.)* injizieren; ~ **a mould with plastic** Plastik in eine Form spritzen; **c)** *(administer sth. to)* ~ **sb. with sth.** jmdm. etw. spritzen *od. (Med.)* injizieren; ~ **sb. against smallpox** jmdn. gegen Pocken impfen; **d)** *(fig.)* pumpen ⟨*Geld*⟩; ~ **new life/vigour into sth.** einer Sache *(Dat.)* neues Leben geben/neue Kraft verleihen

**injection** [ɪn'dʒekʃn] *n.* **a)** *(injecting)* Einspritzung, *die;* Injektion, *die (Med.);* **give sb. an ~**: jmdm. eine Spritze *od.* Injektion geben; **b)** *(liquid injected)* Injektion, *die;* Injektionslösung, *die;* **c)** *(fig.)* ~ **of money/capital, financial ~**: Geldzuschuß, *der;* Finanzspritze, *die (ugs.); see also* **fuel injection**

**in'jection moulding** *n.* Spritzguß, *der*

**injudicious** [ɪndʒu:'dɪʃəs] *adj.* unklug; ungünstig ⟨*Moment*⟩

**Injun** ['ɪndʒən] *n. (coll.)* Indianer, *der/*Indianerin, *die*

**injunction** [ɪn'dʒʌŋkʃn] *n.* **a)** *(order)* Verfügung, *die;* **b)** *(Law)* [richterliche] Verfügung; **a court ~**: eine richterliche Verfügung

**injure** ['ɪndʒə(r)] *v. t.* **a)** *(hurt)* verletzen; *(fig.)* verletzen ⟨*Stolz, Gefühle*⟩; kränken ⟨*Person*⟩; **his leg was ~d** er wurde/*(state)* war am Bein verletzt; **six people were badly ~d** es gab sechs Schwerverletzte; **b)** *(impair)* schaden (+ *Dat.*); schädigen ⟨*Gesundheit*⟩; beeinträchtigen ⟨*Beziehungen*⟩; **c)** *(do harm to)* schädigen ⟨*Ruf, Ansehen*⟩

**injured** ['ɪndʒəd] *adj.* **a)** *(hurt, lit. or fig.)* verletzt; verwundet ⟨*Soldat*⟩; **because of his ~ hand** wegen seiner Handverletzung; **the ~**: die Verletzten/Verwundeten; **b)** *(wronged)* geschädigt; hintergangen, betrogen ⟨*Ehemann*⟩; **the ~ party** *(Law)* der/die Geschädigte; **c)** *(showing offence)* gekränkt ⟨*Stimme, Blick*⟩; verletzt, beleidigt ⟨*Person*⟩; **with an ~ air** mit gekränkter Miene; **speak in an ~ voice** mit gekränkter Stimme sprechen

**injurious** [ɪn'dʒʊərɪəs] *adj.* **a)** *(wrongful)* ungerecht ⟨*Behandlung*⟩; **b)** *(hurtful)* schädlich; **be ~ to sb./sth.** jmdm./einer Sache schaden; **smoking is ~ to health** Rauchen schadet der Gesundheit

**injury** ['ɪndʒərɪ] *n.* **a)** *(harm)* Verletzung, *die* **(to** *Gen.*); **risk ~ to life and limb** Leben und Gesundheit aufs Spiel setzen; **b)** *(instance of harm)* Verletzung, *die* **(to** *Gen.*); *(fig.)* Kränkung, *die* **(to** *Gen.*); **add insult to ~**: das Ganze noch schlimmer machen; **do sb./oneself an ~**: jmdm./sich weh tun; **I'll do him an ~ if he doesn't shut up!** *(coll.)* ich tu ihm jetzt [gleich] was, wenn er nicht ruhig ist!; **c)** *(wrongful action)* Verletzung, *die* **(to** *Gen.*)

**'injury time** *n. (Brit. Footb.)* Nachspielzeit, *die;* **be into/play ~**: nachspielen

**injustice** [ɪn'dʒʌstɪs] *n.* **a)** *(unfairness)* Ungerechtigkeit, *die;* **fight against ~**: gegen die Ungerechtigkeit *od.* das Unrecht kämpfen; **protest at the ~ of a statement** gegen eine ungerechte Behauptung protestieren; **b)** *(wrong act)* Ungerechtigkeit, *die;* **do sb. an ~**: jmdm. unrecht tun

**ink** [ɪŋk] **1.** *n.* **a)** Tinte, *die; (for stamp-pad)* Farbe, *die; (for drawing)* Tusche, *die;* **my ball-point has run out of ~**: meine [Kugelschreiber]mine ist leer; **b)** *(in printing)* Druckfarbe, *die; (in duplicating, newsprint)* Druckerschwärze, *die;* **c)** *(Zool.)* Tinte, *die.* **2.** *v. t.* **a)** ~ **in** mit Tinte/Tusche nachziehen ⟨*Bleistiftstrich usw.*⟩; mit Tusche ausmalen ⟨*Teil eines Bildes*⟩; ~ **over** mit Tusche übermalen ⟨*Papier, Blatt*⟩; **b)** *(apply ink to)* einfärben ⟨*Druckform*⟩; mit Farbe schwärzen ⟨*Stempel*⟩

**'ink-bottle** *n.* Tintenfaß, *das*

**inkling** ['ɪŋklɪŋ] *n.* Ahnung, *die;* **I haven't an ~**: ich habe nicht die leiseste Ahnung *od. (ugs.)* keinen blassen Schimmer; **have an ~ of sth.** etw. ahnen; **get an ~ of sth.** etw. merken; Wind von etw. bekommen *(ugs.)*

**ink: ~-pad** *n.* Stempelkissen, *das;* **~well** *n.* [eingelassenes] Tintenfaß

**inky** ['ɪŋkɪ] *adj.* **a)** *(covered with ink)* tintenbeschmiert; tintig; **I have ~ fingers** meine Finger sind voller Tinte; **b)** *(black)* tintenschwarz; tintig

**inlaid** *see* **inlay 1**

**inland 1.** ['ɪnlənd, 'ɪnlænd] *adj.* **a)** *(placed ~)* Binnen-; binnenländisch; ~ **town** Stadt im Landesinneren; **an ~ state** ein Binnenstaat; **b)** *(carried on ~)* inländisch; Binnen⟨*handel, -verkehr*⟩; Inlands⟨*brief, -paket, -gebühren*⟩. **2.** [ɪn'lænd] *adv.* landeinwärts; im Landesinneren ⟨*leben*⟩

**inland: ~ navi'gation** *n.* Binnenschiffahrt, *die;* ~ **'revenue** *n.* Steuereinnahmen *Pl.;* **I~ 'Revenue** *n. (Brit.)* ≈ Finanzamt, *das;* ~ **'sea** *n.* Binnenmeer, *das*

**'in-law** *n., usu. in pl. (coll.)* angeheirateter Verwandter/angeheiratete Verwandte; **~s** *(parents-in-law)* Schwiegereltern

**inlay 1.** [-'-] *v. t.,* **inlaid a)** *(embed)* einlassen; **b)** *(ornament)* einlegen. **2.** ['--] *n.* **a)** *(work)* Einlegearbeit, *die;* Intarsie, *die;* **b)** *(material)* **~s** Intarsien *Pl.* **(of** aus); **c)** *(Dent.)* Inlay, *das*

**inlet** ['ɪnlet, 'ɪnlɪt] *n.* **a)** [schmale] Bucht; **b)** *(piece inserted)* eingelegtes Stück; Einsatz, *der;* **c)** *(way of entry)* Einlaßöffnung, *die;* ~ **pipe** Zuleitungsrohr, *das;* Zuleitung, *die;* ~ **valve** Einlaßventil, *das*

**'inmate** *n. (of hospital, prison, etc.)* Insasse, *der/*Insassin, *die; (of house)* Bewohner, *der/*Bewohnerin, *die*

**in memoriam** [ɪn mɪ'mɔ:rɪæm] *n.* Gedenkinschrift, *die*

**inmost** ['ɪnməʊst, 'ɪnməst] *adj.* **a)** *(deepest)* tiefst...; **b)** *(fig.: most inward)* innerst... ⟨*Gefühle, Wesen*⟩

**inn** [ɪn] *n.* **a)** *(hotel)* Herberge, *die (veralt.);* Gasthof, *der;* **no room at the ~** *(fig.)* alles ausgebucht *(scherzh.);* **b)** *(pub)* Wirtshaus, *das;* Gastwirtschaft, *die;* **'The Swan Inn'** „Wirtshaus zum Schwan"

**innards** ['ɪnədz] *n. pl. (coll.)* Eingeweide *Pl.; (in animals for slaughter)* Innereien *Pl.*

**innate** [ɪ'neɪt, 'ɪneɪt] *adj.* **a)** *(inborn)* angeboren; natürlich ⟨*Schönheit, Fähigkeit*⟩; **be ~ in sb.** jmdm. angeboren sein; **we all have an ~ desire for happiness** das Streben nach Glück ist uns allen angeboren; **b)** *(Philos.)* angeboren ⟨*Ideen*⟩

**inner** ['ɪnə(r)] *adj.* **a)** inner...; Innen⟨*hof, -tür, -fläche, -seite usw.*⟩; ~ **ear** *(Anat.)* Innenohr, *das;* **b)** *(fig.)* inner... ⟨*Gefühl, Wesen, Zweifel, Ängste*⟩; verborgen ⟨*Bedeutung*⟩; ~ **life** Seelenleben, *das;* ~ **circle of friends** engster Freundeskreis; *see also* **¹bar 1 i**

**inner: ~ 'city** *n.* Innenstadt, *die;* City, *die;* ~ **city areas** Innenbezirke; Innenstadtgebiete; ~ **man** *n.* **a)** *(soul, mind)* Innere, *das;* **the needs of the ~ man** die inneren Bedürfnisse; **b)** *(joc.: stomach)* Magen, *der;* **satisfy the ~ man** für sein leibliches Wohl sorgen

**innermost** ['ɪnəməʊst] *adj.* innerst...; **one's ~ thoughts** seine geheimsten Gedanken; **in the ~ depths of the forest** im tiefsten Wald

**inner: ~-spring** *(Amer.) see* **interior-sprung;** ~ **tube** *n.* Schlauch, *der*

**'inner woman** *see* **inner man**

**inning** ['ɪnɪŋ] *n. (Amer. Baseball)* Inning, *das*

**innings** ['ɪnɪŋz] *n., pl. same or (coll.)* **~es a)** *(Cricket)* Durchgang, *der;* Innings, *das (fachspr.);* **b)** *(period of office)* Amtszeit, *die; (dominance of political party)* Legislaturperiode, *die;* **c)** *(period of life etc.)* **a good ~**: eine gute Gelegenheit; **he had a good/long ~**: er hatte ein langes, ausgefülltes Leben

**'innkeeper** *n.* [Gast]wirt, *der/*-wirtin, *die*

**innocence** ['ɪnəsəns] *n., no pl.* **a)** Unschuld, *die;* **a presumption of ~**: eine Unschuldsvermutung; **lose one's ~**: die Unschuld verlieren; **b)** *(freedom from cunning)* Naivität, *die;* **c)** *(lack of knowledge)* Unkenntnis, *die;* **in all ~**: in aller Unschuld; **in all ~ of the fact that ...:** ohne die leiseste Ahnung davon zu haben, daß ...

**innocent** ['ɪnəsənt] **1.** *adj.* **a)** unschuldig **(of** an + *Dat.*); **be ~ of the charge/accusation** unschuldig sein; **the ~ party** der/die Unschuldige; **he is not as ~ as he appears** er ist nicht der Unschuldsengel, der er scheint *(ugs.);* **b)** *(simple)* einfältig; naiv ⟨*Wortwahl*⟩; **c)** *(harmless)* harmlos; **d)** *(naïve)* unschuldig; **he is ~ about the ways of the world** er ist völlig unerfahren; **e)** *(pretending to be guileless)* arglos, unschuldig ⟨*Blick, Erscheinung*⟩; **adopt an ~ air** eine Unschuldsmiene aufsetzen. **2.** *n. (innocent person)* Unschuldige, *der/die;* **he was such an ~ when he went to London** er war noch so unschuldig *od.* unverdorben, als er nach London ging

**innocently** ['ɪnəsəntlɪ] *adv.* unschuldig ⟨*blicken*⟩; in aller Unschuld ⟨*etw. sagen, tun*⟩

**innocuous** [ɪ'nɒkjʊəs] *adj. (not injurious)* unschädlich ⟨*Tier, Mittel*⟩; *(inoffensive)* harmlos

**innocuously** [ɪ'nɒkjʊəslɪ] *adv.* harmlos

**Inn of 'Court** *n., pl.* **Inns of Court** *(Brit.) (society) englischer Anwaltsverband; (building) Gebäude dieses Verbandes*

**innovate** ['ɪnəveɪt] *v. i.* **a)** *(bring in novelties)* Innovationen vornehmen; innovieren *(fachspr.);* **b)** *(make changes)* Änderungen vornehmen

**innovation** [ɪnə'veɪʃn] *n.* **a)** *(introduction of something new)* Innovation, *die (geh., fachspr.); (thing introduced)* Neuerung, *die;* **b)** *(change)* [Ver]änderung, *die;* Neuerung, *die;* Innovation, *die (geh., fachspr.)*

**innovator** ['ɪnəveɪtə(r)] *n.* Neuerer, *der/*Neuerin, *die*

**'inn-sign** *n.* Gasthausschild, *das*

**innuendo** [ɪnju:'endəʊ] *n., pl.* **~es** *or* **~s** versteckte Andeutung; Anspielung, *die;* Innuendo, *das (geh.);* **make ~es about sb.** über jmdn. Andeutungen fallenlassen *od.* machen

**innumerable** [ɪ'nju:mərəbl] *adj.* unzählig; zahllos; *(uncountable)* unzählbar

**innumeracy** [ɪ'nju:mərəsɪ] *n., no pl. (Brit.)* Nicht-Rechnen-Können, *das*

**innumerate** [ɪ'nju:mərət] *adj. (Brit.)* **be ~**: nicht rechnen können; des Rechnens unkundig sein *(geh.)*

**inoculate** [ɪ'nɒkjʊleɪt] *v. t.* **a)** *(treat by injection)* impfen **(against, for** gegen); **b)** *(im-*

*plant)* einimpfen **(into** in + *Akk.)*; ~ **sb. with a virus** jmdm. einen Virus einimpfen
**inoculation** [ɪnɒkjʊ'leɪʃn] *n.* Impfung, *die,* Inokulation, *die (Med.)* **(against, for** gegen); **give sb. an** ~: jmdn. impfen
**inoffensive** [ɪnə'fensɪv] *adj.* **a)** *(unoffending)* harmlos; gutartig ‹*Tier*›; **b)** *(not objectionable)* harmlos ‹*Bemerkung*›; unaufdringlich ‹*Geruch, Art, Person*›; **be** ~ **to the eye** dem Auge nicht weh tun
**inoffensively** [ɪnə'fensɪvlɪ] *adv.* harmlos
**inoperable** [ɪn'ɒpərəbl] *adj.* **a)** *(Surg.)* inoperabel *(fachspr.)*; nicht operierbar; **b)** *(fig.)* undurchführbar ‹*Politik*›
**inoperative** [ɪn'ɒpərətɪv] *adj.* ungültig; außer Kraft *nicht attr.*; **render sth.** ~: etw. außer Betrieb setzen
**inopportune** [ɪn'ɒpətju:n] *adj.* inopportun *(geh.)*; unpassend, unangebracht ‹*Bemerkung*›; ungelegen, unpassend ‹*Augenblick, Besuch*›; **it was very** ~ **that ...**: es kam sehr ungelegen, daß ...
**inopportunely** [ɪn'ɒpətju:nlɪ] *adv.* zur Unzeit ‹*kommen*›; unpassenderweise, im unpassenden Moment ‹*vorbringen, äußern*›
**inordinate** [ɪ'nɔ:dɪnət] *adj.* *(immoderate)* unmäßig; ungeheuer ‹*[Menschen]menge*›; überzogen, übertrieben ‹*Forderung*›; **an** ~ **amount of work/money** ungeheuer viel Arbeit/eine Unmenge Geld
**inordinately** [ɪ'nɔ:dɪnətlɪ] *adv.* unmäßig; ungeheuer ‹*groß, hoch, weit usw.*›; **he is** ~ **fond of ...**: seine Zuneigung zu ... ist übertrieben
**inorganic** [ɪnɔ:'gænɪk] *adj.* **a)** *(Chem.)* anorganisch; **b)** *(fig.)* unorganisch *(geh.)*
**inorganic 'chemist** *n.* Anorganiker, *der*/Anorganikerin, *die*
**'in-patient** *n.* stationär behandelter Patient/behandelte Patientin; **be an** ~: stationär behandelt werden
**'input 1.** *n.* **a)** *(esp. Computing: what is put in)* Input, *der od. das*; *(of capital)* Investition, *die*; *(of manpower)* [Arbeits]aufwand, *der*; *(of electricity)* Energiezufuhr, *die*; **b)** *(esp. Computing: place where information etc. enters system)* Eingang, *der.* **2.** *v. t.*, **-tt-**, ~ *or* ~**ted** *(esp. Computing)* eingeben ‹*Daten, Programm*›; zuführen ‹*Strom, Energie*›; ~ **data to the computer** Daten in den Computer eingeben
**input:** ~ **circuit** *n.* Eingangsstromkreis, *der*; Primärstromkreis, *der*; ~ **data** *n. pl.* Eingabedaten *Pl.*; Rechnerdaten *Pl.*
**inquest** ['ɪnkwest, 'ɪŋkwest] *n.* **a)** *(legal inquiry)* gerichtliche Untersuchung; **b)** *(inquiry by coroner's court)* ~ **[into the causes of death]** gerichtliche Untersuchung der Todesursache; **c)** *(coll.: discussion) see* **postmortem 3b**; **d)** *(inquisition)* Untersuchung, *die* **(into** *Gen.*)
**inquietude** [ɪn'kwaɪɪtju:d, ɪŋ'kwaɪtju:d] *n., no pl.* Unruhe, *die*
**inquire** [ɪn'kwaɪə(r), ɪŋ'kwaɪə(r)] **1.** *v. i.* **a)** *(make search)* Untersuchungen anstellen **(into** über + *Akk.*); ~ **into a matter** eine Angelegenheit untersuchen *od.* prüfen; **b)** *(seek information)* sich erkundigen **(about, after** nach, **of** bei); **c)** *(ask)* fragen **(for** nach). **2.** *v. t.* sich erkundigen nach, fragen nach ‹*Weg, Namen*›; ~ **how/whether** *etc.* ...: fragen *od.* sich erkundigen, wie/ob *usw.* ...
**inquirer** [ɪn'kwaɪərə(r), ɪŋ'kwaɪərə(r)] *n.* *(for the way, a name, etc.)* Fragende, *der/die*; *(into a matter)* Untersuchende, *der/die*; Nachforschende, *der/die*
**inquiring** [ɪn'kwaɪərɪŋ, ɪŋ'kwaɪərɪŋ] *adj.* fragend; forschend ‹*Geist*›
**inquiry** [ɪn'kwaɪərɪ, ɪŋ'kwaɪərɪ] *n.* **a)** *(asking)* Anfrage, *die*; **on** ~: auf Anfrage; **give sb. a look of** ~: jmdn. fragend ansehen; **b)** *(question)* Erkundigung, *die* **(into** über + *Akk.*); **make inquiries** Erkundigungen einziehen; Nachforschungen anstellen; **c)** *(investigation)* Untersuchung, *die*; *(research)* Forschung, *die*; **hold an** ~: eine Untersuchung durchführen **(into** *Gen.*); **court of** ~ *(Mil.)* Untersuchungskommission, *die*
**inquiry:** ~ **agent** *n. (Brit.)* Privatdetektiv, *der*; ~ **desk,** ~ **office** *ns.* Auskunft, *die*
**inquisition** [ɪnkwɪ'zɪʃn, ɪŋkwɪ'zɪʃn] *n.* **a)** *(search)* Nachforschung, *die* **(into** über + *Akk.*); **b)** *(judicial inquiry)* gerichtliche Untersuchung; *(fig. coll.)* Verhör, *das*; **c) I**~ *(Hist.)* Inquisition, *die*
**inquisitive** [ɪn'kwɪzɪtɪv, ɪŋ'kwɪzɪtɪv] *adj.* **a)** *(unduly inquiring)* neugierig; **b)** *(inquiring)* wißbegierig; **be** ~ **about sth.** alles über etw. *(Akk.)* wissen wollen; **give sb. an** ~ **look** jmdn. forschend ansehen
**inquisitively** [ɪn'kwɪzɪtɪvlɪ, ɪŋ'kwɪzɪtɪvlɪ] *adv. see* **inquisitive a, b**: neugierig; wißbegierig
**inquisitiveness** [ɪn'kwɪzɪtɪvnɪs, ɪŋ'kwɪzɪtɪvnɪs] *n., no pl. see* **inquisitive a, b**: Neugier[de], *die*; Wißbegier[de], *die*
**inquorate** [ɪn'kwɔ:reɪt, ɪŋ'kwɔ:reɪt] *adj.* nicht beschlußfähig
**'inroad** *n.* **a)** *(intrusion)* Eingriff, *der* **(on, into** in + *Akk.*); **make** ~**s into the market** in den Markt eindringen; **make** ~**s into sb.'s savings** jmds. Ersparnisse angreifen; **b)** *(hostile incursion)* Einfall, *der* **(into** in + *Akk.*); Überfall, *der* **([up]on** auf + *Akk.*); **make** ~**s on a country** in ein Land einfallen
**'inrush** *n.* Zustrom, *der*; *(of water)* Einbruch, *der*; **an** ~ **of air/water** ein Luftzug/Wassereinbruch
**insane** [ɪn'seɪn] *adj.* **a)** *(not of sound mind)* geisteskrank; **b)** *(extremely foolish)* wahnsinnig *(ugs.)*; irrsinnig *(ugs.)*
**insanely** [ɪn'seɪnlɪ] *adv.* **a)** *(in a mad manner)* wahnsinnig *(ugs.)* ‹*eifersüchtig*›; irr[e] ‹*reden*›; **b)** *(very foolishly)* verrückt ‹*sich benehmen*›
**insanitary** [ɪn'sænɪtərɪ] *adj.* unhygienisch
**insanity** [ɪn'sænɪtɪ] *n.* **a)** Geisteskrankheit, *die*; Wahnsinn, *der*; **b)** *(extreme folly)* Irrsinn, *der*; Wahnsinn, *der (ugs.)*; *(instance)* Verrücktheit, *die*
**insatiable** [ɪn'seɪʃəbl] *adj.* unersättlich; unstillbar ‹*Verlangen, Neugierde*›; **he has an** ~ **thirst for knowledge** er ist unersättlich in seinem Wissensdurst
**inscribe** [ɪn'skraɪb] *v. t.* **a)** *(write)* schreiben; *(on ring etc.)* eingravieren; *(on stone, rock)* einmeißeln; ~ **sth. on sth.** etw. auf etw. *(Akk.)* schreiben/in etw. *(Akk.)* eingravieren/einmeißeln; **b)** *(enter)* eintragen ‹*Namen*› **(on** in + *Akk.*); ~ **one's name in the Visitors' Book** sich in das Gästebuch eintragen; **c)** *(mark)* mit einer Inschrift versehen ‹*Denkmal, Grabstein*›; ~ **a tombstone/locket with a name** einen Namen in einen Grabstein einmeißeln/ein Medaillon eingravieren; **d)** *(with informal dedication)* ~ **sth. to sb.** jmdm. etw. widmen
**inscription** [ɪn'skrɪpʃn] *n.* **a)** *(words inscribed)* Inschrift, *die*; *(on coin)* Aufschrift, *die*; **b)** *(informal dedication)* Widmung, *die*
**inscrutability** [ɪnskru:tə'bɪlɪtɪ] *n., no pl.* Unergründlichkeit, *die*; *(of facial expression)* Undurchdringlichkeit, *die*
**inscrutable** [ɪn'skru:təbl] *adj.* **a)** *(mysterious)* unergründlich; geheimnisvoll ‹*Lächeln*›; undurchdringlich ‹*Miene*›; **he remained** ~: seine Miene *od.* sein Gesichtsausdruck blieb undurchdringlich; **b)** *(incomprehensible)* unerforschlich *(geh.)*
**inscrutably** [ɪn'skru:təblɪ] *adv.* unergründlich; geheimnisvoll ‹*lächeln*›
**insect** ['ɪnsekt] *n.* Insekt, *das*; Kerbtier, *das*
**insect:** ~ **bite** *n.* Insektenstich, *der*; ~**-borne** *adj.* durch Insekten übertragen ‹*Krankheit*›; ~**-control** *n.* Insektenbekämpfung, *die*
**insecticide** [ɪn'sektɪsaɪd] *n.* Insektizid, *das*
**insectivore** [ɪn'sektɪvɔ:(r)] *n. (Zool.)* Insektenfresser, *der*
**insect:** ~**-powder** *n.* Insektenpulver, *das*; ~**-proof** *adj.* insektensicher; ~**-repellent** *n.* Insektenschutzmittel, *das*
**insecure** [ɪnsɪ'kjʊə(r)] *adj.* **a)** *(unsafe)* unsicher; **b)** *(not firm, liable to give way)* nicht sicher; nicht fest ‹*Knoten*›; unstabil, instabil ‹*Regal*›; **c)** *(Psych.)* unsicher; **feel** ~: sich nicht sicher fühlen
**insecurely** [ɪnsɪ'kjʊəlɪ] *adv.* nicht sicher ‹*befestigt*›; nicht fest ‹*verschlossen*›
**insecurity** [ɪnsɪ'kjʊərɪtɪ] *n., no pl. (also Psych.)* Unsicherheit, *die*; **the** ~ **of his job** sein unsicherer Arbeitsplatz
**inseminate** [ɪn'semɪneɪt] *v. t.* inseminieren *(Med., Zool., Landw.)*; befruchten ‹*Frau*›; besamen ‹*Vieh*›
**insemination** [ɪnsemɪ'neɪʃn] *n.* Insemination, *die (Med., Zool., Landw.)*; *(of woman)* Befruchtung, *die*; *(of animal)* Besamung, *die*; *see also* **artificial insemination**
**insensibility** [ɪnsensɪ'bɪlɪtɪ] *n., no pl.* **a)** *(lack of emotional feeling, indifference)* Gefühllosigkeit, *die* **(to** gegenüber); **b)** *(unconsciousness)* Bewußtlosigkeit, *die*; **c)** *(lack of physical feeling)* Unempfindlichkeit, *die* **(to** gegen); ~ **to pain** Schmerzunempfindlichkeit, *die*
**insensible** [ɪn'sensɪbl] *adj.* **a)** *(imperceptible)* unmerklich; nicht wahrnehmbar; **b)** *(unconscious)* bewußtlos; **they drank themselves** ~: sie betranken sich bis zur Bewußtlosigkeit; **c)** *(unaware)* **be** ~ **of** *or* **to sth.** sich *(Dat.)* einer Sache *(Gen.)* nicht bewußt sein; **d)** *(deprived of sensation)* unempfindlich **(to** gegen); **be** ~ **to the cold/to pain** keine Kälte/keinen Schmerz empfinden; **e)** *(emotionless)* gefühllos ‹*Person, Art*›; unempfindlich **(to** für)
**insensitive** [ɪn'sensɪtɪv] *adj.* **a)** *(lacking feeling)* gefühllos ‹*Person, Art*›; **be** ~ **to the needs of others** kein Gefühl für die Bedürfnisse anderer haben; **b)** *(unappreciative)* unempfänglich **(to** für); **c)** *(not physically sensitive)* unempfindlich **(to** gegen); ~ **to light/heat** licht-/hitzeunempfindlich
**insensitively** [ɪn'sensɪtɪvlɪ] *adv.* gefühllos, ohne Gefühl ‹*reagieren, sprechen*›
**insensitiveness** [ɪn'sensɪtɪvnɪs], **insensitivity** [ɪnsensɪ'tɪvɪtɪ] *ns., no pl.* **a)** *(lack of feeling)* Gefühllosigkeit, *die* **(to** gegenüber); **b)** *(unappreciativeness)* Unempfindlichkeit, *die* **(to** für); **c)** *(lack of physical sensitiveness)* Unempfindlichkeit, *die* **(to** gegen); ~ **to heat** Hitzeunempfindlichkeit, *die*
**inseparable** [ɪn'sepərəbl] *adj.* **a)** untrennbar; *(fig.)* unzertrennlich ‹*Freunde, Zwillinge usw.*›; **sth. is** ~ **from sth.** etw. ist mit etw. untrennbar verbunden; **he is** ~ **from his teddy bear** der Junge und sein Teddybär sind unzertrennlich; **b)** *(Ling.)* untrennbar
**inseparably** [ɪn'sepərəblɪ] *adv.* untrennbar
**insert 1.** [ɪn'sɜ:t] *v. t.* **a)** einlegen ‹*Film*›; einwerfen ‹*Münze*›; einsetzen ‹*Herzschrittmacher*›; einstechen ‹*Nadel*›; ~ **a piece of paper into the typewriter** ein Blatt Papier in die Schreibmaschine einspannen; ~ **sth. in/between sth.** etw. in/zwischen etw. *(Akk.)* stecken/legen *usw.*; ~ **the key [into the lock]** den Schlüssel ins Schloß stecken; ~ **a page into a book** ein Blatt in ein Buch einlegen; **b)** *(introduce into)* einfügen ‹*Wort, Satz usw.*› **(in** in + *Akk.*); ~ **an advertisement in 'The Times'** eine Anzeige in die „Times" setzen; in der „Times" inserieren. **2.** ['ɪnsɜ:t] *n.* *(in magazine)* Beilage, *die*; *(in garment)* Einsatz, *der*; *(in book)* Einlage, *die*; *(printed in newspaper)* Inserat, *das*
**insertion** [ɪn'sɜ:ʃn] *n.* **a)** *(inserting) see* **insert 1a**: Einlegen, *das*; Einwerfen, *das*; Einsetzen, *das*; Einstechen, *das*; **b)** *(thing inserted) (words, sentences in a text)* Einfügung, *die*; Beifügung, *die*; *(in newspaper)* Inserat, *das*; **c)** *(each appearance of an advertisement)* Insertion, *die*
**inset 1.** ['--] *n.* *(small map)* Nebenkarte, *die*;

*(small photograph, diagram)* Nebenbild, *das.* **2.** [-'-] *v. t.*, **-tt-**, ~ *or* ~**ted** einfügen ⟨*Karte, Seite*⟩ (**in** in + *Akk.*)

**nshore 1.** ['--] *adj.* Küsten⟨*fischerei, -gewässer, -schiffahrt*⟩; ~ **currents** sich auf die Küste zubewegende Strömungen. **2.** [-'-] *adv.* auf die Küste zu ⟨*treiben*⟩; in Küstennähe ⟨*sein, fischen*⟩; **close** ~: dicht an der Küste ⟨*sein, liegen*⟩; dicht an die Küste ⟨*heranfahren*⟩

**nside 1.** [-'-, '--] *n.* **a)** *(internal side)* Innenseite, *die;* **on the** ~: innen; **to/from the** ~: nach/von innen; **overtake sb. on the** ~ *(in driving)* jmdn. auf der falschen Seite überholen; **on the** ~ **of the door** innen an der Tür; **lock the door from the** ~: die Tür von innen abschließen; **b)** *(inner part)* Innere, *das;* **the** ~ **of the cupboard needs a good clean-out** der Schrank muß innen richtig saubergemacht werden; **c)** *in sing. or pl. (coll.: stomach and bowels)* Eingeweide *Pl.*; Innere, *das;* **have a pain in one's** ~**[s]** Bauch- *od.* Leibschmerzen haben; **d)** *(position affording* ~ *information)* **he knows Parliament from the** ~: er kennt das Parlament von innen; **be on the** ~: eingeweiht *od.* ein Insider sein; **e) the wind blew her umbrella** ~ **out** der Wind hat ihren Regenschirm umgestülpt; **wear one's sweater** ~ **out** seinen Pullover verkehrt *od.* falsch herum anhaben; **know sth.** ~ **out** etw. in- und auswendig kennen; **turn a jacket** ~ **out** eine Jacke nach links wenden; **turn sth.** ~ **out** *(fig.)* etw. auf den Kopf stellen *(ugs.)*. **2.** ['--] *adj. (of, on, nearer the* ~*)* inner...; Innen⟨*wand, -einrichtung, -ansicht, -reparatur, -durchmesser*⟩; *(fig.)* intern; **be on an** ~ **page** im Inneren [der Zeitung] stehen; **give the** ~ **story of sth.** etw. von innen beleuchten *(fig.)*; ~ **information** interne Informationen; **the burglary was an** ~ **job** *(coll.)* der Einbruch war das Werk von Leuten, die sich auskannten; ~ **pocket** Innentasche, *die;* ~ **lane** Innenspur, *die;* ~ **track** *(Racing)* Innenbahn, *die.* **3.** [-'-] *adv.* **a)** *(on or in the* ~*)* innen; *(to the* ~*)* nach innen hinein/herein; *(indoors)* drinnen; **come** ~: hereinkommen; **take a look** ~: hineinsehen; *(in search of sth.)* innen nachsehen; **go** ~: [ins Haus] hineingehen; **see** ~ **for further details** weitere Informationen finden Sie in diesem Brief/in dieser Broschüre; **b)** *(sl.: in prison)* **be** ~: sitzen *(ugs.)*; **put sb.** ~: jmdn. einlochen *(salopp)*; **c)** ~ **of** *see* **4. 4.** [-'-] *prep.* **a)** *(on inner side of)* [innen] in (+ *Dat.*); *(with direction)* in (+ *Akk.*) hinein; **sit/get** ~ **the house** im Haus sitzen/ins Haus hineinkommen; **what's** ~ **that package?** was ist in diesem Paket?; **leave your shoes just** ~ **the door** laß deine Schuhe gerade [innen] an der Tür stehen; **b)** *(in less than)* ~ **an hour** innerhalb [von] einer Stunde; in weniger als einer Stunde

**inside:** ~ **edge** *n. (Skating, Cricket)* Innenkante, *die;* ~ **'forward** *n. (Footb., Hockey)* Halbstürmer, *der;* Innenstürmer, *der;* Inside, *der (schweiz. Fußball);* ~ **'left** *n. (Footb., Hockey)* Halblinke, *der/die;* ~**-leg** *adj.* ~**-leg measurement** Schrittlänge, *die*

**insider** [ɪn'saɪdə(r)] *n.* **a)** *(within a society)* Mitglied, *das;* Zugehörige, *der/die;* **b)** *(person privy to secret)* Eingeweihte, *der/die;* Insider, *der;* ~ **dealing** *or* **trading** *(Stock Exch.)* Insiderhandel, *der*

**inside 'right** *n. (Footb., Hockey)* Halbrechte, *der/die*

**insidious** [ɪn'sɪdɪəs] *adj.* heimtückisch; **an** ~ **disease** eine heimtückische *od. (fachspr.)* insidiöse Krankheit

**insidiously** [ɪn'sɪdɪəslɪ] *adv.* auf heimtückische Weise

**insidiousness** [ɪn'sɪdɪəsnɪs] *n., no pl.* Heimtücke, *die*

**insight** *n.* **a)** *(penetration, discernment)* Verständnis, *das;* **be lacking in** ~: einen Mangel an Verständnis zeigen; ~ **into human nature** Menschenkenntnis, *die;* **b)** *(instance)* Einblick, *der* (**into** in + *Akk.*); **be** *or* **give an** ~ **into sth.** einen Einblick in etw. *(Akk.)* geben; **gain an** ~ **into sth.** [einen] Einblick in etw. *(Akk.)* gewinnen *od.* bekommen

**insignia** [ɪn'sɪgnɪə] *n., pl. same* Insigne, *das*

**insignificance** [ɪnsɪg'nɪfɪkəns] *n., no pl.* **a)** *(unimportance)* Bedeutungslosigkeit, *die;* Unwichtigkeit, *die;* **b)** *(contemptibility)* Unscheinbarkeit, *die;* **c)** *(meaninglessness)* Belanglosigkeit, *die*

**insignificant** [ɪnsɪg'nɪfɪkənt] *adj.* **a)** *(unimportant)* unbedeutend; geringfügig ⟨*Summe*⟩; unbedeutend, geringfügig ⟨*Unterschied*⟩; unscheinbar ⟨*Äußeres*⟩; **b)** *(contemptible)* unscheinbar ⟨*Person*⟩; **c)** *(meaningless)* belanglos ⟨*Bemerkung*⟩

**insincere** [ɪnsɪn'sɪə(r)] *adj.* unaufrichtig; falsch ⟨*Lächeln*⟩

**insincerely** [ɪnsɪn'sɪəlɪ] *adv.* unaufrichtig; falsch ⟨*lächeln*⟩

**insincerity** [ɪnsɪn'serɪtɪ] *n.* Unaufrichtigkeit, *die; (of smile, person)* Falschheit, *die*

**insinuate** [ɪn'sɪnjʊeɪt] *v. t.* **a)** *(introduce)* [auf geschickte Art] einflößen ⟨*Propaganda*⟩; insinuieren *(veralt.)*; ~ **doubts into sb.'s mind** jmdm. geschickt Zweifel einpflanzen; **b)** *(convey)* andeuten (**to sb.** jmdm. gegenüber); unterstellen; insinuieren *(geh.)*; **how dare you** ~ **that ...?** wie können Sie es wagen, zu behaupten, daß ...?; **insinuating remarks** Andeutungen; Unterstellungen; **c)** ~ **oneself into sb.'s favour** sich bei jmdm. einschmeicheln

**insinuation** [ɪnsɪnjʊ'eɪʃn] *n.* Anspielung, *die* (**about** auf + *Akk.*); versteckte Andeutung; **by** ~: andeutungsweise

**insipid** [ɪn'sɪpɪd] *adj.* **a)** *(tasteless)* fad[e] ⟨*Essen*⟩; schal ⟨*Getränk*⟩; **b)** *(lacking liveliness)* fad[e] *(ugs.)*, geistlos ⟨*Person*⟩; schal, fad[e] *(ugs.)* ⟨*Witz, Spaß*⟩; geistlos ⟨*Gespräch*⟩; langweilig ⟨*Farbe, Musik*⟩

**insist** [ɪn'sɪst] **1.** *v. i.* bestehen (**[up]on** auf + *Dat.*); ~ **on doing sth./on sb.'s doing sth.** darauf bestehen, etw. zu tun/daß jmd. etw. tut; **if you** ~: wenn du darauf bestehst; **he will** ~ **on ringing us late at night** er ruft uns beharrlich spätabends an; **she** ~**s on her innocence** sie behauptet beharrlich, unschuldig zu sein. **2.** *v. t.* **a)** ~ **that ...**: darauf bestehen, daß ...; **b)** *(maintain positively)* **they keep** ~**ing that ...**: sie beharren *od.* bestehen beharrlich darauf, daß ...; **he** ~**ed that he was right** er bestand darauf, daß er recht habe

**insistence** [ɪn'sɪstəns], **insistency** [ɪn'sɪstənsɪ] *n., no pl.* Bestehen, *das* (**on** auf + *Dat.*); **I only came here at your** ~: ich kam nur auf dein Drängen hierher

**insistent** [ɪn'sɪstənt] *adj.* **a)** beharrlich, hartnäckig ⟨*Person*⟩; aufdringlich ⟨*Musik*⟩; nachdrücklich ⟨*Forderung*⟩; **be most** ~ **that .../about sth.** hartnäckig darauf bestehen, daß .../auf etw. *(Dat.)* bestehen; **b)** *([annoyingly] persistent)* penetrant *(abwertend)*

**insistently** [ɪn'sɪstəntlɪ] *adv.* **a)** mit Nachdruck ⟨*betonen, fordern*⟩; **b)** *(persistently)* penetrant *(abwertend)*

**in situ** [ɪn 'sɪtju:] *adv.* in situ; in natürlicher Lage *(Med.)*; in originaler Lage *(Archäol.)*

**insobriety** [ɪnsə'braɪətɪ] *n., no pl.* Trunkenheit, *die*

**insofar** [ɪnsəʊ'fɑ:(r)] *adv.* = **in so far;** *see* **far 1 d**

**insole** ['ɪnsəʊl] *n.* **a)** Einlegesohle, *die;* **b)** *(part of shoe or boot)* Brandsohle, *die*

**insolence** ['ɪnsələns] *n., no pl.* Unverschämtheit, *die;* Frechheit, *die;* Insolenz, *die (geh.)*

**insolent** ['ɪnsələnt] *adj.*, **insolently** ['ɪnsələntlɪ] *adv.* **a)** *(contemptuous[ly])* anmaßend; überheblich; **b)** *(insulting[ly])* unverschämt; frech; insolent *(geh.)*

**insolubility** [ɪnsɒljʊ'bɪlɪtɪ] *n., no pl. see* **insoluble:** Unlösbarkeit, *die;* Unlöslichkeit, *die*

**insoluble** [ɪn'sɒljʊbl] *adj.* **a)** unlösbar ⟨*Problem, Rätsel usw.*⟩; **b)** unlöslich ⟨*Substanz*⟩; insolubel *(Chem.)* ⟨*Verbindung*⟩

**insolvency** [ɪn'sɒlvənsɪ] *n.* Insolvenz, *die (bes. Wirtsch.);* Zahlungsunfähigkeit, *die*

**insolvent** [ɪn'sɒlvənt] **1.** *adj. (unable to pay debts)* insolvent *(bes. Wirtsch.)*; zahlungsunfähig. **2.** *n.* zahlungsunfähiger Schuldner

**insomnia** [ɪn'sɒmnɪə] *n.* Schlaflosigkeit, *die;* Insomnie, *die (Med.)*

**insomniac** [ɪn'sɒmnɪæk] *n.* an Schlaflosigkeit Leidender/Leidende; **be an** ~: an Schlaflosigkeit leiden

**insomuch** [ɪnsəʊ'mʌtʃ] *adv.* **a)** *(to such an extent)* ~ **that** so sehr *od.* dermaßen, daß; **b)** *(inasmuch)* insofern (**as** als)

**insouciance** [ɪn'su:sɪəns, æ̃'su:sjãs] *n., no pl.* Unbekümmertheit, *die;* Sorglosigkeit, *die*

**insouciant** [ɪn'su:sɪənt, æ̃'su:sjã] *adj.* unbekümmert; sorglos

**inspect** [ɪn'spekt] *v. t.* **a)** *(view closely)* prüfend betrachten; **let me** ~ **your hands** laß mich mal deine Hände sehen; zeig mal deine Hände vor; ~ **a cat for fleas** eine Katze auf Flöhe untersuchen; **b)** *(examine officially)* überprüfen; inspizieren, kontrollieren ⟨*Räumlichkeiten*⟩; abschreiten ⟨*Ehrenformation*⟩

**inspection** [ɪn'spekʃn] *n.* Überprüfung, *die; (of premises)* Kontrolle, *die;* Inspektion, *die;* **tour of** ~: Inspektionsrunde, *die; (on foot also)* Inspektionsgang, *der* (**of** durch); **present/show/submit sth. for** ~: etw. zur Prüfung vorlegen; **hold out your hands for** ~: zeigt eure Hände vor; **on [closer]** ~: bei näherer Betrachtung *od.* Prüfung

**in'spection copy** *n.* Ansichtsexemplar, *das; (for teachers)* Lehrerprüfstück, *das*

**inspector** [ɪn'spektə(r)] *n.* **a)** *(official) (on bus, train, etc.)* Kontrolleur, *der*/Kontrolleurin, *die;* ~ **[of schools]** Schulrat, *der*/-rätin, *die;* **health** ~: *Beamter/Beamtin in der Gesundheitsfürsorge;* **b)** *(Brit.: police officer)* ≈ Polizeiinspektor, *der*

**inspector:** ~ **'general** *n.* Oberinspektor, *der;* ~ **of 'taxes** *n. (Brit.)* Finanzbeamte, *der*/Finanzbeamtin, *die*

**inspiration** [ɪnspə'reɪʃn] *n.* **a)** Inspiration, *die (geh.)*; **get one's** ~ **from sth.** sich von etw. inspirieren lassen; **I have just had an** ~: ich hatte gerade eine [plötzliche] Eingebung; mir ist gerade eine Erleuchtung gekommen *(oft iron.)*; **sth. is an** ~ **to sb.** etw. inspiriert jmdn.; **b)** *(drawing in of breath)* Inspiration, *die (Med.)*; Einatmung, *die*

**inspire** [ɪn'spaɪə(r)] *v. t.* **a)** *(instil thought or feeling into)* inspirieren *(geh.)*; **in an** ~**d moment** *(coll.)* in einem Augenblick der Erleuchtung; **b)** *(breathe in)* einatmen ⟨*Luft*⟩; **c)** *(animate)* inspirieren; anregen; *(encourage)* anspornen; ~ **sb. with hope/confidence/respect** jmdn. mit Hoffnung/Vertrauen/Respekt erfüllen; ~**d playing** beseeltes Spiel; ~**d idea** genialer Gedanke; ~**d guess** intuitiv richtige Vermutung; **d)** *(instil)* einflößen ⟨*Mut, Angst, Respekt*⟩ (**in** *Dat.*); [er]wecken ⟨*Vertrauen, Gedanke, Hoffnung*⟩ (**in** in + *Dat.*); hervorrufen ⟨*Haß, Abneigung*⟩ (**in** bei); *(incite)* anstiften; anzetteln *(abwertend)* ⟨*Unruhen usw.*⟩; **what** ~**d this piece of music?** woher kamen die Anregungen zu diesem Musikstück?

**inspiring** [ɪn'spaɪərɪŋ] *adj.* inspirierend *(geh.)*; **his speech was not particularly** ~: seine Rede riß einen nicht gerade vom Stuhl *(ugs.)*

**inst.** *abbr. (Commerc.)* **instant** d. M.

**instability** [ɪnstə'bɪlɪtɪ] *n. (mental, physical)* Labilität, *die; (inconstancy)* Instabilität, *die*

**install** [ɪn'stɔ:l] *v. t.* **a)** *(establish)* ~ **oneself**

sich installieren; *(in a chair etc.)* sich niederlassen; sich pflanzen *(ugs.); (in a house etc.)* sich einrichten; **when we're ~ed in our new house** wenn wir in unserem neuen Haus eingerichtet sind; **b)** *(set up for use)* installieren ⟨*Heizung, Leitung*⟩; anschließen ⟨*Telefon*⟩; einbauen ⟨*Badezimmer*⟩; aufstellen, anschließen ⟨*Herd*⟩; **c)** *(place ceremonially)* installieren *(geh.);* **~ sb. in an office/a post** jmdn. in ein Amt einführen *od.* einsetzen

**installation** [ɪnstəˈleɪʃn] *n.* **a)** *(installing) (in an office or post)* Amtseinsetzung, *die;* Amtseinführung, *die;* Installation, *die (schweiz., sonst veralt.); (setting up for use)* Installation, *die; (of bathroom etc.)* Einbau, *der; (of telephone, cooker)* Anschluß, *der;* **~ charges** Installationskosten; **b)** *(apparatus etc. installed)* Anlage, *die;* **kitchen ~:** Kücheneinrichtung, *die*

**instalment** (*Amer.:* **installment**) [ɪnˈstɔːlmənt] *n.* **a)** *(part-payment)* Rate, *die;* **pay by** *or* **in ~s** in Raten *od.* ratenweise zahlen; **monthly ~:** Monatsrate, *die;* **b)** *(of serial, novel)* Fortsetzung, *die; (of film, radio programme)* Folge, *die;* **c) ~ plan** *(Amer.)* Ratenzahlung, *die;* Teilzahlung, *die;* **buy on an ~ plan** auf Raten kaufen

**instance** [ˈɪnstəns] **1.** *n.* **a)** *(example)* Beispiel, *das* **(of** für); **as an ~ of ...:** als [ein] Beispiel für ...; **for ~:** zum Beispiel; **b)** *(particular case)* **in your/this ~:** in deinem/diesem Fall[e]; **in many ~s** in vielen Fällen; **isolated ~s** Einzelfälle; **c) at the ~ of ...:** auf Ersuchen *od.* Betreiben (+ *Gen.*); **at his ~:** auf seine Veranlassung [hin]; auf sein Betreiben; **court of first ~** *(Law)* erste Instanz; **d) in the first ~:** zuerst *od.* zunächst einmal; *(at the very beginning)* gleich zu Anfang; **it will be for six months in the first ~:** es ist zunächst auf sechs Monate befristet. **2.** *v. t.* **a)** *(cite as an ~)* anführen; **b)** *usu. in pass. (exemplify)* exemplifizieren

**instant** [ˈɪnstənt] **1.** *adj.* **a)** *(occurring immediately)* unmittelbar; sofortig ⟨*Wirkung, Linderung, Ergebnis*⟩; **these new showers give you ~ hot water** mit diesen neuen Duschen hat man sofort heißes Wasser; **b) ~ coffee/tea** Instant- *od.* Pulverkaffee/Instanttee, *der;* **~ potatoes** fertiger Kartoffelbrei; **~ cake-mix** fertige Backmischung; **~ meal** Fertiggericht, *das;* **c)** *(fig.: hurriedly produced)* eilig angefertigt/geschrieben *usw.;* **d)** *(Commerc.)* dieses Monats. **2.** *n.* Augenblick, *der;* **at that very ~:** genau in dem Augenblick; **come here this ~:** komm sofort *od.* auf der Stelle her; **we were just this ~ talking about you** wir haben gerade eben von dir gesprochen; **the ~ he walked in at the door ...:** in dem Augenblick, als er hereintrat, ...; **in an ~:** augenblicklich; sofort; **not [for] an ~:** keinen Augenblick

**instantaneous** [ɪnstənˈteɪnɪəs] *adj.* unmittelbar; **his reaction was ~:** er reagierte sofort; **death was ~:** der Tod trat sofort *od.* unmittelbar ein

**instantaneously** [ɪnstənˈteɪnɪəslɪ] *adv.* sofort; unverzüglich

**instantly** [ˈɪnstəntlɪ] *adv.* sofort; **he is ~ likeable** er ist einem sofort sympathisch

**instant ˈreplay** *n. (Sport)* [sofortige] Wiederholung

**instead** [ɪnˈsted] *adv.* statt dessen; **~ of doing sth.** [an]statt etw. zu tun; **~ of sth.** anstelle einer Sache *(Gen.);* **I will go ~ of you** ich gehe an deiner Stelle; **Friday ~ of Saturday** Freitag anstelle von *od.* [an]statt Sonnabend

**ˈinstep** *n.* **a)** *(of foot)* Spann, *der;* Fußrücken, *der;* **b)** *(of shoe)* Blatt, *das*

**instigate** [ˈɪnstɪgeɪt] *v. t.* **a)** *(urge on)* anstiften **(to** zu); **~ sb. to do sth.** jmdn. dazu anstiften, etw. zu tun; **b)** *(bring about)* initiieren *(geh.)* ⟨*Reformen, Projekt usw.*⟩; anzetteln *(abwertend)* ⟨*Streik usw.*⟩

**instigation** [ɪnstɪˈgeɪʃn] *n.* **a)** *(urging)* Anstiftung, *die;* **at sb.'s ~:** auf jmds. Betreiben *(Akk.);* **b)** *(bringing about)* Anzettelung, *die (abwertend); (of reforms etc.)* Initiierung, *die (geh.)*

**instigator** [ˈɪnstɪgeɪtə(r)] *n.* **a)** *(of bank raid etc.)* Anstifter, *der*/Anstifterin, *die;* **b)** *(of riot, strike)* Anzettler, *der*/Anzettlerin, *die (abwertend); (of reforms)* Initiator, *der*/Initiatorin, *die (geh.)*

**instil** (*Amer.:* **instill**) [ɪnˈstɪl] *v. t.,* **-ll-** **a)** *(introduce gradually)* einflößen **(in** *Dat.*); einimpfen **(in** *Dat.*); beibringen ⟨*gutes Benehmen, Wissen*⟩ **(in** *Dat.*); **b)** *(put in by drops)* einträufeln **(into** in + *Akk.*)

**instinct** [ˈɪnstɪnkt] *n.* **a)** Instinkt, *der;* **~ for survival, survival ~:** Überlebenstrieb, *der; see also* **herd 1 b; b)** *(intuition)* Instinkt, *der;* instinktives Gefühl **(for** für); *(unconscious skill)* natürliche Begabung **(for** für); Sinn, *der* **(for** für); **~ warns them when danger is near** der Instinkt warnt sie bei drohender Gefahr; **have an ~ for business** Geschäftssinn *od.* -instinkt haben; **c)** *(innate impulse)* angeborener *od.* natürlicher *od.* instinktiver Drang

**instinctive** [ɪnˈstɪnktɪv] *adj.*, **instinctively** [ɪnˈstɪnktɪvlɪ] *adv.* instinktiv

**institute** [ˈɪnstɪtjuːt] **1.** *n.* Institut, *das; see also* **Women's Institute. 2.** *v. t.* einführen ⟨*Reform, Brauch, Beschränkung*⟩; einleiten ⟨*Suche, Verfahren, Untersuchung*⟩; gründen ⟨*Gesellschaft*⟩; anstrengen ⟨*Prozeß, Klage*⟩; schaffen ⟨*Posten*⟩; einrichten ⟨*Ausstellung*⟩; **his wife ~d divorce proceedings against him** seine Ehefrau reichte die Scheidung [gegen ihn] ein

**institution** [ɪnstɪˈtjuːʃn] *n.* **a)** *(instituting)* Einführung, *die;* **b)** *(law, custom)* Institution, *die;* **c)** *(coll.: familiar object)* Institution, *die;* **become an ~:** zur Institution werden; **he's one of the ~s of the place** er gehört dort/hier schon zum Inventar *(scherzh.);* **d)** *(institute)* Heim, *das;* Anstalt, *die;* **charitable/educational ~:** Wohltätigkeitseinrichtung/Erziehungsanstalt, *die*

**institutional** [ɪnstɪˈtjuːʃənl] *adj.* **a)** *(of, like, organized through institutions)* institutionell *(geh.);* **b)** *(suggestive of typical charitable institutions)* Heim-; Anstalts-; **~ care/catering** Heim-/Anstaltsfürsorge, *die*/Heim-/Anstaltsverpflegung, *die;* **c)** *(Amer.)* **~ advertising** Prestigewerbung, *die;* institutionelle Werbung *(fachspr.)*

**instruct** [ɪnˈstrʌkt] *v. t.* **a)** *(teach)* unterrichten ⟨*Klasse, Fach*⟩; **b)** *(direct, command)* anweisen; die Anweisung erteilen (+ *Dat.*); instruieren; **we were ~ed to do it in this way** wir hatten Weisung *(Amtsspr.) od.* Anweisung, es so zu machen; **c)** *(inform)* unterrichten; in Kenntnis setzen; instruieren *(geh.);* **d)** *(Law: appoint)* beauftragen ⟨*Anwalt*⟩

**instruction** [ɪnˈstrʌkʃn] *n.* **a)** *(teaching)* Unterricht, *der;* **a course of ~:** ein Lehrgang; **give ~ in judo** Judounterricht erteilen; **'Driver under ~'** ≈ „Fahrschule"; **b)** *esp. in pl. (direction, order)* Anweisung, *die;* Instruktion, *die;* **~ manual/~s for use** Gebrauchsanleitung, *die; (for machine etc.)* Betriebsanleitung, *die;* **they had precise ~s as to where to go** sie hatten genaue Anweisung, wo sie hinzugehen hatten; **under ~s from** *or* **on the ~s of the committee** auf Anweisung *od.* Anordnung des Komitees; **be under strict ~s to do sth.** strenge Anweisung haben, etw. zu tun; **c)** *(Computing)* Befehl, *der*

**instructional** [ɪnˈstrʌkʃənl] *adj.* Schulungs-; lehrreich ⟨*Erfahrung*⟩; **an ~ film** ein Lehrfilm

**instructive** [ɪnˈstrʌktɪv] *adj.* aufschlußreich; instruktiv; lehrreich ⟨*Erfahrung, Buch*⟩

**instructively** [ɪnˈstrʌktɪvlɪ] *adv.* aufschlußreich; instruktiv; **an ~ written book** ein lehrreiches Buch

**instructor** [ɪnˈstrʌktə(r)] *n.* **a)** Lehrer, *der*/Lehrerin, *die; (Mil.)* Ausbilder, *der;* **riding ~:** Reitlehrer, *der*/-lehrerin, *die;* **b)** *(Amer. Univ.)* Dozent, *der*/Dozentin, *die*

**instrument** [ˈɪnstrʊmənt] *n.* **a)** *(tool, implement)* Instrument, *das;* **~s of torture** Folterwerkzeuge *od.* -instrumente; **b)** *(measuring-device)* Instrument, *das;* **~ failure** Versagen der Instrumente; **c)** *(Mus.)* Instrument, *das;* **d)** *(person)* Werkzeug, *das;* Instrument, *das (geh.);* **e)** *(means, cause)* Mittel, *das;* **f)** *(Law)* Urkunde, *die;* **~ of abdication** Abdankungsurkunde, *die*

**instrumental** [ɪnstrʊˈmentl] *adj.* **a)** *(serving as instrument or means)* dienlich **(to** *Dat.*); förderlich **(to** *Dat.*); **he was ~ in finding me a post** er hat mir zu einer Stelle verholfen; **b)** *(Mus.)* instrumental; Instrumental- ⟨*musik, -version, -nummer*⟩; **c)** *(Ling.)* instrumental

**instrumentalist** [ɪnstrʊˈmentəlɪst] *n.* Instrumentalist, *der*/Instrumentalistin, *die*

**instrumentation** [ɪnstrʊmenˈteɪʃn] *n.* **a)** *(Mus.)* Instrumentation, *die;* **b)** *(provision)* Instrumentierung, *die; (use)* Anwendung von Instrumenten

**instrument: ~ board, ~ panel** *ns.* Instrumentenbrett, *das;* Paneel, *das*

**insubordinate** [ɪnsəˈbɔːdɪnət] *adj.* aufsässig; widersetzlich; *(Mil.)* ungehorsam; **~ behaviour** Widersetzlichkeit, *die; (Mil.)* Ungehorsam, *der*

**insubordination** [ɪnsəbɔːdɪˈneɪʃn] *n., no pl.* Aufsässigkeit, *die;* Widersetzlichkeit, *die; (Mil.)* Gehorsamsverweigerung, *die*

**insubstantial** [ɪnsəbˈstænʃl] *adj.* **a)** *(lacking solidity)* wenig substantiell *(geh.);* gegenstandslos ⟨*Anschuldigung*⟩; dürftig ⟨*Essen, Kleidung*⟩; gering[fügig] ⟨*Menge, Betrag*⟩; **b)** *(not real)* unwirklich; gegenstandslos ⟨*Hoffnung, Angst*⟩

**insufferable** [ɪnˈsʌfərəbl] *adj.* **a)** *(unbearably arrogant)* unausstehlich; **b)** *(intolerable)* unerträglich

**insufferably** [ɪnˈsʌfərəblɪ] *adv.* unerträglich

**insufficiency** [ɪnsəˈfɪʃənsɪ] *n.* **a)** Unzulänglichkeit, *die; (of money, provisions, information)* Mangel, *der* **(of** an + *Dat.*); *(inability, incompetence)* Unfähigkeit, *die;* mangelnde Eignung; **an ~ of money** Geldknappheit, *die;* **b)** *(Med.)* Insuffizienz, *die;* **cardiac/renal ~:** Herz-/Niereninsuffizienz, *die*

**insufficient** [ɪnsəˈfɪʃənt] *adj.* nicht genügend ⟨*Arbeit, Gründe, Geld*⟩; unzulänglich ⟨*Beweise*⟩; unzureichend ⟨*Versorgung, Beleuchtung*⟩; **we have ~ membership** wir haben nicht genügend *od.* zuwenig Mitglieder; **give sb. ~ notice** jmdm. nicht rechtzeitig Bescheid geben

**insufficiently** [ɪnsəˈfɪʃəntlɪ] *adv.* ungenügend; unzulänglich; unzureichend ⟨*versorgen*⟩

**insular** [ˈɪnsjʊlə(r)] *adj.* **a)** *(of an island)* Insel-; insular *(fachspr.);* **an ~ people** *or* **race** ein Inselvolk; **b)** *(fig.: narrow-minded)* provinziell *(abwertend)*

**insularity** [ɪnsjʊˈlærɪtɪ] *n.* Provinzialität, *die (abwertend)*

**insulate** [ˈɪnsjʊleɪt] *v. t.* **a)** *(isolate)* isolieren **(against, from** gegen); **~ floors against noise** Fußböden schallisolieren *od.* gegen Schall isolieren; **b)** *(detach from surrounding)* isolieren **(from** von)

**insulating** [ˈɪnsjʊleɪtɪŋ]: **~ material** *n.* Isoliermaterial, *das;* **~ tape** *n.* Isolierband, *das*

**insulation** [ɪnsjʊˈleɪʃn] *n.* Isolierung, *die;* **put ~ in the loft** den Dachboden isolieren

**insulator** [ˈɪnsjʊleɪtə(r)] *n.* Isolator, *der*

**insulin** [ˈɪnsjʊlɪn] *n. (Med.)* Insulin, *das*

**ˈinsulin shock** *n. (Med.)* Insulinschock, *der*

**insult 1.** [ˈɪnsʌlt] *n.* Beleidigung, *die* **(to**

*Gen.*); **fling an ~ in sb.'s face** jmdm. eine Beleidigung an den Kopf werfen *(ugs.); see also* **injury b. 2.** [ɪn'sʌlt] *v. t.* beleidigen

**insulting** [ɪn'sʌltɪŋ] *adj.* beleidigend

**insuperable** [ɪn'su:pərəbl, ɪn'sju:pərəbl] *adj.*, **insuperably** [ɪn'su:pərəblɪ, ɪn'sju:pərəblɪ] *adv.* unüberwindlich

**insupportable** [ɪnsə'pɔ:təbl] *adj.* **a)** *(unendurable)* unerträglich; **b)** *(unjustifiable)* nicht zu rechtfertigen *präd.*; nicht zu rechtfertigend *nicht präd.*

**insurance** [ɪn'ʃʊərəns] *n.* **a)** *(insuring)* Versicherung, *die; (fig.)* Sicherheit, *die;* Gewähr, *die;* **take out ~ against/on sth.** eine Versicherung gegen etw. abschließen/etw. versichern lassen; **travel ~:** Reisegepäck- und -unfallversicherung, *die;* **~ against fire/theft/accident** Feuer-/Diebstahl-/Unfallversicherung, *die;* **b)** *(sum received)* Versicherungssumme, *die; (sum paid)* Versicherungsbetrag, *der;* **I got £15 ~ when my bike was stolen** ich bekam 15 Pfund von der Versicherung, als mein Fahrrad gestohlen wurde; **I've been paying ~ for the last 15 years** ich zahle jetzt schon 15 Jahre in die Versicherung ein; **claim the ~:** den Versicherungsanspruch geltend machen

**insurance: ~ agent** Versicherungsvertreter, *der*/-vertreterin, *die;* Versicherungsagent, *der*/-agentin, *die;* **~ broker** *n.* Versicherungsmakler, *der;* **~ company** *n.* Versicherungsgesellschaft, *die;* **~ policy** *n.* Versicherungspolice, *die; (fig.)* Sicherheit, *die;* Gewähr, *die;* **take out an ~ policy** eine Versicherung abschließen; **~ stamp** *n. (Brit.)* Versicherungsmarke, *die*

**insure** [ɪn'ʃʊə(r)] *v. t.* **a)** *(secure payment to)* versichern ‹*Person*› **(against** gegen); **~ [oneself] against sth.** sich gegen etw. versichern; **the ~d** der/die Versicherte; der Versicherungsnehmer/die Versicherungsnehmerin *(fachspr.)*; **b)** *(secure payment for)* ‹*Versicherungsgesellschaft:*› versichern; ‹*Versicherungsnehmer:*› versichern lassen ‹*Gepäck, Gemälde usw.*›; **~ one's life** eine Lebensversicherung abschließen; **c)** *(Amer.) see* **ensure**

**insurer** [ɪn'ʃʊərə(r)] *n.* Versicherer, *der;* Versicherungsgeber, *der (fachspr.)*

**insurgent** [ɪn'sɜ:dʒənt] **1.** *attrib. adj.* aufständisch. **2.** *n.* Aufständische, *der/die*

**insurmountable** [ɪnsə'maʊntəbl] *adj.* unüberwindlich

**insurrection** [ɪnsə'rekʃn] *n. (uprising)* Aufstand, *der*

**intact** [ɪn'tækt] *adj.* **a)** *(entire)* unbeschädigt; unversehrt; intakt ‹*Uhr, Maschine usw.*›; **keep one's capital ~:** sein Kapital unangetastet lassen; **b)** *(unimpaired)* unversehrt; **keep one's reputation ~:** sich *(Dat.)* einen guten Ruf bewahren; **c)** *(untouched)* unberührt; unangetastet; **the package was returned to me ~:** das Paket wurde ungeöffnet an mich zurückgesandt

**intaglio** [ɪn'tælɪəʊ, ɪn'tɑ:lɪəʊ] *n., pl.* **~s a)** *(engraved design)* eingeschnittene Figur; **b)** *(carving in hard material)* Steinschneidekunst, *die;* Glyptik, *die;* **in ~:** in negativer Gravierung; **c)** *(printing process)* Tiefdruck, *der;* **d)** *(gem with incised design)* Intaglio, *das*

**'intake** *n.* **a)** *(action)* Aufnahme, *die;* **~ of breath** Atemholen, *das;* **b)** *(where water enters channel or pipe)* Einströmungsöffnung, *die; (where air or fuel enters engine)* Ansaugöffnung, *die; (airway into mine)* Einziehschacht, *der;* **c)** *(persons or things taken in)* Neuzugänge; *(amount taken in)* aufgenommene Menge; *(number of persons taken in)* Zahl der aufgenommenen Personen; **~ of alcohol** Alkoholkonsum, *der;* **~ of calories** Kalorienzufuhr, *die;* aufgenommene Kalorienmenge; **~ of students** Zahl der Studienanfänger

**intangible** [ɪn'tændʒɪbl] *adj.* **a)** *(that cannot be touched)* nicht greifbar; **feel an ~ presence in the room** spüren, daß etwas Unwirkliches anwesend ist; **b)** *(that cannot be grasped mentally)* unbestimmbar; unbestimmt ‹*Gefühl*›; vage ‹*Vorstellung*›; **~ assets** *(Econ.)* immaterielle Anlagewerte

**integer** ['ɪntɪdʒə(r)] *n. (Math.)* ganze Zahl

**integral** ['ɪntɪgrl] **1.** *adj.* **a)** *(of a whole)* wesentlich, integral ‹*Bestandteil*›; **b)** *(whole, complete)* vollständig; vollkommen; **c)** *(forming a whole)* ein Ganzes bildend; integrierend; **an ~ group** eine aus verschiedenen integrierenden Teilen zusammengesetzte Gruppe; **d)** *(Math.) (of or denoted by an integer)* ganzzahlig; *(involving only integers)* Integral-; *see also* **calculus a. 2.** *n. (Math.)* Integral, *das*

**integrate** ['ɪntɪgreɪt] **1.** *v. t.* **a)** *(combine into a whole)* integrieren; **an ~d Europe** ein vereintes Europa; **an ~d personality** eine in sich *(Dat.)* ausgewogene Persönlichkeit; **b)** *(into society)* integrieren; **~ sb. into a society** jmdn. in eine Gesellschaft integrieren *od.* eingliedern; **c)** *(open to all racial groups)* **~ a school/college** eine Schule/ein College für alle Rassen zugänglich machen; **an ~d school** eine Schule ohne Rassentrennung; **d)** *(Math.)* integrieren. **2.** *v. i.* integrieren; ‹*Schulen:*› auch für Farbige zugänglich werden

**integrated 'circuit** *n. (Electronics)* integrierter Schaltkreis

**integration** [ɪntɪ'greɪʃn] *n.* **a)** *(integrating; also Math.)* Integration, *die;* **b)** *(ending of segregation)* Integration, *die* **(into** in + *Akk.*); **the ~ of the schools** die Aufhebung der Rassentrennung an den Schulen; **racial ~:** Rassenintegration, *die;* **c)** *(Psych.)* Integration, *die;* **d)** *(Commerc.)* **horizontal ~:** horizontale Integration; **vertical ~:** Vertikalkonzentration, *die*

**integrationist** [ɪntɪ'greɪʃənɪst] *n.* Integrationist, *der*/Integrationistin, *die*

**integrity** [ɪn'tegrɪtɪ] *n.* **a)** *(uprightness, honesty)* Redlichkeit, *die; (of business, venture)* Seriosität, *die; (of style)* Echtheit, *die;* Unverfälschtheit, *die;* **intellectual ~:** intellektuelle Redlichkeit *od.* Integrität; **business ~:** honoriges Geschäftsgebaren; **a writer of ~:** ein redlicher Autor; **b)** *(wholeness) (of country, empire)* Einheit, *die; (of person)* Ganzheit, *die; (of fossil etc.)* Unversehrtheit, *die;* **territorial ~:** territoriale Integrität; **c)** *(soundness)* Intaktheit, *die*

**integument** [ɪn'tegjʊmənt] *n. (Biol.)* Integument, *das*

**intellect** ['ɪntəlekt] *n.* **a)** *(faculty)* Verstand, *der;* Intellekt, *der;* **~ distinguishes man from the animals** das Denkvermögen unterscheidet den Menschen vom Tier; **b)** *(understanding)* Intelligenz, *die;* **powers of ~:** Verstandeskräfte; intellektuelle Fähigkeiten; **c)** *(person)* großer Geist

**intellectual** [ɪntə'lektjʊəl] **1.** *adj.* **a)** *(of intellect)* intellektuell; geistig ‹*Klima, Interessen, Waffe, Arbeit*›; abstrakt ‹*Mitgefühl, Sympathie*›; **~ powers** intellektuelle Fähigkeiten; **b)** *(possessing good understanding or intelligence)* geistig anspruchsvoll ‹*Person, Publikum*›. **2.** *n.* Intellektuelle, *der/die*

**intellectually** [ɪntə'lektjʊəlɪ] *adv.* intellektuell; geistig; **it's ~ stimulating** es regt den Geist an

**intelligence** [ɪn'telɪdʒəns] *n.* **a)** *(quickness of understanding)* Intelligenz, *die;* **have the ~ to do sth.** so intelligent sein, etw. zu tun; **have ~:** intelligent sein; **b)** *(intellect, understanding)* Intelligenz, *die;* **a man of no mean ~:** ein sehr intelligenter Mann; **c)** *(being)* Geist, *der; (spirit)* Geistwesen, *das;* **d)** *(information)* Informationen *Pl.; (news)* Nachrichten *Pl.;* Meldungen *Pl.;* **a source of ~:** eine Informationsquelle; **e)** *([persons employed in] collecting information)* Nachrichtendienst, *der;* **military ~:** militärischer Geheimdienst; **be in ~:** dem Nachrichtendienst angehören

**intelligence: ~ department** *n.* Nachrichtendienst, *der;* **~ officer** *n.* Nachrichtenoffizier, *der;* **~ quotient** *n.* Intelligenzquotient, *der;* **~ service** *n.* Nachrichtendienst, *der;* **~ test** *n.* Intelligenztest, *der*

**intelligent** [ɪn'telɪdʒənt] *adj.* intelligent; intelligent geschrieben, geistreich ‹*Buch*›; *(clever also)* klug; gescheit; **is there ~ life on other planets?** gibt es intelligente *od.* vernunftbegabte Lebewesen auf anderen Planeten?

**intelligently** [ɪn'telɪdʒəntlɪ] *adv.* intelligent

**intelligentsia** [ɪntelɪ'dʒentsɪə] *n.* Intelligentsia, *die (geh.);* Intelligenz, *die*

**intelligibility** [ɪntelɪdʒɪ'bɪlɪtɪ] *n., no pl.* Verständlichkeit, *die*

**intelligible** [ɪn'telɪdʒɪbl] *adj.* verständlich (to für); intelligibel *(Philos.);* **is their language ~ to you?** verstehst du ihre Sprache?

**intelligibly** [ɪn'telɪdʒɪblɪ] *adv.* deutlich

**intemperance** [ɪn'tempərəns] *n.* Maßlosigkeit, *die;* Unmäßigkeit, *die; (addiction to drinking)* Trunksucht, *die*

**intemperate** [ɪn'tempərət] *adj.* **a)** *(immoderate)* maßlos; überzogen, übertrieben ‹*Verhalten, Bemerkung*›; unmäßig, maßlos ‹*Verlangen, Appetit, Konsum*›; übermäßig ‹*Eifer*›; ausschweifend ‹*Leben*›; **his ~ conduct** seine Maßlosigkeit; **b)** *(addicted to drinking)* trunksüchtig

**intemperately** [ɪn'tempərətlɪ] *adv.* unmäßig

**intend** [ɪn'tend] *v. t.* **a)** *(have as one's purpose)* beabsichtigen; **~ doing sth.** *or* **to do sth.** beabsichtigen, etw. zu tun; **did you ~ that [to happen]?** hattest du das beabsichtigt?; **we ~ed no harm** wir haben nichts Böses damit bezweckt; *(we didn't mean to cause offence)* wir haben es nicht böse gemeint; **it isn't really what we ~ed** es ist eigentlich nicht das, was wir wollten; **longer than was ~ed** länger als geplant *od.* beabsichtigt; **b)** *(design, mean)* **we ~ed it as a stopgap** das sollte eine Notlösung sein; **we ~ him to go** wir wollen, daß er geht; er soll gehen; **this dish is ~ed to be cooked slowly** dieses Gericht sollte langsam gekocht werden; **it was ~ed as a joke** das sollte ein Witz sein; **what do you ~ by that remark?** was willst du mit dieser Bemerkung sagen?; **what does the author ~ here?** was will der Autor hier sagen? *See also* **intended**

**intended** [ɪn'tendɪd] **1.** *adj.* beabsichtigt ‹*Wirkung*›; erklärt ‹*Ziel*›; absichtlich ‹*Beleidigung*›; **be ~ for sb./sth.** für jmdn./etw. bestimmt *od.* gedacht sein; **~ for adults/beginners** für Erwachsene/Anfänger; **~ for drinking** zum Trinken [gedacht]. **2.** *n. (coll.)* Zukünftige, *der/die (ugs.)*

**intense** [ɪn'tens] *adj.*, **~r** [ɪn'tensə(r)], **~st** [ɪn'tensɪst] **a)** intensiv; stark ‹*Hitze, Belastung*›; stark, heftig ‹*Schmerzen*›; kräftig, intensiv ‹*Farbe*›; äußerst groß ‹*Aufregung*›; ungeheuer ‹*Kälte, Helligkeit*›; **the day before the play opens is a period of ~ activity** am Tag vor der Premiere herrscht große Geschäftigkeit; **b)** *(eager, ardent)* eifrig, lebhaft ‹*Diskussion*›; stark, ausgeprägt ‹*Interesse*›; brennend, glühend ‹*Verlangen*›; äußerst groß ‹*Empörung, Aufregung, Betrübnis*›; tief ‹*Gefühl*›; rasend ‹*Haß, Eifersucht*›; **c)** *(with strong emotion)* stark gefühlsbetont ‹*Person, Brief*›; *(earnest)* ernst

**intensely** [ɪn'tenslɪ] *adv.* äußerst ‹*schwierig, verärgert, enttäuscht, kalt*›; ernsthaft, intensiv ‹*studieren*›; intensiv ‹*fühlen*›

**intensification** [ɪntensɪfɪ'keɪʃn] *n.* Intensivierung, *die*

**intensifier** [ɪn'tensɪfaɪə(r)] *n. (Ling.)* intensivierendes Wort

**intensify** [ɪn'tensɪfaɪ] **1.** *v. t.* intensivieren. **2.** *v. i.* zunehmen; ‹*Hitze, Schmerzen:*› stärker werden; ‹*Kampf:*› sich verschärfen

**intensity** [ɪnˈtensɪtɪ] *n.* **a)** Intensität, *die; (of feeling also)* Heftigkeit, *die;* **the heat had lost some of its ~:** die Hitze hatte etwas abgenommen *od.* nachgelassen; **b)** *(measurable amount)* Intensität, *die*

**intensive** [ɪnˈtensɪv] **1.** *adj.* **a)** *(vigorous, thorough)* intensiv; Intensiv⟨*kurs*⟩; **b)** *(Ling.)* verstärkend; intensivierend; **c)** *(concentrated, directed to a single point or area)* intensiv; heftig ⟨*Beschuß*⟩; gezielt ⟨*Entwicklung*⟩; **d)** *(Econ.)* intensiv ⟨*Landwirtschaft*⟩; **e)** *in comb.* **capital-~/labour-~:** kapital-/arbeitsintensiv. **2.** *n. see* **intensifier**

**intensive ˈcare** *n.* Intensivpflege, *die (Med.);* **be in ~:** auf der Intensivstation sein; **~ unit** Intensivstation, *die*

**intensively** [ɪnˈtensɪvlɪ] *adv.* intensiv

**intent** [ɪnˈtent] **1.** *n.* Absicht, *die;* **by ~:** beabsichtigt; **with good/malicious ~:** in guter/schlechter Absicht; **with ~ to do sth.** *(Law)* in der Absicht *od.* mit dem Vorsatz, etw. zu tun; **do sth. with ~:** etw. vorsätzlich tun; **to all ~s and purposes** im Grunde; praktisch. **2.** *adj.* **a)** *(resolved)* erpicht, versessen (**[up]on** auf + *Akk.*); **be ~ on achieving sth.** etw. unbedingt erreichen wollen; **be ~ upon revenge** auf Rache sinnen; **b)** *(attentively occupied)* eifrig beschäftigt (**on** mit); **be ~ on one's work** auf seine Arbeit konzentriert sein; in seine Arbeit vertieft sein; **c)** *(earnest, eager)* aufmerksam; konzentriert; forschend ⟨*Blick*⟩

**intention** [ɪnˈtenʃn] *n.* **a)** Absicht, *die;* Intention, *die;* **have no ~/every ~ of doing sth.** nicht die Absicht haben/die feste Absicht haben, etw. zu tun; **it was my ~ to visit him** ich hatte die Absicht *od.* beabsichtigte, ihn zu besuchen; **with the best of ~s** in der besten Absicht; **the road to hell is paved with good ~s** *(prov.)* der Weg zur Hölle ist mit guten Vorsätzen gepflastert *(Spr.);* **what is the author's ~ here?** was will der Autor hier sagen?; **b)** *in pl. (coll.: in respect of marriage)* [Heirats]absichten

**intentional** [ɪnˈtenʃənl] *adj.* absichtlich; vorsätzlich *(bes. Rechtsspr.);* **it wasn't ~:** es war keine Absicht

**intentionally** [ɪnˈtenʃənəlɪ] *adv.* absichtlich; mit Absicht

**intently** [ɪnˈtentlɪ] *adv.* aufmerksam ⟨*zuhören, lesen, beobachten*⟩

**inter** [ɪnˈtɜː(r)] *v. t.*, **-rr-** *(literary)* bestatten *(geh.)* ⟨*Leichnam*⟩

**interact** [ɪntərˈækt] *v. i.* **a)** ⟨*Ideen:*⟩ sich gegenseitig beeinflussen; ⟨*Chemikalien usw.:*⟩ aufeinander einwirken, miteinander reagieren; **b)** *(Sociol., Psych.)* interagieren

**interaction** [ɪntərˈækʃn] *n.* **a)** gegenseitige Beeinflussung; *(Chem., Phys.)* Wechselwirkung, *die;* Reaktion, *die;* **b)** *(Sociol., Psych.)* Interaktion, *die*

**interactive** [ɪntərˈæktɪv] *adj.* **a)** *(Chem.)* miteinander reagierend; **b)** *(Sociol., Psych., Computing)* interaktiv

**inter alia** [ɪntərˈeɪlɪə] *adv.* unter anderem

**interbreed** [ɪntəˈbriːd] **1.** *v. t.*, **interbred** [ɪntəˈbred] bastardieren *(fachspr.);* kreuzen ⟨*Pflanzen, Tiere*⟩. **2.** *v. i.*, **interbred** bastardisieren *(fachspr.);* sich kreuzen

**intercede** [ɪntəˈsiːd] *v. i.* sich einsetzen (**with** bei; **for, on behalf of** für)

**intercept** [ɪntəˈsept] *v. t.* **a)** *(seize)* abfangen; **~ the enemy** dem Feind den Weg abschneiden; **b)** *(check, stop)* abwehren ⟨*Schlag, Angriff*⟩; **c)** *(listen in to)* abhören ⟨*Gespräch, Funkspruch*⟩

**interception** [ɪntəˈsepʃn] *n. see* **intercept:** Abfangen, *das;* Abwehr, *die;* Abhören, *das*

**interceptor** [ɪntəˈseptə(r)] *n. (Air Force)* Abfangjäger, *der*

**intercession** [ɪntəˈseʃn] *n. (mediation)* Vermittlung, *die, (entreaty)* Fürsprache, *die* (**for, on behalf of** für)

**interchange 1.** [ˈɪntətʃeɪndʒ] *n.* **a)** *(reciprocal exchange)* Austausch, *der;* **b)** *(road junction)* [Autobahn]kreuz, *das.* **2.** [ɪntəˈtʃeɪndʒ] *v. t.* **a)** *(exchange with each other)* austauschen; wechseln ⟨*Briefe, Blicke, Worte, Grüße*⟩; **b)** *(put each in the other's place)* [miteinander] vertauschen; **they can be ~d** sie sind austauschbar; **c)** *(alternate)* wechseln; [aus]wechseln ⟨*Kulissen usw.*⟩

**interchangeable** [ɪntəˈtʃeɪndʒəbl] *adj.* austauschbar; synonym ⟨*Wörter, Ausdrücke*⟩

**inter-city** [ɪntəˈsɪtɪ] *adj.* Intercity-; **~ train** Intercity[-Zug], *der*

**intercom** [ˈɪntəkɒm] *n. (coll.)* Gegensprechanlage, *die; (Aeronaut.)* Eigenverständigungsanlage, *die*

**intercommunicate** [ɪntəkəˈmjuːnɪkeɪt] *v. i.* **a)** ⟨*Räume:*⟩ miteinander verbunden sein; **b)** ⟨*Personen, Organisationen:*⟩ Kontakt haben zueinander

**interconnect** [ɪntəkəˈnekt] **1.** *v. t.* miteinander verbinden; zusammenschalten ⟨*Stromkreise, Verstärker, Lautsprecher*⟩; **~ed facts/results** zusammenhängende Tatsachen/Ergebnisse; **the events are ~ed** es besteht ein Zusammenhang zwischen den Ereignissen. **2.** *v. i.* miteinander in Zusammenhang stehen; **~ing rooms** miteinander verbundene Zimmer

**interconnection** [ɪntəkəˈnekʃn] *n.* *(of parts, components)* Zusammenwirken, *das; (of circuits)* Zusammenschalten, *das; (of facts, events, ideas)* Zusammenhang, *der*

**intercontinental** [ɪntəkɒntɪˈnentl] *adj.* interkontinental; Interkontinental⟨*rakete, -flug, -reise*⟩

**intercourse** [ˈɪntəkɔːs] *n., no pl.* **a)** *(social communication)* Umgang, *der;* **social ~:** gesellschaftlicher Verkehr; **human ~:** menschliche Kontakte; die Beziehungen der Menschen; **b)** *(sexual ~)* [Geschlechts]verkehr, *der*

**interdenominational** [ɪntədɪnɒmɪˈneɪʃənl] *adj.* interkonfessionell

**interdepartmental** [ɪntədiːpɑːtˈmentl] *adj.* ⟨*Konferenz, Zusammenarbeit, Streit*⟩ zwischen den Abteilungen/Fachbereichen

**interdependence** [ɪntədɪˈpendəns] *n.* gegenseitige Abhängigkeit; Interdependenz, *die*

**interdependent** [ɪntədɪˈpendənt] *adj.* voneinander abhängig; interdependent

**interdict** [ˈɪntədɪkt] *n.* **a)** *(authoritative prohibition)* Verbot, *das;* **b)** *(RC Ch.)* Interdikt, *das*

**interdisciplinary** [ɪntədɪsɪˈplɪnərɪ] *adj.* fachübergreifend; interdisziplinär

**interest** [ˈɪntrəst, ˈɪntrɪst] **1.** *n.* **a)** *(concern, curiosity)* Interesse, *das;* Anliegen, *das;* **take** *or* **have an ~ in sb./sth.** sich für jmdn./etw. interessieren; **show/develop a [lively] ~ in sb./sth.** [lebhaftes] Interesse an jmdm./etw. zeigen/entwickeln; **take** *or* **have/show no further ~ in sb./sth.** das Interesse an jmdm./etw. verloren haben/kein Interesse mehr an jmdm./etw. zeigen; **[just] for** *or* **out of ~:** [nur] interessehalber; **with ~:** interessiert (*see also* **e**); **lose ~ in sb./sth.** das Interesse an jmdm./etw. verlieren; **~ in life/food** Lust am Leben/Essen; **b)** *(quality of sth.)* Interesse, *das;* Bedeutung, *die;* **this has no great ~ for me** das ist nicht sehr wichtig für mich; **be of ~:** interessant *od.* von Interesse sein (**to** für); **this is of no ~ to me** das ist belanglos für mich; **c)** *(advantage, profit)* Interesse, *das;* **act in one's own/sb.'s ~[s]** im eigenen/in jmds. Interesse handeln; **it is in your ~ to go** es liegt in deinem Interesse zu gehen; **in the ~[s] of humanity** zum Wohle der Menschheit; **d)** *(thing in which one is concerned)* Angelegenheit, *die;* Belange *Pl.;* **have a wide range of ~s** viele Interessen haben; **e)** *(Finance)* Zinsen *Pl.;* **rate of ~, ~ rate** Zinssatz, *der;* **~ on one's capital** Zinsen auf sein Kapital; **~ on a mortgage** Hypothekenzinsen *Pl.;* **at ~:** gegen *od.* auf Zinsen; **at 6% ~:** zu 6% Zinsen; **with ~** *(fig.: with increased force etc.)* überreichlich; doppelt und dreifach *(ugs.)* (*see also* **a**); **give back** *or* **return blows with ~** *(fig.)* Schläge mit doppelter Härte zurückgeben; **f)** *(financial stake)* Beteiligung, *die;* Anteil, *der;* **have [financial] ~s all over the world** an Firmen *od.* Unternehmungen in der ganzen Welt finanziell beteiligt sein; **American ~s in the Caribbean** amerikanische Interessen in der Karibik; **declare an ~:** seine Interessen darlegen; **g)** *(legal concern)* [Rechts]anspruch, *der;* **h)** *(party having common interest)* Interessengruppe, *die;* **banking ~s** Bankkreise *Pl.;* die Banken; **business ~s** die Großindustrie. *See also* **compound interest; simple interest; vested. 2.** *v. t.* interessieren (**in** für); **be ~ed in sb./sth.** sich für jmdn./etw. interessieren; **~ oneself in ...:** sich für ... interessieren; **sb. is ~ed by sb./sth.** jmd./etw. erregt jmds. Interesse; *see also* **interested**

**interested** [ˈɪntrəstɪd, ˈɪntrɪstɪd] *adj.* **a)** *(taking or showing interest)* interessiert; **be ~ in music/football/sb.** sich für Musik/Fußball/jmdn. interessieren; **I shall be ~ to hear about your trip** ich bin gespannt darauf, von deiner Reise zu hören; **I should be ~ to know why ...:** es würde mich interessieren, warum ...; **be ~ in doing sth.** sich dafür interessieren, etw. zu tun; **he is ~ in buying a car** er würde gern ein Auto kaufen; **not ~ in his work** nicht an seiner Arbeit interessiert; **the ~ parties** die beteiligten Parteien; **he looked ~:** er zeigte sich interessiert; **b)** *(not impartial)* voreingenommen; eigennützig ⟨*Beweggründe*⟩; befangen ⟨*Zeuge*⟩

**interest: ~-free** *adj., adv.* unverzinslich; **~ group** *n.* Interessengruppe, *die*

**interesting** [ˈɪntrəstɪŋ, ˈɪntrɪstɪŋ] *adj.* interessant

**interestingly** [ˈɪntrəstɪŋlɪ, ˈɪntrɪstɪŋlɪ] *adv.* interessant; **~ [enough], ...:** interessanterweise ...

**ˈinterest rate** *n.* Zinssatz, *der;* Zinsfuß, *der*

**interface** [ˈɪntəfeɪs] *n.* **a)** *(surface)* Grenzfläche, *die;* **b)** *(place where interaction occurs)* Nahtstelle, *die;* Schnittstelle, *die; (fig.)* Verbindung, *die;* Kontakt, *der;* **c)** *(Computing)* Schnittstelle, *die*

**interfacing** [ˈɪntəfeɪsɪŋ] *n. (Dressm.)* Einlage, *die*

**interfere** [ɪntəˈfɪə(r)] *v. i.* **a)** *(meddle)* sich einmischen (**in** in + *Akk.*); **~ with sth.** sich an etw. *(Dat.)* zu schaffen machen; **b)** *(come into opposition)* in Konflikt geraten (**with** mit); **~ with sth.** etw. beeinträchtigen; **~ with sb.'s plans** jmds. Pläne durchkreuzen; **c)** *(Radio, Telev.)* stören (**with** *Akk.*); **d)** **~ with sb.** *(sexually)* jmdn. sexuell mißbrauchen; **e)** *(Phys.)* interferieren

**interference** [ɪntəˈfɪərəns] *n.* **a)** *(interfering)* Einmischung, *die;* **b)** *(Radio, Telev.)* Störung, *die;* **~ suppressor** Siebkreis, *der;* Entstörgerät, *das;* **c)** *(sexual)* Notzucht, *die (veralt.);* Mißbrauch, *der;* **d)** *(Phys.)* Interferenz, *die*

**interfering** [ɪntəˈfɪərɪŋ] *attrib. adj.* sich einmischend; **she is an ~ old busybody** sie mischt sich in alles und jedes ein

**intergovernmental** [ɪntəgʌvnˈmentl] *adj.* zwischenstaatlich; **~ agreement/conference** Regierungsabkommen, *das*/-konferenz, *die;* **~ discussions** Gespräche auf Regierungsebene; **~ co-operation** internationale Zusammenarbeit

**interim** [ˈɪntərɪm] **1.** *n.* **in the ~:** in der Zwischenzeit. **2.** *adj.* **a)** *(intervening)* dazwischenliegend; **the ~ period** die Zwischenzeit; **b)** *(temporary, provisional)* vorläufig ⟨*Vereinbarung, Bericht, Anordnung, Zustand, Maßnahme*⟩; Zwischen⟨*lösung, -abkommen, -kredit, -finanzierung, -zinsen*⟩; Übergangs⟨*regierung, -regelung, -hilfe*⟩

**interim ˈdividend** *n. (Finance)* Abschlagsdividende, *die*

**interior** [ɪn'tɪərɪə(r)] **1.** *adj.* **a)** inner...; Innen⟨*fläche, -einrichtung, -wand*⟩; **b)** *(inland)* im Landesinneren befindlich; **c)** *(internal, domestic)* Inlands-; Binnen⟨*markt, -handel*⟩; **d)** *(Cinemat.)* ~ **shots/photography** Innenaufnahmen *Pl.* **2.** *n.* **a)** *(inland region)* [Landes]innere, *das;* **b)** *(~ part)* Innere, *das;* **redecorate the ~ of the shop** den Laden innen renovieren; **c)** *([picture of] inside of building, room, etc.)* Innere, *das; (picture)* Interieur, *das;* **d)** *(Cinemat.)* Innenaufnahme, *die; (Theatre)* Szene eines Innenraumes; **e)** *(home affairs)* **Department of the I~** *(US, Canada),* **Ministry of the I~** *(France, Germany, etc.)* Innenministerium, *das;* Ministerium des Innern

**interior: ~ deco'ration** *n.* Raumgestaltung, *die;* ~ **'decorator** *n.* Raumgestalter, *der*/-gestalterin, *die;* ~ **de'sign** *n.* Innenarchitektur, *die;* ~ **de'signer** *n.* Innenarchitekt, *der*/-architektin, *die;* **~-sprung** *adj. (Brit.)* **~-sprung mattress** Federkernmatratze, *die*

**interject** [ɪntə'dʒekt] *v. t.* **a)** *(interpose)* einwerfen ⟨*Behauptung, Bemerkung, Frage*⟩; ~ **remarks** Einwürfe *od.* Zwischenbemerkungen machen; **..., he ~ed** ..., rief er dazwischen; **b)** *(remark parenthetically)* einflechten; nebenbei bemerken

**interjection** [ɪntə'dʒekʃn] *n.* **a)** *(exclamation)* Ausruf, *der; (Ling.)* Interjektion, *die;* **b)** *(interposed remark)* Einwurf, *der;* Zwischenbemerkung, *die*

**interlace** [ɪntə'leɪs] *v. t.* **a)** *(bind together)* zusammenfügen; **b)** *(interweave)* [miteinander] verflechten; *(fig.)* [miteinander] verbinden; **cloth ~d with gold threads** mit Goldfäden durchwirktes Tuch; **c)** *(mingle)* [miteinander] kombinieren ⟨*zwei Muster*⟩; spicken ⟨*Rede, Schreiben*⟩ **(with** mit)

**interlard** [ɪntə'lɑ:d] *v. t.* spicken **(with** mit); **be heavily ~ed with quotations** von Zitaten strotzen

**interleave** [ɪntə'li:v] *v. t. (Printing)* durchschießen **(with** mit); *(fig.)* abwechseln **(with** mit)

**inter-library loan** [ɪntəlaɪbrərɪ 'ləʊn] *n.* Fernleihe, *die;* **get a book on ~:** ein Buch über die Fernleihe bekommen

**interlink** [ɪntə'lɪŋk] *v. t.* miteinander verbinden

**interlock** [ɪntə'lɒk] **1.** *v. i.* sich ineinanderhaken; ⟨*Teile eines Puzzles:*⟩ sich zusammenfügen. **2.** *v. t.* **a)** *(lock together)* zusammenfügen; verflechten ⟨*Fasern*⟩; **b)** *(connect) (Railw.)* verriegeln; *(Cinemat.)* synchronisieren

**interloper** ['ɪntələʊpə(r)] *n.* Eindringling, *der*

**interlude** ['ɪntəlu:d, 'ɪntəlju:d] *n.* **a)** *(Theatre: break)* Pause, *die;* **b)** *(occurring in break)* Zwischenspiel, *das;* Intermezzo, *das;* **musical ~:** musikalisches Zwischenspiel; **c)** *(intervening time)* kurze Phase *od.* Periode; **a few brief ~s of sleep** wenige kurze Schlafpausen; **d)** *(event interposed)* Intermezzo, *das*

**intermarriage** [ɪntə'mærɪdʒ] *n.* **a)** *(between groups)* Mischehen *Pl.;* **b)** *(within groups)* Heirat untereinander; *(between related persons)* Verwandtenehe, *die*

**intermarry** [ɪntə'mærɪ] *v. i.* **a)** *(between groups)* Mischehen schließen; **b)** *(within groups)* untereinander heiraten; *(between related persons)* Verwandtenehen schließen

**intermediary** [ɪntə'mi:dɪərɪ] *n.* Vermittler, *der*/Vermittlerin, *die*

**intermediate** [ɪntə'mi:djət] **1.** *adj.* **a)** Zwischen-; ~ **level/point between ...:** Niveau/Punkt zwischen ...; **b)** *(Educ.)* Mittel⟨*stufe, -schule*⟩; ~ **education** ≈ Realschulausbildung, *die;* mittlere Reife; ~ **French** Französisch für fortgeschrittene Anfänger. **2.** *n.* **a)** fortgeschrittener Anfänger; **b)** *(Chem.)* Zwischenprodukt, *das*

**intermediate-range [ballistic] 'missile** *n.* Mittelstreckenrakete, *die*

**interment** [ɪn'tɜ:mənt] *n.* Bestattung, *die (geh.);* Beisetzung, *die (geh.)*

**intermesh** [ɪntə'meʃ] *v. i.* ⟨*Zahnräder:*⟩ ineinandergreifen; ⟨*Fäden, Garne:*⟩ sich ineinanderfügen

**intermezzo** [ɪntə'metsəʊ] *n., pl.* **intermezzi** [ɪntə'metsi:] *or* ~s Intermezzo, *das*

**interminable** [ɪn'tɜ:mɪnəbl] *adj.,* **interminably** [ɪn'tɜ:mɪnəblɪ] *adv. (lit. or fig.)* endlos

**intermingle** [ɪntə'mɪŋgl] **1.** *v. i.* sich vermischen; ⟨*Personen:*⟩ miteinander in Kontakt treten. **2.** *v. t.* vermischen

**intermission** [ɪntə'mɪʃn] *n.* **a)** *(pause)* Unterbrechung, *die;* **b)** *(period of inactivity)* Pause, *die;* **c)** *(Amer.: interval in performance)* Pause, *die*

**intermittent** [ɪntə'mɪtənt] *adj.* in Abständen auftretend ⟨*Signal, Fehler, Geräusch*⟩; **be ~:** in Abständen auftreten; **there was ~ rain all day** es hat den ganzen Tag mit kurzen Unterbrechungen geregnet; ~ **fever** Wechselfieber, *das;* intermittierendes Fieber *(fachspr.)*

**intermittently** [ɪntə'mɪtəntlɪ] *adv.* in Abständen

**intern 1.** [ɪn'tɜ:n] *v. t.* gefangenhalten; internieren ⟨*Kriegsgefangenen usw.*⟩. **2.** ['ɪntɜ:n] *n. (Amer.)* **a)** *(Med.)* Medizinalassistent, *der*/-assistentin, *die;* **b)** *(teacher)* Lehramtskandidat, *der*/-kandidatin, *die*

**internal** [ɪn'tɜ:nl] *adj.* **a)** inner...; Innen⟨*winkel, -durchmesser, -fläche, -druck, -gewinde, -abmessungen*⟩; **b)** *(Physiol.)* inner... ⟨*Blutung, Sekretion, Verletzung*⟩; ~ **temperature** Innentemperatur, *die;* **c)** *(intrinsic)* inner... ⟨*Logik, Stimmigkeit*⟩; **d)** *(within country)* inner... ⟨*Angelegenheiten, Frieden, Probleme*⟩; Binnen⟨*handel, -markt*⟩; innenpolitisch ⟨*Angelegenheiten, Streitigkeiten, Probleme*⟩; *(within organization)* [betriebs-/partei]intern ⟨*Auseinandersetzung, Post, Praxis, Verfahren[sweise]*⟩; inner[betrieblich/-kirchlich/-gewerkschaftlich *usw.*] ⟨*Streitigkeiten*⟩; ~ **telephone** Haustelefon, *das;* **e)** *(Med.)* innerlich ⟨*Anwendung*⟩; **f)** *(of the mind)* inner... ⟨*Monolog, Bewegung, Regung, Widerstände, Groll*⟩; **g)** *(Univ.)* ordentlich ⟨*Student*⟩; ~ **examination** *an der Universität, an der man immatrikuliert ist, abgelegte Prüfung*

**internal: ~ 'clock** *n.* innere Uhr; **~ com'bustion engine** *n.* Verbrennungsmotor, *der;* ~ **'evidence** *n.* impliziter Beweis

**internalize (internalise)** [ɪn'tɜ:nəlaɪz] *v. t. (Psych.)* verinnerlichen; internalisieren *(fachspr.)*

**internally** [ɪn'tɜ:nəlɪ] *adv.* innerlich; *(within organization)* [partei-/betriebs]intern; **not to be taken ~:** nicht zum Einnehmen; nur zur äußerlichen Anwendung; **bleed ~:** innere Blutungen haben; ~ **inconsistent** in sich *(Dat.)* unstimmig

**internal: ~ 'medicine** *n.* innere Medizin; ~ **'revenue** *n. (Amer.)* Steuereinnahmen *Pl.;* **I~ 'Revenue Service** *n. (Amer.)* ≈ Finanzamt, *das;* ~ **'rhyme** *n. (Pros.)* Binnenreim, *der*

**international** [ɪntə'næʃənl] **1.** *adj.* international; **it was a very ~ gathering** das Treffen hatte ausgesprochen internationalen Charakter; ~ **travel** Auslandsreisen *Pl.;* ~ **team** *(Sport)* Nationalmannschaft, *die.* **2.** *n.* **a)** *(Sport: contest)* Länderkampf, *der; (in team sports)* Länderspiel, *das;* **b)** *(Sport: participant)* Internationale, *der/die; (in team sports)* Nationalspieler, *der*/-spielerin, *die;* **c) I~** *(Polit.)* Internationale, *die*

**international: ~ call** *n. (Teleph.)* Auslandsgespräch, *das;* ~ **'code** *n. (Naut.)* internationales Signalbuch; **I~ Court of 'Justice** *n.* Internationaler Gerichtshof; ~ **date-line** *see* **date-line;** ~ **'driving licence** *or* **permit** *n.* internationaler Führerschein

**internationalism** [ɪntə'næʃənəlɪzm] *n.* Internationalismus, *der*

**internationalize (internationalise)** [ɪntə'næʃənəlaɪz] *v. t.* internationalisieren

**international 'law** *n.* Völkerrecht, *das*

**internationally** [ɪntə'næʃənəlɪ] *adv.* international

**international: I~ 'Monetary Fund** *n.* Internationaler Währungsfonds; ~ **re'ply coupon** *see* **reply coupon;** ~ **system of 'units** *n. (Phys.)* Internationales Einheitensystem

**internecine** [ɪntə'ni:saɪn] *adj. (mutually destructive)* [für beide Seiten] vernichtend; *(bloody)* Vernichtungs⟨*krieg, -feldzug*⟩; *(internal)* intern ⟨*Streitigkeiten, Zwist*⟩

**internee** [ɪntɜ:'ni:] *n.* Internierte, *der/die*

**internist** [ɪn'tɜ:nɪst] *n.* **a)** *(specialist)* Facharzt/-ärztin für innere Krankheiten; Internist, *der*/Internistin, *die;* **b)** *(Amer.: general practitioner)* praktischer Arzt/praktische Ärztin

**internment** [ɪn'tɜ:nmənt] *n.* Internierung, *die;* ~ **camp** Internierungslager, *das*

**interpersonal** [ɪntə'pɜ:sənl] *adj.* interpersonal; interpersonell

**interplanetary** [ɪntə'plænɪtərɪ] *adj. (Astron., Astronaut.)* interplanetar[isch] ⟨*Rakete, Raum, Raumfahrt*⟩

**interplay** ['ɪntəpleɪ] *n.* **a)** *(interaction)* Wechselwirkung, *die;* **b)** *(reciprocal action)* Zusammenspiel, *das*

**Interpol** ['ɪntəpɒl] *n.* Interpol, *die*

**interpolate** [ɪn'tɜ:pəleɪt] *v. t.* **a)** *(interpose orally)* einwerfen ⟨*Satz, Bemerkung*⟩; *(in programme)* einschieben ⟨*Warnung usw.*⟩; **b)** *(introduce by insertion)* einfügen ⟨*Worte*⟩; **c)** *(Math.)* interpolieren

**interpolation** [ɪntɜ:pə'leɪʃn] *n.* **a)** Einfügung, *die;* **his ~ of that remark** sein Einwurf; **b)** *(Math.)* Interpolation, *die*

**interpose** [ɪntə'pəʊz] **1.** *v. t.* **a)** *(insert)* dazwischenlegen; ~ **sth. between sb./sth. and sb./sth.** etw. zwischen jmdn./etw. und jmdn./etw. bringen; **b)** *(say as interruption)* einwerfen ⟨*Frage, Bemerkung*⟩; **c)** *(exercise, advance)* ~ **one's veto** sein Veto einlegen; von seinem Veto[recht] Gebrauch machen; ~ **one's authority** seinen Einfluß geltend machen; ~ **an objection** einen Einwand vorbringen; Einspruch einlegen *(Rechtsw.).* **2.** *v. i.* **a)** *(intervene)* ~ **on sb.'s side** *or* **behalf** sich für jmdn. einsetzen; ~ **in sth.** in etw. *(Akk.)* [vermittelnd] eingreifen; **b)** *(make an interruption)* [kurz] unterbrechen

**interpret** [ɪn'tɜ:prɪt] **1.** *v. t.* **a)** interpretieren; deuten ⟨*Traum, Zeichen*⟩; auslegen ⟨*Heilige Schrift*⟩; **b)** *(between languages)* dolmetschen; **c)** *(decipher)* entziffern ⟨*Schrift, Inschrift*⟩. **2.** *v. i.* dolmetschen

**interpretation** [ɪntɜ:prɪ'teɪʃn] *n.* **a)** Interpretation, *die; (of dream, symptoms)* Deutung, *die; (of biblical passage)* Auslegung, *die;* **b)** *(deciphering)* Entzifferung, *die*

**interpretative** [ɪn'tɜ:prɪtətɪv] *adj.* erläuternd ⟨*Artikel, Aufsatz*⟩; interpretativ ⟨*Kraft, Talent*⟩; interpretierend ⟨*Künstler*⟩

**interpreter** [ɪn'tɜ:prɪtə(r)] *n.* **a)** *(between languages)* Dolmetscher, *der*/Dolmetscherin, *die;* **b)** *(of dreams, hieroglyphics)* Deuter, *der;* **c)** *(performer on stage etc.)* Interpret, *der*/Interpretin, *die*

**interpretive** [ɪn'tɜ:prɪtɪv] *see* **interpretative**

**interregnum** [ɪntə'regnəm] *n., pl.* ~s *or* **interregna** [ɪntə'regnə] **a)** *(period)* Zwischenregierung, *die;* Interregnum, *das (Politik);* **b)** *(interval)* Unterbrechung, *die*

**interrelated** [ɪntərɪ'leɪtɪd] *adj.* zusammenhängend ⟨*Tatsachen, Ereignisse, Themen*⟩; verwandt ⟨*Sprachen, Fachgebiete*⟩; **be ~:** zusammenhängen/verwandt sein

**interrelation** [ɪntərɪˈleɪʃn] *n.* Wechselbeziehung, *die; (between events)* Zusammenhang, *der*

**interrogate** [ɪnˈterəgeɪt] *v. t.* vernehmen ⟨*Zeugen, Angeklagten*⟩; verhören ⟨*Angeklagten, Verdächtigen, Spion, Gefangenen*⟩; ausfragen ⟨*Freund, Kind, Schüler usw.*⟩

**interrogation** [ɪnterəˈgeɪʃn] *n. (interrogating)* Verhör, *das; attrib.* Verhör-; **under ~:** beim Verhör; **be under ~:** verhört werden

**interrogative** [ɪntəˈrɒgətɪv] *adj.* **a)** *(having question form)* Frage-; fragend ⟨*Tonfall*⟩; **b)** *(inquiring)* fragend ⟨*Ton, Blick*⟩; **c)** *(Ling.)* Interrogativ⟨*pronomen, -adverb, -form*⟩

**interrogator** [ɪnˈterəgeɪtə(r)] *n.* Vernehmer, *der*

**interrupt** [ɪntəˈrʌpt] **1.** *v. t.* unterbrechen; **~ sb.'s sleep** jmds. Schlaf stören; **don't ~ me when I'm busy** stör mich nicht, wenn ich zu tun habe; **~ sb.'s view** jmdm. die Sicht versperren. **2.** *v. i.* stören; unterbrechen; **stop ~ing!** stör *od.* unterbrich nicht dauernd!

**interruption** [ɪntəˈrʌpʃn] *n. (of work etc.)* Unterbrechung, *die;* Störung, *die; (of peace, sleep)* Störung, *die; (of services)* [zeitweiliger] Ausfall; **without ~:** ohne Unterbrechung; ununterbrochen

**intersect** [ɪntəˈsekt] **1.** *v. t.* **a)** ⟨*Kanäle, Schluchten, [Quarz]adern:*⟩ durchziehen ⟨*Land, Boden*⟩; **streets ~ing each other** einander kreuzende Straßen; **b)** *(Geom.)* schneiden; **~ each other** sich schneiden. **2.** *v. i.* **a)** ⟨*Straßen:*⟩ sich kreuzen; **b)** *(Geom.)* sich schneiden

**intersection** [ɪntəˈsekʃn] *n.* **a)** *(intersecting; road etc. junction)* Kreuzung, *die;* **b)** *(Geom.)* **[point of] ~:** Schnittpunkt, *der;* **c)** *(Logic, Math.)* Schnittmenge, *die*

**intersperse** [ɪntəˈspɜːs] *v. t.* **a)** *(scatter)* [hier und da] einfügen; **b) be ~d with** durchsetzt sein mit; ⟨*Erzählung, Arbeit, Routine:*⟩ unterbrochen werden durch ⟨*Pausen, Ruhe, Aufregungen*⟩

**interstate** [ˈɪntəsteɪt] *adj. (Amer.)* zwischen den [Bundes]staaten *nachgestellt;* zwischenstaatlich; **~ highway** Fernstraße *(die durch mehrere Bundesstaaten führt)*

**interstellar** [ɪntəˈstelə(r)] *adj.* interstellar ⟨*Materie, Staub, Raum*⟩; **~ travel** [Welt-]raumfahrt, *die*

**interstice** [ɪnˈtɜːstɪs] *n. (intervening space)* Zwischenraum, *der; (of net)* Masche, *die; (between panels etc.)* Fuge, *die*

**intertribal** [ɪntəˈtraɪbl] *adj.* ⟨*Krieg, Streitigkeiten usw.*⟩ zwischen verschiedenen Stämmen

**intertwine** [ɪntəˈtwaɪn] **1.** *v. t.* flechten **(in** in + *Akk.*); **he ~d his fingers with hers** er schlang *od.* flocht seine Finger zwischen ihre *od.* die ihren *(geh.)*. **2.** *v. i.* sich [ineinander] verschlingen

**interval** [ˈɪntəvl] *n.* **a)** *(intervening space)* Zwischenraum, *der; (intervening time)* [Zeit]abstand, *der;* **at ~s** in Abständen; **at 20-minute ~s** in Abständen von 20 Minuten; **at frequent** *or* **short/wide ~s** in kurzen/weiten Abständen; **at ~s along the road/river** hier und da an der Straße/am Flußufer; **after an ~ of three years** nach [Ablauf von] drei Jahren; **b)** *(break; also Brit. Theatre etc.)* Pause, *die;* **an ~ of silence** eine Schweige- *od.* Gedenkminute; **an ~ in the shooting** eine Unterbrechung der Schießereien; **sunny** *or* **bright ~s** *(Meteorol.)* Aufheiterungen *Pl.;* **~ music** Pausenmusik, *die;* **c)** *(period)* Pause, *die;* **~s of sanity** lichte Momente; **d)** *(Mus.)* Intervall, *das;* **perfect ~:** reines Intervall

**ˈinterval signal** *n. (Broadcasting)* Pausenzeichen, *das*

**intervene** [ɪntəˈviːn] *v. i.* **a)** [vermittelnd] eingreifen **(in** in + *Akk.*); *(come between persons)* vermitteln **(between** zwischen + *Dat.*); **if nothing ~s** wenn nichts dazwischenkommt; **if fate had not ~d** wenn das Schicksal nicht eingegriffen hätte; **b)** *(occur)* **the years that ~d, the intervening years** die dazwischenliegenden Jahre; **c)** *(Law)* **~ in** eintreten in (+ *Akk.*) ⟨*Vertrag usw.*⟩; beitreten (+ *Dat.*) ⟨*Verfahren*⟩

**intervention** [ɪntəˈvenʃn] *n.* Eingreifen, *das;* Intervention, *die (bes. Politik);* **surgical ~:** chirurgischer Eingriff; **at my ~:** auf mein Eingreifen/meine Intervention [hin]; **I~ Board** ≈ Interventionsstelle, *die*

**interventionist** [ɪntəˈvenʃənɪst] **1.** *n.* Interventionist, *der.* **2.** *adj.* interventionistisch

**interview** [ˈɪntəvjuː] **1.** *n.* **a)** *(for job etc.)* Vorstellungsgespräch, *das;* **b)** *(Journ., Radio, Telev.)* Interview, *das;* **c)** *(discussion)* Gespräch, *das;* Unterredung, *die.* **2.** *v. t.* Vorstellungsgespräch[e] führen mit ⟨*Stellen-, Studienbewerber*⟩; interviewen ⟨*Politiker, Filmstar, Konsumenten usw.*⟩; vernehmen ⟨*Zeugen*⟩

**interviewee** [ɪntəvjuːˈiː] *n. (for opinion poll)* Befragte, *der/die; (candidate, applicant)* [Stellen-, Studien]bewerber, *der/*-bewerberin, *die; (politician, celebrity, etc.)* Interviewpartner, *der/*-partnerin, *die;* Interviewte, *der/die*

**interviewer** [ˈɪntəvjuːə(r)] *n. (reporter, pollster, etc.)* Interviewer, *der/*Interviewerin, *die; (for job etc.)* Leiter/Leiterin des Vorstellungsgesprächs

**inter-war** [ˈɪntəwɔː(r)] *attrib. adj.* ⟨*Zeit, Jahre*⟩ zwischen den [Welt]kriegen

**interweave** [ɪntəˈwiːv] *v. t.*, **interwove** [ɪntəˈwəʊv], **interwoven** [ɪntəˈwəʊvn] [miteinander] verweben ⟨*Fäden, Wolle, Seide usw.*⟩; [miteinander] verflechten ⟨*Zweige, Bänder*⟩; **our lives are interwoven** unsere Lebenswege sind miteinander verschlungen

**intestacy** [ɪnˈtestəsɪ] *n.* Sterben ohne Hinterlassung eines Testaments

**intestate** [ɪnˈtestət] *adj.* Intestat⟨*erbe, -erbfolge, -nachlaß*⟩; **die ~:** ohne Hinterlassung eines Testaments sterben

**intestinal** [ɪnˈtestɪnl] *adj. (Med.)* Darm-; intestinal *(fachspr.)*

**intestine** [ɪnˈtestɪn] *n. in sing. or pl. (Anat.)* Darm, *der;* Gedärme *Pl.;* **large/small ~:** Dick-/Dünndarm, *der*

**intimacy** [ˈɪntɪməsɪ] *n.* **a)** *(state)* Vertrautheit, *die; (close personal relationship)* enges [Freundschafts]verhältnis; **b)** *(euphem.: sexual intercourse)* Intimität, *die;* **~ took place** es kam zu Intimitäten; **c)** *in pl. (caresses)* Intimitäten; Vertraulichkeiten

**intimate 1.** [ˈɪntɪmət] *adj.* **a)** *(close, closely acquainted)* eng ⟨*Freund, Freundschaft, Beziehung, Verhältnis*⟩; vertraulich ⟨*Ton*⟩; **be on ~ terms with sb.** zu jmdm. ein enges *od.* vertrautes Verhältnis haben; **b)** *(euphem.: having sexual intercourse)* intim ⟨*Beziehungen*⟩; **be/become ~ with sb.** mit jmdm. intim sein/werden; **c)** *(from close familiarity)* **~ knowledge of sth.** genaue *od.* intime Kenntnis einer Sache; **~ acquaintance with sth.** enge Vertrautheit mit etw.; **d)** *(closely personal)* persönlich ⟨*Problem*⟩; privat ⟨*Angelegenheit, Gefühl, Dinge*⟩; geheim ⟨*Gedanken*⟩; *(euphem.)* Intim⟨*bereich, -spray*⟩; **e)** innig ⟨*Verbindung, Verschmelzung, Zusammenhang*⟩; **f)** intim ⟨*Tagebuch, Brief, Darstellung, Raum, Theater, Restaurant, Musik, Feier, Treffen*⟩; **the party was a small, ~ affair** die Feier fand im intimsten Kreis statt. **2.** *n. (close friend)* Vertraute, *der/die.* **3.** [ˈɪntɪmeɪt] *v. t.* **a) ~ sth. [to sb.]/[to sb.] that ...** *(make known)* [jmdm.] etw. mitteilen/[jmdm.] mitteilen, daß ...; *(show clearly)* [jmdm.] etw. deutlich machen *od.* zu verstehen geben/[jmdm.] zu verstehen geben, daß ...; **b)** *(imply)* andeuten

**intimately** [ˈɪntɪmətlɪ] *adv.* genau[estens] ⟨*kennen*⟩; bestens ⟨*vertraut*⟩; gründlich ⟨*vermischen*⟩; eng ⟨*verbinden*⟩; **he is ~ involved in the planning of the project** er ist an der Planung des Projekts maßgeblich beteiligt; **we know each other, but not ~:** wir kennen uns, aber nicht näher

**intimation** [ɪntɪˈmeɪʃn] *n.* **a)** Mitteilung, *die; (of sb.'s death etc.)* Anzeige, *die;* **give an ~:** eine Mitteilung machen; **b)** *(hint)* Andeutung, *die; (of trouble, anger, pain)* Anzeichen, *das;* **give ~s** Andeutungen machen

**intimidate** [ɪnˈtɪmɪdeɪt] *v. t.* einschüchtern; **~ sb. into doing sth.** jmdn. einschüchtern *od.* unter Druck setzen, damit er etw. tut; **use intimidating behaviour** zum Mittel der Einschüchterung greifen

**intimidation** [ɪntɪmɪˈdeɪʃn] *n.* Einschüchterung, *die*

**into** [*before vowel* ˈɪntʊ, *before consonant* ˈɪntə] *prep.* **a)** *expr. motion or direction* in (+ *Akk.*); *(against)* gegen; **I went out ~ the street** ich ging auf die Straße hinaus; **they disappeared ~ the night** sie verschwanden in die Nacht hinein; **you don't have to go ~ London** *(coll.)* du brauchst nicht nach London rein *(ugs.);* **he was [straight] ~ the biscuit-tin** er machte sich über die Keksdose her; **baptized ~ the Catholic Church** katholisch getauft; **they were soon ~ their clothes and on deck** sie waren in kurzer Zeit angekleidet auf Deck; **4 [divided] ~ 20 = 5** 20 [geteilt] durch 4 = 5; **until well ~ this century** bis weit in unser Jahrhundert hinein; **it was 15 minutes ~ the second half before ...:** erst in der 15. Minute der zweiten Halbzeit ...; **b)** *expr. change, result* **translate sth. ~ English** etw. ins Englische übersetzen; **the book is ~ its third edition** das Buch liegt schon in dritter Auflage vor; **poke the fire ~ a blaze** das Feuer [durch Schüren] zum Auflodern bringen; **c)** *(coll.)* **be ~ sth./sb.** *(interested in)* auf etw./jmdn. stehen *(ugs.);* auf etw./jmdn. abfahren *(salopp);* **be ~ sth.** *(knowledgeable about)* mit etw. vertraut sein; **he's heavily ~ meditation** er ist völlig auf Meditation abgefahren *(salopp)*

**intolerable** [ɪnˈtɒlərəbl] *adj.* unerträglich; **it's ~:** es ist nicht auszuhalten; **an ~ place to live in** ein Ort, an dem das Leben unerträglich ist

**intolerably** [ɪnˈtɒlərəblɪ] *adv.* unerträglich

**intolerance** [ɪnˈtɒlərəns] *n., no pl.* Intoleranz, *die;* Unduldsamkeit, *die* **(of** gegenüber); *(Med.)* [Über]empfindlichkeit, *die* **(to, of** gegen)

**intolerant** [ɪnˈtɒlərənt] *adj.* intolerant, unduldsam **(of** gegenüber)

**intonation** [ɪntəˈneɪʃn] *n. (modulation)* Intonation, *die (Sprachw.);* Sprachmelodie, *die;* **speak with a Russian ~:** in russischem Tonfall sprechen

**intone** [ɪnˈtəʊn] *v. t.* intonieren; psalmodieren *(Rel.)*

**intoxicant** [ɪnˈtɒksɪkənt] **1.** *n.* Rauschmittel, *das.* **2.** *adj.* berauschend

**intoxicate** [ɪnˈtɒksɪkeɪt] *v. t.* **a)** *(make drunk)* betrunken machen; **be/become ~d** betrunken sein/werden; **b)** *(excite)* berauschen; **be ~d by/with sth.** durch/von etw. berauscht sein

**intoxicating** [ɪnˈtɒksɪkeɪtɪŋ] *adj.* berauschend ⟨*Wirkung, Schönheit*⟩; mitreißend ⟨*Worte, Rhythmus*⟩; **~ liquors** alkoholische Getränke

**intoxication** [ɪntɒksɪˈkeɪʃn] *n.* **a)** Rausch, *der;* **in a state of ~:** in betrunkenem Zustand; im Rausch; **b)** *(excitement)* Hochgefühl, *das;* Euphorie, *die (geh.)*

**intra-** [ɪntrə] *pref.* inner-; *(mit Fremdwörtern meist)* intra-

**intractable** [ɪnˈtræktəbl] *adj.* widerspenstig ⟨*Verhalten, Kind, Tier*⟩; aufrührerisch ⟨*[Menschen]menge, -masse*⟩; unbeugsam ⟨*Wille*⟩; hartnäckig ⟨*Krankheit, Schmerzen, Problem*⟩

**intraˈmural** *adj. (Univ.)* innerhalb der Universität; inneruniversitär

**intraˈmuscular** *adj. (Med.)* intramuskulär

**intransigence** [ɪnˈtrænsɪdʒəns, ɪnˈtrænzɪdʒəns] *n., no pl. see* **intransigent:** Kompromißlosigkeit, *die;* Unnachgiebigkeit, *die;* Intransigenz, *die (geh.);* Unerschütterlichkeit, *die*

**intransigent** [ɪn'trænsɪdʒənt, ɪn'trænzɪdʒənt] **1.** *adj.* kompromißlos, unnachgiebig, *(geh.)* intransigent ‹*Haltung, Einstellung*›; unerschütterlich ‹*Wille, Grundsätze, Glaube*›. **2.** *n. (in politics)* Radikale, *der/die*

**intransitive** [ɪn'trænsɪtɪv, ɪn'trɑːnsɪtɪv] *adj.*, **intransitively** [ɪn'trænsɪtɪvlɪ, ɪn'trɑːnsɪtɪvlɪ] *adv. (Ling.)* intransitiv

**intra-'uterine** [ɪntrə'juːtəraɪn] *adj. (Med.)* intrauterin; ~ **[contraceptive] device** Intrauterinpessar, *das*

**intra'venous** *adj. (Med.)* intravenös

**'in-tray** *n.* Ablage für Eingänge

**intrepid** [ɪn'trepɪd] *adj.*, **intrepidly** [ɪn'trepɪdlɪ] *adv.* unerschrocken

**intricacy** ['ɪntrɪkəsɪ] *n.* **a)** *no pl. (quality)* Kompliziertheit, *die;* **increase the ~ of sth.** etw. [noch] komplizierter machen; **b)** *in pl. (things)* Feinheiten *Pl.*

**intricate** ['ɪntrɪkət] *adj.* verschlungen ‹*Pfad, Windung*›; kompliziert ‹*System, Muster, Fabel, Werkstück, Maschinenteil, Aufgabe*›; *(obscure)* schwer verständlich

**intricately** ['ɪntrɪkətlɪ] *adv.* kompliziert; **an ~ designed pattern** ein kompliziertes Muster

**intrigue** [ɪn'triːg] **1.** *v. t.* faszinieren; **I'm ~d to find out what ...:** ich bin gespannt darauf, zu erfahren, was ... **2.** *v. i.* ~ **against sb.** gegen jmdn. intrigieren; ~ **with sb.** mit jmdm. Ränke schmieden *od.* Intrigen spinnen. **3.** [ɪn'triːg, 'ɪntriːg] *n.* Intrige, *die;* **~s** Machenschaften *Pl. (abwertend)*

**intriguer** [ɪn'triːgə(r)] *n.* Intrigant, *der/*Intrigantin, *die*

**intriguing** [ɪn'triːgɪŋ] *adj.*, **intriguingly** [ɪn'triːgɪŋlɪ] *adv.* faszinierend

**intrinsic** [ɪn'trɪnsɪk, ɪn'trɪnzɪk] *adj. (inherent)* innewohnend; inner... ‹*Verdorbenheit, Aufbau, Logik*›; immanent *(geh.); (essential)* wesentlich, *(Philos.)* essentiell ‹*Eigenschaft, Bestandteil, Mangel*›; **be ~ in** *or* **to a thing** wesentliches Merkmal einer Sache sein; ~ **value** innerer Wert; *(of sth. concrete)* Eigenwert, *der*

**intrinsically** [ɪn'trɪnsɪkəlɪ, ɪn'trɪnzɪkəlɪ] *adv.* im wesentlichen; *(Philos.)* essentiell

**intro** ['ɪntrəʊ] *n., pl.* **~s** *(coll.) (presentation)* Vorstellung, *die; (Mus.)* Einleitung, *die;* Intro, *das (fachspr.)*

**introduce** [ɪntrə'djuːs] *v. t.* **a)** *(bring in)* [erstmals] einführen ‹*Ware, Tier, Pflanze*› **(into** in + *Akk.*, **from ... into** von ... nach); einleiten ‹*Maßnahmen*›; einflechten ‹*Episoden in Roman*›; einschleppen ‹*Krankheit*›; ~ **irrelevancies into the discussion** Unwesentliches in die Diskussion bringen; **b)** einführen ‹*Katheter, Schlauch*› **(into** in + *Akk.*); stecken ‹*Schlüssel, Draht, Rohr, Schlauch*› **(into** in + *Akk.*); ~ **sth. into the flame** etw. der Flamme aussetzen; **c)** *(bring into use)* einführen ‹*Neuerung, Verfahren, Brauch, Mode, Kalender, Nomenklatur*›; aufbringen ‹*Gerücht, Schlagwort, Mode*›; **d)** *(make known)* vorstellen; einführen ‹*Vortragenden*›; ~ **oneself/sb. [to sb.]** sich/jmdn. [jmdm.] vorstellen; **I ~d them to each other** ich machte sie miteinander bekannt *od.* stellte sie einander vor; **I don't think we've been ~d** ich glaube, wir kennen uns noch nicht; ~ **sb. to a hobby/to drugs** jmdn. in ein Hobby einführen/mit Drogen bekannt machen; **e)** *(usher in, begin, precede)* einleiten ‹*Buch, Thema, Musikstück, Epoche*›; **f)** *(present)* ankündigen ‹*Programm, Darsteller*›; **g)** *(Parl.)* einbringen ‹*Antrag, Entwurf, Gesetz*›; einleiten ‹*Reform*›

**introduction** [ɪntrə'dʌkʃn] *n.* **a)** *(of methods, measures, process, machinery)* Einführen, *das;* Einführung, *die; (of rules)* Aufstellung, *die; (of fashion)* Aufbringen, *das;* **b)** *(of tube, catheter)* Einführen, *das;* **c)** **an ~ to London night-life** eine Einführung ins Londoner Nachtleben; ~ **to heroin** erste Bekanntschaft mit Heroin; **d)** *(formal presentation)* Vorstellung, *die; (into society)* Einführung, *die; (of reform)* Einleiten, *das; (of parliamentary bill)* Einbringen, *das;* **X needs no ~ from me** ich brauche X nicht vorzustellen; **do the ~s** die Anwesenden miteinander bekannt machen; **letter of ~:** Empfehlungsschreiben, *das;* **e)** *(preliminary matter)* Einleitung, *die;* Introduktion, *die (Musik);* **f)** *(introductory treatise)* Einführung, *die* **(to** in + *Akk.*); Leitfaden, *der* **(to** *Gen.*); **g)** *(thing introduced)* Eingeführte, *das; (exotic plant or animal)* Eingebürgerte, *der/die/das;* **mechanized sowing was a later ~:** [die] maschinelle Aussaat wurde [erst] später eingeführt

**introductory** [ɪntrə'dʌktərɪ] *adj.* einleitend; Einführungs‹*kurs, -vortrag*›; Einleitungs‹*kapitel, -rede*›

**introspection** [ɪntrə'spekʃn] *n.* Selbstbeobachtung, *die;* Introspektion, *die (geh., Psych.)*

**introspective** [ɪntrə'spektɪv] *adj.* in sich *(Akk.)* gerichtet; verinnerlicht; introspektiv *(geh., Psych.)*

**introvert 1.** ['ɪntrəvɜːt] *n.* Introvertierte, *der/die;* introvertierter Mensch; **be an ~:** introvertiert sein. **2.** *adj.* introvertiert; **have ~ tendencies** zur Introvertiertheit neigen

**introverted** [ɪntrə'vɜːtɪd] *adj.* introvertiert

**intrude** [ɪn'truːd] **1.** *v. i.* stören; ~ **[up]on sb.'s grief/leisure time/privacy** jmdn. in seiner Trauer stören/ jmds. Freizeit beanspruchen/in jmds. Privatsphäre *(Akk.)* eindringen; ~ **[up]on sb.'s time** jmds. Zeit in Anspruch nehmen; ~ **in[to] sb.'s affairs/conversation** sich in jmds. Angelegenheiten/ Unterhaltung *(Akk.)* einmischen. **2.** *v. t.* aufdrängen **(into, [up]on** *Dat.*); **the idea** *or* **thought ~d itself into my mind** der Gedanke drängte sich mir auf; ~ **oneself** *or* **one's presence upon sb.** sich jmdm. aufdrängen

**intruder** [ɪn'truːdə(r)] *n.* Eindringling, *der; (Mil.)* Intruder, *der*

**intrusion** [ɪn'truːʒn] *n.* **a)** *(intruding)* Störung, *die;* **an ~/numerous ~s upon** *or* **into sb.'s privacy** ein/wiederholtes Eindringen in jmds. Privatsphäre *(Akk.);* ~ **on sb.'s leisure time** Inanspruchnahme von jmds. Freizeit; **b)** *(into building, country, etc.)* [gewaltsames] Eindringen; *(Mil.)* Einmarsch, *der* **(into** in + *Akk.*); **c)** *(forcing oneself in)* Einmischung, *die* **(upon** in + *Akk.*); **d)** *(Geol.)* Intrusion, *die*

**intrusive** [ɪn'truːsɪv] *adj.* **a)** aufdringlich ‹*Person*›; aggressiv ‹*Bemerkung, Kultur, Journalismus*›; **b)** *(Phonet.)* intrusiv; **c)** *(Geol.)* ~ **rock** Intrusivgestein, *das*

**intuition** [ɪntjuː'ɪʃn] *n.* Intuition, *die;* **know sth. by ~:** etw. intuitiv wissen; **have an ~ that ...:** eine Eingebung haben *od.* intuitiv spüren, daß ...

**intuitive** [ɪn'tjuːɪtɪv] *adj.* intuitiv; gefühlsmäßig ‹*Ablehnung, Beurteilung*›; instinktiv ‹*Annahme, Gefühl*›

**intuitively** [ɪn'tjuːɪtɪvlɪ] *adv.* intuitiv; gefühlsmäßig

**inundate** ['ɪnəndeɪt] *v. t.* überschwemmen; ‹*Meer:*› überfluten; *(fig.) (with inquiries, letters, complaints, goods, information)* überschwemmen; *(with work, praise, advice)* überhäufen; **~d with tourists** von Touristen überlaufen; **we've been ~d with letters** eine Flut von Zuschriften ist bei uns eingegangen

**inundation** [ɪnən'deɪʃn] *n.* Überschwemmung, *die; (by the sea)* Überflutung, *die; (fig.)* Flut, *die*

**inure** [ɪ'njʊə(r)] *v. t.* gewöhnen **(to** an + *Akk.*); *(toughen)* abhärten **(to** gegen); **become ~d to/~ oneself to sth.** sich an etw. *(Akk.)* gewöhnen

**in vacuo** [ɪn 'vækjʊəʊ] *adv. (fig.)* im luftleeren Raum; *(lit.)* in einem Vakuum

**invade** [ɪn'veɪd] *v. t.* **a)** einfallen in ‹*Gebiet, Staat*›; **Poland was ~d by the Germans** die Deutschen marschierten in Polen *(Akk.)* ein; **b)** *(swarm into)* ‹*Touristen, Kinder:*› überschwemmen ‹*Land, Strand, Schwimmbad*›; **c)** *(fig.)* ‹*unangenehmes Gefühl, Krankheit, Schwäche:*› befallen ‹*Personen, Gewebe, Körper*›; ‹*Krankheit, Seuche, Unwetter:*› heimsuchen ‹*Person, Stadt, Gebiet*›; ‹*Glücksgefühl, Geruch:*› durchströmen ‹*Person, Raum*›; ‹*Thema, Vorstellung:*› Eingang finden in (+ *Akk.*) ‹*Literatur, Sprache*›; **d)** *(encroach upon)* verletzen ‹*Rechte*›; stören ‹*Ruhe, Frieden*›; eindringen in (+ *Akk.*) ‹*Haus, Bereich, Privatsphäre*›

**invader** [ɪn'veɪdə(r)] *n. (hostile)* Angreifer, *der;* Invasor, *der (bes. Milit.); (intruder)* Eindringling, *der* **(of** in + *Akk.*)

**¹invalid 1.** ['ɪnvəlɪd] *n. (Brit.)* Kranke, *der/die; (disabled person)* Körperbehinderte, *der/die; (from war injuries)* Kriegsinvalide *der/*-invalidin, *die.* **2.** *adj. (Brit.)* körperbehindert; *(from war injuries)* kriegsbeschädigt; kriegsinvalide. **3.** ['ɪnvəliːd, ɪnvə'liːd] *v. t.* ~ **home** *or* **out** als dienstuntauglich entlassen; ~ **out of the army** wegen Dienstuntauglichkeit aus der Armee entlassen

**²invalid** [ɪn'vælɪd] *adj.* nicht schlüssig ‹*Argument, Behauptung, Folgerung, Theorie*›; nicht zulässig ‹*Annahme*›; ungerechtfertigt ‹*Forderung, Vorwurf*›; nichtig ‹*Entschuldigung*›; ungültig ‹*Fahrkarte, Garantie, Vertrag, Testament, Ehe*›

**invalidate** [ɪn'vælɪdeɪt] *v. t.* aufheben; widerlegen ‹*Theorie, These, Behauptung*›

**invalid** ['ɪnvəlɪd]: ~ **carriage** *n.* Kranken[fahr]stuhl, *der;* ~ **chair** *n.* Rollstuhl, *der;* ~ **diet** *n.* Krankenkost, *die*

**invalidity** [ɪnvə'lɪdɪtɪ] *n., no pl. see* **²invalid:** mangelnde Schlüssigkeit; Unzulässigkeit, *die;* Ungerechtigkeit, *die;* Nichtigkeit, *die;* Ungültigkeit, *die*

**invalidly** [ɪn'vælɪdlɪ] *adv.* nicht ordnungsgemäß

**invaluable** [ɪn'væljʊəbl] *adj.* unbezahlbar; unersetzlich ‹*Mitarbeiter, Person*›; unschätzbar ‹*Dienst, Verdienst, Hilfe, Bedeutung*›; außerordentlich wichtig ‹*Rolle, Funktion*›; außerordentlich wertvoll ‹*Rat[schlag]*›; **be ~ to sb.** für jmdn. von unschätzbarem Wert sein

**invariable** [ɪn'veərɪəbl] *adj.* **a)** *(fixed)* unveränderlich ‹*Wert, Einheit*›; **b)** *(always the same)* [stets] gleichbleibend ‹*Druck, Temperatur, Höflichkeit, gute Laune*›; ständig ‹*Pech*›

**invariably** [ɪn'veərɪəblɪ] *adv.* immer; ausnahmslos ‹*falsch, richtig*›; **it's ~ wet when I am on holiday** wenn ich Urlaub habe, regnet es garantiert

**invasion** [ɪn'veɪʒn] *n.* **a)** *(of troops, virus, locusts)* Invasion, *die; (of weeds etc.)* massenweise Ausbreitung; *(intrusion)* [überfallartiges] Eindringen **(of** in + *Akk.*); **the ~ of Belgium by German troops** der Einmarsch deutscher Truppen in Belgien; **the Viking ~ of Britain** der Einfall der Wikinger in Britannien; **b)** *(encroachment) see* **invade d:** Verletzung, *die;* Störung, *die;* Eindringen, *das*

**invective** [ɪn'vektɪv] *n.* **a)** *(abusive language)* Beschimpfungen *Pl.;* **b)** *(violent attack in words)* Schmähung, *die;* Invektive, *die (geh.)*

**inveigh** [ɪn'veɪ] *v. i.* ~ **against sb./sth.** über jmdn./etw. schimpfen *od.* sich empören; ~ **against fate/the elements** gegen das Schicksal/die Elemente aufbegehren

**inveigle** [ɪn'viːgl, ɪn'veɪgl] *v. t.* **a)** *(entice)* ~ **sb. into sth./doing sth.** jmdn. zu etw. verleiten/dazu verleiten, etw. zu tun; ~ **sb. into the house** jmdn. ins Haus locken; **b)** *(cajole)*

~ **sb. into doing sth.** jmdn. überreden *od. (ugs.)* beschwatzen, etw. zu tun
**invent** [ɪn'vent] *v. t.* **a)** *(create)* erfinden ‹*Maschine, Verfahren, Spiel*›; ersinnen ‹*Melodie*›; entwickeln ‹*Schrift*›; **b)** *(concoct)* erfinden; sich *(Dat.)* ausdenken
**invention** [ɪn'venʃn] *n.* **a)** *(thing invented, inventing)* Erfindung, *die; (concept)* Idee, *die;* **it's a device of my own ~:** das habe ich mir selbst ausgedacht; **a story of his own ~:** eine von ihm [selbst] erfundene Geschichte; **b)** *(inventiveness)* Erfindungsgabe, *die;* [schöpferische] Phantasie; **c)** *(fictitious story)* Erfindung, *die;* Lüge, *die*
**inventive** [ɪn'ventɪv] *adj.* **a)** schöpferisch ‹*Person, Kraft, Geist, Begabung*›; phantasievoll ‹*Künstler, Kind*›; **b)** *(produced with originality)* originell; einfallsreich
**inventiveness** [ɪn'ventɪvnɪs] *n., no pl.* Erfindungsgabe, *die;* Kreativität, *die*
**inventor** [ɪn'ventə(r)] *n.* Erfinder, *der*/Erfinderin, *die*
**inventory** ['ɪnvəntərɪ] **1.** *n.* **a)** *(list)* Bestandsliste, *die;* **make** *or* **take an ~ of sth.** von etw. ein Inventar aufstellen; Inventur machen; **b)** *(stock)* Lagerbestand, *der;* **c)** *(Amer.: trader's stock)* Warenbestand, *der.* **2.** *v. t.* **a)** *(make ~ of)* eine Bestandsliste *od.* ein Inventar aufstellen von; **b)** *(enter in ~)* inventarisieren
**inverse** [ɪn'vɜːs, 'ɪnvɜːs] **1.** *adj.* umgekehrt ‹*Reihenfolge*›. **2.** *n.* *(opposite)* Gegenteil, *das; (inversion)* Umkehrung, *die*
**inversely** [ɪn'vɜːslɪ, 'ɪnvɜːslɪ] *adv.* umgekehrt
**inverse:** ~ **pro'portion** *n.* umgekehrtes Verhältnis; **be in ~ proportion to sth.** im umgekehrten Verhältnis zu etw. stehen; ~ **'ratio** *n.* umgekehrtes Verhältnis; ~ **'square law** *n. (Phys.)* [quadratisches] Abstandsgesetz
**inversion** [ɪn'vɜːʃn] *n.* **a)** *(turning upside down)* Umdrehen, *das;* **b)** *(reversal of role, relation)* Umkehrung, *die;* **c)** *(Ling., Meteorol., Mus.)* Inversion, *die*
**invert** [ɪn'vɜːt] *v. t.* **a)** *(turn upside down)* umstülpen; ~ **sth. over sth.** etw. über etw. *(Akk.)* stülpen; **b)** umkehren ‹*Wortstellung*›; vertauschen ‹*Wörter, Filmrollen usw.*›; **c)** *(Mus.)* umkehren
**invertebrate** [ɪn'vɜːtɪbrət, ɪn'vɜːtɪbreɪt] *(Zool.)* **1.** *adj.* wirbellos. **2.** *n.* wirbelloses Tier; Evertebrat, *der (fachspr.)*
**inverted:** ~ **'commas** *n. pl. (Brit.)* Anführungszeichen *Pl.;* Gänsefüßchen *Pl. (ugs.);* **in ~ commas** *(also iron.)* in Anführungszeichen; ~ **'pleat** *n.* Kellerfalte, *die;* ~ **'snob** *n.* Edelproletarier, *der (salopp);* ~ **'snobbery** *n.* Edelproletariertum, *das (salopp)*
**invest** [ɪn'vest] **1.** *v. t.* **a)** *(Finance)* anlegen (**in** in + *Dat.*); investieren (**in** in + *Dat. od. Akk.*); ~ **time and effort in sth.** Zeit und Mühe in etw. *(Akk.)* investieren; **b)** ~ **sb. with** *(cause to have)* jmdm. übertragen ‹*Aufgabe, Amt, Leitung*›; jmdm. verleihen ‹*Orden, Titel, Amt, Rechte, Kraft*›; jmdn. ausstatten mit ‹*Geldmitteln, Vollmacht, Insignien*›; **c)** ~ **sth. with sth.** einer Sache *(Dat.)* etw. verleihen; **be ~ed with [an air of] mystery** den Anschein des Geheimnisvollen haben; **d)** *(Mil.)* belagern. **2.** *v. i.* investieren (**in** in + *Akk.*, **with** bei); ~ **in sth.** *(coll.: buy)* sich *(Dat.)* etw. zulegen *(ugs.)*
**investigate** [ɪn'vestɪgeɪt] **1.** *v. t.* untersuchen; überprüfen; prüfen ‹*Rechtsfrage, Material, Methode*›; ermitteln ‹*Produktionskosten*›; ~ **a case** einen Fall untersuchen; in einem Fall ermitteln; ~ **a crime** ein Verbrechen untersuchen; wegen eines Verbrechens ermitteln. **2.** *v. i.* nachforschen; ‹*Kripo, Staatsanwaltschaft:*› ermitteln; ~ **into sth.** etw. untersuchen
**investigation** [ɪnvestɪ'geɪʃn] *n. see* **investigate:** Untersuchung, *die;* Überprüfung, *die;* Prüfung, *die;* Ermittlung, *die;* **sth. is under ~:** etw. wird überprüft; **sb. is under ~:** gegen jmdn. wird ermittelt; **a scientific ~:** eine wissenschaftliche Untersuchung
**investigative** [ɪn'vestɪgətɪv] *adj.* detektivisch; ~ **journalism** Enthüllungsjournalismus, *der*
**investigator** [ɪn'vestɪgeɪtə(r)] *n.* Ermittler, *der*/Ermittlerin, *die; (government official)* Untersuchungsbeamte, *der*/-beamtin, *die;* **[private] ~:** [Privat]detektiv, *der*/-detektivin, *die*
**investigatory** [ɪn'vestɪgeɪtərɪ] *adj.* ~ **proceedings/tests/studies** Untersuchungen *Pl.*
**investiture** [ɪn'vestɪtʃə(r)] *n.* Investitur, *die;* ~ **with the Order of the Garter** Verleihung des Hosenbandordens
**investment** [ɪn'vestmənt] *n.* **a)** *(of money)* Investition, *die (auch fig.);* Anlage, *die; (fig.)* Einsatz, *der;* Aufwand, *der; attrib.* Investitions-; Anlage-; ~ **of capital** Kapitalanlage, *die;* **make an ~ [of £1,000 in sth.]** [1 000 Pfund in etw. *(Akk.)*] investieren; ~ **advice** Anlageberatung, *die;* ~ **income** Kapitaleinkommen, *das;* ~ **capital** Anlagekapital, *das;* ~ **trust** Investmenttrust, *der;* Investmentgesellschaft, *die;* **b)** *(money invested)* angelegtes Geld; **his large ~ in the company** seine hohe Beteiligung an dem Unternehmen; **c)** *(property)* Kapitalanlage, *die;* **be a good ~** *(fig.)* sich bezahlt machen; eine gute Investition sein; **d)** *see* **investiture; e)** *(Mil.) (siege)* Belagerung, *die; (blockade)* Blockade, *die*
**investor** [ɪn'vestə(r)] *n.* Investor, *der*/Investorin, *die;* [Kapital]anleger, *der*/-anlegerin, *die;* **~s in that company** Anteilseigner dieser Firma; **small ~s** Kleinanleger
**inveterate** [ɪn'vetərət] *adj.* **a)** *(deep-rooted)* unüberwindbar ‹*Vorurteil, Mißtrauen*›; unversöhnlich ‹*Haß*›; unverbesserlich ‹*Faulheit usw.*›; **b)** *(habitual)* eingefleischt ‹*Trinker, Raucher, Individualist, Spieler*›; unverbesserlich ‹*Lügner*›
**invidious** [ɪn'vɪdɪəs] *adj.* undankbar ‹*Aufgabe*›; unpassend, unfair ‹*Vergleich, Bemerkung*›
**invidiously** [ɪn'vɪdɪəslɪ] *adv. see* **invidious:** auf eine undankbare/unpassende *od.* unfaire Art; *as sentence-modifier* unfairerweise
**invigilate** [ɪn'vɪdʒɪleɪt] *v. i. (Brit.: in examination)* Aufsicht führen
**invigilation** [ɪnvɪdʒɪ'leɪʃn] *n. (Brit.)* Aufsichtführung, *die*
**invigilator** [ɪn'vɪdʒɪleɪtə(r)] *n. (Brit.)* Aufsichtsperson, *die;* Aufsichtführende, *der/die;* **there were no ~s** es gab keine Aufsicht
**invigorate** [ɪn'vɪgəreɪt] *v. t.* **a)** *(make vigorous)* stärken; *(physically)* kräftigen; **b)** *(animate)* beleben; anregen ‹*Phantasie*›
**invigorating** [ɪn'vɪgəreɪtɪŋ] *adj.* kräftigend ‹*Getränk, Mahlzeit, Klima*›; stärkend ‹*Schlaf, Mittel*›; belebend ‹*Brise, Dusche, Rasierwasser*›; *(fig.)* anregend ‹*Idee, Erfahrung*›
**invincibility** [ɪnvɪnsɪ'bɪlɪtɪ] *n., no pl.* Unbesiegbarkeit, *die*
**invincible** [ɪn'vɪnsɪbl] *adj.* unbesiegbar; unerschütterlich ‹*Entschlossenheit, Mut, Überzeugung, Stolz*›; unüberwindlich ‹*Schwierigkeiten, Unwissenheit, Skepsis*›
**inviolable** [ɪn'vaɪələbl] *adj.* **a)** *(not to be violated)* unantastbar; **maintain ~ secrecy** unverbrüchliches Stillschweigen bewahren; **b)** *(to be kept sacred)* unantastbar; sakrosankt *(geh.)*
**inviolate** [ɪn'vaɪələt] *adj.* **a)** *(not violated)* unversehrt; ungestört ‹*Friede, Ruhe*›; nicht verletzt ‹*Abkommen*›; **b)** *(unbroken)* ungetrübt ‹*Freundschaft*›; unerschüttert ‹*Glaube*›; **c)** *(unprofaned)* unangetastet
**invisibility** [ɪnvɪzɪ'bɪlɪtɪ] *n.* Unsichtbarkeit, *die*
**invisible** [ɪn'vɪzɪbl] *adj. (also Econ.)* unsichtbar; *(hidden because of fog etc.; too small)* nicht sichtbar; **almost ~:** kaum zu sehen; ~ **mending** Kunststopfen, *das*
**invisibly** [ɪn'vɪzɪblɪ] *adv.* [für das Auge] nicht sichtbar; ~ **repaired** *or* **mended** so repariert, daß man nichts [davon] sieht; kunstgestopft ‹*Gewebe*›
**invitation** [ɪnvɪ'teɪʃn] *n. (lit. or fig.)* Einladung, *die;* **at sb.'s ~:** auf jmds. Einladung; **admission by ~ only** Einlaß nur mit Einladung; **an [open] ~ to thieves** eine Aufforderung zum Diebstahl
**invite 1.** [ɪn'vaɪt] *v. t.* **a)** *(request to come)* einladen; ~ **oneself** *(iron.)* sich selbst einladen; **before an ~d audience** vor geladenen Gästen; ~ **sb. in/over/round** jmdn. hereinbitten/herüberbitten/[zu sich] einladen **(for, to** zu); **b)** *(request to do sth.)* auffordern; **she ~d him to accompany her** sie forderte ihn auf *od.* lud ihn ein, sie zu begleiten; **they ~d him to ascend the throne** sie boten ihm an, den Thron zu besteigen; sie trugen ihm den Thron an *(geh.);* **c)** *(ask for)* erbitten; bitten um; **d)** *(bring on)* herausfordern ‹*Kritik, Verhängnis, Spott, Verachtung, Protest*›; **you're inviting ridicule** du machst dich lächerlich *od.* zum Gespött; **e)** *(attract)* einladen; ~ **interest in sth.** Interesse an etw. *(Dat.)* wecken. **2.** ['ɪnvaɪt] *n. (coll.)* Einladung, *die*
**invitee** [ɪnvaɪ'tiː] *n.* geladener Gast
**inviting** [ɪn'vaɪtɪŋ] *adj.* einladend; verlockend ‹*Gedanke, Vorstellung, Aussicht*›; freundlich ‹*Klima*›; ansprechend ‹*Anblick, Schriftbild*›; **make sth. ~ to sb.** etw. für jmdn. attraktiv machen
**invitingly** [ɪn'vaɪtɪŋlɪ] *adv.* einladend
**invocation** [ɪnvə'keɪʃn] *n.* Anrufung, *die;* Invokation, *die (geh.)*
**invoice** ['ɪnvɔɪs] **1.** *n. (bill)* Rechnung, *die; (list)* Lieferschein, *der.* **2.** *v. t.* **a)** *(make ~ for)* eine Rechnung ausstellen für; *(enter in ~)* in Rechnung stellen ‹*Waren*›; **b)** *(send ~ to)* ~ **sb.** jmdm. eine Rechnung schicken; ~ **sb. for sth.** jmdm. etw. in Rechnung stellen; **be ~d for sth.** für etw. eine Rechnung erhalten
**invoke** [ɪn'vəʊk] *v. t.* **a)** *(call on)* anrufen; **b)** *(appeal to)* sich berufen auf (+ *Akk.*); ~ **an example/sth. as an example** ein Beispiel/etw. als Beispiel anführen; ~ **sth. to justify/explain sth.** etw. bemühen, um etw. zu rechtfertigen/erklären; **c)** *(summon)* beschwören; **d)** *(ask earnestly for)* erbitten; bitten um
**involucre** ['ɪnvəluːkə(r)] *n. (Bot.)* Hülle, *die*
**involuntarily** [ɪn'vɒləntərɪlɪ] *adv.*, **involuntary** [ɪn'vɒləntərɪ] *adj.* unwillkürlich
**involve** [ɪn'vɒlv] *v. t.* **a)** *(implicate)* verwickeln; ~ **sb. in a charge** jmdn. zum Mitangeklagten machen; **b)** *(draw in as a participant)* ~ **sb. in a game/fight** jmdn. an einem Spiel beteiligen/in eine Schlägerei [mit] hineinziehen; **become** *or* **get ~d in a fight** in eine Schlägerei verwickelt *od.* hineingezogen werden; **be ~d in a project** *(employed)* an einem Projekt mitarbeiten; **get ~d with sb.** sich mit jmdm. einlassen; *(sexually, emotionally)* eine Beziehung mit jmdm. anfangen; **sth. is ~d** *(concerned)* etw. kommt mit ins Spiel; **no other vehicle was ~ in the accident** kein anderes Fahrzeug war an dem Unfall beteiligt; **c)** *(include)* enthalten; *(contain implicitly)* beinhalten; **this event ~s us all** dieses Ereignis betrifft uns alle *od.* geht uns alle an; **d)** *(be necessarily accompanied by)* mit sich bringen; *(require as accompaniment)* erfordern; *(cause, mean)* bedeuten
**involved** [ɪn'vɒlvd] *adj.* verwickelt; *(complicated)* kompliziert; *(complex)* komplex
**involvement** [ɪn'vɒlvmənt] *n.* **a)** **my ~ in this affair began only recently** ich habe mit dieser Angelegenheit erst seit kurzem zu tun; **his ~ in the company** seine Beteiligung an der Firma; **I don't know the extent of his**

~ **in this affair** ich weiß nicht, inwieweit er mit dieser Sache zu tun hat; **b)** *(implication)* ~ **in a conflict** Einmischung in einen Konflikt; **his increasing** ~ **in public life** die Rolle, die er in zunehmendem Maße im öffentlichen Leben spielt; **have an** ~ **with sb.** *(sexually)* eine Affäre mit jmdm. haben; **you may not take on any other** ~: Sie dürfen sich nicht anderweitig engagieren

**invulnerable** [ɪn'vʌlnərəbl] *adj.* unverwundbar ⟨*Lebewesen, Waffensystem*⟩; *(impregnable)* uneinnehmbar ⟨*Festung, Stadt usw.*⟩; *(fig.)* unantastbar ⟨*Würde, Stellung*⟩; **be** ~ **to sth.** gegen etw. gefeit sein *(geh.)*

**inward** ['ɪnwəd] **1.** *adj.* **a)** *(situated within)* inner...; **b)** *(mental, spiritual)* inner... ⟨*Impuls, Regung, Friede, Kampf*⟩; innerlich *(geh.)* ⟨*Leben*⟩; **his** ~ **thoughts** seine innersten *od.* geheimsten Gedanken; **c)** *(directed inside)* nach innen gehend; nach innen gerichtet; **'goods** ~**'** „Eingänge"; ~ **slope** Innenneigung, *die;* Neigung nach innen. **2.** *adv.* einwärts ⟨*gerichtet, gebogen*⟩; **open** ~: nach innen öffnen; **an** ~**-looking person** *(fig.)* ein in sich *(Akk.)* gekehrter Mensch

**inwardly** ['ɪnwədlɪ] *adv.* im Inneren; innerlich

**inwards** ['ɪnwədz] *see* **inward 2**

**iodide** ['aɪədaɪd] *n. (Chem.)* Jodid, *das*

**iodine** ['aɪədi:n, 'aɪədɪn] *n.* Jod, *das*

**IOM** *abbr.* **Isle of Man**

**ion** ['aɪən] *n. (Phys., Chem.)* Ion, *das*

**ion ex'change** *n.* Ionenaustausch, *der*

**ionic** [aɪ'ɒnɪk] *adj. (Phys., Chem.)* Ionen-; in Ionenform vorliegend ⟨*Grundstoff*⟩; ionisch ⟨*Bindung, Verbindung usw.*⟩

**ionisation, ionise** *see* **ioniz-**

**ionization** [aɪənaɪ'zeɪʃn] *n.* Ionisation, *die*

**ionize** ['aɪənaɪz] *v.t.* ionisieren

**ionosphere** [aɪ'ɒnəsfɪə(r)] *n.* Ionosphäre, *die*

**iota** [aɪ'əʊtə] *n.* **a)** *(smallest amount)* Jota, *das (geh.);* **not an** *or* **one** ~: nicht ein Jota *(geh.);* kein Jota *(geh.);* **there's not an** ~ **of truth in that** daran ist nicht ein Fünkchen Wahrheit; **b)** *(Greek letter)* Jota, *das*

**IOU** [aɪəʊ'ju:] *n.* Schuldschein, *der*

**IOW** *abbr.* **Isle of Wight**

**IPA** *abbr.* **International Phonetic Alphabet/Association** IPA

**i.p.s.** *abbr.* **inches per second** inch/s

**ipso facto** [ɪpsəʊ 'fæktəʊ] *adv.* **a)** *(by that very fact)* eo ipso *(geh.);* eben dadurch; **b)** *(thereby)* auf Grund dessen; **c)** *(by the very nature of the case)* eo ipso; naturgemäß

**IQ** *abbr.* **intelligence quotient** IQ, *der;* **IQ-test** IQ-Test, *der*

**IRA** *abbr.* **Irish Republican Army** IRA, *die*

**Iran** [ɪ'rɑ:n] *pr. n.* Iran, *der*

**Iranian** [ɪ'reɪnɪən] **1.** *adj.* iranisch; **sb. is** ~: jmd. ist Iraner/Iranerin. **2.** *n.* **a)** *(person)* Iraner, *der*/Iranerin, *die;* **b)** *(Ling.)* Iranisch, *das;* **speak** ~: eine iranische Sprache sprechen

**Iraq** [ɪ'rɑ:k] *pr. n.* Irak, *der*

**Iraqi** [ɪ'rɑ:kɪ] **1.** *adj.* irakisch; **sb. is** ~: jmd. ist Iraker/Irakerin. **2.** *n.* **a)** *(person)* Iraker, *der*/Irakerin, *die;* **b)** *(dialect)* Irakisch, *das*

**irascible** [ɪ'ræsɪbl] *adj. (hot-tempered)* aufbrausend; *(irritable)* reizbar

**irate** [aɪ'reɪt] *adj.* wütend ⟨*Person, Tier, Menge*⟩; erbost *(geh.)* ⟨*Person*⟩

**irately** [aɪ'reɪtlɪ] *adv.* wütend

**ire** [aɪə(r)] *n. (rhet./poet.)* Zorn, *der*

**Ireland** ['aɪələnd] *pr. n.* **[Republic of]** ~: Irland *(das)*

**iridescence** [ɪrɪ'desəns] *n.* Schillern, *das;* Irisieren, *das*

**iridescent** [ɪrɪ'desənt] *adj.* regenbogenfarben; *(changing colour with position)* schillernd; irisierend

**iridium** [ɪ'rɪdɪəm] *n. (Chem.)* Iridium, *das*

**iris** ['aɪərɪs] *n.* **a)** *(Anat.)* Iris, *die;* Regenbogenhaut, *die;* **b)** *(Bot.)* Iris, *die;* Schwertlilie, *die;* **c)** *(Optics)* Irisblende, *die*

**Irish** ['aɪərɪʃ] **1.** *adj.* **a)** irisch; **sb. is** ~: jmd. ist Ire/Irin; ~ **joke** Irenwitz, *der; see also* **English 1; b)** *(coll.: contradictory)* komisch. **2.** *n.* **a)** *(language)* Irisch, *das; see also* **English 2 a; b)** *constr. as pl.* **the** ~: die Iren

**Irish:** ~ **'bull** *n.* Widerspruch in sich; Paradox, *das (geh.);* ~ **'coffee** *n.* Irish coffee, *der;* ~ **'Gaelic** *n.* Irisch-Gälisch, *das;* ~**man** ['aɪərɪʃmən] *n., pl.* ~**men** ['aɪərɪʃmən] Ire, *der;* ~ **Re'public** *pr. n.* Irische Republik; ~ **'Sea** *pr. n.* Irische See; ~ **'stew** *n.* Irish-Stew, *das;* ~ **'whisk[e]y** *n.* irischer Whisk[e]y; ~**woman** *n.* Irin, *die*

**irk** [3:k] *v.t.* ärgern

**irksome** ['3:ksəm] *adj.* lästig

**iron** ['aɪən] **1.** *n.* **a)** *(metal)* Eisen, *das;* ~ **tablets** Eisentabletten; **man of** ~ *(fig.)* stahlharter Mann; **with a grip of** ~: mit eisernem Griff; **as hard as** ~: eisenhart; **will of** ~: eiserner Wille; **strike while the** ~ **is hot** *(prov.)* das Eisen schmieden, solange es heiß ist *(Spr.); see also* **pyrites, rod c; b)** *(tool)* Eisen, *das;* **have several** ~**s in the fire** mehrere Eisen im Feuer haben *(ugs.);* **have too many** ~**s in the fire** sich verzetteln; sich *(Dat.)* zuviel auf einmal vornehmen; **c)** *(Golf)* Eisen, *das;* Eisenschläger, *der;* **d)** *(for smoothing)* Bügeleisen, *das;* **e)** *usu. in pl. (fetter)* Eisen, *das;* **put sb. in** ~**s** jmdn. in Eisen legen *(dichter., veralt.).* **2.** *attrib. adj.* **a)** *(of iron)* eisern; Eisen⟨*platte usw.*⟩; **b)** *(very robust)* eisern ⟨*Konstitution*⟩; stählern ⟨*Muskeln*⟩; **c)** *(unyielding)* eisern; ehern *(geh.)* ⟨*Stoizismus*⟩; ~ **rule/his** ~ **rule** ein/sein eisernes Regiment. **3.** *v.t.* bügeln. **4.** *v.i.* **a)** ⟨*Kleidungsstück:*⟩ sich bügeln lassen; **b)** ⟨*Person:*⟩ bügeln

~ **'on** *v.t.* aufbügeln; *see also* **iron-on**

~ **'out** *v.t.* herausbügeln ⟨*Falten*⟩; *(flatten)* glätten ⟨*Papier*⟩; *(fig.)* beseitigen ⟨*Kurve, Unregelmäßigkeit*⟩; aus dem Weg räumen ⟨*Schwierigkeit, Problem*⟩; ausgleichen ⟨*Interessengegensatz*⟩

**iron: I**~ **Age** *n.* Eisenzeit, *die;* ~**clad 1.** *adj.* **a)** *(clad in iron)* eisenbewehrt; gepanzert ⟨*Schiff*⟩; **b)** *(fig.) (rigorous)* eisern; unverbrüchlich ⟨*Eid*⟩; unnachsichtig ⟨*Kontrolle*⟩; **there are no** ~**clad rules in this matter** dafür gibt es keine starren Regeln; **2.** *n. (Navy Hist.)* Panzerschiff, *das;* **I**~ **'Cross** *n.* Eisernes Kreuz; **I**~ **'Curtain** *n. (fig.)* Eiserner Vorhang; ~**-grey 1.** *adj.* eisengrau; grau ⟨*Herbsttag*⟩; **2.** *n.* Eisengrau, *das*

**ironic** [aɪ'rɒnɪk], **ironical** [aɪ'rɒnɪkl] *adj.* ironisch; **it is** ~ **that ...**: es ist paradox, daß ...

**ironically** [aɪ'rɒnɪkəlɪ] *adv.* ironisch; *as sentence-modifier* ironischerweise

**ironing** ['aɪənɪŋ] *n.* Bügeln, *das; (things [to be] ironed)* Bügelwäsche, *die;* **do the** ~: bügeln

**'ironing-board** *n.* Bügelbrett, *das*

**iron 'lung** *n.* eiserne Lunge

**ironmonger** ['aɪənmʌŋgə(r)] *n. (Brit.)* Eisenwarenhändler, *der*/-händlerin, *die; see also* **baker**

**ironmongery** ['aɪənmʌŋgərɪ] *n. (Brit.)* **a)** *(hardware)* Eisenwaren *Pl.;* **b)** *(sl.: firearms)* Schießeisen *(ugs.)*

**iron:** ~**-on** *adj.* aufbügelbar; zum Aufbügeln *nachgestellt;* ~ **ore** *n.* Eisenerz, *das;* ~ **'ration** *n.* eiserne Ration; ~**ware** *n., no pl.* Eisenwaren *Pl.; (household utensils)* Haushaltswaren *Pl.;* ~**work** *n., no pl.* Eisenarbeit, *die; (part)* Eisenwerk, *das; (articles)* Eisenwaren *Pl.;* ~**works** *n. sing., pl. same* Eisenhüttenwerk, *das;* Eisenhütte, *die*

**irony** ['aɪrənɪ] *n.* Ironie, *die;* **one of life's [little] ironies** eine Ironie des Schicksals; **the** ~ **was that ...**: die Ironie lag darin, daß ...; das Ironische war, daß ...; *see also* **tragic b**

**irradiate** [ɪ'reɪdɪeɪt] *v.t.* **a)** *(shine upon)* bescheinen; **b)** *(light up)* erstrahlen lassen; zum Leuchten bringen; **c)** *(Phys., Med., Gastr.)* bestrahlen

**irradiation** [ɪreɪdɪ'eɪʃn] *n.* **a)** *(illumination)* Leuchten, *das;* **b)** *(fig.)* Erleuchtung, *die;* **c)** *(Phys., Med.)* Bestrahlung, *die;* **d) [food]** ~: [Lebensmittel]bestrahlung, *die*

**irrational** [ɪ'ræʃənl] **1.** *adj.* **a)** *(unreasonable)* irrational *(geh.);* vernunftwidrig; **b)** *(incapable of reasoning)* nicht vernunftbegabt; **c)** *(Math.)* irrational ⟨*Zahl*⟩

**irrationality** [ɪræʃə'nælɪtɪ] *n.* Irrationalität, *die (geh.); (of situation)* Absurdität, *die*

**irrationally** [ɪ'ræʃənəlɪ] *adv.* irrationalerweise *(geh.);* ohne vernünftigen Grund

**irreconcilable** [ɪ'rekənsaɪləbl] *adj.* **a)** *(implacably hostile)* unversöhnlich; unüberwindlich ⟨*Abneigung*⟩; **b)** *(incompatible)* unvereinbar; unversöhnlich ⟨*Gegensätze*⟩; **theory and practice are completely** ~: Theorie und Praxis widersprechen sich total

**irrecoverable** [ɪrɪ'kʌvərəbl] *adj.* unwiederbringlich verloren; endgültig ⟨*Verlust*⟩; nicht eintreibbar ⟨*Schuld*⟩; **the situation was** ~: die Situation war nicht mehr zu retten

**irredeemable** [ɪrɪ'di:məbl] *adj.* nicht wiedergutzumachend ⟨*Fehler*⟩; **be** ~: nicht wiedergutzumachen sein; **the mistake is not yet** ~: noch kann der Fehler wiedergutgemacht werden

**irreducible** [ɪrɪ'dju:sɪbl] *adj.* nicht [mehr *od.* weiter] reduzierbar; Mindest⟨*menge*⟩

**irrefutable** [ɪ'refjʊtəbl, ɪrɪ'fju:təbl] *adj.* unwiderlegbar

**irregular** [ɪ'regjʊlə(r)] **1.** *adj.* **a)** *(not conforming)* unkorrekt ⟨*Verhalten, Handlung usw.*⟩; **this is most** ~**!** das ist eigentlich nicht erlaubt!; **b)** *(uneven in duration, order, etc.)* unregelmäßig; *see also* **hour c; c)** *(abnormal)* sonderbar; eigenartig; **d)** *(not symmetrical)* unregelmäßig; uneben ⟨*Oberfläche, Gelände*⟩; **e)** *(disorderly)* ungeregelt ⟨*Leben[sweise]*⟩; *(lawless)* zwielichtig; **f)** *(Mil.)* irregulär ⟨*Truppen*⟩; **g)** *(Ling., Bot.)* unregelmäßig. **2.** *n. in pl. (Mil.)* Irreguläre *Pl.*

**irregularity** [ɪregjʊ'lærɪtɪ] *n.* **a)** *(lack of conformity)* Unkorrektheit, *die; (instance also)* Unregelmäßigkeit, *die;* **b)** *(uneveness in duration, order, etc.)* Unregelmäßigkeit, *die;* **c)** *(abnormality)* Sonderbarkeit, *die;* Eigenartigkeit, *die;* **d)** *(disorderliness)* Ungeregeltheit, *die; (lawlessness)* Zwielichtigkeit, *die;* **e)** *(lack of symmetry)* Unregelmäßigkeit, *die; (of surface)* Unebenheit, *die*

**irregularly** [ɪ'regjʊləlɪ] *adv.* **a)** *(not in conformity)* unkorrekt; *(lawlessly)* unzulässigerweise; **b)** *(unevenly)* unregelmäßig

**irrelevance** [ɪ'relɪvəns], **irrelevancy** [ɪ'relɪvənsɪ] *n. (being irrelevant)* Belanglosigkeit, *die;* Irrelevanz, *die (geh.); (irrelevant detail, information, etc.)* Belanglosigkeit, *die*

**irrelevant** [ɪ'relɪvənt] *adj.* belanglos; irrelevant *(geh.);* **be** ~ **to a subject** für ein Thema ohne Belang *od. (geh.)* irrelevant sein

**irreligious** [ɪrɪ'lɪdʒəs] *adj.* irreligiös *(geh.),* ungläubig ⟨*Person*⟩; gottlos ⟨*Verhaltensweise, Idee, Person*⟩

**irremediable** [ɪrɪ'mi:dɪəbl] *adj.* nicht wiedergutzumachend *nicht präd.* ⟨*Tat, Verlust, Schaden, Fehler, Irrtum*⟩; nicht wettzumachend *nicht präd.* ⟨*Verschlechterung*⟩; nicht zu behebend *nicht präd.* ⟨*Mangel*⟩; nicht zu verbessernd *nicht präd.* ⟨*Situation*⟩; **be** ~: nicht wiedergutzumachen/wettzumachen/zu beheben/zu verbessern sein

**irreparable** [ɪ'repərəbl] *adj.* nicht wiedergutzumachend *nicht präd.;* irreparabel *(geh., Med.)*

**irreparably** [ɪ'repərəblɪ] *adv.* irreparabel *(geh.);* **be** ~ **damaged** einen nicht behebbaren *od. (geh.)* irreparablen Schaden haben

**irreplaceable** [ɪrɪ'pleɪsəbl] *adj.* **a)** *(not replaceable)* nicht ersetzbar; nicht nachlieferbar ⟨ *Waren*⟩; **b)** *(of which the loss cannot be made good)* unersetzlich

**irrepressible** [ɪrɪ'presɪbl] *adj.* nicht zu unterdrückend *nicht präd.;* unbezähmbar ⟨*Neugier, Verlangen*⟩; unerschütterlich ⟨*Op-*

*timismus*); unbändig ⟨*Freude, Entzücken*⟩; unbezwingbar ⟨*Neigung*⟩; sonnig ⟨*Gemüt*⟩; **he/she is ~:** er/sie ist nicht unterzukriegen *(ugs.)*; **an ~ chatterbox** eine unentwegte Quasselstrippe *(ugs.)*

**irreproachable** [ɪrɪ'prəʊtʃəbl] *adj.* untadelig ⟨*Charakter, Lebenswandel, Benehmen*⟩; unanfechtbar ⟨*Ehrlichkeit*⟩; tadellos ⟨*Kleidung, Manieren*⟩; makellos ⟨*Vergangenheit [eines Menschen]*⟩

**irresistible** [ɪrɪ'zɪstɪbl] *adj.* unwiderstehlich; bestechend ⟨*Argument*⟩

**irresistibly** [ɪrɪ'zɪstɪblɪ] *adv.* unwiderstehlich; unaufhaltsam ⟨*näherkommen*⟩

**irresolute** [ɪ'rezəlu:t, ɪ'rezəlju:t] *adj.* **a)** *(undecided)* unentschlossen; unschlüssig; **b)** *(lacking in resoluteness)* unentschlossen

**irresolutely** [ɪ'rezəlu:tlɪ, ɪ'rezəlju:tlɪ] *adv.* unentschlossen; unschlüssig

**irresoluteness** [ɪ'rezəlu:tnɪs, ɪ'rezəlju:tnɪs], **irresolution** [ɪrezə'lu:ʃn, ɪrezə'lju:ʃn] *ns., no pl.* **a)** *(being undecided)* Unentschlossenheit, *die;* Unschlüssigkeit, *die;* **b)** *(lack of resoluteness)* Unentschlossenheit, *die;* Entschlußlosigkeit, *die*

**irrespective** [ɪrɪ'spektɪv] *adj.* **~ of** ungeachtet (+ *Gen.*); *(independent of)* unabhängig von; **~ of what ...:** unabhängig davon, was ...; **~ of the consequences** ungeachtet der *od.* ohne Rücksicht auf die Folgen

**irresponsibility** [ɪrɪspɒnsɪ'bɪlɪtɪ] *n., no pl. see* **irresponsible:** Verantwortungslosigkeit, *die;* Unverantwortlichkeit, *die;* **it is sheer ~ to ...:** es ist einfach unverantwortlich, zu ...

**irresponsible** [ɪrɪ'spɒnsɪbl] *adj.* verantwortungslos ⟨*Person*⟩; unverantwortlich ⟨*Benehmen*⟩; *(mentally inadequate to bear responsibility)* der Verantwortung nicht gewachsen; **[financially] ~:** zahlungsunwillig

**irresponsibly** [ɪrɪ'spɒnsɪblɪ] *adv.* verantwortungslos; unverantwortlich; in verantwortungsloser Weise

**irretrievable** [ɪrɪ'tri:vəbl] *adj.* nicht mehr wiederzubekommen *nicht attr.*; nicht mehr korrigierbar ⟨*Fehler*⟩; *(irreversible)* endgültig ⟨*Ruin, Verfall, Verlust*⟩; unheilbar ⟨*Zerrüttung einer Ehe*⟩; ausweglos ⟨*Situation*⟩

**irretrievably** [ɪrɪ'tri:vəblɪ] *adv.* unwiederbringlich ⟨*verloren*⟩; *(for ever)* endgültig; für alle Zeiten; **the marriage has ~ broken down** die Ehe ist unheilbar zerrüttet

**irreverence** [ɪ'revərəns] *n. see* **irreverent:** Respektlosigkeit, *die;* Pietätlosigkeit, *die (geh.)*; **an [act of] ~:** eine Respektlosigkeit/Pietätlosigkeit *(geh.)*

**irreverent** [ɪ'revərənt] *adj.*, **irreverently** [ɪ'revərəntlɪ] *adv.* respektlos; *(towards religious values or the dead)* pietätlos *(geh.)*

**irreversible** [ɪrɪ'vɜ:sɪbl] *adj.* **a)** *(unalterable)* unabänderlich, unumstößlich ⟨*Entscheidung, Entschluß, Tatsache*⟩; unwiderruflich ⟨*Entschluß, Entscheidung, Anordnung, Befehl usw.*⟩; **b)** *(not reversible)* irreversibel *(geh.)* ⟨*Vorgang*⟩; *(inexorable)* unaufhaltsam ⟨*Entwicklung, Verfall*⟩; **~ damage** nicht wiedergutzumachender *od. (geh.)* irreparabler Schaden

**irrevocable** [ɪ'revəkəbl] *adj.* **a)** *(unalterable, final)* unwiderruflich ⟨*Gelübde, Entscheidung, Entschluß, Befehl*⟩; unabänderlich ⟨*Entschluß*⟩; **b)** *(gone beyond recall)* unwiederbringlich ⟨*Vergangenheit, Augenblick*⟩

**irrevocably** [ɪ'revəkəblɪ] *adv.* unwiederbringlich, unwiderruflich ⟨*verloren, vorüber*⟩

**irrigate** ['ɪrɪgeɪt] *v.t.* **a)** bewässern; **b)** *(Med.)* [aus]spülen

**irrigation** [ɪrɪ'geɪʃn] *n.* **a)** Bewässerung, *die;* **overhead ~:** Beregnung, *die;* **b)** *(Med.)* Spülung, *die;* Irrigation, *die (fachspr.)*

**irritability** [ɪrɪtə'bɪlɪtɪ] *n. see* **irritable a:** Reizbarkeit, *die;* Gereiztheit, *die*

**irritable** ['ɪrɪtəbl] *adj.* **a)** *(quick to anger)* reizbar; *(temporarily)* gereizt; **b)** *(of organ)* empfindlich; **~ to the touch** empfindlich gegen Berührung; **c)** *(Biol.)* reizbar

**irritably** ['ɪrɪtəblɪ] *adv.* gereizt

**irritant** ['ɪrɪtənt] **1.** *adj.* Reiz-; **be ~:** reizen. **2.** *n.* Reizstoff, *der;* **the spicy food proved to be an ~ to his stomach** sein Magen vertrug das scharf gewürzte Essen nicht; **be an ~ to sb./sb.'s nerves** *(fig.)* jmdm. auf die Nerven gehen *(ugs.)*

**irritate** ['ɪrɪteɪt] *v.t.* **a)** ärgern; **get ~d** ärgerlich werden; **be ~d** sich ärgern; ungehalten sein *(geh.)*; **be ~d by** *or* **feel ~d at sth.** sich über etw. *(Akk.)* ärgern; **be ~d with sb.** sich über jmdn. aufregen *od.* ärgern; **be ~d that ...:** verärgert *od. (geh.)* ungehalten [darüber] sein, daß ...; **she was ~d to hear this** sie war ärgerlich *od. (geh.)* ungehalten, als sie dies hörte; **b)** *(Med., Biol.)* reizen

**irritating** ['ɪrɪteɪtɪŋ] *adj.* lästig; **I find him ~:** er geht mir auf die Nerven *(ugs.)*

**irritatingly** ['ɪrɪteɪtɪŋlɪ] *adv.* ärgerlich; *as sentence-modifier* ärgerlicherweise; **the tap was dripping ~:** der Wasserhahn tropfte nervtötend

**irritation** [ɪrɪ'teɪʃn] *n.* **a)** Ärger, *der;* **[source or cause of] ~:** Ärgernis, *das;* **b)** *(Med., Biol.)* Reizung, *die*

**is** *see* **be**

**Is.** *abbr.* **Island[s]; Isle[s]** I[n].

**Isaac** ['aɪzək] *pr. n. (Bibl.)* Isaak *(der)*

**Isaiah** [aɪ'zaɪə] *pr. n. (Bibl.)* Jesaja *(der)*

**ISBN** *abbr.* **international standard book number** ISBN

**isinglass** ['aɪzɪŋglɑ:s] *n.* Hausenblase, *die;* Fischleim, *der*

**Islam** ['ɪzlɑ:m, 'ɪzlæm, ɪz'lɑ:m] *n.* Islam, *der*

**Islamic** [ɪz'læmɪk] *adj.* islamisch

**island** ['aɪlənd] *n. (lit. or fig.)* Insel, *die; see also* **traffic island**

**islander** ['aɪləndə(r)] *n.* Inselbewohner, *der*/-bewohnerin, *die;* Insulaner, *der*/Insulanerin, *die*

**isle** [aɪl] *n.* Insel, *die;* Eiland, *das (dichter.)*

**Isle of Man** [aɪl əv 'mæn] *pr. n.* Insel Man, *die*

**Isle of Wight** [aɪl əv 'waɪt] *pr. n.* Insel Wight, *die*

**islet** ['aɪlɪt] *n.* **a)** *(little island)* kleine Insel; kleines Eiland *(dichter.)*; **b)** *(isolated spot)* Insel, *die;* **c)** *(Anat.)* Insel, *die*

**ism** [ɪzm] *n. (derog.)* Ismus, *der (abwertend)*

**isn't** ['ɪznt] *(coll.)* = **is not;** *see* **be**

**ISO** *abbr.* **International Organization for Standardization** ISO, *die*

**isobar** ['aɪsəbɑ:(r)] *n. (Meteorol., Phys.)* Isobare, *die*

**isolate** ['aɪsəleɪt] *v.t.* isolieren; *(Electr.)* vom Stromkreis trennen; **~ sb. from sb.** jmdn. von jmdm. trennen; **he felt completely ~d** er kam sich *(Dat.)* völlig verloren vor

**isolated** ['aɪsəleɪtɪd] *adj.* **a)** *(single)* einzeln; *(occasional)* vereinzelt; *(unique)* einmalig; **~ instances/cases** Einzelfälle; **b)** *(solitary)* einsam; *(remote)* abgelegen **(from** von); *(cut off)* abgeschnitten **(from** von)

**isolation** [aɪsə'leɪʃn] *n.* **a)** *(act)* Isolierung, *die;* Absonderung, *die;* **b)** *(state)* Isoliertheit, *die;* Isolation, *die;* Abgeschnittenheit, *die; (remoteness)* Abgeschiedenheit, *die;* **examine/look at/treat sth. in ~:** etw. isoliert *od.* gesondert betrachten; **~ hospital** Infektionskrankenhaus, *das;* **~ ward** Isolierstation, *die;* Infektionsabteilung, *die*

**isolationism** [aɪsə'leɪʃənɪzm] *n. (Polit.)* Isolationismus, *der*

**isolationist** [aɪsə'leɪʃənɪst] *n. (Polit.)* Isolationist, *der*/Isolationistin, *die*

**isomer** ['aɪsəmə:(r)] *n. (Chem.)* Isomer[e], *das*

**isometric** [aɪsə'metrɪk] *adj. (Geom., Physiol.)* isometrisch

**isometrics** [aɪsə'metrɪks] *n., no pl.* isometrisches Muskeltraining; Isometrik, *die*

**isomorph** ['aɪsəmɔ:f] *n.* Isomorphe, *die*

**isomorphic** [aɪsə'mɔ:fɪk] *adj.* isomorph

**isomorphism** [aɪsə'mɔ:fɪzm] *n.* Isomorphie, *die; (of crystals)* Isomorphismus, *der*

**isomorphous** [aɪsə'mɔ:fəs] *adj.* isomorph

**isosceles** [aɪ'sɒsəli:z] *adj. (Geom.)* gleichschenklig

**isotherm** ['aɪsəθɜ:m] *n. (Meteorol., Phys.)* Isotherme, *die*

**isothermal** [aɪsə'θɜ:ml] *adj. (Meteorol., Phys.)* isotherm

**isotope** ['aɪsətəʊp] *n. (Chem., Phys.)* Isotop, *das*

**isotropic** [aɪsə'trɒpɪk] *adj. (Phys.)* isotrop

**Israel** ['ɪzreɪl] *pr. n.* Israel *(das)*

**Israeli** [ɪz'reɪlɪ] **1.** *adj.* israelisch. **2.** *n.* Israeli, *der/die*

**Israelite** ['ɪzrɪəlaɪt] *n.* Israelit, *der*/Israelitin, *die*

**issue** ['ɪʃu:, 'ɪsju:] **1.** *n.* **a)** *(point in question)* Frage, *die;* **the ~ of the day** das Thema des Tages; **contemporary ~s** aktuelle Fragen *od.* Themen; **make an ~ of sth.** etw. aufbauschen; **the real ~s in today's world** die Kernprobleme der heutigen Zeit; **become an ~:** zum Problem werden; **evade** *or* **dodge** *or* **duck the ~:** ausweichen; **~ of fact** *(Law)* Tatsachenfrage, *die;* **the point at ~:** der strittige Punkt; worum es geht; **what is at ~ is whether we should stay** es geht darum, ob wir hierbleiben; die Frage ist: sollen wir hierbleiben?; **that's not at ~:** das steht nicht zur Debatte; darum geht es nicht; **be at ~ over sth.** wegen etw. miteinander im Streit liegen; wegen etw. Meinungsverschiedenheiten haben; **join** *or* **take ~ with sb. over sth.** sich mit jmdm. auf eine Diskussion über etw. *(Akk.)* einlassen; **b)** *(giving out)* Ausgabe, *die; (of document)* Ausstellung, *die; (of shares)* Emission, *die;* **date of ~:** Ausgabedatum, *das;* Ausgabetag, *der; (of document)* Ausstellungsdatum, *das; (of stamps)* Ausgabetag, *der;* **c)** *(of magazine, journal, etc.)* Ausgabe, *die;* **d)** *(total number of copies)* Auflage, *die;* **e)** *(quantity of coins)* Emissionszahl, *die; (quantity of stamps)* Auflage, *die;* **f)** *(result, outcome)* Ergebnis, *das;* Ausgang, *der;* **decide the ~:** den Ausschlag geben; **force the ~:** eine Entscheidung erzwingen; **g)** *(termination)* Ende, *das;* **h)** *(Law: progeny)* Nachkommen; **i)** *(outgoing, outflow)* Austritt, *der.* **2.** *v.t.* **a)** *(give out)* ausgeben; ausstellen ⟨*Paß, Visum, Lizenz, Zeugnis*⟩; erteilen ⟨*Lizenz, Befehl*⟩; **~ sb. with sth.** etw. an jmdn. austeilen; **b)** *(publish)* herausgeben ⟨*Publikation*⟩; herausbringen ⟨*Publikation, Münze, Briefmarke*⟩; emittieren ⟨*Wertpapiere*⟩; geben ⟨*Warnung*⟩; **c)** *(supply)* ausgeben **(to** an + *Akk.*); **~ sb. with sth.** jmdn. mit etw. ausstatten; **be ~d with sth.** etw. erhalten. **3.** *v.i.* **a)** *(go or come out)* ⟨*Personen:*⟩ herausströmen **(from** aus); ⟨*Gas, Flüssigkeit:*⟩ austreten **(from** aus); ⟨*Rauch:*⟩ heraus-, hervorquellen **(from** aus); ⟨*Ton, Geräusch:*⟩ hervor-, herausdringen **(from** aus); **b)** *(be derived)* entspringen **(from** *Dat.*); **c)** *(result)* sich ergeben **(from** aus)

**isthmus** ['ɪsməs, 'ɪsθməs] *n. (Geog.)* Landenge, *die;* Isthmus, *der*

**IT** *abbr.* **information technology**

[1]**it** [ɪt] *pron.* **a)** *(the thing, animal, young child previously mentioned)* er/sie/es; *as direct obj.* ihn/sie/es; *as indirect obj.* ihm/ihr/ihm; **the book was not in the cupboard but behind it** das Buch war nicht im Schrank, sondern dahinter; **the animal turned and snarled at the huntsman behind it** das Tier drehte sich um und knurrte den Jäger hinter sich *(Dat.)* an; **the cathedral and the buildings around it** der Dom und die umliegenden Gebäude; **b)** *(the person in question)* **who is it?** wer ist da?; **it was the children** es waren die Kinder; **is it you, father?** bist du es, Vater?; **Are you the one responsible for all this mess? – No, it's him**

Sind Sie für dieses Durcheinander verantwortlich? – Nein, er; **c)** *subj. of impers. v.* es; **it is snowing/warm** es schneit/ist warm; **it is winter/midnight/ten o'clock** es ist Winter/Mitternacht/zehn Uhr; **it is ten miles to Oxford** es sind zehn Meilen bis Oxford; **it says in the Bible that ...:** in der Bibel heißt es, daß ...; in der Bibel steht, daß ...; **had it not been a Sunday ...:** wenn nicht Sonntag gewesen wäre ...; **if it hadn't been for you ...:** wenn du nicht gewesen wärst, ...; **d)** *anticipating subj. or obj.* es; **it is typical of her to do that** es ist typisch für sie, so etwas zu tun; **it is absurd talking** *or* **to talk like that** es ist absurd, so zu reden; **it is a difficult time, winter** es ist eine schwierige Zeit, der Winter; **it is not often that we see them** wir sehen sie nicht oft; **it was for our sake that he did it** um unseretwillen hat er es getan; **it is to him that you must apply** an ihn mußt du dich wenden; **e)** *as antecedent to relative* es; **it was us who saw him** wir waren es, die ihn gesehen haben; wir haben ihn gesehen; **it was a large sum of money that he found** was er fand, war ein großer Geldbetrag; **f)** *as indef. obj.* es; **I can't cope with it any more** ich halte das nicht mehr länger aus; **have a hard time of it** eine schwere Zeit haben; **what is it?** was ist los?; was ist denn?; **g)** *(exactly what is needed)* **That's it! That's exactly what I've been looking for** Das ist es! Genau das habe ich gesucht; **a gift that is really 'it** das ideale Geschenk *(ugs.)*; **he thinks he's really 'it** er denkt, er ist der Größte *(ugs.)*; **h)** *(the extreme limit of achievement)* **this is really 'it** das ist wirklich [einsame *od.* absolute] Spitze *(ugs.)*; **i)** *(coll.: sexual appeal)* das gewisse Etwas *(ugs.)*; **j) that's 'it** *(coll.) (that's the problem)* das ist es [eben]; *(that's the end)* jetzt ist Schluß; *(that's true)* genau *(ugs.)*; **when you've done your stint, that's 'it!** wenn du deinen Anteil geleistet hast, dann fertig *od.* dann war's das; **this is 'it** *(coll.) (the time for action)* es ist soweit; *(the real problem)* das ist es [eben]; **k)** *(in children's games)* **you're 'it!** du bist! *(ugs.)*. *See also* **its; itself**

**[2]it** *n. (Brit. coll.)* [italienischer] Wermut

**Italian** [ɪ'tæljən] **1.** *adj.* italienisch; **sb. is ~:** jmd. ist Italiener/Italienerin; *see also* **English 1. 2.** *n.* **a)** *(person)* Italiener, *der*/Italienerin, *die*; **b)** *(language)* Italienisch, *das*; *see also* **English 2 a**

**Italianate** [ɪ'tæljənət, ɪ'tæljəneɪt] *adj.* italienisch beeinflußt

**italic** [ɪ'tælɪk] **1.** *adj.* kursiv. **2.** *n. in pl.* Kursivschrift, *die*; **in ~s** kursiv; **my ~s** Hervorhebung von mir

**italicize (italicise)** [ɪ'tælɪsaɪz] *v. t.* kursiv setzen

**italic: ~ 'script** *n.* Kursive, *die*; **~ 'type** *n. (Printing)* Kursivschrift, *die*

**Italy** ['ɪtəlɪ] *pr. n.* Italien *(das)*

**itch** [ɪtʃ] **1.** *n.* **a)** Juckreiz, *der*; Jucken, *das*; **I have an ~:** es juckt mich; ich habe einen Juckreiz; **when you get an ~:** wenn es [dich] juckt; **b)** *(disease)* Krätze, *die*; **c)** *(restless desire)* Drang, *der*; **I have an ~ to do it** es juckt *(ugs.) od.* reizt mich, es zu tun; **an ~ for money/success** ein Verlangen nach Geld/Erfolg. **2.** *v. i.* **a)** einen Juckreiz haben; **I'm ~ing** es juckt mich; **woollen jumpers make me ~:** Wollpullover jucken mich; **this heat makes me ~ all over** bei der Hitze juckt es mich überall; **it ~es** es juckt; **my back ~es** mein Rücken juckt; es juckt mich am Rücken; *see also* **finger 1 a; b)** *(feel a desire)* **~** *or* **be ~ing to do sth.** darauf brennen, etw. zu tun; **~ for sth.** sich nach etw. sehnen

**itching-powder** ['ɪtʃɪŋpaʊdə(r)] *n.* Juckpulver, *das*

**itchy** ['ɪtʃɪ] *adj.* kratzig ‹*Socken, Laken*›; **be ~** ‹*Körperteil:*› jucken; **I feel ~:** es juckt mich; **I've got ~ feet** *(fig. coll.)* mich hält es hier nicht länger; *(by temperament)* mich hält es nirgends lange

**it'd** ['ɪtəd] *(coll.)* **a) = it had; b) = it would**

**item** ['aɪtəm] *n.* **a)** Ding, *das*; Sache, *die*; *(in shop, catalogue)* Artikel, *der*; *(in variety show, radio, TV)* Nummer, *die*; **~ of clothing/furniture** Kleidungs-/Möbelstück, *das*; **~ of equipment** Ausrüstungsgegenstand, *der*; **b) ~ [of news]** Nachricht, *die*; **c)** *(in account or bill)* Posten, *der*; *(in list, programme, agenda)* Punkt, *der*

**itemize (itemise)** ['aɪtəmaɪz] *v. t.* einzeln aufführen; spezifizieren ‹*Rechnung*›; **~ the stock** den Bestand auflisten

**iterative** ['ɪtərətɪv] *adj.*, **iteratively** ['ɪtərətɪvlɪ] *adv. (Ling.)* iterativ

**itinerant** [ɪ'tɪnərənt, aɪ'tɪnərənt] **1.** *adj.* reisend; umherziehend; Wander‹*prediger, -arbeiter*›; fahrend ‹*Sänger*›. **2.** *n.* Landfahrer, *der*/Landfahrerin, *die*

**itinerary** [aɪ'tɪnərərɪ, ɪ'tɪnərərɪ] *n.* **a)** *(route)* [Reise]route, *die*; [Reise]weg, *der*; **b)** *(record of travel)* Reisebericht, *der*; Reisebeschreibung, *die*; **c)** *(guidebook)* Reiseführer, *der*

**it'll** [ɪtl] *(coll.)* **= it will**

**its** [ɪts] *poss. pron. attrib.* sein/ihr/sein; *see also* **[2]her**

**it's** [ɪts] **a) = it is; b) = it has**

**itself** [ɪt'self] *pron.* **a)** *emphat.* selbst; **by ~** *(automatically)* von selbst; *(alone)* allein; *(taken in isolation)* für sich; **in ~:** für sich genommen; **which ~ is reason enough** was allein schon Grund genug ist; **he is generosity ~:** er ist die Großzügigkeit in Person; **b)** *refl.* sich; **the rocket destroys ~:** die Rakete zerstört sich selbst; **the machine switches ~ off** die Maschine schaltet sich [von] selbst aus. *See also* **herself**

**itsy-bitsy** [ɪtsɪ'bɪtsɪ], **itty-bitty** [ɪtɪ'bɪtɪ] *adjs. (coll.)* klitzeklein *(ugs.)*; **~ little** klitzeklitzeklein *(ugs.)*

**ITV** *abbr. (Brit.)* **Independent Television** *kommerzielles britisches Fernsehprogramm*

**Ivan** ['aɪvn] *pr. n. (Hist., as name of ruler etc.)* Iwan *(der)*; **~ the Terrible** Iwan der Schreckliche

**I've** [aɪv] **= I have**

**ivory** ['aɪvərɪ] *n.* **a)** *(substance)* Elfenbein, *das*; *attrib.* elfenbeinern; Elfenbein-; **b)** *(object)* Elfenbeinschnitzerei, *die*; **c)** *(colour)* Elfenbein, *das*; *attrib.* elfenbeinfarbig; **d) tickle the ivories** *(coll.)* ein bißchen auf dem Klavier spielen

**ivory: I~ 'Coast** *pr. n.* Elfenbeinküste, *die*; **~ 'tower** *n.* Elfenbeinturm, *der*

**ivy** ['aɪvɪ] *n.* Efeu, *der*; *see also* **ground ivy**

**'ivy-clad** *adj.* efeubewachsen

**'Ivy League** *n. (Amer.) Eliteuniversitäten im Osten der USA*

# J

**J, j** [dʒeɪ] *n., pl.* **Js** *or* **J's** J, j, *das*

**J.** *abbr.* **a)** *(Cards)* **jack** B; **b)** *(Phys.)* **joule[s]** J

**jab** [dʒæb] **1.** *v. t.*, **-bb- a)** *(poke roughly)* stoßen; **he ~bed my arm with his finger** er pikste mir mit dem Finger in den Arm; **he ~bed his elbow into my side** er stieß mir den Ellbogen in die Seite; **b)** *(stab)* stechen; **he ~bed the needle into my leg** er stach mir mit der Nadel ins Bein; **c)** *(thrust abruptly)* stoßen. **2.** *v. i.*, **-bb-: ~ at sb. [with sth.]** auf jmdn. [mit etw.] einhauen; *(stab at)* auf jmdn. [mit etw.] einstechen. **3.** *n.* **a)** *(abrupt blow)* Schlag, *der*; *(with stick, elbow)* Stoß, *der*; *(with needle)* Stich, *der*; *(Boxing)* Jab, *der*; **give sb. a ~:** jmdm. einen Schlag/Stoß/Stich versetzen; **b)** *(Brit. coll.: hypodermic injection)* Spritze, *die*; **give sb./oneself a ~:** jmdm./sich eine Spritze verpassen *(ugs.)*; **have you had your cholera ~s yet?** bist du schon gegen Cholera geimpft worden?

**jabber** ['dʒæbə(r)] **1.** *v. i.* plappern *(ugs.)*; **~ at sb.** auf jmdn. einreden. **2.** *v. t.* brabbeln *(ugs.)*. **3.** *n.* **a)** *(fast)* Geplapper, *das (ugs.)*; **b)** *(unclear)* Gebrabbel, *das (ugs. abwertend)*; Kauderwelsch, *das*

**jabot** ['ʒæbəʊ] *n.* Jabot, *das*

**jack** [dʒæk] **1.** *n.* **a)** *(Cards)* Bube, *der*; **~ of hearts** Herzbube, *der*; **b)** *(for lifting vehicle wheel)* Wagenheber, *der*; **c) J~** *(man)* Hans; **every man ~ [of them]** *(coll.)* alle miteinander; allesamt; **on one's J~ [Jones]** *(sl.)* ganz allein; **all work and no play makes J~ a dull boy** *(prov.)* zuviel Arbeit ist ungesund; **I'm all right, J~** *(fig. coll.)* was kümmern *od.* interessieren mich die anderen?; **d)** *see* **Jack tar; e)** *(for turning spit)* Bratenwender, *der*; **f)** *(on clock)* Glockenschläger, *der*; **g)** *(Teleph. etc.)* Buchse, *die*; Klinke, *die (Postw.)*; *(wall socket)* Steckdose, *die*; **h)** *(Bowls)* Malkugel, *die*; **i)** *(Zool.)* Männchen, *das*; **j)** *(ship's flag)* Gösch, *die (Seemannsspr.)*. *See also* **Union Jack. 2.** *v. t.* **a) ~ in** *or* **up** *(Brit. sl.: abandon)* [auf]stecken *(ugs.)*; **b) ~ up** *(lift)* aufbocken ‹*Fahrzeug*›; *(fig. sl.: increase)* was draufsatteln auf (+ *Akk.*) *(ugs.)*

**jackal** ['dʒækl] *n. (Zool.)* Schakal, *der*

**jackanapes** ['dʒækəneɪps] *n. (arch.: impertinent fellow)* Laffe, *der (veralt. abwertend)*

**jackass** ['dʒækæs] *n.* **a)** *(male ass)* Eselhengst, *der*; **b)** *(stupid person)* Esel, *der (ugs.)*; **c) laughing ~** *(Austral. Ornith.)* Lachender Hans

**jack: ~boot** *n.* **a)** [Stulpen]stiefel, *der*; **b)** *(fig.)* **be under the ~boot** brutalen *od.* rücksichtslosen Methoden ausgeliefert sein; **~daw** ['dʒækdɔ:] *n. (Ornith.)* Dohle, *die*

**jacket** ['dʒækɪt] *n.* **a)** Jacke, *die*; *(of suit)* Jackett, *das*; **sports ~:** Sakko, *der*; **a new ~ and trousers** ein neues Jackett und Hosen; eine neue Kombination; **~ pocket** Jackentasche, *die*/Jackettasche, *die*; **b)** *(round a boiler etc.)* Mantel, *der*; **c)** *(of book)* Schutzumschlag, *der*; **d)** *(of a potato)* Schale, *die*; **~ potatoes** in der Schale gebackene Kartoffeln; **e)** *(Amer.) see* **sleeve b**

**jack: J~ 'Frost** *n.* Väterchen Frost *(scherzh.)*; **~-in-the-box** *n.* Schachtelteufel, *der*; Kastenteufel, *der*; **~-knife 1.** *n.* **a)** *(large clasp-knife)* Klappmesser, *das*; **b)** *(dive)* Hechtsprung, *der*; **c)** *(Motor Veh.)* Querstellen des Anhängers; **2.** *v. i.* **the lorry ~-knifed** der Anhänger des Lastwagens stellte sich quer; **~ of 'all trades** *n.* Hansdampf [in allen Gassen]; **he is a ~ of all trades and master of none** er versteht von allem ein bißchen was, aber von nichts sehr viel; **~pot** *n.* Jackpot, *der*; **hit the ~pot** *(fig.)* das große Los ziehen; **J~ Robinson** [dʒæk 'rɒbɪnsn] *n.* **before you can/could say J~ Robinson** im Nu *(ugs.)*; in Null Komma nichts *(ugs.)*; **J~ Russell** [dʒæk 'rʌsl] *n. eine Terrierart*; **J~ 'tar** *n.* Teerjacke, *die (scherzh.)*

**Jacob** ['dʒeɪkəb] *pr. n. (Bibl.)* Jakob *(der)*; **~'s ladder** *(Bot.)* Jakobsleiter, *die*; Sperrkraut, *das*

**Jacobean** [dʒækə'bi:ən] *adj. (Hist.)* [aus] der Zeit Jakobs I. *nachgestellt*

**Jacobite** ['dʒækəbaɪt] *n. (Hist.)* Jakobit, *der*

**Jacquard [loom]** ['dʒækɑ:d (lu:m)] *n.* Jacquardwebstuhl, *der*

**jacuzzi,** (*Amer.:* P) [dʒə'ku:zɪ] *n.* ≈ Whirlpool, *der*

[1]**jade** [dʒeɪd] **1.** *n. (derog.)* **a)** *(horse)* alter Klepper *(abwertend);* Schindmähre, *die (abwertend);* **b)** *(woman)* Weib, *das;* Weibsbild, *das (abwertend).* **2.** *v. t., esp. in p.p. (tire)* ermüden; abstumpfen ⟨*Geschmacksnerven*⟩; **look ~d** abgespannt *od.* erschöpft aussehen

[2]**jade** *n.* **a)** *(stone)* Jade, *der od. die; (carvings)* Jade[arbeiten], *die;* **b)** *(colour)* Jadegrün, *das*

**Jaffa** ['dʒæfə], **Jaffa orange** [dʒæfə 'ɒrɪndʒ] *n.* Jaffaapfelsine, *die*

**Jag** [dʒæg] *n. (Brit. coll.: car)* Jaguar, *der*

[1]**jag** *n.* Zacke, *die;* Spitze, *die*

[2]**jag** *n. (sl.: drinking-bout)* Besäufnis, *das (salopp);* Sauferei, *die (derb abwertend);* **go on a ~:** saufen *(derb);* **be on a ~:** am Saufen sein *(derb)*

**jagged** ['dʒægɪd] *adj.* **a)** *(irregularly cut)* gezackt; ausgefranst ⟨*Loch/Riß in Kleidungsstücken*⟩; ⟨*Wunde*⟩ mit [unregelmäßig] gezackten *od.* zerfetzten Rändern; **b)** *(deeply indented)* zerklüftet ⟨*Küste*⟩

**jaguar** ['dʒægjʊə(r)] *n. (Zool.)* Jaguar, *der*

**jail** [dʒeɪl] **1.** *n. (place)* Gefängnis, *das; (confinement)* Haft, *die;* **in ~:** im Gefängnis; **be sent to ~:** ins Gefängnis kommen; eingesperrt werden; **go to ~:** ins Gefängnis gehen. **2.** *v. t.* ins Gefängnis bringen; einsperren

**jail: ~bird** *n.* Knastbruder, *der (ugs.);* **~break** *n.* Gefängnisausbruch, *der*

**jailer, jailor** ['dʒeɪlə(r)] *n.* Gefängniswärter, *der*/Gefängniswärterin, *die*

**jalopy** [dʒə'lɒpɪ] *n. (coll.)* Klapperkiste, *die (ugs.)*

[1]**jam** [dʒæm] **1.** *v. t.,* **-mm- a)** *(squeeze and fix between two surfaces)* einklemmen; **~ sth. into sth.** etw. in etw. *(Akk.)* zwängen; **the key had become ~med in the lock** der Schlüssel hatte sich im Schloß verklemmt; **b)** *(make immovable)* blockieren; *(fig.)* lähmen; lahmlegen; **I seem to ~ the car door every time I lock it** die Autotür verklemmt sich anscheinend jedes Mal, wenn ich sie abschließe; **c)** *(squeeze together in compact mass)* stopfen (**into** in + *Akk.*); **~ together** zusammenpferchen ⟨*Personen*⟩; **d)** *(thrust into confined space)* stopfen (**into** in + *Akk.*); stecken ⟨*Schlüssel, Münze*⟩ (**into** in + *Akk.*); **e)** *(block by crowding)* blockieren; versperren, blockieren ⟨*Eingang*⟩; verstopfen, blockieren ⟨*Rohr*⟩; **the switchboard was ~med with calls** sämtliche Leitungen waren durch Anrufe blockiert; **f)** *(Radio)* stören. **2.** *v. i.,* **-mm- a)** *(become tightly wedged)* sich verklemmen; **b)** *(become unworkable)* ⟨*Maschine:*⟩ klemmen. **3.** *n.* **a)** *(crush, stoppage)* Blockierung, *die;* Klemmen, *das;* **b)** *(crowded mass)* Stau, *der;* **c)** *(coll.: dilemma)* Klemme, *die (ugs.);* Patsche, *die (ugs.);* **be in a ~:** in der Klemme stecken; in der Patsche sitzen; **get into a ~:** in die Klemme geraten; **d)** *see* **jam session.** *See also* **log jam; traffic jam**

**~ 'in** *v. t.* hineinzwängen; **we were ~med in** wir waren eingepfercht

**~ 'on** *v. t.* **~ the brakes [full] on** [voll] auf die Bremse steigen *(ugs.);* eine Vollbremsung machen

**~ 'up** *v. t.* verstopfen ⟨*Straße usw.*⟩; lahmlegen ⟨*System*⟩; verklemmen ⟨*Mechanismus*⟩

[2]**jam** *n.* **a)** Marmelade, *die;* Konfitüre, *die (bes. Kaufmannsspr.);* **make ~:** Marmelade einmachen; **[promises of] ~ tomorrow** *(fig.)* schöne Zukunftsverheißungen; **sb. wants ~ on it** *(fig. coll.)* jmdm. genügt etw. noch nicht; **b)** *(Brit. coll.: sth. easy)* kinderleichte Sache *(fam.);* Kinderspiel, *das; see also* **money a**

**Jamaica** [dʒə'meɪkə] *pr. n.* Jamaika *(das)*

**Jamaican** [dʒə'meɪkən] **1.** *adj.* jamaik[an]isch; **sb. is ~:** jmd. ist Jamaikaner/Jamaikanerin. **2.** *n.* Jamaikaner, *der*/Jamaikanerin, *die*

**jamb** [dʒæm] *n. (of doorway, window)* Pfosten, *der*

**jamboree** [dʒæmbə'ri:] *n.* **a)** fröhliches Beisammensein; Fete, *die (ugs. scherzh.); (carousal)* Zechgelage, *das (veralt.);* **b)** *(large rally of Scouts)* Jamboree, *das*

**James** [dʒeɪmz] *pr. n. (Hist., as name of ruler etc.)* Jakob *(der)*

**'jam-jar** *n.* Marmeladenglas, *das*

**jammy** ['dʒæmɪ] *adj.* **a)** *(sticky with jam)* von Marmelade klebrig; marmeladeverklebt; **b)** *(Brit. coll.) (easy)* kinderleicht *(fam.); (lucky)* **that was ~:** das war Schwein *(ugs.);* **~ beggar** Glückspilz, *der (ugs.)*

**jam: ~-packed** *adj. (coll.)* knallvoll *(ugs.),* proppenvoll *(ugs.)* (**with** von); **~ session** *n. (Jazz coll.)* Jam session, *die;* **~ 'tart** *n.* Marmeladentörtchen, *das*

**Jan.** *abbr.* **January** Jan.

**jane** [dʒeɪn] *n. (sl.)* Mieze, *die (salopp); see also* **plain 1 d**

**jangle** ['dʒæŋgl] **1.** *v. i.* klimpern; ⟨*Klingel:*⟩ bimmeln. **2.** *v. t.* **a)** *(sound)* rasseln mit; bimmeln mit ⟨*Glocke*⟩; **b)** *(irritate)* **~ sb.'s nerves** jmdn. nerven *(salopp);* jmdm. auf die Nerven gehen. **3.** *n.* Geklapper, *das; (of bell)* Schrillen, *das*

**janitor** ['dʒænɪtə(r)] *n.* **a)** *(door-keeper)* Portier, *der;* **b)** *(caretaker)* Hausmeister, *der*

**January** ['dʒænjʊərɪ] *n.* Januar, *der; see also* **August**

**Jap** [dʒæp] *n. (coll., often derog.)* Japs, *der (ugs., oft abwertend)*

**Japan** [dʒə'pæn] *n.* Japan *(das)*

**japan 1.** *n.* Japanlack, *der.* **2.** *v. t.,* **-nn-** mit Japanlack überziehen; **a ~ned table** ein Lacktisch

**Japanese** [dʒæpə'ni:z] **1.** *adj.* japanisch; **sb. is ~:** jmd. ist Japaner/Japanerin; *see also* **English 1. 2.** *n., pl. same* **a)** *(person)* Japaner, *der*/Japanerin, *die;* **b)** *(language)* Japanisch, *das; see also* **English 2 a**

**Japanese: ~ [flowering] 'cherry** *n.* Japanische Kirsche; **~ 'quince** *n.* Japanische Quitte; **~ 'silk** *n.* Japanseide, *die*

**jape** [dʒeɪp] **1.** *v.i.* spotten (**with** über + *Akk.*); **~ at** verspotten. **2.** *n.* Scherz, *der;* Spaß, *der; (practical joke)* Streich, *der*

**japonica** [dʒə'pɒnɪkə] *n. (Bot.)* Japanische Quitte

[1]**jar** [dʒɑ:(r)] **1.** *n.* **a)** *(harsh or grating sound)* Quietschen, *das;* **b)** *(thrill of nerves, shock)* Schlag, *der;* **stop with a ~:** mit einem Ruck halten; **c)** *(lack of harmony)* Mißton, *der.* **2.** *v. i.,* **-rr- a)** *(sound discordantly)* quietschen; *(rattle)* ⟨*Fenster:*⟩ scheppern *(ugs.);* **~ on** *or* **against sth.** über etw. *(Akk.)* knirschen; **b)** *(have discordant or painful effect)* **~ [up]on sb./sb.'s nerves** jmdm. auf die Nerven gehen; **~ on the ears** durch Mark und Bein gehen *(ugs. scherzh.);* **these two colours ~:** diese beiden Farben beißen sich *(ugs.);* **c)** *(fig.: be out of harmony)* **~ with sth.** sich mit etw. nicht vertragen. **3.** *v. t.,* **-rr- a)** *(cause to vibrate)* erschüttern; **b)** *(send shock through)* **~ sb.'s nerves** jmdm. auf die Nerven gehen; **~ one's elbow** sich *(Dat.)* den Ellbogen anschlagen

[2]**jar** *n.* **a)** *(vessel)* Topf, *der; (of glass)* Glas, *das;* **~ of jam** *etc.* Topf/Glas Marmelade *usw.;* **b)** *(Brit. coll.: glass of beer)* Bierchen, *das (fam.)*

[3]**jar** *n. (arch./coll.)* **on the ~** *(ajar)* angelehnt

**jardinière** [ʒɑ:dɪ'njeə(r)] *n.* Jardinière, *die;* **à la ~:** nach Gärtnerinart

**jarful** ['dʒɑ:fʊl] *n.* Topf, *der; (contents of glass jar)* Glas, *das;* **a ~ of jam** ein Topf/Glas Marmelade; **a ~ of pebbles** ein Topf/Glas voll Kieselsteine

**jargon** ['dʒɑ:gən] *n.* **a)** *(speech familiar only to a particular group)* Jargon, *der;* **b)** *(unintelligible words)* Gebrabbel, *das (ugs. abwertend)*

**Jas.** *abbr.* **James**

**jasmin[e]** ['dʒæsmɪn, 'dʒæzmɪn] *n.* Jasmin, *der;* **common** *or* **white ~:** echter Jasmin; Kletterjasmin, *der;* **red ~:** rotblühende Plumeria; **winter ~:** Winterjasmin, *der*

**jasper** ['dʒæspə(r)] *n. (Min.)* Jaspis, *der*

**jaundice** ['dʒɔ:ndɪs] **1.** *n. (Med.)* Gelbsucht, *die.* **2.** *v. t.* **a)** *(Med.)* **be [badly] ~d** eine [schwere] Gelbsucht bekommen; **b)** *usu. in p.p. (fig.: affect with bitterness)* verbittern; **~ sb. against sth./towards sb.** jmdn. gegen etw./jmdn. einnehmen; **with [a] ~d eye** *(enviously)* neidvoll; mit Neid; **a very ~d view of life** eine durch große Verbitterung gekennzeichnete Lebenseinstellung

**jaunt** [dʒɔ:nt] **1.** *n.* Ausflug, *der;* **be off on/go for a ~:** einen Ausflug machen. **2.** *v.i.* **~ [about]** herumziehen; **are you ~ing off again on some new trip?** geht es mal wieder auf Tour?

**jauntily** ['dʒɔ:ntɪlɪ] *adv.* unbeschwert

**jaunty** ['dʒɔ:ntɪ] *adj.* unbeschwert; keck ⟨*Hut*⟩; **with a ~ gait** beschwingten Schrittes; **he wore his hat at a ~ angle** er hatte sich *(Dat.)* den Hut keck aufs Ohr gesetzt

**Java** ['dʒɑ:və] *pr. n.* Java *(das)*

**javelin** ['dʒævəlɪn, 'dʒævlɪn] *n.* **a)** Speer, *der;* **throwing the ~** *(Sport)* Speerwerfen, *das;* **b)** *(Sport: event)* Speerwerfen, *das*

**jaw** [dʒɔ:] **1.** *n.* **a)** *(Anat.)* Kiefer, *der;* **his ~ dropped** er ließ die Kinnlade herunterfallen; **upper/lower ~:** Ober-/Unterkiefer, *der;* **set one's ~:** ein entschlossenes Gesicht machen; **b)** *in pl. (of valley, channel)* Schlund, *der;* **c)** *(of machine)* [Klemm]backe, *die;* **d)** *in pl. (large dangerous mouth)* Rachen, *der; (fig.: of fate, death, etc.)* Klauen, *die;* **snatch sb. from the ~s of death** jmdn. vor dem sicheren Tod retten; **snatch victory from the ~s of defeat** kurz vor der drohenden Niederlage doch noch den Sieg erringen. **2.** *v. i. (sl.)* quatschen *(ugs.);* **~ at sb.** jmdn. vollquatschen *(ugs.)*

**jaw: ~bone** *n.* Kieferknochen, *der;* **~-breaker** *n. (coll.)* Zungenbrecher, *der*

**jay** [dʒeɪ] *n. (Ornith.)* **a)** *(Garrulus glandarius)* Eichelhäher, *der;* **b)** *(Garrulinae)* Häher, *der*

**jay: ~-walk** *v. i.* verkehrswidrig die Straße überqueren; **~-walker** *n.* verkehrswidrig die Fahrbahn überquerender Fußgänger

**jazz** [dʒæz] **1.** *n.* **a)** Jazz, *der; attrib.* Jazz⟨*musik, -musiker*⟩; **b)** *(sl.: nonsense)* Quatsch, *der (ugs. abwertend);* Gewäsch, *das (ugs. abwertend);* **and all that ~** *(coll.)* und der ganze Kram *(ugs.).* **2.** *v. t.* **~ up** aufpeppen *(ugs.);* aufmotzen *(ugs.)*

**'jazz band** *n.* Jazzband, *die*

**jazzy** ['dʒæzɪ] *adj.* poppig; **a ~ sports car** ein aufgemotzter Sportwagen *(ugs.)*

**JCR** *abbr. (Brit. Univ.)* **Junior Common Room; Junior Combination Room**

**jealous** ['dʒeləs] *adj.* **a)** *(feeling resentment)* eifersüchtig (**of** auf + *Akk.*); **b)** *(possessive)* eifersüchtig ⟨*Liebe*⟩; **be ~ of sth.** eifersüchtig über etw. *(Akk.)* wachen; **be ~ for sth.** peinlich auf etw. *(Akk.)* bedacht sein; **he kept a ~ eye on her** er wachte eifersüchtig über sie

**jealously** ['dʒeləslɪ] *adv.* eifersüchtig

**jealousy** ['dʒeləsɪ] *n.* Eifersucht, *die;* **little jealousies** [kleine] Eifersüchteleien

**jean** [dʒi:n] *n.* **a)** *(cloth)* Baumwolldrell, *der;* **b)** *in pl. (trousers)* Jeans *Pl.;* Jeans, *die;* **a pair of ~s** ein Paar Jeans; eine Jeans; *see also* **blue jeans**

**Jeep,** (P) [dʒi:p] *n.* Jeep ⓦ, *der*

**jeer** [dʒɪə(r)] **1.** *v. i.* höhnen *(geh.);* **~ at sb.** jmdn. verhöhnen. **2.** *v. t.* verhöhnen; **the crowd ~ed every tackle he made** die Menge johlte höhnisch bei jedem Tackling, das er machte. **3.** *n.* höhnisches Johlen; *(remark)* höhnische Bemerkung; ~s höhnisches Gejohle/höhnische Bemerkungen

**jehad** *see* **jihad**

**Jehovah** [dʒɪ'həʊvə] *n. (Relig.)* Jehovah *(der)*

**Jehovah's 'Witness** *n. (Relig.)* Zeuge Jehovas

**jejune** [dʒɪ'dʒu:n] *adj.* **a)** *(intellectually unsatisfying)* unergiebig; unzulänglich ⟨*Erklärung, Begründung, Leistung*⟩; **b)** *(puerile)* läppisch *(abwertend);* infantil *(abwertend)*

**jejunum** [dʒɪ'dʒu:nəm] *n. (Anat.)* Leerdarm, *der*

**jell** [dʒel] *v. i.* **a)** *(set as jelly)* fest werden; gelieren; **b)** *(fig.: take definite form)* Gestalt annehmen; **not ~ as a group** als Gruppe nicht zusammenpassen

**jelly** ['dʒelɪ] **1.** *n.* **a)** Gelee, *das; (dessert)* Götterspeise, *die;* **b)** *(substance of similar consistency)* gallertartige Masse; **her legs felt like ~:** ihr schlotterten die Knie; sie hatte Pudding in den Knien *(ugs.);* **c)** *(sl.: gelignite)* Plastiksprengstoff, *der.* **2.** *v. t.* **a)** zu einer gallertartigen Masse erstarren lassen; Gelee machen aus ⟨*Obst*⟩; **b) jellied eels** Aal in Aspik. **3.** *v. i. (become ~)* gelieren

**jelly: ~ baby** *n.* ≈ Gummibärchen, *das;* **~ bean** *n.* [bohnenförmiges] Geleebonbon; **~fish** *n.* Qualle, *die;* **~-like** *adj.* gallertartig; gallertig ⟨*Konsistenz*⟩

**jemmy** ['dʒemɪ] *n. (Brit.)* Brecheisen, *das*

**jeopardize (jeopardise)** ['dʒepədaɪz] *v. t.* gefährden

**jeopardy** ['dʒepədɪ] *n., no pl.* Gefahr, *die;* **put** *or* **place sth./sb. in ~:** etw. aufs Spiel setzen/jmdn. in Gefahr bringen; etw./jmdn. gefährden; **in ~:** in Gefahr; gefährdet; **her life is in ~:** sie schwebt in Lebensgefahr

**jerbil** *see* **gerbil**

**jerboa** [dʒɜ:'bəʊə] *n. (Zool.)* Springmaus, *die*

**Jeremiah** [dʒerɪ'maɪə] *n.* **a)** *(Bibl.)* Jeremia[s] *(der);* **b)** *(fig.)* Schwarzseher, *der*

**Jericho** ['dʒerɪkəʊ] *pr. n. (Geog.)* Jericho *(das)*

**jerk** [dʒɜ:k] **1.** *n.* **a)** *(sharp sudden pull)* Ruck, *der;* ruckartige Bewegung; **with a series of ~s** ruckartig; ruckend; **with a ~ of his thumb, he indicated the direction in which ...:** mit einer kurzen Daumenbewegung zeigte er die Richtung, in die ...; **give sth. a ~:** einer Sache *(Dat.)* einen Ruck geben; an etw. *(Dat.)* rucken; **b)** *(involuntary movement)* Zuckung, *die;* Zucken, *das;* **c)** *(sl.: person)* Null, *die (ugs.);* Blödmann, *der (ugs.).* **2.** *v. t.* **a)** reißen an (+ *Dat.*) ⟨*Seil usw.*⟩; **~ sth. away/back** *etc.* etw. weg-/zurückreißen *usw.;* **~ sth. off/out of sth.** *etc.* etw. von etw. [herunter]reißen/aus etw. [heraus]reißen *usw.;* **he ~ed his thumb in the direction of the town** er zeigte mit einer kurzen Bewegung seines Daumens in Richtung Stadt; **a noise ~ed him out of his reverie** ein Geräusch riß ihn aus seinen Träumereien; **b)** *(Weight-lifting)* stoßen. **3.** *v. i.* ruckeln; *(move in a spasmodic manner)* zucken; **the lever ~ed out of his hand** der Hebel sprang ihm aus der Hand; **his head ~ed back** sein Kopf zuckte zurück

**~ 'off** *(coarse)* **1.** *v. t.* **~ sb. off** jmdm. einen abwichsen *(vulg.).* **2.** *v. i.* wichsen *(derb)*

**jerkily** ['dʒɜ:kɪlɪ] *adv.* ruckartig; eckig ⟨*gehen, sich verbeugen*⟩

**jerkin** ['dʒɜ:kɪn] *n.* ≈ Wams, *das; (modern)* Weste, *die*

**jerky** ['dʒɜ:kɪ] *adj.* **a)** abgehackt, holprig ⟨*Art zu schreiben/sprechen*⟩; holprig ⟨*Busfahrt*⟩; holpernd ⟨*Fahrzeug*⟩; ruckartig ⟨*Bewegung*⟩; **b)** *(spasmodic)* zuckend; **the ~ movements of a puppet** die eckigen Bewegungen einer Marionette

**Jerome** [dʒə'rəʊm] *pr. n.* **St ~:** der heilige Hieronymus

**jerrican** *see* **jerry-can**

**Jerry** ['dʒerɪ] *n. (Brit. dated sl.)* **a)** *(soldier)* Deutsche, *der;* **b)** *no pl. (Germans collectively)* der Deutsche

**jerry: ~-builder** *n.* Baupfuscher, *der (ugs. abwertend);* **~-building** *n.* Pfusch am Bau *(ugs. abwertend);* **~-built** *adj.* unsolide gebaut; **~-can** *n.* Kanister, *der*

**jersey** ['dʒɜ:zɪ] *n.* **a)** Pullover, *der; (Sport)* Trikot, *das;* Jersey, *das;* **b)** *(vest)* Unterhemd, *das;* **c)** *(fabric)* Jersey, *der;* **d) J~** *(cow)* Jerseyrind, *das;* **e) J~** *pr. n. (island)* Jersey *(das)*

**Jerusalem** [dʒə'ru:sələm] *pr. n.* Jerusalem *(das)*

**Jerusalem 'artichoke** *n.* Topinambur, *der*

**jest** [dʒest] **1.** *n.* **a)** *(joke)* Scherz, *der;* Witz, *der;* **make ~s** scherzen; Witze machen; **b)** *no pl. (fun)* Spaß, *der;* **in ~:** im Scherz. **2.** *v. i.* scherzen; Witze machen

**jester** ['dʒestə(r)] *n.* Spaßmacher, *der; (at court)* Hofnarr, *der; (fool)* Hanswurst, *der*

**Jesu** ['dʒi:zju:] *pr. n. voc.* Jesu

**Jesuit** ['dʒezjʊɪt] *n.* Jesuit, *der*

**Jesuitical** [dʒezjʊ'ɪtɪkl] *adj.* jesuitisch

**Jesus** ['dʒi:zəs] **1.** *pr. n.* Jesus *(der);* **Society of ~:** Jesuitenorden, *der.* **2.** *interj. (sl.)* **~ [Christ]!** Herrgott noch mal! *(ugs.)*

[1]**jet** [dʒet] **1.** *n.* **a)** *(stream)* Strahl, *der;* **~ of flame/steam/water** Feuer-/Dampf-/Wasserstrahl, *der;* **b)** *(spout, nozzle)* Düse, *die;* **c)** *(aircraft)* Düsenflugzeug, *das;* Jet, *der; (engine)* Düsentriebwerk, *das.* **2.** *v. i.,* **-tt- a)** *(spurt out)* ⟨*Wasser:*⟩ herausschießen **(from** aus); ⟨*Gas, Dampf:*⟩ ausströmen **(from** aus); **b)** *(coll.: travel by ~ plane)* jetten *(ugs.);* **~ in/out** *or* **off** [per Jet] einfliegen/abfliegen

[2]**jet** *n. (Min.)* Jett, *der od. das;* Gagat, *der*

**jet: ~-black** *adj.* pechschwarz; kohlrabenschwarz; **~ engine** *n.* Düsen- *od.* Strahltriebwerk, *das;* **~ fighter** *n.* Düsenjäger, *der;* **~ lag** *n.* ≈ Zeitverschiebung, *die;* Jet-travel-Syndrom, *das (Med.);* **~ plane** *n.* Düsenflugzeug, *das;* **~-propelled** *adj.* düsen- *od.* strahlgetrieben; mit Düsen- *od.* Strahlantrieb *nachgestellt;* **~ pro'pulsion** *n.* Düsen- *od.* Strahlantrieb, *der*

**jetsam** ['dʒetsəm] *n.* sinkendes Seewurfgut *(Seew.); (on seashore)* Strandgut, *das*

**jet: ~ set** *n.* Jet-set, *der;* **~ stream** *n.* **a)** *(Meteorol.)* Jetstream, *der;* Strahlstrom, *der;* **b)** *(of ~ engine)* Düsenstrahl, *der*

**jettison** ['dʒetɪsən] *v. t.* **a)** *(from ship)* über Bord werfen; *(from aircraft)* abwerfen ⟨*Ballast, Bombe*⟩; *(discard)* wegwerfen; *(Astronaut.) (separate)* abtrennen; *(blast off)* absprengen; **b)** *(fig.: abandon)* aufgeben; über Bord werfen ⟨*Plan*⟩

**jetty** ['dʒetɪ] *n.* **a)** *(protecting harbour or coast)* [Hafen]mole, *die;* **b)** *(landing-pier)* Landungsbrücke, *die;* Anleger, *der (Seemannsspr.); (smaller)* [Landungs]steg, *der*

**Jew** [dʒu:] *n.* **a)** Jude, *der*/Jüdin, *die;* **b)** *(coll. derog.: person who drives hard bargains)* Geldschneider, *der (abwertend). See also* **wandering Jew**

**'Jew-baiting** *n.* Judenhetze, *die;* Judenverfolgung, *die*

**jewel** ['dʒu:əl] **1.** *n.* **a)** *(ornament)* [kostbares] Schmuckstück; **~s** *collect.* Schmuck, *der;* Juwelen *Pl.;* **b)** *(precious stone)* Juwel, *das od. der;* [wertvoller] Edelstein; *(of watch)* Stein, *der;* **c)** *(fig.) (person)* Goldstück, *das;* Juwel, *das; (thing)* Kleinod, *das.* **2.** *v. t., (Brit.)* **-ll-;** *esp. in p.p.* **a)** *(adorn with jewels)* mit Juwelen besetzen; **~led hand** juwelengeschmückte Hand; **b)** *(fit with ~s)* mit Steinen versehen

**jewel: ~-box, ~-case** *ns.* Schmuckkasten, *der*

**jeweller** *(Amer.:* **jeweler)** ['dʒu:ələ(r)] *n.* Juwelier, *der;* **~'s rouge** Polierrot, *das; see also* **baker**

**jewellery** *(Brit.),* **jewelry** ['dʒu:əlrɪ] *n.* Schmuck, *der*

**Jewess** ['dʒu:ɪs] *n.* Jüdin, *die*

**Jewish** ['dʒu:ɪʃ] *adj.* jüdisch; **he/she is ~:** er ist Jude/sie ist Jüdin

**Jewry** ['dʒʊərɪ] *n.* Judentum, *das;* Judenheit, *die*

**Jew's 'harp** *n. (Mus.)* Maultrommel, *die*

[1]**jib** [dʒɪb] *n.* **a)** *(Naut.) (on sailing ship)* Stagsegel, *das (Seew.); (on sailing yacht or dinghy)* Fock, *die (Seew.);* **I don't like the cut of his ~** *(fig.)* mir gefällt sein Gesicht *od. (ugs.)* seine Nase nicht; **b)** *(of crane)* Ausleger, *der*

[2]**jib** *v. i.,* **-bb- a)** *(refuse to go on)* ⟨*Pferd usw.:*⟩ bocken; *(because of fright)* scheuen; **b)** *(fig.)* sich sträuben; streiken *(ugs.);* **~ at sth./at doing sth.** sich gegen etw. sträuben/sich dagegen sträuben, etw. zu tun; **he ~bed at the idea** er wollte nichts davon wissen

[1]**jibe** [dʒaɪb] *v. i. (Amer.) (fit)* sich decken; *(match)* zusammenpassen

[2]**jibe** *see* **gibe; gybe**

**jiff** [dʒɪf], **jiffy** ['dʒɪfɪ] *n. (coll.)* Augenblick, *der;* Moment, *der;* **in a ~:** sofort; gleich; **half a ~:** ein Momentchen!

**'Jiffy bag, (P)** *n.* gefütterte Versandtasche

**jig** [dʒɪg] **1.** *n.* **a)** *(dance, music)* Jig, *die; (movement of suite)* Gigue, *die;* **dance** *or* **do a ~:** einen Freudentanz vollführen; **b)** *(appliance)* Einspannvorrichtung, *die.* **2.** *v. i.,* **-gg-** *(dance a ~/gigue)* eine Jig/eine Gigue tanzen; *(fig.)* herumhüpfen; **~ up and down** herumhüpfen

**jigger** ['dʒɪgə(r)] *n. Meßbecher für alkoholische Getränke*

**jiggered** ['dʒɪgəd] *adj. (coll.)* **I'll be ~:** gibt's denn sowas! *(ugs.);* **I'll be ~ if ...:** der Teufel soll mich holen, wenn ... *(salopp)*

**jiggery-pokery** [dʒɪgərɪ'pəʊkərɪ] *n. (Brit. coll.)* **a)** *(underhand scheming)* Schmu, *der (ugs.);* **there is some [sort of] ~ going on** hier ist was faul; **he's up to some [sort of] ~:** er hat 'n krummes Ding vor *(ugs.);* **b)** *(nonsense)* Stuß, *der (ugs. abwertend)*

**jiggle** ['dʒɪgl] **1.** *v. t.* rütteln an, wackeln an (+ *Dat.*). **2.** *v. i.* rütteln; wackeln

**'jigsaw** *n.* **a)** Dekupiersäge, *die; (electric)* Stichsäge, *die;* **b) ~ [puzzle]** Puzzle, *das*

**jihad** [dʒɪ'hæd, dʒɪ'hɑ:d] *n. (war)* Dschihad, *der*

**jilt** [dʒɪlt] *v. t.* sitzenlassen *(ugs.)*

**Jim Crow** [dʒɪm 'krəʊ] *n. (Amer. derog.)* **a)** *(a Black)* Nigger, *der (abwertend);* **b)** *no pl. (racial segregation)* Rassentrennung, *die; (racial discrimination)* Rassendiskriminierung, *die*

**jim-jams** ['dʒɪmdʒæmz] *n. pl. (sl.: fit of depression)* Muffe, *die (ugs.);* **she got [an attack of] the ~:** ihr ging die Muffe

**jimmy** ['dʒɪmɪ] *(Amer.) see* **jemmy**

**jimson [weed]** ['dʒɪmsən (wi:d)] *n. (Amer. Bot.)* Stechapfel, *der*

**jingle** ['dʒɪŋgl] **1.** *n.* **a)** Klingeln, *das;* Bimmeln, *das (ugs.); (of cutlery, chains, spurs)* Klirren, *das; (of coins, keys)* Geklimper, *das;* **b)** *(repetition)* Aneinanderreihen lautähnlicher Wörter; *(trivial verse)* Wortgeklingel, *das (abwertend); (Commerc.)* Werbespruch, *der;* Jingle, *der (Werbespr.);* **c)** *(thing designed to ~)* Schelle, *die.* **2.** *v. i.* **a)** ⟨*Metallgegenstände:*⟩ klimpern; ⟨*Kasse, Schelle:*⟩ klingeln; ⟨*Glöckchen:*⟩ bimmeln; **b)** *(be full of alliterations, rhymes, etc.)* ⟨*Text:*⟩ sich reimen und stabreimen. **3.** *v. t.* klingeln mit, *(ugs.)* bimmeln mit ⟨*Glöckchen*⟩; klimpern mit ⟨*Münzen, Schlüsseln, Armreifen*⟩

**'jingle-jangle** *n.* Geklimper, *das (abwertend)*

**jingo** ['dʒɪŋgəʊ] *n., pl.* **~es a)** Chauvinist, *der (abwertend);* Hurrapatriot, *der (ugs. abwertend);* **b) by ~!** beim Zeus!; bei Gott!

**jingoism** ['dʒɪŋgəʊɪzm] *n., no pl.* Chauvinismus, *der (abwertend);* Hurrapatriotismus, *der (ugs. abwertend)*

**jingoist** ['dʒɪŋgəʊɪst] *see* **jingo a**

**jink** *see* **high jinks**

**jinx** [dʒɪŋks] **1.** *n. (coll.)* Fluch, *der;* **there seemed to be a ~ on him** er schien vom Pech verfolgt zu sein; **break the ~:** den Bann brechen. **2.** *v. t.* verhexen

**jitterbug** ['dʒɪtəbʌg] **1.** *n.* **a)** Nervenbündel, *das (ugs.);* **b)** *(dance)* Jitterbug, *der.* **2.** *v. i.* Jitterbug tanzen

**jitters** ['dʒɪtəz] *n. pl. (coll.)* großes Zittern; Bammel, *der (salopp);* **an attack** *or* **a case of the ~:** ein Bammel *(salopp);* **give sb. the ~:** jmdm. Schiß machen *(salopp)*

**jittery** ['dʒɪtərɪ] *adj. (nervous)* nervös; *(frightened)* verängstigt

**jive** [dʒaɪv] **1.** *n.* Jive, *der.* **2.** *v. i.* Jive tanzen

**Jnr.** *abbr.* **Junior** jr.; jun.

**Joan of Arc** [dʒəʊn əv 'ɑ:k] *pr. n.* die Jungfrau von Orleans

**Job** [dʒəʊb] *pr. n.* Hiob *(der);* **he would try the patience of ~:** bei ihm braucht man eine Engelsgeduld; **~'s 'comforter** schlechter Trostspender

**job** [dʒɒb] **1.** *n.* **a)** *(piece of work)* ~ **[of work]** Arbeit, *die;* **we have five ~s to do today** wir haben heute fünf Dinge zu erledigen; *(orders to be fulfilled)* wir haben heute fünf Aufträge zu erledigen; **I have a little ~ for you** ich habe eine kleine Aufgabe *od.* einen kleinen Auftrag für dich; **do a ~ for sb.** für jmdn. etw. erledigen; **try to do sb.'s ~ for him** *(fig. coll.)* jmdm. ins Handwerk pfuschen *(ugs.);* **it is sb.'s ~ to do sth.** es ist jmds. Arbeit, etw. zu tun; **you've got a really tough ~ on your hands!** da hast du aber eine Heidenarbeit *od.* ein schönes Stück Arbeit!; **you're doing an excellent ~:** Sie machen das ausgezeichnet; **nose ~** *(coll.)* Nasenoperation, *die;* **b)** *(position of employment)* Stelle, *die;* Anstellung, *die;* Job, *der (ugs.);* **he is, after all, only doing his ~!** er tut schließlich nur seine Pflicht; **he knows his ~:** er versteht sein Handwerk *od.* versteht etwas von der Sache; **~ vacancies** offene Stellen; *(in newspaper)* „Stellenangebote"; **have ~ security** einen sicheren Arbeitsplatz haben; **~ situation** Arbeitsmarktsituation, *die;* **it's as much as my ~'s worth** es würde mich meinen Job kosten; **it's not my ~** *(fig.)* es ist nicht meine Sache *od.* Aufgabe; **the man for the ~:** der richtige Mann; **~s for the boys** *(coll.)* ≈ wer gute Beziehungen hat, kriegt einen Job *(ugs.);* **it is a case** *or* **matter of ~s for the boys** alle Posten *od. (ugs.)* Jobs werden unterderhand vergeben; **just the ~** *(fig. sl.)* genau das richtige; die Sache *(ugs.);* **on the ~:** bei der Arbeit; **out of a ~:** arbeitslos; ohne Stellung; **c)** *(sl.: crime)* [krummes] Ding *(ugs.);* **do a [bank] ~:** ein Ding [in einer Bank] drehen *(ugs.);* **this was a professional ~:** hier war ein Profi/hier waren Profis am Werk; **d)** *(result of work)* Ergebnis, *das;* **make a [good] ~ of sth.** bei etw. gute Arbeit leisten; **make a thorough ~ of it** ganze Arbeit machen; **be a good** *etc.* **~:** gut *usw.* sein; **this respray/rebuilt car is a superb ~!** diese Neulackierung/dieses restaurierte Auto ist großartig geworden!; **e)** *(coll.: difficult task)* [schönes] Stück Arbeit; **I had a [hard** *or* **tough] ~ convincing** *or* **to convince him** es war gar nicht so einfach für mich *od.* ich hatte [einige] Mühe, ihn zu überzeugen; **f)** *(state of affairs)* **a bad ~:** eine schlimme *od.* üble Sache; **it's a bad ~: the company is virtually bankrupt** es sieht schlecht aus: die Firma ist praktisch pleite; **give sb./sth. up as a bad ~** *see* **give up 2 a; a good ~:** ein Glück; **we've finished, and a good ~ too!** wir sind fertig, zum Glück; **what** *or* **it's a good ~ he doesn't know about it!** nur gut, daß er nichts davon weiß! **2.** *v. i.*, **-bb- a)** *(do ~s)* Gelegenheitsarbeiten verrichten; jobben *(ugs.);* **b)** *(deal in stocks)* als Börsenhändler arbeiten; **c)** *(turn position of trust to private advantage)* sein Amt [zum eigenen Vorteil] mißbrauchen; **d)** *(buy and sell as middleman)* als Vermittler Geschäfte machen; *(Amer.: trade in wholesale lots)* als Zwischenhändler tätig sein. **3.** *v. t.*, **-bb-** im Zwischenhandel verkaufen; makeln ⟨*Häuser, Grundstücke*⟩

**jobber** ['dʒɒbə(r)] *n.* **a)** *(Amer.: wholesaler)* Zwischenhändler, *der;* **b)** *(stock~)* Börsen- *od.* Effektenhändler, *der;* Jobber, *der*

**jobbery** ['dʒɒbərɪ] *n.* Schiebung, *die*

**jobbing** ['dʒɒbɪŋ] *adj.* Gelegenheits-; **~ gardener** Gelegenheits- *od.* Aushilfsgärtner, *der;* **~ printer** Akzidenzdrucker, *der*

**job: ~centre** *n. (Brit.)* Arbeitsvermittlungsstelle, *die;* **~ creation** *n.* Schaffung von Arbeitsplätzen; **~ description** *n.* Arbeitsplatzbeschreibung, *die;* Tätigkeitsbeschreibung, *die;* **~ evaluation** *n.* Arbeitsbewertung, *die;* **~-hunt** *v. i.* **go/be ~-hunting** auf Arbeits- *od.* Stellensuche gehen/sein; **~-hunter** *n.* Stellen- *od.* Arbeitssuchende, *der/die;* **~-hunting** *n.* Arbeitssuche, *die;* Stellensuche, *die*

**jobless** ['dʒɒblɪs] *adj.* beschäftigungslos; arbeitslos

**job: ~ 'lot** *n.* Partieware, *die (Kaufmannsspr.); (fig.)* Sammelsurium, *das (abwertend);* **~ satisfaction** *see* **satisfaction b; ~-sharing** *n.* Job-sharing, *das;* **~-sheet** *n.* Arbeitsbericht, *der*

**Jock** [dʒɒk] *n. (Brit. sl.)* Schotte, *der*

**jock** *(coll.) see* **jockey**

**jockey** ['dʒɒkɪ] **1.** *n.* Jockei, *der;* Jockey, *der.* **2.** *v. i.* rangeln (**for** um); **~ for position** *(lit. or fig.)* alles daransetzen, eine möglichst gute Position zu erringen; **all the ~ing behind the scenes** das ganze Gerangel hinter den Kulissen. **3.** *v. t.* **~ sb. into/out of doing sth.** jmdn. dazu bringen, etw. zu tun/nicht mehr zu tun

**jockey: ~ cap** *n.* Jockeymütze, *die;* **J~ Club** *n. (Brit.) oberste Behörde des Galoppsports in England*

**jock-strap** ['dʒɒkstræp] *n.* [Sport]suspensorium, *das*

**jocose** [dʒə'kəʊs] *adj.* **a)** *(playful, fond of joking)* launig ⟨*Stimmung, Bemerkung, Wesensart*⟩; **~ person** Spaßvogel, *der;* **b)** *(waggish)* schalkhaft

**jocular** ['dʒɒkjʊlə(r)] *adj.* lustig, witzig ⟨*Bemerkung, Antwort*⟩; spaßig, scherzhaft ⟨*Person*⟩; **his ~ conversation bored her** seine Witze langweilten sie

**jocularly** ['dʒɒkjʊləlɪ] *adv.* scherzhaft

**jocund** ['dʒɒkənd] *adj. (literary)* fröhlich

**jodhpurs** ['dʒɒdpəz] *n. pl.* Reithose, *die;* Jodhpur[hose], *die*

**Joe** [dʒəʊ] *n.* **~ [Q.] Public** *(coll.)* Otto Normalverbraucher *(der) (ugs.)*

**joey** ['dʒəʊɪ] *n. (Austral.)* junges Känguruh

**jog** [dʒɒg] **1.** *v. t.*, **-gg- a)** *(shake with push or jerk)* rütteln; schütteln; **the horse ~ged its rider up and down** das Pferd schüttelte seinen Reiter durch; **b)** *(nudge)* [an]stoßen; **~ sb.'s elbow** jmdn. [am Ellbogen] anstoßen; **c)** *(stimulate)* **~ sb.'s memory** jmds. Gedächtnis *(Dat.)* auf die Sprünge helfen. **2.** *v. i.*, **-gg- a)** *(move up and down)* auf und ab hüpfen; **~ around/about** herumhüpfen; **his holster was ~ging against his hip** sein Halfter schlug ihm im Rhythmus gegen die Hüfte; **b)** *(move at ~trot)* ⟨*Pferd:*⟩ [dahin]trotten; **c)** *(run at slow pace)* [in mäßigem Tempo] laufen; traben *(Sport); (for physical exercise)* joggen; [einen] Dauerlauf machen; laufen; **~ along** *or* **on** *(fig.)* ⟨*Geschäft, Projekt:*⟩ laufen, seinen Gang gehen; ⟨*Person:*⟩ vor sich hin wursteln *(ugs.).* **3.** *n.* **a)** *(shake, nudge)* Stoß, *der;* Schubs, *der (ugs.);* **b)** *(slow walk or trot) (of horse)* Trott, *der; (of person for physical exercise)* Dauerlauf, *der;* **go for a ~:** joggen gehen; **he went off at a ~:** er trabte davon

**jogger** ['dʒɒgə(r)] *n.* Jogger, *der*/Joggerin, *die*

**jogging** ['dʒɒgɪŋ] *n.* Jogging, *das;* Joggen, *das*

**joggle** ['dʒɒgl] **1.** *v. t.* schütteln; wackeln an (+ *Dat.*) ⟨*Tisch*⟩. **2.** *v. i.* wackeln (**to and fro** hin und her); wippen (**up and down** auf und ab); *(in the air)* taumeln. **3.** *n. (slight shake)* Holpern, *das*

**'jogtrot** *n. (lit. or fig.)* Trott, *der*

**John** [dʒɒn] *pr. n. (Hist., as name of ruler etc.)* Johann *(der); see also* **Baptist b**

**john** *n. (Amer. sl.: lavatory)* Lokus, *der (salopp)*

**John: ~ 'Bull** *n.* John Bull *(der);* **a real ~ Bull** ein typischer Engländer; **~ 'Citizen** *n.* Otto Normalverbraucher *(der);* **~ 'Doe** *n.* **a)** *(Law)* ≈ Meier *(der);* ≈ die Partei A; *fiktiver Name einer Prozeßpartei;* **b)** *(Amer.: average man)* Otto Normalverbraucher *(der)*

**johnny** ['dʒɒnɪ] *n. (Brit. coll.: chap)* Heini, *der (ugs.)*

**Johnny-come-'lately** *n. (coll.)* Neuankömmling, *der*

**joie de vivre** [ʒwɑ: də 'vi:vr] *n.* Lebensfreude, *die;* Lebenslust, *die*

**join** [dʒɔɪn] **1.** *v. t.* **a)** *(put together, connect)* verbinden (**to** mit); **~ two things [together]** zwei Dinge miteinander verbinden; zwei Dinge zusammenfügen; **~ hands** sich *(Dat.)* die Hände reichen; **~ hands [with sb.]** *(fig.)* ⟨*Nation, Partei usw.:*⟩ sich [mit jmdm.] vereinen; **~ sb. [with** *or* **to sb.] in marriage/in holy matrimony** jmdn. [mit jmdm.] ehelich verbinden/durch das heilige Band der Ehe vereinen *(geh.); see also* **'force 1 d; b)** *(come into company of)* sich gesellen zu; sich zugesellen (+ *Dat.*); *(meet)* treffen; *(come with)* mitkommen mit; sich anschließen (+ *Dat.*); **you go on ahead – I'll ~ you in a minute** geh nur schon voraus – ich komme gleich nach; **may I ~ you [at the table]?** kann ich mich zu euch [an den Tisch] setzen?; **do ~ us for lunch** iß doch mit uns zu Mittag; **would you like to ~ me in a drink?** hast du Lust, ein Glas mit mir zu trinken?; **if you can't beat them, ~ them** wenn man mit dem Gegner nicht fertig wird, läuft man eben zu ihm über; **c)** *(become member of)* eintreten in (+ *Akk.*) ⟨*Armee, Firma, Orden, Verein, Partei*⟩; beitreten (+ *Dat.*) ⟨*Verein, Partei, Orden*⟩; **I thought of ~ing the Army/the Scouts** ich dachte daran, zur Armee/zu den Pfadfindern zu gehen; **d)** *(take one's place in)* sich einreihen in (+ *Akk.*) ⟨*Umzug, Demonstrationszug*⟩; **~ one's ship** an Bord seines Schiffs gehen; **~ one's regiment** sich bei seinem Regiment einfinden; **e)** ⟨*Fluß, Straße:*⟩ münden in (+ *Akk.*). *See also* **battle 1 a. 2.** *v. i.* **a)** *(come together)* ⟨*Flüsse:*⟩ sich vereinigen, zusammenfließen; ⟨*Straßen:*⟩ sich vereinigen, zusammenlaufen; ⟨*Grundstücke:*⟩ aneinandergrenzen, aneinanderstoßen; ⟨*gebrochener Knochen:*⟩ zusammenwachsen; ⟨*Einzelteile:*⟩ zusammenpassen; **b)** *(take part)* **~ with sb.** sich jmdn. anschließen; **my wife ~s with me in wishing you ...:** auch meine Frau wünscht Ihnen ...; **c)** *(become member)* Mitglied werden; *(become employee)* in die Firma eintreten. **3.** *n.* Verbindung, *die; (line)* Nahtstelle, *die*

**~ in 1.** [-'-] *v. i.* mitmachen (**with** bei); *(in conversation)* sich beteiligen (**with** an + *Dat.*); *(in singing)* einstimmen; mitsingen; **they all ~ed in together** sie machten/sangen alle mit. **2.** ['--] *v. t.* mitmachen bei ⟨*Spiel, Spaß*⟩; sich beteiligen an (+ *Dat.*) ⟨*Spiel, Festlichkeiten, Gespräch*⟩; mitsingen ⟨*Refrain*⟩; sich einreihen in (+ *Akk.*), sich anschließen (+ *Dat.*) ⟨*Demonstrations-, Umzug*⟩

**~ 'on** *v. i.* befestigt werden (**to** an + *Dat.*); ⟨*Grundstück:*⟩ [an]grenzen (**to** an + *Akk.*)

**~ 'up 1.** *v. i.* **a)** *(Mil.)* einrücken; Soldat werden; **b)** ⟨*Straßen:*⟩ zusammenlaufen;

⟨*Nebenstraße:*⟩ [ein]münden in (+ *Akk.*); ⟨*Straße:*⟩ zusammenlaufen mit. **2.** *v. t.* miteinander verbinden

**joiner** ['dʒɔɪnə(r)] *n.* Tischler, *der*/Tischlerin, *die*

**joinery** ['dʒɔɪnərɪ] *n., no pl.* **a)** *no art. (craft)* Tischlerei, *die;* Tischlerhandwerk, *das;* **b)** *no indef. art. (products)* Tischlerarbeiten

**joint** [dʒɔɪnt] **1.** *n.* **a)** *(place of joining)* Verbindung, *die; (line)* Nahtstelle, *die; (Building)* Fuge, *die;* **b)** *(Anat.)* Gelenk, *das;* **be out of ~** ⟨*Körperteil:*⟩ ausgerenkt sein; *(fig.: be out of order)* ⟨*Zeit, Welt:*⟩ aus den Fugen sein; *see also* **nose 1 a; c)** *(Bot.)* Knoten, *der;* **d)** *(Mech. Engin. etc.)* Gelenk, *das;* **e)** *(part of carcass)* **a ~ [of meat]** ein Stück Fleisch; *(for roasting, roast)* ein Braten; **a roast ~:** ein Braten; **a ~ of roast beef** ein Rinderbraten; **chicken ~s** Hähnchenteile *Pl.;* **carve/cut sth. into ~s** etw. tranchieren/zerlegen; **f)** *(sl.: place)* Kaschemme, *die (abwertend);* Spelunke, *die (abwertend); (public place)* Laden, *der (ugs.); (dwelling)* Bude, *die (ugs.);* **jazz ~:** Jazzschuppen, *der (ugs.);* **g)** *(sl.: marijuana cigarette)* Joint, *der;* **h)** *(Amer. sl.: prison)* Knast, *der (ugs.).* **2.** *adj.* **a)** *(of two or more)* gemeinsam ⟨*Anstrengung, Bericht, Besitz, Projekt, Ansicht, Konto*⟩; **~ venture** Gemeinschaftsunternehmen, *das;* Joint-venture, *das (Wirtsch.); see also* **several 1 b; b)** Mit⟨*autor, -erbe, -besitzer*⟩. **3.** *v. t.* **a)** *(connect)* verbinden; **b)** *(Building)* [aus-, ver-]fugen ⟨*Wand, Decke, Belag*⟩; **c)** *(divide)* zerlegen ⟨*Tier*⟩

**jointed** ['dʒɔɪntɪd] *adj.* Glieder⟨*puppe, -tier*⟩; knotig ⟨*Stamm*⟩

**jointly** ['dʒɔɪntlɪ] *adv.* gemeinsam; **he is ~ responsible** er ist mitverantwortlich

**joint 'stock** *n. (Econ.)* Gesellschafts- *od.* Aktienkapital, *das;* **~ bank/company** Aktienbank, *die*/Aktiengesellschaft, *die*

**joist** [dʒɔɪst] *n. (Building)* Deckenbalken, *der; (steel)* [Decken]träger, *der*

**joke** [dʒəʊk] **1.** *n.* **a)** Witz, *der;* Scherz, *der;* **sb.'s little ~** *(iron.)* jmds. Scherzchen; **make a ~:** einen Scherz machen; **do sth. for a ~:** etw. spaßeshalber *od.* zum Spaß tun; **tell a ~:** einen Witz erzählen; **have a ~ with sb.** mit jmdm. scherzen *od.* spaßen; **play a ~ on sb.** jmdm. einen Streich spielen; **he can/can't take a ~:** er versteht Spaß/keinen Spaß; **the ~ was on him** er war der Narr; **a ~ is a ~:** das ist gar nicht so komisch; **this is getting beyond/is** *or* **goes beyond a ~:** da hört der Spaß auf/das ist kein Spaß mehr; **this is no ~:** das ist nicht zum Lachen; **b)** *(ridiculous thing or circumstance)* Witz, *der (ugs.); (ridiculous person)* Witzfigur, *die;* **he/it is a standing ~:** alle Welt lacht nur noch über ihn/darüber; **treat sth. as a ~:** etw. nicht weiter ernst nehmen. **2.** *v. i.* scherzen, Witze machen (**about** über + *Akk.*); **I was only joking** ich habe nur Spaß gemacht *(ugs.);* **joking apart** Scherz *od.* Spaß beiseite!; **you are/must be** *or (coll.)* **have [got] to be joking!** das soll wohl ein Witz sein!; mach keine Witze!

**joker** ['dʒəʊkə(r)] *n.* **a)** *(person fond of making jokes)* Spaßvogel, *der;* Witzbold, *der (ugs.);* **b)** *(sl.: person)* Vogel, *der (salopp);* **c)** *(Cards)* Joker, *der;* **~ in the pack** *(fig.)* Unsicherheitsfaktor, *der;* **d)** *(Amer.: clause)* versteckte Klausel; **e)** *(unexpected factor)* Pferdefuß, *der;* Haken, *der (ugs.)*

**jokey** ['dʒəʊkɪ] *adj.* witzig; spaßig

**jokingly** ['dʒəʊkɪŋlɪ] *adv.* im Scherz; **..., he said ~:** ..., scherzte er

**joky** *see* **jokey**

**jollification** [dʒɒlɪfɪ'keɪʃn] *n. (coll.)* Vergnügen, *das*

**jollity** ['dʒɒlɪtɪ] *n.* Fröhlichkeit, *die;* Lustigkeit, *die; (merry-making, festivity)* Festlichkeit, *die*

**jolly** ['dʒɒlɪ] **1.** *adj.* **a)** *(cheerful)* fröhlich; knallig ⟨*Farbe*⟩; *(multicoloured)* bunt; **b)** *(euphem.: drunk)* angeheitert; **c)** *(festive)* lustig; **d)** *(coll.: delightful)* klasse *(ugs.);* prima *(ugs.).* **2.** *adv. (Brit. coll.)* ganz schön *(ugs.);* sehr ⟨*nett*⟩; **~ good** wirklich gut; **~ good!** ausgezeichnet! **I should ~ well think so!** das möchte ich auch meinen!; **we ~ well 'are coming!** und ob wir kommen! **3.** *v. t. (coll.)* aufmuntern; **~ sb. into doing sth.** jmdn. dazu überreden, etw. zu tun

**~ a'long** *v. t.* bei Laune halten

**~ 'up** *v. t.* aufmuntern

**'jolly-boat** *n.* Jolle, *die*

**Jolly 'Roger** *n.* Piratenflagge, *die;* Totenkopfflagge, *die*

**jolt** [dʒəʊlt] **1.** *v. t.* **a)** *(shake)* ⟨*Fahrzeug:*⟩ durchrütteln, durchschütteln; **~ sb./sth. out of/on to sth.** jmdn./etw. aus etw./auf etw. *(Akk.)* schleudern *od.* werfen; **b)** *(shock)* aufschrecken; **~ sb. into action** jmdn. auf Trab bringen *(ugs.);* **~ sb. into doing sth.** jmdn. so aufschrecken, daß er etw. tut. **2.** *v. i.* ⟨*Fahrzeug:*⟩ holpern, rütteln, rumpeln *(ugs.).* **3.** *n.* **a)** *(jerk)* Stoß, *der;* Ruck, *der;* **b)** *(fig.) (shock)* Schock, *der;* Schreck, *der; (surprise)* Überraschung, *die;* **give sb. a ~:** jmdm. einen Schock versetzen *od.* einen Schreck[en] einjagen/jmdn. überraschen

**Jonah** ['dʒəʊnə] *n.* **a)** Unglücksvogel, *der;* **b)** *(Bibl.)* Jonas *(der)*

**Joneses** ['dʒəʊnzɪz] *see* **keep up 1 a**

**jonquil** ['dʒɒŋkwɪl] *n. (Bot.)* Jonquille, *die*

**Jordan** ['dʒɔ:dn] *pr. n.* **a)** *(river)* Jordan, *der;* **b)** *(country)* Jordanien *(das)*

**Jordanian** [dʒɔ:'deɪnɪən] **1.** *adj.* jordanisch; **sb. is ~:** jmd. ist Jordanier/Jordanierin. **2.** *n.* Jordanier, *der*/Jordanierin, *die*

**josh** [dʒɒʃ] *(coll.)* **1.** *v. t.* aufziehen. **2.** *v. i.* scherzen

**jostle** ['dʒɒsl] **1.** *v. i.* **a)** *(knock)* **~ [against each other]** aneinanderstoßen; **b)** *(struggle)* [sich] streiten (**for** um, **with** mit); **~ with each other** [miteinander *od.* sich] streiten. **2.** *v. t.* **a)** stoßen; **~ sb.'s arm** jmdn. [am Arm] anstoßen; **~ sb. aside/off the pavement** jmdn. zur Seite/vom Bürgersteig stoßen; **the defender ~d the forward off the ball** der Verteidiger trennte den Stürmer mit einem Rempler vom Ball; **b)** *(Racing)* behindern

**jot** [dʒɒt] **1.** *n.* **[not] a ~:** [k]ein bißchen; *(of truth, sympathy also)* [k]ein Fünkchen; **not one ~ or tittle** *(coll.)* nicht das kleinste bißchen. **2.** *v. t.,* **-tt-** [rasch] aufschreiben *od.* notieren; **~ sth. on a piece of paper** etw. rasch auf einen Zettel schreiben

**~ 'down** *v. t.* [rasch] aufschreiben *od.* notieren; **~ down notes** [sich *(Dat.)*] rasch Notizen machen

**jotter** ['dʒɒtə(r)] *n. (pad)* Notizblock, *der; (notebook)* Notizbuch, *das*

**jotting** ['dʒɒtɪŋ] *n.* Notiz, *die*

**joule** [dʒu:l] *n. (Phys.)* Joule, *das*

**journal** ['dʒɜ:nl] *n.* **a)** *(newspaper)* Zeitung, *die; (periodical)* Zeitschrift, *die;* **weekly ~:** Wochenzeitung, *die;* **b)** *(Bookk.)* Journal, *das;* Tagebuch, *das;* **c)** *(daily record of events)* Tagebuch, *das;* **d)** *(Naut.)* **[captain's/ship's] ~:** Schiffstagebuch, *das;* Journal, *das (veralt.);* **e)** *(part of shaft or axle)* Zapfen, *der*

**'journal-boaring** *n. (Mech. Engin.)* Zapfenlager, *das*

**journalese** [dʒɜ:nə'li:z] *n. (derog.)* [schlechter] Zeitungsstil

**journalism** ['dʒɜ:nəlɪzm] *n.* Journalismus, *der*

**journalist** ['dʒɜ:nəlɪst] *n.* Journalist, *der*/Journalistin, *die*

**journalistic** [dʒɜ:nə'lɪstɪk] *adj.* journalistisch ⟨*Stil*⟩; **~ circles** Journalistenkreise

**journey** ['dʒɜ:nɪ] **1.** *n.* **a)** *(distance)* Weg, *der;* **London is three hours' ~ from here** man fährt drei Stunden von hier nach London; **a three-hour ~:** eine Fahrt von drei Stunden; eine dreistündige Fahrt; *(on foot)* ein dreistündiger Weg; **b)** *(expedition)* Reise, *die;* **a fruitless ~:** ein vergeblicher Gang; **a ~ by car/train/ship** eine Auto-/Bahn-/Schiffsreise; eine Reise mit dem Auto/der Bahn/dem Schiff; **go on a ~:** verreisen; eine Reise machen; **~'s end** die Endstation *(fig.);* **go on a train/car ~:** eine Reise mit dem Zug *od.* Zugreise/eine Reise mit dem Auto *od.* Autoreise machen; **c)** *(fig.)* Weg, *der;* **~ through life** Lebensreise, *die (geh.);* **a ~ into history** ein Ausflug in die Geschichte; **d)** *(of vehicle)* Fahrt, *die;* **~ time** Fahrtzeit, *die.* **2.** *v. i. (formal/literary)* fahren; ziehen

**journeyman** ['dʒɜ:nɪmən] *n., pl.* **journeymen** ['dʒɜ:nɪmən] Geselle, *der;* **a ~ butcher** ein Fleischergeselle

**joust** [dʒaʊst] **1.** *n.* Tjost, *die.* **2.** *v. i.* tjostieren

**Jove** [dʒəʊv] *n.* **a)** *(Mythol.)* Jupiter *(der);* **b) by ~!** *(dated coll.) expr. surprise* potztausend! *(veralt.); expr. approval* Hut ab! *(ugs.);* alle Achtung!

**jovial** ['dʒəʊvɪəl] *adj.* *(hearty)* herzlich, freundlich ⟨*Gruß*⟩; *(merry)* fröhlich ⟨*Ausdruck, Person*⟩; launig ⟨*Bemerkung*⟩; *(convivial)* lustig ⟨*Versammlung, Gesellschaft*⟩

**jovially** ['dʒəʊvɪəlɪ] *adv.* fröhlich ⟨*zustimmen, rufen*⟩; herzlich, freundlich ⟨*begrüßen*⟩

**jowl** [dʒaʊl] *n. (jaw)* Unterkiefer, *der; (lower part of face)* Kinnbacken *Pl.; (double chin)* Doppelkinn, *das; (flabby cheek)* Hängebacke, *die; (of cattle)* Wamme, *die; (of bird)* Kehllappen, *der; see also* **cheek 1 a**

**joy** [dʒɔɪ] *n.* **a)** Freude, *die;* **wish sb. ~:** jmdm. viel Spaß *od.* Vergnügen wünschen; **I wish you ~ of it** *(also iron.)* ich wünsche dir viel Vergnügen damit; **sing for/weep with ~:** vor Freude *(Dat.)* singen/weinen; **we heard with ~ that ...:** wir haben zu unserer Freude erfahren, daß ...; **the ~s of hunting** das Vergnügen des Jagens; **be full of the ~s of spring** *(fig. coll.)* vor Freude ganz aus dem Häuschen sein *(ugs.);* **that is the ~ of the Highlands** das ist der Reiz *od.* das Reizvolle an den Highlands; **it was a ~ to look at** es war eine Augenweide; *see also* **jump 2 c; b)** *no pl., no art. (coll.: success, satisfaction)* Erfolg, *der;* **he didn't get much ~ out of it** es hat ihm nicht viel gebracht; **any ~?** Erfolg gehabt?; was erreicht? *(ugs.)*

**joyful** ['dʒɔɪfl] *adj.* froh[gestimmt] ⟨*Person*⟩; froh ⟨*Gesicht*⟩; freudig ⟨*Blick, Ereignis, Umarmung, Gesang, Beifall*⟩; freudig, froh ⟨*Nachricht, Kunde*⟩; erfreulich ⟨*Nachricht, Ergebnis, Anblick*⟩; Freuden⟨*tag, -schrei*⟩; **she was ~ [at his return]** sie freute sich [über seine Rückkehr]

**joyfully** ['dʒɔɪfəlɪ] *adv.* freudig

**joyless** ['dʒɔɪlɪs] *adj.* traurig ⟨*Ausdruck, Nachricht, Ergebnis, Anlaß*⟩; freudlos ⟨*Zeit, Leben*⟩; verdrossen ⟨*Person*⟩

**joyous** ['dʒɔɪəs] *adj.* freudig ⟨*Anlaß, Ereignis*⟩; froh ⟨*Lachen, Herz*⟩; Freuden⟨*tag, -schrei*⟩

**joy: ~-ride** *n. (coll.)* Spritztour [im gestohlenen Auto]; **~-rider** *n.* Autodieb *(der den Wagen nur für eine Spritztour gestohlen hat);* **~stick** *n.* **a)** *(Aeronaut. coll.)* Knüppel, *der;* **b)** *(on computer etc.)* Hebel, *der;* Joystick, *der (DV)*

**JP** *abbr.* **Justice of the Peace**

**Jr.** *abbr.* **Junior** jun.; jr.

**jt.** *abbr.* **joint;** *see* **joint 2**

**jubilant** ['dʒu:bɪlənt] *adj.* jubelnd; *(exultingly glad)* freudestrahlend ⟨*Miene*⟩; *(triumphant)* triumphierend ⟨*Miene*⟩; **be ~** ⟨*Person:*⟩ frohlocken

**jubilation** [dʒu:bɪ'leɪʃn] *n.* Jubel, *der*

**jubilee** ['dʒu:bɪli:] *n.* *(anniversary)* Jubiläum, *das; see also* **diamond jubilee; golden jubilee; silver jubilee**

**Judaism** ['dʒu:deɪɪzm] *n., no pl., no art.* Judentum, *das;* Judaismus, *der*

**Judas** ['dʒu:dəs] *n. (traitor)* Judas, *der*

**'Judas-tree** *n. (Bot.)* Judasbaum, *der*

**judder** ['dʒʌdə(r)] **1.** *v. i.* rattern. **2.** *n.* Rattern, *das;* **give a ~:** rattern; **with a ~:** ratternd

**judge** [dʒʌdʒ] **1.** *n.* **a)** Richter, *der*/Richterin, *die;* **[the Book of] J~s** *(Bibl.)* das Buch der Richter; **~ and jury** das Gericht; **be ~ and jury** *(fig.)* sich zum alleinigen Richter aufwerfen; *see also* **sober a; b)** *(in contest)* Juror, *der*/Jurorin, *die;* Preisrichter, *der*/-richterin, *die; (Sport)* Kampfrichter, *der*/-richterin, *die;* Schiedsrichter, *der*/-richterin, *die; (in cycle-racing)* Zielrichter, *der*/-richterin, *die; (in dispute)* Schiedsrichter, *der*/-richterin, *die;* **c)** *(fig.: connoisseur, critic)* Kenner, *der*/Kennerin, *die;* **~ of character/poetry** Menschen-/Lyrikkenner, *der;* **be a good ~ of sth.** etw. gut beurteilen können; **if I'm any ~/any ~ of sth.** soweit ich das/etw. beurteilen kann; **d)** *(person who decides question)* Schiedsrichter, *der;* **be the ~ of sth.** über etw. *(Akk.)* entscheiden *od.* befinden. **2.** *v. t.* **a)** *(pronounce sentence on)* richten *(geh.);* **~ sb.** *(Law)* jmds. Fall entscheiden; in jmds. Fall das Urteil fällen; **b)** *(try)* verhandeln ‹*Fall*›; **c)** *(act as adjudicator of)* Juror/Jurorin *od.* Preisrichter/-richterin sein bei; *(Sport)* Kampfrichter/-richterin *od.* Schiedsrichter/-richterin sein bei; **d)** *(form opinion about)* urteilen *od.* ein Urteil fällen über (+ *Akk.*); beurteilen; **~ a book to be worth reading** ein Buch für lesenswert erachten *od.* befinden; **~ sth. [to be] necessary** etw. für *od.* als notwendig erachten; **~d by modern standards** nach heutigen Maßstäben; **e)** *(decide)* entscheiden ‹*Angelegenheit, Frage*›; **f)** *(conclude)* **I ~d that the meat was done** ich war der Meinung, daß das Fleisch gar war; **I can't ~ whether it's any good** ich kann nicht beurteilen, ob er/sie/es etwas taugt. **3.** *v. i.* **a)** *(form a judgement)* urteilen; **to ~ by its size, ...:** der Größe nach zu urteilen, ...; **judging** *or* **to ~ by the look on his face ...:** nach dem Gesicht zu schließen, das er macht/machte, ...; **judging from what you say, ...:** nach dem, was du sagst, ...; **as far as I can ~, ...:** soweit ich es beurteilen kann, ...; **as near as I could ~, ...:** nach meiner Schätzung ...; **b)** *(act as ~) see* **1a, b:** Richter/Richterin sein; Kampfrichter/-richterin sein; Schiedsrichter/-richterin sein

**judgement, judgment** ['dʒʌdʒmənt] *n.* **a)** Urteil, *das;* **the J~ of Paris** *(Greek Mythol.)* das Urteil des Paris; **~ was given in favour of/against sb.** das Urteil fiel zu jmds. Gunsten/Ungunsten aus; **pass [a] ~:** ein Urteil abgeben **(on** über + *Akk.*); **give one's ~:** ein Urteil fällen; **in** *or* **according to my ~:** meines Erachtens; **in the ~ of most people** nach Meinung der meisten Leute; **form a ~:** sich *(Dat.)* ein Urteil *od.* eine Meinung bilden; **against one's better ~:** entgegen seiner besseren Einsicht; *see also* **sit 1b; Solomon; b)** *(critical faculty)* Urteilsfähigkeit, *die;* Urteilsvermögen, *das;* **error of ~:** Fehlurteil, *das;* Fehleinschätzung, *die;* **a man of ~:** ein urteilsfähiger Mann; **critical ~:** Kritikfähigkeit, *die;* **I leave it to your ~:** ich stelle das in Ihr Ermessen; **use your own ~:** verfahren Sie nach Ihrem Gutdünken; **c)** *(trial by God)* Gericht, *das;* **day of ~, J~ Day** Tag des Jüngsten Gerichts; *(fig.)* Stunde der Wahrheit; **the last ~:** das Jüngste *od.* Letzte Gericht; **d)** *(misfortune)* **it's a ~ on you for ...** *(joc.)* das ist die Strafe dafür, daß du ...

**judicature** ['dʒu:dɪkətʃə(r)] *n. (Law)* Judikatur, *die (fachspr.);* Rechtsprechung, *die;* **Supreme Court of J~** *(Brit.) Oberster Gerichtshof*

**judicial** [dʒu:'dɪʃl] *adj.* **a)** gerichtlich; richterlich ‹*Gewalt*›; Recht sprechend ‹*Versammlung*›; **~ error** Justizirrtum, *der;* **~ murder** Justizmord, *der;* **take** *or* **bring ~ proceedings against sb.** gegen jmdn. gerichtlich vorgehen; **b)** *(of a judge)* richterlich; **in his ~ capacity** in seiner Eigenschaft als Richter; **c)** *(expressing judgement)* kritisch; **d)** *(impartial)* unvoreingenommen

**judiciary** [dʒu:'dɪʃərɪ] *n. (Law)* Richterschaft, *die*

**judicious** [dʒu:'dɪʃəs] *adj.* **a)** *(discerning)* klarblickend; **b)** *(sensible)* besonnen

**judiciously** [dʒu:'dɪʃəslɪ] *adv.* mit Bedacht

**judo** ['dʒu:dəʊ] *n., pl.* **~s** Judo, *das*

**jug** [dʒʌg] **1.** *n.* **a)** Krug, *der; (with lid, water-~)* Kanne, *die; (small milk-~)* Kännchen, *das;* **a ~ of water** ein Krug/eine Kanne Wasser; **b)** *(sl.: prison)* Loch, *das (salopp);* **put/be in ~:** ins Loch stecken/im Loch sitzen. **2.** *v. t.,* **-gg-** *(Cookery)* schmoren; **~ged hare** Hasenpfeffer, *der*

**jugful** ['dʒʌgfʊl] *n. see* **jug 1a:** Krug, *der;* Kanne, *die;* Kännchen, *das;* **a ~ of ...:** ein Krug/eine Kanne/ein Kännchen [voll] ...

**juggernaut** ['dʒʌgənɔ:t] *n.* **a)** *(institution, notion)* Moloch, *der (geh.);* **b)** *(large object)* Ungetüm, *das;* **~ [lorry]** *(Brit.)* schwerer Brummer *(ugs.)*

**juggins** ['dʒʌgɪnz] *n. (sl.)* Dämel, *der (salopp);* Dämlack, *der (salopp)*

**juggle** ['dʒʌgl] **1.** *v. i.* **a)** jonglieren; *(perform conjuring tricks)* zaubern; **b) ~ with** *(misrepresent)* jonglieren mit ‹*Fakten, Zahlen*›. **2.** *v. t. (lit., or fig.: manipulate)* jonglieren [mit]

**juggler** ['dʒʌglə(r)] *n.* **a)** Jongleur, *der*/Jongleuse, *die;* **b)** *(conjurer)* Zauber[künstl]er, *der*/Zauber[künstler]in, *die;* **c)** *(trickster)* Betrüger, *der*/Betrügerin, *die*

**Jugoslav, Jugoslavia** *see* **Yugoslav** *etc.*

**jugular** ['dʒʌgjʊlə(r)] *(Anat.)* **1.** *adj.* jugular *(fachspr.);* **~ vein** Jugularvene, *die (fachspr.);* Drosselvene, *die.* **2.** *n.* Jugularvene, *die (fachspr.);* Drosselvene, *die;* **go for the ~** *(fig.)* versuchen, den Lebensnerv zu treffen

**juice** [dʒu:s] *n.* **a)** Saft, *der; see also* **stew 3a; b)** *(sl.) (electricity)* Saft, *der (salopp); (petrol)* Sprit, *der (ugs.)*

**juicy** ['dʒu:sɪ] *adj.* **a)** saftig; **b)** *(coll.) (racy)* saftig *(ugs.)* ‹*Anekdote, Witz, Geschichte, Skandal*›; *(suggestive)* schlüpfrig; *(profitable)* fett *(ugs.)* ‹*Vertrag, Geschäft usw.*›

**ju-jitsu** [dʒu:'dʒɪtsu:] *n.* Jiu-Jitsu, *das*

**juke-box** ['dʒu:kbɒks] *n.* Jukebox, *die;* Musikbox, *die*

**Jul.** *abbr.* **July** Jul.

**julep** ['dʒu:lep] *n.* Julep, *das od. der*

**Julian** ['dʒu:lɪən] *adj.* **~ calendar** Julianischer Kalender

**July** [dʒʊ'laɪ] *n.* Juli, *der; see also* **August**

**jumble** ['dʒʌmbl] **1.** *v. t.* **~ up** *or* **together** *or* **about** durcheinanderbringen; durcheinanderwerfen; **~ sth. up with sth.** etw. mit etw. durcheinanderbringen *od.* -werfen; **they've got my clothes ~d up with yours** sie haben meine und deine Sachen durcheinandergebracht. **2.** *n.* **a)** Wirrwarr, *der;* Gewirr, *das; (muddle)* Durcheinander, *das;* **the cupboard was in a complete ~:** im Schrank herrschte ein heilloses Durcheinander; **a ~ of clothes, books, and toys** ein kunterbuntes Durcheinander von Kleidungsstücken, Büchern und Spielsachen; **b)** *no pl., no indef. art. (Brit.: articles for ~ sale)* alte *od.* gebrauchte Sachen

**'jumble sale** *n. (Brit.)* Trödelmarkt, *der; (for charity)* Wohltätigkeitsbasar, *der*

**jumbo** ['dʒʌmbəʊ] **1.** *n., pl.* **~s a)** *(very large specimen)* riesiges Exemplar; **b)** *(jet)* Jumbo, *der.* **2.** *adj.* **~[-sized]** riesig; Riesen- *(ugs.)*

**jumbo 'jet** *n.* Jumbo-Jet, *der*

**jump** [dʒʌmp] **1.** *n.* **a)** Sprung, *der;* **be on the ~** *(fig. coll.)* in Bewegung *od.* in Aktion sein; **keep sb. on the ~** *(fig. coll.)* jmdn. auf Trab halten *(ugs.);* **take a running ~ [at oneself]** *(fig. coll.)* verschwinden; **get the ~ on sb.** *(sl.)* sich *(Dat.)* einen Vorsprung vor jmdm. verschaffen; **always be one ~ ahead of sb.** jmdm. immer um eine Nasenlänge voraus sein *(ugs.);* **b)** *(sudden movement)* **give a ~:** zusammenzucken *od.* -fahren; **have got the ~s** *(sl.)* ganz zapp[e]lig *od. (landsch.)* fick[e]rig sein; **give sb. the ~s** *(sl.)* jmdn. ganz zapp[e]lig *od. (landsch.)* fick[e]rig machen; **c)** *(sudden transition)* Sprung, *der;* sprunghafter Wechsel; *(gap)* Lücke, *die;* **d)** *(abrupt rise)* sprunghafter Anstieg; **~ in value/temperature** plötzliche Wertsteigerung/plötzlicher Temperaturanstieg; **there has been a considerable ~ in prices** die Preise sind beträchtlich in die Höhe geschnellt; **e)** *(Sport: obstacle) (in steeplechase)* Sprung, *der; (in athletics)* Hindernis, *das;* **set of ~s** Sprungkombination, *die;* **f)** *(Parachuting)* Absprung, *der. See also* **broad jump; high jump; long jump. 2.** *v. i.* **a)** springen; ‹*Fallschirmspringer:*› abspringen; **~ to one's feet/from one's seat** aufspringen/vom Sitz aufspringen; **~ down sb.'s throat** *(fig. coll.)* jmdn. anblaffen *(salopp);* **~ in the lake** *or* **off a cliff** *(fig. coll.)* sich zum Teufel scheren *(ugs.);* **~ on sb.** *or (Amer.)* **all over sb.** *(fig. coll.)* jmdn. zur Minna machen *(salopp); see also* **skin 1a; b)** *(fig.: come over-hastily)* voreilig gelangen **(to** zu) ‹*Annahme, Lösung*›; **~ to the conclusion that ...:** den voreiligen Schluß ziehen, daß ...; **~ to conclusions** voreilige Schlüsse ziehen; **c)** *(make sudden movement)* springen; *(start)* zusammenzucken; **~ for joy** einen Freudensprung/Freudensprünge machen; *(fig.)* vor Freude ganz aus dem Häuschen sein; wahre Freudentänze vollführen; **~ up and down with excitement** aufgeregt herumspringen *od.* -hüpfen; **her heart ~ed** ihr Herz machte einen Sprung; **d)** *(rise suddenly)* ‹*Kosten, Preise usw.*› sprunghaft steigen, in die Höhe schnellen; **e)** *(rise in status, prominence)* plötzlich aufsteigen; **f) ~ to it** *(coll.)* zupacken; **~ to it!** *(coll.)* mach/macht schon! **3.** *v. t.* **a)** springen über (+ *Akk.*); überspringen ‹*Mauer, Zaun usw.*›; **b)** springen lassen ‹*Pferd*›; **~ one's horse over a fence** mit dem Pferd über einen Zaun setzen; **c)** *(move to point beyond)* überspringen; **d)** *(not stop at)* überfahren ‹*rote Ampel*›; **e) ~ the rails** *or* **track** ‹*Zug:*› entgleisen; **f) ~ ship** ‹*Seemann:*› [unter Bruch des Heuervertrages vorzeitig] den Dienst quittieren; **g) ~ the starting signal by half a second** eine halbe Sekunde vor dem Startsignal starten; **~ the [bus-]queue** *(Brit.)* sich [an der Bushaltestelle] vordrängeln; **h)** *(skip over)* überspringen ‹*Seite, Kapitel usw.*›; **i)** *(attack)* herfallen über (+ *Akk.*). *See also* **¹bail1 a; gun 1b**

**~ at** *v. t.* **a)** anspringen; *(fig.: rebuke)* anfahren; **b)** *(fig.: seize, accept eagerly)* sofort [beim Schopf] ergreifen ‹*Gelegenheit*›; sofort zugreifen *od. (ugs.)* zuschlagen bei ‹*Angebot*›; sofort aufgreifen *od. (ugs.)* anspringen auf ‹*Vorschlag*›

**~ 'in** *v. i.* reinspringen *(ugs.)*

**~ 'off 1.** *v. i.* **a)** abspringen; **he ~ed off from his horse/bicycle** er sprang vom Pferd/Rad; **b)** *(Show-jumping)* am Stechen teilnehmen; *see also* **jump-off. 2.** *v. t.* **~ off sth.** von etw. springen

**~ on 1.** ['-'] *v. i.* aufspringen; **~ on to a bus/train** in einen Bus/Zug springen; **~ on to one's bicycle/horse** sich aufs Fahrrad/Pferd schwingen. **2.** ['--] *v. t.* **~ on a bus/train** in einen Bus/Zug springen; **~ on one's bicycle** sich aufs Fahrrad schwingen

**~ 'out** *v. i.* hinaus-/herausspringen; **~ out of** springen aus

**~ 'up** *v. i.* aufspringen **(from** von); **the dog ~ed up at him** der Hund sprang an ihm hoch; **~ up on to sth.** auf etw. *(Akk.)* springen; *see also* **~ 2c**

**jumped-up** ['dʒʌmptʌp] *adj. (coll.)* emporgekommen

**jumper** ['dʒʌmpə(r)] *n.* **a)** *(Brit.: pullover)* Pullover, *der;* Pulli, *der (ugs.);* **b)** *(loose jacket)* Jumper, *der;* Buseruntje, *die (Seemannsspr.);* **c)** *(Amer.: pinafore dress)* Trägerkleid, *das*

**jumping** ['dʒʌmpɪŋ]: ~ **bean** *n.* Springbohne, *die;* ~ **jack** *n.* **a)** Hampelmann, *der;* **b)** *(firework)* Knallfrosch, *der;* ~-'**off place** *n.* Ausgangsbasis, *die*

**jump:** ~-**jet** *n. (Aeronaut.)* Senkrechtstarter, *der;* ~ **leads** *n. pl. (Brit. Motor Veh.)* Starthilfekabel; ~-**off** *n. (Show-jumping)* Stechen, *das;* ~ **seat** *n. (Amer. Motor Veh.)* Klappsitz, *der;* ~ **suit** *n.* Overall, *der*

**jumpy** ['dʒʌmpɪ] *adj.* nervös; aufgeregt

**Jun.** *abbr.* **a) June** Jun.; **b) Junior** jun.

**junction** ['dʒʌŋkʃn] *n.* **a)** Verbindungspunkt, *der;* Verbindungsstelle, *die; (of rivers)* Zusammenfluß, *der; (of railway lines, roads)* ≈ Einmündung, *die; (Electr.)* [Leitungs]verbindung, *die; (of motorway)* Anschlußstelle, *die;* **the ~ of two roads** ≈ eine Straßeneinmündung; **b)** *(Electronics)* Übergang, *der*

'**junction box** *n. (Electr.)* Verteilerkasten, *der*

**juncture** ['dʒʌŋktʃə(r)] *n.* **at this ~:** unter diesen Umständen; *(at this point of time)* zu diesem Zeitpunkt

**June** [dʒu:n] *n.* Juni, *der; see also* **August**

**jungle** ['dʒʌŋgl] *n.* Dschungel, *der (auch fig.);* Urwald, *der;* **tropical ~:** tropischer Urwald; **~ life** das Leben im Dschungel; **the law of the ~:** das Gesetz des Dschungels; **concrete ~:** Betondschungel, *der (ugs.)*

**junior** ['dʒu:nɪə(r)] **1.** *adj.* **a)** *(below a certain age)* jünger; **~ team** Juniorenmannschaft, *die;* **~ member** ≈ Mitglied der Jugendabteilung; **be ~ to sb.** jünger sein als jmd.; **b)** *(of lower rank)* rangniedriger ⟨*Person*⟩; niedriger ⟨*Rang*⟩; einfach ⟨*Angestellter*⟩; **be ~ to sb.** eine niedrigere Stellung haben als jmd.; **be ~ to sb. by two years** zwei Jahre kürzer im Dienst sein als jmd.; **c)** *appended to name (the younger)* **Mr Smith J~:** Mr. Smith junior; **d)** *(Brit. Sch.)* Grundschul⟨*klasse*⟩; Grund⟨*schule*⟩; **e)** *(Brit. Univ.)* **~ combination** *or* **common room** Gemeinschaftsraum für Studenten; **f)** *(Amer. Sch., Univ.)* **~ year** vorletztes Jahr vor der Abschlußprüfung. **2.** *n.* **a)** *(younger person)* Jüngere, *der/die; (person of lower rank)* Untergebene, *der/die; (in an office) jmd., der in einem Büro die niedrigste Stellung hat;* **be sb.'s ~ [by six years]** *or* **[six years] sb.'s ~:** [sechs Jahre] jünger sein als jmd.; **b)** *(Brit. Sch.) (at primary school)* Grundschüler, *der/*-schülerin, *die; (at secondary school)* Unterstufenschüler, *der/*-schülerin, *die;* **c)** *(Amer.) (Univ.)* Student/Studentin im vorletzten Studienjahr; *(Sch.)* Schüler/Schülerin im vorletzten Schuljahr; **d)** *no art. (Amer. coll.: son in the family)* der Junge; der Junior *(scherzh.);* **come on, ~:** komm, Junior *(scherzh.) od.* Junge!

**junior:** ~ '**minister** *n. (Brit.)* ≈ Ministerialdirektor, *der/*-direktorin, *die;* ~ '**partner** *n.* Juniorpartner, *der/*-partnerin, *die*

**juniper** ['dʒu:nɪpə(r)] *n. (Bot.)* Wacholder, *der;* **oil of ~:** Wacholderöl, *das*

¹**junk** [dʒʌŋk] **1.** *n.* **a)** *(discarded material)* Trödel, *der (ugs.);* Gerümpel, *das; (trash)* Plunder, *der (ugs.);* Ramsch, *der (ugs.);* **b)** *(Naut.) (cables or ropes)* [altes] Tauwerk; Junk, *der (fachspr.); (cable or rope)* [alter] Tampen *(fachspr.);* **c)** *(sl.: drug, esp. heroin)* Junk, *der (Drogenjargon).* **2.** *v. t.* wegwerfen; ausmisten *(ugs.); (fig.)* aufgeben

²**junk** *n. (ship)* Dschunke, *die*

'**junk bonds** *n. pl.* Junk bonds *Pl. (Wirtsch.)*

**junket** ['dʒʌŋkɪt] **1.** *n.* **a)** *(dessert of set milk)* Dickmilchdessert, *das;* **b)** *(dated: feast)* [Fest]schmaus, *der (veralt.);* Festmahl, *das (geh.);* **c)** *(Amer.) (pleasure outing)* Vergnügungsfahrt, *die; (official's tour)* Vergnügungsreise auf Kosten des Steuerzahlers. **2.** *v. i.* **a)** *(dated: feast, banquet)* schlemmen; **b)** *(esp. Amer.: tour)* eine Vergnügungsreise/Vergnügungsreisen machen

**junketing** ['dʒʌŋkɪtɪŋ] *n.* **a)** *(dated)* Schlemmerei, *die;* **b)** *(esp. Amer.: by official[s])* Vergnügungsreisen auf Kosten des Steuerzahlers

**junk:** ~ **food** *n.* minderwertige Kost; ~-**heap** *n.* **a)** *see* **scrap-heap; b)** *(sl.: old car etc.)* Schrotthaufen, *der (ugs.)*

**junkie** ['dʒʌŋkɪ] *n. (sl.)* Junkie, *der (Drogenjargon)*

**junk:** ~ **mail** *n.* Reklame, *die;* ~-**shop** *n.* Trödelladen, *der (ugs.);* ~-**yard** *see* **scrapyard**

**junta** ['dʒʌntə] *n.* Junta, *die;* **military ~:** Militärjunta, *die*

**Jupiter** ['dʒu:pɪtə(r)] *pr. n.* **a)** *(Astron.)* Jupiter, *der;* **b)** *(Roman Mythol.)* Jupiter *(der)*

**Jura** ['dʒʊərə] *pr. n.* Jura, *der*

**Jurassic** [dʒʊə'ræsɪk] *(Geol.)* **1.** *adj.* jurassisch; Jura-. **2.** *n.* Jura, *der*

**juridical** [dʒʊə'rɪdɪkl] *adj.* **a)** *(of judicial proceedings)* gerichtlich; **b)** *(of law)* juristisch

**jurisdiction** [dʒʊərɪs'dɪkʃn] *n. (authority)* Jurisdiktion, *die;* Gerichtsbarkeit, *die; (authority of a sovereign power)* Hoheit, *die; (extent)* Zuständigkeit, *die; (territory)* Zuständigkeitsbereich, *der;* **fall** *or* **come under** *or* **within the ~ of sth./sb.** in die Zuständigkeit *od.* den Zuständigkeitsbereich von etw./jmdm. fallen; **have ~ over sb./in a matter** für jmdn./in einer Angelegenheit zuständig sein

**jurisprudence** [dʒʊərɪs'pru:dəns] *n., no pl.* Rechtswissenschaft, *die;* Jurisprudenz, *die*

**jurist** ['dʒʊərɪst] *n.* **a)** Rechtswissenschaftler, *der/*-wissenschaftlerin, *die;* Jurist, *der/*Juristin, *die;* **b)** *(Amer.: lawyer)* [Rechts]anwalt, *der/*-anwältin, *die*

**juror** ['dʒʊərə(r)] *n.* Geschworene, *der/die; (in Germany, in some Austrian courts)* Schöffe, *der/*Schöffin, *die*

**jury** ['dʒʊərɪ] *n.* **a)** *(in court)* **the ~:** die Geschworenen; *(in Germany, in some Austrian courts)* die Schöffen; **sit on the ~:** auf der Geschworenen-/Schöffenbank sitzen; **do ~ service** das Amt eines Geschworenen/Schöffen ausüben; **a ~ consists of ...:** eine Geschworenen-/Schöffenbank besteht aus ...; **trial by ~:** Schwurgerichtsverfahren, *das;* **the ~ of public opinion** *(fig.)* die Instanz der öffentlichen Meinung; *see also* **grand jury; judge 1 a; b)** *(in competition)* Jury, *die;* Preisgericht, *das; (Sport)* Schiedsgericht, *das;* Kampfgericht, *das*

**jury:** ~-**box** *n.* Geschworenenbank, *die; (in Germany, in some Austrian courts)* Schöffenbank, *die;* ~**man** ['dʒʊərɪmən] *n., pl.* ~**men** ['dʒʊərɪmən] Geschworene, *der; (in Germany, in some Austrian courts)* Schöffe, *der;* ~**woman** *n.* Geschworene, *die; (in Germany, in some Austrian courts)* Schöffin, *die*

**just** [dʒʌst] **1.** *adj.* **a)** *(morally right, deserved)* gerecht; anständig, korrekt ⟨*Verhalten, Benehmen*⟩; *see also* ¹**desert a; b)** *(legally right)* rechtmäßig; **c)** *(well-grounded)* berechtigt ⟨*Angst, Zorn, Groll*⟩; gerechtfertigt ⟨*Verhalten*⟩; begründet ⟨*Verdacht, Ansicht*⟩; **d)** *(right in amount)* recht, richtig ⟨*Proportion, Maß, Verhältnis*⟩. **2.** *adv.* **a)** *(exactly)* genau; **~ then/enough** gerade da/genug; **~ as** *(exactly as, in the same way as)* genauso wie; *(when)* gerade, als; **~ as you like** *or* **please** ganz wie Sie wünschen/du magst; **~ as good/tidy** *etc.* genauso gut/ordentlich *usw.;* **come ~ as you are** komm so, wie du bist; **~ as fast as I can** so schnell wie ich nur kann; **~ about** *(coll.)* so ziemlich *(ugs.);* **it'll ~ about be enough** *(coll.)* es wird in etwa reichen; **I've had ~ about enough of you** *(coll.)* ich hab' langsam genug von dir; **that is ~ 'it** das ist es ja gerade; genau das ist es ja; **that's ~ like him** das ist typisch er *od.* für ihn; **~ 'so** *(in an orderly manner)* ordentlich; *expr. agreement* ganz recht; **be ~ 'so** *(be exactly arranged)* tadellos in Ordnung sein; **~ what ...?** was genau ...?; **I wonder ~ how good he is** ich frage mich, wie gut er eigentlich wirklich ist; **b)** *(barely)* gerade [eben]; *(with very little time to spare)* gerade [eben] noch; *(no more than)* nur; **~ under £10** nicht ganz zehn Pfund; **we had only ~ enough time for a cup of tea** wir hatten gerade [genug] Zeit, eine Tasse Tee zu trinken; **it's ~ possible** das ist gerade noch möglich; **there will be enough, but only ~:** es wird reichen, aber [nur] gerade eben *od.* [nur] gerade so; **it's ~ on/before/after 8 a.m.** es ist fast 8 Uhr/es ist kurz vor/nach 8 Uhr; **it's ~ after/before the traffic-lights** es ist direkt hinter/vor der Verkehrsampel; **c)** *(exactly or nearly now or then, in immediate past)* gerade [eben]; [so]eben; *(at this moment)* gerade; **I have ~ seen him** *(Brit.),* **I ~ saw him** *(Amer.)* ich habe ihn gerade [eben] *od.* eben gesehen; **~ now** *(at this moment)* [im Moment] gerade; *(a little time ago)* gerade eben; **not ~ now** im Moment nicht; **d)** *(coll.) (simply)* einfach; *(only)* nur; *esp. with imperatives* mal [eben]; **it ~ so happens that ...:** es ist ganz zufällig, daß ...; **it is ~ that I don't like them** ich mag sie einfach nicht; **I've come here ~ to see you** ich bin nur gekommen, um dich zu besuchen; **~ [you] wait till I catch you!** warte nur *od.* na warte, wenn ich dich erwische!; **~ anybody** irgend jemand; **~ another car** ein ganz gewöhnliches Auto; **~ look at that!** guck dir das mal an!; **could you ~ turn round?** kannst du dich mal [eben] umdrehen?; **~ come here a moment** komm [doch] mal einen Moment her; **~ a moment, please** einen Moment mal; **~ like that** einfach so; ohne weiteres; **~ in case** für alle Fälle; **~ in case it rains** falls es regnet; **e)** *(coll.: positively)* einfach; echt *(ugs.);* **that's ~ ridiculous/fantastic** das ist einfach lächerlich/phantastisch; **f)** *(quite)* **not ~ yet** noch nicht ganz; **it is ~ as well that ...:** [es ist] nur gut *od.* es ist doch gut, daß ...; **you might ~ as well ...:** du könntest genausogut ...; **g)** *(coll.: really, indeed)* wirklich; echt *(ugs.);* **You wouldn't dare do that! – Oh, wouldn't I ~?** Das würdest du nicht wagen! – Und ob!; **That's lovely. – Isn't it ~?** Das ist schön. – Ja, und wie; **~ the same** *(nevertheless)* trotzdem; **that's ~ too bad** das ist Pech. **3.** *n. pl.* **the ~:** die Gerechten; *see also* **sleep 3 a**

**justice** ['dʒʌstɪs] *n.* **a)** Gerechtigkeit, *die;* **administer ~:** Recht sprechen; **poetic[al] ~:** ausgleichende Gerechtigkeit; **treat sb. with ~:** jmdn. gerecht behandeln; **do ~ to sth.** einer Sache *(Dat.)* gerecht werden; *(to food or drink)* einer Sache *(Dat.)* gebührend zusprechen; **~ was done in the end** der Gerechtigkeit wurde schließlich Genüge getan; **do oneself ~:** sich richtig zur Geltung bringen; **in ~ to sb.** um jmdm. gerecht zu werden; **with ~:** mit Recht; **in all ~:** um gerecht zu sein; *see also* **rough justice; b)** *(judicial proceedings)* **bring sb. to [a court of] ~:** jmdn. vor Gericht bringen *od.* stellen; **let ~ take its course, not interfere with the course of ~:** der Gerechtigkeit ihren Lauf lassen; **Department of J~** *(Amer.)* Justizministerium, *das;* **c)** *(magistrate)* Schiedsrichter, *der/*-richterin, *die;* Schiedsmann, *der/*-männin, *die; (Brit.: judge of Supreme Court) Richter/Richterin des Obersten Gerichtshofs;* **Mr/Mrs J~ Smith** *(Brit.)* Richter/Richterin Smith; **J~ of the Peace** Friedensrichter, *der/*-richterin, *die; see also* **chief 2 a**

**justifiable** [dʒʌstɪ'faɪəbl] *adj.* berechtigt; gerechtfertigt ⟨*Maßnahme, Handlung*⟩; **it is ~ to state that ...:** man kann mit Recht behaupten, daß ...

**justifiably** [dʒʌstɪ'faɪəblɪ] *adv.* zu Recht; berechtigterweise *(Papierdt.)*; **and ~ so** und das zu Recht

**justification** [dʒʌstɪfɪ'keɪʃn] *n.* **a)** Rechtfertigung, *die; (condition of being justified)* Berechtigung, *die;* **with some ~:** mit einigem Recht; **in sb.'s ~:** zu jmds. Rechtfertigung; **b)** *(Printing)* Randausgleich, *der*

**justify** ['dʒʌstɪfaɪ] *v. t.* **a)** *(show justice of, vindicate)* rechtfertigen; *(demonstrate correctness of)* belegen, beweisen ⟨*Behauptung, Argument, Darstellung*⟩; *(offer adequate grounds for)* begründen ⟨*Verhalten, Vorstellung, Behauptung*⟩; **~ oneself/sth. to sb.** sich/etw. jmdm. gegenüber *od.* vor jmdm. rechtfertigen; **the end justifies the means** der Zweck heiligt die Mittel; **be justified in doing sth.** etw. zu Recht tun; **this cannot be justified** das ist nicht zu rechtfertigen; **b)** *(Printing)* ausschließen

**justly** ['dʒʌstlɪ] *adv. (with justice, fairly)* gerecht; *(rightly)* mit *od.* zu Recht

**jut** [dʒʌt] *v. i.*, **-tt-: ~ [out]** [her]vorragen; herausragen; **his chin ~s out rather a lot** er hat ein ziemlich stark vorspringendes Kinn

**Jute** [dʒu:t] *n. (Ethnol., Hist.)* Jüte, *der*/Jütin, *die*

**jute** *n.* Jute, *die*

**Jutland** ['dʒʌtlənd] *pr. n.* Jütland *(das)*

**juvenile** ['dʒu:vənaɪl] **1.** *adj.* **a)** *(young, characteristic of youth)* jugendlich, *(geh.)* juvenil ⟨*Geschmack, Einstellung*⟩; Jugend⟨*literatur, -mode*⟩; **~ crime** Jugendkriminalität, *die;* **b)** *(immature)* kindisch *(abwertend);* infantil *(abwertend).* **2.** *n.* Jugendliche, *der/die; attrib.* **~ lead** *(Theatre)* jugendlicher Held

**juvenile: ~ court** *n. (Law)* Jugendgericht, *das;* **~ de'linquency** *n.* Jugendkriminalität, *die;* **~ de'linquent** *n.* jugendlicher Straftäter/jugendliche Straftäterin

**juxtapose** [dʒʌkstə'pəʊz] *v. t.* nebeneinanderstellen **(with, to** und)

**juxtaposition** [dʒʌkstəpə'zɪʃn] *n. (action)* Nebeneinanderstellung, *die; (condition)* Nebeneinander, *das;* **be in ~:** nebeneinandergestellt sein

# K

**[1]K, [1]k** [keɪ] *n., pl.* **Ks** *or* **K's** K, k, *das*

**[2]K** *abbr.* **a) King['s]** kgl.; **b)** *(Phys.)* **kelvin[s]** K; **c)** *(Computing)* **kilobyte** K; **d)** *(Chess)* **king** K; **e)** *(£1,000)* Tsd. £; **earn 35K a year** 35 000 im Jahr verdienen

**[2]k** *abbr.* **kilo-** k-

**Kaffir** ['kæfə(r)] **1.** *n.* **a)** *(Ethnol.)* Kaffer, *der*/Kaffernfrau, *die;* **b)** *(derog.: South African Black)* Kaffer, *der*/Kaffernweib, *das (abwertend).* **2.** *adj.* Kaffern-

**Kafkaesque** [kæfkə'esk] *adj.* kafkaesk *(geh.)*

**kale** [keɪl] *n. (Bot.)* **[curly/Scotch] ~:** Grünkohl, *der;* Krauskohl, *der; see also* **sea-kale**

**kaleidoscope** [kə'laɪdəskəʊp] *n. (lit. or fig.)* Kaleidoskop, *das*

**kaleidoscopic** [kəlaɪdə'skɒpɪk] *adj. (lit. or fig.)* kaleidoskopisch

**kamikaze** [kæmɪ'kɑ:zɪ] *n. (Hist.)* **a)** *(pilot)* Kamikaze[flieger], *der;* **b)** *(aircraft)* Kamikazeflugzeug, *das*

**Kampuchea** [kæmpʊ'tʃi:ə] *pr. n.* Kamputschea *(das)*

**kangaroo** [kæŋgə'ru:] *n.* Känguruh, *das*

**kanga'roo court** *n.* Femegericht, *das*

**Kantian** ['kæntɪən] *(of Kant)* Kantisch; *(of Kantianism)* kant[ian]isch

**kaolin** ['keɪəlɪn] *n.* Kaolin, *das od. (fachspr.) der*

**kaput** [kæ'pʊt] *pred. adj. (sl.)* kaputt *(ugs.)*

**karaoke** [kærɪ'əʊkɪ] *n.* Karaoke, *das*

**karate** [kə'rɑ:tɪ] *n., no pl., no indef. art.* Karate, *das*

**ka'rate chop** *n.* Karateschlag, *der;* Handkantenschlag, *der*

**karma** ['kɑ:mə] *n. (Buddhism, Hinduism)* Karma[n], *das*

**karst** [kɑ:st] *n. (Geog.)* Karst, *der*

**kart** [kɑ:t] *see* **go-kart**

**Kashmir** [kæʃ'mɪə(r)] *pr. n.* Kaschmir *(das)*

**Katherine** ['kæθrɪn] *pr. n. (Hist., as name of ruler etc.)* Katharina *(die)*

**kayak** ['kaɪæk] *n.* Kajak, *der*

**KC** *abbr. (Brit.)* **King's Counsel**

**kc** *abbr.* **kilocycle[s]** kHz

**kc/s** *abbr.* **kilocycles per second** kHz

**kebab** [kɪ'bæb] *n. (Cookery)* Kebab, *der*

**kedgeree** ['kedʒəri:, kedʒə'ri:] *n. (Gastr.)* Kedgeree, *das; indisches Reisgericht mit Hülsenfrüchten, Zwiebeln, Eiern; (European dish) Reisgericht mit Fisch und Eiern*

**keel** [ki:l] **1.** *n. (Naut.)* Kiel, *der;* **lay down a ~:** ein Schiff auf Kiel legen; *see also* **[1]even 1 b. 2.** *v. i.* **~ over a)** *(overturn)* umstürzen; ⟨*Schiff:*⟩ kentern; **b)** *(fall)* ⟨*Person:*⟩ umkippen; **he ~ed over on to the bed** er fiel aufs Bett. **3.** *v. t.* **~ over** *(Naut.)* zum Kentern bringen; kieloben legen *(Seemannsspr.); (on one side)* kielholen *(Seemannsspr.)*

**'keel-haul** *v. t.* kielholen *(Seemannsspr.); (fig.)* zusammenstauchen *(ugs.)*

**[1]keen** [ki:n] *adj.* **a)** *(sharp)* scharf ⟨*Messer, Klinge, Schneide*⟩; *(fig.)* scharf ⟨*Hohn, Spott*⟩; beißend ⟨*Sarkasmus*⟩; **b)** *(piercingly cold)* scharf, schneidend ⟨*Wind, Kälte*⟩; *(penetrating, strong)* grell ⟨*Licht*⟩; durchdringend, stechend ⟨*Geruch*⟩; **c)** *(eager)* begeistert, leidenschaftlich ⟨*Fußballfan, Amateurfotograf, Sportler*⟩; ausgeprägt, lebhaft ⟨*Interesse*⟩; heftig ⟨*Konkurrenz, Verlangen*⟩; **be ~ to do sth.** darauf erpicht sein, etw. zu tun; **he's really ~ to win** er will unbedingt gewinnen; **although he's inexperienced, he's really ~:** obwohl er unerfahren ist, ist er doch wirklich sehr interessiert; **she was not particularly ~ to see the play** sie war nicht besonders scharf darauf, das Stück zu sehen *(ugs.);* **be [as] ~ as mustard** mit Feuereifer dabei sein; **not be ~ on sth.** nicht gerade begeistert von etw. sein; **I'm not too** *or* **not very** *or* **not madly ~ on it** ich bin nicht so wild darauf *(ugs.);* **my father's very ~ on my going to college** mein Vater will unbedingt, daß ich aufs College gehe; **be ~ on sb.** scharf auf jmdn. sein *(ugs.);* **d)** *(highly sensitive)* scharf ⟨*Augen*⟩; fein ⟨*Sinne*⟩; ausgeprägt ⟨*Sinn für etw.*⟩; **e)** *(intellectually sharp)* scharf ⟨*Verstand, Intellekt*⟩; clever ⟨*Geschäftsmann*⟩; scharfsinnig, geistreich ⟨*Bemerkung, Frage usw.*⟩; rasch ⟨*Auffassungsgabe*⟩; **~ wit** Scharfsinn, *der;* **f)** *(acute)* heftig, stark ⟨*Schmerzen, Qualen*⟩; **g)** *(Brit.: exceptionally low)* niedrig, günstig ⟨*Preis*⟩; günstig ⟨*Angebot*⟩; **h)** *(coll.: excellent)* [einfach] klasse *(ugs.)*

**[2]keen 1.** *n.* Totenklage, *die.* **2.** *v. i.* die Totenklage halten *od.* singen **(over** für)

**keenly** ['ki:nlɪ] *adv.* **a)** *(sharply)* scharf ⟨*geschliffen*⟩; **b)** *(coldly)* scharf; **c)** *(eagerly)* eifrig ⟨*arbeiten*⟩; brennend ⟨*interessiert sein*⟩; **look forward ~ to sth.** auf etw. *(Akk.)* sehr gespannt sein; **d)** *(piercingly)* scharf ⟨*ansehen*⟩; **e)** *(acutely)* **be ~ aware of sth.** sich *(Dat.)* einer Sache *(Gen.)* voll bewußt sein; **feel sth. ~:** etw. deutlich fühlen

**keenness** ['ki:nnɪs] *n., no pl.* **a)** *(sharpness, coldness, acuteness of sense)* Schärfe, *die;* **b)** *(eagerness)* Eifer, *der;* **c)** *(of intellect)* Schärfe, *die;* **the ~ of his wit** seine Scharfsinnigkeit; **d)** *(of pain etc.)* Heftigkeit, *die*

**keep** [ki:p] **1.** *v. t.,* **kept** [kept] **a)** *(observe)* halten ⟨*Versprechen, Schwur usw.*⟩; einhalten ⟨*Verabredung, Vereinbarung, Vertrag, Sonntagsruhe, Zeitplan*⟩; begehen, feiern ⟨*Fest*⟩; halten, einhalten ⟨*Sabbat, Fasten*⟩; *see also* **hour c; b)** *(guard)* behüten, beschützen ⟨*Person*⟩; hüten ⟨*Herde, Schafe*⟩; schützen ⟨*Stadt, Festung*⟩; verwahren ⟨*Wertgegenstände*⟩; **may God ~ you!** Gott beschütze dich!; **~ sb. [safe] from sth.** jmdn. vor etw. *(Dat.)* bewahren; **~ sb. safe** jmdn. beschützen; **~ sth. locked away** etw. unter Verschluß halten *od.* aufbewahren; **c)** *(have charge of)* aufbewahren; verwahren; **d)** *(retain possession of)* behalten; *(not lose or destroy)* aufheben ⟨*Quittung, Rechnung*⟩; **I'll give you that book to ~:** ich schenke dir das Buch; **~ one's position** seine Stellung behaupten *od.* halten; **you can ~ it** *(coll.: I do not want it)* das kannst du behalten *od.* dir an den Hut stecken *(ugs.);* **Another talk on architecture? You can ~ it** Noch ein Vortrag über Architektur? Nein danke, kein Bedarf *(ugs.);* **e)** *(maintain)* unterhalten, instandhalten ⟨*Gebäude, Straße usw.*⟩; pflegen ⟨*Garten*⟩; **neatly kept** gut gepflegt; **f)** *(carry on, manage)* unterhalten, führen, betreiben ⟨*Geschäft, Lokal, Bauernhof*⟩; **g)** halten ⟨*Schweine, Bienen, Hund, Katze usw*⟩; sich *(Dat.)* halten ⟨*Diener, Auto*⟩; **h)** führen ⟨*Tagebuch, Liste usw.*⟩; **~ an account of expenditure** über seine Ausgaben Buch führen; **~ the books** die Bücher führen; **i)** *(provide for sustenance of)* versorgen, unterhalten ⟨*Familie*⟩; **~ sb./oneself in cigarettes** *etc.* jmdn./sich mit Zigaretten *usw.* versorgen; **~ sb. in luxury** jmdm. ein Leben in Luxus bieten; **~ sb. in the style to which he is accustomed** jmdm. den gewohnten Lebensstil bieten; **she has to ~ herself on £20 a week** sie muß mit 20 Pfund pro Woche auskommen; **j)** sich *(Dat.)* halten ⟨*Geliebte, Mätresse usw.*⟩; sich *(Dat.)* als Geliebte halten ⟨*Frau*⟩; sich *(Dat.)* als Liebhaber halten ⟨*Mann*⟩; **she is a kept woman** sie läßt sich von einem Mann aushalten; **k)** *(have on sale)* führen ⟨*Ware*⟩; **~ a stock of sth.** etw. [am Lager] haben; **we always ~ a bit of cheese** wir haben immer ein bißchen Käse da; **l)** *(maintain in quality, state, or position)* halten ⟨*Rhythmus*⟩; **~ one's hands in one's pockets** die Hände in den Taschen behalten; **~ sth. in one's head** etw. [im Kopf] behalten; sich *(Dat.)* etw. merken; **~ sth. in a cool place** etw. an einem kühlen Ort aufbewahren; **a cold kept her in bed** eine Erkältung zwang sie, im Bett zu bleiben; **~ sb. to his word/promise** jmdn. beim Wort nehmen; **~ sb. waiting** jmdn. warten lassen; **~ the water boiling** das Wasser am Kochen halten; **~ the office running smoothly** dafür sorgen, daß im Büro weiterhin alles reibungslos [ab]läuft; **~ sb. alive** jmdn. am Leben halten; **~ the traffic moving** den Verkehr in Fluß halten; **~ a plant watered** eine Pflanze feucht halten; **~ sth. shut/tidy** etw. geschlossen/in Ordnung halten; **~ the engine running** den Motor laufen lassen; **~ sth. under [the] water** etw. unter Wasser halten; **m)** *(maintain as quality)* **~ silence** schweigen; **~ its shape** seine Form nicht verlieren; **~ one's beauty** sich *(Dat.)* seine Schönheit bewahren; **n)** *(detain)* festhalten; **there was no longer anything to ~ him there** es hielt ihn dort nichts mehr; **what kept you [so long]?** wo bleibst du denn [so lange]?;

**don't let me ~ you, I mustn't ~ you** laß dich [von mir] nicht aufhalten; **~ sb. in prison** jmdn. in Haft halten; **~ sb. in hospital a few days longer** jmdn. noch ein paar Tage länger im Krankenhaus behalten; **~ sb. indoors** jmdn. nicht aus dem Haus lassen; **the teacher kept Peter behind after the lesson** der Lehrer rief Peter nach der Stunde zu sich; **~ sb. from doing sth.** jmdn. davon abhalten *od.* daran hindern, etw. zu tun; **~ sth. from doing sth.** verhindern, daß etw. etw. tut; **to ~ myself from falling** um nicht zu fallen; **I couldn't ~ myself from laughing** [ich konnte mir nicht helfen,] ich mußte einfach lachen; **we must ~ them from seeing each other** wir müssen verhindern, daß sie sich sehen; **o)** *(reserve)* aufheben; aufsparen; **I asked him to ~ a seat for me** ich bat ihn, mir einen Platz freizuhalten; **~ it for oneself** es für sich behalten; **~ sth. for later** *etc.* sich *(Dat.)* etw. für später *usw.* aufheben *od.* aufsparen; **let's ~ the business talk for later** verschieben wir das Geschäftliche erst mal auf später; **p)** *(conceal)* **~ sth. to oneself** etw. für sich behalten; **~ sth. a mystery** ein Geheimnis aus etw. machen; **~ sth. from sb.** jmdm. etw. verheimlichen; **he kept the news from them** er verschwieg ihnen die Neuigkeit; **q)** *(continue to follow)* folgen (+ *Dat.*) ⟨*Straße, Weg*⟩; **~ a straight path** immer geradeaus gehen. **2.** *v.i.*, **kept a)** *(remain in specified place, condition)* bleiben; **~ warm/clean** sich warm/sauber halten; **how are you ~ing?** *(coll.)* wie geht's [dir] denn so? *(ugs.)*; **are you ~ing well?** geht's dir gut?; *see also* **calm 2 a; cool 1 b; ²fit 1 e; silent a; b)** *(continue in course, direction, or action)* **~ [to the] left/[to the] right/straight ahead** *or* **straight on** sich links/rechts halten/immer geradeaus fahren/gehen *usw.*; **~ on until you get to the traffic lights** geh/fahr *usw.* weiter bis zur Ampel; **'~ left'** *(traffic sign)* „links vorbeifahren"; *(sign to pedestrians)* „links gehen"; **traffic in Britain ~s [to the] left** in Großbritannien herrscht Linksverkehr *od.* fährt man links; **the lorry kept to the middle of the road** der Lastwagen fuhr die ganze Zeit auf der Straßenmitte; **~ behind me** halte dich *od.* bleib hinter mir; **~ doing sth.** *(not stop)* etw. weiter tun; *(repeatedly)* etw. immer wieder tun; *(constantly)* etw. dauernd *od.* immer tun; **~ talking/working** *etc.* **until ...:** weiterreden/-arbeiten *usw.*, bis ...; *see also* **smile 2; c)** *(remain good)* ⟨*Lebensmittel:*⟩ sich halten; *(fig.)* ⟨*Geheimnis:*⟩ gewahrt bleiben; **that story can ~:** diese Geschichte kann warten *od.* eilt nicht; **your report will have to ~ until the next meeting** mit Ihrem Bericht müssen wir bis zum nächsten Treffen warten; **what I have to say won't ~:** was ich zu sagen habe, ist eilig *od.* eilt; **will your news ~ till tomorrow?** haben ihre Neuigkeiten Zeit bis morgen?. *See also* **¹go 1 f; touch 3 h. 3.** *n.* **a)** *(maintenance)* Unterhalt, *der;* **you don't earn your ~:** du bist nichts als ein unnützer Esser; **sth. doesn't earn its ~:** etw. zahlt sich nicht aus *(ugs.)*; **b) for ~s** *(coll.)* auf Dauer; *(to be retained)* zum Behalten; **you can have it** *or* **it's yours for ~s** du kannst es behalten; **c)** *(Hist.: tower)* Bergfried, *der*

**~ 'after** *v.t.* verfolgen; jagen; *(fig.: chivvy)* antreiben

**~ at** *v.t.* **a)** *(work persistently)* weitermachen mit; **~ 'at it!** nicht nachlassen!; **b)** *(cause to work at)* **~ sb. at sth.** jmdn. dazu anhalten, daß er etw. weitermacht; **c)** [-'-] *(nag)* nicht in Ruhe lassen; [ständig] zusetzen (+ *Dat.*); **don't ~ at me all the time!** laß mich endlich einmal in Ruhe!; **they kept at him for the money he owed** sie lagen ihm ständig wegen des Geldes, das er ihnen schuldete, in den Ohren *(ugs.)*

**~ a'way 1.** *v.i.* wegbleiben *(ugs.)* **(from** von); sich fernhalten **(from** von); **I just can't ~ away** es zieht mich immer wieder hin. **2.** *v.t.* fernhalten **(from** von); **~ them away from each other!** halte sie auseinander!; **~ him away from me!** halte ihn mir vom Hals! *(ugs.)*; **what kept you away?** warum bist du nicht gekommen?

**~ 'back 1.** *v.i.* zurückbleiben; **~ back from sth.** sich von etw. fernhalten; von etw. wegbleiben *(ugs.)*; **~ back!** bleib, wo du bist!; **~ back and wait your turn** halte dich zurück und warte, bis du an der Reihe bist. **2.** *v.t.* **a)** *(restrain)* zurückhalten ⟨*Menschenmenge, Tränen*⟩; **~ sb. back from sb./sth.** jmdn. von jmdm./etw. fernhalten; **b)** *(withhold)* verschweigen ⟨*Informationen, Tatsachen*⟩ **(from** *Dat.*); einbehalten ⟨*Geld, Zinsen, Zahlung*⟩; **don't try to ~ any secrets back** versuch nicht, etwas zu verheimlichen

**~ 'down 1.** *v.i.* unten bleiben; *(Mil.: lie low in skirmishing)* in Deckung bleiben; ⟨*Wind:*⟩ nicht stärker werden; **~ down!** bleib unten!; duck dich! **2.** *v.t.* **a)** *(oppress, suppress)* unterdrücken ⟨*Volk, Person, Tränen*⟩; bändigen ⟨*Hund*⟩; niederhalten ⟨*rebellische Person*⟩; **you can't ~ a good man down** *(prov.)* er/sie *usw.* läßt/lassen sich nicht unterkriegen *(ugs.)*; **b)** *(prevent increase of)* niedrig halten ⟨*Steuern, Preise, Zinssatz, Ausgaben, usw.*⟩; eindämmen ⟨*Epidemie*⟩; **~ one's weight down** nicht zunehmen; **~ the weeds down** dafür sorgen, daß das Unkraut nicht überhandnimmt; **~ down insects** Insekten bekämpfen; **c)** *(not raise)* unten lassen ⟨*Kopf*⟩; **~ that noise/your voice down** sei/rede nicht so laut; **could you ~ the volume down on your radio?** könntest du dein Radio leiser stellen?; **d)** *(not vomit)* bei sich behalten ⟨*Essen*⟩

**~ from** *v.t.* **~ from doing sth.** etw. nicht tun; *(avoid doing)* es vermeiden, etw. zu tun; **I couldn't ~ from smiling** ich mußte einfach lächeln *od.* konnte ein Lächeln nicht unterdrücken; **it is impossible to ~ from getting wet** es ist nicht zu vermeiden, daß man naß wird

**~ 'in 1.** *v.i.* **a)** *(remain indoors)* drinnen bleiben; im Haus bleiben; **b)** *(remain in favour)* **~ in with sb.** sich mit jmdm. gut stellen; sich *(Dat.)* jmdn. warmhalten *(ugs.)*. **2.** *v.t.* **a)** *(confine)* unterdrücken ⟨*Gefühle*⟩; verbergen ⟨*Überraschung*⟩; einziehen ⟨*Bauch*⟩; **b)** *(keep burning)* am Brennen halten ⟨*Feuer*⟩; *(not extinguish)* anlassen ⟨*Feuer*⟩; **c)** *(Sch.)* nachsitzen lassen ⟨*Schüler*⟩; **be kept in [after school]** nachsitzen müssen. *See also* **hand 1 k**

**~ 'off 1.** *v.i.* ⟨*Person:*⟩ wegbleiben; ⟨*Regen, Sturm usw.:*⟩ ausbleiben; **let's hope the snow ~s off** hoffen wir, daß es nicht anfängt zu schneien *od.* keinen Schnee gibt; **'~ off'** *(on building-site etc.)* „Betreten verboten". **2.** *v.t.* **a)** fernhalten ⟨*Person, Tier*⟩; abhalten ⟨*Sonne*⟩; **~ sb./sth. off sth.** jmdn./etw. von etw. fernhalten/abhalten; **~ your dog off our lawn** lassen Sie Ihren Hund nicht auf unseren Rasen; **b)** *(not go on)* nicht betreten; nicht begehen/befahren ⟨*Weg, Straße usw.*⟩; **~ off the flower-beds** nicht in die Blumenbeete treten; **'~ off the grass'** „Betreten des Rasens verboten"; **c)** *(not touch)* **~ off my whisky!** Hände *od.* Finger weg von meinem Whisky!; **d)** *(not eat or drink)* **~ off chocolates/brandy** keine Schokolade essen/keinen Brandy trinken; **~ off cigarettes/drinking** keine Zigaretten rauchen/nicht trinken; **if you don't ~ off drugs ...:** wenn du die Finger nicht von den Drogen läßt, ... *(ugs.)*; wenn du Drogen nimmst, ...; **e)** *(not mention)* **~ off a subject** ein Thema vermeiden; **do ~ off religion when the vicar comes to tea** sprich nicht über Religion, wenn der Pfarrer zum Tee kommt

**~ 'on 1.** *v.i.* **a)** *(continue, persist)* weitermachen **(with** *Akk.*); **~ on doing sth.** etw. [immer] weiter tun; *(repeatedly)* etw. immer wieder tun; *(constantly)* etw. dauernd *od.* immer tun; **I ~ on telling you this** das sage ich dir ja immer; **~ on driving down this road until ...:** fahr diese Straße immer weiter [entlang], bis ...; **I hope you'll ~ on coming to visit us** ich hoffe, du wirst uns auch weiterhin besuchen kommen; **b)** *(Brit.: talk tiresomely)* **he does ~ on** er redet von nichts anderem; **~ on about sth.** immer wieder von etw. anfangen; **~ on at sb. about sth.** jmdm. mit etw. ständig in den Ohren liegen *(ugs.)*. **2.** *v.t.* **a)** weiterbeschäftigen, behalten ⟨*Angestellten*⟩; behalten ⟨*Wohnung, Auto*⟩; verlängern ⟨*Ausstellung, Film*⟩; anlassen, laufen lassen ⟨*Radio, Fernseher*⟩; **the film was kept on for another three months/till Easter** der Film blieb drei weitere Monate/bis Ostern im Programm; **b)** anbehalten, anlassen ⟨*Kleid, Mantel*⟩; aufbehalten ⟨*Hut*⟩; *see also* **hair b**

**~ 'out 1.** *v.i.* draußen bleiben; **'~ out'** „Zutritt verboten". **2.** *v.t.* **a)** *(not let enter)* nicht hereinlassen ⟨*Person, Tier*⟩; **b)** abhalten ⟨*Kälte*⟩; abweisen ⟨*Nässe*⟩; **central heating helps ~ out the cold** eine Zentralheizung sorgt dafür, daß es nie zu kalt wird

**~ 'out of** *v.t.* **a)** *(stay outside)* **~ out of a room/an area/a country** ein Zimmer/eine Gegend nicht betreten/nicht in ein Land reisen; **b)** *(avoid)* **~ out of danger** Gefahren meiden; sich nicht in Gefahr begeben; **~ out of the rain/sun** *etc.* nicht in den Regen/die Sonne *usw.* gehen; **~ out of a quarrel** sich aus einem Streit heraushalten; **~ out of sb.'s way** jmdm. aus dem Weg gehen; **~ out of the way of those boys!** halt dich von diesen Jungen fern!; **~ out of trouble** zurechtkommen; **c)** *(not let enter)* nicht hereinlassen in (+ *Akk.*); **d)** *(cause to avoid)* **~ him/the dog out of my way** halte mir ihn/den Hund vom Leibe *(salopp)*; **~ sb. out of danger** jmdn. vor Gefahr bewahren; **~ the plants out of the sun** die Pflanzen vor Sonne schützen; **I want to ~ him out of it** ich möchte ihn da heraushalten; **he wanted his name to be kept out of the papers** er wollte, daß sein Name in den Zeitungen nicht erwähnt wird

**~ to** *v.t.* **a)** *(not leave)* bleiben auf (+ *Dat.*) ⟨*Straße, Weg*⟩; **~ to the left!** halte dich links!; bleib links!; **b)** *(follow, observe)* sich halten an (+ *Akk.*) ⟨*Regeln, Muster, Gesetz, Diät, usw.*⟩; einhalten ⟨*Zeitplan*⟩; halten ⟨*Versprechen*⟩; **~ to one's word** Wort halten; **c)** *(remain in)* **~ to one's bed** im Bett bleiben; **d) ~ [oneself] to oneself** für sich bleiben; **they ~ themselves to themselves** sie bleiben unter sich; **he ~s to himself [most of the time]** er bleibt [meist] für sich allein. *See also* **~ 1 l, 2 b**

**~ 'under** *v.t.* **a)** *(hold in subjection)* unterdrücken; **b)** *(maintain in state of unconsciousness etc.)* unter Narkose halten

**~ 'up 1.** *v.i.* **a)** *(proceed equally)* **~ up with sb./sth.** mit jmdm./etw. Schritt halten; **he can't ~ up with the rest** er kommt mit den anderen nicht mit; **~ up with the Joneses** mit den andern gleichziehen; **b)** *(maintain contact)* **~ up with sb.** mit jmdm. Kontakt halten; **~ up with sth.** sich über etw. *(Akk.)* auf dem laufenden halten; **~ up with fashions/the times** *(follow)* mit der Mode/Zeit gehen; **c)** ⟨*Regen, Wetter:*⟩ anhalten. **2.** *v.t.* **a)** *(prevent from falling)* festhalten ⟨*Leiter, Zelt usw.*⟩; **wear a belt to ~ one's trousers up** einen Gürtel tragen, damit die Hosen nicht rutschen; **b)** *(prevent from sinking)* aufrechterhalten ⟨*Produktion, Standard usw.*⟩; auf gleichem Niveau halten ⟨*Preise, Löhne usw.*⟩; **c)** *(maintain)* aufrechterhalten ⟨*Bräuche, Traditionen, Freundschaft, Lebensstil, Tempo, jmds. Moral*⟩; *(provide means for the maintenance of)* unterhalten ⟨*Anwesen*⟩; *(keep in repair)* instand *od.* *(ugs.)* in Schuß halten ⟨*Haus*⟩; *(keep in* *proper condition)* in Ordnung *od. (ugs.)* in Schuß halten ‹*Garten*›; **d)** *continue)* fortsetzen ‹*Angriff, Belagerung*›; weiterhin zahlen ‹*Raten*›; **such old customs are no longer kept up** solche alten Bräuche werden nicht mehr gepflegt; ~ **one's courage/spirits up** den Mut nicht sinken lassen; ~ **one's strength up** sich bei Kräften halten; ~ **it up** weitermachen; ~ **it up!** weiter so!; **he'll never be able to ~ it up** er wird es nicht durchhalten [können]; **I'm trying to ~ up my French** ich versuche, mit meinem Französisch nicht aus der Übung zu kommen; ~ **up one's chess/painting** weiterhin Schach spielen/malen; **they kept up a correspondence for many years** sie haben jahrelang [miteinander] im Briefwechsel gestanden; *see also* **appearance b; chin; end 1 a; e)** *(prevent from going to bed)* am Schlafengehen hindern; **are we ~ing you up?** halten wir dich vom Schlafengehen ab?; **they kept me up all night** sie haben mich die ganze Nacht nicht schlafen lassen; **they were kept up by their baby crying** wegen ihres schreienden Babys kamen sie nicht zum Schlafen

**keeper** ['ki:pə(r)] *n.* **a)** *see* **gamekeeper; b)** *see* **goalkeeper; wicket-keeper; c)** *(custodian)* Wärter, *der*/Wärterin, *die; (zoo~)* Tierwärter, *der*/-wärterin, *die;* ~ **of the keys** Schlüsselverwahrer, *der (veralt.);* **am I my brother's ~?** *(Bibl.)* soll ich meines Bruders Hüter sein? *(bibl.);* **d)** *(fruit that keeps)* **these apples are good ~s** diese Äpfel halten sich gut

**keep-'fit class** *n.* Fitneßgruppe, *die;* **go to ~es** zu Fitneßübungen gehen

**keeping** ['ki:pɪŋ] *n., no pl.* **a)** *no art.* **be in ~ with sth.** einer Sache *(Dat.)* entsprechen; *(be suited to sth.)* zu etw. passen; **be out of ~ with sth.** einer Sache *(Dat.)* nicht entsprechen; **the dress she wore was rather out of ~:** das Kleid, das sie anhatte, war ziemlich unpassend; **b)** *(custody)* **give sth. into sb.'s ~:** jmdm. etw. zur Aufbewahrung [über]geben; **the keys are in his ~:** er bewahrt die Schlüssel auf; **take sth. into one's ~:** etw. in Gewahrsam nehmen; **leave sb. in sb.'s ~:** jmdn. jmds. Obhut anvertrauen; **c) the apples will improve with ~:** die Äpfel werden besser, wenn man sie eine Zeitlang liegen läßt

**'keepsake** *n.* Andenken, *das;* **take it as** *or* **for a ~ [to remind you] of me** nimm es als *od.* zum Andenken an mich

**keg** [keg] *n.* **a)** *(barrel)* [kleines] Faß; Fäßchen, *das;* **b)** *attrib.* ~ **beer** *aus luftdichten Metallbehältern gezapftes, mit Kohlensäure versetztes Bier;* ≈ Faßbier, *das*

**kelp** [kelp] *n.* [See]tang, *der*

**kelvin** ['kelvɪn] *n. (Phys.)* Kelvin, *das*

**'Kelvin scale** *n. (Phys.)* Kelvinskala, *die*

**[1]ken** [ken] *n.* **this is beyond** *or* **outside my ~:** das geht über meinen Horizont; das ist zu hoch für mich *(ugs.); (beyond range of knowledge)* das übersteigt mein Wissen

**[2]ken** *v.t.,* **~ned** *or* **kent** [kent], **~ned** *(Scot.) see* **know 1**

**kennel** ['kenl] *n.* **a)** Hundehütte, *die;* **b)** *in pl.* **[boarding] ~s** Hundepension, *die;* **[breeding] ~s** Zwinger, *der*

**Kentish** ['kentɪʃ] *adj.* kentisch

**Kenya** ['kenjə, 'ki:njə] *pr. n.* Kenia *(das)*

**Kenyan** ['kenjən, 'ki:njən] **1.** *adj.* kenianisch; **sb. is ~:** jmd. ist Kenianer/Kenianerin. **2.** *n.* Kenianer, *der*/Kenianerin, *die*

**kepi** ['kepɪ, 'keɪpɪ] *n.* Käppi, *das*

**kept** *see* **keep 1, 2**

**kerb** [kɜ:b] *n. (Brit.)* Bordstein, *der*

**kerb: ~-crawling** *n. (Brit.) langsames Fahren mit dem Auto am Straßenrand, um jemanden „aufzureißen";* **~ drill** *n. (Brit.)* richtiges [Verhalten beim] Überqueren der Fahrbahn; **~stone** *n. (Brit.)* Bordstein, *der;* **~ weight** *n. (Brit.)* [Fahrzeug]leergewicht, *das*

**kerchief** ['kɜ:tʃɪf, 'kɜ:tʃi:f] *n. (worn on the head)* Kopftuch, *das; (worn around the neck)* [Hals]tuch, *das*

**kerfuffle** [kə'fʌfl] *n. (Brit. coll.)* Wirbel, *der;* Affenzeck, *der (ugs. abwertend)*

**kernel** ['kɜ:nl] *n. (lit. or fig.)* Kern, *der;* **a ~ of truth** ein Körnchen Wahrheit

**kerosene, kerosine** ['kerəsi:n] *n. (Amer., Austral., NZ/as tech. term)* Paraffin[öl], *das; (for jet engines)* Kerosin, *das; (for lamps etc.)* Petroleum, *das;* ~ **lamp** Petroleumlampe, *die*

**kestrel** ['kestrəl] *n. (Ornith.)* Turmfalke, *der*

**ketch** [ketʃ] *n. (Naut.)* Ketsch, *die*

**ketchup** ['ketʃʌp] *n.* Ketchup, *der od. das*

**ketone** ['ki:təʊn] *n. (Chem.)* Keton, *das*

**kettle** ['ketl] *n.* [Wasser]kessel, *der;* **a pretty** *or* **fine ~ of fish** *(iron.)* eine schöne Bescherung *(ugs. iron.);* **a different** *or* **another ~ of fish** eine ganz andere Sache

**kettle: ~-drum** *n. (Mus.)* [Kessel]pauke, *die;* **~-drummer** *n. (Mus.)* Paukist, *der*/Paukistin, *die*

**kettleful** ['ketlfʊl] *n.* Kessel, *der;* **a ~ of water** ein Kessel [voll] Wasser

**[1]key** [ki:] **1.** *n.* **a)** *(lit. or fig.)* Schlüssel, *der;* **the ~ to success** der Schlüssel zum Erfolg; **the ~ to the mystery** des Rätsels Lösung; der Schlüssel zum Geheimnis; **b)** *(place)* Schlüsselstellung, *die (Milit.);* **c)** *(set of answers)* [Lösungs]schlüssel, *der; (to map etc.)* Zeichenerklärung, *die; (to cipher)* Schlüssel, *der;* **d)** *(translation)* [wörtliche] Übersetzung; **e)** *(on piano, typewriter, etc.)* Taste, *die; (on wind instrument)* Klappe, *die;* **f)** *(Electr.)* Taste, *die;* **g)** *(Mus.)* Tonart, *die; (fig.: of speech or writing)* Ton, *der;* Tonart, *die;* **sing/play in/off ~:** richtig/falsch singen/spielen; **h)** *(Bot.)* Flügelfrucht, *die;* **i)** *(for grasping screws etc.)* [Schrauben]schlüssel, *der; (for winding a clock etc.)* Schlüssel, *der. See also* **house 1 c. 2.** *attrib. adj.* entscheidend; Schlüssel‹*frage, -position, -rolle, -figur, -industrie*›. **3.** *v. t. (Computing)* eintasten

~ **up a)** *(stimulate)* ~ **sb. up to sth./to a state of excitement** jmdn. zu etw. hinreißen/in einen Zustand der Erregung versetzen; **the crowd was ~ed up for the match** die Menge war auf das Spiel eingestimmt; **b)** *(make extremely tense)* **be all ~ed up** ganz aufgeregt sein; **he was all ~ed up for the great event** er fieberte dem großen Ereignis entgegen

**[2]key** *n. (Geog.)* [Korallen]insel, *die*

**key: ~bar** *n.* Typenhebel, *der;* **~board 1.** *n. (of piano etc.)* Klaviatur, *die; (of typewriter etc.)* Tastatur, *die;* **~board instrument** Tasteninstrument, *das;* **2.** *v. t.* tasten; **~boarder, ~board operator** *ns.* Taster, *der*/Tasterin, *die;* **~hole** *n.* Schlüsselloch, *das;* **~note** *n.* **a)** *(Mus.)* Grundton, *der;* **b)** *(fig.)* Grundgedanke, *der;* [Grund]tenor, *der; attrib.* **~note speech** programmatische Rede; **~-pad** *n.* Tastenfeld, *das;* **~punch operator** *n.* Locher, *der*/Locherin, *die;* **~ring** *n.* Schlüsselring, *der;* **~ signature** *n. (Mus.)* Tonartvorzeichnung, *die;* **~stone** *n. (Archit.)* Schlußstein, *der; (fig.)* Grundpfeiler, *der;* **~stroke** *n. (Computing)* Anschlag, *der;* **~word** *n.* **a)** *(key to cipher)* Schlüsselwort, *das;* **b)** *(significant word in indexing)* Stichwort, *das;* Schlüsselwort, *das (bes. DV)*

**KG** *abbr. (Brit.)* **Knight [of the Order] of the Garter**

**kg.** *abbr.* **kilogram[s]** kg

**khaki** ['kɑ:kɪ] **1.** *adj.* khakifarben; ~ **colour/cloth** Khaki, *das*/Khaki, *der.* **2.** *n. (cloth)* Khaki, *der;* **~-coloured** khakifarben

**kHz** *abbr.* **kilohertz** kHz

**kibbutz** [kɪ'bʊts] *n., pl.* **kibbutzim** [kɪbʊt'si:m] Kibbuz, *der*

**kibitzer** ['kɪbɪtsə(r), kɪ'bɪtsə(r)] *n. (coll.)* Kiebitz, *der (ugs.); (meddlesome person)* wichtigtuerischer Besserwisser

**kibosh** ['kaɪbɒʃ] *n. (sl.)* **put the ~ on sth.** etw. vermasseln *(salopp);* **that's put the ~ on his hopes, hasn't it?** damit sind seine Hoffnungen wohl im Eimer, was? *(salopp)*

**kick** [kɪk] **1.** *n.* **a)** [Fuß]tritt, *der; (Footb.)* Schuß, *der;* **give sb. a ~:** jmdm. einen Tritt geben *od.* versetzen; **give a ~ at sth., give sth. a ~:** gegen etw. treten; **give sb. a ~ in the pants** *(fig. coll.)* jmdm. Feuer unterm Hintern machen *(salopp);* **a ~ in the teeth** *(fig.)* ein Schlag ins Gesicht; **give sb. a ~ in the teeth** *(fig. coll.)* jmdn. vor den Kopf stoßen; **b)** *(Sport: burst of speed)* Spurt, *der;* **c)** *(coll.: sharp effect, thrill)* Kitzel, *der; (of wine)* Feuer, *das;* **give sb. a ~:** jmdm. Spaß machen; **this beer has plenty of ~ in it** dieses Bier hat es in sich *(Dat.);* **he gets a ~ out of it** er hat Spaß daran; es macht ihm Spaß; **do sth. for ~s** etw. zum Spaß tun; **d)** *(coll.: temporary interest)* Fimmel, *der (ugs. abwertend);* Tick, *der (ugs.);* **be on a** *or* **the fitness ~:** auf einem *od.* dem Fitneßtrip sein *(ugs.);* **e)** *(recoil of gun)* Rückstoß, *der.* **2.** *v. i.* **a)** treten; ‹*Pferd:*› ausschlagen; ‹*Baby:*› strampeln; ‹*Tänzer:*› das Bein hochwerfen; ~ **at sth.** gegen etw. treten; **you have to ~ with your legs when doing the crawl** beim Kraulen mußt du mit den Beinen schlagen; **~ing and screaming** *(fig.)* in heftigem *od.* wildem Protest; **b)** *(show opposition)* sich zur Wehr setzen **(at, against** gegen). *See also* **alive d; prick 3 e; [2]trace. 3.** *v. t.* **a)** einen Tritt geben (+ *Dat.*) ‹*Person, Hund*›; treten gegen ‹*Gegenstand*›; kicken *(ugs.),* schlagen, schießen ‹*Ball*›; ~ **the door open/shut** die Tür auf-/zutreten; **he ~ed the ball straight at me** er kickte den Ball genau in meine Richtung; ~ **sb. in the teeth** *(fig. coll.)* jmdn. vor den Kopf stoßen; ~ **sb. upstairs** *(fig. coll.) jmdm. eine nach außen bessere Position geben, aber seinen Einflußbereich einschränken;* ≈ jmdn. fortloben; ~ **a goal** ein Tor schießen; **I could ~ myself!** *(coll.)* ich könnte mir *od.* mich in den Hintern beißen *(salopp);* **b)** *(sl.: abandon)* ablegen ‹*schlechte Angewohnheit*›; aufgeben ‹*Rauchen*›; ~ **the habit** es aufstecken *(ugs.). See also* **bucket1 a; [1]heel 1 a**

~ **a'bout, ~ a'round 1.** *v. t.* **a)** [in der Gegend] herumkicken *(ugs.);* **b)** *(treat badly)* herumstoßen; schikanieren; **c)** *(coll.: discuss unsystematically)* bekakeln *(ugs.);* bequatschen *(salopp).* **2.** *v. i.* **a)** *(coll.: wander about)* rumziehen *(ugs.);* **b) be ~ing about** *or* **around** *(coll.: be present, alive)* rumhängen *(ugs.);* **old Thompson is still ~ing around** *(is still alive)* der alte Thompson macht's immer noch *(ugs.);* **c) be ~ing about** *or* **around** *(coll.: lie scattered)* rumliegen *(ugs.);* rumfliegen *(salopp);* **is there a sandwich ~ing around?** gibt's hier irgendwo 'n Sandwich? *(ugs.)*

~ **'back 1.** *v. i.* **a)** *(~ in retaliation)* zurücktreten; *(fig.)* zurückschlagen; **b)** *(recoil)* ‹*Gewehr:*› zurückschlagen. **2.** *v. t.* **a)** zurückschlagen ‹*Ball*›; mit dem Fuß zurückschlagen ‹*Bettdecke*›; **b)** *(~ in retaliation)* wiedertreten. *See also* **kickback**

~ **'in** *v. t. (break, damage)* eintreten

~ **'off 1.** *v. t.* von sich schleudern ‹*Kleidungsstück, Schuhe*›. **2.** *v. i. (Footb.)* anstoßen; ‹*Spiel:*› beginnen; *(fig. coll.: start)* anfangen; *see also* **kick-off**

~ **'out** *v. t. (force to leave)* hinauswerfen; rausschmeißen *(ugs.);* **get ~ed out** rausfliegen *(ugs.);* **get ~ed out of one's job** [aus der Stellung] fliegen *(ugs.)*

~ **'up** *v. t.* **a)** *(raise by ~ing)* [mit den Füßen] aufwirbeln ‹*Sand, Staub*›; ‹*Autoreifen:*› hochschleudern ‹*Steine*›; mit dem Fuß umschlagen ‹*Teppich*›; **b)** *(coll.: create)* vom Zaun brechen ‹*Streit*›; ~ **up a shindy/stink** Radau machen *(ugs.)*/Stunk machen od. anfangen *(ugs.)*

**kick: ~back** *n. (coll.: bribe)* Prozente *(fig.*

*ugs.)*; **~-down** *n. (Motor Veh.)* Kickdown, *der;* **~-off** *n.* **a)** *(Footb.)* Anstoß, *der; (fig.: start)* Beginn, *der;* **for a ~-off** *(coll.)* zunächst einmal; **b)** *(inaugural event)* Eröffnung, *die;* **~-start[er]** *n. (Motor Veh.)* Kickstarter, *der;* **~-turn** *n. (Skiing)* Spitzkehre, *die*

**kid** [kɪd] **1.** *n.* **a)** *(young goat)* Kitz, *das;* Zickel, *das;* **b)** *(leather)* Ziegenleder, *das; attrib.* Ziegenleder-; **c)** *(coll.: child)* Kind, *das; (Amer. coll.: young person)* Jugendliche, *der/die;* Kid, *das (ugs.);* **these ~s are driving me mad today** diese Bälger machen mich heute verrückt *(ugs.);* **you're still only a ~:** du bist noch zu jung [dazu]; **OK, ~s, let's go** *(Amer.)* also gut, Leute, gehen wir *(ugs.);* **college ~** *(Amer.)* Student, *der*/Studentin, *die;* **what a great ~ she is!** *(Amer.)* sie ist wirklich schwer in Ordnung *(ugs.);* **it's ~[s'] stuff** *(sl.: easy)* das ist ein Kinderspiel; **I'm too old for that ~s' stuff** ich bin zu alt für diese Kindereien; **~ brother/sister** *(sl.)* kleiner Bruder/kleine Schwester; Brüderchen, *das*/Schwesterchen, *das.* **2.** *v. t.,* **-dd-** *(coll.) (hoax)* anführen *(ugs.);* auf den Arm nehmen *(ugs.); (deceive)* was vormachen (+ *Dat.*) *(ugs.); (tease)* aufziehen *(ugs.);* **I ~ you** '**not** ehrlich!; **~ oneself** sich *(Dat.)* was vormachen *(ugs.).* **3.** *v. i.,* **-dd-** *(coll.)* **be ~ding** Spaß machen *(ugs.);* **you've got to be ~ding!** das ist doch nicht dein Ernst!; **no ~ding** [ganz] im Ernst *od.* ohne Scherz

**kiddie** ['kɪdɪ] *(coll.)* Kindchen, *das;* **all right ~s, off to bed with you** okay, Kinder, ab ins Bett *(ugs.);* **I wish had some ~s of my own** ich wünschte, ich hätte selbst kleine Kinder

**kid** '**glove** *n.* Glacéhandschuh, *der;* **handle** *or* **treat sb. with ~s** *(fig.)* jmdn. mit Samt- *od.* Glacéhandschuhen anfassen *(ugs.)*

**kid-'glove** *adj.* sanft; behutsam; **give sb. the ~ treatment** jmdn. mit Samt- *od.* Glacéhandschuhen anfassen *(ugs.)*

**kidnap** ['kɪdnæp] *v. t., (Brit.)* **-pp-** entführen ‹*Person*›; stehlen ‹*Tier*›; *(to obtain ransom)* kidnappen; entführen

**kidnapper** ['kɪdnæpə(r)] *n.* Entführer, *der*/Entführerin, *die;* Kidnapper, *der*/Kidnapperin, *die*

**kidney** ['kɪdnɪ] *n.* **a)** *(Anat., Gastr.)* Niere, *die;* **steak and ~ pie/pudding** *see* **steak; b)** *(fig.: temperament)* [Menschen]schlag, *der;* **of the same/right** *etc.* **~:** vom gleichen/richtigen *usw.* Schlag

**kidney: ~ bean** *n.* Gartenbohne, *die; (scarlet runner bean)* Feuerbohne, *die;* **red ~ bean** Kidneybohne, *die;* **~ dish** *n.* Nierenschale, *die;* **~ machine** *n.* künstliche Niere; Dialysegerät, *das;* **~-shaped** *adj.* nierenförmig; **~ table** *n.* Nierentisch, *der;* **~-vetch** *n.* Gemeiner Wundklee; gelber Klee

**Kiel Canal** [ki:l kə'næl] *pr. n.* Nord-Ostsee-Kanal, *der*

**Kilkenny cat** [kɪlkenɪ 'kæt] *n.* **fight like ~s** wie zwei Wildkatzen kämpfen; *(fig.)* sich bis zum letzten Blutstropfen bekämpfen

**kill** [kɪl] **1.** *v. t.* **a)** töten; *(deliberately)* umbringen; ‹*Rauchen usw.:*› tödliche Folgen haben für; sterben lassen ‹*Romanfigur usw.*›; **be ~ed in action/war** im Kampf/Krieg fallen; **shoot to ~:** gezielt schießen; **too much drink can ~ you** zuviel Alkohol kann tödlich sein; **~ or cure sb./sth.** jmdn./etw. entweder umbringen oder wieder auf die Beine bringen; **be ~ed in a car crash** bei einem Autounfall umkommen *od.* ums Leben kommen; **grief/the shock almost ~ed her** sie wäre vor Gram/Schreck fast gestorben; **it won't ~ you** *(iron.)* es wird dich [schon] nicht *od.* nicht gleich umbringen; **that last stretch [nearly] ~ed me!** das letzte Stück hat mich fast umgebracht; **~ oneself** sich umbringen; **I'm ~ing myself with this work** ich arbeite mich [dabei] zu Tode; **~ oneself laughing** *(fig.)* sich totlachen; **b)** *(coll.: cause severe pain to)* **it is ~ing me** das bringt mich noch um; **c)** abtöten ‹*Krankheitserreger, Schmerz, Ungeziefer, Hefe*›; erfolgreich bekämpfen ‹*Krankheit*›; absterben lassen ‹*Bäume, Pflanzen*›; totschlagen ‹*Geschmack, Farbe*›; verderben ‹*Witz*›; *(put an end to)* [ab]töten ‹*Gefühl*›; zerstören ‹*Glauben*›; **~ sb.'s ambition** jmdn. resignieren lassen; jmds. Ehrgeiz erkalten lassen *(geh.);* **d) ~ time** sich *(Dat.)* die Zeit vertreiben; die Zeit totschlagen *(abwertend);* **I've got such a lot of time to ~ at the moment** ich habe zur Zeit soviel Leerlauf; **~ an hour** sich *(Dat.)* eine Stunde lang die Zeit vertreiben; **e)** *(obtain meat from)* schlachten ‹*Tier*›; **~ meat** schlachten; **f)** *(overwhelm)* überwältigen; **dress to ~:** sich herausputzen; **g)** *(switch off)* ausschalten; *(extinguish)* ausdrücken, *(ugs.)* töten ‹*Zigarette*›; **h)** *(coll.) (eat)* verdrücken *(ugs.); (drink)* leer machen ‹*Flasche*›; **i)** *(Footb.)* stoppen ‹*Ball*›; *(Tennis)* unretournierbar schlagen ‹*Ball*›; **j)** *(defeat, veto)* zu Fall bringen; abschmettern *(ugs.). See also* **bird a. 2.** *n.* **a)** *(~ing of game)* Abschuß, *der; (prey)* Beute, *die;* **the tiger has made a ~/is on the ~:** der Tiger hat eine Beute geschlagen/ist auf der Jagd; **move in for the ~** ‹*Raubtier:*› die Beute anschleichen, zum Sprung auf die Beute ansetzen; *(fig.)* zum entscheidenden Schlag ausholen; **be in at the ~ = be in at the death** *see* **death a; b)** *(Hunting: amount)* Strecke, *die (Jägerspr.);* **c)** *(destruction) (of aircraft)* Abschuß, *der; (of ship)* Versenkung, *die*

**~ 'off** *v. t.* vernichten ‹*Feinde, Konkurrenz*›; ausrotten ‹*Tierart*›; abschlachten ‹*Vieh*›; sterben lassen ‹*Romanfigur usw.*›; vertilgen ‹*Ungeziefer, Unkraut*›; scheitern lassen ‹*Projekt*›; ‹*Frost:*› eingehen lassen ‹*Pflanze*›

**killer** ['kɪlə(r)] *n.* Mörder, *der*/Mörderin, *die; (murderous ruffian)* Killer, *der (salopp);* **be a ~** ‹*Krankheit:*› tödlich sein; *attrib.* **the ~ instinct** der Instinkt zum Töten; der Killerinstinkt *(Sportjargon); see also* **humane killer**

'**killer whale** *n.* Mörderwal, *der*

**killing** ['kɪlɪŋ] **1.** *n.* **a)** Töten, *das;* Tötung, *die;* **the ~ of the three children** der Mord an den drei Kindern; **b)** *(fig. coll.: great success)* Coup, *der (ugs.);* **make a ~** *(make a great profit)* einen [Mords]reibach machen *(ugs.).* **2.** *adj.* **a)** tödlich; **b)** *(coll.: exhausting)* mörderisch *(ugs.);* **c)** *(coll.: attractive, amusing, etc.)* umwerfend

**killingly** ['kɪlɪŋlɪ] *adv.* **~ funny** zum Totlachen [komisch] *(ugs.)*

'**killjoy** *n.* Spielverderber, *der*/-verderberin, *die*

**kiln** [kɪln] *n. (for burning/drying)* [Brenn-/Trocken]ofen, *der; (hop-~)* Darre, *die*

'**kiln-dry** *v. t.* [im Ofen] brennen ‹*Keramik*›; darren ‹*Hopfen, Getreide usw.*›

**kilo** ['ki:ləʊ] *n., pl.* **~s** Kilo, *das*

**kilo-** ['kɪlə] *pref.* kilo-/Kilo-

'**kilobyte** *n. (Computing)* Kilobyte, *das*

'**kilocycle** *n. (frequency unit)* Kilohertz, *das*

'**kilogram,** '**kilogramme** *n.* Kilogramm, *das*

'**kilohertz** *n. (Phys.)* Kilohertz, *das*

**kilometre** *(Brit.; Amer.:* **kilometer**) ['kɪləmi:tə(r) *(Brit.),* kɪ'lɒmɪtə(r)] *n.* Kilometer, *der*

'**kilowatt** *n. (Electr., Phys.)* Kilowatt, *das*

'**kilowatt-hour** *n. (Electr., Phys.)* Kilowattstunde, *die*

**kilt** [kɪlt] *n.* **a)** *(Scot.)* Kilt, *der;* **b)** *(women's garment)* Schottenrock, *der;* Kiltrock, *der*

**kilted** ['kɪltɪd] *adj.* kiltbekleidet; kilttragend; **be ~:** einen Kilt tragen

**kilter** ['kɪltə(r)] *n. (Amer.)* **be out of ~** *(out of order)* nicht in Ordnung sein; *(out of alignment)* schief sein

**kimono** [kɪ'məʊnəʊ] *n., pl.* **~s** Kimono, *der*

**kin** [kɪn] **1.** *n. (ancestral stock)* Geschlecht, *das; (relatives)* Verwandte; *(relation)* Verwandte, *der/die; see also* **kith; next 3c. 2.** *pred. adj.* verwandt **(to** mit)

**¹kind** [kaɪnd] *n.* **a)** *(class, sort)* Art, *die;* **several ~s of apples** mehrere Sorten Äpfel; **all ~s of things/excuses** alles mögliche/alle möglichen Ausreden; **all ~s of people enjoy that programme** das Programm gefällt den verschiedensten Leuten; **no ... of any ~** keinerlei ...; **good of its ~:** auf seine Art ganz gut; **books of every ~:** Bücher aller Art; **be [of] the same ~:** von derselben Sorte *od.* Art sein; **I know [you and] your ~:** deine Sorte kenne ich; **people/things of this ~:** diese Art Leute/solche Dinge; **she's not the ~ [of person] to talk scandal** es ist nicht ihre Art, zu tratschen; **something/nothing of the ~:** so etwas Ähnliches/nichts dergleichen; **you'll do nothing of the ~!** das kommt gar nicht in Frage!; **two of a ~:** zwei gleiche; **they differ** *or* **are different in ~:** sie unterscheiden sich wesentlich; **I suppose it was art of a ~** *(derog.)* das sollte wohl Kunst sein; **Was there any entertainment? – Well, of a ~** *(derog.)* Gab es irgendwelche Unterhaltung? – Na ja, es sollte wohl so was sein; **what ~ is it?** was für einer/eine/eins ist es?; **what ~ of [a] tree is this?** was für ein Baum ist das?; **what ~ of people are they?** was für Leute sind sie?; **what ~ of thing are you going to wear?** was ziehst du an?; **what ~ of [a] fool do you take me for?** für wie dumm hältst du mich?; **what ~ of [a] person do you think I am?** für wen hältst du mich?; **the ~ of person we need** der Typ, den wir brauchen; **this is exactly the ~ of house we're looking for** genau so ein Haus suchen wir; **they are the ~ of people who ...:** sie gehören zu der Sorte von Leuten, die ...; das sind solche Leute, die ...; **this ~ of food/atmosphere** diese Art *od.* solches Essen/solch *od.* so eine Stimmung; **these ~ of people/things** *(coll.)* solche Leute/Sachen; **b)** *(implying vagueness)* **a ~ of ...:** [so] eine Art ...; **~ of interesting/cute** *etc. (coll.)* irgendwie interessant/niedlich *usw. (ugs.);* **c)** *(race)* **the human ~:** die Menschheit; das Menschengeschlecht; **one's own ~:** seinesgleichen; **d) in ~** *(not in money)* in Sachwerten; **pay in ~:** in Naturalien zahlen/bezahlen; **benefits in ~:** Sachbezüge *Pl.;* **pay back** *or* **repay sth. in ~** *(fig.)* etw. mit *od.* in gleicher Münze zurückzahlen

**²kind** *adj. (of gentle nature)* liebenswürdig; *(showing friendliness)* freundlich; *(affectionate)* lieb; **if the weather is ~:** bei schönem Wetter; **have a ~ heart** gutherzig sein; **would you be so ~ as to** *or* **~ enough to do that?** wären Sie so freundlich *od.* nett, das zu tun?; **be ~ to animals/children** gut zu Tieren/Kindern sein; **oh, you 'are ~!, that 'is ~ of you** sehr nett *od.* liebenswürdig von Ihnen; **how ~ !** wie nett [von ihm/ihr/Ihnen *usw.*]!

**kinda** ['kaɪndə] *(coll.)* = **kind of; I ~ like that** ich mag das irgendwie *od. (ugs.)* irgendwo; **that ~ thing** so was *(ugs.)*

**kindergarten** ['kɪndəgɑ:tn] *n.* Kindergarten, *der; (forming part of a school)* ≈ Vorklasse, *die*

**kind-hearted** [kaɪnd'hɑ:tɪd] *adj.* gutherzig; liebenswürdig ‹*Geste, Handlung*›

**kindle** ['kɪndl] **1.** *v. t.* **a)** *(light)* anzünden, *(geh.)* entzünden ‹*Holz, Feuer*›; entfachen *(geh.)* ‹*Flamme*›; *(fig.: inflame)* entzünden, entfachen *(geh.)* ‹*Zorn, Leidenschaft*›; wecken ‹*Interesse, Gefühl*›; **b)** *(make bright)* erglühen lassen *(geh.).* **2.** *v. i.* **a)** *(catch fire)* sich entzünden; *(fig.: become animated)* aufleben; *(fig.: flare up)* aufflammen; entbrennen *(geh.);* **b)** *(become bright)* ‹*Augen:*› aufflammen *(geh.)* **(with** vor + *Dat.*); ‹*Licht:*› aufscheinen *(geh.); (start to glow)* erglühen *(geh.)*

**kindliness** ['kaɪndlɪnɪs] *n., no pl.* Freundlichkeit, *die; (gentleness of nature)* Liebenswürdigkeit, *die*

**kindling** ['kɪndlɪŋ] *n., no pl., no indef. art. (for lighting fire)* Anmachholz, *das*

**kindly** ['kaɪndlɪ] **1.** *adv.* **a)** freundlich; nett; **..., she said ~: ...**, sagte sie freundlich; **b)** *in polite request etc.* freundlicherweise; **c) take sth. ~:** etw. gern annehmen; **take ~ to sth./sb.** sich mit etw./jmdm. schnell anfreunden; **he didn't take at all ~ to the suggestion** er konnte sich mit dem Vorschlag gar nicht recht anfreunden; **I wouldn't take ~ to anything like that** für dergleichen könnte ich mich kaum erwärmen; **d) thank sb. ~:** jmdm. herzlich danken; **thank you ~:** herzlichen Dank. **2.** *adj.* **a)** freundlich; nett; liebenswürdig; *(good-natured, kind-hearted)* gütig; wohlwollend; gut ‹*Herz, Tat*›; **b)** *(pleasant)* angenehm ‹*Wetter, Klima*›; *(favourable)* günstig; gut

**kindness** ['kaɪndnɪs] *n.* **a)** *no pl. (kind nature)* Freundlichkeit, *die;* Liebenswürdigkeit, *die;* **do sth. out of ~:** etw. aus Gefälligkeit tun; **out of the ~ of one's heart** aus reiner Freundlichkeit; **b)** *(kind act)* Gefälligkeit, *die;* **do sb. a ~:** jmdm. eine Gefälligkeit erweisen *od.* einen Gefallen tun

**kindred** ['kɪndrɪd] **1.** *n., no pl.* **a)** *(blood relationship)* Blutsverwandtschaft, *die;* **b)** *(one's relatives)* Verwandtschaft, *die;* Verwandte. **2.** *adj.* **a)** *(related by blood)* blutsverwandt; **b)** *(fig.) (connected)* verwandt; *(similar)* ähnlich

**kindred 'spirit** *n.* Gleichgesinnte, *der/die;* verwandte Seele *(geh.)*

**kinetic** [kɪ'netɪk, kaɪ'netɪk] *adj.* kinetisch

**king** [kɪŋ] *n.* **a)** König, *der;* **live like a ~:** leben wie ein Fürst; **a feast fit for a ~:** ein königliches Mahl; **[the First/Second Book of] K~s** *(Bibl.)* [das erste/zweite Buch der] Könige; **K~ of ~s** *(God)* König aller Könige; **K~ of the Castle** *ein Kinderspiel, bei dem man versucht, den Gegner von einem Hügel zu verdrängen;* **be the ~ of the castle** *(fig.)* das Sagen haben; **~ of beasts/birds** König der Tiere/Vögel; **b)** *(great merchant, player, etc.)* König, *der;* **oil ~:** Ölkönig, *der;* Ölmagnat, *der;* **c)** *(Chess, Cards)* König, *der; (Draughts)* Dame, *die;* **~'s bishop/knight/pawn/rook** Königsläufer/-springer/-bauer/-turm, *der;* **~ of hearts** Herzkönig, *der. See also* **bench h; colour 1 j; counsel 1 c; English 2 a; evidence 1 b; guide 1 e; highway a; messenger b; ransom 1; save 1 c; [1]scout 1 a; shilling**

**king: ~ 'cobra** *n.* Königskobra, *die;* **~-crab** *n.* **a)** Königskrabbe, *die;* **b)** *(Amer.: edible spider-crab)* Steinkrabbe, *die;* **~cup** *n. (Bot.)* **a)** *(buttercup)* Hahnenfuß, der; **b)** *(Brit.: marsh marigold)* Sumpfdotterblume, *die*

**kingdom** ['kɪŋdəm] *n.* **a)** Königreich, *das;* **the ~ of Naples** das Königreich Neapel; *see also* **United Kingdom; b)** *(reign of God, sphere of reign)* Reich, *das;* **the ~ of God** das Reich Gottes; **thy ~ come** dein Reich komme; **the ~ of heaven** das Himmelreich; **wait till ~ come** *(sl.)* bis in alle Ewigkeit warten *(ugs.);* **blast sb. to ~ come** *(sl.)* jmdn. umnieten *(salopp);* **c)** *(domain)* Welt, *die;* **the ~ of thought** das Reich der Gedanken; **d)** *(province of nature)* Reich, *das;* **animal/vegetable/mineral ~:** Tier-/Pflanzen-/Mineralreich, *das;* **~ of nature** Naturreich, *das*

**king: ~fisher** *n. (Ornith.)* Eisvogel, *der;* **K~ 'James['s] Bible** *or* **Version** *(Amer.)* = **Authorized Version;** *see* **authorize b**

**kingly** ['kɪŋlɪ] *adj.* königlich

**king: ~maker** *n.* Königsmacher, *der;* **~ 'penguin** *n.* Königspinguin, *der;* **~pin** *n. (lit., or fig.: essential person or thing)* Hauptstütze, *die; (most prominent person or organization)* Nummer eins; **he's the ~pin in the team** mit ihm steht und fällt die Mannschaft

**kingship** ['kɪŋʃɪp] *n.* **a)** *no pl., no art. (office of king)* Königsamt, *das;* **b)** *(rule of king)* Königtum, *das*

**'king-size[d]** *adj.* extragroß; King-size-‹*Zigaretten*›

**kink** [kɪŋk] **1.** *n.* **a)** *(in pipe, wire, etc.)* Knick, *der; (in rope)* Kink, *der (Seemannsspr.); (in hair, wool)* Welle, *die;* **b)** *(fig.: mental peculiarity)* Tick, *der (ugs.);* Spleen, *der.* **2.** *v. i.* Knicke kriegen; ‹*Haar:*› sich wellen. **3.** *v. t.* knicken; Knicke machen in (+ *Akk.*); einen Kink machen in (+ *Akk.*) *(Seemannsspr.)*

**kinkajou** ['kɪŋkədʒu:] *n. (Zool.)* Kinkaju, *der;* Wickelbär, *der*

**kinky** ['kɪŋkɪ] *adj.* **a)** geknickt; wellig ‹*Haar*›; **b)** *(coll.: bizarre, perverted)* spleenig; *(sexually)* abartig

**kinsfolk** ['kɪnzfəʊk] *n. pl.* Verwandtschaft, *die;* Verwandte

**kinship** ['kɪnʃɪp] *n.* **a)** *(blood relationship)* Blutsverwandtschaft, *die;* **b)** *(similarity)* Ähnlichkeit, *die; (spiritual)* Verwandtschaft, *die*

**kinsman** ['kɪnzmən] *n., pl.* **kinsmen** ['kɪnzmən] Verwandte, *der*

**kinswoman** ['kɪnzwʊmn] *n.* Verwandte, *die*

**kiosk** ['ki:ɒsk] *n.* **a)** *(outdoor structure)* Kiosk, *der; (Brit.: indoor structure)* [Verkaufs]stand, *der;* **b)** *(public telephone booth)* [Telefon]zelle, *die*

**kip** [kɪp] *(Brit. sl.)* **1.** *n.* **a)** *(sleep)* Schlaf, *der;* **have a** *or* **get some ~:** eine Runde pennen *(salopp);* **b)** *(bed)* Falle, *die (salopp).* **2.** *v. i.,* **-pp-** pennen *(salopp);* **~ down** sich hinhauen *(salopp)*

**kipper** ['kɪpə(r)] **1.** *n.* Kipper, *der;* ≈ Bückling, *der.* **2.** *v. t.* räuchern ‹*Fisch*›; **~ed** Räucher‹*fisch, -lachs, -hering*›

**kirk** [kɜ:k] *n. (Brit.)* **a)** *(Scot., N. Engl.: church)* Kirche, *die;* **b) the K~ [of Scotland]** die Kirche von Schottland

**kirsch[wasser]** ['kɪəʃ(vʌsə(r))] *n.* Kirsch, *der;* Kirschwasser, *das*

**kiss** [kɪs] **1.** *n.* Kuß, *der;* **the ~ of death** *(apparently friendly act causing ruin)* ein Danaergeschenk; *(act putting an end to sth.)* der Todesstoß; **give sb./***(fig.)* **sth. the ~ of life** *(Brit.)* jmdn. von Mund zu Mund beatmen/versuchen, etw. wiederzubeleben; **by administering the ~ of life** durch Mund-zu-Mund-Beatmung; **the ~ of peace** der Friedenskuß; *see also* **[1]blow 2 b. 2.** *v. t.* küssen; **~ sb. good night/goodbye** jmdm. einen Gutenacht-/Abschiedskuß geben; **it hurts, mummy – ~ it better** *(child lang.)* es tut weh, Mami – puste mal; **~ sb.'s hand** jmdm. einen Handkuß geben. **3.** *v. i.* sich küssen; **~ and make up** sich mit einem Kuß versöhnen

**~ a'way** *v. t.* wegküssen; **~ away sb.'s tears** jmdm. die Tränen wegküssen

**kissable** ['kɪsəbl] *adj.* **~ lips/mouth** Kußmund, *der*

**kisser** ['kɪsə(r)] *n. (sl.: mouth, face)* Fresse, *die (derb);* Schnauze, *die (derb)*

**kissing** ['kɪsɪŋ] **1.** *adj.* Kuß-. **2.** *n.* Küsserei, *die (ugs.);* Geküsse, *das (oft abwertend)*

**kissogram** ['kɪsəgræm] *n. Glückwunsch o. ä., der mit Küssen überbracht wird*

**'kiss-proof** *adj.* kußecht

**kit** [kɪt] **1.** *n.* **a)** *(personal equipment)* Sachen; **have you got all your ~ together?** hast du deine Siebensachen beisammen? *(ugs.);* **b)** *(Brit.: set of items)* Set, *das;* **construction/self-assembly ~:** Bausatz, *der;* **repair ~:** Reparatursatz, *der;* Reparaturset, *das; see also* **tool-kit; c)** *(Brit.: clothing etc.)* **sports ~:** Sportzeug, *das;* Sportsachen *Pl.;* **riding-/skiing-/shooting-~:** Reit-/Ski-/Jagdausrüstung, *die;* **d)** *(Brit. Mil.)* Ausrüstung, *die; (pack)* [Feld]gepäck, *das; (uniform)* Montur, *die.* **2.** *v. t.,* **-tt-** *(Brit.)* **~ out** *or* **up** *(equip)* ausrüsten; *(give clothes or uniforms to)* einkleiden

**'kitbag** *n. (knapsack)* Knappsack, *der (veralt.);* Tornister, *der; (travelling-bag)* Reisetasche, *die*

**kitchen** ['kɪtʃɪn] *n.* Küche, *die; attrib.* Küchen-; *see also* **soup-kitchen**

**kitchenette** [kɪtʃɪ'net] *n.* kleine Küche; Kitchenette, *die; (alcove)* Kochnische, *die*

**kitchen: ~ 'garden** *n.* Küchengarten, *der;* Nutzgarten, *der;* **~-maid** *n.* Küchenmädchen, *das;* Küchenhilfe, *die;* **~ police** *n. pl. (Amer. Mil.)* Küchendienst, *der;* **~ 'sink** *n.* [Küchen]ausguß, *der;* Spüle, *die;* **everything but the ~ sink** *(fig.)* der halbe Hausrat; *attrib. (Brit.)* ≈ neonaturalistisch ‹*Drama, Kunst usw.*›; **~ unit** *n.* Küchenelement, *das;* **~ units** Küchenmöbel; **~ utensil** *n.* Küchengerät, *das;* **~-ware** *n.* Küchengeräte

**kite** [kaɪt] *n.* **a)** *(toy)* Drachen, *der;* **b)** *(Ornith.)* habichtartiger Greifvogel; *(species)* Roter Milan; Gabelweihe, *die;* **c)** *(Brit. sl.: aeroplane)* Vogel, *der;* Kiste, *die (salopp). See also* **[2]fly 2 b**

**kith** [kɪθ] *n.* **~ and kin** Freunde und Verwandte

**kitsch** [kɪtʃ] *n.* Kitsch, *der;* **it's a piece of ~:** es ist Kitsch

**kitschy** ['kɪtʃɪ] *adj.* kitschig

**kitten** [kɪtn] *n.* **a)** [Katzen]junge, *das;* Kätzchen, *das;* **the cat has had ~s** die Katze hat Junge bekommen; **as weak as a ~:** schwach und matt; **be as nervous as a ~:** furchtbar ängstlich sein; *(be easily startled)* vor dem eigenen Schatten erschrecken; **b)** *(coll.)* **have ~s** *(be upset)* Zustände kriegen *(ugs.);* **be having ~s** *(be nervous)* am Rotieren sein *(ugs.)*

**kittenish** ['kɪtənɪʃ] *adj.* verspielt; kokett ‹*junges Mädchen*›

**kittiwake** ['kɪtɪweɪk] *n. (Ornith.)* Dreizehenmöwe, *die*

**[1]kitty** ['kɪtɪ] *n. (kitten) (child lang.)* Kätzchen, *das;* Miez[e], *die (fam.);* Miezekätzchen, *das (fam.);* **~, ~, ~!** Miez, Miez, Miez!

**[2]kitty** *n.* **a)** *(Cards)* [Spiel]kasse, *die;* **b)** *(joint fund)* Kasse, *die;* **raid the ~:** die Kasse plündern *(scherzh.)*

**kiwi** ['ki:wi:] *n.* **a)** *(Ornith.)* Kiwi, *der;* **b) K~** *(coll.: New Zealander)* Neuseeländer, *der*/Neuseeländerin, *die*

**kiwi: ~ berry, ~ fruit** *ns.* Kiwi[frucht], *die*

**klaxon, (P)** ['klæksn] *n.* Horn, *das*

**Kleenex, (P)** ['kli:neks] *n.* Papier[taschen]tuch, *das*

**kleptomania** [kleptə'meɪnɪə] *n., no pl. (Psych.)* Kleptomanie, *die*

**km.** *abbr.* **kilometre[s]** km

**knack** [næk] *n.* **a)** *(faculty)* Talent, *das;* **have a ~ for** *or* **of doing sth.** das Talent haben, etw. zu tun; **get the ~ [of doing sth.]** den Bogen rauskriegen[, wie man etw. macht] *(ugs.);* **there's a [real] ~ in doing sth.** es gehört schon [einiges] Geschick dazu, etw. zu tun; **have lost the ~:** es nicht mehr zustande bringen *od. (ugs.)* hinkriegen; **b)** *(habit)* **have a ~ of doing sth.** es [mit seltenem Talent] verstehen, etw. zu tun *(iron.)*

**knacker** ['nækə(r)] *n. (Brit.) (horse-slaughterer)* Abdecker, *der;* **~'s yard** Abdeckerei, *die*

**knackered** ['nækəd] *adj. (Brit. sl.)* geschlaucht *(ugs.)*

**knapsack** ['næpsæk] *n.* Rucksack, *der; (Mil.)* Tornister, *der*

**knave** [neɪv] *n.* **a)** *(rogue)* Schurke, *der;* **b)** *(Cards) see* **jack 1 a**

**knavery** ['neɪvərɪ] *n.* Schurkerei, *die*

**knavish** ['neɪvɪʃ] *adj.* schurkisch

**knead** [ni:d] *v. t.* **a)** kneten; **~ sth. with sth.** etw. mit etw. verkneten; **~ together** miteinander verkneten; **b)** *(manipulate)* kneten ‹*Muskeln*›

**knee** [ni:] *n.* **a)** Knie, *das;* **the ~s of his trousers were torn** seine Hose war an den Knien zerrissen; **bend** *or* **bow the ~:** das

Knie beugen (**to** vor + *Dat.*); (*fig.: behave humbly*) sich beugen (**to** *Dat.*); **on one's ~s/on bended ~[s]** auf Knien; **be on one's ~s** knien; (*fig.: be defeated*) in die Knie gezwungen sein (*geh.*); **bring** *or* **force sb. to his ~s** (*fig.*) jmdn. in die Knie zwingen (*geh.*); **go down on one's ~s [to** *or* **before sb.]** [vor jmdm.] auf die Knie sinken (*geh.*); **b)** (*of animal*) Kniegelenk, *das;* **c)** (*thigh*) **hold a child** *etc.* **on one's ~**: ein Kind *usw.* auf den Knien *od.* auf dem Schoß haben; **put a child** *etc.* **over one's ~**: ein Kind *usw.* übers Knie legen (*ugs.*)

**knee: ~-breeches** *n. pl.* Kniebundhose, *die;* **~cap** *n.* **a)** (*Anat.*) Kniescheibe, *die;* **b)** (*protective covering*) Knieschoner, *der;* **~capping** *n.* Knieschuß, *der;* **~-deep** *adj.* **a)** knietief; **b)** (*fig.: deeply involved*) **be ~-deep in sth.** bis über den Hals in etw. (*Dat.*) stecken (*ugs.*); **~-high** *adj.* kniehoch; **be ~-high to a grasshopper** (*coll.*) ein Dreikäsehoch sein (*ugs. scherzh.*); **~-jerk** *n.* Kniesehnenreflex, *der; attrib.* **~-jerk reaction** (*fig.*) automatische Reaktion; **~-joint** *n.* Kniegelenk, *das*

**kneel** [ni:l] *v.i.*, **knelt** [nelt] *or (esp. Amer.)* **~ed** knien; **~ down** niederknien; **~ [down] to do sth.** niederknien *od.* sich [hin]knien, um etw. zu tun; **~ to sb.** vor jmdm. [nieder]knien

**'knee-length** *adj.* knielang

**kneeler** ['ni:lə(r)] *see* **hassock a**

**knees-up** ['ni:zʌp] *n.* (*coll.*) Schwof, *der* (*ugs.*)

**knell** [nel] *n.* Glockengeläut, *das;* (*at funeral*) Totengeläut, *das;* **ring** *or* **sound the ~ of sth.** (*fig.*) das Ende einer Sache (*Gen.*) einläuten

**knelt** *see* **kneel**

**knew** *see* **know 1**

**knickerbockers** ['nɪkəbɒkəz] *n. pl.* Knickerbocker *Pl.*

**knickers** ['nɪkəz] **1.** *n. pl.* **a)** (*Brit.: undergarment*) [Damen]schlüpfer, *der;* **get one's ~ in a twist** (*Brit. fig. sl.*) sich aufregen; **b)** (*Amer.*) *see* **knickerbockers. 2.** *int.* (*Brit. sl.*) was soll's (*ugs.*)

**knick-knack** ['nɪknæk] *n.* **a)** (*dainty thing*) **~s** Schnickschnack, *der* (*ugs.*); **b)** (*ornament*) Nippfigur, *die*

**knife** [naɪf] **1.** *n., pl.* **knives** [naɪvz] Messer, *das;* **put a ~ into sb.** jmdm. ein Messer zwischen die Rippen jagen; **like a ~ through butter** mühelos; **have got one's ~ into sb.** (*fig.*) einen Haß auf jmdn. haben (*ugs.*); **you could [have] cut the atmosphere** (*fig.*)**/air with a ~** (*coll.*) die Atmosphäre war zum Zerreißen gespannt/die Luft war zum Schneiden; **before you can say ~** (*coll.*) ehe man sich's versieht; **turn** *or* **twist the ~ [in the wound]** (*fig.*) Salz in die Wunde streuen; **the knives are out [for sb.]** (*fig.*) das Messer wird [für jmdn.] gewetzt; *see also* **fork 1 a. 2.** *v. t.* (*stab*) einstechen auf (+ *Akk.*); (*kill*) erstechen; **~ sb. in the chest** jmdm. ein/das Messer in die Brust stoßen

**knife: ~-edge** *n.* Schneide, *die;* **be [balanced] on a ~-edge** (*fig.*) auf des Messers Schneide stehen; **~-grinder** *n.* Messerschleifer, *der;* **~-pleat** *n.* (*Dressm.*) Plisseefalte, *die;* **~-point** *see* **point 1 b**; **~ sharpener** *n.* Messerschärfer, *der;* (*steel*) Wetzstahl, *der;* **~-throwing** *n., no pl., no indef. art.* Messerwerfen, *das*

**knifing** ['naɪfɪŋ] *n.* **there were three ~s on one day** an einem Tag wurden drei Menschen niedergestochen

**knight** [naɪt] **1.** *n.* **a)** *Träger des Titels „Sir";* **b)** (*Hist.*) Ritter, *der;* **~ in shining armour** (*fig.*) Märchenprinz, *der;* **c)** (*Chess*) Springer, *der;* **d) ~ of the road** (*lorry-driver*) Kapitän der Landstraße (*ugs.*). *See also* **bachelor c; Templar. 2.** *v. t.* adeln; zum Ritter schlagen (*hist.*); in den Ritterstand erheben (*hist.*)

**knight: ~ 'errant** *n.* (*lit. or fig.*) fahrender Ritter; (*fig.*) Don Quichotte, *der;* **~-'errantry** [naɪt'erəntrɪ] *n., no pl.* ≈ höfisches Rittertum; (*fig.: quixotic behaviour*) Donquichotterie, *die*

**knighthood** ['naɪthʊd] *n.* **a)** (*rank*) Ritterwürde, *die;* **receive one's ~**: geadelt werden; in den Ritterstand erhoben werden (*hist.*); **b)** (*Hist.: vocation*) Rittertum, *das;* **c)** (*Hist.: body of knights*) Ritterschaft, *die*

**knightly** ['naɪtlɪ] *adj.* ritterlich

**knit** [nɪt] **1.** *v. t.*, **-tt-, -ted** *or (esp. fig.)* **knit a)** stricken ⟨*Kleidungsstück usw.*⟩; **b) ~ a stitch** eine [rechte] Masche stricken; **~ 2, purl 2** zwei rechts, zwei links [stricken]; **c) ~ one's brow** die Stirn runzeln; **d)** (*make compact*) zusammenfügen (**into** zu); **closely** *or* **tightly ~** (*fig.*) festgefügt; hieb- und stichfest ⟨*Argument*⟩; *see also* **well-knit. 2.** *v. i.* sich verbinden; ⟨*Teile:*⟩ zusammenhalten; ⟨*Knochenbruch:*⟩ verheilen; ⟨*Knochen:*⟩ zusammenwachsen. **3.** *n.* (*garment*) Strickware, *die;* **this pattern is for a heavy ~**: dieses Muster eignet sich für Grobgestricktes

**~ to'gether 1.** *v. t.* zusammenhalten ⟨*Familie, Gemeinschaft*⟩. **2.** *v. i.* ⟨*Knochen:*⟩ zusammenwachsen; ⟨*Knochenbruch:*⟩ zusammenheilen

**knitter** ['nɪtə(r)] *n.* Stricker, *der*/Strickerin, *die*

**knitting** ['nɪtɪŋ] *n., no pl., no indef. art.* Stricken, *das;* (*work in process of being knitted*) Strickarbeit, *die;* **carry on with one's ~**: weiterstricken

**knitting: ~-machine** *n.* Strickmaschine, *die;* **~-needle** *n.* Stricknadel, *die;* **~-pattern** *n.* Strickmuster, *das*

**'knitwear** *n., no pl., no indef. art.* Strickwaren *Pl.*

**knives** *pl. of* **knife 1**

**knob** [nɒb] *n.* **a)** (*protuberance*) Verdickung, *die;* (*on club, tree-trunk, etc.*) Knoten, *der;* **b)** (*on door, walking-stick, etc.*) Knauf, *der;* (*control on radio etc.*) Knopf, *der;* **the same to you with [brass] ~s on!** (*coll.*) danke gleichfalls! (*iron.*); **c)** (*of butter, sugar*) Klümpchen, *das;* (*of coal*) Brocken, *der*

**knobbly** ['nɒblɪ] *adj.* knotig ⟨*Finger, Stock*⟩; knorrig ⟨*Baum*⟩; **~ knees competition** Knubbelkniewettbewerb, *der*

**knock** [nɒk] **1.** *v. t.* **a)** (*strike*) (*lightly*) klopfen gegen *od.* an (+ *Akk.*); (*forcefully*) schlagen gegen *od.* an (+ *Akk.*); *see also* **wood b; b)** (*make by striking*) schlagen; **~ two rooms/houses into one** zwei Zimmer/Häuser zu einem umbauen; **~ a hole in sth.** ein Loch in etw. (*Akk.*) schlagen; **c)** (*drive by striking*) schlagen; **~ sb.'s brains out** jmdm. den Schädel einschlagen; **I'll ~ those ideas out of your head** (*fig.*) diese Flausen werde ich dir austreiben (*ugs.*); **~ the handle off a cup** von einer Tasse den Henkel abschlagen; **I'd like to ~ their heads together** (*lit.*) ich könnte ihre Köpfe gegeneinanderschlagen; (*fig.: reprove them*) ich möchte ihnen mal gehörig die Leviten lesen; **~ sb. into the middle of next week** (*coll.*) jmdm. ein Ding verpassen, daß ihm Hören und Sehen vergeht (*ugs.*); **~ for six = hit for six** *see* **hit 1 k**; *see also* **bottom 1 a**; **'cock 2 c; spot 1 d; d) ~ sb. cold** jmdn. bewußtlos schlagen; (*fig.*) jmdn. am Boden zerstören; **~ sb. on the head** jmdm. eins über *od.* auf den Schädel geben; **~ sth. on the head** (*fig.: put an end to*) einer Sache (*Dat.*) ein Ende setzen; **e)** (*sl.: criticize*) herziehen über (+ *Akk.*) (*ugs.*); **don't ~ it** halt dich zurück; **f)** (*Brit. sl.: astonish*) umhauen (*salopp*). **2.** *v. i.* **a)** (*strike*) (*lightly*) klopfen; (*forcefully*) schlagen; *see also* **wood b; b)** (*seek admittance*) klopfen (**at an** + *Akk.*); **c)** (*Mech. Engin.*) klappern; **d)** (*Motor Veh.*) klopfen. **3.** *n.* **a)** (*rap*) Klopfen, *das;* **there was a ~ on** *or* **at the door** es klopfte an der Tür; **give sb. a ~**: bei jmdm. klopfen; **b)** (*blow*) Schlag, *der;* (*gentler*) Stoß, *der;* **have had a ~**: einen Schlag/Stoß abbekommen haben; **he got a bad ~ when he fell** er schlug beim Fallen hart auf; **~-for-~ agreement** (*Insurance*) gegenseitige Regreßverzichtserklärung; **c)** (*fig.: blow of misfortune*) [Schicksals]schlag, *der;* **take a [bad** *or* **hard] ~**: einen [schweren *od.* harten] Schlag erleiden; **d)** (*Mech. Engin.*) Klappern, *das;* **make a ~**: klappern; **e)** (*Motor Veh.: high-pitched explosive sound*) Klopfen, *das*

**~ a'bout 1.** *v. t.* **a)** schlagen; verprügeln; **be ~ed about** Schläge *od.* Prügel einstecken müssen; **the building has been ~ed about** das Haus ist ziemlich ramponiert worden; **b) ~ about the world** in der Welt herumkommen. **2.** *v. i.* herumhängen (*ugs.*); ⟨*Gegenstand:*⟩ herumfliegen (*ugs.*); **he's ~ed about a bit** er hat sich in der Welt umgetan; **~ about with sb.** sich mit jmdm. herumtreiben (*ugs.*). *See also* **knockabout**

**~ against** *v. t.* stoßen gegen; **~ against each other** gegeneinanderstoßen; gegeneinanderprallen

**~ a'round** *see* **~ about**

**~ 'back** *v. t.* (*coll.*) **a)** (*eat quickly*) verputzen (*ugs.*); (*drink quickly*) hinunterkippen (*ugs.*); **b)** (*cost*) **~ sb. back a thousand** jmdn. um einen Tausender ärmer machen; **c)** (*disconcert*) einen Schlag versetzen (+ *Dat.*)

**~ 'down** *v. t.* **a)** (*strike to the ground*) niederreißen, umstürzen ⟨*Zaun, Hindernis*⟩; (*with fist or weapon*) niederschlagen; (*with car etc.*) umfahren; **b)** (*demolish*) abreißen; abbrechen; **c)** (*fig.: defeat*) bezwingen; **d)** (*sell by auction*) zuschlagen; **~ sth. down to sb.** jmdm. etw. zuschlagen; **e)** (*coll.: lower*) heruntersetzen (*ugs.*) ⟨*Preis*⟩; herunterdrücken (*ugs.*) ⟨*Kosten*⟩; **f)** (*Amer. sl.: steal*) mitgehen lassen (*ugs.*); klauen (*salopp*). *See also* **feather 1 a; knock-down**

**~ 'off 1.** *v. t.* **a)** (*leave off*) aufhören mit; **~ off painting** zu malen *od.* mit dem Malen aufhören; **~ off work** Feierabend machen; **~ it off!** (*coll.*) hör auf [damit]!; **b)** (*coll.*) (*produce rapidly*) aus dem Ärmel schütteln (*ugs.*); (*dispatch rapidly*) schnell erledigen; **c)** (*deduct*) **~ five pounds off the price** es fünf Pfund billiger machen; **how much will you ~ off for me?** wieviel billiger kriege ich es denn?; **d)** (*sl.*) (*steal*) mitgehen lassen (*ugs.*); klauen (*salopp*); (*rob*) ausräumen ⟨*Bank, Laden, Kasse*⟩; **e)** (*sl.: copulate with*) bumsen (*salopp*); **f)** (*sl.: kill*) umlegen (*salopp*). **2.** *v. i.* Feierabend machen; **~ off for an hour/for lunch** eine Stunde aussetzen/Mittag machen

**~ 'on** *v. t.* (*Rugby*) **~ on a pass** bei der Annahme eines Passes ein Vorfallen verursachen; *see also* **knock-on 1**

**~ 'out** *v. t.* **a)** (*make unconscious*) bewußtlos umfallen lassen; **he collided with a lamppost and ~ed himself out** er stieß mit einem Laternenpfahl zusammen und fiel bewußtlos um; **b)** (*Boxing*) k.o. schlagen; kampfunfähig schlagen; **c)** (*fig.: defeat*) **be ~ed out [of the Cup]** [aus dem Pokal] ausscheiden *od.* (*ugs.*) rausfliegen; **they ~ed us out of the Cup** sie warfen uns aus dem Pokal; **d)** (*make useless*) außer Funktion setzen; **e)** (*sl.: astonish*) umhauen (*salopp*); **be [completely** *or* **totally] ~ed out** [völlig] fertig sein (*ugs.*); **f)** (*sl.: exhaust*) kaputtmachen (*ugs.*); **g)** (*coll.: produce rapidly*) aus dem Ärmel schütteln; **h)** (*empty*) ausklopfen ⟨*Pfeife*⟩; **~ the ashes out** die Asche herausklopfen. *See also* **knock-out**

**~ 'over** *v. t.* umstoßen; ⟨*Fahrer, Fahrzeug:*⟩ umfahren ⟨*Person*⟩

**~ to'gether 1.** *v. t.* zusammenzimmern (*ugs.*) ⟨*Hütte, Tisch, Bühne*⟩; *see also* **knock 1 c. 2.** *v. i.* **my knees were ~ing together** mir schlotterten die Knie

**~ 'up 1.** *v. t.* **a)** (*make hastily*) zusammenzimmern (*ugs.*) ⟨*Hütte, Schrank*⟩; [her]zaubern

⟨*Mahlzeit, Imbiß*⟩; grob skizzieren ⟨*Plan*⟩; **b)** *(score)* erzielen; **c)** *(Brit.: awaken)* durch Klopfen wecken; *(unexpectedly)* herausklopfen; **d)** *(exhaust)* fertigmachen *(ugs.)*; **be ~ed up** fertig *od.* groggy sein *(ugs.)*; **e)** *(sl.: make pregnant)* dick machen *(derb)*. **2.** *v. i. (Sport)* sich warmspielen; *see also* **knock-up**

**knock: ~about** *adj.* **a)** *(boisterous)* Klamauk⟨*film, -stück, -szene*⟩; burlesk ⟨*Komödie, Komik*⟩; wild ⟨*Spiel*⟩; **b)** *(for rough use)* strapazierfähig; **~-down** *adj.* **a)** *(low)* **~-down cost/prices** minimale Kosten/Schleuderpreise; **b)** *(minimum)* Mindest⟨*preis, -gebot*⟩; **c)** *(easily disassembled)* zerlegbar ⟨*Möbelstück, Boot*⟩; **d)** niederschmetternd ⟨*Schlag, Hieb*⟩; *(fig.: conclusive)* hieb- und stichfest, schlagend ⟨*Argument*⟩

**knocker** ['nɒkə(r)] *n.* **a)** *(on door)* [Tür]klopfer, *der;* **b)** *in pl. (coarse: breasts)* **[pair of] ~s** Vorbau, *der (salopp scherzh.)*; Titten *(derb)*; **c)** *(sl.: critic)* Beckmesser, *der*

**'knocking-shop** *n. (Brit. sl.)* Puff, *der od. das (salopp)*

**knock: ~-kneed** ['nɒkni:d] *adj.* X-beinig ⟨*Person usw.*⟩; kuhhessig ⟨*Pferd*⟩; **~ 'knees** *n. pl.* X-Beine *Pl.*; **~-on 1.** *n. (Rugby)* Vorfallen, *das;* **2.** *attrib. adj.* **~-on effect** mittelbare Auswirkung; **~-out 1.** *n.* **a)** *(blow)* Knockout[schlag], *der;* K.-o.[-Schlag], *der; (to armed forces)* vernichtender Schlag; **b)** *(competition)* Ausscheidungs[wett]kampf, *der;* **c)** *(sl.: outstanding person or thing)* **sb./sth. is a [real] ~-out** jmd./etw. ist eine Wucht *(salopp)*; **2.** *adj.* **a)** *(that stuns)* betäubend; *(that incapacitates)* vernichtend; **~-out blow** K.-o.-Schlag, *der;* **~-out drops** K.-o.-Tropfen *(ugs.)*; **b)** Ausscheidungs⟨*spiel, -[wett]kampf, -runde*⟩; **~-up** *n. (Sport)* Warmspielen, *das;* **have a ~-up** sich warmspielen

**knoll** [nəʊl] *n.* Anhöhe, *die*

**knot** [nɒt] **1.** *n.* **a)** Knoten, *der;* **the wool has got into a [complete] ~:** die Wolle hat sich völlig verheddert; **tie sb. [up] in ~s** *(fig. coll.)* jmdn. in Widersprüche verwickeln; **b)** *(ornament)* Schleife, *die; (cockade)* Kokarde, *die; (epaulette)* Schulterstück, *das;* **c)** *(problem)* Verwicklung, *die;* Haken, *der (ugs.)*; **d)** *(cluster)* Pulk, *der;* **e)** *(in wood)* Ast, *der;* **f)** *(speed unit)* Knoten, *der;* **make** *or* **log ten ~s** zehn Knoten machen *od.* fahren; **at a rate of ~s** *(coll.)* mit einem Affenzahn *(salopp)*; **g)** *(Naut.: unit of length)* Knotenlänge, *die;* **h)** *(in popular use: nautical mile)* Seemeile, *die;* **i)** *(bond)* Bund, *der;* **tie the ~** *(marry)* den Bund der Ehe eingehen *(geh.)*; den Bund fürs Leben schließen *(geh.)*; **j)** *(lump)* Knoten, *der;* Verdickung, *die.* **2.** *v. t.,* **-tt- a)** *(tie)* knoten ⟨*Seil, Faden usw.*⟩; knoten ⟨*Schnürsenkel*⟩; knoten, binden ⟨*Krawatte*⟩; **~ threads together** Fäden verknoten; **~ clothes into a bundle** Kleider zu einem Bündel zusammenknoten; **~ a rope** Knoten in ein Seil machen; **b)** *(entangle)* verfilzen; **c) get ~ted!** *(sl.)* rutsch mir den Buckel runter! *(ugs.)*; **d)** *see* **knit 1 c; e)** *(unite closely)* verknüpfen **(into** zu)

**knot: ~-garden** *n.* Boskettgarten, *der;* **~-hole** *n.* Astloch, *das*

**knotty** ['nɒtɪ] *adj.* **a)** *(full of knots)* ⟨*Seil, Peitsche*⟩ mit Knoten; knotig ⟨*Stock, Gewebe, Finger*⟩; ineinandergewachsen ⟨*Gestrüpp, Kriechpflanzen, Ausläufer*⟩; knorrig, astig ⟨*Holz, Baumstamm*⟩; **b)** *(fig.: puzzling)* verwickelt

**know** [nəʊ] **1.** *v. t.,* **knew** [nju:], **~n** [nəʊn] **a)** *(recognize)* erkennen **(by** an + *Dat.*, **for** als + *Akk.*); **b)** *(be able to distinguish)* **~ sth. from sth.** etw. von etw. unterscheiden können; **~ right from wrong, ~ the difference between right and wrong** den Unterschied zwischen Gut und Böse kennen; **he wouldn't ~ the difference** er wüßte den Unterschied nicht; *see also* **Adam; c)** *(be aware of)* wissen; kennen ⟨*Person*⟩; **I ~ who she is** ich weiß, wer sie ist; **I ~ for a fact that ...:** ich weiß ganz bestimmt, daß ...; **it is ~n that ...:** man weiß, daß ...; es ist bekannt, daß ...; **they knew they could never become rich** sie wußten [nur zu gut], daß sie niemals reich werden konnten; **~ sb./sth. to be ...:** wissen, daß jmd./etw. ... ist; **I ~ him to be an honest man** ich weiß, daß er ein ehrlicher Mensch ist; **that's/that might be worth ~ing** das ist gut/wäre wichtig zu wissen; **it's worth ~ing whether ...:** es ist wichtig zu wissen, ob ...; **he doesn't want to ~:** er will nichts davon wissen *od.* hören; **not if I ~ it** nicht mit mir; **I 'knew it** ich hab's ja geahnt; **'I ~ what** ich weiß was *(ugs.)*; **you ~** *(coll.) (as reminder)* weißt du [noch]; *(as conversational filler)* **they think we might be, you ~, glamorous or something** sie meinen, wir wären vielleicht, na ja, superschick oder so *(ugs.)*; **I went to see the doctor, you ~:** ich war beim Arzt, weißt du; **you ~ something** *or* **what?** weißt du was?; **you never ~:** man kann nie wissen *(ugs.)*; **sb. has [never] been ~n to do sth.** jmd. hat bekanntlich [noch nie] etw. getan; **for all** *or (arch.)* **aught I ~ they may be looking for us** ich könnte mir gut denken, daß sie uns suchen; **and I don't ~ what [all]** *(coll.)* und ich weiß nicht, was noch alles *(ugs.)*; **and he ~s it** und er weiß das auch; **don't I ~ it!** *(coll.)* das weiß ich nur zu gut; **I don't ~ that ...** *(coll.: don't believe)* ich glaube nicht, daß ...; **before sb. ~s where he is** ehe jmd. sich's versieht; **what do you ~ [about that]?** *(coll.: that is surprising)* was sagst du dazu?; **sb. is not to ~** *(is not to be told)* jmd. soll nichts wissen **(about, of** von); *(has no way of learning)* jmd. kann nicht wissen; **I was not to ~ until years later** ich sollte erst Jahre später davon erfahren; **not ~ what hit one** *(fig.)* gar nicht begreifen, was geschehen ist; **that's all 'you ~ [about it]** das glaubst du vielleicht; **I'll have you ~ that ...:** ich möchte Sie darauf hinweisen, daß ...; **if you 'must ~:** wenn du es unbedingt wissen willst; **~ different** *or* **otherwise** es besser wissen; **~ what's what** wissen, wie es in der Welt zugeht; **how should I ~?** woher soll ich das wissen?; **I might have ~n** das hätte ich mir denken können; **do you ~, ...:** stell dir [mal] vor, ...; *see also* **best 2; better 2 d; god b; heaven c; [1]let 1 b; lord 1 b; thing c; who a; you a; d)** *(have understanding of)* können ⟨*ABC, Einmaleins, Deutsch usw.*⟩; beherrschen ⟨*Grundlagen, Regeln, Grammatik*⟩; sich auskennen mit ⟨*Gerät, Verfahren, Gesetz*⟩; **they ~ their Latin well** sie haben gute Kenntnisse in Latein; **do you ~ any German?** können Sie etwas Deutsch?; **~ 'how** wissen, wie das geht; **~ how to mend fuses** wissen, wie man Sicherungen repariert; **~ how to drive a car** Auto fahren können; **~ how to write vividly** [es] verstehen, lebendig zu schreiben; **do all one ~s [how]** sein Bestes geben; *see also* **onion; rope 1 c; stuff 1 e; e)** *(be acquainted with)* kennen; **we have ~n each other for years** wir kennen uns [schon] seit Jahren; **surely you ~ me better than that** du müßtest mich eigentlich besser kennen; **you don't really ~ him** du kennst ihn nicht gut genug; **you ~ what he/it is** *(is like)* du kennst ihn ja/du weißt ja, wie es ist; **you ~ what it is to be an adolescent** du weißt ja, wie man als Jugendlicher ist; *see also* **get 2 c; sight 1 a; f)** *(have experience of)* erleben; erfahren; **he ~s no fear, he doesn't ~ what it is to be afraid** er kennt keine Furcht; **~ what it is to be hungry** wissen, was es heißt, Hunger zu haben. **2.** *n. (coll.)* **be in the ~:** Bescheid wissen; **those in the ~:** die Eingeweihten

**~ about** *v. t.* wissen über (+ *Akk.*); **oh, I didn't ~ about it/that** oh, das habe ich nicht gewußt; **did you ~ about your son's behaviour?** haben Sie gehört, wie sich Ihr Sohn benommen hat?; **not much is ~n about some of the tribes** über einige Stämme weiß man fast nichts; **I didn't ~ anything about any committee meeting** ich habe nichts von irgendeiner Ausschußsitzung gewußt; **I don't ~ about 'that** na, ich weiß nicht [so recht]; **I don't ~ about beautiful, but it certainly is old** schön – na, ich weiß nicht, auf jeden Fall ist es alt

**~ of** *v. t.* wissen von ⟨*Plänen, Vorhaben*⟩; kennen, wissen ⟨*Lokal, Geschäft*⟩; **~ of sb.** von jmdm. gehört haben; **~ of sb. who ...:** jmdn. wissen, der ...; **not that I ~ of** nicht, daß ich wüßte

**knowable** ['nəʊəbl] *adj.* [mit dem Verstand] erkennbar

**know: ~-all** *n. (derog.)* Neunmalkluge, *der/die (spöttisch)*; **~-how** *n., no pl., no indef. art.* praktisches Wissen; *(technical expertise)* Know-how, *das*

**knowing** ['nəʊɪŋ] **1.** *adj.* **a)** *(shrewd)* verschmitzt ⟨*Blick, Lachen, Lächeln*⟩; ⟨*Person*⟩ mit wachem Verstand; *(indicating possession of inside information)* vielsagend, wissend ⟨*Blick, Lächeln*⟩; beredt *(iron.)* ⟨*Schweigen*⟩; **b)** *(derog.: cunning)* verschlagen *(abwertend)*. **2.** *n.* **there is no ~:** niemand weiß; es läßt sich nicht vorhersagen

**knowingly** ['nəʊɪŋlɪ] *adv.* **a)** *(intentionally)* wissentlich ⟨*lügen, verletzen*⟩; bewußt ⟨*planen*⟩; **b)** *(in a shrewd manner)* verschmitzt ⟨*lachen, blicken*⟩; *(indicating possession of inside information)* vielsagend ⟨*lächeln, anblicken, zwinkern, nicken*⟩; **c)** *(derog.: cunningly)* verschlagen *(abwertend)*

**'know-it-all** *see* **know-all**

**knowledge** ['nɒlɪdʒ] *n., no pl.* **a)** *(familiarity)* Kenntnisse **(of** in + *Dat.*); **a ~ of this field** Kenntnisse auf diesem Gebiet; **a little ~ is a dangerous thing** *(prov.)* Halbwissen ist gefährlich; **gain ~ of sb./sth.** Kenntnisse über jmdn./etw. gewinnen; **~ of human nature** Menschenkenntnis, *die; see also* **carnal knowledge; b)** *(awareness)* Wissen, *das;* **have no ~ of sth.** nichts von etw. wissen; keine Kenntnis von etw. haben *(geh.)*; **she had no ~ of it** sie wußte nichts davon; sie war völlig ahnungslos; **the ~ that it was really important** die Gewißheit, daß es wirklich wichtig war; **sth. came to my ~:** etw. ist mir zu Ohren gekommen; **[not] to my** *etc.* **~:** meines *usw.* Wissens [nicht]; **to my certain ~:** wie ich mit Bestimmtheit weiß; **without sb.'s ~:** ohne jmds. Wissen; **c)** *(understanding)* **[a] ~ of languages/French** Sprach-/Französischkenntnisse *Pl.*; **sb. with [a] ~ of computers** jmd., der sich mit Computern auskennt; **d)** *no art. (what is known)* Wissen, *das;* **in the present state of ~:** beim derzeitigen Wissensstand; **branch of ~:** Wissenszweig, *der*

**knowledgeable** ['nɒlɪdʒəbl] *adj.* sachkundig; **be ~ about** *or* **on sth.** viel über etw. *(Akk.)* wissen

**known** [nəʊn] **1.** *see* **know. 2.** *adj.* bekannt; *(generally recognized)* anerkannt

**knuckle** ['nʌkl] *n.* **a)** *(Anat.)* [Finger]knöchel, *der;* **b)** *(joint of meat) (pork)* Eisbein, *das; (veal or pork)* Hachse, *die;* Haxe, *die (südd.)*; **c) near the ~** *(coll.)* hart an der Grenze [des guten Geschmacks]. *See also* **[1]rap 1 a, 2 a**

**~ 'down** *v. i. (apply oneself)* **~ down to sth.** sich hinter etw. *(Akk.)* klemmen *(ugs.)*

**~ 'under** *v. i.* klein beigeben **(to** gegenüber)

**knuckle: ~-bone** *n.* **a)** *(Anat.)* Fingerknochen, *der;* **b)** *(Zool.)* Knochen [mit Gelenkkopf]; **~duster** *n.* Schlagring, *der*

**knurled** [nɜ:ld] *adj.* geriffelt; kordiert *(Technik)*

**KO** *abbr.* **a) kick-off; b) knock-out** K. o.; **c) knocked out** k. o.

**koala** [kəʊ'ɑ:lə] *n.* **~ [bear]** *(Zool.)* Koala, *der;* Beutelbär, *der*

**KO'd** [keɪ'əʊd] *see* **KO c**

**kohlrabi** [kəʊl'rɑːbɪ] *n.* Kohlrabi, *der*

**kook** [kuːk] *(Amer. sl.)* **1.** *n.* Spinner, *der*/Spinnerin, *die (ugs. abwertend).* **2.** *adj. see* **kooky**

**kookaburra** ['kʊkəbʌrə] *n. (Austral. Ornith.)* Lachender Hans

**kooky** ['kuːkɪ] *adj. (Amer. sl.)* überkandidelt *(ugs.);* idiotisch *(ugs. abwertend)* ‹*Leben*›

**Koran** [kɔː'rɑːn, kə'rɑːn] *n. (Muslim Relig.)* Koran, *der*

**Korea** [kə'rɪə] *pr. n.* Korea *(das)*

**Korean** [kə'riːən] **1.** *adj.* koreanisch; **sb. is ~:** jmd. ist Koreaner/Koreanerin; *see also* **English 1. 2.** *n.* **a)** *(person)* Koreaner, *der*/Koreanerin, *die;* **b)** *(language)* Koreanisch, *das; see also* **English 2 a**

**kosher** ['kəʊʃə(r), 'kɒʃə(r)] **1.** *adj. (lit. or fig.)* koscher. **2.** *n., no pl., no art. (food)* Koschere, *das;* **eat ~:** koscher essen

**kowtow** [kaʊ'taʊ] (**kotow** [kəʊ'taʊ]) *v. i.* **~ [to sb./sth.]** [vor jmdm./etw.] [s]einen Kotau machen

**k.p.h.** *abbr.* **kilometres per hour** km/h

**kraal** [krɑːl] *n.* Kral, *der*

**Kraut** [kraʊt] *n. & adj. (sl. derog.) angelsächsische abwertende Bez. für „Deutscher" und „deutsch"*

**Kremlin** ['kremlɪn] *n.* **the K~:** der Kreml

**Kremlinology** [kremlɪ'nɒlədʒɪ] *n., no pl., no indef. art.* Sowjetforschung, *die;* Kremlastrologie, *die (ugs.)*

**krill** [krɪl] *n., no pl., no indef. art. (Zool.)* Krill, *der*

**kris** [kriːs] *n.* Kris, *der*

**krugerrand** ['kruːgərɑːnt] *n.* Krügerrand, *der*

**krypton** ['krɪptɒn] *n. (Chem.)* Krypton, *das*

**Kt.** *abbr.* **knight**

**kudos** ['kjuːdɒs] *n., no pl., no indef. art. (coll.)* Prestige, *das*

**kümmel** ['kʊml] *n.* Kümmellikör, *der*

**kung fu** [kʊŋ'fuː, kʌŋ'fuː] *n.* Kung-Fu, *das*

**Kurd** [kɜːd] *n.* Kurde, *der*/Kurdin, *die*

**Kurdish** ['kɜːdɪʃ] **1.** *adj.* kurdisch. **2.** *n.* Kurdisch, *das*

**kW** *abbr.* **kilowatt[s]** kW

**kWh** *abbr.* **kilowatt-hour[s]** kWh

# L

**L, l** [el] *n., pl.* **Ls** *or* **L's a)** *(letter)* L, l, *das;* **b)** *(Roman numeral)* L

**L.** *abbr.* **a) Lake; b) Liberal** Lib.; **c) lire** L.

**£** *abbr.* **pound[s]** £; **cost £5** 5 £ *od.* Pfund kosten

**l.** *abbr.* **a) litre[s]** l; **b) left** l.; **c) line** Z.

**LA** *abbr.* **Los Angeles** L. A.

**la** *see* **lah**

**lab** [læb] *n. (coll.)* Labor, *das*

**Lab.** *abbr.* **Labour**

**label** ['leɪbl] **1.** *n.* **a)** *(slip)* Schildchen, *das; (on goods, bottles, jars, in clothes)* Etikett, *das; (tied/stuck to an object)* Anhänger/Aufkleber, *der;* **b)** *(on record)* Label, *das; (record company)* Plattenfirma, *die;* **record on a new ~:** die Plattenfirma *od. (Fachjargon)* das Label gewechselt haben; **c)** *(fig.: classifying phrase)* Etikett, *das;* **hang the ~ ... on sb.** jmdn. als ... etikettieren; **acquire/be given the ~ of ...:** als ... etikettiert werden. **2.** *v. t., (Brit.)* **-ll- a)** *(attach ~ to)* etikettieren; *(attach price-tag to)* auszeichnen ‹*Waren*›; *(write on)* beschriften; *(attach stamp or sticker to)* mit einem Aufkleber versehen; *(tie ~ to)* mit einem Anhänger versehen; **b)** *(fig.: classify)* **~ sb./sth. [as] sth.** jmdn./etw. als etw. etikettieren; **he doesn't like being ~led** er läßt sich nicht gern etikettieren

**labial** ['leɪbɪəl] **1.** *adj.* Lippen-; *(Anat., Zool., Phonet.)* labial; **~ consonant** *see* **2. 2.** *n. (Phonet.)* Labial, *der;* Lippenlaut, *der*

**labia majora/minora** [leɪbɪə mə'dʒɔːrə/mɪ'nɔːrə] *n. pl. (Anat.)* äußere *od.* große/innere *od.* kleine Schamlippen

**labor** *(Amer.) see* **labour**

**laboratory** [lə'bɒrətərɪ] *n. (lit. or fig.)* Labor[atorium], *das;* **~ animal** Versuchstier, *das; see also* **language laboratory**

**labored, laborer** *(Amer.) see* **labour-**

**laborious** [lə'bɔːrɪəs] *adj.* **a)** mühsam; mühevoll ‹*Forschung, Aufgabe usw.*›; **b)** *(not fluent)* schwerfällig, umständlich ‹*Stil*›; schleppend ‹*Rede*›

**laboriously** [lə'bɔːrɪəslɪ] *adv.* **a)** *(with difficulty)* mühevoll; **~ slow** mühsam und schleppend; **b)** *(not fluently)* schwerfällig; schleppend ‹*vorangehen*›

**laborite** *(Amer.) see* **labourite**

**'labor union** *(Amer.) see* **trade union**

**labour** ['leɪbə(r)] *(Brit.)* **1.** *n.* **a)** *(task)* Arbeit, *die;* **sth. is/they did it as a ~ of love** etw. geschieht/sie taten es aus Liebe zur Sache; **~ of Hercules** Herkulesarbeit, *die;* **b)** *(exertion)* Mühe, *die;* **~ in vain, lost ~:** vergebliche *od.* verlorene Mühe; *see also* **hard labour; c)** *(work)* Arbeit, *die;* **cost of ~:** Arbeitskosten *Pl.;* **withdraw one's ~:** die Arbeit niederlegen; **d)** *(body of workers)* Arbeiterschaft, *die;* **immigrant ~:** eingewanderte Arbeitskräfte; **e) L~** *(Polit.)* die Labour Party; **f)** *(childbirth)* Wehen *Pl.;* **be in ~:** in den Wehen liegen; **go into ~:** die Wehen bekommen. *See also* **intensive 1 e. 2.** *v. i.* **a)** *(work hard)* hart arbeiten **(at, on an** + *Dat.*); *(slave away)* sich abmühen **(at, over** mit); **b)** *(strive)* sich einsetzen **(for** für); **~ to do sth.** sich bemühen, etw. zu tun; **c)** *(be troubled)* leiden; sich quälen; **~ under sth.** sich mit etw. quälen; **~ under a delusion** sich einer Täuschung *(Dat.)* hingeben; **d)** *(Naut.: pitch)* ‹*Schiff:*› stampfen *(Seemannsspr.);* **e)** *(advance with difficulty)* sich quälen *od.* kämpfen; *(run too slowly)* ‹*Motor:*› untertourig laufen; **~ up the stairs** sich die Treppe hinaufquälen. **3.** *v. t. (elaborate needlessly)* auswalzen *(ugs.);* **I don't want to ~ the point** ich möchte mich über diesen Punkt nicht weiter verbreiten; **I do hate the way he ~s every point** ich hasse es, wie er jeden Punkt auswalzt *(ugs.)*

**labour: ~ camp** *n.* Arbeitslager, *das;* **L~ Day** *n.* Tag der Arbeit *(in Amerika: erster Montag im September)*

**laboured** ['leɪbəd] *adj. (Brit.)* mühsam; schwerfällig ‹*Stil*›; mühsam zusammengetragen ‹*Argumente*›; **his breathing was ~:** er atmete schwer

**labourer** ['leɪbərə(r)] *n. (Brit.)* Arbeiter, *der*/Arbeiterin, *die; (assisting skilled worker)* Hilfsarbeiter, *der*/-arbeiterin, *die;* **bricklayer's ~:** Maurergehilfe, *der;* **builder's ~:** Bau[hilfs]arbeiter, *der*

**labour: L~ Exchange** *(Hist./coll.) see* **employment exchange; ~ force** *n.* Arbeitskräfte; **a considerable ~ force** eine beträchtliche Anzahl von Arbeitskräften

**labourite** ['leɪbəraɪt] *n. (Brit. Polit.)* Anhänger/Anhängerin der Labour Party; *(member)* Mitglied der Labour Party

**labour: ~-market** *n.* Arbeitsmarkt, *der;* **~ pains** *n. pl.* Wehenschmerzen; **L~ Party** *n. (Polit.)* Labour Party, *die;* **~ relations** *n. pl.* Beziehungen zwischen Arbeitgebern und Arbeitnehmern; *(within one company)* Betriebsklima, *das;* **~-saving** *adj.* arbeit[s]sparend ‹*Methode, Vorrichtung*›

**Labrador** ['læbrədɔː(r)] *n.* **~ [dog** *or* **retriever]** Labrador[hund], *der*

**laburnum** [lə'bɜːnəm] *n. (Bot.)* Goldregen, *der*

**labyrinth** ['læbərɪnθ] *n.* Labyrinth, *das*

**labyrinthine** [læbə'rɪnθaɪn] *adj.* **a)** labyrinthisch; labyrinthartig; **b)** *(complex)* verschachtelt

**¹lac** [læk] *n.* Stocklack, *der;* **~ insect** Lackschildlaus, *die*

**²lac** *see* **lakh**

**lace** [leɪs] **1.** *n.* **a)** *(for shoe)* Schuhband, *das (bes. südd.);* Schnürsenkel, *der (bes. nordd.);* **b)** *(fabric)* Spitze, *die; attrib.* Spitzen-; **c)** *(braid)* **gold/silver ~:** Gold-/Silberlitze, *die.* **2.** *v. t.* **a)** *(fasten)* **~ [up]** [zu]schnüren; **b)** *(interlace)* durchwirken *(geh.);* **c)** *(pass through)* [durch]ziehen; **d) ~ sth. with alcohol** einen Schuß Alkohol in etw. *(Akk.)* geben; **~d with brandy** mit einem Schuß Weinbrand; **~ sb.'s drink** einen Schuß Alkohol/eine Droge in jmds. Getränk *(Akk.)* geben

**lacerate** ['læsəreɪt] *v. t.* **a)** *(tear)* aufreißen; **her arm was badly ~d** sie hatte tiefe Wunden am Arm; **b)** *(fig.: afflict)* verletzen

**laceration** [læsə'reɪʃn] *n.* **a)** *no pl.* Verletzung, *die (durch Aufreißen);* **b)** *(wound)* Rißwunde, *die; (from glass)* Schnittwunde, *die*

**lace: ~-up 1.** *attrib. adj.* zum Schnüren *nachgestellt;* **~-up boot** Schnürstiefel, *der;* **2.** *n.* Schnürschuh/-stiefel, *der;* **~wing** *n. (Zool.)* Netzflügler, *der*

**lachrymal** ['lækrɪml] *adj. (Anat.)* Tränen-

**lachrymose** ['lækrɪməʊs] *adj.* weinerlich; tränenselig, rührselig ‹*Geschichte, Theaterstück, Abschied*›

**lacing** ['leɪsɪŋ] *n.* **a)** Schnur, *die; (on shoes)* Schuhband, *das (bes. südd.);* Schnürsenkel, *der (bes. nordd.); (of corset)* Schnüre *Pl.;* **b)** *(quantity of spirits)* Schuß, *der;* **coffee with a ~ of whisky** Kaffee mit einem Schuß Whisky

**lack** [læk] **1.** *n.* Mangel, *der* **(of** an + *Dat.*); **his ~ of enemies makes his task easier** daß er keine Feinde hat, macht seine Aufgabe leichter; **her ~ of aggression makes her easy to live with** da ihr jegliche Aggressivität abgeht, kann man gut mit ihr zusammenleben; **~ of self-consciousness** Unbefangenheit, *die;* **~ of obedience** mangelnder Gehorsam; **~ of work** Arbeitsmangel, *der;* **there is no ~ of it [for them]** es fehlt [ihnen] nicht daran; **he has no ~ of confidence** an Vertrauen mangelt *od.* fehlt es ihm nicht; **for ~ of sth.** aus Mangel an etw. *(Dat.);* **for ~ of time** aus Zeitmangel. **2.** *v. t.* **sb./sth. ~s sth.** jmdm./einer Sache fehlt es an etw. *(Dat.);* **sb. ~s the creativity/ability to do sth.** jmdm. fehlt die Kreativität/Fähigkeit, etw. zu tun; **what he ~s is ...:** woran es ihm fehlt, ist ...; **his life ~ed something** seinem Leben fehlte etwas; **~ content** inhaltsarm sein. **3.** *v. i.* **sb. ~s for sth.** *(formal)* jmdm. fehlt es an etw. *(Dat.); see also* **lacking**

**lackadaisical** [lækə'deɪzɪkl] *adj. (unenthusiastic)* gleichgültig; desinteressiert; *(listless)* lustlos

**lackadaisically** [lækə'deɪzɪkəlɪ] *adv. see* **lackadaisical:** gleichgültig; desinteressiert; lustlos

**lackey** ['lækɪ] *n.* **a)** *(footman)* Lakai, *der;* **b)** *(servant)* Diener, *der;* **c)** *(toady)* Speichellecker, *der (abwertend);* **d)** *(derog.: political follower)* Lakai, *der (fig.: abwertend)*

**lacking** ['lækɪŋ] *adj.* **a) be ~** ‹*Geld, Ressourcen usw.:*› fehlen; **he was found to be ~** *(incapable)* es erwies sich, daß er den Anspruchen nicht genügte; **he is ~ in stamina/confidence** ihm fehlt es an Stehvermögen *(Dat.)*/er hat nicht genug Selbstvertrauen; **b)** *(coll.: deficient in intellect)* **be ~:** [geistig] unterbelichtet sein *(salopp)*

**'lacklustre** *adj.* trüb; glanzlos ⟨*Augen*⟩; matt ⟨*Lächeln*⟩; langweilig ⟨*Aufführung, Party*⟩

**laconic** [lə'kɒnɪk] *adj.* **a)** *(concise)* lakonisch; **b)** wortkarg ⟨*Person, Naturell*⟩

**laconically** [lə'kɒnɪkəlɪ] *adv.* lakonisch

**lacquer** ['lækə(r)] **1.** *n.* Lack, *der.* **2.** *v.t.* lackieren; **~ed wood** Lackholz, *das*

**lacrosse** [lə'krɒs] *n. (Sport)* Lacrosse, *das*

**lactation** [læk'teɪʃn] *n. (Physiol.)* Laktation, *die*

**lactic acid** [læktɪk 'æsɪd] *n. (Chem.)* Milchsäure, *die*

**lactose** ['læktəʊs] *n. (Chem.)* Laktose, *die;* Milchzucker, *der*

**lacuna** [lə'kju:nə] *n., pl.* **~e** [lə'kju:ni:] *or* **~s** Lücke, *die; (in text)* Lakune, *die (Sprachw.);* Textlücke, *die*

**lacy** ['leɪsɪ] *adj.* Spitzen-; *(of metalwork)* spitzenartig; Filigran-

**lad** [læd] *n.* **a)** *(boy)* Junge, *der;* **young ~:** kleiner Junge; **when I was a ~:** als ich noch ein Junge war; **these are my ~s** das sind meine Jungen *od. (ugs.)* Jungs; **b)** *(man)* Typ, *der;* **the ~s** die Jungs *(ugs.);* **he always goes out for a drink with the ~s** er geht immer mit seinen Kumpels einen trinken *(ugs.);* **my ~:** mein Junge *(ugs.);* **c)** *(spirited person)* **be a bit of** *or* **quite a ~:** kein Kind von Traurigkeit sein *(ugs.);* **he's a bit of a ~ with the girls** *or* **ladies** *(coll.)* er ist ein Charmeur; **d)** *see* **stable-lad**

**ladder** ['lædə(r)] **1.** *n.* **a)** *(lit. or fig.)* Leiter, *die; (fig.: means of advancement)* Aufstiegsmöglichkeit, *die;* **the ~ to political power** der Weg zu politischer Macht; **have a foot on the ~:** die erste Sprosse auf der Leiter des Erfolgs erklommen haben *(geh.); see also* **¹rung a; snake 1 a; step-ladder; ¹top 1 a; b)** *(Brit.: in tights etc.)* Laufmasche, *die.* **2.** *v.i. (Brit.)* Laufmaschen/eine Laufmasche bekommen. **3.** *v.t. (Brit.)* Laufmaschen/eine Laufmasche machen in (+ *Akk.*)

**'ladder-proof** *adj. (Brit. Textiles)* maschenfest; laufmaschensicher

**laddie** ['lædɪ] *n.* Jungchen, *das (fam.);* Bubi, *der (bes. südd.)*

**lade** [leɪd] *v.t., p.p.* **~n** ['leɪdn] *(Naut.)* **a)** *(load with cargo)* laden; **b)** *(load on to ship)* verladen

**laden** ['leɪdn] **a)** *(loaded)* beladen (**with** mit); **the air was ~ with moisture** die Luft war schwer von Feuchtigkeit; **trees ~ with blossom** Bäume, schwer von Blüten; **b)** *(burdened)* bedrückt; lastend ⟨*Stille*⟩; bedrückend ⟨*Schweigen*⟩; **~ with grief/guilt** gramerfüllt/schuldbeladen *(geh.)*

**la-di-da** [lɑ:dɪ'dɑ:] *adj.* affektiert; **~ manners** Vornehmtuerei, *die (abwertend)*

**ladies'** ['leɪdɪz]: **~ man** *n.* Frauenheld, *der;* **~ night** *n.* Damenabend, *der;* **~ room** *n.* Damentoilette, *die*

**ladified** *see* **ladyfied**

**lading** ['leɪdɪŋ] *n.* **a)** *(loading)* Laden, *das; see also* **³bill 1 h; b)** *(freight)* Ladung, *die*

**ladle** ['leɪdl] **1.** *n.* **a)** *(utensil)* Schöpfkelle, *die;* Schöpflöffel, *der;* **b)** *(Metallurgy)* Pfanne, *die.* **2.** *v.t.* schöpfen

**~ 'out** *v.t. (lit. or fig.)* austeilen

**lady** ['leɪdɪ] *n.* **a)** Dame, *die; (English, American, etc. also)* Lady, *die;* **~-in-waiting** *(Brit.)* Hofdame, *die;* **ladies' hairdresser** Damenfriseur, *der;* **b)** *in pl., constr. as sing.* **the Ladies[']** *(Brit.)* die Damentoilette; **'Ladies'** „Damen"; **c)** *as form of address in sing. (poet.)* Herrin *(veralt.); in pl.* meine Damen; **Ladies and Gentlemen!** meine Damen und Herren!; **my dear** *or* **good ~:** meine Gnädigste; **d)** *(Brit.) as title* **L~:** Lady; **my ~:** Mylady; **e)** *(ruling woman)* Herrin, *die;* **~ of the house** Dame des Hauses; **our sovereign ~[, Queen Elizabeth]** *(Brit.)* unsere gnädige Herrin[, Königin Elisabeth]; **Our L~** *(Relig.)* Unsere Liebe Frau; **find the ~** = **three-card trick; f)** *(object of a man's devotion)* Angebetete, *die; (~-love)* Herzenskönigin, *die (dichter.);* Liebste, *die (veralt.);* **your/his** *etc.* **~:** die Dame deines/seines *usw.* Herzens; **g)** *(titled married woman)* Gemahlin, *die (geh.);* **h) my/your ~ wife** meine Frau/Ihre Gattin *od. (geh.)* Frau Gemahlin; **your good ~:** die Frau Gemahlin *(geh.);* **i)** *attrib. (female)* **~ clerk** Angestellte, *die;* **~ doctor** Ärztin, *die;* **~ friend** Freundin, *die;* **~ dog** Hundedame, *die (scherzh.). See also* **easy 1 c; first 2 a; mayoress; old lady; painted lady; young lady**

**lady: ~bird,** *(Amer.)* **~bug** *ns. (Zool.)* Marienkäfer, *der;* **L~ chapel** *n. (Eccl.)* Marienkapelle, *die;* **L~ Day** *n., no art.* Mariä Verkündigung; **~-fern** *n. (Bot.)* Waldfrauenfarn, *der*

**ladyfied** ['leɪdɪfaɪd] *adj.* [aufgesetzt] damenhaft; **be ~:** sich [allzu] damenhaft geben

**lady: ~-killer** *n. (coll.)* Herzensbrecher, *der;* Ladykiller, *der (scherzh.);* **~like** *adj.* **a)** damenhaft; **be ~like** sich wie eine Dame benehmen; **b)** *(effeminate)* feminin *(abwertend);* **~-love** *n.* Liebste, *die (veralt.);* **L~'s 'bedstraw** *see* **bedstraw**

**ladyship** ['leɪdɪʃɪp] *n.* **her/your ~/their ~s** Ihre/Eure Ladyschaft/Ihre Ladyschaften

**lady: ~'s-maid** *n.* [Kammer]zofe, *die;* **~'s man** *see* **ladies' man; ~-smock** *see* **cuckoo flower; ~'s 'slipper** *n. (Bot.)* Frauenschuh, *der*

**¹lag** [læg] **1.** *v.i.,* **-gg-** *(lit. or fig.)* zurückbleiben; *see also* **behind 1 b, 2 c. 2.** *n.* **a)** *(delay)* Verzögerung, *die; (falling behind)* Zurückbleiben, *das;* **there was a ~ before ...:** es verging einige Zeit, bevor ...; **b)** *(Phys.: retardation)* Verzögerung, *die* (**behind** gegenüber); *(amount of retardation)* Verzögerungszeit, *die. See also* **jet lag; time-lag**

**²lag** *n. (sl.: convict)* Knastbruder, *der (ugs.);* Knacki, *der (ugs.);* **old ~:** alter Knastbruder *(ugs.)*

**³lag** *v.t.,* **-gg-** *(insulate)* isolieren

**lager** ['lɑ:gə(r)] *n.* Lagerbier, *das;* **a small ~** ≈ ein kleines Helles

**laggard** ['lægəd] **1.** *n.* Nachzügler, *der; (with work)* Bummelant, *der (ugs. abwertend).* **2.** *adj.* langsam

**¹lagging** *n.* **no ~!** nicht zurückbleiben!

**²lagging** *n. (insulation)* Isolierung, *die*

**lagoon** [lə'gu:n] *n.* **a)** Lagune, *die;* **b)** *(Amer., Austral., NZ: small lake)* kleiner [abflußloser] See; **c)** *(in sewage-works)* Klärteich, *der*

**lah** [lɑ:] *n. (Mus.)* la

**laid** *see* **²lay 1, 2**

**'laid-back** *adj. (coll.)* gelassen

**lain** *see* **²lie 2**

**lair** [leər] *n.* *(of wild animal)* Unterschlupf, *der;* Lager, *das (Jägerspr.); (fig.: hiding-place) (of pirates, bandits)* Schlupfwinkel, *der; (of children etc.)* Versteck, *das*

**laird** [leəd] *n. (Scot.)* Gutsbesitzer, *der*

**laisser-faire, laissez-faire** [leɪseɪ'feə(r)] *n., no pl., no indef. art.* Laisser-faire, *das; attrib.* Laisser-faire(*-Kapitalismus, -Einstellung*)

**laity** ['leɪɪtɪ] *n. pl.* Laien; **many of the ~:** viele aus dem Laienstand

**¹lake** [leɪk] *n.* See, *der;* **the Great L~s** die Großen Seen

**²lake** *n. (pigment from cochineal)* Koschenillerot, *das;* Karmin, *das*

**lake: L~ Constance** [leɪk 'kɒnstəns] *pr. n.* der Bodensee; **L~-country, L~ District** *pr. ns. (Brit.)* Lake District, *der (Seenlandschaft im Nordwesten Englands);* **~-dwelling** *n.* Pfahlbau, *der;* **L~land** ['leɪklənd] *see* **L~ District; L~ Lucerne** *see* **Lucerne; L~ Lugano** [leɪk lu:'gɑ:nəʊ] *pr. n.* der Luganer See; **~side** *n.* Seeufer, *das;* **by the ~side** am See[ufer]; **a ~side hotel/promenade** ein Hotel am See/eine Seeuferpromenade; **L~ Su'perior** *pr. n.* der Obere See

**lakh** [læk] *n. (Ind.)* Lakh, *der;* **a ~ of rupees** [ein]hunderttausend Rupien

**lam** [læm] *(sl.)* **1.** *v.i.,* **-mm-: ~ into sb.** auf jmdn. eindreschen *(ugs.); (verbally)* jmdn. zur Schnecke machen *(ugs.).* **2.** *v.t.,* **-mm-** dreschen *(salopp)* ⟨*Ball*⟩; verdreschen *(salopp)* ⟨*Person*⟩

**lama** ['lɑ:mə] *n.* Lama, *der*

**lamasery** ['lɑ:məserɪ] *n.* Lamakloster, *das*

**lamb** [læm] **1.** *n.* **a)** Lamm, *das;* **as gentle/meek as a ~:** sanft wie ein Lamm; **one may** *or* **might as well be hanged** *or* **hung for a sheep as [for] a ~** *(fig.)* darauf kommt es jetzt auch nicht mehr an; **like a ~ [to the slaughter]** wie ein Lamm [zur Schlachtbank *(geh.)*]; **b)** *no pl. (flesh)* Lamm[fleisch], *das;* **c)** *(mild person)* Lamm, *das; (dear person)* Schatz, *der (ugs.); (pitiable person)* armes Geschöpf; **the L~ [of God]** *(Bibl.)* das Lamm Gottes. **2.** *v.i.* lammen; **~ing season** Lammzeit, *die*

**lambaste** [læm'beɪst] (**lambast** [læm'bæst]) *v.t. (coll.: thrash, lit. or fig.)* fertigmachen *(ugs.)*

**lamb: ~ 'chop** *n.* Lammkotelett, *das;* **~ 'cutlet** *n.* Kammkotelett vom Lamm

**Lambda probe** ['læmdə prəʊb] *n. (Motor Veh.)* Lambdasonde, *die*

**lambkin** ['læmkɪn] *n.* **a)** *(animal)* Lämmchen, *das;* **b)** *(person)* Schäfchen, *das (fam.)*

**lamb: ~like** *adj.* sanftmütig ⟨*Wesen, Aussehen*⟩; **~'s fry** *n., no pl., no indef. art.* Gekröse vom Lamm; **~skin** *n. (with wool on)* Lammfell, *das; (as leather)* Schafleder, *das;* **~'s 'lettuce** *n., no pl., no indef. art. (Bot.)* Feldsalat, *der;* **~'s-tails** *n. pl. (Brit. Bot.)* Haselkätzchen; **~'s-wool** *n.* Lambswool, *die (Textilw.)*

**lame** [leɪm] **1.** *adj.* **a)** *(disabled)* lahm; **go ~:** lahm werden; **be ~ in one's right leg** ein lahmes rechtes Bein haben; **the horse was ~ in one leg** das Pferd lahmte auf einem Bein; **b)** *(fig.: unconvincing)* lahm *(ugs. abwertend);* **c)** *(fig.: halting)* holprig ⟨*Vers, Versmaß*⟩. **2.** *v.t.* lahm reiten ⟨*Pferd usw.*⟩; *(fig.: hinder)* lähmen ⟨*Person, Fähigkeiten, Kraft*⟩

**lamé** ['lɑ:meɪ] *(Textiles)* **1.** *n.* Lamé, *der.* **2.** *adj.* lamé; Lamé-

**lame: ~-brain** *n. (Amer.)* Schwachkopf, *der (abwertend);* **~ dog** *see* **dog 1 a; ~ 'duck** *n.* **a)** *(incapable person)* Versager, *der*/Versagerin, *die;* **b)** *(firm)* zahlungsunfähige Firma; **the ~ ducks of industry** die bankrotten Industrieunternehmen; **c)** *(Amer.: official about to retire) Politiker, der nicht wiedergewählt worden ist*

**lamella** [lə'melə] *n., pl.* **~e** [lə'meli:] Lamelle, *die*

**lamely** ['leɪmlɪ] *adv.* **a)** hinkend; **the horse walks ~:** das Pferd geht lahm; **b)** *(fig.: unconvincingly)* lahm *(ugs. abwertend);* **she ~ mumbled an excuse** sie murmelte eine lahme Entschuldigung

**lameness** ['leɪmnɪs] *n., no pl. (lit.; also fig.: unconvincingness)* Lahmheit, *die*

**lament** [lə'ment] **1.** *n.* **a)** *(expression of grief)* Klage, *die* (**for** um); **his great ~ is ...:** sein großer Kummer ist ...; **b)** *(dirge)* Klagegesang, *der.* **2.** *v.t.* klagen über (+ *Akk.*) *(geh.);* klagen um *(geh.)* ⟨*Freund, Heimat, Glück*⟩; **~ that ...:** beklagen, daß ... **3.** *v.i.* klagen *(geh.);* **~ over** *or* **for sth.** etw. beklagen *(geh.);* etw. beweinen; **~ over** *or* **for sb.** jmdn. beweinen; um jmdn. weinen

**lamentable** ['læməntəbl] *adj.* beklagenswert; kläglich ⟨*Versuch, Leistung*⟩

**lamentably** ['læməntəblɪ] *adv.* beklagenswert; kläglich ⟨*scheitern*⟩; **be ~ ignorant of**

**sth.** beklagenswert wenig über etw. *(Akk.)* wissen

**lamentation** [læmən'teɪʃn] *n.* **a)** *no pl., no art. (lamenting)* Wehklagen, *das (geh.);* **b)** *(lament)* [Weh]klage, *die (geh.);* **c) L~s [of Jeremiah]** *(Bibl.)* Klagelieder [Jeremiä]

**lamented** [lə'mentɪd] *adj.* betrauert; **the late ~ President** der verschiedene Präsident

**laminate 1.** ['læmɪneɪt] *v. t.* **a)** *(construct)* lamellieren *(Technik);* **b)** *(make into thin plates)* laminieren *(Metall.);* **c)** *(split)* in [flache] Platten spalten; **d)** *(overlay)* beschichten; laminieren *(Technik).* **2.** *v. i.* sich [in flache Platten] spalten. **3.** ['læmɪnət] *n.* Schicht[preß]stoff, *der (Technik);* Laminat, *das (Technik);* **fibreglass ~:** Glasfaserschichtstoff, *der (Technik)*

**laminated** ['læmɪneɪtɪd] *adj.* lamelliert *(Technik);* **~ glass** Verbundglas, *das;* **~ fibreglass** Glasfasergewebe, *das*

**lamination** [læmɪ'neɪʃn] *n.* **a)** *(process)* Laminierung, *die (Technik);* **b)** *(layer of material)* Schicht, *die*

**lammergeyer** ['læməgaɪə(r)] *n. (Ornith.)* Lämmergeier, *der;* Bartgeier, *der*

**lamp** [læmp] *n.* Lampe, *die; (in street)* [Straßen]laterne, *die;* [Straßen]lampe, *die; (of vehicle)* Licht, *das; (car headlamp)* Scheinwerfer, *der; (fig.: source of hope etc.)* Licht, *das; see also* **fluorescent lamp; neon lamp; spirit lamp; sun-lamp**

**lamp: ~black** *n.* Lampenruß, *der;* **~-holder** *n.* [Glühlampen]fassung, *die;* **~light** *n.* Lampenlicht, *das;* **~lighter** *n.* Laternenanzünder, *der*

**lampoon** [læm'pu:n] **1.** *n.* Spottschrift, *die;* Pasquill, *das (geh.).* **2.** *v. t.* verhöhnen; verspotten

**'lamp-post** *n.* Laternenpfahl, *der; (taller)* Lichtmast, *der*

**lamprey** ['læmprɪ] *n. (Zool.)* Neunauge, *das*

**lamp: ~shade** *n.* Lampenschirm, *der;* **~-standard** *n.* Lichtmast, *der*

**Lancastrian** [læŋ'kæstrɪən] **1.** *adj.* **a)** *(of Lancashire)* Lancashire-; ‹*Abstammung*› aus Lancashire; **b)** *(Hist.)* zum Hause Lancaster gehörig; des Hauses Lancaster *nachgestellt.* **2.** *n.* **a)** *(native of Lancashire)* **be a ~:** aus Lancashire stammen; **b)** *(Hist.)* Mitglied/Anhänger des Hauses Lancaster; **the ~s** die Partei der Lancaster

**lance** [lɑ:ns] **1.** *n.* **a)** *(weapon)* Lanze, *die;* **b)** *(Fishing)* Stoßharpune, *die;* **c)** *(pipe)* Sprührohr, *das; (for burning a hole)* **[oxygen] ~:** [Sauerstoff]lanze, *die;* **d)** *(Mil.) see* **lancer a. 2.** *v. t.* **a)** *(Med.)* mit der Lanzette öffnen; **b)** *(pierce with ~)* mit der Lanze durchbohren

**lance: ~-bombar'dier** *n. (Mil.)* Obergefreiter der Artillerie; **~-'corporal** *n. (Mil.)* Obergefreite, *der*

**lancer** ['lɑ:nsə(r)] *n.* **a)** *(Mil. Hist.)* Lanzenreiter, *der;* **b)** *in pl. (dance)* Lancier, *der*

**lancet** ['lɑ:nsɪt] *n.* **a)** *(Med.)* Lanzette, *die;* **b)** *(Archit.)* **~ [arch/light** *or* **window]** Lanzettbogen, *der*/Lanzettfenster, *das*

**land** [lænd] **1.** *n.* **a)** *no pl., no indef. art. (solid part of the earth)* Land, *das;* **by ~:** auf dem Landweg; **by ~ or by sea** zu Lande oder zu Wasser ‹*reisen*›; auf dem Landweg oder auf dem Seeweg ‹*schicken, transportieren*›; **on ~:** zu Lande; *(not in air)* auf dem Boden; *(not in or on water)* an Land; **~ travel** das Reisen zu Lande; **b)** *no indef. art. (expanse of country)* Land, *das;* **see/find out how the ~ lies** *(fig.)* herausfinden, wie die Dinge liegen; **how does the ~ lie?** *(fig.)* wie ist die Lage?; *see also* **²lay 3b; ²lie 1a; c)** *no pl., no indef. art. (ground for farming or building)* Land, *das;* **work the ~:** das Land bebauen; **back to the ~:** zurück aufs Land; **live off the ~:** sich von dem ernähren, was das Land hergibt; **d)** *(country)* Land, *das;* **the greatest in the ~:** der/die Größte im ganzen Land; **out of the ~ of Egypt** *(Bibl.)* aus Ägyptenland *(bibl.);* **~ of hope and glory** Land der Hoffnung und des Ruhms; *see also* **living 1e; promised land; e)** *no indef. art. (landed property)* Land, *das;* **have or own ~:** Grundbesitz haben; **~s** *(estates)* Ländereien *Pl.* **2.** *v. t.* **a)** *(set ashore)* [an]landen ‹*Truppen, Passagiere, Waren, Fang*›; **b)** *(Aeronaut.)* landen ‹*[Wasser]flugzeug*›; **they were ~ed at an airstrip** ihr Flugzeug landete auf einer Piste; **c)** *(bring into a situation)* **~ oneself in trouble** sich in Schwierigkeiten bringen; sich *(Dat.)* Ärger einhandeln *(ugs.);* **this will ~ him in bankruptcy** das wird ihn [noch] bankrott machen; **his recklessness ~ed him in danger** durch seinen Leichtsinn hat er sich in Gefahr gebracht; **~ sb. in [the thick of] it** jmdn. [ganz schön] reinreiten *(salopp);* **d)** *(deal)* landen ‹*Schlag*›; **~ a blow on sb., ~ sb. one** jmdm. einen Schlag versetzen *od. (ugs.)* verpassen; **~ sb. one right in the eye** jmdm. eins aufs Auge geben *(ugs.);* **e)** *(burden)* **~ sb. with sth., ~ sth. on sb.** jmdm. etw. aufhalsen *(ugs.);* **be ~ed with sb./sth.** jmdn. auf dem Hals haben *(ugs.)*/etw. aufgehalst bekommen *(ugs.);* **this ~ed me with a huge problem** dies stellte mich vor ein ungeheures Problem; **f) ~ a fish** einen Fisch an Land ziehen; **g)** *(fig.: obtain in face of competition)* an Land ziehen *(ugs.).* **3.** *v. i.* **a)** ‹*Boot usw.:*› anlegen, landen; ‹*Passagier:*› aussteigen **(from** aus); **we ~ed at Dieppe** wir gingen in Dieppe an Land; **b)** *(Aeronaut.)* landen; *(on water)* [auf dem Wasser] aufsetzen; wassern; **be about to ~:** zur Landung angesetzt haben; gerade landen; **c)** *(alight)* landen; ‹*Ball:*› aufkommen; **~ on one's feet** auf den Füßen landen; *(fig.)* [wieder] auf die Füße fallen; **d)** *(find oneself in a situation)* landen *(ugs.)* **(at, in** in + *Dat.*); **~ in the middle of a dispute** [mitten] in eine Auseinandersetzung hineingeraten

**~ 'back** *v. i.* wieder landen *(ugs.)*

**~ on** *v. t.* **~ on sb.** *(impose oneself)* jmdn. heimsuchen *(fig.)*

**~ 'up** *v. i.* landen *(ugs.)*

**'land-agent** *n.* **a)** *(Brit.: steward)* Liegenschaftsverwalter, *der/*-verwalterin, *die;* **b)** *(selling land)* Grundstücksmakler, *der/* -maklerin, *die*

**landau** ['lændɔ:] *n.* Landauer, *der*

**land: ~-breeze** *n.* Landwind, *der;* **~-crab** *n. (Zool.)* Landkrabbe, *die*

**landed** ['lændɪd] *adj.* **a)** *(having land)* **~ gentry/aristocracy** Landadel, *der;* **the ~ interest** die Großgrundbesitzer; **b)** *(consisting of land)* Land‹*besitz, -gut*›

**lander** ['lændə(r)] *n. (Astronaut.)* Landefahrzeug, *das;* Landefähre, *die*

**land: ~fall** *n. (Naut.)* Landfall, *der;* **~fill** *n.* **a)** *(material)* Müll, *der;* Schutt, *der (zur Geländeauffüllung);* **b)** *(process)* Geländeauffüllung, *die;* **~ fill site** *(mit Erde wieder aufgefüllte)* Müllgrube; **~ force** *n.* **~ force[s** *pl.*]Landstreitkräfte *Pl.;* **~-girl** *n. (Brit.)* Landarbeiterin, *die;* Landwirtschaftsgehilfin, *die*

**landing** ['lændɪŋ] *n.* **a)** *(of ship)* Landung, *die;* **on ~** *(disembarkation)* beim Verlassen des Schiffs; **b)** *(of aircraft)* Landung, *die;* **emergency ~:** Notlandung, *die; see also* **hard landing; soft landing; c)** *(place for disembarkation)* Anlegestelle, *die;* **d)** *(between flights of stairs)* Treppenabsatz, *der; (passage)* Treppenflur, *der*

**landing: ~-card** *n.* Landekarte, *die;* **~-craft** *n. (Navy)* Landungsboot, *das;* **~-flap** *n.* Landeklappe, *die;* **~-gear** *n.* Fahrwerk, *das;* **~-net** *n.* Kescher, *der;* **~-place** *see* **landing c; ~-stage** *n.* Landungssteg, *der;* Landungsbrücke, *die; (floating)* Anlegeponton, *der;* **~-strip** *see* **airstrip**

**land: ~lady** *n.* **a)** *(of rented property)* Vermieterin, *die; (of flat also)* Hauswirtin, *die; (of room also)* Zimmerwirtin, *die;* **b)** *(of public house)* [Gast]wirtin, *die;* **c)** *(of lodgings etc.)* [Pensions]wirtin, *die;* **~-line** *n.* Landkabel, *das;* **~-locked** *adj.* vom Land eingeschlossen ‹*Bucht, Hafen*›; ‹*Staat*› ohne Zugang zum Meer; **~lord** *n.* **a)** *(of rented property)* Vermieter, *der;* [Haus]wirt, *der;* **b)** *(of public house)* [Gast]wirt, *der;* **c)** *(of lodgings etc.)* [Pensions]wirt, *der;* **~lubber** ['lændlʌbə(r)] *n. (Naut.)* Landratte, *die (ugs.);* **~mark** *n.* **a)** *(boundary mark)* Grenzzeichen, *das; (stone)* Grenzstein, *der;* **b)** *(conspicuous object)* weithin sichtbares Erkennungszeichen; *(Naut.)* Landmarke, *die;* **c)** *(fig.: significant event)* Markstein, *der;* **stand as a ~mark** einen Meilenstein bedeuten; **~ mass** *n. (Geog.)* Landmasse, *die;* **~-mine** *n. (Mil.)* **a)** *(on ground)* Landmine, *die;* **b)** *(parachute mine)* Fallschirmmine, *die;* **~owner** *n.* **[large** *or* **big] ~owner** [Groß]grundbesitzer, *der/*-besitzerin, *die*

**landscape** ['lændskeɪp, 'lænskeɪp] **1.** *n.* **a)** Landschaft, *die;* **b)** *(picture)* Landschaftsbild, *das;* Landschaft, *die.* **2.** *v. t.* landschaftsgärtnerisch gestalten ‹*Garten, Park*›

**landscape: ~ architect** *n.* Landschaftsarchitekt, *der/*-architektin, *die;* **~ architecture** *n.* Landschaftsgestaltung, *die;* **~ gardener** *n.* Landschaftsgärtner, *der/* -gärtnerin, *die;* **~ gardening** *n.* Landschaftsgärtnerei, *die;* **~ painter** *n.* Landschaftsmaler, *der/*-malerin, *die*

**land: ~slide** *n.* **a)** Erdrutsch, *der;* **b)** *(fig.: majority)* Erdrutsch[wahl]sieg, *der; attrib.* **a ~slide victory** ein Erdrutsch[wahl]sieg; **~slip** *see* **~slide a; ~-tax** *n. (Admin.)* Grundsteuer, *die*

**landward** ['lændwəd] **1.** *adj.* **~ side** Landseite, *die;* **~ view** Blick zur Landseite hin. **2.** *adv.* land[ein]wärts. **3.** *n.* **to [the] ~:** zur Landseite hin

**landwards** ['lændwədz] *see* **landward 2**

**'land-wind** *n.* Landwind, *der*

**lane** [leɪn] *n.* **a)** *(in the country)* Landsträßchen, *das; (unmetalled)* [Hecken]weg, *der;* **it's a long ~ that has no turning** *(prov.)* alles muß einmal ein Ende haben; **b)** *(in town)* Gasse, *die;* **lovers' ~:** Seufzerallee, *die (scherzh.);* **c)** *(part of road)* [Fahr]spur, *die;* **slow ~** *(in Britain)* linke Spur; *(on the continent)* rechte Spur; **'get in ~'** „bitte einordnen"; *see also* **fast lane; d) aircraft ~:** Flugroute, *die;* **shipping ~:** Schiffahrtsweg, *der;* **ocean ~:** Schiffahrtsstraße, *die;* **e)** *(for race)* Bahn, *die*

**-lane[d]** [leɪn(d)] *adj. in comb.* -spurig

**language** ['læŋgwɪdʒ] *n.* **a)** Sprache, *die;* **speak the same ~** *(fig.)* die gleiche Sprache sprechen; *see also* **artificial language; dead language; foreign language; sign language; b)** *no pl., no art. (words, wording)* Sprache, *die;* **[style of] ~:** [Sprach]stil, *der;* **use of ~:** Sprachgebrauch, *der;* **c)** *(style)* Ausdrucksweise, *die;* Sprache, *die;* **use uncompromising ~:** eine unmißverständliche Sprache sprechen; **mind your ~:** drück dich gefälligst anständig aus; **~ of the gutter** Gossensprache, *die; see also* **bad 1d; strong language; d)** *(professional vocabulary)* [Fach]sprache, *die;* **the ~ of diplomacy** die Sprache der Diplomatie; **medical ~:** medizinische Fachsprache; **e)** *(Computing)* Sprache, *die;* **computer ~s** Computersprachen; **f)** *no pl., no art. (faculty of speech)* Sprachfähigkeit, *die*

**language: ~ course** *n.* Sprachkurs[us], *der;* **~ laboratory** *n.* Sprachlabor, *das;* **~-teacher** *n.* Sprachlehrer, *der/*-lehrerin, *die*

**languid** ['læŋgwɪd] *adj.* **a)** *(indisposed to exertion, sluggish)* träge; **b)** *(inert)* matt; **c)** *(apathetic)* lahm

**languidly** ['læŋgwɪdlɪ] *adv.* **a)** *(without vigour, sluggishly)* träge; **b)** *(inertly)* matt; **c)** *(apathetically)* lustlos

**languish** ['læŋgwɪʃ] *v. i.* **a)** *(lose vitality)* ermatten *(geh.)*; ⟨*Pflanzen:*⟩ kümmern; **b)** *(live wretchedly)* ~ **under sth.** unter etw. *(Dat.)* schmachten *(geh.)*; ~ **in prison** im Gefängnis schmachten *(geh.)*; **c)** *(pine)* dahinvegetieren; ~ **for sth.** nach etw. schmachten *(geh.)*; ~ **for sb.** sich nach jmdm. verzehren *(geh.)*

**languor** [læŋgə(r)] *n. see* **languorous:** Mattigkeit, *die;* Trägheit, *die;* Verträumtheit, *die*

**languorous** ['læŋgərəs] *adj.* **a)** *(faint)* matt; **b)** *(inert)* träge; **c)** *(dreamy)* verträumt

**lank** [læŋk] *adj.* **a)** *(tall)* hager; **b)** *(thin)* abgemagert; **c)** *(limp)* glatt herabhängend ⟨*Haar*⟩

**lanky** ['læŋkɪ] *adj.* schlaksig *(ugs.)*; [dürr und] lang ⟨*Arm, Bein*⟩

**lanolin** ['lænəlɪn] *n.* Lanolin, *das*

**lantern** ['læntən] *n.* Laterne, *die; see also* **Chinese lantern; magic lantern**

**lantern: ~-jawed** ['læntəndʒɔ:d] *adj.* mit langgeschnittenem Gesicht; **~-slide** *n. bemalte Glasplatte oder Dia für die Laterna magica*

**lanyard** ['lænjəd] *n.* **a)** *(Naut.)* Bändsel, *das; (in tackle)* Taljenreep, *das;* **b)** *(loop of cord)* Kordel, *die;* **c)** *(to fire gun)* Abzugsleine, *die*

**Laos** ['laʊs, 'lɑ:ɒs] *pr. n.* Laos *(das)*

**Laotian** [laʊʃn] **1.** *adj.* laotisch; **sb. is ~:** jmd. ist Laote/Laotin. **2.** *n.* **a)** *(person)* Laote, *der*/Laotin, *die;* **b)** *(language)* laotische Sprache

[1]**lap** [læp] *n.* **a)** *(part of body)* Schoß, *der;* **live in the ~ of luxury** *(fig.)* im Überfluß leben; **fall** *or* **drop** *or* **be dropped into sb.'s ~** *(fig.)* jmdm. in den Schoß fallen; **end up on** *or* **in sb.'s ~** *(fig.)* bei jmdm. landen *(ugs.)*; bei jmdm. abgeladen werden *(fig.)*; *see also* **god a; b)** *(flap)* [Rock]schoß, *der*

[2]**lap 1.** *n.* **a)** *(Sport)* Runde, *die;* **on the last ~** *(fig. coll.)* auf der Zielgeraden *(fig.)*; **~ of honour** Ehrenrunde, *die;* **b)** *(amount of overlap)* Überlappung, *die* **(of** um); *(overlapping part)* überlappender Teil. **2.** *v. t.,* **-pp- a)** *(Sport)* überrunden; **b)** *(cause to overlap)* überlappen; **c)** *(wrap)* wickeln **([a]round** um); **d)** *(swathe)* umwickeln **(in** mit); wickeln ⟨*Baby*⟩ **(in** in + *Akk.*). **3.** *v. i.,* **-pp-:** ~ **over sth.** etw. überlappen

[3]**lap 1.** *v. i.,* **-pp- a)** *(drink)* schlappen; schlecken; **b)** ⟨*See, Wasser, Wellen:*⟩ plätschern. **2.** *v. t.,* **-pp- a)** *(drink)* ~ **[up]** [auf]schlappen; [auf]schlecken; **b)** *see* **~ up b; c)** *see* **~ up c; d)** ⟨*See, Wasser, Wellen:*⟩ plätschern an (+ *Akk.*)

~ **'up** *v. t.* **a)** *(drink) see* **~ 2 a; b)** *(consume greedily)* hinunterschütten; **c)** *(fig.: receive eagerly)* schlucken *(ugs.)*; begierig aufnehmen ⟨*Lob*⟩; sich stürzen auf (+ *Akk.*) ⟨*Sensation*⟩

**lap: ~ belt** *n.* Beckengurt, *der;* **~-dog** *n.* Schoßhund, *der;* Schoßhündchen, *das*

**lapel** [lə'pel] *n.* Revers, *das od. (österr.) der*

**lapidary** ['læpɪdərɪ] *adj.* **a)** *(of gems)* **~ art** *(cutting gems)* Steinschneidekunst, *die; (polishing gems)* Kunst des Steinschleifens; **b)** *(engraved)* in Stein gehauen; **c)** *(dignified and concise)* lapidar

**lapis [lazuli]** ['læpɪs ('læzjʊlɪ), 'leɪpɪs ('læzjʊlaɪ)] *n., no pl., no indef. art.* **a)** *(gem)* Lapislazuli, *der;* Lasurstein, *der;* **b)** *(pigment, colour)* Ultramarin, *das;* Lasurblau, *das*

**'lap-joint** *n.* Überlappung, *die;* Überlappungsverbindung, *die*

**Lapland** ['læplænd] *pr. n.* Lappland *(das)*

**Laplander** ['læplændə(r)] *n.* Lappländer, *der*/Lappländerin, *die*

**Lapp** [læp] **1.** *n.* **a)** *(person)* Lappe, *der*/Lappin, *die;* **b)** *(language)* lappische Sprache. **2.** *adj.* **a)** lappisch; lappländisch; **b)** *(of language)* lappisch

**Lappish** ['læpɪʃ] *see* **Lapp 2**

**lapse** [læps] **1.** *n.* **a)** *(interval)* **a/the ~ of ...:** eine/die Zeitspanne von ...; **a ~ in the conversation** eine Gesprächspause; **b)** *(mistake)* Fehler, *der;* Lapsus, *der (geh.)*; **~ of memory** Gedächtnislücke, *die;* **c)** *(deviation)* Verstoß, *der* **(from** gegen); **momentary ~ of concentration** momentane Konzentrationsschwäche; **a ~ from his high standard** eine Abweichung von seinem hohen Standard; **~ from good taste** Geschmacksverirrung, *die;* **d)** *(Law: termination of right) (of patent)* Erlöschen, *das; (of legacy)* Heimfall, *der.* **2.** *v. i.* **a)** *(fail)* versagen; **~ from sth.** etw. vermissen lassen; **b)** *(sink)* ~ **into** verfallen in (+ *Akk.*); fallen in (+ *Akk.*) ⟨*Schlaf, Koma*⟩; verfallen (+ *Dat.*) ⟨*Sucht, Ketzerei*⟩; **c)** *(become void)* ⟨*Vertrag, Versicherungspolice usw.:*⟩ ungültig werden; ⟨*Plan, Projekt:*⟩ hinfällig werden; ⟨*Anspruch:*⟩ verfallen; **d)** ~ **to sb.** *(Law)* auf jmdn. übergehen; an jmdn. fallen

**lapsed** [læpst] *adj.* **a)** *(disused)* in Vergessenheit geraten; **b)** *(having defected)* abgefallen ⟨*Christ, Katholik usw.*⟩; **c)** abgelaufen, ungültig ⟨*Paß, Führerschein, Versicherungspolice*⟩; frei geworden ⟨*Lehen*⟩

**lap: ~-top 1.** *adj.* tragbar, Laptop⟨*gerät, -PC*⟩; **2.** *n.* Laptop, *der;* tragbarer PC; **~-weld** *(Metalw.)* **1.** *n.* Überlapp[schweiß]naht, *die;* **2.** *v. t.* überlappt schweißen; **~wing** *n. (Ornith.)* Kiebitz, *der*

**larboard** ['lɑ:bəd] *see* [1]**port 1 c, 2**

**larcenous** ['lɑ:sənəs] *adj.* diebisch

**larceny** ['lɑ:sənɪ] *n. (Law)* Diebstahl, *der*

**larch** [lɑ:tʃ] *n.* Lärche, *die*

**lard** [lɑ:d] **1.** *n.* Schweineschmalz, *das;* Schweinefett, *das.* **2.** *v. t.* **a)** *(Cookery)* spicken; **b)** *(fig.: garnish)* spicken *(ugs.)*

**larder** ['lɑ:də(r)] *n. (room)* Speisekammer, *die; (cupboard)* Speiseschrank, *der*

**lardy** ['lɑ:dɪ] *adj.* fett

**'lardy-cake** *n.* ≈ Rosinenbrot, *das*

**large** [lɑ:dʒ] **1.** *adj.* **a)** groß; **a ~ lady** eine stattliche Dame; **~ importer/user** Großimporteur, *der*/Großverbraucher, *der; see also* **intestine; life d; b)** *(comprehensive, broad)* umfassend; **taking the ~ view** im großen ganzen gesehen. **2.** *n.* **a) at ~** *(at liberty)* frei; *(not in prison etc.)* auf freiem Fuß; in Freiheit; *(at full length)* ausführlich; *(as a body)* insgesamt; *(Amer. Polit.: representing whole State)* für den ganzen Staat ⟨*gewählt*⟩; **society at ~:** die Gesellschaft in ihrer Gesamtheit; **students/teachers/doctors at ~:** die [gesamte] Studenten-/Lehrer-/Ärzteschaft; **ambassador at ~** *(Amer.)* Sonderbotschafter, *der*/-botschafterin, *die;* **b) in [the] ~:** im großen. **3.** *adv. see* **bulk 2;** [1]**by 2 d;** [2]**loom; write 2 d**

**'large-hearted** *adj.* großherzig *(geh.)*

**largely** ['lɑ:dʒlɪ] *adv.* weitgehend

**largeness** ['lɑ:dʒnɪs] *n., no pl.* Größe, *die; (of person)* Stattlichkeit, *die*

**larger-than-'life** *attrib. adj.* überlebensgroß

**large: ~-scale** *attrib. adj.* großangelegt; groß ⟨*Erfolg, Mißerfolg*⟩; ⟨*Katastrophe*⟩ großen Ausmaßes; ⟨*Modell*⟩ in großem Maßstab; **~-scale manufacture** Massenproduktion, *die;* **~-size** *see* **-size**

**largess[e]** [lɑ:'ʒes] *n., no pl.* **a)** *(gifts)* Geschenke; **government ~:** staatliche Geschenke; **b)** *(bestowal)* [großzügige] Unterstützung *od.* Förderung

**largish** ['lɑ:dʒɪʃ] *adj.* ziemlich groß; recht stattlich ⟨*Person*⟩

**largo** ['lɑ:gəʊ] *(Mus.)* **1.** *adv. & adj.* largo. **2.** *n., pl.* **~s** Largo, *das*

**lariat** ['lærɪət] *n.* **a)** *(lasso) (lateinamerikanisches)* Lasso; **b)** *(tethering-rope)* Seil zum Anpflocken

[1]**lark** [lɑ:k] *n. (Ornith.)* Lerche, *die;* **be up with the ~:** beim *od.* mit dem ersten Hahnenschrei aufstehen; **gay** *or* **happy as a ~:** lustig und vergnügt

[2]**lark** *(coll.)* **1.** *n.* **a)** *(frolic)* Jux, *der (ugs.)*; **they were only having a ~:** sie haben sich *(Dat.)* nur einen Jux gemacht *(ugs.)*; **be a real ~:** eine Mordsgaudi sein *(ugs.)*; **it'll be a bit of a ~:** es wird bestimmt lustig; **do sth. for a ~:** etw. aus Jux machen *(ugs.)*; **what a ~!** das ist/war spitze *(ugs.)*; **b)** *(Brit.) (form of activity)* Blödsinn, *der (ugs.)*; *(affair)* Geschichte, *die (ugs.)*; **blow** *or (sl.)* **sod** *or (coarse)* **bugger this for a ~:** zum Teufel!; verdammte Scheiße *(derb).* **2.** *v. i.* **~ [about** *or* **around]** herumalbern *(ugs.)*

**'larkspur** *n. (Bot.)* Rittersporn, *der*

**larva** ['lɑ:və] *n., pl.* **~e** ['lɑ:vi:] Larve, *die*

**larval** ['lɑ:vl] *adj.* Larven-; larval *(fachspr.)*; **a ~ fly/frog** eine Fliegen-/Froschlarve

**laryngeal** [lə'rɪndʒɪəl] **1.** *adj.* **a)** *(Anat.)* Kehlkopf-; laryngeal *(fachspr.)*; **b)** *(Ling.)* Kehl[kopf]-; laryngal *(fachspr.).* **2.** *n. (Ling.)* Kehl[kopf]laut, *der;* Laryngal, *der (fachspr.)*

**laryngitis** [lærɪn'dʒaɪtɪs] *n. (Med.)* Kehlkopfentzündung, *die;* Laryngitis, *die (fachspr.)*

**larynx** ['lærɪŋks] *n., pl.* **larynges** [lə'rɪndʒi:z] *(Anat.)* Kehlkopf, *der;* Larynx, *der (fachspr.)*

**lasagne** [lə'sænjə, lə'sɑ:njə] *n. (Gastr.)* Lasagne *Pl.*

**lascivious** [lə'sɪvɪəs] *adj.* **a)** *(lustful)* lüstern *(geh.)*; **b)** *(inciting to lust)* lasziv

**lasciviously** [lə'sɪvɪəslɪ] *adv. see* **lascivious:** lüstern *(geh.)*; lasziv

**lasciviousness** [lə'sɪvɪəsnɪs] *n., no pl. see* **lascivious:** Lüsternheit, *die (geh.)*; Laszivität, *die*

**laser** ['leɪzə(r)] *n.* Laser, *der*

**laser: ~ beam** *n.* Laserstrahl, *der;* **~ printer** *n.* Laserdrucker, *der*

**lash** [læʃ] **1.** *n.* **a)** *(stroke)* [Peitschen]hieb, *der;* **b)** *(part of whip) biegsamer Teil der Peitsche; (whipcord)* Peitschenschnur, *die; (as punishment)* **the ~:** die Peitsche; **c)** *(on eyelid)* Wimper, *die.* **2.** *v. i.* **a)** *(make violent movement)* schlagen; ⟨*Peitsche, Schlange:*⟩ zuschlagen; **b)** *(strike)* ⟨*Welle, Regen:*⟩ peitschen **(against** gegen, **on** auf + *Akk.*); ⟨*Person:*⟩ [mit der Peitsche] schlagen **(at** nach). **3.** *v. t.* **a)** *(fasten)* festbinden **(to** an + *Dat.*); *(Naut.)* festzurren *(bes. Seemannsspr.)*; laschen *(Seemannsspr.)*; **~ together** zusammenbinden; **b)** *(flog)* mit der Peitsche schlagen; *(as punishment)* auspeitschen; **~ oneself** sich geißeln; **c)** *(rebuke)* abkanzeln; geißeln ⟨*Mißstand, Laster, Fehler*⟩; *(satirize)* verhöhnen; **d)** *(move violently)* schlagen mit; **e)** *(beat upon)* peitschen; **the rain ~ed the windows/roof** der Regen peitschte gegen die Fenster/auf das Dach; **f)** *(drive)* **~ sb. into sth.** jmdn. zu etw. anstacheln

**~ a'bout** *v. i.* wild um sich schlagen

**~ 'down 1.** *v. t.* festbinden; *(Naut.)* festzurren *(bes. Seemannsspr.).* **2.** *v. i.* ⟨*Regen:*⟩ niederprasseln

**~ 'into** *v. t.* **~ into sb.** über jmdn. herfallen

**~ 'out** *v. i.* **a)** *(hit out)* um sich schlagen; ⟨*Pferd:*⟩ ausschlagen; **~ out at sb.** nach jmdm. schlagen; *(fig.)* über jmdn. herziehen *(ugs.)*; **b) ~ out on sth.** *(coll.) (spend freely)* sich *(Dat.)* etw. leisten *od.* gönnen; *(pay a lot)* viel Geld für etw. ausgeben

**lashing** ['læʃɪŋ] *n.* **a)** *see* **lash 2:** Schlagen, *das usw.;* **b)** *(cord)* Zurring, *der (Seemannsspr.)*; **c)** *in pl. (large amounts)* **~s of sth.** Unmengen von etw.

**'lash-up 1.** *adj.* behelfsmäßig; **~ procedures** provisorische Maßnahmen. **2.** *n. (improvised structure)* Notbehelf, *der*

**lass** [læs] *n.* **a)** *(Scot./N. Engl./poet.: girl)* Mädchen, *das;* Maid, *die (dichter.)*; **b)** *(sweetheart)* Liebste, *die (veralt.)*; Mädchen, *das (ugs.)*

**lassie** ['læsɪ] *n. (Scot., N. Engl.)* Mädchen, *das; (sweetheart)* Schätzchen, *das (ugs.)*

**lassitude** ['læsɪtju:d] *n.* Mattigkeit, *die*

**lasso** [lə'su:, 'læsəʊ] **1.** *n., pl.* **~s** *or* **~es** Lasso, *das.* **2.** *v. t.* mit dem Lasso fangen

**¹last** [lɑ:st] **1.** *adj.* letzt...; **be [the] ~ to arrive** als letzter/letzte ankommen; **for the [very] ~ time** zum [aller]letzten Mal; **who was ~?** wer war letzter?; **the ~ two/three** *etc.* die letzten beiden/drei *usw.*; **he came ~ in the race** er war letzter bei dem Rennen; **second ~, ~ but one** vorletzt...; **~ but not least** last, not least; nicht zuletzt; **~ evening/night was windy** gestern abend/gestern *od.* heute nacht war es windig; **~ week/month/year was cold** letzte Woche/letzten Monat/letztes Jahr war es kalt; **~ month was a memorable one** der letzte Monat war bedeutungsvoll; **~ evening/week we were out** gestern abend/letzte Woche waren wir aus; **I thought my ~ hour had come** ich dachte, mein letztes Stündlein hätte geschlagen; **sb.'s ~ crust** *(fig.)* jmds. letztes Stück Brot *(fig.)*; **I was down to my ~ crust** *(fig.)* ich war völlig abgebrannt *(ugs.)*; **I should be the '~ person to do such a thing** ich wäre der letzte, der so etwas täte; **the '~ thing** das Letzte; **that would be the '~ thing to do in this situation** das wäre das Letzte, was man in dieser Situation tun würde; *see also* **ditch 1; honour 1 j; judgment c; leg 1 a; ; quarter 1 j; resort 1 a; respect 1 e; straw b. 2.** *adv.* **a)** [ganz] zuletzt; als letzter/letzte ⟨*sprechen, ankommen*⟩; **come ~ with sb.** *(fig.)* für jmdn. an letzter Stelle rangieren; **b)** *(on ~ previous occasion)* das letzte Mal; zuletzt; **when did you ~ see him** *or* **see him ~?** wann hast du ihn zuletzt *od.* das letzte Mal gesehen? **3.** *n.* **a)** *(mention, sight)* **I shall never hear the ~ of it** das werde ich ständig zu hören bekommen; **you haven't heard the ~ of this matter** das letzte Wort in dieser Sache ist noch nicht gesprochen; **I hope we shall soon see the ~ of him** wir werden ihn hoffentlich bald zum letzten Mal gesehen haben; **that's the ~ we'll see of that old car** jetzt sehen wir dieses alte Auto wohl zum letzten Mal; **that was the ~ we ever saw of him** das war das letzte Mal, daß wir ihn gesehen haben; **b)** *(person or thing)* letzter...; **these ~:** letztere; **which ~:** welch letzt...; **I'm always the ~ to be told** ich bin immer der letzte, der etwas erfährt; **she was the ~ to know about it** sie erfuhr es als letzte; **the ~ shall be first** *(Bibl.)* die Letzten werden die Ersten sein; **c)** *(day, moment[s])* **towards** *or* **at the ~ he was serene** *(just before his death)* am Ende war er gelassen; **to** *or* **till the ~:** bis zuletzt; **d) look one's ~ on** einen letzten Blick werfen auf (+ *Akk.*); *see also* **breathe 2 a; e) at [long] ~:** endlich; schließlich [doch noch]

**²last** *v. i.* **a)** *(continue)* andauern; ⟨*Wetter, Ärger:*⟩ anhalten; **~ all night** die ganze Nacht dauern; **~ till** dauern bis; **~ from ... to ...:** von ... bis ... dauern; **built to ~:** dauerhaft gebaut; **a book that will ~:** ein Buch, das bleibt; **he will not ~ very much longer** *(live)* er hat nicht mehr lange zu leben; *(in job)* ihm wird bald gekündigt werden; **make one's money ~:** mit seinem Geld haushalten; **it can't/won't ~:** das geht nicht mehr lange so; **it's too good to ~:** es ist zu schön, um von Dauer zu sein; **~ sb.'s time** halten, solange jmd. es braucht; **b)** *(manage to continue)* es aushalten; **c)** *(suffice)* reichen; **while stocks ~:** solange Vorrat reicht; **this knife will ~ [me] a lifetime** dieses Messer hält mein ganzes Leben; **memories to ~ a lifetime** Erinnerungen für das ganze Leben

**~ 'out 1.** *v. t.* *(complete task)* durchhalten; *(survive)* überstehen; **~ out the winter/journey** ⟨*Vorräte usw.:*⟩ den Winter über/für die Reise ausreichen; **he would probably not ~ out the afternoon** er würde wahrscheinlich den Nachmittag nicht überleben. **2.** *v. i.* durchhalten; ⟨*Vorräte usw:*⟩ ausreichen

**³last** *n.* *(for shoemaker)* Leisten, *der;* **the cobbler should stick to his ~** *(prov.)* Schuster, bleib bei deinem Leisten

**Last: ~ 'Day** *n.* *(Relig.)* **the ~ Day** der Jüngste Tag; **l~-ditch** *adj.* **l~-ditch attempt** letzter verzweifelter Versuch

**lasting** ['lɑ:stɪŋ] *adj.* **a)** *(permanent)* bleibend; dauerhaft ⟨*Beziehung*⟩; nachhaltig ⟨*Eindruck, Wirkung, Bedeutung*⟩; nicht nachlassend ⟨*Interesse*⟩; **be of no ~ benefit to sb.** sich für jmdn. auf die Dauer nicht auszahlen; **b)** *(durable)* haltbar; **[made] in a ~ material** aus haltbarem Material

**lastly** ['lɑ:stlɪ] *adv.* schließlich

**last: ~-mentioned** *attrib. adj.* letztgenannt; **~ 'minute** *n.* **at the ~ minute** in letzter Minute; **up to the ~ minute** bis zum letzten Augenblick; **~-minute** *attrib. adj.* in letzter Minute vorgebracht ⟨*Plan, Aufruf, Ergänzung, Gesuch, Bewerbung*⟩; ⟨*Sinneswandel*⟩ in letzter Minute; **make a ~-minute dash to the airport** in letzter Minute zum Flughafen rasen; **in the ~-minute rush** kurz vor Toresschluß; **~ name** *n.* Zuname, *der;* Nachname, *der;* **~-named** *attrib. adj.* zuletzt genannt; **~ 'rites** *n. pl.*, **~ 'sacrament** *n.* *(Relig.)* Letzte Ölung; **~ 'sleep** *n., no pl.* *(literary)* ewiger Schlaf *(geh.)*; **L~ 'Supper** *n., no pl.* *(Relig.)* **the L~ Supper** das Abendmahl; **~ 'thing** *adv.* *(coll.)* als letztes; **~ 'trump** *n.* *(Relig.)* letzte Posaune; **~ 'will** *n.* **~ will [and testament]** letzter Wille; **~ 'word** *n., no pl., no indef. art.* **a)** letztes Wort; **be the ~ word** *(fig.)* nicht zu überbieten sein (**in** an + *Dat.*); das letzte sein (**in** an + *Dat.*); **sth. is the ~ word on sth.** mit etw. ist das letzte Wort über etw. *(Akk.)* gesprochen; **b)** *(latest fashion)* **the ~ word** das Allerneueste; der letzte Schrei *(ugs.)*; **~ 'words** *n. pl.* **her/his ~ words** ihre/seine letzten Worte; **[there's] famous ~ words [for you]** *(joc. iron.)* das wollen wir erst mal sehen

**lat.** *abbr.* **latitude** Br.

**latch** [lætʃ] **1.** *n.* **a)** *(bar)* Riegel, *der;* **b)** *(spring-lock)* Schnappschloß, *das;* **c) on the ~** *(held by bar)* nur mit einem Riegel verschlossen; *(with lock not in use)* nur eingeklinkt. **2.** *v. t.* zuschnappen lassen. **3.** *v. i.* zuschnappen

**~ 'on** *v. i.* *(coll.)* **a)** *(attach oneself)* sich [ungefragt] anschließen; **b)** *(understand)* es mitkriegen *(ugs.)*

**~ 'on to** *v. t.* *(coll.)* **a)** *(attach oneself to)* **~ on to sb.** sich an jmdn. hängen *(ugs.)*; **b)** *(understand)* kapieren *(ugs.)*; **c)** *(be enthusiastic about)* abfahren auf (+ *Akk.*) *(salopp)*

**'latchkey** *n.* Hausschlüssel, *der;* **~ child** *(fig.)* Schlüsselkind, *das*

**late** [leɪt] **1.** *adj.* **a)** spät; *(after proper time)* verspätet; **am I ~?** komme ich zu spät?; **I am rather ~:** ich bin ziemlich spät dran *(ugs.)* *od.* habe mich etwas verspätet; **be ~ for the train** den Zug verpassen; **the train is [ten minutes] ~:** der Zug hat [zehn Minuten] Verspätung; **spring is ~ this year** dieses Jahr haben wir einen späten Frühling; **be [very] ~ for dinner** mit [großer] Verspätung zum Essen kommen; **what makes you so ~ today?** warum kommst du heute so spät?; **~ riser** Spätaufsteher, *der*/-aufsteherin, *die;* **~ entry** verspätete Anmeldung; **~ shift** Spätschicht, *die;* **in the ~ evening** spät am Abend; spätabends; **it is ~:** es ist [schon] spät; **have a ~ dinner** [erst] spät zu Abend essen; **~ summer** Spätsommer, *der;* **~ spring holidays** Ferien im späten Frühjahr; **in ~ July** Ende Juli; **~ Gothic/Victorian** spätgotisch/-viktorianisch; **~ seventeenth-century paintings** Gemälde aus dem späten siebzehnten Jahrhundert; *see also* **hour b; b)** *(deceased)* verstorben; *see also* **lamented; c)** *(former)* ehemalig; vormalig; **d)** *(recent)* letzt...; **in ~ times** in letzter Zeit; **of ~ years** in den letzten Jahren; **e)** *(backward in flowering, ripening, etc.)* spät ⟨*Sorte, Nelken*⟩; **be ~** ⟨*Blumen:*⟩ spät blühen. *See also* **later; latest. 2.** *adv.* **a)** *(after proper time)* verspätet; **[too] ~:** zu spät; **they got home very ~:** sie kamen [erst] sehr spät nach Hause; **better ~ than never** lieber spät als gar nicht; **b)** *(far on in time)* spät; **not until quite ~ this year** dieses Jahr erst recht spät; **~ in August** Ende August; **~ last century** [gegen] Ende des letzten Jahrhunderts; **~ in life** erst spät im Leben; erst im fortgeschrittenen Alter; **c)** *(at or till a ~ hour)* spät; **be up/sit up ~:** bis spät in die Nacht *od.* lange aufbleiben; **work ~ at the office** [abends] lange im Büro arbeiten; **wait up ~ for sb./sth.** jmds./einer Sache wegen lange aufbleiben; **d)** *(formerly)* **~ of ...:** ehemals wohnhaft in ...; ehemaliger Mitarbeiter ⟨*einer Firma*⟩; **e)** *(at ~ stage)* **traces remained as ~ as the seventeenth century** Überreste blieben noch bis ins siebzehnte Jahrhundert erhalten; **she was seen as ~ as yesterday** sie wurde gestern noch gesehen; **[a bit** *or* **somewhat** *or* **rather] ~ in the day** *(fig. coll.)* reichlich spät; **too ~ in the day** *(lit. or fig.)* zu spät. **3.** *n.* **of ~:** in letzter Zeit

**late: ~ bird** *n.* *(fig. coll.)* Nachtmensch, *der;* Nachteule, *die (ugs. scherzh.)*; **~comer** *n.* Zuspätkommende, *der/die*

**lateen** [lə'ti:n] *adj.* *(Naut.)* **a) ~ sail** Lateinersegel, *das;* **b)** *(rigged with a ~ sail)* Lateinersegel-; mit Lateinersegel *nachgestellt*

**lately** ['leɪtlɪ] *adv.* in letzter Zeit; **only ~:** erst vor kurzem; **till ~:** bis vor kurzem

**lateness** ['leɪtnɪs] *n., no pl.* **a)** *(being after due time)* Verspätung, *die;* **b)** *(being far on in time)* **the ~ of the performance** der späte Beginn der Vorstellung; **the ~ of the hour** die späte *od.* vorgerückte Stunde

**'late-night** *attrib. adj.* Spät⟨*programm, -vorstellung*⟩

**latent** ['leɪtənt] *adj.* **a)** latent [vorhanden]; **b)** *(Med.)* latent. *See also* **heat 1 b**

**latent 'image** *n.* *(Photog.)* latentes Bild

**later** ['leɪtə(r)] **1.** *adv.* später; **~ on** später; **it must be ready no ~ than next week** es muß bis spätestens nächste Woche fertig sein; **~ [on] the same day** im weiteren Verlauf des Tages; später am Tag; **see you ~:** bis nachher; bis später; *see also* **soon b. 2.** *adj.* später; *(more recent)* neuer; jünger; **at a ~ date/time** zu einem späteren Zeitpunkt; später; **be ~, be of ~ date** neueren *od.* jüngeren Datums sein

**lateral** ['lætərəl] *adj.* **a)** seitlich (**to** von); Seiten⟨*flügel, -ansicht*⟩; **~ thinking** Querdenken, *das;* **b)** *(Anat.)* lateral; **c)** *(Bot.)* seitenständig; **~ shoot** Seitentrieb, *der*

**laterally** ['lætərəlɪ] *adv.* seitlich

**latest** ['leɪtɪst] *adj.* **a)** *(modern)* neu[e]st...; **the very ~ thing** das Allerneu[e]ste; **the ~ in fashion** der letzte Schrei *(ugs.)*; die neu[e]ste Mode; **b)** *(most recent)* letzt...; **have you heard the ~?** wissen Sie schon das Neu[e]ste?; **what's the ~?** was gibt's Neues?; **c) at [the] ~/the very ~:** spätestens/allerspätestens

**latex** ['leɪteks] *n., pl.* **~es** *or* **latices** ['leɪtɪsi:z] Latex, *der*

**lath** [lɑ:θ] *n., pl.* **~s** [lɑ:θs, lɑ:ðz] Latte, *die;* **~s** *(arrangement)* Lattung, *die;* **~ and plaster** Putzträger und Putz

**lathe** [leɪð] *n.* Drehbank, *die;* Drehmaschine, *die (Technik)*

**lather** ['lɑ:ðə(r), 'læðə(r)] **1.** *n.* **a)** *(froth)* [Seifen]schaum, *der;* **b)** *(sweat)* Schweiß, *der;* Schaum, *der (veralt.)*; **get [oneself] into a ~ [about sth.]** *(fig.)* sich [über etw. *(Akk.)*] aufregen. **2.** *v. t.* **a)** *(cover with froth)* einschäumen; einseifen; **b)** *(coll.: thrash)* verprügeln

**Latin** ['lætɪn] **1.** *adj.* **a)** lateinisch; *see also* **English 1; b)** *(of ancient Romans)* römisch; **c)** *(of RC Ch.)* lateinisch; **d)** *(of Southern Europeans)* romanisch; südländisch ⟨*Temperament, Charme*⟩. **2.** *n.* Latein, *das;* **medieval ~:** Mittellatein, *das;* **modern ~:** Neulatein, *das;* **thieves' ~:** Gaunersprache, *die;* *see also* **English 2 a**

**Latin: ~ A'merica** *pr. n.* Lateinamerika *(das);* **~-A'merican 1.** *adj.* lateinamerikanisch; **2.** *n.* Lateinamerikaner, *der*/Lateinamerikanerin, *die*

**Latinate** ['lætɪneɪt] *adj. (derived from Latin)* aus dem Lateinischen stammend

**'Latin Church** *n.* lateinische Kirche

**Latinism** ['lætɪnɪzm] *n.* Latinismus, *der*

**Latinist** ['lætɪnɪst] *n.* Latinist, *der*/Latinistin, *die*

**Latinize** ['lætɪnaɪz] *v. t.* latinisieren

**Latino** [lə'ti:nəʊ] *n., pl.* **~s** *(Amer.)* Lateinamerikaner/-amerikanerin [in den USA]

**Latin: ~ Quarter** *n.* Quartier Latin, *das;* **~ rite** *n. (Eccl.)* lateinischer Ritus

**latish** ['leɪtɪʃ] *adj. & adv.* ziemlich spät

**latitude** ['lætɪtju:d] *n.* **a)** *(freedom)* Freiheit, *die; (for differences)* Spielraum, *der;* **b)** *(Geog.)* [geographische] Breite; *(of a place)* Breite, *die;* **~s** *(regions)* Breiten *Pl.;* **~ 40° N.** 40° nördlicher Breite; **c)** *(Astron.)* Breite, *die*

**latrine** [lə'tri:n] *n.* Latrine, *die*

**latter** ['lætə(r)] *attrib. adj.* **a)** letzter...; **the ~:** der/die/das letztere; *pl.* die letzteren; **b)** *(later)* letzt...; **the ~ half of the century** die zweite Hälfte des Jahrhunderts; **the ~ part of the year** die zweite Jahreshälfte; **the ~ end** das Ende

**latter: ~ 'day** *n.* Jüngster Tag; **~-day** *adj.* modern; **L~-day 'Saints** *n. pl.* Heilige der Letzten Tage

**latterly** ['lætəlɪ] *adv.* **a)** *(later)* später; gegen Ende; **b)** *(lately)* in letzter Zeit

**lattice** ['lætɪs] *n. (also fig., Phys.)* Gitter, *das*

**lattice: ~ frame, ~ girder** *ns.* Gitterträger, *der;* **~-work** *n., no pl.* Gitterwerk, *das*

**Latvia** ['lætvɪə] *pr. n.* Lettland *(das)*

**Latvian** ['lætvɪən] **1.** *adj.* lettisch; *see also* **English 1. 2.** *n.* **a)** *(person)* Lette, *der*/Lettin, *die;* **b)** *(language)* Lettisch, *das; see also* **English 2 a**

**laud** [lɔ:d] *v. t. (literary)* preisen *(geh.);* rühmen; **much-~ed** vielgepriesen

**laudable** ['lɔ:dəbl] *adj.* lobenswert

**laudably** ['lɔ:dəblɪ] *adv.* lobenswert; löblich

**laudanum** ['lɔ:dnəm, 'lɒdnəm] *n. (Pharm.)* Laudanum, *das*

**laugh** [lɑ:f] **1.** *n.* **a)** Lachen, *das; (loud and continuous)* Gelächter, *das;* **have a [good] ~ about sth.** [herzlich] über etw. *(Akk.)* lachen; **give a loud ~:** laut auflachen; **this line in the play always gets/raises a ~:** diese Zeile im Stück bringt immer einen Lacher; **join in the ~:** mitlachen; **have the last ~:** derjenige sein, der zuletzt lacht *(fig.);* **have** *or* **get the ~ of** *or* **on sb.** jmdn. auslachen können; **the ~ is on me** ich stehe dumm da *(ugs.);* **he is always good for a ~:** bei ihm gibt es immer etwas zu lachen; **it should be good for a ~:** dabei gibt es sicher etwas zu lachen; **sb./sth. is a ~ a minute** bei jmdm./etw. muß man alle Augenblicke lachen; **that sounds like a ~ a minute** *(iron.)* da wird man sicher viel zu lachen haben; **for ~s** zum *od.* aus Spaß; **play Mephisto for ~s** *(Theatre coll.)* aus Mephisto eine komische Figur machen; **for a ~:** [so] zum Spaß; **anything for a ~:** ich bin für alles *od.* für jeden Spaß zu haben *(ugs.);* **b)** *(type of ~)* Lachen, *das;* Art zu lachen; **c)** *(coll.: comical thing)* **it would be a ~ if ...:** es wäre ja zum [Tot]lachen, wenn ... *(ugs.);* **that's a** *or* **what a ~!** das ist ja zum [Tot]lachen! *(ugs.); (iron.)* das ist zum Lachen *(ugs.);* daß ich nicht lache!; **he's a [good] ~:** er ist urkomisch. **2.** *v. i.* lachen; **~ out loud** laut auflachen; **I thought I'd die ~ing** ich hätte mich beinahe totgelacht *(ugs.);* **I ~ed till I cried** ich habe Tränen gelacht; **be ~ing all over one's face** über das ganze Gesicht lachen; **~ at sb./sth.** *(in amusement)* über jmdn./etw. lachen; *(jeer)* jmdn. auslachen/etw. verlachen; über jmdn./etw. lachen; **~ in sb.'s face** jmdm. ins Gesicht lachen; **~ in** *or* **up one's sleeve** sich *(Dat.)* ins Fäustchen lachen; **he'll ~ on the other side of his face when ...:** ihm wird das Lachen [noch] vergehen, wenn ...; **he who ~s last ~s longest** *(prov.)* wer zuletzt lacht, lacht am besten *(Spr.);* **don't make me ~** *(coll. iron.)* daß ich nicht lache!; **~ and the world ~s with you, weep and you weep alone** *(prov.)* Freunde in der Not gehn hundert *od.* tausend auf ein Lot *(Spr.); see also* **laughing. 3.** *v. t.* lachen; **he was ~ed out of town/off the stage** mit Hohnlachen wurde er aus der Stadt/von der Bühne gejagt; **~ oneself sick** *or* **silly** sich krank- *od.* schieflachen *(ugs.)*

**~ 'off** *v. t.* mit einem Lachen abtun

**laughable** ['lɑ:fəbl] *adj.* lachhaft *(abwertend);* lächerlich

**laughing** ['lɑ:fɪŋ] **1.** *n.* **be no ~ matter** nicht zum Lachen sein. **2.** *adj. (sl.: fortunate)* **be ~ [all over one's face]** fein raussein *(ugs.); see also* **hyena a; jackass c**

**'laughing-gas** *n.* Lachgas, *das*

**laughingly** ['lɑ:fɪŋlɪ] *adv.* lachend; **what is ~ called ...** *(iron.)* was sich ... nennt *(spött.)*

**'laughing-stock** *n.* **make sb. a ~, make a ~ of sb.** jmdn. zum Gespött machen; **he became the ~ of the whole neighbourhood** er wurde zum Gespött der ganzen Nachbarschaft

**laughter** ['lɑ:ftə(r)] *n.* Lachen, *das; (loud and continuous)* Gelächter, *das;* **~ is the best medicine** *(prov.)* Lachen ist die beste Medizin

**'laughter lines** *n. pl.* Lachfältchen

**[1]launch** [lɔ:nʃ] **1.** *v. t.* **a)** zu Wasser lassen, aussetzen ⟨*Rettungsboot, Segelboot*⟩; vom Stapel lassen ⟨*neues Schiff*⟩; *(propel)* werfen, abschießen ⟨*Harpune*⟩; schleudern ⟨*Speer*⟩; abschießen ⟨*Torpedo*⟩; **~ a rocket into space** eine Rakete ins All schießen; **b)** *(fig.)* lancieren *(bes. Wirtsch.);* auf den Markt bringen ⟨*Produkt*⟩; vorstellen ⟨*Buch, Schallplatte, Sänger*⟩; auf die Bühne bringen ⟨*Theaterstück*⟩; gründen ⟨*Firma*⟩; **~ an attack** einen Angriff durchführen. **2.** *v. i.* **~ into a song** ein Lied anstimmen; **~ into a long speech/a stream of insults** eine lange Rede/eine Flut von Beschimpfungen vom Stapel lassen *od.* loslassen *(ugs.).* **3.** *n.* **a)** *(of spacecraft)* Start, *der; (of rocket)* Abschuß, *der; (of new ship)* Stapellauf, *der; (of boat)* Aussetzen, *das;* **b)** *(of product)* Lancieren, *das; (of book, record, singer)* Vorstellung, *die; (of play)* Premiere, *die; (of firm)* Gründung, *die*

**~ 'out** *v. i. (fig.)* **we can really ~ out now** jetzt können wir aus dem vollen schöpfen *od.* brauchen wir nicht zu sparen; **~ out at sb.** jmdn. anfahren

**[2]launch** *n. (boat)* Barkasse, *die*

**launcher** ['lɔ:nʃə(r)] *n.* **a)** *(rocket)* Trägerrakete, *die;* **b)** *(structure)* Startrampe, *die*

**launching: ~ pad** *n.* [Raketen]abschußrampe, *die;* **~ site** *n.* [Raketen]abschußbasis, *die*

**'launch pad** *see* **launching pad**

**launder** ['lɔ:ndə(r)] *v. t.* **a)** waschen und bügeln; **I have sent the sheets away to be ~ed** ich habe die Bettlaken zum Waschen weggegeben; **b)** *(fig.)* waschen ⟨*Geld*⟩

**launderette** [lɔ:ndə'ret], **laundrette** [lɔ:n'dret], *(Amer.)* **laundromat** ['lɔ:ndrəmæt] *ns.* Waschsalon, *der*

**laundry** ['lɔ:ndrɪ] *n.* **a)** *(place)* Wäscherei, *die;* **b)** *(clothes etc.)* Wäsche, *die;* **do the ~:** Wäsche waschen

**laundry: ~-bag** *n.* Wäschebeutel, *der;* **~-basket** *n.* Wäschekorb, *der;* **~man** *n.* Wäschemann, *der*

**laureate** ['lɔ:rɪət, 'lɒrɪət] *n.* Laureat, *der;* **[Poet] L~:** Hofdichter, *der;* Poeta laureatus, *der;* **Nobel ~:** Nobelpreisträger, *der*

**laurel** ['lɒrl] *n.* **a)** *(emblem of victory)* Lorbeer[kranz], *der;* **win one's ~[s]** *(fig.)* Lorbeeren ernten; **have to look to one's ~s** *(fig.)* sich nicht auf seinen Lorbeeren ausruhen dürfen; **rest on one's ~s** *(fig.)* sich auf seinen Lorbeeren ausruhen *(ugs.);* **b)** *(Bot.)* **[cherry-]~:** Kirschlorbeer, *der;* Lorbeerkirsche, *die;* **mountain ~:** Lorbeerrose, *die;* see also **spurge laurel**

**lav** [læv] *n. (coll.)* Klo, *das (ugs.)*

**lava** ['lɑ:və] *n.* Lava, *die*

**lavage** ['lævɪdʒ] *n. (Med.)* Spülung, *die*

**lavatory** ['lævətərɪ] *n.* Toilette, *die; see also* **toilet a**

**lavatory: ~-attendant** *n.* Toilettenmann, *der*/Toilettenfrau, *die;* **~ humour** *n.* Fäkalhumor, *der;* **~-paper** *see* **toilet-paper; ~-seat** *see* **toilet-seat**

**lavender** ['lævɪndə(r)] **1.** *n.* **a)** *(Bot.)* Lavendel, *der;* **b)** *(colour)* Lavendel[blau], *das.* **2.** *adj.* lavendel[blau]

**'lavender-water** *n.* Lavendel[wasser], *das*

**lavish** ['lævɪʃ] **1.** *adj. (generous)* großzügig; überschwenglich ⟨*Lob, Liebe*⟩; verschwenderisch ⟨*Ausgaben*⟩; *(abundant)* üppig; **be ~ of** *or* **with sth.** nicht mit etw. geizen; **be too ~ with sth.** mit etw. übertreiben. **2.** *v. t.* **~ sth. on sb.** jmdn. mit etw. überhäufen *od.* überschütten; **~ too much time and money on a project** zuviel Zeit und Geld an ein Projekt verschwenden; **~ care on sth.** seine ganze Mühe auf etw. *(Akk.)* verwenden

**lavishly** ['lævɪʃlɪ] *adv.* großzügig; überschwenglich ⟨*loben, lieben*⟩; verschwenderisch ⟨*Geld ausgeben*⟩; herrschaftlich ⟨*eingerichtet*⟩

**law** [lɔ:] *n.* **a)** *no pl. (body of established rules)* Gesetz, *das;* Recht, *das;* **the ~ forbids/allows sth. to be done** nach dem Gesetz ist es verboten/erlaubt, etw. zu tun; **the ~ is an ass** das Gesetz ist absurd; **according to/under British** *etc.* **~:** nach britischem *usw.* Recht; **break the ~:** gegen das Gesetz verstoßen; **be against the ~:** gegen das Gesetz sein; **the ~ is the ~:** Gesetz ist Gesetz; **be well versed in the ~:** gesetzeskundig *od.* rechtskundig sein; sich gut mit den Gesetzen auskennen; **history of ~:** Rechtsgeschichte, *die;* **laid down by [the] ~:** gesetzlich festgelegt; **under the** *or* **by** *or* **in ~:** nach dem Gesetz; **be/become ~:** vorgeschrieben sein/werden; **one ~ for the rich and another for the poor** zweierlei Recht für Reiche und Arme; **his word is ~** *(fig.)* sein Wort ist Gesetz; **lay down the ~ [about politics]** *(fig. coll.)* [in Sachen Politik] den Ton angeben; **lay down the ~ to sb.** *(fig. coll.)* jmdm. Vorschriften machen; **point** *or* **issue of ~:** Rechtsfrage, *die (Rechtsw.);* **~ enforcement** Durchführung der Gesetze/des Gesetzes; **b)** *no pl., no indef. art. (control through ~)* Gesetz, *das;* **~ and order** Ruhe und Ordnung; **be above the ~:** über dem Gesetz stehen; **outside the ~:** außerhalb der Legalität; **c)** *(statute)* Gesetz, *das;* **what are the ~s on drinking and driving?** wie sind die gesetzlichen Bestimmungen bei Trunkenheit am Steuer?; **there ought to be a ~ against it/people like you** so etwas sollte/Leute wie du sollten verboten werden; **be a ~ unto itself** seinen eigenen Gesetzen folgen; **be a ~ unto oneself** machen, was man will; **necessity knows** *or* **has no ~[s]** *(prov.)* Not kennt kein Gebot *(Spr.);* **d)** *no pl., no indef. art. (litigation)* Rechtswesen, *das;* Gerichtswesen, *das;* **go to ~ [over sth.]** [wegen etw.] vor Gericht gehen; [wegen etw.] den Rechtsweg beschreiten; **have the ~ on sb. [over sth.]** jmdn. [wegen etw.] verklagen; gegen jmdn. [wegen etw.] gerichtlich vorgehen; **take the ~ into one's own hands** sich *(Dat.)* selbst Recht verschaffen; **e)** *no pl., no indef. art. (profession)* **practise ~:** Jurist/Juristin sein; **go into [the] ~:** die juristische Laufbahn einschlagen; Jurist/Juristin werden; **f)** *no pl., no art. (Univ.: jurisprudence)* Jura *o. Art.;* Rechtswissenschaft, *die; attrib.* Rechts-; **Faculty of Law** juristische Fa kultät; ~ **school** *(Amer.)* juristische Fakultät; ~ **student** Jurastudent, *der*/-studentin, *die;* **g)** *no indef. art. (branch of ~)* **commercial ~:** Handelsrecht, *das;* ~ **of contract** Vertragsrecht, *das;* ~ **of nations** Völkerrecht, *das;* **bachelor/doctor of ~s** Bakkalaureus/Doktor der Rechte; **h)** *(Sci., Philos., etc.)* Gesetz, *das; (regularity in nature)* Gesetzmäßigkeit, *die;* ~ **of nature, natural ~** *(lit., or fig. iron.)* Naturgesetz, *das;* ~ **of supply and demand** Gesetz von Angebot und Nachfrage; ~ **of gravity** *or* **gravitation** Gravitationsgesetz, *das;* **i)** *(rule of game, etiquette, or art)* Regel, *die;* **~s of tennis/chess** Tennis-/Schachregeln; **j)** *(Relig.)* Gebot, *das;* Gesetz, *das;* **Divine/God's ~:** göttliche Gebote/Gebote Gottes; **k)** *(enforcing agent)* **the ~:** die Rechtsordnung; *(coll.: police, policeman)* Polente, *die (salopp);* **be in trouble with the ~:** mit dem Gesetz in Konflikt geraten; **I'll set the ~ on you!** ich hole die Polizei!; **the long arm of the ~** *(rhet./iron.)* der Arm des Gesetzes; **officer of the ~:** Vertreter des Gesetzes

**law: ~-abiding** *adj.* gesetzestreu; ~ **agent** *n. (Scot.) see* **solicitor a; ~-breaker** *n.* Gesetzesbrecher, *der*/-brecherin, *die;* Rechtsbrecher, *der*/-brecherin, *die;* **~court** *n.* Gerichtsgebäude, *das; (room)* Gerichtssaal, *der;* **L~ Courts** *n. pl. (Brit.) Gebäudekomplex von Gerichtshöfen;* ~ **firm** *n. (Amer.)* Anwaltskanzlei, *die*

**lawful** ['lɔ:fl] *adj.* rechtmäßig, legitim ‹*Besitzer, Erbe*›; legitim, ehelich ‹*Tochter, Sohn, Nachkomme*›; legal, gesetzmäßig ‹*Vorgehen, Maßnahme*›; **by ~ means** mit legitimen Mitteln; *see also* **wife**

**lawfully** ['lɔ:fəlɪ] *adv.* legal; auf legalem Weg[e] ‹*erwerben*›

**'lawgiver** *n.* Gesetzgeber, *der*

**lawless** ['lɔ:lɪs] *adj.* **a)** gesetzlos; **b)** *(unbridled)* zügellos

**law: L~ Lord** *n. (Brit.) Mitglied des obersten brit. Berufungsgerichts;* Law Lord, *der;* **~maker** *n.* Gesetzgeber, *der;* **~man** *n. (Amer.)* Vertreter des Gesetzes

**lawn** [lɔ:n] *n. (grass)* Rasen, *der;* **~s** Rasenflächen; **area of ~:** Rasenfläche, *die*

**lawn: ~-mower** *n.* Rasenmäher, *der;* **~-seed** *n.* Grassamen, *der;* **~-sprinkler** *n.* Rasensprenger, *der;* ~ **'tennis** *n.* Rasentennis, *das*

**law: ~ officer** *n.* **a)** Justizbeamte, *der*/Justizbeamtin, *die;* **b)** *(Brit.: member of Government)* Kronanwalt, *der*/Kronanwältin, *die;* **~suit** *n.* Prozeß, *der*

**lawyer** ['lɔ:jə(r),'lɔɪə(r)] *n.* **a)** *(solicitor etc.)* Rechtsanwalt, *der*/Rechtsanwältin, *die;* **b)** *(expert in law)* Jurist, *der*/Juristin, *die*

**lax** [læks] *adj.* lax; **the guards are ~ about whom they allow to enter** die Wachen nehmen es nicht sehr genau damit, wen sie hineinlassen

**laxative** ['læksətɪv] *(Med.)* **1.** *adj.* abführend; stuhlgangfördernd. **2.** *n.* Abführmittel, *das;* Laxativ[um] *das (fachspr.)*

**laxity** ['læksɪtɪ], **laxness** ['læksnɪs] *ns.* Laxheit, *die;* **moral ~:** laxe Moral

**lay** [leɪ] *adj.* **a)** *(Relig.)* laikal; Laien‹*bruder, -schwester, -predigt*›; *see also* **vicar; b)** *(inexpert)* laienhaft; **in ~ opinion** nach Ansicht des Laien; **to the ~ mind** für den Nichtfachmann *od.* Laien

**lay 1.** *v. t.,* **laid** [leɪd] **a)** *(deposit, put)* legen, [ver]legen ‹*Teppichboden, Rohr, Gleis, Steine, Kabel, Leitung*›; legen ‹*Parkett, Fliesen, Fundament*›; anlegen ‹*Straße, Gehsteig*›; ~ **to rest** *(euphem.: bury)* zur letzten Ruhe betten *(geh. verhüll.);* ~ **eyes on sb.** jmdn. sehen *od.* erblicken; *see also* **hand 1 a; b)** *(fig.)* **feel oneself laid under an obligation** sich verpflichtet fühlen; ~ **one's case before sb.** jmdm. seinen Fall vortragen; ~ **one's plans/ideas before sb.** jmdm. seine Pläne/Vorstellungen unterbreiten; **the facts are laid before us** die Fakten liegen vor uns; ~ **sth. before the Commons** *or* **on the table** *(Brit. Parl.)* etw. dem Unterhaus vorlegen; ~ **damages at £900** *(Law)* 900 Pfund Schadensersatz fordern; **c)** *(impose)* auferlegen ‹*Verantwortung, Verpflichtung, Geldbuße, Steuern*› **(on** *Dat.***)**; verhängen ‹*Strafe*› **(on** über + *Akk.***)**; ~ **a penalty/a tax on sth.** etw. mit einer Strafe/einer Steuer belegen; ~ **a burden of responsibility on sb.'s shoulders** jmdm. Verantwortung aufbürden; **that ~s an obligation on me to do it** das verpflichtet mich, es zu tun; ~ **weight on sth.** Gewicht auf etw. *(Akk.)* legen; **d)** *(wager)* **I'll ~ you five to one that ...:** ich wette mit dir fünf zu eins, daß ...; **I'll ~ you £10 that he'll come** ich wette mit dir um 10 Pfund, daß er kommt; ~ **a wager on sth.** eine Wette auf etw. *(Akk.)* abschließen; auf etw. *(Akk.)* wetten; **e)** *(prepare)* ~ **the table/cloth** den Tisch decken/die Tischdecke auflegen; ~ **three places for lunch** drei Gedecke zum Mittagessen auflegen; ~ **[for] breakfast, ~ the breakfast things** den Frühstückstisch decken; *see also* **fire 1 d; f)** *(Biol.)* legen ‹*Ei*›; **g)** *(apply)* auftragen ‹*Farbe usw.*› **(on to, over** auf + *Akk.***)**; *(cover)* ~ **a floor with lino** *etc.* einen Boden mit Linoleum *usw.* auslegen; **h)** *(devise)* schmieden, ersinnen ‹*Plan*›; **i)** *(bring into a state)* ~ **idle** stillegen ‹*Fabrik*›; ~ **land under water** Land überfluten; **j)** *(cause to subside)* glätten ‹*See*›; binden ‹*Staub*›; beruhigen ‹*Sturm*›; *(fig.)* zerstreuen ‹*Bedenken, Befürchtungen*›; bannen ‹*Geist, Gespenst*›; **k)** *(bring down)* ~ **one on sb.** *(sl.: hit sb.)* jmdm. eine reinschlagen *(salopp);* **the crops were laid [flat] by the rain** der Regen hat das Getreide zu Boden gedrückt; **l)** *(sl.: copulate with)* ~ **a woman** eine Frau vernaschen *od.* aufs Kreuz legen *(salopp);* **m)** *(make by twisting)* drehen ‹*Seil*›. **2.** *v. i.,* **laid a)** *(Naut.)* liegen; ~ **at anchor** vor Anker liegen; **b)** *(used erroneously for 'lie')* liegen; ~ **down** sich hinlegen. **3.** *n.* **a)** *(sl.: sexual partner)* **she's a good/an easy ~:** sie ist gut im Bett/steigt mit jedem ins Bett *(ugs.);* **b)** *(way sth. lies)* Lage, *die;* **the ~ of the land** *(Amer.)* ≈ **the lie of the land** *see* **[2]lie 1 a**

~ **a'bout** *v. t. (coll.)* ~ **about sb.** auf jmdn. einschlagen; *(scold)* jmdn. ausschimpfen; ~ **about one** um sich schlagen; *see also* **layabout**

~ **a'side** *v. t.* beiseite *od.* zur Seite legen, weglegen ‹*angefangene Arbeit*›; *(fig.)* beilegen ‹*Streit, Differenzen*›; beiseite *od.* auf die Seite legen ‹*Geld*›; ablegen ‹*Gewohnheiten, Untugenden*›

~ **'back** *v. t.* zurückstellen ‹*Autositz, Behandlungsstuhl*›; *see also* **laid-back**

~ **'by** *v. t.* beiseite *od.* auf die Seite legen; **have some money laid by** etwas [Geld] auf der hohen Kante haben *(ugs.)*

~ **'down** *v. t.* **a)** hinlegen; ~ **sth. down on the table** etw. auf den Tisch legen; **b)** *(give up)* niederlegen ‹*Amt, Waffen*›; ablegen ‹*Amtskette*›; *(deposit)* hinterlegen ‹*Geld*›; *(wager)* wetten ‹*Betrag*›; ~ **down one's arms** sich ergeben; die Waffen strecken *(geh.);* ~ **down one's life for sth./sb.** sein Leben für etw./jmdn. [hin]geben; **c)** *(build)* bauen; auf Kiel legen ‹*Schiff*›; **d)** *(formulate)* festlegen ‹*Regeln, Richtlinien, Bedingungen*›; aufstellen ‹*Grundsätze, Regeln, Norm*›; festsetzen ‹*Preis*›; *(in a contract, constitution)* verankern; niederlegen; **e)** ~ **the land/field down to pasture** das Land/Feld in Weideland umwandeln; **f)** *(store)* einlagern ‹*Wein*›

~ **'in** *v. t.* einlagern; sich eindecken mit

~ **into** *v. t. (coll.)* ~ **into sb.** auf jmdn. losgehen; über jmdn. herfallen; *(fig.)* jmdn. zusammenstauchen *(ugs.)*

~ **'off 1.** *v. t.* **a)** *(from work)* vorübergehend entlassen; **be laid off [from one's job]** Feierschichten einlegen müssen; **b)** *(coll.) (stop)* ~ **off shouting!** hör auf zu schreien!; ~ **off it!** laß das!; hör auf damit!; *(stop attacking, lit. or fig.)* ~ **off him!** laß ihn in Ruhe! **2.** *v. i. (coll.: stop)* aufhören. *See also* **lay-off**

~ **'on** *v. t.* **a)** *(provide)* sorgen für ‹*Getränke, Erfrischungen, Unterhaltung*›; bereitstellen ‹*Auto, Transportmittel*›; organisieren ‹*Theaterbesuch, Stadtrundfahrt*›; anschließen ‹*Gas, Wasser, Strom*›; **b)** *(apply)* auftragen ‹*Farbe usw.*›; ~ **it on** *(fig.: exaggerate)* dick auftragen *(ugs.); see also* **thick 1 a; trowel a; c)** *(impose)* erheben ‹*Steuer, Gebühr*›; verhängen ‹*Strafe*›; **d) ~ing on of hands** *(Eccl.)* Handauflegung, *die*

~ **'out 1.** *v. t.* **a)** *(spread out)* ausbreiten; *(ready for use)* zurechtlegen; **the books were laid out on the table** die Bücher waren *od.* lagen auf dem Tisch ausgebreitet; ~ **out sth. for sb. to see** etw. vor jmdm. ausbreiten; **b)** *(for burial)* aufbahren; **c)** *(arrange)* anlegen ‹*Garten, Park, Wege*›; das Layout machen für ‹*Buch*›; *see also* **layout; d)** *(coll.: knock unconscious)* ~ **sb. out** jmdn. außer Gefecht setzen; **e)** *(spend)* ausgeben; investieren *(ugs.).* **2.** *v. refl.* ~ **oneself out to do sth.** sich anstrengen *od. (ugs.)* sich mächtig ins Zeug legen, etw. zu tun

~ **'up** *v. t.* **a)** *(store)* lagern; **you're ~ing up trouble/problems for yourself [later on]** *(fig.)* du handelst dir [für später] nur Ärger/Schwierigkeiten ein; **b)** *(put out of service)* [vorübergehend] aus dem Verkehr ziehen ‹*Fahrzeug*›; *(through illness)* außer Gefecht setzen; **I was laid up in bed for a week** ich mußte eine Woche das Bett hüten

**[3]lay** *n.* **a)** *(of medieval minstrel)* Leich, *der (Literaturw.);* **b)** *(narrative poem, song)* Ballade, *die*

**[4]lay** *see* **[2]lie 2**

**lay: ~about** *n. (Brit.)* Gammler, *der (ugs. abwertend);* Nichtstuer, *der (abwertend);* **~-by** *n., pl.* **~-bys** *(Brit.)* Parkbucht, *die;* Haltebucht, *die;* ~ **clerk** *n.* Kantoreisänger, *der*

**layer** ['leɪə(r)] *n.* **a)** Schicht, *die;* **wear several ~s of clothing** mehrere Kleidungsstücke übereinander tragen; **several ~s of paper** mehrere Lagen Papier; ~ **of dust** Staubschicht, *die;* **b)** *(Hort.)* Ableger, *der;* **c)** *(poultry)* Leg[e]henne, *die;* **this hen is a poor ~:** dieses Huhn legt schlecht

**'layer cake** *n.* Schichttorte, *die*

**layered** ['leɪəd] *adj.* stufig ‹*Haarschnitt*›; **three-~ cake** dreischichtige Torte; ~ **skirt** Stufenrock, *der;* ~ **clouds** Schichtwolken

**layette** [leɪ'et] *n.* **[baby's] ~:** Babyausstattung, *die*

**lay: ~ figure** *n.* **a)** *(Art)* Gliederpuppe, *die;* **b)** *(in dramatic work)* Phantom, *das;* **~man** ['leɪmən] *n., pl.* **~men** ['leɪmən] Laie, *der;* **~-off** *n.* **a)** *(temporary dismissal)* vorübergehende Entlassung; **the ~-offs lasted longer than expected** es mußten länger als erwartet Feierschichten gefahren werden; **b)** *(Sport; coll.: break from work)* Pause, *die;* **take a ~-off** [eine] Pause machen; **~out** *n. (of house, office)* Raumaufteilung, *die; (of garden, park)* Gestaltung, *die;* Anlage, *die; (of book, magazine, poster, advertisement)* Gestaltung, *die;* Layout, *das; (of letter)* äußere Form; ~ **reader** *n. Laie, der Teile des Gottesdienstes halten darf;* ≈ Lektor, *der (ev. Kirche);* ≈ Diakon, *der (kath. Kirche);* **~shaft** *n. (Mech. Engin.)* Vorgelegewelle, *die (Technik)*

**laze** [leɪz] **1.** *v. i.* faulenzen; ~ **around** *or* **about** herumfaulenzen *(ugs.);* **spend the whole day lazing in bed** den ganzen Tag faul im Bett liegen. **2.** *v. t.* ~ **the day/one's life away** den ganzen Tag/sein ganzes Leben vertrödeln *od.* verbummeln *(ugs. abwertend)*

**lazily** ['leɪzɪlɪ] *adv.* faul; *(sluggishly)* träge

**laziness** ['leɪzɪnɪs] *n., no pl.* Faulheit, *die; (sluggishness)* Trägheit, *die*

**lazy** ['leɪzɪ] *adj.* faul; träge ‹*Rhythmus, Musik, Geste, Sprechweise*›; träge fließend ‹*Fluß*›; **physically ~:** träge; **mentally ~:** geistig träge; denkfaul; **have a ~ day on the beach** einen Tag am Strand faulenzen; **be in a ~ mood** sich träge fühlen; **be ~ about writing [letters]** schreibfaul sein

**lazy: ~-bones** *n. sing.* Faulpelz, *der;* **~ 'eye** *n. Auge mit Sehschwäche, das [beim Schielen] weniger belastet wird und deshalb in der Sehkraft weiter nachläßt*

**lb.** *abbr.* **pound[s]** ≈ Pfd.

**l.b.w.** [elbi:'dʌbljʊ] *abbr. (Cricket)* **leg before wicket**

**LCD** *abbr.* **liquid crystal display** LCD

**L/Cpl.** *abbr.* **Lance-Corporal** OG

**L-driver** ['eldraɪvə(r)] *(Brit.) see* **learner-driver**

**LEA** *abbr.* **Local Education Authority** ≈ Schulamt, *das*

**lea** [li:] *n. (poet.)* Wiese, *die*

**leach** [li:tʃ] **1.** *v. t. (make percolate)* durchsickern lassen; *(subject to percolation)* auslaugen; *(remove by percolation)* extrahieren; auslaugen. **2.** *v. i. (percolate through)* durchsickern; *(be removed by percolation)* ausgelaugt werden

[1]**lead** [led] **1.** *n.* **a)** *(metal)* Blei, *das;* **white ~:** Bleiweiß, *das;* **[as] heavy as ~:** schwer wie Blei; bleischwer; *see also* **blacklead; red lead; b)** *(in pencil)* [Bleistift]mine, *die;* **c)** *(bullets)* Blei, *das (veralt.);* **I'll fill** *or* **pump you full of ~:** ich pumpe dich mit Blei voll; **d)** *(Naut.)* Lot, *das;* Senkblei, *das;* **cast** *or* **heave the ~:** das Lot [aus]werfen; **swing the ~** *(fig. Brit. sl.)* sich drücken; **e)** *in pl. (of window)* Bleifassung, *die;* **f)** *(Printing)* Reglette, *die.* **2.** *attrib. adj.* Blei-. **3.** *v. t.* **a)** in Blei fassen ‹*Fenster*›; **~ed** bleigefaßt; **b) ~ed petrol** bleihaltiges Benzin

[2]**lead** [li:d] **1.** *v. t.,* **led** [led] **a)** führen; **~ sb. a miserable life** *or* **existence** jmdm. das Leben zur Qual machen; **~ sb. through the procedures** *(fig.)* jmdn. mit dem Verfahren vertraut machen; **~ sb. to do sth.** *(fig.)* jmdn. dazu bringen, etw. zu tun; **~ sb. by the hand** jmdn. an der Hand führen; **~ sb. by the nose** *(fig.)* jmdn. nach seiner Pfeife tanzen lassen; **let oneself be led by the nose** *(fig.)* sich an der Nase herumführen lassen; **~ sb. into trouble/difficulties** *(fig.)* jmdm. Ärger einbringen/jmdn. in Schwierigkeiten bringen; **this is ~ing us nowhere** *(fig.)* das führt zu nichts; *see also* **astray 1; dance 3 a; garden 1 a; way 1 b; b)** *(fig.: influence, induce)* **~ sb. to do sth.** jmdn. veranlassen, etw. zu tun; **be easily led** sich leicht beeinflussen lassen; **~ sb. into bad habits** jmdn. zu schlechten Gewohnheiten verleiten; **children are easier led than driven** bei Kindern erreicht man im Guten mehr als im Bösen; **that ~s me to believe that ...:** das läßt mich glauben, daß ...; **I was led to the conclusion that ...:** ich gelangte zu dem Schluß, daß ...; **this leads me to the conclusion that ...:** daraus schließe ich, daß ...; **Is it true that she was married before? – So I am led to believe** Stimmt es, daß sie schon einmal verheiratet war? – Soweit ich weiß, ja; **he led me to suppose/believe that ...:** er gab mir Grund zu der Annahme/er machte mich glauben, daß ...; **c)** führen ‹*Leben*›; **~ a life of misery/a wretched existence** ein erbärmliches Dasein führen/eine kümmerliche Existenz fristen; **d)** *(be first in)* anführen; **~ the world in electrical engineering** auf dem Gebiet der Elektrotechnik in der ganzen Welt führend sein; **Smith led Jones by several yards/seconds** *(Sport)* Smith hatte mehrere Yards/Sekunden Vorsprung vor Jones; *see also* **field 1 l; e)** *(direct, be head of)* anführen ‹*Bewegung, Abordnung*›; leiten ‹*Diskussion, Veranstaltung, Ensemble*›; ‹*Dirigent:*› leiten ‹*Orchester, Chor*›; ‹*Konzertmeister:*› führen ‹*Orchester*›; **~ a party** Vorsitzender/Vorsitzende einer Partei sein; **~ the government** an der Spitze der Regierung stehen; Regierungschef/-chefin sein; **Napoleon led his army into Italy/to a great victory** Napoleon führte seine Armee nach Italien/zu einem großen Sieg; **f)** *(cause to pass)* **~ water through sth.** Wasser durch etw. [hindurch]leiten; **~ a rope through a pulley** ein Seil über die Rolle[n] eines Flaschenzugs führen; **g)** *(Cards)* ausspielen; **~ a spade** Pik ausspielen. **2.** *v. i.,* **led a)** ‹*Straße usw., Tür:*› führen; **~ to the town/to the sea/out of the town** zur Stadt/ans Meer/aus der Stadt führen; **~ to confusion** Verwirrung stiften; **one thing led to another** es kam eins zum anderen; **what will it all ~ to?** wo soll das alles [noch] hinführen?; **b)** *(be first)* führen; *(go in front)* vorangehen; *(fig.: be leader)* an der Spitze stehen; **~ by 3 metres** mit 3 Metern in Führung liegen; 3 Meter Vorsprung haben; **~ in the race** das Rennen anführen; **it's Smith ~ing from Jones and Brown** Smith führt vor Jones und Brown; **c)** *(Journ.)* **a good story to ~ with** eine gute Titelgeschichte; **~ with the latest spy scandal** die jüngste Spionageaffäre groß herausbringen; **d)** *(Cards)* ausspielen; **~ with a spade** Pik ausspielen. **3.** *n.* **a)** *(precedent)* Beispiel, *das; (clue)* Anhaltspunkt, *der;* **follow sb.'s ~, take one's ~ from sb.** jmds. Beispiel *(Dat.)* folgen; **give sb. a ~** *(precedent)* jmdm. mit gutem Beispiel vorangehen; *(clue)* jmdm. einen Anhaltspunkt geben; **b)** *(first place)* Führung, *die;* **be in the ~:** in Führung liegen; an der Spitze liegen; **move** *or* **go into the ~:** sich an die Spitze setzen; in Führung gehen; **keep one's ~:** sich an der Spitze *od.* seine Führungsposition behaupten; **we mustn't lose our ~:** wir dürfen unsere Führungsposition nicht verlieren; **hold the ~ in export sales** mit seinen Exportgeschäften die Spitze halten; **take the ~ from sb.** jmdm. den Rang ablaufen; *(in race)* sich vor jmdm. an die Spitze setzen; vor jmdm. in Führung gehen; **c)** *(amount)* Vorsprung, *der;* **have a ~ of two metres/minutes over sb.** einen Vorsprung von zwei Metern/Minuten vor jmdm. haben; **d)** *(leash)* Leine, *die;* **on a ~:** an der Leine; **let a dog off the** *or* **its ~:** einen Hund von der Leine losmachen; **put a dog on the ~:** einen Hund anleinen; **e)** *(Electr.)* Kabel, *das;* Leitung, *die;* **f)** *(Theatre)* Hauptrolle, *die; (player)* Hauptdarsteller, *der/*-darstellerin, *die;* **g)** *(Cards)* **whose ~ is it?** wer spielt aus?; **the ~ was the jack of clubs** Kreuzbube war gespielt. **4.** *adj.* Lead‹*gitarre, -gitarrist usw.*›

**~ a'way** *v. t.* abführen ‹*Gefangenen, Verbrecher*›

**~ 'off 1.** *v. t.* **a)** *(take away)* abführen; **b)** *(begin)* beginnen. **2.** *v. i.* beginnen

**~ 'on 1.** *v. t.* **a)** *(entice)* **~ sb. on** jmdn. reizen; **he's ~ing you on** er versucht, dich zu reizen; **b)** *(take further)* **that ~s me on to my next point** das bringt mich zu meinem nächsten Punkt; **~ sb. on to do sth.** jmdn. darauf bringen, etw. zu tun. **2.** *v. i.* **a)** *imper. (go first)* **~ on!** geh vor!; **b) ~ing on from what you have just said, ...:** um fortzuführen, was Sie eben sagten, ...; **~ on to the next topic** *etc.* zum nächsten Thema *usw.* führen; **~ on to better things** jmdn. weiterbringen

**~ 'up to** *v. t.* hinführen zu; *(aim at)* hinauswollen auf (+ *Akk.*); **~ up to a very funny punch-line** in einer köstlichen Pointe gipfeln; **just as I was ~ing up to the main point of my speech** gerade als ich zum Hauptpunkt meiner Rede kommen wollte

**leaden** ['ledn] *adj.* **a)** bleiern; **b)** *(fig.) (heavy)* bleiern ‹*Schlaf, Augenlider, Glieder*›; schleppend ‹*Tempo*›; bang ‹*Herz*›; *(oppressive)* drückend ‹*Atmosphäre*›; lähmend ‹*Einfluß*›; starr ‹*Regeln, Haltung*›

**leader** ['li:də(r)] *n.* **a)** Führer, *der/*Führerin, *die; (of political party)* Vorsitzende, *der/die; (of gang, hooligans, rebels)* Anführer, *der/*Anführerin, *die; (of expedition, project, troupe)* Leiter, *der/*Leiterin, *die; (of deputation)* Sprecher, *der/*Sprecherin, *die; (of tribe)* [Stammes]häuptling, *der;* Stammesführer, *der;* **the Egyptian/Labour ~:** der ägyptische Präsident/der Vorsitzende der Labour Party; **union/the Labour ~s** Gewerkschaftsvorsitzende/die Führenden der Labour Party; **L~ of the House of Commons/Lords** *(Brit. Polit.)* Führer des Unterhauses/Oberhauses; **have the qualities of a ~:** Führungsqualitäten haben; *see also* **follow-my-leader; b)** *(one who is first)* **this scientist is a ~ in his field** dieser Wissenschaftler ist eine führende Kapazität auf seinem Gebiet; **be the ~ in a race** in einem Rennen in Führung liegen; **catch up with the ~s** *(in race)* sich an die Spitze des Feldes vorarbeiten; **be no longer amongst the ~s of world tennis** nicht mehr zur internationalen Spitze[nklasse] im Tennis gehören; **c)** *(Brit. Journ.)* Leitartikel, *der;* **d)** *(tab on film or tape)* Startband, *das;* **e)** *(Mus.) (leading performer)* Leader, *der/*Leaderin, *die; (Brit.: principal first violinist)* Konzertmeister, *der/*-meisterin, *die; (Amer.: conductor)* Dirigent, *der/*Dirigentin, *die;* **f)** *(Hort.)* Haupttrieb, *der*

**leaderless** ['li:dəlɪs] *adj.* führerlos

**leadership** ['li:dəʃɪp] *n.* **a)** Führung, *die; (capacity to lead)* Führungseigenschaften *Pl.;* **under the ~ of** unter [der] Führung von; **b)** *(leaders)* Führung[sspitze], *die;* **~ of the party** Parteivorsitz, *der*

**'leader writer** *n.* Leitartikelschreiber, *der/*-schreiberin, *die;* Leitartikler, *der/*-artiklerin, *die (Pressejargon)*

**lead-free** ['ledfri:] *adj.* bleifrei

**lead-in** ['li:dɪn] *n.* Einleitung, *die* **(to** *Gen.***)**; **as a ~-in to the film/programme** zur Einleitung des Films/Programms

**leading** ['li:dɪŋ] *adj.* führend; *(in first position)* ‹*Läufer, Pferd, Auto*› an der Spitze; **~ role** Hauptrolle, *die; (fig.)* führende Rolle

**leading: ~ 'article** *n. (Brit. Journ.)* Leitartikel, *der;* **~ 'counsel** *n. (Brit. Law)* Kronanwalt, *der/*-anwältin, *die; (of the defence)* Hauptverteidiger, *der/*-verteidigerin, *die;* **~ 'edge** *n. (foremost edge)* Vorderkante, *die; (of sail)* Vorliek, *das;* **~ 'lady** *n.* Hauptdarstellerin, *die;* **his ~ lady** seine Partnerin *(als Hauptdarstellerin);* **~ 'light** *n.* herausragende Persönlichkeit; *(expert)* führende Kapazität; **~ 'man** *n.* Hauptdarsteller, *der;* **her ~ man** ihr Partner *(als Hauptdarsteller),* **~ 'question** *n.* Suggestivfrage, *die,* **~-rein** *n.* Leitzügel, *der*

**lead: ~ pencil** [led 'pensl] *n.* Bleistift, *der,* **~-poisoning** ['ledpɔɪzənɪŋ] *n.* Bleivergiftung, *die;* **~ screw** ['li:d skru:] *n.* Leitspindel, *die (Technik);* **~ shot** [led 'ʃɒt] *n.* **a)** *n*
*pl. (Angling)* Bleikugeln *Pl.;* **b)** *no pl. (fo*
*shotgun)* Schrot, *der od. das;* **c)** *(single pro*
*jectile)* Blei- *od.* Schrotkugel, *die;* **~ singe**
[li:d 'sɪŋə(r)] *n.* Leadsänger *der/*-sängerin
*die;* **~ story** ['li:d stɔ:rɪ] *n. (Journ.)* Titelgeschichte, *die;* **~ time** ['li:d taɪm] *n. (Econ.*
Entwicklungszeit, *die;* **~-up** ['li:dʌp] *n*
Vorfeld, *das (fig.);* **in/during the ~-up to th**
**election/revolution** im Vorfeld der Wahlen
der Revolution

**leaf** [li:f] **1.** *n., pl.* **leaves** [li:vz] **a)** Blatt, *das*
**the falling leaves** die fallenden Blätter; da
fallende Laub; **shake like a ~:** zittern wi
Espenlaub; **be in ~:** grün sein; **come into ~**
grün werden; ausschlagen; **b)** *(of pape*
Blatt, *das;* **a ~ of paper** ein Blatt Papie
**turn over a new ~** *(fig.)* einen neuen Anfan
machen; sich ändern; *see also* **book 1 a;**
*(of door)* Flügel, *der; (of table) (hinged/sli*
*ing flap)* Platte, *die; (for inserting)* Einleg
brett, *das.* **2.** *v. i.* **~ through sth.** etw. durch
blättern; in etw. *(Dat.)* blättern

**leaf: ~-green 1.** ['--] *adj.* laubgrün; **2.** [-

*n.* Laubgrün, *das;* **~-insect** *n.* Wandelndes Blatt

**leafless** ['li:flɪs] *adj.* blattlos, kahl ‹*Baum*›

**leaflet** ['li:flɪt] **1.** *n.* **a)** [Hand]zettel, *der; (with manufacturer's instructions)* Gebrauchsanweisung, *die;* Bedienungsanleitung, *die; (advertising)* Reklamezettel, *der; (political)* Flugblatt, *das;* **b)** *(Bot.)* Blättchen, *das.* **2.** *v. t.* [Hand]zettel verteilen an (+ *Akk.*)

**leaf: ~-mould** *n.* Laubkompost, *der;* **~ spring** *n. (Mech. Engin.)* Blattfeder, *die (Technik);* **~-stalk** *n.* Blattstiel, *der*

**leafy** ['li:fɪ] *adj.* belaubt; **~ vegetable** Blattgemüse, *das;* **a ~ country lane** eine baumbestandene Landstraße

**¹league** [li:g] *n.* **a)** *(agreement)* Bündnis, *das;* Bund, *der; (in history)* Liga, *die;* **enter into** *or* **form a ~:** ein Bündnis eingehen *od.* schließen; einen Bund schließen; **be in ~ with sb.** mit jmdm. im Bunde sein *od.* stehen; **those two are in ~ [together]** die beiden stecken unter einer Decke *(ugs.);* **b)** *(Sport)* Liga, *die;* **the ~ championship** die Ligameisterschaft; **I am not in his ~, he is out of my ~** *(fig.)* ich komme nicht an ihn heran; mit ihm kann ich mich nicht messen; **be in the big ~** *(fig.)* es geschafft haben; *see also* **Rugby League**

**²league** *n. (arch.: distance)* ≈ drei Meilen; **travel many a ~:** viele Meilen reisen

**league: ~ 'football** *n.* Ligafußball, *der;* **~ game** *n.* Ligaspiel, *das;* **~ 'leaders** *n. pl. (Sport)* Tabellenführer, *der;* **~ match** *n.* Ligaspiel, *das;* **L~ of 'Nations** *n. (Hist.)* Völkerbund, *der;* **~ table** *n.* Tabelle, *die (Sport);* **be at the top/bottom of the ~ table** an der Tabellenspitze/am Tabellenende sein *(fig.);* an der Spitze rangieren/das Schlußlicht bilden *(ugs.)* (of unter + *Dat.*)

**leak** [li:k] **1.** *n.* **a)** *(hole)* Leck, *das; (in roof, ceiling, tent)* undichte Stelle; **there's a ~ in the tank** der Tank ist leck; der Tank hat ein Leck; **spring a ~** ‹*Schiff:*› leckschlagen *(Seemannsspr.);* ‹*Gas-, Flüssigkeitsbehälter:*› ein Leck bekommen; **stop the ~:** das Leck abdichten *od.* stopfen; **b)** *(escaping fluid/gas)* durch ein Leck austretende Flüssigkeit/austretendes Gas; **I can smell a gas ~:** hier riecht es nach Gas; **c)** *(fig.: of information)* undichte Stelle; **government ~s** undichte Stellen in der Regierung; **there has been a ~ to the press/from reliable sources** der Presse sind Informationen zugespielt worden/aus verläßlichen Quellen sind Informationen durchgesickert; **who was responsible for the ~?** wer war dafür verantwortlich, daß Informationen durchgesickert sind?; **d)** *(Electr.)* Elektrizitätsverlust, *der; (path or point)* Fehlerstelle, *die;* **e) have a/go for a ~** *(sl.)* pinkeln/pinkeln gehen *(salopp).* **2.** *v. t.* **a)** austreten lassen; **the pipe is ~ing water/gas** aus dem lecken Rohr tritt Wasser/Gas aus; **b)** *(fig.: disclose)* durchsickern lassen; **~ sth. to sb.** jmdm. etw. zuspielen; **details of the plan have been ~ed** man hat Einzelheiten des Plans durchsickern lassen. **3.** *v. i.* **a)** *(escape)* austreten **(from** aus); *(enter)* eindringen **(in** in + *Akk.*); **b)** ‹*Faß, Tank, Schiff:*› lecken; ‹*Rohr, Leitung, Dach:*› undicht sein; ‹*Gefäß, Füller:*› auslaufen; **the roof ~s** es regnet durch das Dach; **c)** *(fig.)* **~ [out]** durchsickern

**leakage** ['li:kɪdʒ] *n.* **a)** Auslaufen, *das; (of fluid, gas)* Ausströmen, *das; (fig.: of information)* Durchsickern, *das;* **b)** *(substance, amount)* **the ~ is increasing** das Leck wird größer; **mop up the ~:** das ausgelaufene Wasser *usw.* aufwischen; **~ to the Press** *(fig.)* Indiskretionen der Presse gegenüber

**leaky** ['li:kɪ] *adj.* undicht; leck ‹*Schiff, Boot, Tank*›

**¹lean** [li:n] **1.** *adj.* mager; hager ‹*Person, Gesicht*›; **we had a ~ time [of it] during the War** es ging uns sehr schlecht während des Krieges. **2.** *n. (meat)* Magere, *das*

**²lean 1.** *v. i.,* **~ed** [li:nd, lent] *or (Brit.)* **~t** [lent] **a)** sich beugen; **~ against the door** sich gegen die Tür lehnen; **~ out of the window** sich aus dem Fenster lehnen *od.* beugen; **~ down/forward** sich herab-/vorbeugen; **~ backwards** sich zurückbeugen; sich nach hinten beugen; **~ back in one's chair** sich im Sessel zurücklehnen; **b)** *(support oneself)* **~ against/on sth.** sich gegen/an etw. *(Akk.)* lehnen; **~ on sth.** *(from above)* sich auf etw. *(Akk.)* lehnen; **~ on sb.'s arm** sich auf jmds. Arm *(Akk.)* stützen; **c)** *(be supported)* lehnen **(against** an + *Dat.*); **d)** *(fig.: rely)* **~ [up]on sb.** auf jmdn. bauen; **I ~ on my friends for moral support** ich baue auf den Beistand meiner Freunde; **e)** *(stand obliquely)* sich neigen; **the L~ing Tower of Pisa** der Schiefe Turm von Pisa; **f)** *(fig.: tend)* **~ to[wards] sth.** zu etw. neigen; **he ~s to the left politically** er tendiert politisch nach links. **2.** *v. t.,* **~ed** *or (Brit.)* **~t** lehnen **(against** gegen *od.* an + *Akk.*). **3.** *n.* Neigung, *die;* **have a definite ~ to the right** deutlich nach rechts geneigt sein; eine deutliche Neigung nach rechts aufweisen; **be on the ~:** schief sein; **have a ~ of 15°** einen Neigungswinkel von 15° haben

**~ on** *v. t. (fig. sl.)* unter Druck setzen; **he just needs ~ing on a little** man muß ihm nur ein bißchen gut zureden *(iron.); see also* **²lean 1 b, d**

**~ over 1.** ['---] *v. t.* sich neigen über (+ *Akk.*). **2.** [-'--] *v. i.* ‹*Person:*› sich hinüberbeugen; *(forwards)* sich verbeugen; ‹*Gegenstand:*› sich neigen; **he ~ed over backwards/sideways** er beugte sich nach hinten/zur Seite; *see also* **backwards a**

**lean-burn 'engine** *n. (Motor Veh.)* Mager[mix]motor, *der*

**leaning** ['li:nɪŋ] *n.* Hang, *der;* Neigung, *die;* **have Marxist/homosexual ~s** zum Marxismus tendieren/homosexuelle Neigungen haben

**leanness** ['li:nnɪs] *n., no pl.* Hagerkeit, *die; (of times)* Dürftigkeit, *die*

**leant** *see* **²lean**

**lean-to** ['li:ntu:] *n., pl.* **~s** Anbau, *der*

**leap** [li:p] **1.** *v. i.,* **~ed** [li:pt, lept] *or* **~t** [lept] **a)** springen; ‹*Herz:*› hüpfen; **~ to one's feet** aufspringen; **~ out of/up from one's chair** aus seinem Sessel/von seinem Stuhl aufspringen; **~ down off the table** vom Tisch herunterspringen; **~ back in shock** vor Entsetzen zurückspringen; **~ up and down in excitement** aufgeregt herumspringen; **~ around** *or* **about** herumspringen; **b)** *(fig.)* **~ to conclusions** voreilige Schlüsse ziehen; **~ to sb.'s defence** jmdm. beispringen *(geh.);* **~ at the chance** *or* **opportunity** die Gelegenheit beim Schopf packen; **~ to stardom/into prominence** mit einem Schlag zum Star/berühmt werden; **~ at an offer** sofort zugreifen; **~ to the eye** ins Auge *od.* in die Augen springen. *See also* **look 1 a. 2.** *v. t.,* **~ed** *or* **~t a)** *(jump over)* überspringen; springen *od.* setzen über (+ *Akk.*); **b)** *(cause to ~)* springen lassen. **3.** *n.* Sprung, *der;* **take a [great] ~ at the fence** [mit einem großen Satz] am Zaun hochspringen; *(successfully)* einen [großen] Satz über den Zaun machen; **with** *or* **in one ~:** mit einem Satz; **by ~s and bounds** *(fig.)* mit Riesenschritten ‹*vorangehen*›; sprunghaft ‹*zunehmen*›; *see also* **dark 2 c**

**'leap-frog 1.** *n.* Bockspringen, *das.* **2.** *v. i.,* **-gg-** Bockspringen machen; **~ over sb.** einen Bocksprung über jmdn. machen. **3.** *v. t.,* **-gg-** *(fig.)* überspringen

**leapt** *see* **leap**

**'leap year** *n.* Schaltjahr, *das*

**learn** [lɜ:n] **1.** *v. t.,* **~ed** [lɜ:nd, lɜ:nt] *or* **~t** [lɜ:nt] **a)** lernen; *(with emphasis on completeness of result)* erlernen; **~ sth. by** *or* **from experience** etw. durch [die] *od.* aus der Erfahrung lernen; **~ sth. from** *or* **of sb./from a book/an example** etw. von jmdm./aus einem Buch/am Beispiel lernen; **~ one's craft from** *or* **through hard study** seine beruflichen Fähigkeiten durch fleißiges Lernen erwerben; **have you never ~ed any manners/sense?** hat man dir keine Manieren beigebracht/wo hast du nur deinen Verstand?; **I am ~ing [how] to play tennis** ich lerne Tennis spielen; **Can you swim? – No, I never ~ed how [to]** Kannst du schwimmen? – Nein, ich habe es nie gelernt; *see also* **lesson c; rope 1 e; b)** *(find out)* erfahren; lernen; *(by oral information)* hören; *(by observation)* erkennen; merken; *(by thought)* erkennen; *(be informed of)* erfahren; **I ~ed from the newspaper that ...:** ich habe in der Zeitung gelesen *od.* aus der Zeitung erfahren, daß ...; **I ~ed from his manner what sort of person he was** seine Art verriet mir, was für ein Mensch er war; **c)** *(arch./joc./uneducated: teach)* lernen (+ *Dat.*) *(mundartl., ugs. [standardsprachlich nicht korrekt]);* **that'll ~ you!** das wird dir 'ne Lehre sein!; **I'll ~ you!** *(threat)* ich werd' dir helfen! *(ugs.).* **2.** *v. i.,* **~ed** *or* **~t a)** lernen; **be slow to ~:** langsam lernen; **you'll soon ~:** du wirst es bald lernen; **will you never ~?** du lernst es wohl nie!; **~ from the experience/mistakes of others** aus den Erfahrungen/Fehlern anderer lernen; **some people never ~:** mancher lernt's nie; **~ by one's mistakes** aus seinen Fehlern lernen; **I had to ~ by my mistakes** ich konnte nur aus meinen eigenen Fehlern lernen; **~ about sth.** etwas über etw. *(Akk.)* lernen; **you're never too old** *or* **it's never too late to ~:** man kann immer noch [etwas] dazulernen; zum Lernen ist es nie zu spät; **b)** *(get to know)* erfahren **(of** von); **I have ~t about what you get up to** ich habe erfahren, was du so treibst

**~ 'up** *v. t.* **a) ~ up some law** sich *(Dat.)* einige juristische Kenntnisse aneignen; einiges über das Rechtswesen lernen; **b)** *(refresh knowledge of)* **~ up one's history** seine Geschichtskenntnisse auffrischen

**learned** ['lɜ:nɪd] *adj.* **a)** gelehrt; **very ~ in ancient history** in Alter Geschichte sehr bewandert; **b)** *(associated with ~ persons)* wissenschaftlich ‹*Gesellschaft, Zeitschrift*›; akademisch ‹*Stil*›; *see also* **profession a; c)** *(Brit. Law: in address or reference)* verehrt; geschätzt; **my ~ colleague** *etc.* mein verehrter Herr Kollege/meine verehrte Frau Kollegin *usw.; see also* **friend d**

**learnedly** ['lɜ:nɪdlɪ] *adv.* gelehrt

**learner** ['lɜ:nə(r)] *n.* Lernende, *der/die; (beginner)* Anfänger, *der*/Anfängerin, *die;* **be a slow/quick ~:** langsam/schnell lernen; **the car is driven by a ~:** ein Fahrschüler steuert den Wagen; **I'm only a ~ still** ich lerne noch

**learner-'driver** *n. (Brit.)* Fahrschüler/-schülerin *(der/die unter Aufsicht fährt)*

**learning** ['lɜ:nɪŋ] *n. (scholarship)* Wissen, *das; (of person)* Gelehrsamkeit, *die;* **the new ~:** der Humanismus

**learnt** *see* **learn**

**lease** [li:s] **1.** *n. (of land, business premises)* Pachtvertrag, *der; (of house, flat, office)* Mietvertrag, *der;* **be on [a] ~:** gepachtet/gemietet sein; **have sth. on a 99-year** *etc.* **~:** etw. auf 99 Jahre *usw.* gepachtet/gemietet haben; **take a ~ on** pachten ‹*Grundstück, Geschäft*›; mieten ‹*Haus, Wohnung, Büro*›; **enjoy a new ~ of** *or (Amer.)* **on life** neuen Auftrieb bekommen; **give sb./sth. a new ~ of life** jmdm. Auftrieb geben/etw. wieder in Schuß bringen *(ugs.).* **2.** *v. t.* **a)** *(grant ~ on)* verpachten ‹*Grundstück, Geschäft, Rechte*›; vermieten ‹*Haus, Wohnung, Büro*›; **b)** *(take ~ on)* pachten ‹*Grundstück, Geschäft, Rechte*›; mieten ‹*Haus, Wohnung, Büro*›; leasen ‹*Auto*›

**lease: ~back** *n.* Verpachtung an den Verkäufer; **~hold** *see* **lease 2: 1.** *n.* **have the ~hold of** *or* **on sth.** etw. gepachtet *od.* in Pacht/gemietet haben; **2.** *adj.* gepachtet/gemietet; **3.** *adv.* **own a property ~hold** einen Besitz in Pacht/gemietet haben; **~holder** *n. see* **lease 2:** Pächter, *der*/Pächterin, *die;* Mieter, *der*/Mieterin, *die*

**leash** [li:ʃ] *n.* **a)** *see* **[2]lead 3 d; b) be straining at the ~ to do sth.** *(fig.)* darauf brennen, etw. zu tun; **he was straining at the ~:** er war voller Ungeduld

**least** [li:st] **1.** *adj.* **a)** *(smallest)* kleinst...; *(in quantity)* wenigst...; *(in status)* geringst...; **be ~ in size** am kleinsten sein; **every ~ indication** jedes noch so geringe Anzeichen; **I haven't the ~ idea** ich habe nicht die geringste Ahnung; **not the ~ bit hungry** kein bißchen hungrig; **that's the ~ of our problems** das ist unser geringstes Problem; *see also* **common denominator; common multiple; [1]last 1; resistance a; b)** *(Bot., Ornith., Zool.)* Zwerg-. **2.** *n.* Geringste, *das;* **the ~ I can do** das mindeste, was ich tun kann; **the ~ he could do would be to apologize** er könnte sich wenigstens entschuldigen; **pay the ~:** den niedrigsten Preis zahlen; **to say the ~ [of it]** gelinde gesagt; **~ said, soonest mended** *(prov.)* vieles Reden macht die Sache nur schlimmer; **at ~:** mindestens; *(if nothing more; anyway)* wenigstens; **at the [very] ~:** [aller]mindestens; **not [in] the ~:** nicht im geringsten. **3.** *adv.* am wenigsten; **not ~ because ...:** nicht zuletzt deshalb, weil ...; **~ of all** am allerwenigsten; **the ~ likely answer** die unwahrscheinlichste Lösung

**leastways** ['li:stweɪz], **leastwise** ['li:stwaɪz] *adv. (dial.)* wenigstens

**leather** ['leðə(r)] **1.** *n.* **a)** Leder, *das; (things made of ~)* Lederwaren *Pl.;* **these shoes are genuine ~:** diese Schuhe sind echt Leder *od.* aus echtem Leder; *see also* **chamois b; hell b; patent leather; b)** *(used for polishing)* Leder, *das;* Lederlappen, *der;* **c)** *(strap)* Lederriemen, *der; (for stirrup)* Steigriemen, *der.* **2.** *adj.* ledern; Leder⟨jacke, -mantel, -handschuh⟩. **3.** *v. t.* **a)** *(polish)* [ab]ledern; **b)** *(thrash, whip)* **~ sb.** jmdm. das Leder gerben

**'leather-jacket** *n. (Brit. Zool.)* Schnakenlarve, *die*

**leathery** ['leðərɪ] *adj.* ledern

**[1]leave** [li:v] *n., no pl.* **a)** *(permission)* Erlaubnis, *die; (official approval)* Genehmigung, *die;* **grant** *or* **give sb. ~ to do sth.** jmdm. gestatten, etw. zu tun; **beg ~ to do sth.** um Erlaubnis bitten, etw. tun zu dürfen; **be absent without ~:** sich unerlaubt entfernt haben; **get ~ from sb. to do sth.** von jmdm. die Erlaubnis bekommen, etw. zu tun; **by ~ of sb.** mit jmds. Genehmigung; **by your ~** *(formal)* mit Ihrer Erlaubnis; *(iron.)* mit Ihrer gütigen Erlaubnis *(iron.);* **without so much as a by your ~** *(coll.)* ohne auch nur zu fragen; **take ~ to do sth.** sich *(Dat.)* erlauben, etw. zu tun; **b)** *(from duty or work)* Urlaub, *der;* **~ [of absence]** Beurlaubung, *die;* Urlaub, *der (auch Mil.);* **a fortnight's ~:** vierzehn Tage Urlaub; **book one's ~:** seinen Urlaub anmelden; **when do you intend to go on ~?** wann nehmen Sie Ihren *od.* gehen Sie in Urlaub?; **I've got ~ [of absence] for a couple of days** ich bin für einige Tage beurlaubt; **be on ~:** Urlaub haben; in Urlaub sein; **c) take one's ~** *(say farewell)* sich verabschieden; Abschied nehmen *(geh.);* **take [one's] ~ of sb.** sich von jmdm. verabschieden; von jmdm. Abschied nehmen *(geh.);* **have you taken ~ of your senses?** bist du noch bei Sinnen?; **he must have taken ~ of his senses** er muß von Sinnen sein. *See also* **French leave; sick-leave**

**[2]leave** *v. t.,* **left** [left] **a)** *(make or let remain, lit. or fig.)* hinterlassen; **may I ~ my dog/son with you?** kann ich meinen Hund/Sohn bei dir lassen?; **he left a message with me for Mary** er hat bei mir eine Nachricht für Mary hinterlassen; **~ sb. to do sth.** es jmdm. überlassen, etw. zu tun; **I am always left to make the decisions** ich muß immer alles entscheiden; **if he likes the work, ~ him to get on with it** wenn ihm die Arbeit Spaß macht, überläßt du ihn am besten sich *(Dat.)* selbst; **~ be** *(coll.)* sich raushalten *(ugs.);* **6 from 10 ~s 4** 10 weniger 6 ist 4; *(in will)* **~ sb. sth., ~ sth. to sb.** jmdm. etw. hinterlassen; *see also* **desire 2 c; b)** *(by mistake)* vergessen; **I left my gloves in your car/my umbrella at the butcher's** ich habe meine Handschuhe in deinem Auto liegenlassen *od.* vergessen/meinen Schirm beim Fleischer stehenlassen *od.* vergessen; **c) be left with** nicht loswerden ⟨*Gefühl, Verdacht*⟩; übrigbehalten ⟨*Geld*⟩; zurückbleiben mit ⟨*Schulden, Kind*⟩; **I was left with the job/task of clearing up** es blieb mir überlassen, aufzuräumen; **d)** *(refrain from doing, using, etc., let remain undisturbed)* stehenlassen ⟨*Abwasch, Essen*⟩; sich *(Dat.)* entgehen lassen ⟨*Gelegenheit*⟩; *(spare)* verschonen; **e)** *(let remain in given state)* lassen; **~ the door open/the light on** die Tür offenlassen/das Licht anlassen; **~ the curtains drawn/the water running** die Vorhänge zugezogen lassen/das Wasser laufen lassen; **~ the book lying on the table** das Buch auf dem Tisch liegenlassen; **~ sb. in the dark** *(fig.)* jmdn. im dunkeln lassen; **~ sb. unharmed** jmdm. nichts zuleide tun; **~ one's clothes around** *or* **about/all over the room** seine Kleider überall/im ganzen Zimmer herumliegen lassen; **this ~s me free to do sth.** das erlaubt mir, etw. zu tun; **~ sb. alone** *(allow to be alone)* jmdn. allein lassen; *(stop bothering)* jmdn. in Ruhe lassen; **~ sth. alone** etw. in Ruhe lassen; **~ sb. be** jmdn. in Ruhe *od.* Frieden lassen; **~ him** *etc.* **'be** laß ihn *usw.* [in Ruhe]; **~ go [of] sth.** *(coll.),* **~ hold of sth.** etw. loslassen; **~ it at that** *(coll.)* es dabei bewenden lassen; **how shall we ~ it?** wie verbleiben wir?; **we left it that he'd phone me tomorrow** wir sind so verblieben, daß er mich morgen anruft; *see also* **[2]well 2 b; f)** *(station for a purpose)* postieren; **g)** *(refer, entrust)* **~ sth. to sb./sth.** etw. jmdm./einer Sache überlassen; **I ~ the matter entirely in your hands** ich lege diese Angelegenheit ganz in Ihre Hand/Hände; **I ~ the decision to** *or* **with you** ich überlasse dir die Entscheidung; **sit back and ~ the worrying to me** laß mich nur machen; **~ it to me** laß mich nur machen; **~ sb. to himself** *or* **to his own devices** *or* **resources** *or* **to it** jmdn. sich *(Dat.)* selbst überlassen; **h)** *(go away from)* verlassen; **~ home at 6 a.m.** um 6 Uhr früh von zu Hause weggehen/-fahren; **the plane ~s Bonn at 6 p.m.** das Flugzeug fliegt um 18 Uhr von Bonn ab; **~ Bonn at 6 p.m.** *(by car, in train)* um 18 Uhr von Bonn abfahren; *(by plane)* um 18 Uhr in Bonn abfliegen; **please may I ~ the room?** *(to go to toilet)* darf ich bitte mal austreten? *(ugs.);* **~ the rails** *or* **tracks** entgleisen; **the train ~s the station** der Zug rollt aus dem Bahnhof; **let's ~ here** laß uns hier weggehen; **I left her at the bus stop** *(parted from)* an der Bushaltestelle haben wir uns getrennt; *(set down)* ich habe sie an der Bushaltestelle abgesetzt; **I left her much happier/I left her in tears** als ich ging, war sie schon wieder viel zuversichtlicher/weinte sie; **~ the table** vom Tisch aufstehen; *abs.* **the train ~s at 8.30 a.m.** der Zug fährt *od.* geht um 8.30 Uhr; **~ for Paris** nach Paris fahren/fliegen; **it is time to ~:** wir müssen gehen *od.* aufbrechen; **we're just leaving** wir wollen gerade weggehen; **~ on the 8 a.m. train/flight** mit dem Acht-Uhr-Zug fahren/der Acht-Uhr-Maschine fliegen; **i)** *(quit permanently)* verlassen; **~ school** die Schule verlassen; *(prematurely)* von der Schule abgehen; **~ work** aufhören zu arbeiten; **~ this world for the next** diese Welt verlassen *(geh. verhüll.);* **all my children have left home now** meine Kinder sind jetzt alle aus dem Haus; *abs.* **I am leaving at Easter** ich gehe zu Ostern; **j)** *(desert)* verlassen; **~ sb. for another man/woman** jmdn. wegen eines anderen Mannes/einer anderen Frau verlassen; **~ a house to rot** ein Haus dem Verfall überlassen; **she was left at the altar** der Bräutigam erschien nicht zur Trauung; **~ one's studies half-way through the course** das Studium mittendrin abbrechen; **he was left for dead** man ließ ihn zurück, weil man ihn für tot hielt; *see also* **mercy 1 b; [1]post 1 c; k)** *(pass)* **branch off, leaving the farm on one's right** den Bauernhof rechts liegen lassen und abbiegen

**~ a'side** *v. t.* beiseite lassen

**~ be'hind** *v. t.* **a)** zurücklassen; **b)** *(by mistake) see* **leave b**

**~ 'off** *v. t.* **a)** *(cease to wear)* auslassen *(ugs.);* nicht anziehen; **in summer we can ~ off our coats** im Sommer brauchen wir keine Mäntel [anzuziehen]; **b)** *(discontinue)* aufhören mit; *abs.* aufhören; **~ off smoking** mit dem Rauchen aufhören; aufhören zu rauchen; **~ off the habit of smoking** sich *(Dat.)* das Rauchen abgewöhnen; **has it left off raining?** hat es aufgehört zu regnen?

**~ 'out** *v. t.* auslassen

**~ 'over** *v. t.* **a)** *(Brit.: not deal with till later)* zurückstellen; **b) be left over** übrig[geblieben] sein; *see also* **left-over; left-overs**

**-leaved** [li:vd] *adj. in comb.* -blätt[e]rig

**leaven** ['levn] **1.** *n.* **a)** Treibmittel, *das; (fermenting dough)* Sauerteig, *der;* **b)** *(fig.)* *(transforming influence)* Sauerteig, *der (geh. veralt.).* **2.** *v. t.* **a)** mit Treibmittel/Sauerteig ansetzen ⟨*Teig*⟩; **b)** *(fig.: transform)* durchsetzen

**'leave-taking** *n.* Abschied, *der; attrib.* Abschieds-

**leaving** ['li:vɪŋ] **1.** *n. in pl.* Überbleibsel, *das (ugs.);* Rest, *der.* **2.** *attrib. adj.* Abschieds⟨*party, -geschenk*⟩; **~ certificate** Abschlußzertifikat, *das; (from school)* Abgangszeugnis, *das*

**Lebanese** [lebə'ni:z] **1.** *adj.* libanesisch; **sb. is ~:** jmd. ist Libanese/Libanesin. **2.** *n., pl. same* Libanese, *der*/Libanesin, *die*

**Lebanon** ['lebənən] *pr. n.* **[the] ~:** [der] Libanon; *see also* **cedar a**

**lecher** ['letʃə(r)] *n.* Wüstling, *der (abwertend)*

**lecherous** ['letʃərəs] *adj.,* **lecherously** ['letʃərəslɪ] *adv.* lüstern *(geh.);* geil *(abwertend)*

**lechery** ['letʃərɪ] *n.* Wollust, *die (geh.)*

**lecithin** ['lesɪθɪn] *n. (Chem.)* Lezithin, *das*

**lectern** ['lektɜ:n] *n.* **a)** *(in church) (for Bible etc.)* Lektionar[ium], *das; (for singers)* Notenpult, *das;* **b)** *(Amer.: for lecturer etc.)* Katheder, *das od. der;* Pult, *das*

**lector** ['lektə(r)] *n.* Lektor, *der*/Lektorin, *die*

**lecture** ['lektʃə(r)] **1.** *n.* **a)** Vortrag, *der; (Univ.)* Vorlesung, *die;* **give [sb.] a ~ on sth.** [vor jmdm.] einen Vortrag/eine Vorlesung über etw. *(Akk.)* halten; **b)** *(reprimand)* Strafpredigt, *die (ugs.);* **give** *or* **read sb. a ~:** jmdm. eine Strafpredigt halten *(ugs.);* jmdm. die Leviten lesen *(ugs.).* **2.** *v. i.* **~ [to sb.] [on sth.]** [vor jmdm.] einen Vortrag/*(Univ.)* eine Vorlesung [über etw. *(Akk.)*] halten; *(give ~s)* [vor jmdm.] Vorträge/*(Univ.)* Vorlesungen [über etw. *(Akk.)*] halten. **3.** *v. t.* *(scold)* **~ sb.** jmdm. eine Strafpredigt halten *(ugs.);* **he ~d me about** *or* **for** *or* **over being lazy** er hielt mir eine Strafpredigt wegen meiner Faulheit; **stop lecturing me all the time!** mach mir nicht dauernd Vorhaltungen!

**lecture: ~-hall** *n.* Hörsaal, *der;* **~ notes** *n. pl.* Manuskript, *das*

**lecturer** ['lektʃərə(r)] *n.* **a)** Vortragende, *der/die;* **b)** *(Univ.)* Lehrbeauftragte, *der/*

*die;* **senior ~:** Dozent, *der*/Dozentin, *die;* **be a ~ in French** Dozent/Dozentin für Französisch sein

**'lecture-room** *n.* Vortragsraum, *der; (Univ.)* Vorlesungsraum, *der*

**lectureship** ['lektʃəʃɪp] *n.* Dozentur, *die*

**lecture: ~ theatre** *n.* Hörsaal, *der;* **~ tour** *n.* Vortragsreise, *die;* **a ~ tour of America** eine Vortragsreise durch Amerika

**led** *see* ²**lead 1, 2**

**ledge** [ledʒ] *n.* **a)** Vorsprung, *der;* Sims, *der od. das;* **b)** *(of rock)* [schmaler] Vorsprung; Band, *das (Bergsteigen)*

**ledger** ['ledʒə(r)] **1.** *n. (Commerc.)* Hauptbuch, *das.* **2.** *adj. (Mus.)* **~ line** Hilfslinie, *die*

**lee** [li:] *n.* **a)** *(shelter)* Schutz, *der;* **in/under the ~ of** im Schutz (+ *Gen.*); **b)** **~ [side]** *(Naut.)* Leeseite, *die*

**'lee-board** *n.* Seitenschwert, *das (Seew.)*

**leech** [li:tʃ] *n.* **a)** [Blut]egel, *der;* **stick like a ~** *(fig.)* jmdm. nicht von der Pelle gehen *(ugs.);* **b)** *(fig.: sponger)* Blutsauger, *der (abwertend)*

**leek** [li:k] *n.* Porree, *der;* Lauch, *der; (as Welsh emblem)* Lauch, *der;* **I like ~s** ich mag Porree *od.* Lauch; **three ~s** drei Stangen Porree/Lauch

**leek 'soup** *n.* Lauch[creme]suppe, *die*

**leer** [lɪə(r)] **1.** *n.* **[suggestive/sneering] ~:** anzüglicher/spöttischer Blick; **give sb. a ~ of desire** jmdn. begehrlich ansehen. **2.** *v. i.* [anzüglich/spöttisch/begehrlich] blicken; **he just ~ed in reply** ein anzüglicher/spöttischer/begehrlicher [Seiten]blick war seine ganze Antwort; **~ at sb.** jmdm. einen anzüglichen/spöttischen/begehrlichen [Seiten]blick zuwerfen

**leery** ['lɪərɪ] *adj. (sl.)* mißtrauisch (of gegenüber)

**lees** [li:z] *n. pl.* Bodensatz, *der*

**leeward** ['li:wəd, *(Naut.)* 'lu:əd] *(esp. Naut.)* **1.** *adj.* **to/on the ~ side of the ship** nach/in Lee; **to/on the ~ side of the mountain** in den/im Windschatten des Berges; in das Lee/im Lee *(Geogr.);* **L~ Islands** *pr. n. pl.* die Inseln unter dem Winde. **2.** *adv.* leewärts; nach Lee. **3.** *n.* Leeseite, *die;* **to ~:** leewärts; nach Lee

**'leeway** *n.* **a)** *(Naut.)* Leeweg, *der;* Abdrift, *die;* **b)** *(fig.)* Spielraum, *der;* **allow** *or* **give sb. ~:** jmdm. Spielraum lassen; **make up ~:** den Zeitverlust aufholen; **have a great deal of ~ to make up** einiges aufzuholen haben

¹**left** *see* ²**leave**

²**left** [left] **1.** *adj.* **a)** *(opposite of right)* link...; **on the ~ side** auf der linken Seite; links; **~ field** *(Baseball)* linkes Außenfeld; **have two ~ feet** *(fig.)* zwei linke Füße haben *(ugs.); see also* **turn 1c; b) L~** *(Polit.)* link...; **her views are very L~:** sie hat sehr linke Ansichten. **2.** *adv.* nach links; **~ of the road** links von der Straße; *see also* **right 4b. 3.** *n.* **a)** *(~-hand side)* linke Seite; **move to the ~:** nach links rücken; **crowds lined the street to ~ and right** eine Menschenmenge säumte links und rechts die Straße; **on** *or* **to the ~ [of sb./sth.]** links [von jmdm./etw.]; **on** *or* **to my ~, to the ~ of me** links von mir; zu meiner Linken; **b)** *(Polit.)* **the L~:** die Linke; *(radicals)* die Linken; **be on the L~ of the Party** dem linken Flügel der Partei angehören; **c)** *(Theatre)* **[stage] ~:** rechte Bühnenseite; **d)** *(Boxing)* Linke, *die;* **e)** *(in marching)* **~, right, ~, right, ~, ...** *(Mil.)* links, zwo, drei, vier, links, ...

**left: ~ 'back** *n. (Footb.)* linker Verteidiger/linke Verteidigerin; **~ 'bank** *n.* linkes Ufer; *(in Paris)* Rive Gauche; **~-'footed** *adj.* mit dem linken Fuß geschickter; linksfüßig ⟨*Fußballspieler*⟩; **~ 'hand** *n.* **a)** linke Hand; Linke, *die;* **b)** *(left side)* **on** *or* **at sb.'s ~ hand** zu jmds. Linken; links von jmdm.; **on sb.'s ~ hand** *(not close)* linker Hand; links; **~-hand** *adj.* link...; linksgängig, linksdrehend ⟨*Schraube*⟩; **~-hand bend** Linkskurve, *die;* **on your ~-hand side you see ...:** links *od.* zur Linken sehen Sie ...; **drive on the ~-hand side** links *od.* auf der linken Seite fahren; *see also* **drive 1i; ~-handed** [left'hændɪd] **1.** *adj.* **a)** linkshändig; ⟨*Werkzeug*⟩ für Linkshänder; ⟨*Schlag*⟩ mit der Linken; **be ~-handed** Linkshänder/Linkshänderin sein; **b)** *(turning to left)* links angeschlagen ⟨*Tür*⟩; Links⟨*gewinde, -drehung*⟩; linksgängig, linksdrehend ⟨*Schraube*⟩; **c)** *(fig.: ambiguous)* zweifelhaft ⟨*Kompliment, Gefallen*⟩; **d)** *(fig.: clumsy)* ungeschickt; unbeholfen; **2.** *adv.* linkshändig; mit der linken Hand; **~-handedness** [left'hændɪdnɪs] *n.* Linkshändigkeit, *die;* **~-hander** [left'hændə(r)] *n.* **a)** *(person)* Linkshänder, *der*/-händerin, *die;* **b)** *(blow)* Schlag mit der Linken; *(Boxing)* Linke, *die*

**leftie** *see* **lefty**

**leftish** ['leftɪʃ] *adj. (Polit.)* nach links tendierend; **be ~, have ~ opinions/views** links angehaucht sein; nach links tendieren

**leftism** ['leftɪzm] *n., no pl. (Polit.)* linksorientierte Haltung; *(movement)* linke [politische] Strömungen

**leftist** ['leftɪst] *(Polit.)* **1.** *adj.* linksorientiert. **2.** *n.* Linke, *der/die*

**left: ~ 'luggage [office]** *n. (Brit. Railw.)* Gepäckaufbewahrung, *die;* **~-over** *attrib. adj.* übriggeblieben; **~-overs** *n. pl.* Reste; *(fig.)* Relikte; Überbleibsel *(ugs.)*

**leftward** ['leftwəd] **1.** *adv.* [nach] links ⟨*abbiegen*⟩; nach links ⟨*blicken, sich wenden*⟩; **lie ~ of sth.** links von etw. liegen. **2.** *adj.* linker Hand *nachgestellt*

**leftwards** ['leftwədz] *see* **leftward 1**

**left: ~ 'wing** *n.* linker Flügel; **~-wing** *adj.* **a)** *(Sport)* Linksaußen⟨*spieler, -position*⟩; **b)** *(Polit.)* link...; linksgerichtet; Links⟨*intellektueller, -extremist, -radikalismus*⟩; **~-'winger** *n.* **a)** *(Sport)* Linksaußen, *der;* **b)** *(Polit.)* Angehöriger/Angehörige des linken Flügels; **extreme ~-winger** Linksaußen, *der/die (Jargon);* Linksradikale, *der/die*

**lefty** ['leftɪ] *n. (coll.)* **a)** *(Polit.)* Linke, *der/die;* Rote, *der/die (ugs., oft abwertend);* **b)** *see* **left-hander a**

**leg** [leg] **1.** *n.* **a)** Bein, *das;* **upper/lower ~:** Ober-/Unterschenkel, *der;* **artificial ~:** Beinprothese, *die;* **wooden ~:** Holzbein, *das;* **as fast as my ~s would carry me** so schnell mich die Füße trugen; **give sb. a ~ up on to a horse/into the saddle/over the gate** jmdm. auf ein Pferd/in den Sattel/über das Gatter helfen; **give sb. a ~ up in his career** *(fig.)* jmds. Karriere fördern; **be on one's last ~s** sich kaum noch auf den Beinen halten können; *(be about to die)* mit einem Fuß *od.* Bein im Grabe stehen; **the car is on its last ~s** das Auto macht es nicht mehr lange *(ugs.);* **the firm is on its last ~s** die Firma liegt in den letzten Zügen; **on one's ~s** auf den Beinen; **pull sb.'s ~** *(fig.)* jmdn. auf den Arm nehmen *(ugs.);* **pull the other ~, it's got bells on** *(coll.)* das kannst du einem andern erzählen; **be all ~s** staksig sein; **shake a ~** *(fig. sl.)* das Tanzbein schwingen *(ugs. scherzh.);* **show a ~!** *(sl.)* aus den Federn! *(ugs.);* **not have a ~ to stand on** *(fig.)* nichts in der Hand haben *(fig.);* **stretch one's ~s** sich *(Dat.)* die Beine vertreten; **b)** *(of table, chair, etc.)* Bein, *das; (of machine)* Stütze, *die;* **c)** *(of garment)* Bein, *das; (of boot)* Schaft, *der;* **trouser-~s** Hosenbeine; **d)** *(Gastr.)* Keule, *die;* Schlegel, *der (südd., österr.);* **~ of lamb/veal** Lamm-/Kalbskeule, *die;* **e)** *(of journey)* Etappe, *die;* Teilstrecke, *die;* **f)** *(of forked object)* Schenkel, *der;* **g)** *(Sport coll.)* Durchgang, *der; (of relay race)* Teilstrecke, *die;* **h)** *(Cricket) Spielfeldhälfte rechts bzw., bei linkshändigem Schlagmann, links vom Werfer;* **i)** *(Geom.)* Schenkel, *der;* **j)** *(straight run) (Naut.)* Schlag, *der; (Aeronaut.)* Etappe, *die.* **2.** *adj. (Cricket)* ⟨*Seite, Torstab*⟩ rechts vom Werfer, *(if batsman is left-handed)* links vom Werfer. **3.** *v. t.,* **-gg-: ~ it** die Beine in die Hand *od.* unter die Arme nehmen *(ugs.)*

**legacy** ['legəsɪ] *n.* Vermächtnis, *das (Rechtsspr.);* Erbschaft, *die; (fig.)* Erbe, *das;* **leave sb. sth. as a ~** *(lit. or fig.)* jmdm. etw. hinterlassen; **leave sb. a ~ of £30,000** jmdm. 30 000 Pfund vermachen *od.* hinterlassen

**legal** ['li:gl] *adj.* **a)** *(concerning the law)* juristisch; Rechts⟨*beratung, -berater, -streit, -experte, -angelegenheit, -schutz*⟩; gesetzlich ⟨*Vertreter*⟩; rechtlich ⟨*Gründe, Stellung*⟩; *(of the law)* Gerichts⟨*kosten*⟩; **in ~ matters/affairs** in Rechtsfragen/-angelegenheiten; **seek ~ advice** sich juristisch beraten lassen; **he is a member of the ~ profession** er ist Jurist; **a ~ friend of mine** ein Freund von mir, der Jurist ist; **b)** *(required by law)* gesetzlich vorgeschrieben ⟨*Mindestalter, Zeitraum*⟩; gesetzlich ⟨*Verpflichtung*⟩; gesetzlich verankert ⟨*Recht*⟩; **I know my ~ rights** ich kenne meine Rechte; **c)** *(lawful)* legal; rechtsgültig ⟨*Vertrag, Testament*⟩; gesetzlich zulässig ⟨*Grenze, Höchstwert*⟩; **it is ~/not ~ to do sth.** es ist rechtlich zulässig/gesetzlich verboten, etw. zu tun; **it is not ~ for children to marry** nach dem Gesetz dürfen Kinder nicht heiraten; **make sth. ~:** etw. legalisieren. *See also* **proceeding c; separation a;** ³**tender 3b**

**legal: ~ 'action** *n.* Gerichtsverfahren, *das;* Prozeß, *der;* **take ~ action against sb.** gerichtlich gegen jmdn. vorgehen; eine Klage gegen jmdn. anstrengen; **take/have recourse to ~ action** den Rechtsweg beschreiten *od.* einschlagen; **~ 'aid** *n.* ≈ Prozeßkostenhilfe, *die;* **~ 'fiction** *n.* juristische Fiktion *(Rechtsw.);* **~ 'holiday** *(Amer.) see* **bank holiday b**

**legalistic** [li:gə'lɪstɪk] *adj.* legalistisch *(geh.);* stur legalistisch *(abwertend)*

**legality** [lɪ'gælɪtɪ] *n.* Legalität, *die;* Rechtmäßigkeit, *die*

**legalization** [li:gəlaɪ'zeɪʃn] *n. (lit. or fig.)* Legalisierung, *die*

**legalize** ['li:gəlaɪz] *v. t. (lit. or fig.)* legalisieren

**legally** ['li:gəlɪ] *adv.* rechtlich ⟨*zulässig, verpflichtet, begründet, unhaltbar, möglich*⟩; gesetzlich ⟨*verankert, verpflichtet*⟩; vor dem Gesetz ⟨*verantwortlich*⟩; legal ⟨*durchführen, abwickeln, erwerben*⟩; **~ and morally** aus rechtlicher und moralischer Sicht; **~ speaking** rechtlich gesehen; vom rechtlichen Standpunkt aus; **~ valid/binding** rechtsgültig/-verbindlich; **be ~ entitled to sth.** einen Rechtsanspruch auf etw. *(Akk.)* haben

**legate** ['legət] *n. (RC Ch.)* Legat, *der*

**legatee** [legə'ti:] *n.* Legatar, *der*/Legatarin, *die (Rechtsw.);* Vermächtnisnehmer, *der*/-nehmerin, *die (Rechtsw.)*

**legation** [lɪ'geɪʃn] *n. (Diplom.)* Gesandtschaft, *die; (residence also)* Gesandtschaftsgebäude, *das*

**legato** [lɪ'gɑ:təʊ] *(Mus.)* **1.** *adj.* Legato-. **2.** *adv.* legato. **3.** *n., pl.* **~s** Legato, *das*

**legend** ['ledʒənd] *n.* **a)** *(myth)* Sage, *die; (of life of saint etc.; unfounded belief)* Legende, *die;* **read sb. tales from** *or* **out of Greek ~:** jmdm. aus den griechischen Sagen vorlesen; **~ has it that ...:** es geht die Sage, daß ...; **become a ~ in one's own lifetime** *(fig.)* schon zu Lebzeiten zur Legende werden; **turn sb. into a ~** *(fig.)* jmdn. legendär machen; **b)** *(inscription)* Inschrift, *die; (Num.)* Randinschrift, *die;* **c)** *(Printing) (caption)* Bildunterschrift, *die; (on map)* Legende, *die*

**legendary** ['ledʒəndərɪ] *adj.* **a)** legendenhaft; *(described in legend)* legendär; sagenhaft; **b)** *(coll.: famous)* sagenhaft *(ugs.);* legendär; **become ~:** zur Legende werden

**legerdemain** ['ledʒədəmeɪn] *n.* Taschenspielerei, *die;* **diplomatic ~** *(fig.)* diplomatische Kunstgriffe

**leger line** ['ledʒə laɪn] *n. (Mus.)* Hilfslinie, *die*

**-legged** [legd, legɪd] *adj. in comb.* -beinig; **two-~:** zweibeinig

**leggings** ['legɪŋz] *n. pl.* Ledergamaschen *(veralt.); (of child)* Gamaschenhose, *die; (of baby)* Strampelhose, *die*

**leggy** ['legɪ] *adj.* langbeinig; hochbeinig; ‹*Junge, Fohlen, Welpe*› mit [staksigen] langen Beinen

**legibility** [ledʒɪ'bɪlɪtɪ] *n., no pl.* Leserlichkeit, *die*

**legible** ['ledʒɪbl] *adj.* leserlich; **easily/scarcely ~:** leicht/kaum lesbar

**legibly** ['ledʒɪblɪ] *adv.* leserlich

**legion** ['li:dʒn] *n.* **a)** *(Roman Ant.)* Legion, *die;* **b) [Royal] British L~:** *Veteranenvereinigung der britischen Streitkräfte;* **American L~:** *Veteranenvereinigung der amerikanischen Streitkräfte;* **c) L~ of Honour** Ehrenlegion, *die;* **d)** *(vast number)* Legion, *die;* **they are ~** *(rhet.)* sie sind Legion *(geh.). See also* **foreign legion**

**legionary** ['li:dʒənərɪ] *n.* **a)** *(Mil.)* Legionär, *der;* **b)** *(of Legion of Honour)* Ritter der Ehrenlegion

**legionnaire** [li:dʒə'neə(r)] *n.* Legionär, *der; (of British or American Legion)* ≈ Veteran, *der*

**legion'naires' disease** *n., no pl., no art. (Med.)* Legionärskrankheit, *die*

**legislate** ['ledʒɪsleɪt] *v. i.* Gesetze verabschieden; **it is the job of Parliament to ~:** dem Parlament obliegt die Gesetzgebung *od. (fachspr.)* Legislatur; **~ for/against sth.** Gesetze zum Schutz von/gegen etw. einbringen; **you cannot ~ for everything** *(fig.)* man kann nicht für alles Vorschriften erlassen

**legislation** [ledʒɪs'leɪʃn] *n.* **a)** *(laws)* Gesetze; **in German ~:** in den deutschen Gesetzen; **rent-control ~ was extended for another year** die Gesetze zur Mietkontrolle blieben ein weiteres Jahr in Kraft; **b)** *(legislating)* Gesetzgebung, *die;* Legislatur, *die (fachspr.)*

**legislative** ['ledʒɪslətɪv] *adj.* gesetzgebend; legislativ *(fachspr.); (created by legislature)* gesetzgeberisch

**legislative: ~ as'sembly** *n.* gesetzgebende Versammlung; **~ 'council** *n.* [gesetzgebender] Rat

**legislator** ['ledʒɪsleɪtə(r)] *n.* Mitglied der Legislative; *(lawgiver)* Gesetzgeber, *der*

**legislature** ['ledʒɪsleɪtʃə(r)] *n.* Legislative, *die*

**legit** [lɪ'dʒɪt] *adj. (coll.) see* **legitimate 1 a**

**legitimacy** [lɪ'dʒɪtɪməsɪ] *n., no pl.* **a)** Rechtmäßigkeit, *die;* Legitimität, *die;* **b)** *(of child)* Ehelichkeit, *die*

**legitimate 1.** [lɪ'dʒɪtɪmət] *adj.* **a)** *(lawful)* legitim; rechtmäßig ‹*Besitzer, Regierung*›; legal ‹*Vorgehen, Weg, Geschäft, Gewinn*›; **I've turned ~:** ich bin jetzt ein gesetzestreuer Bürger; **b)** *(valid)* berechtigt; stichhaltig; legitim *(geh.)* ‹*Argument*›; ausreichend ‹*Entschuldigung*›; triftig ‹*Grund*›; **c)** *(from wedlock)* ehelich, legitim ‹*Kind*›; leiblich ‹*Vater*›. **2.** [lɪ'dʒɪtɪmeɪt] *v. t.* **a)** legitimieren; **b)** *(justify)* rechtfertigen

**legitimately** [lɪ'dʒɪtɪmətlɪ] *adv.* **a)** *(lawfully)* legal; **be ~ entitled to sth.** einen legitimen Anspruch auf etw. *(Akk.)* haben; **b)** *(justifiably)* zu Recht; **c)** *(in wedlock)* ehelich, legitim ‹*geboren*›

**legitimatize (legitimatise)** [lɪ'dʒɪtɪmətaɪz], **legitimize (legitimise)** [lɪ'dʒɪtɪmaɪz] *v. t.* legitimieren; [durch Heirat] ehelich machen ‹*Kind*›

**legless** ['leglɪs] *adj.* **a)** *(without legs)* ohne Beine *nachgestellt;* **b)** *(sl.: drunk)* sternhagelvoll *(salopp)*

**leg: ~man** *n. (Journ.)* Reporter, *der;* **~-of-mutton** *adj.* **~-of-mutton sleeve** Keulenärmel, *der;* Gigot, *das (Mode);* **~-pull** *n. (coll.)* Jux, *der (ugs.);* **~-pulling** *n., no pl., no indef. art.* Aufziehen, *das;* **~-room** *n., no pl., no indef. art.* Beinfreiheit, *die;* **~-show** *n.* Revue, *die*

**leguminous** [lɪ'gju:mɪnəs] *adj. (Bot.)* **~ plant** Hülsenfrucht, *die;* Leguminose, *die (fachspr.)*

**leg: ~-warmer** *n.* Überstrumpf, *der;* Legwarmer, *der;* **~work** *n., no pl., no indef. art.* Lauferei, *die (ugs.); (running errands)* Botengänge; **do a lot of ~work** viel herumlaufen

**leisure** ['leʒə(r)] *n.* Freizeit, *die; (for relaxation)* Muße, *die; attrib.* Freizeit‹*kleidung, -beschäftigung, -zentrum, -industrie*›; **a life/day of ~:** ein Leben/Tag der Muße *(geh.);* **I haven't a moment's ~:** ich habe keine freie Minute; **have [the] ~ to do sth./for sth.** [die] Zeit haben, etw. zu tun/Zeit für etw. haben; **lady/gentleman of ~:** Müßiggängerin, *die*/Müßiggänger, *der;* **she has become a lady of ~:** sie verbringt jetzt ihr Leben im Müßiggang; **do sth. at ~:** etw. in Ruhe tun; **do sth. at one's ~:** sich *(Dat.)* Zeit mit etw. lassen; **~ time** *or* **hours** Freizeit, *die*

**leisured** ['leʒəd] *adj.* müßig *(geh.);* **the ~ classes** das Müßiggängertum

**leisurely** ['leʒəlɪ] **1.** *adj.* gemächlich; **walk in a ~ manner** gemächlich gehen; **work at a more ~ rate** langsamer *od.* geruhsamer arbeiten; **they made a ~ start** sie ließen es gemächlich angehen. **2.** *adv.* langsam; ohne Hast

**'leisurewear** *n., no pl., no indef. art.* Freizeitkleidung, *die*

**leitmotiv (leitmotif)** ['laɪtməʊti:f] *n. (Mus. etc.; also fig.)* Leitmotiv, *das*

**lemma** ['lemə] *n., pl.* **~ta** ['lemətə] *or* **~s** *(Math., Logic, etc.)* Lemma, *das*

**lemming** ['lemɪŋ] *n. (Zool.; also fig.)* Lemming, *der;* **rush like ~s** rennen wie die Lemminge

**lemon** ['lemən] **1.** *n.* **a)** *(fruit)* Zitrone, *die;* **b)** *(tree)* Zitronenbaum, *der;* **c)** *(colour)* Zitronengelb, *das;* **d)** *(sl.: fool)* Trottel, *der (ugs. abwertend);* **e)** *(dud)* Reinfall, *der.* **2.** *adj.* **a)** *(in colour)* zitronengelb; zitronenfarben; **b)** *(in taste)* Zitronen‹*geschmack, -tee*›. *See also* **verbena**

**lemonade** [lemə'neɪd] *n.* [Zitronen]limonade, *die*

**lemon: ~ balm** *n. (Bot.)* Zitronenmelisse, *die;* **~ 'cheese, ~ 'curd** *ns.* Zitronencreme, *die;* **~-juice** *n.* Zitronensaft, *der;* **~ meringue 'pie** *n.* Zitronenbaisertorte, *die;* **~ 'sole** *n.* Seezunge, *die;* **~ 'squash** *n. (Brit.)* Zitronensaftgetränk, *das; (concentrated)* Zitronensaftkonzentrat, *das;* **~-squeezer** *n.* Zitronenpresse, *die;* **~-tree** *n. see* **lemon 1 b; ~-yellow** *adj.* zitronengelb

**lemur** ['li:mə] *n. (Zool.)* Lemure, *der*

**lend** [lend] **1.** *v. t.,* **lent** [lent] **a)** leihen; **~ sth. to sb.** jmdm. etw. leihen; **b)** *(give, impart)* geben; zur Verfügung stellen ‹*Dienste*›; verleihen ‹*Würde, Glaubwürdigkeit, Zauber*›; **~ one's support to sth.** etw. unterstützen; **~ one's name/authority to sth.** seinen Namen/guten Namen für etw. hergeben; *see also* **credence a; ¹ear a; hand 1 a. 2.** *v. refl.,* **lent: ~ oneself to sth.** sich für etw. zur Verfügung stellen; *(degradingly)* sich für etw. hergeben; **the book ~s itself/does not ~ itself to use as a learning aid** das Buch eignet sich/eignet sich nicht als Lehrmittel; **the system ~s itself to manipulation** das System bietet sich zur Manipulation an. **3.** *n. (sl.)* **give me a ~ of your bicycle** leih mir mal dein Fahrrad

**lender** ['lendə(r)] *n.* Verleiher, *der*/Verleiherin, *die*

**lending** ['lendɪŋ] **1.** *n.* **~ charge** Leihgebühr, *die.* **2.** *adj.* **~ library** *(esp. Brit.)* Leihbücherei, *die. See also* **public lending right**

**length** [leŋθ, leŋkθ] *n.* **a)** *(also Horse-racing, Rowing, Swimming, Phonet., Pros., Tennis, Fashion)* Länge, *die;* **the river was navigable for most of its ~:** der Fluß war fast in seiner ganzen Länge schiffbar; **a road four miles in ~:** eine vier Meilen lange Straße; **be six feet** *etc.* **in ~:** sechs Fuß *usw.* lang sein; **the room is twice the ~ of yours** das Zimmer ist doppelt so lang wie deins; **travel the ~ and breadth of the British Isles** überall auf den Britischen Inseln herumreisen; **walk the ~ of the street** die ganze Straße entlang laufen; **a list the ~ of my arm** *(fig.)* eine ellenlange Liste; **win by a ~:** mit einer Länge siegen; **b)** *(of time)* Länge, *die;* **a short ~ of time** kurze Zeit; **in that ~ of time** in dieser Zeit; **for some ~ of time** für einige Zeit; **I shouldn't care to live here for any ~ of time** auf die Dauer möchte ich hier nicht wohnen; **spend a ridiculous ~ of time in the bath** unmöglich viel Zeit im Badezimmer verbringen; **the play was three hours in ~:** das Stück dauerte drei Stunden; **depend on ~ of service with the company** von der Dauer der Betriebszugehörigkeit abhängen; **c) at ~** *(for a long time)* lange; *(eventually)* schließlich; **at [great] ~** *(in great detail)* lang und breit; sehr ausführlich; **at some ~:** ziemlich ausführlich; **write at undue ~:** übertrieben ausführlich schreiben; **d) go to any/great** *etc.* **~s** alles nur/alles Erdenkliche tun; **she went to absurd ~s to save money** sie kam auf die seltsamsten Ideen, nur um Geld zu sparen; **carry sth. to dangerous ~s** mit etw. gefährlich weit gehen; **he even went to the ~ of phoning the police** er ging sogar so weit, die Polizei anzurufen; **e)** *(piece of material)* Länge, *die;* Stück, *das;* **six-foot ~s of wood** sechs Fuß lange Holzstücke; **f)** *(full extent of body)* [Körper]länge, *die. See also* **¹arm a; full length; measure 1 a, 2 e**

**-length** *adj. in comb.* -lang

**lengthen** ['leŋθən, 'leŋkθən] **1.** *v. i.* länger werden. **2.** *v. t.* **a)** verlängern; länger machen ‹*Kleid*›; **b)** *(Phonet., Pros.)* längen

**lengthily** ['leŋθɪlɪ, leŋkθɪlɪ] *adv.* ausführlich; lange und gründlich ‹*planen*›

**lengthiness** ['leŋθɪnɪs, 'leŋkθɪnɪs] *n., no pl.* Überlänge, *die*

**lengthways** ['leŋθweɪz, 'leŋkθweɪz] *adv.* der Länge nach

**lengthwise** ['leŋθwaɪz, 'leŋkθwaɪz] **1.** *adv. see* **lengthways. 2.** *adj.* längs angeordnet/verlaufend *usw.*

**lengthy** ['leŋθɪ, 'leŋkθɪ] *adj.* überlang

**leniency** ['li:nɪənsɪ] *n., no pl.* Nachsicht, *die;* Milde, *die;* **show ~:** Milde walten lassen; Nachsicht zeigen

**lenient** ['li:nɪənt] *adj.* **a)** *(tolerant)* nachsichtig; milde, nachsichtig ‹*Richter*›; **take a ~ view of sth.** Verständnis für etw. haben; **b)** *(mild)* mild ‹*Urteil, Strafe*›

**leniently** ['li:nɪəntlɪ] *adv.* nachsichtig; mit Nachsicht

**lens** [lenz] *n.* **a)** *(Optics, Phys., Anat.)* Linse, *die; (in spectacles)* Glas, *das;* **b)** *(Photog.)* Objektiv, *das;* **c)** *(Zool.)* Einzelauge, *das*

**lens: ~ cap** *n. (Photog.)* Objektivdeckel, *der;* **~hood** *n. (Photog.)* Gegenlichtblende *die*

**Lent** [lent] *n.* Fastenzeit, *die;* **~ term** *(Brit Univ.)* Frühjahrstrimester, *das*

**lent** *see* **lend 1, 2**

**Lenten** ['lentən] *attrib. adj.* Fasten-; **~ fare** Fastenspeise, *die*

**lentil** ['lentɪl] *n.* Linse, *die*

**lentil 'soup** *n.* Linsensuppe, *die*

**Leo** ['li:əʊ] *n., pl.* **~s** *(Astrol., Astron.)* der Löwe; der Leo; *see also* **Aries**

**leopard** ['lepəd] *n. (Zool.)* Leopard, *der;* **hunting ~:** Gepard, *der;* **a ~ can't change or never changes its spots** niemand kann aus seiner Haut heraus *(ugs.)*

**'leopard skin** *n.* Leopardenfell, *das*
**leotard** ['li:ətɑ:d] *n.* Turnanzug, *der*
**leper** ['lepə(r)] *n.* Leprakranke, *der/die;* Aussätzige, *der/die (auch fig.)*
**'leper colony** *n.* Leprakolonie, *die*
**lepidopterist** [lepɪ'dɒptərɪst] *n.* Lepidopterologe, *der*/Lepidopterologin, *die*
**leprechaun** ['leprəkɔ:n] *n. (Ir. Mythol.)* Kobold, *der*
**leprosy** ['leprəsɪ] *n.* **a)** *(Med.)* Lepra, *die;* **b)** *(fig.)* Seuche, *die*
**leprous** ['leprəs] *adj. (Med.)* leprös; lepros
**lesbian** ['lezbɪən] **1.** *n.* Lesbierin, *die.* **2.** *adj.* lesbisch
**lesbianism** ['lezbɪənɪzm] *n., no pl.* lesbische Liebe; Lesbianismus, *der (geh.)*
**lèse-majesté** [leɪz'mæʒesteɪ], **lese-majesty** [li:z'mædʒɪstɪ] *n. (Law)* Majestätsbeleidigung, *die (auch scherzh.); (treason)* Majestätsverbrechen, *das (Rechtsw.)*
**lesion** ['li:ʒn] *n. (Med.)* Läsion, *die (fachspr.);* Verletzung, *die; (abnormal change)* krankhafte Veränderung
**less** [les] **1.** *adj.* weniger; **of ~ value/importance/account** *or* **note** weniger wertvoll/wichtig/bedeutend; von geringerem Wert/geringerer Wichtigkeit/Bedeutung; **his chances are ~ than mine** seine Chancen sind geringer als meine; **for ~ time** kürzere Zeit; **the pain is getting ~:** der Schmerz läßt nach; **~ talking, please** etwas mehr Ruhe, bitte. **2.** *adv.* weniger; **I like him ~ than I used to** ich mag ihn [heute] weniger als früher; **I think ~/no ~ of him after what he did** ich halte nicht mehr so viel/nicht weniger von ihm, seit er das getan hat; **~ and ~:** immer weniger; **~ and ~ [often]** immer seltener; **~ so** weniger; **the ~ so because ...:** um so weniger, als *od.* weil ...; **even** *or* **still/far** *or* **much ~:** noch/viel weniger; **not ..., even** *or* **still** *or* **far** *or* **much ~ ...:** ..., geschweige denn ...; *see also* **more 3g; no 2a; none 2. 3.** *n., no pl., no indef. art.* weniger; **~ and ~:** immer weniger; **the ~ said [about it] the better** je weniger man darüber sagt, um so besser; **this is ~ of a house than a cottage** das ist weniger ein Haus als ein Cottage *od.* Häuschen; **parking is ~ of a problem with a small car** mit einem kleinen Auto ist das Parken weniger problematisch; **in ~ than no time** *(joc.)* in Null Komma nichts *(ugs.);* **~ of that!** *(coll.)* Schluß damit!; **[I'll have] ~ of your clever remarks** *(coll.)* deine schlauen Bemerkungen kannst du dir sparen *(ugs.);* **~ of your cheek!** *(coll.)* sei nicht so frech!; *see also* **little 3; more 2c. 4.** *prep. (deducting)* **ten ~ three is seven** zehn weniger drei ist sieben; **work every weekend ~ two Saturdays** bis auf zwei Sonnabende an jedem Wochenende arbeiten; **~ £2/tax** abzüglich 2 Pfund/Steuer
**-less** [lɪs] *adj. suf. (without)* -los; **error~:** fehlerlos; **parent~:** elternlos; **window~:** fensterlos; **hat~/trouser~:** ohne Hut/Hose
**lessee** [le'si:] *n. see* **lease 2:** Pächter, *der*/Pächterin, *die;* Mieter, *der*/Mieterin, *die*
**lessen** ['lesn] **1.** *v.t. (reduce)* verringern; lindern ⟨*Schmerz*⟩; dämpfen ⟨*Lärm*⟩; abschwächen ⟨*Aufprall*⟩. **2.** *v.i. (become less)* sich verringern; ⟨*Fieber:*⟩ sinken, fallen; ⟨*Schwierigkeiten:*⟩ abnehmen; ⟨*Zorn:*⟩ sich legen; ⟨*Schmerz:*⟩ nachlassen
**lesser** ['lesə(r)] *attrib. adj.* geringer...; weniger bedeutend... ⟨*Schauspieler, Werk*⟩; **~ in rank, of ~ rank** rangniedriger; **be a ~ man than ...:** kein so großer Mensch sein wie ...; *see also* **evil 2b**
**lesson** ['lesn] *n.* **a)** *(class)* [Unterrichts]stunde, *die; (teaching unit in textbook)* Lektion, *die;* **I like her ~s** mir gefällt ihr Unterricht; **give ~s** Privatstunden *od.* -unterricht geben; **give Italian ~s** Italienischunterricht *od.* -stunden geben; **give [sb.] a [riding] ~:** [jmdm.] eine [Reit]stunde geben; **[give] ~s in/on** Unterricht [erteilen] in (+ *Dat.*); **take piano ~s with sb.** bei jmdm. Klavierstunden nehmen; **b)** *(thing to be learnt)* Lektion, *die;* **the first ~ to be learnt** das erste, was man lernen muß; **c)** *(fig.: example, warning)* Lektion, *die;* Lehre, *die;* **teach sb. a ~:** jmdm. eine Lektion erteilen; ⟨*Vorfall usw.:*⟩ jmdm. eine Lehre sein; **he needs to be taught a ~:** er braucht einen Denkzettel; **do that again and I'll teach you a ~ you won't forget!** wenn du das noch mal machst, verpasse ich dir einen Denkzettel, den du nicht vergißt!; **be a ~ to sb.** jmdm. eine Lehre sein; **learn one's** *or* **a ~ from sth.** aus etw. eine Lehre ziehen; **I have learnt my ~:** das soll mir eine Lehre sein; **let that be a ~ to you** laß dir das eine Lehre sein!; **d)** *(Eccl.)* Lesung, *die;* **read the ~:** die Lesung halten
**lessor** [le'sɔ:(r)] *n. see* **lease 2:** Verpächter, *der*/Verpächterin, *die;* Vermieter, *der*/Vermieterin, *die*
**lest** [lest] *conj. (literary)* damit ... nicht; [auf] daß ... nicht *(geh.);* **he ran away ~ he [should] be seen** er rannte weg, um nicht gesehen zu werden; **I was afraid ~ he [should] come back before I was ready** ich fürchtete, daß er zurückkommen würde, bevor ich fertig war
**¹let** [let] **1.** *v.t.*, **-tt-, let a)** *(allow to)* lassen; **~ sb. do sth.** jmdn. etw. tun lassen; **don't ~ things get you down/worry you** laß dich nicht entmutigen/mach dir keine Sorgen; **don't ~ him upset you** reg dich seinetwegen nicht auf; **I'll come if you will ~ me** ich komme, wenn ich darf; **~ sb./sth. alone** jmdn./etw. in Ruhe lassen; **~ alone** *(far less)* geschweige denn; **~ sb. be** jmdn. in Ruhe *od.* Frieden lassen; **Let it be. We can't alter things** Laß doch! Wir können die Dinge nicht ändern; **~ go [of] sth./sb.** *(release hold)* etw./jmdn. loslassen; **~ sb. go** *(from captivity)* jmdn. freilassen; **~ go** *(release hold)* loslassen; *(abandon self-restraint)* sich gehenlassen; *(neglect)* herunterkommen lassen ⟨*Haus*⟩; *(~ pass)* durchgehen lassen ⟨*Bemerkung*⟩; **~ it go [at that]** es dabei belassen *od.* bewenden lassen; **~ oneself go** *(neglect oneself)* sich vernachlässigen; nicht auf sich achten; *(abandon self-restraint)* sich gehenlassen; **~ loose** loslassen; **b)** *(cause to)* **~ sb. know** jmdn. wissen lassen; **~ sb. think that ...:** jmdn. in dem Glauben lassen, daß ...; **I will ~ you know as soon as ...:** ich gebe Ihnen Bescheid, sobald ...; **I have ~ it be known that ...:** ich habe alle wissen lassen, daß ...; **c)** *(release)* ablassen ⟨*Wasser*⟩ **(out of, from** aus); lassen ⟨*Luft*⟩ **(out of** aus); **the practice of ~ting blood** der Brauch des Aderlasses; **d)** *(Brit.: rent out)* vermieten ⟨*Haus, Wohnung, Büro*⟩; verpachten ⟨*Gelände, Grundstück*⟩; **~ a flat to sb. for a year** jmdm. *od.* an jmdn. eine Wohnung für ein Jahr vermieten; **there were plenty of houses to ~:** es gab viele Häuser, die zu vermieten waren; **'to ~'** „zu vermieten“; **e)** *(award)* vergeben ⟨*Arbeit, Rechte usw.*⟩. *See also* **²fly 1g; ¹rip 3b; ¹see 1f, 2c; slip 1b; ²well 2b. 2.** *v. aux.*, **-tt-, let a)** *in exhortations* lassen; **~ us [just] suppose that ...:** lassen Sie uns einmal annehmen, daß ...; nehmen wir [nur] einmal an, daß ...; **Let's go to the cinema. – Yes, ~'s/No, ~'s not** *or* **don't ~'s** Komm/Kommt, wir gehen ins Kino. – Ja, gut/Nein, lieber nicht; **~'s pretend** *(coll.)* tun wir so, als ob; **~'s have a go on your bike** *(coll.)* laß mich mal mit deinem Rad fahren; **b)** *in command, challenge, prayer* lassen; **~ them come in** sie sollen hereinkommen; lassen Sie sie herein; **~ there be light** *(Bibl.)* es werde Licht!; **~ the bells be rung** laßt die Glocken erklingen; **~ him go to the devil!** er soll zum Teufel gehen!; **~ it be said that ...:** es muß gesagt werden, daß ...; **never ~ it be thought/said that ...:** keiner soll glauben/sagen, daß ...; **[just] ~ him try!** das soll er [nur] mal wagen!; **~ him get well** *(in prayer)* laß ihn gesund werden; **~ x be equal to 3a + b²** *(Math.)* x sei 3a + b²; *see also* **pray 1. 3.** *n. (Brit.)* **holiday ~s** ≈ Ferienwohnungen; **rent a flat on a short ~:** eine Wohnung für kurze Zeit mieten
**~ 'down** *v.t.* **a)** *(lower)* herunter-/hinunterlassen; herunterkurbeln ⟨*Autofenster*⟩; **~ sb. down gently** *(fig.)* es jmdm. schonend beibringen *(ugs.); see also* **hair b; b)** *(deflate)* die Luft [heraus]lassen aus; **c)** *(Dressm.)* auslassen ⟨*Saum, Ärmel, Kleid, Hose*⟩; **d)** *(disappoint, fail)* im Stich lassen; **~ oneself down** sich unter sein Niveau begeben; **I ~ myself down in the exam** ich habe in der Prüfung enttäuschend abgeschnitten; *see also* **let-down**
**~ 'in** *v.t.* **a)** *(admit)* herein-/hineinlassen; *(fig.)* die Tür öffnen (+ *Dat.*); **~ oneself/sb. in** sich *(Dat.)* [die Tür] aufschließen/jmdm. aufmachen; **my shoes are ~ting in water** meine Schuhe sind undicht; **b)** *(Dressm.)* enger machen; einnähen; **c) ~ oneself in for sth.** sich auf etw. *(Akk.)* einlassen; **~ oneself in for a lot of work/trouble** sich *(Dat.)* viel Arbeit aufhalsen *(ugs.)*/Ärger einhandeln; **~ sb. in for sth.** jmdm. etw. einbrocken *(ugs.);* **d) ~ sb. in on a secret/plan** *etc.* jmdn. in ein Geheimnis/einen Plan *usw.* einweihen
**~ into** *v.t.* **a)** *(admit into)* lassen in (+ *Akk.*); **b)** *(fig.: acquaint with)* **~ sb. into a secret** jmdn. in ein Geheimnis einweihen; **c)** *(set into)* **a safe ~ into the wall** ein in die Wand eingelassener Safe
**~ 'off** *v.t.* **a)** *(excuse)* laufenlassen *(ugs.); (allow to go)* gehen lassen; **~ sb. off lightly/with a fine** jmdn. glimpflich/mit einer Geldstrafe davonkommen lassen; **~ sb. off sth.** jmdm. etw. erlassen; *see also* **let-off; b)** *(fire, explode)* abbrennen ⟨*Feuerwerk*⟩; abfeuern ⟨*Kanone, Gewehrsalve*⟩; **c)** *(allow to escape)* ablassen ⟨*Dampf, Flüssigkeit*⟩; **d)** *(Brit.: rent out)* einzeln vermieten; **e)** *(allow to alight)* aussteigen lassen
**~ 'on** *(sl.)* **1.** *v.i.* **~ on about sth. [to sb.]** [jmdm.] etwas verraten; **don't ~ on!** nichts verraten! **2.** *v.t.* **a) sb. ~ on to me that ...:** man hat mir gesteckt, daß ... *(ugs.);* **b)** *(pretend)* **~ on that ...:** so tun, als ob ... *(ugs.);* **she's not as sick as she ~s on** sie ist nicht so krank, wie sie tut *(ugs.)*
**~ 'out** *v.t.* **a)** *(open door for)* **~ sb./an animal out** jmdn./ein Tier heraus-/hinauslassen; **Don't get up. I'll ~ myself out** Bleiben Sie sitzen. Ich finde schon allein hinaus; **b)** *(allow out)* rauslassen *(ugs.);* gehen lassen; **c)** *(emit)* ausstoßen ⟨*Schrei*⟩; hören lassen ⟨*Lachen, Seufzer*⟩; **~ out a groan** aufstöhnen; **d)** *(reveal)* verraten, ausplaudern ⟨*Geheimnis*⟩; **~ out that ...:** durchsickern lassen, daß ...; **e)** *(Dressm.)* auslassen; **f)** *(Brit.: rent out) see* **¹let 1d; g)** *(from duty)* **On Saturday? That ~s me out** Samstag? Da falle ich schon mal aus; **that ~s me out of having to go** dann muß ich nicht hin *(ugs.); see also* **let-out**
**~ 'through** *v.t.* durchlassen
**~ 'up** *v.i. (coll.)* nachlassen; **don't you ever ~ up?** wirst du überhaupt nicht müde?; *see also* **let-up**
**²let** *n.* **a) without ~ [or hindrance]** *(formal/Law)* ohne jede Behinderung; **b)** *(Tennis)* Let, *der*
**'let-down** *n.* Enttäuschung, *die*
**lethal** [li:θl] *adj.* tödlich; letal *(Med.); (fig.)* vernichtend; **that knife looks ~:** das Messer sieht sehr gefährlich aus
**lethargic** [lɪ'θɑ:dʒɪk] *adj.* **a)** träge; *(apathetic)* lethargisch; *(causing lethargy)* träge machend; einschläfernd ⟨*Atmosphäre, Musik*⟩; **b)** *(Med.)* lethargisch
**lethargically** [lɪ'θɑ:dʒɪkəlɪ] *adv.* träge; *(apathetically)* lethargisch

**lethargy** ['leθədʒɪ] *n.* a) Trägheit, *die; (apathy)* Lethargie, *die;* b) *(Med.)* Lethargie, *die*
**let:** **~-off** *n.* have a ~-off noch einmal davonkommen; that was a [lucky] ~-off da habe ich/hast du *usw.* noch einmal Glück gehabt; **~-out** *n.* Ausrede, *die*
**Lett** [let] *n.* a) *(person)* Lette, *der*/Lettin, *die;* b) *(language)* Lettisch, *das*
**letter** [letə(r)] **1.** *n.* a) *(written communication)* Brief, *der* (to an + *Akk.*); *(official communication)* Schreiben, *das;* a ~ of appointment eine [briefliche] Anstellungszusage; by ~: brieflich; schriftlich; '~s to the editor' „Leserbriefe"; *see also* credit 1e; b) *(of alphabet)* Buchstabe, *der;* how many ~s are there in the word? wie viele Buchstaben hat das Wort?; learn one's ~s die Buchstaben lernen; write in capital/small ~s mit Groß-/Kleinbuchstaben schreiben; have ~s after one's name Ehrentitel/einen Ehrentitel haben; c) *(fig.)* to the ~: buchstabengetreu; aufs Wort; the ~ of the law der Buchstabe des Gesetzes; in ~ and in spirit in Geist und Buchstabe; d) *in pl. (literature)* Literatur, *die;* world of ~s literarische Welt; man of ~s Homme de lettres, *der;* Literat, *der;* Doctor of L~s Lit[t]erarum Humaniorum Doctor; e) *(Printing: type-fount)* Letter, *die;* Type, *die;* f) *(Amer. Sport: mark of proficiency)* Leistungsabzeichen, *das.* **2.** *v. t.* a) *(classify alphabetically)* mit Buchstaben kennzeichnen; b) *(inscribe on)* beschriften
**letter:** **~-bomb** *n.* Briefbombe, *die;* **~-box** *n.* Briefkasten, *der; (slit)* Briefschlitz, *der;* come *or* be put through the ~-box in den Briefkasten gesteckt werden; **~-card** *n.* Kartenbrief, *der*
**lettered** ['letəd] *adj.* a) *(well read, educated)* gebildet; b) *(inscribed)* beschriftet
**letter:** **~-head, ~-heading** *ns.* Briefpapier mit Briefkopf; *(heading)* Briefkopf, *der*
**lettering** ['letərɪŋ] *n.* *(letters)* Typographie, *die; (on book-cover)* Aufschrift, *die; (carved)* Inschrift, *die*
**letter:** **~-pad** *n.* Briefblock, *der;* **~-paper** *n.* Briefpapier, *das;* **~ post** *n.* *(Brit. Post)* Briefpost, *die (veralt.);* **~press** *n.* a) *(Brit.: text)* Text, *der;* b) *(Printing)* Hochdruck, *der;* **~s page** *n.* Leserbriefseite, *die;* **~s 'patent** *n. pl.* Patent, *das;* **~-writer** *n.* Briefschreiber, *der*/Briefschreiberin, *die*
**Lettish** ['letɪʃ] **1.** *adj.* lettisch. **2.** *n. see* Lett b
**lettuce** ['letɪs] *n.* [Kopf]salat, *der;* [grüner] Salat; a [head of] ~: ein Kopf Salat
**'let-up** *n. (coll.) (in fighting)* Nachlassen, *das; (in work)* Pause, *die;* there was no ~-up in the fighting/bombardment die Kämpfe ließen/der Beschuß ließ nicht nach
**leucocyte** [lu:kəsaɪt] *n. (Anat.)* Leukozyt, *der (fachspr.);* weißes Blutkörperchen
**leucotomy** [lu:'kɒtəmɪ] *n. (Med.)* Leukotomie, *die*
**leukaemia** *(Amer.:* **leukemia)** [lu:'ki:mɪə] *n. (Med.)* Leukämie, *die*
**Levant** [lɪ'vænt] *pr. n.* the ~ die Levante
**Levantine** [lɪ'væntaɪn, 'levəntaɪn] **1.** *adj.* levantinisch. **2.** *n.* Levantiner, *der*/Levantinerin, *die*
**levee** ['levɪ] *n. (Amer. Geog.)* Fluß-, Uferdamm, *der*
**level** ['levl] **1.** *n.* a) Höhe, *die; (storey)* Etage, *die; (fig.: steady state)* Niveau, *das; (fig.: basis)* Ebene, *die;* the water rose to the ~ of the doorsteps das Wasser stieg bis zur Türschwelle; live on the same ~: in *od.* auf derselben Etage wohnen; prices are at a high/low ~: die Preise sind hoch/niedrig; be on a ~ [with sb./sth.] sich auf gleicher *od.* einer Höhe [mit jmdm./etw.] befinden; *(fig.)* auf dem gleichen Niveau sein *od.* der gleichen Stufe stehen [wie jmd./etw.]; on the ~ *(fig. coll.)* ehrlich; he's on the ~: man kann ihm durchaus trauen; water finds/seeks its ~: Wasser verteilt sich gleichmäßig; find one's ~ *(fig.)* seinen Platz finden; b) *(height)* at waist/roof-top *etc.* ~: in Taillen-/Dachhöhe *usw.;* c) *(relative amount)* sugar/alcohol ~: [Blut]zucker-/Alkoholspiegel, *der;* noise ~: Geräuschpegel, *der;* high ~s of $CO_2$ in the atmosphere ein hoher $CO_2$-Gehalt in der Atmosphäre; d) *(social, moral, or intellectual plane)* Niveau, *das; (degree of achievement etc.)* Grad, *der* (of an + *Dat.*); *(plane of significance)* Ebene, *die;* the lower ~s die unteren Schichten; on a personal/moral ~: auf persönlicher/moralischer Ebene; expenditure is running at high ~s die Aufwendungen bewegen sich auf einem hohen Niveau; high ~ of intellect hoher Intelligenzgrad; pupils of varying ~s of ability Schüler unterschiedlicher Begabung; he has reached an advanced ~ in his course er hat in seinem Kurs ein fortgeschrittenes Niveau erreicht; talks at the highest ~ [of government] Gespräche auf höchster [Regierungs]ebene; e) *(instrument to test horizontal)* Wasserwaage, *die;* f) *(Surv.: telescope)* Nivellierinstrument, *das;* g) *(Mining)* Sohle, *die.* **2.** *adj.* a) waagerecht; flach ⟨*Land*⟩; eben ⟨*Boden, Land*⟩; a ~ spoonful of flour ein gestrichener Löffel Mehl; the picture is not ~: das Bild hängt nicht gerade; b) *(on a ~)* be ~ [with sth./sb.] auf gleicher Höhe [mit etw./jmdm.] sein; *(fig.)* [mit etw./jmdm.] gleichauf liegen; the two pictures are not ~: die beiden Bilder hängen nicht gleich hoch; draw/keep ~ with a rival mit einem Gegner gleichziehen/auf gleicher Höhe bleiben; ~ race Kopf-an-Kopf-Rennen, *das; see also* peg 2c; c) *(fig.: steady, even)* ausgeglichen ⟨*Leben, Temperament*⟩; ausgewogen ⟨*Stil*⟩; keep a ~ head einen kühlen Kopf bewahren; d) do one's ~ best *(coll.)* sein möglichstes tun. **3.** *v. t., (Brit.)* -ll- a) *(make ~ 2a)* ebnen; b) *(aim)* richten ⟨*Blick, Gewehr, Rakete*⟩ (at, against auf + *Akk.*); *(fig.)* richten ⟨*Kritik usw.*⟩ (at, against gegen); erheben ⟨*Anklage, Vorwurf*⟩ (at, against gegen); c) *(raze)* dem Erdboden gleichmachen ⟨*Stadt, Gebäude*⟩; d) *(knock down)* zu Boden schlagen ⟨*Person*⟩; e) *(abolish)* aufheben, nivellieren ⟨*Unterschiede*⟩; f) *(Surv.)* nivellieren. **4.** *v. i., (Brit.)* -ll- *(sl.)* I'll ~ with you ganz im Ernst; ehrlich *(ugs.);* ~ with sb. mit jmdm. ehrlich sein
~ **'down** *v. t.* herabsetzen; abbauen ⟨*Privilegien, Gehälter, Einkommen*⟩
~ **'off 1.** *v. t.* glatt machen. **2.** *v. i. (Aeronaut.)* die Flughöhe beibehalten
~ **'out 1.** *v. t.* einebnen. **2.** *v. i.* a) *see* ~ off 2; b) *(fig.)* sich ausgleichen; ⟨*Preise, Markt:*⟩ sich beruhigen
~ **'up** *v. t.* anheben ⟨*Niveau, Leistungsstand, Gehalt, Einkommen*⟩
**level 'crossing** *n. (Brit. Railw.)* [schienengleicher] Bahnübergang
**leveler** *(Amer.) see* leveller
**level-'headed** *adj.* besonnen; remain ~: einen kühlen Kopf bewahren
**leveller** ['levələ(r)] *n.* Gleichmacher, *der*
**levelling-screw** *(Amer.:* **leveling-screw)** ['levəlɪŋskru:] *n.* Stellschraube, *die*
**lever** ['li:və(r)] **1.** *n.* a) Hebel, *der; (crowbar)* Brechstange, *die; (Mech.)* Hebel[arm], *der;* b) *(fig.: means of persuasion)* Druckmittel, *das.* **2.** *v. t.* ~ sth. open etw. aufhebeln; ~ sth. up etw. hochhebeln
**leverage** ['li:vərɪdʒ] *n.* a) Hebelwirkung, *die; (action of lever)* Hebelkraft, *die; (system of levers)* Hebelwerk, *das;* I need more ~ to move this cupboard ich brauche einen günstigeren Ansatzpunkt, um den Schrank bewegen zu können; b) *(fig.: influence)* give sb. [a lot of] ~: jmds. Position [sehr] stärken
**leveret** ['levərɪt] *n. (Zool.)* Junghase, *der*
**leviathan** [lɪ'vaɪəθən] *n.* a) *(sea monster)* Seeungeheuer, *das;* b) *(fig.: huge thing)* Riese, *der; (ship)* Ozeanriese, *der*
**Levis,** (P) ['li:vaɪz] *n. pl.* Levis, *die* ⓦ
**levitate** ['levɪteɪt] *v. i. & t.* levitieren
**levitation** [levɪ'teɪʃn] *n.* Levitation, *die*
**levity** ['levɪtɪ] *n.* a) *(frivolity)* Unernst, *der;* b) *(inconstancy)* Unbeständigkeit, *die;* Wankelmut, *der (geh.);* c) *(undignified behaviour)* Leichtfertigkeit, *die*
**levy** ['levɪ] **1.** *n.* a) [Steuer]erhebung, *die;* b) *(tax)* Steuer, *die;* make *or* impose a ~ on sth. eine Steuer auf etw. *(Akk.)* erheben; c) *(Mil.: conscription)* Einberufung, *die; (number of conscripts)* Anzahl von Einberufenen; *in pl. (conscripts)* Einberufene. **2.** *v. t.* a) *(exact)* erheben ⟨*Steuern, Beträge*⟩; *(seize)* beschlagnahmen; einziehen; *(extort)* erpressen ⟨*Geld*⟩; ~ a fine on sb./a tax on sth. jmdn. mit einer Geldstrafe/etw. mit einer Steuer belegen; b) *(Mil.: conscript)* aufstellen ⟨*Armee, Truppe*⟩; einberufen ⟨*Soldat*⟩
**lewd** [lju:d] *adj.* geil *(oft abwertend),* lüstern *(geh.)* ⟨*Person*⟩; anzüglich ⟨*Blick, Geste*⟩; schlüpfrig, unanständig ⟨*Lied, Ausdruck, Witz*⟩
**lewdly** ['lju:dlɪ] *adv.* lüstern *(geh.);* anzüglich
**lewdness** ['lju:dnɪs] *n., no pl. (of person)* Geilheit, *die (oft abwertend);* Lüsternheit, *die (geh.); (of look, remark)* Anzüglichkeit, *die; (of language, joke)* Schlüpfrigkeit, *die*
**lexical** ['leksɪkl] *adj.* lexikalisch
**lexicographer** [leksɪ'kɒgrəfə(r)] *n.* Lexikograph, *der*/Lexikographin, *die*
**lexicography** [leksɪ'kɒgrəfɪ] *n., no pl.* Lexikographie, *die*
**lexicon** ['leksɪkən] *n.* a) *(dictionary)* Wörterbuch, *das;* Lexikon, *das (veralt.);* b) *(vocabulary)* Wortschatz, *der*
**lexis** ['leksɪs] *n.* Wortschatz, *der*
**l. h.** *abbr.* left hand l.
**liability** [laɪə'bɪlɪtɪ] *n.* a) *no pl. (legal obligation)* Haftung, *die;* limited ~ *(Brit.)* beschränkte Haftung; ~ to pay tax[es] *or* for taxation Steuerpflicht, *die;* ~ for military service Dienstpflicht, *die;* b) *no pl. (proneness) (to disease etc.)* Anfälligkeit, *die* (to für); c) *(sth. one is liable for)* Verpflichtung, *die;* liabilities *(debts)* Verbindlichkeiten *(Kaufmannsspr.);* d) *(cause of disadvantage)* Belastung, *die* (to für)
**liable** ['laɪəbl] *pred. adj.* a) *(legally bound)* be ~ for sth. für etw. haftbar sein *od.* haften; ~ for military service militärdienstpflichtig; be ~ to pay tax[es] steuerpflichtig sein; b) *(prone)* be ~ to sth. ⟨*Sache:*⟩ leicht etw. haben; ⟨*Person:*⟩ zu etw. neigen; be ~ to do sth. ⟨*Sache:*⟩ leicht etw. tun; ⟨*Person:*⟩ dazu neigen, etw. zu tun; c) *(likely)* difficulties are ~ to occur mit Schwierigkeiten muß man rechnen; she is ~ to change her mind es kann durchaus sein, daß sie ihre Meinung ändert; it is ~ to be cold there im allgemeinen ist es dort kalt
**liaise** [lɪ'eɪz] *v. i. (coll.)* eine Verbindung herstellen; ~ on a project bei einem Projekt zusammenarbeiten; they ~ on a regular basis sie haben regelmäßig Kontakt
**liaison** [lɪ'eɪzɒn] *n.* a) *(co-operation)* Zusammenarbeit, *die; (connection)* Verbindung, *die;* be in ~ with in Verbindung stehen mit; b) *(illicit relation)* Verhältnis, *das;* Liaison *die (geh.);* form *or* enter into a ~: ein Verhältnis anfangen; c) *(Phonet.)* Liaison, *die*
**li'aison officer** *n.* Verbindungsmann, *der* *(Mil.)* Verbindungsoffizier, *der*
**liana** [lɪ'ɑ:nə] *n. (Bot.)* Liane, *die*
**liar** ['laɪə(r)] *n.* Lügner, *der*/Lügnerin, *die*
**Lib** [lɪb] *abbr.* a) Liberal Lib.; b) *(coll.)* liberation
**libation** [laɪ'beɪʃn, lɪ'beɪʃn] *n.* Libation, *die;* Trankopfer, *das*
**libel** ['laɪbl] **1.** *n.* a) [schriftliche] Verleumdung; [public] ~: [blasphemische, obszöne, aufrührerische od. landesverräterische Verleumdung; b) *(misrepresentation tha*

*discredits)* diffamierende Entstellung **(on** *Gen.*). **2.** *v.t., (Brit.)* **-ll-** [öffentlich] verleumden
**libellous** *(Amer.:* **libelous***)* ['laɪbələs] *adj.* verleumderisch
**liberal** ['lɪbərl] **1.** *adj.* **a)** *(generous, abundant)* großzügig; freigebig, großzügig ‹*Person, Wesen*›; **a ~ amount of** reichlich; **b)** *(generally educative)* allgemeinbildend; **~ education** *or* **culture** Allgemeinbildung, *die;* **~ studies** *geisteswissenschaftliches Nebenfach bei naturwissenschaftlicher, technischer oder berufsspezifischer Ausbildung;* **c)** *(not strict)* liberal; frei ‹*Auslegung*›; **d)** *(open-minded)* liberal; aufgeschlossen; **e)** *(Polit.)* liberal. **2.** *n.* **a)** liberal denkender Mensch; **b) L~** *(Polit.)* Liberale, *der/die*
**liberal 'arts** *n. pl.* **a)** *(Hist.)* Artes liberales *Pl.;* die Sieben Freien Künste; **b)** *(Amer.: arts)* Geisteswissenschaften *Pl.*
**liberalism** ['lɪbərəlɪzm] *n.* **a)** Liberalität, *die;* **b) L~** *(Polit.)* Liberalismus, *der*
**liberality** [lɪbə'rælɪtɪ] *n., no pl.* **a)** *(generosity)* Großzügigkeit, *die* **(to** gegenüber); Freigebigkeit, *die;* **b)** *(open-mindedness)* Liberalität, *die;* **~ of mind** liberale Gesinnung
**liberalize** ['lɪbərəlaɪz] *v.t.* liberalisieren
**liberally** ['lɪbərəlɪ] *adv. (generously)* großzügig; *(abundantly)* reichlich
**liberate** ['lɪbəreɪt] *v.t.* **a)** befreien **(from** aus); **b)** *(Chem.)* freisetzen; **c)** *(joc. sl.: steal)* mitgehen lassen *(ugs.)*
**liberation** [lɪbə'reɪʃn] *n.* **a)** Befreiung, *die;* **~ theology** Theologie der Befreiung; *see also* **Women's Liberation; b)** *(Chem.)* Freisetzung, *die*
**liberator** ['lɪbəreɪtə(r)] *n.* Befreier, *der*/Befreierin, *die*
**Liberia** [laɪ'bɪərɪə] *pr. n.* Liberia *(das)*
**Liberian** [laɪ'bɪərɪən] **1.** *adj.* liber[ian]isch. **2.** *n.* Liberi[an]er, *der*/Liberi[an]erin, *die*
**libertine** ['lɪbəti:n] *n.* Libertin, *der*
**liberty** ['lɪbətɪ] *n.* Freiheit, *die;* **the Statue of L~:** die Freiheitsstatue; **you are at ~ to come and go as you please** es steht Ihnen frei, zu kommen und zu gehen, wie Sie wollen; **be at ~:** auf freiem Fuß sein; **set sb. at ~:** jmdn. auf freien Fuß setzen; **~ of the subject** Recht als Staatsbürger; **~ of action/movement** Handlungs-/Bewegungsfreiheit, *die;* **take the ~ to do** *or* **of doing sth.** sich *(Dat.)* die Freiheit nehmen, etw. zu tun; **take liberties with sb.** sich *(Dat.)* Freiheiten gegen jmdn. herausnehmen *(ugs.);* **take liberties with sth.** mit etw. allzu frei umgehen; **if you'll pardon the ~:** wenn ich mir die Bemerkung erlauben darf; *see also* **conscience**
**liberty: L~ Bell** *n. (Amer.)* Freiheitsglocke, *die;* **~ boat** *n. (Brit. Naut.) Boot, mit dem Seeleute zu einem kurzen Landurlaub an Land gebracht werden;* **~ horse** *n.* Freiheitsdressurpferd, *das*
**libidinal** [lɪ'bɪdɪnl] *adj. (Psych.)* libidinös
**libidinous** [lɪ'bɪdɪnəs] *adj.* triebhaft
**libido** [lɪ'bi:dəʊ] *n. (Psych.)* Libido, *die*
**Libra** ['li:brə, 'lɪbrə] *n. (Astrol., Astron.)* die Waage; die Libra; *see also* **Aries**
**Libran** ['li:brən, 'lɪbrən] *n. (Astrol.)* Waage, *die*
**librarian** [laɪ'breərɪən] *n.* Bibliothekar, *der*/Bibliothekarin, *die*
**librarianship** [laɪ'breərɪənʃɪp] *n.* **a)** *(subject)* Bibliothekswesen, *das;* Bibliothekskunde, *die;* **b)** *(work)* bibliothekarische Tätigkeit
**library** ['laɪbrərɪ] *n.* **a)** Bibliothek, *die;* Bücherei, *die;* **reference ~:** Präsenzbibliothek, *die;* **public ~:** öffentliche Bücherei; **b)** *(collection of films, records, etc.)* Sammlung, *die. See also* **lending 2; rental library**
**library: ~ book** *n.* Buch aus der Bibliothek *od.* Bücherei; **~ edition** *n.* Ausgabe mit Bibliothekseinband; **~ school** *n.* Bibliotheksschule, *die;* **~ science** *n.* Bibliothekswissenschaft, *die;* **~ ticket** *n.* Lesekarte, *die*
**librettist** [lɪ'bretɪst] *n.* Librettist, *der*/Librettistin, *die*
**libretto** [lɪ'bretəʊ] *n., pl.* **libretti** [lɪ'breti:] *or* **~s** Libretto, *das*
**Libya** ['lɪbɪə] *pr. n.* Libyen *(das)*
**Libyan** ['lɪbɪən] **1.** *adj.* libysch; **sb. is ~:** jmd. ist Libyer/Libyerin. **2.** *n.* Libyer, *der*/Libyerin, *die*
**lice** *pl. of* **louse 1 a**
**licence** ['laɪsəns] **1.** *n.* **a)** *(official permit)* [behördliche] Genehmigung; Lizenz, *die;* Konzession, *die (Amtsspr.);* **hunting ~:** Jagdschein, *der;* **gun ~:** Waffenschein, *der;* **~ to marry** *see* **marriage licence; b)** *([excessive] liberty of action)* [uneingeschränkte] Handlungsfreiheit; **c)** *(licentiousness)* Unzüchtigkeit, *die;* Zügellosigkeit, *die;* **d)** *(artist's irregularity)* Freiheit, *die;* **poetic ~:** dichterische Freiheit. **2.** *v.t. see* **license 1**
**'licence-dodger** *n. (car owner)* Schwarzfahrer, *der; (TV)* Schwarzseher, *der*
**license** ['laɪsəns] **1.** *v.t.* ermächtigen; **~ a building for use as a theatre** ein Gebäude zur Nutzung als Theater freigeben; **~d to sell alcoholic beverages** *(formal)* [für den Ausschank von alkoholischen Getränken] konzessioniert; **~d to sell tobacco** berechtigt, Tabakwaren zu verkaufen; **the restaurant is ~d to sell drinks** das Restaurant hat eine Schankerlaubnis *od.* -konzession; **~d house** Gastwirtschaft, *die;* **licensing hours** *(in public house)* Ausschankzeiten; **licensing laws** Schankgesetze; ≈ Gaststättengesetz, *das;* **~d premises** Gaststätte mit Schankerlaubnis; **~ a book/play** *etc.* **[for publication]** ein Buch/Stück *usw.* [zur Veröffentlichung] freigeben; *see also* **victualler. 2.** *n. (Amer.) see* **licence 1**
**licensee** [laɪsən'si:] *n.* Lizenzinhaber, *der;* Konzessionsinhaber, *der; (of bar)* Wirt, *der*/Wirtin, *die*
**'license plate** *n. (Amer.)* Nummernschild, *das*
**licentiate** [laɪ'senʃɪət] *n.* **a)** *(person)* Inhaber eines Diploms; **b)** *(certificate)* Diplom, *das*
**licentious** [laɪ'senʃəs] *adj.* zügellos, ausschweifend ‹*Leben, Person*›; unzüchtig ‹*Benehmen, Reden*›; freizügig ‹*Buch, Theaterstück*›
**lichen** ['laɪkn, 'lɪtʃn] *n.* Flechte, *die*
**lich-gate** ['lɪtʃgeɪt] *n.* überdachtes Friedhofstor
**licit** ['lɪsɪt] *adj.* legal
**lick** [lɪk] **1.** *v.t.* **a)** lecken; **~ a stamp** eine Briefmarke anlecken *od.* belecken; **~ one's chops** *(coll.) or* **lips** *(lit. or fig.)* sich *(Dat.)* die Lippen lecken; **~ sth./sb. into shape** *(fig.)* etw./jmdn. auf Vordermann bringen *(ugs.);* **~ sb.'s boots** *(fig.)* jmdm. die Stiefel lecken; **~ sb.'s arse** *(fig. coarse)* jmdm. hinten reinkriechen *(derb);* **~ one's wounds** *(lit. or fig.)* seine Wunden lecken; **b)** *(play gently over)* ‹*Flammen, Feuer:*› [empor]züngeln an (+ *Dat.*); ‹*Wasser, Wellen:*› plätschern über (+ *Akk.*); **c)** *(sl.: beat)* verdreschen *(ugs.); (fig.)* bewältigen, meistern ‹*Problem*›; *(in contest)* eine Abfuhr erteilen (+ *Dat.*); **this crossword/problem has [got] me ~ed** bei diesem Kreuzworträtsel/Problem steck' ich fest *(ugs.).* **2.** *n.* **a)** *(act)* Lecken, *das;* **have a ~ at sth.** an etw. *(Dat.)* lecken; **give a door a ~ of paint** eine Tür [oberflächlich] überstreichen; **give the shoes a ~ of polish** die Schuhe flüchtig putzen; **give sth./oneself a ~ and a promise** *(fig. coll.)* kurz über etw. *(Akk.)* hinhuschen/Katzenwäsche machen *(ugs.);* **b)** *(sl.: fast pace)* **at a great** *or* **at full ~:** mit einem Affenzahn *(ugs.);* **at quite a ~:** mit einem ganz schönen Zahn *(ugs.);* **c)** *see* **salt-lick**
**~ 'off** *v.t.* ablecken; **~ the cream off the cake** die Sahne vom Kuchen lecken
**~ 'up** *v.t.* auflecken
**lickety-split** [lɪkətɪ'splɪt] *adv. (coll.)* wie der Blitz *(ugs.)*
**licking** ['lɪkɪŋ] *n. (sl.: beating)* Abreibung, *die (ugs.);* **give sb. a good ~:** jmdn. kräftig durchbleuen *(ugs.);* **take a ~:** eine Abreibung kriegen *(ugs.)*
**'lickspittle** *n.* Speichellecker, *der (abwertend)*
**licorice** *see* **liquorice**
**lid** [lɪd] *n.* **a)** Deckel, *der;* **with the ~ off** *(fig.)* unter Aufdeckung aller Mängel/Schwächen/Mißstände; **take the ~ off sth.** *(fig.)* etw. aufdecken; **put the [tin] ~ on sth.** *(Brit. sl.) (be the final blow)* einer Sache *(Dat.)* die Krone aufsetzen; *(put an end to)* etw. stoppen; **that [really] puts the tin ~ on it** das schlägt dem Faß den Boden aus; *see also* **'flip 3; b)** *(eyelid)* Lid, *das*
**lido** ['li:dəʊ] *n., pl.* **~s** Freibad, *das*
**'lie** [laɪ] **1.** *n.* **a)** *(false statement)* Lüge, *die;* **tell ~s/a ~:** lügen; **no, I tell a ~, ...** *(coll.)* nein, nicht daß ich jetzt lüge,... *(ugs.);* **white ~:** Notlüge, *die;* **tell a white ~:** eine Notlüge gebrauchen; **give sb. the ~ [in his throat]** jmdn. der Lüge bezichtigen; **give the ~ to sth.** etw. Lügen strafen; **b)** *(thing that deceives)* [einzige] Lüge *(fig.);* Schwindel, *der (abwertend);* **he lived a ~:** sein Leben war eine einzige Lüge. **2.** *v.i.,* **lying** ['laɪɪŋ] lügen; **~ to sb.** jmdn. be- *od.* anlügen; **~ through one's teeth** *(joc.)* das Blaue vom Himmel herunterlügen *(ugs.).* **3.** *v.t.,* **lying: ~ one's way out of sth.** sich aus etw. herauslügen
**²lie** **1.** *n.* **a)** *(direction, position)* Lage, *die;* **the ~ of the land** *(Brit. fig.: state of affairs)* die Lage der Dinge; die Sachlage; **b)** *(Golf)* Lage [des Balles]. **2.** *v.i.,* **lying** ['laɪɪŋ], **lay** [leɪ], **lain** [leɪn] **a)** liegen; *(assume horizontal position)* sich legen; **many obstacles ~ in the way of my success** *(fig.)* viele Hindernisse verstellen mir den Weg zum Erfolg; **~ resting** ruhen; **she lay asleep/resting on the sofa** sie lag auf dem Sofa und schlief/ruhte sich aus; **~ still/dying** still liegen/im Sterben liegen; **~ sick** [krank] daniederliegen; **~ dead/helpless** tot/hilflos [da]liegen; **b)** *(be or remain in specified state)* **~ in prison** im Gefängnis sitzen; **~ idle** ‹*Feld, Garten:*› brachliegen; ‹*Maschine, Fabrik:*› stillstehen; ‹*Gegenstand:*› [unbenutzt] herumstehen *(ugs.);* **the money is lying idle in the bank** das Geld liegt ungenutzt auf der Bank; **let sth./things ~:** etw./die Dinge ruhen lassen; **how do things ~?** wie liegen die Dinge?; *see also* **close 1 k; doggo; 'fallow 2; heavy 1 j; 'low 2 e; wait 3 b; waste 4 b; c)** *(be buried)* [begraben] liegen; *see also* **state 1 g; d)** *(be situated)* liegen; **Austria ~s to the south of Germany** Österreich liegt südlich von Deutschland; **our road ~s northwards/along the river** unsere Straße führt nach Norden/verläuft entlang dem Fluß; *see also* **land 1 b; e)** *(be spread out to view)* **the valley/plain/desert lay before us** vor uns lag das Tal/die Ebene/die Wüste; **a brilliant career lay before him** *(fig.)* eine glänzende Karriere lag vor ihm; **these suggestions now ~ open to discussion** *(fig.)* diese Vorschläge können jetzt diskutiert werden; **f)** *(Naut.)* **~ at anchor/in harbour** vor Anker/im Hafen liegen; **g)** *(fig.)* ‹*Gegenstand:*› liegen; **her interest ~s in languages** ihr Interesse liegt auf sprachlichem Gebiet; **I will do everything that ~s in my power to help** ich werde alles tun, was in meiner Macht steht, um zu helfen; **I will ... as far as in me ~s** *(literary)* was an mir liegt, so will ich ...; **it ~s with you** es liegt bei dir; **h)** *(Law: be admissible or sustainable)* zulässig sein; **no objection will ~:** Einspruch kann nicht erhoben werden; **i) ~ with sb.** *(arch.: have sexual intercourse)* jmdn. beiliegen *(geh. veraltet)*
**~ a'bout, ~ a'round** *v.i.* herumliegen *(ugs.)*

~ '**back** *v. i.* *(recline against sth.)* sich zurücklegen; *(in sitting position)* sich zurücklehnen

~ '**down** *v. i.* sich hinlegen; **take sth. lying down** *(fig.)* etw. ruhig *od.* tatenlos hinnehmen; *see also* **lie-down**

~ '**in** *v. i.* **a)** *(arch.: labour in childbirth)* in den Wehen liegen *(veralt.)*; **b)** *(Brit. coll.: stay in bed)* liegenbleiben; *see also* **lie-in**

~ '**over** *v. i.* ‹*Arbeit:*› liegenbleiben; ‹*Tagesordnungspunkt, Entscheidung:*› vertagt werden

~ '**to** *v. i.* *(Naut.)* beidrehen

~ '**up** *v. i.* **a)** *(hide)* sich versteckt halten; **b)** *(stay in bed)* das Bett hüten

'**lie-abed** *n.* Langschläfer, *der*/-schläferin, *die*

**lied** [li:t] *n., pl.* ~**er** ['li:də(r)] Lied, *das; (genre)* Kunstlied, *das*

**lie:** ~-**detector** *n.* Lügendetektor, *der;* ~-**down** *n. (coll.)* **have a** ~-**down** sich hinlegen

**Liège** [lɪ'eɪʒ] *pr. n.* Lüttich *(das)*

**liege** [li:dʒ] *n. (Hist.)* **a)** *(lord)* Lehnsherr, *der;* **my** ~: *as form of address* mein gnädiger Herr; **b)** *usu. in pl. (vassal)* Lehnsmann, *der*

'**lie-in** *n. (coll.)* **a)** *(Brit.: extra time in bed)* **have a** ~ [sich] ausschlafen; **b)** *(protest) Demonstration, bei der sich die Protestierenden auf den Boden legen;* Lie-in, *das*

**lien** ['li:ən] *n. (Law)* Zurückbehaltungsrecht, *das;* Retentionsrecht, *das*

**lieu** [lju:, lu:] *n.* **in** ~ **of sth.** anstelle einer Sache *(Gen.)*; **get money/holidays in** ~: statt dessen Geld/Urlaub bekommen

**Lieut.** *abbr.* **Lieutenant**

**lieutenant** [lef'tenənt, ləf'tenənt] *n.* **a)** *(Army)* Oberleutnant, *der; (Navy)* Kapitänleutnant, *der;* **first** ~ *(Amer. Air Force)* Oberleutnant, *der;* **b)** *(Amer.: policeman)* ≈ Polizeioberkommissar, *der*

**lieutenant:** ~-'**colonel** *n.* Oberstleutnant, *der;* ~-**com'mander** *n.* Korvettenkapitän, *der;* ~-'**general** *n.* Generalleutnant, *der;* ~-'**governor** *n.* Vizegouverneur, *der*

**life** [laɪf] *n., pl.* **lives** [laɪvz] **a)** Leben, *das;* **sign of** ~: Lebenszeichen, *das;* **essential for** ~: lebensnotwendig; **it is a matter of** ~ **and death** es geht [dabei] um Leben und Tod; *(fig.: it is of vital importance)* es ist äußerst wichtig (**to** für); **come to** ~ ‹*Bild, Statue:*› lebendig werden; ‹*die Natur:*› zu neuem Leben erwachen; *(after unconsciousness)* wieder zu sich kommen; **then the match came to** ~: dann kam Leben in das Spiel; **run** *etc.* **for one's** ~: um sein Leben rennen *usw.;* **I cannot for the** ~ **of me** ich kann beim besten Willen nicht; **lay down one's** ~: sein Leben [hin]geben; **lose one's** ~: sein Leben verlieren; **they lost their lives** sie verloren ihr Leben; **many lives were lost** viele Menschen kamen ums Leben; **risk [losing] one's** ~: sein Leben riskieren; **without loss of** ~: ohne Todesopfer; ~ **begins at forty** das Leben beginnt mit 40; ~ **is not worth living** das Leben ist nicht lebenswert; **not on your** ~ *(coll.)* nie im Leben! *(ugs.)*; **save one's/sb.'s** ~: sein Leben/jmdm. das Leben retten; **sth. is as much as sb.'s** ~ **is worth** mit etw. setzt jmd. sein Leben aufs Spiel; **take [sb.'s]** ~: jmdn. töten; **take one's [own]** ~: sich *(Dat.)* das Leben nehmen; **take one's** ~ **in one's hands** sein Leben riskieren; **upon my** ~: meiner Treu *(veralt.)*; bei Gott; *see also* **book 1 a, lease 1; limb a; price 1 a; sell 1 a; staff 1 g; b)** *(energy, animation)* Leben, *das;* **be the** ~ **and soul of the party** der Mittelpunkt der Party sein; **full of** ~: energiegeladen ‹*Person*›; lebendig ‹*Stadt, Straße*›; **there is still** ~ **in sth.** in etw. *(Dat.)* steckt noch Leben; **put some** ~ **into it!** *(coll.)* ein bißchen flotter!; **c)** *(living things and their activity)* Leben, *das;* **is there** ~ **on Mars?** gibt es Leben auf dem Mars?; **support** ~: organisches Leben tragen; **bird/insect** ~: die Vogelwelt/die Insekten; **d)** *(living form or model)* **draw sb. from** ~: jmdn. nach dem Leben zeichnen; **as large as** ~ *(life-size)* lebensgroß; *(in person)* in voller Schönheit *(ugs. scherzh.)*; **larger than** ~: überzeichnet; **larger-than-**~ **faces** überlebensgroße Gesichter; **true to** ~: wahrheitsgetreu; **to the** ~: lebensgetreu; **e)** *(period from birth to death, from specified time to death)* Leben, *das;* **marry early in** ~: früh heiraten; **late in** ~: erst im fortgeschrittenen Alter; **sb.'s** ~ **and times** jmds. Leben und die Zeit, in der er *usw.* lebte; **for** ~: auf Lebenszeit; lebenslänglich ‹*inhaftiert*›; **he's doing** ~ *(coll.)* er sitzt lebenslänglich *(ugs.)*; **get** ~ *(sl.)* lebenslänglich kriegen *(ugs.)*; **expectation of** ~: Lebenserwartung, *die;* **get the fright/shock of one's** ~ *(coll.)* zu Tode erschrekken/den Schock seines Lebens bekommen *(ugs.)*; **have the time of one's** ~: sich hervorragend amüsieren; **f)** *(chance, fresh start)* **a cat has nine lives** eine Katze hat neun Leben; **a player has three lives** *(Sport)* ein Spieler hat drei Versuche; **g)** *(form of existence)* Leben, *das;* **he will do anything for a quiet** ~: für ihn ist die Hauptsache, daß er seine Ruhe hat; **nothing in** ~: nichts auf der Welt; **make** ~ **easy for oneself/sb.** es sich *(Dat.)*/jmdm. leichtmachen; **make** ~ **difficult for oneself/sb.** sich *(Dat.)*/jmdm. das Leben schwermachen; **this is the** ~! *expr. content* so läßt sich's leben!; **what a** ~! *expr. discontent* so ein Hundeleben! *(ugs.)*; **that's** ~, ~**'s like that** so ist das Leben [nun mal]; **h)** *(specific aspect)* ‹*Privat-, Wirtschafts-, Dorf*›leben, *das;* **military/national** ~: das militärische/öffentliche Leben; **the bustle of street** ~: das pulsierende Leben in den Straßen; **in this** ~ *(on earth)* in diesem Leben; **the other** *or* **the future** *or* **the next** ~ *(in heaven)* das zukünftige Leben [nach dem Tode]; **eternal** *or* **everlasting** ~: ewiges Leben; *see also* **depart 1 d, 2; simple a; i)** *(biography)* Lebensbeschreibung, *die;* **j)** *(active part of existence)* das Leben; **daily** ~: das Alltagsleben; **see** ~: etwas von der Welt sehen; *see also* **high life; k)** *(of battery, lightbulb, etc.)* Lebensdauer, *die*

**life:** ~-**and-death** *adj.* ‹*Kampf*› auf Leben und Tod; *(fig.)* überaus wichtig ‹*Frage, Brief*›; ~ **an'nuity** *n.* Leibrente, *die;* ~ **assurance** *n. (Brit.)* Lebensversicherung, *die;* ~**belt** *n.* Rettungsring, *der;* ~-**blood** *n.* Blut, *das;* Lebenssaft, *der (dichter.)*; *(fig.)* Lebensnerv, *der;* ~**boat** *n.* Rettungsboot, *das;* ~**buoy** *n. (ring-shaped)* Rettungsring, *der;* ~ **cycle** *n.* Lebenszyklus, *der;* ~ **expectancy** *n.* Lebenserwartung, *die;* ~ **force** *n.* Elan vital, *der;* ~-**giving** *adj.* lebenspendend *(geh.)*; ~-**guard** *n.* **a)** *(soldiers)* Leibwache, *die;* **b)** *(expert swimmer)* Rettungsschwimmer, *der*/-schwimmerin, *die;* **L**~ **Guards** *n. pl. (Brit.: regiment)* [Leib]garde, *die;* ~ '**history** *n.* **a)** *(of person)* Lebensgeschichte, *die;* **b)** *(of organism)* Entwicklungsgeschichte, *die;* ~ **insurance** *n.* Lebensversicherung, *die;* ~-**jacket** *n.* Schwimmweste, *die*

**lifeless** ['laɪflɪs] *adj.* **a)** leblos; unbelebt ‹*Gegend, Planet*›; **b)** *(lacking animation)* farblos ‹*Stimme, Rede, Aufführung*›; ‹*Stadt*› ohne Leben

**life:** ~**like** *adj.* lebensecht; ~**line** *n.* **a)** *(rope)* Rettungsleine, *die;* Manntau, *das; (of diver)* Signalleine, *die;* **b)** *(fig.)* [lebenswichtige] Verbindung; *(support)* Rettungsanker, *der;* **c)** *(Palmistry)* Lebenslinie, *die;* ~**long** *adj.* lebenslang; **sb.'s** ~**long friend** *(future)* jmds. Freund fürs Leben; *(past)* jmds. Freund seit der Kindheit; ~ '**member** *n.* Mitglied auf Lebenszeit; ~ '**membership** *n.* lebenslange Mitgliedschaft; Mitgliedschaft auf Lebenszeit; ~ '**peer** *n.* Peer auf Lebenszeit; ~ '**peerage** *n.* nicht erbliche Peerswürde; ~-**preserver** *n.* **a)** *(~-jacket)* Schwimmweste, *die; (~-buoy)* Rettungsring, *der;* **b)** *(stick)* Totschläger, *der*

**lifer** ['laɪfə(r)] *n. (sl.)* Lebenslängliche, *der/die (ugs.)*

**life:** ~-**raft** *n.* Rettungsfloß, *das;* ~-**saver** *n.* **a)** *(Austral., NZ: ~-guard)* Rettungsschwimmer, *der;* **b)** *(thing that saves)* Lebensretter, *der (fig.)*; **it's been a** ~-**saver** es war die letzte Rettung; ~-**saving** *n.* Rettungsschwimmen, *das; attrib.* Rettungs‹*gerät, -technik*›; lebensrettend ‹*Medikament*›; ~ **sciences** *n. pl.* Biowissenschaften *Pl.;* ~ **sentence** *n.* lebenslängliche Freiheitsstrafe; **get a** ~ **sentence** lebenslänglich bekommen; ~-**size,** ~-**sized** *adj.* lebensgroß; in Lebensgröße *nachgestellt;* ~-**span** *n.* Lebenserwartung, *die; (Biol.)* Lebensdauer, *die;* ~ **story** *n.* Lebensgeschichte, *die;* ~-**style** *n.* Lebensstil, *der;* ~-**support** *n.* ~-**support system** lebenserhaltende Apparate; ~**time** *n.* Lebenszeit, *die; (Phys.)* Lebensdauer, *die; attrib.* lebenslang; **once in a** ~**time** einmal im Leben; **during my** ~**time** während meines Lebens; **the chance of a** ~**time** eine einmalige Gelegenheit; die Chance meines/deines *usw.* Lebens; ~-**vest** *n.* Schwimmweste, *die;* ~-**work** *n.* Lebenswerk, *das*

**lift** [lɪft] **1.** *v. t.* **a)** heben; *(slightly)* anheben; *(fig.)* erheben ‹*Seele, Gemüt, Geist*›; **have one's face** ~**ed** sich *(Dat.)* das Gesicht liften lassen; ~ **sb.'s spirits** jmds. Stimmung heben; **not** ~ **a hand to do sth.** keine Hand rühren *(ugs.)*; ~ **a hand against sb.** die Hand gegen jmdn. heben; *see also* **finger 1 a; b)** *(sl.: steal)* klauen *(salopp)*; **c)** *(sl.: plagiarize)* abkupfern *(salopp)* (**from** aus); **d)** *(dig up)* ernten ‹*Kartoffeln*›; aus der Erde nehmen ‹*Blumenzwiebeln, -knollen*›; **e)** *(end)* aufheben ‹*Verbot, Beschränkung, Blockade*›. **2.** *v. i.* **a)** *(disperse)* sich auflösen; *(fig.)* ‹*schlechte Stimmung, Unmut:*› verfliegen; **b)** *(rise)* ‹*Stimmung:*› sich aufhellen; ‹*Herz:*› höher schlagen. **3.** *n.* **a)** *(free ride in vehicle)* Mitfahrgelegenheit, *die;* **get a** ~ [**with** *or* **from sb.**] [von jmdm.] mitgenommen werden; **give sb. a** ~: jmdn. mitnehmen; **would you like a** ~**?** möchtest du mitfahren?; **b)** *(Brit.: machine for vertical movement)* Aufzug, *der;* Fahrstuhl, *der;* **c)** *(~ing)* Heben, *das; (of eyebrow)* Hochziehen, *das; (of prices)* Anstieg, *der;* **d)** *(Mil.)* Lufttransport, *der;* **e)** *(emotional boost)* Auftrieb, *der;* **give sb. a** ~: jmdm. Auftrieb geben; ‹*Droge:*› jmdn. anturnen *(ugs.)*; **get a** ~ **from sth.** durch etw. Aufschwung bekommen; **f)** *(Mech. Engin.)* Hub, *der;* **g)** *(upward pressure of air)* Auftrieb, *der*

~ '**down** *v. t.* herunterheben

~ **off** *v. t. & i.* abheben; *see also* **lift-off**

~ '**up 1.** *v. i.* ‹*Sitz:*› hochklappbar sein. **2.** *v. t. (raise)* hochheben; *(turn upwards)* heben ‹*Kopf*›; ~ **up one's hands** die Hände erheben *(geh.)*; ~ **up your hearts** erhebet die Herzen! *(geh.)*; ~ **up one's voice** die Stimme erheben

**lift:** ~-**attendant,** ~-**boy,** ~-**man** *ns. (Brit.)* Aufzugführer, *der;* ~-**off 1.** *adj.* abhebbar; *(from backing)* abnehmbar; **2.** *n. (Aeronaut., Astronaut.)* Abheben, *das;* **soon after** ~-**off** bald nach dem Abheben; **we have** ~-**off** wir haben abgehoben

**ligament** ['lɪgəmənt] *n. (Anat.)* Band, *das;* Ligament[um], *das (fachspr.)*

**ligature** ['lɪgətʃə(r)] **1.** *n.* **a)** Bandage, *die; (in surgery)* Ligaturfaden, *der;* **b)** *(Med.: tying; Mus., Printing)* Ligatur, *die.* **2.** *v. t. (bind)* abbinden

[1]**light** [laɪt] **1.** *n.* **a)** Licht, *das;* **in a good** ~: bei gutem Licht; *see also* **j; be in sb.'s** ~: jmdm. im Licht sein; **get out of my** ~: geh mir aus dem Weg!; **stand in sb.'s** ~ *(fig.)* jmdm. im Weg stehen *(fig.)*; **at first** ~: bei Tagesanbruch; **while the** ~ **lasts** solange es

[noch] hell ist; noch bei Tageslicht; ~ **of day** *(lit. or fig.)* Tageslicht, *das;* **she was the ~ of his life** *(fig.)* sie war die Sonne seines Lebens; **b)** *(electric lamp)* Licht, *das; (fitting)* Lampe, *die;* ~**s out** *(in school etc.)* Bettruhe *die; (Mil.)* Zapfenstreich, *der;* **go out like a ~** *(fig.)* sofort weg sein *(ugs.);* **c)** *(signal to ships)* Leuchtfeuer, *das;* **d)** *in sing. or pl. (signal to traffic)* Ampel, *die;* **at the third set of ~s** an der dritten Ampel; *see also* **green light; red light; traffic lights; e)** *(to ignite)* Feuer, *das;* **have you got a ~?** haben Sie Feuer?; **put a/set ~ to sth.** etw. anzünden; **strike a ~** *(produce spark or flame)* Feuer schlagen; *(with match)* ein Streichholz anzünden; *(Brit. dated sl. int.) expr. surprise* potz Blitz! *(veralt.);* **f)** *(eminent person)* Größe, *die;* **be a literary ~:** eine literarische Berühmtheit sein; **lesser ~s** weniger berühmte *od.* bekannte Personen; *see also* **leading light; g)** *(look in eyes)* Leuchten, *das;* **h)** *(fig.: mental illumination)* **throw** *or* **shed ~ [up]on sth.** Licht in etw. *(Akk.)* bringen ; **the ~ of nature** *or* **reason** natürliche Verstandeskräfte; **bring sth. to ~:** etw. ans [Tages]licht bringen; **come to ~:** ans [Tages]licht kommen; *see also* [1]**see 1 a; i)** *in pl. (beliefs, abilities, convictions)* **according to one's ~s** nach bestem Wissen [und Gewissen]; **j)** *(aspect)* **in that ~:** aus dieser Sicht; **seen in this ~:** so gesehen; wenn man es so sieht; **in the ~ of** *(taking into consideration)* angesichts (+ *Gen.*); **show sb. in a bad ~:** ein schlechtes Licht auf jmdn. werfen; **put sb. in a good/bad ~:** jmdn. in einem guten/schlechten Licht erscheinen lassen; **k)** *(Crosswords)* Lösung, *die;* **l)** *(Theol.)* Erleuchtung, *die;* Licht, *das;* **m)** *(window)* Fenster, *das; (skylight)* Oberlicht, *das; (division in mullion)* Teilfenster, *das.* **2.** *adj.* hell; licht *(geh.);* ~**-blue/-brown** *etc.* hellblau/-braun *usw.; see also* [1]**blue 2 e. 3.** *v. t.,* **lit** [lɪt] *or* ~**ed a)** *(ignite)* anzünden; **b)** *(illuminate)* erhellen; ~ **sb.'s/one's way** jmdm./sich leuchten. **4.** *v. i.,* **lit** *or* ~**ed** ⟨*Feuer, Zigarette:*⟩ brennen, sich anzünden lassen

~ **'up 1.** *v. i.* **a)** *(become lit)* erleuchtet werden; **b)** *(become bright)* aufleuchten (**with** vor); *(become flushed)* aufglühen (**with** vor); **his face lit up in a smile** sein Gesicht hellte sich zu einem Lächeln auf; **c)** *(begin to smoke)* sich *(Dat.)* eine anstecken *(ugs.).* **2.** *v. t.* **a)** *(illuminate)* erleuchten; ~ **up with floodlights** mit Flutlicht anstrahlen; **b)** *(make bright)* erhellen; **c)** *(ignite)* anzünden ⟨*Zigarette usw.*⟩; **d) lit up** *(sl.: drunk)* blau *(ugs.);* sternhagelvoll *(salopp)*

[2]**light 1.** *adj.* **a)** leicht; Leicht⟨*metall, -öl, -benzin*⟩; **[for] ~ relief** [als] kleine Abwechslung; **be a ~ sleeper** einen leichten Schlaf haben; **b)** *(small in amount)* gering; **traffic is ~ on these roads** auf diesen Straßen herrscht nur wenig Verkehr; **c)** *(Printing)* mager ⟨*Schrift*⟩; **d)** *(not important)* leicht; **sth. is no ~ matter** etw. ist keine leichte Sache; **make ~ of sth.** etw. bagatellisieren; **e)** *(jesting, frivolous)* leichtfertig; **f)** *(nimble)* leicht ⟨*Schritt, Bewegungen*⟩; gewandt ⟨*Hände*⟩; **be ~ of foot** leichtfüßig sein; **have ~ fingers** *(steal)* gern lange Finger machen *(ugs.);* **g)** *(easily borne)* leicht ⟨*Krankheit, Strafe*⟩; gering ⟨*Steuern*⟩; unbedeutend ⟨*Mißgeschick*⟩; *(Law)* mild ⟨*Strafe, Urteil*⟩; **h) with a ~ heart** *(carefree)* leichten *od.* frohen Herzens; **i) feel ~ in the head** *(giddy)* leicht benommen sein. **2.** *adv.* **travel ~:** mit wenig *od.* leichtem Gepäck reisen

**light** *v. i.,* **lit** [lɪt] *or* ~**ed a)** *(come by chance)* ~ **[up]on sth.** auf etw. *(Akk.)* kommen *od.* stoßen; **b)** *(sl.: attack)* ~ **into sb./sth.** über jmdn./etw. herfallen; **c)** *(sl.: depart)* sich auf den Weg machen (**for** nach/zu)

**ight: ~-bulb** *n.* Glühbirne, *die;* Glühlampe, *die (fachspr.);* ~**-coloured** *adj.* hell

**lighted** ['laɪtɪd] *adj.* brennend ⟨*Kerze, Zigarette*⟩; angezündet ⟨*Streichholz*⟩; beleuchtet ⟨*Zimmer, Pfad, Schild, Vitrine*⟩

[1]**lighten** ['laɪtn] **1.** *v. t.* **a)** *(make less heavy)* leichter machen; leichtern ⟨*Schiff*⟩; **b)** *(make less oppressive)* lindern ⟨*Not*⟩; mildern ⟨*Zorn, Erregung*⟩; leichter machen ⟨*Arbeit, Aufgabe*⟩; verringern ⟨*Arbeitslast*⟩; kurzweilig gestalten ⟨*Weg, Reise*⟩; erleichtern ⟨*Gewissen*⟩; ~ **sb.'s burden** jmdn. entlasten; ~ **sb.'s duties** jmdm. leichtere Aufgaben zuteilen. **2.** *v. i. (become less heavy)* leichter werden; *(fig.)* ⟨*Stimmung:*⟩ sich aufheitern

[2]**lighten 1.** *v. t.* **a)** *(make brighter)* aufhellen; heller machen ⟨*Raum*⟩; **b)** *(arch.: illuminate)* erhellen. **2.** *v. i.* **a)** *(become brighter)* sich aufhellen; ⟨*Auge:*⟩ aufleuchten; **b)** *(emit lightning)* blitzen

[1]**lighter** ['laɪtə(r)] *n. (device)* Feuerzeug, *das; (in car)* Zigarettenanzünder, *der*

[2]**lighter** *n. (boat)* Leichter, *der*

**lighterman** ['laɪtəmən] *n., pl.* **lightermen** ['laɪtəmən] Leichterschiffer, *der*

**light: ~er-than-'air** *adj.* ~**er-than-air aircraft/dirigible** Luftschiff, *das*/lenkbares Luftschiff; ~**-face** *adj. see* [2]**light 1 d;** ~**-fingered** ['laɪtfɪŋgəd] *adj.* langfing[e]rig; ~ **fitting** *n.* Lampe, *die;* ~**-footed** ['laɪtfʊtɪd] *adj.* leichtfüßig; ~**-'headed** *adj.* **a)** *(slightly giddy)* leicht benommen; **b)** *(frivolous)* leichtfertig; ~**-hearted** *adj.* **a)** *(gay, humorous)* unbeschwert; heiter; **b)** *(optimistic, casual)* unbekümmert; ~**-heartedly** [laɪt'hɑːtɪdlɪ] *adv.* unbeschwert ⟨*lachen*⟩; unbekümmert ⟨*sich verhalten*⟩; ~ **'heavyweight** *n. (Boxing)* Halbschwergewicht, *das; (person also)* Halbschwergewichtler, *der;* ~ **'horse** *n., constr. as pl. (Mil.)* leichte Kavallerie; ~ **'horseman** *n. (Mil.)* leichter Kavallerist; ~**house** *n.* Leuchtturm, *der;* ~**housekeeper** *n.* Leuchtturmwärter, *der;* ~ **'industry** *n.* Leichtindustrie, *die;* ~ **'infantry** *n. (Mil.)* leichte Infanterie

**lighting** ['laɪtɪŋ] *n.* **a)** *(supply of light)* Beleuchtung, *die;* **b)** *(setting alight)* Anzünden, *das*

**lighting-'up time** *n.* Zeit zum Einschalten der Beleuchtung; **at ~:** ≈ wenn es dunkel wird

**lightish** ['laɪtɪʃ] *adj.* **a)** *(in colour)* ziemlich hell; hell ⟨*Farbe, Haare usw.*⟩; ~**-blue/-skinned** [eher] hellblau/-häutig; **b)** *(in weight)* ziemlich leicht

**lightly** ['laɪtlɪ] *adv.* **a)** *(not heavily)* leicht; **sleep ~:** einen leichten Schlaf haben; **fall ~:** sacht fallen; **touch ~ on a topic** ein Thema kurz streifen; **b)** *(in a small degree)* leicht; **c)** *(without serious consideration)* leichtfertig; **d)** *(cheerfully, deprecatingly)* leichthin; **not treat sth. ~:** etw. nicht auf die leichte Schulter nehmen; **take sth. ~:** etw. nicht [so] ernst nehmen; **e)** *(nimbly)* behend; **f) get off ~** *(not receive heavy penalty)* glimpflich davonkommen; **let sb. off ~** *(not inflict heavy penalty)* jmdn. mit Nachsicht behandeln

**light: ~ meter** *n.* Lichtmesser, *der; (exposure meter)* Belichtungsmesser, *der;* ~**-minded** *adj.* gedankenlos; oberflächlich

[1]**lightness** ['laɪtnɪs] *n., no pl.* **a)** *(having little weight, lit. or fig.)* Leichtigkeit, *die;* **the pianist's ~ of touch** der weiche Anschlag des Pianisten; **b)** *(of penalty, weather)* Milde, *die; (of infection)* Geringfügigkeit, *die;* **c)** *(absence of anxiety)* ~ **of heart/spirit** Heiterkeit/Unbekümmertheit, *die;* **d)** *(lack of concern)* Leichtfertigkeit, *die;* **e)** *(agility of movement)* Leichtigkeit, *die*

[2]**lightness** *n. (brightness, paleness of colour)* Helligkeit, *die*

**lightning** ['laɪtnɪŋ] **1.** *n., no pl., no indef. art.* Blitz, *der;* **flash of ~:** Blitz, *der;* **like ~** *(coll.)* wie der Blitz *(ugs.);* **[as] quick as ~** *(coll.)* schnell wie der Blitz *(ugs.);* **like greased ~** *(coll.)* wie ein geölter Blitz *(ugs.); see also* **ball lightning; sheet lightning; summer lightning. 2.** *adj.* Blitz-; **with ~ speed** blitzschnell; **events moved with ~ speed** die Ereignisse überschlugen sich

**lightning: ~-bug** *n. (Amer.)* Leuchtkäfer, *der;* Glühwürmchen, *das (ugs.);* ~**-conductor** *n. (lit. or fig.)* Blitzableiter, *der;* ~**-rod** *n. (Amer.)* Blitzableiter, *der;* [1]~ **strike** *n. (~ hitting object)* Blitzschlag, *der;* [2]~ **'strike** *n. (Industry)* überraschender [Kurz]streik

**light:** ~ **'opera** *see* [1]**opera c;** ~ **pen** *n.* Lichtstift, *der;* ~**-proof** *adj.* lichtundurchlässig; ~ **'railway** *n.* Kleinbahn, *die*

**lights** [laɪts] *n. pl. (lungs)* Lunge, *die*

**light: ~ship** *n.* Feuerschiff, *das;* ~ **show** *n.* Light-Show, *die*

**light: ~-tight** *adj.* lichtdicht; ~**weight 1.** *adj.* **a)** leicht; **b)** *(fig.: of little consequence)* unmaßgeblich; **c)** *(Boxing etc.)* Leichtgewichts⟨*boxer, -kampf*⟩; **2.** *n.* **a)** *(Boxing etc.)* Leichtgewicht, *das; (person also)* Leichtgewichtler, *der;* **b)** *(fig.: person of little ability or importance)* Leichtgewicht, *das (fig.);* ~**-year** *n.* Lichtjahr, *das;* ~**-years [removed] from sth.** *(fig.)* meilenweit von etw. entfernt

**ligneous** ['lɪgnɪəs] *adj. (Bot.)* holzig; ~ **plants** Holzgewächse

**lignite** ['lɪgnaɪt] *n.* Braunkohle, *die*

[1]**like** [laɪk] **1.** *adj.* **a)** *(resembling)* wie; **your dress is ~ mine** dein Kleid ist so ähnlich wie meins; dein Kleid gleicht meinem *(geh.);* **your dress is very ~ mine** dein Kleid ist meinem sehr ähnlich; **in a case ~ that** in so einem Fall; **there was nothing ~ it** es gab nichts Vergleichbares; **who do you think he's ~?** wem sieht er deiner Ansicht nach ähnlich?; **what is sb./sth. ~?** wie ist jmd./etw.?; **what's he ~ to talk to?** wie redet es sich mit ihm?; **what's it ~ to go up in a balloon?** wie ist es, wenn man im Ballon aufsteigt?; **more ~ twelve** eher zwölf; **that's [a bit] more ~ it** *(coll.: better)* das ist schon [etwas] besser; *(coll.: nearer the truth)* das stimmt schon eher; **a man ~ you** ein Mann [so] wie du; **they are nothing ~ each other** sie sind sich *(Dat.)* nicht im geringsten ähnlich; **nothing ~ as** *or* **so good/bad/many** *etc.* **as ...:** bei weitem nicht so gut/schlecht/viele *usw.* wie ...; **no, nothing ~:** nein, längst *od.* bei weitem nicht; **Have you finished it yet? – Nothing ~:** Bist du schon damit fertig? – Noch längst nicht; *see also* **feel 2 c; look 1 d; something f; b)** *(characteristic of)* typisch für ⟨*dich, ihn usw.*⟩; **it's just ~ you to be late!** du mußt natürlich wieder zu spät kommen!; **it would be [just] ~ her to do that** das sähe ihr [wieder einmal] ähnlich; **just ~ a woman** typisch Frau *(ugs.);* **c)** *(similar)* ähnlich; **in ~ manner** auf die gleiche Weise; **be as ~ as two peas in a pod** sich *(Dat.)* gleichen wie ein Ei dem andern; ~ **father, ~ son** *(prov.)* der Apfel fällt nicht weit vom Stamm *(Spr.);* **d)** *(Math., Phys.)* ~ **signs** gleiche Vorzeichen; ~ **charges** gleiche Ladungen; ~ **quantities** gleiche Größen. **2.** *prep. (in the manner of)* wie; **[just] ~ that** [einfach] so; **you do it ~ so** *(coll.)* so mußt du das machen; *see also* **hell b; mad a, f; shot 1 d. 3.** *adv.* **a)** *(arch./coll.)* **[as] ~ as not, ~ enough** wahrscheinlich; **b)** *(sl.: so to speak)* also; irgendwie; **he kind of hit me, ~:** also, der hat mich irgendwie geschlagen *(ugs.);* **all friendly ~:** ganz freundlich und so *(ugs.).* **4.** *conj. (coll.)* **a)** *(in same or similar manner as)* wie; **he is not shy ~ he used to be** er ist nicht mehr so schüchtern wie früher; **b)** *(coll.: for example)* etwa; beispielsweise; **c)** *(Amer.: as if)* als ob; **d) tell it ~ it is** sagen Sie die ganze Wahrheit! **5.** *n.* **a)** *(equal)* **his/her ~:** seines-/ihresgleichen; **the ~ of it** so etwas; dergleichen; **I've never known the ~ [of it]** so

etwas habe ich noch nie gehört; **~ attracts ~**: gleich und gleich gesellt sich gern; **compare ~ with ~**: Vergleichbares miteinander vergleichen; **the ~s of me/you** *(coll.)* meines-/deinesgleichen; Leute wie ich/du; **if it weren't for the ~s of them ...** *(coll.)* wenn solche wie die nicht wären, ... *(ugs.)*; **that's not for the ~s of us** *(coll.)* das ist nichts für unsereinen *(ugs.)*; **I know you and your ~** *or* **the ~s of you** *(coll.)* deine Sorte/Leute von deiner Sorte kenne ich *(ugs.)*; **b)** *(similar things)* **the ~**: so etwas; **and the ~**: und dergleichen; **or the ~**: oder so etwas; oder so *(salopp)*

[2]**like 1.** *v. t. (be fond of, wish for)* mögen; **~ it or not** ob es dir/ihm *usw.* gefällt oder nicht; **~ vegetables** Gemüse mögen; gern Gemüse essen; **~ doing sth.** etw. gern tun; **would you ~ a drink/to borrow the book?** möchtest du etwas trinken/dir das Buch leihen?; **would you ~ me to do it?** möchtest du, daß ich es tue?; **I'd ~ it back soon** ich hätte es gern bald zurück; **I don't ~ this affair** die Sache gefällt mir nicht; **I didn't ~ to disturb you** ich wollte dich nicht stören; **perhaps you would ~ time to consider it** vielleicht brauchst du etwas Bedenkzeit; **I ~ 'that!** *(iron.)* so was hab' ich gern! *(ugs. iron.)*; **I ~ his cheek!** *(iron.)* er hat vielleicht Nerven! *(ugs. iron.)*; **how do you ~ it?** wie gefällt es dir?; **how does he ~ living in America?** wie gefällt es ihm in Amerika?; **how would you ~ an ice-cream?** was hältst du von einem Eis?; **how would 'you ~ it if ...?** wie würdest du es [denn] finden, wenn ...?; **how do you ~ 'that?** was sagst du dazu?; **but what happens 'then, I should ~ to know** *(iron.)* aber was dann passiert, wüßte ich gern; **I'd ~ to see you try!** *(iron.)* das möchte ich sehen!; **I should ~ to see them do it** ich möchte mal sehen, wie sie das machen wollen; **if you ~** *expr. assent* wenn du willst *od.* möchtest; *expr. limited assent* wenn man so will; **if one ~s that sort of thing** wenn einem so was gefällt *(ugs.)*. **2.** *n., in pl.* **~s and dislikes** Vorlieben und Abneigungen; **tell me your ~s and dislikes** sag mir, was du magst und was nicht

**-like** *adj. suf.* -artig; **bird~**: wie ein Vogel *nachgestellt*

**likeable** ['laɪkəbl] *adj.* nett; sympathisch

**likelihood** ['laɪklɪhʊd] *n.* Wahrscheinlichkeit, *die;* **what is the ~ of this happening?** wie wahrscheinlich ist es, daß dies geschieht?; **there is little ~ of his seeing this** *or* **that he will see this** es ist kaum anzunehmen, daß er das sieht; **he saw no ~ of the plan being approved** er hielt es für ausgeschlossen, daß der Plan Zustimmung finden könnte; **in all ~**: aller Wahrscheinlichkeit nach

**likely** ['laɪklɪ] **1.** *adj.* **a)** *(probable)* wahrscheinlich; glaubhaft ‹*Geschichte*›; voraussichtlich ‹*Bedarf, Zukunft*›; **be the ~ reason/source** wahrscheinlich der Grund/die Ursache sein; **do you think it ~?** hältst du es für wahrscheinlich?; **is it ~ that he'd do that?** ist ihm so etwas zuzutrauen?; **[that's] a ~ story** *(iron.)* du kannst mir viel erzählen! *(ugs.)*; **b)** *(to be expected)* wahrscheinlich; **there are ~ to be [traffic] hold-ups** man muß mit [Verkehrs]staus rechnen; **he is ~ to meet the same fate** er könnte leicht das gleiche Schicksal erleiden; **they are [not] ~ to come** sie werden wohl *od.* wahrscheinlich [nicht] kommen; **am I ~ to do something like that?** sehe ich aus, als ob ich so etwas tun würde?; **is it ~ to rain tomorrow?** wird es morgen wohl regnen?; **this is not ~ to happen** es ist unwahrscheinlich, daß das geschieht; das wird wohl kaum geschehen; **he is ~ to be our next president** er wird voraussichtlich unser nächster Präsident sein; **it seems ~ to have been an accident** es dürfte wohl ein Unfall gewesen sein; **the candidate most ~ to succeed** der Kandidat mit den größten Erfolgsaussichten; **c)** *(promising, apparently suitable)* geeignet ‹*Person, Ort, Methode, Weg*›; **we've looked in all the ~ places** wir haben an allen in Frage kommenden Stellen gesucht; **this looks a ~ place to find mushrooms** es sieht so aus, als ob man hier Pilze finden könnte; **this restaurant seems a ~-looking place** dieses Restaurant sieht ganz annehmbar aus; **d)** *(strong, capable-looking)* fähig; *(showing promise)* vielversprechend ‹*Kandidat, Anwärter*›; begabt ‹*Student usw.*›; **we need a couple of ~ lads** wir brauchen ein paar tüchtige Burschen. **2.** *adv. (probably)* wahrscheinlich; **very** *or* **more than** *or* **quite** *or* **most ~**: höchstwahrscheinlich; sehr wahrscheinlich; **as ~ as not** höchstwahrscheinlich; **not ~!** *(coll.)* auf keinen Fall!

**'like-minded** *adj.* gleichgesinnt; **~ people** Gleichgesinnte

**liken** ['laɪkn] *v. t.* **~ sth./sb. to sth./sb.** etw./jmdn. mit etw./jmdm. vergleichen

**likeness** ['laɪknɪs] *n.* **a)** *(resemblance)* Ähnlichkeit, *die* **(to** mit); **b)** *(guise)* Aussehen, *das;* Gestalt, *die;* **take on the ~ of a swan** die Gestalt eines Schwanes annehmen; **c)** *(portrait)* Bild, *das;* Bildnis, *das (geh.)*; **take sb.'s ~** *(arch.)* jmdn. porträtieren

**likewise** ['laɪkwaɪz] *adv.* ebenso; **do ~**: das gleiche tun; **if we all did ~**: wenn [wir] das alle machen würden; **I'm not going – L~**: Ich gehe nicht hin – Ich auch nicht

**liking** ['laɪkɪŋ] *n.* Vorliebe, *die;* **they expressed a ~ for her cakes** sie lobten ihre Kuchen; **take a ~ to sb./sth.** an jmdm./etw. Gefallen finden; **sth. is [not] to sb.'s ~**: etw. ist [nicht] nach jmds. Geschmack

**lilac** ['laɪlək] **1.** *n.* **a)** *(Bot.)* Flieder, *der;* **b)** *(colour)* Zartlila, *das.* **2.** *adj.* zartlila; fliederfarben

**lilliputian** [lɪlɪ'pju:ʃn] **1.** *adj.* Liliput-; winzig ‹*Format, Figur*›. **2.** *n.* Liliputaner, *der/* Liliputanerin, *die*

**Lilo, (P)** ['laɪləʊ] *n.* Luftmatratze, *die*

**lilt** [lɪlt] *(Scot./literary)* **1.** *n.* **a)** *(cadence, swing)* schwingender Rhythmus; *(of voice)* singender Tonfall; **speak with a ~**: mit singendem Tonfall sprechen; **b)** *(song, tune)* [fröhliche] Weise; Lied[chen], *das.* **2.** *v. t.* trällern ‹*Lied, Melodie*›

**lilting** ['lɪltɪŋ] *adj.* heiter, beschwingt ‹*Melodie, Walzer, Lied*›; singend ‹*Tonfall*›

**lily** ['lɪlɪ] *n.* Lilie, *die;* **~ of the valley** Maiglöckchen, *das; see also* [1]**gild**

**lily: ~-livered** ['lɪlɪlɪvəd] *adj. (literary)* feige; **~-pad** *n.* Seerosenblatt, *das;* **~-white** *adj.* lilienweiß; *(Amer.: excluding Blacks)* rein weiß

**limb** [lɪm] *n.* **a)** *(Anat.)* Glied, *das;* **~s** Glieder; Gliedmaßen; **a danger to life and ~**: eine Gefahr für Leib und Leben; **tear sb. ~ from ~** *(lit. or fig.)* jmdm. alle Glieder einzeln ausreißen; **b)** *(of tree)* Ast, *der;* **be out on a ~** *(fig.)* exponiert sein; **go out** *or* **put oneself out on a ~**: sich exponieren; **c)** *(of cross, sea)* Arm, *der*

[1]**limber** ['lɪmbə(r)] *(Mil.) n.* Protze, *die*

[2]**limber 1.** *adj.* **a)** *(flexible)* biegsam ‹*Zweig*›; elastisch ‹*Seil, Leder*›; **b)** *(nimble)* geschmeidig; elastisch. **2.** *v. t. & i. see* **~ up**

**~ up 1.** *v.t.* warm machen; aufwärmen *(Sport)*; **~ oneself up** *(fig.)* sich fit machen *(fig.)* **(for** für); sich vorbereiten **(for** auf + *Akk.*). **2.** *v. i.* = **~ oneself up** *see* **~ up 1**

**limbless** ['lɪmlɪs] *adj.* ‹*Person, Tier*› ohne Gliedmaßen; ‹*Baum*› ohne Äste

[1]**limbo** ['lɪmbəʊ] *n., pl.* **~s a)** *(region)* Vorhölle, *die;* Limbus, *der (Rel.)*; **b)** *(fig.)* Vergessenheit, *die;* **vanish into ~**: spurlos verschwinden; **be in ~** *(be pending)* in der Schwebe sein; *(be abandoned)* abgeschrieben sein; **live in ~**: in einer Art Niemandsland leben

[2]**limbo** *n., pl.* **~s** *(dance)* Limbo, *der*

[1]**lime** [laɪm] *n.* **a) [quick]~**: [ungelöschter] Kalk; **slaked ~**: gelöschter Kalk; Löschkalk, *der;* **b)** *see* **birdlime**

[2]**lime** *n.* **a)** *(fruit)* Limone, *die;* **b)** *(juice)* Limonensaft, *der;* **c)** *see* **lime-green**

[3]**lime** *see* **lime-tree**

**lime: ~-green 1.** *adj.* [leuchtend] hellgrün; **2.** *n.* Hellgrün, *das;* **~-juice** *n.* Limonensaft, *der;* **~-kiln** *n.* Kalkofen, *der;* **~light** *n.* **a)** *(light)* Kalklicht, *das;* **b)** *(fig.: attention)* **be in the ~light** im Rampenlicht [der Öffentlichkeit] stehen

**limerick** ['lɪmərɪk] *n.* Limerick, *der*

**lime: ~stone** *n.* Kalkstein, *der;* **~-tree** *n.* Linde, *die;* Lindenbaum, *der (geh.)*; **~wood** *n.* Lindenholz, *das*

**Limey** ['laɪmɪ] *n. (Amer. sl. derog.)* Engländer, *der; (esp. soldier)* Tommy, *der; attrib.* englisch

**limit** ['lɪmɪt] **1.** *n.* **a)** *usu. in pl. (boundary)* Grenze, *die;* **within [the] city ~s** innerhalb der Stadtgrenzen; **b)** *(point or line that may not be passed)* Limit, *das; (of ability, love, etc.)* Grenze, *die;* **set** *or* **put a ~ on sth.** etw. begrenzen *od.* beschränken; **be over the ~** ‹*Autofahrer:*› zu viele Promille haben; ‹*Reisender:*› Übergepäck haben; **£400 is my upper ~**: 400 Pfund sind für mich das Äußerste; **there is a ~ to what I can spend/do** ich kann nicht unbegrenzt Geld ausgeben/meine Möglichkeiten sind auch nur begrenzt; **there is a ~ to everything** alles hat seine Grenzen; **there is a ~ to my patience** meine Geduld ist begrenzt; **there is no ~ to his impudence, his impudence knows no ~s** seine Unverschämtheit kennt keine Grenzen; **lower/upper ~**: Untergrenze/Höchstgrenze, *die;* **without ~**: unbegrenzt; **within ~s** innerhalb gewisser Grenzen; **'off ~s'** *(esp. Amer.)* „Zutritt [für Soldaten] verboten"; **this bar is off ~s** zu dieser Bar haben Soldaten keinen Zutritt; **c)** *(coll.)* **this is the ~!** das ist [doch] die Höhe!; **he/she is the [very] ~**: er/sie ist [einfach] unmöglich *(ugs.)*; **d)** *(Math.)* Grenzwert, *der.* **2.** *v. t.* begrenzen **(to** auf + *Akk.*); einschränken ‹*Freiheit*›

**limitation** [lɪmɪ'teɪʃn] *n.* **a)** *(act)* Beschränkung, *die; (of freedom)* Einschränkung, *die;* **b)** *(condition) (of extent)* Begrenzung, *die; (of amount)* Beschränkung, *die;* **know one's ~s** seine Grenzen kennen; **c)** *(restrictive circumstance)* Beschränkung, *die;* **due to ~s of space** aus Platzmangel *od.* Platzgründen; **d)** *(Law)* Verjährung, *die*

**limited** ['lɪmɪtɪd] *adj.* **a)** *(restricted)* begrenzt; **~ company** *(Brit.)* Gesellschaft mit beschränkter Haftung; **~ edition** limitierte Auflage; **~ train** *(Amer.)* ≈ Schnellzug, *der;* **b)** *(intellectually narrow)* beschränkt *(abwertend)*; **~ outlook/mind** beschränkter Horizont/Verstand

**limitless** ['lɪmɪtlɪs] *adj.* grenzenlos

**limo** ['lɪməʊ] *n., pl.* **~s** *(Amer. coll.)* Limousine, *die*

**limousine** ['lɪmʊzi:n] *n.* Limousine, *die (mit Trennscheibe)*

[1]**limp** [lɪmp] **1.** *v. i. (lit. or fig.)* hinken; **the ship managed to ~ into port** das Schiff schaffte es mit Müh und Not *od.* gerade so in den Hafen. **2.** *n.* Hinken, *das;* **walk with a ~**: hinken; **have a slight/pronounced ~**: leicht/stark hinken

[2]**limp** *adj.* **a)** *(not stiff, lit. or fig.)* schlaff; welk ‹*Blumen*›; **I feel ~ at the thought of it** beim bloßen Gedanken daran wird mir schwach *(ugs.)*; **b)** *(flexible)* flexibel ‹*Einband*›

**limpet** ['lɪmpɪt] *n. (Zool.)* Napfschnecke, *die*

**'limpet mine** *n.* Haftmine, *die*

**limpid** ['lɪmpɪd] *adj.* klar

**limply** ['lɪmplɪ] *adv.* schlaff; *(weakly)* schwach

**limpness** ['lɪmpnɪs] *n., no pl.* Schlaffheit *die; (weakness)* Schwäche, *die*

**linchpin** ['lɪntʃpɪn] *n.* **a)** *(pin)* Lünse, *die;* Achsnagel, *der;* **b)** *(fig.: essential element)* Kernstück, *das;* **he is the ~ of the company** er ist das Herz der Firma; mit ihm steht und fällt die Firma

**linctus** ['lɪŋktəs] *n. (Med.)* Hustensaft, *der*

**linden** ['lɪndən] *n.* Linde, *die;* Lindenbaum, *der (geh.)*

**[1]line** [laɪn] **1.** *n.* **a)** *(string, cord, rope, etc.)* Leine, *die;* **[fishing-]~:** [Angel]schnur, *die;* **the ~s** *(Amer.: reins)* die Zügel; **hard ~s** *(sl.)* ein schwerer Schlag; **[that's] hard ~s, old chap!** Schicksal, alter Junge!; **b)** *(telephone or telegraph cable)* Leitung, *die;* **our company has 20 ~s** unsere Firma hat 20 Anschlüsse; **get me a ~ to Washington** verbinden Sie mich mit Washington; **bad ~:** schlechte Verbindung; **be on the ~:** am Apparat sein; *see also* **cross 2 a; [2]hold 1 l; party line a; c)** *(long mark; also Math., Phys.)* Linie, *die; (less precise or shorter)* Strich, *der; (Telev.)* Zeile, *die;* **capture sth. in a few ~s** etw. mit wenigen Strichen einfangen; **the L~:** die Linie *(Seemannsspr.);* der Äquator; **~ of force** *(Phys.)* Kraftlinie, *die;* **~ of life/fortune** *(Palmistry)* Lebenslinie, *die*/Schicksalslinie, *die;* **straight ~:** gerade Linie; *(Geom.)* Gerade, *die;* **walk in a straight ~:** in einer geraden Linie gehen; **~ of sight** *or* **vision** Blickrichtung, *die;* **the ~s of her face** ihre Gesichtszüge/*(wrinkles)* ihre Falten; *see also* **yellow line; d)** *in pl. (outline of car, ship, etc.)* Linien *Pl.;* **e)** *(boundary)* Linie, *die; (fig.)* **somewhere on the ~:** irgendwo dazwischen; **lay sth. on the ~ [for sb.]** [jmdm.] etw. rundheraus sagen; **put sth. on the ~:** etw. aufs Spiel setzen; **put oneself on the ~:** ein Risiko eingehen; **your job is on the ~:** deine Stelle steht auf dem Spiel; *see also* **draw 1 g; f)** *(row)* Reihe, *die; (Amer.: queue)* Schlange, *die;* **~ of trees** Baumreihe, *die;* **arrange the chairs in a straight ~:** die Stühle in einer Reihe aufstellen; **bring sb. into ~:** dafür sorgen, daß jmd. nicht aus der Reihe tanzt *(ugs.);* **come** *or* **fall into ~:** sich in die Reihe stellen; ⟨*Gruppe:*⟩ sich in einer Reihe aufstellen; *(fig.)* nicht mehr aus der Reihe tanzen *(ugs.);* **be in ~ [with sth.]** [mit etw.] in einer Linie liegen; **be in ~ for promotion** Aussicht auf Beförderung haben; **be in/out of ~ with sth.** *(fig.)* mit etw. in/nicht in Einklang stehen; **all along the ~:** auf der ganzen Linie; **somewhere along the ~:** irgendwann einmal; **stand in ~** *(Amer.: queue)* Schlange stehen; *see also* **toe 2; g)** *(Naut.)* **~ abreast** Dwarslinie, *die;* **~ ahead** Kiellinie, *die;* **~ [of battle]** [Kampf]linie, *die;* **h)** *(row of words on a page)* Zeile, *die;* **~s** *(actor's part)* Text, *der;* **drop me a ~:** schreib mir ein paar Zeilen; **she has only a few ~s** *(Theatre)* sie hat nur ein paar Worte zu sprechen; **he gave the boy 100 ~s** *(Sch.)* er ließ den Jungen 100 Zeilen abschreiben; *see also* **read 1 c; i)** *(system of transport)* Linie, *die;* **[shipping] ~:** Schiffahrtslinie, *die;* **j)** *(series of persons or things)* Reihe, *die; (generations of family)* Linie, *die;* **be third in ~ to the throne** dritter in der Thronfolge sein; **k)** *(direction, course)* Richtung, *die;* **on these ~s** in dieser Richtung; **on the ~s of** nach Art (+ *Gen.*); **on similar ~s** auf ähnliche Art; **be on the right/wrong ~s** in die richtige/falsche Richtung gehen; **along** *or* **on the same ~s** in der gleichen Richtung; **be on the same ~s** die gleiche Richtung verfolgen; **~ of thought/march** Gedankengang, *der*/Marschrichtung, *die;* **what ~ shall we take with her?** wie sollen wir uns ihr gegenüber verhalten?; **take a strong ~ with sb.** jmdm. gegenüber bestimmt *od.* energisch auftreten; **~ of action** Vorgehensweise, *die;* **get a ~ on sb./sth.** *(coll.)* etwas über jmdn./etw. herausfinden; *see also* **assembly line; hard 1 f; hard-line; party line b; resistance a; l)** *(Railw.)* Bahnlinie, *die; (track)* Gleis, *das;* **cross the ~:** die Gleise überqueren; **the ~ was blocked** die Strecke war blockiert; **the Waterloo ~, the ~ to Waterloo** die Linie nach Waterloo; **this is the end of the ~ [for you]** *(fig.)* dies ist das Aus [für dich]; **m)** *(field of activity)* Branche, *die; (academic)* Fachrichtung, *die;* **what's your ~?** in welcher Branche sind Sie?/was ist Ihre Fachrichtung?; **he's in the building ~:** er ist in der Baubranche; **that's not my ~:** das ist nicht mein Gebiet; **be in the ~ of duty/business** zu den Pflichten/zum Geschäft gehören; *see also* **shoot 2 d; n)** *(Commerc.: product)* Artikel, *der;* Linie, *die (fachspr.);* **o)** *(Fashion)* Linie, *die;* **p)** *(Mil.: series of defences)* Linie, *die;* **draw the ~s** Stellungen beziehen; **enemy ~s** feindliche Stellungen *od.* Linien; *see also* **[2]hold 1 k. 2.** *v. t.* **a)** *(mark with lines)* linieren ⟨*Papier*⟩; **a ~d face** ein faltiges Gesicht; **a face ~d with worry** ein von Sorgen gezeichnetes Gesicht; **b)** *(stand at intervals along)* säumen *(geh.)* ⟨*Straße, Strecke*⟩

**~ 'up 1.** *v. t.* antreten lassen ⟨*Gefangene, Soldaten usw.*⟩; [in einer Reihe] aufstellen ⟨*Gegenstände*⟩; *(fig.)* **I've got a nice little job/a surprise ~d up for you** ich hab da eine nette kleine Beschäftigung/eine Überraschung für dich *(ugs.);* **have you got anything ~d up for this evening?** haben Sie heute abend schon etwas vor?; *see also* **line-up. 2.** *v. i.* ⟨*Gefangene, Soldaten:*⟩ antreten; ⟨*Läufer:*⟩ Aufstellung nehmen; *(queue up)* sich anstellen

**[2]line** *v. t.* füttern ⟨*Kleidungsstück*⟩; auskleiden ⟨*Magen, Nest*⟩; ausschlagen ⟨*Schublade usw.*⟩; **~ one's pockets** *(fig.)* sich *(Dat.)* die Taschen füllen

**lineage** ['lɪnɪɪdʒ] *n.* Abstammung, *die*

**lineal** ['lɪnɪəl] *adj.* **a)** *(in direct line of descent)* geradlinig ⟨*Abstammung*⟩; direkt ⟨*Nachkomme, Vorfahr*⟩; **b)** *(linear)* linear

**lineament** ['lɪnɪəmənt] *n., usu. in pl.* [Gesichts]zug, *der; (distinctive feature)* Grundzug, *der*

**linear** ['lɪnɪə(r)] *adj.* linear; **~ perspective** Linearperspektive, *die;* **~ extent** Längenausdehnung, *die;* **~ measure** Längenmaß, *das*

**linear ac'celerator** *n. (Phys.)* Linearbeschleuniger, *der*

**line: ~-backer** *n. (Amer. Footb.)* Gedrängehalbspieler, *der;* **~-drawing** *n.* Strichzeichnung, *die;* **~-engraving** *n.* Strichätzung, *die;* **~ fishing** *n.* Angeln, *das;* **~man** ['laɪnmən] *n., pl.* **linemen** ['laɪnmən] *(Amer. Footb.)* Stürmer, *der*

**linen** ['lɪnɪn] **1.** *n.* **a)** Leinen, *das;* **b)** *(shirts, sheets, clothes, etc.)* Wäsche, *die;* **wash one's dirty ~ in public** *(fig.)* seine schmutzige Wäsche vor anderen Leuten waschen. **2.** *adj.* Leinen⟨*faden, -bluse, -laken*⟩; Lein⟨*tuch*⟩

**linen: ~-basket** *n. (Brit.)* Wäschekorb, *der;* **~ cupboard** *n.* Wäscheschrank, *der*

**line: ~-out** *n. (Sport)* Gasse, *die;* **~ printer** *n. (Computing)* Zeilendrucker, *der*

**[1]liner** ['laɪnə(r)] *n. (removable metal lining)* Auskleidung, *die; (in engine)* Laufbuchse, *die;* **carpet ~:** rutschfeste Teppichunterlage; **[bin-]~:** Müllbeutel, *der*

**[2]liner** *n. (ship)* Linienschiff, *das; (aircraft)* Linienflugzeug, *das;* **ocean ~:** [Ozean-]Liner, *der*

**'liner train** *n.* Containerzug, *der*

**linesman** ['laɪnzmən] *n., pl.* **linesmen** ['laɪnzmən] **a)** *(Sport)* Linienrichter, *der;* **b)** *(Brit. Railw.)* Streckenarbeiter, *der;* **c)** *see* **lineman**

**'line-up** *n.* **a)** Aufstellung, *die;* **~ of cabaret acts** Zusammenstellung von Kabarettauftritten; **b)** *(Amer.) see* **identification parade**

**[1]ling** [lɪŋ] *n. (Zool.)* Leng[fisch], *der*

**[2]ling** *n. (Bot.)* Heidekraut, *das*

**linger** ['lɪŋgə(r)] *v. i.* **a)** *(remain, wait)* verweilen *(geh.);* bleiben; *(persist)* fortbestehen; ⟨*Erkältung, Diskussion, Schmerzen:*⟩ andauern; ⟨*Lied:*⟩ nachklingen; **her scent still ~ed in the room** ihr Duft hing noch im Raum; **b)** *(dwell)* **~ over** *or* **up[on] a subject** *etc.* bei einem Thema *usw.* verweilen; **~ over a meal** lange beim Essen sitzen

**lingerie** ['læʒəri:] *n.* **[women's] ~:** Damenunterwäsche, *die*

**lingering** ['lɪŋgərɪŋ] *adj.* anhaltend; verbleibend ⟨*Zweifel*⟩; langwierig ⟨*Krankheit*⟩; langsam ⟨*Tod*⟩; nachklingend ⟨*Melodie*⟩; **one last ~ look** ein letzter sehnsuchtsvoller Blick; **any ~ hope was abandoned** alle noch vorhandene Hoffnung schwand dahin *(geh.)*

**lingo** ['lɪŋgəʊ] *n., pl.* **~es a)** *(derog./joc.: language)* Sprache, *die;* Kauderwelsch, *das (abwertend);* **b)** *(jargon)* Fachjargon, *der*

**lingua franca** [lɪŋgwə 'fræŋkə] *n.* Lingua franca, *die (geh.);* Verkehrssprache, *die*

**linguist** ['lɪŋgwɪst] *n.* **a)** Sprachkundige, *der/die;* **she's a good ~:** sie kann mehrere Sprachen; **I'm no ~:** Sprachen liegen mir nicht; **b)** *(philologist)* Linguist, *der*/Linguistin, *die;* Sprachwissenschaftler, *der*/-wissenschaftlerin, *die*

**linguistic** [lɪŋ'gwɪstɪk] *adj. (of ~s)* linguistisch; sprachwissenschaftlich; *(of language)* sprachlich; Sprach-; **~ science** *see* **linguistics; ~ skills** Sprachbegabung, *die;* **~ fluency** Sprachgewandtheit, *die*

**linguistically** [lɪŋ'gwɪstɪkəlɪ] *adv.* sprachwissenschaftlich; linguistisch

**linguistics** [lɪŋ'gwɪstɪks] *n., no pl.* Linguistik, *die;* Sprachwissenschaft, *die*

**liniment** ['lɪnɪmənt] *n.* Liniment, *das (Med.);* Einreib[e]mittel, *das*

**lining** ['laɪnɪŋ] *n. (of clothes)* Futter, *das; (of stomach)* Magenschleimhaut, *die; (of objects, containers, machines, etc.)* Auskleidung, *die*

**'lining paper** *n.* Schrankpapier, *das*

**link** [lɪŋk] **1.** *n.* **a)** *(of chain)* Glied, *das;* **b)** *see* **cuff-link; c)** *(connecting part)* Bindeglied, *das;* Verbindung, *die;* **radio ~:** Funkverbindung, *die;* **road/rail ~:** Straßen-/Zugverbindung, *die;* **what is the ~ between these two?** was verbindet diese beiden?; **~ between two countries** Verbindung zwischen zwei Ländern; **sever all ~s with sb.** alle Bindungen zu jmdm. lösen; **have ~s with the Mafia** Verbindungen zur Mafia haben; *see also* **cut 1 b; d)** *see* **linkman. 2.** *v. t.* **a)** *(connect)* verbinden; **how are these events ~ed?** was haben diese Ereignisse miteinander zu tun?; **~ sb. with sth.** jmdn. mit etw. in Verbindung bringen; **his name has been ~ed with hers** sein Name wurde mit ihrem in Verbindung gebracht; **be ~ed by telephone to Oslo** telefonisch mit Oslo verbunden sein; **b)** *(clasp or hook together)* **~ hands** sich bei den Händen halten; **~ arms** sich unterhaken. **3.** *v. i.* **~ together** sich zusammenfügen; **~ with sth.** sich verbinden mit etw.; ⟨*Firma:*⟩ sich zusammenschließen mit etw.

**~ 'up 1.** *v. t.* miteinander verbinden; ankoppeln ⟨*Wagen, Raumschiff usw.*⟩ **(to** an + *Akk.*); miteinander in Verbindung bringen ⟨*Fakten usw.*⟩; **~ up A with B** A mit B verbinden. **2.** *v. i.* **~ up with sb.** sich mit jmdm. zusammentun *od.* zusammenschließen; **~ up with American TV** sich dem amerikanischen Fernsehen anschließen; **the spacecraft ~ed up** die Raumschiffe wurden angekoppelt; **this road ~s up with the M3** diese Straße mündet in die M3 *od.* geht in die M3 über. *See also* **link-up**

**linkage** ['lɪŋkɪdʒ] *n.* **a)** Verbindung, *die;* **b)** *(system of links or bars)* Gestänge, *das;* **steering ~:** Lenkgestänge, *das;* **c)** *(Chem.)* Verknüpfung, *die;* Verbindung, *die;* **d)** *(Genetics)* Kopplung, *die*

**linkman** ['lɪŋkmən] *n., pl.* **linkmen** ['lɪŋkmən] **a)** Verbindungsmann, *der;* **b)** *(Radio, Telev.)* Moderator, *der*/Moderatorin, *die;* **c)** *(Hockey, Footb.)* Mittelfeldspieler, *der*

**links** [lɪŋks] *sing. or pl.* **[golf]** ~: Golfplatz, *der*

**'link-up** *n.* Verbindung, *die; (of spacecraft etc.)* Ankopplung, *die*

**linnet** ['lɪnɪt] *n. (Ornith.)* Hänfling, *der*

**lino** ['laɪnəʊ] *n., pl.* ~s Linoleum, *das*

**linocut** *n.* Linolschnitt, *der*

**linoleum** [lɪ'nəʊlɪəm] *n.* Linoleum, *das*

**linseed** ['lɪnsi:d] *n.* Leinsamen, *der*

**linseed:** ~ **cake** *n. (Agric.)* Leinkuchen, *der;* ~ **'oil** *n.* Leinöl, *das*

**lint** [lɪnt] *n.* **a)** Mull, *der;* **b)** *(fluff)* Fussel, *die*

**lintel** ['lɪntl] *n. (Archit.)* Sturz, *der*

**lion** ['laɪən] *n.* **a)** Löwe, *der;* **put one's head into the ~'s mouth** *(fig.)* sich in höchste Gefahr begeben; **the ~'s share** der Löwenanteil; **b)** *(celebrity)* **literary ~ [of the day]** literarischer Löwe des Tages *(veralt.);* **c)** *(Astrol.)* **the L~:** der Löwe; *see also* **archer b**

**lioness** ['laɪənɪs] *n.* Löwin, *die*

**lion:** **~-heart** *n.* Löwenherz, *das (dichter. veralt.);* **Richard [the] L~-heart** Richard Löwenherz; **~-hearted** *adj.* wagemutig; löwenherzig *(dichter. veralt.)*

**lionize (lionise)** ['laɪənaɪz] *v. t.* [als Berühmtheit] feiern

**'lion-tamer** *n.* Löwenbändiger, *der*

**lip** [lɪp] *n.* **a)** Lippe, *die;* **lower/upper ~:** Unter-/Oberlippe, *die;* **bite one's ~** *(lit. or fig.)* sich *(Dat.)* auf die Lippen beißen; **escape sb.'s ~s** jmds. Lippen *(Dat.)* entschlüpfen; **hang on sb.'s ~s** an jmds. Lippen *(Dat.)* hängen; **lick one's ~s** *(lit. or fig.)* sich *(Dat.)* die Lippen lecken; **not let a word pass one's ~s** kein Wort über seine Lippen kommen lassen; **not a morsel passed his ~s** er rührte nichts an; **keep a stiff upper ~** *(fig.)* Haltung bewahren; *see also* **button 2; ²seal 2 b; ²smack 2 b; b)** *(of saucer, cup, crater)* [Gieß]rand, *der; (of jug)* Schnabel, *der;* Tülle, *die;* **c)** *(sl.: impudence)* **give sb. some ~:** jmdm. gegenüber eine dicke Lippe riskieren *(ugs.);* **none of your ~!** keine frechen Bemerkungen!

**liposuction** ['laɪpəʊsʌkʃn] *n.* Absaugen von Fettgewebe; Liposuktion, *die (Med.)*

**lipped** [lɪpt] *adj.* **thick-/thin-~:** dick-/dünnlippig; ~ **vessel** Gefäß mit Gießrand

**lippy** ['lɪpɪ] *adj. (sl.)* **be ~:** ein freches Mundwerk haben

**lip:** **~-read 1.** *v. i.* von den Lippen lesen; **2.** *v. t.* **be able to ~-read what sb. says** jmdm. von den Lippen ablesen können, was er/sie sagt; **~-reading** *n.* Lippenlesen, *das;* **~-service** *n.* **pay** *or* **give ~-service to sth.** ein Lippenbekenntnis zu etw. ablegen; **~stick** *n.* Lippenstift, *der*

**liquefaction** [lɪkwɪ'fækʃn] *n.* Verflüssigung, *die*

**liquefier** ['lɪkwɪfaɪə(r)] *n.* Verflüssiger, *der*

**liquefy** ['lɪkwɪfaɪ] **1.** *v. t.* verflüssigen. **2.** *v. i.* sich verflüssigen

**liqueur** [lɪ'kjʊə(r)] *n.* Likör, *der*

**liqueur:** ~ **'brandy** *n. gut gealterter, hochwertiger Brandy;* ~ **'chocolate** *n.* Likörpraline, *die;* **~-glass** *n.* Likörglas, *das*

**liquid** ['lɪkwɪd] **1.** *adj.* **a)** flüssig; glänzend ⟨*Augen*⟩; hellklingend ⟨*Töne, Laute*⟩; ~ **air** Flüssigluft, *die;* ~ **blue** wasserblau; **b)** *(Commerc.)* liquid; ~ **assets** flüssige Mittel; **c)** *(Phonet.)* ~ **consonant** Fließlaut, *der;* Liquida, *die (fachspr.).* **2.** *n.* **a)** Flüssigkeit, *die;* **he can only take ~s** er kann nur Flüssiges zu sich nehmen; **b)** *(Phonet.)* Fließlaut, *der;* Liquida, *die (fachspr.)*

**liquidate** ['lɪkwɪdeɪt] **1.** *v. t.* **a)** *(Commerc.)* liquidieren; tilgen ⟨*Schuld*⟩; **~d damages** *(Law)* Konventionalstrafe, *die;* **b)** *(eliminate, kill)* liquidieren; beseitigen. **2.** *v. i.* *(Commerc.)* liquidieren

**liquidation** [lɪkwɪ'deɪʃn] *n.* **a)** *(Commerc.)* Liquidation, *die; (of debt)* Tilgung, *die;* **go into ~:** in Liquidation gehen; **b)** *(eliminating, killing)* Liquidierung, *die*

**liquidator** ['lɪkwɪdeɪtə(r)] *n. (Commerc.)* Liquidator, *der*

**liquid:** ~ **'crystal** *n.* Flüssigkristall, *der;* ~ **crystal dis'play** *n.* Flüssigkristallanzeige, *die*

**liquidity** [lɪ'kwɪdɪtɪ] *n., no pl.* **a)** flüssiger Zustand; **b)** *(Commerc.)* Liquidität, *die*

**liquidize** ['lɪkwɪdaɪz] *v. t.* auflösen; *(Cookery)* [im Mixer] pürieren

**liquidizer** ['lɪkwɪdaɪzə(r)] *n.* Mixer, *der*

**liquid 'measure** *n.* Flüssigkeitsmaß, *das*

**liquor** ['lɪkə(r)] *n.* **a)** *(drink)* Alkohol, *der;* Spirituosen; **be able to carry** *or* **hold one's ~:** etwas vertragen können; **hard** *or* **strong ~:** hochprozentiger Alkohol; scharfe Sachen *(ugs.);* **be the worse for ~:** betrunken sein; **b)** *(Industry)* Beize, *die*

~ **'up** *(sl.) v. t.* besoffen machen *(derb);* **get/be ~ed up** sich *(Dat.)* einen ansaufen/besoffen sein *(derb)*

**liquorice** ['lɪkərɪs] *n.* **a)** *(root)* Süßholz, *das; (preparation)* Lakritze, *die;* **b)** *(plant)* Süßholzstrauch, *der*

**'liquor store** *n. (Amer.)* Spirituosenladen, *der*

**lira** ['lɪərə] *n., pl.* **lire** ['lɪərə, 'lɪərɪ] *or* ~s Lira, *die*

**Lisbon** ['lɪzbən] *pr. n.* Lissabon *(das)*

**lisle** [laɪl] *n.* ~ **[thread]** Florgarn, *das (Textilw.)*

**lisp** [lɪsp] **1.** *v. i. & t.* lispeln. **2.** *n.* Lispeln, *das;* **speak with a ~:** lispeln; **have a bad ~:** stark lispeln

**lissom[e]** ['lɪsəm] *adj.* geschmeidig

**¹list** [lɪst] **1.** *n.* **a)** Liste, *die;* **active ~** *(Mil.)* Liste der Reserve; **publisher's ~:** Verlagsprogramm, *das;* **shopping ~:** Einkaufszettel, *der;* **b)** *in pl.* **enter the ~s [against sb./sth.]** *(fig.)* den Kampf [gegen jmdn./etw.] antreten. **2.** *v. t.* aufführen; auflisten; *(verbally)* aufzählen; **~ed securities/stock** an der Börse zugelassene Wertpapiere/Aktien

**²list 1.** *n.* **a)** *(Naut.: tilt)* Schlagseite, *die;* **have/develop a pronounced ~:** deutlich Schlagseite haben/bekommen; **b)** *(of building, fence, etc.)* Neigung, *die;* **develop a ~:** sich neigen. **2.** *v. i.* **a)** *(Naut.)* ~ **[to port/starboard]** Schlagseite [nach Backbord/Steuerbord] haben; **b)** ⟨*Gebäude, Zaun usw.:*⟩ sich neigen

**listed 'building** *n. (Brit.)* Gebäude unter Denkmalsschutz

**listen** ['lɪsn] *v. i.* zuhören; ~ **to music/the radio** Musik/Radio hören; **just ~ to the noise they are making!** hör dir bloß mal an, was sie für einen Lärm machen!; **~, nitwit** hör zu, du Trottel; **they ~ed to his words** sie hörten ihm zu; **you never ~ to what I say** du hörst mir nie zu; **we stopped and ~ed** wir hielten inne und horchten; ~ **[out] for sth./sb.** auf etw. *(Akk.)* horchen/horchen, ob jmd. kommt; ~ **to sth./sb.** *(pay heed)* auf etw./jmdn. hören; **he wouldn't ~** *(heed)* er wollte nicht hören; ~ **to sb.'s grievances** sich *(Dat.)* jmds. Beschwerden anhören

~ **'in** *v. i.* **a)** *(Radio)* hören **(on, to** *Akk.*); **b)** *(tap line)* mithören; **c)** *(eavesdrop)* mithören **(on, to** *Akk.*)

**listener** ['lɪsnə(r)] *n.* **a)** Zuhörer, *der*/Zuhörerin, *die;* **be a good ~:** ein guter Zuhörer sein; **b)** *(Radio)* Hörer, *der*/Hörerin, *die*

**listening-post** ['lɪsnɪŋpəʊst] *n. (Mil.; also fig.)* Horchposten, *der*

**listing** ['lɪstɪŋ] *n.* Aufführung, *die;* Auflistung, *die; (verbal)* Aufzählung, *die*

**listless** ['lɪstlɪs] *adj.*, **listlessly** ['lɪstlɪslɪ] *adv.* lustlos

**listlessness** ['lɪstlɪsnɪs] *n., no pl.* Lustlosigkeit, *die*

**'list price** *n.* Katalogpreis, *der*

**lit** [lɪt] *see* **¹light 4; ³light**

**litany** ['lɪtənɪ] *n. (lit. or fig.)* Litanei, *die;* **the L~:** *die Litanei im Book of Common Prayer*

**litchi** ['laɪtʃɪ, 'lɪtʃɪ] *n.* Litschi, *die*

**liter** *(Amer.) see* **litre**

**literacy** ['lɪtərəsɪ] *n., no pl.* Lese- und Schreibfertigkeit, *die;* **adult ~ classes** Kurse für Analphabeten; ~ **is low** das Analphabetentum ist groß

**literal** ['lɪtərl] **1.** *adj.* **a)** wörtlich; **take sth. in a ~ sense** etw. wörtlich nehmen; **b)** *(not exaggerated)* buchstäblich; **the ~ truth** die reine Wahrheit; **c)** *(coll.: with some exaggeration)* wahr; **d)** *(prosaic)* nüchtern; prosaisch; **e)** *(in text)* ~ **error** Tippfehler, *der; (misprint)* Druckfehler, *der.* **2.** *n.* **a)** *(error)* Tippfehler, *der; (misprint)* Druckfehler, *der;* **b)** *(Computing)* Literal, *das*

**literally** ['lɪtərəlɪ] *adv.* **a)** wörtlich; **take sth./sb. ~:** etw./was jmd. sagt, wörtlich nehmen; **b)** *(actually)* buchstäblich; **c)** *(coll.: with some exaggeration)* geradezu

**literal:** **~-'minded** *adj.* nüchtern [denkend *nicht präd.*]; **~-mindedness** [lɪtərl'maɪndɪdnɪs] *n., no pl.* Nüchternheit [des Denkens]

**literary** ['lɪtərərɪ] *adj.* literarisch; *(not colloquial)* gewählt; **be of a ~ turn of mind** sich für Literatur interessieren

**literary:** ~ **'agent** *n.* Literaturagent, *der*/-agentin, *die;* ~ **'critic** *n.* Literaturkritiker, *der*/-kritikerin, *die;* ~ **ex'ecutor** *see* **executor;** ~ **gent** *n. (coll.)* Literat, *der (oft abwertend);* ~ **hi'storian** *n.* Literaturhistoriker, *der*/-historikerin, *die;* ~ **'history** *n.* Literaturgeschichte, *die;* ~ **'luncheon** *n.* literarischer Lunch *(mit Schriftstellern und Verlegern);* ~ **man** *n.* Schriftsteller, *der; (versed in literature)* Literaturkenner, *der*

**literate** ['lɪtərət] **1.** *adj. (able to read and write)* des Lesens und Schreibens kundig; *(educated)* gebildet; **not be ~:** nicht lesen und schreiben können. **2.** *n.* Alphabet, *der*

**literature** ['lɪtərətʃə(r), 'lɪtrətʃə(r)] *n.* **a)** Literatur, *die;* **b)** *(writings on a subject)* [Fach]literatur, *die* **(on** zu); **c)** *(coll.: printed matter)* Literatur, *die;* Informationsmaterial, *das;* **advertising ~:** Werbeschriften *od.* -material

**lithe** [laɪð] *adj.* geschmeidig

**lithium** ['lɪθɪəm] *n. (Chem.)* Lithium, *das*

**litho** ['laɪθəʊ] *(coll.)* **1.** *n., pl.* ~s Litho, *das.* **2.** *adj.* Litho-; ~ **print/printing** Litho, *das.* **3.** *v. t.* lithographieren

**lithograph** ['lɪθəgrɑ:f] **1.** *n.* Lithographie, *die.* **2.** *v. t.* lithographieren

**lithographer** [lɪ'θɒgrəfə(r)] *n.* Lithograph, *der*/Lithographin, *die*

**lithographic** [lɪθə'græfɪk] *adj.* lithographisch

**lithography** [lɪ'θɒgrəfɪ] *n.* Lithographie, *die*

**Lithuania** [lɪθjʊ'eɪnɪə] *pr. n.* Litauen *(das)*

**Lithuanian** [lɪθjʊ'eɪnɪən] **1.** *adj.* litauisch; **sb. is ~:** jmd. ist Litauer/Litauerin; *see also* **English 1. 2.** *n.* **a)** *(person)* Litauer, *der*/Litauerin, *die;* **b)** *(language)* Litauisch, *das; see also* **English 2 a**

**litigant** ['lɪtɪgənt] **1.** *n.* Prozeßpartei, *die.* **2.** *adj.* ~ **party** Prozeßpartei, *die*

**litigate** ['lɪtɪgeɪt] **1.** *v. i.* prozessieren. **2.** *v. t.* vor Gericht verhandeln

**litigation** [lɪtɪ'geɪʃn] *n.* Rechtsstreit, *der;* **in ~:** rechtshängig

**litigious** [lɪ'tɪdʒəs] *adj.* prozeßsüchtig; **a ~ person** ein Prozeßhansel *(ugs.)*

**litmus** ['lɪtməs] *n.* Lackmus, *das od. der*

**'litmus-paper** *n.* Lackmuspapier, *das*

**litotes** ['laɪtəti:z] *n. (Rhet.)* Litotes, *die*

**litre** ['li:tə(r)] *n. (Brit.)* Liter, *der od. das*

**Litt. D.** [lɪt 'di:] *see* **D. Litt.**

**litter** ['lɪtə(r)] **1.** *n.* **a)** *(rubbish)* Abfall, *der;* Abfälle; **'do not leave ~'** „bitte keine Abfälle zurücklassen"; **her desk was strewn with a ~ of books** ihr Schreibtisch war mit Büchern übersät; **b)** *(vehicle)* Sänfte, *die;* **c)** *(stretcher)* Trage, *die;* Tragbahre, *die;* **d)** *(bedding for animals)* Streu, *die;* Einstreu *die (Landw.);* **e)** *(young)* Wurf, *der.* **2.** *v. t.* verstreuen; **papers were ~ed about the room** im Zimmer lagen überall Zeitungen herum;

~ **the room with one's books** seine Bücher im Zimmer verstreuen. **3.** *v. i.* **'do not ~'** „bitte keine Abfälle zurücklassen"
**litter:** ~-**basket** *n.* Abfallkorb, *der;* ~-**bin** *n.* Abfalleimer, *der;* ~**bug,** ~-**lout** *ns.* Schmutzfink, *der (ugs.)*
**little** ['lɪtl] **1.** *adj.,* ~**r** ['lɪtlə(r)], ~**st** ['lɪtlɪst] (*Note: it is more common to use the compar. and superl. forms* **smaller, smallest**) **a)** *(small)* klein; ~ **town/book/dog** kleine Stadt/kleines Buch/kleiner Hund; *(showing affection or amusement)* Städtchen, *das*/ Büchlein, *das*/Hündchen, *das;* ~ **toe** kleine Zehe; **the ~ woman** *(coll.: my wife)* mein kleines Frauchen *(ugs.);* **you poor ~ thing!** du armes kleines Ding!; **don't worry your ~ head** zerbrich dir nicht dein Köpfchen!; **I know your ~ ways** ich kenne deine Tricks; **do one's ~ best** sein Bestes tun; **L~ Venice** Klein-Venedig, *das;* **the ~ people** *(fairies)* die Elfen; *see also* [1]**bear c;** [2]**slam a; b)** *(young)* klein; **the ~ Joneses** die Jones-Kinder; ~ **man/woman** *(child)* Kleiner/Kleine; **the ~ ones** die Kleinen; **my ~ sister** meine kleine Schwester; **c)** *(short)* klein ⟨*Zwerg*⟩; **a ~ way** ein kleines *od.* kurzes Stück; **after a ~ while** nach kurzer Zeit; nach einer kleinen Weile *(veralt.);* **d)** *(not much)* wenig; **you have ~ time left** dir bleibt nicht mehr viel Zeit; **there is very ~ tea left** es ist kaum noch Tee *od.* nur noch ganz wenig Tee da; **make a nice ~ profit** *(coll. iron.)* einen hübschen Gewinn machen *(ugs.);* **a ~ ...** *(a small quantity of)* etwas ...; ein wenig *od.* bißchen ...; **speak a ~ German** etwas Deutsch sprechen; **speak only a ~ German** nur wenig Deutsch sprechen; **a ~ goes a long way** ein bißchen reicht lange; *(fig.)* ein bißchen hat eine große Wirkung; **no ~ ...:** nicht wenig ...; **e)** *(trivial)* klein; **get annoyed about ~ things** sich über Kleinigkeiten aufregen; **of course, this 'would occur to your mean ~ mind** einem miesen Kleingeist wie dir muß natürlich so etwas einfallen; ~ **things please ~ minds** kleine Geister erfreuen sich an kleinen Dingen. *See also* **Englander; old 1 e; Russian 2 b. 2.** *n.* wenig; **but ~:** nur wenig; ~ **or nothing** kaum etwas; so gut wie nichts; **[do] not a ~:** einiges [tun]; **not a ~ angry** *etc.* ziemlich verärgert *usw.;* **there was ~ we could do** wir konnten nur wenig tun; **a ~** *(a small quantity)* etwas; ein wenig *od.* bißchen; *(somewhat)* ein wenig; **too ~ too late** zu wenig [und] zu spät; **think ~ of sb.** gering von jmdm. denken; **after a ~:** nach einer Weile; **a ~ after eight** kurz nach acht; **for a ~:** ein Weilchen; *(a short way)* ein Stückchen; **we see very ~ of one another** wir sehen sehr wenig voneinander; ~ **by ~:** nach und nach; **the ~ I know** das wenige, was ich weiß; *see also* **help 1 a; make 1 m; what 6 a. 3.** *adv.,* **less** [les], **least** [li:st] **a)** *(not at all)* **she ~ thought that ...:** sie dachte nicht im geringsten daran, daß ...; **he ~ suspected/knew what ...:** er hatte nicht die geringste Ahnung/wußte überhaupt nicht, was ...; **b)** *(to only a small extent)* ~ **as he liked it** sowenig es ihm auch gefiel; **he writes ~ now** er schreibt nur noch wenig; ~ **more/less than ...:** kaum mehr/weniger als ...; **that is ~ less than ...:** das grenzt schon an (+ *Akk.*) ...; **the holiday was ~ less than a disaster** der Urlaub war ein ziemlicher Reinfall *(ugs.);* **his behaviour is ~ less than disgraceful** sein Benehmen ist schon fast skandalös zu nennen
**little:** ~ **end** *n. (Brit. Motor Veh.)* Pleuelauge, *das (Technik);* ~ **'finger** *n.* kleiner Finger; **twist sb. round one's ~ finger** jmdn. um den [kleinen] Finger wickeln *(ugs.);* ~-**known** *adj.* wenig bekannt
**littleness** ['lɪtlnɪs] *n., no pl.* Kleinheit, *die*
**little theatre** *n.* Kleinbühne, *die*
**littoral** ['lɪtərl] **1.** *adj.* litoral *(Geogr.).* **2.** *n.* Litoral, *das (Geogr.);* Küstengebiet, *das*

**liturgical** [lɪ'tɜ:dʒɪkl] *adj.* liturgisch
**liturgy** ['lɪtədʒɪ] *n.* **a)** Liturgie, *die;* **b)** *(Book of Common Prayer)* **the ~:** das Book of Common Prayer
[1]**live** [laɪv] **1.** *adj.* **a)** *attrib. (alive)* lebend; **b)** *(Radio, Telev.)* ~ **performance** Live-Aufführung, *die;* ~ **broadcast** Live-Sendung, *die;* Direkt- *od.* Originalübertragung, *die;* **we go ~ tomorrow** *(fig.)* morgen machen wir Ernst; **c)** *(topical)* aktuell ⟨*Thema, Frage*⟩; **d)** *(Electr.)* stromführend; **e)** *(unexploded)* scharf ⟨*Munition usw.*⟩; **f)** *(glowing)* glühend ⟨*Kohle*⟩; **g)** *(joc.: actual)* **real ~:** richtig; **h)** *(Mech. Engin.)* Trieb⟨*rad, -feder*⟩; Antriebs⟨*achse, -rad, -welle*⟩. **2.** *adv. (Radio, Telev.)* live ⟨*übertragen usw.*⟩
[2]**live** [lɪv] **1.** *v. i.* **a)** leben; ~ **and let ~:** leben und leben lassen; ~ **by sth.** von etw. leben; **will he ~?** wird er am Leben bleiben?; **you'll ~** *(iron.)* du wirst's [schon] überleben *(iron.);* **as long as I ~ I shall never understand why ...:** mein Leben lang werde ich nicht begreifen, warum ...; ~ **to see** [mit]erleben; **she will ~ to regret her stupidity** sie wird ihre Dummheit noch bereuen; **you ~ and learn** man lernt nie aus; ~ **for sth./sb.** für etw./jmdn. leben; ~ **through sth.** etw. durchmachen *(ugs.); (survive)* etw. überleben; ~ **to a ripe old age/to be a hundred** ein hohes Alter erreichen/hundert Jahre alt werden; **long ~ the queen!** lang lebe die Königin!; **they ~d violently** ihr Leben stand im Zeichen der Gewalt; ~ **beyond one's means** über seine Verhältnisse leben; ~ **well** *(eat well)* es sich *(Dat.)* gutgehen lassen; *see also* **hand 1 a; b)** *(make permanent home)* wohnen; leben; **the room seems ~d in** das Zimmer scheint bewohnt zu sein; ~ **together** zusammenleben; ~ **with sb.** mit jmdm. zusammenleben; ~ **with sth.** *(lit. or fig.)* mit etw. leben. **2.** *v. t.* **a)** leben; ~ **one's own life** sein eigenes Leben leben; ~ **an honest life** ein ehrbares Leben führen; ~ **it up** das Leben in vollen Zügen genießen; *(have a good time)* einen draufmachen *(ugs.);* **b)** *(express)* ~ **one's convictions** nach seiner Überzeugung leben; **what others were preaching, he ~d** was andere nur predigten, lebte er vor
~ **'down** *v. t.* Gras wachsen lassen über (+ *Akk.*); **he will never be able to ~ it down** das wird ihm ewig anhängen
~ **'in** *v. i. (Brit.)* ⟨*Personal, Koch usw.:*⟩ im Haus wohnen; ⟨*Student, Krankenschwester:*⟩ im Wohnheim wohnen
~ **on 1.** ['--] *v. t.* leben von; *(fig.)* zehren von ⟨*Ruf*⟩; leben von ⟨*Hoffnung*⟩; ~ **on air** *(joc.)* von der Luft *od. (ugs. scherzh.)* von Luft und Liebe leben; *see also* **fat 2. 2.** [-'-] *v. i.* weiterleben
~ **out 1.** [-'-] *v. i. (Brit.)* außerhalb wohnen. **2.** ['--] *v. t.* **a)** *(survive)* überleben; überstehen ⟨*Winter, Woche*⟩; **b)** *(complete, spend)* verbringen; **they had ~d out their lives as fishermen** sie waren ihr Leben lang Fischer gewesen
~ **'up to** *v. t.* gerecht werden (+ *Dat.*); ~ **up to one's principles/faith** nach seinen Prinzipien/seinem Glauben leben; **he's a bright lad – I hope he ~s up to his promise** er ist ein aufgeweckter Bursche – ich hoffe, er hält, was er verspricht; ~ **up to one's reputation** seinem Ruf Ehre machen; ~ **up to one's income** seinen Verhältnissen entsprechend leben
**liveable** ['lɪvəbl] *adj.* lebenswert, erträglich ⟨*Leben*⟩
**live birth** [laɪv 'bɜ:θ] *n.* Lebendgeburt, *die*
**live-in** ['lɪvɪn] *attrib. adj.* ~ **cook** Koch *(der im Haus wohnt);* ~ **lover** Geliebter, der/ Geliebte, die bei ihr/ihm *usw.* wohnt
**livelihood** ['laɪvlɪhʊd] *n.* Lebensunterhalt, *der;* **gain a ~ from sth.** sich *(Dat.)* seinen Lebensunterhalt mit etw. verdienen; **her ~ is her painting** sie lebt von der Malerei

**liveliness** ['laɪvlɪnɪs] *n., no pl.* Lebhaftigkeit, *die*
**livelong** ['lɪvlɒŋ] *adj. (poet./rhet.)* **all the ~ day/night** den lieben langen Tag/die ganze Nacht [hindurch]
**lively** ['laɪvlɪ] *adj.* **a)** lebhaft; lebendig ⟨*Gegenwart*⟩; rege ⟨*Handel*⟩; **things start to get ~ at 9 a.m.** um 9 Uhr wird es lebhaft; **have a ~ sense of humour** immer zu Späßen aufgelegt sein; **look ~** *(coll.)* sich ranhalten *(ugs.);* **b)** *(vivid)* lebendig, anschaulich ⟨*Bericht, Schilderung*⟩; **c)** *(joc.: exciting, dangerous, difficult)* **things were getting ~:** die Sache wurde gefährlich; **give sb. a ~ time, make things ~ for sb.** jmdm. zu schaffen machen; **d)** *(fresh)* lebhaft ⟨*Farbe*⟩
**liven** *see* ~ **up 1**
**liven up** [laɪvn 'ʌp] **1.** *v. t.* Leben bringen in (+ *Akk.*). **2.** *v. i.* ⟨*Person:*⟩ aufleben; **things will ~ when ...:** es wird Leben in die Bude kommen *(ugs.),* wenn ...
[1]**liver** ['lɪvə(r)] *n. (Anat., Gastr.)* Leber, *die*
[2]**liver** *n.* **be a fast/clean ~:** ein flottes/solides Leben führen
**'liver-coloured** *adj.* leberbraun
**liveried** ['lɪvərɪd] *adj.* livriert
**liverish** ['lɪvərɪʃ] *adj.* **a)** *(unwell)* elend; unwohl; **b)** *(grumpy)* mürrisch
**Liverpudlian** [lɪvə'pʌdlɪən] **1.** *adj.* Liverpooler. **2.** *n.* Liverpooler, *der*/Liverpoolerin, *die*
**liver:** ~ **salts** *n. pl. (Brit.)* ≈ Magenmittel, *das;* ~ **sausage** *n.* Leberwurst, *die;* ~-**wort** *n.* Lebermoos, *das;* ~**wurst** ['lɪvəwɜ:st] *(Amer.) see* ~ **sausage**
**livery** ['lɪvərɪ] *n.* Livree, *die;* **in/out of ~:** livriert/nicht livriert
**livery:** ~ **company** *n. (Brit.) Londoner Zunft;* ~ **stable** *n.* Mietstall, *der*
**live** [laɪv]: ~**stock** *n. pl.* Vieh, *das;* **large number of ~stock** großer Viehbestand; ~ **weight** *n.* Lebendgewicht, *das;* ~ **'wire** *n. (Electr.)* stromführender Draht; *(fig.)* Energiebündel, *das (ugs.)*
**livid** ['lɪvɪd] *adj.* **a)** *(bluish)* bleigrau; **b)** *(Brit. coll.: furious)* fuchtig *(ugs.)*
**living** ['lɪvɪŋ] **1.** *n.* **a)** Leben, *das; see also* **cost of living; standard 1 b; b)** *(livelihood)* Lebensunterhalt, *der;* **make a ~:** seinen Lebensunterhalt verdienen; **earn one's [own] ~:** sich *(Dat.)* seinen Lebensunterhalt [selbst] verdienen; **make one's ~ out of farming** von der Landwirtschaft leben; **make a good ~:** viel verdienen; **it's a ~** *(joc.)* man kann davon leben; **c)** *(Brit. Eccl.)* Pfründe, *die;* **d)** *(way of life)* Lebensstil, *der;* **the art of ~:** die Kunst zu leben; **good ~:** üppiges Leben; *(pious)* guter Lebenswandel; **high ~:** hoher Lebensstandard; **e)** *in pl.* **the ~:** die Lebenden; **be still/back in the land of the ~:** noch/wieder unter den Lebenden weilen. **2.** *adj.* **a)** lebend; ~ **things** Lebewesen; **not a ~ soul** keine Menschenseele; **no man ~:** niemand auf der Welt; **it was a ~ death for him** er fühlte sich dort wie lebendig begraben; **within ~ memory** seit Menschengedenken; **be the ~ image of sb.** jmds. Ebenbild sein; **a ~ monument** ein lebendiges Zeugnis **(to** *Gen.*); *see also* **daylight c; b)** *(uncut, unquarried)* gewachsen ⟨*Stein, Fels*⟩; **c)** *(still in vernacular use)* lebend ⟨*Sprache*⟩
**living:** ~-**room** *n.* Wohnzimmer, *das;* ~-**space** *n.* **a)** Lebensraum, *der;* **b)** *(in dwelling)* Wohnraum, *der;* ~ **'wage** *n.* Lohn, von dem man leben kann
**Livy** ['lɪvɪ] *pr. n.* Livius *(der)*
**lizard** ['lɪzəd] *n.* Eidechse, *die*
**'ll** [l] *(coll.)* = **shall;** [1]**will**
**ll.** *abbr.* **lines** Zz.
**llama** ['lɑ:mə] *n. (Zool., Textiles)* Lama, *das*
**LL.B/LL.D/LL.M** *abbrs.* **Bachelor/Doctor/ Master of Laws;** *see also* **B. Sc.**
**lo** [ləʊ] *int.* **a)** ~ **and behold** *(joc.)* sieh[e] da; **b)** *(arch.)* siehe/seh[e]t

**loach** [ləʊtʃ] *n. (Zool.)* Schmerle, *die*
**load** [ləʊd] **1.** *n.* **a)** *(burden, weight)* Last, *die; (amount carried)* Ladung, *die;* **a ~ of hay** eine Ladung Heu; **barrow-~ of apples** Karre voll Äpfel; **a ~ of [old] rubbish** *or* **tripe** *(fig. coll.)* ein einziger Mist *(ugs.);* **talk a ~ of rubbish** eine Menge Blödsinn reden *(ugs.);* **what a ~ of rubbish!** was für ein Quatsch *(ugs.) od. (ugs. abwertend)* Schmarren!; **get a ~ of this!** *(sl.) (listen)* hör einmal gut *od.* genau zu! *(ugs.); (look)* guck mal genau hin! *(ugs.);* **b)** *(weight)* Last, *die; (Electr.)* Belastung, *die;* **c)** *(fig.)* Last, *die;* Bürde, *die (geh.);* **a heavy ~ of work** eine große Arbeitsbelastung; **take a ~ off sb.'s mind** jmdm. eine Last von der Seele nehmen; **that's a ~ off my mind** damit fällt mir ein Stein vom Herzen; **teaching ~** *(Sch.)* Deputat, *das;* **d)** *usu. in pl. (coll.: plenty)* **~s of** jede Menge *od.* massenhaft *(ugs.)* ⟨*Nahrungsmittel usw.*⟩; **have ~s of sense** sehr vernünftig sein. **2.** *v. t.* **a)** *(put ~ on)* beladen; **~ sb. with work** *(fig.)* jmdm. Arbeit auftragen *od. (ugs. abwertend)* aufhalsen *od. (geh.)* aufbürden; **b)** *(put as ~)* laden; **c)** *(weight with lead)* mit Blei beschweren; **~ed dice** präparierte Würfel; **the dice were ~ed against him** *(fig.)* er hatte schlechte Karten; **d)** *(charge)* laden ⟨*Gewehr*⟩; **~ a camera** einen Film [in einen Fotoapparat] einlegen; **e)** *(insert)* einlegen ⟨*Film, Tonband usw.*⟩ **(into** in + *Akk.*); **f)** *(strain)* schwer belasten; **a table ~ed with food** ein mit Speisen beladener Tisch; **g)** *(overwhelm) (with praise, presents, etc.)* überhäufen; *(with abuse)* überschütten. **3.** *v. i.* laden **(with** *Akk.*); Ladung übernehmen
**~ 'up** *v. i.* laden **(with** *Akk.*)
**'load-bearing** *adj.* tragend ⟨*Wand, Balken, Konstruktion*⟩
**loaded** ['ləʊdɪd] *adj.* **a)** *(sl.: rich)* **be ~:** [schwer] Kohle haben *(salopp);* **b)** *(sl.: drunk)* voll *(ugs.);* **c)** *(Amer. sl.: drugged)* high *(Jargon verhüll.);* **be ~ [up] on heroin** sich mit Heroin vollgepumpt haben *(ugs.);* **d) ~ for bear** *(Amer. coll.)* für alles gerüstet; **e) emotionally ~ words** emotional befrachtete Wörter; **a ~ question** eine suggestive Frage. *See also* **load 2**
**loader** ['ləʊdə(r)] *n.* **a)** *(person who loads gun)* [Gewehr]lader, *der;* **b)** *(machine)* Lader, *der;* **c)** *in comb. (gun etc.)* ⟨*Vorder-, Hinter*⟩lader, *der*
**'loading bay** *n.* Ladeplatz, *der*
**load: ~ line** *n.* Ladelinie, *die (Seew.);* **~-shedding** *n. (Electr.)* Stromabschaltung, *die;* **~star** *see* **lodestar; ~stone** *n.* **a)** *(oxide)* Magnetit, *der;* **b)** *(piece)* Magnet[eisen]stein, *der;* **c)** *(fig.)* Magnet, *der*
**¹loaf** [ləʊf] *n., pl.* **loaves** [ləʊvz] **a)** Brot, *das;* [Brot]laib, *der;* **a ~ of bread** ein Laib Brot; **a brown/white ~:** ein dunkles Brot/Weißbrot; **half a ~ is better than no bread** *or* **none** *(prov.)* wenig ist besser als gar nichts; **b)** *(sl.: head)* **use one's ~:** seinen Grips anstrengen *(ugs.);* **c) ~ sugar** Hutzucker, *der*
**²loaf 1.** *v. i.* **a) ~ round town/the house** in der Stadt/zu Hause herumlungern *(ugs.);* **b)** *(saunter)* trödeln *(ugs.).* **2.** *v. t.* **~ away** vertrödeln ⟨*Zeit*⟩
**loafer** ['ləʊfə(r)] *n.* **a)** *(idler)* Faulenzer, *der;* **b) L~, (P)** *bequemer [mokassinartiger] Halbschuh*
**loam** [ləʊm] *n.* **a)** *(paste)* Lehm, *der;* **b)** *(soil)* Lehmboden, *der*
**loamy** ['ləʊmɪ] *adj.* lehmig
**loan** [ləʊn] **1.** *n.* **a)** *(thing lent)* Leihgabe, *die;* **b)** *(lending)* **let sb. have/give sb. the ~ of sth.** jmdm. etw. leihen; **may I have the ~ of your mower?** könnte ich mir mal Ihren Rasenmäher ausleihen?; **be [out] on ~** ⟨*Buch, Schallplatte:*⟩ ausgeliehen sein; **have sth. on ~ [from sb.]** etw. [von jmdm.] geliehen haben; **c)** *(money lent)* Darlehen, *das;* Kredit, *der; (public ~)* Anleihe, *die.* **2.** *v. t.* **~ sth. to sb.** jmdm. etw. leihen; etw. an jmdn. verleihen
**loan: ~ collection** *n.* Leihgaben; **~ shark** *n. (coll.)* Kredithai, *der (ugs. abwertend);* **~-translation** *n.* Lehnübersetzung, *die;* **~-word** *n.* Lehnwort, *das*
**loath** [ləʊθ] *pred. adj.* **be ~ to do sth.** etw. ungern tun; **be nothing ~:** nicht abgeneigt sein
**loathe** [ləʊð] *v. t.* verabscheuen; nicht ausstehen können; **he ~s eggs** er mag Eier überhaupt nicht; **I ~ ironing** ich kann Bügeln nicht ausstehen; **I ~d having to tell her** ich fand es gräßlich, ihr das sagen zu müssen
**loathing** ['ləʊðɪŋ] *n.* Abscheu, *der* **(of, for** vor + *Dat.*); **have a ~ of sth.** Abscheu vor etw. *(Dat.)* haben; etw. verabscheuen
**loathsome** ['ləʊðsəm] *adj.* abscheulich; widerlich; verhaßt ⟨*Tätigkeit, Pflicht*⟩
**loaves** *pl. of* **¹loaf**
**lob** [lɒb] **1.** *v. t.,* **-bb-** in hohem Bogen werfen; *(Tennis)* lobben. **2.** *n. (Tennis)* Lob, *der*
**lobby** ['lɒbɪ] **1.** *n.* **a)** *(pressure group)* Lobby, *die;* Interessenvertretung, *die;* **b)** *(of hotel)* Eingangshalle, *die; (of theatre)* Foyer, *das; (anteroom) (narrow)* Flur, *der; (larger)* Vorraum, *der;* **c)** *(esp. Brit. Parl.: hall)* Lobby, *die;* Wandelhalle, *die.* **2.** *v. t. (als Lobby)* zu beeinflussen suchen ⟨*Abgeordnete*⟩. **3.** *v. i. (als Lobby)* seinen Einfluß geltend machen; **~ for/against sth.** *(als Lobby)* sich für etw. einsetzen/gegen etw. wenden
**lobbyist** ['lɒbɪɪst] *n.* Lobbyist, *der*/Lobbyistin, *die*
**lobe** [ləʊb] *n.* *(ear~)* Ohrläppchen, *das; (of liver, lung, brain)* Lappen, *der;* Lobus, *der (fachspr.); (of leaf)* Ausbuchtung, *die*
**lobed** [ləʊbd] *adj.* gelappt
**lobelia** [lə'bi:lɪə] *n. (Bot.)* Lobelie, *die*
**lobotomy** [ləʊ'bɒtəmɪ] *see* **leucotomy**
**lobster** ['lɒbstə(r)] *n.* Hummer, *der*
**'lobster-pot** *n.* Hummerkorb, *der*
**local** ['ləʊkl] **1.** *adj.* **a)** lokal *(bes. Zeitungsw.);* Lokal⟨*teil, -nachrichten, -sender*⟩; Kommunal⟨*politiker, -wahl, -abgaben*⟩; *(of this area)* hiesig; *(of that area)* dortig; ortsansässig ⟨*Firma, Familie*⟩; ⟨*Wein, Produkt, Spezialität*⟩ [aus] der Gegend; *(Bot.)* örtlich begrenzt [vorkommend]; lokal [verbreitet]; **~ knowledge** Ortskenntnis, *die;* **go into your ~ branch** gehen Sie zu Ihrer Filiale; **our ~ hairdresser** der Friseur bei uns in der Nähe/*(in village)* bei uns im Dorf; **she's a ~ girl** sie ist von hier/dort; **~ resident** Anwohner, *der*/Anwohnerin, *die;* **~ bus** hiesiger/dortiger Bus; *(serving immediate area)* Nahverkehrsbus, *der;* **your ~ candidate** der Kandidat Ihres Wahlkreises; **~ opinion** die Meinung der unmittelbar betroffenen Bevölkerung; **b)** *(Med.)* lokal ⟨*Schmerzen, Entzündung*⟩; örtlich ⟨*Betäubung*⟩; **c)** *(Post)* innerstädtisch ⟨*Briefzustellung, Post*⟩. **2.** *n.* **a)** *(inhabitant)* Einheimische, *der/die;* **b)** *(Brit. coll.: pub)* [Stamm]kneipe, *die*
**local: ~ anaes'thetic** *n.* Lokalanästhetikum, *das (Med.);* **[be treated] under a ~ anaesthetic** unter örtlicher Betäubung *od. (Med.)* Lokalanästhesie [behandelt werden]; **~ au'thority** *n. (Brit.)* Kommunalverwaltung, *die; attrib.* kommunal; **~ call** *n. (Teleph.)* Ortsgespräch, *das;* Nahbereichsgespräch, *das (Postw.);* **~ 'colour** *see* **colour 1g; ~ 'Derby** *see* **Derby a**
**locale** [ləʊ'kɑ:l] *n.* Ort, *der; (of crime etc.)* Schauplatz, *der*
**local 'government** *n.* Kommunalverwaltung, *die;* **~ elections/officials** Kommunalwahlen/-beamte
**localise** *see* **localize**
**locality** [lə'kælɪtɪ] *n.* **a)** *(position) (of thing)* Position [im Raum]; *(of person)* Aufenthaltsort, *der; (of mineral)* Vorkommen, *das;* **b)** *(district)* Ort, *der;* Gegend, *die*
**localize** ['ləʊkəlaɪz] *v. t.* **a)** *(restrict)* eingrenzen **(to** auf + *Akk.*); lokalisieren *(bes. Politik, Med.);* **b)** *(decentralize)* lokalisieren
**locally** ['ləʊkəlɪ] *adv.* im/am Ort; in der Gegend
**'local time** *n.* Ortszeit, *die;* **[it's] 3 p.m. ~:** [es ist] 15 Uhr Ortszeit
**locate** [lə'keɪt] *v. t.* **a)** *(position)* plazieren; **be ~d** liegen; gelegen sein; **the factory is to be ~d on the edge of the town** die Fabrik soll am Stadtrand errichtet werden; **b)** *(determine position of)* ausfindig machen; lokalisieren *(fachspr.);* orten *(Flugw., Seew.)*
**location** [lə'keɪʃn] *n.* **a)** *(position)* Lage, *die; (place)* Ort, *der; (of ship, aircraft, police car)* Position, *die; (of person, building, etc.)* Standort, *der;* **discover the ~ of sth.** etw. ausfindig machen; **b)** *(positioning)* Positionierung, *die;* **c)** *(determination of position of)* Lokalisierung, *die;* **succeed in the ~ of the buried treasure** den vergrabenen Schatz ausfindig machen; **d)** *(Cinemat.)* Drehort, *der;* **be on ~:** bei Außenaufnahmen sein; **shoot on ~:** Außenaufnahmen drehen; **e)** *(S. Afr.)* [Bantu]siedlung, *die*
**loc. cit.** [lɒk 'sɪt] *abbr.* **in the passage already quoted** loc. cit.; a. a. O.
**loch** [lɒx, lɒk] *n. (Scot.)* See, *der; (in Scotland)* Loch, *der; (arm of sea)* Meeresarm, *der; (in Scotland)* Loch, *der*
**Loch Ness** [lɒx 'nes, lɒk 'nes] *pr. n.* Loch Ness *(der);* **~ monster** Ungeheuer von Loch Ness
**¹lock** [lɒk] *n.* **a)** *(tress of hair)* [Haar]büschel, *das;* [Haar]strähne, *die; (ringlet)* Locke, *die;* **b)** *in pl. (hair)* Haar, *das;* **c)** *(of wool, cotton, etc.)* Flocke, *die*
**²lock 1.** *n.* **a)** *(of door etc.)* Schloß, *das;* **under ~ and key** unter [strengem] Verschluß; **b)** *(on canal etc.)* Schleuse, *die;* **c)** *(on wheel)* Sperrvorrichtung, *die;* Sperre, *die;* **d)** *(Wrestling)* Fesselgriff, *der;* Klammergriff, *der;* **e)** *(of gun)* Schloß, *das;* **~, stock, and barrel** *(fig.)* mit allem Drum und Dran *(ugs.);* **condemn sth. ~, stock, and barrel** *(fig.)* etw. in Bausch und Bogen verurteilen; **f)** *(Motor Veh.)* Lenkeinschlag, *der;* **full [left/right] ~:** voller Lenk[rad]einschlag [nach links/rechts]; **g)** *(Rugby)* **~ [forward]** Gedrängespieler in der zweiten Reihe; **h)** *see* **airlock b. 2.** *v. t.* **a)** *(fasten)* zuschließen, abschließen; **~ *or* shut the stable-door after the horse has bolted** *(fig.)* den Brunnen erst zudecken, wenn das Kind hineingefallen ist; **b)** *(shut)* **~ sb./sth. in sth.** jmdn./etw. in etw. *(Akk.)* [ein]schließen; **~ sb./sth. out of sth.** jmdn./etw. aus etw. aussperren; **c)** *(Mech. Engin.: engage)* befestigen **(in** in + *Dat.*); **d)** *in p.p. (joined)* **the wrestlers were ~ed in combat** die Ringer hielten sich im Fesselgriff; **the lovers were ~ed in an embrace** die Liebenden hielten sich fest umschlungen. *See also* **horn 1 a. 3.** *v. i.* ⟨*Tür, Kasten usw.:*⟩ sich ab-/zuschließen lassen
**~ a'way** *v. t.* einschließen; wegschließen; einsperren ⟨*Person, Tier*⟩; **he ought to be ~ed away** er gehört hinter Schloß und Riegel
**~ 'in** *v. t.* einschließen; *(deliberately)* einsperren ⟨*Person, Tier*⟩
**~ 'on to** *v. t.* **a)** ⟨*Rakete:*⟩ erfassen ⟨*Ziel*⟩; **b)** ⟨*Teleskop:*⟩ sich einstellen auf (+ *Akk.*) ⟨*Objekt*⟩
**~ 'out** *v. t.* **a)** aussperren; **~ oneself out** sich aussperren; **b)** *(Industry)* aussperren ⟨*Arbeiter*⟩; *see also* **lock-out**
**~ 'up 1.** *v. i.* abschließen. **2.** *v. t.* **a)** abschließen ⟨*Haus, Tür*⟩; **b)** *(imprison)* einsperren; **he ought to be ~ed up** er gehört hinter Schloß und Riegel; **c)** *(store inaccessibly)* binden ⟨*Kapital*⟩; *(fig.)* unterdrücken ⟨*Gefühle*⟩; **~ sth. up in one's heart** *(fig.)* etw. ganz für sich behalten. *See also* **lock-up**
**locker** ['lɒkə(r)] *n.* **a)** Schließfach, *das;* **b)** *(Naut.)* Schapp, *das od. der (Seemannsspr.)*

**ˈlocker-room** *n.* Umkleideraum, *der*

**locket** [ˈlɒkɪt] *n.* Medaillon, *das*

**lock: ~-gate** *n.* Schleusentor, *das;* **~jaw** *n. (Med.)* Kieferklemme, *die; (disease)* Wundstarrkrampf, *der;* **~-keeper** *n.* Schleusenwärter, *der;* **~-nut** *n. (Mech.)* Kontermutter, *die;* **~-out** *n.* Aussperrung, *die;* **~smith** *n.* Schlosser, *der;* **~-stitch 1.** *n.* Doppelsteppstich, *der;* **2.** *v. t. & i.* steppen; **~-up 1.** *n.* **a)** *(closing-time)* Toresschluß, *der;* **b)** *(jail)* Gewahrsam, *das (veralt.);* **2.** *adj.* **a)** *(Brit.)* **~-up shop/garage** *Laden in einem Gebäude, in dem der Inhaber nicht wohnt/nicht unmittelbar bei der Wohnung gelegene Garage;* **b) ~-up time** Toresschluß, *der*

**locomotion** [ləʊkəˈməʊʃn] *n.* Fortbewegung, *die;* Lokomotion, *die (fachspr.)*

**locomotive** [ˈləʊkəməʊtɪv, ləʊkəˈməʊtɪv] **1.** *n.* Lokomotive, *die.* **2.** *adj.* **a)** *(of locomotion)* lokomotorisch *(fachspr.);* **b)** *(not stationary)* fahrbar ⟨*Kran*⟩; **~ engine** Lokomotive, *die*

**locum** [ˈləʊkəm] *n., (coll.),* **locum tenens** [ləʊkəm ˈtenenz] *n., pl.* **locum tenentes** [ləʊkəm teˈnenti:z] [Stell]vertreter, *der*/-vertreterin, *die*

**locus** [ˈləʊkəs] *n., pl.* **loci** [ˈləʊsaɪ] **a)** *(Math.)* geometrischer Ort; **b)** *(Biol.)* Genort, *der*

**locust** [ˈləʊkəst] *n.* **a)** [Wander]heuschrecke, *die;* **b)** *(Amer.: cicada)* Zikade, *die;* **c)** *(Bot.)* **~ [bean]** Johannisbrot, *das;* **~ [tree]** *(carob tree)* Johannisbrotbaum, *der; (false acacia)* Robinie, *die;* Scheinakazie, *die*

**locution** [ləˈkju:ʃn] *n.* Lokution, *die (geh.); (style)* Ausdrucksweise, *die; (idiom)* Ausdruck, *der;* Redewendung, *die*

**lode** [ləʊd] *n. (Min.)* Erzgang, *der*

**loden** [ˈləʊdn] *n. (cloth)* Loden, *der*

**lode: ~star** *n.* Leitstern, *der; (esp.)* Polarstern, *der; (fig.)* Leitbild, *das;* **~stone** *see* **loadstone**

**lodge** [lɒdʒ] **1.** *n.* **a)** *(servant's cottage)* Pförtner-/Gärtnerhaus, *das; (Sport)* [Jagd-/Ski]hütte, *die; (hotel)* Hotel, *das;* **b)** *(porter's room)* [Pförtner]loge, *die; (at gate of school etc.)* Pedelloge, *die;* **c)** *(Freemasonry)* Loge, *die;* **grand ~:** Großloge, *die;* **d)** *(lair)* Bau, *der;* **e)** *(of trade union)* Ortsgruppe, *die.* **2.** *v. t.* **a)** *(deposit formally)* einlegen ⟨*Beschwerde, Protest, Berufung usw.*⟩; *(bring forward)* erheben ⟨*Einspruch, Protest*⟩; einreichen ⟨*Klage*⟩; **~ information against sb.** jmdn. anzeigen; **b)** *(house)* unterbringen; *(receive as guest)* beherbergen; bei sich unterbringen; *(establish as resident)* einquartieren; **c)** *(leave)* **~ sth. with sb./in a bank** *etc.* etw. bei jmdm./in einer Bank *usw.* hinterlegen *od.* deponieren; **d) ~ power** *etc.* **in the hands of** *or* **with sb.** jmdm. Macht *od.* Befugnis[se] *usw.* übertragen; **e)** *(put, fix)* stecken; [hinein]stoßen ⟨*Schwert, Messer usw.*⟩; **be ~d in sth.** in etw. *(Dat.)* stecken; **become ~d in sth.** ⟨*Kugel, Messer:*⟩ steckenbleiben in etw. *(Dat.);* **the idea became ~d in his mind** der Gedanke setzte sich in ihm fest. **3.** *v. i.* **a)** *(be paying guest)* [zur Miete] wohnen; **b)** *(enter and remain)* steckenbleiben (**in** in + *Dat.*); hängenbleiben (**on** an + *Dat.*); **~ in sb.'s memory** jmdm. im Gedächtnis bleiben; **c)** *(reside)* wohnen; *(pass the night)* übernachten; nächtigen *(geh.)*

**odger** [ˈlɒdʒə(r)] *n.* Untermieter, *der*/Untermieterin, *die; see also* **take in d**

**odging** [ˈlɒdʒɪŋ] *n.* **a)** *usu. in pl. (rented room)* [möbliertes] Zimmer; **b)** *(accommodation)* Unterkunft, *die;* **board** *or* **food and ~:** Unterkunft und Verpflegung; Kost und Logis

**odging-house** *n.* Pension, *die*

**oess** [ˈləʊes] *n. (Geol.)* Löß, *der*

**oft** [lɒft] **1.** *n.* **a)** *(attic)* [Dach]boden, *der; (Amer.: room)* Dachzimmer, *das;* **~ conversion** Dachausbau, *der;* **b)** *(over stable)* Heuboden, *der;* **c)** *(pigeon-house)* Taubenschlag, *der;* **d)** *(gallery in church)* Empore, *die.* **2.** *v. t. (Sport)* hochspielen ⟨*Ball*⟩; **~ a ball over sth.** einen Ball über etw. *(Akk.)* heben

**loftily** [ˈlɒftɪlɪ] *adv.* **a)** *(grandiosely)* feierlich ⟨*schreiben, sprechen*⟩; **b)** *(haughtily)* hochmütig; überheblich

**lofty** [ˈlɒftɪ] *adj.* **a)** *(exalted, grandiose)* hoch; hehr *(geh.);* hochfliegend ⟨*Ideen*⟩; hochgesteckt ⟨*Ziele*⟩; *(fig.: elevated)* feierlich ⟨*Stil*⟩; **b)** *(high)* hoch [aufragend]; hoch ⟨*Flug, Raum*⟩; **c)** *(haughty)* hochmütig; überheblich

**¹log** [lɒg] **1.** *n.* **a)** *(rough piece of timber)* [geschlagener] Baumstamm; *(part of tree-trunk)* Klotz, *der; (as cut for firewood)* [Holz]scheit, *das;* **be as easy as falling off a ~:** kinderleicht sein; **sleep like a ~:** schlafen wie ein Klotz; **b) ~[-book]** Tagebuch, *das; (Naut.)* Logbuch, *das; (Aeronaut.)* Bordbuch, *das;* **c)** *(Naut.: float etc.)* Log, *das.* **2.** *v. t.,* **-gg- a)** *(record)* Buch führen über *(Akk.); (Naut.)* ins Logbuch eintragen; **b)** *(achieve)* verbuchen

**~ ˈoff** *v. i.* sich abmelden

**~ ˈon** *v. i.* sich anmelden

**²log** *n. (Math.)* Logarithmus, *der*

**loganberry** [ˈləʊgnberɪ] *n.* Loganbeere, *die*

**logarithm** [ˈlɒgərɪðm] *n. (Math.)* Logarithmus, *der*

**logarithmic** [lɒgəˈrɪðmɪk] *adj. (Math.)* logarithmisch

**log: ~-book** *n.* **a)** *(Brit.: of car)* Zulassung, *die;* **b)** *see* **¹log 1 b; ~ ˈcabin** *n.* Blockhütte, *die;* **~-ˈfire** *n.* Holzfeuer, *das*

**loggerheads** [ˈlɒgəhedz] *n. pl.* **be at ~ with sb.** mit jmdm. im Clinch liegen; **they were constantly at ~:** sie lagen ständig miteinander im Clinch

**loggia** [ˈləʊdʒɪə, ˈlɒdʒjə] *n.* Loggia, *die*

**logic** [ˈlɒdʒɪk] *n.* Logik, *die*

**logical** [ˈlɒdʒɪkl] *adj.* **a)** logisch; **she has a ~ mind** sie denkt logisch; **b)** *(clear-thinking)* logisch denkend; klar denkend

**logicality** [lɒdʒɪˈkælɪtɪ] *n.* Logik, *die*

**logically** [ˈlɒdʒɪkəlɪ] *adv.* logisch

**logical ˈpositivism** *n. (Philos.)* logischer Empirismus

**logician** [ləˈdʒɪʃn] *n. (Philos.)* Logiker, *der*/Logikerin, *die*

**logistic** [ləˈdʒɪstɪk] *adj.* logistisch

**logistics** [ləˈdʒɪstɪks] *n. pl.* Logistik, *die*

**ˈlog jam** *n. Stau von treibendem Holz/Flößholz;* **the talks failed to move** *or* **break the ~** *(fig.)* die Gespräche haben keinen Durchbruch gebracht

**logo** [ˈlɒgəʊ, ˈləʊgəʊ] *n., pl.* **~s** Signet, *das;* Logo, *das*

**ˈlog tables** *n. pl.* Logarithmentafeln

**loin** [lɔɪn] *n.* **a)** *in pl. (Anat.)* Lende, *die; see also* **gird up; b)** *(meat)* Lende, *die*

**ˈloincloth** *n.* Lendenschurz, *der*

**loiter** [ˈlɔɪtə(r)] *v. i.* trödeln; bummeln; *(linger suspiciously)* herumlungern; **~ with intent** sich mit krimineller Absicht irgendwo aufhalten

**~ aˈway** *v. t.* vertrödeln ⟨*Zeit*⟩

**loiterer** [ˈlɔɪtərə(r)] *n.* Herumtreiber, *der;* Herumlungerer, *der (salopp)*

**loll** [lɒl] *v. i.* **a)** *(lounge)* sich lümmeln *(ugs. abwertend);* **don't ~!** lümmel dich nicht so!; **b)** *(droop)* ⟨*Zunge:*⟩ heraushängen; ⟨*Kopf:*⟩ hängen

**~ aˈbout, ~ aˈround** *v. i.* sich herumlümmeln *(ugs. abwertend)*

**lollipop** [ˈlɒlɪpɒp] *n.* Lutscher, *der*

**lollipop: ~ man/woman** *ns. (Brit. coll.) Mann/Frau in der Funktion eines Schülerlotsen*

**lollop** [ˈlɒləp] *v. i. (coll.) (bob up and down)* ⟨*Kaninchen usw.:*⟩ hoppeln; *(proceed by clumsy bounds)* zotteln *(ugs.);* trotten

**lolly** [ˈlɒlɪ] *n.* **a)** *(Brit. coll.: lollipop)* Lutscher, *der;* **ice[d] ~:** Eis am Stiel; **b)** *no pl., no indef. art. (sl.: money)* Kohle, *die (salopp)*

**Lombardy** [ˈlɒmbədɪ] *pr. n.* Lombardei, *die;* **~ poplar** *(Bot.)* Pyramidenpappel, *die*

**London** [ˈlʌndən] **1.** *pr. n.* London *(das).* **2.** *attrib. adj.* Londoner

**Londoner** [ˈlʌndənə(r)] *pr. n.* Londoner, *der*/Londonerin, *die*

**lone** [ləʊn] *attrib. adj.* **a)** *(poet./rhet.: solitary)* einsam; **b)** *(lonesome)* einsam; **c) ~ hand** *(Cards: player)* Einzelspieler, *der*/-spielerin, *die;* **play** *or* **hold a ~ hand** allein spielen; **play a ~ hand** *(fig.)* einen Alleingang machen

**loneliness** [ˈləʊnlɪnɪs] *n., no pl.* Einsamkeit, *die; (remoteness)* Abgeschiedenheit, *die*

**lonely** [ˈləʊnlɪ] *adj.* einsam; *(remote)* abgeschieden; **~ heart** einsames Herz

**loner** [ˈləʊnə(r)] *n.* Einzelgänger, *der*/-gängerin, *die*

**lonesome** [ˈləʊnsəm] *adj.* einsam; **by** *or* **on one's ~:** ganz allein

**lone ˈwolf** *n. (fig.)* Einzelgänger, *der*/-gängerin, *die*

**¹long** [lɒŋ] **1.** *adj.,* **~er** [ˈlɒŋgə(r)], **~est** [ˈlɒŋgɪst] **a)** lang; weit ⟨*Reise, Weg*⟩; **be ~ in the tooth** nicht mehr der/die Jüngste sein; **she's getting a bit ~ in the tooth for that** dafür ist sie allmählich vielleicht doch etwas zu alt; **in two days at the ~est** in spätestens zwei Tagen; **it will take two hours at the ~est** es wird höchstens zwei Stunden dauern; **take a ~ view of sth.** etw. auf lange *od.* weite Sicht sehen; **two inches/weeks ~:** zwei Zoll/Wochen lang; *see also* **law k; way 1 e; b)** *(elongated)* länglich; schmal; **pull** *or* **make a ~ face** *(fig.)* ein langes Gesicht ziehen *od.* machen *(ugs.);* **c)** *(of extended duration)* lang; **~ service** *(esp. Mil.)* langjähriger Dienst; **in the ˈ~ run** auf die Dauer; auf lange Sicht; **in the ˈ~ term** auf lange Sicht; langfristig; **for a ˈ~ time** lange; *(still continuing)* seit langem; **what a ~ time you've been away!** du warst aber lange [Zeit] fort!; **~ time no see!** *(coll.)* lange nicht gesehen! *(ugs.);* **d)** *(tediously lengthy)* lang[atmig]; weitschweifig; **e)** *(lasting)* lang; langjährig ⟨*Gewohnheit, Freundschaft*⟩; alt ⟨*Brauch, Gewohnheit*⟩; **f)** klein, gering ⟨*Chance*⟩; **it would be a ~ chance that ...:** es ist ziemlich unwahrscheinlich, daß ...; **g)** *(seemingly more than stated)* lang ⟨*Minute, Tag, Jahre usw.*⟩; **h)** *(coll.: tall)* lang *(ugs.)* ⟨*Person*⟩; hoch ⟨*Fenster*⟩; **i)** lang ⟨*Gedächtnis*⟩; **have a ~ memory for sth.** etw. nicht so schnell vergessen; **j)** *qualifying number or measure:* **~ dozen** dreizehn [Stück]; **~ hundred** hundertzwanzig [Stück]; Großhundert, *das (veralt.);* **~ hundredweight** englischer Zentner; **~ ton** Longton, *die;* **k)** *(consisting of many items)* lang ⟨*Liste usw.*⟩; hoch ⟨*Zahl*⟩; **l)** *(Phonet., Pros.)* lang; **m)** *(Cards)* **~ suit** lange Farbe; **be sb.'s ~ suit** *(fig.)* jmds. Stärke sein; **n) be ~ on sth.** *(coll.)* ein Ausbund an etw. *(Dat.)* sein *(ugs.).* **2.** *n.* **a)** *(long interval)* **take ~:** lange dauern; **for ~:** lange; *(since ~ ago)* seit langem; **before ~:** bald; **it is ~ since ...:** es ist lange her, daß ...; **b) the ~ and the short of it is ...:** der langen Rede kurzer Sinn ist ... **3.** *adv.,* **~er, ~est a)** lang[e]; **as** *or* **so ~ as** solange; **the shop hasn't ~ been open** den Laden gibt es noch nicht lange; **you should have finished ~ before now** du hättest schon längst *od.* viel früher fertig sein sollen; **I knew her ~ before I met you** ich kenne sie schon viel länger als dich; **not ~ before that** kurz davor *od.* zuvor; **not ~ before I ...:** kurz bevor ich ...; **~ since** [schon] seit langem; **all day/night/summer ~:** den ganzen Tag/die ganze Nacht/den ganzen Sommer [über *od.* lang]; **a quiet resort, ~ the gathering place of ...:** ein ruhiger Ferienort, lange/*(still continuing)* schon lange Versammlungsort von ...; **not be ~ for this world** nicht mehr lange zu leben haben; **I shan't be ~:** ich bin gleich fertig; *(departing)* bis gleich!; **don't be ~!**

beeil dich!; **don't be ~ about [doing] it!** laß dir nicht zuviel Zeit damit!; **sb. is ~ [in** *or* **about doing sth.]** jmd. braucht lange *od.* viel Zeit[, um etw. zu tun]; **the opportunity was not ~ in coming** es dauerte nicht lange, bis sich die Gelegenheit bot; **much ~er** viel länger; **not wait any/much ~er** nicht mehr länger/viel länger warten; **no ~er** nicht mehr; nicht länger ⟨*warten usw.*⟩; **we no ~er had any hope** wir hatten keine Hoffnung mehr; **play can't go on much ~er** das Spiel muß bald abgebrochen werden; **how much ~er is he going to sleep?** wie lange schläft er denn noch?; *see also* **ago; 'so 1 a; b) as** *or* **so ~ as** *(provided that)* solange; wenn

**²long** *v. i.* **~ for sb./sth.** sich nach jmdm./etw. sehnen; **~ for the end of sth./for the summer to come** das Ende einer Sache/den Sommer herbeisehnen; **~ for sb. to do sth.** sich *(Dat.)* [sehr] wünschen, daß jmd. etw. tut; **I ~ for you to come home** ich warte sehnsüchtig darauf, daß du nach Hause kommst; **~ to do sth.** sich danach sehnen, etw. zu tun; **he ~ed to ask his mother the meaning of it** es drängte ihn, seine Mutter zu fragen, was das bedeutete; **[much] ~ed-for** [lang]ersehnt

**long.** *abbr.* **longitude** Lg.

**long: ~-ago 1.** *n.* längst vergangene Zeit[en]; **2.** *adj.* längst vergangen; **~boat** *n.* Barkasse, *die;* Langboot, *das;* **~bow** *n. (Mil.)* Langbogen, *der;* **~-case 'clock** *n.* Standuhr, *die;* **~-dated** *adj. (Finance)* langfristig; **~-distance 1.** ['---] *adj.* Fern⟨*gespräch, -verkehr usw.*⟩; Langstrecken⟨*lauf, -läufer, -flug usw.*⟩; **~-distance coach** Reise- *od.* Überlandbus, *der;* **~-distance lorry-driver** Fern[last]fahrer, *der;* **2.** [-'--] *adv.* **phone ~-distance** ein Ferngespräch führen; **~ division** *see* **division g; ~-drawn[-out]** *adj.* langgezogen ⟨*Schrei, Ton*⟩; langatmig ⟨*Erklärung, Diskussion*⟩; ausgedehnt ⟨*Wanderung*⟩; **~ drink** *n.* Longdrink, *der*

**longevity** [lɒn'dʒevɪtɪ] *n., no pl.* Langlebigkeit, *die*

**long: ~-forgotten** *adj.* längst vergessen; **~-haired** *adj.* langhaarig; Langhaar⟨*dackel, -katze*⟩; **~hand** *n.* Langschrift, *die;* **~ haul** *n.* Langstreckentransport, *der;* [Güter]ferntransport, *der;* **it's a ~ haul** das ist ein weiter Weg; **~-haul** *adj.* Fern⟨*verkehr, -lastwagen*⟩; Langstrecken⟨*[flug]verkehr*⟩; Fernverkehrs⟨*bus, -verbindung*⟩; **~ hop** *n. (Cricket) kurz aufgesetzter und dann weit fliegender Ball;* **~horn** *n.* **a)** *(cattle)* Longhorn, *das;* **b)** *(beetle)* Bockkäfer, *der*

**longing** ['lɒŋɪŋ] **1.** *n.* Verlangen, *das;* Sehnsucht, *die; (craving)* Gelüst, *das (geh.);* **I had a sudden ~ for a cigarette** ich hatte plötzlich Lust auf eine Zigarette. **2.** *adj.* sehnsüchtig

**longingly** ['lɒŋɪŋlɪ] *adv.* voll Sehnsucht; sehnsüchtig

**longish** ['lɒŋɪʃ] *adj.* ziemlich lang

**longitude** ['lɒndʒɪtju:d, 'lɒŋgɪtju:d] *n.* **a)** *(Geog.)* [geographische] Länge; *(of a place)* Länge, *die;* **~ 40° E** 40° östlicher Länge; **b)** *(Astron.)* Länge, *die*

**longitudinal** [lɒndʒɪ'tju:dɪnl, lɒŋgɪ'tju:dɪnl] *adj.* **a)** Längen⟨*ausdehnung, -messung*⟩; **b)** *(running lengthwise)* längsgerichtet; **~ stripe** Längsstreifen, *der;* **c) ~ wave** *(Phys.)* Longitudinalwelle, *die*

**long: ~ johns** *n. pl. (coll.)* lange Unterhosen; **~ jump** *n. (Brit. Sport)* Weitsprung, *der;* **~-lasting** *adj.* langandauernd; anhaltend ⟨*Niederschläge, Schneefälle usw.*⟩; dauerhaft ⟨*Beziehung, Freundschaft*⟩; **~-legged** *adj.* langbeinig; **~ 'lens** *n. (Photog.)* Fernobjektiv, *das;* **~-life** *adj.* haltbar [gemacht]; **~-life battery** Batterie mit langer Lebensdauer; **~-life milk** H-Milch, *die;* **~-lived** ['lɒŋlɪvd] *adj. (durable)* andauernd; *(having long life)* langlebig; **be ~-lived** sehr alt werden; **a ~-lived family** eine Familie, in der alle sehr alt werden; **~ 'odds** *n. pl. (Racing, also fig.)* geringe Gewinnchancen; **~ 'player, ~-playing 'record** *ns.* Langspielplatte, *die;* **~-range** *adj.* **a)** *(having a long range)* Langstrecken⟨*flugzeug, -rakete usw.*⟩; ⟨*Geschütz*⟩ mit großer Reichweite; **b)** *(relating to the future)* langfristig; **~-running** *adj.* anhaltend; Langzeit⟨*versuch*⟩; wochen-/monate-/jahrelang ⟨*Debatte, Streit usw.*⟩; lange laufend ⟨*Theaterstück*⟩; **~ ship** *n. (Hist.)* Wikingerschiff, *das;* **~-shoreman** ['lɒŋʃɔ:mən] *n., pl.* **~-shoremen** ['lɒŋʃɔ:mən] *n.* Schauermann, *der;* **~ shot** *n.* **a)** *(wild guess)* reine Spekulation; **b)** *(bet at long odds)* gewagter Versuch; **c)** *(Cinemat.)* Fernaufnahme, *die;* **d) not by a ~ shot** bei weitem nicht; **~ 'sight** *n.* Weitsichtigkeit, *die;* **have ~ sight** weitsichtig sein; **~-sighted** *adj.* weitsichtig; *(fig.)* weitblickend; vorausschauend; **~-sleeved** ['lɒŋsli:vd] *adj.* langärmelig; **~-standing** *attrib. adj.* seit langem bestehend; langjährig ⟨*Freundschaft usw.*⟩; alt ⟨*Schulden, Rechnung, Streit*⟩; **~-stop** *n. (fig.)* Notnagel, *der;* **~-suffering** *adj.* schwer geprüft; *(meek)* geduldig; **~-term** *adj.* langfristig; **~-time** *adj.* seit langem bestehend; alt ⟨*Zwist, Freund*⟩; **~ va'cation** *n. (Brit.)* Sommer[semester]ferien *Pl.; (Law)* Sommerpause, *die;* **~ wave** *n. (Radio)* Langwelle, *die;* **~-wave** *adj. (Radio)* Langwellen-; **~ways** *adv.* längs; in Längsrichtung; **~-winded** [lɒŋ'wɪndɪd] *adj.* langatmig; weitschweifig

**loo** [lu:] *n. (Brit. coll.)* Klo, *das (ugs. fam.)*

**loofah** ['lu:fə] *n.* **a)** *(sponge)* Luffaschwamm, *der;* **b)** *(Bot.)* Luffa, *die*

**look** [lʊk] **1.** *v. i.* **a)** sehen; gucken *(ugs.);* schauen *(bes. südd., sonst geh.);* **~ down at one's feet** zu Boden blicken; **don't ~ now, but ...:** sieh jetzt nicht hin, aber ...; **~ before you leap** *(prov.)* erst wägen, dann wagen *(Spr.);* **~ the other way** *(fig.)* die Augen verschließen; **not know which way to ~:** nicht wissen, wohin man sehen soll; **as quick** *or* **soon as ~ [at you]** *(coll.: very readily)* ohne zu zögern; *see also* **eye 1 a; b)** *(search)* nachsehen; **c)** *(face)* zugewandt sein **(to[wards]** *Dat.);* **the windows ~ north** die Fenster liegen *od.* gehen nach Norden; **the room ~s on to the road/into the garden** das Zimmer liegt zur Straße/zum Garten hin *od.* geht zur Straße/zum Garten; **d)** *(appear)* aussehen; **~ as if [so]** aussehen, als ob; **~ well/ill** gut *od.* gesund/schlecht *od.* krank aussehen; **~ like** aussehen wie; **it ~s like rain** es sieht nach Regen aus; **he ~s like winning** es sieht so aus, als ob er gewinnt; **make sb. ~ small** jmdn. herabsetzen; jmdn. heruntermachen *(salopp); see also* **alive d; black 1 d; ¹fool 1 a; e)** *(seem to be)* **she ~s her age/her 40 years** man sieht ihr ihr Alter/die 40 Jahre an; **you ~ yourself again** es scheint dir wieder gut zu gehen; **you don't ~ yourself** du siehst schlecht aus; **~ the part** *(lit. or fig.)* so aussehen; **she ~ed the part to perfection** sie war für die Rolle wie geschaffen; **f)** *(inquire)* **you haven't ~ed deep enough into it** du hast dich nicht eingehend genug damit befaßt; **~ [here]!** *(demanding attention)* hören Sie/hör zu; *(protesting)* passen Sie/paß ja *od.* bloß auf!; **~ sharp [about sth.]** *(hurry up)* sich [mit etw.] beeilen; **~ inwards** in sich *(Akk.)* hineinblicken; nach innen blicken; **g)** *(take care, make sure)* **~ that ...:** dafür sorgen *od.* zusehen *od.* darauf achten, daß ...; **~ to do sth.** *(expect)* erwarten *od.* hoffen, etw. zu tun. **2.** *v. t.* **a)** *(ascertain by sight)* nachsehen; *in exclamation of surprise etc.* sich *(Dat.)* ansehen; **~ what you've done!** sieh [dir mal an], was du getan *od.* angerichtet hast!; **~ who's here!** sieh mal, wer da *od.* gekommen ist!; **b)** *(express by one's ~s)* **~ a question at sb.** jmdn. fragend ansehen; **she ~ed her surprise** die Überraschung stand ihr im Gesicht geschrieben; *see also* **dagger a. 3.** *n.* **a)** Blick, *der;* **get a good ~ at sb.** jmdn. gut *od.* genau sehen [können]; **have** *or* **take a ~ at sb./sth.** sich *(Dat.)* jmdn./etw. ansehen; einen Blick auf jmdn./etw. werfen; **have a ~ at a town** sich *(Dat.)* eine Stadt ansehen; **let sb. have a ~ at sth.** jmdn. etw. sehen lassen; **if ~s could kill** wenn Blicke töten könnten; **b)** *in sing. or pl. (person's appearance)* Aussehen, *das; (facial expression)* [Gesichts]ausdruck, *der;* **from** *or* **by the ~[s] of sb.** von jmds. Aussehen zu schließen; **good ~s** gutes Aussehen; **she's lost her ~s** sie hat ihre Schönheit verloren; **have a hungry ~:** hungrig aussehen; **have the ~ of an artist** wie ein Künstler aussehen; **put on a ~ of innocence** eine Unschuldsmiene aufsetzen; **there were angry ~s from them** sie guckten *od. (geh.)* blickten böse; *see also* **black 1 f; c)** *(thing's appearance)* Aussehen, *das; (Fashion)* Look, *der;* **have a neglected ~:** verwahrlost aussehen; **from** *or* **by the ~ of the furniture** *etc.* [so] wie die Möbel *usw.* aussehen; **by the ~[s] of it** *or* **things** [so] wie es aussieht; **the house is empty, by the ~ of it** das Haus steht allem Anschein nach leer; **I don't like the ~ of this** das gefällt mir gar nicht; **the place has a European ~:** der Ort wirkt europäisch; **for the ~ of the thing** *(coll.)* um den Schein zu wahren

**~ a'bout 1.** *v. t.* **~ about a room** sich in einem Zimmer umsehen; **~ about one** sich umsehen *od.* umschauen. **2.** *v. i.* **a)** sich umsehen; **~ about everywhere** *(search)* überall gucken; **b)** *(be watchful)* sich vorsehen; **~ about for sth.** sich nach etw. umsehen

**~ 'after** *v. t.* **a)** *(follow with one's eyes)* nachsehen (+ *Dat.*); **b)** *(attend to)* sich kümmern um; **c)** *(care for)* sorgen für; **~ after oneself** allein zurechtkommen; für sich selbst sorgen; **~ 'after yourself!** paß auf dich auf!

**~ a'head** *v. i.* **a)** nach vorne sehen; **b)** *(fig.: plan for future)* an die Zukunft denken; vorausschauen; **~ ahead five years/to next year** an die Zeit in fünf Jahren/an nächstes Jahr denken

**~ a'round** *see* **~ about**

**~ at** *v. t.* **a)** *(regard)* ansehen; **~ at one's watch** auf seine Uhr sehen; **~ directly at the light** direkt ins Licht sehen; **don't ~ at me like that!** sieh mich nicht so an!; **be pleasing to ~ at** [recht] nett aussehen; **be good/not much to ~ at** nach etwas/nach nichts *od.* nicht nach viel aussehen *(ugs.);* **to ~ at him, you'd think ...:** wenn man ihn so sieht, würde man meinen, ...; **b)** *(examine)* sich *(Dat.)* ansehen; **c)** *(consider)* betrachten; in Betracht ziehen ⟨*Angebot*⟩; **that's the proper way to ~ at it** so muß man es sehen; **I wouldn't even ~ at such an offer** so ein Angebot wäre für mich völlig undiskutabel; **I can't ~ at any more caviare** ich kann Kaviar nicht mehr sehen

**~ a'way** *v. i.* weggucken *(ugs.);* wegsehen

**~ 'back** *v. i.* **a)** *(glance behind)* sich umsehen; sich umblicken *(geh.); (fig.: hesitate)* zurückschauen; **he's never ~ed back since then** seitdem läuft bei ihm alles bestens; **b)** *(cast one's mind back)* **~ back [up]on** *or* **to sth.** an etw. *(Akk.)* zurückdenken; auf etw. *(Akk.)* zurückblicken

**~ 'down [up]on** *v. t.* **a)** herunter-/hinuntersehen, *(ugs.)* runtergucken auf (+ *Akk.*); **b)** *(fig.: despise)* herabsehen auf (+ *Akk.*)

**~ for** *v. t.* **a)** *(expect)* erwarten; **b)** *(seek)* suchen nach; auf der Suche sein nach ⟨*neuen Ideen*⟩; **~ for trouble** Streit suchen; *(unintentionally)* sich *(Dat.)* Ärger einhandeln

**~ 'forward to** *v. t.* sich freuen auf (+ *Akk.*); **~ forward to doing sth.** sich darauf freuen, etw. zu tun

**~ 'in** *v. i.* **a)** hin-/hereinsehen; *(visit)* vorbeikommen **(on** bei); vorbei- *od.* herein schauen (on bei) *(bes. südd. ugs.)*; ~ in at the butcher's beim Schlachter vorbeigehen; the doctor ~ed in frequently der Arzt kam häufig vorbei; the nurse ~ed in on the patient every hour die Schwester sah jede Stunde nach dem Patienten; b) *(coll.: watch television)* fernsehen. *See also* look-in

**~ into** *v. t.* a) sehen in (+ *Akk.*); b) *(fig.: investigate)* [eingehend] untersuchen; unter die Lupe nehmen *(ugs.)*; prüfen ‹*Beschwerde*›

**~ on** 1. [-'-] *v. i.* zusehen; zugucken *(ugs.)*; *see also* looker-on. 2. ['--] *v. t.* ~ on sb. as a hero *etc.* jmdn. als Held[en] *usw.* betrachten; ~ on sb. with distrust/suspicion jmdn. mit Mißtrauen/Argwohn betrachten

**~ 'out** 1. *v. i.* a) hinaus-/heraussehen (of aus); rausgucken *(ugs.)*; b) *(take care)* aufpassen; c) *(have view)* ~ out on sth. ‹*Zimmer, Wohnung usw.*:› zu etw. gehen *(ugs.)*; zu etw. hin liegen; the house ~s out over the river von dem Haus hat man einen Blick auf den Fluß; a room ~ing out on the green ein Zimmer mit Blick auf die Wiese. 2. *v. t. (Brit.: select)* [her]aussuchen. *See also* look-out

**~ 'out for** *v. t. (be prepared for)* aufpassen *od.* achten auf (+ *Akk.*); sich in acht nehmen vor (+ *Dat.*) ‹*gefährliche Person, Sturm*›; *(keep watching for)* Ausschau halten nach ‹*Arbeit, Gelegenheit, Partner, Sammelobjekt usw.*›

**~ 'out of** *v. t.* sehen *od.* *(ugs.)* gucken aus

**~ 'over** *v. t.* a) sehen über (+ *Akk.*) ‹*Mauer usw.*›; überblicken ‹*Tal usw.*›; b) *(survey)* inspizieren, sich *(Dat.)* ansehen ‹*Haus, Anwesen*›; c) *(scrutinize)* mustern ‹*Person*›; durchsehen ‹*Text*›

**~ 'round** *v. i.* sich umsehen; sich umgucken *(ugs.)*; ~ round in search of sth. nach etw. Ausschau halten

**~ through** *v. t.* a) ~ through sth. durch etw. [hindurch] sehen; b) *(inspect)* durchsehen ‹*Papiere*›; prüfen ‹*Antrag, Vorschlag, Aussage*›; c) *(glance through)* sich *(Dat.)* ansehen ‹*Buch, Notizen*›; d) *(fig.: ignore deliberately)* ~ straight 'through sb. durch jmdn. hindurchsehen; jmdn. einfach übersehen; e) *(penetrate)* durchschauen ‹*Person, Verhaltensweise*›

**~ to** *v. t.* a) *(rely on, count upon)* ~ to sb./sth. for sth. etw. von jmdm./etw. erwarten; ~ to sb./sth. to do sth. von jmdm./etw. erwarten, daß er/es etw. tut; we ~ to him for help/to help us wir zählen auf seine *od.* rechnen mit seiner Hilfe/zählen darauf *od.* rechnen damit, daß er uns hilft; b) *(be careful about)* sorgen für; *(keep watch upon)* aufpassen auf (+ *Akk.*); ~ to it that ...: zusehen *od.* dafür sorgen, daß ...; ~ to your manners! benimm dich! *(ugs.)*; *see also* laurel a; c) *(consider)* ~ to sth. etw. beachten; einer Sache *(Dat.)* Beachtung schenken; ~ more to quality than to quantity mehr auf Qualität als auf Quantität achten; d) *(take care of)* sich kümmern um ‹*Wunde, Kind usw.*›

**~ towards** *v. t.* a) sehen *od.* *(ugs.)* gucken nach/zu; b) *(face)* the balcony/room ~s towards the sea der Balkon/das Zimmer liegt zum Meer hin; c) *(consider)* ~ towards the future an die Zukunft denken; d) *(hope for and expect)* sich *(Dat.)* erhoffen; e) *(aim at)* abzielen auf (+ *Akk.*)

**~ 'up** 1. *v. i.* a) aufblicken; ~ up into the sky in den Himmel [hinauf]blicken; b) *(improve)* besser werden; ‹*Aktien, Chancen*:› steigen; things are ~ing up es geht bergauf; business is ~ing up again das Geschäft läuft wieder besser. 2. *v. t.* a) *(search for)* nachschlagen ‹*Wort*›; heraussuchen ‹*Telefonnummer, Zugverbindung usw.*›; b) *(coll.: visit)* ~ sb. up bei jmdm. reingucken *(ugs.)*; bei jmdm. vorbeischauen *(bes. südd. ugs.)*; c) ~ sb. up and down jmdn. von Kopf bis Fuß mustern

**~ upon** *see* ~ on 2

**~ 'up to** *v. t.* ~ up to sb. *(lit. or fig.)* zu jmdm. aufschauen *od.* aufsehen

**'look-alike** *n.* Doppelgänger, *der*/-gängerin, *die*; be ~s wie Zwillinge aussehen

**looker** ['lʊkə(r)] *n. (coll.: attractive woman)* gutaussehende Frau; she's a ~: sie sieht gut aus; *see also* good-looker

**looker-'on** *n.* Zuschauer, *der*/Zuschauerin, *die*

**'look-in** *n.* a) *(visit)* kurzer Besuch; b) *(opportunity)* Chance, *die*; we didn't get a ~: wir hatten überhaupt keine Chance

**-looking** [lʊkɪŋ] *adj. in comb.* aussehend; dirty-~: schmutzig wirkend; European-/oriental-~: europäisch/orientalisch aussehend; *see also* good-looking

**'looking-glass** *n.* Spiegel, *der*

**'look-out** *n., pl.* ~s a) *(keeping watch) (Naut.)* Ausschauhalten, *das*; *(guard)* Wache, *die*; keep a ~ *or* be on the ~ [for sth./sb.] *(wanted)* [nach etw./jmdm.] Ausschau halten; *(not wanted)* [auf etw./jmdn.] aufpassen; b) *(observation post)* Ausguck, *der*; Beobachtungsstand, *der*; *(crow's nest)* Krähennest, *das (Seemannsspr.)*; Mastkorb, *der (Seemannsspr.)*; *(belvedere)* Aussichtsturm, *der*; c) *(person)* Wache, *die*; *(Mil.)* Wach[t]posten, *der*; Beobachtungsposten, *der*; *(scout, scouts)* Wachtposten, *der*; d) *(view)* Ausblick, *der*; *(esp. Brit. fig.: prospect)* Aussichten; that's a bad ~: das sind schlechte Aussichten; it's a poor/bleak *etc.* ~ for sb./sth. es sieht schlecht/düster *usw.* aus für jmdn./etw.; e) *(concern)* Sache, *die*; Problem, *das*; that's his [own] ~: das ist [allein] sein Problem *od.* seine Sache

**[1]loom** [lu:m] *n. (Weaving)* Webstuhl, *der*

**[2]loom** *v. i.* auftauchen; *(as impending occurrence)* sich [bedrohlich] abzeichnen; ~ large [bedrohlich] auftauchen; *(fig.)* eine große Rolle spielen

**~ a'head** *v. i.* a) auftauchen (of vor + *Dat.*); b) ‹*Prüfung*:› unausweichlich bevorstehen (of *Dat.*); ‹*Hindernis, Schwierigkeit, Problem*:› sich [bedrohlich] abzeichnen (of für)

**~ 'up** *v. i.* ~ up [in front of sb.] [unmittelbar] [vor jmdm.] auftauchen

**loon** [lu:n] *n.* a) *(crazy person)* Idiot, *der (ugs. abwertend)*; b) *(Ornith.)* [See]taucher, *der*

**loony** ['lu:nɪ] *(sl.)* 1. *n.* Verrückte, *der/die (ugs.)*. 2. *adj.* verrückt *(ugs.)*; irr; the ~ Left/Right die hundertfünfzigprozentigen Linken/Rechten

**'loony-bin** *n. (sl.)* Klapsmühle, *die (salopp)*

**loop** [lu:p] 1. *n.* a) Schleife, *die*; b) *(cord)* Schlaufe, *die*; c) *(for lifting or fastening)* Schlaufe, *die*; *(eye)* Öse, *die*; ~ aerial *or (Amer.)* antenna Rahmenantenne, *die*; d) *(contraceptive coil)* Spirale, *die*. 2. *v. t.* a) *(form into a loop)* zu einer Schlaufe/Öse formen; b) *(enclose)* umschlingen; c) *(fasten)* ~ up/together *etc.* mit einer Schlaufe hoch-/zusammenbinden *usw.*; d) *(Aeronaut.)* ~ the loop einen Looping fliegen; loopen *(fachspr.)*

**'loophole** *n.* a) *(in wall)* Maueröffnung, *die*; *(for shooting through)* Schießscharte, *die*; b) *(fig.)* Lücke, *die*; ~ in the law Gesetzeslücke, *die*; Lücke im Gesetz; tax ~: Lücke im Steuergesetz

**loopy** ['lu:pɪ] *adj. (sl.)* verrückt *(ugs.)*

**loose** [lu:s] 1. *adj.* a) *(unrestrained)* freilaufend ‹*Tier*›; *(escaped)* ausgebrochen; *(bolted)* durchgegangen ‹*Pferd*›; he finally got one hand ~: er bekam schließlich eine Hand frei; run *or* be ~: los sein; set *or* turn ~: freilassen; cut the boat/dog ~: das Boot/den Hund losschneiden; cut ~ from sb. *(fig.)* sich von jmdm. lösen; cut ~ *(coll.: behave wildly)* verrückt spielen *(ugs.)*; *see also* cast 1a; [2]fast 1a; [1]let 1a; b) *(not firm)* locker ‹*Zahn, Schraube, Mutter, Knopf, Messerklinge*›; come/get/work ~ ‹*Schraube, Mutter, Knoten, Knopf usw.*:› sich lockern; *see also* screw 1a; c) *(not fixed)* lose ‹*Knopf, Buchseite, Brett, Stein*›; the pages have come ~: die Seiten haben sich gelöst; d) *(not bound together)* lose; offen ‹*Haar*›; e) *(slack)* locker; schlaff ‹*Haut, Gewebe usw.*›; beweglich ‹*Glieder*›; ~ tongue loses Mundwerk *(salopp)*; ~ bowels [Neigung zu] Durchfall; ~ build *or* frame schlaksige Gestalt; f) *(not dense)* locker ‹*Boden, Gewebe usw.*›; g) *(hanging free)* lose; be at a ~ end *or (Amer.)* at ~ ends *(fig.)* beschäftigungslos sein; *(not knowing what to do with oneself)* nichts zu tun haben; nichts anzufangen wissen; tie up the ~ ends *or* threads *(fig.)* die letzten Kleinigkeiten erledigen; h) *(inexact)* ungenau; schief ‹*Vergleich*›; frei ‹*Stil*›; unsauber ‹*Denken*›; unklar, verwaschen ‹*Aussage*›; i) *(lewd)* lose ‹*Mundwerk, Person*›; liederlich ‹*Leben[swandel], Person*›; locker ‹*Moral, Lebenswandel, Mundwerk*›; a ~ woman ein leichtes Mädchen; j) *in comb.* lose; locker; ~-flowing hair locker fallendes Haar. 2. *v. t.* a) loslassen ‹*Hund usw.*›; b) *(untie)* lösen; aufmachen *(ugs.)*; c) ~ [off] abschießen ‹*Pfeil*›; abfeuern ‹*Feuerwaffe, Salve*›; abgeben ‹*Schuß, Salve*›; d) *(relax)* lockern; ~ [one's] hold loslassen; e) *(detach from moorings)* losmachen ‹*Schiff*›; loswerfen *(Seemannsspr.)* ‹*Tau*›. 3. *n.* a) be on the ~: frei herumlaufen; b) *(Rugby)* in the ~: beim offenen Kombinationsspiel

**loose: ~ box** *see* [2]box 1g; **~ 'change** *see* change 1d; **~ 'cover** *n. (Brit.)* Überzug, *der*; Schoner, *der*; **~-fitting** *adj.* bequem geschnitten; **~-knit** *adj.* lose zusammenhängend ‹*Organisation, Gemeinschaft usw.*›; **~-leaf** *attrib. adj.* Loseblatt-; **~-leaf file** Ringbuch, *das*; **~-limbed** ['lu:slɪmd] *adj.* gelenkig; geschmeidig; *(gawky)* schlaksig; **~-lipped** ['lu:slɪpt] *adj.* geschwätzig; **~-living** *adj.* mit lockerem *od.* liederlichem Lebenswandel *nachgestellt*

**loosely** ['lu:slɪ] *adv.* a) *(not tightly)* locker; lose; b) *(not strictly)* locker ‹*gruppieren*›; lose ‹*zusammenhängen*›; frei ‹*übersetzen*›; ~ speaking grob gesagt; use a word ~: ein Wort in einem weiteren Sinne gebrauchen

**loosen** ['lu:sn] 1. *v. t.* a) *(make less tight etc.)* lockern; b) *(Med.)* lösen ‹*Husten*›; ~ the/sb.'s bowels abführend wirken; c) *(fig.: relax)* lockern ‹*Bestimmungen, Reglement usw.*›; ~ sb.'s tongue *(fig.)* jmds. Zunge lösen. 2. *v. i. (become looser)* sich lockern

**~ up** 1. ['---] *v. t.* lockern ‹*Glieder, Muskeln*›. 2. [--'-] *v. i.* sich auflockern; *(relax)* auftauen

**looseness** ['lu:snɪs] *n., no pl.* a) Lockerheit, *die*; b) *(Med.)* ~ of the bowels [Neigung zu] Durchfall

**loot** [lu:t] 1. *v. t.* a) *(plunder)* plündern; b) *(carry off)* rauben. 2. *n.* a) *(in war)* [Kriegs]beute, *die*; b) *(gain, esp. illicit)* Beute, *die*; c) *(sl.: money)* Zaster, *der (salopp)*; Knete, *die (salopp)*

**looter** ['lu:tə(r)] *n.* Plünderer, *der*

**lop** [lɒp] *v. t.*, -pp- a) stutzen, beschneiden ‹*Baum, Hecke*›; b) ~ sth. [off *or* away] etw. abhauen *od.* abhacken

**lope** [ləʊp] *v. i.* ‹*Hase, Kaninchen*:› springen; ‹*Wolf, Fuchs*:› laufen; ‹*Person*:› beschwingten Schrittes gehen

**lop-eared** ['lɒpɪəd] *adj.* schlappohrig *(ugs.)*; hängeohrig

**lopsided** [lɒp'saɪdɪd] *adj.* schief; *(fig.)* einseitig

**loquacious** [lə'kweɪʃəs] *adj.* redselig; schwatzhaft *(abwertend)*

**loquacity** [lə'kwæsɪtɪ] *n., no pl.* Redseligkeit, *die*; Geschwätzigkeit, *die (abwertend)*

**lord** [lɔ:d] 1. *n.* a) *(master)* Herr, *der*; the ~s of creation *(fig.: mankind)* die Krone der Schöpfung; ~ and master *(joc.)* Herr und Gebieter *od.* Meister *(scherzh.)*; b) L~

*(Relig.)* Herr, *der;* **L~ God [Almighty]** unser Herr[, der allmächtige Gott]; **the L~ [God]** [Gott] der Herr; **Our/the L~** *(Christ)* unser Herr Jesus/der Herr; **in the year of Our L~ ...:** im Jahre des Herrn ...; **the L~'s Prayer** das Vaterunser; **the 'L~'s Day** der Tag des Herrn; **the L~'s Supper** das [Heilige] Abendmahl; **L~ only knows** *(coll.)* weiß der Himmel *(ugs.)*; **c)** *(Brit.: nobleman, or as title)* Lord, *der;* **live like a ~** *(fig.)* fürstlich leben; **treat sb. like a ~:** jmdn. fürstlich bewirten; **the L~s** *(Brit.)* die Lords; das Oberhaus; **the House of L~s** *(Brit.)* das Oberhaus; *see also* **drunk 1; d) My L~** *(Brit.) form of address (to earl, viscount)* Graf; *(to baron)* Baron; *(to bishop)* Exzellenz; *(to ~ mayor, ~ provost)* Herr Oberbürgermeister; *(to judge)* [mlʌd] Herr Richter; **e)** *(Brit.: feudal superior)* Lord, *der;* Lehnsherr, *der.* **2.** *int. (coll.)* Gott!; **oh/good L~!** du lieber Himmel *od.* Gott!; großer Gott!; **L~ bless my soul/me/us** *etc.* allmächtiger Gott! **3.** *v. t.* **~ it** *(rule)* das Zepter *od.* Regiment führen; *(put on airs)* sich groß aufspielen; **~ it over sb.** bei jmdm. den großen Herrn/die große Dame spielen

**Lord: ~ 'Advocate** *n. (Scot. Law)* Kronanwalt, *der;* **~ 'Bishop** *n. (Brit.)* Lordbischof, *der;* **~ 'Chamberlain** *n. (Brit.)* Haushofmeister, *der;* **~ 'Chancellor** *n. (Brit.)* Lord[groß]kanzler, *der;* **~ Chief 'Justice** *see* **chief 2a; ~ Lieu'tenant** *n. (Brit.)* Lord Lieutenant, *der; Vertreter der Krone in einer Grafschaft*

**lordly** ['lɔ:dlɪ] *adj.* **a)** *(grand)* herrschaftlich; edel ⟨*Gegenstand*⟩; herrschaftlich ⟨*Gebäude*⟩; stattlich ⟨*Vermögen*⟩; **b)** *(haughty)* anmaßend; hochmütig

**Lord: ~ 'Mayor** *see* **mayor; ~ President of the 'Council** *n. (Brit.)* Lordpräsident, *der;* **~ Privy 'Seal** *n. (Brit.)* Lordsiegelverwalter, *der;* **~ 'Provost** *n. (Scot.)* ≈ Oberbürgermeister, *der*

**lordship** ['lɔ:dʃɪp] *n.* **a)** *(title, estate)* Lordschaft, *die;* **his/your ~/their/your ~s** seine/Eure Lordschaft/ihre/Eure Lordschaften; **b)** *(dominion)* Herrschaft, *die* **(of, over** über + *Akk.*)

**lore** [lɔ:(r)] *n.* Wissen, *das;* Kunde, *die; (body of traditions)* Überlieferung, *die; (of a people, an area)* Folklore, *die;* **animal/bird/plant ~:** Tier-/Vogel-/Pflanzenkunde, *die*

**lorgnette** [lɔ:'njet] *n. in sing. or pl.* Lorgnette, *die*

**Lorraine** [lɒ'reɪn] *pr. n.* Lothringen *(das)*

**lorry** ['lɒrɪ] *n. (Brit.)* Lastwagen, *der;* Lkw, *der;* Laster, *der (ugs.)*; **it fell off the back of a ~** *(joc.)* das ist mir/ihm *usw.* zugelaufen *(ugs. scherzh.)*

**'lorry-driver** *n. (Brit.)* Lastwagenfahrer, *der;* Lkw-Fahrer, *der*

**lose** [lu:z] **1.** *v. t.,* **lost** [lɒst] **a)** verlieren; kommen um, verlieren ⟨*Leben, Habe*⟩; **sb. has something/nothing to ~ [by doing sth.]** es kann jmdm. schaden/nicht schaden[, wenn er etw. tut]; *see also* **face 1a; grip 1a; ¹ground 1b; hold 3a, b; sight 1b; temper 1a; b)** *(fail to maintain)* verlieren; *(become slow by)* ⟨*Uhr:*⟩ nachgehen ⟨*zwei Minuten täglich usw.*⟩; **c)** *(become unable to find)* verlieren; **~ one's way** sich verlaufen/verfahren; **be lost/~ oneself in sth.** *(fig.)* ganz in etw. *(Dat.)* aufgehen; **d)** *(waste)* vertun ⟨*Zeit*⟩; *(miss)* versäumen, verpassen ⟨*Zeitpunkt, Gelegenheit, Ereignis*⟩; *see also* **time 1b; e)** *(fail to obtain)* nicht bekommen ⟨*Preis, Vertrag usw.*⟩; *(fail to hear)* nicht mitbekommen ⟨*Teil einer Rede usw.*⟩; *(fail to catch)* verpassen, versäumen ⟨*Zug, Bus*⟩; **the motion was lost** der Antrag kam nicht durch *od.* scheiterte; **f)** *(forfeit)* verlieren; verlieren, *(geh.)* verwirken ⟨*Recht*⟩; **g)** *(be defeated in)* verlieren ⟨*Kampf, Wette, Prozeß usw.*⟩; *see also* **fight 2c; toss 3a; h)** *(cause loss of)* **~ sb. sth.** jmdn. um etw. bringen; **you['ve] lost me** *(fig.)* ich komme nicht mehr mit; **i)** *(get rid of)* abschütteln ⟨*Verfolger*⟩; loswerden ⟨*Erkältung*⟩; **~ weight** abnehmen. *See also* **lost. 2.** *v. i.,* **lost a)** *suffer loss)* einen Verlust erleiden; *(in business)* Verlust machen **(on** bei); *(in match, contest)* verlieren; **heads you win, tails you ~:** bei Kopf hast du gewonnen, bei Zahl verloren; **~ in freshness** an Frische verlieren; **the story didn't ~ in the telling** die Geschichte wurde beim Weitererzählen eher noch aufgebauscht; **his poetry ~s in translation** seine Gedichte verlieren durch die Übersetzung; **you can't ~** *(coll.)* du kannst nur profitieren *od.* gewinnen; **b)** *(become slow)* ⟨*Uhr:*⟩ nachgehen

**~ 'out** *v. i.* verdrängt werden **(to** von)

**loser** ['lu:zə(r)] *n.* Verlierer, *der*/Verliererin, *die; (failure)* Versager, *der*/Versagerin, *die;* **we'd be the ~s by it** wir wären dabei die Dummen *(ugs.)*

**loss** [lɒs] *n.* **a)** *(process)* Verlust, *der* **(of** *Gen.*); **b)** *in sing. or pl. (what is lost)* Verlust, *der;* **sell at a ~:** mit Verlust verkaufen; *see also* **cut 1k; c)** *(state)* Verlust, *der;* **be a great/no ~ to sb.** für jmdn. ein großer *od.* schwerer/kein Verlust sein; **d) be at a ~:** nicht [mehr] weiterwissen; **be at a ~ what to do** nicht wissen, was zu tun ist; **be at a ~ [how] to do sth.** nicht wissen, wie man etwas machen soll; **be at a ~ to understand sth.** etw. nicht verstehen können; **be at a ~ for words/an answer** um Worte/eine Antwort verlegen sein. *See also* **dead loss; life a; profit 1a**

**'loss-leader** *n. (Commerc.)* [unter dem Selbstkostenpreis angebotener] Lockartikel

**lost** [lɒst] *adj.* **a)** *(perished)* verloren; ausgestorben ⟨*Kunst[fertigkeit]*⟩; **b)** *(astray)* verloren; vermißt ⟨*Person*⟩; **get ~:** sich verlaufen *od.* verirren/verfahren; **get ~!** *(sl.)* verdufte! *(salopp)*; **he can get ~!** *(sl.)* er soll verduften! *(salopp)*; **I'm ~** *(fig.)* ich verstehe gar nichts mehr; **feel ~ without sb./sth.** *(fig.)* sich *(Dat.)* ohne jmdn./etw. hilflos vorkommen; **~ generation** verlorene Generation; Lost generation, *die (Literaturw.)*; **c)** *(wasted)* vertan ⟨*Zeit, Gelegenheit*⟩; verschwendet ⟨*Zeit, Mühe*⟩; verpaßt, versäumt ⟨*Gelegenheit*⟩; **d)** *(not won)* verloren; aussichtslos ⟨*Sache*⟩; *see also* **all 2d; cause 1d; e) ~ in admiration** überwältigt; **be ~ to sb.** für jmdn. verloren sein; **be ~ [up]on sb.** *(unrecognized by)* bei jmdm. keine Anerkennung finden; von jmdm. nicht gewürdigt werden; **sarcasm was ~ on him** mit Sarkasmus konnte er nichts anfangen; **be ~ to all sense of duty** jedes Pflichtgefühl vermissen lassen. *See also* **lose; property a**

**lot** [lɒt] *n.* **a)** *(method of choosing)* Los, *das;* **by ~:** durch das Los; **b)** *(destiny)* Los, *das;* **fall to the ~ of sb.** jmdm. bestimmt sein; **c)** *(item to be auctioned)* Posten, *der;* **bad ~** *(fig.: disreputable person)* üble Person; **d)** *(set of persons)* Haufen, *der;* **the ~:** [sie] alle; **'our/'your/'their ~** *(coll.)* wir/ihr/die; **not an honest man among the '~ [of them]** kein einziger anständiger Kerl in dem ganzen Haufen; **I'm bored with the '~ of you** *or* **with 'you ~:** ihr langweilt mich alle; **e)** *(set of things)* Menge, *die;* **we received a new ~ of hats** wir haben eine neue Sendung Hüte erhalten; **divide sth. into five ~s** etw. in fünf Stapel/Haufen *usw.* teilen; **the ~** *(whole set)* alle/alles; **that's the ~** *(coll.)* das ist alles; das wär's *(ugs.)*; **'that little ~** *(coll. iron.)* diese Kleinigkeit; **f)** *(coll.: large number or quantity)* **~s** *or* **a ~ of money** *etc.* viel *od.* eine Menge Geld *usw.*; **~s of books/coins** eine Menge Bücher/Münzen; **he has a ~ to learn** er muß noch viel lernen; **I have a ~ to be thankful for** ich muß für vieles dankbar sein; **have ~s to do** viel zu tun haben; **we have ~s of time** wir haben viel *od.* *(ugs.)* massenweise Zeit; **sing** *etc.* **a ~:** viel singen *usw.*; **~s** *or* **a ~ better** viel besser; **not a ~ better** nicht viel besser; **like sth. a ~:** etw. sehr mögen; **Did you like it? – Not a ~:** Hat es dir gefallen? – Nicht sehr; **g)** *(for choosing)* Los, *das;* **draw/cast/throw ~s [for sth.]** das Los [über etw. *(Akk.)*] entscheiden lassen; [um etw.] losen; **cast/throw in one's ~ with sb.** sich mit jmdm. zusammentun; **draw ~s to determine sth.** etw. durch das Los entscheiden ; **h)** *(plot of land)* Gelände, *das;* Platz, *der; (measured piece of land)* Parzelle, *die;* **building ~** *(Amer.)* Bauplatz, *der;* **across ~s** *(Amer.)* querfeldein

**lotion** ['ləʊʃn] *n.* Lotion, *die*

**lottery** ['lɒtərɪ] *n.* Lotterie, *die; (fig.)* Glücksspiel, *das*

**lotto** ['lɒtəʊ] *n., no pl.* Lotto, *das*

**lotus** ['ləʊtəs] *n. (Nymphaea)* Seerose, *die; (Nelumbo)* Lotusblume, *die*

**'lotus position** *n.* Lotussitz, *der*

**loud** [laʊd] **1.** *adj.* **a)** laut; schreiend ⟨*Reklame*⟩; lautstark ⟨*Protest, Kritik*⟩; **he was ~ in his praise/criticism of the government** er lobte die Regierung in höchsten Tönen/er äußerte scharfe Kritik an der Regierung; *see also* **pedal 1a; b)** *(conspicuous)* aufdringlich; laut, aufdringlich ⟨*Farbe, Muster usw.*⟩; grell, schreiend ⟨*Farbe*⟩. **2.** *adv.* laut; **laugh out ~:** laut auflachen; **laugh ~ and long** in lautes, anhaltendes Gelächter ausbrechen; **say sth. out ~:** etw. aussprechen; *(fig.)* etw. laut verkünden

**loud hailer** ['laʊd heɪlə(r)] *n.* Megaphon, *das;* Flüstertüte, *die (ugs. scherzh.)*

**loudly** ['laʊdlɪ] *adv.* **a)** *(in a loud voice, clamorously)* laut; **he insisted ~ on his rights** er bestand entschieden auf seinen Rechten; **b)** *(flashily)* aufdringlich

**loud: ~-mouth** *n.* Großmaul, *das;* **~-mouthed** ['laʊdmaʊðd] *adj.* großmäulig *(ugs. abwertend)*; großsprecherisch *(abwertend)*

**loudness** ['laʊdnɪs] *n., no pl.* Lautstärke, *die; (flashiness)* Aufdringlichkeit, *die*

**loud'speaker** *n.* Lautsprecher, *der*

**lough** [lɒx, lɒk] *n. (Ir.)* See, der

**lounge** [laʊndʒ] **1.** *v. i.* **~ [about** *or* **around]** [faul] herumliegen/-sitzen/-stehen; [faul] herumhängen *(ugs.)*; *(in chair etc.)* sich lümmeln *(ugs.)*. **2.** *n.* **a)** *(public room)* Lounge, *die; (in hotel)* Lounge, *die;* [Hotel]halle, *die; (at station)* Wartesaal, *der; (in theatre)* Foyer, *das; (at airport)* Lounge, *die;* Wartehalle, *die;* **b)** *(sitting-room)* Wohnzimmer, *das;* **c)** *(Brit.: bar)* **~ [bar]** *see* **saloon bar**

**lounger** ['laʊndʒə(r)] *n.* **a)** Nichtstuer, *der;* **b)** *(sun-bed)* Liege, *die*

**'lounge suit** *n. (Brit.)* Straßenanzug, *der*

**lour** ['laʊə(r)] *v. i.* mißmutig [drein]blicken; ein finsteres Gesicht machen; *(fig.)* ⟨*Wolken, Gewitter:*⟩ sich [bedrohlich] zusammenziehen; ⟨*Himmel:*⟩ sich [bedrohlich] verfinstern

**louse** [laʊs] **1.** *n.* **a)** *pl.* **lice** [laɪs] Laus, *die;* **b)** *pl.* **~s** *(sl.: person)* Ratte, *die (derb).* **2.** *v. t.* **~ up** *(sl.)* vermasseln *(salopp)*

**lousy** ['laʊzɪ] *adj.* **a)** *(infested)* verlaust; **be ~ with money** *(coll.)* im Geld schwimmen *(ugs.)*; lausig viel Geld haben *(ugs.)*; **places ~ with foreigners** von Ausländern wimmelnde Orte; **b)** *(sl.) (disgusting)* ekelhaft; widerlich; *(very poor)* lausig *(ugs.)*; mies *(ugs.)*; **feel ~:** sich mies *(ugs.) od.* miserabel fühlen; **men are ~ at housework** Männer stellen sich bei der Hausarbeit miserabel an

**lout** [laʊt] *n.* Rüpel, *der;* Flegel, *der; (bumpkin)* Tolpatsch, *der (ugs.)*; Tölpel, *der*

**loutish** ['laʊtɪʃ] *adj.* rüpelhaft; flegelhaft

**louver, louvre** ['lu:və(r)] *n.* **a)** *(roof-turret)* Laterne, *die (Bauw.)*; **b)** *(slat)* Jalousiebrettchen, *das;* **~ door** Jalousietür, *die;* **~ window** Jalousiefenster, *das;* **c)** *in pl. (blind)* Jalousie, *die; (for cooling engine etc.)* Lüftungslamellen

**lovable** ['lʌvəbl] *adj.* liebenswert

**love** [lʌv] **1.** *n.* **a)** *(affection, sexual ~)* Liebe, *die* (**for** zu); **~ is blind** *(prov.)* die Liebe ist blind; **~'s young dream** junges Liebesglück; **in ~ [with]** verliebt [in (+ *Akk.*)]; **fall in ~ [with]** sich verlieben [in (+ *Akk.*)]; **be/fall out of ~ with sb.** jmdn. nicht mehr lieben; **be/fall out of ~ with sth.** einer Sache *(Gen.)* überdrüssig sein/etw. nicht mehr mögen; **make ~ to sb.** *(court)* um jmdn. werben; jmdm. den Hof machen *(veralt., noch scherzh.)*; *(have sex)* mit jmdm. schlafen; jmdn. lieben; **they made ~:** sie schliefen miteinander; sie liebten sich; **for ~:** aus Liebe; *(free)* unentgeltlich; umsonst; *(for pleasure)* aus Spaß an der Freude *(ugs.)*; nur zum Vergnügen *od.* Spaß; **not for ~ or money** um nichts in der Welt; **[Happy Christmas,] ~ from Beth** [fröhliche Weihnachten und] herzliche Grüße von Beth; **give my ~ to her** grüß sie von mir; **send one's ~ to sb.** jmdn. grüßen lassen; **Peter sends [you] his ~:** Peter läßt [dich] grüßen; **there is no ~ lost between them** sie sind sich *(Dat.)* nicht grün *(ugs.)*; **sb.'s life and ~s** jmds. Lebens- und Liebesgeschichte; see also [2]**fair 1 a**; **b)** *(devotion)* Liebe, *die* (**of, for, to[wards]** zu); **~ of life/eating/learning** Freude am Leben/Essen/Lernen; **for [the] ~ of sb.** jmdm. zu Liebe; um jmds. willen; **for the ~ of God** um Gottes willen; *see also* **Mike**; **c)** *(sweetheart)* Geliebte, *der/die;* Liebste, *der/die (veraltet)*; **[my] ~** *(coll.: form of address)* [mein] Liebling *od.* Schatz; *(to sb. less close)* mein Lieber/meine Liebe; **sth. is sb.'s first ~:** etw. ist jmds. größte Leidenschaft; **can I help you, ~?** *(in shop)* was darf's denn sein?; **d)** *(Tennis)* **fifteen/thirty ~:** fünfzehn/dreißig null; **win the set six games to ~:** den Satz mit sechs zu null Spielen gewinnen; **~ all** null beide; **~ game/victory** *etc.* Zu-null-Spiel, *das*/-Sieg, *der usw.* **2.** *v. t.* **a)** lieben; **our/their ~d ones** unsere/ihre Lieben; **b)** *(like)* **I'd ~ a cigarette** ich hätte sehr gerne eine Zigarette; **~ to do** *or* **doing sth.** etw. [leidenschaftlich] gern tun. **3.** *v. i.* lieben

**love: ~ affair** *n.* [Liebes]verhältnis, *das;* Liebschaft, *die;* **~-bird** *n. (Ornith.)* Unzertrennliche, *der; (fig.)* Turteltaube, *die (ugs. scherzh.)*; **~-child** *n. (euphem.)* Kind der Liebe *(geh. verhüll.)*; uneheliches Kind; **~-'hate** *adj.* von Haßliebe geprägt; **~-hate relationship** Haßliebe, *die;* **~-in-a-'mist** *n. (Bot.)* Jungfer im Grünen; Gretel im Busch; **~-knot** *see* **true-love knot**

**loveless** ['lʌvlɪs] *adj.* **a)** *(unloving)* lieblos; hart; **b)** *(unloved)* ohne Liebe *nachgestellt*

**love: ~-letter** *n.* Liebesbrief, *der;* **~-lies-'bleeding** *n. (Bot.)* Fuchsschwanz, *der;* **~-life** *n.* Liebesleben, *das*

**loveliness** ['lʌvlɪnɪs] *n., no pl.* Schönheit, *die*

**lovelorn** ['lʌvlɔːn] *adj.* liebeskrank *(geh.)*

**lovely** ['lʌvlɪ] **1.** *adj.* **a)** [wunder]schön; herrlich ⟨*Tag, Essen*⟩; **b)** *(lovable)* liebenswert; **c)** *(coll.: delightful)* toll *(ugs.)*; wunderbar; **~ and warm/cool** *etc. (coll.)* schön warm/kühl *usw.* **2.** *n.* Schönheit, *die;* Schöne, *die*

**love: ~-making** *n.* **a)** *(courtship)* Liebeswerben, *das (geh.)*; **b)** *(sexual intercourse)* körperliche Liebe; **~-match** *n.* Liebesheirat, *die;* **~-nest** *n.* Liebesnest, *das;* **~ potion** *n.* Liebestrank, *der*

**lover** ['lʌvə(r)] *n.* **a)** Liebhaber, *der;* Geliebte, *der; (woman)* Geliebte, *die;* **be ~s** ein Liebespaar sein; **~'s knot** *see* **true-love knot**; **b)** *(person devoted to sth.)* Liebhaber, *der*/Liebhaberin, *die;* Freund, *der*/Freundin, *die;* **~ of the arts** Kunstliebhaber, *der*/-liebhaberin, *die;* Kunstfreund, *der*/-freundin, *die;* **dog-~** Hundefreund, *der*/-freundin, *die*

**love: ~sick** *adj.* an Liebeskummer leidend; liebeskrank *(geh.)*; **be ~sick** Liebeskummer haben; liebeskrank sein *(geh.)*; **~-song** *n.* Liebeslied, *das;* **~-story** *n.* Liebesgeschichte, *die;* **~-token** *n.* Liebespfand, *das*

**lovey** ['lʌvɪ] *n. (coll.) usu. as form of address* Liebling, *der;* Schatz, *der*

**lovey-dovey** [lʌvɪ'dʌvɪ] *adj.* **be ~:** den Verliebten/die Verliebte spielen *(ugs.)*; **be ~ with sb.** jmdn. umschmeicheln

**loving** *adj.* **a)** *(affectionate)* liebend; **b)** *(expressing love)* liebevoll; **your ~ father** *(in letter)* Dein Dich liebender Vater; in Liebe Dein Vater

**loving: ~-cup** *n.* Pokal, *der;* **~-'kindness** *n.* Güte, *die*

**lovingly** ['lʌvɪŋlɪ] *adv.* liebevoll; *(painstakingly)* mit viel Liebe

[1]**low** [ləʊ] **1.** *adj.* **a)** *(not reaching far up)* niedrig; niedrig, flach ⟨*Absätze, Stirn*⟩; flach ⟨*Relief*⟩; gering ⟨*Körpergröße*⟩; **b)** *(below normal level)* niedrig; tief ⟨*Flug*⟩; flach ⟨*Welle*⟩; tief ausgeschnitten ⟨*Kleid*⟩; tief ⟨*Ausschnitt*⟩; **c)** *(not elevated)* tiefliegend ⟨*Wiese, Grund, Land*⟩; tiefhängend ⟨*Wolke*⟩; tiefstehend ⟨*Gestirne*⟩; tief ⟨*Verbeugung*⟩; **the river/water is ~:** der Fluß/das Wasser ist niedrig; **the sun/moon is ~:** die Sonne/der Mond steht tief; **d)** *(of humble rank)* nieder...; niedrig; *see also* **high 1 e**; **e)** *(inferior)* niedrig; gering ⟨*Intelligenz, Bildung*⟩; gewöhnlich ⟨*Geschmack*⟩; *(vulgar)* gewöhnlich; **f)** *(not fair)* gemein; **g)** *(Cards)* niedrig; **h)** *(small in degree)* niedrig; gering ⟨*Sichtweite, Wert*⟩; leicht ⟨*Fieber*⟩; **be ~ in iodine** einen geringen Jodgehalt aufweisen; **have a ~ opinion of sb./sth.** von jmdm./etw. keine hohe Meinung haben; **temperatures will be in the ~ forties** die Temperaturen werden knapp über 40° [Fahrenheit] liegen; *see also* **common denominator**; **i)** *(in pitch)* tief ⟨*Ton, Stimme, Lage, Klang*⟩; *(in loudness)* leise ⟨*Ton, Stimme*⟩; **j)** *(Ling.) see* **open 1 m**; **k)** *(weak)* schwach; **~ vitality** Kraftlosigkeit, *die;* **he is very ~** *(physically)* er ist sehr geschwächt; *(emotionally)* er ist sehr niedergeschlagen; **in a ~ state of mind** niedergeschlagen; in gedrückter Stimmung; **l)** *(nearly gone)* fast verbraucht *od.* aufgebraucht; **run ~:** allmählich ausgehen *od.* zu Ende gehen; **we are ~/getting ~ on petrol** wir haben nur noch wenig/bald kein Benzin mehr; **the bottle is getting ~:** die Flasche geht allmählich zu Ende *od.* ist bald leer; **m)** *(Geog.)* **~ latitudes** niedere Breiten. *See also* [2]**lower 1.** **2.** *adv.* **a)** *(in or to a ~ position)* tief; niedrig, tief ⟨*hängen*⟩; **that comes ~ on my list of priorities** das hat für mich keine hohe Priorität; *see also* **high 2 a**; **b)** *(to a ~ level)* **prices have gone too ~:** die Preise sind zu weit gefallen; **if the temperature drops any ~er** wenn die Temperatur weiter sinkt; **c)** *(not loudly)* leise; **d)** *(at ~ pitch)* tief; **e)** **lay sb. ~** *(prostrate)* jmdn. niederstrecken *(geh.)*; *(confine to sick-bed)* jmdn. aufs Krankenlager werfen *(geh.)*; **lie ~:** am Boden liegen; *(hide)* untertauchen. *See also* **bring a**; [2]**lower 2.** **3.** *n.* **a)** *(Meteorol.)* Tief, *das;* **b)** **hit** *or* **reach a new/an all-time ~:** einen neuen/absoluten Tiefststand erreichen

[2]**low** *v. i.* ⟨*Kuh:*⟩ muhen

**low: ~brow** *(coll.)* **1.** *n.* Nichtintellektuelle, *der/die;* **2.** *adj.* schlicht ⟨*Person*⟩; [geistig] anspruchslos ⟨*Buch, Programm*⟩; **Low 'Church** *n.* Low Church, *die;* **~-class** *adj. (Brit.) (of ~ quality)* drittklassig; *(of ~ social class)* Unterschicht[s]-; **~ 'comedy** *n.* Schwank, *der;* Posse, *die;* **~-cost** *adj.* preisgünstig; **Low Countries** *pr. n. pl. (Hist.)* Niederlande *Pl.*; **~-cut** *adj.* [tief] ausgeschnitten ⟨*Kleid*⟩; **~-cut neck** tiefer Ausschnitt; **~-cut shoes** Halbschuhe; **~-down 1.** *adj. (coll.: mean)* mies *(ugs.)*; **2.** *n. (coll.)* **give [sb.]/get the ~-down on sb./sth.** [jmdm.] sagen/rauskriegen, was es mit jmdm./etw. [wirklich] auf sich hat

[1]**lower** ['ləʊə(r)] **1.** *v. t.* **a)** *(let down)* herab-/hinablassen; zu Wasser lassen ⟨*Boot*⟩; einholen ⟨*Flagge, Segel*⟩; **~ oneself into** hinuntersteigen in (+ *Akk.*) ⟨*Kanalschacht, Keller*⟩; **~ oneself into a chair** sich in einen Sessel sinken lassen; *abs.* **~ [away]** *(Naut.) (~ boat)* das Boot aussetzen *od.* zu Wasser lassen; *(~ sail)* das Segel einholen; **b)** *(reduce in height)* senken ⟨*Blick*⟩; niederschlagen ⟨*Augen*⟩; niedriger machen ⟨*Wand*⟩; absenken ⟨*Zimmerdecke*⟩; tiefer hängen ⟨*Bild*⟩; auslassen ⟨*Saum*⟩; *see also* **sight 1 h**; **c)** *(lessen)* senken ⟨*Preis, Miete, Zins usw.*⟩; **d)** *(degrade)* herabsetzen; verderben ⟨*Geschmack*⟩; **~ oneself** sich erniedrigen; **~ oneself to do sth.** sich so weit erniedrigen, etw. zu tun; **e)** *(weaken)* schwächen; dämpfen ⟨*Licht, Stimme, Lärm*⟩; **~ one's voice** leiser sprechen; die Stimme senken *(geh.)*. **2.** *v. i.* **a)** *(weaken)* ⟨*Stimme:*⟩ leiser werden; ⟨*Licht:*⟩ dunkler werden; **b)** *(sink)* sinken; ⟨*Wasservorrat:*⟩ weniger werden, abnehmen

[2]**lower 1.** *compar. adj.* **a)** unter... ⟨*Nil, Themse usw., Atmosphäre*⟩; Unter⟨*jura, -devon usw., -arm, -lippe usw.*⟩; Nieder⟨*rhein, -kalifornien*⟩; *see also* **jaw 1 a**; **b)** *(in rank)* unter...; **~ mammals/plants** niedere Säugetiere/Pflanzen; **the ~ orders/classes** die Unterschichten/die unteren Klassen; **~ middle class** untere Mittelschicht. **2.** *compar. adv.* tiefer ⟨*sinken, hängen usw.*⟩

[3]**lower** ['laʊə(r)] *see* **lour**

**lower: ~ case 1.** *n.* Kleinbuchstaben *Pl.*; **in ~ case** in Kleinbuchstaben; **2.** *adj.* klein ⟨*Buchstabe*⟩; **L~ 'Chamber** *n. (Parl.)* Unterhaus, *das;* **~ court** *n.* unteres *od.* untergeordnetes Gericht; **~ 'deck** *n.* **a)** *(of ship)* Unterdeck, *das; (of bus)* unteres Deck; **b)** *(Brit.: seamen)* Mannschaft, *die;* **L~ House** *n. (Parl.)* Unterhaus, *das;* **~most** *adj.* unterst...; **be ~most** zuunterst liegen; **~ 'regions** *n. pl. (Mythol.)* Unterwelt, *die;* **L~ 'Saxon** *adj.* niedersächsisch; **L~ 'Saxony** *pr. n.* Niedersachsen *(das)*; **~ 'world** *n.* **a)** *(the earth)* Erde, *die;* **b)** *(hell)* Unterwelt, *die*

**low: ~-fat** *adj.* fettarm; **~-flying** *adj.* tief fliegend; **~-flying aircraft** Tiefflieger, *der;* **~ 'frequency** *n.* Niederfrequenz, *die;* **~-frequency** *adj.* niederfrequent; **Low 'German** *see* **German 2 b**; **~-grade** *adj.* minderwertig; leicht ⟨*Infektion*⟩; **~-grade steel** Stahl minderer Güte; **~-heeled** *adj.* flach ⟨*Schuh*⟩; ⟨*Schuhe*⟩ mit flachen Absätzen; **~-key** *adj.* zurückhaltend; unaufdringlich ⟨*Beleuchtung, Unterhaltung*⟩; unauffällig ⟨*Einsatz*⟩; **~land** ['ləʊlənd] **1.** *n.* Tiefland, *das;* **the Lowlands of Scotland** die Lowlands; das schottische Tiefland; **2.** *adj.* tiefländisch; Tiefland⟨*rasse, -farm*⟩; **~lander** ['ləʊləndə(r)] *n.* Tieflandbewohner, *der*/-bewohnerin, *die; (Scot.)* Bewohner/Bewohnerin der Lowlands

**lowly** ['ləʊlɪ] *adj.* **a)** *(modest)* bescheiden; **b)** *(not highly evolved)* nieder...

**low: ~-lying** *adj.* tiefliegend; **~-necked** *adj.* [tief] ausgeschnitten; **~-'pitched** *adj.* **a)** tief ⟨*Stimme*⟩; **b)** *(Archit.)* wenig geneigt ⟨*Dach*⟩; **~ point** *n.* Tiefpunkt, *der;* **~-powered** ['ləʊpaʊəd] *adj.* schwach ⟨*Motor, Glühbirne*⟩; **~ 'pressure** Tiefdruck, *der;* **an area of ~ pressure** ein Tiefdruckgebiet; **~-priced** [ləʊ'praɪst] *adj.* preisgünstig; **~ 'profile** *see* **profile 1 g**; **~ re'lief** *see* [2]**relief a**; **~-rise** *adj.* ⟨*Gebäude*⟩ mit wenigen Stockwerken; **~ season** *n.* Nebensaison, *die;* **~-'spirited** *adj.* niedergeschlagen; **~ 'tension = ~ voltage** *see* **voltage**; **~-tension** *see* **~-voltage**; **~ 'tide** *see* **tide 1 a**; **~ 'voltage** *see* **voltage**; **~-voltage** *adj. (Electr.)* Niederspannungs-; **~-wage** *attrib. adj.* schlechtbezahlt; **~ 'water** *n.* Niedrigwasser, *das; (fig.)* Tiefpunkt, *der;* **~-'water mark** *n.* Niedrigwassermarke, *die*

**loyal** ['lɔɪəl] *adj. (to person)* treu; *(to government etc.)* treu [ergeben]; loyal; ~ **address** Ergebenheitsadresse, *die*

**loyalist** ['lɔɪəlɪst] **1.** *n.* Loyalist, *der*/Loyalistin, *die.* **2.** *adj.* loyalistisch

**loyally** ['lɔɪəlɪ] *adv.* treu; loyal

**loyalty** ['lɔɪəltɪ] *n.* Treue, *die;* Loyalität, *die;* **brand** ~: Markentreue, *die*

**lozenge** ['lɒzɪndʒ] *n.* **a)** *(tablet)* Pastille, *die;* **b)** *(diamond shape)* Raute, *die;* Rhombus, *der*

**LP** *abbr.* **long-playing record** LP, *die*

**'L-plate** *n. (Brit.)* 'L'-Schild, *das;* ≈ „Fahrschule"-Schild, *das*

**LSD** *abbr.* **lysergic acid diethylamide** LSD, *das*

**LSE** *abbr.* **London School of Economics**

**Lt.** *abbr.* **Lieutenant**

**Ltd.** *abbr.* **Limited** GmbH; **... Company** ~: ...gesellschaft mbH

**lubricant** ['lu:brɪkənt] **1.** *n.* Schmiermittel, *das.* **2.** *adj.* Schmier-

**lubricate** ['lu:brɪkeɪt] *v.t.* schmieren; einfetten ⟨*Haut*⟩

**lubrication** [lu:brɪ'keɪʃn] *n.* Schmierung, *die; attrib.* Schmier⟨*system, -vorrichtung*⟩

**Lucerne** [lu:'sɜ:n] *pr. n.* Luzern *(das);* **Lake** ~: der Vierwaldstätter See

**lucerne** *n. (Brit. Bot.)* [Blaue] Luzerne

**lucid** ['lu:sɪd] *adj.* klar; [leicht] verständlich; einleuchtend ⟨*Argumentation*⟩; ~ **interval** *(period of sanity)* lichter Augenblick *od.* Moment

**lucidity** [lu:'sɪdɪtɪ] *n., no pl.* Klarheit, *die*

**lucidly** ['lu:sɪdlɪ] *adv.* klar [und verständlich] ⟨*formulieren usw.*⟩

**luck** [lʌk] *n.* **a)** *(good or ill fortune)* Schicksal, *das;* **as ~ would have it** wie das Schicksal es wollte; **good** ~: Glück, *das;* **bad** ~: Pech, *das;* **bring [sb.] good/bad** ~: [jmdm.] Glück/Pech bringen; **better ~ next time** mehr Glück beim nächsten Mal; **good ~ [to you]!** viel Glück!; alles Gute!; viel Erfolg!; **good ~ to him, I say** ich wünsche ihm viel Glück; *(iron.)* na, dann viel Glück!; **it's the ~ of the game** Glück/Pech gehabt!; **just my** ~: typisch für mich; **try one's** ~: sein Glück versuchen; **you never know your** ~: vielleicht hast du ja Glück; *see also* [3]**down 1 mm; draw 3 a; hard 1 c; push 1 c; worse 1; b)** *(good fortune)* Glück, *das;* **with [any]** ~: mit ein bißchen *od.* etwas Glück; ~ **was with us all the way** wir hatten die ganze Zeit Glück; **I was in ~'s way** das war wirklich Glück; **wear sth. for** ~: etw. als Glücksbringer tragen; **do sth. for** ~: etw. tun, damit es einem Glück bringen soll; **have the ~ to do sth.** das Glück haben, etw. zu tun; **be in/out of** ~: Glück/kein Glück haben; **sb.'s ~ is in/out** jmd. hat Glück/kein Glück; **no such** ~: schön wär's; *see also* [1]**stroke 1 c**

**luckily** ['lʌkɪlɪ] *adv.* glücklicherweise; ~ **for her** zu ihrem Glück

**luckless** ['lʌklɪs] *adj.* glücklos; *(unlucky, unfortunate)* unglücklich

**lucky** ['lʌkɪ] *adj.* **a)** *(favoured by chance)* glücklich; **be ~ [in love/at games]** Glück [in der Liebe/im Spiel] haben; **be ~ to be alive** von Glück sagen können, daß man noch am Leben ist; **be ~ enough to be rescued** das [große] Glück haben, gerettet zu werden; **I should be so** ~: schön wär's; **get** ~: Glück haben; **Could you lend me £100? – 'You'll be** ~: Könntest du mir 100 Pfund leihen? – So siehst du aus!; **it was ~ [for you/him** *etc.***] the car stopped in time** dein/sein *usw.* Glück, daß das Auto rechtzeitig gehalten hat; **be a ~ dog** ein Glückspilz sein *(ugs.);* **b)** *(favouring sb. by chance)* glücklich ⟨*Umstand, Zufall, Zusammentreffen usw.*⟩; *see also* **escape 1 a; c)** *(bringing good luck)* Glücks⟨*zahl, -tag usw.*⟩; ~ **charm** Glücksbringer, *der;* **be born under a ~ star** ein Glückskind sein; **you can thank your ~ stars** du kannst von Glück sagen

**lucky:** ~ **bag,** *(Brit.)* ~ **'dip** *ns.* Glückstopf, *der; (fig.)* Glücksspiel, *das*

**lucrative** ['lu:krətɪv] *adj.* einträglich; lukrativ

**lucre** ['lu:kə(r)] *n. (derog.)* Profit, *der; see also* **filthy 1 b**

**Luddite** ['lʌdaɪt] *n.* **a)** Maschinenstürmer, *der;* **b)** *(Hist.)* Luddit, *der*

**ludicrous** ['lu:dɪkrəs] *adj.* lächerlich ⟨*Anblick, Lohn, Argument, Vorschlag, Idee*⟩; lachhaft ⟨*Angebot, Ausrede*⟩; **a ~ speed/price** *(low)* eine lächerliche Geschwindigkeit/ein lächerlicher Preis; *(high)* eine haarsträubende Geschwindigkeit/ein haarsträubender Preis

**ludicrously** ['lu:dɪkrəslɪ] *adv.* lächerlich ⟨*wenig, billig, langsam, klein*⟩; haarsträubend ⟨*schnell, teuer*⟩

**ludo** ['lu:dəʊ] *n., no pl., no art.* Mensch-ärgere-dich-nicht[-Spiel], *das*

**luff** [lʌf] *(Naut.)* **1.** *v.t.* **a)** *(bring nearer wind)* luven ⟨*Schiff*⟩; **b)** *(turn)* ~ **the helm** anluven; **c)** *(Yacht-racing)* durch Luven den Wind nehmen (+ *Dat.*). **2.** *v.i.* anluven. **3.** *n.* Vorliek, *das*

[1]**lug** [lʌg] **1.** *v.t.,* **-gg- a)** *(drag)* schleppen; **b)** *(force)* ~ **sb. along** jmdn. mit herumschleppen *(ugs.).* **2.** *v.i.,* **-gg-** ziehen, zerren (**at** an + *Dat.*)

[2]**lug** *see* **lugworm**

[3]**lug** *n.* **a)** *(projection)* Henkel, *der;* **b)** *(coll./joc.: ear)* Löffel, *der (ugs.)*

**luge** [lu:ʒ] *n.* [Rodel]schlitten, *der*

**luggage** ['lʌgɪdʒ] *n.* Gepäck, *das*

**luggage:** ~**-carrier** *n.* Gepäckträger, *der;* ~**-locker** *n.* [Gepäck]schließfach, *das;* ~**-rack** *n.* Gepäckablage, *die;* ~ **trolley** *n.* Kofferkuli, *der;* ~**-van** *n.* Gepäckwagen, *der*

**lugger** ['lʌgə(r)] *n. (Naut.)* Logger, *der*

**'lughole** *n. (sl.: ear)* Löffel, *der (ugs.)*

**lugubrious** [lu:'gu:brɪəs, lʊ'gu:brɪəs] *adj. (mournful)* kummervoll; traurig; *(dismal)* düster; trübselig

**lugubriously** [lu:'gu:brɪəslɪ, lʊ'gu:brɪəslɪ] *adv. (mournfully)* kummervoll; traurig; *(dismally)* düster

**'lugworm** *n.* Köderwurm, *der*

**Luke** [lu:k] *pr. n.* **St** ~: der hl. Lukas

**lukewarm** ['lu:kwɔ:m, lu:k'wɔ:m] *adj.* **a)** lauwarm; **b)** *(fig.)* lau[warm]; halbherzig

**lull** [lʌl] **1.** *v.t.* **a)** *(soothe)* lullen; ~ **a child to sleep** ein Kind in den Schlaf lullen; **b)** *(fig.)* einlullen; einschläfern ⟨*Mißtrauen*⟩; ~ **sb. into a false sense of security** jmdn. in einer trügerischen Sicherheit wiegen. **2.** *n.* Pause, *die;* **the ~ before the storm** *(fig.)* die Ruhe vor dem Sturm; **a ~ in the storm** ein vorübergehendes *od.* kurzes Nachlassen des Sturms

**lullaby** ['lʌləbaɪ] *n.* Schlaflied, *das;* Wiegenlied, *das*

**lulu** ['lu:lu:] *n. (sl.) (thing)* Hammer, *der (salopp); (person)* bombige Type *(ugs.)*

**lumbago** [lʌm'beɪgəʊ] *n., pl.* ~**s** *(Med.)* Hexenschuß, *der;* Lumbago, *die (fachspr.)*

**lumbar** ['lʌmbə(r)] *adj. (Anat.)* Lenden-; lumbal *(fachspr.);* ~ **puncture** *(Med.)* Lumbalpunktion, *die*

[1]**lumber** ['lʌmbə(r)] *v.i.* ⟨*Person:*⟩ schwerfällig gehen; ⟨*Fahrzeug:*⟩ rumpeln

[2]**lumber 1.** *n.* **a)** *(furniture)* Gerümpel, *das;* **b)** *(useless material)* Kram, *der (ugs. abwertend);* Krempel, *der (ugs. abwertend);* **c)** *(Amer.: timber)* [Bau]holz, *das.* **2.** *v.t. (fill up, encumber)* vollstopfen *(ugs.);* vollstellen ⟨*Zimmer*⟩; überladen ⟨*Stil, Buch*⟩; ~ **sb. with sth./sb.** jmdm. etw./jmdn. aufhalsen *(ugs.);* **get ~ed with sth./sb.** etw./jmdn. aufgehalst kriegen *(ugs.);* ~ **oneself with too many things** *(lit. or fig.)* sich *(Dat.)* zuviel Krempel *(ugs.)* anschaffen

**lumbering** ['lʌmbərɪŋ] *adj.* schwerfällig; *(graceless in appearance)* plump

**lumber:** ~**-jack** *n. (Amer.)* Holzfäller, *der;* ~**-jacket** *n.* Lumberjack, *der;* ~**-man** *see* ~**-jack;** ~**-room** *n.* Abstellkammer, *die;* Rumpelkammer, *die (ugs.)*

**luminary** ['lu:mɪnərɪ] *n. (person)* Koryphäe, *die*

**luminescence** [lu:mɪ'nesəns] *n.* Leuchten, *das; (Phys.)* Lumineszenz, *die*

**luminescent** [lu:mɪ'nesənt] *adj.* leuchtend; *(Phys.)* lumineszierend

**luminosity** [lu:mɪ'nɒsɪtɪ] *n. (also Astron.)* Helligkeit, *die*

**luminous** ['lu:mɪnəs] *adj.* **a)** *(bright)* hell ⟨*Feuer, Licht usw.*⟩; [hell] leuchtend; Leucht⟨*anzeige, -zeiger usw.*⟩; ~ **paint** Leuchtfarbe, *die;* **b)** *(of light)* Leucht⟨*kraft, -stärke usw.*⟩; **c)** *(fig.)* brillant; *(enlightening)* erhellend

**lummee** ['lʌmɪ] *int. (Brit. sl.)* großer Gott

**lummox** ['lʌməks] *n. (Amer. coll.)* Tölpel, *der;* Tolpatsch, *der (ugs.)*

[1]**lump** [lʌmp] **1.** *n.* **a)** *(shapeless mass)* Klumpen, *der; (of sugar, butter, etc.);* Stück, *das; (of wood)* Klotz, *der; (of dough)* Kloß, *der; (of bread)* Brocken, *der;* **a ~ of sugar/dough/bread** ein Stück Zucker/ein Teigkloß/ein Brocken Brot; **a ~ of wood/clay** ein Holzklotz/ein Klumpen Lehm *od.* Lehmklumpen; **have/get a ~ in one's throat** *(fig.)* einen Kloß im Hals haben *(ugs.);* **b)** *(swelling)* Beule, *die; (caused by cancer)* Knoten, *der;* **c)** *(sl.: heap)* Haufen, *der;* **d)** *(thickset person)* Klotz, *der (ugs.);* **a great ~ of a woman** ein Koloß von Frau; **e) the** ~ *(Brit.: workers)* die Schwarzarbeiter im Baugewerbe; **f) [taken] in the** ~: im ganzen [gesehen]; **get payment in a** ~: die gesamte Summe auf einmal erhalten. **2.** *v.t. (mass together)* zusammentun; ~ **sth. with sth.** etw. und etw. zusammentun; ~ **sb./sth. with the rest** jmdn./etw. mit dem Rest in einen Topf werfen *(ugs.);* ~ **the archaeology books under History** die Archäologiebücher mit zur Geschichte stellen

~ **to'gether** *v.t.* zusammenfassen

[2]**lump** *v.t. (coll.)* sich abfinden mit; **he can [like it or]** ~ **it** er muß sich [wohl oder übel] damit abfinden; **if you don't like it you can ~ it** du mußt dich wohl oder übel damit abfinden

**lumpenproletariat** [lʌmpənprəʊlə'teərɪət] *n. (derog.)* Lumpenproletariat, *das*

**lumpish** ['lʌmpɪʃ] *adj. (derog.)* **a)** *(clumsy)* plump; *(in movement, speech, action)* schwerfällig; **b)** *(dull)* dumpf; stumpf

**lump:** ~ **payment** *n.* einmalige Zahlung [einer größeren Summe]; ~**-sucker** *n. (Zool.)* Scheibenbauch, *der;* Lumpfisch, *der; (Cyclopterus lumpus)* Seehase, *der;* ~ **'sugar** *n.* Würfelzucker, *der;* ~ **'sum** *n. (covering several items)* Pauschalsumme, *die; (paid at once)* einmalige Pauschale

**lumpy** ['lʌmpɪ] *adj.* klumpig ⟨*Brei, Lehm*⟩; ⟨*Kissen, Matratze*⟩ mit klumpiger Füllung

**lunacy** ['lu:nəsɪ] *n.* **a)** *(insanity)* Wahnsinn, *der; (Law)* geistige Unzurechnungsfähigkeit; **b)** *(mad folly)* Wahnsinn, *der (ugs.);* Irrsinn, *der*

**lunar** ['lu:nə(r)] *adj.* Mond-; lunar *(fachspr.)*

**lunar:** ~ **e'clipse** *n. (Astron.)* Mondfinsternis, *die;* ~ **'module** *n.* Mond[lande]fähre, *die*

**lunatic** ['lu:nətɪk] **1.** *adj.* **a)** *(mad)* wahnsinnig; irre *(veralt.); see also* **fringe 1 c; b)** *(foolish)* wahnwitzig; Wahnsinns- *(ugs.);* idiotisch *(ugs. abwertend).* **2.** *n.* Wahnsinnige, *der/die;* Irre, *der/die;* **be a** ~: wahnsinnig *od. (veralt.)* irre sein

**'lunatic asylum** *n. (Hist.)* Irrenanstalt, *die (veralt., ugs. abwertend)*

**lunch** [lʌnʃ] **1.** *n.* Mittagessen, *das;* **have** *or* **eat** *or (formal)* **take [one's]** ~: zu Mittag essen; das Mittagessen einnehmen *(geh.);* **get an hour for** ~: eine Stunde Mittag[spause] haben; **have sth. for** ~: etw. zu Mittag essen; **be at** *or* **eating** *or* **having [one's]** ~: gerade beim Mittagessen sein; zu Tisch sein; **there's no such thing as a free ~** *(fig.)* es wird einem nichts geschenkt. **2.** *v. i.* zu Mittag essen

**'lunch-break** *see* **lunch-hour**

**luncheon** ['lʌnʃn] *n. (formal)* **a)** *(midday meal)* Mittagessen, *das;* **b)** *(Amer.: light meal)* Imbiß, *der*

**luncheon: ~ meat** *n.* Frühstücksfleisch, *das;* **~ voucher** *n. (Brit.)* Essenmarke, *die;* Essensbon, *der*

**lunch: ~-hour** *n.* Mittagspause, *die;* **~-room** *n.* Imbißraum, *der;* **~-time** *n.* Mittagszeit, *die;* **at ~-time** mittags

**lung** [lʌŋ] *n.* Lunge, *die; (right or left)* Lungenflügel, *der;* **have good/weak ~s** eine gute *od.* kräftige/schwache Lunge haben; **the ~s of a city** *(fig.)* die grünen Lungen einer Stadt

**'lung cancer** *n. (Med.)* Lungenkrebs, *der*

**lunge** [lʌndʒ] **1.** *n.* **a)** *(Sport)* Ausfall, *der;* **b)** *(sudden forward movement)* Sprung nach vorn; **make a ~ at sb.** sich auf jmdn. stürzen. **2.** *v. i.* **a)** *(Sport)* einen Ausfall machen **(at gegen); b) ~ at sb. with a knife** jmdn. mit einem Messer angreifen

**~ 'out** *v. i.* einen Ausfall machen **(at** gegen); **~ out at sb.** *(make sudden forward movement)* sich auf jmdn. stürzen

**lung: ~-fish** *n.* Lungenfisch, *der;* **~-power** *n.* Stimmkraft, *die*

**lupin, 'lupine** ['lu:pɪn] *n.* [Edel]lupine, *die*

**²lupine** ['lu:paɪn, 'lju:paɪn] *adj.* Wolfs-; wölfisch; **have ~ features/a ~ appearance** ein Wolfsgesicht haben/wie ein Wolf aussehen

**lupus** ['lu:pəs] *n. (Med.)* Zehrflechte, *die;* Lupus, *der (fachspr.)*

**'lurch** [lɜ:tʃ] *n.* **leave sb. in the ~:** jmdn. im Stich lassen; jmdn. hängenlassen *(ugs.)*

**²lurch 1.** *n.* Rucken, *das; (of ship)* Schlingern, *das;* **give a ~:** rucken; ⟨*Schiff:*⟩ schlingern. **2.** *v. i.* rucken; ⟨*Betrunkener:*⟩ torkeln; ⟨*Schiff:*⟩ schlingern

**lurcher** ['lɜ:tʃə(r)] *n. (Brit.) Kreuzung zwischen Collie und Windhund [besonders als Spürhund eines Wilderers];* ≈ Spürhund, *der*

**lure** [ljʊə(r), lʊə(r)] **1.** *v. t.* locken; **~ away from/out of/into sth.** von etw. fortlocken/aus etw. [heraus]locken/in etw. *(Akk.)* [hinein]locken; **~ sb. away from his duty** jmdn. [durch Lockungen] von seinen Pflichten abbringen. **2.** *n.* **a)** *(Falconry)* Federspiel, *das;* **b)** *(Hunting)* Lockvogel, *der; (fig.: thing)* Lockmittel, *das;* **c) the ~ of the sea** der Ruf *od.* die Lockung des Meeres *(geh.)*

**lurid** ['ljʊərɪd, 'lʊərɪd] *adj.* **a)** *(ghastly)* gespenstisch; *(highly coloured)* grell ⟨*Licht, Schein, Himmel*⟩; **b)** *(fig.) (horrifying)* gräßlich, schaurig ⟨*Einzelheiten, Beispiele*⟩; *(sensational)* reißerisch *(abwertend); (showy, gaudy)* reißerisch [aufgemacht] *(abwertend)* ⟨*Umschlag, Bild*⟩

**luridly** ['ljʊərɪdlɪ, 'lʊərɪdlɪ] *adv.* **a)** *(glaringly)* grell; **b)** *(fig.) (horrifyingly)* gräßlich; schaurig; *(showily, gaudily)* reißerisch

**lurk** [lɜ:k] *v. i.* **a)** lauern; ⟨*Raubtier:*⟩ auf Lauer liegen; **~ about a place** an einem Ort herumschleichen; **b)** *(fig.)* **~ in sb.'s** *or* **at the back of sb.'s mind** ⟨*Zweifel, Verdacht, Furcht:*⟩ an jmdm. nagen

**lurking** ['lɜ:kɪŋ] *attrib. adj.* heimlich ⟨*Zweifel, Verdacht, Angst, Mitgefühl*⟩

**luscious** ['lʌʃəs] *adj.* **a)** *(sweet in taste or smell)* köstlich [süß]; saftig [süß] ⟨*Obst*⟩; **b)** *(excessively sweet)* aufdringlich süß ⟨*Parfüm*⟩; **c)** *(appealing to senses)* üppig ⟨*Figur, Kurven*⟩; knackig *(ugs.)* ⟨*Mädchen*⟩; voll ⟨*Lippen*⟩; satt ⟨*Farbe*⟩

**lush** [lʌʃ] *adj.* saftig ⟨*Wiese*⟩; grün ⟨*Tal*⟩; üppig ⟨*Vegetation*⟩; *(fig.)* luxuriös, *(ugs.)* feudal ⟨*Atmosphäre, Räumlichkeiten*⟩

**lust** [lʌst] **1.** *n.* **a)** *(sexual drive)* Sinnenlust, *die;* sinnliche Begierde; **b)** *(passionate desire)* Gier, *die* **(for** nach); **~ for power/glory/of battle** Machtgier, *die*/Ruhmsucht, *die*/Kampf[es]lust, *die;* **c)** *(Bibl., Theol.)* Fleischeslust, *die (geh.);* **~s of the flesh** fleischliche Gelüste *(geh.).* **2.** *v. i.* **~ after** [lustvoll] begehren *(geh.);* **he ~s after ...:** es gelüstet ihn nach ... *(geh.);* **~ for glory** ruhmbegierig *(geh.) od.* ruhmsüchtig sein

**luster** *(Amer.) see* **lustre**

**lustful** ['lʌstfl] *adj.* lüstern *(geh.)*

**lustily** ['lʌstɪlɪ] *adv.* kräftig; forsch ⟨*sich bewegen, etw. angehen*⟩; herzhaft ⟨*lachen, gähnen*⟩; aus voller Kehle ⟨*rufen, singen*⟩; **he tucked ~ into his dinner** er langte kräftig *od.* tüchtig *od.* herzhaft zu

**lustre** ['lʌstə(r)] *n. (Brit.)* **a)** Schimmer, *der;* [schimmernder] Glanz; **shine with a ~:** einen schimmernden Glanz haben; **b)** *(fig.: splendour)* Glanz, *der;* **add ~ to** *or* **shed ~ on sth.** einer Sache *(Dat.)* Glanz verleihen; **lack ~** ⟨*Augen:*⟩ glanzlos sein; ⟨*Lächeln:*⟩ matt sein; **c)** *(glaze)* Glasurglanz, *der;* Lüster, *der (fachspr.)*

**lustreless** ['lʌstəlɪs] *adj.* glanzlos; stumpf

**'lustreware** *n.* Lüsterkeramik, *die*

**lustrous** ['lʌstrəs] *adj.* schimmernd; *(fig.)* glanzvoll; erhaben *(geh.)* ⟨*Geist*⟩

**lusty** ['lʌstɪ] *adj.* **a)** *(healthy)* gesund; frisch ⟨*Gesichtsfarbe*⟩; *(strong, powerful)* kräftig; **b)** *(vigorous)* herzhaft ⟨*Applaus, Tritt*⟩; tüchtig, zupackend ⟨*Arbeiter*⟩; **a ~ girl from the country** ein strammes Landmädchen

**lutanist** ['lu:tənɪst, 'lju:tənɪst] *n. (Mus.)* Lautenist, *der*/Lautenistin, *die*

**lute** [lu:t, lju:t] *n. (Mus.)* Laute, *die*

**lutenist** *see* **lutanist**

**Lutheran** ['lu:θərən, 'lju:θərən] **1.** *adj.* lutherisch. **2.** *n.* Lutheraner, *der*/Lutheranerin, *die*

**Luxembourg** *etc. see* **Luxemburg** *etc.*

**Luxemburg** ['lʌksəmbɜ:g] *pr. n.* Luxemburg *(das)*

**Luxemburger** ['lʌksəmbɜ:gə(r)] *n.* Luxemburger, *der*/Luxemburgerin, *die*

**Luxemburgian** ['lʌksəmbɜ:gɪən] **1.** *adj.* luxemburgisch. **2.** *n.* Luxemburgisch, *das;* Letzeburgesch, *das (fachspr.)*

**luxuriance** [lʌg'zjʊərɪəns, lʌk'sjʊərɪəns] *n., no pl. (superabundance)* Üppigkeit, *die; (of hair)* Fülle, *die*

**luxuriant** [lʌg'zjʊərɪənt, lʌk'sjʊərɪənt] *adj.* **a)** *(growing profusely, exuberant)* üppig ⟨*Vegetation, Farbenpracht, Blattwerk*⟩; voll ⟨*Haar*⟩; ertragreich ⟨*Ernte*⟩; **b)** *(richly ornamented)* reich ausgeschmückt

**luxuriantly** [lʌg'zjʊərɪəntlɪ, lʌk'sjʊərɪəntlɪ] *adv.* üppig

**luxuriate** [lʌg'zjʊərɪeɪt, lʌk'sjʊərɪeɪt] *v. i.* **~ in** sich aalen in (+ *Dat.*) ⟨*Sonne, Bett usw.*⟩; **~ in the bath** sich genüßlich in der Badewanne rekeln *(ugs.)*

**luxurious** [lʌg'zjʊərɪəs, lʌk'sjʊərɪəs] *adj.* luxuriös; Luxus-; *(self-indulgent)* verwöhnt; luxuriös, verschwenderisch ⟨*Lebensstil*⟩

**luxuriously** [lʌg'zjʊərɪəslɪ, lʌk'sjʊərɪəslɪ] *adv.* luxuriös; mit allem Luxus; feudal *(ugs.)* ⟨*wohnen, essen*⟩

**luxury** ['lʌkʃərɪ] **1.** *n.* **a)** Luxus, *der;* **live** *or* **lead a life of ~:** ein Leben im Luxus führen; *see also* **¹lap a; b)** *(article)* Luxusgegenstand, *der;* **luxuries** Luxus, *der;* **c)** *(sth. one enjoys)* Luxus, *der.* **2.** *attrib. adj.* Luxus-

**LV** *abbr. (Brit.)* **luncheon voucher**

**LW** *abbr. (Radio)* **long wave** LW

**lychee** ['laɪtʃɪ, 'lɪtʃɪ] *n.* Litschi, *die*

**lych-gate** *see* **lich-gate**

**lye** [laɪ] *n.* Lauge, *die*

**lying** ['laɪɪŋ] **1.** *adj.* **a)** *(given to falsehood)* verlogen; **~ scoundrel** Lügenbold, *der;* **b)** *(false, untrue)* lügnerisch; lügenhaft; erlogen ⟨*Geschichte*⟩; falsch, verlogen ⟨*Sentimentalität*⟩. **2.** *n.* Lügen, *das;* **that would be ~:** das wäre gelogen. *See also* **¹lie 2, 3**

**lymph** [lɪmf] *n.* **a)** *(Physiol.)* Lymphe, *die (fachspr.);* Gewebsflüssigkeit, *die;* **b)** *(Med.: exudation from sore)* Blutwasser, *das*

**lymphatic** [lɪm'fætɪk] **1.** *adj. (Physiol., Anat.)* Lymph-; lymphatisch. **2.** *n. (Anat.)* Lymphgefäß, *das*

**lymph: ~ gland, ~ node** *ns. (Anat.)* Lymphknoten, *der*

**lymphocyte** ['lɪmfəsaɪt] *n. (Anat.)* Lymphozyt, *der*

**lynch** [lɪnʃ] *v. t.* lynchen

**'lynch law** *n.* Lynchjustiz, *die*

**lynx** [lɪŋks] *n. (Zool.)* Luchs, *der*

**'lynx-eyed** *adj. (fig.)* luchsäugig; mit Luchsaugen *nachgestellt;* **be ~:** Luchsaugen haben

**Lyons** ['li:ɔ̃, 'laɪənz] *pr. n.* Lyon *(das)*

**lyre** ['laɪə(r)] *n. (Mus.)* Lyra, *die;* Leier, *die*

**'lyre-bird** *n. (Ornith.)* Leierschwanz, *der*

**lyric** ['lɪrɪk] **1.** *adj.* lyrisch; **~ poet** Lyriker, *der*/Lyrikerin, *die;* **~ poetry** Lyrik, *die.* **2.** *n.* **a)** *(poem)* lyrisches Gedicht; **b)** *in pl. (verses)* lyrische Passagen; *(of song)* Text, *der*

**lyrical** ['lɪrɪkl] *adj.* **a)** *see* **lyric 1; b)** *(like lyric poetry)* lyrisch; **c)** *(coll.: enthusiastic)* gefühlvoll; **become** *or* **grow** *or* **wax ~ about** *or* **over sth.** über etw. *(Akk.)* ins Schwärmen geraten

**lyrically** ['lɪrɪkəlɪ] *adv.* lyrisch

**lyricism** ['lɪrɪsɪzm] *n.* **a)** *(lyric character, a lyrical expression)* Lyrismus, *der;* **b)** *(high-flown sentiments)* Gefühlsbetontheit, *die;* Gefühlsseligkeit, *die;* Schwärmerei, *die*

**lyricist** ['lɪrɪsɪst] *n.* Texter, *der*/Texterin, *die*

# M

**M, m** [em] *n., pl.* **Ms** *or* **M's a)** *(letter)* M, m, *das;* **b)** *(Roman numeral)* M

**M.** *abbr.* **a) Master/Member of/Monsieur** M.; **b) mega-** M; **c)** *(Brit.)* **motorway** A

**m.** *abbr.* **a) male** männl.; **b) masculine** m.; **c) married** verh.; **d) metre[s]** m; **e) milli-** m; **f) million[s]** Mill.; **g) minute[s]** Min.; **h) mile[s]** M

**m'** [mə] *poss. pron.* mein

**MA** *abbr.* **Master of Arts** M. A.; *see also* **B.Sc.**

**ma** [mɑ:] *n. (coll.)* Mama, *die;* Mutti, *die (fam.)*

**ma'am** [mɑ:m, mæm] *n.* gnädige Frau; *(in addressing Queen)* Majestät

**Mac** [mæk] *n. (coll.)* **a)** *(Scotsman)* Schotte, *der; (in address)* Mac; **b)** *(Amer.: fellow)* Kumpel, *der (ugs.);* **hi, ~!** Tag, Kumpel!

**mac** *see* **mack**

**macabre** [mə'kɑ:br] *adj.* makaber

**macaque** [mə'kæk] *n. (Zool.)* Makak, *der*

**macaroni** [mækə'rəʊnɪ] *n.* Makkaroni *Pl.;* **~ and cheese** *(Amer.) see* **macaroni cheese**

**macaroni 'cheese** *n. (Brit.)* Käsemakkaroni *Pl.*

**macaroon** [mækə'ru:n] *n.* Makrone, *die*

**macaw** [mə'kɔ:] *n. (Ornith.)* Ara, *der;* Langschwanzpapagei, *der*

**¹mace** [meɪs] *n.* **a)** *(Hist.: weapon)* Keule, *die;* **b)** *(staff of office)* Amtsstab, *der*

**²mace** *n. (Bot., Cookery)* Mazis, *der;* Mazisblüte, *die;* Muskatblüte, *die*

**'mace-bearer** *n.* Träger/Trägerin des Amtsstabes
**macédoine** ['mæsɪdwɑ:n] *n.* *(Cookery)* Macedoine, *das*
**Macedonia** [mæsɪ'dəʊnɪə] *pr. n.* Makedonien *(das)*
**macerate** ['mæsəreɪt] *v. t.* aufweichen ⟨*Papier*⟩
**Mach** [mæk, mɑ:k] *n.* *(Phys., Aeronaut.)* ~ **[number]** Mach-Zahl, *die;* Machsche Zahl; ~ **one/two** *etc.* Geschwindigkeit von 1/2 *usw.* Mach
**machete** [mə'tʃetɪ, mə'tʃeɪtɪ] *n.* Machete, *die;* Buschmesser, *das*
**machiavellian** [mækɪə'velɪən] *adj.* machiavellistisch
**machination** [mækɪ'neɪʃn, mæʃɪ'neɪʃn] *n.* Machenschaft, *die (abwertend)*
**machine** [mə'ʃi:n] **1.** *n.* **a)** Maschine, *die;* **be made by ~:** maschinell hergestellt werden; **b)** *(bicycle)* [Fahr]rad, *das;* *(motor cycle)* Maschine, *die (ugs.);* **c)** *(computer)* Computer, *der;* **d)** *(fig.: person)* Roboter, *der;* Maschine, *die;* **e)** *(system of organization)* Apparat, *der;* **party/propaganda ~:** Partei-/Propagandaapparat, *der.* **2.** *v. t.* *(make with ~)* maschinell herstellen; *(operate on with ~)* maschinell bearbeiten ⟨*Werkstück*⟩; *(sew)* mit *od.* auf der Maschine nähen
**machine: ~ age** *n.* Maschinenzeitalter, *das;* **~ code** *n.* *(Computing)* Maschinensprache, *die;* **~-gun** *n.* Maschinengewehr, *das;* **~-made** *adj.* maschinell hergestellt; **~-minder** *n.* Maschinenwärter, *der;* **~-pistol** *n.* Maschinenpistole, *die;* **~-readable** *adj.* *(Computing)* maschinenlesbar; **~-room** *n.* Maschinenraum, *der*
**machinery** [mə'ʃi:nərɪ] *n.* **a)** *(machines)* Maschinen *Pl.;* **b)** *(mechanism)* Mechanismus, *der;* **c)** *(organized system)* Maschinerie, *die;* **d)** *(Lit.)* Kunstmittel *Pl.*
**machine: ~ tool** *n.* Werkzeugmaschine, *die;* **~-wash** *v. t.* in der Waschmaschine waschen; **~-washable** *adj.* waschmaschinenfest
**machinist** [mə'ʃi:nɪst] *n.* *(who makes machinery)* Maschinenbauer, *der;* *(who controls machinery)* Maschinist, *der*/Maschinistin, *die;* **[sewing-]~:** [Maschinen]näherin, *die*/-näher, *der*
**machismo** [mə'tʃɪzməʊ, mə'kɪzməʊ] *n., no pl.* Machismo, *der;* Männlichkeitswahn, *der*
**macho** ['mætʃəʊ] **1.** *n., pl.* **~s** Macho, *der.* **2.** *adj.* Macho-; **he is really ~:** er ist wirklich ein Macho
**mack** [mæk] *n.* *(Brit. coll.)* Regenmantel, *der;* Kleppermantel Ⓦᶻ, *der (ugs. veralt.)*
**mackerel** ['mækərl] *n., pl. same or* **~s** *(Zool.)* Makrele, *die*
**mackerel 'sky** *n.* *(Meteorol.)* Zirrokumulusbewölkung, *die;* Schäfchenwolken *Pl.*
**mackintosh** ['mækɪntɒʃ] *n.* Regenmantel, *der*
**macramé** [mə'krɑ:mɪ] *n.* Makramee, *das*
**macro-** [mækrəʊ] *in comb.* makro-/Makro-
**macrobiotic** [mækrəʊbaɪ'ɒtɪk] *adj.* makrobiotisch
**macron** ['mækrɒn] *n.* übergesetzter waagerechter Strich
**macroscopic** [mækrəʊ'skɒpɪk] *adj.* makroskopisch
**mad** [mæd] *adj.* **a)** *(insane)* geisteskrank; irr ⟨*Blick, Ausdruck*⟩; **you must be ~!** du bist wohl verrückt! *(ugs.);* **are you ~?** bist du völlig verrückt geworden? *(ugs.);* **like a ~ thing** *(coll.)* wie ein Verrückter/eine Verrückte *(ugs.);* **b)** *(frenzied)* wahnsinnig; verrückt *(ugs.);* **it's one ~ rush** *(coll.)* es ist eine einzige Hetze; **make a ~ dash for sth.** sich auf etw. *(Akk.)* stürzen; **drive sb. ~:** jmdn. um den Verstand bringen *od. (ugs.)* verrückt machen; **this noise is enough to drive anyone ~!** dieser Lärm ist ja zum Verrücktwerden! *(ugs.);* **~ with joy/fear** außer sich vor Freude/Angst; **c)** *(foolish)* verrückt *(ugs.);* **that was a ~ thing to do** das war eine Dummheit *od. (ugs.)* verrückt; **a ~ hope** eine wahnwitzige Hoffnung; **d)** *(very enthusiastic)* **be/go ~ about** *or* **on sb./sth.** auf jmdn./etw. wild sein/werden *(ugs.);* **be ~ keen on sth.** *(sl.)* auf etw. *(Akk.)* ganz scharf *od.* wild sein *(ugs.);* **be ~ keen to do sth.** *(sl.)* ganz scharf *od.* wild darauf sein, etw. zu tun; **e)** *(coll.: annoyed)* **~ [with** *or* **at sb.]** sauer [auf jmdn.] *(ugs.);* **be ~ about/at missing the train** wütend sein, weil man den Zug verpaßt hat; **f)** *(with rabies)* toll[wütig]; **~ dog** *(fig.)* Verrückte, *der/die (ugs.);* **[run** *etc.***] like ~:** wie wild *od.* wie ein Wilder/eine Wilde *(ugs.)* [laufen *usw.*]; **g)** *(frivolous)* ausgelassen, *(ugs.)* verrückt ⟨*Stimmung*⟩
**Madagascan** [mædə'gæskən] **1.** *adj.* madagassisch. **2.** *n.* Madagasse, *der*/Madagassin, *die*
**Madagascar** [mædə'gæskə(r)] *pr. n.* Madagaskar *(das)*
**madam** ['mædəm] *n.* **a)** *(formal address)* gnädige Frau; **M~ Chairman** Frau Vorsitzende; **Dear M~** *(in letter)* Sehr verehrte gnädige Frau; **b)** *(euphem.: woman brothelkeeper)* Bordellwirtin, *die;* Puffmutter, *die (salopp);* **c)** *(derog.: conceited, pert young woman)* Kratzbürste, *die (ugs. scherzh.)*
**Madame** [mə'dɑ:m, 'mædəm] *n., pl.* **Mesdames** [meɪ'dæm, meɪ'dɑ:m] **a)** *(title)* Madame, *die;* **[the] Mesdames A and B** Madame A und Madame B; **b)** *(formal address)* gnädige Frau; meine Dame
**'madcap 1.** *adj.* unbesonnen. **2.** *n.* Heißsporn, *der*
**mad 'cow disease** *n.* Rinderwahnsinn, *der*
**madden** ['mædn] *v. t.* **a)** *(make mad)* wahnsinnig machen *(ugs.);* um den Verstand bringen; **~ed with grief/loneliness** wahnsinnig vor Kummer/Einsamkeit; **b)** *(irritate)* [ver]ärgern; **be ~ed by sth.** sich über etw. *(Akk.)* [maßlos] aufregen; **it ~s me to think that ...:** es fuchst mich *(ugs.),* wenn ich daran denke, daß ...
**maddening** ['mædənɪŋ] *adj.* **a)** *(irritating, tending to infuriate)* [äußerst] ärgerlich; **b)** *(tending to craze)* unerträglich
**maddeningly** ['mædənɪŋlɪ] *adv. see* **maddening a, b:** [äußerst] ärgerlich; unerträglich
**madder** ['mædə(r)] *n.* **a)** *(Bot.)* Krapp, *der;* Färberröte, *die;* **b)** *(dye)* Krappfarbstoff, *der;* **c)** *(Chem.)* synthetisches Alizarin
**made** *see* **make 1, 2**
**Madeira** [mə'dɪərə] **1.** *n.* Madeira[wein], *der.* **2.** *pr. n.* Madeira *(das)*
**Ma'deira cake** *n.* Madeira-Kuchen, *der*
**madeleine** ['mædleɪn] *n.* *Butterkeks in Form einer Muschel*
**made-to-'measure** *attrib. adj.* Maß-; **a ~ suit** ein Maßanzug *od.* maßgeschneiderter Anzug; *see also* **measure 1 a**
**'made-up** *attrib. adj.* erfunden ⟨*Geschichte*⟩
**'madhouse** *n.* Irrenanstalt, *die;* Irrenhaus, *das;* *(fig.)* Tollhaus, *das*
**Madison Avenue** [mædɪsən 'ævənju:] *n.* die amerikanische Werbeindustrie
**madly** ['mædlɪ] *adv.* **a)** wie ein Verrückter/eine Verrückte *(ugs.);* **b)** *(coll.: passionately, extremely)* wahnsinnig *(ugs.)*
**madman** ['mædmən] *n., pl.* **madmen** ['mædmən] Wahnsinnige, *der;* Irre, *der*
**madness** ['mædnɪs] *n., no pl.* Wahnsinn, *der; see also* **method b**
**madonna** [mə'dɒnə] *n.* Madonna, *die*
**madrigal** ['mædrɪgl] *n.* *(Lit., Mus.)* Madrigal, *das*
**'madwoman** *n.* Wahnsinnige, *die;* Irre, *die*
**maelstrom** ['meɪlstrəm] *n.* *(lit. or fig.)* Ma[h]lstrom, *der;* Strudel, *der;* Sog, *der*
**maestro** ['maɪstrəʊ] *n., pl.* **maestri** ['maɪstri:] *or* **~s** *(Mus.)* Maestro, *der;* *(fig.: great performer)* Meister, *der*
**Mae West** [meɪ 'west] *n.* aufblasbare Schwimmweste
**Mafia** ['mæfɪə] *n.* **a)** *(secret criminal organization)* Mafia, *die;* **b) m~** *(organization exerting influence)* Mafia, *die*
**mag** [mæg] *n.* *(coll.: magazine)* Zeitschrift, *die;* **porno ~:** Pornoheft, *das*
**magazine** [mægə'zi:n] *n.* **a)** *(periodical)* Zeitschrift, *die;* *(news ~, fashion ~, etc.)* Magazin, *das;* **b)** *(Mil.: store)* *(for arms)* Waffenkammer, *die;* *(for ammunition)* Munitionsdepot, *das;* *(for provisions)* Proviantlager, *das;* *(for explosives)* Sprengstofflager, *das;* **c)** *(Arms, Photog.)* Magazin, *das*
**magenta** [mə'dʒentə] **1.** *n.* **a)** *(dye)* Fuchsin, *das;* Rosanilin, *das;* **b)** *(colour)* Magenta, *das;* Purpur, *das.* **2.** *adj.* purpurrot
**maggot** ['mægət] *n.* Made, *die*
**maggoty** ['mægətɪ] *adj.* madig
**Magi** ['meɪdʒaɪ] *n. pl.* **the [three] ~:** die drei Weisen aus dem Morgenland; die Heiligen Drei Könige
**magic** ['mædʒɪk] **1.** *n.* **a)** *(witchcraft, lit. or fig.)* Magie, *die;* **do ~:** zaubern; **as if by ~:** wie durch Zauberei; **black/white ~:** Schwarze/Weiße Magie; **work like ~:** wie ein Wunder wirken; **like ~** *(rapidly)* blitzartig; **b)** *(conjuring tricks)* Zauberei, *die;* **make sth. appear/disappear by ~:** etw. herbei-/wegzaubern; **c)** *(fig.: charm, enchantment)* Zauber, *der.* **2.** *adj.* **a)** *(of ~)* magisch ⟨*Eigenschaft, Kraft*⟩; *(resembling ~)* zauberhaft; *(used in ~)* Zauber⟨*spruch, -trank, -wort, -bann*⟩; **cast a ~ spell on sb.** jmdn. verzaubern; **b)** *(fig.: producing surprising results)* wunderbar. **3.** *v. t.,* **-ck-** zaubern; **~ sth./sb. away** ⟨*Zauberspruch:*⟩ etw./jmdn. verschwinden lassen; ⟨*Person:*⟩ etw./jmdn. wegzaubern
**magical** ['mædʒɪkl] *adj.* *(of magic)* magisch; *(resembling magic)* zauberhaft; **the effect was ~:** das wirkte [wahre] Wunder
**magically** ['mædʒɪkəlɪ] *adv.* auf wunderbare Weise ⟨*schützen, verwandeln, befördern*⟩; zauberhaft ⟨*beleuchten*⟩
**magic: ~ 'carpet** *n.* fliegender Teppich; **~ 'eye** *n.* **a)** *(Electr.: control device)* Photozelle, *die;* **b)** *(Radio)* magisches Auge
**magician** [mə'dʒɪʃn] *n.* *(lit. or fig.)* Magier, *der*/Magierin, *die;* *(conjurer)* Zauberer, *der*/Zauberin, *die;* **I'm not a ~:** ich kann doch nicht zaubern *od.* hexen *(ugs.)*
**magic: ~ 'lantern** *n.* *(Optics)* Laterna Magica; **~ 'square** *n.* *(Math.)* magisches Quadrat; **~ 'wand** *n.* Zauberstab, *der*
**magisterial** [mædʒɪ'stɪərɪəl] *adj.* **a)** *(invested with authority)* gebieterisch *(geh.);* **b)** *(dictatorial)* diktatorisch *(abwertend);* herrisch; **c)** *(authoritative)* maßgebend
**magistracy** ['mædʒɪstrəsɪ] *n., no pl.* *(position)* Amt des Friedensrichters
**magistrate** ['mædʒɪstreɪt] *n.* Friedensrichter, *der*/Friedensrichterin, *die;* **~s' court** ≈ Schiedsgericht, *das*
**magma** ['mægmə] *n., pl.* **~ta** ['mægmətə] *or* **~s** *(Geol.)* Magma, *das*
**Magna Carta, Magna Charta** [mægnə 'kɑ:tə] *n.* *(Hist.; also fig.)* Magna Charta, *die*
**magnanimity** [mægnə'nɪmɪtɪ] *n., no pl.* Großmut, *die;* **with ~:** großmütig
**magnanimous** [mæg'nænɪməs] *adj.,* **magnanimously** [mæg'nænɪməslɪ] *adv.* großmütig **(towards** gegen)
**magnate** ['mægneɪt] *n.* Magnat, *der*/Magnatin, *die;* **cotton/steel ~:** Baumwoll-/Stahlmagnat, *der*
**magnesia** [mæg'ni:ʃə] *n.* Magnesiaweiß, *das; see also* **milk 1**
**magnesium** [mæg'ni:zɪəm] *n.* *(Chem.)* Magnesium, *das*
**magnet** ['mægnɪt] *n.* *(lit. or fig.)* Magnet, *der*
**magnetic** [mæg'netɪk] *adj.* *(lit. or fig.)* magnetisch; *(fig.: very attractive)* sehr anziehend, unwiderstehlich ⟨*Person*⟩; **~ power** *(fig.)* magnetische Anziehungskraft

**magnetic:** ~ **at'traction** *n. (Phys.)* magnetische Anziehungskraft; ~ **'compass** *n.* Magnetkompaß, *der;* ~ **'disc** *see* **disc c**; ~ **'field** *n. (Phys.)* Magnetfeld, *das;* ~ **'mine** *n.* Magnetmine, *die;* ~ **'needle** *n.* Magnetnadel, *die;* ~ **'north** *n.* magnetisch Nord, *das;* ~ **'pole** *n. (Phys.)* Magnetpol, *der; (Geog.)* magnetischer Pol; ~ **'storm** *n. (Phys.)* erdmagnetischer Sturm; ~ **'tape** *n.* Magnetband, *das*

**magnetise** *see* **magnetize**

**magnetism** ['mægnɪtɪzm] *n.* **a)** *(Phys.) (science)* Magnetik, *die; (force, lit. or fig.)* Magnetismus, *der;* **terrestrial** ~: Erdmagnetismus, *der;* **b)** *(fig.: personal charm and attraction)* Attraktivität, *die;* Anziehungskraft, *die;* Attraktion, *die*

**magnetize** ['mægnɪtaɪz] *v. t.* **a)** *(Phys.)* magnetisieren; **b)** *(fig.: attract)* in seinen Bann schlagen *od.* ziehen *(geh.);* **be ~d by sth.** von etw. ganz gebannt sein

**magneto** [mæg'ni:təʊ] *n., pl.* ~s Magnetzünder, *der*

**magnification** [mægnɪfɪ'keɪʃn] *n.* Vergrößerung, *die;* **under high/low ~/at x ~s** in starker/geringer/x-facher Vergrößerung

**magnificence** [mæg'nɪfɪsəns] *n., no pl. (lavish display)* Pracht, *die;* Üppigkeit, *die; (splendour)* Prunk, *der;* Pracht, *die; (grandeur)* Stattlichkeit, *die;* Großartigkeit, *die; (beauty)* Herrlichkeit, *die*

**magnificent** [mæg'nɪfɪsənt] *adj.* **a)** *(stately, sumptuously constructed or adorned)* prächtig; prachtvoll; *(sumptuous)* prunkvoll; grandios, großartig ‹*Pracht, Herrlichkeit, Anblick*›; *(beautiful)* herrlich ‹*Garten, Umgebung, Kleidung, Vorhang, Kunstwerk, Wetter, Gestalt*›; *(lavish)* üppig ‹*Freigebigkeit, Mahl*›; **b)** *(coll.: fine, excellent)* fabelhaft *(ugs.)*

**magnificently** [mæg'nɪfɪsəntlɪ] *adv.* **a)** *(with great stateliness and grandeur)* prächtig; prachtvoll; *(sumptuously)* prunkvoll ‹*einrichten, schmücken*›; *(with lavishness)* üppig ‹*zubereitet*›; **b)** *(coll.: in fine manner)* fabelhaft *(ugs.)*

**magnifier** ['mægnɪfaɪə(r)] *n. (Optics)* Lupe, *die*

**magnify** ['mægnɪfaɪ] *v. t.* **a)** vergrößern; **b)** *(exaggerate)* aufbauschen; übertrieben darstellen ‹*Gefahren*›

**'magnifying glass** *n.* Lupe, *die;* Vergrößerungsglas, *das*

**magnitude** ['mægnɪtju:d] *n.* **a)** *(largeness, vastness)* Ausmaß, *das; (of explosion, earthquake)* Stärke, *die;* **b)** *(size)* Größe, *die;* **problems of this ~**: Probleme dieser Größenordnung; **order of ~**: Größenordnung, *die;* **c)** *(importance)* Wichtigkeit, *die; (of person)* Bedeutung, *die;* **sth. of the first ~**: etw. von höchster Wichtigkeit; **a writer of the first ~**: ein sehr bedeutender Schriftsteller; **d)** *(Astron.)* Helligkeit, *die*

**magnolia** [mæg'nəʊlɪə] *n. (Bot.)* Magnolie, *die*

**magnum** ['mægnəm] *n. (bottle)* Magnum, *die; (measure)* 1,5 l; **two ~s** 3 l

**magnum 'opus** *see* **opus b**

**magpie** ['mægpaɪ] *n. (Ornith.)* Elster, *die;* **chatter like a ~**: unaufhörlich schnattern *(ugs.);* **be like a ~** *(fig.)* alles mögliche sammeln [wie eine Elster]

**Magyar** ['mægjɑ:(r)] **1.** *adj.* madjarisch. **2.** *n.* **a)** *(person)* Madjar, *der*/Madjarin, *die;* **b)** *(language)* Madjarisch, *das*

**maharaja[h]** [mɑ:hə'rɑ:dʒə] *n. (Ind. Hist.)* Maharadscha, *der*

**mah-jong[g]** [mɑ:'dʒɒŋ] *n.* Mah-Jongg, *das*

**mahogany** [mə'hɒgənɪ] *n.* **a)** *(wood)* Mahagoni[holz], *das; attrib.* Mahagoni-; **b)** *(tree)* Mahagonibaum, *der;* **c)** *(colour)* Mahagonibraun, *das*

**maid** [meɪd] *n.* **a)** *(servant)* Dienstmädchen, *das;* Dienstmagd, *die (veralt.);* ~ **of 'all work** *(servant)* Hausangestellte, *die;* Hausmädchen, *das; (fig.: person doing many jobs)* Mädchen für alles *(ugs.);* **b)** *(arch.: unmarried woman)* unverheiratete Frau; Jungfer, *die (veralt., oft abwertend);* **c)** *(arch./poet.) (girl)* Maid, *die (dichter. veralt.); (young unmarried woman, virgin)* Jungfrau, *die;* **d)** *(rhet.: young woman)* Maid, *die (dichter. veralt.);* **the M~ [of Orleans]** die Jungfrau von Orleans. *See also* **old maid**

**maiden** ['meɪdn] **1.** *n.* **a)** *see* **maid c**; **the answer to a ~'s prayer** genau das Richtige; *(attractive man)* der Traum aller Frauen; **b)** *see* **maiden over. 2.** *adj.* **a)** *(unmarried)* unverheiratet; *(befitting a maid)* jungfräulich ‹*Unschuld, Schönheit, Anmut*›; mädchenhaft ‹*Bescheidenheit, Erröten*›; **b)** *(first)* ~ **voyage/speech** Jungfernfahrt/-rede, *die;* **c)** *(unmated)* nicht gedeckt, nicht begattet ‹*Tier*›; **d)** *(that has never won)* sieglos; ~ **horse** Maiden, *das;* ~ **race** Maidenrennen, *das*

**maiden:** ~**hair** *n. (Bot.)* Frauenhaarfarn, *der;* ~**hair tree** Gingko[baum], *der;* Fächerbaum, *der;* ~**head** *n.* **a)** *(virginity)* Jungfräulichkeit, *die;* **b)** *(hymen)* Jungfernhäutchen, *das;* ~ **name** *n.* Mädchenname, *der;* ~ **'over** *n. (Cricket) Serie von sechs Würfen ohne erzielten Lauf*

**maid:** ~ **of 'honour** *n., pl.* **~s of honour a)** *(attendant of queen or princess)* Hof- *od.* Ehrendame, *die;* **b)** *(Amer.: chief bridesmaid)* Brautjungfer, *die;* ~**servant** *n. (arch.)* Hausangestellte, *die;* Hausmädchen, *das*

**¹mail** [meɪl] **1.** *n.* **a)** *see* **²post 1**; **b)** *(vehicle carrying ~)* Postbeförderungsmittel, *das; (train)* Postzug, *der.* **2.** *v. t. see* **²post 2 a**

**²mail** *n.* **a)** *(armour)* Panzer, *der;* Rüstung, *die; (chain ~)* Kettenpanzer, *der;* **coat of ~**: Panzer- *od.* Kettenhemd, *das;* **b)** *(Zool.)* Panzer, *der*

**mail:** ~**-bag** *n. (postman's bag)* Zustelltasche, *die; (sack for transporting ~)* Postsack, *der;* **my ~-bag is full of such requests** *(fig.)* ich habe jede Menge Anfragen dieser Art bekommen; ~**-boat** *n.* Postschiff *od.* -boot, *das;* Postdampfer, *der;* ~**box** *n. (Amer.)* Briefkasten, *der; (slot)* Briefschlitz, *der;* ~ **coach** *n.* **a)** *(Hist.)* Postkutsche, *die;* **b)** *(Railw.)* Post- *od.* Paketwagen, *der*

**mailed** [meɪld] *adj.* **a)** *(armed with mail)* gepanzert; **b)** ~ **fist** *([threat of] armed force)* gepanzerte Faust

**mailing list** ['meɪlɪŋ lɪst] *n.* Adressenliste, *die*

**mail:** ~**man** *n. (Amer.)* Briefträger, *der;* Postbote, *der (ugs.);* ~ **order** *n.* postalische Bestellung; Mail-order, *die (Werbespr., Kaufmannssspr.);* **by ~ order** durch Bestellung *od.* Mail-order; ~**-order catalogue** *n.* Versandhauskatalog, *der;* ~**-order firm,** ~**-order house** *ns.* Versandhaus, *das;* ~ **shot** *n.* Versand von Werbeschriften; ~ **train** *n.* Postzug, *der;* ~ **van** *n. (Railw.)* Post- *od.* Paketwagen, *der*

**maim** [meɪm] *v. t. (mutilate)* verstümmeln; *(cripple)* zum Krüppel machen; ~ **sb. for life** jmdn. zeitlebens zum Krüppel machen

**main** [meɪn] **1.** *n.* **a)** *(channel, pipe)* Hauptleitung, *die;* **sewage ~**: Kanalisation, *die;* **~s [system]** öffentliches Versorgungsnetz; *(of electricity)* Stromnetz, *das;* **turn the gas/water off at the ~[s]** den Haupthahn [für das Gas/Wasser] abstellen; **turn the electricity off at the ~s** [den Strom] am Hauptschalter abschalten; **~s-operated** für Netzbetrieb *nachgestellt;* **the radio works on battery and on ~s** das Radio funktioniert mit Batterie- und Netzstrom; **b) in the ~**: im allgemeinen; im großen und ganzen. **2.** *attrib. adj.* Haupt-; **the ~ body of troops** das Gros der Truppen; **the ~ doubt/principle** der entscheidende Zweifel/oberste Grundsatz; ~ **office** Zentrale, *die;* ~ **theme** Hauptthema, *das;* **the ~ points of the news** die wichtigsten Meldungen; **the ~ thing is that ...**: die Hauptsache *od.* das Wichtigste ist, daß ...; **by ~ force** gewaltsam; **have an eye to the ~ chance** auf den eigenen Vorteil bedacht sein; **he married her with an eye to the ~ chance** er war auf seinen eigenen Vorteil bedacht, als er sie heiratete

**main:** ~ **beam** *n. (Motor Veh.)* **on ~ beam** aufgeblendet; ~ **brace** *n. (Naut.)* Großbrasse, *die;* **splice the ~ brace** *(Hist.)* eine Extraration Rum austeilen; ~ **'clause** *n. (Ling.)* Hauptsatz, *der;* ~**frame** *n. (Computing)* Großrechner, *der;* ~**land** ['meɪnlənd] *n.* Festland, *das;* ~ **'line** *n.* **a)** *(principal line of a railway)* Hauptstrecke, *die;* **~-line station/train** Fernbahnhof/-zug, *der;* **~-line train service** Fernverkehr, *der;* **b)** *(Amer.: chief road or street)* Hauptstraße, *die;* ~**line** *(sl.)* **1.** *v. i.* an der Spritze hängen *(ugs.);* **2.** *v. t.* spritzen ‹*Heroin*›

**mainly** ['meɪnlɪ] *adv.* hauptsächlich; in erster Linie; *(for the most part)* vorwiegend

**main:** ~**mast** *n. (Naut.)* Großmast, *der;* ~ **'road** Hauptstraße, *die;* ~**sail** ['meɪnseɪl, 'meɪnsl] *n. (Naut.)* Großsegel, *das;* ~**spring** *n.* Hauptfeder, *die; (of clock, watch, etc.; also fig.)* Triebfeder, *die;* ~**stay** *n. (Naut.)* Großstag, *das; (fig.)* [wichtigste] Stütze; ~ **'stem** *n. (Amer. coll.) (street)* Hauptstraße, *die; (Railw.)* Hauptstrecke, *die;* ~**stream** *n.* **a)** *(principal current)* Hauptstrom, *der; (fig.)* Hauptrichtung, *die;* **the ~stream of fashion** der vorherrschende Trend in der Mode; **be in the ~stream** der Hauptrichtung angehören; **b)** *(Jazz)* Mainstream, *der;* ~ **'street** *n.* [*(Amer.)* '--] Hauptstraße, *die;* **M~ Street** *n., no pl., no art. (Amer. fig.)* Kleinbürgertum, *das*

**maintain** [meɪn'teɪn] *v. t.* **a)** *(keep up)* aufrechterhalten; bewahren ‹*Anschein, Haltung, Einstellung, Frieden, Fassung*›; unterhalten ‹*Beziehungen, Briefwechsel*›; [bei-be]halten ‹*Preise, Geschwindigkeit, Standard, Temperatur*›; wahren ‹*Rechte, Ruf*›; **in order to ~ security** aus Sicherheitsgründen; **b)** *(provide for)* ~ **sb.** für jmds. Unterhalt aufkommen; **c)** *(preserve)* instand halten; warten ‹*Maschine, Gerät*›; unterhalten ‹*Straße*›; **the car is too expensive to ~**: der Wagen ist in der Unterhaltung *od.* im Unterhalt zu teuer; **d)** *(give aid to)* unterstützen ‹*Partei, Wohlfahrtsorganisation, Sache*›; **e)** *(assert as true)* vertreten ‹*Meinung, Lehre*›; beteuern ‹*Unschuld*›; ~ **that ...**: behaupten, daß ...

**main'tained school** *n. (Brit.)* staatliche Schule

**maintenance** ['meɪntənəns] *n.* **a)** *see* **maintain a**: Aufrechterhaltung, *die;* Bewahrung, *die;* Unterhaltung, *die;* [Beibe]halten, *das;* Wahrung, *die;* **b)** *(furnishing with means of subsistence)* Unterhaltung, *die;* **c)** *(assertion as true)* Vertretung, *die; (of innocence)* Beteuerung, *die;* **d)** *(Law: money paid to support sb.)* Unterhalt, *der; see also* **separate maintenance**; **e)** *(preservation)* Instandhaltung, *die; (of machinery)* Wartung, *die;* ~ **instructions** *(for car)* Wartungs- und Pflegeanleitung, *die;* **f)** *(aiding)* Unterstützung, *die*

**maintenance:** ~**-'free** *adj.* wartungsfrei; ~ **manual** *n.* Wartungsbuch, *das;* ~ **order** *n.* Unterhaltsurteil, *das;* ~ **worker** *n.* Wartungsmonteur, *der*

**main 'verb** *n.* Hauptverb, *das*

**maison[n]ette** [meɪzə'net] *n.* [zweistöckige] Wohnung; Maison[n]ette, *die*

**maître d'hôtel** [meɪtr dəʊ'tel] *n.* **a)** *(head steward)* Haushofmeister, *der;* **b)** *(head waiter)* Oberkellner, *der*

**maize** [meɪz] *n.* Mais, *der;* ~ **cob** Maiskolben, *der;* **grain of ~**: Maiskorn, *das;* **field of ~**: Maisfeld, *das*

**Maj.** *abbr.* **Major[-]** Maj.

**majestic** [məˈdʒestɪk] *adj.* majestätisch; hoheitsvoll *(geh.)*; erhaben ‹*Erscheinung, Schlichtheit, Schönheit*›; gemessen ‹*Auftreten, Schritt*›; getragen ‹*Musik*›; *(stately)* stattlich; *(possessing grandeur)* grandios

**majestically** [məˈdʒestɪkəlɪ] *adv.* majestätisch; gemessen[en Schritts] ‹*gehen*›

**majesty** [ˈmædʒɪstɪ] *n.* **a)** Majestät, *die (geh.)*; *(of verse, music)* Erhabenheit, *die*; *(of appearance)* Stattlichkeit, *die*; *(of person, bearing)* Würde, *die*; **b)** *(sovereign power)* Hoheit, *die*; Majestät, *die*; **c) Your/His/Her M~:** Eure/Seine/Ihre Majestät

**major** [ˈmeɪdʒə(r)] **1.** *adj.* **a)** *attrib. (greater of two)* größer...; **~ part** Großteil, *der*; **b)** *attrib. (important)* bedeutend...; *(serious)* schwer ‹*Unfall, Krankheit, Unglück, Unruhen*›; größer... ‹*Krieg, Angriff, Durchbruch*›; **not a ~ poet** kein bedeutender Dichter; kein Dichter von Bedeutung; **of ~ interest/importance** von größerem Interesse/von größerer Bedeutung; **~ road** *(important)* Hauptverkehrsstraße, *die*; *(having priority)* Vorfahrtsstraße, *die*; **c)** *attrib. (Med.)* schwer, größer... ‹*Operation*›; **d)** *(Brit. Sch.)* **Jones ~:** der ältere Jones; Jones Nr. 1 *(ugs.)*; **e)** *(Mus.)* Dur-; **~ key/scale/chord** Durtonart, *die*/Durtonleiter, *die*/Durakkord, *der*; **C ~:** C-Dur; **in a ~ key** in Dur; **~ third** *etc.* große Terz *usw.* **2.** *n.* **a)** *(Mil.) (officer above captain)* Major, *der*; *(officer in charge of section of band instruments)* Leiter der Trommler/Trompeter *usw.* einer Regimentskapelle; *see also* **sergeant-major; b)** *(Amer. Univ.)* Hauptfach, *das*; **with ~ in maths** mit Mathematik als Hauptfach; **be an economics ~:** Wirtschaftswissenschaft als Hauptfach studieren. **3.** *v. i. (Amer. Univ.)* **~ in sth.** etw. als Hauptfach studieren

**major ˈaxis** *n. (Geom.)* große Achse; Hauptachse, *die*

**Majorca** [məˈjɔːkə] *pr. n.* Mallorca *(das)*

**major-domo** [meɪdʒəˈdəʊməʊ] *n., pl.* **~s** *(butler, house-steward)* Haushofmeister, *der*

**majorette** [meɪdʒəˈret] *see* **drum majorette**

**major-ˈgeneral** *n. (Mil.)* Generalmajor, *der*

**majority** [məˈdʒɒrɪtɪ] *n.* **a)** *(greater number or part)* Mehrheit, *die*; **the great ~:** die überwiegende Mehrheit; der größte Teil; **the ~ of people think ...:** die meisten Menschen denken ...; **be in the ~:** in der Mehrheit *od.* Überzahl sein; überwiegen; **b)** *(in vote)* [Stimmen]mehrheit, *die*; Majorität, *die*; *(party with greater/greatest number of votes)* Mehrheitspartei, *die*; **two-thirds ~:** Zweidrittelmehrheit, *die*; **be elected by a narrow** *or* **small ~/a ~ of 3,000** mit knapper Mehrheit/einer Mehrheit von 3 000 Stimmen gewählt werden; **c)** *(full age)* Volljährigkeit, *die*; **attain** *or* **reach one's ~:** volljährig werden; **the age of ~:** das Volljährigkeitsalter

**majority: ~ deˈcision** *n.* Mehrheitsentscheid, *der*; **~ ˈholding** *n. (Finance)* Mehrheitsanteile *Pl.*; **~ ˈrule** *n.* Mehrheitsregierung, *die*; **~ ˈverdict** *n.* Mehrheitsentscheid, *der*; **return a ~ verdict** mehrheitlich zu einem Urteil kommen

**major: ~ ˈleague** *n. (Amer.)* Oberliga, *die*; **~ ˈplanet** *n.* Riesenplanet, *der*; **~ ˈprophet** *n. (Bibl.)* Großer Prophet; **~ ˈsuit** *n. (Bridge)* hohe Farbe

**make** [meɪk] **1.** *v. t.*, **made** [meɪd] **a)** *(construct)* machen, anfertigen **(of** aus); bauen ‹*Damm, Straße, Flugzeug, Geige*›; anlegen ‹*See, Teich, Weg usw.*›; zimmern ‹*Tisch, Regal*›; basteln ‹*Spielzeug, Vogelhäuschen, Dekoration usw.*›; nähen ‹*Kleider*›; durchbrechen ‹*Türöffnung*›; *(manufacture)* herstellen; *(create)* [er]schaffen ‹*Welt*›; *(prepare)* zubereiten ‹*Mahlzeit*›; machen ‹*Frühstück, Grog*›; machen, kochen ‹*Kaffee, Tee, Marmelade*›; backen ‹*Brot, Kuchen*›; *(compose, write)* schreiben, verfassen ‹*Buch, Gedicht, Lied, Bericht*›; machen ‹*Eintrag, Zeichen, Kopie, Zusammenfassung, Testament*›; anfertigen ‹*Entwurf*›; aufsetzen ‹*Bewerbung, Schreiben, Urkunde*›; **~ a film** einen Film drehen; **as tough/clever/stupid as they ~ them** *(coll.)* zäh/schlau/dumm wie sonstwas *(ugs.)*; **~ a dress out of the material, ~ the material into a dress** aus dem Stoff ein Kleid machen; **~ wine from grapes/a frame with timber** aus Trauben Wein/Holz einen Rahmen machen; **~ milk into butter** aus Milch Butter machen; **~ a sofa into a bed** aus einem Sofa ein Bett machen; **a table made of wood/of the finest wood** ein Holztisch/ein Tisch aus feinstem Holz; **made in Germany** in Deutschland hergestellt; **be German-made** deutsche Ware sein; **show what one is made of** zeigen, was in einem steckt *(ugs.)*; **see what sb. is made of** sehen, was in jmdm. steckt *(ugs.)*; **be [simply] ˈmade of money** *(coll.)* ein [wahrer] Krösus sein *(ugs.)*; im Geld [nur so] schwimmen *(ugs.)*; **be ˈmade for sth./sb.** *(fig.: ideally suited)* wie geschaffen für etw./jmdn. sein; **ˈmade for one another** wie für einander geschaffen; **that's the way he's made** so ist er nun einmal; **be ˈmade for doing sth.** *(fig.)* dazu geschaffen sein, etw. zu tun; **be made [so as] to ...:** so beschaffen sein, daß ...; **a made dish** ein aus mehreren Zutaten bereitetes Gericht; **made road** befestigte *od.* gepflasterte Straße; **~ a bed** *(for sleeping)* ein Bett bauen *(ugs.)*; **~ the bed** *(arrange after sleeping)* das Bett machen; **have it made** *(sl.)* ausgesorgt haben *(ugs.)*; **she has it made** *(is sure of success)* ihr ist der Erfolg sicher; *see also* **best 3 e; [1]hash 1; hay; head 1 e; [2]light 1 f; [1]meal; measure 1 a; most 2 c; nothing 1 a; order 1 e; b)** *(combine into)* sich verbinden zu; bilden; **blue and yellow ~ green** aus Blau und Gelb wird Grün; **~ it a foursome** eine Vierergruppe bilden; **c)** *(cause to exist)* machen ‹*Ärger, Schwierigkeiten, Lärm, Aufhebens*›; **~ enemies** sich *(Dat.)* Feinde machen *od.* schaffen; **~ time for sb./sth.** sich *(Dat.)* für jmdn./etw. Zeit nehmen; **~ time for doing** *or* **to do sth.** sich *(Dat.)* die Zeit dazu nehmen, etw. zu tun; *see also* **bone 1 a, d; book 1 g; conversation; friend a; fun 1; [1]game 1 d; [1]mark 1 a, b; name 1 e; peace b; point 1 g; room 1 b; sport 1 d; [1]stir 3 a; d)** *(result in, amount to)* machen ‹*Unterschied, Summe*›; ergeben ‹*Resultat*›; **it ~s a difference** es ist ein *od. (ugs.)* macht einen Unterschied; **two and two ~ four** zwei und zwei ist *od.* macht *od.* sind vier; **twelve inches ~ a foot** zwölf Inches sind ein Fuß; **these two gloves don't ~ a pair** diese beiden Handschuhe ergeben kein Paar *od.* gehören nicht zusammen; **that would ~ a nice Christmas present** das wäre ein schönes Weihnachtsgeschenk; **~ an unusual sight** ein ungewöhnlicher Anblick sein; **they ~ a handsome pair** sie geben ein hübsches Paar ab; sie sind ein hübsches Paar; **qualities that ~ a man** Eigenschaften, die einen Mann ausmachen; *see also* **change 1 a, c, d; [2]swallow; e)** *(establish, enact)* bilden ‹*Gegensatz*›; treffen ‹*Unterscheidung, Übereinkommen*›; ziehen ‹*Vergleich, Parallele*›; erlassen ‹*Gesetz, Haftbefehl*›; aufstellen ‹*Regeln, Behauptung*›; stellen ‹*Forderung*›; geben ‹*Bericht*›; schließen ‹*Vertrag*›; vornehmen ‹*Zahlung*›; machen ‹*Geschäft, Vorschlag, Geständnis*›; erheben ‹*Anschuldigung, Protest, Beschwerde*›; **f)** *(cause to be or become)* **~ angry/happy/known** *etc.* wütend/glücklich/bekannt *usw.* machen; **~ sb. captain/one's wife** jmdn. zum Kapitän/*(veralt.)* zu seiner Frau machen; **~ a good husband of sb.** aus jmdm. einen guten Ehemann machen; **~ a star of sb.** aus jmdm. einen Star machen; **~ a friend of sb.** sich mit jmdm. anfreunden; **~ something of oneself/sth.** etwas aus sich/etw. machen; **~ oneself heard/respected** sich *(Dat.)* Gehör/Respekt verschaffen; **~ oneself understood** sich verständlich machen; **~ oneself/sb. feared** bewirken, daß man/jmd. gefürchtet ist; **~ a weekend of it** ein Wochenende daraus machen; es zu einem Wochenende verlängern; **he was made director/the heir** er wurde Direktor/zum Erben; **shall we ~ it Tuesday then?** sagen wir also Dienstag?; **that ~s it one pound exactly** das macht genau ein Pfund; **~ it a round dozen** ein rundes Dutzend daraus machen; das Dutzend voll machen; **~ it a shorter journey by doing sth.** die Reise abkürzen, indem man etw. tut; *see also* **example b; exhibition c; [1]fool 1 a; habit 1 a; night a; [1]practice a, d; scarce 1 b; g) ~ sb. do sth.** *(cause)* jmdn. dazu bringen, etw. zu tun; *(compel)* jmdn. zwingen, etw. zu tun; **he made her cry** seinetwegen mußte sie weinen; er brachte sie zum Heulen *(ugs.)*; **~ sb. repeat the sentence** jmdn. den Satz wiederholen lassen; **be made to do sth.** etw. tun müssen; **you can't ~ me** du kannst mich nicht zwingen; **~ oneself do sth.** sich überwinden, etw. zu tun; **what ~s you think that?** wie kommst du darauf?; **~ sth. do sth.** es fertigbringen, daß etw. etw. tut; **h)** *(form, be counted as)* **this ~s the tenth time you've failed** das ist nun [schon] das zehnte Mal, daß du versagt hast; du hast nun schon zum zehnten Mal versagt; **will you ~ one of the party?** wirst du dabei *od. (ugs.)* mit von der Partie sein?; **i)** *(serve for)* abgeben; **this story ~s good reading** diese Geschichte ist guter Lesestoff; **j)** *(become by development or training)* **the site would ~ a good playground** der Platz würde einen guten Spielplatz abgeben *od.* würde sich gut als Spielplatz eignen; **he will ~ a good officer/husband** aus ihm wird noch ein guter Offizier/Ehemann; **~ a reliable partner** ein verläßlicher Partner sein; **k)** *(gain, acquire, procure)* machen ‹*Vermögen, Profit, Verlust*›; machen *(ugs.)* ‹*Geld*›; verdienen ‹*Lebensunterhalt*›; sich *(Dat.)* erwerben ‹*Ruf*›; *(obtain as result)* kommen zu *od.* auf, herausbekommen ‹*Ergebnis, Endsumme*›; *(Cricket: score)* erzielen; *(Cards: win)* machen ‹*Stich*›; erfüllen ‹*Kontrakt*›; **how much did you ~?** wieviel hast du verdient?; **that ~s one pound exactly** das macht genau ein Pfund; **that ~s a hundred you've scored** damit hast du insgesamt 100 Punkte; **l)** *(execute by physical movement)* machen ‹*Geste, Bewegung, Verbeugung, Knicks, Satz*›; schlagen ‹*Purzelbaum*›; *(perform as action)* machen ‹*Reise, Besuch, Ausnahme, Fehler, Angebot, Entdeckung, Witz, Bemerkung*›; begehen ‹*Irrtum*›; vornehmen ‹*Änderung, Stornierung*›; vorbringen ‹*Beschwerde*›; tätigen, machen ‹*Einkäufe*›; geben ‹*Versprechen, Kommentar*›; halten ‹*Rede*›; ziehen ‹*Vergleich*›; durchführen, machen ‹*Experiment, Analyse, Inspektion*›; *(wage)* führen ‹*Krieg*›; *(accomplish)* schaffen ‹*Strecke pro Zeiteinheit*›; **~ a good breakfast** *etc. (dated: eat)* gut frühstücken *usw.*; *see also* **back 1 a; [2]bow 3; face 1 a; love 1 a; shift 3 d; m) ~ much of sth.** etw. betonen; **~ little of sth.** *(play down)* etw. herunterspielen; **they could ~ little of his letter** *(understand)* sie konnten mit seinem Brief nicht viel anfangen; **I couldn't ~ much of the book** *(understand)* ich konnte mit dem Buch nicht viel anfangen; das Buch sagte mir nicht viel; **I don't know what to ~ of him/it** ich werde aus ihm/daraus nicht schlau *od.* klug; **what do you ~ of him?** was hältst du von ihm?; wie schätzt du ihn ein?; **n)** *(arrive at)* erreichen ‹*Bestimmungsort*›; *(achieve place in)* kommen in (+ *Akk.*) ‹*Hitparade*›; aufsteigen in (+ *Akk.*) ‹*1. Liga usw.*›; *(coll.: catch)* [noch] kriegen *(ugs.)* ‹*Zug usw.*›; *(sl.: se-*

*duce)* ins Bett kriegen *(ugs.)*; ~ **it** *(succeed in arriving)* es schaffen; ~ **it in business** es geschäftlich zu etwas bringen; ~ **it through the winter/night** über den Winter/durch die Nacht kommen; **I can't ~ it tomorrow** *(coll.)* morgen paßt es mir nicht; ~ **it with sb.** *(sl.: seduce)* es mit jmdm. machen *(ugs.)*; mit jmdm. ins Bett steigen *(ugs.)*; **o)** *(frame in mind)* ~ **a judgement/an estimate of sth.** sich *(Dat.)* ein Urteil über etw. *(Akk.)* bilden/etw. [ab- *od.* ein]schätzen; **p)** *(secure advancement of)* machen *(ugs.)* ‹*Popstar usw.*›; zum Erfolg verhelfen (+ *Dat.*); **a made man** ein gemachter Mann; **sth. ~s or breaks** *or* **mars sb.** etw. entscheidet über jmds. Glück oder Verderben *(Akk.)*; ~ **sb.'s day** jmdm. einen glücklichen Tag bescheren; **q)** *(consider to be)* **What do you ~ the time? – I ~ it five past eight** Wie spät hast du es *od.* ist es bei dir? – Auf meiner Uhr ist es fünf nach acht; **he made the answer/total £10** er bekam 10 Pfund als Antwort heraus/kam zu einer Gesamtsumme von 10 Pfund; **r)** *(Electr.)* herstellen ‹*Kontakt*›; schließen ‹*Stromkreis*›; **s)** *(Naut.)* *(discern)* sichten ‹*Land, Hafen usw.*›; ~ **sail** Segel setzen; *(start on voyage)* lossegeln; **t)** ~ **do** vorliebnehmen; ~ **do and mend** mit den vorhandenen Sachen vorliebnehmen und sie ausbessern; ~ **do with/without sth.** mit/ohne etw. auskommen. **2.** *v. i.*, **made a)** *(proceed)* ~ **toward sth./sb.** auf etw./jmdn. zusteuern; **b)** *(act as if with intention)* ~ **to do sth.** Anstalten machen, etw. zu tun; ~ **as if** *or* **as though to do sth.** so tun, als wolle man etw. tun; **c)** *(profit)* ~ **on a deal** bei einem Geschäft Gewinn machen. *See also* **bold b; certain b; free 1 c; good 1 u; merry a; sure 1 e. 3.** *n.* **a)** *(kind of structure)* Ausführung, *die;* *(of clothes)* Machart, *die;* **b)** *(type of manufacture)* Fabrikat, *das;* *(brand)* Marke, *die;* ~ **of car** Automarke, *die;* **a camera of Japanese ~:** eine Kamera japanischer Herstellung *od.* Fabrikation; **c) on the ~** *(sl.: intent on gain)* hinter dem Geld her *(abwertend)*

~ **a'way with** *see* ~ **off with**

~ **for** *v. t.* **a)** *(move towards)* zusteuern auf (+ *Akk.*); zuhalten auf (+ *Akk.*); *(rush towards)* losgehen auf (+ *Akk.*); zustürzen auf (+ *Akk.*); ~ **for home** heimwärts steuern; **b)** *(be conducive to)* führen zu, herbeiführen ‹*gute Beziehungen, Erfolg, Zuversicht*›

~ **'off** *v. i.* sich davonmachen

~ **'off with** *v. t.* ~ **off with sb./sth.** sich mit jmdm./etw. [auf und] davonmachen

~ **'out 1.** *v. t.* **a)** *(write)* ausstellen ‹*Scheck, Dokument, Rechnung*›; aufstellen ‹*Liste*›; ausfertigen *(Amtsspr.)* ‹*Schreiben, Antrag*›; **b)** *(claim, assert)* behaupten; **the novel wasn't as good as the review had made it out to be** *or* **made out** der Roman war nicht so gut, wie in der Rezension behauptet wurde; ~ **out a case for/against sth.** für/gegen etw. argumentieren; **you've made out a convincing case** deine Argumente sind überzeugend; **you ~ me out to be a liar** du stellst mich als Lügner hin; **how do you ~ that out?** wie kommst du darauf?; **c)** *(understand)* verstehen; ~ **out what sb. wants/whether sb. wants help or not** herausbekommen, was jmd. will/ob jmd. Hilfe möchte oder nicht; **d)** *(manage to see or hear)* ausmachen; *(manage to read)* entziffern; **e)** *(pretend, assert falsely)* vorgeben. **2.** *v. i.* *(coll.)* *(make progress)* zurechtkommen **(at** bei); **how are you making out with your girl-friend?** wie läuft es denn so mit deiner Freundin? *(ugs.)*

~ **'over** *v. t.* **a)** *(transfer)* übereignen, überschreiben ‹*Geld, Geschäft, Eigentum*› **(to** *Dat.*); **b)** *(change, convert)* umändern, umarbeiten ‹*Kleidung*›; umbauen ‹*Haus*› **(into** zu); umgestalten ‹*Garten, Zimmer*›

~ **'up 1.** *v. t.* **a)** *(replace)* ausgleichen ‹*Fehlmenge, Verluste*›; ~ **up lost ground/time** Boden gut- *od.* wettmachen *(ugs.)*/den Zeitverlust aufholen; **b)** *(complete)* komplett machen; **c)** *(prepare, arrange)* zubereiten ‹*Arznei usw.*›; zusammenstellen ‹*Picknickkorb usw.*›; zurechtmachen ‹*Bett*›; *(prepare by mixing)* vermischen **(into** zu); *(process material)* verarbeiten **(into** zu); ~ **up into bundles** bündeln; **d)** *(apply cosmetics to)* schminken; ~ **up one's face/eyes** sich schminken/sich *(Dat.)* die Augen schminken; *see also* **make-up a**; **e)** *(assemble, compile)* zusammenstellen; aufstellen ‹*Liste usw.*›; bilden ‹*ein Ganzes*›; **f)** *(Printing)* umbrechen; *see also* **make-up d; g)** *(invent)* erfinden; sich *(Dat.)* ausdenken; **you're just making it up!** das hast du dir doch nur ausgedacht!; **h)** *(reconcile)* beilegen ‹*Streit, Meinungsverschiedenheit*›; ~ **up the quarrel** *or* ~ **it up with sb.** sich wieder mit jmdm. vertragen; sich mit jmdm. aus- *od.* versöhnen; **they've made it up [again]** sie vertragen sich wieder *od.* haben sich ausgesöhnt; *see also* **mind 1 b; i)** *(form, constitute)* bilden; ~ **up a man's character** den Charakter eines Menschen ausmachen; **be made up of ...:** bestehen aus ...; *see also* **make-up b, c; j)** ~ **up the fire** [Holz *usw.* aufs Feuer] nachlegen. **2.** *v. i.* **a)** *(apply cosmetics etc.)* sich schminken; *see also* **make-up a; b)** *(be reconciled)* sich wieder vertragen

~ **'up for** *v. t.* **a)** *(outweigh, compensate)* wettmachen; **b)** *(~ amends for)* wiedergutmachen; **c)** ~ **up for lost time** Versäumtes nachholen *od.* *(ugs.)* wettmachen

~ **'up to** *v. t.* **a)** *(raise to, increase to)* bringen auf (+ *Akk.*); **b)** *(coll.: act flirtatiously towards)* sich heranmachen an (+ *Akk.*) *(ugs.)*; **c)** *(coll.: give compensation to)* ~ **it/this up to sb.** jmdn. dafür entschädigen

~ **with** *v. t.* *(Amer. coll.: supply, produce)* ~ **with the drinks!** [los,] her mit den Getränken!; **start making with the ideas!** laß dir mal was einfallen!

**'make-believe 1.** *n.* **it's only ~** das ist bloß Phantasie; **a world of ~** eine Scheinwelt. **2.** *adj.* nicht echt; **a ~ world/story** eine Scheinwelt/Phantasiegeschichte

**make-or-'break** *attrib. adj.* alles entscheidend

**maker** ['meɪkə(r)] *n.* **a)** *(manufacturer)* Hersteller, *der;* ~ **of laws/rules/regulations** *jmd., der Gesetze macht/Regeln aufstellt/Verordnungen erläßt;* **b) M~** *(God)* Schöpfer, *der;* **meet one's M~:** vor seinen Schöpfer treten *(verhüll.)*

**-maker** *n. in comb.* -macher, *der*/-macherin, *die;* *(by machine)* -hersteller, *der*/-herstellerin, *die*

**make: ~shift 1.** *adj.* behelfsmäßig; **a ~shift shelter/bridge** eine Behelfsunterkunft/-brücke; **2.** *n.* Notbehelf, *der;* **~-up** *n.* **a)** *(Cosmetics)* Make-up, *das;* *(Theatre)* Maske, *die;* **put on one's ~-up** Make-up auflegen; sich schminken; *(Theatre)* Maske machen; **wear heavy ~-up/one's stage ~-up** stark geschminkt/in Maske sein; **b)** *(composition)* Zusammensetzung, *die;* **c)** *(character, temperament)* Veranlagung, *die;* **physical ~-up** Konstitution, *die;* **national ~-up** Nationalcharakter, *der;* **honesty is/is not part of his ~-up** er ist seinem Wesen nach aufrichtig/Aufrichtigkeit liegt nicht in seinem Wesen; **d)** *(Printing: arrangement of type)* Umbruch, *der;* **~weight** *n.* Gewichtszugabe, *die;* *(fig.: insignificant thing or person)* Lückenbüßer, *der;* *(unimportant point) unbedeutender Punkt zur Unterstützung eines Arguments;* **use X as [a] ~weight to Y** Y durch X schwerer machen; *(fig.)* Y durch X mehr Gewicht verleihen

**making** ['meɪkɪŋ] *n.* **a)** *(production)* Herstellung, *die;* **the ~ of the English working class** die Entstehung der englischen Arbeiterklasse; **in the ~:** im Entstehen; im Werden; **a minister in the ~:** ein angehender Minister; **be the ~ of victory/sb.'s career/sb.'s future** zum Sieg/zu jmds. Karriere führen/jmds. Zukunft sichern; **b)** *in pl.* *(profit)* Gewinn, *der* **(from** aus); *(earnings)* Verdienst, *der* **(on** für); **c)** *in pl.* *(qualities)* Anlagen; Voraussetzungen; **have all the ~s of sth.** alle Voraussetzungen für etw. haben; **have the ~s of a leader** über Führerqualitäten verfügen; das Zeug zum Führer haben *(ugs.)*; **d)** *(Amer., Austral.)* **the ~s for cigarettes** Zigarettenpapier und Tabak

**malachite** ['mæləkaɪt] *n.* *(Min.)* Malachit, *der;* *attrib.* aus Malachit *nachgestellt*

**maladjusted** [mælə'dʒʌstɪd] *adj.* *(Psych., Sociol.)* **[psychologically/socially] ~:** verhaltensgestört

**maladjustment** [mælə'dʒʌstmənt] *n.* *(Psych., Sociol.)* **[psychological/social] ~:** Verhaltensgestörtheit, *die*

**maladministration** [mælədmɪnɪ'streɪʃn] *n.* Mißwirtschaft, *die*

**maladroit** [mælə'drɔɪt, 'mælədrɔɪt] *adj.* ungeschickt; taktlos ‹*Bemerkung*›

**malady** ['mælədɪ] *n.* Leiden, *das;* *(fig.: of society, epoch)* Übel, *das*

**Malaga** ['mæləgə] *n.* *(wine)* Malaga, *der*

**Malagasy** [mælə'gæsɪ] **1.** *adj.* madagassisch. **2.** *n.* *(person)* Madagasse, *der*/Madagassin, *die;* *(language)* Malagassi, *das;* Madagassisch, *das*

**malaise** [mə'leɪz] *n.* *(bodily discomfort)* Unwohlsein, *das;* *(feeling of uneasiness)* Unbehagen, *das;* Malaise, *die (geh.)*

**malapropism** ['mæləprɒpɪzm] *n.* Malapropismus, *der (Literaturw.)*; *irrtümlicher Gebrauch eines [schwierigen] Wortes anstelle eines ähnlich klingenden*

**malaria** [mə'leərɪə] *n.* Malaria, *die*

**malarkey** [mə'lɑ:kɪ] *n., no pl., no indef. art.* *(sl.)* Blabla, *das (salopp)*; **a load of ~:** reinstes Geschwafel *(ugs.)*

**Malawi** [mə'lɑ:wɪ] *pr. n.* Malawi *(das)*

**Malawian** [mə'lɑ:wɪən] **1.** *adj.* malawisch. **2.** Malawier, *der*/Malawierin, *die*

**Malay** [mə'leɪ] **1.** *adj.* malaiisch; **sb. is ~:** jmd. ist Malaie/Malaiin; *see also* **English 1. 2.** *n.* **a)** *(person)* Malaie, *der*/Malaiin, *die;* **b)** *(language)* Malaiisch, *das;* *see also* **English 2 a**

**Malaya** [mə'leɪə] *pr. n.* Malaya *(das)*

**Malayan** [mə'leɪən] *see* **Malay 1, 2 a**

**Malaysia** [mə'leɪzɪə] *pr. n.* Malaysia *(das)*

**Malaysian** [mə'leɪzɪən] **1.** *adj.* malaysisch. **2.** *n.* Malaysier, *der*/Malaysierin, *die*

**malcontent** ['mælkəntent] **1.** *adj.* unzufrieden; malkontent *(landsch., sonst veralt.)*. **2.** *n.* Nörgler, *der*/Nörglerin, *die (abwertend)*

**Maldives** ['mɔ:ldi:vz] *pr. n. pl.* Malediven *Pl.*

**male** [meɪl] **1.** *adj.* **a)** männlich; Männer‹*stimme, -chor, -verein*›; ~ **child/dog/cat/doctor/nurse/student** Junge/Rüde/Kater/Arzt/Krankenpfleger/Student, *der;* ~ **prostitute** *Mann, der der Prostitution nachgeht;* Strichjunge, *der (salopp)*; Stricher, *der (salopp)*; ~ **animal/bird/fish/insect** Männchen, *das;* ~ **ward** Männerstation, *die;* **b)** ~ **screw** Schraube, *die;* ~ **thread** Außengewinde, *das. See also* **chauvinism; chauvinist; menopause a. 2.** *n.* *(person)* Mann, *der;* *(foetus, child)* Junge, *der;* *(animal)* Männchen, *das*

**malediction** [mælɪ'dɪkʃn] *n.* Fluch, *der;* Verwünschung, *die*

**malefactor** ['mælɪfæktə(r)] *n.* Übeltäter, *der*

**maleficent** [mə'lefɪsənt] *adj.* böse ‹*Geist, Macht*›

**male voice 'choir** *n.* Männerchor, *der*

**malevolence** [mə'levələns] *n., no pl. see* **malevolent:** Bosheit, *die;* Übelwollen, *das;* Böswilligkeit, *die;* Boshaftigkeit, *die;* **feel ~ towards sb.** Mißgunst gegenüber jmdm. empfinden

**malevolent** [mə'levələnt] *adj.* böse ‹*Macht, Tat*›; übelwollend ‹*Gott*›; boshaft, hämisch ‹*Gelächter*›; böswillig ‹*Lüge*›; boshaft ‹*Person*›

**malevolently** [mə'levələntlı] *adv.* boshaft ‹*anstarren*›; böswillig ‹*verhindern, durchkreuzen*›; in böser Absicht ‹*überreden*›; hämisch ‹*lachen*›

**malformation** [mælfɔ:'meıʃn] *n.* *(Med.)* Mißbildung, *die*

**malformed** [mæl'fɔ:md] *adj.* *(Med.)* mißgebildet

**malfunction** [mæl'fʌŋkʃn] **1.** *n.* Störung, *die;* *(Med.)* Dysfunktion, *die (fachspr.);* Funktionsstörung, *die.* **2.** *v. i.* ‹*Mechanismus, System, Gerät:*› nicht richtig funktionieren; ‹*Prozeß, Vorgang:*› nicht richtig ablaufen; **the nervous system/liver ~s** die Funktion des Nervensystems/der Leber ist gestört

**Mali** ['mɑ:lı] *pr. n.* Mali *(das)*

**Malian** ['mɑ:lıən] **1.** *adj.* malisch. **2.** *n.* Malier, *der*/Malierin, *die*

**malice** ['mælıs] *n.* **a)** *(active ill will)* Bosheit, *die;* Böswilligkeit, *die;* *(desire to tease)* Schalkhaftigkeit, *die (geh.);* **bear ~ to** *or* **towards** *or* **against sb.** jmdm. übelwollen; **b)** *(Law)* böse Absicht; Dolus, *der (fachspr.);* böser Vorsatz; *see also* **aforethought**

**malicious** [mə'lıʃəs] *adj.* **a)** böse ‹*Klatsch, Tat, Person, Wort*›; böswillig ‹*Gerücht, Lüge, Verleumdung*›; boshaft ‹*Person*›; hämisch ‹*Vergnügen, Freude*›; **b)** *(Law)* böswillig ‹*Sachbeschädigung, Verleumdung*›

**maliciously** [mə'lıʃəslı] *adv.* **a)** mit [böser] Absicht; böse ‹*lächeln*›; **b)** *(Law)* böswillig

**malign** [mə'laın] **1.** *v. t.* *(slander)* verleumden; *(speak ill of)* schlechtmachen; **~ sb.'s character** jmdm. Übles nachsagen; ‹*Klatsch, Verleumdung:*› jmdn. in Verruf bringen. **2.** *adj.* **a)** *(injurious)* böse ‹*Macht, Geist*›; schlecht, unheilvoll ‹*Eigenschaft, Einfluß*›; **b)** *(Med.: malignant)* maligne *(fachspr.),* bösartig ‹*Krankheit*›; schwer ‹*Verletzung*›; **c)** *(malevolent)* böse ‹*Absicht*›; niederträchtig ‹*Motiv*›

**malignancy** [mə'lıgnənsı] *n.* *(Med.)* Bösartigkeit, *die;* Malignität, *die (fachspr.)*

**malignant** [mə'lıgnənt] *adj.* **a)** *(Med.)* maligne *(fachspr.),* bösartig ‹*Krankheit, Geschwür*›; **~ cancer** Karzinom, *das (fachspr.);* Krebs, *der;* **b)** *(harmful)* böse ‹*Macht*›; ungünstig ‹*Einfluß*›; **c)** *(feeling or showing ill will)* böse ‹*Geist, Zunge, Klatsch*›; bösartig, boshaft ‹*Verleumdung*›

**malinger** [mə'lıŋgə(r)] *v. i.* simulieren

**malingerer** [mə'lıŋgərə(r)] *n.* Simulant, *der*/Simulantin, *die*

**mall** [mæl, mɔ:l] *n.* **a)** *(promenade)* Promenade, *die;* **b)** *(Amer.: shopping precinct)* Einkaufszentrum, *das;* Einkaufsstraße, *die*

**mallard** ['mælɑ:d] *n.* *(Ornith.)* Stockente, *die*

**malleable** ['mælıəbl] *adj.* formbar ‹*Material, Person*›

**mallet** ['mælıt] *n.* **a)** *(hammer)* Holzhammer, *der;* Schlegel, *der;* *(of stonemason)* Klöpfel, *der;* *(of carpenter)* Klopfholz, *das;* **b)** *(Croquet)* Hammer, *der;* *(Polo)* Schläger, *der*

**mallow** ['mæləʊ] *n.* *(Bot.)* Malve, *die*

**malnutrition** [mælnju:'trıʃn] *n.* Unterernährung, *die*

**malodorous** [mæl'əʊdərəs] *adj.* übelriechend

**malpractice** [mæl'præktıs] *n.* **a)** *(wrongdoing)* Übeltat, *die (geh.);* **b)** *(Law, Med.: improper treatment of patient)* Kunstfehler, *der;* **c)** *(Law: wrongdoing by official etc.)* Amtsvergehen, *das*

**malt** [mɔ:lt, mɒlt] **1.** *n.* **a)** Malz, *das;* **b)** *(coll.: malt whisky)* Malzwhisky, *der.* **2.** *v. t.* mälzen ‹*Gerste*›

**Malta** ['mɔ:ltə, 'mɒltə] *pr. n.* Malta *(das)*

**malted** ['mɔ:ltıd, 'mɒltıd] *attrib. adj.* Malz-

**Maltese** [mɔ:l'ti:z, mɒl'ti:z] **1.** *adj.* maltesisch; **sb. is ~:** jmd. ist Malteser/Malteserin. **2.** *n., pl. same* **a)** *(person)* Malteser, *der*/Malteserin, *die;* **b)** *(language)* Maltesisch *(das)*

**Maltese: ~ 'cat** *n.* *blaugraue, kurzhaarige Hauskatze;* **~ 'cross** *n.* Malteserkreuz, *das*

**malt: ~ 'extract** *n.* Malzextrakt, *der;* **~-house** *n.* Mälzerei, *die;* **~ 'liquor** *n.* Bier, *das*

**maltreat** [mæl'tri:t] *v. t.* mißhandeln

**maltreatment** [mæl'tri:tmənt] *n.* Mißhandlung, *die*

**malt 'whisky** *n.* Malzwhisky, *der*

**mam** [mæm] *n.* *(Brit. coll./child lang.)* Mama, *die (fam.);* Mami, *die (fam.)*

**mama** *see* **mamma**

**mamba** ['mæmbə] *n.* *(Zool.)* Mamba, *die*

**mamma** [mə'mɑ:] *n.* *(coll./child lang.)* Mama, *die (fam.);* Mami, *die (fam.);* **~'s boy** *(coll.)* Muttersöhnchen, *das (ugs.)*

**mammal** ['mæml] *n.* *(Zool.)* Säugetier, *das;* Säuger, *der*

**mammalian** [mə'meılıən] *(Zool.)* **1.** *adj.* Säugetier-; eines Säugetiers *nachgestellt.* **2.** *n.* Säugetier, *das;* Säuger, *der*

**mammary** ['mæmərı] *adj.* *(Anat., Zool.)* Brust-; **~ gland** Brustdrüse, *die*

**Mammon** ['mæmən] *n.* **a)** *(wealth regarded as idol)* Mammon, *der;* **ye cannot serve God and ~** *(Bibl.)* ihr könnt nicht Gott dienen und dem Mammon; **b)** *(the rich)* die Reichen

**mammoth** ['mæməθ] **1.** *n.* *(Zool., Palaeont.)* Mammut, *das.* **2.** *adj.* Mammut-; riesig ‹*Menge*›; gigantisch ‹*Vorhaben*›

**mammy** ['mæmı] *n.* **a)** *(child lang.: mother)* Mama, *die (fam.);* Mami, *die (fam.);* **b)** *(Amer.: black nurse)* schwarze Kinderfrau

**man** [mæn] **1.** *n., pl.* **men** [men] **a)** *no art., no pl.* *(human being, person)* Mensch, *der;* *(the human race)* der Mensch; **as a ~:** als Mensch; **God was made ~:** Gott ward Mensch *(bibl.);* **~ is a political animal** der Mensch ist ein politisches Wesen; **everything a ~ needs** alles, was der Mensch braucht; **what can a ~ do?** was kann man tun?; **every ~ for himself** rette sich, wer kann; **as one ~:** wie ein Mann; *(unanimously)* geschlossen; **any ~ who ...:** wer ...; jeder, der ...; **no ~:** niemand; **always get one's ~:** den Täter immer finden; **[all] to a ~:** allesamt; **to the last ~:** bis zum letzten Mann; **they were killed to a ~:** sie wurden bis auf den letzten Mann getötet; **the ~ in** *or* *(Amer.)* **on the street** der Mann auf der Straße; **the rights of ~:** die Menschenrechte; **Heidelberg Man** der Homo heidelbergensis; der Heidelbergmensch; **Java/Peking Man** der Java-/Pekingmensch; **b)** *(adult male, individual male)* Mann, *der;* **every ~, woman, and child** ausnahmslos jeder *od.* alle; **the right ~:** der richtige Mann; der Richtige; **the [very] ~ for sth.** der richtige Mann *od.* der Richtige; **he is your ~:** er ist der richtige Mann *od.* der Richtige für dich; **you have arrested the wrong ~:** Sie haben den Falschen verhaftet; **a ~'s life** ein Leben für Männer; **a ~'s ~:** ein Mann, der sich nur in männlicher Gesellschaft wohl fühlt; **make a ~ out of sb.** *(fig.)* einen Mann aus jmdm. machen; **be only half a ~:** nur ein halber Mann sein; **like a ~:** wie ein Mann; **that's just like a ~:** typisch Mann!; **a ~ of property/great strength** ein vermögender/sehr kräftiger Mann; **that ~ Oakfield** dieser Oakfield; **play the ~:** ein Mann sein; **men's clothing/outfitter** Herrenkleidung, *die*/Herrenausstatter, *der;* **be ~ enough to ...:** Manns genug sein, um zu ...; **a '~'s voice** eine männliche Stimme; **'the deodorant for men'** „das Herrendeodorant"; **I have lived here, ~ and boy** ich habe hier von frühester Jugend an gewohnt; **sth. sorts out** *or* **separates the men from the boys** *(coll.)* an etw. *(Dat.)* zeigt sich, wer ein ganzer Kerl ist und wer nicht; **~ of God** Gottesmann, *der (geh.);* **the ~ in the moon** der Mann im Mond; **he's a local ~:** er ist von hier; **a whisky ~:** ein Whiskytrinker; **he's [not] a drinking ~:** er trinkt [nicht]; **be one's own ~:** wissen, was man will; **you've come to the right ~:** bei mir sind Sie richtig; **men's toilet** Herrentoilette, *die;* **'Men'** „Herren"; **my [good] ~:** mein Guter; **fight ~ to ~:** Mann gegen Mann kämpfen; **~ friend** Freund, *der;* **c)** *(husband)* Mann, *der;* **be ~ and wife** verheiratet sein; **d)** *(work~)* Mann, *der;* **e)** *usu. in pl.* *(soldier, sailor, etc.)* Mann, *der;* **f)** *(Chess)* Figur, *die;* *(Draughts)* Stein, *der;* **g)** *(sl.: as int. of surprise or impatience, as mode of address)* Mensch! *(salopp);* **nonsense, ~!** Unsinn!; **hurry up, ~!** Mensch, beeil dich!; **h)** *(type of ~)* Mann, *der;* Typ, *der;* **a ~ of the people/world/of action** ein Mann des Volkes/von Welt/der Tat; **he is not a** *or* **the ~ to do something like that** er ist nicht der Mann *od.* Typ, der so etwas tut; **he is not a ~ I could trust** ihm könnte ich nicht trauen; **be an Oxford ~:** aus Oxford kommen; *(Univ.)* in Oxford studiert haben; **i)** *(~servant)* Diener, *der.* *See also* **action a; alive a; best man; Clapham; handyman; honour 1 d; house 1 a; inner man; jack 1 c; letter 1 d; little 1 b; moment a; old man; outer b; part 1 i; substance b; town a; word 1 b; world a. 2.** *v. t.*, **-nn-** bemannen ‹*Schiff, Spill*›; besetzen ‹*Büro, Stelle, Posten, Pumpe, Kontrollpunkt*›; bedienen ‹*Telefon, Geschütz*›; ‹*Soldaten:*› Stellung beziehen in (+ *Dat.*) ‹*Festung*›; mit Personal besetzen ‹*Fabrik, Werk*›; **be ~ned by a crew of 50** ‹*Schiff:*› eine Besatzung von 50 Mann haben

**manacle** ['mænəkl] **1.** *n., usu. in pl.* [Hand]fessel, *die;* Kette, *die.* **2.** *v. t.* Handfesseln anlegen (+ *Dat.*)

**manage** ['mænıdʒ] **1.** *v. t.* **a)** *(handle, wield)* handhaben ‹*Werkzeug, Segel, Boot*›; bedienen ‹*Schaltbrett*›; **the tool is too heavy for him to ~:** er kommt mit dem schweren Gerät nicht zurecht; **b)** *(conduct, organize)* durchführen ‹*Operation, Unternehmen*›; erledigen ‹*Angelegenheit*›; verwalten ‹*Geld, Grundstück*›; leiten ‹*Geschäft, Büro, Schule, Krankenhaus*›; führen ‹*Haushalt*›; **c)** *(Sport etc.: be manager of)* managen, betreuen ‹*Team, Mannschaft*›; **d)** *(cope with)* schaffen; **I could/couldn't ~ another apple** *(coll.)* ich könnte noch einen Apfel schaffen/noch einen Apfel schaffe ich nicht; **I can/can't ~ this suitcase** den Koffer kann ich [alleine] tragen/ich werde mit diesem Koffer nicht fertig; **we can ~ another person in the car** einer hat noch Platz im Wagen; **he can't ~ the stairs** er kommt die Treppe nicht rauf/runter; **e)** *(gain one's ends with)* für sich gewinnen ‹*Person*›; **f)** *(succeed in achieving)* zustandebringen ‹*Lächeln*›; **g)** *(contrive)* **~ to do sth.** *(also iron.)* es fertigbringen, etw. zu tun; **he ~d to do it** es gelang ihm, es zu tun; **I don't know how you ~d it** ich weiß nicht, wie du das bewerkstelligt hast; **I'll ~ it somehow** ich werde es schon irgendwie hinkriegen *(ugs.);* **I ~d to get a word in** ich kam endlich zu Wort; **can you ~ to be there at 10 a.m.?** *(coll.)* kannst du um 10 Uhr dort sein?; **how could you ~ to eat all that?** *(coll.)* wie hast du es [bloß] geschafft, das alles zu essen?; **can you ~ 7 [o'clock]?** paßt dir 7 Uhr?; **h)** *(be in charge of)* hüten ‹*Herde*›; **i)** *(control)* bändigen ‹*Person, Tier, Haar*›. **2.** *v. i.* zurechtkommen; **~ without sth.** ohne etw. auskommen; **~ on** zurecht- *od.* auskommen mit ‹*Geld, Einkommen*›; **~ by oneself** allein zurechtkommen; **I can ~:** es geht; **can you ~?** geht's?; geht es?

**manageable** ['mænıdʒəbl] *adj.* leicht frisierbar ‹*Haar*›; fügsam ‹*Person, Tier*›; regierbar ‹*Land, Staat*›; überschaubar

‹*Größe, Menge*›; zu bewältigend ‹*Portion*›; lenkbar ‹*Firma*›

**management** ['mænɪdʒmənt] *n.* **a)** Durchführung, *die; (of a business)* Leitung, *die;* Management, *das; (of money)* Verwaltung, *die;* **~ studies** Betriebsführung und -organisation *(als Teilgebiet der Betriebswirtschaftslehre);* **it was bad ~ to ...:** es war ein Fehler der Geschäftsleitung, zu ...; **b)** *(managers)* Leitung, *die;* Management, *das; (of theatre etc.)* Direktion, *die;* **the ~:** die Geschäftsleitung; **'under new ~'** „unter neuer Leitung"; **c)** *(Med.)* Behandlung, *die*

**manager** ['mænɪdʒə(r)] *n. (of branch of shop or bank)* Filialleiter, *der*/-leiterin, *die;* Geschäftsstellenleiter, *der*/-leiterin, *die; (of football team)* [Chef]trainer, *der*/-trainerin, *die; (of tennis-player, boxer, pop group)* Manager, *der*/Managerin, *die; (of restaurant, shop, hotel)* Geschäftsführer, *der*/-führerin, *die; (of estate, grounds)* Verwalter, *der*/Verwalterin, *die; (of department; sales or publicity ~)* Leiter, *der*/Leiterin, *die; (of theatre)* Direktor, *der*/Direktorin, *die*

**manageress** ['mænɪdʒəres, mænɪdʒə'res] *n. (of restaurant, shop, hotel)* Geschäftsführerin, *die; see also* **manager**

**managerial** [mænə'dʒɪərɪəl] *adj.* führend, leitend ‹*Stellung*›; geschäftlich ‹*Aspekt, Seite*›; ‹*Pflicht, Fähigkeiten*› als Führungskraft; **~ skills** Führungsqualitäten; **the ~ class** die Führungsschicht

**managing** ['mænɪdʒɪŋ] *attrib. adj.* geschäftsführend; leitend; **~ director** Geschäftsführer, *der*

**Manchuria** [mæn'tʃʊərɪə] *pr. n.* die Mandschurei

**Mancunian** [mæŋ'kju:nɪən] **1.** *adj.* Manchesterer. **2.** *n.* Manchesterer, *der*/Manchesterin, *die*

**mandala** ['mændələ] *n. (Hinduism, Buddhism, Psych.)* Mandala, *das*

[1]**mandarin** ['mændərɪn] *n.* **~ [orange]** Mandarine, *die*

[2]**mandarin** *n.* **a)** *(Hist.: Chinese official)* Mandarin, *der;* **b) M~** *(language)* Hochchinesisch, *das;* **c)** *(party leader)* Parteiboß, *der (ugs.);* [Partei]bonze, *der (abwertend);* **d)** *(bureaucrat)* Bürokrat, *der*/Bürokratin, *die (abwertend);* Apparatschik, *der (abwertend)*

**mandarin: ~ 'collar** *n.* Mandarinkragen, *der;* **~ 'duck** *n.* Mandarinente, *die*

**mandarine** ['mændəri:n] *see* [1]**mandarin**

**mandarin 'sleeve** *n.* Bouffonärmel, *der*

**mandate 1.** ['mændeɪt] *n.* **a)** *(judicial or legal command)* Verfügung, *die;* **b)** *(commission to act for another)* Mandat, *das;* **c)** *(Polit.)* Mandat, *das;* **electoral ~:** Wählerauftrag, *der.* **2.** [mæn'deɪt] *v. t.* **~ a territory to a country** ein Gebiet der Verwaltung eines Landes unterstellen

**mandatory** ['mændətərɪ] *adj.* obligatorisch; **be ~:** Pflicht od. obligatorisch sein; **it is ~ for sb. to do sth.** jmd. muß etw. tun

**'man-day** *n. (Work Study)* Manntag, *der;* Arbeitstag pro Mann

**mandible** ['mændɪbl] *n. (Zool.)* **a)** *(of mammal, fish)* Unterkiefer, *der;* **b)** *(of bird)* Schnabel, *der;* **lower ~:** Unterschnabel, *der;* **c)** *(of insect)* Zange, *die;* Kiefer, *der*

**mandolin, mandoline** [mændə'lɪn] *n. (Mus.)* Mandoline, *die*

**mandrake** ['mændreɪk] *n. (Bot.)* Mandragore, *die;* Alraunwurzel, *die*

**mandrel** ['mændrəl] *n. (Mech. Engin.)* **a)** *(shaft in lathe)* Drehspindel, *die;* **b)** *(rod)* Horn, *das*

**mandrill** ['mændrɪl] *n. (Zool.)* Mandrill, *der*

**mane** [meɪn] *n. (lit. or fig.)* Mähne, *die*

**man: ~-eater** *n. (tiger)* menschenfressender Tiger; *(shark)* Menschenhai, *der; (cannibal)* Kannibale, *der*/Kannibalin, *die; (fig.: woman)* Frau, die Männer aussaugt; **~-eating** *adj.* menschenfressend ‹*Löwe, Tiger*›; **a ~-eating shark** ein Menschenhai

**maneuver, maneuverable** *(Amer.) see* **manœuvr-**

**man 'Friday** *see* **Friday 1**

**manful** ['mænfl] *adj.* mannhaft

**manfully** ['mænfəlɪ] *adv.* mannhaft; wie ein Mann

**manganese** ['mæŋgəni:z, mæŋgə'ni:z] *n.* **a)** *(Min.)* Braunstein, *der;* Manganoxid, *das (fachspr.);* **b)** *(Chem.)* Mangan, *das*

**mange** [meɪndʒ] *n. (Vet. Med.)* Räude, *die*

**mangel[-wurzel]** ['mæŋgl(wɜ:zl)] *n. (Agric.)* Runkelrübe, *die*

**manger** ['meɪndʒə(r)] *n.* Futtertrog, *der; (Bibl.)* Krippe, *die; see also* **dog 1 a**

**mange-tout** [mɑ̃ʒ'tu:] *n.* Zuckererbse, *die*

[1]**mangle** ['mæŋgl] **1.** *n.* Mangel, *die.* **2.** *v. t.* mangeln ‹*Wäsche*›

[2]**mangle** *v. t.* verstümmeln, [übel] zurichten ‹*Person*›; demolieren ‹*Sache*›; verstümmeln, entstellen ‹*Zitat, Musikstück*›

**mango** ['mæŋgəʊ] *n., pl.* **~es** *or* **~s a)** *(tree)* Mangobaum, *der;* **b)** *(fruit)* Mango[frucht], *die*

**mangrove** ['mæŋgrəʊv] *n. (Bot.)* Mangrovebaum, *der*

**mangy** ['meɪndʒɪ] *adj.* **a)** *(Vet. Med.)* räudig; **b)** *(squalid, shabby)* verwahrlost, schäbig ‹*Äußeres, Kleidung*›; abgenutzt, schäbig ‹*Teppich, Decke, Stuhl*›

**man: ~handle** *v. t.* **a)** *(move by human effort)* von Hand bewegen ‹*Gegenstand*›; **b)** *(handle roughly)* grob behandeln ‹*Person*›; **~-hater** *n. (misanthrope)* Menschenhasser, *der*/-hasserin, *die; (hater of male sex)* Männerfeind, *der*/-feindin, *die;* **~hole** *n.* Mannloch, *das; (in tank)* Einstiegsluke, *die; (to cables under pavement)* Kabelschacht, *der*

**manhood** ['mænhʊd] *n., no pl.* **a)** *(state)* Mannesalter, *das;* **b)** *(courage)* Männlichkeit, *die;* **c)** *(men of a country)* Männer *Pl.*

**man: ~-hour** *n. (Work Study)* Arbeitsstunde, *die;* **~-hunt** *n.* Menschenjagd, *die; (for criminal)* Verbrecherjagd, *die*

**mania** ['meɪnɪə] *n.* **a)** *(madness)* Wahnsinn, *der;* **b)** *(enthusiasm)* Manie, *die;* **~ for detective novels** Leidenschaft für Krimis; **have a ~ for doing sth.** etw. wie besessen *od.* leidenschaftlich gern tun; **there was a ~ at that time for wearing ear-rings** damals waren die Leute ganz verrückt nach Ohrringen

**-mania** *n. in comb. (Psych.)* -manie, *die*

**maniac** ['meɪnɪæk] **1.** *adj.* wahnsinnig; krankhaft, *(geh.)* manisch ‹*Phantasie, Verlangen*›. **2.** *n.* **a)** *(Psych.)* Besessene, *der/die; (madman/-woman)* Wahnsinnige, *der/die;* **b)** *(person with passion for sth.)* Fanatiker, *der*/Fanatikerin, *die;* **a nation of tennis ~s** ein Volk von Tennisfanatikern

**maniacal** [mə'naɪəkl] *adj.* wahnsinnig

**manic** ['mænɪk] *adj. (Psych.)* manisch

**manic-de'pressive** *(Psych.)* **1.** *adj.* manisch-depressiv. **2.** *n.* manisch-depressiver Mensch; **be a ~:** manisch-depressiv sein

**manicure** ['mænɪkjʊə(r)] **1.** *n.* Maniküre, *die;* **give sb. a ~:** jmdn. maniküren. **2.** *v. t.* maniküren

**manicurist** ['mænɪkjʊərɪst] *n.* Maniküre, *die*

**manifest** ['mænɪfest] **1.** *adj.* offenkundig; offenbar ‹*Mißverständnis*›; sichtbar ‹*Erfolg, Fortschritt*›; sichtlich ‹*Freude*›. **2.** *v. t.* **a)** *(show, display)* zeigen, bekunden *(geh.)* ‹*Interesse, Mißfallen, Begeisterung, Zuneigung*›; **b)** *(reveal)* offenbaren *(meist geh.);* **~ itself** ‹*Geist:*› erscheinen; ‹*Natur, Wahrheit:*› sich offenbaren; ‹*Symptom, Krankheit:*› manifest werden. **3.** *n.* **a)** *(cargo-list)* Frachtgutliste, *die;* Ladeverzeichnis, *das;* **ship's ~:** [Schiffs]manifest, *das;* **b)** *(list) (of passengers in aircraft)* Passagierliste, *die; (of trucks etc. in goods train)* Fahrzeugliste, *die*

**manifestation** [mænɪfe'steɪʃn] *n. (of ill-will, favour, disapproval)* Ausdruck, *der;* Bekundung, *die (geh.);* Bezeugung, *die; (appearance)* Erscheinung, *die; in pl.* Erscheinungsformen; *(visible expression, sign)* [An]zeichen, *das* (**of** von)

**manifestly** ['mænɪfestlɪ] *adv.* offenkundig; **it is ~ unjust that ...:** es ist ganz offensichtlich ungerecht, daß ...

**manifesto** [mænɪ'festəʊ] *n., pl.* **~s** Manifest, *das*

**manifold** ['mænɪfəʊld] **1.** *adj. (literary)* mannigfaltig *(geh.);* vielfältig; vielseitig ‹*Erzählperspektive, Gehalt, Verwendung*›. **2.** *(Mech. Engin.)* Verteilerrohr, *das;* **[inlet] ~:** [Ansaug]krümmer, *der;* **[exhaust] ~:** [Auspuff]krümmer, *der*

**manikin** ['mænɪkɪn] *n.* **a)** *(dwarf)* Zwerg, *der;* **b)** *(Art)* Gliederpuppe, *die;* **c)** *(Med.)* anatomisches Modell

**Manila** [mə'nɪlə] *n.* **a)** *(cigar)* Manilazigarre, *die;* **b)** *(fibre)* **~ [hemp]** *see* **hemp a; c)** *(paper)* **~ [paper]** Manilapapier, *das;* **~ [envelope]** Briefumschlag aus Manilapapier; brauner Briefumschlag

**manioc** ['mænɪɒk] *n.* **a)** *(plant)* Maniok, *der;* **b)** *(flour)* Mandioka, *die*

**manipulate** [mə'nɪpjʊleɪt] *v. t.* **a)** *(also Med.)* manipulieren; **~ sb. into doing sth.** jmdn. dahin gehend manipulieren, daß er etw. tut; **b)** *(handle)* handhaben

**manipulation** [mənɪpjʊ'leɪʃn] *n.* **a)** *(also Med.)* Manipulation, *die;* **b)** *(handling)* Handhabung, *die*

**manipulative** [mə'nɪpjʊlətɪv] *adj.* manipulativ

**mankind** [mæn'kaɪnd] *n.* Menschheit, *die*

**'manlike** *adj.* **a)** *(like a male, mannish)* männlich; **b)** *(like a human)* menschenähnlich

**manly** ['mænlɪ] *adj.* männlich; *(brave)* mannhaft *(geh.)*

**'man-made** *adj.* künstlich ‹*See, Blumen, Schlucht*›; vom Menschen geschaffen ‹*Gesetze*›; *(synthetic)* Kunst‹*faser, -stoff*›

**manna** ['mænə] *n. (Bibl.)* Manna, *das;* **be ~ [from heaven]** *(fig.)* ein wahrer Segen sein

**manned** [mænd] *adj.* bemannt ‹*Raumschiff usw.*›

**mannequin** ['mænɪkɪn] *n.* **a)** *(person)* Mannequin, *das;* **b)** *(dummy)* Schaufensterpuppe, *die*

**manner** ['mænə(r)] *n.* **a)** *(way, fashion)* Art, *die;* Weise, *die; (more emphatic)* Art und Weise, *die;* **in this ~:** auf diese Art und Weise; **he did it in a very unorthodox ~:** er machte es auf [eine ganz] unorthodoxe Art; **he acted in such a ~ as to offend her** er benahm sich so, daß sie beleidigt war; **in the French ~:** auf französische Art; **celebrate in the grand ~:** im großen Stil feiern; **[as] to the ~ born** *(coll.)* wie dafür geschaffen; **in a ~ of speaking** mehr oder weniger; **adverb of ~** *(Ling.)* Umstandsbestimmung der Art und Weise; **b)** *no pl. (bearing)* Art, *die; (towards others)* Auftreten, *das;* **c)** *in pl. (social behaviour)* Manieren *Pl.;* Benehmen, *das;* **teach sb. some ~s** jmdm. Manieren beibringen; **forget one's ~s** seine guten Manieren zu Hause lassen; **where are your ~s?** wo hast du deine Manieren gelassen?; **that's good ~s** das gehört sich so; **that's bad ~s** das gehört sich nicht; das macht man nicht; **mind** *or* **watch your ~s!** benimm dich!; **~s maketh man** *(prov.)* es kommt vor allem auf gutes Benehmen an; *see also* **mend 1 b; d)** *in pl. (modes of life)* Sitten *Pl.;* **e)** *(artistic style)* Stil, *der;* **~s** Stilrichtungen; **f)** *(type)* **all ~ of** *see* **all 1 b; no ~ of** keinerlei; **what ~ of man is he?** *(arch.)* was für ein Mensch ist er?; *see also* **means c**

**mannered** ['mænəd] *adj.* **a)** *(showing mannerism)* manieriert; **b)** *in comb.* **...-~:** mit ... Manieren *nachgestellt;* **be well-~/bad-~:** gute/schlechte Manieren haben; **he's a mild-~ man** er hat ein sanftes Wesen

**mannerism** ['mænərɪzm] *n.* **a)** *(addiction to*

*a manner)* Manieriertheit, *die;* **b)** *(trick of style)* Manierismus, *der;* **c)** *(in behaviour)* Eigenart, *die;* **d)** *no pl., no art. (Art)* Manierismus, *der*

**manning** ['mænɪŋ] *n. (of ship, aircraft)* Bemannung, *die; (of factory, industry, etc.)* Personalausstattung, *die*

**mannish** ['mænɪʃ] *adj.* männlich; männlich, maskulin ‹*Kleidung*›; **a ~ woman** ein Mannweib *(abwertend)*

**manœuvrable** [mə'nu:vrəbl] *adj. (Brit.)* manövrierfähig ‹*Schiff, Flugzeug, Auto*›; **be easily ~:** leicht zu manövrieren *od.* zu lenken sein

**manœuvre** [mə'nu:və(r)] *(Brit.)* **1.** *n.* **a)** *(Mil., Navy)* Manöver, *das;* **be/go on ~s** im Manöver sein/ins Manöver ziehen *od.* rücken; **b)** *(deceptive movement, scheme; also of vehicle, aircraft)* Manöver, *das;* **room for ~** *(fig.)* Spielraum, *der.* **2.** *v. t.* **a)** *(Mil., Navy)* führen; dirigieren; **b)** *(bring by ~s)* manövrieren; bugsieren ‹*Sperriges*›; **~ sb./oneself/sth. into a good position** *(fig.)* jmdn./sich/etw. in eine gute Position manövrieren; **c)** *(manipulate)* beeinflussen; **~ sb. into doing sth.** jmdn. dazu bringen, etw. zu tun; **~ sb. away from sth.** jmdn. von etw. abbringen. **3.** *v. i.* **a)** *(Mil., Navy)* [ein] Manöver durchführen; **b)** *(move, scheme)* manövrieren; **room to ~:** Platz zum Manövrieren; *(fig.)* Spielraum, *der;* **~ for power** auf Machtgewinn hinarbeiten

**man-of-'war** *n., pl.* **men-of-war** Kriegsschiff, *das; see also* **Portuguese man-of-war**

**manor** ['mænə(r)] *n.* **a)** *(land)* [Land]gut, *das;* **lord/lady of the ~:** Gutsherr, *der*/Gutsherrin, *die;* **b)** *(house)* Herrenhaus, das; **c)** *(Brit. sl.: police area)* Revier, *das*

**'manor-house** *see* **manor b**

**manorial** [mə'nɔ:rɪəl] *adj.* Guts‹*hof, -besitz*›; gutsherrschaftlich ‹*System, Rechte*›

**'manpower** *n.* **a)** *(available power)* Arbeitspotential, *das; (workers)* Arbeitskräfte *Pl.; attrib.* Personal‹*mangel, -planung*›; **b)** *(Mil.)* Stärke, *die*

**'man-powered** *adj.* **~ flight** Flug mit [menschlicher] Muskelkraft

**manqué** ['mɑ̃keɪ] *adj. postpos.* verhindert ‹*Poet, Künstler, Intellektueller usw.*›

**mansard** ['mænsɑ:d] *n.* **~ [roof]** *(Archit.)* Mansard[en]dach, *das*

**manse** [mæns] *n.* Pfarrhaus, *das*

**'manservant** *n., pl.* **'menservants** Diener, *der*

**mansion** ['mænʃn] *n.* Villa, *die; (of lord of the manor)* Herrenhaus, *das*

**man: ~-size, ~-sized** *adj. (suitable for a man)* ‹*Mahlzeit, Steak*› für einen [ganzen] Mann; *(large)* groß; **~slaughter** *n. (Law)* Totschlag, *der*

**manta** ['mæntə] *n. (Zool.)* Teufelsrochen, *der;* Manta, *der*

**mantel** ['mæntl] *see* **mantelpiece**

**mantel: ~piece** *n.* **a)** *(above fireplace)* Kaminsims, *der od. das;* **b)** *(around fireplace)* Kamineinfassung, *die;* **~shelf** *see* **~piece a**

**mantis** ['mæntɪs] *n., pl. same (Zool.)* Fang[heu]schrecke, *die;* **praying ~:** Gottesanbeterin, *die*

**mantle** ['mæntl] **1.** *n.* **a)** *(cloak)* Umhang, *der; (fig.)* Mantel, *der;* **~ of snow** Schneedecke, *die;* **b)** *(Geol.)* Mantel, *der.* **2.** *v. t. (literary: cover)* bedecken

**'man-to-man** *adj.* von Mann zu Mann *nachgestellt*

**mantra** ['mæntrə] *n. (Relig.)* Mantra, *das*

**'mantrap** *n.* Fußangel, *die*

**manual** ['mænjʊəl] **1.** *adj.* **a)** manuell; **~ work/labour** manuelle Tätigkeit *od.* Handarbeit/körperliche Arbeit *od.* Schwerarbeit; **~ worker/labourer** Handarbeiter/Schwerarbeiter, *der;* **b)** *(not automatic)* handbetrieben; ‹*Bedienung, Kontrolle, Schaltung*› von Hand; **~ steering/signals** Handsteuerung, *die*/-zeichen. **2.** *n.* **a)** *(handbook)* Handbuch, *das;* **b)** *(Mus.)* Manual, *das*

**manually** ['mænjʊəlɪ] *adv.* manuell; von Hand; mit der Hand; **a ~ operated machine** eine handbetriebene Maschine

**manufacture** [mænjʊ'fæktʃə(r)] **1.** *n.* Herstellung, *die;* **cost/country of ~:** Herstellungskosten, *Pl.*/-land, *das;* **articles of home/foreign/British ~:** inländische/ausländische/britische Erzeugnisse. **2.** *v. t.* **a)** *(Commerc.)* herstellen; **~ iron into steel/cloth into garments** Eisen zu Stahl verarbeiten/aus Stoff Kleidungsstücke herstellen; **~d goods** Fertigprodukte *Pl.;* **manufacturing costs/firm/fault** Herstellungskosten *Pl.*/Herstellerfirma, *die*/Produktionsfehler, *der;* **manufacturing town** Industriestadt, *die;* **b)** *(invent)* erfinden ‹*Geschichte, Ausrede usw.*›

**manufacturer** [mænjʊ'fæktʃərə(r)] *n.* Hersteller, *der;* **'~'s recommended [retail] price'** „unverbindliche Preisempfehlung"

**manure** [mə'njʊə(r)] **1.** *n. (dung)* Dung, *der; (fertilizer)* Dünger, *der.* **2.** *v. t.* düngen

**manuscript** ['mænjʊskrɪpt] **1.** *n.* **a)** Handschrift, *die;* **b)** *(not yet printed)* Manuskript, *das;* **the novel is still in ~:** der Roman liegt [erst] im *od.* als Manuskript vor. **2.** *adj.* handschriftlich

**'man-week** *n. (Work Study)* Mannwoche, *die*

**Manx** [mæŋks] **1.** *adj.* der Insel Man *nachgestellt.* **2.** *n. (Ling.)* Manx, *das*

**Manx: ~ 'cat** *n.* Man[x]katze, *die;* **~man** ['mæŋksmən] *n., pl.* **~men** ['mæŋksmən] Bewohner der Insel Man; Manx, *der*

**many** ['menɪ] **1.** *adj.* **a)** viele; *pred.* zahlreich; **how ~ people/books?** wie viele *od.* wieviel Leute/Bücher?; **as ~ as** so viele wie; **there were as ~ as 50 of them** es waren mindestens *od.* bestimmt 50; **three accidents in as ~ days** drei Unfälle in ebenso vielen *od.* ebensoviel Tagen; **~'s the tale/the time** so manche Geschichte/so manches Mal; **too ~ people/books** zu viele *od.* zuviel Leute/Bücher; **there were too ~ of them** es waren zu viele *od.* zuviel; **two [copies] too ~:** zwei [Exemplare] zuviel; **one is too ~/there is one too ~:** einer/eine/eins ist zuviel; **he/she is one too ~ here** er/sie ist hier überflüssig; **he's had one too ~** *(is drunk)* er hat einen *od.* ein Glas zuviel getrunken; **b) ~ a man** so mancher; manch einer; **~ a time** so manches Mal. **2.** *n.* viele [Leute]; **there weren't ~ of them there** es waren nicht viele da; **~ of us** viele von uns; **a good/great ~ [of them/of the books]** eine Menge/eine ganze Reihe [von ihnen/der Bücher]; **there were a good ~ there** eine Menge war *od.* waren da

**'many-coloured** *adj.* vielfarbig

**'man-year** *n. (Work Study)* Mannjahr, *das*

**'many-sided** *adj. (Geom.; also fig.)* vielseitig

**Mao** [maʊ] *adj.* ‹*Jacke, Schirmmütze*› im Mao-Look; Mao-‹*Jacke, Mütze*›

**Maoism** ['maʊɪzm] *n., no pl.* Maoismus, *der*

**Maoist** ['maʊɪst] *n.* Maoist, *der; attrib.* maoistisch

**Maori** ['maʊrɪ] **1.** *n.* **a)** *(person)* Maori, *der;* **b)** *(language)* Maori, *das.* **2.** *adj.* maorisch

**map** [mæp] **1.** *n.* **a)** [Land]karte, *die; (street plan)* Stadtplan, *der;* **b)** *(fig. coll.)* **off the ~:** abgelegen; **we're a bit off the ~ up here** wir leben hier ein bißchen hinter dem Mond *(ugs.);* **wipe off the ~:** ausradieren; **[put sth./sb.] on the ~:** [etw./jmdn.] populär [machen]. **2.** *v. t.,* **-pp-** *(make map of)* kartographieren; *(make survey of)* vermessen

**~ 'out** *v. t.* im einzelnen festlegen

**maple** ['meɪpl] *n.* Ahorn, *der*

**maple: ~-leaf** *n.* Ahornblatt, *das;* **~ sugar** *n.* Ahornzucker, *der;* **~ syrup** *n.* Ahornsirup, *der*

**map: ~-maker** *n.* Kartograph, *der*/Kartographin, *die;* **~-reader** *n.* Kartenleser, *der*/-leserin, *die;* **~-reading** *n., no pl.* Kartenlesen, *das*

**mar** [mɑ:(r)] *v. t.,* **-rr- a)** *(spoil, disfigure)* verderben; entstellen ‹*Aussehen*›; stören ‹*Veranstaltung*›; **the book was ~red by a number of small mistakes** die Qualität des Buches wurde durch eine Reihe kleiner Fehler beeinträchtigt; **b)** *(ruin) see* **make 1 p**

**Mar.** *abbr.* **March** Mrz.

**marabou** ['mærəbu:] *n. (Ornith.)* **a)** *(African)* Marabu, *der;* **b)** *see* **adjutant b**

**maraschino** [mærə'ski:nəʊ] *n., pl.* **~s** Maraschino, *der;* **~ cherry** Maraschinokirsche, *die*

**marathon** ['mærəθən] *n.* **a)** *(race)* Marathon[lauf], *der; attrib.* Marathon‹*läufer*›; **b)** *(fig.)* Marathon, *das; attrib.* Marathon‹*rede, -spiel, -sitzung*›; **a chess ~:** ein Schachmarathon

**maraud** [mə'rɔ:d] **1.** *v. i.* plündern; marodieren *(Soldatenspr.).* **2.** *v. t.* plündern

**marauder** [mə'rɔ:də(r)] *n.* Plünderer, *der;* Marodeur, *der (Soldatenspr.); (animal)* Räuber, *der*

**marble** ['mɑ:bl] *n.* **a)** *(stone)* Marmor, *der (auch fig.); attrib.* Marmor-; aus Marmor *nachgestellt;* marmorn *(dichter.; fig.);* **b)** *in pl. (statues)* Marmorskulpturen; **the Elgin M~s** die Elgin Marbles *(Kunstwiss.);* **c)** *(toy)* Murmel, *die;* **[game of] ~s** Murmelspiel, *das;* **play ~s** murmeln; [mit] Murmeln spielen; **d)** *in pl.* **not have all** *or* **have lost one's ~s** *(sl.)* nicht alle Tassen im Schrank haben *(ugs.)*

**marbled** ['mɑ:bld] *adj.* **a)** marmoriert ‹*Papier, Seife usw.*›; **b)** *(streaked)* durchwachsen ‹*Fleisch*›

**March** [mɑ:tʃ] *n.* März, *der; see also* **August; hare 1 a**

**[1]march** **1.** *n.* **a)** *(Mil., Mus.; hike)* Marsch, *der; (gait)* Marschschritt, *der;* Marschtritt, *der;* **on the ~:** auf dem Marsch; *(fig.)* unterwegs; **~ past** Vorbeimarsch, *der;* Defilee, *das;* **a day's/three days' ~:** ein Tagesmarsch/drei Tagesmärsche; **an hour's ~ away** eine Marschstunde *od.* eine Stunde Marsch entfernt; *see also* **forced march; [1]line 1 k; steal 1 c;** **b)** *(in protest)* **[protest] ~:** Protestmarsch, *der;* **c)** *(progress of time, events, etc.)* Gang, *der;* **the onward ~ of science** der Vormarsch der Wissenschaft. **2.** *v. i. (also Mil.)* marschieren; *(fig.)* fortschreiten; **~ away** abmarschieren; **forward/quick ~!** vorwärts/im Eilschritt marsch!; **~ing song** Marschlied, *das;* **~ing order** *(Brit.)* Marschordnung, *die;* **~ing orders** Marschbefehl, *der;* **give sb. his/her ~ing orders** *(fig. coll.)* jmdm. den Laufpaß geben *(ugs.).* **3.** *v. t. (Mil.)* marschieren lassen

**~ 'off 1.** *v. i.* losmarschieren. **2.** *v. t.* ‹*Polizei usw.*› abführen

**~ on** *v. t. (Mil.)* marschieren gegen ‹*Feind*›; marschieren auf (+ *Akk.*) ‹*Stadt*›

**[2]march** *n. (Hist.: frontier)* Mark, *die;* **the Welsh ~es** das Grenzland zwischen Wales und England

**marcher** ['mɑ:tʃə(r)] *n.* **[protest] ~:** Demonstrant, *der*/Demonstrantin, *die;* **~s on a demonstration** Teilnehmer an einem Demonstrationszug

**marchioness** [mɑ:ʃə'nes] *n.* Marquise, *die*

**Mardi Gras** [mɑ:di: 'grɑ:] *n.* **a)** *(Shrove Tuesday)* Fastnachtsdienstag, *der;* **b)** *(carnival)* Karneval, *der*

**mare** [meə(r)] *n.* Stute, *die*

**Margaret** ['mɑ:grɪt] *pr. n. (Hist., as name of ruler etc.)* Margarete *(die)*

**margarine** [mɑ:dʒə'ri:n, mɑ:gə'ri:n], *(coll.)* **marge** [mɑ:dʒ] *ns.* Margarine, *die*

**margin** ['mɑ:dʒɪn] *n.* **a)** *(of page)* Rand, *der;* **notes [written] in the ~:** Randbemerkungen; Anmerkungen am Rand; **~ release** Randlöser, *der;* Randfreigabe, *die;* **b)** *(extra amount)* Spielraum, *der;* **profit ~:** Gewinnspanne, *die;* **win by a narrow/wide ~:** knapp/mit großem Vorsprung gewinnen; **~ of error** Spielraum für mögliche Fehler; **allow for a considerable ~ of error** eine beachtliche Fehlerzahl mit einkalkulieren; **c)** *(edge)* Rand, *der;* Saum, *der (geh.);* **[be] on the ~ of sth.** *(fig.)* am Rande einer Sache *(Gen.)* [sein]

**marginal** ['mɑ:dʒɪnl] *adj.* **a)** *(barely adequate, slight)* geringfügig; unwesentlich; **of ~ importance/use** von geringer Bedeutung/geringem Nutzen; **b)** *(close to limit)* marginal; *(of profitability)* kaum rentabel; **c)** knapp ⟨*Wahlergebnis*⟩; **~ seat/constituency** *(Brit. Polit.)* wackeliger *(ugs.) od.* nur mit knapper Mehrheit gehaltener Parlamentssitz/Wahlkreis; **d) ~ cost** Grenzkosten *Pl.;* **e)** *(of or written in margin)* an den Rand geschrieben; **~ notes/references** Randbemerkungen/-verweise; **f)** *(of or at the edge)* Rand⟨*gebiet, -bereich, -besitzung, -bepflanzung usw.*⟩

**marginalia** [mɑ:dʒɪ'neɪlɪə] *n. pl.* Marginalien *Pl.*

**marginally** ['mɑ:dʒɪnəlɪ] *adv.* geringfügig; unwesentlich; **only ~ profitable** kaum rentabel

**marguerite** [mɑ:gə'ri:t] *n. (Bot.)* Margerite, *die*

**marigold** ['mærɪgəʊld] *n. (Calendula)* Studentenblume, *die;* Ringelblume, *die; (Tagetes)* Studentenblume, *die; see also* **corn marigold; marsh marigold**

**marijuana (marihuana)** [mærɪ'hwɑ:nə] *n.* Marihuana, *das; attrib.* Marihuana⟨*zigarette, -raucher, -süchtiger*⟩

**marimba** [mə'rɪmbə] *n. (Mus.)* **a)** *(native xylophone)* Marimba, *die;* **b)** *(modern instrument)* Marimbaphon, *das*

**marina** [mə'ri:nə] *n.* Marina, *die;* Jachthafen, *der*

**marinade** [mærɪ'neɪd] **1.** *n.* **a)** *(spiced mixture)* Marinade, *die;* **b)** *(marinaded meat)* **a ~ of beef/pork** mariniertes Rind-/Schweinefleisch; **a ~ of fish** marinierter Fisch; eine Marinade. **2.** *v. t.* marinieren

**marinate** ['mærɪneɪt] *see* **marinade 2**

**marine** [mə'ri:n] **1.** *adj.* **a)** *(of the sea)* Meeres-; **~ life** Meeresflora und -fauna; **b)** *(of shipping)* See⟨*versicherung, -recht, -schiffahrt*⟩; **~ engineering** Schiffsmaschinenbau, *der;* **~ engineer** Schiffbauingenieur, *der;* **c)** *(for use at sea)* Schiffs⟨*ausrüstung, -chronometer, -kessel, -turbine usw.*⟩. **2.** *n.* **a)** *(person)* Marineinfanterist, *der;* **the M~s** die Marineinfanterie; die Marinetruppen; **tell that/it to the [horse] ~s** *(coll.)* das kannst du deiner Großmutter erzählen *(ugs.); see also* **Royal Marine; b)** *(shipping)* **merchant** *or* **mercantile ~:** Handelsmarine, *die*

**mariner** ['mærɪnə(r)] *n.* Seemann, *der;* **master ~:** Kapitän eines Handelsschiffes; *see also* **compass 1 b**

**marionette** [mærɪə'net] *n.* Marionette, *die*

**marital** ['mærɪtl] *adj.* ehelich ⟨*Rechte, Pflichten, Harmonie*⟩; Ehe⟨*beratung, -glück, -krach, -krise, -probleme*⟩; **~ status** Familienstand, *der*

**maritime** ['mærɪtaɪm] *adj.* **a)** *(found near the sea)* Küsten⟨*bewohner, -gebiet, -stadt, -provinz*⟩; **~ climate** Meeresklima, *das;* **b)** *(connected with the sea)* See⟨*recht, -versicherung, -volk, -wesen*⟩

**marjoram** ['mɑ:dʒərəm] *n. (Bot., Cookery)* Majoran, *der*

**Mark** [mɑ:k] *pr. n.* **St ~:** der hl. Markus

**[1]mark 1.** *n.* **a)** *(trace)* Spur, *die; (of finger, foot also)* Abdruck, *der; (stain etc.)* Fleck, *der; (scratch)* Kratzer, *der;* **dirty ~:** Schmutzfleck, *der;* **make/leave a ~ on sth.** auf etw. *(Dat. od. Akk.)* einen Fleck/einen Kratzer machen/auf etw. *(Dat.)* einen Fleck/eine Spur/einen Kratzer hinterlassen; **leave one's/its ~ on sth.** *(fig.)* einer Sache *(Dat.)* seinen Stempel aufdrücken; **leave its ~ on sb.** Spuren bei jmdm. hinterlassen; **make one's/its ~** *(fig.)* sich *(Dat.)* einen Namen machen *(see also* **b**); **of ~** *postpos.* von Bedeutung *nachgestellt; see also* **birthmark; b)** *(affixed sign, indication, symbol)* Zeichen, *das; (in trade names)* Typ, *der (Technik); (made by illiterate)* Kreuz, *das;* **distinguishing ~:** Kennzeichen, *das;* **M~ 2 version/model** Version/Modell 2; **make one's ~:** ein Kreuz *od.* drei Kreuze machen *(see also* **a**); **bear the ~ of sth.** *(lit. or fig.)* den Stempel von etw. tragen; **have all the ~s of sth.** alle Anzeichen von etw. haben; **be a ~ of good taste/breeding** ein Zeichen guten Geschmacks/guter Erziehung sein; **sth. is the ~ of a good writer** an etw. *(Dat.)* erkennt man einen guten Schriftsteller; **c)** *(Sch.: grade)* Zensur, *die;* Note, *die; (Sch., Sport: unit of numerical award)* Punkt, *der;* **get good/bad/35 ~s in** *or* **for a subject** gute/schlechte Noten *od.* Zensuren/35 Punkte in einem Fach bekommen; **there are no ~s for guessing that ...** *(fig. coll.)* es ist ja wohl nicht schwer zu erraten, daß ...; *see also* **black mark; full marks; pass-mark; d)** *(line etc. to indicate position)* Markierung, *die; (Naut.)* Marke, *die (an der Lotleine);* **be up to/below** *or* **not up to the ~** *(fig.)* den Anforderungen entsprechen/nicht entsprechen; **his work hasn't really been up to the ~ lately** seine Arbeit war in letzter Zeit wirklich nicht sonderlich; **[not] feel up to the ~:** [nicht] auf der Höhe sein; **e)** *(level)* Marke, *die;* **reach the 15%/25 million/£300 ~:** die 15%-Marke/25-Millionen-Marke/300-Pfund-Marke erreichen; **around the 300 ~:** ungefähr 300; **f)** *(Sport: starting position)* Startlinie, *die;* **on your ~s! [get set! go!]** auf die Plätze! [Fertig! Los!]; **get off the ~ quickly** *(fig.)* einen guten Start haben; **be quick/slow off the ~:** einen guten/schlechten Start haben; *(fig.)* fix *(ugs.)*/langsam sein; **he is usually the quickest/first off the ~:** er ist gewöhnlich der Schnellste/Erste; **g)** *(Rugby) (spot)* Marke, *die; (fair catch)* Freifang, *der;* **'~!'** „Marke!"; **h)** *(target, desired object)* Ziel, *das; (sl.: intended victim)* Opfer, *das;* **hit/miss the ~** *(fig.)* ins Schwarze treffen/danebenschießen *(ugs.) od.* -treffen; **be wide of the ~** *(lit. or fig.)* danebentreffen; **his calculations were wide of the ~:** mit seinen Berechnungen hat er völlig danebengetroffen; **my guess was off the ~:** mit meiner Schätzung lag ich daneben *(ugs.);* **be close to the ~** *(fig.)* der Sache nahekommen; *see also* **overshoot; overstep. 2.** *v. t.* **a)** *(stain, dirty)* Flecke[n] machen auf (+ *Dat.*); schmutzig machen; *(scratch)* zerkratzen; **be ~ed for life** bleibende Narben zurückbehalten; *(fig.)* fürs Leben gezeichnet sein; **b)** *(put distinguishing mark on, signal)* kennzeichnen, markieren **(with** mit); **the bottle was ~ed 'poison'** die Flasche trug die Aufschrift „Gift"; **~ sb.'s name on sth.** etw. mit jmds. Namen kennzeichnen; **~ an item with its price** eine Ware auszeichnen *od.* mit einem Preisschild versehen; **~ a route on a map** eine Route auf *od.* in einer *od.* in eine Landkarte einzeichnen; **ceremonies to ~ the tenth anniversary** Feierlichkeiten aus Anlaß des 10. Jahrestages; **c)** *(Sch.) (correct)* korrigieren; *(grade)* benoten; zensieren; **~ an answer wrong** eine Antwort als falsch bewerten; **d) ~ time** *(Mil.; also fig.)* auf der Stelle treten; **e)** *(characterize)* kennzeichnen; charakterisieren; **be ~ed by sth.** durch etw. gekennzeichnet *od.* charakterisiert sein; **his style is ~ed by a great variety of metaphors** sein Stil zeichnet sich durch eine reiche Metaphorik aus; **f)** *(heed)* hören auf (+ *Akk.*) ⟨*Person, Wort*⟩; **~ carefully how it is done** paß genau auf, wie es gemacht wird; **[you] ~ my words** höre auf mich; eins kann ich dir sagen; *(as a warning)* laß dir das gesagt sein; **~ you, it may not be true** vielleicht stimmt es ja doch gar nicht; **g)** *(manifest)* bekunden ⟨*Mißfallen, Zustimmung usw.*⟩; **h)** *(record)* notieren, aufschreiben ⟨*Spielstand*⟩; **~ a pupil absent** einen Schüler als fehlend eintragen; **i)** *(Brit. Sport: keep close to)* markieren *(fachspr.),* decken ⟨*Gegenspieler*⟩; **j)** *(choose as victim) see* **~ down a; k)** *(arch./literary: notice)* bemerken ⟨*Vorfall, Vorgang*⟩

**~ 'down** *v. t.* **a)** *(choose as victim, lit. or fig.)* [sich *(Dat.)*] auswählen; ausersehen *(geh.);* **b)** [im Preis] herabsetzen ⟨*Ware*⟩; herabsetzen ⟨*Preis*⟩; *see also* **mark-down**

**~ 'off** *v. t.* abgrenzen **(from** von, gegen)

**~ 'out** *v. t.* **a)** *(trace out boundaries of)* markieren ⟨*Spielfeld*⟩; **~ out a tennis-court** auf einen Tennisplatz die Spielfeldlinien markieren; **b)** *(plan)* festlegen ⟨*Strategie, Vorgehen*⟩; **c)** *(destine)* vorsehen; ⟨*Schicksal:*⟩ bestimmen, ausersehen

**~ 'up** *v. t.* [im Preis] heraufsetzen ⟨*Ware*⟩; heraufsetzen ⟨*Preis*⟩; *see also* **mark-up**

**[2]mark** *n. (monetary unit)* Mark, *die*

**'mark-down** *n. (Econ.)* Preissenkung, *die;* **there has been a ~:** der Preis ist/die Preise sind gesenkt worden

**marked** [mɑ:kt] *adj.* **a)** *(noticeable)* deutlich ⟨*Gegensatz, Unterschied, [Ver]besserung, Veränderung*⟩; ausgeprägt ⟨*Akzent, Sprachfehler, Kennzeichen, Merkmal, Fähigkeit, Neigung*⟩; **b)** *(given distinctive mark)* gezinkt ⟨*Spielkarte*⟩; **c) be a ~ man** auf der schwarzen Liste stehen *(ugs.)*

**markedly** ['mɑ:kɪdlɪ] *adv.* eindeutig; deutlich

**marker** ['mɑ:kə(r)] *n.* **a)** *(to mark place)* Markierung, *die;* **b)** *see* **bookmark; c)** *(of examination etc.)* Korrektor, *der*/Korrektorin, *die;* **be a fair/severe ~:** gerecht/streng [korrigieren und] benoten; **d)** *(Aeronaut.: flare)* Marker, *der (fachspr.);* Sichtzeichen, *das*

**'marker pen** *n.* Markierstift, *der*

**market** ['mɑ:kɪt] **1.** *n.* **a)** Markt, *der; attrib.* Markt⟨*händler, -stand*⟩; **at the ~:** auf dem Markt; **go to ~:** auf den Markt gehen; **take sth. to ~:** etw. auf den Markt bringen; **there is a ~ every Friday** freitags *od.* jeden Freitag ist Markt; **b)** *(demand)* Markt, *der;* **find a [ready] ~:** [guten] Absatz finden; **price oneself/one's goods out of the ~:** sich/seine Waren durch Überteuerung konkurrenzunfähig machen; **c)** *(area of demand)* Absatzmarkt, *der; (persons)* Abnehmer *Pl.;* **d)** *(conditions for buying and selling, trade)* Markt, *der;* **the corn/coffee** *etc.* **~:** der Getreide-/Kaffeemarkt *usw.;* **be in the ~ for sth.** an etw. *(Dat.)* interessiert sein; **be on/come into** *or* **on to the ~** ⟨*Haus:*⟩ zum Verkauf stehen/kommen; ⟨*neue Produkte:*⟩ auf dem Markt sein/auf den Markt kommen; **put on the ~:** zum Verkauf anbieten ⟨*Haus*⟩; **bring on to the ~:** auf den Markt bringen ⟨*neues Produkt*⟩; **make a ~** *(St. Exch.)* [künstlich] Nachfrage erzeugen; **the M~** *(Brit. Polit.)* der Gemeinsame Markt; *see also* **buyer c; Common Market; corner 2 b; play 3 i; seller a. 2.** *v. t.* vermarkten

**marketable** ['mɑ:kɪtəbl] *adj.* **a)** *(suitable for the market)* marktfähig; **b)** *(wanted by purchasers)* marktgängig; **~ securities** börsengängige Effekten

**market: ~-day** *n.* Markttag, *der;* **~ e'conomy** *n.* Marktwirtschaft, *die;* **~ 'forces** *n. pl.* Kräfte des freien Marktes; **~ 'garden** *n. (Brit.)* Gartenbaubetrieb, *der;* **~ 'gardener** *n. (Brit.)* Gemüseanbauer, *der*/-anbauerin, *die;* **~ 'gardening** *n. (Brit.)* Gemüseanbau, *der*

**marketing** ['mɑ:kɪtɪŋ] *n. (Econ.)* Marketing, *das; attrib.* Marketing-; **~ research** Marketing-Research, *das*

**market: ~-maker** *n. (St. Exch.) die Preise bestimmender Wertpapierhändler;* **~-place**

*n.* Marktplatz, *der; (fig.)* Markt, *der;* ~ '**price** *n.* Marktpreis, *der;* ~ '**research** *n.* Marktforschung, *die;* ~-'**square** *n.* Marktplatz, *der;* ~ **town** *n.* Marktort, *der;* ~ '**value** *n.* Marktwert, *der*

**marking** ['mɑ:kɪŋ] *n.* **a)** *(identification symbol)* Markierung, *die;* Kennzeichen, *das;* **b)** *(on animal)* Zeichnung, *die;* **c)** *(Sch.) (correcting)* Korrektur, *die; (grading)* Benotung, *die;* Zensieren, *das;* **I've got some ~ to do** ich muß noch korrigieren

'**marking-ink** *n.* Wäschetinte, *die*

**marksman** ['mɑ:ksmən] *n., pl.* **marksmen** ['mɑ:ksmən] Scharfschütze, *der*

**marksmanship** ['mɑ:ksmənʃɪp] *n., no pl.* Treffsicherheit, *die*

'**mark-up** *n. (Econ.)* **a)** *(price increase)* Preiserhöhung, *die;* **b)** *(amount added)* Handelsspanne, *die (Kaufmannsspr.)*

**marl** [mɑ:l] *n.* Mergel, *der*

**marmalade** ['mɑ:məleɪd] *n.* **[orange] ~:** Orangenmarmelade, *die;* **tangerine/lime ~:** Mandarinen-/Limonenmarmelade, *die*

**marmalade 'cat** *n.* orangefarbene Katze

**marmoset** ['mɑ:məzet] *n. (Zool.)* Marmosette, *die*

**marmot** ['mɑ:mət] *n. (Zool.)* Murmeltier, *das*

[1]**maroon** [mə'ru:n] **1.** *adj.* kastanienbraun. **2.** *n.* Kastanienbraun, *das*

[2]**maroon** *v. t.* **a)** *(Naut.: put ashore)* aussetzen; **b)** ‹*Flut, Hochwasser:*› von der Außenwelt abschneiden; **she was ~ed at home without transport** ohne Transportmittel saß sie zu Hause fest

**marque** [mɑ:k] *n.* Marke, *die; (of cars also)* Fabrikat, *das*

**marquee** [mɑ:'ki:] *n.* **a)** *(large tent)* großes Zelt; *(for public entertainment)* Festzelt, *das;* **b)** *(Amer.: canopy)* Vordach, *das*

**marquess** *see* **marquis**

**marquetry** ['mɑ:kɪtrɪ] *n.* Marketerie, *die (Kunstwiss.);* Einlegearbeit, *die;* Intarsie, *die; attrib.* Intarsien‹*arbeit, -schrank*›

**marquis** ['mɑ:kwɪs] *n.* Marquis, *der*

**marriage** ['mærɪdʒ] *n.* **a)** Ehe, *die* **(to** mit); **state of ~:** Ehestand, *der;* **proposal** *or* **offer of ~:** Heiratsantrag, *der;* **his son by a former ~:** sein Sohn aus einer früheren Ehe; **related by ~:** verschwägert; **uncle/cousin by ~:** angeheirateter Onkel/Cousin; **take sb. in ~:** jmdn. zum Mann/zur Frau nehmen; *see also* **convenience a; give 1h; b)** *(wedding)* Hochzeit, *die; (act of marrying)* Heirat, *die; (ceremony)* Trauung, *die;* ~ **ceremony** Trauzeremonie, *die;* Eheschließung, *die;* **church ~:** kirchliche Trauung; *see also* **civil marriage; c)** *(fig.)* Verbindung, *die*

**marriageable** ['mærɪdʒəbl] *adj.* heiratsfähig; **of ~ age** im heiratsfähigen Alter

**marriage:** ~-**broker** *n.* Heiratsvermittler, *der*/-vermittlerin, *die;* ~ **bureau** *n.* Eheanbahnungs- *od.* Ehevermittlungsinstitut, *das;* ~ **certificate** *n.* Trauschein, *der; (record of civil marriage also)* Heiratsurkunde, *die;* ~ '**guidance** *n.* Eheberatung, *die;* ~ **licence** *n.* Heirats- *od.* Eheerlaubnis, *die;* ~ **lines** *n. pl. (Brit.) see* ~ **certificate;** ~ **market** *n.* Heiratsmarkt, *der;* ~ **settlement** *n. (Law)* Ehevertrag, *der;* ~ **stakes** *n. pl. (joc.)* Heiratsmarkt, *der;* ~ **vows** *n. pl.* Ehegelöbnis, *das (geh.)*

**married** ['mærɪd] **1.** *adj.* **a)** verheiratet; ~ **couple** Ehepaar, *das;* **b)** *(marital)* ehelich ‹*Leben, Liebe*›; Ehe‹*leben, -name, -stand*›; ~ **quarters** Verheiratetenquartiere. **2.** *n.* Verheiratete, *der/die;* **young/newly ~s** Jungverheiratete

**marron glacé** [mærɒn 'glɑ:seɪ] *n.* kandierte Kastanie

**marrow** ['mærəʊ] *n.* **a) [vegetable]** ~ Speisekürbis, *der;* **b)** *(Anat.)* [Knochen]mark, *das;* **spinal ~:** Rückenmark, *das;* **to the ~** *(fig.)* durch und durch; **be chilled to the ~** *(fig.)* völlig durchgefroren sein

**marrow:** ~**bone** *n.* Markknochen, *der;* ~**fat** *n.* Markerbse, *die;* ~ **squash** *(Amer.) see* **marrow a**

**marry** ['mærɪ] **1.** *v. t.* **a)** *(take in marriage)* heiraten; ~ **money** Geld *od. (ugs.)* reich heiraten; *(for financial gain only)* jmds. Geld heiraten; **b)** *(join in marriage)* trauen; **they were** *or* **got married last summer** sie haben letzten Sommer geheiratet; **c)** *(give in marriage)* verheiraten ‹*Kind*› **(to** mit); **d)** *(fig.: unite intimately)* verquicken; eng miteinander verbinden; ~ **sth. with** *or* **to sth.** etw. mit etw. verquicken *od.* eng verbinden. **2.** *v. i.* heiraten; ~ **for money** wegen des Geldes heiraten; ~ **in haste, repent at leisure** *(prov.)* Heirat in Eile bereut man in Weile *(Spr.);* ~ **into a [rich] family** in eine [reiche] Familie einheiraten

~ '**off** *v. t.* verheiraten ‹*Tochter*› **(to** mit)

**marrying** ['mærɪɪŋ] *adj.* **he's not the ~ sort** *or* **kind** *or* **type** er ist nicht der Typ [von Mann], der heiratet

**Mars** [mɑ:z] *pr. n.* **a)** *(Astron.)* Mars, *der;* **b)** *(Roman Mythol.)* Mars *(der)*

**Marsala** [mɑ:'sɑ:lə] *n.* Marsala[wein], *der*

**Marseillaise** [mɑ:sə'leɪz, mɑ:seɪ'jeɪz] *n.* Marseillaise, *die*

**Marseilles** [mɑ:'seɪlz, mɑ:'seɪ] *pr. n.* Marseille *(das)*

**marsh** [mɑ:ʃ] *n.* Sumpf, *der; attrib. (Bot., Zool.)* Sumpf‹*klee, -kresse, -[kratz]distel, -krokodil, -hirsch*›

**marshal** ['mɑ:ʃl] **1.** *n.* **a)** *(officer of state)* [Hof]marschall, *der;* **b)** *(officer in army)* Marschall, *der; see also* **Field Marshal; c)** *(Sport)* Ordner, *der;* **d)** *(Amer.) (head of police department)* Polizeipräsident, *der; (head of fire department)* Branddirektor, *der. See also* **provost marshal. 2.** *v. t., (Brit.)* **-ll- a)** *(arrange in order)* aufstellen ‹*Truppen*›; sich *(Dat.)* zurechtlegen ‹*Argumente*›; ordnen ‹*Fakten*›; **the teacher ~led the children on to the coach** der Lehrer führte die Kinder zu ihren Plätzen im Bus; **b)** *(Her.)* vereinigen, verbinden ‹*Wappen*›

'**marshalling yard** ['mɑ:ʃəlɪŋ jɑ:d] *n. (Railw.)* Rangierbahnhof, *der*

**marsh:** ~ **gas** *n. (Chem.)* Sumpfgas, *das;* ~-'**harrier** *n. (Ornith.)* Rohrweihe, *die;* ~**land** *n.* Sumpfland, *das;* ~ **mallow** *n.* **a)** *(Bot.)* Eibisch, *der;* **b)** *(confection)* Marshmallow, *das;* süßer Speck; ~'**mallow** *n. (sweet)* ≈ Mohrenkopf, *der;* ~ '**marigold** *n.* Sumpfdotterblume, *die;* ~ **tit** *n. (Ornith.)* Nonnenmeise, *die*

**marshy** ['mɑ:ʃɪ] *adj.* sumpfig; Sumpf‹*boden, -gebiet, -land*›

**marsupial** [mɑ:'sju:pɪəl, mɑ:'su:pɪəl] *(Zool.)* **1.** *adj.* Beutel‹*tier, -frosch, -mulle*›. **2.** *n.* Beuteltier, *das*

**mart** [mɑ:t] *n.* **a)** *(market-place)* Markt, *der;* **b)** *(auction-room)* Auktionsraum, *der;* **sale ~:** Verkaufsraum, *der*

**marten** ['mɑ:tɪn] *n. (Zool.)* Marder, *der;* **stone ~:** Steinmarder, *der; see also* **pine marten**

**martial** ['mɑ:ʃl] *adj.* kriegerisch; *see also* **court martial**

**martial:** ~ '**arts** *n. pl. (Sport)* Kampfsportarten; ~ '**law** *n.* Kriegsrecht, *das;* **state of ~ law** Kriegszustand, *der*

**martin** ['mɑ:tɪn] *n. (Ornith.)* **[house-]~:** Mehlschwalbe, *die*

**martinet** [mɑ:tɪ'net] *n.* Zuchtmeister, *der (veralt., noch scherzh.)*

**Martini, (P)** [mɑ:'ti:nɪ] *n.* Martini, *der;* **dry ~:** Martini dry, *der*

**martyr** ['mɑ:tə(r)] **1.** *n. (Relig.; also fig.)* Märtyrer, *der*/Märtyrerin, *die;* **die a ~'s death** den Märtyrertod erleiden *od.* sterben; **a ~ to** *or* **in the cause of sth.** Märtyrer/Märtyrerin einer Sache *(Gen.);* **be a ~ to rheumatism** entsetzlich unter Rheumatismus leiden; **make a ~ of oneself** den Märtyrer/die Märtyrerin spielen; **make sb. a ~, make a ~ of sb.** jmdn. zum Märtyrer/zur Märtyrerin machen. **2.** *v. t.* **a)** den Märtyrertod sterben lassen; **be ~ed** den Märtyrertod sterben; **b)** *(fig.: torment)* martern *(geh.);* **a ~ed expression** eine Duldermiene

**martyrdom** ['mɑ:tədəm] *n.* Martyrium, *das;* **suffer ~:** ein Martyrium durchleiden

**marvel** ['mɑ:vl] **1.** *n.* Wunder, *das;* **work ~s** Wunder wirken; **it's a ~ to me how ...:** es ist mir schleierhaft, wie ...; **it will be a ~ if ...:** es wäre ein Wunder, wenn ...; **be a ~ of patience/neatness** eine sagenhafte Geduld haben/sagenhaft ordentlich sein *(ugs.).* **2.** *v. i., (Brit.)* **-ll-** *(literary)* **a)** *(be surprised)* ~ **at sth.** über etw. *(Akk.)* staunen; etw. bestaunen; ~ **that ...:** erstaunt sein, daß ...; **b)** *(wonder)* sich wundern; sich fragen; ~ **how/why** *etc.* sich fragen *od. (bes. schweiz.)* sich wundern, wie/warum *usw.*

**marvellous** ['mɑ:vələs] *adj.,* **marvellously** ['mɑ:vələslɪ] *adv.* wunderbar

**marvelous, marvelously** *(Amer.) see* **marvell-**

**Marxian** ['mɑ:ksɪən] *see* **Marxist**

**Marxism** ['mɑ:ksɪzm] *n.* Marxismus, *der*

**Marxist** ['mɑ:ksɪst] **1.** *n.* Marxist, *der*/Marxistin, *die.* **2.** *adj.* marxistisch

**Mary** ['meərɪ] *pr. n. (Hist., as name of ruler, saint, etc.)* Maria *(die); see also* **Bloody Mary**

**marzipan** ['mɑ:zɪpæn] *n.* Marzipan, *das*

**mascara** [mæ'skɑ:rə] *n.* Mascara, *das*

**mascot** ['mæskɒt] *n.* Maskottchen, *das*

**masculine** ['mæskjʊlɪn] **1.** *adj.* **a)** *(of men)* männlich; **b)** *(manly, manlike)* maskulin; **c)** *(Ling.)* männlich; maskulin *(fachspr.).* **2.** *n. (Ling.)* Maskulinum, *das*

**masculine 'rhyme** *n. (Pros.)* männlicher *od.* stumpfer Reim

**masculinity** [mæskjʊ'lɪnɪtɪ] *n., no pl.* Männlichkeit, *die*

**maser** ['meɪzə(r)] *n. (Phys.)* Maser, *der*

**mash** [mæʃ] **1.** *n.* **a)** *(Brewing)* Maische, *die;* **b)** *(as fodder)* Mischfutter, *das;* **c)** *(pulp)* Brei, *der;* **d)** *(Brit. coll.: mashed potatoes)* Kartoffelbrei, *der.* **2.** *v. t.* zerdrücken, zerquetschen, stampfen ‹*Kartoffeln*›; zerdrücken, zerquetschen ‹*Gemüse, Obst*›; **~ed potatoes** Kartoffelbrei, *der*

**mask** [mɑ:sk] **1.** *n. (also fig., Phot.)* Maske, *die ; (worn by surgeon)* Gesichtsmaske, *die;* Mundschutz, *der;* **throw off the ~** *(fig.: abandon pretence)* die Maske fallen lassen. **2.** *v. t.* **a)** *(cover with mask)* maskieren; **b)** *(Mil.)* tarnen; **c)** *(fig.: disguise, conceal)* maskieren; ‹*Wolken, Bäume:*› verdecken; überdecken ‹*Geschmack*›; **d)** *(cover for protection)* abdecken

**masked 'ball** *n.* Maskenball, *der*

'**masking tape** *n.* Abdeckband, *das*

**masochism** ['mæsəkɪzm] *n.* Masochismus, *der*

**masochist** ['mæsəkɪst] *n.* Masochist, *der*/Masochistin, *die*

**masochistic** [mæsə'kɪstɪk] *adj.* masochistisch

**mason** ['meɪsn] *n.* **a)** *(builder)* Baumeister, *der;* Steinmetz, *der;* **b) M~** *(Free~)* [Frei]maurer, *der*

**Masonic** [mə'sɒnɪk] *adj.* [frei]maurerisch; ~ **lodge** [Frei]maurerloge, *die*

**masonry** ['meɪsnrɪ] *n.* **a)** *(stonework)* Mauerwerk, *das; (work of a mason)* Steinmetzarbeit, *die;* **b) M~** *(Free~)* [Frei]maurertum, *das*

**masque** [mɑ:sk] *n.* Maskenspiel, *das*

**masquerade** [mæskə'reɪd, mɑ:skə'reɪd] **1.** *n. (lit. or fig.)* Maskerade, *die.* **2.** *v. i.* ~ **as sb./sth.** sich als jmd./etw. ausgeben; vorgeben, jmd./etw. zu sein

[1]**mass** [mæs] *n. (Eccl., Mus.)* Messe, *die; attrib.* Meß‹*buch, -gewand*›; **say/hear ~:** die Messe lesen/hören; **go to** *or* **attend ~:** zur Messe gehen; **high ~:** Hochamt, *das;* **low ~:** stille Messe; *see also* **black mass**

**[2]mass** [mæs] 1. n. a) *(solid body of matter)* Brocken, *der; (of dough, rubber)* Klumpen, *der;* a ~ of rock/stone ein Felsbrocken/Steinblock; b) *(dense aggregation of objects)* Masse, *die;* a tangled ~ of threads ein wirres Knäuel von Fäden; a ~ of curls eine Fülle von Locken; a confused ~ of ideas ein Wust von Ideen; c) *(large number or amount of)* a ~ of...: eine Unmenge von...; a ~ of people eine große Menschenmenge; ~es of ...: massenhaft... *(ugs.)*; eine Masse... *(ugs.)*; d) *(unbroken expanse)* a ~ of blossom/colour/red ein Blütenmeer/Farbenmeer/Meer von Rot; be a ~ of bruises/mistakes/inhibitions *(coll.)* voll blauer Flecken sein/von Fehlern nur so wimmeln/nur aus Hemmungen bestehen; e) *(main portion)* Masse, *die;* the [great] ~ of people/voters die Masse des Volkes/der Wähler; the ~es die breite Masse; die Massen; in the ~: als Ganzes; f) *(Phys.)* Masse, *die;* centre of ~: Massenmittelpunkt, *der;* g) *(bulk)* massige Form; the huge ~ of the pyramid die riesige Größe der Pyramide; h) *attrib. (for many people)* Massen-. 2. v. t. a) anhäufen; ~ed bands mehrere gleichzeitig spielende Kapellen; b) *(Mil.)* massieren, zusammenziehen ⟨*Truppen*⟩. 3. v. i. sich ansammeln; ⟨*Truppen:*⟩ sich massieren, sich zusammenziehen; ⟨*Wolken:*⟩ sich zusammenziehen

**massacre** ['mæsəkə(r)] 1. n. a) *(slaughter)* Massaker, *das;* make a ~ of ...: ein Massaker anrichten unter (+ *Dat.*)...; b) *(coll.: defeat)* völlige Zerstörung. 2. v. t. a) *(slaughter)* massakrieren; b) *(coll.: defeat heavily)* massakrieren *(ugs., meist scherzh.)*

**massage** ['mæsɑːʒ] 1. n. Massage, *die;* give sb./sb.'s back a ~: jmdn./jmds. Rücken massieren; ~ parlour *(often euphem.)* Massagesalon, *der.* 2. v. t. massieren

**mass communi'cations** n. pl. Massenkommunikation, *die*

**masseur** [mæ'sɜː(r)] n. Masseur, *der*

**masseuse** [mæ'sɜːz] n. *fem.* Masseurin, *die;* Masseuse, *die (oft verhüll.)*

**mass:** ~ **'grave** n. Massengrab, *das;* ~ **hy'steria** n. Massenhysterie, *die*

**massif** [mæ'siːf] n. *(Geog.)* Massiv, *das*

**massive** ['mæsɪv] adj. *(lit. or fig.)* massiv; wuchtig ⟨*Statur, Stirn*⟩; kräftig ⟨*Augenbrauen, Gesicht*⟩; gewaltig ⟨*Ausmaße, Aufgabe*⟩; enorm ⟨*Schulden, Vermögen*⟩; be [conceived] on a ~ scale groß angelegt sein; receive aid on a ~ scale massive Unterstützung erhalten

**massively** ['mæsɪvlɪ] adv. *(lit. or fig.)* massiv

**mass:** ~ **'media** n. pl. Massenmedien *Pl.;* ~ **'meeting** n. Massenversammlung, *die; (Pol.)* Massenkundgebung, *die; (Industry)* Belegschaftsversammlung, *die;* ~ **'murder** n. Massenmord, *der;* ~ **'murderer** n. Massenmörder, *der;* ~-**pro'duced** adj. serienmäßig produziert *od.* hergestellt; Massen⟨*artikel*⟩; ~-**pro'ducer** n. Massenproduzent, *der;* ~ **pro'duction** n. Massenproduktion, *die*

**[1]mast** [mɑːst] n. *(for sail, flag, aerial, etc.)* Mast, *der;* work *or* serve *or* sail before the ~: als Matrose dienen; [mooring-]~: Ankermast, *der; see also* colour 1 j; half-mast

**[2]mast** n. *(for fodder)* Mast, *die*

**mastectomy** [mæ'stektəmɪ] n. *(Med.)* Mastektomie, *die (fachspr.)*; Brustamputation, *die*

**-masted** [mɑːstɪd] adj. *in comb. (Naut.)* -mastig; two-~: zweimastig

**master** ['mɑːstə(r)] 1. n. a) Herr, *der;* be ~ of sth./oneself Herr über etw. *(Akk.)*/sich selbst sein; be ~ of the situation/[the] ~ of one's fate Herr der Lage/seines Schicksals sein; be one's own ~: sein eigener Herr sein; make oneself ~ of sth. sich zum Herrn über etw. *(Akk.)* machen; b) *(of animal, slave)* Halter, *der; (of dog)* Herrchen, *das; (hunting)* Master, *der; (of ship)* Kapitän, *der; (of college)* Rektor, *der; (of livery company, masonic lodge)* Meister, *der;* ~ of the house Hausherr, *der;* be ~ in one's own house Herr im eigenen Hause sein; ~'s certificate *or* ticket *(Naut.)* Kapitänspatent, *das; see also* mariner; c) *(Sch.: teacher)* Lehrer, *der;* French ~: Französischlehrer, *der;* d) find *or* meet [in sb.] one's ~: [in jmdm.] seinen Meister finden; e) *(employer)* Herr, *der;* f) *in titles* ⟨*Hofkapell-, Schatz-, Ritt-, Waffen- usw.*⟩meister, *der;* M~ of Ceremonies Zeremonienmeister, *der; (for variety programme etc.)* Conférencier, *der;* M~ of the Rolls *(Brit. Law)* Präsident des Berufungsgerichts; g) *(original of document, film, etc.)* Original, *das;* h) *(expert, great artist)* Meister, *der* (at in + *Dat.*); be a ~ of sth. etw. meisterhaft beherrschen; *see also* grand master; old master; past master; i) *(skilled workman)* ~ craftsman/carpenter Handwerks-/Tischlermeister, *der;* j) *(Univ.)* Magister, *der;* ~ of Arts/Science Magister Artium/rerum naturalium; he got his ~'s degree in 1971 er hat 1971 den *od.* seinen Magister gemacht; k) *(boy's title)* ≈ junger Herr *(veralt.)*; M~ Theo/Richard *etc.* Master Theo/Richard *usw.* 2. adj. a) *(commanding)* the ~ race die Herrenrasse; ~ card Leitkarte, *die (DV)*; b) *(principal)* Haupt⟨*strategie, -liste*⟩; ~ bedroom großes Schlafzimmer; ≈ Elternschlafzimmer, *das;* ~ tape/copy Originalband, *das*/Original, *das;* ~ plan Gesamtplan, *der.* 3. v. t. a) *(learn)* erlernen; have ~ed a language/subject/instrument eine Sprache/ein Fach/ein Instrument beherrschen; b) *(overcome)* meistern ⟨*Probleme usw.*⟩; besiegen ⟨*Feind*⟩; beherrschen ⟨*Natur*⟩; zügeln ⟨*Emotionen, Gefühle*⟩

**-master** n. *in comb. (Naut.)* -master, *der;* two-~: Zweimaster, *der*

**'master class** n. *(Mus. etc.)* Meisterklasse, *die*

**masterful** ['mɑːstəfl] adj. a) *(imperious)* herrisch ⟨*Haltung, Ton, Person*⟩; b) *(masterly)* meisterhaft ⟨*Beherrschung, Fähigkeit*⟩

**masterfully** ['mɑːstəfəlɪ] adv. *see* masterful: herrisch; meisterhaft

**master:** ~-**hand** n. *(person)* Meister, *der* (at im + *Dat.*); ~-**key** n. General- *od.* Hauptschlüssel, *der; (fig.)* Schlüssel, *der*

**masterly** ['mɑːstəlɪ] adj. meisterhaft

**master:** ~**mind** 1. n. führender Kopf; 2. v. t. ~mind the plot/conspiracy *etc.* der Kopf des Komplotts/der Verschwörung *usw.* sein; ~**piece** n. *(work of art)* Meisterwerk, *das; (production showing masterly skill)* Meisterstück, *das;* a ~piece of tact/irony ein Meisterstück an Takt/Ironie *od.* des Taktes/der Ironie; ~**singer** n. *(Hist.)* Meistersinger, *der;* ~-**stroke** n. Meister- *od.* Glanzstück, *das;* ~ **switch** n. Hauptschalter, *der;* ~-**work** *see* ~piece

**mastery** ['mɑːstərɪ] n. a) *(skill)* Meisterschaft, *die;* b) *(knowledge)* Beherrschung, *die* (of *Gen.*); c) *(upper hand)* Oberhand, *die;* gain ~ over sb. die Oberhand über jmdn. gewinnen; d) *(control)* Herrschaft, *die* (of über + *Akk.*)

**'masthead** n. a) *(Naut.)* [Mast]topp, *der;* b) *(Journ.)* Impressum, *das; (title)* Titel, *der*

**mastic** ['mæstɪk] n. a) *(gum, resin, asphalt)* Mastix, *der;* b) *(cement)* Mastik, *der*

**masticate** ['mæstɪkeɪt] v. t. zerkauen

**mastication** [mæstɪ'keɪʃn] n. Zerkauen, *das*

**mastiff** ['mæstɪf] n. *(Zool.)* Mastiff, *der*

**mastitis** [mæs'taɪtɪs] n. *(Med.)* Mastitis, *die*

**mastodon** ['mæstədɒn] n. *(Zool., Palaeont.)* Mastodon, *das*

**mastoid** ['mæstɔɪd] n. *(Anat.)* Mastoid, *das*

**masturbate** ['mæstəbeɪt] v. i. & t. masturbieren

**masturbation** [mæstə'beɪʃn] n. Masturbation, *die*

**[1]mat** [mæt] 1. n. a) *(on floor, Sport)* Matte, *die;* pull the ~ from under sb.'s feet *(fig.)* jmdm. den Boden unter den Füßen wegziehen; be on the ~ *(sl.: be in trouble)* zusammengestaucht werden *(ugs.)*; b) *(to protect table etc.)* Untersetzer, *der; (as decorative support)* Deckchen, *das;* c) *(tangled mess) (of hair)* Wust, *der (ugs.)*; *(of weeds, foliage)* Gewirr, *das.* 2. v. t., -tt- a) *(furnish with mats)* mit Matten belegen ⟨*Boden*⟩; mit Matten auslegen ⟨*Zimmer*⟩; b) *usu. in p.p. (entangle)* verflechten ⟨*Äste, Unkraut*⟩; verfilzen ⟨*Haar*⟩; ~ted verflochten; verfilzt. 3. v. i., -tt- ⟨*Äste, Unkraut usw.:*⟩ sich [ineinander] verflechten; ⟨*Haare, Wolle:*⟩ verfilzen

**[2]mat** *see* matt

**matador** ['mætədɔː(r)] n. Matador, *der*

**[1]match** [mætʃ] 1. n. a) *(equal)* Ebenbürtige, *der/die;* be a/no ~ for sb. es mit jmdm. aufnehmen/nicht aufnehmen [können]; sich mit jmdm. messen/nicht messen können; she is more than a ~ for him sie ist ihm mehr als gewachsen; find *or* meet one's ~: einen ebenbürtigen Gegner finden; *(be defeated)* seinen Meister finden; b) *(sb./sth. similar or appropriate)* be a [good *etc.*] ~ for sth. [gut *usw.*] zu etw. passen; the colours are a poor ~: die Farben passen schlecht zueinander *od.* zusammen; find a ~ for this paint genau die gleiche Farbe finden; c) *(Sport)* Spiel, *das; (Football, Tennis, etc. also)* Match, *das; (Boxing)* Kampf, *der; (Athletics)* Wettkampf, *der;* d) *(marriage)* Heirat, *die; (marriage partner)* Partie, *die;* make a ~: sich verheiraten; make a good ~: eine gute Partie machen. 2. v. t. a) *(equal)* ~ sb. at chess/in shooting/in argument/in originality es mit jmdm. im Schach/Schießen/Argumentieren/an Originalität *(Dat.)* aufnehmen [können]; can you ~ that for impudence? das ist eine Unverschämtheit ohnegleichen!; ~ that if you can! das mach [mir] erst mal einer nach!; b) *(pit)* ~ sb. with *or* against sb. jmdn. jmdm. gegenüberstellen; be ~ed against sb. gegen jmdn. antreten; ~ one's skill/strength against sb. sein Können/seine Kräfte mit jmdm. messen; c) be well ~ed ⟨*Mann u. Frau:*⟩ gut zusammenpassen; ⟨*Spieler, Mannschaften:*⟩ sich *(Dat.)* ebenbürtig sein; they are a well ~ed couple/pair die beiden passen gut zusammen; d) *(harmonize with)* passen zu; a handbag and ~ing shoes eine Handtasche und [dazu] passende Schuhe; ~ each other exactly genau zueinander passen; form a ~ing pair [als Paar] gut zueinander passen; e) *(find matching material etc. for)* ~ sth. with sth. etw. auf etw. abstimmen; ~ people with jobs geeignete Personen für die Stellen finden. 3. v. i. *(correspond)* zusammenpassen; with a scarf *etc.* to ~: mit [dazu] passendem Schal *usw.*
~ **'up** 1. v. i. a) *(correspond)* zusammenpassen; b) *(be equal)* ~ up to sth. einer Sache *(Dat.)* entsprechen; ~ up to the situation der Situation gewachsen sein. 2. v. t. aufeinander abstimmen ⟨*Farben usw.*⟩; passend zusammenfügen ⟨*Teile, Hälften*⟩; ~ up one colour with another eine Farbe auf eine andere abstimmen

**[2]match** n. *(for lighting)* Streichholz, *das;* Zündholz, *das (südd., österr.)*

**match:** ~**box** n. Streichholzschachtel, *die;* ~-**fit** adj. *(Sport)* spielfähig

**matchless** ['mætʃlɪs] adj. unvergleichlich; beispiellos

**match:** ~**maker** n. Ehestifter, *der*/Ehestifterin, *die;* ~**making** n. Ehestiftung, *die;* ~ **point** n. *(Tennis etc.)* Matchball, *der;* ~**stick** n. a) Streichholz, *das;* Zündholz, *das (südd., österr.)*; b) ~stick man *see* stick figure; ~**wood** n. make ~wood of sth., smash sth. to ~wood Kleinholz aus etw. machen; the storm had made ~wood of the boat der Sturm hatte das Boot zertrümmert

**¹mate** [meɪt] **1.** *n.* **a)** Kumpel, *der (ugs.); (friend also)* Kamerad, *der*/Kameradin, *die; (workmate also)* [Arbeits]kollege, *der*/-kollegin, *die;* **b)** *(coll.: as form of address)* Kumpel, *der (ugs.);* **look** *or* **listen, ~, ...:** jetzt hör [mir] mal gut zu, Freundchen, ...; **c)** *(Naut.: officer on merchant ship)* ≈ Kapitänleutnant, *der;* **chief** *or* **first/second ~:** Erster/Zweiter Offizier; **d)** *(workman's assistant)* Gehilfe, *der;* **e)** *(spouse)* Lebensgefährte, *der*/-gefährtin, *die (geh.);* **f)** *(Zool.) (male)* Männchen, *das; (female)* Weibchen, *das.* **2.** *v. i.* **a)** *(for breeding)* sich paaren; **b)** *(Mech.: fit well)* **~ with sth.** [genau] auf/in etw. *(Akk.)* passen. **3.** *v. t.* paaren ⟨*Tiere*⟩; **~ a mare and** *or* **with a stallion** eine Stute von einem Hengst decken lassen

**²mate** *(Chess) see* **checkmate 1, 3**

**material** [məˈtɪərɪəl] **1.** *adj.* **a)** *(physical, tangible, bodily)* materiell; **b)** *(not spiritual)* materiell *(oft abwertend)* ⟨*Mensch, Einstellung, Lebensführung*⟩; **c)** *(relevant, important)* wesentlich; **be not ~ to sth.** für etw. nicht relevant sein. **2.** *n.* **a)** *(matter from which thing is made)* Material, *das;* **cost of ~s** Materialkosten *Pl.; see also* **raw material; b)** *in sing. or pl. (elements)* Material, *das; (for novel, sermon also)* Stoff, *der;* **c)** *(cloth)* Stoff, *der;* **d)** *in pl.* **building/writing ~s** Bau-/Schreibmaterial, *das;* **cleaning ~s** Reinigungsmaterial; **reading ~:** Lesestoff, *der;* **e) be leadership/university/officer** *etc.* **~:** das Zeug für einen Führungsposten/zum Hochschulstudium/zum Offizier *usw.* haben

**materialise** *see* **materialize**

**materialism** [məˈtɪərɪəlɪzm] *n., no pl.* Materialismus, *der*

**materialist** [məˈtɪərɪəlɪst] *n.* Materialist, *der*/Materialistin, *die; attrib.* materialistisch ⟨*Philosophie*⟩

**materialistic** [mətɪərɪəˈlɪstɪk] *adj.* materialistisch

**materialize** [məˈtɪərɪəlaɪz] *v. i.* **a)** ⟨*Hoffnung:*⟩ sich erfüllen; ⟨*Plan, Idee:*⟩ sich verwirklichen; ⟨*Treffen, Versammlung:*⟩ zustande kommen; **he promised help/money, but it never ~d** aus seiner versprochenen Hilfe/seinem versprochenen Geld wurde nichts; **this idea will never ~:** aus dieser Idee wird nie etwas; **problems kept materializing** dauernd traten Probleme auf; **b)** *(come into view, appear)* [plötzlich] auftauchen; *(coll.)* ⟨*Person:*⟩ sich blicken lassen *(ugs.),* kommen

**materially** [məˈtɪərɪəlɪ] *adv.* **a)** *(considerably)* wesentlich; **b)** *(in respect of material interests)* materiell

**matériel** [mətɪərɪˈel] *n.* Ausrüstung, *die*

**maternal** [məˈtɜːnl] *adj.* **a)** *(motherly)* mütterlich ⟨*Liebe, Sorge, Typ*⟩; Mutter⟨*instinkt*⟩; **b)** *(related)* ⟨*Großeltern, Onkel, Tante*⟩ mütterlicherseits

**maternity** [məˈtɜːnɪtɪ] *n. (motherhood)* Mutterschaft, *die*

**maternity: ~ allowance** *n.* Mutterschaftshilfe, *die;* **~ benefit** *n.* Mutterschaftsgeld, *das;* **~ dress** *n.* Umstandskleid, *das;* **~ home, ~ hospital** *ns.* Entbindungsheim, *das;* **~ leave** *n.* Mutterschaftsurlaub, *der;* **~ nurse** *n.* Hebamme, *die;* **~ pay** *n.* Mutterschaftsgeld, *das;* **~ unit, ~ward** *ns.* Entbindungsstation, *die;* **~ wear** *n.* Umstandskleidung, *die*

**matey** [ˈmeɪtɪ] *(Brit. coll.)* **1.** *adj.,* **matier** [ˈmeɪtɪə(r)], **matiest** [ˈmeɪtɪɪst] kameradschaftlich ⟨*Typ, Atmosphäre*⟩; **be/get ~ with sb.** mit jmdm. vertraulich sein/werden. **2.** *n.* Kumpel, *der (ugs.);* **watch it, ~!** paß bloß auf, Freundchen!

**math** [mæθ] *(Amer. coll.) see* **maths**

**mathematical** [mæθɪˈmætɪkl] *adj.* **a)** mathematisch; **b)** *(precise)* mathematisch ⟨*Genauigkeit, Exaktheit, Bestimmtheit*⟩; mathematisch genau ⟨*Beweis*⟩

**mathematically** [mæθɪˈmætɪkəlɪ] *adv.* mathematisch; **prove sth. ~:** etw. mathematisch genau beweisen

**mathematician** [mæθɪməˈtɪʃn] *n.* Mathematiker, *der*/Mathematikerin, *die*

**mathematics** [mæθɪˈmætɪks] *n., no pl.* **a)** *(subject)* Mathematik, *die;* **pure/applied ~:** reine/angewandte Mathematik; **b)** *constr. as pl. (application)* **the ~ of this problem are complicated** diese Aufgabe ist mathematisch kompliziert; **your ~ are good** du bist gut in Mathematik

**maths** [mæθs] *n. (Brit. coll.)* Mathe, *die (Schülerspr.)*

**matinée** (*Amer.:* **matinee**) [ˈmætɪneɪ] *n.* Matinee, *die;* Frühvorstellung, *die; (in the afternoon)* Nachmittagsvorstellung, *die*

**mating** [ˈmeɪtɪŋ]: **~ call, ~ cry** *ns.* Paarungsruf, *der;* **~ season** *n.* Paarungszeit, *die*

**matins** [ˈmætɪnz] *n., constr. as sing. or pl.* **a)** *(RC Ch.)* Matutin, *die;* **b)** *(Anglican Ch.)* Früh- *od.* Morgenandacht, *die*

**matriarchal** [meɪtrɪˈɑːkl] *adj.* matriarchalisch

**matriarchy** [ˈmeɪtrɪɑːkɪ] *n.* Matriarchat, *das*

**matrices** *pl. of* **matrix**

**matricide** [ˈmætrɪsaɪd] *n.* **a)** *(murder)* Muttermord, *der;* **b)** *(murderer)* Muttermörder, *der*/-mörderin, *die*

**matriculate** [məˈtrɪkjʊleɪt] *(Univ.)* **1.** *v. t.* immatrikulieren (**in** an + *Dat.*). **2.** *v. i.* sich immatrikulieren

**matriculation** [mətrɪkjʊˈleɪʃn] *n. (Univ.)* Immatrikulation, *die*

**matrimonial** [mætrɪˈməʊnɪəl] *adj.* Ehe-

**matrimony** [ˈmætrɪmənɪ] *n.* **a)** *(rite of marriage)* Eheschließung, *die;* **sacrament of ~:** Ehesakrament, *das;* **b)** *(married state)* Ehestand, *der;* **enter into [holy] ~:** in den [heiligen] Stand der Ehe treten *(geh.)*

**matrix** [ˈmeɪtrɪks, ˈmætrɪks] *n., pl.* **matrices** [ˈmeɪtrɪsiːz, ˈmætrɪsiːz] *or* **~es a)** *(Geol., Math.)* Matrix, *die;* **b)** *(mould)* Matrize, *die*

**matron** [ˈmeɪtrən] *n.* **a)** *(in school)* ≈ Hausmutter, *die; (in hospital)* Oberin, *die;* Oberschwester, *die;* **b)** *(arch./literary: married woman)* Matrone, *die;* **~ of honour** *(verheiratete)* Brautführerin

**matronly** [ˈmeɪtrənlɪ] *adj.* matronenhaft *(meist abwertend)*

**matt** [mæt] *adj.* matt; **have a ~ finish** ⟨*Fotografie:*⟩ auf mattem Papier abgezogen sein

**matter** [ˈmætə(r)] **1.** *n.* **a)** *(affair)* Angelegenheit, *die;* **~s** die Dinge; **business ~s** geschäftliche Angelegenheiten *od.* Dinge; **money ~s** Geldangelegenheiten *od.* -fragen; **~s of state** Staatsangelegenheiten; **raise an important ~:** einen wichtigen Punkt ansprechen; **police investigation into the ~:** polizeiliche Ermittlung in dieser Sache; **it's only a minor** *or* **it's no great ~:** es ist nicht wichtig; **that's another** *or* **a different ~ altogether** *or* **quite another ~:** das ist etwas ganz anderes; **it will only make ~s worse** das macht die Sache nur schlimmer; **and to make ~s worse ...:** und was die Sache noch schlimmer macht/machte, ...; **b)** *(cause, occasion)* **a/no ~ for** *or* **of ...:** ein/kein Grund *od.* Anlaß zu ...; **it's a ~ of complete indifference to me** es ist mir völlig gleichgültig; **c)** *(topic)* Thema, *das;* Gegenstand, *der;* **~ on the agenda** Punkt der Tagesordnung; **it's a ~ for the committee [to decide]** das muß der [zuständige] Ausschuß entscheiden; **d) a ~ of ...** *(something that amounts to)* eine Frage (+ *Gen.*) ...; eine Sache von ...; **it's a ~ of taste/habit** das ist Geschmack-/Gewohnheitssache; **it's a ~ of common knowledge** es ist allgemein bekannt; **it's a ~ of policy with us** das ist für uns eine Grundsatzfrage; **a ~ of how fast I can type** eine Frage, wie schnell ich tippen kann; **[only] a ~ of time** [nur noch] eine Frage der Zeit; **it's a ~ of repairing the switch** der Schalter muß repariert werden; **it's just a ~ of working harder** man muß sich ganz einfach [bei der Arbeit] mehr anstrengen; **it's a ~ of a couple of hours** es wird ein paar Stunden dauern; das ist eine Sache von ein paar Stunden; **in a ~ of minutes** in wenigen Minuten; **it's only a ~ of seconds** das ist eine Sache von Sekunden; **a [plain] ~ of fact** eine [schlichte] Tatsache; **That's odd! As a ~ of fact, I was just thinking the same** Das ist komisch! Ich habe nämlich gerade dasselbe gedacht; **Do you know him? – Yes, as a ~ of fact, I do/I know him quite well** Kennst du ihn? – Ja, und ob [ich ihn kenne]/und sogar recht gut; **no, as a ~ of fact, you're wrong** nein, da irrst du dich aber; **~ of fact** *(Law)* Tatfrage, *die;* **~ of law** Rechtsfrage, *die; see also* **course 1 b; form 1 h; e) what's the ~?** was ist [los]?; **is something the ~?** stimmt irgend etwas nicht?; ist [irgend]was *(ugs.)*?; **there's nothing the ~:** gar nichts ist los; **there must be something the ~:** irgend etwas stimmt da nicht; **What's the ~ with you? – There's nothing the ~ with me** Was hast du *od.* ist [los] mit dir? – Gar nichts [ist los mit mir]; **there's nothing the ~ with him really, he's just pretending** es fehlt ihm eigentlich gar nichts, er tut nur so; **f) for that ~:** eigentlich; **... and for that ~ so am/do I** ... und ich eigentlich auch; **g) no ~!** [das] macht nichts!; **no ~ how/who/what/why** *etc.* ganz gleich *od.* egal *(ugs.),* wie/wer/was/warum *usw.;* **no ~ how hard he tried** sosehr er sich auch bemühte; **h) in the ~ of sth.** was etw. *(Akk.)* anbelangt; **in the ~ of A versus B** *(Law)* in Sachen *od.* in der Sache A gegen B; **i)** *(material, as opposed to mind, spirit, etc.)* Materie, *die;* **[in]organic/solid/vegetable ~:** [an]organische/feste/pflanzliche Stoffe; **the triumph of mind over ~:** der Sieg des Geistes über die Materie; **j)** *(Physiol.)* Substanz, *die; (pus)* Eiter, *der;* **faecal ~:** Fäzes *Pl.; see also* **grey matter; k)** *no pl., no indef. art. (written or printed material)* **reading ~:** Lesestoff, *der;* **advertising ~:** Reklame, *die;* **l)** *(material for thought etc.)* Material, *das;* **m)** *(content)* Inhalt, *der.* **2.** *v. i.* etwas ausmachen; **what does it ~?** was macht das schon?; was macht's? *(ugs.);* **what ~s is that ...:** worum es geht, ist ...; **not ~ a damn** vollkommen egal sein; **[it] doesn't ~:** [das] macht nichts *(ugs.);* **it ~s a great deal** es macht eine ganze Menge aus; **it doesn't ~ how/when** *etc.* es ist einerlei, wie/wann *usw.;* **does it ~ to you if ...?** macht es dir etwas aus, wenn ...?; **it doesn't ~ at all to me** es ist mir völlig einerlei; **some things ~ rather more than others** manche Dinge sind eben wichtiger als andere; **that's all that ~s** das ist die Hauptsache; **the things which ~ in life** [das,] worauf es im Leben ankommt; **she knows the people who really ~:** sie kennt die Leute, die wirklich etwas gelten

**ˈmatter-of-fact** *adj.* sachlich; nüchtern

**matter-of-ˈfactly** [mætərəvˈfæktlɪ] *adv.* sachlich; nüchtern

**Matthew** [ˈmæθjuː] *pr. n.* **St ~:** der hl. Matthäus *od. (ökumen.)* Mattäus

**matting** [ˈmætɪŋ] *n. (fabric)* **coconut/straw/reed ~:** Kokos-/Stroh-/Schilf- *od.* Rohrgeflecht, *das; (as floor-covering)* Kokos-/Stroh-/Schilfmatten; **a piece of ~:** ein Stück Matte

**mattock** [ˈmætək] *n. (Agric.)* Breithacke, *die*

**mattress** [ˈmætrɪs] *n.* Matratze, *die; see also* **spring mattress**

**maturation** [mætjʊˈreɪʃn] *n.* **a)** *(maturing)* Reifung, *die;* **b)** *(of fruit)* [Heran]reifen, *das*

**mature** [məˈtjʊə(r)] **1.** *adj.,* **~r** [məˈtjʊərə(r)], **~st** [məˈtjʊərɪst] **a)** reif; ausgereift ⟨*Plan, Methode, Stil, Käse, Portwein, Sherry*⟩; durchgegoren ⟨*Wein*⟩; ausgewachsen ⟨*Pflanze, Tier*⟩; vollentwickelt ⟨*Zellen*⟩; ~

**student** Spätstudierende, *der/die;* **a man of ~ years** ein Mann im reiferen Alter *od.* in reiferen Jahren; **b)** *(Finance)* fällig ⟨*Rechnung, Schuldschein usw.*⟩. **2.** *v. t.* reifen lassen ⟨*Frucht, Wein, Käse*⟩; reifer machen ⟨*Personen*⟩; ausreifen lassen ⟨*Plan*⟩; **port is ~d in oak casks** Portwein reift in Eichenfässern. **3.** *v. i.* **a)** ⟨*Frucht, Wein, Käse usw.:*⟩ reifen; **b)** ⟨*Person:*⟩ reifen, reifer werden; **c)** ⟨*Rechnung, Police usw.:*⟩ fällig werden

**maturity** [mə'tjʊərɪtɪ] *n.* **a)** Reife, *die;* **reach ~, come to ~** ⟨*Person:*⟩ erwachsen werden; ⟨*Tier:*⟩ ausgewachsen sein; **b)** *(Finance)* Fälligkeit, *die;* **come to ~:** fällig werden

**maty** *see* **matey**

**maudlin** ['mɔ:dlɪn] *adj.* gefühlsselig

**maul** [mɔ:l] **1.** *v. t.* **a)** ⟨*Tiger, Löwe, Bär usw.:*⟩ Pranken-/Tatzenhiebe versetzen (+ *Dat.*); *(fig.)* malträtieren; verreißen ⟨*Theaterstück, Buch*⟩; ⟨*Boxer:*⟩ losgehen auf (+ *Akk.*) ⟨*Gegner*⟩; **he was ~ed by a lion** er wurde von einem Löwen angefallen; **b)** *(fondle roughly)* betatschen *(ugs.)*. **2.** *n.* **a)** *(brawl)* Schlägerei, *die;* **b)** *(Rugby)* **[loose] ~:** offenes Gedränge

**Maundy** ['mɔ:ndɪ] *n. (Brit.) Verteilung von Almosen am Gründonnerstag*

**Maundy: ~ money** *n. (Brit.) englische silberne Sondermünzen, die am Gründonnerstag als Almosen verteilt werden;* Maundy money, *das;* **~ 'Thursday** *n.* Gründonnerstag, *der*

**Mauritania** [mɒrɪ'teɪnɪə] *pr. n.* Mauretanien *(das)*

**Mauritian** [mə'rɪʃn] **1.** *adj.* mauritisch; **sb. is ~:** jmd. ist Mauritier/Mauritierin. **2.** *n.* Mauritier, *der*/Mauritierin, *die*

**Mauritius** [mə'rɪʃəs] *pr. n.* Mauritius *(das)*

**mausoleum** [mɔ:sə'li:əm] *n.* Mausoleum, *das*

**mauve** [məʊv] *adj.* mauve

**maverick** ['mævərɪk] **1.** *n.* Einzelgänger, *der*/Einzelgängerin, *die; (Amer.: politician)* Alleingänger, *der.* **2.** *adj.* einzelgängerisch

**maw** [mɔ:] *n.* **a)** *(stomach)* Magen, *der; (of ruminant)* Labmagen, *der;* **b)** *(jaws)* Rachen, *der*

**mawkish** ['mɔ:kɪʃ] *adj. (sentimental)* rührselig

**max.** *abbr.* **maximum** *(adj.)* max., *(n.)* Max.

**maxi** ['mæksɪ] *n. (coll.) (dress)* Maxi, *das (ugs.); (skirt)* Maxi, *der (ugs.)*

**maxi-** *in comb.* Maxi⟨*kleid, -mantel, -rock*⟩

**maxim** ['mæksɪm] *n.* Maxime, *die*

**maximal** ['mæksɪml] *adj.,* **maximally** ['mæksɪməlɪ] *adv.* maximal

**maximisation, maximise** *see* **maximiz-**

**maximization** [mæksɪmaɪ'zeɪʃn] *n.* Maximierung, *die;* **~ of profit** Profitmaximierung, *die*

**maximize** ['mæksɪmaɪz] *v. t.* maximieren

**maximum** ['mæksɪməm] **1.** *n., pl.* **maxima** ['mæksɪmə] Maximum, *das;* **a ~ of happiness** ein Maximum *od.* Höchstmaß an Glück; **production is at a ~:** die Produktion befindet sich auf einem Höchststand. **2.** *adj.* maximal; Maximal-; **~ security prison** Hochsicherheitsgefängnis, *das*

**May** [meɪ] *n.* **a)** *(month)* Mai, *der; see also* **August; queen a; b) may** *(hawthorn)* Weißdorn, *der*

**may** *v. aux., only in pres.* **may,** *neg. (coll.)* **mayn't** [meɪnt], *past* **might** [maɪt], *neg. (coll.)* **mightn't** ['maɪtnt] **a)** *expr. possibility* können; **it ~ be true** das kann stimmen; **it ~ or ~ not be true** vielleicht stimmt's, vielleicht auch nicht; **I ~ be wrong** vielleicht irre ich mich; **they ~ be related** es kann sein, daß sie verwandt sind; vielleicht sind sie verwandt; **it ~ not be possible** das wird vielleicht nicht möglich sein; **he ~ have missed his train** vielleicht hat er seinen Zug verpaßt; **he ~ have finished already** vielleicht ist er schon fertig; **it ~ or might be true, though I doubt it** das kann schon *od.* könnte stimmen, obwohl ich es bezweifle; **it ~ or might rain** es könnte regnen; **he might come round later** vielleicht kommt er später noch vorbei; **they might decide to stay** womöglich beschließen sie zu bleiben; **he might have been right** vielleicht hat er [ja] recht gehabt; er könnte recht gehabt haben; **he might have agreed if ...:** vielleicht hätte er zugestimmt, wenn ...; **it's not so bad as it might have been** es hätte schlimmer kommen können; **that ~ well be** das ist durchaus möglich; das kann durchaus sein; **it ~ or might well be true** das kann *od.* könnte durchaus stimmen; **it ~ or might well turn out to be quite easy** es ist durchaus möglich, daß es sich als recht einfach herausstellt; **you ~ well say so** das kann man wohl sagen; **as well he ~/might** wozu er [auch] allen Grund hat/hatte; **we ~ or might as well go** wir könnten eigentlich ebensogut [auch] gehen; *(we are not achieving anything here)* dann können wir ja gehen; **that is as '~ be** das kann *od.* mag schon sein; **be that as it ~:** wie dem auch sei; **b)** *expr. permission* dürfen; **you ~ go now** du kannst *od.* darfst jetzt gehen; **~ I ask why ...?** darf ich fragen, warum ...?; **if I ~ say so ...:** wenn ich das sagen darf, ...; **~ or might I be permitted to ...?** *(formal)* gestatten Sie, daß ...?; **we ~ safely assert that ...:** wir dürfen wohl behaupten, daß ...; **~ or might I ask** *(iron.)* ..., wenn ich [mal] fragen darf?; **c)** *expr. wish* mögen; **~ you be happy together!** ich hoffe, ihr werdet glücklich miteinander!; **~ the best man win!** auf daß der Beste gewinnt!; **~ God bless you** Gott segne dich; **d)** *expr. request* **you might help me with this** du könntest mir dabei helfen; **you might offer to help instead of ...:** du solltest lieber helfen, statt ...; **you might at least try [it]** du könntest es wenigstens versuchen; **you might have asked permission** du hättest um Erlaubnis fragen können; **e)** *used concessively* **he ~ be slow but he's accurate** mag *od.* kann sein, daß er langsam ist, aber dafür ist er auch genau; **f)** *in clauses* **so that I ~/might do sth.** damit ich etw. tun kann; **I hope he ~ succeed** ich hoffe, es gelingt ihm; **I wish it might happen** ich wünschte, es würde geschehen; **you never know what ~ happen** man weiß nie, was passieren kann; **come what ~, whatever ~ happen** geschehe was will; was auch geschieht; **whatever you ~ say ...:** ganz gleich, was du sagst ...; **g) who ~ you be?** wer bist du denn *od.* bist denn du?; **how old might she be?** wie alt mag sie *od.* wird sie wohl sein?

**maybe** ['meɪbi:, 'meɪbɪ] *adv.* vielleicht

**'May Day** *n.* der Erste Mai; **~ celebrations/demonstrations** Maifeiern/-demonstrationen; **the ~ holiday** der Maifeiertag

**'Mayday** *n. (distress signal)* Mayday; **~ signal/call** Maydaysignal, *das*

**'mayfly** *n. (Zool.)* Eintagsfliege, *die*

**mayhem** ['meɪhem] *n.* **a)** *(confusion, chaos)* Chaos, *das;* **there was ~:** es gab ein Chaos; **cause** *or* **create ~:** ein Chaos verursachen *od.* hervorrufen; **b)** *(Brit. Hist./Amer.)* schwere Körperverletzung

**mayn't** [meɪnt] *(coll.)* = **may not;** *see* **may**

**mayonnaise** [meɪə'neɪz] *n.* Mayonnaise, *die;* **egg/fish ~:** Ei/Fisch in Mayonnaise

**mayor** [meə(r)] *n.* Bürgermeister, *der;* **Lord M~** *(Brit.)* Lord-Mayor, *der;* ≈ Oberbürgermeister, *der;* **Lord M~'s Show** *(Brit.) Festzug des Lord-Mayor durch die City von London*

**mayoral** ['meərl] *adj.* des Bürgermeisters *nachgestellt*

**mayoralty** ['meərltɪ] *n. (office)* Amt des Bürgermeisters; *(period of office)* Amtszeit eines Bürgermeisters

**mayoress** ['meərɪs] *n. (woman mayor)* Bürgermeisterin, *die; (mayor's wife)* [Ehe]frau des Bürgermeisters; **Lady M~** *(Brit.)* Oberbürgermeisterin, *die*/[Ehe]frau des Oberbürgermeisters

**'maypole** *n.* Maibaum, *der*

**'May queen** *n.* Maikönigin, *die*

**maze** [meɪz] *n. (lit. or fig.)* Labyrinth, *das*

**mazurka** [mə'zɜ:kə] *n. (Mus.)* Mazurka, *die*

**MB** *abbr.* **Bachelor of Medicine** ≈ zweites medizinisches Staatsexamen; *see also* **B. Sc.**

**MBA** *abbr.* **Master of Business Administration** graduierter Betriebswirt; *see also* **B. Sc.**

**MBE** *abbr. (Brit.)* **Member [of the Order] of the British Empire** Träger des Ordens des British Empire 5. Klasse

**MC** *abbr.* **a) Master of Ceremonies; b)** *(Brit.)* **Military Cross** *militärisches Verdienstkreuz*

**MCC** [emsɪ:'sɪ:] *n. britischer Kricketverband*

**McCoy** [mə'kɔɪ] **the real ~** *(coll.)* der/die/das Echte; *(not a fake or replica)* das Original

**MCP** *abbr. (coll.)* **male chauvinist pig**

**MD** *abbr.* **a) Doctor of Medicine** Dr. med.; *see also* **B. Sc.; b) Managing Director** Ltd. Dir.

[1]**me** [mɪ, *stressed* mi:] *pron.* mich; *as indirect object* mir; **bigger than/as big as me** größer als/so groß wie ich; **silly ~:** ich Dussel! *(salopp);* **why me?** warum ich/mich/mir?; **who, me?** wer, ich?; **not me** ich/mich/mir nicht; **it's me** ich bin's; **it isn't me** das bin ich nicht; **yes, me** ja, ich/mich/mir; **the real me** mein wahres Ich

[2]**me** [mi:] *n. (Mus.)* mi

[1]**mead** [mi:d] *n. (drink)* Met, *der*

[2]**mead** *n. (poet./arch.: meadow)* Aue, *die*

**meadow** ['medəʊ] *n.* Wiese, *die;* **in the ~:** auf der Wiese

**meadow: ~-grass** *n.* [Wiesen]rispengras, *das;* **~ pipit** *n. (Ornith.)* Wiesenpieper, *der;* **~ 'saffron** *n. (Bot.)* Herbstzeitlose, *die;* **~sweet** *n. (Bot.) (Brit.)* Mädesüß, *das; (Amer.)* Weidenblättriger Spierstrauch

**meager, meagerly, meagerness** *(Amer.) see* **meagre** *etc.*

**meagre** ['mi:gə(r)] *adj.* **a)** spärlich; dürftig *(auch fig.);* mager ⟨*Boden*⟩; **a ~ attendance** eine geringe Teilnehmerzahl; **b)** mager ⟨*Gesicht, Mensch*⟩; hager ⟨*Gestalt*⟩

**meagrely** ['mi:gəlɪ] *adv.* spärlich; dürftig ⟨*leben, sich ernähren, behandeln*⟩

**meagreness** ['mi:gənɪs] *n., no pl.* Spärlichkeit, *die;* Dürftigkeit, *die*

[1]**meal** [mi:l] *n.* Mahlzeit, *die;* **stay for a ~:** zum Essen bleiben; **go out for a ~:** essen gehen; **have a [hot/cold/light] ~:** [warm/kalt/etwas Leichtes essen; **enjoy your ~:** guten Appetit!; **did you enjoy your ~?** hat es Ihnen geschmeckt?; **~s on wheels** *(Brit.)* Essen auf Rädern; **make a ~ of sth.** etw. verzehren *od.* essen; *(fig.)* eine große Sache aus etw. machen

[2]**meal** *n.* **a)** *(ground grain)* Schrot[mehl], *das;* **b)** *(Scot.: oatmeal)* Hafermehl, *das;* **c)** *(Amer.: maize flour)* Maismehl, *das*

**mealies** ['mi:lɪz] *n. pl. (S. Afr.)* **a)** *(maize)* Mais, *der;* **b)** *(corn-cob)* Maiskolben, *der*

**meal: ~-ticket** *n.* Essenmarke, *die; (fig. coll.)* melkende Kuh *(ugs.);* **~time** *n.* Essenszeit, *die;* **at ~times** während des Essens; bei Tisch; **my usual ~time is ...:** ich esse gewöhnlich um ...

**mealy** ['mi:lɪ] *adj.* mehlig ⟨*Kartoffeln, Äpfel*⟩

**mealy-mouthed** ['mi:lɪmaʊðd] *adj. (derog.)* unaufrichtig

[1]**mean** [mi:n] **1.** *n.* **a)** Mittelweg, *der;* Mitte, *die;* **a happy ~:** der goldene Mittelweg; *see also* **golden mean; b)** *(Math.)* Mittelwert, *der*

[2]**mean** *adj.* **a)** *(niggardly)* schäbig *(abwertend);* **you ~ old thing!** du alter Geizhals! *(abwertend);* **b)** *(ignoble)* schäbig *(abwertend),* gemein ⟨*Person, Verhalten, Gesinnung*⟩; *(malicious)* hinterhältig ⟨*Blick*⟩; **c)** *(unimpressive)* schäbig *(abwertend)* ⟨*Haus,*

*Wohngegend*⟩; armselig ⟨*Verhältnisse*⟩; **be no ~ athlete/feat** kein schlechter Sportler/ keine schlechte Leistung sein; **d)** *(coll.: ashamed)* **feel ~ [about sth.]** sich [wegen etw.] schäbig vorkommen; **he made me feel ~:** ich kam mir ihm gegenüber richtig schäbig vor; **e)** *(inferior)* minder... ⟨*Qualität*⟩; **this is clear to the ~est intelligence** das ist selbst dem Dümmsten klar; **f)** *(Amer.: vicious)* bösartig, heimtückisch ⟨*Person, Tier*⟩; **g)** *(Amer. coll.: unwell)* **feel ~:** sich mies fühlen *(ugs.)*; **h)** *(coll.: skilful)* spitze *(ugs.)*; klasse *(ugs.)*; **blow a ~ trumpet** spitze *od.* klasse Trompete spielen

[3]**mean** *v. t.*, **~t** [ment] **a)** *(have as one's purpose)* beabsichtigen; **~ well** es gut meinen; **~ sb. well, ~ well by** *or* **to** *or* **towards sb.** es gut mit jmdm. meinen; **I ~t no harm** ich hab's nicht böse gemeint; **I ~t him no harm** ich wollte ihm nichts Böses; **what do you ~ by [saying] that?** was willst du damit sagen?; **what do you ~ by entering without first knocking?** was fällt dir ein, einfach, ohne anzuklopfen, hereinzukommen? **I ~t it** *or* **it was ~t as a joke** das sollte ein Scherz sein; **~ to do sth.** etw. tun wollen; **I ~ to do it** ich bin fest dazu entschlossen; **I ~ to be obeyed** ich verlange, daß man mir gehorcht; **if he ~s to come ...:** wenn er [schon] unbedingt kommen will, ...; **I ~t to write, but forgot** ich hatte [fest] vor zu schreiben, aber habe es [dann] vergessen; **I only ~t to be helpful** ich wollte [doch] nur helfen; **I didn't ~ to be rude** ich wollte nicht unhöflich sein; **I never ~t to imply that** das habe ich niemals sagen wollen; **do you ~ to say that ...?** willst du damit sagen, daß ...?; *see also* **business f; b)** *(design, destine)* **these plates are ~t to be used** diese Teller sind zum Gebrauch bestimmt *od.* sind da, um benutzt zu werden; **what's this gadget ~t to be?** welche Funktion hat dieses Gerät?; **I ~t it to be a surprise/as a surprise for him** es sollte eine Überraschung für ihn sein; ich wollte ihn damit überraschen; **you were never ~t for a diplomat** du bist eben nicht der geborene Diplomat; **they are ~t for each other** sie sind füreinander bestimmt; **I am ~t for greater things than this** ich bin zu Höherem bestimmt; **is this ~t for me?** soll das für mich sein?; **I ~t you to read the letter** ich wollte, daß du den Brief liest; **be ~t to do sth.** etw. tun sollen; **you are ~t to arrive on time** es wird erwartet, daß Sie pünktlich eintreffen *od.* sind; **you weren't ~t to say that** das hättest du nicht sagen sollen; **I am ~t to be giving a lecture** ich soll einen Vortrag halten; **are we ~t to go this way?** *(permitted)* dürfen wir hier langgehen?; **the Russians are ~t to be good at chess** die Russen sollen gut im Schach sein; **c)** *(intend to convey, refer to)* meinen; **I ~ [to say], ...:** ich meine ...; **if you know** *or* **see what I ~:** du verstehst, was ich meine?; **what do you ~ by that?** was hast du damit gemeint?; **what I ~ is, will you marry me?** ich meine, willst du mich heiraten?; **I really ~ it, I ~ what I say** ich meine das ernst; es ist mir Ernst damit; **I didn't ~ it literally** ich habe das nicht wörtlich gemeint; **d)** *(signify, entail, matter)* bedeuten; **the name ~s/the instructions ~ nothing to me** der Name sagt mir nichts/ich kann mit der Anleitung nichts anfangen; **this ~s serious problems for him** das wird ihn in ernste Schwierigkeiten bringen

**meander** [mɪˈændə(r)] **1.** *v. i.* **a)** ⟨*Fluß:*⟩ sich schlängeln *od.* winden; mäandern *(Geogr.)*; **b)** ⟨*Person:*⟩ schlendern. **2.** *n. in pl.* Windungen; *(of river also)* Mäander *(Geogr.)*

**meanderings** [mɪˈændərɪŋz] *n. pl.* Windungen; *(of stream also)* Mäander *(Geogr.)*

**meanie** [ˈmiːnɪ] *n. (coll.)* Geizhals, *der (abwertend)*; Geizkragen, *der (ugs. abwertend)*

**meaning** [ˈmiːnɪŋ] **1.** *n.* Bedeutung, *die; (of text etc., life)* Sinn, *der;* **this sentence has no ~:** dieser Satz ergibt keinen Sinn; **if you get my ~:** du verstehst, was ich meine?; **I don't get your ~:** ich verstehe dich nicht; ich weiß nicht, was du meinst; **I mistook his ~:** ich habe ihn mißverstanden; **what's the ~ of this?** was hat [denn] das zu bedeuten?; **you don't know the ~ of suffering/of the word** du weißt ja gar nicht, was Leiden bedeutet *od.* ist/was das bedeutet; **with ~:** bedeutungsvoll. **2.** *adj.* bedeutungsvoll

**meaningful** [ˈmiːnɪŋfl] *adj.* sinntragend ⟨*Wort, Einheit*⟩; *(fig.)* bedeutungsvoll ⟨*Blick, Ergebnis, Folgerung*⟩; sinnvoll ⟨*Leben, Aufgabe, Arbeit, Gespräch*⟩

**meaningless** [ˈmiːnɪŋlɪs] *adj.* ⟨*Wort, Satz, Gespräch*⟩ ohne Sinn; *(fig.)* sinnlos ⟨*Aktivität, Leben, Leiden, Opfer, Verhalten*⟩

**meanly** [ˈmiːnlɪ] *adv.* schäbig *(abwertend)* gemein ⟨*sich verhalten, jmdn. behandeln*⟩; armselig, dürftig ⟨*bekleidet, ausgestattet, ausgerüstet*⟩; **live ~:** in armseligen Verhältnissen leben

**meanness** [ˈmiːnnɪs] *n., no pl.* **a)** *(stinginess)* Schäbigkeit, *die (abwertend);* **b)** *(baseness)* Schäbigkeit, *die (abwertend);* Gemeinheit, *die;* **c)** *(shabbiness) see* [2]**mean c:** Schäbigkeit, *die;* Armseligkeit, *die*

**means** [miːnz] *n. pl.* **a)** *usu. constr. as sing. (way, method)* Möglichkeit, *die;* [Art und] Weise; **by this ~:** hierdurch; auf diese Weise; **by what ~?** wie? auf welche Weise?; **by some ~ or other** auf die eine oder andere Weise; irgendwie; **a ~ to an end** ein Mittel zum Zweck; **do the ends justify the ~?** heiligt der Zweck die Mittel?; **we have no ~ of doing this** wir haben keine Möglichkeit, dies zu tun; **he used poetry as a ~ of expressing his ideas** er benutzte Dichtung als Mittel, um seine Gedanken auszudrücken; **an easy ~ of escape** eine bequeme Fluchtmöglichkeit; **~ of transport** Transportmittel, *das;* **a ~ of communicating with sb.** eine Möglichkeit *od.* ein Weg, sich mit jmdm. zu verständigen; **how this happened we have no ~ of telling/knowing** wie es passierte *od. (geh.)* geschah, können wir nicht sagen/ wissen; *see also* **way 1 c; b)** *(resources)* Mittel *Pl.;* **live within/beyond one's ~:** seinen Verhältnissen entsprechend/über seine Verhältnisse leben; **he/she is a man/woman of ~:** er/sie ist vermögend; **c) Will you help me? – By all ~:** Hilfst du mir? Selbstverständlich!; **May I go now? – By all ~:** Darf ich jetzt gehen? – Ja, gern *od.* sicher; **do so by all ~, but ...:** tu das ruhig, aber ...; **by no [manner of] ~, not by any [manner of] ~:** ganz und gar nicht; keineswegs; **by ~ of** durch; mit [Hilfe von]

ˈ**means test 1.** *n.* Überprüfung der Bedürftigkeit. **2.** *v. t.* jmds. Bedürftigkeit überprüfen; **~ tested benefits** nach Bedürftigkeit gestaffelte Unterstützungszahlungen

**meant** *see* [3]**mean**

**mean: ~time 1.** *n.* **in the ~time** in der Zwischenzeit; inzwischen; **2.** *adv.* inzwischen; **~while** *adv.* inzwischen

**meany** *see* **meanie**

**measles** [ˈmiːzlz] *n., constr. as pl. or sing.* Masern *Pl.; see also* **German measles**

**measly** [ˈmiːzlɪ] *adj. (coll. derog.)* pop[e]lig *(ugs. abwertend);* **a ~ little portion** eine mickrige Portion *(ugs. abwertend)*

**measurable** [ˈmeʒərəbl] *adj.* meßbar ⟨*Anzahl, Menge, Größe*⟩; *(fig.)* merklich ⟨*Besserung, Veränderung, Fortschritte*⟩; **bring sb. within ~ distance of bankruptcy** jmdn. an den Rand des Bankrotts bringen

**measurably** [ˈmeʒərəblɪ] *adv.* merklich ⟨*besser, größer*⟩

**measure** [ˈmeʒə(r)] **1.** *n.* **a)** Maß, *das;* **~ of length** Längenmaß, *das;* **weights and ~s** Maße und Gewichte; **for good ~:** sicherheitshalber; *(as an extra)* zusätzlich; **give short/full ~** *(in public house)* zu wenig/vorschriftsmäßig ausschenken; *(in shop)* zu wenig/vorschriftsmäßig abwiegen; **made to ~** *pred. (Brit., lit. or fig.)* maßgeschneidert; **b)** *(degree)* Menge, *die;* **in some ~:** in gewisser Hinsicht; **in large/full ~:** in hohem/vollem Maße; **a ~ of freedom/responsibility** ein gewisses Maß an Freiheit/Verantwortung *(Dat.);* **c)** *(instrument or utensil for measuring)* Maß, *das; (for quantity also)* Meßglas, *das;* Meßbecher, *der; (for size also)* Meßstab, *der;* Maßstab, *der (selten); (fig.)* Maßstab, *der;* **be a/the ~ of sth.** Maßstab für etw. sein; **it gave us some ~ of the problems** das gab uns eine Vorstellung *od.* einen Begriff von den Problemen; **beyond [all] ~:** grenzenlos; über die *od.* alle Maßen *adv.;* **d)** *(Pros.)* Versmaß, *das;* Metrum, *das;* **e)** *(Mus.: time, bar)* Takt, *der;* **f)** *(step, law)* Maßnahme, *die; (Law: bill)* Gesetzesvorlage, *die;* **take ~s to stop/ensure sth.** Maßnahmen ergreifen *od.* treffen, um etw. zu unterbinden/sicherzustellen; *see also* **half measure b; g)** *(Geol.) see* **coal measures. 2.** *v. t.* **a)** messen ⟨*Größe, Menge usw.*⟩; ausmessen ⟨*Raum*⟩; **~ sb. for a suit** [bei] jmdm. Maß *od.* die Maße für einen Anzug nehmen; **b)** *(fig.: estimate)* abschätzen; **~ sb. by one's own standards** jmdn. an seinen eigenen Maßstäben messen; **c)** *(mark off)* **~ sth. [off]** etw. abmessen; **d)** *(fig.: put in competition)* messen *(geh.);* **~ oneself against sb.** sich mit jmdm. messen *(geh.);* **e) ~ one's length** *(fig.)* der Länge nach hinfallen. **3.** *v. i.* **a)** *(have a given size)* messen; **b)** *(take measurement[s])* Maß nehmen

**~** ˈ**out** *v. t.* abmessen

**~** ˈ**up to** *v. t.* entsprechen *(+ Dat.)* ⟨*Maßstäben, Erwartungen*⟩; gewachsen sein *(+ Dat.)* ⟨*Anforderungen*⟩

**measured** [ˈmeʒəd] *adj.* rhythmisch, gleichmäßig ⟨*Geräusch, Bewegung*⟩; gemessen ⟨*Schritt, Worte, Ausdrucksweise*⟩; **speak in ~ terms** sich gemessen ausdrücken

**measureless** [ˈmeʒəlɪs] *adj.* unermeßlich

**measurement** [ˈmeʒəmənt] *n.* **a)** *(act, result)* Messung, *die;* **b)** *in pl. (dimensions)* Maße *Pl.;* **take sb.'s ~s** [bei] jmdm. Maß *od.* die Maße nehmen

**measuring** [ˈmeʒərɪŋ]: **~-jug** *n.* Meßbecher, *der;* **~-tape** *n.* Bandmaß, *das*

**meat** [miːt] *n.* **a)** Fleisch, *das;* **b)** *(arch.: food)* Essen, *das; (for animals)* Futter, *das;* **~ and drink** Speis und Trank *(geh.);* **one man's ~ is another man's poison** *(prov.)* was dem einen sin Uhl, ist dem andern sin Nachtigall *(Spr.);* **be ~ and drink to sb.** *(fig.)* genau das sein, was jmd. braucht; **c)** *(fig.: chief part, essence)* Substanz, *die*

**meat: ~-axe** *n.* Fleischbeil, *das;* Spalter, *der (fachspr.);* **~ball** *n.* Fleischkloß, *der;* Fleischklößchen, *das;* **~-fly** *n.* Fleischfliege, *die;* **~ grinder** *(Amer.) see* **mincer**

**meatless** [ˈmiːtlɪs] *adj.* fleischlos

**meat: ~ loaf** *n.* Hackbraten, *der;* **~** ˈ**pie** *n.* Fleischpastete, *die;* **~-safe** *n. (Brit.)* Fliegenschrank, *der*

**meaty** [ˈmiːtɪ] *adj.* **a)** *(full of meat)* fleischig; ⟨*Gulasch usw.*⟩ mit reichlich Fleisch; **have a ~ taste** nach Fleisch schmecken; **b)** *(fig.: full of substance)* gehaltvoll

**Mecca** [ˈmekə] *n.* Mekka, *das;* **the ~ of golfers** das Mekka für Golfer

**mechanic** [mɪˈkænɪk] *n.* Mechaniker, *der*

**mechanical** [mɪˈkænɪkl] *adj. (lit. or fig.)* mechanisch; **produced by ~ means** maschinell produziert; maschinell erzeugt ⟨*Strom*⟩; **~ contrivance** Mechanismus, *der*

**mechanical: ~ engi**ˈ**neer** *n.* Maschinenbauer, *der/*-bauerin, *die; (graduate)* Maschinenbauingenieur, *der/*-ingenieurin, *die;* **~ engi**ˈ**neering** *n.* Maschinenbau, *der*

**mechanically** [mɪˈkænɪkəlɪ] *adv. (lit. or fig.)* mechanisch; **~ inclined/minded** technisch interessiert/veranlagt

**mechanical 'pencil** *n. (Amer.)* Drehbleistift, *der*

**mechanics** [mɪ'kænɪks] *n., no pl.* **a)** Mechanik, *die;* **b)** *constr. as pl. (means of construction or operation)* Mechanismus, *der; (of writing, painting, etc.)* Technik, *die;* **understand the ~ of sth.** wissen, wie etw. funktioniert

**mechanisation, mechanise** *see* **mechaniz-**

**mechanism** ['mekənɪzm] *n.* Mechanismus, *der*

**mechanization** [mekənaɪ'zeɪʃn] *n.* Mechanisierung, *die*

**mechanize** ['mekənaɪz] *v. t.* **a)** mechanisieren; **b)** *(Mil.)* motorisieren

**Med** [med] *pr. n. (coll.)* **the ~:** das Mittelmeer

**medal** ['medl] *n.* Medaille, *die; (decoration)* Orden, *der;* **~ for bravery/pole-vaulting** Tapferkeitsmedaille, *die*/Medaille im Stabhochsprung; **the reverse of the ~** *(fig.)* die Kehrseite der Medaille

**medalist** *(Amer.) see* **medallist**

**medallion** [mɪ'dæljən] *n.* **a)** *(large medal)* [große] Medaille; **b)** *(thing shaped like medal)* Medaillon, *das*

**medallist** ['medəlɪst] *n.* Medaillengewinner, *der*/-gewinnerin, *die (Sport);* **be a ~:** eine Medaille gewonnen haben

**meddle** ['medl] *v. i.* **~ with sth.** sich *(Dat.)* an etw. *(Dat.)* zu schaffen machen; **~ in sth.** sich in etw. *(Akk.)* einmischen; **don't ~:** Finger weg! *(ugs.); (stop interfering)* misch dich nicht ein!; **she's always meddling** sie muß sich immer in alles einmischen

**meddler** ['medlə(r)] *n.* **he's [such] a ~:** *(with things)* er muß immer alles in die Finger nehmen *od. (ugs.)* an allem herumspielen; *(in things)* er muß sich immer in alles einmischen

**meddlesome** ['medlsəm] *adj.* **she is so ~** *or* **such a ~ person** *(interferes with things)* sie muß sich *(Dat.)* immer an was zu schaffen machen; *(interferes in things)* sie muß sich in alles einmischen

**Mede** [mi:d] *n.* **law of the ~s and Persians** *(fig.)* unumstößliches Gesetz

**media** ['mi:dɪə] *see* **mass media; medium 1 a**

**mediaeval** *see* **medieval**

**medial** ['mi:dɪəl] *adj.* mittler...; ‹*Buchstabe, Zeichen*› mitten im Wort

**median** ['mi:dɪən] **1.** *adj.* mittler...; median *(Anat.).* **2.** *n. (Statistics)* Median[wert], *der;* Zentralwert, *der*

**mediate** ['mi:dɪeɪt] **1.** *v. i.* vermitteln. **2.** *v. t.* **a)** *(settle)* vermitteln in (+ *Dat.*); **b)** *(bring about)* vermitteln

**mediation** [mi:dɪ'eɪʃn] *n.* Vermittlung, *die*

**mediator** ['mi:dɪeɪtə(r)] *n.* Vermittler, *der*/Vermittlerin, *die*

**medic** ['medɪk] *see* **medico**

**Medicaid** ['medɪkeɪd] *n. (Amer.) [bundes]staatliches Programm, das Unterstützungsbedürftigen Beihilfe zur Deckung von Arzt- und Heilmittelkosten gewährt*

**medical** ['medɪkl] **1.** *adj.* medizinisch; ärztlich ‹*Behandlung*›; **~ ward** ≈ medizinische *od.* innere Abteilung. **2.** *n. (coll.) see* **medical examination**

**medical: ~ attendant** *n.* Leibarzt, *der*/-ärztin, *die;* **~ certificate** *n.* Attest, *das;* **~ exami'nation** *n.* ärztliche Untersuchung; **~ 'history** *n.* **a)** Geschichte der Medizin; **make ~ history** auf dem Gebiet der Medizin Geschichte machen; **b)** *(of person)* Krankengeschichte, *die*

**medically** ['medɪkəlɪ] *adv.* medizinisch

**medical: ~ officer** *n. (Brit.)* **a)** Amtsarzt, *der*/-ärztin, *die;* **b)** *(Mil.)* Sanitätsoffizier, *der;* **~ prac'titioner** *n.* praktischer Arzt/praktische Ärztin; Arzt/Ärztin für Allgemeinmedizin; **~ report** *n.* medizinisches Gutachten; **~ school** *n.* medizinische Hochschule; *(faculty)* medizinische Fakultät; **~ student** *n.* Medizinstudent, *der*/-studentin, *die*

**medicament** [mɪ'dɪkəmənt, 'medɪkəmənt] *n.* Medikament, *das*

**Medicare** ['medɪkeə(r)] *n. (Amer.) [bundes]staatliches Krankenversicherungssystem für Personen über 65 Jahre*

**medicated** ['medɪkeɪtɪd] *adj.* **~ shampoo/soap** medizinisches Haarwaschmittel/medizinische Seife; **~ gauze** imprägnierter Mull

**medication** [medɪ'keɪʃn] *n.* **a)** *(treatment)* Behandlung, *die;* Medikation, *die (Med.);* **b)** *(medicament)* Medikament, *das*

**medicinal** [mɪ'dɪsɪnl] *adj.* medizinisch; Arznei‹*mittel, -kohle*›; **~ qualities** Heilkräfte

**medicinally** [mɪ'dɪsɪnəlɪ] *adv.* medizinisch; **use sth. ~:** etw. zu medizinischen Zwecken *od.* Heilzwecken verwenden

**medicine** ['medsən, 'medɪsɪn] *n. (science)* Medizin, *die; (preparation)* Medikament, *das;* Medizin, *die (veralt.);* **give sb. some** *or* **a little** *or* **a dose** *or* **a taste of his/her own ~** *(fig.)* es jmdm. mit gleicher Münze heimzahlen; **they got a taste of their own ~** *(fig.)* man zahlte es ihnen mit gleicher Münze heim; **take one's ~** *(fig.)* die bittere Pille schlucken *(ugs.); (bear the consequences)* die Suppe auslöffeln *(ugs.)*

**medicine: ~ ball** *n.* Medizinball, *der;* **~ chest** *n.* Medikamentenschränkchen, *das; (in home)* Hausapotheke, *die;* **~-man** *n.* Medizinmann, *der*

**medico** ['medɪkəʊ] *n., pl.* **~s** *(coll.)* **a)** *(doctor)* Doktor, *der (ugs.);* **b)** *(student)* Mediziner, *der*/Medizinerin, *die (ugs.)*

**medieval** [medɪ'i:vl] *adj. (lit. or fig.)* mittelalterlich; **the ~ period** das Mittelalter; **~ studies** Mediävistik, *die;* **in ~ times** im Mittelalter; **~ Latin** *see* **Latin 2**

**medieval 'history** *n.* Geschichte des Mittelalters; *(as subject)* mittelalterliche Geschichte

**medievalist** [medɪ'i:vəlɪst] *n.* Mediävist, *der*/Mediävistin, *die*

**mediocre** [mi:dɪ'əʊkə(r)] *adj.* mittelmäßig

**mediocrity** [mi:dɪ'ɒkrɪtɪ] *n.* **a)** *no pl.* Mittelmäßigkeit, *die;* **b)** *(person)* mittelmäßiger Mensch; **he is a ~/they are mediocrities** er ist/sie sind [ausgesprochenes] Mittelmaß

**meditate** ['medɪteɪt] **1.** *v. t. (consider)* denken an (+ *Akk.*); erwägen; *(design)* planen; **~ revenge** auf Rache *(Akk.)* sinnen *(geh.).* **2.** *v. i.* nachdenken, *(esp. Relig.)* meditieren (**[up]on** über + *Akk.*)

**meditation** [medɪ'teɪʃn] *n.* **a)** *(act of meditating)* Nachdenken, *das;* **b)** *(Relig.)* Meditation, *die*

**meditative** ['medɪtətɪv] *adj.,* **meditatively** ['medɪtətɪvlɪ] *adv.* nachdenklich; *(esp. Relig.)* meditativ

**Mediterranean** [medɪtə'reɪnɪən] **1.** *pr. n.* **the ~:** das Mittelmeer. **2.** *adj.* mediterran *(Geogr.);* südländisch; **~ coast/countries** Mittelmeerküste, *die*/Mittelmeerländer

**Mediterranean: ~ 'climate** *n. (Geog.)* mediterranes Klima; **~ 'Sea** *pr. n.* Mittelmeer, *das*

**medium** ['mi:dɪəm] **1.** *n., pl.* **media** ['mi:dɪə] *or* **~s a)** *(substance)* Medium, *das; (fig.: environment)* Umgebung, *die;* **b)** *(intermediate agency)* Mittel, *das;* **by** *or* **through the ~ of** durch; **c)** *pl.* **~s** *(Spiritualism)* Medium, *das;* **d)** *(means of communication or artistic expression)* Medium, *das;* **e)** *in pl. (means of mass communication)* Medien *Pl.;* **f)** *(middle degree)* Mittelweg, *der; see also* **happy a; g)** *(liquid)* Bindemittel, *das.* **2.** *adj.* mittler...; medium *nur präd.,* halb durchgebraten ‹*Steak*›; *see also* **-size**

**medium: ~-size[d]** *adj.* mittelgroß; **~ term** *see* **term 1 d; ~ wave** *n. (Radio)* Mittelwelle, *die*

**medlar** ['medlə(r)] *n. (Bot.)* Mispel, *die*

**medley** ['medlɪ] *n.* **a)** *(forming a whole)* buntes Gemisch; *(collection of items)* Sammelsurium, *das (abwertend); (of colours)* Kunterbunt, *das;* **his mind was confused with a ~ of thoughts** die verschiedensten Gedanken schossen durch seinen verwirrten Kopf; **b)** *(Mus.)* Potpourri, *das;* Medley, *das;* **c)** *see* **medley relay**

**medley 'relay** *n. (Athletics)* Schwellstaffel, *die; (Swimming)* Lagenstaffel, *die*

**medulla** [mɪ'dʌlə] *n. (Anat.)* **a)** Medulla, *die (fachspr.);* ‹*Knochen-, Rücken-, Haar*›mark, *das;* **b)** *(of brain) see* **medulla oblongata**

**medulla oblongata** [mɪdʌlə ɒblɒŋ'gɑ:tə] *n. (Anat.)* verlängertes Rückenmark; Medulla oblongata, *die (fachspr.)*

**meek** [mi:k] *adj.* **a)** *(humble)* sanftmütig; **b)** *(tamely submissive)* zu nachgiebig; **be [far] too ~:** sich *(Dat.)* [viel] zu viel gefallen lassen; **[as] ~ as a lamb** fromm wie ein Lamm

**meekly** [mi:klɪ] *adv.* **a)** *(humbly)* demütig; **b)** *(submissively)* widerstandslos

**meekness** ['mi:knɪs] *n., no pl.* **a)** *(humbleness)* Sanftmütigkeit, *die;* **b)** *(submissiveness)* [zu große] Nachgiebigkeit

**meerschaum** ['mɪəʃəm] *n.* **a)** *(Min.)* Meerschaum, *der;* **b)** *(pipe)* Meerschaumpfeife, *die*

**¹meet** [mi:t] **1.** *v. t.,* **met** [met] **a)** *(come face to face with or into the company of)* treffen; **I have to ~ my boss at 11 a.m.** ich muß um 11 Uhr zum Chef *(ugs.) od.* habe um 11 Uhr einen Termin beim Chef; **arrange to ~ sb.** sich mit jmdm. verabreden; **b)** *(go to place of arrival of)* treffen; *(collect)* abholen; **I'll ~ your train** ich hole dich vom Zug ab; **~ sb. half-way** *(fig.)* jmdm. [auf halbem Wege] entgegenkommen; **~ trouble half-way** sich *(Dat.)* unnötig Sorgen machen; **c)** *(make the acquaintance of)* kennenlernen; **I'd like you to ~ my wife** ich möchte Sie gern meiner Frau vorstellen *od.* mit meiner Frau bekannt machen; **I have never met her** ich kenne sie nicht persönlich; **pleased to ~ you** [sehr] angenehm; sehr erfreut; **Maimie, ~ Charlene. Charlene, ~ Maimie** *(Amer.)* Maimie, [dies ist] Charlene. Charlene, [dies ist] Maimie; **d)** *(reach point of contact with)* treffen auf (+ *Akk.*); **~ the eye/sb.'s eye[s]** sich den/jmds. Blicken darbieten; **~ the ear/sb.'s ears** das/jmds. Ohr treffen; **she met his eye[s], her eyes met his** *(fig.)* sie sah ihn an, er sah sie an; **he could not ~ his father's eyes** er konnte seinem Vater nicht in die Augen sehen; **there's more to** *or* **in it/him** *etc.* **than ~s the eye** da ist *od.* steckt mehr dahinter, als man zuerst denkt/in ihm *usw.* steckt mehr, als man auf den ersten Blick denkt; **e)** *(oppose)* treffen auf (+ *Akk.*) ‹*Feind, Herausforderer usw.*›; *(grapple with)* begegnen (+ *Dat.*); **f)** *(experience)* stoßen auf (+ *Akk.*) ‹*Widerstand, Problem*›; ernten ‹*Gelächter, Drohungen*›; **~ [one's] death** *or* **one's end/disaster/one's fate** den Tod finden *(geh.)*/von einer Katastrophe/seinem Schicksal ereilt werden *(geh.);* **~ one's fate bravely** sich seinem Schicksal tapfer stellen; **g)** *(satisfy)* entsprechen (+ *Dat.*) ‹*Forderung, Wunsch, Bedürfnis, Erfordernis*›; einhalten ‹*Termin, Zeitplan*›; Rechnung tragen (+ *Dat.*) ‹*Einwand, Kritik*›; **~ the case** angemessen sein; **h)** *(pay)* decken ‹*Kosten, Auslagen*›; bezahlen ‹*Rechnung*›; **~ one's obligations** seinen Verpflichtungen nachkommen. **2.** *v. i.,* **met a)** *(come face to face) (by chance)* sich *(Dat.)* begegnen; *(by arrangement)* sich treffen; **goodbye, until we ~ again** auf Wiedersehen bis zum nächsten Mal; **we've met before** wir kennen uns bereits; **b)** *(assemble)* ‹*Komitee, Ausschuß usw.:*› tagen; **~ together** sich versammeln; **c)** *(be in opposition)* aufeinandertreffen; **d)** *(come together)* ‹*Bahnlinien, Straßen usw.:*› aufeinandertreffen; ‹*Flüsse*› zusammenfließen; **their eyes/lips met** ihre

Blicke/Lippen begegneten sich; **the tables don't quite ~**: die Tische stehen nicht ganz dicht aneinander; *see also* **end 1 h, n; e)** *(be united)* **~ in sb.** in jmdm. zusammentreffen; sich in jmdm. vereinen *(geh.)*. **3.** *n. (Hunting)* Treffen, *das*

**~ 'up** *v. i.* sich treffen; **~ up with sb.** *(coll.)* jmdn. [zufällig] treffen

**~ with** *v. t.* **a)** *(encounter)* begegnen (+ *Dat.*); **b)** *(experience)* haben ‹*Erfolg, Unfall*›; finden ‹*Zustimmung, Verständnis, Tod*›; stoßen auf (+ *Akk.*) ‹*Widerstand*›; **be met with sth.** etw. hervorrufen; **all her attempts met with failure** alle ihre Bemühungen endeten in einem Mißerfolg; **c)** *(Amer.) see* **~ 1 a**

**[2]meet** *adj. (arch.)* **it is ~ to do sth.** es ziemt sich *(geh. veralt.)*, etw. zu tun

**meeting** ['mi:tɪŋ] *n.* **a)** Begegnung, *die (auch fig.)*; *(by arrangement)* Treffen, *das*; *(of rivers)* Zusammenfluß, *der*; **~ of minds** Verständigung, *die*; Annäherung der Standpunkte; **b)** *(assembly) (of shareholders, club members etc.; also Relig.)* Versammlung, *die*; *(of committee, Cabinet, council, etc.)* Sitzung, *die*; *(social gathering)* Treffen, *das*; **call a ~ of the committee** den Ausschuß einberufen; **c)** *(persons assembled)* Versammlung, *die*; **d)** *(Sport)* Treffen, *das*; *(Racing)* Rennen, *das*

**meeting: ~-place** *n.* Treffpunkt, *der*; **~-point** *n. (of lines, roads)* Schnittpunkt, *der*; *(of rivers)* Zusammenfluß, *der*; **at the ~-point of the roads** wo die Straßen zusammentreffen

**mega-** ['megə] *pref.* mega-/Mega-

**'megacycle** *n.* Megahertz, *das*

**'megadeath** *n.* Megatote *Pl.*; **one ~**: 1 Million Tote

**'megahertz** *n. (Phys.)* Megahertz, *das*

**megalithic** [megə'lɪθɪk] *adj. (Archaeol.)* megalithisch

**megalomania** [megələ'meɪnɪə] *n.* Größenwahn, *der*; Megalomanie, *die (Psych.)*

**megalomaniac** [megələ'meɪnɪæk] **1.** *n.* Größenwahnsinnige, *der/die*; Megalomane, *der/die (Psych.)*; **he's a ~**: er ist größenwahnsinnig. **2.** *adj.* größenwahnsinnig; megaloman[isch] *(Psych.)*

**'megaphone** *n.* Megaphon, *das*

**'megastar** *n. (coll.)* Megastar, *der (ugs.)*

**'megaton[ne]** *n.* Megatonne, *die*

**'megawatt** *n. (Electr.)* Megawatt, *das*

**meiosis** [maɪ'əʊsɪs] *n., pl.* **meioses** [maɪ'əʊsi:z] *(Biol.)* Meiose, *die*

**Meissen** ['maɪsn] *pr. n.* **~ [porcelain]** *see* **porcelain a**

**melancholia** [melən'kəʊlɪə] *n. (Med.)* Melancholie, *die*

**melancholic** [melən'kɒlɪk] *adj.* melancholisch; schwermütig

**melancholy** ['melənkəlɪ] **1.** *n.* Melancholie, *die*; *(pensive sadness)* Schwermut, *die*. **2.** *adj.* **a)** *(gloomy, expressing sadness)* melancholisch; schwermütig; **b)** *(saddening)* deprimierend

**Melanesia** [melə'ni:ʃə] *pr. n.* Melanesien *(das)*

**Melanesian** [melə'ni:ʃən] **1.** *adj.* melanesisch. **2.** *n.* **a)** *(person)* Melanesier, *der*/Melanesierin, *die*; **b)** *(language)* Melanesisch, *das*

**melanin** ['melənɪn] *n.* Melanin, *das*

**Melba** ['melbə] *see* **peach Melba**

**Melba 'toast** *n. dünner, knuspriger Toast*

**meld** [meld] *(Amer.)* **1.** *v. t.* verschmelzen **(into** zu). **2.** *v. i.* [miteinander] verschmelzen

**mêlée** *(Amer.:* **melee***)* ['meleɪ] *n.* **a)** *(scuffle)* Handgemenge, *das*; **b)** *(muddle)* Durcheinander, *das*; *(of things or people moving to and fro)* Gewühl, *das*

**mellifluous** [me'lɪflʊəs] *adj.* einschmeichelnd ‹*Stimme, Melodie*›

**mellow** ['meləʊ] **1.** *adj.* **a)** *(softened by age or experience)* abgeklärt; **b)** *(ripe, well-matured)* reif; ausgereift ‹*Wein*›; **c)** *(genial)* freundlich; *(slightly drunk)* angeheitert; **~ in mood** heiter gestimmt; aufgeräumt; **d)** *(full and soft)* weich ‹*Stimme, Ton, Licht, Farben*›. **2.** *v. t.* reifer machen ‹*Person*›; [aus]reifen lassen ‹*Wein*›. **3.** *v. i.* ‹*Person, Obst, Wein:*› reifen; ‹*Licht, Farbe:*› weicher werden

**melodic** [mɪ'lɒdɪk] *adj.* melodisch; **~ minor** melodisches Moll

**melodious** [mɪ'ləʊdɪəs] *adj.*, **melodiously** [mɪ'ləʊdɪəslɪ] *adv.* melodisch

**melodrama** ['melədrɑ:mə] *n. (lit. or fig.)* Melodrama, *das*

**melodramatic** [melədrə'mætɪk] *adj.*, **melodramatically** [melədrə'mætɪkəlɪ] *adv. (lit. or fig.)* melodramatisch

**melody** ['melədɪ] *n.* **a)** *(pleasing sound)* Gesang, *der*; **b)** *(tune)* Melodie, *die*; **c)** *no pl. (musical quality)* Melodik, *die*; **d)** *(Mus.: part in harmonized music)* Melodiestimme, *die*

**melon** ['melən] *n.* Melone, *die*

**melt** [melt] **1.** *v. i.* **a)** schmelzen; *(dissolve)* sich auflösen; **~ in one's** *or* **the mouth** *(coll.)* auf der Zunge zergehen; *see also* **butter 1**; **b)** *(fig.: be softened)* dahinschmelzen *(geh.)* **(at** bei); sich erweichen lassen **(at** durch); **her heart ~ed with pity** ihr Herz schmolz vor Mitleid; **~ into tears** in Tränen zerfließen. **2.** *v. t.* **a)** schmelzen ‹*Schnee, Eis, Metall*›; *(Cookery)* zerlassen ‹*Butter*›; **b)** *(fig.: make tender)* erweichen ‹*Person, Herz*›; **he was ~ed by her entreaties** er ließ sich durch ihre Bitten erweichen

**~ a'way** *v. i.* ‹*Schnee, Eis:*› [weg]schmelzen; *(fig.: dwindle away)* ‹*Nebel, Dunst, Menschenmenge:*› sich auflösen; ‹*Verdacht, Mehrheit, Furcht:*› dahinschwinden *(geh.)*; ‹*Geld:*› dahinschmelzen

**~ 'down 1.** *v. i.* schmelzen. **2.** *v. t.* einschmelzen ‹*Metall, Glas*›. *See also* **melt-down**

**~ into** *v. t.* übergehen in (+ *Akk.*)

**'melt-down** *n.* Schmelzen, *das*

**melting** ['meltɪŋ]: **~-point** *n.* Schmelzpunkt, *der*; **~-pot** *n. (fig.)* Schmelztiegel, *der*; **be in the ~-pot** in rascher Veränderung begriffen sein

**member** ['membə(r)] *n.* **a)** Mitglied, *das*; *attrib.* Mitglieds‹*staat, -land*›; **be a ~ of the club** Mitglied des Vereins sein; Vereinsmitglied sein; **~ of the expedition** Expeditionsteilnehmer, *der*/-teilnehmerin, *die*; **be a ~ of an expedition** an einer Expedition teilnehmen; **~ of a/the family** Familienangehörige, *der/die*; **b) M~ [of Parliament]** *(Brit. Polit.)* Abgeordnete [des Unterhauses], *der/die*; **M~ of Congress** *(Amer. Polit.)* Kongreßabgeordnete, *der/die*; **c)** *(limb)* Gliedmaße, *die*; Glied, *das*; *(organ of the body)* [Körper]organ, *das*

**membership** ['membəʃɪp] *n.* **a)** *(being a member)* Mitgliedschaft, *die* **(of** in + *Dat.*); *attrib.* Mitglieds‹*karte, -ausweis, -beitrag*›; Mitglieder‹*liste, -verzeichnis*›; **he was elected to ~ of the Society** er wurde zum Mitglied der Gesellschaft gewählt; **b)** *(number of members)* Mitgliederzahl, *die*; **the club has a ~ of a few hundred** der Verein hat einige hundert Mitglieder; **c)** *(body of members)* Mitglieder *Pl.*

**membrane** ['membreɪn] *n. (Biol.)* Membran, *die*

**membranous** ['membrənəs] *adj. (Biol.)* membranös; **~ bag** Hautsack, *der*

**memento** [mɪ'mentəʊ] *n., pl.* **~es** *or* **~s** Andenken, *das* **(of** an + *Akk.*)

**memo** ['meməʊ] *n., pl.* **~s** *(coll.) see* **memorandum a, b**

**memoir** ['memwɑ:(r)] *n.* **a)** *in pl. (autobiography)* Memoiren *Pl.*; **b)** *(biography)* Biographie, *die*

**memorabilia** [memərə'bɪlɪə] *n. pl.* Erinnerungsstücke *Pl.*; Memorabilien *Pl. (veralt.)*

**memorable** ['memərəbl] *adj.* denkwürdig ‹*Ereignis, Gelegenheit, Tag*›; unvergeßlich ‹*Film, Buch, Aufführung*›; **not a very ~ play** kein sehr beeindruckendes Stück

**memorably** ['memərəblɪ] *adv.* nachhaltig ‹*beeindrucken*›; auf unvergeßliche Weise ‹*spielen*›

**memorandum** [memə'rændəm] *n., pl.* **memoranda** [memə'rændə] *or* **~s a)** *(note)* Notiz, *die*; **make a ~ of sth.** sich *(Dat.)* etw. notieren; **b)** *(letter)* Mitteilung, *die*; **c)** *(Diplom.)* Memorandum, *das*; **d)** *(Law)* rechtskräftiges Dokument

**memorial** [mɪ'mɔ:rɪəl] **1.** *adj.* Gedenk‹*stein, -gottesdienst, -ausstellung*›. **2.** *n.* **a)** *(monument)* Denkmal, *das* **(to** für); *(ceremony)* Gedenkzeremonie, *die*; **b)** *(statement of facts)* Denkschrift, *die* **(to** an + *Akk.*); **c)** *(Diplom.)* Memorandum, *das*

**Me'morial Day** *n. (Amer.) Trauertag zum Gedenken an die Gefallenen*; ≈ Volkstrauertag, *der*

**memorize (memorise)** ['meməraɪz] *v. t.* sich *(Dat.)* merken *od.* einprägen; *(learn by heart)* auswendig lernen

**memory** ['memərɪ] *n.* **a)** *(faculty or capacity, recovery of knowledge)* Gedächtnis, *das*; **have a good/poor ~ for faces** ein gutes/schlechtes Personengedächtnis haben; **commit sth. to ~**: *see* **memorize**; **b)** *(recollection, person or thing remembered, act of remembering)* Erinnerung, *die* **(of** an + *Akk.*); **have a vague ~ of sth.** sich nur ungenau *od.* vage an etw. *(Akk.)* erinnern; **to the best of my ~**: soweit ich mich erinnere *od.* erinnern kann; **if my ~ is right** wenn ich mich recht erinnere; **search one's ~**: versuchen, sich zu erinnern; **it slipped** *or* **escaped my ~**: es ist mir entfallen; **a trip down ~ lane** eine Reise in die Vergangenheit; **from ~**: aus dem Gedächtnis *od.* Kopf; **speaking from ~, ...**: soweit *od.* soviel ich mich erinnere, ...; **in ~ of** zur Erinnerung an (+ *Akk.*); **c)** *(remembered time)* **a time within the ~ of men still living** eine Zeit, an die sich heute lebende Menschen noch erinnern können; **it is beyond the ~ of anyone alive today** es lebt niemand mehr, der sich daran erinnern könnte; *see also* **living 2 a**; **d)** *(posthumous repute)* Andenken, *das* **(of** an + *Akk.*); **of happy** *or* **blessed ~**: seligen Angedenkens *(veralt.)*; **e)** *(Computing)* Speicher, *der*

**men** *pl. of* **man**

**menace** ['menɪs] **1.** *v. t.* bedrohen ‹*Person*›; androhen ‹*Strafe*›; **~ sb. with sth.** jmdm. mit etw. drohen. **2.** *v. i.* drohen. **3.** *n.* **a)** Plage, *die*; **an absolute** *or* **a public ~** *(fig. coll.) (dangerous person)* eine öffentliche Gefahr; *(obnoxious person)* ein [richtiges] Ekel *(ugs.)*, *(child)* ein kleiner Teufel; **b)** *(literary: threat)* Drohung, *die*; **a sense of ~**: ein Gefühl der Bedrohung; *see also* **demand 2 a**

**menacing** ['menɪsɪŋ] *adj.* drohend

**ménage** [meɪ'nɑ:ʒ] *n.* Haushalt, *der*; **~ à trois** [meɪnɑ:ʒ ɑ: 'trwɑ:] Menage à trois, *die*; ≈ Dreiecksverhältnis, *das*

**menagerie** [mɪ'nædʒərɪ] *n.* Tierschau, *die*; Menagerie, *die (veralt.)*; *(fig. iron.: collection of persons)* Gesellschaft, *die*

**mend** [mend] **1.** *v. t.* **a)** *(repair)* reparieren; ausbessern, flicken ‹*Kleidung, Fischernetz*›; kleben, kitten ‹*Glas, Porzellan, Sprung*›; beheben ‹*Schaden*›; beseitigen ‹*Riß*›; **b)** *(improve)* **~ one's manners** sich *(Dat.)* bessere Umgangsformen angewöhnen; **~ one's ways** sich bessern; **~ matters** die Sache bereinigen; **it is never too late to ~** *(prov.)* zum Bessermachen/Verbessern ist es nie zu spät; *see also* **fence 1 a**; **least 2. 2.** *v. i.* gesund werden; genesen *(geh.)*; *(knit together)* heilen; **has his leg ~ed yet?** ist sein Bein schon verheilt?. **3.** *n. (in glass, china etc.)* Kleb[e]stelle, *die*; *(in cloth)* ausgebesserte Stelle; *(repair)* Ausbesserung, *die*; **be on the**

~ ⟨*Person:*⟩ auf dem Wege der Besserung sein; ⟨*Verhältnisse, Lage:*⟩ sich bessern

**mendacious** [men'deɪʃəs] *adj.* unwahr ⟨*Bericht, Behauptung, Darstellung*⟩; verlogen *(abwertend)* ⟨*Person, Rede, Buch*⟩

**mendacity** [men'dæsɪtɪ] *n.* **a)** *no pl. (untruthfulness) see* **mendacious:** Unwahrheit, *die;* Verlogenheit, *die (abwertend);* **b)** *(a lie)* Lüge, *die*

**Mendelian** [men'di:lɪən] *adj. (Biol.)* Mendelsch

**mender** ['mendə(r)] *n.* Ausbesserer, *der*/ Ausbesserin, *die; (of clocks, watches, machines)* Reparateur, *der;* **take one's watch/ shoes to the ~'s** seine Uhr zum Uhrmacher *od.* zur Reparatur/seine Schuhe zum Schuster *od.* zur Reparatur

**mendicant** ['mendɪkənt] **1.** *adj.* bettelnd; **~ friar** Bettelmönch, *der.* **2.** *n.* **a)** *(beggar)* Bettler, *der*/Bettlerin, *die;* **b)** *(friar)* Bettelmönch, *der*

**menfolk** ['menfəʊk] *n. pl.* Männer

**menial** ['mi:nɪəl] **1.** *adj.* niedrig; untergeordnet ⟨*Aufgabe*⟩. **2.** *n. (derog.)* Domestik, *der (veralt. abwertend)*

**meningitis** [menɪn'dʒaɪtɪs] *n. (Med.)* Meningitis, *die (fachspr.);* Hirnhautentzündung, *die*

**menopausal** ['menəpɔ:zl] *adj. (Physiol.)* klimakterisch; menopausal

**menopause** ['menəpɔ:z] *n.* **a)** *(period of life)* Wechseljahre *Pl.;* Klimakterium, *das (fachspr.);* **male ~:** Wechseljahre des Mannes; **b)** *(Physiol.)* Menopause, *die*

**menstrual** ['menstrʊəl] *adj. (Physiol.)* menstrual *(fachspr.);* Menstruations-

**menstruate** ['menstrʊeɪt] *v. i. (Physiol.)* menstruieren

**menstruation** [menstrʊ'eɪʃn] *n. (Physiol.)* Menstruation, *die*

**menswear** ['menzweə(r)] *n., no pl.* Herrenbekleidung, *die; attrib.* Herrenbekleidungs-; für Herrenbekleidung *od.* -moden *nachgestellt*

**mental** ['mentl] *adj.* **a)** *(of the mind)* geistig; seelisch ⟨*Belastung, Labilität*⟩; Geistes⟨*zustand, -verfassung, -störung*⟩; **the previous ~ history of the patient** die Vorgeschichte der seelischen Erkrankungen des Patienten; **b)** *(done by the mind)* geistig; gedanklich; **make a quick ~ calculation** es im Kopf schnell überschlagen; **~ process** Denkprozeß, -vorgang, *der;* **make a ~ note of sth.** sich *(Dat.)* etw. merken; **make a ~ note to do sth.** versuchen, daran zu denken, etw. zu tun; **c)** *(Brit. coll.: mad)* verrückt *(salopp);* bekloppt *(salopp)*

**mental: ~ age** *n.* geistiger Entwicklungsstand; Intelligenzalter, *das (Psych.);* **~ a'rithmetic** *n.* Kopfrechnen, *das;* **~ asylum** *see* **~ hospital; ~ 'block** *see* **block 1 l; ~ case** *(coll.)* Verrückte, *der/die (salopp); (mental patient)* Geisteskranke, *der/ die;* **~ 'cruelty** *n., no pl.* seelische Grausamkeit; **~ de'fective** *n.* Schwachsinnige, *der/die;* **~ de'ficiency** *n.* Geistesschwäche, *die;* **~ 'health** *n.* seelische Gesundheit; **~ health services** psychiatrische Versorgung; **~ home** *n.* Nervenklinik, *die;* **~ hospital** *n.* psychiatrische Klinik; Nervenklinik, *die;* **~ 'illness** *n.* Geisteskrankheit, *die*

**mentality** [men'tælɪtɪ] *n.* **a)** *(outlook)* Mentalität, *die;* **b)** *(mental capacity)* geistige Fähigkeit

**mentally** ['mentəlɪ] *adv.* **a)** geistig; geistes⟨*gestört, -krank*⟩; **~ deficient** *or* **defective** schwachsinnig; **b)** *(inwardly)* innerlich *od.* im Geiste ⟨*fluchen, sich Vorwürfe machen*⟩; im Kopf ⟨*rechnen*⟩

**mental: ~ patient** *n.* Geisteskranke, *der/ die;* **~ reser'vation** *n.* geheimer Vorbehalt

**menthol** ['menθɒl] *n.* Menthol, *das*

**mention** ['menʃn] **1.** *n.* **a)** Erwähnung, *die;* **there is a brief/no ~ of sth.** etw. wird kurz/ nicht erwähnt; **the earliest ~ of this is in ...:** das wird zum ersten Mal in ... *(Dat.)* erwähnt; **get a ~:** erwähnt werden; **make [no] ~ of sth.** etw. [nicht] erwähnen; **b)** *(commendation)* Belobigung, *die;* **honourable ~:** ehrenvolle Erwähnung. **2.** *v. t.* **a)** erwähnen (to gegenüber); **~ as the reason for sth.** als Grund für etw. nennen; **now that you [come to] ~ it** jetzt, wo Sie es sagen; **not to ~ ...:** ganz zu schweigen von ...; **not to ~ the fact that ...:** ganz abgesehen davon, daß ...; **Thank you very much. – Don't ~ it** Vielen Dank. – Keine Ursache; **b)** *(commend)* **be ~ed** lobend erwähnt werden. *See also* **dispatch 2 a**

**mentor** ['mentɔ:(r)] *n.* Mentor, *der*/Mentorin, *die*

**menu** ['menju:] *n.* **a)** [Speise]karte, *die;* **ensure a varied ~:** für einen abwechslungsreichen Speiseplan sorgen; **a ~ at 40 marks** ein Menü zu 40 Mark; **b)** *(fig.: diet)* Nahrung, *die;* **c)** *(fig.: programme)* Angebot, *das;* **d)** *(Computing, Telev.)* Menü, *das*

**MEP** *abbr.* **Member of the European Parliament** MdEP

**Mephistopheles** [mefɪ'stɒfɪli:z] *n.* **a)** *pr. n.* Mephisto[pheles] *(der);* **b)** *n. (fiendish person)* Mephisto, *der*

**mercantile** ['mɜ:kəntaɪl] *adj.* **a)** *(commercial)* Handels-; **the ~ system** der Merkantilismus; das Merkantilsystem; **b)** *(trading)* handeltreibend *(nicht präd.)* ⟨*Nation*⟩; **~ marine** *see* **merchant navy**

**Mercator** [mɜ:'keɪtə(r)] *n.* **~'s projection** *(Geog.)* Mercatorprojektion, *die;* Zylinderprojektion, *die*

**mercenary** ['mɜ:sɪnərɪ] **1.** *adj.* **a)** gewinnsüchtig; **b)** *(hired)* Söldner-. **2.** *n.* Söldner, *der*

**merchandise** ['mɜ:tʃəndaɪz] **1.** *n., no pl., no indef. art.* [Handels]ware, *die.* **2.** *v. t.* auf den Markt bringen

**merchant** ['mɜ:tʃənt] *n.* **a)** *(trader)* Kaufmann, *der;* **corn-/timber-~:** Getreide-/ Holzhändler, *der*/-händlerin, *die; see also* **coal-merchant; scrap merchant; wine-merchant; b)** *(Amer., Scot.: retailer)* Einzelhändler, *der*/-händlerin, *die;* **c)** *(sl.: person engaged in specified activity)* **rip-off ~:** Halsabschneider, *der (ugs. abwertend);* **gloom ~:** Schwarzseher, *der*/-seherin, *die; see also* **speed merchant**

**merchant: ~ 'bank** *n.* Handelsbank, *die;* **~ 'banker** *n.* Leiter einer Handelsbank; ≈ Bankier, *der;* **~ 'fleet** *see* **~ navy; ~man** ['mɜ:tʃəntmən] *n., pl.* **~men** ['mɜ:tʃəntmən] *see* **~ ship; ~ ma'rine** *(Amer.),* **~ 'navy** *(Brit.) ns.* Handelsmarine, *die;* **~ 'prince** *n.* Großkaufmann, *der;* Handelsherr, *der (veralt.);* **~ 'seaman** *n.* Matrose bei der Handelsmarine; **~ service** *see* **~ navy; ~ ship** *n.* Handelsschiff, *das*

**merciful** ['mɜ:sɪfl] *adj.* gnädig; **his death must have come as a ~ release from his sufferings** der Tod muß für ihn eine Erlösung gewesen sein; **~ Heavens!** gütiger *od.* barmherziger Himmel!; **God is ~ to sinners** Gott ist den Sündern gnädig

**mercifully** ['mɜ:sɪfəlɪ] *adv.* gnädig; *as sentence-modifier (fortunately)* glücklicherweise

**merciless** ['mɜ:sɪlɪs] *adj.*, **mercilessly** ['mɜ:sɪlɪslɪ] *adv.* gnadenlos; unbarmherzig

**mercurial** [mɜ:'kjʊərɪəl] *adj. (quick-witted)* quecksilbrig; *(changeable)* wechselhaft

**mercury** ['mɜ:kjʊrɪ] *n.* **a)** Quecksilber, *das;* **the ~ is rising/falling** das Barometer steigt/ fällt; **b)** *pr. n.* **M~** *(Roman Mythol.)* Merkur *(der);* **c)** *pr. n.* **M~** *(Astron.)* Merkur, *der;* **d)** *(Bot.)* Bingelkraut, *das*

**mercy** ['mɜ:sɪ] **1.** *n.* **a)** *no pl., no indef. art. (compassion; also Theol.)* Erbarmen, *das* (on mit); **show sb. [no] ~:** mit jmdm. [kein] Erbarmen haben; **beg for ~:** um Gnade bitten *od.* flehen; **act of ~:** Gnadenakt, *der;* **God's great ~:** Gottes große Barmherzigkeit; **be at the ~ of sb./sth.** jmdm./einer Sache [auf Gedeih und Verderb] ausgeliefert sein; **the ship was at the ~ of the waves** das Schiff war den Wellen preisgegeben; **have ~!** Gnade!; **Lord have ~ [up]on us** *(Relig.)* Herr, erbarme Dich [unser]; **~ [me]!, ~ [up]on us** gütiger Himmel!; **b)** *(instance)* glückliche Fügung; **one** *or* **we must be thankful** *or* **grateful for small mercies** *(coll.)* man darf [ja] nicht zuviel verlangen; **leave sb. to the [tender] mercies of sb.** *(iron.)* jmdn. jmds. [liebevoller] Fürsorge überlassen; **it is a ~:** es ist ein Glück *od.* Segen; **what a ~ it is that ...:** welch ein Glück *od.* Segen, daß ... **2.** *attrib. adj.* Hilfs-, Rettungs⟨*einsatz, -flug*⟩; **~ killing** aktive Sterbehilfe; **~ killings** Fälle aktiver Sterbehilfe

[1]**mere** [mɪə(r)] *adj.* bloß; rein ⟨*Tautologie, Versehen*⟩; **he is a ~ child** er ist nur ein Kind; **it's a ~ copy** es ist bloß eine Kopie; **~ courage is not enough** Mut allein genügt nicht; **the ~st hint/trace of sth.** die kleinste Andeutung/Spur von etw.; **~ words won't help** Worte allein tun es nicht

[2]**mere** *n. (arch./literary)* See, *der*

**merely** ['mɪəlɪ] *adv.* bloß; lediglich; **not ~...:** nicht bloß ...

**meretricious** [merɪ'trɪʃəs] *adj.* trügerisch ⟨*Argument, Methode*⟩

**merge** [mɜ:dʒ] **1.** *v. t.* **a)** *(combine)* zusammenschließen ⟨*Firmen, Unternehmen*⟩ **(into** zu); zusammenlegen ⟨*Anteile, Abteilungen*⟩; **~ one firm/department with another** eine Firma mit einer anderen zusammenschließen/eine Abteilung mit einer anderen zusammenlegen; **b)** *(blend gradually)* verschmelzen **(with** mit); **his library should not be ~d with another collection** seine Bibliothek sollte nicht einer anderen Sammlung einverleibt werden. **2.** *v. i.* **a)** *(combine)* ⟨*Firma, Unternehmen:*⟩ sich zusammenschließen **(with** mit); ⟨*Abteilung:*⟩ zusammengelegt werden **(with** mit); **b)** *(blend gradually)* ⟨*Straße:*⟩ zusammenlaufen **(with** mit); **~ with sth.** ⟨*Kontur, Muster:*⟩ verschmelzen mit etw.; ⟨*Unterhaltung:*⟩ untergehen in etw. *(Dat.);* **~ into sth.** ⟨*Farbe usw.:*⟩ in etw. *(Akk.)* übergehen

**merger** ['mɜ:dʒə(r)] *n. (of departments, parties)* Zusammenschluß, *der;* Vereinigung, *die; (of companies)* Fusion, *die*

**meridian** [mə'rɪdɪən] *n. (Astron., Geog.)* Meridian, *der; see also* **prime meridian**

**meringue** [mə'ræŋ] *n.* Meringe, *die;* Baiser, *das*

**merino** [mə'ri:nəʊ] *n., pl.* **~s a) ~ [sheep]** Merinoschaf, *das;* Merino, *der;* **b)** *(material)* Merino, *der;* **c)** *(yarn)* Merinogarn, *das*

**merit** ['merɪt] **1.** *n.* **a)** *no pl. (worth)* Verdienst, *das;* **a man of great ~:** ein Mann von hohen Verdiensten *(geh.);* ein sehr verdienter Mann; **promotion is by ~:** Beförderung richtet sich nach Leistung; **there is no ~ in doing that** es ist nicht [sehr] sinnvoll, das zu tun; **be without ~:** ⟨*Buch, Film:*⟩ kein Niveau haben; **b)** *(good feature)* Vorzug, *der;* **on his/its ~s** nach seinen Vorzügen; **c)** *in pl. (rights and wrongs)* Für und Wider, *das;* **d)** *(Theol.)* Verdienst, *der;* **e) Order of M~** *(Brit.)* Order of Merit, *der; britischer Verdienstorden.* **2.** *v. t.* verdienen; **sb. ~s reward/punishment** jmd. hat eine Belohnung/ Strafe verdient

**meritocracy** [merɪ'tɒkrəsɪ] *n.* Meritokratie, *die;* Verdienstadel, *der (veralt.)*

**meritorious** [merɪ'tɔ:rɪəs] *adj.* verdienstvoll ⟨*Tat, Verhalten, Person*⟩; verdient ⟨*Person*⟩

**'merit system** *n. (Amer.)* Leistungsprinzip im öffentlichen Dienst

**mermaid** ['mɜ:meɪd] *n.* Nixe, *die*

**merrie England** *see* **merry England**

**merrily** ['merɪlɪ] *adv.* munter

**merriment** ['merɪmənt] *n., no pl.* Fröhlichkeit, *die;* **fall into fits of helpless ~:** sich vor Lachen nicht mehr halten können

**merry** ['merɪ] *adj.* **a)** *(full of laughter or gaiety)* fröhlich; **the M~ Widow/Wives of Windsor** die lustige Witwe/die lustigen Weiber von Windsor; **a ~ time was had by all** alle haben sich prächtig amüsiert; **make ~:** sich amüsieren; **make ~ over sb./sth.** sich über jmdn./etw. lustig machen; **the more the merrier** je mehr, desto besser; **~ 'Christmas!** frohe *od.* fröhliche Weihnachten!; **b)** *(coll.: tipsy)* beschwipst *(ugs.)*

**merry:** ~ **'England** *pr. n.* das gute alte England; **~-go-round** *n.* Karussell, *das;* ~ **'hell** *see* **hell b;** **~-making** *n.* **a)** *no pl., no indef. art.* Feiern, *das;* **the sound of ~-making** fröhlicher Festlärm; **b)** *(occasion)* Fest, *das;* ~ **'men** *n. pl.* Getreue; Kumpane *(ugs.)*

**mesa** ['meɪsə] *n. (Amer. Geog.)* Tafelberg, *der*

**Mesdames** *pl. of* **Madame; Mrs**

**mesh** [meʃ] **1.** *n.* **a)** Masche, *die;* **b)** *(netting; also fig.: network)* Geflecht, *das;* **wire ~ [fence]** Maschendraht[zaun], *der;* **c)** *in pl. (fig.: snare)* Maschen; **d)** *(fabric)* Netzgewebe, *das; attrib.* Netz⟨*strumpf, -hemd, -vorhang*⟩; **e) be in ~** ⟨*Zahnräder:*⟩ ineinandergreifen, im Eingriff stehen *(Technik).* **2.** *v. i.* **a)** *(Mech. Engin.)* ⟨*Zahnräder:*⟩ ineinandergreifen; **~ with** eingreifen in *(Akk.)*; **b)** *(fig.: be harmonious)* harmonisieren **(with** mit)

**mesmerism** ['mezmərɪzm] *n., no pl.* **a)** Mesmerismus, *der;* **b)** *(dated: influence)* hypnotische Kraft; **powers of ~:** hypnotische Fähigkeiten

**mesmerize** ['mezməraɪz] *v. t.* faszinieren; erstarren lassen ⟨*Tier*⟩

**Mesopotamia** [mesəpə'teɪmɪə] *pr. n.* Mesopotamien *(das);* Zweistromland, *das*

**Mesozoic** [mesəʊ'zəʊɪk] *(Geol.)* **1.** *adj.* mesozoisch. **2.** *n.* Mesozoikum, *das*

**mess** [mes] **1.** *n.* **a)** *(dirty/untidy state)* **[be] a ~** *or* **in a ~:** schmutzig/unaufgeräumt [sein]; **[be] a complete** *or* **in an awful ~:** in einem fürchterlichen Zustand [sein]; **what a ~!** was für ein Dreck *(ugs.)*/Durcheinander; **look a ~:** schlimm aussehen; **your hair is a ~:** dein Haar ist ganz durcheinander; **don't make too much ~:** mach nicht zuviel Schmutz/Durcheinander; **b)** *(sth. out of place)* **leave a lot of ~ behind one** *(dirt)* viel Schmutz hinterlassen; *(untidiness)* eine große Unordnung hinterlassen; **I'm not tidying up your ~:** ich mache deinen Schmutz/räume deinen Kram nicht weg *(ugs.)*; **make a ~ with sth.** mit etw. Schmutz machen; **c)** *(excreta)* **dog's/cat's ~es** Hunde-/Katzenkot, *der;* **make/leave a ~ on the carpet** auf den Teppich machen/gemacht haben *(ugs.)*; **d)** *(bad state)* **be [in] a ~:** sich in einem schlimmen Zustand befinden; ⟨*Person:*⟩ schlimm dran sein; **get into a ~:** in Schwierigkeiten geraten; **clear up the ~:** die Dinge wieder in Ordnung bringen; **what a ~!** *(troubled situation)* das ist ja eine schöne Bescherung!; *(unpleasant sight)* das sieht ja schlimm aus!; **make a ~ of** verpfuschen *(ugs.)* ⟨*Arbeit, Leben, Bericht, Vertrag*⟩; ruinieren ⟨*Wirtschaft*⟩; durcheinanderbringen ⟨*Pläne*⟩; **make a ~ of things** alles verpfuschen *(ugs.)*; **e)** *(food)* **give sth. away for a ~ of pottage** *(fig. arch.)* etw. für ein Linsengericht hergeben *(geh.)*; **f)** *(derog.: disagreeable concoction)* Mischmasch, *der (ugs.)*; **g)** *(eating-place)* Kantine, *die; (for officers)* Kasino, *das; (on ship)* Messe, *die;* **officers' ~:** Offizierskasino, *das*/Offiziersmesse, *die.* **2.** *v. i. (Mil., Navy)* essen. **3.** *v. t. see* **~ up**

**~ a'bout, ~ a'round 1.** *v. i.* **a)** *(potter)* herumwerken; *(fool about)* herumalbern; **~ about with cars** an Autos herumbasteln *(ugs.)*; **b)** *(interfere)* **~ about** *or* **around with** sich einmischen in (+ *Akk.*) ⟨*Angelegenheit*⟩; herumspielen an (+ *Dat.*) ⟨*Mechanismus, Stromkabel usw.*⟩. **2.** *v. t.* **~ sb. about** *or* **around** mit jmdm. nach Belieben umspringen *(abwertend)*; **he's been ~ed about** *or* **around by the doctors** die Ärzte haben ihn in der Mangel gehabt *(ugs.)*

**~ 'up** *v. t.* **a)** *(make dirty)* schmutzig machen; *(make untidy)* in Unordnung bringen; **b)** *(bungle)* verpfuschen; **c)** *(interfere with)* durcheinanderbringen ⟨*Plan*⟩. *See also* **mess-up**

**message** ['mesɪdʒ] *n.* **a)** *(communication)* Mitteilung, *die;* Nachricht, *die;* **send/take/leave a ~:** eine Nachricht übermitteln/entgegennehmen/hinterlassen; **give sb. a ~:** jmdm. etw. ausrichten; **did you give him my ~?** haben Sie ihm meine Nachricht übermittelt?; **can I take a ~?** kann *od.* soll ich etw. ausrichten?; **send sb. a ~ by sb.** *(orally)* jmdm. etwas durch jmdn. ausrichten lassen; *(in writing)* jmdm. durch jmdn. eine Nachricht zukommen lassen; **b)** *(teaching)* Aussage, *die; (Relig.)* Botschaft, *die;* **get the ~** *(fig. coll.)* verstehen; es schnallen *(salopp)*

**messenger** ['mesɪndʒə(r)] *n.* **a)** Bote, *der*/Botin, *die;* **b) King's/Queen's M~:** königlicher Kurier

**'messenger-boy** *n.* Botenjunge, *der*

**Messiah** [mɪ'saɪə] *n. (lit. or fig.)* Messias, *der*

**Messianic** [mesɪ'ænɪk] *adj.* messianisch

**messily** ['mesɪlɪ] *adv.* nachlässig; unordentlich ⟨*arbeiten*⟩; **eat/drink ~:** sich beim Essen/Trinken bekleckern

**mess:** **~-jacket** *n. (Mil., Navy)* Messjackett, *das;* **~mate** *n. (Mil., Navy)* Kamerad, *der;* **he was a ~mate of mine** er und ich waren Kameraden [in der Armee/Marine]

**Messrs** ['mesəz] *n. pl.* **a)** *(in name of firm)* ≈ Fa.; **b)** *pl. of* **Mr;** *(in list of names)* **~ A, B, and C** die Herren A, B und C

**'mess-up** *n.* Durcheinander, *das;* **there has been a ~ with your order** bei deiner Bestellung ist etwas durcheinandergeraten

**messy** ['mesɪ] *adj.* **a)** *(dirty)* schmutzig; *(untidy)* unordentlich; **be a ~ workman** unordentlich arbeiten; **be a ~ eater** sich beim Essen bekleckern; **b)** *(awkward)* vertrackt *(ugs.)*

**¹met** *see* **¹meet 1, 2**

**²met** [met] *(coll.)* **1.** *adj. see* **meteorological. 2.** *n.* **the Met: a)** *(Brit.)* **The Metropolitan Police** *see* **metropolitan 1a; b)** *(Amer.: Metropolitan Opera)* die Met

**metabolic** [metə'bɒlɪk] *adj. (Physiol.)* metabolisch *(fachspr.)*; Stoffwechsel⟨*krankheit, -typ*⟩

**metabolism** [mɪ'tæbəlɪzm] *n. (Physiol.)* Metabolismus, *der (fachspr.)*; Stoffwechsel, *der;* **basal ~:** Grundumsatz, *der*

**metabolize** [mɪ'tæbəlaɪz] *v. t. (Physiol.)* umsetzen

**metal** ['metl] **1.** *n.* **a)** Metall, *das; see also* **gun-metal; white metal; b)** *in pl. (Brit.: rails)* Schienen; Gleise; **leave the ~s** entgleisen. **2.** *adj.* Metall-; **be ~:** aus Metall sein. **3.** *v. t., (Brit.)* **-ll-** *(Brit.: surface)* schottern ⟨*Straße*⟩

**'metal-detector** *n.* Metallsuchgerät, *das*

**metalize** *(Amer.) see* **metallize**

**metallic** [mɪ'tælɪk] *adj.* **a)** *(of metal)* metallisch ⟨*Element, Substanz*⟩; Metall⟨*salz, -oxid*⟩; **~ currency** Hart- *od.* Metallgeld, *das;* **b)** *(like metal)* metallisch ⟨*Härte, Glanz, Farbe, Geräusch, Stimme*⟩; metallisch glänzend ⟨*Glasur, Anstrich*⟩; **have a ~ taste** nach Metall schmecken

**metallize (metallise)** ['metəlaɪz] *v. t.* metallisieren

**metallurgic** [metə'lɜːdʒɪk], **metallurgical** [metə'lɜːdʒɪkl] *adj.* metallurgisch

**metallurgist** [mɪ'tælədʒɪst, 'metəlɜːdʒɪst] *n.* Metallurg, *der*/Metallurgin, *die*

**metallurgy** [mɪ'tælədʒɪ, 'metəlɜːdʒɪ] *n., no pl.* Metallurgie, *die*

**metal:** **~ polish** *n.* Metallputzmittel, *das;* **~work** *n., no pl.* **a)** *(activity)* Metallbearbeitung, *die;* **b)** *(metal products)* Metallarbeiten; **~worker** *n.* Metallarbeiter, *der*/-arbeiterin, *die*

**metamorphic** [metə'mɔːfɪk] *adj. (Geol.)* metamorph ⟨*Gestein*⟩

**metamorphose** [metə'mɔːfəʊz] **1.** *v. t.* verwandeln **(into** in + *Akk.*). **2.** *v. i.* sich verwandeln **(into** in + *Akk.*)

**metamorphosis** [metə'mɔːfəsɪs, metəmɔː'fəʊsɪs] *n., pl.* **metamorphoses** [metə'mɔːfəsiːz, metəmɔː'fəʊsiːz] **a)** *(change of form or character)* Metamorphose, *die* **(into** in + *Akk.*); **undergo a [gradual] ~:** sich [allmählich] verändern; **b)** *(Zool.)* Metamorphose, *die*

**metaphor** ['metəfə(r)] *n.* **a)** *no pl., no art. (stylistic device)* **[the use of] ~:** der Gebrauch von Metaphern; **b)** *(instance)* Metapher, *die;* **mixed ~:** Bildbruch, *der;* Katachrese, *die (Literaturw.)*

**metaphoric** [metə'fɒrɪk], **metaphorical** [metə'fɒrɪkl] *adj.* metaphorisch

**metaphorically** [metə'fɒrɪkəlɪ] *adv.* metaphorisch; **be ~ true** metaphorisch betrachtet zutreffen; **~ speaking** bildlich gesprochen

**metaphysical** [metə'fɪzɪkl] *adj.* **a)** *(Philos.)* metaphysisch; **~ language/terminology** Sprache/Terminologie der Metaphysik; **b)** *(in popular use: abstract)* theoretisch

**metaphysics** [metə'fɪzɪks] *n., no pl.* **a)** *(Philos.)* Metaphysik, *die;* **b)** *(in popular use: abstract talk or theory)* abstrakte Theorie

**metastasis** [me'tæstəsɪs] *n., pl.* **metastases** [me'tæstəsiːz] *(Med.)* Metastasierung, *die*

**mete** [miːt] *v. t. (literary)* **~ out** zuteil werden lassen *(geh.)* ⟨*Belohnung*⟩ **(to** *Dat.*); auferlegen ⟨*Strafe*⟩ **(to** *Dat.*); **~ out justice** Recht sprechen

**meteor** ['miːtɪə(r)] *n. (Astron.)* Meteor, *der;* **~ shower** Meteorschauer, *der*

**meteoric** [miːtɪ'ɒrɪk] *adj.* **a)** *(Astron.)* Meteor⟨*schweif, -tätigkeit*⟩; meteorisch; **b)** *(fig.)* kometenhaft; meteorhaft

**meteorite** ['miːtɪəraɪt] *n. (Astron.)* Meteorit, *der*

**meteorological** [miːtɪərə'lɒdʒɪkl] *adj.* meteorologisch ⟨*Instrument*⟩; Wetter⟨*ballon, -bericht*⟩; **M~ Office** *(Brit.)* Meteorologisches Amt; Wetteramt, *das*

**meteorologist** [miːtɪə'rɒlədʒɪst] *n.* Meteorologe, *der*/Meteorologin, *die*

**meteorology** [miːtɪə'rɒlədʒɪ] *n.* **a)** *no pl.* Meteorologie, *die;* **b)** *(weather of region)* meteorologische Bedingungen

**¹meter** ['miːtə(r)] **1.** *n.* **a)** *(measuring device)* Zähler, *der; (for coins)* Münzzähler, *der;* **humidity ~:** Hygrometer, *das; see also* **electricity meter; gas meter; water meter; b)** *(parking-~)* Parkuhr, *die;* **feed the ~** *(coll.)* Geld [in die Parkuhr] nachwerfen; **c)** *see* **taximeter. 2.** *v. t.* [mit einem Zähler] messen ⟨*[Wasser-, Gas-, Strom]verbrauch*⟩

**²meter** *(Amer.) see* **¹metre**

**³meter** *(Amer.) see* **²metre**

**'meter maid** *n. (coll.)* Politesse, *die*

**methadone** ['meθədəʊn] *n.* Methadon, *das*

**methane** ['miːθeɪn, 'meθeɪn] *n. (Chem.)* Methan, *das*

**methinks** [mɪ'θɪŋks] *v. i. impers., p. t.* **methought** [mɪ'θɔːt] *(arch.)* mich dünkt *od.* deucht *(geh. veralt.)*

**method** ['meθəd] *n.* **a)** *(procedure)* Methode, *die;* **~ of proceeding** *or* **procedure** Vorgehensweise, *die;* **brew by the traditional ~:** nach traditionellem Verfahren brauen; **police ~s** die Arbeitsweise der Polizei; **b)** *no pl., no art. (arrangement of ideas, orderliness)* System, *das;* Systematik, *die;* **there was a lack of** *or* **was no ~ in the book** das Buch war unmethodisch *od.* unsystematisch aufgebaut; **a man of ~:** ein systema-

tisch denkender Mensch; **use ~:** methodisch *od.* systematisch vorgehen; **there's ~ in his madness** *(fig. joc.)* der Wahnsinn hat Methode; **c)** *(scheme of classification)* System, *das*
**methodic** [mɪ'θɒdɪk] *adj. (Amer.)* **a)** *see* **methodical; b)** *(relating to methodology)* methodologisch
**methodical** [mɪ'θɒdɪkl] *adj.* methodisch; systematisch; **in a ~ way** methodisch; systematisch; **be ~:** methodisch *od.* systematisch vorgehen
**methodically** [mɪ'θɒdɪkəlɪ] *adv.* mit Methode; systematisch
**Methodism** ['meθədɪzm] *n., no pl. (Relig.)* Methodismus, *der*
**Methodist** ['meθədɪst] *n. (Relig.)* Methodist, *der*/Methodistin, *die; attrib.* Methodisten⟨*kapelle, -gottesdienst, -pfarrer*⟩
**methodology** [meθə'dɒlədʒɪ] *n.* **a)** *no pl., no art. (science of method)* Methodik, *die;* Methodologie, *die;* **b)** *(methods used)* Methodik, *die*
**methought** *see* **methinks**
**meths** [meθs] *n., no pl., no indef. art. (Brit. coll.)* [Brenn]spiritus, *der*
**'meths-drinker** *n. (Brit. coll.)* ≈ Fuseltrinker, *der*/-trinkerin, *die*
**Methuselah** [mɪ'θju:zələ] *n.* **a)** *pr. n. (Bibl.)* Methusalem *(der);* **b) [old] ~:** Methusalem, *der (ugs.)*
**methyl** ['meθɪl, 'mi:θaɪl] *n. (Chem.)* Methyl, *das*
**methyl 'alcohol** *n. (Chem.)* Methylalkohol, *der;* Methanol, *das*
**methylated spirit[s]** [meθɪleɪtɪd 'spɪrɪt(s)] *n. [pl.]* Brennspiritus, *der;* vergällter *od.* denaturierter Alkohol *(fachspr.)*
**meticulous** [mɪ'tɪkjʊləs] *adj.* **a)** *(scrupulous)* sorgfältig; *(over-scrupulous)* übergenau; pedantisch *(abwertend);* **be ~ about sth.** es peinlich genau mit etw. nehmen; **b)** *(coll.: careful)* pingelig *(ugs.);* **be a ~ person** es sehr genau nehmen
**meticulously** [mɪ'tɪkjʊləslɪ] *adv.* **a)** *(scrupulously)* sorgfältig; *(over-scrupulously)* übergenau; pedantisch *(abwertend);* **~ clean** peinlich sauber; **b)** *(coll.: carefully)* sehr sorgfältig; haargenau *(ugs.)* ⟨*abbilden, wiedergeben*⟩
**métier** ['metjeɪ] *n.* **a)** *(calling)* Metier, *das;* **b)** *(forte)* Stärke, *die*
**metonymy** [mɪ'tɒnɪmɪ] *n. (Rhet.)* Metonymie, *die*
**¹metre** ['mi:tə] *n. (Brit.)* **a)** *(poetic rhythm)* Metrum, *das (Verslehre);* Versmaß, *das;* **written in an iambic ~:** in Jamben geschrieben; **b)** *(Pros.: metrical group)* Metrum, *das*
**²metre** *n. (Brit.: unit)* Meter, *der od. das;* **sell cloth by the ~:** Stoff meterweise verkaufen; *see also* **cubic b; square 2 b**
**metric** ['metrɪk] *adj.* metrisch; **~ system** metrisches System; **go ~** *(coll.)* das metrische System einführen; *see also* **hundredweight; ton a**
**metrical** ['metrɪkl] *adj.*, **metrically** ['metrɪkəlɪ] *adv.* metrisch
**metricate** ['metrɪkeɪt] *v. t. & i.* auf das metrische System umstellen
**metrication** [metrɪ'keɪʃn] *n.* Umstellung auf das metrische System
**Metro, Métro** ['metrəʊ] *n., pl.* **~s** *(coll.)* U-Bahn, *die;* **the Paris ~:** die [Pariser] Metro
**metronome** ['metrənəʊm] *n. (Mus.)* Metronom, *das*
**metropolis** [mɪ'trɒpəlɪs] *n. (capital)* Hauptstadt, *die; (chief city)* Metropole, *die;* **the ~** *(Brit.)* London *(das)*
**metropolitan** [metrə'pɒlɪtən] **1.** *adj.* **a)** *(of a metropolis)* **[the] ~ hotels/cinemas** die Hotels/Kinos der Metropole; **~ New York/Tokyo** der Großraum New York/Tokio; **~ London** Großlondon *(das);* **the M~ Police** die Londoner Polizei; **~ borough/district** *(Brit. Admin.)* Gemeinde/Bezirk im Großraum einer Großstadt; **~ county** *(Brit. Admin.) eines von sechs Ballungsgebieten außerhalb Großlondons;* **b)** *(not colonial)* mutterländisch; **~ France** das Mutterland Frankreich. **2.** *n. see* **metropolitan bishop**
**metropolitan 'bishop** *n. (Gk. Orthodox Ch., RC Ch.)* Metropolit, *der; (Anglican Ch.)* Erzbischof, *der*
**mettle** ['metl] *n.* **a)** *(quality of temperament)* Wesensart, *die;* **show one's ~:** zeigen, aus welchem Holz man [geschnitzt] ist; **b)** *(spirit)* Mut, *der;* **a man of ~:** ein mutiger Mann; **be on one's ~:** zeigen müssen, was man kann; **put sb./sth. on his/its ~:** jmdn./etw. fordern; **c)** *(animal's vigour)* Feuer, *das*
**Meuse** [mɜ:z] *pr. n. (Geog.)* Maas *(die)*
**mew** [mju:] **1.** *v. i.* ⟨*Katze:*⟩ miauen; ⟨*Möwe:*⟩ kreischen. **2.** *n. (of cat)* Miauen, *das; (of seagull)* Kreischen, *das*
**mews** [mju:z] *n., pl. same (Brit.)* Stallungen *Pl.; (converted into dwellings/garages) zu [eleganten] Wohnhäusern/Garagen umgebaute ehemalige Stallungen [in ruhigen Seitenstraßen]*
**Mexican** ['meksɪkən] **1.** *adj.* mexikanisch; **sb. is ~:** jmd. ist Mexikaner/Mexikanerin; *see also* **English 1. 2.** *n.* Mexikaner, *der*/Mexikanerin, *die*
**Mexico** ['meksɪkəʊ] *pr. n.* Mexiko *(das);* **~ City** Mexiko [City] *(das)*
**mezzanine** ['metsəni:n, 'mezəni:n] *n.* **a)** *(Archit.)* Mezzanin, *das (fachspr.);* Halbgeschoß, *das;* **b)** *(Amer. Theatre)* erster Rang
**mezzotint** ['medzəʊtɪnt, 'metsəʊtɪnt] *n. (Art)* Mezzotinto, *das; (method)* Mezzotinto, *das;* Schabkunst, *die*
**mg.** *abbr.* **milligram[s]** mg
**MHz** *abbr.* **megahertz** MHz
**MI** *n. (Brit. Hist./coll.)* **MI5** *die britische Spionageabwehr;* **MI6** *der britische Nachrichtendienst*
**mi** [mi:] *see* **²me**
**mi.** *abbr. (Amer.)* **mile[s]** M
**miaow** [mɪ'aʊ] **1.** *v. i.* miauen. **2.** *n.* Miauen, *das*
**miasma** [mɪ'æzmə, maɪ'æzmə] *n., pl.* **~ta** [mɪ'æzmətə, maɪ'æzmətə] *or* **~s** Miasma, *das;* Gestank, *der*
**mica** ['maɪkə] *n. (Min.)* Glimmer, *der*
**mice** *pl. of* **mouse**
**Michaelmas** ['mɪklməs] *n.* Michaeli[s] *(das);* Michaelistag, *der*
**Michaelmas: ~ 'daisy** *n. (Bot.)* Herbstaster, *die;* **~ term** *n. (Brit. Univ.)* Herbsttrimester, *das*
**mickey** ['mɪkɪ] *n. (Brit. sl.)* **take the ~ [out of sb./sth.]** jmdn./etw. durch den Kakao ziehen *(ugs.)*
**Mickey 'Mouse** *attrib. adj. (derog.)* lächerlich; **croquet is a bit of a ~ sport** Krocket ist doch gar kein richtiger Sport; **this is a ~ job** diese Arbeit ist ein Witz
**mickle** ['mɪkl] *(arch./Scot.)* **1.** groß. **2.** *n.* **many a ~ makes a muckle** *(prov.)* Kleinvieh macht auch Mist *(ugs.)*
**micky** *see* **mickey**
**micro** ['maɪkrəʊ] *n., pl.* **~s** *see* **microcomputer**
**micro-** [maɪkrəʊ] *in comb.* mikro-/Mikro-
**microbe** ['maɪkrəʊb] *n. (Biol.)* Mikrobe, *die*
**micro: ~bi'ology** *n.* Mikrobiologie, *die;* **M~card, (P)** *n.* Mikrokarte, *die;* **~chip** *n. (Electronics)* [Mikro]chip, *der;* **~computer** *n. (Computing)* Mikrocomputer, *der;* **~con'troller** *n. (Electronics)* Mikrocontroller, *der;* **~dot** *n. (Information Sci.)* Mikrat, *das;* **~elec'tronics** *n.* Mikroelektronik, *die;* **~fiche** *n., pl. same or* **~fiches** Mikrofiche, *das od. der;* **~film 1.** *n.* Mikrofilm, *der;* **2.** *v. t.* auf Mikrofilm *(Akk.)* aufnehmen; **~light ['aircraft]** *n. (Aeronaut.)* Ultraleichtflugzeug, *das*
**micrometer** [maɪ'krɒmɪtə(r)] *n. (Mech. Engin.)* [Fein]meßschraube, *die*
**micron** ['maɪkrɒn] *n.* Mikrometer, *der od. das*
**Micronesia** [maɪkrə'ni:ʃə] *pr. n.* Mikronesien *(das)*
**micro-'organism** *n.* Mikroorganismus, *der;* Kleinstlebewesen, *das*
**microphone** ['maɪkrəfəʊn] *n.* Mikrophon, *das*
**micro: ~'photograph** *n.* Mikrokopie, *die;* **~ 'processor** *n. (Computing)* Mikroprozessor, *der*
**microscope** ['maɪkrəskəʊp] *n.* Mikroskop, *das;* **examine sth. through** *or* **under a ~:** etw. unter dem Mikroskop untersuchen; **put** *or* **have sth. under the ~** *(fig.)* etw. unter die Lupe nehmen *(ugs.);* **be under the ~** *(fig.)* unter die Lupe genommen werden *(ugs.);* auf den Zahn gefühlt werden *(ugs.)*
**microscopic** [maɪkrə'skɒpɪk] *adj.* **a)** mikroskopisch; sehr stark vergrößernd ⟨*Linse*⟩; **b)** *(fig.: very small)* winzig ⟨*Portion, Auto*⟩; mikroskopisch klein ⟨*Tier, Portion*⟩
**microscopy** [maɪ'krɒskəpɪ] *n., no pl., no art.* Mikroskopie, *die;* **by ~:** mikroskopisch; unter dem Mikroskop
**micro: ~surgery** *n., no pl., no art. (Med.)* Mikrochirurgie, *die;* **~wave** *n.* Mikrowelle, *die;* **~wave ['oven]** *n.* Mikrowellenherd, *der*
**mid-** [mɪd] *in comb.* **a)** **in ~-air/-stream** in der Luft/Strommitte; **~-air collision** Zusammenstoß in der Luft; **in ~-flight/-sentence** mitten im Flug/Satz; **in ~-course** mittendrin; **[in] ~-afternoon** [mitten] am Nachmittag; **b)** *forming compound adj. used attrib.* **~-afternoon siesta** Nachmittagsschläfchen, *das;* **~-morning break** ≈ Frühstückspause, *die;* große Pause *(Schulw.);* **a ~-season game** ein Spiel in der Mitte der Saison; **~-term exams** Prüfungen in der Mitte des Trimesters; **~-term elections** *(Amer.)* Kongreß- und Kommunalwahlen in der Mitte der Amtszeit des Präsidenten; **c)** *with months, decades, persons' ages* **~-July** Mitte Juli; **the ~-60s** die Mitte der sechziger Jahre; **a man in the** *or* **his ~-fifties** ein Mittfünfziger; **be in one's ~-thirties** Mitte Dreißig sein
**Midas touch** ['maɪdəs tʌtʃ] *n.* **he has the ~:** was er anfaßt, wird zu Gold *(fig.)*
**midday** ['mɪddeɪ, mɪd'deɪ] *n.* **a)** *(noon)* zwölf Uhr; **round about ~:** um die Mittagszeit; **b)** *(middle of day)* Mittag, *der; attrib.* Mittags-
**midden** ['mɪdn] *n.* **a)** *(dunghill)* Misthaufen, *der;* **b)** *(refuse heap)* Abfallhaufen, *der*
**middle** ['mɪdl] **1.** *attrib. adj.* **a)** mittler...; **the ~ one** der/die/das mittlere; **~ space** Zwischenraum, *der;* **the ~ years of the 19th century** die Jahre in der Mitte des 19. Jahrhunderts; **man/house of ~ height/size** mittelgroßer Mann/-großes Haus; **b)** *(equidistant from extremities)* **~ point** Mittelpunkt, *der;* **c)** *(Ling.)* Mittel⟨*latein, -hochdeutsch*⟩; *see also* **English 2 a. 2.** *n.* **a)** Mitte, *die; (central part)* Mittelteil, *der;* **in the ~ of the room/the table** in der Mitte des Zimmers/des Tisches; *(emphatic)* mitten im Zimmer/auf dem Tisch; **right in the ~ of Manchester** genau im Zentrum von Manchester; **in the ~ of the forest** mitten im Wald; **the boat sank in the ~ of the Atlantik** das Schiff sank mitten im Atlantik; **grasp the ~ of sth.** etw. in der Mitte festhalten; **fold sth. down the ~:** etw. in der Mitte falten; **in the ~ of the day** mittags; **in the ~ of the morning/afternoon** mitten am Vor-/Nachmittag; **in the ~ of the night/week** mitten in der Nacht/Woche; **happen in the ~ of next week/month** Mitte nächster Woche/nächsten Monats geschehen; **the ~ of the day** die Mitte des Tages; **be in the ~ of doing sth.** *(fig.)* gerade mitten dabei sein, etw. zu tun; **in the ~ of the operation/washing her hair** *(fig.)* mitten in der Operation/im Haarewaschen; *see also* **knock 1 c; nowhere 2; b)** *(waist)* Taille, *die*

**middle:** ~ '**age** *n.* mittleres [Lebens]alter; **a man in ~ age** ein Mann mittleren Alters; **complaints of ~ age** Beschwerden von Menschen mittleren Alters; **~-aged** ['mɪdleɪdʒd] *adj.* mittleren Alters *nachgestellt;* **acquire a ~-aged spread** [in den mittleren Jahren] Speck ansetzen; **M~ 'Ages** *n. pl.* **the M~ Ages** das Mittelalter; **~-brow** *(coll.)* **1.** *adj.* für den [geistigen] Normalverbraucher *nachgestellt (ugs.);* **2.** *n.* [geistiger] Normalverbraucher *(ugs.);* ~ **'C** *n. (Mus.)* das eingestrichene C; ~ **'class** *n.* Mittelstand, *der;* Mittelschicht, *die;* **~-class** *adj.* bürgerlich ⟨*Vorort, Einstellung, Moral, Werte*⟩; ⟨*Moral, Werte*⟩ des Mittelstandes; **~-class people** Mittelständler; ~ **'common room** *n. (Brit. Univ.)* Gemeinschaftsraum für graduierte Studenten; ~ **'course** *n.* Mittelweg, *der;* ~ **'distance** *see* **distance 1 d**; **~-distance runner** Mittelstreckenläufer, *der/*-läuferin, *die;* ~ **'ear** *n. (Anat.)* Mittelohr, *das;* **M~ 'East** *pr. n.* **the M~ East** der Nahe [und Mittlere] Osten; **M~ 'Eastern** *adj.* nahöstlich; des Nahen Ostens *nachgestellt;* ⟨*Person*⟩ aus dem Nahen Osten; ~ **finger** *n.* Mittelfinger, *der;* ~ **'life** *n., no pl.* mittleres Lebensalter; **~man** *n. (Commerc.)* Zwischenhändler, *der/*-händlerin, *die; (fig.)* Vermittler, *der/*Vermittlerin, *die;* ~ **'management** *n.* mittleres Management; ~ **'manager** *n.* **be a ~ manager** im mittleren Management arbeiten; ~ **name** *n.* **a)** zweiter Vorname; **b)** *(fig.: characteristic quality)* **carefulness is my ~ name** ich bin die Vorsicht in Person; **modesty is not his ~ name** Bescheidenheit ist nicht seine Stärke; **~-of-the-'road** *adj.* gemäßigt; moderat; **~-of-the-road politician/politics** Politiker/Politik der Mitte; ~ **school** *n. (Brit.)* **a)** *(State school) Schule für 9- bis 13jährige;* **b)** *(third and fourth forms) dritte und vierte Klasse einer höheren Schule;* **~-size[d]** *adj.* mittelgroß; ~ **'way** *n.* **a)** *see* **~ course; b)** *(Buddhism)* **the ~ way** der mittlere Weg; **~weight** *n. (Boxing etc.)* Mittelgewicht, *das; (person also)* Mittelgewichtler, *der;* **M~ 'West** *pr. n. (Amer.)* **the M~ West** der Mittlere Westen; **M~ 'Western** *adj. (Amer.)* des Mittleren Westens *nachgestellt*

**middling** ['mɪdlɪŋ] **1.** *adj.* **a)** *(second-rate)* mittelmäßig; **b)** *(moderately good)* **[fair to] ~:** ganz ordentlich *(ugs.);* [ganz] passabel; **c)** *(coll.: in fairly good health)* mittelprächtig *(ugs. scherzh.);* **How are you? – Oh, ~:** Wie geht es dir? – Ach, so einigermaßen; **d)** *(Commerc.)* mittler... ⟨*Qualität, Ware*⟩. **2.** *adv.* recht; *(only moderately)* ganz

**middlingly** ['mɪdlɪŋlɪ] *adv.* **a)** ganz ordentlich *od.* passabel; **b)** *(only moderately well)* mäßig

**'Mideast** *(Amer.) see* **Middle East**

**Mid'eastern** *(Amer.) see* **Middle Eastern**

**'midfield** *n. (Footb.)* Mittelfeld, *das;* **play in ~:** im Mittelfeld spielen; *attrib.* **~ player** Mittelfeldspieler, *der*

**midge** [mɪdʒ] *n.* **a)** *(in popular use)* Stechmücke, *die;* **b)** *(Zool.)* Zuckmücke, *die*

**midget** ['mɪdʒɪt] **1.** *n.* **a)** *(person)* Liliputaner, *der/*Liliputanerin, *die;* Zwerg, *der/*Zwergin, *die;* **b)** *(thing)* Zwerg, *der (fig.); (animal)* Zwergform, *die.* **2.** *adj.* winzig; *(in design)* Mini⟨*flugzeug, -U-Boot*⟩

**midi** ['mɪdɪ] *n.* Midi[rock], *der; (dress)* Midikleid, *das;* **~-length coat** Midimantel, *der*

**midland** ['mɪdlənd] **1.** *n.* Binnenland, *das;* **the M~s** *(Brit.)* Mittelengland. **2.** *adj.* im Landesinnern *nachgestellt;* **M~[s]** *(Brit.)* in den Midlands *nachgestellt;* ⟨*Dialekt*⟩ der Midlands

**midlander** ['mɪdləndə(r)] *n.* Bewohner/Bewohnerin des Binnenlandes; **M~** *(Brit.)* Bewohner/Bewohnerin der Midlands

**midlife crisis** [mɪdlaɪf 'kraɪsɪs] *n.* Midlifecrisis, *die*

**'mid-line** *n.* Mittellinie, *die*

**'midnight** *n.* Mitternacht, *die; attrib.* Mitternachts⟨*stunde, -messe, -zug*⟩; mitternächtlich ⟨*Festgelage, Feiern*⟩

**midnight:** ~ **'oil** *see* **oil 1 a**; ~ **'sun** *n.* Mitternachtssonne, *die*

**mid-'off** *n. (Cricket)* Feldspieler links vom Werfer *(bei rechtshändigem Schlagmann)*

**mid-'on** *n. (Cricket)* Feldspieler rechts vom Werfer *(bei rechtshändigem Schlagmann)*

**'midpoint** *n.* Mitte, *die*

**'midrib** *n. (Bot.)* [mittlere] Blattrippe

**midriff** ['mɪdrɪf] *n.* **a) the bulge below his ~:** die Wölbung seiner Taillengegend; **with bare ~:** nabelfrei; **he landed a blow on his opponent's ~:** er traf seinen Gegner unterhalb des Brustkorbs; **b)** *(diaphragm)* Zwerchfell, *das;* **c)** *(Amer.: garment exposing ~)* die Taille freilassender Zweiteiler

**midshipman** ['mɪdʃɪpmən] *n., pl.* **midshipmen** ['mɪdʃɪpmən] *(Navy)* **a)** *(Brit.)* Midshipman, *der; unterster Seeoffiziersrang;* **b)** *(Amer.)* Midshipman, *der;* Seeoffiziersanwärter, *der*

**midst** [mɪdst] *n.* **in the ~ of sth.** mitten in einer Sache; **be in the ~ of doing sth.** gerade mitten dabei sein, etw. zu tun; **in our/their/your ~:** in unserer/ihrer/eurer Mitte

**midsummer** ['mɪdsʌmə(r), mɪd'sʌmə(r)] *n.* die [Zeit der] Sommersonnenwende; der Mittsommer; **[on] M~['s] Day** [am] Johannistag; ~ **madness** [heller] Wahnsinn *(ugs.)*

**'midtown** *n. (Amer.) am Rande des Zentrums gelegener Stadtbezirk; attrib.* am Rande des Zentrums *nachgestellt*

**midway** ['mɪdweɪ, mɪd'weɪ] *adv.* auf halbem Weg[e] ⟨*sich treffen, sich befinden*⟩; ~ **through sth.** *(fig.)* mitten in etw. *(Dat.)*

**midweek** ['mɪdwi:k, mɪd'wi:k] *n.* **in ~:** in der Wochenmitte; ~ **flights** Flüge in der Wochenmitte

**'Midwest** *(Amer.) see* **Middle West**

**Mid'western** *(Amer.) see* **Middle Western**

**midwife** ['mɪdwaɪf] *n., pl.* **midwives** ['mɪdwaɪvz] Hebamme, *die*

**midwifery** ['mɪdwɪfrɪ, mɪd'wɪfərɪ] *n., no pl., no art.* Geburtshilfe, *die*

**mid'winter** *n.* die [Zeit der] Wintersonnenwende; der Mittwinter

**mien** [mi:n] *n. (literary) (look)* Miene, *die; (bearing)* Gebaren, *das*

**miff** [mɪf] *(coll.)* **1.** *n.* **a)** *(huff)* **get into a ~:** sich auf den Schlips getreten fühlen **(about** wegen) *(ugs.);* **be in a ~:** beleidigt *od.* eingeschnappt sein *(ugs.);* **b)** *(quarrel)* Knies, *der (ugs.);* **have a ~ with sb.** mit jmdm. Ärger *od. (ugs.)* Knies haben. **2.** *v. t.* verärgern; **be ~ed** beleidigt *od. (ugs.)* eingeschnappt sein

**¹might** [maɪt] *see* **may**

**²might** *n.* **a)** *(force)* Gewalt, *die; (inner strength)* Macht, *die;* **with all one's ~:** mit aller Kraft; **with ~ and main** mit aller Macht; **b)** *(power)* Macht, *die;* **~ is right** Macht geht vor Recht

**might-have-been** ['maɪtəvbi:n] *n.* **a)** nicht verwirklichte Möglichkeit; **the ~s** das, was hätte sein können; **b)** *(person) jemand, der es zu etwas hätte bringen können;* **he is a ~:** er hat seine Chancen verpaßt

**mightily** ['maɪtɪlɪ] *adv.* **a)** mit aller Kraft; **b)** *(coll.: very)* überaus; **be ~ amused** sich köstlich amüsieren

**mightn't** ['maɪtnt] *(coll.)* = **might not;** *see* **may**

**mighty** ['maɪtɪ] **1.** *adj.* **a)** *(powerful)* mächtig; gewaltig ⟨*Krieger, Anstrengung*⟩; **b)** *(massive)* gewaltig; **c)** *(coll.: great)* riesig; stark ⟨*Trinker*⟩. *See also* **high 1 e. 2.** *adv. (coll.)* verdammt *(ugs.)*

**mignonette** [mɪnjə'net] *n.* **a)** *(plant)* Reseda, *die; (Reseda odorata)* Gartenresede, *die;* **b)** *(colour)* Resedagrün, *das*

**migraine** ['mi:greɪn, 'maɪgreɪn] *n. (Med.)* Migräne, *die*

**migrant** ['maɪgrənt] **1.** *adj.* **a) ~ tribe** Nomadenstamm, *der;* ~ **worker** Wanderarbeiter, *der/*-arbeiterin, *die; (in EEC)* Gastarbeiter, *der/*-arbeiterin, *die;* **b)** *(coming and going with the seasons)* ~ **bird/fish** Zugvogel, *der/*Wanderfisch, *der;* ~ **herds** wandernde Herden. **2.** *n.* **a)** Auswanderer, *der/*Auswanderin, *die; (worker)* Wanderarbeiter, *der/*-arbeiterin, *die;* **b)** *(bird)* Zugvogel, *der; (fish)* Wanderfisch, *der*

**migrate** [maɪ'greɪt] *v. i.* **a)** *(from rural area to town)* abwandern; *(to another country)* auswandern; *(to another town)* übersiedeln **(to** nach); *(to another place of work)* überwechseln; **b)** *(with the seasons)* ⟨*Vogel:*⟩ fortziehen; ⟨*Fisch:*⟩ wandern; ~ **to the south/sea** nach Süden ziehen/zum Meer wandern

**migration** [maɪ'greɪʃn] *n.* **a)** *see* **migrate a:** Abwandern, *das;* Auswandern, *das;* Übersiedeln, *das;* Überwechseln, *das;* **a great ~:** eine große Auswanderungswelle; **b)** *(with the seasons) (of birds)* Fortziehen, *das; (of fish)* Wandern, *das; (instance) (of birds)* Zug, *der; (of fish)* Wanderung, *die*

**migratory** ['maɪgrətərɪ, maɪ'greɪtərɪ] *adj.* **a) ~ tribe** Nomadenstamm, *der;* **these workers are ~:** dies sind Wanderarbeiter/*(in EEC)* Gastarbeiter; **b)** *(moving according to seasons)* ~ **bird/fish** Zugvogel, *der/*Wanderfisch, *der*

**Mike** [maɪk] *pr. n.* **for the love of ~** *(coll.)* um Himmels willen

**mike** *n. (coll.)* Mikro, *das*

**milady** [mɪ'leɪdɪ] *n.* **a)** Lady, *die;* **b)** *(form of address)* Mylady; gnädige Frau

**Milan** [mɪ'læn] *pr. n.* Mailand *(das)*

**Milanese** [mɪlə'ni:z] **1.** *n.* Mailänder, *der/*Mailänderin, *die.* **2.** *adj.* mailändisch; Mailänder

**milch** [mɪltʃ] *attrib. adj.* ~ **cow** Milchkuh, *die*

**mild** [maɪld] **1.** *adj.* **a)** *(gentle)* sanft ⟨*Person*⟩; **b)** *(not severe)* mild ⟨*Urteil, Bestrafung, Kritik*⟩; leicht ⟨*Erkrankung, Gefühlsregung*⟩; gemäßigt ⟨*Ausdrucksweise, Sprache, Satire*⟩; *(moderate)* leicht ⟨*Ermutigung, Aufregung*⟩; **c)** *(moderately warm)* mild ⟨*Wetter, Winter*⟩; **d)** *(having gentle effect)* mild, leicht ⟨*Arzneimittel, Stimulans*⟩; **e)** *(not strong in taste)* mild; leicht ⟨*Bier*⟩; **f)** *(feeble)* zahm *(ugs.)* ⟨*Versuch, Spiel*⟩. *See also* **draw 1 c. 2.** *n. schwach gehopfte englische Biersorte;* ~ **and bitter** *(Brit.) Mischgetränk aus schwach und stark gehopftem Bier*

**mildew** ['mɪldju:] **1.** *n.* **a)** *(on paper, cloth, wood)* Schimmel, *der;* **be spotted with ~:** Stockflecke haben; **b)** *(on plant)* Mehltau, *der.* **2.** *v. t.* **be/become ~ed** schimm[e]lig sein/verschimmeln; ⟨*Pflanze:*⟩ von Mehltau befallen sein/werden

**mildewy** ['mɪldju:ɪ] *adj.* schimm[e]lig ⟨*Papier, Stoff, Holz*⟩; von Mehltau befallen ⟨*Pflanze*⟩; muffig, mod[e]rig ⟨*Atmosphäre, Luft*⟩; *(spotted with mildew)* stock[fleck]ig

**mildly** ['maɪldlɪ] *adv.* **a)** *(gently)* mild[e]; **b)** *(slightly)* ein bißchen *od.* wenig ⟨*enttäuscht, bestürzt, ermutigend, begeistert*⟩; **c) to put it ~:** gelinde gesagt; **and that's putting it ~:** und das ist noch gelinde ausgedrückt

**mild 'steel** *n.* weicher *od.* kohlenstoffarmer Stahl

**mile** [maɪl] *n.* **a)** Meile, *die;* ~ **after** *or* **upon ~** *or* **~s and ~s of sand/beaches** meilenweit Sand/Strände; **~s per hour** Meilen pro Stunde; **not a hundred** *or* **thousand** *or* **million ~s from** *(joc.)* nicht allzu weit von; **someone not a hundred** *etc.* **~s from here** *(joc.)* einer ganz hier in der Nähe; *see also* **square 2 b**; **b) geographical** *or* **nautical** *or* **sea ~** *see* **nautical mile; c)** *(fig. coll.: great amount)* **win/miss by a ~:** haushoch gewinnen/meilenweit verfehlen; **~s better/too big** tausendmal besser/viel zu groß; **beat sb. by ~s** jmdn. haushoch schlagen; **be ~s ahead of sb.** jmdm. weit voraus sein; **be ~s out [in one's answers]** [mit seinen Antworten] völlig danebenliegen *(ugs.)*; **run a ~** *(fig.)* das Weite suchen; **you can see it a ~ off** *(fig.)* das sieht doch ein Blinder [mit dem Krückstock] *(ugs.)*; **sb. is ~s away** *(in thought)* jmd. ist mit seinen Gedanken ganz woanders; *see also* **stand out b**; **stick out 2 b**; **d)** *(race)* Meilenlauf, *der*; **run the ~ in under four minutes** die Meile in weniger als vier Minuten laufen

**mileage** ['maɪlɪdʒ] *n.* **a)** *(number of miles)* [Anzahl der] Meilen; **state the exact ~ travelled** die gefahrenen Meilen genau angeben; **a low ~** *(on milometer)* ein niedriger Meilenstand; **b)** *(number of miles per gallon)* [Benzin]verbrauch, *der*; **what ~ do you get with your car?** wieviel verbraucht dein Auto?; **c)** *(fig.: benefit)* Nutzen, *der*; **get ~ out of sth.** Nutzen aus etw. ziehen; **there is no ~ in the idea** dieser Vorschlag rentiert sich nicht; **d)** *(expenses)* ≈ Kilometergeld, *das*

**mile: ~-post** *n.* **a)** Meilenpfosten, *der*; **b)** *(Sport)* Meilenmarkierung, *die*; **by/at the ~-post** eine Meile vor dem Ziel; **~stone** *n.* *(lit. or fig.)* Meilenstein, *der*

**milieu** [mɪ'ljɜ:, 'mi:ljɜ:] *n.*, *pl.* **~x** [mɪ'ljɜ:z, 'mi:ljɜ:z] *or* **~s** Milieu, *das*

**militancy** ['mɪlɪtənsɪ] *n.*, *no pl.* Kampfbereitschaft, *die*; Militanz, *die*

**militant** ['mɪlɪtənt] **1.** *adj.* **a)** *(aggressively active)* kämpferisch; militant; *(less aggressive)* aktiv; **b)** *(engaged in warfare)* kriegführend. **2.** *n.* Militante, *der/die*

**militaria** [mɪlɪ'teərɪə] *n. pl.* Militaria *Pl.*

**militarism** ['mɪlɪtərɪzəm] *n.* Militarismus, *der*

**militarize (militarise)** ['mɪlɪtəraɪz] *v. t.* militarisieren; *(equip)* militärisch ausrüsten

**military** ['mɪlɪtərɪ] **1.** *adj.* militärisch; Militär⟨*regierung, -akademie, -uniform, -parade*⟩; **~ man** Soldat, *der*; **~ service** Militärdienst, *der*; Wehrdienst, *der*. **2.** *n.*, *constr. as sing. or pl.* **the ~**: das Militär

**military: ~ 'band** *n.* Militärkapelle, *die*; **~ po'lice** *n.* Militärpolizei, *die*

**militate** ['mɪlɪteɪt] *v. i.* **~ against/in favour of sth.** [deutlich] gegen/für etw. sprechen; *(have effect)* sich zuungunsten/zugunsten einer Sache *(Gen.)* auswirken

**militia** [mɪ'lɪʃə] *n.* Miliz, *die*; Bürgerwehr, *die (hist.)*

**militiaman** [mɪ'lɪʃəmən] *n.*, *pl.* **militiamen** [mɪ'lɪʃəmən] Milizionär, *der*

**milk** [mɪlk] **1.** *n.* Milch, *die*; **it's no use crying over spilt ~** *(prov.)* [was] passiert ist[, ist] passiert; **be [like] ~ and water** bieder und harmlos sein; **~-and-water** *(fig.)* nichtssagend ⟨*Rede, Predigt, Meinung, Buch*⟩; halbherzig ⟨*Politik*⟩; **a land of** *or* **flowing with ~ and honey** *(fig.)* ein Land, darin Milch und Honig fließt *(bibl. fig.)*; **the ~ of human kindness** die Milch der frommen Denkart *(dichter.)*; **M~ of Magnesia, (P)** Magnesiamilch, *die*; *see also* **condense 1 a**; **dried**; **powder 2 b**. **2.** *v. t.* *(draw ~ from)* melken; *(fig.: get money out of)* melken *(salopp)*; **be ~ed dry by sb.** von jmdm. ausgenommen werden *(ugs.)*

**milk: ~ bar** *n.* Milchbar, *die*; **~-bottle** *n.* Milchflasche, *die*; **~ 'chocolate** *n.* Milchschokolade, *die*; **~-churn** *n.* Milchkanne, *die*; **~-float** *n.* *(Brit.)* Milchwagen, *der*

**milking** ['mɪlkɪŋ] *n.* Melken, *das*

**milking: ~-machine** *n.* Melkmaschine, *die*; **~-stool** *n.* Melkschemel, *der*

**milk: ~-jug** *n.* Milchkrug, *der*; *(with tea, coffee, etc.)* Milchkännchen, *das*; **~-loaf** *n.* Milchbrot, *das*; **~maid** *n.* Melkerin, *die*; **~man** ['mɪlkmən] *n.*, *pl.* **~men** ['mɪlkmən] Milchmann, *der*; **~-powder** *n.* Milchpulver, *das*; **~ 'pudding** *n.* Milchpudding, *der*; **~ run** *n.* *(fig.)* [übliche] Tour; **~ shake** *n.* Milk-Shake, *der*; Milchshake, *der*; **~sop** *n.* Weichling, *der*; **~-tooth** *n.* Milchzahn, *der*; **~-white** *adj.* milchweiß

**milky** ['mɪlkɪ] *adj.* milchig; **~ coffee** Milchkaffee, *der*

**Milky 'Way** *n.* Milchstraße, *die*

**mill** [mɪl] **1.** *n.* **a)** Mühle, *die*; **he really went** *or* **was put through the ~** *(fig.)* er wurde ganz schön in die Mangel genommen *(ugs.)*; **b)** *(factory)* Fabrik, *die*; *(machine)* Maschine, *die*; **~ town** ≈ Textilstadt, *die*. **2.** *v. t.* **a)** mahlen ⟨*Getreide*⟩; **b)** fräsen ⟨*Metallgegenstand*⟩; rändeln ⟨*Münze*⟩. **3.** *v. i.* ⟨*Vieh:*⟩ im Kreis laufen; **crowds of customers were ~ing in the corridors** die Kunden schoben sich in Scharen durch die Gänge

**~ a'bout** *(Brit.)*, **~ a'round** *v. i.* durcheinanderlaufen; **a mass of people ~ing about** *or* **around in the square** eine Menschenmenge, die sich hin und her über den Platz schiebt/schob

**milled** [mɪld] *adj.* gemahlen ⟨*Korn*⟩; gerändelt ⟨*Münze*⟩

**millennium** [mɪ'lenɪəm] *n.*, *pl.* **~s** *or* **millennia** [mɪ'lenɪə] **a)** Millennium, *das*; **b)** *(Relig.)* Tausendjähriges Reich; Millennium, *das (fachspr.)*

**millepede** ['mɪlɪpi:d] *n.* *(Zool.)* **a)** *(myriapod)* Tausendfüß[l]er, *der*; **b)** *(crustacean)* Assel, *die*

**miller** ['mɪlə(r)] *n.* Müller, *der*

**millet** ['mɪlɪt] *n.* *(Bot.)* Hirse, *die*

**milli-** ['mɪlɪ] *pref.* milli-/Milli-

**milliard** ['mɪljəd] *n.* *(Brit.)* Milliarde, *die*

**'millibar** *n.* *(Meteorol.)* Millibar, *das*

**'milligram** *n.* Milligramm, *das*

**'millilitre** *(Brit.; Amer.:* **milliliter**) *n.* Milliliter, *der od. das*

**'millimetre** *(Brit.; Amer.:* **millimeter**) *n.* Millimeter, *der*

**milliner** ['mɪlɪnə(r)] *n.* Putzmacher, *der*/-macherin, *die*; Modist, *der*/Modistin, *die*

**millinery** ['mɪlɪnərɪ] *n.* **a)** *no pl.* *(articles)* Hüte; **b)** *no pl.* *(business)* Hutmacherei, *die*; **c)** *(shop)* Hutgeschäft, *das*

**million** ['mɪljən] **1.** *adj.* **a)** **a** *or* **one ~**: eine Million; **two/several ~**: zwei/mehrere Millionen; **a** *or* **one ~ and one** eine Million ein; **half a ~** eine halbe Million; **b) a ~ [and one]** *(fig.: innumerable)* tausend; **a ~ books/customers** eine Unmenge Bücher/Kunden; **never in a ~ years** nie im Leben *(ugs.)*; **I've got a ~ [and one] things to do** ich habe tausend Sachen zu erledigen; *see also* **dollar**; **mile a. 2.** *n.* **a)** Million, *die*; **a** *or* **one/two ~**: eine Million/zwei Millionen; **a ~-to-one chance** eine Chance von einer Million zu eins; **in** *or* **by ~s**: millionenweise; **a ~ and one** *etc.* eine Million einer/eine/eins; **the starving ~s** die Millionen [von] Hungerleidenden; **make a ~**: eine Million machen; **b)** *(indefinite amount)* **there were ~s of people** eine Unmenge Leute waren da; **thanks a ~**: tausend Dank; **~s of times** tausendmal; x-mal *(ugs.)*; **he is a man/she is one in a ~**: so jemanden wie ihn/sie findet man nicht noch einmal; **the ~[s]** die breite Masse

**millionaire** [mɪljə'neə(r)] *n.* *(lit. or fig.)* Millionär, *der*/Millionärin, *die*

**millionth** ['mɪljənθ] **1.** *adj.* millionst...; **a ~ part** ein Millionstel. **2.** *n.* *(fraction)* Millionstel, *das*; **a ~ of a second** eine Millionstelsekunde

**millipede** *see* **millepede**

**mill: ~-owner** *n.* Textilfabrikant, *der*; **~-pond** *n.* Mühlteich, *der*; **the sea was like a ~-pond** die See war ruhig wie ein Teich; **~-race** *n.* Mühlbach, *der*; **~stone** *n.* Mühlstein, *der*; **be a ~stone round sb.'s neck** *(fig.)* jmdm. ein Klotz am Bein sein *(ugs.)*; **~-wheel** *n.* Mühlrad, *das*

**milometer** [maɪ'lɒmɪtə(r)] *n.* Meilenzähler, *der*

**mime** [maɪm] **1.** *n.* **a)** *(performance)* Pantomime, *die*; **b)** *no pl., no art.* *(art)* Pantomimik, *die*; Pantomime, *die (ugs.)*; **c)** *(performer)* Pantomime, *der*/Pantomimin, *die*. **2.** *v. i.* pantomimisch agieren. **3.** *v. t.* pantomimisch darstellen

**mimeograph** ['mɪmɪəgrɑ:f] **1.** *n.* *(machine)* Mimeograph, *der*. **2.** *v. t.* [auf einen Mimeographen] herstellen ⟨*Kopien*⟩/vervielfältigen ⟨*Vorlage*⟩

**mimic** ['mɪmɪk] **1.** *n.* Imitator, *der*; **that child is such a ~!** das Kind macht/plappert alles nach!. **2.** *v. t.*, **-ck-** **a)** nachahmen; imitieren; *(ridicule by imitating)* parodieren; **b)** *(resemble closely)* aussehen wie

**mimicry** ['mɪmɪkrɪ] *n.* **a)** *no pl.* Nachahmen, *das*; Nachäffen, *das (abwertend)*; **b)** *(instance of imitation) (of person)* Parodie, *die*; **c)** *(Zool.)* Mimikry, *die*

**mimosa** [mɪ'məʊzə] *n.* Mimose, *die*

**Min.** *abbr.* **Minister/Ministry** Min.

**min.** *abbr.* **a) minute[s]** Min; **b) minimum** *(adj.)* mind., *(n.)* Min.

**mina** ['maɪnə] *n.* *(Ornith.)* Maina, *der*; *(talking species)* Beo, *der*

**minaret** ['mɪnəret] *n.* Minarett, *das*

**mince** [mɪns] **1.** *n.* Hackfleisch, *das*; Gehackte, *das*. **2.** *v. t.* in kleine Stücke schneiden; *(chop)* kleinhacken; **~ beef in a machine** Rindfleisch durch den [Fleisch]wolf drehen; **~d meat** Hackfleisch, *das*; **not ~ matters** die Dinge beim Namen nennen; **there is no point in mincing matters** es hat keinen Sinn, etwas zu beschönigen; **she doesn't ~ her words** sie spricht ganz offen und unverblümt. **3.** *v. i.* trippeln

**mince: ~meat** *n.* **a)** Hackfleisch, *das*; Gehackte, *das*; **make ~meat of sb.** *(fig.)* Hackfleisch aus jmdm. machen *(ugs.)*; **make ~meat of sb.'s arguments** *(fig.)* jmds. Argumente zerpflücken; **b)** *(sweet)* *süße Pastetenfüllung aus Obst, Rosinen, Gewürzen, Nierenfett usw.*; **~ 'pie** *n. mit süßem „mincemeat" gefüllte Pastete*

**mincer** ['mɪnsə(r)] *n.* Fleischwolf, *der*

**mind** [maɪnd] **1.** *n.* **a)** *(remembrance)* **bear** *or* **keep sth. in ~**: an etw. *(Akk.)* denken; etw. nicht vergessen; **have [it] in ~ to do sth.** vorhaben, etw. zu tun; etw. zu tun gedenken *(geh.)*; **we have in ~ a new project** uns *(Dat.)* schwebt ein neues Projekt vor; **bring sth. to ~**: etw. in Erinnerung rufen; **call sth. to ~**: sich *(Dat.)* an etw. erinnern; **many things came to ~**: vielerlei kam mir/ihm *usw.* in den Sinn; **sth. comes into sb.'s ~**: jmdm. fällt etw. ein; **it went out of my ~**: ich habe es vergessen; es ist mir entfallen; **put sb. in ~ of sb./sth.** jmdn. an jmdn./etw. erinnern; **put sth./sb. out of one's ~**: etw./jmdn. aus seinem Gedächtnis streichen; *see also* **sight 1 f**; **time 1 b**; **b)** *(opinion)* **tell sb. one's ~ frankly** freimütig jmdm. seine Meinung sagen; **give sb. a piece of one's ~**: jmdm. gründlich die Meinung sagen; **in** *or* **to my ~**: meiner Meinung *od.* Ansicht nach; **be of a** *or* **of one** *or* **of the same ~, be in one ~**: einer Meinung sein; **be in two ~s about sth.** [sich *(Dat.)*] unschlüssig über etw. *(Akk.)* sein; **change one's ~**: seine Meinung ändern; **have a ~ of one's own** seinen eigenen Kopf haben; **I have a good ~/a** *or* **half a ~ to do that** ich hätte große Lust/nicht übel Lust, das zu tun; **he doesn't know his own ~**: er weiß nicht, was er will; **make up one's ~, make one's ~ up** sich entscheiden; **make up one's ~ to do sth.** sich entschließen, etw. zu tun; **I've finally made up my ~**: ich bin zu einem Entschluß gekommen; **if your ~ is made up** wenn Sie einen Entschluß gefaßt haben; **he made up my ~ for me** er nahm mir die Entscheidung ab; *(made my decision easy)* er machte mir die Entscheidung leicht; **read sb.'s ~**: jmds. Gedanken lesen; *see also* **speak 2 b**; **c)** *(direction of thoughts)* **his ~ is on other things** er ist mit den Gedanken woanders; **give** *or* **put** *or* **set** *or* **turn one's ~ to** sich konzentrieren auf (+ *Akk.*) ⟨*Arbeit, Aufgabe, Angelegenheit*⟩; **I have had sb./sth. on my ~**: jmd./etw.

hat mich beschäftigt; *(remembered)* ich habe an jmdn./etw. gedacht; *(worried)* ich habe mir Sorgen wegen jmdm./etw. gemacht; **she has a lot of things on her ~**: sie hat viele Sorgen; **sth. preys** *or* **weighs on sb.'s ~**: etw. macht jmdm. zu schaffen *od.* läßt jmdn. nicht los; **take sb.'s ~ off sth.** jmdn. von etw. ablenken; **keep one's ~ on sth.** sich auf etw. *(Akk.)* konzentrieren; **close one's ~ to sth.** sich einer Sache *(Dat.)* verschließen *(geh.)*; **have a closed ~**: sich entschieden haben; **set one's ~ on sth./on doing sth.** sich *(Dat.)* etw. in den Kopf setzen/sich *(Dat.)* in den Kopf setzen, etw. zu tun; *see also* **absence c; open 1 g; presence e; d)** *(way of thinking and feeling)* Denkweise, *die;* **frame of ~**: [seelische] Verfassung; **state of ~**: [Geistes]zustand, *der;* **be in a frame of ~ to do sth.** in der Verfassung sein, etw. zu tun; **be in a calm frame of ~**: ruhig sein; **her state of ~ was confused** sie konnte nicht mehr klar denken; **have a logical ~**: logisch denken; **he has the ~ of a child** er hat ein kindliches Gemüt; **the secrets of the human ~**: die Geheimnisse des menschlichen Geistes; **the Victorian/Classical** *etc.* **~**: die Denkweise des viktorianischen Zeitalters/der Klassik *usw.*; **e)** *(seat of consciousness, thought, volition)* Geist, *der;* **a triumph/the power of ~ over matter** ein Triumph/die Macht des Geistes über die Materie; **it was a case of ~ over matter** der Geist hat über die Materie triumphiert; **it's all in the ~**: es ist alles nur Einstellung; **in one's ~**: im stillen; **in my ~'s eye** vor meinem geistigen Auge; im Geiste; **nothing could be further from my ~ than ...**: nichts läge mir ferner, als ...; **no such thought ever entered his ~**: so etwas kam ihm nie in den Sinn; **his ~ was filled with gloomy forebodings** er war von düsteren Vorahnungen erfüllt; **f)** *(intellectual powers)* Verstand, *der;* Intellekt, *der;* **have a very fine** *or* **good ~**: einen klaren *od.* scharfen Verstand haben; **[not] have a good ~**: [nicht] intelligent sein; **g)** *(normal mental faculties)* Verstand, *der;* **lose** *or* **go out of one's ~**: den Verstand verlieren; **be out of one's ~**: verrückt sein; den Verstand verloren haben; **in one's right ~**: im Vollbesitz seiner geistigen Kräfte; bei klarem Verstand; **h)** *(person)* Geist, *der;* **a fine ~**: ein großer Geist *od. (ugs.)* kluger Kopf. **2.** *v. t.* **a)** *(heed)* **don't ~ what he says** gib nichts auf sein Gerede *od. (geh.)* seine Worte; **~ what I say** glaub mir; **let's do it, and never ~ the expense** machen wir es doch, egal, was es kostet; **b)** *(concern oneself about)* **he ~s a lot what people think of him** es ist für ihn sehr wichtig, was die Leute von ihm denken; **I can't afford a bicycle, never ~ a car** ich kann mir kein Fahrrad leisten, geschweige denn ein Auto; **never ~ him/that** *(don't be anxious)* er/das kann dir doch egal sein *(ugs.)*; **never ~ him – what about me/my predicament?** es interessiert mich nicht – was ist mit mir/mit meinem Dilemma?; **never ~ how/where ...**: es tut nichts zur Sache, wie/wo ...; **never ~ your mistake** laß dir über diesen Fehler *od.* wegen dieses Fehlers keine grauen Haare wachsen *(ugs.)*; **don't ~ me** nimm keine Rücksicht auf mich; *(don't let my presence disturb you)* laß dich [durch mich] nicht stören; *(iron.)* nimm bloß keine Rücksicht auf mich; **~ the doors!** passen Sie auf die Türen auf!; **~ your back[s]** *(coll.)* Bahn frei! *(ugs.)*; **~ one's P's and Q's** sich anständig benehmen; *(follow the correct procedure)* sich nichts zuschulden kommen lassen; **c)** *(apply oneself to)* sich kümmern um; *see also* **business c; d)** *usu. neg. or interrog. (object to)* **did he ~ being woken up?** hat es ihm was ausgemacht, aufgeweckt zu werden?; **would you ~ opening the door?** würdest du bitte die Tür öffnen?; **do you ~?** *(may I?)* hätten Sie etwas dagegen?; *(please do not)* darf ich bitten! *(iron.)*; **if you don't ~**: wenn es Ihnen recht ist; *(iron.)* wenn ich bitten darf!; **do you ~ my asking you a personal question?** darf ich Sie etwas Persönliches fragen?; **do you ~ my smoking?** stört es Sie *od.* haben Sie etwas dagegen, wenn ich rauche?; **I don't ~ what he says** es ist mir gleichgültig *od.* egal, was er sagt; **I don't ~ him** ich habe nichts gegen ihn; **I wouldn't ~ a new car/a walk** ich hätte nichts gegen ein neues Auto/einen Spaziergang; **Have a cup of tea. – I don't ~ if I do** Eine Tasse Tee? – Ach ja, warum nicht?; **do you ~ not helping yourself to all the sweets?** *(iron.)* wie wär's, wenn du ein paar von den Süßigkeiten übrig ließest?; **e)** *(remember and take care)* **~ you don't go too near the cliff-edge!** paß auf, daß du nicht zu nah an den Klippenrand gehst!; **~ [that] you wash your hands before lunch!** denk daran *od.* vergiß nicht, vor dem Essen die Hände zu waschen!; **~ you don't leave anything behind** denk daran, nichts liegenlassen!; **~ how you go!** paß auf! sei vorsichtig!; *(as general farewell)* mach's gut! *(ugs.)*; **~ you get this work done** sieh zu, daß du mit dieser Arbeit fertig wirst!; **f)** *(have charge of)* aufpassen auf (+ *Akk.*); hüten ⟨*Schafe*⟩; **~ the shop** *or* *(Amer.)* **the store** *(fig.)* sich um den Laden kümmern *(ugs.)*; **g)** *(Amer.: be obedient to)* gehorchen (+ *Dat.*) ⟨*Person*⟩; befolgen ⟨*Befehl*⟩; **~ what they tell you** tu, was sie sagen!. **3.** *v. i.* **a)** **~!** Vorsicht!; Achtung!; **b)** *usu. in imper. (take note)* **follow the signposts, ~, or ...**: denk daran und halte dich an die Wegweiser, sonst...; **I didn't know that, ~, or ...**: das habe ich allerdings nicht gewußt, sonst ...; wohlgemerkt, das habe ich nicht gewußt, sonst ...; **~ you, I could see he was good** daß er gut war, war mir durchaus klar; **c)** *(care)* **do you '~?** *(iron.)* ich muß doch sehr bitten!; **turn it on; nobody will ~**: mach es an – es wird keinen stören *od.* keiner wird etwas dagegen haben; **he doesn't ~ about your using the car** er hat nichts dagegen, wenn Sie den Wagen benutzen; **if you don't ~**: wenn es dir recht ist *od.* du nichts dagegen hast; **d)** *(give heed)* **never [you] ~** *(it's not important)* macht nichts; ist nicht schlimm; **never ~: I can do it** schon gut – das kann ich machen; **never you ~** *(do not be inquisitive)* das braucht dich nicht zu interessieren; **Never ~ about that now! This work is more important** Laß das jetzt mal [sein/liegen]! Dies hier ist wichtiger; **never ~ about him – what happened to her?** er interessiert mich nicht – was ist ihr passiert?

**~ 'out** *v. i.* **I told them to ~ out** ich sagte ihnen, sie sollten aufpassen; **~ out for sth.** auf etw. *(Akk.)* aufpassen; **~ out!** Vorsicht!

**mind: ~-bending,** *(sl.)* **~-blowing** *adjs.* bewußtseinsverändernd; **the concert was ~-blowing** das Konzert war wahnsinnig *(ugs.)*; **~-boggling** ['maɪndbɒglɪŋ] *adj.* *(coll.)* wahnsinnig *(ugs.)*

**minded** ['maɪndɪd] *adj.* **a)** *(disposed)* **be ~ to do sth.** bereit *od. (geh.)* geneigt sein, etw. zu tun; **he could do it if he were so ~**: er könnte es tun, wenn ihm der Sinn danach stünde; **b) mechanically ~**: technisch veranlagt; **he is not in the least politically ~**: er ist vollkommen unpolitisch; **romantically ~**: romantisch veranlagt; **religious-~**: religiös; **be Establishment-~**: sich nach dem Establishment richten

**minder** ['maɪndə(r)] *n.* **a)** *(for child)* **we need a ~ for the child** wir brauchen jemanden, der auf das Kind aufpaßt *od.* das Kind betreut; **b)** *(for machine)* Maschinenwart, *der;* **c)** *(sl.: protector of criminal)* Gorilla, *der (salopp)*

**mindful** ['maɪndfl] *adj.* **be ~ of sth.** *(take into account)* etw. bedenken *od.* berücksichtigen; *(give attention to)* an etw. *(Akk.)* denken

**mindless** ['maɪndlɪs] *adj.* geistlos, *(ugs.)* hirnlos ⟨*Mensch*⟩; sinnlos ⟨*Handlung, Gewalt*⟩

**'mind: ~-reader** *see* **thought-reader; ~-set** *n.* Denkart, *die*

**¹mine** [maɪn] **1.** *n.* **a)** *(for coal)* Bergwerk, *das;* *(for metal, diamonds, etc.)* Bergwerk, *das;* Mine, *die;* **go** *or* **work down the ~**: unter Tage arbeiten; **b)** *(fig.: abundant source)* unerschöpfliche Quelle; **he is a ~ of useful facts/of information** von ihm kann man eine Menge Nützliches/eine Menge erfahren; **c)** *(explosive device)* Mine, *die.* **2.** *v. t.* **a)** graben ⟨*Loch, unterirdischen Gang*⟩; **b)** schürfen ⟨*Gold*⟩; abbauen, fördern ⟨*Erz, Kohle, Schiefer*⟩; **c)** *(dig into for ore etc.)* **~ an area** in einem Gebiet Bergbau betreiben; **~ an area for ore** *etc.* in einem Gebiet Erz *usw.* abbauen *od.* fördern; **d)** *(Mil.: lay mines in)* verminen. **3.** *v. i.* *(dig the earth)* Bergbau betreiben; **~ for** *see* **2 b**

**²mine** *poss. pron.* **a)** *pred.* meiner/meine/mein[e]s; der/die/das meinige *(geh.)*; **you do your best and I'll do ~**: du tust dein Bestes und ich auch; **look at that dog of ~!** sieh dir bloß mal meinen Hund an! *(ugs.)*; **those big feet of ~**: meine großen Quanten *(ugs.)*; **when will you be ~?** wann wirst du die Meine/der Meine sein? *(veralt.)*; **vengeance is ~**: die Rache ist mein *(geh., veralt.)*; *see also* **hers; b)** *attrib. (arch./poet.)* mein

**mine: ~-detector** *n.* Minensuchgerät, *das;* **~field** *n. (lit. or fig.)* Minenfeld, *das;* **~layer** *n.* Minenleger, *der*

**miner** ['maɪnə(r)] *n.* Bergmann, *der;* Kumpel, *der (Bergmannsspr.)*

**mineral** ['mɪnərl] **1.** *adj.* mineralisch; Mineral⟨*salz, -quelle*⟩; **~ wealth** Mineralienreichtum, *der;* Reichtum an Bodenschätzen; *see also* **kingdom d. 2.** *n.* **a)** *(mineral substance)* Mineral, *das;* **a country rich in ~s** ein an Bodenschätzen reiches Land; **b)** *esp. in pl. (Brit.: soft drink)* Erfrischungsgetränk, *das*

**mineralize** ['mɪnərəlaɪz] *v. t. & i.* mineralisieren

**mineralogist** [mɪnə'rælədʒɪst] *n.* Mineraloge, *der*/Mineralogin, *die*

**mineralogy** [mɪnə'rælədʒɪ] *n.* Mineralogie, *die*

**mineral: ~ oil** *n.* Mineralöl, *das;* **~ water** *n.* Mineralwasser, *das*

**'mine-shaft** *n.* [Gruben]schacht, *der*

**minestrone** [mɪnɪ'strəʊnɪ] *n. (Gastr.)* Minestrone, *die*

**mine: ~sweeper** *n.* Minensuchboot, *das;* **~worker** *n.* Bergmann, *der;* Kumpel, *der (Bergmannsspr.)*

**mingle** ['mɪŋgl] **1.** *v. t.* [ver]mischen. **2.** *v. i.* sich [ver]mischen **(with** mit); **~ with** *or* **among the crowds** sich unters Volk mischen; **he ~s with millionaires** er hat Umgang mit Millionären

**mingy** ['mɪndʒɪ] *adj. (Brit. coll.)* mick[e]rig *(ugs.)* ⟨*Gegenstand*⟩; knick[e]rig *(ugs.)* ⟨*Mensch*⟩; lumpig *(ugs.)* ⟨*Betrag*⟩

**mini** ['mɪnɪ] *n. (coll.)* **a)** *(car)* **M~, (P)** Mini, *der;* **b)** *(skirt)* Mini, *der (ugs.)*

**mini-** ['mɪnɪ] *in comb.* Mini-; Klein⟨*bus, -wagen, -taxi*⟩

**miniature** ['mɪnɪtʃə(r)] **1.** *n.* **a)** *(picture)* Miniatur, *die;* **b)** *no pl., no art. (branch of painting)* Miniaturmalerei, *die;* **a portrait in ~**: ein Miniaturportrait; **c)** *(small version)* Miniaturausgabe, *die;* **in ~**: im Kleinformat. **2.** *adj.* **a)** *(small-scale)* Miniatur-; **b)** *(smaller than normal)* Mini- *(ugs.)*; Kleinst-; **~ poodle** Zwergpudel, *der;* **~ golf** Minigolf, *das;* **~ camera** Kleinstbildkamera, *die;* **~ railway** Miniaturbahn, *die*

**miniaturise** *see* **miniaturize**

**miniaturist** ['mɪnɪtʃərɪst] *n.* Miniaturmaler, *der*/-malerin, *die*

**miniaturize** ['mɪnɪtʃəraɪz] *v.t.* verkleinern
**mini:** ~**bus** *n.* Kleinbus, *der;* ~**cab** *n.* Kleintaxi, *das;* Minicar, *das;* ~**computer** *n.* Minicomputer, *der*
**minim** ['mɪnɪm] *n.* **a)** *(Brit. Mus.)* halbe Note; **b)** *(fluid measure)* Minim, *das (ca. 0,06 $cm^3$)*
**minimal** ['mɪnɪml] *adj.* minimal
**minimally** ['mɪnɪməlɪ] *adv.* minimal
**minimisation, minimise** *see* **minimiz-**
**minimization** [mɪnɪmaɪ'zeɪʃn] *n.* **a)** Minimierung, *die;* **b)** *(understating)* Verharmlosung, *die*
**minimize** ['mɪnɪmaɪz] *v.t.* **a)** *(reduce)* minimieren; auf ein Mindestmaß reduzieren; **b)** *(understate)* bagatellisieren; verharmlosen ⟨*Gefahr*⟩; herunterspielen ⟨*Bedeutung*⟩
**minimum** ['mɪnɪməm] **1.** *n., pl.* **minima** ['mɪnɪmə] Minimum, *das* (**of** an + *Dat.*); **reduce to a** ~: auf ein Minimum reduzieren; **keep sth. to a** ~: etw. so gering/niedrig wie möglich halten; **a** ~ **of £5** mindestens 5 Pfund; **at the** ~: mindestens. **2.** *attrib. adj.* Mindest-; ~ **temperatures tonight around 5°** nächtliche Tiefsttemperaturen um 5°
**minimum:** ~ **'lending rate** *n. (Finance) Mindestausleihsatz [der Bank von England];* ≈ Mindestdiskontsatz, *der;* ~ **'wage** *n.* Mindestlohn, *der*
**mining** ['maɪnɪŋ] *n.* Bergbau, *der; attrib.* Bergbau-; ~ **area** *or* **district** Bergbaugebiet, *das;* Revier, *das*
**mining:** ~ **engineer** *n.* Berg[bau]ingenieur, *der;* ~ **engineering** *n.* Bergbautechnik, *die;* ~ **industry** *n.* Montanindustrie, *die;* Bergbau, *der;* ~ **town** *n.* Bergbaustadt, *die;* ~ **village** *n.* Bergbaudorf, *das*
**minion** ['mɪnjən] *n. (derog.)* **a)** *(servile agent)* Ergebene, *der/die;* Lakai, *der (abwertend);* **b)** *(favourite of king etc.)* Günstling, *der (abwertend);* Protegé, *der*
**'mini-roundabout** *n. (Brit.) sehr kleiner, oft nur aufs Pflaster aufgezeichneter Kreisverkehr*
**'miniskirt** *n.* Minirock, *der*
**minister** ['mɪnɪstə(r)] **1.** *n.* **a)** *(Polit.)* Minister, *der*/Ministerin, *die;* **M~ of the Crown** *(Brit.)* Kabinettsminister, *der*/-ministerin, *die;* **M~ of State** *(Brit.)* ≈ Staatssekretär, *der*/-sekretärin, *die; see also* **portfolio b; prime minister; b)** *(diplomat)* Gesandte, *der*/Gesandtin, *die;* **c)** *(Eccl.)* ~ **[of religion]** Geistliche, *der/die;* Pfarrer, *der*/Pfarrerin, *die.* **2.** *v.i.* ~ **to sb.** sich um jmdn. kümmern; ~ **to sb.'s wants/needs** jmds. Wünsche/Bedürfnisse befriedigen; ~**ing angel** barmherziger Engel
**ministerial** [mɪnɪ'stɪərɪəl] *adj.* **a)** *(Eccl.)* geistlich; ~ **candidate** Kandidat [für das Pfarramt]; **b)** *(Polit.)* Minister-; ministeriell
**ministration** [mɪnɪ'streɪʃn] *n.* **a)** *(giving aid)* Hilfe[leistung], *die;* Fürsorge, *die;* **under the** ~**s of sb.** durch jmds. Fürsorge *od.* Pflege; **b)** *(Relig.)* Seelsorge, *die;* seelsorgerischer Dienst (**to** an + *Dat.*)
**ministry** ['mɪnɪstrɪ] *n.* **a)** *(Government department or building)* Ministerium, *das;* ~ **official** Ministerialbeamte, *der*/-beamtin, *die;* **b)** *(Polit.: body of ministers)* Kabinett, *das;* Regierung, *die;* **c)** *(Eccl.: body of ministers)* Geistlichkeit, *die;* **d)** *(profession of clergyman)* geistliches Amt; **go into** *or* **enter the** ~: Geistlicher werden; **e)** *(Relig:) (office as minister)* geistliches Amt; *(period of tenure)* Amtszeit als Geistlicher; **perform a** ~ **among the poor** die Armen seelsorgerisch betreuen; **f)** *(Polit.: period of office)* Amtszeit [als Minister]
**mink** [mɪŋk] *n.* Nerz, *der;* ~ **coat** Nerzmantel, *der*
**minnow** ['mɪnəʊ] *n. (Zool.)* Elritze, *die; (fig.)* kleiner Fisch
**minor** ['maɪnə(r)] **1.** *adj.* **a)** *(lesser)* kleiner...; leicht ⟨*Operation, Verletzung, Anfall*⟩; Neben⟨*figur, -rolle*⟩; ~ **piece** *(Chess)* Leichtfigur, *die;* **b)** *(comparatively unimportant)* weniger bedeutend; geringer ⟨*Bedeutung*⟩; ~ **matter** Nebensächlichkeit, *die;* **c)** *(Brit. Sch.)* **Jones** ~: der jüngere Jones; Jones No. 2 *(ugs.);* **d)** *(Mus.)* Moll-; ~ **key/scale/chord** Molltonart, *die*/Molltonleiter, *die*/Mollakkord, *der;* **A** ~: a-Moll; **in a** ~ **key** in Moll; ~ **third** *etc.* kleine Terz *usw.* **2.** *n.* **a)** *(person)* Minderjährige, *der/die;* **be a** ~: minderjährig sein; **b)** *(Amer. Univ.)* Nebenfach, *das.* **3.** *v.i. (Amer.)* ~ **in sth.** etw. als Nebenfach haben
**minor 'axis** *n. (Geom.)* kleine Achse
**minority** [maɪ'nɒrɪtɪ, mɪ'nɒrɪtɪ] *n.* **a)** Minderheit, *die;* Minorität, *die;* **be in a** ~ **of one** allein dastehen; **in the** ~: in der Minderheit; **b)** *attrib.* Minderheits⟨*regierung, -bericht*⟩; ~ **group** Minderheit, *die;* Minorität, *die;* ~ **rights** Minderheitenrechte
**minor:** ~ **league** *(Amer.) n.* untere Liga; *attrib.* Unterliga-; ~ **planet** *see* **planet;** ~ **suit** *n. (Bridge)* niedrige Farbe
**minster** ['mɪnstə(r)] *n.* Münster, *das;* **York M~:** die Kathedrale von York
**minstrel** ['mɪnstrl] *n.* **a)** *(medieval singer or musician)* Spielmann, *der;* fahrender Sänger; ~**s' gallery** Musikantengalerie, *die;* **b)** *(Hist.: entertainer)* Minstrel, *der (hist.)*
**¹mint** [mɪnt] **1.** *n.* **a)** *(place)* Münzanstalt, *die;* Münze, *die;* **Royal M~** *(Brit.)* Königlich-Britische Münzanstalt; **b)** *(sum of money)* **a** ~ **[of money]** eine schöne Stange *od.* ein Haufen Geld *(ugs.);* **have a** ~ **[of money]** Geld wie Heu haben *(ugs.);* im Geld schwimmen *(ugs.);* **c)** *(fig.: source)* Prägestätte, *die.* **2.** *adj.* funkelnagelneu *(ugs.);* vorzüglich ⟨*Münze*⟩ *(fachspr.);* ungestempelt ⟨*Briefmarke*⟩; **in** ~ **condition** *or* **state** ⟨*Auto, Bild usw.*⟩ in tadellosem Zustand. **3.** *v.t. (lit. or fig.)* prägen
**²mint** *n.* **a)** *(plant)* Minze, *die;* **b)** *(peppermint)* Pfefferminz, *das; attrib.* Pfefferminz-
**mint 'sauce** *n.* Minzsoße, *die*
**minty** ['mɪntɪ] *adj.* Pfefferminz⟨*aroma, -geschmack*⟩; **be/taste** ~: nach Pfefferminz schmecken
**minuet** [mɪnjʊ'et] *n. (Mus.)* Menuett, *das*
**minus** ['maɪnəs] **1.** *prep.* **a)** *(with the subtraction of)* minus; weniger; *(without)* ohne; abzüglich (+ *Gen.*); **b)** *(below zero)* minus; **a temperature of** ~ **20 degrees** [eine Temperatur von] 20 Grad Kälte *od.* minus 20 Grad; **c)** *(coll.: lacking)* ohne. **2.** *adj.* **a)** *(Math.)* negativ ⟨*Wert, Menge, Größe*⟩; Minus⟨*zeichen, -betrag*⟩; **b)** *(Electr.)* ~ **pole/terminal** Minuspol, *der.* **3.** *n.* **a)** *(Math.) (symbol)* Minus[zeichen], *das; (negative quantity)* negative Größe; **b)** *(disadvantage)* Minus, *das;* Nachteil, *der*
**minuscule** ['mɪnəskju:l] **1.** *adj.* winzig. **2.** *n. (lower-case letter)* Minuskel, *die (Druckw.);* Kleinbuchstabe, *der*
**¹minute** ['mɪnɪt] **1.** *n.* **a)** Minute, *die; (moment)* Moment, *der;* Augenblick, *der;* **I expect him [at] any** ~ **[now]** ich erwarte ihn jeden Augenblick; **for a** ~: eine Minute/einen Moment [lang]; **I'm not for a** ~ **saying you're wrong** ich will keinesfalls sagen, daß du unrecht hast; **in a** ~ *(very soon)* gleich; **half a** ~**!** einen Augenblick!; **have not a** ~ **to spare** keine [Minute] Zeit haben; **have you got a** ~**?** hast du mal eine Minute *od.* einen Augenblick Zeit?; **can you just give me a** ~**'s peace?** kannst du mich mal eine Minute *od.* einen Augenblick in Frieden lassen?; **come back this** ~**!** komm sofort *od.* auf der Stelle zurück!; **at that very** ~: genau in diesem Augenblick; **at the** ~ *(coll.)* momentan; im Moment; **to the** ~: auf die Minute; **up to the** ~: hochaktuell; **the** ~ **[that] I left** in dem Augenblick, als ich wegging; **the** ~ **he gets home, he's out in the garden** kaum ist er zu Hause, geht er in den Garten; **just a** ~**!, wait a** ~**!** *(coll.)* einen Augenblick!; *(objecting)* Augenblick mal! *(ugs.);* **would you mind waiting a** ~**?** würden Sie sich einen Moment gedulden?; **live ten** ~**s from town** zehn Minuten von der Stadt entfernt wohnen; **be five** ~**s' walk [away]** fünf Minuten zu Fuß entfernt sein; *see also* **last minute; b)** *(of angle)* Minute, *die;* **c)** *(draft)* Entwurf, *der; (note)* Notiz, *die;* Vermerk, *der;* **d)** *in pl. (brief summary)* Protokoll, *das;* **keep** *or* **take** *or* **record the** ~**s** das Protokoll führen; **e)** *(official memorandum)* Memorandum, *das.* **2.** *v.t.* **a)** *(record)* protokollieren ⟨*Vernehmung, Aussage*⟩; zu Protokoll nehmen ⟨*Bemerkung*⟩; **b)** *(send note to)* ~ **sb. [about sth.]** jmdn. schriftlich [von etw.] unterrichten
**²minute** [maɪ'nju:t] *adj.* , ~**r** [maɪ'nju:tə(r)], ~**st** [maɪ'nju:tɪst] **a)** *(tiny)* winzig; **not the** ~**st interest** nicht das geringste Interesse; **b)** *(petty)* [völlig] unbedeutend; **c)** *(precise)* minuziös; exakt; **with** ~ **care** mit peinlicher Sorgfalt
**minute-hand** ['mɪnɪthænd] *n.* Minutenzeiger, *der;* großer Zeiger
**minutely** [maɪ'nju:tlɪ] *adv. (with precision)* genauestens; sorgfältigst; ~ **planned** bis ins kleinste Detail geplant; **a** ~ **detailed analysis** eine Untersuchung bis ins kleinste Detail
**minuteman** ['mɪnɪtmæn] *n. (Amer. Hist.) auf Abruf bereitstehender Freiwilliger im amerikanischen Unabhängigskeitskrieg;* Minuteman, *der (fachspr.)*
**minute steak** ['mɪnɪt steɪk] *n.* Minutensteak, *das*
**minutiae** [maɪ'nju:ʃɪi:, mɪ'nju:ʃɪi:] *n. pl.* Details
**minx** [mɪŋks] *n.* kleines Biest *(ugs.)*
**miracle** ['mɪrəkl] *n.* Wunder, *das;* **perform** *or* **work** ~**s** Wunder tun *od.* vollbringen/wirken; **be nothing short of a** ~: an ein Wunder *od.* ans Wunderbare grenzen; **the age of** ~**s is not past** es geschehen noch Zeichen und Wunder; **economic** ~: Wirtschaftswunder, *das;* **we'll do our best but we can't promise** ~**s!** wir tun unser Bestes, aber wir können nicht hexen *od.* zaubern; **be a** ~ **of ingenuity** ein Wunder an Genialität sein
**'miracle play** *n. (Hist.)* Mirakel[spiel], *das*
**miraculous** [mɪ'rækjʊləs] *adj.* **a)** wunderbar; wundersam *(geh.); (supernatural)* übernatürlich ⟨*Ereignisse*⟩; *(having* ~ *power)* wunderkräftig; **b)** *(surprising)* erstaunlich; unglaublich
**miraculously** [mɪ'rækjʊləslɪ] *adv.* **a)** auf wunderbare *od.* *(geh.)* wundersame Weise; ~**, he escaped injury** wie durch ein Wunder blieb er unverletzt; **b)** *(surprisingly)* erstaunlicherweise
**mirage** ['mɪrɑ:ʒ, mɪ'rɑ:ʒ] *n.* **a)** *(optical illusion)* Fata Morgana, *die;* Luftspiegelung, *die;* **b)** *(illusory thing)* Illusion, *die;* Trugbild, *das*
**mire** [maɪə(r)] *n.* Morast, *der;* **be** *or* **stick** *or* **find oneself in the** ~ *(fig.)* im Dreck *od.* in der Klemme stecken *od.* sitzen *(ugs.);* **drag sb.'s name through the** ~ *(fig.)* jmds. Namen in den Schmutz *od. (ugs.)* Dreck ziehen
**mirror** ['mɪrə(r)] **1.** *n. (lit. or fig.)* Spiegel, *der;* **hold the** ~ **up to sb./sth.** *(fig.)* jmdm./einer Sache den Spiegel vorhalten; **it's all done with** ~**s** *(coll.)* das Ganze ist nur ein Trick. **2.** *v.t. (lit. or fig.)* [wider]spiegeln; **be** ~**ed in sth.** sich in etw. *(Dat.)* [wider]spiegeln
**mirror:** ~ **'image** *n.* Spiegelbild, *das;* ~ **writing** *n.* Spiegelschrift, *die*
**mirth** [mɜ:θ] *n. (literary)* Frohsinn, *der;* Fröhlichkeit, *die; (laughter)* Heiterkeit, *die*
**mirthful** ['mɜ:θfl] *adj. (literary)* heiter, fröhlich ⟨*Lachen*⟩
**misadventure** [mɪsəd'ventʃə(r)] *n.* **a)** *(piece of bad luck)* Mißgeschick, *das;* **I had a** ~: mir ist ein Mißgeschick passiert; **b)** *(Law)* **death by** ~: Tod durch Unfall

**misalliance** [mɪsə'laɪəns] *n.* Mesalliance, *die (geh.);* Mißheirat, *die*

**misanthrope** ['mɪzənθrəʊp], **misanthropist** [mɪ'zænθrəpɪst] *ns.* Misanthrop, *der (geh.);* Menschenfeind, *der*

**misanthropic** [mɪzən'θrɒpɪk] *adj.* misanthropisch *(geh.);* menschenfeindlich

**misanthropy** [mɪ'zænθrəpɪ] *n.* Menschenfeindlichkeit, *die*

**misapprehend** [mɪsæprɪ'hend] *v. t.* mißverstehen

**misapprehension** [mɪsæprɪ'henʃn] *n.* Mißverständnis, *das;* **be under a ~:** einem Irrtum unterliegen; **have a lot of ~s about sth.** völlig falsche Vorstellungen von etw. haben

**misappropriate** [mɪsə'prəʊprɪeɪt] *v. t.* unterschlagen, *(Rechtsspr.)* veruntreuen ‹*Geld usw.*›; stehlen ‹*Idee*›

**misappropriation** [mɪsəprəʊprɪ'eɪʃn] *n. (of money)* Unterschlagung, *die;* Veruntreuung, *die (Rechtsspr.)*

**misbegotten** [mɪsbɪ'gɒtn] *adj.* **a)** *(badly conceived)* schlecht konzipiert ‹*Plan, Vorhaben, Projekt*›; **b)** *(dated: illigitimate)* unehelich ‹*Kind*›

**misbehave** [mɪsbɪ'heɪv] **1.** *v. i.* sich schlecht benehmen. **2.** *v. refl.* **~ oneself** sich schlecht benehmen; sich danebenbenehmen *(ugs.);* **he and his girl-friend have been misbehaving themselves** *(euphem.)* er und seine Freundin haben sich miteinander eingelassen

**misbehaviour** (*Amer.:* **misbehavior**) [mɪsbɪ'heɪvɪə(r)] *n.* schlechtes Benehmen *od.* Betragen

**miscalculate** [mɪs'kælkjʊleɪt] *v. t.* falsch berechnen ‹*Menge*›; *(misjudge)* falsch einschätzen ‹*Folgen, Auswirkungen, Stärke*›; **~ the distance/the budget** sich bei der Entfernung/beim Budget verkalkulieren *od.* verschätzen

**miscalculation** [mɪskælkjʊ'leɪʃn] *n. (arithmetical error)* Rechenfehler, *der; (misjudgement)* Fehleinschätzung, *die;* **make a ~ about sth.** *(misjudge sth.)* etw. falsch einschätzen

**miscarriage** [mɪs'kærɪdʒ] *n.* **a)** *(Med.)* Fehlgeburt, *die;* **b)** *(of plans, projects, etc.)* Fehlschlagen, *das;* Mißlingen, *das;* **~ of justice** Justizirrtum, *der*

**miscarry** [mɪs'kærɪ] *v. i.* **a)** *(Med.)* eine Fehlgeburt haben; **b)** ‹*Plan, Vorhaben usw.:*› fehlschlagen; **c)** *(not reach destination)* ‹*Brief usw.:*› fehlgeleitet werden

**miscast** [mɪs'kɑ:st] *v. t.*, **miscast** falsch *od.* schlecht besetzen ‹*Rolle, Film, Theaterstück*›; fehlbesetzen ‹*Rolle*›

**miscellaneous** [mɪsə'leɪnɪəs] *adj.* **a)** *(mixed)* [kunter]bunt ‹*[Menschen]menge, Sammlung*›; **b)** *with pl. n. (of various kinds)* verschieden; verschiedenerlei

**miscellany** [mɪ'selənɪ] *n.* **a)** *(mixture)* [bunte] Sammlung; [buntes] Gemisch; **b)** *(book)* Sammelband, *der*

**mischance** [mɪs'tʃɑ:ns] *n.* **a)** *(piece of bad luck)* unglücklicher Zufall; **by a** *or* **some ~:** durch einen unglücklichen Zufall; **b)** *no pl., no art. (bad luck)* Pech, *das*

**mischief** ['mɪstʃɪf] *n.* **a)** Unsinn, *der;* Unfug, *der; (pranks)* [dumme] Streiche *Pl.; (playful malice)* Schalk, *der;* **mean ~:** etwas im Schilde führen; **be up to ~ again** wieder etwas im Schilde führen; **be** *or* **get up to [some] ~:** etwas anstellen; **keep out of ~:** keine Dummheiten *od.* keinen Unfug machen; **keep sb. out of ~:** jmdn. vor Dummheiten bewahren; **what ~ have you been up to now?** was hast du denn jetzt schon wieder angestellt?; **sb.'s eyes are full of ~:** jmdm. sieht *od.* schaut der Schalk aus den Augen; **b)** *(harm)* Schaden, *der;* **do sb./oneself a ~** *(coll.)* jmdm./sich etwas antun; **make** *or* **stir up ~:** Ärger machen; **c)** *(person)* Schlawiner, *der (ugs.); (child also)* Racker, *der*

**'mischief-maker** *n.* Böswillige, *der/die*

**mischievous** ['mɪstʃɪvəs] *adj.* **a)** spitzbübisch, schelmisch ‹*Blick, Gesichtsausdruck, Lächeln*›; schalkhaft *(geh.);* **~ trick** Schabernack, *der;* [dummer] Streich; **b)** *(malicious)* boshaft ‹*Person*›; böse ‹*Absicht*›; **c)** *(harmful)* schädlich ‹*Effekt*›; bösartig ‹*Gerücht*›; böse ‹*Zeitungsartikel*›

**mischievously** ['mɪstʃɪvəslɪ] *adv.* **a)** spitzbübisch; schalkhaft *(geh.);* **behave ~:** Schabernack treiben; Unfug anstellen; **b)** *(maliciously)* aus [reiner] Bosheit

**miscible** ['mɪsɪbl] *adj.* mischbar

**misconceive** [mɪskən'si:v] **1.** *v. i.* **~ of sth.** eine falsche Vorstellung von etw. haben; etw. verkennen. **2.** *v. t.* **be ~d** ‹*Projekt, Vorschlag, Aktion:*› schlecht konzipiert sein

**misconception** [mɪskən'sepʃn] *n.* falsche Vorstellung **(about** von); **be [labouring] under a ~ about sth.** sich *(Dat.)* eine falsche Vorstellung von etw. machen; etw. verkennen; **it is a ~ to think that ...:** es ist ein Irrtum, anzunehmen, daß ...

**misconduct 1.** [mɪs'kɒndʌkt] *n., no pl.* **a)** *(improper conduct)* unkorrektes Verhalten; *(Sport)* unsportliches *od.* unfaires Verhalten; **he was accused of gross ~:** er wurde grober Verfehlungen bezichtigt; **professional ~:** standeswidriges Verhalten; **b)** *(bad management)* schlechte Verwaltung; **~ of the war** schlechte Kriegsführung. **2.** [mɪskən'dʌkt] *v. refl.* sich unkorrekt verhalten

**misconstrue** [mɪskən'stru:] *v. t.* mißdeuten; mißverstehen; **~ sb.'s meaning** jmdn. mißverstehen; **~ sth. as sth.** etw. irrtümlicherweise für etw. halten

**miscount** [mɪs'kaʊnt] **1.** *n.* falsche Zählung; *(of votes)* falsche Auszählung; **there had been a ~:** bei der Zählung hatte es einen Fehler gegeben. **2.** *v. i.* sich verzählen; *(when counting votes)* falsch [aus]zählen; *(when calculating)* sich verrechnen. **3.** *v. t.* falsch zählen; falsch ausrechnen ‹*Zahl*›

**misdeal** [mɪs'di:l] *(Cards)* **1.** *v. i., forms as* [1]**deal 1** sich vergeben; falsch geben. **2.** *v. t., forms as* [1]**deal 2** vergeben, falsch geben ‹*Karten*›

**misdeed** [mɪs'di:d] *n.* **a)** *(evil deed)* Missetat, *die (geh. veralt.);* **b)** *(crime)* Verbrechen, *das;* Untat, *die*

**misdemeanour** (*Amer.:* **misdemeanor**) [mɪsdɪ'mi:nə(r)] *n.* **a)** *(misdeed)* Missetat, *die (geh. veralt.);* **b)** *(Law)* Vergehen, *das;* Übertretung, *die*

**misdirect** [mɪsdɪ'rekt, mɪsdaɪ'rekt] *v. t.* **a)** *(direct wrongly)* falsch adressieren ‹*Brief*›; vergeuden, falsch einsetzen ‹*Energien*›; in die falsche Richtung schicken ‹*nach dem Weg Fragenden*›; **b)** *(Law)* falsch informieren; falsch belehren ‹*Geschworene*›

**miser** ['maɪzə(r)] *n.* Geizhals, *der;* Geizkragen, *der (ugs.)*

**miserable** ['mɪzərəbl] *adj.* **a)** *(unhappy)* unglücklich; erbärmlich, elend ‹*Leben[sbedingungen]*›; **make sb.'s life ~:** jmdm. das Leben schwermachen; **feel ~:** sich elend fühlen; **b)** *(causing wretchedness)* trostlos; trist ‹*Wetter, Urlaub*›; elend, armselig ‹*Wohnviertel, Slums*›; öde ‹*Beschäftigung*›; [sehr] unglücklich ‹*Ehe*›; **c)** *(contemptible, mean)* armselig; **a ~ five pounds** klägliche *od. (ugs. abwertend)* miese fünf Pfund

**miserably** ['mɪzərəblɪ] *adv.* **a)** *(uncomfortably, unhappily)* unglücklich; elend, jämmerlich ‹*leben, zugrunde gehen*›; elend ‹*kalt, naß*›; **~ poor** bettelarm; **b)** *(meanly)* spärlich ‹*beleuchtet, möbliert*›; miserabel, *(ugs.)* mies ‹*bezahlt*›; **c)** *(to a deplorable extent)* kläglich, jämmerlich ‹*versagen*›; völlig, total ‹*verpfuscht, unzureichend*›

**miserliness** ['maɪzəlɪnɪs] *n., no pl.* Geiz, *der*

**miserly** ['maɪzəlɪ] *adj.* geizig; armselig ‹*Portion, Essen*›; **~ creature** Geizhals, *der;* Geizkragen, *der (ugs.)*

**misery** ['mɪzərɪ] *n.* **a)** *(wretched state)* Elenc *das;* **make sb.'s life a ~:** jmdm. das Lebe zur Qual *od.* zur Hölle machen; **live in ~ live a life of ~:** ein erbärmliches *od.* jäm merliches Leben führen; **put an animal ou of its ~:** ein Tier von seinen Qualen erlö sen; **put sb. out of his ~** *(fig.)* jmdn. nich länger auf die Folter spannen; **b)** *(thing)* **th ~ of it was that ...:** das Unglück dabei wa daß ...; **miseries** Elend, *das;* Nöte; **c)** *(coll discontented person)* **~[-guts]** Miesepete *der (ugs. abwertend)*

**misfire** [mɪs'faɪə(r)] **1.** *v. i.* **a)** ‹*Motor:*› ein Fehlzündung/Fehlzündungen haben; ‹*Ka none, Gewehr:*› versagen, nicht losgehen; **b** ‹*Plan, Versuch:*› fehlschlagen; ‹*Streich Witz:*› danebengehen. **2.** *n.* **a)** *(of engine* Fehlzündung, *die; (of gun)* Versager, *der;* **b** *(of plan, attempt)* Fehlschlag, *der;* **c)** *(sth that fails)* Schlag ins Wasser; *(book, play* Flop, *der*

**misfit** ['mɪsfɪt] *n. (person)* Außenseiter *der*/Außenseiterin, *die*

**misfortune** [mɪs'fɔ:tʃən, mɪs'fɔ:tʃu:n] *n.* **a** *no pl., no art. (bad luck)* Mißgeschick, *das* **suffer ~:** [viel] Unglück haben; **companion in ~:** Leidensgenossen; **b)** *(stroke of fate* Schicksalsschlag, *der; (unlucky incident* Mißgeschick, *das;* **bear one's ~s bravel** sein Schicksal tapfer tragen; **it was his ~ o he had the ~ to ...:** er hatte das Pech, zu ... **~s rarely come singly** ein Unglück komm selten allein

**misgiving** [mɪs'gɪvɪŋ] *n.* Bedenken *Pl.* Zweifel, *der;* **have some ~s about sth.** weger einer Sache Bedenken haben

**misgovern** [mɪs'gʌvn] *v. t.* schlecht regie ren

**misgovernment** [mɪs'gʌvnmənt] *n., no pl* politische Mißwirtschaft

**misguided** [mɪs'gaɪdɪd] *adj.* törich ‹*Mensch*›; unangebracht ‹*Eifer, Freundlich keit*›; unsinnig ‹*Bemühung, Maßnahme*›

**misguidedly** [mɪs'gaɪdɪdlɪ] *adv. (in error)* ir rigerweise; *(ill-advisedly)* törichterweise

**mishandle** [mɪs'hændl] *v. t.* **a)** *(deal with in correctly)* falsch behandeln ‹*Angelegen heit*›; schlecht verwalten ‹*Finanzen*›; **b** *(handle roughly)* mißhandeln

**mishap** ['mɪshæp, mɪs'hæp] *n.* Mißge schick, *das;* **sb. suffers** *or* **meets with a ~** jmdm. passiert ein Mißgeschick; **withou further ~:** ohne weitere Zwischenfälle

**mishear** [mɪs'hɪə(r)], **misheard** [mɪs'hɜ:d] **1** *v. i.* sich verhören. **2.** *v. t.* falsch versteher

**mishit 1.** ['mɪshɪt] *n.* Fehlschlag, *der;* **have** *or* **make a ~:** [den Ball] verschlagen. **2.** [mɪs'hɪt] *v. t., forms as* **hit 1** verschlagen ‹*Ball*›

**mishmash** ['mɪʃmæʃ] *n.* Mischmasch, *de (ugs.)* **(of** aus)

**misinform** [mɪsɪn'fɔ:m] *v. t.* falsch infor mieren *od.* unterrichten

**misinformation** [mɪsɪnfə'meɪʃn] *n., no pl. no indef. art.* Fehlinformationen; *(on radio in newspaper)* Falschmeldungen

**misinterpret** [mɪsɪn'tɜ:prɪt] *v. t.* **a)** *(interpre wrongly)* fehlinterpretieren, falsch auslegen ‹*Text, Inschrift, Buch*›; ‹*Übersetzung:*› falsch wiedergeben ‹*Sinn*›; **b)** *(make wrong inference from)* falsch deuten; mißdeuten; **he ~ed her letter as meaning that ...:** er las fälschlicherweise aus ihrem Brief heraus, daß ...

**misinterpretation** [mɪsɪntɜ:prɪ'teɪʃn] *n.* Fehlinterpretation, *die;* **be open to ~:** leicht falsch ausgelegt werden können

**misjudge** [mɪs'dʒʌdʒ] **1.** *v. t.* falsch einschätzen; falsch beurteilen ‹*Person*›; **~ the height/distance/length of time** sich in der Höhe/Entfernung/Zeit verschätzen. **2.** *v. i.* sich verschätzen

**misjudgement, misjudgment** [mɪs'dʒʌdʒmənt] *n.* Fehleinschätzung, *die; (of person)* falsche Beurteilung; *(of distance, length, etc.)* falsche Einschätzung

**mislay** [mɪs'leɪ] *v. t.*, **mislaid** [mɪs'leɪd] verlegen
**mislead** [mɪs'li:d] *v. t.*, **misled** [mɪs'led] irreführen; täuschen; ~ **sb. about sth.** jmdm. ein falsches Bild von etw. vermitteln
**misleading** [mɪs'li:dɪŋ] *adj.* irreführend
**mismanage** [mɪs'mænɪdʒ] *v. t.* herunterwirtschaften ⟨*Firma, Land*⟩; schlecht führen ⟨*Haushalt*⟩; schlecht handhaben *od.* abwickeln ⟨*Angelegenheit, Projekt, Sache*⟩; schlecht abwickeln ⟨*Geschäft*⟩
**mismanagement** [mɪs'mænɪdʒmənt] *n.* Mißwirtschaft, *die; (of finances)* schlechte Verwaltung; *(of matters or affairs)* schlechte Handhabung *od.* Abwicklung
**mismatch 1.** [mɪs'mætʃ] *v. t.* ~ **parts of sth.** Teile von etw. nicht richtig zusammenfügen; ~ **colours/fabrics/patterns** Farben/ Gewebe/Muster miteinander kombinieren, die nicht zusammenpassen; **a badly ~ed couple** ein Paar, das absolut nicht zusammenpaßt. **2.** ['mɪsmætʃ] *n.* Nichtübereinstimmung, *die; (Boxing)* ungleicher Kampf; **their marriage was a ~:** sie paßten als Eheleute nicht zusammen
**misnomer** [mɪs'nəʊmə(r)] *n.* **a)** *(use of wrong name)* falsche Bezeichnung *od.* Benennung; **this seems like a slight ~** *(iron.)* das ist wohl etwas danebengegriffen; **b)** *(wrong name)* unzutreffende Bezeichnung
**misogynist** [mɪ'sɒdʒɪnɪst] *n.* Frauenhasser, *der;* Misogyn, *der (geh.)*
**misogyny** [mɪ'sɒdʒɪnɪ] *n.* Frauenhaß, *der;* Misogynie, *die (geh.)*
**misplace** [mɪs'pleɪs] *v. t.* **a)** *(put in wrong place)* an die falsche Stelle *od.* den falschen Platz stellen/legen/setzen *usw.*; **b)** *(bestow on wrong object)* ~ **one's affection/confidence** seine Zuneigung/sein Vertrauen dem Falschen/der Falschen schenken; **have a ~d reliance on sb./sth.** so töricht sein, fest auf jmdn./etw. zu vertrauen; **c) be ~d** *(inappropriate)* unangebracht *od.* fehl am Platz sein
**misplay** [mɪs'pleɪ] *v. t.* verschießen ⟨*Elfmeter, Eckball usw.*⟩; schlecht spielen, verschlagen ⟨*Ball, Return*⟩; ~ **one's stroke** den Ball verschlagen
**misprint 1.** ['mɪsprɪnt] *n.* Druckfehler, *der.* **2.** [mɪs'prɪnt] *v. t.* verdrucken
**mispronounce** [mɪsprə'naʊns] *v. t.* falsch aussprechen
**mispronunciation** [mɪsprənʌnsɪ'eɪʃn] *n.* falsche Aussprache; *(mistake)* Aussprachefehler, *der*
**misquotation** [mɪskwəʊ'teɪʃn] *n.* falsches Zitat; **he is given to ~:** er zitiert oft falsch
**misquote** [mɪs'kwəʊt] *v. t.* falsch zitieren; **he was ~d as saying that ...:** man unterstellte ihm, gesagt zu haben, daß ...
**misread** [mɪs'ri:d] *v. t.*, **misread** [mɪs'red] *(read wrongly)* falsch *od.* nicht richtig lesen ⟨*Text, Wort, Schrift*⟩; *(interpret wrongly)* falsch verstehen ⟨*Anweisungen*⟩; mißdeuten ⟨*Text, Absichten*⟩; ~ **an 'a' as a 'b'** ein „a" als „b" lesen
**misremember** [mɪsrɪ'membə(r)] *v. t.* ~ **sth.** etw. nicht richtig in Erinnerung haben
**misrepresent** [mɪsreprɪ'zent] *v. t.* falsch darstellen; verdrehen ⟨*Tatsachen*⟩; ~ **sb.'s character** ein falsches Bild von jmds. Charakter geben
**misrepresentation** [mɪsreprɪzen'teɪʃn] *n.* falsche Darstellung; *(of facts)* Verdrehung, *die*
**Miss** [mɪs] *n.* **a)** *(title of unmarried woman)* ~ **Brown** Frau Brown; Fräulein Brown *(veralt.); (girl)* Fräulein Brown; **the ~es Smith[s]** die Damen/Fräulein Smith; **b)** *(title of beauty queen)* ~ **France** Miß Frankreich; ~ **World Contest** Miß-Universum-Wahl, *die;* **c)** *(as form of address to teacher etc.)* Frau Schmidt *usw.; (from servant)* gnädiges Fräulein; **d) m~** *(derog. or playful: girl)* **the young ~es** die jungen Dinger *(ugs.)*; **she is a saucy [little] ~:** sie ist ein freches [junges] Ding *(ugs.)*
**miss 1.** *n.* **a)** *(failure to hit or attain)* Fehlschlag, *der; (shot)* Fehlschuß, *der; (throw)* Fehlwurf, *der;* **be a ~:** danebengehen *(ugs.)*; **a ~ is as good as a mile** *(prov.)* fast getroffen ist auch daneben; **b) give sb./ sth. a ~:** sich *(Dat.)* jmdn./etw. schenken; **we'll give the pub a ~ tonight** wir werden heute abend mal nicht in die Kneipe gehen; *see also* **near 3c. 2.** *v. t.* **a)** *(fail to hit, lit. or fig.)* verfehlen; **~ed!** nicht getroffen!; **the car just ~ed the tree** das Auto wäre um ein Haar gegen den Baum geprallt; **we just ~ed having an accident** wir hätten um ein Haar einen Unfall gehabt; **b)** *(fail to get)* nicht bekommen; *(fail to find or meet)* verpassen; **they ~ed each other** sie verpaßten *od.* verfehlten sich; ~ **a catch** einen Ball nicht fangen; ~ **the goal** am Tor vorbeischießen; danebenschießen; **he just ~ed being first** er wäre um ein Haar Erster geworden; **c)** *(let slip)* verpassen; versäumen; ~ **an opportunity** sich *(Dat.)* eine Gelegenheit entgehen lassen; **you don't know what you're ~ing** du weißt ja gar nicht, was dir entgeht; **it is too good to ~** *or* **is not to be ~ed** das darf man sich *(Dat.)* [einfach] nicht entgehen lassen; **an experience he would not have ~ed** eine Erfahrung, die er nicht hätte missen wollen; **d)** *(fail to catch)* versäumen, verpassen ⟨*Bus, Zug, Flugzeug*⟩; ~ **the boat** *or* **bus** *(fig.)* den Anschluß verpassen *(fig.)*; **e)** *(fail to take part in)* versäumen; ~ **school** in der Schule fehlen; **f)** *(fail to see)* übersehen; *(fail to hear or understand)* nicht mitbekommen; **you can't ~ it** es ist nicht zu übersehen; **he doesn't ~ much** ihm entgeht so schnell nichts; **g)** *(feel the absence of)* vermissen; **she ~es him** er fehlt ihr; **h)** *(fail to keep or perform)* versäumen ⟨*Verabredung, Vorstellung*⟩; **she ~ed her pill** sie hat vergessen, ihre Pille zu nehmen. **3.** *v. i.* **a)** *(not hit sth.)* nicht treffen; *(not catch sth.)* danebengreifen; **b)** ⟨*Ball, Schuß usw.:*⟩ danebengehen; **c)** ⟨*Motor:*⟩ aussetzen
~ **'out 1.** *v. t.* weglassen; **his name was ~ed out from the list** sein Name fehlte auf der Liste. **2.** *v. i.* ~ **out on sth.** *(coll.)* sich *(Dat.)* etw. entgehen lassen; **he can't afford to ~ out** er kann es sich nicht leisten, sich das entgehen zu lassen
**missal** ['mɪsl] *n.* **a)** *(RC Ch.)* Missal[e], *das;* **b)** *(book of prayers)* [illuminiertes] Gebetbuch
**missel[-thrush]** ['mɪsl(θrʌʃ)] *n.* *(Ornith.)* Misteldrossel, *die*
**misshapen** [mɪs'ʃeɪpn] *adj.* mißgebildet, mißgestaltet ⟨*Körper[teil]*⟩; verwachsen ⟨*Baum, Pflanze*⟩; verbogen ⟨*Münze*⟩
**missile** ['mɪsaɪl] *n.* **a)** *(thrown)* [Wurf]geschoß, *das;* **b)** *(self-propelled)* Missile, *das;* Flugkörper, *der;* **intercontinental ballistic ~:** [ballistische] Interkontinentalrakete
**missile:** ~ **base** *n.* [Raketen]abschußbasis, *die;* **~launcher** *n.* [Raketen]abschußrampe, *die*
**missilery** ['mɪslrɪ] *n., no pl.* **a)** *(missiles)* Geschosse; *(modern)* Raketen; **b)** *(science)* Raketentechnik, *die*
**'missile site** *see* **missile base**
**missing** ['mɪsɪŋ] *adj.* vermißt; fehlend ⟨*Seite, Kapitel, Teil, Hinweis, Indiz*⟩; **be ~** ⟨*Kapitel, Wort, Seite:*⟩ fehlen; ⟨*Brille, Bleistift usw.:*⟩ verschwunden sein; ⟨*Mensch:*⟩ vermißt werden; *(not be present)* nicht dasein; fehlen; **she went ~ two hours ago** sie wird seit zwei Stunden vermißt; **the jacket has two buttons ~:** an der Jacke fehlen zwei Knöpfe; **I am ~ £10** mir fehlen 10 Pfund; **the dead, wounded, and ~:** die Toten, Verwundeten und Vermißten; ~ **person** Vermißte, *der/die;* ~ **link** *(Biol.)* Missing link, *das*
**mission** ['mɪʃn] *n.* **a)** *(task)* Mission, *die;* Auftrag, *der;* **b)** *(journey)* Mission, *die;* **go/ come on a ~ to do sth.** mit dem Auftrag reisen/kommen, etw. zu tun; **c)** *(planned operation)* Einsatz, *der; (order)* Befehl, *der;* **space ~:** Weltraumflug, *der;* **d)** *(vocation)* Mission, *die;* ~ **in life** Lebensaufgabe, *die;* **have a ~ to do sth.** dazu berufen sein, etw. zu tun; **e)** *(persons)* Mission, *die;* **f)** *(Relig.)* Mission, *die; (missionary post)* Mission[sstation], *die; (religious body)* Mission[sgesellschaft], *die;* **foreign/home ~** *(campaign)* äußere/innere Mission
**missionary** ['mɪʃənərɪ] **1.** *adj.* missionarisch; Missions⟨*station, -arbeit, -schrift*⟩; **~ box** Opferbüchse [für die Mission]. **2.** *n.* Missionar, *der*/Missionarin, *die*
**missis** ['mɪsɪz, 'mɪsɪs] *n.* **a)** *(sl./joc.: wife)* **the** *or* **my/his/your ~:** die *od.* meine/seine/deine Alte *(salopp)*; meine/seine/deine bessere Hälfte *(ugs.)*; **b)** *(sl., as form of address)* **well, ~. ...:** na, die Dame, ... *(ugs.)*
**missive** ['mɪsɪv] *n.* *(formal/joc.)* Missiv, *das (veralt.)*; Schreiben, *das*
**misspell** [mɪs'spel] *v. t., forms as* ¹**spell** falsch schreiben
**misspelling** [mɪs'spelɪŋ] *n.* falsch geschriebenes Wort
**misspend** [mɪs'spend] *v. t., forms as* **spend** verschwenden; vergeuden; **his was a misspent youth** er hat seine Jugend vertan
**misstate** [mɪs'steɪt] *v. t.* falsch darstellen
**misstatement** [mɪs'steɪtmənt] *n.* falsche Darstellung
**missus** ['mɪsɪz] *see* **missis**
**mist** [mɪst] **1.** *n.* **a)** *(fog)* Nebel, *der; (haze)* Dunst, *der; (on windscreen etc.)* Beschlag, *der; see also* **Scotch mist; b) in the ~s of time** *or* **antiquity** *(fig.)* im Dunkel *od. (geh.)* Nebel der Vergangenheit; **c)** *(of spray, vapour, etc.)* Wolke, *die;* **d)** *(blurring of sight)* Schleier, *der.* **2.** *v. t.* beschlagen lassen ⟨*Glas*⟩; ⟨*Tränen:*⟩ verschleiern ⟨*Blick*⟩
~ **'over 1.** *v. i.* ⟨*Glas usw.:*⟩ [sich] beschlagen; **his eyes ~ed over** Tränen verschleierten seinen Blick. **2.** *v. t.* beschlagen lassen
~ **'up** *v. i.* ⟨*Glas, Brille:*⟩ [sich] beschlagen
**mistakable** [mɪ'steɪkəbl] *adj.* verwechselbar **(for** mit)
**mistake** [mɪ'steɪk] **1.** *n.* Fehler, *der; (misunderstanding)* Mißverständnis, *das;* **make a ~:** einen Fehler machen; *(in thinking)* sich irren; **there was a ~ about sth.** man hat sich in etw. *(Dat.)* geirrt; **there's some ~!** da liegt ein Irrtum *od.* Fehler vor!; **we all make ~s** jeder macht mal einen Fehler; *(in thinking)* jeder kann sich mal irren; **the ~ is mine** der Fehler liegt bei mir; **it is a ~ to assume that ...:** es ist ein Irrtum anzunehmen, daß ...; **by ~:** versehentlich; aus Versehen; **... and no ~: ...,** aber wirklich; **I was properly scared and no ~:** ich habe einen ganz schönen Schrecken gekriegt, kann ich dir sagen; **make no ~ about it, ...:** täusch dich nicht, ... **2.** *v. t., forms as* **take 1: a)** *(misunderstand meaning of)* falsch verstehen; mißverstehen; ~ **sth./sb. as meaning that ...:** etw./ jmdn. [fälschlicherweise] so verstehen, daß ...; **b)** *(wrongly take one for another)* ~ **x for y** x mit y verwechseln; x [fälschlich] für y halten; **there is no mistaking what ought to be done** es steht außer Frage *od.* ist ganz klar, was getan werden muß; **there is no mistaking him** man kann ihn gar nicht verwechseln; ~ **sb.'s identity** jmdn. [mit jmd. anderem] verwechseln; **c)** *(choose wrongly)* verfehlen ⟨*Beruf, Weg*⟩
**mistaken** [mɪ'steɪkn] *adj.* **be ~:** sich täuschen; **you're ~ in believing that** wenn du das glaubst, täuschst du dich; ~ **kindness/ zeal** unangebrachte Freundlichkeit/unangebrachter Eifer; **or** *or* **unless I'm very much ~:** wenn mich nicht alles täuscht; **a case of ~ identity** eine Verwechslung
**mistakenly** [mɪ'steɪknlɪ] *adv.* irrtümlicherweise

**mister** ['mɪstə(r)] *n.* **a)** *(sl./joc.)* **hey, ~:** he, Meister *od.* Chef *(ugs.)*; **b)** *(person without title)* **a mere ~:** ein gewöhnlicher Bürger
**mistime** [mɪs'taɪm] *v. t.* einen ungünstigen Zeitpunkt wählen für; schlecht timen *(bes. Sport)*
**mistletoe** ['mɪsltəʊ] *n.* Mistel, *die; (sprig)* Mistelzweig, *der*
**mistook** *see* **mistake 2**
**mistral** [mɪs'trɑ:l] *n. (Meteorol.)* Mistral, *der*
**mistranslate** [mɪstræns'leɪt] *v. t.* falsch übersetzen
**mistranslation** [mɪstræns'leɪʃn] *n.* falsche Übersetzung; *(error)* Übersetzungsfehler, *der*
**mistreat** [mɪs'tri:t] *v. t.* schlecht behandeln; *(violently)* mißhandeln; **~ one's tools** nachlässig mit seinem Werkzeug umgehen
**mistreatment** [mɪs'tri:tmənt] *n.* schlechte Behandlung; *(violent)* Mißhandlung, *die*
**mistress** ['mɪstrɪs] *n.* **a)** *(of a household)* Hausherrin, *die;* **the ~ of the house** *or* **family** die Frau des Hauses; **b)** *(person in control, employer)* Herrin, *die;* **she is ~ of the situation** sie ist Herr der Lage; **she is her own ~:** sie ist ihr eigener Herr; **the dog's ~:** das Frauchen [des Hundes]; **c)** *(Brit. Sch.: teacher)* Lehrerin, *die;* **'French ~:** Französischlehrerin, *die;* **d)** *(man's illicit lover)* Geliebte, *die;* Mätresse, *die (veralt. abwertend);* **e)** *(expert)* Expertin, *die;* Meisterin, *die;* **f)** *(of college)* Rektorin, *die*
**mistrial** [mɪs'traɪəl] *n. (Law)* **a)** *(invalid trial)* fehlerhaft geführter Prozeß; **on the grounds that there had been a ~:** wegen Verfahrensfehlern in der Prozeßführung; **b)** *(Amer.: inconclusive trial)* ergebnisloser Prozeß
**mistrust** [mɪs'trʌst] **1.** *v. t.* mißtrauen (+ *Dat.*); **~ oneself** sich *(Dat.)* selbst mißtrauen. **2.** *n., no pl.* Mißtrauen, *das* (**of** gegenüber + *Dat.*); **[show] ~ towards sb.** Mißtrauen gegen jmdn. [hegen]
**mistrustful** [mɪs'trʌstfl] *adj.* mißtrauisch; **be ~ of sb./sth.** jmdm./einer Sache gegenüber mißtrauisch sein
**misty** ['mɪstɪ] *adj.* **a)** verschleiert ⟨*Augen, Blick*⟩; neb[e]lig, dunstig ⟨*Tag, Morgen*⟩; in Nebel *od.* Dunst gehüllt ⟨*Berg, Hügel*⟩; nebelverhangen *(geh.)*, dunstig ⟨*Tal*⟩; **~ blue** rauchiges Blau; **b)** *(indistinct in form)* unklar; verschwommen
**'misty-eyed** *adj.* mit verschleiertem Blick *nachgestellt;* **be ~:** einen [tränen]verschleierten Blick haben
**misunderstand** [mɪsʌndə'stænd] *v. t., forms as* **understand** mißverstehen; falsch verstehen; **~ the word x as meaning y** das Wort x im Sinne von y verstehen; **don't ~ me** versteh mich nicht falsch
**misunderstanding** [mɪsʌndə'stændɪŋ] *n.* Mißverständnis, *das;* **there has been a ~:** da lag ein Mißverständnis vor; **I don't want there to be any ~ about it** ich möchte nicht, daß deswegen ein Mißverständnis aufkommt
**misunderstood** [mɪsʌndə'stʊd] *adj.* unverstanden; verkannt ⟨*Künstler, Genie*⟩; **be ~:** kein Verständnis finden
**misuse 1.** [mɪs'ju:z] *v. t.* mißbrauchen; zweckentfremden ⟨*Werkzeug, Gelder*⟩; falsch bedienen ⟨*Maschine*⟩; nichts Rechtes machen aus ⟨*Gelegenheit, Talent*⟩; vergeuden, verschwenden ⟨*Reserven, Zeit*⟩. **2.** [mɪs'ju:s] *n.* Mißbrauch, *der; (of funds)* Zweckentfremdung, *die; (of resources, time)* Vergeudung, *die;* Verschwendung, *die;* **a ~ of language** eine unangemessene *od.* unangebrachte Ausdrucksweise
**mite** [maɪt] *n.* **a)** *(Zool.)* Milbe, *die;* **b)** *(contribution)* Scherflein, *das;* **give one's ~ to sth.** sein Scherflein zu etw. beitragen; **the widow's ~:** das Scherflein der armen Witwe; **c)** *(small object)* Dingelchen, *das;* kleines Ding; *(small child)* Würmchen, *das (fam.);* **poor little ~:** armes Kleines; **d)** *(coll.: somewhat)* **a ~ too strong/outspoken** ein bißchen *od.* etwas zu stark/geradeheraus
**miter, mitered** *(Amer.) see* **mitre, mitred**
**mitigate** ['mɪtɪgeɪt] *v. t.* **a)** *(alleviate)* lindern; **b)** *(make less severe)* mildern; **mitigating circumstances** mildernde Umstände; **c)** *(appease)* besänftigen ⟨*Zorn, Wut*⟩
**mitigation** [mɪtɪ'geɪʃn] *n. see* **mitigate:** Linderung, *die;* Milderung, *die;* Besänftigung, *die;* **it must be said, in ~ of his faults, that ...:** es muß zu seiner Verteidigung *od.* Entlastung gesagt werden, daß ...; **~ of punishment** Strafmilderung, *die*
**mitre** ['maɪtə(r)] *n. (Brit.)* **a)** *(Eccl.)* Mitra, *die;* **b)** *(joint)* Gehrung, *die (bes. Technik)*
**mitred** ['maɪtəd] *adj.* **a)** *(Brit. Eccl.)* eine Mitra tragend; **b) ~ joint** *(Carpentry)* Gehrungsverbindung, *die*
**mitten** ['mɪtn] *n.* Fausthandschuh, *der;* Fäustling, *der; (not covering fingers)* fingerloser Handschuh
**Mitty** ['mɪtɪ] *n., pl.* **~s: [Walter] ~ [figure]** *Mensch, der sich gern Tagträumen von eigenen Großtaten hingibt*
**mix** [mɪks] **1.** *v. t.* **a)** *(combine)* [ver]mischen; vermengen; verrühren ⟨*Zutaten*⟩; verbinden ⟨*Harmonien, Komponenten, Stilrichtungen*⟩; **~ one's drinks** alles durcheinander trinken; **~ an egg into the batter** ein Ei in den Teig rühren; **b)** *(prepare by ~ing)* mischen, mixen ⟨*Cocktail*⟩; anrühren, ansetzen ⟨*Lösung, Teig*⟩; zubereiten ⟨*Medikament*⟩; **c) ~ it [with sb.]** *(coll.)* sich [mit jmdm.] prügeln. **2.** *v. i.* **a)** *(become ~ed)* sich vermischen; sich mischen lassen; **b)** *(be sociable, participate)* Umgang mit anderen [Menschen] haben; **~ well** kontaktfreudig *od.* gesellig sein; **you should ~ with other people** du solltest unter Leute gehen; **I don't ~ with that sort of people/in those circles** ich verkehre nicht mit solchen Leuten/in diesen Kreisen; **c)** *(be compatible)* zusammenpassen; sich [miteinander] vertragen; ⟨*Ideen:*⟩ sich verbinden lassen. **3.** *n.* **a)** *(coll.: mixture)* Mischung, *die* (**of** aus); **b)** *(proportion)* [Mischungs]verhältnis, *das;* **c)** *(ready ingredients)* [gebrauchsfertige] Mischung; **[cake-]~:** Backmischung, *die;* **d)** *(Radio, Cinemat., TV)* **~[es]** Mischung, *die*
**~ 'in 1.** *v. i.* **a)** *(be compatible)* zu jmdm./etw. passen; **b)** *(start fighting)* aufeinander losgehen. **2.** *v. t.* einrühren
**~ 'up** *v. t.* **a)** vermischen; verrühren ⟨*Zutaten*⟩; **b)** *(make a muddle of)* durcheinanderbringen; *(confuse one with another)* verwechseln; *see also* **mix-up; c)** *in pass. (involve)* **be/get ~ed up in sth.** in etw. *(Akk.)* verwickelt sein/werden; **get ~ed up with a gang** sich mit einer Gang einlassen
**mixed** [mɪkst] *adj.* **a)** *(diverse)* unterschiedlich ⟨*Reaktionen, Kritiken*⟩; **a ~ assortment** eine [bunte] Mischung (**of** von); **~ feelings** gemischte Gefühle; **get ~ reviews** sehr unterschiedliche Kritiken bekommen; **b)** *(containing people from various backgrounds etc.)* gemischt ⟨*Gesellschaft*⟩; **a ~ bunch** ein bunt gemischter Haufen; **c)** *(for both sexes)* gemischt
**mixed: ~ 'bag** *n.* bunte Mischung; **a very ~ bag of people** eine bunt gemischte Gruppe [von Leuten]; **~ 'blessing** *n.* **be a ~ blessing** nicht nur Vorteile haben; **children are a ~ blessing** Kinder sind kein reiner Segen; **~ 'company** *n.* **in ~ company** in Gesellschaft von Damen [und Kindern]; **~ 'doubles** *see* **double 3 j; ~ 'farming** *n.* Kombination von Ackerbau und Viehzucht; **~ 'grill** *n.* Mixed grill, *der (Gastr.);* gemischte Grillplatte; **~ 'marriage** *n.* Mischehe, *die;* **~ 'metaphor** *see* **metaphor b; ~ 'up** *adj. (fig. coll.)* verwirrt, konfus ⟨*Person*⟩; **be/feel very ~ up** völlig durcheinander sein; **[crazy] ~ up kids** Jugendliche ohne [jeden] inneren Halt
**mixer** ['mɪksə(r)] *n.* **a)** *(for foods)* Mixer, *der; (for cement, concrete)* Mischmaschine, *die;* **b)** *(merging pictures) (apparatus)* Mischpult, *das; (person)* Bildmischer, *der;* **c)** *(combining sounds) (apparatus)* Mischpult, *das;* Tonmischer, *der; (person)* Tonmischer, *der;* **d)** *(drink)* Getränk zum Mischen; **e)** *(in society)* **be a good ~:** mit den unterschiedlichsten Leuten gut zurechtkommen
**mixture** ['mɪkstʃə(r)] *n.* **a)** *(mixing, being mixed)* Mischen, *das; (of harmonies)* Verbinden, *das;* **b)** *(result)* Mischung, *die* (**of** aus); **~ of gases** Gasgemisch, *das;* **he is such a ~** *(fig.)* er ist so unausgeglichen; **c)** *(medicinal preparation)* Mixtur, *die;* **the ~ as before** *(fig.)* die altbekannte Mischung; **d)** *(Motor Veh.: gas or vaporized petrol)* Gemisch, *das;* **e)** *(ready ingredients) see* **mix 3 c; f) [mechanical] ~:** *(act)* Vermengen, *das; (product)* Gemenge, *das*
**'mix-up** *n.* Durcheinander, *das; (misunderstanding)* Mißverständnis, *das;* **there has been some sort of ~:** da ist irgend etwas schiefgelaufen *(ugs.)*; **there's been a ~ about who should be invited** es gab einige Verwirrung darüber, wer eingeladen werden sollte
**mizen** ['mɪzn] *n. (Naut.)* Besan, *der*
**mizen: ~-mast** *n. (Naut.)* Besanmast, *der;* **~-sail** *n. (Naut.)* Besansegel, *das*
**mizzen** *see* **mizen**
**Mk.** *abbr.* **¹mark 1 b**
**ml.** *abbr.* **a) millilitre[s]** ml; **b) mile[s]** M
**MLR** *abbr.* **minimum lending rate**
**mm.** *abbr.* **millimetre[s]** mm
**mnemonic** [nɪ'mɒnɪk] *n.* Gedächtnishilfe, *die;* Eselsbrücke, *die (ugs.)*
**mo** [məʊ] *n., pl.* **mos** [məʊz] *(sl.)* Moment, *der;* **half a ~, wait a ~:** Momentchen!
**mo.** *abbr. (Amer.)* **month** Mo.
**moa** ['məʊə] *n. (Ornith.)* Moa, *der*
**moan** [məʊn] **1.** *n.* **a)** Stöhnen, *das; (fig.: of wind)* Heulen, *das;* **b)** *(complaint)* **have a ~** *(complain at length)* jammern; *(have a grievance)* eine Beschwerde haben. **2.** *v. i.* **a)** stöhnen (**with** vor + *Dat.*); *(fig.)* ⟨*Wind:*⟩ heulen; **b)** *(complain)* jammern (**about** über + *Akk.*); **what is he ~ing [and groaning] about now?** was hat er denn jetzt wieder zu jammern?; **~ at sb.** jmdm. etwas vorjammern. **3.** *v. t.* stöhnen
**moat** [məʊt] **1.** *n.* [Wasser]graben, *der;* **[castle] ~:** Burggraben, *der.* **2.** *v. t.* mit einem Wassergraben umgeben
**mob** [mɒb] **1.** *n.* **a)** *(rabble)* Mob, *der (abwertend);* Pöbel, *der (abwertend);* **a ~ gathered outside the police station** eine aufgebrachte Menge versammelte sich vor der Polizeiwache; **b)** *(sl.: associated group)* **~ [of criminals]** Bande, *die (abwertend);* **Peter and his ~:** Peter und seine ganze Blase *(salopp);* **~ law/rule** Gesetz/Herrschaft der Straße; **c)** *(derog.: populace)* **the ~:** die [breite] Masse. **2.** *v. t.,* **-bb- a)** *(crowd round)* belagern *(ugs.)* ⟨*Schauspieler, Star*⟩; stürmen ⟨*Kino*⟩; **b)** *(attack)* herfallen über (+ *Akk.*); sich stürzen auf (+ *Akk.*); **he was ~bed** sie fielen über ihn her
**mobile** ['məʊbaɪl] **1.** *adj.* **a)** *(able to move easily)* beweglich; *(on wheels)* fahrbar; **b)** lebhaft ⟨*Gesicht[szüge]*⟩; **c)** *(Mil.)* mobil; **d)** *(accommodated in vehicle)* mobil; fahrbar; **~ library** Fahrbücherei, *die;* **~ canteen** Kantine auf Rädern; **e)** *(in social status)* mobil *(bes. Soziol.)*; *see also* **upwardly. 2.** *n.* Mobile, *das*
**mobile: ~ 'home** *n.* transportable Wohneinheit; *(caravan)* Wohnwagen, *der;* **~ 'phone** *n.* Mobiltelefon, *das;* Handy, *das*
**mobilisation, mobilise** *see* **mobiliz-**
**mobility** [mə'bɪlɪtɪ] *n.* **a)** *(ability to move) (of person)* Beweglichkeit, *die; (on wheels)* Fahrbarkeit, *die;* **b)** *(in social status)* Mobilität, *die (bes. Soziol.)*
**mo'bility allowance** *n. (Brit.) staatliche Geldleistung, die Gehbehinderten gewährt werden kann*

**mobilization** [məʊbɪlaɪˈzeɪʃn] *n.* **a)** *(act of mobilizing)* Mobilisierung, *die;* **b)** *(Mil.)* Mobilmachung, *die*
**mobilize** [ˈməʊbɪlaɪz] *v. t.* **a)** *(render movable or effective)* mobilisieren; **b)** *(Mil.)* mobil machen; *abs.* **make preparations to ~:** die Mobilmachung vorbereiten
**mobster** [ˈmɒbstə(r)] *n. (sl.)* Gangster, *der*
**moccasin** [ˈmɒkəsɪn] *n.* Mokassin, *der*
**mocha** [ˈmɒkə] *n.* Mokka, *der*
**mock** [mɒk] **1.** *v. t.* **a)** *(subject to ridicule)* sich lustig machen über (+ *Akk.*); verspotten; **he was ~ed** man machte sich über ihn lustig; **b)** *(ridicule by imitation)* **~ sb./sth.** jmdn./etw. nachmachen[, um sich über ihn/ darüber lustig zu machen]. **2.** *v. i.* **~ at sb./ sth.** sich über jmdn./etw. mokieren *od.* lustig machen. **3.** *attrib. adj.* gespielt ⟨*Feierlichkeit, Bescheidenheit, Ernst*⟩; Schein- ⟨*kampf, -angriff, -ehe*⟩; **~ Tudor style** Pseudotudorstil, *der;* **~ examination** simulierte Prüfung; **~-turtle soup** Mockturtlesuppe, *die (Kochk.); see also* **orange 1 b. 4.** *n. (thing deserving scorn)* **make [a] ~ of sb./sth.** sich über jmdn./etw. lustig machen
**mocker** [ˈmɒkə(r)] *n.* **a)** Spötter, *der*/Spötterin, *die;* **b) put the ~s on sb./sth.** *(sl.)* jmdm. alles vermasseln/etw. vermasseln *(salopp)*
**mockery** [ˈmɒkərɪ] *n.* **a)** *(inadequate form)* **be a ~ of justice/the truth** der Gerechtigkeit/Wahrheit *(Dat.)* hohnsprechen *(geh.);* **he received only the ~ of a trial** sein Verfahren war eine einzige Farce; **b)** *(futile action)* **it would be a ~ to ...** *(be absurd)* es wäre grotesk *od.* absurd, zu ...; *(be impudent)* es wäre geschmacklos *od.* unverschämt, zu ...; **c)** *no pl., no indef. art. (derision)* Spott, *der;* **d)** *(person or thing derided)* Gespött, *das*
**mock-heˈroic** *adj.* komisch-heroisch *(Literaturw.);* **~ poem** komisches Heldengedicht *od.* Epos
**mocking** [ˈmɒkɪŋ] **1.** *adj.* spöttisch. **2.** *n.* Spott, *der*
**ˈmocking-bird** *n.* Spottdrossel, *die*
**ˈmock-up** *n.* Modell [in Originalgröße]; *(of book etc.)* Layout, *das*
**MOD** *abbr. (Brit.)* **Ministry of Defence** Verteidigungsministerium, *das*
**Mod** [mɒd] *n. (Brit.) sich modisch kleidender [Motorroller fahrender] Jugendlicher in den sechziger Jahren;* Mod, *der*
**modal** [ˈməʊdl] *adj.* **a)** *(of mode, form)* formal; **b)** *(Ling.)* modal; **~ auxiliary** *or* **verb** Modalverb, *das;* **c)** *(Mus.)* modal
**modality** [məˈdælɪtɪ] *n.* **the modalities are** *or* **the ~ is as follows** die Modalitäten sind wie folgt
**mod cons** [mɒd ˈkɒnz] *n. pl. (Brit. coll.)* [moderner] Komfort; **have all ~:** mit allem Komfort *od. (ugs.)* allen Schikanen ausgestattet sein
**mode** [məʊd] *n.* **a)** *(way in which thing is done)* Art [und Weise], *die; (method of procedure)* Methode, *die; (Computing)* Betriebsart, *die;* **~ of behaviour** *or* **conduct/life** Verhaltens-/Lebensweise, *die;* **~ of transport** Transportmittel, *das;* **b)** *(fashion)* Mode, *die;* **the ~ for short skirts** die Mode der kurzen Röcke; **~s and fashions** Moden und Modetrends; **c)** *(Mus.)* Tonart, *die;* **d)** *(Statistics)* Modus, *der (fachspr.);* statistischer Mittelwert
**model** [ˈmɒdl] **1.** *n.* **a)** Modell, *das;* **a sports ~:** ein Sportmodell; *see also* **working model; b)** *(perfect example)* Muster, *das* **(of** an + *Dat.*); *(to be imitated)* Vorbild, *das;* **be a ~ of industry** ein Muster an Fleiß *(Dat.)* sein; **on the ~ of sth.** nach dem Vorbild einer Sache *(Gen.);* **make sth. on the ~ of sth.** etw. einer Sache *(Dat.)* nachbilden; **take sb. as a ~:** [sich *(Dat.)*] jmdn. zum Vorbild nehmen; **c)** *(person employed to pose)* Modell, *das; (Fashion)* Model, *das;* Mannequin, *das; (male)* Dressman, *der;* **photographer's ~:** Fotomodell, *das;* **be a painter's ~:** einem Maler Modell stehen/ sitzen. **2.** *adj.* **a)** *(exemplary)* vorbildlich; mustergültig; Muster- *(oft iron.);* **~ child** Musterkind, *das; (boy)* Musterknabe, *der (iron.);* **b)** *(miniature)* Modell⟨*stadt, -eisenbahn, -flugzeug*⟩. **3.** *v. t., (Brit.)* **-ll- a)** *(shape figure of)* modellieren; formen; **~ sth. in clay** etw. in Ton modellieren; **delicately ~led features** *(fig.)* fein geschnittene Gesichtszüge; **b)** *(form in imitation of sth.)* **~ sth. after** *or* **[up]on sth.** etw. einer Sache *(Dat.)* nachbilden; **we ~led our system on the European one** wir haben unser System nach europäischem Vorbild aufgebaut; **~ oneself on sb.** sich *(Dat.)* jmdn. zum Vorbild nehmen; **c)** *(Fashion)* vorführen ⟨*Kleid, Entwurf usw.*⟩. **4.** *v. i., (Brit.)* **-ll- a)** *(Fashion)* als Mannequin *od.* Model arbeiten; ⟨*Mann:*⟩ als Dressman arbeiten; *(Photog.)* als [Foto]modell arbeiten; *(Art)* Modell stehen/sitzen; **b) ~ in clay** *etc.* in Ton *usw.* modellieren
**modelling** (*Amer.:* **modeling**) [ˈmɒdəlɪŋ] *n.* **a)** *no art. (posing)* **do ~** *(Fashion)* als Mannequin *od.* Model arbeiten; ⟨*Mann:*⟩ als Dressman arbeiten; *(Photog., Art)* als Modell arbeiten; **do [some] ~ for sb.** *(Fashion)* jmds. Kreationen vorführen; *(Photog., Art)* jmdm. Modell stehen/sitzen; **b)** *no indef. art. (sculpturing)* Modellieren, *das;* **~ clay** Modellierton, *der*
**modem** [ˈməʊdem] *n. (Communications)* Modem, *der*
**moderate 1.** [ˈmɒdərət] *adj.* **a)** *(avoiding extremes)* gemäßigt ⟨*Partei, Ansichten*⟩; mäßig, maßvoll ⟨*Mensch, bes. Trinker, Esser; Forderungen*⟩; mäßig ⟨*Begeisterung, Interesse*⟩; **be ~ in one's demands** maßvolle Forderungen erheben *od.* stellen; **b)** *(fairly large or good)* mittler... ⟨*Größe, Menge, Wert*⟩; nicht allzu groß ⟨*Entfernung, Wert*⟩; **[only] ~:** mäßig ⟨*Qualität, Ernte*⟩; **a ~ amount of coal** eine gewisse Menge Kohle; **the water was of only ~ depth** das Wasser war nicht besonders *od.* nur mäßig tief; **c)** *(reasonable)* angemessen, vernünftig ⟨*Preis, Summe*⟩; **d)** mäßig ⟨*Wind*⟩. **2.** [ˈmɒdərət] *n.* Gemäßigte, *der/die;* **be a ~ in politics** gemäßigte politische Ansichten vertreten. **3.** [ˈmɒdəreɪt] *v. t.* mäßigen ⟨*Begierde, Ungeduld, Gefühl*⟩; lindern ⟨*Schmerzen, Sorgen*⟩; dämpfen ⟨*Eifer*⟩; zügeln ⟨*Begeisterung*⟩; senken ⟨*Stimme*⟩; mildern ⟨*negativen Effekt*⟩; **~ one's demands** seine Forderungen einschränken *od.* abschwächen. **4.** ˈmɒdəreɪt] *v. i.* nachlassen; ⟨*Forderungen:*⟩ gemäßigter *od.* maßvoller werden
**moderately** [ˈmɒdərətlɪ] *adv.* einigermaßen; mäßig ⟨*begeistert, groß, begabt; rauchen*⟩; **there was only a ~ large audience** es waren nicht übermäßig viele Zuschauer da; **be only ~ enthusiastic/concerned about sth.** sich nicht allzu sehr *od.* übermäßig für etw. begeistern/sich keine allzu großen Sorgen um etw. machen
**moderation** [mɒdəˈreɪʃn] *n.* **a)** *(moderating)* Mäßigung, *die; (of wind, fever)* Nachlassen, *das;* **b)** *no pl. (moderateness)* Mäßigkeit, *die; (of demands etc.)* Angemessenheit, *die;* Vernünftigkeit, *die;* **~ in all things** alles mit Maßen; **in ~:** mit *od.* in Maßen
**moderator** [ˈmɒdəreɪtə(r)] *n.* **a)** *(arbitrator)* Schlichter, *der; (mediator)* Vermittler, *der*/Vermittlerin, *die;* **b)** *(presiding officer)* Vorsitzende, *der/die;* **c)** *(Eccl.)* Moderator, *der*
**modern** [ˈmɒdn] **1.** *adj.* **a)** *(of the present)* modern; heutig ⟨*Zeit[alter], Welt, Mensch*⟩; **~ jazz** Modern Jazz, *der;* **in ~ times** in der heutigen Zeit; **~ English** modernes Englisch; **~ history** neuere Geschichte; **~ languages** neuere Sprachen; *(subject of study)* Neuphilologie, *die;* **~ maths** die neue Mathematik; *see also* **Latin 2; b)** *(in current fashion)* modern; neumodisch *(oft abwertend);* **the ~ fashion is to wear a hat** es ist [jetzt] Mode, einen Hut zu tragen. **2.** *n. usu. in pl.* moderner Mensch; *(Art)* Modernist, *der*/Modernistin, *die; (person alive at present)* Zeitgenosse, *der*/-genossin, *die*
**ˈmodern-day** *attrib. adj.* von heute *nachgestellt;* heutig
**modernisation, modernise** *see* **moderniz-**
**modernism** [ˈmɒdənɪzm] *n.* Modernismus, *der*
**modernist** [ˈmɒdənɪst] *n.* Modernist, *der*/Modernistin, *die*
**modernistic** [mɒdəˈnɪstɪk] *adj.* modernistisch
**modernity** [məˈdɜːnɪtɪ] *n.* Modernität, *die*
**modernization** [mɒdənaɪˈzeɪʃn] *n.* **a)** *(modernizing)* Modernisierung, *die;* **b)** *(version)* modernisierte Fassung
**modernize** [ˈmɒdənaɪz] **1.** *v. t.* modernisieren. **2.** *v. i.* sich der modernen Zeit anpassen
**modest** [ˈmɒdɪst] *adj.* **a)** *(not conceited)* bescheiden; *(shy)* bescheiden; zurückhaltend; **be ~ about one's achievements** nicht mit seinen Leistungen prahlen; **b)** *(not excessive)* bescheiden *(auch iron.);* genügsam, anspruchslos ⟨*Mensch*⟩; vorsichtig ⟨*Schätzung*⟩; **c)** *(unpretentious in appearance, amount, etc.)* bescheiden; einfach, unauffällig ⟨*Haus, Kleidung*⟩; **have a ~ life-style** bescheiden *od.* einfach leben; **~ in appearance** unauffällig; **d)** *(decorous, chaste)* anständig ⟨*Charakter*⟩; anständig, *(veralt.)* sittsam ⟨*Mensch, Benehmen*⟩; schicklich ⟨*Benehmen, Ausdrucksweise*⟩; dezent, unauffällig ⟨*Kleidung*⟩
**modestly** [ˈmɒdɪstlɪ] *adv.* **a)** *(not conceitedly)* bescheiden; **b)** *(decently)* dezent, unauffällig ⟨*sich kleiden*⟩; schicklich, sittsam *(veralt.)* ⟨*sich benehmen*⟩
**modesty** [ˈmɒdɪstɪ] *n., no pl.* **a)** *(freedom from conceit)* Bescheidenheit, *die;* **in all ~:** bei aller Bescheidenheit; **the [sheer] ~ of the man!** *(iron.)* die Bescheidenheit in Person!; **b) the ~ of their demands** ihre maßvollen Forderungen; **c)** *(regard for propriety) see* **modest d:** Anständigkeit, *die;* Sittsamkeit, *die (veralt.);* Schicklichkeit, *die;* Unauffälligkeit, *die;* Dezentheit, *die*
**modicum** [ˈmɒdɪkəm] *n.* Minimum, *das;* **a ~ of luck/truth** ein Quentchen Glück/ein Körnchen Wahrheit
**modification** [mɒdɪfɪˈkeɪʃn] *n.* [Ab]änderung, *die;* Modifizierung, *die;* **without any sort of ~:** ohne jede Änderung
**modifier** [ˈmɒdɪfaɪə(r)] *n. (esp. Ling., Biol.)* Modifikator, *der*
**modify** [ˈmɒdɪfaɪ] *v. t.* **a)** *(make changes in)* [ab-, ver]ändern; modifizieren; **b)** *(tone down)* mäßigen; mildern ⟨*Klima*⟩; **~ one's position** in seiner Haltung gemäßigter werden; **you'd better ~ your tone** mäßigen Sie sich mal in Ihrem Ton!; **c)** *(Ling.) (qualify sense of)* näher bestimmen ⟨*Verb, Adjektiv usw.*⟩; *(change by umlaut)* umlauten ⟨*Vokal*⟩
**modish** [ˈməʊdɪʃ] *adj.* modisch
**modular** [ˈmɒdjʊlə(r)] *adj.* **a)** *(employing module[s])* aus Elementen [zusammengesetzt]; *(in construction)* aus Baueinheiten *od.* -elementen [zusammengesetzt]; **~ system** Baukastensystem, *das;* **~ construction/ design** Konstruktion/Entwurf nach dem Baukastensystem; **~ unit** [Bau-, Konstruktions]element, *das;* **b)** *(Educ.)* **~ course** *aus vielen verschiedenen, beliebig kombinierten Unterrichtseinheiten bestehender Kurs*
**modulate** [ˈmɒdjʊleɪt] **1.** *v. t.* **a)** *(regulate)* abstimmen **(to** auf + *Akk.*); anpassen **(to** *Dat.*, an + *Akk.*); **b)** *(adjust pitch)* modulieren ⟨*Stimme, Sprache, Ton*⟩; **c)** *(Radio)* modulieren ⟨*Welle, Sender*⟩. **2.** *v. i.* modulieren; **~ from one key to another** von einer Tonart in die andere übergehen

**modulation** [mɒdjʊ'leɪʃn] *n.* Modulation, *die*
**modulator** ['mɒdjʊleɪtə(r)] *n. (Electronics)* Modulator, *der*
**module** ['mɒdju:l] *n.* **a)** *(in construction or system)* Bauelement, *das; (Electronics)* Modul, *das;* **b)** *(Educ.)* Unterrichtseinheit, *die;* **c)** *(Astronaut.)* **command ~:** Kommandoeinheit *od.* -kapsel, *die; see also* **lunar module**
**modulus** ['mɒdjʊləs] *n., pl.* **moduli** ['mɒdjʊlaɪ] *(Math., Phys.)* Modul, *der*
**modus operandi** [məʊdəs ɒpə'rændi:] *n.* Modus operandi, *der (geh.)*
**modus vivendi** [məʊdəs vɪ'vendi:] *n.* Modus vivendi, *der (geh.)*
**mog** [mɒg], **moggie** ['mɒgɪ] *ns. (Brit. sl.)* Katze, *die;* Katzenvieh, *das (abwertend)*
**Mogul** ['məʊgl, məʊ'gʌl] **1.** *n.* **a)** *(Hist.: Mongolian)* Mongole, *der*/Mongolin, *die;* **the Great** *or* **Grand ~:** der Großmogul; **b)** **m~** *(coll.: important person)* Mogul, *der (fig.).* **2.** *adj. (Hist.)* mongolisch; **the ~ empire** das Reich der Moguln
**mohair** ['məʊheə(r)] *n.* Mohair, *der; (yarn)* Mohair- *od.* Angorawolle, *die*
**Mohammedan** [mə'hæmɪdən] *see* **Muhammadan**
**moist** [mɔɪst] *adj.* feucht (**with** von)
**moisten** ['mɔɪsn] *v. t.* anfeuchten; feucht machen; **~ one's lips** sich *(Dat.)* die Lippen [mit der Zunge] befeuchten
**moisture** ['mɔɪstʃə(r)] *n.* Feuchtigkeit, *die;* **~ in the air** Luftfeuchtigkeit, *die;* **film of ~:** Feuchtigkeitsfilm, *der*
**moisturise, moisturiser, moisturising** *see* **moisturiz-**
**moisturize** ['mɔɪstjʊraɪz, 'mɔɪstʃəraɪz] *v. t.* befeuchten; **~ the skin** der Haut *(Dat.)* Feuchtigkeit zuführen; ‹*Creme:*› der Haut *(Dat.)* Feuchtigkeit verleihen
**moisturizer** ['mɔɪstjʊraɪzə(r), 'mɔɪstʃəraɪzə(r)], **'moisturizing cream** *ns.* Feuchtigkeitscreme, *die*
**moke** [məʊk] *n. (Brit. sl.)* Esel, *der*
**molar** ['məʊlə(r)] **1.** *n.* Backenzahn, *der;* Molar[zahn], *der (Anat.);* Mahlzahn, *der (bes. Zool.).* **2.** *adj.* **~ tooth** *see* **1**
**molasses** [mə'læsɪz] *n.* **a)** *(syrup drained from raw sugar)* Melasse, *die;* **b)** *(Amer.: treacle)* Sirup, *der*
**mold** *(Amer.) see* **1, 2, 3mould**
**Moldavia** [mɒl'deɪvɪə] *pr. n.* Moldau, *die*
**molder, molding, moldy** *(Amer.) see* **mould-**
**1mole** [məʊl] *n. (on skin)* Leberfleck, *der;* Pigmentfleck, *der (Med.); (prominent)* Muttermal, *das*
**2mole** *n.* **a)** *(animal)* Maulwurf, *der;* **b)** *(coll.: spy)* Maulwurf, *der (ugs.)*
**3mole** *n.* **a)** *(breakwater)* Mole, *die;* **b)** *(artificial harbour)* [künstlicher] Hafen
**4mole** *n. (Chem.)* Mol, *das*
**molecular** [mə'lekjʊlə(r)] *adj. (Phys., Chem.)* molekular; **~ weight/biology** Molekulargewicht, *das*/-biologie, *die*
**molecule** ['mɒlɪkju:l, 'məʊlɪkju:l] *n.* **a)** *(Phys., Chem.)* Molekül, *das;* **b)** *(small particle)* winziges Teilchen
**'molehill** *n.* Maulwurfshügel, *der;* **make a mountain out of a ~** *(fig.)* aus einer Mücke einen Elefanten machen *(ugs.)*
**molest** [mə'lest] *v. t.* **a)** belästigen; *(to rob)* überfallen; **b)** *(sexually)* [unsittlich] belästigen
**molestation** [məʊlɪ'steɪʃn, mɒlɪ'steɪʃn] *n.* **a)** Belästigung, *die; (to rob)* Überfallen, *das;* **b)** *(sexual)* [unsittliche] Belästigung
**moll** [mɒl] *n. (coll.)* Gangsterbraut, *die*
**mollify** ['mɒlɪfaɪ] *v. t.* besänftigen; beschwichtigen; **be finally mollified** sich schließlich beruhigen
**mollusc** *(Amer.:* **mollusk**) ['mɒləsk] *n. (Zool.)* Molluske, *die (fachspr.);* Weichtier, *das*
**mollycoddle** ['mɒlɪkɒdl] **1.** *v. t.* [ver]hätscheln *(oft abwertend);* verzärteln *(abwertend).* **2.** *n.* Weichling, *der (abwertend)*
**molt** *(Amer.) see* **moult**
**molten** ['məʊltn] *adj.* geschmolzen; flüssig ‹*Lava*›
**molybdenum** [mə'lɪbdɪnəm] *n. (Chem.)* Molybdän, *das*
**mom** [mɒm] *(Amer. coll.) see* **2mum**
**moment** ['məʊmənt] *n.* **a)** Moment, *der;* Augenblick, *der;* **barely a ~ had elapsed ...:** es war kaum eine Minute vergangen ...; **help came not a ~ too soon** die Hilfe hätte keinen Moment später kommen dürfen; **for a ~ or two** für einen kurzen Augenblick; **for a few ~s** für ein paar Augenblicke; ein paar Augenblicke lang; **there was never a dull ~:** man langweilte sich keinen Augenblick lang; **at this ~ in time** in diesem Moment *od.* Augenblick; **after a ~'s hesitation** nach kurzem Zögern; **at any ~,** *(coll.)* **any ~:** jeden Augenblick *od.* Moment; **on the spur of the ~:** ganz spontan; **it was over in just a few ~s** es dauerte nur wenige Augenblicke *od.* war im Nu geschehen; **it is the ~ [for sth.]** es ist der richtige Zeitpunkt [für etw.]; **this is the ~!** dies ist der geeignete Augenblick!; **a few ~s of peace** ein paar Minuten der Ruhe; ein paar ruhige Minuten; **the film had its ~s** der Film hatte einige starke Stellen; **he has his ~s** manchmal ist er gar nicht so übel *(ugs.);* **at odd ~s** gelegentlich[, wenn ein wenig Zeit ist]; **a ~ to remember** ein denkwürdiger Augenblick; **at the precise ~ she came in ...:** genau in dem Augenblick *od.* gerade, als sie hereintrat, ...; **the ~ I get home** gleich *od.* sofort, wenn ich nach Hause komme; **one** *or* **half a** *or* **just a** *or* **wait a ~!** einen Moment *od.* Augenblick!; Moment[chen] *od.* Augenblick mal!; **in a ~** *(instantly)* im Nu *(ugs.); (very soon)* sofort; gleich; **for a ~:** einen Moment [lang]; für einen Moment; **not for a ~:** keinen Moment [lang]; **[at] the [very] ~ it happened** in dem *od.* im selben Augenblick, als es passierte; **the ~ of truth** die Stunde der Wahrheit; **at the ~:** im Augenblick; momentan; **for the ~:** im *od.* für den Augenblick; vorläufig; **I shan't be a ~** *(I'll be back very soon)* ich bin sofort zurück; *(I have very nearly finished)* ich bin sofort soweit; **have you got a ~?** hast du mal einen Augenblick Zeit?; **be the man of the ~:** der Mann des Tages sein; **come here this ~!** komm sofort *od.* auf der Stelle her!; **just this ~:** soeben; gerade *od.* eben [erst]; **from ~ to ~:** alle Augenblicke; **b)** *(formal: importance)* **of ~:** von Bedeutung; **of little** *or* **small/no ~:** von geringer/ohne Bedeutung; **c)** *(Phys.)* Moment, *das;* **~ of inertia** Trägheitsmoment, *das*
**momentarily** ['məʊməntərɪlɪ] *adv.* **a)** *(for a moment)* einen Augenblick lang; *(for a while)* vorübergehend; **b)** *(Amer.) (at any moment)* jeden Augenblick *od.* Moment; *(in a few minutes)* in wenigen Minuten
**momentary** ['məʊməntərɪ] *adj.* **a)** *(lasting only a moment)* kurz; **a ~ forgetfulness/aberration** ein Augenblick geistiger Abwesenheit/der Verwirrung; **b)** *(transitory)* vorübergehend
**momentous** [mə'mentəs] *adj. (important)* bedeutsam; bedeutungsvoll; *(of consequence)* folgenschwer; von großer Tragweite *nachgestellt;* **of ~ importance** von entscheidender Bedeutung
**momentum** [mə'mentəm] *n., pl.* **momenta** [mə'mentə] **a)** *(impetus)* Schwung, *der;* **lose ~:** Schwung *od.* Fahrt verlieren; *(fig.)* [an] Schwung *od.* Fahrt verlieren; *see also* **gain 2 c; gather 1 c; b)** *(Mech.)* Impuls, *der; see also* **angular c; conservation b**
**mommy** ['mɒmɪ] *(Amer. coll.) see* **2mummy**
**Mon.** *abbr.* **Monday** Mo.
**Monaco** ['mɒnəkəʊ] *pr. n.* Monaco *(das)*
**monarch** ['mɒnək] *n. (king, emperor, etc.)* Monarch, *der*/Monarchin, *die; (supreme ruler)* [Allein]herrscher, *der*/-herrscherin, *die*
**monarchic** [mə'nɑ:kɪk], **monarchical** [mə'nɑ:kɪkl] *adj.* **a)** *(of government)* monarchisch; **b)** *(of monarchy)* monarchistisch
**monarchism** ['mɒnəkɪzm] *n. (monarchical government)* Monarchie, *die; (attachment to monarchy)* Monarchismus, *der*
**monarchist** ['mɒnəkɪst] *n.* Monarchist, *der*/Monarchistin, *die*
**monarchy** ['mɒnəkɪ] *n.* Monarchie, *die; see also* **constitutional 1 b**
**monastery** ['mɒnəstrɪ] *n.* [Mönchs]kloster, *das*
**monastic** [mə'næstɪk] *adj.* **a)** *(of or like monks)* mönchisch; **b)** *(of monasteries)* klösterlich; Kloster‹*gebäude, -architektur*›
**monasticism** [mə'næstɪsɪzm] *n.* Mönch[s]tum, *das*
**Monday** ['mʌndeɪ, 'mʌndɪ] **1.** *n.* Montag, *der.* **2.** *adv. (coll.)* **she comes ~s** sie kommt montags. *See also* **Friday**
**monetarism** ['mʌnɪtərɪzm] *n. (Econ.)* Monetarismus, *der*
**monetarist** ['mʌnɪtərɪst] *n. (Econ.)* Monetarist, *der*/Monetaristin, *die*
**monetary** ['mʌnɪtərɪ] *adj.* **a)** *(of the currency in use)* monetär; Währungs‹*politik, -system*›; **b)** *(of money)* finanziell; **~ gift** Geldgeschenk, *das*
**money** ['mʌnɪ] *n.* **a)** *no pl.* Geld, *das;* **your ~ or your life!** Geld oder Leben!; **be in the ~** *(coll.) (be winning ~ prizes)* am Scheffeln sein *(ugs.); (have plenty of ~)* im Geld schwimmen *(ugs.);* **there is ~ in sth.** mit etw. kann man [viel] Geld verdienen; **~ for jam** *or* **old rope** *(Brit. fig. coll.)* leicht *od.* schnell verdientes Geld; **make ~** ‹*Person:*› [viel] Geld verdienen, *(ugs.)* [das große] Geld machen; ‹*Geschäft:*› etwas einbringen, sich rentieren; **earn good ~:** gut verdienen; **come into ~:** zu Geld kommen; **~ talks** das Geld macht's *(ugs.);* **~ makes the world go round** Geld regiert die Welt; **put ~ into sth.** Geld in etw. *(Akk.)* investieren *od. (ugs.)* hineinstecken; **have ~ to burn** *(fig. coll.)* Geld wie Heu haben *(ugs.);* **[not] be made of ~** *(fig. coll.)* [k]ein Goldesel *od.* Krösus sein; **spend ~ like water** mit dem Geld nur so um sich werfen *(ugs.);* **good ~** *(earned/spent)* gutes/teueres Geld; **this would only be to throw** *or* **pour good ~ after bad** das wäre nur rausgeschmissenes *od.* rausgeworfenes Geld *(ugs.);* **for 'my ~:** wenn man mich fragt; **he/she is the one for my ~:** ich tippe auf ihn/sie; **put one's ~ on sth.** auf etw. *(Akk.)* wetten *od.* setzen; *(fig.)* [seine Hoffnung] auf etw. *(Akk.)* setzen; **the best that ~ can buy** das Beste, was es für Geld gibt; **~ can't buy happiness!** Geld allein macht nicht glücklich!; **~ supply** Geldmenge, *die;* **b)** *pl.* **~s** *or* **monies** ['mʌnɪz] *(sum of money)* Geld, *das;* [Geld]betrag, *der;* **the rent ~:** [das Geld für] die Miete; **c)** *(rich person[s])* **that's not where the real ~ lives** da ist nicht das große Geld zu Hause. *See also* **account 3 a; big 1 a; conscience money; cost 2 a; love 1 a; run 1 a**
**money: ~-back** *attrib. adj.* **~-back guarantee** Geld-zurück-Garantie, *die;* **~-bag** *n.* Geldsack, *der;* **~-bags** *n. sing. (coll.: person)* Geldsack, *der (ugs. abwertend);* **~-box** *n.* Sparbüchse, *die; (for collection)* Sammelbüchse, *die;* **~-changer** *n.* Geldwechsler, *der*
**moneyed** ['mʌnɪd] *adj. (rich)* vermögend; begütert; **the ~ classes** die besitzenden Klassen
**money: ~-grubber** *n.* Raffzahn, *der (ugs.);* **~-grubbing 1.** *adj.* geldgierig *(abwertend);* **2.** *n.* Geldgier, *die (abwertend);* **~-lender** *n.* Geldverleiher, *der;* **~-maker** *n.* **be a ~-maker** ‹*Projekt, Produkt, Film:*›

Geld bringen; **~-making 1.** *adj.* gewinnbringend, einträglich ‹*Geschäft, Beschäftigung*›; **2.** *n., no pl.* Geldverdienen, *das;* **~-market** *n.* Geldmarkt, *der;* **~ order** *n.* Zahlungsanweisung, *die; (issued by Post Office)* Postanweisung, *die;* **~-spinner** *n. (Brit.)* Verkaufsschlager, *der; (business)* Goldgrube, *die (ugs.);* **he turned that idea into a ~-spinner** er hat diese Idee versilbert *(ugs.);* **~'s-worth** *n.* **get** *or* **have one's ~'s-worth** etwas für sein Geld bekommen

**Mongol** ['mɒŋgl] **1.** *n.* **a)** Mongole, *der*/Mongolin, *die; (Anthrop.)* Mongolide, *der/die;* **b) m~** *(Med.)* Mongoloide, *der/die;* **she is a m~:** sie ist mongoloid. **2.** *adj.* **a)** mongolisch; *(Anthrop.)* mongolid; **b) m~** *(Med.)* mongoloid

**Mongolia** [mɒŋ'gəʊlɪə] *pr. n.* Mongolei, *die*

**Mongolian** [mɒŋ'gəʊlɪən] **1.** *adj.* **a)** mongolisch; **b)** *(Anthrop.)* mongolid *(fachspr.);* mongolisch. **2.** *n.* **a)** *(person)* Mongole, *der*/Mongolin, *die;* **b)** *(Anthrop.)* Mongolide, *der/die;* **c)** *(language)* Mongolisch, *das;* das Mongolische

**mongolism** ['mɒŋgəlɪzm] *n. (Med.)* Mongolismus, *der*

**mongoose** ['mɒŋgu:s] *n. (Zool.)* Indischer Mungo

**mongrel** ['mʌŋgrəl, 'mɒŋgrəl] **1.** *n.* **a)** *(Bot., Zool.)* Bastard, *der (fachspr.);* Hybride, *der (fachspr.);* Kreuzung, *die; (often derog.: dog)* Promenadenmischung, *die (scherzh., auch abwertend);* **b)** *(derog.: person)* Mischling, *der;* Bastard, *der (derb abwertend).* **2.** *adj. (of mixed origin)* hybrid *(fachspr.)* ‹*Pflanze, Tier*›; **~ animal/plant** [tierischer/pflanzlicher] Hybride *od.* Bastard *(fachspr.);* [Tier-/Pflanzen]kreuzung, *die*

**moni[c]ker** ['mɒnɪkə(r)] *n. (sl.)* Name, *der; (nickname)* Spitzname, *der*

**monitor** ['mɒnɪtə(r)] **1.** *n.* **a)** *(Sch.)* Aufsichtsschüler, *der*/-schülerin, *die;* **pencil/milk/lunch ~:** Bleistift-/Milch-/Essen[s]wart, *der;* **school ~:** Präfekt, *der;* **b)** *(Zool.)* **~ [lizard]** Waran, *der;* **c)** *(listener)* Mithörer, *der*/Mithörerin, *die;* **d)** *(Mech. Engin., Phys., Med., Telev.)* Monitor, *der.* **2.** *v. t.* **a)** *(maintain surveillance over)* kontrollieren ‹*Strahlungsintensität*›; beobachten ‹*Wetter, Flugzeug, Gewohnheit, Bewegung*›; abhören ‹*Sendung, Telefongespräch*›; **b)** *(regulate)* kontrollieren ‹*Radio-, Fernsehempfang*›; überwachen ‹*Verteilung, Ein-/Ausfuhr*›

**monk** [mʌŋk] *n.* Mönch, *der;* **order of ~s** Mönchsorden, *der; see also* **White Monk**

**monkey** ['mʌŋkɪ] **1.** *n.* **a)** Affe, *der;* **the three wise ~s** *(Mythol.)* die „Drei Affen"; **make a ~ of sb.** *(sl.)* jmdn. zum Gespött machen; **get one's ~ up** *(Brit. sl.)* auf die Palme gehen *(ugs.);* **sb.'s ~ is up** *(Brit. sl.)* jmd. ist auf der Palme; **I'll be a ~'s uncle!** *(sl.)* ich denk', mich laust der Affe *(ugs.);* **b)** *(in playful abuse)* Schlingel, *der (scherzh.);* **cheeky ~:** Frechdachs, *der (fam.);* **c)** *(sl.: £500, $500)* halber Riese *(salopp).* **2.** *v.i.* **~ about** *or* **around [with]** *(coll.)* herumalbern [mit] *(ugs.)* ‹*Person*›; *(interfere)* herumspielen [mit *od.* an (+ *Dat.*)] ‹*Gegenstand*›

**monkey: ~ business** *n. (coll.) (mischief)* Schabernack, *der; (unlawful or unfair activities)* krumme Touren *Pl. (ugs.);* **~-jacket** *n. (Naut., Fashion)* Monkijacke, *die;* Affenjäckchen, *das (Soldatenspr. scherzh.);* **~-nut** *n. (Bot.)* Erdnuß, *die;* **~-puzzle** *n. (Bot.)* Chilefichte, *die;* Araukarie, *die (fachspr.);* **~-tricks** *n. pl. (Brit. sl.)* **be up to one's ~-tricks** etw. aushecken; **no ~-tricks!** mach keinen Quatsch *(ugs.);* **~-wrench** *n.* Rollgabelschlüssel, *der (fachspr.);* Universalschraubenschlüssel, *der*

**monkish** ['mʌŋkɪʃ] *adj.* **a)** mönchisch; Mönchs‹*kleidung*›; Kloster‹*leben, -bibliothek*›; **b)** *(derog.: sanctimonious)* pfäffisch *(abwertend);* **c)** *(modest)* anspruchslos; **d)** *(derog.: unsociable)* ungesellig

**monkshood** ['mʌŋkshʊd] *n. (Bot.)* Blauer Eisenhut

**mono** ['mɒnəʊ] *adj.* Mono‹*platte[nspieler], -wiedergabe*›

**monochrome** ['mɒnəkrəʊm] **1.** *n.* **a)** *(picture)* monochromes *(fachspr.) od.* einfarbiges Bild; **b)** *(representation)* monochrome *(fachspr.) od.* einfarbige Darstellung; **in ~:** monochrom *(fachspr.);* einfarbig; Schwarzweiß- *(Ferns.).* **2.** *adj.* monochrom *(fachspr.);* einfarbig; Schwarzweiß- *(Ferns.)*

**monocle** ['mɒnəkl] *n.* Monokel, *das;* Einglas, *das (veralt.)*

**monocotyledon** [mɒnəkɒtɪ'li:dn] *n. (Bot.)* Monokotyle[done], *die (fachspr.);* einkeimblättrige Pflanze

**monocycle** ['mɒnəsaɪkl] *n.* Einrad, *das*

**monogamous** [mə'nɒgəməs] *adj.* monogam

**monogamy** [mə'nɒgəmɪ] *n.* Monogamie, *die;* Einehe, *die*

**monogram** ['mɒnəgræm] *n.* Monogramm, *das*

**monogrammed** ['mɒnəgræmd] *adj.* monogrammiert; ‹*Taschentuch usw.:*› mit Monogramm

**monograph** ['mɒnəgrɑ:f] *n.* Monographie, *die;* Einzeldarstellung, *die*

**monohull** ['mɒnəhʌl] *n. (Naut.)* Einrumpfschiff, *das;* Einkörperschiff, *das*

**monolingual** [mɒnə'lɪŋgwəl] *adj.* einsprachig

**monolith** ['mɒnəlɪθ] *n. (Prehist., Building; lit. or fig.)* Monolith, *der*

**monolithic** [mɒnə'lɪθɪk] *adj. (Prehist., Building; lit. or fig.)* monolithisch; Monolith‹*denkmal, -säule, -charakter, -beton*›

**monologue** (*Amer.:* **monolog**) ['mɒnəlɒg] *n. (lit. or fig.)* Monolog, *der*

**monomania** [mɒnə'meɪnɪə] *n.* **a)** *(Med., Psych.)* Monomanie, *die;* **b)** *(fig.)* übertriebene Begeisterung (**for** für); Leidenschaft, *die* (**for** für)

**monophonic** [mɒnə'fɒnɪk] *adj.* monophon

**monoplane** ['mɒnəpleɪn] *n. (Aeronaut.)* Eindecker, *der*

**monopolisation, monopolise** *see* **monopoliz-**

**monopolistic** [mənɒpə'lɪstɪk] *adj. (Econ.)* monopolistisch ‹*Wettbewerb usw.*›

**monopolization** [mənɒpəlaɪ'zeɪʃn] *n. (Econ.)* Monopolisierung, *die*

**monopolize** [mə'nɒpəlaɪz] *v. t. (Econ.)* monopolisieren; *(fig.)* mit Beschlag belegen; **~ the conversation** den/die anderen nicht zu Wort kommen lassen

**monopoly** [mə'nɒpəlɪ] *n.* **a)** *(Econ.)* Monopol, *das* (**of** auf + *Dat.*); **b)** *(exclusive possession)* alleiniger Besitz; **c)** *(thing monopolized)* Monopol, *das;* **d) M~, (P)** *(game)* Monopoly ⓌⓏ, *das*

**monorail** ['mɒnəreɪl] *n.* **a)** *(single rail)* Einschienengleis, *das;* **b)** *(vehicle)* Einschienenbahn, *die;* **c)** *(overhead)* Schwebebahn, *die*

**monosyllabic** [mɒnəsɪ'læbɪk] *adj.* **a)** einsilbig ‹*Antwort, Person*›; aus einsilbigen Wörtern bestehend ‹*Rede, Dichtung, Schrift, Sprache*›; **b)** *(Ling.)* monosyllabisch

**monosyllable** ['mɒnəsɪləbl] *n.* **a)** einsilbiges Wort; **speak** *or* **talk/answer in ~s** einsilbig reden/antworten; **b)** *(Ling.)* Einsilber, *der*

**monotheism** ['mɒnəθi:ɪzm] *n. (Relig.)* **[doctrine of/belief in] ~:** Monotheismus, *der*

**monotheistic** [mɒnəθi:'ɪstɪk] *adj. (Relig.)* monotheistisch

**monotone** ['mɒnətəʊn] **1.** *n.* **a)** gleichbleibender Ton; **b)** *(uniformity) (general)* Einerlei, *das; (of colour)* Einfarbigkeit, *die; (of style)* eintöniger *od.* monotoner Stil; **grey ~:** graues Einerlei; **engravings in ~:** einfarbige Stiche. **2.** *adj.* **a)** *(monotonous)* eintönig, monoton ‹*Geräusch, Sprache, Akzent, Rezitation*›; **b)** *(in one colour)* einfarbig

**monotonous** [mə'nɒtənəs] *adj.* eintönig, monoton ‹*Laut, Leben, Landschaft usw.*›

**monotonously** [mə'nɒtənəslɪ] *adv.* eintönig

**monotonousness** [mə'nɒtənəsnɪs], **monotony** [mə'nɒtənɪ] *ns.* Eintönigkeit, *die;* Monotonie, *die*

**monoxide** [mə'nɒksaɪd] *n. (Chem.)* Monoxyd, *das;* Monoxid, *das (fachspr.)*

**Monseigneur** [mɔ̃se'njɜ:(r)] *n., pl.* **Messeigneurs** [mese'njɜ:(r)] Monseigneur, *der*

**Monsignor** [mɒn'si:njɔ:(r)] *n., pl.* **~i** [mɒnsi:'njɔ:ri:] *(Eccl.)* Monsignore, *der*

**monsoon** [mɒn'su:n] *n. (Geog.)* **a)** *(wind)* **summer** *or* **wet/dry ~:** Sommer-/Wintermonsun, *der;* **b)** *(season)* Regenzeit, *die*

**monster** ['mɒnstə(r)] **1.** *n.* **a)** *(imaginary or huge creature)* Ungeheuer, *das;* Monster, *das; (huge thing)* Ungetüm, *das;* Monstrum, *das;* **a ~ of a fish/car** ein Ungeheuer/Ungetüm von einem Fisch/Auto; **that's a real ~!, what a ~!** *(in surprise or admiration)* das ist ja ungeheuer!; **b)** *(inhuman person)* Unmensch, *der; (iron.: naughty child)* Monster, *das (scherzh.).* **2.** *adj.* riesig; monströs; Mammut‹*sitzung, -veranstaltung*›

**monstrance** ['mɒnstrəns] *n. (RC Ch.)* Monstranz, *die*

**monstrosity** [mɒn'strɒsɪtɪ] *n.* **a)** *(physical deformity)* Mißbildung, *die; (deviation from the norm, unnatural thing)* Abnormität, *die;* Widernatürlichkeit, *die;* **b)** *(outrageous thing)* Ungeheuerlichkeit, *die; (hideous building etc.)* Ungetüm, *das;* **c)** *(imaginary or huge creature)* Ungeheuer, *das;* Monster, *das*

**monstrous** ['mɒnstrəs] *adj.* **a)** *(huge)* monströs *(geh.);* ungeheuer ‹*Lärm, Jubel, Menge*›; riesig ‹*Lkw, Kuchen, Buch*›; unnatürlich groß ‹*Gemüse, Person, Baum, Pflanze*›; **b)** *(outrageous)* ungeheuerlich *(abwertend)* ‹*Vorschlag, Vorstellung, Glaube, Einstellung, Wahl, Entscheidung*›; **c)** *(atrocious)* scheußlich *(emotional);* monströs *(meist abwertend);* **d)** *(misshapen)* mißgestaltet

**monstrously** ['mɒnstrəslɪ] *adv.* **a)** *(hugely)* schrecklich *(ugs.),* furchtbar *(ugs.)* ‹*hoch, beschäftigt, kurz, dick*›; **b)** *(outrageously)* unmöglich *(ugs. meist abwertend)* ‹*sich benehmen*›

**mons Veneris** [mɒnz 'venərɪs] *n. (Anat.)* Venushügel, *der (fachspr.);* weiblicher Schamberg

**montage** [mɒn'tɑ:ʒ] *n. (Photog., Art, Radio, Film)* Montage, *die; (Mus.)* Collage, *die;* **work in ~:** Montagen herstellen

**month** [mʌnθ] *n.* **a)** Monat, *der;* **last day of the ~:** Monatsletzte, *der;* Ultimo, *der (Kaufmannsspr.);* **on the last day of the ~:** ultimo; am Monatsletzten; **the ~ of January** der [Monat] Januar; **come every ~:** jeden Monat kommen; **for a ~/several ~s** einen Monat [lang]/mehrere Monate [lang] *od.* monatelang; **for ~s [on end]** monatelang; **I haven't seen him for ~s** ich habe ihn seit Monaten nicht mehr gesehen; **~s ago** vor Monaten; **every six ~s** alle sechs Monate; halbjährlich; **once every** *or* **a ~:** einmal monatlich *od.* im Monat; **in a ~['s time]** in einem Monat; **in two ~s[' time]** in zwei Monaten; **in alternate ~s** alle zwei Monate; **take a ~'s holiday** [sich *(Dat.)*] einen Monat Urlaub nehmen; **£10 a** *or* **per ~:** zehn Pfund im Monat; **from ~ to ~:** Monat um *od.* für Monat; **she is in the third/last ~ of her pregnancy** sie ist im dritten/neunten Monat schwanger; **a ~ from today** heute in einem Monat; **a three-~ period** ein Zeitraum von drei Monaten; **a six-~[s]-old baby/strike** ein sechs Monate altes *od.* sechsmonatiges Baby/ein bereits sechsmonatiger Streik; *see also* **calendar a; next 1 b; Sunday 1 a; this 1 e; b)** *(period of 28 days)* vier Wochen; 28 Tage '**month-long** *attrib. adj.* einmonatig

**monthly** ['mʌnθlɪ] **1.** *adj.* **a)** *(of or relating to a month)* monatlich; Monats⟨*umsatz, -einkommen, -gehalt*⟩; **three-~:** dreimonatlich; vierteljährlich; **b)** *(lasting a month)* einmonatig ⟨*Abstand*⟩; Monats⟨*zyklus, -karte*⟩; **three-~ season ticket** Dreimonats- *od.* Vierteljahreskarte, *die;* **c)** *(happening every month)* monatlich; *(happening once a month)* [ein]monatlich; **a woman's ~ period** die Periode *od.* Monatsblutung einer Frau. **2.** *adv.* [ein]monatlich; einmal im Monat. **3.** *n. (publication)* monatlich erscheinende Zeitschrift; Monatsschrift, *die*

**monument** ['mɒnjʊmənt] *n.* **a)** Denkmal, *das; see also* **ancient 1 b; b)** *(on grave)* Grabmal, *das (geh.);* **c) the M~:** *in der Londoner Innenstadt stehende Säule zur Erinnerung an den großen Brand von 1666*

**monumental** [mɒnjʊ'mentl] *adj.* **a)** *(of a monument)* Denkmals⟨*architekt, -inschrift*⟩; **b)** *(massive)* gewaltig ⟨*Auffahrt, Skulptur*⟩; monumental ⟨*Plastik, Gemälde, Gebäude*⟩; **c)** *(extremely great)* kolossal *(ugs. emotional)*

**monumentally** [mɒnjʊ'mentəlɪ] *adv.* enorm ⟨*stur, schlau, kreativ*⟩; **~ boring/stupid** sterbenslangweilig/strohdumm

**monumental 'mason** *n.* Steinmetz, *der*

**moo** [mu:] **1.** *n.* Muhen, *das;* **give** *or* **utter a loud ~:** laut muhen. **2.** *v.i.* muhen

**mooch** [mu:tʃ] *(sl.)* **1.** *v.i.* **~ about** *or* **around/along** herumschleichen *(ugs.)*/zockeln *(ugs.).* **2.** *v.t. (Amer.)* **a)** *(steal)* mopsen *(fam.);* **b)** *(beg)* schnorren *(ugs.)*

'**moo-cow** *n. (child lang.)* Muhkuh, *die (Kinderspr.)*

[1]**mood** [mu:d] *n.* **a)** *(state of mind)* Stimmung, *die;* **there was a [general] ~ of optimism** es herrschte allgemeiner Optimismus; **be in a very good/good/bad ~:** [bei] bester/guter/schlechter Laune sein; **be in a cheerful ~:** froh gelaunt *od.* fröhlich gestimmt sein; **be in a militant ~:** in Kampfstimmung sein; **be in a serious/pensive ~:** ernst/nachdenklich gestimmt sein; **be in no ~ for joking/dancing** nicht zum Scherzen/Tanzen aufgelegt sein; **b)** *(fit of melancholy or bad temper)* Verstimmung, *die;* schlechte Laune; **have one's ~s** [seine] Launen haben

[2]**mood** *n. (Ling.)* Modus, *der (fachspr.);* Aussageweise, *die;* **the subjunctive ~:** der Konjunktiv *(fachspr.);* die Möglichkeitsform

**moodily** ['mu:dɪlɪ] *adv.* übelgelaunt; mißgestimmt; *(in a sullen manner)* mißmutig; verdrossen

'**mood music** *n.* stimmungsvolle Musik

**moody** ['mu:dɪ] *adj.* **a)** *(sullen)* mißmutig; verdrossen; *(gloomy)* niedergeschlagen; **b)** *(subject to moods)* launenhaft

**moon** [mu:n] **1.** *n.* **a)** Mond, *der;* **light of the ~:** Mondlicht, *das;* Mondschein, *der;* **the ~ is full/waning/waxing** es ist Vollmond/abnehmender/zunehmender Mond; **there is no ~ tonight** heute nacht ist der Mond nicht zu sehen; **be over the ~** *(fig. coll.)* im siebten Himmel sein *(ugs.);* **offer sb. the ~** *(fig.)* jmdm. ein Vermögen bieten; **promise sb. the ~** *(fig.)* jmdm. das Blaue vom Himmel versprechen *(ugs.);* **ask for the ~:** Unmögliches verlangen; *see also* **blue moon; cry 3 a; full moon; half moon; man 1 b; new moon; shoot 2 d; b)** *(poet.: month)* Mond, *der (dichter. veralt.);* **c) that was many ~s ago** das liegt schon lange zurück. **2.** *v.i. (coll.)* **~ about** *or* **around [the house]** trübselig [im Haus] herumschleichen *(ugs.)*

**~ over** *v.t.* in Gedanken an ... *(Akk.)* verloren *od.* versunken *od.* vertieft sein

**moon: ~beam** *n.* Mondstrahl, *der;* **~beams** Mondschein, *der;* Mondlicht, *das;* **~-face** *n.* Mondgesicht, *das*

**Moonie** ['mu:nɪ] *n. (coll.)* Anhänger der Mun-Sekte

**moon: ~ landing** *n.* Mondlandung, *die;* **~less** *adj.* mondlos ⟨*Nacht, Himmel*⟩; **~light 1.** *n.* Mondlicht, *das;* Mondschein, *der;* **2.** *attrib. adj.* mondhell *(geh.)* ⟨*Nacht*⟩; **do a ~light [flit]** *(Brit. coll.)* bei Nacht und Nebel wegziehen, ohne die Schulden zu bezahlen; **3.** *v.i. (coll.)* nebenberuflich abends arbeiten; *(hold two jobs at once)* zwei Jobs gleichzeitig haben; **~lit** *adj.* mondbeschienen *(geh.);* **~shine** *n.* **a)** *(visionary ideas)* Unsinn, *der;* **b)** *(liquor)* schwarzgebrannter Alkohol; **~shine whisky** schwarzgebrannter Whiskey; **~shot** *n. (Astronaut.)* Mondflug, *der;* **~stone** *n. (Min.)* Mondstein, *der;* Adular, *der (fachspr.)*

**Moor** [mʊə(r), mɔ:(r)] *n.* Maure, *der*/Maurin, *die*

[1]**moor** *n.* **a)** *(Geog.)* [Hoch]moor, *das;* **b)** *(for shooting) im Moor gelegenes Wildhegegebiet*

[2]**moor 1.** *v.t.* festmachen; vertäuen. **2.** *v.i.* festmachen

'**moorhen** *n. (Ornith.)* [Grünfüßiges] Teichhuhn

**mooring** ['mʊərɪŋ, 'mɔ:rɪŋ] *n.* **a)** *usu. in pl. (means of attachment)* Vertäuung, *die;* **b)** *usu. in pl. (place)* Anlegestelle, *die;* **set sail from one's ~:** ablegen; **c)** *(action of making fast)* Vertäuung, *die*

**mooring: ~-line** *n.* Festmacher, *der;* **~-mast** *see* [1]**mast; ~-post** *n.* Pfahl, *der;* ≈ Duckdalben, *der;* **~-rope** *n.* Festmachetrosse, *die*

**Moorish** ['mʊərɪʃ, 'mɔ:rɪʃ] *adj.* maurisch

**moorland** ['mʊələnd, 'mɔ:lənd] *n. (Geog.)* Moorland, *das*

**moose** [mu:s] *n., pl. same (Zool.)* Amerikanischer Elch

**moot** [mu:t] **1.** *adj.* umstritten; offen ⟨*Frage*⟩; strittig ⟨*Punkt*⟩. **2.** *v.t. (broach, suggest)* zur Sprache bringen ⟨*Maßnahme, Plan*⟩; anschneiden ⟨*Thema*⟩; erörtern ⟨*Frage, Punkt*⟩

**mop** [mɒp] **1.** *n.* **a)** Mop, *der; (for washing up)* ≈ Spülbürste, *die; (Naut.)* Dweil, *der;* **Mrs Mop[p]** *(Brit.)* [die/unsere] Parkettkosmetikerin *(ugs. scherzh.);* **b) ~ [of hair]** Wuschelkopf, *der.* **2.** *v.t.,* **-pp- a)** *(clean with ~)* moppen ⟨*Fußboden*⟩; **b)** *(wipe)* abwischen ⟨*Träne, Schweiß, Stirn*⟩; **c) ~ the floor with sb.** *(fig. sl.)* jmdn. fertigmachen *(ugs.)*

**~ 'up** *v.t.* **a)** *(wipe up)* aufwischen ⟨*Flüssigkeit*⟩; **here's some bread to ~ up the gravy** hier ist etwas Brot, um die Soße vom Teller zu wischen; **b)** *(Brit. sl.) (drink greedily)* wegschlabbern *(ugs.)* ⟨*Getränk*⟩; *(eat greedily)* reinstopfen *(ugs.)* ⟨*Essen*⟩; **c)** *(Mil.)* ausheben ⟨*Widerstandsnest*⟩; aufreiben ⟨*versprengte Truppen*⟩; säubern ⟨*Gebiet*⟩

'**mopboard** *n. (Amer.)* Fußleiste, *die*

**mope** [məʊp] *v.i.* Trübsal blasen *(ugs.);* **~ about** *or* **around** trübselig herumschleichen *(ugs.)*

**moped** ['məʊped] *n.* Moped, *das*

'**mophead** *n.* **a)** *(at end of mop)* Mop, *der;* **b)** *(of hair; person)* Wuschelkopf, *der (ugs.)*

**Mopp** *see* **mop 1 a**

**moppet** ['mɒpɪt] *n.* **a)** *(endearing: baby, little girl)* Fratz, *der (fam.);* **b)** *(coll.: child)* Matz, *der (fam.)*

**moquette** [mɒ'ket] *n. (Textiles)* Mokett, *der (fachspr.);* Möbelplüsch aus Wolle

**moraine** [mə'reɪn] *n. (Geol.)* Moräne, *die*

**moral** ['mɒrl] **1.** *adj.* **a)** *(of right and wrong)* moralisch ⟨*Gefühl, Bewußtsein*⟩; sittlich ⟨*Wert*⟩; Moral⟨*begriff, -prinzip, -vorstellung*⟩; **b)** *(dealing with regulation of conduct)* moralisch ⟨*Erzählung, Rede*⟩; Lehr⟨*gedicht, -stück*⟩; **c)** *(concerned with rules of morality)* Moral⟨*philosoph[ie], -psychologie*⟩; **d)** *(virtuous)* moralisch, sittlich, *(veralt.)* tugendhaft ⟨*Leben, Person*⟩; **e)** *(founded on ~ law)* moralisch, sittlich ⟨*Verpflichtung, Pflicht*⟩; **be under a ~ obligation** eine moralische *od.* sittliche Pflicht haben; **f)** *(not physical)* moralisch ⟨*Stärke, Zusammenbruch*⟩. **2.** *n.* **a)** *(lesson)* Moral, *die;* **draw the ~ from sth.** die Lehre aus etw. ziehen; **b)** *in pl. (habits)* Moral, *die;* Moralvorstellungen; **c)** *(maxim)* Moral, *die;* Lehre, *die;* **point a ~:** einen moralischen Grundsatz aufstellen

**moral: ~ 'certainty** *n.* **it is a ~ certainty [that ...]** es ist so gut wie sicher[, daß ...]; **~ 'courage** *n.* Rückgrat, *das;* Zivilcourage, *die;* **~ 'cowardice** *n.* Mangel an Rückgrat *od.* Zivilcourage

**morale** [mə'rɑ:l] Moral, *die;* **high/low ~:** gute/schlechte Moral

**moralise** *see* **moralize**

**moralist** ['mɒrəlɪst] *n.* **a)** *(one who practises morality)* moralischer *od.* sittlicher Mensch; **b)** *(philosopher)* Moralist, *der*/Moralistin, *die;* Moralphilosoph, *der*/Moralphilosophin, *die*

**moralistic** [mɒrə'lɪstɪk] *adj.* moralistisch

**morality** [mə'rælɪtɪ] *n.* **a)** *(conduct)* Moral, *die;* Sittlichkeit, *die;* Moralität, *die (geh.);* **b)** *(moral science)* Moralphilosophie, *die;* Ethik, *die;* Sittenlehre, *die;* **c)** *in pl. (moral principles)* Moralgesetze *Pl.;* Moralprinzipien *Pl.;* **d)** *(particular system)* Ethik, *die;* **e)** *(conformity to moral principles)* Sittlichkeit, *die;* Moralität, *die (geh.);* **f)** *(Hist., Lit.)* **~ [play]** Moralität, *die*

**moralize** ['mɒrəlaɪz] *v.i.* moralisieren *(geh.);* moralische Betrachtungen anstellen **([up]on** über + *Akk.***); do stop moralizing!** hör auf mit deinen Moralpredigten!

**moral 'law** *n.* Moralgesetz, *das*

**morally** ['mɒrəlɪ] *adv.* **a)** *(as regards right and wrong)* moralisch ⟨*verantwortlich*⟩; **b)** *(virtuously)* moralisch einwandfrei, integer ⟨*sich benehmen*⟩; **c)** *(virtually)* praktisch, so gut wie ⟨*sicher*⟩; **d)** *(not physically)* moralisch; psychisch

**moral: ~ 'majority** *n. vermutete Mehrheit, die für strengere öffentliche Moral eintritt;* **~ phi'losophy** *n.* Moralphilosophie, *die;* **~ 'pressure** *n.* moralischer Druck; **~ 'sense** *n.* moralisches *od.* sittliches Bewußtsein; **~ sup'port** *n.* moralische Unterstützung; **~ the'ology** *n.* Moraltheologie, *die;* **~ 'victory** *n.* moralischer Sieg

**morass** [mə'ræs] *n.* **a)** *(bog)* Morast, *der;* **b)** *(fig.: entanglement)* Wirrnis, *die (geh.);* Labyrinth, *das;* **a ~ of confusion** heillose Verwirrung

**moratorium** [mɒrə'tɔ:rɪəm] *n., pl.* **~s** *or* **moratoria** [mɒrə'tɔ:rɪə] **a)** vorläufige Einstellung **(on** *Gen.***);** [vorläufiger] Stopp **(on** für); **declare a ~ on sth.** etw. vorläufig einstellen *od.* stoppen; **b)** *(authorized delay)* Moratorium, *das*

**Moravia** [mə'reɪvɪə] *pr. n.* Mähren *(das)*

**morbid** ['mɔ:bɪd] *adj.* **a)** *(unwholesome, having such feelings)* krankhaft; makaber, morbid *(geh.)* ⟨*Freude, Faszination, Phantasie, Neigung*⟩; **b)** *(coll.: melancholy)* trübselig; **make sb. feel ~:** jmdn. trübselig machen; **c)** *(Med.)* pathologisch *(fachspr.)* ⟨*Anatomie*⟩; krankhaft ⟨*Zustand, Veränderung*⟩; krank ⟨*Körper*⟩; pathogen *(fachspr.)* ⟨*Substanz*⟩

**morbidity** [mɔ:'bɪdɪtɪ] *n., no pl.* **a)** Krankhaftigkeit, *die;* **b)** *(Med.) (diseased state)* Krankheit, *die; (rate of sickness)* Morbidität, *die (fachspr.)*

**morbidly** ['mɔ:bɪdlɪ] *adv.* **a)** *(Med.)* krankhaft; **b)** *(coll.: in melancholy way)* trübselig

**mordant** ['mɔ:dənt] *adj.* bissig ⟨*Bemerkung, Rede*⟩; beißend ⟨*Humor*⟩; sarkastisch ⟨*Person*⟩

**more** [mɔ:(r)] **1.** *adj.* **a)** *(additional)* mehr; **would you like any** *or* **some/a few ~?** *(apples, books, etc.)* möchten Sie noch welche/ein paar?; **would you like any** *or* **some ~ apples?** möchten Sie noch Äpfel?; **would you like any** *or* **some/a little ~?** *(tea, paper, etc.)* möchten Sie noch etwas/ein wenig?; **would you like any** *or* **some ~ tea/paper?** möchten Sie noch Tee/Papier?; **I haven't any ~**

[apples/tea] ich habe keine [Äpfel]/keinen [Tee] mehr; ~ and ~: immer mehr; offer ~ coffee noch Kaffee anbieten; for a few dollars ~: für ein paar Dollar mehr; [just] one ~ thing before I go [nur] noch eins, bevor ich gehe; one ~ word and ...: noch ein Wort und ...; many ~ things noch viel mehr [Dinge]; two/twenty ~ things noch zwei/zwanzig Dinge; some ~ things noch einige Dinge; noch einiges; b) *(greater in degree)* größer; ~'s the pity *(coll.)* leider!; the ~ fool 'you du bist vielleicht ein Dummkopf. 2. *n., no pl., no indef. art.* a) *(greater amount or number or thing)* mehr; he is ~ of a poet than a musician er ist mehr Dichter als Musiker; ~ and ~: mehr und mehr; immer mehr; six or ~: mindestens sechs; I hope to see ~ of you hoffentlich sehen wir uns öfter; the ~ the merrier *see* merry a; b) *(additional number or amount or thing)* mehr; what is ~ ...: außerdem ...; do no ~ than do sth. nur etw. tun; ~ means worse ein Mehr an Zahl heißt ein Weniger an Qualität; water is no ~ than thawed ice Wasser ist nichts weiter *od.* anderes als aufgetautes Eis; and ~: mindestens *vorangestellt;* oder mehr; there's plenty ~ where that came from es ist noch viel mehr da; man braucht keineswegs zu geizen; there's no need to do/say [any] ~: da braucht nichts weiter getan/gesagt zu werden; *see also* say 1a; c) ~ than *(coll.: exceedingly)* über⟨*satt, -glücklich, -froh*⟩; hoch⟨*erfreut, willkommen*⟩; sehr ⟨*aufgeregt*⟩; tief⟨*traurig*⟩; at least you enjoyed yourself, which is ~ than I did im Gegensatz zu mir *od.* anders als ich hast du dich wenigstens noch amüsiert; which is ~ than you *or* one can say of X und das kann man nicht von X behaupten; neither ~ nor less [than ridiculous *etc.*] [lächerlich *usw.*,] nicht mehr und nicht weniger. 3. *adv.* a) mehr ⟨*mögen, interessieren, gefallen, sich wünschen*⟩; *forming compar.* a ~ interesting book ein interessanteres Buch; this book is ~ interesting dieses Buch ist interessanter; ~ often häufiger; ~ than a little tiresome ziemlich langweilig; ~ than anything [else] vor allem; ~ than sb. can say mehr als jmd. sagen kann; b) *(nearer, rather)* eher; ~... than ...: eher ... als ...; ~ dead than alive mehr tot als lebendig; c) you couldn't be ~ *(are extremely)* mistaken *or* wrong du irrst dich gewaltig; I couldn't be ~ *(am extremely)* sorry es tut mir schrecklich leid; d) *(again)* wieder; never ~: nie wieder *od.* mehr; not any ~: nicht mehr; once ~: noch einmal; a couple of times ~: noch ein paarmal; e) ~ and ~ ...: mehr und mehr *od.* immer mehr ...; *with adj. or adv.* immer ... (+ *Komp.*); become ~ and ~ absurd immer absurder werden; f) ~ or less *(fairly)* mehr oder weniger; *(approximately)* annähernd; g) ~ so noch mehr; Is she equally attractive? – Rather ~ so, if anything Ist sie genauso attraktiv? – Ja, wenn nicht noch attraktiver; the ~ so because ...: um so mehr, als *od.* weil ...; h) not any ~ [than] nicht mehr [als]. *See also* [1]like 1a; little 3b; [1]no 2a; the 2; what 6a

**moreish** ['mɔ:rɪʃ] *adj. (coll.)* lecker; this cake is rather ~: dieser Kuchen schmeckt nach mehr

**morel** [mə'rel] *n. (Bot.: edible fungus)* [Speise]morchel, *die*

**morello** [mə'reləʊ] *n., pl.* ~s *(Bot.)* Schattenmorelle, *die*

**moreover** [mɔ:'rəʊvə(r)] *adv.* und außerdem; zudem *(geh.)*

**mores** ['mɔ:ri:z, 'mɔ:reɪz] *n. pl.* Sitten *Pl.;* sexual ~: Sexualethik *od.* -moral, *die*

**morganatic** [mɔ:gə'nætɪk] *adj.* morganatisch; ~ marriage morganatische Ehe; Ehe zur linken Hand *(hist.)*

**morgue** [mɔ:g] *n.* a) *see* mortuary; b) *(Journ.)* Archiv, *das*

**moribund** ['mɒrɪbʌnd] *adj. (lit. or fig.)* moribund *(Med.);* dem Tode geweiht *(geh.);* im Sterben liegend ⟨*Person*⟩; im Aussterben begriffen ⟨*Spezies*⟩; dem Untergang geweiht ⟨*Nation, Volk, Brauch*⟩

**Mormon** ['mɔ:mən] 1. *n.* Mormone, *der*/Mormonin, *die;* Book of ~: Buch Mormon. 2. *adj.* mormonisch

**morn** [mɔ:n] *n.* a) *(poet.: morning)* Morgen, *der;* from ~ to *or* till night von früh bis spät; b) *(poet.: dawn)* Morgengrauen, *das*

**mornay** ['mɔ:neɪ] *n. (Gastr.)* Sauce Mornay, *die (eine Käsesoße)*

**morning** ['mɔ:nɪŋ] *n.* a) Morgen, *der; (as opposed to afternoon)* Vormittag, *der;* this ~: heute morgen *od.* früh; tomorrow ~: morgen früh; during the ~: am Morgen/Vormittag; [early] in the ~: am [frühen] Morgen; *(regularly)* [früh] morgens; at one *etc.* in the ~ = at one a.m. *etc. see* a.m. 1; begin next ~: am anderen Morgen beginnen; on Wednesday ~s/~: Mittwoch morgens/[am] Mittwoch morgen *od.* früh; one ~: eines Morgens; the other ~: neulich morgens *od.* früh; ~, noon, and night Tag und Nacht; ~ came es wurde Morgen; ~s, of a ~: morgens; *see also* good 1m; b) in the ~ *(coll.: next morning)* morgen früh; see you in the ~! bis morgen früh!; c) *(spent in a particular way)* a ~ of shopping ein mit Einkaufen verbrachter Morgen; d) *(coll. greeting)* ~, all! Morgen, zusammen!; e) *(fig.)* Anfang, *der;* Beginn, *der;* f) *attrib.* morgendlich; Morgen⟨*kaffee, -spaziergang*⟩

**morning:** ~ **'after** *n. (coll.: hangover)* ~-'after [feeling] Katzenjammer, *der;* Kater, *der;* ~-'**after pill** *n.* Pille [für den Morgen] danach; ~ **coat** *n.* Cut[away], *der;* ~ **dress** *n.* Stresemann, *der;* ~ '**glory** *n. (Bot.)* Winde, *die;* ~ '**paper** *n.* Morgenzeitung, *die;* ~ '**prayer** *n.* Morgenandacht, *die;* ~ '**service** *n. (Eccl.)* Morgenandacht, *die; (RC Ch.)* Frühmesse, *die;* ~ **sickness** *n.* morgendliche Übelkeit; ~ '**star** *n.* Morgenstern, *der*

**Moroccan** [mə'rɒkən] 1. *adj.* marokkanisch; sb. is ~: jmd. ist Marokkaner/Marokkanerin. 2. *n.* Marokkaner, *der*/Marokkanerin, *die*

**Morocco** [mə'rɒkəʊ] *pr. n.* Marokko *(das)*

**morocco** *n., pl.* ~s Maroquin, *der*

**moron** ['mɔ:rɒn] *n.* a) *(coll.)* Trottel, *der (ugs. abwertend);* Schwachkopf, *der (ugs.);* b) *(mental defective)* Geistesschwache, *der/die;* Schwachsinnige, *der/die*

**moronic** [mə'rɒnɪk] *adj.* geistesschwach; schwachsinnig; debil *(fachspr.)*

**morose** [mə'rəʊs] *adj.*, **morosely** [mə'rəʊslɪ] *adv.* verdrießlich

**morpheme** ['mɔ:fi:m] *n. (Ling.)* Morphem, *das*

**morphia** ['mɔ:fɪə], **morphine** ['mɔ:fi:n] *ns.* Morphin, *das (fachspr.);* Morphium, *das;* be a ~ addict morphiumsüchtig sein

**morphological** [mɔ:fə'lɒdʒɪkl] *adj. (Biol., Ling.)* morphologisch

**morphology** [mɔ:'fɒlədʒɪ] *n.* a) *(Biol.)* Morphologie, *die;* Gestaltlehre, *die;* b) *(Ling.)* Morphologie, *die (fachspr.);* Formen- und Wortbildungslehre, *die*

**morris** ['mɒrɪs]: ~ **dance** *n.* Moriskentanz, *der;* ~ **dancer** *n.* Moriskentänzer, *der;* ~ **dancing** *n.* Moriskentanzen, *das*

**morrow** ['mɒrəʊ] *n. (literary)* the ~ *(the next day)* der folgende *od.* kommende Tag; on the ~: tags drauf; am nächsten Tag. *See also* good 1m

**Morse** [mɔ:s] *n.* Morseschrift, *die;* Morsezeichen *Pl.;* can you use ~? können Sie morsen?

**Morse 'code** *n.* Morseschrift, *die;* Morsealphabet, *das*

**morsel** ['mɔ:sl] *n.* a) *(of food)* Bissen, *der;* Happen, *der;* b) *(fragment)* Stückchen, *das;* Bröckchen, *das; (fig.)* Quentchen, *das*

**mortal** ['mɔ:tl] 1. *adj.* a) *(that must die)* sterblich; b) *(fatal, fought to the death, intense)* tödlich (to für); ~ combat ein Kampf auf Leben und Tod; give ~ offence to sb. jmdn. tödlich beleidigen; ~ sin Todsünde, *die;* c) *(implacable)* tödlich; erbittert; ~ enemy Todfeind, *der;* d) *(sl.: whatsoever)* every ~ thing alles menschenmögliche; e) *(accompanying death)* Todes⟨*strudel, -kampf, -angst*⟩; f) *(human, earthly)* vergänglich; irdisch ⟨*Dasein*⟩; menschlich ⟨*Verlangen, Geist*⟩. 2. *n.* Sterbliche, *der/die;* be a mere ~: auch nur ein Mensch sein

**mortality** [mɔ:'tælɪtɪ] *n.* a) Sterblichkeit, *die;* b) *(loss of life)* [Dahin]sterben, *das;* c) *(number of deaths)* Sterblichkeit, *die;* Todesfälle *Pl.;* Mortalität, *die (Med.);* d) ~ [rate] Sterblichkeitsrate, *die;* Sterbeziffer, *die;* Mortalität, *die (Med.)*

**mortally** ['mɔ:təlɪ] *adv.* a) ~ wounded tödlich verletzt; b) *(intensely)* ~ offended zutiefst *od.* tödlich beleidigt

**mortar** ['mɔ:tə(r)] *n.* a) *(substance)* Mörtel, *der;* b) *(vessel)* Mörser, *der;* c) *(cannon)* Minenwerfer, *der;* Mörser, *der*

'**mortar-board** *n. (Univ.) bei bestimmten Anlässen zum Talar getragene viereckige Kopfbedeckung der Studenten und Lehrer an britischen und amerikanischen Universitäten;* ≈ Barett, *das*

**mortgage** ['mɔ:gɪdʒ] 1. *n.* a) Hypothek, *die;* b) *(deed)* Pfandverschreibung, *die;* Hypothekenbrief, *der;* c) *attrib.* Hypotheken⟨*schuld, -zinssatz, -darlehen, -geld*⟩; ~ repayment Hypothekenzahlung, *die.* 2. *v.t.* a) mit einer Hypothek *od.* hypothekarisch belasten; b) *(pledge)* verpfänden

**mortgagee** [mɔ:gɪ'dʒi:] *n.* Hypothekar, *der;* Hypothekengläubiger, *der*

**mortgager** ['mɔ:gɪdʒə(r)], **mortgagor** [mɔ:gɪ'dʒɔ:(r)] *n.* Hypothekenschuldner, *der*

**mortice** *see* mortise

**mortician** [mɔ:'tɪʃn] *n. (Amer.)* Leichenbestatter, *der*/-bestatterin, *die; (firm)* Bestattungsinstitut, *das*

**mortification** [mɔ:tɪfɪ'keɪʃn] *n. (humiliation)* Beschämung, *die;* Kränkung, *die;* feel great ~ at sth. etw. als eine große Schmach empfinden; tief beschämt über etw. *(Akk.)* sein

**mortify** ['mɔ:tɪfaɪ] *v.t.* a) *(humiliate)* beschämen; kränken; he felt mortified er empfand es als beschämend; b) *(subdue desires of)* ~ the flesh/oneself sich kasteien

**mortise** ['mɔ:tɪs] *n.* a) *(Woodw.)* Zapfenloch, *das;* ~ and tenon [joint] Zapfenverbindung, *die;* Verzapfung, *die;* b) *attrib.* ~ lock Steckschloß, *das*

**mortuary** ['mɔ:tjʊərɪ] *n.* Leichenschauhaus, *das*

**mosaic** [məʊ'zeɪɪk] *n. (lit. or fig.)* Mosaik, *das; attrib.* Mosaik⟨*fußboden, -arbeit, -stein usw.*⟩

**Moscow** ['mɒskəʊ] 1. *pr. n.* Moskau *(das).* 2. *attrib. adj.* Moskauer

**Moselle** [məʊ'zel] *pr. n.* Mosel, *die*

**moselle** *n. (wine)* Mosel[wein], *der*

**Moses** ['məʊzɪz] *pr. n. (Bibl.)* Moses *(der);* Mose *(der) (ökum.)*

**Moslem** ['mɒzləm] *see* **Muslim**

**mosque** [mɒsk] *n.* Moschee, *die*

**mosquito** [mɒs'ki:təʊ] *n., pl.* ~es Stechmücke, *die; (in tropics)* Moskito, *der;* ~ bite Mücken-/Moskitostich, *der*

**mos'quito-net** *n.* Moskitonetz, *das*

**moss** [mɒs] *n.* a) Moos, *das;* b) *(Scot., N. Engl.: bog)* Moor, *das;* Sumpf, *der*

**moss:** ~-**covered** *adj.* bemoost; moosbedeckt; ~-**green** *adj.* moosgrün

**mossy** ['mɒsɪ] *adj.* moosig; bemoost; moosbewachsen

**most** [məʊst] 1. *adj. (in greatest number, the majority of)* die meisten; *(in greatest amount)* meist...; größt... ⟨*Fähigkeit, Macht,*

*Bedarf, Geduld, Lärm*⟩; **make the ~ mistakes/noise** die meisten Fehler/den meisten *od.* größten Lärm machen; **~ people** die meisten Leute; die Mehrheit [der Leute]; **he has the ~ need of it** er braucht es am nötigsten; **for the ~ part** größtenteils; zum größten Teil. **2.** *n.* **a)** *(greatest amount)* das meiste; **offer [the] ~ for it** das meiste *od.* am meisten dafür bieten; **pay the ~**: am meisten bezahlen; **want sth. the ~**: sich *(Dat.)* etw. am meisten wünschen; **the ~ one can say** das Beste, was man sagen kann; **b)** *(the greater part)* **~ of the girls** die meisten Mädchen; **~ of his friends** die meisten seiner Freunde; **~ of the poem** der größte Teil des Gedichts; **~ of the time** die meiste Zeit; *(on ~ occasions)* meistens; **lead for ~ of the race** während des größten Teils des Rennens führen; **be more enterprising than ~**: unternehmungslustiger als die meisten anderen sein; **~ of what he said** das meiste von dem, was er sagte; **c) make the ~ of sth., get the ~ out of sth.** etw. voll ausschöpfen; *(employ to the best advantage)* etw. voll ausnützen; *(represent at its best)* das Beste aus etw. machen; **d) at [the] ~**: höchstens; **at the very ~**: allerhöchstens. **3.** *adv.* **a)** *(more than anything else)* am meisten ⟨*mögen, interessieren, gefallen, sich wünschen, verlangt*⟩; **~ of all** am allermeisten; **b)** *forming superl.* **the ~ interesting book** das interessanteste Buch; **this book is the ~ interesting** dieses Buch ist das interessanteste; **~ probably** höchstwahrscheinlich; **~ often** am häufigsten; **c)** *(exceedingly)* überaus; äußerst; **~ decidedly** ganz entschieden; ausgesprochen; **~ certainly** ohne jeden Zweifel; **d)** *(Amer. coll.: almost)* fast

**mostly** ['məʊstlɪ] *adv.* *(most of the time)* meistens; *(mainly)* größtenteils; hauptsächlich

**MOT** [eməʊ'ti:] *see* **MOT test**

**mote** [məʊt] *n.* **the ~ in sb.'s eye** *(fig. dated)* die Schwächen anderer

**motel** [məʊ'tel] *n.* Motel, *das*

**motet** [məʊ'tet] *n.* *(Mus.)* Motette, *die*

**moth** [mɒθ] *n.* Nachtfalter, *der; (in clothes)* Motte, *die;* **[the] ~** *(collect.)* die [Kleider]motten

**moth: ~-ball 1.** *n.* Mottenkugel, *die;* **in ~-balls** *(fig.: stored)* eingemottet ⟨*Kleidung*⟩; *(Mil.)* eingelagert, eingemottet ⟨*Schiffe, Waffen*⟩; beiseite geschoben ⟨*Plan, Projekt*⟩; **put sth. in ~-balls** etw. einmotten; **2.** *v. t.* einmotten ⟨*Kleider, alte Sachen, Vorschlag*⟩; einlagern, einmotten ⟨*militärisches Gerät*⟩; beiseite schieben ⟨*Plan, Projekt*⟩; **~-eaten** *adj.* von Motten zerfressen; vermottet; *(fig.: antiquated)* verstaubt ⟨*Idee, Politik*⟩; altmodisch ⟨*Person, System*⟩

**mother** ['mʌðə(r)] **1.** *n.* **a)** Mutter, *die;* **she is a** *or* **the ~ of six [children]** sie ist Mutter von sechs Kindern; **like ~ used to make** ⟨*Essen*⟩ wie bei Muttern *(ugs.)*; **every ~'s son [of you]** jeder einzelne [von euch]; **~ animal** Muttertier, *das;* **~ hen** Glucke, *die; see also* **expectant b**; **b)** *(Relig.)* **M~ Superior** Äbtissin, *die;* **c)** *(fig.: source)* Ursprung, *der;* Wurzel, *die;* **necessity is the ~ of invention** *(prov.)* Not macht erfinderisch *(Spr.)*. **2.** *v. t.* **a)** großziehen ⟨*Familie*⟩; hervorbringen ⟨*Idee, Gerücht*⟩; **b)** *(over-protect)* bemuttern

**mother: M~ Church** *n.* **a)** ['---] Mutterkirche, *die;* **b)** [--'-] *(authority)* Mutter Kirche *o. Art.;* die Kirche; **~ country** *n.* Mutterland, *das;* **~craft** *n., no pl.* Kinderpflege, *die;* **~ 'earth** *n.* Mutter Erde; **~ fixation** *n.* *(Psych.)* Mutterbindung, *die;* **M~ 'Goose rhyme** *n.* *(Amer.)* Kinderreim, *der*

**motherhood** ['mʌðəhʊd] *n., no pl.* Mutterschaft, *die*

**Mothering Sunday** ['mʌðərɪŋ sʌndɪ] *(Brit. Eccl.) see* **Mother's Day**

**mother: ~-in-law** *n., pl.* **~s-in-law** Schwiegermutter, *die;* **~-in-law's 'tongue** *n.* *(Bot.)* Bajonettpflanze, *die;* Frauenzunge, *die;* **~land** *n.* Vaterland, *das;* Heimatland, *das*

**motherless** ['mʌðəlɪs] *adj.* mutterlos; **the child was left ~**: das Kind verlor seine Mutter

**motherly** ['mʌðəlɪ] *adj.* mütterlich; **~ love** Mutterliebe, *die*

**mother: M~ of 'God** *n.* Mutter Gottes, *die;* Muttergottes, *die;* **~-of-'pearl** *n.* Perlmutt, *das;* **~'s boy** *or* **darling** *n.* *(coll. derog.)* Muttersöhnchen, *das (ugs.)*; **M~'s Day** *n.* Muttertag, *der;* **~s' 'meeting** *n.* *(Brit.)* Müttertreffen [der Pfarrgemeinde], *das; (fig.)* aufgeregte Debatte; **~ 'tongue** *n.* Muttersprache, *die;* **~ wit** *n.* Mutterwitz, *der*

**moth: ~-hole** *n.* Mottenloch, *das;* **~-proof 1.** *adj.* mottenfest; **2.** *v. t.* mottenfest machen

**motif** [məʊ'ti:f] *n.* **a)** Motiv, *das;* **b)** *(on goods)* Markenzeichen, *das;* **the BMW ~**: das BMW-Zeichen; **c)** *(Mus.)* [Leit]motiv, *das;* **d)** *(on clothing)* Applikation, *die (fachspr.)*; Aufnäher, *der*

**motion** ['məʊʃn] **1.** *n.* **a)** *(movement)* Bewegung, *die;* Gang, *der;* **be in ~**: in Bewegung sein; sich bewegen; ⟨*Maschine:*⟩ laufen; ⟨*Fahrzeug:*⟩ fahren; **set** *or* **put sth. in ~** *(lit. or fig.)* etw. in Bewegung *od.* Gang setzen; *see also* **perpetual motion; slow motion; b)** *(gesture)* Bewegung, *die;* Wink, *der;* **make a ~ to sb. to do sth.** jmdm. ein Zeichen geben, etw. zu tun; **a ~ of the hand** ein Zeichen mit der Hand; eine Handbewegung; **c)** *(formal proposal; also Law)* Antrag, *der;* **put forward** *or* **propose a ~**: einen Antrag stellen; **d)** *(of bowels)* Stuhlgang, *der;* **have** *or* **make a ~**: Stuhlgang haben; **e)** *in sing. or pl. (faeces)* Stuhl, *der;* **f)** *(manner of moving)* [Körper]haltung, *die;* **g)** *(change of posture)* Bewegung, *die;* **make a ~ to leave** Anstalten machen wegzugehen; **h) go through the ~s of doing sth.** *(coll.) (simulate)* so tun, als ob man etw. täte; *(do superficially)* etw. pro forma tun; **go through the ~s** *(coll.) (simulate)* nur so tun; *(do superficially)* es nur pro forma tun. **2.** *v. t.* **~ sb. to do sth.** jmdm. bedeuten *(geh.) od.* winken, etw. zu tun; **~ sb. to[wards]/away from sth.** jmdm. bedeuten *(geh.)*, zu etw. [hin]zugehen/von etw. wegzugehen; **~ sb. aside/to a seat** jmdn. zur Seite winken/jmdm. bedeuten *(geh.)*, Platz zu nehmen. **3.** *v. i.* winken; **~ to sb. to come in** jmdn. hereinwinken; **~ to** *or* **for sb. to do sth.** jmdm. bedeuten *(geh.)*, etw. zu tun

**motionless** ['məʊʃnlɪs] *adj.* reg[ungs]los; bewegungslos; unbewegt ⟨*See, Teich*⟩; **be/stay** *or* **remain ~**: sich nicht bewegen

**'motion picture** *n.* *(esp. Amer.)* Film, *der; attrib.* Film-

**motivate** ['məʊtɪveɪt] *v. t.* **a)** *(be motive of, stimulate)* motivieren; **b)** *(cause to act)* **~ sb. to do sth.** jmdn. veranlassen, etw. zu tun

**motivation** [məʊtɪ'veɪʃn] *n.* **a)** *(process)* Motivierung, *die;* **give/receive ~**: motivieren/motiviert werden; **b)** *(incentive)* Motivation, *die* **(for** zu); Anreiz, *der;* **c)** *(condition)* Motiviertheit, *die;* Motivation, *die;* **have good/poor** *or* **little ~**: sehr/wenig motiviert sein

**motive** ['məʊtɪv] **1.** *n.* **a)** Motiv, *das;* Beweggrund, *der;* **the ~ for the crime** das Tatmotiv; **do sth. from ~s of kindness** etw. aus Freundlichkeit tun; **b)** *see* **motif a, c. 2.** *adj.* *(moving to action)* treibend ⟨*Geist, Kraft*⟩; *(productive of motion)* Antriebs-

**motiveless** ['məʊtɪvlɪs] *adj.* unmotiviert

**'motive power** *n.* Antriebskraft, *die*

**mot juste** [məʊ 'ʒu:st] *n., pl.* **mots justes** [məʊ 'ʒu:st] treffender *od.* passender Ausdruck

**motley** ['mɒtlɪ] **1.** *adj.* **a)** [bunt]gescheckt; *(multicoloured)* [kunter]bunt; **b)** *(varied)* buntgemischt; bunt ⟨*Auswahl*⟩; *see also* **crew 1 b. 2.** *n.* *(Hist.: jester's dress)* Narrenkostüm, *das;* Narrenkleid, *das*

**moto-cross** ['məʊtəʊkrɒs] *n., no pl., no art.* Moto-Cross, *das*

**motor** ['məʊtə(r)] **1.** *n.* **a)** *(machine)* Motor, *der;* **b)** *(Brit.: ~ car)* Auto, *das.* **2.** *adj.* **a)** *(driven by engine or ~)* Motor⟨*schlitten, -mäher, -jacht usw.*⟩; **b)** *(of ~ vehicles)* Kraftfahrzeug⟨*ersatzteile, -mechaniker, -verkehr, -motor*⟩. **3.** *v. t.* *(Brit.)* fahren. **4.** *v. i.* *(Brit.)* [mit dem Auto] fahren

**Motorail** ['məʊtəreɪl] *n.* *(Brit.)* Autoreisezug, *der*

**motor: ~ bike** *(coll.) see* **motor cycle; ~ boat** *n.* Motorboot, *das*

**motorcade** ['məʊtəkeɪd] *n.* Fahrzeug- *od.* Wagenkolonne, *die*

**motor: ~ car** *n.* *(Brit.)* Kraftfahrzeug, *das;* Automobil, *das (geh.)*; **~ caravan** *n.* *(Brit.)* Caravan, *der;* Omnibus, *der;* **~ cycle** *n.* Motorrad, *das;* Kraftrad, *das (Amtsspr.)*; **~-cycle combination** *(Brit.)* Motorrad mit Beiwagen; **~-cyclist** *n.* Motorradfahrer, *der/-fahrerin, die;* **~ home** *n.* Reisemobil, *das;* **~ industry** *n.* Kraftfahrzeugindustrie, *die*

**motoring** ['məʊtərɪŋ] *n.* *(Brit.)* Autofahren, *das;* **~ correspondent** Motorjournalist, *der;* **school of ~**: Fahrschule, *die;* **~ offence** Verstoß gegen die [Straßen]verkehrsordnung; **~ organisation** Automobilklub, *der*

**motorise** *see* **motorize**

**motorist** ['məʊtərɪst] *n.* Autofahrer, *der/-fahrerin, die*

**motorize** ['məʊtəraɪz] *v. t.* motorisieren

**motor: ~man** *n.* Wagenführer, *der;* **~ nerve** *n.* *(Anat.)* motorischer Nerv; **~-racing** *n.* Autorennsport, *der;* **~ scooter** *see* **scooter b; ~ show** *n.* Auto[mobil]ausstellung, *die;* **~ trade** *n.* Kraftfahrzeughandel, *der;* **~ vehicle** *n.* Kraftfahrzeug, *das;* **~way** *n.* *(Brit.)* Autobahn, *die*

**motte** [mɒt] *n.* Motte, *die (fachspr.)*; Erdhügelburg, *die*

**MO'T test** *n.* *(Brit.)* ≈ TÜV, *der*

**mottle** ['mɒtl] *v. t.* sprenkeln

**mottled** ['mɒtld] *adj.* gesprenkelt

**motto** ['mɒtəʊ] *n., pl.* **~es a)** Motto, *das;* **my ~ is 'live and let live'** meine Devise ist „leben und leben lassen"; **b)** *(in cracker)* Spruch, *der;* **c)** *(Mus.)* Leitmotiv, *das*

**moufflon** ['mu:flən] *n.* *(Zool.)* Mufflon, *der*

**¹mould** [məʊld] *n.* **a)** *(earth)* Erde, *die;* **b)** *(upper soil)* [Mutter]boden, *der*

**²mould 1.** *n.* **a)** *(hollow)* Form, *die; (Metallurgy)* Kokille, *die; (Plastics)* Preßform, *die; (Papermaking)* Schöpfform, *die;* **break the mould of sth.** *(fig.)* neue Wege in etw. *(Dat.)* gehen; **b)** *(Cookery: hollow utensil)* [Kuchen-/Back-/Pudding]form, *die;* **c)** *(fig.)* Wesensart, *die;* **be cast in heroic/pedantic** *etc.* **~**: von heldischer/pedantischer *usw.* Wesensart sein. **2.** *v. t.* formen **(out of, from** aus); **~ sth. into a certain shape** etw. in bestimmter Weise formen; **~ sb. into a fine character/person** einen feinen Menschen aus jmdm. machen

**³mould** *n.* *(Bot.)* Schimmel, *der; (in Roquefort, Stilton, etc. cheese)* Edelschimmelpilz, *der;* **grow [a]/get ~**: schimmlig werden

**moulder** ['məʊldə(r)] *v. i.* **~ [away]** *(lit. or fig.)* [ver]modern

**moulding** ['məʊldɪŋ] *n.* **a)** *(process of forming, lit. or fig.)* Formen, *das;* **b)** *(object)* Formteil, *das* **(of, in** aus); Formling, *der (fachspr.)*; *(Archit.)* Zierleiste, *die;* **c)** *(wooden strip)* Leiste, *die*

**mouldy** ['məʊldɪ] *adj.* *(overgrown with mould)* schimmlig ⟨*Lebensmittel*⟩; verschimmelnd, [ver]modernd ⟨*Buch, Vorhang, Teppich*⟩; **a ~ smell** ein Modergeruch; **become** *or* **grow** *or* **get** *or* **go ~**: verschimmeln; schimmlig werden

**moult** [məʊlt] **1.** *v. t.* **a)** *(Ornith.)* verlieren

⟨*Federn, Gefieder*⟩; **b)** *(Zool.)* verlieren ⟨*Haar*⟩; abstreifen ⟨*Haut*⟩; abwerfen ⟨*Horn, Geweih*⟩. **2.** *v. i.* ⟨*Vogel:*⟩ sich mausern; ⟨*Hund, Katze:*⟩ sich haaren; ⟨*Schlange, Krebs usw.:*⟩ sich häuten. **3.** *n. (of bird)* Mauser, *die; (of snake, crab, etc.)* Häutung, *die*

**mound** [maʊnd] *n.* **a)** *(of earth)* Hügel, *der; (of stones)* Steinhaufen, *der;* **defensive ~:** Verteidigungshügel, *der;* **burial** *or* **sepulchral** *or* **grave ~:** Grabhügel, *der;* **b)** *(hillock)* Anhöhe, *die;* **c)** *(heap)* Haufen, *der;* **d)** *(Baseball)* [erhöhtes] Wurfmal

**mount** [maʊnt] **1.** *n.* **a)** *(mountain, hill)* Berg, *der;* **M~ Vesuvius/Everest** der Vesuv/der Mount Everest; *see also* **sermon a; b)** *(animal)* Reittier, *das; (horse)* Pferd, *das;* **c)** *(of picture, photograph)* Passepartout, *das; (backing)* Unterlage, *die;* **d)** *(for gem)* Fassung, *die;* **e)** *(Philat.)* [Klebe]falz, *der.* **2.** *v. t.* **a)** *(ascend)* hinaufsteigen ⟨*Treppe, Leiter, Stufe*⟩; steigen auf (+ *Akk.*) ⟨*Plattform, Berg, Kanzel*⟩; besteigen ⟨*Thron*⟩; **b)** *(get on)* steigen auf *(Akk.)* ⟨*Reittier, Fahrzeug*⟩; *abs.* aufsitzen; **~ the pavement** auf den Bürgersteig fahren; **c)** *(place on support)* montieren (**on** auf + *Akk.*); **d)** *(prepare)* aufstellen ⟨*Maschine, Apparat*⟩; präparieren ⟨*Exemplar, Haut, Skelett*⟩; *(fasten)* in ein Album einkleben ⟨*Briefmarke*⟩; *(for microscope)* fixieren; *(raise into position)* in Stellung bringen ⟨*Kanone, Geschütz, Mörser*⟩; **e)** *(Art)* aufziehen ⟨*Bild usw.*⟩; einfassen ⟨*Edelstein usw.*⟩; **f)** *(put on stage)* inszenieren ⟨*Stück, Show, Oper*⟩; organisieren ⟨*Festspiele, Ausstellung*⟩; **g)** *(carry out)* durchführen ⟨*Angriff, Operation usw.*⟩; *see also* **guard 1b, d; h)** *(for copulation)* bespringen ⟨*Tier*⟩; besteigen *(salopp)* ⟨*Frau*⟩. **3.** *v. i.* **a)** *(move up, rise in rank)* aufsteigen; **b)** ~ **[up]** *(fig.: increase)* steigen (**to** auf + *Akk.*); ⟨*Unruhe, Besorgnis, Unwillen:*⟩ wachsen; **it all ~s up** es summiert sich

**mountain** ['maʊntɪn] *n.* **a)** *(lit. or fig.)* Berg, *der;* **in the ~s** im Gebirge; **~s high** *(fig.)* berg[e]hoch; **~s of books** *(fig.)* Berge von Büchern; **butter/grain** *etc.* **~** *(fig.)* Butter-/Getreideberg *usw., der;* **move ~s** *(fig.)* Berge versetzen; Himmel und Hölle in Bewegung setzen; *see also* **molehill; b)** *attrib.* Gebirgs-; ~ **top/lake** Berggipfel/Bergsee, *der*

**mountain:** ~ **'ash** *n. (Bot.)* Eberesche, *die;* ~ **bike** *n.* Mountain-Bike, *das;* ~ **chain** *n. (Geog.)* Gebirgskette, *die*

**mountaineer** [maʊntɪ'nɪə(r)] *n.* Bergsteiger, *der*/Bergsteigerin, *die*

**mountaineering** [maʊntɪ'nɪərɪŋ] *n.* Bergsteigen, *das;* ~ **expedition/party** Bergpartie/Seilschaft, *die;* ~ **experience** bergsteigerische Erfahrung; ~ **equipment/club** Bergsteigerausrüstung, *die*/-verein, *der*

**mountain 'goat** *n.* Schneeziege, *die*

**mountainous** ['maʊntɪnəs] *adj.* **a)** *(characterized by mountains)* gebirgig; **b)** *(huge)* riesig ⟨*Gegenstand, Welle*⟩; riesenhaft ⟨*Person*⟩; groß ⟨*Leistung*⟩

**mountain:** ~ **'railway** *n.* [Schienen]bergbahn, *die;* ~ **'range** *n.* Gebirgszug, *der;* ~ **'road** *n.* Gebirgsstraße, *die;* ~ **sickness** *n.* Höhenkrankheit, *die;* **~side** *n.* [Berg][ab]hang, *der;* ~ **top** *n.* Berggipfel, *der*

**mountebank** ['maʊntɪbæŋk] *n.* **a)** *(derog.: quack)* Quacksalber, *der (abwertend);* **b)** *(derog.: charlatan)* Scharlatan, *der (abwertend)*

**mounted** ['maʊntɪd] *adj.* **a)** *(on animal)* beritten; **b)** *(on support)* montiert ⟨*Gerät*⟩; aufgezogen ⟨*Stich*⟩; *(for display)* präpariert ⟨*Tier*⟩

**Mountie** ['maʊntɪ] *n. (coll.)* Mountie, *der; berittener kanadischer Polizist*

**mounting** ['maʊntɪŋ] *n.* **a)** *(of performance)* Inszenierung, *die; (of programme)* Durchführung, *die;* **b)** *(support) (Art: of drawing)* Passepartout, *das; (backing)* Unterlage, *die; (of engine, axle, etc.)* Aufhängung, *die*

**Mount of 'Olives** *pr. n.* Ölberg, *der*

**mourn** [mɔːn] **1.** *v. i.* **a)** *(feel sorrow or regret)* trauern; ~ **for** *or* **over** trauern um ⟨*Toten*⟩; nachtrauern (+ *Dat.*) ⟨*Jugend, Augenlicht, Haustier*⟩; betrauern ⟨*Verlust, Mißgeschick*⟩; **b)** *(observe conventions of ~ing)* trauern; Trauer tragen. **2.** *v. t.* betrauern; nachtrauern ⟨*etw. Verlorenem*⟩

**mourner** ['mɔːnə(r)] *n.* **a)** *(one who mourns)* Trauernde, *der/die;* Trauergast, *der;* **b)** *(person hired to attend funeral) (man)* Klagemann, *der; (woman)* Klageweib, *das*

**mournful** ['mɔːnfl] *adj.* traurig, bitter ⟨*Träne*⟩; klagend ⟨*Stimme, Ton, Schrei, Geheul*⟩; trauervoll *(geh.)* ⟨*Person*⟩

**mournfully** ['mɔːnfəlɪ] *adv.* traurig; klagend ⟨*sprechen, tönen*⟩

**mourning** ['mɔːnɪŋ] *n.* **a)** *(clothes)* Trauer[kleidung], *die;* **be [dressed] in** *or* **wear/put on** *or* **go into ~:** Trauer tragen/anlegen; *see also* **deep mourning; b)** *(sorrowing, lamentation)* Trauer, *die; (period)* Trauer[zeit], *die;* **a national day of ~:** eintägige Staatstrauer

**mouse** [maʊs] **1.** *n., pl.* **mice** [maɪs] **a)** Maus, *die;* **as quiet as a ~:** ganz leise; mucksmäuschenstill *(fam.)* ⟨*dasitzen*⟩; *(by nature)* sehr still; *see also* **cat a; church mouse; b)** *(fig.: timid person)* Angsthase, *der (ugs.);* **a man or a ~:** ein Mann oder ein Schwächling; **c)** *(Computing)* Maus, *die.* **2.** *v. i.* mausen; **go mousing** auf Mäusejagd gehen

**mouse:** ~ **button** *n. (Computing)* Maustaste, *die;* **~-coloured** *adj.* mausfarben; mausgrau; **~-hole** *n.* Mauseloch, *das*

**mouser** ['maʊsə(r)] *n.* Mäusefänger, *der*

**'mousetrap** *n.* **a)** Mausefalle, *die;* **b)** *(joc.: cheese)* billiger *od.* einfacher Käse

**moussaka** [mʊ'sɑːkə] *n. (Gastr.)* Moussaka, *die*

**mousse** [muːs] *n.* Mousse, *die*

**moustache** [mə'stɑːʃ] *n.* Schnurrbart, *der*

**mousy** ['maʊsɪ] *adj.* **a)** *(nondescript)* mattbraun ⟨*Haar*⟩; **b)** *(timid)* scheu ⟨*Blick, Wesen, Bewegung*⟩

**mouth 1.** [maʊθ] *n., pl.* **~s** [maʊðz] **a)** *(of person)* Mund, *der; (of animal)* Maul, *das;* **his ~ quivered/twitched/moved** seine Lippen zitterten/zuckten/bewegten sich; **hit sb. in the ~:** jmdn. auf den Mund schlagen; **with one's ~ open** mit offenem Mund; **keep one's ~ shut** *(fig. sl.)* die *od.* seine Klappe halten *(salopp);* **put one's money where one's ~ is** *(fig. sl.)* seinen Worten Taten folgen lassen; **shut sb.'s ~** *(fig. sl.)* jmdm. den Mund stopfen *(ugs.);* **with one's ~ full** mit vollem Mund; **my ~ feels dry** ich habe einen trockenen Mund; **out of sb.'s own ~** *(fig.)* aus jmds. eigenem Mund; von jmdm. selbst; **hear sb. say sth. out of his own ~:** hören, wie jmd. etw. selbst sagt; **out of the ~s of babes [and sucklings]!** *(fig.)* Kindermund tut Wahrheit kund *(Spr.);* **put words into sb.'s ~:** jmdm. etwas in den Mund legen; *(misrepresent)* jmdm. das Wort im Munde [her-]umdrehen; **have got many ~s to feed** viele hungrige Mäuler zu stopfen haben *(ugs.);* **take the words out of sb.'s ~:** jmdm. das Wort aus dem Mund *od.* von der Zunge nehmen; **go** *or* **be passed** *or* **be spread from ~ to ~:** von Mund zu Mund gehen; **b)** *(fig.) (entrance to harbour)* [Hafen]einfahrt, *die; (of valley, gorge, mine, burrow, tunnel, cave)* Eingang, *der; (of well)* Loch, *das; (of volcano)* Krater, *der; (of bottle, cannon)* Mündung, *die; (of pocket, womb, pit)* Öffnung, *die;* **c)** *(of river)* Mündung, *die. See also* **³down 1dd; open 1a, 3a; shoot off 1; water 3b; word 1d. 2.** [maʊð] *v. t.* **a)** *(declaim)* schwülstig vortragen ⟨*Gedicht, Rede, Zitat, Satz*⟩; **b)** *(express by silent lip-movement)* mit Lippenbewegungen sagen; ~ **sth. to oneself** etw. unhörbar vor sich *(Akk.)* hin sagen. **3.** [maʊð] *v. i.* **a)** *(grimace)* den Mund verziehen; **b)** *(move lips silently)* lautlos die Lippen bewegen; **~ to oneself** unhörbar vor sich *(Akk.)* hin sprechen

**mouthful** ['maʊθfʊl] *n.* **a)** *(bite)* Mundvoll, *der; (of solid food)* Bissen, *der; (of drink)* Schluck, *der;* **a ~ of abuse** ein Schwall Schimpfwörter; **b)** *(small quantity)* **a ~:** ein bißchen; **c)** *(sth. difficult to say)* Zungenbrecher, *der (ugs.);* **d)** *(Amer. sl.: sth. important)* etwas Wichtiges

**mouth:** **~-organ** *n.* Mundharmonika, *die;* **~piece** *n.* **a)** *(Mus., Med.; for cigar[ette], pipe)* Mundstück, *das; (of telephone)* Sprechmuschel, *die;* **b)** *(speaker for others)* Sprachrohr, *das;* **act as the ~piece** Sprachrohr sein; **~-to-~ resusci'tation** *n.* Wiederbelebung durch Mund-zu-Mund-Beatmung; **~wash** *n.* Mundwasser, *das;* **~-watering** *adj.* appetitlich ⟨*Essen, Geruch, Anblick*⟩; lecker ⟨*Essen, Geruch, Geschmack*⟩

**movable** ['muːvəbl] *adj.* **a)** *(capable of being moved)* beweglich ⟨*Möbel, Teppich, Regal*⟩; **b)** *(Law)* beweglich ⟨*Vermögen, Güter*⟩; *(Scot. Law)* nicht vererbbar. *See also* **doh; feast 1a**

**move** [muːv] **1.** *n.* **a)** *(change of residence)* Umzug, *der; (change of job)* **after three years with the same firm it was time for a ~:** nach drei Jahren bei derselben Firma war es Zeit, sich *(Dat.)* eine neue Stelle zu suchen; **b)** *(action taken)* Schritt, *der; (Footb. etc.)* Spielzug, *der;* **c)** *(turn in game)* Zug, *der; (fig.)* [Schach]zug, *der;* **make a ~:** ziehen; **it's your ~:** du bist am Zug; **d) be on the ~** *(moving about)* ⟨*Person:*⟩ unterwegs *od. (ugs.)* auf Achse sein; ⟨*Tier, Tramp:*⟩ umherziehen; *(progressing)* ⟨*Land usw.:*⟩ sich weiterentwickeln; ⟨*Person:*⟩ vorankommen; **e) make a ~** *(initiate action)* etwas tun *od.* unternehmen; *(~ from motionless position)* sich rühren; *(rise from table)* aufstehen; *(coll.: leave, depart)* losziehen *(ugs.);* **make the first ~:** den Anfang machen; **make no ~:** sich nicht rühren; **make no ~ to help sb.** keine Anstalten machen, jmdm. zu helfen; **f) get a ~ on** *(coll.)* einen Zahn zulegen *(ugs.);* **get a ~ on!** *(coll.)* [mach] Tempo! *(ugs.).* **2.** *v. t.* **a)** *(change position of)* bewegen; wegräumen ⟨*Hindernis, Schutt*⟩; *(transport)* befördern; **~ the chair over here** rück den Stuhl hier herüber!; **~ sth. somewhere else** etw. anderswohin tun; **~ sth. from the spot/its place** etw. von der Stelle/seinem Platz wegnehmen; **~ sth. to a new position** etw. an einen neuen Platz bringen; **~ house** umziehen; **~ the furniture about** umräumen; **who has ~d my papers?** wer war an meinen Papieren?; **please ~ your car** bitte fahren Sie Ihr Auto weg; **~ the luggage/equipment into the building** das Gepäck/die Ausrüstung ins Gebäude hineinbringen; **not ~ a muscle** sich nicht rühren; **~ one's/sb.'s bowels** Stuhlgang haben/jmds. Verdauung in Gang bringen; **please ~ your head [to one side]** bitte tun Sie Ihren Kopf zur Seite; **please ~ your legs out of the way** bitte nehmen Sie Ihre Beine aus dem Weg; **~ it!** *(coll.)* Beeilung! *(ugs.);* **~ yourself!** *(coll.)* Beeilung! *(ugs.);* **~ sb. to another department/job** jmdn. in eine andere Abteilung/Position versetzen; **the residents were ~d out of the area** die Bewohner wurden aus dem Gebiet evakuiert; **~ one's child to a different school** sein Kind in eine andere Schule schicken; **the patient was ~d to a different ward** der Patient wurde in eine andere Abteilung verlegt; **~ police/troops into an area** Polizeikräfte/Truppen in ein Gebiet schicken; **~ sb. into new accommodation** jmdn. in eine neue Unterkunft bringen lassen; **b)** *(in game)* ziehen; **c)** *(put or keep in motion)* bewegen; in Marsch setzen ⟨*Truppe*⟩; auseinandertreiben ⟨*Demonstran-*

*ten)*; in Bewegung setzen ⟨*Mechanismus*⟩; **d)** *(provoke)* erregen ⟨*Ärger, Eifersucht, Begierde*⟩; wecken ⟨*Ehrgeiz, Haß*⟩; hervorrufen ⟨*Gelächter*⟩; ~ **sb. to laughter** jmdn. zum Lachen bringen; ~ **sb. to anger** jmds. Ärger erregen; **e)** *(affect)* bewegen; berühren; ~ **sb. to tears** jmdn. zu Tränen rühren; ~ **sb. to pity/compassion** jmds. Mitleid erregen; **be ~d to pity/compassion** vor Mitleid gerührt sein; **be ~d by sth.** über etw. *(Akk.)* gerührt sein; **f)** *(prompt)* ~ **sb. to do sth.** jmdn. dazu bewegen, etw. zu tun; **he was ~d by this** *or* **this ~d him to do it** das bewog ihn dazu, es zu tun; ~ **sb. to action** jmdn. aktivieren *od.* mobilisieren; **I shall not be ~d** ich bleibe dabei; **sb. is not to be ~d** jmd. läßt sich nicht erschüttern; **g)** *(propose)* beantragen ⟨*Beendigung, Danksagung*⟩; stellen ⟨*Antrag*⟩; ~ **that sth. should be done** beantragen, daß etw. getan wird; **h)** *(make formal application to)* einen Antrag stellen bei ⟨*Gericht usw.*⟩; **i)** *(Commerc.: sell)* absetzen. **3.** *v. i.* **a)** *(go from place to place)* sich bewegen; *(by car, bus, train)* fahren; *(on foot)* gehen; *(coll.: start, leave)* gehen; ⟨*Wolken:*⟩ ziehen (**across** über + *Akk.*); ~ **with the times** *(fig.)* mit der Zeit gehen; **it's time we got moving** es ist Zeit aufzubrechen; **get moving!** beeil dich!; **start to** ~ ⟨*Fahrzeug:*⟩ sich in Bewegung setzen; **nobody ~d** niemand rührte sich von der Stelle; **keep moving!** bewegt euch!; *(~ on )* gehen Sie bitte weiter; **Don't ~. You're not in the way** Bleiben Sie sitzen/stehen. Sie sind nicht im Weg; **he has ~d to another department** er ist jetzt in einer anderen Abteilung; **Don't ~. I'll be back soon** Bleib hier *od.* Geh nicht weg. Ich bin gleich zurück; **in which direction are your thoughts moving?** in welche Richtung gehen Ihre Gedanken?; **b)** *(in games)* ziehen; **it's your turn to ~:** du bist am Zug; **White to** ~ *(Chess)* Weiß zieht; **c)** *(fig.: initiate action)* handeln; aktiv werden; ~ **quickly** *etc.* **to do sth.** schnell *usw.* handeln und etw. tun; **d)** *(be socially active) (in certain circles, part of society, part of town)* verkehren; *(in certain part of country)* sich aufhalten; **e)** *(change residence or accommodation)* umziehen (**to** nach); *(into flat etc.)* einziehen (**into** in + *Akk.*); *(out of town)* wegziehen (**out of** aus); *(out of flat etc.)* ausziehen (**out of** aus); **I want to ~ to London** ich will nach London ziehen; **I hate moving** ich hasse Umzüge; **f)** *(change posture or state)* sich bewegen; *(in order to make oneself comfortable etc.)* eine andere Haltung einnehmen; **don't ~ or I'll shoot** keine Bewegung, oder ich schieße; **nobody/nothing ~d** niemand/nichts rührte sich; ~ **aside to make room** zur Seite gehen/rücken, um Platz zu machen; ~ **back/forward in one's seat** sich auf seinem Sitz zurücklehnen/vorbeugen; **have your bowels ~d?** hatten Sie Stuhlgang?; haben Sie abgeführt?; **lie without moving** regungslos daliegen; **g)** *(operate)* ⟨*Maschine:*⟩ laufen; ⟨*Pendel:*⟩ schwingen; **h)** *(make progress)* vorankommen; **get things moving** vorankommen; **things are moving now** jetzt geht es voran; ~ **towards** näherkommen (+ *Dat.*) ⟨*Einigung, Höhepunkt, Kompromiß*⟩; ~ **away from** abrücken von ⟨*Standpunkt*⟩; ~ **in the direction of sth.** sich auf etw. *(Akk.)* zubewegen; **i)** *(Commerc.: be sold)* ⟨*Waren:*⟩ Absatz finden, sich absetzen lassen; **j)** *(coll.: go fast)* **that car can really ~:** der Wagen ist enorm schnell *(ugs.)*; **that's really moving!** das nenn' ich Tempo! *(ugs.)*

~ **a'bout 1.** *v. i.* zugange sein; *(travel)* unterwegs sein; **I need more room to ~ about** ich brauche mehr Bewegungsfreiheit *od.* Spielraum. **2.** *v. t.* herumräumen ⟨*Möbel, Bücher*⟩; herumschieben ⟨*Teile einer Collage*⟩

~ **a'long 1.** *v. i.* **a)** gehen/fahren; **b)** *(make room)* Platz machen; ~ **along, please!** gehen/fahren Sie bitte weiter; *(on bus etc.)* bitte weiter [durch]gehen. **2.** *v. t.* zum Weitergehen/-fahren auffordern

~ **a'round** *see* ~ **about**

~ **'in 1.** *v. i.* **a)** einziehen; *(to start work)* ⟨*Bauarbeiter:*⟩ kommen; **b)** *(come closer)* ⟨*Truppen, Polizeikräfte:*⟩ anrücken; ⟨*Kamera:*⟩ näher herangehen; ~ **in on** ⟨*Truppen, Polizeikräfte:*⟩ vorrücken gegen; ~ **in on a new market** beginnen, sich auf einem neuen Markt zu etablieren. **2.** *v. t.* einrücken lassen ⟨*Truppen, Polizeikräfte*⟩; hineinbringen ⟨*Gepäck, Ausrüstung*⟩

~ **'off** *v. i.* sich in Bewegung setzen

~ **'on 1.** *v. i.* weitergehen/-fahren; *(leave job)* sich verändern; ~ **on to another question** *(fig.)* zu einer anderen Frage übergehen. **2.** *v. t.* zum Weitergehen/-fahren auffordern

~ **'out** *v. i.* ausziehen (**of** aus); *(in car)* nach rechts/*(im Rechtsverkehr)* links ausbiegen

~ **'over** *v. i.* rücken; ~ **over!** *(said rudely)* Platz da!; **would you mind moving over a little?** würden Sie bitte ein Stück [weiter]rücken?

~ **'up 1.** *v. i.* **a)** *(in queue, hierarchy)* aufrücken; ⟨*Fahrzeug:*⟩ vorfahren; *(to new class)* versetzt werden; *(to new school)* wechseln (**to** auf); **she's moving up in the world** sie kommt voran [im Leben]; **b)** *see* ~ **over. 2.** *v. t.* versetzen ⟨*Schüler*⟩

**movement** ['mu:vmənt] *n.* **a)** *(change of position or posture, or to and fro)* Bewegung, *die; (of people: towards city, country, etc.)* [Ab]wanderung, *die; (of clouds)* Zug, *der; (of air)* Regung, *die; (trend, tendency)* Tendenz, *die, (fashion)* Trend, *der* (**towards** zu); **a ~ of the head/arm/leg** eine Kopf-/Arm-/Beinbewegung; **without ~:** bewegungslos; **b)** *in pl.* Aktivitäten *Pl.*; **keep track of sb.'s ~s** jmdn. überwachen; **c)** *(Mus.)* Satz, *der;* **d)** *(concerted action for purpose)* Bewegung, *die;* **e)** *in sing. or pl. (Mech. esp. in clock, watch)* Räderwerk, *das;* **f)** *(Mil.)* Manöver, *das; (shifting)* Verlegung, *die; (advance)* Vorstoß, *der;* **g)** *(mental impulse)* Regung, *die;* **h)** *(progressive development) (of plot)* Fortgang, *der; (of story, poem, etc.)* Handlung, *die;* **i)** *(Commerc.: activity)* Geschäft, *das* (**in** mit); Bewegung im Handel (**in** mit); **j)** *(rise or fall in price)* Preisbewegung, *die;* **a downward/an upward ~ in shares** *or* **share prices/[the price of] coffee** ein Rückgang/Anstieg der Aktienkurse/des Kaffeepreises; **k)** *(of bowels) see* **motion 1 d**

**mover** ['mu:və(r)] *n.* **a)** *(of proposition)* Antragsteller, *der*/-stellerin, *die;* **b)** *(Amer.: of furniture)* Möbelspediteur, *der; (employee)* Möbelpacker, *der;* **firm** *or* **company of ~s** Möbelspedition, *die;* **c) prime** ~ *(God)* Schöpfer, *der; (source of motive power)* Energiequelle, *die; (fig.: of plan etc.)* Urheber, *der*/Urheberin, *die;* **d) this animal is a slow** *etc.* **~:** die Bewegungen dieses Tieres sind langsam *usw.*; **she is a beautiful ~:** ihre Bewegungen sind anmutig; **be a slow** ~ *(think slowly)* langsam schalten *(ugs.)*; *(work slowly)* langsam arbeiten; **be a fast ~:** von der schnellen Truppe sein *(ugs.)*

**movie** ['mu:vɪ] *n. (Amer. coll.)* Film, *der; attrib.* Film⟨*publikum, -projektor, -studio usw.*⟩; **the ~s** *(art form, cinema industry)* der Film; *(cinema)* das Kino; **go to the ~s** ins Kino gehen

**movie: ~-goer** *n.* Kinogänger, *der*/-gängerin, *die;* **~-house, ~-theater** *n. (Amer. coll.)* Kino, *das*

**moving** ['mu:vɪŋ] *adj.* **a)** beweglich; **from a ~ car** ⟨*sehen, erkennen*⟩ von einem fahrenden Auto aus; ⟨*fallen, werfen, schießen*⟩ aus einem fahrenden Auto; **b)** *(affecting)* ergreifend; bewegend; rührend

**movingly** ['mu:vɪŋlɪ] *adv.* in rührender Weise; ergreifend ⟨*schreiben, sprechen*⟩

**moving:** ~ **'pavement** *n. (Brit.)* Rollbürgersteig, *der;* ~ **'picture** *n.* Film, *der;* ~ **'sidewalk** *(Amer.) see* ~ **pavement;** ~ **'spirit** *n.* treibende Kraft; ~ **'staircase** *see* **escalator a**

**mow** [məʊ] *v. t., p.p.* **~ed** [məʊd] *or* **~n** [məʊn] mähen ⟨*Gras, Getreide, Rasen, Feld usw.*⟩; **newly-~n** frisch gemäht

~ **'down** *v. t.* niedermähen ⟨*Soldaten*⟩; überfahren ⟨*Fußgänger*⟩; *(fig.: rout, smash)* zerschlagen ⟨*Opposition*⟩

**mower** ['məʊə(r)] *n.* **a)** *(lawn-~)* Rasenmäher, *der;* **b)** *(Agric.)* Mäher, *der*

**'mowing machine** *see* **mower b**

**Mozambican** [məʊzəm'bi:kn] **1.** *adj.* mosambikisch. **2.** *n.* Mosambikaner, *der*/Mosambikanerin, *die*

**Mozambique** [məʊzəm'bi:k] *pr. n.* Mosambik *(das)*

**MP** *abbr.* **a) Member of Parliament; committee of MPs** Unterhausausschuß, *der;* **b) military police** MP; **c) military policeman/policewoman** Militärpolizist, *der*/-polizistin, *die;* **d) melting point** Schmp.

**m.p.g.** [empi:'dʒi:] *abbr. (Motor Veh.)* **miles per gallon; do/get 34 ~** *(Brit.)* 8,3 l auf 100 km [ver]brauchen

**m.p.h.** [empi:'eɪtʃ] *abbr.* **miles per hour; How many ~ are we doing? – We are travelling at/driving at/doing 30 ~:** Wie schnell fahren wir? – Wir fahren 50 [km/h]

**Mr** ['mɪstə(r)] *n., pl.* **Messrs** ['mesəz] *(title)* Herr; *(third person also)* Hr.; *(in an address)* Herrn; **Messrs** Hrn.; *(firm)* Fa.; **Mr Right** *(joc.: destined husband)* der Richtige *(ugs.)*; **Mr Big** *(coll.)* der Boß *(ugs.)*

**Mrs** ['mɪsɪz] *n., pl. same or* **Mesdames** [meɪ'dæm, meɪ'dɑ:m] **a)** *(title)* Frau; *(third person also)* Fr.; **b)** *(coll.: wife)* **the** *or* **my/your** *etc.* **~:** meine/deine *usw.* Madam *(ugs. scherzh.)*. *See also* **Grundy; mop 1 a**

**MS** *abbr.* **a) manuscript** Ms.; **b)** *(Med.)* **multiple sclerosis** MS

**Ms** [mɪz] *n., no pl.* Frau

**M.Sc.** [emes'si:] *abbr.* **Master of Science** ≈ Mag. rer. nat. *(österr.)*; *see also* **B.Sc.**

**MSS** *abbr.* [em'esɪz] **manuscripts** Mss.

**Mt.** *abbr.* **Mount;** ~ **Etna/Everest/Sinai** *(Geog.)* der Ätna/der Mount Everest/der Berg Sinai

**mth** *abbr.* **month**

**much** [mʌtʃ] **1.** *adj.,* **more** [mɔ:(r)], **most** [məʊst] **a)** viel; groß ⟨*Erleichterung, Sorge, Dankbarkeit, Verachtung*⟩; **with ~ love** voller Liebe; **with ~ love from ...** *(familiar ending to letter)* herzlichst, ...; **he never eats ~ breakfast/lunch/supper** er ißt nicht viel zum Frühstück/zu Mittag/zum Abendbrot; **too ~:** zuviel *indekl.*; **b) be a bit ~** *(coll.)* ein bißchen zuviel sein; *(fig.)* ein bißchen zu weit gehen. *See also* **good 3 b; how 1; nothing 1 a; so 1 a; this 3; too a. 2.** *n.; see also* **more 2; most 2;** vieles; **we don't see ~ of her any more** wir sehen sie kaum noch; **we haven't ~ to go on yet** bis jetzt haben wir noch nicht viel; **that doesn't come** *or* **amount to ~:** es kommt nicht viel dabei heraus; **he/this beer isn't up to ~** *(coll.)* mit ihm/diesem Bier ist nicht viel los *(ugs.)*; **spend ~ of the day/week/month doing sth.** den Großteil des Tages/der Woche/des Monats damit verbringen, etw. zu tun; **they have done ~ to improve the situation** sie haben viel für die Verbesserung der Situation getan; **not be ~ of a cinema-goer** *etc.* *(coll.)* kein großer Kinogänger *usw.* sein *(ugs.)*; **not have ~ of a singing voice/head for heights** keine besonders schöne Stimme haben/leicht schwindelig werden; **it isn't ~ of a bicycle/car/house** es ist kein besonders tolles Fahrrad/Auto/Haus *(ugs.)*; **not be ~ to look at** nicht sehr ansehnlich sein; **he/the plan/plant didn't come to ~:** aus ihm/dem Plan/der Pflanze ist nichts Richtiges geworden; **it's as ~ as she can do to get up the stairs** sie kommt gerade noch die Treppe hinauf; **I expected/thought as ~:** das habe ich erwartet/mir gedacht; **he stared at me as ~ as to say ...:** er starrte mich an, als ob er sagen wollte: ...; **you are as ~ to blame as he is** du bist ebensosehr schuld wie er; **she knows as ~ as we do** sie weiß genausoviel wie wir; **we didn't have so ~ as the bus fare home** wir hatten nicht einmal das Geld für den Bus nach Hause; **without so ~ as saying goodbye/a backward glance** ohne auch nur auf Wiedersehen zu sagen/einen Blick zurückzuwerfen; *see also* **again a; as 1; in a; make 1 m; so 1 a; think of g; up 1 v. 3.** *adv.*, **more, most a)** *modifying comparatives* viel ⟨*besser*⟩; **~ more lively/happy/attractive** viel lebhafter/glücklicher/attraktiver; **b)** *modifying superlatives* mit Abstand ⟨*der/die/das beste, schlechteste, klügste usw.*⟩; **c)** *modifying passive participles and predicative adjectives* sehr; **he is ~ improved** *(in behaviour)* er hat sich sehr gebessert; *(in health)* es geht ihm viel besser; **d)** *modifying verbs (greatly)* sehr ⟨*lieben, mögen, genießen*⟩; *(often)* oft ⟨*sehen, treffen, besuchen*⟩; *(frequently)* viel; **she loved him too ~:** sie liebte ihn zu sehr; **I don't ~ like him** *or* **like him ~:** ich mag ihn nicht besonders; **it doesn't matter ~:** es ist nicht so wichtig; **I don't very ~ want to come** ich habe keine sehr große Lust zu kommen; **I would ~ prefer to stay at home** ich würde viel lieber zu Hause bleiben; **~ to my surprise/annoyance, I found that ...:** zu meiner großen Überraschung/Verärgerung stellte ich fest, daß ...; **it's not so ~ a problem of money as of time** es ist nicht so sehr ein finanzielles als ein zeitliches Problem; **e)** *(approximately)* fast; **[pretty** *or* **very] ~ the same** fast [genau] der-/die-/dasselbe; **the old house was ~ as it had always been** das alte Haus hatte sich kaum verändert; **f)** *(for a large part of time)* viel ⟨*gärtnern, lesen, spielen*⟩; *(often)* oft; häufig; **g) ~ as** *or* **though** *(although)* sosehr ... auch; **~ as he disliked the idea** sosehr ihm die Idee auch mißfiel; **~ as I should like to go** so gern ich auch gehen würde; **h) not ~** *(sl.: certainly not)* nicht die Bohne *(ugs.)*; denkste! *(ugs.)*. *See also* **less 2; oblige 1 d; same 1**

**muchly** ['mʌtʃlɪ] *adv. (joc.)* sehr ⟨*beeindruckt*⟩; **ta** *or* **thanks ~!** tausend Dank! *(ugs.)*

**muchness** ['mʌtʃnɪs] *n., no pl., no def. art.* **be much of a ~** *(coll.)* sich *(Dat.)* so ziemlich gleichen *(ugs.)*; **they are much of a ~ when it comes to ...:** wenn es um ... geht, kann der eine es nicht besser als der andere

**muck** [mʌk] **1.** *n.* **a)** *(farmyard manure)* Mist, *der; see also* **common 1 e; b)** *(coll.: anything disgusting)* Dreck, *der (ugs.)*; *(liquid)* Brühe, *die (ugs. abwertend)*; **covered in ~:** verdreckt *(ugs.)*; **c)** *(coll.: defamatory remarks, nonsense)* Mist, *der (ugs.)*; Dreck, *der (ugs.)*; **d)** *(coll.: untidy state)* Schweinerei, *die (derb abwertend)*; **make a ~ of sth.** *(coll.)* [bei einer Sache] Mist bauen *(ugs.)*. **2.** *v. t. see* **muck up b**

**~ a'bout, ~ a'round** *(Brit. sl.)* **1.** *v. i.* **a)** herumalbern *(ugs.)*; **b)** *(tinker)* herumfummeln **(with** an + *Dat.*). **2.** *v. t.* **a)** herumstreifen *od.* umherstreifen in (+ *Dat.*) *(ugs.)* ⟨*Stadt, Straße*⟩; **b) ~ sb. about** *or* **around** jmdn. verarschen *(derb)*; **the bank really ~ed us about** es war ein ewiges Hin und Her mit der Bank *(ugs.)*

**~ 'in** *v. i. (coll.)* mit zugreifen *od.* mit anpacken **(with bei)**

**~ 'out** *v. t.* ausmisten ⟨*Stall*⟩; *(fig.)* aufräumen ⟨*Haus, Garage, Zimmer*⟩

**~ 'up** *v. t.* **a)** *(Brit. sl.: bungle)* vermurksen, verbocken *(ugs.)*; **~ it up** Mist bauen *(ugs.)*; **b)** *(make dirty)* vollschmieren, dreckig machen *(ugs.)*; einsauen *(derb)*; **c)** *(spoil)* vermasseln *(salopp)*. *See also* **muck-up**

**muckle** ['mʌkl] *see* **mickle**

**muck: ~raker** ['mʌkreɪkə(r)] *n.* **he's just a ~raker** er ist nur auf Sensationen aus; **~raking** ['mʌkreɪkɪŋ] **1.** *adj.* skandalträchtig ⟨*Rede, Brief, Angriff, Politik*⟩; skandalsüchtig *(abwertend)* ⟨*Person*⟩; Skandal⟨*artikel, -blatt, -journalismus, -presse*⟩ *(abwertend)*; **2.** *n.* Skandalhascherei, *die (abwertend)*; Sensationsmache, *die (ugs. abwertend)*; **~-up** *n. (Brit. sl.) (confusing or confused situation)* Kuddelmuddel, *der od. das (ugs.)*; *(blunder, mess)* Mist, *der (ugs.)*; **make a ~-up of sth.** etw. vermasseln *(salopp)*

**mucky** ['mʌkɪ] *adj.* dreckig *(ugs.)*; *(with manure)* mistig; *(fig.)* schmierig ⟨*Zeitung, Witz, usw.*⟩

**mucous** ['mju:kəs] *adj. (Med., Bot., Zool.)* schleimig; Schleim-; mukös *(fachspr.)*

**mucous 'membrane** *n.* Schleimhaut, *die*

**mucus** ['mju:kəs] *n. (Med., Bot., Zool.)* Schleim, *der*

**mud** [mʌd] *n.* **a)** Schlamm, *der;* Morast, *der;* **patch/expanse** *or* **area of ~:** schlammige *od.* morastige Stelle/Fläche; **covered with ~:** schlammbedeckt; **be as clear as ~** *(joc. iron.)* absolut unklar sein; **[here's] ~ in your eye!** *(dated sl.)* Pröstterchen! *(fam.)*; **b)** *(hard ground)* Lehm, *der; attrib.* Lehm-; lehmig; **~ hut** Lehmhütte, *die;* **c)** *(fig.)* **be dragged through the ~:** in den Schmutz gezogen werden; **his name is ~** *(coll.)* er ist unten durch *(ugs.)* **(with** bei); **fling** *or* **sling** *or* **throw ~ at sb.** *(fig.)* jmdn. mit Dreck *(ugs.)* *od.* Schmutz bewerfen; *see also* **stick 1 e; stick-in-the-mud**

**'mud-bath** *n. (Med.; also fig.)* Schlammbad, *das*

**muddle** ['mʌdl] **1.** *n.* Durcheinander, *das;* **the room is in a hopeless ~:** in dem Zimmer herrscht ein heilloses Durcheinander *od.* eine heillose Unordnung; **get sth. in a ~:** etw. in Unordnung bringen; etw. durcheinanderbringen; **my mind/brain is in a ~:** ich bin ganz durcheinander; ich kann nicht klar denken; **get/get sb. in[to] a ~:** durcheinanderkommen *(ugs.)*/jmdn. durcheinanderbringen; **make a ~ of sth.** *(bungle)* etw. verpfuschen. **2.** *v. t.* **a) ~ [up]** durcheinanderbringen; **~ up** *(mix up)* verwechseln **(with** mit); **be ~d up** *(out of order)* durcheinandergeraten sein; **b)** *(mismanage)* verderben. **3.** *v. i.* wursteln *(ugs.)* **(with** an + *Dat.*)

**~ a'long, ~ 'on** *v. i.* vor sich *(Akk.)* hin wursteln *(ugs.)* **(with** bei); **~ on towards sth.** planlos auf etw. *(Akk.)* hinarbeiten

**~ 'through** *v. i.* sich durchwursteln *(ugs.)*

**muddled** ['mʌdld] *adj.* **a)** *(confused)* benebelt ⟨*Person*⟩; konfus ⟨*Verhalten, Denken*⟩; **b)** *(mixed-up, jumbled)* verworren ⟨*Situation, Information, Ideen*⟩

**muddle-'headed** *adj.* wirr; **a ~ thinker/person** ein Wirrkopf

**muddy** ['mʌdɪ] **1.** *adj.* **a)** schlammig; **get** *or* **grow** *or* **become ~:** verschlammen; **b)** *(turbid, dull)* trübe ⟨*Flüssigkeit, Licht, Farbe*⟩; grau ⟨*Haut*⟩; **c)** *(obscure)* wirr; **a ~ thinker** ein Wirrkopf. **2.** *v. t. (cover with mud)* schmutzig machen; *(make turbid)* trüben ⟨*Flüssigkeit*⟩

**mud: ~-flap** *n. (Motor Veh.)* Schmutzfänger, *der;* **~-flat[s]** *n. [pl.] (Geog.)* Watt, *das;* **~guard** *n.* Schutzblech, *das; (of car)* Kotflügel, *der;* **~pack** *n.* Schlammpackung [für das Gesicht]; Gesichtsmaske aus Schlamm; **~ 'pie** *n.* Kuchen *aus Sand usw.*; **~ vol'cano** *n. (Geog.)* Schlammvulkan, *der;* Salse, *die (fachspr.)*

**muesli** ['mju:zlɪ] *n.* Müsli, *das*

**muezzin** [mʊ'ezɪn] *n.* Muezzin, *der*

**[1]muff** [mʌf] *n. (for hands)* Muff, *der; see also* **ear-muffs; foot-muff**

**[2]muff 1.** *n. (person)* Tölpel, *der (abwertend)*. **2.** *v. t.* **a)** *(bungle)* verderben; verpatzen *(ugs.)*; verhauen *(ugs.)* ⟨*Examen*⟩; **I ~ed everything today** mir ging heute alles daneben *(ugs.)*; **b)** *(Theatre)* verpatzen *(ugs.)*; **~ a line** einen Patzer machen *(ugs.)*

**muffin** ['mʌfɪn] *n.* Muffin, *das*

**muffle** ['mʌfl] *v. t.* **a)** *(envelop)* **~ [up]** einhüllen; einmumme[l]n *(ugs.)*; **b)** *(deaden [sound of])* dämpfen ⟨*Geräusch*⟩; [zur Schalldämpfung] umwickeln ⟨*Fuß, Schuh, Ruder, Trommel, Glocke*⟩; **~ sb.'s cries/screams** ⟨*Kopfkissen, Wand:*⟩ jmds. Schreie dämpfen; ⟨*Person:*⟩ jmdn. am Schreien hindern; **c)** *(suppress sound of)* unterdrücken ⟨*Fluch, Bemerkung*⟩; hinunterschlucken ⟨*Fluch*⟩

**muffler** ['mʌflə(r)] *n.* **a)** *(wrap, scarf)* Schal, *der;* **b)** *(deadener of sound)* Dämpfer, *der;* **c)** *(Amer. Motor Veh.: silencer)* Schalldämpfer, *der;* Auspufftopf, *der*

**mufti** ['mʌftɪ] *n.* **a)** *(plain clothes)* Zivil, *das;* **in ~:** in Zivil; **b)** *(Muslim priest)* Mufti, *der*

**[1]mug** [mʌg] **1.** *n.* **a)** *(vessel, contents)* Becher, *der (meist mit Henkel)*; *(for beer etc.)* Krug, *der;* **a ~ of milk** ein Becher Milch; **b)** *(sl.: face, mouth)* Visage, *die (salopp)*; Fresse, *die (derb)*; **c)** *(Brit. sl.: simpleton)* Schwachkopf, *der (ugs.)*; **d)** *(Brit. sl.: gullible person)* Trottel, *der (ugs. abwertend)*; Doofi, *der (ugs.)*; **make a ~ of sb.** jmdn. anschmieren *od.* beschupsen *(salopp)*; **that's a '~'s game** das ist doch Schwachsinn *(ugs.)*; **e)** *(Amer. sl.: hoodlum)* Ganove, *der (ugs.)*. **2.** *v. t.*, **-gg-** *(rob)* überfallen und berauben

**[2]mug** *(Brit. sl.: study) v. t.*, **-gg-: ~ up** büffeln *(ugs.)* ⟨*Fach, Zitate, Formeln*⟩; durchackern *(ugs.)* ⟨*Buch, Notizen*⟩

**mugful** ['mʌgfʊl] *(contents) see* **[1]mug 1 a**

**mugger** ['mʌgə(r)] *n.* Straßenräuber, *der*/Straßenräuberin, *die*

**mugginess** ['mʌgɪnɪs] *n., no pl.* Schwüle, *die*

**mugging** ['mʌgɪŋ] *n.* Straßenraub, *der* **(of** an + *Dat.*)

**muggins** ['mʌgɪnz] *n., pl.* **~es** *or same (coll.)* **a)** *(simpleton)* Dummkopf, *der (ugs.)*; Esel, *der (ugs.)*; **b)** *(myself, stupidly)* ich Dummkopf *(ugs.)*

**muggy** ['mʌgɪ] *adj.* schwül; drückend ⟨*Klima, Zeit, Tag, Luft*⟩; **a ~ place** ein Ort mit schwülem Klima

**'mug shot** *n. (sl.)* **a) [police] ~s of criminals** Verbrecherfotos; **b)** *(passport photo etc.)* [Paß]foto, *das*

**mugwort** ['mʌgwɜ:t] *n. (Bot.)* Beifuß, *der*

**Muhammadan** [mə'hæmədn] *(Relig.)* **1.** *n.* Moslem, *der.* **2.** *adj.* moslemisch

**Muhammadanism** [mə'hæmədənɪzm] *n., no pl. (Relig.)* Islam, *der*

**mulatto** [mju:'lætəʊ] *n., pl.* **~s** *(Amer.:* **~es)** Mulatte, *der*/Mulattin, *die*

**mulberry** ['mʌlbərɪ] *n.* **a)** *(fruit)* Maulbeere, *die; attrib.* Maulbeer-; **b)** *(tree)* Maulbeerbaum, *der; attrib.* Maulbeer-

**mulch** [mʌltʃ] *(Agric., Hort.)* **1.** *n.* Mulch, *der.* **2.** *v. t.* mulchen

**mulct** [mʌlkt] *v. t.* **a)** *(Law: fine)* eine Geldstrafe auferlegen *(geh.)* (+ *Dat.*); **b)** *(literary: deprive)* berauben *(geh.)* **(of** *Gen.*)

**[1]mule** [mju:l] *n.* **a)** *(Zool.)* Maultier, *das;* **have a kick like a ~** *(fig.)* einen umwerfen; *see also* **obstinate; stubborn a; b)** *(coll.) (stupid person)* Esel, *der (ugs.)*; *(obstinate person)* Dickkopf, *der (ugs.)*; **c)** *(Textiles)* Mule-Maschine, *die*

**[2]mule** *n. (slipper)* Pantoffel, *der*

**muleteer** [mju:lɪ'tɪə(r)] *n.* Maultiertreiber, *der*/Maultiertreiberin, *die*

**mulish** ['mju:lɪʃ] *adj. (stubborn)* stur; **~ stubbornness/obstinacy** Sturheit, *die*

**[1]mull** [mʌl] *v. t.* **~ over** nachdenken über (+ *Akk.*); *(in conversation)* diskutieren

**[2]mull** *v. t. (prepare)* erhitzen und würzen ⟨*Wein*⟩; **~ wine** Glühwein zubereiten; **~ed wine** Glühwein, *der*

**[3]mull** *n. (Scot.: promontory)* Kap, *das*

**mullah** ['mʌlə] *n. (Islam)* Mullah, *der*

**mullet** ['mʌlɪt] *n., pl.* **~s** *or same (Zool.)* **red ~:** Gewöhnliche Meerbarbe; **grey ~:** Meeräsche, *die*

**mulligatawny** [mʌlɪgəˈtɔ:nɪ] *n.* ~ **[soup]** Mulligatawny-Suppe, *die (mit Curry scharf gewürzte, indische Geflügelsuppe)*
**mullion** [ˈmʌljən] *n.* **a)** *(Archit.)* Längspfosten, *der;* **b)** *in pl. (Gothic Archit.)* Stabwerk, *das*
**mullioned** [ˈmʌljənd] *adj.* längs unterteilt; ~ **windows** Fenster mit Stabwerk
**multi-** [ˈmʌltɪ] *pref. (several)* mehr-/Mehr-; *(many)* viel-/Viel-; multi-/Multi-, poly-/Poly- *(bes. mit Fremdwörtern)*
ˈ**multicoloured** (*Brit.*, *Amer.*: **multicolored)** *adj. (with several colours)* mehrfarbig, *(with many colours)* vielfarbig ⟨*Gegenstand, Pflanze*⟩; bunt ⟨*Stoff, Kleid*⟩
**multifarious** [mʌltɪˈfeərɪəs] *adj.* **a)** *(having great variety)* vielgestaltig; **b)** *(many and various)* mannigfach; vielfältig
ˈ**multigrade** *adj., n.* ~ **[oil]** Mehrbereichsöl, *das*
**multiˈlateral** *adj.* mehrseitig; *(Polit.)* multilateral
**multilingual** [mʌltɪˈlɪŋgwəl] *adj.* mehrsprachig
**multiˈmedia** *adj.* Multimedia-
**multimillioˈnaire** *n.* Multimillionär, *der*/-millionärin, *die*
**multiˈnational 1.** *adj.* multinational. **2.** *n. (Econ.)* multinationaler Konzern; Multi, *der (ugs.)*
**multiple** [ˈmʌltɪpl] **1.** *adj.* **a)** *(manifold)* mehrfach; ~ **birth** Mehrlingsgeburt, *die;* ~ **crash/pile-up** Massenkarambolage, *die;* **b)** *(many and various)* vielerlei; vielfältig; mannigfach; **c)** *(Bot.)* multipel; ~ **fruit** Sammelfrucht, *die. See also* **sclerosis a. 2.** *n.* **a)** *(Math.)* Vielfache, *das; see also* **common multiple; b)** *see* **multiple store**
**multiple: ~-ˈchoice** *adj.* Multiple-choice-⟨*Verfahren, Test, Frage*⟩; ~ ˈ**store** *n. (Brit. Commerc.)* Kettenladen, *der*
**multiplication** [mʌltɪplɪˈkeɪʃn] *n. (increase)* Vervielfachung, *die; (Math.)* Multiplikation, *die (fachspr.);* Malnehmen, *das; attrib.* Multiplikations-; **do/use** ~: multiplizieren *(fachspr.);* malnehmen; ~ **sign** Malzeichen, *das;* ~ **table** Multiplikationstabelle, *die;* **do** *or* **learn/recite** *or* **say/practise one's** ~ **table[s]** das Einmaleins lernen/aufsagen/üben
**multiplicity** [mʌltɪˈplɪsɪtɪ] *n.* **a)** *(manifold variety)* Vielfalt, *die* **(of, in** an, von + *Dat. Pl.*); ~ **in size/age** Größen-/Altersvielfalt, *die;* ~ **of habits/beliefs/ideas** vielfältige Gewohnheiten/Überzeugungen/Ideen; **b)** *(great number)* Vielzahl, *die* **(of** von, an + *Dat.*)
¹**multiply** [ˈmʌltɪplaɪ] **1.** *v. t.* **a)** *(Math., also abs.)* multiplizieren *(fachspr.),* malnehmen **(by** mit); **b)** *(increase)* vervielfachen; **be multiplied** sich vervielfachen; **c)** *(Biol.)* züchten. **2.** *v. i. (Biol.)* sich vermehren; sich fortpflanzen; **be fruitful and** ~ *(Bibl.)* seid fruchtbar und mehret euch
²**multiply** [ˈmʌltɪplɪ] *adv.* mehrfach
ˈ**multi-purpose** *adj.* Mehrzweck-
**multiˈracial** *adj.* mehrrassig; gemischtrassig
ˈ**multi-stage** *adj.* mehrstufig; Mehrstufen-
ˈ**multi-storey** *adj.* mehrstöckig; mehrgeschossig; ~ **car park/block of flats** Parkhaus/Wohnhochhaus, *das*
**multitude** [ˈmʌltɪtju:d] *n.* **a)** *(crowd)* Menge, *die; (great number)* Vielzahl, *die;* **cover a** ~ **of sins** *(joc.)* ein weites Feld umfassen; *(compensate)* vieles aufwiegen; **a** ~ **of animals/vehicles/men** eine Vielzahl von Tieren/Fahrzeugen/Männern; **b) the [common]** ~: die [breite] Masse *(oft abwertend);* **c)** *(numerousness)* Vielheit, *die*
**multitudinous** [mʌltɪˈtju:dɪnəs] *adj.* **a)** *(comprising many individuals)* vielköpfig ⟨*Herde, Versammlung*⟩; **b)** *(very many)* zahlreich
ˈ**multi-volume** *adj.* vielbändig

¹**mum** [mʌm] *(coll.)* **1.** *int.* pst; **~'s the word** nicht weitersagen!; *(I won't tell anyone else)* ich sag's nicht weiter. **2.** *adj.* leise; ruhig; still; **keep** ~: den Mund halten *(ugs.);* **keep** ~ **about sth.** etw. nicht weitersagen
²**mum** *n. (Brit. coll.: mother)* Mama, *die (fam.)*
**mumble** [ˈmʌmbl] **1.** *v. i.* nuscheln *(ugs.);* ~ **[away] about sth.** über etw. *(Akk.)* nuscheln *(ugs.).* **2.** *v. t.* **a)** *(utter indistinctly)* nuscheln *(ugs.);* ~ **one's words/phrases** *etc.* nuscheln *(ugs.);* **b)** *(chew)* mit zahnlosem Mund kauen. **3.** *n.* Nuscheln, *das*
**mumbo-jumbo** [mʌmbəʊˈdʒʌmbəʊ] *n., pl.* **~s a)** *(meaningless ritual)* Brimborium, *das (ugs.);* Theater, *das (ugs. abwertend);* **b)** *(gibberish)* Kauderwelsch, *das;* **c)** *(object of senseless veneration)* Idol, *das;* Götze, *der*
**mummer** [ˈmʌmə(r)] *n. (Theatre)* Pantomime, *der*/Pantomimin, *die*
**mummery** [ˈmʌmərɪ] *n. (derog.)* Mummenschanz, *der (abwertend)*
**mummify** [ˈmʌmɪfaɪ] *v. t.* **a)** mumifizieren; **b)** *(shrivel)* austrocknen
¹**mummy** [ˈmʌmɪ] *n.* Mumie, *die*
²**mummy** *n. (Brit. coll.: mother)* Mutti, *die (fam.);* Mami, *die (fam.);* Mama, *die (fam.)*
**mumps** [mʌmps] *n. sing. (Med.)* Mumps, *der*
**munch** [mʌnʃ] **1.** *v. t.* ~ **one's food** mampfen *(salopp);* schmatzend kauen. **2.** *v. i.* mampfen *(salopp);* ~ **[away] at sth.** an etw. *(Dat.)* kauen
**mundane** [mʌnˈdeɪn] *adj.* **a)** *(dull)* banal; profan *(geh.);* stumpfsinnig ⟨*Entschluß, Routine*⟩; **b)** *(worldly)* weltlich; irdisch
**Munich** [ˈmju:nɪk] *pr. n.* München *(das); attrib.* Münchner
**municipal** [mjʊˈnɪsɪpl] *adj.* gemeindlich; kommunal; Kommunal⟨*politik, -verwaltung*⟩; Gemeinde⟨*rat, -verwaltung, -beschluß*⟩; ~ **district** *(Can., Austral.)* Landgemeinde, *die*
**municipality** [mju:nɪsɪˈpælɪtɪ] *n.* **a)** *(political unit)* Gemeinde, *die;* **b)** *(governing body)* Gemeindeverwaltung, *die*
**munificence** [mjʊˈnɪfɪsəns] *n. (formal)* Generosität, *die;* Hochherzigkeit, *die (geh.)*
**munificent** [mjʊˈnɪfɪsənt] *adj.,* **munificently** [mjʊˈnɪfɪsəntlɪ] *adv. (formal)* generös *(geh.)*
**munition** [mjʊˈnɪʃn] *n., usu. in pl.* Kriegsmaterial, *das;* **~[s] factory** Rüstungsbetrieb, *der;* **~[s] worker** Arbeiter in einem Rüstungsbetrieb
**muntjak (muntjac)** [ˈmʌntdʒæk] *n. (Zool.)* Muntjak, *der*
**mural** [ˈmjʊərl] **1.** *adj. (on a wall)* Wand-; an Wänden *nachgestellt.* **2.** *n.* Wandbild, *das;* Wandgemälde, *das; (on ceiling)* Deckengemälde, *das*
**murder** [ˈmɜ:də(r)] **1.** *n.* **a)** *(Law)* Mord, *der* **(of an** + *Dat.*); ~ **investigation** Ermittlungen *Pl.* in dem/einem Mordfall; ~ **hunt** Fahndung nach dem/einem Mörder; **be accused of** ~: des Mordes beschuldigt werden; **be arrested on a charge of** ~: unter Mordverdacht verhaftet werden; ~ **will out** *(prov.: sth. cannot be hidden)* die Wahrheit kommt doch an den Tag; **b)** *(fig.)* **the exam/journey was** ~: die Prüfung/Reise war der glatte *od.* reine Mord *(ugs.). See also* **blue murder; get away with c; judicial a. 2.** *v. t.* **a)** *(kill unlawfully)* ermorden; ~ **sb. with a gun/knife** jmdn. erschießen/erstechen; **I could** ~ **him/a hamburger/a beer** *(fig. coll.)* ich könnte ihn umbringen/einen Hamburger vertragen/ein Bier vertragen *(ugs.);* **b)** *(kill inhumanly)* umbringen; **c)** *(coll.: spoil)* verhunzen *(ugs.);* **d)** *(coll.: defeat)* fertigmachen *(ugs.)*
**murderer** [ˈmɜ:dərə(r)] *n.* Mörder, *der*/Mörderin, *die;* **be accused of being a** ~: des Mordes beschuldigt werden
**murderess** [ˈmɜ:dərɪs] *n.* Mörderin, *die*

**murderous** [ˈmɜ:dərəs] *adj.* tödlich; Mord⟨*absicht, -drohung*⟩; vernichtend ⟨*Blick*⟩; mörderisch *(ugs.)* ⟨*Fahrweise, Wetter, Kampf, Bedingung*⟩; ~ **nature/mentality/psychology** Wesen/Mentalität/Psyche eines Mörders
**murk** [mɜ:k] *n.* Dunkelheit, *die;* Nebelnacht, *die (geh.)*
**murky** [ˈmɜ:kɪ] *adj.* **a)** *(dark)* düster; trüb ⟨*Tag, Wetter*⟩; **b)** *(dirty)* schmutzig-trüb ⟨*Wasser*⟩; **c)** *(thick, opaque)* trüb ⟨*Luft, Atmosphäre*⟩; verhangen ⟨*Himmel*⟩; tief ⟨*Dunkelheit*⟩; *(fig.: obscure)* dunkel; undurchsichtig; unergründlich ⟨*Geheimnis, Tiefen*⟩; ~ **past** dunkle Vergangenheit
**murmur** [ˈmɜ:mə(r)] **1.** *n.* **a)** *(subdued sound)* Rauschen, *das; (of brook also)* Murmeln, *das (dichter.); (of bee)* Summen, *das;* **b)** *(Med.)* **heart** ~: Herzgeräusch, *das;* Klappengeräusch, *das;* **c)** *(expression of discontent)* Murren, *das;* **raise a few ~s** einige unzufriedene Stimmen laut werden lassen; ~ **of disagreement/impatience** ablehnendes/ungeduldiges Murren; **without a** ~: ohne Murren; ohne zu murren; **d)** *(soft speech)* Murmeln, *das;* ~ **of approval/delight** beifälliges/freudiges Murmeln; **a** ~ **of voices** ein Gemurmel; **say sth. in a** ~: etw. murmeln. **2.** *v. t.* murmeln; raunen *(geh.),* hauchen ⟨*Zärtlichkeiten*⟩. **3.** *v. i.* **a)** ⟨*Person:*⟩ murmeln; *(make soft sound)* ⟨*Brise:*⟩ rauschen; **b)** *(complain)* murren **(against, at** über + *Akk.*)
**murphy** [ˈmɜ:fɪ] *n. (sl.)* Kartoffel, *die;* Knolle, *die (ugs.)*
**muscadel** *see* **muscatel**
**muscat** [ˈmʌskət] *n. (grape)* Muskattraube, *die; (vine)* Muskatrebe, *die*
**muscatel** [mʌskəˈtel] *n.* **a)** *(raisin)* Muskadinerosine, *die;* **b)** *(wine)* Muskateller[wein], *der*
**muscle** [ˈmʌsl] **1.** *n.* **a)** Muskel, *der;* **not move a** ~ *(fig.)* sich nicht rühren; **b)** *(tissue)* Muskeln *Pl.;* **be all** ~: nur aus Muskeln bestehen; **c)** *(muscular power)* [Muskel-, Körper]kraft, *die;* Muskeln *Pl.; (fig.: force, power, influence)* Stärke, *die;* **have financial** ~: finanzkräftig *od.* -stark sein; [finanziell] potent sein; **have industrial** ~: eine leistungsfähige Industrie haben. **2.** *v. i.* ~ ˈ**in** *(coll.)* sich hineindrängen **(on** in + *Akk.*); **they're muscling in on our market** sie machen sich auf unserem Markt breit *(ugs.);* **you're muscling in [on my territory** *(fig.)*.] du kommst mir ins Gehege
**muscle: ~-bound** *adj.* **a)** *(with powerful muscles)* muskelbepackt *(ugs.);* **b)** *(with stiff muscles)* **be ~-bound** Muskelkater haben; *(fig.)* verknöchert sein; **become ~-bound** *(fig.)* verknöchern; **~man** *n.* **a)** *(intimidator)* Gorilla, *der (ugs.);* **b)** *(sb. with powerful physique)* Muskelmann, *der (ugs.)*
**Muscovite** [ˈmʌskəvaɪt] **1.** *n.* Moskauer, *der*/Moskauerin, *die;* Moskowiter, *der*/Moskowiterin, *die (veralt.).* **2.** *adj.* moskauisch, Moskauer ⟨*Winter, Arbeiter*⟩
**muscular** [ˈmʌskjʊlə(r)] *adj.* **a)** *(Med.)* Muskel-; muskulär *(fachspr.);* **b)** *(sinewy)* muskulös. *See also* **dystrophy**
**muscularity** [mʌskjʊˈlærɪtɪ] *n., no pl.* Muskulosität, *die*
¹**muse** [mju:z] *n.* **a)** M~ *(Greek and Roman Mythol.)* Muse, *die;* **b)** *(Lit.)* Genius, *der (geh.)*
²**muse** *(literary)* **1.** *v. i. (ponder)* grübeln; [nach]sinnen *(geh.),* sinnieren **(on, about, over** über + *Akk.*). **2.** *v. t.* sinnieren
**museum** [mju:ˈzi:əm] *n.* Museum, *das;* **an art** ~, **a** ~ **of art** ein Kunstmuseum ; **a** ~ **of modern art** ein Museum für moderne Kunst
**muˈseum piece** *n.* **a)** *(specimen of art)* Museumsstück, *das;* **b)** *(joc. derog.) (old-fashioned thing)* Museumsstück, *das (ugs. iron.); (old-fashioned person)* Fossil, *das*
¹**mush** [mʌʃ] *n.* **a)** *(soft pulp)* Mus, *das;* Brei

*der;* **boil into a ~** ⟨*Kartoffeln:*⟩ zu Mus kochen *od.* verkochen; **~ of mud/snow** Matsch, *der;* **b)** *(coll.: weak sentimentality)* Schmalz, *der (ugs. abwertend)*
**²mush** [mʊʃ] *n. (sl.: face, mouth)* Schnauze, *die (derb)*
**mushroom** [ˈmʌʃrʊm, ˈmʌʃruːm] **1.** *n.* **a)** Pilz, *der; (edible)* [Speise]pilz, *der; (cultivated, esp. Agaricus campestris)* Champignon, *der; attrib.* Pilz-; **grow like ~s** *(fig.)* wie Pilze aus dem Boden schießen; **b)** *(fig.)* **~ of smoke** Rauchpilz, *der; see also* **mushroom cloud. 2.** *v.i.* **a)** *(spring up)* wie Pilze aus dem Boden schießen; *(grow rapidly)* **demand ~ed overnight** die Nachfrage schoß über Nacht in die Höhe; **b)** *(expand and flatten)* ⟨*Aschenwolke, Rauch:*⟩ sich pilzförmig ausbreiten
**mushroom: ~ cloud** *n.* Rauchpilz, *der; (after nuclear explosion)* Atompilz, *der;* **~-colour** *n.* blasses Gelbbraun; **~-coloured** *adj.* blaß gelbbraun
**mushy** [ˈmʌʃɪ] *adj.* **a)** *(soft)* breiig; matschig ⟨*Boden*⟩; **b)** *(coll.: feebly sentimental)* schmalzig *(abwertend);* gefühlsduselig *(ugs. abwertend)* ⟨*Mensch*⟩; **be full of ~ sentiment** vor Schmalz triefen *(abwertend)*
**music** [ˈmjuːzɪk] *n.* **a)** Musik, *die;* **make ~:** Musik machen; musizieren; **student of ~:** Musikstudent, *der/*-studentin, *die;* **piece of ~:** Musikstück, *das;* Musik, *die;* **set** *or* **put sth. to ~:** etw. vertonen *od.* in Musik setzen; **have a gift for ~:** musikalisch begabt *od.* musikbegabt sein; **be ~ to sb.'s ears** *(fig. coll.)* Musik in jmds. Ohren sein *(ugs.); see also* **face 2 c; set 1 s; sphere c; b)** *(of waves, wind, brook)* Rauschen, *das; (of birds)* Gesang, *der;* **c)** *(score)* Noten *Pl.; (as merchandise also)* Musikalien *Pl.;* **sheet of ~:** Notenblatt, *das;* **play from ~:** nach Noten spielen
**musical** [ˈmjuːzɪkl] **1.** *adj.* **a)** *(of music)* musikalisch ⟨*Abend, Begabung*⟩; Musik⟨*instrument, -verein, -verständnis, -notation, -abend*⟩; **b)** *(melodious)* musikalisch ⟨*Stimme, Klänge*⟩; melodiös, melodisch ⟨*Stück*⟩; **c)** *(fond of or skilled in music)* musikalisch; **d)** *(set to music)* musikalisch; Musik⟨*film, -theater*⟩. **2.** *n. (Mus., Theatre)* Musical, *das*
**musical: ~ box** *n. (Brit.)* Spieldose, *die;* **~ 'chairs** *n. sing.* Reise nach Jerusalem; **~ director** *n. (Theatre)* Musikdirektor, *der/*-direktorin, *die; (conductor)* Kapellmeister, *der/*-meisterin, *die*
**musically** [ˈmjuːzɪkəlɪ] *adv. (with regard to music)* musikalisch; *(melodiously)* melodisch; melodiös; **~ gifted** musikalisch [begabt]; musikbegabt
**music: ~ box** *(Amer.) see* **musical box; ~ centre** *n.* Kompaktanlage, *die;* **~ drama** *n.* Musikdrama, *das;* **~-hall** *n. (Brit.)* **1.** *n.* Varieté, *das;* **2.** *attrib. adj.* Varieté-
**musician** [mjuːˈzɪʃn] *n.* Musiker, *der/*Musikerin, *die; (minstrel, street ~ etc.)* Musikant, *der/*Musikantin, *die*
**'music-lesson** *n.* Musikstunde, *die*
**musicologist** [mjuːzɪˈkɒlədʒɪst] *n.* Musikwissenschaftler, *der/*-wissenschaftlerin, *die;* Musikologe, *der/*Musikologin, *die (geh.)*
**musicology** [mjuːzɪˈkɒlədʒɪ] *n.* Musikwissenschaft, *die;* Musikologie, *die (geh.)*
**music: ~-paper** *n.* Notenpapier, *das;* **~-rest** *n.* Notenpult, *das;* **~-room** *n.* Musiksaal, *der; (for concerts)* Konzertsaal, *der;* **~-stand** *n.* Notenständer, *der;* **~-stool** *n.* Klavierhocker, *der;* Klavierschemel, *der;* **~-teacher** *n.* Musiklehrer, *der/*-lehrerin, *die*
**musk** [mʌsk] *n.* **a)** *(substance)* Moschus, *der;* **~-scented** mit Moschus parfümiert; **b)** *(odour)* Moschusgeruch, *der;* **c)** *(Bot.)* Moschusgauklerblume, *die*
**musk-deer** *n. (Zool.)* Moschushirsch, *der*
**musket** [ˈmʌskɪt] *n. (Arms Hist.)* Muskete, *die*
**musketeer** [mʌskɪˈtɪə(r)] *n. (Hist.)* Musketier, *der*
**musketry** [ˈmʌskɪtrɪ] *n. (Hist.) (muskets)* Musketen *Pl.; (musketeers)* Musketiere *Pl.*
**musk: ~-melon** *n.* Zuckermelone, *die;* Gartenmelone, *die;* **~-ox** *n. (Zool.)* Moschusochse, *der;* **~-rat** *n.* **a)** *(Zool.)* Bisamratte, *die;* **b)** *(fur)* Bisam, *der;* **~-rose** *n. (Bot.)* Moschusrose, *die*
**musky** [ˈmʌskɪ] *adj.* moschusartig duftend; moschusartig ⟨*Duft, Geruch, Geschmack*⟩; Moschus⟨*duft, -parfüm*⟩
**Muslim** [ˈmʊslɪm, ˈmʌzlɪm] **1.** *adj.* muslimisch *(bes. fachspr.);* moslemisch; **be ~** ⟨*Person:*⟩ Muslim/Muslime sein, Moslem/Moslime sein. **2.** *n.* Muslim, *der/*Muslime, *die (fachspr.);* Moslem, *der/*Moslime, *die*
**muslin** [ˈmʌzlɪn] **1.** *n.* **a)** Musselin, *der.* **2.** *adj.* musselinen; Musselin-
**musquash** [ˈmʌskwɒʃ] *n.* **a)** *(Zool.)* Bisamratte, *die;* **b)** *(fur)* Bisam, *der*
**muss** [mʌs] *v.t. (Amer. coll.)* verstrubbeln *(ugs.)* ⟨*Haar, Frisur*⟩; zerknittern ⟨*Stoff*⟩
**~ 'up** *v.t.* durcheinanderbringen; verstrubbeln *(ugs.)* ⟨*Haar*⟩; zerknittern ⟨*Kleidung*⟩
**mussel** [ˈmʌsl] *n.* Muschel, *die;* **bed of ~s, ~ bed** Muschelbank, *die*
**¹must** [məst, *stressed* mʌst] **1.** *v. aux., only in pres. and past* **must,** *neg. (coll.)* **mustn't** [ˈmʌsnt] **a)** *(have to)* müssen; *with negative* dürfen; **you ~ not/never do that** das darfst du nicht/nie tun; **you ~ remember ...:** du darfst nicht vergessen, ...; du mußt daran denken, ...; **you ~ stop that noise/listen to me!** hör mit dem Lärm auf/hör mir zu!; **you mustn't do that again!** tu das [ja] nie wieder!; **I ~ get back to the office** ich muß wieder ins Büro; **I ~ go to London** ich muß nach London; **I ~ leave at 6 o'clock** ich muß um 6 Uhr weg *od.* los; **do it if you ~:** wenn es sein muß, tu es eben; tu, was du nicht lassen kannst *(ugs.);* **I will go if I ~** wenn es sein muß, gehe ich; **~ I?** muß das sein?; **'~ you shout so loudly?** mußt du denn so laut schreien?; **I ~ away** *(arch.)* ich muß fort; **I ~ have a new dress** ich brauche ein neues Kleid; **why ~ it always rain on Saturdays?** warum muß es ausgerechnet sonnabends immer regnen?; **I '~ say ...:** ich muß sagen ...; **[that] I '~ say** [das] muß ich schon sagen; **if you '~ know** wenn du es unbedingt wissen willst; **b)** *(ought to)* müssen; *with negative* dürfen; **I ~ ask you to leave** ich muß Sie bitten zu gehen; **you ~ think about it** du solltest [unbedingt] darüber nachdenken; **I ~ not sit here drinking coffee** ich sollte *od.* dürfte eigentlich nicht hier sitzen und Kaffee trinken; **c)** *(be certain to)* müssen; **you ~ be tired** du mußt müde sein; du bist bestimmt müde; **you ~ be crazy** du bist wohl wahnsinnig!; **there ~ be a reason** es muß einen Grund geben; **it ~ be about 3 o'clock** es wird wohl *od.* dürfte *od.* müßte etwa 3 Uhr sein; **I ~ have lost it** ich muß es verloren haben; **it ~ have stopped raining by now** es dürfte *od.* müßte inzwischen aufgehört haben zu regnen; **I think they ~ have left** ich denke, sie sind sicher *od.* bestimmt weggegangen; **20 people ~ have visited me** es haben mich bestimmt 20 Leute besucht; **there ~ have been forty of them** *(forty)* es müssen vierzig gewesen sein; *(probably about forty)* es dürften etwa vierzig gewesen sein; **you ~ have seen it** *(necessarily would have)* du hättest es sehen müssen; *expr. indignation or annoyance* **he ~ come just when ...:** er muß/mußte natürlich *od.* ausgerechnet kommen, wenn/als ...; **what ~ I do but break my leg?** Was mußte natürlich kommen? Ich mußte mir das Bein brechen; *see also* **joke 2. 2.** *n. (coll.)* Muß, *das;* **be a ~ for sb./sth.** ein Muß für jmdn./unerläßlich für etw. sein
**²must** *n.* **a)** *(wine)* neuer Wein; **b)** *(grape-juice)* Most, *der*
**³must** *see* **mustiness**
**mustache** *see* **moustache**
**mustachio** [məˈstɑːʃəʊ] *n., pl.* **~s** Schnauzbart, *der*
**mustachioed** [məˈstɑːʃəʊd] *adj.* schnauzbärtig
**mustang** [ˈmʌstæŋ] *n.* Mustang, *der*
**mustard** [ˈmʌstəd] *n.* **a)** Senf, *der; attrib.* Senf⟨*geschmack usw.*⟩; **~ and cress** *(Brit.)* Senfkeimlinge und Kresse; **b)** *(colour)* Senffarbe, *die; attrib.* senffarben; **c)** *(Amer. sl.: thing that provides zest)* Pep, *der (ugs.);* **cut the ~:** es bringen *(ugs.);* **I can't cut the ~:** ich bringe es nicht *(ugs.)*
**mustard: ~-coloured** *adj.* senffarben; **~ gas** *n. (Chem., Mil.)* Senfgas, *das;* **~ plaster** *n.* Senfpflaster, *das;* **~-pot** *n.* Senftopf, *der;* **~-yellow** *adj.* senfgelb
**muster** [ˈmʌstə(r)] **1.** *n.* **a)** *(Mil.)* Appell, *der;* **pass ~** *(fig.)* akzeptabel sein; **b)** *(assembly)* Zusammenkunft, *die.* **2.** *v.t.* **a)** *(summon)* versammeln; *(Mil., Naut.)* [zum Appell] antreten lassen; **b)** *(collect)* zusammenbringen; zusammenziehen ⟨*Streitkräfte, Truppen*⟩; zusammentreiben ⟨*Vieh*⟩; *(raise)* aufstellen ⟨*Armee*⟩; ausheben ⟨*Truppen*⟩; **c)** *(fig.: summon up)* zusammennehmen ⟨*Kraft, Mut, Verstand*⟩; aufbringen ⟨*Unterstützung*⟩; **~ [the] strength to do sth.** all seine Kräfte zusammennehmen, um etw. zu tun; **he couldn't ~ [the] courage to do it** er brachte nicht den Mut auf, es zu tun. **3.** *v.i.* sich [ver]sammeln; ⟨*Truppen:*⟩ aufmarschieren; *(for parade)* antreten
**~ 'up** *v.t.* aufbringen ⟨*Unterstützung, Mut, Verständnis*⟩; **~ up all one's courage** seinen ganzen *od.* all seinen Mut zusammennehmen
**mustiness** [ˈmʌstɪnɪs] *n., no pl.* **a)** *(of smell, taste)* Muffigkeit, *die;* Muff, der *(nordd.);* **b)** *(mouldiness)* Stockigkeit, *die*
**mustn't** [ˈmʌsnt] *(coll.)* = **must not**
**musty** [ˈmʌstɪ] *adj.* **a)** *(smelling or tasting stale)* muffig; **b)** *(mouldy)* stockig; **c)** *(fig.: stale, antiquated)* verstaubt
**mutable** [ˈmjuːtəbl] *adj.* **a)** *(formal: liable to change)* wandelbar *(geh.);* **b)** *(Ling., Biol.)* mutabel *(fachspr.)*
**mutant** [ˈmjuːtənt] *(Biol.)* **1.** *adj.* mutiert ⟨*Gen, Zelle, Stamm*⟩. **2.** *n.* Mutante, *die*
**mutate** [mjuːˈteɪt] *(Biol.)* **1.** *v.t.* zur Mutation anregen; **be ~d** mutieren. **2.** *v.i.* mutieren
**mutation** [mjuːˈteɪʃn] *n.* **a)** *(formal: change)* Wandel, *der;* Wandlung, *die;* **b)** *(Biol.)* Mutation, *die; attrib.* Mutations-
**mute** [mjuːt] **1.** *adj. (dumb, silent; also Ling.)* stumm; *(silent also)* schweigend; *(temporarily bereft of speech also)* sprachlos; **be ~ with rage/amazement/grief/from shock** vor Zorn/Staunen/Kummer/Entsetzen kein Wort hervorbringen *od.* über die Lippen bringen. **2.** *n.* **a)** *(dumb person)* Stumme, *der/die;* **b)** *(Mus.)* Dämpfer, *der.* **3.** *v.t.* dämpfen
**muted** [ˈmjuːtɪd] *adj.* gedämpft; verhalten ⟨*Kritik, Begeisterung*⟩
**mutely** [ˈmjuːtlɪ] *adv.* stumm; *(silently also)* schweigend
**mute 'swan** *n.* Höckerschwan, *der*
**mutilate** [ˈmjuːtɪleɪt] *v.t. (deprive of limb; fig.: render imperfect)* verstümmeln; mutilieren *(Med.); (cut off)* abtrennen ⟨*Gliedmaße*⟩
**mutilation** [mjuːtɪˈleɪʃn] *n. (deprivation of limb; fig.: rendering imperfect)* Verstümmelung, *die;* Mutilation, *die (Med.)*
**mutineer** [mjuːtɪˈnɪə(r)] *n.* Meuterer, *der*
**mutinous** [ˈmjuːtɪnəs] *adj.* rebellisch ⟨*Geist, Person*⟩; aufrührerisch ⟨*Rede, Gedanke*⟩; meuternd ⟨*Mannschaft eines Schiffs, Truppen*⟩; **~ acts** Akte der Meuterei; **become ~:** meutern

**mutinously** ['mju:tınəslı] *adj.* rebellisch, aufrührerisch ‹*sich benehmen*›
**mutiny** ['mju:tını] **1.** *n.* Meuterei, *die.* **2.** *v. i.* meutern
**mutt** [mʌt] *n.* *(sl.)* **a)** *(person)* Schafskopf, *der (ugs.)*; **poor ~**: armer Irrer *(salopp)*; **b)** *(derog.: dog)* Köter, *der (abwertend)*
**mutter** ['mʌtə(r)] **1.** *v. i.* **a)** *(speak low)* murmeln; brummeln; **~ [away] to oneself** vor sich *(Akk.)* hin murmeln *od.* brummeln; **b)** *(grumble)* murren (**at, about** über + *Akk.*). **2.** *v. t.* *(utter)* murmeln ‹*Beleidigung, Gebet, Drohung*›; **~ sth. under one's breath/to oneself** sich *(Dat.)* etw. in den Bart/etw. vor sich *(Akk.)* hin murmeln. **3.** *n.* Gemurmel, *das*; **~ of voices** Gemurmel [von Stimmen]
**muttering** ['mʌtərıŋ] *n.* **a)** *no pl.* *(low speech)* Gemurmel, *das*; **b) ~[s]** *(complaints)* Gemurre, *das*
**mutton** ['mʌtn] *n.* Hammelfleisch, *das*; Hammel, *der*; **[a case of] ~ dressed [up] as lamb** *(coll. derog.)* [eine] aufgetakelte Fregatte *(ugs. abwertend)*; *see also* **dead 1 a**
**mutton: ~ 'chop** *n.* **a)** Hammelkotelett, *das*; **b) ~-chop [whiskers]** [Bart]koteletten *Pl.*; **~-head** *n.* *(coll. derog.)* Schafskopf, *der (ugs.)*
**mutual** ['mju:tjʊəl] *adj.* **a)** *(given and received)* gegenseitig; beiderseitig ‹*Einvernehmen, Vorteil, Bemühung*›; wechselseitig ‹*Abhängigkeit*›; **look at each other with ~ suspicion** sich argwöhnisch ansehen; **I can't bear you! – The feeling's ~**: Ich kann dich nicht riechen! – Das beruht auf Gegenseitigkeit; **to our ~ satisfaction/benefit** zu unser beider Zufriedenheit/Nutzen; **~ aid programme** Programm zur gegenseitigen Hilfe; **be ~ well-wishers** es gut miteinander meinen; **b)** *(coll.: shared)* gemeinsam ‹*Interesse, Freund, Abneigung usw.*›
**mutual: ~ admi'ration society** *n.* *(joc.)* *Kreis von Leuten, die alle eine ungerechtfertigt hohe Meinung voneinander haben*; **~ 'fund** *n.* *(Amer. Econ.)* Investmentgesellschaft, *die*; **~ in'surance company** *n.* Versicherungsverein auf Gegenseitigkeit
**mutuality** [mju:tjʊ'ælıtı] *n.*, *no pl.* Gegenseitigkeit, *die*; *(of interests)* Gemeinsamkeit, *die*
**mutually** ['mju:tjʊəlı] *adv.* **a)** gegenseitig; **be ~ exclusive** einander *(geh.)* *od.* sich [gegenseitig] ausschließen; **~ beneficial/accepted** für beide Seiten vorteilhaft/von beiden Seiten akzeptiert; **b)** *(in common)* gemeinsam
**muzak** ['mju:zæk] *n.* *(often derog.)* Hintergrundmusik, *die*; Berieselungsmusik, *die (ugs. abwertend)*
**muzzle** ['mʌzl] **1.** *n.* **a)** *(of dog)* Schnauze, *die*; *(of horse, cattle)* Maul, *das*; **b)** *(of gun)* Mündung, *die*; **c)** *(put over animal's mouth)* Maulkorb, *der.* **2.** *v. t.* **a)** einen Maulkorb umbinden *od.* anlegen (+ *Dat.*) ‹*Hund*›; **b)** *(fig.)* mundtot machen, einen Maulkorb anlegen *(ugs.)* (+ *Dat.*) ‹*Presse, Kritiker*›; knebeln ‹*Presse, Redefreiheit*›; unterdrücken ‹*Protest*›
**muzzle: ~-loader** *n.* Vorderlader, *der*; **~ velocity** *n.* Mündungsgeschwindigkeit, *die*
**muzzy** ['mʌzı] *adj.* **a)** *(mentally hazy, blurred)* verschwommen; verworren ‹*Verstand*›; **feel ~**: ein dumpfes Gefühl haben; **b)** *(from intoxication)* benebelt (**with** von)
**MW** *abbr.* **a)** *(Radio)* **medium wave** MW; **b)** *(Electr., Phys.)* **megawatt[s]** MW
**my** [maı] *poss. pron. attrib.* **a)** *(belonging to me)* mein; **b)** *in affectionate, jocular, patronizing, etc. use* mein; **my poor fellow** du Ärmster; *see also* **man 1 b**; **c)** *in excl. of surprise* **my[, my]!, [my] oh my!** [ach du] meine Güte! *(ugs.)*; ach du grüne Neune! *(ugs.)*. *See also* **god b**; **[2]her**; **word 1 c**
**mycelium** [maı'si:lıəm] *n.*, *pl.* **mycelia** [maı'si:lıə] *(Bot.)* Myzel[ium], *das*
**Mycenaean** [maısı'ni:ən] *adj.* *(Archaeol.)* mykenisch
**mycology** [maı'kɒlədʒı] *n.* Mykologie, *die*
**myna, mynah** *see* **mina**
**myopia** [maı'əʊpıə] *n.* Kurzsichtigkeit, *die (auch fig.)*; Myopie, *die (fachspr.)*
**myopic** [maı'əʊpık] *adj.* kurzsichtig *(auch fig.)*; myopisch *(fachspr.)*
**myriad** ['mırıəd] *(literary)* **1.** *adj.* unzählig; Myriaden von *(geh.)* ‹*Insekten, Sternen*›. **2.** *n.* *(great number)* Unzahl, *die*; Myriade, *die (geh.)*; **a ~ of possibilities** Myriaden von Möglichkeiten
**myriapod, myriopod** ['mırıəpɒd] *n.* *(Zool.)* Myriapode, *der*; Myriopode, *der*
**myrrh** [mɜ:(r)] *n.* Myrrhe, *die*
**myrtle** ['mɜ:tl] *n.* *(Bot.)* **a) common ~**: Myrte, *die*; **b)** *(Amer.: periwinkle)* Immergrün, *das*
**myself** [maı'self] *pron.* **a)** *emphat.* selbst; **I thought so ~**: das habe ich auch gedacht; **I haven't been there, ~**: ich war nicht selbst da; **[even] though/if I say it ~**: wenn ich es auch selbst sage; **I am quite ~ again** mir geht es wieder gut; **I want to be ~**: ich will ich selbst sein; **b) you know more than ~**: du weißt mehr als ich [selbst]; **there were the three of them and ~**: da waren die drei und ich [selbst]; **c)** *refl.* mich/mir; **I washed ~**: ich wusch mich; **I'm going to get ~ a car** ich werde mir ein Auto zulegen; **I said to ~**: ich sagte mir; **I need to have time to ~**: ich brauche Zeit für mich. *See also* **herself**
**mysterious** [mı'stıərıəs] *adj.* **a)** *(curious, strange)* mysteriös; rätselhaft; geheimnisvoll ‹*Fremder, Orient*›; **~-looking** geheimnisvoll aussehend; **he did it for some ~ reason of his own** er hat es aus irgendeinem unerfindlichen Grunde getan; **b)** *(secretive)* geheimnisvoll; **be very ~ about sth.** ein großes Geheimnis aus etw. machen; **why are you being so ~?** warum tust du so geheimnisvoll?
**mysteriously** [mı'stıərıəslı] *adv.* auf mysteriöse *od.* rätselhafte Weise; sonderbar ‹*erfreut usw.*›; geheimnisvoll ‹*lächeln usw.*›
**mystery** ['mıstərı] *n.* **a)** *(hidden, inexplicable matter)* Rätsel, *das*; **it's a ~ to me why ...**: es ist mir schleierhaft *(ugs.)* *od.* ein Rätsel, warum ...; **make a ~ [out] of sth.** ein Geheimnis aus etw. machen; **make no ~ of sth.** kein *od.* keinen Hehl aus etw. machen; **the mysteries of a trade** die Geheimnisse eines Handwerks; **he's a bit of a ~**: er hat etwas Rätselhaftes *od.* Geheimnisvolles; **b)** *(secrecy)* Geheimnis, *das*; **wrapped in** *or* **shrouded in** *or* **surrounded by ~**: geheimnisumwittert *od.* -umwoben *(geh.)*; **there's no ~ about it** das ist überhaupt kein Geheimnis; **~ man, man of ~**: rätselhafter Mann; **c)** *(making a secret of things)* Heimlichtuerei, *die*; **d)** *(religious truth)* Mysterium, *das (geh.)*; **e)** *see* **mystery play**; **mystery story**
**mystery: ~ novel** *n.* ≈ Detektiv- *od.* Kriminalroman, *der*; **~ play** *n.* Mysterienspiel, *das*; **~ story** *n.* *(detective story)* ≈ Detektiv- *od.* Kriminalgeschichte, *die*; *(mysterious story)* rätselhafte Erzählung; **~ tour, ~ trip** *ns.* Fahrt ins Blaue *(ugs.)*; **~ writer** Kriminalschriftsteller, *der*/-schriftstellerin, *die*; Krimi-Autor, *der*/-Autorin, *die (ugs.)*
**mystic** ['mıstık] **1.** *adj.* mystisch; **b)** *(mysterious)* geheimnisvoll. **2.** *n.* Mystiker, *der*/Mystikerin, *die*
**mystical** ['mıstıkl] *adj.* mystisch
**mysticism** ['mıstısızm] *n.* Mystik, *die*; Mystizismus, *der (geh.)*
**mystification** [mıstıfı'keıʃn] *n.* Verwirrung, *die*; **add to sb.'s ~**: jmdn. noch mehr verwirren
**mystify** ['mıstıfaı] *v. t.* verwirren; **this mystifies me** das ist mir ein Rätsel *od.* rätselhaft; **the police are completely mystified** die Polizei steht vor einem absoluten Rätsel
**mystique** [mı'sti:k] *n.* geheimnisvoller Nimbus
**myth** [mıθ] *n.* **a)** Mythos, *der*; **b)** *(fictitious thing or idea)* Mythos, *der*; *(untrue tale)* Legende, *die*; *(rumour)* Gerücht, *das*
**mythical** ['mıθıkl] *adj.* **a)** *(based on myth)* mythisch; **~ creatures** Sagengestalten; **the ~ land of Atlantis** das sagenhafte Land Atlantis; **b)** *(invented)* fiktiv
**mythological** [mıθə'lɒdʒıkl] *adj.* mythologisch
**mythology** [mı'θɒlədʒı] *n.* Mythologie, *die*
**myxomatosis** [mıksəmə'təʊsıs] *n.*, *pl.* **myxomatoses** [mıksəmə'təʊsi:z] *(Vet. Med.)* Myxomatose, *die*

# N

**N, n** [en] *n.*, *pl.* **Ns** *or* **N's a)** *(letter)* N, n, *das*; **b)** *(Math.)* n; **nth** [enθ]: **to the nth [degree]** in der n-ten Potenz; *(fig.: to the utmost)* in höchster Potenz *(ugs.)*; **for the nth time** zum x-ten Mal *(ugs.)*
**'n, 'n'** [ən] *conj.* *(coll.: and)* und
**N.** *abbr.* **a) north** N; **b) northern** n.; **c)** *(Chess)* **knight** S; **d) nuclear**; **N-weapons** A-Waffen; **e)** *(Phys.)* **newton** N
**n.** *abbr.* **a) note** Anm.; **b) nano-** n; **c) neuter** n.
**n/a** *abbr.* **a) not available** n. bek.; **b) not applicable** entf.
**NAAFI** ['næfı] *abbr.* *(Brit.)* **Navy, Army and Air Force Institutes** *Kaufhaus für Angehörige der britischen Truppen*
**nab** [næb] *v. t.*, **-bb-** *(sl.)* **a)** *(arrest)* schnappen *(ugs.)*; **b)** *(seize)* sich *(Dat.)* schnappen; **~ him before he goes** sieh zu, daß du ihn noch erwischst, bevor er geht *(ugs.)*; **all the best seats had been ~ bed** die besten Plätze waren alle schon weggeschnappt; **c)** *(steal)* klauen *(salopp)*; krallen *(salopp)*
**nacelle** [næ'sel] *n.* Gondel, *die*
**nacre** ['neıkə(r)] *see* **mother-of-pearl**
**nadir** ['neıdıə(r)] *n.* **a)** *(lowest point)* Tief[st]punkt, *der*; **at the ~**: auf dem Tiefpunkt; **he was at the ~ of despair** er war zutiefst verzweifelt; **b)** *(Astron.)* Nadir, *der*
**naff** [næf] *(sl.)* **1.** *adj.* ätzend *(ugs.)*. **2.** *v. i.* **~ off** abhauen *(ugs.)*
**[1]nag** [næg] **1.** *v. i.*, **-gg- a)** *(scold)* nörgeln *(abwertend)*; meckern *(ugs. abwertend)*; **~ at sb.** an jmdm. herumnörgeln *od.* -meckern; **~ at sb. to do sth.** jmdm. zusetzen *(ugs.)*, daß er etw. tut; **b)** *(cause distress)* **~ at sb.** jmdn. plagen; jmdm. zusetzen *(ugs.)* *od.* keine Ruhe lassen. **2.** *v. t.*, **-gg- a)** *(scold)* herumnörgeln an (+ *Dat.*) *(abwertend)*; herummeckern an (+ *Dat.*) *(abwertend)*; **don't ~ me!** laß mich [mit deinem Genörgel *od.* *(ugs.)* Gemecker] in Ruhe!; **~ sb. about sth./to do sth.** jmdm. wegen etw. zusetzen *(ugs.)*/jmdm. zusetzen *(ugs.)*, daß er etw. tut; **b)** *(cause distress)* plagen; keine Ruhe lassen (+ *Dat.*)
**[2]nag** *n.* **a)** *(coll.: horse)* Gaul, *der*; **b)** *(old or inferior horse)* Klepper, *der (abwertend)*

**nagging** ['nægɪŋ] **1.** *adj.* **a)** *(annoying)* nörglerisch *(abwertend);* ständig nörgelnd *(abwertend);* **b)** *(persistent)* quälend ⟨*Durst, Angst, Sorge, Zweifel*⟩; bohrend ⟨*Schmerz*⟩; **a ~ conscience** [quälende] Gewissensbisse *Pl.* **2.** *n.* Genörgel, *das (abwertend);* Gemecker, *das (ugs. abwertend);* **stop your ~:** hör auf zu nörgeln *od.* meckern

**naiad** ['naɪæd] *n., pl.* **~s** *or* **~es** ['naɪədi:z] Najade, *die*

**naïf** [nɑ:'i:f] **1.** *adj. see* **naïve. 2.** *n.* Naive, *der/die;* Naivling, *der (ugs. abwertend)*

**nail** [neɪl] **1.** *n.* **a)** *(on finger, toe)* Nagel, *der;* **cut one's ~s** sich *(Dat.)* die Nägel schneiden; **bite one's ~s** an den Nägeln kauen; *(fig.)* wie auf Kohlen sitzen; **b)** *(metal spike)* Nagel, *der;* **be hard as ~s** *(fig.)* steinhart sein; *(fit)* topfit sein; *(unfeeling, insensitive)* knallhart sein *(ugs.);* **hit the [right] ~ on the head** *(fig.)* den Nagel auf den Kopf treffen *(ugs.);* **be a ~ in sb.'s/sth.'s coffin, drive a ~ into sb.'s/sth.'s coffin** *(fig.)* ein Nagel zu jmds. Sarg/ein Sargnagel für etw. sein *(ugs.);* **on the ~** *(fig. coll.)* pünktlich ⟨*bezahlen, sein Geld kriegen*⟩; **c)** *(claw, talon)* Kralle, *die. See also* **tooth a. 2.** *v.t.* **a)** *(fasten)* nageln (**to** an + *Akk.*); **~ planks over sth.** etw. mit Brettern vernageln; **~ two planks together** zwei Bretter zusammennageln; **b)** *(fig.: expose)* **~ sth. [to the counter** *or* **barn-door]** etw. anprangern; **c)** *(fig.: fix)* **be ~ed to the spot/ground** wie angenagelt sein *(ugs.);* **~ one's eyes/attention on sth.** seine Augen auf etw. *(Akk.)* heften *(geh.)*/seine Aufmerksamkeit auf etw. *(Akk.)* konzentrieren; **d)** *(fig.: secure, catch, engage)* an Land ziehen *(ugs.)* ⟨*Vertrag, Auftrag*⟩; **e)** *(sl.: arrest)* einkassieren *(salopp). See also* **colour 1 j**

**~ 'down** *v.t.* **a)** festnageln; zunageln ⟨*Kiste, Fenster*⟩; **b)** *(fig.) (define)* untermauern ⟨*Argument*⟩; festlegen ⟨*Strategie*⟩; *(bind)* **~ sb. down to sth.** jmdn. auf etw. *(Akk.)* festnageln

**~ 'up** *v.t.* **a)** *(close)* vernageln; **b)** *(affix with ~)* annageln (**against** an + *Akk.*)

**nail: ~-biting 1.** *n., no pl.* Nägelkauen, *das;* **2.** *adj. (fig.)* bang ⟨*Minuten, Schweigen, Sorge*⟩; angstvoll ⟨*Spannung*⟩; spannungsgeladen ⟨*Spiel, Film*⟩; **~-brush** *n.* Nagelbürste, *die;* **~-clippers** *n. pl.* **[pair of] ~-clippers** Nagelknipser, *der;* **~ enamel** *(Amer.) see* **~ polish; ~-file** *n.* Nagelfeile, *die;* **~ polish** *n.* Nagellack, *der;* **~-polish remover** Nagellackentferner, *der;* **~-scissors** *n. pl.* **[pair of] ~-scissors** Nagelschere, *die;* **~ varnish** *(Brit.) see* **~ polish**

**naïve, naive** [nɑ:'i:v, naɪ'i:v] *adj.* naiv; einfältig

**naïvely, naively** [nɑ:'i:vlɪ, naɪ'i:vlɪ] *adv.* naiv; *as sentence-modifier* naiverweise

**naïvety, naivety** [nɑ:'i:vtɪ, naɪ'i:vtɪ], **(naïveté** [nɑ:'i:vteɪ]**)** *n.* **a)** *(state, quality)* Naivität, *die;* Einfalt, *die;* **b)** *(action)* Naivität, *die*

**naked** ['neɪkɪd] *adj.* **a)** nackt; **as ~ as the day I was born** wie Gott mich geschaffen hat *(scherzh.);* **go ~:** nackt herumlaufen; **strip sb. ~:** jmdn. nackt ausziehen; **I feel ~ without my make-up on** ohne mein Make-up fühle ich mich nackt; **b)** *(unshaded)* nackt ⟨*Glühbirne*⟩; *(unshielded)* offen ⟨*Licht, Flamme*⟩; **c)** *(defenceless)* wehrlos; **d)** *(without covering)* blank ⟨*Schwert*⟩; bloß ⟨*Faust*⟩; **e)** *(plain)* nackt ⟨*Tatsache, Wahrheit, Aggression, Gier, Ehrgeiz*⟩

**naked: ~ 'eye** *n.* **visible to** *or* **with the ~ eye** mit bloßem Auge zu erkennen; **~-eye** *adj.* mit bloßem Auge sichtbar

**nakedness** ['neɪkɪdnɪs] *n., no pl.* Nacktheit, *die;* Blöße, *die (geh.)*

**namby-pamby** [næmbɪ'pæmbɪ] *adj.* seicht *(abwertend)* ⟨*Literatur usw.*⟩; verzärtelt *(abwertend)* ⟨*Person*⟩; lax *(oft abwertend)* ⟨*Handhabung, Normen*⟩

**name** [neɪm] **1.** *n.* **a)** Name, *der;* **what's your ~/the ~ of this place?** wie heißt du/dieser Ort?; **my ~ is Jack** ich heiße Jack; mein Name ist Jack; **call sb. by his ~:** jmdn. bei seinem Namen rufen; **no one of** *or* **by that ~:** niemand mit diesem Namen *od. (geh.)* dieses Namens; **last ~:** Zuname, *der,* Nachname, *der;* **know sb./sth. by** *or* **under another ~:** jmdn./etw. unter einem anderen Namen kennen; **the ~ of Edwards** der Name Edwards; **mention no ~s** keine Namen nennen; **fill in one's ~ and address** Name und Adresse eintragen; **she took her mother's ~:** sie nahm den Mädchennamen ihrer Mutter an; **what ~ shall I say?** wen darf ich melden?; **I can't put a ~ to the plant/his face** ich kann die Pflanze nicht benennen/sein Gesicht mit keinem Namen in Verbindung bringen; **a man of** *or* **by the ~ of Miller** ein Mann namens Miller *od.* mit Namen Miller; **go** *or* **be known by** *or* **under the ~ of ...:** unter dem Namen ... bekannt sein; **by ~:** namentlich ⟨*erwähnen, aufrufen usw.*⟩; **refer to sb./sth. by ~:** jmdn./etw. namentlich nennen; **know sb. by ~/by ~ only** jmdn. mit Namen/nur dem Namen nach kennen; **she goes by the ~ of Madame Lola** sie ist unter dem Namen Madame Lola bekannt; **that's the ~ of the game** *(coll.)* darum geht es; **with us speed is the ~ of the game** *(coll.)* bei uns heißt die Devise Schnelligkeit; **put one's/sb.'s ~ down for sth.** sich/jmdn. für etw. vormerken lassen; **put one's/sb.'s ~ down on the waiting-list** sich auf die Warteliste setzen lassen/jmdn. auf die Warteliste setzen; **take sb.'s ~ off the books** jmdn. ausschließen *od.* von der Mitgliederliste streichen; **without a penny to his ~:** ohne einen Pfennig in der Tasche; **he hasn't a pair of shoes to his ~:** er kann nicht einmal ein Paar Schuhe sein eigen nennen *(ugs.);* **what's in a ~?** Name ist Schall und Rauch; **... or my ~ is not John Smith** ... so wahr ich John Smith heiße; **if this doesn't work, my ~ is not Peter Brown** *etc.* wenn das nicht funktioniert, will ich Emil heißen *(ugs.);* **that bullet had my ~ [and number] on it** die Kugel war für mich bestimmt; **have/see one's ~ [up] in lights** ganz groß herauskommen *(ugs.); see also* **mud c; b)** *(word denoting object of thought)* Bezeichnung, *die;* Name, *der;* **~s cannot hurt me** Beschimpfungen tun mir nicht weh; **c) in ~ [only]** [nur] auf dem Papier; **a Christian/town in ~ only** nur dem Namen nach ein Christ/eine Stadt; **in all but ~:** im Grunde genommen; **d) in the ~ of** im Namen (+ *Gen.*); **in God's ~, in the ~ of God** um Gottes willen; **in Heaven's ~:** um Himmels willen; **in one's own ~:** im eigenen Namen; *(independently)* von sich aus; **e)** *(reputation)* Ruf, *der;* **have a ~ for honesty** für seine Ehrlichkeit bekannt sein; **make a ~ for oneself, win oneself a ~:** sich *(Dat.)* einen Namen machen; **make one's/sb.'s ~:** berühmt werden/jmdn. berühmt machen; **this book made his ~:** mit diesem Buch machte er sich einen Namen; **clear one's/sb.'s ~:** seine/jmds. Unschuld beweisen; **f)** *(famous person)* Name, *der;* **many great** *or* **big ~s** viele namhafte Persönlichkeiten; viele Größen; **be a big ~:** einen großen Namen haben; **g)** *attrib.* **~ brand** Markenartikel, *der;* **~ band** Starband, *die. See also* **assume c; bad 1 a; call 2 i; dog 1 a; false 1 b; proper name; take 1 y; use 2 a; what 5 a. 2.** *v.t.* **a)** *(give ~ to)* einen Namen geben (+ *Dat.*); **~ sb. John** jmdn. John nennen; jmdm. den Namen John geben; **~ a ship 'Mary'** ein Schiff [auf den Namen] „Mary" taufen; **~ sb./sth. after** *or (Amer.)* **for sb.** jmdn./etw. nach jmdm. benennen; **be ~d John** John heißen; **a man ~d Smith** ein Mann namens *od.* mit Namen Smith; **~ sb. John after** *or (Amer.)* **for sb.** jmdn. nach jmdm. John nennen; **b)** *(call by right ~)* benennen; **~ the capital of Zambia** nenne die Hauptstadt von Sambia; **can you ~ the books of the Bible?** kannst du die Bücher der Bibel aufzählen?; **c)** *(nominate)* ernennen; **~ sb. [as] sth.** jmdn. zu etw. ernennen; **~ sb. to an office/a post** jmdn. in ein Amt berufen *od.* einsetzen/auf einen Posten berufen; **~ one's successor/heir** seinen Nachfolger/Erben bestimmen; **he has been ~d as the winner** ihm wurde der Sieg zuerkannt; **be ~d actress of the year** zur Schauspielerin des Jahres gewählt werden; **d)** *(mention)* nennen; *(specify)* benennen; **~ sb. as witness** jmdn. als Zeugen benennen; **~ names** Namen nennen; **he was ~d as the thief** er wurde als der Dieb genannt; **~ the time and I'll meet you there** sag die Zeit, und dann treffen wir uns dort; **~ the day** *(choose wedding-day)* den Tag der Hochzeit festlegen *od.* -setzen; **to ~ but a few** um nur einige zu nennen; **we were given champagne, oysters, you ~ it** wir kriegten Champagner, Austern, und, und, und; **you ~ it, he's got/done** *etc.* **it** *(coll.)* es gibt nichts, was er nicht hat/noch nicht gemacht hat *usw.*

**name: ~-calling** *n.* Beschimpfungen *Pl.;* **the debate degenerated into mere ~-calling** die Debatte artete in bloße gegenseitige Beschimpfungen aus; **~-day** *n.* Namenstag, *der;* **~-drop** *v.i.* [scheinbar beiläufig] bekannte Namen fallen lassen; **she is always ~-dropping** sie läßt dauernd einfließen, wen sie alles kennt; **~-dropping** ['neɪmdrɒpɪŋ] *n.* Name-dropping, *das; Nennung bedeutender Namen, um Eindruck zu machen*

**nameless** ['neɪmlɪs] *adj.* **a)** *(having no name, obscure)* namenlos; **a ~ grave** das Grab eines Unbekannten *od.* Namenlosen; **b)** *(not mentioned by name)* **a person who shall remain ~:** eine Person, die ungenannt bleiben soll; **c)** *(anonymous)* namenlos; anonym; **a ~ woman** eine namentlich nicht bekannte Frau; eine Unbekannte; **d)** *(abominable)* unaussprechlich; unsäglich *(geh.);* **e)** *(inexpressible)* unbeschreiblich

**namely** ['neɪmlɪ] *adv.* nämlich

**name: ~-part** *n.* Titelrolle, *die;* **~-plate** *n.* Namensschild, *das;* **~sake** *n.* Namensvetter, *der*/-schwester, *die;* **~-tag** *n.* Namensschild, *das;* **~-tape** *n.* Namensschildchen, *das;* ≈ Wäschezeichen, *das*

**Namibia** [nə'mɪbɪə] *pr. n.* Namibia *(das)*

**nan** [næn] *n. (child lang./coll.)* Omi, *die (Kinderspr.)*

**nancy** ['nænsɪ] *(sl.)* **1.** *n.* **~ [boy]** Tunte, *die (salopp).* **2.** *adj.* tuntig *(salopp)*

**nanny** ['nænɪ] *n.* **a)** *(Brit.: nursemaid)* Kindermädchen, *das;* **b)** *(coll.: granny)* Großmama, *die (fam.);* **c)** *see* **nanny-goat**

**'nanny-goat** *n.* Ziege, *die;* Geiß, *die (südd., österr., schweiz., westmd.)*

**¹nap** [næp] **1.** *n.* Schläfchen, *das (ugs.);* Nickerchen, *das (fam.);* **take** *or* **have a ~:** ein Schläfchen *od.* Nickerchen machen *od.* halten; **have an afternoon ~:** ein [Nach]mittagsschläfchen machen *od.* halten. **2.** *v.i.,* **-pp-** dösen *(ugs.);* **catch sb. ~ping** *(fig.)* jmdn. überrumpeln

**²nap** *n. (of cloth)* Flor, *der*

**³nap** *n.* **a) go ~** *(Cards)* die höchste Zahl von Stichen ansagen; *(fig.: risk everything)* alles auf eine Karte setzen; **b)** *(Horse-racing etc. coll.: tip)* Tip auf Sieg

**napalm** ['neɪpɑ:m] *n.* Napalm, *das*

**nape** [neɪp] *n.* **~ [of the neck]** Nacken, *der;* Genick, *das*

**naphtha** ['næfθə] *n.* Naphtha, *das*

**naphthalene** ['næfθəli:n] *n.* Naphtalin, *das*

**napkin** ['næpkɪn] *n.* **a)** Serviette, *die;* **b)** *(Brit.: nappy)* Windel, *die;* **c)** *(waiter's)* Serviertuch, *das. See also* **sanitary napkin**

**'napkin-ring** *n.* Serviettenring, *der*

**Naples** ['neɪplz] *pr. n.* Neapel *(das)*

**Napoleonic** [nəpəʊlɪ'ɒnɪk] *adj.* napoleonisch; **the ~ Wars** die Napoleonischen Kriege

**nappy** ['næpɪ] *n. (Brit.)* Windel, *die;* **when you were still in nappies** als du noch in den Windeln gelegen hast

**narcissism** [nɑ:'sɪsɪzm] *n., no pl. (Psych.)* Narzißmus, *der*

**narcissistic** [nɑ:sɪ'sɪstɪk] *adj. (Psych.)* narzißtisch

**narcissus** [nɑ:'sɪsəs] *n., pl.* **narcissi** [nɑ:'sɪsaɪ] *or* **~es** *(Bot.)* Narzisse, *die*

**narcosis** [nɑ:'kəʊsɪs] *n., pl.* **narcoses** [nɑ:'kəʊsi:z] Betäubung, *die; (Med.: general anaesthesia)* Narkose, *die*

**narcotic** [nɑ:'kɒtɪk] **1.** *n.* **a)** *(drug)* Rauschgift, *das;* Betäubungsmittel, *das (Rechtsw.);* **~s squad** Rauschgiftdezernat, *das;* **b)** *(active ingredient)* Betäubungsmittel, *das;* Narkotikum, *das (Med.); (fig.)* Narkotikum, *das;* Droge, *die.* **2.** *adj.* **a)** narkotisch; **~ drug** Rauschgift, *das;* Betäubungsmittel, *das (Rechtsw.);* **b)** *(inducing drowsiness, fig.)* einschläfernd

**nark** [nɑ:k] *(sl.)* **1.** *n.* **a)** *(Brit.: informer)* Spitzel, *der (abwertend);* **b)** *(Brit.: policeman)* Bulle, *der (salopp).* **2.** *v.t. (annoy)* stinken (+ *Dat.*) *(salopp);* **be ~ed [about sb./at** *or* **about sth.]** [auf jmdn./über etw. *(Akk.)*] sauer sein *(ugs.);* **that really got me ~ed** das hat mir echt gestunken *(salopp)*

**narrate** [nə'reɪt] *v.t.* **a)** *(give account of)* erzählen; schildern ⟨*Ereignisse*⟩; **b)** kommentieren ⟨*Film*⟩; *abs.* erzählen

**narration** [nə'reɪʃn] *n.* **a)** Erzählen, *das;* Erzählung, *die; (of events)* Schilderung, *die;* Schildern, *das;* **b)** *see* **narrative 1 a**

**narrative** ['nærətɪv] **1.** *n.* **a)** *(tale, story)* Geschichte, *die;* Erzählung, *die;* **b)** *no pl. (kind of composition)* **be written in ~:** in der Erzählform geschrieben sein; **writer of ~:** erzählender Autor; Erzähler, *der.* **2.** *adj.* narrativ *(Sprachw.);* erzählend; erzählerisch ⟨*Gabe, Talent*⟩; Erzähl⟨*kunst, -technik*⟩; **~ writer** Erzähler, *der*/Erzählerin, *die*

**narrator** [nə'reɪtə(r)] *n.* Erzähler, *der*/Erzählerin, *die; (of film)* Kommentator, *der*/Kommentatorin, *die;* **first-/third-person ~:** Ich-/Er-Erzähler, *der*

**narrow** ['nærəʊ] **1.** *adj.* **a)** schmal; schmal geschnitten ⟨*Rock, Hose, Ärmel usw.*⟩; eng ⟨*Tal, Gasse*⟩; **the road became ~:** die Straße verschmälerte sich; **b)** *(limited)* eng; begrenzt, schmal ⟨*Auswahl*⟩; **in the ~est sense** im engsten Sinne; **c)** *(with little margin)* knapp ⟨*Sieg, Führung, Mehrheit*⟩; **have a ~ escape** mit knapper Not entkommen **(from** *Dat.***)**; **win by a ~ margin** knapp gewinnen; **d)** *(not tolerant)* spießig *(abwertend);* engstirnig *(abwertend);* **have a ~ mind** engstirnig *od.* spießig sein; **a ~ existence** ein Spießerdasein; **e)** *(restricted)* eng ⟨*Grenzen, Toleranzen*⟩; klein, begrenzt ⟨*Freundeskreis*⟩; beengt ⟨*Verhältnisse*⟩; schmal ⟨*Einkommen*⟩; **f)** *(precise)* genau; gründlich, eingehend ⟨*Prüfung, Befragung*⟩. **2.** *n. usu. in pl. (of sea)* Meerenge, *die.* **3.** *v.i.* sich verschmälern; ⟨*Augen, Tal:*⟩ sich verengen; *(fig.)* [zusammen]schrumpfen; **the road ~s to one lane** die Straße wird einspurig. **4.** *v.t.* verschmälern; *(fig.)* einengen; enger fassen ⟨*Definition*⟩; **~ one's eyes** die Augen zusammenkneifen; **~ the field** *(fig.)* eine Vorauswahl treffen

**~ 'down 1.** *v.t.* einengen, beschränken **(to** auf + *Akk.***)**. **2.** *v.i.* sich reduzieren **(to** auf + *Akk.***)**; **the choice ~s down to two possibilities** es bleiben zwei Möglichkeiten [übrig]

**narrow: ~ boat** *n. (Brit.) besonders schmales Binnenschiff;* **~-gauge** *adj.* schmalspurig; Schmalspur-

**narrowly** ['nærəʊlɪ] *adv.* **a)** *(with little width)* schmal; **b)** *(only just)* knapp; mit knapper Not ⟨*entkommen*⟩; **he ~ escaped being run over by a car** er wäre um ein Haar *(ugs.)* überfahren worden; **~ miss winning [the election/race]** [bei der Wahl/in dem Rennen] knapp unterliegen; **c)** *(closely)* genau; eng ⟨*auslegen*⟩

**narrow: ~-'minded** *adj.,* **~-mindedly** [nærəʊ'maɪndɪdlɪ] *adv.* engstirnig *(abwertend);* **~-mindedness** [nærəʊ'maɪndɪdnɪs] *n., no pl.* Engstirnigkeit, *die (abwertend);* **~-'shouldered** *adj.* schmalschultrig; **~ 'squeak** *see* **squeak 1 b**

**narwhal** ['nɑ:wəl] *n. (Zool.)* Narwal, *der*

**nary** ['neərɪ] *adj. (coll./dial.)* **~ a ...:** kein einziger/keine einzige/kein einziges ...

**NASA** ['næsə] *abbr. (Amer.)* **National Aeronautics and Space Administration** NASA, *die*

**nasal** ['neɪzl] **1.** *adj.* **a)** *(Anat.)* Nasen-; **b)** näselnd; **speak in a ~ voice** durch die Nase sprechen; näseln; **have a ~ intonation** näselnd sprechen; näseln; **c)** *(Ling.)* nasal; Nasal-. **2.** *n. (Ling.)* Nasal[laut], *der*

**nasalize** ['neɪzəlaɪz] *v.t. (Ling.)* nasalieren

**nascent** ['næsnt] *adj.* **a)** *(literary: coming into existence)* werdend; im Entstehen begriffen; aufkommend, *(geh.)* aufkeimend ⟨*Hoffnung, Stolz*⟩; **b)** *(Chem.)* naszierend

**nastily** ['nɑ:stɪlɪ] *adv.* **a)** *(disagreeably, unpleasantly)* scheußlich; **b)** *(ill-naturedly)* gemein; gehässig; ärgerlich ⟨*etwas sagen*⟩; **behave ~:** häßlich sein; **c)** *(disgustingly)* eklig; widerlich

**nasturtium** [nə'stɜ:ʃəm] *n.* **a)** *(in popular use: garden plant)* Kapuzinerkresse, *die;* **b)** *(Bot.: cruciferous plant)* Brunnenkresse, *die*

**nasty** ['nɑ:stɪ] **1.** *adj.* **a)** *(disagreeable, unpleasant)* scheußlich ⟨*Geruch, Geschmack, Arznei, Essen, Wetter*⟩; gemein ⟨*Trick, Verhalten, Äußerung, Mensch*⟩; häßlich ⟨*Angewohnheit*⟩; **her ~ little ways** ihre kleinen Gemeinheiten; **that was a ~ thing to say/do** das war gemein *od.* eine Gemeinheit; **that's a ~ one** *(awkward question)* das ist vertrackt; *(injury)* das ist übel *od.* sieht böse aus; **a ~ bit** *or* **piece of work** *(coll.) (man)* ein fieser Kerl *(ugs. abwertend); (woman)* ein fieses Weibsstück *(ugs. abwertend); see also* **cheap 1 a**; **b)** *(ill-natured)* böse; **be ~ to sb.** häßlich zu jmdm. sein; **he has a ~ temper** er ist jähzornig; **cut up** *or* **turn ~** *(coll.)* eklig werden *(ugs.);* **c)** *(serious)* übel; böse ⟨*Verletzung, Husten usw.*⟩; schlimm ⟨*Krankheit, Husten, Verletzung, Wende*⟩; **that's a ~-looking wound** die Wunde sieht übel *od.* böse aus; **she had a ~ fall** sie ist übel *od.* böse gefallen; **He had to have his leg amputated – N~!** Sein Bein mußte amputiert werden – Das ist schlimm!; **d)** *(disgusting)* eklig; widerlich; **don't touch that, it's ~:** pfui, faß das nicht an! *(fam.);* nicht anfassen, das ist bä bä *(Kinderspr.);* **e)** *(obscene)* schweinisch *(ugs. abwertend);* **call sb. ~ names** jmdn. mit schweinischen Ausdrücken beschimpfen. **2.** *n.* **a)** *(person)* Ekel, *das (ugs. abwertend);* Fiesling, *der (salopp abwertend);* **b)** *(thing)* ekliges Ding; *see also* **video nasty**

**Nat.** *abbr. (Polit.)* **Nationalist**

**natal** ['neɪtl] *adj.* Geburts-

**natch** [nætʃ] *adv. (coll.)* versteht sich *(ugs.);* logisch *(ugs.)*

**nation** ['neɪʃn] *n.* Nation, *die; (people)* Volk, *das;* **law of ~s** Völkerrecht, *das;* **throughout the ~:** im ganzen Land. *See also* **League of Nations; United Nations**

**national** ['næʃənl] **1.** *adj.* national; National⟨*flagge, -denkmal, -held, -theater, -tanz, -gericht, -charakter, -kirche, -ökonomie, -einkommen*⟩; Landes⟨*durchschnitt, -sprache*⟩; Volks⟨*wirtschaft, -charakter, -held*⟩; Staats⟨*sicherheit, -religion, -symbol*⟩; überregional ⟨*Rundfunkstation, Zeitung*⟩; landesweit ⟨*Streik*⟩; **the rose is the ~ flower of England** die Rose ist das Symbol Englands. **2.** *n.* **a)** *(citizen)* Staatsbürger, *der*/-bürgerin, *die;* **foreign ~:** Ausländer, *der*/Ausländerin, *die;* **b)** *(fellow-countryman)* Landsmann, *der*/-männin, *die;* **c)** *usu. in pl. (newspaper)* überregionale Zeitung; [großes] überregionales Blatt; **d)** *(Brit.: horse-race)* **the N~:** das Grand National

**national: ~ 'anthem** *n.* Nationalhymne, *die;* **N~ As'sembly** *n.* Nationalversammlung, *die;* **N~ As'sistance** *n. (Brit. dated)* Sozialhilfe, *die;* **be on N~ Assistance** Sozialhilfe beziehen; **~ 'bank** *n. (Amer.)* Nationalbank, *die;* **~ call** *n. (Brit. Teleph.)* Inlandsgespräch, *das;* **~ con'vention** *n. (Amer.)* Nationalkonvent, *der;* ≈ Bundeskongreß, *der;* **~ 'costume** *n.* Nationaltracht, *die;* Landestracht, *die;* **N~ 'Debt** *see* **debt**; **~ 'dress** *see* **~ costume**; **~ 'football** *n. (Austral.)* australischer Fußball; **N~ 'Front** *n. (Brit.)* National Front, *die (britische Organisation mit extremen reaktionären Positionen z. B. in bezug auf die Einwanderungspolitik); attrib.* National-Front-⟨*Mitglied, Slogan usw.*⟩; **~ 'grid** *n. (Brit.)* **a)** *(Electr.)* nationales Verbundnetz; **~ grid system** nationales Verbundsystem; **b)** *(Geog.)* nationales Gitternetz; **N~ 'Guard** *n. (Amer.)* Nationalgarde, *die;* **N~ 'Health [Service]** *n. (Brit.) staatlicher Gesundheitsdienst;* **he had his teeth done on the N~ Health** er hat sich seine Zähne auf Kosten des staatlichen Gesundheitsdienstes in Ordnung bringen *od. (ugs.)* machen lassen; **N~ Health doctor/patient/spectacles** ≈ Kassenarzt, *der*/-patient, *der*/-brille, *die;* **~ 'holiday** *n.* Nationalfeiertag, *der; (statutory holiday)* gesetzlicher Feiertag; **N~ In'surance** *n. (Brit.)* Sozialversicherung, *die*

**nationalisation, nationalise** *see* **nationaliz-**

**nationalism** ['næʃənəlɪzm] *n.* Nationalismus, *der; (patriotism)* nationale Gesinnung; **feelings of ~:** nationale Gefühle

**nationalist** ['næʃənəlɪst] **1.** *n.* Nationalist, *der*/Nationalistin, *die.* **2.** *adj.* nationalistisch

**nationalistic** [næʃənə'lɪstɪk] *adj.* **a)** *(patriotic)* nationalistisch; **b)** *(national)* national

**nationality** [næʃə'nælɪtɪ] *n.* **a)** Staatsangehörigkeit, *die;* Nationalität, *die (geh.);* **be of** *or* **have British ~:** britischer Nationalität sein *(geh.);* die britische Staatsangehörigkeit haben; **what's his ~?** welche Staatsangehörigkeit hat er?; welcher Nationalität ist er? *(geh.);* **b)** *(ethnic group)* Nationalität, *die;* Volksgruppe, *die;* **c)** *(of ship, aircraft, company)* Nationalität, *die*

**nationalization** [næʃənəlaɪ'zeɪʃn] *n.* **a)** *(bringing under state control)* Verstaatlichung, *die;* Nationalisierung, *die;* **b)** *(making national)* Nationalisierung, *die*

**nationalize** ['næʃənəlaɪz] *v.t.* **a)** *(bring under state control)* verstaatlichen, nationalisieren ⟨*Betriebe, Industriezweige*⟩; **b)** *(make national)* nationalisieren

**nationally** ['næʃənəlɪ] *adv.* als Nation; *(throughout the nation)* landesweit

**national: ~ 'park** *n.* Nationalpark, *der;* **N~ 'Savings** *n. pl. (Brit.)* Staatsschuldverschreibungen *Pl.;* **N~ Savings certificate** Sparkassengutschein, *der;* öffentlicher Sparbrief; **~ 'service** *n. (Brit.)* Wehrdienst, *der;* **do ~ service** seinen Wehrdienst ableisten; **N~ 'Socialist** *n.* Nationalsozialist, *der*/-sozialistin, *die; attrib.* nationalsozialistisch; **N~ Trust** *n. (Brit.) nationale Einrichtung für Naturschutz und Denkmalpflege*

**nationhood** ['neɪʃnhʊd] *n.* nationale Selbständigkeit

**nation-wide 1.** ['---] *adj.* landesweit; national ⟨*Bedeutung*⟩. **2.** [--'-] *adv.* landesweit; im ganzen Land

**native** ['neɪtɪv] **1.** *n.* **a)** *(of specified place)* **~ of Britain** ein gebürtiger Brite/eine gebürtige Britin; **speak English like a ~:** Eng lisch wie seine Muttersprache sprechen; **b)** *(indigenous person)* Eingeborene, *der/die;* **c)** *(local inhabitant)* Einheimische, *der/die;* **the ~s** die Einheimischen; die einheimische Bevölkerung; **d)** *(Zool., Bot.)* **be a ~ of a place** in einem Ort beheimatet *od.* heimisch sein; **e)** *(S. Afr.: Black)* Schwarze, *der/die.* **2.** *adj.* **a)** *(indigenous)* eingeboren; *(local)* einheimisch ‹*Pflanze, Tier*›; **be a ~ American** gebürtiger Amerikaner/gebürtige Amerikanerin sein; **the ~ habitat of the zebra** die Heimat des Zebras; **~ inhabitant** Eingeborene/Einheimische, *der/die;* **b)** *(of one's birth)* Geburts-, Heimat‹*land, -stadt*›; Vater‹*land, -stadt*› *(geh.);* Mutter‹*sprache, -sprachler*›; heimatlich ‹*Wälder*›; **one's ~ soil** die Heimaterde; **in his ~ France** in seiner Heimat Frankreich; **~ speaker** Muttersprachler, *der (fachspr.);* **he's not a ~ speaker of English** Englisch ist nicht seine Muttersprache; **c)** *(innate)* angeboren ‹*Qualitäten, Schläue, Humor, Wissen*›; **d)** *(of the natives)* Eingeborenen-; **go ~:** die Lebensweise der Eingeborenen annehmen; **e)** *(Mining)* gediegen

**native: ~ 'bear** *(Austral., NZ) see* **koala bear; ~ 'rock** *n.* anstehendes Gestein; gewachsener Fels

**nativity** [nəˈtɪvɪtɪ] *n.* **a)** Geburt, *die;* **the N~ [of Christ]** die Geburt Christi; **b)** *(festival)* **the N~ of Christ** das Fest der Geburt Christi; **c)** *(picture)* Geburt Christi

**na'tivity play** *n.* Krippenspiel, *das*

**NATO, Nato** [ˈneɪtəʊ] *abbr.* **North Atlantic Treaty Organization** NATO, *die*

**natter** [ˈnætə(r)] *(Brit. coll.)* **1.** *v.i.* quatschen *(ugs.);* quasseln *(ugs.).* **2.** *n.* Schwatz, *der (fam.);* Schwätzchen, *das (fam.);* **have a bit of a ~:** ein bißchen quatschen *(ugs.);* ein Schwätzchen halten *(fam.)*

**natterjack** [ˈnætədʒæk] *n. (Zool.)* **~ [toad]** Kreuzkröte, *die*

**nattily** [ˈnætɪlɪ] *adv. (coll.)* schick; flott *(ugs.)*

**natty** [ˈnætɪ] *adj. (coll.)* **a)** *(spruce)* schick, *(ugs.)* flott ‹*Kleidungs[stück]*›; **be a ~ dresser** immer schick *od.* flott angezogen sein; **b)** *(handy)* praktisch ‹*Gerät, Werkzeug usw.*›

**natural** [ˈnætʃrəl] **1.** *adj.* **a)** *(existing in or by nature)* natürlich; Natur‹*zustand, -begabung, -talent, -seide, -schwamm, -faser, -gewalt, -erscheinung*›; gediegen ‹*Gold, Mineralien*›; naturgetreu ‹*Wiedergabe, Darstellung*›; **the ~ world** die Natur[welt]; **in its ~ state** im ursprünglichen Zustand *od.* Naturzustand; **be a ~ blonde** naturblondes Haar haben; von Natur aus blond sein; **b)** *(normal)* natürlich; **it is ~ for dogs to fight** es ist natürlich, daß Hunde kämpfen; **it is ~ for you to think that** es ist klar, daß du das denkst; **die of** *or* **from ~ causes** eines natürlichen Todes sterben; **have a ~ tendency to ...:** naturgemäß dazu neigen, ... zu ...; **c)** *(unaffected)* natürlich ‹*Art, Lächeln, Stil*›; **d)** *(destined)* natürlich ‹*Feinde*›; **be a ~ artist** *etc.* der geborene Künstler *usw.* sein; **e)** *(related by nature)* leiblich ‹*Eltern, Kind usw.*›; natürlich *(Rechtsspr. veralt.)* ‹*Kind*›; **f)** *(instinctive)* Natur‹*recht*›; auf das Naturrecht gegründet ‹*Gerechtigkeit*›. **2.** *n.* **a)** *(person naturally expert or endowed)* Naturtalent, *das;* **she's a ~ for the part** die Rolle ist ihr auf den Leib geschrieben; **he was a ~ for the job** er war der Mann für die Stelle; **b)** *(arch.: mentally deficient person)* Schwachsinnige, *der/die;* **c)** *(Mus.) (symbol)* Auflösungszeichen, *das; (note)* Stammton, *der; (white key on piano)* weiße Taste; **he played C sharp instead of C ~:** er hat cis statt c gespielt

**natural: ~ 'childbirth** *n.* natürliche Geburt; **~ 'death** *n.* natürlicher Tod; **die a ~ death** eines natürlichen Todes sterben; **let the gossip die a ~ death** warten, bis sich das Gerede von selber legt; **~ 'food** *n.* naturreines Nahrungsmittel; **~ food[s]** Naturkost, *die;* **~ 'gas** *see* **gas 1 a; ~ hi'storian** *n.* Naturkundler, *der/*-kundlerin, *die;* **~ 'history** *n.* **a)** *(study)* Naturkunde, *die; attrib.* Naturkunde-; naturkundlich ‹*Museum*›; **b)** *(facts)* Naturgeschichte, *die*

**naturalisation, naturalise** *see* **naturaliz-**

**naturalism** [ˈnætʃrəlɪzm] *n.* Naturalismus, *der*

**naturalist** [ˈnætʃrəlɪst] *n.* **a)** Naturforscher, *der/*-forscherin, *die;* **b)** *(believer in naturalism)* Naturalist, *der/*Naturalistin, *die*

**naturalistic** [nætʃrəˈlɪstɪk] *adj.* naturalistisch

**naturalization** [nætʃrəlaɪˈzeɪʃn] *n.* *(admission to citizenship)* Einbürgerung, *die;* Naturalisierung, *die; attrib.* Einbürgerungs-

**naturalize** [ˈnætʃrəlaɪz] **1.** *v.t.* **a)** *(admit to citizenship)* einbürgern; naturalisieren; **b)** *(adopt)* übernehmen ‹*Fremdwort, Sitte*›; **c)** *(introduce)* naturalisieren, einbürgern ‹*Tiere, Pflanzen*›; **this plant has become ~d here** diese Pflanze wurde hier heimisch. **2.** *v.i.* eingebürgert werden

**natural: ~ 'language** *n.* natürliche Sprache; **~-language programming** Programmieren in natürlicher Sprache; **~ 'law** *n.* Naturrecht, *das; (regularity)* Naturgesetz, *das;* **~ 'life** *n.* Erdenleben, *das (meist dichter., geh. od. veralt.);* **~ 'logarithm** *n.* natürlicher Logarithmus

**naturally** [ˈnætʃrəlɪ] *adv.* **a)** *(by nature)* von Natur aus ‹*musikalisch, blaß, fleißig usw.*›; *(in a true-to-life way)* naturgetreu; *(with ease)* natürlich; *(in a natural manner)* auf natürliche Weise; **a ~ posed photograph** ein natürlich wirkendes Foto; **it comes ~ to her** es fällt ihr leicht; es liegt in ihrer Natur; **leadership comes so ~ to him** die Führungsrolle liegt ihm sehr; **lead ~ to sth.** naturgemäß zu etw. führen; **b)** *(of course)* natürlich

**naturalness** [ˈnætʃrəlnɪs] Natürlichkeit, *die*

**natural: ~ note** *n. (Mus.)* Stammton, *der;* **~ 'number** *n. (Math.)* natürliche Zahl; **~ 'order** *n. (Biol.)* natürliche Kategorie; **~ phi'losopher** *n.* Naturphilosoph, *der/*-philosophin, *die;* **~ phi'losophy** *n.* **a)** *(physics)* Naturphilosophie, *die;* **b)** *(~ science)* die Naturwissenschaften; **~ re'ligion** *n.* natürliche Religion; **~ re'sources** *n. pl.* natürliche Ressourcen; Naturschätze *Pl.;* **~ 'scale** *n. (Mus.)* Grundskala, *die;* **~ 'science** *n.* **~ science, the ~ sciences** die Naturwissenschaften; **~ se'lection** *n.* *(Biol.)* natürliche Auslese

**nature** [ˈneɪtʃə(r)] *n.* **a)** Natur, *die;* **a gift from N~:** ein Geschenk der Natur; **balance of ~:** Gleichgewicht der Natur; **against** *or* **contrary to ~:** wider die Natur *od.* widernatürlich; **back to ~:** zurück zur Natur; **get back** *or* **return to ~:** zu einer natürlichen Lebensweise zurückkehren; **paint from ~:** nach der Natur malen; **in ~** *(actually existing)* in der Wirklichkeit; *(anywhere)* auf Erden; **one of ~'s gentlemen** ein geborener Gentleman; **one of ~'s innocents** die Unschuld selbst; **in a state of ~** *(undomesticated, uncultivated)* in der Wildform; *see also* **call 3 f; course 1 a; law h; b)** *(essential qualities)* Beschaffenheit, *die;* **in the ~ of things** naturgemäß; **it is in** *or* **by the [very] ~ of the case/of things** es liegt in der Natur der Sache/Dinge; **c)** *(kind, sort)* Art, *die;* **things of this ~:** derartiges; Dinge dieser Art; **or something of that ~:** oder etwas in der Art; **it's in** *or* **of the ~ of a command** es hat Befehlscharakter; **d)** *(character)* [Wesens]art, *die;* Wesen, *das;* **have a happy ~:** eine Frohnatur sein; ein glückliches Naturell haben; **be of** *or* **have a placid ~:** eine ruhige Art haben; **have a jealous ~:** eifersüchtig sein; **it is not in her ~ to lie** es ist nicht ihre Art zu lügen; **be proud/friendly** *etc.* **by ~:** ein stolzes/freundliches *usw.* Wesen haben; **[human] ~:** menschliche Natur; **it's only human ~ to ...:** es ist nur menschlich, ... zu ...; *see also* **better 1; second nature; e)** *(inherent impulses)* Natur, *die;* **commit a sin/crime against ~:** sich wider die Natur versündigen *(geh.);* **f)** *(person)* Natur, *die*

**'nature cure** *n.* Naturheilverfahren, *das*

**-natured** [ˈneɪtʃəd] *adj. in comb.* -artig; *see also* **good-natured; ill-natured**

**nature: ~-lover** *n.* Naturfreund, *der/*-freundin, *die;* **~ reserve** *n.* Naturschutzgebiet, *das;* **~ study** *n.* Naturkunde, *die;* **~ trail** *n.* Naturlehrpfad, *der;* **~-worshipper** *n.* Naturanbeter, *der/*-anbeterin, *die*

**naturism** [ˈneɪtʃərɪzm] *n. (nudism)* Naturismus, *der;* Freikörperkultur, *die*

**naturist** [ˈneɪtʃərɪst] *n. (nudist)* Naturist, *der/*Naturistin, *die;* FKK-Anhänger, *der/*FKK-Anhängerin, *die*

**naught** [nɔːt] *n. (arch./dial.)* **~ but** nur; **I care ~ for what they say** ich scher mich keinen Deut darum, was sie sagen; **bring to ~:** zunichte machen; **come to ~:** zunichte werden; **it matters ~:** es ist ohne Belang

**naughtily** [ˈnɔːtɪlɪ] *adv.* ungezogen, unartig ‹*sich benehmen*›; frech ‹*etw. tun, bemerken*›

**naughtiness** [ˈnɔːtɪnɪs] *n.* Ungezogenheit, *die;* Unartigkeit, *die*

**naughty** [ˈnɔːtɪ] *adj.* **a)** *(disobedient)* unartig; ungezogen; **the dog has been ~ on the carpet** *(coll. euphem.)* der Hund hat auf den Teppich gemacht *(ugs.);* **you ~ boy/dog** du böser Junge/Hund; **b)** *(wicked)* keß; frech; *(indecent)* unanständig; **how ~ of him** das war aber frech *od.* keß von ihm; **~, ~!** du bist ja ein ganz Schlimmer!/eine ganz Schlimme!

**nausea** [ˈnɔːsɪə, ˈnɔːzɪə] *n.* **a)** Übelkeit, *die;* **even the idea fills me with ~:** schon beim bloßen Gedanken daran wird mir übel; **b)** *(fig.: disgust)* Ekel, *der,* Abscheu, *der* **(with,** at vor + *Dat.*)

**nauseate** [ˈnɔːsɪeɪt, ˈnɔːzɪeɪt] *v. t.* **a) ~ sb.** in jmdm. Übelkeit erregen; **the smell ~d him** bei dem Geruch wurde ihm übel; **b)** *(fig.: disgust)* anekeln; anwidern

**nauseating** [ˈnɔːsɪeɪtɪŋ, ˈnɔːzɪeɪtɪŋ] *adj.* **a)** Übelkeit verursachend *od.* erregend; **b)** *(fig.: disgusting)* widerlich; ekelerregend ‹*Anblick, Geruch, Essen*›; ekelhaft ‹*Mensch*›

**nauseatingly** [ˈnɔːsɪeɪtɪŋlɪ, ˈnɔːzɪeɪtɪŋlɪ] *adv.* *(lit. or fig.)* widerlich

**nauseous** [ˈnɔːsɪəs, ˈnɔːzɪəs] *adj.* **a) she's ~:** ihr ist übel; **b)** *(fig.: nasty, disgusting)* widerlich

**nautical** [ˈnɔːtɪkl] *adj.* nautisch; seemännisch ‹*Ausdruck, Können*›; **~ map** Seekarte, *die;* **be interested in ~ matters** sich für die Seefahrt interessieren

**nautically** [ˈnɔːtɪkəlɪ] *adv.* nautisch

**nautical 'mile** *n.* Seemeile, *die;* nautische Meile

**nautilus** [ˈnɔːtɪləs] *n., pl.* **~es** *or* **nautili** [ˈnɔːtɪlaɪ] *(Zool.)* Nautilus, *der*

**naval** [ˈneɪvl] *adj.* Marine-; Flotten‹*parade, -abkommen*›; See‹*schlacht, -macht, -streitkräfte*›; ‹*Überlegenheit*› zur See; **~ ship** Kriegsschiff, *das*

**naval: ~ a'cademy** *n.* Marineakademie, *die;* **~ 'architect** *n.* Schiffsbauingenieur, *der;* **~ base** *n.* Flottenstützpunkt, *der;* **~ officer** *n.* Marineoffizier, *der;* **~ 'stores** *n. pl.* Schiffsvorräte *Pl.;* **~ 'warfare** *n.* Seekrieg, *der;* Krieg zur See

**nave** [neɪv] *n. (Archit.)* [Mittel-, Haupt]schiff, *das*

**navel** [ˈneɪvl] *n.* Nabel, *der;* **contemplate one's ~** *(fig.)* Nabelschau halten *(ugs. abwertend)*

**'navel orange** *n.* Navelorange, *die*

**navigable** [ˈnævɪgəbl] *adj.* **a)** *(suitable for ships)* schiffbar; befahrbar; **b)** *(seaworthy)* seetüchtig ‹*Schiff, Zustand*›; **c)** *(steerable)* lenkbar, steuerbar ‹*Ballon, Luftschiff*›

**navigate** [ˈnævɪgeɪt] **1.** *v. t.* **a)** *(sail on)* beschiffen *(veralt.)*, befahren ‹*Kanal, Fluß, Gewässer*›; **b)** *(direct course of)* navigieren ‹*Schiff, Flugzeug*›; **c)** *(fig.)* ~ **one's way to the bar** sich *(Dat.)* einen Weg zur Bar bahnen. **2.** *v. i.* **a)** *(in ship, aircraft)* navigieren; **b)** *(assist driver)* den Lotsen spielen *(ugs.)*; franzen *(Rallyesport)*; **you drive, I'll ~:** du fährst, und ich dirigiere *od.* lotse dich

**navigation** [nævɪ'geɪʃn] *n.* **a)** *(navigating)* Navigation, *die;* Navigieren, *das; (sailing on river etc.)* Befahren, *das; (assisting driver)* Dirigieren, *das;* Lotsen, *das;* Franzen, *das (Rallyesport);* **I'm relying on you to do the ~:** ich verlasse mich darauf, daß du mich richtig dirigierst; **b)** *(art, science)* Navigation, *die;* **c)** *(voyage)* Fahrt, *die;* Reise, *die*

**navi'gation lights** *n. pl. (Naut.)* Lichter; *(Aeronaut.)* Kennlichter

**navigator** ['nævɪgeɪtə(r)] *n.* **a)** *(one skilled in navigation)* Navigator, *der*/Navigatorin, *die;* **his co-driver was acting as ~:** sein Beifahrer dirigierte *od.* lotste ihn; **b)** *(sea explorer)* Seefahrer, *der*

**navvy** ['nævɪ] *(Brit.)* **1.** *n. (labourer)* Bau-/Straßenarbeiter, *der.* **2.** *v. i.* Bau-/Straßenarbeiter sein

**navy** ['neɪvɪ] *n.* **a)** [Kriegs]marine, *die; (ships also)* [Kriegs]flotte, *die;* **b)** *see* **navy blue**

**navy:** ~ **'blue** *n.* Marineblau, *das;* **~-blue** *adj.* marineblau; **N~ Department** *n. (Amer.)* Marineministerium, *das;* **N~ List** *n. (Brit.)* Rangliste der Marine; ~ **yard** *n. (Amer.)* Marinewerft, *die*

**nay** [neɪ] **1.** *adv.* **a)** *(literary: or rather)* ja [sogar]; **b)** *(arch./dial.: no)* nein. **2.** *n.* **a)** *(negative vote)* Neinstimme, *die;* **b)** *(arch./dial.: no)* Nein, *das. See also* **yea 2**

**Nazi** ['nɑːtsɪ] **1.** *n.* **a)** *(party member)* Nationalsozialist, *der*/-sozialistin, *die;* Nazi, *der;* **b)** *(fig. derog.)* Faschist, *der*/Faschistin, *die (abwertend);* Nazi, *der (abwertend).* **2.** *adj.* **a)** nazistisch; Nazi-; **b)** *(fig. derog.)* faschistisch *(abwertend);* Nazi- *(abwertend)*

**Naziism** ['nɑːtsɪɪzm], **Nazism** ['nɑːtsɪzm] *n.* Nazismus, *der*

**NB** *abbr.* **nota bene** NB

**NCO** *abbr.* **non-commissioned officer** Uffz.

**NE** *abbr.* **a)** ['nɔːθiːst] **north-east** NO; **b)** ['nɔːθiːstən] **north-eastern** nö.

**Neanderthal** [nɪ'ændətɑːl] *adj.* Neandertaler-; *(fig.)* neandertalerhaft; ~ **man** Neandertaler, *der*

**neap** [niːp] *see* **neap-tide**

**Neapolitan** [niːə'pɒlɪtn] **1.** *n.* Neapolitaner, *der*/Neapolitanerin, *die.* **2.** *adj.* Neapolitaner; neapolitanisch

**'neap-tide** *n.* Nipptide, *die*

**near** [nɪə(r)] **1.** *adv.* **a)** *(at a short distance)* nah[e]; **stand/live [quite] ~:** [ganz] in der Nähe stehen/wohnen; **come** *or* **draw ~/~er** ‹*Tag, Zeitpunkt:*› nahen/näherrücken; **take the one ~est to you** nimm das am nächsten liegende; **get ~er together** näher zusammenrücken; ~ **at hand** in Reichweite *(Dat.);* ‹*Ort*› ganz in der Nähe; **be ~ at hand** ‹*Ereignis:*› nahe bevorstehen; ~ **by** in der Nähe; **so ~ and yet so far** so nah und doch so fern; **b)** *(closely)* **it is 7.10 or as ~ as makes no difference** *or* **matter** es ist ziemlich genau *od.* fast 7.10 Uhr; **as ~ as I can judge** soweit ich es beurteilen kann; **no, but ~ enough** nein, aber beinah[e] *od.* fast; **c)** ~ **to** = **2a, b, c; he came ~ to being the winner/to tears** er hätte fast *od.* beinah[e] gewonnen/war den Tränen nahe; **we were ~ to being drowned** wir wären fast *od.* beinah[e] ertrunken. **2.** *prep.* **a)** *(in space) (position)* nahe an/bei (+ *Dat.*); *(motion)* nahe an (+ *Akk.*); *(fig.)* nahe *(geh.) nachgestellt* (+ *Dat.*); in der Nähe (+ *Gen.*); **go ~ the water's edge** nahe ans Ufer gehen; **keep ~ me** halte dich *od.* bleib in meiner Nähe; ~ **where ...:** in der Nähe *od.* unweit der Stelle *(Gen.)*, wo ...; **move it ~er her** rücke es näher zu ihr; **I won't go ~ the police** *(fig.)* ich gehe der Polizei aus dem Weg; **don't stand so ~ the fire** geh nicht so nahe *od.* dicht an das Feuer; **when we got ~er Oxford** als wir in die Nähe von Oxford kamen; **wait till we're ~er home** warte, bis wir nicht mehr so weit von zu Hause weg sind; **don't come ~ me** komm mir nicht zu nahe; **it's ~ here** es ist hier in der Nähe; **the man ~/~est you** der Mann, der bei dir/der dir am nächsten steht; **b)** *(in quality)* **nobody comes anywhere ~ him at swimming** im Schwimmen kommt bei weitem keiner an ihn heran; **we're no ~er solving the problem** wir sind der Lösung des Problems nicht nähergekommen; **be very ~ the original** dem Original sehr nahe kommen; **be ~ completion** kurz vor der Vollendung stehen; **c)** *(in time)* **it's getting ~ the time when I must leave** der Zeitpunkt, wo ich gehen muß, rückt näher; **ask me again ~er the time** frag mich, wenn der Zeitpunkt etwas näher gerückt ist, noch einmal; **the Monday ~est Christmas** der Montag, der dem Weihnachtstag am nächsten liegt; **it's drawing ~ Christmas** es geht auf Weihnachten zu; **come back ~er 8 o'clock/the appointed time** komm kurz vor 8 Uhr/dem verabredeten Zeitpunkt noch einmal zurück; ~ **the end/the beginning of sth.** gegen Ende/zu Anfang einer Sache *(Gen.);* **d)** *in comb. (close in nature)* Beinahe‹*unfall, -zusammenstoß, -katastrophe*›; **~-hysterical/-human** fast hysterisch/menschlich; **a state of ~-panic** ein panikähnlicher Zustand; **be in a state of ~-collapse** kurz vor dem Zusammenbruch stehen; **a ~-miracle** fast *od.* beinahe ein Wunder; **~-famine conditions** Zustände schon fast wie bei einer Hungersnot. *See also* **heart 1b; knuckle c; nowhere1c; 'wind 1a. 3.** *adj.* **a)** *(in space or time)* nahe; **in the ~ future** in nächster Zukunft; **the ~est man** der am nächsten stehende Mann; **the chair is ~er** der Stuhl steht näher; **our ~est neighbours** unsere nächsten Nachbarn; **b)** *(closely related)* nahe ‹*Verwandte, Freunde*›; eng ‹*Freund*›; ~ **and dear** lieb und teuer; *abs.* **my/your** *etc.* **~est and dearest** meine/deine *usw.* Lieben; **c)** *(in nature)* fast richtig ‹*Vermutung*›; groß ‹*Ähnlichkeit*›; genau ‹*Übersetzung*›; **£30 or ~/~est offer** 30 Pfund oder nächstbestes Angebot; **this is the ~est equivalent** dies entspricht dem am ehesten; **that's the ~est you'll get to an answer** eine weitergehende Antwort wirst du nicht bekommen; ~ **escape** Entkommen mit knapper Not; **round it up to the ~est penny** runde es auf den nächsthöheren Pfennigbetrag; **be a ~ miss** ‹*Schuß, Wurf:*› knapp danebengehen; **I had a ~ miss** *(accident)* ich hätte um Haaresbreite einen Unfall gehabt; **that was a ~ miss** *(escape)* das war aber knapp!; **d) the ~ side** *(Brit.) (travelling on the left/right)* die linke/rechte Seite; **e)** *(direct)* **4 miles by the ~est road** 4 Meilen auf dem kürzesten Wege. **4.** *v. t.* sich nähern (+ *Dat.*); **the building is ~ing completion** das Gebäude geht seiner Vollendung entgegen *od.* steht kurz vor seiner Vollendung; **he's ~ing his end** sein Ende naht. **5.** *v. i.* ‹*Zeitpunkt:*› näherrücken, *(geh.)* nahen

**'nearby** *adj.* nahe gelegen

**Near:** ~ **'East** *n.* **a)** *see* **Middle East; b)** *(arch.: Turkey and Balkans)* Balkan, *der;* ~ **'Eastern** *adj.* nahöstlich

**nearly** ['nɪəlɪ] *adv.* **a)** *(almost)* fast; **it ~ fell over** es wäre fast umgefallen; **be ~ crying** *or* **in tears** den Tränen nahe sein; **it is ~ six o'clock** es ist kurz vor sechs Uhr; **are you ~ ready?** bist du bald fertig?; **b)** *(closely)* nah[e] ‹*verwandt*›; sehr ‹*ähneln*›; weitgehend ‹*sich entsprechen*›; **c)** *(at all)* **not ~:** nicht annähernd; bei weitem nicht

**nearness** ['nɪənɪs] *n., no pl.* **a)** *(proximity)* Nähe, *die;* **their ~ in age** der geringe Altersunterschied zwischen ihnen; **b)** *(similarity)* große Ähnlichkeit

**near:** **~-sighted** *adj. (Amer.)* kurzsichtig; ~ **'thing** *n.* **that was a ~ thing/what a ~ thing [that was]!** das war knapp!/war das aber knapp!

**neat** [niːt] *adj.* **a)** *(tidy, clean)* sauber, ordentlich ‹*Handschrift, Arbeit*›; gepflegt ‹*Haar, Person*›; **keep one's desk ~:** auf seinem Schreibtisch Ordnung halten; **b)** *(undiluted)* pur ‹*Getränk*›; **she drinks vodka ~:** sie trinkt Wodka pur; **c)** *(smart)* gepflegt ‹*Erscheinung, Kleidung*›; elegant, schick ‹*Anzug, Auto, Haus*›; **d)** *(deft)* geschickt; raffiniert ‹*Diebstahl, Trick, Plan, Lösung, Gerät*›; **make a ~ job of sth./repairing sth.** etw. sehr geschickt machen/reparieren; **e)** *(brief, clear)* prägnant ‹*Beschreibung, Antwort, Formulierung*›; **f)** *(esp. Amer. sl.: excellent)* toll; geil *(Jugendspr. salopp)*

**neath** [niːθ] *prep. (arch./poet.)* unter (+ *Dat.*); nid (+ *Dat.*) *(schweiz. veralt.)*

**neatly** ['niːtlɪ] *adv.* **a)** *(tidily)* ordentlich; [fein] säuberlich; **b)** *(smartly)* gepflegt; ~ **groomed** äußerst gepflegt; **c)** *(deftly)* geschickt; auf raffinierte [Art und] Weise; **d)** *(briefly, clearly)* prägnant; **a ~ turned phrase** eine prägnante Formulierung

**neatness** ['niːtnɪs] *n., no pl. see* **neat a, c, d, e:** Sauberkeit, *die;* Ordentlichkeit, *die;* Gepflegtheit, *die;* Eleganz, *die;* Geschick, *das;* Geschicktheit, *die;* Raffiniertheit, *die;* Prägnanz, *die*

**nebula** ['nebjʊlə] *n., pl.* **~e** ['nebjʊliː] *or* **~s** *(Astron.)* Nebel, *der*

**nebular** ['nebjʊlə(r)] *adj. (Astron.)* Nebel-

**nebulous** ['nebjʊləs] *adj.* **a)** *(hazy)* nebelhaft, *(geh.)* nebulös ‹*Vorstellung, Werte*›; verschwommen ‹*Grenze*›; unbestimmt, vage ‹*Angst, Hoffnung*›; **b)** *(cloudlike)* wolkenartig ‹*Form*›

**necessarily** [nesɪ'serɪlɪ] *adv.* notwendigerweise; zwangsläufig; **it is not ~ true** es muß nicht [unbedingt] stimmen; **Do we have to do it? Not ~:** Müssen wir es tun? – Nicht unbedingt

**necessary** ['nesɪsərɪ] **1.** *adj.* **a)** *(indispensable)* nötig; notwendig; unbedingt ‹*Erfordernis*›; **be ~ to life** lebensnotwendig sein; **patience is ~ for a teacher** ein Lehrer muß Geduld haben; **it is not ~ for you to go** es ist nicht nötig *od.* notwendig, daß du gehst; du brauchst nicht zu *od.* mußt nicht gehen; **it may be ~ for him to leave** vielleicht muß er gehen; **they made it ~ for him to attend** ihretwegen mußte er hingehen; **do no more than is ~:** nur das Nötigste tun; **do everything ~** *(that must be done)* das Nötige *od.* Notwendige tun; **b)** *(inevitable)* zwangsläufig ‹*Ergebnis, Folge*›; zwingend ‹*Schluß*›; **c) a ~ evil** ein notwendiges Übel. **2.** *n.* **the necessaries of life** das Lebensnotwendige; **will he come up with the ~?** *(sl.: money)* wird er die Kohle auftreiben? *(salopp);* **will you do the ~?** kümmerst du dich drum?

**necessitate** [nɪ'sesɪteɪt] *v. t.* **a)** *(make necessary)* erforderlich machen; **b)** *(Amer.: force)* zwingen; nötigen; **be ~d to do sth.** gezwungen *od.* genötigt sein, etw. zu tun

**necessitous** [nɪ'sesɪtəs] *adj. (formal)* bedürftig

**necessity** [nɪ'sesɪtɪ] *n.* **a)** *(power of circumstances)* Not, *die;* äußerer Zwang; **bow to ~:** der Not gehorchen *(geh.);* **do sth. out of** *or* **from ~:** etw. notgedrungen *od.* gezwungenermaßen tun; **make a virtue of ~:** aus der Not eine Tugend machen; **of ~:** notwendigerweise; **b)** *(necessary thing)* Notwendigkeit, *die;* **the necessities of life** das Lebensnotwendige; **be a ~ of life** lebensnotwendig sein; **be a ~ for sth.** eine notwendige Voraussetzung für etw. sein; **c)** *(indispensability, imperative need)* Notwendigkeit, *die;* **there is no ~ for rudeness** es besteht keine Notwendigkeit *od.* es ist nich notwendig, unhöflich zu sein; **if the ~ arises** wenn es unbedingt nötig ist; **in case of ~**: nötigenfalls; **~ is the mother of invention** *(prov.)* Not macht erfinderisch *(Spr.)*; **d)** *(want)* Not, *die;* Bedürftigkeit, *die;* **be/live in ~**: Not leiden

**neck** [nek] **1.** *n.* **a)** Hals, *der;* **be breathing down sb.'s ~** *(fig.) (be close behind sb.)* jmdm. im Nacken sitzen *(ugs.); (watch sb. closely)* jmdm. ständig auf die Finger sehen; **get it in the ~** *(coll.)* eins auf den Deckel *od.* das Dach kriegen *(ugs.);* **be** *or* **come down on sb.'s ~** *(coll.)* jmdm. eins auf den Deckel *od.* aufs Dach geben *(ugs.);* **give sb./be a pain in the ~** *(coll.)* jmdm. auf die Nerven *od.* den Wecker gehen *(ugs.);* **have sb. round one's ~** *(coll.)* jmdm. auf dem *od.* am Hals haben *(ugs.);* **you'll bring the police down on our ~s** wir werden deinetwegen die Polizei auf den Hals kriegen *(ugs.);* **break one's/sb.'s ~** *(fig. coll.)* sich/jmdm. den Hals brechen; **risk one's ~**: Kopf und Kragen riskieren; **save one's ~**: seinen Kopf retten; **be up to one's ~ in work** *(coll.)* bis über den Hals in Arbeit stecken *(ugs.);* **be [in it] up to one's ~** *(coll.)* bis über den Hals drinstecken *(ugs.);* **~ and ~**: Kopf an Kopf; **~ or nothing** alles oder nichts; **it's [a matter of] ~ or nothing** es geht um die Wurst *(ugs.); see also* **dead 1 a; millstone; stick out 1 a; b)** *(length)* Halslänge, *die; (fig.)* Nasenlänge, *die;* **short ~** *(Horse-racing)* kurze Halslänge; **c)** *(cut of meat)* Hals, *der;* **~ of lamb/mutton** *etc.* Lammfleisch/Hammelfleisch *usw.* vom Hals; **d)** *(part of garment)* Kragen, *der;* **that dress has a high ~**: das Kleid ist hochgeschlossen; **e)** *(narrow part)* Hals, *der;* **f)** *(Geog.: isthmus)* Landenge, *die;* **~ of land** Landzunge, *die;* **g) ~ of the woods** *(coll.)* Breiten *Pl.* **2.** *v. i. (sl.)* knutschen *(ugs.)*

**neck: ~band** *n.* Halsbündchen, *das;* **~cloth** *n. (Hist.)* Halstuch, *das*

**-necked** [nekt] *adj. in comb.* **red/long-~**: rot-/langhalsig; **polo-~**: Rollkragen-

**neckerchief** ['nekətʃɪf] *n.* Halstuch, *das*

**necklace** ['neklɪs] *n.* [Hals]kette, *die; (with jewels)* Kollier, *das*

**neck: ~line** *n.* [Hals]ausschnitt, *der;* **~tie** *n.* Krawatte, *die;* Binder, *der*

**necromancy** ['nekrəmænsɪ] *n.* Nekromantie, *die*

**necrophilia** [nekrə'fɪlɪə] *n.* Nekrophilie, *die*

**necrosis** [ne'krəʊsɪs] *n., pl.* **necroses** [ne'krəʊsi:z] *(Med.)* Nekrose, *die*

**nectar** ['nektə(r)] *n.* **a)** *(Bot., Greek and Roman Mythol.)* Nektar, *der;* **b)** *(delicious drink)* Göttertrank, *der (scherzh.); (drink of blended fruit-juices)* Nektar, *der (fachspr.)*

**nectarine** ['nektərɪn, 'nektəri:n] *n.* Nektarine, *die*

**nectary** ['nektərɪ] *n. (Bot.)* Nektarium, *das (fachspr.);* Honigdrüse, *die*

**NEDC** *abbr. (Brit. Hist.)* **National Economic Development Council** Rat für Wirtschaftsentwicklung

**neddy** ['nedɪ] *n. (child lang.: donkey)* Esel, *der;* Langohr, *das (scherzh.)*

**née** *(Amer.:* **nee)** [neɪ] *adj.* geborene

**need** [ni:d] **1.** *n.* **a)** *no pl.* Notwendigkeit, *die* **(for, of** *Gen.*); *(demand)* Bedarf, *der* **(for, of an** + *Dat.*); **as the ~ arises** nach Bedarf; **if ~ arise/be** nötigenfalls; falls nötig; **the ~ for discussion** die Notwendigkeit zu diskutieren; **there's no ~ for that** *(as answer)* [das ist] nicht nötig; **there's no ~ to do sth.** es ist nicht nötig *od.* notwendig, etw. zu tun; **there is no ~ to worry/get angry** es besteht kein Grund zur Sorge/sich zu ärgern; **is there any ~ [for us] to hurry?** müssen wir uns beeilen?; **there was a ~ for caution** Vorsicht war geboten; **be in ~ of sth.** etw. brauchen *od.* nötig haben; **there is no ~ for such behaviour** solch ein Verhalten ist unnötig; **is there any ~ for all this hurry?** ist diese Eile nötig *od.* notwendig?; **there's no ~ for you to apologize** du brauchst dich nicht zu entschuldigen; **feel the ~ to do sth.** sich gezwungen *od.* genötigt sehen, etw. zu tun; **feel the ~ to confide in sb.** das Bedürfnis haben, sich jmdm. anzuvertrauen; **have ~ to do sth.** *(dated)* es nötig haben, etw. zu tun; **be badly in ~ of sth.** etw. dringend nötig haben; etw. nötig brauchen; **be in ~ of a coat of paint** einen Anstrich nötig haben; **be in ~ of repair** reparaturbedürftig sein; **have ~ of sb./sth.** jmdn./etw. brauchen *od.* nötig haben; **your ~ is greater than mine** du hast es nötiger als ich; du brauchst es dringender als ich; **b)** *no pl. (emergency)* Not, *die;* **in case of ~**: im Notfall; **in times of ~**: in Notzeiten; *see also* **friend a; c)** *no pl. (destitution)* Not, *die;* Bedürftigkeit, *die;* **be in ~**: Not leiden; **those in ~**: die Notleidenden *od.* Bedürftigen; **d)** *(thing)* Bedürfnis, *das;* **my ~s are few** ich brauche nicht viel; **each will receive according to his ~s** jeder bekommt, was er braucht. **2.** *v. t.* **a)** *(require)* brauchen; **sth. that urgently ~s doing** etw., was dringend gemacht werden muß; **much ~ed** dringend notwendig; **that's all I ~ed!** *(iron.)* auch das noch!; das hat mir gerade noch gefehlt!; **it ~s a coat of paint** es muß gestrichen werden; **it ~s careful consideration** es muß gut überlegt werden; **~ correction** berichtigt werden müssen; **Education? Who ~s it?** *(coll.)* Bildung? Wozu?; **b)** *expr. necessity* müssen; **I ~ to do it** ich muß es tun; **it needs/doesn't need to be done** es muß getan werden/es braucht nicht getan zu werden; **you don't need to do that** das brauchst du nicht zu tun; **I don't ~ to be reminded** du brauchst/ihr braucht mich nicht daran zu erinnern; **it ~ed doing** es mußte getan werden; **he ~s cheering up** er muß [ein bißchen] aufgeheitert werden; **he doesn't ~ to be told** das braucht man ihm nicht erst zu sagen; **you shouldn't ~ to be told** das solltest *od.* müßtest du eigentlich wissen; **it doesn't ~ me to tell you** das muß ich dir nicht sagen *od.* brauche ich dir nicht zu sagen; **she ~s everything [to be] explained to her** man muß ihr alles erklären; **you ~ only ask** du brauchst nur zu fragen; **don't be away longer than you ~ [be]** bleib nicht länger als nötig weg; **c)** *pres.* **he ~**, *neg.* **~ not** *or (coll.)* **~n't** ['ni:dnt] *expr. desirability* müssen; *with neg.* brauchen zu; **~ anybody be there?** muß jemand dort sein?; **~ I say more?** muß ich noch mehr sagen?; **~ she have come at all?** hätte sie überhaupt kommen müssen?; **N~ you go? – No, I ~n't** Mußt du gehen? – Nein; **I ~ hardly** *or* **hardly ~ say that ...**: ich brauche wohl kaum zu sagen, daß ...; **I don't think that ~ be considered** ich glaube, das braucht nicht berücksichtigt zu werden; **no one ~ know this** das braucht niemand zu wissen; **he ~n't be told** *(let's keep it secret)* das braucht er nicht zu wissen; **we ~n't** *or* **~ not have done it, if ...** wir hätten es nicht zu tun brauchen, wenn ...; **it ~ not follow that ...**: daraus folgt nicht unbedingt, daß ...; daraus muß nicht [unbedingt] folgen, daß ...; **that ~ not be the case** das muß nicht so sein *od.* der Fall sein

**needful** ['ni:dfl] *adj. (arch.)* nötig; **it is ~ to do it** es ist vonnöten *od. (geh., veralt.)* tut not, daß es getan wird; **everything/the ~**: alles/das Nötige

**needle** ['ni:dl] **1.** *n.* Nadel, *die;* **it is like looking/searching for a ~ in a haystack** es ist, als wollte man eine Stecknadel in einem Heuhaufen finden; **~ and thread** *or* **cotton** Nadel und Faden; **~'s eye** Nadelöhr, *das;* **give sb. the ~** *(Brit. sl.)* jmdn. ärgern; **get the ~** *(Brit. sl.)* sich ärgern; *see also* **pin 1 a. 2.** *v. t. (coll.)* ärgern; nerven *(ugs.);* **what's needling him?** was fuchst ihn [denn so]? *(ugs.)*

**needle: ~cord** *n. (Textiles)* Feinkord, *der;* **~craft** *n.* Nadelarbeit, *die;* **~ game, ~ match** *ns. (Brit.)* erbitterter Fight *(Sportjargon);* **~-point** *ns.* **a)** Nadelspitze, *die; (fig.)* springender Punkt; **b)** *(embroidery)* Stickerei, *die*

**needless** ['ni:dlɪs] *adj.* unnötig; *(senseless)* sinnlos; **~ to say** *or* **add, he didn't do it** überflüssig zu sagen, daß er es nicht getan hat

**needlessly** ['ni:dlɪslɪ] *adv.* unnötigerweise; *(senselessly)* sinnlos

**needle: ~ valve** *n. (Mech. Engin.)* Nadelventil, *das;* **~woman** *n. (seamstress)* Näherin, *die;* **be a good/bad ~woman** gut nähen [können]/schlecht nähen *od.* nicht gut nähen können; **~work** *n.* Handarbeit, *die;* Nadelarbeit, *die (veralt.); (school subject)* Handarbeiten, *das;* Nadelarbeit, *die (veralt.);* **do ~work** handarbeiten; **a piece of ~work** eine Handarbeit

**needn't** ['ni:dnt] *(coll.)* = **need not;** *see* **need 2 c**

**needs** [ni:dz] *adv. (dated)* **~ must when the devil drives** *(prov.)* was sein muß, muß sein; **if ~ must** wenn es [unbedingt] sein muß *od.* nötig ist

**needy** ['ni:dɪ] *adj.* **a)** *(poor)* notleidend, bedürftig ‹*Person, Familie*›; **the neediest cases** die schlimmsten Fälle von Bedürftigkeit; **the ~**: die Notleidenden *od.* Bedürftigen; **b)** ärmlich, dürftig ‹*Verhältnisse*›

**ne'er** [neə(r)] *adv. (poet.: never)* nimmer *(geh. veralt.);* nie; **~ a ...**: kein einziger/keine einzige/kein einziges ...

**ne'er-do-well** ['neədʊwel] **1.** *n.* Tunichtgut, *der.* **2.** *adj.* nichtsnutzig *(veralt. abwertend);* **~ fellow** Tunichtgut, *der*

**nefarious** [nɪ'feərɪəs] *adj.* ruchlos *(geh.);* frevelhaft *(geh.)*

**negate** [nɪ'geɪt] *v. t.* **a)** *(formal: be negation of)* widersprechen (+ *Dat.*); **b)** *(nullify)* zunichte machen; **c)** *(Ling.)* negieren *(fachspr.);* verneinen

**negation** [nɪ'geɪʃn] *n.* **a)** *(refusal to accept)* Ablehnung, *die; (refusal to accept existence of sth.)* Verleugnung, *die;* **b)** *(negative statement)* negative Aussage; **be the ~ of sth.** im Widerspruch zu etw. stehen; **c)** *(opposite of sth. positive)* Negation, *die;* **d)** *(Ling.)* Negation, *die (fachspr.);* Verneinung, *die*

**negative** ['negətɪv] **1.** *adj.* **a)** negativ; **~ vote** Neinstimme, *die;* **b)** *(Ling.)* verneint; Negations‹*partikel*›; **c)** *(Electr.)* **~ pole/terminal** Minuspol, *der;* **d)** *(Photog.)* negativ; Negativ-. *See also* **feedback b. 2.** *n.* **a)** *(Photog.)* Negativ, *das;* **b)** *(negative statement)* negative Aussage; *(answer)* Nein, *das;* **two ~s make an affirmative** doppelte Verneinung ergibt Bejahung; **be in the ~** ‹*Antwort:*› negativ *od.* „nein" sein; ‹*Votum:*› ablehnend ausfallen; **c)** *(negative quality)* negative Eigenschaft; fehlende Eigenschaft; **d)** *(Ling.)* Negation, *die (fachspr.);* Verneinung, *die.* **3.** *v. t.* **a)** *(veto)* ablehnen; **b)** *(disprove)* widerlegen

**negatively** ['negətɪvlɪ] *adv.* **a)** *(in the negative)* negativ; **answer ~**: eine negative Antwort geben; **b)** *(unsympathetically)* negativ; ablehnend; **c)** *(Electr.)* negativ

**'negative sign** *n. (Math.)* negatives Vorzeichen; *(symbol)* Minuszeichen, *das*

**neglect** [nɪ'glekt] **1.** *v. t.* **a)** *(disregard, leave uncared for)* vernachlässigen; nicht hören auf (+ *Akk.*) ‹*Rat*›; versäumen ‹*Gelegenheit*›; **b)** *(leave undone)* unerledigt lassen, liegenlassen ‹*Korrespondenz, Arbeit*›; **c)** *(omit)* versäumen; **she ~ed to write** sie hat es versäumt zu schreiben; **not ~ doing** *or* **to do sth.** es nicht versäumen, etw. zu tun. **2.** *n.* **a)** *(neglecting, disregard)* Vernachlässigung, *die;* **be in a state of ~** ‹*Gebäude:*› verwahrlost sein; **years of ~**: jahrelange Vernachlässigung; **suffer from ~**: vernachlässigt werden; **~ of duty** Pflichtvergessenheit, *die;* **b)** *(negligence)* Nachlässigkeit, *die;* Fahrlässigkeit, *die*

**neglectful** [nɪ'glektfl] *adj. (careless)* gleichgültig **(of** gegenüber); **be ~ of** sich nicht kümmern um

**négligé, negligee** ['neglɪʒeɪ] *n.* Negligé, *das*

**negligence** ['neglɪdʒəns] *n., no pl. (carelessness)* Nachlässigkeit, *die; (Law, Insurance, etc.)* Fahrlässigkeit, *die; see also* **contributory a**

**negligent** ['neglɪdʒənt] *adj.* **a)** nachlässig; **be ~ about sth.** sich um etw. nicht kümmern; **be ~ of one's duties/sb.** seine Pflichten/jmdn. vernachlässigen; **b)** *(offhand)* ungezwungen, zwanglos

**negligently** ['neglɪdʒəntlɪ] *adv.* **a)** nachlässig ⟨*arbeiten*⟩*;* unvorsichtig ⟨*fahren*⟩*; as sentence-modifier* nachlässigerweise/unvorsichtigerweise; **b)** *(in an offhand manner)* lässig

**negligible** ['neglɪdʒɪbl] *adj.* unerheblich; unbedeutend ⟨*Fehler*⟩*; see also* **quantity e**

**negotiable** [nɪ'gəʊʃəbl] *adj.* **a)** *(open to discussion)* verhandlungsfähig ⟨*Forderung, Bedingungen*⟩; **b)** *(that can be got past)* zu bewältigend *nicht präd.;* zu bewältigen *nicht attr.;* passierbar ⟨*Straße, Fluß*⟩*;* **c)** *(Commerc.)* übertragbar ⟨*Sicherheit, Scheck usw.*⟩

**negotiate** [nɪ'gəʊʃɪeɪt] **1.** *v. i.* verhandeln **(for, on, about** über + *Akk.*); **the negotiating table** der Verhandlungstisch. **2.** *v. t.* **a)** *(arrange)* aushandeln; **b)** *(get past)* bewältigen; überwinden ⟨*Hindernis*⟩*;* passieren ⟨*Straße, Fluß*⟩*;* nehmen ⟨*Kurve*⟩*;* **~ the stairs** die Treppe schaffen *(ugs.);* **c)** *(Commerc.) (convert into cash)* einlösen ⟨*Scheck*⟩*; (transfer)* übertragen ⟨*Wechsel, Papiere, usw.*⟩

**negotiation** [nɪgəʊʃɪ'eɪʃn, nɪgəʊsɪ'eɪʃn] *n.* **a)** *(discussion)* Verhandlung, *die* **(for, about** über + *Akk.*); **by ~:** durch Verhandeln *od.* Verhandlungen; **enter into ~:** in Verhandlungen *(Akk.)* eintreten; **be in ~ with sb.** mit jmdm. verhandeln; **be a matter of ~:** Verhandlungssache sein; **b)** *in pl. (talks)* Verhandlungen *Pl.;* **c)** *see* **negotiate 2 b:** Bewältigung, *die;* Überwindung, *die;* Passieren, *das;* **d)** *see* **negotiate 2 c:** Einlösung, *die;* Übertragung, *die*

**negotiator** [nɪ'gəʊʃɪeɪtə(r)] *n.* Unterhändler, *der*/-händlerin, *die*

**Negress** ['ni:grɪs] *n.* Negerin, *die*

**Negro** ['ni:grəʊ] **1.** *n., pl.* **~es** Neger, *der.* **2.** *adj.* Neger-; **~ woman** Negerin, *die;* **~ art/music** Kunst/Musik der Neger; *see also* **spiritual 2**

**Negroid** ['ni:grɔɪd] **1.** *adj.* negrid; *(akin to or resembling Negroes)* negroid. **2.** *n.* Negride, *der/die; (akin to or resembling Negro)* Negroide, *der/die*

**neigh** [neɪ] **1.** *v. i.* wiehern. **2.** *n.* Wiehern, *das*

**neighbor** *etc. (Amer.) see* **neighbour** *etc.*

**neighbour** ['neɪbə(r)] **1.** *n.* Nachbar, *der*/Nachbarin, *die; (at table)* [Tisch]nachbar, *der*/[Tisch]nachbarin, *die; (thing)* der/die/das daneben; *(building/country)* Nachbargebäude/-land, *das;* **we're next-door ~s** wir wohnen Tür an Tür; **my next-door ~s** meine unmittelbaren Nachbarn; meine Nachbarn von nebenan; **we were ~s at dinner** wir haben beim Essen nebeneinander gesessen. **2.** *v. t. & i.* **~ [upon]** grenzen an (+ *Akk.*)

**neighbourhood** ['neɪbəhʊd] *n.* **a)** *(district)* Gegend, *die;* **sb.'s ~:** jmds. Nachbarschaft; **the children from the ~:** die Kinder aus der Nachbarschaft *od.* Umgebung; **b)** *(nearness)* Nähe, *die;* **it was [somewhere] in the ~ of £100** es waren [so] um [die] 100 Pfund; **c)** *(neighbours)* Nachbarschaft, *die;* **d)** *attrib.* an der *od.* um die Ecke *nachgestellt (ugs.);* **small ~ shop/store** [kleiner] Laden um die Ecke; **your friendly ~ bobby/milkman** *etc. (coll. joc.)* der freundliche Polizist/Milchmann *(ugs.)* von nebenan

**'neighbourhood watch** *n.* Bürgerwehr, *die*

**neighbouring** ['neɪbərɪŋ] *adj.* benachbart; Nachbar-; angrenzend ⟨*Felder*⟩

**neighbourliness** ['neɪbəlɪnɪs] *n., no pl.* gut-*od.* freundnachbarliche Art

**neighbourly** ['neɪbəlɪ] *adj.* **a)** *(characteristic of neighbours)* [gut]nachbarlich; **b)** *(friendly)* freundlich

**neither** ['naɪðə(r), ni:ðə(r)] **1.** *adj.* keiner/keine/keins der beiden; **in ~ case** in keinem Falle. **2.** *pron.* keiner/keine/keins von *od.* der beiden; **~ of them** keiner von *od.* der beiden; *(none)* keiner von ihnen; **~ of the accusations** keine der [beiden] Beschuldigungen; **Which will you have? – N~** Welches nehmen Sie? – Keins [von beiden]; **we ~ of us moved** keiner von uns [beiden] hat sich bewegt. **3.** *adv. (also not)* auch nicht; **I'm not going – N~ am I** *or (sl.)* **Me ~:** Ich gehe nicht – Ich auch nicht; **if you don't go, ~ shall I** wenn du nicht gehst, gehe ich auch nicht; **he didn't go and ~ did I** er ging nicht und ich auch nicht. **4.** *conj.* **a)** *(not either, not on the one hand)* weder; **~ ... nor** weder ... noch; **he ~ knows nor cares** weder weiß er es, noch will er es wissen; **he ~ ate, drank, nor smoked** er aß weder, noch trank, noch rauchte er; *see also* **here 1 a; b)** *(arch.: and also not)* noch

**nelly** ['nelɪ] *n.* **not on your ~** *(Brit. sl.)* nie im Leben *(ugs.);* im Leben nicht *(ugs.)*

**nelson** ['nelsn] *n. (Wrestling)* Nelson, *der*

**nem. con.** [nem 'kɒn] *abbr.* **nemine contradicente** nem. con.

**nemesis** ['nemɪsɪs] *n., pl.* **nemeses** ['nemɪsi:z] **a)** *(formal: justice)* Nemesis, *die;* ausgleichende Gerechtigkeit; **b)** *(downfall)* gerechte Strafe **(of** für)

**neo-** [ni:əʊ] *in comb.* neo-/Neo-

**neo'classic, neo'classical** *adj.* klassizistisch

**neo'classicism** *n.* Klassizismus, *der*

**neolithic** [ni:ə'lɪθɪk] *adj. (Archaeol.)* neolithisch *(fachspr.);* jungsteinzeitlich; *(fig.)* vorsintflutlich; **~ period** Neolithikum, *das;* Jungsteinzeit, *die;* **~ man** Neolithiker, *der*

**neologism** [nɪ'ɒlədʒɪzm] *n.* Neubildung, *die;* Neologismus, *der (Sprachw.)*

**neon** ['ni:ɒn] *n. (Chem.)* Neon, *das*

**neon: ~ 'lamp** *n.* Neonlampe, *die;* **~ 'light** *n.* Neonlicht, *das; (fitting)* Neonlampe, *die;* **~ 'sign** *n.* Neonreklame, *die*

**neophyte** ['ni:əfaɪt] *n.* **a)** *(Relig.)* Neophyt, *der;* **b)** *(beginner)* Anfänger, *der*

**Nepal** [nɪ'pɔ:l] *pr. n.* Nepal *(das)*

**Nepalese** [nepə'li:z], **Nepali** [nɪ'pɔ:lɪ] **1.** *adj.* nepalesisch. **2.** *n.* **a)** *pl.* **Nepalese, Nepalis** *(person)* Nepalese, *der*/Nepalesin, *die;* **b)** *(language)* Nepali, *das*

**nephew** ['nevju:, 'nefju:] *n.* Neffe, *der*

**nephritis** [nɪ'fraɪtɪs] *n. (Med.)* Nephritis, *die (fachspr.);* Nierenentzündung, *die*

**nepotism** ['nepətɪzm] *n.* Nepotismus, *der (geh.);* Vetternwirtschaft, *die (abwertend)*

**Neptune** ['neptju:n] *pr. n.* **a)** *(Roman Mythol.)* Neptun *(der);* **b)** *(Astron.)* Neptun, *der*

**NERC** *abbr. (Brit.)* **Natural Environment Research Council** ≈ Umweltbundesamt

**nerd** [nɜ:d] *n. (sl. derog.)* Depp, *der (abwertend)*

**nerve** [nɜ:v] **1.** *n.* **a)** Nerv, *der;* **~ tissue** Nervengewebe; *das;* **b)** *in pl. (fig., of mental state)* **be suffering from ~s** nervös sein; **bundle of ~s** Nervenbündel, *das (ugs.);* **have a fit of ~s** durchdrehen *(ugs.);* sehr nervös werden; **get on sb.'s ~s** jmdm. auf die Nerven gehen *od.* fallen *(ugs.);* **~s of steel** Nerven wie Drahtseile *(ugs.);* **c) strain every ~** *(fig.)* alle Anstrengungen machen; **d)** *(coolness, boldness)* Kaltblütigkeit, *die;* Mut, *der;* **not have the ~ for sth.** für *od.* zu etw. nicht die Nerven haben; **lose one's ~:** die Nerven verlieren; **a man with an iron ~:** ein Mann mit eisernen Nerven; **e)** *(coll.: audacity)* **of all the ~!** das ist doch die Höhe!; **what [a] ~!** [so eine] Frechheit!; **have the ~ to do sth.** den Nerv haben, etw. zu tun *(ugs.);* **he's got a ~:** der hat Nerven *(ugs.).* **2.** *v. t.* **a)** *(give strength or courage to)* ermutigen; **~ oneself** *or* **one's heart** seinen ganzen Mut zusammennehmen; **b)** *(brace)* **~ oneself** *or* **one's mind** sich wappnen *(geh.)*

**nerve: ~-cell** *n.* Nervenzelle, *die;* **~-centre** *n.* **a)** *(Anat.)* Nervenzentrum, *das;* **b)** *(fig.)* Schaltzentrale, *die;* **~ gas** *n.* Nervengas, *das*

**nerveless** ['nɜ:vlɪs] *adj.* **a)** *(inert)* schwach; kraftlos ⟨*Arm, Hand*⟩; **b)** *(flabby)* kraftlos ⟨*Stil*⟩; **c)** *(cool, confident)* nervenstark

**nerve: ~-racking** *adj.* nervenaufreibend; **~-shattering** *adj.* nervenzerrüttend

**nervous** ['nɜ:vəs] *adj.* **a)** *(Anat., Med.)* Nerven-; **[central] ~ system** [Zentral]nervensystem, *das;* **~ breakdown** Nervenzusammenbruch, *der;* **b)** *(having delicate nerves)* nervös; **be a ~ wreck** mit den Nerven völlig am Ende sein; **c)** *(Brit.: timid)* **be ~ of** *or* **about** Angst haben vor (+ *Dat.*); **I'm ~ of offending him** ich habe Angst, ihn zu kränken; **be a ~ person** ängstlich sein

**nervously** ['nɜ:vəslɪ] *adv.* nervös

**nervousness** ['nɜ:vəsnɪs] *n., no pl.* Ängstlichkeit, *die; (temporary)* Angst, *die*

**nervure** ['nɜ:vjə(r)] *n.* **a)** *(Zool.)* [Flügel]ader, *die;* **b)** *(Bot.)* [Blatt]ader, *die*

**nervy** ['nɜ:vɪ] *adj.* **a)** *(jerky, nervous)* nervös; unruhig; **b)** *(Amer. coll.) (cool, confident)* dreist; *(impudent)* unverschämt

**nest** [nest] **1.** *n.* **a)** *(of bird, animal, insect)* Nest, *das;* **foul one's own ~** *(fig.) (denigrate one's own family)* das eigene *od.* sein eigenes Nest beschmutzen; *(harm one's own interests)* sich *(Dat.)* selbst schaden; *see also* **feather 2 a; b)** *(fig.: retreat, shelter, receptacle)* Nest, *das (fig.);* Zufluchtsort, *der;* **leave the ~:** flügge werden; **c)** *(haunt of robbers etc.)* Nest, *das;* Schlupfwinkel, *der;* **d)** *(place fostering vice etc.)* Brutstätte, *die;* **e)** *(brood or swarm in a ~)* Nest, *das; (of rabbits)* Satz, *der (Jägerspr.); (of wasps, hornets, ants)* Schwarm, *der;* **f)** *(group of machine-guns) (Mil.)* [MG-]Nest, *das;* **g)** *(set)* Satz, *der;* **~ of tables** Satz Tische. **2.** *v. i.* **a)** *(make or have ~)* nisten; **b)** *(take ~s)* Nester entfernen; *(take eggs)* Nester ausnehmen *od.* ausheben; **c)** *(fit together)* **~ [into one another]** ineinanderpassen. **3.** *v. t.* **a)** *(place as in ~)* einbetten; **b)** *(pack one inside the other)* ineinandersetzen ⟨*Töpfe usw.*⟩; *(fig.)* einbetten

**'nest-egg** *n.* **a)** Nestei, *das;* **b)** *(fig.)* Notgroschen, *der*

**'nesting-box** *n.* Nistkasten, *der*

**nestle** ['nesl] **1.** *v. i.* **a)** *(settle oneself)* sich kuscheln; **~ down in a sleeping-bag** sich in einen Schlafsack kuscheln; **b)** *(press oneself affectionately)* sich schmiegen **(to, up against** an + *Akk.*); **they ~d [up] together** sie schmiegten sich aneinander; **c)** *(lie half hidden)* eingebettet sein. **2.** *v. t.* **a)** *(push affectionately or snugly)* kuscheln, schmiegen **(against** an + *Akk.*); **b)** *(hold as in nest)* **~ a baby in one's arms** ein Baby schützend in den Armen halten

**nestling** ['nestlɪŋ] *n.* Nestling, *der*

[1]**net** [net] **1.** *n. (lit. or fig.)* Netz, *das;* **cast one's ~ wide** *(fig.)* seine Netze weit spannen; **spread one's ~** *(fig.)* seine Netze stellen *od.* spannen. **2.** *v. t.,* **-tt- a)** *(cover)* **~ [over]** mit einem Netz überziehen ⟨*Baum, Busch*⟩*; (catch)* [mit einem Netz] fangen ⟨*Tier*⟩*;* einfangen ⟨*Person*⟩*;* **~ sb. sth.** *(fig. coll.)* jmdm. etw. einbringen; **b)** *(put in net)* ins Netz schlagen; *(put in goal)* ins Tor schießen; **~ a goal** ein Tor schießen

[2]**net 1.** *adj.* **a)** *(free from deduction)* netto; Netto⟨*einkommen, -[verkaufs]preis usw.*⟩; **b)** *(not subject to discount);* **~ price** gebunde

ner Preis; ~ **book** preisgebundenes Buch; **Net 'Book Agreement** Vereinbarung zur Preisbindung bei Büchern; **c)** *(excluding weight of container etc.)* netto; ~ **weight** Nettogewicht, *das;* **d)** *(effective, ultimate)* End⟨*ergebnis, -effekt*⟩. **2.** *v. t.*, **-tt-** *(gain)* netto einnehmen; *(yield)* netto einbringen

**net: ~ball** *n.* Korbball, *der;* **~-cord** *n. (Tennis)* **a)** Spannseil, *das;* **b)** *(stroke)* Netzball, *der;* ~ **'curtain** *n.* Store [aus Gittertüll]; Tüllgardine, *die*

**nether** ['neðə(r)] *adj. (arch./joc.)* unter...; Unter⟨*lippe, -kiefer*⟩

**Netherlands** ['neðələndz] **1.** *pr. n. sing. or pl.* Niederlande *Pl.* **2.** *attrib. adj.* niederländisch

**nether 'regions,** ~ **'world** *ns.* Unterwelt, *die*

**net 'profit** *n.* Reingewinn, *der*

**nett** *see* **[2]net**

**netting** ['netɪŋ] *n.* **a)** *(making net)* Knüpfen, *das;* **b)** *([piece of] net)* Netz, *das; (needlework)* Filet- *od.* Netzarbeit, *die;* **cover with ~:** mit Netzen/mit einem Netz bedecken; **wire ~:** Drahtgeflecht, *das;* Maschendraht, *der*

**nettle** ['netl] **1.** *n.* Nessel, *die; see also* **grasp 2 b; stinging-nettle. 2.** *v. t.* reizen; aufbringen

**'nettle-rash** *n. (Med.)* Nesselsucht, *die;* Nesselausschlag, *der*

**'network 1.** *n.* **a)** *(of intersecting lines, electrical conductors)* Netzwerk, *das;* **b)** *(of railways etc., persons, operations)* Netz, *das;* **c)** *(of broadcasting stations)* [Sender]netz, *das; (company)* Sender, *der.* **2.** *v. t. (broadcast)* [im ganzen Sendebereich] ausstrahlen

**Neuchâtel** [nɜ:ʃæ'tel] *pr. n.* Neuenburg *(das)*

**neural** ['njʊərl] *adj. (Anat.)* neural *(fachspr.);* Nerven-

**neuralgia** [njʊə'rældʒə] *n. (Med.)* Neuralgie, *die (fachspr.);* Nervenschmerz, *der*

**neuritis** [njʊə'raɪtɪs] *n. (Med.)* Neuritis, *die (fachspr.);* Nervenentzündung, *die*

**neurological** [njʊərə'lɒdʒɪkl] *adj.* neurologisch

**neurologist** [njʊə'rɒlədʒɪst] *n.* Neurologe, *der*/Neurologin, *die;* Nervenarzt, *der*/Nervenärztin, *die*

**neurology** [njʊə'rɒlədʒɪ] *n.* Neurologie, *die*

**neuron** ['njʊərɒn], **neurone** ['njʊərəʊn] *n. (Anat.)* Neuron, *das*

**neurosis** [njʊə'rəʊsɪs] *n., pl.* **neuroses** [njʊə'rəʊsi:z] Neurose, *die*

**neurosurgeon** [njʊərəʊ'sɜ:dʒn] *n.* Neurochirurg, *der*/-chirurgin, *die*

**neurosurgery** [njʊərəʊ'sɜ:dʒərɪ] *n.* Neurochirurgie, *die*

**neurotic** [njʊə'rɒtɪk] **1.** *adj.* **a)** *(suffering from neurosis)* nervenkrank; **b)** *(of neurosis)* neurotisch; ~ **affection** *or* **ailment** Nervenkrankheit, *die;* **c)** *(coll.: unduly anxious)* neurotisch; **don't get ~ about it** laß es nicht zu einer Neurose werden. **2.** *n.* Neurotiker, *der*/Neurotikerin, *die*

**neurotically** [njʊə'rɒtɪkəlɪ] *adv.* neurotisch

**neuter** ['nju:tə(r)] **1.** *adj.* **a)** *(Ling.)* sächlich; neutral *(fachspr.);* **b)** *(Bot.: asexual)* weder männlich noch weiblich; ungeschlechtlich ⟨*Blüte*⟩; **c)** *(Zool.: sterile)* unfruchtbar. **2.** *n.* **a)** *(Ling.)* Neutrum, *das;* **b)** *(Zool.) (insect)* unfruchtbares Insekt; *(ant, bee)* Arbeiterin, *die;* **c)** *(castrated animal)* kastriertes Tier. **3.** *v. t.* kastrieren

**neutral** ['nju:trl] **1.** *adj.* neutral; ~ **gear** Leerlauf, *der; see also* **equilibrium. 2.** *n.* **a)** Neutrale, *der/die;* **be ~s/a ~:** neutral sein; **b)** *(~ gear)* Leerlauf, *der;* **in ~:** im Leerlauf

**neutralise** *see* **neutralize**

**neutrality** [nju:'trælɪtɪ] *n.* Neutralität, *die*

**neutralize** ['nju:trəlaɪz] *v. t.* **a)** *(Chem.)* neutralisieren; **b)** *(counteract)* neutralisieren; entkräften ⟨*Argument*⟩

**neutrally** ['nju:trəlɪ] *adv.* neutral

**neutrino** [nju:'tri:nəʊ] *n., pl.* **~s** *(Phys.)* Neutrino, *das*

**neutron** ['nju:trɒn] *n. (Phys.)* Neutron, *das*

**neutron: ~ bomb** *n.* Neutronenbombe, *die;* ~ **star** *n.* Neutronenstern, *der*

**never** ['nevə(r)] *adv.* **a)** *(at no time)* nie; **I ~ thought I would see her again** ich hätte nie gedacht, daß ich sie wiedersehen würde; **the rain seemed as if it would ~ stop** der Regen schien gar nicht mehr aufhören zu wollen; **will the rain ~ stop?** hört denn der Regen überhaupt nicht mehr auf?; **he has ~ been abroad** er war [noch] nie im Ausland; **he ~ so much as apologized** er hat sich nicht einmal entschuldigt; **I ~ slept a wink all night** ich habe die ganze Nacht kein Auge zugetan; **~ is a long time** man soll niemals nie sagen; **~, ~:** nie, nie; niemals; *(more emphatic)* nie im Leben; ~ **so** [auch] noch so; **be it ~ so great** wenn es auch noch so groß ist; mag es auch noch so groß sein; **~-to-be-forgotten** unvergeßlich; **~-satisfied** unersättlich; **~-ending** endlos; **~-failing** unfehlbar; unerschöpflich ⟨*Quelle*⟩; **b)** *(not ... at any time, not ... at all)* nie; **he was ~ one to do sth.** es war nicht seine Art, etw. zu tun; **he is ~ likely to succeed** er wird es nie schaffen; **I ~ remember her winning** ich kann mich nicht erinnern, daß sie je gewonnen hätte; ~ **a** *(not one)* kein einziger/keine einzige/kein einziges; **c)** *(coll.) expr. surprise* **you ~ believed that, did you?** du hast das doch wohl nicht geglaubt?; **He ate the whole turkey. – N~!** Er hat den ganzen Truthahn aufgegessen. – Nein! *(ugs.);* **well, I ~ [did]!** [na *od.* nein *od.* also] so was!

**never: ~'more** *adv.* nie wieder; **~-'never** *n. (Brit. coll.)* Abzahlungskauf, *der;* **on the ~-never [system]** auf Stottern *(ugs.);* auf Raten; **~the'less** *adv.* trotzdem; nichtsdestoweniger

**new** [nju:] **1.** *adj.* **a)** *(not existing before)* neu; **'~ boy/girl** *(lit. or fig.)* Neuling, *der;* **a ~ baby** ein neugeborenes Kind; ein Neugeborenes; **b)** *(unfamiliar)* neu; **flying was an experience ~ to him** Fliegen war für ihn eine neue Erfahrung; **that's a ~ one on me** *(coll.)* das ist mir neu; *(of joke etc.)* den habe ich noch nicht gehört; *(of style etc.)* das habe ich noch nicht gesehen; **visit ~ places** unbekannte Orte besuchen; **so what else is ~?** *(iron.)* sonst was Neues? *(ugs.);* **that is not** *or* **nothing ~ to me** das ist mir nichts Neues; **c)** *(renewed, additional, changed)* neu; *(in place-names)* Neu-; **the ~ mathematics** die neue Mathematik; **the ~ poor** die erst vor kurzem Verarmten; **the ~ rich** die Neureichen *(abwertend);* **the ~ woman** die moderne Frau; die Frau von heute; **be like a ~ man/woman** wie neugeboren sein; *see also* **birth a; broom a; [1]deal 3 a; leaf 1 b; d)** *(of recent origin, growth, or manufacture)* neu; frisch ⟨*Brot, Gemüse*⟩; neu ⟨*Kartoffeln*⟩; neu, jung ⟨*Wein*⟩; neu, lebend ⟨*Sprache*⟩; **as good as ~:** so gut wie neu; **as ~:** neuwertig. **2.** *adv.* **a)** *(recently)* vor kurzem; frisch ⟨*gebacken, gewaschen, geschnitten*⟩; gerade erst ⟨*erblüht*⟩; **b)** *(afresh)* neu

**'new-born** *adj.* **a)** *(recently born)* neugeboren; **b)** *(regenerated)* neu gewonnen ⟨*Mut, Kraft usw.*⟩; neu ⟨*Person*⟩

**'newcomer** *n.* Newcomer, *der; (new arrival also)* Neuankömmling, *der; (one having no experience also)* Neuling, *der* **(to** in + *Dat.***)**; *(thing also)* Neuheit, *die* **(to** für**)**

**New Delhi** [nju: 'delɪ] *pr. n.* Neu-Delhi *(das)*

**newel** ['nju:əl] *n.* **a)** *(pillar)* Spindel, *die;* **b)** ~ **[post]** *(supporting stair-handrail)* [Treppen]pfosten, *der*

**New 'England 1.** *n.* Neuengland *(das).* **2.** *attrib. adj.* aus Neuengland; ⟨*Stadt usw.*⟩ in Neuengland

**New Englander** [nju: 'ɪŋgləndə(r)] *n.* Neuengländer, *der*/Neuengländerin, die

**new: ~fangled** [nju:'fæŋgld] *adj. (derog.)* neumodisch *(abwertend);* **~-found** *adj.* neu; *(recently discovered)* neu[entdeckt]

**Newfoundland** [nju:'faʊndlənd] **1. a)** *pr. n.* Neufundland *(das);* **b)** *n. (dog)* Neufundländer, *der.* **2.** *adj.* neufundländisch; ~ **dog** Neufundländer, *der*

**Newfoundlander** [nju:'faʊndləndə(r)] *n.* Neufundländer, *der*/Neufundländerin, *die*

**New 'Guinea** *pr. n.* Neuguinea *(das)*

**newish** ['nju:ɪʃ] *adj.* ziemlich neu

**new: ~-laid** *adj.* frisch [gelegt]; **New 'Left** *n.* neue Linke; ~ **'look** *n. (coll.)* neuer Stil; **~-look** *adj.* neu

**newly** ['nju:lɪ] *adv.* neu; ~ **married** seit kurzem verheiratet

**'newly-wed** *n.* Jungverheiratete, *der/die*

**new: ~ 'moon** *n.* Neumond, *der;* **~-mown** *adj.* frisch gemäht

**news** [nju:z] *n., no pl.* **a)** *(new information)* Nachricht, *die;* **items** *or* **pieces** *or* **bits of ~:** Neuigkeiten; **be in the** *or* **make ~:** Schlagzeilen machen; **that's ~ to me** *(coll.)* das ist mir neu; **what's the latest ~?** was gibt es Neues?; **have you heard the/this ~?** hast du schon gehört/das schon gehört?; weißt du schon das Neueste? *(ugs.);* **have you had any ~ of your brother?** hast du etwas von deinem Bruder gehört?; hast du Nachricht von deinem Bruder?; **I have ~ for you** *(also iron.)* ich habe eine Neuigkeit für dich; **bad/good ~:** schlechte/gute Nachrichten; **sb./sth. is good ~** *(coll.)* jmd./etw. ist wirklich toll *(ugs.);* **he/she/that firm is bad ~** *(coll.)* er/sie/diese Firma ist mit Vorsicht zu genießen *(ugs.);* **no ~ is good ~** *(prov.)* keine Nachricht, gute Nachricht; **b)** *(Radio, Telev.)* Nachrichten *Pl.;* **the 10 o'clock ~:** die 10-Uhr-Nachrichten; **listen to/watch the ~:** [die] Nachrichten hören/sehen; **I heard it on the ~:** ich habe es in den Nachrichten gehört; **here is the ~** *(Radio)* Sie hören Nachrichten; *(Telev.)* ≈ ich begrüße Sie zu den Nachrichten; **summary of the ~:** Nachrichtenüberblick, *der*

**news: ~ agency** *n.* Nachrichtenagentur, *die;* **~agent** *n.* Zeitungshändler, *der*/-händlerin, *die;* **~boy** *n.* Zeitungsjunge, *der;* ~ **bulletin** *n.* Nachrichten *Pl.;* **~cast** *n.* Nachrichtensendung, *die;* **~caster** *n.* Nachrichtensprecher, *der*/-sprecherin, *die;* ~ **conference** *n.* Pressekonferenz, *die;* **~dealer** *n. (Amer.)* Zeitungshändler, *der*/-händlerin, *die;* ~ **desk** *n.* Nachrichtenredaktion, *die;* **this is Joe Smith at the ~ desk** *(Radio)* hier ist Joe Smith mit den Nachrichten; **~flash** *n.* Kurzmeldung, *die;* **~girl** *n. (delivering)* Zeitungsausträgerin, *die; (selling)* Zeitungsverkäuferin, *die;* **~hawk** *see* **~hound;** ~ **'headline** *n.* Schlagzeile, *die;* **~hound** *n. (Amer.)* Zeitungsmann, *der (ugs.);* Journalist, *der;* **~letter** *n.* Rundschreiben, *das;* **~man** *n.* Reporter, *der;* **~paper** ['nju:speɪpə(r)] *n.* **a)** Zeitung, *die; attrib.* **~paper boy/girl** Zeitungsausträger, *der*/-austrägerin, *die;* **b)** *(material)* Zeitungspapier, *das;* **~paperman** *n.* Zeitungsmann, *der (ugs.);* Journalist, *der;* **~print** *n.* Zeitungspapier, *das; (ink)* Druckerschwärze, *die;* **~reader** *n.* Nachrichtensprecher, *der*/-sprecherin, *die;* **~reel** *n.* Wochenschau, *die;* ~ **room** *n.* Nachrichtenredaktion, *die;* **~-sheet** *n.* Informationsblatt, *das;* **~-stand** *n.* Zeitungskiosk, *der;* Zeitungsstand, *der;* ~ **summary** *n.* Kurznachrichten *Pl.*

**new 'star** *n. (Astron.)* Nova, *die*

**news: ~-vendor** *n.* Zeitungsverkäufer, *der*/-verkäuferin, *die;* **~worthy** *adj.* [für die Medien] interessant ⟨*Person, Ereignis*⟩; berichtenswert ⟨*Ereignis*⟩

**newsy** ['nju:zɪ] *adj. (coll.)* **a)** *(full of news)* voller Neuigkeiten *nachgestellt;* **b)** *(newsworthy)* interessant

**newt** [nju:t] *n.* [Wasser]molch, *der; see also* **pissed a**

**New 'Testament** *see* **testament a**

**newton** ['nju:tn] *n. (Phys.)* Newton, *das*

**new: ~ town** *n.: mit Unterstützung der Regierung völlig neu entstandene Ansiedlung;* **~ 'world** *see* **world a; ~ 'year** *n.* Neujahr, *das;* **over the New Year** über Neujahr; **the Jewish New Year** das jüdische Neujahrsfest; **a Happy New Year** ein glückliches *od.* gutes neues Jahr; **New Year honours** *(Brit.)* Titel- und Ordensverleihungen am Neujahrstag; **bring in the New Year** Silvester feiern; *see also* **resolution b; New 'Year's** *(Amer.),* **New Year's 'Day** *ns.* Neujahrstag, *der;* **New Year's 'Eve** *n.* Silvester, *der od. das;* Neujahrsabend, *der*

**New Yorker** [nju: 'jɔ:kə(r)] *n.* New Yorker, *der*/New Yorkerin, *die*

**New Zealand** [nju: 'zi:lənd] **1.** *pr. n.* Neuseeland *(das).* **2.** *attrib. adj.* neuseeländisch

**New Zealander** [nju: 'zi:ləndə(r)] *n.* Neuseeländer, *der*/Neuseeländerin, *die*

**next** [nekst] **1.** *adj.* **a)** *(nearest)* nächst...; **[the] ~ thing to sth.** fast *od.* beinahe etw.; **the seat ~ to me** der Platz neben mir; **the ~ room** das Nebenzimmer; **~ friend** *(Law)* ≈ Beistand, *der;* **the ~ but one** der/die/das übernächste; **be the one ~ to the door** der/die neben der Tür sein; **~ to** *(fig.: almost)* fast; nahezu; **get ~ to sb.** *(Amer. sl.: friendly)* sich an jmdn. ranmachen *(ugs.);* **b)** *(in order)* nächst...; **within the ~ few days** in den nächsten Tagen; **~ week/month/year** nächste Woche/nächsten Monat/nächstes Jahr; **on the first of ~ month** am nächsten Ersten; **~ year's results** die Ergebnisse des nächsten Jahres; **during the ~ year** während der nächsten zwölf Monate; **we'll come ~ May** wir kommen im Mai nächsten Jahres; **the ~ largest/larger** der/die/das nächstkleinere/nächstgrößere; **[the] ~ time** das nächste Mal; **the ~ best** der/die/das nächstbeste; **taking one year** *etc.* **with the ~:** im ganzen gesehen; **am I ~?** komme ich jetzt dran?; **he's as able as the '~ man** er kann es wie jeder andere auch; *see also* **door a; world a. 2.** *adv. (in the next place)* als nächstes; *(on the next occasion)* das nächste Mal; **when I ~ see him** wenn ich ihn das nächste Mal sehe; **whose name comes ~?** wessen Name kommt als nächstes *od.* nächster?; **it is my turn ~:** ich komme als nächster dran; **what 'will they think of ~?** was fällt denen als nächstes ein?; **sit/stand ~ to sb.** neben jmdm. sitzen/stehen; **place sth. ~ to sb./sth.** etw. neben jmdn./etw. stellen. **3.** *n.* **a)** *(letter, issue, etc.)* nächster Brief/nächste Ausgabe *usw.;* **b)** *(period of time)* **from one day to the ~:** von einem Tag zum andern; **the week after ~:** [die] übernächste Woche; **c)** *(person)* **~ of kin** nächster/nächste Angehörige; **~ please!** der nächste, bitte!

**'next-door** *adj.* gleich nebenan *nachgestellt; see also* **neighbour 1**

**nexus** ['neksəs] *n.* Nexus, *der (fachspr.)*

**NHS** *abbr. (Brit.)* **National Health Service**

**NI** *abbr. (Brit.)* **National Insurance**

**Niagara Falls** [naiægərə 'fɔ:lz] *pr. n. pl.* Niagarafälle

**nib** [nɪb] *n.* Feder, *die; (tip)* Spitze, *die*

**nibble** ['nɪbl] **1.** *v.t.* knabbern; **~ off** abknabbern. **2.** *v.i.* knabbern **(at, on** an + *Dat.);* **the cheese had been ~d at** der Käse war angeknabbert worden; **they are nibbling at the idea** *(fig.)* sie beginnen, sich langsam für die Idee zu interessieren. **3.** *n.* **a)** *(lit. or fig.)* Anbeißen, *das;* **he didn't get a single ~:** bei ihm biß nicht einer an; **b)** *in pl. (coll.: things to eat)* etwas zum Knabbern

**nibs** [nɪbz] *n. (sl./joc.)* **his ~:** der hohe Herr *(scherzh.)*

**Nicaragua** [nɪkə'rægjʊə] *pr. n.* Nicaragua *(das)*

**Nicaraguan** [nɪkə'rægjʊən] **1.** *adj.* nicaraguanisch; **sb. is ~:** jmd. ist Nicaraguaner/Nicaraguanerin. **2.** *n.* Nicaraguaner, *der*/Nicaraguanerin, *die*

**Nice** [ni:s] *pr. n.* Nizza *(das)*

**nice** [naɪs] *adj.* **a)** *(pleasing)* nett; angenehm ‹*Stimme*›; schön ‹*Wetter*›; *(iron.: disgraceful, difficult)* schön; sauber *(iron.);* **the hotel is ~ enough** das Hotel ist nicht schlecht *od.* ganz ordentlich; **she has a ~ smile** sie lächelt so nett; **a ~ friend you are!** *(iron.)* du bist mir [ja] ein schöner Freund!; **you're a ~ one, I must say** *(iron.)* du bist mir vielleicht einer; **be in a ~ mess** *(iron.)* in einem schönen Schlamassel sitzen *(ugs.);* **[do a piece of] ~ work** saubere *od.* gute Arbeit [leisten]; **~ to meet you** freut mich, Sie kennenzulernen; **~ [and] warm/fast/high** schön warm/schnell/hoch; **a ~ long holiday** schöne lange Ferien; **~-looking** hübsch; gut aussehend, hübsch ‹*Person*›; **not very ~** *(unpleasant)* nicht sehr nett; nicht sehr schön ‹*Wetter*›; **he is not very ~ to his sister** er ist nicht gerade nett zu seiner Schwester; **~ one!** *(coll.)* nicht schlecht!; **~ one, Cyril!** *(Brit. sl.)* so ein Schlaumeier!; **~ work if you can get it** *(iron.)* das ließe ich mir auch gefallen!; **b)** *(fastidious)* anspruchsvoll; *(punctilious)* genau; **c)** *(requiring precision)* fein, genau ‹*Unterscheidung*›; **d)** *(subtle)* fein ‹*Bedeutungsunterschied*›

**nicely** ['naɪslɪ] *adv. (coll.)* **a)** *(well)* nett; gut ‹*arbeiten, sich benehmen, plaziert sein*›; **a ~ behaved child** ein wohlerzogenes Kind; **b)** *(all right)* gut; **he's got a new job and is doing very ~:** er hat eine neue Arbeit und kommt prima *(ugs.) od.* sehr gut damit zurecht; **the patient is doing ~:** der Patient macht gute Fortschritte; **that will do ~:** das reicht völlig; *see also* **thank**

**nicety** ['naɪsɪtɪ] *n.* **a)** *no pl. (punctiliousness)* [peinliche] Genauigkeit; **b)** *no pl. (precision, accuracy)* Feinheit, *die;* Genauigkeit, *die;* **to a ~:** perfekt ‹*arrangieren*›; sehr genau ‹*schätzen*›; **c)** *no pl. (intricate or subtle quality)* Feinheit, *die;* **make a point of great ~:** höchst subtil argumentieren; **d)** *in pl. (minute distinctions)* Feinheiten

**niche** [nɪtʃ, ni:ʃ] *n.* **a)** *(in wall)* Nische, *die;* **b)** *(fig.: suitable place)* Platz, *der;* **there he soon carved out a ~ for himself** dort fand er bald den richtigen Platz für sich

**Nicholas** ['nɪkələs] *pr. n. (Hist., as name of ruler etc.)* Nikolaus *(der)*

**Nick** [nɪk] *n.* **Old ~:** der Teufel; der Leibhaftige *(verhüll.)*

**nick** **1.** *n.* **a)** *(notch)* Kerbe, *die;* **b)** *(sl.: prison)* Kittchen, *das (ugs.);* Knast, *der (salopp);* **c)** *(Brit. sl.: police station)* Wache, *die;* Revier, *das;* **d) in good/poor ~** *(coll.)* gut/nicht gut in Schuß *(ugs.);* **e) in the ~ of time** gerade noch rechtzeitig. **2.** *v.t.* **a)** *(make ~ in)* einkerben ‹*Holz*›; **~ one's chin** sich am Kinn schneiden; **b)** *(Brit. sl.) (catch)* schnappen *(ugs.); (arrest)* einlochen *(salopp);* **c)** *(Brit. sl.: steal)* klauen *(salopp);* mitgehen lassen *(ugs.)*

**nickel** ['nɪkl] *n.* **a)** *(metal)* Nickel, *das;* **b)** *(US coin)* Fünfcentstück, *das*

**nickel-'plate** *v.t.* vernickeln

**nicker** ['nɪkə(r)] *n., pl. same (Brit. sl.)* Pfund, *das;* **it's a hundred ~** ≈ es sind dreihundert Eier *(salopp)*

**nickname** ['nɪkneɪm] **1.** *n.* **a)** *(name added or substituted)* Spitzname, *der;* **b)** *(abbreviation)* Spitzname, *der; (affectionate)* Koseform, *die.* **2.** *v.t.* einen Spitznamen geben (+ *Dat.);* **~ sb. ...:** jmdm. den Spitznamen ... geben; jmdn. ... taufen

**nicotine** ['nɪkəti:n] *n.* Nikotin, *das*

**niece** [ni:s] *n.* Nichte, *die*

**nifty** ['nɪftɪ] *adj. (sl.)* **a)** *(smart, excellent)* klasse *(ugs.);* flott ‹*Kleidung*›; **b)** *(clever)* geschickt; clever ‹*Plan, Idee*›

**[1]Niger** ['naɪdʒə(r)] *pr. n. (river)* Niger, *der*

**[2]Niger** [ni:'ʒeə(r)] *pr. n. (country)* Niger *(das od. der)*

**Nigeria** [naɪ'dʒɪərɪə] *pr. n.* Nigeria *(das)*

**Nigerian** [naɪ'dʒɪərɪən] **1.** *adj.* nigerianisch; **sb. is ~:** jmd. ist Nigerianer/Nigerianerin. **2.** *n.* Nigerianer, *der*/Nigerianerin, *die*

**niggardly** ['nɪgədlɪ] *adj.* **a)** *(miserly)* knaus[e]rig *(ugs. abwertend);* **b)** *(given in small amounts)* armselig, kümmerlich *(abwertend)* ‹*Portion*›

**nigger** ['nɪgə(r)] *n. (derog.: Negro, dark-skinned person)* Nigger, *der (abwertend);* **there's a ~ in the woodpile** *or (Amer.)* **in the fence** *(fig.)* es gibt einen Haken bei *od.* an der Sache; **who's the ~ in the woodpile?** *(fig.)* wer schießt hier quer?

**niggle** ['nɪgl] **1.** *v.i.* **a)** *(spend time on petty details)* **~ over** [endlos] herumtüfteln an (+ *Dat.)* ‹*Vertrag, Klausel*›; **~ over every small point** sich mit jeder winzigen Einzelheit aufhalten; **b)** *(find fault pettily)* [herum]nörgeln *(ugs. abwertend)* **(at** an + *Dat.).* **2.** *v.t.* herumnörgeln an (+ *Dat.);* **be ~d** verärgert sein

**niggling** ['nɪglɪŋ] *adj.* **a)** *(petty)* belanglos; **b)** *(trivial)* nichtssagend; oberflächlich ‹*Kritik*›; krittelig ‹*Rezension, Rezensent*›; **c)** *(nagging)* nagend ‹*Zweifel*›; quälend ‹*Gefühl*›

**niggly** ['nɪglɪ] *adj.* **a)** *(irritable)* gereizt; **b)** *see* **niggling a**

**nigh** [naɪ] *(arch./literary/dial.)* **1.** *adv.* nahe; **come** *or* **draw ~:** näherkommen; ‹*Tag, Zeitpunkt:*› nahen; **it's ~ on impossible** es ist nahezu unmöglich; *see also* **wellnigh. 2.** *prep.* nahe *(geh.) nachgestellt* (+ *Dat.)*

**night** [naɪt] *n.* **a)** Nacht, *die; (evening)* Abend, *der;* **~ after ~:** Nacht für Nacht/Abend für Abend; **the following ~:** die Nacht/der Abend darauf; **the previous ~:** die vorausgegangene Nacht/der vorausgegangene Abend; **one ~ he came** eines Nachts/Abends kam er; **two ~s ago** vorgestern nacht/abend; **the other ~:** neulich abends/nachts; **far into the ~:** bis spät *od.* tief in die Nacht; **on Sunday ~:** Sonntag nacht/[am] Sonntag abend; **on Sunday ~s** Sonntag abends; **on the ~ of Friday the 13th** am Freitag, dem 13., nachts/abends; **[on] the ~ after/before** die Nacht danach/davor; **[on] the ~ after/before sth.** die Nacht nach/vor etw. *(Dat.);* **for the ~:** über Nacht; **late at ~:** spätabends; **a ~ raid** ein nächtlicher Überfall; ein Nachtangriff *(Milit.);* **a ~'s rest will make you feel better** wenn du eine Nacht richtig geschlafen hast, wirst du dich wieder besser fühlen; **take all ~** *(fig.)* den ganzen Abend brauchen; **at ~** *(in the evening, at ~fall)* abends; *(during the ~)* nachts; bei Nacht; **make a ~ of it** die Nacht durchfeiern; durchmachen *(ugs.);* **~ and day** Tag und Nacht; **as ~ follows day** so sicher wie das Amen in der Kirche; **a ~ off** eine Nacht/ein Abend frei; **~ out** *(of servant)* freier Abend; **it is her ~ ou[t]** sie hat ihren freien Abend; **have a ~ ou[t]** *(festive evening)* [abends] ausgehen; **she works one ~ a week** sie arbeitet einen Abend/eine Nacht in der Woche; **spend th[e] ~ with sb.** bei jmdm. übernachten; *(im[-] plying sexual intimacy)* die Nacht mi[t] jmdm. verbringen; **stay the ~** *or* **over ~** über Nacht bleiben; **work ~s** nachts arbei[-] ten; *(be on ~shift)* ‹*Krankenschwester:*› Nachtdienst haben; ‹*Schichtarbeiter:*› Nachtschicht haben; *see also* **good 1 m** **[1]last 1; b)** *(darkness, lit. or fig.)* Nacht, *die* **black as ~:** schwarz wie die Nacht; **it wen[t] as dark as ~:** es wurde stockdunkel; **c** *(~fall)* Einbruch der Dunkelheit; **wait fo[r] ~:** darauf warten, daß es Nacht wird; **whe[n] ~ comes** wenn es dunkel wird; **d)** *(~'s sleep)* **have a good/bad ~:** gut/schlecht schlafen **have a sleepless ~:** eine schlaflose Nach[t] haben; **e)** *(evening of performance etc.*

Abend, *der;* **opening ~:** Premiere, *die; see also* **first night; ladies' night; f)** *attrib.* Nacht-/Abend-

**night: ~-bell** *n. (Brit.)* Nachtglocke, *die;* **~bird** *n. (person)* Nachteule, *die (ugs. scherzh.);* **~-blindness** *n.* Nachtblindheit, *die;* **~cap** *n.* **a)** Nachtmütze, *die; (woman's)* Nachthaube, *die;* **b)** *(drink)* Schlaftrunk, *der;* **~clothes** *n. pl.* Nachtwäsche, *die;* **in one's ~clothes** im Nachthemd/Schlafanzug; **~-club** *n.* Nachtklub, *der;* Nachtlokal, *das;* **~dress** *n.* Nachthemd, *das;* **~ duty** *n.* Nachtdienst, *der;* **be on ~ duty** Nachtdienst haben; **~fall** *n., no art.* Einbruch der Dunkelheit; **at/after ~fall** bei/nach Einbruch der Dunkelheit; **~ fighter** *n. (Air Force)* Nachtjäger, *der;* **~ flying** *n.* Nachtfliegen, *das;* **~gown** *see* **~dress**

**nightie** ['naɪtɪ] *n. (coll.)* Nachthemd, *das*

**nightingale** ['naɪtɪŋgeɪl] *n.* Nachtigall, *die*

**night: ~jar** *n. (Ornith.)* Ziegenmelker, *der;* **~-life** *n.* Nachtleben, *das;* **~-light** *n.* Nachtlicht, *das;* **~-long 1.** *adj.* sich über die ganze Nacht hinziehend; **keep a ~-long vigil** die ganze Nacht wachen; **2.** *adv.* die ganze Nacht [lang *od.* über]

**nightly** ['naɪtlɪ] **1.** *adj. (happening, done, etc. in the night/evening)* nächtlich/abendlich; *(happening every night/evening)* allnächtlich/allabendlich. **2.** *adv. (every night)* jede Nacht; *(every evening)* jeden Abend; **twice ~** *(Theatre etc.)* zweimal pro Abend

**night: ~mare** *n. (lit. or fig.)* Alptraum, *der;* **~marish** ['naɪtmeərɪʃ] *adj.* alptraumhaft; **~-'night** *int. (coll.)* [gute] Nacht; **~ nurse** *n.* Nachtschwester, *die;* **~-owl** *n.* **a)** *(Ornith.)* Eule, *die;* Nachteule, *die (veralt.);* **b)** *(coll.: person)* Nachteule, *die (ugs. scherzh.);* Nachtschwärmer, *der (scherzh.);* **~-porter** *n.* Nachtportier, *der;* **~-robe** *(Amer.) see* **~-dress;** **~ safe** *n.* Nachttresor, *der;* **~-scented 'stock** *n. (Bot.)* Abendlevkoje, *die;* **~ school** *n.* Abendschule, *die;* **~shade** *n. (Bot.)* Nachtschatten, *der;* **black ~shade** Schwarzer Nachtschatten; **woody ~shade** Bittersüß, *das;* Bittersüßer Nachtschatten; *see also* **deadly; ~ shift** *n.* Nachtschicht, *die;* **be on ~-shift** Nachtschicht haben *od.* machen; **~-shirt** *n.* [Herren]nachthemd, *das;* **~ 'sky** *n.* Nachthimmel, *der;* **~-spot** *(coll.) see* **~-club; ~stick** *n. (Amer.)* Schlagstock, *der;* **~ 'storage heater** *n.* Nachtspeicherofen, *der;* **~-time** *n., no indef. art.* Nacht, *die;* **at ~-time** nachts; **wait until ~-time** warten, bis es Nacht *od.* dunkel wird; **in the ~-time** während der Nacht; nachts; **~-'watch** *n.* Nachtwache, *die;* **in the ~-watches** während der Nacht; **~-'watchman** *n.* **a)** Nachtwächter, *der;* **b)** *(Cricket) Auswechselspieler, der am Ende eines Tages eingesetzt wird, damit ein besserer Spieler geschont wird;* **~wear** *n. sing. see* **~clothes**

**nig-nog** ['nɪgnɒg] *n. (Brit. derog.)* Nigger, *der (abwertend)*

**nihilism** ['naɪɪlɪzm, 'nɪhɪlɪzm] *n.* Nihilismus, *der*

**nihilist** ['naɪɪlɪst, 'nɪhɪlɪst] *n.* Nihilist, *der*

**nihilistic** [naɪɪ'lɪstɪk, nɪhɪ'lɪstɪk] *adj.* nihilistisch

**nil** [nɪl] *n.* **a)** nichts; **his chances were ~:** seine Chancen waren gleich Null; **our investment has shown a ~ return** unsere Investition hat keinen Gewinn gebracht; **b)** *(Sport)* null; **win one ~** *or* **by one goal to ~:** eins zu null gewinnen

**Nile** [naɪl] *pr. n.* Nil, *der*

**nimble** ['nɪmbl] *adj.* **a)** *(quick in movement)* flink; behende; **b)** *(quick in mind)* beweglich ⟨*Geist*⟩; lebhaft ⟨*Phantasie*⟩; **his mind remained ~:** er blieb geistig beweglich; **c)** *(dextrous)* geschickt

**nimbly** ['nɪmblɪ] *adv.* flink ⟨*arbeiten, sich bewegen*⟩

**nimbus** ['nɪmbəs] *n., pl.* **nimbi** ['nɪmbaɪ] *or* **~es a)** *(halo)* Nimbus, *der (bild. Kunst);* Heiligenschein, *der;* **b)** *(Meteorol.)* Nimbostratus, *der*

**nincompoop** ['nɪŋkəmpu:p] *n.* Trottel, *der (ugs. abwertend)*

**nine** [naɪn] **1.** *adj.* neun; **~-tenths of the time/inhabitants** *(fig.)* fast die ganze Zeit/fast *od.* so gut wie alle Einwohner; **~ times out of ten** *(fig.: nearly always)* in den weitaus meisten Fällen; **a ~ days' wonder** nur eine Eintagsfliege *(ugs.); see also* **eight 1. 2.** *n.* **a)** *(number, symbol)* Neun, *die;* **work from ~ to five** die übliche Arbeitszeit [von 9 bis 17 Uhr] haben; **the ~-to-five world** die Welt des geregelten Achtstundentags; **~-to-five mentality** Angestelltenmentalität, *die (abwertend);* **b)** *(Amer.: baseball team)* Mannschaft, *die;* „Neun", *die;* **c) the N~** *(literary: the Muses)* die neun Musen; **d) dressed [up] to the ~s** sehr festlich gekleidet; **~-nine-nine, 999** *(Brit.: emergency number)* ≈ eins, eins, null. *See also* **eight 2 a, c, d**

**ninefold** ['naɪnfəʊld] *adj., adv.* neunfach; *see also* **eightfold**

**'ninepins** *n. (Brit.)* **a)** *(game)* Kegeln, *das;* **play ~:** kegeln; **b)** *constr. as pl. (pins)* Kegel; **go down like ~** *(fig.)* reihenweise umfallen *(ugs.)*

**nineteen** [naɪn'ti:n] **1.** *adj.* neunzehn; *see also* **eight 1. 2.** *n.* **a)** Neunzehn, *die; see also* **eight 2 a; eighteen 2; b) talk ~ to the dozen** *(Brit.)* wie ein Wasserfall reden *(ugs.)*

**nineteenth** [naɪn'ti:nθ] **1.** *adj.* neunzehnt...; **~ hole** *(joc.: golf-club's bar)* neunzehntes Loch *(fig. scherzh.); see also* **eighth 1. 2.** *n. (fraction)* Neunzehntel, *das; see also* **eighth 2**

**ninetieth** ['naɪntɪɪθ] **1.** *adj.* neunzigst...; *see also* **eighth 1. 2.** *n. (fraction)* Neunzigstel, *das; see also* **eighth 2**

**ninety** ['naɪntɪ] **1.** *adj.* neunzig; **one-and-~** *(arch.) see* **~-one 1;** *see also* **eight 1. 2.** *n.* Neunzig, *die;* **one-and-~** *(arch.) see* **~-one 2.** *See also* **eight 2 a; eighty 2**

**ninety: ~-'first** *etc. adj.* einundneunzigst... *usw.; see also* **eighth 1; ~-'one** *etc.* **1.** *adj.* einundneunzig *usw.;* **~-nine times out of a hundred** *(fig.: nearly always)* so gut wie immer; *see also* **eight 1; 2.** *n.* Einundneunzig *usw., die; see also* **eight 2 a**

**ninny** ['nɪnɪ] *n.* Dummkopf, *der (ugs.);* Dussel, *der (ugs.)*

**ninth** [naɪnθ] **1.** *adj.* neunt...; *see also* **eighth 1. 2.** *n.* **a)** *(in sequence)* neunte, *der/die/das; (in rank)* Neunte, *der/die/das; (fraction)* Neuntel, *das;* **b)** *(Mus.)* None, *die;* **c)** *(day)* **the ~ of May** der neunte Mai; **the ~ [of the month]** der neunte [des Monats]. *See also* **eighth 2**

**niobium** [naɪ'əʊbɪəm] *n. (Chem.)* Niobium, *das*

**Nip** [nɪp] *n. (sl. derog.)* Japs, *der (ugs., oft abwertend)*

**¹nip 1.** *v. t.,* **-pp- a)** *(pinch, squeeze, bite)* zwicken; **~ sb.'s toe/sb. on the leg** jmdn. *od.* jmdm. in den Zeh/jmdn. am Bein zwicken; **b) ~ off** abzwicken; *(with scissors)* abknipsen. *See also* **bud 1. 2.** *v. i.,* **-pp-** *(Brit. sl.: step etc. quickly)* **~ in** hinein-/hereinflitzen *(ugs.);* **~ out** hinaus-/herausflitzen *(ugs.);* **~ up** hochflitzen *(ugs.);* **~ out to get a paper** kurz rausgehen, um eine Zeitung zu holen *(ugs.);* **~ across to Mrs Jones and ...:** spring mal zu Frau Jones rüber und ... **3.** *n.* **a)** *(pinch, squeeze)* Kniff, *der; (bite)* Biß, *der;* **give sb.'s cheek a ~, give sb. a ~ on the cheek** jmdn. in die Wange zwicken; **b)** *(coldness of air)* Kälte, *die;* **there's a ~ in the air** es ist frisch

**²nip** *n. (of spirits etc.)* Schlückchen, *das;* **have a ~ of wine** ein Schlückchen Wein nehmen

**nip and 'tuck** *n. (Amer.)* **it was ~** es war ganz knapp

**nipper** ['nɪpə(r)] *n.* **a)** *(Brit. coll.: child)* Gör, *das (nordd.);* Balg, *das (ugs.);* **b)** *in pl. (pincers)* Beißzange, *die;* Kneifzange, *die;* **c)** *(claw)* Schere, *die;* Zange, *die*

**nipple** ['nɪpl] *n.* **a)** *(on breast)* Brustwarze, *die;* **b)** *(of feeding-bottle)* Sauger, *der;* **c) [grease-]~:** [Schmier]nippel, *der*

**Nippon** ['nɪpɒn] *pr. n.* Nippon *(das)*

**nippy** ['nɪpɪ] *adj. (coll.)* **a)** *(nimble)* flink; spritzig ⟨*Auto*⟩; **b)** *(cold)* frisch; kühl

**nirvana** [nɜ:'vɑ:nə, nɪə'vɑ:nə] *n.* Nirwana, *das*

**nisi** ['naɪsaɪ] *adj. (Law)* vorläufig; mit Vorbehalt; *see also* **decree 1 b**

**Nissen hut** ['nɪsn hʌt] *n.* Nissenhütte, *die*

**nit** [nɪt] *n.* **a)** *(egg)* Nisse, *die;* **b)** *(sl.: stupid person)* Dussel, *der (ugs.);* Blödmann, *der (salopp)*

**niter** *(Amer.) see* **nitre**

**'nit: ~-pick** *v. i.* kritteln *(abwertend);* **~-picking** *(coll.)* **1.** *n.* Kritteleien *(abwertend);* **2.** *adj.* kleinlich *(abwertend)*

**nitrate** ['naɪtreɪt] *n.* **a)** *(salt)* Nitrat, *das;* **b)** *(fertilizer)* Nitratdünger, *der*

**nitre** ['naɪtə(r)] *n. (Brit.)* Salpeter, *der*

**nitric** ['naɪtrɪk] *adj. (Chem.: of or containing nitrogen)* stickstoffhaltig; Stickstoff-

**nitric: ~ 'acid** *n. (Chem.)* Salpetersäure, *die;* **~ 'oxide** *n. (Chem.)* Stickoxid, *das*

**nitride** ['naɪtraɪd] *n. (Chem.)* Nitrid, *das*

**nitrite** ['naɪtraɪt] *n. (Chem.)* Nitrit, *das*

**nitrogen** ['naɪtrədʒən] *n.* Stickstoff, *der*

**nitrogen: ~ cycle** *n. (Bot.)* Stickstoffkreislauf, *der;* **~ fixation** *n. (Bot.)* Bindung des freien Stickstoffs

**nitrogenous** [naɪ'trɒdʒɪnəs] *adj.* stickstoffhaltig

**nitroglycerine** [naɪtrəʊ'glɪsəri:n] *n.* Nitroglyzerin, *das*

**nitrous** ['naɪtrəs]: **~ 'acid** *n. (Chem.)* salpet[e]rige Säure; **~ 'oxide** *n. (Chem.)* Distickstoff[mon]oxid, *das*

**nitty-gritty** [nɪtɪ'grɪtɪ] *n. (sl.)* **the ~ [of the matter]** der Kern [der Sache]; **the ~ of the situation** das, worum es eigentlich geht; **get down to the ~:** zur Sache kommen

**nitwit** ['nɪtwɪt] *n. (coll.)* Trottel, *der (ugs.)*

**nitwitted** ['nɪtwɪtɪd] *adj.* dämlich *(ugs.)*

**nix** [nɪks] *n. (sl.)* **a)** *(nothing)* nix *(ugs.);* **b)** *see* **no 2 b**

**NNE** [nɔ:θnɔ:θ'i:st] *abbr.* **north-north-east** NNO

**NNW** [nɔ:θnɔ:θ'west] *abbr.* **north-north-west** NNW

**no** [nəʊ] **1.** *adj.* **a)** *(not any)* kein; **b)** *(not a)* kein; *(quite other than)* alles andere als; **she is no beauty** sie ist keine Schönheit *od.* nicht gerade eine Schönheit; **you are no friend** du bist kein [wahrer] Freund; **friend or no friend** Freund oder nicht; Freund hin oder her; *see also* **¹go 3 f; c)** *(hardly any)* **it's no distance from our house to the shopping centre** von unserem Haus ist es nicht weit bis zum Einkaufszentrum; *see also* **time b. 2.** *adv.* **a)** *(by no amount)* nicht; **we went no further than the Post Office** wir gingen nicht weiter als bis zum Postamt; **no fewer than** nicht weniger als; **no less [than]** nicht weniger [als]; **it is no different from before** es hat sich nichts geändert; **it was no less a person than Gladstone** *or* **Gladstone, no less** es war kein Geringerer als Gladstone; **I ask no more of you other than ...:** ich verlange nicht mehr von dir als ...; **no more wine?** keinen Wein mehr?; **no more war!** nie wieder Krieg!; **he is no more upper-class than I am** er ist auch nicht mehr *od.* nichts Besseres *(ugs.)* als ich; **I'm not entirely innocent in this matter – No more am 'I** Ich bin nicht ganz unschuldig in dieser Sache – Und ich [bin's] ebensowenig; **I saw no more of him** ich habe ihn nicht mehr gesehen; **he is no more** *(is dead)* er ist nicht mehr *(geh.);* **b)** *(equivalent to negative sentence)* nein; **say/answer 'no'** nein sagen/mit Nein antworten;

**I won't take 'no' for an answer** ein Nein lasse ich nicht gelten; **I won't say 'no'** da kann ich nicht nein sagen; **c)** *(not)* nicht; **like it or no** ob es mir *usw.* [nun] paßt/paßte oder nicht; **whether or no anyone else helps** [egal] ob sonst jemand hilft oder nicht; **d) no can do** *(coll.)* geht nicht *(ugs.).* **3.** *n., pl.* **noes** [nəʊz] Nein, *das; (vote)* Neinstimme, *die;* **the ayes and noes** die Stimmen für und wider; **the noes have it** die Mehrheit ist dagegen

**No.** *abbr.* **a) number** Nr. ; **b)** *(Amer.)* **North** N

**'no-account** *adj.* unbedeutend

**Noah's ark** [nəʊəz 'ɑ:k] **a)** *(Bibl.)* die Arche Noah; **b)** *(toy)* Arche Noah *(als Spielzeug)*

**¹nob** [nɒb] *n. (sl.: head)* Rübe, *die (salopp)*

**²nob** *n. (Brit. sl.: wealthy or upper-class person)* **the ~s** die besseren Leute

**no-'ball** *(Cricket)* **1.** *n.* Fehlball, *der.* **2.** *v. t.* **~ sb.** jmds. Wurf für ungültig erklären

**nobble** ['nɒbl] *v. t. (Brit. sl.)* **a)** *(tamper with) (durch Spritzen o. ä.)* langsam machen ⟨*Rennpferd*⟩; **b)** *(get the favour of) (durch Bestechung o. ä.)* auf seine Seite ziehen ⟨*Person*⟩; **c)** *(take dishonestly)* klauen *(salopp)* ⟨*Geld, Schmuck*⟩; **d)** *(catch)* schnappen *(ugs.)* ⟨*Dieb*⟩

**nobbut** ['nɒbət] *adv. (dial.)* bloß *(ugs.);* nur; **it's ~ Thursday** es ist erst Donnerstag

**Nobel prize** [nəʊbel 'praɪz] *n.* Nobelpreis, *der*

**nobility** [nə'bɪlɪtɪ] *n.* **a)** *no pl. (character)* hohe Gesinnung; Adel, *der;* **a true ~ of character** ein wahrhaft nobler Charakter; **~ of soul** Seelenadel, *der (geh.);* **b)** *(class)* Adel, *der;* **many of the ~:** viele Adlige; **be born into the ~:** von adliger Geburt sein *(geh.)*

**noble** ['nəʊbl] **1.** *adj.* **a)** *(by rank, title, or birth)* ad[e]lig; **be of ~ birth** von adliger *od.* edler Geburt sein *(geh.);* adlig sein; **the ~ Lord/Earl** der edle Lord/Graf *(geh.);* **b)** *(of lofty character)* edel ⟨*Gedanken, Gefühle*⟩; **~ ideals** hohe Ideale; **c)** *(showing greatness of character)* edel; hochherzig *(geh.);* **make ~ efforts** sich in hochherziger Weise bemühen *(geh.);* **d)** *(splendid)* edel *(geh.);* vortrefflich. **2.** *n.* Adlige, *der/die;* Edelmann, *der/*Edelfrau, *die (hist.);* **the ~s** die Adligen; die Edelleute *(hist.)*

**noble: ~man** ['nəʊblmən] *n., pl.* **~men** ['nəʊblmən] Adlige, *der;* Edelmann, *der (hist.);* **~ 'metal** *n. (Chem.)* Edelmetall, *das;* **~-'minded** *adj.* edelgesinnt; edel ⟨*Tat*⟩; **~ 'savage** *n.* edler Wilder *(Literaturw.)*

**noblesse** [nə'bles] *n., no pl.* Noblesse, *die (veralt.);* Adel, *der;* **~ oblige** [nəʊbles əʊ'bli:ʒ] noblesse oblige *(geh., oft scherzh.);* Adel verpflichtet

**'noblewoman** *n.* Adlige, *die;* Edelfrau, *die (hist.); (unmarried)* Edelfräulein, *das (hist.)*

**nobly** ['nəʊblɪ] *adv.* **a)** *(with noble spirit)* edel[gesinnt]; **b)** *(generously)* edelmütig *(geh.);* **c)** *(splendidly)* edel *(geh.)*

**nobody** ['nəʊbədɪ] *n. & pron.* niemand; keiner; *(person of no importance)* Niemand, *der; see also* **business c; ¹fool 1 a**

**no-'claim[s] bonus** *n. (Insurance)* Schadenfreiheitsrabatt, *der*

**nocturnal** [nɒk'tɜ:nl] *adj.* nächtlich; nachtaktiv ⟨*Tier*⟩; **~ animal/bird** Nachttier, *das/*-vogel, *der*

**nocturne** ['nɒktɜ:n] *n.* **a)** *(Mus.)* Nocturne, *das od. die;* **b)** *(Art)* Nachtstück, *das*

**nod** [nɒd] **1.** *v. i.,* **-dd- a)** *(as signal)* nicken; **~ to sb.** jmdm. zunicken; **have a ~ding acquaintance with sth.** nur über geringe Kenntnisse in etw. *(Dat.)* verfügen; **he's only a ~ding acquaintance** ich kenne ihn nur flüchtig; **he ~ded to him to take charge** er gab ihm durch ein Nicken zu verstehen, daß er das Kommando übernehmen solle; *see also* **goodbye 2; b)** *(in drowsiness)* **she sat ~ding by the fire** sie war neben dem Kamin eingenickt *(ugs.);* **her head started to ~:** sie begann einzunicken *(ugs.);* **c)** *(make a mistake)* patzen *(ugs.);* einen Fehler machen; **d)** *(move up and down)* nicken *(fig. dichter.).* **2.** *v. t.,* **-dd- a)** *(incline)* **~ one's head [in greeting]** [zum Gruß] mit dem Kopf nicken; **b)** *(signify by nod)* **~ approval** *or* **agreement** zustimmend nicken; **~ sb. a welcome, ~ a welcome to sb.** jmdm. zum Gruß *od.* zur Begrüßung zunicken. **3.** *n.* **a)** *(nodding)* [Kopf]nicken, *das;* **a ~ is as good as a wink [to a blind man** *or* **horse]** *(fig.)* es bedarf/bedurfte keiner weiteren Worte; **land of Nod** Land der Träume *(geh.);* **on the ~** *(coll.) (on credit)* auf Pump *(salopp); (with merely formal assent)* ohne große Diskussion; **b)** *(Amer.: sign of approval)* **get the ~ from sb.** von jmdm. grünes Licht bekommen; **give sth. the ~:** grünes Licht für etw. geben

**~ 'off** *v. i.* einnicken *(ugs.)*

**noddle** ['nɒdl] *n. (coll.: head)* Birne, *die (salopp)*

**noddy** ['nɒdɪ] *n.* Dummkopf, *der*

**node** [nəʊd] *n.* **a)** *(Bot., Astron.)* Knoten, *der;* **b)** *(Phys.)* Schwingungsknoten, *der;* **c)** *(Math.)* Knoten[punkt], *der*

**nodule** ['nɒdju:l] *n.* **a)** Klümpchen, *das;* **b)** *(Bot.)* Knötchen, *das*

**Noel** [nəʊ'el] *n. (esp. in carols)* Weihnachten, *das od. Pl.;* Weihnacht, *die (geh.)*

**'no 'entry'** *(for people)* „Zutritt verboten"; *(for vehicles)* „Einfahrt verboten"; **a '~' sign** ein Schild mit der Aufschrift „Zutritt/Einfahrt verboten"

**'no-fault insurance** *n. (Amer.)* ≈ Vollkaskoversicherung

**noggin** ['nɒgɪn] *n.* **a)** *(mug)* Becher, *der; (drink)* Schlückchen, *das;* **b)** *(Amer. sl.: head)* Birne, *die (salopp)*

**no-'go** *adj.* Sperr⟨*gebiet, -zone*⟩

**'no-good** *adj. (coll.)* nichtsnutzig *(abwertend)*

**nohow** ['nəʊhaʊ] *adv. (coll.)* in keiner Weise

**noise** [nɔɪz] **1.** *n.* **a)** *(loud outcry)* Lärm, *der;* Krach, *der;* **don't make so much ~/such a loud ~:** sei nicht so laut/mach nicht solchen Lärm *od.* Krach; **make a ~ about sth.** *(fig.: complain)* wegen etw. Krach machen *od.* schlagen *(ugs.);* **make a ~** *(fig.: be much talked about)* von sich reden machen; Aufsehen erregen; *see also* **²hold 1 t; b)** *(any sound)* Geräusch, *das; (loud, harsh, unwanted)* Lärm, *der;* **~s off** Geräuschkulisse, *die;* **c)** *(Communications: irregular fluctuations of signal)* Geräusch, *das; (hissing)* Rauschen, *das;* **d)** *in pl. (conventional remarks or sounds)* **make friendly** *etc.* **~s [at sb.]** [jmdm. gegenüber] freundliche *usw.* Bemerkungen von sich geben; **make ~s about doing sth.** davon reden, etw. tun zu wollen. **2.** *v. t. (dated/formal)* **~ sth. abroad** *or* **about** etw. verbreiten

**'noise abatement** *n.* Lärmbekämpfung, *die*

**noiseless** ['nɔɪzlɪs] *adj.,* **noiselessly** ['nɔɪzlɪslɪ] *adv.* **a)** *(silent[ly])* lautlos; **b)** *(making no avoidable noise)* geräuschlos

**'noise pollution** *n.* Lärmbelästigung, *die*

**noisily** ['nɔɪzɪlɪ] *adv.* laut; lärmend ⟨*spielen*⟩; geräuschvoll ⟨*stolpern, schlürfen*⟩

**noisome** ['nɔɪsəm] *adj. (literary)* **a)** *(harmful, noxious)* gefährlich; übel *(geh.)* ⟨*Umgebung*⟩; **b)** *(evil-smelling)* übelriechend; **c)** *(objectionable, offensive)* unangenehm

**noisy** ['nɔɪzɪ] *adj.* laut; lärmend, laut ⟨*Menschenmasse, Kinder*⟩; lautstark ⟨*Diskussion, Begrüßung*⟩; geräuschvoll ⟨*Aufbruch, Ankunft*⟩

**nomad** ['nəʊmæd] **1.** *n.* **a)** Nomade, *der;* **b)** *(wanderer)* jmd., der ein Nomadendasein führt. **2.** *adj.* **a)** nomadisch; **b)** *(wandering)* **~ existence** Nomadendasein, *das*

**nomadic** [nə'mædɪk] *adj.* nomadisch; **~ tribe** Nomadenstamm, *der*

**'no man's land** *n.* Niemandsland, *das*

**nom de plume** [nɒm də 'plu:m] *n., pl.* **noms de plume** [nɒm də 'plu:m] Schriftstellername, *der;* Pseudonym, *das*

**nomenclature** [nə'menklətʃə(r), 'nəʊmənkleɪtʃə(r)] *n.* **a)** *(system of names)* Vokabular, *das;* **b)** *(terminology, systematic naming, catalogue)* Nomenklatur, *die*

**nominal** ['nɒmɪnl] *adj.* **a)** *(in name only)* nominell; **b)** *(virtually nothing)* äußerst gering; äußerst niedrig ⟨*Preis, Miete*⟩; **c)** *(Ling.)* nominal; Nominal⟨*phrase, -präfix*⟩

**nominalism** ['nɒmɪnəlɪzm] *n. (Philos.)* Nominalismus, *der*

**nominally** ['nɒmɪnəlɪ] *adv.* namentlich

**nominal 'value** *n. (Econ.)* Nennwert, *der*

**nominate** ['nɒmɪneɪt] *v. t.* **a)** *(call by name of)* nennen; **b)** *(propose for election)* nominieren; **c)** *(appoint to office)* ernennen

**nomination** [nɒmɪ'neɪʃn] *n.* **a)** *(appointment to office)* Ernennung, *die;* **b)** *(proposal for election)* Nominierung, *die*

**nominative** ['nɒmɪnətɪv] *(Ling.)* **1.** *adj.* Nominativ-; nominativisch; **~ case** Nominativ, *der.* **2.** *n.* Nominativ, *der; see also* **absolute c**

**nominee** [nɒmɪ'ni:] *n.* **a)** *(candidate)* Kandidat, *der/*Kandidatin, *die;* **b)** *(representative)* Stellvertreter, *der/*-vertreterin, *die*

**non-** [nɒn] *pref.* nicht-

**non-ac'ceptance** *n. (Commerc.)* Annahmeverweigerung, *die*

**nonagenarian** [nəʊnədʒɪ'neərɪən] **1.** *adj.* neunzigjährig; *(more than 90 years old)* in den Neunzigern *nachgestellt.* **2.** *n.* Neunziger, *der/*Neunzigerin, *die*

**non-ag'gression** *n.* Gewaltverzicht, *der;* **~ pact** *or* **treaty** Nichtangriffspakt, *der*

**non-alco'holic** *adj.* alkoholfrei

**non-a'ligned** *adj.* blockfrei

**non-a'lignment** *n., no pl.* Blockfreiheit, *die*

**non-bel'ligerent** **1.** *adj.* nicht kriegführend. **2.** *n.* nicht kriegführendes Land

**nonce** [nɒns] *n.* **for the ~:** einstweilen

**'nonce-word** *n.* Ad-hoc-Bildung, *die*

**nonchalance** ['nɒnʃələns] *n.* Nonchalance, *die (geh.);* Unbekümmertheit, *die; (lack of interest)* Desinteresse, *das;* Gleichgültigkeit, *die*

**nonchalant** ['nɒnʃələnt] *adj.,* **nonchalantly** ['nɒnʃələntlɪ] *adv.* nonchalant *(geh.);* unbekümmert; *(without interest)* desinteressiert; gleichgültig

**non-'combatant** **1.** *n.* Nichtkämpfende, *der/die.* **2.** *adj.* nicht am Kampf beteiligt

**non-com'missioned** *adj.* ohne Patent *nachgestellt;* **~ officer** Unteroffizier, *der*

**non-com'mittal** *adj.* unverbindlich

**non compos [mentis]** [nɒn 'kɒmpɒs ('mentɪs)] *pred. adj.* nicht im Vollbesitz seiner/ihrer *usw.* geistigen Kräfte

**non-con'ducting** *adj. (Phys.)* nichtleitend

**non-con'ductor** *n. (Phys.)* Nichtleiter, *der*

**noncon'formism** *n.* Nonkonformismus, *der*

**noncon'formist** *n.* Nonkonformist, *der/*Nonkonformistin, *die*

**noncon'formity** *n.* **a)** Nonkonformismus, *der;* **b)** *(lack of correspondence or agreement)* Nonkonformität, *die*

**non-con'tributory** *adj.* beitragsfrei

**non-co-oper'ation** *n.* Verweigerung der Kooperation

**non-denomi'national** *adj.* konfessionslos

**nondescript** ['nɒndɪskrɪpt] *adj.* unscheinbar; undefinierbar ⟨*Farbe*⟩

**'non-drip** *adj.* nicht tropfend ⟨*Farbe*⟩

**non-'driver** *n.* Nicht[auto]fahrer, *der*

**none** [nʌn] **1.** *pron.* kein...; **I want ~ of your cheek!** sei nicht so frech!; **~ of them** keiner/keine/keines von ihnen; **~ of this money is mine** von diesem Geld gehört mir nichts; **~ of these houses** kein[e]s dieser Häuser; **~ but they/he** keiner *od.* niemand außer ihnen/ihm; nur sie/er; **~ other than ...:** kein anderer/keine andere als ...; **Is there any bread left? – No, ~ at all** Ist noch Brot da? – Nein, gar keins mehr; **it is ~ of my concern** das geht mich nichts an; **his understanding is ~ of the clearest** seine Auffassungsgabe ist nicht nicht gerade die beste. **2.** *adv.* keineswegs; **I'm ~ the wiser now** jetzt bin ich um nichts klüger; **~ the less** nichtsdestoweniger; *see also* **too a**

**non'entity** *n.* *(non-existent thing, person or thing of no importance)* Nichts, *das*

**nonesuch** *see* **nonsuch**

**'non-event** *n.* Reinfall, *der (ugs.)*; Enttäuschung, *die*

**non-ex'istence** *n., no pl.* Nichtvorhandensein, *das*

**non-existent** [nɒnɪg'zɪstənt] *adj.* nicht vorhanden

**non-'ferrous** *adj.* Nichteisen-

**non-'fiction** *n.* **~ [literature]** Sachliteratur, *die;* **~ novel** Tatsachenroman, *der*

**non-'flammable** *adj.* nicht entzündbar

**non-inter'ference, non-inter'vention** *ns., no pl.* Nichteinmischung, *die*

**non-'iron** *adj.* bügelfrei

**non-'member** *n.* Nichtmitglied, *das*

**non-'metal** *n.* *(Chem.)* Nichtmetall, *das*

**non-me'tallic** *adj.* *(Chem.)* nichtmetallisch

**non-'net** *adj.* nicht preisgebunden

**non-'nuclear** *adj.* Nichtnuklear-; **~ club** Gruppe der Nichtnuklearstaaten; **~ weapons** konventionelle Waffen

**'no-no** *n., pl.* **~es** *(coll.)* **be a ~:** nicht in Frage kommen *(ugs.)*; **that's a ~:** das kannste vergessen *(ugs.)*

**no-'nonsense** *see* **nonsense 1 c**

**nonpareil** [nɒnpə'reɪl] *n.* *(person)* jemand, der nicht seinesgleichen hat; Ausnahmeerscheinung, *die; (thing)* Nonplusultra, *das*

**non-'party** *adj.* **a)** *(not attached to a party)* parteilos; **b)** *(not related to a party)* überparteilich; **c)** *(nonpartisan)* unparteiisch

**non-'payment** *n.* Nichtzahlung, *die*

**non-'playing** *adj.* nicht mitspielend; zuschauend; **~ captain** Mannschaftsführer, *der*

**nonplus** [nɒn'plʌs] *v. t.,* **-ss-** verblüffen; **he was ~sed by sth.** etw. verblüffte ihn

**non-'profit[-making]** *adj.* nicht auf Gewinn ausgerichtet

**non-prolife'ration** *n., no pl.* Nichtverbreitung von Atomwaffen; Nonproliferation, *die (Politik);* **~ treaty** Atom[waffen]sperrvertrag, *der*

**non-'resident 1.** *adj.* *(residing elsewhere)* nicht im Haus wohnend; *(outside a country)* nicht ansässig; **a ~ landlord** ein Vermieter, der nicht im [selben] Haus wohnt. **2.** *n.* nicht im Haus Wohnende, *der/die; (outside a country)* Nichtansässige, *der/die;* **the bar is open to ~s** die Bar ist auch für Gäste geöffnet, die nicht im Hotel wohnen

**non-re'turnable** *adj.* Einweg⟨*behälter, -flasche, -[ver]packung*⟩; nicht rückzahlbar ⟨*Anzahlung*⟩

**nonsense** ['nɒnsəns] **1.** *n.* **a)** *no pl., no art. (meaningless words, ideas, or behaviour)* Unsinn, *der;* **make ~ of sth.** etw. ad absurdum führen; **piece of ~:** Firlefanz, *der (ugs. abwertend);* **talk ~:** Unsinn reden; **it's all a lot of ~:** das ist alles Unsinn; **b)** *(instance)* Unsinn, *der;* **~s** Unsinn; **make a ~ of** verpfuschen *(ugs.)*; ⟨*Ereignis:*⟩ unsinnig *od.* widersinnig machen; ad absurdum führen ⟨*Idee, Ideal*⟩; **c)** *(sth. one disapproves of)* Unsinn, *der; (trifles)* Firlefanz, *der (ugs. abwertend);* **what's all this ~ about ...?** was soll das [dumme] Gerede über (+ *Akk.*) ...?; **let's have no more ~, stop your ~:** Schluß mit dem Unsinn; **stand no ~:** keinen Unfug dulden; **no-~:** nüchtern; **come along now, and no ~:** kommt jetzt, und mach keinen Unsinn. **2.** *int.* Unsinn!

**nonsense verses** *n. pl.* *(Lit.)* Nonsensdichtung, *die*

**nonsensical** [nɒn'sensɪkl] *adj.* unsinnig

**nonsensically** [nɒn'sensɪkəlɪ] *adv.* unsinnigerweise; ohne Sinn und Verstand ⟨*handeln*⟩

**non sequitur** [nɒn 'sekwɪtə(r)] *n.* unlogische Folgerung

**non-'skid** *adj.* rutschfest

**non-'slip** *adj.* rutschfest

**non-'smoker** *n.* **a)** *(person)* Nichtraucher, *der/*Nichtraucherin, *die;* **b)** *(train compartment)* Nichtraucherabteil, *das*

**non-'starter** *n.* **a)** *(Sport)* Nichtstartende, *der/die;* **b)** *(fig. coll.)* Reinfall, *der (ugs.)*; *(person)* Blindgänger, *der (fig. salopp)*

**non-'stick** *adj.* **~ frying-pan** *etc.* Bratpfanne *usw.* mit Antihaftbeschichtung

**non-stop 1.** ['--] *adj.* durchgehend ⟨*Zug, Busverbindung*⟩; Nonstop⟨*flug, -revue*⟩. **2.** [-'-] *adv.* ohne Unterbrechung ⟨*tanzen, reden, reisen, senden*⟩; nonstop, im Nonstop ⟨*fliegen, tanzen, fahren*⟩

**nonsuch** ['nʌnsʌtʃ] *n.* **a)** Ausnahmeerscheinung, *die;* **b)** *(plant)* Hopfenklee, *der*

**non-U** [nɒn'ju:] *adj.* *(coll.)* nicht vornehm

**non-'union** *adj.* nichtorganisiert; *(made by ~ members)* von Nichtorganisierten hergestellt ⟨*Fabrikat*⟩

**non-'violence** *n., no pl.* Gewaltlosigkeit, *die*

**non-'violent** *adj.* gewaltlos

**non-'white 1.** *adj.* farbig. **2.** *n.* Farbige, *der/die*

**[1]noodle** ['nu:dl] *n.* *(pasta)* Nudel, *die*

**[2]noodle** *n.* *(dated coll.: simpleton)* Dummkopf, *der (ugs.)*; **gape like a ~:** dumm gucken *(ugs.)*

**nook** [nʊk] *n.* Winkel, *der;* Ecke, *die;* **in every ~ and cranny** in allen Ecken und Winkeln

**nooky** ['nʊkɪ] *n.* *(sl.)* Aufhupfer, *der (ugs.)*

**noon** [nu:n] *n.* Mittag, *der;* zwölf Uhr [mittags]; **at/before ~:** um/vor zwölf [Uhr mittags]

**'noonday** *n.* Mittag, *der; attrib.* Mittags⟨*sonne, -hitze*⟩; **at ~:** mittags

**'no one 1.** *pron.* **a) ~ of them** keiner/keine/keines von ihnen; **b)** *see* **nobody. 2.** *adj.* **~ person could do that** einer allein könnte das nicht tun

**'noon-tide** *(dated/rhet.),* **'noon-time** *(Amer.) ns.* Mittagszeit, *die;* **at ~tide** zur Mittagszeit

**noose** [nu:s] **1.** *n.* Schlinge, *die;* **put one's head in a ~** *(fig.)* den Kopf in die Schlinge stecken. **2.** *v. t.* [mit einer Schlinge] fangen

**nope** [nəʊp] *adv.* *(Amer. coll.)* nee *(ugs.)*

**'no place** *adv.* *(Amer.) see* **nowhere 1**

**nor** [nə(r), *stressed* nɔ:(r)] *conj.* noch; **neither ... ~ ..., not ... ~ ... ~ ...:** weder ... noch ...; **he can't do it, ~ can I, ~ can you** er kann es nicht, ich auch nicht und du auch nicht; **~ will I deny that ...:** [und] ich will auch nicht bestreiten, daß ...

**Nordic** ['nɔ:dɪk] **1.** *adj.* nordisch. **2.** *n.* nordischer Typus; Nordide, *der/die (Ethnol.)*

**norm** [nɔ:m] *n.* Norm, *die;* **IQ above the ~:** überdurchschnittlicher IQ; **rise above the ~:** über den Normalwert steigen; **behavioural ~:** Verhaltensnorm *od.* -regel, *die*

**normal** ['nɔ:ml] **1.** *adj.* **a)** normal; **be back to ~ working hours** wieder normal arbeiten; **recover one's ~ self** sein seelisches Gleichgewicht wiederfinden; **b)** *(Geom.)* senkrecht **(to** auf + *Dat.*, zu). **2.** *n.* **a)** *(normal value)* Normalwert, *der;* **b)** *(usual state)* normaler Stand; **everything is back to** *or* **has returned to ~:** es hat sich wieder alles normalisiert; **his temperature is above ~:** er hat erhöhte Temperatur; **c)** *(Geom.)* Normale, *die*

**normalcy** ['nɔ:mlsɪ] *n., no pl.* *(normality)* Normalität, *die*

**normalise** *see* **normalize**

**normality** [nɔ:'mælɪtɪ] *n., no pl.* Normalität, *die;* **return to ~ after Christmas** nach Weihnachten wieder zum gewohnten Alltag zurückkehren

**normalize** ['nɔ:məlaɪz] **1.** *v. t.* normalisieren. **2.** *v. i.* sich normalisieren

**normally** ['nɔ:məlɪ] *adv.* **a)** *(in normal way)* normal; **b)** *(ordinarily)* normalerweise

**Norman** ['nɔ:mn] **1.** *n.* **a)** Normanne, *der/*Normannin, *die;* **b)** *(king)* normannischer König; **c)** *(Ling.)* Normannisch, *das;* **d)** *(Archit.)* normannischer Baustil. **2.** *adj.* normannisch; *see also* **conquest a**

**Normandy** ['nɔ:məndɪ] *pr. n.* Normandie, *die*

**Norman: ~ 'French** *n.* *(Ling.)* Normannisch, *das;* **~ style** *n.* *(Archit.)* normannischer Baustil

**normative** ['nɔ:mətɪv] *adj.* normativ *(geh.)*

**Norse** [nɔ:s] **1.** *n.* *(Ling.)* **a)** *(Scandinavian language group)* nordische Sprachen; **b) [Old] N~:** Altnordisch, *das.* **2.** *adj.* nordisch

**Norseman** ['nɔ:smən] *n., pl.* **Norsemen** ['nɔ:smən] *(Hist.)* Wikinger, *der*

**north** [nɔ:θ] **1.** *n.* **a)** Norden, *der;* **the ~:** Nord *(Met., Seew.)*; **in/to[wards]/from the ~:** im/nach *od. (geh.)* gen/von Norden; **to the ~ of** nördlich von; nördlich (+ *Gen.*); **magnetic ~:** magnetischer Nordpol; **b)** *usu.* **N~** *(part lying to the ~)* Norden, *der;* **from the N~:** aus dem Norden; **the N~** *(Brit.: of England)* Nordengland; der Norden; *(the Arctic)* die Arktis; der Nordpol; *(Amer.: the Northern states)* die Nordstaaten; der Norden; **c)** *(Cards)* Nord. **2.** *adj.* nördlich; Nord⟨*wind, -fenster, -küste, -grenze, -tor*⟩. **3.** *adv.* nordwärts; nach Norden; **~ of** nördlich von; nördlich (+ *Gen.*); **~ and south** nach Norden und Süden ⟨*verlaufen, sich erstrecken*⟩; *see also* **[1]by 1 d**

**north: N~ 'Africa** *pr. n.* Nordafrika *(das);* **N~ A'merica** *pr. n.* Nordamerika *(das);* **N~ A'merican 1.** *adj.* nordamerikanisch; **2.** *n.* Nordamerikaner, *der/*-amerikanerin, *die;* **N~ At'lantic** *pr. n.* Nordatlantik, *der;* **N~ Atlantic Treaty Organization** Nordatlantikpakt, *der;* **~bound** *adj.* ⟨*Zug, Verkehr usw.*⟩ in Richtung Norden; **~ country** *n.* *(Brit.)* Nordengland *(das);* Norden, *der;* **~-country** *adj.* *(Brit.)* nordenglisch; **~-'countryman** *n.* *(Brit.)* Nordengländer, *der;* **~-'east 1.** *n.* Nordosten, *der;* **in/to[wards]/from the ~-east** im/nach *od. (geh.)* gen/von Nordosten; **to the ~-east of** nordöstlich von; nordöstlich (+ *Gen.*); **2.** *adj.* nordöstlich; Nordost⟨*wind, -fenster, -küste*⟩; **~-east passage** Nordostpassage, *die;* **3.** *adv.* nordostwärts; nach Nordosten; **~-east of** nordöstlich von; nordöstlich (+ *Gen.*); *see also* **[1]by 1 d; ~-'easter** Nordostwind, *der;* **~-'easterly 1.** *adj.* nordöstlich; **2.** *adv.* *(position)* im Nordosten; *(direction)* nach Nordosten; **~-'eastern** *adj.* nordöstlich

**northerly** ['nɔ:ðəlɪ] **1.** *adj.* **a)** *(in position or direction)* nördlich; **in a ~ direction** nach Norden; **b)** *(from the north)* ⟨*Wind*⟩ aus nördlichen Richtungen; **the wind was ~:** der Wind kam aus nördlichen Richtungen. **2.** *adv.* **a)** *(in position)* nördlich; *(in direction)* nordwärts; **b)** *(from the north)* aus *od.* von Nord[en]. **3.** *n.* Nord[wind], *der*

**northern** ['nɔ:ðən] *adj.* nördlich; Nord⟨*grenze, -hälfte, -seite, -fenster, -wind*⟩

**northerner** ['nɔ:ðənə(r)] *n.* *(male)* Nordengländer/-deutsche *usw., der; (female)* Nordengländerin/-deutsche *usw., die; (Amer.)* Nordstaatler, *der/*-staatlerin, *die;* **he's a ~:** er kommt aus dem Norden

**northern: N~ 'Europe** *pr. n.* Nordeuropa *(das);* **N~ Euro'pean 1.** *adj.* nordeuropäisch; **2.** *n.* Nordeuropäer, *der/*Nordeuropäerin, *die;* **N~ 'Ireland** *pr. n.* Nordirland *(das);* **~ 'lights** *n. pl.* Nordlicht, *das*

**northernmost** ['nɔ:ðənməʊst] *adj.* nördlichst...

**north:** N~ 'German 1. *adj.* norddeutsch; 2. *n.* Norddeutsche, *der/die;* N~ 'Germany *pr. n.* Norddeutschland *(das);* N~ Ko'rea *pr. n.* Nordkorea *(das);* N~ Ko'rean 1. *adj.* nordkoreanisch; 2. *n.* Nordkoreaner, *der*/-koreanerin, *die;* 'N~land *n. (poet.)* Nordland, *das (selten);* ~ 'light *n.* Licht von Norden; N~man ['nɔ:θmən] *n., pl.* N~men ['nɔ:θmən] *see* Norseman; ~-~'east 1. *n.* Nordnordosten, *der;* 2. *adj.* nordnordöstlich; 3. *adv.* nordnordostwärts; ~-~'west 1. *n.* Nordnordwesten, *der;* 2. *adj.* nordnordwestlich; 3. *adv.* nordnordwestwärts; N~ of 'England *pr. n.* Nordengland *(das); attrib.* nordenglisch; N~ 'Pole *pr. n.* Nordpol, *der;* N~ Rhine West'phalia *pr. n.* Nordrhein-Westfalen *(das);* ~ 'Sea *pr. n.* Nordsee, *die;* N~ Sea gas/oil Nordseegas/-öl, *das;* N~ 'star *n.* Nordstern, *der*

**northward** ['nɔ:θwəd] 1. *adj.* nach Norden gerichtet; *(situated towards the north)* nördlich; in a ~ direction nach Norden; [in] Richtung Norden. 2. *adv.* nordwärts; they are ~ bound sie fahren nach *od.* [in] Richtung Norden. 3. *n.* Norden, *der*

**northwards** ['nɔ:θwədz] *see* northward 2

**north:** ~-'west 1. *n.* Nordwesten, *der;* in/to[wards]/from the ~-west im/nach *od. (geh.)* gen/von Nordwesten; to the ~-west of nordwestlich von; nordwestlich (+ *Gen.*); 2. *adj.* nordwestlich; Nordwest-⟨*wind, -fenster, -küste*⟩; ~-west passage Nordwestpassage, *die;* 3. *adv.* nordwestwärts; nach Nordwesten; ~-west of nordwestlich von; nordwestlich (+ *Gen.*); *see also* ¹by 1 d; ~-wester [nɔ:θ'westə(r)] *n.* Nordwestwind, *der;* ~-'westerly 1. *adj.* nordwestlich; 2. *adv. (position)* im Nordwesten; *(direction)* nach Nordwesten; ~-'western *adj.* nordwestlich

**Norway** ['nɔ:weɪ] *pr. n.* Norwegen *(das)*

**Norwegian** [nɔ:'wi:dʒn] 1. *adj.* norwegisch *see also* English 1. 2. *n.* a) *(person)* Norweger, *der*/Norwegerin, *die;* b) *(language)* Norwegisch, *das; see also* English 2 a

**Nos.** *abbr.* numbers Nrn.

**nose** [nəʊz] 1. *n.* a) Nase, *die;* have one's ~ [stuck] in a book *(coll.)* die Nase in ein Buch stecken *(ugs.);* it's as plain as the ~ on your face *(coll.)* das sieht doch ein Blinder [mit dem Krückstock] *(ugs.);* [win] by a ~: mit einer Nasenlänge [gewinnen]; follow one's ~ *(fig.) (be guided by instinct)* seinem Instinkt folgen; *(go forward)* der Nase nachgehen; then just follow your ~: dann einfach immer der Nase nach *(ugs.);* get up sb.'s ~ *(sl.: annoy sb.)* jmdm. auf den Wecker gehen *od.* fallen *(salopp);* hold one's ~: sich *(Dat.)* die Nase zuhalten; keep one's ~ clean *(fig. sl.)* eine saubere Weste behalten *(ugs.);* keep your ~ clean! bleib sauber! *(ugs.);* on the ~ *(Amer. sl.: on time)* pünktlich auf die Minute; hit it *or* be right on the ~ *(Amer. sl.)* den Nagel auf den Kopf treffen *(ugs.);* parson's *or* pope's ~ *(Gastr.)* Bürzel, *der;* pay through the ~: tief in die Tasche greifen müssen *(ugs.);* poke *or* thrust *etc.* one's ~ into sth. *(fig.)* seine Nase in etw. *(Akk.)* stecken *(fig. ugs.);* put sb.'s ~ out of joint *(fig. coll.)* jmdn. vor den Kopf stoßen *(ugs.);* rub sb.'s ~ in it *(fig.)* es jmdm. ständig unter die Nase reiben *(ugs.);* see no further than one's ~ *(fig.)* nicht weiter sehen, als seine Nase reicht *(ugs.);* speak through one's ~: näseln; durch die Nase sprechen; turn up one's ~ at sth. *(fig. coll.)* die Nase über etw. *(Akk.)* rümpfen; under sb.'s ~ *(fig. coll.)* vor jmds. Augen *(Dat.);* go *or* walk about with one's ~ in the air die Nase hoch tragen; *see also* ¹blow 2 g; grindstone; ²lead 1 a; spite 2; thumb 2 c; b) *(sense of smell)* Nase, *die;* have a good ~ for sth. eine gute Nase für etw. haben; c) *(of ship, aircraft)* Nase, *die; (of torpedo)* Schnauze, *die (ugs.);* d) *(of wine)* Blume, *die.* 2. *v. t.* a) *(detect, smell out)* ~ [out] aufspüren; b) ~ one's way sich *(Dat.)* vorsichtig seinen Weg bahnen. 3. *v. i.* sich vorsichtig bewegen; ~ out of sth. sich vorsichtig aus etw. hinausbewegen

~ about, ~ around *v. i. (coll.)* herumschnüffeln *(ugs.)*

**nose:** ~bag *n.* Futterbeutel, *der;* ~band *n.* Nasenriemen, *der;* ~bleed *n.* Nasenbluten, *das;* ~-cone *n.* [Rumpf]spitze, *die;* ~dive 1. *n.* a) Sturzflug, *der;* b) *(fig.)* Einbruch, *der;* take a ~dive einen Einbruch erleben; 2. *v. i.* im Sturzflug hinuntergehen; ⟨*Schiff:*⟩ mit dem Bug wegtauchen; ~-flute *n.* Nasenflöte, *die;* ~gay *n.* [duftender] Blumenstrauß; ~ring *n.* Nasenring, *der;* ~-wheel *n. (Aeronaut.)* Bugrad, *das*

**nosey** *see* nosy

**nosh** [nɒʃ] *(esp. Brit. sl.)* 1. *v. t. & i. (eat)* futtern *(ugs.); (between meals)* naschen. 2. *n. (snack)* Imbiß, *der; (food)* Futter, *das (salopp)*

**'no-show** *n. seine Buchung nicht wahrnehmender Fahr-/Fluggast*

**'nosh-up** *n. (Brit. sl.)* Essen, *das; (good meal)* Festessen, *das;* have a ~: spachteln *(ugs.)*

**no 'side** *n. (Rugby)* Spielende, *das*

**nostalgia** [nɒ'stældʒə] *n.* Nostalgie, *die;* ~ for sth. Sehnsucht nach etw.

**nostalgic** [nɒ'stældʒɪk] *adj.* nostalgisch

**nostril** ['nɒstrɪl] *n.* Nasenloch, *das; (of horse)* Nüster, *die*

**nostrum** ['nɒstrəm] *n.* a) *(medicine)* Mittelchen, *das;* his pet ~ is er schwört auf (+ *Akk.*); b) *(pet scheme)* Patentrezept, *das*

**nosy** ['nəʊzɪ] *adj. (sl. derog.)* neugierig

**Nosy 'Parker** *n.* Schnüffler, *der*/Schnüfflerin, *die (ugs. abwertend)*

**not** [nɒt] *adv.* a) nicht; he is ~ a doctor er ist kein Arzt; isn't she pretty? ist sie nicht hübsch?; I do ~ feel like doing it ich habe keine Lust, es zu tun; b) *in ellipt. phrs.* nicht; I hope ~: hoffentlich nicht; ~ so keineswegs; ~ at all überhaupt nicht; *(in polite reply to thanks)* keine Ursache; gern geschehen; ~ that [I know of] nicht, daß [ich wüßte]; c) *in emphat. phrs.* ~ ... but ...: nicht ..., sondern ...; it was ~ a small town but a big one es war keine kleine Stadt, sondern eine große; lazy he is ~: faul ist er keineswegs; ~ I/they *etc.* ich/sie *usw.* [bestimmt] nicht; ~ a moment/grey hair nicht ein *od.* kein einziger Augenblick/einziges graues Haar; ~ a thing gar nichts; come ~ a day too soon keinen Tag zu früh kommen; ~ a few/everybody nicht wenige/jeder; ~ a small sacrifice kein kleines Opfer; ~ once or *or* nor twice, but ...: nicht nur ein- oder zweimal, sondern ...; feel ~ so *or* too well sich nicht besonders gut fühlen

**notability** [nəʊtə'bɪlɪtɪ] *n.* a) *no pl. (being notable)* Ansehen, *das;* a painter of [some] ~: ein [ziemlich] angesehener Maler; b) *(person) see* notable 2

**notable** ['nəʊtəbl] 1. *adj.* bemerkenswert; bedeutend, angesehen ⟨*Person*⟩; be ~ for sth. für etw. bekannt sein. 2. *n.* bekannte Persönlichkeit; Notabilität, *die (geh.)*

**notably** ['nəʊtəblɪ] *adv.* besonders

**notarial** [nəʊ'teərɪəl] *adj. (Law)* a) *(of a notary)* Notariats-; b) *(prepared by a notary)* notariell ⟨*Urkunde*⟩

**notary** ['nəʊtərɪ] *n.* ~ ['public] Notar, *der*/Notarin, *die*

**notation** [nəʊ'teɪʃn] *n.* a) *(Math., Mus., Chem.)* Notation, *die (fachspr.);* Notierung, *die;* b) *(Amer.: annotation)* Anmerkung, *die. See also* ³scale 1 f

**notch** [nɒtʃ] 1. *n.* Kerbe, *die; (in damaged blade)* Scharte, *die; (in belt)* Loch, *das;* be a ~ above the others *(fig.)* eine Klasse besser als die anderen sein; tighten one's belt another ~ *(lit. or fig.)* seinen Gürtel ein Loch enger schnallen. 2. *v. t.* a) *(make ~es in)* kerben; b) *(score by ~es)* mit Kerben notieren; *(fig.: score, achieve)* erreichen; erzielen ⟨*Tor, Eckstoß*⟩; erringen ⟨*Sieg*⟩

~ 'up *v. t.* erreichen; aufstellen ⟨*Rekord*⟩; erringen ⟨*Sieg*⟩

**notched** [nɒtʃt] *adj.* kerbig; gekerbt ⟨*Blattrand*⟩

**note** [nəʊt] 1. *n.* a) *(Mus.) (sign)* Note, *die; (key of piano)* Taste, *die; (single sound)* Ton, *der; (bird's song)* Gesang, *der;* strike a false ~: unangebracht sein; strike the right ~ ⟨*Sprecher, Redner, Brief:*⟩ den richtigen Ton treffen; hit the wrong ~: einen falschen Ton anschlagen; b) *(tone of expression)* [Unter]ton, *der;* ~ of discord Mißklang, *der;* ~ of caution/anger warnender/ärgerlicher [Unter]ton; sound a ~ of caution eine Warnung aussprechen; on a ~ of optimism, on an optimistic ~: in optimistischem Ton; his voice had a peevish ~: seine Stimme klang gereizt; a festive ~, a ~ of festivity eine festliche Note; c) *(jotting)* Notiz, *die;* take *or* make ~s sich *(Dat.)* Notizen machen; take *or* make a ~ of sth. sich *(Dat.)* etw. notieren; speak without ~s frei sprechen; d) *(annotation, footnote)* Anmerkung, *die;* author's ~: Anmerkung des Verfassers; e) *(short letter)* [kurzer] Brief; write a ~: ein paar Zeilen schreiben; f) *(Diplom.)* Note, *die;* g) *(Finance)* ~ [of hand] Schuldschein, *der;* £10 ~: Zehn-Pfund-Schein, *der;* h) *no pl., no art. (importance)* Bedeutung, *die;* person/sth. of ~: bedeutende Persönlichkeit/etw. Bedeutendes; nothing of ~: nichts von Bedeutung; be of ~: bedeutend sein; i) *no pl., no art. (attention)* Beachtung, *die;* worthy of ~: beachtenswert; take ~ of sth. *(heed)* einer Sache *(Dat.)* Beachtung schenken; *(notice)* etw. zur Kenntnis nehmen. 2. *v. t.* a) *(register)* beobachten; b) *(pay attention to)* beachten; c) *(notice)* bemerken; d) *(set down)* ~ [down] [sich *(Dat.)*] notieren

**note:** ~book *n.* Notizbuch, *das; (for lecture notes)* Kollegheft, *das;* ~case *n.* Brieftasche, *die*

**noted** ['nəʊtɪd] *adj.* a) *(famous)* bekannt, berühmt (for für, wegen); b) *(significant)* beachtlich

**notelet** ['nəʊtlɪt] *n.* Grußkarte, *die*

**note:** ~pad *n.* Notizblock, *der;* ~paper *n.* Briefpapier, *das;* ~-row *n. (Mus.)* Tonreihe, *die;* ~worthy *adj.* bemerkenswert

**nothing** ['nʌθɪŋ] 1. *n.* a) nichts; ~ interesting nichts Interessantes; ~ much nichts Besonderes; ~ more than nur; ~ more, ~ less nicht mehr, nicht weniger; I should like ~ more than sth./to do sth. ich würde etw. nur zu gern haben/tun; next to ~: so gut wie nichts; ~ less than the best treatment die bestmögliche Behandlung; ~ less than a miracle is needed to save ...: nur ein Wunder kann ... retten; it's ~ less than suicidal to do this es ist reiner *od.* glatter Selbstmord, dies zu tun; there's ~ so good as ...: es gibt nichts Besseres als ...; be ~ [when] compared to sth. nichts sein im Vergleich zu etw.; ~ else than, ~ [else] but nur; do ~ [else] but grumble nur murren; there was ~ [else] for it but to do sth. es blieb nichts anderes übrig, als etw. zu tun; he is ~ if not active wenn er eins ist, dann [ist er] aktiv; be ~ if not conscientious/brutal überaus gewissenhaft/brutal sein; there is ~ in it *(in race etc.)* es ist noch nichts entschieden; *(it is untrue)* es ist nichts daran wahr; there's ~ 'of him *(he is very thin)* an ihm ist nichts dran; there is ~ 'to it es ist kinderleicht *(fam.);* he/she is ~ to me er/sie interessiert mich nicht; your problems are ~ compared to his deine Probleme sind nichts im Vergleich zu seinen; ~ ventured ~ gained, ~ venture ~ win *(prov.)* wer nicht wagt, der nicht gewinnt *(Spr.);* £300 is ~ to him 300 Pfund sind ein Klacks für ihn *(ugs.);* have [got] *or* be ~ to do with sb./sth.

*(not concern)* nichts zu tun haben mit jmdm./etw.; **have ~ to do with sb./sth.** *(avoid)* jmdm./einer Sache aus dem Weg gehen; **[not] for ~:** [nicht] umsonst; **count** *or* **go for ~** *(be unappreciated)* ⟨*Person:*⟩ nicht zählen; *(be profitless)* ⟨*Arbeit, Bemühung:*⟩ umsonst *od.* vergebens sein; **have [got] ~ on sb./sth.** *(be not better than; iron.: be inferior to)* nicht mit jmdm./etw. zu vergleichen sein; nichts sein im Vergleich zu jmdm./etw.; **have [got] ~ on sb.** *(know nothing bad about)* nichts gegen jmdn. in der Hand haben; **have ~ on** *(be naked)* nichts anhaben; *(have no engagements)* nichts vorhaben; **make ~ of sth.** *(make light of)* keine große Sache aus etw. machen; *(not understand)* nichts anfangen mit etw. [können]; **it means ~ to me** *(is not understood)* ich werde nicht klug daraus; *(is not loved)* es bedeutet mir nichts; **no ~** *(coll.)* kein gar nichts *(ugs.)*; **to say ~ of** ganz zu schweigen von; **b)** *(zero)* **multiply by ~:** mit null multiplizieren; **register ~** ⟨*Thermometer:*⟩ null Grad anzeigen; **c)** *(trifling event)* Nichtigkeit, *die; (trifling person)* Nichts, *das;* Niemand, *der;* **soft** *or* **sweet ~s** Zärtlichkeiten *Pl. See also* **¹do 1 b, 2 j; ¹like 1 a; short 1 d; stop 1 c, 2 b; think of g. 2.** *adv.* keineswegs; **~ near so bad as ...:** nicht annähernd so schlecht wie ... **3.** *adj. (coll.: unimportant)* langweilig

**nothingness** [ˈnʌθɪŋnɪs] *n., no pl.* Nichts, *das*

**notice** [ˈnəʊtɪs] **1.** *n.* **a)** Anschlag, *der;* Aushang, *der; (in newspaper)* Anzeige, *die;* **no-smoking ~:** Rauchverbotsschild, *das;* **b)** *(warning)* **~ of a forthcoming strike** Meldungen über einen bevorstehenden Streik; **give [sb.] [three days'] ~ of one's arrival** [jmdm.] seine Ankunft [drei Tage vorher] mitteilen; **have [no] ~ [of sth.]** [von etw.] [keine] Kenntnis haben; **at short/a moment's/ten minutes' ~:** kurzfristig/von einem Augenblick zum andern/innerhalb von zehn Minuten; **c)** *(formal notification)* Ankündigung, *die;* **give ~ of appeal** Berufung einlegen; **until further ~:** bis auf weiteres; **~ is given of sth.** etw. wird angekündigt; *see also* **quit 2 b; d)** *(ending an agreement)* Kündigung, *die;* **give sb. a week's/month's ~:** jmdm. mit einer Frist von einer Woche/einem Monat kündigen; **hand in one's ~** *or* **give ~** *(Brit.),* **give one's ~** *(Amer.)* kündigen; **e)** *(attention)* Beachtung, *die;* **attract ~:** Beachtung finden; **bring sb./sth. to sb.'s ~:** jmdn. auf jmdn./etw. aufmerksam machen; **worthy of ~:** beachtenswert; **it has come to my ~ that ...:** ich habe bemerkt *od.* mir ist aufgefallen, daß ...; **not take much ~ of sb./sth.** jmdm./einer Sache keine große Beachtung schenken; **take no ~ of sb./sth.** *(not observe)* jmdn./etw. nicht bemerken; *(disregard)* keine Notiz von jmdm./etw. nehmen; **take no ~:** sich nicht darum kümmern; **take ~ of** wahrnehmen; hören auf ⟨*Rat*⟩; zur Kenntnis nehmen ⟨*Leistung*⟩; **f)** *(review)* Besprechung, *die;* Rezension, *die.* **2.** *v. t.* **a)** *(perceive, take notice of)* bemerken; **~ the details [on this painting]** beachten Sie die Einzelheiten [auf diesem Gemälde]; **he likes to get himself ~d** er drängt sich gern in den Vordergrund; **but not so you'd ~** *(coll.)* aber es fällt/fiel nicht auf; **b)** *(remark upon)* erwähnen; **c)** *(acknowledge)* Notiz nehmen von

**noticeable** [ˈnəʊtɪsəbl] *adj.* **a)** *(perceptible)* wahrnehmbar ⟨*Fleck, Schaden, Geruch*⟩; merklich ⟨*Verbesserung*⟩; spürbar ⟨*Mangel*⟩; **b)** *(worthy of notice)* bemerkenswert

**noticeably** [ˈnəʊtɪsəblɪ] *adv.* sichtlich ⟨*größer, kleiner*⟩; merklich ⟨*verändern*⟩; spürbar ⟨*kälter*⟩

**notice-board** *n. (Brit.)* Anschlagtafel, *die*

**notifiable** [ˈnəʊtɪfaɪəbl] *adj.* meldepflichtig ⟨*Krankheit*⟩

**notification** [nəʊtɪfɪˈkeɪʃn] *n.* Mitteilung, *die* **(of sb.** an jmdn.; **of sth.** über etw. *[Akk.]*); *(of disease)* Meldung, *die* **(of** über *+ Akk.*)

**notify** [ˈnəʊtɪfaɪ] *v. t.* **a)** *(make known)* ankündigen; **b)** *(inform)* benachrichtigen **(of** über *+ Akk.*)

**notion** [ˈnəʊʃn] *n.* **a)** Vorstellung, *die;* **not have the faintest/least ~ of how/what** *etc.* nicht die blasseste/geringste Ahnung haben, wie/was *usw.*; **he has no ~ of time** er hat kein Verhältnis zur Zeit; **b)** *(intention)* **have no ~ of doing sth.** nicht beabsichtigen *od.* vorhaben, etw. zu tun; **c)** *(knack, inkling)* **have no ~ of sth.** keine Ahnung von etw. haben; **d)** *in pl. (Amer.: haberdashery)* Kurzwaren *Pl.*

**notional** [ˈnəʊʃənl] *adj.* **a)** *(imaginary)* imaginär; **b)** *(theoretical)* theoretisch ⟨*Ansatz, Wissen, Gewinn*⟩; *(token)* symbolisch; *(hypothetical)* angenommen; **c)** *(vague, abstract)* abstrakt

**notionally** [ˈnəʊʃənəlɪ] *adv.* theoretisch

**notoriety** [nəʊtəˈraɪətɪ] *n., no pl.* traurige Berühmtheit

**notorious** [nəˈtɔːrɪəs] *adj.* bekannt; *(infamous)* berüchtigt; notorisch ⟨*Lügner*⟩; niederträchtig ⟨*List*⟩; **be** *or* **have become ~ for sth.** wegen *od.* für etw. bekannt/berüchtigt sein

**notoriously** [nəˈtɔːrɪəslɪ] *adv.* notorisch

**no ˈtrump** *n. (Bridge)* Sans atout, *das*

**notwithstanding** [nɒtwɪθˈstændɪŋ, nɒtwɪðˈstændɪŋ] **1.** *prep.* ungeachtet. **2.** *adv.* dennoch; dessenungeachtet. **3.** *conj.* **~ that ...:** ungeachtet dessen, daß ...

**nougat** [ˈnuːgɑː] *n.* Nougat, *das od. der*

**nought** [nɔːt] *n.* **a)** *(zero)* Null, *die;* **~s and crosses** *(Brit.) Spiel, bei dem innerhalb eines Feldes von Kästchen Dreierreihen von Kreisen bzw. Kreuzen zu erzielen sind;* **b)** *(poet./arch.: nothing) see* **naught**

**noun** [naʊn] *n. (Ling.)* Substantiv, *das;* Hauptwort, *das;* Nomen, *das (fachspr.)*

**nourish** [ˈnʌrɪʃ] *v. t.* **a)** ernähren **(on** mit); *(fig.)* nähren *(geh.)*; **b)** *(in one's heart)* hegen, nähren *(geh.)* ⟨*Gefühl, Hoffnung*⟩

**nourishing** [ˈnʌrɪʃɪŋ] *adj.* nahrhaft

**nourishment** [ˈnʌrɪʃmənt] *n. (food)* Nahrung, *die; (fig.)* Förderung, *die*

**nous** [naʊs] *n. (coll.)* Grips, *der (ugs.)*; **use a bit of ~:** seinen Grips ein bißchen anstrengen

**nouveau riche** [nuːvəʊ ˈriːʃ] **1.** *n., pl.* **nouveaux riches** [nuːvəʊ ˈriːʃ] Neureiche, *der/die.* **2.** *adj.* neureich

**Nov.** *abbr.* **November** Nov.

**nova** [ˈnəʊvə] *n., pl.* **~e** [ˈnəʊviː] *or* **~s** *(Astron.)* Nova, *die*

**Nova Scotia** [nəʊvə ˈskəʊʃə] *pr. n.* Neuschottland *(das)*

**novel** [ˈnɒvl] **1.** *n.* Roman, *der.* **2.** *adj.* neuartig

**novelette** [nɒvəˈlet] *n.* Novelette, *die (Literaturw.)*; *(Brit. derog.)* Groschenroman, *der*

**novelist** [ˈnɒvəlɪst] *n.* Romanautor, *der/*-autorin, *die*

**novella** [nəˈvelə] *n.* Novelle, *die*

**novelty** [ˈnɒvltɪ] *n.* **a) be a/no ~:** etwas/nichts Neues sein; **b)** *(newness)* Neuheit, *die;* Neuartigkeit, *die;* **the ~ will wear off** der Reiz des Neuen wird nachlassen; **have a certain ~ value** den Reiz des Neuen haben; **c)** *(gadget)* Überraschung, *die;* **jokes and novelties** Scherzartikel

**November** [nəˈvembə(r)] *n.* November, *der; see also* **August**

**novice** [ˈnɒvɪs] *n.* **a)** *(Relig.)* Novize, *der/*Novizin, *die;* **b)** *(new convert)* Neubekehrte, *der/die;* **c)** *(beginner)* Anfänger, *der/*Anfängerin, *die*

**noviciate, novitiate** [nəˈvɪʃɪət] *n.* **a)** *(Relig.: period, quarters)* Noviziat, *das; (fig.: period or state of initiation)* Lehrzeit, *die;* Lehre, *die;* **b)** *see* **novice a, c**

**now** [naʊ] **1.** *adv.* **a)** jetzt; *(nowadays)* heutzutage; *(immediately)* [jetzt] sofort; *(this time)* jetzt [schon wieder]; **it's ten years ago ~ that** *or* **since he died** es ist schon zehn Jahre her, seit er gestorben ist; **just ~** *(very recently)* gerade eben; *(at this particular time)* gerade jetzt; **I can't see you just ~:** ich habe im Augenblick leider keine Zeit für Sie; **~ for a cup of tea** jetzt eine Tasse Tee; **[every] ~ and then** *or* **again** hin und wieder; **~ sunshine, ~ showers** bald Sonne, bald Regen; **[it's] ~ or never!** jetzt oder nie!; **b)** *(not referring to time)* **well ~:** also; **come ~:** na, komm *(ugs.)*; **~, ~:** na, na; **~, what happened is this ...:** also, passiert ist folgendes: ...; **~ just listen to me** jetzt hör mir mal gut zu; **~ then** na *(ugs.)*; **quickly ~!** nun aber schnell; **goodbye ~:** also dann, auf Wiedersehen; **He thinks he can stay here for nothing. – Does he, ~!** Er glaubt, er könnte hier umsonst bleiben. – Da hat er sich aber geirrt! **2.** *conj.* **~ [that] ...:** jetzt, wo *od.* da ... **3.** *n.* **the here and ~:** das Hier und Jetzt; **~ is the time to do sth.** es ist jetzt an der Zeit, etw. zu tun; **before ~:** früher; **up to** *or* **until ~:** bis jetzt; **never before ~:** noch nie; **by ~:** inzwischen; **a week from ~:** [heute] in einer Woche; **you've got from ~ till Friday to do it** du hast bis Freitag Zeit, es zu tun; **between ~ and Friday** bis Freitag; **from ~ on** von jetzt an; **as of ~:** jetzt; **that's all for ~:** das ist im Augenblick alles; **put it aside for ~:** leg es einstweilen zur Seite; **bye** *etc.* **for ~!** *(coll.)* bis bald!

**nowadays** [ˈnaʊədeɪz] *adv.* heutzutage

**nowhere** [ˈnəʊweə(r)] **1.** *adv.* **a)** *(in no place)* nirgends; nirgendwo; **b)** *(to no place)* nirgendwohin; **c) ~ near** *(not even nearly)* nicht annähernd; **be ~ near prepared** völlig unzureichend vorbereitet sein. **2.** *pron.* **as if from ~:** wie aus dem Nichts; **live in the middle of ~** *(coll.)* am Ende der Welt *od.* *(ugs.)* j.w.d. wohnen; **the train stopped in the middle of ~:** der Zug hielt mitten in der Wildnis *(ugs.)*; **start from ~:** bei Null anfangen; **come from ~:** wie aus dem Nichts auftauchen; **come [in]/be ~** *(in race etc.)* unter „ferner liefen" rangieren *(ugs.)*; **get ~** *(make no progress)* nicht vorankommen; *(have no success)* nichts erreichen; **get sb. ~:** [jmdm.] nichts nützen

**no-ˈwin** *attrib. adj.* Verlierer-

**nowt** [naʊt] *n. (Brit. dial. or coll.)* nix *(ugs.)*

**noxious** [ˈnɒkʃəs] *adj.* giftig

**nozzle** [ˈnɒzl] *n.* Düse, *die; (of gun)* Mündung, *die; (of petrol-pump)* Zapfhahn, *der*

**nr.** *abbr.* **near**

**NSPCC** *abbr. (Brit.)* **National Society for the Prevention of Cruelty to Children** ≈ Kinderschutzbund, *der*

**NT** *abbr.* **New Testament** N.T.

**nth** [enθ] *see* **N, n b**

**nuance** [ˈnjuːɑ̃s] **1.** *n.* Nuance, *die; (Mus.)* Nuancierung, *die;* **~s of meaning** Bedeutungsnuancen; **~ of colour** Farbnuance, *die;* Farbschattierung, *die.* **2.** *v. t.* nuancieren *(geh.)*

**nub** [nʌb] *n.* **a)** *(small lump)* Stückchen, *das; (stub)* Stummel, *der;* **b)** *(fig.)* Kernpunkt, *der*

**nubile** [ˈnjuːbaɪl] *adj.* **a)** *(marriageable)* heiratsfähig; **b)** *(sexy)* sexy *(ugs.)*; anziehend

**nuclear** [ˈnjuːklɪə(r)] *adj.* **a)** Kern-; **b)** *(using ~ energy or weapons)* Atom-; Kern⟨*explosion, -technik*⟩; atomar ⟨*Antrieb, Gefechtskopf, Bedrohung, Gegenschlag, Wettrüsten*⟩; nuklear ⟨*Abschreckungspotential, Sprengkörper, Streitkräfte*⟩; atomgetrieben ⟨*Unterseeboot, Schiff*⟩

**nuclear: ~ ˈbomb** *n.* Atombombe, *die;* **~ deˈterrent** *n.* atomare *od.* nukleare Abschreckung; **~ disˈarmament** *n.* atomare *od.* nukleare Abrüstung; **~ ˈenergy** *n., no pl.* Atom- *od.* Kernenergie, *die;* **~ ˈfamily** *n. (Sociol.)* Kernfamilie, *die;* **~ ˈfission** *n.*

Kernspaltung, *die;* **~-free** *adj.* atomwaffenfrei ⟨*Zone*⟩; **~ 'fuel** *n.* Kernbrennstoff, *der;* **~ 'fusion** *n.* Kernfusion, *die;* **~ 'physics** *n.* Kernphysik, *die;* **~ 'power** *n.* **a)** Atom- *od.* Kernkraft, *die;* **b)** *(country)* Atom- *od.* Nuklearmacht, *die;* **~-'powered** *adj.* atomgetrieben; **~ 'power station** *n.* Atom- *od.* Kernkraftwerk, *das;* **~ re'actor** *see* **reactor a; ~ 'warfare** *n., no pl.* Atomkrieg, *der;* **~ 'waste** *n.* Atommüll, *der;* **~ 'winter** *n.* nuklearer Winter

**nuclei** *pl. of* **nucleus**

**nucleic acid** [nju:kli:ɪk 'æsɪd] *n. (Biochem.)* Nukleinsäure, *die*

**nucleus** ['nju:klɪəs] *n., pl.* **nuclei** ['nju:klɪaɪ] Kern, *der; (of collection)* Grundstock, *der*

**nude** [nju:d] **1.** *adj.* nackt; **~ figure/revue** Akt, *der*/Nacktrevue, *die.* **2.** *n.* **a)** *(Art) (figure)* Akt, *der; (painting)* Aktgemälde, *das;* **b) in the ~:** nackt; **c)** *(person)* Nackte, *der/die*

**nudge** [nʌdʒ] **1.** *v. t.* **a)** *(push gently)* anstoßen; **~ aside** zur Seite schieben; **~ sth.** *(fig.)* einer Sache *(Dat.)* einen Schubs geben *(ugs.);* **b)** *(touch)* stoßen an (+ *Akk.*) ⟨*Mauer*⟩. **2.** *n.* Stoß, *der;* Puff, *der;* **give sb. a ~:** jmdn. anstoßen

**nudism** ['nju:dɪzm] *n.* Nudismus, *der;* Freikörperkultur, *die*

**nudist** ['nju:dɪst] *n.* Nudist, *der*/Nudistin, *die;* FKK-Anhänger, *der*/-Anhängerin, *die; attrib.* Nudisten-

**nudity** ['nju:dɪtɪ] *n.* Nacktheit, *die*

**nugatory** ['nju:gətərɪ] *adj. (literary)* belanglos

**nugget** ['nʌgɪt] *n.* **a)** *(Mining)* Klumpen, *der; (of gold)* Goldklumpen, *der;* Nugget, *das;* **b)** *(fig.)* **~s of wisdom** goldene Weisheiten; **~s of information** wertvolle Informationen

**nuisance** ['nju:səns] *n.* **a)** Ärgernis, *das;* Plage, *die;* **what a ~!** so etwas Dummes!; **be a bit of a ~:** eine ziemliche Plage sein; **make a ~ of oneself** lästig werden; **b)** *(Law)* Belästigung, *die*

**nuke** [nju:k] *(Amer. sl.)* **1.** *n. (bomb)* Atombombe, *die.* **2.** *v. t.* Atombomben/eine Atombombe werfen auf (+ *Akk.*)

**null** [nʌl] *adj. (Law)* **declare sth. ~ [and void]** etw. für null und nichtig erklären

**nullify** ['nʌlɪfaɪ] *v. t.* **a)** *(cancel)* für null und nichtig *od.* rechtsungültig erklären ⟨*Vertrag, Testament*⟩; **b)** *(neutralize)* zunichte machen; entkräften ⟨*Beweis*⟩

**nullity** ['nʌlɪtɪ] *n. (Law)* Ungültigkeit, *die*

**numb** [nʌm] **1.** *adj. (without sensation)* gefühllos, taub (**with** vor + *Dat.*); *(fig.) (without emotion)* benommen; *(unable to move)* starr; gelähmt; **go ~ with horror** vor Entsetzen *(Dat.)* erstarren. **2.** *v. t.* **a)** ⟨*Kälte, Schock:*⟩ gefühllos machen; ⟨*Narkosemittel:*⟩ betäuben; **b)** *(fig.)* **her emotions were ~ed** sie war betäubt *od.* benommen; **be ~ed by horror/with fear** vor Entsetzen/Angst *(Dat.)* erstarren

**number** ['nʌmbə(r)] **1.** *n.* **a)** *(in series)* Nummer, *die;* **~ 3 West Street** West Street [Nr.] 3; **my ~ came up** *(fig.)* ich war dran *(ugs.) od.* an der Reihe; **the ~ of sb.'s car** jmds. Autonummer; **you've got the wrong ~** *(Teleph.)* Sie sind falsch verbunden; **dial a wrong ~:** sich verwählen *(ugs.);* **what page ~ is it?** welche Seite ist es?; **~ one** *(oneself)* man selbst; *attrib.* Nummer eins *nachgestellt;* erstklassig ⟨*Darstellung*⟩; Spitzen⟨*position, -platz*⟩; **take care of** *or* **look after ~ one** an sich *(Akk.)* selbst denken; **be sb.'s ~ one priority** bei jmdm. an erster Stelle stehen; **~ two** *(in organisation)* zweiter Mann; *(of sb. else)* rechte Hand; **N~ Ten [Downing Street]** *(Brit.) Amtssitz des britischen Premierministers/der britischen Premierministerin;* **paint by ~s** nach einer Vorlage [mit numerierten Farbfeldern] malen; **have [got] sb.'s ~** *(fig. sl.)* jmdn. durchschaut haben; **sb.'s ~ is up** *(coll.)* jmds. Stunde hat geschlagen; **b)** *(esp. Math.: numeral)* Zahl, *die;* **memory for ~s** Zahlengedächtnis, *das;* **c)** *(sum, total, quantity)* [An]zahl, *die;* **a ~ of people/things** einige Leute/Dinge; **a ~ of times/on a ~ of occasions** mehrfach *od.* -mals; **a small ~:** eine geringe [An]zahl; **large ~s** eine große [An]zahl; **in [large** *or* **great] ~s** in großer Zahl; **in a small ~ of cases** in einigen wenigen Fällen; **a and b in equal ~s** a und b in gleicher Anzahl; **a fair ~:** eine ganze Anzahl *od.* Reihe; **any ~:** beliebig viele; **on any ~ of occasions** oft[mals]; **without** *or* **beyond ~:** ohne Zahl *(geh.);* **times without ~:** unzählige Male; **in ~[s]** zahlenmäßig ⟨*überlegen sein, überwiegen*⟩; **ten in ~:** zehn an der Zahl; **be few in ~:** gering an Zahl sein; **d)** *(person, song, turn, edition)* Nummer, *die;* **final/May ~:** Schluß-/Mainummer, *die;* **e)** *(coll.) (outfit)* Kluft, *die; (girl)* Mieze, *die (salopp); (job)* Job, *der (ugs.);* **it's not a bad little ~** *(job)* da kann man eine ruhige Kugel schieben *(ugs.);* **f)** *(Bibl.)* **[the Book of] N~s** das vierte Buch Mose; **g)** *(company)* [Personen]kreis, *der;* Gruppe, *die;* **he was [one] of our ~:** er war einer von uns; **h)** *in pl. (arithmetic)* Rechnen, *das;* **i)** *(Ling.)* Numerus, *der (fachspr.). See also* **eight 2 a; opposite number; round number. 2.** *v. t.* **a)** *(assign ~ to)* beziffern; numerieren; **b)** *(amount to, comprise)* zählen; **the nominations ~ed ten in all** es wurden insgesamt zehn Kandidaten nominiert; **a town ~ing x inhabitants** eine Stadt mit x Einwohnern; **c)** *(include, regard as)* zählen, rechnen (**among, with** zu); **d) be ~ed** *(be limited)* begrenzt sein; **sb.'s days** *or* **years are ~ed** jmds. Tage sind gezählt; **e)** *(count)* zählen

**~ 'off** *v. i.* abzählen

**numbering** ['nʌmbərɪŋ] *n.* Numerierung, *die*

**numberless** ['nʌmbəlɪs] *adj.* unzählig; zahllos

**'number-plate** *n.* Nummernschild, *das*

**numbly** ['nʌmlɪ] *adv.* wie betäubt

**numbness** ['nʌmnɪs] *n., no pl. (caused by cold)* Gefühllosigkeit, *die;* Taubheit, *die; (caused by anaesthetic, sleeping-pill)* Betäubung, *die; (fig.: stupor)* Benommenheit, *die*

**numbskull** *see* **numskull**

**numeracy** ['nju:mərəsɪ] *n.* rechnerische Fähigkeiten

**numeral** ['nju:mərl] *n.* Ziffer, *die; (word)* Zahlwort, *das;* **cardinal ~:** Kardinal- *od.* Grundzahl, *die*

**numerate** ['nju:mərət] *adj.* rechenkundig; **be ~:** rechnen können

**numerator** ['nju:məreɪtə(r)] *n. (Math.)* Zähler, *der*

**numerical** [nju:'merɪkl] *adj.* Zahlen⟨*wert, -folge*⟩; numerisch ⟨*Reihenfolge, Stärke, Überlegenheit*⟩; zahlenmäßig ⟨*Überlegenheit*⟩; rechnerisch ⟨*Fähigkeiten*⟩

**numerically** [nju:'merɪkəlɪ] *adv.* numerisch; **~ speaking, ...:** numerisch *od.* zahlenmäßig ...

**numerous** ['nju:mərəs] *adj.* zahlreich

**numismatics** [nju:mɪz'mætɪks] *n., no pl.* Numismatik, *die;* Münzkunde, *die*

**numismatist** [nju:'mɪzmətɪst] *n.* Numismatiker, *der*/Numismatikerin, *die*

**numskull** ['nʌmskʌl] *n.* Hohlkopf, *der (abwertend)*

**nun** [nʌn] *n.* Nonne, *die*

**nuncio** ['nʌnʃɪəʊ] *n., pl.* **~s** *(RC Ch.)* Nuntius, *der*

**nunnery** ['nʌnərɪ] *n.* [Nonnen]kloster, *das*

**nuptial** ['nʌpʃl] **1.** *adj.* ehelich; **~ vow/feast/day** Eheversprechen, *das*/Hochzeitsfest, *das*/Hochzeitstag, *der.* **2.** *n. in pl. (literary/joc.)* Hochzeit, *die*

**nurd** *see* **nerd**

**nurse** [nɜ:s] **1.** *n.* Krankenschwester, *die;* **thank you, ~:** danke, Schwester; **hospital ~:** Krankenhausschwester, *die;* **[male] ~:** Krankenpfleger, *der;* **~s' home/uniform** Schwesternwohnheim, *das*/-tracht, *die.* **2.** *v. t.* **a)** *(act as ~ to)* pflegen ⟨*Kranke*⟩; **take up nursing the handicapped/sick** in der Behinderten-/Krankenpflege tätig werden; **~ sb. through an illness** jmdn. während seiner Krankheit pflegen; **~ sb. back to health** jmdn. gesundpflegen; **b)** *(act as ~maid to)* betreuen ⟨*Kind*⟩; *(fig.: foster, tend)* hegen *(geh.)* ⟨*Projekt*⟩; fördern ⟨*Begabung*⟩; **c)** *(try to cure)* versorgen; auskurieren ⟨*Erkältung*⟩; **d)** *(suckle)* die Brust geben (+ *Dat.*), stillen ⟨*Säugling*⟩; **e)** *(manage carefully)* hegen, pflegen ⟨*Pflanze*⟩; **f)** *(cradle)* vorsichtig halten; wiegen ⟨*Baby*⟩; **g)** *(keep burning)* hüten ⟨*Feuer*⟩; **h)** *(treat carefully)* **~ gently/carefully** behutsam *od.* schonend umgehen mit; **i)** *(fig.: harbour)* hegen *(geh.)* ⟨*Gefühl, Plan, Groll*⟩. **3.** *v. i.* **a)** *(act as wet-~)* stillen; **b)** *(be a sick-~)* Krankenschwester/-pfleger sein. *See also* **wet-nurse**

**'nursemaid** *n. (lit. or fig.)* Kindermädchen, *das*

**nursery** ['nɜ:sərɪ] *n.* **a)** *(room for children)* Kinderzimmer, *das;* **b)** *(crèche)* Kindertagesstätte, *die;* **c)** *see* **nursery school; d)** *(Agric.) (for plants)* Gärtnerei, *die; (for trees)* Baumschule, *die; (fig.: training-ground)* Schule, *die*

**nursery: ~man** ['nɜ:sərɪmən] *n., pl.* **~men** ['nɜ:sərɪmən] Gärtner, *der;* **~ nurse** *n.* Kindermädchen, *das;* Kinderpflegerin, *die;* **~ rhyme** *n.* Kinderreim, *der;* **~ school** *n.* Kindergarten, *der;* **~-school teacher** *n. (female)* Kindergärtnerin, *die;* Erzieherin, *die; (male)* Erzieher, *der;* **~ slopes** *n. pl. (Skiing)* Idiotenhügel, *der (ugs. scherzh.)*

**nursing** ['nɜ:sɪŋ] *n., no pl., no art. (profession)* Krankenpflege, *die; attrib.* Pflege⟨*personal, -beruf*⟩

**nursing: ~ auxiliary** *n. (female)* Schwesternhelferin, *die; (male)* Hilfspfleger, *der;* **~ home** *n. (Brit.) (for the aged, infirm)* Pflegeheim, *das; (for convalescents)* Genesungsheim, *das; (maternity hospital)* Entbindungsheim, *das;* **~ 'mother** *n.* stillende Mutter

**nurture** ['nɜ:tʃə(r)] **1.** *n.* **a)** *no pl. (bringing up)* Erziehung, *die;* **b)** *(nourishment, lit. or fig.)* Nahrung, *die.* **2.** *v. t.* **a)** *(rear)* aufziehen; **b)** *(fig.: foster)* nähren *(geh.);* **c)** *(train)* erziehen; schulen, bilden ⟨*Geist*⟩

**nut** [nʌt] *n.* **a)** Nuß, *die;* **she can't sing/spell for ~s** *(Brit. sl.)* sie kann nicht für fünf Pfennig *(ugs.)* singen/schreiben; **be a hard** *or* **tough ~ [to crack]** *(fig.)* eine harte Nuß sein *(ugs.);* ⟨*Person:*⟩ schwierig sein; **~s to you** *(sl.)* du kannst/ihr könnt mir den Buckel runterrutschen *(ugs.);* **b)** *(Mech. Engin.)* [Schrauben]mutter, *die;* **~s and bolts** *(fig.)* praktische Grundlagen; **c)** *(sl.: head)* Kürbis, *der (salopp);* **go/be off one's ~:** verrückt *(ugs.)* werden/sein; **do one's ~:** durchdrehen *(ugs.);* **d)** *(crazy person)* Verrückte, *der/die (ugs.);* **be a bit of a ~:** ein bißchen spinnen *(ugs.);* **e)** *in pl. (coarse: testicles)* Eier *(derb). See also* **nuts**

**nut: ~-brown** *adj.* nußbraun; **~-'butter** *n.* [Erd]nußbutter, *die;* **~-case** *n. (sl.)* Verrückte, *der/die (ugs.);* **~crackers** *n. pl.* Nußknacker, *der;* **~ cutlet** *n.* Nußschnitzel, *das;* **~hatch** *n. (Ornith.)* Kleiber, *der;* **~-house** *n. (sl.)* Klapsmühle, *die (salopp);* **~-meat** *n. (Amer.)* Nußkern, *der*

**nutmeg** ['nʌtmeg] *n.* Muskatnuß, *die;* Muskat, *der*

**nutrient** ['nju:trɪənt] **1.** *adj.* **a)** *(serving as nourishment)* nahrhaft; **b)** *(providing nourishment)* Ernährungs-; Nähr⟨*lösung, -salze*⟩. **2.** *n.* Nährstoff, *der*

**nutriment** ['nju:trɪmənt] *n. (lit. or fig.)* Nahrung, *die*

**nutrition** [nju:'trɪʃn] *n.* **a)** *(nourishment, diet)* Ernährung, *die;* **b)** *(food, lit. or fig.)* Nahrung, *die*

**nutritional** [nju:'trɪʃənl] *adj.* nahrhaft; ~ **value** Nährwert, *der;* ~ **deficiency/deficiencies** Nährstoffmangel, *der*

**nutritionist** [nju:'trɪʃənɪst] *n.* Ernährungswissenschaftler, *der*/-wissenschaftlerin, *die*

**nutritious** [nju:'trɪʃəs] *adj.* nahrhaft

**nutritive** ['nju:trɪtɪv] *adj.* nahrhaft; ~ **value/function** Nährwert, *der*/Ernährungsfunktion, *die*

'**nut roast** *n.* Nußbraten, *der*

**nuts** [nʌts] *pred. adj. (sl.)* verrückt *(ugs.);* **be ~ about** *or* **on sb./sth.** nach jmdm./etw. verrückt sein *(ugs.)*

'**nutshell** *n.* **a)** Nußschale, *die;* **b)** *(fig.)* **in a ~:** in aller Kürze; **to put it** *or* **the matter** *or* **the whole thing in a ~:** kurz gesagt

**nutter** ['nʌtə(r)] *n. (sl.)* Verrückte, *der/die (ugs.);* **be a ~:** verrückt sein *(ugs.)*

'**nut-tree** *n.* Haselnußstrauch, *der; (walnut)* Nußbaum, *der*

**nutty** ['nʌtɪ] *adj.* **a)** *(tasting like nuts)* nussig; **b)** *(abounding in nuts)* voller Nüsse *nachgestellt;* **c)** *(sl.: crazy)* verrückt *(ugs.);* **be ~ about** *or* **on sb./sth.** *(sl.)* nach jmdm./etw. verrückt sein *(ugs.); see also* **fruit-cake**

**nuzzle** ['nʌzl] **1.** *v.i.* **a)** *(with nose)* ~ **in** *or* **into sth.** die Schnauze in etw. *(Akk.)* drücken; ~ **against sth.** die Schnauze gegen etw. drücken; **b)** *(nestle)* sich kuscheln **([up] to, at, against** an + *Akk.*). **2.** *v.t.* schmiegen ‹*Gesicht, Kopf, Schulter*›

**NW** *abbr.* **a)** ['nɔ:θwest] **north-west** NW; **b)** ['nɔ:θwestən] **north-western** nw.

**NY** *abbr.* New York

**nylon** ['naɪlɒn] *n.* **a)** *no pl. (Textiles)* Nylon, *das; attrib.* Nylon-; **b)** *in pl. (stockings)* Nylonstrümpfe; Nylons *(ugs.)*

**nymph** [nɪmf] *n. (Mythol., Zool.)* Nymphe, *die*

**nymphet** ['nɪmfet, nɪm'fet] *n.* Nymphchen, *das*

**nympho** ['nɪmfəʊ] *n., pl.* ~**s** *(coll.)* Nymphomanin, *die*

**nymphomania** [nɪmfə'meɪnɪə] *n.* Nymphomanie, *die;* Mannstollheit, *die (veralt.)*

**nymphomaniac** [nɪmfə'meɪnɪæk] **1.** *n.* Nymphomanin, *die.* **2.** *adj.* nymphoman; mannstoll *(veralt.)*

**NZ** *abbr.* **New Zealand**

# O

**O, o** [əʊ] *n., pl.* **Os** *or* **O's a)** *(letter)* O, o, *das;* **b)** *(zero)* Null, *die*

**O** *int. (arch./poet./rhet.)* o; **O God** *etc.* o Herr *usw.; see also* **that 6 c**

**o'** [ə] *prep. (esp. arch./poet./dial.)* **a) = of** von; **man-o'-war** Kriegsschiff, *das;* **cup o' tea** *(coll.)* Tasse Tee; *see also* **o'clock; b) = on: o' nights/Sundays** nachts/sonntags

**oaf** [əʊf] *n., pl.* ~**s** *or* **oaves** [əʊvz] **a)** *(stupid person)* Dummkopf, *der (ugs.);* **great ~:** Riesenrindvieh, *das (ugs.);* **b)** *(awkward lout)* Stoffel, *der (ugs.);* **you clumsy ~!** du Trampeltier! *(ugs.)*

**oafish** ['əʊfɪʃ] *adj.* stoffelig *(ugs.)*

**oak** [əʊk] *n.* Eiche, *die; attrib.* Eichen‹*wald, -möbel, -kiste, -blatt*›

'**oak-apple** *n. (Bot.)* Gallapfel, *der*

**oaken** ['əʊkn] *attrib. adj.* eichen

'**oak-tree** *n.* Eiche, *die*

**OAP** *abbr. (Brit.)* **old-age pensioner** Rentner, *der*/Rentnerin, *die;* ~ **[social] club** Seniorenklub, *der*

**oar** [ɔ:(r)] *n.* **a)** Ruder, *das;* Riemen, *der (Sport, Seemannsspr.);* **put in one's ~, put one's ~ in** *(fig. coll.)* seinen Senf dazugeben *(ugs.);* sich einmischen; **rest on one's ~s, lie** *or (Amer.)* **lay on one's ~s** die Riemen hoch nehmen; *(fig.: relax one's efforts)* sich ausruhen; **b)** *(rower)* Ruderer, *der*/Ruderin, *die*

**-oared** [ɔ:d] *adj. in comb.* mit ... Riemen *nachgestellt;* -ruderig

**oarsman** ['ɔ:zmən] *n., pl.* **oarsmen** ['ɔ:zmən] Ruderer, *der*

**oarsmanship** ['ɔ:zmənʃɪp] *n., no pl.* ruderisches Können

**oarswoman** ['ɔ:zwʊmn] *n.* Ruderin, *die*

**oasis** [əʊ'eɪsɪs] *n., pl.* **oases** [əʊ'eɪsi:z] *(lit. or fig.)* Oase, *die*

**oast** [əʊst] *n. (Agric., Brewing)* Darre, *die*

'**oast-house** *n. (Agric., Brewing)* Hopfendarre, *die*

**oat** [əʊt] *n.* **a)** ~**s** Hafer, *der;* **be off one's ~s** *(fig.)* keinen Appetit haben; **rolled ~s** Haferflocken *Pl.;* **b)** *(plant)* Haferpflanze, *die;* **field of ~s** Haferfeld, *das;* **wild ~:** Flug- *od.* Windhafer, *der;* **sow one's wild ~s** *(fig.)* sich *(Dat.)* die Hörner abstoßen *(ugs.)*

'**oatcake** *n.* [flacher] Haferkuchen

**oath** [əʊθ] *n., pl.* ~**s** [əʊðz] **a)** Eid, *der;* Schwur, *der;* **be bound by ~:** durch einen Eid *od.* Schwur gebunden sein; **take** *or* **swear an ~ [on sth.] that ...:** einen Eid [auf etw. *(Akk.)*] schwören, daß ...; **b)** *(Law)* **swear** *or* **take the ~:** vereidigt werden; **on** *or* **under ~:** unter Eid; **be on** *or* **under ~ to do sth.** geschworen haben, etw. zu tun; **put sb. on** *or* **under ~:** jmdn. vereidigen *od.* unter Eid nehmen; **[I swear] on my ~ I am telling the truth** ich schwöre, daß ich die Wahrheit sage; ~ **of office** Amts- *od.* Diensteid, *der;* ~ **of allegiance/supremacy** Treu-/Suprematseid, *der;* **c)** *(expletive)* Fluch, *der*

'**oatmeal** *n.* **a)** Hafermehl, *das;* **b)** *(colour)* Graubeige, *das*

**OAU** *abbr. (Polit.)* **Organization of African Unity** OAE

**oaves** *pl. of* **oaf**

**obbligato** [ɒblɪ'gɑ:təʊ] *(Mus.)* **1.** *adj.* obligat. **2.** *n., pl.* ~**s** Obligato, *das*

**obduracy** ['ɒbdjʊrəsɪ] *n., no pl. (hardheartedness)* Unerbittlichkeit, *die; (stubbornness)* Verstocktheit, *die*

**obdurate** [ɒb'djʊərət] *adj. (hardened)* unerbittlich ‹*Brutalität*›; verstockt ‹*Herz, Sünder*›; *(stubborn)* verstockt; hartnäckig ‹*Weigerung, Ablehnung*›

**OBE** *abbr. (Brit.)* **Officer [of the Order] of the British Empire**

**obedience** [ə'bi:dɪəns] *n.* Gehorsam, *der;* **show ~:** gehorsam sein; **in ~ to** gemäß

**obedient** [ə'bi:dɪənt] *adj.* gehorsam; *(submissive)* fügsam; **teach a dog to be ~:** einem Hund Gehorsam beibringen; **be ~ to sb./sth.** jmdm./einer Sache gehorchen; *see also* **servant c**

**obediently** [ə'bi:dɪəntlɪ] *adv.* gehorsam; *(submissively)* fügsam

**obeisance** [əʊ'beɪsəns] *n.* **a)** *(gesture)* Verbeugung, *die;* Verneigung, *die (geh.); (prostration)* Fußfall, *der;* **b)** *no pl. (homage)* Ehrerbietung, *die (geh.);* Reverenz, *die (geh.);* **do** *or* **make** *or* **pay ~ to sb.** jmdm. seine Reverenz bezeigen *od.* erweisen *(geh.)*

**obelisk** ['ɒbəlɪsk, 'ɒbɪlɪsk] *n.* **a)** *(pillar)* Obelisk, *der;* **b)** *(Printing)* Kreuzchen, *das;* **double ~:** Doppelkreuzchen, *das*

**obese** [əʊ'bi:s] *adj.* fett *(abwertend);* fettleibig *(bes. Med.)*

**obesity** [əʊ'bi:sɪtɪ] *n., no pl.* Fettheit, *die (abwertend);* Fettleibigkeit, *die (bes. Med.);* Obesität, *die (Med.)*

**obey** [əʊ'beɪ] **1.** *v.t.* gehorchen (+ *Dat.*); ‹*Kind, Hund:*› folgen (+ *Dat.*), gehorchen (+ *Dat.*); sich halten an (+ *Akk.*) ‹*Vorschrift, Regel*›; befolgen ‹*Befehl*›; folgen (+ *Dat.*) ‹*Aufforderung*›; nachkommen *(geh.)* (+ *Dat.*), Folge leisten (+ *Dat.*) ‹*Vorladung*›. **2.** *v.i.* gehorchen; ‹*Kind, Hund:*› folgen, gehorchen; **refuse to ~:** den Gehorsam verweigern

**obfuscate** ['ɒbfəskeɪt] *v.t. (literary) (obscure)* vernebeln; *(confuse)* verwirren

**obituary** [ə'bɪtjʊərɪ] **1.** *n.* Nachruf, *der* **(to, of** auf + *Akk.*); *(notice of death)* Todesanzeige, *die.* **2.** *adj.* ~ **notice/memoir** Todesanzeige, *die*/Nachruf, *der;* **the ~ page/column** die Todesanzeigen

**object 1.** ['ɒbdʒɪkt] *n.* **a)** *(thing)* Gegenstand, *der; (Philos.)* Objekt, *das;* **he was no longer the ~ of her affections** ihre Zuneigung gehörte ihm nicht mehr; **b)** *(purpose)* Ziel, *das;* ~ **in life** Lebensziel, *das od.* -zweck, *der;* **with this ~ in mind** *or* **view** mit diesem Ziel [vor Augen]; **with the ~ of doing sth.** in der Absicht, etw. zu tun; **make it one's ~ [in life]** es sich *(Dat.)* zum Ziel setzen; es zu seinem Lebensziel machen; *see also* **defeat 1 b; exercise 1 b; c)** *(obstacle, hindrance)* **money/time** *etc.* **is no ~:** Geld/Zeit *usw.* spielt keine Rolle; **d)** *(Ling.)* Objekt, *das; see also* **direct object; indirect object. 2.** [əb'dʒekt] *v.i.* **a)** *(state objection)* Einwände/einen Einwand erheben **(to** gegen); *(protest)* protestieren **(to** gegen); **I ~, your Honour** *(Law)* Einspruch, Herr Vorsitzender!; **b)** *(have objection or dislike)* etwas dagegen haben; ~ **to sb./sth.** etwas gegen jmdn./etw. haben; **if you don't ~:** wenn Sie nichts dagegen haben; **I ~ to your smoking** es stört mich, daß du rauchst; ~ **to sb.'s doing sth.** etw. dagegen haben, daß jmd. etw. tut; **I strongly ~ to this tone** ich verbitte mir diesen Ton; **I ~ to being blamed for this error** ich verwahre mich dagegen, für diesen Fehler verantwortlich gemacht zu werden. **3.** *v.t.* einwenden

**objectify** [əb'dʒektɪfaɪ] *v.t.* objektivieren

**objection** [əb'dʒekʃn] *n.* **a)** Einwand, *der;* Einspruch, *der (Amtsspr., Rechtsw.);* **raise** *or* **make an ~ [to sth.]** einen Einwand *od.* *(Rechtsw.)* Einspruch [gegen etw.] erheben; **make no ~ to sth.** nichts gegen etw. einzuwenden haben; **b)** *(feeling of opposition or dislike)* Abneigung, *die;* **have an/no ~ to sb./sth.** etw./nichts gegen jmdn./etw. haben; **have an/no ~:** etwas/nichts dagegen haben; **have no ~ to sb.'s doing sth.** nichts dagegen haben, daß jmd. etw. tut

**objectionable** [əb'dʒekʃənəbl] *adj.* unangenehm ‹*Anblick, Geruch*›; anstößig ‹*Bemerkung, Wort, Benehmen*›; unausstehlich ‹*Kind*›

**objectionably** [əb'dʒekʃənəblɪ] *adv.* unerträglich ‹*überheblich, aufdringlich*›; anstößig ‹*sich benehmen*›

**objective** [əb'dʒektɪv] **1.** *adj.* **a)** *(unbiased)* objektiv; sachlich; **b)** *(esp. Philos.: real)* objektiv. **2.** *n. (goal)* Ziel, *das;* **establish one's ~:** sich *(Dat.)* ein Ziel setzen

**objective:** ~ **case** *n. (Ling.)* **be in the ~ case** Objekt sein; ~ '**genitive** *n. (Ling.)* Genitivus obiectivus, *der*

**objectively** [əb'dʒektɪvlɪ] *adv.* **a)** objektiv; **b)** *(Ling.)* als Objekt ‹*gebrauchen*›

**objectiveness** [əb'dʒektɪvnɪs], **objectivity** [ɒbdʒɪk'tɪvɪtɪ] *ns., no pl.* Objektivität, *die;* **maintain ~:** objektiv bleiben

'**object-lesson** *n. (warning)* Denkzettel, *der; (very clear example)* Musterbeispiel, *das* **(in, on** für); **it was an ~ to him** es war ihm eine Lehre; **an ~ in** *or* **on how to do sth.**

ein Musterbeispiel dafür, wie man etw. macht

**objector** [əb'dʒektə(r)] *n.* Gegner, *der*/Gegnerin, *die* (**to** *Gen.*); *see also* **conscientious**

**objet d'art** [ɒbʒeɪ 'dɑː(r)] *n., pl.* **objets d'art** [ɒbʒeɪ 'dɑː(r)] Kunstgegenstand, *der*

**obligate** ['ɒblɪgeɪt] *v.t., usu. in p.p.* verpflichten

**obligation** [ɒblɪ'geɪʃn] *n.* **a)** Verpflichtung, *die; (constraint)* Zwang, *der;* **be under** *or* **have an/no ~ to do sth.** verpflichtet/nicht verpflichtet sein, etw. zu tun; **have an/no ~ to[wards] sb.** jmdm. gegenüber eine/keine Verpflichtung haben; **there's no ~ to buy** es besteht kein Kaufzwang; **b)** *(indebtedness)* Dankesschuld, *die (geh.);* **put** *or* **place sb. under an ~:** jmdm. eine Dankespflicht auferlegen; **be under an ~ to sb.** in jmds. Schuld stehen *(geh.);* jmdm. verpflichtet sein; **be under no ~ to sb.** jmdm. nicht verpflichtet sein

**obligatory** [ə'blɪgətərɪ] *adj.* obligatorisch; **make sth. ~ for sb.** etw. für jmdn. vorschreiben; **it has become ~ to do sth.** es ist zur Pflicht geworden, etw. zu tun

**oblige** [ə'blaɪdʒ] **1.** *v.t.* **a)** *(be binding on)* **~ sb. to do sth.** jmdm. vorschreiben, etw. zu tun; **one is ~d by law to do sth.** etw. ist gesetzlich vorgeschrieben; **b)** *(constrain, compel)* zwingen; nötigen; **be ~d to do sth.** gezwungen *od.* genötigt sein, etw. zu tun; **you are not ~d to answer these questions** Sie sind nicht verpflichtet, diese Fragen zu beantworten; **feel ~d to do sth.** sich verpflichtet fühlen, etw. zu tun; **c)** *(be kind to)* **~ sb. by doing sth.** jmdm. den Gefallen tun und etw. tun; **would you please ~ me by doing it?** würden Sie bitte so gut sein und es tun?; **~ sb. with sth.** *(help out)* jmdm. mit etw. aushelfen; **could you ~ me with a lift?** könnten Sie mich freundlicherweise mitnehmen?; **d) ~d** *(bound by gratitude)* **be much/greatly ~d to sb. [for sth.]** jmdm. [für etw.] sehr verbunden sein; **much ~d** besten Dank! **2.** *v.i.* **be always ready to ~:** immer sehr gefällig sein; **anything to ~** *(as answer)* stets zu Diensten; **~ with a song** *etc. (coll.)* ein Lied *usw.* zum besten geben

**obliging** [ə'blaɪdʒɪŋ] *adj.* entgegenkommend

**obligingly** [ə'blaɪdʒɪŋlɪ] *adv.* entgegenkommenderweise

**oblique** [ə'bliːk] **1.** *adj.* **a)** *(slanting)* schief ⟨*Gerade, Winkel*⟩; **b)** *(fig.: indirect)* indirekt ⟨*Bemerkung, Hinweis, Frage*⟩; versteckt ⟨*Hinweis*⟩. **2.** *n.* Schrägstrich, *der*

**obliquely** [ə'bliːklɪ] *adv.* **a)** *(in a slanting direction)* schräg ⟨*einfallen, abzweigen*⟩; **b)** *(fig.: indirectly)* indirekt ⟨*sich beziehen, antworten*⟩

**obliterate** [ə'blɪtəreɪt] *v.t.* **a)** auslöschen; *(cancel)* entwerten ⟨*Briefmarke*⟩; **b)** *(fig.)* verschleiern ⟨*Wahrheit*⟩; auslöschen ⟨*Erinnerung*⟩; zerstreuen ⟨*Bedenken*⟩; vernichtend schlagen ⟨*Gegner*⟩

**obliteration** [əblɪtə'reɪʃn] *n. see* **obliterate:** Auslöschung, *die;* Verschleierung, *die;* Zerstreuung, *die*

**oblivion** [ə'blɪvɪən] *n., no pl.* **a)** *(being forgotten)* Vergessenheit, *die;* **sink** *or* **fall into ~:** in Vergessenheit geraten; **rescued from ~:** der Vergessenheit *(Dat.)* entrissen; **b)** *(forgetting)* Vergessen, *das*

**oblivious** [ə'blɪvɪəs] *adj.* **be ~ to** *or* **of sth.** *(be unconscious of)* sich *(Dat.)* einer Sache *(Gen.)* nicht bewußt sein; *(not notice)* etw. nicht bemerken *od.* wahrnehmen

**oblong** ['ɒblɒŋ] **1.** *adj.* rechteckig. **2.** *n.* Rechteck, *das*

**obloquy** ['ɒbləkwɪ] *n. (literary)* **a)** *(abuse)* Beschimpfungen; **b)** *(disgrace)* Schande, *die*

**obnoxious** [əb'nɒkʃəs] *adj.,* **obnoxiously** [əb'nɒkʃəslɪ] *adv.* widerlich *(abwertend)*

**oboe** ['əʊbəʊ] *n. (Mus.)* Oboe, *die*

**oboist** ['əʊbəʊɪst] *n. (Mus.)* Oboist, *der*/Oboistin, *die*

**obscene** [əb'siːn] *adj.* obszön; *(coll.: offensive)* widerlich *(abwertend);* unanständig ⟨*Profit*⟩

**obscenely** [əb'siːnlɪ] *adv.* obszön; *(coll.: offensively)* widerlich *(abwertend);* unanständig ⟨*reich*⟩

**obscenity** [əb'senɪtɪ] *n.* Obszönität, *die; (coll.: offensive nature)* Widerlichkeit, *die (abwertend)*

**obscurantism** [ɒbskjʊə'ræntɪzm] *n.* Obskurantismus, *der*

**obscurantist** [ɒbskjʊə'ræntɪst] **1.** *n.* Obskurant, *der*/Obskurantin, *die (geh.).* **2.** *adj.* **~ doctrine/argument** Obskurantentum, *das (geh.)*

**obscure** [əb'skjʊə(r)] **1.** *adj.* **a)** *(unexplained)* dunkel; **for some ~ reason** aus irgendeinem unerfindlichen *(geh.) od.* verborgenen Grund; **b)** *(hard to understand)* schwer verständlich ⟨*Argument, Dichtung, Autor, Stil*⟩; unklar ⟨*Hinweis, Textstelle*⟩; **c)** *(unknown)* unbekannt ⟨*Herkunft, Schriftsteller*⟩; *(undistinguished)* unbedeutend; **d)** *(indistinct, vague)* undeutlich ⟨*Spur, Gemurmel*⟩; vage ⟨*Anhaltspunkt*⟩; **e)** *(remote)* abgelegen, entlegen ⟨*Ort*⟩; **f)** *(dark, dim)* dunkel. **2.** *v.t.* **a)** *(make indistinct)* verdunkeln; *(block)* versperren ⟨*Aussicht*⟩; *(conceal)* ⟨*Nebel:*⟩ verhüllen; **b)** *(fig.: make unintelligible)* unverständlich machen; **be ~d** unverständlich werden; **c)** *(fig.: outshine)* in den Schatten stellen

**obscurely** [əb'skjʊəlɪ] *adv.* **a)** *(indirectly)* vage; **b)** *(in obscurity)* im Verborgenen

**obscurity** [əb'skjʊərɪtɪ] *n.* **a)** *no pl. (being unknown or inconspicuous)* Unbekanntheit, *die;* **rise out of ~:** bekannt werden; **sink into ~:** in Vergessenheit geraten; **in ~:** unbeachtet, unauffällig ⟨*leben*⟩; **b)** *no pl. (being not clearly known or understood)* **be lost in [the mists of] ~:** im dunkeln liegen; **c)** *(unintelligibleness, unintelligible thing)* Unverständlichkeit, *die;* **d)** *no pl. (darkness)* Dunkelheit, *die*

**obsequies** ['ɒbsɪkwɪz] *n. pl. (funeral rites)* Beisetzungsfeierlichkeiten *(geh.)*

**obsequious** [əb'siːkwɪəs] *adj.,* **obsequiously** [əb'siːkwɪəslɪ] *adv.* unterwürfig *(abwertend)*

**observable** [əb'zɜːvəbl] *adj.* erkennbar; spürbar ⟨*Mangel, Zunahme, Übergewicht*⟩

**observance** [əb'zɜːvəns] *n.* **a)** *no pl. (observing, keeping)* Beachtung, *die;* Befolgung, *die; (of prescribed times)* Einhaltung, *die;* **b)** *(esp. Relig.: practice, rite)* Regel, *die;* **c)** *(rule)* Ordensregel, *die*

**observant** [əb'zɜːvənt] *adj.* **a)** aufmerksam; **be ~ of sth.** ein Auge für etw. haben; **how very ~ of you!** sehr scharf beobachtet!; **b)** *(mindful, regardful)* **be ~ of** beachten, sich halten an (+ *Akk.*) ⟨*Gesetz, Regel*⟩

**observation** [ɒbzə'veɪʃn] *n.* **a)** *no pl.* Beobachtung, *die;* **escape ~:** unbeobachtet bleiben; **powers of ~:** Beobachtungsgabe, *die;* **stay in hospital for ~:** zur Beobachtung im Krankenhaus bleiben; **be [kept] under ~:** beobachtet werden; *(by police, detectives)* observiert *od.* überwacht werden; **b)** *(remark)* Bemerkung, *die* (**on** über + *Akk.*); **make an ~ on sth.** sich zu etw. äußern

**observational** [ɒbzə'veɪʃənl] *adj.* Beobachtungs⟨*gabe, -methode*⟩

**observation: ~ car** *n. (Railw.)* Aussichtswagen, *der;* **~ post** *n. (Mil.)* Beobachtungsposten, *der*

**observatory** [əb'zɜːvətərɪ] *n.* Observatorium, *das; (Astron. also)* Sternwarte, *die; (Meteorol. also)* Wetterstation, *die*

**observe** [əb'zɜːv] *v.t.* **a)** *(watch)* beobachten; ⟨*Polizei, Detektiv:*⟩ observieren, überwachen; *abs.* aufpassen; *(perceive)* bemerken; **b)** *(abide by, keep)* einhalten; feiern ⟨*Weihnachten, Jahrestag*⟩; einlegen ⟨*Schweigeminute*⟩; halten ⟨*Gelübde*⟩; nachkommen *(geh.)* (+ *Dat.*) ⟨*Bitte*⟩; **c)** *(say)* bemerken

**observer** [əb'zɜːvə(r)] *n.* Beobachter, *der*/Beobachterin, *die*

**obsess** [əb'ses] *v.t.* **~ sb.** von jmdm. Besitz ergreifen *(fig.);* **be/become ~ed with** *or* **by sb./sth.** von jmdm./etw. besessen sein/werden; **don't let yourself become ~ed by her** versuch in deiner Beziehung zu ihr einen kühlen Kopf zu behalten

**obsession** [əb'seʃn] *n.* **a)** *(persistent idea)* Zwangsvorstellung, *die;* **be/become an ~ with sb.** für jmdn. zur Sucht geworden sein/werden; **have an ~ with sb.** von jmdm. besessen sein; **b)** *no pl. (Psych.: condition)* Obsession, *die (fachspr.);* Besessenheit, *die;* **develop an ~ about washing** einen Waschzwang entwickeln

**obsessional** [əb'seʃənl] *adj.* zwanghaft; obsessiv *(Psych.)*

**obsessive** [əb'sesɪv] *adj.* zwanghaft; obsessiv *(Psych.);* **be ~ about sth.** von etw. besessen sein; **be an ~ eater/gambler** unter Eßzwang leiden/dem Spiel verfallen sein

**obsessively** [əb'sesɪvlɪ] *adv.* zwanghaft

**obsolescence** [ɒbsə'lesəns] *n., no pl.* Veralten, *das;* **fall into ~:** veralten; **built-in** *or* **planned ~:** geplanter Verschleiß

**obsolescent** [ɒbsə'lesənt] *adj.* veraltend; **become/have become** *or* **be ~:** allmählich veralten/nahezu veraltet sein

**obsolete** ['ɒbsəliːt] *adj.* veraltet; obsolet *(geh.);* **become/have become ~:** veralten/veraltet sein

**obstacle** ['ɒbstəkl] *n.* Hindernis, *das* (**to** für); **put ~s in sb.'s path** *(fig.)* jmdm. Hindernisse *od.* Steine in den Weg legen; **give rise to ~s** Schwierigkeiten verursachen

**'obstacle-race** *n.* Hindernisrennen, *das*

**obstetric** [ɒb'stetrɪk], **obstetrical** [ɒb'stetrɪkl] *adj. (Med.)* Geburts⟨*schock, -kanal*⟩; **~ ward** Entbindungsstation, *die*

**obstetrician** [ɒbstə'trɪʃn] *n. (Med.)* Geburtshelfer, *der*/-helferin, *die*

**obstetrics** [ɒb'stetrɪks] *n., no pl. (Med.)* Obstetrik, *die (fachspr.);* Geburtshilfe, *die*

**obstinacy** ['ɒbstɪnəsɪ] *n., no pl. see* **obstinate:** Starrsinn, *der;* Hartnäckigkeit, *die;* Sturheit, *die (ugs.)*

**obstinate** ['ɒbstɪnət] *adj.* starrsinnig; *(adhering to particular course of action)* hartnäckig; stur *(ugs.);* **an ~ cold** eine hartnäckige Erkältung; **be as ~ as a mule** ein sturer Bock sein *(ugs. abwertend)*

**obstinately** ['ɒbstɪnətlɪ] *adv. see* **obstinate:** starrsinnig; hartnäckig; stur *(ugs.)*

**obstreperous** [əb'strepərəs] *adj.* **a)** randalierend; **be/become ~:** randalieren/zu randalieren beginnen; **b)** *(protesting)* widerspenstig; **stop being so ~!** mach nicht so ein Geschrei! *(ugs.)*

**obstruct** [əb'strʌkt] *v.t.* **a)** *(block)* versperren; blockieren; *(Med.)* verstopfen; behindern ⟨*Verkehr*⟩; versperren ⟨*Sicht*⟩; **~ sb.'s view** jmdm. die Sicht versperren; **b)** *(fig.: impede; also Sport)* behindern; **c)** *(Parl.)* obstruieren

**obstruction** [əb'strʌkʃn] *n.* **a)** *no pl. (blocking)* Blockierung, *die; (Med.)* Verstopfung, *die;* Obstruktion, *die (Med.); (of progress also Sport)* Behinderung, *die; (to success)* Hindernis, *das* (**to** für); **b)** *(Parl.)* Obstruktion, *die;* **c)** *(obstacle)* Hindernis, *das,* Hemmnis, *das*

**obstructionism** [əb'strʌkʃənɪzm] *n., no pl (Polit.)* **[policy of] ~:** Obstruktionspolitik, *die*

**obstructionist** [əb'strʌkʃənɪst] *n. (Polit.)* Obstruktionspolitiker, *der*/-politikerin, *die*

**obstructive** [əb'strʌktɪv] *adj.* hinderlich; obstruktiv ⟨*Politik, Taktik*⟩; **be ~** ⟨*Person:*⟩ sich querlegen *(ugs.)*

**obtain** [əb'teɪn] **1.** *v.t.* bekommen ⟨*Ware, Information, Hilfe*⟩; erreichen, erzielen

⟨*Resultat, Wirkung*⟩; erwerben, erlangen ⟨*akademischen Grad*⟩; ~ **a divorce** geschieden werden. **2.** *v.i.* Geltung haben; ⟨*Ansicht, Brauch:*⟩ herrschen, verbreitet sein; ⟨*Regelung:*⟩ in Kraft sein

**obtainable** [əb'teɪnəbl] *adj.* erhältlich ⟨*Ware, Eintrittskarte*⟩; erzielbar ⟨*Wirkung*⟩

**obtrude** [əb'tru:d] **1.** *v.t.* ~ **one's beliefs/opinions on sb.** jmdm. seine Überzeugung/Meinung aufdrängen; ~ **oneself [up]on sb./into sth.** sich jmdm. aufdrängen/sich in etw. *(Akk.)* hineindrängen. **2.** *v.i.* sich aufdrängen **(upon** *Dat.***)**; ~ **upon sb.'s grief** jmdn. in seinem Kummer stören

**obtrusive** [əb'tru:sɪv] *adj.* aufdringlich; *(conspicuous)* auffällig

**obtrusively** [əb'tru:sɪvlɪ] *adv.* in aufdringlicher Weise

**obtrusiveness** [əb'tru:sɪvnɪs] *n., no pl.* Aufdringlichkeit, *die; (conspicuousness)* Auffälligkeit, *die*

**obtuse** [əb'tju:s] *adj.* **a)** *(blunt; also Geom.)* stumpf ⟨*Winkel, Messer*⟩; **b)** *(stupid)* einfältig; **he's being deliberately ~:** er stellt sich dumm

**obtusely** [əb'tju:slɪ] *adv.* einfältig

**obverse** ['ɒbvɜ:s] *n.* **a)** *(of coin or medal)* Vorderseite, *die;* Avers, *der (Münzk.);* **b)** *(front)* Schauseite, *die;* **c)** *(fig.: counterpart)* Gegenstück, *das* **(of** zu**)**

**obviate** ['ɒbvɪeɪt] *v.t.* begegnen *(+ Dat.)* ⟨*Gefahr, Risiko, Einwand*⟩; ~ **the necessity of sth.** etw. unnötig machen

**obvious** ['ɒbvɪəs] *adj.* offenkundig; eindeutig ⟨*Sieger*⟩; *(easily seen)* augenfällig; sichtlich ⟨*Empfindung, innerer Zustand*⟩; plump ⟨*Trick, Mittel*⟩; **she was the ~ choice** es lag nahe, daß die Wahl auf sie fiel; **the answer is ~:** die Antwort liegt auf der Hand; **the ~ thing to do is ...:** das Naheliegende ist ...; **it's not ~ what we should do next** es ist nicht ersichtlich, was wir als nächstes tun sollten; **with the ~ exception of ...:** natürlich mit Ausnahme von ...; **be ~ [to sb.] that ...:** [jmdm.] klar sein, daß ...; **that's stating the ~:** das ist nichts Neues

**obviously** ['ɒbvɪəslɪ] *adv.* offenkundig; sichtlich ⟨*enttäuschen, überraschen usw.*⟩; **~, we can't expect any help** es ist klar, daß wir keine Hilfe erwarten können

**ocarina** [ɒkə'ri:nə] *n. (Mus.)* Okarina, *die*

**Occam's razor** [ɒkəmz 'reɪzə(r)] *n. (Philos.)* Ökonomieprinzip, *das;* Ockham's razor, *der*

**occasion** [ə'keɪʒn] **1.** *n.* **a)** *(opportunity)* Gelegenheit, *die;* **rise to the ~:** sich der Situation gewachsen zeigen; **b)** *(reason)* Grund, *der* **(for** zu**)**; *(cause)* Anlaß, *der;* **should the ~ arise** falls sich die Gelegenheit ergibt; **there is no ~ for alarm** es besteht kein Grund zur Sorge; **be [an] ~ for celebration** ein Grund zum Feiern sein; **have ~ to do sth.** [eine] Gelegenheit haben, etw. zu tun; **I had ~ to be in Rome** ich hatte in Rom zu tun; **c)** *(point in time)* Gelegenheit, *die;* **on several ~s** bei mehreren Gelegenheiten; **on that ~:** bei der Gelegenheit; damals; **[up]on ~[s]** gelegentlich; **d)** *(special occurrence)* Anlaß, *der;* **on state ~s** bei offiziellen Anlässen; **it was quite an ~:** es war ein Ereignis; **on the ~ of** anläßlich *(+ Gen.)*. **2.** *v.t.* verursachen; erregen, Anlaß geben zu ⟨*Besorgnis*⟩; geben ⟨*Denkanstoß, Anregung*⟩; ~ **sb. to do sth.** jmdn. veranlassen, etw. zu tun

**occasional** [ə'keɪʒənl] *adj.* **a)** *(happening irregularly)* gelegentlich; vereinzelt ⟨*Regenschauer*⟩; **take an** *or* **the ~ break** gelegentlich eine Pause machen; **b)** *(specially written)* Gelegenheits⟨*musik, -dichtung*⟩

**occasionally** [ə'keɪʒənəlɪ] *adv.* gelegentlich; **[only] very ~:** gelegentlich einmal

**oc'casional table** *n.* Beistelltisch, *der*

**occident** ['ɒksɪdənt] *n. (poet./rhet.)* **the ~** *(the west, European civilization)* der Okzident; das Abendland

**occidental** [ɒksɪ'dentl] **1.** *adj.* **a)** abendländisch; **b)** *(Polit.)* westlich. **2. O~** *n.* Abendländer, *der*/Abendländerin, *die*

**occlude** [ə'klu:d] *v.t.* **a)** *(Med.)* verschließen; **b)** *(Chem.)* okkludieren ⟨*Gas*⟩; **c)** *(Meteorol.)* **~d front** Okklusion, *die*

**occlusion** [ə'klu:ʒn] *n.* **a)** *(Med.)* Okklusion, *die (fachspr.);* Verschluß, *der;* **b)** *(Chem., Meteorol., Dent.)* Okklusion, *die*

**occult** [ɒ'kʌlt, ə'kʌlt] *adj.* **a)** *(mystical)* okkult ⟨*Kunst, Wissenschaft*⟩; **the ~:** das Okkulte; **b)** *(mysterious)* unergründlich, dunkel ⟨*Rätsel, Geheimnis*⟩; **c)** *(secret)* verborgen

**occultism** [ɒ'kʌltɪzm, ə'kʌltɪzm] *n.* Okkultismus, *der*

**occultist** [ɒ'kʌltɪst, ə'kʌltɪst] *n.* Okkultist, *der*/Okkultistin, *die*

**occupancy** ['ɒkjʊpənsɪ] *n. (residence in a place)* Bewohnung, *die; (moving into property)* Einzug, *der*

**occupant** ['ɒkjʊpənt] *n.* **a)** *(resident)* Bewohner, *der*/Bewohnerin, *die; (of post)* Inhaber, *der*/Inhaberin, *die; (of car, bus, etc.)* Insasse, *der*/Insassin, *die; (of room)* [Zimmer]bewohner, *der*/-bewohnerin, *die;* **b)** *(Law)* Besitzer, *der*/Besitzerin, *die*

**occupation** [ɒkjʊ'peɪʃn] *n.* **a)** *(of property)* *(tenure)* Besitz, *der; (occupancy)* Bewohnung, *die;* **take over the ~ of** in Besitz nehmen; einziehen in *(+ Akk.)* ⟨*Haus, Wohnung, Zimmer*⟩; **the owners of the house are [still]/the new tenants are already in ~:** die Hausbesitzer sind noch nicht ausgezogen/die neuen Mieter sind schon eingezogen; **b)** *(Mil.)* Okkupation, *die;* Besetzung, *die; (period)* Besatzungszeit, *die;* **army of ~:** Besatzungsarmee, *die;* **c)** *(activity)* Beschäftigung, *die; (pastime)* Zeitvertreib, *der;* **d)** *(profession)* Beruf, *der;* **his ~ is civil engineering** er ist Bauingenieur [von Beruf]; **what's her ~?** was ist sie von Beruf?

**occupational** [ɒkjʊ'peɪʃənl] *adj.* Berufs⟨*beratung, -risiko*⟩; betrieblich ⟨*Altersversorgung*⟩

**occupational: ~ di'sease** *n. (also joc.)* Berufskrankheit, *die;* **~ 'therapist** *n.* Beschäftigungstherapeut, *der*/-therapeutin, *die;* **~ 'therapy** *n.* Beschäftigungstherapie, *die*

**occupier** ['ɒkjʊpaɪə(r)] *n. (Brit.)* Besitzer, *der*/Besitzerin, *die; (tenant)* Bewohner, *der*/Bewohnerin, *die*

**occupy** ['ɒkjʊpaɪ] *v.t.* **a)** *(Mil.; Polit. as demonstration)* besetzen; **the terrorists are ~ing the building** die Terroristen halten das Gebäude besetzt; **b)** *(reside in, be a tenant of)* bewohnen; **~ a flat on a one-year lease** eine Wohnung für ein Jahr gemietet haben; **c)** *(take up, fill)* einnehmen; liegen in *(+ Dat.)* ⟨*Bett*⟩; besetzen ⟨*Sitzplatz, Tisch*⟩; belegen ⟨*Zimmer*⟩; in Anspruch nehmen ⟨*Zeit, Aufmerksamkeit*⟩; **how did you ~ your time?** wie hast du die Zeit verbracht?; **the hotel occupies an attractive site** das Hotel ist schön gelegen; **~ a special place in sb.'s affections** einen besonderen Platz in jmds. Herzen haben; **d)** *(hold)* innehaben ⟨*Stellung, Amt*⟩; **e)** *(busy, employ)* beschäftigen; **~ oneself [with doing sth.]** sich [mit etw.] beschäftigen; **be occupied with** *or* **in doing sth.** damit beschäftigt sein, etw. zu tun; **keep sb.['s mind] occupied** jmdn. [geistig] beschäftigen

**occur** [ə'kɜ:(r)] *v.i.,* **-rr- a)** *(be met with)* vorkommen; ⟨*Gelegenheit, Schwierigkeit, Problem:*⟩ sich ergeben; ⟨*Gelegenheit:*⟩ sich bieten; ⟨*Krankheit, Problem, Schwierigkeit:*⟩ auftreten; **if the case should ~ that ...:** sollte der Fall eintreten, daß ...; **b)** *(happen)* ⟨*Veränderung:*⟩ eintreten; ⟨*Unfall, Vorfall, Zwischenfall:*⟩ sich ereignen; ⟨*Olympiade:*⟩ stattfinden; ⟨*Todesfall:*⟩ auftreten; **how did your injuries ~?** wie kam es zu deinen Verletzungen?; **this must not ~ again** das darf nicht wieder vorkommen; **c) ~ to sb.** *(be thought of)* jmdm. einfallen *od.* in den Sinn kommen; ⟨*Idee:*⟩ jmdm. kommen; **it ~red to me that she was looking rather pale** mir fiel auf, daß sie ziemlich blaß aussah; **it never ~red to me** auf den Gedanken *od.* darauf bin ich nie gekommen

**occurrence** [ə'kʌrəns] *n.* **a)** *(incident)* Ereignis, *das;* Begebenheit, *die;* **b)** *(occurring)* Vorkommen, *das; (of disease)* Vorkommen, *das;* Auftreten, *das;* **be of frequent ~:** häufig vorkommen

**ocean** ['əʊʃn] *n.* **a)** Ozean, *der;* Meer, *das; attrib.* Meeres⟨*strömung, -boden*⟩; **b)** *in pl. (fig. coll.)* **~s of time** massenhaft Zeit *(ugs.);* **he's got ~s of money** er hat Geld wie Heu *(ugs.);* **weep ~s of tears** Ströme von Tränen vergießen

**'ocean-going** *adj.* Übersee⟨*handel, -dampfer, -schiff*⟩

**Oceania** [əʊʃɪ'ɑ:nɪə, əʊsɪ'ɑ:nɪə] *pr. n.* Ozeanien *(das)*

**oceanic** [əʊʃɪ'ænɪk, əʊsɪ'ænɪk] *adj.* ozeanisch; Meeres⟨*tier, -klima, -tiefe, -strömung*⟩; See⟨*vogel, -klima*⟩; *(fig.)* gewaltig

**oceanography** [əʊʃə'nɒgrəfɪ] *n.* Ozeanographie, *die;* Meereskunde, *die*

**ocelot** ['ɒsɪlɒt] *n. (Zool.)* Ozelot, *der*

**och** [ɒx] *int. (Scot., Ir.)* ach

**ochre** (*Amer.:* **ocher**) ['əʊkə(r)] *n.* Ocker, *der od. das*

**ocker** ['ɒkə(r)] *n. (Austral. sl.) ungehobelter, rüpelhafter Australier*

**o'clock** [ə'klɒk] *adv.* **a) it is two/six ~:** es ist zwei/sechs Uhr; **at two/six ~:** um zwei/sechs Uhr; **six ~** *attrib.* Sechs-Uhr-⟨*Zug, Maschine, Nachrichten*⟩; **b)** *indicating direction or position* **see a plane at 3/6/9/12 ~:** ein Flugzeug rechts/genau unter sich *(Dat.)*/links/genau über sich *(Dat.)* sehen; *(horizontally)* ein Flugzeug rechts/genau hinter sich *(Dat.)*/links/genau vor sich *(Dat.)* sehen

**Oct.** *abbr.* **October** Okt.

**octagon** ['ɒktəgən] *n. (Geom.)* Achteck, *das;* Oktogon, *das (fachspr.)*

**octagonal** [ɒk'tægənl] *adj. (Geom.)* achteckig; oktogonal *(fachspr.)*

**octahedron** [ɒktə'hi:drən] *n., pl.* **~s** *or* **octahedra** [ɒktə'hi:drə] *(Geom.)* Oktaeder, *das (fachspr.);* Achtflächner, *der*

**octane** ['ɒkteɪn] *n.* Oktan, *das*

**octave** ['ɒktɪv] *n. (Mus.)* Oktave, *die*

**octavo** [ɒk'tɑ:vəʊ] *n., pl.* **~s a)** *(book)* Oktavband, *der; (page)* Oktavseite, *die;* **b)** *(size)* Oktav[format], *das*

**octet, octette** [ɒk'tet] *n. (Mus.)* Oktett, *das;* **string ~:** Streichoktett, *das*

**October** [ɒk'təʊbə(r)] *n.* Oktober, *der;* **the ~ Revolution** *(Hist.)* die Oktoberrevolution; *see also* **August**

**octogenarian** [ɒktədʒɪ'neərɪən] **1.** *adj.* achtzigjährig; *(more than 80 years old)* in den Achtzigern *nachgestellt.* **2.** *n.* Achtziger, *der*/Achtzigerin, *die*

**octopus** ['ɒktəpəs] *n. (lit. or fig.)* Krake, *der;* Octopus, *der (Zool.)*

**ocular** ['ɒkjʊlə(r)] *adj.* Augen⟨*maß, -krankheit, -täuschung*⟩

**oculist** ['ɒkjʊlɪst] *n.* Augenarzt, *der*/Augenärztin, *die*

**odd** [ɒd] *adj.* **a)** *(surplus, spare)* übrig ⟨*Stück*⟩; überzählig ⟨*Spieler*⟩; restlich, übrig ⟨*Silbergeld*⟩; **b)** *(additional)* **£25 and a few ~ pence** 25 Pfund und ein paar Pence; **1,000 and ~ pounds** etwas über 1 000 Pfund; **c)** *(occasional, random)* gelegentlich; **use the occasional ~ moment to do sth.** etw. tun, wenn sich die Gelegenheit ergibt; **I like the ~ whisky** gelegentlich trinke ich gern einen Whisky; **the ~ bit of translating** gelegentliche kleine Übersetzungen; **~ job/~-job man** Gelegenheitsarbeit, *die*/-arbeiter, *der;* **do ~ jobs** Gelegenheitsarbeiten verrichten; *(about the house)* anfallende Arbeiten erledigen; **d)** *(one of pair or group)* einzeln; **~ socks/gloves** *etc.* nicht zusammengehörende Socken/Handschuhe *usw.*; **~ numbers/volumes** Einzelnummern/Einzelbände; **e)** *(uneven)* ungerade ‹*Zahl, Seite, Hausnummer*›; **f)** *(plus something)* **she must be forty ~:** sie muß etwas über vierzig sein; **sixty thousand ~:** etwas über sechzigtausend; **twelve pounds ~:** etwas mehr als zwölf Pfund; **g)** *(extraordinary)* merkwürdig; *(strange, eccentric)* seltsam

**odd: ~ball, ~ 'fish** *ns. (coll.)* komischer Kauz *(ugs.)*

**oddity** ['ɒdɪtɪ] *n.* **a)** *(strangeness, peculiar trait)* Eigentümlichkeit, *die;* **b)** *(odd person)* Sonderling, *der;* **c)** *(fantastic object, strange event)* Kuriosität, *die*

**oddly** ['ɒdlɪ] *adv.* seltsam; merkwürdig; **~ enough** seltsamer- *od.* merkwürdigerweise

**odd 'man** *n.* **be the ~:** die entscheidende Stimme haben; **~ out** Außenseiter, *der*/Außenseiterin, *die;* **be the ~ out** *(extra person)* überzählig sein; *(thing)* zu etw. nicht passen; **find the ~ out** das finden, was überzählig ist/nicht paßt

**oddment** ['ɒdmənt] *n.* **a)** *(left over)* [Über]rest, *der; (in sales)* Reststück, *das;* **b)** *in pl. (odds and ends)* Kleinigkeiten; **~s of furniture** einzelne Möbelstücke

**oddness** ['ɒdnɪs] *n., no pl.* Merkwürdigkeit, *die; (strangeness)* Seltsamkeit, *die*

**odd: ~numbered** *adj.* ungerade; **~ one** *see* **odd man**

**odds** [ɒdz] *n. pl.* **a)** *(Betting)* Odds *pl.;* **the ~ were on Black Bess** Black Bess hatte die besten Chancen; **lay** *or* **give/take ~ of six to one in favour of/against sb./a horse** eine 6:1-Wette auf/gegen jmdn./ein Pferd anbieten/annehmen; **I'll lay ~ that ...** *(fig.)* ich wette, daß ...; **take ~ on sth.** auf etw. *(Akk.)* wetten; **over the ~** *(fig.)* zuviel; **pay over the ~ for sth.** einen überhöhten Preis für etw. bezahlen; **be/go over the ~** *(more than is reasonable)* zu weit gehen; *see also* **long odds; short odds; b)** *(chances for or against)* Möglichkeit, *die; (chance for)* Aussicht, *die;* Chance, *die;* **[the] ~ are that she did it** wahrscheinlich hat sie es getan; **the ~ are against/in favour of sb./sth.** jmds. Aussichten *od.* Chancen/die Aussichten *od.* Chancen für etw. sind gering/gut; **the ~ are against/in favour of sth. happening** es besteht kaum/durchaus die Möglichkeit, daß etw. geschieht; **struggle against considerable/impossible ~:** mit ziemlich geringen Chancen/völlig chancenlos kämpfen; **by all ~:** bei weitem; **c)** *(balance of advantage)* **against [all] the ~:** allen Widrigkeiten zum Trotz; **d)** *(difference)* Unterschied, *der;* **make no/little ~ [whether ...]** es ist völlig/ziemlich gleichgültig[, ob ...]; **what's the ~?** was macht das schon?; **e)** *(variance)* **be at ~ [with sb./sth.]** sich nicht [mit jmdm./etw.] vertragen; **be at ~ with sb. over sth.** mit jmdm. in etw. *(Dat.)* uneinig sein; **f) ~ and ends,** *(coll.)* **~ and bobs** Kleinigkeiten; *(of food)* Reste; **~ and sods** *(sl.) (things)* Krempel, *der (ugs. abwertend); (persons)* Figuren *(salopp)*

**'odds-on 1.** *adj.* gut ‹*Chance, Aussicht*›; hoch, klar ‹*Favorit*›; **be ~ [favourite] to win/for sth.** klarer *od.* hoher Favorit/Favorit für etw. sein. **2.** *adv.* wahrscheinlich; **it's ~ that he is alive** die Chancen stehen gut, daß er am Leben ist

**ode** [əʊd] *n.* Ode, *die* **(to** an + *Akk.)*

**odious** ['əʊdɪəs] *adj.,* **odiously** ['əʊdɪəslɪ] *adv.* widerwärtig

**odium** ['əʊdɪəm] *n. (hatred)* Haß, *der;* **be held in ~ by sb.** bei jmdm. verhaßt sein

**odometer** [ə'dɒmɪtə(r)] *n.* Hodometer, *das;* Wegmesser, *der*

**odor** *etc. (Amer.) see* **odour** *etc.*

**odoriferous** [əʊdə'rɪfərəs] *adj.* wohlriechend *(geh.);* duftend

**odorous** ['əʊdərəs] *adj.* **a)** *(fragrant)* wohlriechend *(geh.);* duftend; **b)** *(malodorous)* übelriechend; übel ‹*Geruch*›

**odour** ['əʊdə(r)] *n.* **a)** *(smell)* Geruch, *der; (fragrance)* Duft, *der;* **~ of cats** Katzengeruch, *der; see also* **body odour; b)** *(fig.)* Note, *die;* **be in/fall** *or* **get into good/bad ~ with sb.** bei jmdm. in gutem/schlechtem Geruch stehen/in guten/schlechten Geruch kommen

**odourless** ['əʊdəlɪs] *adj.* geruchlos

**Odysseus** [ə'dɪsju:s] *pr. n.* Odysseus *(der)*

**odyssey** ['ɒdɪsɪ] *n.* abenteuerliche Reise; Odyssee, *die (geh.);* **the O~** *(Myth.)* die Odyssee

**OECD** *abbr.* **Organization for Economic Cooperation and Development** OECD, *die*

**oedema** [ɪ'di:mə] *n. (Med.)* Ödem, *das;* Gewebewassersucht, *die*

**Oedipus complex** ['i:dɪpəs kɒmpleks] *n. (Psych.)* Ödipuskomplex, *der*

**o'er** [ɔ:(r)] *(poet.) see* **over 1, 2**

**oesophagus** [i:'sɒfəgəs] *n., pl.* **oesophagi** [i:'sɒfədʒaɪ] *or* **~es** *(Anat.)* Ösophagus, *der (fachspr.)*

**oestrogen** ['i:strədʒən] *n. (Biochem.)* Östrogen, *das*

**œuvre** [ɜ:vr] *n.* Œuvre, *das (geh.);* Werk, *das*

**of** [əv, *stressed* ɒv] *prep.* **a)** *indicating belonging, connection, possession* **articles of clothing** Kleidungsstücke; **be a thing of the past** der Vergangenheit *(Dat.)* angehören; **topic of conversation** Gesprächsthema, *das;* **the brother of her father** der Bruder ihres Vaters; **a friend of mine/the vicar's** ein Freund von mir/des Pfarrers; **that dog of yours** Ihr Hund da; **it's no business of theirs** es geht sie nichts an; **where's that pencil of mine?** wo ist mein Bleistift?; **b)** *indicating starting-point* von; **within a mile of the centre** nicht weiter als eine Meile vom Zentrum entfernt; **for upwards of 10 years** seit mehr als 10 Jahren; **c)** *indicating origin, cause, agency* **have a taste of garlic** nach Knoblauch schmecken; **it was clever of you to do that** es war klug von dir, das zu tun; **the approval of sb.** jmds. Zustimmung; **be of a good family** aus guter Familie sein; **the works of Shakespeare** Shakespeares Werke; **R. T. Smith, of Oxford** R. T. Smith, Oxford; **Lord Morrison of Lambeth** Lord Morrison von Lambeth; **d)** *indicating material, substance* aus; **a dress of cotton** ein Kleid aus Baumwolle; **be made of ...:** aus ... [hergestellt] sein; **e)** *indicating closer definition, identity, or contents* **a pound of apples** ein Pfund Äpfel; **a glass of wine** ein Glas Wein; **a painting of the queen** ein Gemälde der Königin; **the city of Chicago** die Stadt Chicago; **the Republic of Ireland** die Republik Irland; **Professor of Chemistry** Professor der Chemie; **the Gospel of St Mark** das Markusevangelium; das Evangelium des Markus; **family of eight** achtköpfige Familie; **increase of 10%** Zuwachs/Erhöhung von zehn Prozent; **battle of Hastings** Schlacht von *od.* bei Hastings; **University of Oxford** Universität [von] Oxford; **President of the Philippines** Präsident[in] der Philippinen; **the Queen of Spades** die Pikdame; **the love of God** die Liebe Gottes; **the fifth of January** der fünfte Januar; **your letter of 2 January** Ihr Brief vom 2. Januar; **that fool of a personnel manager** dieser Idiot von Personalleiter; **a fool of a woman** eine törichte Frau; **the worst liar of any man I know** der gemeinste Lügner, den ich kenne; **be of value/interest to** von Nutzen/von Interesse *od.* interessant sein für; **the whole of ...:** der/die/das ganze ...; **tales of adventure** Abenteuergeschichten; **f)** *indicating concern, reference, respect* **do not speak of such things** sprich nicht von solchen Dingen; **inform sb. of sth.** jmdn. über etw. *(Akk.)* informieren; **well, what of it?** *(asked as reply)* na und?; **g)** *indicating objective relation* **love of virtue** Tugendliebe, *die;* **his love of his father** seine Liebe zu seinem Vater; **h)** *indicating description, quality, condition* **a frown of disapproval** ein mißbilligendes Stirnrunzeln; **person of extreme views** Mensch mit extremen Ansichten; **work of authority** maßgebendes Werk; **a boy of 14 years** ein vierzehnjähriger *od.* ein 14 Jahre alter Junge; **a city of wide boulevards** eine Stadt mit breiten Alleen; **i)** *indicating partition, classification, inclusion, selection* von; **of these, three ...:** drei von ihnen ...; *(inanimate)* drei davon; **the five of us** wir fünf; **the five of us went there** wir sind zu fünft hingegangen; **some/five of us** einige/fünf von uns; **there are five of us waiting to see the doctor** wir sind fünf, die auf den Doktor warten; **the most dangerous of enemies** ein sehr gefährlicher Feind; **be too much of a gentleman to do sth.** zu sehr Gentleman sein, um etw. zu tun; **he of all men** *(most unsuitably)* ausgerechnet er; *(especially)* gerade er; **of all the impudence!** das ist doch die Höhe!; **here of all places** ausgerechnet hier; **on this night of nights** in solch einer herrlichen Nacht; **of an evening** *(coll.)* abends; des Abends; **of an evening in June** an einem Juniabend; **j)** *(Amer.: before the hour of)* **a quarter of two** Viertel vor zwei; **k)** *(arch.: by)* von; **beloved of all** von allen geliebt

**off** [ɒf] **1.** *adv.* **a)** *(away, at or to a distance)* **be a few miles ~:** wenige Meilen entfernt sein; **the lake is not far ~:** der See ist nicht weit [weg *od.* entfernt]; **Christmas is not far ~:** es ist nicht mehr lang bis Weihnachten; **some way ~:** in einiger Entfernung; **where are you ~ to?** wohin gehst du?; **I must be ~:** ich muß fort *od.* weg *od.* los; **I'm ~ now** ich gehe jetzt; **~ with you!** geh/geht!; los jetzt!; **~ with his head!** schlagt ihm den Kopf ab!; **~ we go!** *(we are starting)* los *od.* ab geht's!; *(let us start)* gehen/fahren wir!; **they're ~!** *(coll.)* sie sind gestartet!; *see also* **make off; put off; straight off; b)** *(not on or attached or supported)* **get the lid ~:** den Deckel abbekommen; **c)** *(not in good condition)* mitgenommen; **the meat** *etc.* **is ~:** das Fleisch *usw.* ist schlecht [geworden]; **be a bit ~** *(Brit. fig.)* ein starkes Stück sein *(ugs.);* **d) be ~** *(switched or turned ~)* ‹*Wasser, Gas, Strom:*› abgestellt sein; **the light/radio** *etc.* **is ~:** das Licht/Radio *usw.* ist aus; **put the light ~:** das Licht ausmachen; **leave the bathroom tap ~:** den Hahn im Badezimmer zulassen; **is the gas tap ~?** ist der Gashahn zu?; **neither the water nor the electricity was ~:** weder Wasser noch Strom waren abgestellt; **e) be ~** *(cancelled)* abgesagt sein; ‹*Verlobung:*› [auf]gelöst sein; **the strike is ~:** der Streik ist abgeblasen *(ugs.);* **is Sunday's picnic ~?** fällt das Picknick am Sonntag aus?; **~ and on** immer mal wieder *(ugs.);* **f)** *(not at work)* frei; **on my day ~:** an meinem freien Tag; **take/get/have a week** *etc.* **~:** eine Woche *usw.* Urlaub nehmen/bekommen/haben; **be given a day ~ from school** einen Tag schulfrei haben; **be ~ sick** wegen Krankheit fehlen; **g)** *(no longer available)* **soup** *etc.* **is ~:** es gibt keine Suppe *usw.* mehr; **h)** *(entirely, to the end)* **drink ~:** austrinken; **i)** *(situated as regards money etc.)* **he is badly** *etc.* **~:** er ist schlecht *usw.* gestellt; ihm geht es [finanziell] schlecht *usw.*; **we'd be better ~ without him** ohne ihn wären wir besser dran; **there are many peopl[e] worse ~ than you** vielen geht es schlechter als dir; **he left her comfortably ~:** er hinterließ ihr genug, um gut zu leben; **how are yo[u] ~ for food?** wieviel Eßbares hast du noch?; **be badly ~ for sth.** mit etw. knapp sein; *see also* **well off; j)** *(Theatre)* **take place ~:** hinter der Bühne stattfinden; *see also* **noise 1 b**; **2.** *prep.* **a)** *(from)* von; **take a little ~ th**

**price** ein bißchen vom Preis nachlassen; **cut a couple of slices ~ the loaf** einige Scheiben Brot abschneiden; **be a few inches ~ the finish** ein paar Zentimeter vom Ziel entfernt sein; **be ~ school/work** in der Schule/am Arbeitsplatz fehlen; **b)** *(diverging from)* **get ~ the subject, talk ~ the point** [vom Thema] abschweifen; **be ~ the point** nicht zur Sache gehören; **c)** *(designed not to cover)* **~-the-shoulder** schulterfrei ‹*Kleid*›; **an ~-the-face hat** ein Hut, der das Gesicht nicht verdeckt; **d)** *(having lost interest in)* **be ~ sth.** etw. leid sein *od.* haben *(ugs.)*; **be ~ one's food** keinen Appetit haben; **be quite ~ sth.** von etw. vollkommen abgekommen sein; **e)** *(no longer obliged to use)* **be ~ drugs** vom Rauschgift losgekommen sein; clean sein *(ugs.)*; **be ~ one's diet** seine Diät abgesetzt haben; **be ~ the tablets** ohne Tabletten auskommen; **f)** *(leading from, not far from)* **just ~ the square** ganz in der Nähe des Platzes; **a street ~ the main road** eine Straße, die von der Hauptstraße abgeht; **take a turning ~ the main road** von der Hauptstraße abbiegen; **g)** *(to seaward of)* vor (+ *Dat.*); **h)** *(Golf)* **play ~ three** mit Vorgabe drei spielen. *See also* **offside. 3.** *adj.* **a) the ~ side** *(Brit.) (when travelling on the left/right)* die rechte/linke Seite; **b)** *(Cricket)* ‹*Seite, Torstab:*› links vom Werfer, *(if batsman is left-handed)* rechts vom Werfer; **~ drive** Treibschlag nach rechts; *(by left-handed batsman)* Treibschlag nach links; **~ side** *see* **4 a. 4.** *n.* **a)** *(Cricket) Spielfeldhälfte rechts vom rechtshändigen bzw. links vom linkshändigen Schlagmann;* **b)** *(start of race)* Start, *der*

**offal** ['ɒfl] *n., no pl.* **a)** *(parts of animal's carcass)* Innereien *Pl.*; **b)** *(carrion)* Aas, *das;* **c)** *(refuse)* Abfall, *der;* **d)** *(fig.: dregs, scum)* Abschaum, *der*

**off: ~-beat 1.** *n. (Mus.)* unbetonter Taktteil; Off-Beat, *der (fachspr.)*; **2.** *adj.* **a)** *(Mus.)* Off-Beat-; **b)** *(fig.: eccentric)* unkonventionell ‹*Mensch, Lebensweise*›; außergewöhnlich ‹*Vorlesung, Kursus*›; **~-'centre 1.** *adj.* nicht zentriert; **2.** *adv.* nicht [genau] in der Mitte; **~ chance** *see* **chance 1 c**; **~-'colour** *adj.* **a)** *(not in good health)* unwohl; **be** *or* **feel ~ colour** sich unwohl *od.* schlecht fühlen; **b)** *(Amer.: somewhat indecent)* schlüpfrig; **~-cut** *n.* Rest, *der;* **~-day** *n.* schlechter Tag; **~-duty** *attrib. adj.* Freizeit-; dienstfrei ‹*Zeit*›; ‹*Polizist usw.,*› der dienstfrei hat

**offence** [ə'fens] *n. (Brit.)* **a)** *(hurting of sb.'s feelings)* Kränkung, *die;* **I meant** *or* **intended no ~:** ich wollte Sie/ihn *usw.* nicht kränken; **your behaviour caused [great] ~:** Ihr Benehmen war [sehr] kränkend *od.* verletzend; **b)** *(annoyance)* **give ~:** Mißfallen erregen; **take ~:** beleidigt *od.* verärgert sein; **don't take ~, but ...:** nimm es mir nicht übel, aber ...; **no ~** *(coll.)* nichts für ungut; **no ~ to you, but ...** *(coll.)* nichts gegen dich, aber ... *(ugs.)*; **c)** *(transgression)* Verstoß, *der; (crime)* Delikt, *das;* Straftat, *die;* **an ~ against good taste** eine Beleidigung des guten Geschmacks; **criminal/petty ~:** strafbare Handlung/geringfügiges Vergehen; **d)** *(attacking)* Angriff, *der*

**offend** [ə'fend] **1.** *v. i.* verstoßen (**against** gegen). **2.** *v. t.* **~ sb.** bei jmdm. Anstoß erregen; *(hurt feelings of)* jmdn. kränken; **she was ~ed with him** sie war ihm böse; **~ the eye** das Auge beleidigen; **her delicacy was ~ed** ihr Zartgefühl war verletzt; *abs.* **a refusal often ~s** eine Ablehnung wird oft als Kränkung empfunden

**offender** [ə'fendə(r)] *n. (against law)* Straffällige, *der/die;* Täter, *der*/Täterin, *die; (against rule)* Zuwiderhandelnde, *der/die; see also* **first offender**

**offending** [ə'fendɪŋ] *attrib. adj.* **a)** *(that outrages)* anstößig; Anstoß erregend; **he removed the ~ object** er beseitigte den Stein des Anstoßes; **b)** *(that transgresses)* zuwiderhandelnd; **there are penalties for ~ persons** Zuwiderhandlungen werden bestraft

**offense** *(Amer.) see* **offence**

**offensive** [ə'fensɪv] **1.** *adj.* **a)** *(aggressive)* offensiv; Angriffs‹*waffe, -krieg*›; **b)** *(giving offence, insulting)* ungehörig; *(indecent)* anstößig; **~ language** Beschimpfungen; **c)** *(repulsive)* widerlich; **be ~ to sb.** jmdm. zuwider sein; auf jmdn. abstoßend wirken. **2.** *n.* **a)** *(attitude of assailant)* offensive Haltung; **take the** *or* **go on the ~:** in die *od.* zur Offensive übergehen; **be on the ~:** aggressiv sein; **b)** *(attack)* Offensive, *die;* Angriff, *der;* **c)** *(fig.: forceful action)* Offensive, *die*

**offensively** [ə'fensɪvlɪ] *adv.* **a)** *(aggressively)* offensiv; **b)** *(insultingly)* auf beleidigende Weise; *(indecently)* unverschämt; **c)** *(repulsively)* widerlich; abstoßend

**offer** ['ɒfə(r)] **1.** *v. t.* **a)** anbieten; vorbringen ‹*Entschuldigung*›; bieten ‹*Chance*›; aussprechen ‹*Beileid*›; sagen ‹*Meinung*›; unterbreiten, machen ‹*Vorschläge*›; bieten, spenden ‹*Schatten*›; **have something to ~:** etwas zu bieten haben; **the job ~s good prospects** der Arbeitsplatz hat Zukunft; **b)** *(present to deity etc.)* **~ [up]** opfern; **~ up a sacrifice** ein Opfer darbringen *(geh.)*; **~ prayers for the dead** für die Toten beten; **c)** *(have for sale)* anbieten; **d)** *(show readiness for)* **~ resistance** Widerstand leisten; **~ violence** gewalttätig werden; **~ peace** für den Frieden eintreten; **~ to do sth.** anbieten, etw. zu tun; **~ to help** seine Hilfe anbieten; **e)** *(present to sight or notice)* bieten; **f)** *(Sch., Univ.)* belegen ‹*Fach*›. **2.** *v. i.* ‹*Gelegenheit, Chance:*› sich bieten. **3.** *n.* **a)** Angebot, *das; (in auction)* Gebot, *das;* **all ~s of help** alle Hilfeangebote; **[have/be] on ~:** im Angebot [haben/sein]; **b)** *(marriage proposal)* Antrag, *der*

**offering** ['ɒfərɪŋ] *n.* **a)** *no pl. (act)* Anbieten, *das; (to deity)* Opfern, *das;* **b)** *(thing)* Angebot, *das; (to a deity)* Opfer, *das;* **the latest ~ from the publishers** *(joc.)* was die Verleger als Neuestes anbieten

**offertory** ['ɒfətərɪ] *n. (Eccl.)* **a)** *(part of Mass)* Offertorium, *das;* **b)** *(collection of money)* Kollekte, *die*

**off: ~'hand 1.** *adv.* **a)** *(without preparation)* auf Anhieb, aus der Hand *(ugs.)* ‹*sagen, wissen*›; spontan ‹*beschließen, entscheiden*›; **b)** *(casually)* leichthin; **2.** *adj.* **a)** *(without preparation)* impulsiv; spontan; **b)** *(casual)* beiläufig; **be ~hand with sb.** zu jmdm. kurz angebunden sein; **he was very ~hand about the whole business** er war, was die ganze Geschichte betrifft, sehr kurz angebunden; **~handed** [ɒf'hændɪd] *see* **~hand 2 b**

**office** ['ɒfɪs] *n.* **a)** Büro, *das;* **goods ~:** Güterabfertigung, *die;* **b)** *(branch of organization)* Zweigstelle, *die;* Geschäftsstelle, *die;* **c)** *(position with duties)* Amt, *das;* **be in/out of ~:** im/nicht mehr im Amt sein; ‹*Partei:*› an der/nicht mehr an der Regierung sein; **resign ~:** sein Amt niederlegen; **hold ~:** amtieren; **d)** *(government department)* **Home O~** *(Brit.)* ≈ Innenministerium, *das;* **the Passport O~:** das Paßamt; **e) the usual ~s** *(Brit.: of house)* ≈ Küche, Bad, WC *usw.*; **f)** *(Eccl.) (service)* Gottesdienst, *der; (mass)* Messe, *die (kath. Kirche)*; **O~ for Baptism** Taufbekenntnis *od.* -versprechen, *das;* **O~ for the Dead** Trauergottesdienst, *der;* Totenmesse, *die (kath. Kirche)*; **g) the Holy O~** *(RC Ch.)* das Heilige Officium; **h)** *(kindness)* **[good] ~s** Hilfe, *die;* Unterstützung, *die;* **use one's good ~s to help sb.** jmdm. mit Rat und Tat zur Seite stehen; **i)** *(Amer.: consulting-room)* Büro, *das; (of lawyer)* Kanzlei, *die;* Büro, *das; (of physician)* Sprechzimmer, *das*

**office: ~-bearer** *n.* Amtsinhaber, *der/-*inhaberin, *die;* **~-block** *n.* Bürogebäude, *das;* **~-boy** *n.* Bürogehilfe, *der;* **~-girl** *n.* Bürogehilfin, *die;* **~ hours** *n. pl.* Dienststunden *Pl.*; Dienstzeit, *die;* **after ~ hours** nach Dienstschluß; **~ job** *n.* Bürotätigkeit, *die;* Bürojob, *der (ugs.)*

**officer** ['ɒfɪsə(r)] *n.* **a)** *(Army etc.)* Offizier, *der;* **~ of the day** Offizier vom Dienst; **b)** *(holder of office)* Beamte, *der/*Beamtin, *die;* **~ of arms** *(Her.)* Mitglied des Heroldskollegiums; **c)** *(of club etc.)* Funktionär, *der*/Funktionärin, *die;* **d)** *(constable)* Polizeibeamte, *der/-*beamtin, *die;* **yes, ~:** jawohl, Herr Wachtmeister/Frau Wachtmeisterin; **e)** *(bailiff)* **[sheriff's] ~:** Vollstreckungsbeamte, *der/-*beamtin, *die;* **f)** *(member of honorary Order)* **O~ of the Order of the British Empire** Träger des britischen Verdienstordens; **O~ of the Legion of Honour** Ritter der Ehrenlegion

**'office-worker** *n.* Büroangestellte, *der/die*

**official** [ə'fɪʃl] **1.** *adj.* **a)** Amts‹*pflicht, -robe, -person*›; **b)** *(derived from authority, formal)* offiziell; amtlich ‹*Verlautbarung*›; regulär ‹*Streik*›; **he is here on ~ business** er ist dienstlich hier; **~ secret** Staatsgeheimnis, *das;* **O~ Secrets Act** *(Brit.)* Gesetz über Landesverrat und Gefährdung der äußeren Sicherheit; **is it ~ yet?** *(coll.)* ist das schon amtlich? **2.** *n.* Beamte, *der/*Beamtin, *die; (party, union, or sports ~)* Funktionär, *der/*Funktionärin, *die*

**officialdom** [ə'fɪʃldəm] *n., no pl., no art.* Beamtentum, *das;* Bürokratie, *die*

**officialese** [əfɪʃə'li:z] *n., no pl. (derog.)* Behördensprache, *die; (German)* Amtsdeutsch, *das*

**officially** [ə'fɪʃəlɪ] *adv.* offiziell

**officiate** [ə'fɪʃɪeɪt] *v. i.* **a) ~ as ...:** fungieren als ...; **she ~d as hostess** sie übernahm die Rolle der Gastgeberin; **b)** *(perform religious ceremony)* **~ at the service** den Gottesdienst abhalten; **~ at a wedding** eine Trauung vornehmen

**officious** [ə'fɪʃəs] *adj.*, **officiously** [ə'fɪʃəslɪ] *adv.* übereifrig

**officiousness** [ə'fɪʃəsnɪs] *n., no pl.* Übereifer, *der*

**offing** ['ɒfɪŋ] *n.* **be in the ~** *(fig.)* bevorstehen; ‹*Gewitter:*› aufziehen

**off: ~-'key 1.** *adj.* verstimmt; *(fig.: incongruous)* falsch; **2.** *adv.* falsch ‹*singen, spielen*›; **~-licence** *n. (Brit.)* **a)** *(premises)* ≈ Wein- und Spirituosenladen, *der;* **b)** *(licence)* Konzession für den Verkauf alkoholischer Getränke über die Straße; **~-line** *(Computing)* **1.** ['--] *adj.* Off-line-‹*Gerät, Betrieb*›; **2.** [-'-] *adv.* off line; **~-load** *v. t.* abladen; **~-load sth. on to sb.** *(fig.: get rid of)* etw. bei jmdm. loswerden; **~-peak** *attrib. adj.* **during ~-peak hours** außerhalb der Spitzenlastzeiten; *(of traffic)* außerhalb der Stoßzeiten; **at ~-peak times** *(Telev.)* außerhalb der Haupteinschaltzeit; **~-peak power** *or* **electricity** Nachtstrom, *der;* **~-peak storage heating** Nachtspeicherheizung, *die;* **~print** *n.* Sonderdruck, *der;* **~-putting** ['ɒfpʊtɪŋ] *adj. (Brit. coll.)* abstoßend ‹*Gesicht, Äußeres, Weg*›; abschreckend ‹*Umfang*›; deprimierend ‹*Anblick*›; **~-season** *n.* Nebensaison, *die;* **~set 1.** *n.* **a)** *(compensation)* Ausgleich, *der;* **act as an ~set to sth., be an ~set for sth.** etw. ausgleichen *od.* aufwiegen; **b)** *(Printing: unwanted transfer of ink)* Schmutzen, *das;* Abliegen, *das;* **c) ~set [process]** *(Printing)* Offsetdruck, *der;* **d)** *(Archit.)* Vorsprung, *der;* **2.** ['--, -'-] *v. t., forms as* **set: a)** *(counterbalance)* ausgleichen; **b)** *(place out of line)* versetzen; **c)** *(Printing)* im Offsetverfahren drucken; **~shoot** *n.* **a)** *(of plant)* Sproß, *der; (of mountain range)* Ausläufer, *der;* **b)** *(fig.: descendant)* Sproß, *der (geh.)*; Nachkomme, *der;* **c)** *(derivative)* Ableger, *der (fig.)*; *(of religion, philosophy, etc.)* Nebenströmung, *die;* **~shore** *adj.* **a)** *(situated at sea)* küstennah; off shore *(Energiewirtsch.);* **~shore island** küstennahe Insel; **b)** *(made or registered abroad)* Auslands-; **~shore order** Off-shore-Auftrag, *der;* **c)** *(blowing seawards)* ablandig *(Seemannsspr.);* **~'side** *adj. (Sport)* Abseits-; **be ~side** abseits *od.* im Abseits sein; **~side trap** Abseitsfalle, *die;* **~spring** *n., pl. same (progeny) (human)* Nachkommenschaft, *die; (of animal)* Junge; **~-'stage 1.** *adj.* in den Kulissen *nachgestellt;* **2.** *adv.* in den Kulissen; **go ~-stage** abgehen; **~-street** *adj.* außerhalb des Straßenbereiches *nachgestellt;* **~-street parking** Stellplatz, *der; (for several cars)* Stellplätze; **~-the-peg** *attrib. adj.* Konfektions-; von der Stange *nachgestellt;* **~-time** *n.* ruhige Zeit; **~ 'white** *adj.* gebrochen weiß; *(yellowish)* vergilbt; **~-year** *n. (Amer.)* Wahljahr, in dem kein Präsident gewählt wird

**oft** [ɒft] *adv. (arch./literary)* oft; **the ~-told tales** die immer wieder erzählten Geschichten; **~-repeated/-recurring** häufig wiederholt/wiederkehrend; **many a time and ~:** oft genug

**often** ['ɒfn, 'ɒftn] *adv.* oft; **more ~:** häufiger; **do sth. as ~ as not** etw. genauso oft tun wie man es nicht tut; **more ~ than not** meistens; **every so ~:** gelegentlich; hin und wieder; **once too ~:** einmal zuviel

**ogee** ['əʊdʒi:, əʊ'dʒi:] **1.** *n.* Karnies, *das (Archit.); (line)* S-Kurve, *die.* **2.** *adj.* S-förmig; **~ arch** *(Archit.)* Eselsrücken, *der*

**ogle** ['əʊgl] **1.** *v. i.* gaffen *(ugs. abwertend);* **~ at sb.** jmdn. angaffen *(ugs. abwertend).* **2.** *v. t.* **~ sb.** jmdn. angaffen *(ugs. abwertend)*

**ogre** ['əʊgə(r)] *n.* **a)** *(giant)* Oger, *der;* [menschenfressender] Riese; **b)** *(terrifying person)* Ungeheuer, *das; (terrifying thing)* Schreckbild, *das*

[1]**oh** [əʊ] *int.* oh; *expr. pain* au; **'oh no [you don't]!** auf keinen Fall!; **oh 'no!** o nein!; oje!; **oh 'well** na ja *(ugs.);* tja *(ugs.);* **'oh yes** oh ja; **oh 'yes?** ach ja?; **oh, 'him/'that!** *(coll.)* ach, der/das!; *see also* **boy 2**

[2]**oh** *n. (zero)* Null, *die*

**ohm** [əʊm] *n. (Electr.)* Ohm, *das;* **Ohm's law** das Ohmsche Gesetz

**OHMS** *abbr.* **on Her/His Majesty's service** *see* **service 1 m**

**oho** [əʊ'həʊ] *int.* he

**'oh-so-** *pref. (coll. derog.)* ach so ⟨*schlau, schick*⟩

**oil** [ɔɪl] **1.** *n.* **a)** Öl, *das;* **burn the midnight ~** *(fig.)* bis spät in die Nacht arbeiten; **strike ~** *(lit.)* auf Öl stoßen; *(fig.)* das große Los ziehen; *see also* **mineral oil; pour 1 a; b)** *in pl. (paints)* Ölfarben; **paint in ~s** in Öl malen; **c)** *(coll.: picture)* Ölbild, *das.* **2.** *v. t.* **a)** *(apply ~ to)* ölen; **~ the wheels** *(fig.)* den Karren schmieren; **b)** *(supply with ~)* [mit Öl] betanken ⟨*Schiff usw.*⟩; **c)** *(impregnate with ~)* mit Öl behandeln; **~ed silk** Ölseide, *die;* **d) well ~ed** *(fig. sl.: drunk)* abgefüllt

**oil: ~-burner** *n.* **a)** *(steamship/locomotive)* Dampfschiff/Lokomotive mit Ölfeuerung; **b)** *(device)* Ölbrenner, *der;* **~-burning** *adj.* ölbetrieben; ölgeheizt ⟨*Ofen*⟩; ölgefeuert ⟨*Lokomotive, Schiff*⟩; Ölfeuerungs⟨*anlage, -kessel*⟩; Öl⟨*ofen, -heizung, -lampe*⟩; **~cake** *n., no pl. (Agric.)* Ölkuchen, *der;* **~can** *n.* Ölkanne, *die;* **~-change** *n. (Motor Veh.)* Ölwechsel, *der;* **~cloth** *n.* **a)** *no pl. (waterproofed fabric)* Öltuch, *das;* **b)** *(covering for tables or shelves)* Wachstuch, *das;* Öltuch, *das; (covering for floor)* ≈ Linoleum, *das;* **~-colour** *n., usu. in pl.* Ölfarbe, *die;* **[painted] in ~-colours** in Öl [gemalt]; **~ drum** *n.* Ölfaß, *das;* **~field** *n.* Ölfeld, *das;* **~-fired** *adj.* ölgefeuert; ölbetrieben ⟨*Zentralheizung*⟩; **~-gauge** *n. (Mech. Engin.)* Ölstandsanzeiger, *der;* **~-heater** *n.* Ölofen, *der;* **~ industry** *n.* Mineralölindustrie, *die;* **~-lamp** *n.* Öllampe, *die;* Petroleumlampe, *die;* **~ level** *n.* Ölstand, *der;* **~man** *n.* **a)** *(seller of ~)* Ölhändler, *der/*-händlerin, *die;* **b)** *(industrialist)* Unternehmer in der Ölbranche; *(worker)* Ölarbeiter, *der;* **~-paint** *see* **~-colour; ~-painting** *n.* **a)** *(activity)* Ölmalerei, *die;* **b)** *(picture)* Ölgemälde, *das;* **he/she is no ~-painting** *(coll.)* er/sie ist keine [strahlende] Schönheit; **~-producing** *attrib. adj.* Öl⟨*pflanze, -saat, -schiefer, -sand, -schicht*⟩; [erd]ölfördernd ⟨*Land*⟩; **~-rag** *n.* Öllappen, *der;* **~ refinery** *n.* [Erd]ölraffinerie, *die;* **~-rich** *adj.* ⟨*Land, Gebiet*⟩ mit großem [Erd]ölvorkommen; ölhaltig ⟨*Schiefer, Sand usw.*⟩; **~ rig** *see* [1]**rig 1 b; ~-shale** *n. (Geol.)* Ölschiefer, *der;* **~skin** *n.* **a)** *(material)* Öltuch, *das; attrib.* aus Öltuch *nachgestellt;* **~skin jacket** Öljacke, *die;* **b)** *(garment)* **put on ~skins/an ~skin** Ölzeug anziehen; **~-slick** *see* **slick 2; ~-soluble** *adj.* öllöslich; **~-stove** *n.* Ölofen, *der;* **~-tanker** *n.* Öltanker, *der;* **~ well** *n.* Ölquelle, *die*

**oily** ['ɔɪlɪ] *adj.* **a)** ölig ⟨*Oberfläche, Hände, Lappen, Flüssigkeit, Geschmack*⟩; Öl⟨*lache, -fleck*⟩; ölverschmiert ⟨*Gesicht, Hände*⟩; verölt ⟨*Motor*⟩; *(containing oil)* viel Öl enthaltend ⟨*Soße*⟩; fettig ⟨*Haut, Haar*⟩; **the food is very ~:** das Essen schwimmt in Öl *(ugs.);* **b)** *(fig.: unctuous, fawning)* schmierig *(abwertend)* ⟨*Kerl, Art*⟩; ölig ⟨*Lächeln, Stimme*⟩

**ointment** ['ɔɪntmənt] *n.* Salbe, *die; see also* [1]**fly a**

**OK** [əʊ'keɪ] *(coll.)* **1.** *adj.* in Ordnung; okay *(ugs.);* **[it's] OK by me** mir ist es recht. **2.** *adv.* gut; **be doing OK** seine Sache gut machen. **3.** *int.* okay *(ugs.);* **OK?** [ist das] klar?; okay?. **4.** *n.* Zustimmung, *die;* Okay, *das (ugs.).* **5.** *v. t. (approve)* zustimmen (+ *Dat.*); sein Okay geben (+ *Dat.*) *(ugs.);* **be OK'd by sb.** von jmdm. das Okay bekommen *(ugs.)*

**okay** [əʊ'keɪ] *see* **OK**

**okey-doke** [əʊkɪ'dəʊk] *(sl.),* **okey-dokey** [əʊkɪ'dəʊkɪ] *(sl.) see* **OK 3**

**old** [əʊld] **1.** *adj.* **a)** alt; **[not] be ~ enough to do sth.** [noch nicht] alt genug sein, um etw. zu tun; **he is ~ enough to know better** aus diesem Alter ist er heraus; **he/she is ~ enough to be your father/mother** er/sie könnte dein Vater/deine Mutter sein; **be/get too ~ for doing sth.** *or* **to do sth.** zu alt sein/langsam zu alt sein, um etw. zu tun; **be ~ beyond one's years** seinem Alter voraus sein; **if I live to be that ~:** wenn ich je so alt werde; **grow ~ [gracefully]** [mit Würde] alt werden; **that dress/that new hair-style makes you look ~:** dieses Kleid/diese neue Frisur macht dich alt; **make/get/be/seem ~ before one's time** frühzeitig altern lassen/altern/gealtert sein/gealtert wirken; **be [more than] 30 years ~:** [über] 30 Jahre alt sein; **at ten years ~:** im Alter von 10 Jahren; mit 10 Jahren; *see also* [2]**buffer; fogy;** [1]**fool 1 a; shoulder 1 b; b)** *(experienced)* **be an ~ hand** *or (Brit.)* **stager** ein alter Hase sein *(ugs.);* **an ~ offender** ein mehrfach Vorbestrafter; *see also* **campaigner b; contemptible;** [2]**lag; retainer a; salt 1 d; c)** *(long in use, matured with keeping, long familiar)* alt; **~ iron** Alteisen, *das;* **be still working for one's** *or* **the same ~ firm** noch immer in seiner alten *od.* derselben Firma arbeiten; **you see the same ~ people/faces wherever you go** man sieht immer dieselben Leute/Gesichter, wohin man auch geht; **keep quarrelling over the same ~ thing** immer wieder über dasselbe leidige Thema streiten; **Old Pals Act** *(Brit. joc.)* ≈ Vitamin B *(ugs. scherzh.);* **the ~ firm** *(fig. coll.)* das altbewährte Team; **of the ~ school** *(fig.)* der alten Schule; **that's an '~ one!** *(joke)* der ist [doch] alt!; *(excuse)* das kennen wir schon!; **[as] ~ as the hills** uralt; **that joke is [as] ~ as the hills** dieser Witz hat so einen Bart *(ugs.);* **be as ~ as time** seit Urzeiten bestehen; *see also* **brigade a; score 1 f;** [1]**story a; world d; d)** *in playful or friendly mention* alt *(ugs.);* **you lucky ~ so-and-so!** du bist vielleicht ein alter Glückspilz!; **I saw ~ George today** ich habe heute unsern Freund George getroffen; **I pulled out the ~ cigarette-lighter** ich holte mein Feuerzeug raus; **~ chap/fellow/son** alter Junge *(fam.);* **~ bean/stick/thing** *(coll.)* altes Haus *(ugs. scherzh.);* **[such] a dear ~ thing** [so] ein lieber Mensch; **Old Bill** *(Brit. sl.) (police force)* die Polente *(salopp); (policeman)* Polyp, *der (salopp);* **Old Harry** *or* **Nick** der Teufel; der Leibhaftige *(verhüll.);* **good/dear ~ Harry/London** *(coll.)* der gute alte Harry/das gute alte London; **that car needs a good ~ clean** *or* **wash** *(coll.)* das Auto muß einmal ordentlich gewaschen werden; **have a fine** *or* **good ~ time** *(sl.)* sich köstlich amüsieren; **a fair ~ wind** *(coll.)* ein ganz schöner Wind; **poor ~ Jim/my poor ~ arm** armer Jim/mein armer Arm *(ugs.);* **there was little ~ me, not knowing what to do** *(Amer.)* da war ich nun und wußte nicht, was ich tun sollte; **your silly** *or* **stupid ~ camera** deine blöde *(ugs.)* Kamera; **you silly ~ thing** du dummer Kerl/*(woman)* dummes Ding *(ugs.);* **a load of ~ rubbish** *(coll.)* nichts als blanker Unsinn; **any ~ thing** *(sl.)* irgendwas *(ugs.);* irgendetwas; **any ~ how** *(sl.)* irgendwie; **he just pulls his hat on any ~ how** er setzt sich den Hut auf, wie's grad kommt *(ugs.);* **any ~ place** *or* **where** *(coll.)* irgendwo; **any ~ place will do for me** mir ist alles *od.* jeder Ort recht; **any ~ time** *(coll.)* jederzeit; **any ~ piece of paper** *(coll.)* irgendein Blatt Papier; *see also* **high 1 n; e)** *(belonging to past times)* alt; **in the ~ days** früher; *see also* **bad 1 a; good 1 d, h; f)** *(former)* alt ⟨*Wohnung, Firma, Arbeit, Name*⟩; **at 'my ~ school** in meiner Schule; **~ school tie** *Krawatte mit den Farben der Public School; (fig.) Begünstigung von Absolventen der Public Schools;* ≈ Vitamin B *(ugs. scherzh.);* **the ~ year** das alte Jahr; *see also* **flame 1 c; g)** *(Ling.)* alt⟨*englisch, -lateinisch*⟩. **2.** *n.* **a) the ~** *constr. as pl. (~ people)* alte Menschen; *constr. as sing. (~ things)* Altes; das Alte; **young and ~, ~ and young** jung und alt; alt und jung; **b) the customs/knights of ~:** die Sitten/Ritter früherer Zeiten; die alten Sitten/Ritter; **in [the] days of ~:** in [den] alten Zeiten; **of ~** *(formerly)* einst; *(since the ~ days)* seit jeher; **I know him of ~:** ich kenne ihn von früher; **as of ~:** wie eh und je; wie seit jeher; **from of ~:** von alters her *(geh.)*

**old: ~ 'age** *n., no pl.* [fortgeschrittenes] Alter; **it must be the effect of ~ age** das muß das Alter bewirken; **die of ~ age** an Altersschwäche sterben; **in ~ age** im [fortgeschrittenen] Alter; **in my** *etc.* **~ age** auf meine *usw.* alten Tage; **you've become quite sensible in your ~ age** *(joc.)* du bist ja doch noch ein ganz vernünftiger Mensch geworden; **live to a ripe ~ age/to the ripe ~ age of ...** *(coll.)* ein hohes Alter/das hohe Alter von .. erreichen; **~-age** *attrib. adj.* Alters⟨*rente -ruhegeld, -versicherung*⟩; **~-age pensione[r]** Rentner, *der/*Rentnerin, *die;* **Old 'Bailey** *see* **bailey; ~ boy** *n.* **a)** ehemaliger Schüler Ehemalige, *der;* **~ boys' reunion** Ehemali[gen]treffen, *das;* **b)** *(coll.: elderly man o[r] male animal)* alter Knabe *(ugs.);* **c)** *as voc[.]* alter Junge *od.* Knabe *(ugs.);* Alter *(ugs.)[;]* **~-boy network** *n. Filzokratie (ugs.) de[r] Absolventen britischer Eliteschulen un[d] -universitäten;* **~ 'clothes** *n. pl. (worn shabby clothes)* alte Kleidung *od. (ugs.* Klamotten; *(discarded clothes)* getragen[e] Kleidung *od.* Kleider; Altkleider *Pl.;* **~ 'country** *n.* **the ~ country** das Heimatland die Heimat; **~ 'dear** *n. (woman)* älter[e] Frau; *(iron.)* Alte, *die (ugs.)*

**olden** ['əʊldn] *adj. (literary)* alt; **in [the]**

**days** *or* **times** in alten Zeiten; **people** *etc.* **of ~ times** Menschen *usw.* früherer Zeiten
**Old 'English 1.** *n. (Ling.) see* **English 2 a. 2.** *adj.* altenglisch; ~ **marmalade** englische Marmelade nach altem Rezept; *see also* **sheep-dog**
**old-es'tablished** *adj.* alt ‹*Tradition, Brauch*›; alteingesessen ‹*Firma, Geschäft, Familie*›
**olde-worlde** [əʊldɪ'wɜ:ldɪ] *adj. (coll. joc.)* altertümlich
**old: ~-fashioned** [əʊld'fæʃnd] **1.** *adj.* altmodisch; ‹*Weihnachtsfest*› nach altem Brauch; **an ~-fashioned look** ein mißbilligender Blick; **2.** *n. (Amer.)* Old Fashioned, *der;* ~ **'folk's home** *see* ~ **people's home; Old 'French** *(Ling.)* **1.** *n.* Altfranzösisch, *das;* **2.** *adj.* altfranzösisch; ~ **'girl** *n.* **a)** ehemalige Schülerin; Ehemalige, *die;* **b)** *(coll.: elderly woman or female animal)* altes Mädchen *(ugs.);* alte Dame; **c) the/one's ~ girl** *(coll.) (mother)* die/seine Alte Dame *(ugs.); (mother, wife)* die/seine Alte *(ugs.); (car)* die/seine alte Kutsche *(ugs.);* **d)** *as voc.* altes Mädchen; **Old 'Glory** *n., no pl., no art. (Amer.)* das Sternenbanner; ~ **'gold 1.** *n.* Altgold, *das;* **2.** *adj.* altgolden; ~ **guard** *n.* alte Garde; **a man** *or* **one of the ~ guard** einer von der alten Garde; ~ **'hat** *pred. adj. see* **hat b; Old High 'German** *(Ling.)* **1.** *n.* Althochdeutsch, *das;* **2.** *adj.* althochdeutsch; **Old 'Hundredth** *see* **hundredth 2 b**
**oldie** ['əʊldɪ] *n. (coll.) (person)* Oldie, *der (ugs.);* Oldtimer, *der (scherzh.); (song, record, etc.)* Oldie, *der (ugs.); (film)* alter Streifen *(ugs.); (joke)* olle *od.* alte Kamelle *(ugs.);* **golden ~:** guter Oldie
**oldish** ['əʊldɪʃ] *adj.* älter
**old: ~ 'lady** *n.* **a)** alte *od.* ältere Dame; **quite an ~ lady** eine recht alte Dame; **b) the/one's ~ lady** *(coll.) see* ~ **girl c; the Old Lady of Threadneedle Street** *(Brit.)* die Bank von England; **~-line** *adj. (Amer.) (established, experienced)* alterfahren ‹*Personen*›; alteingeführt ‹*Unternehmen, Institution*›; *(conservative)* konservativ; *(traditional)* ‹*Diplomat*› alter Schule; ~ **'maid** *n.* **a)** *(elderly spinster)* alte Jungfer *(abwertend);* **b)** *(fig.: precise, fussy, prim person)* altjüngferliche Person; **~-maidish** [əʊld'meɪdɪʃ] *adj.* altjüngferlich; ~ **'man** *n.* **a)** *(aged man)* alter Mann; **b)** *(sl.: superior)* **the ~ man** der Alte *(ugs.);* **c)** *(coll.: father, husband)* **the/one's ~ man** der Alte/sein Alter *(ugs.);* **d)** *as voc.* alter Junge *od.* Knabe *(ugs. oft scherzh.);* Alter *(ugs.);* **~ man's 'beard** *n. (Bot.)* Waldrebe, *die;* ~ **'master** *n. (Art)* alter Meister; ~ **'people's home** *n.* Altenheim, *das;* Altersheim, *das;* **Old Pre'tender** *see* **pretender;** ~ **'soldier** *n.* alt[gedient]er Soldat; *(fig.)* alter Hase *(ugs.);* **come the ~ soldier over sb.** *(fig.)* sich jmdm. gegenüber als der Erfahrenere aufspielen; ~ **soldiers never die** ein alter Soldat ist nicht so leicht unterzukriegen *(ugs.)*
**oldster** ['əʊldstə(r)] *n.* alter Mensch; **the/we ~s** die/wir Alten
**old: ~-style** *attrib. adj.* alten Stils *nachgestellt;* alt ‹*Geldschein, Münze*›; **Old 'Testament** *see* **testament a; ~-time** *adj.* früherer Zeiten *nachgestellt;* von Anno dazumal *nachgestellt;* **~-time dancing** alte Tänze; **~-'timer** *n.* **a)** *(person with long experience)* alter Hase *(ugs.);* Oldtimer, *der (scherzh.);* **b)** *(Amer.) (~ person)* Alte, *der/die; (~ or antique thing)* Oldtimer, *der;* ~ **'wives' tale** *n.* Ammenmärchen, *das;* Altweibermärchen, *das;* ~ **'woman** *n.* **a)** alte Frau; *(fig.: fussy or timid person)* altes Weib *(abwertend);* **b)** *(coll.: mother, wife)* **the/one's ~ woman** *see* ~ **girl c; ~-'womanish** *adj.* altweiberhaft; **~-world** *adj. (belonging to ~ times, quaint)* altertümlich; altväterisch ‹*Höflichkeit, Benehmen*›

**oleaginous** [əʊlɪ'ædʒɪnəs] *adj.* **a)** *(oily, greasy)* ölig; **b)** *(producing oil)* ölhaltig
**oleander** [əʊlɪ'ændə(r)] *n. (Bot.)* Oleander, *der*
**O level** ['əʊ levl] *n. (Brit. Sch. Hist.) Abschluß der Mittelstufe (auch in der Erwachsenenbildung als Qualifikation);* **he has five ~s** er hat die 'O'-level-Prüfung in fünf Fächern bestanden
**olfactory** [ɒl'fæktərɪ] *adj.* olfaktorisch *(geh.);* Geruchs‹*nerv, -sinn*›
**oligarchic[al]** [ɒlɪ'gɑ:kɪk(l)] *adj. (Polit.)* oligarchisch
**oligarchy** ['ɒlɪgɑ:kɪ] *n. (Polit.)* Oligarchie, *die*
**olive** ['ɒlɪv] **1.** *n.* **a)** *(tree)* Ölbaum, *der;* Olivenbaum, *der;* **b)** *(fruit)* Olive, *die;* **c)** *(emblem of peace)* Ölzweig, *der;* **d) ~[-wood]** Olivenholz, *das;* **e)** *(Cookery)* **[beef] ~:** [Rinds]roulade, *die;* **f)** *(colour)* Olivgrün, *das.* **2.** *adj.* **a)** olivgrün; **b)** *(in complexion)* oliv[farben]; olivbraun
**olive: ~-branch** *n. (fig.)* Friedensangebot, *das;* **offer the ~-branch** ein Versöhnungs- *od.* Friedensangebot machen; ~ **'drab** *n.* Olivgrau, *das;* **~-green 1.** ['---] *adj.* olivgrün; **2.** [--'-] *n.* Olivgrün, *das;* ~ **'oil** *n.* Olivenöl, *das*
**Olympiad** [ə'lɪmpɪæd] *n.* Olympiade, *die*
**Olympian** [ə'lɪmpɪən] **1.** *adj.* **a)** *(Greek Mythol.)* olympisch; **the ~ gods** die Götter des Olymp; **b)** *(superior)* olympisch *(geh.);* **c)** *see* **Olympic. 2.** *n.* **a)** *(Greek Mythol.)* Olympier, *der*/Olympierin, *die;* **b)** *(competitor in modern Olympics)* olympischer [Wett]kämpfer/olympische [Wett]kämpferin; Olympionike, *der*/Olympionikin, *die*
**Olympic** [ə'lɪmpɪk] *adj.* olympisch; ~ **Games** Olympische Spiele; ~ **champion** Olympiasieger, *der*/-siegerin, *die*
**Olympics** [ə'lɪmpɪks] *n. pl.* Olympiade, *die;* **Winter ~:** Winterolympiade, *die*
**Olympus** [ə'lɪmpəs] *(Greek Ant.)* Olymp, *der*
**OM** *abbr. (Brit.)* **Order of Merit**
**ombudsman** ['ɒmbʊdzmən] *n., pl.* **ombudsmen** ['ɒmbʊdzmən] Ombudsmann, *der*
**omega** ['əʊmɪgə] *n. (letter)* Omega, *das; see also* **alpha a**
**omelette (omelet)** ['ɒmlɪt] *n. (Gastr.)* Omelett, *das;* **one cannot make an ~ without breaking eggs** wo gehobelt wird, [da] fallen Späne *(Spr.)*
**omen** ['əʊmən] *n.* Omen, *das;* Vorzeichen, *das*
**ominous** ['ɒmɪnəs] *adj. (of evil omen)* ominös; *(worrying)* beunruhigend; **seem ~:** Schlimmes ahnen lassen
**ominously** ['ɒmɪnəslɪ] *adv.* bedrohlich; beunruhigend ‹*still*›
**omissible** [ə'mɪsɪbl] *adj.* weglaßbar; **that is ~:** das kann man weglassen
**omission** [ə'mɪʃn] *n.* **a)** Auslassung, *die;* **b)** *(non-performance)* Unterlassung, *die;* **sins of ~ and commission** Unterlassungs- und Begehungssünden
**omit** [ə'mɪt] *v. t.,* **-tt- a)** *(leave out)* weglassen; **b)** *(not perform)* versäumen; ~ **to do sth.** es versäumen, etw. zu tun
**omnibus** ['ɒmnɪbəs] **1.** *n.* **a)** *(arch.) see* **bus 1 a; Clapham; b)** *(book)* Sammelband, *der.* **2.** *adj.* Sammel‹*band, -ausgabe*›
**omnidirectional** [ɒmnɪdɪ'rekʃənl, ɒmnɪdaɪ'rekʃənl] *adj.* allseitig empfindlich ‹*Mikrophon*›; allseitig abstrahlend ‹*Lautsprecher*›; ~ **aerial** Rundstrahler, *der*
**omnipotence** [ɒm'nɪpətəns] *n., no pl.* Allmacht, *die (geh.);* Omnipotenz, *die (geh.)*
**omnipotent** [ɒm'nɪpətənt] *adj.* allmächtig; omnipotent *(geh.);* **be made ~:** unbeschränkte Machtbefugnisse erhalten
**omniscience** [ɒm'nɪsɪəns, ɒm'nɪʃjəns] *n., no pl.* Allwissenheit, *die*
**omniscient** [ɒm'nɪsɪənt, ɒm'nɪʃjənt] *adj.* allwissend

**omnivorous** [ɒm'nɪvərəs] *adj.* **a)** omnivor *(Zool.);* ~ **animal** Allesfresser, *der;* **b)** *(fig.)* unstillbar ‹*Appetit, Neugier, Wißbegier*›
**on** [ɒn] **1.** *prep.* **a)** *(position)* auf (+ *Dat.*); *(direction)* auf (+ *Akk.*); *(attached to)* an (+ *Dat./Akk.*); **put sth. on the table** etw. auf den Tisch legen *od.* stellen; **be on the table** auf dem Tisch sein; **put/keep a dog on a lead** den Hund an die Leine nehmen/an der Leine halten; **write sth. on the wall** etw. an die Wand schreiben; **be hanging on the wall** an der Wand hängen; **have sth. on one** etw. bei sich *(Dat.)* haben; **on the mountain[-side]** am Berghang; **on the bus/train** im Bus/Zug; **on the shore** am Ufer; **be on the board/committee** im Vorstand/Ausschuß sein; **be on the team** *(Amer.)***/staff** zum Team/zur Belegschaft gehören; **on Oxford 56767** unter der Nummer Oxford 56767; **b)** *(with basis, motive, etc. of)* **on the evidence** auf Grund des Beweismaterials; **borrow money on one's house** eine Grundschuld auf sein Haus aufnehmen; **on the assumption/hypothesis that ...:** angenommen, ...; **c)** *(close to)* an ‹*einer Straße*›; *(in the direction of)* auf ‹*eine Stadt*› zu; **d)** *(coll.: in a position to get)* **the player is on a hat-trick** der Spieler steht vor einem Hattrick; **e)** *in expressions of time* an ‹*einem Abend, Tag usw.*›; **on Sundays** sonntags; **it's just on nine** es ist gerade 9; **on [his] arrival** bei seiner Ankunft; **on entering the room ...:** beim Betreten des Zimmers ...; **on time** *or* **schedule** pünktlich; **f)** *expr. state etc.* **be on heroin** heroinabhängig sein; **be on beer** *(coll.)* Bier trinken; **Armstrong on trumpet** Armstrong, Trompete; **the drinks are on me** *(coll.)* die Getränke gehen auf mich; **the fire went out on me** *(coll.)* mir ist das Feuer ausgegangen; **there is a lot of money on that horse** auf das Pferd ist viel gesetzt worden; **g)** *(added to)* **failure on failure** Fehlschlag auf Fehlschlag; **trouble on trouble** nichts als Ärger; **loss on loss** anhaltende Verluste; **h)** *(concerning, about)* über (+ *Akk.*). **2.** *adv.* **a) have a hat on** einen Hut aufhaben; **your hat is on crooked** dein Hut sitzt schief; **the potatoes are on** die Kartoffeln sind aufgesetzt; **b)** *(in some direction)* **face on** mit dem Gesicht voran; **on and on** immer weiter; **speak/wait/work** *etc.* **on** *(in time)* weiterreden/-warten/-arbeiten *usw.;* **wait on until ...:** solange warten, bis ...; **c)** *(switched or turned on)* **the light/radio** *etc.* **is on** das Licht/Radio *usw.* ist an; **put the light on** das Licht anmachen; **leave the bathroom tap on** das Wasser im Badezimmer laufen lassen; **is there a gas tap on?** ist ein Gashahn aufgedreht?; **neither the water nor the electricity was on** es gab weder Wasser noch Strom; **d)** *(arranged)* **the strike is still on** der Streik wird [weiterhin] fortgesetzt; **is Sunday's picnic on?** findet das Picknick am Sonntag statt?; **I have nothing of importance on** ich habe nichts Wichtiges vor; **e)** *ellipt.* (= **go on** *etc.*) weiter; **on with the show!** weitermachen!; **f)** *(being performed)* **what's on at the cinema?** was gibt es *od.* läuft im Kino?; **his play is currently on in London** sein Stück wird zur Zeit in London aufgeführt *od.* gespielt; **the race is on** *(fig.)* das Wettrennen hat begonnen; **g) be on** *(on the stage)* auftreten; *(on the playing-field)* spielen; **h)** *(on duty)* **come/be on** seinen Dienst antreten/Dienst haben; **i) sth. is on** *(feasible)***/not on** etw. ist möglich/ausgeschlossen; **are you on?** *(coll.: will you agree?)* machst du mit?; **you're on!** *(coll.: I agree)* abgemacht!; *(making bet)* die Wette gilt!; **be on about sb./sth.** *(coll.)* [dauernd] über jmdn./etw. sprechen; es von jmdm./etw. haben *(ugs.);* **what is he on about?** was will er [sagen]?; **be on at/keep on and on at sb.** *(coll.)* jmdm. in den Ohren/dauernd in den Ohren liegen *(ugs.);* **on to, onto** auf (+ *Akk.*); **be on to sb.** *(be aware of sb.'s in-*

*tentions etc.)* jmdn. *od.* jmds. Absichten durchschauen; *(nag sb., suspect sb.)* jmdn. auf dem Kieker haben *(ugs.)*; **be on to sb. to do sth.** jmdn. bearbeiten, etw. zu tun; **be on to sth.** *(have discovered sth.)* etw. ausfindig gemacht haben; *(realize importance of sth.)* etw. [klar] erkennen; **the police/researchers are on to something** die Polizei hat/die Forscher haben eine heiße Spur; **on and off** = **off and on** *see* **off 1 c.** *See also* **right 4 d. 3.** *adj. (Cricket)* rechts vom Werfer; *(if batsman is left-handed)* links vom Werfer; **on drive** Treibschlag nach links; *(by left-handed batsman)* Treibschlag nach rechts; **on side** *see* **4. 4.** *n. (Cricket) Spielfeldhälfte links vom rechtshändigen bzw. rechts vom linkshändigen Schlagmann*

**once** [wʌns] **1.** *adv.* **a)** einmal; ~ **a week/month** einmal die Woche/im Monat; ~ **or twice** ein paarmal; einigemal; ~ **again** *or* **more** noch einmal; ~ **[and] for all** ein für allemal; **[every]** ~ **in a while** *or (Brit.)* **way** von Zeit zu Zeit; hin und wieder; **for** ~ **in a way** *(Brit.)* [wenigstens] dieses eine Mal; ausnahmsweise einmal; ~ **an X always an X** X bleibt X; ~ **seen never forgotten** jmd./etw. ist unvergeßlich; *see also* **for 1 o; b)** *(multiplied by one)* ein mal; **c)** *(even for one or the first time)* je[mals]; **never/not** ~: nicht ein einziges Mal; **d)** *(formerly)* früher einmal; einst *(geh.)*; ~ **upon a time there lived a king** es war einmal ein König; **e) at** ~ *(immediately)* sofort; sogleich; *(at the same time)* gleichzeitig; **all at** ~ *(all together)* alle auf einmal; *(without warning)* mit einem Mal; **they were all shouting at** ~: sie schrien alle durcheinander. **2.** *conj.* sobald; ~ **past the fence we are safe** wenn wir [nur] den Zaun hinter uns bringen, sind wir in Sicherheit; **will you get it,** ~ **he finds out how valuable it is?** wirst du es auch bekommen, wenn er [einmal] herausfindet, wie wertvoll es ist? **3.** *n.* **[just** *or* **only] this** ~, **for [this/that]** ~: [nur] dieses eine Mal; ~ **was enough for her** sie hatte nach dem ersten Mal schon genug

**'once-over** *n.* **give sb./sth. a/the** ~: jmdn./etw. kurz in Augenschein nehmen; **sth. needs a** ~ **every month** etw. muß einmal im Monat kurz überprüft/*(cleaning)* gereinigt werden

**oncology** [ɒŋˈkɒlədʒɪ] *n., no pl., no art. (Med.)* Onkologie, *die*

**'oncoming** *adj.* [heran]nahend ‹*Person*›; entgegenkommend ‹*Fahrzeug, Verkehr*›; aufkommend ‹*Sturm*›; **'caution:** ~ **vehicles'** „Vorsicht! Gegenverkehr"

**one** [wʌn] **1.** *adj.* **a)** *attrib.* ein; ~ **thing I must say/admit** ein[e]s muß ich sagen/zugeben; ~ **man,** ~ **vote** ≈ gleiches Wahlrecht für alle; ~ **or two** *(fig.: a few)* ein paar; ~ **more ...:** noch ein ...; ~ **more time** noch einmal; **Act One** *(Theatre)* erster Akt; **from day** ~: vom ersten Tag an; **it's** ~ **[o'clock]** es ist eins *od.* ein Uhr; *see also* **eight 1; half 1 a, 3 a; many 1 a; quarter 1 a; b)** *attrib. (single, only)* einzig; **the** ~ **thing** das einzige; **any** ~: irgendein; **in any** ~ **day/year** an einem Tag/in einem Jahr; **at any** ~ **time** zu jeder Zeit; **no** ~: kein; **not** ~ **[little] bit** überhaupt nicht; **not** *or* **never for** ~ **[single] moment** *or* **minute** nicht einen Augenblick *od.* eine Minute [lang]; *see also* **only 1, 2 a; thing a, c, f, g; c)** *(identical, same)* ein; **the writer and his principal character are** ~: der Autor und sein Protagonist sind identisch; ~ **and the same person/thing** ein und dieselbe Person/Sache; **it's** ~ **and the same thing** das ist ein und dasselbe; **at** ~ **and the same time** gleichzeitig; *see also* **all 2 a; d)** *pred. (united, unified)* **be** ~: eine Einheit bilden; **we are** ~: wir sind uns einig; **be** ~ **as a family/nation** eine einige Familie/Nation sein; **become** ~: sich vereinigen; **be made** ~ *(married)* getraut werden; *see also* **with; e)** *attrib. (a particular but undefined)* **at** ~ **time** einmal; einst *(geh.)*; ~ **morning/evening/night** eines Morgens/Abends/Nachts; ~ **day** *(on day specified)* einmal; *(at unspecified future date)* eines Tages; ~ **day soon** bald einmal; ~ **day next week** irgendwann nächste Woche; ~ **Sunday/weekend/afternoon** an einem Sonntag/Wochenende/Nachmittag; **f)** *attrib. contrasted with 'other'/'another'* ein; **for** ~ **thing** zum einen; ~ **book** *etc.* **after another** *or* **the other** ein Buch *usw.* nach dem anderen; **deal with** ~ **thing after the other** eins nach dem andern machen; **what with** ~ **thing and another** wie das so ist *od.* geht, wenn viel zusammenkommt; **neither** ~ **thing nor the other** weder das eine noch das andere; **for** ~ **reason or another** aus irgendeinem Grund; **at** ~ **time or another** irgendwann einmal; zu irgendeinem Zeitpunkt; *see also* **hand 1 n; way 1 c, j; g)** *qualifying implied n.* ein...; *(Brit.: ~-pound coin or note)* Pfundnote, *die; (Amer.: ~-dollar bill)* Dollarnote, *die;* **three to** ~, **three-**~ *(Sport)* drei zu eins; **~-nil** *(Sport)* eins zu null; **in** ~ *(coll.: at first attempt)* auf Anhieb; **got it in** ~! *(coll.)* [du hast es] erraten!; *see also* **every a; hole 1 e. 2.** *n.* **a)** eins; ~, **two, three ...!** eins, zwei, drei ...!; **b)** *(number, symbol)* Eins, *die;* **a Roman/arabic** ~: eine römische/arabische Eins; *see also* **eight 2 a; c)** *(unit)* **in ~s** einzeln; **in** *or* **by ~s and twos** *(fig.)* kleckerweise *(ugs.)*; **two for the price of** ~: zwei zum Preis von einem; *see also* **number 1 a; ten 2 c. 3.** *pron.* **a)** ~ **of ...:** ein... (+ *Gen.*); ~ **of the boys/books** einer der Jungen/eins der Bücher; ~ **of them/us** *etc.* einer von ihnen/uns *usw.*; **any** ~ **of them** jeder/jede/jedes von ihnen; **every** ~ **of them** jeder/jede/jedes [einzelne] von ihnen; **not** ~ **of them** keiner/keine/keines von ihnen; *see also* **thing g; b)** *replacing n. implied or mentioned* ein...; **red ~s and yellow ~s, big ~s and little ~s** rote und gelbe, große und kleine; **the jacket is an old** ~: die Jacke ist [schon] alt; **the older/younger** ~: der/die/das ältere/jüngere; **the problem is** ~ **of great complexity/is not** ~ **that will simply go away** das Problem ist sehr komplex/wird sich nicht von selbst lösen; **not that book – the** ~ **on the table** nicht das Buch – das auf dem Tisch; **who is that man, the** ~ **in the blue suit?** wer ist dieser Mann, der im blauen Anzug?; **of the three books, this is the** ~ **which appealed to me most** von den drei Büchern hat mir dieses am besten gefallen; **this is the** ~ **I like** den/die/das mag ich; **my husband is the tall** ~ **over there** mein Mann ist der große da; **you are** *or* **were the** ~ **who insisted on going to Scotland** du warst der-/diejenige, der/die unbedingt nach Schottland wollte; **this** ~: dieser/diese/dieses [da]; **that** ~: der/die/das [da]; **these ~s** *or* **those ~s?** *(coll.)* die [da] oder die [da]?; **these/those blue** *etc.* **~s** diese/die blauen *usw.*; **which** ~? welcher/welche/welches?; **which ~s?** welche?; **not** ~: keiner/keine/keines; *emphatic* nicht einer/eine/eines; **never a** ~: kein einziger; **many a** ~: viele; **all but** ~: alle außer einem/einer/einem; **the last house but** ~: das vorletzte Haus; **[all] in** ~: in einem; *(in a person)* in einer Person; **I for** ~: ich für mein[en] Teil; ~ **by** ~, ~ **after another** *or* **the other** einzeln; **love/like/hate** ~ **another** sich *od. (geh.)* einander lieben/mögen/hassen; **be kind to** ~ **another** nett zueinander sein; *see also* **all 2 a; better 2 e; many 1 a; c)** *(contrasted with 'other'/'another')* **[the]** ~ **... the other** der/die/das eine ... der/die/das andere; **d)** *(person or creature of specified kind)* **the little** ~: der/die/das Kleine; **dear** *or* **loved** ~: lieber Mensch; **our dear** *or* **loved ~s** unsere Lieben; **my sweet** ~: mein Liebling *od.* Schatz; **young** ~ *(youngster)* Kind, *das; (young animal)* Junge, *das;* **the Holy One, the One above** Gott; der Vater im Himmel; **like** ~ **dead** wie ein Toter; **as** ~ **enchanted/bewitched** wie verzaubert/verhext; ~ **John Smith** ein John Smith; **e) [not]** ~ **who does** *or* **to do** *or* **for doing sth.** [nicht] der Typ, der etw. tut; **[not] be** ~ **for parties** *or* **for going to parties** [k]ein Partytyp sein; **be a great** ~ **for tennis** ein begeisterter Tennisspieler; **be a great** ~ **for playing practical jokes** gerne anderen einen Streich spielen; ein großer Witzbold sein; **not be much of a** ~ **for sth./doing sth.** nicht sehr für etw. sein/etw. nicht gern tun; **you 'are a** ~ *(coll.)* du bist [mir] vielleicht einer/eine; **f)** *(representing people in general; also coll.: I, we)* man; *as indirect object* einem; *as direct object* einen; **~'s** sein; **lose ~'s job** seinen Arbeitsplatz verlieren; **wash ~'s hands** sich *(Dat.)* die Hände waschen; **g)** *(coll.: joke, story)* **a good/naughty** ~: ein guter/unanständiger Witz; **have you heard the** ~ **about the Irishman who ...?** kennst du den von dem Iren, der ...?; *see also* **good 1 h; h)** *(coll.: drink)* **I'll have just a little** ~: ich trinke nur einen Kleinen *(ugs.)*; **this ~'s on me/the house** der geht auf mich/auf Kosten des Hauses; **have** ~ **on me** ich geb dir einen aus; **have** ~ **too many** einen über den Durst trinken *(ugs.)*; *see also* **quick one; road a; i)** *(coll.: blow)* **give sb.** ~ **on the head/nose** jmdm. eins über den Kopf/auf die Nase geben *(ugs.)*; **he hit me** ~ **between the eyes** er verpaßte mir einen zwischen die Augen *(ugs.)*; **j)** *(Knitting, Crochet: stitch)* eine Masche; **knit** ~, **purl** ~: eins rechts, eins links; **make** ~: eine Masche zunehmen

**one: ~-armed** *adj.* einarmig; **~-armed bandit** *(sl.)* einarmiger Bandit *(ugs.)*; **~-day** *attrib. adj.* eintägig; [für] einen Tag gültig ‹*Karte, Genehmigung*›; **~-eyed** *adj.* einäugig; **in the land of the blind the ~-eyed [man] is king** *(prov.)* unter [den] Blinden ist der Einäugige König *(Spr.)*; **~-handed** [wʌnhændɪd] **1.** [ˈ---] *adj.* einhändig; **2.** [-ˈ--] *adv.* mit einer Hand; **~-horse** *attrib. adj.* **a)** *(drawn by only* ~ *horse)* einspännig; *(having only* ~ *horse)* mit nur einem Pferd *nachgestellt*; **it's a ~-horse race** *(fig.)* das Rennen ist schon so gut wie gelaufen; **b)** *(fig. sl.: second-rate)* **~-horse firm** *or* **outfit** kleine Klitsche *(ugs.)*; **~-horse town** [verschlafenes] Nest *(ugs.)*; **~-legged** *adj.* einbeinig; **~-line** *attrib. adj.* einzeilig; **~-'liner** *n.* Einzeiler, *der;* **~-man** *attrib. adj.* Einmann‹*boot, -betrieb usw.*›; **a ~-man fight/war against sth.** ein einsamer Kampf/Krieg gegen etw.; **~-man band** Einmannkapelle, *die; (fig.: firm etc.)* Einmannbetrieb, *der;* **~-man show** *(exhibition)* Einzelausstellung, *die; (play etc.)* Einmannstück, *das; (fig.: firm etc.)* Einmannbetrieb, *der*

**oneness** [ˈwʌnnɪs] *n., no pl.* **a)** *(singleness)* ~ **of purpose** Zielstrebigkeit, *die;* **b)** *(unity, harmony)* Übereinstimmung, *die;* Einklang, *der (geh.)*

**one: ~-night 'stand** *n. (coll.)* **a)** *(single performance)* Einzelauftritt, *der;* **b)** *(sexual)* [sexuelles] Abenteuer für eine Nacht; *(partner)* Bettgenosse/-genossin für eine Nacht; **~-off** *(Brit.)* **1.** *n. (article)* Einzelstück, *das;* Einzelexemplar, *das; (operation)* einmalige Sache; **2.** *adj.* einmalig ‹*Zahlung, Angebot, Produktion, Verkauf*›; Einzel‹*stück, -modell, -anfertigung, -auftritt, -arbeit*›; **~-parent family** *n.* Einelternfamilie, *die;* **~-party** *adj. (Polit.)* Einparteien‹*system, -staat*›; **~-piece** *adj.* einteilig; **~-'quarter** *attrib. adj.* Viertel-; ‹*Anteil*› von einem Viertel; ‹*Anstieg*› um ein Viertel

**one-room[ed]** [ˈwʌnru:m(d)] *adj.* Einzimmer‹*wohnung, -appartement*›

**onerous** [ˈɒnərəs, ˈəʊnərəs] *adj.* schwer; **find sth. increasingly** ~: etw. zunehmend als Belastung empfinden

**onerously** [ˈɒnərəslɪ, ˈəʊnərəslɪ] *adv.* schwer

**one: ~'self** *pron.* **a)** *emphat.* selbst; **as old/rich as ~self** so alt/reich wie man selbst; **older/richer than ~self** älter/reicher als man selbst; **be ~self** man selbst sein; **b)** *refl.* sich; *see also* **herself; ~-shot** *adj. (coll.)* einmalig; Einzel‹*auftritt, -anfertigung*›; ‹*Medikament, Verfahren*› zur einmaligen Anwendung; **a ~-shot solution to a problem** eine auf Anhieb wirksame Lösung eines Problems; **~-sided** *adj.* einseitig; **~step** *n.* Onestep, *der;* **~-storey** *adj.* eingeschossig; **~-'third** *attrib. adj.* Drittel-; ‹*Anteil*› von einem Drittel; ‹*Anstieg*› um ein Drittel; **~-time** *adj.* **a)** *(former)* ehemalig; **b)** *(used once only)* einmalig; **~-to-'~** *adj.* **~-to-~ relation/correspondence** hundertprozentige Parallelität; **~-to-~ translation** Wort-für-Wort-Übersetzung; **~-to-~ teaching** Einzelunterricht, *der;* **~-track** *adj.* eingleisig; **have a ~-track mind** *(lack flexibility)* eingleisig denken; *(be obsessed by one subject)* [immer] nur eins im Kopf haben; **~-'two** *n. (coll.) (Boxing)* Eins-zwei-Schlag, *der; (Sport)* Doppelpaß, *der;* **~-'up** *pred. adj. (coll.)* **be ~-up [on** *or* **over sb.]** *(Sport)* [vor jmdm.] mit einem Punkt/Tor in Führung liegen; *(fig.)* [jmdm.] um eine Nasenlänge voraus sein; **it is ~-up for** *or* **to sb.** jmd. ist im Vorteil; **~-up for** *or* **to you** *(fig.)* eins zu null für dich; **~-upmanship** [wʌn-'ʌpmənʃɪp] *n., no pl., no indef. art.* die Kunst, den anderen immer um eine Nasenlänge voraus zu sein; **~-way** *adj.* **a)** in einer Richtung *nachgestellt;* Einbahn‹*straße, -verkehr*›; Einweg‹*spiegel, -scheibe*›; **~-way radio** Funkempfänger, *der;* **~-way switch** *(Electr.)* einfacher Schalter; **b)** *(single)* einfach ‹*Fahrpreis, Fahrkarte, Flug usw.*›; **c)** *(fig.: ~-sided)* einseitig; **~-woman** *attrib. adj.* Einfrau‹*betrieb, -job, -firma*›; **a ~-woman fight/war against sth.** ein einsamer Kampf/Krieg gegen etw.; **~-woman show** *(exhibition)* Einzelausstellung [einer Künstlerin]; *(play etc.)* Einfraustück, *das; (fig.: firm etc.)* Einfraubetrieb, *der*

**'ongoing** *adj.* aktuell ‹*Problem, Aktivitäten, Debatte*›; laufend ‹*Forschung, Projekt*›; andauernd ‹*Situation*›

**onion** ['ʌnjən] *n.* Zwiebel, *die;* **know one's ~s** *(fig. sl.)* sein Geschäft verstehen

**onion: ~ dome** *n. (Archit.)* Zwiebelkuppel, *die;* **~-skin** *n.* **a)** Zwiebelschale, *die;* **b)** *(paper)* Florpost, *die;* **~ 'soup** *n.* Zwiebelsuppe, *die*

**oniony** ['ʌnjənɪ] *adj.* Zwiebel‹*geruch, -geschmack*›

**on-line** *(Computing)* **1.** ['--] *adj.* On-line-‹*Computer, Betrieb*›. **2.** [-'-] *adv.* on line

**'onlooker** *n.* Zuschauer, *der*/Zuschauerin, *die; (at scene of accident)* Schaulustige, *der/die*

**only** ['əʊnlɪ] **1.** *attrib. adj.* **a)** einzig...; **the ~ person** der/die einzige; **my ~ regret is that ...:** ich bedaure nur, daß ...; **for the first and ~ time** zum ersten und einzigen Mal; **an ~ child** ein Einzelkind; **the ~ one/ones** der/die/das einzige/die einzigen; **the ~ thing** das einzige; **one and ~** *(sole)* einzig...; *(incomparable)* einzigartig; *see also* **pebble; thing b, c; b)** *(best by far)* **the ~:** der/die/das einzig wahre; **he/she is the ~ one for me** es gibt nur ihn/sie für mich; **the ~ thing** das einzig Wahre. **2.** *adv.* **a)** nur; **we had been waiting ~ 5 minutes when ...:** wir hatten erst 5 Minuten gewartet, als ...; **it's ~/~ just 6 o'clock** es ist erst 6 Uhr/gerade erst 6 Uhr vorbei; **the meat is ~ half done** das Fleisch ist erst halb durch; **I ~ wish I had known** wenn ich es doch nur gewußt hätte; **you ~ have** *or* **you have ~ to ask** *etc.* du brauchst nur zu fragen *usw.;* **you may each take one and one ~:** ihr dürft euch jeder einen/eine/eins nehmen, aber [wirklich] nur einen/eine/eins; **you ~ live once** man lebt nur einmal; **you're ~ young once** man ist nur einmal jung; **~ ever** *(coll.: never more than)* lediglich; **~ if** nur [dann] ..., wenn; **~ if the weather is fine** nur bei gutem Wetter; **he ~ just managed it/made it** er hat es gerade so/gerade noch geschafft; **not ~ ... but also** nicht nur ... sondern auch; *see also* **if 1 d; b)** *(no longer ago than)* erst; **~ the other day/week** erst neulich *od.* kürzlich; **~ the other evening** erst neulich abends; **~ just** gerade erst; **it is ~ now I realize ...:** erst jetzt wird mir klar ...; **c)** *(with no better result than)* **~ to find/discover that ...:** nur, um zu entdecken, daß ...; **d) ~ too ...** *in context of desirable circumstances* [sogar] ausgesprochen ‹*froh, begierig, bereitwillig*›; *in context of undesirable circumstances* viel zu; **be ~ too aware of sth.** sich *(Dat.)* einer Sache *(Gen.)* voll bewußt sein; **it's ~ too true** es ist nur zu wahr; **~ too well** nur zu gut ‹*wissen, kennen, sich erinnern*›; gerne ‹*mögen*›; nur zu genau ‹*hören, aufpassen auf*›. **3.** *conj.* **a)** *(but then)* nur; **b)** *(were it not for the fact that)* **~ [that] I am/he is** *etc.* **...:** ich bin/er ist *usw.* nur ...

**only-be'gotten** *adj. (Relig.)* **Jesus Christ, the ~ Son of the Father** Jesus Christus, Gottes eingeborener Sohn

**o.n.o.** [əʊ en 'əʊ] *abbr. (Brit.)* **or near offer** ≈ VHB

**'on-off** *adj.* **~ switch** Ein-aus-Schalter

**onomatopoeia** [ɒnəmætə'pi:ə] *n. (Ling.)* Onomatopöie, *die*

**onomatopoeic** [ɒnəmætə'pi:ɪk] *adj. (Ling.)* onomatopoetisch

**'onrush** *n.* Ansturm, *der*

**'onset** *n.* **a)** *(attack)* [Sturm]angriff, *der;* **b)** *(beginning) (of storm)* Einsetzen, *das; (of winter)* Einbruch, *der; (of disease)* Ausbruch, *der*

**'onshore** *adj.* auflandig *(Seemannsspr.)*

**on'side** *adj. (Footb.)* nicht abseits

**onslaught** ['ɒnslɔ:t] *n.* [heftige] Attacke *(fig.)*

**on-'stage 1.** *adj.* auf der Bühne *nachgestellt.* **2.** *adv.* auf die Bühne ‹*gehen*›; auf der Bühne ‹*stehen*›

**'on-street** *adj.* auf der Straße *nachgestellt*

**'on-the-job** *adj.* **~ training** Ausbildung an der Arbeitsstelle

**on-the-'spot** *adj.* vor Ort *nachgestellt*

**onto** *see* **on 2 i**

**ontological** [ɒntə'lɒdʒɪkl] *adj. (Philos.)* ontologisch

**ontology** [ɒn'tɒlədʒɪ] *n. (Philos.)* Ontologie, *die*

**onus** ['əʊnəs] *n.* Last, *die;* **the ~ [of proof]** die Beweislast; **the ~ is on him to do it** es ist seine Sache, es zu tun

**onward** ['ɒnwəd] **1.** *adv.* **a)** *(in space)* vorwärts; **from X ~:** von X an; **they moved ~ into the forest** sie gingen *od.* zogen weiter in den Wald [hinein]; **b)** *(in time)* **from that day ~:** von diesem Tag an; **history from the 12th century ~:** Geschichte vom 12. Jahrhundert an. **2.** *adj.* nach vorn *nachgestellt;* **~ movement** Vorwärtsbewegung, *die;* **~ march** Vormarsch, *der*

**onwards** ['ɒnwədz] *see* **onward 1**

**onyx** ['ɒnɪks] *n. (Min.)* Onyx, *der;* **~ marble** Onyxmarmor, *der*

**oodles** ['u:dlz] *n. pl., constr. as sing. or pl. (coll.)* **~ of** haufenweise *(ugs.);* jede Menge *(ugs.)*

**ooh** [u:] **1.** *n.* Oh, *das;* Ah, *das;* **the ~s [and ahs] of the audience** die Ohs und Ahs der Zuschauer. **2.** *int. expr. disapproval or delight* oh; *expr. pain* au

**oojah** ['u:dʒɑ:] *n. (sl.)* Ding, *das (ugs.)*

**oompah** ['u:mpɑ:] *n.* Humpta, *das*

**oomph** [ʊmf] *n. (sl.)* **a)** *(attractiveness)* Sex-Appeal, *der;* **b)** *(energy)* Elan, *der*

**oops** [u:ps] *int. (coll.) expr. surprise* huch; *expr. apology* oh[je]; *expr. apology for a faux pas* oh

**ooze** [u:z] **1.** *v. i.* **a)** *(percolate, exude)* sickern **(from** aus); *(more thickly)* quellen **(from** aus); **the juice ~s out** der Saft trieft heraus; **b)** *(become moistened)* triefen **(with** von, vor + *Dat.*). **2.** *v. t.* **a) ~ [out]** triefen von *od.* vor (+ *Dat.*); **b)** *(fig.: radiate)* ausstrahlen ‹*Charme, Optimismus*›; ausströmen ‹*Sarkasmus*›. **3.** *n.* **a)** *(mud)* Schlick, *der;* **b)** *(sluggish flow)* Sickern, *das; (sluggish stream)* Rinnsal, *das* **(of** von + *Dat.*)

**op** [ɒp] *n. (coll.)* **a)** *(Med.)* Operation, *die;* **b)** *(Mil., Navy, Air Force)* Einsatz, *der;* **c)** *(radio operator)* Funker, *der*/Funkerin, *die; (telegraph operator)* Telegrafist, *der*/Telegrafistin, *die*

**op.** [ɒp] *abbr. (Mus.)* **opus** op.

**opacity** [ə'pæsɪtɪ] *n., no pl.* **a)** *(not transmitting light)* Opazität, *die (Optik);* Lichtundurchlässigkeit, *die;* **b)** *(obscurity)* Undurchsichtigkeit, *die*

**opal** ['əʊpl] *n. (Min.)* Opal, *der*

**opalescence** [əʊpə'lesəns] *n.* Schillern, *das;* Opaleszenz, *die (Optik)*

**opalescent** [əʊpə'lesənt] *adj.* schillernd; opalisierend; opaleszierend *(Optik)*

**'opal glass** *n.* Opalglas, *das*

**opaque** [əʊ'peɪk] *adj.* **a)** *(not transmitting light)* lichtundurchlässig; opak *(fachspr.);* **b)** *(obscure)* dunkel; unverständlich

**opaqueness** [əʊ'peɪknɪs] *see* **opacity**

**'op art** *n., no pl., no indef. art.* Op-art, *die*

**op. cit.** [ɒp 'sɪt] *abbr.* **in the work already quoted** op. cit.

**OPEC** ['əʊpek] *abbr.* **Organization of Petroleum Exporting Countries** OPEC, *die*

**open** ['əʊpn] **1.** *adj.* **a)** offen; **with the window ~:** bei geöffnetem Fenster; **~ goal** *(Sport)* leeres Tor; **wear an ~ shirt** sein Hemd offen tragen; **be [wide/half] ~:** [weit/halb] offenstehen; **stand ~:** offenstehen; **swing ~:** aufschwingen; **come ~:** aufgehen; **get sth. ~:** etw. aufbekommen; **hold the door ~ [for sb.]** [jmdm.] die Tür aufhalten; **push/pull/kick the door ~:** die Tür aufstoßen/aufziehen/eintreten; **force sth. ~:** etw. mit Gewalt öffnen; **fling** *or* **throw a door/window [wide] ~:** eine Tür/ein Fenster [weit] aufreißen; **tear** *or* **rip sth. ~:** etw. aufreißen; **with one's mouth ~:** mit offenem Mund; **have one's eyes ~:** die Augen geöffnet haben; **[not] be able to keep one's eyes ~:** [nicht mehr] die Augen offenhalten können; **with ~ eyes** *(attentive, surprised)* mit großen Augen; *see also* **eye 1 a; b)** *(unconfined)* offen ‹*Gelände, Feuer*›; frei ‹*Feld, Blick*›; **~ country** *(with wide views)* weites Land; *(without buildings)* offenes Land; **on the ~ road** auf freier Strecke; **the ~ road lay before me** vor mir lag die freie Landstraße; **the ~ sea** die offene See; **in the ~ air** im Freien; *see also* **sky 1 a; c)** *(not blocked or obstructed)* frei; offen, eisfrei ‹*Hafen, Fluß, Wasser*›; frostfrei ‹*Winter, Wetter*›; **d)** *(ready for business or use)* **be ~** ‹*Laden, Museum, Bank usw.:*› geöffnet sein; **'~'/'~ on Sundays'/'~ 24 hours'** „geöffnet"/„Sonntags geöffnet"/„24 Stunden geöffnet"; **declare a building/an exhibition ~:** ein Gebäude/eine Ausstellung für eröffnet erklären; **e)** *(accessible)* offen; öffentlich ‹*Treffen, Rennen*›; *(available)* frei ‹*Stelle*›; freibleibend ‹*Angebot*›; **it is ~ to you to refuse** es steht dir frei abzulehnen; **lay ~:** offenlegen ‹*Plan*›; **be ~ to the public** für die Öffentlichkeit zugänglich sein; **the competition is ~ to children under 16** [nur] Kinder unter 16 Jahren sind zum Wettbewerb zugelassen; **the job/offer is ~ to men over 25 years of age** die Stelle ist für/das Angebot gilt für Männer über 25 Jahren; **the offer remains** *or* **will be kept ~ until the end of the month** das Angebot bleibt bestehen *od.* gilt noch bis Ende des Monats; **keep a position ~ for sb.** jmdm. eine Stelle freihalten; **keep an account ~:** ein Konto [weiterhin] bestehen lassen; **~ champion** Sieger einer offenen Meisterschaft; ~ **cheque** *(Brit.)* Barscheck, *der;* **in ~ court** in öffentlicher Sitzung *od.* Verhandlung; ~ **ward** offene Station; *see also* **house 1 a; f) be ~ to** *(exposed to)* ausgesetzt sein (+ *Dat.*) ⟨*Wind, Sturm*⟩; *(receptive to)* offen sein für ⟨*andere Meinung, Vorschlag*⟩; ~ **to infection** infektionsgefährdet *od.* -anfällig; **be ~ to criticism** kritisierbar sein; ~ **to attack by dry rot** anfällig für Trockenfäule; **be ~ to attack from the air** aus der Luft angreifbar sein; **sth. may be ~ to misinterpretation** etw. kann [leicht] falsch ausgelegt werden; **be ~ to sb.'s influence** sich leicht von jmdm. beeinflussen lassen; **I hope to sell it for £ 1,000, but I am ~ to offers** ich möchte es für 1 000 Pfund verkaufen, aber ich lasse mit mir handeln; **lay sb. wide ~** *(fig.)* jmdn. bloßstellen; **lay oneself [wide] ~ to ridicule/attack/criticism** *etc.* sich der Lächerlichkeit preisgeben/sich Angriffen/der Kritik *usw.* aussetzen; **lay oneself [wide] ~ to blackmail/a charge** sich der Gefahr der Erpressung/einer Anklage aussetzen; **be ~ to question/doubt/argument** fraglich/zweifelhaft/umstritten sein; **I am ~ to correction** ich lasse mich gern korrigieren; **g)** *(undecided)* offen; ~ **invitation** Einladung, gelegentlich einmal zu Besuch zu kommen; ~ **return ticket** nicht termingebundene Rückfahrkarte; **have an ~ mind about** *or* **on sth.** einer Sache gegenüber aufgeschlossen *od.* unvoreingenommen sein; **with an ~ mind** aufgeschlossen; **have/keep an ~ mind on a question** in einer Sache unvoreingenommen sein/bleiben; **be [wide] ~:** [völlig] offen sein; **leave sth. ~:** etw. offenlassen; *see also* **verdict a; h)** *(undisguised, manifest)* unverhohlen ⟨*Bewunderung, Haß, Verachtung*⟩; offen ⟨*Verachtung, Empörung, Bruch, Widerstand*⟩; offensichtlich ⟨*Spaltung, Zwiespalt*⟩; ~ **war/warfare** offener Krieg/Kampf; *see also* **secret 2 a; i)** *(frank, communicative)* offen ⟨*Wesen, Streit, Abstimmung, Gesicht, Regierungsstil*⟩; *(not secret)* öffentlich ⟨*Wahl*⟩; **be ~ [about sth./with sb.]** [in bezug auf etw. *(Akk.)*/gegenüber jmdm.] offen sein; **j)** *(not close)* grob ⟨*Muster, Gewebe, Maserung*⟩; offen ⟨*Anordnung*⟩; ~ **order** *(Mil., Navy)* offene Ordnung; **k)** *(expanded, unfolded)* offen, geöffnet ⟨*Pore, Regenschirm*⟩; aufgeblüht ⟨*Blume, Knospe*⟩; aufgeschlagen ⟨*Zeitung, Landkarte, Stadtplan*⟩; ~ **book** offenes *od.* aufgeschlagenes Buch; **sb./sth. is an ~ book [to sb.]** *(fig.)* jmd./etw. ist ein aufgeschlagenes *od.* offenes Buch [für jmdn.]; **an ~ hand** eine aufgehaltene Hand; *(fig.)* eine milde *od.* offene Hand; **with an ~ hand, with ~ hands** *(fig.)* mit einer milden *od.* offenen Hand; **with [an] ~ heart** *(frankly)* offenherzig; *(kindly)* herzlich; *see also* [1]**arm a; open-heart; l)** *(Mus.)* ~ **string** leere Saite; ~ **pipe** offene Pfeife; ~ **note** Naturton, *der;* **m)** *(Ling.)* offen ⟨*Vokal, Silbe*⟩. **2.** *n.* **a) the ~:** das offene Land; **in the ~** *(outdoors)* unter freiem Himmel; *(in an ~ space)* auf offenem Gelände; *(in ~ water)* auf offener *od.* hoher See; **[out] in the ~** *(fig.)* [öffentlich] bekannt; **come [out] into the ~** *(fig.) (become obvious)* herauskommen *(ugs.)*; an den Tag kommen; *(speak out)* offen sprechen; **bring sth. [out] into the ~** *(fig.)* etw. an die Öffentlichkeit bringen; **b)** *(Sport)* offene Meisterschaft; Open, *das (fachspr.)*. **3.** *v. t.* **a)** öffnen; aufmachen *(ugs.)*; ~ **sth. with a key** etw. aufschließen; ~ **sth. wide** etw. weit aufmachen *(ugs.) od.* öffnen; **half ~ sth.** etw. halb aufmachen *(ugs.) od.* öffnen; **[not] ~ one's mouth** *or* **lips** *(fig.)* den Mund [nicht] aufmachen *od.* auftun *(ugs.)*; ~ **one's big mouth [to sb. about sth.]** *(fig.)* [etw. jmdm. aus]plaudern; ~ **the** *or* **one's bowels** den Darm entleeren; *see also* **eye 1 a; floodgate; b)** *(allow access to)* ~ **sth. [to sb./sth.]** etw. öffnen [für jmdn./etw.]; *(fig.)* [jmdm./einer Sache] etw. öffnen; ~ **a road to traffic** eine Straße für den Verkehr freigeben; ~ **sth. to the public** etw. der Öffentlichkeit *(Dat.)* zugänglich machen; *see also* **door b; c)** *(establish)* eröffnen ⟨*Konferenz, Kampagne, Diskussion, Laden*⟩; aufmachen *(ugs.)* ⟨*Laden*⟩; beginnen ⟨*Verhandlungen, Krieg, Spiel*⟩; *(declare ~)* eröffnen ⟨*Gebäude usw.*⟩; ~ **the scoring** *(Sport)* den ersten Treffer erzielen; *(Cricket)* den ersten Lauf machen; *(Rugby)* die ersten Punkte machen; ~ **the betting with a £5 stake** das Spiel mit einem Einsatz von 5 Pfund eröffnen; ~ **the bidding** *(in auction)* das erste Gebot abgeben; *(Bridge)* eröffnen; ~ **an account** ein Konto eröffnen; ~ **fire [on sb./sth.]** das Feuer [auf jmdn./etw.] eröffnen; *see also* [2]**ball; parliament; d)** *(unfold, spread out)* aufschlagen ⟨*Zeitung, Landkarte, Stadtplan, Buch*⟩; aufspannen, öffnen ⟨*Schirm*⟩; öffnen ⟨*Fallschirm, Poren*⟩; ~ **one's hand** die *od.* seine Hand öffnen; ~ **one's arms [wide]** die *od.* seine Arme [weit] ausbreiten; ~ **one's legs** die *od.* seine Beine spreizen; **e)** *(reveal, expose)* ~ **a view** *or* **prospect of sth. [to sb.]** [jmdm.] den Blick auf etw. freigeben; **sth. ~s new prospects/horizons/a new world to sb.** *(fig.)* etw. eröffnet jmdm. neue Aussichten/Horizonte/eine neue Welt; ~ **one's heart to sb.** *(fig.)* sich jmdm. öffnen; **f)** *(make more receptive)* ~ **one's mind** aufgeschlossener werden; ~ **one's heart** *or* **mind to sb./sth.** sich jmdm./einer Sache öffnen; ~ **sb.'s mind to sth.** jmdm. etw. nahebringen; **g)** *(cut)* graben ⟨*Stollen, Brunnen, Loch, Gang*⟩; bauen ⟨*Straße durch Berge/Wald*⟩; *(break up)* bearbeiten ⟨*Boden*⟩; ~ **a hole in the wall** ein Loch in die Wand machen. **4.** *v. i.* **a)** sich öffnen; aufgehen; ⟨*Spalt, Kluft:*⟩ sich auftun; **'Doors ~ at 7 p.m.'** „Einlaß ab 19 Uhr"; **the safe ~s with a special key** der Tresor läßt sich mit einem Spezialschlüssel öffnen; ~ **inwards/outwards** nach innen/außen aufgehen; **the door would not ~:** die Tür ging nicht auf *od.* ließ sich nicht öffnen; **his mouth ~ed in a big yawn** sein Mund öffnete sich zu einem ausgiebigen Gähnen; **his eyes ~ed wide** er riß die Augen weit auf; ~ **into/on to sth.** zu etw. führen; sich zu etw. hin öffnen; **the kitchen ~s into the living-room** die Küche hat eine Tür zum Wohnzimmer; **the road ~s into a square** die Straße öffnet sich zu einem Platz; *see also* **heaven b; b)** *(become ~ to customers)* öffnen; aufmachen *(ugs.)*; *(start trading etc.)* eröffnet werden; **the shop does not ~ on Sundays** der Laden ist sonntags geschlossen; **c)** *(make a start)* beginnen; ⟨*Ausstellung:*⟩ eröffnet werden; ⟨*Theaterstück:*⟩ Premiere haben; **shares ~ed steady** *or* **firm** *(St. Exch.)* die Aktien eröffneten fest; ~ **for the prosecution** *(Law)* das Eröffnungsplädoyer [in der Hauptverhandlung] halten; **d)** *(become visible)* ~ **before sb./sb.'s eyes** sich jmdm./jmds. Augen bieten; *(fig.)* sich jmdm. eröffnen

~ **'out 1.** *v. t.* **a)** *(unfold)* auseinanderfalten; **b)** *(enlarge, widen)* erweitern; **c)** *(develop)* erweitern. **2.** *v. i.* **a)** *(unfold)* ⟨*Landkarte:*⟩ sich auseinanderfalten lassen; ⟨*Knospe:*⟩ sich öffnen; *(fig.)* ⟨*Person:*⟩ auftauen; **b)** *(widen, expand)* ~ **out into sth.** sich zu etw. erweitern *od.* verbreitern; **c)** *(be revealed)* ~ **out before sb./sb.'s eyes** vor jmdm./jmds. Augen liegen

~ **'up 1.** *v. t.* **a)** aufmachen *(ugs.)*; öffnen; aufschlagen ⟨*Buch*⟩; aufspannen, öffnen ⟨*Schirm*⟩; ~ **up a room/house** ein Zimmer/ein Haus öffnen *od.* zugänglich machen; **b)** *(form or make by cutting etc.)* machen ⟨*Loch, Riß*⟩; ~ **up a path through the jungle** einen Weg durch den Urwald schlagen; **the frost has ~ed up big cracks** durch den Frost sind große Risse entstanden; ~ **up a lead** *or* **gap of ten metres/points** einen Vorsprung von zehn Metern/Punkten gewinnen; **c)** *(establish, make more accessible)* eröffnen ⟨*Laden, Filiale*⟩; erschließen ⟨*neue Märkte usw.*⟩; ~ **up a region to trade/tourism** ein Gebiet für den Handel/Tourismus erschließen; ~ **up a new world to sb.** jmdm. eine neue Welt erschließen; ~ **up new opportunities for sb.** jmdm. neue Möglichkeiten eröffnen; **d)** *(make more lively, accelerate)* aufdrehen *(ugs.)*. **2.** *v. i.* **a)** *(~ a door)* aufmachen; **b)** ⟨*Blüte, Knospe:*⟩ sich öffnen; **c)** *(be established)* ⟨*Filiale:*⟩ eröffnet werden; ⟨*Firma:*⟩ sich niederlassen; **d)** *(appear, be revealed)* entstehen; ⟨*Aussichten, Möglichkeiten:*⟩ sich eröffnen; ~ **up before sb.** ⟨*Blick, Aussicht:*⟩ sich jmdm. bieten; ⟨*neue Welt:*⟩ sich vor jmdm. auftun; **e)** *(talk freely)* gesprächig werden; ~ **up to sb.** sich jmdm. anvertrauen; sich jmdm. eröffnen *(geh.)*; **f)** *(begin shooting)* das Feuer eröffnen; *(begin sounding)* ertönen; **g)** *(become more lively or active)* ⟨*Spiel, Handel:*⟩ sich beleben; *(accelerate)* aufdrehen *(ugs.)*

**open: ~-'access library** *n.* Freihandbibliothek, *die;* **~-air** *attrib. adj.* Open-air-⟨*Konzert*⟩; Freiluft⟨*restaurant, -aktivitäten*⟩; Freilicht⟨*kino, -aufführung*⟩; ⟨*Ausstellung, Markt, Versammlung*⟩ im Freien *od.* unter freiem Himmel; **~-air [swimming-] pool** Freibad, *das;* **~-and-'shut case** *n. (coll.)* klarer Fall; **~-armed** *adj.* herzlich; **receive** *or* **welcome sb. ~-armed** jmdn. mit offenen Armen aufnehmen *od.* empfangen; **~cast** *adj. (Mining)* **~cast mining/coal/method** Tagebau, *der*/Kohle aus dem Tagebau/Methode des Tagebaus; ~ **day** *n.* Tag der offenen Tür; **~-'door** *attrib. adj.* **~-door policy** Politik der offenen Tür; **~-ended** [əʊpən'endɪd] *adj.* [am Ende] offen; *(fig.: with no predetermined limit)* unbefristet ⟨*Aufenthalt, Vertrag*⟩; uneingeschränkt ⟨*Verpflichtung*⟩; unbegrenzt ⟨*Unterstützung, Kredit*⟩; Open-end-⟨*Diskussion, Debatte*⟩; offen ⟨*Frage*⟩; unerschöpflich ⟨*Thema*⟩; **~-ended spanner** Gabelschlüssel, *der*

**opener** ['əʊpnə(r)] *n.* **a)** Öffner, *der;* **b)** *(opening item or event) (of entertainment)* Eröffnungsnummer, *die; (of a serial)* erste Folge; *(Sport)* Eröffnungsspiel, *das;* **c)** *(Cricket)* eröffnender Schlagmann; **d) for ~s** *(coll.)* zu Beginn; zunächst einmal

**open: ~-eyed** *adj.* **a)** mit offenen Augen *nachgestellt;* **in ~-eyed amazement** mit großen Augen; **gaze/stare ~-eyed at sb./sth.** jmdn./etw. mit großen Augen ansehen/anstarren; **gaze/stare ~-eyed** große Augen machen; **b)** *(watchful, alert)* **do sth. ~-eyed** etw. bewußt tun; **~-'field system** *n. (Agric.)* alte Dreifelderwirtschaft; **~-'fronted** *adj.* vorne offen; **~-'handed** *adj.* freigebig; **~-'heart** *attrib. adj. (Med.)* am offenen Herzen *nachgestellt;* **~-'hearted** *adj.* aufrichtig ⟨*Person, Mitgefühl*⟩; herzlich ⟨*Empfang*⟩

**opening** ['əʊpnɪŋ] **1.** *n.* **a)** Öffnen, *das; (becoming open)* Sichöffnen, *das; (of crack, gap, etc.)* Entstehen, *das; (of exhibition, new centre)* Eröffnen, *das; (of road to traffic)* Freigabe, *die* **(to** für); **hours** *or* **times of ~:** Öffnungszeiten; **it's late ~:** heute haben die Läden länger geöffnet; **'late ~ Thursday'** „donnerstags auch abends geöffnet"; **b)** *(establishment, inauguration, ceremony)* Eröffnung, die; ~ **of Parliament** Parlamentseröffnung, *die;* **c)** *(first performance)* Premiere, *die;* **d)** *(initial part)* Anfang, *der* *(Chess)* Eröffnung, *die;* **e)** *(gap, aperture)* Öffnung, *die;* **f)** *(opportunity)* Möglichkeit *die; (for goods)* Absatzmöglichkeit, *die* *(vacancy)* freie *od.* offene Stelle; **wait for an ~:** auf eine günstige Gelegenheit warten **give sb. an ~:** jmdm. eine Gelegenheit geben; **give sb. an ~ into sth.** ⟨*Person:*⟩ jmdm den Einstieg in etw. *(Akk.)* ermöglichen; ⟨*Job:*⟩ für jmdn. ein Einstieg in etw. *(Akk.)* sein; **g)** *(facing pages of book etc.)* Seitenpaar, *das.* **2.** *adj.* einleitend; **the ~ lines** *(of play, poem, etc.)* die ersten Zeilen; **~ night** *(Theatre)* Premiere, *die;* **~ speech/address** Eröffnungsrede/-ansprache, *die;* **~ move** *(Chess)* Eröffnung, *die; (fig.)* erster Schachzug; **~ bid** *(at auction; also Bridge)* erstes Gebot; **~ batsman** *(Cricket)* eröffnender Schlagmann

**opening: ~ ceremony** *n.* feierliche Eröffnung (**for** *Gen.*); **~ hours** *n. pl.* Öffnungszeiten *Pl.;* **~ time** *n.* **a)** Öffnungszeit, *die;* **wait for ~ time** darauf warten, daß geöffnet wird; **b) ~ times** *see* **~ hours**

**open 'letter** *n.* offener Brief

**openly** ['əʊpnlɪ] *adv.* **a)** *(publicly)* in der Öffentlichkeit; öffentlich ⟨*zugeben, verurteilen, abstreiten*⟩; **quite ~:** in aller Öffentlichkeit; **b)** *(frankly)* offen

**open: ~ 'market** *n.* offener *od.* freier Markt; **~-'minded** *adj.* aufgeschlossen (**about** für); **~-mindedness** [əʊpn'maɪndɪdnɪs] *n., no pl.* Aufgeschlossenheit, *die;* **~-mouthed** [əʊpn'maʊðd] *adj.* mit offenem Mund; **gape in ~-mouthed amazement** mit offenem Munde staunen; **~-necked** *adj.* ⟨*Hemd, Bluse*⟩ mit offenem Kragen; ausgeschnitten ⟨*Kleid, Pullover*⟩

**openness** ['əʊpnnɪs] *n., no pl.* **a)** *(of countryside etc.)* Weite, *die;* **b)** *(susceptibility)* Empfindlichkeit, *die* (**to** gegen); **c)** *(receptiveness)* Empfänglichkeit, *die;* **~ of mind** Aufgeschlossenheit, *die;* **d)** *(manifestness)* Offenheit, *die;* **I was surprised by the ~ of the people's resistance** ich war überrascht, wie offen die Leute Widerstand leisteten; **e)** *(frankness)* Offenheit, *die;* **f)** *(being spread out)* Grobheit, *die; (of arrangement)* Offenheit, *die*

**open: ~-plan** *adj.* mit ineinander übergehenden Räumen *nachgestellt;* offen angelegt ⟨*Haus*⟩; **~-plan office** Großraumbüro, *das;* **~ 'prison** *n.* offene Anstalt; **~ 'sandwich** *n.* belegtes Brot; **~ season** *n. (Brit.)* Jagdzeit, *die; (for fish)* Fangzeit, *die;* **it is [the] ~ season for** *or* **on sth.** *(fig.)* etw. ist an der Tagesordnung; **~ 'sesame** *see* **sesame c; ~ 'shelf library** *(Amer.) see* **~-access library; ~ 'shelves** *n. pl.* **these books are on ~ shelves** diese Bücher sind in der Freihandzone [aufgestellt]; **~ 'shop** *n.* Open Shop, *der;* nicht gewerkschaftspflichtiger Betrieb; **~ so'ciety** *n. (Sociol.)* offene Gesellschaft; **~-toe[d]** [əʊpn'təʊ(d)] *adj.* vorn offen ⟨*Schuh, Sandale*⟩; **~-top** *attrib. adj.* offen; oben offen ⟨*Bus*⟩; **O~ Uni'versity** *pr. n. (Brit.)* **the O~ University** die Open University *(britische Fernuniversität); attrib.* ⟨*Kurs*⟩ an der Fernuniversität; ⟨*akademischer Grad*⟩ der Fernuniversität; **~ 'weave** *n. (Textiles)* loses *od.* grobes Gewebe; *attrib.* locker *od.* grob gewebt ⟨*Stoff, Struktur*⟩; **~-work** *n.* durchbrochene Struktur; *(Sewing)* Durchbrucharbeit, *die; attrib.* durchbrochen

**opera** ['ɒpərə] *n.* **a)** Oper, *die;* **b)** *no pl. (branch of art)* **[the] ~:** die Oper; **c) light ~:** Operette, *die*

**opera** *pl. of* **opus**

**operable** ['ɒpərəbl] *adj. (Med.)* operabel

**opera: ~-glasses** *n. pl.* Opernglas, *das;* **~-hat** *n.* Chapeau claque, *der;* **~-house** *n.* Opernhaus, *das;* **~-singer** *n.* Opernsänger, *der/*-sängerin, *die*

**operate** ['ɒpəreɪt] **1.** *v. i.* **a)** *(be in action)* in Betrieb sein; ⟨*Bus, Zug usw.:*⟩ verkehren; *(have an effect)* sich auswirken; **the system ~s against our interests/in our favour** das System, wie es derzeit funktioniert, bringt uns Nachteile/Vorteile; **the hospital is operating normally again** im Krankenhaus herrscht wieder normaler Betrieb; **b)** *(function)* arbeiten; **the torch ~s on batteries** die Taschenlampe arbeitet mit Batterien; **c)** *(perform operation)* operieren; arbeiten; **~ on sth.** etw. bearbeiten; **~ [on sb.]** *(Med.)* [jmdn.] operieren; **d)** *(exercise influence)* **~ [up]on sb./sth.** auf jmdn./etw. einwirken; **e)** *(follow course of conduct)* agieren; **the gang ~d by posing as workmen** die Methode der Bande bestand darin, daß sie sich als Arbeiter ausgaben; **f)** *(produce effect)* wirken; **g)** *(Mil.)* operieren. **2.** *v. t.* **a)** *(accomplish)* herbeiführen; **b)** *(cause to work)* bedienen ⟨*Maschine*⟩; fahren ⟨*Auto*⟩; betreiben ⟨*Unternehmen*⟩; unterhalten ⟨*Werk, Post, Busverbindung, Telefondienst*⟩

**operatic** [ɒpə'rætɪk] *adj.* **a)** Opern⟨*sänger, -musik*⟩; **b)** *(like opera)* opernhaft

**operating: ~-room** *n. (Med.)* Operationssaal, *der;* **~-table** *n. (Med.)* Operationstisch, *der;* **~-theatre** *n. (Brit. Med.)* Operationssaal, *der*

**operation** [ɒpə'reɪʃn] *n.* **a)** *(causing to work) (of machine)* Bedienung, *die; (of factory, mine, etc.)* Betrieb, *der; (of bus service, telephone service, etc.)* Unterhaltung, *die;* **ease of ~:** leichte Bedienbarkeit; **b)** *(way sth. works)* Arbeitsweise, *die;* **the engine is noted for its quiet ~** *or* **quietness in ~:** der Motor ist für seinen leisen Lauf bekannt; **c)** *(being operative)* **come into ~** ⟨*Maschine, Gerät:*⟩ zu arbeiten beginnen; ⟨*Gesetz, Gebühr usw.:*⟩ in Kraft treten; **be in ~** ⟨*Maschine, Gerät usw.:*⟩ in Betrieb sein; ⟨*Service:*⟩ zur Verfügung stehen; ⟨*Gesetz:*⟩ in Kraft sein; **be out of ~** ⟨*Maschine, Gerät usw.:*⟩ außer Betrieb sein; ⟨*Service:*⟩ nicht zur Verfügung stehen; **d)** *(active process)* Vorgang, *der;* **drilling ~s** Bohrarbeiten; **~[s] research** *see* **operational research; e)** *(performance)* Tätigkeit, *die;* **repeat the ~:** das Ganze [noch einmal] wiederholen; **f)** *(Med.)* Operation, *die;* **have an ~ [on one's foot]** [am Fuß] operiert werden; **an ~ for appendicitis** eine Blinddarmoperation; **g)** *(Air Force, Mil., Navy)* Einsatz, *der;* Operation, *die;* **night ~s** Nachteinsätze; **~s room** Befehlsstelle, *die; see also* **combined; h)** *(financial transaction)* [Geschäfts]tätigkeit, *die;* **i)** *(Math., Computing)* Operation, *die*

**operational** [ɒpə'reɪʃənl] *adj.* **a)** *(concerned with operations)* Einsatz⟨*flugzeug, -breite*⟩; Betriebs⟨*wirtschaftlichkeit, -personal*⟩; *(Mil.)* Einsatz-; **b)** *(esp. Mil.: ready to function)* einsatzbereit

**operational re'search** *n. (Brit.)* Unternehmensforschung, *die*

**operative** ['ɒpərətɪv] **1.** *adj.* **a)** *(in operation)* **the law became ~:** das Gesetz trat in Kraft; **the scheme is fully ~:** das Programm läuft; **b)** *(effective)* wirksam; **c)** *(most relevant)* **the ~ word is 'quietly'** die Betonung liegt auf „leise"; **d)** *(Med.)* operativ. **2.** *n.* [Fach]arbeiter, *der/*-arbeiterin, *die;* **machine ~:** Maschinist, *der/*Maschinistin, *die*

**operator** ['ɒpəreɪtə(r)] *n.* **a)** *(worker)* [Maschinen]bediener, *der/*-bedienerin, *die;* Bedienungskraft, *die; (of crane, excavator, etc.)* Führer, *der;* **b)** *(Teleph.) (at exchange)* Vermittlung, *die; (at switchboard)* Telefonist, *der/*Telefonistin, *die;* **c)** *(person engaged in business)* Unternehmer, *der/*Unternehmerin, *die;* *(coll.: shrewd person)* Schlitzohr, *das (ugs.);* **a sly ~** *(coll.)* ein gewiefter Bursche *(ugs.);* **d)** *(Math., Computing)* Operator, *der*

**operetta** [ɒpə'retə] *n. (Mus.)* Operette, *die*

**ophthalmic** [ɒf'θælmɪk] *adj.* Augen⟨*arterie, -krankheit, -chirurg, -salbe*⟩

**ophthalmic op'tician** *n. (Brit.)* Augenoptiker, *der/*-optikerin, *die*

**ophthalmology** [ɒfθæl'mɒlədʒɪ] *n. (Med.)* Ophthalmologie, *die (fachspr.);* Augenheilkunde, *die*

**opiate** ['əʊpɪət] *n.* **a)** *(Med.)* Opiat, *das;* **b)** *(fig.)* Betäubungsmittel, *das; (causing addiction)* Droge, *die*

**opine** [ə'paɪn] *v. t.* **a)** *(express as one's opinion)* meinen; **b)** *(hold as opinion)* denken

**opinion** [ə'pɪnjən] *n.* **a)** *(belief, judgement)* Meinung, *die* (**on** über + *Akk.*, zu); Ansicht, *die* (**on** von, zu, über + *Akk.*); **his [political] ~s** seine [politische] Einstellung; **his ~s on the matter/on religion** seine Meinung dazu/seine Einstellung zur Religion; **in my ~:** meiner Meinung nach; **be of [the] ~ that ...:** der Ansicht sein, daß ...; **be a matter of ~:** Ansichtssache sein; *see also* **difference a; b)** *no pl., no art. (beliefs etc. of group)* Meinung, *die* (**on** über + *Akk.*); **~ is swinging in his favour** es gibt einen Meinungsumschwung zu seinen Gunsten; **public ~:** die öffentliche Meinung; **c)** *(estimate)* **have a high ~ of sb.** eine hohe Meinung von jmdm. haben; **I formed a better ~ of the place** ich bekam einen besseren Eindruck von dem Ort; **have a great ~ of oneself** sehr von sich überzeugt sein; **have no ~ of sth./sb.** von etw./jmdm. nicht sehr überzeugt sein; **d)** *(formal statement of expert)* Gutachten, *das;* **[get** *or* **secure a] solicitor's/expert's ~:** [ein] Rechts-/Sachverständigengutachten [einholen]; **another** *or* **a second ~:** die Meinung eines weiteren *od.* zweiten Sachverständigen; **e)** *(Law) (expression of reasons for decision)* Urteilsbegründung, *die; (judgement, decision)* Entscheidung, *die;* Urteil, *das*

**opinionated** [ə'pɪnjəneɪtɪd] *adj.* **a)** *(obstinate)* rechthaberisch; **b)** *(self-willed)* eigensinnig

**o'pinion poll** *n.* Meinungsumfrage, *die*

**opium** ['əʊpɪəm] *n.* Opium, *das*

**opium: ~ den** *n.* Opiumhöhle, *die (abwertend);* **~-pipe** *n.* Opiumpfeife, *die*

**opossum** [ə'pɒsəm] *n. (Zool.)* **a)** Opossum, *das;* **b)** *(Austral., NZ) see* **possum c**

**oppo** ['ɒpəʊ] *n., pl.* **~s** *(Brit. sl.)* Kumpel, *der (salopp)*

**opponent** [ə'pəʊnənt] *n.* Gegner, *der/*Gegnerin, *die*

**opportune** ['ɒpətju:n] *adj.* **a)** *(favourable)* günstig; **b)** *(well-timed)* zur rechten Zeit *nachgestellt;* **be ~:** zur rechten Zeit kommen

**opportunely** ['ɒpətju:nlɪ] *adv. see* **opportune:** günstig; zur rechten Zeit; **be ~ timed** zeitlich günstig liegen

**opportunism** [ɒpə'tju:nɪzm] *n., no pl.* Opportunismus, *der*

**opportunist** [ɒpə'tju:nɪst] *n.* Opportunist, *der/*Opportunistin, *die*

**opportunity** [ɒpə'tju:nɪtɪ] *n.* Gelegenheit, *die;* **have plenty of/little ~ for doing** *or* **to do sth.** reichlich/wenig Gelegenheit haben, etw. zu tun; **~ knocks for sb.** eine Gelegenheit bietet sich jmdm.; *see also* **equal opportunity; take 1 e**

**opposable** [ə'pəʊzəbl] *adj. (Anat., Zool.)* opponierbar

**oppose** [ə'pəʊz] **1.** *v. t.* **a)** *(set oneself against)* sich wenden gegen; opponieren gegen; **b)** *(place as obstacle)* entgegenstellen (**to** *Dat.*); **c)** *(set as contrast)* gegenüberstellen (**to, against** *Dat.*); **d)** *(Anat., Zool.)* opponieren. **2.** *v. i.* ⟨*Opposition:*⟩ opponieren; **the opposing team** die gegnerische Mannschaft

**opposed** [ə'pəʊzd] *adj.* **a)** *(contrary, opposite)* gegensätzlich; entgegengesetzt; **X and Y are diametrically ~:** X und Y sind einander diametral entgegengesetzt; **as ~ to** im Gegensatz zu; **b)** *(hostile)* **be ~** ⟨*Personen:*⟩ Gegner sein; **be ~ to sth.** gegen etw. sein

**opposite** ['ɒpəzɪt] **1.** *adj.* **a)** *(on other or farther side)* gegenüberliegend ⟨*Straßenseite, Ufer*⟩; entgegengesetzt ⟨*Ende*⟩; **b)** *(contrary)* entgegengesetzt ⟨*Weg, Richtung*⟩; **c)** *(very different in character)* entgegengesetzt, gegensätzlich ⟨*Beschreibungen, Aussagen*⟩; **be ~ to sth.** das Gegenteil von etw. sein; **be of an ~ kind from ...:** von einer ganz anderen Art sein als ...; **d) the ~ sex** das andere Geschlecht. **2.** *n.* Gegenteil, *das* **(of von)**; **be the extreme ~ of sth.** das genaue Gegenteil von etw. sein; **be ~s** einen Gegensatz bilden. **3.** *adv.* gegenüber; **sit ~:** auf der gegenüberliegenden Seite sitzen. **4.** *prep.* gegenüber; **~ each other** einander gegenüber; **play ~ sb.** *(Theatre)* neben jmdm. spielen

**opposite 'number** *n. (fig.)* Pendant, *das*

**opposition** [ɒpəˈzɪʃn] *n.* **a)** *no pl. (antagonism)* Opposition, *die; (resistance)* Widerstand, *der* **(to gegen)**; **in ~ to** entgegen; **offer ~ to sth.** einer Sache *(Dat.)* Widerstand entgegensetzen; **without ~:** ohne Widerstand; **b)** *(Brit. Polit.)* **the O~, Her Majesty's O~:** die Opposition; **Leader of the O~:** Oppositionsführer, *der*/-führerin, *die;* **[be] in ~:** in der Opposition [sein]; **c)** *(body of opponents or competitors)* Gegner *Pl.*; **d)** *(contrast, antithesis)* Gegensatz, *der* **(to zu)**; **e)** *(placing or being placed opposite)* Plazierung an gegenüberliegenden Stellen; **by the ~ of sth. to sth.** indem man etw. gegenüber einer Sache *(Dat.)* plaziert; **f)** *(Astron., Astrol.)* **be in ~:** in Opposition stehen **(with zu)**; *abs.* in Opposition zur Sonne stehen

**oppress** [əˈpres] *v. t.* **a)** *(govern cruelly)* unterdrücken; **b)** *(fig.: weigh down)* ⟨*Gefühl:*⟩ bedrücken; ⟨*Hitze:*⟩ schwer zu schaffen machen (+ *Dat.*)

**oppression** [əˈpreʃn] *n.* Unterdrückung, *die*

**oppressive** [əˈpresɪv] *adj.* **a)** *(tyrannical)* repressiv; **b)** *(fig.: hard to endure)* bedrückend ⟨*Ängste, Atmosphäre*⟩ **(to für)**; **c)** *(fig.: hot and close)* drückend ⟨*Wetter, Klima, Tag*⟩; **d)** *(fig.: burdensome)* drückend ⟨*Steuer*⟩; repressiv ⟨*Gesetz, Beschränkung*⟩

**oppressively** [əˈpresɪvlɪ] *adv.* **a)** *(tyrannically)* mit unterdrückerischen Methoden; repressiv ⟨*regieren*⟩; **b)** *(fig.: so as to weigh down)* drückend ⟨*heiß*⟩; **weigh ~ on sb.** schwer auf jmdm. lasten

**oppressor** [əˈpresə(r)] *n.* Unterdrücker, *der*

**opprobrious** [əˈprəʊbrɪəs] *adj.* **a)** *(abusive)* verächtlich; **b)** *(shameful)* schändlich

**opprobrium** [əˈprəʊbrɪəm] *n.* Schande, *die*

**opt** [ɒpt] *v. i.* sich entscheiden **(for für)**; **~ to do sth.** sich dafür entscheiden, etw. zu tun; **~ out** *(not join in)* nicht mitmachen; *(cease taking part)* nicht länger mitmachen; **~ out of** nicht/nicht länger mitmachen bei; *(give up membership of)* austreten aus; *(not take up invitation to)* sich entschließen, doch nicht teilzunehmen an (+ *Dat.*)

**optic** [ˈɒptɪk] **1.** *adj. (Anat.)* Seh⟨*nerv, -hügel, -bahn*⟩; *(Med.)* Sehnerven⟨*entzündung, -atrophie*⟩. **2.** *n.* **a)** *(in optical instrument)* optisches Element; **b)** *(arch./joc.: eye)* Auge, *das;* **c)** *or* **O~ (P)** *(Brit.: for measuring out spirits)* Portionierer, *der*

**optical** [ˈɒptɪkl] *adj.* optisch ⟨*Zielvorrichtung, Täuschung, Gerät, Fernrohr*⟩; **~ microscope** Lichtmikroskop, *das;* **~ aid** Sehhilfe, *die*

**optical: ~ 'character reader** *n. (Computing)* Klarschriftleser, *der;* **~ 'fibre** *n.* Lichtleitfaser, *die*

**optically** [ˈɒptɪkəlɪ] *adv.* optisch

**optician** [ɒpˈtɪʃn] *n.* **a)** *(maker or seller of spectacles etc.)* Optiker, *der*/Optikerin, *die;* **b)** *see* **ophthalmic optician**

**optics** [ˈɒptɪks] *n., no pl.* Optik, *die*

**optima** *pl. of* **optimum**

**optimal** [ˈɒptɪml] *see* **optimum 2**

**optimise** *see* **optimize**

**optimism** [ˈɒptɪmɪzm] *n., no pl.* Optimismus, *der*

**optimist** [ˈɒptɪmɪst] *n.* Optimist, *der*/Optimistin, *die*

**optimistic** [ɒptɪˈmɪstɪk] *adj.* optimistisch

**optimistically** [ɒptɪˈmɪstɪkəlɪ] *adv.* optimistisch; **~ speaking, ...:** mit etwas Optimismus kann man sagen, daß ...

**optimize** [ˈɒptɪmaɪz] *v. t.* **a)** *(make optimum)* optimieren; **b)** *(make the most of)* das Beste machen aus

**optimum** [ˈɒptɪməm] **1.** *n., pl.* **optima** [ˈɒptɪmə] **a)** *(most favourable conditions)* Optimum, *das;* **b)** *(best compromise)* goldener Mittelweg. **2.** *adj.* optimal

**option** [ˈɒpʃn] *n.* **a)** *(choice)* Wahl, *die; (thing that may be chosen)* Wahlmöglichkeit, *die; (Brit. Univ., Sch.)* Wahlfach, *das;* **I have no ~ but to do sth.** mir bleibt nichts [anderes] übrig, als etw. zu tun; **keep** *or* **leave one's ~s open** sich *(Dat.)* alle Möglichkeiten offenhalten; *see also* **soft option; b)** *no pl. (freedom of choice)* Entscheidungsfreiheit, *die;* **she had no ~ about accepting ...:** sie hatte keine andere Wahl, als ... anzunehmen; **that leaves us no ~ [but to ...]** dann bleibt uns keine andere Wahl[, als zu ...]; **c)** *(St. Exch.)* Option, *die*

**optional** [ˈɒpʃənl] *adj.* nicht zwingend; fakultativ; **~ subject** Wahlfach, *das;* **formal dress is ~:** Gesellschaftskleidung ist nicht vorgeschrieben; **~ extra** Extra, *das;* **take an ~ paper** eine freiwillige Klausur schreiben

**optionally** [ˈɒpʃənəlɪ] *adv.* freiwillig

**opulence** [ˈɒpjʊləns] *n., no pl.* Wohlstand, *der*

**opulent** [ˈɒpjʊlənt] *adj. (rich)* wohlhabend ⟨*Person, Aussehen*⟩; *(luxurious)* feudal ⟨*Auto, Haus, Hotel usw.*⟩

**opulently** [ˈɒpjʊləntlɪ] *adv.* im Luxus ⟨*leben*⟩; feudal ⟨*möbliert, eingerichtet*⟩

**opus** [ˈəʊpəs, ˈɒpəs] *n., pl.* **opera** [ˈɒpərə] **a)** *(Mus.)* Opus, *das;* **b) magnum ~, ~ [magnum]** *(great work)* großes Werk; *(greatest work)* Hauptwerk, *das*

**OR** *abbr.* **operational research** OR

**[1]or** [ə(r), *stressed* ɔː(r)] *conj.* **a)** oder; **he cannot read or write** er kann weder lesen noch schreiben; **without food or water** ohne Essen und Wasser; **[either] ... or [else] ...:** entweder ... oder [aber] ...; **b)** *introducing synonym* oder [auch]; *introducing explanation* das heißt; **or rather** beziehungsweise; [oder] genauer gesagt; **c)** *indicating uncertainty* oder; **15 or 20 minutes** 15 bis 20 Minuten; **in a day or two** in ein, zwei Tagen; **a doctor or something** ein Arzt oder so [was] *(ugs.);* **he must be ill or something** vielleicht ist er krank oder so *(ugs.);* **have you gone out of your mind or something?** bist du übergeschnappt, oder was? *(ugs.);* **he or somebody else** er oder sonst jemand; **in Leeds or somewhere** in Leeds oder irgendwo da; *see also* **[1]so 2; d)** *expr. significant afterthought* oder; **he was obviously lying – or was he?** er hat ganz offensichtlich gelogen – oder [doch nicht]?; **they cannot throw you out – or can they?** sie können dich doch nicht hinauswerfen – oder [etwa doch]?

**[2]or** [ɔː(r)] *(Her.)* **1.** *n.* Gold, *das.* **2.** *adj.* golden

**oracle** [ˈɒrəkl] *n.* **a)** *(infallible guide or indicator)* Orakel, *das (fig.);* **b)** *(very wise person)* Koryphäe, *die;* Autorität, *die;* **c)** *(place or response of deity)* Orakel, *das;* **d) work the ~** *(Brit. fig.)* [ein wenig] nachhelfen

**oracular** [əˈrækjʊlə(r)] *adj.* **a)** *(of oracle[s])* Orakel⟨*stätte, -priester*⟩; **b)** *(infallible)* über alle Zweifel erhaben ⟨*Äußerung, Buch*⟩; **c)** *(derog.: obscure or ambiguous)* orakelhaft

**oral** [ˈɔːrl] **1.** *adj.* **a)** *(spoken)* mündlich ⟨*Prüfung, Vereinbarung*⟩; mündlich überliefert ⟨*Tradition*⟩; **the agreement was only ~:** die Vereinbarung war nur mündlich getroffen worden; **b)** *(done or taken by the mouth)* oral; **~ sex** Oralverkehr, *der;* **c)** *(Anat.)* Mund⟨*höhle, -schleimhaut*⟩. **2.** *n. (coll.: examination)* **the ~[s]** das Mündliche

**orally** [ˈɔːrəlɪ] *adv.* **a)** *(in speech)* mündlich; **b)** *(by the mouth)* oral; **take ~:** einnehmen

**orange** [ˈɒrɪndʒ] **1.** *n.* **a)** *(fruit)* Orange, *die;* Apfelsine, *die;* **b)** *(tree)* Orangenbaum, *der;* **mock ~** *(Bot.)* Falscher Jasmin; Blasser Pfeifenstrauch; **c)** *(colour)* **~[-colour]** Orange, *das.* **2.** *adj.* orange[farben]; Orangen⟨*geschmack*⟩; **~ drink** Getränk mit Orangengeschmack

**orange: ~-blossom** *n.* Orangenblüte, *die;* **~-box** *n.* Apfelsinenkiste, *die;* **~-juice** *n.* Orangensaft, *der;* **O~man** [ˈɒrɪndʒmən] *n., pl.* **O~men** [ˈɒrɪndʒmən] *(Polit.)* Orangeman, *der;* Mitglied der Orange Society; **~-peel** *n.* Orangenschale, *die*

**orangery** [ˈɒrɪndʒərɪ] *n.* Orangerie, *die*

**orange: ~ squash** *see* **[1]squash 3 a; ~-stick** *n.* Maniküreстäbchen, *das*

**orang-utan** [ɔːræŋʊˈtæn] *n. (Zool.)* Orang-Utan, *der*

**orate** [əˈreɪt] *v. i. (joc.)* Reden schwingen *(ugs.); (derog.)* salbadern *(ugs. abwertend)*

**oration** [əˈreɪʃn] *n.* Rede, *die*

**orator** [ˈɒrətə(r)] *n.* Redner, *der*/Rednerin, *die; (eloquent speaker)* Rhetoriker, *der*/Rhetorikerin, *die*

**oratorical** [ɒrəˈtɒrɪkl] *adj.* ausdrucksstark

**oratorio** [ɒrəˈtɔːrɪəʊ] *n., pl.* **~s** *(Mus.)* Oratorium, *das*

**oratory** [ˈɒrətərɪ] *n.* **a)** *no pl. (art of public speaking)* Redekunst, *die;* Rhetorik, *die;* **b)** *no pl. (rhetorical language)* Rhetorik, *die;* **c)** *(small chapel)* Oratorium, *das*

**orb** [ɔːb] *n.* **a)** *(sphere)* Kugel, *die;* **b)** *(part of regalia)* Reichsapfel, *der*

**orbit** [ˈɔːbɪt] **1.** *n.* **a)** *(Astron.)* [Umlauf]bahn, *die;* **b)** *(Astronaut.)* Umlaufbahn, *die;* Orbit, *der; (single circuit)* Umkreisung, *die;* **be in/go into ~ [around the moon]** in der [Mond]umlaufbahn sein/in die [Mond]umlaufbahn eintreten; **put/send into ~:** in die Umlaufbahn bringen/schießen; **c)** *(fig.)* Sphäre, *die;* **d)** *(Anat.)* Augenhöhle, *die;* Orbita, *die (fachspr.);* **e)** *(Phys.: of electron)* Orbital, *das.* **2.** *v. i.* kreisen. **3.** *v. t.* umkreisen

**orbital** [ˈɔːbɪtl] *adj.* **a)** *(Anat.)* Orbital-; **b)** *(Astron., Phys.)* Bahn-; **c)** Ring⟨*straße, -linie*⟩; **north ~ route** Nordring, *der*

**Orcadian** [ɔːˈkeɪdɪən] **1.** *adj.* Orkney-; der Orkneyinseln *nachgestellt.* **2.** *n.* Bewohner/Bewohnerin der Orkneyinseln

**orchard** [ˈɔːtʃəd] *n.* Obstgarten, *der; (commercial)* Obstplantage, *die;* **cherry ~:** Kirschgarten, *der*

**orchestra** [ˈɔːkɪstrə] *n.* **a)** *(Mus.)* Orchester, *das;* **b)** *see* **orchestra pit**

**orchestral** [ɔːˈkestrl] *adj.* Orchester-; *(suggestive of orchestra)* orchestral

**orchestra: ~ pit** *n.* Orchestergraben, *der;* **~ stalls** *n. pl.* Parkett, *das;* **seat in the ~ stalls** Sperrsitz, *der*

**orchestrate** [ˈɔːkɪstreɪt] *v. t. (Mus.; also fig.)* orchestrieren

**orchestration** [ɔːkɪˈstreɪʃn] *n.* **a)** *(Mus.)* Orchesterbearbeitung, *die;* Orchestrierung, *die;* **b)** *(fig.)* Orchestrierung, *die*

**orchid** [ˈɔːkɪd] *n.* Orchidee, *die*

**orchis** [ˈɔːkɪs] *n. (Bot.)* Knabenkraut, *das;* Orchis, *die (fachspr.)*

**ordain** [ɔːˈdeɪn] *v. t.* **a)** *(Eccl.)* ordinieren; **be ~ed priest** ordiniert werden; **b)** *(destine)* bestimmen; **if fate should so ~ it** wenn es das Schicksal so will *od.* fügt; **c)** *(decree)* verfügen

**ordeal** [ɔːˈdiːl] *n.* **a)** Qual, *die; (geh.)* Tortur, *die* **(by durch)**; **b)** *(Hist.)* Ordal, *das (fachspr.);* Gottesurteil, *das;* **~ by fire/water** Feuer-/Wasserprobe, *die*

**order** [ˈɔːdə(r)] **1.** *n.* **a)** *(sequence)* Reihenfolge, *die;* **~ of words, word ~:** Wortstellung, *die;* **~ of play** *(Tennis etc.)* Spielfolge, *die;* **in ~ of importance/size/age** nach Wichtigkeit/Größe/Alter; **be in subject ~** *or* **~ of subject** nach Gebieten geordnet sein; **put sth. in ~:** etw. [in der richtigen Reihenfolge] ordnen; **keep sth. in ~:** etw. in der richtigen Reihenfolge halten; **answer the questions in ~:** die Fragen der Reihe nach beantworten **out of ~:** nicht in der richtigen Reihenfolge; durcheinander; **the cards get out of ~:** die Karten geraten in Unordnung *od.* durcheinander; **put sth. back out of ~:** etw. nicht an den richtigen Platz zurückstellen/-legen; **b)** *(regular array, normal state)* Ordnung, *die;* **put** *or* **set sth./one's affairs in ~:** Ordnung in etw. bringen/seine Angelegenheiten ordnen; **be/not be in ~:** in Ordnung/nicht in Ordnung sein *(ugs.);* **put sth. in ~** *(repair)* etw. in Ordnung bringen *(ugs.);* **be out of/in ~** *(not in/in working condition)* nicht funktionieren/funktionieren; **'out of ~'** „außer Betrieb"; **the engine is now in running ~:** der Motor läuft jetzt wieder *od.* ist jetzt wieder betriebsbereit; **in good/bad ~:** in gutem/schlechtem Zustand; **in working ~:** betriebsfähig; *see also* **house 1 a; c)** *in sing. and pl. (command)* Anweisung, *die;* Anordnung, *die;* Weisung, *die (geh.); (Mil.)* Befehl, *der; (Law)* Beschluß, *der;* Verfügung, *die;* **my ~s are to ..., I have ~s to ...:** ich habe Anweisung zu ...; **while following ~s** bei Befolgung der Anweisung/bei der Befehlsausführung; **act on ~s** auf Befehl handeln; **be the one who gives the ~s** das Sagen haben; **I don't take ~s from anyone!** ich lasse mir von keinem etwas befehlen!; **~s are ~s** Befehl ist Befehl; **court ~:** Gerichtsbeschluß, *der;* **by ~ of** auf Anordnung (+ *Gen.*); *see also* **doctor 1 a; further 1 b; starter a; d) in ~ to do sth.** um etw. zu tun; **in ~ that sb. should do sth.** damit jmd. etw. tut; **e)** *(Commerc.)* Auftrag, *der* **(for** über + *Akk.*); Bestellung, *die* **(for** *Gen.*); Order, *die (Kaufmannsspr.); (to waiter, ~ed goods)* Bestellung, *die;* **place an ~ [with sb.]** [jmdm.] einen Auftrag erteilen; **have sth. on ~:** etw. bestellt haben; **put goods on ~:** Waren in Bestellung geben; **to ~:** auf Bestellung; **she could cry to ~** *(fig.)* sie konnte auf Befehl weinen; **made to ~:** nach Maß angefertigt, maßgeschneidert ⟨*Kleidung*⟩; **a suit made to ~:** ein Maßanzug; **last ~s please** *(Brit.)* die letzten Bestellungen *(vor der Sperrstunde),* bitte!; *see also* **tall 1 b; f)** *(law-abiding state)* [öffentliche] Ordnung; **forces of ~:** Ordnungsmächte; **keep ~:** Ordnung [be]wahren; *see also* **law b; g)** *(Eccl.: fraternity)* Orden, *der;* **h)** *(Eccl.: grade of ministry)* Weihestufe, *die;* **holy ~s** heilige Weihen; **be in [holy] ~s** dem geistlichen Stand angehören; **take [holy] ~s** die [heiligen] Weihen empfangen; **i)** *(social class)* [Gesellschafts]schicht, *die; (clerical ~, ~ of baronets, etc.)* Stand, *der; see also* **[2]lower 1 b; j)** *(principles of decorum and rules of procedure)* [Geschäfts]ordnung, *die;* **O~! O~!** zur Ordnung!; Ruhe bitte!; **~ in court** *(Brit.) or (Amer.)* **the courtroom** Ruhe im Gerichtssaal; **call sb./the meeting to ~:** jmdn./die Versammlung zur Ordnung rufen; **call a meeting to ~** *(open the proceedings)* eine Versammlung für eröffnet erklären; **point of ~:** Verfahrensfrage, *die;* **[on a] point of ~, Mr Chairman** Antrag zur Geschäftsordnung, Herr Vorsitzender; **be in ~:** zulässig sein; *(fig.)* ⟨*Forderung:*⟩ berechtigt sein; ⟨*Drink, Erklärung:*⟩ angebracht sein; **the speaker is in ~:** der Redner hält sich an die Geschäftsordnung; **it is in ~ for him to do that** es ist in Ordnung, wenn er das tut; **be out of ~:** gegen die Geschäftsordnung verstoßen; ⟨*Verhalten, Handlung:*⟩ unzulässig sein; **that's out of ~, mate** *(coll.)* so [geht's] nicht, Kumpel *(ugs.);* **~ of the day** *(lit. or fig.)* Tagesordnung, *die;* **be the ~ of the day** auf der Tagesordnung stehen; *(fig.)* an der Tagesordnung sein; **~ of business** Geschäftsordnung, *die; (sequence of matters)* Tagesordnung, *die; see also* **standing orders b; k)** *(constitution of things)* Ordnung, *die;* **a new ~ of literary criticism** eine neue Art *od.* Gattung von Literaturkritik; **l)** *(kind, degree)* Klasse, *die;* Art, *die;* **intelligence of a high ~:** hochgradige Intelligenz; **his work is usually of a high ~:** seine Arbeit ist gewöhnlich erstklassig; **m)** *(Archit.)* Säulenordnung, *die;* **n)** *(company of distinguished persons, badge or insignia)* Orden, *der;* **O~ of Merit** *(Brit.)* Verdienstorden, *der;* **Masonic O~:** Freimaurerloge, *die;* **o)** *(Finance)* Order, *die;* Zahlungsanweisung, *die;* **[banker's]** [Bank]anweisung, *die;* **'pay to the ~ of ...'** „zahlbar an ..." (+ *Akk.*); *see also* **money order; standing order a; p)** *(Mil.)* Ordnung, *die;* **marching ~:** Marschordnung, *die;* **in close ~:** in geschlossener Formation; **in battle ~:** in Kampfaufstellung; **q)** *(Math.)* Ordnung, *die;* **~ [of magnitude]** Größenordnung, *die;* **of** *or* **in the ~ of ...:** in der Größenordnung von ...; **of the first ~** ⟨*Gleichung*⟩ ersten Grades; **a scoundrel of the first ~** *(fig. coll.)* ein Schurke ersten Ranges; **r)** *(Eccl.: form of service)* Ritual, *das;* **s)** *(Biol.)* Ordnung, *die; see also* **natural order. 2.** *v. t.* **a)** *(command)* befehlen; anordnen; ⟨*Gott, Schicksal:*⟩ bestimmen; ⟨*Richter:*⟩ verfügen; verordnen ⟨*Arznei, Ruhe usw.*⟩; **~ sb. to do sth.** jmdn. anweisen/*(Milit.)* jmdm. befehlen, etw. zu tun; **~ sth. [to be] done** anordnen, daß etw. getan wird; **the dog was ~ed to be destroyed** es wurde die Tötung des Hundes verfügt *od.* angeordnet; *see also* **doctor 1 a; b)** *(direct the supply of)* bestellen **(from** bei); ordern ⟨*Kaufmannsspr.*⟩; **~ in advance** vorbestellen; **c)** *(arrange)* ordnen; **~ed** geordnet *od.* geregelt ⟨*Leben*⟩; **~ arms** *(Mil.)* Gewehr bei Fuß stehen; **d)** *(command to go)* schicken; *(Mil.)* beordern; **~ sb. [to go] to Spain** jmdn. nach Spanien schicken/beordern; **~ sb. [to come] home** jmdn. befehlen, nach Hause zu kommen; **~ sb. out of the house** jmdn. aus dem Haus weisen; **~ back** zurückbeordern; **e)** *(ordain)* bestimmen

**~ a'bout, ~ a'round** *v. t. (coll.)* herumkommandieren

**~ 'off** *v. t. (Sport)* **~ sb. off [the pitch/field]** jmdn. vom Platz stellen

**~ 'out** *v. t.* hinausschicken; ausschicken, einsetzen ⟨*Truppen usw.*⟩

**order: ~-book** *n.* **a)** *(Commerc.)* Auftragsbuch, *das;* **b) O~ Book** *(Brit. Parl.)* Buch mit Eintragungen der angemeldeten Anträge; **~-form** *n.* Bestellformular, *das;* Bestellschein, *der;* **O~ in 'Council** *n. (Brit.)* Regierungserlaß, *der*

**orderly** ['ɔ:dəlɪ] **1.** *adj.* **a)** friedlich ⟨*Demonstration usw.*⟩; diszipliniert ⟨*Menge*⟩; *(conforming to order)* ordnungsgemäß; *(methodical)* methodisch; geordnet ⟨*Linie, Leben*⟩; geregelt ⟨*Leben, Gewohnheiten*⟩; ordentlich ⟨*Mensch*⟩; *(tidy)* ordentlich; **b)** *(Mil.)* diensthabend *od.* -tuend. **2.** *n. (Mil.)* [Offiziers]bursche, *der*

**orderly: ~ officer** *n. (Brit.)* Offizier vom Dienst, *der;* **~ room** *n.* Schreibstube, *die*

**order: ~ pad** *n.* Bestellblock, *der;* **~-paper** *n. (Brit. Parl.)* Tagesordnung, *die*

**ordinal** ['ɔ:dɪnl] *(Math.)* **1.** *adj.* **~ number** *see* **2. 2.** *n.* Ordnungs-, Ordinalzahl, *die*

**ordinance** ['ɔ:dɪnəns] *n.* **a)** *(order, decree)* Verordnung, *die;* **divine ~:** göttliche Bestimmung; **b)** *(enactment by local authority)* Verfügung, *die;* Bestimmung, *die;* **c)** *(religious rite)* Ritus, *der*

**ordinand** ['ɔ:dɪnænd] *n. (Eccl.)* Weihekandidat, *der*

**ordinarily** ['ɔ:dɪnərɪlɪ] *adv.* normalerweise; gewöhnlich; in der Regel; *(unexceptionally)* gewöhnlich

**ordinary** ['ɔ:dɪnərɪ] *adj.* **a)** *(regular, normal)* normal ⟨*Gebrauch*⟩; üblich ⟨*Verfahren*⟩; *(not exceptional)* gewöhnlich; *(average)* durchschnittlich; **very ~** *(derog.)* ziemlich mittelmäßig; **in the ~ way** *(usually)* normalerweise; **better/worse than ~:** besser/schlechter als sonst; **~ tap-water** normales *od.* gewöhnliches Leitungswasser; **in ~ life** im Alltagsleben; **be no ~ thing** kein gewöhnliches Ding sein; **~ people** *or* **folk** einfache Leute; *see also* **course 1 a; b)** *(Brit. St. Exch.)* **~ share** Stammaktie, *die;* **~ stock** Stammaktien; **c) above the ~:** über dem Durchschnitt; überdurchschnittlich ⟨*Intelligenz usw.*⟩; **out of the ~:** außergewöhnlich; ungewöhnlich; **something/nothing out of the ~:** etwas/nichts Außergewöhnliches

**ordinary: ~ level** *see* **O level; ~ 'seaman** *n.* Leichtmatrose, *der*

**ordination** [ɔ:dɪ'neɪʃn] *n.* **a)** *(Eccl.)* Ordination, *die;* Ordinierung, *die;* **b)** *(decreeing)* Bestimmung, *die;* **God's ~:** Gottes Wille

**ordnance** ['ɔ:dnəns] *n.* **a)** *(guns)* Artillerie, *die;* Geschütze *Pl.;* **~ factory** Waffenfabrik, *die;* **piece of ~:** Geschütz, *das;* **b)** *(service)* Feldzeugwesen, *das;* Feldzeugmeisterei, *die; attrib.* Feldzeug-; **O~ Corps** Technische Truppe

**ordnance: ~ map = ~ survey map; ~ 'survey** *n. (Brit.)* amtliche Landesvermessung; **~ survey map** amtliche topographische Karte

**ore** [ɔ:(r)] *n.* Erz, *das*

**oregano** [ɒrɪ'gɑ:nəʊ, ə'regənəʊ] *n., no pl. (Cookery)* Oregano, *der;* Origano, *der*

**organ** ['ɔ:gən] *n.* **a)** *(Mus.)* Orgel, *die; (harmonium)* Harmonium, *das; see also* **American organ; b)** *(Biol.)* Organ, *das;* **speech ~s** Sprechwerkzeuge; **the male ~** *(euphem.)* das männliche Glied; **c)** *(medium of communication)* Sprachrohr, *das; (of political party etc.)* Organ, *das*

**organdie** *(Amer.:* **organdy)** ['ɔ:gəndɪ, ɔ:'gændɪ] *n. (Textiles)* Organdy, *der*

**'organ-grinder** *n.* Drehorgelspieler, *der*/-spielerin, *die;* Leierkastenmann, *der*

**organic** [ɔ:'gænɪk] *adj.* **a)** *(also Chem. Physiol.)* organisch; **b)** *(constitutional, inherent, structural)* konstitutionell; *(fundamental, vital)* konstitutiv *(geh.)* ⟨*Teile*⟩; **c)** *(without chemicals)* biologisch, biodynamisch ⟨*Nahrungsmittel*⟩; biologisch-dynamisch ⟨*Ackerbau usw.*⟩; **d)** *(Med.)* organisch, körperlich ⟨*Leiden*⟩

**organically** [ɔ:'gænɪkəlɪ] *adv.* **a)** *(also Med.)* organisch; **b)** *(without chemicals)* biologisch; biodynamisch

**organic 'chemist** *n.* Organiker, *der*/Organikerin, *die*

**organisation, organise, organised, organiser** *see* **organiz-**

**organism** ['ɔ:gənɪzm] *n.* **a)** *(organized body)* Organismus, *der;* **b)** *(Biol.)* Organismus, *der; (structure)* Aufbau, *der*

**organist** ['ɔ:gənɪst] *n.* Organist, *der*/Organistin, *die*

**organization** [ɔ:gənaɪ'zeɪʃn] *n.* **a)** *(organizing, systematic arrangement)* Organisation, *die; (of material)* Ordnung, *die; (of library)* Anordnung, *die;* **~ of time/work** Zeit-/Arbeitseinteilung, *die;* **b)** *(organized body, system)* Organisation, *die*

**organizational** [ɔ:gənaɪ'zeɪʃənl] *adj.* organisatorisch

**organi'zation man** *n., Mensch, der die Belange der Organisation, der er dient, über alles stellt*

**organize** ['ɔ:gənaɪz] *v. t.* **a)** *(give orderly structure to)* ordnen; planen ⟨*Leben*⟩; einteilen ⟨*Arbeit, Zeit*⟩; *(frame, establish)* organisieren ⟨*Verein, Partei, Firma, Institution*⟩; **organizing ability** Organisationstalent, *das;* **I must get ~d** *(get ready)* ich muß fertig werden; **~ sb.** jmdn. an die Hand nehmen *(fig.);* **as soon as I've got myself ~d** sobald ich soweit bin; **b)** *(arrange)* organisieren; **can you ~ the catering?** kümmerst du dich um die Verpflegung?; **c) ~ into groups/teams** in Gruppen/Mannschaften einteilen

**organized** ['ɔ:gənaɪzd] *adj.* *(systematic, structured)* organisiert; geregelt ⟨*Leben*⟩; **be well ~ for a trip** für eine Reise gut vorbereitet sein

**organizer** ['ɔ:gənaɪzə(r)] *n.* **a)** Organisator,

*der*/Organisatorin, *die; (of event, festival)* Veranstalter, *der*/Veranstalterin, *die;* **b)** *(bag)* Aktentasche, *die*

**organ: ~-loft** *n.* Orgelempore, *die;* **~-music** *n.* Orgelmusik, *die;* **~-pipe** *n. (Mus.)* Orgelpfeife, *die;* **~-stop** *n. (Mus.)* Orgelregister, *das; (handle)* Registerzug, *der*

**orgasm** ['ɔ:gæzəm] *n.* Orgasmus, *der;* Höhepunkt, *der (auch fig.)*

**orgiastic** [ɔ:dʒɪ'æstɪk] *adj.* orgiastisch

**orgy** ['ɔ:dʒɪ] *n.* Orgie, *die;* **drunken ~:** Orgie unter Alkoholeinfluß; **an ~ of spending** eine Kauforgie; Kaufexzesse; **an ~ of killing** eine Orgie des Tötens; ein Blutrausch

**oriel** ['ɔ:rɪəl] *n.* Erkerfenster, *das*

**orient 1.** ['ɔ:rɪənt] *n.* **the O~:** der Orient; *(East Asia)* der Ferne Osten. **2.** ['ɔ:rɪent, 'ɒrɪent] *v. t.* **a)** *(set or determine position of)* ausrichten (**towards** nach); **b)** *(fig.)* einweisen (**in** in + *Akk.*); ausrichten, abstellen (**towards** auf + *Akk.*) ⟨*Programm*⟩; **~ oneself** sich orientieren *od.* zurechtfinden; **-~ed** -orientiert; **money-~ed** materiell orientiert; **career-~ed** berufsbezogen; praxisorientiert

**oriental** [ɔ:rɪ'entl, ɒrɪ'entl] **1.** *adj.* orientalisch; Orient⟨*teppich*⟩; asiatisch ⟨*Unergründlichkeit*⟩; **the O~ Church** die Ostkirche; die orientalische Kirche; **O~ studies** Orientalistik, *die;* **~ trade/travel** Orienthandel, *der*/Orientreisen. **2.** *n.* Asiat, *der*/Asiatin, *die*

**orientalist** [ɔ:rɪ'entəlɪst, ɒrɪ'entəlɪst] *n.* Orientalist, *der*/Orientalistin, *die*

**orientate** ['ɒrɪənteɪt, 'ɔ:rɪənteɪt] *see* **orient 2**

**orientation** [ɒrɪən'teɪʃn, ɔ:rɪən'teɪʃn] *n.* **a)** *(orienting)* Orientierung, *die; (of new employees etc.)* Einweisung, *die;* **sense of ~:** Orientierungssinn, *der;* **b)** *(relative position)* Ausrichtung, *die; (fig.)* Orientierung, *die;* **what is the ~ of ...?** wie ist ... ausgerichtet?; **my ~ was always towards ...:** ich war immer auf ... ausgerichtet

**orien'tation course** *n.* Einführungsveranstaltung, *die*

**orienteering** [ɔ:rɪən'tɪərɪŋ, ɒrɪən'tɪərɪŋ] *n. (Brit.)* Orientierungsrennen, *das*

**orifice** ['ɒrɪfɪs] *n.* Öffnung, *die; (of tube)* Mündung, *die;* **nasal ~:** Nasenloch, *das*

**origami** [ɒrɪ'gɑ:mɪ] *n.* Origami, *das*

**origin** ['ɒrɪdʒɪn] *n. (derivation)* Abstammung, *die;* Herkunft, *die; (beginnings)* Anfänge *Pl.; (of world etc.)* Entstehung, *die; (source)* Ursprung, *der; (of belief, rumour)* Quelle, *die;* **be of humble ~, have humble ~s** bescheidener Herkunft sein; **be Irish by ~:** irischer Herkunft sein; **the ~ of species** die Entstehung der Arten; **country of ~:** Herkunftsland, *das;* **words which are of French ~** *or* **are French in ~:** Wörter französischen Ursprungs; **have its ~ in sth.** seinen Ursprung in etw. *(Dat.)* haben; einer Sache *(Dat.)* seinen Ursprung verdanken

**original** [ə'rɪdʒɪnl] **1.** *adj.* **a)** *(first, earliest)* ursprünglich; **~ edition** Originalausgabe, *die;* **the ~ inhabitants** die Ureinwohner; **~ sin** *(Theol.)* Erbsünde, *die;* **b)** *(primary)* original; Original-; Ur⟨*text, -fassung*⟩; eigenständig ⟨*Forschung*⟩; *(inventive)* originell; *(creative)* schöpferisch; **an ~ painting** ein Original; **from the ~ German** aus der deutschen Urfassung. **2.** *n.* **a)** Original, *das;* **b)** *(eccentric person)* Original, *das (ugs.)*

**originality** [ərɪdʒɪ'nælɪtɪ] *n.* Originalität, *die*

**originally** [ə'rɪdʒɪnəlɪ] *adv.* **a)** ursprünglich; **be ~ from ...:** [ursprünglich] aus ... stammen; **b)** *(in an original way)* originell ⟨*schreiben usw.*⟩; **think ~:** originelle Gedanken haben

**originate** [ə'rɪdʒɪneɪt] **1.** *v. i.* **~ from** entstehen aus; **~ in** seinen Ursprung haben in (+ *Dat.*); **~ with sb.** von jmdm. stammen. **2.** *v. t.* schaffen; hervorbringen; kreieren ⟨*neue Mode*⟩; *(discover)* erfinden; **who ~d the idea?** von wem stammt die Idee?

**origination** [ərɪdʒɪ'neɪʃn] *n.* Entstehung, *die*

**originator** [ə'rɪdʒɪneɪtə(r)] *n.* Urheber, *der*/Urheberin, *die; (inventor)* Erfinder, *der*/Erfinderin, *die;* **who was the ~ of that idea?** von wem stammt diese Idee?

**Orkney [Islands]** ['ɔ:knɪ (aɪləndz)] *pr. n. [pl.].* **Orkneys** ['ɔ:knɪz] *pr. n. pl.* Orkneyinseln *Pl.;* Orkneys *Pl.*

**ornament 1.** ['ɔ:nəmənt] *n.* **a)** *(decorative object)* Schmuck-, Ziergegenstand, *der; (on pillar etc.)* Ornament, *das; (person)* Zierde, *die;* **b)** *no pl. (decorating)* Verzierungen *Pl.;* Zierat, *der (geh.);* **for** *or* **by way of ~:** zum Schmuck *od.* zur Zierde; **an altar rich in ~:** ein reichverzierter Altar; **c)** *usu. in pl. (Eccl.)* Kirchengerät, *das;* liturgisches Gerät; **d)** *in pl. (Mus.)* Verzierungen *Pl.;* Ornamente *Pl.* **2.** ['ɔ:nəment] *v. t.* verzieren

**ornamental** [ɔ:nə'mentl] **1.** *adj.* dekorativ; ornamental *(bes. Kunst);* Zier⟨*pflanze, -naht usw.*⟩; **purely ~:** nur zum Schmuck *od.* zur Zierde; rein dekorativ; **an ~ lake** ein Zierteich. **2.** *n. (plant)* Zierpflanze, *die*

**ornamentally** [ɔ:nə'mentəlɪ] *adv.* dekorativ

**ornamentation** [ɔ:nəmen'teɪʃn] *n., no pl.* **a)** *(ornamenting)* Ausschmückung, *die;* **b)** *(embellishment[s])* Verzierung, *die*

**ornate** [ɔ:'neɪt] *adj.* **a)** *(elaborately adorned)* reich verziert; prunkvoll ⟨*Dekoration*⟩; **heavily ~:** überladen; **b)** *(style)* blumig *(abwertend);* reich ausgeschmückt ⟨*Prosa*⟩

**ornery** ['ɔ:nərɪ] *adj. (Amer. coll.)* **a)** *(of poor quality)* primitiv *(abwertend);* **b)** *(cantankerous)* aggressiv; streitlustig

**ornithological** [ɔ:nɪθə'lɒdʒɪkl] *adj.* ornithologisch; vogelkundlich

**ornithologist** [ɔ:nɪ'θɒlədʒɪst] *n..* Ornithologe, *der*/Ornithologin, *die;* Vogelkundler, *der*/Vogelkundlerin, *die*

**ornithology** [ɔ:nɪ'θɒlədʒɪ] *n.* Ornithologie, *die;* Vogelkunde, *die*

**orphan** ['ɔ:fn] **1.** *n.* Waise, *die;* Waisenkind, *das;* **be left an ~:** [zur] Waise werden. **2.** *attrib. adj.* Waisen-. **3.** *v. t.* zur Waise machen; **be ~ed** [zur] Waise werden

**orphanage** ['ɔ:fənɪdʒ] *n.* Waisenhaus, *das*

**orthodontics** [ɔ:θə'dɒntɪks] *n., no pl.* Kieferorthopädie, *die*

**orthodontist** [ɔ:θə'dɒntɪst] *n.* Kieferorthopäde, *der*/Kieferorthopädin, *die*

**orthodox** ['ɔ:θədɒks] *adj.* orthodox; *(conservative)* konventionell

**Orthodox 'Church** *n.* orthodoxe Kirche

**orthodoxy** ['ɔ:θədɒksɪ] *n.* Orthodoxie, *die*

**orthography** [ɔ:'θɒgrəfɪ] *n.* Orthographie, *die;* Rechtschreibung, *die*

**orthopaedic** [ɔ:θə'pi:dɪk] *adj.* orthopädisch

**orthopaedics** [ɔ:θə'pi:dɪks] *n., no pl. (Med.)* Orthopädie, *die*

**orthopaedist** [ɔ:θə'pi:dɪst] *n. (Med.)* Orthopäde, *der*/Orthopädin, *die*

**orthopedic, orthopedics, orthopedist** *(Amer.) see* **orthopaed-**

**Orwellian** [ɔ:'welɪən] *adj.* Orwellsch

**OS** *abbr.* **a)** *(Brit.)* **Ordnance Survey; b) outsize** übergr.

**Oscar** ['ɒskə(r)] *n. (Cinemat.)* Oscar, *der*

**oscillate** ['ɒsɪleɪt] *v. i.* **a)** *(swing like a pendulum)* schwingen; oszillieren *(fachspr.);* **b)** *(move to and fro between points)* pendeln; **c)** *(fig.)* schwanken; *(vary between extremes of condition or action)* hin und her gerissen sein; **d)** *(Radio)* schwingen

**oscillation** [ɒsɪ'leɪʃn] *n.* **a)** *(action) see* **oscillate:** Schwingen, *das;* Oszillieren, *das;* Pendeln, *das;* Schwanken, *das;* Hinundhergerissensein, *das;* Schwingung, *die;* **b)** *(single ~)* Schwingung, *die; (of pendulum)* Pendelausschlag, *der*

**oscillator** ['ɒsɪleɪtə(r)] *n. (Electr.)* Oszillator, *der*

**oscillograph** [ə'sɪləgrɑ:f] *n. (Electr.)* Oszillograph, *der*

**oscilloscope** [ə'sɪləskəʊp] *n. (Electr.)* Oszilloskop, *das*

**osier** ['əʊzɪə(r)] *n.* **a)** *(Bot.)* Korbweide, *die;* **b)** *attrib.* Weiden⟨*korb, -rute*⟩; Korb⟨*sessel, -möbel*⟩

**osmosis** [ɒz'məʊsɪs] *n., pl.* **osmoses** [ɒz'məʊsi:z] Osmose, *die*

**osmotic** [ɒz'mɒtɪk] *adj.* osmotisch

**osprey** ['ɒspreɪ] *n. (Ornith.)* Fischadler, *der*

**Ossie** *see* **Aussie**

**ossify** ['ɒsɪfaɪ] **1.** *v. i.* ossifizieren *(fachspr.);* verknöchern *(auch fig.).* **2.** *v. t. (turn into bone)* ossifizieren *(fachspr.) od.* verknöchern lassen

**Ostend** [ɒ'stend] *pr. n.* Ostende *(das)*

**ostensible** [ɒ'stensɪbl] *adj.* vorgeschoben; Schein-; **~ excuse/reason** Ausrede, *die (abwertend)*/Vorwand, *der*

**ostensibly** [ɒ'stensɪblɪ] *adv.* vorgeblich

**ostentation** [ɒsten'teɪʃn] *n.* Ostentation, *die (geh.);* Prahlerei, *die (abwertend); (showiness)* Prunk, *der*

**ostentatious** [ɒsten'teɪʃəs] *adj.* prunkhaft ⟨*Kleidung, Schmuck*⟩; prahlerisch ⟨*Art*⟩; auffällig großzügig ⟨*Spende*⟩; **be ~ about sth.** mit etw. prunken *od. (ugs.)* protzen

**ostentatiously** [ɒsten'teɪʃəslɪ] *adv.* ostentativ *(geh.),* demonstrativ ⟨*fehlen, schweigen*⟩; prunkhaft ⟨*leben*⟩; prahlerisch ⟨*bemerken*⟩; auffällig ⟨*sich kleiden, sich benehmen*⟩

**osteopath** ['ɒstɪəpæθ] *n. (Med.)* Spezialist für Knochenleiden

**ostler** ['ɒslə(r)] *n. (Brit. Hist.)* Pferdeknecht, *der (veralt.);* Reitknecht, *der (früher)*

**ostracise** *see* **ostracize**

**ostracism** ['ɒstrəsɪzm] *n.* Ächtung, *die*

**ostracize** ['ɒstrəsaɪz] *v. t.* ächten; **~ from sth.** ausschließen von etw.

**ostrich** ['ɒstrɪtʃ] *n.* **a)** Strauß, *der;* **b)** *attrib.* Straußen⟨*ei*⟩; **~ attitude** Vogel-Strauß-Einstellung, *die*

**ostrich: ~-feather** *n.* Straußenfeder, *die;* **~-like** *adj.* Vogel-Strauß-⟨*Reaktion, Einstellung*⟩; **~-plume** *n.* Straußenfedern *Pl.*

**Ostrogoth** ['ɒstrəgɒθ] *n. (Hist.)* Ostgote, *der*/Ostgotin, *die*

**OT** *abbr.* **Old Testament** A.T.

**other** ['ʌðə(r)] **1.** *adj.* **a)** *(not the same)* ander...; **the ~ two/three** *etc. (the remaining)* die beiden/drei *usw.* anderen; **the ~ way round** *or* **about** gerade umgekehrt; **~ people's property** fremdes Eigentum; **the ~ one** der/die/das andere; **the ~ thing** *(coll.)* das Gegenteil; **there is no ~ way** es geht nicht anders; **I know of no ~ way of doing it** ich weiß nicht, wie ich es sonst machen soll; **some ~ time** ein andermal; **b)** *(further)* **two ~ people/questions** noch zwei [andere *od.* weitere] Leute/Fragen; **one ~ thing** noch eins; **there's just one ~ thing I need to do** ich muß nur noch eines tun; **have you any ~ news/questions?** hast du noch weitere *od.* sonst noch Neuigkeiten/Fragen?; **some/six ~ people** noch ein paar/noch sechs [andere *od.* weitere] Leute; **no ~ questions** keine weiteren Fragen; **do you know of any ~ person who ...?** weißt du noch jemand anderen *od.* sonst noch jemanden, der ...?; **c) ~ than** *(different from)* anders als; *(except)* außer; **never ~ than charming** immer charmant; **any person ~ than yourself** jeder außer dir; **d) some writer/charity or ~:** irgendein Schriftsteller/Wohltätigkeitsverein; **some time/way or ~:** irgendwann/-wie; **something/somehow/somewhere/somebody or ~:** irgend etwas/-wie/-wo/-wer. *See also* **another 1 d; every c; half 1 a; none 1; place 2 b; side 1 g; this 2 c; woman a; world a. 2.** *n.* **a)** *(~ person or thing)* anderer/andere/anderes; **there are six ~s** es sind noch sechs andere da; **are there any ~s who ...?** ist noch jemand da, der ...?; **tell one from the ~:** sie auseinanderhalten; **one or ~ of you/them** irgendwer *od.* -einer/-eine von euch/ihnen; **any ~**: irgendein anderer/-eine andere/-ein anderes; **not any ~**: kein anderer/ keine andere/kein anderes; **one after the ~**: einer/eine/eins nach dem/der/dem anderen; *see also* **each 2 b**; **b)** *(arch.)* **no ~** *(person)* kein anderer/keine andere; **he could do no ~ than come** er konnte nichts anderes tun als kommen. **3.** *adv.* anders; **I've never seen her ~ than with him** ich habe sie immer nur mit ihm zusammen gesehen; **~ than that, no real news** abgesehen davon, keine echten Neuigkeiten

**otherwise** ['ʌðəwaɪz] **1.** *adv.* **a)** *(in a different way)* anders; **think ~**: anders darüber denken; anderer Meinung sein; **it cannot be ~**: es kann nicht anders sein; **be ~ engaged** anderweitige Verpflichtungen haben; **except where ~ stated** sofern nicht anders angegeben; **..., ~ [known as] Barbarossa** ..., auch als Rotbart bekannt; **b)** *(or else)* sonst; anderenfalls; **he would have let me know ~**: sonst *od.* anderenfalls hätte er mich benachrichtigt; **c)** *(in other respects)* ansonsten *(ugs.)*; im übrigen; **the merits, or ~, of his paintings** die Vorzüge oder Mängel seiner Gemälde; **the probability or ~ of sth.** die Wahrscheinlichkeit oder Unwahrscheinlichkeit einer Sache; **workers enjoyed (or ~) an enforced holiday** die Arbeiter genossen einen erzwungenen Urlaub (oder auch nicht). **2.** *pred. adj.* anders

**otiose** ['əʊtɪəʊs] *adj. (literary: not required)* überflüssig

**otter** ['ɒtə(r)] *n.* [Fisch]otter, *der; (fur)* [Fisch]otterpelz, *der*

**otter: ~-dog, ~-hound** *ns. (Zool., Hunting)* Otterhund, *der*

**Ottoman** ['ɒtəmən] *adj.* osmanisch ‹*Reich*›

**ottoman** *n.* **a)** *(seat)* Ottomane, *die;* **b)** *(footstool)* Polsterschemel, *der*

**OU** *abbr. (Brit.)* **Open University**

**oubliette** [u:blɪ'et] *n. (Hist.)* Oubliette, *die;* Burgverlies, *das*

**ouch** [aʊtʃ] *int.* autsch

[1]**ought** [ɔ:t] *v. aux. only in pres. and past* **ought,** *neg. (coll.)* **oughtn't** ['ɔ:tnt] **a) I ~ to do/have done it** *expr. moral duty* ich müßte es tun/hätte es tun müssen; *expr. desirability* ich sollte es tun/hätte es tun sollen; **he tries to tell me what I ~ to think** er will mir vorschreiben, was ich zu denken habe; **behave as one ~**: sich richtig verhalten *od.* korrekt benehmen; **you ~ to see that film** diesen Film solltest du sehen; **she ~ to have been a teacher** sie hätte Lehrerin werden sollen; **~ not** *or* **~n't you to have left by now?** müßtest du nicht schon weg sein?; hättest du nicht schon gehen müssen?; **one ~ not to do it** man sollte es nicht tun; **he ~ to be hanged/in hospital** er gehört an den Galgen/ins Krankenhaus; **b)** *expr. probability* **that ~ to be enough** das dürfte reichen; **there ~ to be a signpost soon** jetzt müßte bald ein Wegweiser kommen; **he ~ to win** er müßte [eigentlich] gewinnen; **he ~ to have reached Paris by now** er müßte *od.* dürfte inzwischen in Paris [angekommen] sein

[2]**ought** *n. (coll.)* Null, *die*

**oughtn't** ['ɔ:tnt] *(coll.)* = **ought not**

**Ouija [board]** (P), **ouija [board]** ['wi:dʒə (bɔ:d)] *n. Tafel mit Buchstaben und anderen Zeichen für spiritistische Sitzungen;* Ouija-board, *das (Parapsych.)*

**ounce** [aʊns] *n.* **a)** *(measure)* Unze, *die;* **fluid ~** *(Brit.)* ≈ *0,0284 l; (Amer.)* ≈ *0,0296 l;* **b)** *(fig.)* **not an ~ of common sense** kein Fünkchen Verstand; **there is not an ~ of truth in it** daran ist kein Körnchen Wahrheit; **not have an ~ of sympathy** nicht für fünf Pfennige Mitgefühl haben *(ugs.)*

**our** ['aʊə(r)] *poss. pron. attrib.* **a)** unser; **we bumped ~ heads** wir stießen uns *(Dat.)* den Kopf *od.* die Köpfe an; **as soon as we've made ~ minds up** sobald wir uns *(Akk.)* entschieden haben; **we have done ~ share** wir haben unseren Teil *od.* *(geh.)* das Unsere getan; **~ Joe** *etc. (coll.)* unser *od.* *(ugs.)* uns Joe *usw.;* **b)** *(of all people)* unser; *see also* **father 1 e; lady e; lord 1 b; saviour b.** *See also* [2]**her**

**ours** ['aʊəz] *poss. pron. pred.* unserer/unsere/unseres; **that car is ~**: das ist unser Wagen; **~ is a different system** wir haben ein anderes System; unser System ist anders; **in this country of ~**: hierzulande [bei uns]; in diesem unserem Lande *(geh.); see also* **hers**

**ourselves** [aʊə'selvz] *pron.* **a)** *emphat.* selbst; **b)** *refl.* uns. *See also* **between 1 b; herself**

**oust** [aʊst] *v. t.* **a)** *(expel, force out)* **~ sb. from his job** jmdn. von seinem Arbeitsplatz vertreiben; **~ sb. from office/his position** jmdn. aus dem Amt/seiner Stellung vertreiben; **~ the president/king/government from power** den Präsidenten/den König /die Regierung entmachten *od.* stürzen; **b)** *(force out and take place of)* verdrängen; ablösen ‹*Regierung*›; **c)** *(Law: deprive)* berauben **(of, from** *Gen.*)

**ouster** ['aʊstə(r)] *n. (Amer.: dismissal)* Entlassung, *die*

**out** [aʊt] **1.** *adv.* **a)** *(away from place)* **~ here/there** hier/da draußen; **'Out'** „Ausfahrt"/„Ausgang" *od.* „Aus"; **that book is ~** *(from library)* das Buch ist ausgeliehen; **~ from under sth.** unter etw. *(Dat.)* hervor; **~ with him!** raus *(ugs.) od.* hinaus mit ihm!; **please keep the dog ~**: lassen Sie bitte den Hund nicht herein; **put the cat ~**: die Katze hinauslassen; **be ~ in the garden** draußen im Garten sein; **what's it like ~?** wie ist es draußen?; **shut the door to keep the wind ~**: die Tür schließen, damit es nicht zieht; **go ~ shopping** *etc.* einkaufen *usw.* gehen; **be ~** *(not at home, not in one's office, etc.)* nicht dasein; **go ~ in the evenings** abends aus- *od.* weggehen; **she was/stayed ~ all night** sie war/blieb eine/die ganze Nacht weg; **have a day ~ in London/at the beach** einen Tag in London/am Strand verbringen; **would you come ~ with me?** würdest du mit mir ausgehen?; **row ~ to ...**: hinaus-/herausrudern zu ...; **ten miles ~ from the harbour** 10 Meilen vom Hafen entfernt; **be ~ at sea** auf See sein; **anchor some way ~**: weit draußen ankern; **the journey ~**: die Hinfahrt; **the goods were damaged on the journey ~**: die Waren wurden auf dem Transport beschädigt; **missionaries were going ~ to India** Missionare gingen nach Indien; **he is ~ in Africa** er ist in Afrika; **~ in the fields** [draußen] auf dem Feld; **how long have you been living ~ here in Australia?** wie lange lebst du schon hier in Australien?; **the Socialist Party is ~**: die Sozialisten sind nicht mehr an der Regierung *od.* *(ugs.)* am Ruder; **that idea/proposal is ~**: die Idee/der Vorschlag ist indiskutabel; **Tell him that you're married – No, that's ~**: Sag ihm, daß du verheiratet bist. – Nein, das kommt nicht in Frage; **b)** *(Sport, Games)* **be ~** ‹*Ball:*› aus *od.* im Aus sein; ‹*Mitspieler:*› ausscheiden; ‹*Schlagmann:*› aus[geschlagen] sein; **not ~**: nicht aus; **give sb. ~** ‹*Schiedsrichter:*› jmdn. für „Aus" erklären; **c) be ~** *(asleep)* weg sein *(ugs.); (drunk)* hinübersein *(ugs.); (unconscious)* bewußtlos sein; *(Boxing)* aus sein; **~ on one's feet** *(Boxing)* stehend k. o.; *(fig.)* total erschlagen; *see also* [1]**count 1 d; d)** *(no longer burning)* aus[gegangen]; **e)** *(no longer visible)* **rub** *etc.* **~**: ausradieren *usw.;* **f)** *(in error)* **be 3% ~ in one's calculations** sich um 3% verrechnet *od.* vertan haben; **his reckoning was ~**: seine Berechnung war falsch; **you're a long way ~**: du hast dich gewaltig geirrt; **this is £5 ~**: das stimmt um 5 Pfund nicht *od.* ist um 5 Pfund verkehrt; **my watch is 5 minutes ~**: meine Uhr geht 5 Minuten falsch *od.* verkehrt; *see also* **far 1 d; g)** *(not in fashion)* passé *(ugs.);* out *(ugs.);* **h)** *(so as to be seen or heard)* heraus; raus *(ugs.);* **there is a warrant ~ for his arrest** es liegt ein Haftbefehl gegen ihn vor; **say it ~ loud** es laut sagen; **tell sb. sth. right ~**: jmdm. etw. geradeheraus *od.* ohne Umschweife sagen; **with the waterproof side ~**: mit der wasserdichten Seite nach außen; **[come] ~ with it!** heraus *od.* *(ugs.)* raus damit *od.* mit der Sprache; **their secret is ~**: ihr Geheimnis ist herausgekommen *od.* bekannt geworden; **[the] truth will ~**: die Wahrheit wird herauskommen *od.* an den Tag kommen; **the moon is ~**: der Mond ist zu sehen; **just ~ – the third volume** soeben erschienen – der dritte Band; **is the evening paper ~ yet?** ist die Abendausgabe schon erschienen?; **the roses are just ~**: die Rosen fangen gerade an zu blühen; **the apple-blossom is ~**: die Apfelbäume stehen in Blüte; **i)** *(known to exist)* **that is the best car ~**: das ist das beste Auto auf dem Markt; **j) be ~ for sth./to do sth.** auf etw. *(Akk.)* aussein/darauf aussein, etw. zu tun; **be ~ for all one can get** alles haben wollen, was man bekommen kann; **be ~ for trouble** Streit suchen; **he's ~ for your money** er hat es auf dein Geld abgesehen; **be ~ to pass the exam/capture the market** entschlossen sein, die Prüfung zu bestehen/den Markt zu erobern; **she's ~ to get him/find a husband** sie ist hinter ihm her/sucht einen Mann; **they're just ~ to make money** sie sind nur aufs Geld aus; **k)** *(to or at an end)* **he had it finished before the day/month was ~**: er war noch am selben Tag/vor Ende des Monats damit fertig; **please hear me ~**: laß mich bitte ausreden; **Eggs? I'm afraid we're ~**: Eier? Die sind leider ausgegangen *od.* *(ugs.)* alle; **school is ~** *(Amer.)* die Schule ist aus; **l)** *(to a solution or result)* **work ~**: ausrechnen; ausarbeiten ‹*Plan, Strategie*›; **m)** *(in finished form)* **type ~ a thesis** eine Dissertation [ins reine] tippen; **do it ~ in rough first** sich *(Dat.)* erst ein Konzept machen; **n)** *(in radio communication)* Ende; **o) ~ and away** mit Abstand; bei weitem; **a scoundrel ~ and ~, an ~ and ~ scoundrel** ein Schurke durch und durch; **an ~ and ~ disgrace** eine ungeheure *od.* *(ugs.)* bodenlose Schande. *See also* **about 1 d; luck b; out of; tide 1 a. 2.** *prep.* aus; **go ~ the door** zur Tür hinausgehen; **throw sth. ~ the window** etw. aus dem Fenster werfen. **3.** *n. (way of escape)* Ausweg, *der (fig.); (excuse)* Alibi, *das.* **4.** *v. t. (coll.: expose)* outen *(ugs.)*

**out: ~-act** *v. t.* an die Wand spielen; **~back** *n. (esp. Austral.)* Hinterland, *das;* **an ~back farm** eine Farm im Hinterland; **~'bid** *v. t.,* **outbid a)** überbieten; **~bid sb. for sth.** für etw. mehr bieten *od.* ein besseres Angebot machen als jmd.; **b)** *(surpass)* übertrumpfen; **~board** *(Naut., Aeronaut., Motor Veh.)* **1.** *adj.* **a)** Außenbord-; **~board motor** Außenbordmotor, *der;* Außenborder, *der (ugs.);* **~board motor boat** Boot mit Außenbordmotor; **b)** *(on outside)* sich außenbords befindend; Außenbord-; **2.** *n.* Außenborder, *der (ugs.);* **~bound** *adj.* auslaufend ‹*Schiff*›; **~break** *n.* Ausbruch, *der;* **a recent ~break of fire caused ...**: ein Brand verursachte kürzlich ...; **at the ~break of war** bei Kriegsausbruch *od.* Ausbruch des Krieges; **an ~break of flu/smallpox** eine Grippe-/Pockenepidemie; **there will be ~breaks of rain during the afternoon** am Nachmittag wird es zu Regenfällen kommen; **~building** *n.* Nebengebäude, *das;* **~burst** *n.* Ausbruch, *der;* **an ~burst of weeping/laughter** ein Weinkrampf/Lachanfall *od.* -krampf; **an ~burst of anger/temper** ein Zornesausbruch *(geh.) od.* Wutanfall; **apologize for one's ~burst** sich für seinen Gefühlsausbruch entschuldigen; **there**

**was an ~burst of applause** Beifall brach los; **~bursts of flame** Auflodern von Flammen; **an ~burst of energy** ein Anfall von Energie; **his ~bursts of violence** seine Anfälle von Gewalttätigkeit; **~cast 1.** *n.* Ausgestoßene, *der/die;* **a social ~cast, an ~cast of society** ein Geächteter/eine Geächtete; ein Outcast *(Soziol.);* **2.** *adj.* ausgestoßen; verstoßen ⟨*Familienmitglied*⟩; **~'class** *v. t.* **a)** *(belong to higher class than)* überlegen sein (+ *Dat.*); **b)** *(defeat easily)* in den Schatten stellen; **he was ~classed in that race** er wurde in diesem Rennen deklassiert; **~come** *n.* Ergebnis, *das;* Resultat, *das;* **what was the ~come of your meeting?** was ist bei eurer Versammlung herausgekommen?; **~crop 1.** *n.* **a)** *(Geol.: stratum)* Ausgehende, *das;* Ausstreichende, *das;* **a rock ~crop** ausstreichendes Gestein; **b)** *(fig.)* Auftreten, *das;* **2.** *v. i.* **a)** *(Geol.)* ausstreichen *(fachspr.);* **b)** *(fig.)* auftauchen; **~cry** *n.* **a)** *no pl. (clamour)* [Aufschrei der] Empörung; [Sturm der] Entrüstung; **a public/general ~cry about/against sth.** allgemeine Empörung *od.* Entrüstung über etw. *(Akk.);* **the ~cry in the press** die heftigen Proteste in der Presse; **raise an ~cry about sth.** lautstarken Protest gegen etw. erheben; **b)** *(crying out)* Aufschrei, *der;* **~'dated** *adj.* veraltet; überholt; antiquiert *(abwertend)* ⟨*Ausdrucksweise*⟩; altmodisch ⟨*Vorstellung, Kleidung*⟩; **~'distance** *v. t.* [weit] hinter sich *(Dat.)* lassen; überflügeln; **John was ~distanced by his brother in the race** John fiel in dem Rennen [weit] hinter seinem Bruder zurück; **~'do** *v. t.*, **outdoing** [aʊt'du:ɪŋ], **outdid** [aʊt'dɪd], **outdone** [aʊt'dʌn] übertreffen, überbieten (**in** an + *Dat.*); **not to be outdone [by sb.]** um nicht zurückzustehen [hinter jmdm.]; **~door** *adj.* **~door shoes/things** Straßenschuhe/-kleidung, *die;* **be an ~door type** gern und oft im Freien sein; **lead an ~door life** viel im Freien sein; **~door games/pursuits** Spiele/Beschäftigungen im Freien; **~door shots** *(Photog.)* Außenaufnahmen; **~door swimming-pool** Freibad, *das;* **~door ice-rink** nicht überdachte Eisbahn; **~'doors 1.** *adv.* draußen; **sleep ~doors** draußen *od.* im Freien schlafen; **go ~doors** nach draußen gehen; **2.** *n.* **the [great] ~doors** die freie Natur

**outer** ['aʊtə(r)] *adj.* **a)** äußer...; Außen⟨*fläche, -seite, -wand, -tür, -hafen*⟩; **sb.'s ~ appearance** jmds. äußere Erscheinung; jmds. Äußeres; **~ garments** Oberbekleidung, *die;* **b)** *(objective, physical)* äußerlich; **the ~ world** die Außenwelt. *See also* **[1]bar 1 i**

**outermost** ['aʊtəməʊst] *adj.* äußerst...

**outer 'space** *n.* Weltraum, *der;* All, *das;* **come from ~** *(fig. coll.)* von einem anderen Stern sein

**out: ~'face** *v. t.* [durch Blicke] einschüchtern; zum Schweigen bringen ⟨*Kritiker*⟩; **~fall** *n.* Ausfluß, *der; (in river engineering)* Vorfluter, *der;* **~fall pipe** Abflußrohr, *das;* **~field** *n. (Cricket, Baseball)* Außenfeld, *das;* **~fit** *n.* **a)** *(person's clothes)* Kleider *Pl.; (for fancy-dress party)* Kostüm, *das;* **wear the same ~fit** dasselbe tragen *od.* anhaben; **I do like your ~fit!** du bist sehr gut angezogen; **b)** *(complete equipment)* Ausrüstung, *die;* Ausstattung, *die;* **c)** *(coll.: group of persons)* Haufen, *der (ugs.);* Clique, *die (abwertend); (Mil.)* Haufen, *der (Soldatenspr.);* Trupp, *der; (jazz band)* Ensemble, *das;* **d)** *(coll.: organization)* Laden, *der (ugs.);* **a publishing/manufacturing ~fit** ein Verlag/ein Produktionsbetrieb; **~fitter** *n.* Ausrüster, *der/*Ausrüsterin, *die;* Ausstatter, *der/*Ausstatterin, *die;* **camping/sports ~fitter** Camping-/Sportgeschäft, *das;* **a gents' ~fitter's** ein Herrenausstatter; **~'flank** *v. t.* **a)** *(Mil.: ~manœuvre; also fig.)* überlisten; ausmanövrieren; **b)** *(Mil.: extend beyond flank of)* umgehen, umfassen ⟨*Armee*⟩; **~flanking movement** Umfassungsbewegung, *die;* **~flow** *n.* **a)** *(~ward flow)* Austritt, *der; (fig.: of gold, capital, etc.)* Abfluß, *der;* **b)** *(amount)* Ausfluß, *der;* Abflußmenge, *die;* **c) ~flow [pipe** *or* **channel]** Abfluß, *der;* **~'fox** *v. t. (coll.)* austricksen *(ugs.);* **~going 1.** *adj.* **a)** *(retiring from office)* [aus dem Amt] scheidend ⟨*Regierung, Präsident, Ausschuß*⟩; **b)** *(friendly)* kontaktfreudig ⟨*Mensch*⟩; **you should be more ~going** du solltest mehr aus dir herausgehen; **c)** *(going out)* abgehend ⟨*Zug, Schiff*⟩; ausziehend ⟨*Mieter*⟩; **~going flights will be delayed** bei den Abflügen wird es zu Verzögerungen kommen; **the ~going post** *or* **mail** die ausgehende Post; der Postausgang *(Bürow.);* **2.** *n. in pl. (expenditure)* Ausgaben *Pl.;* **~'grow** *v. t., forms as* **grow: a)** *(leave behind)* entwachsen (+ *Dat.*); hinauswachsen über (+ *Akk.*); ablegen ⟨*Interesse, Schüchternheit, Vorliebe*⟩; überwinden ⟨*Ansicht, Schüchternheit*⟩; **we've ~grown all that** das alles haben wir hinter uns; **b)** *(become taller than)* größer werden als; über den Kopf wachsen (+ *Dat.*) ⟨*älterem Bruder usw.*⟩; *(grow too big for)* herauswachsen aus ⟨*Kleidung*⟩; **~growth** *n.* Auswuchs, *der;* **~'guess** *v. t.* gedanklich voraus sein (+ *Dat.*); ausrechnen *(Sportjargon);* **~'gun** *v. t. (fig.)* **be ~gunned** an Feuerkraft unterlegen sein; **~house** *n.* **a)** *(building)* Nebengebäude, *das;* **b)** *(Amer.: privy)* Außentoilette, *die*

**outing** ['aʊtɪŋ] *n.* **a)** *(pleasure-trip)* Ausflug, *der;* **school/day's ~:** Schul-/Tagesausflug, *der;* **firm's/works ~:** Betriebsausflug, *der;* **go on an ~:** einen Ausflug machen; **go for an ~ in the car** eine Spazierfahrt machen; **b)** *(appearance) (in athletic contest)* Wettkampf, *der; (in race)* Rennen, *das; (in game)* Spiel, *das*

**out: ~landish** [aʊt'lændɪʃ] *adj.* **a)** *(looking or sounding foreign)* fremdländisch; **b)** *(bizarre)* ausgefallen; seltsam, sonderbar ⟨*Benehmen*⟩; verschroben ⟨*Ansichten*⟩; **~'last** *v. t.* überdauern; überleben ⟨*Person, Jahrhundert*⟩; **~law 1.** *n.* **a)** *(lawless violent person)* Bandit, *der/*Banditin, *die;* **b)** *(person deprived of protection of law)* Geächtete, *der/die (hist.);* **2.** *v. t.* **a)** *(deprive of the protection of law)* ächten *(hist.);* für vogelfrei erklären *(hist.);* **b)** *(make illegal)* verbieten ⟨*Zeitung, Handlung*⟩; **~lay** *n.* **an ~lay** Ausgaben *Pl.* (**on** für); **initial ~lay** Anschaffungskosten *Pl.;* **~lay of capital** Kapitalaufwand, *der;* **recover the ~lay** seine Auslagen zurückbekommen; **~let** ['aʊtlet, 'aʊtlɪt] **a)** *(means of exit)* Ablauf, -fluß, *der;* Auslauf, -laß, *der; (of lake)* Abfluß, *der;* **~let valve** Ablaßventil, *das;* **b)** *(fig.: vent)* Ventil, *das;* **c)** *(Commerc.) (market)* Absatzmarkt, *der; (shop)* Verkaufsstelle, *die;* **d)** *(Electr.)* Steckdose, *die; (connection)* Stromanschluß, *der;* **~line 1.** *n.* **a)** *in sing. or pl. (line[s])* Umriß, *der;* Kontur, *die;* Silhouette, *die;* **the ~lines of the trees/drawing** die Umrisse der Bäume/Zeichnung; **visible only in ~line** nur in Umrissen sichtbar; **b)** *(short account)* Grundriß, *der;* Grundzüge *Pl.; (of topic)* Übersicht, die (**of** über + *Akk.*); *(rough draft for essay, book, play, etc.)* Entwurf, *der* (**of, for** *Gen. od.* zu); Konzept, *das* (**of, for** *Gen.*); **trace the development in ~line** die Entwicklung im Grundriß *od.* in ihren Grundzügen verfolgen; **~line plan** Übersichtsplan, *der;* **c)** *in pl. (main features)* Grundzüge *Pl.;* **d)** *(sketch)* Skizze, *die;* **sketch/draw sth. in ~line** etw. in Umrissen skizzieren/zeichnen; **~line map** Umrißkarte, *die;* **2.** *v. t.* **a)** *(draw ~line of)* **~line sth.** die Umrisse *od.* Konturen einer Sache zeichnen; **b)** *(define ~line of)* **~line sth.** die Umrisse *od.* Konturen einer Sache hervorheben; **the mountain was ~lined against the sky** die Silhouette/Umrisse *od.* Konturen des Berges zeichnete/zeichneten sich gegen den Himmel ab; **c)** *(trace or ascertain ~line of)* **~line the limits/boundaries of sth.** den Verlauf der Grenzen von etw. ermitteln; **d)** *(describe in general terms)* skizzieren, umreißen ⟨*Programm, Plan, Projekt*⟩; **~live** [aʊt'lɪv] *v. t.* überleben; **it's ~lived its usefulness** es ist unbrauchbar geworden; es hat ausgedient; **~look** *n.* **a)** *(prospect)* Aussicht, *die* (**over** über + *Akk.*, **on to** auf + *Akk.*); *(fig., Meteorol.)* Aussichten *Pl.;* **the house has a wonderful ~look over ...:** vom Haus aus hat man eine herrliche Aussicht über ... *(Akk.);* **what's the ~look?** wie sind die Aussichten?; **business ~look** Geschäftsaussichten *Pl.;* **b)** *(mental attitude)* Haltung, *die* (**on** gegenüber); Einstellung, *die* (**on** zu); Auffassung, *die* (**on** von); **~look on life** Lebensauffassung, *die;* **his whole ~look** seine ganze Einstellung; **adopt a narrow ~look on things** in seinen Anschauungen beschränkt sein; die Dinge zu eng sehen; **c)** *(looking out)* Hinaussehen, *das;* **~lying** *adj.* abgelegen, entlegen ⟨*Gegend, Vorort, Dorf*⟩; **the ~lying suburbs of Tokyo** die Außenbezirke von Tokio; **~ma'nœuvre** *v. t.* überlisten ⟨*Truppen*⟩; ausstechen, ausmanövrieren ⟨*Rivalen*⟩; **~moded** [aʊt'məʊdɪd] *adj.* **a)** *(no longer in fashion)* altmodisch; **b)** *(obsolete)* veraltet; antiquiert *(abwertend)* ⟨*Ausdrucksweise*⟩; **~'number** *v. t.* zahlenmäßig überlegen sein (+ *Dat.*); **they were ~numbered five to one** die anderen waren fünfmal so viele wie sie; **be [vastly] ~numbered [by sb.]** [jmdm.] zahlenmäßig [weit] unterlegen sein

**'out of** *prep.* **a)** *(from within)* aus; **go ~ the door** zur Tür hinausgehen; **fall ~ sth.** aus etw. [heraus]fallen; **b)** *(not within)* **be ~ the country** im Ausland sein; außer Landes sein *(geh.);* **be ~ town/the room** nicht in der Stadt/im Zimmer sein; **feel ~ it** *or* **things** sich ausgeschlossen *od.* nicht dazu gehörig fühlen; **I'm glad to be ~ it** ich bin froh, daß ich die Sache hinter mir habe; **c)** *(outside the limits of)* **marry ~ one's faith** einen Anhänger/eine Anhängerin eines anderen Glaubens heiraten; **born ~ wedlock** unehelich geboren; **be ~ the tournament** aus dem Turnier ausgeschieden sein; *see also* **order 1 a, b; d)** *(from among)* **one ~ every three smokers** jeder dritte Raucher; **58 ~ every 100** 58 von hundert; **pick one ~ the pile** ein-en/eine/eins aus dem Stapel herausgreifen; **eighth ~ ten** als Achter von zehn Teilnehmern *usw.;* **choose ~ what is there** unter dem auswählen, was vorhanden ist; **only one instance ~ several** nur einer von mehreren Fällen; **e)** *(beyond range of)* außer ⟨*Reich-/Hörweite, Sicht, Kontrolle*⟩; **f)** *(from)* aus; **get money ~ sb.** Geld aus jmdm. herausholen; **do well ~ sb./sth.** von jmdm./etw. profitieren; **g)** *(owing to)* aus ⟨*Mitleid, Trotz, Furcht, Verehrung, Neugier usw.*⟩; **h)** *(no longer in)* **~ danger** außer Gefahr; **i)** *(without)* **be ~ luck** kein Glück haben; **~ money** ohne Geld; **~ work** ohne Arbeit; arbeitslos; **we're ~ tea** der Tee ist uns ausgegangen; wir haben keinen Tee mehr; **be ~ a suit** *(Cards)* keine Karten einer Farbe haben; *see also* **out-of-work; j)** *(by use of)* aus; **make a profit ~ sth.** mit etw. ein Geschäft machen; **made ~ silver** aus Silber; **what did you make it ~?** woraus hast du es gemacht?; **k)** *(away from)* von ... entfernt; **three days ~ port** drei Tage nach dem Auslaufen aus dem Hafen; **ten miles ~ London** 10 Meilen außerhalb von London; **l)** *(beyond) see* **depth d; ordinary c**

**out: ~-of-date** *attrib. adj. (old, not relevant)* veraltet; *(old-fashioned)* altmodisch; unmodern; antiquiert *(abwertend)* ⟨*Ausdrucksweise*⟩; *(expired)* ungültig, verfallen ⟨*Karte*⟩; **~-of-'pocket** *attrib. adj.* Bar⟨*auslagen*⟩; **~-of-print** *attrib. adj.* vergriffen; ~**-of-the-way** *attrib. adj. (remote)* abgelegen; entlegen; *(unusual, seldom met with)* ausgefallen; entlegen; ~**-of-town** *attrib. adj.* außerhalb der Stadt gelegen ⟨*Einkaufszentrum*⟩; *(fig.: unsophisticated)* Provinz- *(abwertend);* ~**-of-work** *attrib. adj.* arbeitslos; ~'**pace** *v. t.* ausstechen ⟨*Konkurrenten*⟩; *(Sport)* besiegen ⟨*Läufer*⟩; **be ~paced** ⟨*Sportler:*⟩ überholt werden; ~**-patient** *n.* ambulanter *od.* poliklinischer Patient/ambulante *od.* poliklinische Patientin; **~-patients[' department]** Poliklinik, *die;* **have sth. done as an ~-patient** etw. ambulant *od.* in der Ambulanz machen lassen; **be an ~-patient** ambulant behandelt werden; ~**per'form** *v. t.* überbieten; ~'**play** *v. t. (Sport)* besser spielen als; **we can ~play them** wir sind ihnen spielerisch überlegen; **be ~played [by sb.]** [jmdm.] unterlegen sein; ~'**point** *v. t. (Sport, esp. Boxing)* auspunkten; ~**post** *n.* Außenposten, *der; (of civilization etc.; also Mil.)* Vorposten, *der;* ~**pouring** *n., usu. in pl. (expression of emotion)* Gefühlsäußerung, *die; (impetuous, passionate)* Erguß, *der (geh. abwertend);* ~**put 1.** *n.* **a)** *(amount)* Output, *der (fachspr.);* Produktion, *die; (of liquid, electricity, etc.)* Leistung, *die; (of coal-mine etc.)* Förderung, *die;* Fördermenge, *die;* **total/daily/average/literary ~put** Gesamt-/Tages-/Durchschnitts-/literarische Produktion; **the factory has a daily ~put of 200 pairs** in der Fabrik werden pro Tag 200 Paar hergestellt; **b)** *(Computing)* Ausgabe, *die;* Output, *der (fachspr.);* **~put capacity/terminal** Ausgabekapazität, *die*/-terminal, *das;* **c)** *(Electr.) (energy)* [Ausgangs]leistung, *die;* Output, *der (fachspr.); (signal)* Ausgangssignal, *das;* **~put circuit/current** Ausgangsschaltung, *die*/-strom, *der;* **d)** *(place)* Ausgang, *der; (recording or printing device)* Ausgabegerät, *das;* **2.** *v. t.,* **-tt-, ~put** *or* **~putted** ['aʊtpʊtɪd] *(Computing)* ausgeben ⟨*Information*⟩

**outrage 1.** ['aʊtreɪdʒ] *n.* **a)** *(deed of violence, violation of rights)* Verbrechen, *das; (during war)* Greueltat, *die; (against good taste or decency)* grober *od.* krasser Verstoß; *(upon dignity)* krasse *od.* grobe Verletzung **(upon** *Gen.***)**; **be an ~ against good taste/decency/upon dignity** den guten Geschmack/Anstand/die Würde in grober *od.* krasser Weise verletzen; **an ~ against humanity** ein Verbrechen gegen die Menschheit; **an ~ upon decency/justice** eine Verhöhnung des Anstands/der Gerechtigkeit; **a bomb ~:** ein verbrecherischer Bombenanschlag; **b)** *(strong resentment)* Empörung, *die* **(at** *gegen***)**; **react with a sense of ~:** empört sein. **2.** ['aʊtreɪdʒ, aʊt'reɪdʒ] *v. t.* **a)** *(cause to feel resentment, insult)* empören; **be ~d at** *or* **by sth.** über etw. *(Akk.)* empört sein; **b)** *(infringe)* in grober *od.* krasser Weise verstoßen gegen ⟨*Anstand, Moral*⟩

**outrageous** [aʊt'reɪdʒəs] *adj.* **a)** *(immoderate)* unverschämt *(ugs.)* ⟨*Forderung*⟩; unverschämt hoch ⟨*Preis, Summe*⟩; grell, schreiend ⟨*Farbe*⟩; zu auffällig ⟨*Kleidung*⟩; maßlos ⟨*Übertreibung*⟩; **it's ~!** das ist unverschämt *od.* eine Unverschämtheit!; **b)** *(grossly cruel, offensive)* ungeheuer ⟨*Grausamkeit*⟩; haarsträubend, *(ugs.)* katastrophal ⟨*Behandlung, Bedienung*⟩; unverschämt ⟨*Lüge, Benehmen, Unterstellung*⟩; wüst ⟨*Schmähung*⟩; geschmacklos ⟨*Witz*⟩; ungeheuerlich ⟨*Anklage*⟩; unerhört ⟨*Frechheit, Unhöflichkeit, Skandal*⟩; unflätig ⟨*Sprache*⟩; **c)** *(violent)* grausam ⟨*Rache*⟩; **~ deeds** Untaten; Grausamkeiten

**outrageously** [aʊt'reɪdʒəslɪ] *adv.* **a)** *(to an immoderate degree)* zu auffällig, aufdringlich ⟨*sich kleiden, schminken*⟩; maßlos ⟨*übertreiben*⟩; **an ~ low neckline** ein herausfordernd tiefer Ausschnitt; **b)** *(atrociously, flagrantly)* unverschämt, schamlos ⟨*lügen, sich benehmen*⟩; fürchterlich ⟨*fluchen*⟩; **~ bad service** haarsträubend schlechte Bedienung; **he suggested quite ~ that ...:** er war so unverschämt vorzuschlagen, daß ...

**out'rank** *v. t. (Mil.)* einen höheren Rang einnehmen als; rangmäßig stehen über (+ *Dat.*); **be ~ed by sb.** einen niedrigeren Rang als jmd. haben; rangmäßig unter jmdm. stehen

**outré** ['u:treɪ] *adj.* outriert *(geh. veralt.);* überspannt ⟨*Vorstellung, Geschmack*⟩; absurd ⟨*Kleidung*⟩

**out:** ~**rider** *n.* **a)** *(mounted attendant)* berittener Begleiter/berittene Begleiterin; **b)** *(motor-cyclist)* **[motor-cycle] ~rider** Kradbegleiter, *der*/-begleiterin, *die;* **c)** *(Amer.: herdsman)* berittener Viehhirte; ~**rigger** *n. (Naut.) (beam, spar, framework)* Maststütze, *die; (log fixed to canoe)* Schwimmbalken, *der;* Ausleger, *der; (iron bracket)* Ausleger, *der; (boat)* Auslegerboot, *das;* ~**right 1.** [-'-] *adv.* **a)** *(altogether, entirely)* ganz, komplett ⟨*kaufen, verkaufen*⟩; *(instantaneously, on the spot)* auf der Stelle; **pay for/purchase/buy sth. ~right** sofort den ganzen Preis für etw. bezahlen; **b)** *(openly)* geradeheraus *(ugs.),* freiheraus, rundheraus ⟨*erzählen, sagen, lachen*⟩; **2.** ['--] *adj.* ausgemacht ⟨*Unsinn, Schlechtigkeit, Unehrlichkeit*⟩; offen, direkt ⟨*Wesensart*⟩; rein, pur *(ugs.)* ⟨*Arroganz, Unverschämtheit, Irrtum, Egoismus, Unsinn*⟩; glatt *(ugs.)* ⟨*Ablehnung, Absage, Lüge*⟩; klar ⟨*Sieg, Niederlage, Sieger*⟩; **~right sale** Verkauf in Bausch und Bogen; ~'**run** *v. t., forms as* **run 3: a)** *(run faster than)* schneller laufen *od.* sein als; **b)** *(escape)* entkommen (+ *Dat.*); ~'**sell** *v. t., forms as* **sell 1: a)** *(be sold in greater quantities than)* sich besser verkaufen als; **be ~sold by ...:** sich schlechter verkaufen als ...; **b)** *(sell more than)* mehr verkaufen als; **~sell sb. by two to one** zweimal soviel wie jmd. verkaufen; ~**set** *n.* Anfang, *der;* Beginn, *der;* **at the ~set** zu Beginn *od.* Anfang; am Anfang; **from the ~set** von Anfang an; ~'**shine** *v. t.,* **~shone** [aʊt'ʃɒn] **a)** *(shine brighter than)* heller leuchten als; **b)** *(fig.)* in den Schatten stellen

**outside 1.** [-'-, '--] *n.* **a)** *(external side)* Außenseite, *die;* **the ~ of the car is red** das Auto ist außen rot; **on the ~:** außen; **on the ~ of the door** außen an der Tür; **overtake sb. on the ~** *(in driving)* jmdn. außen überholen; **b)** *(position on outer side)* **to/from the ~:** nach/von außen; **see a problem from the ~:** ein Problem als Außenstehender/Außenstehende sehen; **be kept on the ~:** ausgeschlossen bleiben; **c)** *(external appearance)* Äußere, *das;* äußere Erscheinung; **d)** *(of path etc.)* Rand, *der;* **e) at the [very] ~** *(coll.)* äußerstenfalls; höchstens. **2.** ['--] *adj.* **a)** *(of, on, nearer the ~)* äußer...; Außen- ⟨*wand, -mauer, -antenne, -reparatur, -belag, -kajüte, -toilette, -ansicht, -durchmesser*⟩; **b)** *(remote)* **have only an ~ chance** nur eine sehr geringe Chance *od.* eine Außenseiterchance haben; **c)** *(not coming from or belonging within)* fremd ⟨*Hilfe*⟩; äußer... ⟨*Einfluß*⟩; Freizeit⟨*aktivitäten, -interessen*⟩; **~ pressure** Druck von außen; **some ~ help** *(extra workers)* zusätzliche Arbeitskräfte; **~ investment** Investitionen von außen; **an ~ opinion** die Meinung eines Außenstehenden; **the ex-convict had to adjust to the ~ world** der ehemalige Sträfling mußte sich an das Leben draußen gewöhnen; **d)** *(greatest possible)* maximal, höchst ⟨*Schätzung*⟩; **at an ~ estimate** maximal *od.* höchstens *od.* im Höchstfall. **3.** [-'-] *adv.* **a)** *(on the ~)* draußen; *(to the ~)* nach draußen; **the world ~:** die Außenwelt; **come from ~:** von draußen kommen; **seen from ~ it looks ...:** von [dr]außen sieht es ... aus; **come** *or* **step ~** *(as challenge to fight)* komm mal mit nach draußen *od.* vor die Tür; **who's that ~?** wer ist das da draußen?; **b) ~ of** *see* **4; c)** *(sl.: not in prison)* draußen *(ugs.).* **4.** [-'-] *prep.* **a)** *(on outer side of)* außerhalb (+ *Gen.*); **~ the door** vor der Tür; draußen; **prowl about/park ~ the house** ums Haus herumstreichen/vor dem Haus parken; **b)** *(beyond)* außerhalb (+ *Gen.*) ⟨*Reichweite, Festival, Familie*⟩; **it's ~ the terms of the agreement** es gehört nicht zu den Bedingungen der Abmachung; **this falls ~ the scope of ...:** das geht über den Rahmen von ... hinaus; **c)** *(to the ~ of)* aus ... hinaus; **go ~ the house** nach draußen gehen

**outside:** ~ '**broadcast** *n. (Brit.)* Außenübertragung, *die;* ~ '**edge** *n. (Skating, Cricket)* Außenkante, *die;* ~ '**forward** *n. (Footb., Hockey)* Außenstürmer, *der;* ~ '**half** *n. (Rugby)* Flügelhalbspieler, *der;* ~ '**left** *n. (Footb., Hockey)* Linksaußen, *der*

**outsider** [aʊt'saɪdə(r)] *n.* **a)** *(non-member, person without special knowledge)* Außenstehende, *der/die;* **b)** *(Sport; also fig.)* Außenseiter, *der;* Outsider, *der*

**outside:** ~ '**right** *n. (Footb., Hockey)* Rechtsaußen, *der;* ~ **seat** *n.* Platz am Rand; ~ '**track** *n. (Racing)* Außenbahn, *die*

**out:** ~**size** *adj.* überdimensional; **~size person/clothes** Person mit/Kleidung in Übergröße; **~size shop/department** Geschäft/Abteilung für Übergrößen; ~**skirts** *n. pl.* Stadtrand, *der;* **on the ~skirts [of Paris]** am Stadtrand [von Paris]; **the ~skirts of the city** die Außenbezirke der Stadt; ~'**smart** *v. t. (coll.)* ausschmieren *(ugs.);* reinlegen *(ugs.);* ~'**spoken** *adj.* freimütig ⟨*Person, Kritik, Bemerkung, Kommentar*⟩; **the book was ~spoken on the subject** in dem Buch wurde das Thema freimütig *od.* offenherzig *od. (ugs.)* unverblümt behandelt; ~**spread** *adj.* ['--, *pred.* -'-] ausgebreitet; **he stood there, [with] arms ~spread** er stand mit ausgebreiteten Armen da; ~'**standing** *adj.* **a)** *(conspicuous)* hervorstechend ⟨*Merkmal*⟩; **b)** *(exceptional)* hervorragend ⟨*Leistung, Redner, Künstler, Dienst*⟩; überragend ⟨*Bedeutung*⟩; außergewöhnlich ⟨*Person, Mut, Fähigkeit, Geschick*⟩; **not be ~standing** nicht überragend sein; **~standing in courage and skill** außergewöhnlich mutig und geschickt; **of ~standing ability/skill** außergewöhnlich fähig/geschickt; **be ~-standing at skating** hervorragend Schlittschuh laufen können; **work of ~standing excellence** ganz hervorragende Arbeit; **c)** *(not yet settled)* ausstehend ⟨*Schuld, Verbindlichkeit, Geldsumme*⟩; offen, unbezahlt ⟨*Rechnung*⟩; unerledigt ⟨*Arbeit*⟩; ungelöst ⟨*Problem*⟩; **there's £5 still ~standing** es stehen noch 5 Pfund aus; **have work still ~standing** noch etwas zu erledigen haben; ~**standingly** [aʊt'stændɪŋlɪ] *adv.* außergewöhnlich ⟨*intelligent, gut, begabt*⟩; **not ~standingly** nicht besonders; **be ~standingly good at tennis/Latin** hervorragend Tennis spielen/Latein können; ~**station** *n.* Außenposten, *der;* ~'**stay** *v. t.* **a)** *(stay beyond)* überziehen ⟨*Urlaub*⟩; **b)** *(stay longer than)* länger bleiben als; *(surpass in staying power, endurance)* mehr Stehvermögen haben als; *see also* **welcome 2a;** ~'**step** *v. t.* hinausgehen über (+ *Akk.*); ~**stretched** *adj.* ausgestreckt; *(spread out)* ausgebreitet; ~'**strip** *v. t.* **a)** *(pass in running)* überholen; **b)** *(surpass in competition)* überflügeln; übersteigen ⟨*Einsicht, Ressourcen, Ersparnisse*⟩; ~**-takes** *n. pl. (Cinemat. etc.)* Ausschuß, *der;* ~**-tray** *n.* Ablage für Ausgänge; ~'**vote** *v. t.* überstimmen

**outward** ['aʊtwəd] **1.** *adj.* **a)** *(external, apparent)* [rein] äußerlich; äußere ⟨*Erscheinung, Bedingung*⟩; **sb.'s ~ self** jmds. äußere Erscheinung; **with an ~ show of confidence** mit einem Anstrich von Selbstsicherheit; **an ~ display of fear** eine Demonstration der

Angst; ~ **form** Erscheinungsform, *die;* äußere Form; **b)** *(directed towards outside)* nach außen gerichtet ‹*Neigung, Bewegung*›; *(going out)* Hin‹*reise, -fracht*›; ~ **flow of money/traffic** Kapitalabfluß, *der*/abfließender Verkehr; **the ~ half of a return ticket** der Hinfahrtabschnitt einer Fahrkarte. **2.** *adv.* nach außen ‹*aufgehen, richten*›; **be ~ bound [for New York]** ‹*Schiff:*› [mit Kurs auf New York *(Akk.)*] auslaufen; ‹*Person:*› [in Richtung New York] abreisen

**outward-'bound** *attrib. adj.* auslaufend (**for** nach) ‹*Schiff*›; abreisend ‹*Passagier*›

**outwardly** ['aʊtwədlɪ] *adv.* nach außen hin ‹*Gefühle zeigen*›; öffentlich ‹*Loyalität erklären*›

**outwards** *see* **outward 2**

**out: ~'weigh** *v. t.* schwerer wiegen als; überwiegen ‹*Nachteile*›; [mehr als] wettmachen ‹*Verluste*›; **~'wit** *v. t.*, **-tt-** überlisten; **~work** *n.* **a)** *(part of fortification)* **~work[s]** Vorfestung, *die;* Vorwerk, *das;* Außenbefestigung, *die;* **b)** *(work)* Arbeit außerhalb des Betriebs; Heimarbeit, *die;* **~worker** *n. jmd., der außerhalb des Betriebs arbeitet;* Heimarbeiter, *der*/-arbeiterin, *die;* **~'worn** *adj. (obsolete)* veraltet ‹*Brauch, Ansicht, Lehre, Theorie*›

**ova** *pl. of* **ovum**

**oval** ['əʊvl] **1.** *adj.* **a)** länglichrund ‹*Form*›; eiförmig ‹*Ball*›; **b)** *(having outline of egg)* oval; **O~ Office** *Büro des US-Präsidenten im Weißen Haus.* **2.** *n.* Oval, *das*

**ovary** ['əʊvərɪ] *n. (Anat.)* Ovarium, *das;* Eierstock, *der; (Bot.)* Ovarium, *das;* Fruchtknoten, *der*

**ovation** [əʊ'veɪʃn] *n.* Ovation, *die;* begeisterter Beifall; **get an ~ for sth.** Ovationen *od.* begeisterten Beifall für etw. bekommen; **a standing ~:** stehende Ovationen

**oven** ['ʌvn] *n.* [Back]ofen, *der;* **put sth. in the ~ for 40 minutes** etw. 40 Minuten backen; **cook in a hot/moderate/slow ~:** bei starker/mäßiger/schwacher Hitze backen/braten/schmoren; **it's like an ~ in here** hier ist es warm wie in einem Backofen; **have a bun in the ~** *(sl.)* ein Kind kriegen *(ugs.)*

**oven: ~-cloth** *n.* Topflappen, *der;* **~-fresh** *adj.* ofenfrisch; **~-glove** *n.* Topfhandschuh, *der;* **~-proof** *adj.* feuerfest; **~-ready** *adj.* backfertig ‹*Pommes frites, Pastete*›; bratfertig ‹*Geflügel*›; **~-to-table** *adj.* feuerfest ‹*Geschirr*›; **~ware** *n., no pl.* feuerfestes Geschirr

**over** ['əʊvə(r)] **1.** *adv.* **a)** *(outward and downward)* hinüber; **kick ~:** umstoßen; **b)** *(so as to cover surface)* **draw/board/cover ~:** zuziehen/-nageln/-decken; **paint ~:** [an]streichen ‹*Raum, Wand*›; überstreichen ‹*Inschrift*›; **c)** *(with motion above sth.)* **climb/look/jump ~:** hinüber- *od. (ugs.)* rüberklettern/-sehen/-springen; **boil ~:** überkochen; **this goes under and that goes ~:** dies kommt darunter und das darüber; **d)** *(so as to reverse position etc.)* herum; **change ~:** umschalten ‹*Programm, Sender*›; austauschen ‹*Bilder, Format*›; **switch ~:** umschalten ‹*Programm, Sender*›; **it rolled ~ and ~:** es rollte und rollte; **e)** *(across a space)* hinüber; *(towards speaker)* herüber; **row ~ to a place** an einen Ort hinüberrudern; **he swam ~ to us/the other side** er schwamm zu uns herüber/hinüber zur anderen Seite; **fly ~:** vorüberfliegen; **drive sb. ~ to the other side of town** jmdn. ans andere Ende der Stadt fahren; **be ~** *(have arrived)* drüben [angekommen] sein; **~ here/there** *(direction)* hier herüber/dort hinüber; *(location)* hier/dort; **they are ~ [here] for the day** sie sind einen Tag hier; **ask sb. ~ [for dinner]** jmdn. [zum Essen] einladen; **~ against** *(opposite)* gegenüber; *(in contrast to)* im Gegensatz zu; **f)** *(with change from one to another)* **[come in, please,] ~** *(Radio)* übernehmen Sie bitte; **~ and out** *(Radio)* Ende; **and now, ~ to ...** *(Radio)* wir schalten jetzt um nach ...; **and it's ~ to you** jetzt bist du dran; *(Radio)* ich übergebe an Sie; **g)** *(in excess etc.)* **children of 12 and ~:** Kinder im Alter von zwölf Jahren und darüber; **there are two cakes each and one ~:** es sind zwei Kuchen für jeden da und einer übrig; **be [left] ~:** übrig[geblieben] sein; **have ~:** übrig haben ‹*Geld*›; zuviel haben ‹*Spielkarte*›; **9 into 28 goes 3 and 1 ~:** 28 geteilt durch neun ist gleich 3, Rest 1; **it's a bit ~** *(in weight)* es ist ein bißchen mehr; **do you want it ~ or under?** darf es mehr oder soll es weniger sein?; **run three minutes ~:** drei Minuten über die Zeit laufen; **£50 ~ and above** obendrein noch *od.* überdies noch 50 Pfund; **h)** *(from beginning to end)* von Anfang bis Ende; **say sth. twice ~:** etw. wiederholen *od.* zweimal sagen; **[all] ~ again,** *(Amer.)* **~:** noch einmal [ganz von vorn]; **~ and ~ [again]** immer wieder; wieder und wieder *(geh.)*; **several times ~:** mehrmals; **i)** *(at an end)* vorbei; vorüber; **be ~:** vorbei sein; ‹*Aufführung:*› zu Ende sein; **the rain is ~:** der Regen hat aufgehört; **get sth. ~ with** etw. hinter sich *(Akk.)* bringen; **be ~ and done with** erledigt sein; **j) all ~** *(completely finished)* aus [und vorbei]; *(in or on one's whole body etc.)* überall; *(in characteristic attitude)* typisch; **it is all ~ with him** es ist aus mit ihm *(ugs.)*; **I ache all ~:** mir tut alles weh; **be shaking all ~:** am ganzen Körper zittern; **be wet all ~:** völlig naß sein; **the dog licked her all ~:** der Hund leckte sie von oben bis unten ab; **I feel stiff all ~:** ich bin ganz steif; **embroidered all ~ with flowers** ganz mit Blumen bestickt; **it happens all ~** *(Amer.: everywhere)* das kommt überall vor; **that is him/sth. all ~:** das ist typisch für ihn/etw.; **k)** *(overleaf)* umseitig; rückseitig; auf der Rückseite; **see ~:** siehe Rückseite. **2.** *prep.* **a)** *(above) (indicating position)* über (+ *Dat.*); *(indicating motion)* über (+ *Akk.*); **bent ~ his books** über seine Bücher gebeugt; **his crime will hang ~ him until he dies** sein Verbrechen wird ihn bis zu seinem Tode verfolgen; **b)** *(on) (indicating position)* über (+ *Dat.*); *(indicating motion)* über (+ *Akk.*); **hit sb. ~ the head** jmdm. auf den Kopf schlagen; **carry a coat ~ one's arm** einen Mantel über dem Arm tragen; **tie a piece of paper ~ a jar** ein Stück Papier auf einem Glas befestigen; **c)** *(in or across every part of)* [überall] in (+ *Dat.*); *(to and fro upon)* über (+ *Akk.*); *(all through)* durch; **all ~** *(in or on all parts of)* überall in (+ *Dat.*); **sell sth./travel all ~ the country** etw. im ganzen Land verkaufen/das ganze Land bereisen; **all ~ Spain** überall in Spanien; in ganz Spanien; **all ~ everything** überall; **you've got jam all ~ your face** du hast überall im Gesicht Marmelade *od.* dein Gesicht ist ganz voller Marmelade; **she spilt wine all ~ her skirt** sie hat sich *(Dat.)* Wein über den ganzen Rock geschüttet; **all ~ the world** in der ganzen Welt; **be all ~ sb.** *(sl.: be very attentive to)* sich an jmdn. ranschmeißen *(salopp)*; **show sb. ~ the house** jmdm. das Haus zeigen; **~ all** *see* **overall 3; d)** *(round about) (indicating position)* über (+ *Dat.*); *(indicating motion)* über (+ *Akk.*); **a sense of gloom hung ~ him** ihn umgab eine gedrückte Stimmung; **doubt hangs ~ the authenticity of the diaries** es besteht *od.* bestehen Zweifel an der Echtheit der Tagebücher; **e)** *(on account of)* wegen; **laugh ~ sth.** über etw. *(Akk.)* lachen; **f)** *(engaged with)* bei; **take trouble ~ sth.** sich *(Dat.)* mit etw. Mühe geben; **be a long time ~ sth.** lange für etw. brauchen; **fall asleep ~ one's work** bei der Arbeit einschlafen; **~ work/dinner/a cup of tea/a bottle** bei der Arbeit/beim Essen/bei einer Tasse Tee/einer guten Flasche; **~ the telephone** am Telefon; **g)** *(superior to, in charge of)* über (+ *Akk.*); **have command/authority ~ sb.** Befehlsgewalt über jmdn./Weisungsbefugnis gegenüber jmdm. haben; **be ~ sb.** *(in rank)* über jmdm. stehen; **h)** *(beyond, more than)* über (+ *Akk.*); **an increase ~ last year's total** eine Zunahme gegenüber der letztjährigen Gesamtmenge; **it's been ~ a month since ...:** es ist über einen Monat her, daß ...; **~ and above** zusätzlich zu; **i)** *(in comparison with)* **a decrease ~ last year** eine Abnahme gegenüber dem letzten Jahr; **j)** *(out and down from etc.)* über (+ *Akk.*); **look ~ a wall** über eine Mauer sehen; **the window looks ~ the street** das Fenster geht zur Straße hinaus *od.* liegt zur Straße; **fall ~ a cliff** von einem Felsen stürzen; **jump ~ a precipice** in einen Abgrund springen; **k)** *(across)* über (+ *Akk.*); **the pub ~ the road** die Wirtschaft auf der anderen Straßenseite *od.* gegenüber; **~ sea and land/hill and dale** über Meer und Land/Berg und Tal; **climb ~ the wall** über die Mauer steigen *od.* klettern; **be safely ~ an obstacle** sicher über ein Hindernis gekommen sein; **be ~ the worst** das Schlimmste hinter sich *(Dat.) od.* überstanden haben; **come from ~ the wall** ‹*Lärm:*› von der anderen Seite der Mauer kommen; **be ~ an illness** eine Krankheit überstanden haben; **l)** *(throughout, during)* über (+ *Akk.*); **stay ~ Christmas/the week-end/Wednesday** über Weihnachten/das Wochenende/bis Donnerstag bleiben; **~ the summer** den Sommer über; **~ the past years** in den letzten Jahren; **mellow ~ the years** ‹*Person:*› mit den Jahren abgeklärter werden; **m)** *(Math.: divided by)* [geteilt] durch. **3.** *n. (Cricket)* Over, *das;* [Anzahl von] 6/*(esp. in Australia)* 8 Würfel[n]; *see also* **maiden over**

**over: ~-a'bundant** *adj.* überreichlich; **~a'chieve** *v. i. (Psych.)* einen Leistungsüberschuß haben; **~'act 1.** *v. t.* übertrieben spielen ‹*Rolle, Theaterstück*›; chargieren ‹*Nebenrolle*›; **2.** *v. i.* übertreiben; **~-'active** *adj.* hyperaktiv; **have an ~-active thyroid** an Schilddrüsenüberfunktion leiden; **~-'age** *adj.* zu alt; **~all 1.** *n.* **a)** *(Brit.: garment)* Arbeitsmantel, *der;* Arbeitskittel, *der;* **b)** *in pl.* **[pair of] ~alls** Overall, *der; (with a bib and strap top)* Latzhose, *die;* **2.** *adj.* **a)** *(from end to end; total)* Gesamt‹*breite, -einsparung, -klassement, -abmessung*›; **have an ~all majority** die absolute Mehrheit haben; **b)** *(general)* allgemein ‹*Verbesserung, Wirkung*›; **3.** ['---, --'-] *adv.* **a)** *(in all parts)* insgesamt; **a ship dressed ~all** ein über die Toppen geflaggtes Schiff; **b)** *(taken as a whole)* im großen und ganzen; **come fourth ~all** *(Sport)* Vierter/Vierte der Gesamtwertung werden; **~-am'bitious** *adj.* allzu ehrgeizig ‹*Projekt, Plan*›; **~-an'xiety** *n.* Überängstlichkeit, *die;* übergroße Sorge (**about** um); **~-'anxious** *adj.* **be ~-anxious to do sth.** etw. unbedingt tun wollen; **be ~-anxious about making mistakes** übermäßig besorgt sein, Fehler zu machen; **~arm 1.** *adj.* **a)** *(Cricket)* **~arm bowling** Werfen mit über die Schulter erhobenem Arm; **b)** *(Swimming)* **~arm stroke** Zug, bei dem ein Arm/beide Arme aus dem Wasser gehoben wird/werden; **c)** *(Tennis)* **~arm service** Aufschlag von oben; **2.** *adv.* mit über die Schulter erhobenem Arm ‹*werfen, aufschlagen*›; **~'awe** *v. t.* Ehrfurcht einflößen (+ *Dat.*); ‹*Waffe, Anzahl:*› einschüchtern; **they were ~awed by the splendour** die Pracht flößte ihnen Ehrfurcht ein; **~'balance 1.** *v. i.* **a)** ‹*Person:*› das Gleichgewicht verlieren, aus dem Gleichgewicht kommen; **b)** *(capsize)* ‹*Gegenstand:*› umkippen; ‹*Boot:*› kentern; **2.** *v. t.* **a)** aus dem Gleichgewicht bringen ‹*Person*›; **b)** *(capsize)* umkippen ‹*Gegenstand*›; zum Kentern bringen ‹*Boot*›; **~'bearing** *adj.*, **~bearingly** [əʊvə'beərɪŋlɪ] *adv.* herrisch; **~bid 1.** [--'-] *v. t. forms as* **bid 1 b** überbieten ‹*Händler, Geg* ner, Gebot⟩; 2. [--'-] *v.i., forms as* **bid 2** *(Bridge)* überrufen; 3. ['---] *n.* höheres Angebot; Übergebot, *das; (higher than justified)* überhöhtes Angebot; **~blouse** *n.* Überziehbluse, *die;* **~'blown** *adj.* **a)** *(past its prime, lit. or fig.)* verblühend; **be ~-blown** [fast] verblüht sein; **b)** *(inflated or pretentious)* geschraubt, gestelzt, gespreizt ⟨*Stil, Prosa*⟩; **~board** *adv.* über Bord; **fall ~board** über Bord gehen; **go ~board** *(fig. coll.)* ausflippen *(ugs.)* **(about** wegen); **~'book** *v.t.* überbuchen; **~boot** *n.* Überschuh, *der;* **~'burden** *v.t. (fig.)* überlasten ⟨*System, Person*⟩ **(by** mit); **I don't want to ~burden you** ich möchte Sie nicht überbeanspruchen; **be ~burdened with care/grief** zuviele Sorgen/zuviel Kummer haben; **~call** *(Bridge)* 1. [--'-] *v.t.* überbieten ⟨*Gegner, Gebot*⟩; 2. [--'-] *v.i. (Brit.)* überrufen; ein Übergebot *od.* höheres Gebot machen *od.* abgeben; 3. ['---] *n.* Übergebot, *das;* höheres Gebot; **~-'careful** *adj.* übervorsichtig; **~cast** *adj.* **a)** trübe ⟨*Wetter, Himmel, Tag*⟩; bewölkt ⟨*Himmel, Nacht*⟩; bedeckt, bezogen ⟨*Himmel*⟩; **b)** *(Sewing)* überwendlich ⟨*Naht*⟩; **~-'cautious** *adj.* übervorsichtig; **~-'charge 1.** *v.t.* **a)** *(charge beyond reasonable price)* zuviel abnehmen *od.* abverlangen (+ *Dat.*); **we were ~charged for the eggs** wir haben für die Eier zuviel *od.* einen überhöhten Preis bezahlt; **b)** *(charge beyond right price)* zuviel berechnen (+ *Dat.*); **~charge sb. by 25p** jmdm. 25 Pence zuviel berechnen; **c)** *(put too much charge into)* überladen ⟨*Batterie*⟩; über[be]lasten ⟨*Elektrogerät*⟩; **2.** *v.i.* zuviel berechnen; **~coat** *n.* **a)** *(coat)* Mantel, *der;* **b)** *(of paint)* Anstrich, *der;* **~'come 1.** *v.t., forms as* **come 1: a)** *(prevail over)* überwinden; bezwingen ⟨*Feind*⟩; ablegen ⟨*Angewohnheit*⟩; widerstehen (+ *Dat.*) ⟨*Versuchung*⟩; ⟨*Schlaf:*⟩ überkommen, übermannen; ⟨*Dämpfe:*⟩ betäuben; **b)** *in p.p. (exhausted, affected)* **he was ~come by grief/with emotion** Kummer/Rührung übermannte *od.* überwältigte ihn; **she was ~come by fear/shyness** Angst/Schüchternheit überkam *od.* überwältigte sie; **they were too ~come with fatigue** sie waren zu müde; **~come with loneliness** von Einsamkeit übermannt; **they were ~come with remorse** Reue befiel sie; **I'm quite ~come** ich bin ganz überwältigt; **2.** *v.i., forms as* **come** siegen; siegreich sein; **~-compen'sation** *n. (Psych.)* Überkompensation, *die;* **~-'confidence** *n.* übersteigertes Selbstvertrauen; **~-'confident** *adj.* übertrieben zuversichtlich; **be ~-confident of success** sich *(Dat.)* des Erfolges allzu sicher sein; **~-'confidently** *adv.* übertrieben zuversichtlich; **~-'cooked** *adj.* verkocht; **~-'critical** *adj.* zu kritisch; überkritisch; **be ~-critical of sth.** etw. zu sehr kritisieren; **~'crowded** *adj.* überfüllt ⟨*Zug, Bus, Raum*⟩; übervölkert ⟨*Stadt*⟩; **~'crowding** *n. (of room, bus, train)* Überfüllung, *die; (of city)* Übervölkerung, *die;* **~de'velop** *v.t. (Photog.)* überentwickeln; **~de'veloped** *adj.* überentwickelt; frühreif ⟨*Kind, Jugendliche*⟩; **~'do** *v.t.,* **~'doing** [əʊvə'du:ɪŋ], **~'did** [əʊvə'dɪd], **~'done** [əʊvə'dʌn] **a)** *(carry to excess)* übertreiben; überladen ⟨*Geschichte*⟩; übertrieben spielen ⟨*Rolle, Szene*⟩; **~do one's gratitude/the sympathy** es mit der Dankbarkeit/dem Mitleid übertreiben; **~do the salt** zu großzügig mit dem Salz umgehen; **b) ~do it** *or* **things** *(work too hard)* sich übernehmen; *(exaggerate)* es übertreiben; **~'done** *adj.* **a)** *(exaggerated)* übertrieben; **b)** *(cooked too much)* verkocht; verbraten ⟨*Fleisch*⟩; **~dose 1.** ['---] *n.* Überdosis, *die;* **2.** [--'-] *v.t.* eine Überdosis geben (+ *Dat.*); **3.** *v.i.* eine Überdosis nehmen; **~draft** *n.* Kontoüberziehung, *die;* **have an ~draft of £50 at the bank** sein Konto um 50 Pfund überzogen haben; **get/pay off an ~draft** einen Überziehungskredit erhalten/abbezahlen; **~'draw** *v.t., forms as* **draw 1** *(Banking)* überziehen ⟨*Konto*⟩; **~'drawn** *adj.* überzogen ⟨*Konto*⟩; **I am ~drawn [at the bank]** mein Konto ist überzogen; **~'dress** *v.i.* sich zu fein anziehen; **~'dressed** *adj.* zu fein angezogen; overdressed *(geh.)*; **~drive** *n. (Motor Veh.)* Overdrive, *der;* Schongang, *der;* **~'due** *adj.* überfällig; **the train is 15 minutes ~due** der Zug hat schon 15 Minuten Verspätung; **your rent is ~due** Ihre Miete steht noch aus; **~-'eager** *adj.* übereifrig; **be ~-eager to do sth.** sich übereifrig bemühen, etw. zu tun; **we weren't ~-eager to go back** wir waren nicht gerade wild darauf, zurückzukehren *(ugs.)*; **~'eat** *v.i., forms as* **eat** zuviel essen; **~eating** übermäßiges Essen; **~-e'laborate** *adj.* allzu *od.* übertrieben kunstvoll ⟨*Konstruktion, Frisur, Stil*⟩; allzu ausgefeilt ⟨*Plan*⟩; allzu ausgeklügelt ⟨*Plan, Entschuldigung*⟩; **~-'emphasis** *n.* Überbetonung, *die;* **~-'emphasize** *v.t.* überbetonen; **one cannot ~-emphasize the importance of this** man kann nicht genug betonen, wie wichtig das ist; **~-enthusi'astic** *adj.* übertrieben begeistert **(at, about** von); **~estimate 1.** [əʊvər'estɪmeɪt] *v.t.* überschätzen; **~estimate one's own importance** sich zu wichtig nehmen *(ugs.)*; **2.** [əʊvər'estɪmət] *n.* zu hohe Schätzung; **~-ex'cite** *v.t.* zu sehr aufregen ⟨*Patient*⟩; **~-excited** überreizt ⟨*Zustand, Gemüt*⟩; **become ~-excited** ganz aufgeregt werden; **~-ex'citement** *n.* Überreizung, *die;* **~ex'ert** *v. refl.* sich überanstrengen; **~-ex'pose** *v.t.* **a)** *(Photog.)* überbelichten; **b) be ~-exposed to sth.** einer Sache *(Dat.)* im Übermaß ausgesetzt sein; **he is becoming ~-exposed** *(on TV)* man sieht sich *(Dat.)* ihn über *(ugs.)*; **~-ex'posure** *n.* **a)** *(Photog.)* Überbelichtung, *die;* **b)** *(to radiation)* übermäßige Belastung **(to** durch); *(by the media)* zu häufige Präsentation **(by** durch); **~'feed** *v.t., forms as* **feed 1** überfüttern ⟨*Tier, (fam.) Kind*⟩; **~'fill** *v.t.* zu voll machen; **~'fish** *v.t.* überfischen; **~fishing** Überfischung, *die;* **~flight** *n.* Überflug, *der;* **~flow 1.** [--'-] *v.t.* **a)** *(flow over)* laufen über (+ *Akk.*) ⟨*Rand*⟩; **b)** *(flow over brim of)* überlaufen aus ⟨*Tank*⟩; **a river ~flowing its banks** ein Fluß, der über die Ufer tritt; **c)** *(extend beyond limits of)* ⟨*Menge, Personen:*⟩ nicht genug Platz finden in (+ *Dat.*); **d)** *(flood)* überschwemmen ⟨*Feld*⟩; **2.** *v.i.* **a)** *(flow over edge or limit)* überlaufen; **be filled/full to ~flowing** ⟨*Raum:*⟩ überfüllt sein; ⟨*Flüssigkeitsbehälter:*⟩ zum Überlaufen voll sein; ⟨*Schublade:*⟩ fast überquellen; **~flow into the street** ⟨*Menge:*⟩ bis auf die Straße stehen; **b)** *(fig.)* ⟨*Herz, Person:*⟩ überfließen *(geh.)*, überströmen **(with** vor + *Dat.*); **3.** ['---] *n.* **a)** *(what flows over, lit. or fig.)* **the ~flow** was übergelaufen ist; das Übergelaufene; **the ~flow from the cities** die Menschen, für die in den Städten kein Platz ist; **~flow of population** Bevölkerungsüberschuß, *der;* **b)** *(outlet)* **~flow [pipe]** Überlauf, *der;* **~flow meeting** *n.* Parallelversammlung, *die;* **~'fly** *v.t., forms as* **²fly 2: a)** *(fly over)* überfliegen; **b)** *(fly beyond)* hinausschießen über (+ *Akk.*) ⟨*Landebahn*⟩; **~'fond** *adj.* **be/not be ~fond of sb./sth.** jmdn./etw. nur zu gern/nicht sonderlich mögen; **be/not be ~fond of doing sth.** etw. nur zu gern/nicht sonderlich gern tun; **~'fondness** *n., no pl.* übertriebene Vorliebe **(for** für); **~ful'fil** *(Amer.:* **~ful'fill)** *v.t.* übererfüllen ⟨*[Plan]soll, Plan*⟩; **~ful'filment** *(Amer.:* **~ful'fillment)** *n.* Überfüllung, *die;* **~'full** *adj.* zu voll; übervoll; **~-'generous** *adj.* zu *od.* übertrieben großzügig ⟨*Person*⟩; reichlich groß ⟨*Portion*⟩; **you weren't ~-generous with the butter** mit der Butter bist du ja nicht gerade verschwenderisch umgegangen; **~ground** *adj.* oberirdisch ⟨*Krypta, Pflanzenteil*⟩; oberirdisch verkehrend ⟨*Bahn*⟩; **~'grow** *v.t., forms as* **grow 2** überwachsen, überwuchern ⟨*Beet*⟩; **~grown** *adj.* **a)** überwachsen, überwuchert ⟨*Beet*⟩ **(with** von); **b) he acts like an ~grown schoolboy** er führt sich auf wie ein großes Kind; **~hand knot** *n.* einfacher Knoten; **~hang 1.** [--'-] *v.t.,* **~hung** [əʊvə'hʌŋ] ⟨*Felsen, Stockwerk:*⟩ hinausragen über (+ *Akk.*); **2.** [--'-] *v.i.,* **~hung** ⟨*Fels, Klippe:*⟩ überhängen; **3.** ['---] *n.* Überhang, *der;* **rock ~hang** Felsvorsprung, *der;* Überhang, *der;* **~'hanging** *adj.* überhängend; **~-'hasty** *adj.* vorschnell, übereilt ⟨*Urteil, Verurteilung, Entschluß, Schluß, Antwort*⟩; **be ~-hasty in doing sth.** etw. vorschnell *od.* übereilt tun; **~haul 1.** [--'-] *v.t.* **a)** *(examine and adjust)* überholen ⟨*Auto, Schiff, Maschine, Motor*⟩; überprüfen ⟨*System*⟩; **b)** *(overtake)* überholen ⟨*Fahrzeug, Person*⟩; **2.** ['---] *n.* Überholung, *die;* **need an ~haul** ⟨*Maschine:*⟩ überholt werden müssen; ⟨*System:*⟩ überarbeitet werden müssen; **give sth. an ~haul** etw. überholen; **~head 1.** [--'-] *adv.* **high ~head** hoch oben; **the sky ~head** der Himmel darüber; *(above me/him/us etc.)* der Himmel über mir/ihm/uns *usw.*; **the clouds ~head** die Wolken am Himmel; **hear a sound ~head** ein Geräusch über sich *(Dat.)* hören; **2.** ['---] *adj.* **a) ~head wires** Hochleitung, *die;* **~head cable** Luftkabel, *das;* Freileitung, *die;* **~head railway** Hochbahn, *die;* **~head lighting** Deckenbeleuchtung, *die;* **~head projector** Overheadprojektor, *der;* **b) ~head expenses/charges/costs** *(Commerc.)* Gemeinkosten *Pl.*; **3.** ['---] *n.* **a) ~heads,** *(Amer.)* **~head** *(Commerc.)* Gemeinkosten *Pl.*; **b)** *(Sport)* Überkopfball, *der;* **~'hear** *v.t., forms as* **hear 1** *(accidentally)* zufällig [mit]hören, mitbekommen ⟨*Unterhaltung, Bemerkung*⟩; *(intentionally)* belauschen ⟨*Gespräch, Personen*⟩; **speak quietly, so that we can't be ~heard** sprich leise, damit niemand etwas mitbekommt; *abs.* **not want sb. to ~hear** nicht wollen, daß jmd. mithört; **~'heat 1.** *v.t.* überhitzen ⟨*Motor, Metall usw.*⟩; **~heated imagination** überdrehte Phantasie; **~heated economy** überhitzte Konjunktur; **2.** *v.i.* zu heiß werden; ⟨*Maschine, Lager:*⟩ heißlaufen; *(fig.)* ⟨*Konjunktur:*⟩ sich überhitzen; **~-in'dulge 1.** *v.t.* zu sehr frönen *(geh.)* (+ *Dat.*) ⟨*Appetit*⟩; **~-indulge a child** einem Kind gegenüber zu nachgiebig sein; **~-indulge oneself** sich allzusehr gehen lassen; **2.** *v.i.* es übertreiben; **~-indulge in food and drink** sich an Essen und Trinken mehr als gütlich tun; **~-in'dulgence** *n.* übermäßiger Genuß **(in** von); *(towards a person)* zu große Nachgiebigkeit; **~-indulgence in drink/drugs/sex** übermäßiges Trinken/übermäßiger Drogengenuß/zuviel Sex; **~-in'dulgent** *adj.* unmäßig; *(towards a person)* zu nachgiebig; **~-in'sured** *adj.* zu hoch versichert

**overjoyed** [əʊvə'dʒɔɪd] *adj.* überglücklich **(at** über + *Akk.*)

**over: ~kill** *n. (Mil.)* Overkill, *das od. der;* **~land 1.** [--'-] *adv.* auf dem Landweg; **2.** ['---] *adj.* **by the ~land route** auf dem Landweg; **~land transport/journey** Beförderung/Reise auf dem Landweg; **~lap 1.** [--'-] *v.t.* überlappen ⟨*Fläche, Dachziegel*⟩; teilweise überdecken ⟨*Farbe*⟩; sich überschneiden mit ⟨*Aufgabe, Datum*⟩; **2.** [--'-] *v.i.* ⟨*Flächen, Dachziegel:*⟩ sich überlappen; ⟨*Aufgaben, Daten, Zuständigkeitsbereiche:*⟩ sich überschneiden; ⟨*Farben:*⟩ sich teilweise überdecken; ⟨*Bretter:*⟩ teilweise übereinanderliegen; **3.** ['---] *n.* **a)** Überlappung, *die; (of colours)* teilweise Überdeckung; *(of dates or tasks; between subjects, periods, etc.)* Überschneidung, *die;* **have an ~lap of 4 cm** ⟨*Bretter usw.:*⟩ sich auf einer Breite von

4 cm überdecken; **b)** *(~lapping part)* Überlappung, *die; (between map-sheets)* sich überschneidende Teile; **~-'large** *adj.* übergroß; **~-large for sth.** zu groß für etw.; **~lay 1.** [--'-] *v. t., forms as* **[2]lay 1: a)** *(cover)* bedecken; *(with film, veneer)* überziehen; **b)** *see* **~lie; 2.** ['---] *n.* **a)** *(cover)* Überzug, *der;* **b)** *(transparent sheet)* Auflegefolie, *die;* **~'leaf** *adv.* auf der Rückseite; **see diagram ~leaf** siehe das umseitige Diagramm; **see ~leaf for details** Details siehe Rückseite; **~'lie** *v. t., forms as* **[2]lie 2** überlagern; **~load 1.** [--'-] *v. t.* überladen *(auch fig.),* überlasten ⟨*Stromkreis, Lautsprecher usw.*⟩; überbelasten ⟨*Maschine, Motor, Mechanismus usw.*⟩; **2.** *v. i.* überbelastet werden; **3.** ['---] *n.* *(Electr.)* Überlastung, *die;* **~-'long** *adj.* überlang; **~'look** *v. t.* **a)** *(have view of)* ⟨*Hotel, Zimmer, Haus:*⟩ Aussicht haben *od.* bieten auf (+ *Akk.*); **house ~looking the lake** Haus mit Blick auf den See; **b)** *(be higher than)* überragen; **c)** *(not see, ignore)* übersehen; *(allow to go unpunished)* hinwegsehen über (+ *Akk.*) ⟨*Vergehen, Beleidigung*⟩; **~lord** *n.* Oberherr, *der*

**overly** ['əʊvəlɪ] *adv.* allzu

**over: ~'man** *v. t.* überbesetzen; **~mantel** *n.* Kaminaufsatz, *der;* **~-'modest** *adj.* zu bescheiden; **~-'much 1.** *adj.* allzu viel; **2.** *adv.* allzusehr

**overnight 1.** [--'-] *adv. (also fig.: suddenly)* über Nacht; **stay ~ in a hotel** in einem Hotel übernachten; **2.** ['---] *adj.* **a) ~ train/bus** Nachtzug, *der*/Nachtbus, *der;* **~ stay** Übernachtung, *die;* **make an ~ stay** übernachten; **b)** *(fig.: sudden)* **be an ~ success** über Nacht Erfolg haben

**overnight: ~ bag** *n.* [kleine] Reisetasche; **~ case** *n.* Handköfferchen, *das*

**over: ~pass** *see* **flyover; ~'pay** *v. t., forms as* **pay 2** überbezahlen; **~'payment** *n.* Überbezahlung, *die;* **receive an ~payment of £20** 20 Pfund zuviel bekommen; **~'play** *v. t.* **a)** *(overact)* übertrieben spielen ⟨*Rolle*⟩; **b)** *(exaggerate)* hochspielen ⟨*Faktor, Bedeutung*⟩; **~play one's hand** *(Cards)* sich überreizen; *(fig.)* den Bogen überspannen; **~-'populated** *adj.* überbevölkert; **~-popu'lation** *n.* Übervölkerung, *die;* **~'power** *v. t.* **a)** *(subdue, overwhelm)* überwältigen; *(wrestling)* bezwingen; **b)** *(render imperceptible)* überdecken *(fig.);* **~'powered** *adj. (Motor Veh.)* übermotorisiert; **~'powering** [əʊvə'paʊərɪŋ] *adj.* überwältigend; durchdringend ⟨*Geruch*⟩; **the heat was ~powering** die Hitze war unerträglich; **I find him a bit ~powering** seine Art ist mir manchmal zu viel; **~'praise** *v. t.* zu sehr loben; **~-priced** [əʊvə'praɪst] *adj.* zu teuer; **~print 1.** *v. t.* **a)** [--'-] *(print too many/extra copies of)* **~print sth. by 100 copies** 100 Exemplare zuviel/mehr von etw. drucken; **b)** ['---] *(print further matter on, print over)* überdrucken (**with** mit); **2.** ['---] *n.* [zusätzlicher] Aufdruck; *(on stamp also)* Überdruck, *der;* **~-pro'duce** *v. t.* **~-produce milk/steel** *etc.* zuviel Milch/Stahl *usw.* produzieren; **~-pro'duction** *n., no pl., no indef. art.* Überproduktion, *die;* **~-pro'tective** *adj.* überfürsorglich (**towards** gegenüber); **~-'qualified** *adj.* überqualifiziert; **~'rate** *v. t.* überschätzen; **be ~rated** überschätzt werden; ⟨*Buch, Film:*⟩ überbewertet werden; **~'reach** *v. refl.* sich übernehmen; **~-re'act** *v. i.* unangemessen heftig reagieren (**to** auf + *Akk.*); **~-re'action** *n.* Überreaktion, *die* (**to** auf + *Akk.*); **~ride 1.** [--'-] *v. t., forms as* **ride 3** sich hinwegsetzen über (+ *Akk.*); **be ~ridden** mißachtet werden; **2.** ['---] *n. (control)* **[manual] ~ride** Automatikabschaltung, *die;* **~'riding** *adj.* vorrangig; **be of ~riding importance** wichtiger als alles andere sein; **~ripe** *adj.* überreif; **~'rule** *v. t.* **a)** *(set aside)* aufheben ⟨*Entscheidung*⟩; zurückweisen ⟨*Einwand, Appell, Forderung, Argument*⟩; **b)** *(reject proposal of)* **~rule sb.** jmds. Vorschlag ablehnen; **be ~ruled by the majority** von der Mehrheit überstimmt werden; **objection ~ruled!** Einspruch abgelehnt!; **~run** [--'-] *v. t., forms as* **run 3: a) be ~run with** überlaufen sein von ⟨*Touristen*⟩; überwuchert sein von ⟨*Unkraut*⟩; wimmeln von ⟨*Mäusen, Schädlingen*⟩; **b)** *(Mil.)* einfallen in (+ *Akk.*) ⟨*Land*⟩; überrennen ⟨*Stellungen*⟩; **c)** *(exceed)* **~run its allotted time** ⟨*Programm, Treffen, Diskussion:*⟩ länger als vorgesehen dauern; **~run [one's time]** ⟨*Dozent, Redner:*⟩ überziehen; *abs.* **the programme ~ran by five minutes** die vorgesehene Sendezeit wurde um fünf Minuten überzogen; **~-'scrupulous** *adj.* übertrieben gewissenhaft; **he is not ~-scrupulous about that** damit nimmt er es nicht allzu genau; **~seas 1.** [--'-] *adv.* in Übersee ⟨*leben, sein, sich niederlassen*⟩; nach Übersee ⟨*gehen*⟩; **colonies ~seas** überseeische Kolonien; Überseekolonien; **2.** ['---] *adj.* **a)** *(across the sea)* Übersee⟨*postgebühren, -handel, -telefonat*⟩; **~seas broadcasting** Sendungen für Hörer in Übersee; **b)** *(foreign)* Auslands⟨*hilfe, -zulage, -ausgabe, -nachrichten*⟩; ausländisch ⟨*Student*⟩; **~seas visitors/ambassadors** Besucher/Botschafter aus dem Ausland; **~'see** *v. t., forms as* **[1]see 1** überwachen; *(manage)* leiten ⟨*Abteilung*⟩; **~seer** *see* **supervisor; ~'sell** *v. t.* **a)** *(overpraise)* zu sehr anpreisen; **b)** *(sell too much of)* **~sell one's goods** mehr Waren verkaufen, als man liefern kann; **~-'sensitive** *adj.* überempfindlich; übersensibel; **~sew** *v. t., forms as* **sew 1** überwendlich nähen; **~-sexed** [əʊvə'sekst] *adj.* sexbesessen; **~'shadow** *v. t.* *(lit. or fig.)* überschatten; *(fig.: make seem minor)* in den Schatten stellen ⟨*Leistung, Person*⟩; **~shoe** *n.* Überschuh, *der;* **~'shoot** *v. t., forms as* **shoot 2** hinausschießen über (+ *Akk.*); vorbeifahren an (+ *Akk.*) ⟨*Abzweigung*⟩; **~shoot the mark** *(fig.)* über das Ziel hinausschießen; **~shoot [the runway]** ⟨*Pilot, Flugzeug:*⟩ zu weit kommen; **~sight** *n.* **a)** Versehen, *das;* **by or through an ~sight** versehentlich; aus Versehen; **b)** *see* **supervision; ~-simplifi'cation** *n.* zu starke Vereinfachung; **~-'simplify** *v. t.* zu stark vereinfachen; **~size, ~sized** *see* **outsize; ~'sleep** *v. i., forms as* **sleep 2** verschlafen; **~sleep by half an hour** eine halbe Stunde zu lange schlafen; **~-so'licitous** *adj.* übermäßig *od.* allzu besorgt; **~'spend 1.** *v. i., forms as* **spend** zuviel [Geld] ausgeben; **~spending** zu hohe Ausgaben; **~spend by £100** 100 Pfund zuviel ausgeben; **2.** *v. t.* überschreiten, überziehen ⟨*Etat, Budget, Einkommen*⟩; **~spill** *n.* **a)** *(surplus population)* Bevölkerungsüberschuß, *der; attrib.* Satelliten⟨*stadt, -siedlung*⟩; **b)** *(overflow)* **the ~spill** [das,] was übergelaufen ist/überläuft; **~'staff** *v. t.* überbesetzen; **~'staffing** *n.* Überbesetzung, *die;* **~'state** *v. t.* übertrieben darstellen; überbetonen ⟨*Argument*⟩; **~'statement** *n.* Übertreibung, *die; (of case, problem)* übertriebene Darstellung; **~'stay** *v. t.* überziehen ⟨*Urlaub*⟩; **~stay one's time [by three days]** [drei Tage] länger als vorgesehen bleiben; *see also* **welcome 2a; ~steer** *(Motor Veh.)* **1.** [--'-] *v. i.* übersteuern; **2.** ['---] *n.* Übersteuern, *das;* **~'step** *v. t.* überschreiten; **~step the mark** *(fig.)* zu weit gehen; **~'stock** *v. t.* überbestücken ⟨*Lager*⟩; zu stark besetzen *(Fischereiw.)* ⟨*Teich*⟩; **~'strain 1.** *n.* Überforderung, die; **2.** *v. t.* überfordern; **~'stretch** *v. t.* überdehnen; *(fig.)* überfordern; **~strung** *adj.* kreuzsaitig ⟨*Klavier*⟩; *(fig.)* überreizt; **~-sub'scribed** *adj. (Finance)* überzeichnet

**overt** ['əʊvɜt, əʊ'vɜ:t] *adj.* unverhohlen; **their actions were ~:** sie haben mit offenen Karten gespielt *od.* nichts verborgen

**over: ~'take** *v. t.* **a)** *(esp. Brit.: pass)* überholen; **'no ~taking'** *(Brit.)* „Überholen verboten"; **b)** *(catch up)* einholen; **c)** *(fig.)* **be ~taken by events** ⟨*Plan:*⟩ von den Ereignissen überholt werden; **d)** *(exceed)* **supply will ~take demand** das Angebot wird die Nachfrage übersteigen; **e)** *(befall)* hereinbrechen über (+ *Akk.*); ⟨*Schicksal:*⟩ ereilen *(geh.);* **~'tax** *v. t.* **a)** *(demand too much tax from)* überbesteuern; **b)** *(~strain)* überstrapazieren, überfordern ⟨*Verstand, Geduld*⟩; überanstrengen ⟨*Verstand*⟩; **~tax one's strength** sich übernehmen; **don't ~tax my patience!** stell meine Geduld nicht auf die Probe!; **~throw 1.** [--'-] *v. t., forms as* **throw 1: a)** stürzen ⟨*Regierung, Regime usw.*⟩; aus dem Weg räumen ⟨*Gegner*⟩; *(defeat)* schlagen, besiegen ⟨*Feind*⟩; **b)** *(subvert)* umstoßen, *(ugs.)* über den Haufen werfen ⟨*Verfassung, Theorie, Überzeugung*⟩; **2.** ['---] *n.* **a)** *(removal from power)* Sturz, *der;* **b)** *(subversion)* Umsturz, *der; (of ideas)* Umwälzung, *die;* **~time 1.** *n.* Überstunden; **work ten hours'/put in a lot of ~time** zehn/eine Menge Überstunden machen; **be on ~time** Überstunden machen; **~time ban/payment** Überstundenstopp, *der*/-zuschlag, *der;* **2.** *adv.* **work ~time** Überstunden machen; *(fig. coll.)* ⟨*Apparat:*⟩ auf Hochtouren laufen; **his brain/imagination was working ~time** er dachte fieberhaft nach/er hatte eine überspannte Phantasie; **~'tire** *v. t.* übermüden; **~tire oneself** sich übernehmen *od.* überanstrengen

**overtly** ['əʊvɜtlɪ, əʊ'vɜ:tlɪ] *adv.* unverhohlen

**over: ~tone** *n.* **a)** *(fig.: implication)* Unterton, *der;* **the crime had political ~tones** das Verbrechen hatte auch politische Implikationen; **b)** *(Mus.)* Oberton, *der;* **~'train** *(Sport)* **1.** *v. t.* übertrainieren; **2.** *v. i.* zuviel trainieren; **~trick** *n. (Bridge)* Überstich, *der;* **~'trump** *v. t. (Cards)* übertrumpfen

**overture** ['əʊvətjʊə(r)] *n.* **a)** *(Mus.)* Ouvertüre, *die;* **b)** *(formal proposal or offer)* Angebot, *das;* **~s of peace** Friedensangebot, *das;* **make ~s [to sb.]** [jmdm.] ein Angebot machen; *(to woman)* [bei jmdm.] Annäherungsversuche machen

**over: ~'turn 1.** *v. t.* **a)** *(upset)* umstoßen; **b)** *(overthrow)* umstürzen ⟨*bestehende Ordnung, Vorstellung, Prinzip*⟩; stürzen ⟨*Regierung*⟩; beseitigen ⟨*Institution*⟩; *(reverse)* aufheben ⟨*Urteil, Entscheid[ung]*⟩; **2.** *v. i.* ⟨*Auto, Boot, Kutsche:*⟩ umkippen; ⟨*Boot:*⟩ kentern; ⟨*Auto:*⟩ sich überschlagen; **~-use 1.** [əʊvə'ju:z] *v. t.* zu oft verwenden; **2.** [əʊvə'ju:s] *n.* zu häufiger Gebrauch; **~'value** *v. t.* überbewerten ⟨*Währung*⟩; **his contribution cannot be ~valued** sein Beitrag kann gar nicht hoch genug bewertet werden; **~view** *n.* Überblick, *der* (**of** über + *Akk.*)

**overweening** [əʊvə'wi:nɪŋ] *adj.* maßlos ⟨*Ehrgeiz, Gier, Stolz*⟩

**'overweight 1.** *adj.* **a)** *(obese)* übergewichtig ⟨*Person*⟩; **be [12 pounds] ~:** [12 Pfund] Übergewicht haben; **b)** *(weighing in excess)* zu schwer; *(very heavy)* bleischwer. **2.** *n.* Übergewicht, *das*

**overwhelm** [əʊvə'welm] *v. t.* **a)** *(overpower)* überwältigen; **b)** *(crush, destroy)* **be ~ed by the enemy** vom übermächtigen Feind völlig aufgerieben werden; **c)** *(bury)* verschütten; ⟨*Wasser:*⟩ überschwemmen, überfluten

**overwhelming** [əʊvə'welmɪŋ] *adj.* überwältigend; unbändig ⟨*Wut, Kraft, Verlangen, Zorn*⟩; unermeßlich ⟨*Leid, Kummer*⟩; **against ~ odds** entgegen aller Wahrscheinlichkeit

**over: ~wind** [əʊvə'waɪnd] *v. t., forms as* **[2]wind 1, 2** überdrehen; **~'work 1.** *v. t.* **a)** *(make work too hard)* mit Arbeit überlasten; **~work oneself** sich überarbeiten; **b)** *(fig.)* überstrapazieren ⟨*Metapher, Wort usw.*⟩; **2.** *v. i.* sich überarbeiten; **3.** *n.* [Arbeits]überlastung, *die;* **become ill from ~work** sich

krank arbeiten; ~**'wrought** *adj.* überreizt; ~**-'zealous** *adj.* übereifrig
**oviduct** ['əʊvɪdʌkt] *n. (Anat., Zool.)* Ovidukt, *der (fachspr.)*; Eileiter, *der*
**oviparous** [əʊ'vɪpərəs] *adj. (Zool.)* ovipar
**ovulate** ['ɒvjʊleɪt, 'əʊvjʊleɪt] *v. i. (Physiol.)* ovulieren *(fachspr.)*; reife *od.* befruchtungsfähige Eizellen abstoßen
**ovulation** [ɒvjʊ'leɪʃn, əʊvjʊ'leɪʃn] *n.* Ovulation, *die (fachspr.)*; Eisprung, *der*
**ovum** ['əʊvəm] *n., pl.* **ova** ['əʊvə] Ovum, *das (fachspr.); (Biol.)* Ei, *das*
**ow** [aʊ] *int.* au
**owe** [əʊ] *v. t.,* **owing** ['əʊɪŋ] **a)** schulden; ~ **sb. sth.,** ~ **sth. to sb.** jmdm. etw. schulden; ~ **it to sb. to do sth.** es jmdm. schuldig sein, etw. zu tun; **I** ~ **you an explanation** ich bin dir eine Erklärung schuldig; **you** ~ **it to yourself to take a break** du mußt dir einfach eine Pause gönnen; **can I** ~ **you the rest?** kann ich dir den Rest schuldig bleiben?; **money was** ~**d to them** sie hatten Außenstände; **I hate owing money** ich hasse es, Schulden zu haben; ~ **[sb.] for sth.** [jmdm.] etw. bezahlen müssen; **I [still]** ~ **you for the ticket** du kriegst von mir noch das Geld für die Karte *(ugs.)*; **b)** *(feel gratitude for, be indebted for)* verdanken; ~ **sth. to sb.** jmdm. etw. verdanken *od.* zu verdanken haben
**owing** ['əʊɪŋ] *pred. adj.* ausstehend; **be** ~: ausstehen; **money is** ~ **to them** sie haben noch Außenstände; **£10 is** ~ **on the furniture** für die Möbel müssen noch 10 Pfund bezahlt werden
**'owing to** *prep.* wegen; ~ **his foresight** dank seinem Weitblick; ~ **unfortunate circumstances** auf Grund unglücklicher Umstände
**owl** [aʊl] *n.* **a)** Eule, *die;* **b)** *(fig. person)* **he's a wise** ~: er ist weise wie eine Eule
**owlet** ['aʊlɪt] *n.* Eulenjunge, *das*
**owlish** ['aʊlɪʃ] *adj.* eulenhaft
**own** [əʊn] **1.** *adj.* eigen; **with one's** ~ **eyes** mit eigenen Augen; **be sb.'s** ~ **[property]** jmds. Eigentum sein; jmdm. selbst gehören; **look after one's** ~ **affairs** sich selbst um seine Angelegenheiten kümmern; **this is your** ~ **responsibility** dafür bist du selbst verantwortlich; **speak from one's** ~ **experience** aus eigener Erfahrung sprechen; **this is all my** ~ **work** das habe ich alles selbst *od.* ganz allein gemacht; **reserve sth. for one's** ~ **use** etw. für sich selbst reservieren; **have one's** ~ **room** [s]ein eigenes Zimmer haben; **one's** ~ **brother** der eigene Bruder; **sb.'s** ~ **country** jmds. Heimatland; **do one's** ~ **cooking/housework** selbst kochen/die Hausarbeit selbst machen; **make one's** ~ **clothes** seine Kleidung selbst schneidern; **virtue is its** ~ **reward** die Tugend trägt ihren Lohn in sich selbst; **have a charm all [of] its** ~: einen ganz eigenen Reiz haben; **a house/ideas** *etc.* **of one's** ~: ein eigenes Haus/eigene Ideen *usw.*; **have nothing of one's** ~: kein persönliches Eigentum haben; **have enough problems of one's** ~: selbst genug Probleme haben; **have [got] one of one's** ~: selbst einen/eine/eins haben; **for reasons of his** ~**...:** aus nur ihm selbst bekannten Gründen ...; **come into one's** ~ *(Law.: inherit property)* sein Erbe antreten; **that's where he/it comes into his/its** ~ *(fig.)* da kommt er/es voll zur Geltung; **on one's/its** ~ *(alone)* allein; **drink whisky on its** ~: Whisky pur trinken; **get better on its** ~: von selbst besser werden; **start up on one's** ~: sich selbständig machen; **he's on his** ~ *or* **in a class of his** ~ *(fig.)* er ist eine Klasse für sich; **be on one's** ~ *(without outside help)* auf sich *(Akk.)* selbst gestellt sein; *see also* **business c; call 2j; flesh 1a; get back 2b; ²hold 1k; man 1b; master 1a; right 3a. 2.** *v. t.* **a)** *(possess)* besitzen; **be** ~**ed by sb.** jmdm. gehören; **who** ~**s that house?** wem gehört das Haus?; **be privately** ~**ed** sich in Privatbesitz befinden; **they behaved as if they** ~**ed the place** sie benahmen sich, als ob der Laden ihnen gehörte *(ugs.)*; **b)** *(acknowledge)* anerkennen; **c)** *see* **admit 1c. 3.** *v. i.* ~ **to** eingestehen; ~ **to doing sth./to being ashamed** [ein]gestehen *od.* zugeben, daß man etw. tut/daß man sich schämt
~ **'up** *v. i. (coll.)* ⟨*Schuldiger, Täter:*⟩ gestehen; ~ **up to sth.** etw. [ein]gestehen *od.* zugeben; ~ **up to having done sth.** [ein]gestehen *od.* zugeben, daß man etw. getan hat; **Come on,** ~ **up! Who did it?** Na los, raus mit der Sprache! Wer ist es gewesen?
**'own brand** *n.* Hausmarke, *die*
**owned** [əʊnd] *adj.* **publicly** ~: gemeinde-/staatseigen; **company-**~: firmeneigen; **privately** ~: in Privatbesitz *nachgestellt;* **English/American-**~: in englischem/amerikanischem Besitz befindlich ⟨*Firma, Bank*⟩
**owner** ['əʊnə(r)] *n.* Besitzer, *der*/Besitzerin, *die;* Eigentümer, *der*/Eigentümerin, *die; (of car also)* Halter, *der*/Halterin, *die; (of shop, hotel, firm, etc.)* Inhaber, *der*/Inhaberin, *die;* **at** ~**'s risk** auf eigene Gefahr; **dog-/property-**~**s** Hunde-/Grundbesitzer
**owner-'driver** *n. (Brit.) Halter/Halterin eines Autos, der/die das Auto selbst fährt*
**ownerless** ['əʊnəlɪs] *adj.* herrenlos
**owner-'occupier** *n. (Brit.)* Eigenheimbesitzer, *der*/-besitzerin, *die*
**ownership** ['əʊnəʃɪp] *n., no pl.* Besitz, *der;* ~ **is disputed** die Besitzverhältnisse sind umstritten; **the** ~ **of the land was disputed** es war umstritten, wem das Land gehörte; **be under new** ~ ⟨*Firma, Laden, Restaurant:*⟩ einen neuen Inhaber/eine neue Inhaberin haben
**own 'goal** *n. (lit. or fig.)* Eigentor, *das*
**ox** [ɒks] *n., pl.* **oxen** ['ɒksn] Ochse, *der; see also* **strong 1b**
**oxalic acid** [ɒksælɪk 'æsɪd] *n. (Chem.)* Oxalsäure, *die (fachspr.)*; Kleesäure, *die*
**'ox-bow** *n.* **a)** *(of yoke)* Brustholz, *das;* **b)** *(Geog.: river bend)* Flußschleife, *die; (one of several)* Mäander, *der*
**ox-bow 'lake** *n. (Geog.)* Altwasser, *das*
**Oxbridge** ['ɒksbrɪdʒ] *n. (Brit.)* die Universitäten Oxford und Cambridge; *attrib.* ~ **graduate/education** Absolvent[in] der/Ausbildung an der Universität Oxford oder Cambridge
**Oxfam** ['ɒksfæm] *pr. n.* Oxforder Hungerhilfekomitee
**Oxford** ['ɒksfəd] *see* **Oxford shoe**
**Oxford:** ~ **'accent** *n.* Oxford-Akzent, *der;* ~ **'blue** *n.* Dunkelblau, *das;* ~ **shoe** *n.* Schnürhalbschuh, *der*
**'oxhide** *n. (skin)* Rindshaut, *die; (leather)* Rindsleder, *das*
**oxidant** ['ɒksɪdənt] *n. (Chem.)* Oxydationsmittel, *das*
**oxidation** [ɒksɪ'deɪʃn] *n. (Chem.)* Oxydation, *die;* Oxidation, *die (fachspr.)*
**oxide** ['ɒksaɪd] *n. (Chem.)* Oxyd, *das;* Oxid, *das (fachspr.)*
**oxidize (oxidise)** ['ɒksɪdaɪz] *v. t. & i. (Chem.)* oxydieren; oxidieren *(fachspr.)*
**oxlip** *n.* Primel, *die;* Schlüsselblume, *die*
**Oxon.** ['ɒksn] *abbr.* **a) Oxfordshire; b) of Oxford University**
**Oxonian** [ɒk'səʊnɪən] **1.** *adj.* der Universität Oxford *nachgestellt.* **2.** *n.* Mitglied der Universität Oxford
**'oxtail** *n.* Ochsenschwanz, *der*
**oxtail 'soup** *n. (Gastr.)* Ochsenschwanzsuppe, *die*
**'ox-tongue** *n. (Gastr.)* Ochsenzunge, *die*
**oxy-acetylene** [ɒksɪə'setɪli:n] *adj.* ~ **welding** Autogenschweißen, *das;* ~ **torch** *or* **blowpipe** *or* **burner** Schweißbrenner, *der*
**oxygen** ['ɒksɪdʒən] *n. (Chem.)* Sauerstoff, *der*
**oxygenate** ['ɒksɪdʒəneɪt] *v.t. (Chem., Physiol.)* oxygenieren *(fachspr.)*
**oxygenation** [ɒksɪdʒə'neɪʃn] *n. (Chem., Physiol.)* Oxygenation, *die (fachspr.)*
**oxygen:** ~ **bottle,** ~ **cylinder** *ns.* Sauerstoffflasche, *die;* ~ **mask** *n.* Sauerstoffmaske, *die;* ~ **tent** *n. (Med.)* Sauerstoffzelt, *das*
**oxymoron** [ɒksɪ'mɔ:rɒn] *n. (Rhet.)* Oxymoron, *das*
**oyez (oyes)** [əʊ'jez, əʊ'jes] *int.* Achtung *(Ruf eines Ausrufers)*
**oyster** ['ɔɪstə(r)] *n.* Auster, *die;* **the world's his** ~ *(fig.)* ihm liegt die Welt zu Füßen
**oyster:** ~**-bed** *n.* Austernbank, *die;* ~**-catcher** *n. (Ornith.)* Austernfischer, *der;* ~**-farm** *n.* Austernpark, *der;* ~ **knife** *n.* Austernmesser, *das*
**Oz** [ɒz] *n. (sl.)* Australien *(das)*
**oz.** *abbr.* **ounce[s]**
**ozone** ['əʊzəʊn, əʊ'zəʊn] *n.* Ozon, *das*
**ozone:** ~**-friendly** *adj.* ozonsicher; *(not using CFCs)* FCKW-frei; ~ **hole** *n.* Ozonloch, *das;* ~ **layer** *n.* Ozonschicht, *die;* **the hole in the** ~ **layer** das Ozonloch *(ugs.)*

# P

**¹P, p** [pi:] *n., pl.* **Ps** *or* **P's** P, p, *das; see also* **mind 2b**
**²P** *abbr. (Chess)* **pawn** B
**p.** *abbr.* **a) page** S.; **b)** [pi:] *(Brit.)* **penny/pence** p; **c)** *(Mus.)* **piano** p; **d)** *(Phys.)* **pico-** p
**PA** *abbr.* **a) personal assistant** pers. Ass.; **b) public address: PA [system]** LS-Anlage, *die*
**Pa** *abbr. (Phys.)* **pascal** Pa
**pa** [pɑ:] *n. (coll.)* Papa, *der (fam.)*
**p.a.** *abbr.* **per annum** p.a.
**pabulum** ['pæbjʊləm] *n. (lit. or fig.)* Nahrung, *die*
**¹pace** [peɪs] **1.** *n.* **a)** *(step, distance)* Schritt, *der;* **b)** *(speed)* Tempo, *das;* **slacken/quicken one's** ~ *(walking)* seinen Schritt verlangsamen/beschleunigen; **at a steady/good** ~: in gleichmäßigem/zügigem Tempo; **at a snail's** ~: im Schneckentempo *(ugs.)*; **set the** ~: das Tempo angeben *od.* bestimmen; *(act as* ~*-maker)* Schrittmacher sein; **keep** ~ **[with sb./sth.]** [mit jmdm./etw.] Schritt halten; **stay** *or* **stand the** ~, **stay** *or* **keep with the** ~ *(Sport)* das Tempo durchhalten; **be off the** ~ *(Sport)* zurückliegen; **he couldn't stand the** ~ **of life** *(fig.)* ihm war das Leben zu hektisch; **c)** *(of horse)* Paßgang, *der;* **put sb./a horse through his/its** ~**s** *(fig.)* jmdn./ein Pferd zeigen lassen, was er/es kann; **show one's** ~**s** zeigen, was man kann. **2.** *v.i.* **a)** schreiten *(geh.)*; [gemessenen Schrittes] gehen; ~ **up and down [the platform/room]** [auf dem Bahnsteig/im Zimmer] auf und ab gehen *od.* marschieren; **b)** *(amble)* ⟨*Pferd:*⟩ im Paß[gang] gehen. **3.** *v.t.* **a)** auf- und abgehen in (+ *Dat.*); **b)** *(set the* ~ *for)* Schrittmacher sein für
~ **'out** *v.t.* abschreiten ⟨*Entfernung, Weg*⟩
**²pace** ['peɪsɪ, 'pɑ:tʃeɪ] *prep. (formal)* ~ **Mr Smith ...:** ohne Mr. Smith *(Dat.)* zu nahe treten zu wollen ...
**pace 'bowler** *see* **fast bowler**

**-paced** [peɪst] *adj. in comb.* **a well-~ performance** eine [rhythmisch] ausgewogene Aufführung; **be even-~:** ein gleichförmiges Tempo haben

**'pace-maker** *n.* **a)** *(Sport)* Schrittmacher, *der*/-macherin, *die;* **b)** *(Med.)* [Herz]schrittmacher, *der*

**'pace-setter** *n.* Schrittmacher, *der*/-macherin, *die*

**pachyderm** ['pækɪdɜ:m] *n. (Zool.)* Dickhäuter, *der*

**pacific** [pə'sɪfɪk] **1.** *adj.* **a)** *(conciliatory, peaceable)* versöhnlich; **b)** *(tranquil)* friedlich; **c)** *(Geog.)* Pazifik⟨*küste, -insel*⟩; **P~ Ocean** Pazifischer *od.* Stiller Ozean. **2.** *n.* **the P~:** der Pazifik

**pacification** [pæsɪfɪ'keɪʃn] *n.* Befriedung, *die*

**pacifier** ['pæsɪfaɪə(r)] *n.* **a)** *(person)* Friedensstifter, *der*/-stifterin, *die;* **b)** *(Amer.: baby's dummy)* Schnuller, *der*

**pacifism** ['pæsɪfɪzm] *n., no pl., no art.* Pazifismus, *der*

**pacifist** ['pæsɪfɪst] **1.** *n.* Pazifist, *der*/Pazifistin, *die.* **2.** *adj.* pazifistisch

**pacify** ['pæsɪfaɪ] *v. t.* **a)** besänftigen; beruhigen ⟨*weinendes Kind*⟩; **b)** *(bring peace to)* befrieden ⟨*Land, Provinz*⟩

**pack** [pæk] **1.** *n.* **a)** *(bundle)* Bündel, *das; (Mil.)* Tornister, *der; (rucksack)* Rucksack, *der;* **b)** *(derog.: lot) (people)* Bande, *die;* **a ~ of lies/nonsense** ein Sack voll Lügen/eine Menge Unsinn; **what a ~ of lies!** alles erlogen!; **c)** *(Brit.)* **~ [of cards]** [Karten]spiel, *das;* **d)** *(wolves, wild dogs)* Rudel, *das; (grouse)* Schwarm, *der; (hounds, beagles)* Meute, *die;* **e)** *(Cub Scouts, Brownies)* Gruppe, *die;* **f)** *(packet, set)* Schachtel, *die;* Packung, *die;* **~ of ten** Zehnerpackung, *die;* Zehnerpack, *der;* **disc ~** *(Computing)* [Magnet]plattenstapel, *der;* **g)** *see* **ice-pack c; h)** *(Med.)* Packung, *die;* Kompresse, *die; (compress)* Tampon, *der;* Kompresse, *die; see also* **ice-pack a; i)** *(cosmetic)* Packung, *die; (for face)* [Gesichts]maske, *die;* **j)** *(Rugby) die Stürmer einer Mannschaft, die die eine Hälfte des Gedränges bilden; (scrum)* Gedränge, *das;* **k)** *(Sport: runners)* Feld, *das.* **2.** *v. t.* **a)** *(put into container)* einpacken; **~ sth. into sth.** etw. in etw. *(Akk.)* packen; **b)** *(fill)* packen; **~ one's bags** seine Koffer packen; **c)** *(cram)* vollstopfen *(ugs.); (fill with a crowd)* füllen ⟨*Raum, Stadion usw.*⟩; **he ~ed the jury** er sorgte dafür, daß als Geschworene nur ihm genehme Leute berufen wurden; **d)** *(wrap)* verpacken **(in** in + *Dat. od. Akk.*); **~ed in** verpackt in (+ *Dat.*); **e)** *(Med.)* tamponieren; **f)** *(sl.: carry)* tragen, dabeihaben ⟨*Waffe*⟩; **g) ~ [quite] a punch** *(sl.)* ganz schön zuschlagen können *(ugs.);* ⟨*Getränk:*⟩ ganz schön reinhauen *(salopp).* **3.** *v. i.* packen; **send sb. ~ing** *(fig.)* jmdn. rausschmeißen *(ugs.)*

**~ a'way** *v. t.* wegpacken

**~ 'in** *v. t.* **a)** *(coll.: give up)* aufstecken *(ugs.);* aufhören mit ⟨*Arbeit, Spiel*⟩; **~ it in!** hör [doch] auf damit!; **b)** *(Theatre sl.)* in Scharen anziehen ⟨*Publikum*⟩; **the new play is ~ing them in** das neue Stück ist ein Zuschauer- *od.* Publikumsmagnet

**~ into** *v. t.* sich drängen in (+ *Akk.*); **we all ~ed into the car** wir quetschten uns alle in das Auto *(ugs.)*

**~ 'off** *v. t. (send away)* fortschicken

**~ 'up 1.** *v. t.* **a)** *(package)* zusammenpacken ⟨*Sachen, Werkzeug*⟩; packen ⟨*Paket*⟩; **~ up one's luggage** packen; **b)** *(coll.: stop)* aufhören *od. (ugs.)* Schluß machen mit; **~ up work** Feierabend machen; *(permanently)* aufhören zu arbeiten; **~ it up!** *(sl.)* hör [doch] auf damit! **2.** *v. i. (coll.)* **a)** *(give up)* aufhören; Schluß machen *(ugs.);* **b)** *(break down)* den Geist aufgeben *(ugs.);* **the car ~ed up on me** das Auto ist mir verreckt *(ugs.)*

**package** ['pækɪdʒ] **1.** *n.* **a)** *(bundle; fig. coll.: transaction)* Paket, *das;* **b)** *(container)* Verpackung, *die.* **2.** *v. t. (lit. or fig.)* verpacken; **~d into 1 lb. bags** in 1-Pfund-Tüten abgepackt

**package: ~ deal** *n.* Paket, *das;* **~ holiday, ~ tour** *ns.* Pauschalreise, *die*

**packaging** ['pækɪdʒɪŋ] *n.* **a)** *(material)* Verpackung, *die;* **b)** *(action)* Verpacken, *das*

**'pack-drill** *n. (Mil.)* Strafexerzieren in voller Marschausrüstung

**packed** [pækt] *adj.* **a)** gepackt ⟨*Kiste, Koffer*⟩; **~ meal/lunch** Eßpaket, *das*/Lunchpaket, *das;* **b)** *(crowded)* [über]voll ⟨*Theater, Kino, Halle*⟩; **~ to overflowing** völlig überfüllt **(with** von); **~ out** *(coll.)* gerammelt voll *(ugs.)*

**packer** ['pækə(r)] *n.* Packer, *der*/Packerin, *die; (in factory)* Abpacker, *der*/Abpackerin, *die*

**packet** ['pækɪt] *n.* **a)** *(package)* Päckchen, *das; (box)* Schachtel, *die;* **a ~ of cigarettes** eine Schachtel/ein Päckchen Zigaretten; *see also* **pay-packet; b)** *(coll.: large sum of money)* Haufen Geld *(ugs.);* **c)** *(Naut.)* **[steam] ~:** *see* **packet-steamer**

**packet: ~ 'soup** *n.* Instantsuppe, *die;* Tütensuppe, *die (ugs.);* **~-steamer** *n.* Postschiff, *das*

**pack: ~-horse** *n.* Packpferd, *das;* **~-ice** *n.* Packeis, *das*

**packing** ['pækɪŋ] *n.* **a)** *(packaging) (material)* Verpackungsmaterial, *das; (action)* Verpacken, *das;* **including postage and ~:** einschließlich Porto und Verpackung; **b)** *(to seal joint)* Dichtungsmaterial, *das;* **c) do one's ~:** packen

**'packing-case** *n.* [Pack]kiste, *die*

**pact** [pækt] *n.* Pakt, *der;* **make a ~ with sb.** einen Pakt mit jmdm. schließen

**[1]pad** [pæd] **1.** *n.* **a)** *(cushioning material)* Polster, *das; (to protect wound)* Kompresse, *die; (Sport) (on leg)* Beinschützer, *der; (on shoulder)* Schulterschützer, *der; (on knee)* Knieschützer, *der;* **b)** *(block of paper)* Block, *der;* **a ~ of notepaper, a [writing-]~:** ein Schreibblock; **c)** *(launching surface)* Abschußrampe, *die;* **[helicopter] ~:** [Hubschrauber-]Start-und-Lande-Platz, *der;* **d)** *(coll.: house, flat)* Bude, *die (ugs.);* **e)** *(Zool.) (sole)* Ballen, *der; (paw)* Pfote, *die;* **f)** *(of brake)* Belag, *der.* **2.** *v. t.,* **-dd- a)** polstern ⟨*Jacke, Schulter, Stuhl*⟩; **b)** *(fig.: lengthen unnecessarily)* auswalzen *(ugs.)* ⟨*Brief, Aufsatz usw.*⟩ **(with** durch)

**~ 'out** *see* **[1]pad 2**

**[2]pad** *v. t. & i.,* **-dd-** *(walk softly) (in socks, slippers, etc.)* tappen; *(along path etc.)* trotten

**padded** ['pædɪd] *adj.* gepolstert; **~ 'cell** Gummizelle, *die*

**padding** ['pædɪŋ] *n.* **a)** Polsterung, *die;* **be filled/covered with ~:** gepolstert sein; **b)** *(fig. superfluous matter)* Füllsel, *das*

**[1]paddle** ['pædl] **1.** *n.* **a)** *(oar)* [Stech]paddel, *das;* **b)** *(paddling) (in canoe)* Fahrt im Paddelboot; *(in rowing-boat)* Ruderpartie, *die;* **go for a ~:** paddeln/rudern gehen; **c)** *(stirring implement)* Paddel, *das;* **d)** *(wheel)* Schaufelrad, *das; (blade)* Schaufel, *die;* **e)** *(on lock-gate)* Schütz, *das;* **f)** *(Zool.: fin)* Flosse, *die.* **2.** *v. t. & i. (in canoe)* paddeln; *(in rowing-boat)* gemächlich rudern; **~ one's own canoe** *(fig. coll.)* auf eigenen Beinen stehen

**[2]paddle 1.** *v. i. (with feet)* planschen. **2.** *n.* **have a/go for a ~:** ein bißchen planschen/planschen gehen

**paddle: ~-boat, ~-steamer** *ns.* [Schaufel]raddampfer, *der;* **~-wheel** *n.* Schaufelrad, *das*

**paddling-pool** ['pædlɪŋpu:l] *n.* Planschbecken, *das*

**paddock** ['pædək] *n.* **a)** Koppel, *die;* **b)** *(Horse-racing)* Sattelplatz, *der; (Motor-racing)* Fahrerlager, *das*

**Paddy** ['pædɪ] *n. (coll.)* Ire, *der;* Paddy, *der*

**[1]paddy** *n. (Brit. coll.: bad temper)* Koller, *der (ugs.);* **be in a ~:** einen Koller haben

**[2]paddy, 'paddy-field** *ns.* Reisfeld, *das*

**'padlock 1.** *n.* Vorhängeschloß, *das.* **2.** *v. t.* [mit einem Vorhängeschloß] verschließen

**padre** ['pɑ:drɪ, 'pɑ:dreɪ] *n. (coll.)* Feldgeistliche, *der; as voc.* Herr Pfarrer

**paean** ['pi:ən] *n.* **~ [of praise]** Preislied, *das; (fig.)* Lobeshymne, *die*

**paediatric** [pi:dɪ'ætrɪk] *adj. (Med.)* pädiatrisch; Kinder⟨*schwester, -station*⟩

**paediatrician** [pi:dɪə'trɪʃn] *n. (Med.)* Kinderarzt, *der*/-ärztin, *die*

**paediatrics** [pi:dɪ'ætrɪks] *n., no pl. (Med.)* Pädiatrie, *die (fachspr.);* Kinderheilkunde, *die*

**paella** [pɑ:'elə] *n. (Gastr.)* Paella, *die*

**pagan** ['peɪgən] **1.** *n.* **a)** *(heathen)* Heide, *der*/Heidin, *die;* **b)** *(fig.: irreligious person)* Ungläubige, *der/die;* gottloser Mensch. **2.** *adj.* **a)** *(heathen)* heidnisch; ungläubig ⟨*Person*⟩; **b)** *(fig.: irreligious)* gottlos

**paganism** ['peɪgənɪzm] *n.* Heidentum, *das;* Paganismus, *der*

**[1]page** [peɪdʒ] **1.** *n.* Page, *der.* **2.** *v. t. & i.* **~ [for] sb.** *(over loudspeaker)* jmdn. ausrufen; *(by paging-device)* jmdn. anpiepen *(ugs.);* **paging Mr Miller** Herr Miller, bitte!

**[2]page 1.** *n.* **a)** Seite, *die; (leaf, sheet of paper)* Blatt, *das;* **front/sports/fashion ~:** erste Seite/Sport-/Modeseite, *die;* **~ three girl** Pin-up-Girl, *das;* **write on one side of the ~ only** beschreiben Sie das Blatt nur auf einer Seite; **turn to the next ~:** umblättern; *attrib.* **three-/double-~:** drei-/doppelseitig ⟨*Artikel, Brief*⟩; **b)** *(fig.: episode)* Kapitel, *das;* **go down in the ~s of history** in die Annalen der Geschichte eingehen. **2.** *v. t. see* **paginate**

**pageant** ['pædʒənt] *n.* **a)** *(spectacle)* Schauspiel, *das;* **b)** *(procession)* [Fest]umzug, *der; (play)* **historical ~:** Historienspiel, *das*

**pageantry** ['pædʒəntrɪ] *n.* Prachtentfaltung, *die;* Prunk, *der;* **empty ~:** eitler Pomp

**'page-boy** *n.* **a)** *see* **[1]page 1; b)** *(hair-style)* Pagenkopf, der

**'page proof** *n. (Printing)* Umbruch, *der*

**pager** ['peɪdʒə(r)] *n.* Piepser, *der (ugs.)*

**paginate** ['pædʒɪneɪt] *v. t.* paginieren

**pagination** [pædʒɪ'neɪʃn] *n.* Paginierung, *die*

**'paging-device** *see* **pager**

**pagoda** [pə'gəʊdə] *n.* Pagode, *die*

**pah** [pɑ:] *int. expr. disgust* bah; *expr. contempt* pa

**paid** [peɪd] **1.** *see* **pay 2, 3. 2.** *adj.* bezahlt ⟨*Urlaub, Arbeit*⟩; **put ~ to** *(Brit. fig. coll.) (terminate)* zunichte machen ⟨*Hoffnung, Plan, Aussichten*⟩; *(deal with)* kurzen Prozeß machen mit *(ugs.)* ⟨*Person*⟩

**'paid-up** *adj.* bezahlt; **[fully] ~ member** Mitglied, das alle Beiträge bezahlt hat; *(fig.)* überzeugtes Mitglied

**pail** [peɪl] *n.* Eimer, *der*

**pailful** ['peɪlfʊl] *n.* Eimer, *der;* **a ~ of water** ein Eimer [voll] Wasser

**pain** [peɪn] **1.** *n.* **a)** *no indef. art. (suffering)* Schmerzen; *(mental ~)* Qualen; **feel [some] ~, be in ~:** Schmerzen haben; **cause sb. ~** *(lit. or fig.)* jmdm. wehtun; **b)** *(instance of suffering)* Schmerz, *der;* **I have a ~ in my shoulder/knee/stomach** meine Schulter/mein Knie/Magen tut weh; ich habe Schmerzen in der Schulter/im Knie/habe Magenschmerzen; *(fig.)* **be a ~ in the arse** *(coarse)* einem auf die Eier gehen *(derb);* **be a ~ in the neck** *see* **neck 1 a; c)** *(coll.: nuisance)* Plage, *die; (sb./sth. getting on one's nerves)* Nervensäge, *die (ugs.);* **this job/he is a real ~:** diese Arbeit/er kann einem wirklich auf die Nerven *od. (ugs.)* den Wecker gehen; **d)** *in pl. (trouble taken)* Mühe, *die;* Anstrengung, *die;* **spare no ~s** keine Mühe *od.* Anstrengung scheuen; **take ~s** sich

*(Dat.)* Mühe geben (**over** mit, bei); **be at ~s to do sth.** sich sehr bemühen *od.* sich *(Dat.)* große Mühe geben, etw. zu tun; **he got nothing for all his ~s** seine ganze Mühe war umsonst; **e)** *(Law)* **on** *or* **under ~ of death/imprisonment** bei Todesstrafe/unter Androhung *(Dat.)* einer Gefängnisstrafe. **2.** *v. t.* schmerzen

**pained** [peɪnd] *adj.* gequält

**painful** ['peɪnfl] *adj.* **a)** *(causing pain)* schmerzhaft ‹*Krankheit, Operation, Wunde*›; **be/become ~** ‹*Körperteil:*› weh tun *od.* schmerzen/anfangen, weh zu tun; **the glare was ~ to the eyes** das grelle Licht tat in den Augen weh; **suffer from a ~ shoulder** Schmerzen in der Schulter haben; **b)** *(distressing)* schmerzlich ‹*Gedanke, Erinnerung*›; traurig ‹*Pflicht*›; **it was ~ to watch him** es tat weh, ihm zuzusehen; **c)** *(troublesome)* schwierig ‹*Problem*›; *(laborious)* beschwerlich ‹*Aufstieg*›; **make only ~ progress** nur mühsam weiterkommen

**painfully** ['peɪnfəlɪ] *adv.* **a)** *(with great pain)* unter großen Schmerzen; **my shoes are ~ tight** meine Schuhe drücken fürchterlich *(ugs.)*; **b)** *(fig.) (excessively)* über die Maßen *(geh.)*; *(laboriously)* quälend ‹*langsam*›; **~ obvious** nur zu offensichtlich

**'pain-killer** *n.* schmerzstillendes Mittel; Schmerzmittel, *das (ugs.)*

**painless** ['peɪnlɪs] *adj.* **a)** *(not causing pain)* schmerzlos; **b)** *(fig.: free of trouble, not causing problems)* unproblematisch

**painlessly** ['peɪnlɪslɪ] *adv.* **a)** schmerzlos ‹*behandeln*›; **b)** *(fig.)* mühelos ‹*Problem lösen*›; problemlos ‹*verlaufen*›

**painstaking** ['peɪnzteɪkɪŋ] *adj.* gewissenhaft; **it is ~ work** es ist eine mühsame Arbeit; **with ~ care** mit äußerster Sorgfalt

**paint** [peɪnt] **1.** *n.* **a)** Farbe, *die; (on car)* Lack, *der;* **'wet ~'** „Frisch gestrichen!"; **as clever** *or* **smart as ~:** äußerst intelligent; *see also* **fresh 1 a; luminous a; wet 1 c; b)** *(joc.: cosmetic)* Schminke, *die;* **put one's ~ on** sich anmalen *(ugs.)*. **2.** *v. t.* **a)** *(cover, colour)* [an]streichen; **~ one's body** seinen Körper bemalen; **~ the town red** *(fig. sl.)* auf die Pauke hauen *(ugs.)*; **~ oneself into a corner** *(fig. coll.)* sich selbst in die Bredouille bringen *(ugs.)*; *see also* **black 1 f; b)** *(make picture of, make by ~ing)* malen; *abs.* **~ for a living** Maler/Malerin sein; **the picture was ~ed by R.** das Bild ist von R.; **c)** *(adorn with ~ing)* bemalen ‹*Wand, Vase, Decke*›; **d)** *(fig.: describe)* zeichnen ‹*Bild*›; **~ sth. in glowing/gloomy colours, ~ a glowing/gloomy picture of sth.** etw. in leuchtenden/düsteren Farben malen *od.* schildern; **e)** *(apply cosmetic to)* schminken ‹*Augen, Gesicht, Lippen*›; lackieren ‹*Nägel*›; **f)** *(Med.)* pinseln ‹*Hals*›; bepinseln ‹*Verletzung*›

**~ 'in** *v. t.* hineinmalen

**~ 'on** *v. t.* aufmalen

**~ 'out** *v. t.* übermalen; **~ sb. out of a picture** jmdn. auf einem Bild übermalen

**paint: ~box** *n.* Malkasten, *der;* Farb[en]kasten, *der;* **~brush** *n.* Pinsel, *der*

**painted** ['peɪntɪd]: **~ 'lady** *n. (Zool.)* Distelfalter, *der;* **~ 'woman** *n.* Dirne, *die*

**painter** ['peɪntə(r)] *n.* **a)** *(artist)* Maler, *der*/Malerin, *die;* **b)** **[house-]~:** Maler, *der*/Malerin, *die;* Anstreicher, *der*/Anstreicherin, *die*

**painter** *n. (Naut.: rope)* Fangleine, *die*

**painting** ['peɪntɪŋ] *n.* **a)** *no pl., no indef. art. (art)* Malerei, *die;* **b)** *(picture)* Gemälde, *das;* Bild, *das*

**painting-book** *n.* Malbuch, *das*

**paint-stripper** *n.* Abbeizer, *der*

**paintwork** *n.* **a)** *(action)* Streichen, *das;* **b)** *(painted surface)* Anstrich, *der; (of car)* Lack, *der;* **the ~ in the house** die Innenanstriche des Hauses

**pair** [peə(r)] **1.** *n.* **a)** *(set of two)* Paar, *das;* **a ~ of gloves/socks/shoes** *etc.* ein Paar Handschuhe/Socken/Schuhe *usw.;* **a** *or* **one ~ of hands/eyes** zwei Hände/Augen; **in ~s** paarweise; **the ~ of them** die beiden; **fine ~ [of rascals]** *(iron.)* feines [Gauner]pärchen *od.* [Gauner]gespann; **b)** *(single article)* **a ~ of pyjamas/scissors** *etc.* ein Schlafanzug/eine Schere *usw.;* **a ~ of trousers/jeans** eine Hose/Jeans; ein Paar Hosen/Jeans; **c)** *(married couple)* [Ehe]paar, *das; (mated animals)* Paar, *das;* Pärchen, *das;* **d)** *(Cards)* Pärchen, *das;* **a ~ of tens** zwei Zehnen; **e) ~ [of horses]** Zweiergespann [Pferde], *das;* **carriage** *or* **coach and ~:** Zweispänner, *der;* **f)** *(Parl.) zwei Abgeordnete gegnerischer Parteien, die vereinbaren, sich bei einer Abstimmung zu enthalten;* **g)** *(Rowing) (crew)* Zweiermannschaft, *die;* **~s** *(race)* Zweierrennen, *das.* **2.** *v. t.* **a)** *(arrange in couples)* paaren; [paarweise] zusammenstellen; **b)** *(marry)* verheiraten (**with** an + *Akk.*, mit). **3.** *v. i.* ‹*Tiere:*› sich paaren

**~ 'off 1.** *v. t.* zu Paaren *od.* paarweise zusammenstellen; **she was ~ed off with Alan** sie bekam Alan als Partner. **2.** *v. i.* Zweiergruppen bilden

**~ 'up** *see* **~ off 2**

**~ with** *v. t. (Parl.)* **~ with sb.** ‹*Abgeordneter:*› *mit jmdm. von der gegnerischen Fraktion vereinbaren, sich bei einer Abstimmung zu enthalten*

**pairing** ['peərɪŋ] *n. (Parl.)* **~ [arrangement]** *Absprache zwischen Abgeordneten gegnerischer Parteien, sich bei einer Abstimmung zu enthalten*

**Paisley** ['peɪzlɪ] *adj. (Textiles)* Paisley‹*schal, -kleid, -samt usw.*›; **~ pattern** Paisleymuster, *das*

**pajamas** [pə'dʒɑːməz] *(Amer.) see* **pyjamas**

**Pak** [pæk], **Paki** ['pækɪ] *n. (Brit. sl. derog.: Pakistani)* Pakistaner, *der*/Pakistanerin, *die;* **Paki-bashing** Zusammenschlagen von Pakistanern

**Pakistan** [pɑːkɪ'stɑːn] *pr. n.* Pakistan *(das)*

**Pakistani** [pɑːkɪ'stɑːnɪ] **1.** *adj.* pakistanisch; **sb. is ~:** jmd. ist Pakistani. **2.** *n.* Pakistani, *der/die;* Pakistaner, *der*/Pakistanerin, *die*

**pal** [pæl] *(coll.)* **1.** *n.* Kumpel, *der (ugs.); (derog.)* Kumpan, *der (ugs. abwertend);* **be a ~ and ...:** sei so nett und ...; *see also* **old 1 c. 2.** *v. i.*, **-ll-: ~ up with sb.** sich mit jmdm. anfreunden

**palace** ['pælɪs] *n.* Palast, *der; (of bishop or aristocrat also)* Palais, *das; (stately mansion)* Schloß, *das; attrib.* Schloß‹*garten, -park*›; Palast‹*wache, -truppe usw.*›

**palace revo'lution** *n. (lit. or fig.)* Palastrevolution, *die*

**paladin** ['pælədɪn] *n.* **a)** *(Hist.: knight errant)* fahrender Ritter; **b)** *(knightly hero)* Recke, *der*

**Palaeocene** ['pælɪəsiːn, 'peɪlɪəsiːn] *(Geol.)* **1.** *adj.* paläozän. **2.** *n.* Paläozän, *das*

**palaeography** [pælɪ'ɒgrəfɪ, peɪlɪ'ɒgrəfɪ] *n.* Paläographie, *die*

**palaeolithic** [pælɪə'lɪθɪk, peɪlɪə'lɪθɪk] *adj. (Archaeol.)* paläolithisch *(fachspr.)*; altsteinzeitlich; **~ man** Paläolithiker, *der*

**palaeontology** [pælɪɒn'tɒlədʒɪ, peɪlɪɒn'tɒlədʒɪ] *n.* Paläontologie, *die*

**Palaeozoic** [pælɪə'zəʊɪk, peɪlɪə'zəʊɪk] *(Geol.)* **1.** *adj.* paläozoisch. **2.** *n.* Paläozoikum, *das*

**palatable** ['pælətəbl] *adj.* **a)** *(acceptable in taste)* genießbar; trinkbar ‹*Wein*›; *(pleasant)* wohlschmeckend ‹*Speise*›; **b)** *(fig.)* annehmbar, akzeptabel ‹*Gesetz, Erhöhung, Aufführung*›; **make sth. ~ to sb.** jmdm. etw. schmackhaft machen *(ugs.)*; **not be ~ to sb.** jmdm. nicht schmecken *(ugs.)*

**palatal** ['pælətəl] **1.** *adj.* **a)** *(Anat.)* Gaumen-; **b)** *(Phonet.)* palatal. **2.** *n. (Phonet.)* Palatal, *der*

**palate** ['pælət] *n.* **a)** *(Anat.)* Gaumen, *der;* **hard/soft ~:** harter/weicher Gaumen; *see also* **[2]cleft 2; b)** *(taste)* Gaumen, *der (geh.)*; **be sharp on the ~:** ‹*Wein:*› sauer schmecken; **not be to sb.'s ~** *(fig.)* nicht [nach] jmds. Geschmack sein

**palatial** [pə'leɪʃl] *adj.* palastartig; **built in ~ style** wie ein Palast gebaut

**Palatinate** [pə'lætɪnət] *pr.n.* **the ~** *(in Germany)* die Pfalz

**Palatine** ['pælətaɪn] *adj.* palatinisch

**palaver** [pə'lɑːvə(r)] *n.* **a)** *(coll.: fuss)* Umstand, *der;* Theater, *das (ugs.)*; **b)** *(conference; derog.: idle talk)* Palaver, *das*

**[1]pale** [peɪl] *n.* **a) be beyond the ~** ‹*Verhalten, Benehmen:*› unmöglich sein; **regard sb. as beyond the ~:** jmdn. indiskutabel finden; **b)** *(stake)* Pfahl, *der; (slat)* [Zaun]latte, *die*

**[2]pale** [peɪl] **1.** *adj.* **a)** blaß, *(esp. in illness)* fahl, *(nearly white)* bleich ‹*Gesichtsfarbe, Haut, Gesicht, Aussehen*›; **go ~:** blaß/bleich werden; **his face was ~:** er war blaß/bleich; **b)** *(light in colour)* von blasser Farbe *nachgestellt;* blaß ‹*Farbe*›; hell ‹*Sherry*›; **a ~ blue/red dress** ein blaßblaues/-rotes Kleid; **~ ale** Pale Ale, *das;* **c)** *(faint)* fahl ‹*Licht*›; **d)** *(fig.: poor)* **~ imitation/reflection** schlechte Nachahmung/schwacher Abglanz. **2.** *v. i.* bleich *od.* blaß werden (**at** bei); **his face ~d** er wurde bleich *od.* blaß; **~ into insignificance** völlig bedeutungslos werden; **~ in comparison with sth.** neben etw. *(Dat.)* verblassen

**'pale-face** *n.* Bleichgesicht, *das*

**'pale-faced** *adj.* blaß

**palely** ['peɪllɪ] *adv.* fahl, bleich ‹*scheinen*›; matt, schwach ‹*erleuchten*›

**paleness** ['peɪlnɪs] *n., no pl. (of person)* Blässe, *die*

**paleo-** *(Amer.) see* **palaeo-**

**Palestine** ['pælɪstaɪn] *pr. n.* Palästina *(das)*

**Palestinian** [pælɪ'stɪnɪən] **1.** *adj.* palästinensisch; **sb. is ~:** jmd. ist Palästinenser/Palästinenserin. **2.** *n.* Palästinenser, *der*/Palästinenserin, *die*

**palette** ['pælɪt] *n.* Palette, *die*

**'palette-knife** *n. (Art)* Palettenmesser, *das*

**palfrey** ['pɔːlfrɪ] *n. (Hist.)* Zelter, *der*

**palimpsest** ['pælɪmpsest] *n.* Palimpsest, *der od. das*

**palindrome** ['pælɪndrəʊm] *n.* Palindrom, *das*

**paling** ['peɪlɪŋ] *n.* **a)** *(stake)* [Zaun]pfahl, *der; (slat)* [Zaun]latte, *die;* **b)** *(fence)* Lattenzaun, *der*

**palisade** [pælɪ'seɪd] *n.* **a)** *(fence)* Palisade, *die;* Palisadenzaun, *der;* **b)** *in pl. (Amer.: cliffs) steile, bes. säulenähnliche Formationen aufweisende Felswand*

**palish** ['peɪlɪʃ] *adj.* bläßlich

**[1]pall** [pɔːl] *n.* **a)** *(over coffin)* Sargtuch, *das;* **b)** *(fig.)* Schleier, *der;* **cast a ~ of gloom over sb.** jmdn. in gedrückte Stimmung versetzen

**[2]pall** *v. i.* **~ [on sb.]** [jmdm.] langweilig werden

**Palladian** [pə'leɪdɪən] *adj. (Archit.)* palladianisch

**'pall-bearer** *n.* Sargträger, *der*/-trägerin, *die*

**[1]pallet** ['pælɪt] *n.* **a)** *(bed)* Pritsche, *die;* **b)** *(mattress)* Strohsack, *der*

**[2]pallet** *n. (platform)* Palette, *die*

**palliasse** ['pælɪæs, pælɪ'æs] *n.* Strohsack, *der*

**palliate** ['pælɪeɪt] *v. t.* **a)** *(alleviate)* lindern, erträglicher machen ‹*Krankheit*›; **b)** *(excuse)* entschuldigen; *(gloss over)* beschönigen

**palliative** ['pælɪətɪv] *(Med.)* **1.** *adj.* palliativ *(fachspr.)*; lindernd; **~ drug** Palliativ[um], *das (fachspr.)*; Linderungsmittel, *das.* **2.** *n.* Palliativ[um], *das (fachspr.)*; Linderungsmittel, *das*

**pallid** ['pælɪd] *adj.* **a)** *see* **[2]pale 1 a; b)** matt, blaß ‹*Farbe*›

**pallor** ['pælə(r)] *n.* Blässe, *die;* Fahlheit, *die*

**pally** ['pælɪ] *adj. (coll.)* **they are very ~ [with**

**each other]** sie sind dicke Freunde *(ugs.)*; **be ~ or on ~ terms with sb.** mit jmdm. dick befreundet sein *(ugs.)*; **his ~ manner** seine kumpelhafte Art

**[1]palm** [pɑ:m] *n.* **a)** *(tree)* Palme, *die; attrib.* **~ leaf/oil/kernel/frond** Palmblatt, *das*/-öl, *das*/-kern, *der*/-wedel, *der*; **~ [branch]** *(also Eccl.)* Palmzweig, *der*; **b)** *(symbol of victory)* Siegespalme, *die; (Bibl.)* Palme, *die*; **bear or take the ~** *(fig.)* die Siegespalme davontragen *(geh.)*

**[2]palm 1.** *n.* **a)** *(of hand)* Handteller, *der*; Handfläche, *die*; **hold/weigh sth. in one's ~ or the ~ of one's hand** etw. in der Hand halten/wiegen; **have sth. in the ~ of one's hand** *(fig.)* etw. in der Hand haben; **on the ~s of one's hands** auf den Handtellern *od.* -flächen; **the ~ of one's right hand** der rechte Handteller; die rechte Handfläche; *see also* **cross 2 a; grease 2; b)** *(of glove)* Innenfläche, *die*. **2.** *v. t.* in der [hohlen] Hand verschwinden lassen

**~ 'off** *v. t.* **~ sth. off on sb., ~ sb. off with sth.** jmdm. etw. andrehen *(ugs.)*; **~ sb. off on sb. else** jmdn. zu jmd. anderem abschieben *(ugs.)*; **~ sth. off as sth.** etw. als etw. verkaufen; **~ sb. off with promises** jmdn. mit Versprechungen abspeisen *(ugs.)*

**palm-'court** *adj.* **~ music/orchestra** ≈ Kaffeehausmusik, *die*/-orchester, *das*

**palmist** ['pɑ:mɪst] *n.* Handleser, *der*/-leserin, *die*; Handliniendeuter, *der*/-deuterin, *die*

**palmistry** ['pɑ:mɪstrɪ] *n., no pl.* Handlesekunst, *die*; Handliniendeutung, *die*

**palm: P~ 'Sunday** *n. (Eccl.)* Palmsonntag, *der*; **~-tree** *n.* Palme, *die*

**palomino** [pælə'mi:nəʊ] *n., pl.* **~s** *(Zool.)* Isabelle, *die*

**palpable** ['pælpəbl] *adj.* **a)** *(tangible)* fühlbar; tastbar; **b)** *(perceptible)* spürbar ‹*Unterschied*›; eindeutig ‹*Zeichen*›; *(obvious)* offenkundig ‹*Lüge, Unwissenheit, Absurdität*›

**palpably** ['pælpəblɪ] *adv.* offenkundig

**palpitate** ['pælpɪteɪt] *v. i.* **a)** *(pulsate)* ‹*Herz*:› palpitieren *(fachspr.)*, pochen, hämmern; **b)** *(throb)* beben; zucken; *(tremble)* zittern (**with** vor + *Dat.*)

**palpitation** [pælpɪ'teɪʃn] *n.* **a)** *(throbbing)* Beben, *das*; Zucken, *das*; *(trembling)* Zittern, *das*; **b)** *in pl. (Med.: of heart)* Palpitation, *die (fachspr.)*; Herzklopfen, *das*; **suffer from ~s** Herzklopfen haben

**palsy** ['pɔ:lzɪ, 'pɒlzɪ] *n. (Med. dated)* Lähmung, *die*; Paralyse, *die (fachspr.)*; *see also* **cerebral palsy**

**paltry** ['pɔ:ltrɪ, 'pɒltrɪ] *adj.* schäbig; armselig ‹*Auswahl*›; *(trivial)* belanglos; **~ matters** Belanglosigkeiten; **a ~ £5** schäbige 5 Pfund

**pampas** ['pæmpəz, 'pæmpəs] *n. pl. (Geog.)* Pampas *Pl.*

**'pampas-grass** *n.* Pampasgras, *das*

**pamper** ['pæmpə(r)] *v. t.* verhätscheln; **~ oneself** sich verwöhnen

**pamphlet** ['pæmflɪt] *n. (leaflet)* Prospekt, *der*; *(esp. Polit.)* Flugblatt, *das*; *(booklet)* Broschüre, *die*; *(Polit., Relig.: tract)* Streitschrift, *die*

**pamphleteer** [pæmflɪ'tɪə(r)] *n.* Verfasser/Verfasserin des Flugblatts/der Streitschrift/der Flugblätter/der Streitschriften

**[1]pan** [pæn] **1.** *n.* **a)** [Koch]topf, *der*; *(for frying)* Pfanne, *die*; **pots and ~s** Kochtöpfe; **a ~ of milk** ein Topf Milch; *see also* **saucepan; b)** *(of scales)* Schale, *die*; **c)** *(Brit.: of WC)* **[lavatory] ~**: Toilettenschüssel, *die*; **d)** *(Amer. sl.: face)* Visage, *die (ugs. abwertend)*. *See also* **flash 1 a. 2.** *v. t.*, **-nn-** *(coll.)* verreißen ‹*Theaterstück, Buch, Film usw.*›; harte Kritik üben an (+ *Dat.*) ‹*Person*›

**~ 'out** *v. i. (progress)* sich entwickeln

**[2]pan 1.** *v. t.*, **-nn-** *(Cinemat., Telev.)* schwenken; *(Photog.)* mitziehen. **2.** *v. i.*, **-nn-** *(Cinemat., Telev.)* schwenken (**to** auf + *Akk.*); *(Photog.)* [die Kamera] mitziehen; **~ning shot** [Kamera]schwenk, *der*. **3.** *n. (Cinemat., Telev.)* Schwenk, *der*

**pan-** [pæn] *in comb.* pan‹*amerikanisch, -slawistisch, -islamisch, -germanisch usw.*›; Pan‹*afrikanismus, -slawist usw.*›

**panacea** [pænə'si:ə] *n.* Allheilmittel, *das*

**panache** [pə'næʃ] *n.* Schwung, *der*; Elan, *der*

**Panama** [pænə'mɑ:] **1.** *pr. n.* Panama *(das)*. **2.** *n.* **p~ [hat]** Panamahut, *der*

**Panama Ca'nal** *pr. n.* Panamakanal, *der*

**Panamanian** [pænə'meɪnɪən] **1.** *adj.* panamaisch; **sb. is ~**: jmd. ist Panamaer/Panamaerin. **2.** *n.* Panamaer, *der*/Panamaerin, *die*

**panatella** [pænə'telə] *n.* Panatela, *die*

**pancake** ['pænkeɪk] *n.* Pfannkuchen, *der*; **be flat as a ~**: platt wie ein Pfannkuchen sein; ‹*Gelände*:› topfeben sein; *(squashed)* platt wie eine Briefmarke sein; ‹*Reifen*:› völlig platt sein

**pancake: P~ Day** *n. (Brit.)* Fasnachtsdienstag, *der*; **~ 'landing** *n. (Aeronaut.)* Bauchlandung, *die*; **~ roll** *n.* gerollter Pfannkuchen mit Füllung

**panchromatic** [pænkrə'mætɪk] *adj. (Photog.)* panchromatisch

**pancreas** ['pæŋkrɪəs] *n. (Anat.)* Bauchspeicheldrüse, *die*; Pankreas, *das (fachspr.)*

**pancreatic** [pæŋkrɪ'ætɪk] *adj. (Anat., Physiol.)* Pankreas-; **~ duct** Ausführungsgang des Pankreas

**panda** ['pændə] *n. (Zool.)* **a)** *see* **giant panda; b) red ~**: Kleiner Panda; Kleiner Bambusbär

**'panda car** *n. (Brit. Police)* Streifenwagen, *der*

**pandemonium** [pændɪ'məʊnɪəm] *n.* Chaos, *das*; *(uproar)* Tumult, *der*; **there was ~ in the stadium** das Stadion war ein Hexenkessel; **~ reigned** es herrschte ein einziges Chaos

**pander** ['pændə(r)] **1.** *n. (go-between)* Kuppler, *der*/Kupplerin, *die*; *(procurer)* Zuhälter, *der*. **2.** *v. i.* **~ to** allzu sehr entgegenkommen (+ *Dat.*) ‹*Person, Geschmack, Instinkt*›; frönen (+ *Dat.*) ‹*Laster*›

**Pandora's box** [pændɔ:rəz 'bɒks] *n. (Mythol.; also fig.)* Büchse der Pandora

**p. & p.** *abbr. (Brit.)* **postage and packing** Porto und Verpackung

**pane** [peɪn] *n. (glass)* Scheibe, *die*; **window-~/~ of glass** Fenster-/Glasscheibe, *die*

**panegyric** [pænɪ'dʒɪrɪk] **1.** *n.* Lobrede, *die* (**on** auf + *Akk.*). **2.** *adj.* panegyrisch *(geh.)*

**panel** ['pænl] **1.** *n.* **a)** *(of door, wall, etc.)* Paneel, *das*; *(of fence)* Bretterzaunelement, *das*; *(of screen, triptych)* Flügel, *der*; **b)** *(esp. Telev., Radio, etc.) (quiz team)* Rateteam, *das*; *(in public discussion)* Podium, *das*; **~ discussion** Podiumsdiskussion, *die*; **c)** *(advisory body)* Gremium, *das*; Kommission, *die*; **~ of experts** Expertengremium, *das*; **d)** *(Dressmaking)* Einsatz, *der*. *See also* **control panel; instrument panel. 2.** *v. t.*, *(Brit.)* **-ll-** paneelieren ‹*Tür, Zimmer, Wand*›; täfeln ‹*Zimmer, Wand*›

**panel: ~-beater** *n.* Autospengler, *der*/-spenglerin, *die*; **~ game** *n.* Ratespiel, *das*; Quiz, *das*; *(Telev., Radio)* Rate-, Quizsendung, *die*

**paneling, panelist** *(Amer.) see* **panell-**

**panelling** ['pænəlɪŋ] *n.* Täfelung, *die*

**panellist** ['pænəlɪst] *n. (Telev., Radio) (on quiz programme)* Mitglied des Rateteams; *(on discussion panel)* Diskussionsteilnehmer, *der*/-teilnehmerin, *die*

**panel: ~-pin** *n.* Tapeziernagel, *der*; **~ truck** *n.* Lieferwagen, *der*

**panful** ['pænfʊl] *n.* Topf, *der*; **a ~ of water** ein Topf [voll] Wasser

**pang** [pæŋ] *n.* **a)** *(of pain)* Stich, *der*; *see also* **hunger 1; b)** *(of distress)* **feel ~s of conscience/guilt** Gewissensbisse haben; **feel ~s of remorse** bittere Reue empfinden

**'panhandle 1.** *n.* **a)** Topfstiel, *der*; *(of frying-pan)* Pfannenstiel, *der*; **b)** *(of land)* schmaler Landstreifen; *(in US)* Panhandle, *der*. **2.** *v. t. (sl.)* anschnorren *(ugs.)* (**for** um). **3.** *v. i. (sl.)* schnorren *(ugs.)*

**panic** ['pænɪk] **1.** *n.* Panik, *die*; **be in a [state of] ~ [over or at having done sth.]** von Panik erfaßt *od.* ergriffen sein[, weil man etw. getan hat]; **there was ~ on the stock-market** es kam zu einer Börsenpanik. **2.** *v. i.*, **-ck-** in Panik *(Akk.)* geraten; **don't ~!** nur keine Panik! **3.** *v. t.*, **-ck-** in Panik versetzen; **~ sb. into doing sth.** jmdn. so in Panik versetzen, daß er etw. tut. **4.** *attrib. adj. (overhasty)* übereilt, überstürzt ‹*Maßnahmen*›; wild, atemlos ‹*Hast*›; **~ buying** Hamsterkäufe; **~ selling** Panikverkäufe

**panic: ~ bolt** *n.* Panikverschluß, *der*; **~ button** *n.* Alarmknopf, *der*; **hit the ~ button** *(fig. coll.)* Alarm schlagen; *(panic)* durchdrehen *(ugs.)*; die Panik kriegen *(ugs.)*

**panicky** ['pænɪkɪ] *adj.* von Panik bestimmt ‹*Verhalten, Handeln, Rede*›; **be ~**: in Panik sein

**panicle** ['pænɪkl] *n. (Bot.)* Rispe, *die*

**panic: ~-monger** *n.* Panikmacher, *der*/-macherin, *die*; **~ stations** *n. pl. (fig. coll.)* **be at ~ stations** am Rotieren sein *(ugs.)* (**about** wegen); **it was ~ stations** alles war am Rotieren *(ugs.)*; **~-stricken, ~-struck** *adjs.* von Panik erfaßt *od.* ergriffen

**pannier** ['pænɪə(r)] *n.* **a)** *(basket)* Lastkorb, *der*; **b)** *(bag)* Packtasche, *die*

**panoply** ['pænəplɪ] *n.* Palette, *die (fig.)*; **the full ~ of a state burial** ein Staatsbegräbnis mit allem, was dazu gehört; **a wonderful ~ of colours** eine herrliche Farbenpracht

**panorama** [pænə'rɑ:mə] *n.* Panorama, *das*; *(fig.: survey)* Überblick, *der* (**of** über + *Akk.*); **aerial ~**: Luftaufnahme, *die*

**panoramic** [pænə'ræmɪk] *adj.* Panorama-; **~ survey** *(fig.)* umfassender Überblick (**of** über + *Akk.*)

**'pan-pipes** *n. pl. (Mus.)* Panflöte, *die*

**pansy** ['pænzɪ] *n.* **a)** *(Bot.)* Stiefmütterchen, *das*; **b)** *(coll.: effeminate man)* Schwuchtel, *die (ugs.)*; Tunte, *die (ugs.)*

**pant** [pænt] **1.** *v. i.* keuchen; ‹*Hund*:› hecheln. **2.** *v. t.* **~ [out]** keuchend hervorstoßen ‹*Nachricht, Worte*›

**~ for** *v. t.* ringen nach ‹*Luft, Atem*›; schnappen nach ‹*Luft*›; lechzen nach ‹*Getränk*›

**pantechnicon** [pæn'teknɪkən] *n.* **~ [van]** *(Brit.)* Möbelwagen, *der*

**pantheism** ['pænθɪɪzm] *n., no art. (Relig.)* Pantheismus, *der*

**pantheist** ['pænθɪɪst] *n. (Relig.)* Pantheist, *der*/Pantheistin, *die*

**pantheistic** [pænθɪ'ɪstɪk], **pantheistical** [pænθɪ'ɪstɪkl] *adj. (Relig.)* pantheistisch

**pantheon** ['pænθɪən, pæn'θi:ən] *n.* Pantheon, *das*

**panther** ['pænθə(r)] *n. (Zool.)* **a)** Panther, *der*; **b)** *(Amer.: puma)* Puma, *der*; Berglöwe, *der*

**pantie-girdle** ['pæntɪgɜ:dl] *n. (coll.)* Miederhose, *die*

**panties** ['pæntɪz] *n. pl. (coll.)* **[pair of] ~**: Schlüpfer, *der*

**pantihose** ['pæntɪhəʊz] *see* **tights 3 a**

**pantile** ['pæntaɪl] *n. (Building)* Hohlpfanne, *die*

**panto** ['pæntəʊ] *n., pl.* **~s** *(Brit. coll.) see* **pantomime a**

**pantograph** ['pæntəgrɑ:f] *n.* **a)** *(for copying)* Pantograph, *der*; Storchschnabel, *der*; **b)** *(Electr.)* Scherenstromabnehmer, *der*

**pantomime** ['pæntəmaɪm] *n.* **a)** *(Brit.)* *Märchenspiel im Varietéstil, das um Weihnachten aufgeführt wird*; **b)** *(gestures)* Pantomime *die*

**pantry** ['pæntrɪ] *n.* Speisekammer, *die*; **[butler's] ~**: Anrichtezimmer, *das*

**pants** [pænts] *n. pl.* **a)** *(esp. Amer. coll.: trousers)* **[pair of] ~**: Hose, *die;* **bore/scare the ~ off sb.** *(fig. coll.)* jmdn. zu Tode langweilen/erschrecken; **talk the ~ off sb.** *(fig. sl.)* jmdn. vollabern *od.* vollquatschen *(ugs.)*; **catch sb. with his ~ down** *(fig. sl.)* jmdn. unvorbereitet treffen; *see also* **kick 1 a; b)** *(Brit. coll.: underpants)* Unterhose, *die*

**'pant suit** *n.* Hosenanzug, *der*

**panzer** ['pæntsə(r)] *adj. (Mil.)* Panzer-

**pap** [pæp] *n. (food)* Brei, *der; (fig. derog.)* Schmarren, *der (ugs. abwertend)*

**papa** [pə'pɑ:] *n. (arch. child lang.)* Papa, *der (fam.)*

**papacy** ['peɪpəsɪ] *n.* **a)** *no pl. (office)* Papat, *der;* **be elected to the ~**: zum Papst gewählt werden; **b)** *(tenure)* Amtszeit als Papst; **c)** *no pl. (papal system)* Papsttum, *das*

**papal** ['peɪpl] *adj.* päpstlich; *see also* **infallibility**

**paparazzo** [pæpæ'rɑ:tsəʊ] *n., pl.* **paparazzi** [pæpæ'rɑ:tsi:] Paparazzo, *der*

**papaw** [pə'pɔ:], **papaya** [pə'paɪə] *n. (Bot.)* **a)** *(tree)* **~ [tree]** Papaya- *od.* Melonenbaum, *der;* **b)** *(fruit)* Papaya[frucht], *die*

**paper** ['peɪpə(r)] **1.** *n.* **a)** *(material)* Papier, *das;* **put sth. down on ~**: etw. schriftlich festhalten *od.* niederlegen; **it looks all right on ~** *(in theory)* auf dem Papier sieht es ganz gut aus; **put pen to ~**: zur Feder greifen; **the treaty** *etc.* **isn't worth the ~ it's written on** *(coll.)* der Vertrag *usw.* ist nicht das Papier wert, auf dem er geschrieben steht; **b)** *in pl. (documents)* Dokumente; Unterlagen *Pl.; (to prove identity etc.)* Papiere *Pl.;* **c)** *(in examination) (Univ.)* Klausur, *die; (Sch.)* Arbeit, *die;* **d)** *(newspaper)* Zeitung, *die;* **daily/weekly ~**: Tages-/Wochenzeitung, *die;* **e)** *(wallpaper)* Tapete, *die;* **f)** *(wrapper)* Stück Papier; **don't scatter the ~s all over the floor** wirf das Papier nicht überall auf den Boden; **g)** *(learned article)* Referat, *das; (shorter)* Paper, *das;* **h)** *no pl., no indef. art. (Commerc.: bills of exchange etc.)* [Wert]papiere. **2.** *adj.* **a)** *(made of ~)* aus Papier *nachgestellt;* Papier⟨*mütze, -taschentuch*⟩; **b)** *(theoretical)* nominell ⟨*zahlenmäßige Stärke, Profit*⟩. **3.** *v. t.* tapezieren

**~ 'over** *v. t.* [mit Tapete] überkleben; **~ over the cracks** *(fig.: cover up mistakes/differences)* die Fehler/Differenzen übertünchen

**paper: ~back 1.** *n.* Paperback, *das; (pocket-size)* Taschenbuch, *das;* **available in ~back** als Paperback/Taschenbuch erhältlich; **2.** *adj.* **~back edition** Paperback-/Taschenbuchausgabe, *die;* **~back book** Paperback, *das*/Taschenbuch, *das;* **~ 'bag** *n.* Papiertüte, *die;* **~-boy** *n.* Zeitungsjunge, *der;* **~ chain** *n.* Papiergirlande, *die;* **~-chase** *n.* Schnitzeljagd, *die;* **~-clip** *n.* Büroklammer, *die; (larger)* Aktenklammer, *die;* **~ 'cup** *n.* Pappbecher, *der;* **~ currency** *see* **~ money; ~-girl** *see* **news-girl; ~ 'handkerchief** *n.* Papiertaschentuch, *das;* **~-hanger** *n.* Tapezierer, *der*/Tapeziererin, *die;* **~-hanging** *n.* Tapezieren, *das;* **~ 'hanky** *n. (coll.)* Papiertaschentuch, *das;* **~-knife** *n.* Brieföffner, *der;* **~-making** *n., no pl.* Papierherstellung, *die;* **~-mill** *n.* Papierfabrik *od.* -mühle, *die;* **~ money** *n.* Papiergeld, *das;* **~ 'napkin** *n.* Papierserviette, *die;* **~ 'plate** *n.* Pappteller, *der;* **~ qualification** *n.* Zeugnis, *das;* **~-round** *n.* Zeitungenaustragen, *das;* **on one's ~-round** beim Zeitungenaustragen; **have/do a ~-round** Zeitungen austragen; **~ servi'ette** *see* **~ napkin; ~-shop** *n.* Zeitungsgeschäft, *das;* **~-thin** *adj. (lit. or fig.)* hauchdünn; **~ 'tiger** *see* **tiger a; ~ 'towel** *n.* Papierhandtuch, *das;* **~weight** *n.* Briefbeschwerer, *der;* **~work** *n.* **a)** Schreibarbeit, *die;* Papierkram, *der (abwertend);* **b)** *(documents)* Unterlagen *Pl.*

**papery** ['peɪpərɪ] *adj.* papierartig; **be ~**: wie Papier sein

**papier mâché** [pæpjeɪ 'mæʃeɪ, pæpjeɪ 'mɑ:ʃeɪ] *n.* Papiermaché, *das;* Pappmaché, *das*

**papist** ['peɪpɪst] *n. (Relig. derog.)* Papist, *der*/Papistin, *die (abwertend)*

**papoose** [pə'pu:s] *n.* Kleinkind, *das (bei den nordamerikanischen Indianern)*

**paprika** ['pæprɪkə, pə'pri:kə] *n.* **a)** *see* **pepper 1 b; b)** *(Cookery: condiment)* Paprika, *der*

**Papua New Guinea** [pɑ:pʊə nju: 'gɪnɪ] *pr. n.* Papua-Neuguinea *(das)*

**papyrus** [pə'paɪrəs] *n., pl.* **papyri** [pə'paɪraɪ] Papyrus, *der*

**par** [pɑ:(r)] *n.* **a)** *(average)* **above/below ~**: über/unter dem Durchschnitt; **the work is [well] below ~**: die Arbeit liegt [weit] unter dem üblichen Niveau; **feel rather below ~, not feel up to ~** *(fig.)* nicht ganz auf dem Posten *od.* Damm sein *(ugs.)*; **b)** *(equality)* **be on a ~**: vergleichbar sein; **be on a ~ with sb./sth.** jmdm./einer Sache gleichkommen; **c)** *(Golf)* Par, *das;* **that's about ~ for the course** *(fig. coll.)* das ist so das Übliche; **d)** *(Commerc.: nominal value)* **~ [of exchange]** Wechselkurs, *der;* **be at/above/below ~** ⟨*Aktie, Wert:*⟩ al/über/unter pari stehen

**para** ['pærə] *n. (coll.)* **a)** *(paratrooper)* Para, *der;* **b)** *(paragraph)* Absatz, der

**para.** *abbr.* **paragraph** Abs.; *(in contract or law)* Paragr.

**parable** ['pærəbl] *n.* Gleichnis, *das;* Parabel, *die (bes. Literaturw.)*

**parabola** [pə'ræbələ] *n. (Geom.)* Parabel, *die*

**parabolic** [pærə'bɒlɪk] *adj. (Geom.)* parabolisch; **~ mirror** Parabolspiegel, *der*

**parachute** ['pærəʃu:t] **1.** *n.* **a)** Fallschirm, *der;* **b)** *(to brake aircraft etc.)* Bremsfallschirm, *der.* **2.** *v. t.* [mit dem Fallschirm] absetzen ⟨*Person*⟩ **(into** über + *Dat.*); mit dem Fallschirm abwerfen ⟨*Vorräte*⟩. **3.** *v. i.* ⟨*Truppen:*⟩ [mit dem Fallschirm] abspringen **(into** über + *Dat.*). **4.** *adj.* Fallschirm⟨*absprung, -abwurf*⟩; *(Mil.)* Fallschirmjäger⟨*truppen, -regiment*⟩

**parachutist** ['pærəʃu:tɪst] *n.* **a) [sports] ~**: Fallschirmspringer, *der*/-springerin, *die;* **b)** *(Mil.)* Fallschirmjäger, *der*

**parade** [pə'reɪd] **1.** *n.* **a)** *(display)* Zurschaustellung, *die;* **make a ~ of** zur Schau stellen ⟨*Tugend, Eigenschaft*⟩; **make a ~ of one's knowledge** mit seinem Wissen paradieren *(geh.)*; **b)** *(Mil.: muster)* Appell, *der;* **on ~**: beim Appell; **c)** *(procession)* Umzug, *der; (of troops)* Parade, *die;* **d)** *(succession)* Reihe, *die;* **e)** *(promenade, street)* Promenade, *die;* **a ~ of shops** eine Reihe Läden. **2.** *v. t.* **a)** *(display)* zur Schau stellen; vorzeigen ⟨*Person*⟩ **(before** bei); **b)** *(march through)* **~ the streets** durch die Straßen marschieren; **c)** *(Mil.: muster)* antreten lassen. **3.** *v. i.* paradieren; **the national teams ~d round the stadium** die Nationalmannschaften marschierten durch das Stadion

**pa'rade-ground** *n.* Exerzierplatz, *der*

**paradigm** ['pærədaɪm] *n. (esp. Ling.)* Paradigma, *das*

**paradise** ['pærədaɪs] *n.* Paradies, *das;* **children's/gourmet's ~**: Paradies für Kinder/Gourmets; **an earthly ~**: ein Paradies auf Erden; **this is ~!** himmlisch! *See also* **bird of paradise; fool's paradise**

**paradox** ['pærədɒks] *n.* **a)** Paradox[on], *das;* **b)** *no pl., no indef. art. (quality)* Paradoxie, *die;* Widersprüchlichkeit, *die*

**paradoxical** [pærə'dɒksɪkl] *adj.* paradox

**paradoxically** [pærə'dɒksɪkəlɪ] *adv.* paradox; *as sentence-modifier* paradoxerweise

**paraffin** ['pærəfɪn] *n.* **a)** *(Chem.)* Paraffin, *das;* **b)** *(Brit.: fuel)* Petroleum, *das; attrib.* Petroleum⟨*lampe, -kocher*⟩; **c) liquid ~** *(Brit.: laxative)* Paraffinöl, *das*

**paraffin: ~ 'oil** *(Brit.) see* **paraffin b; ~ 'stove** *n.* Petroleumkocher, *der; (for heating)* Petroleumofen, *der;* **~ 'wax** *n.* Paraffin[wachs], *das*

**paragon** ['pærəgən] Muster, *das* **(of** an + *Dat.*); **a ~ of beauty** der Inbegriff der Schönheit; **~ of virtue** Tugendheld, *der*

**paragraph** ['pærəgrɑ:f] *n.* **a)** *(section of text)* Absatz, *der;* **b)** *(subsection of law etc.)* Paragraph, *der;* **c)** *(Journ.: news item)* Notiz, *die;* **d)** *(symbol)* Absatzzeichen, *das*

**Paraguay** ['pærəgwaɪ] *pr. n.* Paraguay *(das)*

**Paraguayan** [pærə'gwaɪən] **1.** *adj.* paraguayisch; **sb. is ~**: jmd. ist Paraguayer/Paraguayerin. **2.** *n.* Paraguayer, *der*/Paraguayerin, *die*

**parakeet** ['pærəki:t] *n. (Ornith.)* Sittich, *der*

**parallax** ['pærəlæks] *n. (Astron., Phys.)* Parallaxe, *die*

**parallel** ['pærəlel] **1.** *adj.* **a)** parallel; **line A is ~ to line B** *(Geom.)* Gerade A ist der Geraden B parallel; **the railway ran ~ to the river** die Bahnlinie verlief parallel zum Fluß; **~ bars** *(Gymnastics)* Barren, *der;* **b)** *(fig.: similar)* vergleichbar; **be ~**: sich *(Dat.)* [genau] entsprechen; *(share common features)* Parallelen aufweisen; **there is nothing ~ to this in history** dazu gibt es in der Geschichte keine Parallele. **2.** *n.* **a)** Parallele, *die;* **this has no ~** *or* **is without ~**: dazu gibt es keine Parallele; **there is a ~ between x and y** es gibt eine Parallelität zwischen x und y; **the two societies are ~s** die beiden Gesellschaften gleichen sich; **b)** *(Electr.)* **be connected in ~**: parallelgeschaltet sein; **c)** *(Geog.)* **~ [of latitude]** Breitenkreis, *der;* **the 42nd ~**: der 42. Breitengrad; **d)** *(Astron.)* Deklinationskreis, *der.* **3.** *v. t.* **a)** *(match)* gleichkommen (+ *Dat.*); **his arrogance cannot be ~ed** seine Arroganz ist beispiellos; **b)** *(find sth. similar to)* **this behaviour may be ~ed in human life** eine Parallele zu diesem Verhalten läßt sich beim Menschen feststellen; **c)** *(compare)* vergleichen

**parallelism** ['pærəlelɪzm] *n. (lit. or fig.)* Parallelität, *die* **(in** *Gen.*); Übereinstimmung, *die* **(in** *Gen.*)

**parallelogram** [pærə'leləgræm] *n. (Geom.)* Parallelogramm, *das*

**paralyse** ['pærəlaɪz] *v. t.* **a)** lähmen; paralysieren *(Med.)*; **he is ~d in both legs** seine beiden Beine sind gelähmt; **b)** *(fig.)* lahmlegen ⟨*Verkehr, Industrie*⟩; zum Erliegen bringen ⟨*Verkehr*⟩; **be ~d with fright** vor Schreck wie gelähmt sein; **be ~d** ⟨*Verkehr:*⟩ zum Erliegen gekommen sein

**paralysis** [pə'rælɪsɪs] *n., pl.* **paralyses** [pə'rælɪsi:z] Lähmung, *die;* Paralyse, *die (Med.)*; *(fig., of industry, traffic)* Lahmlegung, *die*

**paralytic** [pærə'lɪtɪk] **1.** *adj.* **a)** gelähmt; paralytisch *(Med.)*; **b)** *(Brit. sl.: very drunk)* [stock-, sternhagel]voll *(salopp)*. **2.** *n.* Gelähmte, *der/die;* Paralytiker, *der*/Paralytikerin, *die (Med.)*

**paralyze** *(Amer.) see* **paralyse**

**paramedic** [pærə'medɪk] *n.* medizinische Hilfskraft

**paramedical** [pærə'medɪkl] *adj.* **~ personnel/staff** medizinisches Hilfspersonal; *(in hospital)* nichtärztliches Personal; **~ training** Ausbildung zur medizinischen Hilfskraft

**parameter** [pə'ræmɪtə(r)] **a)** *(defining feature)* Faktor, *der;* **b)** *(Math.)* Parameter, *der*

**paramilitary** [pærə'mɪlɪtərɪ] *adj.* paramilitärisch; halbmilitärisch

**paramount** ['pærəmaʊnt] *adj.* **a)** *(supreme)* höchst... ⟨*Macht, Autorität*⟩; oberst... ⟨*Herrscher, Souverän*⟩; **b)** *(pre-eminent)* größt..., höchst... ⟨*Wichtigkeit*⟩; Haupt⟨*gesichtspunkt, -überlegung*⟩; **be ~** ⟨*Wunsch:*⟩ Vorrang haben

**paramour** ['pærəmʊə(r)] *n. (arch./rhet.)* Buhle, *der/die (dichter. veralt.)*

**paranoia** [pærə'nɔɪə] *n.* **a)** *(disorder)* Paranoia, *die (Med.)*; **b)** *(tendency)* **[feeling of]** ~: krankhaftes Mißtrauen; Verfolgungswahn, *der*

**paranoiac** [pærə'nɔɪæk], **paranoic** [pærə'nəʊɪk] **1.** *n. (Med.)* Paranoiker, *der*/Paranoikerin, *die*; **be a** ~ *(fig.)* an Verfolgungswahn leiden. **2.** *adj. (Med.)* paranoisch; *(fig.)* krankhaft [gesteigert] ⟨*Mißtrauen*⟩

**paranoid** ['pærənɔɪd] **1.** *adj. (Med.)* paranoid *(fachspr.)*; *(fig.)* wahnhaft; krankhaft [gesteigert] ⟨*Mißtrauen, Abneigung, Angst*⟩; **be** ~: an Verfolgungswahn leiden; **he's** ~ **about his boss** er bildet sich ein, daß sein Chef ihn schikanieren will. **2.** *n. (Med.)* Paranoiker, *der*/Paranoikerin, *die*; **be a** ~: paranoid sein; an Verfolgungswahn leiden

**paranormal** [pærə'nɔ:ml] *adj.* paranormal; übersinnlich

**parapet** ['pærəpɪt, 'pærəpet] *n.* **a)** *(low wall or barrier)* Brüstung, *die*; **b)** *(Mil.)* Parapett, *das (hist.)*; Brustwehr, *die*

**paraphernalia** [pærəfə'neɪlɪə] *n. sing.* **a)** *(personal belongings)* Utensilien *Pl.*; **b)** *(equipment) (of justice, power)* Instrumentarium, *das (geh.)*; Apparat, *der*; *(of war)* Material, *das*; **equestrian/sporting/photographic** ~: Reit-/Sport-/Fotoausrüstung, *die*; **the whole** ~ *(coll.)* alles, was so dazugehört *(ugs.)*

**paraphrase** ['pærəfreɪz] **1.** *n.* Umschreibung, *die*; Paraphrase, *die (fachspr.)*. **2.** *v. t.* umschreiben; paraphrasieren *(fachspr.)*

**paraplegia** [pærə'pli:dʒɪə] *n. (Med.)* Paraplegie, *die (fachspr.)*; ≈ Querschnittslähmung, *die*

**paraplegic** [pærə'pli:dʒɪk] *(Med.)* **1.** *adj.* doppelseitig gelähmt; paraplegisch *(fachspr.)*. **2.** *n.* doppelseitig Gelähmter/Gelähmte; Paraplegiker, *der*/Paraplegikerin, *die (fachspr.)*

**parapsychology** [pærəsaɪ'kɒlədʒɪ] *n.* Parapsychologie, *die*

**paraquat** ['pærəkwɒt] *n. (Agric.)* Paraquat, *das (ein Kontaktherbizid)*

**parasite** ['pærəsaɪt] *n.* **a)** *(Biol.)* Schmarotzer, *der*; Parasit, *der (fachspr.)*; **b)** *(fig. derog.: person)* Schmarotzer, *der*; Parasit, *der*; **be a total** ~: nur schmarotzen

**parasitic** [pærə'sɪtɪk] *adj.* **a)** *(Biol.)* parasitisch; parasitär ⟨*Pilz*⟩; **be** ~ **on** schmarotzen in (+ *Dat.*); ⟨*Pflanze:*⟩ schmarotzen auf *od.* an (+ *Dat.*); **b)** *(fig.)* schmarotzerisch; schmarotzerhaft; **be** ~ **on** als Schmarotzer leben von

**parasitism** ['pærəsaɪtɪzm] *n., no pl.* **a)** *(Biol.)* Parasitismus, *der*; **b)** *(fig.)* Schmarotzertum, *das*

**parasol** ['pærəsɒl] *n.* Sonnenschirm, *der*; Parasol, *der od. das (veralt.)*

**parasympathetic** [pærəsɪmpə'θetɪk] *adj. (Anat.)* parasympathisch; ~ **nerve** Parasympathikus, *der*

**paratrooper** ['pærətru:pə(r)] *n. (Mil.)* Fallschirmjäger, *der*

**paratroops** ['pærətru:ps] *n. pl. (Mil.)* Fallschirmjägertruppe, *die*; Fallschirmjäger *Pl.*

**paratyphoid** [pærə'taɪfɔɪd] *(Med.) n.* Paratyphus, *der*

**parboil** ['pɑ:bɔɪl] *v. t. (Cookery)* ankochen

**parcel** ['pɑ:sl] **1.** *n.* **a)** *(package)* Paket, *das*; **send/receive sth. by** ~ **post** etw. mit der Paketpost *od.* als Postpaket schicken/bekommen; **b) a** ~ **of land** ein Stück Land; *see also* **part 1 a. 2.** *v. t., (Brit.)* **-ll-** [zu Paketen] verpacken

~ **'out** *v. t.* aufteilen ⟨*Land*⟩

~ **'up** *v. t.* einwickeln

**'parcel bomb** *n.* Paketbombe, *die*

**parch** [pɑ:tʃ] **1.** *v. t.* **a)** *(dry out)* ausdörren, austrocknen ⟨*Land, Boden*⟩; **b)** *(toast)* rösten ⟨*Kerne*⟩. **2.** *v. i.* ⟨*Haut:*⟩ austrocknen

**parched** [pɑ:tʃt] *adj.* ausgedörrt ⟨*Kehle, Land, Boden*⟩; trocken ⟨*Lippen*⟩; **I am [absolutely]** ~ **[with thirst]** meine Kehle ist wie ausgetrocknet

**parchment** ['pɑ:tʃmənt] *n.* **a)** *(skin)* Pergament, *das*; **b)** *(manuscript)* Pergament, *das*; *(document)* Urkunde, *die*

**pardon** ['pɑ:dn] **1.** *n.* **a)** *(forgiveness)* Vergebung, *die (geh.)*; Verzeihung, *die*; **ask sb.'s** ~ **for sth.** jmdn. wegen etw. um Verzeihung bitten; **no** ~ **will be given** es gibt kein Pardon; Pardon wird nicht gegeben; **b) beg sb.'s** ~: jmdn. um Entschuldigung *od. (geh.)* Verzeihung bitten; **I beg your** ~: entschuldigen *od.* verzeihen Sie bitte; *(please repeat)* wie bitte? *(auch iron.)*; **I do beg your** ~: entschuldigen Sie bitte vielmals; **beg** ~ *(coll.)* Entschuldigung; Verzeihung; ~? *(coll.)* bitte?; ~! *(coll.)* Entschuldigung!; **c)** *(Law)* **[free]** ~: Begnadigung, *die*; **grant sb. a** ~: jmdn. begnadigen. **2.** *v. t.* **a)** *(forgive)* ~ **sb.'s infidelity** jmdm. seine Untreue verzeihen; ~ **sb. [for] sth.** jmdm. etw. verzeihen; **b)** *(excuse)* entschuldigen; ~ **my saying so, but ...**: entschuldigen Sie bitte, daß ich es so ausdrücke, aber...; **one could be ~ed for thinking ...** es wäre zu entschuldigen, wenn man dächte, ...; ~ **'me!** Entschuldigung!; **c)** *(Law)* begnadigen

**pardonable** ['pɑ:dənəbl] *adj.* verzeihlich; entschuldbar; verständlich ⟨*Sorge*⟩

**pardonably** ['pɑ:dənəblɪ] *adv.* verständlicherweise

**pare** [peə(r)] *v. t.* **a)** *(trim)* schneiden ⟨*Finger-, Zehennägel*⟩; zurichten, beschneiden ⟨*Hufe*⟩; **b)** *(peel)* schälen ⟨*Apfel, Kartoffel*⟩

~ **a'way** *v. t.* abschälen ⟨*Rinde*⟩; *(fig.)* beschneiden, schmälern ⟨*Privileg, Profit usw.*⟩

~ **'down** *v. t. (fig.: reduce)* reduzieren, kürzen ⟨*Ausgaben, Kosten, Zuschuß*⟩

**parent** ['peərənt] *n.* **a)** Elternteil, *der*; **~s** Eltern *Pl.*; **duties as a** ~: elterliche Pflichten; **b)** *(Bot., Zool.)* Elter, *der od. das (fachspr.)*; *(Bot. also)* Mutterpflanze, *die*; *(Zool. also)* Elterntier, *das*; **c)** *(fig.: source)* Quelle, *die*; **d)** *attrib.* Mutter⟨*pflanze, -baum, -zelle, -gesellschaft*⟩; Stamm⟨*firma, -organisation, -organismus*⟩; ~ **ship** *(Naut.)* Mutterschiff, *das*

**parentage** ['peərəntɪdʒ] *n. (lit. or fig.)* Herkunft, *die*; *(fig. also)* Ursprung, *der*

**parental** [pə'rentl] *adj.* elterlich ⟨*Gewalt*⟩; Eltern⟨*pflicht, -haus, -liebe*⟩; ⟨*Abweisung*⟩ durch die Eltern; ~ **approval/discipline** Zustimmung/disziplinierende Maßnahmen der Eltern

**parenthesis** [pə'renθɪsɪs] *n., pl.* **parentheses** [pə'renθɪsi:z] **a)** *(bracket)* runde Klammer; Parenthese, *die (fachspr.)*; **b)** *(word, clause, sentence)* Parenthese, *die (geh.)*; Einschub, *der*; **in** ~: als Parenthese *od.* Einschub; *(fig.)* nebenbei; am Rande

**parenthetic** [pærən'θetɪk], **parenthetical** [pærən'θetɪkl] *adj.* eingeschoben; parenthetisch *(fachspr.)*

**parenthetically** [pærən'θetɪkəlɪ] *adv.* parenthetisch; in Parenthese *(geh.)*; *(fig.)* nebenbei, am Rande ⟨*hinzufügen, erwähnen, sagen*⟩

**parenthood** ['peərənthʊd] *n., no pl.* Elternschaft, *die*; **joys of** ~: Elternfreuden *Pl.*

**parent-'teacher association** *n.* Eltern-Lehrer-Vertretung, *die*

**parer** ['peərə(r)] *n.* Küchenmesser, *das*; **potato-~**: Kartoffelschälmesser, *das*

**par excellence** [pɑ:r 'eksəlɑ̃s] *adv.* par excellence *(geh.)*; schlechthin

**pariah** [pə'raɪə] **[social]** ~: Paria, *der (geh.)*; Ausgestoßene, *der/die*

**parietal** [pə'raɪətl] *adj. (Anat.)* parietal *(fachspr.)*; seitlich; ~ **bone** Scheitelbein, *das*

**paring** ['peərɪŋ] *n.* **a)** *(action) (of fruit, vegetables)* Schälen, *das*; *(of nails)* Schneiden, *das*; *(of hoofs)* Zurichten, *das*; Beschneiden, *das*; **b)** *usu. in pl. (peel, shaving, etc.)* Schalen, *die*; **nail ~s** abgeschnittene Nägel

**'paring-knife** *see* **parer**

**Paris** ['pærɪs] *pr. n.* Paris *(das)*

**parish** ['pærɪʃ] *n.* Gemeinde, *die*

**parish:** ~ **'church** *n.* Pfarrkirche, *die*; ~ **'council** *n. (Brit.)* Gemeinderat, *der*; ~ **'councillor** *n. (Brit.)* Gemeinderat, *der*/Gemeinderätin, *die*

**parishioner** [pə'rɪʃənə(r)] *n.* Gemeinde[mit]glied, *das*; **the ~s** die Gemeinde

**parish:** ~ **'priest** *n.* Gemeindepfarrer, *der*; **~-'pump** *adj. (Brit.)* krähwinklig *(abwertend)*, provinziell *(abwertend)* ⟨*Angelegenheit*⟩; **~-pump politics** Kirchturmpolitik, *die*; ~ **'register** *n.* Kirchenbuch, *das*

**Parisian** [pə'rɪzɪən] **1.** *n.* Pariser, *der*/Pariserin, *die*. **2.** *adj.* Pariser ⟨*Mode*⟩; **be** ~ ⟨*Person:*⟩ Pariser/Pariserin sein

**parity** ['pærɪtɪ] *n.* **a)** *(equality)* Parität, *die (geh.)*; Gleichheit, *die*; **have** ~ **in voting rights** das gleiche Stimmrecht haben; ~ **of pay** gleiche Bezahlung; **b)** *(Commerc.)* Parität, *die*; **the** ~ **of sterling against the dollar** die Pfund-Dollar-Parität

**park** [pɑ:k] **1.** *n.* **a)** Park, *der*; *(land kept in natural state)* Natur[schutz]park, *der*; **b)** *(sports ground)* Sportplatz, *der*; *(stadium)* Stadion, *das*; *(Baseball, Footb.)* Spielfeld, *das*; **c) amusement** ~: Vergnügungspark, *der*; **business** ~: Betriebsgelände, *das*. *See also* **industrial park; science park; theme park. 2.** *v. i.* parken; **find somewhere to** ~: einen Parkplatz finden; **there's nowhere to** ~: da kann man nicht parken; *(all spaces are occupied)* da ist kein Parkplatz frei. **3.** *v. t.* **a)** *(place, leave)* abstellen ⟨*Fahrzeug*⟩; parken ⟨*Kfz*⟩; **the car was ~ed right in front of the house** das Auto parkte genau vor dem Haus; **a ~ed car** ein geparktes *od.* parkendes Auto; **b)** *(coll.: leave, put)* deponieren ⟨*scherzh.*⟩; ~ **oneself [down]** *(sl.)* sich [hin]pflanzen *(ugs.)*; ~ **oneself on sb.** *(sl.)* sich bei jmdm. häuslich niederlassen *(ugs.)*

**parka** ['pɑ:kə] *n.* Parka, *der*

**park-and-'ride** *n.* Park-and-ride-System, *das*; *(place)* Park-and-ride-Parkplatz, *der*

**parking** ['pɑ:kɪŋ] *n., no pl., no indef. art.* Parken, *das*; **'No** ~' „Parken verboten"; **there is no** ~ **in the main street** auf der Hauptstraße ist Parkverbot; **'P~ for 500 cars'** „500 Parkplätze"

**parking:** ~ **attendant** *n.* Parkplatzwächter, *der*/-wächterin, *die*; **~-disc** *n.* Parkscheibe, *die*; ~ **fine** *n.* Geldbuße für falsches Parken; **~-light** *n.* Parklicht, *das*; Parkleuchte, *die*; **~-lot** *n. (Amer.)* Parkplatz, *der*; **~-meter** *n.* Parkuhr, *die*; Parkometer, *das od. der*; ~ **offence** *n.* Verstoß gegen das Parkverbot; **~-space** *n.* **a)** *no pl.* Parkraum, *der*; **b)** *(single space)* Platz zum Parken; Parkplatz, *der*; *(between other vehicles)* Parklücke, *die*; **~-ticket** *n.* Strafzettel [für falsches Parken]

**Parkinson's** ['pɑ:kɪnsənz]: ~ **disease** *n. (Med.)* Parkinson-Krankheit, *die*; ~ **law** *n. (joc.)* das Parkinsonsche Gesetz

**park:** **~keeper** *n.* Parkwärter, *der*/-wärterin, *die*; **~land** *n.* Parklandschaft, *die*; **~way** *n. (Amer.)* *[für Lkw gesperrte]* Allee

**parky** ['pɑ:kɪ] *adj. (Brit. sl.)* frisch *(ugs.)*; kühl

**parlance** ['pɑ:ləns] *n.* Ausdrucksweise, *die*; Sprache, *die*; **in common/legal/modern** ~: im allgemeinen/juristischen/modernen Sprachgebrauch

**parley** ['pɑ:lɪ] **1.** *n.* Verhandlungen. **2.** *v. i.* verhandeln; **meet to** ~: sich zu Verhandlungen treffen

**parliament** ['pɑ:ləmənt] *n.* Parlament, *das*; **[Houses of] P~** *(Brit.)* Parlament, *das*; **in P~**: im Parlament; **be before P~** ⟨*Antrag:*⟩ im Parlament beraten werden; **open P~**: das parlamentarische Sitzungsjahr eröffnen; *see also* **member b**

**parliamentarian** [pɑ:ləmən'teərɪən] *n.* Parlamentarier, *der*/Parlamentarierin, *die*

**parliamentary** [pɑ:lə'mentərɪ] *adj.* parlamentarisch; Parlaments⟨*geschäfte, -wahlen,*

*-reform*›; P~ **approval** Zustimmung des Parlaments; *see also* **privilege 1 a; secretary b**

**'parlor car** *n. (Amer. Railw.)* Salonwagen, *der*

**parlour** (*Brit.; Amer.:* **parlor**) ['pɑːlə(r)] *n.* **a)** *(dated: sitting-room)* Wohnzimmer, *das;* gute Stube *(veralt.);* **b)** *(in mansion, convent, inn)* Salon, *der;* **c) ice-cream ~:** Eisdiele, *die;* **beauty/massage ~:** Schönheits-/Massagesalon, *der*

**parlour: ~ game** *n.* Gesellschaftsspiel, *das;* **~maid** *n. (Hist.)* Hausangestellte *od.* -gehilfin, *die;* **~ tricks** *n. pl.* gesellschaftliche Spielchen

**parlous** ['pɑːləs] *adj. (arch./joc.)* kritisch, bedenklich, besorgniserregend ‹*Zustand*›; kritisch ‹*Zeit*›

**Parmesan** ['pɑːmɪzæn, pɑːmɪ'zæn] *adj., n.* **~ [cheese]** Parmesan[käse], *der*

**parochial** [pə'rəʊkɪəl] *adj.* **a)** *(narrow)* krähwinklig *(abwertend);* eng ‹*Horizont*›; **be ~ in one's outlook** einen engen Horizont haben; **b)** *(Eccl.)* Gemeinde-; parochial *(fachspr.)*

**parochialism** [pə'rəʊkɪəlɪzm] *n.* Provinzialismus, *der (abwertend);* Engstirnigkeit, *die (abwertend)*

**parodist** ['pærədɪst] *n.* Parodist, *der*/Parodistin, *die;* **be a ~ of sth.** etw. parodieren

**parody** ['pærədɪ] **1.** *n.* **a)** *(humorous imitation)* Parodie, *die, (geh.)* Persiflage, *die* (**of** auf + *Akk.*); **b)** *(feeble imitation)* Abklatsch, *der (abwertend); (of justice)* Verhöhnung, *die.* **2.** *v. t.* parodieren; persiflieren *(geh.)*

**parole** [pə'rəʊl] **1.** *n. (conditional release)* bedingter Straferlaß *(Rechtsw.); (word of honour)* Ehrenwort, *das;* **he was released** *or* **let out on ~/he is on ~:** er wurde auf Bewährung entlassen; **he's on three months' ~:** er hat drei Monate Bewährung. **2.** *v. t. (Law)* **~ sb.** jmdm. seine Strafe bedingt erlassen

**paroxysm** ['pærəksɪzm] *n.* Krampf, *der; (fit, convulsion)* Anfall, *der* (**of** von); Paroxysmus, *der (Med., Geol.);* **~ of rage/laughter** Wut-/Lachanfall, *der;* **burst into ~s of laughter** einen Lachkrampf bekommen; **in a ~ of grief** außer sich vor Trauer

**parquet** ['pɑːkɪ, 'pɑːkeɪ] *n.* **~ [floor/flooring]** Parkett, *das*

**parricide** ['pærɪsaɪd] *see* **patricide**

**parrot** ['pærət] **1.** *n.* **a)** Papagei, *der;* **b)** *(fig.: person)* Nachplapperer, *der*/-plapperin, *die (abwertend).* **2.** *v. t.* nachplappern *(abwertend);* **~ sb.** jmdm. alles nachplappern

**'parrot-fashion** *adv.* papageienhaft, wie ein Papagei ‹*wiederholen*›; stur, mechanisch ‹*lernen*›; **repeat things ~:** [papageienhaft *od.* wie ein Papagei] nachplappern *od.* nachschwatzen

**parry** ['pærɪ] **1.** *v. t. (Boxing)* abwehren ‹*Faustschlag*›; *(Fencing; also fig.)* parieren ‹*Fechthieb, Frage*›. **2.** *n. (Boxing)* Abwehr, *die; (Fencing)* Parade, *die;* **make a ~** *(Boxing)* abwehren; *(Fencing)* parieren

**parse** [pɑːz] *v. t. (Ling.)* grammatisch beschreiben ‹*Wort*›; grammatisch analysieren ‹*Satz*›

**parsimonious** [pɑːsɪ'məʊnɪəs] *adj.* sparsam; *(niggardly)* geizig; *(sparing)* sparsam; **be ~ with sth.** mit etw. geizen

**parsimony** ['pɑːsɪmənɪ] *n. (meanness)* Geiz, *der; (carefulness)* Sparsamkeit, *die*

**parsley** ['pɑːslɪ] *n., no pl., no indef. art.* Petersilie, *die*

**parsley: ~ butter** *n.* Petersilienbutter, *die;* **~ 'sauce** *n.* Petersiliensauce, *die*

**parsnip** ['pɑːsnɪp] *n.* Gemeiner Pastinak, *der;* Pastinake, *die; see also* **butter 2**

**parson** ['pɑːsn] *n. (vicar, rector)* Pfarrer, *der; (coll.: any clergyman)* Geistliche, *der;* Pfaffe, *der (abwertend); see also* **nose 1 a**

**parsonage** ['pɑːsənɪdʒ] *n.* Pfarrhaus, *das*

**part** [pɑːt] **1.** *n.* **a)** Teil, *der; (element of history, family, character)* Bestandteil, *der;* **~ of the cake/newspaper** *etc.* ein Teil des Kuchens/der Zeitung *usw.;* **the greater ~:** der größte Teil; der Großteil; **four-~:** vierteilig ‹*Serie*›; **the hottest ~ of the day** die heißesten Stunden des Tages; **accept ~ of the blame** die Schuld teilweise mit übernehmen; **he deserves no small ~ of the credit for this achievement** an diesem Erfolg hat er keinen geringen Anteil; **for the most ~:** größtenteils; zum größten Teil; **in ~:** teilweise; **in large ~:** groß[en]teils; **in ~s** zum Teil; **~ and parcel** wesentlicher Bestandteil; **the funny ~ of it was that he ...:** das Komische daran war, daß er ...; **it's [all] ~ of the fun/job** *etc.* das gehört [mit] dazu; **be** *or* **form ~ of sth.** zu etw. gehören; **be very much a ~ of sth.** wesentlicher Bestandteil von etw. sein; **the affected ~:** die befallene Partie; *see also* **better 1; b)** *(of machine or other apparatus)* [Einzel]teil, *das;* **spare/machine ~:** Ersatz-/Maschinenteil, *das;* **c)** *(share)* Anteil, *der;* **I want no ~ in this** ich möchte damit nichts zu tun haben; **what's your ~ in all this?** was hast du mit all dem zu tun?; **d)** *(duty)* Aufgabe, *die;* **do one's ~:** seinen Teil *od.* seine Pflicht *od.* das Seine tun; **e)** *(Theatre: character, words)* Rolle, *die;* Part, *der (geh.); (copy)* Rollentext, *der; (fig.)* **dress the ~:** die angemessene Kleidung tragen; **play a noble ~:** nobel handeln; **play a [great/considerable] ~** *(contribute)* eine [wichtige] Rolle spielen; **play a ~** *(act deceitfully)* schauspielern *(abwertend);* sich verstellen; *see also* **act 2 b; look 1 e; f)** *(Mus.)* Part, *der;* Partie, *die;* Stimme, *die;* **six-~** sechsstimmig ‹*Fuge, Harmonie*›; **g)** *usu. in pl. (region)* Gegend, *die; (of continent, world)* Teil, *der;* **be in foreign ~s** im Ausland sein; **I am a stranger in these ~s** ich kenne mich hier nicht aus; **in this** *or* **our/your ~ of the world** hierzulande/bei Ihnen; **h)** *(side)* Partei, *die;* **take sb.'s ~:** jmds. *od.* für jmdn. Partei ergreifen; **for my ~:** für mein[en] Teil; **on the ~ of** seitens (+ *Gen.*) *(Papierdt.);* von seiten (+ *Gen.*); **on my/your** *etc.* **~:** meiner-/deinerseits *usw.;* **i)** *pl. (abilities)* **a man of [many] ~s** ein [vielseitig] begabter *od.* befähigter Mann; **j)** *(Ling.)* **~ of speech** Wortart *od.* -klasse, *die; see also* **principal parts; k) take [no] ~ [in sth.]** sich [an etw. *(Dat.)*] [nicht] beteiligen; [bei etw.] [nicht] mitmachen; **those taking ~ were ...:** teilgenommen haben ...; **l) take sth. in good ~:** etw. nicht übelnehmen; **m)** *(Amer.) see* **parting 1 b. 2.** *adv.* teils; **an alloy which is ~ copper, ~ zinc** eine Legierung aus Kupfer und Zink; **~ ... [and] ~ ...:** teils ..., teils ... **3.** *v. t.* **a)** *(divide into parts)* teilen; scheiteln ‹*Haar*›; **b)** *(separate)* trennen; **a fool and his money are soon ~ed** *(prov.)* wer nicht aufpaßt, dem rinnt das Geld durch die Finger; **till death us do ~** *(in marriage vow)* bis daß der Tod uns scheidet; *see also* **company a. 4.** *v. i.* **a)** *(divide into parts)* ‹*Menge:*› eine Gasse bilden; ‹*Wolken:*› sich teilen; ‹*Vorhang:*› sich öffnen; *(become divided or broken)* ‹*Seil, Tau, Kette:*› reißen; ‹*Lippen:*› sich öffnen; **b)** *(separate)* ‹*Wege, Personen:*› sich trennen; **~ from sb./sth.** sich von jmdm./etw. trennen; **let us ~ friends** wir wollen als Freunde auseinandergehen; **~ with** sich trennen von ‹*Besitz, Geld*›; verzichten auf ‹*Kontrolle*›

**partake** [pɑː'teɪk] *v. i., forms as* **take 2** *(formal)* **a) ~ of** *(eat)* zu sich nehmen, einnehmen *(geh.)* ‹*Kost, Mahlzeit*›; *(joc.)* sich einverleiben *(scherzh.);* **b)** *(share)* **~ in** sich *(Dat.)* teilen ‹*Beute*›; teilhaben an (+ *Dat.*), teilen ‹*jmds. Schicksal, Freuden*›

**partaken** *see* **partake**

**parterre** [pɑː'teə(r)] *n.* **a)** *(Hort.)* Parterreanlage, *die;* **b)** *(Amer. Theatre)* Parterre, *das*

**part-ex'change 1.** *n.* **accept sth. in ~ for sth.** etw. für etw. in Zahlung nehmen; **sell sth. in ~:** etw. in Zahlung geben. **2.** *v. t.* in Zahlung geben

**parthenogenesis** [pɑːθɪnə'dʒenɪsɪs] *n., no pl. (Biol.)* Parthenogenese, *die (fachspr.);* Jungfernzeugung, *die*

**Parthian shot** [pɑːθɪən 'ʃɒt] *n. (remark)* spitze Schlußbemerkung; *(action)* Abschiedsgeste, *die*

**partial** ['pɑːʃl] *adj.* **a)** *(biased, unfair)* voreingenommen; parteiisch ‹*Urteil*›; **b) be/not be ~ to sb./sth.** *(like/dislike)* eine Schwäche/keine besondere Vorliebe für jmdn./etw. haben; **c)** *(incomplete)* partiell ‹*Lähmung, Sonnen-, Mondfinsternis*›; teilweise ‹*Verlust, Mißerfolg*›; Mit‹*verantwortung, -eigentümer usw.*›; **a ~ success** ein Teilerfolg

**partiality** [pɑːʃɪ'ælɪtɪ] *n.* **a)** *(fondness)* Vorliebe, *die; (for alcohol etc.)* Schwäche, *die;* **b)** *(bias)* Voreingenommenheit, *die;* Parteilichkeit, *die;* **show ~:** parteiisch *od.* voreingenommen sein

**partially** ['pɑːʃəlɪ] *adv.* zum Teil; teilweise

**participant** [pɑː'tɪsɪpənt] *n. (actively involved)* Beteiligte, *der/die* (**in** an + *Dat.*); *(in arranged event)* Teilnehmer, *der*/Teilnehmerin, *die* (**in** an + *Dat.*)

**participate** [pɑː'tɪsɪpeɪt] *v. i. (be actively involved)* sich beteiligen (**in** an + *Dat.*); *(in arranged event)* teilnehmen (**in** an + *Dat.*); *(have part or share)* partizipieren *(geh.),* teilhaben (**in** an + *Dat.*)

**participation** [pɑːtɪsɪ'peɪʃn] *n. (active involvement)* Beteiligung, *die* (**in** an + *Dat.*); *(in arranged event)* Teilnahme, *die* (**in** bei, an + *Dat.*); **worker ~:** industrielle Mitbestimmung; **audience ~:** Publikumsbeteiligung, *die*

**participator** [pɑː'tɪsɪpeɪtə(r)] *n.* Beteiligte, *der/die;* **be a ~ in sth.** sich an etw. *(Dat.)* beteiligen

**participatory** [pɑː'tɪsɪpeɪtərɪ] *adj.* ‹*Fernsehsendung, Theaterstück*› mit Zuschauerbeteiligung; ‹*Radiosendung*› mit Hörerbeteiligung; *(Polit.)* mit Bürgerbeteiligung *nachgestellt*

**participial** [pɑːtɪ'sɪpɪəl] *adj. (Ling.)* partizipial; Partizipial-

**participle** ['pɑːtɪsɪpl] *n. (Ling.)* Partizip, *das;* Mittelwort, *das;* **present/past ~:** Partizip Präsens/Perfekt; Mittelwort der Gegenwart/Vergangenheit

**particle** ['pɑːtɪkl] *n.* **a)** *(tiny portion; also Phys.)* Teilchen, *das; (of sand)* Körnchen, *das;* **b)** *(fig.)* Quentchen, *das (geh.); (of sense, truth)* Fünkchen, *das; (of truth also)* Körnchen, *das;* **c)** *(Ling.)* Partikel, *die*

**particoloured** (*Brit.; Amer.:* **particolored**) [pɑːtɪ'kʌləd] *adj.* bunt

**particular** [pə'tɪkjʊlə(r)] **1.** *adj.* **a)** *(special; more than ordinary)* besonder...; **which ~ place do you have in mind?** an welchen Ort denkst du speziell?; **here in ~:** besonders hier; **nothing/anything [in] ~:** nichts/irgend etwas Besonderes; **what in ~ made you so angry?** was genau hat dich so geärgert?; **b)** *(individual)* **each ~ hair** jedes [einzelne] Haar; **in his ~ case** in seinem [besonderen] Fall; **one ~ example of each type** ein Beispiel für jede Sorte; **c)** *(fussy, fastidious)* genau; eigen *(landsch.);* **I am not ~:** es ist mir gleich; **be ~ about sth.** es mit etw. genau nehmen; in etw. *(Dat.)* eigen sein *(landsch.);* **be ~ in one's habits** in allem genau *od. (landsch.)* eigen sein; **be ~ about what one eats** wählerisch im Essen sein; **d)** *(detailed)* detailliert, ausführlich ‹*Bericht*›; eingehend, genau, gründlich ‹*Kenntnis*›. **2.** *n.* **a)** *in pl. (details)* Einzelheiten; Details; *(of person)* Personalien *Pl.; (of incident)* nähere Umstände; **b)** *(detail)* Einzelheit, *die;* Detail, *das;* **describe sth. in every ~:** etw. in allen Einzelheiten beschreiben

**particularize (particularise)** [pə'tɪkjʊləraiz] **1.** *v.t.* spezifizieren. **2.** *v.i.* ins Detail gehen

**particularly** [pəˈtɪkjʊləlɪ] *adv.* **a)** *(especially)* besonders; **b)** *(specifically)* speziell; insbesondere

**parting** [ˈpɑːtɪŋ] **1.** *n.* **a)** *(leave-taking)* **[final] ~:** Trennung, *die;* Abschied, *der;* **b)** *(Brit.: in hair)* Scheitel, *der;* **side ~:** Seitenscheitel, *der;* **c) ~ of the ways** *(of road)* Gabelung, *die; (fig.: critical point)* Scheideweg, *der;* **we came to a ~ of the ways** *(fig.)* unsere Wege trennten sich. **2.** *attrib. adj.* Abschieds-; **~ shot** Schlußbemerkung, *die;* **~ glance/advice** Blick/Ratschlag zum Abschied

**partisan** [pɑːtɪˈzæn, ˈpɑːtɪzæn] **1.** *n.* **a)** *(adherent)* Anhänger, *der*/Anhängerin, *die; (of party also)* Parteigänger, *der*/-gängerin, *die (oft abwertend); (of cause also)* Befürworter, *der*/Befürworterin, *die;* **b)** *(Mil.)* Partisan, *der*/Partisanin, *die.* **2.** *adj.* **a)** *(often derog.: biased)* voreingenommen, parteiisch ⟨*Ansatz, Urteil, Versuch*⟩; Partei⟨*politik, -geist*⟩; **b)** *(Mil.)* Partisanen⟨*gruppe, -krieg, -aktivität*⟩

**partisanship** [pɑːtɪˈzænʃɪp, ˈpɑːtɪzænʃɪp] *n., no pl.* Parteinahme, *die;* Parteilichkeit, *die;* Voreingenommenheit, *die*

**partita** [pɑːˈtiːtə] *n. (Mus.)* Partita, *die;* Suite, *die*

**partition** [pɑːˈtɪʃn] **1.** *n.* **a)** *(division) (of text etc.)* Unterteilung, *die* **(into** in + *Akk.*); *(between subjects)* Trennung, *die;* **b)** *(Polit.)* Teilung, *die;* **c)** *(room-divider)* Trennwand, *die;* **d)** *(section of hall or library)* Abteilung, *die;* Bereich, *der;* **e)** *(Law: of estate etc.)* Aufteilung, *die.* **2.** *v.t.* **a)** *(divide)* aufteilen ⟨*Land, Zimmer*⟩; [unter]teilen ⟨*Zimmer*⟩; **b)** *(Polit.)* teilen ⟨*Land*⟩

**~ 'off** *v.t.* abteilen ⟨*Teil, Raum*⟩

**partitive** [ˈpɑːtɪtɪv] *(Ling.) adj.* partitiv ⟨*Wort, Nomen*⟩

**partly** [ˈpɑːtlɪ] *adv.* zum Teil; teilweise; **he was ~ responsible for the accident** er war mitschuldig an dem Unglück; **~ ... [and] ~ ...:** teils ..., teils ...

**partner** [ˈpɑːtnə(r)] **1.** *n.* Partner, *der*/Partnerin, *die;* **~ in crime** Komplize, *der*/Komplizin, *die (abwertend);* **business ~:** Geschäftspartner, *der*/-partnerin, *die;* **be a ~ in a firm** Teilhaber/-haberin einer Firma sein; **junior/senior ~:** Junior, *der*/Senior, *der;* **[dancing] ~:** Tanzpartner, *der*/-partnerin, *die;* **take your ~s** bitte Aufstellung nehmen; **tennis/croquet ~:** Tennis-/Krocketpartner, *der*/-partnerin, *die;* **~ [in marriage]** Ehepartner, *der*/-partnerin, *die; see also* **sleeping partner. 2.** *v.t.* **a)** *(make a ~)* **~ sb. with sb.** jmdn. mit jmdm. zusammenbringen; **be ~ed with sb.** jmds. Partner/Partnerin sein; **b)** *(be ~ of)* **~ sb.** jmds. Partner/Partnerin sein; **~ sb. at tennis/in the dance** mit jmdm. Tennis spielen/tanzen

**partnership** [ˈpɑːtnəʃɪp] *n.* **a)** *(association)* Partnerschaft, *die;* **they were a marvellous ~:** sie waren großartige Partner; **b)** *(Commerc.)* **business ~:** [Personen]gesellschaft, *die;* **go** *or* **enter into ~ with sb.** in jmds. Gesellschaft *(Akk.)* eintreten; **leave the ~:** aus der Gesellschaft ausscheiden

**partook** *see* **partake**

**part: ~-owner** *n.* Mitbesitzer, *der*/-besitzerin, *die;* **~ 'payment** *n.* **a)** *see* **part-exchange 1; b)** *(sum)* Anzahlung, *die*

**partridge** [ˈpɑːtrɪdʒ] *n., pl. same or* **~s** Rebhuhn, *das*

**part: ~-song** *n.* mehrstimmiges Lied; **~ 'time** *n.* **some employees were put on ~ time** einige Beschäftigte mußten kurzarbeiten; **~-time 1.** [ˈ--] *adj.* Teilzeit⟨*arbeit, -arbeiter*⟩; **be engaged on a ~-time basis to teach French** als Teilzeitlehrer/-lehrerin für Französisch eingestellt sein; **he is only ~-time** er ist nur eine Teilzeitkraft; **2.** [-ˈ-] *adv.* stundenweise, halbtags ⟨*arbeiten, studieren*⟩; **work ~-time** als Teilzeitkraft beschäftigt sein; **~-'timer** *n.* Teilzeitkraft, *die;* **study as a ~-timer** halbtags *od.* stundenweise studieren

**parturition** [pɑːtjʊˈrɪʃn] *n. (Physiol.)* Partus, *der (fachspr.);* Geburt, *die*

**part: ~-way** *adv.* **~-way down the slope he slipped** nachdem er ein Stück des Hangs bewältigt hatte, rutschte er aus; **we were ~-way through the tunnel** wir hatten ein Stück des Tunnels hinter uns; **go ~-way towards meeting sb.'s demands** jmds. Forderungen *(Dat.)* teilweise *od.* halbwegs entsprechen; **~-way through her speech** mitten in ihrer Rede; **~-work** *n. (Publishing)* Lieferungswerk, *das;* Partwork, *das*

**party** [ˈpɑːtɪ] *n.* **a)** *(group united in a cause etc.; Polit., Law)* Partei, *die; attrib.* Partei⟨*apparat, -versammlung, -mitglied, -politik, -politiker usw.*⟩; **opposing ~:** Gegenpartei, *die;* gegnerische Partei; **the P~:** die Partei; **~ loyalty** Treue zur Partei; **b)** *(group)* Gruppe, *die;* **a ~ of tourists** eine Touristengruppe; **hunting ~:** Jagdgesellschaft, *die;* **tennis ~:** Gruppe von Tennisspielern; **c)** *(social gathering)* Party, *die;* Fete, *die (ugs.); (more formal)* Gesellschaft, *die;* **office ~:** Betriebsfest, *das; see also* **birthday; dinner-party; tea-party; d)** *(participator)* Beteiligte, *der/die;* **be [a] ~ in** *or* **to sth.** sich an etw. *(Dat.)* beteiligen; **parties to an agreement/a dispute** Parteien bei einem Abkommen/streitende Parteien; **the guilty ~:** der/die Schuldige; *see also* **third party; e)** *(coll.: person)* Figur, *die (salopp);* **he's a funny old ~:** er ist ein komischer Kauz *(ugs.)*

**party: ~-coloured** *see* **particoloured; ~ game** *n.* Gesellschaftsspiel, *das;* **~ line** *n.* **a)** [ˈ---] *(Teleph.)* Gemeinschafts-, Sammelanschluß, *der;* **b)** [--ˈ-] *(Polit.)* Parteilinie, *die;* **what is the ~ line on this problem?** welche Linie verfolgt die Partei bei diesem Problem?; **~-'liner** *n. (Polit.)* linientreues Parteimitglied; **~ piece** *n.* **this song was my ~ piece** dieses Lied mußte ich auf jeder Gesellschaft zum besten geben; **~ 'politics** *n.* Parteipolitik, *die;* **~ pooper** [ˈpɑːtɪpuːpə(r)] *n. (Amer. sl.)* Partymuffel, *der;* **~ spirit** *n.* **a)** [--ˈ--] *(Polit.)* Parteigeist, *der;* **b)** [ˈ----] *(festive atmosphere)* Partystimmung, *die;* **get the ~ spirit going** die Party in Schwung *od.* Schwung in die Party bringen *(ugs.);* **~ trick** *n.* Trick, der auf Partys Stimmung erzeugt; **~-wall** *n.* Mauer zum Nachbargrundstück/-gebäude; Kommunmauer, *die (Rechtsspr.)*

**parvenu** [ˈpɑːvənuː] **1.** *n.* Parvenü, *der (geh.);* Emporkömmling, *der.* **2.** *adj.* arriviert; neureich; parvenühaft ⟨*Dreistigkeit*⟩

**pascal** [ˈpæskl] *n. (Phys.)* Pascal, *das*

**paschal** [ˈpæskl] *adj.* **a)** *(of Jewish Passover)* Passah-; **~ lamb** Passah[lamm], *das; (fig.)* Lamm Gottes; Agnus Dei *(fachspr.);* **b)** *(of Easter)* Oster-

**pash** [pæʃ] *n. (sl.)* Schulmädchenschwärmerei, *die; (person)* Schwarm, *der (ugs.);* **have a ~ for sb.** für jmdn. schwärmen

**pasha** [ˈpɑːʃə] *n. (Hist.)* Pascha, *der*

**paso doble** [pɑːsəʊ ˈdəʊbleɪ] *n. (Dancing)* Paso doble, *der*

**pasque-flower** *n.* Kuhschelle, *die*

**pass** [pɑːs] **1.** *n.* **a)** *(passing of an examination)* bestandene Prüfung; **be awarded a ~ with distinction** ein Examen mit Auszeichnung bestehen; **get a ~ in maths** die Mathematikprüfung bestehen; **'~'** *(mark or grade)* Ausreichend, *das;* [Note] Vier, *die;* **b)** *(written permission)* Ausweis, *der;* Erlaubnisschein, *der; (for going into or out of a place also)* Passierschein, *der; (Mil.: for leave)* Urlaubsschein, *der; (for free transportation)* Freifahrschein, *der; (for free admission)* Freikarte, *die;* **c)** *(critical position)* Notlage, *die;* kritische Lage; **things have come to a pretty ~ [when ...]** es muß schon weit gekommen sein[, wenn ...]; **d)** *(Football)* Paß, *der (fachspr.);* Ballabgabe, *die; (Tennis) see* **passing shot;** *(Fencing)* Ausfall, *der;* **make a ~ to a player** [den Ball] zu einem Spieler passen *(fachspr.) od.* abgeben; **make a ~ over** *(Aeronaut.)* überfliegen; **e)** *(by conjuror, hypnotist)* **~ [of the hands]** Handbewegung, *die;* **f) make a ~ at sb.** *(fig. coll.: amorously)* jmdm. gegenüber Annäherungsversuche machen; jmdn. anmachen *(ugs.);* **g)** *(in mountains)* Paß, *der;* **h)** *(strategic entrance into a country)* strategisch wichtiger Zugang; Schlüsselstellung, *die;* **i)** *(Cards)* Passen, *das.* **2.** *v.i.* **a)** *(move onward)* ⟨*Prozession:*⟩ ziehen; ⟨*Wasser:*⟩ fließen; ⟨*Gas:*⟩ strömen; *(fig.)* ⟨*Redner:*⟩ übergehen **(to zu); ~ further along** *or* **down the bus, please!** bitte weiter durchgehen!; **b)** *(go)* passieren; **~ through** ⟨*Blut:*⟩ fließen durch ⟨*Organ*⟩; ⟨*Zug, Reisender:*⟩ fahren durch ⟨*Land*⟩; ⟨*Faden:*⟩ gehen durch ⟨*Nadelöhr*⟩; **~ over** *(in plane)* überfliegen ⟨*Ort*⟩; **a cloud ~ed over the sun** eine Wolke schob sich vor die Sonne; **let sb. ~:** jmdn. durchlassen *od.* passieren lassen; **c)** *(be transported, lit. or fig.)* kommen; **~ into history/oblivion** in die Geschichte eingehen/in Vergessenheit geraten; **messages ~ed between them** Nachrichten wurden zwischen ihnen ausgetauscht; **the title/property ~es to sb.** der Titel/Besitz geht auf jmdn. über; **d)** *(change)* wechseln; **~ from one state/stage to another** von einem Zustand in einen anderen/von einem Stadium in ein anderes übergehen; **e)** *(go by)* ⟨*Fußgänger:*⟩ vorbeigehen; ⟨*Fahrer, Fahrzeug:*⟩ vorbeifahren; ⟨*Prozession:*⟩ vorbeiziehen; ⟨*Zeit, Sekunde:*⟩ vergehen; *(by chance)* ⟨*Person, Fahrzeug:*⟩ vorbeikommen; **let sb./a car ~:** jmdn./ein Auto vorbeilassen *(ugs.);* **make it impossible for sb./sth. to ~:** jmdm./einer Sache den Weg versperren; **he said hello as he ~ed** er grüßte im Vorbeigehen; **~ unheeded** ⟨*Bemerkung:*⟩ keine Beachtung finden; **she would not let this ~ without comment** das wollte sie nicht unkommentiert [im Raum stehen] lassen; **f)** *(be accepted as adequate)* durchgehen; hingehen; **let that/it/the matter ~:** das/es/die Sache durch- *od.* hingehen lassen; **g)** *(come to an end)* vorbeigehen; ⟨*Fieber:*⟩ zurückgehen, [ab]sinken; ⟨*Ärger, Zorn, Sturm:*⟩ sich legen; ⟨*Gewitter, Unwetter:*⟩ vorüberziehen; ⟨*Königreich, Volk:*⟩ untergehen; **h)** *(formal/arch. euphem.: die)* ableben *(veralt. geh.);* **~ out of this world** aus dieser Welt gehen *od.* scheiden *(geh. verhüll.);* **i)** *(happen)* passieren; *(between persons)* vorfallen; **bring/come to ~** *(arch.)* bewirken/sich zutragen *od.* begeben *(geh.);* **j)** *(be known)* **~ by** *or* **under the name of White** unter dem Namen White bekannt sein; **k)** *(be accepted)* durchgehen **(as** als, **for** für); **~ as currency** als Währung akzeptiert werden; **l)** *(be sanctioned)* ⟨*Gesetzentwurf:*⟩ angenommen werden, durchgehen; **m)** *(satisfy examiner)* bestehen; **let ~** ⟨*Zensor:*⟩ freigeben ⟨*Film, Buch, Theaterstück*⟩; **n)** *(circulate, be current)* im Umlauf sein; **o)** *(Chess)* **~ed pawn** Freibauer, *der;* **p)** *(Cards)* passen; **[I] ~!** [ich] passe! *See also* **crowd 1 a; ship 1 a. 3.** *v.t.* **a)** *(move past)* ⟨*Fußgänger:*⟩ vorbeigehen an (+ *Dat.*); ⟨*Fahrer, Fahrzeug:*⟩ vorbeifahren an (+ *Dat.*); ⟨*Prozession:*⟩ vorbeiziehen an (+ *Dat.*); *(by chance)* ⟨*Person, Fahrzeug:*⟩ vorbeikommen an (+ *Dat.*); **b)** *(overtake)* vorbeifahren an (+ *Dat.*) ⟨*Fahrzeug, Person*⟩; **c)** *(cross)* überschreiten ⟨*Schwelle, feindliche Linien, Grenze, Marke*⟩; nehmen, überwinden ⟨*Hindernis*⟩; **d)** *(be approved by)* ⟨*Film:*⟩ passieren ⟨*Zensur*⟩; ⟨*Gesetzentwurf:*⟩ verabschiedet werden von ⟨*Parlament*⟩; *(reach standard in)* bestehen ⟨*Prüfung*⟩; *(satisfy requirements of)* kommen durch ⟨*Kontrolle*⟩; **e)** *(approve)* verabschieden ⟨*Gesetzentwurf*⟩; annehmen

‹Vorschlag›; ‹Zoll:› abfertigen ‹Gepäck›; ‹Zensor:› freigeben ‹Film, Buch, Theaterstück›; bestehen lassen ‹Prüfungskandidaten›; ~ **sb. as fit** ‹Arzt:› jmdn. für gesund erklären; **f)** *(be too great for)* überschreiten, übersteigen ‹Auffassungsgabe, Verständnis›; **g)** *(move)* bringen; ~ **one's hand across one's face** sich mit der Hand über das Gesicht streichen; ~ **a rope/thread through a ring/the eye of a needle** ein Seil/einen Faden durch einen Ring/ein Nadelöhr ziehen *od.* führen; ~ **a duster over the furniture** mit einem Staubtuch über die Möbel wischen; ~ **meat through a mincer/tomatoes through a sieve** Fleisch durch einen Fleischwolf drehen/Tomaten durch ein Sieb streichen; ~ **one's eye over a letter** *etc.* einen Brief *usw.* überfliegen; **h)** *(Footb. etc.)* passen *(fachspr.)* (**to** zu); abgeben (**to** an + *Akk.*); zuspielen (**to** *Dat.*); **i)** *(spend)* verbringen ‹Leben, Zeit, Tag›; **j)** *(hand)* ~ **sb. sth.** jmdm. etw. reichen *od.* geben; **would you ~ the salt, please?** gibst *od.* reichst du mir bitte das Salz?; ~ **sth. to another department** etw. an eine andere Abteilung weitergeben; *see also* **around 1 b**; **k)** *(cause to circulate)* in Umlauf bringen ‹Geld›; **l)** *(Mil.)* ~ **in review** defilieren *od.* vorbeimarschieren lassen ‹Truppen›; *(fig.)* Revue passieren lassen; **m)** *(utter)* fällen, verkünden ‹Urteil›; machen ‹Bemerkung›; ~ **censure on sth.** etw. tadeln; **n)** *(discharge)* lassen ‹Wasser›; ~ **blood** *(from the bowels)* Blut im Stuhl haben; *(by spitting)* Blut spucken; *(by coughing)* Blut husten; *(in urine)* Blut im Urin haben. *See also* **²buck; hat b; muster 1 a; time 1 b**

~ **a'way 1.** *v. i.* **a)** *(cease to exist)* ‹Reich:› untergehen; **b)** *(euphem.: die)* die Augen schließen *od.* zumachen *(verhüll.)*; ~ **away in one's sleep** im Schlaf dahingehen *(geh. verhüll.)*. **2.** *v. t.* verbringen ‹Zeit[raum], Abend›

~ **by 1.** ['--] *v. t.* **a)** *(go past)* ‹Fußgänger:› vorbeigehen an (+ *Dat.*); ‹Fahrer, Fahrzeug:› vorbeifahren an (+ *Dat.*); ‹Prozession:› vorbeiziehen an (+ *Dat.*); *(by chance)* ‹Person, Fahrzeug:› vorbeikommen an (+ *Dat.*); **b)** *(omit, disregard)* übergehen. **2.** [-'-] *v. i.* ‹Fußgänger:› vorbeigehen; ‹Fahrer, Fahrzeug:› vorbeifahren; ‹Prozession:› vorbeiziehen; *(by chance)* ‹Person, Fahrzeug:› vorbeikommen; *see also* **side 1 e**

~ **'down** *see* **hand down a, c**

~ **for** *v. t.* durchgehen für; gehalten werden für

~ **'off 1.** *v. t.* **a)** *(represent falsely)* ausgeben (**as, for** als); als echt ausgeben ‹Fälschung›; **b)** *(turn attention away from)* hinweggehen über (+ *Akk.*). **2.** *v. i.* **a)** *(disappear gradually)* ‹Schock, Schmerz, Hochstimmung:› abklingen, sich legen; **b)** *(take place, be carried through)* verlaufen

~ **'on 1.** *v. i.* **a)** *(proceed)* fortfahren; weitermachen; ~ **on to sth.** zu etw. übergehen; **b)** *(euphem.: die)* die Augen schließen *od.* zumachen *(verhüll.)*. **2.** *v. t.* weitergeben (**to** an + *Akk.*)

~ **out 1.** [-'-] *v. i.* **a)** *(faint)* umkippen *(ugs.)*; aus den Latschen kippen *(salopp)* (**with** vor + *Dat.*); **b)** *(complete military training)* seine militärische Ausbildung abschließen. **2.** ['--] *v. t.* bekanntgeben, -machen ‹Informationen›

~ **'over 1.** *v. t.* übergehen; überschreiten ‹Grenze, Schwelle›; ~ **sth. over in silence** etw. stillschweigend übergehen; *see also* ~ **2 b. 2.** *v. i. (euphem.: die)* die Augen schließen *od.* zumachen *(verhüll.)*

~ **through 1.** ['--] *v. t.* durchmachen ‹schwierige Zeit, Krankheit›; durchleben ‹Augenblick›; ‹Buch:› gehen durch ‹Hände›; **it ~ed through my mind** es ging mir durch den Sinn; *see also* ~ **2 b. 2.** [-'-] *v. i.* durchreisen; **be just ~ing through** nur auf der Durchreise sein

~ **'up** *v. t.* sich *(Dat.)* entgehen lassen, ungenutzt vorübergehen lassen ‹Gelegenheit›; ablehnen, ausschlagen ‹Angebot, Einladung›

**passable** ['pɑ:səbl] *adj.* **a)** *(acceptable)* passabel, annehmbar ‹Versuch, Arbeit, Essen, Porträt›; **b)** *(in condition to be crossed, traversed)* passierbar, befahrbar ‹Straße›

**passably** ['pɑ:səblɪ] *adv.* passabel; annehmbar; einigermaßen ‹höflich, angenehm, gutaussehend›

**passage** ['pæsɪdʒ] *n.* **a)** *(going by, through, etc.) (of river)* Überquerung, *die; (of time)* [Ab-, Ver]lauf, *der;* Verstreichen, *das; (of seasons)* Wechsel, *der;* **erased by the ~ of time** ausgelöscht vom Strom der Zeit; **their ~ was halted by an obstruction** ein Hindernis hemmte ihren Weg; **b)** *(transition)* Übergang, *der;* **c)** *(voyage)* Überfahrt, *die;* **d)** *(way)* Durchgang, *der;* Weg, *der; (corridor)* Korridor, *der; (for ship, boat, car)* Durchfahrt, *die;* **several ~s ran from the entrance** mehrere Gänge führten vom Eingang weg; **an underground ~:** ein unterirdischer Gang; **I heard a noise in the ~:** ich hörte ein Geräusch auf dem Gang; **e)** *no art., no pl. (liberty or right to pass through)* Durchreise, *die;* **guarantee sb. rights of ~ through a territory** jmdm. die Durchreise durch ein Gebiet genehmigen; **f)** *(right to travel)* Passage, *die;* **work one's ~:** seine Überfahrt abarbeiten; **g)** *(part of book etc.)* Passage, *die;* Textstelle, *die;* **h)** *(Mus.)* Passage, *die;* Stelle, *die;* **i)** *(of a bill into law)* parlamentarische Behandlung; *(final)* Annahme, *die;* Verabschiedung, *die;* **j)** *(duct)* **urinary ~:** Harntrakt, *der;* **ear ~:** Gehörgang, *der;* **air ~s** Luft- *od.* Atemwege. *See also* **back passage; bird of passage; front passage; purple passage; rite**

**'passage-way** *see* **passage d**

**pass: ~book** *n.* **a)** *(bank-book)* Bankbuch, *das;* Kontobuch, *das;* **b)** *(S. Afr.) Ausweispapier für Farbige;* ~ **degree** *n. (Brit. Univ.)* **get a ~ degree** ein Examen ohne Prädikat bestehen

**passé** *adj. masc.,* **passée** *adj. fem.* ['pæseɪ] **a)** *(past prime)* angekratzt *(salopp)*; verblüht ‹Frau›; **b)** *(outmoded)* überholt; passé *nicht attr.*

**passel** ['pæsl] *n. (Amer. coll.)* Schar, *die*

**passenger** ['pæsɪndʒə(r)] *n.* **a)** *(traveller) (on ship)* Passagier, *der; (on plane)* Passagier, *der;* Fluggast, *der; (on train)* Reisende, *der/die; (on bus, in taxi)* Fahrgast, *der; (in car, on motor cycle)* Mitfahrer, *der*/Mitfahrerin, *die; (in front seat of car)* Beifahrer, *der*/Beifahrerin, *die;* **b)** *(coll.: ineffective member) Mensch, der/Tier, das von den anderen mit durchgeschleppt wird (ugs.);* **feel like a mere ~ in an enterprise** sich bei einem Unternehmen wie das fünfte Rad am Wagen fühlen; **we cannot afford to have ~s in our team** Leute, die nichts leisten, können wir in unserem Team nicht gebrauchen

**passenger: ~ aircraft** *n.* Passagierflugzeug, *das;* ~ **elevator** *(Amer.),* ~ **lift** *(Brit.) ns.* Personenaufzug, *der;* ~ **list** *n.* Passagierliste, *die;* ~ **lounge** *n.* Warteraum, *der;* **~-mile** *n.* Personenmeile, *die;* Passagiermeile, *die (Flugw.);* ~ **plane** *n.* Passagierflugzeug, *das;* ~ **seat** *n.* Beifahrersitz, *der;* ~ **train** *n.* Zug im Personenverkehr

**passer-by** [pɑ:sə'baɪ] *n.* Passant, *der*/Passantin, *die*

**passim** ['pæsɪm] *adv. (literary)* passim

**passing** ['pɑ:sɪŋ] **1.** *n.* **a)** *(going by) (of time, years)* Lauf, *der; (of winter)* Vorübergehen, *das; (of old year)* Ausklang, *der; (death)* Ende, *das;* Hinscheiden, *das (geh. verhüll.);* **in ~:** beiläufig ‹bemerken usw.›; flüchtig ‹begrüßen›; **b)** *see* **passage i. 2.** *adj.* **a)** *(going past)* vorbeifahrend ‹Zug, Auto›; vorbeikommend ‹Person›; vorbeiziehend ‹Schatten›; **they depend on the ~ trade** sie sind von der Laufkundschaft abhängig; **with every ~ moment** von Minute zu Minute; **b)** *(fleeting)* flüchtig ‹Blick›; vorübergehend ‹Mode, Laune, Interesse›; **c)** *(superficial)* flüchtig ‹Bekanntschaft›; oberflächlich ‹Kenntnisse›; *(cursory)* beiläufig ‹Bemerkung›; schnell vorübergehend ‹Empfindung›. **3.** *adv. (arch.)* überaus

**passing: ~-note** *n. (Mus.)* Durchgangston, *der;* Durchgangsdissonanz, *die;* **~-'out [ceremony]** *n. (Mil. etc.)* Abschlußfeier, *die;* **~-place** *n.* Ausweichstelle, *die;* ~ **shot** *n. (Tennis)* Passierschlag, *der;* Passierschuß, *der;* **~-tone** *(Amer.) see* **~-note**

**passion** ['pæʃn] *n.* **a)** *(emotion)* Leidenschaft, *die;* Leidenschaftlichkeit, *die;* **b)** *(outburst)* Gefühlsausbruch, *der; (of anger)* Wutanfall, *der;* **fly into a ~:** einen Wutanfall bekommen; **c)** *(sexual love)* Leidenschaft, *die; (lust)* Begierde, *die; (desire)* Verlangen, *das;* **d)** *(enthusiasm)* leidenschaftliche Begeisterung; *(object arousing enthusiasm)* Leidenschaft, *die;* **he has a ~ for steam engines** Dampfloks sind seine Leidenschaft; er hat eine Passion für Dampfloks; **have a ~ for lobster/interfering in people's lives** leidenschaftlich gern Hummer essen/sich mit Begeisterung in anderer Leute Angelegenheiten einmischen; **sth. is sb.'s ~/sb.'s ~ is doing sth.** etw./etw. tun ist jmds. Leidenschaft *od.* ist bei jmdm. eine Leidenschaft; **e) P~** *(Relig., Mus.)* Passion, *die;* Leiden Christi *Pl.; (narrative)* Leidens- *od.* Passionsgeschichte, *die;* **Bach's 'St Matthew P~':** die Matthäuspassion von Bach

**passionate** ['pæʃənət] *adj.* **a)** *(quick-tempered)* hitzig; leidenschaftlich; heftig; **a ~ young man** ein Hitzkopf; **b)** *(ardent)* leidenschaftlich ‹Person›; heftig ‹Verlangen›; **have a ~ faith in sb.** mit glühender Begeisterung an jmdn. glauben; **have a ~ belief in sth.** mit unbeirrbarem Eifer von etw. überzeugt sein; **c)** *(expressing violent or intense feeling)* leidenschaftlich ‹Rede›; *(unrestrained)* leidenschaftlich; hemmungslos; **make a ~ plea for mercy** inständig um Gnade bitten *od.* flehen

**passionately** ['pæʃənətlɪ] *adv.* leidenschaftlich; mit Leidenschaft; hemmungslos ‹weinen›; inständig ‹bitten›; **be ~ fond of lobster/cricket** leidenschaftlich gerne Hummer essen/Cricket mögen

**passion: ~-flower** *n. (Bot.)* Passionsblume, *die;* **~-fruit** *n.* Passionsfrucht, *die;* Maracuja, *die;* **~-play** *n.* Passionsspiel, *das;* **P~ 'Sunday** *n.* Passionssonntag, *der;* **P~ Week** *n.* **a)** *(before Palm Sunday)* die Woche nach dem ersten Passionssonntag; **b)** *(after Palm Sunday)* die Karwoche

**passive** ['pæsɪv] **1.** *adj.* **a)** *(suffering action, acted upon)* passiv; **b)** *(without opposition)* passiv; teilnahmslos; widerstandslos; widerspruchslos ‹Hinnahme, Annahme›; **remain ~:** unbeteiligt bleiben; ~ **smoking** passives Rauchen; ~ **resistance** passiver Widerstand; **c)** *(inert)* regungslos ‹Gestalt, Körper, Wasserfläche›; unbewegt ‹Wasserfläche›; passiv ‹Rolle›; **your son is too ~:** Ihr Sohn ist zu passiv *od.* hat zuwenig Initiative; **d)** *(not expressed)* unausgesprochen; **e)** *(Metallurgy: unreactive)* passiv; **f)** *(Ling.)* Passiv-; passivisch; ~ **voice** Passiv, *das;* ~ **vocabulary** passiver Wortschatz. **2.** *n. (Ling.)* Passiv, *das*

**passively** ['pæsɪvlɪ] *adv.* teilnahmslos, unbeteiligt ‹dasitzen, lächeln, hinnehmen›; tatenlos ‹zusehen›; **be ~ involved in sth.** bei etw. eine passive Rolle spielen

**passiveness** ['pæsɪvnɪs], **passivity** [pæ'sɪvɪtɪ] *ns., no pl.* Passivität, *die;* Teilnahmslosigkeit, *die*

**pass: ~-key** *n.* **a)** *(master-key)* Hauptschlüssel, *der;* **b)** *(private key)* Hausschlüssel, *der;* **~-mark** *n.* Mindestpunktzahl, *die;* **the ~-mark was 40 %** zum Bestehen [der Klausur *etc.*] mußten mindestens 40 % der Punkte erreicht werden; **P~over** *n.* Passah, *das;* **the feast of P~over** das Passahfest; **~port** *n.* **a)** [Reise]paß, *der; attrib.* Paß-; **b)** *(fig.)* Schlüssel, *der* **(to** zu); **~word** *n.* **a)** Parole, *die;* Losung, *die;* **b)** *(Computing)* Paßwort, *das*

**past** [pɑːst] **1.** *adj.* **a)** *pred. (over)* vorbei; vorüber; **b)** *attrib. (previous)* früher; vergangen; verflossen *(geh.)* ‹*Jahre*›; früher, ehemalig ‹*Präsident, Vorsitzende usw.*›; **~ history** Vorleben, *das;* **she has a ~ history of violence** sie hat ein gewalttätiges Vorleben; **this is all ~ history** das ist alles Vergangenheit; **her ~ behaviour** *or* **conduct** ihr Verhalten in der Vergangenheit; **in centuries ~:** in vergangenen *od.* früheren Jahrhunderten; **c)** *(just gone by)* letzt...; vergangen; **for weeks ~:** während der letzten Wochen; **in the ~ few days** während der letzten Tage; **the ~ hour/decade** die letzte *od.* vergangene Stunde/das letzte *od.* vorige Jahrzehnt; **d)** *(Ling.)* **~ tense** Vergangenheit, *die;* Präteritum, *das;* **~ definite, ~ historic** historisches Perfekt; **~ perfect** *see* **pluperfect;** *see also* **participle. 2.** *n.* **a)** Vergangenheit, *die; (that which happened in the ~)* Vergangene, *das;* Gewesene, *das;* **in the ~:** früher; in der Vergangenheit ‹*leben*›; **be a thing of the ~:** der Vergangenheit *(Dat.)* angehören; **b)** *(previous history)* Vergangenheit, *die;* **a woman with a ~:** eine Frau mit Vergangenheit; **c)** *(Ling.)* Vergangenheit, *die;* **be/put in the ~:** in der Vergangenheit stehen/in die Vergangenheit setzen. **3.** *prep.* **a)** *(beyond in time)* nach; *(beyond in place)* hinter (+ *Dat.*); **half ~ three** halb vier; **five [minutes] ~ two** fünf [Minuten] nach zwei; **it's ~ midnight** es ist schon nach Mitternacht *od.* Mitternacht vorbei; **it's ~ the time he said he'd arrive** um diese Zeit wollte er eigentlich schon hier sein; **he is ~ sixty** er ist über sechzig; **she's ~ the age for having children** sie ist schon zu alt, um Kinder zu bekommen; **gaze/walk ~ sb./sth.** an jmdm./etw. vorbeiblicken/vorüber- *od.* vorbeigehen; **b)** *(not capable of)* **~ repair/all comprehension** nicht mehr zu reparieren/völlig unverständlich; **he is ~ help/caring** ihm ist nicht mehr zu helfen/es kümmert ihn nicht mehr; **be/be getting ~ it** *(coll.)* [ein bißchen] zu alt sein/allmählich zu alt werden; **I wouldn't put it ~ her to do that** ich würde es ihr schon zutrauen, daß sie das tut; **I wouldn't put anything ~ him** ihm ist alles zuzutrauen. **4.** *adv.* vorbei; vorüber; **hurry ~:** vorüber- *od.* vorbeieilen

**pasta** ['pæstə, 'pɑːstə] *n.* Nudeln *Pl.;* Teigwaren *Pl.*

**paste** [peɪst] **1.** *n.* **a)** Brei, *der; (for cakes)* Teig, *der;* **mix into a smooth/thick ~:** zu einem lockeren/dicken Brei anrühren; zu einem glatten/festen Teig anrühren ‹*Backmischung*›; **b)** *(glue)* Kleister, *der;* **c)** *(of meat, fish, etc.)* Paste, *die; (sweet doughy confection)* Masse, *die;* **anchovy ~:** Sardellenpaste, *die;* **almond ~:** Marzipanmasse, *die;* **d)** *no pl., no indef. art. (imitation gems)* Straß, *der;* Similisteine *Pl.;* **e)** *(Pottery)* Brei, *der.* **2.** *v. t.* **a)** *(fasten with glue)* kleben; **~ sth. down/into sth.** etw. ankleben/in etw. *(Akk.)* einkleben; **b)** *(sl.: beat, thrash, bomb)* in die Pfanne hauen *(ugs.)*

**~ 'over** *v. t.* überkleben

**~ 'up** *v. t.* ankleben **(on** an + *Akk.*); *see also* **paste-up**

**'pasteboard 1.** *n.* Pappe, *die;* Karton, *der;* **2.** *adj.* Papp-; *(fig.)* hohl ‹*Glanz*›; billig ‹*Konstruktion*›

**pastel** ['pæstl] **1.** *n.* **a)** *(crayon)* Pastellstift, *der;* Pastellkreide, *die;* **b)** *(drawing)* Pastellzeichnung, *die;* **c)** *(art)* Pastellmalerei, *die;* Pastell, *das.* **2.** *adj.* pastellen; pastellfarben; Pastell‹*farben, -töne, -zeichnung, -bild*›; **~ green** Pastellgrün, *das*

**'paste-up** *n.* Klebeumbruch, *der;* Montage, *die*

**pasteurisation, pasteurise** *see* **pasteuriz-**

**pasteurization** [pæstʃəraɪ'zeɪʃn, pɑːstʃəraɪ'zeɪʃn] *n.* Pasteurisation, *die;* Pasteurisierung, *die*

**pasteurize** ['pæstʃəraɪz, 'pɑːstʃəraɪz] *v. t.* pasteurisieren

**pastille** ['pæstɪl] *n.* Pastille, *die*

**pastime** ['pɑːstaɪm] *n.* Zeitvertreib, *der; (person's specific ~)* Hobby, *das;* **my ~s are tennis and cricket** in meiner Freizeit spiele ich Tennis und Cricket; **amuse oneself/while away the time with various ~s** sich *(Dat.)* die Zeit mit verschiedenen Beschäftigungen vertreiben; **national ~:** Nationalsport, *der (auch iron.);* **favourite ~:** Lieblingsbeschäftigung, *die*

**pasting** ['peɪstɪŋ] *n. (sl.)* **give sb. a ~:** jmdm. eins überbraten *(salopp);* **take a ~:** eins übergebraten kriegen *(salopp); (from critics)* verrissen werden *(ugs.)*

**past 'master** *n. (fig.)* Meister, *der*

**pastor** ['pɑːstə(r)] *n.* Pfarrer, *der*/Pfarrerin, *die;* Pastor, *der*/Pastorin, *die*

**pastoral** ['pɑːstərl] **1.** *adj.* **a)** Weide-; ländlich ‹*Reiz, Idylle, Umgebung*›; **b)** *(Lit., Art, Mus.)* pastoral; **~ poetry** Hirten-, Schäferdichtung, *die; (ancient)* Bukolik, *die;* **~ drama** Schäferspiel, *das;* **~ theme** ländliches Motiv; **c)** *(Eccl.)* pastoral; des Pfarrers *nachgestellt;* Hirten‹*amt, -brief*›; seelsorgerisch ‹*Pflicht, Aufgabe, Leitung, Aktivitäten*›; **~ care** Seelsorge, *die;* **d)** *(relating to shepherds)* **~ economy** Weidewirtschaft, *die;* **a ~ people** ein Hirtenvolk. **2.** *n. (Lit., Art, Mus.)* Pastorale, *das od. die*

**pastorale** [pæstə'rɑːl] *see* **pastoral 2**

**pastrami** [pæ'strɑːmɪ] *n. (Amer.) geräuchertes, stark gewürztes Schulterstück vom Rind*

**pastry** ['peɪstrɪ] *n.* **a)** *(flour-paste)* Teig, *der;* **b)** *(article of food)* Gebäckstück, *das;* **c) pastries** *collect.* [Fein]gebäck, *das*

**pastry: ~-board** *n.* Backbrett, *das;* **~-cook** *n.* Konditor, *der*/Konditorin, *die;* **~-cutter** *n.* Ausstechform, *die;* **~-wheel** *n.* Kuchenrad, *das*

**pasturage** ['pɑːstʃərɪdʒ, 'pɑːstjʊərɪdʒ] *n.* **a)** *(grazing)* Weide, *die;* **rights of ~:** Weiderecht, *das;* **b)** *(grass)* Futter, *das;* Gras, *das;* **c)** *(land)* Weideland, *das*

**pasture** ['pɑːstʃə(r)] **1.** *n.* **a)** *(grass)* Futter, *das;* Gras, *das;* **~ for cattle** Viehfutter, *das;* **b)** *(land)* Weideland, *das; (piece of land)* Weide, *die;* **c)** *(fig.)* **home ~s** heimatliche Gefilde *Pl. (scherzh.);* **in search of ~s new** auf der Suche nach etwas Neuem. **2.** *v. t. (lead or put to ~)* weiden [lassen]. **3.** *v. i.* weiden; grasen

**'pasture land** *n.* Weideland, *das*

**[1]pasty** ['pæstɪ] *n.* Pastete, *die*

**[2]pasty** ['peɪstɪ] *adj.* **a)** teigig; zähflüssig; **b)** *see* **pasty-faced**

**pasty-faced** ['peɪstɪfeɪst] *adj.* mit teigigem Gesicht *nachgestellt;* **be ~:** ein teigiges Gesicht haben

**[1]pat** [pæt] **1.** *n.* **a)** *(stroke, tap)* Klaps, *der;* leichter Schlag; **give sb./a dog a ~:** jmdn./einen Hund tätscheln; *(once)* jmdm./einem Hund einen Klaps geben; **give sb./a dog a ~ on the head** jmdm./einem Hund den Kopf tätscheln; **give sb. a ~ on the shoulder** jmdm. auf die Schulter klopfen; **a ~ on the back** *(fig.)* eine Anerkennung; **she deserves a ~ on the back** *(fig.)* sie verdient Anerkennung *od.* ein Lob; **give oneself/sb. a ~ on the back** *(fig.)* sich *(Dat.)* [selbst] auf die Schulter klopfen/jmdm. einige anerkennende Worte sagen; **b)** *(of butter)* Stückchen, *das; (of mud, clay)* Klümpchen, *das; see also* **cow-pat. 2.** *v. t.*, **-tt- a)** *(strike gently)* leicht klopfen auf (+ *Akk.*); tätscheln, *(once)* einen Klaps geben (+ *Dat.*) ‹*Person, Hund, Pferd*›; **~ sb. on the arm/head/cheek** jmdm. den Arm/Kopf/die Wange tätscheln; **~ oneself/sb. on the back** *(fig.)* sich *(Dat.)* [selbst]/jmdm. auf die Schulter klopfen; **~ one's face dry** sein Gesicht trockentupfen; **b)** *(flatten)* festklopfen ‹*Sand*›; andrücken ‹*Haare*›; **~ flat** flach klopfen; **~ one's hair into place** sich *(Dat.)* das Haar zurechtlegen

**[2]pat 1.** *adv. (ready, prepared)* **have sth. off ~:** etw. parat haben; **know sth. off ~:** etw. aus dem Effeff können *od.* beherrschen *(ugs.);* etw. in- und auswendig können; **come ~** ‹*Antwort:*› wie aus der Pistole geschossen kommen; *(opportunely)* ‹*Geschichte:*› wie gerufen kommen; **stand ~** *(fig.)* keinen Zollbreit nachgeben; unbeirrbar sein. **2.** *adj. (ready)* allzu schlagfertig ‹*Antwort*›; *(opportune)* passend; treffend; **he has some ~ phrases for every occasion** er hat für jede Gelegenheit einen Spruch parat *(ugs.)*

**patch** [pætʃ] **1.** *n.* **a)** Stelle, *die;* **inflamed ~es of skin** entzündete [Haut]stellen; **a ~ of blue sky** ein Stückchen blauer Himmel; **there were still ~es of snow** es lag vereinzelt *od.* hier und da noch Schnee; **the dog had a black ~ on its ear** der Hund hatte einen schwarzen Fleck am Ohr; **there were ~es of black ice on the roads** auf den Straßen war stellenweise Glatteis; **there were ~es of sunshine** auf einige Stellen schien die Sonne; **~es of rain** *(during period of time)* ab und zu Regen; *(in several places)* stellenweise Regen; **fog ~es** Nebelfelder; **we went through one or two rough ~es on our crossing** während der Überfahrt hatten wir ein- oder zweimal rauhe See; **in ~es** stellenweise; **go through** *or* **strike a bad/good ~** *(Brit.)* eine Pech-/Glückssträhne haben; **a sticky ~ in her life** eine schwierige Phase in ihrem Leben; **b)** *(on worn garment)* Flicken, *der;* **be not a ~ on sth.** *(fig. coll.)* nichts gegen etw. sein; nicht an etw. *(Akk.)* heranreichen; **c)** *(on eye)* Augenklappe, *die;* **wear a ~ on one eye** eine Augenklappe tragen; **d)** *(piece of ground)* Stück Land, *das;* **every ~ of ground** jeder Zentimeter Boden; **potato ~:** Kartoffelacker, *der; (in garden)* Kartoffelbeet, *das;* **e)** *(area patrolled by police; also fig.)* Revier, *das;* **keep off our ~** *(fig.)* komm uns ja nicht ins Gehege; **f)** *(Mil.: badge)* Schulterklappe, *die;* Schulterstück, *das;* **g)** *(Hist.: beauty spot)* Schönheitspflästerchen, *das;* Mouche, *die (geh.).* **2.** *v. t. (apply ~ to)* flicken

**~ to'gether** *v. t.* zusammenstücke[l]n; *(fig.)* zusammenflicken, zusammenstoppeln *(ugs. abwertend)* ‹*Buch, Artikel*›; zusammenschustern *(ugs. abwertend)* ‹*Grundsatzprogramm, Vereinbarung*›

**~ 'up** *v. t.* reparieren; zusammenflicken ‹*Segel, Buch*›; notdürftig verbinden ‹*Wunde*›; zusammenflicken *(scherzh.)* ‹*Verletzten*›; *(fig.)* beilegen ‹*Streit, Differenzen*›; kitten ‹*Ehe, Freundschaft*›; **try to ~ the matter up** versuchen, die Sache wieder ins Lot zu bringen

**patch: ~-pocket** *n.* aufgesetzte Tasche; **~work** *n.* Patchwork, *das;* **a ~work quilt** eine Patchwork-Decke; *(fig.)* **a ~work of fields** ein bunter Teppich von Feldern

**patchy** ['pætʃɪ] *adj.* uneinheitlich ‹*Qualität*›; ungleichmäßig, unterschiedlich ‹*Arbeit, Aufführung, Ausstoß*›; unausgewogen ‹*Darbietung*›; fleckig ‹*Anstrich*›; stellenweise spärlich ‹*Ernte*›; sehr lückenhaft ‹*Wissen*›; in der Qualität unterschiedlich ‹*Film, Buch, Theaterstück*›

**pate** [peɪt] *n. (arch.)* Haupt, *das (geh.); (coll.)* Birne, *die (salopp);* Rübe, *die (salopp);* **bald ~:** Glatze, *die*

**pâté** ['pæteɪ] *n.* Pastete, *die;* **~ de foie gras** ['pæteɪ/'pɑːteɪ də fwɑ 'grɑː] Gänseleberpastete, *die*

**patella** [pəˈtelə] *n., pl.* ~e [pəˈteliː] *(Anat.)* Kniescheibe, *die;* Patella, *die (fachspr.)*

**paten** [ˈpætn] *n. (Eccl.)* Patene, *die;* Hostienteller, *der*

**patent** [ˈpeɪtənt, ˈpætənt] **1.** *adj.* **a)** patentiert; patentrechtlich geschützt; gesetzlich geschützt; *(fig.: characteristic)* ureigen; ~ **medicine** Markenmedizin, *die;* patentrechtlich geschütztes Arzneimittel; ~ **article** Markenartikel, *der;* ~ **remedy** Spezial- *od.* Patentrezept, *das;* Patentlösung, *die;* **b)** *(obvious)* offenkundig; offensichtlich. **2.** *n.* **a)** *(licence)* Patent, *das;* ~ **applied for** *or* **pending** Patent angemeldet; **take out a ~ for** *or* **on sth.** sich *(Dat.)* etw. patentieren lassen; **b)** *(invention or process)* Patent, *das;* **c)** *(fig.: exclusive property or claim)* Patent, *das* **(on** auf + *Akk.*). **3.** *v. t.* patentieren lassen; **sth. has been ~ed** etw. ist patentrechtlich geschützt

**patentable** [ˈpeɪtəntəbl, ˈpætəntəbl] *adj.* patentfähig

**patent:** ~ **agent** *(Brit.),* ~ **attorney** *(Amer.) ns.* Patentanwalt, *der*/-anwältin, *die*

**patentee** [peɪtənˈtiː, pætənˈtiː] *n.* Patentinhaber, *der*/-inhaberin, *die*

**patent ˈleather** *n.* Lackleder, *das;* ~ **shoes** Lackschuhe

**patently** [ˈpeɪtəntlɪ, ˈpætəntlɪ] *adv.* offenkundig; offensichtlich; ~ **obvious** ganz offenkundig *od.* offensichtlich

**patent:** ~ **office** *n.* Patentamt, *das;* ~ **rights** *n. pl.* Erfinderrecht, *das*

**paterfamilias** [peɪtəfəˈmɪlɪæs, pætəfəˈmɪlɪæs] *n. (often joc.)* Familienoberhaupt, *das;* Paterfamilias, *der (geh. scherzh.)*

**paternal** [pəˈtɜːnl] *adj.* **a)** *(fatherly)* väterlich; **b)** *(related)* ⟨*Großeltern, Onkel, Tante*⟩ väterlicherseits

**paternalism** [pəˈtɜːnəlɪzm] *n.* Bevormundung, *die*

**paternalistic** [pətɜːnəˈlɪstɪk] *adj.* patriarchalisch; paternalistisch

**paternally** [pəˈtɜːnəlɪ] *adv.* väterlich

**paternity** [pəˈtɜːnɪtɪ] *n.* **a)** *(fatherhood)* Vaterschaft, *die;* **deny ~ of a child** die Vaterschaft an einem Kind bestreiten *od.* leugnen; **b)** *(origin)* Abstammung väterlicherseits, *die*

**paternity:** ~ **leave** *n.* Vaterschaftsurlaub, *der;* ~ **suit** *n.* Vaterschaftsklage, *die;* Vaterschaftsprozeß, *der;* ~ **test** *n.* Vaterschaftsuntersuchung, *die*

**paternoster** [pætəˈnɒstə(r)] *n.* **a)** *(prayer)* Vaterunser, *das;* Paternoster, *das;* **b)** *(lift)* Paternoster, *der*

**path** [pɑːθ] *n., pl.* ~s [pɑːðz] **a)** *(way)* Weg, *der;* Pfad, *der; (merely made by walking)* Trampelpfad, *der;* **keep to the ~:** auf dem Weg bleiben; **b)** *(line of motion)* Bahn, *die; (of tornado, caravan, etc.)* Weg, *der;* **his ~ led across fields and meadows** sein Weg führte ihn über Felder und Wiesen; **into the ~ of a moving vehicle** vor ein Fahrzeug; *see also* **flight path; c)** *(fig.: course of action)* Weg, *der;* **the middle ~:** der Mittelweg; **our ~s crossed/diverged** unsere Wege kreuzten/trennten sich; **the ~ to salvation/of virtue** der Weg des Heils/der Pfad der Tugend

**pathetic** [pəˈθetɪk] *adj.* **a)** *(pitiful)* mitleiderregend; herzergreifend; **be a ~ sight** ein Bild des Jammers bieten; **b)** *(full of pathos)* pathetisch; **c)** *(contemptible)* armselig ⟨*Entschuldigung*⟩; erbärmlich ⟨*Darbietung, Rede, Person, Leistung*⟩; **are these ~ scribbles meant to be art?** soll dieses jämmerliche Gekritzel vielleicht Kunst sein?; **d)** ~ **fallacy** Vermenschlichung der Natur, *die*

**pathetically** [pəˈθetɪkəlɪ] *adv.* **a)** *(pitifully)* mitleiderregend ⟨*stöhnen*⟩; herzergreifend ⟨*flehen*⟩; **b)** *(contemptibly)* erbärmlich; erschreckend ⟨*wenig*⟩; ~ **bad** miserabel

**ˈpathfinder** *n.* **a)** *(person)* jmd., der jmdm. den Weg findet/zeigt; *(fig.)* Wegbereiter, *der*/-bereiterin, *die;* Bahnbrecher, *der*/Bahnbrecherin, *die;* **b)** *(aircraft)* Pfadfinder, *der (Milit.)*

**pathless** [ˈpɑːθlɪs] *adj.* weglos

**pathogen** [ˈpæθədʒən] *n. (Med.)* [Krankheits]erreger, *der*

**pathogenic** [pæθəˈdʒenɪk] *adj. (Med.)* pathogen *(fachspr.);* krankheitserregend

**pathological** [pæθəˈlɒdʒɪkl] *adj.* **a)** pathologisch; Pathologie-; **b)** *(morbid)* pathologisch; krankhaft; **c)** *(fig.: obsessive)* krankhaft; pathologisch

**pathologically** [pæθəˈlɒdʒɪkəlɪ] *adv.* pathologisch; *(fig.: obsessively)* krankhaft

**pathologist** [pəˈθɒlədʒɪst] *n.* Pathologe, *der*/Pathologin, *die*

**pathology** [pəˈθɒlədʒɪ] *n.* **a)** *(science)* Pathologie, *die;* **b)** *(symptoms)* Symptomatik, *die;* **the ~ of a disease** das Krankheitsbild

**pathos** [ˈpeɪθɒs] *n.* Pathos, *das*

**ˈpathway** *n.* **a)** *see* **path a; b)** *(Physiol.)* Bahn, *die;* Leitung, *die;* **optical ~:** Sehbahn, *die*

**patience** [ˈpeɪʃəns] *n.* **a)** *no pl., no art.* Geduld, *die; (perseverance)* Ausdauer, *die;* Beharrlichkeit, *die; (forbearance)* Langmut, *die;* **with ~:** geduldig; **have endless ~:** eine Engelsgeduld haben; **my ~ is finally exhausted** meine Geduld ist jetzt am Ende *od.* erschöpft; **lose [one's] ~ [with sth./sb.]** [mit etw./jmdm.] die Geduld verlieren; **I lost my ~:** mir riß der Geduldsfaden *(ugs.) od.* die Geduld; **it is enough to try the ~ of a saint** das ist eine harte Geduldsprobe; **have the ~ of a saint** eine Engelsgeduld haben; **b)** *(Brit. Cards)* Patience, *die. See also* **Job**

**patient** [ˈpeɪʃənt] **1.** *adj.* geduldig; *(forbearing)* langmütig; *(persevering)* beharrlich; **please be ~:** bitte hab Geduld; gedulde dich bitte; **remain ~:** sich in Geduld fassen. **2.** *n.* Patient, *der*/Patientin, *die*

**patiently** [ˈpeɪʃəntlɪ] *adv. (with composure)* geduldig; mit Geduld; *(with forbearance)* geduldig; nachsichtig; *(with calm)* geduldig; *(with perseverance)* beharrlich; ausdauernd

**patina** [ˈpætɪnə] *n. (on bronze)* Patina, *die; (on woodwork)* Altersglanz, *der; (fig.)* Patina, *die*

**patio** [ˈpætɪəʊ] *n., pl.* ~s **a)** *(paved area)* Veranda, *die;* Terrasse, *die;* **b)** *(inner court)* Innenhof, *der;* Patio, *der*

**patio ˈdoor** *n.* große Glasschiebetür *(zum Garten)*

**patisserie** [pəˈtiːsərɪ] *n.* **a)** *(shop)* Konditorei, *die;* **b)** *(cakes and pastries)* Feingebäck, *das*

**Patna rice** [ˈpætnə raɪs] *n.* Patnareis, *der*

**patois** [ˈpætwɑː] *n., pl. same* **a)** *(dialect)* Mundart, *die;* Dialekt, *der;* **b)** *(jargon)* Jargon, *der*

**patriarch** [ˈpeɪtrɪɑːk] *n.* **a)** *(of family)* Familienoberhaupt, *das;* Patriarch, *der; (of tribe)* Stammesoberhaupt, *das;* Häuptling, *der;* **b)** *(Relig.) (in early and Orthodox Church)* Patriarch, *der; (RC Ch.)* Bischof von Rom, *der;* **c)** *(founder)* Begründer, *der;* **d)** *(old man)* ehrwürdiger Greis

**patriarchal** [peɪtrɪˈɑːkl] *adj.* **a)** patriarchalisch; **b)** *(old, venerable)* [alt]ehrwürdig

**patriarchy** [ˈpeɪtrɪɑːkɪ] *n.* Patriarchat, *das*

**patrician** [pəˈtrɪʃn] **1.** *n. (Hist.)* Patrizier, *der*/Patrizierin, *die.* **2.** *adj.* **a)** *(noble)* vornehm; edel; **b)** *(Hist.)* patrizisch; Patrizier-; ~ **family** Patrizierfamilie, *die;* Patriziergeschlecht, *das*

**patricide** [ˈpætrɪsaɪd] *n.* **a)** *(murder)* Vatermord, *der;* **b)** *(murderer)* Vatermörder, *der*/Vatermörderin, *die*

**patrimony** [ˈpætrɪmənɪ] *n.* Patrimonium, *das;* väterliches Erbe; *(fig.)* Erbe, *das; (endowment)* Vermögen, *das*

**patriot** [ˈpætrɪət, ˈpeɪtrɪət] *n.* Patriot, *der*/Patriotin, *die*

**patriotic** [pætrɪˈɒtɪk, peɪtrɪˈɒtɪk] *adj.* patriotisch

**patriotism** [ˈpætrɪətɪzm, ˈpeɪtrɪətɪzm] *n.* Patriotismus, *der;* vaterländische Gesinnung

**patrol** [pəˈtrəʊl] **1.** *n.* **a)** *(of police)* Streife, *die; (of watchman)* Runde, *die;* Rundgang, *der; (of aircraft, ship)* Patrouille, *die; (Mil.)* Patrouille, *die;* **put sb. on ~:** jmdn. auf Streife *od. (Milit.)* Patrouille schicken; **policeman on ~:** Streifenpolizist, *der;* **be on** *or* **keep ~** ⟨*Soldat, Wächter:*⟩ patrouillieren; **b)** *(person, group) (Police)* Streife, *die; (Mil.)* Patrouille, *die;* **coast ~:** Küstenwache, *die;* Küstenwacht, *die;* **police ~:** Polizeistreife, *die;* **army ~:** Militärpatrouille, *die;* Militärstreife, *die;* **fire ~:** Brandwache, *die;* **c)** *(troops)* Spähtrupp, *der;* Spähpatrouille, *die;* **d)** *(unit) (of Scouts)* Fähnlein, *das; (of Guides)* Gilde, *die.* **2.** *v. i.,* **-ll-** patrouillieren; ⟨*Polizei:*⟩ Streife laufen/fahren; ⟨*Wachmann:*⟩ seine Runde[n] machen; ⟨*Flugzeug:*⟩ Patrouille fliegen. **3.** *v. t.,* **-ll-** patrouillieren durch (+ *Akk.*); abpatrouillieren ⟨*Straßen, Mauer, Gegend, Lager*⟩; patrouillieren vor (+ *Dat.*) ⟨*Küste, Grenze*⟩; ⟨*Polizei:*⟩ Streife laufen/fahren in (+ *Dat.*) ⟨*Straßen, Stadtteil*⟩; ⟨*Wachmann:*⟩ seine Runde[n] machen in (+ *Dat.*)

**patrol:** ~ **boat** *n.* Patrouillenboot, *das;* ~ **car** *n.* Streifenwagen, *der;* **~man** [pəˈtrəʊlmən] *n., pl.* **~men** [pəˈtrəʊlmən] *(Amer.)* [Streifen]polizist, *der;* ~ **wagon** *n. (Amer.)* Gefangenenwagen, *der*

**patron** [ˈpeɪtrən] *n.* **a)** *(supporter)* Gönner, *der*/Gönnerin, *die; (of institution, campaign)* Schirmherr, *der*/Schirmherrin, *die;* ~ **of the arts** Kunstmäzen, *der;* **b)** *(customer) (of shop)* Kunde, *der*/Kundin, *die; (of restaurant, hotel)* Gast, *der; (of theatre, cinema)* Besucher, *der*/Besucherin, *die;* **'~s only'** „nur für Kunden/Gäste"; **c)** ~ **[saint]** Schutzheilige, *der/die;* Schutzpatron, *der*/Schutzpatronin, *die;* **d)** *(Brit. Eccl.)* Pfründner, *der*/Pfründnerin, *die*

**patronage** [ˈpætrənɪdʒ] *n.* **a)** *(support)* Gönnerschaft, *die;* Unterstützung, *die; (for campaign, institution)* Schirmherrschaft, *die;* **b)** *(customer's support)* Kundschaft, *die;* **we thank our customers for their ~:** wir danken unseren Kunden für ihr *od.* das in uns gesetzte Vertrauen; **withdraw one's ~:** ein Geschäft *usw.* nicht mehr betreten; **c)** *(dated: condescension)* Gönnerhaftigkeit, *die;* **with an air of ~:** mit Gönnermiene *od.* gönnerhafter Miene; **d)** *(Polit.)* Recht der Ämterbesetzung

**patroness** [ˈpeɪtrənes] *n.* **a)** *(supporter)* Gönnerin, *die; (of campaign, institution)* Schirmherrin, *die;* **b)** *(saint)* Schutzheilige, *die;* Schutzpatronin, *die*

**patronise, patronising, patronisingly** *see* **patroniz-**

**patronize** [ˈpætrənaɪz] *v. t.* **a)** *(frequent)* besuchen; **we hope you will continue to ~ our services** bitte beehren Sie uns bald wieder; bitte schenken Sie uns auch weiterhin Ihr Vertrauen; **b)** *(support)* fördern; unterstützen; **c)** *(condescend to)* ~ **sb.** jmdn. gönnerhaft *od.* von oben herab *od.* herablassend behandeln

**patronizing** [ˈpætrənaɪzɪŋ] *adj.,* **patronizingly** [ˈpætrənaɪzɪŋlɪ] *adv.* gönnerhaft; herablassend

**patronymic** [pætrəˈnɪmɪk] **1.** *n.* Patronymikon, *das;* Vater[s]name, *der.* **2.** *adj.* patronymisch

**patsy** [ˈpætsɪ] *n. (Amer. sl.)* Einfaltspinsel, *der (ugs.)*

**patter** [ˈpætə(r)] **1.** *n.* **a)** *(of rain)* Prasseln, *das; (of feet, footsteps)* Trappeln, *das;* Getrappel, *das;* **the ~ of tiny feet** *(fig.)* fröhliches Kindertreiben; **b)** *(language of salesman or comedian)* Sprüche *Pl.;* **sales ~:** Vertretersprüche *Pl.;* **keep up a ~:** ohne Unterbrechung reden; **c)** *(jargon)* Fachjargon, *der.* **2.** *v. i.* **a)** *(make tapping sounds)* ⟨*Regen, Hagel:*⟩ prasseln; ⟨*Schritte:*⟩ trappeln; **b)** *(run)* trippeln

**pattern** ['pætən] **1.** *n.* **a)** *(design)* Muster, *das; (on carpet, wallpaper, cloth, etc. also)* Dessin, *das;* **frost ~s** Eisblumen; **a ~ of footprints** Fußspuren *Pl.;* **b)** *(form, order)* Muster, *das;* Schema, *das;* **follow a ~:** einem regelmäßigen Muster *od.* Schema folgen; **behaviour ~:** Verhaltensmuster, *das;* **~ of development** Entwicklungsschema, *das;* **~ of thought** Denkmuster, *das;* Denkschema, *das;* **~ of life** Lebensweise, *die;* **~ of events** Ereignisfolge; **c)** *(model)* Vorlage, *die; (for sewing)* Schnittmuster, *das;* Schnitt, *der; (for knitting)* Strickanleitung, *die;* Strickmuster, *das;* **follow a ~:** nach einer Vorlage arbeiten; *(knitting)* nach einem Strickmuster stricken; **a democracy on the British ~:** eine Demokratie nach britischem Muster; **d)** *(sample)* Muster, *das;* **e)** *(on target)* [Treffer]bild, *das.* **2.** *v. t.* **a)** *(model)* gestalten; **~ sth. after/on sth.** etw. einer Sache *(Dat.)* nachbilden; **she ~ed her behaviour on her father's** sie richtete sich in ihrem Verhalten nach dem Vorbild ihres Vaters; **b)** *(decorate)* mustern; **~ sth. with intricate designs** etw. mit verschlungenen Mustern verzieren

**'pattern-book** *n.* Musterbuch, *das*

**patty** ['pætɪ] *n.* **a)** *(pie, pastry)* Pastetchen, *das;* **b)** *(Amer.: of meat)* Frikadelle, *die*

**paucity** ['pɔːsɪtɪ] *n. (formal)* Mangel, *der* (**of** an + *Dat.*); **~ of support** geringe *od.* mangelnde Unterstützung; **a growing ~ of ...:** immer weniger ...

**Paul** [pɔːl] *pr. n. (Hist., as name) (of ruler etc.)* Paul; *(of saint)* Paulus

**Pauline** ['pɔːlaɪn] *adj. (Bibl.)* Paulinisch

**paunch** [pɔːntʃ] *n.* Bauch, *der;* Wanst, *der (salopp abwertend);* **develop a ~:** einen Bauch ansetzen

**paunchy** ['pɔːntʃɪ] *adj.* dickbäuchig; **become ~:** einen Bauch ansetzen

**pauper** ['pɔːpə(r)] *n.* **a)** Arme, *der/die;* **they were ~s** sie waren arm; **live like ~s** leben wie arme Leute; **b)** *(Hist.)* Unterstützungsempfänger, *der/*-empfängerin, *die;* **~'s grave** Armengrab, *das*

**pauperism** ['pɔːpərɪzm] *n., no pl.* Armut, *die;* **be reduced to ~:** völlig verarmen

**pauperize** ['pɔːpəraɪz] *v. t.* arm machen; **be ~d** verarmt sein

**pause** [pɔːz] **1.** *n.* **a)** Pause, *die;* **without [a] ~:** ohne Pause; **an anxious ~:** ängstliches Schweigen; **a ~ in the fighting** eine Kampfpause; **give sb. ~:** jmdm. zu denken geben; **b)** *(Mus.)* Fermate, *die.* **2.** *v. i.* **a)** *(wait)* eine Pause machen; eine Pause einlegen; ⟨*Redner:*⟩ innehalten; *(hesitate)* zögern; **~ for reflection/thought** in Ruhe überlegen; **he ~d to consider his next move** er hielt ein und überlegte, wie er weiter vorgehen solle; **~ for a rest** eine Erholungspause *od.* Ruhepause einlegen; **b)** *(linger)* verweilen (**upon, over** bei)

**pavan** ['pævən], **pavane** [pə'vɑːn] *n. (Hist./Mus.)* Pavane, *die*

**pave** [peɪv] *v. t.* **a)** *(cover, lit. or fig.)* befestigen; *(with stones)* pflastern; **b)** *(fig.: prepare)* **~ the way for** *or* **to sth.** einer Sache *(Dat.)* den Weg ebnen; für etw. den Weg ebnen

**pavement** ['peɪvmənt] *n.* **a)** *(Brit.: footway)* Bürgersteig, *der;* Gehsteig, *der;* **b)** *(paved surface)* Belag, *der;* Pflaster, *das;* **c)** *(Amer.: roadway)* Fahrbahn, *die*

**pavilion** [pə'vɪljən] *n.* **a)** *(tent)* Festzelt, *das;* Pavillon, *der;* **b)** *(ornamental building)* Pavillon, *der;* **c)** *(Brit. Sport)* Klubhaus, *das;* **d)** *(stand at exhibition)* [Messe]pavillon, *der*

**paving** ['peɪvɪŋ] *n.* **a)** *(action)* Pflastern, *das;* **b)** *(paced surface)* Pflaster, *das*

**'paving-stone** *n.* Platte, *die;* Pflasterstein, *der*

**paw** [pɔː] **1.** *n.* **a)** Pfote, *die; (of bear, lion, tiger)* Pranke, *die;* **b)** *(coll. derog.: hand)* Pfote, *die (ugs. abwertend);* **keep your ~s off [me]/off my car!** Pfoten weg!/Pfoten weg von meinem Auto! **2.** *v. t.* **a)** ⟨*Hund, Wolf:*⟩ mit der Pfote/den Pfoten berühren; ⟨*Bär, Löwe, Tiger:*⟩ mit der Pranke/den Pranken berühren; *(playfully)* tätscheln; **~ the ground** scharren; **b)** *(coll. derog.: fondle)* befummeln *(ugs.).* **3.** *v. i.* **a)** scharren; **~ at** mit der Pfote/den Pfoten *usw.* berühren; **b) ~ at sb./sth.** *(coll. derog.)* jmdn./etw. befummeln *(ugs.)*

**pawl** [pɔːl] *n. (Mech. Engin.)* Sperre, *die;* Sperrklinke, *die*

**¹pawn** [pɔːn] *n.* **a)** *(Chess)* Bauer, *der;* **b)** *(fig.)* Schachfigur, *die;* **a ~ in the hands of Fate** ein Spielball des Schicksals

**²pawn 1.** *n.* Pfand, *das;* **in ~:** verpfändet; versetzt; **put sth. in ~:** etw. verpfänden *od.* versetzen; **take sth. out of ~:** etw. einlösen. **2.** *v. t.* **a)** verpfänden; versetzen; **b)** *(fig.)* verpfänden ⟨*Leben, Ehre, Wort, Seele*⟩

**pawn: ~broker** *n.* Pfandleiher, *der/*-leiherin, *die;* **~broking** *n., no art.* Pfandleihgeschäft, *das;* **~shop** *n.* Leihhaus, *das;* Pfandleihe, *die*

**pawpaw** [pɔː'pɔː] *see* **papaw**

**pay** [peɪ] **1.** *n., no pl., no indef. art. (wages)* Lohn, *der; (salary)* Gehalt, *das; (of soldier)* Sold, *der;* **the ~ is good** die Bezahlung ist gut; **be in the ~ of sb./sth.** für jmdn./etw. arbeiten; in jmds. Sold/im Sold einer Sache stehen *(abwertend); see also* **equal 1 a. 2.** *v. t.,* **paid** [peɪd] **a)** *(give money to)* bezahlen; *(fig.)* belohnen; **I paid him for the tickets** ich habe ihm das Geld für die Karten gegeben; **~ sb. to do sth.** jmdn. dafür bezahlen, daß er etw. tut; *see also* **coin 1; b)** *(hand over)* zahlen; *(so as to discharge an obligation)* bezahlen; **I paid what I owed him** ich habe meine Schulden bei ihm bezahlt; **~ the bill** die Rechnung bezahlen; **~ sb.'s expenses** *(reimburse)* jmds. Auslagen erstatten; **~ sb. £10** jmdm. 10 Pfund zahlen; **~ £10 for sth.** 10 Pfund für etw. [be]zahlen; **you ~s your money and you takes your choice** *(Brit. fig. coll.)* die Wahl steht bei Ihnen; **~ sth. into a bank account** etw. auf ein Konto ein[be]zahlen; **c)** *(bestow)* **~ sb. a visit** jmdm. einen Besuch abstatten *(geh.); see also* **attention 1 a; compliment 1 a; heed 2; regard 2 a; respect 1 b, e; tribute a; d)** *(yield)* einbringen, abwerfen ⟨*Dividende usw.*⟩; **this job ~s very little** diese Arbeit bringt sehr wenig ein; **e)** *(be profitable to)* **it ~s him to live overseas** er steht sich finanziell besser *(ugs.),* seit er im Ausland lebt; **it would ~ her to do that** *(fig.)* es würde ihr nichts schaden *od.* es würde sich für sie bezahlt machen, das zu tun; **f) ~ the price** den Preis zahlen; **it's too high a price to ~:** das ist ein zu hoher Preis. *See also* **court 1 f; devil 1 c; piper a. 3.** *v. i.,* **paid a)** zahlen; **~ for sth./sb.** etw./für jmdn. bezahlen; **I'll ~ for you as well** ich bezahle für dich mit; **sth. ~s for itself** etw. macht sich bezahlt; **has this been paid for?** ist das schon bezahlt?; **I'd like to know what I'm ~ing for** ich wüßte gern, wofür ich eigentlich mein Geld ausgebe; **b)** *(yield)* sich lohnen; sich auszahlen; ⟨*Geschäft:*⟩ rentabel sein; **it ~s to be careful** es lohnt sich, vorsichtig zu sein; **c)** *(fig.: suffer)* büßen müssen; **if you do this you'll have to ~ for it later** wenn du das tust, wirst du später dafür büßen müssen. *See also* **crime b; nose 1 a; paid**

**~ a'way** *see* **~ out 1 b**

**~ 'back** *v. t.* **a)** zurückzahlen; **I'll ~ you back later** ich gebe dir das Geld später zurück; **b)** *(fig.)* erwidern ⟨*Kompliment*⟩; sich revanchieren für ⟨*Beleidigung, Untreue*⟩; **I'll ~ him back** ich werde es ihm heimzahlen; **I'll ~ him back with interest** ich werde es ihm mit Zins und Zinseszins zurückzahlen

**~ 'in** *v. t. & i.* einzahlen

**~ 'off 1.** *v. t.* **a)** auszahlen ⟨*Arbeiter*⟩; abmustern ⟨*Schiffsbesatzung*⟩; abbezahlen ⟨*Schulden*⟩; ablösen ⟨*Hypothek*⟩; befriedigen ⟨*Gläubiger*⟩; *(fig.)* abgelten ⟨*Verpflichtung*⟩; **b)** *(coll.: bribe)* schmieren *(salopp abwertend); (pay hush-money to)* Schweigegeld zahlen (+ *Dat.*). **2.** *v. i.* **a)** *(coll.)* sich auszahlen; sich bezahlt machen; **b)** *(Naut.)* leewärts steuern. *See also* **pay-off**

**~ 'out 1.** *v. t.* **a)** auszahlen; *(spend)* ausgeben; **we've already paid out a fortune to these people** wir haben schon ein Vermögen an diese Leute bezahlt *od.* für diese Leute ausgegeben; **~ out large sums on sth.** hohe Beträge für etw. ausgeben; **b)** *(Naut.)* ablaufen lassen ⟨*Seil, Tau*⟩; **c)** *(coll.: punish)* **~ sb. out** es jmdm. heimzahlen; **~ sb. out for sth.** jmdm. etw. heimzahlen. *See also* **payout. 2.** *v. i.* bezahlen

**~ 'up 1.** *v. t.* zurückzahlen ⟨*Schulden*⟩. **2.** *v. i.* zahlen. *See also* **paid-up**

**payable** ['peɪəbl] *adj.* **a)** *(due)* zahlbar; **be ~ to sb.** jmdm. *od.* an jmdn. zu zahlen sein; **b)** *(that may be paid)* zahlbar; **make a cheque ~ to the Post Office/to sb.** einen Scheck auf die Post/auf jmds. Namen ausstellen

**pay: ~-as-you-'earn** *attrib. adj. (Brit.)* **~-as-you-earn system/method** Quellenabzugsverfahren, *das;* **~-as-you-earn tax system** *Steuersystem, bei dem die Lohnsteuer direkt einbehalten wird;* **~-as-you-'enter** *attrib. adj.* ⟨*Bus*⟩ *in dem man das Fahrgeld beim Einsteigen bezahlt;* **~ award** *n.* Gehaltserhöhung, *die;* **~-bed** *n.* Privatbett, *das;* **~ cheque** *n.* Lohn-/Gehaltsscheck, *der;* **~-claim** *n.* Lohn-/Gehaltsforderung, *die;* **~-day** *n.* Zahltag, *der;* **~ dirt** *n. (Amer.)* abbauwürdiges Erzlager; **hit ~ dirt** *(fig.)* einen Volltreffer landen *(fig. ugs.)*

**PAYE** *abbr. (Brit.)* **pay-as-you-earn**

**payee** [peɪ'iː] *n.* Zahlungsempfänger, *der/*-empfängerin, *die*

**pay envelope** *(Amer.) see* **pay-packet**

**payer** ['peɪə(r)] *n.* Zahler, *der/*Zahlerin, *die;* **bad ~:** unzuverlässiger Zahler

**'pay-increase** *see* **pay-rise**

**paying** ['peɪɪŋ]: **~ 'guest** *n.* zahlender Gast; **~-'in book** *n. (Brit. Banking) Heft mit Einzahlungsscheinen;* **~-'in slip** *n. (Brit. Banking)* Einzahlungsschein, *der;* **~ patient** *n.* Privatpatient, *der/*-patientin, *die*

**pay: ~load** *n.* Nutzlast, *die;* **~master** *n.* Zahlmeister, *der; (fig.)* Geldgeber, *der;* **P~master 'General** *n. (Brit. Admin.)* Generalzahlmeister des englischen Schatzamts

**payment** ['peɪmənt] *n.* **a)** *(act) (of sum, bill, debt)* Begleichung, *die; (of interest, instalment)* Zahlung, *die; (of fine)* Bezahlung, *die; (of tax, fee)* Entrichtung, *die;* Zahlung, *die; (of debt, mortgage)* Abzahlung, *die;* Abtragung, *die;* **in ~ [for sth.]** als Bezahlung [für etw.]; **~ on account** Akontozahlung, *die;* **stop ~** ⟨*Bank:*⟩ die Zahlungen einstellen; **stop ~ on a cheque** einen Scheck sperren; **on ~ of ...:** gegen Zahlung von ...; **b)** *(amount)* Zahlung, *die;* **make a ~:** eine Zahlung leisten; **by monthly ~s** auf Monatsraten; **c)** *(fig.)* Belohnung, *die;* Lohn, *der;* **be fitting ~ for sth.** der gerechte Lohn für etw. sein

**pay: ~ negotiations** *n. pl.* Tarifverhandlungen; **~-off** *n. (sl.) (return)* Lohn, *der; (punishment)* Quittung, *die; (climax)* Clou, *der (ugs.); (bribe)* Bestechungsgeld, *das;* Schmiergeld, *das (ugs. abwertend)*

**payola** [peɪ'əʊlə] *n. (bribery)* Bestechung, *die; (bribe)* Bestechungsgeld, *das;* Schmiergeld, *das (ugs. abwertend)*

**pay: ~-out** *n.* Auszahlung, *die;* **~-packet** *n. (Brit.)* Lohntüte, *die;* **~ phone** *n.* Münzfernsprecher, *der;* **~-rise** *n.* Lohn-/Gehaltserhöhung, *die;* **~-roll** *n.* Lohnliste, *die;* **have 200 workers/people on the ~-roll** 200 Arbeiter beschäftigen/Beschäftigte haben; **be on sb.'s ~-roll** für jmdn. *od.* bei jmdm. arbeiten; **a ~-roll of about a hundred** etwa hundert Arbeitsplätze; **reduce the ~-roll** die Lohn- und Gehaltssumme senken; **~ round** *n.* Tarifrunde, *die;* **~-slip** *n.* Lohnstreifen, *der*/Gehaltszettel, *der;* **~ station** *(Amer.) see* **~ phone; ~ talks** *n. pl.* Tarifverhandlungen; **~ television** *n.* Münzfernsehen, *das*

**PC** *abbr.* **a)** *(Brit.)* **police constable** Wachtm.; **b)** *(Brit.)* **Privy Counsellor** Geh. R.; Geh. Rat; **c) personal computer** PC; **d) politically correct**

**p.c.** *abbr.* **per cent** v. H.

**pct.** *abbr. (Amer.)* **per cent** v. H.

**pd.** *abbr.* **paid** bez.

**p.d.q.** [pi:di:'kju:] *abbr. (sl.)* **pretty damn quick** verdammt schnell *(ugs.)*

**PE** *abbr.* **physical education**

**pea** [pi:] *n.* Erbse, *die; (plant)* Erbse[npflanze], *die;* **they are as like as two ~s [in a pod]** sie gleichen sich *(Dat.) od.* einander wie ein Ei dem anderen; *see also* **chick-pea; split pea; sweet pea**

**peace** [pi:s] *n.* **a)** *(freedom from war)* Frieden, *der;* Friede, *der (geh.); (treaty)* Frieden, *der;* Friedensschluß, *der;* **these countries are now at ~:** zwischen diesen Ländern herrscht jetzt Frieden; **maintain/restore ~:** den Frieden bewahren/wiederherstellen; **~talks/treaty** Friedensgespräche *Pl.*/Friedensvertrag, *der;* **make ~ [with sb.]** [mit jmdm.] Frieden schließen; **the P~ of Utrecht** *(Hist.)* der Friede von Utrecht; **b)** *(freedom from civil disorder)* Ruhe und Ordnung; öffentliche Ordnung; *(absence of discord)* Frieden, *der;* **in ~ [and harmony]** in [Frieden und] Eintracht; **restore ~:** Ruhe und Ordnung wiederherstellen; **the [King's/Queen's] ~:** die öffentliche Ordnung; **bind sb. over to keep the ~:** jmdn. rechtlich verpflichten, die öffentliche Ordnung zu wahren; **be at ~ [with sb./sth.]** mit jmdm./etw. in Frieden leben; **be at ~ with oneself** mit sich selbst im reinen sein; **make [one's] ~ [with sb.]** sich [mit jmdm.] aussöhnen; **make one's ~ with God/the world** seinen Frieden mit Gott/der Welt machen; **hold one's ~:** schweigen; ruhig sein; **c)** *(tranquillity)* Ruhe, *die; (stillness)* Stille, *die;* Ruhe, *die;* **in ~:** in Ruhe; **leave sb. in ~:** jmdn. in Frieden *od.* in Ruhe lassen; **I get no ~:** ich habe keine ruhige Minute; **give sb. no ~:** jmdm. keine Ruhe lassen; **~ and quiet** Ruhe und Frieden; **the ~ and quiet of the countryside** die friedvolle Ruhe der Landschaft; **d)** *(mental state)* Ruhe, *die;* **find ~:** Frieden finden; **~ of mind** Seelenfrieden, *der;* **I shall have no ~ of mind until I know it** ich werde keine ruhige Minute haben, bis ich es weiß; **e)** *(in or following biblical use)* **~ be with** *or* **unto you** Friede sei mit dir/euch; **go in ~:** gehe/gehet hin in Frieden; **may his soul rest in ~:** er ruhe in Frieden; **he is at ~** *(literary: is dead)* er ruht in Frieden *(geh.). See also* **breach 1 a; justice c**

**peaceable** ['pi:səbl] *adj.* **a)** *(not quarrelsome)* friedfertig; friedliebend ‹*Volk*›; *(calm)* friedlich; **b)** *(quiet, undisturbed)* friedlich

**peaceably** ['pi:səblɪ] *adv.* **a)** *(amicably)* friedlich; **b)** *(quietly, in peace)* friedlich; **go ~ about one's business** in Ruhe seinen Geschäften nachgehen

**'Peace Corps** *n. (Amer.)* Friedenskorps, *das*

**peaceful** ['pi:sfl] *adj.* friedlich; friedfertig ‹*Person, Volk*›; ruhig ‹*Augenblick*›; *see also* **coexistence**

**peacefully** ['pi:sfəlɪ] *adv.* friedlich; **die ~:** sanft entschlafen

**peace: ~keeper** *n.* Friedenswächter, *der;* **~-keeping 1.** *adj.* ‹*Maßnahmen, Operationen*› zur Friedenssicherung; **~-keeping force** Friedenstruppe, *die;* **2.** *n.* Friedenssicherung, *die;* **~-loving** *adj.* friedliebend; **~maker** *n.* Friedensstifter, *der*/-stifterin, *die;* **blessed are the ~makers** *(Bibl.)* selig sind die Friedfertigen; **~-offer** *n.* Friedensangebot, *das;* **~-offering** *n.* Friedensangebot, *das; (fig.)* Versöhnungsgeschenk, *das;* **~-pipe** *n.* Friedenspfeife, *die;* **~ plan** *n.* Friedensplan, *der;* **~time** *n.* Friedenszeiten *Pl.; attrib.* Friedens‹*produktion, -wirtschaft, -stärke*›; in Friedenszeiten *nachgestellt*

**peach** [pi:tʃ] *n.* **a)** Pfirsich, *der;* **~es-and-cream complexion** Pfirsichhaut, *die;* **b)** *see* **peach-tree; c)** *(coll.)* **sb./sth. is a ~:** jmd./etw. ist spitze *od.* klasse *(ugs.);* **a ~ of a woman/man/house** eine klasse Frau/ein klasse Kerl *od.* Typ/ein klasse Haus *(ugs.);* **d)** *(colour)* Pfirsichton, *der*

**peach: ~-blossom** *n.* Pfirsichblüte, *die;* **~ 'brandy** *n.* Pfirsichbrandy, *der;* Pfirsichlikör, *der;* **~-coloured** *adj.* pfirsichfarben

**'pea-chick** *n.* Pfauküken, *das*

**peach: ~ 'Melba** *n.* Pfirsich Melba, *der;* **~-tree** *n.* Pfirsichbaum, *der*

**'peacock** *n.* Pfau, *der;* Pfauhahn, *der;* **strut like a ~:** wie ein Pfau einherstolzieren; **proud/vain as a ~:** stolz/eitel wie ein Pfau; **be proud as a ~ of sth.** vor Stolz auf etw. *(Akk.)* fast bersten

**peacock: ~ 'blue 1.** *adj.* pfauenblau; **2.** *n.* Pfauenblau, *das;* **~ butterfly** *n.* Tagpfauenauge, *das*

**'peafowl** *n.* Pfau, *der*

**'pea-green** *adj.* erbsengrün; maigrün

**'peahen** *n.* Pfauhenne, *die*

**'pea-jacket** *n.* Kolani, *der;* Pijacke, *die (Seew. veralt.)*

**peak** [pi:k] **1.** *n.* **a)** *(of cap)* Schirm, *der;* Schild, *der;* **b)** *(of mountain)* Gipfel, *der; (of waves)* Kamm, *der;* Krone, *die;* **c)** *(highest point)* Höhepunkt, *der;* **reach/be at/be past its ~:** seinen Höhepunkt erreichen/den Höhepunkt erreicht haben/den Höhepunkt überschritten haben; **his career was at its ~:** er stand auf dem Höhepunkt seiner Laufbahn; **d)** *(Naut.)* Piek, *die.* **2.** *attrib. adj.* Höchst-, Spitzen‹*preise, -werte*›; **~ listening/viewing audience** höchste Einschaltquote; **~ listening/viewing period** Hauptsendezeit, *die.* **3.** *v. i.* seinen Höhepunkt erreichen; **~ too soon** *(Sport)* vorzeitig in Höchstform sein

**¹peaked** [pi:kt] *adj.* **~ cap** Schirmmütze, *die*

**²peaked** *adj. (pinched)* spitz ‹*Gesicht*›; abgehärmt, verhärmt ‹*Person, Gesicht, Aussehen*›

**peak: ~-hour** *attrib. adj.* **~-hour travel** Fahren während der Hauptverkehrszeit; **~-hour traffic** Stoßverkehr, *der;* **~-hour listening period** Hauptsendezeit, *die;* **~ load** *n.* Spitzenlast, *die;* **the ~ load of traffic** der Stoßverkehr

**peaky** ['pi:kɪ] *adj.* kränklich; **look ~:** nicht gut aussehen; angeschlagen aussehen

**peal** [pi:l] **1.** *n.* **a)** *(ringing)* Geläut[e], *das;* Läuten, *das;* **~ of bells** Glockengeläut[e], *das;* Glockenläuten, *das;* **b)** *(set of bells)* Glockenspiel, *das;* **c)** *(loud sound)* **a ~ of laughter** schallendes Gelächter; **a ~ of thunder** ein Donnerschlag. **2.** *v. i.* ‹*Glocken:*› läuten; ‹*Donner:*› rollen; ‹*Trompete:*› schmettern. **3.** *v. t.* **a)** erschallen lassen; **b)** *(ring)* läuten ‹*Glocken*›

**~ 'out** *v. i.* tönen

**peanut** ['pi:nʌt] *n.* Erdnuß, *die;* **~ butter** Erdnußbutter, *die;* **~s** *(coll.) (trivial thing)* ein Klacks *(ugs.);* kleine Fische *Pl.; (money)* ein paar Kröten *(salopp);* **this is ~s compared to ...:** das ist ein Klacks gegen ...; **work for ~s** für ein Butterbrot arbeiten *(ugs.);* **sell sth. for ~s** etw. für ein Butterbrot *od.* für einen Apfel und ein Ei verkaufen *(ugs.);* **this costs ~s compared to ...:** das ist [fast] geschenkt im Vergleich zu ... *(ugs.);* **be worth ~s** kaum etw. wert sein

**pear** [peə(r)] *n.* **a)** *(fruit)* Birne, *die;* **b)** *see* **pear-tree.** *See also* **anchovy pear; avocado pear; prickly pear**

**'pear-drop** *n. hartes Bonbon in Birnenform [mit Birnengeschmack]*

**pearl** [pɜ:l] *n.* **a)** Perle, *die;* **[string of] ~s** *(necklace)* Perlenkette, *die;* **b)** *(fig.)* Juwel, *das;* Kleinod, *das;* Perle, *die;* **be a ~ of architecture** ein Juwel der Baukunst sein; **~ of wisdom** *(often iron.)* Weisheit, *die;* **cast ~s before swine** *(fig.)* Perlen vor die Säue werfen *(salopp);* **c)** *(~-like thing)* Perle, *die;* **~s of dew** Tautropfen. *See also* **mother-of-pearl; seed-pearl**

**pearl: ~ 'barley** *n.* Perlengraupen *Pl.;* **~ 'bulb** *n.* matte Glühbirne; **~ 'button** *n.* Perlmutt[er]knopf, *der;* **~-diver** *n.* Perlentaucher, *der*/-taucherin, *die;* **~-fisher** *n.* Perlenfischer, *der*/-fischerin, *die;* **~-grey** *adj.* perlgrau; **~-oyster** *n.* Perlmuschel, *die*

**pearly** ['pɜ:lɪ] *adj.* **a)** perlmuttern, perlenähnlich, *(geh.)* perlengleich ‹*Glanz, Schimmer*›; perl[en]förmig ‹*Regen-, Tautropfen*›; **b)** *(set with pearls)* perlenbesetzt; **P~ Gates** Himmelstür, *die;* **~ king/queen** *(Brit.) Straßenverkäufer/-verkäuferin in London mit perlenbestickter Kleidung*

**'pear-shaped** *adj.* birnenförmig

**peart** [pɜ:t] *adj. (Amer.)* fröhlich

**'pear-tree** *n.* Birnbaum, *der;* Birne, *die*

**peasant** ['pezənt] *n.* **a)** [armer] Bauer, *der;* Landarbeiter, *der;* **~ farmer** Bauer, *der;* **~ uprising** Bauernaufstand, *der;* **~ economy** Agrarwirtschaft, *die;* **~ woman** Bauersfrau, *die;* **b)** *(coll. derog.) (ignorant or stupid person)* Bauer, *der (ugs. abwertend); (lower-class person)* Plebejer, *der (abwertend)*

**peasantry** ['pezəntrɪ] *n.* Bauernschaft, *die*

**pease-pudding** [pi:z'pʊdɪŋ] *n.* Erbsenpudding, *der*

**pea: ~-shooter** *n.* Pusterohr, *das;* **~ 'soup** *n.* Erbsensuppe, *die;* **~-stick** *n.* Bohnenstange, *die*

**peat** [pi:t] *n.* **a)** *(substance)* Torf, *der;* **b)** *(piece)* Torfstück, *das;* Torfsode, *die;* **cut ~:** Torf stechen

**peat: ~-bog,** *(Brit.)* **~moor** *ns.* Torfmoor, *das*

**peaty** ['pi:tɪ] *adj.* torfig

**pebble** ['pebl] *n.* Kiesel[stein], *der;* **he is/you are not the only ~ on the beach** es gibt noch andere

**pebble: ~dash** *n.* Kieselrauhputz, *der; attrib.* mit Kieselrauhputz *nachgestellt;* **~ glasses** *n. pl.* [dicke] Brille; **~ lens** *n.* [dickes] Brillenglas

**pebbly** ['peblɪ] *adj.* steinig

**pecan** [pɪ'kæn] *n.* **a)** *(nut)* Pekannuß, *die;* **b)** *(tree)* Pekannußbaum, *der*

**peccadillo** [pekə'dɪləʊ] *n., pl.* **~es** *or* **~s** *(small sin)* leichte Verfehlung; *(small fault)* kleiner Fehler

**peccary** ['pekərɪ] *n. (Zool.)* Pekari, *das;* Nabelschwein, *das*

**¹peck** [pek] **1.** *v. t.* **a)** hacken; picken ‹*Körner*›; **the bird ~ed my finger/was ~ing the bark** der Vogel pickte mir *od.* mich in den Finger/pickte an der Rinde; **b)** *(kiss)* flüchtig küssen. **2.** *v. i.* picken **(at** nach); **~ at one's food** in seinem Essen herumstochern. **3.** *n.* **a) the hen gave its chick a ~:** die Henne pickte *od.* hackte nach ihrem Küken; **b)** *(kiss)* flüchtiger Kuß; Küßchen, *das*

**~ 'out** *v. t.* aushacken; auspicken

**~ 'up** *v. t.* aufpicken

**²peck** *n. (measure)* Viertelscheffel, *der;* **a ~ of trouble/dirt** *(fig.)* ein gerütteltes Maß an Sorgen/eine Menge Schmutz

**pecker** ['pekə(r)] *n.* **a)** *(Amer. sl.: penis)* Schwanz, *der (salopp);* **b) keep your ~ up** *(Brit. coll.)* halt die Ohren steif *(ugs.)*

**pecking order** ['pekɪŋ ɔ:də(r)] *n.* Hackordnung, *die*

**peckish** ['pekɪʃ] *adj.* **a)** *(coll.: hungry)* hung-

rig; **feel/get ~:** Hunger haben/bekommen; **b)** *(Amer. coll.: irritable)* gereizt
**pectin** ['pektɪn] *n. (Chem.)* Pektin, *das*
**pectoral** ['pektərl] **1.** *n.* **a)** *(Med.)* Hustenmittel, *das;* **b)** *in pl. (often joc.)* Brustmuskeln. **2.** *adj. (Anat.)* pektoral *(fachspr.);* Brust‹*höhle, -atmung*›
**pectoral: ~ 'cross** *n. (Eccl.)* Pektorale, *das;* **~ fin** *n. (Zool.)* Brustflosse, *die;* **~ muscle** *n. (Anat.)* Brustmuskel, *der*
**peculiar** [pɪ'kju:lɪə(r)] *adj.* **a)** *(strange)* seltsam; eigenartig; sonderbar; **what a ~ person he is!** was ist er doch für ein komischer Kauz! *(ugs.);* **I feel [slightly] ~:** mir ist [etwas] komisch; **a ~ incident occurred** es passierte etwas Seltsames; **b)** *(especial)* besonder...; **be of ~ interest [to sb.]** [für jmdn.] von besonderem Interesse sein; **c)** *(belonging exclusively)* eigentümlich **(to** *Dat.***)**; **this bird is ~ to South Africa** dieser Vogel kommt nur in Südafrika vor; **she has a ~ style of acting, all her own** sie hat einen ganz eigenen Stil, zu spielen
**peculiarity** [pɪkju:lɪ'ærɪtɪ] *n.* **a)** *no pl., no indef. art. (unusualness)* Ausgefallenheit, *die; (of behaviour, speech)* Sonderbarkeit, *die;* Merkwürdigkeit, *die;* **b)** *(odd trait)* Eigentümlichkeit, *die;* **behavioural peculiarities** seltsame Verhaltensweisen; **c)** *(distinguishing characteristic)* [charakteristisches] Merkmal; Kennzeichen, *das; (special characteristic)* Besonderheit, *die*
**peculiarly** [pɪ'kju:lɪəlɪ] *adv.* **a)** *(strangely)* seltsam; eigenartig; sonderbar; **b)** *(especially)* besonders; **c)** *(in a way that is one's own)* **be something ~ British** etwas rein Britisches sein; **a treatment ~ his own** eine ganz eigene Behandlung
**pecuniary** [pɪ'kju:nɪərɪ] *adj. (of money)* finanziell, *(geh.)* pekuniär ‹*Hilfe, Überlegungen*›; **~ award** Geldpreis, *der*
**pedagog** *(Amer.) see* **pedagogue**
**pedagogic[al]** [pedə'gɒgɪk(l), pedə'gɒdʒɪk(l)] *adj.* **a)** *(arch./derog.: of a pedagogue)* belehrend; schulmeisterlich *(abwertend);* **b)** *(of pedagogy)* pädagogisch
**pedagogue** ['pedəgɒg] *n.* **a)** *(arch.: teacher)* Pädagoge, *der*/Pädagogin, *die;* **b)** *(derog.: pedantic teacher)* Schulmeister, *der (abwertend)*
**pedagogy** ['pedəgɒdʒɪ] *n.* Pädagogik, *die*
**pedal** ['pedl] **1.** *n.* **a)** *(Mus.) (organ-key, on piano)* Pedal, *das; (organ-stop control)* Fußtritt, *der;* Fußhebel, *der;* **loud ~:** rechtes Pedal; Fortepedal, *das;* **soft ~:** linkes Pedal; Pianopedal, *das;* **b)** *(of bicycle; Mech. Engin., Motor Veh.)* Pedal, *das.* **2.** *v. i., (Brit.)* **-ll- a)** *(work cycle ~s)* **~ [away]** in die Pedale treten; strampeln *(ugs.);* **b)** *(ride)* [mit dem Fahrrad] fahren; radeln *(ugs.);* **~ by/off** vorbeiradeln/losradeln *(ugs.);* **c)** *(Mus.) (on organ)* das Pedal spielen; *(on piano)* die Pedale benutzen. **3.** *v. t., (Brit.)* **-ll-** *(propel)* fahren mit ‹*Fahrrad, Dreirad*›; **~ one's bike** radfahren; radeln *(ugs.)*
**pedal: ~-bin** *n.* Treteimer, *der;* **~-car** *n.* Tretauto, *das*
**pedalo** ['pedələʊ] *n., pl.* **~s** Tretboot, *das*
**'pedal-pushers** *n. pl. dreiviertellange Damen-/Mädchenhose*
**pedant** ['pedənt] *n.* **a)** *(one who overrates learning)* Stubengelehrte, *der/die;* **b)** *(stickler for formal detail)* Pedant, *der*/Pedantin, *die (abwertend);* Kleinigkeitskrämer, *der*/-krämerin, *die (abwertend)*
**pedantic** [pɪ'dæntɪk] *adj.* **a)** *(ostentatiously learned)* schulmeisterlich *(abwertend);* **b)** *(unduly concerned with formal detail)* pedantisch *(abwertend)*
**pedantry** ['pedəntrɪ] *n.* Pedanterie, *die;* Kleinlichkeit, *die (abwertend)*
**peddle** ['pedl] *v. t.* **a)** auf der Straße verkaufen; *(from door to door)* hausieren mit; handeln mit, *(ugs.)* dealen mit ‹*Drogen, Rauschgift*›; **b)** *(fig.: disseminate)* hausieren [gehen] mit ‹*Theorie, Vorschlag*›; verbreiten ‹*Neuigkeiten, Klatsch, Gerücht*›
**peddler** ['pedlə(r)] *see* **pedlar**
**pederast** ['pedəræst] *n.* Päderast, *der*
**pederasty** ['pedəræstɪ] *n., no pl., no indef. art.* Päderastie, *die*
**pedestal** ['pedɪstl] *n.* Sockel, *der;* **knock sb. off his ~** *(fig.)* jmdn. von seinem Sockel stoßen; **put or set sb./sth. on a ~** *(fig.)* jmdn./etw. in den Himmel heben *(ugs.)*
**pedestrian** [pɪ'destrɪən] **1.** *adj. (uninspired)* trocken; langweilig. **2.** *n.* Fußgänger, *der*/-gängerin, *die;* **~-controlled** *or* **~-operated lights** Bedarfsampel, *die*
**pedestrian 'crossing** *n.* Fußgängerüberweg, *der*
**pedestrianism** [pɪ'destrɪənɪzm] *n., no pl. (of style)* Trockenheit, *die;* Langweiligkeit, *die*
**pedestrianize** [pɪ'destrɪənaɪz] *v. t.* zur Fußgängerzone machen
**pedestrian 'precinct** *see* **precinct a**
**pediatri-** *(Amer.) see* **paediatri-**
**pedicel** ['pedɪsl], **pedicle** ['pedɪkl] *n. (Biol.)* Stiel, *der; (of flower)* [Blüten]stengel, *der*
**pedicure** ['pedɪkjʊə(r)] **1.** *n. no pl., no art.* Pediküre, *die;* Fußpflege, *die;* **give sb. a ~:** jmdn. pediküren
**pedigree** ['pedɪgri:] **1.** *n.* **a)** *(genealogical table)* Stammbaum, *der;* Ahnentafel, *die (geh.);* **b)** *(ancestral line)* Stammbaum, *der;* Ahnenreihe, *die; (of animal)* Stammbaum, *der;* **c)** *(derivation)* Herkunft, *die;* **d)** *no pl., no art. (ancient descent)* **have ~, be a man/woman of ~:** von berühmten Ahnen abstammen. **2.** *adj. (with recorded line of descent)* mit Stammbaum *nachgestellt*
**pedigreed** ['pedɪgri:d] *see* **pedigree 2**
**pediment** ['pedɪmənt] *n. (Archit.) (in Grecian style)* Giebeldreieck, *das; (in Roman or Renaissance style)* Ziergiebel, *der*
**pedlar** ['pedlə(r)] *n.* **a)** Straßenhändler, *der*/-händlerin, *die; (from door to door)* Hausierer, *der*/Hausiererin, *die; (selling drugs)* Rauschgifthändler, *der*/-händlerin, *die;* Dealer, *der*/Dealerin, *die (ugs.);* **b)** *(fig.: disseminator)* **be a ~ of gossip/scandal** *etc.* Klatsch/Skandalgeschichten *usw.* verbreiten
**pedometer** [pɪ'dɒmɪtə(r)] *n.* Pedometer, *das (fachspr.);* Schrittzähler, *der*
**peduncle** [pɪ'dʌŋkl] *n. (Bot., Zool.)* Stiel, *der*
**pee** [pi:] *(coll.)* **1.** *v. i.* pinkeln *(salopp);* Pipi machen *(Kinderspr.).* **2.** *n.* **a)** *(urination)* **need/have a ~:** pinkeln müssen/pinkeln *(salopp);* **I must go for a ~:** ich muß mal eben pinkeln *(salopp);* **b)** *(urine)* Pipi, *das (Kinderspr.)*
**peek** [pi:k] **1.** *v. i.* gucken *(ugs.);* **no ~ing!** nicht gucken!; **~ at sb./sth.** zu jmdm./etw. hingucken; **~ in at sb.** zu jmdm. hereingucken. **2.** *n. (quick)* kurzer Blick; *(sly)* verstohlener Blick; **take a quick ~ round** sich schnell umgucken; **have a ~ through the keyhole** durch das Schlüsselloch gucken *(ugs.);* **take a quick ~ at sb.** kurz zu jmdm. hingucken; **give sb. a ~ at sth.** jmdn. einen Blick auf etw. *(Akk.)* werfen lassen
**peekaboo** ['pi:kəbu:] **1.** *n. (Amer.) see* **peep-bo. 2.** *adj.* durchsichtig; *(with pattern of small holes)* mit Lochmuster *nachgestellt;* **~ design** Lochmuster, *das*
**peel** [pi:l] **1.** *v. t.* schälen; **~ the shell off an egg/the skin off a banana** ein Ei/eine Banane schälen; *see also* **eye 1 a. 2.** *v. i.* **a)** ‹*Person, Haut:*› sich schälen *od. (bes. nordd.)* pellen; ‹*Rinde, Borke:*› sich lösen; ‹*Farbe:*› abblättern; **b)** *(sl.: undress)* sich ausziehen. **3.** *n.* Schale, *die; see also* **candy 2**
**~ a'way 1.** *v. t.* abschälen. **2.** *v. i.* **a)** ‹*Haut:*› sich schälen *od. (bes. nordd.)* pellen; ‹*Rinde, Borke:*› sich lösen; ‹*Farbe:*› abblättern; **b)** *(veer away)* ausscheren
**~ 'back** *v. t.* halb abziehen ‹*Kabelmantel, Bananenschale*›; zurückziehen ‹*Bettdecke*›; umschlagen ‹*Stoffmuster*›
**~ 'off 1.** *v. t.* abschälen; abstreifen, ausziehen ‹*Kleider*›. **2.** *v. i.* **a)** *see* **~ away 2 a; b)** *(veer away)* ausscheren; **c)** *see* **~ 2 b**
**peeler** ['pi:lə(r)] *n.* Schäler, *der;* Schälmesser, *das*
**peeling** ['pi:lɪŋ] *n.* Stück Schale; **~s** Schalen
[1]**peep** [pi:p] **1.** *v. i.* ‹*Maus, Vogel:*› piep[s]en; *(squeal)* quieken. **2.** *n. (shrill sound)* Piepsen, *das; (coll.: slight utterance)* Piep[s], *der (ugs.);* **one ~ out of you and ...:** ein Pieps [von dir], und ...
[2]**peep 1.** *v. i.* **a)** *(look through narrow aperture)* gucken *(ugs.);* spähen *(geh., veralt., noch landsch.);* **b)** *(look furtively)* verstohlen gucken; linsen *(ugs.);* **~ round** sich umgucken; **no ~ing!** nicht gucken!; **c)** *(come into view)* **~ out** [he]rausgucken; hervorgucken; *(fig.: show itself)* zum Vorschein kommen; durchscheinen. **2.** *n.* kurzer Blick; **steal a ~ at sb.** verstohlen zu jmdm. hingucken; **take a ~ through the curtain** durch die Gardine spähen *od. (ugs.)* linsen
**peep-bo** ['pi:pbəʊ] **1.** *n.* Guck-guck-Spiel, *das.* **2.** *int.* guck, guck; kuckuck
**'peep-hole** *n.* Guckloch, *das*
**peeping Tom** [pi:pɪŋ 'tɒm] *n.* Spanner, *der (ugs.);* Voyeur, *der; attrib.* voyeuristisch
**'peep-show** *n.* **a)** *(exhibition of small pictures in box)* Guckkastenschau, *die;* **b)** *(erotic spectacle)* Peep-Show, *die*
**peep-toe[d]** ['pi:ptəʊ(d)] *adj.* vorn offen ‹*Schuh*›; zehenfrei ‹*Sandale*›; **the shoes had a ~ design** die Schuhe waren vorn offen
[1]**peer** [pɪə(r)] *n.* **a)** *(Brit.: member of nobility)* **~ [of the realm]** Peer, *der; see also* **life peer; b)** *(noble of any country)* hoher Adliger; **the ~s of France** der Hochadel Frankreichs; **c)** *(equal in standing)* Gleichgestellte, *der/die;* **be judged by a jury of one's ~s** von seinesgleichen gerichtet werden; **among her social ~s** unter ihresgleichen; **d)** *(equal in attainment)* Ebenbürtige, *der/die;* **find sb.'s ~:** jemanden finden, der jmdm. ebenbürtig ist
[2]**peer** *v. i.* *(look searchingly)* forschend schauen; *(look with difficulty)* angestrengt schauen; **~ at sth./sb.** *(searchingly)* [sich *(Dat.)*] etw. genau ansehen/jmdn. forschend *od.* prüfend ansehen; *(with difficulty)* [sich *(Dat.)*] etw. angestrengt ansehen/jmdn. angestrengt ansehen; **~ into a cave/the distance** in eine Höhle/die Ferne spähen; **~ down at sb.** zu jmdm. hinunter-/herunterspähen
**peerage** ['pɪərɪdʒ] *n.* **a)** *no pl. (Brit.: body of peers)* **the ~:** die Peers; **be raised to the ~:** in den Adelsstand erhoben werden; **b)** *(Brit.: rank of peer)* Peerswürde, *die; see also* **life peerage; c)** *(nobility of any country)* Adel, *der;* **d)** *(book)* Peerskalender, *der; britisches Adelsverzeichnis*
**peeress** ['pɪəres] *n.* Peereß, *die*
**'peer group** *n.* Peer-group, *die (Psych., Soziol.)*
**peerless** ['pɪəlɪs] *adj.* beispiellos
**peeve** [pi:v] *(coll.)* **1.** *n.* **a)** *(cause of annoyance)* **it was a bit of a ~:** es war ganz schön ärgerlich; **it was one of his ~s that ...:** es wurmte ihn, daß ... *(ugs.); see also* [1]**pet 2 c; b)** *(mood)* **be in a [real] ~:** [stock]sauer sein *(ugs.).* **2.** *v. t. (irritate)* nerven *(salopp);* **it ~d me that ...:** es wurmte *od.* fuchste mich, daß ... *(ugs.)*
**peeved** [pi:vd] *adj. (coll.)* sauer *(ugs.);* **be/get ~ with sb.** auf jmdn. sauer sein/werden; **be ~ at/get ~ about sth.** über etw. *(Akk.)* sauer sein/wegen etw. sauer werden
**peevish** ['pi:vɪʃ] *adj. (querulous)* nörgelig *(abwertend);* quengelig *(ugs.)* ‹*Kind*›; *(showing vexation)* gereizt
**peevishly** ['pi:vɪʃlɪ] *adv.* mißmutig; *(in vexation)* **do sth. ~:** etw. gereizt tun
**peewit** ['pi:wɪt] *n.* **a)** *(Ornith.)* Kiebitz, *der;* **b)** *(cry)* Kiwitt, *das*

**peg** [peg] **1.** *n. (pin, bolt) (for holding together parts of framework)* Stift, *der; (for tying things to)* Pflock, *der; (for hanging things on)* Haken, *der; (clothes ~)* Wäscheklammer, *die; (for holding tent-ropes)* Hering, *der; (for marking cribbage scores etc.)* Stift, *der; (Mus.: for adjusting strings)* Wirbel, *der;* **off the ~** *(Brit.: ready-made)* von der Stange *(ugs.);* **take sb. down a ~ [or two]** *(fig.)* jmdm. einen Dämpfer aufsetzen *od.* geben; **be taken down a ~ or two** *(fig.)* einen Dämpfer bekommen; **a ~ to hang sth. on** *(fig.)* ein Aufhänger für etw.; *see also* **hole 1 a. 2.** *v. t.,* **-gg- a)** *(fix with ~)* mit Stiften/Pflöcken befestigen; **b)** *(Econ.: stabilize)* stabilisieren; *(support)* stützen; *(freeze)* einfrieren; **~ wages/prices/exchange rates** Löhne/Preise/Wechselkurse stabil halten; **c)** *(Cribbage)* durch eingesteckte Holzstifte anzeigen ⟨*Spielstand*⟩; **~ two holes** den Holzstift zwei Löcher weiter einstecken; **they are level ~ging at school** *(fig.)* sie sind gleich gut in der Schule. **3.** *v. i.,* **-gg-: keep ~ging along** bei der Stange bleiben; **she's still ~ging at her writing** sie schreibt immer noch unverdrossen weiter

**~ a'way** *v. i.* schuften *(ugs.);* **~ away for four hours** vier Stunden lang ununterbrochen schuften; **[keep] ~[ging] away with sth.** nicht lockerlassen mit etw. *(ugs.)*

**~ 'down** *v. t.* **a)** *(secure with ~s)* festpflocken; **b)** *see* **pin down a**

**~ 'out 1.** *v. t.* **a)** *(spread out and secure)* ausspannen ⟨*Felle etc.*⟩; *(Brit.: attach to line)* [draußen] aufhängen ⟨*Wäsche*⟩; **b)** *(mark)* abstecken ⟨*Gebiet, Fläche*⟩. **2.** *v. i.* **a)** *(sl.) (faint)* zusammenklappen *(ugs.); (die)* den Löffel abgeben *(salopp); (cease to function)* den Geist aufgeben *(ugs.);* **b)** *(Croquet)* den Zielpflock treffen; **c)** *(Cribbage)* gewinnen

**peg: ~-board** *n.* **a)** *(for games)* Lochbrett, *das;* **b)** *(board holding hooks)* gelochte Platte; **~-leg** *n.* **a)** *(artificial leg)* Holzbein, *das;* **b)** *(person)* Stelzfuß, *der (ugs.)*

**peignoir** ['peɪnwɑ:(r)] *n.* Négligé, *das*

**pejorative** [pɪ'dʒɒrətɪv] **1.** *adj.* pejorativ *(Sprachw.);* abwertend; **~ word** Pejorativum, *das (Sprachw.).* **2.** *n.* Pejorativum, *das (Sprachw.)*

**pejoratively** [pɪ'dʒɒrətɪvlɪ] *adv.* abwertend

**pekan** ['pekən] *n. (Zool.)* Fischermarder, *der*

**peke** [pi:k] *(coll.) see* **Pekingese 1 a**

**Pekingese** [pi:kɪŋ'i:z] **(Pekinese** [pi:kɪ'ni:z]**) 1.** *n., pl. same* **a) ~ [dog]** Pekinese, *der;* **b)** *(person)* Pekinger, *der*/Pekingerin, *die.* **2.** *attrib. adj.* Pekinger; **~ man/woman** Pekinger, *der*/Pekingerin, *die*

**pelican** ['pelɪkən] *n. (Ornith.)* Pelikan, *der*

**pelican crossing** *n. (Brit.)* Ampelübergang, *der*

**pellagra** [pɪ'lægrə, pɪ'leɪgrə] *n. (Med.)* Pellagra, *das*

**pellet** ['pelɪt] *n.* **a)** *(small ball)* Kügelchen, *das; (mass of food)* Pellet, *das (fachspr.);* **b)** *(pill)* Pille, *die;* **c)** *(regurgitated mass)* Gewölle, *das (Zool., Jägerspr.); (excreted mass)* Kötel, *der (nordd.);* **d)** *(small shot)* Schrot, *der od. das;* **peppered with shotgun ~s** mit Schrot[kugeln] gespickt

**pell-mell** [pel'mel] **1.** *adv.* **a)** *(in disorder)* durcheinander; *(without discrimination)* wahllos; **everything was heaped together ~:** alles wurde durcheinander auf einen Haufen geworfen; **b)** *(headlong)* Hals über Kopf. **2.** *adj.* [kunter]bunt; chaotisch

**pellucid** [pɪ'lu:sɪd, pɪ'lju:sɪd] *adj.* **a)** *(transparent)* durchsichtig; [glas]klar ⟨*Wasser*⟩; **b)** *(clear in style)* klar; in einem klaren Stil gehalten ⟨*Schriften*⟩; **c)** *(mentally clear)* klar ⟨*Verstand, Kopf*⟩

**pelmet** ['pelmɪt] *n. (of wood)* Blende, *die; (of fabric)* Schabracke, *die*

**Peloponnese** ['peləpəni:s] *pr. n.* **the ~:** der *od.* die Peloponnes

**pelota** [pɪ'ləʊtə] *n. (Sport)* Pelota, *die;* Pelotaspiel, *das*

1**pelt** [pelt] *n.* **a)** *(of sheep or goat)* Fell, *das; (of fur-bearing animal)* [Roh]fell, *das;* **sheep's ~:** Schaffell, *das;* **b)** *(Tanning: raw skin)* enthaartes Fell

2**pelt 1.** *v. t.* **a)** *(assail with missiles, lit. or fig.)* **~ sb. with sth.** jmdn. mit etw. bewerfen *od. (ugs.)* bombardieren; **~ sb. with questions** jmdn. mit Fragen überschütten *od. (ugs.)* bombardieren; **b)** *(throw a stream of)* **~ sth. at sb.** jmdn. mit etw. bewerfen *od. (ugs.)* bombardieren; **they ~ed abuse at each other** *(fig.)* sie warfen sich [gegenseitig] Beschimpfungen an den Kopf. **2.** *v. i.* **a)** ⟨*Regen:*⟩ prasseln; **it was ~ing down [with rain]** es goß wie aus Kübeln *(ugs.);* **b)** *(run fast)* rasen *(ugs.);* pesen *(ugs.);* **he set off as fast as he could ~:** so schnell er konnte, raste *od.* peste er los *(ugs.).* **3.** *n., no pl., no indef. art.* **[at] full ~:** mit Karacho *(ugs.);* volle Pulle *(salopp)*

**pelvic** ['pelvɪk] *adj. (Anat.)* Becken-

**pelvis** ['pelvɪs] *n., pl.* **pelves** ['pelvi:z] *or* **~es** *(Anat.)* Becken, *das;* **renal ~:** Nierenbecken, *das*

1**pen** [pen] **1.** *n.* **a)** *(enclosure)* Pferch, *der;* **b)** *(Navy)* Bunker, *der.* **2.** *v. t.,* **-nn- a)** *(shut up in ~)* einpferchen; **b)** *(confine)* **~ sb. in a corner** jmdn. in eine Ecke drängen

**~ 'in** *v. t.* **a)** einpferchen; **b)** *(fig.: restrict)* einengen; **feel ~ned in by one's life** sein Leben sehr beengend finden

**~ 'up** *v. t. see* **~ in b**

2**pen 1.** *n.* **a)** *(for writing)* Federhalter, *der;* **make one's living by the ~:** vom Schreiben leben; **the ~ is mightier than the sword** *(prov.)* die Feder ist mächtiger als das Schwert; *see also* **ball-pen; fountain-pen; paper 1 a; b)** *(quill-feather)* Feder, *die; see also* **quill-pen. 2.** *v. t.,* **-nn-** niederschreiben; **~ a letter to/a note for sb.** jmdm. einen Brief/ein paar Worte schreiben

3**pen** *n. (female swan)* weiblicher Schwan

4**pen** *n. (Amer. sl.: penitentiary)* Knast, *der (ugs.);* **do eight years in the ~:** acht Jahre [Knast] abreißen *(salopp) od. (ugs.)* absitzen

**penal** ['pi:nl] *adj.* **a)** *(of punishment)* Straf⟨*vollzug, -gesetzbuch*⟩; *(concerned with inflicting punishment)* strafrechtlich ⟨*Bestimmungen, Klauseln*⟩; Straf⟨*gesetze, -gesetzgebung, -maßnahme*⟩; **~ reform** Strafvollzugsreform, *die;* **b)** *(punishable)* strafbar ⟨*Handlung, Tat*⟩; **~ offence** Straftat, *die;* **c) ~ colony** *or* **settlement** Strafkolonie, *die*

**penalize (penalise)** ['pi:nəlaɪz] *v. t.* **a)** *(subject to penalty)* bestrafen; pönalisieren *(geh.); (Sport)* eine Strafe verhängen gegen; **b)** unter Strafe stellen ⟨*Handlung, Tat*⟩

**penal 'servitude** *n., no pl., no indef. art. (Brit. Law. Hist.)* Zwangsarbeit, *die*

**penalty** ['penltɪ] *n.* **a)** *(punishment)* Strafe, *die;* **the ~ for this offence is imprisonment/a fine** auf dieses Delikt steht Gefängnis/eine Geldstrafe; **pay/have paid the ~/the ~ for** *or* **of sth.** *(lit. or fig.)* dafür/für etw. büßen [müssen]/gebüßt haben; **his ~ was a £50 fine** er erhielt eine [Geld]strafe von 50 Pfund; **on** *or* **under ~ of £200/of instant dismissal** bei einer Geldstrafe von 200 Pfund/unter Androhung *(Dat.)* der sofortigen Entlassung; **b)** *(disadvantage)* Preis, *der;* **c)** *(Sport: disadvantage imposed) (Horse-racing)* Pönalität, *die; (Golf)* **~ [stroke]** Strafschlag, *der; (Footb., Rugby) see* **penalty kick;** *(Hockey) see* **penalty bully; penalty corner; penalty shot; d)** *(Bridge)* Strafpunkte

**penalty: ~ area** *n. (Footb.)* Strafraum, *der;* **~ box** *n. (Footb.)* Strafraum, *der; (Ice Hockey)* Strafbank, *die;* **~ bully** *n. (Hockey)* Siebenmeterball, *der;* **~ clause** *n.* Strafklausel, *die;* **~ corner** *n. (Hockey)* Strafecke, *die;* **~ goal** *n. (Hockey)* Siebenmetertor, *das; (Rugby)* durch einen Straftritt erzieltes Tor; **~ kick** *n. (Footb.)* Strafstoß, *der;* Elfmeter, *der; (Rugby)* Straftritt, *der;* **~ shot** *n. (Hockey)* Strafschlag, *der;* **~ spot** *n. (Footb.)* Strafstoßmarke, *die;* Elfmeterpunkt, *der; (Hockey)* Siebenmeterpunkt, *der*

**penance** ['penəns] *n., no pl., no art.* Buße, *die;* **act of ~:** Bußübung, *die;* Bußwerk, *das;* **undergo/do ~:** büßen/Buße tun

**'pen-and-ink** *adj.* Feder⟨*zeichnung, -skizze*⟩

**pence** *see* **penny**

**penchant** ['pɑ̃ʃɑ̃] *n.* Schwäche, *die;* Vorliebe, *die* (**for** für); **have a ~ for doing sth.** dazu neigen, etw. zu tun

**pencil** ['pensɪl] **1.** *n.* **a)** Bleistift, *der;* **red/coloured ~:** Rot-/Bunt- *od.* Farbstift, *der;* **write in ~:** mit Bleistift schreiben; **a ~ drawing, a drawing in ~:** eine Bleistiftzeichnung; *see also* **lead pencil; b)** *(cosmetic)* Stift, *der;* **eyebrow ~:** Augenbrauenstift, *der.* **2.** *v. t., (Brit.)* **-ll- a)** *(mark)* mit Bleistift/Farbstift markieren; **b)** *(sketch)* mit Bleistift zeichnen *od.* skizzieren; **c)** *(write with ~)* mit einem Bleistift/Farbstift schreiben; **d)** *(write tentatively)* entwerfen; skizzieren; *see also* **~ in b**

**~ 'in** *v. t.* **a)** *(shade with ~)* mit Bleistift [aus]schraffieren; **b)** *(note or arrange provisionally)* vorläufig notieren

**'pencil-case** *n.* Griffelkasten, *der; (made of a soft material)* Federmäppchen, *das;* Schreibmäppchen, *das*

**pencilled** *(Amer.:* **penciled)** ['pensɪld] *adj.* mit Bleistift geschrieben; nachgezogen ⟨*Augenbrauen*⟩

**'pencil-sharpener** *n.* Bleistiftspitzer, *der*

**pendant** ['pendənt] **1.** *n.* **a)** *(hanging ornament)* Anhänger, *der; (light)* Hängelampe, *die;* **b)** *(companion)* Pendant, *das (geh.);* **c)** *see* **pennant a. 2.** *adj. see* **pendent**

**pendent** ['pendənt] **1.** *adj.* **a)** *(hanging)* herabhängend; **b)** *(overhanging)* überhängend

**pending** ['pendɪŋ] **1.** *adj.* **a)** *(undecided)* unentschieden ⟨*Angelegenheit, Sache*⟩; anhängig *(Rechtsspr.),* schwebend ⟨*Verfahren*⟩; laufend ⟨*Verhandlungen*⟩; **be ~** ⟨*Verfahren:*⟩ noch anhängig sein *(Rechtsspr.),* noch schweben; ⟨*Sache, Angelegenheit:*⟩ noch unentschieden sein *od.* in der Schwebe sein; ⟨*Entscheidung, Probleme:*⟩ noch anstehen; ⟨*Debatte, Verhandlungen:*⟩ noch im Gang sein; **a treaty was ~:** es wurde über einen Vertrag verhandelt; **b)** *(about to come into existence)* bevorstehend ⟨*Krieg*⟩; **patent ~:** Patent angemeldet. **2.** *prep. (until)* **~ his return** bis zu seiner Rückkehr; **~ the final settlement** bis zur endgültigen Regelung; **~ full discussion of the matter** bis die Angelegenheit ausdiskutiert ist

**'pending-tray** *n.* Ablage für noch Unerledigtes

**pendulous** ['pendjʊləs] *adj.* **a)** *(suspended, hanging down)* herabhängend; Hänge⟨*backen, -brüste, -ohren*⟩; **b)** *(oscillating)* pendelnd

**pendulum** ['pendjʊləm] *n.* Pendel, *das;* **the swing of the ~** *(fig.)* der Umschwung; **according to the swing of the ~:** je nachdem, nach welcher Seite das Pendel ausschlägt *(fig.)*

**penetrable** ['penɪtrəbl] *adj.* **a)** *(capable of being entered)* durchdringlich; **scarcely ~:** fast undurchdringlich; **b)** *(fig.: capable of being found out)* ergründbar; **be ~:** sich ergründen lassen; **c)** *(permeable)* durchlässig

**penetrate** ['penɪtreɪt] **1.** *v. t.* **a)** *(find access into)* eindringen in (+ *Akk.*); vordringen in (+ *Akk.*) ⟨*unbekannte Regionen*⟩; aufbrechen ⟨*Safe*⟩; *(pass through)* durchdringen; **get sth. to ~ sb.'s mind** etw. in jmds. Kopf reinkriegen *(ugs.);* **~ sb.'s disguise** *(fig.)* hinter jmds. Maske *(Akk.)* schauen; **b)** *(fig.: find out)* ergründen ⟨*Geheimnis*⟩; durchschauen ⟨*Plan, Absicht, Gedanken*⟩; herausfinden ‹*Wahrheit*›; **c)** *(permeate)* dringen in (+ *Akk.*); *(fig.)* durchdringen; *(infiltrate)* infiltrieren; unterwandern; ‹*Spion:*› sich einschleusen in (+ *Akk.*); **d)** *(see into)* ‹*Augen:*› durchdringen ‹*Dunkelheit, Nebel*›; **e)** *(sexually)* eindringen in (+ *Akk.*); penetrieren *(geh.)*. **2.** *v. i.* **a)** *(make a way)* ~ **into/to sth.** in etw. *(Akk.)* eindringen/zu etw. vordringen; ~ **through sth.** durch etw. hindurch dringen; **the cold ~d through the whole house** die Kälte durchdrang das ganze Haus; **b)** *(be understood or realized)* **my hint did not ~:** mein Wink wurde nicht verstanden; **something's finally ~d!** der Groschen ist endlich gefallen *(ugs.)*

**penetrating** ['penıtreıtıŋ] *adj.* **a)** *(easily heard)* durchdringend; **b)** *(gifted with insight)* scharf ‹*Verstand*›; *(showing insight)* scharfsinnig ‹*Bemerkung, Kommentar, Studie*›; scharf ‹*Beobachtung*›; verstehend ‹*Blick*›

**penetration** [penı'treıʃn] *n.* **a)** *(finding of access into)* Eindringen, *das* (**of** in + *Akk.*); *(of safe)* Aufbrechen, *das; (act of passing through)* Durchdringen, *das; (passage through)* Durchdringung, *die;* **b)** *no pl. (fig.: discernment)* Scharfsinn, *der;* Scharfsinnigkeit, *die;* **c)** *(act of permeating)* Durchdringen, *das;* Durchdringung, *die; (infiltration)* Infiltration, *die;* Unterwanderung, *die;* **d)** *(seeing into sth.)* Durchdringen, *das;* **e)** *(sexual)* Eindringen des Gliedes [in die Scheide]; Penetration, *die (geh.)*

**penetrative** ['penıtrətıv] *adj.* **a)** *(acute)* scharf ‹*Verstand, Beobachtung*›; **b)** *(permeating)* eindringend

**'pen-friend** *n.* Brieffreund, *der*/-freundin, *die*

**penguin** ['peŋgwın] *n.* Pinguin, *der*

**'penholder** *n.* Federhalter, *der*

**penicillin** [penı'sılın] *n. (Med.)* Penizillin, *das*

**peninsula** [pı'nınsjʊlə] *n.* Halbinsel, *die;* **the Lleyn ~:** die Halbinsel Lleyn

**peninsular** [pı'nınsjʊlə(r)] *adj.* **a)** *(of a peninsula)* peninsular[isch]; Halbinsel-; *(like a peninsula)* halbinselartig; **b)** *(Hist.: of Spain and Portugal)* **the P~ War** der Spanische Unabhängigkeitskrieg

**penis** ['pi:nıs] *n., pl.* **~es** *or* **penes** ['pi:ni:z] *(Anat.)* Penis, *der;* männliches Glied

**'penis envy** *n. (Psych.)* Penisneid, *der*

**penitence** ['penıtəns] *n., no pl.* Reue, *die*

**penitent** ['penıtənt] **1.** *adj.* reuevoll *(geh.)*; reuig *(geh.)* ‹*Sünder*›; **be ~:** bereuen; **feel [sincerely] ~:** [echte] Reue empfinden; **be deeply ~ about sth.** tiefe Reue über etw. *(Akk.)* empfinden. **2.** *n. (repentant sinner)* reuiger Sünder/reuige Sünderin; *(person doing penance)* Büßer, *der*/Büßerin, *die (Rel.)*

**penitential** [penı'tenʃl] *adj.* reuevoll; reuig *(geh.)*; Buß‹*tag, -gebet*›; **the ~ psalms** *(Relig.)* die Bußpsalmen

**penitentiary** [penı'tenʃərı] **1.** *n. (Amer.)* Straf[vollzugs]anstalt, *die;* [Justiz]vollzugsanstalt, *die.* **2.** *adj.* **a)** *(of penance)* ~ **pilgrimage** Bußpilgerfahrt, *die;* **b)** *(of reformatory treatment)* ~ **system** Strafvollzug, *der*

**penitently** ['penıtəntlı] *adv.* reuevoll *(geh.)*; reumütig *(öfter scherzh.)* ‹*zurückkehren*›; **behave ~:** Reue zeigen

**pen: ~knife** *n.* Taschenmesser, *das;* **~-light** *n.* [Mini]stablampe, *die*

**penmanship** ['penmənʃıp] *n., no pl.* **a)** *(skill in handwriting)* Schönschreiben, *das;* **a piece of good/bad ~:** ein schön/schlecht geschriebener Text; **b)** *(style of writing)* Schrift, *die*

**'pen-name** *n.* Schriftstellername, *der*

**pennant** ['penənt] *n.* **a)** *(Naut.: tapering flag)* Stander, *der;* **broad ~:** Doppelstander, *der;* **b)** *(Amer.: flag symbolizing championship)* Meisterschaftswimpel, *der;* **c)** *see* **pennon**

**penniless** ['penılıs] *adj. (having no money)* **be ~:** keinen Pfennig Geld haben; *(fig.: be poor)* mittellos sein; **be left ~:** völlig mittellos *od.* ohne einen Pfennig Geld dastehen

**pennon** ['penən] *n.* **a)** Wimpel, *der;* **b)** *(Mil.: long narrow flag)* Fähnchen, *das;* Fähnlein, *das*

**penn'orth** ['penəθ] *see* **pennyworth**

**Pennsylvania Dutch** [pensılveınıə 'dʌtʃ] *n.* **a)** *no pl., no indef. art. (dialect)* Pennsylvaniadeutsch, *das;* Pennsilfaanisch, *das;* **b)** *constr. as pl.* **the ~:** die Pennsylvaniendeutschen

**penny** ['penı] *n., pl. usu.* **pennies** ['penız] *(for separate coins),* **pence** [pens] *(for sum of money)* **a)** *(British coin, monetary unit)* Penny, *der;* **fifty pence** fünfzig Pence; **two/five/ten/twenty/fifty pence [piece]** Zwei-/Fünf-/Zehn-/Zwanzig-/Fünfzigpencestück, *das od.* -münze, *die; see also* **halfpenny; b)** *(Amer. coll.: one-cent coin)* Cent, *der;* Centstück, *das;* **c) keep turning up like a bad ~** *(coll.)* immer wieder auftauchen; **the ~ has dropped** *(fig. coll.)* der Groschen ist gefallen *(ugs.)*; **pennies from heaven** *(coll.)* ein warmer Regen *(fig. ugs.)*; **in for a ~, in for a pound** *(prov.)* wennschon, dennschon *(ugs.)*; **a pretty ~** *(coll.)* eine hübsche *od.* schöne Stange Geld *(ugs.)*; ein hübsches Sümmchen *(ugs.)*; **I was not a ~ the worse** *(fig.)* es hat mich nichts gekostet *(fig.)*; **take care of the pence** *or* **pennies** im Kleinen sparen; **take care of the pence** *or* **pennies, and the pounds will look after themselves** spare im Kleinen, dann hast du im Großen; **not have two pennies to rub together** ohne einen Pfennig sein; keinen Pfennig haben; **look twice at every ~:** jeden Pfennig dreimal umdrehen; **a ~ for your thoughts** *(coll.)* woran denkst du [gerade]?; **sth. is two** *or* **ten a ~:** etw. gibt es wie Sand am Meer *(ugs.)*; **be ~ wise** im Kleinen sparsam sein; **be ~ wise and pound foolish** im Kleinen sparsam und im Großen verschwenderisch sein; am falschen Ende sparen. *See also* **¹count 2 a; honest e; name 1 a; spend a**

**penny: ~ 'dreadful** *n. (Brit.) (cheap storybook)* Groschenheft, *das (abwertend); (cheap novel)* Groschenroman, *der (abwertend);* **~ 'farthing [bicycle]** *n. (Brit. coll)* Hochrad, *das;* **~-pincher** ['penıpınʃə(r)] *n.* Pfennigfuchser, *der*/-fuchserin, *die (ugs.)*; **~-pinching** ['penıpınʃıŋ] **1.** *n., no pl., no indef. art.* Pfennigfuchserei, *die (ugs.)*; Knauserei, *die (ugs. abwertend)*; **2.** *adj.* knaus[e]rig *(ugs. abwertend)*; **~weight** *n.* Pennyweight, *das;* **~ 'whistle** *see* **whistle 3 b**

**pennyworth** ['pen(ıw)əθ] *n.* **a)** *pl. same* **a ~ of bread/six ~ of sweets** für einen Penny Brot/für sechs Pence Bonbons; **not a ~ [of]** *(fig.: not even a small amount)* nicht für fünf Pfennig *(ugs.)*; **b)** *(bargain)* **a good/bad ~:** ein guter/schlechter Kauf

**penology** [pi:'nɒlədʒı] *n.* Pönologie, *die*

**pen: ~-pal** *n. (coll.) see* **pen-friend; ~ portrait** *n.* Charakterbild, *das;* **~-pusher** *n. (coll.)* Büromensch, *der; (male)* Bürohengst, *der (ugs. abwertend);* **~-pushing** *n., no pl., no indef. art. (coll.)* Schreibkram, *der (ugs. abwertend)*

**pension** ['penʃn] **1.** *n.* **a)** *(given by employer)* Rente, *die; (payment to retired civil servant also)* Pension, *die;* Ruhegehalt, *das (Amtsspr.)*; **retire on a ~:** in *od.* auf Rente gehen *(ugs.)*; ‹*Beamter:*› in Pension gehen; **be on a ~ [from one's company]** eine Rente [von seiner Firma] beziehen; **~ fund** Rentenfonds, *der;* Pensionfonds, *der;* **~ scheme** Rentenversicherung, *die;* **the company has** *or* **operates a ~ fund/scheme for its employees** die Firma hat eine Pensionskasse/betriebliche Altersversorgung für ihre Beschäftigten; **b)** *(given by State)* Rente, *die;* **disability** *or* **disablement ~:** Erwerbsunfähigkeitsrente, *die;* Invalidenrente, *die (ugs.)*; **widow's ~:** Witwenrente, *die;* **war ~:** Kriegsopferrente, *die;* **~ book** ≈ Rentenausweis, *der;* **~ day** Rentenzahltag, *der; see also* **old-age; c)** ['pɑ̃sjɔ̃] *(European boarding-house)* Pension, *die.* **2.** *v. t.* eine Rente zahlen (+ *Dat.*); **be ~ed** eine Rente bekommen

**~ 'off** *v. t.* **a)** *(discharge)* berenten *(Amtsspr.)*; auf Rente setzen *(ugs.)*; pensionieren ‹*Lehrer, Beamten*›; **b)** *(fig.: cease to use)* ausmustern; ausrangieren *(ugs.)*

**pensionable** ['penʃənəbl] *adj.* **a)** *(entitled to a pension)* rentenberechtigt; pensionsberechtigt ‹*Beamter*›; **b)** *(entitling to a pension)* zu einer Rente berechtigend; **reach ~ age** das Rentenalter erreichen; *(as civil servant)* das Pensionsalter erreichen; **~ salary/earnings** rentenfähiges Gehalt/rentenfähiger Verdienst

**pensioned-off** [penʃnd'ɒf] *adj. (fig.)* ausrangiert *(ugs.)*

**pensioner** ['penʃənə(r)] *n.* Rentner, *der*/Rentnerin, *die; (retired civil servant)* Pensionär, *der*/Pensionärin, *die;* Ruhegehaltsempfänger, *der*/-empfängerin, *die*

**pensive** ['pensıv] *adj.* **a)** *(plunged in thought)* nachdenklich; **b)** *(sorrowfully thoughtful)* schwermütig

**pensively** ['pensıvlı] *adv. see* **pensive:** nachdenklich; schwermütig

**pent** [pent] *adj.* **a)** *(literary)* eingedämmt; unterdrückt ‹*Atem*›; **b)** ~ **in** *or* **up** eingedämmt ‹*Fluß*›; angestaut ‹*Wut, Ärger*›; *see also* **pent-up**

**pentagon** ['pentəgən] *n.* **a)** *(Geom.)* Fünfeck, *das;* Pentagon, *das (fachspr.)*; **b) the P~** *(Amer. Polit.)* das Pentagon

**pentagonal** [pen'tægənl] *adj. (Geom.)* fünfeckig; pentagonal *(fachspr.)*; fünfseitig ‹*Pyramide, Prisma*›

**pentagram** ['pentəgræm] *n.* Pentagramm, *das;* Drudenfuß, *der*

**pentameter** [pen'tæmıtə(r)] *n. (Pros.)* Pentameter, *der*

**pentane** ['penteın] *n. (Chem.)* Pentan, *das*

**pentaprism** ['pentəprızm] *n.* Penta[dachkant]prisma, *das;* **~ viewfinder** *(Photog.)* Prismensucher, *der*

**Pentateuch** ['pentətju:k] *n. (Bibl.)* **the ~:** die fünf Bücher Mose; der Pentateuch *(fachspr.)*

**pentathlete** [pen'tæθli:t] *n.* Fünfkämpfer, *der*/-kämpferin, *die*

**pentathlon** [pen'tæθlən] *n. (Sport)* Fünfkampf, *der*

**penta'tonic** *adj. (Mus.)* pentatonisch; Fünfton-; **~ scale** fünfstufige Tonleiter

**Pentecost** ['pentıkɒst] *n. (Relig.)* Pfingsten, *das;* Pfingstfest, *das; (Jewish harvest festival)* Ernte[dank]fest, *das*

**pentecostal** [pentı'kɒstl] *attrib. adj (Relig.)* pfingstlich; Pfingst‹*gottesdienst, -hymne, -bewegung*›

**Pentecostal 'Church** *n. (Relig.)* Pfingstkirche, *die*

**pent: ~house** *n.* **a)** *(house, flat)* Penthaus *das;* Penthouse, *das;* **b)** *(sloping roof)* Schleppdach, *das;* **~-up** *attrib. adj.* angestaut ‹*Ärger, Wut*›; verhalten ‹*Freude*›; unterdrückt ‹*Sehnsucht, Gefühle*›

**penultimate** [pe'nʌltımət] *adj.* vorletzt...

**penumbra** [pı'nʌmbrə] *n., pl.* **~e** [pı'nʌmbri:] *or* **~s a)** Halbschatten, *der;* **b)** *(Astron. of sunspot)* Penumbra, *die*

**penurious** [pı'njʊərıəs] *adj.* **a)** *(poor)* arm ‹*Person*›; entbehrungsreich ‹*Zeit*›; armselig, kümmerlich ‹*Verhältnisse*›; **b)** *(stingy)* geizig; knauserig *(ugs. abwertend)*

**penury** ['penjʊərı] *n., no pl.* Armut, *die;* Not, *die*

**peon** ['pi:ən, pju:n] *n.* **a)** *(in Latin America: day-labourer)* Tagelöhner, *der;* Peon, *der;* **~ labour** Peonenarbeit, *die;* **b)** *(in India and Pakistan: messenger, attendant)* Bote, *der;* Laufbursche, *der*

**peony** ['pi:ənɪ] *n. (Bot.)* Pfingstrose, *die;* Päonie, *die;* ~ **red** päonienrot; tiefrot

**people** ['pi:pl] **1.** *n.* **a)** *(persons composing nation, community, etc.)* Volk, *das;* **b)** *constr. as pl. (persons forming class etc.)* Leute *Pl.;* Menschen; **city/country** ~ *(inhabitants)* Stadt-/Landbewohner; *(who prefer the city/the country)* Stadt-/Landmenschen; **village** ~: Dorfbewohner; **local** ~: Einheimische; **working** ~: arbeitende Menschen; Werktätige *(bes. DDR);* **coloured/white** ~: Farbige/Weiße; ~ **of wealth** reiche *od.* begüterte Leute *Pl.;* **her [own] sort/kind of** ~: ihresgleichen; *see also* **choose 1 a; c)** *constr. as pl. (subjects of ruler)* Volk, *das; (congregation)* Gemeinde, *die;* **d)** *constr. as pl. (persons not of nobility)* **the** ~: das [gemeine] Volk; **e)** *constr. as sing. or pl. (voters)* Volk, *das;* **will of the** ~: Volkswille, *der (Polit.);* **go to the** ~: Wahlen ausschreiben; **f)** *constr. as pl. (persons in general)* Menschen; Leute *Pl.; (as opposed to animals)* Menschen; ~ **say he's very rich** die Leute sagen *od.* man sagt *od.* es heißt, daß er sehr reich sei; er soll sehr reich sein; **that is quite enough to alarm** ~: das reicht zur Genüge, um einen in Alarm zu versetzen; **a crowd of** ~: eine Menschenmenge; **don't tell** ~ **about this** erzähle niemandem davon; ~ **are like that** so sind die Menschen; **I don't understand** ~ **any more** ich verstehe die Welt nicht mehr; '**some** ~ *(certain persons, usu. with whom the speaker disagrees)* gewisse Leute; *(you)* manche Leute; **some** '~! Leute gibt es!; **honestly, some** '~! also wirklich!; **listen, you** ~! hört mal [zu]!; **what do you** ~ **think?** was denkt ihr [denn]?; **you of** '**all** ~ **ought ...:** gerade du solltest ...; **who do you think I saw at the party?** '**Bill, of all** ~! wen, glaubst du, habe ich auf der Party getroffen? Ausgerechnet Bill!; **no sign of any** ~: keine Menschenseele; **g)** *constr. as pl. (relatives)* Familie, *die.* **2.** *v. t.* **a)** *(fill with* ~ *or animals)* bevölkern; **b)** *(inhabit)* bevölkern; *(become inhabitant of)* besiedeln

**peopled** ['pi:pld] *adj.* bevölkert

**People's Re'public** *n. (Polit.)* Volksrepublik, *die;* **the** ~ **of China** die Volksrepublik China

**pep** [pep] *(coll.)* **1.** *n., no pl., no indef. art.* Schwung, *der;* Pep, *der (salopp);* **be full of** ~: viel Schwung *od. (salopp)* Pep haben. **2.** *v. t.,* **-pp-:** ~ **[up]** aufpeppen *(ugs.)*

**peplum** ['pepləm] *n. (Fashion)* Schößchen, *das*

**pepper** ['pepə(r)] **1.** *n.* **a)** Pfeffer, *der;* **black/white** ~: schwarzer/weißer Pfeffer; **b)** *(capsicum plant)* Paprika, *der; (fruit)* Paprikaschote, *die;* **red/yellow/green** ~: roter/gelber/grüner Paprika; **sweet** ~: Gemüsepaprika, *der. See also* **cayenne. 2.** *v. t.* **a)** *(sprinkle with* ~*)* pfeffern; **b)** *(besprinkle)* übersäen; **c)** *(pelt with missiles)* bombardieren *(ugs., auch fig.);* ~ **the target with shot** das Ziel mit Schrot spicken

**pepper:** ~**-and-'salt** *n. (Textiles)* Pfeffer und Salz; *attrib.* pfeffer- und salzfarben; ~**corn** *n.* Pfefferkorn, *das;* ~**corn rent** symbolischer Pachtzins; ~**-mill** *n.* Pfeffermühle, *die;* ~**mint** *n.* **a)** *(plant)* Pfefferminze, *die;* **b)** *(sweet)* Pfefferminz, *das; attrib.* Pfefferminz⟨*bonbon, -drops, -pastille*⟩; **c)** *(oil)* Pfefferminzöl, *das;* ~**-pot** *n.* Pfefferstreuer, *der*

**peppery** ['pepərɪ] *adj.* pfeff[e]rig; *(spicy)* scharf; *(fig.: pungent)* scharf; *(fig.: hot-tempered)* jähzornig; **the soup is rather** ~: die Suppe schmeckt ziemlich stark nach Pfeffer/die Suppe ist ziemlich scharf

'**pep pill** *n. (coll.)* Peppille, *die (ugs.);* Aufputschtablette, *die*

**peppy** ['pepɪ] *adj. (sl.)* lebhaft, quirlig *(ugs.);* schwungvoll ⟨*Tanz*⟩

**pepsin** ['pepsɪn] *n. (Chem.)* Pepsin, *das*

'**pep talk** *n. (coll.)* Aufmunterung, *die;* **give sb. a** ~: jmdm. ein paar aufmunternde Worte sagen

**peptic** ['peptɪk] *adj. (Physiol.)* peptisch *(fachspr.);* Verdauungs-

**peptic 'ulcer** *n. (Med.)* peptisches Ulkus *(fachspr.);* Magengeschwür, *das*

**peptide** ['peptaɪd] *n. (Chem.)* Peptid, *das*

**per** [pə(r), *stressed* pɜ:(r)] *prep.* **a)** *(by means of)* per ⟨*Post, Bahn, Schiff, Bote*⟩; durch ⟨*Spediteur, Herrn X.*⟩; **b)** *(according to)* **[as]** ~ **sth.** wie in etw. *(Dat.)* angegeben; laut ⟨*Anweisung, Preisliste*⟩; **as** ~ **usual** *(joc.)* wie üblich; **c)** *(for each)* pro; **£50** ~ **week** 50 Pfund in der Woche *od.* pro Woche; **fifty kilometres** ~ **hour** fünfzig Kilometer in der *od.* pro Stunde; **get 11 francs** ~ **pound** 11 Francs für ein Pfund bekommen

**peradventure** [pərəd'ventʃə(r), perəd'ventʃə(r)] *(arch.) adv.* vielleicht; **lest** ~ **...:** für den Fall, daß ...; **if** ~: im Fall[e], daß ...

**perambulator** [pə'ræmbjʊleɪtə(r)] *(Brit. formal) see* **pram**

**per annum** [pər 'ænəm] *adv.* im Jahr; pro Jahr *(bes. Kaufmannsspr., ugs.)*

**per capita** [pə 'kæpɪtə] **1.** *adv.* pro Kopf; pro Person; **earnings** ~: Pro-Kopf-Einkommen, *das.* **2.** *adj.* Pro-Kopf-⟨*Einkommen, Verbrauch usw.*⟩; ~ **tax** Kopfsteuer, *die*

**perceivable** [pə'si:vəbl] *see* **perceptible**

**perceive** [pə'si:v] *v. t.* **a)** *(with the mind)* spüren; bemerken; ⟨*menschlicher Geist:*⟩ wahrnehmen; ~ **sb.'s thoughts** jmds. Gedanken erraten; **b)** *(through the senses)* wahrnehmen; **we** ~**d a figure in the distance** wir erblickten in der Ferne eine Gestalt; **c)** *(regard mentally in a certain way)* wahrnehmen; ~**d** vermeintlich ⟨*Bedrohung, Gefahr, Wert*⟩

**per cent** *(Brit.; Amer.:* **percent***)* [pə 'sent] **1.** *adv.* **ninety** ~ **effective** zu 90 Prozent wirksam; *see also* **hundred 1 c. 2.** *adj.* **a 5** ~ **increase** ein Zuwachs von 5 Prozent; ein fünfprozentiger Zuwachs. **3.** *n.* **a)** *see* **percentage; b)** *(hundredth)* Prozent, *das*

**percentage** [pə'sentɪdʒ] *n.* **a)** *(rate or proportion per cent)* Prozentsatz, *der;* **a high** ~ **of alcohol** ein hoher Alkoholgehalt; **what** ~ **of 48 is 11?** wieviel Prozent von 48 sind 11?; ~ **lead/improvement** prozentualer Vorsprung/prozentuale Verbesserung; **b)** *(proportion)* [prozentualer] Anteil

**per'centage sign** *n.* Prozentzeichen, *das*

**perceptible** [pə'septɪbl] *adj.* wahrnehmbar; **be quite** ~: ganz offensichtlich sein

**perceptibly** [pə'septɪblɪ] *adv.* sichtlich; sichtbar, merklich ⟨*schrumpfen, welken*⟩

**perception** [pə'sepʃn] *n.* **a)** *(act)* Wahrnehmung, *die; (result)* Erkenntnis, *die;* **have keen** ~**s** ein stark ausgeprägtes Wahrnehmungsvermögen haben; **b)** *no pl. (faculty)* Wahrnehmungsvermögen, *das;* **colour** ~: Farbensinn, *der;* **depth** ~: Tiefensehen, *das (Med.);* ~ **of sounds** Gehör, *das;* ~ **of objects** gegenständliche Wahrnehmung; **c)** *(intuitive recognition)* Gespür, *das* **(of** für**)**; *(instance)* Erfassen, *das;* **the direct** ~ **of truth** das unmittelbare Erfassen der Wahrheit; **have no clear** ~ **of sth.** keine klare Vorstellung von etw. haben

**perceptive** [pə'septɪv] *adj.* **a)** *(discerning)* scharf ⟨*Auge*⟩; fein ⟨*Gehör, Nase, Geruchssinn*⟩; scharfsinnig ⟨*Person*⟩; **b)** *(having intuitive recognition or insight)* einfühlsam ⟨*Person, Zeitungsartikel, Bemerkung*⟩

**perceptively** [pə'septɪvlɪ] *adv.* **a)** *(discerningly)* mit scharfer Wahrnehmung; **b)** *(with intuitive recognition or insight)* einfühlsam

**perceptiveness** [pə'septɪvnɪs], **perceptivity** [pɜ:sep'tɪvɪtɪ] *ns., no pl.* **a)** *(discernment)* ~ **of the senses** scharfes Wahrnehmungsvermögen; **b)** *(intuitive recognition, insight)* Einfühlsamkeit, *die*

[1]**perch** [pɜ:tʃ] *n., pl. same or* ~**es** *(Zool.)* Flußbarsch, *der*

[2]**perch 1.** *n.* **a)** *(horizontal bar)* Sitzstange, *die; (for hens)* Hühnerstange, *die;* **b)** *(place to sit)* Sitzplatz, *der;* **c)** *(fig.: elevated or secure position)* guter Posten; **knock sb. off his** ~: jmdn. von seinem hohen Roß herunterholen; **come off one's** ~: von seinem hohen Roß herunterkommen *od.* steigen; **d)** *(Brit.: measure) (of length)* Perch, *das;* $5\frac{1}{2}$ Yards; *(of area)* **[square]** ~ *(Brit.)* Quadratperch, *das.* **2.** *v. i.* **a)** sich niederlassen; **b)** *(be supported)* sitzen. **3.** *v. t.* setzen/stellen/legen

**perchance** [pə'tʃɑ:ns] *adv. (arch.)* **a)** *(possibly)* möglicherweise; vielleicht; **b)** *see* **peradventure**

**perched** [pɜ:tʃt] *adj.* **be** ~ ⟨*Vogel:*⟩ sitzen; **stand** ~ **on a cliff** hoch auf einer Klippe stehen; **a village** ~ **on a hill** ein hoch oben auf einem Berg gelegenes Dorf; **with his hat** ~ **on the back of his head** mit hinten auf dem Kopf sitzendem Hut

**percipient** [pə'sɪpɪənt] *adj.* **a)** *(conscious)* wahrnehmend; **be** ~ **of sth.** in der Lage sein, etw. zu erkennen; **b)** *(discerning)* scharf ⟨*Augen*⟩; fein ⟨*Gehör*⟩; scharfsichtig ⟨*Kritiker*⟩

**percolate** ['pɜ:kəleɪt] **1.** *v. i.* **a)** *(ooze)* ~ **through sth.** durch etw. [durch]sickern; **b)** *(fig.: spread gradually)* vordringen; **c)** *(be brewed in percolator)* ⟨*Kaffee:*⟩ durchlaufen. **2.** *v. t.* **a)** *(permeate)* sickern durch ⟨*Gestein*⟩; **b)** *(fig.: penetrate)* dringen in (+ *Akk.*) ⟨*Bewußtsein*⟩; **c)** *(brew in percolator)* [mit der Kaffeemaschine] machen ⟨*Kaffee*⟩

**percolation** [pɜ:kə'leɪʃn] *n.* **a)** *(passage of liquid through filter)* [Durch]sickern, *das;* **b)** *(fig.: diffusion by spreading)* Vordringen, *das;* **c)** *(of coffee)* Filtern, *das*

**percolator** ['pɜ:kəleɪtə(r)] *n.* Kaffeemaschine, *die*

**percussion** [pə'kʌʃn] *n.* **a)** *(Mus.) (playing by striking)* Anschlag, *der; (group of instruments)* Schlagzeug, *das; attrib.* Schlagzeug⟨*gruppe, -band, -begleitung*⟩; ~ **instrument** Schlaginstrument, *das;* ~ **section** Schlagzeug, *das;* **b)** *(forcible striking)* **explode by** ~: bei Erschütterung explodieren; **c)** *(Med.)* Perkussion, *die; (massage)* Klopfmassage, *die*

**per'cussion cap** *n. (Arms)* Zündhütchen, *das; (in toy)* Zündblättchen, *das*

**percussionist** [pə'kʌʃənɪst] *n. (Mus.)* Schlagzeuger, *der*/-zeugerin, *die*

**per diem** [pɜ: 'di:em] **1.** *adv.* pro Tag; täglich. **2.** *adj.* täglich; **on a** ~ **basis** tageweise. **3.** *n. (allowance)* Tagegeld, *das; (payment)* Entgelt, *das*

**perdition** [pə'dɪʃn] *n., no pl., no art. (literary: eternal death)* Verdammnis, *die;* **escape** ~: der [ewigen] Verdammnis entkommen; **damn you to** ~! sei auf ewig verdammt!

**peregrination** [perɪgrɪ'neɪʃn] *n. (arch./joc.)* **a)** *no pl. (travelling)* Reise, *die; (joc.)* Umherreisen, *das;* **b)** *in pl. (travels)* Reisen; **during your** ~**s** *(joc.)* auf deinen Streifzügen

**peregrine** ['perɪgrɪn] *n.* ~ **[falcon]** *(Ornith.)* Wanderfalke, *der*

**peremptorily** [pə'remptərɪlɪ, 'perɪmptərɪlɪ] *adv.* **a)** *(so as to admit no contradiction)* kategorisch; *(imperiously)* herrisch; gebieterisch *(geh.);* **b)** *(dogmatically)* beharrlich, hartnäckig ⟨*leugnen*⟩; **speak** ~ **on sth.** sich dogmatisch zu etw. äußern

**peremptory** [pə'remptərɪ, 'perɪmptərɪ] *adj.* **a)** *(admitting no contradiction)* kategorisch; *(imperious)* herrisch; gebieterisch *(geh.);* **b)** *(essential)* unbedingt; unerläßlich ⟨*Vorschrift*⟩; **c)** *(dogmatic)* beharrlich; hartnäckig; **d)** *(Law)* ~ **writ** gerichtliche Verfügung; ~ **challenge** Ablehnung [eines Geschworenen] ohne Angabe der Gründe

**perennial** [pə'renjəl] **1.** *adj.* **a)** *(lasting all year)* ganzjährig; perennierend *(fachspr.)* ⟨*Quelle, Brunnen, Bach*⟩; **b)** *(lasting indefinitely)* immerwährend; ewig ⟨*Jugend, Mythos, Suche*⟩; ungelöst ⟨*Problem*⟩; **c)**

*(Bot.)* ausdauernd; perennierend *(fachspr.).* **2.** *n. (Bot.)* ausdauernde *od. (fachspr.)* perennierende Pflanze

**perennially** [pəˈrenjəlɪ] *adv.* **a)** *(throughout the year)* **flow ~** ⟨*Fluß:*⟩ das ganze Jahr Wasser führen; **b)** *(perpetually)* ständig; ewig ⟨*ungelöst*⟩

**perestroika** [perɪˈstrɔɪkə] *n.* Perestroika, *die*

**perfect 1.** [ˈpɜːfɪkt] *adj.* **a)** *(complete)* vollkommen; umfassend ⟨*Kenntnisse, Wissen*⟩; **b)** *(faultless)* vollkommen; perfekt ⟨*Englisch, Technik, Timing*⟩; tadellos ⟨*Zustand*⟩; [absolut] gelungen ⟨*Aufführung*⟩; lupenrein ⟨*Diamant*⟩; *(conforming to an abstract concept)* perfekt; **get a technique ~:** eine Technik vollkommen *od.* absolut beherrschen lernen; **~ gas** *(Phys.)* ideales Gas; **c)** *(trained, skilled)* **be ~ in the performance of one's duties** seine Aufgaben tadellos erfüllen; **practice makes ~:** Übung macht den Meister; **d)** *(coll.: exceedingly satisfactory)* herrlich; wunderbar; **e)** *(exact)* perfekt; getreu ⟨*Ebenbild, Abbild*⟩; *(fully what the name implies)* perfekt ⟨*Gentleman, Dame, Ehemann, Gastgeberin*⟩; *see also* **square 1 g; f)** *(absolute)* **a ~ stranger** ein völlig Fremder; ein Wildfremder *(ugs.)*; **he is a ~ stranger to me** er ist mir völlig unbekannt; **he is a ~ scream** *(sl.)*/**angel** *(coll.)*/**charmer** er ist wirklich zum Schreien [komisch]/ein Engel/charmant; **she looks a ~ little angel** sie sieht wie ein richtiger kleiner Engel aus; **I have a ~ right to stay** ich habe eindeutig *od.* durchaus das Recht zu bleiben; **have ~ freedom to make one's own decision** völlig frei entscheiden können; **g)** *(coll.: unmitigated)* absolut; **look a ~ fright/mess** wirklich zum Weglaufen/absolut verboten aussehen *(ugs.)*; **a ~ tantrum** ein regelrechter Wutanfall; **h)** *(Ling.)* Perfekt-; **the ~ tense** das Perfekt; **future ~ tense** Futur II, *das;* vollendetes Futur; **past ~** *see* **pluperfect 2; present ~** *see* **¹present 1 d; i)** *(Mus.)* **~ interval** reines Intervall. **2.** *n. (Ling.)* Perfekt, *das.* **3.** [pəˈfekt] *v. t.* vervollkommnen; perfektionieren

**perfection** [pəˈfekʃn] *n.* **a)** *no pl. (making perfect)* Vervollkommnung, *die;* Perfektionierung, *die;* **b)** *no pl. (faultlessness)* Vollkommenheit, *die;* Perfektion, *die;* **~ of detail** Vollkommenheit *od.* Perfektion im Detail; **~ of technique** technische Perfektion; **to ~:** perfekt; **it/he succeeded to ~:** es war ein voller Erfolg/er war absolut erfolgreich; **you cook to ~:** du bist eine perfekte Köchin/ein perfekter Koch; **c)** *no pl. (perfect person or thing)* **be ~:** perfekt sein; **d)** *no pl., no indef. art. (most perfect degree)* Inbegriff, *der;* **sth. has reached its ~:** etw. hat seine höchste Vollkommenheit erreicht

**perfectionism** [pəˈfekʃənɪzm] *n., no pl.* Perfektionismus, *der*

**perfectionist** [pəˈfekʃənɪst] *n.* Perfektionist, *der*/Perfektionistin, *die*

**perfectly** [ˈpɜːfɪktlɪ] *adv.* **a)** *(completely)* vollkommen; völlig; **I understand that ~:** ich verstehe das vollkommen *od.* völlig; **be ~ entitled to do sth.** durchaus berechtigt sein, etw. zu tun; **b)** *(faultlessly)* perfekt; tadellos ⟨*sich verhalten*⟩; fehlerlos ⟨*singen*⟩; **c)** *(exactly)* vollkommen; exakt, genau ⟨*vorhersagbar*⟩; **d)** *(coll.: to an unmitigated extent)* furchtbar *(ugs.)* ⟨*schrecklich, schlimm, ekelhaft*⟩

**perfect ˈpitch** *n. (Mus.)* absolutes Gehör

**perfidious** [pɜːˈfɪdɪəs] *adj.* perfid *(geh.)*; *see also* **Albion**

**perfidy** [ˈpɜːfɪdɪ] *n.* Perfidie, *die (geh.)*

**perforate** [ˈpɜːfəreɪt] *v. t.* **a)** *(make hole[s] through)* perforieren; **suffer from a ~d eardrum/ulcer** ein Loch im Trommelfell/ein durchgebrochenes Magengeschwür haben; **b)** *(make an opening into)* durchlöchern

**perforation** [pɜːfəˈreɪʃn] *n.* **a)** *(action of perforating)* Perforierung, *die;* **b)** *(hole)* Loch, *das;* **~s** *(line of holes esp. in paper)* Perforation, *die; (in sheets of stamps)* Zähnung, *die;* Perforation, *die*

**perforator** [ˈpɜːfəreɪtə(r)] *n.* Perforiermaschine, *die; (rock-drill)* Bohrer, *der; (used in stripping wallpaper)* Tapetenperforator, *der*

**perforce** [pəˈfɔːs] *adv. (arch./formal)* notgedrungen

**perform** [pəˈfɔːm] **1.** *v. t.* **a)** *(fulfil)* ausführen ⟨*Befehl, Arbeit, Operation*⟩; erfüllen ⟨*Bitte, Wunsch, Pflicht, Vertrag, Versprechen, Bedingung, Aufgabe*⟩; nachkommen (+ *Dat.*) ⟨*Verpflichtung*⟩; vollbringen ⟨*[Helden]tat, Leistung*⟩; durchführen ⟨*Operation*⟩; einhalten ⟨*Versprechen, Vertrag*⟩; **b)** *(carry out)* ausfüllen ⟨*Funktion*⟩; vollbringen ⟨*Wunder*⟩; anstellen ⟨*Berechnungen*⟩; durchführen ⟨*Experiment, Sektion*⟩; vornehmen ⟨*Sektion*⟩; vorführen, zeigen ⟨*Trick*⟩; *(in formal manner or according to prescribed ritual)* vollziehen ⟨*Trauung, Taufe, Riten, Rituale, Opfer*⟩; [ab]halten ⟨*Gottesdienst*⟩; *(render)* aufführen ⟨*Theaterstück, Scharade*⟩; vortragen, vorsingen ⟨*Lied*⟩; vorspielen, vortragen ⟨*Sonate usw.*⟩. **2.** *v. i.* **a)** eine Vorführung geben; *(sing)* singen; *(play)* spielen; ⟨*Jongleur:*⟩ Kunststücke zeigen *od.* vorführen; ⟨*Zauberer:*⟩ Zaubertricks ausführen *od.* vorführen; **he ~ed very well** seine Darbietung war sehr gut; **she ~s as soloist** sie ist Solistin; *(occasionally)* sie tritt als Solistin auf; **she ~ed skilfully on the flute/piano** sie spielte mit großer Könnerschaft Flöte/Klavier; **b)** *(Theatre)* auftreten; **he ~ed very well** sein Auftritt war sehr gut; **c)** *(execute tricks)* ⟨*Tier:*⟩ Kunststücke zeigen *od.* vorführen; **train an animal to ~:** einem Tier Kunststücke beibringen; **d)** *(work, function)* ⟨*Auto:*⟩ laufen, fahren; **he ~ed all right/well [in the exam]** er machte seine Sache [in der Prüfung] ordentlich/gut; **e)** *(coll. euphem.) (accomplish sexual intercourse)* es machen *(ugs. verhüll.)*; *(excrete, urinate)* ⟨*Kind, Haustier:*⟩ machen *(ugs. verhüll.)*

**performance** [pəˈfɔːməns] *n.* **a)** *(fulfilment) (of promise, duty, task)* Erfüllung, *die; (of command)* Ausführung, *die;* **b)** *(carrying out)* Durchführung, *die;* **c)** *(notable feat)* Leistung, *die;* **put up a good ~:** eine gute Leistung zeigen; seine Sache gut machen; **d)** *(performing of play etc.)* Vorstellung, *die;* **the ~s of the gymnasts** die Turnveranstaltungen; **her ~ in the play** ihre [schauspielerische] Leistung in dem Theaterstück; **her ~ as Desdemona** ihre Darstellung *od.* Interpretation der Desdemona; **the ~ of a play/opera** die Aufführung eines Theaterstücks/einer Oper; **give a ~ of a symphony/play** eine Sinfonie/ein Stück spielen *od.* aufführen; **e)** *(achievement under test)* Leistung, *die;* **athletic ~:** die Leistung eines Sportlers; **the car has good ~:** der Wagen bringt viel Leistung; **give an engine more ~:** die Leistung eines Motors erhöhen; **are you satisfied with the ~ of your new car?** sind sie mit ihrem neuen Auto zufrieden?; **the ~ of the equipment, in tests, was somewhat variable** die Anlage hat in Tests nicht immer gleich abgeschnitten; **f)** *(coll.: display of anger etc.)* Auftritt, *der;* **g)** *(coll.: difficult procedure)* Theater, *das (ugs., abwertend)*; Umstand, *der;* **it was a hell of a ~ getting my passport** das war vielleicht ein Umstand *od.* Theater, bis ich meinen Paß hatte

**performer** [pəˈfɔːmə(r)] *n.* Künstler, *der*/Künstlerin, *die;* **as a ~ of tricks he was unsurpassed** im Vorführen von Tricks war er unübertroffen

**performing** [pəˈfɔːmɪŋ] *adj.* **a)** *(acting, singing, etc.)* auftretend ⟨*Künstler*⟩; **~ arts** darstellende Künste; **~ rights** Aufführungsrechte *Pl.*; **b)** *(executing tricks)* dressiert ⟨*Tier*⟩

**perfume 1.** [ˈpɜːfjuːm] *n.* **a)** *(sweet smell)* Duft, *der;* **b)** *(fluid)* Parfüm, *das;* **~ atomizer** *or* **spray** Parfümzerstäuber, *der.* **2.** [pəˈfjuːm, ˈpɜːfjuːm] *v. t. (impart sweet scent to)* mit Wohlgeruch erfüllen; *(impregnate with sweet smell)* parfümieren

**perfumer** [pəˈfjuːmə(r)] *n. (maker of perfume)* Parfümeur, *der*/Parfümeuse, *die; (seller of perfume)* Parfümhändler, *der*/Parfümhändlerin, *die*

**perfumery** [pəˈfjuːmərɪ] *n.* **a)** *no pl. (preparation of perfumes)* Parfümherstellung, *die;* **b)** *(perfumes)* Parfümeriewaren *Pl.*; *attrib.* Parfümerie-; **c)** *(shop)* Parfümerie, *die*

**perfunctorily** [pəˈfʌŋktərɪlɪ] *adv.* pflichtschuldig; oberflächlich, mechanisch ⟨*arbeiten*⟩

**perfunctory** [pəˈfʌŋktərɪ] *adj. (done for duty's sake only)* pflichtschuldig; flüchtig ⟨*Erkundigung, Bemerkung*⟩; *(superficial)* oberflächlich ⟨*Arbeit, Überprüfung*⟩; **his tidying of his bedroom had been very ~:** er hatte sein Zimmer nur sehr oberflächlich aufgeräumt; **put in a ~ appearance** sich, um seiner Pflicht zu genügen, kurz zeigen

**pergola** [ˈpɜːgələ] *n. (Hort.)* Pergola, *die;* Laubengang, *der*

**perhaps** [pəˈhæps, præps] *adv.* vielleicht; **I'll go out, ~:** ich gehe vielleicht aus; **~ so** [das] mag [ja] sein; **~ not** *(maybe this is or will not be the case)* vielleicht auch nicht; *(it might be best not to do this)* vielleicht lieber nicht

**perianth** [ˈperɪænθ] *n. (Bot.)* Perianth[ium], *das (fachspr.)*; Blütenhülle, *die*

**pericardium** [perɪˈkɑːdɪəm] *n., pl.* **pericardia** [perɪˈkɑːdɪə] *(Anat.)* Perikard[ium], *das (fachspr.)*; Herzbeutel, *der*

**pericarp** [ˈperɪkɑːp] *n. (Bot.)* Perikarp, *das (fachspr.)*; Fruchtwand, *die*

**perigee** [ˈperɪdʒiː] *n. (Astron.)* Perigäum, *das (fachspr.)*; Erdnähe, *die*

**peril** [ˈperl] *n.* Gefahr, *die;* **they were in constant ~ from their enemies** sie waren ständig von ihren Feinden bedroht; **be in deadly ~, be in ~ of death** *or* **one's life** in Lebensgefahr sein *od.* schweben; **be in ~ of doing sth.** Gefahr laufen, etw. zu tun; **do sth. at one's ~** *(accepting risk of injury)* etw. auf eigene Gefahr tun

**perilous** [ˈperələs] *adj.* **a)** *(full of danger)* gefahrvoll; **be ~:** gefährlich sein; **b)** *(exposed to imminent risk)* gefährdet; anfällig ⟨*Beziehung*⟩; **a ~ pile of chairs** ein gefährlich hoher Turm aus Stühlen

**perilously** [ˈperələslɪ] *adv.* gefährlich; **~ ill** todkrank

**perimeter** [pəˈrɪmɪtə(r)] *n.* **a)** *(outer boundary)* [äußere] Begrenzung; Grenze, *die;* **troops were stationed all around the ~ to guard the camp** Truppen waren rundherum postiert, um das Lager zu bewachen; **at the ~ of the race-track** am Rande der Rennbahn; **b)** *(outline of figure)* Umriß, *der; (length of outline)* Umfang, *der*

**perinatal** [perɪˈneɪtl] *adj. (Med.)* perinatal

**perineum** [perɪˈniːəm] *n., pl.* **~s** *or* **perinea** [perɪˈniːə] *(Anat.)* Damm, *der*

**period** [ˈpɪərɪəd] **1.** *n.* **a)** *(distinct portion of history or life)* Periode, *die;* Zeit, *die;* **~s of history** geschichtliche Perioden; **the modern ~:** die Moderne; das Zeitalter der Moderne; **the Reformation/Tudor/Victorian ~:** die Reformationszeit/die Tudorzeit/die viktorianische Zeit; **during the ~ of his youth** in seiner Jugend[zeit]; **at a later ~ of her life** zu einem späteren Zeitpunkt ihres Lebens *od.* in ihrem Leben; **a ~ of literature/art** eine literarische/kunstgeschichtliche Epoche; **the Classical/Romantic/Renaissance ~:** die Klassik/Romantik/Renaissance; **of the ~** *(of the time under discussion)* der damaligen Zeit; **b)** *(any portion of time)* Zeitraum, *der;* Zeitspanne, *die;* **over a ~ [of time]** über einen längeren Zeitraum; **within the agreed ~:** innerhalb der vereinbarten Frist; **showers and bright ~s** *(Meteorol.)* Schauer und Aufheiterungen; **over a longer ~ I changed my mind** im Laufe der Zeit änderte ich meine Meinung; **I've had ~s of anxiety** es gab Zeiten der Angst für mich; **c)** *(Sch.: time allocated for lesson)* Stunde, *die;* **teaching/lesson ~:** Unterrichtsstunde, *die;* **geography/chemistry/English ~:** Geographie-/Chemie-/Englischstunde, *die;* **have five ~s a week for French** fünf Stunden Französisch[unterricht] in der Woche haben; **have two chemistry ~s** zwei Stunden Chemie haben; **a detention ~, a ~ of detention** eine Stunde Arrest; **a free ~:** eine Freistunde; **d)** *(occurrence of menstruation)* Periode, *die;* Regel[blutung], *die;* **have her/a ~:** ihre Periode *od.* Regel *od. (ugs. verhüll.)* Tage haben; **miss one's ~:** ihre Periode nicht bekommen; **~ pains** Menstruationsschmerzen; **e)** *(punctuation mark)* Punkt, *der;* **f)** *(pause in speech)* Pause, *die; (fig.)* Stillstand, *der;* **g)** *(appended to statement)* [und damit] basta! *(ugs.);* **h)** *(time taken by recurring process)* Periode, *die; (Astron.: time of revolution)* Umlaufzeit, *die;* **i)** *(Geol.)* Periode, *die;* **j)** *(complete sentence)* Satz, *der;* Satzgefüge, *das (Sprachw.);* **k)** *(Math.) (set of figures)* [Ziffern]gruppe, *die; (set of recurring figures)* Periode, *die;* **l)** *(Chem.)* Periode, *die.* **2.** *adj.* zeitgenössisch ‹*Tracht, Kostüm*›; Zeit‹*roman, -stück*›; antik ‹*Möbel*›; ‹*Zimmer*› im Zeitstil; **~ piece** *(play)* Zeitstück, *das; (novel)* Zeitroman, *der;* **this Georgian cabinet is a true ~ piece** dieser georgianische Schrank ist ein für die Zeit ausgesprochen typisches Stück

**periodic** [pɪərɪ'ɒdɪk] *adj.* **a)** *(recurring at regular intervals)* periodisch *od.* regelmäßig [auftretend *od.* wiederkehrend]; *(intermittent)* gelegentlich [auftretend]; vereinzelt ‹*Regenschauer*›; **make ~ good resolutions** von Zeit zu Zeit *od.* immer mal wieder gute Vorsätze fassen; **b)** *(Astron.)* periodisch; **the ~ time of a planet** die Umlaufzeit eines Planeten

**periodical** [pɪərɪ'ɒdɪkl] **1.** *adj.* **a)** *see* **periodic; b)** *(published at regular intervals)* regelmäßig erscheinend; **~ journal/magazine** Zeitschrift, *die.* **2.** *n.* Zeitschrift, *die; attrib.* Zeitschriften-; **weekly/monthly/quarterly ~:** Wochenzeitschrift/Monatsschrift/Vierteljahresschrift, *die*

**periodically** [pɪərɪ'ɒdɪkəlɪ] *adv. (at regular intervals)* regelmäßig; *(intermittently)* gelegentlich

**periodic 'table** *n. (Chem.)* Periodensystem, *das*

**peripatetic** [perɪpə'tetɪk] *adj.* **~ teacher** Lehrer, der/Lehrerin, die an mehreren Schulen unterrichtet; **~ teaching** Unterricht durch Lehrer, die an mehreren Schulen arbeiten; **~ life-style** Wanderleben, *das*

**peripheral** [pə'rɪfərl] **1.** *adj.* **a)** *(of the periphery)* ‹*Parkraum*› in Randlage; **~ road** Ringstraße, *die;* **~ speed** Umfangsgeschwindigkeit, *die;* **b)** *(of minor importance)* peripher *(geh.);* marginal *(geh.);* Rand‹*problem, -kultur, -erscheinung, -figur, -gebiet, -bemerkung, -lage*›; **be merely ~ or of merely ~ importance to sth.** für etw. von nur marginaler *(geh.) od.* untergeordneter Bedeutung sein; **c)** *(Anat.)* peripher; **d)** *(Computing)* peripher. **2.** *n. (Computing)* Peripheriegerät, *das*

**peripherally** [pə'rɪfərəlɪ] *adv.* **a)** *(at the periphery)* außen; **b)** *(marginally)* am Rande; peripher *(geh.);* marginal *(geh.)*

**periphery** [pə'rɪfərɪ] *n.* **a)** *see* **circumference; b)** *(external boundary)* Begrenzung, *die; (of surface)* Außenfläche, *die;* **c)** *(outer region)* Peripherie, *die (geh.);* Rand, *der*

**periphrasis** [pə'rɪfrəsɪs] *n., pl.* **periphrases** [pə'rɪfrəsi:z] **a)** *no pl. (roundabout way of speaking)* periphrastischer *(Rhet.) od.* umschreibender Stil; **b)** *(roundabout phrase)* Periphrase, *die (Rhet.);* Umschreibung, *die*

**periphrastic** [perɪ'fræstɪk] *adj.* periphrastisch *(Rhet.);* umschreibend

**periscope** ['perɪskəʊp] *n.* Periskop, *das*

**periscopic** [perɪ'skɒpɪk] *adj.* periskopisch

**perish** ['perɪʃ] **1.** *v.i.* **a)** *(suffer destruction)* umkommen; ‹*Volk, Rasse, Kultur:*› untergehen; ‹*Kraft, Energie:*› versiegen; ‹*Pflanze:*› eingehen; **his name will never ~:** sein Name wird für alle Zeiten fortleben; **~ by the sword/at the hand of the enemy** durch das Schwert/durch Feindes Hand umkommen; **he ~ed from the cold** er erfror; **... or ~ in the attempt** *(joc.)* ..., koste es, was es wolle; **~ the thought!** Gott behüte *od.* bewahre!; **b)** *(rot)* verderben; ‹*Fresken, Gemälde:*› verblassen; ‹*Gummi:*› altern. **2.** *v.t.* **a)** *(reduce to distress)* **we were ~ed [with cold]** wir waren ganz durchgefroren; **b)** *(cause to rot)* [schneller] altern lassen ‹*Gummi*›; angreifen ‹*Reifen*›

**perishable** ['perɪʃəbl] **1.** *adj. (liable to perish)* vergänglich; *(subject to speedy decay)* [leicht] verderblich. **2.** *n. in pl.* leicht verderbliche Güter *od.* Waren

**perisher** ['perɪʃə(r)] *n. (Brit. sl.) (annoying person)* Ekel, *das (ugs.);* Miststück, *das (salopp); (unfortunate person)* **poor ~:** armer Hund *(ugs.);* armes Schwein *(ugs.)*

**perishing** ['perɪʃɪŋ] **1.** *adj.* **a)** *(causing distress)* mörderisch ‹*Wind, Kälte*›; *(very cold)* eiskalt; **b)** *(Brit. sl.: confounded)* elend; **that child is a ~ nuisance** das Kind kann einem den Nerv töten *(ugs.).* **2.** *adv. (Brit. sl.: confoundedly)* fürchterlich *(ugs.)*

**peristaltic** [perɪ'stæltɪk] *adj. (Physiol.)* peristaltisch

**peritoneum** [perɪtə'ni:əm] *n., pl.* **~s** *or* **peritonea** [perɪtə'ni:ə] *(Anat.)* Bauchfell, *das*

**peritonitis** [perɪtə'naɪtɪs] *n. (Med.)* Peritonitis, *die (fachspr.);* Bauchfellentzündung, *die*

**periwig** ['perɪwɪg] *n. (Hist.)* Perücke, *die*

**[1]periwinkle** ['perɪwɪŋkl] *n.* **a)** *(Bot.)* Immergrün, *das;* **b)** *(colour)* **~ [blue]** Veilchenblau, *das*

**[2]periwinkle** *see* **winkle 1**

**perjure** ['pɜ:dʒə(r)] *v. refl. (swear to false statement)* einen Meineid leisten; *(Law: give false evidence under oath)* [unter Eid] falsch aussagen

**perjured** ['pɜ:dʒəd] *adj.* **~ testimony** falsche Aussage unter Eid; **be ~:** [unter Eid] falsch ausgesagt haben; meineidig sein

**perjurer** ['pɜ:dʒərə(r)] *n.* Meineidige, *der/die*

**perjury** ['pɜ:dʒərɪ] *n.* **a)** *(swearing to false statement)* Meineid, *der; (Law: giving false evidence while under oath)* eidliche Falschaussage; **commit ~:** einen Meineid leisten/sich der eidlichen Falschaussage schuldig machen; **b)** *(breach of oath)* Eidesverletzung, *die;* Eidbruch, *der*

**[1]perk** [pɜ:k] *(coll.)* **1.** *v.i.* **~ up** munter werden; ‹*Wirtschaft:*› in Gang kommen *(ugs.); (cheer up)* aufleben; **life had ~ed up again** das Leben machte wieder Spaß. **2.** *v.t.* **a) ~ up** *(restore liveliness of)* aufmuntern; **I need a drink to ~ me up** ich muß jetzt erst mal zur Aufmunterung was trinken *(ugs.);* **~ up sb.'s spirits** jmdn. aufmuntern; **take pills to ~ oneself up** sich mit Pillen aufputschen; **b) ~ up** *(raise briskly)* aufstellen ‹*Schwanz, Ohren*›; heben ‹*Kopf*›; **c)** *(smarten)* **~ oneself/sth. up** sich feinmachen/etw. verschönern

**[2]perk** *n. (Brit. coll.: perquisite)* [Sonder]vergünstigung, *die*

**[3]perk** *(coll.)* **1.** *v.i.* ‹*Kaffee:*› durchlaufen; ‹*Kaffeemaschine:*› in Gang sein. **2.** *v.t.* machen ‹*Kaffee*›

**perkily** ['pɜ:kɪlɪ] *adv. see* **perky:** lebhaft; munter; keck; selbstbewußt

**perky** ['pɜ:kɪ] *adj.* **a)** *(lively)* lebhaft; munter; **b)** *(self-assertive)* keck; selbstbewußt

**perlite** ['pɜ:laɪt] *n.* Perlit, *der*

**[1]perm** [pɜ:m] **1.** *n. (permanent wave)* Dauerwelle, *die.* **2.** *v.t.* **~ sb.'s hair** jmdm. eine Dauerwelle machen; **have one's hair ~ed** sich *(Dat.)* eine Dauerwelle machen lassen; **have ~ed hair** eine Dauerwelle haben

**[2]perm** *(Brit. coll.)* **1.** *n. (permutation)* Tipreihe, *die.* **2.** *v.t.* als Tipreihe ankreuzen

**permafrost** ['pɜ:məfrɒst] *n. (Geog.)* Permafrost, *der;* Dauerfrostboden, *der*

**permanence** ['pɜ:mənəns] *n., no pl.* Dauerhaftigkeit, *die;* **the place had an air of ~:** die Stätte umgab eine Aura von Unvergänglichkeit

**permanency** ['pɜ:mənənsɪ] *n.* **a)** *no pl. see* **permanence; b)** *(condition)* Dauerzustand, *der; (job)* Dauerstellung, *die*

**permanent** ['pɜ:mənənt] *adj.* fest ‹*Sitz, Bestandteil, Mitglied*›; beständig, ewig ‹*Werte*›; treu ‹*Freund*›; ständig ‹*Plage, Meckern, Wohnsitz, Adresse, Kampf*›; Dauer‹*gast, -stellung, -visum*›; bleibend ‹*Folge, Zahn, Gebiß, Schaden*›; **be in ~ residence here** ständig hier wohnen; **of ~ value** von bleibendem Wert; **this time it's ~:** diesmal ist es für immer; **sb./sth. is a ~ fixture** jmd./etw. gehört zum Inventar; **be employed on a ~ basis** fest angestellt sein; **~ magnet** Permanentmagnet, *der*

**permanently** ['pɜ:mənəntlɪ] *adv.* dauernd; auf Dauer ‹*verhindern, bleiben*›; fest ‹*anstellen, einstellen*›; *(repeatedly)* ständig; dauernd; **they live in France ~ now** sie leben jetzt ganz *(ugs.) od.* ständig in Frankreich; **she was ~ disabled in the accident** sie hat bei dem Unfall eine bleibende Behinderung davongetragen; **she was ~ affected by the shock** der Schock hatte für sie bleibende Folgen

**permanent: ~ 'wave** *n.* Dauerwelle, *die;* **~ 'way** *n. (Brit. Railw.)* Oberbau, *der*

**permeable** ['pɜ:mɪəbl] *adj.* durchlässig; **~ by water** wasserdurchlässig; **be ~ to sth.** etw. durchlassen

**permeate** ['pɜ:mɪeɪt] **1.** *v.t. (get into)* dringen in (+ *Akk.*); *(pass through)* dringen durch; *(saturate)* erfüllen; **~ sb.'s consciousness** jmdm. ins Bewußtsein dringen; **be ~d with** *or* **by sth.** *(fig.)* von etw. durchdrungen sein. **2.** *v.i.* **~ through sth.** etw. durchdringen; **~ through to sb.** zu jmdm. durchdringen

**permissible** [pə'mɪsɪbl] *adj.* zulässig; **be ~ to** *or* **for sb.** jmdm. erlaubt sein; **~ under the law** nicht gesetzeswidrig; **~ dose** *(Med.)* zulässige Dosis; *(of radiation)* zulässige Belastung

**permission** [pə'mɪʃn] *n., no indef. art.* Erlaubnis, *die; (given by official body)* Genehmigung, *die;* **ask [sb.'s] ~:** [jmdn.] um Erlaubnis bitten; **who gave you ~ to do this?** wer hat dir erlaubt, das zu tun?; **by whose ~?** mit wessen Erlaubnis?; **with your ~:** wenn Sie gestatten; mit Ihrer Erlaubnis; **written ~:** eine schriftliche Genehmigung

**permissive** [pə'mɪsɪv] *adj.* **a)** *(giving permission)* **~ legislation** permissive Gesetzgebung; **b)** *(tolerant)* tolerant; großzügig; *(in relation to moral matters)* freizügig; permissiv *(geh.);* **the ~ society** die permissive Gesellschaft

**permissiveness** [pə'mɪsɪvnɪs] *n., no pl.* Freizügigkeit, *die;* Toleranz, *die*

**permit 1.** [pə'mɪt] *v.t.,* **-tt-** zulassen ‹*Berufung, Einspruch usw.*›; **~ sb. sth.** jmdm. etw. erlauben *od. (geh.)* gestatten; **~ me to offer my congratulations** *(formal)* gestatten Sie mir, Ihnen meine Glückwünsche auszusprechen *(geh.);* **sb. is ~ted to do sth.** es ist jmdm. erlaubt *od. (geh.)* gestattet, etw. zu tun. **2.** *v.i.,* **-tt- a)** *(give opportunity)* es zulassen; **weather ~ting** bei entsprechendem Wetter; wenn das Wetter mitspielt *(ugs.);*

**b)** *(admit)* ~ **of sth.** etw. erlauben *od.* gestatten; **not ~ of sth.** etw. verbieten. **3.** ['pɜ:mɪt] *n.* *(written order)* Genehmigung, *die;* *(for entering premises)* Passierschein, *der;* *(for using car-park)* Parkausweis, *der;* **fishing ~:** Fischereischein, *der;* Angelschein, *der;* **be a ~-holder** einen Passierschein/Parkausweis/Angelschein *usw.* haben

**permutation** [pɜ:mjʊ'teɪʃn] *n.* **a)** *(varying of order)* Umstellung, *die;* **b)** *(result of variation of order)* Anordnung, *die;* *(of series of items)* Reihenfolge, *die;* Permutation, *die (Math.);* **c)** *(selection of items)* Auswahl, *die;* *(Brit.: in football pools)* Tipreihe, *die;* **make a ~:** eine Auswahl treffen/eine Tipreihe ankreuzen

**permute** [pə'mju:t] *v.t.* umstellen; *(Math.)* permutieren

**pernicious** [pə'nɪʃəs] *adj.* verderblich; bösartig ‹*Krankheit, Person*›; schlimm, übel ‹*Angewohnheit*›; *(fatal)* fatal; **be a ~ influence on sb.** einen schlimmen *od.* üblen Einfluß auf jmdn. ausüben; **be ~ to sb./sth.** jmdm./einer Sache abträglich sein *(geh.) od.* schaden; **~ anaemia** *(Med.)* perniziöse Anämie

**pernickety** [pə'nɪkɪtɪ] *adj. (coll.)* **a)** *(fastidious, meticulous)* pingelig *(ugs.)* **(about** in bezug auf + *Akk.*); **b)** *(tricky)* heikel ‹*Frage, Thema*›; kitzelig ‹*Aufgabe, Job*›; fummelig *(ugs.)* ‹*Arbeitsvorgang*›

**peroration** [perə'reɪʃn] *n.* Schlußwort, *das*

**peroxide** [pə'rɒksaɪd] **1.** *n.* **a)** *(Chem.)* Peroxyd, *das;* **b) [hydrogen] ~:** Wasserstoffperoxyd, *das;* **~ blonde** Wasserstoffblondine, *die.* **2.** *v.t.* [mit Wasserstoffperoxyd] bleichen

**perpendicular** [pɜ:pən'dɪkjʊlə(r)] **1.** *adj.* **a)** senkrecht; lotrecht; **b)** *(very steep)* [fast] senkrecht ‹*Aufstieg, Abstieg*›; senkrecht abfallend/aufragend ‹*Kliff, Felswand usw.*›; **~ drop/slope/rock-face** Steilabfall, *der*/-hang, *der*/-wand, *die;* **c)** *(erect, upright)* aufrecht; *(joc.: standing)* stehend; **be/remain ~** *(joc.)* stehen/stehen bleiben; **d)** *(Geom.)* senkrecht **(to** zu); **two ~ planes/lines** zwei zueinander senkrechte Ebenen/Linien; **e)** *(Archit.)* ‹*Bauwerk, Fenster*› im Perpendikularstil; **P~ style** Perpendikularstil, *der.* **2.** *n.* **a)** *(line)* Senkrechte, *die* **(to** zu); Lot, *das* **(to** auf + *Dat.*); **b)** *(position)* **the ~:** die Senkrechte; das Lot; **be [slightly] out of [the] ~:** [etwas] aus dem Lot sein; nicht [ganz] senkrecht sein; **c)** *(instrument)* Lot, *das*

**perpendicularly** [pɜ:pən'dɪkjʊləlɪ] *adv.* **a)** *(vertically)* senkrecht; lotrecht; **b)** *(steeply)* [beinahe] senkrecht; **c)** *(Geom.)* senkrecht

**perpetrate** ['pɜ:pɪtreɪt] *v.t.* begehen; anrichten ‹*Blutbad, Schaden*›; verüben ‹*Gemetzel, Greuel*›; ausführen ‹*Streich*›; *(joc.)* zum besten geben *(ugs.)* ‹*Witz, Lied*›

**perpetration** [pɜ:pɪ'treɪʃn] *n.* *(of crime, blunder)* Begehen, *das;* *(of atrocity, outrage)* Verübung, *die*

**perpetrator** ['pɜ:pɪtreɪtə(r)] *n.* [Übel]täter, *der*/-täterin, *die;* **be the ~ of a crime/fraud/atrocity/massacre** ein Verbrechen/einen Betrug begangen haben/eine Greueltat verübt haben/ein Blutbad angerichtet haben

**perpetual** [pə'petjʊəl] *adj.* **a)** *(eternal)* ewig; **b)** *(continuous)* ständig; **c)** *(coll.: repeated)* ständig; [an]dauernd; **she has ~ crises** sie hat [an]dauernd *od.* ständig Krisen; **d)** *(applicable or valid for ever)* immerwährend; ewig

**perpetual 'calendar** *n.* **a)** *(table)* ewiger *od.* immerwährender Kalender; **b)** *(device)* Dauerkalender, *der*

**perpetually** [pə'petjʊəlɪ] *adv.* **a)** *(eternally)* ewig; **b)** *(continuously)* ständig; **c)** *(coll.: repeatedly)* ständig; [an]dauernd

**perpetual:** ~ **'motion** *n., no pl., no art.* ewige Bewegung; **~-'motion machine** *n.* Perpetuum mobile, *das*

**perpetuate** [pə'petjʊeɪt] *v.t.* **a)** *(preserve from oblivion)* lebendig erhalten ‹*Andenken*›; unsterblich machen ‹*Namen*›; aufrechterhalten ‹*Tradition*›; **b)** *(make perpetual)* aufrechterhalten; erhalten ‹*Art, Macht*›

**perpetuation** [pəpetjʊ'eɪʃn] *n.* **a)** *(preservation from oblivion)* **~ of sb.'s memory** Bewahrung jmds. Andenkens; **in ~ of sb.'s memory** zu jmds. Gedächtnis; **b)** *(action of making perpetual)* Aufrechterhaltung, *die;* *(of species, power)* Erhaltung, *die*

**perpetuity** [pɜ:pɪ'tju:ɪtɪ] *n., no pl., no indef. art.* ewiger Bestand; **in** *or* **to** *or* **for ~:** für alle Ewigkeit *od.* alle Zeiten

**perplex** [pə'pleks] *v.t.* **a)** *(bewilder)* verwirren; **~ sb.'s mind** jmdn verwirren; **such questions have ~ed men since time began** solche Fragen haben die Menschheit seit Anbeginn *(geh.)* beunruhigt; **b)** *(make [more] complicated)* [noch] verwickelter machen; komplizieren

**perplexed** [pə'plekst] *adj.* **a)** *(bewildered)* verwirrt; *(puzzled)* ratlos; **b)** *(complicated)* kompliziert

**perplexedly** [pə'pleksɪdlɪ] *adv. see* **perplexed a:** verwirrt; ratlos

**perplexity** [pə'pleksɪtɪ] *n. no pl.* *(bewilderment)* Verwirrung, *die;* *(puzzlement)* Ratlosigkeit, *die;* **look at sb. in ~:** jmdn. voller Verwirrung ansehen; **cause sb. ~:** jmdn. verwirren

**perquisite** ['pɜ:kwɪzɪt] *n.* **a)** *(incidental benefit)* Vergünstigung, *die;* **b)** *(customary gratuity)* Trinkgeld, *das;* **c)** *(fig.: thing to which person has sole right)* Vorrecht, *das;* Privileg, *das*

**Perrier, (P)** ['perɪeɪ] *n.* **~ [water]** Perrier[wasser], *das*

**perry** ['perɪ] *n. (Brit.)* Birnenmost, *der*

**per se** [pɜ: 'seɪ] *adv.* an sich; per se *(geh.);* **considered ~:** für sich genommen

**persecute** ['pɜ:sɪkju:t] *v.t.* **a)** verfolgen; **b)** *(harass, worry)* plagen; zusetzen (+ *Dat.*); **~ sb. with sth.** jmdm. mit etw. zusetzen; **stop persecuting me** laß mich in Ruhe

**persecution** [pɜ:sɪ'kju:ʃn] *n.* **a)** Verfolgung, *die;* **suffer ~:** verfolgt werden; **b)** *(harassment)* Plagerei, *die*

**persecution: ~ complex, ~ mania** *ns.* *(Psych.)* Verfolgungswahn, *der*

**persecutor** ['pɜ:sɪkju:tə(r)] *n.* **a)** Verfolger, *der*/Verfolgerin, *die;* **b)** *(who harasses)* Peiniger, *der*/Peinigerin, *die*

**perseverance** [pɜ:sɪ'vɪərəns] *n.* Beharrlichkeit, *die;* Ausdauer, *die*

**persevere** [pɜ:sɪ'vɪə(r)] *v.i.* ausharren; **~ with** *or* **at** *or* **in sth.** bei etw. dabeibleiben; **~ in doing sth.** darauf beharren, etw. zu tun

**Persia** ['pɜ:ʃə] *pr. n. (Hist.)* Persien *(das)*

**Persian** ['pɜ:ʃn] **1.** *adj.* persisch; *see also* **English 1. 2.** *n.* **a)** *(person)* Perser, *der*/Perserin, *die;* **b)** *(language)* Persisch, *das; see also* **English 2 a; c)** *see* **Persian cat**

**Persian:** ~ **'carpet** *n.* Perser[teppich], *der;* **~ 'cat** *n.* Perserkatze, *die;* **~ 'lamb** *n.* Persianer, *der;* **~ lamb coat** Persianermantel, *der*

**persiflage** ['pɜ:sɪflɑ:ʒ] *n.* **[piece of] ~:** Spöttelei, *die;* Persiflage, *die*

**persimmon** [pɜ:'sɪmən] *n.* Persimone, *die*

**persist** [pə'sɪst] *v.i.* **a)** *(continue firmly)* beharrlich sein Ziel verfolgen; nicht nachgeben; **~ in sth.** an etw. *(Dat.)* [beharrlich] festhalten; **~ in doing sth.** etw. weiterhin [beharrlich] tun; **~ in one's efforts to do sth.** in seinen Anstrengungen, etw. zu tun, nicht nachlassen; **b)** *(continue in existence)* anhalten

**persistence** [pə'sɪstəns] *n., no pl.* **a)** *(continuance in particular course)* Hartnäckigkeit, *die;* Beharrlichkeit, *die;* **~ in a habit/a course of action** hartnäckiges *od.* beharrliches Festhalten an einer Gewohnheit/Vorgehensweise; **b)** *(quality of perseverance)* Ausdauer, *die;* Zähigkeit, *die;* **c)** *(continued existence)* Fortbestehen, *das*

**persistency** [pə'sɪstənsɪ] *see* **persistence**

**persistent** [pə'sɪstənt] *adj.* **a)** *(continuing firmly or obstinately)* hartnäckig; **be ~ in one's beliefs** hartnäckig an seinen Überzeugungen festhalten; **be ~ in continuing to do sth.** etw. hartnäckig weiterhin tun; **she was ~ in her efforts to ...:** sie gab ihre Versuche, ... zu ..., nicht auf; **b)** *(constantly repeated)* dauernd; hartnäckig ‹*Gerüchte*›; nicht nachlassend ‹*Anstrengung, Bemühung*›; **~ showers** anhaltende Schauertätigkeit; **suffer ~ attacks of nausea** dauernd *od.* immer wieder Anfälle von Übelkeit haben; **c)** *(enduring)* anhaltend

**persistently** [pə'sɪstəntlɪ] *adv.* **a)** *(so as to continue firmly or obstinately)* hartnäckig; beharrlich; **b)** *(repeatedly)* hartnäckig ‹*sich weigern*›; **c)** *(enduringly)* ständig; **she has ~ made a nuisance of herself** sie hat die ganze Zeit Ärger gemacht

**persnickety** [pə'snɪkɪtɪ] *(Amer. coll.) see* **pernickety**

**person** ['pɜ:sn] *n.* **a)** Mensch, *der;* Person, *die (oft abwertend);* **a rich/sick/unemployed ~:** ein Reicher/Kranker/Arbeitsloser/eine Reiche *usw.;* **the first ~ to leave was ...:** der/die erste, der/die wegging, war ...; **if any ~ ...:** wenn jemand ...; **what sort of ~ do you think I am?** wofür halten Sie mich eigentlich?; **in the ~ of sb.** in jmdm. *od.* jmds. Person; **in ~** *(personally)* persönlich; selbst; **b)** *(living body)* Körper, *der;* *(appearance)* [äußere] Erscheinung; Äußere, *das;* **c)** *(euphem.: genitals)* **expose one's ~:** sich entblößen; **d)** *(Ling.)* Person, *die;* **first/second/third ~:** erste/zweite/dritte Person; **e)** *(Law)* Person, *die;* **natural/artificial ~:** natürliche/juristische Person

**persona** [pə'səʊnə] *n., pl.* **~e** [pə'səʊni:] **a)** *(character assumed by author)* Person, *die;* **b)** *(aspect of personality shown to others)* Rolle, *die*

**personable** ['pɜ:sənəbl] *adj.* sympathisch

**personage** ['pɜ:sənɪdʒ] *n.* **a)** *(person of rank)* Persönlichkeit, *die;* **b)** *(person not known to speaker)* Person, *die*

**persona grata** [pəsəʊnə 'grɑ:tə] *n., pl.* **personae gratae** [pəsəʊni: 'grɑ:ti:] Persona grata, *die*

**personal** ['pɜ:sənl] *adj.* **a)** *(one's own)* persönlich; Privat‹*angelegenheit, -leben*›; **be ~ to sb.** an jmds. Person gebunden sein; ‹*Sache:*› jmdm. persönlich gehören; *see also* **touch 3 f; b)** *(of the body)* persönlich; **~ appearance** äußere Erscheinung; **~ hygiene** Körperpflege, *die;* **~ contact** *(Sport)* Körperkontakt, *der;* **~ foul** *(Sport)* persönliches Foul; **c)** *(done in person)* persönlich; **~ audience** Privataudienz, *die;* **he gave us a ~ tour of his estate** er zeigte uns persönlich seinen Besitz; **d)** *(directed or referring to the individual)* persönlich; **~ call** *(Brit. Teleph.)* Anruf mit Voranmeldung; **~ computer** Personalcomputer, *der;* **~ stereo** Walkman, *der;* **pay sb. a ~ call** jmdn. privat aufsuchen; **a letter marked 'P~'** ein Brief mit der Aufschrift „Persönlich"; **do you have to make ~ remarks?** mußt du unbedingt persönlich *od.* anzüglich werden?; **it's nothing ~, but ...:** nimm es bitte nicht persönlich, aber ...; **e)** *(given to or making ~ remarks)* persönlich; anzüglich; **f)** *(of a person as opposed to an abstraction)* persönlich; menschlich; *(existing as a person)* persönlich; personal; **g)** *(Ling.)* persönlich; Personal‹*endung, -pronomen*›

**personal:** ~ **as'sistant** *n.* persönlicher Referent/persönliche Referentin; **~ col-umn** *n.* Rubrik für private [Klein]anzeigen; **~ es'tate** *n.* *(Law)* bewegliches Vermögen; **~ identifi'cation number** *n.* persönliche Identifikationsnummer; Geheimcode, *der*

**personalise** *see* **personalize**

**personality** [pɜːsəˈnælɪtɪ] *n.* **a)** *(distinctive personal character)* Persönlichkeit, *die;* Wesen, *das; (of inanimate objects)* spezifischer Charakter; **have a strong ~,** *(coll.)* **have lots of ~:** eine starke Persönlichkeit sein *od.* haben; **be lacking in ~:** keine [starke] Persönlichkeit sein; **there was a [strong] ~ clash between them** sie paßten [absolut] nicht zusammen; **b)** *(noted person)* Persönlichkeit, *die;* **she's quite a ~ in the theatre world** sie ist jemand *od.* hat einen Namen in der Welt des Theaters; **c)** *usu. in pl. (personal remark)* persönlicher Angriff; Anzüglichkeit, *die. See also* **split personality**

**persoˈnality cult** *n.* Personenkult, *der;* Persönlichkeitskult, *der*

**personalize** [ˈpɜːsənəlaɪz] *v. t.* **a)** *(make personal)* persönlich gestalten; eine persönliche Note geben (+ *Dat.*); *(mark with owner's name etc.)* als persönliches Eigentum kennzeichnen; **~d writing-paper** persönliches Briefpapier; **b)** *(personify)* personifizieren

**personally** [ˈpɜːsənəlɪ] *adv.* persönlich; **~, I see no objection** ich persönlich sehe keine Einwände

**personal: ~ ˈorganizer** *n.* Terminplaner, *der;* **~ ˈproperty** *n.* **a)** persönliches Eigentum; **abolish ~ property** das Privateigentum abschaffen; **b)** *see* **personal estate; ~ ˈservice** *n.* individueller Service; **get ~ service** individuell *od.* persönlich bedient werden

**personalty** [ˈpɜːsənltɪ] *n. (Law)* bewegliches Vermögen

**persona non grata** [pəsəʊnə nɒn ˈgrɑːtə] *n., pl.* **personae non gratae** [pəsəʊniː nɒn ˈgrɑːtiː] Persona non grata, *die;* unerwünschte Person

**personification** [pəsɒnɪfɪˈkeɪʃn] *n.* Verkörperung, *die;* **be the [very] ~ of kindness** die Freundlichkeit selbst *od.* in Person sein

**personify** [pəˈsɒnɪfaɪ] *v. t.* **be kindness personified, ~ kindness** die Freundlichkeit in Person sein

**personnel** [pɜːsəˈnel] *n.* **a)** *constr. as sing. or pl.* Belegschaft, *die; (of shop, restaurant, etc.)* Personal, *das;* **military ~:** Militärangehörige; *attrib.* Personal-; **~ carrier** *(Mil.)* Schützenpanzer, *der;* **~ manager** Personalchef, *der/*-chefin, *die;* **~ office** Personalbüro, *das;* **~ officer** Personalsachbearbeiter, *der/*-sachbearbeiterin, *die;* **b)** *no pl., no art. (department of firm)* Personalabteilung, *die*

**person-to-person** *adj. (Amer. Teleph.)* **~ call** Anruf mit Voranmeldung

**perspective** [pəˈspektɪv] **1.** *n.* **a)** Perspektive, *die; (picture drawn)* perspektivische Zeichnung; **in ~:** perspektivisch richtig; **b)** *(fig.)* Blickwinkel, *der;* **throw sth. into ~:** etw. ins rechte Licht rücken; **put a different ~ on events** ein neues Licht auf die Ereignisse werfen; **in/out of ~, in the** *or* **its right/wrong ~:** unter dem/nicht unter dem richtigen Blickwinkel; **c)** *(view)* Aussicht, *die; (fig.: mental view)* Ausblick, *der.* **2.** *adj.* perspektivisch

**Perspex, (P)** [ˈpɜːspeks] *n.* Plexiglas ®, *das*

**perspicacious** [pɜːspɪˈkeɪʃəs] *adj.* scharfsinnig

**perspicacity** [pɜːspɪˈkæsɪtɪ] *n., no pl.* Scharfsinnigkeit, *die*

**perspicuity** [pɜːspɪˈkjuːɪtɪ] *n., no pl.* Klarheit, *die;* Verständlichkeit, *die*

**perspicuous** [pəˈspɪkjʊəs] *adj.* **a)** *(easily understood)* [klar] verständlich; leicht zu verstehen; **b)** *(expressing things clearly)* sich klar ausdrückend; **be ~:** sich klar ausdrücken

**perspiration** [pɜːspɪˈreɪʃn] *n.* **a)** Schweiß, *der;* **b)** *(action of perspiring)* Schwitzen, *das;* Transpiration, *die (geh.)*

**perspire** [pəˈspaɪə(r)] *v. i.* schwitzen; transpirieren *(geh.)*

**persuadable** [pəˈsweɪdəbl] *adj.* leicht zu überreden; **be easily ~:** sich leicht überreden lassen; **he might be ~:** vielleicht läßt er sich überreden

**persuade** [pəˈsweɪd] *v. t.* **a)** *(cause to have belief)* überzeugen (**of** von); **~ oneself of sth.** sich *(Dat.)* etw. einreden; **~ oneself [that] ...:** sich *(Dat.)* einreden, daß ...; **~ sb. into believing otherwise** jmdm. etwas anderes einreden *od. (ugs.)* weismachen; **b)** *(induce)* überreden; **~ sb. into/out of doing sth.** jmdn. [dazu] überreden, etw. zu tun/nicht zu tun

**persuaded** [pəˈsweɪdɪd] *adj.* überzeugt (**of** von)

**persuader** [pəˈsweɪdə(r)] *n. (sl.: gun)* Kanone, *die (salopp)*

**persuasible** [pəˈsweɪzɪbl] *see* **persuadable**

**persuasion** [pəˈsweɪʒn] *n.* **a)** *(action of persuading)* Überzeugung, die; *(persuasiveness)* Überzeugungskraft, *die;* **it didn't take much ~:** es brauchte nicht viel Überredungskunst; **he didn't need much ~ [to have another drink]** man brauchte ihn nicht lange dazu überreden[, noch etwas zu trinken]; **convince sb. by ~:** jmdn. überzeugen; **have considerable powers of ~, be good at ~:** große Überzeugungskraft haben; **b)** *(belief)* Überzeugung, *die;* **c)** *(religious belief)* Glaubensrichtung, *die;* Glaube, *der; (sect)* Glaubensgemeinschaft, *die*

**persuasive** [pəˈsweɪsɪv] *adj.,* **persuasively** [pəˈsweɪsɪvlɪ] *adv.* überzeugend

**persuasiveness** [pəˈsweɪsɪvnɪs] *n., no pl.* Überzeugungskraft, *die*

**pert** [pɜːt] *adj.* **a)** *(saucy, impudent)* unverschämt; frech; **b)** *(neat)* keck ‹*Hut, Anzug usw.*›; hübsch ‹*Körper, Nase, Hinterteil*›; **c)** *(Amer.) see* **peart**

**pertain** [pəˈteɪn] *v. i.* **a)** *(belong as part)* **~ to** [dazu]gehören zu; verbunden sein mit, einhergehen mit ‹*Ereignis, Katastrophe*›; **b)** *(be relevant)* ‹*Kriterien usw.:*› gelten; **~ to** von Bedeutung sein für; ‹*Verhalten:*› anstehen *(geh.)* (+ *Dat.*); ‹*Begeisterung:*› typisch sein für; **c)** *(have reference)* **~ to sth.** etw. betreffen; mit etw. zu tun haben

**pertinacious** [pɜːtɪˈneɪʃəs] *adj. (resolute)* unbeirrbar; *(stubbornly inflexible)* starrsinnig ‹*Person*›; starr ‹*Ansichten*›; hartnäckig ‹*Weigerung, Beharren*›; unüberwindlich ‹*Abneigung*›

**pertinacity** [pɜːtɪˈnæsɪtɪ] *n., no pl. see* **pertinacious:** Starrsinnigkeit, *die;* Hartnäckigkeit, *die*

**pertinence** [ˈpɜːtɪnəns] *n., no pl.* Relevanz, *die;* **of/of no** *or* **without ~:** von/ohne Bedeutung *od.* Belang

**pertinent** [ˈpɜːtɪnənt] *adj.* relevant (**to** für); **there are some ~ notes in the appendix** im Anhang stehen einige diesbezügliche Bemerkungen *od.* Bemerkungen hierzu

**pertinently** [ˈpɜːtɪnəntlɪ] *adv. (relevantly)* zum passenden Zeitpunkt; *(so as to be to the point)* sachbezogen

**pertly** [ˈpɜːtlɪ] *adv.* **a)** *(saucily, impudently)* unverschämt; frech; herausfordernd ‹*gehen, blicken*›; **b)** *(neatly)* keck

**perturb** [pəˈtɜːb] *v. t.* **a)** *(throw into confusion)* stören; durchkreuzen ‹*Plan*›; **b)** *(disturb mentally)* beunruhigen; **get ~ed** unruhig werden; **c)** *(Astron., Phys.)* stören

**perturbation** [pɜːtəˈbeɪʃn] *n.* **a)** *(throwing into confusion)* Störung, *die; (of plans)* Durchkreuzung, *die;* **b)** *(agitation)* Beunruhigung, *die;* **c)** *(Astron., Phys.)* Störung, *die;* Perturbation, *die (fachspr.)*

**Peru** [pəˈruː] *pr. n.* Peru *(das)*

**perusal** [pəˈruːzl] *n.* Lektüre, *die; (of documents)* sorgfältiges Studium; *(fig.: action of examining) (of documents)* sorgfältige Durchsicht; **give sth. a careful ~:** etw. genau durchlesen *od.* studieren

**peruse** [pəˈruːz] *v. t.* genau durchlesen; *(fig.: examine)* untersuchen; unter die Lupe nehmen *(ugs.)*

**Peruvian** [pəˈruːvɪən] **1.** *adj.* peruanisch; **sb. is ~:** jmd. ist Peruaner/Peruanerin. **2.** *n.* Peruaner, *der/*Peruanerin, *die*

**pervade** [pəˈveɪd] *v. t.* **a)** *(spread throughout)* durchdringen; ‹*Licht:*› durchfluten; **be ~d with** *or* **by** durchdrungen sein von; **b)** *(be rife among)* ‹*Seuche:*› wüten in (+ *Dat.*); ‹*Ansicht:*› weit verbreitet sein in (+ *Dat.*)

**pervasion** [pəˈveɪʒn] *n. (action of spreading throughout sth.)* Durchdringung, *die*

**pervasive** [pəˈveɪsɪv] *adj. (pervading)* durchdringend ‹*Geruch, Feuchtigkeit, Kälte*›; weit verbreitet ‹*Ansicht*›; sich ausbreitend ‹*Gefühl*›; *(able to pervade)* alles durchdringend

**pervasively** [pəˈveɪsɪvlɪ] *adv.* alles durchdringend; **spread ~:** um sich greifen

**perverse** [pəˈvɜːs] *adj.* **a)** *(persistent in error)* uneinsichtig, verstockt ‹*Person*›; borniert ‹*Person, Argument*›; **b)** *(different from what is reasonable)* verrückt; **c)** *(peevish)* grimmig; bockig ‹*Kind*›; **d)** *(perverted, wicked)* schlecht, verdorben; **e)** *(Law: contrary to evidence or judge's direction)* abweichend

**perversely** [pəˈvɜːslɪ] *adv.* **a)** *(with persistence in error)* uneinsichtig; verstockt; **b)** *(contrary to what is reasonable)* verrückt; **c)** *(peevishly)* grimmig; *(of child's behaviour)* bockig

**perverseness** [pəˈvɜːsnɪs] *see* **perversity**

**perversion** [pəˈvɜːʃn] *n.* **a)** *(turning aside from proper use)* Mißbrauch, *der; (misconstruction)* Pervertierung, *die; (of words, statement)* Verdrehung, *die; (leading astray)* Verführung, *die;* **~ of justice** Rechtsbeugung, *die;* **b)** *(perverted form of sth.)* Pervertierung, *die;* **c)** *(sexual)* Perversion, *die*

**perversity** [pəˈvɜːsɪtɪ] *n.* **a)** *(persistence in error)* Uneinsichtigkeit, *die;* Verstocktheit, *die;* **b)** *(difference from what is reasonable)* Verrücktheit, *die*

**pervert 1.** [pəˈvɜːt] *v. t.* **a)** *(turn aside from proper use or nature)* pervertieren *(geh.);* beugen ‹*Recht*›; untergraben ‹*Staatsform, Demokratie*›; vereiteln ‹*Absicht*›; **~ [the course of] justice** die Justiz behindern; **b)** *(misconstrue)* verfälschen; **c)** *(lead astray)* verderben. **2.** [ˈpɜːvɜːt] *n.* **a)** *(sexual)* Perverse, *der/die;* perverser Mensch; **he must be a ~:** er muß pervers sein; **b)** *(apostate)* Renegat, *der/*Renegatin, *die*

**perverted** [pəˈvɜːtɪd] *adj.* **a)** *(turned aside from proper use)* pervertiert *(geh.);* **b)** *(misconstrued)* verdreht; **c)** *(led astray)* schlecht; verdorben; **d)** *(sexually)* pervers

**peseta** [pəˈseɪtə] *n.* Peseta, *die*

**pesky** [ˈpeskɪ] *adj. (Amer. coll.)* verdammt *(ugs.)*

**peso** [ˈpeɪsəʊ] *n., pl.* **~s** Peso, *der*

**pessary** [ˈpesərɪ] *n. (Med.)* **a)** Pessar, *das;* **b)** *(vaginal suppository)* Vaginalzäpfchen, *das;* Vaginatorium, *das (fachspr.)*

**pessimism** [ˈpesɪmɪzm] *n., no pl.* Pessimismus, *der*

**pessimist** [ˈpesɪmɪst] *n.* Pessimist, *der/*Pessimistin, *die*

**pessimistic** [pesɪˈmɪstɪk] *adj.,* **pessimistically** [pesɪˈmɪstɪkəlɪ] *adv.* pessimistisch

**pest** [pest] *n.* **a)** *(troublesome thing)* Ärgernis, *das;* Plage, *die; (troublesome person)* Nervensäge, *die (ugs.); (destructive or annoying animal)* Schädling, *der;* **~s** *(insects)* Schädlinge; Ungeziefer, *das;* **I know it's a ~, but ...** *(a nuisance)* ich weiß, es ist lästig, aber ...; **he's a real ~:** er ist einfach unausstehlich; **~ officer** Schädlingsbekämpfer, *der;* Kammerjäger, *der (veralt.);* **~ control** Schädlingsbekämpfung, *die;* **b)** *(arch.) (disease)* Seuche, *die; (plague)* Pest, *die*

**pester** ['pestə(r)] *v. t.* belästigen; nerven *(ugs.)*; ~ **sb. for sth.** jmdm. wegen etw. in den Ohren liegen; ~ **sb. to do sth.** jmdm. in den Ohren liegen, etw. zu tun; ~ **sb. for money** jmdn. [um Geld] anbetteln; ~ **sb. for an interview** jmdn. wegen eines Interviews bedrängen *od. (ugs.)* nerven

**pesticide** ['pestɪsaɪd] *n.* Pestizid, *das*

**pestilence** ['pestɪləns] *n.* Pestilenz, *die;* Seuche, *die; (bubonic plague)* Pest, *die*

**pestilent** ['pestɪlənt] *adj.* **a)** tödlich; todbringend; **b)** *(fig. coll.: troublesome)* unausstehlich; lästig ‹*Ansinnen*›; **c)** *(pernicious)* verderblich; zersetzend ‹*Lehre*›

**pestilential** [pestɪ'lenʃl] *adj.* **a)** pestilenzartig; **b)** *(fig. coll.: troublesome)* unausstehlich; **he's a ~ nuisance** er ist unausstehlich; **these ~ flies** diese elenden Fliegen; **c)** *(pernicious)* verderblich; zersetzend ‹*Lehre*›

**pestle** ['pesl] *n.* Stößel, *der;* Pistill, *das (fachspr.)*

[1]**pet** [pet] **1.** *n.* **a)** *(tame animal)* Haustier, *das;* **b)** *(darling, favourite)* Liebling, *der; (sweet person; also as term of endearment)* Schatz, *der;* **make a ~ of sb.** jmdn. verhätscheln; **mother's** *or* **mummy's ~** *(derog.)* Mamas Liebling; *(male)* Muttersöhnchen, *das (abwertend);* **teacher's ~** *(derog.)* Liebling des Lehrers/der Lehrerin; **you have been a ~:** du bist ein Schatz; **[do] be a ~ and do sth.** sei so lieb und tue etw. **2.** *adj.* **a)** *(kept as ~)* zahm; **b)** *(of or for ~ animals)* Haustier-; **~ accessories** Zoobedarf, *der;* **c)** *(favourite)* Lieblings-; **sth./sb. is sb.'s ~ aversion** *or* **hate** jmd. kann etw./jmdn. auf den Tod nicht ausstehen *(ugs.)*; **be sb.'s ~ peeve** jmdm. ein Dorn im Auge sein; **d)** *(expressing fondness)* Kose‹*form, -name*›. **3.** *v. t.*, **-tt- a)** *(treat as favourite)* bevorzugen; verwöhnen; *(indulge)* verhätscheln; **b)** *(fondle)* streicheln; liebkosen. **4.** *v. i.*, **-tt-** knutschen *(ugs.)*; zärtlich sein *(verhüll.)*

[2]**pet** *n. (bad temper)* **in a ~:** verstimmt; beleidigt; eingeschnappt *(ugs.)*; **she is in one of her ~s** sie hat mal wieder schlechte Laune

**petal** ['petl] *n.* Blütenblatt, *das*

**-petal[l]ed** ['petld] *adj. in comb.* -blättrig ‹*Blüte*›

**petard** [pɪ'tɑ:d] *n. (Hist.)* Petarde, *die; see also* **hoist 3**

**Pete** [pi:t] *n.* **for ~'s sake** ≈ **for Heaven's sake** *see* [1]**sake**

**Peter** ['pi:tə(r)] *pr. n.* Peter; Petrus *(hist., im MA. u. früher)*; **Saint ~:** Sankt Petrus *od.* Peter; **rob ~ to pay Paul** ein Loch mit etwas stopfen, was dann woanders fehlt *(fig.)*; *see also* **Blue Peter**

**peter** *v. i.* **~ out** [allmählich] zu Ende gehen; ‹*Wasserlauf:*› versickern; ‹*Weg:*› sich verlieren; ‹*Briefwechsel:*› versanden; ‹*Angriff:*› sich totlaufen

**Peter 'Pan** *n.* Peter Pan; **be a ~:** ein Kindskopf sein; **~ collar** Bubikragen, *der*

**petersham** ['pi:təʃəm] *n.* Gurtband, *das*

**'pet food** *n.* Tierfutter, *das*

**petiole** ['petɪəʊl] *n. (Bot.)* Blattstengel, *der*

**petit** ['petɪ] *(Law) see* **petty d**

**petit bourgeois** [pəti: 'bʊəʒwɑ:] *n., pl.* **petits bourgeois** [pəti: 'bʊəʒwɑ:] *(usu. derog.)* Kleinbürger, *der; attrib.* Kleinbürger-; kleinbürgerlich

**petite** [pə'ti:t] *adj. fem.* zierlich

**petite bourgeoisie** [pəti:t bʊəʒwɑ:'zi:] *n., no pl., no indef. art.* Kleinbürgertum, *das*

**petit four** [pəti: 'fʊə(r)] *n., pl.* **petits fours** [pəti: 'fʊə(r)] Petit four, *das*

**petition** [pə'tɪʃn] **1.** *n.* **a)** *(formal written supplication)* Petition, *die;* Eingabe, *die;* **get together** *or* **up a ~ for/against sth.** Unterschriften für/gegen etw. sammeln; **b)** *(Law: application for writ etc.)* [förmlicher] Antrag; *(for divorce)* Klage, *die.* **2.** *v. t.* eine Eingabe richten an (+ *Akk.*); eine Eingabe machen bei; **~ sb. for sth.** jmdn. um etw. ersuchen. **3.** *v. i.* **~ for** ersuchen um *(geh.)*; nachsuchen um *(geh.)*; *(present ~ for)* eine Unterschriftenliste einreichen für; einkommen um *(geh.)*; **~ against** eine Eingabe machen gegen

**petitioner** [pə'tɪʃənə(r)] *n.* Antragsteller, *der*/Antragstellerin, *die; (for divorce)* Kläger, *der*/Klägerin, *die*

**petit point** [pəti: 'pwæ̃] *n.* **a)** *(embroidery)* Petit point, *das;* **b)** *(stitch)* Perlstich, *der*

**petits pois** [pəti: 'pwɑ] *n. pl.* feine Erbsen

**Petrarch** ['petrɑ:k] *pr. n.* Petrarca *(der)*

**petrel** ['petrl] *n. (Ornith.)* Sturmvogel, *der*

**petrifaction** [petrɪ'fækʃn] *n.* Versteinerung, *die*

**petrify** ['petrɪfaɪ] **1.** *v. t.* **a)** *(change into stone)* petrifizieren *(geh.)*; versteinern lassen; **become petrified** versteinern; petrifizieren *(geh.)*; **b)** *(fig.: cause to become inert)* erstarren lassen; **be petrified with fear/shock** starr vor Angst/Schrecken sein; vor Angst/Schrecken [wie] versteinert sein *(geh.)*; **be petrified by sb./sth.** vor jmdm./etw. erstarren; sich vor jmdm. panisch fürchten; **she looked quite petrified** sie schien entsetzliche Angst zu haben. **2.** *v. i.* *(turn to stone)* versteinern; *(fig.: become inert)* erstarren

**petrochemical** [petrəʊ'kemɪkl] **1.** *n.* Petrochemikalie, *die.* **2.** *adj.* **a)** *(of chemistry of rocks)* petrochemisch; **b)** *(of chemistry of petroleum)* petro[l]chemisch

**petrochemistry** [petrəʊ'kemɪstrɪ] *n.* **a)** *(chemistry of rocks)* Petrochemie, *die;* **b)** *(chemistry of petroleum)* Petro[l]chemie, *die*

**petrol** ['petrl] *n. (Brit.)* Benzin, *das;* **fill up with ~:** tanken

**petrolatum** [petrə'leɪtəm] *n. (Amer.) see* **petroleum jelly**

**petrol: ~ bomb** *n. (Brit.)* Benzinbombe, *die;* **~-can** *n. (Brit.)* Benzinkanister, *der;* **~-cap** *n. (Brit.)* Tankverschluß, *der*

**petroleum** [pɪ'trəʊlɪəm] *n.* Erdöl, *das*

**petroleum 'jelly** *n.* Vaseline, *die*

**'petrol-gauge** *n. (Brit.)* Benzinuhr, *die;* Kraftstoffanzeiger, *der (Technik)*

**petrology** [pɪ'trɒlədʒɪ] *n.* Petrologie, *die*

**petrol: ~-pump** *n. (Brit.)* **a)** *(in ~-station)* Zapfsäule, *die;* Tanksäule, *die;* **~-pump attendant** Tankwart, *der*/Tankwartin, *die;* **b)** *(in car, aircraft, etc.)* Benzin- *od.* Kraftstoffpumpe, *die;* **~-station** *n. (Brit.)* Tankstelle, *die;* **~-tank** *n. (Brit.)* *(in car, aircraft, etc.)* Benzintank, *der;* **~-tanker** *n. (Brit.)* Benzintankwagen, *der*

**'pet shop** *n.* Tierhandlung, *die;* Zoohandlung, *die*

**petticoat** ['petɪkəʊt] **1.** *n.* Unterrock, *der.* **2.** *adj.* weiblich; Frauen-; **~ government** Frauenherrschaft, *die;* Weiberregiment, *das (abwertend)*

**pettifogging** ['petɪfɒgɪŋ] *adj.* kleinkariert, kleinlich ‹*Person*›; belanglos ‹*Detail*›; kleinlich ‹*Einwand*›; **his ~ mind** seine Kleinkariertheit

**petting** ['petɪŋ] *n.* Petting, *das*

**pettish** ['petɪʃ] *adj.*, **pettishly** ['petɪʃlɪ] *adv.* übellaunig; grantig *(ugs.)*

**petty** ['petɪ] *adj.* **a)** *(trivial)* belanglos ‹*Detail, Sorgen*›; kleinlich ‹*Einwand, Vorschrift*›; **b)** *(minor)* Klein‹*staat, -unternehmer, -landwirt*›; klein ‹*Geschäftsmann*›; Duodez‹*fürst, -fürstentum, -staat*›; **c)** *(small-minded)* kleinlich; kleinkariert; **d)** *(Law)* geringfügig; Bagatell-; *see also* **session g**

**petty: ~ 'cash** *n.* kleine Kasse; Portokasse, *die;* **~ 'officer** *n. (Navy)* ≈ [Ober]maat, *der*

**petulance** ['petjʊləns] *n., no pl.* Bockigkeit, *die*

**petulant** ['petjʊlənt] *adj.*, **petulantly** ['petjʊləntlɪ] *adv.* bockig

**petunia** [pɪ'tju:nɪə] *n. (Bot.)* Petunie, *die*

**pew** [pju:] *n.* **a)** *(Eccl.)* Kirchenbank, *die;* **b)** *(coll.: seat)* [Sitz]platz, *der;* **have** *or* **take a ~:** sich platzen *(ugs. scherzh.)*

**pewit** *see* **peewit**

**pewter** ['pju:tə(r)] **1.** *n., no pl., no indef. art.* *(substance, vessels)* Pewter, *der;* [Hart]zinn, *das.* **2.** *attrib. adj.* Zinn‹*becher, -geschirr*›

**PG** *abbr. (Brit. Cinemat.)* **Parental Guidance** ≈ bedingt jugendfrei

**pH** [pi:'eɪtʃ] *n. (Chem.)* pH-Wert, *der*

**phalanx** ['fælæŋks] *n., pl.* **~es** *or* **phalanges** [fæ'lændʒi:z] **a)** *(of troops, police, etc.)* Phalanx, *die;* **b)** *(Anat.)* Phalanx, *die; (of finger)* Fingerglied, *das; (of toe)* Zehenglied, *das*

**phallic** ['fælɪk] *adj.* phallisch; **~ symbol** Phallussymbol, *das*

**phallus** ['fæləs] *n., pl.* **~es** *or* **phalli** ['fælaɪ] Phallus, *der*

**phantasmagoria** [fæntæzmə'gɔ:rɪə] *n.* Trugbild, *das;* Phantasmagorie, *die (geh.)*

**phantasy** *see* **fantasy a, b**

**phantom** ['fæntəm] **1.** *n.* **a)** *(spectre)* Phantom, *das; (image)* Phantom, *das;* Trugbild, *das;* **b)** *(mental illusion)* Phantasiegebilde, *das.* **2.** *adj.* Phantom-

**phantom: ~ 'limb** *n. (Med.)* Phantomglied, *das;* **~ 'pregnancy** *n. (Med.)* Scheinschwangerschaft, *die*

**Pharaoh** ['feərəʊ] *n.* Pharao, *der*

**Pharisaic[al]** [færɪ'seɪɪk(l)] *adj.* pharisäerhaft

**Pharisee** ['færɪsi:] *n.* **a)** Pharisäer, *der;* **b)** **p~** *(self-righteous person)* Pharisäer, *der*

**pharmaceutical** [fɑ:mə'sju:tɪkl] **1.** *adj.* pharmazeutisch; Arzneimittel-, Pharma‹*industrie, -konzern, -hersteller*›; **~ chemist** Arzneimittelchemiker, *der*/-chemikerin, *die.* **2.** *n. in pl.* Pharmaka

**pharmacist** ['fɑ:məsɪst] *n.* Apotheker, *der*/Apothekerin, *die; (in research)* Pharmazeut, *der*/Pharmazeutin, *die*

**pharmacological** [fɑ:məkə'lɒdʒɪkl] *adj.* pharmakologisch

**pharmacologist** [fɑ:mə'kɒlədʒɪst] *n.* Pharmakologe, *der*/Pharmakologin, *die*

**pharmacology** [fɑ:mə'kɒlədʒɪ] *n.* Pharmakologie, *die*

**pharmacopoeia** [fɑ:məkə'pi:ə] *n.* Pharmakopöe, *die;* amtliches Arzneibuch

**pharmacy** ['fɑ:məsɪ] *n.* **a)** *no pl., no art.* *(preparation of drugs)* Pharmazie, *die;* Arzneimittelkunde, *die;* **b)** *(dispensary)* Apotheke, *die*

**pharyngeal** [fæ'rɪndʒɪəl] *adj. (Anat., Med.)* Rachen‹*katarrh, -entzündung, -mandel, -höhle usw.*›; Schlund‹*tasche, -krampf*›

**pharyngitis** [færɪn'dʒaɪtɪs] *n. (Med.)* Rachenkatarrh, *der;* Pharyngitis, *die (fachspr.)*

**pharynx** ['færɪŋks] *n., pl.* **pharynges** [fə'rɪndʒi:z] *(Anat.)* Schlund, *der;* Rachen, *der;* Pharynx, *der (fachspr.)*

**phase** [feɪz] **1.** *n.* **a)** Phase, *die; (of project construction, history also)* Abschnitt, *der; (o[f] illness, development also)* Stadium, *das;* **it'[s] only** *or* **just a ~ [he's/she's going throug[h]** das gibt sich [mit der Zeit] wieder *(ugs.)*; **b[)]** *(Phys., Astron., Chem.)* Phase, *die;* **in ~** phasengleich; in [gleicher] Phase; **out of ~** phasenverschoben; **have got out of ~** *(fig.)* nicht mehr koordiniert sein. **2.** *v. t.* stufen[weise] durchführen

**~ 'in** *v. t.* stufenweise einführen

**~ 'out** *v. t.* **a)** *(eliminate gradually)* nach un[d] nach auflösen ‹*Abteilung*›; allmählich ab[-] schaffen ‹*Verfahrensweise, Methode*›; **b[)]** *(discontinue production of)* [langsam] aus[-] laufen lassen

**Ph.D** [pi:eɪtʃ'di:] *abbr.* **Doctor of Philo[-] sophy** Dr. phil.; **he/she is studying for a ~** er ist Doktorand/sie ist Doktorandin; e[r/] sie promoviert; **John Clarke ~:** Dr. phi[l.] John Clarke; **do one's ~:** seinen Dokt[or] machen; **~ thesis** Doktorarbeit, *die;* Disse[r]tation, *die*

**pheasant** ['fezənt] *n.* Fasan, *der*

**phenobarbitone** [fi:nəʊ'bɑ:bɪtəʊn] *(Bri[t.];* *Amer.:* **phenobarbital** [fi:nəʊ'bɑ:bɪtl]) *(Med.)* Phenobarbital, *das*

**phenol** ['fi:nɒl] *n. (Chem.)* Phenol, *das;* Karbolsäure, *die*

**phenomenal** [fɪ'nɒmɪnl] *adj.* **a)** *(remarkable)* phänomenal; sagenhaft *(ugs.);* unwahrscheinlich *(ugs.)* ⟨*Spektakel, Radau*⟩; **b)** *(Philos.)* phänomenal; wahrnehmbar

**phenomenalism** [fɪ'nɒmɪnəlɪzm] *n. (Philos.)* Phänomenalismus, *der*

**phenomenally** [fɪ'nɒmɪnəlɪ] *adj.* phänomenal; unglaublich; unwahrscheinlich *(ugs.)* ⟨*schlecht, langweilig, laut*⟩

**phenomenon** [fɪ'nɒmɪnən] *n., pl.* **phenomena** [fɪ'nɒmɪnə] Phänomen, *das*

**phew** [fju:] *int.* puh

**phial** ['faɪəl] *n.* [Medizin]fläschchen, *das;* Phiole, *die*

**philander** [fɪ'lændə(r)] *v. i. (flirt)* schäkern; flirten; *(with heavier sexual overtones)* nachstellen (**with** *Dat.*)

**philanderer** [fɪ'lændərə(r)] *n.* Schürzenjäger, *der (spött.)*

**philanthropic** [fɪlən'θrɒpɪk] *adj.* philanthropisch *(geh.);* menschenfreundlich; Wohltätigkeits⟨*organisation, -verein usw.*⟩

**philanthropically** [fɪlən'θrɒpɪkəlɪ] *adv.* philanthropisch *(geh.)*

**philanthropist** [fɪ'lænθrəpɪst] *n.* Philanthrop, *der*/Philanthropin, *die (geh.);* Menschenfreund, *der*/Menschenfreundin, *die*

**philanthropy** [fɪ'lænθrəpɪ] *n.* Philanthropie, *die (geh.); (love of mankind also)* Menschenliebe, *die;* Menschenfreundlichkeit, *die*

**philatelic** [fɪlə'telɪk] *adv.* philatelistisch

**philatelist** [fɪ'lætəlɪst] *n.* Philatelist, *der*/Philatelistin, *die; (collector also)* Briefmarkensammler, *der*/-sammlerin, *die*

**philately** [fɪ'lætəlɪ] *n.* Philatelie, *die;* Briefmarkenkunde, *die*

**philharmonic** [fɪlhɑ:'mɒnɪk, fɪlɑ:'mɒnɪk] **1.** *adj.* philharmonisch. **2.** *n.* Philharmonie, *die*

**Philip** ['fɪlɪp] *pr. n.* Philipp; *(Bibl.)* Philippus

**philippic** [fɪ'lɪpɪk] *n.* Philippika, *die (geh.)*

**Philippine** ['fɪlɪpi:n] *adj.* **a)** *(Geog.)* philippinisch; **b)** *see* **Filipino**

**Philippines** ['fɪlɪpi:nz] *pr. n. pl.* Philippinen *Pl.*

**philistine** ['fɪlɪstaɪn] **1.** *n.* **a)** *(uncultured person)* [Kultur]banause, *der*/-banausin, *die;* **b) P~** *(native of ancient Philistia)* Philister, *der.* **2.** *adj.* banausisch; kulturlos

**philistinism** ['fɪlɪstɪnɪzm] *n., no pl.* Banausentum, *das; (bourgeois narrow-mindedness)* Philistertum, *das (geh.)*

**Phillips** ['fɪlɪps] *n.* **~ screw, (P)** Kreuz[schlitz]schraube, *die;* **~ screwdriver, (P)** Kreuz[schlitz]schraubenzieher, *der*

**philological** [fɪlə'lɒdʒɪkl] *adj.* philologisch

**philologist** [fɪ'lɒlədʒɪst] *n.* Philologe, *der*/Philologin, *die*

**philology** [fɪ'lɒlədʒɪ] *n.* **a)** *(science of language)* [historische] Sprachwissenschaft; **b)** *(Amer.: study of literature)* Philologie, *die;* Literaturwissenschaft, *die*

**philosopher** [fɪ'lɒsəfə(r)] *n.* Philosoph, *der*/Philosophin, *die*

**philosopher: ~'s stone, ~s' stone** *n.* Stein der Weisen

**philosophic** [fɪlə'sɒfɪk], **philosophical** [fɪlə'sɒfɪkl] *adj.* **a)** philosophisch; philosophisch gebildet *od.* geschult ⟨*Person*⟩; **b)** *(resigned, calm)* abgeklärt; gelassen

**philosophically** [fɪlə'sɒfɪkəlɪ] *adv.* **a)** **~ [speaking]** philosophisch betrachtet; vom philosophischen Standpunkt gesehen; **b)** *(calmly)* gelassen

**philosophize (philosophise)** [fɪ'lɒsəfaɪz] *v. i.* philosophieren (**about, on** über + *Akk.*)

**philosophy** [fɪ'lɒsəfɪ] *n.* Philosophie, *die;* **~ of life** Lebensphilosophie, *die;* **~ of education** Erziehungsphilosophie, *die*

**phlebitis** [flɪ'baɪtɪs] *n. (Med.)* Venenentzündung, *die;* Phlebitis, *die (fachspr.)*

**phlegm** [flem] *n., no pl., no indef. art.* **a)** *(Physiol.)* Schleim, *der;* Mucus, *der (Med.);* **b)** *(coolness)* stoische Ruhe; Gleichmut, *der;* **c)** *(stolidness)* Phlegma, *das*

**phlegmatic** [fleg'mætɪk] *adj.* **a)** *(cool)* gleichmütig; **b)** *(stolid)* phlegmatisch

**phlegmatically** [fleg'mætɪkəlɪ] *adv. see* **phlegmatic:** gleichmütig; phlegmatisch

**phloem** ['fləʊem] *n. (Bot.)* Phloem, *das*

**phlox** [flɒks] *n. (Bot.)* Phlox, *der;* Flammenblume, *die*

**phobia** ['fəʊbɪə] *n.* Phobie, *die (Psychol.);* [krankhafte] Angst

**-phobia** ['fəʊbɪə] *n. in comb.* -phobie, *die*

**-phobic** ['fəʊbɪk] *adj. in comb.* -phob

**Phoenician** [fə'ni:ʃn] **1.** *adj.* phönizisch; phönikisch. **2.** *n.* Phönizier, *der*/Phönizierin, *die;* Phöniker, *der*/Phönikerin, *die*

**phoenix** ['fi:nɪks] *n. (Mythol.)* Phönix, *der;* **~-like** wie ein Phönix

**phone** [fəʊn] *(coll.)* **1.** *n.* Telefon, *das;* **pick up/put down the ~:** [den Hörer] abnehmen/auflegen; **by ~:** telefonisch; **speak to sb. by ~** *or* **on the ~:** mit jmdm. telefonieren; **be on the ~ for hours** stundenlang telefonieren; **I'm not on the ~:** ich habe kein Telefon. **2.** *v. i.* anrufen; **can we ~ from here?** können wir von hier aus telefonieren? **3.** *v. t.* anrufen; **~ the office/home** im Büro/zu Hause anrufen; **~ a message through to sb.** jmdm. eine Nachricht telefonisch übermitteln *od.* durchgeben. *See also* **telephone**

**~ a'round 1.** *v. i.* herumtelefonieren. **2.** *v. t.* [nacheinander] anrufen

**~ 'back** *v. t. & i. (make a return ~ call [to])* zurückrufen; *(make a further ~ call [to])* wieder *od.* nochmals anrufen

**~ 'in 1.** *v. i.* anrufen. **2.** *v. t.* telefonisch mitteilen *od.* durchgeben. *See also* **phone-in**

**~ 'up** *v. t. & i.* anrufen

**phone: ~ book** *n.* Telefonbuch, *das;* **~ box** *n.* Telefonzelle, *die;* **~ call** *n.* Anruf, *der; see also* **telephone call; ~ card** *n.* Telefonkarte, *die;* **~-in** *n.* **~-in [programme]** *(Radio)* Hörersendung, *die; (Telev.)* Phone-in-Sendung, *die (Jargon);* Sendung mit Zuschaueranrufen

**phoneme** ['fəʊni:m] *n. (Phonet.)* Phonem, *das*

**phone: ~ number** *n.* Telefonnummer, *die;* **~-tapping** *n.* Anzapfen von Telefonleitungen

**phonetic** [fə'netɪk] *adj.* phonetisch; *see also* **alphabet**

**phonetically** [fə'netɪkəlɪ] *adv.* phonetisch

**phonetician** [fəʊnɪ'tɪʃn] *n.* Phonetiker, *der*/Phonetikerin, *die*

**phonetics** [fə'netɪks] *n.* **a)** *no pl.* Phonetik, *die;* **b)** *no pl. (phonetic script)* phonetische Umschrift; **c)** *constr. as pl. (phonetic transcription)* phonetische Angaben

**phoney** ['fəʊnɪ] *(coll.)* **1.** *adj.,* **phonier** ['fəʊnɪə(r)], **phoniest** ['fəʊnɪɪst] **a)** *(sham)* falsch; gefälscht ⟨*Brief, Dokument*⟩; **there's something a bit ~ about the whole thing** irgend etwas an der ganzen Sache ist faul *(ugs.);* **b)** *(fictitious)* falsch ⟨*Name*⟩; erfunden ⟨*Geschichte*⟩; **c)** *(fraudulent)* Schein⟨*firma, -geschäft, -krieg*⟩; falsch, scheinbar ⟨*Doktor, Diplomat, Geschäftsmann*⟩. **2.** *n.* **a)** *(person)* Blender, *der*/Blenderin, *die;* **this doctor is just a ~:** dieser Arzt ist ein Scharlatan; **b)** *(sham)* Fälschung, *die*

**phonograph** ['fəʊnəgrɑ:f] *n. (Amer.) see* **gramophone**

**phonology** [fə'nɒlədʒɪ] *n.* Phonologie, *die*

**phony** *see* **phoney**

**phooey** ['fu:ɪ] *int.* pah

**phosphate** ['fɒsfeɪt] *n. (Chem.)* Phosphat, *das*

**phosphor** ['fɒsfə(r)] *n.* Phosphor, *der*

**phosphorescence** [fɒsfə'resəns] *n.* Phosphoreszenz, *die*

**phosphorescent** [fɒsfə'resənt] *adj.* phosphoreszierend

**phosphorus** ['fɒsfərəs] *n. (Chem.)* Phosphor, *der*

**photo** ['fəʊtəʊ] *n., pl.* **~s** Foto, *das; see also* **photograph 1**

**photo-** [fəʊtəʊ] *in comb.* **a)** *(light)* photo-/Photo-; **b)** *(photography)* foto-/Foto-

**photo: ~ album** *n.* Fotoalbum, *das;* **~-call** *n.* Fototermin, *der;* **~cell** *n.* Photozelle, *die;* **~'chemical** *adj.* photochemisch; **~'chemistry** *n.* Photochemie, *die;* **~composition** *see* **filmsetting; ~copier** *n.* Fotokopiergerät, *das;* **~copy 1.** *n.* Fotokopie, *die;* **2.** *v. t.* fotokopieren; **~electric** *adj.* photoelektrisch; **~electric cell** Photozelle, *die;* **~ finish** *n.* Fotofinish, *das; (fig.)* Kopf-an-Kopf-Rennen, *das;* **~fit** *n.* Phantombild, *das;* Phantomfoto, *das;* **~genic** [fəʊtə'dʒenɪk, fəʊtə'dʒi:nɪk] *adj.* fotogen

**photograph** ['fəʊtəgrɑ:f] **1.** *n.* Fotografie, *die;* Foto, *das;* **take a ~ [of sb./sth.]** [jmdn./etw.] fotografieren; ein Foto [von jmdm./etw.] machen. **2.** *v. t. & i.* fotografieren; **he ~s well/badly** *(as subject)* er läßt sich gut/schlecht fotografieren

**'photograph album** *n.* Fotoalbum, *das*

**photographer** [fə'tɒgrəfə(r)] *n.* Fotograf, *der*/Fotografin, *die*

**photographic** [fəʊtə'græfɪk] *adj.* fotografisch; Foto⟨*ausrüstung, -club, -papier, -apparat, -ausstellung, -zeitschrift*⟩; **~ memory** *(fig.)* fotografisches Gedächtnis

**photographically** [fəʊtə'græfɪkəlɪ] *adv.* fotografisch

**photography** [fə'tɒgrəfɪ] *n., no pl., no indef. art.* Fotografie, *die*

**photogravure** [fəʊtəgrə'vjʊə(r)] *n.* Photogravüre, *die*

**photometer** [fəʊ'tɒmɪtə(r)] *n.* Photometer, *der*

**photomon'tage** *n.* Fotomontage, *die*

**photon** ['fəʊtɒn] *n. (Phys.)* Photon, *das*

**photo: ~-opportunity** *see* **~-call; ~'sensitive** *adj.* lichtempfindlich; **~sensi'tivity** *n.* Lichtempfindlichkeit, *die;* **~setting** *see* **filmsetting; P~stat, (P)** ['fəʊtəstæt] *(Brit.)* **1.** *n. see* **photocopy 1; 2.** *v. t.,* **-tt-** *see* **photocopy 2; ~'synthesis** *n. (Bot.)* Photosynthese, *die;* **~voltaic** *adj. (Phys.)* photovoltaisch

**phrasal 'verb** *n. (Ling.)* mehrgliedriges Verb

**phrase** [freɪz] **1.** *n.* **a)** *(Ling.)* Phrase, *die (fachspr.); (idiomatic expression)* idiomatische Wendung; [Rede]wendung, *die;* **set ~:** feste [Rede]wendung; **noun/verb ~:** Nominal-/Verbalphrase, *die;* **b)** *(brief expression)* kurze Formel; **be good at turning a ~:** ausgezeichnet formulieren können; **hackneyed ~:** abgegriffene *od. (ugs.)* abgedroschene Phrase; *see also* **turn 1 j; c)** *(Mus.)* Phrase, *die.* **2.** *v. t.* **a)** *(express in words)* formulieren; **~ one's idea** seinen Gedanken in Worte fassen; **b)** *(Mus.)* phrasieren

**'phrase-book** *n.* Sprachführer, *der*

**phraseology** [freɪzɪ'ɒlədʒɪ] *n.* Ausdrucksweise, *die; (technical terms)* Terminologie, *die*

**phrasing** ['freɪzɪŋ] *n.* **a)** *(style of expression)* Ausdrucksweise, *die;* **b)** *(Mus.)* Phrasierung, *die*

**phrenetic** *see* **frenetic**

**phrenology** [frɪ'nɒlədʒɪ] *n.* Phrenologie, *die*

**phut** [fʌt] **1.** *adv. (coll.)* **go ~:** kaputtgehen *(ugs.); (fig.)* ⟨*Plan, Projekt:*⟩ in die Binsen gehen *(ugs.);* ⟨*Geschäft, Firma:*⟩ kaputtgehen *(ugs.).* **2.** *n.* Knall, *der;* **~!** peng!

**phylloxera** [fɪ'lɒksərə] *n. (Zool.)* Reblaus, *die*

**phylum** ['faɪləm] *n., pl.* **phyla** ['faɪlə] *(Biol.)* [Tier-/Pflanzen]stamm, *der;* Phylum, *das (fachspr.)*

**physic** ['fɪzɪk] *(arch.)* **1.** *n.* **a)** *(art of healing)* Heilkunde, *die;* **b)** *(medicine)* Arznei, *die* *(veralt.);* Heilmittel, *das.* **2.** *v. t.,* **-ck-** mit Arzneimitteln behandeln

**physical** ['fɪzɪkl] **1.** *adj.* **a)** *(material)* physisch ⟨*Gewalt*⟩; stofflich, dinglich ⟨*Welt, Universum*⟩; **b)** *(of physics)* physikalisch; **it's a ~ impossibility** *(fig.)* es ist absolut unmöglich; **c)** *(bodily)* körperlich; physisch; **you need to take more ~ exercise** du brauchst mehr Bewegung; **~ check-up** *or* **examination** ärztliche Untersuchung; **get/be ~** *(coll.)* rabiat werden/sein; **d)** *(carnal, sensual)* körperlich ⟨*Liebe*⟩; sinnlich ⟨*Person, Ausstrahlung*⟩. **2.** *n.* ärztliche [Vorsorge]untersuchung; *(for joining the army)* Musterung, *die*

**physical:** ~ **'chemistry** *n.* physikalische Chemie; Physikochemie, *die;* ~ **edu'cation** *n.* Sport, *der;* Leibesübungen *Pl. (Amtsspr.);* ~ **ge'ography** *n.* physische Geographie; ~ **'jerks** *n. pl. (coll.)* Gymnastikübungen

**physically** ['fɪzɪkəlɪ] *adv.* **a)** *(in accordance with physical laws)* physikalisch; **~ impossible** *(fig.)* absolut unmöglich; **b)** *(relating to the body)* körperlich; physisch; **they had to be ~ removed** sie mußten mit [physischer] Gewalt entfernt werden; **be ~ sick** einen physischen Ekel empfinden; **~ disabled** körperbehindert

**physical:** ~ **'science** *n.* exakte Naturwissenschaften; ~ **'training** *n.* Sport, *der; (in school)* Sport[unterricht], *der*

**'physic garden** *n. (arch.)* [Heil]kräutergarten, *der*

**physician** [fɪ'zɪʃn] *n.* Arzt, *der*/Ärztin, *die*

**physicist** ['fɪzɪsɪst] *n.* Physiker, *der*/Physikerin, *die*

**physics** ['fɪzɪks] *n., no pl.* Physik, *die*

**physio** ['fɪzɪəʊ] *n., pl.* **~s** *(coll.)* Physiotherapeut, *der*/Physiotherapeutin, *die*

**physiognomy** [fɪzɪ'ɒnəmɪ] *n.* Physiognomie, *die;* Gesichtszüge; *(study)* Physiognomik, *die; (fig.: of mountain, country, city, etc.)* Physiognomie, *die (geh.);* Gestalt, *die*

**physiological** [fɪzɪə'lɒdʒɪkl] *adj.* physiologisch

**physiologist** [fɪzɪ'ɒlədʒɪst] *n.* Physiologe, *der*/Physiologin, *die*

**physiology** [fɪzɪ'ɒlədʒɪ] *n.* Physiologie, *die*

**physiotherapist** [fɪzɪəʊ'θerəpɪst] *n.* Physiotherapeut, *der*/-therapeutin, *die*

**physiotherapy** [fɪzɪəʊ'θerəpɪ] *n.* Physiotherapie, *die*

**physique** [fɪ'zi:k] *n.* Körperbau, *der;* **be small in ~:** von geringer Körpergröße *od.* kleinem Wuchs sein

**pi** [paɪ] *n. (Math., Greek letter)* Pi, *das*

**pianissimo** [pɪə'nɪsɪməʊ] *(Mus.).* **1.** *adj.* pianissimo *nicht attr.;* Pianissimo-. **2.** *adv.* pianissimo. **3.** *n., pl.* **~s** *or* **pianissimi** [pɪə'nɪsɪmi:] Pianissimo, *das*

**pianist** ['pi:ənɪst] *n.* Pianist, *der*/Pianistin, *die*

**[1]piano** [pɪ'ænəʊ] *n., pl.* **~s** *(Mus.) (upright)* Klavier, *das; (grand)* Flügel, *der; attrib.* Klavier-; **play the ~:** Klavier spielen; *see also* **grand piano; player-piano; upright 1 a**

**[2]piano** [pɪ'ɑ:nəʊ] *(Mus.)* **1.** *adj.* piano *nicht attr.;* piano gespielt/gesungen; Piano-. **2.** *adv.* piano. **3.** *n., pl.* **~s** *or* **piani** [pɪ'ɑ:ni:] *(passage)* Piano, *das*

**piano-ac'cordion** *n.* Akkordeon, *das*

**pianoforte** [pɪænə'fɔ:tɪ] *n. (Mus. formal/arch.)* Pianoforte, *das (veralt.)*

**Pianola, (P)** [pi:ə'nəʊlə] *n.* Pianola, *das*

**piano** [pɪ'ænəʊ]: **~ music** *n.* Klaviermusik, *die; (score)* Klaviernoten *Pl.;* **~-player** *n.* Klavierspieler, *der*/-spielerin, *die;* **~-stool** *n.* Klavierschemel, *der;* **~-tuner** *n.* Klavierstimmer, *der*/-stimmerin, *die*

**piazza** [pɪ'ætsə] *n.* **a)** *pl.* **piazze** [pɪ'ætseɪ] *(public square)* Piazza, *die;* **b)** *pl.* **~s** *(Amer.: veranda)* Veranda, *die*

**picador** ['pɪkədɔ:(r)] *n.* Picador, *der;* Lanzenreiter, *der*

**picaresque** [pɪkə'resk] *adj.* pikaresk; pikarisch; **~ novel** Schelmenroman, *der*

**picayune** [pɪkə'ju:n] *adj. (Amer. coll.)* **a)** *(petty)* kleinlich; **b)** *(paltry)* unbedeutend; unerheblich

**piccalilli** [pɪkə'lɪlɪ] *n.* Piccalilli, *das; scharf gewürztes eingelegtes Senfgemüse*

**piccaninny** ['pɪkənɪnɪ] *(Brit.) n.* [kleines] Negerkind

**piccolo** ['pɪkələʊ] *n., pl.* **~s** *(Mus.)* Pikkoloflöte, *die;* Pikkolo, *das*

**[1]pick** [pɪk] *n.* **a)** *(for breaking up hard ground, rocks, etc.)* Spitzhacke, *die; (for breaking up ice)* [Eis]pickel, *der;* **b)** *see* **toothpick; c)** *(Mus.)* Plektrum, *das*

**[2]pick 1.** *n.* **a)** *(choice)* Wahl, *die;* **take your ~:** du hast die Wahl; **you can take your ~ of the rooms** du kannst dir ein Zimmer aussuchen; **she had the ~ of several jobs** sie konnte zwischen mehreren Jobs [aus]wählen; **have [the] first ~ of sth.** als erster aus etw. auswählen dürfen; **b)** *(best part)* Elite, *die;* **the ~ of the herd/fruit** *etc.* die besten Tiere aus der Herde/die besten Früchte *usw.; see also* **bunch 1 b. 2.** *v. t.* **a)** pflücken ⟨*Blumen*⟩; [ab]ernten, [ab]pflücken ⟨*Äpfel, Trauben usw.*⟩; **'~ your own strawberries'** „Erdbeeren zum Selbstpflücken"; **b)** *(select)* auswählen; aufstellen ⟨*Mannschaft*⟩; **~ the** *or* **a winner/the winning horse** auf den Sieger/das richtige *od.* siegreiche Pferd setzen; **~ a winner** *(fig.)* eine gute Wahl treffen; das Große Los ziehen; **~ one's words** seine Worte mit Bedacht wählen; **~ one's way** *or* **steps** sich *(Dat.)* vorsichtig [s]einen Weg suchen; **~ one's way through the rules and regulations** sich *(Dat.)* seinen Weg durch das Dickicht der Vorschriften und Bestimmungen suchen; **~ and choose** sich *(Dat.)* aussuchen; **you can't ~ and choose which laws to obey** du kannst dir nicht aussuchen, welche Gesetze du befolgen willst [und welche nicht]; **~ one's time [for sth.]** den Zeitpunkt [für etw.] festlegen; **you certainly ~ your times!** *(iron.)* du suchst dir aber auch immer die unmöglichsten Zeiten aus!; **~ sides [for the game]** abwechselnd einen Spieler/eine Spielerin [für das Spiel] auswählen; **c)** *(clear of flesh)* **~ the bones [clean]** ⟨*Hund:*⟩ die Knochen [sauber] abnagen; **~ the carcass** ⟨*Geier, Hyäne usw.:*⟩ den Kadaver abfressen; **d) ~ sb.'s brains [about sth.]** jmdn. [über etw. *(Akk.)*] ausfragen *od. (ugs.)* ausquetschen; **e) ~ one's nose/teeth** in der Nase bohren/in den Zähnen [herum]stochern; **f) ~ sb.'s pocket** jmdn. bestehlen; **he had his pocket ~ed** er wurde von einem Taschendieb bestohlen; **g) ~ a lock** ein Schloß knacken *(salopp);* **h) ~ to pieces** *(fig.: criticize)* kein gutes Haar lassen an (+ *Dat.*) *(ugs.);* **i)** *(Amer. Mus.)* zupfen ⟨*Saiten*⟩; **~ a banjo/guitar** Banjo/Gitarre spielen. *See also* **bone 1 d; hole 1 a; quarrel 1 a. 3.** *v. i.* **~ and choose [too much]** [zu] wählerisch sein

**~ at** *v. t.* **a)** *(eat without interest)* herumstochern in (+ *Dat.*) ⟨*Essen*⟩; **b)** *(criticize)* herumhacken auf (+ *Dat.*) *(ugs.);* **c)** herumspielen an, *(landsch.)* knaupeln an (+ *Dat.*) ⟨*Pickel*⟩

**~ off** *v. t.* **a)** ['--] *(pluck off)* abrupfen ⟨*Blüten, Blumen*⟩; abzupfen, ablesen ⟨*Haare, Fusseln*⟩; **the helicopter ~ed him off his boat** der Hubschrauber holte ihn aus seinem Boot heraus; **b)** [-'-] *(shoot one by one)* [einzeln] abschießen *od. (ugs.)* abknallen

**~ on** *v. t.* **a)** *(victimize)* es abgesehen haben auf (+ *Akk.*); **he's constantly being ~ed on to do the dirty jobs** ihm wird immer die Dreckarbeit aufgehalst; **why ~ on me every time?** warum immer gerade *od.* ausgerechnet ich?; **~ on someone your own size!** leg dich doch wenigstens mit einem Gleichstarken an! *(ugs.);* **b)** *(select)* sich *(Dat.)* aussuchen

**~ 'out** *v. t.* **a)** *(choose)* auswählen; *(for oneself)* sich *(Dat.)* aussuchen ⟨*Kleid, Blume*⟩; heraussuchen, [her]aussortieren ⟨*rote Kugeln, kleine Bälle, defekte Ware, [un]reife Früchte*⟩; *(from text)* herausgreifen ⟨*Beispiel, Passage*⟩; **b)** *(distinguish)* ausmachen, entdecken ⟨*Detail, jmds. Gesicht in der Menge*⟩; **the spotlight ~ed out a child in the audience** der Scheinwerfer erfaßte ein Kind im Publikum; **~ out sth. from sth.** etw. von etw. unterscheiden; **c)** *(highlight)* hervorheben ⟨*Buchstaben, Inschrift*⟩; **d)** *(play by ear etc.)* sich *(Dat.)* zusammensuchen ⟨*Melodie*⟩

**~ 'over** *v. t.* durchstöbern; **the tomatoes have been well ~ed over** die besten Tomaten sind schon herausgesucht worden

**~ up 1.** ['--] *v. t.* **a)** *(take up)* [in die Hand] nehmen ⟨*Brief, Buch usw.*⟩; hochnehmen ⟨*Baby*⟩; [wieder] aufnehmen ⟨*Handarbeit*⟩; aufnehmen ⟨*Masche*⟩; auffinden ⟨*Fehler*⟩; *(after dropping)* aufheben; **~ sth. up from the table** etw. vom Tisch nehmen; **~ a child up in one's arms** ein Kind auf den Arm nehmen; **~ up the telephone** den [Telefon]hörer abnehmen; **~ up the pieces** *(lit. or fig.)* die Scherben aufsammeln; **~ up your feet** heb die Füße hoch; *see also* **thread 1 b; b)** *(collect)* mitnehmen; *(by arrangement)* abholen **(at, from** von); *(obtain)* holen; **~ up sth. on the way home** etw. auf dem Nachhauseweg abholen; **c)** *(become infected by)* sich *(Dat.)* einfangen *od.* holen *(ugs.)* ⟨*Virus, Grippe*⟩; **d)** *(take on board)* ⟨*Bus, Autofahrer:*⟩ mitnehmen; **~ sb. up at** *or* **from the station** jmdn. vom Bahnhof abholen; **e)** *(rescue from the sea)* [aus Seenot] bergen; **f)** *(coll.: earn)* einstreichen *(ugs.);* **g)** *(coll.: make acquaintance of)* aufreißen *(ugs.);* **h)** *(find and arrest)* festnehmen; **i)** *(receive)* empfangen ⟨*Signal, Funkspruch usw.*⟩; **j)** *(hear)* aufschnappen *(ugs.);* **he'd ~ed up some tale that ...:** er hatte etwas läuten gehört, daß ...; **k)** *(obtain casually)* sich *(Dat.)* aneignen; bekommen ⟨*Sache*⟩; **things we ~ed up on our holidays/journeys** Dinge, die wir aus dem Urlaub/von unseren Reisen mitgebracht haben; **~ up languages easily** mühelos Sprachen lernen; **~ up odd habits** seltsame Gewohnheiten annehmen; **where do you ~ up such expressions?** wo hast du denn diese Ausdrücke her?; **l)** *(obtain)* auftreiben *(ugs.);* **m)** *(resume)* wieder aufnehmen ⟨*Erzählung, Gespräch*⟩; **n)** *(succeed in seeing)* ausmachen; **o)** *(regain)* wiederfinden ⟨*Spur, Fährte*⟩; wieder aufnehmen ⟨*Witterung*⟩; **you cross the field and ~ up the path on the other side** du überquerst das Feld und stößt *od.* kommst auf der anderen Seite wieder auf den Weg; **p)** *(pay)* **~ up the bill** *etc.* **for sth.** die Kosten *od.* die Rechnung *usw.* für etw. übernehmen. *See also* **pick-me-up; pick-up; speed 1 a. 2.** [-'-] *v. i.* **a)** *(improve, recover)* ⟨*Gesundheitszustand, Befinden, Stimmung, Laune, Wetter:*⟩ sich bessern; ⟨*Person:*⟩ sich erholen, wieder auf die Beine kommen; ⟨*Markt, Geschäft:*⟩ sich erholen *od.* beleben; ⟨*Gewinne:*⟩ steigen, zunehmen; **b)** *(gain speed)* beschleunigen; ⟨*Wind:*⟩ auffrischen. **3.** *v. refl.* **~ oneself up** wieder aufstehen; *(with difficulty)* sich wieder aufrappeln *(ugs.); (fig.)* sich aufrappeln *(ugs.)*

**~ 'up with** *v. t. (coll.: make the acquaintance of)* kennenlernen

**pick-a-back** ['pɪkəbæk] *see* **piggyback**

**pickaninny** *(Amer.) see* **piccaninny**

**'pickaxe** (*Amer.:* **'pickax**) *see* **[1]pick a**

**picker** ['pɪkə(r)] *n. (of fruit, hops, cotton, etc.)* Pflücker, *der*/Pflückerin, *die*

**picket** ['pɪkɪt] **1.** *n.* **a)** *(Industry)* Streikposten, *der;* **mount a ~ [at** *or* **on a gate]** [an einem Tor] Streikposten aufstellen; *see also* **flying picket; b)** *(pointed stake)* Pfahl, *der;* **c)** *(Mil.: small body of troops)* Feldposten, *der;* **advanced ~:** vorgeschobener Posten; Vorposten, *der;* **d)** *(Mil.: camp-policeman)* Feldjäger, *der.* **2.** *v.t.* Streikposten aufstellen vor (+ *Dat.*) ‹*Fabrik, Büro usw.*›. **3.** *v.i.* Streikposten stehen

**'picket duty** *n.* **be on/do ~:** Streikposten stehen

**picketer** ['pɪkɪtə(r)] *n.* Streikposten, *der*

**'picket fence** *n.* Palisadenzaun, *der*

**picketing** ['pɪkɪtɪŋ] *n.* Aufstellen von Streikposten; **secondary ~:** *Streikpostenstehen bei einem Betrieb, dem man selbst nicht angehört*

**'picket line** *n.* Streikpostenkette, *die;* **be on the ~:** Streikposten stehen; in der Streikpostenkette stehen

**picking** ['pɪkɪŋ] *n.* **a)** Ernten, *das; (of fruit, hops, cotton also)* Pflücken, *das; (of grapes also)* Lesen, *das;* **b)** *(fruit picked)* Ernte, *die;* [Ernte]ertrag, *der;* **a large ~ of apples** eine reiche Apfelernte; **c)** *in pl. (gleanings)* Reste *Pl.; (things stolen)* [Aus]beute, *die; (things allowed)* zusätzliche Vergünstigungen; *(yield)* Ausbeute, *die;* **it's easy ~s** das ist ein einträgliches Geschäft; *see also* **slim 1 b**

**pickle** ['pɪkl] **1.** *n.* **a)** *(preservative) Konservierungsmittel enthaltende Flüssigkeit; (brine)* Salzlake, *die; (vinegar solution)* Marinade, *die;* **b)** *usu. in pl. (food)* [Mixed] Pickles *Pl.;* Essiggemüse, *das;* **c)** *(coll.: predicament)* **be in a ~:** in der Klemme sitzen *(ugs.);* **get into a ~:** in die Klemme geraten *(ugs.);* **be in a sorry** *or (iron.)* **nice etc. ~:** ganz schön in der Klemme sitzen *(ugs.);* **d)** *(acid solution)* Beize, *die.* **2.** *v.t.* **a)** *(preserve)* [in Essig *od.* sauer] einlegen ‹*Gurken, Zwiebeln, Eier*›; marinieren ‹*Hering*›; **b)** *(treat)* beizen ‹*Leder, Metall*›

**pickled** ['pɪkld] *adj.* **a)** *(sl.: drunk)* betrunken; besoffen *(derb);* **get [thoroughly] ~:** sich [richtig] vollaufen lassen *(ugs.);* **b)** *(preserved)* eingelegt ‹*Eier usw.*›; mariniert ‹*Hering*›; *(in brine)* gepökelt ‹*Fleisch*›; **~ onions/gherkins** eingelegte Zwiebeln/saure Gurken

**pick: ~lock** *n.* **a)** *(person)* Einbrecher, *der*/Einbrecherin, *die;* **b)** *(tool)* Dietrich, *der;* **~-me-up** *n.* Stärkungsmittel, *das;* **the holiday/hearing that good news was a real ~-me-up** der Urlaub/diese gute Nachricht hat mir richtig gut getan; **~pocket** *n.* Taschendieb, *der*/-diebin, *die;* **~-up** *n.* **a)** *(of goods)* Laden, *das; attrib.* **~-up [point]** *(for bus passengers etc.)* Haltepunkt, *der;* **b)** *(improvement)* Anstieg, *der;* **a ~-up in sales/quality** ein Anstieg der Verkaufszahlen/eine Verbesserung der Qualität; **c)** *(coll.: person)* Zufallsbekanntschaft, *die;* **is that his latest ~-up?** ist das seine neueste Errungenschaft? *(ugs.);* **d)** *(truck)* **~-up [truck/van]** Kleinlastwagen, *der;* **e)** *(of record-player, guitar)* Tonabnehmer, *der;* Pick-up, *der*

**picky** ['pɪkɪ] *adj. (Amer. coll.)* pingelig *(ugs.)*

**picnic** ['pɪknɪk] **1.** *n.* **a)** Picknick, *das;* **go for** *or* **on a ~:** ein Picknick machen; picknicken gehen; **have a ~:** ein Picknick machen; picknicken; **b)** *(coll.: easy task, pleasant experience)* Kinderspiel, *das;* **be no ~:** kein Zuckerlecken *od.* Honig[sch]lecken sein; **the Korean War was a ~ in comparison** der Koreakrieg war dagegen ein Spaziergang. **2.** *v.i.,* **-ck-** picknicken; Picknick machen

**picnic-basket** *n.* Picknickkorb, *der*

**picnicker** ['pɪknɪkə(r)] *n.* **there were a lot of ~s on the beach** viele Menschen machten Picknick am Strand; **the ~s cleared up their litter** die Ausflügler räumten nach dem Picknick ihre Abfälle weg

**picnic: ~ 'lunch** *n.* **a)** Picknick, *das (als Mittagessen);* **b)** *(packed up)* Lunchpaket, *das;* **~ site** *n.* Picknickplatz, *der*

**Pict** [pɪkt] *n. (Hist.)* Pikte, *der*/Piktin, *die*

**pictogram** ['pɪktəgræm], **pictograph** ['pɪktəgrɑ:f] *ns.* Piktogramm, *das*

**pictorial** [pɪk'tɔ:rɪəl] **1.** *adj.* illustriert ‹*Bericht, Zeitschrift, Wochenmagazin*›; bildlich ‹*Darstellung*›; Bild‹*journalismus, -band, -bericht*›; **give a ~ record of sth.** etw. im Bild festhalten. **2.** *n. (magazine, newspaper, etc.)* Illustrierte, *die*

**pictorially** [pɪk'tɔ:rɪəlɪ] *adv.* in illustrierter Form; bildhaft ‹*darstellen*›

**picture** ['pɪktʃə(r)] **1.** *n.* **a)** Bild, *das; see also* **pretty 1 a; tell 1 b; b)** *(portrait)* Porträt, *das; (photograph)* Porträtfoto, *das;* **have one's ~ painted** sich malen *od.* portraitieren lassen; **c)** *(mental image)* Vorstellung, *die;* Bild, *das;* **get a ~ of sth.** sich *(Dat.)* von etw. ein Bild machen; von etw. eine Vorstellung bekommen; **give a ~ of sth.** von etw. einen Eindruck vermitteln; **the employment ~** *(fig.)* das Bild der Arbeitsmarktlage; **present a sorry ~** *(fig.)* ein trauriges *od.* jämmerliches Bild abgeben; **look the [very] ~ of health/misery/innocence** wie das blühende Leben aussehen/ein Bild des Jammers sein/wie die Unschuld in Person aussehen; **be the ~ of delight** die Freude in Person sein; **get the ~** *(coll.)* verstehen[, worum es geht]; **I'm beginning to get the ~:** langsam *od.* allmählich verstehe *od. (ugs.)* kapiere ich; **[do you] get the ~?** verstehst du?; **get the whole ~:** den Gesamtzusammenhang erkennen; **put sb. in the ~** jmdn. ins Bild setzen; **be in the ~** *(be aware)* im Bilde sein; **keep out of the ~:** sich raushalten; **keep sb. in the ~:** jmdn. auf dem laufenden halten; **come** *or* **enter into the ~:** [dabei] eine Rolle spielen; **d)** *(film)* Film, *der;* **e)** *in pl. (Brit.: cinema)* Kino, *das;* **go to the ~s** ins Kino gehen; **what's on at the ~s?** was gibt's *od.* läuft im Kino?; **is there anything on at the ~s?** läuft etwas [Interessantes] im Kino?; **f)** *(delightful object)* **be a ~:** wunderschön *od. (ugs.)* ein Gedicht sein; **her face was a ~:** ihr Gesicht sprach Bände; **she looked a ~:** sie sah bildschön aus. **2.** *v.t.* **a)** *(represent)* abbilden; **b)** *(imagine)* **~ [to oneself]** sich *(Dat.)* vorstellen; **c)** *(describe graphically)* anschaulich schildern

**picture: ~-book 1.** *n.* Bilderbuch, *das;* **2.** *adj.* Bilderbuch-; **~-card** *n.* Figurenkarte, *die;* Bild, *das;* **~-frame** *n.* Bilderrahmen, *der;* **~-framer** *see* **framer; ~-gallery** *n.* Gemäldegalerie, *die;* **~-hook** *n.* Bilderhaken, *der;* **~ palace** *n. (dated)* Filmpalast, *der (veralt.);* **~ 'postcard** *n.* Ansichtskarte, *die;* **~-rail** *n.* Bilderleiste, *die*

**picturesque** [pɪktʃə'resk] *adj.* malerisch; pittoresk *(geh.); (vivid)* anschaulich, bildhaft ‹*Beschreibung, Erzählung*›

**picturesquely** [pɪktʃə'resklɪ] *adv.* malerisch; *(graphically)* anschaulich

**picture: ~ window** *n.* Panoramafenster, *das;* **~-writing** *n.* Bilderschrift, *die*

**piddle** ['pɪdl] *(coll.)* **1.** *v.i.* **a)** *(act in trifling way)* **~ about** *or* **around** herummachen *(ugs.);* **b)** *(urinate)* Pipi machen *(Kinderspr.);* pinkeln *(ugs.).* **2.** *n.* **a) have a/do one's ~:** Pipi machen *(Kinderspr.);* pinkeln *(ugs.);* **he needs to have a ~:** er muß mal *(ugs.);* **b)** *(urine)* Pipi, *das (Kinderspr.)*

**piddling** ['pɪdlɪŋ] *adj. (coll.)* lächerlich *(abwertend)*

**pidgin** ['pɪdʒɪn] *n.* Pidgin, *das*

**pidgin 'English** *n.* Pidgin-Englisch, *das*

**pie** [paɪ] *n. (of meat, fish, etc.)* Pastete, *die; (of fruit etc.)* ≈ Obstkuchen, *der;* **as sweet/nice** *etc.* **as ~** *(coll.)* superfreundlich *(ugs.);* scheißfreundlich *(salopp);* **as easy as ~** *(coll.)* kinderleicht *(ugs.);* **have a finger in every ~** *(coll.)* überall die Finger drin haben *(ugs.);* **that's all just ~ in the sky** *(coll.)* das sind alles nur Luftschlösser; das ist alles völlig unrealistisch

**piebald** ['paɪbɔ:ld] **1.** *adj.* gescheckt, scheckig ‹*Pferd, Kuh, Pony*›. **2.** *n.* Schecke, *die/der*

**piece** [pi:s] **1.** *n.* **a)** Stück, *das; (of broken glass or pottery)* Scherbe, *die; (of jigsaw puzzle, crashed aircraft, etc.)* Teil, *der; (Amer.: distance)* [kleines] Stück; **a ~ of meat** ein Stück Fleisch; **[all] in one ~:** unbeschädigt; *(fig.)* heil; wohlbehalten; **in ~s** *(broken)* kaputt *(ugs.);* zerbrochen; *(taken apart)* [in Einzelteile] zerlegt; **break into ~s, fall to ~s** zerbrechen; kaputtgehen *(ugs.);* **break sth. to ~s** etw. zerbrechen *od. (ugs.)* kaputtmachen; **go [all] to ~s** *(fig.)* [völlig] die Fassung verlieren; **[all] of a ~:** aus einem Guß; **be [all] of a ~ with sth.** [ganz] genau zu etw. passen; **say one's ~** *(fig.)* sagen, was man zu sagen hat; **b)** *(part of set)* **~ of furniture/clothing/luggage** Möbel-/Kleidungs-/Gepäckstück, *das;* **a 21-~ tea-set** ein 21teiliges Teeservice; **a five-~ band** eine fünfköpfige Band *od.* Kapelle; **a three-/four-~ suite** eine drei-/vierteilige Sitzgarnitur; **a three-~ suit** ein dreiteiliger Anzug; **c)** *(enclosed area)* **a ~ of land/property** ein Stück Land/Grundstück; **a ~ of water** ein kleines Gewässer; **d)** *(example)* **a ~ of impudence [like that]** eine [solche] Unverschämtheit; **~ of luck** Glücksfall, *der;* **by a ~ of good luck** durch eine glückliche Fügung; **a fine ~ of pottery/Victorian literature** eine sehr schöne Töpferarbeit/ein hervorragendes Werk der viktorianischen Literatur; **fine ~ of work** hervorragende Arbeit; **he's an unpleasant ~ of work** *(fig.)* er ist ein unangenehmer Vertreter *(ugs.); see also* **nasty 1 a; e)** *(item)* **~ of news/gossip/information** Nachricht, *die*/Klatsch, *der*/Information, *die;* **be paid by the ~** ‹*Arbeiter:*› Akkord- *od.* Stücklohn erhalten; **the work is paid by the ~:** für die Arbeit wird Akkord- *od.* Stücklohn gezahlt; *see also* **advice a; f)** *(Chess)* Figur, *die; (Draughts, Backgammon, etc.)* Stein, *der;* **g)** *(coin)* **gold ~:** Goldstück, *das;* **~ of silver** Silbermünze, *die;* **a 10p ~:** ein 10-Pence-Stück; eine 10-Pence-Münze; **~ of eight** mexikanischer *od.* spanischer Dollar; Achterstück, *das (veralt.);* **h)** *(article in newspaper, magazine, etc.)* Beitrag, *der;* **i)** *(literary or musical composition)* Stück, *das;* **~ of music** Musikstück, *das; see also* **villain b; j)** *(coll.: woman)* Mieze, *die (ugs.);* **k)** *(Mil.: weapon) (firearm)* Schußwaffe, *die; (of artillery)* Geschütz, *das;* **l)** *(picture)* Stück, *das;* Werk, *das.* **2.** *v.t.* **~ together** *(lit. or fig.)* zusammenfügen **(from** aus); **~ together what happened** rekonstruieren, was passiert ist

**pièce de résistance** [pi:eɪs də reɪzɪ'stɑ̃s] *n., pl.* **pièces de résistance** [pi:eɪs də reɪzɪ'stɑ̃s] **a)** *(dish)* Hauptgericht, *das;* Pièce de résistance, *das (veralt.);* **b)** *(item)* Krönung, *die;* **and now for my ~!** und nun die Krönung!

**'piecemeal** *adv., adj.* stückweise

**piece: ~-rate** *n.* Akkordsatz, *der;* **be paid at** *or* **be on ~-rates** ‹*Arbeiter:*› Akkord- *od.* Stücklohn erhalten; **the work is paid at ~-rates** für die Arbeit wird Akkord- *od.* Stücklohn gezahlt; **~-work** *n., no pl.* Akkordarbeit, *die;* **put sb. on ~-work** jmdn. im Akkord beschäftigen; **be on ~-work** im Akkord arbeiten; **~-work system** Akkordlohnsystem, *das;* **~-worker** *n.* Akkordarbeiter, *der*/-arbeiterin, *die*

**pie: ~ chart** *n.* Kreisdiagramm, *das;* **~crust** *n.* Teigmantel, *der*

**pied** [paɪd] *adj.* gescheckt ‹*Pferd, Kuh usw.*›; [bunt]gefleckt ‹*Schmetterling, Vogel*›

**pied-à-terre** [pjeɪdɑ:'teə(r)] *n., pl.* **pieds-à-terre** [pjeɪdɑ:'teə(r)] Zweitwohnung, *die*

**'pie-dish** *n.* Pastetenform, *die*

**Pied 'Piper** *n.* Rattenfänger, *der;* **the ~ of Hamelin** der Rattenfänger von Hameln

**pie: ~-eyed** *adj. (sl.)* sternhagelvoll *(ugs.);* **~man** ['paɪmən] *n., pl.* **~men** ['paɪmən] *(arch.)* Pastetenverkäufer, *der*

**pier** [pɪə(r)] *n.* **a)** *(for landing-place, as promenade)* Pier, *der od. (Seemannsspr.) die;* **b)**

*(to protect or form harbour)* [Hafen]mole, *die;* Hafendamm, *der;* **c)** *(support of bridge)* Pfeiler, *der;* **d)** *(Archit.)* Trumeau, *der*

**pierce** [pɪəs] *v. t.* **a)** *(prick)* durchbohren, durchstechen ‹*Hülle, Verkleidung, Ohrläppchen*›; *(penetrate)* sich bohren in, [ein]dringen in (+ *Akk.*) ‹*Körper, Fleisch, Herz*›; **have one's ears ~d** sich *(Dat.)* Löcher in die Ohrläppchen machen *od.* stechen lassen; **b)** *(fig.)* **the cold ~d him to the bone** die Kälte drang ihm bis ins Mark; **a scream ~d the night/silence** ein Schrei gellte durch die Nacht/zerriß die Stille; **c)** *(force one's way through)* durchbrechen ‹*feindliche Linien*›; *(fig.)* erschüttern ‹*Gleichgültigkeit*›

**piercing** ['pɪəsɪŋ] *adj.* durchdringend ‹*Stimme, Schrei, Blick*›; schneidend ‹*Sarkasmus, Kälte*›

**pierrot** ['pɪərəʊ] *n.* Pierrot, *der*

**pietà** [pjeɪ'tɑː] *n. (Art)* Pieta, *die*

**piety** ['paɪətɪ] *n.* **a)** *no pl. (quality)* Frömmigkeit, *die;* **b)** *(act)* fromme Handlung

**piffle** ['pɪfl] *(coll.) n.* **a)** *(nonsense)* Quatsch, *der (ugs.);* **b)** *(empty talk)* Geschwafel, *das (ugs.);* Blabla, *das (ugs.)*

**piffling** ['pɪflɪŋ] *adj. (coll.)* lächerlich

**pig** [pɪg] **1.** *n.* **a)** Schwein, *das;* **the sow is in ~:** die Sau ist trächtig; **bleed like a [stuck] ~:** wie ein Schwein bluten *(derb);* heftig bluten; **~s might fly** *(iron.)* da müßte schon ein Wunder geschehen; **buy a ~ in a poke** *(fig.)* die Katze im Sack kaufen; **~ in the middle** *(coll.) Ballspiel, bei dem ein in der Mitte stehender Spieler den Ball, den sich die anderen zuwerfen, fangen muß;* **b)** *(coll.) (greedy person)* Vielfraß, *der (ugs.);* Freßsack, *der (salopp); (obstinate person)* Dickschädel, *der (ugs.); (dirty person)* Ferkel, *das (ugs.);* [Dreck]schwein, *das (derb); (unpleasant thing)* Scheißding, *das (salopp); (unpleasant person)* Ekel, *das (ugs.);* Schwein, *das (derb);* **make a ~ of oneself** *(overeat)* sich *(Dat.)* den Bauch *od.* Wanst vollschlagen *(salopp);* **live like ~s** hausen wie die Schweine *(ugs.);* **c)** *(sl. derog.: policeman)* Bulle, *der (salopp abwertend);* **d)** *(metal)* Massel, *die (Metall.);* **e)** *(Amer.: young swine)* Ferkel, *das. See also* **chauvinist. 2.** *v. t.*, **-gg-: ~ it** *(coll.)* hausen *(ugs.)*

**¹pigeon** ['pɪdʒɪn] *n.* Taube, *die;* **cock ~:** Tauber, *der;* Täuber[ich], *der*

**²pigeon** *n.* **a)** *see* **pidgin; b)** *(coll.: business)* **be sb.'s ~:** jmdn. angehen; **that's not my ~:** das ist nicht mein Bier *(ugs.)*

**pigeon: ~-fancier** *n.* Taubenfreund, *der*/-freundin, *die;* **~-hole 1.** *n.* **a)** *(in cabinet etc.)* [Ablage]fach, *das; (for letters)* Postfach, *das;* **put people in ~-holes** *(fig.)* Menschen in Schubladen einordnen *od.* stecken; **b)** *(for pigeon)* [Tauben]flugloch, *das;* **2.** *v. t.* **a)** *(deposit)* [in die Fächer] sortieren; **b)** *(put aside)* auf Eis legen; **get ~-holed** in die Schublade wandern; auf Eis gelegt werden; **c)** *(categorize)* einordnen; in eine Schublade/in Schubladen stecken; **~-loft** *n.* Taubenschlag, *der;* **~-toed 1.** *adj.* **a ~-toed man** ein Mann, der mit einwärts gerichteten Füßen geht; **be ~-toed** mit einwärts gerichteten Füßen *od. (ugs.)* über den großen Onkel gehen; **2.** *adv.* mit einwärts gerichteten Füßen; über den großen Onkel *(ugs.)*

**piggery** ['pɪgərɪ] *n.* **a)** *(pig-breeding establishment)* Schweinezucht, *die;* **b)** *see* **pigsty; c)** *(coll.: gluttony)* Gefräßigkeit, *die (ugs.)*

**piggish** ['pɪgɪʃ] *adj. (coll.)* **a)** *(gluttonous)* gefräßig *(ugs.);* verfressen *(salopp);* **b)** *(dirty)* schmuddelig *(ugs.);* dreckig *(ugs.);* **c)** *(stubborn)* dickschädelig; stur

**piggy** ['pɪgɪ] *(coll.)* **1.** *n.* Schweinchen, *das;* Ferkel, *das.* **2.** *adj.* **~ face** Schweinchengesicht, *das;* **~ eyes** Schweinsäuglein *Pl.*

**piggy: ~back 1.** *n.* **ask for a ~back** huckepack getragen werden wollen; **give sb. a ~back** jmdn. huckepack nehmen *od.* tragen; **2.** *adv.* huckepack; **3.** *adj.* **give a child a ~back ride** ein Kind huckepack tragen; **~ bank** *n.* Sparschwein[chen], *das*

**pig: ~'headed** *adj.* dickschädelig *(ugs.);* stur; **~headedness** [pɪg'hedɪdnɪs] *n., no pl.* Dickschädeligkeit, *die (ugs.);* Sturheit, *die;* **~-iron** *n.* Roheisen, *das;* Masseleisen, *das (Metall.)*

**piglet** ['pɪglɪt] *n.* Ferkel, *das*

**'pig-meat** *n.* Schweinefleisch, *das*

**pigment** ['pɪgmənt] **1.** *n.* Pigment, *das.* **2.** *v. t.* pigmentieren

**pigmentation** [pɪgmən'teɪʃn] *n.* Pigmentierung, *die;* Pigmentation, *die*

**pigmy** *see* **pygmy**

**pig: ~pen** *(Amer.) see* **pigsty; ~'s 'ear** *n.* *(Brit. coll.)* **make a ~'s ear of sth.** etw. verpfuschen *od. (ugs.)* vermurksen; **~skin** *n.* **a)** Schweinehaut, *die;* **b)** *(leather)* Schweinsleder, *das; attrib.* schweinsledern; Schweinsleder-; **c)** *(Amer. sl.: football)* Leder, *das (ugs.);* **~sty** *n. (lit. or fig.)* Schweinestall, *der;* **~swill** *n.* Schweinefutter, *das; (fig. coll.) (food)* Schweinefraß, *der (derb); (drink, soup, etc.)* Spülwasser, *das (salopp);* **~tail** *n. (plaited)* Zopf, *der;* **~tails** *(worn loose, at either side of head)* Rattenschwänzchen *Pl. (ugs.)*

**¹pike** [paɪk] *n., pl. same (Zool.)* Hecht, *der*

**²pike** *n. (Arms Hist.)* Pike, *die;* Spieß, *der*

**³pike** *n. (Brit. Hist., Amer.)* **a)** *(toll-bar)* Zahlstelle, *die;* Mautstelle, *die (bes. südd. u. österr.);* **b)** *(road)* gebührenpflichtige Straße; Mautstraße, *die (bes. südd. u. österr.)*

**pike: ~-perch** *n. (Zool.)* Zander, *der;* **~staff** *n.* **plain as a ~staff** sonnenklar *(ugs.)*

**pilaff** [pɪ'læf] *n.* Pilaw, *der (Kochk.)*

**pilaster** [pɪ'læstə(r)] *n. (Archit.)* Pilaster, *der*

**pilchard** ['pɪltʃəd] *n.* Sardine, *die*

**¹pile** [paɪl] **1.** *n.* **a)** *(heap) (of dishes, plates)* Stapel, *der; (of paper, books, letters)* Stoß, *der; (of clothes)* Haufen, *der;* **b)** *(coll.: large quantity)* Masse, *die (ugs.);* Haufen, *der (ugs.);* **a ~ of troubles/letters/people** eine *od. (ugs.)* jede Menge Sorgen/Briefe/Leute; **a great ~ of work/problems** eine Unmenge Arbeit/Probleme; **a ~ of difficult problems awaited her** eine Menge schwierige Probleme erwartete sie; **c)** *(coll.: fortune)* **make a** *or* **one's ~:** ein Vermögen machen; **he's made his ~:** er hat sein Schäfchen im Trockenen *(ugs.);* **d)** *(large building)* Bauwerk, *das;* **e)** *(Electr.)* Voltasche Säule. **2.** *v. t.* **a)** *(load)* [voll] beladen; **~ a table with dishes** einen Tisch mit [Stapeln von] Geschirr vollstellen; **b)** *(heap up)* aufstapeln ‹*Holz, Steine*›; aufhäufen ‹*Abfall, Schnee*›; **c) ~ furniture into a van/lorry** *etc.* Möbel in einen Liefer-/Lastwagen *usw.* laden

**~ 'in 1.** *v. i.* **a)** *(get in) (seen from outside)* hineindrängen; *(seen from inside)* hereindrängen; **~ in!** [kommt] nur *od.* immer herein!; quetscht euch rein! *(ugs.);* **b)** *(coll.: begin) (to eat)* reinhauen *(ugs.);* zulangen *(ugs.); (to work)* mit anpacken; *(to fight)* mitmischen *(ugs.);* mit von der Partie sein *(ugs.).* **2.** *v. t.* hineinquetschen *(ugs.)*

**~ into** *v. t.* drängen in (+ *Akk.*) ‹*Stadion, Halle*›; drängen auf (+ *Akk.*) ‹*Platz, Wiese*›; sich zwängen in (+ *Akk.*) ‹*Auto, Zimmer, Zugabteil, Telefonzelle*›

**~ off** *(coll.)* **1.** [-'-] *v. i. (seen from inside)* hinausdrängen; *(seen from outside)* herausdrängen. **2.** ['--] *v. t.* drängen *od.* strömen aus ‹*Bus usw.*›

**~ 'on 1.** *v. i. see* **pile in a. 2.** *v. t. (fig.)* **~ on the work/praise** massiv mit Arbeit/Lob kommen; **~ on the pressure** Druck machen; **~ on the agony, ~ it on** *(coll.)* dick auftragen *(ugs.)*

**~ on to** *v. t.* **a)** *(heap on to)* **~ logs on to the fire** Holzscheite auf das Feuer legen; **he ~d food on to my plate** er häufte mir Essen auf den Teller; **~ work on to sb.** *(fig.)* jmdm. Arbeit aufbürden *od.* aufladen; **b)** *(enter)* drängen in (+ *Akk.*) ‹*Bus usw.*›

**~ 'out** *v. i.* nach draußen strömen *od.* drängen

**~ 'out of** *v. t.* strömen *od.* drängen aus

**~ 'up 1.** *v. i.* **a)** *(accumulate)* ‹*Waren, Post, Aufträge, Arbeit, Schnee:*› sich auftürmen; ‹*Verkehr:*› sich stauen; ‹*Schulden:*› sich vermehren; ‹*Verdacht, Eindruck, Beweise:*› sich verdichten; **b)** *(crash)* aufeinander auffahren. **2.** *v. t.* aufstapeln ‹*Steine, Bücher usw.*›; auftürmen ‹*Haar, Frisur*›; aufhäufen ‹*Abfall, Schnee*›; *(fig.)* zusammentragen ‹*Beweise usw.*›; **~ up debts** sich immer mehr verschulden. *See also* **pile-up**

**²pile** *n.* **a)** *(soft surface)* Flor, *der;* **b)** *(soft hair, down)* Flaum, *der*

**³pile** *n. (stake)* Pfahl, *der*

**pile: ~-driver** *n.* [Pfahl]ramme, *die;* **~-dwelling** *n.* Pfahlbau, *der*

**piles** [paɪlz] *n. pl. (Med.)* Hämorrhoiden *Pl.*

**'pile-up** *n.* Massenkarambolage, *die*

**pilfer** ['pɪlfə(r)] *v. t.* stehlen; klauen *(ugs.)*

**pilferage** ['pɪlfərɪdʒ] *n.* Diebstahl, *der*

**pilferer** ['pɪlfərə(r)] *n.* Dieb, *der*/Diebin, *die;* Langfinger, *der (oft scherzh.)*

**'pilfer-proof** *adj.* einbruch-/diebstahlsicher

**pilgrim** ['pɪlgrɪm] *n.* Pilger, *der*/Pilgerin, *die;* Wallfahrer, *der*/Wallfahrerin, *die*

**pilgrimage** ['pɪlgrɪmɪdʒ] *n.* Pilgerfahrt, *die;* Wallfahrt, *die*

**Pilgrim 'Fathers** *n. pl. (Hist.)* Pilgerväter *Pl.*

**pill** [pɪl] *n.* **a)** Tablette, *die;* Pille, *die (ugs.);* **be on ~s** Tabletten einnehmen müssen; **b)** *(coll.: contraceptive)* **the ~** *or* **P~** die Pille *(ugs.);* **be on the ~:** die Pille nehmen *(ugs.);* **come off the ~:** die Pille absetzen *od.* nicht mehr nehmen *(ugs.);* **go on the ~:** mit der Pille anfangen *(ugs.);* **c)** *(fig.: unpleasant thing)* **swallow the ~:** die [bittere] Pille schlucken *(ugs.);* **sweeten the ~:** die bittere Pille versüßen *(ugs.);* **be a bitter ~ [to swallow]** eine bittere Pille *od.* bitter sein; **d)** *(sl./joc.: ball)* Pille, *die (salopp)*

**pillage** ['pɪlɪdʒ] **1.** *n.* Plünderung, *die.* **2.** *v. t.* [aus]plündern; **the abbey was ~d of its treasures** die Schätze der Abtei wurden geraubt. **3.** *v. i.* plündern

**pillar** ['pɪlə(r)] *n.* **a)** *(vertical support)* Säule, *die; (with angular cross-section)* Pfeiler, *der; (of bed, door)* Pfosten, *der;* **a ~ of strength** *(fig.)* eine Stütze; **from ~ to post** *(fig.)* hin und her; **b)** *(fig.: supporter) (of church, family, party, society, etc.)* Stütze, *die; (of science, alliance, faith, etc.)* Säule, *die;* **c)** *(upright mass)* **~ of dust/cloud/water** Staub-/Wolken-/Wassersäule, *die;* **d)** *(Mining)* [Abbau]pfeiler, *der*

**'pillar-box** *n. (Brit.)* Briefkasten, *der; attrib.* **~ red** knallrot *(ugs.)*

**'pillbox** *n.* **a)** Pillenschachtel, *die;* **b) ~ [hat]** Pillbox, *die; flacher runder Hut ohne Krempe; (of bell-boy)* Pagenkappe, *die;* **c)** *(Mil.)* MG-Unterstand, *der*

**pillion** ['pɪljən] *n.* Soziussitz, *der;* Beifahrersitz, *der;* **ride ~:** als Beifahrer/Beifahrerin *od.* auf dem Soziussitz mitfahren

**pillock** ['pɪlək] *n. (sl.)* Schwachkopf, *der (ugs.)*

**pillory** ['pɪlərɪ] **1.** *v. t. (lit. or fig.)* an den Pranger stellen. **2.** *n. (Hist.)* Pranger, *der*

**pillow** ['pɪləʊ] **1.** *n.* [Kopf]kissen, *das.* **2.** *v. t.* **her arm ~ed the sleeping child** das schlafende Kind lag in ihren Arm gebettet; **he was like a baby, ~ed in her arms** wie ein Baby lag er in ihren Armen

**pillow: ~case** *n.* [Kopf]kissenbezug, *der;* **~-fight** *n.* Kissenschlacht, *die;* **~-lace** *n.* Klöppelspitze, *die;* **~ lava** *n. (Geol.)* Kissenlava, *die;* Pillowlava, *die;* **~slip** *see* **~case; ~ talk** *n.* Bettgeflüster, *das*

**'pill-popping** *n. (sl.)* Pillenschluckerei, *die (ugs.)*

**pilot** ['paɪlət] **1.** *n.* **a)** *(Aeronaut.)* Pilot, *der*/Pilotin, *die;* Flugzeugführer, *der*/-führerin, *die;* **~'s licence** Flug- *od.* Pilotenschein, *der;* **b)** *(Naut.; also fig.: guide)* Lotse, *der.* **2.** *adj.* Pilot⟨*programm, -studie, -projekt usw.*⟩. **3.** *v.t.* **a)** (Aeronaut.) fliegen; **b)** *(Naut.)* lotsen; **~ sb. into/out of the harbour** jmdn. einlotsen *od.* in den Hafen lotsen/auslotsen *od.* aus dem Hafen lotsen; **c)** *(fig.: guide)* lotsen; **~ a bill through the House** *(Parl.)* einen Gesetzentwurf durch das Parlament bringen

**pilot: ~ boat** *n.* Lotsenboot, *das;* **~-fish** *n.* Lotsenfisch, *der;* Pilotfisch, *der*

**pilotless** ['paɪlətlɪs] *adj.* unbemannt; führerlos

**pilot: ~-light** *n.* **a)** *(gas-burner)* Zündflamme, *die;* **b)** *(electric light)* Kontrollampe, *die od.* -lämpchen, *das;* **~ officer** *n. (Brit. Air Force)* ≈ [Flieger]leutnant, *der*

**pimento** [pɪ'mentəʊ] *n., pl.* **~s** *(berry)* Piment, *der od. das;* Nelkenpfeffer, *der; (tree)* Pimentbaum, *der;* Nelkenpfefferbaum, *der*

**pimp** [pɪmp] **1.** *n.* Zuhälter, *der.* **2.** *v.i.* Zuhälterei betreiben; **~ for sb.** jmds. Zuhälter sein

**pimpernel** ['pɪmpənel] *n. (Bot.)* **[scarlet] ~:** Ackergauchheil, *der;* Roter Gauchheil

**pimple** ['pɪmpl] *n.* **a)** *(spot)* Pickel, *der;* Pustel, *die;* **he/his face had come out in ~s** er hat Pickel/Pickel im Gesicht bekommen; **b)** *(slight swelling)* Erhebung, *die; (on table-tennis bat)* Noppe, *die*

**pimpled** ['pɪmpld] *adj.* pick[e]lig; genoppt ⟨*Tischtennisschläger*⟩

**pimply** ['pɪmplɪ] *adj.* pick[e]lig

**PIN** [pɪn] *abbr.* **~ [number]** *see* **personal identification number**

**pin 1.** *n.* **a)** Stecknadel, *die;* **you could have heard a ~ drop** man hätte eine Stecknadel fallen hören können; **as clean as a new ~:** blitzblank *(ugs.);* **~s and needles** *(fig.)* Kribbeln, *das;* **I had ~s and needles in my legs** *(fig.)* meine Beine kribbelten *od.* waren eingeschlafen; **b)** *(peg)* Stift, *der;* **split ~:** Splint, *der;* **c)** *(Electr.)* Kontaktstift, *der;* **a two-/three-~ plug** ein zwei-/dreipoliger Stecker; **d) I don't give** *or* **care a ~:** es ist mir völlig egal; **for two ~s I'd resign** es fehlt nicht mehr viel, dann kündige ich; **e)** *(Golf)* Flaggenstock, *der;* **f)** *(Mus.: for string of instrument)* Wirbel, *der;* **g)** *(half-firkin cask)* ≈ Zwanzigliterfaß, *das;* **h)** *(in grenade)* Zündring, *der;* **i)** *in pl. (coll.: legs)* Stelzen *(salopp);* **j)** *(skittle)* Kegel, *der; (scoring point)* Punkt, *der;* Pin, *der (Kegelsport);* **k)** *(Amer.: brooch)* Anstecknadel, *die;* **[lapel] ~** *(of society, club, etc.)* Abzeichen, *das;* **l)** *(Med.)* Stift, *der;* Pin, *der (fachspr.).* **2.** *v.t.,* **-nn- a)** nageln ⟨*Knochen, Bein, Hüfte*⟩; **~ a badge to one's lapel** sich *(Dat.)* ein Abzeichen ans Revers heften *od.* stecken; **~ a notice on the board** einen Zettel ans Schwarze Brett hängen *od. (ugs.)* pinnen; **~ together** mit einer Stecknadel zusammenhalten; *(Dressm.)* zusammenstecken; **b)** *(fig.)* **~ one's ears back** die Ohren spitzen *(ugs.);* **~ one's hopes on sb./sth.** seine [ganze] Hoffnung auf jmdn./etw. setzen; **~ the blame/responsibility for sth. on sb.** jmdm. die Schuld an etw. *(Dat.)*/die Verantwortung für etw. zuschieben; **you won't ~ it on him** das wirst du ihm nicht unterschieben *od. (ugs.)* anhängen können; *see also* **faith a; c)** *(seize and hold fast)* **~ sb. against the wall** jmdn. an *od.* gegen die Wand drängen *od.* drücken; **~ sb.'s arms to his sides** jmdm. die Arme an den Körper pressen; **~ sb. to the ground** jmdn. auf den Boden drücken; **~ sb.'s arm behind his back** jmdm. den Arm auf den Rücken drehen

**~ 'down** *v.t.* **a)** *(fig.: bind)* festlegen, festnageln (**to** *or* **on** auf + *Akk.*); **he's a difficult man to ~ down** man kann ihn nur schwer dazu bringen, sich [auf etwas] festzulegen; **he's difficult to ~ down on policies** es ist schwer, ihn auf eine konkrete Politik festzulegen; **b)** *(trap)* festhalten; **~ sb. down [to the ground]** jmdn. auf den Boden drücken; **c)** *(define exactly)* **~ sth. down in words** etw. in Worte fassen; **I can't quite ~ it down** ich kann es nicht richtig ausmachen; **~ the fault down to the carburettor** feststellen, daß der Fehler im Vergaser liegt; **~ down the exact meaning of a word** die Bedeutung eines Wortes genau bestimmen

**~ 'up** *v.t.* aufhängen ⟨*Bild, Foto*⟩; anschlagen ⟨*Bekanntmachung, Hinweis, Liste*⟩; aufstecken, hochstecken ⟨*Haar, Frisur*⟩; heften ⟨*Saum, Naht*⟩; *see also* **pin-up**

**pinafore** ['pɪnəfɔ:(r)] *n.* Schürze, *die (mit Oberteil)*

**'pinafore dress** *n.* Trägerrock, *der;* Trägerkleid, *das*

**'pin-ball** *n.* Flippern, *das; attrib.* Flipper⟨*spiel, -automat*⟩; **play ~:** flippern; **have a game of ~:** [eine Runde] flippern

**pince-nez** ['pænsneɪ] *n., pl. same* Kneifer, *der;* Pincenez, *das (veralt.)*

**'pincer movement** ['pɪnsə mu:vmənt] *n. (Mil.)* Zangenbewegung, *die*

**pincers** ['pɪnsəz] *n. pl.* **a) [pair of] ~:** Beiß- *od.* Kneifzange, *die;* **b)** *(of crab etc.)* Schere, *die;* Zange, *die (ugs.)*

**pinch** [pɪnʃ] **1.** *n.* **a)** *(squeezing)* Kniff, *der;* **give sb. a ~:** jmdn. kneifen *od. (bes. südd., österr.)* zwicken; **give sb. a ~ on the arm/cheek** *etc.* jmdn. *od.* jmdm. in den Arm/die Backe *usw.* kneifen *od. (bes. südd., österr.)* zwicken; **b)** *(fig.)* **feel the ~:** knapp bei Kasse sein *(ugs.);* **the firm is feeling the ~:** der Firma geht es finanziell nicht gut; **at a ~:** zur Not; wenn es [unbedingt] sein muß; **if it comes to a** *or* **the ~:** wenn es zum Äußersten *od.* Schlimmsten kommt; **c)** *(small amount)* Prise, *die; see also* **salt 1 a. 2.** *v.t.* **a)** *(grip tightly)* kneifen; zwicken *(bes. südd., österr.);* **~ sb.'s cheek/bottom** jmdn. in die Wange/den Hintern *(ugs.)* kneifen; **I had to ~ myself** ich mußte mich erst mal in den Arm kneifen *(ugs.);* **~ed with cold** *(fig.)* [völlig] durchgefroren; starr vor Kälte; **b)** *(coll.: steal)* klauen *(salopp);* **c)** *(coll.: arrest)* sich *(Dat.)* schnappen *(ugs.);* **get ~ed** geschnappt werden *(ugs.);* **d)** *(Hort.)* **~ back** *or* **down** *or* **out** abzwicken; abknipsen *(ugs.).* **3.** *v.i.* **a)** ⟨*Schuh:*⟩ drücken; **that's where the shoe ~es** *(fig.)* da liegt der Hase im Pfeffer *od.* der Hund begraben *(ugs.);* **b)** *(be niggardly)* knapsen *(ugs.),* knausern *(ugs. abwertend)* **(on** mit)

**pinchbeck** ['pɪntʃbek] **1.** *n.* Tombak, *der.* **2.** *adj.* **a)** aus Tombak *nachgestellt;* **b)** *(fig.: counterfeit)* **be ~:** Talmi sein

**'pinch-hitter** *n. (Baseball)* Ersatzspieler, *der*/-spielerin, *die*

**'pincushion** *n.* Nadelkissen, *das*

**[1]pine** [paɪn] *n.* **a)** *(tree)* Kiefer, *die; attrib.* Kiefern-; **b)** *(wood)* Kiefernholz, *das;* Kiefer, *die; attrib.* Kiefer[nholz]-; **a kitchen in ~:** eine Küche aus Kiefer[nholz]

**[2]pine** *v.i.* **a)** *(languish)* **(over, about** wegen) sich [vor Kummer] verzehren *(geh.);* **b)** *(long eagerly)* **~ for sb./sth.** sich nach jmdm./etw. sehnen *od. (geh.)* verzehren

**~ a'way** *v.i.* dahinkümmern

**pineal** ['pɪnɪəl] *adj. (Anat.)* **~ body** *or* **gland** Zirbeldrüse, *die;* Epiphyse, *die*

**pineapple** ['paɪnæpl] *n.* Ananas, *die;* **~ juice** Ananassaft, *der;* **~ rings/chunks** Ananasringe *od.* -scheiben/-stücke

**pine: ~-cone** *n. (Bot.)* Kiefernzapfen, *der;* **~ marten** *n. (Zool.) (American)* Fichtenmarder, *der; (European)* Edelmarder, *der;* **~-needle** *n.* Kiefernnadel, *die*

**pinetum** [paɪ'ni:təm] *n., pl.* **pineta** [paɪ'ni:tə] Kiefernarboretum, *das*

**'pine-wood** *n.* **a)** *(material)* Kiefernholz, *das;* **b)** *(forest)* Kiefernwald, *der*

**ping** [pɪŋ] **1.** *n. (of bullet)* Pfeifen, *das; (of bell)* Klingeln, *das;* **the stone made a ~ as it hit the glass** es machte klick, als der Stein gegen das Glas flog. **2.** *v.i.* ⟨*Kugel:*⟩ pfeifen, peitschen; ⟨*Glocke, Schreibmaschine:*⟩ klingeln

**pinger** ['pɪŋə(r)] *n.* Kurzzeitwecker, *der; (in kitchen)* Küchenwecker, *der*

**ping-pong** *(Amer.:* **Ping-Pong,** P) ['pɪŋpɒŋ] *n.* Tischtennis, *das;* Pingpong, *das (ugs. veralt.)*

**ping-pong: ~ ball** *n.* Tischtennisball, *der;* Pingpongball, *der (ugs. veralt.);* **~ table** *n.* Tischtennisplatte, *die*

**pin: ~-head** *n.* **a)** Stecknadelkopf, *der; attrib. (fig.)* winzig; stecknadelkopfgroß; **b)** *(coll.: fool)* Dummkopf, *der;* Strohkopf, *der (ugs.);* **~-headed** *adj.* blöd *(ugs.);* dämlich *(ugs.);* **~-'high** *adj. (Golf)* auf Flaggenstockhöhe *nachgestellt;* **~-hole** *n.* [nadelfeines] Loch; **~-hole camera** *n. (Photog.)* Lochkamera, *die;* Camera obscura, *die*

**[1]pinion** ['pɪnjən] *n. (cog-wheel)* Ritzel, *das (Technik);* kleines Zahnrad

**[2]pinion 1.** *v.t.* **~ sb., ~ sb.'s arms** jmdm. die Arme [an den Körper] fesseln *od.* binden; **~ sb. to sth.** jmdn. an etw. *(Dat.)* festbinden. **2.** *n.* **a)** *(Ornith.) (terminal segment of wing)* Hand[schwinge], *die; (flight-feather)* Schwungfeder, *die;* **b)** *(poet.: wing)* Schwinge, *die (geh.);* Fittich, *der (dichter.)*

**[1]pink** [pɪŋk] **1.** *n.* **a)** Pink, *das;* Rosa, *das;* **b) in the ~ of condition** in hervorragendem Zustand; **be in the ~** *(sl.)* kerngesund sein; **c)** *(Bot.)* [Garten]nelke, *die;* **d)** *see* **hunting-pink. 2.** *adj.* **a)** pinkfarben, rosa ⟨*Kleid, Wand*⟩; rosig, rosarot ⟨*Himmel, Gesicht, Haut, Wangen*⟩; **b)** *(Polit. sl.)* rosa[rot]; rot angehaucht. *See also* **elephant; [1]gin; rose-pink; salmon-pink; tickle 1 b**

**[2]pink** *v.i. (Motor Veh.)* klingeln

**[3]pink** *v.t.* **a)** *(pierce slightly)* piksen; **b)** *(Sewing)* auszacken

**pinkie** ['pɪŋkɪ] *n. (Amer., Scot.)* kleiner Finger

**pinking** ['pɪŋkɪŋ]: **~ scissors, ~ shears** *ns. pl.* **[pair of] ~ scissors** *or* **shears** Zackenschere, *die*

**pinko** ['pɪŋkəʊ] *n., pl.* **~s** *(Polit. sl.)* Rosarote, *der/die*

**'pin-money** *n. (for private expenditure)* Taschengeld, *das; (for dress expenses)* Nadelgeld, *das (veralt.); (coll.: small sum)* Taschen- *od.* Trinkgeld, *das (ugs.)*

**pinnace** ['pɪnəs] *n. (Naut.)* Pinasse, *die;* Beiboot, *das*

**pinnacle** ['pɪnəkl] *n.* **a)** *(Archit.)* Fiale, *die;* **b)** *(natural peak)* Gipfel, *der;* **c)** *(fig.: climax)* Höhepunkt, *der;* Gipfel, *der;* **at the ~ of his fame** auf dem Gipfel *od.* Höhepunkt seines Ruhmes

**pinnate** ['pɪnət] *adj. (Bot.)* gefiedert

**pinny** ['pɪnɪ] *n. (child lang./coll.)* Schürze, *die*

**pin: ~-point 1.** *v.t. (locate, define)* genau bestimmen; *(determine)* genau festlegen; **2.** *n.* [Steck]nadelspitze, *die;* **~-points of light** winzige Lichter; **3.** *adj.* **~-point accuracy** höchste Genauigkeit; **~prick** *n.* Nadelstich, *der; (fig.)* [harmlose] Stichelei; **~-stripe** *n.* Nadelstreifen, *der; (suit)* Nadelstreifenanzug, *der; attrib.* Nadelstreifen⟨*anzug, -kostüm*⟩

**pint** [paɪnt] *n.* **a)** *(one-eighth of a gallon)* Pint, *das;* ≈ halber Liter; **b)** *(Brit.: quantity of liquid)* Pint, *das;* **a ~ of milk/beer** ≈ ein halber Liter Milch/Bier; **have a ~:** ein Bier trinken; **go to the pub for a couple of ~s** auf ein paar Bier[chen] in die Kneipe gehen; **he likes his ~:** er trinkt gern ein Bier[chen]

**pinta** ['paɪntə] *n. (Brit. coll.)* ≈ halber Liter [Milch/Bier *usw.*]; **drink one's daily ~:** täglich seine Milch/sein Bier *usw.* trinken

**pin: ~-table** *n.* Flipper[automat], *der;* **~tail** *n. (Ornith.)* Spießente, *die*

**pint 'mug** *n.* ≈ Halbliterglas, *das od.* -humpen, *der*

**pinto** ['pɪntəʊ] *adj., n., pl.* **~s** *(Amer.) see* **piebald**

**pint: ~-pot** *n.* ≈ Halbliterhumpen, *der; see also* **quart a; ~size[d]** *adj. (fig. coll.)* winzig; mick[e]rig *(ugs.)* ‹*Person*›

**pin: ~-tuck** *n. (Sewing)* Biese, *die;* **~-up** *(coll.)* **1.** *n.* **a)** *(picture) (of beautiful girl)* Pin-up[-Foto], *das; (of famous person)* Prominentenfoto, *das; (esp. of sports, film or pop star)* Starfoto, *das;* **b)** *(beautiful girl)* Schönheit, *die; (in photograph)* Pin-up-Girl, *das;* **2.** *adj.* Pin-up-‹*Foto, Girl*›; **~-up-girl/~-up-man** Fotomodell, *das;* **~-wheel** *n.* **a)** *(firework)* Feuerrad, *das;* **b)** *(Amer.: toy)* Windrädchen, *das*

**pioneer** [paɪə'nɪə(r)] **1.** *n.* Pionier, *der; (fig. also)* Wegbereiter, *der*/Wegbereiterin, *die.* **2.** *v. i.* Pionierarbeit leisten; bahnbrechend sein; **~ing settlers/studies/work** Pioniere *od.* erste Siedler/bahnbrechende Untersuchungen/Pionierarbeit, *die.* **3.** *v. t.* **a)** *(originate)* Pionierarbeit leisten für ‹*Entwicklung, Technologie, Nutzung*›; **b)** *(open up as ~)* erkunden

**pious** ['paɪəs] *adj.* **a)** *(devout)* fromm; **a ~ hope** *(lit. or fig.)* ein frommer Wunsch; **b)** *(hypocritically virtuous)* heuchlerisch; scheinheilig; **c)** *(dutiful)* ehrfurchtsvoll; heilig ‹*Pflicht*›. *See also* **fraud b**

**piously** ['paɪəslɪ] *adv.* **a)** *(devoutly)* **kneel ~:** in frommer Andacht knien; **b)** *(marked by sham)* scheinheilig; **c)** *(dutifully)* ehrfurchtsvoll

**[1]pip** [pɪp] **1.** *n. (seed)* Kern, *der.* **2.** *v. t.,* **-pp-** entkernen

**[2]pip** *n.* **a)** *(on cards, dominoes, etc.)* Auge, *das;* Punkt, *der;* **b)** *(Brit. Mil.)* Stern, *der;* **c)** *(on radar screen)* Echosignal, *das; (spot of light also)* Leuchtpunkt, *der;* Echosignal, *das*

**[3]pip** *n. (Brit.: sound)* [kurzer] Piepston; *(time signal also)* Zeitzeichen, *das;* **when the ~s go** *(during telephone call)* wenn die Piepstöne anzeigen, daß eine neue Münze eingeworfen werden muß

**[4]pip** *n. (coll.)* **give sb. the ~:** jmdm. auf den Wecker gehen *(ugs.);* **sb. has [got] the ~:** jmd. ist sauer *(ugs.)*

**[5]pip** *v. t.,* **-pp-** *(Brit.) (defeat)* besiegen; schlagen; **~ sb. at the post** *(coll.)* jmdn. im Ziel abfangen; *(fig.)* jmdn. im letzten Moment ausbooten *(ugs.)*

**pipe** [paɪp] **1.** *n.* **a)** *(tube)* Rohr, *das;* **b)** *(Mus.)* Pfeife, *die; (flute)* Flöte, *die; (in organ)* [Orgel]pfeife, *die;* **c)** *in pl. (bagpipes)* Dudelsack, *der;* **d)** **[tobacco-]~:** [Tabaks]pfeife, *die;* **light/smoke a ~:** eine Pfeife anzünden/rauchen; **put that in your ~ and smoke it** *(fig. coll.)* laß dir das gesagt sein; schreib dir das hinter die Ohren *(ugs.); see also* **clay pipe; peace-pipe; e)** *(cask)* Pipe, *das od. die;* 105-Gallonen-Faß, *das;* **f)** *(Geol.)* Schlot, *der.* **2.** *v. t.* **a)** *(convey by ~)* [durch ein Rohr/durch Rohre] leiten; **be ~d** ‹*Öl, Wasser:*› [durch eine Rohrleitung] fließen; ‹*Gas:*› [durch eine Rohrleitung] strömen; **b)** *(transmit by wire etc.)* leiten ‹*Strom*›; übertragen ‹*Sendung*›; [ab]spielen ‹*[Tonband-, Schallplatten]musik*›; **~d music** Hintergrundmusik, *die;* Musikberieselung, *die;* **c)** *(Mus.)* [auf der Flöte/dem Dudelsack] spielen ‹*Melodie, Lied*›; mit Pfeifenklang geleiten *od.* führen ‹*Soldaten*›; **d)** *(utter shrilly)* ‹*Vogel:*› piepsen, pfeifen; ‹*Kind:*› piepsen; **e)** *(Sewing)* paspel[iere]n; **f)** *(Cookery)* spritzen; **g)** *(Naut.)* **~ sb. aboard** jmdn. mit Pfeifenklängen an Bord empfangen. **3.** *v. i.* **a)** *(whistle)* pfeifen; **b)** ‹*Stimme:*› hell klingen, schrillen; ‹*Person:*› piepsen, mit heller *od.* schriller Stimme sprechen; ‹*Vogel:*› pfeifen, piepsen; ‹*kleiner, junger Vogel:*› piepsen; **c)** *(Mus.)* [Flöte/Pfeife] spielen

**~ 'down** *v. i. (coll.: be less noisy)* ruhig sein; **~ down, will you!** sei/seid doch mal ruhig!

**~ 'up** *v. i. (begin to speak)* sich vernehmen lassen

**pipe: ~ band** *n.* Pfeifer; **~clay** *n.* Pfeifenton, *der;* **~-cleaner** *n.* Pfeifenreiniger, *der;* **~-dream** *n.* Wunschtraum, *der;* Hirngespinst, *das (abwertend);* **~line** *n.* Pipeline, *die;* **in the ~line** *(fig.)* in Vorbereitung; **pay rises are in the ~line** *(fig.)* Gehaltserhöhungen stehen bevor; **have some ideas in the ~line** *(fig.)* ein paar Ideen auf Lager haben *(ugs.);* **~-organ** *n. (Mus.)* [Pfeifen]orgel, *die*

**piper** ['paɪpə(r)] *n.* **a)** Pfeifer, *der*/Pfeiferin, *die; (flautist)* Flötenspieler, *der*/-spielerin, *die;* **pay the ~** *(fig.)* die Kosten tragen; **he who pays the ~ calls the tune** *(prov.)* wes Brot ich ess', des Lied ich sing' *(Spr.);* **b)** *(bagpiper)* Dudelsackspieler, *der*/-spielerin, *die*

**pipe: ~-rack** *n.* Pfeifenständer, *der;* **~-smoker** *n.* Pfeifenraucher, *der*/-raucherin, *die;* **~ tobacco** *n.* Pfeifentabak, *der*

**pipette** [pɪ'pet] *n. (Chem.)* Pipette, *die*

**piping** ['paɪpɪŋ] **1.** *n.* **a)** *(system of pipes)* Rohrleitungssystem, *das;* **b)** *(quantity of pipes)* Rohrmaterial, *das;* **c)** *(Sewing)* Paspel, *die; (on furniture)* Kordel, *die;* **d)** *(Cookery)* Spritzgußverzierung, *die;* **e)** *(Mus.)* Pfeifen, *das; (of flute)* Flöten, *das;* **f)** *(shrill sound)* Pfeifen, *das.* **2.** *adj.* piepsend

**piping 'hot** *adj.* kochendheiß

**pipistrelle** [pɪpɪ'strel] *n. (Zool.)* Zwergfledermaus, *die*

**pipit** ['pɪpɪt] *n. (Ornith.)* Pieper, *der*

**pippin** ['pɪpɪn] *n.* Tafelapfel, *der*

**'pipsqueak** *n. (sl. derog.)* Würstchen, *das (ugs.)*

**piquancy** ['pi:kənsɪ] *n.* **a)** *(sharpness)* Würze, *die;* pikanter Geschmack; **b)** *(fig.)* Pikanterie, *die (geh.)*

**piquant** ['pi:kənt, 'pi:kɑ:nt] *adj.,* **piquantly** ['pi:kəntlɪ, 'pi:kɑ:ntlɪ] *adv. (lit. or fig.)* pikant

**pique** [pi:k] **1.** *v. t.* **a)** *(irritate)* verärgern; **be ~d at sb./sth.** über jmdn./etw. verärgert sein; **b)** *(wound the pride of)* kränken; **be ~d at sth.** wegen etw. gekränkt sein. **2.** *n.* **in a [fit of] ~:** verstimmt; eingeschnappt *(ugs.)*

**piqué** ['pi:keɪ] *n. (Textiles)* Pikee, *der*

**piracy** ['paɪrəsɪ] *n.* Seeräuberei, *die;* Piraterie, *die; (fig.)* Piraterie, *die;* **the ~ of books/records/video tapes** der illegale Nachdruck von Büchern/die illegale Pressung von Schallplatten/die illegale Vervielfältigung von Videobändern

**piranha** [pɪ'rɑ:nə, pɪ'rɑ:njə] *n. (Zool.)* Piranha, *der*

**pirate** ['paɪrət] **1.** *n.* **a)** Pirat, *der;* Seeräuber, *der; (fig.)* Schwindler, *der; (of book etc.)* Raubdrucker, *der*/-druckerin, *die; (of record)* Raubpresser, *der*/Raubpresserin, *die;* Hersteller/Herstellerin von Raubpressungen; *(of video)* Hersteller/Herstellerin von unerlaubten Kopien; **b)** *(Radio)* [Rundfunk]pirat, *der; attrib.* **~ radio station** Piratensender, *der;* **~ broadcast[ing]** Piratensendung, *die;* **c)** *(ship)* Piratenschiff, *das;* Seeräuberschiff, *das.* **2.** *v. t.* ausplündern ‹*Schiff*›; rauben ‹*Waren usw.*›; *(fig.)* illegal nachdrucken ‹*Buch*›; illegal pressen ‹*Schallplatte*›; illegal vervielfältigen ‹*Videoband*›; **~d edition** Raubdruck, *der*

**piratical** [paɪ'rætɪkl] *adj.* Piraten-; Seeräuber-; seeräuberisch ‹*Praktiken, Umtriebe*›

**pirouette** [pɪrʊ'et] **1.** *n.* Pirouette, *die.* **2.** *v. i.* pirouettieren; Pirouetten/eine Pirouette ausführen *od.* drehen

**Piscean** ['paɪsɪən] *(Astrol.) n.* Fisch, *der;* Fischemann, *der*/-frau, *die*

**Pisces** ['paɪsi:z, 'paɪski:z] *n., pl. same (Astrol., Astron.)* Fische *Pl.;* Pisces *Pl.; see also* **Aries**

**piss** [pɪs] *(coarse)* **1.** *n.* **a)** *(urine)* Pisse, *die (derb);* **b)** *(act)* Pissen, *das (derb);* **need a ~:** pissen müssen *(derb);* **have a/go for a ~:** pissen/pissen gehen *(derb);* **c) take the ~ out of sb.** jmdn. verarschen *(salopp);* **stop taking the ~!** laß die Verarscherei! *(salopp).* **2.** *v. i.* **a)** *(urinate)* pissen *(derb);* **b)** *see* **piss down. 3.** *v. t.* pissen *(derb);* **~ oneself** in die Hose pissen *(derb)*

**~ a'bout, ~ a'round** *(sl.)* **1.** *v. i.* **a)** *(spend time lazily)* rumhängen *(ugs.);* **b)** *(behave in foolish way)* rummachen *(ugs.);* **c)** *(work in disorganized way)* sich *(Dat.)* einen abbrechen *(salopp);* **~ around with sth.** mit etw. rummachen *(ugs.).* **2.** *v. t.* **~ sb. about** *or* **around** jmdn. wie [den letzten] Dreck behandeln *(salopp)*

**~ down** *v. i. (sl.)* **~ down [with rain]** schiffen *(salopp)*

**~ 'off** *(Brit. sl.)* **1.** *v. i.* sich verpissen *(salopp).* **2.** *v. t.* ankotzen *(derb); see also* **pissed off**

**'piss artist** *n. (sl.)* Suffkopp, *der (salopp)*

**pissed** [pɪst] *adj. (sl.)* **a)** *(drunk)* voll *(salopp);* besoffen *(derb);* **~ as a lord** *or* **newt** voll wie eine Strandhaubitze *(ugs.);* **~ out of one's mind** *or* **head** *or* **brain** sturzbesoffen *(derb);* hackevoll *(salopp);* **b)** *(Amer.: angry)* [stock]sauer (**with** auf + *Akk.*) *(salopp)*

**pissed 'off** *adj. (sl.)* stocksauer (**with** auf + *Akk.*) *(salopp);* **get ~ [with sb./sth.]** langsam die Schnauze voll haben [von jmdm./etw.] *(salopp)*

**'piss-up** *n. (sl.)* Besäufnis, *das (salopp)*

**pistachio** [pɪ'stɑ:ʃɪəʊ] *n., pl.* **~s a)** Pistazie, *die;* **b)** *(colour)* Pistaziengrün, *das*

**piste** [pi:st] *n.* Piste, *die*

**pistil** ['pɪstɪl] *n. (Bot.)* Stempel, *der*

**pistol** ['pɪstl] *n. (small firearm)* Pistole, *die;* **hold a ~ to sb.'s head** jmdm. die Pistole an die Schläfe *od.* den Kopf setzen; *(fig.)* jmdm. die Pistole auf die Brust setzen

**pistol: ~-grip** *n.* Pistolengriff, *der;* **~-shot** *n.* Pistolenschuß, *der;* **~-whip** *v. t.* mit der Pistole schlagen

**piston** ['pɪstən] *n.* Kolben, *der*

**piston: ~ engine** *n.* Kolbenmotor, *der;* **~-ring** *n.* Kolbenring, *der;* **~-rod** *n.* Kolbenstange, *die;* Pleuelstange, *die*

**[1]pit** [pɪt] **1.** *n.* **a)** *(hole, mine)* Grube, *die (natural)* Vertiefung, *die; (as trap)* Fallgrube, *die; (for cock-fighting)* Kampfplatz, *der,* **[work] down the ~:** unter Tage [arbeiten *(Bergmannsspr.);* **dig a ~ for sb.** *(fig.)* jmdm eine Falle stellen; **this really is the ~s** *(sl.* das ist wirklich das letzte *(ugs.);* **b) ~ of the stomach** Magengrube, *die;* **c)** *(scar)* [vertief te] Narbe; *(after smallpox)* Pockennarbe *die;* **d)** *(Brit. Theatre) (for audience)* Parkett *das; (for orchestra)* Orchestergraben, *der;* **e** *(in garage)* Grube, *die; (Motor-racing)* Box *die;* **f)** *(Amer. St. Exch.)* Maklerstand, *der* **2.** *v. t.,* **-tt- a)** *(set to fight)* kämpfen lassen **b)** *(fig.: match)* **~ sth. against sth.** etw. gege etw. einsetzen; **~ one's wits/skill** *etc* **against sth.** seinen Verstand/sein Könne *usw.* an etw. *(Dat.)* messen; **c) be ~ted** *(ha ~s)* voller Vertiefungen sein; **the ~ted sur face of the moon** die mit Kratern bedeckt Mondoberfläche

**[2]pit** *(Amer.)* **1.** *n. (stone in fruit)* Kern, *der.* **2** *v. t.,* **-tt-** *(remove ~s from)* entkernen

**pit-a-pat** ['pɪtəpæt] **1.** *adv.* **go ~** ‹*Herz* schneller schlagen; ‹*Regen:*› [sanft] klop fen. **2.** *n. (of heart)* Pochen, *das; (of hoof feet)* Getrappel, *das; (of rain etc.)* Klopfe *das*

**[1]pitch** [pɪtʃ] **1.** *n.* **a)** *(Brit.: usual plac* [Stand]platz, *der; (stand)* Stand, *der; (Spor playing-area)* Feld, *das;* Platz, *der;* **artif cial ~:** Spielfeld mit künstlichem Rasen *see also* **queer 3; b)** *(Mus.)* Tonhöhe, *die; (* *voice)* Stimmlage, *die; (of instrument)* To lage, *die;* **have perfect ~:** absolutes Geh haben; *see also* **concert pitch; c)** *(slope)* Ne gung, *die;* the ~ of the roof die Dachneigung; d) *(fig.: degree, intensity)* **the children were at a high ~ of excitement** die Kinder waren wahnsinnig aufgedreht *(ugs.);* **reach such a ~ that ...:** sich so zuspitzen, daß...; *see also* **fever pitch; e)** *see* **pitching; f)** *(Baseball: delivery)* Pitch, *der;* Wurf, *der; (Golf) see* **pitch shot; g)** *(Mech.: distance) (between cog-wheel teeth or screw ridges)* Teilung, *die; (in one turn of propeller)* Steigung, *die;* **h)** *(Mountaineering)* Seillänge, *die;* **i)** *(sales talk)* Verkaufsargumentation, *die;* **make one's ~** *(lit. or fig.)* seine Vorstellung geben; **get one's ~ in early** *(fig.)* seine Sache frühzeitig vorbringen. **2.** *v. t.* **a)** *(erect)* aufschlagen; **~ camp** ein/das Lager aufschlagen; **b)** *(throw)* werfen; **the horse ~ed its rider over its head** das Pferd warf den Reiter vornüber; **the car overturned and the driver was ~ed out** der Wagen überschlug sich, und der Fahrer wurde herausgeschleudert; **~ sb. out of sth.** jmdn. aus etw. hinauswerfen; **c)** *(Mus.)* anstimmen ⟨*Melodie*⟩; stimmen ⟨*Instrument*⟩; **~ one's voice too high/at the right level** eine zu hohe/die richtige Stimmlage wählen; **d)** *(fig.)* **~ a programme at a particular level** ein Programm auf ein bestimmtes Niveau abstimmen; **our expectations were ~ed too high** unsere Erwartungen waren zu hoch gesteckt; **e) ~ed battle** offene [Feld]schlacht; **the debate became a ~ed battle** *(fig.)* aus der Debatte wurde eine Redeschlacht. **3.** *v. i.* *(fall)* [kopfüber] stürzen; ⟨*Schiff, Fahrzeug, Flugzeug:*⟩ mit einem Ruck nach vorn kippen; *(Cricket)* ⟨*Ball:*⟩ aufschlagen; *(repeatedly)* ⟨*Schiff:*⟩ stampfen; ⟨*Fahrzeug, Flugzeug:*⟩ ruckartig schwingen; **~ forward** vornüberstürzen; ⟨*Fahrzeug:*⟩ ruckartig anfahren

**~ 'in** *v. i. (coll.)* loslegen *(ugs.); (begin)* sich daranmachen *(ugs.);* **~ in [and** *or* **to help]** zupacken *(ugs.)* [und helfen]; mit anpacken

**~ into** *v. t. (coll.)* herfallen über (+ *Akk.*); sich hermachen über (+ *Akk.*) *(ugs.)* ⟨*Essen*⟩

**²pitch** *n. (substance)* Pech, *das;* **as black as ~:** pechschwarz

**pitch: ~-black** *adj.* pechschwarz; stockdunkel *(ugs.),* pechfinster ⟨*Nacht, Raum*⟩; **~blende** ['pɪtʃblend] *n. (Min.)* Pechblende, *die;* **~-'dark** *adj.* stockdunkel *(ugs.);* pechfinster; **~-'darkness** *n.* tiefste Finsternis

**pitched 'roof** *n.* schräges Dach

**¹pitcher** ['pɪtʃə(r)] *n.* **a)** *(vessel)* [Henkel]krug, *der; (in bedroom etc.)* Wasserkanne, *die;* **b)** *(Bot.)* Kanne, *die*

**²pitcher** *n. (Baseball)* Werfer, *der;* Pitcher, *der*

**'pitcher-plant** *n. (Bot.)* Kannenpflanze, *die*

**'pitchfork 1.** *n. (for hay)* Heugabel, *die; (for manure)* Mistgabel, *die.* **2.** *v. t.* gabeln; **~ sb. into sth.** *(fig.)* jmdn. in etw. ⟨*Akk.*⟩ katapultieren

**pitching** ['pɪtʃɪŋ] *n. (of ship)* Stampfen, *das; (of vehicle, aircraft)* ruckartiges Schwingen

**pitch: ~-pine** *n.* Pechkiefer, *die; (wood)* Pitchpine, *das;* Pechkiefernholz, *das;* **~-pipe** *n. (Mus.)* Stimmpfeife, *die;* **~ shot** *n. (Golf)* kurzer Annäherungsschlag; Pitchshot, *der*

**piteous** ['pɪtɪəs] *adj.* erbärmlich; *(causing pity)* mitleiderregend; kläglich ⟨*Schrei*⟩

**piteously** ['pɪtɪəslɪ] *adv.* erbärmlich

**'pitfall** *n.* **a)** Fallstrick, *der; (risk)* Gefahr, *die;* **avoid all ~s** alle Klippen umgehen; **b)** *(animal trap)* Fallgrube, *die*

**pith** [pɪθ] *n.* **a)** *(in plant)* Mark, *das; (of orange etc.)* weiße Haut; Albedo, *die (Bot.);* **b)** *(fig.: essential part)* Kern, *der;* **c)** *(fig.) (strength)* Kraft, *die; (force of words etc.)* Überzeugungskraft, *die;* **men of ~:** starke Männer; **of ~ and moment** gewichtig

**'pit-head** *n.* ≈ Zechengelände, *das;* **at the ~:** am Schachteingang; **~ baths** Waschkauen *(Bergmannsspr.);* **~ ballot** Abstimmung der Bergleute auf der Zeche

**'pith helmet** *n.* Tropenhelm, *der*

**pithily** ['pɪθɪlɪ] *adv.* prägnant

**pithy** ['pɪθɪ] *adj.* **a)** markhaltig; reich an Mark *nicht attr.;* ⟨*Orange usw.*⟩ mit dicker weißer Haut; **b)** *(fig.) (full of meaning)* prägnant; *(vigorous)* markig

**pitiable** ['pɪtɪəbl] *see* **pitiful**

**pitiably** ['pɪtɪəblɪ] *adv.* jämmerlich

**pitiful** ['pɪtɪfl] *adj.* **a)** mitleiderregend; *(with strong emotional appeal)* erbärmlich; jämmerlich; kläglich ⟨*Versuch*⟩; **b)** *(contemptible)* jämmerlich *(abwertend)*

**pitifully** ['pɪtɪfəlɪ] *adv.* erbärmlich; jämmerlich

**pitiless** ['pɪtɪlɪs] *adj.,* **pitilessly** ['pɪtɪlɪslɪ] *adv.* unbarmherzig *(auch fig.);* erbarmungslos

**pitman** ['pɪtmən] *n.* **a)** *pl.* **pitmen** ['pɪtmən] *(miner)* Bergmann, *der;* **b)** *pl.* **~s** *(Amer.: connecting-rod)* Pleuelstange, *die*

**piton** ['pi:tɒn] *n. (for rock)* Felshaken, *der; (for ice)* Eishaken, *der*

**pit: ~ pony** *n. (Brit.)* Grubenpferd, *das;* **~-prop** *n.* [Gruben]stempel, *der; (of wood also)* Grubenholz, *das;* **~-saw** *n.* Schrot- *od.* Zugsäge, *die;* **~ stop** *n. (Motor-racing)* Boxenstopp, *der*

**pitta** ['pɪtə] *n.* **~ [bread]** Pittabrot, *das;* Fladenbrot, *das*

**pittance** ['pɪtəns] *n.* **a)** Hungerlohn, *der (abwertend); (small allowance)* [magere] Beihilfe; **b)** *(small amount of money)* **a ~:** ein paar Pfennige

**pitter-patter** [pɪtə'pætə(r)] *see* **pit-a-pat**

**pituitary** [pɪ'tju:ɪtərɪ] *n.* **~ [body** *or* **gland]** *(Anat., Zool.)* Hirnanhangdrüse, *die;* Hypophyse, *die (fachspr.)*

**'pit viper** *n.* Grubenotter, *die*

**pity** ['pɪtɪ] **1.** *n.* **a)** *(sorrow)* Mitleid, *das;* Mitgefühl, *das;* **feel ~ for sb.** Mitgefühl für jmdn. *od.* mit jmdm. empfinden; **have you no ~?** hast du [denn] kein Mitleid?; **be moved to ~:** Mitleid empfinden; **have/take ~ on sb./an animal** Erbarmen mit jmdm./einem Tier haben; **for ~'s sake!** um Gottes *od.* Himmels willen!; **b)** *(cause for regret)* **[what a] ~!** [wie] schade!; **it's a ~ about sb./sth.** es ist ein Jammer mit jmdm./etw. *(ugs.);* **it's a [great] ~/a thousand pities [that]...:** es ist [sehr *od.* zu] schade/jammerschade *(ugs.) od.* ein Jammer *(ugs.),* daß ...; **the ~ of it is [that]...:** das Traurige daran ist, daß ...; **more's the ~** *(coll.)* leider! **2.** *v. t.* bedauern; bemitleiden; **I ~ you** *(also contemptuously)* du tust mir leid

**pitying** ['pɪtɪɪŋ] *adj.,* **pityingly** ['pɪtɪɪŋlɪ] *adv.* mitleidig

**pivot** ['pɪvət] **1.** *n.* **a)** [Dreh]zapfen, *der; (of a hinge)* Angelzapfen, *der;* **b)** *(fig.)* [Dreh- und] Angelpunkt, *der; (crucial point)* springender Punkt. **2.** *v. t. (provide with ~[s])* mit Zapfen/mit einem Zapfen versehen; *(mount on ~[s])* drehbar lagern. **3.** *v. i.* sich drehen; **the guns ~ easily** die Geschütze lassen sich leicht schwenken; **~ on sth.** *(fig.)* von etw. abhängen

**pivotal** ['pɪvətl] *adj. (fig.: crucial)* zentral; **~ figure/position** Schlüsselfigur, *die*/Schlüsselstellung, *die*

**pix** [pɪks] *n. pl. (coll.)* Bilder

**pixel** ['pɪksel] *n. (Computing etc.)* Bildpunkt, *der;* Pixel, *das*

**pixie** ['pɪksɪ] *n.* Kobold, *der*

**pixie: ~ hat, ~ hood** *ns.* spitz zulaufendes Käppchen

**pixy** *see* **pixie**

**pizza** ['pi:tsə] *n.* Pizza, *die*

**pizzazz** [pɪ'zæz] *n.* Klasse, *die; (showiness)* Glamour, *der*

**pizzeria** [pi:tsə'ri:ə] *n.* Pizzeria, *die*

**pizzicato** [pɪtsɪ'kɑ:təʊ] *(Mus.)* **1.** *adj.* **~ accompaniment** Pizzicatobegleitung; **a series of ~ notes** eine pizzicato gespielte Tonfolge. **2.** *adv.* pizzicato. **3.** *n., pl.* **~s** *or* **pizzicati** [pɪtsɪ'kɑ:ti:] Pizzicato, *das*

**pl.** *abbr.* **a) plate 1 g; b) plural** Pl.

**placard** ['plækɑ:d] **1.** *n.* Plakat, *das;* **a ~ announcing the date of the next meeting** ein Anschlag *od.* Aushang mit dem nächsten Sitzungstermin. **2.** *v. t.* **a)** *(post up ~s on)* mit Plakaten bekleben ⟨*Wand usw.*⟩; **the town is ~ed with posters** überall in der Stadt kleben Plakate; **b)** *(advertise)* plakatieren

**placate** [plə'keɪt] *v. t.* beschwichtigen, besänftigen ⟨*Person*⟩

**placatory** [plə'keɪtərɪ] *adj.* beschwichtigend; besänftigend; Versöhnungs⟨*opfer, -gabe*⟩

**place** [pleɪs] **1.** *n.* **a)** Ort, *der; (spot)* Stelle, *die;* Platz, *der;* **put it in a ~ where you can find it** tun Sie es an einen Platz, wo Sie es wiederfinden; **I left it in a safe ~:** ich habe es an einem sicheren Ort gelassen; **it was still in the same ~:** es war noch an derselben Stelle *od.* am selben Platz; **the [exact] ~ where ...:** die [genaue] Stelle, wo *od.* an der ...; **this was the 'last ~ I expected to find you** hier hätte ich dich am allerwenigsten erwartet; **a ~ in the queue** ein Platz in der Schlange; **all over the ~:** überall; *(coll.: in a mess)* ganz durcheinander *(ugs.);* **I can't be in two ~s at once** ich kann nicht an zwei Orten gleichzeitig sein *od. (ugs.)* alles auf einmal machen; **from ~ to ~:** von Ort zu Ort; **in ~s** hier und da; *(in parts)* stellenweise; **the animal does still exist in ~s** das Tier kommt noch vereinzelt vor; **find a ~ in sth.** *(be included)* in etw. *(Akk.)* eingehen; *see also* **take 1 d; b)** *(fig.: rank, position)* Stellung, *die;* **as a critic, his ~ is in the front rank** als Kritiker rangiert er ganz vorn; **keep/put sb. in his/her ~:** jmdn. immer wieder/jmdn. in seine/ihre Schranken weisen; jmdm. immer wieder/jmdm. einen Dämpfer aufsetzen *(ugs.);* **know one's ~:** wissen, was sich für einen gehört; **it's not my ~ to do that** es kommt mir nicht zu, das zu tun; **c)** *(building or area for specific purpose)* **a [good] ~ to park/to stop** ein [guter] Platz zum Parken/eine [gute] Stelle zum Halten; **do you know a good/cheap ~ to eat?** weißt du, wo man gut/billig essen kann?; **We couldn't get into the café. The ~ was full** Wir kamen gar nicht erst in das Café. Es war alles voll *od.* besetzt; **~ of residence** *or* **domicile** Wohnort, *der;* **~ of work** Arbeitsplatz, *der;* Arbeitsstätte, *die;* **~ of worship** Andachtsort, *der;* **~ of amusement** Vergnügungsstätte, *die; see also* **another 2 c; d)** *(country, town)* Ort, *der;* **the best hotel in the ~:** das beste Hotel am Platz; **Paris/Italy is a great ~:** Paris ist eine tolle Stadt/Italien ist ein tolles Land *(ugs.);* **~ of birth** Geburtsort, *der;* **know the ~:** sich [hier/dort] auskennen; **'go ~s** *(coll.)* herumkommen *(ugs.); (fig.)* es [im Leben] zu was bringen *(ugs.);* **e)** *(coll.: premises)* Bude, *die (ugs.); (hotel, restaurant, etc.)* Laden, *der (ugs.);* **liven the ~ up** Leben in die Bude bringen *(ugs.);* **she is at his/John's ~:** sie ist bei ihm/John; **[shall we go to] your ~ or mine?** [gehen wir] zu dir oder zu mir?; **I called at your ~:** ich bin bei dir [zu Hause] vorbeigegangen; **a ~ in the country** ein Haus auf dem Lande; **f)** *(seat etc.)* [Sitz]platz, *der;* **change ~s [with sb.]** [mit jmdm.] die Plätze tauschen; *(fig.)* [mit jmdm.] tauschen; **lay a/another ~:** ein/noch ein Gedeck auflegen; **take one's ~ at table** am Tisch Platz nehmen; **is this anyone's ~?** ist dieser Platz noch frei?; **g)** *(particular spot on surface)* Stelle, *die;* **h)** *(in book etc.)* Stelle, *die;* **lose one's ~:** die Seite verschlagen *od.* verblättern; *(on page)* nicht mehr wissen, an welcher Stelle man ist; **keep one's ~:** die Stelle markieren, an der man ist/war; **find one's ~:** die Stelle wiederfinden; **i)** *(step, stage)* **in the first ~:** zuerst; **why didn't you say so in the first ~?** warum hast du das nicht gleich gesagt?; **they should never have got married in the first ~:** sie hätten von vornherein nicht heiraten sollen; **I objected to it in the first ~:** ich war von Anfang an dagegen; **in the first/second/third** *etc.* **~:** erstens/zweitens/drittens *usw.*; **j)** *(proper ~)* Platz, *der;* **everything fell into ~** *(fig.)* alles wurde klar; **take your ~s for the next dance** stellen Sie sich zum nächsten Tanz auf; **he likes to have everything in [its] ~:** bei ihm muß alles an seinem Platz sein; **a woman's ~ is in the home** eine Frau gehört ins Haus; **this is no ~ for a child** das ist kein Ort für ein Kind; **give ~ to sb./sth.** jmdm./einer Sache Platz machen; **winter gave ~ to spring** der Winter räumte dem Frühling das Feld; **the clamp is properly in ~:** die Klammer sitzt richtig; **her hat was held in ~ by a hatpin** ihr Hut wurde von einer Hutnadel festgehalten; **into ~:** fest‹nageln, -schrauben, -kleben›; **out of ~:** nicht am richtigen Platz; *(several things)* in Unordnung; *(fig.)* fehl am Platz; **your suggestion is rather out of ~** *(fig.)* dein Vorschlag ist nicht ganz angebracht *od.* passend; **with not a hair out of ~:** makellos frisiert; **in ~ of sb./sth.** an Stelle *od.* anstelle (+ *Gen.*); **I'll go in ~ of you/in your ~:** ich werde an deiner Stelle gehen; **take the ~ of sb./sth.** jmds. Platz *od.* den Platz von jmdm./den Platz von etw. einnehmen; *see also* **sun 1; k)** *(position in competition)* Platz, *der;* **drop/go up two ~s in the charts** [um] zwei Plätze in der Hitparade fallen/steigen; **first ~ went to ...:** der erste Platz ging an ... (+ *Akk.*); **take first/second** *etc.* **~:** den ersten/zweiten *usw.* Platz belegen; *(fig.: have priority)* an erster/zweiter *usw.* Stelle kommen; **in second ~:** auf dem zweiten Platz; **beat sb. into second ~:** jmdn. auf den zweiten Platz verweisen; **get a ~** *(Racing)* eine Plazierung erreichen; *(Amer.: second ~)* den zweiten Platz belegen; **l)** *(Math.: position of figure in series)* Stelle, *die; see also* **decimal place; m)** *(job, position, etc.)* Stelle, *die; (as pupil; in team, crew)* Platz, *der;* **university ~:** Studienplatz, *der;* **n)** *(personal situation)* **what would you do in my ~?** was würden Sie an meiner Stelle tun?; **put yourself in my ~:** versetzen Sie sich in meine Lage. **2.** *v. t.* **a)** *(put) (vertically)* stellen; *(horizontally)* legen; **he ~d himself where ...:** er stellte sich dahin, wo ...; **~ a foot on a chair** einen Fuß auf einen Stuhl setzen; **~ the ball on the penalty spot** den Ball auf den Elfmeterpunkt legen; **~ in position** richtig hinstellen/hinlegen; **~ an announcement/advertisement in a paper** eine Anzeige/ein Inserat in eine Zeitung setzen; **~ a bet/~ money on a horse** auf ein Pferd wetten/Geld auf ein Pferd setzen; **b)** *(fig.)* **~ one's trust in sb./sth.** sein Vertrauen auf *od.* in jmdn./etw. setzen; **he ~s happiness above all other things** Glück steht für ihn an erster Stelle; *see also* **emphasis a, c; c)** *in p.p. (situated)* gelegen; **a badly ~d window** ein Fenster an einer ungünstigen Stelle; **be well ~d to watch sth.** einen guten Platz *od.* Standort haben, um bei etw. zuzusehen; **he was not well ~d to return the shot** *(Tennis)* er stand ungünstig zum Ball; **we are well ~d for buses/shops** *etc.* wir haben es nicht weit zur Bushaltestelle/zum Einkaufen *usw.*; **how are you ~d for time/money?** *(coll.)* wie steht's mit deiner Zeit/deinem Geld?; **how are you ~d [for lending me a fiver]?** *(coll.)* wie sieht's bei dir aus[, kannst du mir einen Fünfer leihen]? *(ugs.)*; **be well ~d financially** sich [finanziell] gut stehen *(ugs.)*; **d)** *(find situation or home for)* unterbringen (with bei); **~ sb. in command of a company** jmdm. das Kommando über eine Kompanie erteilen; **~ sb. under sb.'s care** jmdn. in jmds. Obhut geben; **e)** *(invest)* anlegen ‹*Geld*›; *(Commerc.)* absetzen ‹*Waren*›; **~ an order with a firm** einer Firma *(Dat.)* einen Auftrag erteilen; **f)** *(class, identify)* einordnen; einstufen; **~ sb. among the greatest statesmen** jmdn. zu den größten Staatsmännern zählen; **~ an artefact in the Neolithic period** ein Artefakt der Jungsteinzeit zuordnen; **I've seen him before but I can't ~ him** ich habe ihn schon einmal gesehen, aber ich weiß nicht, wo ich ihn unterbringen *od.* *(ugs.)* hintun soll; **g)** *(Sports etc.)* **be ~d** sich plazieren; *(Brit.: in first three)* unter den ersten drei sein; *(Amer.: second)* zweiter sein; **be ~d second in the race/charts** im Rennen/in der Hitliste den zweiten Platz belegen

**'place-bet** *n.* Platzwette, *die*

**placebo** [plə'si:bəʊ] *n., pl.* **~s** *(Med.)* Placebo, *das*

**place: ~ card** *n.* Tischkarte, *die;* **~-kick** *n.* *(Footb.)* Platztritt, *der;* **~-mat** *n.* Set, *der od. das*

**placement** ['pleɪsmənt] *n.* Plazierung, *die*

**'place-name** *n.* Ortsname, *der*

**placenta** [plə'sentə] *n., pl.* **~e** [plə'senti:] *or* **~s** *(Anat., Zool.)* Plazenta, *die (fachspr.)*; Mutterkuchen, *der*

**placer** ['pleɪsə(r), 'plæsə(r)] *n. (Geol.)* Seife, *die; (place)* [Seifen]lagerstätte, *die*

**'place-setting** *n.* Gedeck, *das*

**placid** ['plæsɪd] *adj.* ruhig, gelassen ‹*Person*›; ruhig ‹*Wasser, Wesensart*›; *(peaceable)* friedlich, friedfertig ‹*Person*›

**placidity** [plə'sɪdɪtɪ] *n., no pl. see* **placid:** Ruhe, *die;* Gelassenheit, *die;* Friedfertigkeit, *die*

**placidly** ['plæsɪdlɪ] *adv. see* **placid:** ruhig; gelassen; friedlich

**placket** ['plækɪt] *n. (Dressm.)* Schlitz, *der*

**plagiarism** ['pleɪdʒərɪzm] *n.* Plagiat, *das*

**plagiarist** ['pleɪdʒərɪst] *n.* Plagiator, *der*

**plagiarize (plagiarise)** ['pleɪdʒəraɪz] *v. t.* plagiieren

**plague** [pleɪg] **1.** *n.* **a)** *(esp. Hist.: epidemic)* Seuche, *die;* **the ~** *(bubonic)* die Pest; **spread like the ~:** sich wie eine Seuche ausbreiten; **avoid/hate sb./sth. like the ~:** jmdn./etw. wie die Pest meiden/hassen; **a ~ on it/you!** *(arch.)* hol's/hol dich die Pest!; **a ~ on both your houses!** *(fig. arch.)* hol euch beide die Pest! ; **b)** *(esp. Bibl.: punishment; coll.: nuisance)* Plage, *die;* **c)** *(infestation)* **~ of rats/insects** Ratten-/Insektenplage, *die.* **2.** *v. t.* **a)** *(afflict)* plagen; quälen; **~d with** *or* **by sth.** von etw. geplagt; **a disease that ~s mankind** eine Krankheit, die die Menschheit heimsucht; **b)** *(bother)* **~ sb. [with sth.]** jmdm. [mit etw.] auf die Nerven gehen *(ugs.)*; **be ~d with sth.** von etw. geplagt werden; **be ~d by bad weather** unter schlechtem Wetter zu leiden haben

**plaice** [pleɪs] *n., pl. same* **a)** Scholle, *die;* **b)** *(Amer.: summer flounder)* Sommerflunder, *die*

**plaid** [plæd] **1.** *n.* Plaid, *das od. der.* **2.** *adj.* [bunt]kariert; **~ blanket** Plaid, *das od. der*

**plain** [pleɪn] **1.** *adj.* **a)** *(clear)* klar; *(obvious)* offensichtlich; **He didn't like us. That was ~ enough** Er mochte uns nicht. Das war ganz klar *od.* offenkundig; **make sth. ~ [to sb.]** [jmdm.] etw. klarmachen; **make it ~ that ...:** klarstellen, daß ...; **make oneself/one's meaning ~:** sich verständlich machen; sich klar ausdrücken; **make one's views/intentions ~:** seine Ansichten/Absichten klar zum Ausdruck bringen; **do I make myself ~?** ist das klar?; habe ich mich klar ausgedrückt?; **the reason is ~ [to see]** der Grund liegt auf der Hand; **the consequences of the act were not ~ at the time** die Folgen dieses Schrittes waren zu dieser Zeit nicht absehbar *od.* klar zu erkennen; *see also* **English 2a; pikestaff; b)** *(frank, straightforward)* ehrlich; offen; schlicht ‹*Wahrheit*›; **be ~ with sb.** mit jmdm. *od.* jmdm. gegenüber offen sein; **there was some ~ speaking** es fielen einige offene Worte; **be [all] ~ sailing** *(fig.)* [ganz] einfach sein; **~ dealing** Redlichkeit, *die;* **c)** *(unsophisticated)* einfach; schlicht ‹*Kleidung, Frisur*›; klar ‹*Wasser*›; einfach, bescheiden ‹*Lebensstil*›; *(not lined)* unliniert ‹*Papier*›; *(not patterned)* ‹*Stoff*› ohne Muster; **she is a ~ cook** sie kocht einfach; **~ cooking** gutbürgerliche Küche; **~ stitch** rechte Masche; **~ text** *(without notes)* [unkommentierter] Originaltext; *(decoded)* Klartext, *der; see also* **cover 1c; plain clothes; d)** *(unattractive)* wenig attraktiv ‹*Mädchen*›; **she's rather a ~ Jane** *(coll.)* sie ist nicht gerade eine Schönheit; **e)** *(sheer)* rein; **that's ~ bad manners** das ist einfach schlechtes Benehmen; **that's just ~ common sense** das sagt einem doch der gesunde Menschenverstand. **2.** *adv.* **a)** *(clearly)* deutlich; **b)** *(simply)* einfach; **I'm just ~ tired** ich bin einfach nur müde. **3.** *n.* **a)** Ebene, *die;* **the P~s** *(of North America)* die Prärie; **b)** *(Knitting)* rechte Masche; **two ~, two purl** zwei rechts, zwei links

**plain: ~chant** *see* **plainsong; ~ 'chocolate** *n.* halbbittere Schokolade; *(without any sweetness)* bittere Schokolade; **~ 'clothes** *n. pl.* **in ~ clothes** in Zivil; **~-clothes detective** *etc.* Kriminalbeamter *usw.* in Zivil

**plainly** ['pleɪnlɪ] *adv.* **a)** *(clearly)* deutlich; verständlich ‹*erklären*›; **b)** *(obviously)* offensichtlich; *(undoubtedly)* eindeutig; **c)** *(frankly)* offen; **d)** *(simply, unpretentiously)* einfach; schlicht; bescheiden ‹*leben*›

**plainness** ['pleɪnnɪs] *n., no pl.* **a)** *(clearness)* Klarheit, *die;* **b)** *(frankness)* Offenheit, *die;* **his ~ of speech** seine Offenheit; **c)** *(simplicity)* Schlichtheit, *die;* **d)** *(ugliness)* Unattraktivität, *die;* Unansehnlichkeit, *die*

**plainsman** ['pleɪnzmən] *n., pl.* **plainsmen** ['pleɪnzmən] Flachländer, *der; (in North America)* Präriebewohner, *der*

**plain: ~song** *n. (Mus., Eccl.)* Cantus planus, *der (fachspr.)*; Gregorianischer Gesang; **~-'spoken** *adj.* freimütig

**plaint** [pleɪnt] *n.* **a)** *(literary: lamentation)* [Weh]klage, *die;* **b)** *(Brit. Law)* Klage, *die*

**plaintiff** ['pleɪntɪf] *n. (Law)* Kläger, *der/* Klägerin, *die*

**plaintive** ['pleɪntɪv] *adj.* klagend; traurig, leidend ‹*Blick*›

**plaintively** ['pleɪntɪvlɪ] *adv.* klagend; in klagendem Ton ‹*sprechen usw.*›; traurig, leidend ‹*blicken*›

**plain: ~ weave** *n.* Leinwandbindung, *die;* **~ weaving** *n.* Gewebe in Leinwandbindung

**plait** [plæt] **1.** *n. (of hair)* Zopf, *der;* Flechte, *die (geh.)*; *(of straw, ribbon, etc.)* geflochtenes Band. **2.** *v. t.* flechten

**plan** [plæn] **1.** *n.* Plan, *der; (for story etc.)* Konzept, *das;* Entwurf, *der; (intention)* Absicht, *die;* **~ of action** Aktionsprogramm, *das;* **what is your ~ of action?** wie willst du vorgehen?; **have great ~s for sb.** große Pläne mit jmdm. haben; **~ of campaign** Strategie, *die;* **make ~s for sth.** Pläne für etw. machen *od.* schmieden; **what are your ~s for tomorrow?** was hast du morgen vor?; **your best ~ is to stay on at school** am besten bleibst du auf der Schule; **[go] according to ~:** nach Plan [gehen]; planmäßig [verlaufen *od.* laufen]; *see also* **five-year plan. 2.** *v. t.*, **-nn- a)** planen; *(design)* entwerfen ‹*Gebäude, Maschine*›; **~ to do sth.** planen *od.* vorhaben, etw. zu tun; **as ~ned** plangemäß; wie geplant; *see also* **obsolescence; b)** *(make plan of)* **~ sth.** einen [Lage]plan einer Sache *(Gen.)* *od.* von etw. anfertigen. **3.** *v. i.*, **-nn-** planen; **~ [weeks] ahead** [Wochen] im voraus planen *od.* vorausplanen; **~ for sth.** Pläne für etw. machen; **we hadn't ~ned on that** damit hatten wir nicht gerechnet; **~ on doing sth.** *(coll.)* vorhaben, etw. zu tun;

**what do you ~ on doing today?** was hast du heute vor?
**planchette** [plæn'ʃet] *n.* Planchette, *die*
**[1]plane** [pleɪn] *n.* **~[-tree]** Platane, *die*
**[2]plane 1.** *n. (tool)* Hobel, *der.* **2.** *v. t.* hobeln
**[3]plane 1.** *n.* **a)** *(Geom.)* Ebene, *die; (flat surface)* Fläche, *die; see also* **inclined plane; b)** *(fig.)* Ebene, *die; (moral, intellectual)* Niveau, *das;* **~ of thought/attainment/knowledge** Denk-/Leistungs-/Wissensniveau, *das;* **c)** *(aircraft)* Flugzeug, *das;* Maschine, die *(ugs.); (Aeronaut.: supporting surface)* Tragfläche, *die.* **2.** *v. i.* gleiten
**'plane-load** *n.* Flugzeugladung, *die*
**planet** ['plænɪt] *n.* Planet, *der;* **major ~:** Riesenplanet, *der;* **minor ~:** kleiner Planet
**planetarium** [plænɪ'teərɪəm] *n., pl.* **~s** *or* **planetaria** [plænɪ'teərɪə] Planetarium, *das*
**planetary** ['plænɪtərɪ] *adj.* planetarisch; Planeten⟨*forscher, -system, -bewegung*⟩
**planetoid** ['plænətɔɪd] *n. (Astron.)* Planetoid, *der*
**plangent** ['plændʒənt] *adj.* **a)** *(resounding)* klangvoll; **b)** *(plaintive)* schwermütig und ergreifend; getragen ⟨*Melodie usw.*⟩
**planish** ['plænɪʃ] *v. t.* glätten; glatthämmern ⟨*Blech*⟩
**plank** [plæŋk] **1.** *n.* **a)** *(piece of timber)* Brett, *das; (thicker)* Bohle, *die; (on ship)* Planke, *die;* **be as thick as two [short] ~s** *(coll.)* dumm wie Bohnenstroh sein *(ugs.);* **be made to walk the ~** *(Hist.)* über die Planke laufen müssen *(fig.);* **b)** *(fig.: item of political programme)* Programmpunkt, *der.* **2.** *v. t.* **a)** mit Brettern/Bohlen/Planken versehen; beplanken ⟨*Schiff*⟩; **~ sth. over** etw. mit Brettern abdecken; **b)** *(coll.: put down)* knallen *(ugs.);* **c)** *(Amer.) auf einem Holzbrett garen und servieren;* **~ed steak** Steak auf dem Holzbrett
**planking** ['plæŋkɪŋ] *n. (planks) see* **plank 1 a:** Bretter; Bohlen; Planken; *(of ship)* Beplankung, *die*
**plankton** ['plæŋktn] *n. (Biol.)* Plankton, *das*
**planned e'conomy** *n. (Econ.)* Planwirtschaft, *die*
**planner** ['plænə(r)] *n.* Planer, *der*/Planerin, *die*
**planning** ['plænɪŋ] *n.* Planen, *das;* Planung, *die;* **at the ~ stage** im Planungsstadium; **~ permission** Baugenehmigung, *die*
**plant** [plɑ:nt] **1.** *n.* **a)** *(Bot.)* Pflanze, *die;* **b)** *(machinery) no indef. art.* Maschinen; *(single complex)* Anlage, *die;* **earth-moving ~** *no indef. art.* Maschinen für Erdarbeiten; **generating ~** *no indef. art.* Generatoren; **a generating ~:** eine Generatorenanlage; **c)** *(factory)* Fabrik, *die;* Werk, *das;* **d)** *(sl.: undercover agent)* Spitzel, *der;* **e)** *(sl.: thing concealed)* Untergeschobene, *das;* **he said the heroin was a ~:** er sagte, das Heroin sei ihm untergeschoben worden. **2.** *v. t.* **a)** *(put in ground)* pflanzen; aussäen ⟨*Samen*⟩; anlegen ⟨*Garten usw.*⟩; anpflanzen ⟨*Beet*⟩; bepflanzen ⟨*Land*⟩; **~ a field with barley** auf einem Feld Gerste anpflanzen; **b)** *(fix)* setzen; **~ stakes [in the ground]** Pfähle setzen; **he ~ed his feet wide apart** er stellte seine Füße weit auseinander; **~ oneself** sich hinstellen *od. (ugs.)* aufpflanzen; **c)** *(in mind)* **~ an idea** *etc.* **in sb.'s mind/in sb.** jmdm. eine Idee *usw.* einimpfen *(ugs.) od. (geh.)* einpflanzen; **d)** *(deliver etc.)* **~ a blow** *etc.* **on sb.'s nose** *etc.* jmdm. einen Schlag *usw.* auf die Nase *usw.* verpassen; **~ a kiss on sb.'s forehead** *etc.* jmdm. einen Kuß auf die Stirn *usw.* drücken; **e)** *(sl.: conceal)* schmuggeln *(ugs.);* anbringen ⟨*Wanze*⟩; legen ⟨*Bombe*⟩; **~ sth. on sb.** jmdm. etw. unterschieben; **f)** *(station as spy etc.)* einschmuggeln
**~ 'out** *v. t.* auspflanzen ⟨*Setzlinge*⟩
**Plantagenet** [plæn'tædʒɪnɪt] *(Brit. Hist.)* **1.** *n.* Plantagenet, *der/die.* **2.** *attrib. adj.* Plantagenet-
**[1]plantain** ['plæntɪn] *n. (Bot.: in temperate regions, Plantago)* Wegerich, *der*
**[2]plantain** *(Bot.: in tropics, Musa)* Kochbanane, *die;* Mehlbanane *die;* Plante, *die (fachspr.)*
**plantain 'lily** *n. (Bot.)* Funkie, *die*
**plantation** [plæn'teɪʃn, plɑ:n'teɪʃn] *n.* **a)** *(estate)* Pflanzung, *die;* Plantage, *die;* **b)** *(group of plants)* Anpflanzung, *die*
**'plant-breeding** *n.* Pflanzenzucht, *die*
**planter** ['plɑ:ntə(r)] *n.* **a)** Pflanzer, *der*/Pflanzerin, *die;* **b)** *(machine)* Pflanzmaschine, *die; (for seeds)* Sämaschine, *die;* **c)** *(container)* Pflanzgefäß, *das*
**plant: ~-hire** *n.* Baumaschinenverleih, *der;* **~ kingdom** *n.* Pflanzenreich, *das;* **~-louse** *n. (Zool.)* Pflanzenlaus, *die*
**plaque** [plɑ:k, plæk] *n.* **a)** *(ornamental tablet)* [Schmuck]platte, *die; (commemorating sb.)* [Gedenk]tafel, *die;* Plakette, *die (Kunstwiss.);* **b)** *(Dent.)* Plaque, *die (fachspr.);* [weißer] Zahnbelag
**plasma** ['plæzmə] *n.* **a)** *(Anat., Zool., Phys.)* Plasma, *das;* **b)** *(Biol.) see* **protoplasm**
**plaster** ['plɑ:stə(r)] **1.** *n.* **a)** *(for walls etc.)* [Ver]putz, *der;* **b) ~ [of Paris]** Gips, *der;* **have one's leg in ~:** ein Gipsbein *od.* sein Bein in Gips haben; **put sb.'s leg in ~:** jmds. Bein in Gips legen; **c)** *see* **sticking-plaster. 2.** *v. t.* **a)** verputzen ⟨*Wand*⟩; vergipsen, zugipsen ⟨*Loch, Riß*⟩; **b)** *(daub)* **~ sth. on sth.** etw. dick auf etw. *(Akk.)* auftragen; **~ make-up on one's face, ~ one's face with make-up** sich *(Dat.)* Make-up ins Gesicht kleistern *(ugs.);* **~ed with mud** mit Schlamm bedeckt; **c)** *(stick on)* kleistern *(ugs.)* ⟨*Plakate, Briefmarken*⟩ **(on** auf + *Akk.*); **~ posters all over the wall/the wall with posters** die Wand mit Plakaten zukleistern *(salopp);* **d)** *(sl.: shell, bomb)* bepflastern *(Soldatenspr.)*
**~ 'down** *v. t.* **~ sb.'s/one's hair down** jmdm./sich das Haar anklatschen
**~ 'over** *v. t.* vergipsen ⟨*Loch, Riß*⟩
**plaster: ~board** *n.* Gipsplatte, *die;* **~ cast** *n.* **a)** *(model in plaster)* Gipsabguß *od.* -abdruck, *der;* **b)** *(Med.)* Gipsverband, *der*
**plastered** ['plɑ:stəd] *pred. adj. (sl.: drunk)* voll *(salopp);* **get ~:** sich vollaufen lassen *(salopp)*
**plasterer** ['plɑ:stərə(r)] *n.* Gipser, *der*
**plaster 'saint** *n.* Heiligenfigur aus Gips; *(fig., usu. iron.)* Heilige, *der/die (ugs.)*
**plastic** ['plæstɪk] **1.** *n.* Plastik, *das;* Kunststoff, *der;* Plast, *der (DDR); in pl., attrib.* Plastik-; Kunststoff-; Plast- *(DDR).* **2.** *adj.* **a)** *(made of plastic)* Plastik-; Kunststoff-; Plast- *(DDR);* aus Plastik/Kunststoff/Plast *nachgestellt; (coll. derog.: synthetic)* Plastik-; **~ bag** Plastiktüte, *die;* **~ money** *(joc.)* Kreditkarten; **b)** *(produced by moulding)* plastisch; **~ figure** Plastik, *die;* **c)** *(malleable, lit. or fig.)* formbar; bildbar; **the ~ qualities of wax** die plastischen Eigenschaften von Wachs; **d) the ~ arts** die Plastik; *(including painting etc.)* die bildende Kunst; **~ surgeon** Facharzt für plastische Chirurgie; **~ surgery** plastische Chirurgie; **undergo** *or* **have ~ surgery** sich einer plastischen *od.* kosmetischen Operation unterziehen
**plastic 'bullet** *n.* Plastikgeschoß, *das*
**Plasticine, (P)** ['plæstɪsi:n] *n.* Plastilin, *das*
**plasticise** *see* **plasticize**
**plasticity** [plæ'stɪsɪtɪ] *n., no pl. (lit. or fig.)* Formbarkeit, *die;* Plastizität, *die*
**plasticize** ['plæstɪsaɪz] *v. t.* geschmeidig machen; plasti[fi]zieren *(fachspr.)*
**plasticizer** ['plæstɪsaɪzə(r)] *n.* Weichmacher, *der;* Plasti[fi]kator, *der (Chemie)*
**plasticky** ['plæstɪkɪ] *adj. (coll. derog.)* plastikartig; **be very ~:** billiges Plastikzeug sein
**plate** [pleɪt] **1.** *n.* **a)** *(for food)* Teller, *der; (large ~ for serving food)* Platte, *die; (Amer.: main course on one ~)* Tellergericht, *das; (Amer.: food for one person)* Gedeck, *das;* **a ~ of soup/sandwiches** ein Teller Suppe/belegte Brote *od.* mit belegten Broten; **have sth. handed to one on a ~** *(fig. coll.)* etw. auf silbernem Tablett serviert bekommen *(fig.);* **have a lot** *etc.* **on one's ~** *(fig. coll.)* viel *usw.* am Hals *od.* um die Ohren haben *(ugs.);* **b)** *(for collection in church)* Teller für die Kollekte; **c)** *(sheet of metal etc.)* Platte, *die;* **d)** *(metal ~ with name etc.)* Schild, *das;* **[number-]~:** Nummernschild, *das;* **put up one's ~** *(fig.)* seine eigene Praxis eröffnen; **e)** *(Photog.)* [photographische] Platte; **f)** *no pl., no indef. art. (Brit.: tableware)* [Tafel]silber, *das; (gold)* Gold[geschirr], *das; (pewter)* Zinn, *das;* Silber-/Gold-/Zinnsachen *Pl.; (plated)* **[made of] real silver, not ~:** aus echtem Silber, nicht nur versilbert; **g)** *(for engraving, printing)* Platte, *die; (impression)* Stich, *der; (illustration)* [Bild]tafel, *die (Druckw.);* **printing ~:** Druckplatte, *die;* **h)** *(Sport) (trophy)* Pokal, *der; (race)* Pokal[wettbewerb], *der;* **i)** *(Dent.)* Gaumenplatte, *die; (coll.: denture)* [Zahn]prothese, *die;* Gebiß, *das;* **j)** *(Amer. Electronics)* Anode, *die;* **k)** *(Geol.)* Platte, *die;* **l)** *(Baseball)* Wurfmal, *das;* **home ~:** Schlagmal, *das. See also* **tracery a. 2.** *v. t.* **a)** *(coat)* plattieren; **~ sth. [with gold/silver/chromium]** etw. vergolden/versilbern/verchromen; **b)** panzern ⟨*Schiff*⟩
**plateau** ['plætəʊ] *n., pl.* **~x** ['plætəʊz] *or* **~s a)** Hochebene, *die;* Plateau, *das;* **b)** *(fig.)* **a price ~:** eine Stabilisierung der Preise; **reach/be on a ~** ⟨*Preise, Produktion usw.:*⟩ sich einpendeln/sich eingependelt haben
**plated** ['pleɪtɪd] *adj.* plattiert; **[gold-]~:** dubliert; vergoldet; **[silver-/chromium-/nickel-]~:** versilbert/verchromt/vernickelt
**plateful** ['pleɪtfʊl] *n.* Teller, *der;* **a ~ of rice** ein Teller [voll] Reis; **I've already had two ~s** ich habe schon zwei Teller voll gegessen; **I've had a ~** *(fig. coll.)* ich habe die Nase voll davon *(ugs.)*
**plate: ~ 'glass** *n.* Flachglas, *das;* **~-holder** *n. (Photogr.)* [Platten]kassette, *die;* **~layer** *n. (Brit. Railw.)* Streckenarbeiter, *der*
**platelet** ['pleɪtlət] *n. (Physiol.)* Blutplättchen, *das*
**platen** ['plætn] *n. (Printing)* Drucktiegel, *der; (on typewriter)* [Schreib]walze, *die*
**plate: ~-rack** *n. (Brit.)* Abtropfständer, *der;* Geschirrablage, *die;* **~-warmer** *n.* Tellerwärmer, *der*
**platform** ['plætfɔ:m] *n.* **a)** *(Brit. Railw.)* Bahnsteig, *der;* **the train leaves from/will arrive at ~ 4** der Zug fährt von Gleis 4 ab/in Gleis 4 ein; **edge of the ~:** Bahnsteigkante, *die;* **b)** *(stage)* Podium, *das;* **c)** *(Polit.)* Wahlplattform, *die;* **d)** *(Geol.)* Strandterrasse, *die;* **e)** *(in bus etc.)* Plattform, *die;* **f)** *(of shoe)* Plateausohle, *die; attrib.* Plateau⟨*schuh, -sohle*⟩
**'platform ticket** *n. (Brit.)* Bahnsteigkarte, *die*
**plating** ['pleɪtɪŋ] *n. (process)* Plattierung, *die; (coat)* Plattierung, *die;* Auflage, *die;* **gold/silver/chromium ~:** Vergoldung/Versilberung/Verchromung, *die*
**platinum** ['plætɪnəm] *n.* Platin, *das*
**platinum 'blonde 1.** *n.* Platinblonde, *die.* **2.** *adj.* platinblond
**platitude** ['plætɪtju:d] *n.* **a)** *(trite remark)* Platitüde, *die (geh.);* Gemeinplatz, *der;* **b)** *no pl. (triteness)* Banalität, *die*
**platitudinous** [plætɪ'tju:dɪnəs] *adj.* banal; platt *(abwertend)*
**Plato** ['pleɪtəʊ] *pr. n.* Plato[n] *(der)*
**Platonic** [plə'tɒnɪk] *adj.* **a)** *(of Plato)* Platonisch; **b) p~** *(not sexual)* platonisch ⟨*Liebe, Freundschaft*⟩
**platonically** [plə'tɒnɪkəlɪ] *adv.* platonisch
**Platonist** ['pleɪtənɪst] *n.* Platoniker, *der*

**platoon** [plə'tu:n] *n. (Mil.)* Zug, *der*

**platter** ['plætə(r)] *n. (Amer./arch.)* Platte, *die; (arch.: plate)* Teller, *der;* **have sth. handed to one on a ~** *(fig. coll.)* etw. auf silbernem Tablett serviert bekommen *(fig.)*

**platypus** ['plætɪpəs] *n. (Zool.)* Schnabeltier, *das*

**plaudits** ['plɔ:dɪts] *n. pl.* Beifall, *der*

**plausibility** [plɔ:zɪ'bɪlɪtɪ] *n., no pl.* Plausibilität, *die;* Glaubwürdigkeit, *die; (of person)* Glaubwürdigkeit, *die;* **this version has more ~:** diese Version ist glaubwürdiger *od.* plausibler

**plausible** ['plɔ:zɪbl] *adj.* plausibel; einleuchtend; glaubwürdig ⟨*Person*⟩

**plausibly** ['plɔ:zɪblɪ] *adv.* plausibel; einleuchtend; **as long as she ~ could** so lange es sich vertreten ließ

**play** [pleɪ] **1.** *n.* **a)** *(Theatre)* [Theater]stück, *das;* **television ~:** Fernsehspiel, *das;* **put on a ~:** ein Stück aufführen; **go to [see] a ~:** ins Theater gehen; **a ~ within a ~:** ein Spiel im Spiel; **it was as good as a ~:** dafür hätte man Eintrittsgeld verlangen können; **b)** *(recreation)* Spielen, *das;* Spiel, *das;* **time for ~:** Zeit zum Spielen; **at ~:** beim Spielen; **say/do sth. in ~:** etw. aus *od.* im *od.* zum Spaß sagen/tun; **~ [up]on words** Wortspiel, *das;* **c)** *(Sport)* Spiel, *das; (Amer.: manœuvre)* Spielzug, *der;* **abandon ~:** das Spiel abbrechen; **~ is impossible because of the weather** wegen des Wetters kann nicht gespielt werden; **start/close of ~:** Spielbeginn, *der/*-ende, *das;* **in the last minute of ~:** in der letzten Spielminute; **forward ~:** Angriffsspiel, *das;* **a good piece of ~:** ein guter Spielzug; **be in/out of ~** ⟨*Ball:*⟩ im Spiel/aus [dem Spiel] sein; **keep the ball in ~:** den Ball im Spiel halten; **make a ~ for sb./sth.** *(fig. sl.)* hinter jmdm./etw. her sein *(ugs.);* es auf jmdn./etw. abgesehen haben; *see also* **child's play; ²fair 1 a; foul 1 e; d)** *(gambling)* Spiel, *das;* **e) sb.'s imagination is brought** *or* **called into ~:** jmds. Phantasie wird angeregt; **come into ~, be brought** *or* **called into ~:** ins Spiel kommen; **put into ~:** ins Spiel bringen; **make great ~ of sth.** etw. demonstrativ zur Schau stellen; **make [great] ~ with sth.** viel Wesen um etw. machen; **f)** *(freedom of movement)* Spiel, *das (Technik); (fig.)* Spielraum, *der;* **some/2 mm of/too much ~:** etwas/2 mm/zu viel Spiel; **the knot has too much ~:** der Knoten ist zu locker; **give the rope more ~:** das Seil lockern; **give full ~ to one's emotions/imagination** *etc.*, **allow one's emotions/imagination** *etc.* **full ~** *(fig.)* seinen Gefühlen/seiner Phantasie *usw.* freien Lauf lassen; **g)** *(rapid movement)* **the ~ of light on water** das Spiel des Lichts auf Wasser; **h)** *(turn, move)* **it's your ~:** du bist dran *od.* an der Reihe *(ugs.); (in board-game)* du bist am Zug. **2.** *v. i.* **a)** spielen; **~ for money** um Geld spielen; **~ with sb./sth.** *(lit. or fig.)* mit jmdm./etw. spielen; **have no one to ~ with** niemanden zum Spielen haben; **he won't ~** *(sl.: won't do what sb. wants)* er will nicht mitspielen; **~ with oneself** *(euphem.: sexually)* an sich *(Dat.)* herumspielen *(ugs. verhüll.);* **~ [up]on words** Wortspiele/ein Wortspiel machen; **~ fair [with sb.]** fair [gegen jmdn.] spielen; *(fig.)* [jmdm. gegenüber] fair sein; sich [jmdm. gegenüber] fair verhalten; **not have much time** *etc.* **to ~ with** *(coll.)* zeitlich *usw.* nicht viel Spielraum haben; **~ into sb.'s hands** *(fig.)* jmdm. in die Hand *od.* Hände arbeiten; **~ safe** sichergehen; auf Nummer Sicher gehen *(ugs.);* **~ing safe, she took an umbrella** sicherheits- *od.* vorsichtshalber nahm sie einen Schirm mit; **~ for time** Zeit gewinnen wollen; [ver]suchen, Zeit zu gewinnen; *see also* **fire 1 b; b)** *(be suitable for ~)* **the pitch is ~ing well/badly** auf dem Platz spielt es sich gut/schlecht; **c)** *(Mus.)* spielen **(on** auf + *Dat.*); **~ by ear** nach dem Gehör spielen; **d)** *(Theatre)* spielen; **what is ~ing at the theatre?** was wird im Theater gespielt *od.* gegeben?; *see also* **gallery b; e)** *(move about)* spielen; **a smile ~ed on/about her lips** ein Lächeln spielte um ihre Lippen; **f)** ⟨*Springbrunnen:*⟩ in Betrieb sein; **g)** *(fiddle about)* spielen; herumspielen *(ugs.)* **(with** mit, an + *Dat.*). **3.** *v. t.* **a)** *(Mus.: perform on)* spielen; **~ the violin** *etc.* Geige *usw.* spielen; **~ sth. on the piano** *etc.* etw. auf dem Klavier *usw.* spielen; **~ sb. in/out** jmdn. musikalisch begrüßen/verabschieden; **~ sth. by ear** etw. nach dem Gehör spielen; **~ it by ear** *(fig.)* es dem Augenblick/der Situation überlassen; **b)** spielen ⟨*Grammophon, Tonbandgerät*⟩; abspielen ⟨*Schallplatte, Tonband*⟩; spielen lassen ⟨*Radio*⟩; **~ sb. a record** jmdm. eine [Schall]platte vorspielen; **c)** *(Theatre; also fig.)* spielen; **~ a town** in einer Stadt spielen; **~ a theatre** an einem Theater spielen; **~ the fool/innocent** den Clown/Unschuldigen spielen; *see also* **man 1 b; d)** *(execute, practise)* **~ a trick/joke on sb.** jmdn. hereinlegen *(ugs.)*/jmdm. einen Streich spielen; **e)** *(Sport, Cards)* spielen ⟨*Fußball, Karten, Schach usw.*⟩; spielen *od.* antreten gegen ⟨*Mannschaft, Gegner*⟩; *(include in team)* einsetzen, aufstellen ⟨*Stürmer, Verteidiger*⟩; **~ a match** einen Wettkampf bestreiten; *(in team games)* ein Spiel machen; **he ~ed me at chess/squash** er war im Schach/Squash mein Gegner; **~ it cool** *(fig. coll.)* auf cool machen *(salopp);* **~ it right/safe/straight** es geschickt anstellen/auf Nummer Sicher gehen/es sachlich behandeln; **~ oneself in** *(esp. Cricket)* sich einspielen; *(fig.)* sich einarbeiten; *see also* **¹ball 1 b; ¹duck 1 a; ²fast 1 a; ¹game 1 a, b, d; hand 1 p; hell b; hookey; f)** *(Sport: execute)* ausführen ⟨*Schlag*⟩; *(Cricket etc.)* schlagen ⟨*Ball*⟩; **g)** *(Chess etc.: move)* ziehen; *(Cards)* spielen; **~ one's last card** *(fig.)* alle seine Karten ausspielen; **have ~ed all one's cards** *(fig.)* seinen letzten Trumpf ausgespielt haben; **~ one's cards right** *(fig.)* es richtig anfassen *(fig.); see also* **¹trump 1; h)** *(Angling)* drillen; **i)** *(coll.: gamble on)* **~ the market** spekulieren **(in** mit *od. Wirtsch.* in + *Dat.*); **~ the stock market** an der Börse spekulieren

**~ a'bout** *see* **~ around**

**~ a'long** *v. i.* mitspielen; **~ along with sb./sth.** sich mit jmdm./etw. arrangieren

**~ a'round** *v. i. (coll.)* spielen; **~ around with sb./sb.'s affections/sth.** mit jmdm./jmds. Zuneigung spielen/mit etw. herumspielen *(ugs.);* **stop ~ing around!** hör [doch] auf mit dem Blödsinn!

**~ at** *v. t.* spielen; **what do you think you're ~ing at?** was soll denn das?; **~ at being sb.** jmdn. spielen

**~ 'back** *v. t.* abspielen ⟨*Tonband, Aufnahme*⟩; **he ~ed part of the discussion back to them** er spielte ihnen einen Teil der Diskussion vor; *see also* **play-back**

**~ 'down** *v. t.* herunterspielen

**~ 'off 1.** *v. i.* zum Entscheidungsspiel antreten; *see also* **play-off. 2.** *v. t.* ausspielen; **~ one person/firm** *etc.* **off against another** eine Person/Firma *usw.* gegen eine andere ausspielen

**~ on 1.** ['--] *v. t. see* **~ upon. 2.** [-'-] *v. i. (Cricket)* auf das eigene Mal schlagen

**~ 'up 1.** *v. i.* **a)** *(play vigorously)* **~ up!** los, vorwärts!; **b)** *(coll.: behave annoyingly, cause pain)* Schwierigkeiten *od.* Ärger machen. **2.** *v. t.* **a)** *(coll.: annoy, torment)* ärgern; ⟨*Krankheit:*⟩ zu schaffen machen (+ *Dat.*); **b)** *(exploit)* hochspielen; Wesen machen von *(ugs.)* ⟨*Krankheit*⟩; hervor-, herauskehren ⟨*Eigenschaft usw.*⟩

**~ upon** *v. t.* sich *(Dat.)* zunutze machen ⟨*Gefühle, Ängste usw.*⟩; **~ upon sb.'s sympathies** auf jmds. Mitgefühl *(Akk.)* spekulieren *(ugs.)*

**~ 'up to** *v. t.* **a)** *(Theatre sl.)* gut in Szene setzen ⟨*Schauspieler*⟩; **b)** *(fig.: flatter)* **~ up to sb.** sich bei jmdm. beliebt machen

**playable** ['pleɪəbl] *adj.* **a)** *(able to be played)* spielbar; **b)** *(Sport: able to be played on)* bespielbar ⟨*Spielfeld*⟩

**play: ~-acting** *n.* Schauspielkunst, *die;* Schauspielerei, *die (ugs.); (fig.)* Theater, *das (ugs.);* **~-actor** *n. (fig., usu. derog.)* **he's just a ~-actor** er spielt immer nur Theater *(ugs.);* **~ area** *n.* Spielplatz, *der;* **~-back** *n.* Wiedergabe, *die;* **listen to the ~-back** die Aufnahme anhören; **~bill** *n.* **a)** *(poster)* Theaterplakat, *das;* **b)** *(Amer.: theatre programme)* Theaterprogramm, *das;* **~boy** *n.* Playboy, *der*

**played 'out** *adj.* verbraucht; erschöpft ⟨*Person, Tier*⟩; **this idea is ~:** diese Idee hat sich überlebt

**player** ['pleɪə(r)] *n.* **a)** Spieler, *der/*Spielerin, *die;* **amateur/professional ~:** Amateur, *der/*Profi[spieler], *der;* **b)** *(Mus.)* Musiker, *der/*Musikerin, *die;* Spieler, *der/*Spielerin, *die;* **orchestral ~:** Orchestermusiker, *der/*-musikerin, *die;* **organ-~:** Orgelspieler, *der/*-spielerin, *die;* **c)** *(actor)* Schauspieler, *der/*Schauspielerin, *die;* **d)** *see* **record-player**

**'player-piano** *n.* automatisches Klavier; Pianola, *das*

**'playfellow** *n.* Spielkamerad, *der/*Spielkameradin, *die*

**playful** ['pleɪfl] *adj.* **a)** *(fond of playing)* spielerisch; *(frolicsome)* verspielt; **b)** *(teasing)* neckisch; *(joking)* scherzhaft

**playfully** ['pleɪfəlɪ] *adv.* **a)** *(gaily)* spielerisch; ausgelassen; **b)** *(teasingly)* neckisch; *(jokingly)* aus *od.* im *od.* zum Scherz

**play: ~goer** *n.* Theaterbesucher, *der/*-besucherin, *die;* **be a regular ~goer** regelmäßig ins Theater gehen; **~ground** *n.* Spielplatz, *der; (Sch.)* Schulhof, *der;* **the ~ground of the rich** *(fig.)* der Tummelplatz der Reichen; **~ group** *n.* Spielgruppe, *die;* **~house** *n.* **a)** *(theatre)* Schauspielhaus, *das;* **b)** *(toy house)* Spielhaus, *das*

**playing** ['pleɪɪŋ] *n.* Spiel, *das*

**playing: ~-card** *n.* Spielkarte, *die;* **~-field** *n.* Sportplatz, *der;* **~-time** *n.* Spieldauer, *die;* Spielzeit, *die*

**playlet** ['pleɪlɪt] *n.* Dramolett, *das*

**play: ~mate** *n.* Spielkamerad, *der/*Spielkameradin, *die;* **~-off** *n.* Entscheidungsspiel, *das;* **~-pen** *n.* Laufgitter, *das;* Laufstall, *der;* **~ school** *n.* Kindergarten, *der;* **~-suit** *n.* Spielanzug, *der;* **~thing** *n. (lit. or fig.)* Spielzeug, *das;* **~things** Spielzeug, *das;* Spielsachen *Pl.;* **~time** *n.* Zeit zum Spielen; **during ~time** *(Sch.)* in der [großen] Pause; **~wright** ['pleɪraɪt] *n.* Dramatiker, *der/*Dramatikerin, *die;* Stückeschreiber, *der/*-schreiberin, *die*

**plaza** ['plɑ:zə] *n.* Piazza, *die*

**PLC, plc** *abbr. (Brit.)* **public limited company** ≈ GmbH

**plea** [pli:] *n.* **a)** *(appeal, entreaty)* Appell, *der* **(for** zu); **make a ~ for sth.** zu etw. aufrufen; **b)** *(pleading)* Begründung, *die; (excuse)* Entschuldigung, *die;* **excuse oneself on the ~ of sth.** sich mit etw. entschuldigen; **c)** *(Law)* Verteidigungsrede, *die;* **special ~:** besondere Einrede; **~ bargaining** *Praktik, bei der Verteidigung und Anklage übereinkommen, daß der Angeklagte ein [Teil]geständnis ablegt und dafür bestimmte Zusicherungen (milderes Strafmaß o. ä.) erhält*

**plead** [pli:d] **1.** *v. i.,* **~ed** *or (esp. Amer., Scot., dial.)* **pled** [pled] **a)** *(make appeal)* inständig bitten **(for um)**; *(imploringly)* flehen **(for um)**; **~ with sb. for sth./to do sth.** jmdn. inständig um etw. bitten/jmdn. inständig [darum] bitten, etw. zu tun; *(imploringly)* jmdn. um etw. anflehen/jmdn. anflehen, etw. zu tun; **b)** *(Law: put forward plea; also fig.)* plädieren; **I'd get a lawyer to ~ for me**

ich würde mich von einem Anwalt vertreten lassen; **c)** *(Law)* **how do you ~?** bekennen Sie sich schuldig? **2.** *v. t.*, **~ed** *or (esp. Amer., Scot., dial.)* **pled a)** *(beg)* inständig bitten; *(imploringly)* flehen; **b)** *(Law: offer in mitigation)* sich berufen auf (+ *Akk.*); geltend machen; *(as excuse)* sich entschuldigen mit; **he ~ed insanity** er plädierte auf Unzurechnungsfähigkeit; **~ guilty/not guilty** *(lit. or fig.)* sich schuldig/nicht schuldig bekennen; **~ guilty to [having committed] the crime** sich des Verbrechens schuldig bekennen; **c)** *(present in court)* **~ sb.'s case** *or* **~ the case for sb.** jmds. Sache vor Gericht vertreten

**pleading** ['pli:dɪŋ] **1.** *adj.* flehend. **2.** *n.* **a)** Bitten, *das; (imploring)* Flehen, *das;* **b)** *usu. in pl. (Law)* Plädoyer, *das;* Vortrag, *der; (written)* Schriftsatz, *der; see also* **special pleading**

**pleadingly** ['pli:dɪŋlɪ] *adv.* flehentlich

**pleasant** ['plezənt] *adj.*, **~er** ['plezəntə(r)], **~est** ['plezəntɪst] *(agreeable)* angenehm; schön ⟨*Tag, Zeit*⟩; nett ⟨*Gesicht, Lächeln*⟩; **be ~ with** *or* **to sb.** nett zu jmdm. sein

**pleasantly** ['plezəntlɪ] *adv.* angenehm; schön ⟨*singen*⟩; freundlich ⟨*sprechen, lächeln usw.*⟩

**pleasantry** ['plezəntrɪ] *n.* **a)** *(agreeable remark)* Nettigkeit, *die; (humorous remark)* Scherz, *der;* **b)** *(jocularity)* Humor, *der*

**please** [pli:z] **1.** *v. t.* **a)** *(give pleasure to)* gefallen (+ *Dat.*); Freude machen (+ *Dat.*); **there's no pleasing her** man kann ihr nichts *od.* es ihr nicht recht machen; **she's easy to ~** *or* **easily ~d/hard to ~:** sie ist leicht/nicht leicht zufriedenzustellen; **[just] to ~ you** [nur] dir zu Gefallen; **one can't ~ everybody** man kann es nicht allen recht machen; **~ the eye** das Auge erfreuen; **~ oneself** tun, was man will; **~ yourself** ganz wie du willst; **b)** *([may it] be the will of)* gefallen; **~ God** das gebe Gott; so Gott will; **may it ~ your Honour** *(to a judge)* mit Ihrer Erlaubnis, Hohes Gericht. **2.** *v. i.* **a)** *(think fit)* **what he ~s** was ihm gefällt; was er will; **they come and go as they ~:** sie kommen und gehen, wie es ihnen gefällt; **do as one ~s** tun, was man will; **take as much as you ~:** nimm, soviel[, wie] du willst *od.* möchtest; **b)** *(give pleasure)* gefallen; **anxious** *or* **eager to ~:** bemüht, gefällig zu sein; **the poem is sure to ~:** das Gedicht kommt garantiert gut an *(ugs.) od.* wird bestimmt gefallen; **c)** *in requests* bitte; **may I have the bill, ~?** kann ich bitte zahlen?; **~ do!** aber bitte *od.* gern!; **~ don't** bitte nicht; **d) if you ~:** bitte schön; *(iron.: believe it or not)* stell dir vor

**pleased** [pli:zd] *adj. (satisfied)* zufrieden **(by** mit); *(glad, happy)* erfreut **(by** über + *Akk.*); **he'll be ~ when he sees that** *(iron.)* er wird seine Freude haben, wenn er das sieht; **be ~ at** *or* **about sth.** sich über etw. *(Akk.)* freuen; **be ~ with sth./sb.** mit etw./jmdm. zufrieden sein; **~ with oneself** mit sich selbst zufrieden; **don't look so ~ with yourself** guck nicht so selbstzufrieden *od.* selbstgefällig *(ugs.)*; **be ~ to do sth.** sich freuen, etw. zu tun; *(formal/iron.: with condescension)* belieben, etw. zu tun *(geh./iron.)*; **I am [only too] ~ to be of assistance** es ist mir [wirklich] eine Freude, Ihnen zu helfen; **I shall be ~ to [come]** [ich komme] gerne; *see also* **[1]meet 1 c**

**pleasing** ['pli:zɪŋ] *adj.* gefällig; ansprechend; nett ⟨*Person, Ausblick*⟩; **it is ~ to see how well ...:** es ist eine Freude zu sehen, wie gut ...; **be ~ to the eye/ear** *etc.* das Auge/Ohr *usw.* erfreuen

**pleasurable** ['pleʒərəbl] *adj.*, **pleasurably** ['pleʒərəblɪ] *adv.* angenehm

**pleasure** ['pleʒə(r)] **1.** *n.* **a)** *(feeling of joy)* Freude, *die; (usu. derog.: sensuous enjoyment)* Vergnügen, *das;* **sth. gives sb. ~:** etw. macht jmdm. Freude; **for ~:** zum Vergnügen; **it's no ~ to do sth.** es macht keinen Spaß, etw. zu tun; **get a lot of ~ from** *or* **out of sb./sth.** viel Freude *od.* Spaß an jmdm./etw. haben; **b)** *(gratification)* **have the ~ of doing sth.** das Vergnügen haben, etw. zu tun; **it's a ~ to talk to him** es ist ein Vergnügen, mit ihm zu reden; **may I have the ~ [of the next dance]?** darf ich [Sie um den nächsten Tanz] bitten?; **do me the ~ of dining with me** machen Sie mir das Vergnügen *od.* die Freude, mit mir zu speisen; **he had the ~ of knowing that he was always welcome** er war in der glücklichen Lage zu wissen, daß er immer willkommen war; **I don't think I've had the ~:** wir kennen uns noch nicht; **take [a] ~ in** Vergnügen finden *od.* Spaß haben an (+ *Dat.*); **he takes ~ in teasing me** es macht ihm Spaß *od.* bereitet ihm Vergnügen, mich zu necken; **my ~, it's a ~:** gern geschehen; es war mir ein Vergnügen; **the ~ is all mine** das Vergnügen ist ganz meinerseits *od.* auf meiner Seite; **it gives me great ~ to inform you that ..., I have much ~ in informing you that ...** *(formal)* ich freue mich, Ihnen mitteilen zu können, daß ...; **Mrs P. requests the ~ of your company** *(formal)* Frau P. gibt sich *(Dat.)* die Ehre, Sie einzuladen; **Mr F. has great ~ in accepting the invitation** *(formal)* Herr F. nimmt die Einladung mit dem größten Vergnügen an; **with ~:** mit Vergnügen; gern[e]; **with the greatest of ~:** mit dem größten Vergnügen; **c)** *(will, desire)* **what is your ~?** *(formal)* Sie wünschen?; **at ~:** nach Wunsch *od.* Belieben; **come and go at one's ~:** kommen und gehen, wie es einem beliebt *(geh.) od.* wann immer man will; **consult sb.'s ~** *(formal)* fragen, was jmdm. genehm ist *(geh.)*; **we await your ~** *(formal)* wir warten auf Ihren Bescheid; **be detained during Her Majesty's ~:** eine Haftstrafe auf unbestimmte Zeit verbüßen. **2.** *v. t. (give pleasure to)* erfreuen; *(sexually)* beglücken *(scherzh.)*

**pleasure: ~-boat** *n.* Vergnügungsboot, *das;* **~-craft** *n., pl. same* Vergnügungsboot, *das;* **~ cruise** *n.* Vergnügungsfahrt, *die;* **~-ground** *n.* Vergnügungspark, *der;* **~-loving** *adj.* lebenslustig; *(~-seeking)* vergnügungssüchtig; **~ principle** *n. (Psych.)* Lustprinzip, *das;* **~-seeking 1.** *adj.* vergnügungssüchtig; **2.** *n.* Vergnügungssucht, *die*

**pleat** [pli:t] **1.** *n.* Falte, *die;* **inverted ~:** Kellerfalte, *die; see also* **box-pleat; knife-pleat. 2.** *v. t.* in Falten legen; fälteln

**pleated** ['pli:tɪd] *adj.* gefältelt; Falten⟨*rock*⟩

**pleb** [pleb] *n. (sl.)* Prolet, *der (ugs.)*

**plebby** ['plebɪ] *adj. (sl.)* primitiv *(abwertend)*

**plebeian** [plɪ'bi:ən] **1.** *adj.* **a)** proletarisch; **b)** *(coarse)* plebejisch; gewöhnlich. **2.** *n.* **a)** *(in ancient Rome)* Plebejer, *der*/Plebejerin, *die;* **b)** *(commoner)* Bürgerliche, *der/die;* **the ~s** das [einfache] Volk

**plebiscite** ['plebɪsɪt, 'plebɪsaɪt] *n.* Plebiszit, *das*

**plectrum** ['plektrəm] *n., pl.* **plectra** ['plektrə] *or* **~s** *(Mus.)* Plektrum, *das*

**pled** *see* **plead**

**pledge** [pledʒ] **1.** *n.* **a)** *(promise, vow)* Versprechen, *das;* Gelöbnis, *das (geh.)*; **under the ~ of secrecy** unter dem Siegel der Geheimhaltung; **take** *or* **sign the ~** *(coll.)* sich zur Abstinenz verpflichten; dem Alkohol abschwören; **b)** *(as security)* Pfand, *das;* Sicherheit, *die;* **c)** *(token)* [Unter]pfand, *das (geh.)*; **d)** *(state of being pledged)* Verpfändung, *die;* **put sth. in ~:** etw. verpfänden; **take sth. out of ~:** etw. auslösen. **2.** *v. t.* **a)** *(promise solemnly)* versprechen; geloben ⟨*Treue*⟩; **~ one's word/honour** sein Wort/seine Ehre verpfänden *(geh.)*; **~ one's service[s]** seine Dienste zusichern; **b)** *(bind by promise)* verpflichten; **c)** *(deposit, pawn)* verpfänden **(to** *Dat.*); **d)** *(drink to health of)* einen Trinkspruch *od.* Toast ausbringen auf (+ *Akk.*); **they ~d each other** sie tranken auf ihr gegenseitiges Wohl

**Pleiades** ['plaɪədi:z] *n. pl. (Astron.)* Plejaden *Pl.*

**plein air** [plen 'eə(r)] *adj. (Art)* Pleinair-

**Pleistocene** ['plaɪstəsi:n] *(Geol.)* **1.** *adj.* pleistozän; Pleistozän-. **2.** *n.* Pleistozän, *das*

**plenary** ['pli:nərɪ] *adj.* **a)** *(entire, absolute)* uneingeschränkt; **~ powers** uneingeschränkte Vollmacht; **b)** *(of all members)* Plenar⟨*sitzung*⟩; Voll⟨*versammlung*⟩

**plenipotentiary** [plenɪpə'tenʃərɪ] **1.** *adj.* **a)** *(invested with full power)* [general]bevollmächtigt ⟨*Gesandte*⟩; absolut ⟨*Herrscher*⟩; allmächtig ⟨*Parlament*⟩; **b)** *(absolute)* uneingeschränkt. **2.** *n.* [General]bevollmächtigte, *der*

**plenitude** ['plenɪtju:d] *n., no pl. (abundance)* Fülle, *die* **(of** von)

**plenteous** ['plentɪəs] *adj. (rhet.)* reichlich; reich ⟨*Ernte*⟩

**plentiful** ['plentɪfl] *adj.* **a)** *(abundant, copious)* reichlich; häufig ⟨*Element, Rohstoff*⟩; **be ~** *or* **in ~ supply** reichlich vorhanden sein; **there was a ~ supply of food** es gab reichlich zu essen; **b)** *(yielding abundance)* fruchtbar ⟨*Land*⟩; ertragreich ⟨*Jahr*⟩

**plentifully** ['plentɪfəlɪ] *adv.* reichlich

**plenty** ['plentɪ] **1.** *n., no pl.* **~ of** viel; eine Menge; *(coll.: enough)* genug; **have you all got ~ of meat?** habt ihr alle reichlich Fleisch?; **take ~ of exercise** sich viel bewegen; **time[s] of ~:** Zeit[en] des Überflusses; **that's ~** *(coll.)* das ist genug *od.* reichlich; das reicht; **take ~!** nimm dir reichlich *od. (ugs.)* ordentlich!; **we gave him ~ of warning** wir haben ihn früh genug gewarnt; *see also* **horn 1 f. 2.** *adj. (coll.)* reichlich vorhanden. **3.** *adv. (coll.)* **it's ~ large enough** es ist groß genug; **there's ~ more where this/those** *etc.* **came from** es ist noch genug da *(ugs.)*

**pleonasm** ['pli:ənæzm] *n. (Ling.)* Pleonasmus, *der*

**pleonastic** [pli:ə'næstɪk] *adj. (Ling.)* pleonastisch

**plethora** ['pleθərə] *n.* **a)** *(fig.: excess)* Unmenge, *die* **(of** von); **b)** *(Med.)* Plethora, *die (fachspr.)*; Blutandrang, *der*

**plethoric** [plɪ'θɒrɪk] *adj. (Med.)* vollblütig; plethorisch *(fachspr.)*

**pleura** ['plʊərə] *n., pl.* **~e** ['plʊəri:] *(Anat.)* Pleura, *die (fachspr.)*; Brustfell, *das*

**pleural** ['plʊərl] *adj. (Anat.)* pleural; **~ cavity** Brusthöhle, *die;* **~ inflammation** Brustfellentzündung, *die*

**pleurisy** ['plʊərɪsɪ] *n. (Med.)* Pleuritis, *die (fachspr.)*; Brustfellentzündung, *die*

**Plexiglas** *(Amer.* **P)**, **plexiglass** ['pleksɪglɑ:s] *n. (Amer.)* Plexiglas, *das* Ⓦⓩ

**plexus** ['pleksəs] *n. (Anat.)* Plexus, *der; see also* **solar plexus**

**pliability** [plaɪə'bɪlɪtɪ] *n., no pl.* Biegsamkeit, *die; (of leather etc.)* Geschmeidigkeit, *die; (fig.: of person, disposition)* Fügsamkeit, *die;* Nachgiebigkeit, *die*

**pliable** ['plaɪəbl] *adj.* *(flexible, yielding)* biegsam; geschmeidig ⟨*Ton, Leder*⟩; *(fig.)* nachgiebig ⟨*Charakter*⟩; **be ~ to sb.'s wishes** jmds. Wünschen nachgeben

**pliant** ['plaɪənt] *adj.* biegsam ⟨*Ast, Körper*⟩; geschmeidig ⟨*Körper*⟩; *(fig.)* formbar

**pliers** ['plaɪəz] *n. pl.* **[pair of] ~:** Zange, *die*

**[1]plight** [plaɪt] *n.* Notlage, *die;* **hopeless/miserable ~:** trostloser/jämmerlicher Zustand; **what a ~ to find yourself in** was für eine verzweifelte Lage!

**[2]plight** *v. t., esp. in p.p. (arch.)* geloben *(geh.)* ⟨*Treue*⟩; schwören ⟨*Eid*⟩; **~ one's word [that ...]** sein Wort [dafür] verpfänden[, daß ...]; *see also* **troth b**

**plimsoll** ['plɪmsl] *n. (Brit.)* Turnschuh, *der*

**Plimsoll: ~ line, ~ mark** *ns. (Naut.)* Freibordmarke, *die;* Plimsoll-Marke, *die*

**plinth** [plɪnθ] *n.* **a)** *(for vase, statue, etc.; of* *wall)* Sockel, *der;* **b)** *(of column)* Plinthe, *die (fachspr.)*

**Pliocene** ['plaɪəsi:n] *(Geol.)* **1.** *adj.* pliozän; Pliozän-. **2.** *n.* Pliozän, *das*

**PLO** *abbr.* **Palestine Liberation Organization** PLO, *die*

**plod** [plɒd] **1.** *v. i.*, **-dd-** trotten; ~ **along** dahintrotten; ~ **[on] through the snow** [weiter] durch den Schnee stapfen; ~ **through a book/one's work** *(fig.)* sich durch ein Buch kämpfen/sich mit seiner Arbeit abplagen. **2.** *v. t.*, **-dd-** entlangtrotten; ~ **one's way home** nach Hause trotten. **3.** *n. (laborious walk)* Stapfen, *das; (laborious work)* Plackerei, *die (ugs.)*

~ **a'way** *v. i. (fig.)* sich abmühen; ~ **away at sth.** sich mit etw. abmühen

~ **'on** *v. i. (fig.)* sich weiterkämpfen; ~ **on with sth.** sich weiter durch etw. kämpfen

**plodder** ['plɒdə(r)] *n. (worker)* Arbeitstier, *das; (walker)* Fußlahme, *der/die (ugs.);* **he is a ~:** er arbeitet schwerfällig/hat einen schwerfälligen Gang; *(Sch.)* er ist ein bißchen langsam

**¹plonk** [plɒŋk] *v. t. (coll.)* ~ **sth. [down]** etw. hinknallen *(ugs.) od.* hinwerfen; ~ **sth. down in a corner** etw. in eine Ecke knallen *(ugs.);* ~ **oneself [down] in an armchair** sich in einen Sessel knallen *od.* hauen *(ugs.)*

**²plonk** *n. (sl.: wine)* [billiger] Wein

**plop** [plɒp] **1.** *v. i.*, **-pp-** plumpsen *(ugs.);* ⟨*Regen:*⟩ klatschen, platschen. **2.** *v. t.*, **-pp-** plumpsen lassen *(ugs.).* **3.** *n.* Plumpsen, *das;* **with a ~:** mit einem Plumps. **4.** *adv.* plumps

**plosive** ['pləʊsɪv] *(Ling.)* **1.** *adj.* plosiv; Verschluß-. **2.** *n.* Plosiv, *der;* Verschlußlaut, *der*

**plot** [plɒt] **1.** *n.* **a)** *(conspiracy)* Komplott, *das;* Verschwörung, *die;* **b)** *(of play, film, novel)* Handlung, *die;* Fabel, *die;* Plot, *der (Literaturw.);* **c)** *(of ground)* Stück Land; **vegetable ~:** Gemüsebeet, *das;* **building ~:** Baugrundstück, *das;* Bauplatz, *der;* **d)** *(curve etc.)* Diagramm, *das;* **e)** *(Amer.: ground plan)* Plan, *der.* **2.** *v. t.*, **-tt-:** **a)** *(plan secretly)* [heimlich] planen; ~ **treason** auf Verrat sinnen *(geh.);* ~ **to do sth.** [heimlich] planen, etw. zu tun; **b)** *(make plan or map of)* kartieren, kartographieren ⟨*Gebiet usw.*⟩; einen Plan zeichnen (+ *Gen.*) ⟨*Gebäude usw.*⟩; *(make by ~ing)* zeichnen ⟨*Karte, Plan*⟩; *(fig.)* entwerfen ⟨*Roman*⟩; **c)** *(mark on map, diagram)* ~ **[down]** eintragen; einzeichnen. **3.** *v. i.*, **-tt-:** ~ **against sb.** sich gegen jmdn. verschwören; ein Komplott gegen jmdn. schmieden

**plotter** ['plɒtə(r)] *n.* **a)** *(conspirator)* Verschwörer, *der*/Verschwörerin, *die;* **b)** *(instrument)* Plotter, *der;* Planzeichner, *der*

**plough** [plaʊ] **1.** *n. (Agric.)* Pflug, *der;* **put one's hand to the ~** *(fig.)* eine Sache in Angriff nehmen; **the P~** *(Astron.)* der Große Wagen *od.* Bär. **2.** *v. t.* **a)** pflügen; ~ **the sand[s]** *(fig.)* Wasser mit einem Sieb schöpfen; **b)** *(cut furrows in)* zerpflügen; **c)** ~ **furrows** Furchen ziehen *od.* pflügen; ~ **a lonely furrow** *(fig.)* allein auf weiter Flur sein *od.* stehen *(geh.);* **d)** *(fig.)* ⟨*Schiff:*⟩ [durch]pflügen ⟨*Wasserfläche*⟩; **e)** *(Brit. sl.: reject in examination)* durchrasseln lassen *(salopp).* **3.** *v. i. (Brit. sl.: fail in examination)* durchrasseln *(salopp)*

~ **'back** *v. t.* **a)** unterpflügen; **b)** *(Finance)* reinvestieren; ~ **profits** *etc.* **back into the business** *etc.* Gewinne *usw.* wieder in die Firma *usw.* stecken

~ **'in** *v. t.* unterpflügen

~ **into** *v. t. (move violently)* rasen *od. (salopp)* rasseln in (+ *Akk.*)

~ **through** *v. t. (advance laboriously in)* sich kämpfen durch; ⟨*Schiff:*⟩ sich pflügen durch; *(move violently through)* rasen durch

~ **'up** *v. t.* auspflügen ⟨*Kartoffeln, Rüben usw.*⟩; zerpflügen ⟨*Boden*⟩

**plough:** ~**man** ['plaʊmən] *n., pl.* ~**men** ['plaʊmən] Pflüger, *der;* ~**man's [lunch]** *(Brit.) Imbiß aus Käse, Brot und Mixed Pickles;* ~**share** *n.* Pflugschar, *die*

**plover** ['plʌvə(r)] *n. (Ornith.)* Regenpfeifer, *der*

**plow** *(Amer./arch.) see* **plough 1, 2 a, b, c, d**

**ploy** [plɔɪ] *n.* Trick, *der; (tactical approach)* Taktik, *die; (gambit)* Manöver, *das; (method)* Masche, *die (ugs.)*

**PLR** *abbr. (Brit.)* **Public Lending Right**

**pluck** [plʌk] **1.** *v. t.* **a)** *(pull off, pick)* pflücken ⟨*Blumen, Obst*⟩; ~ **[out]** auszupfen ⟨*Federn, Haare*⟩; **b)** *(pull at, twitch)* zupfen an (+ *Dat.*); zupfen ⟨*Saite, Gitarre*⟩; **he ~ed his mother's skirt** er zupfte seiner Mutter am Rock; **c)** *(strip of feathers)* rupfen. **2.** *v. i.* ~ **at sth.** an etw. *(Dat.)* zupfen; **he ~ed at his mother's skirt** er zupfte seiner Mutter am Rock. **3.** *n.* **a)** *(courage)* Mut, *der;* Schneid, *der (ugs.);* **b)** *(heart, liver, lungs of animal as food)* Innereien *Pl.*

~ **'up** *v. t.* ~ **up [one's] courage** all seinen Mut zusammennehmen; ~ **up courage to do sth.** den Mut finden, etw. zu tun; **he ~ed up [enough] courage to ask her out** er faßte sich *(Dat.)* ein Herz und bat sie, mit ihm auszugehen

**pluckily** ['plʌkɪlɪ] *adv.*, **plucky** ['plʌkɪ] *adj.* tapfer

**plug** [plʌg] **1.** *n.* **a)** *(filling hole)* Pfropfen, *der; (in cask)* Spund, *der;* Zapfen, *der; (stopper for basin, vessel, etc.)* Stöpsel, *der; (of wax etc.)* Pfropf, *der;* **b)** *(Electr.)* Stecker, *der; (coll.: socket)* Stecker, *der (ugs.);* **pull the ~ on sb./sth.** *(coll.)* jmdn./einer Sache den Hahn zudrehen *(ugs.); see also* **sparking-plug; c)** *(coll.: of water-closet)* Stöpsel, *der;* **pull the ~:** [ab]ziehen; **d)** *(of tobacco)* Plug, *der (fachspr.); (piece of chewing tobacco)* Priem, *der;* **e)** *(coll.: piece of good publicity)* **give sth. a ~:** Werbung für etw. machen; **give sb. a ~:** jmdm. [etwas] Publicity verschaffen. **2.** *v. t.*, **-gg-:** **a)** ~ **[up]** zustopfen, verstopfen ⟨*Loch usw.*⟩; **b)** *(coll.: advertise)* Schleichwerbung machen für; *(by presenting sth. repeatedly)* pushen *(ugs.)*

~ **a'way** *v. i. (coll.)* vor sich hin schuften *(ugs.);* ~ **away at sth.** sich mit etw. abschuften *(ugs.)*

~ **'in** *v. t.* anschließen; **is it ~ged in?** ist der Stecker in der Steckdose *od. (ugs.)* drin?; *see also* **plug-in**

**plug:** ~**-hat** *n. (Amer. coll.)* Angströhre, *die (ugs. scherzh.);* ~**-hole** *n.* Abfluß, *der;* **go down the ~-hole** *(fig. coll.)* im Eimer sein *(salopp);* ~**-in** *adj.* anschließbar

**plum** [plʌm] *n.* **a)** *(tree)* Pflaumenbaum, *der;* Pflaume, *die; (fruit)* Pflaume, *die;* **speak with a ~ in one's mouth** *(Brit. coll.)* affektiert sprechen; **b)** *(fig.)* Leckerbissen, *der;* **a ~ job/position** ein Traumjob *(ugs.);* **his job is a real ~:** sein Job ist einfach traumhaft; **c)** *(colour)* Pflaumenblau, *das*

**plumage** ['plu:mɪdʒ] *n.* Gefieder, *das*

**¹plumb** [plʌm] **1.** *v. t. (sound, measure)* [aus]loten; *(fig.)* ergründen ⟨*Geheimnis*⟩; ~ **the depths of loneliness/sorrow** die tiefsten Tiefen der Einsamkeit/Trauer erleben. **2.** *adv.* **a)** *(vertically)* senkrecht; lotrecht; **b)** *(fig.: exactly)* genau; **c)** *(Amer. sl.: utterly)* total *(ugs.);* **you get ~ out of here!** raus hier, aber 'n bißchen plötzlich! *(ugs.).* **3.** *adj.* **a)** *(vertical)* senkrecht; lotrecht; **b)** *(fig.: downright, sheer)* völlig; absolut. **4.** *n.* Lot, *das;* Senkblei, *das;* **off** *or* **out of ~:** außer *od.* nicht im Lot

**²plumb** *v. t.* ~ **in** *(connect)* fest anschließen

**plumbago** [plʌm'beɪgəʊ] *n., pl.* ~**s a)** *(Min.)* Graphit, *der;* **b)** *(Bot.)* Bleiwurz, *die*

**plumber** ['plʌmə(r)] *n.* Klempner, *der;* Installateur, *der*

**plumbing** ['plʌmɪŋ] *n.* **a)** *(plumber's work)* Klempnerarbeiten *Pl.;* Installationsarbeiten *Pl.;* **b)** *(water-pipes)* Wasserrohre; Wasserleitungen; **a cottage without ~:** ein Häuschen ohne Wasseranschluß; **c)** *(coll.: lavatory)* Klo, *das (ugs.);* **go and inspect the ~:** die Örtlichkeit aufsuchen

**'plumb-line** *n.* **a)** *(for measuring)* Lot, *das;* **b)** *(fig.)* Maßstab, *der*

**'plum-cake** *n.* Rosinenkuchen, *der*

**plume** [plu:m] **1.** *n.* **a)** *(feather)* Feder, *die; (ornamental bunch)* Federbusch, *der;* ~ **of white feathers** weißer Federbusch; **borrowed ~s** *(fig.)* fremde Federn; **b)** ~ **of smoke/steam/snow** Rauchwolke *od.* -fahne/Dampfwolke/Schneefahne, *die.* **2.** *v. t.* **a)** *(furnish, decorate with ~s)* mit Federn schmücken; befiedern ⟨*Pfeil*⟩; **b)** ~ **oneself on sth.** sich mit etw. brüsten; **c)** *(preen etc.)* ⟨*Vogel:*⟩ ordnen ⟨*Federn*⟩; **the swan ~d itself** der Schwan ordnete sein Gefieder

**plummet** ['plʌmɪt] **1.** *v. i.* stürzen. **2.** *n.* **a)** *(weight)* Lotblei, *das; (plumb-line)* Lot, *das;* **b)** *(sounding-lead)* Lot, *das;* Senkblei, *das;* **c)** *(Angling)* Bleigewicht, *das;* Blei, *das*

**plummy** ['plʌmɪ] *adj.* **a)** *(coll.)* sonor ⟨*Stimme*⟩; *(derog.: affected)* affektiert; **b)** *(coll.: desirable, good)* bombig *(ugs.);* Bomben⟨*stelle, -job*⟩ *(ugs.)*

**¹plump** [plʌmp] *adj.* mollig; rundlich; stämmig ⟨*Arme, Beine*⟩; fleischig ⟨*Brathuhn usw.*⟩; ~ **cheeks** Pausbacken *Pl. (fam.);* runde *od.* volle Backen

~ **'out 1.** *v. i.* sich runden; rund werden. **2.** *v. t.* runden; rund werden lassen

~ **'up 1.** *v. t.* aufschütteln ⟨*Kissen*⟩; *(fatten up)* mästen. **2.** *v. i.* Fett ansetzen

**²plump 1.** *v. t.* ~ **sb./oneself/sth. down** jmdn./sich/etw. fallen lassen; **he ~ed the cases in the hall** er setzte die Koffer schwungvoll in der Halle ab. **2.** *v. i.* **a)** *(drop)* fallen; **b)** *(Amer.: move abruptly)* stürmen; stürzen

~ **for** *v. t.* **a)** *(Brit.: vote for)* stimmen für; **b)** *(choose)* sich entscheiden für

**plumpness** ['plʌmpnɪs] *n., no pl. see* **¹plump:** Molligkeit, *die;* Rundlichkeit, *die;* Stämmigkeit, *die;* Fleischigkeit, *die*

**plum:** ~ **'pudding** *n.* Plumpudding, *der (suet pudding) mit Nierenfett zubereiteter Pudding mit Rosinen;* ≈ Rosinenpudding, *der;* ~**-tree** *n.* Pflaumenbaum, *der*

**plunder** ['plʌndə(r)] **1.** *v. t.* [aus]plündern ⟨*Gebäude, Gebiet*⟩; ausplündern ⟨*Person*⟩; rauben ⟨*Sache*⟩; **the church was ~ed of its holy relics** die heiligen Reliquien wurden aus der Kirche geraubt. **2.** *n.* **a)** *(action)* Plünderung, *die; (spoil, booty)* Beute, *die;* **b)** *(sl.: profit)* Profit, *der*

**plunderer** ['plʌndərə(r)] *n.* Plünd[e]rer, *der*

**plunge** [plʌndʒ] **1.** *v. t.* **a)** *(thrust violently)* stecken; *(into liquid)* tauchen; ~ **a knife into sb.'s back** jmdm. ein Messer in den Rücken stoßen; **b)** *(fig.)* ~**d in thought** in Gedanken versunken; **be ~d into sth.** in etw. *(Akk.)* gestürzt werden; ~ **oneself into sth.** sich in etw. *(Akk.)* stürzen; **be ~d into darkness** in Dunkelheit getaucht sein *(geh.).* **2.** *v. i.* **a)** ~ **into sth.** *(lit. or fig.)* in etw. *(Akk.)* stürzen; **he ~d into the crowd** er tauchte in die Menge ein; ~ **in** sich hineinstürzen; **they ~d into a political discussion** sie stürzten sich in eine politische Diskussion; **b)** *(descend suddenly)* ⟨*Straße usw.:*⟩ steil abfallen; **plunging neckline** tiefer Ausschnitt; [tiefes] Dekolleté; ~ **down the stairs** die Treppe hinunterstürzen; **c)** *(enter impetuously)* stürzen; **d)** *(start violently forward)* ⟨*Pferd:*⟩ durchgehen; *(pitch)* ⟨*Schiff:*⟩ eintauchen; **e)** *(sl.: gamble)* spielen. **3.** *n.* Sprung, *der;* **take the ~** *(fig. coll.)* den Sprung wagen; **they have decided to take the ~ and do it** sie haben sich dazu durchgerungen, es zu tun

**plunger** ['plʌndʒə(r)] *n.* **a)** *(part of mechanism)* [Tauch]kolben, *der;* Plunger[kolben], *der;* **b)** *(rubber suction cup)* Stampfer, *der*

**plunk** [plʌŋk] *see* **¹plonk**

**pluperfect** [plu:'pɜ:fɪkt] *(Ling.)* **1.** *n.* Plu

quamperfekt, *das.* **2.** *adj.* ~ **tense** Plusquamperfekt, *das*

**plural** ['plʊərl] *(Ling.)* **1.** *adj.* pluralisch; Plural-; ~ **noun** Substantiv im Plural; ~ **form** Pluralform, *die;* **third person** ~: dritte Person Plural. **2.** *n.* Mehrzahl, *die;* Plural, *der*

**pluralise** *see* **pluralize**

**pluralism** ['plʊərəlɪzm] *n.* **a)** *(holding of more than one office)* Ämterhäufung, *die;* **b)** *(Polit., Sociol.)* Pluralismus, *der*

**pluralist** ['plʊərəlɪst] *n.* **a)** *(holder of more than one office)* Inhaber mehrerer [Kirchen]ämter; **b)** *(Polit., Sociol.)* Pluralist, *der*

**pluralistic** [plʊərə'lɪstɪk] *adj.* pluralistisch

**plurality** [plʊə'rælɪtɪ] *n.* **a)** *(being plural)* Pluralität, *die;* **b)** *(large number)* Vielzahl, *die;* **c)** *(majority)* Majorität, *die;* Mehrheit, *die;* ~ **of sth.** Mehrheit einer Sache *(Gen.);* **d)** *(Amer. Polit.)* [Stimmen]vorsprung, *der* (**over** vor + *Dat.*)

**pluralize** ['plʊərəlaɪz] *v. t.* pluralisieren *(Sprachw.);* in den Plural setzen

**plural:** ~ **'number** *see* **plural 2;** ~ **so'ciety** *n.* plurale Gesellschaft; ~ **'vote** *n.* Mehrstimmenrecht, *das;* ~ **'voting** *n.* Pluralwahlrecht, *das*

**plus** [plʌs] **1.** *prep.* **a)** *(with the addition of)* plus (+ *Dat.*); *(and also)* und [zusätzlich]; **b)** *(above zero)* plus; ~ **ten degrees** plus zehn Grad; zehn Grad plus; **c)** *(coll.);* **he returned from America** ~ **a wife and child** er kam aus Amerika zurück – mit Frau und Kind; **a** ~ **one** *etc.* **player** *(Golf)* ein Spieler mit einer Vorgabe von eins *usw.* **2.** *adj.* **a)** *(additional, extra)* zusätzlich; **b)** *(at least)* **fifteen** *etc.* ~: über fünfzehn *usw.;* **alpha** *etc.* ~ Eins *usw.* plus; **c)** *(Math.: positive)* positiv ‹*Wert, Menge, Größe*›; **d)** *(Electr.)* ~ **pole/terminal** Pluspol, *der.* **3.** *n.* **a)** *(symbol)* Plus[zeichen], *das;* **b)** *(additional quantity)* Plus, *das;* **c)** *(advantage)* Pluspunkt, *der.* **4.** *conj. (sl.)* und außerdem

**plus-'fours** *n. pl.* Überfallhose, *die*

**plush** [plʌʃ] **1.** *n.* Plüsch, *der.* **2.** *adj.* **a)** *(made of plush)* Plüsch-; plüschen; **b)** *(covered in plush)* mit Plüsch bezogen; **c)** *(coll.: luxurious)* feudal *(ugs.)*

**plushy** ['plʌʃɪ] *adj.* **a)** *(of, like plush)* plüschig; **b)** *see* **plush 2c**

**Pluto** ['plu:təʊ] *pr. n.* **a)** *(Astron.)* Pluto, *der;* **b)** *(Roman Mythol.)* Pluto *(der)*

**plutocracy** [plu:'tɒkrəsɪ] *n.* **a)** *(rule by the rich; state)* Plutokratie, *die;* **b)** *(rich ruling class)* Plutokraten *Pl.*

**plutocrat** ['plu:təkræt] *n.* Plutokrat, *der*

**plutocratic** [plu:tə'krætɪk] *adj.* plutokratisch

**plutonic** [plu:'tɒnɪk] *adj.* *(Geol.)* plutonisch; ~ **theory** Plutonismus, *der*

**plutonium** [plu:'təʊnɪəm] *n.* *(Chem.)* Plutonium, *das*

**pluvial** ['plu:vɪəl] *adj.* Regen-

**¹ply** [plaɪ] **1.** *v. t.* **a)** *(use, wield)* gebrauchen; führen; **they plied their oars** sie legten sich in die Ruder; **b)** *(work at)* nachgehen (+ *Dat.*) ‹*Handwerk, Arbeit*›; **c)** *(sell)* verkaufen; **d)** *(supply)* ~ **sb. with sth.** jmdn. mit etw. versorgen; **e)** *(assail)* überhäufen; ~ **sb. with questions** jmdn. mit Fragen überschütten; **f)** *(sail over)* befahren. **2.** *v. i.* **a)** *(go to and fro)* ~ **between** zwischen ‹*Orten*› [hin- und her]pendeln; *(operate on regular services)* zwischen ‹*Orten*› verkehren; **b)** *(attend regularly for custom)* seine Dienste anbieten; ~ **for customers** auf Kunden *od.* Kundschaft warten; **a taxi** ~**ing for hire** ein auf Kundschaft wartendes Taxi

**²ply** *n.* **a)** *(of yarn, wool, etc.)* [Einzel]faden, *der;* *(of rope, cord, etc.)* Strang, *der;* *(of plywood, cloth, etc.)* Lage, *die;* Schicht, *die;* *see also* **three-ply; two-ply; b)** *see* **plywood**

**'plywood** *n.* Sperrholz, *das*

**PM** *abbr.* **a) post-mortem; b) Prime Minister**

**p.m.** [pi:'em] **1.** *adv.* nachmittags; **one** ~: ein Uhr mittags; **two/five** ~: zwei/fünf Uhr nachmittags; **six/eleven** ~: sechs/elf Uhr abends. **2.** *n.* Nachmittag, *der;* **Monday/this** ~: Montag/heute nachmittag

**PMT** *abbr.* **premenstrual tension**

**pneumatic** [nju:'mætɪk] *adj.* pneumatisch; mit Druckluft betrieben *od.* arbeitend ‹*Maschine*›; Druckluft‹*werkzeug, -hammer*›

**pneumatically** [nju:'mætɪkəlɪ] *adv.* pneumatisch; mit Druckluft *nachgestellt*

**pneumatic:** ~ **'blonde** *n.* *(joc.)* üppige Blondine; ~ **'drill** *n.* Preßluftbohrer, *der;* ~ **'tyre** *n.* Luftreifen, *der;* Pneumatik, *der*

**pneumoconiosis** [nju:məʊkɒnɪ'əʊsɪs] *n., no pl.* *(Med.)* Pneumokoniose, *die (fachspr.);* Staublunge, *die*

**pneumonia** [nju:'məʊnɪə] *n.* Lungenentzündung, *die;* Pneumonie, *die (Med.);* **double/single** ~: doppelseitige/einseitige Lungenentzündung

**PO** *abbr.* **a) postal order** PA; **b) Post Office** PA; **c)** *(Brit. Navy)* **Petty Officer; d)** *(Brit. Air Force)* **Pilot Officer** LT

**po** [pəʊ] *n., pl.* **pos** *(coll.)* [Nacht]topf, *der;* Pott, *der (ugs., bes. nordd.)*

**¹poach** [pəʊtʃ] **1.** *v. t.* **a)** *(catch illegally)* wildern; illegal fangen ‹*Fische*›; ~ **pupils away from other teachers** anderen Lehrern die Schüler abspenstig machen; **b)** *(obtain unfairly)* stehlen, *(ugs.)* klauen ‹*Idee*›; sich *(Dat.)* erschleichen ‹*Vorteil*›. **2.** *v. i.* **a)** *(catch animals illegally)* wildern; **b)** *(encroach)* ~ [**on sb.'s territory**] jmdm. ins Handwerk pfuschen; *(Sport)* dazwischengehen

**²poach** *v. t.* *(Cookery)* pochieren ‹*Ei*›; dünsten, pochieren ‹*Fisch, Fleisch, Gemüse*›; ~**ed eggs** pochierte *od.* verlorene Eier

**¹poacher** ['pəʊtʃə(r)] *n.* Wilderer, *der;* Wilddieb, *der;* **the** ~ **turns gamekeeper** aus einem Saulus wird ein Paulus

**²poacher** *n.* *(Cookery)* Dünster, *der;* [**egg-**]~: Eierkocher für pochierte Eier

**pochard** ['pəʊtʃəd] *n.* *(Ornith.)* Tafelente, *die*

**pock** [pɒk] *n.* Pickel, *der;* Pustel, *die (Med.);* *(of smallpox)* Pocke, *die*

**pocked** [pɒkt] *adj.* durchlöchert (**with** von)

**pocket** ['pɒkɪt] **1.** *n.* **a)** Tasche, *die;* *(in suitcase etc.)* Seitentasche, *die;* *(in handbag)* [Seiten]fach, *das;* *(on rucksack etc.)* [Außen]tasche, *die;* *(Billiards etc.)* Loch, *das;* Tasche, *die;* **be in sb.'s** ~ *(fig.)* von jmdm. abhängig sein; **the business is virtually in his** ~: in der Firma ist er praktisch der Boss *(ugs.);* **have [got] sb. in one's** ~: jmdn. in der Tasche haben *(ugs.);* **make a hole in sb.'s** ~ *(fig.)* ein Loch in jmds. Geldbeutel *(Akk.)* reißen; **b)** *(fig.: financial resources)* **with an empty** ~, **with empty** ~**s** mit leeren Taschen; **pay for sth. out of one's own** ~: etw. aus eigener *od.* der eigenen Tasche bezahlen; **it is beyond my** ~: es übersteigt meine finanziellen Möglichkeiten; **put one's hand in one's** ~: in die Tasche greifen *(ugs.);* **be in** ~: Geld verdient haben; **be £100 in** ~: 100 Pfund gutgemacht haben; **be out of** ~ *(have lost money)* draufgelegt haben *(ugs.);* zugesetzt haben; **I don't want you to be out of** ~ **because of me** ich möchte nicht, daß du meinetwegen drauflegst *(ugs.) od.* zusetzt; *see also* **out-of-pocket; c)** *(Mil.) (area)* Kessel, *der;* **enemy** ~: [versprengte] feindliche Einheit; ~ **of resistance** Widerstandsnest, *das;* **d)** *(isolated group)* ≈ Schwerpunkt, *der;* ~ **of unemployment** schwerpunktmäßiges Auftreten von Arbeitslosigkeit; **e)** *(Mining, Geol.)* Nest, *das. See also* **²line. 2.** *adj.* Taschen‹*rechner, -uhr, -ausgabe*›. **3.** *v. t.* **a)** *(put in one's pocket)* einstecken; **b)** *(steal)* in die eigene Tasche stecken *(ugs.);* **c)** *(fig.: submit to)* wegstecken; einstecken; **d)** *(fig.: conceal)* verbergen, hinunterschlucken *(ugs.)* ‹*Zorn, Gefühlsregung*›; **e)** *(Billiards etc.)* einlochen

**'pocket-book** *n.* **a)** *(wallet)* Brieftasche, *die;* **b)** *(notebook)* Notizbuch, *das;* **c)** *(Amer.: paperback)* Taschenbuch, *das;* **in** ~: als Taschenbuch; **d)** *(Amer.: handbag)* Handtasche, *die*

**pocketful** ['pɒkɪtfʊl] *n.* **a** ~ **of loose change** eine Tasche voll Kleingeld

**pocket:** ~ **'handkerchief** *n.* **a)** Taschentuch, *das;* **b)** *(fig.: very small area)* **a** ~ **handkerchief of a garden** ein winziger Garten; ~**-knife** *n.* Taschenmesser, *das;* ~**-money** *n.* Taschengeld, *das;* ~**-size[d]** *adj.* **a)** im Taschenformat *nachgestellt;* ~**-sized edition** Taschenausgabe, *die;* **b)** *(fig.: small scale)* Westentaschen- *(ugs. scherzh.);* im [Westen]taschenformat *nachgestellt (ugs. scherzh.);* ~ **'veto** *n.* *(Amer. Polit.)* *durch Nichtunterzeichnung einer Gesetzesvorlage ausgeübtes Veto*

**pock:** ~**-mark** *n.* **a)** *(Med.)* Pockennarbe, *die;* **b)** Delle, *die;* *(from bullet)* Einschuß, *der;* ~**-marked** *adj.* **a)** pockennarbig ‹*Gesicht, Haut*›; **b) a wall** ~**-marked with bullets** eine mit Einschüssen übersäte Wand

**pod** [pɒd] **1.** *n.* **a)** *(seed-case)* Hülse, *die;* *(of pea)* Schote, *die;* Hülse, *die;* **b)** *(in aircraft etc.)* *(for engine)* Gondel, *die;* *(for fuel)* Außentank, *der;* *(for missile etc.)* Behälter, *der;* Pod, *der;* *(radome)* Radom, *das.* **2.** *v. t.,* **-dd-** aus- *od.* enthülsen. **3.** *v. i.,* **-dd-** *(form pods)* [Früchte] ansetzen; *(bear pods)* [Früchte] tragen

**podge** [pɒdʒ] *n.* *(coll.)* Pummel, *der (ugs.)*

**podgy** ['pɒdʒɪ] *adj.* dicklich; pummelig *(ugs.),* rundlich *(fam.),* mollig ‹*Frau*›; pausbäckig, *(fam.)* rundlich ‹*Gesicht*›; ~ **cheek** Pausbacke, *die (fam.);* ~ **fingers** Wurstfinger *(ugs.)*

**podium** ['pəʊdɪəm] *n., pl.* **podia** ['pəʊdɪə] *or* **-s** Podium, *das*

**podzol** ['pɒdzɒl] *n.* *(Soil Sci.)* Podsol, *der*

**poem** ['pəʊɪm] *n.* Gedicht, *das;* **symphonic** ~ *(Mus.)* sinfonische Dichtung

**poesy** ['pəʊɪsɪ, 'pəʊɪzɪ] *n.* *(arch./poet.)* *(poetry)* Poesie, *die;* *(art)* Dichtkunst, *die;* *(poems collectively)* Dichtung, *die*

**poet** ['pəʊɪt] *n.* *(writer of poems)* Dichter, *der;* Poet, *der (geh.);* *(sb. with great creativity)* Künstler, *der;* **P~s' Corner** die Dichterecke *od.* der Dichterwinkel *(in der Westminsterabtei);* *see also* **laureate**

**poetaster** [pəʊɪ'tæstə(r)] *n.* *(dated derog.)* Dichterling, *der (abwertend);* Poetaster, *der (geh. abwertend)*

**poetess** ['pəʊɪtes] *n.* Dichterin, *die;* Poetin, *die (geh.)*

**poetic** [pəʊ'etɪk] *adj.* dichterisch; poetisch *(geh.);* anmutig ‹*Bewegung*›; ‹*Bild, Anblick*› voller Poesie; **in** ~ **form** in Versen; *see also* **justice a; licence 1 d**

**poetical** [pəʊ'etɪkl] *adj.* **a)** *see* **poetic; b)** *(written in verse)* in Gedichtform *nachgestellt;* ~ **drama** Versdrama, *das;* **his** ~ **works** seine Gedichte

**poetically** [pəʊ'etɪkəlɪ] *adv.* dichterisch; poetisch *(geh.)*

**poetry** ['pəʊɪtrɪ] *n.* [Vers]dichtung, *die;* Lyrik, *die;* *(fig.)* Poesie, *die (geh.);* **prose** ~: Prosadichtung, *die;* ~ **reading** ≈ Dichterlesung, *die*

**'po-faced** ['pəʊfeɪst] *adj.* mit unbewegter Miene *nachgestellt;* *(smug, priggish)* blasiert *(abwertend);* *(narrow-minded)* borniert; **sound** ~: abweisend klingen

**pogo** ['pəʊgəʊ] *n., pl.* ~**s:** ~ [**stick**] Springstab, *der*

**pogrom** ['pɒgrəm] *n.* Pogrom, *das od. der*

**poignancy** ['pɔɪnjənsɪ] *n., no pl.* [schmerzliche] Intensität; *(of words, wit, etc.)* Schärfe, *die*

**poignant** ['pɔɪnjənt] *adj.* tief ‹*Bedauern, Trauer, Schmerz, Verzweiflung*›; überwältigend ‹*Schönheit*›; quälend ‹*Hunger*›; *(causing sympathy)* ergreifend, herzzerreißend ‹*Anblick, Geschichte*›

**poignantly** ['pɔɪnjəntlɪ] *adv.* *(touchingly)* ergreifend; in bewegenden Worten ‹*sprechen, schreiben*›; *(regretfully)* wehmütig; *(pungently)* beißend

**poinsettia** [pɔɪn'setɪə] *n.* *(Bot.)* Weihnachtsstern, *der*

**point** [pɔɪnt] **1.** *n.* **a)** *(tiny mark, dot)* Punkt, *der;* **nought ~ two** Null Komma zwei; *see also* **decimal point; full point; b)** *(sharp end of tool, weapon, pencil, etc.)* Spitze, *die;* **come to a [sharp] ~**: spitz zulaufen; **at gun-~/knife-~**: mit vorgehaltener [Schuß]waffe/vorgehaltenem Messer; **hold sb. at gun-~/knife-~**: jmdn. mit vorgehaltener Pistole/vorgehaltenem Messer bedrohen; **not to put too fine a ~ on it** *(fig.)* um nichts zu beschönigen; **c)** *(single item)* Punkt, *der;* **the ~ under dispute** der strittige Punkt; die strittige Frage; **~ of conscience** Gewissensfrage, *die;* **agree on a ~**: in einem Punkt *od.* einer Frage übereinstimmen; **Are you an experienced cook? – No, in ~ of fact I've never cooked a meal before** Sind Sie ein erfahrener Koch? – Nein, ganz im Gegenteil. Ich habe [bisher] noch nie gekocht; **You haven't met him, have you? – Yes, in ~ of fact, I have** Du kennst ihn nicht, oder? – Doch, wir kennen uns; **be a ~ of honour with sb.** für jmdn. [eine] Ehrensache sein; **possession is nine ~s of the law** das Gesetz ist meistens auf der Seite des Besitzers; *see also* **law a; order 1 j; stretch 1 d; d)** *(unit of scoring)* Punkt, *der;* **win by 100 ~s** mit 100 Punkten Vorsprung gewinnen; **give ~s to sb.** jmdm. eine Vorgabe geben; **score ~s off sb.** *(fig.)* jmdn. an die Wand spielen; **win on ~s** *(Boxing; also fig.)* nach Punkten gewinnen; **a win on ~s** ein Sieg nach Punkten; ein Punktsieg; **e)** *(stage, degree)* **things have reached a ~ where** *or* **come to such a ~ that ...**: die Sache ist dahin *od.* so weit gediehen, daß ...; *(negatively)* es ist so weit gekommen, daß ...; **the shares reached their highest ~**: die Aktien erreichten ihren höchsten Stand *od.* Höchststand; **up to a ~**: bis zu einem gewissen Grad; **beyond a certain ~**: über einen bestimmten Punkt hinaus; **he gave up at this ~**: an diesem Punkt gab er auf; **she was abrupt to the ~ of rudeness** sie war in einer Weise barsch, die schon an Unverschämtheit grenzte; *see also* **boiling-point; freezing-point; melting-point; f)** *(moment)* Zeitpunkt, *der;* **when it comes/came to the ~**: wenn es soweit ist/als es soweit war; wenn es ernst wird/als es ernst wurde; **be at/on the ~ of sth.** kurz vor etw. *(Dat.)* sein; einer Sache *(Dat.)* nahe sein; **be at the ~ of death** im Sterben liegen; **be on the ~ of doing sth.** im Begriff sein, etw. zu tun; etw. gerade tun wollen; **g)** *(distinctive trait)* Seite, *die;* *(feature in animal)* [Rassen]merkmal, *das;* **best/strong ~**: starke Seite; Stärke, *die;* **good/bad ~**: gute/schlechte Seite; **getting up early has its ~s** frühes Aufstehen hat auch seine Vorzüge; **the ~** *(essential thing)* das Entscheidende; **the ~ is, what am I to do if I can't get a job?** fragt sich nur: was mache ich, wenn ich keinen Job finde?; *(thing to be discussed)* **that is just the ~** *or* **the whole ~**: das ist genau der springende Punkt; **come to** *or* **get to the ~**: zur Sache *od.* zum Thema kommen; **keep** *or* **stick to the ~**: beim Thema bleiben; **keep sb. to the ~**: verhindern, daß jmd. [vom Thema] abschweift; **be beside the ~**: unerheblich sein; keine Rolle spielen; **that's beside the ~**: darum geht es nicht; **~ taken** habe verstanden; **carry** *or* **make one's ~**: sich durchsetzen; sein Ziel erreichen; **right, I agree with you, you've made your ~**: also gut, ich gebe dir recht, ich habe verstanden; **in ~**: relevant *(geh.);* **not in ~**: irrelevant *(geh.);* **a case in ~**: ein typisches Beispiel; **that's not in ~**: das gehört nicht zur Sache *od.* hierher; **make a ~ of doing sth.** [großen] Wert darauf legen, etw. zu tun; **... and I shall make a ~ of telling him so** ... und ich werde ihm das jetzt auch mal sagen; **make a ~ of it** Wert darauf legen; **make** *or* **prove a ~**: etw. beweisen; **make** *or* **prove a ~ against sth.** ein Argument gegen etw. anführen *od. (geh.)* ins Feld führen; **be always making** *or* **proving a ~ of some kind** ständig etwas beweisen wollen; **to the ~**: sachbezogen; **more to the ~**: wichtiger; **a topic that is not strictly to the ~**: ein Punkt, der nicht direkt zum Thema gehört; **he was very brief and to the ~**: seine Ausführungen waren sehr knapp und sachbezogen; **you have a ~ there** da hast du recht; da ist [et]was dran *(ugs.);* *see also* **take 1 t; h)** *(tip)* Spitze, *die;* *(Boxing)* Kinnspitze, *die;* Kinn, *das;* *(Ballet)* Spitze, *die;* *in pl. (of horse, dog, etc.) (extremities)* Extremitäten *Pl.;* *(area of contrasting colour in an animal's fur)* Abzeichen *Pl.;* **the ~ of his jaw** seine Kinnspitze; **the ~s of his ears** seine Ohrläppchen; **dance on the ~s of one's toes** auf den Zehen- *od.* Fußspitzen tanzen; **on ~, on one's ~s, on the ~s** *(Ballet)* auf Spitzen; **a ~ [of land]** eine Landspitze *od.* -zunge; **i)** *(of story, joke, remark)* Pointe, *die;* *(pungency, effect) (of literary work)* Eindringlichkeit, *die;* *(of remark)* Durchschlagskraft, *die;* Überzeugungskraft, *die;* **see** *or* **get/miss the ~**: die Pointe verstehen/nicht verstehen; **miss the ~ of a joke** die Pointe eines Witzes nicht verstehen *od. (ugs.)* mitkriegen; **j)** *(purpose, value)* Zweck, *der;* Sinn, *der;* **what's the ~ of worrying?** was für einen Sinn *od.* Zweck hat es, sich *(Dat.)* Sorgen zu machen?; wozu sich *(Dat.)* Sorgen machen? *(ugs.);* **there's no ~ in protesting** es hat keinen Sinn *od.* Zweck zu protestieren; es ist sinnlos *od.* zwecklos zu protestieren; **k)** *(precise place, spot)* Punkt, *der;* Stelle, *die;* *(Geom.)* Punkt, *der;* **fire broke out at several ~s** an mehreren Punkten *od.* Stellen brach Feuer aus; **Bombay and ~s east** Bombay und Orte östlich davon; **~ of contact** Berührungspunkt, *der;* **~ of no return** Punkt, an dem es kein Zurück mehr gibt; **~ of view** *(fig.)* Standpunkt, *der;* **from my/a money/an atheistic ~ of view** *(fig.)* aus meiner/finanzieller/atheistischer Sicht; von meinem/von einem finanziellen/atheistischen Standpunkt aus; *see also* **departure d; l)** *(Brit.)* **[power** *or* **electric] ~**: Steckdose, *die;* **m)** *(Brit. Railw.) usu in pl.* Weiche, *die;* **n)** *(sharp-pointed tool)* spitzes Werkzeug; *(in engraving, etching, etc.)* Grabstichel, *der;* *(in masonry)* Grabmeißel, *der;* Punktiereisen, *das;* **o)** *(of deer)* Ende, *das (Jägerspr.);* Sprosse, *die (Jägerspr.);* **p)** *usu in pl. (Motor Veh.: contact device)* Kontakt, *der;* **contact breaker ~**: Unterbrecherkontakt, *der;* **q)** *(unit in Bridge, competition, rationing, stocks, shares, etc.)* Punkt, *der;* *(unit of weight for precious stones)* ein Hundertstel Karat; 0,01 Karat; **prices/the cost of living went up three ~s** die Preise/Lebenshaltungskosten sind um drei [Prozent]punkte gestiegen; **r)** *(on compass)* Strich, *der;* *see also* **cardinal points; s)** *(Printing)* Punkt, *der;* **eight-~** Achtpunkt, *der;* **t)** *(Cricket) Feldspieler, der einige Meter seitlich vom Torwächter steht; (Lacrosse) dem Torwart am nächsten stehender Verteidiger.* **2.** *v. i.* **a)** zeigen, weisen, ‹*Person auch:*› deuten **(to, at** auf + *Akk.*); **it's rude to ~**: es gehört sich nicht, mit dem Finger auf jemanden zu zeigen; **she ~ed through the window** sie zeigte aus dem Fenster; **the compass needle ~ed to the north** die Kompaßnadel zeigte *od.* wies nach Norden; **b) ~ towards** *or* **to** *(fig.)* [hin]deuten *od.* hinweisen auf (+ *Akk.*). **3.** *v. t.* **a)** *(direct)* richten ‹*Waffe, Kamera*› **(at** auf + *Akk.*); **~ one's finger at sth./sb.** mit dem Finger auf etw./jmdn. deuten *od.* zeigen *od.* weisen; **~ me in the right direction** zeige mir den richtigen Weg; **b)** *(Building)* aus-, verfugen ‹*Mauer, Steine*›; ausfüllen ‹*Fugen*›; **c)** *(give force to)* Nachdruck verleihen (+ *Dat.*), unterstreichen ‹*Bemerkung*›; würzen ‹*Erzählung, Rede*›; verstärken ‹*Gefühl*›; **d)** *(sharpen)* [an]spitzen ‹*Bleistift*›; **e)** *(show presence of)* ‹*Hund:*› vorstehen *(Jägerspr.);* **f)** *(punctuate)* mit Satzzeichen versehen; mit Deklamationszeichen versehen ‹*Psalm usw.*›; *(in Hebrew etc.)* mit diakritischen Zeichen versehen

**~ 'out** *v. t.* hinweisen auf (+ *Akk.*); **~ sth./sb. out to sb.** jmdn. auf etw./jmdn. hinweisen *od.* aufmerksam machen; **I ~ed him out to the others** ich zeigte ihn den anderen; **he ~ed out the house** er zeigte das Haus; **he ~ed out my mistake** er zeigte meinen Fehler auf

**~ 'up** *v. t.* *(emphasize)* herausstellen; *(make clear)* verdeutlichen

**point-'blank** **1.** *adj.* *(direct, flat)* direkt; *(fig.)* direkt ‹*Frage, Art*›; glatt ‹*Weigerung*›; **~ shot** Schuß aus kürzester Entfernung; Kern- *od.* Fleckschuß, *der (Jägerspr.);* **~ distance** *or* **range** kürzeste Entfernung; Kernschußweite, *die (Jägerspr.);* **give a ~ denial** alles leugnen. **2.** *adv.* **a)** *(at very close range)* aus kürzester Entfernung ‹*schießen*›; **b)** *(in direct line)* direkt; *(fig.: directly)* rundheraus, *(ugs.)* geradeheraus ‹*fragen, sagen*›; **tell sb. ~ that ...**: jmdm. direkt ins Gesicht *od.* unverblümt *od. (ugs.)* geradeheraus sagen, daß ...

**'point-by-point** *adj.* Punkt für Punkt *nachgestellt*

**'point-duty** *n.* *(Brit.) Einsatz zur Verkehrsregelung;* **policeman on ~**: Verkehrspolizist, *der*

**pointed** ['pɔɪntɪd] *adj.* **a)** spitz; **~ arch** Spitzbogen, *der;* **b)** *(fig.: sharply expressed)* unmißverständlich; deutlich; **c)** *(emphasized)* ostentativ *(geh.);* betont ‹*Interesse, Aufmerksamkeit*›

**pointedly** ['pɔɪntɪdlɪ] *adv.* *(explicitly, significantly)* demonstrativ; ostentativ *(geh.)*

**pointer** ['pɔɪntə(r)] *n.* **a)** *(indicator)* Zeiger, *der;* *(rod)* Zeigestock, *der;* **b) ~ [dog]** Pointer, *der;* englischer Vorstehhund; **c)** *(coll.) (hint)* Fingerzeig, *der;* Tip, *der (ugs.);* *(indication)* Hinweis, *der* **(to** auf + *Akk.*); **d)** *in pl. (Astron.) (in Great Bear) die vorderen Kastensterne (des Großen Wagens); (in Southern Cross) die beiden die Längsachse des Kreuzes markierenden Sterne (im Kreuz des Südens)*

**pointillism** ['pwæntɪlɪzm] *n.* *(Art)* Pointillismus, *der*

**pointing** ['pɔɪntɪŋ] *n.* *(of brickwork)* Fugung, *die;* *(action)* Ausfugen, *das;* Verfugen, *das;* *(material)* [Fugen]mörtel, *der*

**pointless** ['pɔɪntlɪs] *adj.* *(without purpose or meaning, useless)* sinnlos; *(without force, meaningless)* belanglos ‹*Bemerkung, Geschichte*›

**pointlessly** ['pɔɪntlɪslɪ] *adv.* sinnlos; unnötig ‹*sich Sorgen machen*›; unmotiviert ‹*lachen*›; ohne Zweck und Ziel ‹*herumlungern*›

**point-to-'point [race]** *n.* *(Horse-racing)* Kirchturmrennen, *das*

**poise** [pɔɪz] **1.** *n.* **a)** *(composure)* Haltung, *die;* *(self-confidence)* Selbstsicherheit, *die;* Selbstvertrauen, *das;* **have ~**: beherrscht sein/selbstsicher sein; **keep one's ~**: Haltung/Selbstsicherheit behalten; **lose one's ~**: die Haltung *od.* Beherrschung *od.* Fassung/sein Selbstvertrauen verlieren; **b)** *(good carriage)* Haltung, *die;* *(of body)* Körperhaltung, *die.* **2.** *v. t.* **a)** *in p.p. (in readiness)* **sit ~d on the edge of one's chair** auf der Stuhlkante balancieren; **be ~d for action** einsatzbereit sein; **hang ~d** ‹*Vogel, Insekt:*› schweben; *see also* **poised; b)** *(balance)* balancieren; **c)** *(hold suspended, carry in a particular way)* **~ the spear ready to hurl**

it den Speer wurfbereit in der Hand halten; ~ **oneself on one's toes** auf den Zehen stehen

**poised** [pɔɪzd] *adj.* selbstsicher; *see also* **poise 2 a**

**poison** ['pɔɪzn] **1.** *n. (harmful substance; lit. or fig.)* Gift, *das;* **slow ~:** langsam wirkendes Gift; **hate sb./sth. like ~:** jmdn./etw. wie die Pest hassen; **what's your ~?** *(coll.)* was trinkst du? **2.** *v. t.* **a)** vergiften; *(cause disease in)* infizieren; *(contaminate)* verseuchen ⟨*Boden, Luft, Wasser*⟩; verpesten *(abwertend)* ⟨*Luft*⟩; *(smear with poison)* vergiften ⟨*Pfeil*⟩; **die of ~ing** an einer Vergiftung sterben; **~ed hand** infizierte Hand; **~ed arrow** Giftpfeil, *der;* **b)** *(fig.) (corrupt)* vergiften ⟨*Gedanken, Seele*⟩; *(injure, destroy)* zerstören, ruinieren ⟨*Ehe, Leben*⟩; vergällen ⟨*Freude*⟩; verderben ⟨*Speisen, Feldfrüchte usw.*⟩; ~ **sb.'s mind** jmdn. verderben *od. (geh.)* korrumpieren; **she ~ed his mind** *or* **caused his thoughts to be ~ed against me** sie hat ihn gegen mich aufgebracht

**poisoner** ['pɔɪzənə(r)] *n.* Giftmörder, *der*/ Giftmörderin, *die*

**poison 'gas** *n.* Giftgas, *das*

**poisoning** ['pɔɪzənɪŋ] *n.* Vergiftung, *die; (contamination)* Verseuchung, *die*

**poison 'ivy** *n.* Giftefeu, *der;* Kletternder Giftsumach *(Bot.)*

**poisonous** ['pɔɪzənəs] *adj.* **a)** giftig; tödlich ⟨*Dosis*⟩; ~ **snake/mushroom/substance** Giftschlange, *die*/-pilz, *der*/-stoff, *der;* **b)** *(fig.)* verderblich ⟨*Lehre, Wirkung*⟩; giftig ⟨*Blick, Zunge*⟩

[1]**poke** [pəʊk] *n. (dial.: bag)* Beutel, *der;* Sack, *der; see also* **pig 1 a**

[2]**poke 1.** *v. t.* **a)** ~ **sth. [with sth.]** [mit etw.] gegen etw. stoßen; **she ~d the hedgehog to see if it was dead** sie stieß den Igel an, um zu sehen, ob er tot war; ~ **sth. into sth.** etw. in etw. *(Akk.)* stoßen; ~ **one's finger up one's nose** den Finger in die Nase stecken; ~ **the fire** das Feuer schüren; **he accidentally ~d me in the eye** er stieß mir versehentlich ins Auge; ~ **sb. in the ribs** jmdm. einen Rippenstoß geben *od.* versetzen; *see also* **fun 1; b)** *(thrust forward)* stecken ⟨*Kopf*⟩; ~ **one's head in through the window** den Kopf zum Fenster hin-/hereinstecken; ~ **one's head round the corner/door** um die Ecke gucken *(ugs.)*/den Kopf in die Türöffnung stecken; ~ **one's head in** reingucken *(ugs.);* ~ **one's finger at sb.** mit dem Finger nach jmdm. stoßen; **c)** *(pierce)* bohren; **d)** *(coarse: have sexual intercourse with)* stoßen *(derb).* **2.** *v. i.* **a)** *(in pond, at food, among rubbish)* [herum]stochern **(at, in, among** in + *Dat.*); ~ **at sth. with a stick** *etc.* mit einem Stock *usw.* nach etw. stoßen; **b)** *(thrust itself)* sich schieben; **his elbows were poking through the sleeves** seine Ärmel hatten Löcher, aus denen die Ellbogen hervorguckten; **c)** *(pry)* schnüffeln *(ugs. abwertend);* ~ **into things that don't concern one** seine Nase in Dinge stecken, die einen nichts angehen *(ugs.).* **3.** *n.* **a)** *(thrust)* Stoß, *der;* **give sb. a ~ [in the ribs]** jmdm. einen [Rippen]stoß versetzen *od.* geben; **give sb. a ~ in the eye** jmdm. ins Auge stoßen; **give the fire a ~:** das Feuer [an]schüren; **better than a ~ in the eye [with a pointed stick]** *(coll.)* besser als gar nichts *od. (derb)* als in die hohle Hand geschissen; **b) have a ~ around a shop** *etc.* in einem Laden *usw.* herumstöbern; **have a ~ around in sb.'s writing-desk** in jmds. Schreibtisch herumstöbern *od.* -wühlen; **c)** *(coarse: sexual intercourse)* Fick, *der (vulg.);* **have a ~:** stoßen *(derb)*

~ **a'bout,** ~ **a'round** *v. i.* **a)** herumschnüffeln *(ugs. abwertend);* **b)** *(rummage)* herumsuchen *(ugs.);* herumkramen *(ugs.);* ~ **about in sth. for sth.** etw. nach etw. durchwühlen

~ **'out 1.** *v. t.* rausstrecken; **you nearly ~d my eye out** du hast mir fast das Auge ausgestochen; ~ **the dirt out of sth.** den Schmutz aus etw. kratzen; ~ **one's head out** rausgucken *(ugs.).* **2.** *v. i.* rausgucken *(ugs.)*

**'poke-bonnet** *n.* Schutenhut, *der*

[1]**poker** ['pəʊkə(r)] *n. (for fire)* Schürstange, *die;* Schüreisen, *das;* **as stiff as a ~:** stocksteif *(ugs.)*

[2]**poker** *n. (Cards)* Poker, *das od. der;* **have a game of ~:** eine Runde pokern

**poker:** ~ **dice** *n. pl. Würfel mit Spielkartensymbolen;* ≈ Skatwürfel; **~-face** *n.* Pokerface, *das;* Pokergesicht, *das;* **~-faced** *adj.* mit unbewegter Miene *nachgestellt;* **remain ~-faced** keine Miene verziehen

**poky** ['pəʊkɪ] *adj.* winzig; ~ **little** winzig klein; **it's so ~ in here** es ist so eng hier drinnen

**Poland** ['pəʊlənd] *pr. n.* Polen *(das)*

**polar** ['pəʊlə(r)] *adj.* **a)** *(of pole)* polar ⟨*Kaltluft, Kälte, Fauna, Klima, Gewässer*⟩; Polar⟨*eis, -gebiet, -luft, -meer, -nacht, -fuchs, -hase*⟩; **b)** *(Magn.)* polar; **c)** *(fig.: central)* zentral; **d)** *(directly opposite)* [diametral] entgegengesetzt; polar *(geh.);* äußerst ⟨*Extrem*⟩; grundlegend ⟨*Unterschied*⟩

**polar:** ~ **bear** *n.* Eisbär, *der;* ~ **'cap** *n. (Geog.)* Polkappe, *die;* ~ **'circles** *n. pl. (Geog.)* Polarkreise; ~ **'front** *n. (Meteorol.)* Polarfront, *die*

**Polaris** [pə'lɑ:rɪs] *pr. n.* **a)** *(missile)* Polaris, *die;* **b)** *(Astron.)* Polaris *(die)*

**polarisation, polarise** *see* **polariz-**

**polarity** [pə'lærɪtɪ] *n.* **a)** *(Magn.)* Polung, *die;* Polarität, *die;* **b)** *(direction of axis; having two poles)* Polarität, *die;* **c)** *(fig.: contrary qualities)* Gegensatz, *der;* Polarität, *die (geh.);* **d)** *(Electr.)* Polung, *die;* **change of ~:** Polwechsel, *der*

**polarization** [pəʊləraɪ'zeɪʃn] *n. (Phys.)* Polarisation, *die; (fig.)* Polarisierung, *die;* Polarisation, *die*

**polarize** ['pəʊləraɪz] **1.** *v. t.* **a)** *(Phys.)* polarisieren; **b)** *(fig.: divide)* spalten; polarisieren *(geh.);* ~ **political life** eine Polarisierung des politischen Lebens bewirken. **2.** *v. i.* sich [auf]spalten; sich polarisieren *(geh.)*

**Polaroid, (P)** ['pəʊlərɔɪd] *n.* **a)** *(material)* Polaroidfolie, *die* (Wz); **b) ~s** *(sun-glasses)* Polaroidbrille, *die* (Wz); **c)** ~ **[camera]** Polaroidkamera, *die* (Wz)

**polar 'star** *see* **pole-star**

**polder** ['pəʊldə(r)] *n.* Polder, *der*

**Pole** [pəʊl] *n.* Pole, *der*/Polin, *die*

[1]**pole** *n.* **a)** *(support)* Stange, *die; (for pole-vaulter)* Stab, *der; (for large tent, house in lake)* Pfahl, *der;* **be up the ~** *(Brit. sl.) (in difficulty)* in der Klemme sitzen *(ugs.); (crazy)* nicht ganz dicht sein *(ugs. abwertend);* **drive sb. up the ~** *(Brit. sl.)* jmdn. zum Wahnsinn treiben *(ugs.);* **b)** *(for propelling boat)* Stake, *die (nordd.);* **c)** *(of horse-drawn vehicle)* Deichsel, *die;* **~s** [Gabel]deichsel, *die;* **d)** *(measure)* Rute, *die*

[2]**pole** *n.* **a)** *(Astron., Geog., Magn., Electr., Geom., Biol.)* Pol, *der;* **positive/negative ~:** positiver/negativer Pol; Plus-/Minuspol, *der;* **they are ~s apart** *(coll.)* zwischen ihnen liegen Welten; *see also* **magnetic pole; North Pole; South Pole; b)** *(fig.)* Pol, *der;* **be at opposite ~s** sich *(Dat.)* als Pol und Gegenpol gegenüberstehen; einander entgegengesetzte Pole bilden

**pole-axed** ['pəʊlækst] *adj.* **as if ~:** wie vor den Kopf geschlagen

**'polecat** *n. (Zool.)* **a)** *(Brit.)* Iltis, *der;* **b)** *(Amer.) see* **skunk a**

**polemic** [pə'lemɪk] **1.** *adj.* polemisch. **2.** *n.* **a)** *(discussion)* Polemik, *die; (written also)* Streitschrift, *die;* **b)** *in pl. (practice)* Polemik, *die*

**polemical** [pə'lemɪkl] *adj.,* **polemically** [pə'lemɪkəlɪ] *adv.* polemisch

**pole:** ~ **position** *n. (Motor-racing)* Poleposition, *die;* **~-star** *n. (Astron.)* Polarstern, *der;* **~-vault** *n.* Stabhochsprung, *der;* **~-vaulter** *n.* Stabhochspringer, *der*/-springerin, *die;* **~-vaulting** *n.* Stabhochsprung, *der;* Stabhochspringen, *das*

**police** [pə'li:s] **1.** *n. pl.* **a)** Polizei, *die;* **be in the ~:** bei der Polizei sein; **river ~:** Wasserschutzpolizei, *die; attrib.* Polizei⟨*wagen, -hund, -schutz, -eskorte, -staat*⟩; **b)** *(members)* Polizisten *Pl.;* Polizeibeamte *Pl.; attrib.* Polizei-; **whole squads of ~:** ein gewaltiges Polizeiaufgebot; **the ~ are on his trail** die Polizei ist ihm auf der Spur; **extra ~ were called in** zusätzliche Polizeikräfte wurden hinzugezogen; **help the ~ with their enquiries** von der Polizei vernommen werden. **2.** *v. t.* **a)** [polizeilich] überwachen ⟨*Gebiet, Verkehr, Fußballspiel*⟩; kontrollieren ⟨*Gebiet, Grenze, Gewässer*⟩; **b)** *(fig.: check on)* überwachen; kontrollieren; **c)** *(provide with ~)* Polizeibeamte einsetzen in (+ *Dat.*) ⟨*Gebiet, Stadt usw.*⟩; **the inadequate policing of the district** die unzureichende Polizeipräsenz in dem Bezirk

**police:** ~ **constable** *n.* Polizist, *der*/Polizistin, *die; (rank)* Polizeihauptwachtmeister, *der;* ~ **force** *n.* Polizeitruppe, *die;* **the ~ force** die Polizei; **~man** [pə'li:smən] *n., pl.* **-men** [pə'li:smən] Polizist, *der;* Polizeibeamte, *der; see also* **sleeping policeman;** ~ **notice** *n.* polizeilicher Hinweis; **'P~ Notice: No Parking'** „Parken polizeilich verboten"; **~-officer** *n.* Polizeibeamte, *der*/-beamtin, *die;* ~ **record** *see* **record 3 e;** ~ **station** *n.* Polizeiwache, *die;* Polizeirevier, *das;* **~woman** *n.* Polizistin, *die;* Polizeibeamtin, *die*

[1]**policy** ['pɒlɪsɪ] *n.* **a)** *(method)* Handlungsweise, *die;* Vorgehensweise, *die; (overall plan)* Politik, *die;* **it is company ~ to ...:** es ist Firmenpolitik, ... zu ...; **adopt** *or* **pursue a wise/cautious/foolish ~:** klug/vorsichtig/töricht vorgehen; **it is the store's ~ to prosecute shoplifters** der Laden erstattet grundsätzlich Anzeige gegen Ladendiebe; **it is not our ~ to do that, our ~ is not to do that** wir machen das grundsätzlich nicht; **government ~:** Regierungspolitik, *die;* ~ **on immigration** Einwanderungspolitik, *die;* **party ~:** Parteikurs, *der;* **the firm's policies** die Politik der Firma; ~ **decision/document** Grundsatzentscheidung, *die*/-papier, *das;* ~ **statement** programmatische Erklärung; Grundsatzerklärung, *die;* **it's bad ~ to ...:** es ist unvernünftig, ... zu ...; *see also* **honesty b; b)** *no pl., no art. (prudent conduct)* ~ **demands occasional compromise** manchmal sind Kompromisse das einzig Vernünftige

[2]**policy** *n. (Insurance)* Police, *die;* Versicherungsschein, *der;* **take out a ~ on sth.** eine Versicherung für etw. abschließen; **the ~ on my car** meine Autoversicherung

**'policy: ~-holder** *n.* Versicherte, *der/die;* Versicherungsnehmer, *der*/-nehmerin, *die (fachspr.);* **~-making** *attrib. adj.* richtungsweisend

**polio** ['pəʊlɪəʊ] *n., no pl., no art.* Polio, *die;* [spinale] Kinderlähmung; *attrib.* Polio-; ~ **vaccine** Polioimpfstoff, *der*

**poliomyelitis** [pəʊlɪəʊmaɪə'laɪtɪs] *n. (Med.)* Poliomyelitis, *die;* [spinale] Kinderlähmung

**Polish** ['pəʊlɪʃ] **1.** *adj.* polnisch; **sb. is ~:** jmd. ist Pole/Polin; *see also* **English 1. 2.** *n.* Polnisch, *das; see also* **English 2 a**

**polish** ['pɒlɪʃ] **1.** *v. t.* **a)** *(make smooth)* polieren; bohnern ⟨*Fußboden*⟩; putzen ⟨*Schuhe*⟩; **highly ~ed** auf Hochglanz poliert; **b)** *(fig.)* ausfeilen ⟨*Text, Theorie, Technik, Stil*⟩; polieren ⟨*Text*⟩; Schliff beibringen (+ *Dat.*) ⟨*Person*⟩; **~ed** geschliffen ⟨*Stil, Manieren, Sprache, Auftreten, Weltmann*⟩; ausgefeilt ⟨*Technik, Taktik, Plan, Satz*⟩; **a highly ~ed piece of prose** ein bis ins kleinste ausgefeiltes Stück Prosa. **2.** *n.* **a)**

*(smoothness)* Glanz, *der;* **put a ~ on** polieren; **a table with a high ~:** ein auf Hochglanz polierter Tisch; **take off** *or* **spoil the ~** ‹*Person:*› die Politur beschädigen; ‹*Substanz:*› die Politur angreifen; **b)** *(substance)* Poliermittel, *das;* Politur, *die;* **c)** *(fig.)* Geschliffenheit, *die;* Schliff, *der;* **d)** *(action)* **my shoes could do with a ~:** meine Schuhe müßten mal geputzt werden; **give sth. a ~:** etw. polieren; **give the floor a ~:** den Fußboden bohnern; **give the shoes a ~:** die Schuhe putzen; *see also* **¹spit 3 b**

~ **'off** *v. t. (coll.)* **a)** *(consume)* verdrücken *(ugs.);* wegputzen *(ugs.)*‹*Essen*›*;* aussüffeln *(ugs.)* ‹*Getränk*›; **b)** *(complete quickly)* durchziehen *(ugs.);* **c)** *(defeat)* erledigen; abservieren *(salopp, bes. Sport)*

~ **'up** *v. t.* **a)** *(make shiny)* polieren; **b)** *(improve)* ausfeilen ‹*Stil, Technik*›; aufpolieren ‹*[Sprach]kenntnisse*›

**polisher** ['pɒlɪʃə(r)] *n.* **a)** *(person)* Polierer, *der*/Poliererin, *die;* **b)** *(tool)* Poliergerät, *das; (for floors)* Bohnerklotz, *der; (machine)* Poliermaschine, *die; (for floors)* Bohnermaschine, *die; (cloth)* Poliertuch, *das*

**politburo** ['pɒlɪtbjʊərəʊ] *n., pl.* **~s** Politbüro, *das*

**polite** [pə'laɪt] *adj.,* **~r** [pə'laɪtə(r)], **~st** [pə'laɪtɪst] **a)** *(courteous)* höflich; **the ~ form of address** die höfliche Anredeform; **be ~ about her dress** mach ihr ein paar Komplimente zu ihrem Kleid; **he was just being ~:** er wollte nur höflich sein; **b)** *(cultured)* kultiviert; **c)** *(well-mannered)* schicklich *(geh.)* ‹*Verhalten*›; wohlerzogen, artig ‹*Kind*›; **it's not [considered] ~:** es gehört sich *od. (geh.)* schickt sich nicht; **in some circles it is considered ~ to ...** in manchen Kreisen gehört es zum guten Ton, zu ...

**politely** [pə'laɪtlɪ] *adv.* höflich

**politeness** [pə'laɪtnɪs] *n., no pl.* Höflichkeit, *die*

**politic** ['pɒlɪtɪk] **1.** *adj.* **a)** *(prudent)* klug ‹*Person, Handlung*›; opportun *(geh.)* ‹*Handlung*›; **it would be ~ to make some changes** es wäre klug *od. (geh.)* opportun, einiges zu ändern; **it's not ~ to do sth.** es ist unklug *od.* nicht ratsam, etw. zu tun; **b) body ~** *(State)* das Staatswesen. **2.** *v. i.,* **-ck-** sich politisch betätigen *od.* engagieren

**political** [pə'lɪtɪkl] *adj.* politisch; **~ animal** politisch engagierter Mensch

**political: ~ a'sylum** *see* **asylum; ~ economy** *n.* politische Ökonomie; **~ ge'ography** *n.* politische Geographie; **a map of the ~ geography of Britain** eine politische Karte von Großbritannien

**politically** [pə'lɪtɪkəlɪ] *adv.* politisch; **be ~ aware** *or* **conscious** politisches Bewußtsein haben; **~ speaking** politisch gesehen; **~ correct** politisch korrekt; *von „richtigem" politischem Bewußtsein zeugend*

**political: ~ 'prisoner** *n.* politischer Gefangener/politische Gefangene; **~ 'science** *n.* Politologie, *die*

**politician** [pɒlɪ'tɪʃn] *n.* **a)** Politiker, *der*/Politikerin, *die;* **b)** *(Amer. derog.: one seeking gain)* Politiker/Politikerin aus Eigennutz

**politicize (politicise)** [pə'lɪtɪsaɪz] *v. t.* politisieren

**politicking** ['pɒlɪtɪkɪŋ] *n. (derog.)* politischer Aktionismus *(abwertend)*

**politico** [pə'lɪtɪkəʊ] *n., pl.* **~s** *(coll.)* Politiker, *der*/Politikerin, *die*

**politics** ['pɒlɪtɪks] *n., no pl.* **a)** *no art. (political administration)* Politik, *die; (Univ.: subject)* Politik[wissenschaft], *die;* Politologie, *die;* **b)** *no art., constr. as sing. or pl. (political affairs)* Politik, *die;* **~ is a dirty business** die Politik ist ein schmutziges Geschäft; **interested/involved in ~:** politisch interessiert/engagiert; **enter ~:** in die Politik gehen; **c)** *as pl. (political principles)* Politik, *die; (of individual)* politische Einstellung; **world ~ are complex** die Weltpolitik ist eine komplizierte Angelegenheit; **what are his ~?** wo steht er politisch?; **the ~ of the decision** der politische Hintergrund der Entscheidung; **it is not good ~ to do sth.** es ist politisch unklug, etw. zu tun; **practical ~:** Realpolitik, *die*

**polity** ['pɒlɪtɪ] *n.* **a)** *(form of government)* politisches System; politische Ordnung; **b)** *(formal/arch.: State)* Staat, *der;* Gemeinwesen, *das*

**polka** ['pɒlkə, 'pəʊlkə] *n.* Polka, *die*

**'polka dot** *n.* [großer] Tupfen; **the blouse is patterned with ~s** die Bluse hat ein Muster aus großen Tupfen; **a polka-dot scarf** ein Halstuch mit großen Tupfen

**poll** [pəʊl] **1.** *n.* **a)** *(voting)* Abstimmung, *die; (to elect sb.)* Wahl, *die; (result of vote)* Abstimmungsergebnis, *das*/Wahlergebnis, *das; (number of votes)* Wahlbeteiligung, *die;* **take a ~:** abstimmen lassen; eine Abstimmung durchführen; **day of the ~:** Wahltag, *der;* **at the ~[s]** bei den Wahlen; **the result of the ~:** das Abstimmungsergebnis/Wahlergebnis; **a defeat at the ~s** eine Wahlniederlage; **go to the ~:** seine Stimme abgeben; zur Wahl gehen; wählen [gehen]; **Britain goes to the ~s** Großbritannien wählt; in Großbritannien wird gewählt; **be at the head of the ~:** die meisten Stimmen erhalten [haben]; **the declaration of the ~:** die Bekanntgabe des Wahlergebnisses; **a heavy/light** *or* **low ~:** eine starke/geringe *od.* niedrige Wahlbeteiligung; **b)** *(survey of opinion)* Umfrage, *die;* **~ findings** Umfrageergebnis, *das;* **c)** *(human head)* Kopf, *der;* Schädel, *der; (part of head)* [Hinter]kopf, *der.* **2.** *v. t.* **a)** *(take vote[s] of)* abstimmen/wählen lassen; **be ~ed** seine Stimme abgeben; **b)** *(take opinion of)* befragen; *(take survey of)* [demoskopisch] erforschen; **those ~ed** die Befragten; **c)** *(obtain in poll)* erhalten ‹*Stimmen*›; **d)** *(cut off top of)* kappen ‹*Baum, Baumkrone*›. **3.** *v. i.* wählen; seine Stimme abgeben

**pollack** ['pɒlək] *n. (Zool.)* Köhler, *der; (Commerc.)* Seelachs, *der*

**pollard** ['pɒləd] **1.** *n. (Bot.)* gekappter Baum. **2.** *v. t. (Bot.)* kappen

**pollen** ['pɒlən] *n. (Bot.)* Pollen, *der;* Blütenstaub, *der*

**pollen: ~ analysis** *n.* Pollenanalyse, *die;* **~ count** *n.* Pollenmenge, *die;* **~ sac** *n.* Pollensack, *der*

**pollinate** ['pɒlɪneɪt] *v. t. (Bot.)* bestäuben

**pollination** [pɒlɪ'neɪʃn] *n. (Bot.)* Bestäubung, *die;* Pollination, *die (fachspr.)*

**polling** ['pəʊlɪŋ]: **~-booth** *n.* Wahlkabine, *die;* **~-day** *n.* Wahltag, *der;* **~ district** *n.* Wahlbezirk, *der;* **~-station** *n. (Brit.)* Wahllokal, *das*

**pollock** *see* **pollack**

**pollster** ['pəʊlstə(r)] *n.* Meinungsforscher, *der*/Meinungsforscherin, *die;* Demoskop, *der*/Demoskopin, *die*

**'poll-tax** *n.* Kopfsteuer, *die*

**pollutant** [pə'lu:tənt] **1.** *n. (substance)* [Umwelt]schadstoff, *der.* **2.** *adj.* [umwelt]schädlich; **~ substance** [Umwelt]schadstoff, *der*

**pollute** [pə'lu:t] *v. t.* **a)** *(contaminate)* verschmutzen, verunreinigen ‹*Luft, Boden, Wasser*›; verpesten *(abwertend)* ‹*Luft*›; **the most ~d cities** die am stärksten mit [Umwelt]schadstoffen belasteten Städte; **b)** *(make foul)* verseuchen; **c)** *(fig.)* verderben ‹*Jugend, Menschen, Charakter*›

**pollution** [pə'lu:ʃn] *n.* **a)** *(contamination)* [Umwelt]verschmutzung, *die;* **atmospheric ~:** atmosphärische Verschmutzung; Verschmutzung der Atmosphäre; **water ~:** Gewässerverschmutzung, *die;* **noise ~:** Lärmbelästigung, *die;* **b)** *(polluting substance[s])* Verunreinigungen; Schadstoffe; **c)** *(fig.)* Verderben, *das*

**Pollyanna** [pɒlɪ'ænə] *n. (Amer. derog.)* unverbesserlicher Optimist/unverbesserliche Optimistin; *attrib.* [übertrieben *od.* grundlos] optimistisch

**polo** ['pəʊləʊ] *n., no pl.* Polo, *das*

**polonaise** [pɒlə'neɪz] *n. (dance, music)* Polonaise, *die;* Polonäse, *die*

**'polo-neck** *n.* Rollkragen, *der;* **~[ed]** *attrib.* Rollkragen-; **~ [jumper]** Rollkragenpulli, *der (ugs.);* Rolli, *der (Mode Jargon)*

**polo: ~ shirt** *n.* Polohemd, *das;* **~-stick** *n.* Polostock, *der*

**poltergeist** ['pɒltəgaɪst] *n.* Klopfgeist, *der;* Poltergeist, *der*

**poltroon** [pɒl'tru:n] *n. (derog.)* Angsthase, *der (ugs. abwertend)*

**poly** ['pɒlɪ] *n., pl.* **~s** *(coll.)* Polytechnikum, *das;* ≈ TH, *die*

**polyanthus** [pɒlɪ'ænθəs] *n. (Bot.)* [Garten]primel, *die*

**polychromatic** [pɒlɪkrə'mætɪk] *adj.* **a)** *(many-coloured)* vielfarbig; polychrom *(fachspr.);* **b)** *(Phys.)* polychromatisch

**polyclinic** ['pɒlɪklɪnɪk] *n.* Poliklinik, *die*

**polyester** [pɒlɪ'estə(r)] *n.* Polyester, *der*

**polyethylene** [pɒlɪ'eθɪli:n] *(Amer.) see* **polythene**

**polygamist** [pə'lɪgəmɪst] *n.* Polygamist, *der (geh.);* **be a ~:** polygam leben *(geh.); (in disposition)* polygam sein *(geh.)*

**polygamous** [pə'lɪgəməs] *adj.* polygam *(geh., fachspr.)*

**polygamy** [pə'lɪgəmɪ] *n.* Polygamie, *die (geh., fachspr.);* Mehrehe, *die;* Vielehe, *die*

**polyglot** ['pɒlɪglɒt] **1.** *adj.* **a)** polyglott *(geh., fachspr.);* mehrsprachig; **b)** *(speaking several languages)* polyglott *(geh.).* **2.** *n.* Polyglotte, *der/die (geh.)*

**polygon** ['pɒlɪgən] *n. (Geom.)* Vieleck, *das;* Polygon, *das (fachspr.)*

**polygraph** ['pɒlɪgrɑ:f] *n. (lie-detector)* Lügendetektor, *der;* Polygraph, *der (fachspr.)*

**polyhedron** [pɒlɪ'hi:drən] *n., pl.* **~s** *or* **polyhedra** [pɒlɪ'hi:drə] *(Geom.)* Polyeder, *das (fachspr.);* Vielflächner, *der*

**polymath** ['pɒlɪmæθ] *n.* universell Gebildeter/Gebildete

**polymer** ['pɒlɪmə(r)] *n. (Chem.)* Polymer[e], *das*

**polymeric** [pɒlɪ'merɪk] *adj. (Chem.)* polymer

**polymerisation, polymerise** *see* **polymeriz-**

**polymerization** [pɒlɪməraɪ'zeɪʃn] *n. (Chem.)* Polymerisation, *die*

**polymerize** ['pɒlɪməraɪz] *v. t. & i. (Chem.)* polymerisieren

**Polynesia** [pɒlɪ'ni:ʒə] *pr. n.* Polynesien *(das)*

**Polynesian** [pɒlɪ'ni:ʒən] **1.** *adj.* polynesisch. **2.** *n.* Polynesier, *der*/Polynesierin, *die*

**polynomial** [pɒlɪ'nəʊmɪəl] *n. (Math.)* Polynom, *das*

**polyp** ['pɒlɪp] *n. (Zool., Med.)* Polyp, *der*

**polyphonic** [pɒlɪ'fɒnɪk], **polyphonous** [pə'lɪfənəs] *adj. (Mus.)* polyphon

**polyphony** [pə'lɪfənɪ] *n. (Mus.)* Polyphonie, *die*

**polystyrene** [pɒlɪ'staɪri:n] *n.* Polystyrol, *das;* **~ foam** Styropor ®, *das*

**polysyllabic** [pɒlɪsɪ'læbɪk] *adj.* vielsilbig

**polytechnic** [pɒlɪ'teknɪk] *n. (Brit.)* ≈ technische Hochschule *od.* Universität; **~ student/teacher/term** Student/Lehrer/Semester am Polytechnikum

**polytheism** ['pɒlɪθi:ɪzm] *n.* Polytheismus *der*

**polythene** ['pɒlɪθi:n] *n.* Polyäthylen, *das* Polyethylen, *das (fachspr.); (coll.: plastic)* Plastik, *das;* **~ bag/sheet** Plastikbeutel *der*/-folie, *die*

**polyunsaturated** [pɒlɪʌn'sætʃəreɪtɪd] *adj.* mehrfach ungesättigt

**polyurethane** [pɒlɪ'jʊərɪθeɪn] *n.* Polyurethan, *das*

**polyvinyl chloride** [pɒlɪvaɪnl 'klɔ:raɪd] *n.* Polyvinylchlorid, *das*

**pom** [pɒm] *n.* **a)** *(dog)* Spitz, *der;* **b)** *(Austral. and NZ sl.: Briton)* Brite, *der*/Britin, *die*

**pomade** [pə'mɑ:d] *n.* Pomade, *die*

**pomaded** [pə'meɪdɪd] *adj.* pomadig ‹*Haar*›

**pomander** [pə'mændə(r)] *n.* Duftkugel, *die*

**pome** [pəʊm] *n.* *(Bot.)* Sammelbalgfrucht, *die*

**pomegranate** ['pɒmɪgrænɪt] *n.* **a)** *(fruit)* Granatapfel, *der;* **b)** *(tree)* Granatapfel[baum], *der;* Granatbaum, *der*

**Pomerania** [pɒmə'reɪnɪə] *pr. n.* Pommern *(das)*

**Pomeranian** [pɒmə'reɪnɪən] *n.* *(dog)* Spitz, *der*

**pommel** ['pʌml, 'pɒml] **1.** *n.* **a)** *(on sword)* [Schwert]knauf, *der;* **b)** *(on saddle)* Sattelknopf, *der;* **c)** *(Gymnastics)* Pausche, *die.* **2.** *v. t., (Brit.)* **-ll-** *see* **pummel**

**'pommel-horse** *n.* Seitpferd, *das*

**pommy (pommie)** ['pɒmɪ] *n.* *(Austral. and NZ sl. derog.)* Brite, *der*/Britin, *die;* ~ **bastard** Scheißbrite, *der*/-britin, *die (salopp abwertend)*

**pomp** [pɒmp] *n.* Pomp, *der (abwertend);* Prunk, *der;* Gepränge, *das (geh.);* ~ **and circumstance** festliches Gepränge *(geh.)*

**Pompeii** [pɒm'peɪi:] *pr. n.* Pompeji *(das)*

**¹pom-pom** ['pɒmpɒm] *n.* *(Arms)* Maschinenkanone, *die*

**²pom-pom** ['pɒmpɒm], **pompon** ['pɒmpɒn] *n.* **a)** *(tuft)* Pompon, *der;* Troddel, *die;* ~ **hat** Pudelmütze, *die;* **b)** *(Bot.)* ~ **[dahlia]** Pompondahlie, *die*

**pomposity** [pɒm'pɒsɪtɪ] *n., no pl.* Großspurigkeit, *die;* Aufgeblasenheit, *die;* ~ **of language** geschwollene *od.* gespreizte Sprache

**pompous** ['pɒmpəs] *adj.* *(self-important)* großspurig; aufgeblasen; geschwollen *(abwertend);* gespreizt *(abwertend)* ‹*Sprache*›; **don't be so** ~! blas dich nicht so auf!

**pompously** ['pɒmpəslɪ] *adv.* großspurig, aufgeblasen ‹*auftreten, sich benehmen*›; geschwollen *(abwertend),* gespreizt *(abwertend)* ‹*schreiben, reden*›

**'pon** [pɒn] *(poet./arch.) see* **upon**

**ponce** [pɒns] *(Brit. sl.)* **1.** *n.* **a)** *(pimp)* Zuhälter, *der;* **b)** *(derog.: homosexual)* Schwule, *der (ugs.);* Homo, *der (ugs.);* **be a** ~: schwul sein. **2.** *v. i.* Zuhälterei betreiben; ~ **for sb.** jmds. Zuhälter sein

~ **a'bout,** ~ **a'round** *v. i.* *(derog.)* herumtänzeln *(ugs.)*

~ **'up** *v. t.* *(derog.)* [tuntenhaft] auftakeln *(ugs. abwertend);* **what are you all ~d up for?** wozu hast du dich denn so aufgedonnert? *(salopp)*

**poncho** ['pɒntʃəʊ] *n., pl.* ~**s** Poncho, *der;* Umhang, *der*

**pond** [pɒnd] *n.* Teich, *der;* **the [big]** ~ *(joc.: Atlantic)* der große Teich *(ugs. scherzh.);* **a big fish in a small** ~ *(fig.)* eine Lokalgröße; ein Lokalmatador *(ugs.)*

**ponder** ['pɒndə(r)] **1.** *v. t.* nachdenken über (+ *Akk.*) ‹*Frage, Problem, Ereignis*›; bedenken ‹*Folgen*›; abwägen ‹*Vorteile, Worte*›; ~ **whether/how to do sth.** sich *(Dat.)* überlegen, ob man etw. tun soll/wie man etw. tun kann. **2.** *v. i.* nachdenken **(over, on** über + *Akk.*); **careful ~ing** sorgfältige Überlegung; sorgfältiges Nachdenken

**ponderous** ['pɒndərəs] *adj.* **a)** *(heavy)* schwer; **b)** *(unwieldy, laborious)* schwerfällig; umständlich ‹*Ausdrucksweise*›; **c)** *(dull)* ermüdend

**ponderously** ['pɒndərəslɪ] *adv.* schwerfällig; umständlich ‹*sich ausdrücken*›

**pond:** ~**-life** *n.* *(Zool.)* Teichfauna, *die;* ~**-skater** *n.* *(Zool.)* Wasserläufer, *der;* ~**weed** *n.* *(Bot.)* Laichkraut, *das*

**pong** [pɒŋ] *(Brit. coll.)* **1.** *n.* Gestank, *der (abwertend);* Mief, *der (ugs. abwertend).* **2.** *v. i.* stinken *(abwertend);* miefen *(ugs. abwertend)*

**pontiff** ['pɒntɪf] *n.* Papst, *der*

**pontifical** [pɒn'tɪfɪkl] *adj.* **a)** *(of pontiff)* päpstlich; **b)** *(fig.: dogmatic)* pastoral

**pontificate** [pɒn'tɪfɪkeɪt] *v. i.* dozieren; in dozierendem Ton sprechen

**¹pontoon** [pɒn'tu:n] *n.* **a)** *(boat)* Ponton, *der;* Prahm, *der;* **b)** *(support)* Ponton, *der*

**²pontoon** *n.* *(Brit. Cards)* Siebzehnundvier, *das*

**pontoon 'bridge** *n.* Pontonbrücke, *die*

**pony** ['pəʊnɪ] **1.** *n.* **a)** Pony, *das; see also* **shank a; b)** *(Amer. sl.: small glass)* kleines Glas; *(of beer)* Kleine, *das;* **c)** *(Amer. sl.: dancer)* kleine Tänzerin; **d)** *(Amer. sl.: crib)* Klatsche, *die (Schülerspr. landsch.);* Schmierer, *der (österr.);* **e)** *(Brit. sl.: £25)* 25 Pfund. **2.** *v. t.* *(Amer. sl.)* ~ **up** löhnen *(salopp);* blechen *(ugs.)*

**pony:** ~ **ex'press** *n.* Ponyexpreß, *der;* ~**-tail** *n.* Pferdeschwanz, *der;* **wear one's hair in a ~-tail** einen Pferdeschwanz tragen *od.* haben; ~**-trekking** ['pəʊnɪtrekɪŋ] *n.* *(Brit.)* Ponyreiten, *das*

**pooch** [pu:tʃ] *n.* *(Amer. sl.)* Köter, *der (abwertend)*

**poodle** ['pu:dl] *n.* Pudel, *der;* **be sb.'s** ~ *(fig.)* immer nach jmds. Pfeife tanzen

**poof** [pʊf] *n.* *(Brit. coll. derog.),* **poofter** [pʊftə(r)] *n.* *(Austral. coll. derog.)* Schwule, *der (ugs.);* Schwuchtel, *die (salopp abwertend);* Tunte, *die (salopp abwertend)*

**pooh** [pu:] *int.* **a)** *expr. disgust* bah; bäh; pfui [Teufel]; **b)** *expr. disdain* pah

**pooh-'pooh** *v. t.* [als läppisch] abtun

**¹pool** [pu:l] *n.* **a)** *(permanent)* Tümpel, *der;* Wasserloch, *das;* **b)** *(temporary)* Pfütze, *die;* Lache, *die;* ~ **of blood** Blutlache, *die;* ~ **of sunlight/shade** *(fig.)* sonnige/schattige Stelle; **c)** *(swimming-~)* Schwimmbecken, *das; (public swimming-~)* Schwimmbad, *das; (in house or garden)* [Swimming]pool, *der;* **sit at the edge of the** ~: am Beckenrand sitzen; **go to the** ~: ins Schwimmbad gehen; **d)** *(in river)* tiefe Stelle *(in einem Fluß od. Bach);* Kolk, *der (fachspr.);* **the P~ [of London]** *(Brit.) Themseabschnitt unterhalb der London Bridge*

**²pool 1.** *n.* **a)** *(Gambling)* [gemeinsame Spiel]kasse; **the ~s** *(Brit.)* das Toto; **do the ~s** Toto spielen; **win the ~s** im Toto gewinnen; **have a big win on the ~s** einen großen Gewinn im Toto haben; **b)** *(common supply)* Fonds, *der;* Topf, *der;* **that goes into the common** ~: das kommt in den großen Topf *(ugs.);* **a [great]** ~ **of experience** ein [großer] Fundus von *od.* an Erfahrung; ein [umfangreicher] Erfahrungsschatz; **c)** *(group of people)* Reservoir, *das;* Potential, *das;* **typing** *or* **typists'** ~: Schreibzentrale, *die;* **d)** *(Commerc.)* Kartell, *das;* **e)** *(Amer.: game)* Pool[billard], *das.* **2.** *v. t.* zusammenlegen ‹*Geld, Ersparnisse, Mittel, Besitz*›; bündeln ‹*Anstrengungen*›; **they ~ed their experience** sie nutzten ihre Erfahrung gemeinsam

**pool:** ~**hall,** ~**room** *ns.* *(Amer.)* Billardzimmer, *das;* ~**side** *n.* [Schwimm]beckenrand, *der; attrib.* ‹*Bar, Tisch*› am [Schwimm]beckenrand; ~ **table** *n.* Pool[billard]tisch, *der*

**¹poop** [pu:p] *n.* *(Naut.)* **a)** *(stern)* Heck, *das;* Hinterschiff, *das;* **b)** ~ **[deck]** Poop, *die (fachspr.);* Hütte, *die (fachspr.)*

**²poop** *(coll.)* **1.** *v. t.* schlauchen *(ugs.).* **2.** *v. i.* ~ **out** schlappmachen *(ugs.);* ‹*Maschine usw.:*› streiken *(ugs.)*

**poor** [pʊə(r)] **1.** *adj.* **a)** arm; **I am the ~er by £10** *or* **£10 the ~er** ich bin um 10 Pfund ärmer; *see also* **church mouse; b)** *(inadequate)* schlecht; schwach ‹*Rede, Spiel, Gedächtnis, Beteiligung, Besuch, Leistung, Witz, Gesundheit*›; dürftig ‹*Essen, Kleidung, Unterkunft, Ausrede, Entschuldigung*›; **of** ~ **quality** minderer Qualität; **he's a** ~ **speller** er ist schlecht in Rechtschreibung; **I'm a** ~ **traveller** ich vertrage das Reisen nicht gut; **be** ~ **at maths** *etc.* schlecht *od.* schwach in Mathematik *usw.* sein; **sb. is** ~ **at games** Ballspiele liegen jmdm. nicht; **have a** ~ **sense of responsibility** zu wenig Verantwortungsgefühl haben; **have a** ~ **grasp of sth.** etw. nur unzureichend beherrschen; **I only came a** ~ **second** bei mir hat es nur für einen schlechten zweiten Platz gereicht; **compared with Joe he comes a** ~ **second** gegen Joe hat er absolut nichts drin *(ugs.);* **c)** *(paltry)* schwach ‹*Trost*›; schlecht ‹*Aussichten, Situation*›; *(disgusting)* mies *(ugs. abwertend);* **it's very** ~ **of them not to have replied** es ist sehr schäbig von ihnen *od.* *(ugs.)* es ist ein schwaches Bild, daß sie nicht geantwortet haben; **have** *or* **stand a** ~ **chance of success** kaum Aussicht auf Erfolg haben; **that's pretty** ~! das ist reichlich dürftig *od.* *(ugs.)* ganz schön schwach; *see also* **show 1 e; d)** *(unfortunate)* arm *(auch iron.);* ~ **you!** du Armer/Arme!; du Ärmster/Ärmste!; ~ **thing/creature!** armes Ding!; das arme Ding!; ~ **things!** die Armen *od.* Ärmsten!; **she's all alone,** ~ **woman** die Ärmste ist ganz allein; sie ist ganz allein, die arme Frau; ~ **old Joe** der arme Joe; ~ **Joe** *(dead)* der gute Joe; **e)** *(infertile)* karg, schlecht ‹*Boden, Land*›; **f)** *(spiritless, pathetic)* arm ‹*Teufel, Dummkopf*›; armselig, *(abwertend)* elend ‹*Kreatur, Stümper*›; **cut a** ~ **figure** eine schlechte *od.* klägliche Figur abgeben; **g)** *(iron./joc.: humble)* **in my** ~ **opinion** nach meiner unmaßgeblichen Meinung; **my** ~ **self** meine Wenigkeit *(scherzh.);* **h)** *(deficient)* arm **(in** an + *Dat.*); ~ **in content/ideas/vitamins** inhalts-/ideen-/vitaminarm; ~ **in minerals** ‹*Land*› arm an Bodenschätzen; **i) take a** ~ **view of** nicht [sehr] viel halten von; für gering halten ‹*Aussichten, Chancen*›; **have a** ~ **opinion of** eine schlechte *od.* keine [sehr] hohe Meinung haben von ‹*Person*›; gering einschätzen ‹*jmds. Fähigkeit*›. **2.** *n. pl.* **the** ~: die Armen; **respected by both rich and** ~: geachtet von *od.* bei arm und reich

**poor:** ~**-box** *n.* Almosenbüchse, *die;* ~**-house** *n.* *(Hist.)* Armenhaus, *das;* ~**-law** *n.* *(Hist.)* Armengesetz, *das*

**poorly** ['pʊəlɪ] **1.** *adv.* **a)** *(scantily)* schlecht; unzureichend; **they're** ~ **off** es geht ihnen [finanziell] schlecht; **sb. is** ~ **off for sth.** es fehlt *od.* mangelt jmdm. an etw. *(Dat.);* **b)** *(badly)* schlecht; unbeholfen ‹*schreiben, sprechen*›; **he did** ~ **in his exams** er war in seinen Prüfungen schlecht; **the team is doing** ~: die Mannschaft spielt schlecht; **exports are doing** ~: das Exportgeschäft geht schlecht; **c)** *(meanly)* schlecht ‹*leben*›. **2.** *pred. adj.* schlecht ‹*aussehen, sich fühlen*›; **he has been** ~ **lately** ihm geht es in letzter Zeit schlecht

**'poor:** ~ **man's** *adj.* *(coll.)* des kleinen Mannes *nachgestellt;* **a kind of** ~ **man's Marlon Brando** ein Marlon-Brando-Verschnitt; ein Westentaschen-Marlon-Brando; ~ **re'lation** *n.* arme Verwandte, *der/die; (fig.)* Stiefkind, *das;* **be the** ~ **relation** *(fig.)* im Vergleich zu etw. schlecht abschneiden; **feel like a** ~ **relation** sich *(Dat.)* wie ein Stiefkind vorkommen; ~**-relief** *n.* *(Hist.)* Armenpflege, *die;* ~ **'white** *n.* *(Amer. Black derog.)* armer Weißer/arme Weiße; ~ **white trash** weißer Pöbel *(abwertend);* weißes Gesindel *(abwertend)*

**poove** [pu:v] *see* **poof**

**¹pop** [pɒp] **1.** *v. i.,* **-pp-: a)** *(make sound)* ‹*Korken:*› knallen; ‹*Schote, Samenkapsel:*› aufplatzen, aufspringen; **a faint ~ping sound** ein leises Knacken; **his buttons ~ped open** seine Knöpfe sprangen auf; *(fig.)* **his eyes ~ped with amazement** er guckte wie ein Auto *(ugs.);* **prices that would make your eyes** ~: Preise, bei denen Sie staunen würden; **b)** *(coll.: move, go quickly)* **let's** ~ **round to Fred's** komm, wir gehen mal eben *od.*

schnell *od.* kurz bei Fred vorbei *(ugs.)*; **I'll just ~ upstairs and see granny** ich gehe *od. (ugs.)* springe nur mal eben hoch zu Oma; **~ down to London** mal eben *od.* schnell nach London fahren; **you must ~ round and see us** du mußt mal vorbeikommen und uns besuchen *od.* mußt mal bei uns reingucken *(ugs.)*; **she ~ped back for her book** sie lief *od. (ugs.)* flitzte noch mal zurück, um ihr Buch zu holen; **c)** *(fire gun)* ballern *(ugs.)* (**at** auf + *Akk.*). **2.** *v. t.*, **-pp-: a)** *(coll.: put)* **~ the meat in the fridge** das Fleisch in den Kühlschrank tun; **~ a cake into the oven** einen Kuchen in den Ofen schieben; **~ a peanut into one's mouth** [sich *(Dat.)*] eine Erdnuß in den Mund stecken; **~ one's head in at the door** den Kopf zur Tür reinstecken; mal eben hereinschauen; **~ one's head out [of the window]** den Kopf [zum Fenster] rausstrecken; **~ the kettle on** den Kessel aufsetzen; **~ a letter in the post** einen Brief einwerfen; einen Brief in den Briefkasten werfen; **~ sth. into a bag** etw. in eine Tasche tun *od.* stecken; **b)** *(cause to burst)* enthülsen ⟨*Erbsen, Bohnen*⟩; platzen *od. (ugs.)* knallen lassen ⟨*Luftballon*⟩; zerknallen ⟨*Papiertüte*⟩; **c)** *(sl.: take as drug)* nehmen; schlucken, *(Jargon)* schmeißen ⟨*Pillen, Trips*⟩; *(by injection)* schießen *(Jargon)*; drücken *(Jargon)*; **d)** *(Amer.: cause to burst)* puffen; **~ corn** Popcorn machen; **e) ~ the question [to sb.]** *(coll.)* jmdm. einen [Heirats]antrag machen. **3.** *n.* **a)** *(sound)* Knall, *der;* Knallen, *das;* **b)** *(coll.: drink)* Sprudel, *der; (flavoured)* Brause, *die (ugs.)*; **soda ~:** Selter[s], *das.* **4.** *adv.* **go ~:** knallen; peng machen *(ugs.)*

**~ 'off** *v. i.* **a)** *(coll.: die)* abnibbeln *(ugs., bes. nordd.)*; den Löffel weglegen *od.* abgeben *(salopp)*; **b)** *(move or go away)* ⟨*Person:*⟩ verschwinden, *(ugs.)* abdampfen

**~ 'out** *v. i.* hervorschießen aus; **~ one's head out of the window** den Kopf zum Fenster herausstrecken; **~ out from behind a bush** hinter einem Busch hervorspringen; **~ out for a newspaper/to the shops** schnell *od.* eben mal eine Zeitung holen gehen/einkaufen gehen *(ugs.)*; **~ out for a beer** eben mal ein Bier[chen] trinken gehen *(ugs.)*; **he's just ~ped out for a moment** er ist nur mal kurz weggegangen *(ugs.)*

**~ 'out of** *v. t.* hervorschieben aus; **~ one's head out of the window** den Kopf zum Fenster herausstrecken; **sb.'s eyes nearly** *or* **almost ~ out of his head** *or* **skull** *(coll.) (with surprise)* jmdm. fallen fast die Augen aus dem Kopf; *(with excitement)* jmd. *(bes. Kind)* macht große Augen

**~ 'up** *v. i.* **a)** *(fig.: appear)* auftauchen; **sb./sth. keeps ~ping up** *(fig.)* jmd./etw. begegnet einem immer wieder *(fig.)*; **b)** *(rise up)* sich aufstellen; *see also* **pop-up**

**²pop** *(coll.)* **1.** *n. (popular music)* Popmusik, *die;* Pop, *der;* **be top of the ~s** an der Spitze der Charts *od.* Hitlisten stehen. **2.** *adj.* Pop- ⟨*star, -musik usw.*⟩

**³pop** *n. (Amer. coll.: father)* Pa[pa], *der (fam.)*

**pop.** *abbr.* **population** Einw.

**pop: ~ art** *n., no pl., no indef. art.* Pop-art, *die; attrib.* Pop-art-; **~ concert** *n.* Popkonzert, *das;* **~corn** *n.* Popcorn, *das*

**pope** [pəʊp] *n.* **a)** *(RC Ch.; also fig.)* Papst, *der*/Päpstin, *die;* **b)** *(Coptic Ch.)* Patriarch, *der;* **c)** *(Orthodox Ch.)* Pope, *der. See also* **nose 1 a**

**popery** ['pəʊpərɪ] *n., no pl., no art. (derog.)* Pfaffentum, *das (abwertend)*; Papismus, *der (abwertend)*

**pop: ~-eyed** ['pɒpaɪd] *adj. (coll.)* **a)** *(wide-eyed)* großäugig; **they were ~-eyed with amazement** sie staunten Bauklötze *(salopp)*; **b)** *(having bulging eyes)* glotzäugig; glupschäugig *(nordd.)*; **~ festival** *n.* Popfestival, *das;* **~ group** *n.* Popgruppe, *die;* **~gun** *n.* Spielzeuggewehr, *das*/Spielzeugpistole, *die*

**popish** ['pəʊpɪʃ] *adj. (arch./derog.)* papistisch *(abwertend)*; **the ~ religion** der Papismus *(abwertend)*

**poplar** ['pɒplə(r)] *n.* Pappel, *die*

**poplin** ['pɒplɪn] *n. (Textiles)* Popelin, *der;* Popeline, *der od. die*

**pop: ~ music** *n.* Popmusik, *die;* **~over** *n. (Amer.)* **a)** *stark aufgehendes Backwerk aus Eiern, Milch, Mehl und Butter;* **b)** *(garment)* weites Kleidungsstück *(das über den Kopf gezogen wird)*

**poppadam, poppadum** ['pɒpədəm] *n. (Ind. Gastr.) knuspriger, hauchdünner fritierter Fladen*

**popper** ['pɒpə(r)] *n. (Brit. coll.)* Druckknopf, *der*

**poppet** ['pɒpɪt] *n. (Brit. coll.)* Schätzchen, *das;* Schatz, *der*

**poppy** ['pɒpɪ] *n.* **a)** *(Bot.)* Mohn, *der;* **a field of poppies** ein Mohnfeld; **Californian ~:** Goldmohn, *der;* **opium ~:** Schlafmohn, *der;* **Welsh ~:** Scheinmohn, *der;* **b)** *(Brit.: emblem)* [künstliche] Mohnblume *(als Zeichen des Gedenkens am 'Poppy Day')*

**poppycock** ['pɒpɪkɒk] *n., no pl., no art. (sl.)* Mumpitz, *der (ugs. abwertend)*

**poppy: P~ Day** *(Brit.) see* **Remembrance Sunday; ~-head** *n.* Mohnkapsel, *die;* **~-seed** *n.* Mohnsamen, *der;* **~ seeds** *(Cookery)* Mohn, *der*

**Popsicle, (P)** ['pɒpsɪkl] *n. (Amer.)* [Wasser]eis am Stiel

**pop: ~ singer** *n.* Popsänger, *der*/-sängerin, *die;* Schlagersänger, *der*/-sängerin, *die;* **~ song** *n.* Popsong, *der;* Schlager, *der;* **~ star** *n.* Popstar, *der;* Schlagerstar, *der*

**popsy (popsie)** ['pɒpsɪ] *n. (coll.) (young woman)* Mieze, *die (salopp)*; *(young girl)* Maus, *die; (as form of address)* Schätzchen, *das*

**populace** ['pɒpjʊləs] *n., no pl.* **a)** *(common people)* [breite] Masse; Volk, *das;* **the Roman ~:** das Volk von Rom; **b)** *(derog.: rabble)* Pöbel, *der (abwertend)*

**popular** ['pɒpjʊlə(r)] *adj.* **a)** *(well liked)* beliebt; populär ⟨*Entscheidung, Maßnahme*⟩; **I know I shan't be ~ if I suggest that** ich weiß, daß ich mich mit diesem Vorschlag nicht gerade beliebt mache; **he was a very ~ choice** mit ihm hatte man sich für einen sehr beliebten *od.* populären Mann entschieden; **be ~ with sb.** bei jmdm. beliebt sein; **he's ~ with the girls** die Mädchen mögen ihn; **I'm not very ~ in the office just now** im Büro ist man zur Zeit nicht gut auf mich zu sprechen; **prove ~:** gut ankommen; **b)** *(suited to the public)* volkstümlich; populär *(geh.)*; **at ~ prices** zu günstigen Preisen; **~ edition** Volksausgabe, *die;* **~ journal/newspaper** Massenblatt, *das;* **a ~ romance** ein Liebesroman; **~ science** die Populärwissenschaft; **c)** *(prevalent)* landläufig; allgemein ⟨*Unzufriedenheit*⟩; **~ etymology** Volksetymologie, *die;* **d)** *(of the people)* Volks-; verbreitet ⟨*Aberglaube, Irrtum, Meinung*⟩; allgemein ⟨*Wahl, Zustimmung, Unterstützung*⟩; **~ remedy** Hausmittel, *das;* **by ~ request** auf allgemeinen Wunsch

**popular: ~ 'art** *n.* Volkskunst, *die;* **~ 'front** *n. (Polit.)* Volksfront, *die*

**popularise** *see* **popularize**

**popularity** [pɒpjʊ'lærɪtɪ] *n., no pl.* Popularität, *die;* Beliebtheit, *die; (of decision, measure)* Popularität, *die;* **that won her ~ with her classmates** das machte sie bei ihren Klassenkameradinnen beliebt

**popularize** ['pɒpjʊləraɪz] *v. t.* **a)** *(make popular)* populär machen; **~ sth.** einer Sache *(Dat.)* Popularität verschaffen; **b)** *(make known)* bekannt machen; **c)** *(make understandable)* breiteren Kreisen zugänglich machen; popularisieren *(geh.)*

**popularly** ['pɒpjʊləlɪ] *adv.* **a)** *(generally)* allgemein; landläufig; **it is ~ believed that ...:** es ist ein im Volk verbreiteter Glaube, daß ...; **b)** *(for the people)* volkstümlich; [all]gemeinverständlich

**popular 'music** *n.* Unterhaltungsmusik, *die;* Populärmusik, *die (fachspr.)*

**populate** ['pɒpjʊleɪt] *v. t.* bevölkern ⟨*Land, Gebiet*⟩; bewohnen ⟨*Insel, Gebiet*⟩; **the characters that ~ his novel** die Charaktere, die seinen Roman bevölkern; **thickly** *or* **heavily** *or* **densely/sparsely ~d** dicht/dünn besiedelt ⟨*Land, Gebiet usw.*⟩; dicht/dünn bevölkert ⟨*Stadt*⟩

**population** [pɒpjʊ'leɪʃn] *n.* **a)** Bevölkerung, *die;* **Britain has a ~ of 56 million** Großbritannien hat 56 Millionen Einwohner; **the growing immigrant ~ of London** der wachsende Einwandereranteil an der Londoner Bevölkerung; **the seal ~ of Greenland** der Seehundbestand *od. (fachspr.)* die Seehundpopulation Grönlands; **b)** *(Statistics)* Grundgesamtheit, *die*

**popu'lation explosion** *n.* Bevölkerungsexplosion, *die*

**populism** ['pɒpjʊlɪzm] *n.* Populismus, *der*

**populist** ['pɒpjʊlɪst] **1.** *n.* Populist, *der*/Populistin, *die.* **2.** *adj.* populistisch

**populous** ['pɒpjʊləs] *adj.* dicht bevölkert

**'pop-up** *adj.* Stehauf⟨*buch, -illustration*⟩; **~-up toaster** Toaster mit Auswerfmechanismus

**porcelain** ['pɔːslɪn] *n.* **a)** Porzellan, *das;* **Meissen ~:** Meißner Porzellan; *attrib.* Porzellan-; **b)** *(article)* Porzellangegenstand, *der;* **~s** Porzellan, *das*

**porch** [pɔːtʃ] *n.* **a)** *(Archit.)* Vordach, *das; (with side walls)* Vorbau, *der; (enclosed)* Windfang, *der; (of church etc.)* Vorhalle, *die;* **b)** *(Amer.: veranda)* [offene] Veranda

**porcine** ['pɔːsaɪn] *adj.* Schweine-; *(fig.)* schweineähnlich; wie ein Schwein *nachgestellt*

**porcupine** ['pɔːkjʊpaɪn] *n. (Zool.)* **a)** *(Brit.: Hystricidae)* Stachelschwein, *das;* **b)** *(Amer.: Erethizontidae)* Baumstachler, *der*

**¹pore** [pɔː(r)] *n.* Pore, *die*

**²pore** *v. i.* **~ over sth.** etw. [genau] studieren; *(think deeply)* **~ over** *or* **on sth.** über etw. *(Akk.)* [gründlich] nachdenken

**pork** [pɔːk] *n.* Schweinefleisch, *das; attrib.* Schweine-; Schweins- *(bes. südd.)*; **a leg of ~:** eine Schweinekeule

**pork: ~-barrel** *n. (Amer. coll.) aus politischen Gründen bewilligte staatliche Zuschüsse;* **~-butcher** *n.* Schweinemetzger, *der (bes. südd.)*; Schweineschlachter, *der (bes. nordd.)*; **~ 'chop** *n.* Schweinekotelett, *das*

**porker** ['pɔːkə(r)] *n.* Mastschwein, *das; (young pig)* Mastferkel, *das*

**pork: ~ 'pie** *n.* Schweinepastete, *die;* **~-pie 'hat** *n.* flacher [Herren]hut; **~ 'sausage** *n.* Schweinswürstchen, *das*

**porn** [pɔːn] *n., no pl. (coll.)* Pornographie, *die;* Pornos *(ugs.)*; **write ~:** Pornos schreiben *(ugs.)*; **~ film** Pornofilm, *der (ugs.)*

**porno** ['pɔːnəʊ] *(coll.)* **1.** *n., no pl. see* **porn 2.** *adj.* Porno- *(ugs.)*

**pornographic** [pɔːnə'græfɪk] *adj.* pornographisch; Porno- *(ugs.)*

**pornography** [pɔː'nɒgrəfɪ] *n.* Pornographie, *die*

**porosity** [pɔː'rɒsɪtɪ] *n., no pl.* Porosität, *die*

**porous** ['pɔːrəs] *adj.* porös ⟨*Fels, Gestein, Stoff*⟩; porenreich ⟨*Haut, Holz*⟩

**porpoise** ['pɔːpəs] *n. (Zool.)* Schweinswal, *der*

**porridge** ['pɒrɪdʒ] *n., no pl.* **a)** *(food)* Porridge, *der;* [Hafer]brei, *der;* **b)** *(sl.: imprisonment)* Knast, *der (ugs.)*; **do ~:** Knast schieben *(salopp)*; im Knast sitzen *(ugs.)*

**porridge 'oats** *n. pl.* Haferflocken *Pl.*

**¹port** [pɔːt] **1.** *n.* **a)** *(harbour)* Hafen, *der;* **come** *or* **put into ~:** [in den Hafen] einlaufen; **leave ~:** [aus dem Hafen] auslaufen

**reach ~:** den Hafen erreichen; ankommen; **out of ~:** auf See; **naval ~:** Kriegshafen, *der;* **any ~ in a storm** *(fig. coll.)* manchmal kann man sich's eben nicht aussuchen *(ugs.);* ≈ in der Not frißt der Teufel Fliegen *(ugs.);* **~ of call** Anlaufhafen, *der; (fig.)* Ziel, *das;* **where's your next ~ of call?** *(fig.)* wo willst du als nächstes hin?; **~ of entry** Zoll[abfertigungs]hafen, *der; (for goods)* Einfuhrhafen, *der; (for persons)* Einreisehafen, *der; see also* **free port; b)** *(town)* Hafenstadt, *die;* Hafen, *der;* **c)** *(Naut., Aeronaut.: left side)* Backbord, *das;* **land to ~!** Land an Backbord!; **turn** *or* **put the helm to ~:** nach Backbord drehen. **2.** *adj. (Naut., Aeronaut.: left)* Backbord-; backbordseitig; **on the ~ bow/quarter** Backbord voraus/Backbord achteraus; *see also* **beam 1e; ¹tack 1c; watch 1c**

**²port** *n.* **a)** *(Naut.: opening)* Pforte, *die;* **b)** *(Naut.: porthole)* Seitenfenster, *das; (circular)* Bullauge, *das;* **c)** *(aperture)* Öffnung, *die;* **d)** *(gun aperture)* Schießscharte, *die; (on ship)* Geschützpforte, *die*

**³port** *n. (wine)* Portwein, *der;* Port, *der (ugs.)*

**portable** ['pɔ:təbl] **1.** *adj.* tragbar; portabel *(Werbespr.).* **2.** *n. (television)* Portable, *der; (radio)* Portable, *der;* Koffergerät, *das; (typewriter)* Portable, *die;* Koffermaschine, *die*

**portage** ['pɔ:tɪdʒ] *n.* **a)** *(carrying)* Transport über Land; **b)** *(place)* Portage, *die*

**Portakabin, (P)** ['pɔ:təkæbɪn] *n.* [Bau]container, *der*

**portal** ['pɔ:tl] *n.* Eingang, *der;* Pforte, *die (geh.); (of church, palace, etc.)* Portal, *das;* **pass through the ~s of a place** *(fig.)* einen Ort besuchen; **the ~s of heaven** die Pforten des Himmels *od.* Himmelspforten *(dichter.)*

**port au'thority** *n.* Hafenbehörde, *die*

**portcullis** [pɔ:t'kʌlɪs] *n. (Archit.)* Fallgitter, *das;* Fallgatter, *das*

**portend** [pɔ:'tend] *v.t.* hindeuten auf (+ *Akk.*); **what does this ~?** was hat das zu bedeuten?

**portent** ['pɔ:tent] *n. (literary)* Vorzeichen, *das;* Omen, *das;* **a ~ of doom** ein schlimmes [Vor]zeichen; ein böses Omen; **~s of war** Vorzeichen *od.* Vorboten des Krieges; **a ~ of the project's success** ein gutes Omen für den Erfolg des Vorhabens

**portentous** [pɔ:'tentəs] *adj.* bedeutungsvoll; schicksalhaft ⟨*Bedeutung*⟩; *(ominous)* unheilvoll

**¹porter** ['pɔ:tə(r)] *n. (Brit.: doorman)* Pförtner, *der; (of hotel etc.)* Portier, *der*

**²porter** *n.* **a)** *(luggage-handler)* [Gepäck]träger, *der*/-trägerin, *die; (in hotel)* Hausdiener, *der;* **b)** *(Amer., Ir./Hist.: beer)* Porter, *der od. das;* **c)** *(Amer. Railw.)* Schlafwagenschaffner, *der*/-schaffnerin, *die*

**porterage** ['pɔ:tərɪdʒ] *n. (charge)* Trägerlohn, *der*

**porterhouse 'steak** *n.* Porterhousesteak, *das*

**porter's 'lodge** *see* **lodge 1b**

**portfolio** [pɔ:t'fəʊlɪəʊ] *n., pl.* **~s a)** *(list)* Portefeuille, *das;* **b)** *(Polit.)* Geschäftsbereich, *der;* Portefeuille, *das (geh.);* **c)** *(case, contents)* Mappe, *die*

**'porthole** *see* **²port b**

**portico** ['pɔ:tɪkəʊ] *n., pl.* **~es** *or* **~s** *(Archit.)* Säulenvorbau, *der;* Portikus, *der (fachspr.)*

**portière** [pɔ:'tjeə(r)] *n.* [schwerer] Türvorhang; Portiere, *die*

**portion** ['pɔ:ʃn] **1.** *n.* **a)** *(part)* Teil, *der; (of ticket)* Abschnitt, *der; (of inheritance)* Anteil, *der;* **b)** *(amount of food)* Portion, *die;* **c)** *(arch./literary: destiny)* Los, *das;* Schicksal, *das;* **d)** *(quantity)* gewisses Maß **(of an** + *Dat.*). **2.** *v.t.* aufteilen **(among** unter + *Akk.*, **into** in + *Akk.*)

**~ 'out** *v.t.* aufteilen **(among, between** unter + *Akk.*); **she ~ed out the food** sie verteilte das Essen

**Portland** ['pɔ:tlənd]: **~ ce'ment** *n.* Portlandzement, *der;* **~ 'stone** *n.* Portland[kalk]stein, *der*

**portly** ['pɔ:tlɪ] *adj.* beleibt; korpulent; **have a ~ frame** beleibt *od.* korpulent sein

**portmanteau** [pɔ:t'mæntəʊ] *n., pl.* **~s** *or* **~x** [pɔ:t'mæntəʊz] Reisekoffer, *der*

**port'manteau word** *n.* Port[e]manteauform, *die (fachspr.); (fig.: generalized term)* weiter Begriff

**portrait** ['pɔ:trɪt] *n.* **a)** *(picture)* Porträt, *das;* Bildnis, *das (geh.); attrib.* Porträt-; **sit for one's ~ [to sb.]** [jmdm.] Porträt sitzen; sich [von jmdm.] porträtieren lassen; **have one's ~ painted** sich porträtieren lassen; **full-length ~:** Ganzporträt, *das;* **b)** *(description)* Porträt, *das;* Bild, *das;* **give/convey an unflattering ~ of sb./sth.** ein wenig schmeichelhaftes Bild von jmdm./etw. zeichnen

**portraitist** ['pɔ:trɪtɪst] *n.* Porträtist, *der*/Porträtistin, *die; (painter also)* Porträtmaler, *der*/-malerin, *die; (photographer also)* Porträtfotograf, *der*/-fotografin, *die*

**portraiture** ['pɔ:trɪtʃə(r)] *n.* Porträtieren, *das; (painting also)* Porträtmalerei, *die; (photographing also)* Porträtfotografie, *die;* **he is known for his ~:** er ist für *od.* durch seine Porträts bekannt

**portray** [pɔ:'treɪ] *v.t.* **a)** *(describe)* darstellen; schildern; **b)** *(make likeness of)* porträtieren ⟨*Person*⟩; darstellen, wiedergeben ⟨*Atmosphäre usw.*⟩; ⟨*Schauspieler:*⟩ darstellen ⟨*Rolle, Person*⟩

**portrayal** [pɔ:'treɪəl] *n.* **a)** *(description)* Darstellung, *die;* Schilderung, *die; (esp. of person)* Porträt, *das;* **b)** *(acting)* Darstellung, *die;* **c)** *(portrait)* Darstellung, *die;* Porträt, *das*

**Portugal** ['pɔ:tjʊgl] *pr. n.* Portugal *(das)*

**Portuguese** [pɔ:tjʊ'gi:z] **1.** *adj.* portugiesisch; **sb. is ~:** jmd. ist Portugiese/Portugiesin; *see also* **English 1. 2.** *n., pl. same* **a)** *(person)* Portugiese, *der*/Portugiesin, *die;* **b)** *(language)* Portugiesisch, *das; see also* **English 2a**

**Portuguese man-of-'war** *n. (Zool.)* Portugiesische Galeere

**pose** [pəʊz] **1.** *v.t.* **a)** *(be cause of)* aufwerfen ⟨*Frage, Problem*⟩; darstellen ⟨*Bedrohung, Problem*⟩; bedeuten ⟨*Bedrohung*⟩; mit sich bringen ⟨*Schwierigkeiten*⟩; **b)** *(propound)* vorbringen; aufstellen ⟨*Theorie*⟩; **c)** *(place)* Aufstellung nehmen lassen, sich aufstellen lassen ⟨*Gruppe, Kinder, Mannschaft, Gesellschaft*⟩; Positur einnehmen lassen, posieren lassen ⟨*Modell*⟩. **2.** *v.i.* **a)** *(assume attitude)* posieren; *(fig.)* sich geziert benehmen *od.* geben *(abwertend);* **~ [in the] nude** für einen Akt posieren; **b) ~ as** sich geben als; **he likes to ~ as an expert** er spielt gern den Experten. **3.** *n.* Haltung, *die;* Pose, *die; (fig.)* Pose, *die;* Gehabe, *das (abwertend);* **strike a ~:** eine Pose einnehmen; **she's always striking ~s** *(fig.)* sie benimmt sich immer so geziert; **hold a ~:** eine Pose beibehalten; in einer Haltung verharren *(geh.);* **hold that ~!** bleib so!; **it's just a [big] ~** *(fig.)* es ist reine Pose

**poser** ['pəʊzə(r)] *n. (question)* knifflige Frage; *(problem)* schwieriges Problem; **that's a real ~:** das ist eine harte Nuß *(ugs.);* **set some ~s for sb.** jmdm. manche harte Nuß zu knacken geben *(ugs.)*

**poseur** [pəʊ'zɜ:(r)] *n.* Blender, *der (abwertend);* Poseur, *der (geh. abwertend)*

**poseuse** [pəʊ'zɜ:z] *n. fem.* Blenderin, *die (abwertend)*

**posh** [pɒʃ] **1.** *adj. (coll.)* vornehm; nobel *(spött.);* stinkvornehm *(salopp);* **~ hotel/newspaper** Nobelhotel, *das*/Nobelgazette, *die (spött.);* **the ~ people** die Schickeria *(ugs.).* **2.** *adv.* **talk ~:** hochgestochen reden/mit vornehmem Akzent sprechen. **3.** *v.t.* **~ up** aufmotzen *(ugs.)*

**posit** ['pɒzɪt] *v.t.* postulieren *(geh.)*

**position** [pə'zɪʃn] **1.** *n.* **a)** *(place occupied)* Platz, *der; (of player in team or line-up, of actor, of plane, ship, etc.)* Position, *die; (of hands of clock, words, stars)* Stellung, *die; (of building etc., of organ in body)* Lage, *die; (of river)* [Ver]lauf, *der;* **find one's ~ on a map** seinen Standort auf einer Karte finden; **take [up] one's ~:** seinen Platz einnehmen; **they took their ~ at the end of the queue** sie stellten sich ans Ende der Schlange; **after the second lap he was in fourth ~:** nach der zweiten Runde lag er an vierter Stelle; **he finished in second ~:** er belegte den zweiten Platz; **what ~ do you play [in]?** *(Sport)* in welcher Position spielst du?; **in the starting ~:** auf Startposition; **b)** *(proper place)* **be in/out of ~:** an seinem Platz/nicht an seinem Platz sein; **put sth. into ~:** etw. an seinen Platz stellen; **c)** *(Mil.)* Stellung, *die;* **d)** *(Chess)* Position, *die;* Stellung, *die;* **~ play** Positionsspiel, *das;* Stellungsspiel, *das;* **leave the pieces in ~:** die Figuren aufgestellt *od.* stehen lassen; **e)** *(fig.: mental attitude)* Standpunkt, *der;* Haltung, *die;* **take up a ~ on sth.** einen Standpunkt *od.* eine Haltung zu etw. einnehmen; **take the ~ that ...:** auf dem Standpunkt stehen *od.* sich auf den Standpunkt stellen, daß ...; **f)** *(fig.: situation)* **be in a good ~ [financially]** [finanziell] gut gestellt sein *od.* dastehen; **be in a ~ of strength** eine starke Position haben; **negotiate from a ~ of strength** aus einer Position der Stärke heraus verhandeln; **what's the ~?** wie stehen *od.* liegen die Dinge?; **what would you do if you were in my ~?** was würdest du in meiner Lage tun?; **put yourself in my ~!** versetz dich [einmal] in meine Lage!; **be in a/no ~ to do sth.** in der Lage/nicht in der Lage sein, etw. zu tun; **he's in no ~ to criticize us** es steht ihm nicht zu, uns zu kritisieren; *see also* **jockey 2; g)** *(rank)* Stellung, *die;* Position, *die;* **a person of ~:** eine hochgestellte Persönlichkeit; **a high ~ in society** eine hohe gesellschaftliche Stellung; **a pupil's ~ in class** die Stellung eines Schülers innerhalb der Klasse; **social ~:** gesellschaftliche *od.* soziale Stellung; **h)** *(employment)* [Arbeits]stelle, *die;* Stellung, *die;* **the ~ of ambassador in Bogotá** die Position des Botschafters in Bogotá; **permanent ~:** Dauerstellung, *die;* **the ~ of assistant manager** die Stelle *od.* Position des stellvertretenden Geschäftsführers; **rise to a ~ of responsibility** in eine verantwortliche Stellung aufsteigen; **~ of trust** Vertrauensstellung, *die;* Vertrauensposten, *der;* **i)** *(posture)* Haltung, *die; (during sexual intercourse)* Stellung, *die;* Position, *die; (ballet)* Position, *die; (yoga)* Stellung, *die;* **in a reclining ~:** zurückgelehnt; **in a sitting ~:** in sitzender Position *od.* Stellung; sitzend; **in an uncomfortable ~:** in unbequemer Stellung *od.* Haltung. **2.** *v.t.* **a)** plazieren; positionieren ⟨*Lautsprecherboxen, Leuchten usw.*⟩; aufstellen, postieren ⟨*Polizisten, Wachen*⟩; **~ oneself near the exit** sich in die Nähe des Ausgangs stellen/setzen; ⟨*Wache, Posten usw.:*⟩ sich in der Nähe des Ausgangs aufstellen; **b)** *(Mil.: station)* stationieren

**positional** [pə'zɪʃənl] *adj.* **a)** *(Ling.)* isolierend ⟨*Sprache*⟩; **b)** *(Sport)* positionell *(fachspr.);* **~ play** Stellungsspiel, *das;* **c)** *(Mil.)* **~ war** Stellungskrieg, *der*

**positive** ['pɒzɪtɪv] **1.** *adj.* **a)** *(definite)* eindeutig; entschieden ⟨*Weigerung*⟩; positiv ⟨*Recht*⟩; **in a ~ tone of voice** in bestimmtem *od.* entschiedenem Ton; **to my ~ knowledge ...:** wie ich ganz sicher weiß, ...; **b)** *(convinced)* sicher; **Are you sure? – P~! Bist** du sicher? – Absolut [sicher]!; **he is ~ that he is right** er ist sich *(Dat.)* völlig sicher, daß er recht hat; **I'm ~ of it** ich bin [mir] [dessen] ganz sicher; **c)** *(affirmative)* positiv; **d)** *(optimistic)* positiv; **regard sth. in a ~ light** etw.

in positivem Licht sehen; **e)** *(showing presence of sth.)* positiv ⟨*Ergebnis, Befund, Test*⟩; **f)** *(constructive)* konstruktiv ⟨*Kritik, Vorschlag, Anregung, Rat, Hilfe*⟩; positiv ⟨*Philosophie, Erfahrung, Denken*⟩; **she's the most ~ of the group** sie hat von allen in der Gruppe die positivste Einstellung; **g)** *(Math.)* positiv; **h)** *(Ling.)* ungesteigert; **i)** *(Electr.)* positiv ⟨*Elektrode, Platte, Ladung, Ion*⟩; Plus⟨*platte, -leiter*⟩; *see also* **feedback b; j)** *as intensifier (coll.)* echt; **it would be a ~ miracle** es wäre ein echtes Wunder *od. (ugs.)* echt ein Wunder; **k)** *(Photog.)* positiv; Positiv-. **2.** *n.* **a)** *(Ling.)* Positiv, *der;* Grundstufe [des Adjektivs], *die;* **b)** *(Photog.)* Positiv, *das;* Positivbild, *das*

**positive discrimi'nation** *n.* positive Diskriminierung *(fachspr.);* Bevorzugung, *die*

**positively** ['pɒzɪtɪvlɪ] *adv.* **a)** *(constructively)* konstruktiv ⟨*kritisieren*⟩; positiv ⟨*denken*⟩; **b)** *(Electr.)* positiv; **c)** *(definitely)* eindeutig, entschieden ⟨*sich weigern*⟩; **d)** *as intensifier (coll.)* echt *(ugs.)*; **it's ~ marvellous that ...:** es ist echt spitze, daß ...

**'positive sign** *n. (Math.)* positives Vorzeichen; *(symbol)* Pluszeichen, *das*

**positivism** ['pɒzɪtɪvɪzm] *n. (Philos., Relig.)* Positivismus, *der; see also* **logical positivism**

**positivist** ['pɒzɪtɪvɪst] **1.** *n.* Positivist, *der*/Positivistin, *die.* **2.** *adj.* positivistisch

**positron** ['pɒzɪtrɒn] *n. (Phys.)* Positron, *das*

**posse** ['pɒsɪ] *n.* **a)** *(Amer.: force with legal authority)* [Polizei]trupp, *der;* [Polizei]aufgebot, *das;* **b)** *(crowd)* Schar, *die;* **~ of advisers** Beraterstab, *der*

**possess** [pə'zes] *v. t.* **a)** *(own)* besitzen; verfügen über (+ *Akk.*) *(geh.);* **be ~ed of** gesegnet sein mit *(geh.);* **~ed of money/wealth** bemittelt/begütert; **~ed of reason** vernunftbegabt; **b)** *(have as faculty or quality)* haben; **~ great passion** sehr leidenschaftlich sein; **c)** *(dominate)* ⟨*Furcht usw.:*⟩ ergreifen, Besitz nehmen von ⟨*Person*⟩; **what ~ed you/him?** *(coll.)* was ist in dich/ihn gefahren?; was für ein Teufel hat dich/ihn geritten? *(ugs.);* **d)** *(dated: copulate with)* besitzen *(geh. verhüll.);* **e)** *(arch./formal)* **~ oneself of sth.** sich einer Sache *(Gen.)* bemächtigen; sich *(Dat.)* etw. aneignen

**possessed** [pə'zest] *adj. (dominated)* besessen; **he's a man ~:** er ist ein Besessener; **~ by the devil/by** *or* **with an idea** vom Teufel/von einer Idee besessen; **be ~ by** *or* **with fear/horror** von Angst/Schrecken ergriffen sein; **be ~ by** *or* **with greed/ambition** von Gier/Ehrgeiz besessen sein; **be ~ by** *or* **with envy/rage** von Neid erfüllt sein/rasen; **like one ~:** wie ein Besessener/eine Besessene

**possession** [pə'zeʃn] *n.* **a)** *(thing possessed)* Besitz, *der;* **some of my ~s** einige meiner Sachen; **b)** *in pl. (property)* Besitz, *der; (territory)* Besitzungen; **worldly ~s** irdische Güter; **all his ~s** sein ganzer Besitz; all seine Habe; **c)** *(controlling)* **take ~ of** *(Mil.)* einnehmen ⟨*Festung, Stadt usw.*⟩; besetzen ⟨*Gebiet*⟩; **the enemy's ~ of the town** die feindliche Herrschaft *od.* Herrschaft des Feindes über die Stadt; **~ by the devil** Besessensein vom Teufel; **d)** *(possessing)* Besitz, *der;* **~ of land/firearms** Landbesitz, *der*/Waffenbesitz, *der;* **be in ~ of sth.** im Besitz einer Sache *(Gen.)* sein; **come into** *or* **get ~ of sth.** in den Besitz einer Sache *(Gen.)* gelangen; **regain** *or* **resume ~ of sth.** wieder in den Besitz einer Sache *(Gen.)* gelangen; **be in ~ of a high income** über ein hohes Einkommen verfügen; **put sb. in ~ of sth./of the facts** jmdn. in den Besitz einer Sache *(Gen.)* bringen/jmdn. ins Bild setzen; **in full ~ of one's senses** im Vollbesitz seiner geistigen Kräfte; **be in full ~ of the facts** voll im Bilde sein; **the information in my ~:** die mir vorliegenden Informationen; **have sth. in one's ~:** im Besitz einer Sache *(Gen.)* sein; **take ~ of** in Besitz nehmen; beziehen ⟨*Haus, Wohnung*⟩; **e)** *(Sport)* **win ~ of the ball** in Ballbesitz gelangen; **lose ~:** den Ball verlieren; **in ~:** im Ballbesitz; **f)** *(Law)* Besitz, *der;* **enter into ~ of sth.** etw. in Besitz nehmen; *see also* **point 1 c; vacant a**

**possessive** [pə'zesɪv] **1.** *adj.* **a)** *(jealously retaining possession)* besitzergreifend; **be ~ about sth.** etw. eifersüchtig hüten; **be ~ about** *or* **towards sb.** an jmdn. Besitzansprüche stellen; **b)** *(Ling.)* possessiv; **~ adjective** Possessivadjektiv, *das; see also* **pronoun. 2.** *n. (Ling.)* Possessivum, *das*

**pos'sessive case** *n.* Possessiv[us], *der*

**possessively** [pə'zesɪvlɪ] *adv.* besitzergreifend

**possessor** [pə'zesə(r)] *n.* Besitzer, *der*/Besitzerin, *die;* **be the ~ of a fine singing voice** eine schöne Singstimme besitzen

**posset** ['pɒsɪt] *n. (Hist.) heiße Milch mit Bier od. Wein und Gewürzen*

**possibility** [pɒsɪ'bɪlɪtɪ] *n.* **a)** Möglichkeit, *die;* **be within the range** *or* **bounds of ~:** im Bereich des Möglichen liegen; **there's no ~ of his coming/agreeing** es ist ausgeschlossen, daß er kommt/zustimmt; **there's not much ~ of success** die Erfolgschancen sind nicht groß; **the constant ~ of failure** die ständige Gefahr des Scheiterns; **if by any ~ ...:** falls tatsächlich ...; *(if without taking any trouble)* falls zufällig ...; **is there any ~ of our being able to do it?** gibt es für uns irgendeine Möglichkeit, es zu tun?; **it's a distinct ~ that ...:** es ist gut möglich, daß ...; **accept that sth. is a ~:** es akzeptieren, daß etw. möglich ist *od.* nicht auszuschließen ist; **he is a ~ for the job** er ist ein möglicher Anwärter auf die Stelle; er kommt für die Stelle in Betracht; **what are the possibilities?** welche Möglichkeiten gibt es?; **b)** *in pl. (potential)* Möglichkeiten *Pl.;* **the house/subject has possibilities** aus dem Haus/Thema läßt sich etwas machen; **the scheme has possibilities** in dem Plan stecken Möglichkeiten

**possible** ['pɒsɪbl] **1.** *adj.* **a)** möglich; **if ~:** wenn *od.* falls möglich; wenn es geht; **as ... as ~:** so ... wie möglich; möglichst ...; **the greatest ~ assistance** die größtmögliche Unterstützung; **all the assistance ~:** alle denkbare Unterstützung; **anything is ~:** alles ist möglich; es ist alles möglich; **at the earliest ~ time** so früh wie möglich; *(formal)* zum frühestmöglichen Termin/Zeitpunkt; **they made it ~ for me to be here** sie haben es mir ermöglicht, hier zu sein; **the worst ~ solution** die denkbar schlechteste Lösung; die schlechteste der möglichen Lösungen; **if it's at all ~:** wenn es irgend geht *od.* möglich ist; **would it be ~ for me to ...?** könnte ich vielleicht ...?; **it is not ~ to do more** mehr kann man unmöglich tun; **for ~ emergencies** für eventuelle Notfälle; **all ~ risks** alle denkbaren Risiken; **I'll do everything ~ to help you** ich werde mein möglichstes *od.* alles nur Erdenkliche tun, um dir zu helfen; **be as kind to her as ~:** sei so nett zu ihr, wie [nur irgend] möglich; **we will help as far as ~:** wir werden helfen, soweit wir können; **b)** *(likely)* [durchaus *od.* gut] möglich; **few thought his election was ~:** nur wenige glaubten an seine Wahl; **c)** *(acceptable)* möglich; **there's no ~ excuse for it** dafür gibt es keine Entschuldigung; **the only ~ man for the position** der einzige Mann, der für die Stellung in Frage kommt. **2.** *n.* Anwärter, *der*/Anwärterin, *die;* Kandidat, *der*/Kandidatin, *die;* **presidential ~:** Präsidentschaftsanwärter, *der*

**possibly** ['pɒsɪblɪ] *adv.* **a)** *(by possible means)* **I cannot ~ commit myself** ich kann mich unmöglich festlegen; **how can I ~?** wie könnte ich?; **how could I ~ have come?** wie hätte ich denn kommen können?; **can that ~ be true?** kann das überhaupt wahr sein *od.* stimmen?; **they did all they ~ could** sie haben alles Menschenmögliche *od.* alles in ihrer Macht stehende getan; **if I ~ can** wenn es mir irgendwie möglich ist; **as often as I ~ can** sooft ich irgend kann; **I'll come as soon as I ~ can** ich komme so früh, wie es nur irgend geht; **can you ~ lend me £10?** kannst du mir vielleicht *od.* wohl 10 Pfund leihen?; **b)** *(perhaps)* möglicherweise; vielleicht; **he might ~ be related to them** er ist vielleicht *od.* möglicherweise mit ihnen verwandt; **Do you think ...? – P~:** Glaubst du ...? – Möglich[erweise] *od.* Vielleicht

**possum** ['pɒsəm] *n. (coll.)* **a)** *see* **opossum a; b) play ~** *(pretend to be asleep)* sich schlafend stellen; *(pretend to be dead)* sich tot stellen; **c)** *(Austral., NZ)* Fuchskusu, *der*

**¹post** [pəʊst] **1.** *n.* **a)** *(as support)* Pfosten, *der;* **b)** *(stake)* Pfahl, *der;* **deaf as a ~** *(coll.)* stocktaub *(ugs.); see also* **pillar a; c)** *(Racing) (starting/finishing ~)* Start-/Zielpfosten, *der;* **be left at the ~:** [hoffnungslos] abgehängt werden *(ugs.);* weit zurückbleiben; *(fig.)* von Anfang an keine Chancen haben; **be first past the ~:** als erster durchs Ziel gehen; **the 'first past the ~' system** das Mehrheitswahlsystem; **be beaten at the ~** *(lit. or fig.)* im letzten Moment noch geschlagen werden; *see also* **⁵pip; d)** *(Sport: of goal)* Pfosten, *der.* **2.** *v. t.* **a)** *(stick up)* anschlagen, ankleben ⟨*Plakat, Aufruf, Notiz, Zettel*⟩; **~ something on the notice-board** einen Anschlag am Schwarzen Brett machen; **'~ no bills'** „Plakate ankleben verboten"; **b)** *(make known)* [öffentlich] anschlagen *od.* bekanntgeben; ausschreiben ⟨*Belohnung*⟩; ausweisen ⟨*Anstiegen, Gewinn, Verlust*⟩; öffentlich ankündigen, bekanntmachen ⟨*Veranstaltung*⟩; **~ [as] missing** als vermißt melden; **c)** *(Amer.: achieve)* erreichen; schaffen; erringen ⟨*Sieg*⟩

**~ 'up** *v. t.* anschlagen; ankleben; **~ up a notice** einen Anschlag machen

**²post 1.** *n.* **a)** *(Brit.: one dispatch of letters)* Postausgang, *der;* **by the same ~:** mit gleicher Post; **by return of ~:** postwendend; **sort the ~:** die Postausgänge sortieren; **b)** *(Brit.: one collection of letters)* [Briefkasten]leerung, *die;* **c)** *(Brit.: one delivery of letters)* Post[zustellung], *die;* **in the ~:** bei der Post (*see also* **d**); **the ~ has come** die Post ist da *od.* ist schon gekommen; **the arrival of the ~:** das Eintreffen der Briefpost; **sort the ~:** die Posteingänge sortieren; **is there a second ~ in this area?** gibt es hier eine zweite Postzustellung?; **there is no ~ on Sundays** sonntags kommt keine Post; **there has been no ~ today** heute ist keine Post gekommen; **is there any ~ for me?** habe ich Post?; **have a heavy ~:** viel Post bekommen; **the morning's ~:** die Morgenpost; **you'll get it in tomorrow's ~:** du bekommst es mit der morgigen Post; **d)** *no pl., no indef. art. (Brit.: official conveying)* Post, *die;* **by ~:** mit der Post; per Post; **in the ~:** in der Post (*see also* **c**); **e)** *(~ office)* Post, *die; (~-box)* Briefkasten, *der;* **take sth. to the ~:** etw. zur Post bringen/*(to ~-box)* etw. einwerfen *od.* in den Briefkasten werfen; **drop sth. in the ~:** etw. einwerfen *od.* in den Briefkasten werfen. **2.** *v. t.* **a)** *(dispatch)* abschicken; *(take to ~ office)* zur Post bringen; *(put in ~-box)* einwerfen; **~ sb. sth.** jmdm. etw. schicken; **~ sth. off** etw. abschicken; **b)** *(Bookk.)* übertragen; **~ up** auf den letzten Stand bringen ⟨*Bücher*⟩; verbuchen ⟨*Verkäufe, Abschlüsse*⟩; **c)** *(fig. coll.)* **keep sb. ~ed [about** *or* **on sth.]** jmdn. [über etw. *(Akk.)*] auf dem laufenden halten

**³post 1.** *n.* **a)** *(job)* Stelle, *die;* Posten, *der;* **in ~:** im Amt; **a teaching ~:** eine Stelle als Lehrer *od.* Lehrerstelle; **a ~ as director** ein Posten als Direktor *od.* Direktorenposten; **the ~ of driver** die Stelle des Fahrers; **a diplomatic ~:** ein diplomatischer Posten; **b)** *(Mil.: place of duty)* Posten, *der; (fig.)* Platz, *der;* Posten, *der;* **the sentries are at/took up their ~s** die Wachen sind auf ihren/bezogen ihre Posten; **take up one's ~** *(fig.)* seinen Platz einnehmen; **all workers must be at their ~s by 8.30** alle Arbeiter müssen um 8.30 Uhr an ihren Arbeitsplätzen sein; **last/first ~** *(Brit. Mil.)* letzter/erster Zapfenstreich; **c)** *(Mil.: position of unit)* Garnison, *die;* Standort, *der;* **d)** *(Mil.: fort)* Fort, *das;* **e)** *(trading-~)* Niederlassung, *die.* **2.** *v. t.* **a)** *(place)* postieren; aufstellen; **b)** *(appoint)* einsetzen; **~ sb. overseas/to Abu Dhabi/to a ship** jmdn. in Übersee/in Abu Dhabi/auf einem Schiff einsetzen; **be ~ed to an embassy** an eine Botschaft versetzt werden; **~ an officer to a unit** einen Offizier einer Einheit *(Dat.)* zuweisen; **be ~ed away** versetzt *od. (Mil.)* abkommandiert werden; **where's he being ~ed to?** wo wird er eingesetzt?; *(to new place)* wohin wird er versetzt?

**post-** [pəʊst] *pref.* nach-/Nach-; post-/Post- *(mit Fremdwörtern)*

**postage** ['pəʊstɪdʒ] *n.* Porto, *das*

**postage: ~ 'due** *n.* Nachgebühr, *die;* **~-due stamp** Portomarke, *die;* **~ meter** *n. (Amer.)* Frankiermaschine, *die;* [Post]freistempler, *der;* **~ stamp** *n.* Briefmarke, *die;* Postwertzeichen, *das (Postw.)*

**postal** ['pəʊstl] *adj.* **a)** *(of the post)* Post-; postalisch ⟨*Aufgabe, Einrichtung*⟩; **b)** *(by post)* per Post *nachgestellt;* **~ tuition** Fernunterricht, *der*

**postal: ~ card** *(Amer.) see* **postcard; ~ code** *see* **postcode; ~ district** *n.* Zustellbezirk, *der;* **~ meter** *n. (Amer.) see* **postage meter; ~ order** *n.* ≈ Postanweisung, *die;* **~ rate** *n.* Postgebühr, *die;* **P~ Union** *n.* Postverein, *der;* **~ vote** *n.* Briefwahl, *die*

**post: ~-bag** *(Brit.) see* **mail-bag; ~-box** *n. (Brit.)* Briefkasten, *der;* **~card** *n.* Postkarte, *die;* **~-chaise** *n. (Hist.)* Postchaise, *die*

**post-'classic[al]** *adj.* nachklassisch

**'postcode** *n. (Brit.)* Postleitzahl, *die*

**post-'date** *v. t.* **a)** *(give later date to)* vordatieren; **b)** *(belong to later date than)* späteren *od.* jüngeren Datums sein als (+ *Nom.*); von einem späteren Zeitpunkt/aus einer späteren Zeit datieren als (+ *Nom.*)

**post-'doctoral** *adj.* **~ thesis/grant** Habilitationsschrift, *die*/-stipendium, *das;* **~ research** *Forschungen im Anschluß an die Promotion*

**poster** ['pəʊstə(r)] *n.* **a)** *(placard)* Plakat, *das; (notice)* Anschlag, *der;* **b)** *(printed picture)* Plakat, *das;* Poster, *das*

**'poster colour** *see* **poster paint**

**poste restante** [pəʊst re'stɑ̃t] *n.* Abteilung/Schalter für postlagernde Sendungen; **write to sb. [at the] ~ in Rome** jmdm. postlagernd nach Rom schreiben

**posterior** [pɒ'stɪərɪə(r)] **1.** *adj.* **a)** *(formal: later)* später; **~ to** nach; **b)** *(placed behind)* hinter... **2.** *n. (joc.)* Hinterteil, *das (ugs.)*

**posterity** [pɒ'sterɪtɪ] *n., no pl., no art. (future generations)* die Nachwelt; **go down to ~ [as sth.]** [als etw.] in die Geschichte eingehen

**poster paint** *n.* Plakatfarbe, *die*

**post: ~ exchange** *n. (Amer. Mil.)* PX, *das; Kaufhaus für Angehörige der amerikanischen Truppen;* **~-free** *(Brit.)* **1.** *adj.* **a)** *(free of charge)* portofrei; **b)** *(with postage prepaid)* freigemacht; frankiert; **2.** *adv.* portofrei

**post-grad** [pəʊst'græd] *(coll.),* **post-'graduate 1.** *adj.* Graduierten-; ⟨*College, Studiengang*⟩ für Graduierte; postgraduell *(fachspr.);* **~ study** ≈ Aufbaustudium, *das;* ≈ *weiterführendes Studium;* **~ student** Graduierte, *der/die;* **~ degree** höherer akademischer Grad. **2.** *n.* Graduierte, *der/die*

**post: ~-'haste** *adv.* schnellstens; **~-horn** *n. (Hist.)* Posthorn, *das;* **~-horse** *n. (Hist.)* Postpferd, *das;* **~ house** *n. (Hist.)* Poststation, *die*

**posthumous** ['pɒstjʊməs] *adj.* **a)** nachgelassen, *(geh.)* postum ⟨*Buch usw.*⟩; **b)** *(occurring after death)* nachträglich; post[h]um *(geh.);* **~ fame** Nachruhm, *der;* **c)** nach dem Tode des Vaters geboren, post[h]um *(geh.)* ⟨*Kind*⟩

**posthumously** ['pɒstjʊməslɪ] *adv.* postum *(geh.),* nach dem Tode ⟨*veröffentlicht werden*⟩; postum *(geh.),* nachträglich ⟨*rehabilitieren, verleihen*⟩; nach dem Tode des Vaters ⟨*geboren*⟩

**postil[l]ion** [pə'stɪljən] *n. (Hist.)* Postillion, *der*

**post-im'pressionism** *n.* Nachimpressionismus, *der*

**post-im'pressionist** *n.* Nachimpressionist, *der*/Nachimpressionistin, *die*

**post-impression'istic** *adj.* nachimpressionistisch

**post-in'dustrial** *adj.* postindustriell

**posting** ['pəʊstɪŋ] *n. (appointment)* Versetzung, *die; (post)* Stelle, *die;* Posten, *der;* **he's got a new ~:** er ist versetzt worden

**post: ~man** ['pəʊstmən], *pl.* **~men** ['pəʊstmən] *n.* Briefträger, *der;* Postbote, *der (ugs.);* **~man's 'knock** *n. (Brit.) Gesellschaftsspiel, bei dem der 'Postbote' Briefe gegen einen Kuß aushändigt;* **~mark 1.** *n.* Poststempel, *der;* **'date as ~mark'** „Datum des Poststempels"; **2.** *v. t.* abstempeln; **the letter was ~marked 'Brighton'** der Brief war in Brighton abgestempelt; **~master** *n.* Postamtvorsteher, *der;* Postmeister, *der (veralt.);* **P~master 'General** *n., pl.* **P~masters General** *(Hist.)* Postminister, *der*/-ministerin, *die;* **~-mill** *n.* Bockmühle, *die;* **~mistress** *n.* Postamtvorsteherin, *die;* Postmeisterin, *die (veralt.)*

**post-'modernism** *n.* Postmoderne, *die*

**post-mortem** [pəʊst'mɔːtəm] **1.** *adv.* nach dem Tode; post mortem *(fachspr.).* **2.** *adj.* **a)** *(after death)* nach dem Tode eintretend, *(fachspr., geh.)* postmortal ⟨*Veränderung*⟩; **~ examination** Leichenschau, *die; (with dissection)* Obduktion, *die;* **b)** *(fig.: after an event)* nachträglich. **3.** *n.* **a)** *(examination)* Obduktion, *die;* **b)** *(fig.)* nachträgliche Bewertung *od.* Analyse; Manöverkritik, *die (fig.);* **hold** *or* **have a ~ on sth.** etw. einer nachträglichen Bewertung *od.* Analyse unterziehen; **hold a ~ on the election** eine Wahlanalyse durchführen; das Wahlergebnis einer Analyse *(Dat.)* unterziehen

**post-'natal** *adj.* nach der Geburt *nachgestellt;* nachgeburtlich *(fachspr.);* postnatal *(fachspr.)*

**post: ~ office** *n.* **a)** *(organization)* **the P~ Office** die Post; *attrib.* **P~ Office** Post-; **work for the P~ Office** bei der Post arbeiten; **b)** *(place)* Postamt, *das;* Post, *die;* **c)** *(Amer.) see* **~man's knock; ~-office box** *n.* Postfach, *das;* **~-paid 1.** ['--] *adj.* frankiert; freigemacht; **~-paid envelope** Freiumschlag, *der;* **2.** [-'-] *adv.* portofrei; franko *(fachspr. veralt.);* **£6.50 ~-paid** 6,50 Pfund einschließlich Porto; **reply ~-paid** mit vorfrankiertem Umschlag/mit vorfrankierter Postkarte antworten

**postpone** [pəʊst'pəʊn, pə'spəʊn] *v. t.* verschieben; *(for an indefinite period)* aufschieben; **~ sth. until next week** etw. auf nächste Woche verschieben; **~ sth. for a year** etw. um ein Jahr verschieben; **~ further discussion of a matter** die weitere Diskussion einer Angelegenheit zurückstellen

**postponement** [pəʊst'pəʊnmənt, pə'spəʊnmənt] *n.* Verschiebung, *die; (for an indefinite period)* Aufschub, *der;* **a 30-day ~:** eine Verschiebung um 30 Tage

**postpositive** [pəʊst'pɒzɪtɪv] *adj. (Ling.)* nachgestellt; postpositiv *(fachspr.)*

**postprandial** [pəʊst'prændɪəl] *adj. (formal/joc.)* Verdauungs⟨*schläfchen, -spaziergang, -schnaps*⟩ *(ugs.);* ⟨*Rede, Gespräch, Schwatz*⟩ nach dem Essen, nach Tisch

**'post-room** *n.* Poststelle, *die*

**postscript** ['pəʊstskrɪpt, 'pəʊskrɪpt] *n.* Nachschrift, *die;* Postskript, *das; (fig.)* Nachtrag, *der;* **the ~ was that ...** *(fig.)* das Ende vom Lied war, daß ... *(ugs.);* **add a ~** *(fig.)* einen Nachtrag machen, etwas nachtragen **(to** zu)

**post-'tax** *adj.* nach Abzug der Steuern *(nachgestellt)*

**'post-town** *n.* Postort, *der*

**postulate 1.** ['pɒstjʊleɪt] *v. t. (claim as true, existent, necessary)* postulieren; ausgehen von; *(depend on)* voraussetzen; *(put forward)* aufstellen ⟨*Theorie*⟩. **2.** ['pɒstjʊlət] *n. (fundamental condition)* Postulat, *das (geh.); (prerequisite)* Voraussetzung, *die;* Postulat, *das (geh.); (Math.)* Axiom, *das*

**posture** ['pɒstʃə(r)] **1.** *n. (relative position)* [Körper]haltung, *die; (fig.: mental, political, military)* Haltung, *die;* **have poor/good ~:** eine schlechte/gute Haltung haben; **put the country in a ~ of defence** das Land in Verteidigungsbereitschaft versetzen. **2.** *v. i.* posieren; *(strike a pose)* sich in Positur werfen *(ugs., leicht spött.)*

**'post-war** *adj.* Nachkriegs-; der Nachkriegszeit *nachgestellt;* **~ credits** Kriegsanleihen

**'postwoman** *n.* Briefträgerin, *die;* Postbotin, *die (ugs.)*

**posy** ['pəʊzɪ] *n.* Sträußchen, *das*

**¹pot** [pɒt] **1.** *n.* **a)** *(cooking-vessel)* [Koch]topf, *der;* **it's [a case of] the ~ calling the kettle black** *(coll.)* ein Esel schimpft *od. (geh.)* schilt den andern Langohr; der soll/die soll/die sollen sich an die eigene Nase fassen *(ugs.);* **go to ~** *(coll.)* den Bach runtergehen *(ugs.);* **let oneself go to ~** *(coll.)* sich hängen lassen [und den Bach runtergehen] *(ugs.); see also* **¹boil 1 a; ¹pan 1 a; b)** *(container, contents)* Topf, *der; (teapot, coffee-pot)* Kanne, *die;* **a ~ of tea** eine Kanne Tee; *(in café etc.)* ein Kännchen Tee; *see also* **gold 1 b; c)** *(drinking-vessel)* Becher, *der; (with handle)* Krug, *der;* **d)** *(coll.: as prize)* Pott, *der (ugs.);* **e)** *(sl.: prize)* Preis, *der;* **f)** *(coll.: pot-belly)* Schmerbauch, *der (ugs.);* Wampe, *die (ugs. abwertend);* **g)** *(coll.: large sum)* **a ~ of/~s of** massenweise; jede Menge; **h)** *(amount bet)* [Gesamt]einsatz, *der;* Pot, *der;* **contribute to the ~:** [ein]setzen. **2.** *v. t.,* **-tt-: a)** *(put in container[s])* in einen Topf/in Töpfe füllen; **b)** *(put in plant-~)* **~ [up]** eintopfen; **~ out** austopfen; **c)** *(kill)* abschießen; abknallen *(ugs. abwertend);* **d)** *(Brit. Billiards, Snooker)* einlochen. *See also* **potted. 3.** *v. i.,* **-tt-** ballern *(ugs.)* **(at** auf + *Akk.*)

**²pot** *n. (sl.: marijuana)* Pot, *das (Jargon)*

**potable** ['pəʊtəbl] *adj. (formal)* trinkbar

**potash** ['pɒtæʃ] *n.* Kaliumkarbonat, *das;* Pottasche, *die (veralt.);* **~ fertilizer** Kalidünger, *der*

**potassium** [pə'tæsɪəm] *n. (Chem.)* Kalium, *das*

**potato** [pə'teɪtəʊ] *n., pl.* **~es a)** Kartoffel, *die;* **a hot ~** *(fig. coll.)* ein heißes Eisen *(ugs.);* **drop sb./sth. like a hot ~** *(coll.)* jmdn./etw. fallen lassen wie eine heiße Kartoffel; *see also* **bake 1 a; boil 2 a; chip 2 b; crisp 2 a; ¹fry 2; mash 1 d, 2; b)** *(plant)* Kartoffel[pflanze], *die*

**potato 'salad** *n.* Kartoffelsalat, *der*

**pot: ~-belly** *n.* **a)** *(bulging belly)* Schmerbauch, *der (ugs.);* Wampe, *die (ugs. abwertend); (from malnutrition)* Blähbauch, *der;* **b)** *(person)* Dickbauch, *der (scherzh.);* Dickwanst, *der (salopp abwertend);* **~-boiler** *n. (derog.) (novel etc.)* Fließbandprodukt, *das (abwertend); (film, theatre production)* Fließbandproduktion, *die (abwertend)*

**potency** ['pəʊtənsɪ] *n.* **a)** *(of drug)* Wirksamkeit, *die; (of alcoholic drink)* Stärke, *die; (Mil.)* Schlagkraft, *die; (of reason, argument)* Gewichtigkeit, *die; (influence)* Einfluß, *der;* Potenz, *die (geh.);* **the ~ to do sth.** die Fähigkeit, etw. zu tun; **b)** *(of male)* **[sexual] ~:** [sexuelle] Potenz

**potent** ['pəʊtənt] *adj.* **a)** [hoch]wirksam ⟨*Droge, Medizin*⟩; stark ⟨*Schnaps, Kaffee, Tee usw.*⟩; schlagkräftig ⟨*Mannschaft, Truppe, Waffe*⟩; gewichtig, schwerwiegend ⟨*Grund, Argument*⟩; wichtig, entscheidend ⟨*Faktor*⟩; stark ⟨*Motiv*⟩; *(influential)* einflußreich; potent *(geh.);* **b)** *(sexually)* potent ⟨*Mann*⟩

**potentate** ['pəʊtənteɪt] *n.* Herrscher, *der*/Herrscherin, *die;* Potentat, *der*/Potentatin, *die (geh. abwertend)*

**potential** [pə'tenʃl] **1.** *adj.* potentiell *(geh.);* möglich; **~ energy** potentielle Energie. **2.** *n.* **a)** *(possibility)* Potential, *das (geh.);* Möglichkeiten; **~ for growth/development** Wachstums-/Entwicklungspotential, *das;* **acting ~:** schauspielerisches Talent; **leadership ~:** Führungsqualitäten; **realize/reach one's ~:** seine Möglichkeiten ausschöpfen; **develop one's ~:** seine Fähigkeiten [weiter]entwickeln; **b)** *(Phys.)* Potential, *das*

**potentiality** [pətenʃɪ'ælɪtɪ] *n.* **a)** *(capacity)* Möglichkeiten; **have great growth ~:** ein großes Wachstumspotential haben; **b)** *(possibility)* Möglichkeit, *die*

**potentially** [pə'tenʃəlɪ] *adv.* potentiell *(geh.);* **he's ~ dangerous** er kann gefährlich werden; **a ~ useful invention** eine Erfindung mit Anwendungsmöglichkeiten; **he's ~ capable of it** er wäre dazu fähig; **a ~ rich country** ein Land, das reich sein könnte

**potentilla** [pəʊtən'tɪlə] *n. (Bot.)* Fingerkraut, *das*

**pot: ~-head** *n. (sl.)* Kiffer, *der*/Kifferin, *die (ugs.);* **~-herb** *n.* Küchenkraut, *das;* **~-hole 1.** *n.* **a)** *(in road)* Schlagloch, *das;* **b)** *(deep cave)* [tiefe] Höhle; **2.** *v. i.* Höhlen erkunden; **~-holer** ['pɒthəʊlə(r)] *n.* [Hobby]höhlenforscher, *der*/-forscherin, *die;* **~-holing** ['pɒthəʊlɪŋ] *n.* Erkundung von Höhlen; **go ~-holing** Höhlen erkunden gehen; Höhlenfahrten/eine Höhlenfahrt machen *(fachspr.);* **~-hunter** *n.* **a)** *(hunter)* Jäger, der alles abschießt[, was ihm vor die Flinte kommt] *(abwertend);* **b)** *(athlete)* Pokalsammler, *der*/-sammlerin, *die*

**potion** ['pəʊʃn] *n.* Trank, *der*

**pot: ~ 'luck** *n.* **take ~ luck [with sb.]** sich überraschen lassen; **there are so many to choose from; I'll just take ~ luck** die Auswahl ist so groß; ich greife einfach mal aufs Geratewohl *od.* blind einen/eine/eins raus; **~ plant** *n.* Topfpflanze, *die*

**pot-pourri** [pəʊpʊə'riː, pəʊ'pʊərɪ] *n.* **a)** Duftmischung, *die;* **b)** *(fig.) (of music)* Potpourri, *das; (of literary writings)* Sammlung, *die;* Anthologie, *die (Literaturw.); (mixture)* Sammelsurium, *das;* buntes Allerlei

**pot: ~-roast 1.** *n.* Schmorbraten, *der;* **2.** *v. t.* schmoren; **~sherd** ['pɒtʃɜːd] *n. (Archaeol.)* [Ton]scherbe, *die;* **~-shot** *n.* **a)** *(random shot)* Schuß aufs Geratewohl; **take a ~-shot [at sb./sth.]** aufs Geratewohl [auf jmdn./etw.] schießen; **b)** *(fig.: critical remark)* Attacke, *die;* **take a ~-shot at sth.** etw. attackieren; **c)** *(fig.: random attempt)* Versuch auf gut Glück; Schuß ins Blaue [hinein]

**pottage** ['pɒtɪdʒ] *see* **mess 1 e**

**potted** ['pɒtɪd] *adj.* **a)** *(preserved)* eingemacht; **~ meat/fish** Fleisch-/Fischkonserven; **b)** *(planted)* Topf-; **c)** kurzgefaßt; *(derog.: easily assimilated)* für schlichtere Gemüter *nachgestellt;* **a ~ biography/history of England** eine Kurzbiographie/ein Abriß der Geschichte Englands

**¹potter** ['pɒtə(r)] *n.* Töpfer, *der*/Töpferin, *die*

**²potter** *v. i.* [he]rumwerkeln *(ugs.);* **~ round the shops** durch die Geschäfte bummeln; **~ along the road** ⟨*Autofahrer:*⟩ gemütlich die Straße entlangzuckeln; **~ [about] in the garden** sich *(Dat.)* im Garten zu schaffen machen

**~ a'bout, ~ a'round** *v. i.* herumwerkeln *(ugs.)* **(with** an + *Dat.***)**; **~ about in a canoe** in einem Kanu herumpaddeln; **~ about in the garden** *see* **²~**

**potter's 'wheel** *n.* Töpferscheibe, *die*

**pottery** ['pɒtərɪ] *n.* **a)** *no pl., no indef. art. (vessels)* Töpferware, *die;* Keramik, *die; attrib.* Ton-; Keramik-; **b)** *(workshop)* Töpferei, *die;* **c)** *no pl., no indef. art. (craft)* Töpferei, *die*

**potting-shed** ['pɒtɪŋʃed] *n. (Brit.)* Gewächshaus [zum Vorziehen von Pflanzen]

**¹potty** ['pɒtɪ] *adj. (Brit. sl.: crazy)* verrückt *(ugs.)* **(about, on** nach**)**; **he's driving me ~:** er macht mich wahnsinnig *(ugs.);* **they've gone ~:** sie sind [völlig] übergeschnappt *(ugs.)*

**²potty** *n. (Brit. coll.)* Töpfchen, *das;* **be ~-trained** aufs Töpfchen gehen

**pouch** [paʊtʃ] *n.* **a)** *(small bag)* Tasche, *die;* Täschchen, *das; (worn on belt)* Gürteltasche, *die; (draw-string bag)* Beutel, *der;* **b)** *(under eye)* [Tränen]sack, *der;* **c)** *(ammunition-bag)* [Patronen]tasche, *die;* **d)** *(mail-bag)* Postsack, *der;* Postbeutel, *der; (diplomatic bag)* Kuriertasche, *die;* **e)** *(Zool.) (of marsupial)* Beutel, *der; (of pelican)* Kehlsack, *der*

**pouffe** [puːf] *n. (cushion)* Sitzpolster, *das;* Puff, *der*

**poulterer** ['pəʊltərə(r)] *n.* Geflügelhändler, *der*/-händlerin, *die; see also* **baker**

**poultice** ['pəʊltɪs] **1.** *n.* Breiumschlag, *der;* Breipackung, *die.* **2.** *v. t.* einen Breiumschlag auflegen auf (+ *Akk.*)

**poultry** ['pəʊltrɪ] *n.* **a)** *constr. as pl. (birds)* Geflügel, *das;* **b)** *no pl., no indef. art. (as food)* Geflügel, *das. See also* **farm 1 a; farmer**

**pounce** [paʊns] **1.** *v. i.* **a)** sich auf sein Opfer stürzen; **~ [up]on** sich stürzen auf (+ *Akk.*); ⟨*Raubvogel:*⟩ herabstoßen auf (+ *Akk.*); **be ~d upon by sb.** von jmdm. angefallen werden; **b)** *(fig.)* **~ [up]on/at** sich stürzen auf (+ *Akk.*); **then we'll ~!** dann schlagen wir zu!. **2.** *n.* Sprung, *der;* Satz, *der;* **make a ~ on sb.** sich auf jmdn. stürzen

**¹pound** [paʊnd] *n.* **a)** *(unit of weight)* [britisches] Pfund *(453,6 Gramm);* **two ~s of apples** 2 Pfund Äpfel; **by the ~:** pfundweise; **it's 20 pence a ~:** es kostet 20 Pence das Pfund; **two-~:** Zwei-Pfund-⟨*Dose, Brot, Packung*⟩; zweipfündig, zwei Pfund schwer ⟨*Kugel, Kohlkopf*⟩; **exact** *or* **demand one's ~ of flesh** *(fig.)* sein Recht rücksichtslos verlangen; **b)** *(unit of currency)* Pfund, *das;* **five-~ note** Fünfpfundnote, *die;* Fünfpfundschein, *der;* **it must have cost ~s** das muß eine schöne Stange Geld gekostet haben *(ugs.);* **[it's] a ~ to a penny** *(fig. coll.)* es ist so gut wie sicher; ich wette hundert zu eins

**²pound** *n. (enclosure)* Pferch, *der; (for stray dogs)* Zwinger [für eingefangene Hunde]; *(for cars)* Abstellplatz [für polizeilich abgeschleppte Fahrzeuge]

**³pound 1.** *v. t.* **a)** *(crush)* zerstoßen; zerdrücken ⟨*Tomaten*⟩; **b)** *(thump)* einschlagen auf (+ *Akk.*) ⟨*Person*⟩; herumhämmern auf (+ *Dat.*) *(ugs.)* ⟨*Klavier, Tisch, Schreibmaschine*⟩; klopfen ⟨*Fleisch*⟩; ⟨*Sturm:*⟩ heimsuchen ⟨*Gebiet, Insel*⟩; ⟨*Wellen:*⟩ klatschen auf (+ *Akk.*) ⟨*Strand, Ufer*⟩, gegen *od.* an (+ *Akk.*) ⟨*Felsen, Schiff*⟩; ⟨*Geschütz:*⟩ unter Beschuß *(Akk.)* nehmen ⟨*Ziel*⟩; ⟨*Bombenflugzeug:*⟩ bombardieren ⟨*Ziel*⟩; **~ sb./sth. with one's fists** jmdn./etw. mit den Fäusten bearbeiten *od.* traktieren; **the ship was ~ed by the waves** die Wellen klatschten gegen das Schiff; **~ the beat** *(coll.)* ⟨*Polizist:*⟩ zu Fuß seine Runde machen; **c)** *(knock)* **~ to pieces** ⟨*Wellen:*⟩ zertrümmern, zerschmettern ⟨*Schiff*⟩; ⟨*Geschütz, Bomben:*⟩ in Trümmer legen ⟨*Stadt, Mauern*⟩; **d)** *(compress)* **~ [down]** feststampfen ⟨*Erde, Boden*⟩; *(by treading)* festtreten. **2.** *v. i.* **a)** *(make one's way heavily)* stampfen; **b)** *(beat rapidly)* ⟨*Herz:*⟩ heftig schlagen *od.* klopfen *od. (geh.)* pochen; **c)** *(strike)* ⟨*See, Brandung:*⟩ donnern; **~ away** ⟨*Artillerie:*⟩ donnern; **~ at/on** herumhämmern auf (+ *Dat.*) *(ugs.)* ⟨*Klavier, Tisch, Schreibmaschine*⟩

**~ a'way at** *v. t.* unter schweren [ständigen] Beschuß nehmen ⟨*Feind, Stadt*⟩; *(fig.)* herumhämmern auf (+ *Dat.*) *(ugs.)* ⟨*Klavier, Schreibmaschine usw.*⟩; *(work at)* ackern an (+ *Dat.*) *(ugs.)*

**~ 'out** *v. t. (on typewriter)* herunterhämmern *(ugs.)* ⟨*Brief, Aufsatz*⟩; *(on piano)* hämmern *(ugs.)* ⟨*Lied, Stück*⟩; **~ out sth. on the typewriter** etw. in die [Schreib]maschine hämmern

**poundage** ['paʊndɪdʒ] *n.* **a)** *(per pound of weight)* Gebühr [pro Pfund]; **b)** *(per pound sterling) (charge, fee)* Gebühr, *die; (commission)* Provision [pro Pfund]

**-pounder** ['paʊndə(r)] *n. in comb.* -pfünder, *der*

**pounding** ['paʊndɪŋ] *n.* **a)** *(striking) (of hammer etc.)* Schlagen, *das;* Klopfen, *das; (of artillery)* [schwerer] Beschuß; *(of waves)* Klatschen, *das;* **the ship took a ~ from the waves** das Schiff wurde von den Wellen kräftig durchgeschüttelt; **our team took a ~:** unsere Mannschaft mußte eine Schlappe einstecken *(ugs.);* **his play took a ~ from the critics** sein Stück wurde von den Kritikern verrissen; **b)** *(of hooves, footsteps)* Stampfen, *das; (of train)* Rumpeln, *das;* **c)** *(beating) (of heart)* Klopfen, *das;* Pochen, *das (geh.); (of music, drums)* Dröhnen, *das*

**pound 'note** *n. (Hist.)* Pfundnote, *die;* Pfundschein, *der*

**'pound[s] sign** *n.* Pfundzeichen, *das*

**pour** [pɔː(r)] **1.** *v. t.* **a)** gießen, schütten ⟨*Flüssigkeit*⟩; schütten ⟨*Sand, Kies, Getreide usw.*⟩; *(into drinking-vessel)* einschenken; eingießen; **~ a bucket of water over sb.'s head** jmdm. einen Eimer Wasser über den Kopf gießen *od.* schütten; **~ water over the flowers** die Blumen wässern *od.* [mit Wasser] gießen; **they ~ed beer all over him** sie übergossen ihn mit Bier; **~ scorn** *or* **ridicule on sb./sth.** jmdn. mit Spott übergießen *od.* überschütten/über etw. *(Akk.)* spotten; **~ oil on the flames** *(fig.)* Öl ins Feuer gießen; **~ oil on troubled waters** *or* **the water** *(fig.)* Öl auf die Wogen gießen; *see also* **water 1 a; b)** *(discharge)* ⟨*Fluß:*⟩ ergießen *(geh.)* ⟨*Wasser*⟩; *(fig.)* pumpen ⟨*Geld, Geschosse*⟩. **2.** *v. i.* **a)** *(flow)* strömen; ⟨*Rauch:*⟩ hervorquellen **(from** aus**)**; **sweat was ~ing off the runners** den Läufern lief der Schweiß in Strömen herunter; **~ [with rain]** in Strömen regnen; [in Strömen] gießen *(ugs.);* **it never rains but it ~s** *(fig.)* da kommt aber auch alles zusammen; **b)** *(fig.)* strömen; **~ in** herein-/hineinströmen; **~ out** heraus-/hinausströmen; **tourists/refugees ~ into the city** Touristen/Flüchtlinge strömen in Scharen in die Stadt; **~ out of** strömen aus; *(fig.)* ⟨*Menge, Personen:*⟩ strömen aus ⟨*Gebäude, Halle*⟩; ⟨*Musik:*⟩ schallen aus ⟨*Musikbox*⟩; ⟨*Propaganda:*⟩ tönen aus ⟨*Lautsprecher*⟩; **the crowd ~ed out of the doors** die Menge strömte durch die Türen hinaus; **cars ~ed along the road** ein [endloser] Strom von Autos flutete über die Straße; **letters/protests ~ed in** eine Flut von Briefen/Protesten brach herein

**~ 'down** *v. i.* **it's ~ing down** es gießt [in Strömen] *(ugs.);* **the rain ~ed down** es regnete in Strömen

**~ 'forth 1.** *v. t.* von sich geben; erklingen lassen ⟨*Lied*⟩; ausschütten ⟨*Kummer*⟩; er

zählen ‹Geschichte›. **2.** *v. i.* ‹*Gesang, Musik usw.*:› ertönen, erklingen; ‹*Menge, Personen*:› herausströmen
~ **'off** *v. t.* abgießen
~ **'out 1.** *v. t.* eingießen, einschenken ‹*Getränk*›; ‹*Fabrik*:› ausstoßen ‹*Produkte*›; ‹*Sender*:› in den Äther schicken ‹*Musik usw.*›; **the chimney was ~ing out smoke** aus dem Schornstein quoll Rauch; **~ out one's thanks** sich überschwenglich bedanken; **~ out a torrent of words** eine Flut von Worten von sich geben *od.* hervorsprudeln lassen; **~ out one's woes** *or* **troubles/heart to sb.** jmdm. seinen Kummer/sein Herz ausschütten; **~ out one's feelings** seinen Gefühlen Luft machen *od.* Ausdruck geben; **~ out one's story to sb.** [jmdm.] seine Geschichte erzählen. **2.** *v. i. see* **~ 2 b**

**pouring** ['pɔːrɪŋ] *adj.* **a)** strömend ‹*Regen*›; **a ~ wet day** ein völlig verregneter Tag; **b)** *(for dispensing)* Gieß-; *(for being poured)* flüssig

**pout** [paʊt] **1.** *v. i.* **a)** einen Schmollmund machen *od.* ziehen; **~ing lips** Schmollippen *Pl.*; **his mouth ~ed** er zog einen Schmollmund; **b)** *(sulk)* schmollen. **2.** *v. t.* **a)** *(protrude)* aufwerfen, schürzen ‹*Lippen*›; **b)** *(say)* schmollend sagen; schmollen. **3.** *n.* Schmollmund, *der;* **have the** *or* **be in the ~s** schmollen; im Schmollwinkel sitzen *(ugs.)*

**poverty** ['pɒvətɪ] *n.* **a)** Armut, *die;* **plead ~:** behaupten, kein Geld zu haben; **fall into ~:** in Armut *(Akk.)* geraten; **be reduced to ~:** verarmt sein; **b)** *(Relig.)* Armut, *die;* **c)** *(fig.: deficiency)* Armut, *die* (**in** an + *Dat.*); **~ of ideas** Ideenarmut, *die;* gedankliche Armut; **~ of the soil/the region** Kargheit des Bodens/der Gegend; **spiritual ~:** seelische Verelendung; **d)** *(inferiority) (of language, vocabulary)* Armut, *die;* **~ of imagination/intellect** Phantasielosigkeit, *die*/geistige Unzulänglichkeit

**poverty: ~ line** *n.* Armutsgrenze, *die;* **be on the ~ line** an der Armutsgrenze liegen; **~-stricken** *adj.* notleidend; verarmt; *(fig.)* armselig; kümmerlich; **~ trap** *n. soziale Situation, die dadurch gekennzeichnet ist, daß die Aufnahme einer Erwerbstätigkeit für den Betroffenen zu einer Verschlechterung seiner wirtschaftlichen Lage führen kann, weil er durch sie seinen Anspruch auf staatliche Sozialhilfe verlieren würde*

**POW** *abbr.* **prisoner of war**

**pow** [paʊ] *int.* peng

**powder** ['paʊdə(r)] **1.** *n.* **a)** Pulver, *das;* **b)** *(cosmetic)* Puder, *der;* **put ~ on one's face** sich *(Dat.)* das Gesicht pudern; **c)** *(medicine)* Pulver, *das;* **take a ~** *(Amer. fig. sl.)* die Flatter machen *(salopp)*; **d)** *(gun~)* Pulver, *das;* **keep one's ~ dry** *(fig. coll.)* sein Pulver trocken halten; **he/it is not worth ~ and shot** *(fig.)* er ist keinen Schuß Pulver wert *(ugs.)*/es ist die Mühe nicht wert. **2.** *v. t.* **a)** pudern; **I'll just go and ~ my nose** *(euphem.)* ich muß [nur] mal verschwinden *(ugs. verhüll.)*; **b)** *(reduce to ~)* pulverisieren; zu Pulver verarbeiten ‹*Milch, Eier*›; **~ed milk** Milchpulver, *das;* Trockenmilch, *die;* **~ed eggs** Eipulver, *das;* Trockenei, *das;* **~ed sugar** Puderzucker, *der*

**powder: ~ 'blue** *n.* **a)** *(for laundry)* Waschblau, *das;* **b)** *(colour)* Himmelblau, *das;* **~ compact** *see* ²**compact a**

**powdering** ['paʊdərɪŋ] *n.* **a)** *(act)* [Ein]pudern, *das;* **b) a ~ of snow** eine dünne Schicht Schnee

**powder: ~-keg** *n. (lit. or fig.)* Pulverfaß, *das;* **~-magazine** *n.* Pulvermagazin, *das;* **~-puff** *n.* Puderquaste, *die;* **~-room** *n.* [Damen]toilette, *die;* **~ snow** *n.* Pulverschnee, *der*

**powdery** ['paʊdərɪ] *adj.* **a)** *(like powder)* pulv[e]rig; *(in powder form)* pulverförmig; *(finer)* pud[e]rig/puderförmig; **b)** *(crumbly)* bröckelig; bröselig

**power** [paʊə(r)] **1.** *n.* **a)** *(ability)* Kraft, *die;* **if they had the ~:** wenn sie könnten *od.* die Möglichkeit hätten; **do all in one's ~ to help sb.** alles in seiner Macht *od.* seinen Kräften Stehende tun, um jmdm. zu helfen; **be beyond** *or* **outside** *or* **not be within sb.'s ~:** nicht in jmds. Macht *(Dat.)* liegen; **b)** *(faculty)* Fähigkeit, *die;* Vermögen, *das (geh.)*; *(talent)* Begabung, *die;* Talent, *das;* **~ of smell** Riechvermögen, *das;* Geruchssinn, *der;* **tax sb.'s ~s to the utmost** ‹*Arbeit, Aufgabe*:› jmdn. bis an die Grenzen seiner Leistungsfähigkeit beanspruchen; **psychic ~s** übersinnliche Kräfte; **~s of observation** Beobachtungsgabe, *die;* **~s of persuasion** Überredungskünste; **c)** *(vigour, intensity) (of sun's rays)* Kraft, *die; (of sermon, performance)* Eindringlichkeit, *die; (solidity, physical strength)* Kraft, *die; (of a blow)* Wucht, *die;* **more ~ to you** *or* **your elbow!** viel Erfolg!; **have no ~** ‹*Schuß, Schlag*:› schwach *od.* kraftlos sein; **d)** *(authority)* Macht, *die,* Herrschaft, *die* (**over** über + *Akk.*); **have sth. in one's ~** ‹*Diktator*:› etw. in seiner Gewalt haben; die Herrschaft über etw. *(Akk.)* haben; **she was in his ~:** sie war in seiner Gewalt; er hatte sie in seiner Gewalt; **~ corrupts** Macht korrumpiert; **e)** *(personal ascendancy)* **[exercise/get] ~:** Einfluß [ausüben/gewinnen] (**over** auf + *Akk.*); **f)** *(political or social ascendancy)* Macht, *die;* **student/worker ~:** ≈ Mitbestimmung der Studenten/Arbeiter; **hold ~:** an der Macht sein; **fall from ~:** die Macht verlieren; ‹*Präsident*:› gestürzt werden; **come into ~:** an die Macht kommen; **the party in ~:** die herrschende Partei; die Partei an der Macht; **~ politics** Machtpolitik, *die;* **balance of ~:** Kräftegleichgewicht, *das;* **hold the balance of ~:** das Zünglein an der Waage sein; **g)** *(authorization)* Vollmacht, *die;* Befugnis, *die;* **~ to negotiate** Verhandlungsvollmacht, *die;* **exceed one's ~s** seine Kompetenzen *od.* Befugnisse überschreiten; *see also* **attorney a; h)** *(influential person)* Autorität, *die; (influential thing)* Machtfaktor, *der;* **be a real ~ in these circles** in diesen Kreisen großen Einfluß haben; **a ~ in the land** eine einflußreiche Macht; **be the ~ behind the throne** *(Polit.)* die graue Eminenz sein; **the ~s that be** die maßgeblichen Stellen; die da oben *(ugs.)*; **i)** *(State)* Macht, *die;* **four-~ conference** Viermächtekonferenz, *die;* **a sea/world ~:** eine See-/Weltmacht; *see also* **Great Power; j)** *(coll.: large amount)* Menge, *die (ugs.)*; **do sb. a ~ of good** jmdm. außerordentlich guttun; **k)** *(Math.)* Potenz, *die;* **3 to the ~ of 4** 3 hoch 4; **l)** *(mechanical, electrical)* Kraft, *die; (electric current)* Strom, *der; (of loudspeaker, transmitter)* Leistung, *die;* **under one's/its own ~:** mit eigener Kraft; **steam-~:** Dampfkraft, *die;* **turn off the ~:** den Strom ausschalten *od.* abstellen; **m)** *(capacity for force)* Leistung, *die; see also* **horsepower; n)** *(Optics)* **[magnifying] ~:** Vergrößerungskraft, *die;* [Brenn]stärke, *die;* **o)** *(deity)* Macht, *die;* **the ~s of darkness** die Mächte der Finsternis; **p)** *(of drug)* Wirkung, *die.* **2.** *v. t.* ‹*Treibstoff, Dampf, Strom, Gas*:› antreiben; ‹*Person*:› betreiben ‹*Maschine*›; ‹*Batterie*:› mit Energie versehen *od.* versorgen; **he ~ed the ball past the goalkeeper** *(fig.)* er hämmerte den Ball ins Netz. **3.** *v. i. (coll.)* rasen

**power: ~ base** *n.* **the unions are the party's ~ base** die Gewerkschaften sind die Stützen der Partei; **have one's ~ base in the Middle West** seine treueste Anhängerschaft im Mittelwesten haben; **~-boat** *n.* Motorboot, *das;* **~ brakes** *n. pl.* Servobremsen; **~ cable** *n.* Hochspannungsleitung, *die;* **~ cut** *n.* Stromsperre, *die;* Stromabschaltung, *die; (failure)* Stromausfall, *der;* **~-dive 1.** *n.* Sturzflug mit Vollgas, *der;* **2.** *v. i.* einen Sturzflug machen, ohne den Motor zu drosseln; **~ drill** *n.* elektrische Bohrmaschine; **~-driven** *adj.* motorbetrieben; **~ failure** *n.* Stromausfall, *der*

**powerful** ['paʊəfl] *adj.* **a)** *(strong)* stark; kräftig ‹*Tritt, Schlag, Tier, Geruch, Körperbau, Statur*›; heftig ‹*Gefühl, Empfindung*›; hell, strahlend ‹*Licht*›; scharf ‹*Verstand, Geist*›; überzeugend ‹*Redner, Schauspieler*›; eindringlich ‹*Buch, Rede*›; beeindruckend ‹*Film, Darstellung*›; **b)** *(influential)*; mächtig ‹*Clique, Person, Stadt, Herrscher*›; wesentlich ‹*Faktor*›

**powerfully** ['paʊəfəlɪ] *adv.* kräftig ‹*gebaut*›; eindringlich ‹*predigen*›; **he was ~ attracted to her** sie übte eine starke Anziehungskraft auf ihn aus

**power: ~-house** *n.* **a)** *see* **power-station; b)** *(fig.)* treibende Kraft; **be an intellectual ~-house** intellektuell stets produktiv sein; **be a ~-house of ideas and energy** ‹*Person*:› ein einfallsreiches Energiebündel sein

**powerless** ['paʊəlɪs] *adj.* **a)** *(wholly unable)* machtlos; **be ~ to do sth.** nicht die Macht haben, etw. zu tun; **be ~ to help** nicht helfen können; **b)** *(without power)* machtlos; **~ in the hands of the enemy** hilflos in den Händen des Feindes; **leave sb. ~ against sth.** ‹*Gesetz*:› jmdn. machtlos gegen etw. machen; **leave sb. ~ to do sth.** ‹*Gesetz*:› jmdn. daran hindern *od.* es jmdm. unmöglich machen, etw. zu tun

**powerlessly** ['paʊəlɪslɪ] *adv.* machtlos ‹*zusehen, den Kopf schütteln*›

**power: ~ pack** *n.* Netzteil, *das;* Netzgerät, *das; (for camera flash)* Generatorteil, *das od. der;* **~ point** *n. (Brit.)* Steckdose, *die;* **~ saw** *n.* Motorsäge, *die;* **~-station** *n.* Kraftwerk, *das;* Elektrizitätswerk, *das;* **~ steering** *n.* Servolenkung, *die;* **~ stroke** *n.* Arbeitstakt, *der;* Arbeitshub, *der;* **~ supply** *n.* Energieversorgung, *die* (**to** *Gen.*)

**powwow** ['paʊwaʊ] **1.** *n.* Pow-Wow, *das (Völkerk.)*; *(fig.)* Besprechung, *die.* **2.** *v. i. (fig.)* sich beraten

**pox** [pɒks] *n.* **a)** *(disease with pocks)* Pocken *Pl.*; Blattern *Pl. (veralt.)*; **a ~ on him!** *(arch.)* daß ihn die Pest hole! *(veralt.)*; **b)** *(coll.: syphilis)* Syphilis, *die;* Syph, *die od. der (salopp)*

**p.p.** [piː'piː] *abbr.* **by proxy** pp[a].

**pp** *abbr.* **pianissimo** pp

**pp.** *abbr.* **pages**

**p.p.m.** *abbr.* **parts per million** *(by volume)* $mm^3/l$; *(by weight)* mg/kg

**PPS** *abbr.* **second postscript** PPS

**PR** *abbr.* **a) proportional representation; b) public relations** PR; Public Relations; **~ man** Werbefachmann, *der;* PR-Mann, *der*

**pr.** *abbr.* **pair** P.

**practicable** ['præktɪkəbl] *adj.* **a)** *(feasible)* durchführbar ‹*Projekt, Idee, Plan*›; praktikabel ‹*Lösung, Vorschlag, Plan, Methode*›; **b)** *(usable)* befahrbar, passierbar ‹*Straße, Gelände*›

**practical** ['præktɪkl] **1.** *adj.* **a)** praktisch; **for all ~ purposes** praktisch; **be true for all ~ purposes** in der Praxis Gültigkeit haben; **b)** *(inclined to action)* praktisch veranlagt ‹*Person*›; praktisch ‹*Denkweise, Veranlagung, Einstellung*›; **~ man** Praktiker, *der;* **have a ~ approach/mind** praktisch an die Dinge herangehen; **c)** *(virtual)* tatsächlich ‹*Freiheit, Organisator*›; **d)** *(feasible)* möglich ‹*Alternative*›; praktikabel ‹*Alternative, Möglichkeit*›; *see also* **politics c. 2.** *n.* praktische Prüfung

**practicality** [præktɪ'kælɪtɪ] *n.* **a)** *no pl. (of plan)* Durchführbarkeit, *die; (of person)* praktische Veranlagung; **b)** *in pl. (practical details)* **the practicalities of the situation are that ...:** die Situation sieht praktisch so aus, daß ...; **deal in practicalities** sich mit praktischen Dingen befassen

**practical:** ~ **'joke** *n.* Streich, *der;* **play ~ jokes on sb.** jmdm. Streiche spielen; ~ **'joker** *n.* Witzbold, *der;* **be a ~ joker** anderen gern Streiche spielen

**practically** ['præktɪkəlɪ] *adv.* **a)** *(almost)* praktisch *(ugs.);* so gut wie; beinahe; **b)** *(in a practical manner)* praktisch; ~ **orientated course** praxisbezogener Kurs; ~ **speaking, I see no way out** ich sehe praktisch keinen Ausweg

**'practical nurse** *n. (Amer.)* praktisch ausgebildete, nicht examinierte Krankenschwester; Hilfsschwester, *die*

**¹practice** ['præktɪs] *n.* **a)** *(repeated exercise)* Praxis, *die;* Übung, *die;* **years of ~:** Jahre der Praxis; jahrelange Übung; **put in** *or* **do some/a lot of ~:** üben/viel üben; **after all the ~ he has had, he should ...:** nach so viel Übung sollte er ...; **it's all good ~** *(means of improving)* es ist alles Übung; **~ makes perfect** *(prov.)* Übung macht den Meister; **be out of ~, not be in ~:** außer Übung sein; **be in ~:** in der Übung sein; **b)** *(spell)* Übungen *Pl.;* **piano ~:** Klavierüben, *das;* **do one's piano ~:** Klavier üben; **c)** *(work or business of doctor, lawyer, etc.)* Praxis, *die; see also* **general practice; d)** *(habitual action)* übliche Praxis; Gewohnheit, *die;* **~ shows that ...:** die Erfahrung zeigt *od.* lehrt, daß ...; **make a ~ of doing sth.** es sich *(Dat.)* zur [An]gewohnheit machen, etw. zu tun; **good ~** *(satisfactory procedure)* gutes Vorgehen; gute Vorgehensweise; **e)** *(action)* Praxis, *die;* **the ~ tends to be different** in der Praxis sieht es gewöhnlich *od.* die Praxis sieht gewöhnlich anders aus; **actual ~:** Praxis, *die;* **in ~:** in der Praxis; in Wirklichkeit; **be quite useless in ~:** in der Praxis nutzlos sein; praktisch nutzlos sein; **put sth. into ~:** etw. in die Praxis umsetzen; **f)** *(custom)* Gewohnheit, *die;* **don't make a ~ of it** laß es nicht zur Gewohnheit werden; **regular ~:** Brauch, *der;* **it is the regular ~ to do sth.** es ist Brauch *od.* üblich, etw. zu tun; **g)** *(legal procedures)* **[legal] ~:** Gerichtspraxis, *die. See also* **sharp 1 f**

**²practice, practiced, practicing** *(Amer.) see* **practis-**

**practise** ['præktɪs] **1.** *v. t.* **a)** *(apply)* anwenden; praktizieren; **b)** *(be engaged in)* ausüben ⟨*Beruf, Tätigkeit, Religion*⟩; ~ **gymnastics** Gymnastik treiben; ~ **medicine** [als Arzt] praktizieren; **c)** *(exercise oneself in)* trainieren in (+ *Dat.*) ⟨*Sportart*⟩; **~ the bicycle kick** den Fallrückzieher trainieren; **~ the piano/flute** Klavier/Flöte üben; **~ one's running** Lauftraining machen. **2.** *v. i.* üben

**practised** ['præktɪst] *adj.* geübt ⟨*Person, Auge, Blick*⟩; erfahren, versiert, routiniert ⟨*Person*⟩; **with [a] ~ eye** mit geübtem Blick; **with ~ skill** routiniert

**practising** ['præktɪsɪŋ] *adj.* praktizierend ⟨*Arzt, Katholik, Anglikaner usw.*⟩; **~ homosexual** aktiv Homosexueller; **~ barrister** niedergelassener Anwalt

**practitioner** [præk'tɪʃənə(r)] *n.* Fachmann, *der;* Praktiker, *der*/Praktikerin, *die;* **~ of the law, legal ~:** Anwalt, *der*/Anwältin, *die; see also* **general practitioner; medical practitioner**

**praesidium** [praɪ'sɪdɪəm] *see* **presidium**

**pragmatic** [præg'mætɪk] *adj.* pragmatisch

**pragmatically** [præg'mætɪkəlɪ] *adv.* pragmatisch; *as sentence-modifier* pragmatisch betrachtet

**pragmatism** ['prægmətɪzm] *n.* Pragmatismus, *der*

**pragmatist** ['prægmətɪst] *n.* Pragmatiker, *der*/Pragmatikerin, *die*

**Prague** [prɑ:g] *pr. n.* Prag *(das)*

**prairie** ['preərɪ] *n.* Grasland, *das;* Grassteppe, *die; (in North America)* Prärie, *die;* **animal of the ~s** Steppentier, *das;* **out on the ~:** in der Grassteppe

**prairie:** ~ **'chicken** *n.* Präriehuhn, *das;* ~ **dog** *n.* Präriehund, *der;* ~ **fire** *n. (fig.)* Lauffeuer, *das;* ~ **'hen** *see* ~ **chicken;** ~ **'oyster** *n.* Prärieauster, *die;* ~ **'schooner** *n. (Amer. Hist.)* Planwagen, *der;* ~ **'wolf** *n.* Kojote, *der;* Präriewolf, *der*

**praise** [preɪz] **1.** *v. t.* **a)** *(commend)* loben; *(more strongly)* rühmen; **~ sb. for sth.** jmdn. für *od.* wegen etw. loben; *(more strongly)* jmdn. wegen etw. rühmen; **~ sb. for doing sth.** jmdn. dafür loben, daß er etw. tut/getan hat; **b)** *(glorify)* preisen *(geh.), (dichter.)* lobpreisen ⟨*Gott*⟩. **2.** *n.* **a)** *(approval)* Lob, *das;* **win high ~:** großes *od.* hohes Lob erhalten *od.* ernten; **be loud in one's ~s of sth.** des Lobes voll sein über etw. *(geh.);* **a speech in ~ of sb.** eine Lobrede auf jmdn.; **sing one's own/sb.'s ~s** ein Loblied auf sich/jmdn. singen; **b)** *(worship)* Lobpreisung, *die (dichter.);* **offer ~ to God for sth.** Gott für etw. preisen *(geh.) od. (dichter.)* lobpreisen; **~ be!** Gott dem Herrn sei Lob und Preis! *See also* **damn 1 a**

**praiseworthy** ['preɪzwɜ:ðɪ] *adj.* lobenswert; löblich *(oft iron.)*

**praline** ['prɑ:li:n] *n.* gebrannte Nuß; gebrannte Mandel

**pram** [præm] *n. (Brit.)* Kinderwagen, *der; (for dolls)* Puppenwagen, *der*

**prance** [prɑ:ns] *v. i.* **a)** ⟨*Pferd:*⟩ tänzeln; **b)** *(fig.)* stolzieren; ⟨*Tänzer:*⟩ tänzeln; **~ about** *or* **around** ⟨*Kind, Tänzer:*⟩ herumhüpfen

**prang** [præŋ] *(Brit. sl.)* **1.** *v. t.* **a)** *(bomb)* bombardieren; bepflastern *(Soldatenspr.);* **b)** *(crash)* zu Bruch fahren ⟨*Fahrzeug*⟩; bruchlanden mit ⟨*Flugzeug*⟩; kaputtfahren *(ugs.)* ⟨*Auto*⟩; **c)** *(damage)* ramponieren *(ugs.).* **2.** *n. (of aircraft)* Absturz, *der; (of vehicle)* Unfall, *der;* **have a ~:** Bruch machen *(Fliegerspr.);* einen Unfall bauen *(ugs.)*

**prank** [præŋk] *n.* Streich, *der;* Schabernack, *der;* **play a ~ on sb.** jmdm. einen Streich *od.* Schabernack spielen

**prankster** ['præŋkstə(r)] *n.* Witzbold, *der (ugs. abwertend)*

**prat** [præt] *n. (sl.)* Trottel, *der (ugs. abwertend)*

**prate** [preɪt] *v. i.* **a)** *(chatter)* daherreden *(abwertend);* sabbeln *(salopp abwertend);* **~ about sth.** sich lang und breit über etw. *(Akk.)* auslassen; **b)** *(talk foolishly)* dumm daherreden; schwafeln *(ugs. abwertend);* labern *(ugs. abwertend)*

**prating** ['preɪtɪŋ] *adj.* geschwätzig *(abwertend);* schwatzhaft *(abwertend)*

**prattle** ['prætl] **1.** *v. i.* ⟨*Kleinkind:*⟩ plappern *(ugs.);* schwafeln *(ugs. abwertend);* **~ on about sth.** ohne Pause über etw. *(Akk.)* plappern; **~ away to sb.** zu jmdm. drauflosplappern. **2.** *n.* Geplapper, *das (ugs. abwertend);* Geschwafel, *das (ugs. abwertend)*

**prawn** [prɔ:n] *n.* Garnele, *die*

**prawn 'cocktail** *n.* Krabbencocktail, *der*

**pray** [preɪ] **1.** *v. i.* beten **(for** um); **let us ~:** lasset uns beten; **~ [to God] for sb.** für jmdn. beten; **~ to God for help** Gott um Hilfe anflehen; **~ to God to do sth.** zu Gott beten, daß er etw. tue; **he is past ~ing for** ihm ist nicht mehr zu helfen. **2.** *v. t.* **a)** *(beseech)* anflehen, flehen zu ⟨*Gott, Heiligen, Jungfrau Maria*⟩ **(for** um); **~ God for sth.** etw. von Gott erflehen; **b)** *(~ to)* beten zu; **~ God she is safe** bitte, lieber Gott, laß sie in Sicherheit sein; **c)** *(ellipt.: I ask)* bitte; **~ consider what ...:** überlegen Sie doch bitte, was ...; **what is the use of that, ~?** wozu, bitte [schön], soll das gut sein? *See also* **mantis**

**prayer** [preə(r)] *n.* **a)** Gebet, *das;* **make/offer up a ~ for sb.** für jmdn. beten; ein Gebet für jmdn. sprechen; **offer ~s for** beten für; **offer up a quick ~:** schnell ein Gebet sprechen; **say one's ~s** beten; **say your ~s!** *(iron.)* jetzt hast du Grund zum Beten *(iron.);* **lead the ~s** die Gebete vorsprechen; *see also* **lord 1 b; b)** *no pl., no art. (praying)* Beten, *das;* **gather in ~:** sich zum Gebet versammeln; **what's the use of ~?** was nützt es zu beten?; **c)** *(service)* Andacht, *die;* **family ~s** Familienandacht, *die;* **d)** *(entreaty)* inständige *od.* eindringliche Bitte; **e)** *(Amer. coll.: slight chance of success)* Hauch einer Chance; **without a ~ of doing sth.** ohne die geringste Chance *od.* Aussicht, etw. erfolgreich zu tun

**prayer:** ~**-book** *n.* **a)** Gebetbuch, *das;* **b) the ~ book = the Book of Common Prayer** *see* **Common Prayer;** ~**-mat** *n.* Gebetsteppich, *der;* ~ **meeting** *n.* Gebetsversammlung, *die;* ~**-wheel** *n.* Gebetsmühle, *die*

**preach** [pri:tʃ] **1.** *v. i.* **a)** *(deliver sermon)* predigen **(to** zu, vor + *Dat.;* **on** über + *Akk.*); **b)** *(fig.: give moral advice)* eine Predigt halten *(ugs.); (abwertend)* Moralpredigten halten **(at, to** *Dat.*). **2.** *v. t.* **a)** *(deliver)* halten ⟨*Predigt, Ansprache*⟩; **b)** *(proclaim)* predigen ⟨*Evangelium, Botschaft*⟩; verkündigen ⟨*Glauben, Lehre, Evangelium, Botschaft*⟩; **c)** *(advocate)* predigen *(ugs.)*

**preacher** ['pri:tʃə(r)] *n.* **a)** Prediger, *der*/Predigerin, *die;* **b)** *(fig.)* **be a ~ of privatization** die Privatisierung predigen *(ugs.)*

**preachify** ['pri:tʃɪfaɪ] *v. i.* predigen

**preachy** ['pri'tʃɪ] *adj. (coll.)* predigerhaft

**preamble** [pri:'æmbl] *n.* **a)** *(preliminary statement)* Vorbemerkung, *die;* Einleitung, *die; (to a book)* Geleitwort, *das;* **b)** *(Law)* Präambel, *die*

**pre-arrange** [pri:ə'reɪndʒ] *v. t.* vorher absprechen; vorher ausmachen *od.* verabreden ⟨*Treffpunkt, Zeichen*⟩

**pre-arrangement** [pri:ə'reɪndʒmənt] *n.* vorherige Absprache; **by ~:** nach vorheriger Absprache

**prebend** ['prebənd] *n.* Pfründe, *die*

**prebendary** ['prebəndərɪ] *n.* **a)** *(honorary canon)* ehrenamtlicher Pfründner/ehrenamtliche Pfründnerin; **b)** *(holder of prebend)* Pfründner, *der*/Pfründnerin, *die*

**precarious** [prɪ'keərɪəs] *adj.* **a)** *(uncertain)* labil, prekär ⟨*Gleichgewicht, Situation*⟩; gefährdet ⟨*Friede, Ernte*⟩; **make a ~ living** eine unsichere Existenz haben; **b)** *(insecure)* gefährlich ⟨*Weg, Pfad*⟩; riskant, gefährlich ⟨*Politik, Leben, Balanceakt*⟩; instabil *(geh.)* ⟨*Bauwerk*⟩; kritisch, bedenklich ⟨*Gesundheitszustand*⟩; unsicher ⟨*Koalition*⟩

**precariously** [prɪ'keərɪəslɪ] *adv.* **live ~:** eine unsichere Existenz haben; **be perched ~ on the edge of a steep slope** ⟨*Haus:*⟩ gefährlich nahe am Rand eines Steilhangs stehen

**pre-cast** ['pri:kɑ:st] **1.** *v. t.,* **pre-cast** vorfabrizieren, vorfertigen ⟨*Beton*⟩. **2.** *adj.* vorgefertigt; vorfabriziert

**precaution** [prɪ'kɔ:ʃn] *n.* **a)** *(action)* Vorsichts-, Schutzmaßnahme, *die;* **take ~s against sth.** Vorsichts- *od.* Schutzmaßnahmen gegen etw. treffen; **do sth. as a ~:** vorsichts- *od.* sicherheitshalber etw. tun; **do you take ~s?** *(euphem.)* nimmst du Verhütungsmittel?; **b)** *no pl. (foresight)* Vorsicht, *die*

**precautionary** [prɪ'kɔ:ʃənərɪ] *adj.* vorsorglich; vorbeugend; prophylaktisch *(geh. Med.);* präventiv *(geh.);* **~ measure** Vorsichts- *od.* Schutzmaßnahme, *die;* **as a ~ measure** vorsichts- *od.* sicherheitshalber

**precede** [prɪ'si:d] *v. t.* **a)** *(in rank)* rangieren vor (+ *Dat.*); *(in importance)* wichtiger sein als; Vorrang haben vor (+ *Dat.*); **be ~d by sth.** hinter etw. *(Dat.)* rangieren; **b)** *(in order or time)* vorangehen (+ *Dat.*); *(in vehicle)* voranfahren (+ *Dat.*); *(in time also)* vorausgehen (+ *Dat.*); **the words that ~ [this paragraph]** die [diesem Absatz] vorangehenden Worte; **c)** *(preface, introduce)* **~ X with Y** X *(Dat.)* Y vorausschicken *od.* voranstellen; **~ an address with a welcome** einer Ansprache einen Willkommensgruß vorausschicken *od.* voranstellen

**precedence** ['presɪdəns], **precedency** ['presɪdənsɪ] *n., no pl.* **a)** *(in rank)* Priorität, *die (geh.)* **(over** vor + *Dat.*, gegenüber); Vorrang, *der* **(over** vor + *Dat.*); **b)** *(in time)* Priorität, *die (geh.)* **(over** vor + *Dat.*, gegenüber); zeitliches Vorhergehen; **have [the] ~ over all the others** Priorität vor *od.* gegenüber allen anderen haben; **c)** *(in ceremonies)* Rangordnung, *die*

**precedent 1.** ['presɪdənt] *n.* **a)** *(example)* Präzedenzfall, *der;* [vorangegangenes] exemplarisches Beispiel; **there is no ~ for this** so ein Fall ist noch nicht vorgekommen; **it is without ~ [that ...]** es ist noch nie dagewesen[, daß ...]; **set** *or* **create** *or* **establish a ~:** einen Präzedenzfall schaffen; **b)** *(Law)* Präzedenzfall, *der;* Präjudiz, *das (fachspr.).* **2.** [prɪ'si:dənt] *adj.* **a)** *(in order)* vorangestellt; vorangehend; **b)** *(in time)* voran-, vorausgehend; vorhergehend

**precept** ['pri:sept] *n.* **a)** *(command)* Grundsatz, *der;* Prinzip, *das;* **b)** *(moral instruction)* moralischer Grundsatz; Moralprinzip, -gesetz, *das*

**precession** [prɪ'seʃn] *n. (Phys.)* Präzession, *die;* **~ of the equinoxes** *(Astron.)* Präzession, *die*

**pre-Christian** [pri:'krɪstjən] *adj.* vorchristlich

**precinct** ['pri:sɪŋkt] *n.* **a)** *(traffic-free area)* **[pedestrian] ~:** Fußgängerzone, *die;* **[shopping] ~:** für den Verkehr weitgehend gesperrtes Einkaufsviertel; **b)** *(enclosed area)* Areal, *das;* Bereich, *der;* Bezirk, *der;* **temple/cathedral ~:** Tempel-/Dombereich, *der;* **in the hospital ~s** auf dem Krankenhausgelände; **c)** *(boundary)* Grenze, *die;* **within the ~s of the school** auf dem Schulgelände; **d)** *(Amer.: police or electoral district)* Bezirk, *der*

**preciosity** [preʃɪ'ɒsɪtɪ] *n., no pl.* Affektiertheit, *die*

**precious** ['preʃəs] **1.** *adj.* **a)** *(costly)* wertvoll, kostbar ⟨*Schmuckstück*⟩; Edel⟨*metall, -stein*⟩; **b)** *(highly valued)* wertvoll, kostbar ⟨*Zeit, Eigenschaft, Trostwort, Privileg*⟩; **be ~ to sb.** jmdm. lieb und wert sein; **c)** *(beloved)* teuer *(geh.)*, lieb ⟨*Freund*⟩; **my ~ one!** mein Schatz; **d)** *(affected)* affektiert; **e)** *(coll.: considerable)* beträchtlich; erheblich; **do a ~ sight more work/cost a ~ sight more than ...:** beträchtlich *od.* erheblich mehr tun/kosten als ... **2.** *adv. (coll.)* herzlich ⟨*wenig*⟩; **~ few of them** herzlich wenige von ihnen

**precipice** ['presɪpɪs] *n.* Abgrund, *der;* **we are on the edge of a ~** *(fig.)* wir stehen am Rande einer Katastrophe

**precipitant** [prɪ'sɪpɪtənt] *see* **precipitate 1**

**precipitate 1.** [prɪ'sɪpɪtət] *adj.* **a)** *(hurried)* eilig ⟨*Flucht, Entbindung*⟩; hastig ⟨*Abreise*⟩; **make a ~ exit** hastig *od.* eilig hinausgehen; **b)** *(rash)* übereilt, überstürzt ⟨*Tat, Entschluß, Maßnahme*⟩; groß, fliegend ⟨*Eile*⟩; **be ~ in doing sth.** etw. übereilt tun; **do nothing ~:** nichts übereilt tun. **2.** [prɪ'sɪpɪteɪt] *v. t.* **a)** *(throw down)* hinunterschleudern; **be ~d into a chasm** in eine Spalte stürzen; **~ a nation into war** ⟨*Nachricht, Aggression:*⟩ ein Volk in einen Krieg stürzen; **b)** *(hasten)* beschleunigen; *(trigger)* auslösen; **c)** *(Chem.)* ⟨*Säure:*⟩ ausfällen; **d)** *(Phys.)* kondensieren. **3.** [prɪ'sɪpɪtət] *n.* **a)** *(Chem.)* Niederschlag, *der;* **b)** *(Phys.)* Niederschlag, *der;* Kondensat, *das*

**precipitately** [prɪ'sɪpɪtətlɪ] *adv.* übereilt, überstürzt ⟨*fliehen, flüchten*⟩; unüberlegt, voreilig ⟨*handeln, sich in etw. stürzen*⟩; hastig ⟨*hetzen, eilen, stürzen*⟩

**precipitation** [prɪsɪpɪ'teɪʃn] *n.* **a)** *(Meteorol.)* Niederschlag, *der;* **b)** Voreiligkeit, *die;* Unüberlegtheit, *die*

**precipitous** [prɪ'sɪpɪtəs] *adj.* **a)** *(very steep)* sehr steil ⟨*Schlucht, Abhang, Treppe, Weg*⟩; schroff ⟨*Abhang, Felswand*⟩; abschüssig ⟨*Straße*⟩; steilwandig ⟨*Cañon*⟩; **~ slope/drop** Steilhang, *der/*[steiler] Absturz; **b)** *see* **precipitate 1**

**precipitously** [prɪ'sɪpɪtəslɪ] *adv.* **a)** sehr steil ⟨*[an]steigen sich erheben, abfallen*⟩; schroff ⟨*ansteigen, abfallen*⟩; jäh *(geh.)* ⟨*abfallen*⟩; **b)** *see* **precipitately**

**précis** ['preɪsi:] **1.** *n., pl. same* [preɪsi:z] Inhaltsangabe, *die;* Zusammenfassung, *die;* Précis, *der (fachspr.);* **~ of German history** Abriß der deutschen Geschichte; **do** *or* **make a ~ of sth.** eine Inhaltsangabe einer Sache *(Gen.)* anfertigen. **2.** *v. t.* zusammenfassen

**precise** [prɪ'saɪs] *adj.* genau; präzise; fein ⟨*Instrument*⟩; groß ⟨*Genauigkeit*⟩; förmlich ⟨*Art*⟩; **be very ~ about sth.** es mit etw. sehr genau nehmen; **put sth. in more ~ terms** etw. präzisieren *od.* präziser ausdrücken; **be [more] ~:** sich präzise[r] ausdrücken; **what are your ~ intentions?** was genau hast du vor?; **..., to be ~:** ..., um genau zu sein; ..., genauer gesagt; **be the ~ opposite of sth.** genau das Gegenteil von etw. sein; **this is the ~ design/colour/shade that ...:** das ist genau das Muster/die Farbe/der Ton, das/die/der ...; **the ~ moment at which ...:** genau der Augenblick, in dem ...; **at that ~ moment** genau in dem Augenblick

**precisely** [prɪ'saɪslɪ] *adv.* genau; präzise ⟨*antworten*⟩; **speak ~:** sich präzise ausdrücken; **the date is not ~ known** das genaue Datum ist nicht bekannt; **that is ~ what/why ...:** genau das/deswegen ...; **what ~ do you want/mean?** was willst/meinst du eigentlich genau?; **do ~ the opposite** genau das Gegenteil tun; **it is ~ because ...:** gerade weil ...; **it will be 5.21 ~:** es wird genau 5 Uhr 21; **at ~ 1.30, at 1.30 ~:** Punkt 1 Uhr 30; genau um 1 Uhr 30

**precision** [prɪ'sɪʒn] *n., no pl.* Genauigkeit, *die;* **with[out] a great deal of ~:** [nicht] sehr präzise ⟨*sich ausdrücken*⟩; *attrib.* **a ~ landing** eine Präzisionslandung

**precision: ~ 'bombing** *n. (Mil.)* Punktzielbombardement, *das;* **~ 'instrument** *n.* Präzisions[meß]gerät, *das;* Feinmeßgerät, *das;* **~ 'tool** *n.* Präzisionswerkzeug, *das*

**pre-classical** [pri:'klæsɪkl] *adj.* vorklassisch

**preclude** [prɪ'klu:d] *v. t.* ausschließen ⟨*Zweifel*⟩; **~ sb. from a duty/taking part** jmdn. von einer Pflicht/der Teilnahme entbinden; **so as to ~ all doubt** um jeden Zweifel auszuschließen

**precocious** [prɪ'kəʊʃəs] *adj.* frühreif ⟨*Kind, Jugendlicher, Genie*⟩; altklug ⟨*Äußerung*⟩; verfrüht ⟨*Wachstum, Erfolg*⟩; **at the ~ age of 25** schon mit 25 Jahren; **a ~ interest in sth.** frühzeitiges Interesse an etw. *(Dat.)*

**precociously** [prɪ'kəʊʃəslɪ] *adv.* frühreif ⟨*sich benehmen*⟩; altklug ⟨*reden*⟩

**precognition** [pri:kɒg'nɪʃn] *n.* vorherige Kenntnis **(of** von); *(Parapsych.)* Präkognition, *die*

**preconceived** [pri:kən'si:vd] *adj.* vorgefaßt ⟨*Ansicht, Vorstellung*⟩

**preconception** [pri:kən'sepʃn] *n.* vorgefaßte Meinung **(of** über + *Akk.*); **with too many ~s** allzu voreingenommen

**precondition** [pri:kən'dɪʃn] *n.* Vorbedingung, *die* **(of** für)

**pre-cook** [pri:'kʊk] *v. t.* vorkochen

**pre-cooked** [pri:'kʊkt] *adj.* vorgekocht

**precursor** [pri:'kɜ:sə(r)] *n.* **a)** *(of revolution, movement, etc.)* Wegbereiter, *der/*-bereiterin, *die; (of illness)* Vorbote, *der/*Vorbotin, *die;* **b)** *(predecessor)* Vorgänger, *der/*-gängerin, *die*

**pre-date** [pri:'deɪt] *v. t.* **a)** *(precede in date)* **~ sth.** ⟨*Ereignis:*⟩ einer Sache vorausgehen; ⟨*Sache:*⟩ aus der Zeit vor etw. *(Dat.)* stammen; **b)** *(give earlier date to)* zurückdatieren ⟨*Brief, Scheck*⟩

**pre-dated** [pri:'deɪtɪd] *adj.* zurückdatiert ⟨*Brief, Scheck*⟩

**predator** ['predətə(r)] *n.* Raubtier, *das; (fish)* Raubfisch, *der*

**predatory** ['predətərɪ] *adj.* **a)** *(plundering, robbing)* räuberisch; Raub⟨*instinkte, -krieg*⟩; beutegierig ⟨*Gesellschaftsschicht, Charakter*⟩; **b)** *(preying upon others)* räuberisch; **~ animal** Raubtier, *das*

**predecease** [pri:dɪ'si:s] *v. t.* **~ sb.** vor jmdm. sterben

**predecessor** ['pri:dɪsesə(r)] *n.* **a)** *(former holder of position)* Vorgänger, *der/*-gängerin, *die;* **~ in office/title** Amts-/Rechtsvorgänger, *der;* **b)** *(preceding thing)* Vorläufer, *der;* **his second novel is better than its ~:** sein zweiter Roman ist besser als sein erster; **c)** *(ancestor)* Vorfahr[e], *der/*-fahrin, *die;* Ahn, *der (geh.)/*Ahne, *die (geh.)*

**predestination** [prɪdestɪ'neɪʃn] *n., no pl.* Vorherbestimmung, *die;* Prädestination, *die (geh.)*

**predestine** [prɪ'destɪn] *v. t.* von vornherein bestimmen **(to** zu); prädestinieren **(to** zu) *(geh.)*

**predetermination** [pri:dɪtɜ:mɪ'neɪʃn] *n., no pl.* **a)** *(predestination)* Vorherbestimmung, *die;* Prädestination, *die (geh.);* **b)** *(intention)* Vorsatz, *der;* Absicht, *die;* **with a ~ to do sth.** mit dem Vorsatz *od.* in der Absicht, etw. zu tun

**predetermine** [pri:dɪ'tɜ:mɪn] *v. t.* **a)** im voraus *od.* von vornherein bestimmen; ⟨*Gott, Schicksal:*⟩ vorherbestimmen; **b)** *(impel)* zwingen **(to** zu)

**predicament** [prɪ'dɪkəmənt] *n.* Dilemma, *das;* Zwangslage, *die;* **he found himself in a ~:** er befand sich in einem Dilemma

**predicate 1.** ['predɪkət] *n.* **a)** *(Ling.)* Prädikat, *das;* **b)** *(Logic)* Prädikat, *das;* Prädikator, *der.* **2.** ['predɪkeɪt] *v. t.* **a)** *(affirm)* **~ sth. of sb./sth.** jmdm./einer Sache etw. zuschreiben; **~ of sb./sth. that ...:** von jmdm./etw. behaupten *od.* sagen, daß ...; **b)** *(found, base)* gründen **(on** auf + *Dat.*); **be ~d on** basieren *(geh.) od.* sich gründen auf (+ *Dat.*); **c)** *(Logic)* zusprechen (of *Dat.*)

**predicative** [prɪ'dɪkətɪv] *adj.* **a)** *(making a predication)* eine Aussage beinhaltend **(of, about** über + *Akk.*); **b)** *(Ling.)* prädikativ

**predicatively** [prɪ'dɪkətɪvlɪ] *adv. (Ling.)* prädikativ

**predict** [prɪ'dɪkt] *v. t.* voraus-, vorhersagen; prophezeien; voraus-, vorhersehen ⟨*Folgen*⟩; **what do you ~ will be the result?** wie glaubst du, wird das Ergebnis aussehen?

**predictable** [prɪ'dɪktəbl] *adj.* voraus-, vorhersagbar; voraus-, vorhersehbar ⟨*Folgen, Reaktion, Ereignis*⟩; berechenbar ⟨*Person*⟩

**predictably** [prɪ'dɪktəblɪ] *adv.* wie voraus- *od.* vorherzusehen war; **he was ~ annoyed** wie voraus- *od.* vorherzusehen [war], war er verärgert

**prediction** [prɪ'dɪkʃn] *n.* Voraus-, Vorhersage, *die*

**predigest** [pri:dɪ'dʒest, pri:daɪ'dʒest] *v. t.* vorverdauen

**predilection** [pri:dɪ'lekʃn] *n.* Vorliebe, *die*

**predispose** [pri:dɪ'spəʊz] *v. t.* **~ sb. to do sth.** jmdn. etw. tun lassen; **be ~d to do sth.** *(be willing to do sth.)* geneigt sein, etw. zu tun; *(tend to do sth.)* dazu neigen, etw. zu tun; **~ sb. to sth.** jmdn. zu etw. neigen lassen; **~ sb. to an illness** jmdn. für eine Krankheit anfällig machen; **~ sb. in favour of sb./sth.** jmdn. für jmdn./etw. einnehmen

**predisposition** [pri:dɪspə'zɪʃn] *n.* Neigung, *die* **(to** zu); *(Med.)* Anfälligkeit, *die* **(to** für); Prädisposition, *die (fachspr.)*

**predominance** [prɪ'dɒmɪnəns] *n.* **a)** *(control) (of country)* Vorherrschaft, *die* **(over** über + *Akk.*); Vorrangstellung, *die* **(over** gegenüber); *(of person)* Überlegenheit, *die* **(over** gegenüber); **b)** *(majority)* Überzahl, *die* **(of** von); **there is a ~ of newcomers** die Neulinge sind in der Überzahl

**predominant** [prɪ'dɒmɪnənt] *adj.* **a)** *(hav-*

*ing more power)* dominierend ‹*Interesse, Partei, Macht, Persönlichkeit*›; **b)** *(prevailing)* vorherrschend; **the ~ desire expressed by them** der von ihnen über- *od.* vorwiegend zum Ausdruck gebrachte Wunsch

**predominantly** [prɪ'dɒmɪnəntlɪ] *adv.* überwiegend

**predominate** [prɪ'dɒmɪneɪt] *v.i. (be more powerful)* dominierend sein; *(be more important)* vorherrschen; überwiegen; *(be more numerous)* in der Überzahl sein

**pre-eminence** [pri:'emɪnəns] *n., no pl.* Vorrangstellung, *die;* **achieve ~:** eine herausragende Stellung erlangen; **her ~ in this field** ihre herausragende Stellung auf diesem Gebiet

**pre-eminent** [pri:'emɪnənt] *adj.* herausragend; **be ~:** eine herausragende Stellung einnehmen

**pre-eminently** [pri:'emɪnəntlɪ] *adv.* herausragend; überaus ‹*gelehrt*›; *(mainly)* vor allem; in erster Linie; **figure ~:** an herausragender Stelle stehen

**pre-empt** [pri:'empt] *v.t. (forestall)* zuvorkommen (+ *Dat.*) **(on** bei); **she had been ~ed** man war ihr zuvorgekommen

**pre-emptive** [pri:'emptɪv] *adj.* **a)** Vorkaufs‹*preis, -recht*›; **~ right** *(of shareholder)* Bezugsrecht, *das;* **he made a ~ bid to gain power** er machte im Vorfeld seine Machtansprüche geltend; **b)** *(Mil.)* Präventiv‹*krieg, -maßnahme, -schlag*›; **c)** *(Bridge)* **~ bid** Sperrgebot, *das*

**preen** [pri:n] **1.** *v.t.* ‹*Vogel:*› putzen ‹*Federn, Gefieder*›. **2.** *v. refl.* ‹*Vogel:*› sich putzen; ‹*Person:*› sich herausputzen; **~ oneself on sth.** sich *(Dat.)* etwas auf etw. *(Akk.)* einbilden; **he is always ~ing himself on ...:** er brüstet sich dauernd mit ...

**prefab** ['pri:fæb] *n. (coll.) (house)* Fertighaus, *das; (building)* Gebäude aus Fertigteilen; Fertigbau, *der*

**prefabricate** [pri:'fæbrɪkeɪt] *v.t.* vorfertigen ‹*Produkt, Teil, Gebäude usw.*›

**prefabricated** *adj.* [pri:'fæbrɪkeɪtɪd] **~ house/building** Fertighaus, *das*/Fertigbau, *der;* **a ~ garage** eine in Fertigbauweise errichtete Garage; **a ~ system/scheme** *(fig.)* ein vorfabriziertes System/Schema

**prefabrication** [pri:fæbrɪ'keɪʃn] *n.* Vorfabrikation, *die;* Vorfertigung, *die*

**preface** ['prefəs] **1.** *n.* **a)** *(of book)* Vorwort, *das* **(to** *Gen.*); Vorbemerkung, *die* **(to** zu); **b)** *(of speech)* Vorrede, *die;* Einleitung, *die.* **2.** *v.t.* **a)** *(introduce)* einleiten; **b)** *(furnish with a ~)* mit einem Vorwort *od.* einer Vorbemerkung versehen

**prefatory** ['prefətərɪ] *adj.* einleitend ‹*Hinweise, Worte*›; **be ~ to sth.** etw. einleiten

**prefect** ['pri:fekt] *n. (Sch.) die Aufsicht führender älterer Schüler/führende ältere Schülerin;* **form ~:** *Schüler/Schülerin einer Klasse, der/die die Aufsicht führt*

**prefer** [prɪ'fɜ:(r)] *v.t.,* **-rr- a)** *(like better)* vorziehen; **~ to do sth.** etw. lieber tun; es vorziehen, etw. zu tun; **~ sth. to sth.** etw. einer Sache *(Dat.)* vorziehen; **I ~ skiing to skating** ich fahre lieber Ski als Schlittschuh; **I ~ not to talk about it** darüber möchte ich lieber nicht sprechen; **I should ~ to wait** ich würde lieber warten; **I'd ~ it if ...:** mir wäre es lieb, wenn ...; **~ to go to prison rather than pay** eher *od.* lieber ins Gefängnis gehen als zu bezahlen; **I ~ that we should wait rather than act now** ich meine, wir sollten lieber warten, als jetzt handeln; **this plant ~s cool conditions** diese Pflanze bevorzugt einen kühlen Standort; **they ~ blondes** sie bevorzugen Blondinen; **I ~ water to wine** ich trinke lieber Wasser als Wein; **which of them do you ~, John or Peter?** wer ist dir lieber, John oder Peter?; **there is tea or coffee, which do you ~?** es gibt Tee oder Kaffee, was ist Ihnen lieber?; **I should ~ something more elegant** ich hätte gerne etwas Eleganteres; **b)** *(submit)* erheben ‹*Anklage, Anschuldigungen*› **(against** gegen, **for** wegen); vorbringen ‹*Beschwerde*›; **c)** *(promote)* befördern; **be ~red to a post** auf einen Posten berufen werden; **he was ~red to the See of Chichester** er wurde zum Bischof von Chichester ernannt

**preferable** ['prefərəbl] *adj.* vorzuziehen *präd.;* vorzuziehend *attr.;* besser **(to** als); **which do you think ~, x or y?** was ist Ihrer Meinung nach vorzuziehen, x oder y?; **he felt it ~ to be silent** er fand, daß es besser war zu schweigen; **the cold was ~ to the smoke** die Kälte war noch erträglicher als der Rauch

**preferably** ['prefərəblɪ] *adv.* am besten; *(as best liked)* am liebsten; **a piano, ~ not too expensive** ein möglichst nicht zu teures Klavier; **Wine or beer? – Wine, ~!** Wein oder Bier? – Lieber Wein!

**preference** ['prefərəns] *n.* **a)** *(greater liking)* Vorliebe, *die;* **for ~** *see* **preferably; have a ~ for sth. [over sth.]** etw. [einer Sache *(Dat.)*] vorziehen; **he has a ~ for tea over coffee** er mag *od.* trinkt lieber Tee als Kaffee; **do sth. in ~ to sth. else** etw. lieber als etw. anderes tun; **b)** *(thing preferred)* **of the three skirts the blue one is my ~:** von den drei Röcken gefällt mir der blaue am besten; **his ~ is a holiday abroad** ein Urlaub im Ausland ist ihm am liebsten; **what are your ~s?** was wäre dir am liebsten?; **I have no ~:** mir ist alles gleich recht; **have you any ~ among his novels?** magst du einen seiner Romane besonders?; **c)** *(prior right)* Vorrecht, *das* **(for** auf + *Akk.*); **give a creditor ~ over sb.** einen Gläubiger gegenüber jmdm. begünstigen; **d)** *(favouring of one person or country)* Präferenzbehandlung, *die; (Econ.)* Präferenz, *die;* **give [one's] ~ to sb.** jmdn. bevorzugen; **give sb. ~ over others** jmdm. anderen gegenüber Vergünstigungen einräumen; **e)** *attrib. (Brit. Finance)* Vorzugs-, Prioritäts‹*obligation, -aktie*›

**preferential** [prefə'renʃl] *adj.* bevorzugt ‹*Behandlung*›; bevorrechtigt ‹*Ansprache, Stellung*›; **[a] ~ status** eine Vorzugsstellung; **give sb. ~ treatment** jmdn. bevorzugt behandeln; **~ customs duties** Präferenz- *od.* Vorzugszölle

**preferentially** [prefə'renʃəlɪ] *adv.* **a)** bevorzugt ‹*behandeln*›; **b)** *(to a greater extent)* vorwiegend

**preferment** [prɪ'fɜ:mənt] *n.* **a)** *(promotion)* Beförderung, *die; (advancement)* Voran-, Vorwärtskommen, *das;* **receive ~:** befördert werden; **b)** *(post)* höhere *od.* gehobene Stellung; *(Eccl.)* höheres Amt; **c)** *(Law)* **~ of charges** Anklageerhebung, *die*

**preferred** [prɪ'fɜ:d] *adj.* **a)** bevorzugt; **my ~ conclusion/solution** *etc.* die Schlußfolgerung/Lösung *usw.,* der ich den Vorzug gebe; **b) ~ share** *etc.* = **preference share** *etc. see* **preference e**

**prefigure** [pri:'fɪgə(r)] *v.t.* **a)** *(represent beforehand)* ankünd[ig]en; hindeuten auf (+ *Akk.*); **b)** *(picture to oneself)* sich *(Dat.)* [vorher] vorstellen; sich *(Dat.)* ausmalen

**prefix 1.** ['pri:fɪks, prɪ:'fɪks] *v.t.* **a)** *(add)* voranstellen **(to** *Dat.*); **~ a title to a name** einen Titel vor einen Namen setzen; **b)** *(Ling.)* als Präfix setzen **(to** vor + *Akk.*); **~ the definite article to sth.** den bestimmten Artikel vor etw. *(Akk.)* setzen. **2.** ['pri:fɪks] *n.* **a)** *(Ling.)* Präfix, *das;* Vorsilbe, *die;* **b)** *(title)* [Namens]zusatz, *der;* **the ~ 'Mr' before a name** der Zusatz „Mr." vor einem Namen

**preflight** ['pri:flaɪt] *attrib. adj.* ‹*Informationen, Kontrollen*› vor dem Flug

**preform** [pri:'fɔ:m] *v.t.* vorbilden; **~ed ideas** vorgeformte Ideen

**preggers** ['pregəz] *(Brit.),* **preggy** ['pregɪ] *adj. (sl.)* dick *(derb);* schwanger

**pregnancy** ['pregnənsɪ] *n.* **a)** *(of woman)* Schwangerschaft, *die; (of animal)* Trächtigkeit, *die;* **her advanced state of ~:** ihre fortgeschrittene Schwangerschaft; **in the fourth week of ~:** in der vierten Woche der Schwangerschaft *od.* Schwangerschaftswoche; **b)** *(fig.: of speech, words)* Bedeutungsgehalt, *der;* Bedeutungsschwere, *die (geh.)*

**'pregnancy test** *n.* Schwangerschaftstest, *der*

**pregnant** ['pregnənt] *adj.* **a)** schwanger ‹*Frau*›; trächtig ‹*Tier*›; **she is ~ with her second child** sie erwartet ihr zweites Kind; **heavily** *or (coll.)* **very ~:** hoch schwanger; **b)** *(fig.: momentous)* bedeutungsschwer *(geh.);* **~ with consequences/meaning** folgenschwer/bedeutungsschwanger

**pre-heat** [pri:'hi:t] *v.t.* vorheizen ‹*Backofen*›; vorwärmen ‹*Geschirr, Essen*›; vorher erwärmen ‹*Gas, Werkzeug*›

**prehensile** [prɪ'hensaɪl] *adj. (Zool.)* Greif‹*vermögen, -fuß, -schwanz*›

**prehistoric** [pri:hɪ'stɒrɪk] *adj.* **a)** vorgeschichtlich; prähistorisch; **tools dating from ~ times** vorgeschichtliche *od.* prähistorische Werkzeuge; **b)** *(coll.) (ancient)* uralt *(ugs.); (out of date)* vorsintflutlich *(ugs.)*

**prehistory** [pri:'hɪstərɪ] *n.* **a)** Vorgeschichte, *die;* Prähistorie, *die;* **b)** *(of a situation etc.)* Vorgeschichte, *die*

**pre-ignition** [pri:ɪg'nɪʃn] *n. (Motor Veh.)* Frühzündung, *die*

**pre-industrial** [pri:ɪn'dʌstrɪəl] *adj.* vorindustriell

**prejudge** [pri:'dʒʌdʒ] *v.t.* **a)** *(form premature opinion about)* vorschnell *od.* voreilig urteilen über (+ *Akk.*); **b)** *(judge before trial)* im voraus beurteilen, vorverurteilen ‹*Person*›; im voraus entscheiden ‹*Fall*›

**prejudg[e]ment** [pri:'dʒʌdʒmənt] *n.* vorschnelles Urteil **(of** über + *Akk.*); **we must avoid any ~ of the case/accused** wir dürfen den Fall nicht im voraus entscheiden/den Angeklagten nicht vorverurteilen

**prejudice** ['predʒʊdɪs] **1.** *n.* **a)** *(bias)* Vorurteil, *das;* **colour ~:** Vorurteil aufgrund der Hautfarbe; **overcome ~:** Vorurteile ablegen; **this is mere ~!** das sind bloße Vorurteile!; **b)** *(injury)* Schaden, *der;* Nachteil, *der;* **to sb.'s ~:** zu jmds. Nachteil *od.* Schaden; **without ~ [to court action]** *(Law)* ohne Schaden für die eigenen Rechte [bei gerichtlichem Vorgehen]; **without ~ to sth.** unbeschadet einer Sache *(Gen.);* **be without ~ to sth.** etw. unberührt lassen. **2.** *v.t.* **a)** *(bias)* beeinflussen; **~ sb.** *or* **sb.'s mind in sb.'s favour/against sb.** jmdn. für/gegen jmdn. einnehmen; jmdn. zu jmds. Gunsten/Ungunsten beeinflussen; **b)** *(injure)* beeinträchtigen

**prejudiced** ['predʒʊdɪst] *adj.* voreingenommen **(about** gegenüber, **against** gegen); **the most ~ passages in this book** die einseitigsten Passagen dieses Buches; **~ opinion** Vorurteil, *das;* **be racially ~:** Rassenvorurteile haben; **be totally ~ against women** Frauen gegenüber völlig voreingenommen *od.* voller Vorurteile sein

**prejudicial** [predʒʊ'dɪʃl] *adj.* abträglich *(geh.)* **(to** *Dat.*); nachteilig **(to** für); **be ~ to** beeinträchtigen ‹*Anspruch, Chance, Recht*›; schaden (+ *Dat.*) ‹*Interesse*›

**prejudicially** [predʒʊ'dɪʃəlɪ] *adv.* nachteilig; **affect ~:** beeinträchtigen ‹*Anspruch, Recht*›; schaden (+ *Dat.*) ‹*Interesse*›

**prelate** ['prelət] *n.* Prälat, *der*

**prelim** ['pri:lɪm] *n.* **a)** *(coll.: exam)* Vorprüfung, *die;* **b)** *in pl. (Printing)* Titelei, *die*

**preliminarily** [prɪ'lɪmɪnərɪlɪ] *adv.* vorher

**preliminary** [prɪ'lɪmɪnərɪ] **1.** *adj.* Vor-; vorbereitend ‹*Forschung, Schritt, Maßnahme*›; einleitend ‹*Kapitel, Vertragsbestimmungen*›; **~ inquiry/request/search** erste Nachforschung/Bitte/Suche; **~ draft** Rohentwurf, *der.* **2.** *n., usu. in pl.* **preliminaries** Präliminarien *Pl.; (Sports)* Ausscheidungskämpfe; **as a ~ to sth.** *(as a preparation)* als Vorbereitung auf etw. *(Akk.)*; **just a ~:** nur ein Vorspiel (**to** zu); **we have now completed the preliminaries** wir haben die Vorbereitungen jetzt abgeschlossen; **dispense with the preliminaries** ohne Umschweife *od.* direkt zur Sache kommen; in medias res gehen *(geh.)*; **without any further preliminaries** ohne [weitere] Umschweife. **3.** *adv. see* **preparatory 2**

**prelude** ['prelju:d] **1.** *n.* **a)** *(introduction)* Anfang, *der* (**to** *Gen.*); Auftakt, *der* (**to** zu); **b)** *(of play)* Vorspiel, *das* (**to** zu); *(of poem)* Einleitung, *die* (**to** zu *od. Gen.*); **c)** *(Mus.)* Präludium, *das;* Vorspiel, *das.* **2.** *v.t.* **a)** *(foreshadow)* ankündigen; **b)** *(start)* **~ sth. by** *or* **with sth.** etw. mit etw. einleiten

**pre-marital** [pri:'mærɪtl] *adj.* vorehelich; **~ sex** Geschlechtsverkehr vor der Ehe; vorehelicher Geschlechtsverkehr

**premature** ['premətjʊə(r)] *adj.* **a)** *(hasty)* voreilig, übereilt ‹*Entscheidung, Handeln*›; **b)** *(early)* früh-, vorzeitig ‹*Altern, Ankunft, Haarausfall*›; verfrüht ‹*Bericht, Eile, Furcht*›; **~ baby** Frühgeburt, *die;* **the baby was five weeks ~:** das Baby wurde fünf Wochen zu früh geboren

**prematurely** ['premətjʊəlɪ] *adv.* *(early)* vorzeitig; zu früh ‹*geboren werden*›; *(hastily)* voreilig, übereilt ‹*entscheiden, handeln*›

**premedical** [prɪ:'medɪkl] *adj.* *(Amer.)* auf das Medizinstudium vorbereitend

**premedication** [pri:medɪ'keɪʃn] *n.* *(Med.)* Prämedikation, *die*

**premeditated** [pri:'medɪteɪtɪd] *adj.* vorsätzlich

**premeditation** [pri:medɪ'teɪʃn] *n.* Vorsatz, *der;* **with ~:** nach vorheriger Planung; vorsätzlich ‹*ermorden, ein Verbrechen begehen*›

**premenstrual** [pri:'menstrʊəl] *adj.* *(Med.)* prämenstruell; **~ tension** prämenstruelle Spannung

**premier** ['premɪə(r)] **1.** *adj.* *(first)* erst...; *(best)* best... ‹*Qualität*›; *(most important)* bedeutendst..., wichtigst... ‹*Position, Stellung*›. **2.** *n.* Premier[minister], *der*/Premierministerin, *die*

**première** ['premjeə(r)] **1.** *n.* *(of production)* Premiere, *die;* Erstaufführung, *die;* *(of work)* Uraufführung, *die.* **2.** *v.t.* erst-/uraufführen

**premiership** ['premɪəʃɪp] *n.* Amtsperiode als Premierminister/-ministerin; *(office)* Amt des Premier[minister]s/der Premierministerin

**premise** ['premɪs] *n.* **a)** *in pl.* *(building)* Gebäude, *das;* *(buildings and land of factory or school)* Gelände, *das;* *(rooms)* Räumlichkeiten *Pl.*; **on the ~s** hier/dort; *(of public house, restaurant, etc.)* im Lokal; **all repairs are done on the ~s** alle Reparaturen werden an Ort und Stelle erledigt; **b)** *see* **premiss**

**premiss** ['premɪs] *n.* *(Logic)* Prämisse, *die*

**premium** ['pri:mɪəm] *n.* **a)** *(Insurance)* Prämie, *die;* **b)** *(reward)* Preis, *der;* Prämie, *die;* **put a ~ on sth.** *(make advantageous)* etw. belohnen; *(attach special value to)* etw. [hoch ein]schätzen; großen Wert auf etw. *(Akk.)* legen; **c)** *(bonus)* Zusatzzahlung, *die;* *(additional to fixed price/wage)* Aufgeld, *das*/Prämie, *die;* **d)** *(Amer.: charge for loan)* Kreditgebühr, *die;* **e)** *(St. Exch.)* Agio, *das;* Aufgeld, *das;* **be at a ~:** über pari stehen; *(fig.: be highly valued)* sehr gefragt sein; hoch im Kurs stehen; **those shares are on offer at a ~:** diese Aktien werden über pari *od.* mit einem Agio angeboten

**Premium [Savings] Bond** *n.* *(Brit.)* Prämienanleihe, *die;* Losanleihe, *die*

**premolar** [pri:'məʊlə(r)] *n.* *(Anat.)* vorderer Backenzahn; Prämolar, *der (fachspr.)*

**premonition** [pri:mə'nɪʃn] *n.* **a)** *(forewarning)* Vorwarnung, *die;* **falling leaves gave a ~ of coming winter** fallendes Laub gemahnte an den kommenden Winter; **b)** *(presentiment)* Vorahnung, *die;* **feel/have a ~ of sth.** eine Vorahnung von etw. haben

**premonitory** [prɪ'mɒnɪtərɪ] *adj.* warnend ‹*An-, Vorzeichen*›; ungut ‹*Gefühl*›

**pre-natal** [pri:'neɪtl] *adj.* *(Med.)* pränatal *(fachspr.)*; vor der Geburt *nachgestellt;* **~ care** Schwangerschaftsfürsorge, *die*

**preoccupation** [prɪɒkjʊ'peɪʃn] *n.* Sorge, *die* (**with** um); **his ~ with his work left little time for his family** er war so sehr mit seiner Arbeit beschäftigt, daß wenig Zeit für die Familie blieb; **first** *or* **greatest** *or* **main ~:** Hauptanliegen, *das;* Hauptsorge, *die*

**preoccupied** [prɪ'ɒkjʊpaɪd] *adj.* *(lost in thought)* gedankenverloren; *(concerned)* besorgt (**with** um); *(absorbed)* beschäftigt (**with** mit)

**preoccupy** [prɪ'ɒkjʊpaɪ] *v.t.* beschäftigen; **my mind is preoccupied** meine Gedanken sind beschäftigt

**pre-ordain** [pri:ɔ:'deɪn] *v.t.* vorherbestimmen

**prep** [prep] *n.* *(Brit. Sch. coll.)* **a)** *(homework)* [Haus-, Schul]aufgaben *Pl.*; Schularbeiten *Pl.*; **b)** *(homework period)* Hausaufgabenvorbereitung, *die*

**pre-packaged** [pri:'pækɪdʒd], **pre-packed** [pri:'pækt] *adjs.* abgepackt; *(fig.)* vorgefertigt ‹*Ideen, Meinung*›

**prepaid** *see* **prepay**

**preparation** [prepə'reɪʃn] *n.* **a)** Vorbereitung, *die;* **be in a state of ~ for combat** kampfbereit sein; **be in ~** ‹*Publikation:*› in Vorbereitung sein; **be in ~ for sth.** der Vorbereitung einer Sache *(Gen.)* dienen; **in ~ for the new baby/term** als Vorbereitung auf das neue Baby/Semester; **b)** *in pl.* *(things done to get ready)* Vorbereitungen *Pl.* (**for** für); **~s for war/the funeral/the voyage/the wedding** Kriegs-/Begräbnis-/Reise-/Hochzeitsvorbereitungen; **make ~s for sth.** Vorbereitungen für etw. treffen; **c)** *(Chem., Med., Pharm.)* Präparat, *das;* **herbal ~:** Kräuterpräparat, *das;* *(Cookery)* Kräutermischung, *die;* **d)** *(Brit. Sch.)* [Haus-, Schul]aufgaben *Pl.*; Schularbeiten *Pl.*

**preparative** [prɪ'pærətɪv] *see* **preparatory 1 a**

**preparatory** [prɪ'pærətərɪ] **1.** *adj.* **a)** *(introductory)* vorbereitend, einleitend ‹*Maßnahme, Schritt*›; einleitend ‹*Ermittlung, Geste, Untersuchung*›; Vor‹*ermittlung, -untersuchung*›; **~ work** Vorarbeiten *Pl.*; **b)** *(Sch., Univ.)* für die Aufnahme an einer Public School/einem College vorbereitend; ‹*Ausbildung, Stunden, Unterricht*› an einer privaten Vorbereitungsschule. **2.** *adv.* **~ to sth.** vor etw. *(Dat.)*; **~ to doing sth.** bevor man etw. tut; **I am packing ~ to departure** *or* **departing** ich packe vor meiner Abreise

**pre'paratory school** *n.* **a)** *(Brit. Sch.)* *für die Aufnahme an einer Public School vorbereitende Privatschule;* **b)** *(Amer. Univ.)* *meist private, für die Aufnahme an einem College vorbereitende Schule*

**prepare** [prɪ'peə(r)] **1.** *v.t.* **a)** *(make ready)* vorbereiten; entwerfen, ausarbeiten ‹*Plan, Rede*›; herrichten *(ugs.)*, fertigmachen ‹*Gästezimmer*›; *(make mentally ready, equip with necessary knowledge)* vorbereiten ‹*Person*› (**for** auf + *Akk.*); **~ the ground** *or* **way for sb./sth.** *(fig.)* für jmdn./etw. die nötige Vorarbeit leisten; jmdm. die Steine aus dem Weg räumen; **~ oneself for a shock/the worst** sich auf einen Schock/das Schlimmste gefaßt machen; **be ~d for anything** auf alles gefaßt sein; **be ~d to do sth.** *(be willing)* bereit sein, etw. zu tun; **b)** *(make)* herstellen ‹*Chemikalie, Metall usw.*›; zubereiten ‹*Essen*›. **2.** *v.i.* sich vorbereiten (**for** auf + *Akk.*); **~ for battle/war** ‹*Land:*› zum Kampf/Krieg rüsten; **~ to do sth.** sich bereit machen *od.* *(geh.)* anschicken, etw. zu tun; **~ to advance/retreat** sich zum Vorstoß/Rückzug bereit machen

**preparedness** [prɪ'peərɪdnɪs] *n.*, *no pl.* *(willingness)* Bereitschaft, *die* (**for** zu); [**state of**] **~** *(readiness)* Vorbereitetsein, *das* (**for** für, auf + *Akk.*); **be in a state of ~ for action** *(Amer.)* sich in Alarmbereitschaft befinden

**prepay** [pri:'peɪ] *v.t.*, **prepaid** [pri:'peɪd] im voraus [be]zahlen; *(pay postage of)* frankieren, freimachen ‹*Brief, Paket usw.*›; **send a parcel carriage prepaid** ein Paket frachtfrei versenden; **prepaid envelope** frankierter Umschlag; Freiumschlag, *der*

**prepayment** [prɪ:'peɪmənt] *n.* [Be]zahlung im voraus; Voraus[be]zahlung, *die;* *(of letters, parcels, etc.)* Frankierung, *die;* Freimachung, *die*

**preponderance** [prɪ'pɒndərəns] *n.* Überlegenheit, *die* (**over** über + *Akk.*, gegenüber); Übergewicht, *das;* [**numerical**] **~, ~ in numbers** zahlenmäßige Überlegenheit; zahlenmäßiges Übergewicht

**preponderant** [prɪ'pɒndərənt] *adj.* überlegen; **~ in numbers** zahlenmäßig überlegen

**preponderantly** [prɪ'pɒndərəntlɪ] *adv.* überwiegend

**preponderate** [prɪ'pɒndəreɪt] *v.i.* überwiegen (**over** gegenüber)

**preposition** [prepə'zɪʃn] *n.* *(Ling.)* Präposition, *die;* Verhältniswort, *das*

**prepositional** [prepə'zɪʃənl] *adj.* *(Ling.)* präpositional; Präpositional‹*attribut, -fall, -objekt*›

**prepossess** [pri:pə'zes] *v.t.* **a)** *(preoccupy mentally)* erfüllen; beherrschen; **b)** *(prejudice)* beeinflussen; **~ sb. in sb.'s favour/against sb.** jmdn. zu jmds. Gunsten/Ungunsten beeinflussen

**prepossessing** [pri:pə'zesɪŋ] *adj.* einnehmend, anziehend ‹*Äußeres, Erscheinung, Person, Lächeln usw.*›

**preposterous** [prɪ'pɒstərəs] *adj.* absurd; grotesk ‹*Äußeres, Kleidung*›

**preposterously** [prɪ'pɒstərəslɪ] *adv.* absurd; absurderweise ‹*etw. tun*›; **suggest, quite ~, that ...:** absurderweise vorschlagen, daß ...

**preppy** ['prepɪ] *(Amer.)* **1.** *n.* *Schüler/Schülerin einer „preparatory school", der/die sich teuer und gepflegt kleidet, aus wohlhabendem Elternhaus stammt, eher konservativ eingestellt ist.* **2.** *adj.* für einen „Preppy" typisch ‹*Kleidung, Meinung usw.*›

**preprandial** [pri:'prændɪəl] *adj.* *(formal/joc.)* ‹*Drink usw.*› vor dem Essen, vor Tisch

**preprint** ['pri:prɪnt] *n.* Vorabdruck, *der*

**'prep school** *(coll.)* *see* **preparatory school**

**prepuce** ['pri:pju:s] *n.* *(Anat.)* Vorhaut, *die*

**Pre-Raphaelite** [pri:'ræfəlaɪt] *(Art)* **1.** *n.* Präraffaelit, *der*/-raffaelitin, *die.* **2.** *adj.* präraffaelitisch

**pre-record** [pri:rɪ'kɔ:d] *v.t.* vorher aufnehmen; **~ed tape** bespieltes Band

**prerequisite** [pri:'rekwɪzɪt] **1.** *n.* [Grund]voraussetzung, *die.* **2.** *adj.* unbedingt erforderlich

**prerogative** [prɪ'rɒgətɪv] *n.* **a)** Privileg, *das;* Vorrecht, *das;* **the ~ of mercy** das Begnadigungsrecht; **b)** *(of sovereign)* [**royal**] **~:** [königliche] Prärogative

**Pres.** *abbr.* **President** Präs.

**presage 1.** ['presɪdʒ] *n.* **a)** *(omen)* Vorzeichen, *das;* **a ~ of worse to come** ein schlechtes Omen; **b)** *(foreboding)* Vorahnung, *die.* **2.** ['presɪdʒ, prɪ'seɪdʒ] *v.t.* *(foreshadow)* ankündigen; *(give warning of)* ankünden

**Presbyterian** [prezbɪ'tɪərɪən, presbɪ'tɪərɪən] **1.** *adj.* presbyterianisch. **2.** *n.* Presbyterianer, *der*/Presbyterianerin, *die*

**Presbyterianism** [prezbɪ'tɪərɪənɪzm, presbɪ'tɪərɪənɪzm] *n.* Presbyterianismus, *der*

**presbytery** ['prezbɪtərɪ, 'presbɪtərɪ] *n.* Presbyterium, *das*

**pre-school** ['pri:sku:l] *adj.* Vorschul-; **~ years** Vorschulalter, *das*

**prescience** ['presɪəns] *n.* Vorausschau, *die*
**prescient** ['presɪənt] *adj.* weitblickend
**pre-scientific** [pri:saɪən'tɪfɪk] *adj.* vorwissenschaftlich
**prescribe** [prɪ'skraɪb] **1.** *v.t.* **a)** *(impose)* vorschreiben; **~d book** *see* **set 4 b**; **b)** *(Med.; also fig.)* verschreiben; verordnen. **2.** *v.i.* Vorschriften machen
**prescript** ['pri:skrɪpt] *n.* Vorschrift, *die*
**prescription** [prɪ'skrɪpʃn] *n.* **a)** *(prescribing)* Anordnung, *die;* Vorschreiben, *das;* **b)** *(Med.)* Rezept, *das;* Verschreibung, *die; (medicine)* [verordnete *od.* verschriebene] Medizin; Verordnung, *die (fachspr.);* **be available only on ~:** nur auf Rezept *od.* Verschreibung erhältlich sein; rezept- *od.* verschreibungspflichtig sein
**pre'scription charge** *n.* Rezeptgebühr, *die*
**prescriptive** [prɪ'skrɪptɪv] *adj. (Ling.)* präskriptiv
**pre-select** [pri:sɪ'lekt] *v.t.* vorwählen
**presence** ['prezəns] *n.* **a)** *(being present) (of person)* Gegenwart, *die;* Anwesenheit, *die; (of things)* Vorhandensein, *das;* **in the ~ of his friends** in Gegenwart *od.* Anwesenheit seiner Freunde; **in the ~ of danger** angesichts von Gefahren; **make one's ~ felt** sich bemerkbar machen; **be admitted to/be banished from the King's ~:** zum König vorgelassen werden/aus der Umgebung des Königs verbannt werden; **b)** *(appearance)* Äußere, *das; (bearing)* Auftreten, *das;* **[stage] ~:** Ausstrahlung [auf der Bühne]; **she has ~:** sie stellt etwas dar *od.* strahlt etwas aus; **c)** *(being represented)* Präsenz, *die;* **police ~:** Polizeipräsenz, *die;* **the British ~ east of Suez** die britische Präsenz östlich von Suez; **d)** *(person or thing)* Erscheinung, *die;* **feel an invisible ~ in the room** die Anwesenheit von etwas Unsichtbarem im Zimmer spüren; **e) ~ of mind** Geistesgegenwart, *die*
**¹present** ['prezənt] **1.** *adj.* **a)** anwesend, *(geh.)* zugegen **(at** bei); **be ~ in the air/water/in large amounts** in der Luft/im Wasser/in großen Mengen vorhanden sein; **all ~ and correct** *(joc.)* alle sind da; **all those ~:** alle Anwesenden; **~ company excepted** Anwesende ausgenommen; **be ~ to sb.** *or* **sb.'s mind** jmdm. gegenwärtig sein; **b)** *(being dealt with)* betreffend; **it's not relevant to the ~ matter** es ist für diese Angelegenheit nicht von Bedeutung; **in the ~ connection** in diesem Zusammenhang; **in the ~ case** im vorliegenden Fall; **c)** *(existing now)* gegenwärtig; jetzig, derzeitig ⟨*Dekan, Bischof, Chef usw.*⟩; **during the ~ month** im laufenden Monat; **the ~ writer/author** *etc.* der Autor des vorliegenden Textes; **d)** *(Ling.)* **~ tense** Präsens, *das;* Gegenwart, *die;* **~ perfect** Perfekt, *das;* vollendete Gegenwart; *see also* **participle; e) a very ~ help in trouble** *(arch.)* eine allgegenwärtige Hilfe in der Not. **2.** *n.* **a) the ~:** die Gegenwart; **up to the ~:** bis jetzt; bisher; **at ~:** zur Zeit; **I can't help you/say more at ~:** im Augenblick kann ich dir nicht helfen/kann ich nicht mehr sagen; **for the ~:** vorläufig; **[there is] no time like the ~:** die Gelegenheit ist günstig; jetzt ist der beste Augenblick; **b)** *(Ling.)* Präsens, *das;* Gegenwart, *die*
**²present 1.** ['prezənt] *n. (gift)* Geschenk, *das;* Präsent, *das (geh.);* **parting ~:** Abschiedsgeschenk, *das;* **make a ~ of sth. to sb., make sb. a ~ of sth.** jmdm. etw. zum Geschenk machen; *see also* **give 1 a. 2.** [prɪ'zent] *v.t.* **a)** schenken; überreichen ⟨*Preis, Medaille*⟩; **~ sth. to sb.** *or* **sb. with sth.** jmdm. etw. schenken *od.* zum Geschenk machen; **~ sb. with gifts** jmdm. Geschenke machen; **~ sb. with difficulties/a problem** jmdn. vor Schwierigkeiten/ein Problem stellen; **he was ~ed with an opportunity that ...:** ihm bot sich eine Gelegenheit, die ...; **b)** *(express)* **~ one's compliments to sb.** sich jmdm. empfehlen; **~ one's regards to sb.** jmdm. Grüße bestellen *od.* ausrichten; jmdm. seine Grüße entbieten *(geh.);* **c)** *(deliver)* überreichen ⟨*Gesuch*⟩ **(to** bei); vorlegen ⟨*Scheck, Bericht, Rechnung*⟩ **(to** *Dat.*); **~ one's case** seinen Fall darlegen; **d)** *(exhibit)* zeigen; bereiten ⟨*Schwierigkeit*⟩; aufweisen ⟨*Aspekt*⟩; **~ a ragged appearance** einen zerlumpten Anblick bieten; **~ a bold front** *or* **brave face to the world** sich nach außen hin unerschrocken geben; **e)** *(introduce)* vorstellen **(to** *Dat.*); **f)** *(to the public)* geben, aufführen ⟨*Theaterstück*⟩; zeigen ⟨*Film*⟩; moderieren ⟨*Sendung*⟩; bringen ⟨*Fernsehserie, Schauspieler in einer Rolle*⟩; vorstellen ⟨*Produkt usw.*⟩; vorlegen ⟨*Abhandlung*⟩; darlegen ⟨*Theorie usw.*⟩; **g)** *(Parl.)* vorlegen ⟨*Gesetzentwurf*⟩; **h) ~ arms** *(Mil.)* präsentiert das Gewehr!; **i)** *(aim, hold horizontally)* anlegen ⟨*Gewehr usw.*⟩; **he ~ed his weapon** er legte an. **3.** *v. refl.* ⟨*Problem:*⟩ auftreten; ⟨*Möglichkeit:*⟩ sich ergeben; **~ itself to sb.** ⟨*Möglichkeit:*⟩ jmdm. vor Augen stehen; ⟨*Erinnerung usw.:*⟩ sich bei jmdm. einstellen; ⟨*Gedanke:*⟩ jmdm. kommen; **~ oneself to sb.** sich jmdm. vorstellen; **~ oneself for interview/an examination** zu einem Gespräch/einer Prüfung erscheinen
**presentable** [prɪ'zentəbl] *adj.* ansehnlich; **she is quite a ~ young lady** man kann sie gut vorzeigen *od.* sich gut mit ihr sehen lassen; **the flat is not very ~ at the moment** die Wohnung ist im Augenblick nicht besonders präsentabel; **make oneself/sth. ~:** sich/etw. zurechtmachen; **his most ~ jacket** sein bestes Jackett
**presentably** [prɪ'zentəblɪ] *adv.* ansehnlich; angemessen ⟨*sich kleiden*⟩; ganz ordentlich ⟨*Klavier spielen, malen usw.*⟩
**presentation** [prezən'teɪʃn] *n.* **a)** *(giving)* Schenkung, *die; (of prize, medal, gift)* Überreichung, *die;* **make sb. a ~ of sth.** jmdm. etw. schenken/überreichen; **b)** *(ceremony)* Verleihung, *die;* **~ of the awards/medals** Preis-/Ordensverleihung, *die;* **c)** *(delivering) (of petition)* Überreichung, *die; (of cheque, report, account)* Vorlage, *die; (of case, position, thesis)* Darlegung, *die; (manner of putting forward, presenting)* Präsentation, *die (geh.);* Darbietung, *die;* **on ~ of** gegen Vorlage (+ *Gen.*); **d)** *(exhibition)* Darstellung, *die;* **e)** *(Theatre, Radio, Telev.)* Darbietung, *die; (Theatre also)* Inszenierung, *die; (Radio, Telev. also)* Moderation, *die;* **f)** *(introduction)* Vorstellung, *die;* **g)** *(Med.)* Lage, *die;* **head/breech ~:** Kopf-/Steißlage, *die*
**presen'tation copy** *n.* Dedikationsexemplar, *das*
**present-'day** *adj.* heutig; zeitgemäß ⟨*Einstellungen, Ansichten*⟩; **by ~ standards** nach heutigen *od.* gegenwärtigen Maßstäben
**presenter** [prɪ'zentə(r)] *n.* **a)** *(of cheque)* Überbringer, *der*/Überbringerin, *die;* **be the ~ of a petition/report** eine Petition überreichen/einen Bericht vorlegen; **b)** *(Radio, Telev.)* Moderator, *der*/Moderatorin, *die*
**presentiment** [prɪ'zentɪmənt] *n.* Vorahnung, *die;* **I have a ~ about the opening night** ich habe das Gefühl, daß bei der Premiere irgend etwas passiert; **have a ~ that ...:** vorausahnen, daß ...
**presently** ['prezəntlɪ] *adv.* **a)** *(soon)* bald; **see you ~:** bis gleich; **b)** *(Amer., Scot.: now)* zur Zeit; derzeit
**present: ~ 'value, ~ 'worth** *ns. (Econ.)* jetziger Wert; Tageswert, *der*
**preservation** [prezə'veɪʃn] *n., no pl.* **a)** *(action)* Erhaltung, *die; (of leather, wood, etc.)* Konservierung, *die;* **the ~ of peace** die Erhaltung des Friedens; **b)** *(state)* Erhaltungszustand, *der;* **be in an excellent state of ~:** außerordentlich gut erhalten sein; ⟨*Person:*⟩ sich außerordentlich gut gehalten haben
**preser'vation order** *n.* Verordnung, *die etw. unter Denkmalschutz stellt;* **put a ~ on sth.** etw. unter Denkmalschutz stellen
**preservative** [prɪ'zɜ:vətɪv] **1.** *n.* Konservierungsmittel, *das.* **2.** *adj.* konservierend; Konservierungs-; konservativ ⟨*Lösung*⟩
**preserve** [prɪ'zɜ:v] **1.** *n.* **a)** *in sing. or pl. (fruit)* Eingemachte, *das;* **strawberry/quince ~s** eingemachte Erdbeeren/Quitten; **b)** *(jam)* Konfitüre, *die;* **c)** *(fig.: special sphere)* Domäne, *die (geh.); (of political power)* Einflußbereich, *der;* **d)** *(for wildlife)* [Natur]schutzgebiet, *das;* Reservat, *das; (water)* [Fisch]gehege, *das;* **wildlife/game ~:** Tierschutzgebiet, *das*/Wildpark *der.* **2.** *v.t.* **a)** *(keep safe)* schützen **(from** vor + *Dat.*); **~ sth. from destruction** etw. vor der Zerstörung bewahren; **b)** *(maintain)* aufrechterhalten ⟨*Disziplin*⟩; bewahren ⟨*Sehfähigkeit, Brauch, Würde*⟩; behalten ⟨*Stellung*⟩; wahren ⟨*Anschein, Reputation*⟩; **~ the peace** den Frieden bewahren *od.* erhalten; **c)** *(retain)* speichern ⟨*Hitze*⟩; bewahren ⟨*Haltung, Distanz, Humor*⟩; **d)** *(prepare, keep from decay)* konservieren; präparieren ⟨*Leiche, Kadaver*⟩; **e)** *(keep alive)* erhalten; *(fig.)* bewahren ⟨*Erinnerung, Andenken*⟩; **Heaven ~ us!** [Gott] bewahre!; **f)** *(care for and protect)* hegen ⟨*Tierart, Wald*⟩; unter Schutz stellen ⟨*Gewässer, Gebiet*⟩
**pre-set** [pri:'set] *v.t., forms as* **set 1** vorher einstellen
**pre-shrink** [pri:'ʃrɪŋk] *v.t., forms as* **shrink 2** *(Textiles)* vorschrumpfen; vorwaschen ⟨*Jeans*⟩
**pre-shrunk** [pri:'ʃrʌŋk] *adj. (Textiles)* vorgeschrumpft, vorgewaschen ⟨*Jeans*⟩
**preside** [prɪ'zaɪd] *v.i.* **a)** *(at meeting etc.)* den Vorsitz haben **(at** bei); präsidieren, vorsitzen **(over** *Dat.*); **b)** *(at meal)* den Vorsitz haben; **~ at dinner** bei Tisch vorsitzen; **c)** *(exercise control)* **~ over** leiten ⟨*Abteilung, Organisation, Programm*⟩; lenken ⟨*Geschick*⟩; vorstehen (+ *Dat.*) ⟨*Familie*⟩; bestimmen ⟨*Bildung, Gründung*⟩
**presidency** ['prezɪdənsɪ] *n.* **a)** Präsidentschaft, *die;* **b)** *(of legislative body)* Vorsitz, *der;* **c)** *(Univ., esp. Amer.)* Präsidentschaft, *die;* Rektorat, *das;* **d)** *(of society etc.)* Vorsitz, *der;* Präsidentschaft, *die;* **e)** *(of council, board, etc.)* Vorsitz, *der;* **f)** *(Amer.: of bank or company)* Vorstandsvorsitz, *der*
**president** ['prezɪdənt] *n.* **a)** Präsident, *der*/Präsidentin, *die;* **b)** *(of legislative body)* Vorsitzende, *der/die;* **c)** *(Univ., esp. Amer.)* Präsident, *der*/Präsidentin, *die;* Rektor, *der*/Rektorin, *die;* **d)** *(of society etc.)* Vorsitzende, *der/die;* Präsident, *der*/Präsidentin, *die;* **e)** *(of council, board, etc.)* Vorstand, *der;* Vorsitzende, *der/die;* **Lord P~ of the Council** *(Brit.) Titel des dem Privy Council präsidierenden Kabinettsmitglieds;* **f)** *(Amer.: of bank or company)* Vorstandvorsitzende, *der/die;* Generaldirektor, *der*/-direktorin, *die*
**presidential** [prezɪ'denʃl] *adj.* Präsidenten-; **~ campaign** Präsidentschaftswahlkampf, *der;* **~ address** Ansprache des Präsidenten; **~ ambitions** Streben nach der Präsidentschaft
**presidium** [prɪ'sɪdɪəm, prɪ'zɪdɪəm] *n.* Präsidium, *das*
**¹press** [pres] **1.** *n.* **a)** *(newspapers etc.)* Presse, *die; attrib.* Presse-; der Presse *nachgestellt;* **get/have a good/bad ~** *(fig.)* eine gute/schlechte Presse bekommen/haben; *see also* **freedom a; b)** *see* **printing-press; c)** *(printing-house)* Druckerei, *die;* **at** *or* **in [the] ~:** im Druck; **send to [the] ~:** in Druck geben; **go to [the] ~:** in Druck gehen: **d)** *(publishing firm)* Verlag, *der;* **e)** *(for flattening, compressing, etc.)* Presse, *die; (for sports racket)* Spanner, *der;* **f)** *(crowding)* Gedränge, *das;* **g)** *(crowd)* Menge, *die;* **a ~ of people** eine Menschenmenge, *die;* **h)** *(in*

*battle)* Getümmel, *das;* Gewühl, *das;* **i)** *(pressing)* Druck, *der;* **give sth. a ~:** etw. drücken; **your trousers could do with a ~:** deine Hosen sollten wieder einmal gebügelt werden; **with a ~ of the button** mit einem Knopfdruck *od.* Druck auf den Knopf; **j)** *(Weightlifting)* Drücken, *das.* **2.** *v.t.* **a)** drücken; pressen; drücken auf (+ *Akk.*) ‹*Klingel, Knopf*›; treten auf (+ *Akk.*) ‹*Gas-, Brems-, Kupplungspedal usw.*›; **~ the trigger** abdrücken; den Abzug betätigen; **b)** *(urge)* drängen ‹*Person*›; *(force)* aufdrängen ([up]on *Dat.*); *(insist on)* nachdrücklich vorbringen ‹*Forderung, Argument, Vorschlag*›; verfechten ‹*Standpunkt*›; **~ sb. for an answer** jmdn. zu einer Antwort drängen; **he did not ~ the point** er ließ die Sache auf sich beruhen; **~ the analogy too far** die Analogie zu weit treiben; **c)** *(exert force on)* drücken; pressen; **d)** *(squeeze)* drücken; **~ sb.'s hand** jmdm. die Hand drücken; **e)** *(compress)* pressen; auspressen ‹*Orangen, Saft*›; keltern ‹*Trauben, Äpfel*›; **f)** *(iron)* bügeln; **g)** *(bear heavily on)* bedrängen; **be hard ~ed** *(by enemy)* hart bedrängt werden; *(experience great difficulty)* unter großem Druck stehen; **h) be ~ed for space/time/money** *(have barely enough)* zuwenig Platz/Zeit/Geld haben; **i)** *(Weightlifting)* drücken; **j)** *(make)* pressen ‹*Schallplatte*›. **3.** *v.i.* **a)** *(exert pressure)* drücken; **the child ~ed against the railings** das Kind drückte sich gegen das Geländer; **b)** *(weigh)* **~ [up]on sb.'s mind/heart** jmdn. bedrücken; **c)** *(be urgent)* drängen; **time/sth. ~es** die Zeit drängt/etw. eilt *od.* ist dringend; **d)** *(make demand)* **~ for sth.** auf etw. *(Akk.)* drängen; **e)** *(crowd)* [sich] drängen; **~ up** sich herandrängen; **~ in upon sb.** ‹*Gedanken:*› auf jmdn. eindringen

**~ a'head, ~ 'forward, ~ 'on** *v.i. (continue)* sich ranhalten *(ugs.)*; ‹*Truppen usw.:*› vorpreschen; **~ ahead as soon as possible** so schnell wie möglich weitermachen/-fahren *usw.*; **~ on with one's work/forward with one's initiative** sich mit der Arbeit ranhalten *(ugs.)*/seine Initiative energisch betreiben

**~ 'out** *v.t.* auspressen; *(out of cardboard)* herausdrücken

**²press** *v.t.* **~ into service/use** in Dienst nehmen; einsetzen

**press: ~ agent** *n.* Presseagent, *der*/-agentin, *die;* **~ attaché** *see* **attaché; ~-box** *n.* Pressekabine, *die;* **~-button** *see* **pushbutton; ~ campaign** *n.* Pressefeldzug, *der;* Pressekampagne, *die;* **~ card** *n.* Presseausweis, *der;* **~-clipping** *(Amer.) see* **~ cutting; ~ conference** *n.* Pressekonferenz, *die;* **~ coverage** *n.* Berichterstattung in der Presse; **~ cutting** *n. (Brit.)* Zeitungsausschnitt, *der;* **~-gallery** *n.* Pressetribüne, *die;* **~-gang 1.** *n. (Hist.)* Preßgang, *der (veralt.)*; **2.** *v.t. (Hist.)* pressen; zwangsrekrutieren; *(fig.)* zwingen, pressen (into zu)

**pressing** ['presɪŋ] **1.** *adj.* **a)** *(urgent)* dringend; **the danger was ~:** Gefahr war im Verzug; **b)** *(persistent)* dringlich; nachdrücklich. **2.** *n.* **a)** *(exertion of pressure)* Drücken, *das; (of apples, grapes)* Keltern, *das; (of cheese, olives)* Pressen, *das; (of clothes)* Bügeln, *das;* **b)** *(product, esp. record)* Pressung, *die*

**pressingly** ['presɪŋlɪ] *adv.* dringend

**press: ~man** *n. (Brit.: journalist)* Journalist, *der;* Pressemann, *der (ugs.)*; **~ office** *n.* Pressebüro, *das;* **~ officer** *n.* Pressereferent, *der*/-referentin, *die;* Pressesprecher, *der*/-sprecherin, *die;* **~ photographer** *n.* Pressephotograph, *der*/-photographin, *die;* **~ release** *n.* Presseinformation, *die;* **~ report** *n.* Pressebericht, *der;* **~-stud** *n. (Brit.)* Druckknopf, *der;* **~-up** *n.* Liegestütz, *der*

**pressure** ['preʃə(r)] **1.** *n.* **a)** *(exertion of force, amount)* Druck, *der;* **apply firm ~ to the joint** die Verbindung fest zusammendrücken; **atmospheric ~:** Luftdruck, *der;* **b)** *(oppression)* Last, *die;* Belastung, *die;* **mental ~:** psychische Belastung; **c)** *(trouble)* Druck, *der;* **under financial ~:** finanziell unter Druck; **~s at [one's] work** berufliche Belastungen; **the finances of the company were under ~:** die Firma stand [finanziell] unter Druck; **d)** *(urgency)* Druck, *der; (of affairs)* Dringlichkeit, *die;* **the ~ was on him** er stand unter Zeitdruck; **he [positively] thrives under ~:** er braucht den Druck [geradezu]; **e)** *(constraint)* Druck, *der;* Zwang, *der;* **put ~ on sb.** jmdn. unter Druck setzen; **be under a lot of ~ to do sth.** stark unter Druck gesetzt werden, etw. zu tun; **put the ~ on** die Daumenschrauben anlegen *od.* -setzen. *See also* **high pressure; low pressure. 2.** *v.t.* **a)** *(coerce)* **~ sb. into doing sth.** jmdn. [dazu] drängen, etw. zu tun; **b)** *(fig.: apply ~ to)* unter Druck setzen

**pressure: ~-cooker** *n.* Schnellkochtopf, *der;* **~ gauge** *n. (Motor Veh.)* Druckluftmesser, *der;* Manometer, *das; (Railw.)* Druckanzeige, *die;* **~ group** *n.* Pressure-group, *die;* **~ point** *n. (Med.)* **a)** *(where sore may develop)* Druckstelle, *die;* **b)** *(where bleeding can be stopped)* Druckpunkt, *der;* **~ suit** *n. (Astronaut.)* Druckanzug, *der*

**pressurize (pressurise)** ['preʃəraɪz] *v.t.* **a)** *see* **pressure 2 a; b)** *(raise to high pressure)* unter Druck setzen; **c)** *(maintain normal pressure in)* druckfest machen, auf Normaldruck halten ‹*Flugzeugkabine*›; **~d cabin/suit** Druckkabine, *die*/-anzug, *der*

**prestige** [pre'stiːʒ] **1.** *n.* Prestige, *das;* Renommee, *das.* **2.** *adj.* renommiert; Nobel- ‹*hotel, -gegend*›; **~ value** Prestigewert, *der*

**prestigious** [pre'stɪdʒəs] *adj.* angesehen

**presto** ['prestəʊ] *see* **hey**

**pre-stressed** [priː'strest] *adj. (Building)* vorgespannt; **~ concrete** Spannbeton, *der*

**presumable** [prɪ'zjuːməbl] *adj.* mutmaßlich

**presumably** [prɪ'zjuːməblɪ] *adv.* vermutlich; **~ he knows what he is doing** er wird schon wissen, was er tut; **~ something must have delayed them** etwas muß sie aufgehalten haben

**presume** [prɪ'zjuːm] **1.** *v.t.* **a)** *(venture)* **~ to do sth.** sich *(Dat.)* anmaßen, etw. zu tun; *(take the liberty)* sich *(Dat.)* erlauben, etw. zu tun; **b)** *(suppose)* annehmen; **be ~d innocent** als unschuldig gelten *od.* angesehen werden; **missing ~d dead** vermißt, wahrscheinlich *od.* mutmaßlich tot. **2.** *v.i.* sich *(Dat.)* anmaßen; **~ [up]on sth.** etw. ausnützen

**presumption** [prɪ'zʌmpʃn] *n.* **a)** *(arrogance)* Anmaßung, *die;* Vermessenheit, *die;* **have the ~ to do sth.** die Vermessenheit besitzen, etw. zu tun; sich *(Dat.)* anmaßen, etw. zu tun; **b)** *(assumption)* Annahme, *die;* Vermutung, *die;* **the ~ is that he lost it** vermutlich hat er es verloren; es ist zu vermuten, daß er es verloren hat; **we are working on the ~ that ...:** wir gehen von der Annahme aus, daß ...; **the ~ of innocence** die Unschuldsvermutung; **c)** *(ground for belief)* **there is a strong ~ against its truth** es besteht hinreichend Grund zu der Annahme, daß es nicht stimmt

**presumptive** [prɪ'zʌmptɪv] *adj.* **~ evidence** Indizienbeweis, *der;* **heir ~:** mutmaßlicher Erbe/mutmaßliche Erbin

**presumptuous** [prɪ'zʌmptjʊəs] *adj.* anmaßend; überheblich; *(impertinent)* aufdringlich

**presumptuously** [prɪ'zʌmptjʊəslɪ] *adv.* überheblich; *(impertinently)* aufdringlich

**presuppose** [priːsə'pəʊz] *v.t.* **a)** *(assume)* voraussetzen; **b)** *(imply)* voraussetzen; zur Voraussetzung haben

**presupposition** [priːsʌpə'zɪʃn] *n.* **a)** *(presupposing)* Annahme, *die;* Voraussetzung, *die;* **b)** *(thing assumed)* Prämisse, *die (bes. Philos., Rechtsw.)*; Voraussetzung, *die;* **work on a ~:** von einer Prämisse/Voraussetzung ausgehen

**pre-tax** ['priːtæks] *adj.* vor Steuern *nachgestellt;* **~ profits** Gewinn vor Steuern

**pretence** [prɪ'tens] *n. (Brit.)* **a)** *(pretext)* Vorwand, *der;* **under [the] ~ of helping** unter dem Vorwand zu helfen; *see also* **false pretences; b)** *no art. (make-believe, insincere behaviour)* Verstellung, *die;* **c)** *(piece of insincere behaviour)* **it is all** *or* **just a ~:** das ist alles nicht echt; **d)** *(affectation)* Affektiertheit, *die (abwertend)*; Unnatürlichkeit, *die;* **e)** *(claim)* Anspruch, *der;* **make the/no ~ of** *or* **to sth.** Anspruch/keinen Anspruch auf etw. *(Akk.)* erheben

**pretend** [prɪ'tend] **1.** *v.t.* **a)** vorgeben; **she ~ed to be asleep** sie tat, als ob sie schlief[e]; **b)** *(imagine in play)* **~ to be sth.** so tun, als ob man etw. sei; **let's ~ that we are king and queen** laß uns König und Königin spielen; **c)** *(profess falsely)* vortäuschen; simulieren, vorschützen ‹*Krankheit*›; *(say falsely)* vorgeben, fälschlich beteuern (to gegenüber); **~ illness** krank spielen *(ugs.)*; **d)** *(claim)* **not ~ to do sth.** nicht behaupten wollen, etw. zu tun. **2.** *v.i.* **a)** sich verstellen; **she's only ~ing** sie tut nur so; **~ to sb.** jmdm. etwas vormachen; **b)** *(presume)* sich unterfangen *(geh.)*; wagen; **c) ~ to** *(claim)* für sich in Anspruch nehmen; Anspruch erheben auf (+ *Akk.*) *(Titel, Amt)*

**pretender** [prɪ'tendə(r)] *n.* Prätendent, *der (geh.)*/Prätendentin, *die (geh.)* (to auf + *Akk.*); **~ to the throne** Thronanwärter *od.* -prätendent, *der*/Thronanwärterin *od.* -prätendentin, *die;* **Old/Young P~:** *Sohn/Enkel von Jakob II. als britischer Thronanwärter*

**pretense** *(Amer.) see* **pretence**

**pretension** [prɪ'tenʃn] *n.* **a)** *(claim)* Anspruch, *der;* **have/make ~s to great wisdom** vorgeben *od.* den Anspruch erheben, sehr klug zu sein; **b)** *(justifiable claim)* Anspruch, *der* (to auf + *Akk.*); **a country estate of some ~s** ein Landsitz, der sich sehen lassen kann; **people with ~s to taste and culture** Menschen, die Geschmack und Kultur für sich in Anspruch nehmen können; **c)** *(pretentiousness)* Überheblichkeit, *die;* Anmaßung, *die; (of things: ostentation)* Protzigkeit, *die*

**pretentious** [prɪ'tenʃəs] *adj.* **a)** prätentiös *(geh.)*; hochgestochen; wichtigtuerisch ‹*Person*›; **b)** *(ostentatious)* protzig *(abwertend)*; großspurig *(abwertend)* ‹*Person, Verhalten, Art*›

**pretentiously** [prɪ'tenʃəslɪ] *adv.* **a)** prätentiös *(geh.)*; hochgestochen; **speak ~:** wichtigtuerische Reden führen; **b)** *(ostentatiously)* protzig *(abwertend)*; großspurig *(abwertend)* ‹*sich benehmen*›

**preterite** *(Amer.:* **preterit)** ['pretərɪt] *(Ling.)* **1.** *adj.* Präteritums-; **~ tense** Präteritum, *das.* **2.** *n.* Präteritum, *das*

**preternatural** [priːtə'nætʃərl] *adj.* **a)** *(nonnatural)* außergewöhnlich; **b)** *(supernatural)* übernatürlich; übersinnlich

**pretext** ['priːtekst] *n.* Vorwand, *der;* Ausrede, *die;* **make illness the ~ for staying at home** Krankheit vorschützen, um zu Hause zu bleiben; **[up]on** *or* **under the ~ of doing sth./being ill** unter dem Vorwand *od.* mit der Entschuldigung, etw. tun zu wollen/krank zu sein; **on the slightest ~:** mit *od.* unter dem fadenscheinigsten Vorwand

**prettify** ['prɪtɪfaɪ] *v.t.* verschönern; *(in an insipid way)* verkitschen

**prettily** ['prɪtɪlɪ] *adv.* hübsch; sehr schön ‹*singen, tanzen*›; **curtsy ~:** einen graziösen Knicks machen; **thank sb. ~:** sich [bei jmdm.] sehr nett bedanken

**pretty** ['prɪtɪ] **1.** *adj.* **a)** *(attractive)* hübsch; nett ⟨*Art*⟩; niedlich ⟨*Geschichte, Liedchen*⟩; **she's not just a ~ face!** sie ist nicht nur hübsch[, sie kann auch was]!; **as ~ as a picture** bildhübsch; **not a ~ sight** *(iron.)* kein schöner Anblick; **b)** *(iron.)* hübsch, schön *(ugs. iron.)*; **a ~ state of affairs** eine schöne Geschichte; **a ~ mess** eine schöne Bescherung. **2.** *adv.* ziemlich; **I am ~ well** es geht mir ganz gut; **~ much** *or* **well as ...:** so ziemlich wie ...; **we have ~ nearly finished** wir sind so gut wie fertig; **be ~ well over/exhausted** so gut wie vorbei/erschöpft sein; **~ much the same** ziemlich unverändert; **~ much the same thing** so ziemlich *od.* fast das gleiche; **be sitting ~** *(coll.)* sein Schäfchen im trockenen haben *(ugs.)*; ausgesorgt haben; **~-pretty** *(coll.)* kitschig *(abwertend)*

**pretzel** ['pretsl] *n.* Brezel, *die*

**prevail** [prɪ'veɪl] *v. i.* **a)** *(gain mastery)* siegen, die Oberhand gewinnen **(against, over** über + *Akk.*); **~ [up]on sb.** auf jmdn. einwirken; jmdn. überreden; **be ~ed [up]on to do sth.** sich bewegen *od.* überreden lassen, etw. zu tun; **b)** *(predominate)* ⟨*Zustand, Bedingung:*⟩ vorherrschen; **c)** *(be current)* herrschen; **this type of approach ~ed for many years** dieser Ansatz war jahrelang gängig *od.* üblich

**prevailing** [prɪ'veɪlɪŋ] *adj.* **a)** *(common)* [vor]herrschend; aktuell ⟨*Mode*⟩; **b)** *(frequent)* **the ~ wind is from the West** der Wind kommt vorwiegend von Westen

**prevalence** ['prevələns] *n., no pl.* Vorherrschen, *das; (of crime, corruption, etc.)* Überhandnehmen, *das; (of disease, malnutrition, etc.)* weite Verbreitung; **gain ~** ⟨*Standpunkt:*⟩ sich durchsetzen

**prevalent** ['prevələnt] *adj.* **a)** *(existing)* herrschend; gängig, geläufig ⟨*Schreibweise*⟩; weit verbreitet ⟨*Krankheit*⟩; aktuell ⟨*Trend*⟩; **b)** *(predominant)* vorherrschend; **be/become ~:** vorherrschen/sich durchsetzen

**prevaricate** [prɪ'værɪkeɪt] *v. i.* Ausflüchte machen **(over wegen)**

**prevarication** [prɪværɪ'keɪʃn] *n.* **a)** *(prevaricating)* Ausflüchte *Pl.*; **b)** *(statement)* Ausflucht, *die*

**prevent** [prɪ'vent] *v. t. (hinder)* verhindern; **~ sb. from doing sth., ~ sb.'s doing sth.,** *(coll.)* **~ sb. doing sth.** jmdn. daran hindern *od.* davon abhalten, etw. zu tun; **there is nothing to ~ me** nichts hindert mich daran; **~ sb. from coming** jmdn. am Kommen hindern; **catch sb.'s arm to ~ him [from] falling** jmdn. am Arm fassen, damit er nicht fällt; **do everything to ~ it from happening** *or* **~ its happening** alles tun, um es zu verhindern *od.* damit es nicht geschieht

**preventable** [prɪ'ventəbl] *adj.* vermeidbar

**preventative** [prɪ'ventətɪv] *see* **preventive**

**prevention** [prɪ'venʃn] *n.* Verhinderung, *die;* Verhütung, *die;* **~ of crime** Verbrechensverhütung, *die;* **society for the ~ of cruelty to children/animals** Kinderschutzbund/Tierschutzverein, *der;* **~ is better than cure** *(prov.)* Vorbeugen ist besser als Heilen *(Spr.)*

**preventive** [prɪ'ventɪv] **1.** *adj.* vorbeugend; präventiv *(geh.)*; Präventiv⟨*maßnahme, -krieg*⟩; **~ treatment** *(Med.)* Präventivbehandlung, *die.* **2.** *n.* Vorbeugungsmaßnahme, *die;* Präventivmittel, *das (Med.)*; **as a ~:** zur/als Vorbeugung

**preventive: ~ de'tention** *n. (Brit. Law)* Sicherungsverwahrung, *die;* **~ 'medicine** *n.* Präventivmedizin, *die*

**preview** ['pri:vju:] **1.** *n.* **a)** *(of film, play)* Voraufführung, *die; (of exhibition)* Vernissage, *die (geh.); (of book)* Vorbesprechung, *die;* **give a ~:** eine Voraufführung geben/ Vernissage veranstalten/Vorbesprechung geben; **b)** *(Amer.: trailer of film)* Vorschau, *die.* **2.** *v. t.* eine Vorschau sehen von ⟨*Film*⟩

**previous** ['pri:vɪəs] **1.** *adj.* **a)** *(coming before)* früher ⟨*Anstellung, Gelegenheit*⟩; vorherig ⟨*Abend*⟩; vorig ⟨*Besitzer, Wohnsitz*⟩; **the ~ page** die Seite davor; **no ~ experience necessary** keine Berufserfahrung nötig; **no ~ convictions** keine Vorstrafen; **b)** *(prior)* **~ to** vor (+ *Dat.*); **c)** *(hasty)* verfrüht; voreilig. **2.** *adv.* **~ to** vor (+ *Dat.*); **~ to being a nurse, she was ...:** bevor sie Krankenschwester wurde, war sie ...

**previously** ['pri:vɪəslɪ] *adv.* vorher; **two years ~:** zwei Jahre zuvor

**pre-war** ['pri:wɔ:(r)] *adj.* Vorkriegs-; **these houses are all ~:** diese Häuser stammen alle aus der Zeit vor dem Krieg

**prey** [preɪ] **1.** *n., pl. same* **a)** *(animal[s])* Beute, *die;* Beutetier, *das;* **beast/bird of ~:** Raubtier, *das*/-vogel, *der;* **easy ~** *(lit. or fig.)* leichte Beute; **b)** *(victim)* Beute, *die (geh.)*; Opfer, *das;* **fall [a] ~ to sth.** einer Sache *(Dat.)* zum Opfer fallen; **be a ~ to sth.** eine Beute *od.* ein Opfer von etw. werden. **2.** *v. i.* **~ [up]on** ⟨*Raubtier, Greifvogel:*⟩ schlagen; *(take as prey)* erbeuten; *(plunder)* ausplündern ⟨*Person*⟩; *(exploit)* ausnutzen; **~ [up]on sb.'s mind** jmdm. keine Ruhe lassen; ⟨*Krankheit:*⟩ jmdm. sehr zusetzen; ⟨*Kummer, Angst:*⟩ an jmdm. nagen

**prezzie** ['prezɪ] *n. (coll.)* Geschenk, *das*

**price** [praɪs] **1.** *n.* **a)** *(money etc.)* Preis, *der;* **the ~ of wheat/a pint** der Weizenpreis/der Preis für ein Bier; **what is the ~ of this?** was kostet das?; **at a ~ of** zum Preis von; **for the ~ of a few drinks** für ein paar Drinks; **~s and incomes policy** Preis- und Einkommenspolitik, *die;* Lohn-Preis-Politik, *die;* **sth. goes up/down in ~:** der Preis von etw. steigt/fällt; etw. steigt/fällt im Preis; **what sort of ~ do they charge for a meal?** was verlangen *od.* berechnen sie für eine Mahlzeit?; **at a ~:** zum entsprechenden Preis; **set a ~ on sth.** einen Preis für etw. festsetzen; **set a ~ on sb.'s head** *or* **life** einen Preis *od.* eine Belohnung auf jmds. Kopf *(Akk.)* aussetzen; **b)** *(betting odds)* Eventualquote, *die;* **c)** *(value)* **be without/beyond ~:** [mit Geld] nicht zu bezahlen sein; **d)** *(fig.)* Preis, *der;* **be achieved at a ~:** seinen Preis haben; **he succeeded, but at a great ~:** er hatte Erfolg, mußte aber einen hohen Preis dafür bezahlen; **every man has his ~:** jeder Mensch hat seinen Preis *od.* ist käuflich; **at/not at any ~:** um jeden/keinen Preis; **at the ~ of ruining his marriage/health** auf Kosten seiner Ehe/Gesundheit; **what ~ ...?** *(Brit. sl.) (what is the chance of ...)* wie wär's mit ...?; *(... has failed)* wie steht's jetzt mit ...? *See also* **pay 2 f. 2.** *v. t. (fix ~ of)* kalkulieren ⟨*Ware*⟩; *(label with ~)* auszeichnen; **modestly ~d** preislich *od.* im Preis gering; **favourably ~d** preisgünstig

**price: ~-bracket** *see* **price-range; ~ control** *n.* Preiskontrolle, *die;* **~-cut** *n.* Preissenkung, *die;* **~-fixing** *n.* Preisabsprache, *die;* **~ freeze** *n.* Preisstopp, *der*

**priceless** ['praɪslɪs] *adj.* **a)** *(invaluable)* unbezahlbar; unschätzbar ⟨*Gut*⟩; **b)** *(coll.: amusing)* köstlich

**price: ~-list** *n.* Preisliste, *die;* **~-range** *n.* Preisspanne, *die;* **it's within/outside my ~-range** das kann ich mir leisten/nicht leisten; **~-ring** *n. (Econ.)* Preiskartell, *das;* **~-rise** *n.* Preisanstieg, *der* **(on** bei); **constant ~-rises** ständig steigende Preise; ständige Preiserhöhungen; **~-tag** *n.* Preisschild, *das; (fig.)* Kosten *Pl.*; **~ war** *n.* Preiskrieg, *der*

**pricey** ['praɪsɪ] *adj.*, **pricier** ['praɪsɪə(r)], **priciest** ['praɪsɪɪst] *(Brit. coll.)* teuer

**prick** [prɪk] **1.** *v. t.* **a)** *(pierce)* stechen; stechen in ⟨*Ballon*⟩; aufstechen ⟨*Blase*⟩; **he ~ed his finger with the needle** er stach sich *(Dat.)* mit der Nadel in den Finger; **~ the bubble** *(fig.)* die Illusion zerstören; **~ out** auspflanzen ⟨*Setzlinge*⟩; **b)** *(fig.)* quälen; plagen; **my conscience ~ed me** ich hatte Gewissensbisse; **c)** *(mark)* **~ [off** *or* **out]** vorstechen ⟨*Stickmuster, Linie usw.*⟩; **d)** *(mark off)* markieren. **2.** *v. i.* **a)** *(hurt)* stechen; **b)** *(thrust)* stechen; **~ at sb.'s conscience** jmdm. Gewissensbisse verursachen. **3.** *n.* **a) I felt a little ~:** ich fühlte einen leichten Stich; **give sb.'s finger a ~ with the needle** jmdn. mit der Nadel in den Finger stechen; **~s of conscience** Gewissensbisse *Pl.*; **b)** *(mark)* Punkt, *der;* **c)** *(coarse: penis)* Pimmel, *der (fam.)*; Schwanz, *der (derb)*; **d)** *(coarse, derog.: man)* Wichser, *der (derb)*; **e)** *(arch.: goad)* Stachel, *der;* **kick against the ~s** *(fig.)* wider den Stachel löcken *(geh.)*

**~ up 1.** *v. t.* aufrichten ⟨*Ohren*⟩; **~ up one's/its ears** *(listen)* die Ohren spitzen. **2.** *v. i.* ⟨*Ohren:*⟩ sich aufrichten

**prickle** ['prɪkl] **1.** *n.* **a)** *(thorn)* Dorn, *der;* **b)** *(Zool., Bot.)* Stachel, *der.* **2.** *v. t.* stechen; ⟨*Wolle:*⟩ kratzen auf (+ *Dat.*), ⟨*Hitze, Wind:*⟩ prickeln auf (+ *Dat.*) ⟨*Haut*⟩. **3.** *v. i.* kratzen

**prickly** ['prɪklɪ] *adj.* **a)** *(with prickles)* dornig; stachelig; **be ~** ⟨*Pflanze:*⟩ Stacheln/ Dornen haben; **b)** *(fig.)* empfindlich; **c)** *(tingling)* kratzig; **a ~ sensation in the limbs** ein Kribbeln *od.* Prickeln in den Gliedern

**prickly: ~ 'heat** *n. (Med.)* rote Frieseln; **~ 'pear** *n.* **a)** *(cactus)* Feigenkaktus, *der;* **b)** *(fruit)* Kaktusfeige, *die*

**pricy** *see* **pricey**

**pride** [praɪd] **1.** *n.* **a)** Stolz, *der; (arrogance)* Hochmut, *der (abwertend)*; **~ goes before a fall** *(prov.)* Hochmut kommt vor dem Fall *(Spr.)*; **take** *or* **have ~ of place** die Spitzenstellung einnehmen *od.* innehaben; *(in collection etc.)* das Glanzstück sein; **proper ~:** gesunder Stolz; **a proper ~ in oneself** ein gesundes Selbstwertgefühl; **she has a lot of ~:** sie ist sehr stolz; **his own ~ prevented him from doing that** sein Ehrgefühl verbot ihm, das zu tun; **false ~:** falscher Stolz; **take [a] ~ in sb./sth.** auf jmdn./etw. stolz sein; **b)** *(object, best one)* Stolz, *der;* **sb.'s ~ and joy** jmds. ganzer Stolz; **c)** *(of lions)* Rudel, *das.* **2.** *v. refl.* **~ oneself [up]on sth.** *(congratulate oneself)* auf etw. *(Akk.)* stolz sein; *(plume oneself)* sich mit etw. brüsten *(abwertend)*

**priest** [pri:st] *n.* Priester, *der; see also* **high priest**

**priestess** ['pri:stɪs] *n.* Priesterin, *die*

**priesthood** ['pri:sthʊd] *n. (office)* geistliches Amt; *(order of priests; priests)* Geistlichkeit, *die;* **go into the ~:** Priester werden

**priestlike** ['pri:stlaɪk] *adv.* priesterlich

**priestly** ['pri:stlɪ] *adj.* priesterlich; Priester⟨*kaste, -rolle*⟩

**prig** [prɪg] *n. (didactic)* Besserwisser, *der*/ -wisserin, *die (abwertend)*; *(smug)* selbstgefälliger Mensch; *(self-righteous)* Tugendbold, *der (ugs., iron.)*

**priggish** ['prɪgɪʃ] *adj. (didactic)* besserwisserisch *(abwertend)*; *(smug)* selbstgefällig *(abwertend)*; *(self-righteous)* übertrieben tugendhaft

**prim** [prɪm] *adj.* **a)** spröde, steif ⟨*Person*⟩; streng ⟨*Kleidung*⟩; **~ and proper** etepetete *(ugs.)*; **b)** *(prudish)* zimperlich; prüde

**prima ballerina** [pri:mə bælə'ri:nə] *n.* Primaballerina, *die*

**primacy** ['praɪməsɪ] *n.* **a)** *(pre-eminence)* Vorrang, *der;* Primat, *der od. das (geh.)*; **position of ~:** Vorrangstellung, *die;* **b)** *(Eccl. office)* Primat, *der od. das*

**prima donna** [pri:mə 'dɒnə] *n. (Theatre also fig.)* Primadonna, *die*

**primaeval** *see* **primeval**

**prima facie** [praɪmə 'feɪʃi:] **1.** *adv.* auf den ersten Blick. **2.** *adj.* glaubhaft klingend; **~ evidence** *(Law)* Anscheinsbeweis, *der;* **don't see a ~ reason for it** ich sehe keinen einleuchtenden Grund dafür

**primal** ['praɪml] *adj.* ursprünglich; primitiv; **~ forces** Urkräfte *Pl.*

**primarily** ['praɪmərɪlɪ] *adv.* in erster Linie
**primary** ['praɪmərɪ] **1.** *adj.* **a)** *(first in sequence)* primär *(geh.);* grundlegend; **the ~ meaning of a word** die Grundbedeutung eines Wortes; **~ source** Primärquelle, *die (geh.);* **b)** *(chief)* Haupt⟨*rolle, -sorge, -ziel, -zweck*⟩; **of ~ importance** von höchster Bedeutung. **2.** *n. (Amer.: election)* Vorwahl, *die*
**primary: ~ 'battery** *n. (Electr.)* Primärbatterie, *die;* **~ 'cell** *n. (Electr.)* Primärelement, *das;* **~ 'coil** *n. (Electr.)* Primärspule, *die;* **~ 'colour** *see* **colour 1 a**; **~ edu'cation** *n.* Grundschulerziehung, *die;* **~ e'lection** *n. (Amer.)* Vorwahl, *die;* **~ 'feather** *n. (Ornith.)* Schwungfeder, *die;* **~ 'planet** *n. (Astron.)* Hauptplanet, *der;* **~ school** *n.* Grundschule, *die; attrib.* **~-school teacher** Grundschullehrer, *der*/-lehrerin, *die;* **~ stress** *n. (Ling.)* Hauptakzent, *der*
**primate** ['praɪmət, 'praɪmeɪt] *n.* **a)** *(Eccl.)* Primas, *der;* **P~ of England** Primas von England; *Titel des Erzbischofs von York;* **P~ of all England** Primas von ganz England; *Titel des Erzbischofs von Canterbury;* **b)** *(Zool.)* Primat, *der*
[1]**prime** [praɪm] **1.** *n.* **a)** *(perfection)* Höhepunkt, *der;* Krönung, *die;* **in the ~ of life/youth/manhood** in der Blüte seiner/ihrer Jahre/der Jugend *(geh.)*/im besten Mannesalter; **be in/past one's ~:** in den besten Jahren sein/die besten Jahre überschritten haben; **b)** *(best part)* Beste, *das;* **c)** *(Math.)* Primzahl, *die.* **2.** *adj.* **a)** *(chief)* Haupt-; hauptsächlich; **~ motive** Hauptmotiv, *das;* **be of ~ importance** von höchster Wichtigkeit sein; **b)** *(excellent)* erstklassig; vortrefflich ⟨*Beispiel*⟩; **~ ham/lamb/pork** Schinken/Lamm/Schweinefleisch erster Güteklasse; **in ~ condition** ⟨*Sportler, Tier*⟩ in bester Verfassung; voll ausgereift ⟨*Obst*⟩
[2]**prime** *v. t.* **a)** *(equip)* vorbereiten; **~ sb. with sth.** jmdn. mit etw. vertraut machen; **~ sb. with information/advice** jmdn. instruieren/jmdm. Ratschläge erteilen; **well ~d** gut vorbereitet; **b)** *(ply with liquor)* betrunken machen; abfüllen *(ugs.);* **be well ~d** voll sein *(salopp);* **c)** grundieren ⟨*Wand, Decke*⟩; **d)** füllen ⟨*Pumpe*⟩; **e)** *(inject petrol into)* Anlaßkraftstoff einspritzen in (+ *Akk.*) ⟨*Motor, Zylinder*⟩; **f)** schärfen ⟨*Sprengkörper*⟩
**prime: ~ 'cost** *n. (Econ.)* Selbstkosten *Pl.;* **~ me'ridian** *n. (Geog.)* Nullmeridian, *der;* **~ 'minister** *n.* Premierminister, *der*/-ministerin, *die;* **~ 'number** *n. (Math.)* Primzahl, *die*
[1]**primer** ['praɪmə(r)] *n. (book)* Fibel, *die*
[2]**primer** *n.* **a)** *(explosive)* Zündvorrichtung, *die;* **b)** *(paint etc.)* Grundierlack, *der*
**prime: ~ rate** *n. (Econ.)* Prime rate, *die;* **~ 'ribs** *n. pl.* Hochrippen *Pl.;* **~ time** *n.* Hauptsendezeit, *die;* **~-time TV** Hauptsendezeit im Fernsehen
**primeval** [praɪ'mi:vl] *adj.* urzeitlich; **~ times/forests** Urzeiten/Urwälder
**priming** ['praɪmɪŋ] *n. (paint)* Grundanstrich, *der;* Grundierung, *die*
**primitive** ['prɪmɪtɪv] **1.** *adj.* **a)** primitiv; *(original)* ursprünglich; *(prehistoric)* urzeitlich ⟨*Mensch*⟩; frühzeitlich ⟨*Ackerbau, Technik*⟩; **b)** *(Ling.)* **~ word** Stammwort, *das;* Primitivum, *das (fachspr.).* **2.** *n. (painter) Maler der Zeit vor der Renaissance; (in modern art)* Primitive, *der/die*
**primitively** ['prɪmɪtɪvlɪ] *adv.* primitiv
**primly** ['prɪmlɪ] *adv.* steif; streng ⟨*sich kleiden*⟩
**primness** ['prɪmnɪs] *n. no pl.* Steifheit, *die; (of dress)* Strenge, *die*
**primogeniture** [praɪmə'dʒenɪtʃə(r)] *n. (Law)* **[right of] ~:** Primogenitur, *die;* **rights of ~:** Erstgeburtsrechte *Pl.*
**primordial** [praɪ'mɔ:dɪəl] *adj.* ursprünglich; Ur⟨*masse, -zustand, -zeiten*⟩; primordial *(bes. Philos.);* **~ soup** Urschleim, *der*
**primp** [prɪmp] *v. t.* zurechtstreichen, zurechtzupfen ⟨*Haar, Kleid*⟩; **~ oneself** sich zurecht- *od.* schönmachen *(ugs.)*
**primrose** ['prɪmrəʊz] *n.* **a)** *(plant, flower)* gelbe Schlüsselblume; Himmelsschlüsselchen, *das;* **the ~ path** *(fig.)* der Pfad des Vergnügens; *(path of least resistance)* der Weg des geringsten Widerstandes; *see also* **evening primrose**; **b)** *(colour)* schlüsselblumengelb
**primula** ['prɪmjʊlə] *n. (Bot.)* Primel, *die*
**Primus, (P)** ['praɪməs] *n.* **~ [stove]** Primuskocher, *der*
**prince** [prɪns] *n.* **a)** *(ruler)* Fürst, *der;* **b)** *(member of royal family)* **~ [of the blood]** Prinz [von Geblüt]; **P~ of Wales** Prinz von Wales; **c)** *(rhet.: sovereign ruler)* Fürst, *der;* Monarch, *der;* **the P~ of Peace** der Friedensfürst; **the P~ of Darkness** der Fürst der Finsternis *od.* der Hölle; **d)** *(fig.: greatest one)* König, *der* (**of** unter + *Dat.*); **a ~ among men** ein Fürst unter den Sterblichen *(geh.)*
**Prince: ~ Albert** [prɪns 'ælbət] *n. (Amer. coll.)* Gehrock, *der;* Bratenrock, *der (veralt., scherzh.);* **~ 'Charming** *n. (fig.)* Märchenprinz, *der;* **p~ 'consort** *n.* Prinzgemahl, *der*
**princely** ['prɪnslɪ] *adj. (lit. or fig.)* fürstlich; **~ houses** Fürstenhäuser
**Prince 'Regent** *n.* Prinzregent, *der*
**princess** ['prɪnses, prɪn'ses] *n.* **a)** Prinzessin, *die;* **~ [of the blood]** Prinzessin [von Geblüt]; **b)** *(wife of prince)* Fürstin, *die*
**princess: ~ dress** *n.* Prinzeßkleid, *das;* **~ line** *n.* Prinzeßform, *die;* **~ 'royal** *n. [Titel für] älteste Tochter eines Monarchen*
**principal** ['prɪnsɪpl] **1.** *adj.* **a)** Haupt-; *(most important)* wichtigst...; bedeutendst...; **the ~ cause of lung cancer** die häufigste Ursache für Lungenkrebs; **b)** *(Mus.)* **~ horn/bassoon** *etc.* erstes Horn/Fagott *usw.* **2.** *n.* **a)** *(head of school or college)* Rektor, *der*/Rektorin, *die;* **b)** *(performer)* Hauptdarsteller, *der*/-darstellerin, *die (Theater, Film);* **c)** *(leader)* Vorsitzende, *der/die;* **d)** *(employer of agent)* Auftraggeber, *der*/-geberin, *die;* **e)** *(in duel)* Duellant, *der;* **f)** *(Finance) (invested)* Kapitalbetrag, *der; (lent)* Kreditsumme, *die;* **g)** *(Law) (for whom another is surety)* Hauptschuldner, *der*/-schuldnerin, *die; (directly responsible for crime)* Hauptschuldige, *der/die*
**principal: ~ 'boy** *n. (Brit. Theatre) [gewöhnlich von einer Frau gespielte] männliche Hauptrolle im britischen Weihnachtsmärchen;* **~ clause** *n. (Ling.)* Hauptsatz, *der;* **~ 'girl** *n. (Brit. Theatre) weibliche Hauptrolle im britischen Weihnachtsmärchen*
**principality** [prɪnsɪ'pælɪtɪ] *n.* Fürstentum, *das;* **the P~** *(Brit.)* Wales
**principally** ['prɪnsɪpəlɪ] *adv.* in erster Linie
**principal 'parts** *n. pl. (Ling.)* Stammformen
**principle** ['prɪnsɪpl] *n.* **a)** Prinzip, *das;* **on the ~ that ...:** nach dem Grundsatz, daß ...; **be based on the ~ that ...:** auf dem Grundsatz basieren, daß ...; **basic ~:** Grundprinzip, *das;* **go back to first ~s** zu den Grundlagen zurückgehen; **in ~:** im Prinzip; **it's the ~ [of the thing]** es geht [dabei] ums Prinzip; **make it a ~ to do sth.** es sich *(Dat.)* zum Prinzip machen, etw. zu tun; **a man of high ~** *or* **strong ~s** ein Mann von *od.* mit hohen Prinzipien; **a matter of ~:** eine Prinzipfrage; **do sth. on ~** *or* **as a matter of ~:** etw. prinzipiell *od.* aus Prinzip tun; **operate by** *or* **work on the same ~:** nach demselben Prinzip funktionieren; **work on the ~ of 'first come, first served'** nach dem Prinzip „wer zuerst kommt, mahlt zuerst" vorgehen; **b)** *(Phys.)* Lehrsatz, *der;* **c)** *(Chem.)* Komponente, *die*
**principled** ['prɪnsɪpld] *adj.* von Prinzipien geleitet
**prink** [prɪŋk] *v. t. (coll.)* zurechtmachen *(ugs.)* ⟨*Person, Haar*⟩; schmücken ⟨*Kleid, Haus*⟩; **~ oneself [up]** sich herausputzen; sich zurechtmachen *(ugs.)*
**print** [prɪnt] **1.** *n.* **a)** *(impression)* Abdruck, *der; (finger~)* Fingerabdruck, *der; (foot~)* Fußabdruck, *der;* **b)** *(~ed lettering)* Gedruckte, *das; (type-face)* Druck, *der;* **clear/large ~:** deutlicher/großer Druck; **this ~ is too small** das ist zu klein gedruckt; **editions in large ~:** Großdruckbücher; *see also* **small print**; **c)** *(handwriting)* **write [sth.] in ~:** [etw.] in Druckschrift schreiben; **d)** *(published or ~ed state)* **be in/out of ~** ⟨*Buch:*⟩ erhältlich/vergriffen sein; **appear in/get into ~:** gedruckt werden; *see also* **rush into a**; **e)** *(~ed picture or design)* Druck, *der;* **f)** *(Photog.)* Abzug, *der; (Cinemat.)* Kopie, *die;* **black and white/colour ~:** Schwarzweiß-/Farbabdruck, *der*/-kopie, *die;* **g)** *(Textiles) (cloth with design)* bedruckter Stoff; *(design)* Druckmuster, *das;* **h)** *(~ed publication)* Publikation, *die;* **~s** *(Amer. Post)* Druckschriften; **the ~s** *(Amer. Journ.)* die Presse. **2.** *v. t.* **a)** drucken ⟨*Buch, Zeitschrift, Geldschein usw.*⟩; **b)** *(write)* in Druckschrift schreiben; **c)** *(cause to be published)* veröffentlichen ⟨*Artikel, Roman, Ansichten usw.*⟩; **d)** *(Photog.)* abziehen; *(Cinemat.)* kopieren; **e)** *(Textiles)* bedrucken ⟨*Stoff*⟩; **f)** *(impress)* eindrücken; **~ sth. with sth.** etw. mit etw. bedrucken; **~ sth. on** etw. drücken in (+ *Akk.*) ⟨*Haut*⟩; etw. aufdrucken auf (+ *Akk.*) ⟨*Papier, Holz*⟩. **3.** *v. i.* **a)** *(Printing)* drucken; **b)** *(write)* in Druckschrift schreiben
**~ 'out** *v. t. (Computing)* ausdrucken; *see also* **print-out**
**printable** ['prɪntəbl] *adj.* druckbar; **be ~** *(Photog.)* einen guten Abzug ermöglichen; **what he replied ist not ~** *(fig.)* was er geantwortet hat, möchte ich nicht wiederholen
**printed** ['prɪntɪd] *adj.* **a)** *(Printing)* gedruckt; **~ characters** *or* **letters** Druckbuchstaben; **on the ~ page** gedruckt; **b)** *(written like print)* in Druckschrift; **c)** *(published)* veröffentlicht ⟨*Artikel, Roman, Ansichten usw.*⟩; **d)** *(Textiles)* bedruckt ⟨*Stoff*⟩; **~ design** Druckmuster, *das*
**printed: ~ 'circuit** *n. (Electronics)* gedruckte Schaltung; **~ matter** *n., no pl., no indef. art.* **a)** Gedruckte, *das; (Post)* Drucksachen *Pl.;* **[item of] ~ matter** Drucksache, *die;* **~ 'paper** *(Brit. Post) see* **~ matter**
**printer** ['prɪntə(r)] *n.* **a)** *(Printing) (worker)* Drucker, *der*/Druckerin, *die; (owner of business)* Druckereibesitzer, *der;* **firm of ~s** Druckerei, *die;* **send sth. off to the ~'s** etw. in die Druckerei schicken; **at the ~'s** in der Druckerei; **b)** *(Computing)* Drucker, *der*
**printer: ~'s 'devil** *n. (Hist.)* Setzerjunge, *der;* **~'s 'error** *n.* Druckfehler, *der;* **~'s 'ink** *n.* Druckfarbe, *die*
**printing** ['prɪntɪŋ] *n.* **a)** Drucken, *das;* **[the] ~ [trade]** das Druckgewerbe; **b)** *(writing like print)* Druckschrift, *die;* **c)** *(edition)* Auflage, *die;* **d)** *(Photog.)* Abziehen, *das;* **e)** *(Textiles)* Bedrucken, *das*
**printing: ~ error** *n.* Druckfehler, *der;* **~-house** *n.* Druckerei, *die;* **~-ink** *n.* Druckfarbe, *die;* **~-machine** *n. (Brit.)* Druckmaschine, *die;* **~-press** *n.* Druckerpresse, *die*
**print: ~maker** *n. (Graph. Arts)* Grafiker, *der*/Grafikerin, *die;* **~-out** *n. (Computing)* Ausdruck, *der;* **~-run** *n. (Publishing)* Auflage, die; **what is the ~-run?** wie hoch ist die Auflage?; **~-seller** *n.* Grafikhändler, *der*/-händlerin, *die;* **~-shop** *n.* **a)** *(shop)* Grafikhandlung, *die;* **b)** *(~ing establishment)* [kleinere] Druckerei
**prior** ['praɪə(r)] **1.** *adj.* vorherig ⟨*Warnung, Zustimmung, Vereinbarung usw.*⟩; früher ⟨*Verabredung, Ehe*⟩; vorrangig ⟨*Bedeutung, Interesse*⟩; Vor⟨*geschichte, -kenntnis, -war-*

*nung*〉; **give a matter ~ consideration** eine Angelegenheit vorher überdenken *od.* überprüfen; **have a** *or* **the ~ claim to sth.** ältere Rechte an etw. *(Dat.) od.* auf etw. *(Akk.)* haben. **2.** *adv.* **~ to** vor (+ *Dat.*); **~ to doing sth.** bevor man etw. tut/tat; **~ to that** vorher. **3.** *n. (Eccl.)* Prior, *der*

**prioritize (prioritise)** [praɪˈɒrɪtaɪz] *v. t.* nach Vordringlichkeit ordnen

**priority** [praɪˈɒrɪtɪ] *n.* **a)** *(precedence)* Vorrang, *der; attrib.* vorrangig; **have** *or* **take ~:** Vorrang haben (**over** vor + *Dat.*); *(on road)* Vorfahrt haben; **give ~ to sb./sth.** jmdm./einer Sache den Vorrang geben; **give top ~ to sth.** einer Sache *(Dat.)* höchste Priorität einräumen; **what is the order of ~ for those jobs?** in welcher Reihenfolge sollen die Arbeiten erledigt werden?; **be listed in order of ~:** der Vorrangigkeit nach aufgeführt sein; **according to ~:** der Vorrangigkeit nach; **b)** *(matter)* vordringliche Angelegenheit; **our first ~ is to ...:** zuallererst müssen wir ...; **be high/low on the list of priorities** oben/unten auf der Prioritätenliste stehen; **get one's priorities right/wrong** seine Prioritäten richtig/falsch setzen; **it depends on one's** *or* **your priorities** es kommt darauf an, was einem wichtig ist

**priory** [ˈpraɪərɪ] *n. (Eccl.)* Priorat, *das*

**prise** *see* ²**prize**

**prism** [ˈprɪzm] *n. (Optics, Geom.)* Prisma, *das*

**prismatic** [prɪzˈmætɪk] *adj.* **a)** *(in shape)* prismenförmig; **b) ~ colours** Spektralfarben

**prismatic: ~ biˈnoculars** *n. pl.* Prismenglas, *das;* **~ ˈcompass** *n. (Surv.)* Patentbussole, *die*

**prison** [ˈprɪzn] *n.* **a)** *(lit. or fig.)* Gefängnis, *das; attrib.* Gefängnis-; **~ without bars** offene [Vollzugs]anstalt; **stone walls do not a ~ make [nor iron bars a cage]** *(prov.)* ≈ die Gedanken sind frei; **b)** *no pl., no art. (custody)* Haft, *die;* **10 years' ~:** eine zehnjährige Gefängnisstrafe; **in ~:** im Gefängnis; **go to ~:** ins Gefängnis gehen *od. (ugs.)* wandern; **send sb. to ~:** jmdn. ins Gefängnis schicken; **escape/be released from ~:** aus dem Gefängnis ausbrechen/entlassen werden; **put sb. in ~:** jmdn. verhaften *od. (ugs.)* einsperren; **let sb. out of ~:** jmdn. aus der Haft entlassen

**ˈprison camp** *n.* Gefangenenlager, *das*

**prisoner** [ˈprɪznə(r)] *n. (lit. or fig.)* Gefangene, *der/die;* **~ [at the bar]** *(accused person)* Angeklagte, *der/die;* **~ of conscience** *aus politischen od. religiösen Gründen Inhaftierter/Inhaftierte;* **a ~ of circumstance** *(fig.)* ein Opfer der Umstände; **hold** *or* **keep sb. ~** *(lit. or fig.)* jmdn. gefangenhalten; **take sb. ~:** jmdn. gefangennehmen

**prisoner of ˈwar** *n.* Kriegsgefangene, *der/die;* **prisoner-of-war camp** [Kriegs]gefangenenlager, *das*

**prison: ~ ˈguard** *n.* Gefängniswärter, *der/*-wärterin, *die;* **~ life** *n., no art.* Gefängnisleben, *das;* **~ ˈvisitor** *n.* ≈ Gefangenenfürsorger, *der/*-fürsorgerin, *die*

**prissy** [ˈprɪsɪ] *adj. (coll.)* zickig *(ugs.);* piepsig *(ugs.)* 〈*Stimme*〉

**pristine** [ˈprɪstiːn, ˈprɪstaɪn] *adj.* unberührt; ursprünglich 〈*Glanz, Weiße, Schönheit*〉; **in ~ condition** in tadellosem Zustand

**privacy** [ˈprɪvəsɪ, ˈpraɪvəsɪ] *n.* **a)** *(seclusion)* Zurückgezogenheit, *die;* **guard one's ~:** seine Privatsphäre abschirmen; **in the ~ of one's [own] home/living-room** in den eigenen vier Wänden *(ugs.);* **invasion of ~/sb.'s ~:** Eindringen in die/jmds. Privatsphäre; **I have** *or* **get no ~ in this house** ich habe keine Ruhe in diesem Haus; **allow sb. no ~:** jmdm. kein Privatleben erlauben; **b)** *(confidentiality)* **in the strictest ~:** unter strengster Geheimhaltung

**private** [ˈpraɪvət] **1.** *adj.* **a)** *(outside State system)* privat; Privat〈*unterricht, -schule, -industrie, -klinik, -patient, -station usw.*〉; **a doctor working in ~ medicine** ein Arzt, der Privatpatienten hat; **have a ~ education** auf eine Privatschule gehen; **b)** *(belonging to individual, not public, not business)* persönlich 〈*Dinge*〉; nichtöffentlich 〈*Versammlung, Sitzung*〉; privat 〈*Telefongespräch, Schriftverkehr*〉; Privat〈*flugzeug, -strand, -parkplatz, -leben, -konto*〉; **'~'** *(on door)* „Privat"; *(in public building)* „kein Zutritt"; *(on ~ land)* „Betreten verboten"; **for [one's own] ~ use** für den persönlichen Gebrauch; **do some ~ studying in the holidays** in den Ferien allein lernen; **the funeral was ~:** die Beisetzung hat in aller Stille stattgefunden; **they were married in a ~ ceremony** ihre Hochzeit wurde im engen Familien- und Freundeskreis gefeiert; **in a ~ capacity** als Privatperson; **c)** *(personal, affecting individual)* persönlich 〈*Meinung, Interesse, Überzeugung, Rache*〉; privat 〈*Vereinbarung, Zweck*〉; **~ joke** Witz, den nur Eingeweihte verstehen; **~ war** Privatkrieg, *der;* **d)** *(not for public disclosure)* geheim 〈*Verhandlung, Geschäft, Tränen*〉; still 〈*Gebet, Nachdenken, Grübeln*〉; persönlich 〈*Gründe*〉; *(confidential)* vertraulich; **have a ~ word with sb.** jmdn. unter vier Augen sprechen; **e)** *(secluded)* still 〈*Ort*〉; *(undisturbed)* ungestört; **we can be ~ here** hier sind wir ungestört; **f)** *(not in public office)* nicht beamtet *(Amtsspr.);* **~ citizen** *or* **individual** Privatperson, *die.* **2.** *n.* **a)** *(Brit. Mil.)* einfacher Soldat; *(Amer. Mil.)* Gefreite, *der;* **~ first ˈclass** *(Amer.)* Obergefreite, *der;* **P~ X** Soldat/Gefreiter X; **b) in ~:** privat; in kleinem Kreis 〈*feiern*〉; *(confidentially)* ganz im Vertrauen; **speak to sb. in ~:** jmdn. unter vier Augen sprechen; **make a deal in ~:** ein privates Geschäft abschließen; **you should do it in ~:** du solltest das nicht in der Öffentlichkeit tun; **c)** *in pl. (coll.: genitals)* Geschlechtsteile *Pl.*

**private: ~ ˈarmy** *n.* Privatarmee, *die;* **~ ˈbed** *n.* Bett für Privatpatienten; **~ ˈcar** *n.* Privatwagen, *der;* **~ ˈcompany** *n. (Brit. Commerc.)* Privatgesellschaft, *die;* **~ deˈtective** *n.* [Privat]detektiv, *der/*-detektivin, *die;* **~ ˈenterprise** *n. (Commerc.)* das private Unternehmertum; **[spirit of] ~ enterprise** *(fig.)* Unternehmungsgeist, *der*

**privateer** [praɪvəˈtɪə(r)] *n.* **a)** Kaperschiff, *das;* **b)** *(person)* Kaper, *der*

**private: ~ ˈeye** *n. (coll.)* [Privat]detektiv, *der/*-detektivin, *die;* **~ hoˈtel** *n.* Pension, *die;* **~ ˈincome** *n.* private Einkünfte; **~ inˈvestigator** *n.* Privatdetektiv, *der/*-detektivin, *die*

**privately** [ˈpraɪvətlɪ] *adv.* privat 〈*erziehen, zugeben, korrespondieren*〉; vertraulich 〈*jmdn. sprechen*〉; insgeheim 〈*denken, glauben, verhandeln*〉; **study ~:** private Studien betreiben; **~ owned** in Privatbesitz; **~ held opinion** persönliche Meinung

**private: ~ ˈmeans** *n. pl. see* **private income; ~ ˈmember** *n. (Brit. Parl.) nicht der Regierung angehörender/angehörende Abgeordnete;* **~ ˈmember's bill** *n. (Brit. Parl.) Gesetzesvorlage eines/einer nicht der Regierung angehörenden Abgeordneten;* **~ ˈparts** *n. pl.* Geschlechtsteile *Pl.;* **~ ˈpractice** *n.* **a)** *(Med.)* Privatpraxis, *die; (patients)* Stamm von Privatpatienten; **he is now in ~ practice** er hat jetzt eine Privatpraxis; **b)** *(of architect/lawyer)* eigenes Büro/eigene Kanzlei; **be in ~ practice** ein eigenes Büro/eine eigene Kanzlei haben; **~ ˈpress** *n.* Privatdruckerei, *die;* **~ ˈproperty** *n.* Privateigentum, *das;* **~ ˈsecretary** *n.* Privatsekretär, *der/*-sekretärin, *die;* **~ sector** *n.* **the ~ sector [of industry]** die Privatwirtschaft; **~ ˈsoldier** *n.* **a)** *(Brit. Mil.)* einfacher Soldat; **b)** *(Amer. Mil.)* Gefreite, *der;* **~ ˈtreaty** *n.* privater Vertrag; **sold by ~ treaty** auf privater Basis verkauft; **~ ˈview[ing]** *n. (Art)* Vernissage, *die; (Cinemat.) Aufführung eines Films für geladene Zuschauer vor der öffentlichen Erstaufführung*

**privation** [praɪˈveɪʃn] *n. (lack of comforts)* Not, *die;* **suffer many ~s** viele Entbehrungen erleiden

**privatisation, privatise** *see* **privatiz-**

**privatization** [praɪvətaɪˈzeɪʃn] *n.* Privatisierung, *die*

**privatize** [ˈpraɪvətaɪz] *v. t.* privatisieren

**privet** [ˈprɪvɪt] *n. (Bot.)* Liguster, *der*

**privilege** [ˈprɪvɪlɪdʒ] **1.** *n.* **a)** *(right, immunity)* Privileg, *das; collect.* Privilegien *Pl.;* **tax ~s** Steuervorteile *Pl.;* **that's a lady's ~:** das ist das Vorrecht einer Dame; **Parliamentary ~:** Immunität des Abgeordneten; **b)** *(special benefit)* Sonderrecht, *das; (honour)* Ehre, *die;* **it was a ~ to listen to him** es war ein besonderes Vergnügen, ihm zuzuhören; **we were expected to pay for the ~** *(iron.)* wir hatten auch noch die Ehre, dafür bezahlen zu dürfen; **c)** *(monopoly)* Vorrecht, *das; (sole right of selling sth.)* Alleinverkaufsrecht, *das;* **d)** *(Amer. St. Exch.)* Termingeschäft, *das;* **buy ~s** Optionsrechte erwerben. **2.** *v. t.* **~ sb. to do sth.** jmdm. das Recht einräumen, etw. zu tun

**privileged** [ˈprɪvɪlɪdʒd] *adj.* privilegiert; **the ~ classes** die privilegierten Schichten; **a/the ~ few** einige wenige Privilegierte/die kleine Gruppe von Privilegierten; **sb. is ~ to do sth.** jmd. hat die Ehre, etw. zu tun; **I am [greatly] ~ to introduce sb./sth.** es ist mir eine [große] Ehre, Ihnen jmdn./etw. vorstellen zu können; **have a** *or* **be in a ~ position** eine bevorzugte Position innehaben

**privy** [ˈprɪvɪ] **1.** *adj.* **be ~ to sth.** in etw. *(Akk.)* eingeweiht sein. **2.** *n. (arch./Amer.)* Abtritt, *der (veralt.);* Häuschen, *das (ugs.)*

**privy: P~ ˈCouncil** *n. (Brit.)* Geheimer [Staats]rat; **~ ˈcounsellor (~ ˈcouncillor)** *n. (Brit.: member of P~ Council)* Geheimer Rat; **~ ˈseal** *n. (Brit.)* Geheimsiegel, *das;* Kleines Siegel; **Lord P~ Seal** Lordsiegelbewahrer, *der*

¹**prize** [praɪz] **1.** *n.* **a)** *(reward, money)* Preis, *der;* **win** *or* **take first/second/third ~:** den ersten/zweiten/dritten Preis gewinnen; **for sheer impudence he takes the ~!** *(fig.)* für seine Frechheit müßte er einen Preis bekommen *(iron.);* **there are no ~s for doing sth.** *(iron.)* es ist kinderleicht, etw. zu tun; **cash** *or* **money ~:** Geldpreis, *der;* **b)** *(in lottery)* Gewinn, *der; (got by buying goods)* Werbegeschenk, *das;* **win sth. as a ~:** etw. gewinnen; **I won a ~ of £1,000** ich habe 1 000 Pfund gewonnen; **c)** *(fig.: something worth striving for)* Lohn, *der;* **glittering ~s** verlockender Lohn. **2.** *v. t.* **~ sth. [highly]** etw. hoch schätzen; **gold is one of the most ~d [of] metals** Gold ist eines der begehrtesten Metalle; **we ~ liberty more than life** wir lieben die Freiheit mehr als das Leben; **sb.'s most ~d possessions** jmds. wertvollster Besitz. **3.** *attrib. adj.* **a)** *(~-winning)* preisgekrönt; **b)** *(awarded as ~)* **~ medal/trophy** Siegesmedaille, *die*/Siegestrophäe, *die;* **c)** *(iron.)* **~ idiot** Vollidiot, *der/*-idiotin, *die (ugs.);* **~ muddle** Durcheinander erster Güte; **~ example** Musterbeispiel, *das (iron.)*

²**prize** *v. t. (force)* **~ [open]** aufstemmen; **~ up** abheben 〈*Diele*〉; **~ the lid off a crate** eine Kiste aufstemmen; **~ sth. out of sth.** etw. aus etw. herausbekommen; **~ information/a secret out of sb.** Informationen/ein Geheimnis aus jmdm. herauspressen

**~ aˈpart** *v. t.* auseinanderstemmen

**~ ˈout** *v. t.* herausbrechen

³**prize** *n.* **a)** *(captured ship)* Prise, *die;* **b)** *(chance find)* [zufälliger] Fund; **this is a rare ~!** das ist ein seltener Fund!

**prize: ~-day** *n. (Sch.)* Tag der Preisverleihung; **~-day speech** Rede zur Preisverleihung; **~-fight** *n. (Boxing)* Preisboxkampf, *der;* **enter a ~-fight** an einem Preisboxen teilnehmen; **~-fighter** *n. (Boxing)* Preisboxer, *der;* **~-fighting** *n. (Boxing)* Preisboxen, *das;* **~-giving** *n. (Sch.)* Preisverleihung, *die;* **~-money** *n.* Geldpreis, *der; (Sport)* Preisgeld, *das;* **offer £5,000 in ~-money** Geldpreise in Höhe von insgesamt 5000 Pfund anbieten; **~-winner** *n.* Preisträger, *der*/-trägerin, *die; (in lottery)* Gewinner, *der*/Gewinnerin, *die;* **~-winning** *adj.* preisgekrönt; *(in lottery)* Gewinner-

**PRO** *abbr.* **a) public relations officer** PR-Manager, *der*/-Managerin, *die;* **b) public relations office** PR-Abteilung, *die*

[1]**pro** [prəʊ] **1.** *n. in pl.* **the ~s and cons** das Pro und Kontra; **there are more ~s than cons** die Sache hat mehr Vorteile als Nachteile. **2.** *adv.* **~ and con** pro und kontra. **3.** *prep.* **~ and con** für und gegen

[2]**pro 1.** *n. (coll.)* **a)** *(Sport, Theatre)* Profi, *der;* **b)** *(prostitute)* Nutte, *die (derb).* **2.** *adj.* Profi-

[3]**pro-** *pref.* pro-; **~-Communist** prokommunistisch; **be ~-hanging** für die Todesstrafe [durch den Strang] sein

**pro-am** [prəʊ'æm] *adj. (Sport)* **~ competition** Wettbewerb der Profis und Amateure

**probability** [prɒbə'bɪlɪtɪ] *n.* **a)** *(likelihood; also Math.)* Wahrscheinlichkeit, *die;* **exceed the bounds of ~:** die Grenzen des Wahrscheinlichen übersteigen; **against all ~:** entgegen aller Wahrscheinlichkeit; **in all ~:** aller Wahrscheinlichkeit nach; **there is little/a strong ~ that ...:** die Wahrscheinlichkeit, daß ..., ist gering/groß; **there's every ~ of a victory** höchstwahrscheinlich wird es zu einem Sieg kommen; **b)** *(likely event)* **the ~ is that ...:** es ist zu erwarten, daß ...; **war is becoming a ~:** der Ausbruch eines Krieges wird immer wahrscheinlicher; **it is more than a possibility, it is a ~:** es ist nicht nur möglich, es ist wahrscheinlich

**probable** ['prɒbəbl] **1.** *adj.* wahrscheinlich; **highly ~:** höchstwahrscheinlich; **his explanation did not sound very ~:** seine Erklärung klang nicht sehr glaubhaft; **another wet summer looks ~:** es sieht ganz nach einem weiteren verregneten Sommer aus; **he seems the most ~ winner** er scheint die besten Aussichten auf einen Sieg zu haben. **2.** *n. (participant)* wahrscheinlicher Teilnehmer/wahrscheinliche Teilnehmerin (**for** an + *Dat.*); *(candidate)* wahrscheinlicher Kandidat/wahrscheinliche Kandidatin (**for** für)

**probably** ['prɒbəblɪ] *adv.* wahrscheinlich

**probate** ['prəʊbeɪt, 'prəʊbət] *n. (Law)* **a)** gerichtliche Testamentsbestätigung; **b)** *(copy)* beglaubigte Testamentsabschrift

**probation** [prə'beɪʃn] *n.* **a)** Probezeit, *die;* **a year's ~:** eine einjährige Probezeit; **[be put] on ~:** auf Probe [eingestellt werden]; **be on ~:** Probezeit haben; **while on ~:** während der Probezeit; **b)** *(Law)* Bewährung, *die;* **give sb. [two years'] ~, put sb. on ~ [for two years]** jmdm. [zwei Jahre] Bewährung geben; **be on ~:** auf Bewährung sein

**probationary** [prə'beɪʃənərɪ] *adj.* Probe-; **~ period** Probezeit, *die;* **~ appointment** Einstellung auf Probe

**probationer** [prə'beɪʃənə(r)] *n.* **a)** *(employee)* Angestellter/Angestellte auf Probe; *(nurse)* Lernschwester, *die*/-pfleger, *der; (candidate)* Probekandidat, *der*/-kandidatin, *die;* **b)** *(Law: offender)* auf Bewährung Freigelassener/Freigelassene

**pro'bation officer** *n.* Bewährungshelfer, *der*/-helferin, *die*

**probe** [prəʊb] **1.** *n.* **a)** *(investigation)* Untersuchung, *die* (**into** *Gen.*); **a ~ is being conducted** Nachforschungen werden angestellt; **b)** *(Med., Electronics, Astron.)* Sonde, *die;* **c)** *(pointed instrument)* Tastgerät, *das.* **2.** *v. t.* **a)** *(investigate)* erforschen; untersuchen; **b)** *(with pointed instrument)* stechen in (+ *Akk.*); sondieren *(Med.);* **c)** *(reach deeply into)* gründlich untersuchen ‹*Tasche usw.*›; gründlich erforschen ‹*Kontinent, Weltall*›. **3.** *v. i.* **a)** *(make investigation)* forschen; **he kept probing** er bohrte weiter *(ugs.);* **~ into a matter** einer Angelegenheit *(Dat.)* auf den Grund gehen; **b)** *(with pointed instrument)* herumstochern; *(Med.)* sondieren; **c)** *(reach deeply)* vordringen (**into** in + *Akk.*)

**probing** ['prəʊbɪŋ] *adj. (penetrating)* gründlich; durchdringend ‹*Blick*›; **~ question** Testfrage, *die*

**probity** ['prəʊbɪtɪ] *n., no pl.* Rechtschaffenheit, *die*

**problem** ['prɒbləm] *n.* **a)** *(difficult matter)* Problem, *das; attrib.* Problem‹*gebiet, -fall, -familie, -stück*›; **~ child** Problemkind, *das; (fig.: cause of difficulties)* Sorgenkind, *das;* **I find it a ~ to start** *or* **have a ~ [in] starting the car** ich habe Probleme, das Auto anzulassen; **[I see] no ~** *(coll.)* kein Problem; **what's the ~?** *(coll.)* wo fehlt's denn?; **the ~ about** *or* **with sb./sth.** das Problem mit jmdm./bei etw.; **the ~ of how to do sth.** das Problem *od.* die Frage, wie man etw. tun soll; **the Northern Ireland ~:** die Nordirlandfrage; **he has a drink ~:** er hat ein Alkoholproblem; **that presents a ~:** das ist ein Problem; **the least of her ~s** ihre geringste Sorge; **you think 'you've got ~s!** *(coll. iron.)* deine Sorgen möchte ich haben! *(ugs. iron.);* **b)** *(puzzle)* Rätsel, *das;* **c)** *(Chess, Bridge, Math., Phys., Geom.)* Problem, *das*

**problematic** [prɒblə'mætɪk], **problematical** [prɒblə'mætɪkl] *adj.* problematisch; *(doubtful)* fragwürdig

**problematically** [prɒblə'mætɪkəlɪ] *adv.* auf problematische Weise

**proboscis** [prə'bɒsɪs] *n., pl.* **~es** *or* **proboscides** [prə'bɒsɪdi:z] *(Zool.)* Rüssel, *der; (of monkey)* Nase, *die*

**procedural** [prə'si:djʊrl] *adj.* verfahrensmäßig; *(Law)* verfahrensrechtlich

**procedure** [prə'si:djə(r)] *n.* **a)** *(particular course of action)* Verfahren, das; Prozedur, *die (meist abwertend);* **~s are under way** es sind Maßnahmen im Gange; **b)** *(way of doing sth.)* Verfahrensweise, *die; (Parl.)* [parlamentarisches] Verfahren; *(Law)* Verfahrensordnung, *die;* **according to democratic ~s** gemäß den Spielregeln der Demokratie; **what is the regular ~?** wie wird das normalerweise gehandhabt?

**proceed** [prə'si:d] *v. i. (formal)* **a)** *(advance) (on foot)* gehen; *(as or by vehicle)* fahren; *(on horseback)* reiten; *(after interruption)* weitergehen/-fahren/-reiten; **~ somewhere** sich irgendwohin begeben; **~ on one's way** seinen Weg fortsetzen; **as the evening ~ed** im [weiteren] Verlauf des Abends; **~ to business** sich geschäftlichen Dingen zuwenden; **~ to the next item on the agenda** zum nächsten Punkt der Tagesordnung übergehen; **~ [from Rome] to Venice** *(continue)* [von Rom] nach Venedig weiterreisen; **b)** *(begin and carry on)* beginnen; *(after interruption)* fortfahren; **~ to talk/eat** *etc. (begin and carry on)* beginnen, zu sprechen/essen *usw.; (after interruption)* weitersprechen/-essen *usw.;* **~ in** *or* **with sth.** *(begin)* [mit] etw. beginnen; *(continue)* etw. fortsetzen; **c)** *(adopt course)* vorgehen; **we must ~ carefully in this case** wir müssen in diesem Fall umsichtig vorgehen; **~ harshly** *etc.* **with sb.** hart *usw.* mit jmdm. umgehen; **~ discreetly with sth.** etw. diskret behandeln; **d)** *(be carried on)* ‹*Rennen:*› verlaufen; *(be under way)* ‹*Verfahren:*› laufen; *(be continued after interruption)* fortgesetzt werden; **how is the project ~ing?** wie geht das Projekt voran?; **e)** *(go on to say)* fortfahren; **f)** *(originate)* **~ from** *(issue from)* kommen von; *(be caused by)* herrühren von

**~ against** *v. t. (Law)* gerichtlich vorgehen gegen

**proceeding** [prə'si:dɪŋ] *n.* **a)** *(action)* Vorgehensweise, *die;* **b)** *in pl. (events)* Vorgänge; **lose control of the ~s** nicht mehr Herr der Lage sein; **I'll go along to watch the ~s** ich geh mal gucken, was da läuft; **be involved in questionable ~s** in eine fragwürdige Sache verwickelt sein; **c)** *in pl. (Law)* Verfahren, *das;* **court ~s** Gerichtsverhandlung, *die;* **court ~s can be lengthy** eine Gerichtsverhandlung kann sich in die Länge ziehen; **legal ~s** Gerichtsverfahren, *das;* **start/take [legal] ~s [against sb.]** gerichtlich [gegen jmdn.] vorgehen; **civil/criminal ~s** Zivil-/Strafprozeß, *der;* **take criminal/divorce ~s against sb.** ein Strafverfahren gegen jmdn. einleiten/einen Scheidungsprozeß gegen jmdn. anstrengen; **d)** *in pl. (report)* Tätigkeitsbericht, *der; (of single meeting)* Protokoll, *das*

**proceeds** ['prəʊsi:dz] *n. pl.* Erlös, *der* (**from** aus)

**pro-ce'lebrity** *adj. (Sport)* Schau‹*wettkampf, -turnier*› *(mit Prominenten und Profis)*

[1]**process** ['prəʊses] **1.** *n.* **a)** *(of time or history)* Lauf, *der;* **he learnt a lot in the ~:** er lernte eine Menge dabei; **in the ~ of the operation** *or* **being operated on** im Verlauf der Operation; **in the ~ of teaching his children** bei der Erziehung seiner Kinder; **be in the ~ of doing sth.** gerade etw. tun; **be in ~:** in Gang sein; **sth. is in ~ of formation** etw. wird gerade gebildet; **b)** *(proceeding)* Vorgang, *der;* Prozedur, *die;* **undergo** *or* **be subjected to a ~ of interrogation** mehrfach verhört werden; **by due ~ of law** nach rechtsmäßigem Verfahren; **the democratic ~:** das demokratische Verfahren; **c)** *(method)* Verfahren, *das;* **~es of communication** Kommunikationsprozesse; **by a ~ of elimination** durch Eliminierung; **d)** *(natural operation)* Prozeß, *der;* Vorgang, *der;* **~ of evolution/natural selection** Evolutionsprozeß, *der*/natürliche Auslese; **e)** *(Anat., Bot., Zool.: protuberance)* Fortsatz, *der.* **2.** *v. t.* verarbeiten ‹*Rohstoff, Signal, Daten*›; bearbeiten ‹*Antrag, Akte, Darlehen*›; aufbereiten ‹*Abwasser, Abfall*›; *(for conservation)* behandeln ‹*Leder, Lebensmittel*›; *(Photog.)* entwickeln ‹*Film*›

[2]**process** [prə'ses] *v. i.* marschieren

'**process cheese** *(Amer.),* '**processed cheese** *ns.* Schmelzkäse, *der*

**processer** *see* **processor**

**procession** [prə'seʃn] *n.* **a)** Zug, *der; (religious)* Prozession, *die; (festive)* Umzug, *der;* **go/march/move** *etc.* **in ~:** ziehen; **funeral ~:** Trauerzug, *der;* **b)** *(fig.: series)* Reihe, *die;* **his life was an endless ~ of parties** sein Leben war eine endlose Folge von Partys; **there has been a ~ of people in and out of my office all day** heute war in meinem Büro ein ständiges Kommen und Gehen

**processional** [prə'seʃənl] **1.** *adj.* Prozessions-; **at a ~ pace** im Schrittempo. **2.** *n. (hymn)* Prozessionshymne, *die*

**processor** ['prəʊsesə(r)] *n. (machine)* Prozessor, *der;* **central ~** *(Computing)* Zentralprozessor, *der*

**proclaim** [prə'kleɪm] *v. t.* **a)** erklären ‹*Absicht*›; bekanntgeben ‹*Fakten, Einzelheiten*›; beteuern ‹*Unschuld*›; geltend machen ‹*Recht, Anspruch*›; *(declare officially)* verkünden ‹*Amnestie*›; ausrufen ‹*Republik*›; **~ sb./oneself King/Queen** jmdn./sich zum König/zur Königin ausrufen; **~ a country [to be] a republic** in einem Land die Republik ausrufen; **~ 1 January a public holiday** den 1. Januar zum Feiertag erklären; **~ sb./oneself heir to the throne** jmdn./sich zum Thronfolger ernennen; **b)** *(reveal)* verraten; **~ sb./sth. [to be] sth.** verraten, daß jmd./etw. etw. ist

**proclamation** [prɒklə'meɪʃn] *n.* **a)** *(act of proclaiming)* Verkündung, *die;* Proklamation, *die (geh.);* **the ~ of a new sovereign** die Ausrufung *od.* Proklamation eines neuen Herrschers; **by ~:** durch Bekanntmachung; **b)** *(notice)* Bekanntmachung, *die; (edict, decree)* Erlaß, *der;* **issue** *or* **make a ~:** eine Bekanntmachung/einen Erlaß herausgeben

**proclivity** [prə'klɪvɪtɪ] *n.* Neigung, *die;* **have/show a ~** *or* **proclivities for** *or* **towards sth.** einen Hang zu etw. haben/zeigen

**procrastinate** [prə'kræstɪneɪt] *v. i.* zaudern *(geh.);* **~ in doing sth.** es hinauszögern, etw. zu tun; **I ought to start but I keep procrastinating** ich müßte anfangen, aber ich schiebe es immer vor mir her

**procrastination** [prəkræstɪ'neɪʃn] *n.* Saumseligkeit, *die (geh.);* **there is no time for ~:** die Sache duldet keinen Aufschub; **~ is the thief of time** *(prov.)* ≈ was du heute kannst besorgen, das verschiebe nicht auf morgen *(Spr.)*

**procreate** ['prəʊkrɪeɪt] **1.** *v. t.* **a) ~ children** Kinder bekommen; **b)** *(fig.: produce)* hervorbringen. **2.** *v. i.* sich fortpflanzen

**procreation** [prəʊkrɪ'eɪʃn] *n.* Fortpflanzung, *die; (fig.: production)* Erzeugung, *die*

**Procrustean** [prə'krʌstɪən] *adj.* starr ⟨*Gesetze, Regeln, Prinzipien, Einstellung*⟩; unnachgiebig ⟨*Strenge, Entschlossenheit*⟩

**proctor** ['prɒktə(r)] *n.* **a)** *(Brit. Univ.) Aufsichtsbeamter der Universität;* **b)** *(Amer. Univ.) see* **invigilator**

**procurator** ['prɒkjʊəreɪtə(r)] *n.* Stellvertreter, *der*/Stellvertreterin, *die;* Bevollmächtigte, *der/die*

**procurator 'fiscal** *n. (Scot. Law)* Staatsanwalt, *der*

**procure** [prə'kjʊə(r)] **1.** *v. t.* **a)** *(obtain)* beschaffen; **~ for sb./oneself** jmdm./sich verschaffen ⟨*Arbeit, Unterkunft, Respekt, Reichtum*⟩; jmdm./sich beschaffen ⟨*Arbeit, Ware*⟩; **b)** *(bring about)* herbeiführen ⟨*Ergebnis, Wechsel, Frieden*⟩; bewirken ⟨*Freilassung*⟩; **c)** *(for sexual gratification)* beschaffen. **2.** *v. i.* Kuppelei betreiben; **procuring** Kuppelei, *die;* **~ for a prostitute** einer Prostituierten *(Dat.)* Kunden beschaffen

**procurement** [prə'kjʊəmənt] *n. see* **procure 1:** Beschaffung, *die;* Herbeiführung, *die;* Bewirkung, *die*

**procurer** [prə'kjʊərə(r)] *n. (for sexual purposes)* Kuppler, *der;* **act as a ~ of girls/boys for sb.** jmdm. Mädchen/Jungen besorgen

**procuress** [prə'kjʊrɪs] *n.* Kupplerin, *die*

**Prod** [prɒd] *n. (Ir. coll.)* Protestant, *der*/Protestantin, *die;* Evangele, *der (ugs.)*

**prod 1.** *v. t.*, **-dd- a)** *(poke)* stupsen *(ugs.);* stoßen mit ⟨*Stock, Finger usw.*⟩; **he ~ded the map with his finger** er stieß mit dem Finger auf die Karte; **~ sb. gently** jmdn. anstupsen *od.* leicht anstoßen; **~ the fire/pile of leaves** im Feuer stochern/im Blätterhaufen herumstochern; **~ sb. in the ribs** jmdm. einen Rippenstoß versetzen; jmdn. in die Rippen stoßen; **b)** *(fig.: rouse)* antreiben; nachhelfen (+ *Dat.*) ⟨*Gedächtnis*⟩; **he needs ~ding before he will do anything** man muß ihn zu allem erst antreiben; **~ sb. to do sth.** *or* **into doing sth.** jmdn. drängen, etw. zu tun. **2.** *v. i.*, **-dd-** stochern. **3.** *n.* Stupser, *der;* **a ~ in the/my** *etc.* **ribs** ein Rippenstoß; **give sb. a ~:** jmdm. einen Stupser geben; *(fig.)* jmdn. auf Touren bringen; **this sight gave my memory a ~** *(fig.)* dieser Anblick half meinem Gedächtnis auf die Sprünge

**~ a'bout, ~ a'round** *v. i. (lit. or fig.)* herumstochern

**~ at** *v. t.* anstupsen

**prodigal** ['prɒdɪgl] **1.** *adj.* verschwenderisch; **be ~ with sth.** verschwenderisch mit etw. umgehen; **be ~ of sth.** *(literary)* freigebig mit etw. sein. **2.** *n.* Verschwender, *der*/Verschwenderin, *die*

**prodigality** [prɒdɪ'gælɪtɪ] *n., no pl.* **a)** *(extravagance)* Verschwendungssucht, *die;* **b)** *(liberality)* Großzügigkeit, *die*

**prodigal 'son** *n. (Bibl.; also fig. iron.)* verlorener Sohn; **the return of the ~:** die Heimkehr des verlorenen Sohnes

**prodigious** [prə'dɪdʒəs] *adj.* ungeheuer; unglaublich ⟨*Lügner, Dummkopf*⟩; wunderbar ⟨*Ereignis, Anblick, Taten*⟩; außerordentlich ⟨*Begabung, Können*⟩; gewaltig ⟨*Fortschritt, Kraft, Energie*⟩; **to a ~ degree** über alle Maßen

**prodigiously** [prə'dɪdʒəslɪ] *adv.* ungeheuer; außerordentlich ⟨*begabt, dumm*⟩

**prodigy** ['prɒdɪdʒɪ] *n.* **a)** *(gifted person)* [außergewöhnliches] Talent; **musical ~:** musikalisches Wunderkind; *see also* **child prodigy; infant prodigy; b)** *(marvel)* Wunder, *das;* **c) be a ~ of sth.** ein Wunder/ *(derog.)* ein Ausbund an etw. *(Dat.)* sein

**produce 1.** ['prɒdju:s] *n.* **a)** *(things produced)* Produkte *Pl.;* Erzeugnisse *Pl.;* **b)** *(yield)* Ertrag, *der; (Mining)* Ausbeute, *die.* **2.** [prə'dju:s] *v. t.* **a)** *(bring forward)* erbringen ⟨*Beweis*⟩; vorlegen ⟨*Beweismaterial*⟩; beibringen ⟨*Zeugen*⟩; angeben ⟨*Grund*⟩; geben ⟨*Erklärung*⟩; vorzeigen ⟨*Paß, Fahrkarte, Papiere*⟩; **he ~d a splendid shot** ihm gelang ein großartiger Schuß; **~ a rabbit out of a hat** ein Kaninchen aus einem Zylinder hervorzaubern; **he ~d a few coins from his pocket** er holte einige Münzen aus seiner Tasche; **she ~d a gun from her pocket** sie zog einen Revolver aus ihrer Tasche; **b)** produzieren ⟨*Show, Film*⟩; inszenieren ⟨*Theaterstück, Hörspiel, Fernsehspiel*⟩; herausgeben ⟨*Schallplatte, Buch*⟩; **well-~d** gut gemacht ⟨*Film, Theaterstück, Programm*⟩; **c)** *(manufacture)* herstellen; *(in nature; Agric.)* produzieren; zubereiten ⟨*Mahlzeit*⟩; **d)** *(create)* schreiben ⟨*Roman, Gedichte, Artikel, Aufsatz, Symphonie*⟩; schaffen ⟨*Gemälde, Skulptur, Meisterwerk*⟩; aufstellen ⟨*Theorie*⟩; **e)** *(cause)* hervorrufen; bewirken ⟨*Änderung*⟩; herbeiführen ⟨*Reformen*⟩; **f)** *(bring into being)* erzeugen; führen zu ⟨*Situation, Lage, Zustände*⟩; **chemical reactions producing poisonous gases** chemische Reaktionen, bei denen giftige Gase entstehen; **g)** *(yield)* erzeugen ⟨*Ware, Produkt*⟩; geben ⟨*Milch*⟩; tragen ⟨*Wolle*⟩; legen ⟨*Eier*⟩; liefern ⟨*Ernte*⟩; fördern ⟨*Metall, Kohle*⟩; abwerfen ⟨*Ertrag, Gewinn*⟩; hervorbringen ⟨*Dichter, Denker, Künstler*⟩; führen zu ⟨*Resultat*⟩; **h)** *(bear)* gebären; ⟨*Säugetier:*⟩ werfen; ⟨*Vogel, Reptil:*⟩ legen ⟨*Eier*⟩; ⟨*Fisch, Insekt:*⟩ ablegen ⟨*Eier*⟩; ⟨*Bäume, Blumen:*⟩ tragen ⟨*Früchte, Blüten*⟩; entwickeln ⟨*Triebe*⟩; bilden ⟨*Keime*⟩; **~ offspring** Nachwuchs bekommen *(fam.).* **3.** *v. i.* **a)** *(manufacture goods)* produzieren; **producing nation** Erzeugerland, *das;* **b)** *(Brit. Theatre/Radio/Telev.)* Stücke/Hörspiele/Fernsehspiele inszenieren; *(Cinemat.)* Filme produzieren; **c)** *(yield)* Ertrag bringen; **the mine has stopped producing** das Bergwerk fördert nicht mehr *od.* hat die Förderung eingestellt; **d)** *(joc.: bear offspring)* ein Kind/Kinder kriegen *(ugs.)*

**producer** [prə'dju:sə(r)] *n.* **a)** *(Cinemat., Theatre, Radio, Telev.)* Produzent, *der*/Produzentin, *die;* **b)** *(Brit. Theatre/Radio/Telev.)* Regisseur, *der*/Regisseurin, *die;* **c)** *(Econ.)* Produzent, *der*/Produzentin, *die*

**product** ['prɒdʌkt] *n.* **a)** *(thing produced)* Produkt, *das; (of industrial process)* Erzeugnis, *das; (of art or intellect)* Werk, *das;* **beauty ~s** Kosmetika; **food ~:** Nahrungsmittelprodukt, *das;* **what is your company's ~?** was stellt Ihre Firma her?; **the ~ of a fertile imagination** das Produkt einer lebhaften Phantasie; **carbon dioxide is a ~ of respiration** Kohlendioxyd entsteht bei der Atmung; **b)** *(result)* Folge, *die;* **be the ~ of one's age** ein Kind seiner Zeit sein; **c)** *(Math.)* Produkt, *das* **(of** aus); **d)** *(total produced)* Produktion, *die;* **the national ~:** das Sozialprodukt; *see also* [1]**gross 1 d**

**production** [prə'dʌkʃn] *n.* **a)** *(bringing forward) (of evidence)* Erbringung, *die; (in physical form)* Vorlage, *die; (of witness)* Beibringung, *die; (of reason)* Angabe, *die; (of explanation)* Abgabe, *die; (of passport etc.)* Vorzeigen, *das;* **on ~ of your passport** gegen Vorlage Ihres Passes; **b)** *(public presentation) (Cinemat.)* Produktion, *die; (Theatre)* Inszenierung, *die; (of record, book)* Herausgabe, *die;* **c)** *(action of making)* Produktion, *die; (manufacturing)* Herstellung, *die; (thing produced)* Produkt, *das;* **cease ~:** die Produktion einstellen; **be in/go into ~:** in Produktion sein/gehen; **be** *or* **have gone out of ~:** nicht mehr hergestellt werden; **have a play in ~** ⟨*Theater:*⟩ ein Stück inszenieren; *see also* **mass production; d)** *(thing created)* Werk, *das; (Brit. Theatre: show produced)* Inszenierung, *die;* **e)** *(causing)* Hervorrufen, *das;* **f)** *(bringing into being)* Hervorbringung, *die;* **the ~ of crystals/toxic gases** die Kristallbildung/die Bildung giftiger Gase; **g)** *(process of yielding)* Produktion, *die; (Mining)* Förderung, *die;* **the mine has ceased ~:** das Bergwerk hat die Förderung eingestellt; **h)** *(yield)* Ertrag, *der;* **~ of eggs, egg ~:** Legeleistung, *die;* **[the] annual/total ~ from the mine** die jährliche/gesamte Förderleistung des Bergwerks

**production: ~ control** *n.* Produktionssteuerung, *die;* **~ cost** *n.* Herstellungskosten *Pl.;* **~ engineer** *n.* Betriebsingenieur, *der;* **~ line** *n.* Fertigungsstraße, *die;* **~ manager** *n.* Produktionsleiter, *der*/-leiterin, *die*

**productive** [prə'dʌktɪv] *adj.* **a)** *(producing)* **be ~** ⟨*Fabrik:*⟩ produzieren; **the writer's ~ period** die produktive *od.* schöpferische Periode des Schriftstellers; **be ~ of** produzieren ⟨*Ware, Getreide*⟩; hervorbringen ⟨*Ideen, Kunstwerke*⟩; zutage bringen ⟨*Ergebnis, Information*⟩; **b)** *(producing abundantly)* ertragreich ⟨*Land, Boden, Obstbaum, Mine*⟩; leistungsfähig ⟨*Betrieb, Bauernhof*⟩; produktiv ⟨*Künstler, Komponist, Schriftsteller, Geist*⟩; **c)** *(yielding favourable results)* fruchtbar ⟨*Gespräch, Verhandlungen, Forschungsarbeit*⟩; ergiebig ⟨*Nachforschungen*⟩; **it's not very ~ arguing about it** es bringt nichts, darüber zu streiten

**productivity** [prɒdʌk'tɪvɪtɪ] *n.* Produktivität, *die;* **~ agreement** *or* **deal** Produktivitätsvereinbarung, *die;* **~ bonus** Leistungszulage, *die*

**Prof.** [prɒf] *abbr.* **Professor** Prof.

**prof** *n. (coll.)* Prof, *der (ugs.)*

**profanation** [prɒfə'neɪʃn] *n.* **a)** *(desecration)* Entweihung, *die;* Profanierung, *die (geh.);* **b)** *(disrespectful treatment)* Verunglimpfung, *die (geh.)*

**profane** [prə'feɪn] **1.** *adj.* **a)** *(irreligious)* gotteslästerlich; **b)** *(irreverent)* respektlos ⟨*Bemerkung, Person*⟩; profan ⟨*Humor, Sprache*⟩; **c)** *(secular)* weltlich; profan. **2.** *v. t.* entweihen

**profanity** [prə'fænɪtɪ] *n.* **a)** *(irreligiousness, irreligious act)* Gotteslästerung, *die;* **b)** *(irreverent behaviour, act, or utterance)* Respektlosigkeit, *die;* **c)** *(indecent remark)* Fluch, *der*

**profess** [prə'fes] *v. t.* **a)** *(declare openly)* bekunden ⟨*Vorliebe, Abneigung, Interesse*⟩; **~ to be/do sth.** erklären, etw. zu sein/tun; **~ oneself satisfied** sich zufrieden erklären; **b)** *(claim)* vorgeben; geltend machen ⟨*Recht, Anspruch*⟩; **~ to be/do sth.** behaupten, etw. zu sein/tun; **he ~ed regret that ...:** er behauptete, es tue ihm leid, daß ...; **c)** *(affirm faith in)* sich bekennen zu

**professed** [prə'fest] *adj.* **a)** *(self-acknowledged)* erklärt ⟨*Marxist, Bewunderer, Absicht*⟩; ausdrücklich ⟨*Zweck*⟩; **be a**

~ **Christian** ein bekennender Christ sein; **b)** *(alleged)* angeblich; **c)** *(Relig.)* **be ~:** die [Ordens]gelübde *od. (fachspr.)* die Profeß abgelegt haben; ~ **monk/nun** Mönch, der/ Nonne, die die [Ordens]gelübde abgelegt hat

**professedly** [prəˈfesɪdlɪ] *adv.* **a)** *(avowedly)* erklärtermaßen; **b)** *(allegedly)* angeblich

**profession** [prəˈfeʃn] *n.* **a)** Beruf, *der;* **what is your ~?** was sind Sie von Beruf?; **medicine/teaching/the law is a ~ requiring great dedication** der Beruf des Mediziners/ Lehrers/Juristen erfordert große Hingabe; **he is training** *or* **studying for the ~ of doctor/ banker** er wird Arzt/geht ins Bankfach; **take up/go into** *or* **enter a ~:** einen Beruf ergreifen/in einen Beruf gehen; **be in a ~:** einen Beruf ausüben; **she is in the legal ~:** sie ist Juristin; **be a pilot by ~:** von Beruf Pilot sein; **the [learned] ~s** Theologie, Jura und Medizin; **the oldest ~** *(joc. euphem.)* das älteste Gewerbe der Welt *(verhüll. scherzh.);* **b)** *(body of people)* Berufsstand, *der;* **the ~** *(Theatre sl.)* die Bühne; **c)** *(declaration)* **~ of faith/love/loyalty** Glaubensbekenntnis, *das*/Liebeserklärung, *die*/Treuegelöbnis, *das;* **~ of friendship/sympathy** Freundschafts-/Sympathiebekundung, *die;* **make a ~ of, make ~s of** erklären ‹*Liebe*›; geloben ‹*Treue*›; **d)** *(Relig.: affirmation of faith)* Bekenntnis, *das* **(of** zu); *(faith affirmed)* Glaube, *der;* **make ~ of a faith** sich zu einem Glauben bekennen; **e)** *(Relig.) (vow)* [Ordens]gelübde, *das; (entrance into order)* Profeß, *die (fachspr.);* **make one's ~:** die Gelübde ablegen

**professional** [prəˈfeʃənl] **1.** *adj.* **a)** *(of profession)* Berufs‹*ausbildung, -leben*›; beruflich ‹*Qualifikation, Laufbahn, Tätigkeit, Stolz, Ansehen*›; **~ body** Berufsorganisation, *die;* **on ~ business/for ~ reasons/on a ~ matter** geschäftlich; **~ advice** fachmännischer Rat; **~ jealousy** Konkurrenzneid, *der;* **~ standards** Leistungsniveau, *das;* **b)** *(worthy of profession) (in technical expertise)* fachmännisch; *(in attitude)* professionell; *(in experience)* routiniert; **make a ~ job of sth.** etw. fachmännisch erledigen; **c)** *(engaged in profession)* **~ people** Angehörige hochqualifizierter Berufe; **'apartment to let to ~ woman'** „Wohnung an berufstätige Dame zu vermieten"; **the ~ class[es]** die gehobenen Berufe; **d)** *(by profession)* gelernt; mit abgeschlossener Berufsausbildung *nachgestellt; (not amateur)* Berufs‹*musiker, -sportler, -soldat, -fotograf*›; Profi‹*sportler*›; *(fig.)* notorisch ‹*Unruhestifter, Schnorrer*›; **a ~ killer/spy** *(derog.)* ein professioneller Killer/Agent; **e)** *(paid)* Profi‹*sport, -boxen, -fußball, -tennis*›; **be in the ~ army** Berufssoldat sein; **be in the ~ theatre/on the ~ stage** beruflich am Theater/als Schauspieler arbeiten; **make a career in ~ dancing** Berufstänzer werden. **2.** *n. (trained person, lit. or fig.)* Fachmann, *der*/Fachfrau, *die; (paid worker)* Berufstätige, *der/die; (non-amateur; also Sport, Theatre)* Profi, *der;* **better leave it to a ~/the ~s** überlaß das lieber einem Fachmann/den Fachleuten

**professional 'foul** *n. (Footb.)* absichtliches Foul

**professionalism** [prəˈfeʃənəlɪzm] *n., no pl.* **a)** *(of work)* fachmännische Ausführung; *(of person)* fachliche Qualifikation; *(in artistic field)* technisches Können; *(attitude)* professionelle Einstellung; *(ethical quality)* Berufsethos, *das;* **b)** *(paid participation)* Professionalismus, *der;* Profitum, *das;* **~ in one's attitude to the game** eine profihafte Einstellung zum Spiel

**professionally** [prəˈfeʃənəlɪ] *adv.* **a)** *(in professional capacity)* geschäftlich ‹*beraten, besuchen, konsultieren*›; beruflich ‹*erfolgreich*›; *(in manner worthy of profession)* professionell; *(ethically)* dem Berufsethos entsprechend; **I'm here ~:** ich bin geschäftlich hier; **be ~ trained/qualified** eine Berufsausbildung/abgeschlossene Berufsausbildung haben; **b)** *(as paid work)* berufsmäßig; **she plays tennis/the piano ~:** sie ist Tennisprofi/von Beruf Pianistin; **she acts ~:** sie ist Berufsschauspielerin; **c)** *(by professional)* fachmännisch ‹*leiten, betreiben*›; von einem Fachmann/von Fachleuten ‹*erledigen lassen*›; **the play was performed ~:** das Stück wurde an einem professionellen Theater aufgeführt

**professor** [prəˈfesə(r)] *n.* **a)** *(Univ.: holder of chair)* Professor, *der*/Professorin, *die;* **the mathematics ~:** der Professor/die Professorin für Mathematik; **~ of ...** *(title)* Professor/Professorin für ...; **P~ Smith** Herr/ Frau Professor Smith; **how do you do, P~?** guten Tag, Herr/Frau Professor!; **b)** *(Amer.: teacher at university)* Dozent, *der*/Dozentin, *die;* **c)** *(one who professes a religion)* Bekenner, *der*/Bekennerin, *die;* **be a ~ of sth.** sich zu etw. bekennen

**professorial** [prɒfɪˈsɔːrɪəl] *adj.* **a)** *(Univ.)* professoral; **his ~ duties** seine Pflichten als Professor; **~ chair** Professur, *die;* **b)** *(characteristic of professor)* ‹*Wissen, Autorität, Art*› eines Professors; *(pedagogic, dogmatic)* professoral *(abwertend)* ‹*Stil, Ton*›; *(fig.)* professorhaft ‹*Aussehen*›

**professorship** [prəˈfesəʃɪp] *n.* Professur, *die;* **she has been appointed to a ~:** sie ist auf einen Lehrstuhl berufen worden; **hold the P~ of History** den Lehrstuhl für Geschichte innehaben

**proffer** [ˈprɒfə(r)] *v. t. (literary)* darbieten ‹*Hand, Krone, Geschenk*›; anbieten ‹*Frieden, Hilfe, Dienstleistung, Arm, Freundschaft*›; aussprechen ‹*Dank*›; vorbringen ‹*Vorschlag*›

**proficiency** [prəˈfɪʃənsɪ] *n.* Können, *das;* **degree** *or* **standard of ~:** Fertigkeit, *die;* **his ~ in mathematics/horsemanship** seine Mathematikkenntnisse/sein reiterliches Können; **achieve great ~ in sth.** große Fertigkeiten in etw. *(Dat.)* erlangen

**proficiency: ~ certificate** *n.* Leistungsnachweis, *der;* **~ test** *n.* Leistungstest, *der*

**proficient** [prəˈfɪʃənt] *adj.* fähig; gut ‹*Pianist, Reiter, Skiläufer usw.*›; geschickt ‹*Radfahrer, Handwerker, Lügner*›; *(in field of knowledge)* bewandert **(at, in** in + *Dat.*); **be ~ at** *or* **in cooking/maths** gut kochen können/viel von Mathematik verstehen; **he soon became ~:** er beherrschte die Sache bald

**profile** [ˈprəʊfaɪl] **1.** *n.* **a)** *(side aspect)* Profil, *das;* **in ~:** im Profil; **a drawing in ~:** eine Profilzeichnung; **b)** *(representation)* Profilbild, *das; (outline)* Umriß, *der;* **c)** *(biographical sketch)* Porträt, *das* **(of, on** *Gen.*); **d)** *(personal record)* [Personal]akte, *die;* **interest ~:** Interessenprofil, *das;* **e)** *(vertical cross-section)* Längsschnitt, *der; (Archit., Geol., Palaeont.)* Profil, *das; (Archaeol.)* Schnitt, *der;* **f)** *(graph, curve)* Kurve, *die;* **g)** *(fig.)* **low ~ [attitude]** Zurückhaltung, *die;* **keep** *or* **maintain a low ~:** sich zurückhalten; **adopt a low ~ approach [to sth.]** sich [in einer Sache] zurückhalten; **high ~ [tactics]** starkes Engagement. **2.** *v. t.* **a)** *(represent from side)* im Profil darstellen; **b)** *(outline)* im Umriß abbilden; **c)** *(sketch biographically)* porträtieren

**profit** [ˈprɒfɪt] **1.** *n.* **a)** *(Commerc.)* Gewinn, *der;* Profit, *der;* **at a ~:** mit Gewinn ‹*verkaufen*›; **at a 10% ~:** mit einem Gewinn von 10%; **run sth. at a ~:** mit etw. Gewinne erzielen; **run at a ~** ‹*Geschäft:*› Gewinn abwerfen; **make a ~ from** *or* **out of sth.** mit etw. Geld verdienen; **make [a few pence] ~ on sth.** [ein paar Pfennige] an etw. *(Dat.)* verdienen; **show a ~:** einen Gewinn verzeichnen; **yield a ~:** Gewinn abwerfen; **~ and loss** Gewinn und Verlust; **~-and-loss account** Gewinn-und-Verlust-Rechnung, *die;* **b)** *(advantage)* Nutzen, *der;* **there is no ~ in sth.** etw. ist zwecklos; **be to sb.'s ~:** von Nutzen für jmdn. sein; **find ~ in sth./doing sth.** von etw. profitieren/davon profitieren, daß man etw. tut. **2.** *v. t.* **~ sb.** für jmdn. von Nutzen sein; **it ~s me nothing to do that** es nützt mir nichts, das zu tun; **it did not ~ them in the end** es hat ihnen letzten Endes gar nichts gebracht. **3.** *v. i. (derive benefit)* profitieren

**~ by** *v. t.* profitieren von; Nutzen ziehen aus ‹*Fehler, Erfahrung*›; ausnützen ‹*Verwirrung*›

**~ from** *v. t.* profitieren von ‹*Reise, Studium, Ratschlag*›; nutzen ‹*Gelegenheit*›

**profitability** [prɒfɪtəˈbɪlɪtɪ] *n., no pl.* Rentabilität, *die*

**profitable** [ˈprɒfɪtəbl] *adj.* **a)** *(lucrative)* rentabel; einträglich; **b)** *(beneficial)* lohnend ‹*Unternehmung, Zeitvertreib, Kauf*›; nützlich ‹*Studium, Diskussion, Verhandlung, Nachforschungen*›

**profitably** [ˈprɒfɪtəblɪ] *adv.* **a)** *(lucratively)* gewinnbringend; **run ~** ‹*Geschäft:*› Gewinn abwerfen; **b)** *(beneficially)* nutzbringend

**profiteer** [prɒfɪˈtɪə(r)] **1.** *n.* Profitmacher, *der*/-macherin, *die.* **2.** *v. i.* sich bereichern

**profiterole** [prəˈfɪtərəʊl] *n. (Gastr.)* Profiterole, *die (Kochk.)*

**profitless** [ˈprɒfɪtlɪs] *adj.* **a)** *(useless)* nutzlos; **b)** *(yielding no profit)* unrentabel

**profit: ~-making** *adj.* gewinnorientiert; **it was intended to be ~-making** es sollte Gewinn bringen; **~ margin** *n.* Gewinnspanne, *die;* **~-sharing** *n.* Gewinnbeteiligung, *die; attrib.* Gewinnbeteiligungs-; **~-taking** *n. (St. Exch.)* Gewinnmitnahme, *die*

**profligacy** [ˈprɒflɪgəsɪ] *n., no pl.* **a)** *(extravagance)* Verschwendung, *die* **(with** von); **b)** *(dissipation)* Sittenlosigkeit, *die;* **a life of ~:** ein ausschweifendes Leben

**profligate** [ˈprɒflɪgət] **1.** *adj.* **a)** *(extravagant)* verschwenderisch; **be ~ in spending money** das Geld mit vollen Händen ausgeben; **be ~ of** *or* **with sth.** verschwenderisch umgehen mit etw.; **~ squandering of sth.** allzu bereitwillige Vergeudung von etw.; **b)** *(dissipated)* hemmungslos ‹*Lust, Trunkenheit, Gier*›; ausschweifend ‹*Person*›. **2.** *n.* **a)** *(spendthrift)* Verschwender, *der*/Verschwenderin, *die;* **b)** *(rake)* Wüstling, *der (abwertend)*

**pro forma** [prəʊ ˈfɔːmə] **1.** *adv.* pro forma. **2.** *adj.* **a)** *(as formality)* Pro-Forma-; **b)** *(Commerc.)* Muster-. **3.** *n. see* **pro forma invoice**

**pro forma 'invoice** *n. (Commerc.)* Pro-Forma-Rechnung, *die*

**profound** [prəˈfaʊnd] *adj.,* **~er** [prəˈfaʊndə(r)], **~est** [prəˈfaʊndɪst] **a)** *(extreme)* tief; heftig ‹*Erregung, Verlangen*›; nachhaltig ‹*Wirkung, Einfluß, Eindruck*›; tiefgreifend ‹*Wandel, Veränderung*›; lebhaft ‹*Interesse*›; tiefempfunden ‹*Beileid, Mitgefühl*›; tiefsitzend ‹*Angst, Mißtrauen*›; völlig ‹*Unwissenheit*›; gespannt ‹*Aufmerksamkeit*›; verborgen ‹*Geheimnis, Tiefe*›; tödlich ‹*Langeweile*›; hochgradig ‹*Schwerhörigkeit*›; **it is a matter of ~ indifference to me** es ist mir völlig gleichgültig; **b)** *(penetrating)* tief; profund *(geh.)* ‹*Wissen, Erkenntnis, Werk, Kenner*›; tiefgründig ‹*Untersuchung, Abhandlung, Betrachtung*›; tiefschürfend ‹*Essay, Vortrag, Analyse, Forscher*›; tiefsinnig ‹*Gedicht, Buch, Schriftsteller*›; scharfsinnig ‹*Politiker, Denker, Forscher*›; **that's a very ~ remark** *(also iron.)* das ist sehr tiefsinnig; **c)** *(demanding thought)* tief ‹*Geheimnis, Bedeutung, Sinn*›; unergründlich ‹*Rätsel, Geheimnis*›; schwierig ‹*Lektüre, Problem, Theorie*›; inhaltsschwer ‹*Symbolik, Worte*›; **d)** *(rhet./fig.: deep)* tief

**profoundly** [prəˈfaʊndlɪ] *adv.* **a)** *(ex-*

*tremely)* zutiefst; tief ‹*schlafen*›; stark ‹*interessiert, beeinflußt, mitgenommen*›; überaus ‹*friedlich, verschlossen, geheimnisvoll*›; völlig ‹*unbedarft, gleichgültig, versunken, rätselhaft*›; hochgradig ‹*schwerhörig*›; **I am ~ indifferent about it** es ist mir völlig gleichgültig; **b)** *(penetratingly)* ungemein ‹*scharfsinnig, beschlagen, feinfühlig*›; hoch‹*intelligent, -gelehrt, -gebildet*›; **a ~ wise man** ein Mann von tiefer Weisheit; **..., she said ~:** ..., sagte sie tiefsinnig

**profundity** [prəˈfʌndɪtɪ] *n.* **a)** *no pl. (extremeness) (of feelings, silence, sleep, respect)* Tiefe, *die; (of joy, sorrow, concern, change)* [großes] Ausmaß; **b)** *no pl. (depth of intellect)* Tiefsinnigkeit, *die; (of analysis, book)* Tiefe, *die;* **c)** *(depth of meaning)* Tiefgründigkeit, *die; in pl.* tiefgründige Gedanken

**profuse** [prəˈfjuːs] *adj.* **a)** *(giving freely)* überschwenglich; großzügig ‹*Schenkender, Gebender*›; **be ~ in one's thanks/praise** überschwenglich danken/loben; **be ~ in one's apologies** sich wieder und wieder entschuldigen; **b)** *(abundant)* verschwenderisch ‹*Fülle, Üppigkeit, Vielfalt*›; reichlich ‹*Beifall*›; reich ‹*Ernte*›; massenhaft ‹*Wachstum, Vorkommen*›; groß ‹*Dankbarkeit*›; überschwenglich ‹*Entschuldigung, Lob*›; **~ bleeding** starke Blutung

**profusely** [prəˈfjuːslɪ] *adv.* **a)** *(liberally)* großzügig ‹*spenden, schenken*›; übermäßig ‹*loben*›; **b)** *(abundantly)* massenhaft ‹*wachsen, vorkommen*›; heftig ‹*bluten, erröten, schwitzen*›; überaus ‹*dankbar*›; üppig ‹*beladen, gedeihen*›; überschwenglich ‹*sich entschuldigen*›

**profusion** [prəˈfjuːʒn] *n.* **a)** *(abundance)* ungeheure *od.* überwältigende Menge; **a ~ of choice** *or* **in the choice offered** eine überreiche Auswahl; **in ~:** in Hülle und Fülle; **in gay/chaotic ~:** in bunter/chaotischer Vielfalt; **b)** *(large amount)* [Über]fülle, *die;* **a ~ of flowers/debts** eine verschwenderische Fülle von Blumen/große Menge Schulden

**progenitor** [prəˈdʒenɪtə(r)] *n.* **a)** *(ancestor)* Vorfahr[e], *der*/Vorfahrin, *die;* **b)** *(fig.: predecessor)* Vorläufer, *der*/Vorläuferin, *die; (intellectual ancestor)* geistiger Vater

**progeny** [ˈprɒdʒənɪ] *n., no pl.* Nachkommenschaft, *die;* **they are the ~ of transported convicts** sie sind die Nachkommen deportierter Sträflinge

**progesterone** [prəˈdʒestərəʊn] *n. (Physiol., Pharm.)* Gelbkörperhormon, *das;* Progesteron, *das (fachspr.)*

**prognosis** [prɒgˈnəʊsɪs] *n., pl.* **prognoses** [prɒgˈnəʊsiːz] **a)** *(Med.) (forecast)* Prognose, *die;* **what is the doctor's ~?** welche Prognose stellt der Arzt?; **make a ~ of sth.** eine Prognose über etw. *(Akk.)* stellen; **b)** *(prediction)* Vorhersage, *die;* Prognose, *die;* **give** *or* **make a ~ of sth.** einen Ausblick auf etw. *(Akk.)* geben

**prognostic** [prɒgˈnɒstɪk] *adj. (also Med.)* prognostisch

**prognosticate** [prɒgˈnɒstɪkeɪt] **1.** *v. t.* **a)** *(foretell; also Med.)* prognostizieren; **b)** *(indicate)* deuten auf (+ *Akk.*). **2.** *v. i.* eine Prognose stellen

**prognostication** [prɒgnɒstɪˈkeɪʃn] *n.* **a)** *(predicting, forecast)* Prognose, *die;* **make a ~ [about sth.]** [über etw. *(Akk.)*] eine Prognose stellen; **b)** *(indication)* Vorzeichen, *das* (**of** für)

**program** [ˈprəʊgræm] **1.** *n.* **a)** *(Amer.) see* **programme 1; b)** *(Computing, Electronics)* Programm, *das.* **2.** *v. t.,* **-mm-: a)** *(Amer.) see* **programme 2; b)** *(Computing, Electronics)* programmieren; **~ a computer to do sth.** einen Computer so programmieren, daß er etw. tut; **~ming language** Programmiersprache, *die*

**programer** *(Amer.) see* **programmer**

**programmatic** [prəʊgrəˈmætɪk] *adj.* **a)** programmatisch ‹*Politik, Ansatz, Werk, Autor*›; klar umrissen ‹*Plan, System, Stufen, Projekt*›; genau festgelegt ‹*Zeitplan*›; **b)** *(Mus.)* programmatisch ‹*Komposition, Trend*›

**programme** [ˈprəʊgræm] **1.** *n.* **a)** *([notice of] events)* Programm, *das;* **the evening's ~:** das Abendprogramm; **a ~ of Schubert songs** ein Programm mit *od.* aus Schubertliedern; eine Darbietung von Schubertliedern; **what is the ~ for today?** was steht heute auf dem Programm?; **my ~ for today** mein [heutiges] Tagesprogramm; **b)** *(Radio, Telev.) (presentation)* Sendung, *die; (Radio: service)* Sender, *der;* Programm, *das;* **the ~ is on at 6 o'clock** die Sendung läuft um 6 Uhr; **c)** *(plan, instructions for machine)* Programm, *das;* **a five-year ~:** ein Fünfjahresprogramm; **a ~ of study** ein Studienprogramm. **2.** *v. t.* **a)** *(make ~ for)* ein Programm zusammenstellen für; **b)** *(plan)* festlegen ‹*Soll*›; planen, vorbereiten ‹*Maßnahmen*›; durchplanen ‹*Leben, Tagesablauf*›; **the tumble-drier can be ~d to operate for between 10 and 60 minutes** der Trockner kann auf 10–60 Minuten Betriebszeit eingestellt werden; **c)** *(print in ~)* **be ~d** auf dem Programm stehen; **an event not officially ~d** ein Ereignis, das nicht offiziell angekündigt war/ist; **d)** *(fig.)* **~ sb. to do sth.** jmdn. darauf drillen, etw. zu tun *(ugs.)*

**programme: ~ music** *n. (Mus.)* Programmusik, *die;* **~ note** *n.* Erläuterung zum Programm

**programmer** [ˈprəʊgræmə(r)] *n. (Computing, Electronics)* **a)** *(operator)* Programmierer, *der*/Programmiererin, *die;* **b)** *(component)* Programmiergerät, *das;* Programmspeicher, *der*

**progress 1.** [ˈprəʊgres] *n.* **a)** *no pl., no indef. art. (onward movement)* [Vorwärts]bewegung, *die;* **our ~ has been slow** wir sind nur langsam vorangekommen; **he continued his ~ across the fields** er setzte seinen Weg durch die Felder fort; **make ~:** vorankommen; **I saw how much ~ I had made** ich sah, wie weit ich vorangekommen war; **in ~:** im Gange; **b)** *no pl., no indef. art. (advance)* Fortschritt, *der;* **~ of science/civilization** wissenschaftlicher/kultureller Fortschritt; **there has been some ~ towards peace** man ist dem Frieden etwas nähergekommen; **make ~:** vorankommen; ‹*Student, Patient:*› Fortschritte machen; **make good ~ [towards recovery]** ‹*Patient:*› sich gut erholen; **some ~ was made** es wurden einige Fortschritte erzielt; **that's ~ [for you]** *(iron.)* [und] das nennt man nun Fortschritt!; **you can't stand in the way of ~:** man kann den Fortschritt nicht aufhalten; **c)** *(Brit. Hist.) (royal journey)* Rundreise, *die; (state procession)* prunkvolle Prozession. **2.** [prəˈgres] *v. i.* **a)** *(move forward)* vorankommen; **the concert had not ~ed very far** das Konzert war noch nicht weit fortgeschritten; **~ to the next point of discussion** zum nächsten Diskussionspunkt übergehen; **b)** *(be carried on, develop)* Fortschritte machen; ‹*Krankheit:*› fortschreiten; **my novel is ~ing nicely** ich komme mit meinem Roman gut voran; **~ towards sth.** einer Sache *(Dat.)* näherkommen. **3.** [ˈprəʊgres] *v. t.* vorantreiben

**progress** [ˈprəʊgres]: **~ chart** *n.* Arbeitsdiagramm, *das;* **~-chaser** *n.* ≈ Kontrolleur, *der*/Kontrolleurin, *die (verantwortlich für die Einhaltung von Produktionszeitplänen)*

**progression** [prəˈgreʃn] *n.* **a)** *(progressing)* Fortbewegung, *die; (of career)* Verlauf, *der;* **his ~ through life** sein Lebensweg; **his ~ from office clerk to head of department** sein Aufstieg vom Büroangestellten zum Abteilungsleiter; **b)** *(development)* Fortschritt, *der* (**in** bei); **c)** *(succession)* Folge, *die;* **d)** *(Mus.)* Fortschreitung, *die;* Progression, *die;* **e)** *(Math.)* Reihe, *die; see also* **arithmetical; geometrical**

**progressive** [prəˈgresɪv] **1.** *adj.* **a)** *(moving forward)* fortschreitend; **~ motion** *or* **movement** Vorwärtsbewegung, *die;* **b)** *(gradual)* fortschreitend ‹*Verbesserung, Verschlechterung*›; schrittweise ‹*Reform*›; aufeinanderfolgend ‹*Ereignisse*›; allmählich ‹*Veränderung, Herannahen, Fortschreiten, Prozeß, Besserung*›; **in ~ stages** Schritt für Schritt; **c)** *(improving)* sich [weiter] entwickelnd; **d)** *(worsening)* schlimmer werdend; *(Med.)* progressiv; **e)** *(favouring reform; in culture)* fortschrittlich; progressiv; **~ music** progressive Musik; **f)** *(informal; also Educ.)* progressiv; **g)** *(Taxation)* gestaffelt; progressiv *(fachspr.)*; **~ tax** Progressivsteuer, *die;* **h)** *(Ling.)* **~ tense** Verlaufsform, *die.* **2.** *n.* Progressive, *der/die;* **the ~s** die fortschrittlichen Kräfte

**progressively** [prəˈgresɪvlɪ] *adv.* **a)** *(continuously)* immer ‹*weiter, schlechter*›; *(gradually)* stetig; Schritt für Schritt ‹*reformieren*›; *(successively)* [chronologisch] fortschreitend; **move ~ towards sth.** sich immer weiter auf etw. zubewegen; **~ approach bankruptcy** sich Schritt für Schritt auf den Bankrott zubewegen; **b)** *(with progressive views, informally; also Educ., Taxation)* progressiv

**ˈprogress report** *n.* Tätigkeitsbericht, *der; (fig.: news)* Lagebericht, *der*

**prohibit** [prəˈhɪbɪt] *v. t.* **a)** *(forbid)* verbieten; **~ sb.'s doing sth., ~ sb. from doing sth.** jmdm. verbieten, etw. zu tun; **it is ~ed to do sth.** es ist verboten, etw. zu tun; **b)** *(prevent)* verhindern; **~ sb.'s doing sth., ~ sb. from doing sth.** jmdn. daran hindern, etw. zu tun

**prohibition** [prəʊhɪˈbɪʃn, prəʊɪˈbɪʃn] *n.* **a)** *(forbidding)* Verbot, *das;* **b)** *(edict)* [gesetzliches] Verbot (**against** *Gen.*); **c)** *no pl., no art. (Amer. Hist.)* [gesetzliches] Alkoholverbot; **P~** *(1920–33)* die Prohibition; *attrib.* Prohibitions-

**prohibitionist** [prəʊhɪˈbɪʃənɪst, prəʊɪˈbɪʃənɪst] *n. (Amer. Hist.: person supporting prohibition) (19th century)* Mitglied der Prohibitionspartei; *(20th century)* **P~:** Prohibitionist, *der*/Prohibitionistin, *die*

**prohibitive** [prəˈhɪbɪtɪv] *adj.* **a)** *(prohibiting)* prohibitiv *(geh.)*; Verbots‹*zeichen, -gesetz*›; **b)** *(too high)* unerschwinglich ‹*Preis, Miete*›; untragbar ‹*Kosten*›

**prohibitively** [prəˈhɪbɪtɪvlɪ] *adv. (excessively)* unerschwinglich ‹*hoch, teuer*›

**prohibitory** [prəˈhɪbɪtərɪ] *see* **prohibitive**

**project 1.** [prəˈdʒekt] *v. t.* **a)** *(throw)* schleudern; abfeuern ‹*Kugel, Geschoß*›; abschießen ‹*Rakete*›; **~ one's voice to the very back of the auditorium** seine Stimme so erheben, daß sie auch ganz hinten im Zuschauerraum zu hören ist; **b)** werfen ‹*Schatten, Schein, Licht*›; senden ‹*Strahl*›; *(Cinemat.)* projizieren; **~ against** *or* **on to sth.** gegen *od.* auf etw. *(Akk.)* projizieren ‹*Schatten, Umriß*›; **c)** *(make known)* vermitteln; **~ the product more favourably** ein positiveres Bild des Produkts vermitteln; **~ one's own personality** seine eigene Person in den Vordergrund stellen; **d)** *(plan)* planen; **e)** *(extrapolate)* übertragen (**to** auf + *Akk.*); **f)** *(Psych.)* projizieren; **~ sth. [on] to** *or* **on sb./sth.** etw. auf jmdn./etw. projizieren; **g)** *(Geom., Cartography)* projizieren. **2.** *v. i.* **a)** *(jut out)* ‹*Felsen:*› vorspringen; ‹*Zähne, Brauen:*› vorstehen; **~ into the sea** ‹*Felsen:*› ins Meer hinausragen; **~ over the street** ‹*Balkon:*› über die Straße ragen; **b)** *(Theatre)* laut und deutlich sprechen. **3.** *v. refl. (transport oneself)* **~ oneself into sth.** sich in etw. *(Akk.)* [hinein]versetzen; **~ oneself back in time** sich in eine frühere Zeit/in frühere Zeiten zurückversetzen. **4.** [ˈprɒdʒekt] *n.* **a)** *(plan)* Plan, *der;* **b)** *(enterprise)* Projekt, *das*

**projectile** [prəˈdʒektaɪl] *n.* Geschoß, *das;* Projektil, *das (Waffent.)*

**projection** [prəˈdʒekʃn] *n.* **a)** *(throwing)* Schleudern, *das; (of missile)* Abschuß, *der; (of bullet, shell)* Abfeuern, *das;* **b)** *(protruding)* Vorstehen, *das; (protruding thing)* Vorsprung, *der;* **c)** *(making of visible image)* Projektion, *die; (of film)* Vorführung, *die;* **d)** *(making known) (of image or character)* Darstellung, *die; (of product or invention)* Präsentation, *die;* **the ~ of his own personality** seine Selbstdarstellung; **e)** *(planning)* Planung, *die; (thing planned)* Plan, *der;* **make a ~ [for sth.]** einen Plan [für etw.] machen *od.* aufstellen; **f)** *(extrapolation)* Übertragung, *die;* Hochrechnung, *die (Statistik); (estimate of future possibilities)* Voraussage, *die* **(of** über + *Akk.*); **g)** *(Psych.)* Projektion, *die;* **~ of sth. on [to] sb./sth.** Projektion einer Sache *(Gen.)* auf jmdn./etw.; **h)** *(Geom.)* Projektion, *die;* **i)** *(Cartography)* [Karten]projektion, *die;* **conical ~:** Kegelprojektion, *die;* **cylindrical ~:** Zylinderprojektion, *die; see also* **Mercator**

**projectionist** [prəˈdʒekʃənɪst] *n.* *(Cinemat.)* Filmvorführer, *der/*-vorführerin, *die*

**proˈjection-room** *n.* *(Cinemat.)* Vorführraum, *der*

**projector** [prəˈdʒektə(r)] *n.* Projektor, *der; (for slides)* Diaprojektor, *der*

**prolapse** *(Med.)* **1.** [prəʊˈlæps] *v. i.* prolabieren *(fachspr.);* vorfallen. **2.** [ˈprəʊlæps] *n.* Prolaps[us], *der (fachspr.);* Vorfall, *der*

**prole** [prəʊl] *(Brit. coll. derog.) n.* Prolet, *der/*Proletin, *die (abwertend)*

**proletarian** [prəʊlɪˈteərɪən] **1.** *adj.* proletarisch. **2.** *n.* Proletarier, *der/*Proletarierin, *die*

**proletarianism** [prəʊlɪˈteərɪənɪzm] *n., no pl.* Proletariertum, *das*

**proletariat, proletariate** [prəʊlɪˈteərɪət] *n.* **a)** *(Roman Hist.)* Proletariat, *das;* **b)** *(derog.: lowest class)* Proleten *Pl. (abwertend);* **c)** *(Econ., Polit.)* Proletariat, *das*

**proliferate** [prəˈlɪfəreɪt] *v. i.* **a)** *(Biol.)* sich stark vermehren; *(Med.)* proliferieren *(fachspr.);* wuchern; **b)** *(increase, lit. or fig.)* sich ausbreiten

**proliferation** [prəlɪfəˈreɪʃn] *n.* **a)** *(Biol.)* starke Vermehrung; *(Med.)* Proliferation, *die (fachspr.);* Wucherung, *die;* **b)** *(increase, lit. or fig.)* starke Zunahme; *(of nuclear weapons)* Proliferation, *die; (abundance, lit. or fig.)* Unmenge, *die*

**prolific** [prəˈlɪfɪk] *adj.* **a)** *(fertile)* fruchtbar; **b)** *(productive)* produktiv; **be ~ in sth.** reich an etw. *(Dat.)* sein; **be ~ of sth.** etw. in großen Mengen hervorbringen; **c)** *(abundant)* reich

**prolifically** [prəˈlɪfɪkəlɪ] *adv.* **a)** *(productively)* reichlich; **b)** *(abundantly)* in Hülle und Fülle

**prolix** [ˈprəʊlɪks, prəˈlɪks] *adj.* weitschweifig

**prolixity** [prəˈlɪksɪtɪ] *n., no pl.* Weitschweifigkeit, *die*

**prologue** *(Amer.:* **prolog**) [ˈprəʊlɒg] *n.* **a)** *(introduction)* Prolog, *der* **(to** zu); **b)** *(fig.)* Vorspiel, *das* **(to** zu)

**prolong** [prəˈlɒŋ] *v. t.* **a)** *(extend in duration or length)* verlängern; **~ the agony** *(fig. coll.)* die Qual [unnötig] in die Länge ziehen; **don't ~ the agony!** *(fig. coll.)* mach es nicht so spannend! *(ugs.);* **b)** *(Phonet.)* dehnen

**prolongation** [prəʊlɒŋˈgeɪʃn] *n.* **a)** Verlängerung, *die; (fig.)* Weiterführung, *die;* **b)** *(Phonet.)* Dehnung, *die;* **c)** *(Mus.)* Aushalten, *das*

**prolonged** [prəˈlɒŋd] *adj.* lang; lang anhaltend ⟨*Beifall*⟩; langgezogen ⟨*Schrei*⟩

**prom** [prɒm] *n. (coll.)* **a)** *(Brit.: seaside walkway)* [Strand]promenade, *die;* **b)** *(Brit.: concert)* Promenadenkonzert, *das;* **the P~s** *Konzerte, die alljährlich im Sommer in der Royal Albert Hall in London stattfinden;* **c)** *(Amer.: dance)* **school/college ~:** Schul-/Studentenball, *der*

**promenade** [prɒməˈnɑːd] **1.** *n.* **a)** *(walkway)* Promenade, *die; (Brit.: at seaside)* [Strand]promenade, *die;* **b)** *(leisured walk)* Spaziergang, *der;* Promenade, *die (veralt.);* **go for** *or* **make** *or* **take a ~:** einen Spaziergang machen; **c)** *(Amer.: dance) see* **prom c. 2.** *v. i.* promenieren *(geh.).* **3.** *v. t. (lead)* führen

**promenade: ~ concert** *n.* Promenadenkonzert, *das;* **~ deck** *n. (Naut.)* Promenadendeck, *das*

**promenader** [prɒməˈnɑːdə(r)] *n.* **a)** *(one who promenades)* Spaziergänger, *der/*Spaziergängerin, *die;* **b)** *(Brit.: concert-goer)* Konzertbesucher, *der/*-besucherin, *die (auf Stehplätzen bei einem Promenadenkonzert)*

**Promethean** [prəˈmiːθɪən] *adj.* prometheisch *(geh.)*

**prominence** [ˈprɒmɪnəns] *n.* **a)** *(conspicuousness)* Auffälligkeit, *die;* **the continual ~ of his name in the newspapers** das ständige [auffällige] Auftauchen seines Namens in den Zeitungen; **b)** *(distinction)* Bekanntheit, *die;* **come into** *or* **rise to ~:** bekannt werden; **fade from ~:** in Vergessenheit geraten; **give ~ to sth.** etw. in den Vordergrund stellen; **c)** *(projecting part)* Vorsprung, *der*

**prominent** [ˈprɒmɪnənt] *adj.* **a)** *(conspicuous)* auffallend; **b)** *(foremost)* herausragend; **become very ~ as a singer** als Sänger/Sängerin sehr bekannt werden; **he was ~ in politics** er war ein prominenter Politiker; **a ~ topic of discussion** ein vieldiskutiertes Thema; **c)** *(projecting)* vorspringend; vorstehend ⟨*Backenknochen, Brauen*⟩

**prominently** [ˈprɒmɪnəntlɪ] *adv.* **a)** *(conspicuously)* auffallend; **b)** *(in forefront)* in einer führenden Rolle; **he figured ~ in the case** er spielte in dem Fall eine wichtige Rolle

**promiscuity** [prɒmɪˈskjuːɪtɪ] *n., no pl.* **a)** *(in sexual relations)* Promiskuität, *die (geh.);* **b)** *(indiscriminate action)* Wahllosigkeit, *die*

**promiscuous** [prəˈmɪskjʊəs] *adj.* **a)** *(in sexual relations)* promiskuitiv *(geh.);* promisk; **a ~ man** ein Mann, der häufig die Partnerin wechselt; **~ behaviour** häufige Partnerwechsel; **b)** *(mixed)* bunt gemischt; **c)** *(indiscriminate)* wahllos; **d)** *(coll.: casual)* nachlässig

**promiscuously** [prəˈmɪskjʊəslɪ] *adv.* **a)** *(in sexual relations)* promiskuitiv *(geh.);* promisk; **b)** *(indiscriminately)* wahllos

**promise** [ˈprɒmɪs] **1.** *n.* **a)** *(assurance)* Versprechen, *das;* **sb.'s ~s** jmds. Versprechungen; **give** *or* **make a ~ [to sb.]** [jmdm.] ein Versprechen geben; **give** *or* **make a ~ [to sb.] to do sth.** [jmdm.] versprechen, etw. zu tun; **I'm not making any ~s** ich kann nichts versprechen; **give** *or* **make a ~ [to sb.] that sth. will happen** [jmdm.] versprechen, daß etw. geschehen wird; **you have my ~:** ich verspreche es dir; **give** *or* **make a ~ of sth. [to sb.]** [jmdm.] etw. versprechen; **~s of love/reform** Liebes-/Reformversprechungen; **it's a ~:** ganz bestimmt; **~s, ~s!** *(coll. iron.)* Versprechungen, nichts als Versprechungen!; **is that a threat or a ~?** *(coll. iron.)* soll das eine Drohung oder ein Versprechen sein?; **b)** *(guarantee)* Zusicherung, *die;* **they gave me a ~ that the work would be ready on time** sie sicherten mir zu, daß die Arbeit rechtzeitig fertig sein werde; **c)** *(fig.: reason for expectation)* Hoffnung, *die;* **he never fulfilled his early ~:** er enttäuschte die Erwartungen, die man zunächst in ihn gesetzt hatte; **land of ~:** Land der Verheißung *(geh.);* **a painter of** *or* **with ~:** ein vielversprechender Maler; **~ of sth.** Aussicht auf etw. *(Akk.). See also* **breach 1 a. 2.** *v. t.* **a)** *(give assurance of)* versprechen; **~ sth. to sb., ~ sb. sth.** jmdm. etw. versprechen; **~ revenge** Rache schwören; **b)** *(fig.: give reason for expectation of)* verheißen *(geh.);* **~ sb. sth.** jmdm. etw. in Aussicht stellen; **~ to do/be sth.** versprechen, etw. zu tun/zu sein; **c) ~ oneself sth./that one will do sth.** sich *(Dat.)* etw. vornehmen/sich vornehmen, etw. zu tun; **d)** *(coll.: assure)* **I ~ you** das sage ich dir; **I ~** *or* **let me ~ you this/that** das verspreche ich dir. **3.** *v. i.* **a) ~ well** *or* **favourably [for the future]** vielversprechend [für die Zukunft] sein; **he ~s well as a teacher** er ist ein vielversprechender Lehrer; **b)** *(give assurances)* Versprechungen machen; **I can't ~:** ich kann es nicht versprechen

**promised land** [prɒmɪst ˈlænd] *n.* **a) the ~** *(Bibl.)* das Gelobte Land; **b)** *(fig.: ideal state)* Paradies, *das*

**promising** [ˈprɒmɪsɪŋ] *adj.*, **promisingly** [ˈprɒmɪsɪŋlɪ] *adv.* vielversprechend

**ˈpromissory note** *n.* *(Finance)* Schuldschein, *der*

**promontory** [ˈprɒməntərɪ] *n.* Vorgebirge, *das*

**promote** [prəˈməʊt] *v. t.* **a)** *(advance)* befördern; **b)** *(encourage)* fördern; **a life-style which does not ~ health** ein Lebensstil, der der Gesundheit nicht förderlich ist; **~ the success of the firm** der Firma zu mehr Erfolg verhelfen; **c)** *(publicize)* Werbung machen für; **d)** *(initiate)* in Angriff nehmen ⟨*Projekt*⟩; gründen ⟨*Tochtergesellschaft*⟩; **~ a bill** *(Parl.)* einen Gesetzentwurf einbringen; **e)** *(Chess)* umwandeln; **f)** *(Footb.)* **be ~d** aufsteigen

**promoter** [prəˈməʊtə(r)] *n.* **a)** *(who organizes and finances event)* Veranstalter, *der/*Veranstalterin, *die; (of ballet tour, pop festival, boxing-match, cycle-race also)* Promoter, *der;* **b)** *(furtherer)* Förderer, *der/*Förderin, *die;* **c)** *(publicizer)* Promoter, *der/*Promoterin, *die;* **d)** *(initiator)* Begründer, *der/*Begründerin, *die; (Parl.) jmd., der einen Gesetzentwurf einbringt und unterstützt;* **[company] ~:** Firmengründer, *der/*-gründerin, *die*

**promotion** [prəˈməʊʃn] *n.* **a)** *(advancement)* Beförderung, *die;* **win** *or* **gain ~:** befördert werden; **he is due for ~:** er dürfte bald befördert werden; **~ to [the rank of] sergeant** *etc.* Beförderung zum Unteroffizier *usw.;* **b)** *(furtherance)* Förderung, *die;* **c)** *(Sport, Theatre: event)* Veranstaltung, *die;* **d)** *(publicization)* Werbung, *die; (instance)* Werbekampagne, *die;* **sales ~:** Werbung, *die;* **e)** *(initiation)* Begründung, *die; (Parl.: of bill)* Einbringung, *die;* **f)** *(of a company)* Gründung, *die;* **g)** *(Chess)* Umwandlung, *die;* **h)** *(Footb.)* Aufstieg, *der;* **be sure of ~:** mit Sicherheit aufsteigen

**promotional** [prəˈməʊʃənl] *adj.* **a)** *(of advancement)* Beförderungs⟨*aussichten, -möglichkeiten*⟩; **b)** *(of publicity)* Werbe⟨*kampagne, -broschüre, -strategie usw.*⟩

**prompt** [prɒmpt] **1.** *adj.* **a)** *(ready to act)* bereitwillig; **be a ~ helper/volunteer** bereitwillig helfen/sich bereitwillig zur Verfügung stellen; **be ~ in doing sth.** *or* **to do sth.** etw. unverzüglich tun; **he was ~ in his reply** er antwortete prompt; **b)** *(done readily)* sofortig; **her ~ answer/reaction** ihre prompte Antwort/Reaktion; **take ~ action** sofort handeln; **make a ~ decision** sich sofort entschließen; **c)** *(punctual)* pünktlich. **2.** *adv.* pünktlich; **at 6 o'clock ~:** Punkt 6 Uhr. **3.** *v. t.* **a)** *(incite)* veranlassen; **~ sb. to sth./to do sth.** jmdn. zu etw. veranlassen/dazu veranlassen, etw. zu tun; **b)** *(supply with words; also Theatre)* soufflieren (+ *Dat.*); *(supply with answers)* vorsagen (+ *Dat.*); *(give suggestion to)* weiterhelfen (+ *Dat.*); **~ sb. with sth.** jmdm. etw. soufflieren/vorsagen/jmdm. mit etw. weiterhelfen; **he had to be ~ed** man mußte ihm soufflieren/vorsagen/weiterhelfen; **c)** *(inspire)* hervorrufen

‹*Kritik, Eifersucht usw.*›; provozieren ‹*Antwort*›; **this ~s the question ...:** hierbei drängt sich die Frage auf: ... **4.** *v. i.* soufflieren. **5.** *n.* Souffiieren, *das;* **give a ~:** soufflieren; **I'll give you a ~ if you need one** *(a suggestion)* wenn nötig, werde ich dir weiterhelfen

**prompt: ~-box** *n. (Theatre)* Souffleurkasten, *der;* **~ copy** *n. (Theatre)* Rollenheft, *das*

**prompter** ['prɒmptə(r)] *n. (Theatre)* Souffleur, *der*/Souffleuse, *die*

**prompting** ['prɒmptɪŋ] *n.* **a) the ~s of his heart/conscience** die Stimme seines Herzens/Gewissens; **b) he never needs ~:** man muß ihn nicht zweimal bitten; **c)** *(Theatre)* Soufflieren, *das*

**promptitude** ['prɒmptɪtju:d] *see* **promptness**

**promptly** ['prɒmptlɪ] *adv.* **a)** *(quickly)* prompt; **he ~ went and did the opposite** *(iron.)* er hat natürlich prompt [genau] das Gegenteil getan; **b)** *(punctually)* pünktlich; **at 8 o'clock ~, ~ at 8 o'clock** Punkt 8 Uhr; pünktlich um 8 Uhr

**promptness** ['prɒmptnɪs] *n., no pl.* Promptheit, *die;* **be carried out with ~:** prompt durchgeführt werden; **the public's ~ in responding to the appeal** die Geschwindigkeit, mit der die Öffentlichkeit auf den Aufruf reagierte

**'prompt side** *n. (Brit. Theatre) Bühnenseite links vom Schauspieler; (Amer. Theatre) Bühnenseite rechts vom Schauspieler*

**promulgate** ['prɒməlgeɪt] *v. t.* **a)** *(disseminate)* verbreiten; **b)** *(announce officially)* verkünden

**promulgation** [prɒməl'geɪʃn] *n. see* **promulgate:** Verbreitung, *die;* Verkündung, *die*

**prone** [prəʊn] *adj.* **a)** *(liable)* **be ~ to** anfällig sein für ‹*Krankheiten, Depressionen*›; neigen zu ‹*Faulheit, Meditation*›; **be ~ to do sth.** dazu neigen, etw. zu tun; *in comb.* **strike-~:** streikanfällig; **a disaster-~ country** ein Land, in dem es häufig zu Katastrophen kommt; *see also* **accident-prone; b)** *(down-facing)* **assume a ~ position on the floor** sich in Bauchlage auf den Boden legen; **fall/throw oneself ~ to** *or* **on the ground** sich flach auf den Boden fallen lassen/werfen; **slumped ~ over her typewriter** vornüber über ihre Schreibmaschine gesunken; **c)** *(prostrate)* langgestreckt

**prong** [prɒŋ] **1.** *n.* **a)** *(of fork)* Zinke, *die;* **b)** *(of antler)* Ende, *das.* **2.** *v. t.* aufspießen

**-pronged** [prɒŋd] *adj. in comb.* -zinkig; **three-~ attack** *(Mil.; also fig.)* Angriff von drei Seiten

**pronominal** [prə'nɒmɪnl] *adj. (Ling.)* pronominal; Pronominal‹*adjektiv, -adverb*›

**pronoun** ['prəʊnaʊn] *n. (Ling.) (word replacing noun)* Pronomen, *das;* Fürwort, *das; (pronominal adjective)* Pronominaladjektiv, *das;* **demonstrative ~:** Demonstrativpronomen, *das;* **distributive ~:** Distributivum, *das;* **impersonal** *or* **indefinite ~:** Indefinitpronomen, *das;* **possessive ~:** Possessivpronomen, *das;* besitzanzeigendes Fürwort; **reflexive ~:** Reflexivpronomen, *das*

**pronounce** [prə'naʊns] **1.** *v. t.* **a)** *(declare formally)* verkünden; **~ a curse [up]on sb.** jmdn. verfluchen; **~ excommunication [up]on sb.** die Exkommunikation über jmdn. verhängen; **~ judgement** das Urteil verkünden; **~ judgement on sb./sth.** über jmdn./etw. das Urteil sprechen; **~ sb./sth. [to be] sth.** jmdn./etw. für etw. erklären; **he was ~d [to be] a traitor** er wurde zum Verräter erklärt; **b)** *(declare as opinion)* erklären für; **he has been ~d an excellent actor** es heißt, er sei ein ausgezeichneter Schauspieler; **he ~d himself [to be]** *or* **~d that he was disgusted with it** er erklärte, er sei empört darüber; **c)** *(speak)* aussprechen ‹*Wort, Buchstaben usw.*›. **2.** *v. i.* **~ on sth.** zu etw. Stellung nehmen; **~ for** *or* **in favour of/against sth.** sich für/gegen etw. aussprechen

**pronounceable** [prə'naʊnsəbl] *adj.* aussprechbar

**pronounced** [prə'naʊnst] *adj.* **a)** *(declared)* erklärt; ausgesprochen ‹*Gegner, Autorität*›; **b)** *(spoken)* ausgesprochen; **the h is not ~:** das h wird nicht gesprochen; **c)** *(marked)* ausgeprägt; **walk with a ~ limp** stark hinken

**pronouncement** [prə'naʊnsmənt] *n.* Erklärung, *die;* **make a ~ [about sth.]** eine Erklärung [zu etw.] abgeben; **make the ~ that ...:** erklären, daß ...

**pro'nouncing dictionary** *n.* Aussprachewörterbuch, *das*

**pronto** ['prɒntəʊ] *adv. (sl.)* dalli *(ugs.);* **and [do it] ~!** aber fix! *(ugs.);* aber [ein bißchen] dalli! *(ugs.)*

**pronunciation** [prənʌnsɪ'eɪʃn] *n.* Aussprache, *die;* **error of ~:** Aussprachefehler, *der;* **what is the ~ of this word?** wie wird dieses Wort ausgesprochen?; **this word has two ~s** dieses Wort kann auf zwei Arten ausgesprochen werden

**proof** [pru:f] **1.** *n.* **a)** *(fact, evidence)* Beweis, *der;* **very good ~:** sehr gute Beweise; **~ positive** eindeutige Beweise; *see also* **burden 1 a; b)** *no pl., no indef. art. (Law)* Beweismaterial, *das;* **c)** *no pl. (proving)* **in ~ of** zum Beweis (+ *Gen.*); **be capable of experimental ~:** sich experimentell beweisen lassen; **d)** *no pl. (test, trial)* Beweis, *der;* **put a theory to the ~:** eine Theorie unter Beweis stellen; **the ~ of the pudding is in the eating** *(prov.)* Probieren geht über Studieren *(Spr.);* **e)** *no pl., no art. (standard of strength)* Proof *o. Art.;* **100 ~** *(Brit.),* **128 ~** *(Amer.)* 64 Vol.-% Alkohol; **above/below ~:** über/unter 57,27 Vol.-% Alkohol; **f)** *(Printing)* Abzug, *der;* **first ~:** Erstsatz, *der; see also* **galley c; page proof; read 1 a; g)** *(Photog., Art)* [Probe]abzug, *der.* **2.** *adj.* **a)** *(impervious)* **be ~ against sth.** unempfindlich gegen etw. sein; *(fig.)* gegen etw. immun sein; **~ against wind/bullets/the weather** windundurchlässig/kugelsicher/wetterfest; **b)** *in comb. (resistant to)* ‹*kugel-, bruch-, einbruch-, diebes-, idioten*›sicher; ‹*schall-, wasser*›dicht; **flame-~:** nicht brennbar; **c)** hochprozentig ‹*Alkohol*›; **this liqueur is 67.4°** *(Brit.) or (Amer.)* **76.8° ~:** dieser Likör hat 38,4 Vol.-% Alkohol. **3.** *v. t.* **a)** *(Printing) (take ~ of)* andrucken; *(proof-read)* Korrektur lesen; **b)** *(Photog., Art)* einen [Probe]abzug herstellen von; **c)** *(make resistant)* **~ [against sth.]** [gegen etw.] imprägnieren ‹*Stoff, Gewebe*›; [gegen etw.] abdichten ‹*Wand*›; *in comb.* **sound-/water-~:** schall-/wasserdicht machen; **flame-~ sth.** etw. nicht brennbar machen; **d)** *(in baking)* gehen lassen

**proof: ~-read** *v. t. (Printing)* Korrektur lesen; **~-reader** *n. (Printing)* Korrektor, *der*/Korrektorin, *die;* **~-reading** *n. (Printing)* Korrekturlesen, *das;* **~-sheet** *n. (Printing)* Korrekturfahne, *die;* **~ 'spirit** *n. Alkohol-Wasser-Gemisch mit einem bestimmten Alkoholanteil;* Proof spirit, *der*

**¹prop** [prɒp] **1.** *n.* **a)** *(support, lit. or fig.)* Stütze, *die; (Mining)* Strebe, *die;* **b)** *(Rugby) Spieler außen in der vorderen Reihe des Gedränges.* **2.** *v. t.,* **-pp-: a)** *(support)* stützen; **the ladder was ~ped against the house** die Leiter war gegen das Haus gelehnt; **the door was ~ped open with a brick** die Tür wurde von einem Ziegelstein offengehalten; **b)** *(fig.) see* **~ up b**

**~ 'up** *v. t.* **a)** *(support)* stützen; **~ oneself up on one's elbows** sich auf die Ellbogen stützen; **sit ~ped up against the wall** [mit dem Rücken] an die Wand gelehnt sitzen; **~ up the bar** *(joc./iron.)* an der Theke rumhängen *(ugs.);* **b)** *(fig.)* aufrichten ‹*Person*›; vor dem Konkurs bewahren ‹*Firma*›; stützen ‹*Regierung, Währung*›

**²prop** *n. (coll.)* **a)** *(Theatre, Cinemat.: also fig.)* Requisit, *das;* **b)** *in pl. see* **property-man**

**³prop** *n. (Aeronaut. coll.)* Propeller, *der*

**propaganda** [prɒpə'gændə] *n., no pl., no indef. art.* Propaganda, *die*

**propagandist** [prɒpə'gændɪst] **1.** *n.* Propagandist, *der*/Propagandistin, *die* **(of, for** *Gen.*). **2.** *adj.* propagandistisch; Propaganda‹*schrift, -blatt*›

**propagate** ['prɒpəgeɪt] **1.** *v. t.* **a)** *(Hort., Bacteriol.)* vermehren **(from, by** durch); *(Breeding, Zool.)* züchten; **b)** *(hand down)* vererben ‹*Eigenschaft, Merkmal*› **(to** auf + *Akk.*); **c)** *(spread)* verbreiten; **d)** *(Phys.)* **be ~d** sich fortpflanzen. **2.** *v. i.* **a)** *(Bot., Zool., Bacteriol.)* sich vermehren; **b)** *(spread, extend, travel)* sich ausbreiten. **3.** *v. refl. (Bot., Zool., Bacteriol.)* sich vermehren

**propagation** [prɒpə'geɪʃn] *n.* **a)** *(Hort., Breeding, Bacteriol.: causing to propagate)* Züchtung, *die;* **b)** *(Bot., Zool., Bacteriol.: reproduction)* Vermehrung, *die;* **c)** *(handing down)* Vererbung, *die* **(to** auf + *Akk.*); **d)** *(spreading)* Verbreitung, *die;* **e)** *(Phys.)* Fortpflanzung, *die*

**propagative** ['prɒpəgeɪtɪv] *adj.* **a)** *(Hort.)* Vermehrungs-; **b)** *(reproductive)* Fortpflanzungs-

**propagator** ['prɒpəgeɪtə(r)] *n.* **a)** *(Hort.) (person)* Züchter, *der*/Züchterin, *die; (device)* [beheizbare] Saatkiste; **b)** *(disseminator)* Propagator, *der*/Propagatorin, *die (geh.)*

**propane** ['prəʊpeɪn] *n. (Chem.)* Propan, *das*

**propel** [prə'pel] *v. t.,* **-ll-** *(lit. or fig.)* antreiben; **the boat was ~led through the water by the oarsmen** die Ruderer trieben das Boot durchs Wasser; **the rider was ~led over the horse's head** der Reiter wurde über den Kopf des Pferdes geschleudert

**propellant** [prə'pelənt] *n.* **a)** Treibstoff, *der;* **b)** *(of aerosol spray)* Treibgas, *das;* **c)** *(explosive charge)* Treibladung, *die*

**-propelled** [prə'peld] *adj. in comb.* -getrieben

**propellent** [prə'pelənt] *adj.* Antriebs‹*kraft, -energie, -leistung, -mittel, -system*›

**propeller** [prə'pelə(r)] *n.* Propeller, *der*

**propeller: ~ shaft** *n. (Aeronaut.)* Propellerwelle, *die; (Motor Veh.)* Kardanwelle, *die;* **~ turbine** *n. (Aeronaut.)* Propellerturbine, *die*

**propelling 'pencil** *n. (Brit.)* Drehbleistift, *der*

**propensity** [prə'pensɪtɪ] *n.* Neigung, *die;* **[have] a ~ to** *or* **towards sth.** einen Hang zu etw. [haben]; **have a ~ to do sth.** *or* **for doing sth.** dazu neigen, etw. zu tun

**proper** ['prɒpə(r)] **1.** *adj.* **a)** *(accurate)* richtig; wahrheitsgetreu ‹*Bericht*›; zutreffend ‹*Beschreibung*›; eigentlich ‹*Wortbedeutung*›; ursprünglich ‹*Fassung*›; **in the ~ sense** im wahrsten Sinne des Wortes; **b)** *postpos. (strictly so called)* im engeren Sinn *nachgestellt;* **within the sphere of architecture ~:** auf dem Gebiet der Architektur an sich; **in London ~:** in London selbst; **c)** *(genuine)* echt; richtig ‹*Wirbelsturm, Schauspieler*›; **d)** *(satisfactory)* richtig; zufriedenstellend ‹*Antwort*›; hinreichend ‹*Grund*›; **e)** *(suitable)* angemessen; *(morally fitting)* gebührend; **do sth. the ~ way** etw. richtig machen; **we must do the ~ thing by him** wir müssen ihn fair behandeln; **he did not know which was the ~ knife to use** er wußte nicht, welches Messer er benutzen sollte; **do as you think ~:** tu, was du für richtig hältst; **that's not a ~ attitude to take towards ...:** so verhält man sich nicht gegenüber ...; **f)** *(conventionally acceptable)* gehörig; **have no notion of what is ~:** nicht wissen, was sich gehört; **language not ~ for a lady's ears** eine Ausdrucksweise, die nicht für die Ohren einer Dame bestimmt ist; **it**

**would not be ~ for me to ...:** es gehört sich nicht, daß ich ...; **the conduct ~ to a gentleman** das Benehmen, das sich für einen Gentleman gehört; **g)** *(conventional, prim)* förmlich; **h)** *attrib. (coll.: thorough)* richtig; **she gave him a ~ hiding** sie gab ihm eine ordentliche Tracht Prügel; **you gave me a ~ turn** du hast mir einen ganz schönen Schrecken eingejagt. **2.** *adv. (coll.)* **good and ~:** gehörig; nach Strich und Faden *(ugs.)*

**proper 'fraction** *n. (Math.)* echter Bruch

**properly** ['prɒpəlɪ] *adv.* **a)** richtig; *(rightly)* zu Recht; *(with decency)* anständig; **~ speaking** genaugenommen; **he is ~ considered to be a great artist** er wird mit Recht als ein großer Künstler angesehen; **he is not ~ a captain at all** er ist eigentlich gar kein Kapitän; **I'm not ~ authorized to do it** ich bin eigentlich nicht dazu berechtigt; **he very ~ went to see the doctor** er tat das einzig Richtige und ging zum Arzt; **b)** *(primly)* förmlich; **c)** *(coll.: thoroughly)* total *(ugs.)*

**proper: ~ 'motion** *n. (Astron.)* Eigenbewegung, *die;* **~ 'name, ~ 'noun** *ns. (Ling.)* Eigenname, *der*

**propertied** ['prɒpətɪd] *adj.* begütert; **the ~ class[es]** die besitzende[n] Klasse[n]

**property** ['prɒpətɪ] *n.* **a)** *(possession[s], ownership)* Eigentum, *das;* **the ~-owning classes** die besitzenden Klassen; **~ speculator/dealer** Immobilienspekulant, *der/* -händler, *der ;* **make sth. sb.'s ~:** jmdm. etw. übereignen; **lost ~:** Fundsachen *Pl.;* **lost ~ [department** *or* **office]** Fundbüro, *das;* **man of ~:** begüterter Mann; **common ~:** Gemeingut, *das; (fig.) see* **common knowledge; b)** *(estate)* Besitz, *der;* Immobilie, *die (fachspr.);* **~ in London is expensive** die Immobilienpreise in London sind hoch; *see also* **personal property a; real property; c)** *(attribute)* Eigenschaft, *die; (effect, special power)* Wirkung, *die;* **d)** *(Cinemat., Theatre)* Requisit, *das*

**property: ~ developer** *n.* ≈ Bauunternehmer, *der/*-unternehmerin, *die;* **~-man** *n. (Cinemat., Theatre)* Requisiteur, *der;* **~ market** *n.* Immobilienmarkt, *der;* **~ master** *see* **~-man; ~ owner** *n.* Grundbesitzer, *der/*-besitzerin, *die;* **~ qualification** *n. Eigentumsnachweis als Voraussetzung für ein Amt od. Recht;* **~ tax** *n.* Vermögenssteuer, *die*

**prop 'forward** *see* **'prop 1 b**

**prophecy** ['prɒfɪsɪ] *n.* **a)** *(prediction)* Vorhersage, *die;* **make the ~ that ...:** vorhersagen, daß ...; **b)** *(prophetic utterance)* Prophezeiung, *die;* **c)** *(prophetic faculty)* **[the power** *or* **gift of] ~:** die Gabe der Prophetie *(geh.)*

**prophesy** ['prɒfɪsaɪ] **1.** *v. t. (predict)* vorhersagen; *(fig.)* prophezeien ⟨*Unglück*⟩; *(as fortune-teller)* weissagen; **what do you ~ will happen?** was wird deiner Vorhersage nach geschehen? **2.** *v. i.* **a)** *(foretell future)* Vorhersagen machen; **~ of sth.** *(lit. or fig.)* etw. ankündigen; **b)** *(speak as prophet)* Prophezeiungen machen

**prophet** ['prɒfɪt] *n.* **a)** *(lit. or fig.)* Prophet, *der;* **be the ~ of sth.** etw. prophezeien; **~ of doom** Schwarzseher, *der;* **b)** *(advocate)* Vorkämpfer, *der*

**prophetess** ['prɒfɪtɪs] *n.* **a)** Prophetin, *die;* **b)** *(advocate)* Vorkämpferin, *die*

**prophetic** [prə'fetɪk] *adj.* prophetisch; **be ~ of sth.** ein Vorzeichen für etw. sein

**prophetically** [prə'fetɪkəlɪ] *adv.* prophetisch

**prophylactic** [prɒfɪ'læktɪk] **1.** *adj.* prophylaktisch *(Med., geh.);* vorbeugend. **2.** *n.* **a)** Prophylaxe, *die (Med.);* Vorbeugung, *die; (preventive measure)* Vorbeugungsmaßnahme, *die;* **b)** *(contraceptive)* Verhütungsmittel, *das*

**prophylaxis** [prɒfɪ'læksɪs] *n., pl.* **prophylaxes** [prɒfɪ'læksi:z] *(Med.)* Prophylaxe, *die*

**propinquity** [prə'pɪŋkwɪtɪ] *n., no pl.* *(formal)* **a)** *(nearness)* Nähe, *die* **(to** zu); **in close ~ [to each other]** nah beieinander; **b)** *(kinship)* [nahe] Verwandtschaft **(to mit, between** zwischen)

**propitiate** [prə'pɪʃɪeɪt] *v. t. (formal) (appease)* besänftigen; *(make favourably inclined)* günstig stimmen

**propitiation** [prəpɪʃɪ'eɪʃn] *n. (formal)* Besänftigung, *die*

**propitiatory** [prə'pɪʃɪətərɪ] *adj. (formal) (of propitiation)* Besänftigungs-; besänftigend ⟨*Wort, Lächeln, Geste*⟩

**propitious** [prə'pɪʃəs] *adj.* **a)** *(auspicious)* verheißungsvoll; **b)** *(favouring, benevolent)* günstig; **~ for** *or* **to sth.** günstig für etw.; **~ for** *or* **to doing sth.** dafür geeignet, etw. zu tun; **be hardly ~ to sth.** einer Sache *(Dat.)* kaum förderlich sein

**propitiously** [prə'pɪʃəslɪ] *adv. (auspiciously, favourably)* günstig

**'prop-jet** *n. (Aeronaut.) (aircraft)* Turbo-Prop-Flugzeug, *das; (engine)* Turbo-Prop-Triebwerk, *das*

**proponent** [prə'pəʊnənt] *n.* Befürworter, *der/*Befürworterin, *die*

**proportion** [prə'pɔ:ʃn] **1.** *n.* **a)** *(portion)* Teil, *der; (in recipe)* Menge, *die;* **the ~ of deaths is high** der Anteil der Todesfälle ist hoch; **what ~ of candidates pass the exam?** wie groß ist der Anteil der erfolgreichen Prüfungskandidaten?; **b)** *(ratio)* Verhältnis, *das;* **the ~ of sth. to sth.** das Verhältnis von etw. zu etw.; **the high ~ of imports to exports** der hohe Anteil der Importe im Vergleich zu den Exporten; **in ~ [to sth.]** [einer Sache *(Dat.)*] entsprechend; **our excitement grew in ~ as the ship came closer** je näher das Schiff kam, desto aufgeregter wurden wir; **c)** *(correct relation)* Proportion, *die; (fig.)* Ausgewogenheit, *die;* **the design lacks ~:** der Entwurf ist schlecht proportioniert; **sense of ~:** Sinn für Proportionen; **be in ~ [to** *or* **with sth.]** *(lit. or fig.)* im richtigen Verhältnis [zu *od.* mit etw.] stehen; **try to keep things in ~** *(fig.)* versuchen Sie, die Dinge im richtigen Licht zu sehen; **be out of ~/all** *or* **any ~ [to** *or* **with sth.]** *(lit. or fig.)* in keinem/keinerlei Verhältnis zu etw. stehen; **get things out of ~** *(fig.)* die Dinge zu wichtig nehmen; *(worry unnecessarily)* sich *(Dat.)* zu viele Sorgen machen; **d)** *in pl. (size)* Dimension, *die;* **the ~s of each room were modest** die Räume waren von bescheidener Größe; **of mountainous ~s** riesenhaften Ausmaßes; **e)** *(Math.)* **[geometric] ~:** Proportion, *die;* **rule of ~ = rule of three** *see* **rule 1a.** *See also* **direct proportion; inverse proportion. 2.** *v. t. (make proportionate)* proportionieren; *(harmonize)* aufeinander abstimmen; **~ sth. to sth.** etw. einer Sache *(Dat.)* anpassen; **the architect has ~ed the whole building** der Architekt hat das ganze Gebäude ausgewogen gestaltet; *see also* **proportioned**

**proportional** [prə'pɔ:ʃənl] *adj.* **a)** *(in proportion)* entsprechend; **be ~ to sth.** einer Sache *(Dat.)* entsprechen; **b)** *(in correct relation)* ausgewogen; **be ~ to sth.** *(lit. or fig.)* einer Sache *(Dat.)* entsprechen; **c)** *(Math.)* **~ [to sth.]** proportional [zu etw.]; **d)** *(of proportions)* proportional

**proportionality** [prəpɔ:ʃə'nælɪtɪ] *n., no pl.* **a)** *(being in proportion)* Verhältnismäßigkeit, *die;* **there is a ~ between A and B** A und B verhalten sich proportional zueinander; **b)** *(harmony)* Ausgewogenheit, *die;* **~ to sth.** ausgewogenes Verhältnis zu etw.

**proportionally** [prə'pɔ:ʃənəlɪ] *adv.* **a)** *(in proportion)* [dem]entsprechend; **b)** *(in correct relation)* proportional gesehen; **correspond/not correspond ~ to sth.** im richtigen/in keinem Verhältnis zu etw. stehen

**proportional: ~ represen'tation** *n. (Polit.)* Verhältniswahlsystem, *das;* **~ tax** *n.* Proportionalsteuer, *die*

**proportionate** [prə'pɔ:ʃənət] *adj.* **a)** *(in proportion)* entsprechend; **~ to sth.** proportional zu etw.; **b)** *(in correct relation)* ausgewogen; **~ to sth.** einer Sache *(Dat.)* entsprechend; **the length of the room is not ~ to its breadth** die Länge des Zimmers steht in keinem Verhältnis zu seiner Breite

**proportionately** [prə'pɔ:ʃənətlɪ] *adv.* **a)** *(in proportion)* entsprechend; **b)** *(in correct relation)* angemessen

**proportioned** [prə'pɔ:ʃnd] *adj.* proportioniert; **well-/ill-~:** wohlproportioniert/schlecht proportioniert

**proposal** [prə'pəʊzl] *n.* **a)** *(thing proposed)* Vorschlag, *der; (offer)* Angebot, *das;* **make ~s for peace** Friedensvorschläge unterbreiten; **make a ~ for doing sth.** *or* **to do sth.** einen Vorschlag machen, etw. zu tun; **his ~ for improving the system** sein Vorschlag zur Verbesserung des Systems; **draw up ~s/a ~:** Pläne/einen Plan aufstellen; **b) ~ [of marriage]** [Heirats]antrag, *der;* **c)** *(act of proposing)* Unterbreitung, *die;* **he was interrupted in the middle of his ~ to her/the committee** er wurde unterbrochen, während er ihr einen Heiratsantrag machte/dem Ausschuß seinen Vorschlag unterbreitete

**propose** [prə'pəʊz] **1.** *v. t.* **a)** *(put forward for consideration)* vorschlagen; **~ sth. to sb.** jmdm. etw. vorschlagen; **~ marriage [to sb.]** [jmdm.] einen Heiratsantrag machen; **~ a truce** einen Waffenstillstand anbieten *od.* vorschlagen; **b)** *(nominate)* **~ sb. as/for sth.** jmdn. als/für etw. vorschlagen; **c)** *(for drinking of toast)* **~ a toast to sb./sth.** einen Trinkspruch auf jmdn./etw. ausbringen; **~ sb.'s health** sein Glas erheben, um auf jmds. Gesundheit zu trinken; **I [should like to] ~: 'The bride and groom!'** trinken wir auf Braut und Bräutigam!; **d)** *(intend)* **~ doing** *or* **to do sth.** beabsichtigen, etw. zu tun; **e)** *(set up as aim)* planen; **~ sth. to oneself** sich *(Dat.)* etw. vornehmen; **he ~s their destruction** sein Ziel ist ihre Vernichtung. **2.** *v. i.* **a)** *(offer marriage)* **~ [to sb.]** jmdm. einen Heiratsantrag machen; **b)** *see* **dispose 2**

**proposer** [prə'pəʊzə(r)] *n. (of motion)* Antragsteller, *der/*-stellerin, *die; (of candidate)* Vorschlagende, *der/die*

**proposition** [prɒpə'zɪʃn] **1.** *n.* **a)** *(proposal)* Vorschlag, *der;* **make** *or* **put a ~ to sb.** jmdm. einen Vorschlag machen; **b)** *(statement)* Aussage, *die;* **Galileo's ~ that the Earth revolves around the Sun** Galileis These, daß die Erde sich um die Sonne dreht; **c)** *(sl.: undertaking, problem)* Sache, *die (ugs.);* **paying ~:** lohnendes Geschäft; **it's not a ~:** das kommt nicht in Frage; **the project is no longer a practical/viable ~:** das Projekt ist nicht mehr durchführbar/rentabel; **he looks a tough/nasty ~:** er scheint ein zäher/widerlicher Typ zu sein *(ugs.);* **d)** *(Logic)* Satz, *der;* Proposition, *die (fachspr.);* **e)** *(Math.)* Satz, *der.* **2.** *v. t. (coll.)* jmdn. anmachen *(ugs.)*

**propositional** [prɒpə'zɪʃənl] *adj.* **a)** *(Logic)* propositional; **b)** *(Math.)* lehrsatzartig

**propound** [prə'paʊnd] *v. t.* darlegen; **~ a question** eine Frage aufwerfen; **~ sth. to sb.** jmdm. etw. vortragen

**proprietary** [prə'praɪətərɪ] *adj.* **a)** *(belonging to private owner)* Eigentums-; ⟨*Pflichten*⟩ als Eigentümer; **~ rights/claims** Eigentumsrechte/-ansprüche; **b)** *(characteristic of a proprietor)* **have a ~ attitude to sb.** jmdn. als seinen Besitz betrachten; **c)** *(holding property)* Eigentümer-; **~ owner** Eigenbesitzer, *der/*-besitzerin, *die (Wirtsch.);* **d)** *(privately owned)* privat; **e)** *(patented)* Marken-; **~ brand** *or* **make of washing-powder** Markenwaschmittel, *das*

**proprietary: ~ 'company** *n. (Brit. Commerc.)* Privatfirma, *die;* **~ 'medicine** *n.* Markenmedikament, *das;* **~ 'name, ~ 'term** *ns. (Commerc.)* Markenname, *der*

**proprietor** [prəˈpraɪətə(r)] *n.* Inhaber, *der*/Inhaberin, *die; (of newspaper)* Besitzer, *der*/Besitzerin, *die*

**proprietorial** [prəpraɪəˈtɔ:rɪəl] *adj.* **a)** *(of proprietor)* Inhaber-; ‹*Pflichten*› als Inhaber; **b)** *(characteristic of proprietor)* **have a ~ attitude to sb.** jmdn. als seinen Besitz betrachten; **~ pride** Besitzerstolz, *der*

**proprietorship** [prəˈpraɪətəʃɪp] *n. (ownership)* Eigentum, *das; (of newspaper)* Besitz, *der;* **under sb.'s ~:** während jmd. Inhaber ist/war

**proprietress** [prəˈpraɪətrɪs] *n.* Inhaberin, *die; (of newspaper)* Besitzerin, *die*

**propriety** [prəˈpraɪətɪ] *n.* **a)** *no pl. (decency)* Anstand, *der;* **with ~:** anständig; **breach of ~:** Verstoß gegen die guten Sitten; **b)** *in pl.* **the proprieties** die Regeln des Anstands; **observe the proprieties** Anstand und Sitte bewahren; **c)** *no pl. (fitness)* Angemessenheit, *die;* **d)** *no pl. (accuracy)* Richtigkeit, *die;* **with perfect ~:** völlig zu Recht

**propulsion** [prəˈpʌlʃn] *n.* Antrieb, *der; (driving force, lit. or fig.)* Antriebskraft, *die; see also* **jet propulsion**

**propulsive** [prəˈpʌlsɪv] *adj.* Antriebs-; *(fig.)* mobilisierend

**pro rata** [prəʊ ˈrɑ:tə] **1.** *adv.* anteilmäßig. **2.** *adj.* anteilmäßig; **be paid on a ~ basis** anteilmäßig bezahlt werden

**prorogation** [prəʊrəˈgeɪʃn] *n.* Vertagung, *die* (**to** auf + *Akk.*); *(Parl.: interval between sessions)* Parlamentsferien *Pl.*

**prorogue** [prəˈrəʊg] **1.** *v. t. (also Parl.)* vertagen. **2.** *v. i. (also Parl.)* sich vertagen

**prosaic** [prəˈzeɪɪk, prəʊˈzeɪɪk] *adj.*, **prosaically** [prəˈzeɪɪkəlɪ, prəʊˈzeɪɪkəlɪ] *adv.* prosaisch *(geh.);* nüchtern

**proscenium** [prəˈsi:nɪəm] *n., pl.* **~s** *or* **proscenia** [prəˈsi:nɪə] *(Theatre) (front of stage)* Proszenium, *das; (framework)* Bühnenrahmen, *der*

**proscenium ˈarch** *n. (Theatre)* Bühnenrahmen, *der*

**proscribe** [prəˈskraɪb] *v. t.* **a)** *(Hist.: outlaw)* für vogelfrei erklären; **b)** *(exile)* verbannen; *(fig.)* ächten; **c)** *(prohibit)* verbieten

**proscription** [prəˈskrɪpʃn] *n.* **a)** *(Hist.: outlawing)* Ächtung, *die;* **b)** *(exile)* Verbannung, *die;* **issue a ~ against sb.** jmdn. in die Verbannung schicken; **c)** *(prohibition)* Verbot, *das*

**prose** [prəʊz] *n.* **a)** *(form of language)* Prosa, *die; attrib.* Prosa‹*werk, -stil*›; **b)** *(Sch., Univ.)* **~ [translation]** Übersetzung in die Fremdsprache; **a ~ passage for translation** ein Text zur Übersetzung in die Fremdsprache. *See also* **idyll a; poetry**

**prosecute** [ˈprɒsɪkju:t] **1.** *v. t.* **a)** *(Law)* strafrechtlich verfolgen; **~ sb. for sth./doing sth.** jmdn. wegen etw. strafrechtlich verfolgen/jmdn. strafrechtlich verfolgen, weil er etw. tut/getan hat; **b)** *(pursue)* verfolgen; **c)** *(carry on)* ausüben. **2.** *v. i.* Anzeige erstatten; **as a barrister, he preferred defending to prosecuting** als Rechtsanwalt zog er die Verteidigung der Anklage vor

**prosecuting** [ˈprɒsɪkju:tɪŋ]: **~ atˈtorney** *n. (Amer. Law),* **~ ˈcounsel** *n. (Brit. Law)* Staatsanwalt, *der*/-anwältin, *die*

**prosecution** [prɒsɪˈkju:ʃn] *n.* **a)** *(Law) (bringing to trial)* [strafrechtliche] Verfolgung; *(court procedure)* Anklage, *die;* **start a ~ against sb.** Anklage gegen jmdn. erheben; **b)** *(Law: prosecuting party)* Anklage[vertretung], *die;* **the [case for the] ~:** die Anklage; **witness for the ~, ~ witness** Zeuge/Zeugin der Anklage; **~ lawyer** Staatsanwalt, *der*/-anwältin, *die;* **c)** *(pursuing)* Verfolgung, *die;* **d)** *(carrying on)* Ausübung, *die*

**prosecutor** [ˈprɒsɪkju:tə(r)] *n. (Law)* Ankläger, *der*/Anklägerin, *die;* **public ~** ≈ Generalstaatsanwalt, *der*/-anwältin, *die*

**proselyte** [ˈprɒsɪlaɪt] *n. (convert; also Jewish Relig.)* Proselyt, *der*/Proselytin, *die*

**proselytize (proselytise)** [ˈprɒsɪlɪtaɪz] *v. i.* missionieren

**prose: ~-writer** *n.* Prosaschriftsteller, *der*/-schriftstellerin, *die;* **~-writing** *n.* Prosa, *die*

**prosodic** [prəˈsɒdɪk] *adj.* prosodisch

**prosodist** [ˈprɒsədɪst] *n.* Prosodiker, *der*/Prosodikerin, *die*

**prosody** [ˈprɒsədɪ] *n.* **a)** Verslehre, *die;* **b)** *(Ling.)* Prosodie, *die*

**prospect 1.** [ˈprɒspekt] *n.* **a)** *(extensive view)* Aussicht, *die* (**of** auf + *Akk.*); *(spectacle)* Anblick, *der; (mental view)* Einsicht, *die* (**of** in + *Akk.*); **open [up] new ~s to sb.'s mind** jmds. geistigen Horizont erweitern; **b)** *(expectation)* Erwartung, *die* (**of** hinsichtlich); **[at the] ~ of sth./doing sth.** *(mental picture, likelihood)* [bei der] Aussicht auf etw.*(Akk.)*/[darauf], etw. zu tun; **what are the ~s of your coming?** wie sind die Aussichten, daß du kommst?; **have the ~ of sth., have sth. in ~:** etw. in Aussicht haben; **c)** *in pl. (hope of success)* Zukunftsaussichten; **a man with [good] ~s** ein Mann mit Zukunft; **a job with no ~s** eine Stelle ohne Zukunft; **sb.'s ~s of sth./doing sth.** jmds. Chancen auf etw. *(Akk.)*/darauf, etw. zu tun; **what are his ~s of being accepted?** wie stehen seine Chancen, angenommen zu werden?; **~s of survival** Überlebenschancen; **the ~s for sb./sth.** die Aussichten für jmdn./etw.; **d)** *(possible customer)* [möglicher] Kunde/[mögliche] Kundin; *(possible candidate)* Anwärter, *der*/Anwärterin, *die; (possible winner)* Kandidat, *der*/Kandidatin, *die;* **be a good ~ for a race/the job** bei einem Rennen gute Chancen haben/ein aussichtsreicher Kandidat für den Job sein. **2.** [prəˈspekt] *v. i. (explore for mineral)* prospektieren *(Bergw.);* nach Bodenschätzen suchen; *(fig.)* Ausschau halten (**for** nach); **~ for gold** nach Gold suchen. **3.** [prəˈspekt] *v. t.* **a)** *(Mining)* erkunden; prospektieren *(fachspr.);* **~ sth. for sth.** in etw. *(Dat.)* nach etw. suchen; **b)** *(investigate)* untersuchen

**prospective** [prəˈspektɪv] *adj.* **a)** *(expected)* voraussichtlich; zukünftig ‹*Erbe, Braut*›; potentiell ‹*Käufer, Kandidat*›; **b)** *(referring to the future)* zukünftig; **make ~ enquiries** sich vorab informieren; **take a ~ view of sth.** etw. vorausschauend betrachten

**prospectively** [prəˈspektɪvlɪ] *adv.* **a)** *(with foresight)* vorsorglich; **b)** *(with future effectiveness)* in der Zukunft

**prospector** [prəˈspektə(r)] *n.* Prospektor, *der (Bergw.); (for gold)* Goldsucher, *der*

**prospectus** [prəˈspektəs] *n.* **a)** *(of enterprise)* Prospekt, *der (Wirtsch.);* **b)** *(of book)* Prospekt, *der;* **c)** *(Brit. Sch.)* Lehrprogramm, *das; (Brit. Univ.)* Studienführer, *der*

**prosper** [ˈprɒspə(r)] *v. i.* gedeihen; ‹*Geschäft:*› florieren; ‹*Kunst usw.:*› eine Blütezeit erleben; ‹*Berufstätiger:*› Erfolg haben; **how is he ~ing in that business of his/in his career?** läuft sein Geschäft gut?/was macht seine Karriere?; **cheats never ~:** ≈ unrecht Gut gedeihet nicht *(Spr.)*

**prosperity** [prɒˈsperɪtɪ] *n., no pl.* Wohlstand, *der*

**prosperous** [ˈprɒspərəs] *adj.* **a)** *(flourishing)* wohlhabend; gutgehend, florierend ‹*Unternehmen*›; *(blessed with good fortune)* erfolgreich; **~ years/time** Jahre/Zeit des Wohlstands; **b)** *(auspicious)* günstig

**prostate** [ˈprɒsteɪt] *n.* **~ [gland]** *(Anat., Zool.)* Prostata, *die;* Vorsteherdrüse, *die*

**prosthesis** [prɒsˈθi:sɪs] *n., pl.* **prostheses** [prɒsˈθi:si:z] **a)** *(Med.) (artificial part)* Prothese, *die; (branch of surgery)* Prothetik, *die;* **b)** *(Ling., Pros.)* Prothese, *die*

**prosthetic** [prɒsˈθetɪk] *adj. (Med., Ling., Pros.)* prothetisch; **~ leg** Beinprothese, *die;* **~ surgery** Prothetik, *die*

**prosthetics** [prɒsˈθetɪks] *n., no pl. (Med.)* Prothetik, *die*

**prostitute** [ˈprɒstɪtju:t] **1.** *n.* **a)** *(woman)* Prostituierte, *die;* **b)** *(man)* Strichjunge, *der (salopp).* **2.** *v. t.* zur Prostitution anbieten; *(fig.)* prostituieren ‹*Talent, Integrität*›; **~ oneself** *(lit. or fig.)* sich prostituieren

**prostitution** [prɒstɪˈtju:ʃn] *n. (lit. or fig.)* Prostitution, *die*

**prostrate 1.** [ˈprɒstreɪt] *adj.* **a)** [auf dem Bauch] ausgestreckt; **she lay ~ before him** sie lag ihm zu Füßen; **~ with grief/shame** von Schmerz/Trauer übermannt; **b)** *(exhausted)* erschöpft; **be ~ with fever** vom Fieber geschwächt sein; **c)** *(Bot.)* kriechend. **2.** [prɒˈstreɪt, prəˈstreɪt] *v. t.* **a)** *(lay flat)* zu Boden werfen ‹*Person*›; **b)** *(make submissive, lay low)* zermürben; *(overcome emotionally)* übermannen; **c)** *(exhaust)* erschöpfen; **be ~d by exhaustion** vor Erschöpfung ganz kraftlos sein. **3.** *v. refl. (throw oneself down)* **~ oneself [at sth./before sb.]** sich [vor etw./jmdm.] niederwerfen; **~ oneself at sb.'s feet** sich jmdm. zu Füßen werfen; **~ oneself [before sb.]** *(humble oneself)* sich [vor jmdm.] demütigen

**prostration** [prɒˈstreɪʃn, prəˈstreɪʃn] *n.* **a)** *(prostrating oneself)* Fußfall, *der;* **in ~:** [demütig] ausgestreckt; **b)** *(submission)* Unterwürfigkeit, *die; (subjugation)* Unterdrückung, *die;* **c)** *(being emotionally overcome)* Erschütterung, *die;* **d)** *(reduction to powerlessness) (of country or party)* Entmachtung, *die; (of business)* Ruin, *der;* **reduce a country to economic ~:** ein Land wirtschaftlich ruinieren; **e)** *(exhaustion)* Erschöpfung, *die*

**prosy** [ˈprəʊzɪ] *adj.* langatmig

**Prot** [prɒt] *see* **Prod**

**protagonist** [prəʊˈtægənɪst] *n.* **a)** *(advocate)* Vorkämpfer, *der*/Vorkämpferin, *die; (spokesperson)* Wortführer, *der*/-führerin, *die;* **b)** *(Lit./Theatre: chief character)* Protagonist, *der*/Protagonistin, *die; (fig.)* Hauptakteur, *der*/-akteurin, *die*

**protean** [ˈprəʊtɪən, prəʊˈti:ən] *adj.* proteisch *(geh.)*

**protect** [prəˈtekt] *v. t.* **a)** *(defend)* schützen (**from** vor + *Dat.*, **against** gegen); **~ed by law** gesetzlich geschützt; **they led happy ~ed lives** sie führten ein glückliches, behütetes Leben; **~ sb. against** *or* **from himself/herself** jmdn. vor sich *(Dat.)* selbst schützen; **~ one's/sb.'s interests** seine/jmds. Interessen wahren; **~ the peace** den Frieden sichern; **b)** *(preserve)* unter [Natur]schutz stellen ‹*Pflanze, Tier, Gebiet*›; **~ed plants/animals** geschützte Pflanzen/Tiere; **the golden eagle is a ~ed bird** der Steinadler steht unter Naturschutz; **c)** *(give legal immunity to)* schützen; **the law ~s foreign diplomats** ausländische Diplomaten genießen den Schutz der Immunität; **be a ~ed tenant** mietrechtlich geschützt sein; **d)** *(Econ.)* durch Protektionismus schützen; **e)** *(render safe)* sichern ‹*Gerät, Leitung*›

**protected** [prəˈtektɪd]: **~ ˈspecies** *n.* geschützte Art; **~ ˈstate** *n. (Polit.)* Schutzstaat, *der*

**protection** [prəˈtekʃn] *n.* **a)** *(defence)* Schutz, *der* (**from** vor + *Dat.*, **against** gegen); **under the ~ of sb./sth.** unter jmds. Schutz/dem Schutz einer Sache *(Gen.);* **[under] police ~:** [unter] Polizeischutz; **b)** *(immunity from molestation)* Schutz, *der; (money paid)* Schutzgeld, *das;* **c)** *(of wildlife etc.)* Schutz, *der;* **d)** *(legal immunity)* Immunität, *die;* **e)** *(Econ.)* Schutz, *der; (system)* Protektionismus, *der;* **f)** *(protective agent)* Schutz, *der;* **as a ~ against** zum *od.* als Schutz gegen

**protectionism** [prəˈtekʃənɪzm] *n. (Econ.)* Protektionismus, *der*

**protectionist** [prəˈtekʃənɪst] *(Econ.)* **1.** *n.* Protektionist, *der*/Protektionistin, *die.* **2.** *adj.* protektionistisch

**protection:** ~ **money** *n.* Schutzgeld, *das;* ~ **racket** *n.* Erpresserorganisation, *die;* **run a** ~ **racket** die Erpressung von Schutzgeldern organisieren

**protective** [prə'tektɪv] *adj.* **a)** *(protecting)* schützend; Schutz⟨*hülle, -anstrich, -vorrichtung, -maske*⟩; **be** ~ **towards sb.** fürsorglich gegenüber jmdm. sein; ~ **instinct** Beschützerinstinkt, *der;* **be** ~ **against sth.** vor etw. *(Dat.)* schützen; **butterflies/tigers have** ~ **camouflage/colouring** Schmetterlinge/Tiger haben eine Tarntracht/Tarn- *od.* Schutzfärbung; **the soldiers wore** ~ **camouflage** die Soldaten trugen Tarnanzüge; ~ **clothing** Schutzkleidung, *die;* **b)** *(Econ.)* protektionistisch; Schutz⟨*zoll*⟩

**protective:** ~ **ar'rest,** ~ **'custody** *ns.* Schutzgewahrsam, *der (Amtsspr.);* Schutzhaft, *die*

**protectively** [prə'tektɪvlɪ] *adv.* schützend; **she brought up her children too** ~**:** sie hat ihre Kinder zu behütet aufgezogen; **these insects are** ~ **coloured** diese Insekten haben eine Schutz- *od.* Tarnfärbung; **a vaccine acts** *or* **works** ~**:** ein Impfstoff hat eine Schutzwirkung

**protector** [prə'tektə(r)] *n.* **a)** *(person)* Beschützer, *der*/Beschützerin, *die;* **b)** *(thing)* Schutz, *der; in comb.* -schutz, *der;* **c)** *(regent)* Regent, *der;* **P~ of the Realm** *(Brit. Hist.)* Regent des Königreiches

**protectorate** [prə'tektərət] *n. (Int. Law, Brit. Hist.)* Protektorat, *das*

**protégé** ['prɒteʒeɪ] *n.* Protegé, *der (geh.);* Schützling, *der*

**protégée** ['prɒteʒeɪ] *n.* Schützling, *der*

**protein** ['prəʊtiːn] *n. (Chem.)* Protein, *das (fachspr.);* Eiweiß, *das;* **a high-~ diet** eine eiweißreiche Kost

**pro tem** [prəʊ 'tem] *(coll.)* **1.** *adj.* befristet; ⟨*Vorsitzender*⟩ auf Zeit. **2.** *adv.* vorübergehend

**pro tempore** [prəʊ 'tempərɪ] **1.** *adj.* befristet; *(temporary)* vorübergehend. **2.** *adv.* vorübergehend

**protest 1.** ['prəʊtest] *n.* **a)** *(remonstrance)* Beschwerde, *die; (Sport)* Protest, *der;* **make** *or* **lodge a** ~ **[against sb./sth.]** eine Beschwerde [gegen jmdn./etw.] einreichen; **b)** *(show of unwillingness, gesture of disapproval)* **~[s]** Protest, *der;* **under** ~**:** unter Protest; **in** ~ **[against sth.]** aus Protest [gegen etw.]; **c)** *no pl., no art. (dissent)* Protest, *der;* **the right of** ~**:** das Recht zu protestieren; **literature/song of** ~**:** Protestliteratur, *die*/Protestsong, *der;* **d)** *(Brit. Commerc.: written declaration)* Protest, *der.* **2.** [prə'test] *v. t.* **a)** *(affirm)* beteuern; **I** ~**, I have never seen you before** ich versichere, daß ich Sie noch niemals zuvor gesehen habe; **b)** *(Amer.: object to)* protestieren gegen; **c)** *(Commerc.)* protestieren; zu Protest gehen lassen; **be ~ed** zu Protest gehen. **3.** [prə'test] *v. i.* protestieren; *(make written or formal* ~*)* Protest einlegen **(to** bei); ~ **about sb./sth.** gegen jmdn./etw. protestieren; ~ **against being/doing sth.** dagegen protestieren, daß man etw. ist/tut

**Protestant** ['prɒtɪstənt] *(Relig.)* **1.** *n.* Protestant, *der*/Protestantin, *die;* Evangelische, *der/die.* **2.** *adj.* protestantisch; evangelisch

**Protestantism** ['prɒtɪstəntɪzm] *n., no pl., no art. (Relig.)* Protestantismus, *der*

**protestation** [prɒtɪ'steɪʃn] *n.* **a)** *(affirmation)* Beteuerung, *die;* **a formal** ~ **that ...:** eine formelle Erklärung, daß ...; **~s of innocence** Unschuldsbeteuerungen; **b)** *(protest)* Protest, *der*

**protester** [prə'testə(r)] *n.* *(dissenter)* Protestierende, *der/die; (at demonstration)* Demonstrant, *der*/Demonstrantin, *die*

**protest** ['prəʊtest]: ~ **march** *n.* Protestmarsch, *der;* ~ **marcher** *see* **marcher;** ~ **song** *n.* Protestsong, *der;* ~ **vote** *n.* Proteststimme, *die*

**proto-** [prəʊtə] *in comb.* proto-/Proto-; **~-Germanic** urgermanisch

**protocol** ['prəʊtəkɒl] *n.* Protokoll, *das;* **observe/defy** ~**:** das Protokoll befolgen/sich über das Protokoll hinwegsetzen

**proton** ['prəʊtɒn] *n. (Phys.)* Proton, *das*

**protoplasm** ['prəʊtəplæzəm] *n. (Biol.)* Protoplasma, *das*

**prototype** ['prəʊtətaɪp] *n.* Prototyp, *der;* **a** ~ **aeroplane/machine** der Prototyp eines Flugzeugs/einer Maschine

**protozoa** [prəʊtə'zəʊə] *n. pl. (Zool.)* Protozoen

**protozoan** [prəʊtə'zəʊən] *(Zool.)* **1.** *adj.* protozoisch. **2.** *n.* Protozoon, *das*

**protract** [prə'trækt] *v. t.* verlängern; **a ~ed argument/visit/period of idleness** ein langwieriger Streit/ein längerer Besuch/längere Untätigkeit; **delays became more and more ~ed** die Verzögerungen wurden immer gravierender

**protraction** [prə'trækʃn] *n.* Verlängerung, *die*

**protractor** [prə'træktə(r)] *n. (Geom.)* Winkelmesser, *der*

**protrude** [prə'truːd] **1.** *v. i.* herausragen **(from** aus); ⟨*Zähne:*⟩ vorstehen; ~ **above/beneath/from behind sth.** etw. überragen/unter/hinter etw. *(Dat.)* hervorragen; ~ **beyond sth.** über etw. *(Akk.)* hinausragen. **2.** *v. t.* ausstrecken ⟨*Fühler*⟩; vorstülpen ⟨*Lippen*⟩

**protrusion** [prə'truːʒn] *n.* **a)** *(projection) (of jaw or teeth)* Vorstehen, *das;* **b)** *(projecting thing)* Vorsprung, *der*

**protuberance** [prə'tjuːbərəns] *n.* **a)** *(state)* Vorstehen, *das;* **b)** *(thing)* Auswuchs, *der*

**protuberant** [prə'tjuːbərənt] *adj.* vorstehend; hervortretend ⟨*Augen*⟩

**proud** [praʊd] **1.** *adj.* **a)** stolz; **it made me [feel] really** ~**:** es erfüllte mich mit Stolz; **I'm** ~ **to say I'm never late** ich kann mit Stolz behaupten, nie zu spät zu kommen; ~ **to do sth.** *or* **to be doing sth.** stolz darauf, etw. zu tun; ~ **of sb./sth./doing sth.** stolz auf jmdn./etw./darauf, etw. zu tun; **he is far too** ~ **of himself/his house** er bildet sich *(Dat.)* zu viel ein/zu viel auf sein Haus ein; **she answered his offer with a** ~ **refusal** sie lehnte sein Angebot stolz ab; **b)** *(arrogant)* hochmütig; stolz ⟨*Tier*⟩; **I'm not too** ~ **to scrub floors** ich bin mir nicht zu gut zum Fußbodenschrubben; **c)** *(Brit.: projecting)* herausstehend; **stand** *or* **be** ~ **of sth.** *(vertically)* über etw. *(Akk.)* herausragen; **stand out too** ~**:** zu weit herausragen; **d)** ~ **flesh** *(Med.)* wildes Fleisch. **2.** *adv. (Brit. coll.)* **do sb.** ~ *(treat generously)* jmdn. verwöhnen; *(honour greatly)* jmdm. eine Ehrung bereiten; **do oneself** ~**:** sich *(Dat.)* etwas Gutes tun

**proud-hearted** [praʊd'hɑːtɪd] *adj.* stolz

**proudly** ['praʊdlɪ] *adv.* **a)** stolz; **remain** ~ **silent/loyal** stolz schweigen/seine Loyalität bewahren; **b)** *(arrogantly)* hochmütig

**provable** ['pruːvəbl] *adj.* beweisbar; nachweisbar

**prove** [pruːv] **1.** *v. t., p.p.* **~d** *or (esp. Amer., Scot., literary)* **~n** ['pruːvn] **a)** beweisen; nachweisen ⟨*Identität*⟩; ~ **one's ability** sein Können unter Beweis stellen; **an expert of ~n ability** ein ausgewiesener Fachmann; **his guilt/innocence was ~d, he was ~d [to be] guilty/innocent** er wurde überführt/seine Unschuld wurde bewiesen; ~ **sb. right/wrong** ⟨*Ereignis:*⟩ jmdm. recht/unrecht geben; **be ~d wrong** *or* **to be false** ⟨*Theorie, System:*⟩ widerlegt werden; ~ **sth. to be true** beweisen, daß etw. wahr ist; ~ **one's/sb.'s case** *or* **point** beweisen, daß man recht hat/jmdm. recht geben; **it was ~d that ...:** es stellte sich heraus *od.* erwies *od.* zeigte sich, daß ...; *see also* **exception a; point 1 g; b)** *(establish validity of)* beglaubigen ⟨*Testament*⟩; **c)** *(Cookery: cause to rise)* ⟨*Hefe:*⟩ gehen lassen ⟨*Teig*⟩. **2.** *v. refl.* ~ **oneself** sich bewähren; ~ **oneself intelligent/a good player** sich als intelligent/als [ein] guter Spieler erweisen. **3.** *v. i.* **a)** *(be found to be)* sich erweisen als; ~ **[to be] unnecessary/interesting/a failure** sich als unnötig/interessant/[ein] Fehlschlag erweisen; **b)** *(Cookery: rise)* [auf]gehen

**proven** ['pruːvn] *adj.* **not** ~ *(Scot. Law)* Schuldbeweis nicht erbracht

**provenance** ['prɒvɪnəns] *n.* Herkunft, *die*

**Provençal** [prɒvɑ̃'sɑːl] **1.** *adj.* provenzalisch; *see also* **English 1. 2.** *n.* **a)** *(language)* Provenzalisch, *das;* **b)** *(person)* Provenzale, *der*/Provenzalin, *die. See also* **English 2 a**

**Provence** [prɒ'vɑ̃s] *pr. n.* die Provence

**provender** ['prɒvɪndə(r)] *n.* Futter, *das; (joc.: food for humans)* Futter, *das (salopp)*

**proverb** ['prɒvɜːb] *n.* Sprichwort, *das;* **be a** ~ *(fig.)* ⟨*Eigenschaft:*⟩ sprichwörtlich sein; **[Book of] P~s** *sing. (Bibl.)* [Buch der] Sprüche; Sprüche Salomos

**proverbial** [prə'vɜːbɪəl] *adj.*, **proverbially** [prə'vɜːbɪəlɪ] *adv.* sprichwörtlich

**provide** [prə'vaɪd] *v. t.* **a)** *(supply)* besorgen; sorgen für; liefern ⟨*Beweis*⟩; bereitstellen ⟨*Dienst, Geld*⟩; **instructions are ~d with every machine** mit jeder Maschine wird eine Anleitung mitgeliefert; ~ **homes/materials/a car for sb.** jmdm. Unterkünfte/Materialien/ein Auto [zur Verfügung] stellen; ~ **shade for sb.** ⟨*Baum usw.:*⟩ jmdm. Schatten spenden; ~ **sb. with money** jmdn. unterhalten; *(for journey etc.)* jmdm. Geld zur Verfügung stellen; **be [well] ~d with sth.** mit etw. [wohl]versorgt *od.* [wohl]versehen sein; ~ **oneself with sth.** sich *(Dat.)* etw. besorgen; **b)** *(stipulate)* ⟨*Vertrag, Gesetz:*⟩ vorsehen; **c) providing that** *see* **provided**

~ **against** *v. t.* sich wappnen gegen; **have ~d against sth.** gegen etw. gewappnet sein

~ **for** *v. t.* **a)** *(make provision for)* vorsorgen für; Vorsorge treffen für; ⟨*Plan, Gesetz:*⟩ vorsehen ⟨*Maßnahmen, Steuern*⟩; ⟨*Schätzung:*⟩ berücksichtigen ⟨*Inflation*⟩; **has everybody been ~d for?** sind alle versorgt?; **b)** *(maintain)* sorgen für, versorgen ⟨*Familie, Kind*⟩

**provided** [prə'vaɪdɪd] *conj.* ~ **[that] ...:** vorausgesetzt, [daß] ...

**providence** ['prɒvɪdəns] *n.* **a)** *(care of God etc.)* Vorsehung, *die;* **[divine]** ~**:** die [göttliche] Vorsehung; **a special** ~**:** eine besondere Fügung [des Schicksals]; **b) P~** *(God)* der Himmel; **c)** *(foresight)* Weitblick, *der;* **have the** ~ **to do sth.** so vorausschauend sein, etw. zu tun; **d)** *(thrift)* Sparsamkeit, *die*

**provident** ['prɒvɪdənt] *adj.* **a)** *(having foresight)* weitblickend; vorausschauend; **b)** *(thrifty)* sparsam; haushälterisch; **P~ Society** *(Brit.) see* **Friendly Society**

**providential** [prɒvɪ'denʃl] *adj.* **a)** *(opportune)* **it was** ~ **that ...:** es war ein Glück, daß ...; **your arrival was quite** ~**:** es war wirklich ein Glück, daß du [dazu] kamst; **b)** *(of divine providence)* durch die [göttliche] Vorsehung bewirkt ⟨*Befreiung, Rettung*⟩

**providentially** [prɒvɪ'denʃəlɪ] *adv.* **a)** *(opportunely)* durch einen glücklichen Zufall; **help came quite** ~**:** die Hilfe kam wie eine glückliche Fügung; **work out** ~**:** sich glücklich fügen; **b)** *(by divine providence)* durch die [göttliche] Vorsehung

**providently** ['prɒvɪdəntlɪ] *adv.* **a)** *(with foresight)* vorausschauend ⟨*handeln*⟩; **he had** ~ **equipped himself with ...:** er hatte sich vorsorglich mit ... ausgestattet; **b)** *(thriftily)* sparsam, haushälterisch ⟨*mit etw. umgehen*⟩

**provider** [prə'vaɪdə(r)] *n.* **a) he was the chief** ~ **of money/work** er war der Hauptgeldgeber/der größte Arbeitgeber; **the principal** ~ **of subsidies** der Hauptsubventionsträger; **b)** *(breadwinner)* Ernährer, *der*/Ernährerin, *die;* Versorger, *der*/Versorgerin, *die;* **be the** ~ **for sb.** jmdn. ernähren *od.* versorgen

**province** ['prɒvɪns] *n.* **a)** *(administrative area)* Provinz, *die;* **b) the ~s** *(regions outside capital)* die Provinz *(oft abwertend);* **c)** *(sphere of action)* [Arbeits-, Tätigkeits-, Wirkungs]bereich, *der;* [Arbeits-, Tätigkeits]gebiet, *das; (area of responsibility)* Zuständigkeitsbereich, *der;* **that is not my ~:** da kenne ich mich nicht aus; *(not my responsibility)* dafür bin ich nicht zuständig

**provincial** [prə'vɪnʃl] **1.** *adj.* Provinz-; *(of the provinces)* Provinz-; *(typical of the provinces)* provinziell. **2.** *n.* Provinzbewohner, *der*/-bewohnerin, *die (oft abwertend); (of the provinces also)* Provinzler, *der*/Provinzlerin, *die (abwertend)*

**provincialism** [prə'vɪnʃəlɪzm] *n.* **a)** *(mode of thought)* Provinzialismus, *der (abwertend);* **b)** *(Ling.)* Provinzialismus, *der*

**provincially** [prə'vɪnʃəlɪ] *adv.* provinziell; ~ **narrow-minded** provinziell und engstirnig

**proving-ground** ['pru:vɪŋgraʊnd] *n.* Versuchsgelände, *das*

**provision** [prə'vɪʒn] *n.* **a)** *(providing)* Bereitstellung, *die;* **as a** *or* **by way of ~ against ...:** zum Schutz gegen ...; ~ **of medical care** medizinische Versorgung; **make ~ for** vorsorgen *od.* Vorsorge treffen für ‹*Notfall*›; berücksichtigen ‹*Inflation*›; **make ~ for sb. in one's will** jmdn. in seinem Testament bedenken; **make ~ against sth.** Vorkehrungen zum Schutz gegen etw. treffen; **b)** *(amount available)* Vorrat, *der;* **c)** *in pl. (food)* Lebensmittel; *(for expedition also)* Proviant, *der;* **stock up with ~s** Lebensmittelvorräte anlegen; **d)** *(legal statement)* Verordnung, *die; (clause)* Bestimmung, *die*

**provisional** [prə'vɪʒənl] **1.** *adj.* vorläufig; provisorisch; ~ **government** provisorische Regierung; ~ **arrangement** Provisorium, *das.* **2.** *n. in pl.* **the P~s** die provisorische IRA

**provisional: P~ IR'A** *n.* provisorische IRA; ~ **licence** *n.* vorläufige Fahrerlaubnis

**provisionally** [prə'vɪʒənəlɪ] *adv.* vorläufig; provisorisch

**proviso** [prə'vaɪzəʊ] *n., pl.* **~s** Vorbehalt, *der*

**provisory** [prə'vaɪzərɪ] *adj.* **a)** *(conditional)* vorbehaltlich; ~ **clause** Vorbehaltsklausel, *die;* **b)** *(provisional)* vorläufig; provisorisch

**provocation** [prɒvə'keɪʃn] *n.* Provokation, *die;* Herausforderung, *die;* **be under severe ~:** stark provoziert werden; **he hit him without ~:** er hat ihn ohne jeden Anlaß geschlagen; **he loses his temper at** *or* **on the slightest** *or* **smallest ~:** er verliert die Beherrschung beim geringsten Anlaß

**provocative** [prə'vɒkətɪv] *adj.* provozierend; herausfordernd; *(sexually)* aufreizend; **his actions were felt to be ~:** seine Aktionen wurden als Provokation empfunden; **be ~ of** hervorrufen; provozieren; **be ~** *(be intentionally annoying)* provozieren

**provoke** [prə'vəʊk] *v.t.* **a)** *(annoy, incite)* provozieren ‹*Person*›; reizen ‹*Person, Tier*›; *(sexually)* aufreizen; **be easily ~d** leicht reizbar sein; sich leicht provozieren lassen; ~ **sb. to anger/fury** jmdn. in Wut *(Akk.)*/zur Raserei bringen; ~ **sb. into doing sth.** jmdn. so sehr provozieren *od.* reizen, daß er etw. tut; **he was finally ~d into taking action** er ließ sich schließlich dazu hinreißen *od.* provozieren, etwas zu unternehmen; **b)** *(give rise to)* hervorrufen; erregen ‹*Ärger, Neugier, Zorn*›; auslösen ‹*Kontroverse, Krise*›; herausfordern ‹*Widerstand*›; verursachen ‹*Zwischenfall*›; Anlaß geben zu ‹*Klagen, Kritik*›; **what ~d the incident?** wie kam es zu dem Zwischenfall?

**provoking** [prə'vəʊkɪŋ] *adj.* provozierend; herausfordernd; **his behaviour/refusal was [very] ~:** sein Benehmen/seine Weigerung war eine [große] Provokation

**provost** ['prɒvəst] *n.* **a)** *(Scot.: mayor)* Bürgermeister, *der*/-meisterin, *die;* **Lord P~:** Oberbürgermeister, *der;* **b)** *(Eccl.)* Propst, *der*/Pröpstin, *die;* **c)** *(Univ.)* Provost, *der;* **d)** [prə'vəʊ] *see* ~ **marshal**

**provost** [prə'vəʊ]: ~ **guard** *n. (Amer. Mil.) Sondertrupp der Militärpolizei;* ~ **'marshal** *n. (Mil.) Kommandeur der Militärpolizei*

**prow** [praʊ] *n. (Naut.)* Bug, *der*

**prowess** ['praʊɪs] *n.* **a)** *(valour)* Tapferkeit, *die;* **b)** *(skill)* Fähigkeiten; Können, *das;* ~ **at sports** [große] Sportlichkeit; **sexual ~:** sexuelle Leistungsfähigkeit

**prowl** [praʊl] **1.** *v.i.* streifen; ~ **about/around sth.** etw. durchstreifen; ~ **about** *or* **around** herumschleichen *(ugs.).* **2.** *v.t.* durchstreifen. **3.** *n.* Streifzug, *der;* **be on the ~:** auf einem Streifzug sein; *(fig. in search of sexual contact)* was zum Vernaschen suchen *(salopp)*

**'prowl car** *n. (Amer.)* Streifenwagen, *der*

**prowler** ['praʊlə(r)] *n.* **the police have warned of ~s in the area** die Polizei warnt vor verdächtigen Personen, die in der Gegend herumstreifen; **see a ~ in the back yard** sehen, wie jmd. im Hinterhof herumschleicht *(ugs.)*

**prox.** [prɒks] *abbr.* proximo n. M.

**proximate** ['prɒksɪmət] *adj.* unmittelbar ‹*Ursache, Zukunft*›; nächst... ‹*Zukunft*›

**proximity** [prɒk'sɪmɪtɪ] *n., no pl.* Nähe, *die* **(to** zu); **a house with equal ~ to the shops and to the beach** ein Haus, das gleichermaßen nah zu den Geschäften und zum Strand liegt

**prox'imity fuse** *n. (Mil.)* [An]näherungszünder, *der*

**proximo** ['prɒksɪməʊ] *adj. (Commerc.)* [des] nächsten Monats

**proxy** ['prɒksɪ] *n.* **a)** *(agency, document)* Vollmacht, *die;* Bevollmächtigung, *die;* **by ~:** durch einen Bevollmächtigten/eine Bevollmächtigte; **give one's ~ to sb.** jmdn. bevollmächtigen; **marriage by ~** ≈ Ferntrauung, *die; see also* **stand 1 g; b)** *(person)* Bevollmächtigte, *der/die; (vote)* durch einen Bevollmächtigten/eine Bevollmächtigte abgegebene Stimme; **make sb. one's ~:** jmdn. bevollmächtigen

**prude** [pru:d] *n.* prüder Mensch

**prudence** ['pru:dəns] *n., no pl.* Besonnenheit, *die;* Überlegtheit, *die;* **act with ~:** besonnen *od.* überlegt handeln

**prudent** ['pru:dənt] *adj.* **a)** *(careful)* besonnen ‹*Person*›; besonnen, überlegt ‹*Verhalten*›; **b)** *(circumspect)* vorsichtig; **think it more ~ to do sth.** es für klüger halten, etw. zu tun

**prudently** ['pru:dəntlɪ] *adv.* **a)** *(in a prudent manner)* besonnen, überlegt ‹*handeln, sich verhalten*›; **they ~ waited for more information before acting** sie warteten klugerweise ab, bis sie mehr wußten, ehe sie handelten; **b)** *(circumspectly)* vorsichtig

**prudery** ['pru:dərɪ] *n., no pl.* Prüderie, *die*

**prudish** ['pru:dɪʃ] *adj.* prüde

[1]**prune** [pru:n] *n.* **a)** *(fruit)* **[dried] ~:** Back- *od.* Dörrpflaume, *die;* **b)** *(coll.: simpleton)* Trottel, *der (ugs. abwertend)*

[2]**prune** *v.t.* **a)** *(trim)* [be]schneiden; ~ **back** zurückschneiden; **b)** *(lop off)* ~ **[away/off]** ab- *od.* wegschneiden; ~ **[out]** herausschneiden; **c)** *(fig.: reduce)* reduzieren; ~ **back** Abstriche machen an (+ *Dat.*) ‹*Projekt*›

**pruning-shears** ['pru:nɪŋʃɪəz] *n. pl.* Gartenschere, *die;* Rosenschere, *die*

**prurience** ['prʊərɪəns] *n., no pl.* Lüsternheit, *die*

**prurient** ['prʊərɪənt] *adj.* lüstern

**pruritus** [prʊə'raɪtəs] *n. (Med.)* Pruritus, *der (fachspr.);* Hautjucken, *das*

**Prussia** ['prʌʃə] *pr. n. (Hist.)* Preußen *(das)*

**Prussian** ['prʌʃən] **1.** *adj.* preußisch. **2.** *n.* **a)** *(person)* Preuße, *der*/Preußin, *die;* **b)** *(language)* **Old ~:** Altpreußisch, *das*

**Prussian 'blue 1.** *n.* Preußischblau, *das.* **2.** *adj.* preußischblau

**prussic** ['prʌsɪk] *adj. (Chem.)* ~ **acid** Blausäure, *die*

[1]**pry** [praɪ] *v.i.* neugierig sein

~ **a'bout** *v.i.* herumschnüffeln *(ugs. abwertend) od.* -spionieren

~ **into** *v.t.* seine Nase stecken in (+ *Akk.*) *(ugs.)* ‹*Angelegenheit*›; herumschnüffeln in (+ *Dat.*) *(ugs. abwertend)* ‹*Buch, Brief*›

[2]**pry** *v.t. (Amer.)* **a)** *(get with effort)* ~ **sth. open** etw. aufbrechen; ~ **a secret** *etc.* **out of sb.** jmdm. ein Geheimnis *usw.* abringen; **b)** *see* [2]**prize**

**prying** ['praɪɪŋ] *adj.* neugierig

**PS** *abbr.* **postscript** PS

**psalm** [sɑ:m] *n. (Eccl.)* Psalm, *der;* **the Book of P~s** *(Bibl.)* das Buch der Psalmen; **the P~s** *(Bibl.)* die Psalmen

**'psalm-book** *n. (Eccl.)* Psalter, *der*

**psalter** ['sɔ:ltə(r), 'sɒltə(r)] *n.* Psalter, *der*

**psaltery** ['sɔ:ltərɪ, 'sɒltərɪ] *n. (Mus.)* Psalterium, *das*

**PSBR** *abbr. (Brit.)* **public sector borrowing requirement** *see* **public sector**

**psephologist** [se'fɒlədʒɪst] *n.* Psephologe, *der*/Psephologin, *die (fachspr.);* Wahlanalytiker, *der*/-analytikerin, *die*

**psephology** [se'fɒlədʒɪ] *n, no pl., no art. (Polit.)* Psephologie, *die (fachspr.);* Wahlanalytik, *die*

**pseud** [sju:d] *(coll.)* **1.** *adj.* **a)** *(pretentious)* pseudointellektuell; **b)** *see* **pseudo 1 a. 2.** *n. see* **pseudo 2**

**pseudo** ['sju:dəʊ] **1.** *adj.* **a)** *(sham, spurious)* unecht; **intellectuals, real or ~:** Intellektuelle, seien es richtige oder solche, die gern welche wären; **b)** *(insincere)* verlogen. **2.** *n., pl.* **~s a)** *(pretentious person)* Möchtegern, *der (ugs. spött.);* **b)** *(insincere person)* Heuchler, *der*/Heuchlerin, *die*

**pseudo-** [sju:dəʊ] *in comb.* pseudo-/Pseudo- *(fachspr., geh.)*

**pseudonym** ['sju:dənɪm] *n.* Pseudonym, *das*

**pshaw** [pʃɔ:, ʃɔ:] *int. (arch.) expr. contempt* pah; *expr. impatience* heieiei

**psoriasis** [sə'raɪəsɪs] *n., pl.* **psoriases** [sə'raɪəsi:z] *(Med.)* Psoriasis, *die (fachspr.);* Schuppenflechte, *die*

**psst, pst** [pst] *int.* st

**PST** *abbr.* **Pacific Standard Time** pazifische Standardzeit

**psych** [saɪk] *v.t. (coll.)* ~ **sb. out** jmdn. durchschauen; ~ **sb./oneself up** jmdn./sich einstimmen

**psyche** ['saɪkɪ] *n.* Psyche, *die*

**psychedelic** [saɪkɪ'delɪk] **1.** *adj.* psychedelisch. **2.** *n.* Psychedelikum, *das;* psychedelische Substanz

**psychiatric** [saɪkɪ'ætrɪk] *adj.* psychiatrisch

**psychiatrist** [saɪ'kaɪətrɪst] *n.* Psychiater, *der*/Psychiaterin, *die; see also* [1]**couch 1 b**

**psychiatry** [saɪ'kaɪətrɪ] *n.* Psychiatrie, *die*

**psychic** ['saɪkɪk] **1.** *adj.* **a)** *see* **psychical a; b)** *see* **psychical b; c)** *(having occult powers)* **be ~:** übernatürliche Fähigkeiten haben; **you must be ~** *(fig.)* du kannst wohl Gedanken lesen. **2.** *n.* *(medium)* Medium, *das; (clairvoyant)* Hellseher, *der*/-seherin, *die*

**psychical** ['saɪkɪkl] *adj.* **a)** *(of the soul)* psychisch; seelisch; ~ **life** Seelenleben, *das;* **b)** *(of paranormal phenomena)* parapsychisch; ~ **research** Parapsychologie, *die*

**psycho** ['saɪkəʊ] *(coll.)* **1.** *adj.* verrückt *(ugs.).* **2.** *n., pl.* **~s** Verrückte, *der/die (ugs.)*

**psycho'analyse** *v.t.* psychoanalysieren *(fachspr.);* psychoanalytisch behandeln

**psychoa'nalysis** *n.* Psychoanalyse, *die*

**psycho'analyst** *n.* Psychoanalytiker, *der*/-analytikerin, *die*

**psychoana'lytic, psychoana'lytical** *adj.* psychoanalytisch

**psychological** [saɪkə'lɒdʒɪkl] *adj.* **a)** *(of the mind)* psychisch ‹*Problem*›; psychologisch

⟨*Wirkung, Druck*⟩; *see also* **block 11; b)** *(of psychology)* psychologisch

**psychologically** [saɪkə'lɒdʒɪkəlɪ] *adv.* **a)** *(mentally)* psychisch; **b)** *(in relation to psychology)* psychologisch

**psychological 'warfare** *n.* psychologische Kriegführung

**psychologist** [saɪ'kɒlədʒɪst] *n. (also fig.)* Psychologe, *der*/Psychologin, *die*

**psychology** [saɪ'kɒlədʒɪ] *n.* **a)** Psychologie, *die;* **b)** *(coll.: characteristics)* Psychologie, *die (ugs.);* **I can't make out his ~:** ich werde aus ihm nicht schlau *(ugs.)*

**psychopath** ['saɪkəpæθ] *n.* Psychopath, *der*/Psychopathin, *die*

**psychopathic** [saɪkə'pæθɪk] *adj.* psychopathisch

**psychopathology** [saɪkəʊpə'θɒlədʒɪ] *n.* Psychopathologie, *die*

**psychosis** [saɪ'kəʊsɪs] *n., pl.* **psychoses** [saɪ'kəʊsi:z] Psychose, *die*

**psychosomatic** [saɪkəʊsə'mætɪk] *adj. (Med.)* psychosomatisch

**psycho'therapy** *n., no pl. (Med.)* Psychotherapie, *die;* **treat sth. by ~:** etw. psychotherapeutisch behandeln

**psychotic** [saɪ'kɒtɪk] **1.** *adj.* psychotisch; **~ illness** Psychose, *die.* **2.** *n.* Psychotiker, *der*/Psychotikerin, *die*

**PT** *abbr.* **physical training**

**pt.** *abbr.* **a) part** T.; **b) pint** pt.; **c) point** Pkt.; **pts.** Pkte.

**PTA** *abbr.* **parent-teacher association**

**ptarmigan** ['tɑ:mɪgən] *n. (Ornith.)* Schneehuhn, *das*

**Pte.** *abbr. (Mil.)* **Private**

**pterodactyl** [terə'dæktɪl] *n. (Palaeont.)* Pterodaktylus, *der;* Flugfinger, *der*

**PTO** *abbr.* **please turn over** b. w.

**pub** [pʌb] *n. (Brit. coll.)* Kneipe, *die (ugs.); (esp. in British Isles)* Pub, *das; attrib.* Kneipen-; **go to the ~:** in die Kneipe gehen

**'pub-crawl** *n. (Brit. coll.)* Zechtour, *die;* Bierreise, *die (ugs. scherzh.);* Zug durch die Gemeinde *(ugs. scherzh.)*

**puberty** ['pju:bətɪ] *n., no pl., no art.* Pubertät, *die;* **at ~:** in *od.* während der Pubertät; **age of ~:** Pubertätsalter, *das*

**pubescent** [pju:'besənt] *adj.* heranreifend

**pubic** ['pju:bɪk] *adj. (Anat.)* Scham-

**pubis** ['pju:bɪs] *n., pl.* **pubes** ['pju:bi:z] *(Anat.)* Schambein, *das*

**public** ['pʌblɪk] **1.** *adj.* öffentlich; **~ assembly** Volksversammlung, *die;* **~ confidence** das Vertrauen der Öffentlichkeit; **a ~ danger/service** eine Gefahr für die/ein Dienst an der Allgemeinheit; **the ~ good** das allgemeine Wohl; **be a matter of ~ knowledge** allgemein bekannt sein; **in the ~ eye** im Blickpunkt der Öffentlichkeit; **make a ~ announcement of sth.** etw. öffentlich bekanntgeben *od.* -machen; **make a ~ protest** öffentlich protestieren; **make sth. ~:** etw. publik *(geh.)* od. bekannt machen; **go ~** *(Econ.)* in eine Aktiengesellschaft umgewandelt werden; *(fig.)* an die Öffentlichkeit treten; *see also* **image f. 2.** *n., no pl.; constr. as sing. or pl.* **a)** *(the people)* Öffentlichkeit, *die;* Allgemeinheit, *die;* **the general ~:** die Allgemeinheit; die breite Öffentlichkeit; **member of the ~:** Bürger, *der*/Bürgerin, *die;* **be open to the ~:** für den Publikumsverkehr geöffnet sein; **b)** *(section of community)* Publikum, *das; (author's readers also)* Leserschaft, *die;* **the reading ~:** das Lesepublikum; **c) in ~** *(publicly)* öffentlich; *(openly)* offen; **behave oneself in ~:** sich in der Öffentlichkeit benehmen; **make a fool of oneself in ~:** sich in aller Öffentlichkeit lächerlich machen

**public-ad'dress system** *n.* Lautsprecheranlage, *die*

**publican** ['pʌblɪkən] *n.* **a)** *(Brit.)* [Gast]wirt, *der*/-wirtin, *die;* **b)** *(Roman Hist., Bibl.)* Zöllner, *der*/Zöllnerin, *die*

**public as'sistance** *n. (Amer.)* staatliche Fürsorge

**publication** [pʌblɪ'keɪʃn] *n.* **a)** *(making known)* Bekanntmachung, *die;* Bekanntgabe, *die;* **b)** *(issuing of book etc.; book etc. issued)* Veröffentlichung, *die;* Publikation, *die;* **the magazine ceased ~:** das Magazin hat sein Erscheinen eingestellt; **the magazine is a weekly ~:** die Zeitschrift erscheint wöchentlich

**public: ~ 'bar** *n. (Brit.)* ≈ Ausschank, *der;* **~ 'building** *n.* öffentliches Gebäude; **~ 'company** *n. (Brit. Econ.)* Aktiengesellschaft, *die;* **~ convenience** *see* **convenience e; ~ do'main** *n.* **in the ~ domain** gemeinfrei ⟨*Werk*⟩; **be in the ~ domain** Allgemeingut sein; frei sein; *(not protected by patent/copyright)* patentrechtlich/urheberrechtlich nicht [mehr] geschützt sein; **~ 'enemy** *n.* Staatsfeind, *der;* **~ 'figure** *n.* Persönlichkeit des öffentlichen Lebens; **~ 'footpath** *n.* öffentlicher Fußweg; **~ 'health** *n., no pl., no art.* [öffentliches] Gesundheitswesen; **~ 'holiday** *n.* gesetzlicher Feiertag; **~ 'house** *n. (Brit.)* Gastwirtschaft, *die;* Gaststätte, *die;* **the 'Lion' ~ house** die Gaststätte „The Lion"; **~ in'quiry** *n.* öffentliche Untersuchung; **~ 'interest** *n.* Interesse der Allgemeinheit

**publicise** *see* **publicize**

**publicist** ['pʌblɪsɪst] *n.* **a)** *(writer)* Publizist, *der*/Publizistin, *die;* **b)** *(publicity agent)* Publicitymanager, *der*/-managerin, *die*

**publicity** [pʌb'lɪsɪtɪ] *n., no pl., no indef. art.* **a)** Publicity, *die; (advertising)* Werbung, *die;* **~ campaign** Werbekampagne, *die;* **~ material** Werbematerial, *das;* **get ~ for sth.** [es] erreichen, daß etw. in der Öffentlichkeit bekannt wird; **b)** *(being public)* Öffentlichkeit, *die;* **c)** *(attention)* Publicity, *die;* Publizität, *die (geh.);* **in the full glare of ~:** im grellen Licht der Öffentlichkeit; **attract ~** ⟨*Vorfall:*⟩ Aufsehen erregen

**pub'licity agent** *n.* Publicitymanager, *der*/-managerin, *die*

**publicize** ['pʌblɪsaɪz] *v.t.* publik machen ⟨*Ungerechtigkeit*⟩; werben für, Reklame machen für ⟨*Produkt, Veranstaltung*⟩; **well-~d** ausreichend publik gemacht

**public: ~ 'law** *n., no pl. (branch of law)* öffentliches Recht; **~ 'lending right** *n.* Anspruch *(der Autoren u. Verleger)* auf eine Bibliotheksabgabe; **~ 'libel** *see* **libel 1a; ~ 'library** *n.* öffentliche Bücherei; **~ limited company** *n. (Brit.)* ≈ Aktiengesellschaft, *die*

**publicly** ['pʌblɪklɪ] *adv.* **a)** *(in public)* öffentlich; **b)** *(by the public)* mit öffentlichen Geldern ⟨*finanzieren, subventionieren*⟩; **~ owned** staatseigen; staatlich

**public: ~ 'nuisance** *n.* **a)** *(Law)* Störung der öffentlichen [Sicherheit und] Ordnung; **b)** *(coll.)* **make a ~ nuisance of oneself** sich danebenbenehmen *(ugs.);* **be a ~ nuisance** ein allgemeines Ärgernis sein; **~ o'pinion** *see* **opinion b; ~ 'order offence** *n.* Störung der öffentlichen Sicherheit und Ordnung; **~ 'ownership** *n., no pl.* Staatseigentum, *das* **(of** an + *Dat.*); Gemeineigentum, *das* **(of** an + *Dat.*); **be taken into ~ ownership** verstaatlicht werden; **~ property** *n.* Staatsbesitz, *der;* **sth. is ~ property** *(fig.)* etw. ist allgemein bekannt; **~ 'prosecutor** *n. (Law)* Staatsanwalt, *der*/-anwältin, *die;* **~ 'purse** *see* **purse 1a; P~ 'Record Office** *n.* ≈ Bundesarchiv, *das (Bundesrepublik Deutschland);* ≈ Deutsches Zentralarchiv *(DDR);* **~ re'lations** *n. pl., constr. as sing. or pl.* Public Relations *Pl.;* Öffentlichkeitsarbeit, *die; attrib.* Public-Relations- ⟨*Abteilung, Berater*⟩; **~ relations officer** Öffentlichkeitsreferent, *der*/-referentin, *die;* **~ school** *n.* **a)** *(Brit.)* Privatschule, *die; attrib.* Privatschul-; **b)** *(Scot., Amer.: school run by public authorities)* staatliche *od.* öffentliche Schule; **~ 'sector** *n.* **the ~ sector** der öffentliche *od.* staatliche Sektor; **~ sector borrowing requirement** Kreditbedarf der öffentlichen Hand; **~ 'servant** *n.* Inhaber/Inhaberin eines öffentlichen Amtes; **~ 'service industry** *n.* öffentlicher Dienstleistungsbetrieb; **~ 'service vehicle** *n.* öffentliches Verkehrsmittel; **~ 'speaking** *n.* Sprechen vor einem [größeren] Publikum; **take lessons in ~ speaking** Rhetorikunterricht nehmen; **~ 'spirit** *n.* Gemeinsinn, *der;* **~-'spirited** *adj.* von Gemeinsinn zeugend ⟨*Verhalten*⟩; **be a ~-spirited person** Gemeinsinn haben; **it was ~-spirited of him to ...:** es zeugt von Gemeinsinn, daß er ...; **~ 'transport** *n.* öffentlicher Personenverkehr; **travel by ~ transport** mit öffentlichen Verkehrsmitteln fahren; **~ u'tility** *n.* öffentlicher Versorgungsbetrieb; **~ 'works** *n. pl.* staatliche Bauvorhaben *od.* -projekte

**publish** ['pʌblɪʃ] *v.t.* **a)** *(issue)* ⟨*Verleger, Verlag:*⟩ verlegen ⟨*Buch, Zeitschrift, Musik usw.*⟩; ⟨*Autor:*⟩ publizieren, veröffentlichen ⟨*Text*⟩; **we will ~ his novel** wir werden seinen Roman verlegen *od.* herausbringen; **be ~ed** erscheinen; **the book has been ~ed by a British company** das Buch ist in *od.* bei einem britischen Verlag erschienen; **he has had a novel ~ed** von ihm ist ein Roman erschienen; **b)** *(announce publicly)* verkünden; *(read out)* verlesen ⟨*Aufgebot*⟩; **c)** *(make generally known)* publik machen ⟨*Ergebnisse, Einzelheiten*⟩

**publishable** ['pʌblɪʃəbl] *adj.* zur Veröffentlichung geeignet

**publisher** ['pʌblɪʃə(r)] *n.* Verleger, *der*/Verlegerin, *die;* **~[s]** *(company)* Verlag, *der;* **who are the ~s of this book?** in welchem Verlag ist dieses Buch erschienen?; **~s of children's books** Kinderbuchverlag, *der;* **music/scientific/magazine ~s** Musikverlag, *der*/wissenschaftlicher Verlag/Zeitschriftenverlag, *der*

**publishing** ['pʌblɪʃɪŋ] *n., no pl., no art.* Verlagswesen, *das; attrib.* Verlags-; **be in ~:** im Verlagswesen [tätig] sein; **~ firm/company** Verlag, *der;* **the ~ business** das Verlagswesen

**'publishing-house** *n.* Verlag, *der*

**puce** [pju:s] **1.** *n.* Flohbraun, *das.* **2.** *adj.* flohbraun; **go ~ in the face** puterrot werden

**puck** [pʌk] *n. (Ice Hockey)* Puck, *der*

**pucker** ['pʌkə(r)] **1.** *v.t.* **~ [up]** runzeln ⟨*Brauen, Stirn*⟩; krausen, krausziehen ⟨*Stirn*⟩; kräuseln ⟨*Lippen*⟩; *(sewing)* kräuseln ⟨*Stoff*⟩; **~ed** runzlig, faltig ⟨*Haut*⟩. **2.** *v.i.* **~ [up]** ⟨*Gesicht:*⟩ sich in Falten legen; ⟨*Stoff:*⟩ sich kräuseln. **3.** *n.* Knitter, *der; (in face)* Falte, *die*

**puckish** ['pʌkɪʃ] *adj.* koboldhaft

**pud** [pʊd] *(coll.) see* **pudding a, b**

**pudding** ['pʊdɪŋ] *n.* **a)** Pudding, *der;* **b)** *(dessert)* süße Nachspeise; **c)** *(person or thing like ~)* Kloß, *der (ugs.)*

**pudding: ~-basin, ~-bowl** *ns.* Puddingform, *die;* **~ club** *n. (sl.)* **be in the ~ club** 'n dicken Bauch haben *(ugs.);* **~ face** *n.* [Voll]mondgesicht, *das (ugs.);* **~-head** *n.* Gipskopf, *der (ugs. abwertend)*

**puddle** ['pʌdl] *n.* Pfütze, *die*

**pudendum** [pju:'dendəm] *n., pl.* **pudenda** [pju:'dendə] *in sing. or pl.* Scham, *die*

**pudge** [pʌdʒ] *see* **podge**

**pudgy** ['pʌdʒɪ] *see* **podgy**

**puerile** ['pjʊəraɪl] *adj.* kindisch *(abwertend);* infantil *(abwertend)*

**puerility** [pjʊə'rɪlɪtɪ] *n., no pl.* Infantilität, *die (abwertend)*

**puerperal** [pju:'ɜ:pərl] *adj. (Med.)* puerperal *(fachspr.);* **~ fever** Kindbettfieber, *das*

**Puerto Rican** [pwɜ:təʊ 'ri:kən] **1.** *adj.* puertoricanisch; **sb. is ~:** jmd. ist Puertoricaner/Puertoricanerin. **2.** *n.* Puertoricaner, *der*/Puertoricanerin, *die*

**Puerto Rico** [pwɜːtəʊ ˈriːkəʊ] *pr. n.* Puerto Rico *(das)*

**puff** [pʌf] **1.** *n.* **a)** Stoß, *der;* ~ **of breath/wind** Atem-/Windstoß, *der;* **b)** *(sound of escaping vapour)* Zischen, *das;* **c)** *(quantity)* ~ **of smoke** Rauchstoß, *der;* ~ **of steam** Dampfwolke, *die;* **d)** *(in dress etc.)* Bausch, *der;* Puff, *der (veralt.);* **e)** *(pastry)* Blätterteigteilchen, *das; see also* **cream puff; f)** *(advertisement)* Reklame, *die;* **give sth. a ~:** Reklame für etw. machen; **g)** *see* **powder-puff; h) sb. runs out of ~** *(lit. or fig. coll.)* jmdm. geht die Puste aus *(ugs.).* **2.** *v. i.* **a)** ⟨*Blasebalg:*⟩ blasen; ~ **[and blow]** pusten *(ugs.) od.* schnaufen [und keuchen]; **b)** *(~ cigarette smoke etc.)* paffen *(ugs.)* **(at** an + *Dat.*); **c)** *(move with ~ing)* ⟨*Person:*⟩ keuchen; ⟨*Zug, Lokomotive, Dampfer:*⟩ schnaufend fahren; **d)** *(be emitted)* ⟨*Dampf, Luft, Rauch:*⟩ stoßweise entweichen, *(ugs.)* puffen; **e)** *(swell)* ~ **up** ⟨*Frosch:*⟩ sich aufblähen; ~ **out** ⟨*Finger:*⟩ [an]schwellen. **3.** *v. t.* **a)** *(blow)* pusten *(ugs.),* blasen ⟨*Rauch*⟩; stäuben ⟨*Puder*⟩; **b)** *(smoke in ~s)* paffen *(ugs.);* **c)** *(put out of breath) see* ~ **out 1 b; d)** *(utter pantingly)* keuchen; **e)** *(advertise)* hochjubeln *(ugs.);* **f) ~ed sleeve** *see* **puff sleeve**

~ ˈ**out 1.** *v. t.* **a)** *(inflate)* ⟨*Wind:*⟩ blähen, bauschen ⟨*Segel*⟩; **he ~ed out his chest** er blähte seine Brust; **b)** *(put out of breath)* außer Puste *(salopp) od.* Atem bringen ⟨*Person*⟩; **be ~ed out** außer Puste *(salopp) od.* Atem sein; **c)** *(utter pantingly)* heraus-, hervorstoßen; **d)** *(extinguish)* ausblasen; auspusten *(ugs.).* **2.** *v. i.* ⟨*Segel, Fahne:*⟩ sich bauschen, sich [auf]blähen

~ ˈ**up 1.** *v. t.* **a)** *(inflate)* aufblasen; aufpusten *(ugs.);* **b) be ~ed up** *(proud)* aufgeblasen sein **(by** infolge). **2.** *v. i.* sich [auf]blähen

**puff: ~-adder** *n. (Zool.)* Puffotter, *die;* **~-ball** *n. (Bot.)* Bofist, *der*

ˈ**puffer [train]** *see* **puff-puff**

**puffin** [ˈpʌfɪn] *n. (Ornith.)* Papageientaucher, *der*

**puff: ~ ˈpastry** *n. (Cookery)* Blätterteig, *der;* **~-puff** *n. (Brit. child. lang.)* Puffzug, *der (Kinderspr.);* ~ ˈ**sleeve** *n.* Puffärmel, *der*

**puffy** [ˈpʌfɪ] *adj.* verschwollen

**pug** [pʌg] *n.* **~[-dog]** Mops, *der*

**pugilism** [ˈpjuːdʒɪlɪzm] *n., no pl., no art. (formal)* Pugilismus, *der (veralt.);* Faustkampf, *der (geh.)*

**pugilist** [ˈpjuːdʒlɪst] *n. (formal)* Pugilist, *der (veralt.);* Faustkämpfer, *der (geh.)*

**pugilistic** [pjuːdʒɪˈlɪstɪk] *adj. (formal)* pugilistisch *(veralt.)*

**pugnacious** [pʌgˈneɪʃəs] *adj. (literary)* kampflustig

**pugnaciously** [pʌgˈneɪʃəslɪ] *adv. (literary)* mit großem Einsatz ⟨*kämpfen*⟩

**pugnacity** [pʌgˈnæsɪtɪ] *n., no pl.* Kampflust, *die*

**pug: ~-nose** *n.* Stumpfnase, *die;* **~-nosed** *adj.* stumpfnasig

**puissance** [ˈpjuːɪsəns, pwɪsəns] *n. (Show-jumping)* Mächtigkeitsspringen, *das*

**puke** [pjuːk] *(coarse)* **1.** *v. i.* kotzen *(salopp);* **the smell nearly made me ~:** von dem Geruch mußte ich beinahe kotzen. **2.** *v. t.* ~ **up** auskotzen *(salopp);* ausspucken *(ugs.);* ~ **one's guts up** *(sl.)* kotzen wie ein Reiher *(derb).* **3.** *n.* Kotze, *die (salopp);* Ausgespuckte, *das (ugs.)*

**pukka** [ˈpʌkə] *adj. (Anglo-Ind.)* richtig; **it's ~ information** es ist Tatsache

**pulchritude** [ˈpʌlkrɪtjuːd] *n. (literary)* Lieblichkeit, *die (geh.)*

**pull** [pʊl] **1.** *v. t.* **a)** *(draw, tug)* ziehen an (+ *Dat.*); ziehen ⟨*Hebel*⟩; ~ **aside** beiseite ziehen; ~ **sb.'s** *or* **sb. by the hair/ears/sleeve** jmdn. an den Haaren/Ohren/am Ärmel ziehen; ~ **shut** zuziehen ⟨*Tür*⟩; ~ **sth. over one's ears/head** sich *(Dat.)* etw. über die Ohren/den Kopf ziehen; ~ **the other one** *or* **leg[, it's got bells on]** *(fig. coll.)* das kannst du einem anderen erzählen; ~ **sth. out of the fire** *(fig.)* etw. [doch] noch retten; ~ **to pieces** in Stücke reißen; *(fig.: criticize severely)* zerpflücken ⟨*Argument, Artikel*⟩; **b)** *(extract)* [her]ausziehen; [heraus]ziehen ⟨*Zahn*⟩; zapfen ⟨*Bier*⟩; **c)** *(coll.: accomplish)* bringen *(ugs.);* ~ **a stunt** *or* **trick** etwas Wahnsinniges tun; ~ **a dirty trick** ein linkes Ding drehen *(ugs.); see also* [2]**fast 1 d; d)** *(strain)* sich *(Dat.)* zerren ⟨*Muskel, Sehne, Band*⟩; **e)** ~ **a long/wry** *etc.* **face** ein langes/ironisches *usw.* Gesicht machen; *see also* **face 1 a; f)** *(draw from sheath etc.)* ziehen ⟨*Waffe*⟩; ~ **a knife/gun on sb.** ein Messer/eine Pistole ziehen und jmdn. damit bedrohen; **g)** *(Rowing)* pullen *(Seemannsspr.);* rudern; ~ **one's weight** *(do one's fair share)* sich voll einsetzen; **h)** *(hold back)* parieren, verhalten ⟨*Pferd*⟩; ~ **one's punches** ⟨*Boxer:*⟩ verhalten schlagen; *(fig.: be gentle or lenient)* sich zurückhalten; **not ~ one's punches** *(fig.)* nicht zimperlich sein; **i)** *(Printing)* machen ⟨*Abzug*⟩. **2.** *v. i.* **a)** ziehen; **'P~'** „Ziehen"; **b)** ~ **[to the left/right]** ⟨*Auto, Boot:*⟩ [nach links/rechts] ziehen; **c)** *(move with effort)* sich schleppen; **d)** *(pluck)* ~ **at** ziehen an (+ *Dat.*); ~ **at sb.'s sleeve** jmdn. am Ärmel ziehen; **e)** *(draw)* ~ **at** ziehen an (+ *Dat.*) ⟨*Pfeife*⟩. **3.** *n.* **a)** Zug, *der;* Ziehen, *das; (of the moon, sun, etc.)* Anziehungskraft, *die; (of tide)* Sog, *der; (of conflicting emotions)* Widerstreit, *der;* **give a ~ at sth.** an etw. *(Dat.)* ziehen; **feel a ~ on** *or* **at sth.** ein Ziehen an etw. *(Dat.)* spüren; **b)** *no pl. (influence)* Einfluß, *der* **(with** auf + *Akk.,* bei); **c)** *see* **bell-pull; d)** *(drink)* Zug, *der* **(at** aus); **e)** *(Rowing)* Ruderfahrt, *die;* **f)** *(Printing)* Abzug, *der*

~ **aˈbout** *v. t. (treat roughly)* zurichten

~ **aˈhead** *v. i.* in Führung gehen; sich an die Spitze setzen; ~ **ahead of** sich setzen vor (+ *Akk.*); ~ **ahead by a few metres** mit einigen Metern Vorsprung in Führung gehen; **the firm is beginning to ~ ahead of its competitors** die Firma überholt die Konkurrenz allmählich

~ **aˈpart** *v. t.* **a)** *(take to pieces)* auseinandernehmen; zerlegen; **b)** *(fig.: criticize severely)* zerpflücken ⟨*Interpretation, Argumentation usw.*⟩; verreißen ⟨*Buch, [literarisches] Werk*⟩

~ **aˈway 1.** *v. t.* wegziehen. **2.** *v. i.* anfahren; *(with effort)* anziehen; ~ **away from the kerb/platform** anfahren

~ ˈ**back 1.** *v. i.* **a)** *(retreat)* zurücktreten; ⟨*Truppen:*⟩ sich zurückziehen; **b)** *(Sport)* [wieder]aufholen **(to** bis auf + *Akk.*). **2.** *v. t.* **a)** zurückziehen; **b)** *(Sport)* aufholen. *See also* **pull-back**

~ ˈ**down** *v. t.* **a)** herunterziehen; **b)** *(demolish)* abreißen; **c)** *(make less)* drücken ⟨*Preis*⟩; *(weaken)* mitnehmen ⟨*Person*⟩; **d)** *(in exam)* ~ **sb. down** jmds. [Gesamt]note drücken

~ ˈ**in 1.** *v. t.* **a)** hereinziehen; zurückziehen ⟨*Beine*⟩; **b)** *(earn)* kriegen *(ugs.);* **c)** *(attract)* anziehen; **d)** *(coll.: detain in custody)* einkassieren *(salopp):* kassieren *(ugs.).* **2.** *v. i.* **a)** ⟨*Zug:*⟩ einfahren; **b)** *(move to side of road)* an die Seite fahren; *(stop)* anhalten; ~ **in to the side of the road** an den Straßenrand fahren; **a good place to ~ in** eine gute Stelle zum [An]halten; **c)** ~ **in to the bank** ⟨*Boot:*⟩ ans Ufer fahren. *See also* **pull-in**

~ **into** *v. t.* **a)** ⟨*Zug:*⟩ einfahren in (+ *Akk.*); **b)** *(move off road into)* fahren in (+ *Akk.*)

~ ˈ**off** *v. t.* **a)** *(remove)* abziehen; *(violently)* abreißen; ausziehen ⟨*Kleidungsstück*⟩; ausziehen, abstreifen ⟨*Handschuhe*⟩; **b)** *(accomplish)* an Land ziehen *(ugs.)* ⟨*Geschäft, Knüller*⟩; einfahren *(ugs.)* ⟨*Sieg*⟩; abziehen *(salopp)* ⟨*Raubüberfall*⟩

~ ˈ**on** *v. t.* [sich *(Dat.)*] an- *od.* überziehen; *(in a hurry)* sich werfen in (+ *Akk.*)

~ ˈ**out 1.** *v. t.* **a)** *(extract)* herausziehen; [heraus]ziehen ⟨*Zahn*⟩; **b)** *(take out of pocket etc.)* aus der Tasche ziehen; herausziehen ⟨*Messer, Pistole*⟩; [heraus]ziehen, *(scherzh.)* zücken ⟨*Brieftasche*⟩; **c)** *(detach)* heraustrennen ⟨*Zeitungsbeilage, Foto*⟩; **d)** *(withdraw)* abziehen ⟨*Truppen*⟩; herausnehmen ⟨*Spieler, Mannschaft*⟩. *See also* **stop 3 e. 2.** *v. i.* **a)** *(depart)* ⟨*Zug:*⟩ abfahren; ~ **out of the station** aus dem Bahnhof ausfahren; **b)** *(away from roadside)* ausscheren; **c)** *(withdraw)* ⟨*Truppen:*⟩ abziehen **(of** aus); *(from deal, project, competition, etc.)* aussteigen *(ugs.)* **(of** aus); **the first country to ~ out of the negotiations** das erste Land, das seine Teilnahme an den Verhandlungen eingestellt hat; **d)** ~ **out of a dive** ⟨*Flugzeug:*⟩ aus dem Sturzflug abgefangen werden; ⟨*Pilot:*⟩ die Maschine aus dem Sturzflug abfangen. *See also* **pull-out**

~ ˈ**over 1.** *v. i. see* ~ **in 2 b. 2.** *v. t.* ~ **one's car over to the side of the road** seinen Wagen an den Straßenrand *od.* an die Seite fahren

~ ˈ**round 1.** *v. i. (regain health)* wieder auf die Beine kommen; *(regain former success)* wieder Tritt fassen. **2.** *v. t.* wieder auf die Beine bringen ⟨*Patienten*⟩; *(fig.: put into a better condition)* herausreißen *(ugs.)*

~ ˈ**through 1.** *v. t.* durchziehen; ~ **sb. through** *(cause to recover or succeed)* jmdn. durchbringen; ~ **through sth.** etw. überstehen. **2.** *v. i.* ⟨*Patient:*⟩ durchkommen; ⟨*Firma:*⟩ überleben

~ **toˈgether 1.** *v. i.* an einem *od.* am selben Strang ziehen. **2.** *v. t.* näher zusammenziehen; zusammenschweißen ⟨*Partei, Allianz*⟩; in Schuß bringen *(ugs.)* ⟨*Firma*⟩; ~ **sb. together** jmdn. auf die Beine helfen. **3.** *v. refl.* sich zusammennehmen

~ ˈ**up 1.** *v. t.* **a)** hochziehen; **b)** ~ **up a chair** einen Stuhl heranziehen; **c)** [he]rausziehen ⟨*Unkraut, Pflanze usw.*⟩; *(violently)* [he]rausreißen; **d)** *(stop)* anhalten, zum Stehen bringen ⟨*Auto*⟩; **e)** *(reprimand)* zurechtweisen; rügen. **2.** *v. i.* **a)** *(stop)* anhalten; **b)** *(improve)* sich verbessern *od.* vorarbeiten. **3.** *v. refl.* sich hocharbeiten. *See also* **bootstraps; pull-up;** [1]**sock a**

ˈ**pull-back** *n. (withdrawal)* Abzug, *der*

**pullet** [ˈpʊlɪt] *n.* Junghenne, *die*

**pulley** [ˈpʊlɪ] *n.* Rolle, *die; (for drive-belt)* Riemenscheibe, *die;* **set of ~s** *(tackle)* Flaschenzug, *der*

ˈ**pull-in** *n.* **a)** *(place at the side of the road for vehicles)* Haltebucht, *die;* **b)** *(Brit.: transport café)* Fernfahrerlokal, *das*

**Pullman** [ˈpʊlmən] *n.* ~ **[car** *or* **coach]** Pullman[wagen], *der*

ˈ**pull-out** *n.* **a)** *(folding portion of book etc.)* ausfaltbarer Teil; *(map)* Faltkarte, *die; (detachable section)* heraustrennbarer Teil; **b)** *(withdrawal)* Abzug, *der;* ~ **of troops** Truppenabzug, *der*

**pullover** [ˈpʊləʊvə(r)] *n.* Pullover, *der;* Pulli, *der (ugs.)*

ˈ**pull-up** *n.* **a)** *(stopping-place)* Platz zum Haltmachen; **b)** *(Gymnastics)* Klimmzug, *der*

**pulmonary** [ˈpʌlmənərɪ] *adj. (Anat., Physiol.)* Lungen-

**pulp** [pʌlp] **1.** *n.* **a)** *(of fruit)* Fruchtfleisch, *das;* **b)** *(soft mass)* Brei, *der;* **beat sb. to a ~:** jmdn. zu Brei schlagen *(salopp);* **c)** *(Anat., Zool.: fleshy or soft part)* Mark, *das;* **d)** *(ore)* Trübe, *die.* **2.** *v. t.* zerdrücken, zerstampfen ⟨*Rübe*⟩; einstampfen ⟨*Druckerzeugnis*⟩

**pulpit** [ˈpʊlpɪt] *n. (Eccl.)* Kanzel, *die*

**pulp: ~ magazine** *n.* Groschenheft, *das;* **~wood** *n. (Paper-making etc.)* Industrieholz, *das*

**pulpy** [ˈpʌlpɪ] *adj.* **a)** *(soft and moist)* fleischig ⟨*Frucht*⟩; **b)** *(consisting of a soft mass)* breiig

**pulsar** [ˈpʌlsɑː(r)] *n. (Astron.)* Pulsar, *der*

**pulsate** [pʌlˈseɪt, ˈpʌlseɪt] *v. i.* **a)** *(beat, throb)* pulsieren; ⟨*Herz:*⟩ schlagen; *(fig.*

*literary)* pulsieren; **b)** *(fig.: vibrate)* schwingen; ⟨*Land:*⟩ pulsieren

**pulsation** [pʌl'seɪʃn] *n.* **a)** *(beating, throbbing)* Schlagen, *das; (of artery; also fig.)* Pulsieren, *das;* **b)** *(fig.: vibration)* Schwingen, *das*

[1]**pulse** [pʌls] **1.** *n.* **a)** *(lit. or fig.)* Puls, *der; (single beat)* Pulsschlag, *der;* **have/keep one's finger on the ~ of sth.** die Hand am Puls einer Sache *(Gen.)* haben/auf dem laufenden über etw. *(Akk.)* bleiben; *see also* **feel 1a; b)** *(rhythmical recurrence)* Rhythmus, *der;* **c)** *(single vibration)* Schwingung, *die; (Mus.)* Betonung, *die; (Electronics)* Impuls, *der.* **2.** *v.i. see* **pulsate a, b**

[2]**pulse** *n.* **a)** *no pl., constr. as sing. or pl. (seeds)* Hülsenfrüchte *Pl.;* **b)** *(variety of edible seed)* Hülsenfrucht, *die*

**pulverize (pulverise)** ['pʌlvəraɪz] *v.t.* **a)** *(to powder or dust)* pulverisieren; **b)** *(into spray)* zerstäuben; **c)** *(fig.: crush)* aufreiben ⟨*Truppen*⟩; abservieren *(Sport)* ⟨*Gegner*⟩; **I'll ~ you!** ich schlag' dich zu Brei! *(derb)*

**puma** ['pju:mə] *n. (Zool.)* Puma, *der*

**pumice** ['pʌmɪs] **1.** *n. (Min.)* **~[-stone]** Bimsstein, *der.* **2.** *v.t.* bimsen; mit Bimsstein abreiben

**pummel** ['pʌml] *v.t., (Brit.)* **-ll-** einschlagen auf (+ *Akk.*)

[1]**pump** [pʌmp] **1.** *n. (machine; also fig.)* Pumpe, *die.* **2.** *v.i.* pumpen. **3.** *v.t.* **a)** pumpen; **~ sb. full of lead** jmdn. mit Blei vollpumpen *(salopp);* **~ bullets into sth.** Kugeln in etw. *(Akk.)* jagen *(ugs.);* **~ information into sb.** jmdn. mit Wissen vollstopfen *(ugs.);* **b) ~ sth. dry** etw. leerpumpen *od.* auspumpen *od. (Seemannsspr.)* lenzen; **~ sb. for information** Auskünfte aus jmdm. herausholen; **c) ~ up** *(inflate)* aufpumpen ⟨*Reifen, Fahrrad*⟩

[2]**pump** *n.* **a)** *(shoe)* Turn-, Sportschuh, *der;* **[dancing] ~:** Tanzschuh, *der;* **b)** *(Amer.: court shoe)* Pumps, *der*

**pumpernickel** ['pʌmpənɪkl, 'pʊmpənɪkl] *n.* Pumpernickel, *der*

**pumping-station** ['pʌmpɪŋsteɪʃn] *n.* Pumpwerk, *das*

**pumpkin** ['pʌmpkɪn] *n. (Bot.)* Kürbis, *der; attrib.* Kürbis-

'**pump-room** *n.* Pumpenhaus, *das; (in spa)* Brunnenhaus, *das*

**pun** [pʌn] **1.** *n.* Wortspiel, *das;* **the sentence is a ~ on the words 'bread' and 'bred'** in dem Satz wird mit den Worten „bread" und „bred" gespielt. **2.** *v.i.,* **-nn-** ein Wortspiel/Wortspiele *Pl.* machen **(on** mit**)**

**Punch** [pʌntʃ] *n.* Punch, *der;* Hanswurst, *der;* **~ and Judy show** Kasperletheater, *das;* **be as proud/pleased as ~:** stolz wie ein Pfau *od.* Spanier sein/*(ugs.)* sich freuen wie ein Schneekönig

[1]**punch 1.** *v.t.* **a)** *(strike with fist)* boxen; mit der Faust schlagen; **the boxer ~ed his opponent with his left fist** der Boxer traf seinen Gegner mit der Linken; **b)** *(pierce, open up)* lochen; **~ a hole** ein Loch stanzen; **~ a hole/holes in sth.** etw. lochen; **c)** *(prod)* stoßen; **d)** *(Amer.: drive)* vorwärtstreiben ⟨*Vieh*⟩. **2.** *n.* **a)** *(blow)* Faustschlag, *der;* **a ~ on the head/chin/chest** ein Faustschlag an den Kopf/an das Kinn/vor die Brust; **give sb. a ~ on the jaw/in the ribs** jmdm. einen Kinnhaken/Rippenstoß versetzen; **a ~ with the left fist** ein Schlag mit der linken Faust; **b)** *no pl. (ability to deliver blow)* Punch, *der (Boxen);* Schlagkraft, *die;* **have a good/strong ~** ⟨*Boxer:*⟩ einen guten/harten Schlag haben; **c)** *(coll.: vigour)* Pep, *der (ugs.);* **have [a] ~:** Pep haben; **put ~ into sth.** einer Sache *(Dat.)* Pep geben; **d)** *(device for making holes) (in leather, tickets)* Lochzange, *die; (in paper)* Locher, *der; (in leather)* Locheisen, *das; (Printing)* Stempel, *der. See also* **pack 2g; pull 1h**

[2]**punch** *n. (drink)* Punsch, *der*

**punch: ~-ball** *n. (Brit.) (ball)* Punchingball, *der; (bag)* Sandsack, *der;* **~-bowl** *n.* Bowlengefäß, *das;* Bowle, *die;* **~ card** *n. (Computing)* Lochkarte, *die;* **~-drunk** *adj.* **a)** an einem Boxersyndrom leidend; **be ~-drunk** ein Boxersyndrom haben; punch-drunk sein *(Boxen);* **b)** *(fig.)* benommen; **the troops were ~-drunk** die Truppen waren schwer angeschlagen

**punched** [pʌntʃt]: **~ card/tape** *see* **punch card/tape**

**punching bag** ['pʌntʃɪŋ bæg] *(Amer.) see* **punch-ball**

**punch: ~ line** *n.* Pointe, *die;* **~ tape** *n. (Computing)* Lochstreifen, *der;* **~-up** *n. (Brit. coll.) (fist-fight, brawl)* Prügelei, *die*

**punchy** ['pʌntʃɪ] *adj. (forceful)* ausdrucksstark ⟨*Sprache*⟩; zündend ⟨*Rede*⟩; schwungvoll ⟨*Handlung*⟩

**punctilious** [pʌŋk'tɪlɪəs] *adj.* [peinlich] korrekt; peinlich ⟨*Genauigkeit*⟩

**punctiliously** [pʌŋk'tɪlɪəslɪ] *adv.* [peinlich] korrekt ⟨*arbeiten*⟩; peinlich ⟨*genau*⟩

**punctual** ['pʌŋktʃʊəl] *adj.* pünktlich

**punctuality** [pʌŋktʃʊ'ælɪtɪ] *n., no pl.* Pünktlichkeit, *die*

**punctually** ['pʌŋktʃʊəlɪ] *adv.* pünktlich

**punctuate** ['pʌŋktʃʊeɪt] *v.t.* interpunktieren *(fachspr.);* mit Satzzeichen versehen; *(fig.: interrupt)* unterbrechen **(with** durch**)**

**punctuation** [pʌŋktʃʊ'eɪʃn] *n., no pl.* Interpunktion, *die (fachspr.);* Zeichensetzung, *die*

**punctu'ation mark** *n.* Satzzeichen, *das*

**puncture** ['pʌŋktʃə(r)] **1.** *n.* **a)** *(flat tyre)* Reifenpanne, *die;* Platte, *der (ugs.);* **b)** *(hole)* Loch, *das; (in skin)* Einstich, *der; see also* **lumbar. 2.** *v.t.* durchstechen; *(fig.)* verletzen ⟨*Würde*⟩; kratzen an (+ *Dat.*) ⟨*Mythos*⟩; lädieren ⟨*Ruf*⟩; **be ~d** ⟨*Reifen:*⟩ ein Loch haben, platt sein; ⟨*Haut:*⟩ einen Einstich aufweisen. **3.** *v.i.* ⟨*Reifen:*⟩ ein Loch bekommen, platt werden

**pundit** ['pʌndɪt] *n.* **a)** *(expert)* Experte, *der*/Expertin, *die; (iron.)* Augur, *der;* **b)** *(learned Hindu)* Pandit, *der*

**punditry** ['pʌndɪtrɪ] *n.* Expertentum, *das*

**pungency** ['pʌndʒənsɪ] *n., no pl. (lit. or fig.)* [beißende od. ätzende] Schärfe

**pungent** ['pʌndʒənt] *adj.* **a)** beißend, ätzend ⟨*Rauch, Dämpfe*⟩; scharf ⟨*Soße, Gewürz usw.*⟩; stechend riechend ⟨*Gas*⟩; **b)** *(fig.: biting)* beißend; ätzend

**punish** ['pʌnɪʃ] *v.t.* **a)** bestrafen ⟨*Person, Tat*⟩; strafen *(geh.)* ⟨*Person*⟩; **he has been ~ed enough** *(fig.)* er ist gestraft genug; **b)** *(Boxing coll.: inflict severe blows on)* schwer zusetzen (+ *Dat.*); **c)** *(Sport coll.: take advantage of)* kein Pardon kennen bei ⟨*schwachen Würfen, Schlägen des Gegners*⟩; **the bowlers were ~ed by the batsmen** die Werfer bekamen ihre Quittung von den Schlagmännern; **d)** *(coll.: tax)* auf eine harte Probe stellen; **e)** *(coll.: put under stress)* strapazieren ⟨*Nerven, Bauwerk*⟩

**punishable** ['pʌnɪʃəbl] *adj.* strafbar; **it is a ~ offence to ...:** es ist strafbar, ... zu ...; **be ~ by sth.** mit etw. bestraft werden

**punishing** ['pʌnɪʃɪŋ] *adj.* **a)** *(Boxing coll.)* mörderisch ⟨*Haken*⟩; **b)** *(Sport coll.)* tödlich *(Sportjargon)* ⟨*Schuß, Schlag, Volley*⟩; **he is a ~ hitter** wenn der Gegner ihm eine Blöße bietet, schlägt er gnadenlos zu; **c)** *(coll.: taxing)* mörderisch *(ugs.)* ⟨*Rennen, Zeitplan, Kurs*⟩; aufreibend ⟨*Wahlkampf*⟩

**punishment** ['pʌnɪʃmənt] *n.* **a)** *no pl. (punishing)* Bestrafung, *die;* **inflict ~ on sb.** jmdn. bestrafen; **undergo ~:** bestraft werden; eine Strafe erhalten; **deserve ~:** [eine] Strafe verdient haben; **crime and ~:** Verbrechen und Strafe; **b)** *(penalty)* Strafe, *die;* **the ~ for cheating is disqualification** Betrug wird mit Disqualifikation bestraft; **make the ~ fit the crime** *(lit. or fig.)* Gleiches mit Gleichem vergelten; **as a ~ for sth.** zur Strafe für etw.; **c)** *(coll.: rough treatment)* **take a lot of ~:** ganz schön getriezt *od.* gezwiebelt werden *(ugs.). See also* **take 1w**

**punitive** ['pju:nɪtɪv] *adj.* **a)** *(penal)* Straf-; **b)** *(severe)* [allzu] rigoros ⟨*finanzielle Maßnahmen, Besteuerung*⟩; unzumutbar ⟨*Steuersatz*⟩; **c)** *(Law)* **~ damages** verschärfter Schadenersatz

**Punjab** [pʌn'dʒɑ:b] *pr. n.* **the ~:** das Pandschab

**punk** [pʌŋk] **1.** *n.* **a)** *(Amer. sl.: worthless person)* Dreckskerl, der *(salopp);* **b)** *(Amer. coll.: young ruffian)* Rabauke, *der (ugs.);* **c)** *(admirer of ~ rock)* Punk, *der; (performer of ~ rock)* Punk[rock]er, *der*/-rockerin, *die;* **d)** *(music) see* **~ rock. 2.** *adj.* **a)** *(coll.: worthless)* mies *(abwertend);* **b)** *(of or playing punk rock)* Punk-

**punk 'rock** *n.* Punkrock, *der*

**punnet** ['pʌnɪt] *n. (Brit.)* Körbchen, *das*

[1]**punt** [pʌnt] **1.** *n.* Stechkahn, *der.* **2.** *v.t.* **a)** *(propel)* staken ⟨*Boot*⟩; *(convey)* in einem Stechkahn fahren ⟨*Person*⟩. **3.** *v.i.* staken

[2]**punt** *(Footb.)* **1.** *v.t.* aus der Hand schießen; ⟨*Torwart:*⟩ abschlagen. **2.** *n.* Schuß aus der Hand; *(by goalkeeper)* Abschlag, *der*

[3]**punt** *v.i. (Brit. coll.: bet)* wetten; *(speculate)* spekulieren

[4]**punt** [pʊnt] *n. (Finance)* Irisches Pfund

[1]**punter** ['pʌntə(r)] *n. (coll.)* **a)** *(gambler)* Zocker, *der*/Zockerin, *die (salopp);* **b)** *(client of prostitute)* Freier, *der (verhüll.);* **c) the ~s** *(customers)* die Leutchen *(ugs.)*

[2]**punter** *n. (in* [1]*punt)* Stechkahnfahrer, *der*/-fahrerin, *die*

**puny** ['pju:nɪ] *adj.* **a)** *(undersized)* zu klein ⟨*Baby, Junge*⟩; **b)** *(feeble)* gering ⟨*Kraft*⟩; schwach ⟨*Waffe, Person*⟩; **c)** *(petty)* belanglos, unerheblich ⟨*Leistung, Einwand*⟩

**pup** [pʌp] **1.** *n.* **a)** *(young dog or wolf)* Welpe, *der;* **be in ~** ⟨*Hündin:*⟩ trächtig sein; **b)** *(young animal)* Junge, *das;* **c)** *(objectionable young man)* Schnösel, *der (ugs. abwertend).* **2.** *v.i.,* **-pp-** ⟨*Hündin:*⟩ werfen

**pupa** ['pju:pə] *n., pl.* **~e** ['pju:pi:] *(Zool.)* Puppe, *die*

**pupal** ['pju:pl] *adj. (Zool.)* Puppen-

**pupate** [pju:'peɪt] *v.i. (Zool.)* sich verpuppen

**pupil** ['pju:pɪl] *n.* **a)** *(schoolchild, disciple)* Schüler, *der*/Schülerin, *die;* **b)** *(Anat.)* Pupille, die

**puppet** ['pʌpɪt] *n.* **a)** Puppe, *die; (marionette)* Marionette, *die; see also* **glove puppet; b)** *(person)* Marionette, *die; attrib.* Marionetten⟨*regime, -regierung*⟩

**puppetry** ['pʌpɪtrɪ] *n., no pl., no art. (making of puppets)* Puppenmachen, *das; (production of puppet-shows)* Puppenspiel, *das*

'**puppet-show** *n.* Puppenspiel, *das; (with marionettes)* Marionettenspiel, *das*

**puppy** ['pʌpɪ] *n.* Hundejunge, *das;* Welpe, *der;* **the dog is still only a ~:** der Hund ist noch ganz jung

'**puppy-dog** *n. (child lang.)* Hündchen, *das;* kleiner Hund

**puppy: ~ fat** *n., no pl. (Brit.)* Babyspeck, *der;* **~ love** *n.* Jugendschwärmerei, *die*

**purblind** ['pɜ:blaɪnd] *adj. (literary)* halbblind *nicht präd.;* halb blind; *(fig.)* kurzsichtig

**purchasable** ['pɜ:tʃəsəbl] *adj.* käuflich; *(available on the market)* [im Handel] erhältlich

**purchase** ['pɜ:tʃəs] **1.** *n.* **a)** *(buying)* Kauf, *der;* **make several ~s/a ~:** verschiedenes/etwas kaufen; **b)** *(thing bought)* Kauf, *der;* **carry one's ~s home** seine Einkäufe nach Hause tragen *od.* bringen; **c)** *no pl. (hold)* Halt, *der; (leverage)* Hebelwirkung, *die;* Hebelkraft, *die;* **get a ~:** guten *od.* festen Halt finden. **2.** *v.t.* **a)** kaufen; erwerben *(geh.);* **purchasing power** Kaufkraft, *die;* **b)** *(acquire)* erkaufen

'**purchase price** *n.* Kaufpreis, *der*

**purchaser** ['pɜːtʃəsə(r)] *n.* Käufer, *der*/Käuferin, *die*

'**purchase tax** *n. (Brit. Hist.)* ≈ Verbrauchssteuer, *die*

**purdah** ['pɜːdə] *n. (seclusion of women)* Absonderung der Frauen; **they were kept in ~:** sie durften nicht in Erscheinung treten; *(fig.)* sie wurden kaltgestellt *(ugs.)*

**pure** [pjʊə(r)] **1.** *adj.* **a)** *(unmixed)* rein; rein, pur ⟨*Gold, Silber*⟩; *(not discordant)* rein ⟨*Ton, Note*⟩; **b)** *(of unmixed descent)* reinblütig ⟨*Mensch*⟩; rein ⟨*Blut*⟩; **c)** *(mere)* pur; rein; **it is madness ~ and simple** es ist schlicht *od.* ganz einfach Wahnsinn; **d)** *(Phonet.)* einfach ⟨*Vokal*⟩; **e)** *(not corrupt)* rein; **blessed are the ~ in heart** *(Bibl.)* selig sind, die reinen Herzens sind; **f)** *(chaste)* rein. *See also* **mathematics a; science a. 2.** *adv.* **a ~ blue sky** ein klarer blauer Himmel

**pure: ~-blooded** *adj.* reinblütig; **~-bred** *adj.* reinrassig

**purée** ['pjʊəreɪ] **1.** *n.* Püree, *das;* **tomato ~:** Tomatenmark, *das.* **2.** *v. t.* pürieren

**purely** ['pjʊəlɪ] *adv.* **a)** *(solely)* rein; **b)** *(merely)* lediglich

**pureness** ['pjʊənɪs] *see* **purity**

**purgative** ['pɜːgətɪv] **1.** *adj.* **a)** *(laxative)* [stark] abführend; Abführ⟨*mittel, -tablette*⟩; purgativ *(fachspr.);* **b)** *(purifying)* läuternd *(geh.).* **2.** *n. (medicine)* [starkes] Abführmittel; Purgativum, *das (fachspr.)*

**purgatory** ['pɜːgətərɪ] *n. (Relig.)* Fegefeuer, *das;* Purgatorium, das *(fachspr.);* **undergo ~:** durchs Fegefeuer gehen; **it was ~** *(fig.)* es war eine Strafe *od.* die Hölle

**purge** [pɜːdʒ] **1.** *v. t.* **a)** *(cleanse)* reinigen **(of** von); **~ me from my sin** *(Relig.)* reinige mich von meiner Sünde; **b)** *(remove)* entfernen; **~ away** *or* **out** beseitigen; **c)** *(rid)* säubern ⟨*Partei*⟩ **(of** von); *(remove)* entfernen ⟨*Person*⟩; **d)** *(Med.)* abführen lassen ⟨*Patienten*⟩; **use sth. to ~ the bowels** etw. zum Abführen verwenden; **e)** *(Law: atone for)* sühnen [für]. **2.** *n.* **a)** *(clearance)* Säuberung[saktion], *die; (Polit.)* Säuberung, *die;* **a ~ of writers** eine gegen Schriftsteller gerichtete Säuberung[saktion]; **b)** *(Med.)* [starkes] Abführmittel

**purification** [pjʊərɪfɪ'keɪʃn] *n.* **a)** Reinigung, *die;* **b)** *(spiritual cleansing)* Läuterung, *die;* **c)** *(ceremonial cleansing)* Reinigung, *die;* **the P~ [of Our Lady** *or* **the Virgin Mary]** *(Relig.)* Mariä Reinigung; *(feast)* [Mariä] Lichtmeß; Mariä Reinigung

**purifier** ['pjʊərɪfaɪə(r)] *n.* Reiniger, *der;* Reinigungsmittel, *das; (machine)* Reinigungsapparat, *der;* Reinigungsanlage, *die*

**purify** ['pjʊərɪfaɪ] *v. t.* **a)** *(make pure or clear)* reinigen; **b)** *(spiritually)* reinigen; läutern; **c)** *(ceremonially)* reinigen

**purism** ['pjʊərɪzm] *n., no pl.* Purismus, *der*

**purist** ['pjʊərɪst] *n.* Purist, *der*/Puristin, *die*

**puritan** ['pjʊərɪtn] **1.** *n.* **a)** Puritaner, *der*/Puritanerin, *die;* **b) P~** *(Hist.)* Puritaner, *der*/Puritanerin, *die.* **2.** *adj.* **a)** puritanisch; **b) P~** *(Hist.)* puritanisch

**puritanic** [pjʊərɪ'tænɪk], **puritanical** [pjʊərɪ'tænɪkl] *adj.* puritanisch; moralinsauer *(abwertend)*

**puritanism** ['pjʊərɪtənɪzm] *n., no pl.* **a)** Puritanismus, *der;* puritanische Einstellung; **b) P~** *(Hist.)* Puritanismus, *der*

**purity** ['pjʊərɪtɪ] *n., no pl.* **a)** Reinheit, *die;* **b)** *(chastity)* Keuschheit, *die*

**purl** [pɜːl] **1.** *n.* linke Masche. **2.** *v. t.* links stricken; **~ three stitches** drei linke Maschen stricken

**purler** ['pɜːlə(r)] *n. (Brit. coll.);* **come** *or* **take a ~:** längelang hinknallen *(ugs.)*

**purlieus** ['pɜːljuːz] *n. pl.* Außenbezirke *Pl.;* Weichbild, *das;* **within the ~ of A** innerhalb des Stadtgebietes *od.* Weichbildes von A

**purlin** ['pɜːlɪn] *n. (Building)* Pfette, *die*

**purloin** [pə'lɔɪn] *v. t. (literary)* entwenden *(geh.)*

**purple** ['pɜːpl] **1.** *adj.* lila; violett; *(crimson)* purpurn; *(fig.)* überfrachtet, überladen ⟨*Prosa*⟩; **his face went ~ with rage** vor Zorn bekam er ein hochrotes Gesicht. **2.** *n.* **a)** Lila, *das;* Violett, *das; (crimson)* Purpur, *das;* **b)** *(dress of cardinal)* Purpur, *der;* **the ~** *(fig.)* das Kardinalskollegium. **3.** *v. i.* ⟨*Gesicht:*⟩ dunkelrot anlaufen

**purple: ~ 'heart** *n. (Brit.)* Purple Heart, *das (Drogenjargon);* **P~ 'Heart** *n. (Amer. Mil.) US-amerikanisches Verwundetenabzeichen;* **~ passage, ~ patch** *ns.* [über]reich ausgeschmückte Passage

**purplish** ['pɜːplɪʃ] *adj.* ins Violette spielend; **be ~:** ins Violette spielen

**purport 1.** [pə'pɔːt] *v. t.* **a) ~ to do sth.** *(profess)* [von sich] behaupten, etw. zu tun; *(be intended to seem)* den Anschein erwecken sollen, etw. zu tun; **the ~ed intention/object** die angebliche Absicht/der angebliche Zweck; **a letter ~ing to be written by the president** ein angeblich vom Präsidenten geschriebener Brief; **the document ~s to be official** die Urkunde soll angeblich amtlich sein; **the law ~s to protect morality** das Gesetz soll angeblich die Moral schützen; **b)** *(convey)* beinhalten; **~ that ...:** besagen, daß .... **2.** ['pɜːpɔːt] *n.* Inhalt, *der*

**purportedly** [pə'pɔːtɪdlɪ] *adv.* angeblich

**purpose** ['pɜːpəs] **1.** *n.* **a)** *(object)* Zweck, *der; (intention)* Absicht, *die;* **what is the ~ of doing that?** was hat es für einen Zweck, das zu tun?; **he never did anything without a ~:** er tat nie etwas ohne eine bestimmte Absicht; **you must have had some ~ in mind** du mußt irgend etwas damit bezweckt haben; **wander around with no particular ~:** ziellos *od.* ohne Ziel umherwandern; **answer** *or* **suit sb.'s ~:** jmds. Zwecken dienen *od.* entsprechen; **for a ~:** zu einem bestimmten Zweck; **I did it for a ~:** ich habe damit einen bestimmten Zweck verfolgt; **for the ~ of discussing sth.** um etw. zu besprechen; **on ~:** mit Absicht; absichtlich; **for ~s of** zum Zwecke (+ *Gen.*); *see also* **cross purposes; serve 1 c; b)** *(effect)* **to no ~:** ohne Erfolg; **to some/little/good ~:** mit einigem/wenig/gutem Erfolg; **c)** *(determination)* Entschlossenheit, *die;* **have a ~ in life** in seinem Leben einen Sinn sehen; **give sb. a ~ in life** jmds. Leben *(Dat.)* einen Sinn geben; **d)** *(intention to act)* Absicht, *die.* **2.** *v. t.* beabsichtigen

'**purpose-built** *adj.* [eigens] zu diesem Zweck errichtet ⟨*Gebäude*⟩; [eigens] zu diesem Zweck hergestellt, speziell angefertigt ⟨*Gerät, Bauteil*⟩

**purposeful** ['pɜːpəsfl] *adj.* **a)** zielstrebig; *(with specific aim)* entschlossen; **b)** *(with intention)* absichtsvoll

**purposefully** ['pɜːpəsfəlɪ] *adv.* **a)** entschlossen; **b)** *(intentionally)* absichtsvoll

**purposeless** ['pɜːpəslɪs] *adj.* sinnlos

**purposely** ['pɜːpəslɪ] *adv.* absichtlich; mit Absicht

'**purpose-made** *adj.* spezialgefertigt; eigens angelegt ⟨*Straße*⟩

**purposive** ['pɜːpəsɪv] *adj. see* **purposeful a**

**purr** [pɜː(r)] **1.** *v. i.* schnurren; *(fig.: be in satisfied mood)* strahlen. **2.** *v. t.* durch Schnurren zum Ausdruck bringen; *(fig.)* säuseln; **the cat ~ed her contentment** die Katze schnurrte zufrieden. **3.** *n.* Schnurren, *das*

**purse** [pɜːs] **1.** *n.* **a)** *(lit. or fig.)* Portemonnaie, *das;* Geldbeutel, *der (bes. südd.);* **the public ~:** die Staatskasse; **light ~** *(fig.)* kleiner Geldbeutel *(fig.); see also* **silk 2; b)** *(prize)* Geldpreis *der;* Börse, *die (Boxen);* **c)** *(Amer.: handbag)* Handtasche, *die.* **2.** *v. t.* kräuseln, schürzen ⟨*Lippen*⟩

**purser** ['pɜːsə(r)] *n.* Zahlmeister, *der*/-meisterin, *die*

'**purse-strings** *n. pl.* Schnüre *od.* Bänder [zum Verschließen des Geldbeutels]; **hold the ~** *(fig.)* über das Geld bestimmen; **tighten/loosen the ~** *(fig.)* sparen/mehr ausgeben

**pursuance** [pə'sjuːəns] *n., no pl.* **in ~ of [one's] duties/instructions** pflichtgemäß/auftragsgemäß; **in [the] ~ of his ends** bei der Verfolgung seiner Ziele; **in ~ of the act/decree** gemäß dem Gesetz/der Verfügung

**pursuant** [pə'sjuːənt] *adv.* **~ to sth.** gemäß einer Sache

**pursue** [pə'sjuː] *v. t.* **a)** *(literary: chase, lit. or fig.)* verfolgen; **bad luck ~d him** er war vom Pech verfolgt; **b)** *(seek after)* streben nach; suchen nach; verfolgen ⟨*Ziel*⟩; **c)** *(look into)* nachgehen (+ *Dat.*); **d)** *(engage in)* betreiben; **~ a career as an accountant** als Buchhalter tätig sein; **~ one's studies** seinem Studium nachgehen; **e)** *(carry out)* durchführen ⟨*Plan*⟩

**pursuer** [pə'sjuːə(r)] *n.* Verfolger, *der*/Verfolgerin, *die*

**pursuit** [pə'sjuːt, pə'suːt] *n.* **a)** *(pursuing) (of person, animal, aim)* Verfolgung, *die; (of knowledge, truth, etc.)* Streben, *das* **(of** nach); *(of pleasure);* Jagd, *die* **(of** nach); **the ~ of his studies** die Beschäftigung mit seinen Studien; **in ~ of** auf der Jagd nach ⟨*Wild, Dieb usw.*⟩; in Ausführung (+ *Gen.*) ⟨*Beschäftigung, Tätigkeit, Hobby*⟩; **with the police in [full] ~:** mit der Polizei [dicht] auf den Fersen; *see also* **hot 1 j; b)** *(pastime)* Beschäftigung, *die;* Betätigung, *die*

**pursuit: ~ plane** *(Amer.) see* **fighter b; ~ race** *n. (Cycling)* Verfolgungsrennen, *das*

**purulent** ['pjʊərʊlənt] *adj. (Med.) (consisting of pus, full of pus)* eitrig; *(discharging pus)* eiternd; **be ~:** eitern

**purvey** [pə'veɪ] *v. t. (lit. or fig.)* liefern

**purveyor** [pə'veɪə(r)] *n.* Lieferant, *der*/Lieferantin, *die;* **a ~ of [wild] rumours** ein Kolporteur [wilder Gerüchte]

**purview** ['pɜːvjuː] *n. (of act, document)* Geltungsbereich, *der; (of scheme, book, occupation)* Rahmen, *der;* **fall within sb.'s ~:** in jmds. Aufgaben- *od.* Zuständigkeitsbereich fallen

**pus** [pʌs] *n., no indef. art. (Med.)* Eiter, *der*

**push** [pʊʃ] **1.** *v. t.* **a)** schieben; *(make fall)* stoßen; schubsen *(ugs.);* **don't ~ me like that!** schieb *od.* drängel [doch] nicht so!; **~ a car** *(to start the engine)* ein Auto anschieben; **she ~ed the door instead of pulling** sie drückte gegen die Tür, statt zu ziehen; **did he/you** *etc.* **fall** *or* **jump or was he/were you** *etc.* **~ed?** *(fig.)* freiwillig oder unfreiwillig?; **~ sb. about in a wheelchair** jmdn. im Rollstuhl herumfahren; **~ one's hair back** sich *(Dat.)* das Haar zurückstreichen; **the policemen ~ed the crowd back** die Polizisten drängten die Menge zurück; **~ sth. between sth.** etw. zwischen etw. *(Akk.)* schieben; *(to pass right through)* etw. zwischen etw. *(Dat.)* hindurchschieben; **~ sth. under the bottom of the door** etw. unter der Tür [hin]durchschieben; **~ sth. up the hill** etw. den Berg hinaufschieben; **~ one's way through/into/on to** *etc.* **sth.** sich *(Dat.)* einen Weg durch/in/auf *usw.* etw. *(Akk.)* bahnen; **b)** *(fig.: impel)* drängen; **~ sb. into doing sth.** jmdn. dahin bringen, daß er etw. tut; **c)** *(tax)* **~ sb. [hard]** jmdn. [stark] fordern; **~ sb. too hard/too far** jmdn. überfordern; **he ~es himself very hard** er verlangt sich *(Dat.)* sehr viel ab; **be ~ed for sth.** *(coll.: find it difficult to provide sth.)* mit etw. knapp sein; **be ~ed for money** *or* **cash** knapp bei Kasse sein *(ugs.);* **be ~ed to do sth.** *(coll.)* Mühe haben, etw. zu tun; **~ one's luck** *(coll.)* übermütig werden; **~ one's luck with sth.** sich mit etw. auf ein gefährliches Spiel einlassen; **d)** *(press for sale of)* die Werbetrommel rühren für; pushen *(Werbejargon);* **e)** *(sell illegally, esp. drugs)* dealen; pushen *(Drogenjargon);* **f)** *(advance)* **~ sth. a step/stage further** etw. einen Schritt vorantreiben; **not ~ the point** die Sache auf sich beruhen lassen; ~ **sth. too far** mit etw. zu weit gehen; es mit etw. zu weit treiben; ~ **things to extremes** die Dinge *od.* es zum Äußersten *od.* auf die Spitze treiben; ~ **one's claims** auf seine Ansprüche pochen. **2.** *v. i.* **a)** schieben; *(in queue)* drängeln; *(at door)* drücken; **'P~'** *(on door etc.)* „Drücken"; ~ **and shove** schubsen und drängeln; ~ **at sth.** gegen etw. drücken; **b)** *(make demands)* ~ **for sth.** etw. fordern; **c)** *(make one's way)* **he ~ed between us** er drängte sich zwischen uns; ~ **through the crowd** sich durch die Menge drängeln; ~ **past** *or* **by sb.** sich an jmdm. vorbeidrängeln *od.* -drücken; ~ **by** *(not stop)* weiterrennen *(ugs.)*; **d)** *(assert oneself for one's advancement)* sich in den Vordergrund spielen. **3.** *n.* **a)** Stoß, *der;* Schubs, *der (ugs.)*; **give sth. a ~:** etw. schieben *od.* stoßen; **give sb. a ~:** jmdm. einen Schubs geben *(ugs.)*; jmdm. einen Stoß versetzen; **My car won't start; can you give me a ~?** Mein Auto springt nicht an. Kannst du mich anschieben?; **give sth. a gentle ~:** etw. leicht anstoßen; **we gave a great ~:** wir haben gewaltig gedrückt; **b)** *(effort)* Anstrengungen *Pl.*; *(Mil.: attack)* Vorstoß, *der;* Offensive, *die;* **a ~ forward** *(Mil.)* ein Vorstoß; **make a ~:** sich ins Zeug legen *(ugs.)*; *(Mil.)* einen Vorstoß unternehmen; eine Offensive durchführen; **c)** *(determination)* Tatkraft, *die;* Initiative, *die;* **d)** *(crisis)* **when it comes/came to the ~,** *(Amer. coll.)* **when ~ comes/came to shove** wenn es ernst wird/als es ernst wurde; **at a ~:** wenn es sein muß; **e)** *(Brit. sl.: dismissal)* **get the ~:** rausfliegen *(ugs.)*; **give sb. the ~:** jmdn. rausschmeißen *(ugs.)*; **f)** *(influence)* Förderung, *die;* Protektion, *die;* **g)** *see* **push-button**

~ **a'bout** *v. t.* herumschieben; *(bully)* herumkommandieren

~ **a'head** *v. i.* ⟨*Armee:*⟩ [weiter] vorstoßen *od.* -rücken; *(with [regard to] plans etc.)* weitermachen; ~ **ahead with sth.** etw. vorantreiben

~ **a'long 1.** *v. t.* [vor sich *(Dat.)* her]schieben. **2.** *v. i. (coll.)* sich [wieder] auf den Weg machen

~ **a'round** *see* ~ **about**

~ **a'side** *v. t. (lit. or fig.)* beiseite schieben

~ **a'way** *v. t.* wegschieben

~ **'forward 1.** *v. i. see* ~ **ahead. 2.** *v. t.* vorschieben; *(Mil.)* vorstoßen; ~ **oneself forward** sich in den Vordergrund schieben

~ **'in** *v. t.* eindrücken; *(make fall into the water)* hineinstoßen *od (ugs.)* -schubsen

~ **'off 1.** *v. i.* **a)** *(Boating)* abstoßen; **b)** *(sl.: leave)* abhauen *(salopp)*; abschieben *(salopp)*. **2.** *v. t. (Boating)* abstoßen

~ **'on** *see* ~ **ahead**

~ **'out 1.** *v. t.* hinausschieben; ⟨*Pflanzen:*⟩ [aus]treiben ⟨*Wurzeln*⟩; *see also* **boat 1 a. 2.** *v. i.* hinausragen

~ **'out of** *v. t. (force to leave)* hinausdrängen aus

~ **'over** *v. t. (make fall)* umstoßen; *see also* **push-over**

~ **'through** *v. t. (fig.)* durchpeitschen *(ugs.)* ⟨*Gesetzesvorlage*⟩; durchdrücken *(ugs.)* ⟨*Vorschlag*⟩; **we ~ed it through successfully** wir haben es durchgekriegt *(ugs.)*

~ **'up** *v. t.* hochschieben; *(fig.)* hochtreiben; *see also* **daisy; push-up**

**push: ~-ball** *n. (game, ball)* Pushball, *der;* **~-bike** *n. (Brit. coll.)* Fahrrad, *das;* **~-button 1.** *adj.* Drucktasten⟨*telefon, -radio*⟩; **~-button warfare** Krieg per Knopfdruck; automatisierte Kriegführung; **2.** *n.* [Druck]knopf, *der;* Drucktaste, *die;* **~-cart** *n.* **a)** *see* **handcart; b)** *(Amer.: trolley)* Einkaufswagen, *der;* **~-chair** *n. (Brit.)* Sportwagen, *der*

**pusher** ['pʊʃə(r)] *n.* **a)** *(seller of drugs)* Dealer, *der (Drogenjargon)*; Pusher, *der (Drogenjargon)*; **b)** *(pushy person)* Streber, *der*/Streberin, *die (abwertend)*; Ehrgeizling, *der (ugs. abwertend)*

**pushing** ['pʊʃɪŋ] *adj.* **a)** [übermäßig] ehrgeizig; **b)** *(coll.)* **be ~ sixty** auf die Sechzig zugehen

**push: ~-over** *n. (coll.)* Kinderspiel, *das;* **she'll be a ~-over for him** die schafft er mit links *(ugs.)*; die hat gegen ihn nichts drin *(ugs.)*; **the match should be a ~-over for Leeds** das Spiel dürfte für Leeds ein Spaziergang werden *(Sportjargon)*; **~-start 1.** *n.* Schubstart, *der;* **give sb. a ~-start** jmdn. *od.* jmds. Auto anschieben; **2.** *v. t.* anschieben

**'push-up** *(Amer.) see* **press-up**

**pushy** ['pʊʃɪ] *adj. (coll.)* [übermäßig] ehrgeizig ⟨*Person*⟩

**pusillanimity** [pju:sɪlə'nɪmɪtɪ] *n., no pl.* Ängstlichkeit, *die;* Zaghaftigkeit, *die; (lack of courage)* Feigheit, *die*

**pusillanimous** [pju:sɪ'lænɪməs] *adj.*, **pusillanimously** [pju:sɪ'lænɪməslɪ] *adv.* ängstlich; zaghaft; *(without courage)* feige

**puss** [pʊs] *n.* Mieze, *die (fam.)*; **~, ~, ~!** Miez, Miez, Miez!; **P~ in Boots** der Gestiefelte Kater

**pussy** ['pʊsɪ] *n.* **a)** *(child lang.: cat)* Miezekatze, *die (fam.)*; Muschi, *die (Kinderspr.)*; **b)** *(coarse) (vulva)* Kätzchen, *das (salopp)*; Muschi, *die (vulg.)*; *(sexual intercourse)* Sex, *der*

**pussy: ~-cat** *see* **pussy a; ~foot** *v. i.* [herum]schleichen; *(act cautiously)* überängstlich sein; **stop ~footing!** hör auf, wie die Katze um den heißen Brei zu schleichen!; **~ willow** *n.* Salweide, *die;* Palmweide, *die*

**pustule** ['pʌstju:l] *n. (Med.) (pimple)* Pustel, *die*

**¹put** [pʊt] **1.** *v. t.*, **-tt-, put a)** *(place)* tun; *(vertically)* stellen; *(horizontally)* legen; *(through or into narrow opening)* stecken; ~ **plates on the table** Teller auf den Tisch stellen; ~ **books on the shelf/on top of the pile** Bücher ins Regal stellen/auf den Stapel legen; ~ **clean sheets on the bed** das Bett frisch beziehen; **don't ~ your elbows on the table** laß deine Ellbogen vom Tisch; **I ~ my hand on his shoulder** ich legte meine Hand auf seine Schulter; ~ **a stamp on the letter** eine Briefmarke auf den Brief kleben; ~ **salt on one's food** Salz auf sein Essen tun *od.* streuen; ~ **some more coal on the fire** Kohle nachlegen; ~ **antiseptic on one's finger** sich *(Dat.)* Antiseptikum auf den Finger tun; ~ **the letter in an envelope/the letter-box** den Brief in einen Umschlag/in den Briefkasten stecken; ~ **sth. in one's pocket** etw. in die Tasche stecken; etw. einstecken; ~ **the shopping in the car** die Einkäufe ins Auto tun *od.* legen; ~ **one's hands in one's pockets** die Hände in die Taschen stecken; ~ **sugar in one's tea** sich *(Dat.)* Zucker in den Tee tun; ~ **petrol in the tank** Benzin in den Tank tun *od.* füllen; ~ **the car in[to] the garage** das Auto in die Garage stellen; ~ **rubbish in the waste-paper basket** Abfall in den Papierkorb tun *od.* werfen; ~ **the cork in the bottle** den Korken in die Flasche stecken; ~ **the plug in the socket** den Stecker in die Steckdose stecken; ~ **paper in the typewriter** Papier in die Schreibmaschine tun *od.* einspannen; ~ **tobacco in the pipe** Tabak in die Pfeife tun; die Pfeife stopfen; ~ **a new pane of glass in the window** eine neue Glasscheibe in das Fenster [ein]setzen; ~ **a new engine in the car** einen neuen Motor in das Auto einbauen; ~ **the letters in the file** die Briefe in den Ordner tun *od.* [ein]heften; ~ **documents in the safe** Urkunden in den Safe tun *od.* legen; ~ **fish into a pond** Fische in einen Teich setzen; ~ **the cat into a basket** die Katze in einen Korb setzen *od.* stecken; ~ **the ball into the net/over the bar** den Ball ins Netz befördern *od.* setzen/über die Latte befördern; ~ **one's arm round sb.'s waist** den Arm um jmds. Taille legen; ~ **a bandage round one's wrist** sich *(Dat.)* einen Verband ums Handgelenk legen; ~ **one's hands over one's eyes** sich *(Dat.)* die Hände auf die Augen legen; ~ **one's finger to one's lips** den *od.* seinen Finger auf die Lippen legen; ~ **one's foot through the rotten floorboards/on a chair** den Fuß durch die morschen Dielen stecken/auf einen Stuhl setzen; ~ **the letter at the bottom of the pile** den Brief unter den Stapel legen; ~ **the boxes one on top of the other** die Kisten übereinanderstellen; ~ **the jacket on its hanger** die Jacke auf den Bügel tun *od.* hängen; **where shall I ~ it?** wohin soll ich es tun *(ugs.)*/stellen/legen *usw.?*; wo soll ich es hintun *(ugs.)*/-stellen/-legen *usw.?*; ~ **sb. into a taxi** jmdn. in ein Taxi setzen; ~ **a child on a swing** ein Kind auf eine Schaukel setzen; **we ~ our guest in Peter's room** wir haben unseren Gast in Peters Zimmer *(Dat.)* untergebracht; ~ **the baby in the pram** das Baby in den Kinderwagen legen *od. (ugs.)* stecken; **not know where to ~ oneself** *(fig.)* sehr verlegen sein/werden; ~ **it there!** *(coll.)* laß mich deine Hand schütteln!; **b)** *(cause to enter)* stoßen; ~ **a knife into sb.** jmdm. ein Messer in den Leib stoßen; ~ **a satellite into orbit** einen Satelliten in eine Umlaufbahn bringen; ~ **a bullet** *etc.* **through sb./sth.** *(coll.)* jmdm. eine Kugel verpassen/etw. zerballern *(ugs.)*; **c)** *(bring into specified state)* setzen; ~ **through Parliament** im Parlament durchbringen ⟨*Gesetzentwurf usw.*⟩; ~ **one's proposals through the committee** seine Vorschläge im Ausschuß durchbringen; ~ **sb. in a difficult** *etc.* **position** jmdn. in eine schwierige *usw.* Lage bringen; **be ~ in a difficult** *etc.* **position** in eine schwierige *usw.* Lage geraten; **be ~ in a position of trust** eine Vertrauensstellung erhalten; ~ **sb. in[to] a job** jmdm. eine Arbeit[sstellung] *od. (ugs.)* einen Job geben; **be ~ into power** an die Macht kommen; ~ **sb. on the committee** jmdn. in den Ausschuß schicken; ~ **sth. above** *or* **before sth.** *(fig.)* einer Sache *(Dat.)* den Vorrang vor etw. *(Dat.)* geben; ~ **sth. out of order** etw. kaputtmachen *(ugs.)*; etw. funktionsuntüchtig machen; **be ~ out of order** kaputtgehen *(ugs.)*; defekt werden; ~ **sb. on to sth.** *(fig.)* jmdn. auf etw. *(Akk.)* hinweisen *od.* aufmerksam machen; jmdm. etw. zeigen; ~ **sb. on to a job** *(assign)* jmdm. eine Arbeit zuweisen; **d)** *(impose)* ~ **a limit/an interpretation on sth.** etw. begrenzen *od.* beschränken/interpretieren; *see also* **end 1 a; stop 3 a; veto 1 b; e)** *(submit)* unterbreiten **(to** *Dat.*) ⟨*Vorschlag, Plan usw.*⟩; ~ **the situation to sb.** jmdm. die Situation darstellen; ~ **sth. to the vote** über etw. *(Akk.)* abstimmen lassen; etw. zur Abstimmung bringen *(Papierdt.)*; **I ~ it to you that you never saw him** ich behaupte *od.* sage, daß Sie ihn nie gesehen haben; **f)** *(cause to go or do)* ~ **sb. to work** jmdn. arbeiten lassen; ~ **sb. on the job** jmdn. damit *od.* mit der Arbeit beauftragen; ~ **sb. out of contention for sth.** jmdn. aus dem Rennen um etw. werfen; jmdn. sämtliche Chancen auf etw. nehmen; **be ~ out of the game by an injury** wegen einer Verletzung nicht mehr spielen können; ~ **sb. out of the championship** jmdn. den Titel abnehmen; **they were ~ out of the cup by Liverpool** sie scheiterten an Liverpool und mußten aus dem Cupwettbewerb ausscheiden; ~ **the troops on full alert** die Streitkräfte in volle Alarm- *od.* Gefechtsbereitschaft versetzen; ~ **sb. on antibiotics** jmdn. auf Antibiotika setzen; ~ **sb. on the stage** jmdn. zur Bühne schicken; *see also* **¹pace 1 c; g)** *(impose)* ~ **taxes** *etc.* **upon sth.** etw. mit Steuern *usw.* belegen; Steuern *usw.* für etw. erheben; **h)** *(express)* ausdrücken; **let's ~ it like this: ...:** sagen wir so: ...; **that's one way of ~ting it** *(also iron.)* so kann man es [natürlich] auch ausdrücken; **I don't quite know how to ~ this, but ...:** ich weiß nicht recht, wie ich es sagen sollte, aber ...; **i)** *(render)* **~ sth. into English** *etc.* etw. ins Englische übertragen *od.* übersetzen; **~ sth. into words** etw. in Worte fassen; **~ sth. into one's own words** etw. mit seinen eigenen Worten sagen; **j)** *(write)* schreiben; **~ one's name on the list** seinen Namen auf die Liste setzen; **~ a tick in the box** ein Häkchen in das Kästchen machen; **~ a cross against sth.** etw. ankreuzen; **~ one's signature to sth.** seine Unterschrift unter etw. setzen; **~ a black mark against a name** einen Namen schwarz markieren *od.* anstreichen; **~ sth. on the bill** etw. auf die Rechnung setzen; **~ sth. on the list** *(fig.)* sich *(Dat.)* etw. [fest] vornehmen; etw. vormerken; **k)** *(imagine)* **~ oneself in sb.'s place** *or* **situation** sich in jmdn. *od.* in jmds. Lage versetzen; **l)** *(substitute)* setzen; **m)** *(invest)* **~ money** *etc.* **into sth.** Geld *usw.* in etw. *(Akk.)* stecken; **~ work/time/effort into sth.** Arbeit/Zeit/Energie in etw. *(Akk.)* stecken *od.* auf etw. *(Akk.)* verwenden; **n)** *(stake)* setzen (**on** auf + *Akk.*); **~ money on a horse/on sth. happening** auf ein Pferd setzen/darauf wetten, daß etw. passiert; **o)** *(estimate)* **~ sb./sth. at** jmdn./etw. schätzen auf (+ *Akk.*); **to ~ it no higher** um das Wenigste zu sagen; *see also* **past 3 b; p)** *(subject)* **~ sb. to** jmdm. ⟨*Unkosten, Mühe, Umstände*⟩ verursachen *od.* machen; *see also* **shame 1 b; test 1 a; q)** *(drive)* **~ sb. to sth.** jmdn. zu etw. treiben *od.* zwingen; *see also* **[2]flight a; hard 2 d; [1]rout 1 a; r)** *(harness)* **~ to sth.** vor etw. *(Akk.)* spannen; **s)** *(Athletics: throw)* stoßen ⟨*Kugel*⟩; **~ the shot** kugelstoßen. **2.** *v. i.*, **-tt-, put** *(Naut.)* **~ [out] to sea** in See stechen; auslaufen; **~ into port** [in den Hafen] einlaufen; **~ across/over to** übersetzen nach; **~ out from England** von England aus in See stechen; England verlassen; **~ off** ablegen; **they had to ~ in at Valetta** sie mußten Valetta anlaufen. **3.** *n.* *(Sport)* Stoß, *der*

**~ a'bout 1.** *v. t.* **a)** *(circulate)* verbreiten; in Umlauf bringen; **it was ~ about that ...:** man munkelte *(ugs.) od.* es hieß, daß ...; **b)** *(Naut.)* **~ the ship** *etc.* **about** den Kurs [des Schiffes *usw.*] ändern; *(cause to change tack)* [das Schiff *usw.*] wenden; **c)** *(cause to turn about)* wenden ⟨*Pferd usw.*⟩; **d)** *(Scot., N. Engl.) (disconcert)* beunruhigen; *(upset)* verärgern; **don't ~ yourself about** *(inconvenience)* mach keine Umstände. **2.** *v. i.* *(Naut.)* den Kurs ändern

**~ a'cross** *v. t.* **a)** *(communicate)* vermitteln (**to** *Dat.*); **b)** *(make acceptable)* ankommen mit; *(make effective)* durchsetzen; **~ sth. across to sb.** mit etw. bei jmdm. ankommen/etw. bei jmdm. durchsetzen; **c)** *(Amer.)* **sb. ~s across a fraud** jmdm. gelingt ein Betrug; **he ~ that tale across them** sie haben ihm diese Geschichte abgenommen; **d) ~ one across sb.** *(sl.) (get the better of)* es jmdm. zeigen; *(deceive)* jmdn. reinlegen *(ugs.) od.* *(salopp)* linken. *See also* **~ 2**

**~ a'side** *v. t.* **a)** *(disregard)* absehen von; **~ting aside the fact that ...:** wenn man von der Tatsache *od.* davon absieht, daß ...; von der Tatsache *od.* davon abgesehen, daß ...; **b)** *(save)* beiseite *od.* auf die Seite legen

**~ a'sunder** *v. t.* *(arch.)* scheiden

**~ a'way** *v. t.* **a)** wegräumen; reinstellen ⟨*Auto*⟩; *(in file)* wegheften; abheften; **b)** *(abandon)* ablegen, aufgeben ⟨*Gewohnheiten, Vorurteile*⟩; **c)** *(save)* beiseite *od.* auf die Seite legen; **d)** *(coll.) (eat)* verdrücken *(ugs.)*; *(drink)* runterkippen *(ugs.)*; **e)** *(coll.: confine)* einsperren *(ugs.)*; in eine Anstalt stecken *(ugs.)*; **f)** *(coll.: kill)* einschläfern ⟨*Tier*⟩; um die Ecke bringen *(ugs.)* ⟨*Person*⟩

**~ 'back** *v. t.* **a) ~ the book back** das Buch zurücktun; **~ the book back on the shelf** das Buch wieder ins Regal stellen *od.* ins Regal zurückstellen; **b) ~ the clock back [one hour]** die Uhr [eine Stunde] zurückstellen; *see also* **clock 1 a; c)** *(delay)* zurückwerfen; verzögern ⟨*Ernte, Lieferung*⟩; **d)** *(postpone)* verschieben

**~ 'by** *v. t.* beiseite *od.* auf die Seite legen; **I've got a few hundred pounds ~ by** ich habe ein paar hundert Pfund auf der hohen Kante *(ugs.)*

**~ 'down 1.** *v. t.* **a)** *(set down) (vertically)* hinstellen; *(horizontally)* hinlegen; auflegen ⟨*Hörer*⟩; **~ sth. down on sth.** etw. auf etw. *(Akk.)* stellen/legen; **~ down a deposit** eine Anzahlung machen; **b)** *(suppress)* niederwerfen, -schlagen ⟨*Revolte, Rebellion, Aufruhr*⟩; **c)** *(humiliate)* herabsetzen; *(snub)* eine Abfuhr erteilen (+ *Dat.*); abfahren lassen *(salopp)*; *see also* **put-down; d)** *(kill painlessly)* töten; **e)** *(write)* notieren; aufschreiben; **~ sth. down in writing** etw. schriftlich niederlegen; **he ~ it all down on paper** er schrieb alles auf; **~ sb.'s name down on a list** jmdn. *od.* jmds. Namen auf eine Liste setzen; **~ sb. down for** für jmdn. reservieren ⟨*Lose*⟩; jmdn. notieren für ⟨*Dienst, Arbeit*⟩; jmdn. anmelden bei ⟨*Schule, Verein usw.*⟩; **I ~ him down for a £5 subscription** ich habe ihn mit einem Beitrag von 5 Pfund notiert; **f)** *(Parl.)* einbringen; stellen ⟨*Antrag*⟩; **g)** *(allow to alight)* aussteigen lassen; absetzen; **h) ~ sb. down as ...:** jmdn. eintragen als ...; **~ sth. down as ...:** etw. angeben als ...; **he ~ himself down as 'unemployed'** er gab als Beschäftigung „arbeitslos" an; *(fig.: classify)* **~ sb./sth. down as ...:** jmdn./etw. halten für *od.* einschätzen als ...; **i)** *(attribute)* **~ sth. down to sth.** etw. auf etw. *(Akk.)* zurückführen; **j)** *(store)* einlagern; *(in cellar)* einkellern; **k)** *(to bed)* hinlegen ⟨*Baby*⟩; **l)** *(cease to read)* weglegen, aus der Hand legen ⟨*Buch*⟩; **m)** *(land)* aufsetzen. *See also* **[3]down 1 f. 2.** *v. i.* *(land)* niedergehen; **look for a place to ~ down** nach einem geeigneten Landeplatz suchen

**~ 'forth** *v. t.* *(sprout)* hervorbringen ⟨*neue Triebe, Knospen*⟩; treiben ⟨*Knospen*⟩

**~ 'forward** *v. t.* **a)** *(propose)* aufwarten mit; **the explanation ~ forward by him** die Erklärung, mit der er aufwartete; **several theories have been ~ forward to account for this** darüber gibt es verschiedene Theorien; **b)** *(nominate)* vorschlagen; **c) ~ the clock forward [one hour]** die Uhr [eine Stunde] vorstellen

**~ 'in 1.** *v. t.* **a)** *(install)* einbauen; einstellen ⟨*Arbeiter, Hausmeister, Leiter usw.*⟩; **b)** *(elect)* an die Regierung *od.* Macht bringen; **be ~ in** an die Regierung *od.* Macht kommen; **c)** *(enter)* melden ⟨*Person*⟩; **d)** *(submit)* stellen ⟨*Forderung, Antrag*⟩; einreichen ⟨*Bewerbung, Antrag*⟩; **~ in a claim for damages** eine Schadensersatzforderung stellen; **~ in a plea of not guilty** sich nicht schuldig bekennen; **e)** *(devote)* aufwenden ⟨*Mühe, Kraft*⟩; *(perform)* einlegen ⟨*Sonderschicht, Überstunden*⟩; *(coll.: spend)* einschieben ⟨*eine Stunde usw.*⟩; **f)** *(interpose)* einwerfen ⟨*Bemerkung*⟩; **I ~ in a word of warning** ich mischte mich ein und warnte sie/ihn *usw.*; **~ in a blow** zuschlagen; **g)** *(plant)* einpflanzen ⟨*Setzlinge, Stecklinge*⟩; setzen ⟨*Salat, Tomaten, Saatpflanzen*⟩; stecken ⟨*Bohnen, Kartoffeln, Zwiebeln*⟩; [ein]säen ⟨*Samen*⟩; **h)** *(Cricket)* schlagen lassen ⟨*gegnerische Mannschaft*⟩; spielen lassen, einsetzen ⟨*eigenen Spieler*⟩; **they ~ us in [to bat]** sie ließen uns schlagen. *See also* **~ 2. 2.** *v. i.* **~ in for** sich bewerben um ⟨*Stellung, Posten, Vorsitz*⟩; beantragen ⟨*Urlaub, Versetzung*⟩

**~ in'side** *v. t.* *(sl.: imprison)* einlochen *(salopp)*

**~ 'off** *v. t.* **a)** *(postpone)* verschieben (**until** auf + *Akk.*); *(postpone engagement with)* vertrösten (**until** auf + *Akk.*); **can't you ~ her off?** kannst du ihr nicht [erst einmal] absagen?; **b)** *(switch off)* ausmachen; **c)** *(repel)* abstoßen; **don't be ~ off by his rudeness** laß dich von seiner Grobheit nicht abschrecken; **~ sb. off sth.** jmdm. etw. verleiden; **d)** *(distract)* stören; **the noise ~ him off his game** bei dem Lärm konnte er sich nicht mehr auf sein Spiel konzentrieren; **e)** *(fob off)* abspeisen; **f)** *(dissuade)* **~ sb. off doing sth.** jmdn. davon abbringen *od.* jmdm. ausreden, etw. zu tun; **g)** *(remove)* ausziehen, ablegen ⟨*Kleidungsstücke*⟩. *See also* **~ 2**

**~ 'on** *v. t.* **a)** anziehen ⟨*Kleidung, Hose usw.*⟩; aufsetzen ⟨*Hut, Brille*⟩; *(fig.: assume)* aufsetzen ⟨*Miene, Lächeln, Gesicht*⟩; **~ on a disguise** sich verkleiden; **~ sb.'s clothes on [for him]** jmdn. anziehen, **~ sb.'s shoes on [for him]** jmdm. die Schuhe anziehen; **~ it on** *(coll.)* [nur] Schau machen *(ugs.)*; **he does ~ it on, doesn't he?** er übertreibt doch, oder?; **his modesty is all ~ on** seine Bescheidenheit ist nur gespielt *od.* *(ugs.)* ist reine Schau; **the town had ~ on a holiday look** die Stadt gab sich festlich; **b)** *(switch or turn on)* anmachen ⟨*Radio, Motor, Heizung, Licht usw.*⟩; aufmachen ⟨*Hahn*⟩; *(cause to heat up)* aufsetzen ⟨*Wasser, Essen, Kessel, Topf*⟩; *(fig.: apply)* ausüben ⟨*Druck*⟩; *see also* **screw 1 a; c)** *(gain)* **~ on weight/two pounds** zunehmen/zwei Pfund zunehmen; **~ it on** *(coll.: gain weight)* Speck ansetzen *(ugs.)*; **d)** *(add)* **~ on speed** beschleunigen; **~ 8p on [to] the price** den Preis um 8 Pence erhöhen; 8 Pence auf den Preis aufschlagen; **e)** *(stage)* spielen ⟨*Stück*⟩; zeigen ⟨*Show, Film*⟩; veranstalten ⟨*Ausstellung*⟩; *see also* **act 1 e; f)** *(arrange)* einsetzen ⟨*Sonderzug, -bus*⟩; **g)** *see* **~ forward c; h)** *(coll.: tease)* veräppeln *(ugs.)*; verarschen *(salopp)*; *see also* **put-on; i)** *(Cricket)* die Punktzahl erhöhen um ⟨*Läufe*⟩; [als Werfer] einsetzen ⟨*Spieler*⟩; **be ~ on [to bowl]** als Werfer eingesetzt werden. *See also* **~ 1 a**

**~ 'out** *v. t.* **a)** rausbringen; auslegen ⟨*Futter*⟩; **~ one's hand out** die Hand ausstrecken; *see also* **tongue a; b)** *(extinguish)* ausmachen ⟨*Licht, Lampe*⟩; löschen ⟨*Feuer, Brand*⟩; **c)** *(issue)* [he]rausgeben ⟨*Buch, Zeitschrift, Broschüre, Anweisung, Erlaß*⟩; abgeben ⟨*Stellungnahme, Erklärung*⟩; *(broadcast)* senden; bringen; **d)** *(produce)* produzieren; ausstoßen ⟨*Warenmenge*⟩; **e)** *(annoy)* verärgern; **be ~ out** verärgert *od.* entrüstet sein; **f)** *(inconvenience)* in Verlegenheit bringen; **~ oneself out to do sth.** die Mühe auf sich nehmen, etw. zu tun; **g)** *(make inaccurate)* verfälschen ⟨*Ergebnis, Berechnung*⟩; **h)** *(dislocate)* verrenken; ausrenken ⟨*Schulter*⟩; **~ one's thumb/ankle out** sich *(Dat.)* den Daumen/Knöchel verrenken; **i)** *(give to outside worker)* außer Haus geben; **~ sth. out to sb.** jmdn. mit etw. beauftragen; **j)** *(sprout)* hervorbringen; [aus]treiben; **k)** ausstechen ⟨*Augen*⟩. *See also* **~ 2**

**~ 'over** *see* **~ across**

**~ 'through** *v. t.* **a)** *(carry out)* durchführen ⟨*Plan, Programm, Kampagne, Sanierung*⟩; durchbringen ⟨*Gesetz, Vorschlag*⟩; *(complete)* zum Abschluß bringen, abschließen ⟨*Geschäft usw.*⟩; **b)** *(Teleph.)* verbinden (**to** mit); durchstellen ⟨*Gespräch*⟩ (**to** zu); **~ a call through to New York** nach New York telefonieren. *See also* **~ 1 c**

**~ to'gether** *v. t.* zusammensetzen ⟨*Bauteile, Scherben, Steine, Einzelteile, Maschine usw.*⟩; ordnen ⟨*Gedanken*⟩; erstellen, ausarbeiten ⟨*Begründung, Argumentation, Beweisführung*⟩; *see also* **head 1 a; two 2**

**~ 'under** *v. t.* *(make unconscious)* betäuben

**~ 'up 1.** *v. t.* **a)** heben ⟨*Hand*⟩; *(erect)* errichten ⟨*Gebäude, Denkmal, Gerüst, Zaun*

*usw.*⟩; bauen ⟨*Haus*⟩; aufstellen ⟨*Denkmal, Gerüst, Verkehrsschilder, Leinwand, Zelt*⟩; aufbauen ⟨*Zelt, Verteidigungsanlagen*⟩; anbringen ⟨*Schild, Notiz usw.*⟩ (**on** an + *Dat.*); ⟨*Igel:*⟩ aufstellen ⟨*Stacheln*⟩; *(fig.)* aufbauen ⟨*Fassade*⟩; abziehen ⟨*Schau*⟩; *see also* **put-up; b)** *(display)* anschlagen; aushängen; **c)** *(offer as defence)* hochnehmen ⟨*Fäuste*⟩; leisten ⟨*Widerstand, Gegenwehr*⟩; **~ up a struggle** sich wehren *od.* zur Wehr setzen; **~ up a bold front** sich tapfer wehren; tapfer Widerstand leisten; **~ up a defence** sich verteidigen; **d)** *(present for consideration)* einreichen ⟨*Petition, Gesuch, Vorschlag*⟩; sprechen ⟨*Gebet*⟩; *(propose)* vorschlagen; *(nominate)* aufstellen; **~ sb. up for election** jmdn. als Kandidaten aufstellen; **~ sb. up for secretary** jmdn. für das Amt des Sekretärs vorschlagen; **e)** *(incite)* **~ sb. up to sth.** jmdn. zu etw. anstiften; **f)** *(accommodate)* unterbringen; **g)** *(increase)* [he]raufsetzen, anheben ⟨*Preis, Miete, Steuer, Zins*⟩; **h)** *(provide)* zur Verfügung stellen; *abs.* **~ up or shut up** *(coll.)* steh zu deinem Wort, oder halt gefälligst den Mund!; **i) ~ sth. up for sale** etw. zum Verkauf anbieten; **~ sth. up for auction** etw. versteigern lassen; **~ sth. up for competition** etw. [öffentlich] ausschreiben; **j)** *(Hunting)* aufscheuchen; auftun *(fachspr.)*; **k)** *(arch.: sheathe)* in die Scheide stecken. *See also* **back 1 a; fight 3 a. 2.** *v. i.* **a)** *(be candidate)* kandidieren; sich aufstellen lassen; **b)** *(lodge)* übernachten; sich einquartieren **~ upon** *v. t.* ausnutzen; **let oneself be ~ upon by sb.** sich von jmdm. ausnutzen lassen **~ 'up with** *v. t.* sich *(Dat.)* gefallen *od.* bieten lassen ⟨*Beleidigung, Benehmen, Unhöflichkeit*⟩; sich abfinden mit ⟨*Lärm, Elend, Ärger, Bedingungen*⟩; sich abgeben mit ⟨*Person*⟩

**²put** *see* **putt**

**putative** ['pju:tətɪv] *adj.* mutmaßlich; *(erroneously)* vermeintlich

**put: ~-down** *n.* Herabsetzung, *die; (snub)* Abfuhr, *die;* **~-on** *n. (coll.)* Veräppelung, *die (ugs.)*; Verarschung, *die (salopp)*

**put-put** ['pʌtpʌt] **1.** *n.* Tuckern, *das.* **2.** *v. i.,* **-tt-** tuckern

**putrefaction** [pju:trɪ'fækʃn] *n., no pl., no indef. art.* Zersetzung, *die*

**putrefy** ['pju:trɪfaɪ] *v. i.* sich zersetzen

**putrid** ['pju:trɪd] *adj.* **a)** *(rotten)* faul; **become ~:** sich zersetzen; **b)** *(of putrefaction)* faulig; **~ smell** Fäulnisgeruch, *der;* **c)** *(fig.: corrupt)* verdorben; verworfen *(geh.)*; **d)** *(sl.) (dreadful)* scheußlich; *(stupid)* blödsinnig ⟨*Ansichten*⟩

**putsch** [pʊtʃ] *n.* Putsch, *der;* **army ~:** Militärputsch, *der*

**putt** [pʌt] *(Golf)* **1.** *v. i. & t.* putten. **2.** *n.* Putt, *der*

**puttee** ['pʌtɪ] *n.* **a)** Wickelgamasche, *die;* **b)** *(Amer.: leather legging)* Ledergamasche, *die*

**putter** ['pʌtə(r)] *(Golf)* Putter, *der*

**putting-green** ['pʌtɪŋgri:n] *n. (Golf)* **a)** Grün, *das;* **b)** *(miniature-golf course) kleiner Golfplatz nur zum Putten*

**putty** ['pʌtɪ] **1.** *n.* **a)** Kitt, *der;* **glaziers' ~:** Fensterkitt, *der;* Glaserkitt, *der;* **b) [jewellers'] ~:** Zinnasche, *die;* Polierasche, *die.* **2.** *v. t.* **a)** *(fix with glaziers' ~)* einkitten ⟨*Fensterscheibe*⟩; *(fill with ~)* auskitten ⟨*Risse*⟩; **b)** *(cover with plasterers' ~)* verputzen ⟨*Wand*⟩; ausgipsen ⟨*Fugen*⟩

**'putty-knife** *n.* Kittmesser, *das*

**'put-up** *adj.* **a ~ thing/job** eine abgekartete Sache/ein abgekartetes Spiel

**puzzle** ['pʌzl] **1.** *n.* **a)** *(problem)* Rätsel, *das; (brainteaser)* Denksportaufgabe, *die; (toy)* Geduldsspiel, *das;* **b)** *(enigma)* Rätsel, *das;* **be a ~ to sb.** jmdm. ein Rätsel sein; **be a ~:** rätselhaft sein. **2.** *v. t.* rätselhaft *od.* ein Rätsel sein (+ *Dat.*); vor ein Rätsel stellen; **he would have been ~d to explain it** er hätte nicht gewußt, wie er es hätte erklären sollen; **he was ~d what to do** er wußte nicht, was er tun sollte. **3.** *v. i.* **~ over** *or* **about sth.** sich *(Dat.)* über etw. den Kopf zerbrechen; über etw. rätseln; **we ~d over what had happened** wir rätselten, was wohl passiert war **~ 'out** *v. t.* herausfinden; **~ out an answer to a question** eine Antwort auf eine Frage finden

**puzzled** ['pʌzld] *adj.* ratlos

**puzzlement** ['pʌzlmənt] *n., no pl.* Verwirrung, *die*

**puzzling** ['pʌzlɪŋ] *adj.* rätselhaft

**PVC** *abbr.* **polyvinyl chloride** PVC, *das*

**PX** *abbr. (Amer.)* **Post Exchange**

**pygmy** ['pɪgmɪ] **1.** *n.* **a)** Pygmäe, *der;* **b)** *(dwarf; also fig.)* Zwerg, *der*/Zwergin, *die.* **2.** *attrib. adj.* **a)** pygmäisch; **the ~ people** die Pygmäen; **b)** *(dwarf)* Zwerg-

**pyjama** [pɪ'dʒɑ:mə] *adj.* Pyjama-; Schlafanzug-; **~ suit** Pyjama, *der;* Schlafanzug, *der*

**pyjamas** [pɪ'dʒɑ:məz] *n. pl.* **[pair of] ~:** Schlafanzug, *der;* Pyjama, *der*

**pylon** ['paɪlən] *n.* Mast, *der*

**pyramid** ['pɪrəmɪd] *n.* Pyramide, *die*

**pyramidal** [pɪ'ræmɪdl] *adj.* pyramidenförmig

**'pyramid selling** *n., no pl., no indef. art. Verkauf von Vertriebsrechten nach dem Schneeballsystem*

**pyre** [paɪə(r)] *n.* Scheiterhaufen, *der*

**Pyrenean** [pɪrə'ni:ən] *adj.* pyrenäisch; **~ mountain dog** Pyrenäenhund, *der*

**Pyrenees** [pɪrə'ni:z] *pr. n. pl.* **the ~:** die Pyrenäen

**pyrethrum** [paɪ'ri:θrəm] *n.* **a)** *(flower)* Chrysantheme, *die;* Pyrethrum, *das (veralt.)*; **b)** *(insecticide)* Pyrethrum, *das*

**Pyrex, (P)** ['paɪreks] *n.* ≈ Jenaer Glas, *das* Ⓦᶻ; *attrib.* **~ dish** feuerfeste Glasschüssel

**pyrites** [paɪ'raɪtɪ:z] *n., no pl. (Min.)* **[iron] ~:** Pyrit, *der;* Eisenkies, *der*

**pyrotechnic** [paɪrəʊ'teknɪk] **1.** *adj.* pyrotechnisch; Feuerwerks-; *(fig.: brilliant)* brillant. **2.** *n. in pl.* Feuerwerk, *das; (fig.)* Brillanz, *die*

**Pyrrhic** ['pɪrɪk] *adj.* **~ victory** Pyrrhussieg, *der*

**Pythagoras** [paɪ'θægərəs] *pr. n.* Pythagoras, *der;* **~' theorem** *(Geom.)* der Satz des Pythagoras

**python** ['paɪθən] *n.* Python[schlange], *die*

# Q

**¹Q, q** [kju:] *n., pl.* **Qs** *or* **Q's** Q, q, *das; see also* **mind 2 b**

**²Q** *abbr.* **question** F

**Q.** *abbr.* **a) Queen** Kgn.; **b) Queen's** kgl.; **c)** *(Chess)* **queen** D

**QC** *abbr. (Brit.)* **Queen's Counsel**

**QED** *abbr.* **quod erat demonstrandum** q. e. d.; w. z. b. w.

**qr.** *abbr.* **quarter[s]** qr.

**qt.** *abbr.* **quart[s]** qt

**qua** [kweɪ, kwɑ:] *conj. (literary)* qua *(geh.)*

**¹quack** [kwæk] **1.** *v. i.* ⟨*Ente:*⟩ quaken. **2.** *n.* Quaken, *das*

**²quack** *(derog.)* **1.** *n.* Quacksalber, *der (abwertend).* **2.** *attrib. adj.* **a) ~ doctor** Quacksalber, *der;* **b)** Quacksalber⟨*kur, -tropfen, -pillen*⟩ *(abwertend)*; **~ remedy** Mittelchen, *das (ugs. abwertend)*

**'quack-quack** *n. (child lang.)* Quakente, *die (Kinderspr.)*

**quad** [kwɒd] *n. (coll.)* **a)** *(quadrangle)* Innenhof, *der;* **b)** *(quadraphonic)* **~ [sound system]** Quadro-Anlage, *die;* **c)** *(quadruplet)* Vierling, *der;* **d)** *(Print.: quadrat)* **[em] ~/en ~:** Geviert/Halbgeviert, *das*

**quadrangle** ['kwɒdræŋgl] *n.* **a)** *(enclosed court)* viereckiger Innenhof; *(with buildings)* Block, *der;* Karree, *das;* **b)** *(Geom.)* Viereck, *das*

**quadrant** ['kwɒdrənt] *n.* **a)** *(Geom., Astron., Naut.)* Quadrant, *der; (of sphere)* Viertelkugel, *die;* **b)** *(object shaped like quarter-circle)* viertelkreisförmiger Gegenstand

**quadraphonic** [kwɒdrə'fɒnɪk] *adj.* quadrophon; Quadro⟨*anlage, -sound usw.*⟩

**quadratic** [kwə'drætɪk] *adj. (Math.)* quadratisch; zweiten Grades *nachgestellt*

**quadrilateral** [kwɒdrɪ'lætərl] *n. (Geom.)* Viereck, *das*

**quadrille** [kwə'drɪl] *n.* Quadrille, *die*

**quadriplegia** [kwɒdrɪ'pli:dʒɪə] *n. (Med.)* Quadri-, Tetraplegie, *die (fachspr.)*; gleichzeitige Lähmung aller vier Gliedmaßen

**quadriplegic** [kwɒdrɪ'pli:dʒɪk] *(Med.)* **1.** *n.* Quadri-, Tetraplegiker, *der*/-plegikerin, *die.* **2.** *adj.* quadri-, tetraplegisch; **be ~:** an allen vier Gliedmaßen gelähmt sein

**quadruped** ['kwɒdrʊped] *n.* Vierfüßler, *der*

**quadruple** ['kwɒdrʊpl] **1.** *adj.* **a)** vierfach; **b)** *(four times)* viermal; **be ~ today's value** viermal so hoch sein wie der heutige Wert; **~ the amount** die vierfache Menge; **c)** *(Mus.)* **~ time** Viertertakt, *der.* **2.** *v. t.* mit vier malnehmen ⟨*Zahl*⟩; vervierfachen ⟨*Einkommen, Produktion, Profit*⟩. **3.** *v. i.* sich vervierfachen

**quadruplet** ['kwɒdrʊplɪt, kwɒ'dru:plɪt] *n.* Vierling, *der*

**quadruplicate** [kwɒ'dru:plɪkət] *n.* vierfache Ausfertigung; **in ~:** in vierfacher Ausfertigung *nachgestellt*

**quaff** [kwɑ:f, kwɒf] *(literary)* **1.** *v. i.* zechen *(veralt., scherzh.)*; pokulieren *(veralt., scherzh.)*. **2.** *v. t.* [mit langen, kräftigen Schlucken] leeren *od.* austrinken ⟨*Glas*⟩; [mit langen, kräftigen Schlucken] trinken ⟨*Getränk*⟩

**quag** [kwæg, kwɒg] *n. (marshy spot)* sumpfige *od.* morastige Stelle; *(quaking bog)* Schwingmoor, *das*

**quagmire** ['kwægmaɪə(r), kwɒgmaɪə(r)] *n.* Sumpf, *der;* Morast, *der; (quaking bog)* Schwingmoor, *das; (fig.: complex or difficult situation)* Sumpf, *der;* **be in a ~** *(lit. or fig.)* in einem Sumpf stecken; **a ~ of details/problems** ein Wust von Einzelheiten/Problemen

**¹quail** [kweɪl] *n., pl. same or* **~s** *(Ornith.)* Wachtel, *die*

**²quail** *v. i.* ⟨*Person:*⟩ [ver]zagen, den Mut sinken lassen; ⟨*Blick, Mut, Hoffnung, Vertrauen:*⟩ sinken; **make sb.'s courage/spirit ~:** jmdn. entmutigen; **~ at the prospect of sth.** bei der Aussicht auf etw. *(Akk.)* verzagen

**quaint** [kweɪnt] *adj.* drollig; putzig *(ugs.)* ⟨*Häuschen, Einrichtung*⟩; malerisch, pittoresk ⟨*Ort*⟩; *(odd, strange)* kurios, seltsam ⟨*Bräuche, Anblick, Begebenheit*⟩; schnurrig ⟨*alter Kauz*⟩

**quaintly** ['kweɪntlɪ] *adv.* putzig *(ugs.)*; drollig ⟨*bemerken*⟩

**quake** [kweɪk] **1.** *n. (coll.)* [Erd]beben, *das.* **2.** *v. i.* beben; ⟨*Sumpfboden:*⟩ schwingen; **~ with fear/fright** vor Angst/Schreck zittern *od.* beben

**Quaker** ['kweɪkə(r)] *n.* Quäker, *der*/Quäkerin, *die*

**quaking** ['kweɪkɪŋ]: ~ **bog** *n.* Schwingmoor, *das;* **~-grass** *n. (Bot.)* Zittergras, *das*

**qualification** [kwɒlɪfɪ'keɪʃn] *n.* **a)** *(ability)* Qualifikation, *die; (condition to be fulfilled)* Voraussetzung, *die;* **secretarial ~s** Ausbildung als Sekretärin; **b)** *(on paper)* Zeugnis, *das;* **c)** *(limitation)* Vorbehalt, *der;* **without ~:** vorbehaltlos; ohne Vorbehalt; **the offer was subject to one ~:** das Angebot hatte eine Einschränkung

**qualified** ['kwɒlɪfaɪd] *adj.* **a)** qualifiziert; *(by training)* ausgebildet; *(entitled, having right to)* berechtigt; **be ~ for a job/to vote** die Qualifikation für eine Stelle besitzen/wahlberechtigt sein; **you are better ~ to judge that** du kannst das besser beurteilen; **I am not ~ to speak on that** ich kann darüber nichts sagen; **be ~ to vote** wahlberechtigt sein; **b)** *(restricted)* nicht uneingeschränkt; **a ~ success** kein voller Erfolg; **~ approval/reply** Zustimmung/Antwort unter Vorbehalt; **~ acceptance** bedingte Annahme

**qualifier** ['kwɒlɪfaɪə(r)] *n.* **a)** *(restriction)* Einschränkung, *die* **(of, on** *Gen.*); **b)** *(person)* **be among the ~s** zu denen gehören, die sich qualifiziert haben; **c)** *(Sport: match)* Qualifikationsspiel, *das*

**qualify** ['kwɒlɪfaɪ] **1.** *v. t.* **a)** *(make competent, make officially entitled)* berechtigen **(for** zu); **b)** *(modify)* einschränken; modifizieren ‹*Meinung, Feststellung*›; **c)** *(describe)* bewerten; bezeichnen; **d)** *(moderate)* abschwächen; **~ justice with mercy** Gnade vor Recht ergehen lassen; **e)** *(Ling.)* näher bestimmen. **2.** *v. i.* **a) ~ in law/medicine/education/chemistry** seinen [Studien]abschluß in Jura/Medizin/Pädagogik/Chemie machen; **~ as a doctor/lawyer/teacher/chemist** sein Examen als Arzt/Anwalt/Lehrer/Chemiker machen; **b)** *(fulfil a condition)* in Frage kommen **(for** für); **~ for the vote/a pension** wahl-/rentenberechtigt sein; **~ for admission to a university/club** die Aufnahmebedingungen einer Universität/eines Vereins erfüllen; **~ for a post** für eine Stelle qualifiziert sein; **~ for membership** die Bedingungen für die Mitgliedschaft erfüllen; **c)** *(Sport)* sich qualifizieren

**qualifying** ['kwɒlɪfaɪɪŋ] *adj.* **a) ~ statement** einschränkende Aussage; **b)** *(Sport)* **~ match** Qualifikationsspiel, *das;* **~ round/heat** Ausscheidungs- *od.* Qualifikationsrunde, *die;* **c) ~ examination** Zulassungsprüfung, *die*

**qualitative** ['kwɒlɪtətɪv] *adj.,* **qualitatively** ['kwɒlɪtətɪvlɪ] *adv.* qualitativ

**quality** ['kwɒlɪtɪ] **1.** *n.* **a)** Qualität, *die;* **of good/poor** *etc.* **~:** von guter/schlechter *usw.* Qualität; **of the best ~:** bester Qualität; **~ rather than quantity** Qualität, nicht Quantität; **clothes of ~:** Qualitätskleidung, *die;* **the ~ of her writing/craftsmanship** ihre schriftstellerischen Leistungen/handwerklichen Fähigkeiten; **b)** *(characteristic)* Eigenschaft, *die;* **the melodious ~ of her voice** die Melodie ihrer Stimme; **possess the qualities of a ruler/leader** eine Führernatur sein; **have the ~ of inspiring others with confidence** die Gabe haben, andere mit Zuversicht zu erfüllen; *see also* **defect 1 b; c)** *(of sound, voice)* Klang, *der;* **d)** *(arch.: rank)* Rang, *der;* **people of ~:** Leute von Rang [und Namen]. **2.** *adj.* **a)** *(excellent)* Qualitäts-; **b)** *(maintaining ~)* Qualitäts‹*prüfung, -kontrolle*›; *(denoting ~)* Güte‹*grad, -klasse, -zeichen*›

**qualm** [kwɑ:m, kwɔ:m] *n.* **a)** *(sudden misgiving)* ungutes Gefühl; **b)** *(scruple)* Bedenken, *das (meist Pl.)* **(over, about** gegen); **he had no ~s about borrowing money** er hatte keine Bedenken, sich *(Dat.)* Geld zu leihen; **c)** *(sick feeling)* Übelkeit, *die*

**quandary** ['kwɒndərɪ] *n.* Dilemma, *das;* **this demand put him in a ~:** diese Forderung brachte ihn in eine verzwickte Lage; **he was in a ~ about what to do next** er wußte nicht, was er als nächstes tun sollte

**quango** ['kwæŋgəʊ] *n., pl.* **~s** *(Brit.) halböffentliche Verwaltungseinrichtung*

**quanta** *pl. of* **quantum**

**quantifiable** ['kwɒntɪfaɪəbl] *adj.* quantifizierbar

**quantify** ['kwɒntɪfaɪ] *v. t.* quantifizieren

**quantitative** ['kwɒntɪtətɪv] *adj.,* **quantitatively** ['kwɒntɪtətɪvlɪ] *adv.* quantitativ

**quantity** ['kwɒntɪtɪ] *n.* **a)** Quantität, *die;* **b)** *(amount, sum)* Menge, *die;* **what ~ of flour do you need for this recipe?** wieviel Mehl braucht man für dieses Rezept?; **~ of heat** Wärmemenge, *die;* **c)** *(large amount)* [Un]menge, *die;* **coal/gold in quantities** Kohle/Gold in Unmengen *od. (ugs.)* rauhen Mengen; **buy in quantities** in großen Mengen einkaufen; *see also* **³bill 1 h; d)** *(Math.)* Größe, *die;* **e)** *(fig.)* **negligible ~:** Quantité négligeable, *die (geh.);* **he is a negligible ~:** er ist völlig unwichtig; **an unknown ~:** eine unbekannte Größe; **f)** *(Phonet., Pros.)* Quantität, *die*

**quantity:** **~-mark** *n. (Pros.)* Quantitätszeichen, *das;* **~ surveyor** *n.* Baukostenkalkulator, *der/*-kalkulatorin, *die*

**quantum** ['kwɒntəm] *n., pl.* **quanta** ['kwɒntə] **a)** *(literary) (amount)* Menge, *die; (share, portion)* Anteil, *der; (required, desired, or allowed amount)* Quantum, *das;* **b)** *(Phys.)* Quant, *das*

**quantum:** **~ jump** *or* **~ leap** *ns. (Phys.; also fig.)* Quantensprung, *der;* **~ me'chanics** *n. (Phys.)* Quantenmechanik, *die;* **~ theory** *n. (Phys.)* Quantentheorie, *die*

**quarantine** ['kwɒrənti:n] **1.** *n.* Quarantäne, *die; attrib.* Quarantäne‹*bestimmungen, -zeit, -flagge*›; **put under ~:** unter Quarantäne stellen; **be in ~:** unter Quarantäne stehen. **2.** *v. t.* unter Quarantäne stellen

**quark** [kwɑ:k, kwɔ:k] *n. (Phys.)* Quark, *das*

**quarrel** ['kwɒrl] **1.** *n.* **a)** Streit, *der;* **have a ~ with sb. [about/over sth.]** sich mit jmdm. [über etw. *(Akk.) od.* wegen etw./um etw.] streiten; **let's not have a ~ about it** wir wollen uns nicht darüber streiten; **I don't want to have a ~ with you** ich will mich mit dir nicht streiten *od.* will keinen Streit mit dir; **pick a ~ [with sb. over sth.]** [mit jmdm. wegen etw.] Streit anfangen; **b)** *(cause of complaint)* Einwand, *der* **(with** gegen); **I have no ~ with you** ich habe nichts gegen dich. **2.** *v. i., (Brit.)* **-ll-: a)** [sich] streiten **(over** um, **about** über + *Akk.,* wegen); **~ with each other** [sich] [miteinander] streiten; *(fall out, dispute)* sich [zer]streiten **(over** um, **about** über + *Akk.,* wegen); **b)** *(find fault)* etwas auszusetzen haben **(with** an + *Dat.*); **I really can't ~ with that** daran habe ich wirklich nichts auszusetzen

**quarrelsome** ['kwɒrlsəm] *adj.* streitsüchtig; **his ~ nature** seine Streitsucht

**¹quarry** ['kwɒrɪ] **1.** *n.* Steinbruch, *der;* **marble/slate ~:** Marmor-/Schieferbruch, *der; (fig.)* Fundgrube, *die* **(of** für); **~ of information** Informationsquelle, *die.* **2.** *v. t.* brechen ‹*Steine, Marmor*›; *(fig.)* zutage fördern. **3.** *v. i. (fig.)* herumstöbern

**²quarry** *n. (prey)* Beute, *die; (fig.)* Opfer, *das*

**quarry:** **~man** ['kwɒrɪmən] *n., pl.* **~men** ['kwɒrɪmən] Steinbrucharbeiter, *der;* **~ tile** *n.* unglasierte Steinfliese

**quart** [kwɔ:t] *n.* **a)** Quart, *das;* **try to put a ~ into a pint pot** *(fig.)* mehr in etwas unterbringen wollen als hineinpaßt; **b)** *(vessel)* Quartgefäß, *das*

**'quart bottle** *n.* Quartflasche, *die*

**quarter** ['kwɔ:tə(r)] **1.** *n.* **a)** Viertel, *das;* **a** *or* **one ~ of** ein Viertel (+ *Gen.*); **a ~ [of] the price** ein Viertel des Preises; **divide/cut sth. into ~s** etw. in vier Teile teilen/schneiden; etw. vierteln; **six and a ~:** sechseinviertel; **an hour and a ~:** eineinviertel Stunden; **a ~ [of a pound] of cheese** ein Viertel[pfund] Käse; **~ of lamb/beef** Lamm-/Rinderviertel, *das;* **a ~ of a mile/an hour/a century** eine Viertelmeile/-stunde/ein Vierteljahrhundert; **three ~s of an hour** eine Dreiviertelstunde; **b)** *(of year)* Quartal, *das;* Vierteljahr, *das;* **c)** *(point of time)* **[a] ~ to/past six** Viertel vor/nach sechs; drei Viertel sechs/Viertel sieben *(landsch.);* **there are buses at ~ to and ~ past [the hour]** es fahren Busse um Viertel vor und Viertel nach jeder vollen Stunde *od. (ugs.)* eine Viertelstunde vor und nach voll; **d)** *(direction)* Richtung, *die;* **blow from all ~s** ‹*Wind:*› aus allen Richtungen wehen; **flock in from all ~s** aus allen Himmelsrichtungen zusammenströmen; **from every ~ of the globe** von überall her; **e)** *(source of supply or help)* Seite, *die;* **from this ~:** von dieser Stelle; **secret information from a high ~:** Geheiminformationen von höchster Stelle; **turn for support to other ~s** sich woanders *od.* anderweitig um Unterstützung bemühen; **f)** *(area of town)* [Stadt]viertel, *das;* Quartier, *das;* **in some ~s** *(fig.)* in gewissen Kreisen; **g)** *in pl. (lodgings)* Quartier, *das (bes. Milit.);* Unterkunft, *die;* **take up [one's] ~s** Quartier beziehen; *see also* **close 1 a; h)** *(Brit.: measure) (of volume)* Quarter, *der; (of weight)* ≈ Viertelzentner, *der;* **i)** *(Amer.) (school term)* Vierteljahr, *das; (university term)* halbes Semester; **j)** *(Astron.)* Viertel, *das;* **the moon is in its last ~:** der Mond steht im letzten Viertel; **k)** *(mercy)* Schonung, *die;* **give/receive ~:** Schonung *od. (veralt.)* Pardon gewähren/gewährt bekommen; **give no ~ to sb.** jmdm. keinen Pardon *(veralt.)* gewähren *od.* geben; **l)** *(Amer., Can.: amount, coin)* Vierteldollar, *der;* 25-Cent-Stück, *das;* **the bus fare was a ~:** die Busfahrt hat 25 Cent *od.* einen Vierteldollar gekostet; **m)** *(Naut.)* Achterschiff, *das;* Hinterschiff, *das;* **n)** *(in shoemaking)* Seitenteil, *das;* Quartier, *das (fachspr.).* **2.** *v. t.* **a)** *(divide)* vierteln ‹*Apfel, Tomate usw.*›; in vier Teile teilen ‹*Stück Fleisch*›; durch vier teilen ‹*Zahl, Summe*›; **b)** *(lodge)* einquartieren ‹*Soldaten*›; **c)** *(Hist.)* vierteilen ‹*Verbrecher*›

**quarter:** **~-back** *n. (Amer. Football)* Quarterback, *der;* **~-binding** *n. (Bookbinding)* Halbfranz, *das;* **~-day** *n.* Quartalsende, *das;* **~-deck** *n. (Naut.)* **a)** *(of ship)* Quarterdeck, *das;* **b)** *(officers)* Marineoffiziere *Pl.;* **~-'final** *n.* Viertelfinale, *das;* **in the ~-finals** im Viertelfinale; **~-'finalist** *n.* Viertelfinalist, *der/*-finalistin, *die;* **~-'hour** *n.* **a)** Viertelstunde, *die;* **b) on the ~-hour** *(fifteen minutes before)* um Viertel vor; *(fifteen minutes after)* um Viertel nach

**quartering** ['kwɔ:tərɪŋ] *n.* **a)** *(dividing)* Vierteln, *das;* **b)** *(lodging)* Einquartierung, *die*

**'quarter-light** *n. (Brit. Motor Veh.) (bes. ausstellbares)* Teil des Fond-/Türfensters

**quarterly** ['kwɔ:təlɪ] **1.** *adj.* vierteljährlich. **2.** *n.* Vierteljahr[e]sschrift, *die.* **3.** *adv.* vierteljährlich; alle Vierteljahre

**quarter:** **~master** *n.* **a)** *(Naut.)* Quartermeister, *der;* **b)** *(Mil.)* Quartiermeister, *der (veralt.);* **~ 'mile** *n.* Viertelmeile, *die;* **~-note** *(Amer. Mus.) see* **crotchet; ~ 'sessions** *n. pl. (Brit. Hist.) vierteljährliche Gerichtssitzungen*

**quartet, quartette** [kwɔ:'tet] *n. (also Mus.)* Quartett, *das;* **piano/string ~:** Klavier-/Streichquartett, *das*

**quarto** ['kwɔ:təʊ] *n., pl.* **~s a)** *(book)* Quartband, *der;* **b)** *(size)* Quart[format], *das;* **~ paper** Papier im Quartformat

**quartz** [kwɔ:ts] *n.* Quarz, *der*

**quartz:** **~ clock** *n.* Quarzuhr, *die;* **~ lamp** *n.* Quarzlampe, *die;* **~ watch** *n.* Quarzuhr, *die*

**quasar** ['kweɪsɑ:(r), 'kweɪzɑ:(r)] *n. (Astron.)* Quasar, *der*

**quash** [kwɒʃ] *v. t.* **a)** *(annul, make void)* aufheben ‹*Urteil, Entscheidung*›; zurückweisen ‹*Einspruch, Klage*›; **b)** *(suppress, crush)* unterdrücken ‹*Opposition*›; niederschlagen ‹*Aufstand, Generalstreik*›
**quasi** ['kweɪzaɪ, 'kwɑ:zɪ] *adv.* quasi
**quasi-** *pref.* **a)** *(not real, seeming)* Schein-; **b)** *(half-)* Quasi-; quasi; **~-official** halbamtlich
**Quaternary** [kwə'tɜ:nərɪ] *(Geol.)* **1.** *adj.* quartär. **2.** *n.* Quartär, *das*
**quatrain** ['kwɒtreɪn] *n. (Pros.)* Vierzeiler, *der;* Quatrain, *das od. der (fachspr.)*
**quatrefoil** ['kætrəfɔɪl] *n. (Archit.)* Vierpaß, *der*
**quaver** ['kweɪvə(r)] **1.** *n.* **a)** *(Brit. Mus.)* Achtelnote, *die;* **b)** *(Mus.: trill)* Tremolo, *das;* **c)** *(in speech)* Zittern, *das;* Beben, *das (geh.);* **admit with a ~ [in one's voice] that ...:** mit zitternder Stimme zugeben, daß ... **2.** *v. i. (vibrate, tremble)* zittern; beben *(geh.)*
**quavering** ['kweɪvərɪŋ], **quavery** ['kweɪvərɪ] *adjs.* zitternd, bebend ‹*Stimme*›
**quay** [ki:], **'quayside** *ns.* Kai, *der;* Kaje, *die (nordd.)*
**queasiness** ['kwi:zɪnɪs] *n., no pl.* Übelkeit, *die*
**queasy** ['kwi:zɪ] *adj.* unwohl; *(uneasy)* mulmig *(ugs.);* **a ~ feeling** ein Gefühl der Übelkeit; **just the thought of it makes me [feel] ~:** schon beim Gedanken daran wird mir ganz schlecht *od.* übel; **my stomach is in such a ~ state** mir ist so komisch im Magen
**queen** [kwi:n] *n.* **a)** Königin, *die;* **Q~ of [the] May** Maikönigin, *die;* **b)** *(bee, ant, wasp)* Königin, *die;* **c)** *(personified best example of sth.)* Juwel, *das;* Perle, *die;* **d)** *(Chess, Cards)* Dame, *die;* **~'s bishop/knight/pawn/rook** Damenläufer/-springer/-bauer/-turm, *der;* **~ of hearts** Herzdame, *die;* **e)** *(sl.: male homosexual)* Tunte, *die (salopp). See also* **bench d; colour 1 j; counsel 1 c; English 2 a; evidence 1 b; guide 1 e; highway a; messenger b; peace b; save 1 c; scout 1 a; shilling**
**queen: ~ 'bee** *n.* Bienenkönigin, *die;* **~ 'consort** *n.* Königin, *die;* Gemahlin des Königs
**queenly** ['kwi:nlɪ] *adj.* königlich; *(majestic)* majestätisch
**queen 'mother** *n.* Königinmutter, *die*
**queer** [kwɪə(r)] **1.** *adj.* **a)** *(strange)* sonderbar; seltsam; *(eccentric)* komisch; verschroben; **a ~ feeling** ein komisches Gefühl; *see also* **fish 1 c; b)** *(shady, suspect)* merkwürdig; seltsam; **there's something ~ about this whole business** die ganze Sache ist nicht ganz hasenrein; **c)** *(out of sorts, faint)* unwohl; **I feel ~:** mir ist komisch *od. (ugs.)* flau; **you are looking a bit ~:** du siehst ein bißchen angegriffen aus; **d)** *(coll.: mad, insane)* verrückt *(salopp);* **~ in the head** plemplem *(salopp);* **e)** *(sl. derog.: homosexual)* schwul *(ugs.).* **2.** *n. (sl. derog.: homosexual)* Schwule, *der (ugs.).* **3.** *v. t. (sl.: spoil)* vermasseln *(salopp);* **~ the pitch for sb., ~ sb.'s pitch** jmdm. einen Strich durch die Rechnung machen
**queerly** ['kwɪəlɪ] *adv.* sonderbar; seltsam
**Queer Street** *n.* **be in ~** *(in difficulties, trouble, debt)* in der Tinte sitzen *(ugs.);* in Schwulitäten sein *(ugs.)*
**quell** [kwel] *v. t. (literary)* niederschlagen ‹*Aufstand, Rebellion*›; bezwingen; zügeln ‹*Leidenschaft, Furcht*›; überwinden ‹*Ängste, Befürchtungen*›
**quench** [kwentʃ] *v. t.* **a)** *(extinguish)* löschen; *(fig.)* auslöschen *(geh.);* **b)** *(satisfy)* **~ one's thirst** seinen Durst löschen *od.* stillen; **c)** *(cool)* löschen ‹*Koks*›; abschrecken ‹*Metall*›; **d)** *(stifle, suppress)* unterdrücken; dämpfen ‹*Begeisterung*›
**quern** [kwɜ:n] *n.* Handmühle, *die*
**querulous** ['kwerʊləs] *adj.* gereizt; *(by nature)* reizbar
**querulously** ['kwerʊləslɪ] *adv.* gereizt; **discuss sth. ~:** in gereiztem Ton über etw. *(Akk.)* diskutieren
**query** ['kwɪərɪ] **1.** *n.* **a)** *(question)* Frage, *die;* **put/raise a ~:** eine Frage stellen/aufwerfen; **that raises the ~ whether we ...:** das wirft die Frage auf *od.* damit stellt sich die Frage, ob wir ...; **b)** *(question mark)* Fragezeichen, *das.* **2.** *v. t.* **a)** *(call in question)* in Frage stellen ‹*Anweisung, Glaubwürdigkeit, Ergebnis usw.*›; beanstanden ‹*Rechnung, Kontoauszug*›; **b)** *(ask, inquire)* **~ whether/if ...:** fragen, ob ...
**quest** [kwest] *n.* Suche, *die* (**for** nach); *(for happiness, riches, knowledge, etc.)* Streben, *das* (**for** nach); **in ~ of sth.** auf der Suche nach etw.; **man's ~ for happiness** das menschliche Glücksstreben
**question** ['kwestʃn] **1.** *n.* **a)** Frage, *die;* **ask sb. a ~:** jmdm. eine Frage stellen; **put a ~ to sb.** an jmdn. eine Frage richten; **don't ask so many ~s!** frag nicht soviel!; **ask ~s** Fragen stellen; **ask me no ~s and I'll tell you no lies** wenn du nicht willst, daß ich lüge, stell mir keine Fragen; **ask a silly ~ and you get a silly answer** *(prov.)* wie die Frage, so die Antwort *(Spr.);* **and no ~s asked** ohne daß groß gefragt wird/worden ist *(ugs.);* **[that's a] good ~!** [das ist eine] gute Frage!; *see also* **leading question; 'pop 2 e; b)** *(doubt, objection)* Zweifel, *der* (**about** an + *Dat.*); **there is no ~ about sth.** es besteht kein Zweifel an *(Dat.)* etw.; **there is no ~ [but] that ...:** es besteht kein Zweifel, daß ...; **accept/follow sth. without ~:** etwas kritiklos akzeptieren/befolgen; **not be in ~:** außer [allem] Zweifel stehen; außer Frage sein *od.* stehen; **your honesty is/is not in ~:** man zweifelt/niemand zweifelt an deiner Ehrlichkeit; **beyond all** *or* **without ~:** zweifellos; ohne Frage *od.* Zweifel; **be beyond all** *or* **be without ~:** außer allem Zweifel stehen; außer Frage sein *od.* stehen; *see also* **call 1 c; c)** *(problem, concern, subject)* Frage, *die;* **sth./it is only a ~ of time** etw./es ist [nur] eine Frage der Zeit; **it is [only] a ~ of doing sth.** es geht [nur] darum, etw. zu tun; **a ~ of money** eine Geldfrage; **there is no/some ~ of his doing that** es kann keine Rede davon sein/es ist die Rede davon, daß er das tut; **the ~ of sth. arises** es erhebt sich die Frage von etw.; **the person/thing in ~:** die fragliche *od.* betreffende Person/Sache; **sth./it is out of the ~:** etw./es ist ausgeschlossen; etw./es kommt nicht in Frage *(ugs.);* **the ~ is whether ...:** es geht darum, ob ...; **that is not the ~:** darum geht es nicht; **beside the ~:** belanglos; **put the ~:** zur Abstimmung aufrufen (**to** *Akk.*); **come into ~:** in Frage kommen; *see also* **beg 1 d; hour e; open 1 f, g; previous question. 2.** *v. t.* **a)** befragen; ‹*Polizei, Gericht usw.:*› vernehmen; **he started ~ing me about where I had been** er fing an, mich danach auszufragen, wo ich gewesen war; **b)** *(throw doubt upon, raise objections to)* bezweifeln; **her goodwill cannot be ~ed** an ihrem guten Willen kann nicht gezweifelt werden
**questionable** ['kwestʃənəbl] *adj.* fragwürdig
**questionably** ['kwestʃənəblɪ] *adv.* fragwürdig ‹*sich benehmen*›; auf fragwürdige Weise ‹*erwerben*›
**questioner** ['kwestʃənə(r)] *n.* Fragesteller, *der*/Fragestellerin, *die*
**questioning** ['kwestʃənɪŋ] **1.** *adj.* fragend; forschend ‹*Geist*›. **2.** *n.* Fragen, *das; (at examination)* Befragung, *die; (by police etc.)* Vernehmung, *die;* **brought in for ~:** ins Verhör genommen
**questioningly** ['kwestʃənɪŋlɪ] *adv.* fragend
**question: ~ mark** *n. (lit. or fig.)* Fragezeichen, *das;* **a ~ mark hangs over sth.** etw. muß mit einem [großen] Fragezeichen versehen werden; **~-master** *n.* Quizmaster, *der*
**questionnaire** [kwestʃə'neə(r)] *n.* Fragebogen, *der*
**'question time** *n.* Diskussionszeit, *die; (Parl.)* Fragestunde, *die;* **at ~ time** während der Diskussionszeit/Fragestunde
**queue** [kju:] **1.** *n.* **a)** *(line)* Schlange, *die;* **a ~ of people/cars** eine Menschen-/Autoschlange; **a long ~ of people** eine lange Schlange; **stand** *or* **wait in a ~:** Schlange stehen; anstehen; **join the ~:** sich anstellen; **take one's place in a ~:** sich in eine Schlange einreihen; *see also* **jump 3 g; b)** *(of hair)* Zopf, *der.* **2.** *v. i.* **~ [up]** Schlange stehen; anstehen; *(join ~)* sich anstellen; **~ to buy admission tickets** nach Eintrittskarten anstehen; **~ for a bus** an der Bushaltestelle Schlange stehen; **~ for vegetables** nach Gemüse anstehen
**queue: ~-jumper** *n. (Brit.)* jmd., *der sich vordrängt;* **~-jumping** *n. (Brit.)* Vordrängen, *das;* Vordrängeln, *das (ugs.)*
**quibble** ['kwɪbl] **1.** *n.* **a)** *(argument)* spitzfindiges Argument; **b)** *(petty objection)* Spitzfindigkeit, *die.* **2.** *v. i.* streiten; **~ over** *or* **about sth.** über etw. *(Akk.)* streiten; **~ about the quality of sb.'s work** die Qualität von jmds. Arbeit bekritteln
**quibbler** ['kwɪblə(r)] *n.* Kritt[e]ler, *der;* Nörgler, *der*
**quibbling** ['kwɪblɪŋ] *adj.* spitzfindig
**quiche** [ki:ʃ] *n.* Quiche, *die;* **bacon ~:** Speckkuchen, *der*
**quick** [kwɪk] **1.** *adj.* **a)** schnell; kurz ‹*Rede, Zusammenfassung, Pause*›; flüchtig ‹*Kuß, Blick usw.*›; **it's ~er by train** mit dem Zug geht es schneller; **'that was/'you were ~!** das ging aber schnell!; **could I have a ~ word with you?** kann ich Sie kurz einmal sprechen?; **he had a ~ bite to eat** er hat schnell etwas gegessen; **how about a ~ drink?** wollen wir kurz einen trinken gehen? *(ugs.);* **write sb. a ~ note** jmdm. schnell ein paar Zeilen schreiben; **be ~!** mach schnell! *(ugs.);* beeil[e] dich!; **be ~ about it!** mach ein bißchen dalli! *(ugs.);* **please try to be ~ [about it]** *(in discussion, on telephone)* bitte fassen Sie sich kurz; **b)** *(ready, sensitive, prompt to act or understand)* schnell ‹*Person*›; wach ‹*Verstand*›; aufgeweckt ‹*Kind*›; **he is very ~:** er ist sehr schnell von Begriff *(ugs.);* **be ~ to do sth.** etw. schnell tun; **be ~ to take offence** schnell *od.* leicht beleidigt sein; **she is ~ to criticise** mit Kritik ist sie schnell bei der Hand; **be ~ at figures/repartee** schnell rechnen können/schlagfertig sein; **he's too ~ for me** mit ihm komme ich nicht mit; **have a ~ ear/eye** ein feines Ohr/scharfes Auge haben; **he has a ~ eye/ear for ...:** er hat ein Auge/Ohr für ...; **[have] a ~ temper** ein aufbrausendes Wesen [haben]; **have ~ wits** Köpfchen haben *(ugs.);* **c)** *(arch.: living, alive)* lebendig; **the ~ and the dead** die Lebenden und die Toten. **2.** *adv.* schnell; **~!** [mach] schnell! **3.** *n.* empfindliches Fleisch; **bite one's nails to the ~:** die Nägel bis zum Fleisch abkauen; **be cut** *or* **hurt** *or* **stung** *etc.* **to the ~** *(fig.)* tief getroffen *od.* verletzt sein
**quick: ~-acting** *attrib. adj.* schnell wirkend; **~-change** *attrib. adj. (Theatre)* Verwandlungs‹*künstler, -nummer*›
**quicken** ['kwɪkn] **1.** *v. t.* **a)** *(make quicker)* beschleunigen; **b)** *(animate)* lebendig machen; erwecken; **c)** *(stimulate, rouse, inspire)* beflügeln ‹*Phantasie, Begeisterung*›. **2.** *v. i.* **a)** *(become quicker)* sich beschleunigen; schneller werden; ‹*Herz:*› schneller schlagen; **her breath/steps ~ed** sie atmete/ging schneller; **b)** *(be stimulated, roused)* ‹*Hoffnung:*› sich regen *(geh.)*
**quick: ~ fire** *n. (Mil.)* Schnellfeuer, *das;* **~-fire questions** *(fig.)* Fragen wie aus dem Maschinengewehr; **~-firing** *adj. (Mil.)* Schnellfeuer-; **~-freeze** *v. t.* schnellgefrieren

**quickie** ['kwɪkɪ] *n. (coll.)* im Schnellverfahren hergestellte Sache; *(drink)* Schluck auf die Schnelle *(ugs.); (sexual intercourse)* eine Nummer auf die Schnelle *(salopp);* **be a ~:** im Schnellverfahren hergestellt sein

'**quicklime** *n.* ungelöschter Kalk

**quickly** ['kwɪklɪ] *adv.* schnell

'**quick march** *n. (Mil.)* Eilmarsch, *der*

**quickness** ['kwɪknɪs] *n., no pl.* **a)** *(speed)* Schnelligkeit, *die;* **the ~ of the hand deceives the eye** die Geschicklichkeit der Hand täuscht das Auge; **~ of action** schnelles Handeln; **b)** *(acuteness of perception)* Schärfe, *die;* **~ of the mind** schnelle Auffassungsgabe; **c)** *(hastiness)* **~ of temper** Hitzigkeit, *die;* aufbrausendes Wesen

**quick: ~ one** *n. (coll.)* Schluck auf die Schnelle *(ugs.);* **have a ~ one** schnell einen trinken [gehen]; *(sexually)* eine schnelle Nummer machen *(salopp);* **~sand** *n.* Treibsand, *der;* Mahlsand, *der (Seemannsspr.);* **~set** *n.* Heckenpflanze, *die; (hedge)* Hecke, *die;* **~-setting** *adj.* schnell trocknend ⟨*Klebstoff*⟩; schnell bindend ⟨*Zement*⟩; schnell gelierend ⟨*Konfitüre usw.*⟩; **~silver** *n.* **a)** Quecksilber, *das;* **b)** *attrib. (fig.)* lebhaft; quecksilbrig; **have a ~silver temperament** Quecksilber im Leib haben *(ugs.);* **~ step** *n.* **a)** *(Mil.)* Eilschritt, *der;* **b)** *(Dancing)* Quickstep, *der;* **~-tempered** *adj.* hitzig; **be ~-tempered** leicht aufbrausen; **~thorn** *n. (Bot.)* Weißdorn, *der;* **~-witted** *adj.* geistesgegenwärtig; schlagfertig ⟨*Antwort*⟩; **~-wittedness** [kwɪk'wɪtɪdnɪs] *n., no pl.* Geistesgegenwart, *die; (of answer)* Schlagfertigkeit, *die*

[1]**quid** [kwɪd] *n. (Brit. sl.)* **a)** *pl. same (one pound)* Pfund, *das;* **a few ~:** ein paar Möpse *od.* Flöhe *(salopp);* **fifty ~:** fünfzig Kugeln *(salopp);* **b) be ~s in** auf sein Geld kommen *(ugs.)*

[2]**quid** *n. (tobacco)* Priem, *der*

**quid pro quo** [kwɪd prəʊ 'kwəʊ] *n.* Gegenleistung, *die;* Quidproquo, *das (geh.)*

**quiescence** [kwɪ'esəns] *n.* Ruhe, *die*

**quiescent** [kwɪ'esənt] *adj.* still; untätig ⟨*Vulkan*⟩

**quiet** ['kwaɪət] **1.** *adj.*, **~er** ['kwaɪətə(r)], **~est** ['kwaɪətɪst] **a)** *(silent)* still; *(not loud)* leise ⟨*Schritte, Musik, Stimme, Motor, Fahrzeug*⟩; **be ~!** *(coll.)* sei still *od.* ruhig!; **~!** Ruhe!; **keep ~:** still sein; **keep sth. ~, keep ~ about sth.** *(fig.)* etw. geheimhalten; **I want the matter to be kept ~:** ich möchte, daß darüber Stillschweigen bewahrt wird; **keep sb./a child ~:** dafür sorgen, daß jmd. schweigt/ein Kind ruhig ist; **go ~:** still werden; **b)** *(peaceful, not busy)* ruhig; **a ~ evening at home** ein geruhsamer Abend zu Hause; **let's go for a ~ drink** gehen wir in aller Ruhe einen trinken; **have a ~ mind** beruhigt sein; **all was ~ on the border** an der Grenze herrschte Ruhe *od.* war alles ruhig; **c)** *(gentle)* sanft; ruhig ⟨*Kind, Person*⟩; **d)** *(not overt, disguised)* versteckt; heimlich ⟨*Groll*⟩; **have a ~ word with sb.** mit jmdm. unter vier Augen reden; **have a ~ laugh about sth.** im stillen über etw. *(Akk.)* lachen; **on the ~:** still und heimlich; **e)** *(not formal)* zwanglos; klein ⟨*Feier*⟩; **f)** *(not showy)* dezent ⟨*Farben, Muster*⟩; schlicht ⟨*Eleganz, Stil*⟩. **2.** *n.* Ruhe, *die; (silence, stillness)* Stille, *die;* **in the ~ of the night** in der Stille der Nacht; *see also* **peace c. 3.** *v. t. see* **quieten 1**

**quieten** ['kwaɪətn] *(Brit.)* **1.** *v. t.* **a)** beruhigen; zur Ruhe bringen ⟨*Kind, Schulklasse*⟩; **b)** zerstreuen ⟨*Bedenken, Angst, Verdacht*⟩. **2.** *v. i.* sich beruhigen

**~ 'down 1.** *v. t. see* **~ 1 a. 2.** *v. i.* sich beruhigen; **since her marriage she has ~ed down** seit sie geheiratet hat, ist sie viel ruhiger geworden

**quietism** ['kwaɪətɪzm] *n.* Quietismus, *der*

**quietly** ['kwaɪətlɪ] *adv.* **a)** *(silently)* still; *(not loudly)* leise; **die ~:** eines sanften Todes sterben *(geh.);* **b)** *(peacefully, tranquilly)* ruhig; **be ~ drinking one's tea** in [aller] Ruhe seinen Tee trinken; **I'll come ~** *(said by person being arrested)* ich werde ohne Widerstand mitkommen; **c)** *(gently)* sanft; **a ~ spoken young man** ein ruhiger *od.* stiller junger Mann; **d)** *(not overtly)* insgeheim; **they settled the affair ~:** sie haben die Angelegenheit unter sich *(Dat.)* ausgemacht; **e)** *(not formally)* zwanglos; **get married ~:** im kleinen Rahmen heiraten; **f)** *(not showily)* dezent; schlicht

**quietness** ['kwaɪətnɪs] *n., no pl.* **a)** *(absence of noise or motion)* Stille, *die; (of reply)* Ruhe, *die; (of car, engine)* Geräuscharmut, *die; (of footsteps)* Geräusch-, Lautlosigkeit, *die;* **b)** *(peacefulness, gentleness)* Ruhe, *die*

**quietude** ['kwaɪətju:d] *n. (literary)* Stille, *die;* Frieden, *der (geh.)*

**quiff** [kwɪf] *n. (Brit.)* **a)** *(curl)* Stirnlocke, *die;* Schmachtlocke, *die (ugs.);* **b)** *(tuft of hair)* [Haar]tolle, *die (ugs.)*

**quill** [kwɪl] *n.* **a)** *see* **quill-feather; b)** *see* **quill-pen; c)** *(stem of feather)* [Feder]kiel, *der;* **d)** *(of porcupine)* Stachel, *der*

**quill: ~-feather** *n.* Kielfeder, *die;* **~-pen** *n.* [Feder]kiel, *der*

**quilt** [kwɪlt] **1.** *n.* **a)** *(padded bed-coverlet)* Schlafdecke, *die;* **continental ~:** Steppdecke, *die;* **b)** *(bedspread)* Tagesdecke, *die; see also* **crazy d; patchwork. 2.** *v. t.* **a)** *(cover or line with padded material)* wattieren; **b)** *(make or join like ~)* steppen

**quilting** ['kwɪltɪŋ] *n.* **a)** *(process)* Steppen, *das;* **b)** *(material)* gesteppter Stoff

**quin** [kwɪn] *n. (coll.)* Fünfling, *der*

**quince** [kwɪns] *n.* **a)** *(fruit)* Quitte, *die;* **b)** *(tree)* Quittenbaum, *der; see also* **Japanese quince**

**quince 'jelly** *n.* Quittengelee, *das*

**quinine** ['kwɪni:n, kwɪ'ni:n] *n.* Chinin, *das*

**quinquennial** [kwɪŋ'kwenɪəl] *adj. (lasting five years)* fünfjährig; *(once every five years)* fünfjährlich

**quinquennium** [kwɪŋ'kwenɪəm] *n., pl.* **~s** *or* **quinquennia** [kwɪŋ'kwenɪə] Jahrfünft, *das*

**quinsy** ['kwɪnzɪ] *n. (Med.)* Mandelentzündung, *die*

**quintessence** [kwɪn'tesəns] *n.* **a)** *(most perfect form)* Quintessenz, *die; (embodiment)* Inbegriff, *der;* **b)** *(essence, extract of substance)* Extrakt, *der*

**quintessential** [kwɪntɪ'senʃl] *adj.* typisch; wesentlich

**quintet, quintette** [kwɪn'tet] *n. (also Mus.)* Quintett, *das;* **piano/clarinet ~:** Klavier-/Klarinettenquintett, *das*

**quintuple** ['kwɪntjʊpl] **1.** *adj.* fünffach. **2.** *n.* Fünffache, *das.* **3.** *v. t.* verfünffachen. **4.** *v. i.* sich verfünffachen

**quintuplet** ['kwɪntjʊplɪt, kwɪn'tju:plɪt] *n.* Fünfling, *der*

**quip** [kwɪp] **1.** *n.* **a)** *(clever saying)* Witzelei, *die;* Geistreichelei, *die (scherzh. abwertend);* **b)** *(sarcastic remark)* Bissigkeit, *die.* **2.** *v. i.*, **-pp-** *(make quips)* witzeln (**at** über + *Akk.*); geistreicheln *(scherzh. abwertend)*

**quire** [kwaɪə(r)] *n. (Bookbinding: collection of sheets)* Lage, *die; (24/25 sheets)* 24/25 Bögen Papier; *(4 sheets)* 4 zu 8 Blättern gefaltete Bögen; **in ~s** ungebunden

**quirk** [kwɜ:k] *n.* Marotte, *die;* Schrulle, *die (ugs.);* **[by a] ~ of nature/fate/history** *etc.* [durch eine] Laune der Natur/des Schicksals/der Geschichte *usw.*

**quirky** ['kwɜ:kɪ] *adj.* schrullig *(ugs.)*

**quisling** ['kwɪzlɪŋ] *n.* Quisling, *der (abwertend)*

**quit** [kwɪt] **1.** *pred. adj.* **be ~ of sb./sth.** jmds./einer Sache ledig sein *(geh.).* **2.** *v. t.*, **-tt-**, *(Amer.)* **quit a)** *(give up)* aufgeben; *(cease, stop)* aufhören mit; **~ doing sth.** aufhören, etw. zu tun; **b)** *(depart from)* verlassen; *(leave occupied premises)* ausziehen aus; *abs.* ausziehen; **give notice to ~ [the flat** *etc.*] [die Wohnung *usw.*] kündigen; **they had** *or* **were given notice to ~ [the flat** *etc.*] ihnen wurde [die Wohnung *usw.*] gekündigt; **~ hold of sth.** etw. loslassen; **c)** *also abs. (from job)* kündigen

**quitch-[grass]** ['kwɪtʃ (grɑ:s)] *see* [2]**couch**

**quite** [kwaɪt] *adv.* **a)** *(entirely)* ganz; völlig; vollkommen; gänzlich ⟨*unnötig*⟩; fest ⟨*entschlossen*⟩; **not ~** *(almost)* nicht ganz; *(noticeably not)* nicht gerade; **I'm sorry – That's ~ all right** Entschuldigung – Schon gut *od.* in Ordnung; **not ~ five o'clock** noch nicht ganz 5 Uhr; **I don't need any help; I'm ~ all right, thank you** danke, es geht schon, ich komme allein zurecht; **I've had ~ enough of it** jetzt habe ich aber genug davon; **how can you be ~ so sure?** wie kannst du so sicher sein?; **I've never known anyone who was ~ so stubborn** ich kenne niemanden, der so stur wie er/sie ist; **I ~ agree/understand** ganz meine Meinung/ich verstehe schon; **~ [so]! [ja,]** genau *od.* richtig!; **be ~ a hero** wirklich ein Idol sein; **that is ~ a different matter** das ist etwas ganz anderes *od.* schon etwas anderes; **we drove at ~ a speed** wir sind vielleicht schnell gefahren *(ugs.);* **they had ~ a party** sie haben vielleicht gefeiert *(ugs.);* **be ~ other than sth.** ⟨*Wahrheit, Ansicht:*⟩ sich deutlich von etw. unterscheiden; **~ another story/case** eine ganz andere Geschichte/ein ganz anderer Fall; **b)** *(somewhat, to some extent)* ziemlich; recht; ganz ⟨*gern*⟩; **it was ~ an effort** es war ziemlich *od.* recht anstrengend; **that is ~ a shock/surprise** das ist ein ziemlicher Schock/eine ziemliche Überraschung; **I'd ~ like to talk to him** ich würde ganz gern mit ihm sprechen; **~ a few** ziemlich viele *od.* eine ganze Menge ⟨*Bücher, Preise, Urteile*⟩; **they had ~ a lot of applicants/a run of success** sie hatten eine ziemlich große Anzahl von Kandidaten/sie waren ziemlich lange [Zeit] erfolgreich

**quits** [kwɪts] *pred. adj.* **be ~ [with sb.]** [mit jmdm.] quitt sein *(ugs.);* **call it ~:** ⟨*Einzelperson:*⟩ zustimmen *od.* Ruhe geben; ⟨*mehrere Personen:*⟩ sich vertragen; **let's call it ~!** wollen wir die Sache auf sich beruhen lassen!; *(nothing owed)* sagen wir, wir sind quitt; *see also* **double 3 c**

**quitter** ['kwɪtə(r)] *n.* Drückeberger, *der/* Drückebergerin, *die (ugs. abwertend)*

[1]**quiver** ['kwɪvə(r)] **1.** *v. i.* zittern (**with** vor + *Dat.*); ⟨*Stimme, Lippen:*⟩ beben *(geh.);* ⟨*Lid:*⟩ zucken; ⟨*Stimme:*⟩ vibrieren; **her legs ~ed** ihr zitterten die Beine; ihre Beine zitterten. **2.** *n.* Zittern, *das; (of lips, voice also)* Beben, *das (geh.); (of eyelid)* Zucken, *das;* **there was a ~ in her voice** ihre Stimme zitterte *od. (geh.)* bebte; **be all in a ~:** am ganzen Körper zittern

[2]**quiver** *n. (for arrows)* Köcher, *der*

**qui vive** [ki: 'vi:v] *n.* **be on the ~:** auf dem Quivive sein *(ugs.);* wachsam sein

**quixotic** [kwɪk'sɒtɪk] *adj.* lebensfremd ⟨*Person, Ideal*⟩; idealistisch ⟨*Verhalten*⟩; **a ~ act** eine Donquichotterie; **a ~ person** ein Don Quichotte *od.* Quixote *od.* Quijote

**quiz** [kwɪz] **1.** *n., pl.* **~zes a)** *(Radio, Telev., etc.)* Quiz, *das;* Ratespiel, *das;* **contestants in/guests on the ~:** Quizteilnehmer *Pl.;* **b)** *(interrogation, questionnaire, test)* Prüfung, *die; (for pupils)* Aufgabe, *die.* **2.** *v. t.*, **-zz-** ausfragen (**about sth.** nach etw., **about sb.** über jmdn.), fragen (**about** nach); ⟨*Polizei:*⟩ verhören, vernehmen ⟨*Verdächtige*⟩

**quiz: ~-master** *n. (Radio, Telev.)* Quizmaster, *der;* Spielleiter, *der;* **~ programme, ~ show** *ns. (Radio, Telev.)* Quizsendung *die*

**quizzical** ['kwɪzɪkl] *adj.* fragend ⟨*Blick, Miene*⟩; *(mocking)* spöttisch ⟨*Lächeln*⟩

**quizzically** ['kwɪzɪkəlɪ] *adv.* fragend ⟨*blicken*⟩; *(mocking)* spöttisch ⟨*lächeln*⟩

**quoin** [kɔɪn] *n.* **a)** *(angle)* Ecke, *die;* **b)** *(corner-stone)* Eckstein, *der*

**quoit** [kɔɪt] *n. (Games)* [Gummi]ring, *der*

**quoits** [kɔɪts] *n., no pl. (Games)* Ringtennis, *das*

**quorate** ['kwɔːreɪt] *adj.* beschlußfähig

**quorum** ['kwɔːrəm] *n.* Quorum, *das*

**quota** ['kwəʊtə] *n.* **a)** *(share)* Anteil, *der;* **b)** *(maximum quantity)* Höchstquote, *die; (of goods to be produced/imported)* maximale Produktions-/Einfuhrquote; *(quantity of goods to be produced)* Produktionsmindestquote, *die; (of work)* [Arbeits]pensum, *das;* **c)** *(maximum number)* Höchstquote, *die; (of immigrants/students permitted)* maximale Einwanderungs-/Zulassungsquote

**quotation** [kwəʊ'teɪʃn] *n.* **a)** Zitieren, *das;* Zitate *Pl.; (passage)* Zitat, *das;* **dictionary of ~s** Zitatenlexikon, *das;* **b)** *(amount stated as current price)* [Börsen]kurs, *der;* Quotation, *die (fachspr.);* [Börsen-, Kurs]notierung, *die;* **c)** *(contractor's estimate)* Kosten[vor]anschlag, *der;* Kalkulation, *die*

**quo'tation-marks** *n. pl.* Anführungszeichen *Pl.*

**quote** [kwəʊt] **1.** *v. t.* **a)** *also abs.* zitieren **(from** aus); zitieren aus ‹*Buch, Text, Klassiker, Übersetzung*›; *(appeal to)* sich berufen auf (+ *Akk.*) ‹*Person, Buch, Text, Quelle*›; *(mention)* anführen ‹*Vorkommnis, Beispiel*›; **he is ~d as saying that ...:** er soll gesagt haben, daß ...; **don't ~ me on it** sagen Sie nicht, daß Sie das von mir haben; **~ an earlier case to sb.** jmdm. einen früheren Fall nennen; **~ sth. as the reason/an example** etw. als Grund/Beispiel anführen; **..., and I ~, ...:** ... ich zitiere, ...; **b)** *(state price of)* angeben, nennen ‹*Preis*›; quotieren *(fachspr.);* **wheat/the £ is ~d at ...:** der Weizenpreis/Pfundkurs wird mit ... angegeben; **~ sb. a price** jmdm. einen Preis nennen; **c)** *(St. Exch.)* notieren ‹*Aktie*›; **be ~d at a lower price** niedriger notiert werden; **d)** *(enclose in quotation-marks)* in Anführungszeichen *(Akk.)* setzen; **..., ~, ...:...,** Zitat, ... **2.** *n. (coll.)* **a)** *(passage)* Zitat, *das;* **b)** *(commercial quotation)* Kosten[vor]anschlag, *der;* Kalkulation, *die;* **c)** *usu. in pl. (quotation-mark)* Anführungszeichen, *das;* Gänsefüßchen, *das (ugs.)*

**quoth** [kwəʊθ] *v. t. 1st & 3rd pers. p. t. (arch.) in sing./pl.* sprach/sprachen *(geh.)*

**quotient** ['kwəʊʃnt] *n. (Math.)* Quotient, *der; see also* **intelligence quotient**

**q.v.** [kjuː'viː] *abbr.* **quod vide** s. d.

# R

**R, r** [ɑː(r)] *n., pl.* **Rs** *or* **R's a)** *(letter)* R, r, *das;* **b) the three Rs** Lesen, Schreiben und Rechnen; **c) the R months** die Monate mit r

**R.** *abbr.* **a) River** Fl.; **R. Thames** die Themse; **b) Regina/Rex** Königin, *die*/König, *der;* **in the case R. v. Smith** in der Sache der Königin/des Königs gegen Smith; **c)** ® **registered as trademark** ®; Ⓦⓩ; **d)** *(Amer.)* **Republican; e)** *(Chess)* **rook** T

**r.** *abbr.* **right** re.

**RA** *abbr.* **a) Royal Academician** Mitglied der „Royal Academy"; **b) Royal Academy** *see* **academy a; c) Royal Artillery** Königl. Art.

**rabbet** ['ræbɪt] *n. (groove)* Falz, *der; (to receive edge of door or window)* Anschlag, *der*

**rabbi** ['ræbaɪ] *n.* Rabbi[ner], *der; (as title)* Rabbi, *der;* **Chief R~:** Oberrabbiner, *der*

**rabbit** ['ræbɪt] **1.** *n.* **a)** Kaninchen, *das;* **b)** *(Brit. coll.: poor player)* Flasche, *die (ugs.);* Niete, *die (ugs.);* **c)** *(Amer.: hare)* Hase, *der. See also* **breed 2a; Welsh rabbit. 2.** *v. i. (Brit. coll.: talk)* **~ [on]** sülzen *(salopp);* quatschen *(salopp)*

**rabbit: ~-burrow** *n.* Kaninchenbau, *der;* Kaninchenhöhle, *die;* **~-food** *n.* Kaninchenfutter, *das; (fig. joc.)* Grünzeug, *das;* Kaninchenfutter, *das (scherzh.);* **~-fur** *n.* Kaninchenfell, *das;* Kanin, *das (fachspr.); (coat)* Kaninmantel, *der;* **~-hole** *see* **~-burrow; ~-hutch** *n. (lit. or fig. joc.)* Kaninchenstall, *der;* **~ punch** *n.* Rabbitpunch, *der (Boxen);* Genickschlag, *der;* **~-warren** *n.* Kaninchengehege, *das;* **this building is a ~-warren** dieses Gebäude ist das reinste Labyrinth

**rabble** ['ræbl] *n.* Mob, *der (abwertend);* Pöbel, *der (abwertend)*

**rabble: ~-rouser** ['ræblraʊzə(r)] *n.* Aufwiegler, *der*/Aufwieglerin, *die;* [Auf]hetzer, *der*/[Auf]hetzerin, *die;* **~-rousing 1.** *adj.* aufwieglerisch, [auf]hetzerisch ‹*Rede, Wort*›; **2.** *n.* [Auf]hetzerei, *die;* Aufwiegelei, *die*

**Rabelaisian** [ræbə'leɪzjən] *adj.* Rabelaissch ‹*Stil, Sprachreichtum*›

**rabid** ['ræbɪd] *adj.* **a)** *([Vet.] Med.)* tollwütig ‹*Tier, Person*›; Tollwut‹*symptom, -erreger, -virus*›; **b)** *(furious, violent)* wild ‹*Haß, Wut*›; *(unreasoning, extreme)* fanatisch ‹*Demokrat, Reformer, Anhänger, Befürworter, Antisemitismus*›

**rabies** ['reɪbiːz] *n. ([Vet.] Med.)* Tollwut, *die;* Rabies, *die (fachspr.)*

**RAC** *abbr. (Brit.)* **Royal Automobile Club** Königlicher Britischer Automobilklub

**raccoon** *see* **racoon**

**¹race** [reɪs] **1.** *n.* **a)** Rennen, *das; (Swimming)* Turnier, *das;* **have a ~ [with** *or* **against sb.]** mit jmdm. um die Wette laufen/schwimmen/reiten *usw.;* **100 metres ~:** 100-m-Rennen/-Schwimmen, *das;* **be in the ~** *(lit. or fig.)* gut im Rennen liegen; **be out of the ~** ‹*Läufer, Schwimmer, Reiter usw.:*› ausgeschieden sein; *(fig.)* ‹*Bewerber:*› nicht mehr im Rennen sein; **b)** *in pl. (series) (for horses)* Pferderennen, *das; (for dogs)* Hunderennen, *das;* **go to the ~s** zum Rennen gehen; **a day at the ~s** ein Tag auf der Rennbahn; **c)** *(fig.)* **a ~ against time** ein Wettlauf mit der Zeit; **sb.'s** *or* **the ~ is [nearly] run** *(after pursuit)* jmd. ist verloren; *(after severe illness, euphem.)* jmds. Zeit ist gekommen *(geh. verhüll.);* **the ~ for governor/nomination** das Rennen um den Gouverneursposten/die Nominierung; **it will be a mad ~ to get the work finished in time** es wird eine wahnsinnige Hetze werden, die Arbeit rechtzeitig fertig zu bekommen; **d)** *(channel of stream)* Gerinne, *das (veralt.); see also* **mill-race; e)** *(Mech. Engin.: of ball-bearing)* Ring, *der.* **2.** *v. i.* **a)** *(in swimming, running, walking, sailing, etc.)* um die Wette schwimmen/laufen/gehen/segeln *usw.* **(with, against** mit); **~ against time** ‹*Läufer:*› gegen die Uhr laufen; *(fig.)* gegen die Uhr *od.* Zeit arbeiten; **b)** *(indulge in horse-racing)* dem Pferderennsport frönen; *(Sports: in car)* Autorennen fahren; **~ at a meeting** *(own or train horses for it)* bei einem Rennen Pferde laufen lassen; **c)** *(go at full or excessive speed)* ‹*Motor:*› durchdrehen; ‹*Puls:*› jagen, rasen; **d)** *(rush)* sich sehr beeilen; hetzen; ‹*Wolken:*› jagen; *(on foot also)* rennen; jagen; **~ after sb.** jmdm. hinterherhetzen; **~ [a]round** *or* **about** herumhetzen; hin und her hetzen; **~ to finish sth.** sich beeilen, um etw. fertigzukriegen *(ugs.);* **~ ahead with sth.** *(hurry)* etw. im Eiltempo vorantreiben *(ugs.); (make rapid progress)* bei etw. mit Riesenschritten vorankommen *(ugs.).* **3.** *v. t.* **a)** *(have ~ with) (in swimming, riding, walking, running, etc.)* um die Wette schwimmen/reiten/gehen/laufen *usw.* mit; **I'll ~ you** ich mache mit dir einen Wettlauf; **b)** *(cause to ~)* ‹*Fahrer:*› rasen mit *(ugs.)* ‹*Auto, Kajak usw.*›; ‹*Steuermann:*› sehr schnell fahren mit ‹*Schiff*›; **c)** hochjagen *(salopp)* ‹*Motor*›; **~ sb. along** jmdn. vorwärts hetzen *(ugs.)*

**²race** *n.* **a)** *(Anthrop., Biol.)* Rasse, *die;* **be of mixed ~:** gemischtrassig *od.* -rassisch sein; **b)** *(class of persons)* Klasse, *die; (esp. Relig.)* Kaste, *die;* **c)** *(group with common descent)* Geschlecht, *das;* Sippe, *die; (nation)* Volk, *das; (tribe)* Volk, *das;* Stamm, *der;* **the human ~:** die Menschheit; die Menschen; **be of noble ~:** vornehmer Abkunft *(geh.) od.* Abstammung sein

**race: ~card** *n.* Rennprogramm, *das;* **~course** *n.* Rennbahn, *die;* **~goer** *n.* Rennbesucher, *der*/-besucherin, *die;* **~ hatred** *n.* Rassenhaß, *der;* **~horse** *n.* Rennpferd, *das*

**raceme** [rə'siːm] *n. (Bot.)* Blütentraube, *die*

**'race-meeting** *n. (Sport)* Renntag, *der; (on successive days)* Renntage *Pl.*

**racer** ['reɪsə(r)] *n. (person)* Läufer, *der*/Läuferin, *die; (horse)* Rennpferd, *das;* Renner, *der; (yacht)* Rennjacht, *die; (bicycle)* Rennrad, *das;* Rennmaschine, *die; (car)* Rennwagen, *der; (plane)* Sportflugzeug, *das*

**race: ~ relations** *n. pl.* Beziehung zwischen den Rassen; **R~ Relations Act** *(Brit.)* Gesetz gegen Rassendiskriminierung; **~-riot** *n.* Rassenkrawall, *der;* **~-track** *n.* Rennbahn, *die;* **~way** *n. (Amer.)* Trabrennbahn, *die*

**rachitic** [rə'kɪtɪk] *adj. (Med.)* rachitisch

**rachitis** [rə'kaɪtɪs] *n. (Med.)* Rachitis, *die*

**racial** ['reɪʃl] *adj.* Rassen‹*diskriminierung, -konflikt, -gleichheit, -vorurteil, -unruhen, -stolz*›; rassisch ‹*Gruppe, Minderheit*›; **~ attack/assault** rassistischer Angriff/Überfall; **~ harmony** Eintracht unter den Rassen; **Commission for R~ Equality** *(Brit.)* Kommission für Rassengleichheit

**racialism** ['reɪʃəlɪzm] *n., no pl.* Rassismus, *der*

**racialist** ['reɪʃəlɪst] **1.** *n.* Rassist, *der*/Rassistin, *die.* **2.** *adj.* rassistisch

**racially** ['reɪʃəlɪ] *adv.* rassisch; **be ~ prejudiced** Rassenvorurteile haben

**racily** ['reɪsɪlɪ] *adv.* **a)** flott ‹*erzählen, schreiben*›; pikant ‹*gewürzt*›; kraftvoll ‹*gestaltet*›; **b)** *(Amer.: in a risqué manner)* gewagt ‹*erzählen, sich kleiden*›

**racing** ['reɪsɪŋ] *n., no pl., no indef. art.* **a)** *(profession, sport)* Rennsport, *der; (with horses)* Pferdesport, *der;* **b)** *(races)* Rennen *Pl.;* **go ~** *(attend horse/motor races)* zum Rennen gehen; **it is a ~ certainty that he will ...:** mit größter Wahrscheinlichkeit wird er ...

**racing: ~-bicycle** *n.* Rennrad, *das;* Rennmaschine, *die;* **~-car** *n.* Rennwagen, *der;* **~ colours** *n. pl.* Rennfarben *Pl.;* **~ driver** *n.* Rennfahrer, *der*/-fahrerin, *die;* **~-track** *n.* Rennbahn, *die*

**racism** ['reɪsɪzm] *n.* Rassismus, *der*

**racist** ['reɪsɪst] **1.** *n.* Rassist, *der*/Rassistin, *die.* **2.** *adj.* rassistisch

**¹rack** [ræk] **1.** *n.* **a)** *(for luggage in bus, train, etc.)* Ablage, *die; (for pipes, hats, spectacles, toast, plates)* Ständer, *der; (for tools)* Regal, *das; (on bicycle, motor cycle)* Gepäckträger, *der; (on car)* Dachgepäckträger, *der;* **b)** *(for fodder)* Raufe, *die;* **c)** *(instrument of torture)* Folter[bank], *die;* **put sb. on the ~:** jmdn. auf die Folter legen; *(fig.)* ‹*Problem, Ungewißheit:*› jmdn. quälen; **be on the ~** *(lit. or* *fig.)* Folterqualen leiden; **d)** *(Mech. Engin.)* Zahnstange, *die;* ~ **and pinion** Zahntrieb, *der.* **2.** *v. t.* **a)** *(lit. or fig.: torture)* quälen, plagen; **be ~ed by** *or* **with pain** *etc.* von Schmerzen *usw.* gequält und geplagt werden; **b)** *(shake violently)* ‹*Husten, Vibration:*› erschüttern, heftig schütteln ‹*Körper*›; **c)** ~ **one's brain[s]** *(fig.)* sich *(Dat.)* den Kopf zerbrechen *od.* das Hirn zermartern *(ugs.)* **(for** über + *Akk.*)

~ **'up** *v. t. (Amer.: achieve)* machen *(ugs.),* erzielen ‹*Punkte*›; kriegen *(ugs.)* ‹*Preis*›

**2rack** *n. (joint of lamb etc.)* vorderes Rippenstück [vom Lamm *usw.*]

**3rack** *see* **ruin 1 a**

**4rack** *v. t.* ~ **[off]** abziehen ‹*Wein, Bier*› **(into** auf + *Akk.*)

**1racket** ['rækɪt] *n.* **a)** *(Sport)* Schläger, *der; (Tennis also)* Racket, *das;* **b)** *in pl., usu. constr. as sing. (ball game)* Raquets, *das;* Racquetball, *der*

**2racket** *n.* **a)** *(disturbance, uproar)* Lärm, *der;* Krach, *der;* **make a ~:** Krach *od.* Lärm machen; **they kicked up no end of a ~** *(coll.)* sie machten einen Höllenlärm *(ugs.);* **b)** *(dishonest scheme)* Schwindelgeschäft, *das (ugs.);* **a narcotics** *or* **drug ~:** krimineller Drogenhandel; **c)** *(sl.: line of business)* Job, *der (ugs.);* **I'm in the insurance ~:** ich mache in Versicherungen *(salopp)*

**racketeer** [rækɪ'tɪə(r)] *n.* Ganove, *der; (profiteer)* Wucherer, *der;* **drug ~:** Drogenhändler, *der/*-händlerin, *die;* Dealer, *der/*Dealerin, *die (ugs.)*

**racketeering** [rækɪ'tɪərɪŋ] *n.* kriminelle Geschäfte *Pl.;* Schwindel, *der; (profiteering)* Wucher, *der*

**'racket-press** *n. (Sport)* Spanner, *der*

**racking** ['rækɪŋ] *attrib. adj.* quälend

**rack: ~-railway** *n.* Zahnrad-, Zahnstangenbahn, *die;* **~-rent** *n. (excessive rent)* überhöhte Miete; Wuchermiete, *die (abwertend)*

**raconteur** [rækɒn'tɜ:(r)] *n.* Geschichten-, Anekdotenerzähler, *der/*-erzählerin, *die*

**racoon** [rə'ku:n] *n. (Zool.)* Waschbär, *der*

**racquet** *see* **1racket**

**racy** ['reɪsɪ] *adj.* **a)** flott *(ugs.),* schwungvoll ‹*Erzählweise, Stil, Sprache*›; schwungvoll ‹*Rede*›; pikant ‹*Aroma*›; saftig *(ugs.)* ‹*Humor*›; rassig ‹*Traubensorte, Wein*›; **b)** *(Amer.: risqué)* gewagt, pikant ‹*Geschichte, Anekdote*›

**rad** [ræd] *n. (Phys.)* Rad, *das*

**RADA** [ɑ:reɪdi:'eɪ, *(coll.)* 'rɑ:də] *abbr. (Brit.)* **Royal Academy of Dramatic Art** RADA; Königliche Schauspielakademie

**radar** ['reɪdɑ:(r)] *n.* Radar, *das od. der*

**radar: ~ operator** *n.* Radartechniker, *der/*-technikerin, *die;* **~ scanner** *n.* Radarantenne, *die;* **~ screen** *n.* Radarschirm, *der;* **~ trap** *n.* Radarfalle, *die (ugs.)*

**radial** ['reɪdɪəl] **1.** *adj.* **a)** *(arranged like rays or radii)* strahlenförmig angeordnet; radiär *(fachspr.);* strahlig, strahlenförmig ‹*Muster*›; **b)** *(acting or moving from centre)* radial ‹*Durchfluß, Dispersion, Bahn*›; Radial‹*bohrmaschine, -beschleunigung*›; **c)** *(having spokes or radiating lines)* strahlenförmig ‹*Bauform*›; ~ **wheel** Radialrad, *das;* **d)** *(Anat.)* Speichen‹*nerv, -vene*›; ~ **artery** Speichenarterie, *die;* Puls[schlag]ader, *die (volkst.).* **2.** *n.* Radial-, Gürtelreifen, *der*

**'radial engine** *n.* Sternmotor, *der*

**radially** ['reɪdɪəlɪ] *adv.* strahlenförmig; radial *(fachspr.)*

**radial: ~[-ply] tyre** *n.* Radial-, Gürtelreifen, *der*

**radian** ['reɪdɪən] *n. (Geom.)* Radiant, *der*

**radiance** ['reɪdɪəns], **radiancy** ['reɪdɪənsɪ] *n.* **a)** *(emission of light rays etc.)* Leuchten, *das; (of sun, stars, lamp also)* Strahlen, *das;* **b)** *(joyful, hopeful, etc. appearance)* Strahlen, *das;* ~ **of joy/hope** freudiges/hoffnungsvolles Strahlen

**radiant** ['reɪdɪənt] **1.** *adj.* **a)** strahlend, leuchtend ‹*Himmelskörper, Dämmerung*›; leuchtend ‹*Lichtstrahl*›; ~ **colours** leuchtende Farben; **b)** *(fig.)* strahlend; fröhlich ‹*Stimmung*›; **be ~** ‹*Person, Augen:*› strahlen **(with** vor + *Dat.*). **2.** *n.* **a)** *(on electric or gas heater)* Heizfläche, *die;* **b)** *(Astron.)* Radiant, *der*

**radiant: ~ heat** *n.* Strahlungswärme, *die;* **~ heater** *n.* Heizstrahler, *der*

**radiantly** ['reɪdɪəntlɪ] *adv.* **a)** leuchtend; strahlend; **shine ~** ‹*Sonne, Sterne:*› leuchten; ‹*Lichtquelle:*› strahlen; **b)** *(fig.)* strahlend; **be ~ beautiful** von strahlender Schönheit sein

**radiate** ['reɪdɪeɪt] **1.** *v. i.* **a)** ‹*Sonne, Sterne:*› scheinen, strahlen; ‹*Glas, Metall:*› leuchten, glänzen; ‹*Kerze:*› scheinen; ‹*Hitze, Wärme:*› ausstrahlen, sich verbreiten; ‹*Schein, Radiowellen:*› ausgesendet werden, ausgehen **(from** von); ‹*Lichtstrahl:*› leuchten; **b)** *(diverge or spread from central point)* strahlenförmig ausgehen **(from** von). **2.** *v. t.* **a)** verbreiten, ausstrahlen ‹*Licht, Wärme, Klang*›; aussenden ‹*Strahlen, Wellen*›; **b)** ausstrahlen ‹*Glück, Liebe, Hoffnung, Gesundheit, Fröhlichkeit*›; *(spread as from centre)* verbreiten ‹*Liebe, Heiterkeit usw.*› **(around** um ... herum)

**radiation** [reɪdɪ'eɪʃn] *n.* **a)** *(emission of energy)* Emission, *die; (of signals)* Ausstrahlung, *die;* **b)** *(energy transmitted)* Strahlung, *die;* Strahlenemission, *die;* **solar ~:** Sonneneinstrahlung, *die;* ~ **from a coal fire** Wärmestrahlung eines Kohleofens; **contaminated by ~:** strahlenverseucht; **c)** *attrib.* Strahlen‹*behandlung, -therapie, -krankheit, -belastung, -dosis, -verseuchung, -zählrohr, -chemie*›; Strahlungs‹*intensität, -leistung, -meßgerät, -energie, -verbrennung, -niveau*›; ~ **leak[age]** Leckstrahlung, *die*

**radiator** ['reɪdɪeɪtə(r)] *n.* **a)** *(for heating a room)* [Rippen]heizkörper, *der;* Radiator, *der; (portable)* Heizgerät, *das;* Heizstrahler, *der;* **b)** *(for cooling engine)* Kühler, *der*

**radiator: ~ cap** *n.* Kühlverschraubung, *die;* Kühlerverschlußdeckel, *der;* **~ grille** *n.* Kühlergrill, *der;* Kühlerschutzgitter, *das;* **~ mascot** *n.* Kühlerfigur, *die*

**radical** ['rædɪkl] **1.** *adj.* **a)** *(thorough, drastic; also Polit.)* radikal; drastisch, radikal ‹*Maßnahme*›; umwälzend ‹*Auswirkungen*›; durchgreifend ‹*Umstrukturierung, Veränderung usw.*›; *(Brit. Hist.)* radikal; extrem liberal; *(Amer. Hist.)* radikal [republikanisch]; **a ~ cure** eine Radikalkur; **b)** *(progressive, unorthodox)* radikal; revolutionär ‹*Stil, Design, Sprachgebrauch*›; **c)** *(inherent, fundamental)* grundlegend ‹*Fehler, Unterschied*›; **d)** *(Med.)* ~ **surgery** Radikaloperation, *die;* **e)** *(Bot., Ling., Math.)* Wurzel-. **2.** *n.* **a)** *(Polit.)* Radikale, *der/die;* **b)** *(Math.) (quantity)* Wurzelausdruck, *der;* Radikal, *das (fachspr.); (radical sign)* Wurzelzeichen, *das;* **c)** *(Chem.)* Radikal, *das*

**radical 'chic** *n.* linke Schickeria

**radicalism** ['rædɪkəlɪzm] *n., no pl. (Polit.)* Radikalismus, *der*

**radically** ['rædɪkəlɪ] *adv.* **a)** *(thoroughly, drastically)* radikal; von Grund auf; **b)** *(Polit.)* radikal; **c)** *(originally, basically)* prinzipiell; **d)** *(inherently, fundamentally)* von Grund auf

**radicchio** [rə'dɪkjəʊ] *n., no pl.* Radicchio, *der*

**radicle** ['rædɪkl] *n. (Bot.) (part of embryo)* Keimwurzel, *die;* Radicula, *die (fachspr.); (rootlet)* Würzelchen, *das*

**radio** ['reɪdɪəʊ] **1.** *n., pl.* **~s a)** *no pl., no indef. art.* Funk, *der; (for private communication)* Sprechfunk, *der;* **over the/by ~:** über/per Funk; **b)** *no pl., no indef. art. (Broadcasting)* Rundfunk, *der;* Hörfunk, *der;* **listen to the ~:** Radio hören; **on the ~:** im Radio *od.* Rundfunk; **commercial ~:** Werbefunk, *der;* **work in ~:** beim Rundfunk arbeiten; **c)** *(apparatus)* Radio, *das;* ~ **[equipment]** Funk[sprech]gerät, *das;* **d)** *(broadcasting station)* Rundfunk- *od.* Radiosender, *der;* **R~ Luxembourg** Radio Luxemburg; **R~ One** Erstes [Rundfunk]programm. **2.** *attrib. adj.* **a)** *(Broadcasting)* Rundfunk‹*antenne, -gerät, -empfänger, -sender, -sendung, -sprecher, -interview, -programm, -übertragung, -techniker, -technik*›; Radio‹*gerät, -sendung, -programm, -welle*›; Sende‹*antenne, -mast, -erlaubnis*›; Funk‹*mast, -turm, -frequenz, -verbindung, -verkehr, -netz, -taxi, -gerät, -wagen*›; ~ **beam** Leitfunkstrahl, *der;* Richtstrahl, *der;* ~ **frequency** Hochfrequenz, *die;* ~ **drama** *or* **play** Hörspiel, *das;* **b)** *(Astron.)* Radio‹*astronomie, -galaxis, -teleskop*›. *See also* **fix 4 b; ham 1 c. 3.** *v. t.* funken ‹*Meldung, Nachricht*›; durch *od.* per Funk übermitteln; ~ **sb. for sth.** von jmdm. über Funk etw. anfordern. **4.** *v. i.* funken; eine Funkmeldung *od.* einen Funkspruch übermitteln *od.* durchgeben; **the ship ~ed for help** das Schiff bat über Funk um Hilfe

**radio: ~'active** *adj.* radioaktiv; **~ac'tivity** *n.* Radioaktivität, *die;* **~ beacon** *n.* Funkfeuer, *das;* **~-bi'ology** *n.* Strahlenbiologie, *die;* Radiobiologie, *die;* **~-'carbon** *n.* Radiokohlenstoff, *der;* Karbon-14, *das;* **~-carbon dating** *n.* Radiokarbondatierung, *die;* **~-'chemistry** *n.* Radiochemie, *die;* Strahlenchemie, *die;* **~ control** *n.* Funk[fern]steuerung, *die;* **~-controlled** *adj.* funkgesteuert; ferngesteuert; **~-frequency 1.** *n.* Hochfrequenz, *die;* **2.** *adj.* Hochfrequenz-

**radiogram** ['reɪdɪəʊgræm] *n.* **a)** *(Brit.)* ≈ Musiktruhe, *die;* **b)** *see* **radiograph 1**

**radiograph** ['reɪdɪəgrɑ:f] **1.** *n.* Röntgenaufnahme, *die;* Radiogramm, *das (fachspr.).* **2.** *v. t.* eine Röntgenaufnahme/ein Radiogramm machen von

**radiographer** [reɪdɪ'ɒgrəfə(r)] *n.* Röntgenologe, *der/*Röntgenologin, *die; (instrument-operator)* Röntgenassistent, *der/*-assistentin, *die*

**radiographic** [reɪdɪə'græfɪk] *adj.* röntgenographisch; radiographisch

**radiography** [reɪdɪ'ɒgrəfɪ] *n.* Radiographie, *die;* Röntgenographie, *die*

**radio: ~'isotope** *n.* Radioisotop, *das;* radioaktives Isotop; **~ lo'cation** *n.* Funkortung, *die;* Radar, *der od. das*

**radiological** [reɪdɪə'lɒdʒɪkl] *adj.* radiologisch; röntgenologisch

**radiologist** [reɪdɪ'ɒlədʒɪst] *n.* Radiologe, *der/*Radiologin, *die;* Röntgenologe, *der/*Röntgenologin, *die*

**radiology** [reɪdɪ'ɒlədʒɪ] *n., no pl.* Radiologie, *die;* Röntgenologie, *die*

**radiometer** [reɪdɪ'ɒmɪtə(r)] *n.* Radiometer, *das;* Strahlungsmesser, *der*

**radio: ~ star** *n. (Astron.)* [punktförmige] Radioquelle; **~ station** *n.* Rundfunkstation, *die;* Rundfunk- *od.* Radiosender, *der;* **~-telegram** *n.* Funktelegramm, *das;* Radiotelegramm, *das;* **~-te'legraphy** *n.* Funktelegraphie, *die;* **~-'telephone** *n.* Funktelefon, *das;* **~ 'telescope** *n.* Radioteleskop, *das;* **~-'therapy** *n.* Strahlentherapie, *die;* Radiotherapie, *die (fachspr.)*

**radish** ['rædɪʃ] *n.* Rettich, *der; (small, red)* Radieschen, *das*

**radium** ['reɪdɪəm] *n. (Chem.)* Radium, *das*

**radius** ['reɪdɪəs] *n., pl.* **radii** ['reɪdɪaɪ] *or* **~es a)** *(Math.)* Radius, *der;* Halbmesser, *der;* ~ **of action** [Aktions]radius, *der;* Wirkungsbereich, *der; (of missile)* Reichweite, *die; (fig.)* Umkreis, *der;* **within a ~ of 20 miles** im Umkreis von 20 Meilen; **b)** *(Anat.)* Speiche, *die;* **c)** *(line from centre)* Strahl, *der; (spoke of wheel)* Speiche, *die;* **d)** *(Bot.)* [Blüten-, Dolden]strahl, *der*

**radome** ['reɪdəʊm] *n.* Radom, *das*

**radon** ['reɪdɒn] *n. (Chem.)* Radon, *das*
**RAF** [ɑ:reɪ'ef, *(coll.)* ræf] *abbr.* **Royal Air Force**
**raffia** ['ræfɪə] *n.* **a)** *(fibre)* Raphia-, Raffiabast, *der;* **~ mat** Bastmatte, *die;* **b)** *(tree)* Raphia[palme], *die*
**raffish** ['ræfɪʃ] *adj.* **a)** liederlich; verkommen; **b)** *(unconventional)* flott
**raffle** ['ræfl] **1.** *n.* Tombola, *die;* **~ ticket** Los, *das.* **2.** *v. t.* **~ [off]** verlosen
**raft** [rɑ:ft] **1.** *n.* **a)** Floß, *das;* **b)** *(floating trees, ice, etc.)* Drift, *die.* **2.** *v. t. (transport)* flößen; mit dem Floß befördern
**rafter** ['rɑ:ftə(r)] *n. (Building)* Sparren, *der*
**¹rag** [ræg] *n.* **a)** [Stoff]fetzen, *der;* [Stoff]lappen, *der;* **[all] in ~s** [ganz] zerrissen; **feel like a wet ~** *(coll.)* wie ausgelaugt sein; **sb. loses his ~** *(sl.)* jmdm. reißt die Geduld; **b)** *in pl. (old and torn clothes)* Lumpen *Pl.;* **[dressed] in ~s [and tatters]** abgerissen; in Lumpen *nachgestellt;* **go from ~s to riches** vom armen Schlucker zum Millionär/zur Millionärin werden; *see also* **chew 1; glad rags; c)** *(derog.: newspaper)* Käseblatt, *das (salopp abwertend);* **d)** *(material for paper)* Lumpen, *der;* Hader, *der (fachspr.);* **~ paper/fibres** Hadernpapier, *das*/Haderstoff, *der (fachspr.)*
**²rag 1.** *v. t.,* **-gg-** *(tease, play jokes on)* aufziehen; necken. **2.** *v. i.,* **-gg- a)** *(Brit.: engage in rough play)* herumtoben; **b)** *(be noisy and riotous)* Radau *od.* Rabatz machen *(ugs.).* **3.** *n.* **a)** *(Brit. Univ.)* spaßige studentische [Wohltätigkeits]veranstaltung; **the university's Rag Week** *die alljährliche Wohltätigkeitswoche der Universität [mit komischen Darbietungen];* **b)** *(prank)* Ulk, *der;* Streich, *der; in pl.* Ulkerei, *die*
**³rag** *n. (Mus.)* Rag, *der*
**ragamuffin** ['rægəmʌfɪn] *n.* [zerlumptes] Gassenkind; **look a proper ~:** ziemlich abgerissen aussehen
**rag: ~-and-'bone man** *n. (Brit.)* Lumpensammler, *der;* **~-bag** *n.* **a)** Lumpen-, Flickensack, *der;* **b)** *(fig.: collection)* Sammelsurium, *das (abwertend);* **c)** *(fig. sl.: sloppily-dressed woman)* Schlampe, *die (ugs. abwertend);* **~ book** *n.* Kinderbuch aus unzerreißbarem Material; **~ doll** *n.* Stoffpuppe, *die*
**rage** [reɪdʒ] **1.** *n.* **a)** *(violent anger)* Wut, *die;* *(fit of anger)* Wutausbruch, *der;* **be in/fly into a ~:** in Wut *od. (ugs.)* Rage sein/geraten; **in a fit of ~:** in einem Anfall von Wut; in einem plötzlichen Wutausbruch; **b)** *(vehement desire or passion)* Besessenheit, *die;* **sth. is [all] the ~:** etw. ist [ganz] groß in Mode *od. (ugs.)* ist der letzte Schrei. **2.** *v. i.* **a)** *(rave)* toben; **~ at or against sth./sb.** gegen etw./jmdn. wüten *od. (ugs.)* wettern; **b)** *(be violent, operate unchecked)* toben; ⟨*Krankheit:*⟩ wüten; ⟨*Fieber:*⟩ rasen
**ragged** ['rægɪd] *adj.* **a)** zerrissen; kaputt *(ugs.);* ausgefranst ⟨*Saum, Manschetten, Wundränder*⟩; **b)** *(rough, shaggy)* zottig ⟨*Pferd, Schaf, Haar, Bart*⟩; **c)** *(jagged)* zerklüftet ⟨*Felsen, Küste, Klippe, Landschaft*⟩; zerzaust ⟨*Baum, Strauch*⟩; *(in tattered clothes)* abgerissen; zerlumpt; **d)** *(imperfect, lacking finish)* stümperhaft *(abwertend)* ⟨*Arbeit, Ausführung*⟩; holprig ⟨*Reim, Rhythmus*⟩; **e)** *(tired)* ermattet; ausgelaugt; **they were run ~:** sie waren völlig erledigt *(ugs.) od.* total groggy *(salopp)*
**raggedly** ['rægɪdlɪ] *adv.* **a)** abgerissen ⟨*gekleidet*⟩; **b)** *(shaggily)* zottig ⟨*wachsen*⟩; **c)** *(jaggedly)* zerklüftet ⟨*verlaufen*⟩; **d)** *(imperfectly)* stümperhaft *(abwertend)* ⟨*musizieren, arbeiten*⟩
**ragged 'robin** *n. (Bot.)* Kuckuckslichtnelke, *die*
**raglan sleeve** [ræglən 'sli:v] *n.* Raglanärmel, *der*
**ragout** ['rægu:] *n. (Gastr.)* Ragout, *das*
**rag: ~ paper** *n.* Hadernpapier, *das (fachspr.);* **~stone** *n.* [Kalk-, Kiesel]sandstein, *der;* **~tag [and bobtail]** *n.* Pöbel, *der (abwertend);* Plebs, *der (abwertend);* **~time** *n.* Ragtime, *der; attrib.* Ragtime-⟨*band, -musik, -sänger*⟩; **~ trade** *n. (coll.)* Modebranche, *die (ugs.);* **~weed** *n. (Bot.)* **a)** *see* **ragwort; b)** *(Amer.: Ambrosia)* Ambrosienkraut, *das;* **~wort** *n. (Bot.)* Greiskraut, *das;* Kreuzkraut, *das*
**raid** [reɪd] **1.** *n.* **a)** Einfall, *der;* Überfall, *der;* *(Mil.)* Überraschungsangriff *der;* **~ on a bank** Banküberfall, *der;* **make a ~ on sb.'s orchard/the larder** *(joc.)* jmds. Obstgarten heimsuchen/die Speisekammer plündern *(scherzh.); see also* **air raid; b)** *(by police)* Razzia, *die* (**on** in + *Dat.*); **c)** *(St. Exch.)* ≈ aggressive Unternehmensaufkäufe. **2.** *v. t.* ⟨*Polizei:*⟩ eine Razzia machen auf (+ *Akk.*); ⟨*Bande/Räuber/Soldaten:*⟩ überfallen ⟨*Bank/Viehherde/Land*⟩; ⟨*Trupp, Kommando:*⟩ stürmen ⟨*feindliche Stellung*⟩; ⟨*Kinder:*⟩ heimsuchen, plündern *(scherzh.)* ⟨*Obstgarten*⟩; **~ the larder** *(joc.)* die Speisekammer plündern *(scherzh.)*
**raider** ['reɪdə(r)] *n. (on bank, farm)* Räuber, *der*/Räuberin, *die;* *(looter)* Plünderer, *der*/Plünderin, *die;* *(burglar)* Einbrecher, *der*/Einbrecherin, *die*
**¹rail** [reɪl] **1.** *n.* **a)** ⟨*Kleider-, Gardinen*⟩stange, *die;* *(as part of fence) (wooden)* Latte, *die;* *(metal)* Stange, *die;* *(on ship)* Reling, *die;* *(as protection against contact)* Barriere, *die;* **the ~s** *(Horse-racing)* die Innenumzäunung; die Bande; **b)** *(Railw.: of track)* Schiene, *die;* **go off the ~s** *(lit.)* entgleisen; *(fig.) (depart from what is accepted)* auf die schiefe Bahn geraten; *(go mad)* durchdrehen *(ugs.);* *(get out of control or order)* aus dem Ruder laufen; **c)** *(~way)* [Eisen]bahn, *die; attrib.* Bahn-; **by ~:** mit der Bahn; mit dem Zug; **~ union** Eisenbahnergewerkschaft, *die.* **2.** *v. t.* **~ in** einzäunen ⟨*Grundstück, Gebäudeteil*⟩; mit einem Geländer *od.* einer Absperrung umgeben ⟨*Altar, Denkmal*⟩; **~ off** abzäunen; mit einem [Schutz]geländer versehen
**²rail** *n. (Ornith.)* Ralle, *die*
**³rail** *v. i.* **~ at/against sb./sth.** auf/über jmdn./etw. schimpfen; **~ at fate** mit dem Schicksal hadern
**rail: ~car** *n.* Triebwagen, *der;* Schienenbus, *der;* **~ card** *n.* Berechtigungsausweis, *der;* *(for senior citizens)* ≈ Seniorenpaß, *der;* **~ fence** *n. (Amer.) (wooden)* Lattenzaun, *der;* *(metal)* Stangenzaun, *der;* **~head** *n.* **a)** *(farthest point during construction)* Ende einer im Bau befindlichen Bahnstrecke; Baustellenende, *das;* **b)** *(terminal)* Ausladebahnhof, *der;* Verladebahnhof, *der*
**railing** ['reɪlɪŋ] *n. (round garden, park)* Zaun, *der;* *(on sides of staircase)* Geländer, *das*
**raillery** ['reɪlərɪ] *n.* Neckerei, *die;* Spöttelei, *die*
**rail: ~-link** *n.* Bahn[strecke], *die;* **~road 1.** *n. (Amer.) see* **railway; 2.** *v. t.* **a)** *(send or push through in haste)* **~road sb. into doing sth.** jmdn. dazu antreiben, etw. zu tun; **~road a bill through parliament** einen Gesetzentwurf im Parlament durchpeitschen *(ugs.);* **b)** *(send to prison by fraud)* unrechtmäßig einsperren *(ugs.);* **~ strike** *n.* Eisenbahnerstreik, *der*
**railway** ['reɪlweɪ] *n.* **a)** *(track)* Bahnlinie, *die;* Bahnstrecke, *die;* **b)** *(system)* [Eisen]bahn, *die;* **work on the ~:** bei der Bahn arbeiten; **what a way to run a ~!** *(fig.)* komisches Verfahren!; *see also* **cable railway**
**railway: ~ carriage** *n.* Eisenbahnwagen, *der;* Reisezugwagen, *der (fachspr.);* **~ crossing** *n.* Bahnübergang, *der;* **~ engine** *n.* Lokomotive, *die;* **~ engineer** *n.* Eisenbahningenieur, *der;* **~ guide** *n.* Fahrplan, *der;* *(book)* Kursbuch, *das;* **~ line** *n.* [Eisen]bahnlinie, *die;* [Eisen]bahnstrecke, *die;* **~man** ['reɪlweɪmən] *n., pl.* **~men** ['reɪlweɪmən] Eisenbahner, *der;* **~ network** *n.* [Eisen]bahnnetz, *das;* **~-station** *n.* Bahnhof, *der;* *(smaller)* [Eisen]bahnstation, *die;* **~ worker** *n.* Bahnarbeiter, *der;* **~-yard** *n.* Abstellbahnhof, *der;* Rangierbahnhof, *der*
**raiment** ['reɪmənt] *n. (arch./literary)* Gewand, *das (geh.)*
**rain** [reɪn] **1.** *n.* **a)** Regen, *der;* **it looks like ~:** es sieht nach Regen aus; **out in the ~:** draußen im Regen ⟨*sein, lassen*⟩; hinaus in den Regen ⟨*gehen*⟩; **come ~ or shine** bei jedem Wetter; *(fig.)* unter allen Umständen; *see also* **right 1 d; b)** *(fig.: of arrows, blows, etc.)* Hagel, *der;* **c)** *in pl. (falls of ~)* **the ~s** die Regenzeit. **2.** *v. i.* **a)** *impers.* **it ~s** *or* **is ~ing** es regnet; **it starts ~ing** *or* **to ~:** es fängt an zu regnen; *see also* **cat a; pour 2 a; b)** ⟨*Tränen:*⟩ strömen; ⟨*Konfetti, Reis:*⟩ regnen, niedergehen (**on** auf + *Akk.*); ⟨*Schläge:*⟩ niederprasseln (**on** auf + *Akk.*); **bombs ~ed on many cities** auf viele Städte regnete es Bomben. **3.** *v. t.* prasseln *od.* hageln lassen ⟨*Schläge, Hiebe*⟩; regnen lassen ⟨*Reis, Konfetti*⟩; **~ abuse on sb.** eine Schimpfkanonade gegen jmdn. loslassen *(ugs.)*
**~ 'down** *v. i.* ⟨*Schläge, Steine, Flüche usw.:*⟩ niederprasseln; ⟨*Schüsse, Kugeln usw.:*⟩ niederhageln
**~ 'off,** *(Amer.)* **~ 'out** *v. t.* **be ~ed off** *or* **out** *(be terminated)* wegen Regen abgebrochen werden; *(be cancelled)* wegen Regen ausfallen; ins Wasser fallen *(ugs. scherzh.)*
**rainbow** ['reɪnbəʊ] **1.** *n.* Regenbogen, *der;* **secondary ~:** Nebenregenbogen, *der;* **all the colours of the ~:** alle Regenbogenfarben; *see also* **gold 1 b. 2.** *adj.* Regenbogen-⟨*farben, -streifen*⟩; regenbogenfarbig, -farben ⟨*Kleid, Blumen, Federkleid*⟩
**rainbow 'trout** *n.* Regenbogenforelle, *die*
**rain: ~-check** *n. (Amer.)* Eintrittskarte für Ersatzveranstaltung; **take a ~-check on sth.** *(fig.)* auf etw. *(Akk.)* später wieder zurückkommen; **~-cloud** *n.* Regenwolke, *die;* **~coat** *n.* Regenmantel, *der;* **~drop** *n.* Regentropfen, *der;* **~fall** *n. (shower)* [Regen]schauer, *der;* *(quantity)* Niederschlag, *der;* **~ forest** *n.* Regenwald, *der;* **~-gauge** *n.* Regenmesser, *der;* **~-making** *n.* Erzeugung von künstlichem Regen *od.* Niederschlag; künstliche Niederschlagsauslösung; **~proof 1.** *adj.* regendicht; wasserdicht; **2.** *v. t.* appretieren; **~-shower** *n.* Regenschauer, *der;* **~-storm** *n.* stürmisches Regenwetter; heftiger Regenguß; **~-water** *n.* Regenwasser, *das;* **~wear** *n.* Regenkleidung, *die*
**rainy** ['reɪnɪ] *adj.* regnerisch ⟨*Tag, Wetter*⟩; regenreich ⟨*Klima, Gebiet, Sommer, Winter*⟩; regenverhangen ⟨*Himmel*⟩; **~ season** Regenzeit, *die;* **keep sth. for a ~ day** *(fig.)* sich *(Dat.)* etw. für schlechte Zeiten aufheben
**raise** [reɪz] **1.** *v. t.* **a)** *(lift up)* heben; erhöhen ⟨*Note, Pulsfrequenz, Temperatur, Steuern, Miete, Lohn, Gehalt, Kosten*⟩; hochziehen ⟨*Rolladen, Fahne, Schultern*⟩; aufziehen ⟨*Vorhang,*⟩; hochheben ⟨*Koffer, Arm, Hand*⟩; hochschieben ⟨*Schiebefenster*⟩; höher machen, aufhöhen *(fachspr.)* ⟨*Mauer usw.*⟩ (**by** um); *(Cookery)* gehen lassen ⟨*Brot, Teig*⟩; **~ one's eyes** den Blick *od.* die Augen heben; hinaufblicken (**to** zu); aufblicken (**from** von); **~ one's eyes to heaven** die Augen zum Himmel erheben *(geh.);* **~ one's glass to sb.** das Glas auf jmdn. erheben; auf jmdn. anstoßen; **~ one's hand/fist to sb.** die Hand/Faust gegen jmdn. erheben; **~ one's voice** die Stimme heben; **they ~d their voices** *(in anger)* sie *od.* ihre Stimmen wurden lauter; **don't you ~ your voice at me** schrei mich nicht an!; **war ~d its [ugly] head** der Krieg erhob sein [häßliches] Haupt; **be ~d to the peerage/priesthood** in

den Stand eines Peers/in den Priesterstand erhoben werden; *see also* **finger 1 a; hat a; roof 1 a; b)** *(set upright, cause to stand up)* aufrichten; erheben ⟨*Banner*⟩; aufstellen ⟨*Fahnenstange, Zaun, Gerüst*⟩; ~ **the people to revolt** das Volk zum Aufstand mobilisieren; ~ **the country against an invader** den Widerstand der Bevölkerung gegen einen Eindringling mobilisieren; **be ~d from the dead** von den Toten [auf]erweckt werden; ~ **the dust** *(fig.: cause turmoil)* Ärger machen; ~ **sb.'s spirits** jmds. Stimmung heben; **c)** *(build up, construct)* errichten ⟨*Gebäude, Statue*⟩; verursachen ⟨*Blutblase usw.*⟩; *(create, start)* auslösen ⟨*Kontroverse*⟩; schaffen ⟨*Probleme*⟩; erheben ⟨*Forderungen, Einwände, Ansprüche, Bedenken, Protest*⟩; entstehen lassen ⟨*Vorurteile*⟩; *(introduce)* aufwerfen ⟨*Frage*⟩; zur Sprache bringen, anschneiden ⟨*Angelegenheit, Thema, Problem*⟩; *(utter)* erschallen lassen ⟨*Ruf, Schrei, Beifallgeschrei, Jubel*⟩; **d)** *(grow, produce, breed, rear)* anbauen ⟨*Gemüse, Getreide*⟩; aufziehen ⟨*Vieh, [Haus]tiere*⟩; großziehen ⟨*Familie, Kinder*⟩; **[be born and] ~d in ...** *(Amer.)* [geboren und] aufgewachsen [sein] in ... *(Dat.)*; **e)** *(bring together, procure)* aufbringen ⟨*Geld, Betrag, Summe*⟩; aufstellen ⟨*Armee, Flotte, Truppen*⟩; aufnehmen ⟨*Hypothek, Kredit, Darlehen*⟩; **f)** *(end, cause to end)* aufheben, beenden ⟨*Belagerung, Blockade*⟩; *(remove)* aufheben ⟨*Aufnahme-, Einstellungsstopp, Embargo, Verfügung, Anordnung, Verbot*⟩; **g)** *(cause to appear)* [herbei]rufen, beschwören ⟨*Geist, Verstorbenen, Teufel*⟩; ~ **[merry] hell** *(coll.)* Krach schlagen *(ugs.)* **(over** wegen); **h)** *(Math.)* ~ **to the fourth power** in die 4. Potenz erheben; mit 4 potenzieren; **i)** *(Cards)* erhöhen **(to** auf); ~ **sb.** jmdn. überbieten; ~ **[one's] partner** seinen Mitspieler mit derselben Farbe überbieten *od.* überrufen; **j)** *(coll.: find)* ~ **sb.** jmdn. aufstöbern *od. (ugs.)* auftreiben. **2.** *n.* **a)** *(Cards)* Erhöhen, *das;* **b)** *(Amer.) (in wages)* Lohnerhöhung, *die; (in salary)* Gehaltserhöhung, *die*

~ **'up a)** *(cause to stand up)* aufstellen; **b)** *(build up)* errichten ⟨*Mauer, Gebäude*⟩; aufstapeln ⟨*Haufen*⟩; aufbauen, gestalten ⟨*Struktur*⟩

**raised** [reɪzd] *adj.* **a)** erhoben ⟨*Arm, Augen, Blick, Stimme*⟩; **b)** *(Amer. Cookery)* aufgegangen ⟨*Teig, Brot, Kuchen*⟩; **c)** [auf]gerauht ⟨*Gewebe, Stoff*⟩; **d)** *(having pattern or design in relief)* erhaben

**raisin** ['reɪzn] *n.* Rosine, *die*

**raison d'être** [reɪzɔ̃ 'detr] *n., pl.* **raisons d'être** [reɪzɔ̃ 'detr] Existenzberechtigung, *die;* **his happiness was her ~:** sie lebte nur für sein Wohlergehen

**raj** [rɑːdʒ] *n. (Ind. Hist.)* Herrschaft, *die;* **the British ~:** die britische Oberherrschaft *(in Indien vor 1947)*

**raja[h]** ['rɑːdʒə] *n. (Hist.)* Radscha, *der*

[1]**rake** [reɪk] **1.** *n.* **a)** *(Hort.)* Rechen, *der (bes. südd. u. md.);* Harke, *die (bes. nordd.);* **b)** *(Agric.: wheeled implement)* Rechwender, *der;* **c)** *(croupier's)* Rateau, *das;* Geldharke, *die. See also* **thin 1 b. 2.** *v. t.* **a)** harken ⟨*Laub, Erde, Fußboden, Kies, Oberfläche*⟩; ~ **together** *(fig.)* zusammentragen ⟨*Beweise, Hinweise, Anklagepunkte*⟩; **b)** ~ **the fire** die Asche entfernen; **c)** *(sweep) (with eyes)* bestreichen; *(with shots)* bestreichen; beharken *(Soldatenspr.).* **3.** *v. i.* ~ **among** *or* **into** *or* **[around] in** herumstöbern in (+ *Dat.*)

~ **'in** *v. t. (coll.)* scheffeln *(ugs.)* ⟨*Geld*⟩; ~ **in the money,** ~ **it in** Geld scheffeln *(ugs.)*

~ **over** *v. t.* **a)** harken; **b)** *(fig.)* wieder ausgraben; ~ **over old ashes** *(fig.)* alte Geschichten wieder ausgraben

~ **'up** *v. t.* **a)** zusammenharken; **b)** *(fig.)* wieder ausgraben ⟨*Vergangenes*⟩

[2]**rake** *n.* **a)** *(sloping position, [amount of] slope)* Neigung, *die;* **b)** *(in theatre)* Schräge, *die;* **there is a ~ on this stage** diese Bühne hat eine Schräge

[3]**rake** *n. (person)* Lebemann, *der*

**raked** [reɪkt] *adj.* ⟨*Bühne, Zuschauerraum*⟩ mit einer Schräge

**'rake-off** *n. (coll.)* [Gewinn]anteil, *der*

[1]**rakish** ['reɪkɪʃ] *adj.* **a)** *(dissolute)* ausschweifend; **b)** *(jaunty)* flott; keß; **wear one's hat at a ~ angle** seinen Hut frech *od.* keck aufgesetzt haben

[2]**rakish** *adj. (smartly designed)* schnittig

**rakishly** ['reɪkɪʃlɪ] *adv.* **a)** *(dissolutely)* wie ein Lebemann; **b)** *(jauntily)* keß; keck

[1]**rally** ['rælɪ] **1.** *v. i.* **a)** *(come together)* sich versammeln; ~ **to the support of** *or* **the defence of,** ~ **behind** *or* **to sb.** *(fig.)* sich hinter jmdn. stellen; **the banks rallied to the support of the pound** die Banken versuchten gemeinsam, das Pfund zu stützen; ~ **round** sich zusammentun; **b)** *(regain health)* sich wieder [ein wenig] erholen; **c)** *(reassemble)* sich [wieder] sammeln; **d)** *(increase in value after fall)* ⟨*Aktie, Kurs:*⟩ wieder anziehen, sich wieder erholen. **2.** *v. t.* **a)** *(reassemble)* wieder zusammenrufen; **b)** *(bring together)* einigen ⟨*Partei, Kräfte*⟩; sammeln ⟨*Anhänger*⟩; **c)** *(rouse)* aufmuntern; *(revive)* ~ **one's strength** seine [ganze] Kraft zusammennehmen; ~ **support for sb./sth.** um Unterstützung für jmdn./etw. werben. **3.** *n.* **a)** *(mass meeting)* Versammlung, *die;* **Scout ~:** [großes] Pfadfindertreffen; **peace ~:** Friedenskundgebung, *die;* **b)** *(competition)* **[motor] ~:** Rallye, *die;* **Monte Carlo R~/Isle of Man TT R~:** Rallye Monte Carlo/Tourist Trophy, *die;* **c)** *(Tennis)* Ballwechsel, *der;* **d) a ~ in prices/shares** ein Anziehen der Preise/Aktienkurse

[2]**rally** *v. t. (tease)* aufziehen *(ugs.);* necken

**'rally-cross** *n. (Sport)* Rallye-Cross, *das*

**RAM** [ræm] *abbr. (Computing)* **random access memory** RAM; ~ **facility** Randomspeicher, *der*

**ram** [ræm] **1.** *n.* **a)** *(Zool.)* Schafbock, *der;* Widder, *der;* **b) the Ram** *(Astrol.)* der Widder; *see also* **archer b; c)** *see* **battering ram; d)** *(Naut.: projecting beak)* Rammsporn, *der;* **e)** *(hydraulic lifting-machine)* hydraulischer Widder; **f)** *(weight)* Rammklotz, *der;* Bär, *der;* **g)** *(tool)* Stampfer, *der;* **h)** *(piston)* Plunger, *der.* **2.** *v. t.,* **-mm-: a)** *(force)* stopfen; ~ **a post into the ground** einen Pfosten in die Erde rammen; ~ **in** in etw. *(Akk.)* rammen; **he ~med his hat down on his head** er knallte sich *(Dat.)* seinen Hut auf den Kopf *(ugs.);* ~ **sth. into sb.** *or* **sb.'s head** *(fig.)* jmdm. etw. einhämmern; ~ **sth. home to sb.** jmdm. etw. deutlich vor Augen führen; *see also* **throat a; b)** *(collide with)* rammen ⟨*Fahrzeug, Pfosten*⟩; **c)** ~ **[down]** *(beat down)* feststampfen ⟨*Erde, Ton, Kies*⟩

**Ramadan** [ræmə'dɑːn] *n. (Muslim Relig.)* **[month of] ~:** Ramadan, *der*

**ramble** ['ræmbl] **1.** *n.* **[nature] ~:** Wanderung, *die.* **2.** *v. i.* **a)** *(walk)* umherstreifen **(through, in** in + *Dat.*); **b)** *(wander in discourse)* zusammenhangloses Zeug reden *(abwertend);* **keep rambling on about sth.** sich endlos über etw. *(Akk.)* auslassen

**rambler** ['ræmblə(r)] *n.* **a)** Wanderer, *der*/Wanderin, *die;* **b)** *(Bot.)* Kletterrose, *die*

**rambling** ['ræmblɪŋ] **1.** *n.* Wandern, *das;* ~ **club** Wanderverein, *der.* **2.** *adj.* **a)** *(irregularly arranged)* verschachtelt; verwinkelt ⟨*Straßen*⟩; **b)** *(incoherent)* unzusammenhängend ⟨*Erklärung, Brief*⟩; zerstreut ⟨*Professor*⟩; **c)** *(Bot.)* ~ **rose** Kletterrose, *die*

**rambunctious** [ræm'bʌŋkʃəs] *adj. (Amer. coll.)* nicht zu bändigend; **be ~:** nicht zu bändigen sein

**ramekin** ['ræmɪkɪn] **a)** *(Gastr.)* Käsewindbeutel, *der;* Ramequin, *der (fachspr.);* **b)** *see* ~ **case**

**ramekin: ~ case, ~ dish** *ns.* kleine Auflaufform

**ramification** [ræmɪfɪ'keɪʃn] *n.* **a)** *(of river, railway, business; Bot., Anat.)* Verzweigung, *die;* **b)** *usu. in pl. (consequence)* Auswirkungen; **what would be the ~s of this?** wie würde sich das auswirken?

**ramify** ['ræmɪfaɪ] *v. i.* sich verzweigen; **~ing network** verzweigtes Netz

**'ram-jet** *n. (Aeronaut.)* ~ **[engine]** Staustrahltriebwerk, *das*

**rammer** ['ræmə(r)] *n.* Stampfer, *der*

**ramp** [ræmp] **1.** *n.* **a)** *(slope)* Rampe, *die;* **'beware** *or* **caution, ~!'** „Vorsicht, unebene Fahrbahn!"; **b)** *(Aeronaut.)* Gangway, *die.* **2.** *v. t.* mit einer Rampe versehen

**rampage 1.** ['ræmpeɪdʒ, ræm'peɪdʒ] *n.* Randale, *die (ugs.);* **be/go on the ~** *(coll.)* ⟨*Rowdies:*⟩ randalieren; ⟨*verärgerte Person:*⟩ toben. **2.** [ræm'peɪdʒ] *v. i.* ⟨*Rowdies:*⟩ randalieren; ~ **about** ⟨*verärgerte Person:*⟩ toben

**rampant** ['ræmpənt] *adj.* **a)** *(unchecked)* zügellos ⟨*Gewalt, Rassismus, Randalieren*⟩; schreiend ⟨*soziale Ungerechtigkeit*⟩; steil ansteigend ⟨*Verbrechensrate, Inflation*⟩; üppig ⟨*Wachstum*⟩; **cholera was ~:** die Cholera grassierte; **b)** *postpos. (Her.)* zum Grimmen geschickt ⟨*Löwe*⟩; **c)** *(rank)* **make too ~, cause the ~ growth of** wuchern lassen ⟨*Pflanzen*⟩

**rampart** ['ræmpɑːt] *n.* **a)** *(walk)* Wehrgang, *der;* **b)** *(protective barrier)* Wall, *der; (fig.)* Schutzschild, *der*

**rampion** ['ræmpɪən] *n. (Bot.)* Rapunzelglockenblume, *die*

**'ramrod** *n.* Ladestock, *der;* **[with one's back] as straight** *or* **stiff as a ~** *(fig. coll.)* so steif, als ob man einen Besenstiel verschluckt hätte; stocksteif

**'ramshackle** *adj.* klapprig ⟨*Auto*⟩; verkommen ⟨*Gebäude*⟩

**ran** *see* **run 2, 3**

**ranch** [rɑːntʃ] **1.** *n.* Ranch, *die;* **[mink/poultry] ~:** [Nerz-/Geflügel]farm, *die;* **livestock ~:** Viehbetrieb, *der;* **meanwhile, back at the ~** *(joc. coll.)* inzwischen ... zu Hause; *see also* **dude ranch. 2.** *v. i.* Viehwirtschaft treiben

**rancher** ['rɑːntʃə(r)] *n.* *(owner, operator)* Rancher, *der*/Rancherin, *die; (employee)* Farmarbeiter, *der*/-arbeiterin, *die;* **be a ~:** eine Ranch haben/auf einer Ranch arbeiten

**ranch: ~-hand** *n.* Farmarbeiter, *der*/-arbeiterin, *die;* **~-house** *n.* Wohnhaus auf einer/der Ranch

**rancid** ['rænsɪd] *adj.* ranzig

**rancor** *(Amer.) see* **rancour**

**rancorous** ['ræŋkərəs] *adj.* bitter; **feel ~ towards sb.** über jmdn. verbittert sein

**rancour** ['ræŋkə(r)] *n. (Brit.)* [tiefe] Verbitterung; **she bore him no ~:** sie hegte keinen Groll gegen ihn *(geh.)*

**rand** [rænd, rɑːnt] *n. (S. Afr. monetary unit)* Rand, *der*

**randiness** ['rændɪnɪs] *n., no pl.* Lüsternheit, *die (geh.);* Geilheit, *die*

**random** ['rændəm] **1.** *n.* **at ~:** wahllos; willkürlich; *(aimlessly)* ziellos; **speak/choose at ~:** ins Blaue hinein reden/aufs Geratewohl wählen. **2.** *adj.* **a)** *(unsystematic)* willkürlich ⟨*Auswahl*⟩; **make a ~ guess** raten aufs Geratewohl; **b)** *(Statistics)* Zufalls-

**random: ~ 'access memory** *n. (Computing)* Schreib-Lese-Speicher, *der;* **~ distribution** *n. (Statistics)* Zufallsverteilung, *die*

**randomize (randomise)** ['rændəmaɪz] *v. t.* randomisieren *(fachspr.);* willkürlich anordnen

**random: ~ 'sample** *n. (Statistics)* [Zufalls]stichprobe, *die;* **~ 'variable** *n. (Statistics)* Zufallsvariable, *die*

**randy** ['rændɪ] *adj.* geil; scharf *(ugs.);* **feel ~:** geil sein

**rang** *see* [2]**ring 2, 3**

**range** [reɪndʒ] **1.** *n.* **a)** *(row)* ~ **of mountains/**

**cliffs** Berg-/Felsenkette, *die;* **b)** *(of subjects, interests, topics)* Palette, *die; (of musical instrument)* Tonumfang, *der; (of knowledge, voice)* Umfang, *der; (of income, department, possibility)* Bereich, *der;* ~ **of influence** Einflußbereich, *der;* **a ~ of options** verschiedene Möglichkeiten; **the annual ~ of temperature** die Temperaturunterschiede im Verlauf des Jahres; **be outside the ~ of a department** nicht in ein Ressort gehören; **sth. is out of** *or* **beyond sb's ~** *(lit. or fig.)* etw. ist außerhalb jmds. Reichweite; **c)** *(Bot., Zool.: area of distribution)* Verbreitungsgebiet, *das;* **d)** *(of telescope, missile, aircraft, etc.)* Reichweite, *die; (distance between gun and target)* Schußweite, *die;* **flying ~:** Flugbereich, *der;* **at a ~ of 200 metres** auf eine Entfernung von 200 Metern; **up to a ~ of 5 miles** bis zu einem Umkreis von 5 Meilen; **shoot at close** *or* **short/long ~:** aus kurzer/großer Entfernung schießen; **[with]in/out of** *or* **beyond [firing] ~:** in/außer Schußweite; **within ~ of a sound** in Hörweite eines Geräuschs; **experience sth. at close ~:** etw. in unmittelbarer Nähe erleben; **e)** *(series, selection)* Kollektion, *die;* **f) [shooting] ~:** Schießstand, *der; (at fun-fair)* Schießbude, *die;* **g)** *(testing-site)* Versuchsgelände, *das;* **h)** *(grazing-ground)* Weide[fläche], *die;* **cattle ~:** Viehweide, *die;* **i) give free ~ to** *(freedom to roam)* frei herumlaufen lassen ‹*Tier*›; umherschweifen lassen ‹*Gedanken*›; **j)** *(direction)* Verlauf, *der;* **k)** *(cooking-stove)* Herd, *der.* **2.** *v. i.* **a)** *(vary within limits)* ‹*Preise, Temperaturen:*› schwanken, sich bewegen **(from ... to** zwischen [+ *Dat.*] ... und); **they ~ in age from 3 to 12** sie sind zwischen 3 und 12 Jahre alt; **b)** *(extend)* ‹*Klippen, Gipfel, Häuser:*› sich hinziehen; **her hobbies ~ from x to y** die Palette ihrer Hobbies reicht von x bis y; **c)** *(Bot., Zool.: occur over wide area)* **the plant/animal ~s from ... to ...:** das Verbreitungsgebiet der Pflanze/des Tieres erstreckt sich von ... bis ...; **d)** *(roam)* umherziehen **(around, about** in + *Dat.*); *(fig.)* ‹*Gedanken:*› umherschweifen; **the discussion ~d over ...:** die Diskussion erstreckte sich auf (+ *Akk.*) ...; **the speaker ~d far and wide** der Redner sprach viele verschiedene Themen an. **3.** *v. t.* **a)** *(arrange)* aufreihen ‹*Bücher, Tische*›; antreten lassen ‹*Soldaten*›; **they ~d themselves in lines** sie stellten sich in Reih und Glied auf; **several enemy platoons were ~d against us** wir standen einer Reihe feindlicher Züge gegenüber; **~ oneself with sb.** *(fig.)* sich auf jmds. Seite schlagen; **~ oneself against sb./sth.** *(fig.)* sich gegen jmdn./etw. zusammenschließen; **~ oneself behind sth.** *(fig.)* sich hinter etw. *(Akk.)* stellen; **b)** richten ‹*Teleskop, Geschütz*› **(on** auf + *Akk.*); **c)** *(roam)* umherstreifen in (+ *Dat.*); durchstreifen ‹*Landschaft, Berge, Wälder*›; befahren ‹*Meere*›

**'range-finder** *n.* Entfernungsmesser, *der*

**ranger** ['reɪndʒə(r)] *n.* **a)** *(keeper)* Aufseher, *der*/Aufseherin, *die; (of forest)* Förster, *der*/Försterin, *die;* **b)** *(Amer.: law officer)* Ranger, *der; Angehöriger der berittenen Polizeitruppe;* **c)** *(Brit.: Girl Guide)* Pfadfinderin *(zwischen 14 und 18 Jahren);* **d)** *(Amer. Mil.)* Ranger, *der*

**ranging** ['reɪndʒɪŋ]: **~-pole, ~-rod** *ns. (Surv.)* Bake, *die*

**rangy** ['reɪndʒɪ] *adj.* langgliedrig

**¹rank** [ræŋk] **1.** *n.* **a)** *(position in hierarchy)* Rang, *der; (Mil. also)* Dienstgrad, *der;* **be above/below sb. in ~:** einen höheren/niedrigeren Rang/Dienstgrad haben als jmd.; **pull ~** *(coll.)* den Vorgesetzten herauskehren **(on** gegenüber); **of high ~:** hochrangig; **be in the front** *or* **top ~ of performers** ein Künstler der Spitzenklasse sein; **of the first ~:** erstklassig; **b)** *(social position)* [soziale] Stellung; **people of all ~s** Menschen aus allen [Gesellschafts]schichten; **persons of ~:** hochgestellte Persönlichkeiten; **belong to a high ~ of society** zur oberen Gesellschaftsschicht gehören; **c)** *(row)* Reihe, *die;* **d)** *(Brit.: taxi-stand)* [Taxen]stand, *der;* **e)** *(line of soldiers)* Reihe, *die;* **step forward from the ~:** vortreten; **the ~s** *(enlisted men)* die Mannschaften und Unteroffiziere; **the ~ and file** die Mannschaften und Unteroffiziere; *(fig.)* die breite Masse; **close [our/their] ~s** die Reihen schließen; *(fig.)* sich zusammenschließen; **other ~s** Mannschaften und Unteroffiziere; **rise from the ~s** [sich aus dem Mannschaftsstand] zum Offizier hochdienen; *(fig.)* sich hocharbeiten; **f)** *(order)* **keep/break ~[s]** in Reih und Glied stehen/aus dem Glied treten. **2.** *v. t.* **a)** *(classify)* **~ among** *or* **with** zählen *od.* rechnen zu; **his achievement was ~ed with hers** seine Leistung wurde mit ihrer auf eine Stufe gestellt; **be ~ed second in the world** an zweiter Stelle in der Welt stehen; **~ sth. highly** etw. hoch einstufen; **b)** *(arrange)* aufstellen ‹*Schachfiguren*›; in Reih und Glied antreten lassen ‹*Kompanie*›; **c)** *(Amer.: take precedence of)* rangmäßig stehen über (+ *Dat.*); **who ~s whom?** wie ist die Rangordnung? **3.** *v. i.* **a)** *(have position)* **~ among** *or* **with** gehören *od.* zählen zu; **~ above/next to sb.** rangmäßig über/direkt unter jmdm. stehen; **~ high/low** eine hohe/niedere Stellung einnehmen; viel/nicht viel gelten; **it ~s as his best book** es gilt als sein bestes Buch; **b)** *(Amer.: have senior position)* **~ing executive** übergeordneter Manager

**²rank** *adj.* **a)** *(complete)* blank ‹*Unsinn, Frechheit*›; kraß ‹*Außenseiter, Illoyalität*›; **b)** *(foul-smelling)* stinkend; **~ odour** Gestank, *der;* **smell ~:** stinken; **c)** *(vile)* ordinär; unflätig; **d)** *(rampant)* überwuchert ‹*Garten*›; **~ weeds** [wild] wucherndes Unkraut

**'rank-and-file** *adj.* einfach ‹*Mitglied, Mann usw.*›

**ranker** ['ræŋkə(r)] *n. (Mil.)* **a)** *(commissioned officer)* aus dem Mannschaftsstand aufgestiegener Offizier; **b)** *(soldier)* einfacher *od.* gemeiner Soldat

**rankings** ['ræŋkɪŋz] *n. pl. (Sport)* Rangliste, *die;* **the team has fallen in the ~:** die Mannschaft ist in der Tabelle nach unten gerutscht

**rankle** ['ræŋkl] **1.** *v. i.* **it/sb.'s success** *etc.* **~s [with sb.]** es/jmds. Erfolg *usw.* wurmt jmdn. *(ugs.).* **2.** *v. t.* wurmen *(ugs.)*

**ransack** ['rænsæk] *v. t.* **a)** *(search)* durchsuchen **(for** nach); *(fig.)* kramen in (+ *Dat.*) *(ugs.)* ‹*Erinnerung, Gedächtnis*›; erforschen ‹*Gewissen*›; **b)** *(pillage)* plündern

**ransom** ['rænsəm] **1.** *n.* **~ [money]** Lösegeld, *das;* **hold to ~:** als Geisel festhalten; *(fig.)* erpressen, unter Druck *(Akk.)* setzen ‹*Regierung*›; **jewels worth a king's ~:** Juwelen, die ein Vermögen wert sind. **2.** *v. t.* **a)** *(redeem)* Lösegeld bezahlen für; auslösen; **b)** *(hold to ransom)* als Geisel festhalten

**'ransom note** *n.* Erpresserbrief, *der*

**rant** [rænt] **1.** *v. i.* wettern *(ugs.);* **~ at** anschnauzen *(ugs.);* **~ on about** herumzetern wegen *(ugs.);* **~ and rave about sth.** über etw. *(Akk.)* wettern *(ugs.).* **2.** *n.* **a)** *(tirade)* Tirade, *die (abwertend);* Redeschwall, *der;* **b)** *no pl. (empty talk)* Schwulst, *der;* leeres Geschwätz *(ugs.)*

**ranunculus** [rə'nʌŋkjʊləs] *n., pl.* **~es** *or* **ranunculi** [rə'nʌŋkjʊlaɪ] *(Bot.)* Hahnenfußgewächs, *das*

**¹rap** [ræp] **1.** *n.* **a)** *(sharp knock)* [energisches] Klopfen; **there was a ~ on** *or* **at the door** es klopfte [laut]; **I heard a ~ on** *or* **at the door** ich hörte es [laut] klopfen; **give sb. a ~ on** *or* **over the knuckles** jmdm. auf die Finger schlagen; *(fig.)* jmdm. auf die Finger klopfen; **get a ~ on** *or* **over the knuckles** *(lit. or fig.)* eins auf die Finger bekommen; **b)** *(sl.: blame)* **take the ~ [for sth.]** [für etw.] den Kopf hinhalten *(ugs.);* **leave sb. behind to take the ~:** jmdn. die Suppe auslöffeln lassen *(ugs.);* **c)** *(Amer. sl.: prison sentence)* Kittchen, *das (ugs.);* Knast, *der (ugs.);* **d)** *(Amer. sl.: criminal charge)* Anklage, *die;* **e)** *(Amer. sl.) (conversation)* Unterhaltung, *die; (discussion)* Palaver, *das (ugs.); (in pop music)* rhythmischer Sprechgesang; Rap, *der.* **2.** *v. t.,* **-pp- a)** *(strike smartly)* klopfen; **~ sb. on the knuckles** jmdm. auf die Finger klopfen; **~ sth. on sth.** mit etw. gegen etw. klopfen; **b)** *(criticize)* attackieren. **3.** *v. i.,* **-pp- a)** *(make sound)* klopfen **(on** an + *Akk.*); **~ on the table** auf den Tisch klopfen; **b)** *(Amer. sl.: talk)* quatschen *(ugs.)*

**~ 'out** *v. t.* ausstoßen ‹*Befehl, Fluch*›; **~ out a message** melden

**²rap** *n.* **I don't care** *or* **give a ~:** es ist mir völlig egal *(ugs.)*

**rapacious** [rə'peɪʃəs] *adj. (greedy)* habgierig; *(predatory)* räuberisch

**rapaciously** [rə'peɪʃəslɪ] *adv. (greedily)* habgierig; *(in predatory manner)* raublustig

**rapacity** [rə'pæsɪtɪ] *n., no pl.* Habgier, *die; (being predatory)* Raublust, *die*

**¹rape** [reɪp] **1.** *n.* Vergewaltigung, *die (auch fig.);* Notzucht, *die (Rechtsspr.);* **statutory ~** *(Amer.)* Geschlechtsverkehr mit einer Minderjährigen; **homosexual ~:** Vergewaltigung einer gleichgeschlechtlichen Person. **2.** *v. t.* vergewaltigen; notzüchtigen *(Rechtsspr.); (fig.: despoil)* vergewaltigen ‹*Landschaft*›

**²rape** *n. (Bot., Agric.)* Raps, *der*

**rape: ~-cake** *n.* Rapskuchen, *der;* **~ oil** *see* **~-seed oil; ~-seed** *n.* Rapssamen, *der;* **~-seed oil** *n.* Rapsöl, *das*

**Raphael** ['ræfeɪəl] *pr. n.* **a)** *(archangel)* Raphael *(der);* **b)** *(artist)* Raffael *(der)*

**rapid** ['ræpɪd] **1.** *adj.* schnell ‹*Bewegung, Wachstum, Puls*›; rasch ‹*Folge, Bewegung, Fortschritt, Ausbreitung, Änderung*›; rapide ‹*Niedergang*›; steil ‹*Abstieg*›; reißend ‹*Gewässer, Strömung*›; stark ‹*Gefälle, Strömung*›; **give ~ results** schnell Ergebnisse bringen; **there has been a ~ decline** es ging rapide abwärts. **2.** *n. in pl.* Stromschnellen

**rapid-'fire** *adj.* Schnellfeuer‹*waffe, -schießen*›; *(fig.)* schnell aufeinanderfolgend ‹*Wiederholung*›; Schnellfeuer‹*witze, -fragen*›

**rapidity** [rə'pɪdɪtɪ] *n., no pl.* Schnelligkeit, *die*

**rapidly** ['ræpɪdlɪ] *adv.* schnell; **descend ~** ‹*Hang:*› steil abfallen

**rapid 'transit** *(Amer.) n.* Schnellverkehr, *der*

**rapier** ['reɪpɪə(r)] *n. (Fencing)* Rapier, *das*

**rapine** ['ræpaɪn, 'ræpɪn] *n. (rhet.)* Plünderung, *die*

**rapist** ['reɪpɪst] *n.* Vergewaltiger, *der*

**rapport** [ræ'pɔː(r)] *n.* [harmonisches] Verhältnis; **have a great ~ with sb.** ein ausgezeichnetes Verhältnis zu jmdm. haben; **establish a ~ with sb.** eine Beziehung zu jmdm. aufbauen; **lack of ~:** fehlende Übereinstimmung

**rapprochement** [ræ'prɒʃmã] *n. (Polit., Diplom.)* Rapprochement, *das (fachspr.);* Wiederannäherung, *die*

**rapscallion** [ræp'skæljən] *n. (joc.)* Spitzbube, *der (scherzh.);* Schlingel, *der (scherzh.)*

**rapt** [ræpt] *adj.* gespannt ‹*Aufmerksamkeit, Miene*›; **in ~ contemplation** in Betrachtungen versunken

**raptly** ['ræptlɪ] *adv.* gespannt ‹*zuhören*›

**rapture** ['ræptʃə(r)] *n.* **a)** *(ecstatic delight)* **[state of] ~:** Verzückung, *die;* **b)** *in pl. (enthusiasm)* **be in ~s** entzückt sein **(over, about** über + *Akk.*); **go into ~s** [überschwenglich] schwärmen **(over, about** von); **be sent into ~s by sth.** über etw. *(Akk.)* in Verzückung geraten

**rapturous** ['ræptʃərəs] *adj.* begeistert ⟨*Applaus, Menge, Willkommen*⟩; verzückt ⟨*Miene*⟩

**¹rare** [reə(r)] *adj.* **a)** *(uncommon)* selten; **~ occurrence** Seltenheit, *die;* **it's ~ for him to do that** es kommt selten vor, daß er etw. tut; **b)** *(thin)* dünn ⟨*Luft, Atmosphäre*⟩; **c)** *(extreme)* **have ~ fun with sb.** mit jmdm. einen Heidenspaß haben; **have a ~ old time** sich köstlich amüsieren

**²rare** *adj. (Cookery)* englisch gebraten; nur schwach gebraten; **medium ~:** halb durchgebraten

**rarebit** ['reəbɪt] *see* **Welsh rarebit**

**rare: ~ 'book** *n.* Rarität, *die;* Rarum, *das (Buchw.);* **~ 'earth** *(Chem.) n.* seltene Erde

**rarefaction** [reərɪ'fækʃn] *n.* Verdünnung, *die*

**rarefied** ['reərɪfaɪd] *adj.* dünn ⟨*Luft*⟩; *(fig.)* exklusiv

**rarefy** ['reərɪfaɪ] *v.t.* **a)** verdünnen ⟨*Feuchtigkeit, Luft*⟩; **b)** *(make subtle)* verfeinern

**rare 'gas** *see* **noble gas**

**rarely** ['reəlɪ] *adv.* **a)** selten; **b)** *(to an unusual degree)* außergewöhnlich

**raring** ['reərɪŋ] *adj. (coll.)* **be ~ to go** kaum abwarten können, bis es losgeht

**rarity** ['reərɪtɪ] *n.* **a)** Seltenheit, *die;* Rarität, *die;* **a collection of rarities** eine Sammlung von Raritäten; **be an object of great ~:** eine große Seltenheit sein; **such people are a ~:** solche Leute sind rar; **b) the ~ of the atmosphere** die dünne Luft

**'rarity value** *n.* Seltenheitswert, *der*

**rascal** ['rɑ:skl] *n.* **a)** *(dishonest person)* Halunke, *der;* Schuft, *der;* **b)** *(joc.: mischievous person)* Schlingel, *der (scherzh.);* Spitzbube, *der (scherzh.)*

**rascally** ['rɑ:skəlɪ] *adj.* **a)** *(dishonest)* schurkisch; **b)** *(joc.: mischievous)* schlimm ⟨*Junge, Streich*⟩

**rase** *see* **raze**

**¹rash** [ræʃ] *n. (Med.)* [Haut]ausschlag, *der;* **develop a** *or* **break out** *or* **come out in a ~:** einen Ausschlag bekommen; **bring sb. out in a ~:** einen Ausschlag bei jmdm. hervorrufen; **a ~ of burglaries/strikes** *(fig.)* eine Serie von Einbrüchen/Streiks

**²rash** *adj.* voreilig ⟨*Urteil, Entscheidung, Entschluß*⟩; überstürzt ⟨*Versprechungen, Handlung, Erklärung*⟩; *(impetuous)* ungestüm ⟨*Person*⟩

**rasher** ['ræʃə(r)] *n.* **~ [of bacon]** Speckscheibe, *die;* **bacon sliced into ~s** in [dünne] Scheiben geschnittener Speck

**rashly** ['ræʃlɪ] *adv.* voreilig ⟨*handeln, etw. versprechen, zustimmen*⟩

**rashness** ['ræʃnɪs] *n., no pl.* Voreiligkeit, *die;* **regret one's ~ in doing sth.** bedauern, daß man etw. voreilig getan hat

**rasp** [rɑ:sp] **1.** *n.* **a)** *(tool)* Raspel, *die;* **b)** *(sound) (of metal on wood)* schneidendes Geräusch; *(of a cricket)* Zirpen, *das; (of breathing)* Rasseln, *das.* **2.** *v.i.* kratzen. **3.** *v.t.* **a)** *(scrape with ~)* raspeln ⟨*Blech, Kante*⟩; **b)** *(say gratingly)* schnarren

**raspberry** ['rɑ:zbərɪ] *n.* **a)** Himbeere, *die; (plant also)* Himbeerstrauch, *der; attrib.* Himbeer⟨*marmelade, -torte, -rosa, -eis*⟩; **b)** *(sl.: rude noise)* **blow a ~:** verächtlich prusten

**'raspberry-cane** *n.* Himbeerrute, *die;* Himbeerstrauch, *der*

**rasping** ['rɑ:spɪŋ] *adj.* krächzend ⟨*Husten, Stimme*⟩; rasselnd ⟨*Geräusch*⟩

**Rasta** ['ræstə] *n.* Rasta, *der;* **the ~ people** die Rastas

**Rastafarian** [ræstə'feərɪən] *(Relig.)* **1.** *n.* Rastafari, *der.* **2.** *adj.* Rasta-

**raster** ['ræstə(r)] *n. (Telev.)* Raster, *das*

**rat** [ræt] **1.** *n.* **a)** Ratte, *die;* **brown** *or* **sewer ~:** Wanderratte, *die;* **look like a drowned ~** *(coll.)* wie eine gebadete Maus aussehen *(ugs.);* **~s!** *(sl.) (drat it!)* verflixt! *(ugs.);* verdammt! *(salopp); (nonsense!)* Quatsch! *(ugs.);* **smell a ~** *(fig. coll.)* Lunte *od.* den Braten riechen *(ugs.);* **~s leaving** *or* **deserting the [sinking] ship** *(fig.)* Ratten, die das sinkende Schiff verlassen; *see also* **muskrat; water-rat; b)** *(coll. derog.: unpleasant person)* Ratte, *die (derb);* **c)** *(Polit.)* Abtrünnige, *der/die.* **2.** *v.i.,* **-tt-** Ratten jagen; **be out ~ting** auf Rattenfang sein

**~ on** *v.t. (sl.)* **a)** *(inform on)* verpfeifen *(ugs.);* **b)** *(go back on)* nicht halten ⟨*Versprechen*⟩; Verrat üben an (+ *Dat.*) ⟨*Politik*⟩; sitzenlassen *(ugs.)* ⟨*Person*⟩

**ratatouille** [rætə'tu:ɪ] *n. (Gastr.)* Ratatouille, *die*

**rat: ~bag** *n. (sl.)* Knallkopf, *der*/[dumme] Kuh *(ugs.);* **~-catcher** *n.* Rattenfänger, *der*/-fängerin, *die*

**ratchet** ['rætʃɪt] *n. (Mech. Engin.)* **a)** *(set of teeth)* Zahnkranz, *der;* **b) ~ [wheel]** Klinkenrad, *das*

**¹rate** [reɪt] **1.** *n.* **a)** *(proportion)* Rate, *die;* **increase at a ~ of 50 a week** [um] 50 pro Woche anwachsen; **lose at the ~ of two minutes a day** ⟨*Uhr:*⟩ zwei Minuten pro Tag nachgehen; **~ of inflation/absentee ~:** Inflations-/Abwesenheitsrate, *die;* **b)** *(tariff)* Satz, *der;* **interest/taxation ~, ~ of interest/taxation** Zins-/Steuersatz, *der;* **lending/premium ~s** Lombardsatz, *der*/Prämientarif, *der; see also* **bank rate; exchange 3d; water-rate; c)** *(amount of money)* Gebühr, *die;* **~ [of pay]** Lohnsatz, *der;* **the ~ for the job** die festgelegte Vergütung für diese Arbeit; **letter/parcel ~:** Briefporto, *das*/Paketgebühr, *die;* **at reduced ~:** gebührenermäßigt ⟨*Drucksache*⟩; **d)** *(speed)* Geschwindigkeit, *die;* Tempo, *das;* **at a** *or* **the ~ of 50 mph** mit [einer Geschwindigkeit von] 80 km/h; **at a good/fast/moderate/dangerous ~:** zügig/mit hoher/mäßiger Geschwindigkeit/gefährlich schnell; **e)** *(Brit.: local authority levy)* Gemeindeabgabe, *die;* Realsteuer, *die;* **county/district ~:** Grafschafts-/Bezirksabgabe, *die;* **[local** *or* **council] ~s** Gemeindeabgaben; **f)** *(coll.)* **at any ~** *(at least)* zumindest; wenigstens; *(whatever happens)* auf jeden Fall; **at this ~ we won't get any work done** so kommen wir zu nichts; **at the ~ you're going, ...** *(fig.)* wenn du so weitermachst,...; **we can't afford to spend money at this ~:** wir können es uns *(Dat.)* nicht leisten, so mit unserem Geld umzugehen; **you'll always be hard up at that ~:** so wirst du immer knapp bei Kasse sein. *See also* **¹knot 1f. 2.** *v.t.* **a)** *(estimate worth of)* schätzen ⟨*Vermögen*⟩; einschätzen ⟨*Intelligenz, Leistung, Fähigkeit*⟩; **~ sb./sth. highly** jmdn./etw. hoch einschätzen; **b)** *(consider)* betrachten; rechnen **(among** zu); **be ~d the top tennis-player in Europe** als der beste Tennisspieler Europas gelten; **c)** *(assign value to)* beurteilen, bewerten ⟨*schulische Leistung, Lesefertigkeit*⟩; angeben ⟨*Lebensdauer, Schubkraft*⟩ **(at** mit); **d)** *(Brit.: subject to payment of local authority levy)* Gemeindeabgaben auferlegen (+ *Dat.*); **e)** *(Brit.: value)* **the house is ~d at £100 a year** die Grundlage für die Berechnung der Gemeindeabgaben für das Haus beträgt 100 Pfund pro Jahr; **f)** *(merit)* verdienen ⟨*Auszeichnung, Erwähnung*⟩; **does his work ~ a pass?** soll man ihn mit dieser Arbeit bestehen lassen?; **he didn't ~ an invitation** *(coll.)* er war nicht wichtig genug, [um] eingeladen zu werden; **g)** *(coll.: think much of)* viel halten von ⟨*Person*⟩; **~/not ~ one's chances** sich *(Dat.)* große/keine großen Chancen ausrechnen. **3.** *v.i.* zählen **(among** zu); **~ as** gelten als; **~ high in a team/low on a test** in einer Mannschaft viel gelten/bei einem Test schlecht abschneiden

**²rate** *v.t. (scold)* beschimpfen

**rateable** ['reɪtəbl] *adj. (Brit.)* [real]steuerpflichtig ⟨*Eigentum, Gebäude*⟩; **~ value** steuerbarer Wert

**rate-capping** ['reɪtkæpɪŋ] *n. (Brit.) gesetzliches Recht der Regierung, durch Entzug der Etat einer Kommunalverwaltung zu kürzen, wenn diese zu hohe Abgaben erhebt oder im vorangegangenen Haushaltsjahr zuviel Geld ausgegeben hat*

**'ratepayer** *n. (Brit.)* Realsteuerpflichtige, *der/die;* ≈ Steuerzahler, *der*/-zahlerin, *die*

**rather** ['rɑ:ðə(r)] *adv.* **a)** *(by preference)* lieber; **he wanted to appear witty ~ than brainy** er wollte lieber geistreich als klug erscheinen; **~ than accept bribes, he decided to resign** ehe er sich bestechen ließ, trat er lieber zurück; **I had ~ die than ...:** ich würde lieber sterben als ...; **no, thanks, I'd ~ not** nein danke, lieber nicht; **I would ~ you ...:** es wäre mir lieber, wenn du ...; **b)** *(somewhat)* ziemlich ⟨*gut, gelangweilt, unvorsichtig, nett, warm*⟩; **I ~ think that ...:** ich bin ziemlich sicher, daß ...; **be a ~ good one** ziemlich gut sein; **be ~ better/more complicated than expected** um einiges besser/komplizierter sein als erwartet; **fall ~ flat** ein ziemlicher Reinfall sein; **be ~ a nice person** ziemlich nett sein; **it is ~ too early** ich fürchte, es ist zu früh; **it looks ~ like a banana** es sieht ungefähr wie eine Banane aus; **I ~ like beans/him** ich esse Bohnen ganz gern/ich mag ihn recht gern; **c)** *(more truly)* vielmehr; **or ~:** beziehungsweise; [oder] genauer gesagt; **he was careless ~ than wicked** er war eher nachlässig als böswillig; **d)** *(Brit. dated coll.: certainly)* aber gewiß doch; na klar *(ugs.)*

**rathskeller** ['rɑ:tskelə(r)] *n. (Amer.)* Kellerlokal, *das*

**ratification** [rætɪfɪ'keɪʃn] *n. see* **ratify:** Ratifizierung, *die;* Bestätigung, *die;* Sanktionierung, *die*

**ratify** ['rætɪfaɪ] *v.t.* ratifizieren ⟨*völkerrechtlichen Vertrag*⟩; bestätigen ⟨*Ernennung*⟩: sanktionieren ⟨*Vertrag, Gesetzentwurf*⟩

**¹rating** ['reɪtɪŋ] *n.* **a)** *(estimated standing)* Einschätzung, *die;* **security ~:** Geheimhaltungsstufe, *die;* **have a high/low ~:** hoch/niedrig eingeschätzt werden; **b)** *(Radio, Telev.)* **[popularity] ~:** Einschaltquote, *die;* **be high/low in the ~s** eine hohe/niedrige Einschaltquote haben; **c)** *(Navy: rank)* Dienstgrad, *der;* **d)** *(Brit. Navy: sailor)* **[naval] ~:** Mannschaftsdienstgrad, *der;* **deck ~s** Angehörige der Decksmannschaften; **e)** *(of racing-yacht)* Rennwert, *der*

**²rating** *n. (scolding)* Schimpfe, *die (ugs.);* **get a ~:** Schimpfe bekommen *(ugs.);* ausgeschimpft werden; **give sb. a ~:** jmdn. ausschimpfen

**ratio** ['reɪʃɪəʊ] *n., pl.* **~s** Verhältnis, *das;* **in a** *or* **the ~ of 1 to 5** im Verhältnis 1:5; **in direct ~ to** *or* **with** im gleichen Verhältnis wie; **the teacher-student ~:** das Verhältnis von Lehrern zu Schülern; **what is the ~ of men to women?** wie hoch ist der Männeranteil im Vergleich zu dem der Frauen?

**ratiocination** [rætɪɒsɪ'neɪʃn, ræʃɪɒsɪ'neɪʃn] *n.* Reflexion, *die* **(on** über + *Akk.*)

**ration** ['ræʃn] **1.** *n.* **a)** *(daily food allowance)* [Tages]ration, *die;* **put sb. on short ~s** jmdn. auf halbe Ration setzen *(ugs.);* **b)** *(fixed allowance of food etc. for civilians)* **~[s]** Ration, *die* **(of** an + *Dat.*); **sugar/petrol/meat/sweet ~:** Zucker-/Benzin-/Fleisch-/Süßigkeitenration, *die;* **c)** *(single portion)* Ration, *die;* **be given [out] with the ~s** *(fig. sl.)* automatisch vergeben werden *(ugs.).* **2.** *v.t.* rationieren ⟨*Benzin, Autos*⟩; Rationen zuteilen (+ *Dat.*) ⟨*Person*⟩; *(allocate systematically)* einteilen ⟨*Zeit*⟩; **be ~ed to one glass of spirits per day** nur ein Glas Alkohol pro Tag trinken dürfen; **~ oneself to ten cigarettes a day** sich *(Dat.)* nur zehn Zigaretten pro Tag erlauben

**~ 'out** *v.t.* zuteilen **(to** *Dat.*); in Rationen austeilen **(to** an + *Akk.*)

**rational** ['ræʃənl] *adj.* **a)** *(having reason)* rational, vernunftbegabt ‹*Wesen*›; *(sensible)* vernünftig ‹*Person, Art, Politik usw.*›; **b)** *(based on reason; also Math.)* rational ‹*Erklärung, Analyse, Zahl*›

**rationale** [ræʃəˈnɑːl] *n.* **a)** *(statement of reasons)* rationale Erklärung **(of** für); **b)** *(fundamental reason)* logische Grundlage

**rationalisation, rationalise** *see* **rationaliz-**

**rationalism** [ˈræʃənəlɪzm] *n. (Theol., Philos.)* Rationalismus, *der*

**rationalist** [ˈræʃənəlɪst] *n. (Theol., Philos.)* Rationalist, *der*/Rationalistin, *die*

**rationalistic** [ræʃənəˈlɪstɪk] *adj.* rationalistisch

**rationality** [ræʃəˈnælɪtɪ] *n., no pl.* **a)** *see* **rational a:** Rationalität, *die;* Vernunftbegabtheit, *die;* Vernünftigkeit, *die;* Vernunft, *die;* **b)** *(of explanation, analysis, etc.)* Rationalität, *die*

**rationalization** [ræʃənəlaɪˈzeɪʃn] *n. (Econ., Psych.)* Rationalisierung, *die*

**rationalize** [ˈræʃənəlaɪz] **1.** *v. t.* **a)** *(Econ., Psych.)* rationalisieren; **b)** *(explain by rationalism)* ~ **away** rationalistisch erklären. **2.** *v. i.* **a)** Scheinbegründungen finden; **b)** *(be a rationalist)* rational denken/handeln

**rationally** [ˈræʃənəlɪ] *adv.* rational; *(sensibly)* vernünftig

**ration: ~ book** *n.* Bezugsscheinheft, *das;* **~ card, ~ coupon** *ns.* Bezugsschein, *der*

**rationing** [ˈræʃənɪŋ] *n.* Rationierung, *die*

**ratline (ratlin)** [ˈrætlɪn], **ratling** [ˈrætlɪŋ] *n. (Naut.)* Webeleine, *die*

**rat: ~ poison** *n.* Rattengift, *das;* **~ race** *n.* erbarmungsloser Konkurrenzkampf; **~-run** *n.* hektisches Chaos; **~'s-tail** *n.* Rattenschwanz, *der*

**rattan** [rəˈtæn] *n.* **a)** *(cane)* Peddigrohr, *das;* Rattan, *das; attrib.* Rattan‹*möbel, -matte, -tau*›; **b)** *(Bot.)* Rotangpalme, *die*

**rat-tat** [rætˈtæt], **rat-tat-tat** [rætəˈtæt] *ns.* Klopfen, *das*

**ratter** [ˈrætə(r)] *n.* Rattenjäger, *der*

**rattle** [ˈrætl] **1.** *v. i.* **a)** *(clatter)* ‹*Fenster, Maschinenteil, Schlüssel:*› klappern; ‹*Hagel:*› prasseln; ‹*Flaschen:*› klirren; ‹*Kette:*› rasseln; ‹*Münzen:*› klingen; **~ at the door** an der Tür rütteln; **b)** *(move)* ‹*Zug, Bus:*› rattern; ‹*Kutsche:*› rumpeln. **2.** *v. t.* **a)** *(make ~)* klappern mit ‹*Würfel, Geschirr, Dose, Münzen, Schlüsselbund*›; klirren lassen ‹*Fenster[scheiben]*›; rasseln mit ‹*Kette*›; **b)** *(sl.: disconcert)* ~ **sb., get sb. ~d** jmdn. durcheinanderbringen; **don't get ~d!** reg dich nicht auf!; **they tried to ~ the performer** sie versuchten, den Künstler aus dem Konzept zu bringen. *See also* **sabre. 3.** *n.* **a)** *(of baby, musician)* Rassel, *die; (of sports fan)* Ratsche, *die;* Klapper, *die;* **b)** *(sound)* Klappern, *das; (of hail)* Prasseln, *das; (of drums)* Schnarren, *das; (of machine-gun)* Rattern, *das; (of chains)* Rasseln, *das; (of bottles)* Klirren, *das;* **c)** *(of rattlesnake)* Rassel, *die;* Klapper, *die*

**~ aˈway** *v. i. (coll.) (talk)* schnattern *(ugs.); (on typewriter)* klappern *(ugs.);* **~ away at** *or* **on** klappern auf (+ *Dat.*) ‹*Schreibmaschine*›

**~ ˈoff** *v. t. (coll.)* herunterrasseln *(ugs.);* **~ sth. off like a machine-gun** etw. herunterrattern wie ein Maschinengewehr

**~ ˈon** *v. i. (coll.)* plappern *(ugs.)*

**~ through** *v. t. (fig.)* herunterrasseln

**rattler** [ˈrætlə(r)] *n. (Amer. coll.)* Klapperschlange, *die*

**rattle: ~snake** *n.* Klapperschlange, *die;* **~trap** *n. (coll.)* Klapperkasten, *der (ugs.)*

**rattling** [ˈrætlɪŋ] **1.** *adj.* flott ‹*Tempo*›. **2.** *adv. (coll.)* verdammt *(ugs.)* ‹*gut*›

**ˈrat-trap** *n.* Rattenfalle, *die*

**ratty** [ˈrætɪ] *adj. (sl.: irritable)* gereizt; **don't get ~ with me!** laß deinen Ärger nicht an mir aus!

**raucous** [ˈrɔːkəs] *adj.* **a)** rauh ‹*Stimme, Lachen*›; **b)** *(boisterous, disorderly)* wild ‹*Benehmen*›; wüst ‹*Gesänge*›; roh ‹*Zuruf*›

**raucously** [ˈrɔːkəslɪ] *adv.* **a)** mit rauher Stimme; **b)** *(boisterously)* **they sang/laughed/shouted ~:** sie sangen wüste Gesänge/lachten roh/stießen wilde Rufe aus

**raunchy** [ˈrɔːntʃɪ] *adj. (lewd)* vulgär; *(suggestive)* scharf *(salopp)*

**ravage** [ˈrævɪdʒ] **1.** *v. t.* heimsuchen ‹*Gebiet, Stadt*›; so gut wie vernichten ‹*Ernte*›; schwer zeichnen ‹*Gesichtszüge*›. **2.** *n. in pl.* verheerende Wirkung; **the ~s of time/war** die Zeichen der Zeit/die Wunden des Krieges; **be marked by the ~s of famine** vom Hunger schwer gezeichnet sein

**rave** [reɪv] **1.** *v. i.* **a)** *(talk wildly)* irrereden; **he's just raving** er redet nur irres Zeug *(ugs.);* **~ at** [wüst] beschimpfen; *see also* **rant 1; b)** *(speak with admiration)* schwärmen **(about, over** von); **c)** *(howl)* ‹*Wind, Sturm, Meer:*› brausen. **2.** *adj. (coll.)* [hellauf] begeistert ‹*Kritik*›. **3.** *n. (Brit. sl.: fad, fashion)* **the latest ~:** der letzte Schrei; **it's all the ~:** es ist der letzte Schrei

**ravel** [ˈrævl] **1.** *v. t., (Brit.)* **-ll- a)** *(entangle)* verheddern ‹*Wollstrang*›; **~ into knots** verwickeln und verknoten; **b)** *see* **unravel 1. 2.** *v. i., (Brit.)* **-ll- a)** *(become entangled)* sich verwickeln; **b)** *see* **unravel 2**

**~ ˈout** *see* **unravel 1**

**raven** [ˈreɪvn] **1.** *n.* Rabe, *der;* Kolkrabe, *der (Zool.).* **2.** *adj.* **~-black** [kohl]rabenschwarz ‹*Haar*›; **~-haired** mit kohlrabenschwarzem Haar *nachgestellt*

**ravening** [ˈrævənɪŋ] *adj.* beutegierig

**ravenous** [ˈrævənəs] *adj.* **a)** ausgehungert; **I'm ~:** ich habe einen Bärenhunger *(ugs.);* **have a ~ hunger/appetite** einen richtigen Heißhunger haben; **b)** *(greedy)* räuberisch

**ravenously** [ˈrævənəslɪ] *adv.* heißhungrig; **be ~ hungry** einen Riesenhunger haben *(ugs.);* ausgehungert sein

**ˈrave-up** *n. (Brit. sl.)* [wilde] Fete *(ugs.)*

**ravine** [rəˈviːn] *n.* Schlucht, *die; (produced by river also)* Klamm, *die*

**raving** [ˈreɪvɪŋ] **1.** *n. in pl.* irres Gerede. **2.** *adj.* **a)** *(talking madly)* irreredend ‹*Wahnsinniger, Idiot*›; **b)** *(outstanding)* phantastisch *(ugs.)* ‹*Erfolg*›; **be a ~ beauty** hinreißend schön sein. **3.** *adv.* **be ~ mad** *(insane)* hochgradig schwachsinnig sein; *(stupid)* völlig verrückt sein *(ugs.)*

**ravioli** [rævɪˈəʊlɪ] *n. (Gastr.)* Ravioli *Pl.*

**ravish** [ˈrævɪʃ] *v. t.* **a)** *(charm)* entzücken; bezaubern; **be ~ed** hingerissen *od.* bezaubert sein **(by, with** von); **b)** *(rape)* schänden *(veralt.);* Gewalt antun *(geh.* + *Dat.)*

**ravishing** [ˈrævɪʃɪŋ] *adj.* bildschön ‹*Anblick, Person*›; hinreißend ‹*Schönheit*›; **~ sight** Augenweide, *die*

**raw** [rɔː] **1.** *adj.* **a)** *(uncooked)* roh; **b)** *(inexperienced)* unerfahren; frischgebacken ‹*Akademiker*›; blutig ‹*Anfänger*›; *see also* **recruit 1 a, d; c)** *(unbound)* ungesäumt ‹*Kante, Stoff*›; **d)** *(stripped of skin)* blutig ‹*Fleisch*›; offen ‹*Wunde*›; *(sore)* wund ‹*Füße*›; **e)** *(chilly)* naßkalt; **f)** *(untreated)* Roh‹*haut, -holz, -seide, -zucker, -erz, -leder*›; *(undiluted)* rein ‹*Alkohol*›; **g)** *(fig.: unpolished)* grob; **h)** *(Statistics)* unaufbereitet. *See also* **[1]deal 3 a; sienna; umber. 2.** *n.* **nature in the ~:** unverfälschte Natur; **life in the ~:** das Leben, wie es wirklich ist; **in the ~** *(fig.)* unbekleidet ‹*schlafen*›; **touch sb. on the ~** *(Brit. coll.)* jmdn. an [s]einer verwundbaren Stelle treffen

**raw: ~-boned** [ˈrɔːbəʊnd] *adj.* knochig; **~hide** *n.* **a)** *(leather)* Rohleder, *das;* **b)** *(whip)* Peitsche aus Rohleder

**Rawlplug, (P)** [ˈrɔːlplʌg] *n.* Dübel, *der*

**raw maˈterial** *n.* Rohstoff, *der*

**[1]ray** [reɪ] *n.* **a)** *(lit. or fig.)* Strahl, *der;* **~ of sunshine/light** Sonnen-/Lichtstrahl, *der;* **~ of sunshine** *(fig.)* Sonnenschein, *der;* **~ of hope** Hoffnungsstrahl, *der;* **give sb. a ~ of hope** jmdm. Hoffnung machen; **provide a ~ of comfort** etwas Trost spenden; **b)** *in pl. (radiation)* Strahlen; Strahlung, *die; see also* **cosmic; gamma rays; X-ray 1; c)** *(Zool.) (of fish's fin)* Flossenstrahl, *der;* Radius, *der (fachspr.); (of starfish)* Arm, *der*

**[2]ray** *n. (fish)* Rochen, *der*

**[3]ray** *n. (Mus.)* re

**ˈray gun** *n. (Science Fiction)* Strahlenpistole, *die*

**rayon** [ˈreɪɒn] *n. (Textiles)* Reyon, *das od. der; attrib.* Reyon‹*kleid, -hemd*›

**raze** [reɪz] *v. t. (completely destroy)* völlig zerstören; *(pull down)* abreißen; **~ to the ground** dem Erdboden gleichmachen

**razor** [ˈreɪzə(r)] *n.* Rasiermesser, *das;* **[electric] ~:** [elektrischer] Rasierapparat; [Elektro- *od.* Trocken]rasierer, *der (ugs.); see also* **safety razor**

**razor: ~-bill** *n. (Ornith.)* Tordalk, *der;* **~-blade** *n.* Rasierklinge, *die;* **~-edge** *n.* Rasierschneide, *die;* **sharpen to a ~-edge** rasiermesserscharf machen; **be** *or* **stand on a ~-edge** *or* **~'s edge** *(fig. coll.)* sich auf einer Gratwanderung befinden; **~-fish** *n. (Zool.)* Scheidenmuschel, *die;* **~-sharp** *adj.* sehr scharf ‹*Messer*›; *(fig.)* messerscharf ‹*Verstand, Intellekt*›; scharfsinnig ‹*Person*›; **~-shell** *see* **~-fish; ~-wire** *n. wie Stacheldraht verwendeter, dünner, scharfkantiger Draht*

**razzamatazz** [ˈræzəmətæz] *see* **razzmatazz**

**razzle** [ˈræzl] *n. (sl.)* **be/go on the ~:** einen draufmachen *(ugs.)*

**razzle-dazzle** [ˈræzldæzl], **razzmatazz** [ˈræzmətæz] *ns. (sl.)* **a)** *(excitement)* Trubel, *der;* **add ~ to sth.** etwas aufmotzen *(salopp);* **b)** *(extravagant show)* Rummel, *der (ugs.)*

**RC** *abbr.* **Roman Catholic** r.-k.; röm.-kath.

**Rd.** *abbr.* **road** Str.

**RE** *abbr. (Brit.)* **a) Royal Engineers** Pionierkorps der britischen Armee; **b) Religious Education** Religionslehre, *die*

**[1]re** *see* **[3]ray**

**[2]re** [riː] *prep.* **a)** *(coll.)* über (+ *Akk.*); **b)** *(Law)* in Sachen; **c)** *(Commerc.)* betreffs

**'re** [ə(r)] *(coll.)* = **are;** *see* **be**

**reach** [riːtʃ] **1.** *v. t.* **a)** *(arrive at)* erreichen; ankommen *od.* eintreffen in (+ *Dat.*) ‹*Stadt, Land*›; ankommen an (+ *Dat.*) ‹*Reiseziel*›; erzielen ‹*Übereinstimmung, Übereinkunft*›; kommen zu ‹*Entscheidung, Entschluß; Ausgang, Eingang*›; **be easily ~ed** leicht erreichbar *od.* zu erreichen sein **(by** mit); **not a sound ~ed our ears** kein Laut drang an unsere Ohren; **your letter ~ed me today** dein Brief hat mich heute erreicht; **have you ~ed page 45 yet?** bist du schon auf Seite 45 [angelangt]?; **you can ~ her at this number/by radio** du kannst sie unter dieser Nummer/über Funk erreichen; **b)** *(extend to)* ‹*Straße:*› führen bis zu; ‹*Leiter, Haar:*› reichen bis zu; **c)** *(pass)* **~ me that book** reich mir das Buch herüber. **2.** *v. i.* **a)** *(stretch out hand)* **~ for sth.** nach etw. greifen; **~ across the table/through the window** über den Tisch/durchs Fenster langen; **how high can you ~?** wie hoch kannst du langen?; **b)** *(be long/tall enough)* **sth. will/won't ~:** etw. ist/ist nicht lang genug; **he can't ~ up to the top shelf** er kann das oberste Regal nicht [mit der Hand] erreichen; **will it ~ as far as ...?** wird es bis zu ... reichen? **can you ~?** kannst *od.* kommst du dran? *(ugs.);* **c)** *(go as far as)* ‹*Wasser, Gebäude, Besitz:*› reichen (**[up] to** bis [hinauf] zu); ‹*Betrag:*› erreichen **(to** *Akk.*); ‹*Stimme:*› zu hören sein **(to** bis); **his influence ~es beyond the limits of the town** sein Einfluß reicht über die Stadtgrenzen hinaus. **3.** *n.* **a)** *(extent of reaching)* Reichweite, *die;* **be within easy ~ [of a place]** [von einem Ort aus] leicht erreichbar sein; **live within ~ of sb.** in jmds. Nähe leben; **be out of ~ [of a place]** [von einem Ort aus] nicht erreichbar sein; **be above sb.'s ~:** zu hoch für jmdn. sein; **keep sth. out of ~ of sb.** etw. unerreichbar für jmdn. aufbewahren; **keep sth. within easy ~:** etw. in greifbarer Nähe aufbewahren; **move sth. beyond sb.'s ~:** etw. aus jmds. Reichweite entfernen; **be within/beyond the ~ of sb.** in/außer jmds. Reichweite sein; *(fig.)* für jmdn. im/nicht im Bereich des Möglichen liegen; *(financially)* für jmdn. erschwinglich/unerschwinglich sein; **b)** *(act of stretching out hand)* **make a ~ for sth.** nach etw. greifen; **it was a long ~ from the bed to the light-switch** der Lichtschalter war vom Bett aus schwer zu erreichen; **c)** *(expanse)* Abschnitt, *der;* **a ~ of woodland** ein Waldgebiet; **the upper/lower ~es [of the river]** die oberen/unteren [Fluß]abschnitte; **d)** *(Naut.)* Segelstrecke zwischen zwei Wendungen; **be on a ~:** raumen Kurs segeln

**~ a'cross** *v. i.* die Hand ausstrecken

**~ 'back** *v. i.* zurückreichen (**over** *Akk.;* **to** bis in + *Akk.*)

**~ 'down 1.** *v. i.* den Arm nach unten ausstrecken; **~ down to sth.** *(be long enough)* bis zu etw. [hinunter]reichen. **2.** *v. t.* hinunterholen; *(to receiving speaker)* herunterreichen

**~ 'out 1.** *v. t. (stretch out)* ausstrecken ⟨*Fuß, Bein, Hand, Arm*⟩ (**for** nach). **2.** *v. i.* die Hand ausstrecken (**for** nach); **~ out for, ~ out to grasp** ⟨*Person, Hand:*⟩ greifen nach; **~ out to sb.** *(fig.)* jmdn. zu erreichen versuchen

**~ 'over** *v. i.* die Hand ausstrecken

**reachable** ['ri:tʃəbl] *adj.* erreichbar

**'reach-me-down** *(Brit. coll.) see* **hand-me-down 1 b**

**react** [rɪ'ækt] **1.** *v. i.* **a)** *(respond)* reagieren (**to** auf + *Akk.*); **be quick to ~ to sth.** auf etw. schnell reagieren; **b)** *(act in opposition)* sich widersetzen (**against** *Dat.*); **c)** *(produce reciprocal effect)* zurückwirken (**upon** auf + *Akk.*); seine Wirkung haben (**upon** auf + *Akk.*); **d)** *(Chem., Phys.)* reagieren. **2.** *v. t. (Chem.)* reagieren lassen

**reaction** [rɪ'ækʃn] *n.* **a)** Reaktion, *die* (**to** auf + *Akk.*); **~ against sth.** Widerstand gegen etw.; **action and ~** Wirkung und Gegenwirkung; **what was his ~?** wie hat er reagiert?; **there was a favourable ~ to the proposal** der Vorschlag ist positiv aufgenommen worden; **chemical/nuclear ~:** chemische Reaktion/Kernreaktion, *die;* **I had a bad ~ after the injection** mein Körper hat die Injektion schlecht vertragen; **b)** *(opposite physical action)* Gegenreaktion, *die;* **c)** *(Polit.)* Reaktion, *die;* **forces of ~:** reaktionäre Kräfte

**reactionary** [rɪ'ækʃənərɪ] *(Polit.)* **1.** *adj.* reaktionär. **2.** *n.* Reaktionär, *der*/Reaktionärin, *die*

**reactivate** [rɪ'æktɪveɪt] *v. t.* reaktivieren; wieder in Gang bringen ⟨*Motor, Generator*⟩; wieder einrichten ⟨*Stützpunkt*⟩

**reactive** [rɪ'æktɪv] *adj.* **a)** *(showing reaction)* auf eine Reaktion hindeutend ⟨*Symptom*⟩; **~ response** Gegenreaktion, *die;* **b)** *(Chem., Phys.)* reaktiv

**reactivity** [rɪæk'tɪvɪtɪ] *n. (Chem., Phys.)* Reaktionsfähigkeit, *die*

**reactor** [rɪ'æktə(r)] *n.* **a) [nuclear] ~:** Kernreaktor, *der;* **pressurized-water ~:** Druckwasserreaktor, *der;* **b)** *(Chem.)* Reaktor, *der;* Reaktionsapparat, *der*

**read** [ri:d] **1.** *v. t.,* **read** [red] **a)** lesen; **~ sb. sth., ~ sth. to sb.** jmdm. etwas vorlesen; **~ a Bill for the first/second/third time** *(Parl.)* einen Gesetzentwurf in erster/zweiter/dritter Lesung beraten; **for 'white' ~ 'black'** statt „weiß" muß es „schwarz" heißen; **~ proof[s]** *(Print.)* Korrektur[en] lesen; **~ the electricity/gas meter** den Strom/das Gas ablesen; **~ all about it!** lesen Sie selbst!; **b)** *(show a reading of)* anzeigen; **c)** *(interpret)* deuten; **~ terror in sb.'s eyes** Schrecken an jmds. Augen *(Dat.)* ablesen können; **~ sb. like a book** *(fig. coll.)* in jmdm. lesen können wie in einem Buch; **~ the cards/ sb.'s hand** Karten lesen/jmdm. aus der Hand lesen; **~ sb.'s mind** *or* **thoughts** jmds. Gedanken lesen; **~ sth. into sth.** etw. in etw. *(Akk.)* hineinlesen; **~ between the lines** zwischen den Zeilen lesen; **d)** *(understand)* hören; **do you ~ me?** können Sie mich hören?; **e)** *(Brit. Univ.: study)* studieren; **f)** *(Computing)* abtasten ⟨*Lochkarte*⟩; lesen ⟨*Band, Information*⟩; **~ into** einlesen in (+ *Akk.*); **~ out of** entnehmen aus. *See also* **take 1 u. 2.** *v. i.,* **read a)** lesen; **~ to sb.** jmdm. vorlesen; **~ [a]round a subject** Hintergrundmaterial zu einem Thema lesen; **b)** *(convey meaning)* lauten; **the contract ~s as follows** der Vertrag hat folgenden Wortlaut; **Arabic ~s from right to left** die arabische Schrift wird von rechts nach links gelesen; **c)** *(affect reader)* sich lesen; **the play ~s better than it acts** das Stück wirkt besser beim Lesen als auf der Bühne. **3.** *n.* **a)** *(time spent in reading)* **have a quiet ~:** in Ruhe lesen; **have a ~ of sth.** *(coll.)* mal in etw. *(Akk.)* gucken *(ugs.);* **b)** *(Brit. coll.: reading matter)* **be a good ~:** sich gut lesen. **4.** [red] *adj.* **widely** *or* **deeply ~:** sehr belesen ⟨*Person*⟩; **a widely ~/little-~ book/author** ein viel/wenig gelesenes Buch/gelesener Autor; **the most widely ~ book/author** das meistgelesene Buch/der meistgelesene Autor

**~ 'back** *v. t.* wiederholen; noch einmal vorlesen

**~ 'in** *v. t. (Computing)* einlesen; *see also* **read-in**

**~ 'off** *v. t.* durchlesen; *(from meter, board)* ablesen ⟨*Zahl, Stand*⟩

**~ 'out** *v. t.* **a)** *(aloud)* laut vorlesen; **b)** *(Computing)* ausgeben; *see also* **read-out; c)** *(Amer.: expel)* ausschließen (**of** aus)

**~ 'over, ~ 'through** *v. t.* durchlesen

**~ 'up** *v. t.* sich informieren (**on** über + *Akk.*)

**readability** [ri:də'bɪlɪtɪ] *n., no pl.* Lesbarkeit, *die;* **improve the ~ of sth.** etwas lesbarer machen

**readable** ['ri:dəbl] *adj.* **a)** *(pleasant to read)* lesenswert; **b)** *(legible)* leserlich

**readdress** [ri:ə'dres] *v. t.* umadressieren

**reader** ['ri:də(r)] *n.* **a)** Leser, *der*/Leserin, *die;* **be a slow/good/great ~ [of sth.]** [etw.] langsam/gut/gern lesen; **b)** *(who reads aloud)* Vorlesende, *der/die;* **c)** *(Publishing)* **[publisher's] ~:** [Verlags]lektor, *der*/-lektorin, *die;* **d)** *(textbook)* Lehrbuch, *das; (to learn to read, containing original texts)* Lesebuch, *das;* **Latin/poetry ~:** Latein[lehr]buch, *das*/Gedichtbuch, *das;* **e)** *(Printing) see* **proof-reader; f)** *(Brit. Univ.)* ≈ Assistenzprofessor, *der*/-professorin, *die* (**in** für); **g)** *(machine)* Lesegerät, *das*

**readership** ['ri:dəʃɪp] *n.* **a)** *(number or type of readers)* Leserschaft, *die;* Leserkreis, *der;* **what is the ~ of the paper?** wie groß ist die Leserschaft der Zeitung?; **b)** *(Brit. Univ.)* ≈ Assistenzprofessur, *die* (**in** für)

**readies** ['redɪz] *n. pl. (sl.)* Knete, *die (ugs.);* **short of the ~:** knapp bei Kasse *(ugs.)*

**readily** ['redɪlɪ] *adv.* **a)** *(willingly)* bereitwillig; **b)** *(without difficulty)* ohne weiteres

**read-in** ['ri:dɪn] *n. (Computing)* Eingabe, *die; attrib.* Eingabe-

**readiness** ['redɪnɪs] *n., no pl.* **a)** Bereitschaft, *die;* **show [a] ~ to do sth.** Bereitschaft zeigen, etw. zu tun; **~ to learn** Lernbereitschaft, *die;* **have/be in ~ [for sth.]** [für etw.] bereithalten/bereit sein; **b)** *(quickness)* Schnelligkeit, *die;* **~ of wit** Schlagfertigkeit, *die*

**reading** ['ri:dɪŋ] *n.* **a)** Lesen, *das;* **help sb. with his ~:** jmdm. beim Lesen helfen; **do some ~:** [ein wenig] lesen; **on [a] second ~:** beim zweiten Lesen; **a man of vast** *or* **wide/little ~:** ein sehr/wenig belesener Mann; **b)** *(matter to be read)* Lektüre, *die;* **plenty of ~:** viel zu lesen; **make interesting/be good/dull ~:** interessant/gut/langweilig zu lesen sein; **a book of ~s from the Bible** ein Buch mit ausgewählten Bibeltexten *od.* Auszügen aus der Bibel; **c)** *(figure shown)* Anzeige, *die;* **the temperature ~s for last month** die Temperaturwerte des letzten Monats; **d)** *(recital)* Lesung, *die* (**from** aus); **give a poetry ~:** Gedichte vorlesen; **give a ~ from** lesen aus; **e)** *(interpretation)* [Aus]deutung, *die;* **my ~ of the sentence was ...:** ich habe den Satz so verstanden: ...; **our ~ of the law is that ...:** wir legen das Recht so aus, daß ...; **f)** *(particular form)* Version, *die;* Fassung, *die;* **g)** *(Parl.)* **[first/second/third] ~:** [erste/zweite/dritte] Lesung; **have its first ~:** in erster Lesung beraten werden; **be thrown out on the second ~** *(Brit.)* in zweiter Lesung verworfen werden; **give the bill its second ~** *(Amer.)* den Gesetzentwurf in zweiter Lesung beraten

**reading: ~ age** *n.* **a child with a ~ age of 10** ein Kind mit der Lesefertigkeit eines Zehnjährigen; **have a ~ age of 10** wie ein zehnjähriges Kind lesen können; **~-desk** *n.* Lesepult, *das;* **~-glasses** *n. pl.* Lesebrille, *die;* **~ knowledge** *n.* **have a ~ knowledge of a language** Texte in einer Sprache lesen können; **~-lamp, ~-light** *ns.* Leselampe, *die;* **~-list** *n.* Literaturliste, *die;* **~ matter** *n., no pl., no indef. art.* Lesestoff, *der;* Lektüre, *die;* **~-room** *n.* Lesesaal, *der*

**readjust** [ri:ə'dʒʌst] **1.** *v. t.* neu einstellen; neu anpassen ⟨*Gehalt, Zinssatz*⟩. **2.** *v. refl.* & *i.* **~ [oneself] to** sich wieder gewöhnen an (+ *Akk.*) ⟨*Leben*⟩

**readjustment** [ri:ə'dʒʌstmənt] *n.* Änderung, *die;* **period of ~:** Zeit der Neuorientierung

**read** [ri:d]: **~-'only memory** *n. (Computing)* Fest[wert]speicher, *der;* **~-out** *n. (Computing)* Ausgabe, *die*

**ready** ['redɪ] **1.** *adj.* **a)** *(prepared)* fertig; **be ~ for the fight** *or* **to fight** kampfbereit sein; **be ~ to do sth.** bereit sein, etw. zu tun; **the troops are ~ to march/for battle** die Truppen sind marsch-/gefechtsbereit; **be ~ for work/school** zur Arbeit/für die Schule bereit sein; *(about to leave)* für die Arbeit/Schule fertig sein; **be ~ to leave** aufbruchsbereit sein; **be ~ for sb.** bereit sein, sich jmdm. zu stellen; **be ~ for anything** auf alles vorbereitet sein; **make ~:** Vorbereitungen treffen (**for** für); **make ~ to go** sich zum Aufbruch bereit machen; **b)** *(willing)* bereit; **I'm ~ to believe it** ich glaube es gerne; **c)** *(prompt)* schnell; **have ~, be ~ with** parat haben, nicht verlegen sein um ⟨*Antwort, Ausrede, Vorschlag*⟩; **be too ~ to suspect others** allzu schnell bereit sein, andere zu verdächtigen; **d)** *(likely)* im Begriff; **be ~ to burst** ⟨*Knospe:*⟩ kurz vor dem Aufbrechen sein; **be ~ to cry** den Tränen nahe sein; **e)** *(within reach)* griffbereit ⟨*Waffe, Fahrkarte, Taschenlampe*⟩; **have your tickets ~!** halten Sie Ihre Fahrkarten bitte bereit!; **a ~ source of supplies** eine sofort zugängliche Bezugsquelle; **f)** *(not reluctant)* bereitwillig ⟨*Zustimmung, Anerkennung*⟩; willig ⟨*Arbeiter*⟩; **g)** *(easy)* leicht ⟨*Löslichkeit, Zugänglichkeit*⟩; **she has a ~ smile** sie lächelt gern. **2.** *adv.* fertig; **~ cooked** vorgekocht. **3.** *n.* **a) at the ~:** schußbereit, im Anschlag ⟨*Schußwaffe*⟩; **b)** *see* **readies**

**ready: ~ 'cash** *see* **~ money; ~-'made** *adj.* **a)** Konfektions⟨*anzug, -kleidung*⟩; **~-made curtains** Fertiggardinen; **b)** *(fig.)* vorgefertigt; **~ 'money** *n.* **a)** *(cash)* Bargeld, *das;* **b)** *(immediate payment)* **for ~ money** gegen bar; **~ 'reckoner** *n.* Berechnungstabelle, *die; (for conversion)* Umrechnungstabelle, *die;* **~, set** *or* **steady, 'go!** *int.* Achtung, fertig, los!; **~-to-eat** *adj.* Fertig⟨*mahlzeit, -dessert*⟩; **~-to-'wear** *adj.* Konfektions⟨*anzug, -kleidung*⟩

**reaffirm** [riːəˈfɜːm] *v. t.* [erneut] bekräftigen
**reaffirmation** [riːæfəˈmeɪʃn] *n.* [erneute] Bekräftigung
**reafforestation** [riːəfɒrɪˈsteɪʃn] *n.* Wiederaufforstung, *die*
**reagent** [riːˈeɪdʒənt] *n. (Chem.)* Reagens, *das;* Reagenz, *das*
**real** [rɪəl] **1.** *adj.* **a)** *(actually existing)* real 〈*Gestalt, Ereignis, Lebewesen*〉; wirklich 〈*Macht*〉; **b)** *(genuine)* echt 〈*Interesse, Gold, Seide*〉; **very ~** *(coll.)* wirklich groß 〈*Vergnügen, Ehre*〉; **c)** *(complete)* total *(ugs.)* 〈*Desaster, Bauernfängerei, Wucher, Enttäuschung*〉; **d)** *(true)* wahr 〈*Grund, Freund, Name, Glück*〉; echt 〈*Mitleid, Vergnügen, Sieg*〉; **the ~ thing** *(genuine article)* der/die/das Echte; *(fig.: true love)* [die] wahre Liebe; **look like the ~ thing** wie echt aussehen; **be [not] the ~ thing** [un]echt sein; **have experienced the ~ thing** das Echte kennen; **feel a ~ fool** sich *(Dat.)* wie ein richtiger Idiot vorkommen; **e)** *(Econ.)* real; Real-; **in ~ terms** real 〈*sinken, steigen*〉; **salaries decreased in ~ terms** die Realgehälter sind gesunken; **f) be for ~** *(sl.)* echt sein; 〈*Angebot, Drohung:*〉 ernst gemeint sein; 〈*Person:*〉 aufrichtig sein; **fight for ~:** richtig kämpfen; **g)** *(Philos.)* real; **h)** *(Math., Optics)* reell 〈*Zahl, Bild, Analyse*〉. *See also* **tennis. 2.** *adv. (Scot. and Amer. coll. as intensifier)* echt *(ugs.)* 〈*gut, schön, usw.*〉; recht 〈*bald*〉
**real: ~ 'ale** *n. (Brit.)* echtes Ale; **~ 'coffee** *n.* Bohnenkaffee, *der;* **~ e'state** *n. (Law)* Immobilien *Pl.;* **be in ~ estate** Immobilienhandel betreiben; **~-estate** *adj.* Immobilien〈*büro, -makler*〉
**realign** [riːəˈlaɪn] *v. t.* neu ordnen 〈*Text, Daten*〉; neu aufeinander abstimmen 〈*Währungen*〉
**realignment** [riːəˈlaɪnmənt] *n.* Neuordnung, *die; (of currency)* Realignment, *das (Finanzw.)*
**realisable, realisation, realise** *see* **realiz-**
**realism** [ˈrɪəlɪzm] *n.* Realismus, *der;* **[sense of] ~:** Wirklichkeitssinn, *der*
**realist** [ˈrɪəlɪst] *n.* Realist, *der*/Realistin, *die*
**realistic** [rɪəˈlɪstɪk] *adj.* realistisch; **be ~ about sth.** etw. realistisch sehen
**realistically** [rɪəˈlɪstɪkəlɪ] *adv.* realistisch
**reality** [rɪˈælɪtɪ] *n.* **a)** *no pl.* Realität, *die;* **appearance and ~:** Schein und Sein; **bring sb. back to ~:** jmdn. in die Realität zurückholen; **in ~:** in Wirklichkeit; **b)** *no pl. (resemblance to original)* Naturtreue, *die;* **with [startling] ~:** [erstaunlich] naturgetreu; **c)** *(real fact)* Gegebenheit, *die;* **the realities of the situation** die tatsächliche Situation
**realizable** [ˈrɪəlaɪzəbl] *adj.* realisierbar
**realization** [rɪəlaɪˈzeɪʃn] *n.* **a)** *(understanding)* Erkenntnis, *die;* **b)** *(becoming real)* Verwirklichung, *die;* **c)** *(Finance: act of selling)* Realisierung, *die*
**realize** [ˈrɪəlaɪz] *v. t.* **a)** *(be aware of)* bemerken; realisieren; erkennen 〈*Fehler*〉; **they've ~d the importance of tact** sie merkten, wie wichtig Taktgefühl ist; **I never ~d how much I depend on him** erst jetzt wird mir bewußt, wie sehr ich auf ihn angewiesen bin; **~ [that] ...:** merken, daß ...; **I hardly ~d what was happening** ich habe kaum mitbekommen, was da vor sich ging; **I didn't ~** *(abs.)* ich habe es nicht gewußt/*(had not noticed)* bemerkt; **b)** *(make happen)* verwirklichen; **be ~d** wahr werden; **c)** *(Finance: sell for cash)* realisieren *(fachspr.);* in Geld *(Akk.)* umsetzen; **d)** *(fetch as price or profit)* erbringen 〈*Summe, Gewinn, Preis*〉; **e)** *(gain)* erwerben 〈*Vermögen*〉; machen 〈*Gewinn*〉
**real: ~ 'life** *n* das wirkliche Leben; die Realität; **~-life** *attrib. adj.* real
**really** [ˈrɪəlɪ] *adv.* wirklich; **it's a ~ good film** es ist ein wirklich guter Film; **I don't ~/~ don't know what to do now** ich weiß eigentlich/wirklich nicht, was ich jetzt tun soll; **I ~ think you ought to apologize** ich finde wirklich, daß du dich entschuldigen solltest; **not ~:** eigentlich nicht; **that's not ~ a problem** das ist eigentlich kein Problem; **he didn't ~ mean it** er hat es nicht so gemeint; **I ~ don't know** ich weiß es wirklich nicht; **[well,] ~!** [also] so was!; **~, I would never have expected that of you** also wirklich, das hätte ich nie von dir erwartet; **~?** wirklich?; tatsächlich?; **~ and truly** wirklich
**realm** [relm] *n.* [König]reich, *das;* **be in the ~[s] of fancy** ins Reich der Phantasie gehören; **be within/beyond the ~s of possibility** *or* **the possible** im/nicht im Bereich des Möglichen liegen
**real: ~ 'man** *n.* richtiger Mann; **~ 'money** *n.* Bargeld, *das;* **pay in ~ money** bar bezahlen; **~ 'property** *n. (Law)* Grundvermögen, *das;* **~ 'time** *n. (Computing)* Realzeit, *die;* Echtzeit, *die*
**realtor** [ˈriːəltə(r)] *n. (Amer.) see* **estate agent a**
**real 'world** *n. (beyond school)* Arbeitswelt, *die; (as opposed to film etc.)* Realität, *die;* **the ~ outside** die [reale] Außenwelt
**ream** [riːm] *n.* **a)** *(quantity)* 500 Blatt; halbes [Neu]ries; **three ~s** 1 500 Blatt; anderthalb [Neu]ries; **b)** *in pl. (fig.)* ein ganzer Roman; **write ~s [and ~s] of poetry** ganze Bände von Gedichten schreiben
**reanimate** [rɪˈænɪmeɪt] *v. t.* wiederbeleben
**reap** [riːp] *v. t.* **a)** *(cut)* schneiden 〈*Getreide*〉; **b)** *(gather in)* einfahren 〈*Getreide, Ernte*〉; **c)** *(harvest)* abernten 〈*Feld*〉; **d)** *(fig.)* ernten 〈*Ruhm, Lob*〉; erhalten 〈*Belohnung*〉; erzielen 〈*Gewinn*〉; **~ what one has sown** ernten, was man gesät hat; **~ the benefits of sth.** die Früchte einer Sache ernten; *see also* **whirlwind a**
**reaper** [ˈriːpə(r)] *n.* **a)** *see* **harvester; b) the [grim] R~** *(fig.)* der Sensenmann *(verhüll.);* der Schnitter [Tod]
**reaping** [ˈriːpɪŋ]: **~-hook** *n.* Sichel, *die;* **~-machine** *see* **harvester a**
**reappear** [riːəˈpɪə(r)] *v. i.* wieder auftauchen; *(come back)* [wieder] zurückkommen; 〈*Sonne:*〉 wieder zum Vorschein kommen
**reappearance** [riːəˈpɪərəns] *n.* Wiederauftauchen, *das*
**reapply** [riːəˈplaɪ] **1.** *v. i.* sich erneut bewerben (for um). **2.** *v. t.* noch einmal auftragen 〈*Kleister*〉
**reappoint** [riːəˈpɔɪnt] *v. t.* wieder einstellen
**reappointment** [riːəˈpɔɪntmənt] *n.* Wiedereinstellung, *die*
**reappraisal** [riːəˈpreɪzl] *n.* Neubewertung, *die*
**reappraise** [riːəˈpreɪz] *v. t.* neu bewerten
**¹rear** [rɪə(r)] **1.** *n.* **a)** *(back part)* hinterer Teil; **at** *or (Amer.)* **in the ~ of** im hinteren Teil (+ *Gen.*); **please move to the ~:** bitte nach hinten durchgehen; **b)** *(back)* Rückseite, *die;* **bring up the ~, be in the ~:** den Schluß bilden; **to the ~ of the house there is ...:** hinter dem Haus ist ...; **go round to the ~ of the house** hinter das Haus gehen; **in the ~ of the procession** am Schluß der Prozession; **the spectators at the ~:** die hinten sitzenden/stehenden Zuschauer; **c)** *(Mil.)* Rücken, *der;* rückwärtiger Teil; **attack in the ~:** von hinten angreifen; **d)** *(coll.: buttocks)* Hintern, *der (ugs.).* **2.** *adj.* hinter ... 〈*Eingang, Tür, Blinklicht*〉; **~ axle** Hinterachse, *die*
**²rear 1.** *v. t.* **a)** *(bring up)* großziehen 〈*Kind, Familie*〉; halten 〈*Vieh*〉; hegen 〈*Wild*〉; **b)** *(lift up)* heben 〈*Kopf*〉; aufrichten 〈*Leiter*〉; **~ its ugly head** *(fig.)* seine häßliche Fratze zeigen. **2.** *v. i.* **a)** *(raise itself on hind legs)* **~ [up]** 〈*Pferd:*〉 sich aufbäumen; **b)** *(extend to great height)* 〈*Gebäude, Berg:*〉 sich erheben **(over, above** über + *Akk.*)
**rear: ~-'admiral** *n. (Navy)* Konteradmiral, *der;* **~ 'door** *n. (Motor Veh.)* Fondtür, *die;* Hintertür, *die; (to boot)* Hecktür, *die;* **~ 'end** *n. (sl.: buttocks)* Hinterteil, *das (ugs.);* **~-engined** *adj. (Motor Veh.)* mit Heckantrieb *nachgestellt;* **be ~-engined** Heckantrieb haben; **~guard** *n. (Mil.)* Nachhut, *die;* **~guard action** *n. (Mil.)* Nachhutgefecht, *das; (fig.)* Rückzugsgefecht, *das;* **~-lamp, ~-light** *ns.* Rücklicht, *das*
**rearm** [riˈɑːm] **1.** *v. i.* wiederaufrüsten. **2.** *v. t.* wiederaufrüsten 〈*Land*〉; wiederbewaffnen 〈*Truppen*〉; *(give more modern arms to)* neu bewaffnen *od.* ausrüsten 〈*Truppen*〉; **~ sb./oneself** jmdn./sich wiederbewaffnen
**rearmament** [riːˈɑːməmənt] *n.* Wiederbewaffnung, *die; (of country also)* Wiederaufrüstung, *die*
**rearmost** [ˈrɪəməʊst] *adj.* hinterst ...
**rearrange** [riːəˈreɪndʒ] *v. t. (alter plan of)* umräumen 〈*Möbel, Zimmer*〉; verlegen 〈*Treffen, Spiel*〉 **(for** auf + *Akk.*); ändern 〈*Anordnung, Programm*〉
**rearrangement** [riːəˈreɪndʒmənt] *n. see* **rearrange:** Umräumen, *das;* Verlegung, *die;* Änderung, *die*
**rear: ~-view 'mirror** *n.* Rückspiegel, *der;* **~ward** [ˈrɪəwəd] **1.** *n.* **be to ~ of the troops** sich im Rücken der Truppen befinden; **2.** *adj.* hinter ... 〈*Teil*〉; nach hinten gerichtet 〈*Bewegung*〉; **in a ~ direction** nach hinten; **3.** *adv.* nach hinten; **~-wheel drive** *n.* Hinterradantrieb, *der*
**reason** [ˈriːzn] **1.** *n.* **a)** *(cause)* Grund, *der;* **what is your ~ for doing that?** aus welchem Grund tust du das/hast du das getan?; **there is [no/every] ~ to assume** *or* **believe that ...:** es besteht [kein/ein guter] Grund zu der Annahme, daß ...; **have every ~ to suppose that ...:** allen Grund zu der Annahme haben, daß ...; **have no ~ to complain** *or* **for complaint** sich nicht beklagen können; **for that [very] ~:** aus [eben] diesem Grund; **for no ~:** grundlos; **no particular ~** *(as answer)* einfach so; **see ~ to do sth.** es für gerechtfertigt halten, etw. zu tun; **all the more ~ for doing sth.** ein Grund mehr, etw. zu tun; **for ~s best known to himself** aus Gründen, die er allein kennt; **for some ~, for one ~ or another** aus irgendeinem Grund; **for ~s of health** aus gesundheitlichen Gründen; **for obvious ~s** aus gutem Grund; **for no obvious ~:** aus keinem ersichtlichen Grund; **for the [simple] ~ that ...:** [einfach,] weil ...; **by ~ of** wegen; aufgrund; **with ~:** aus gutem Grund; **b)** *no pl., no art. (power to understand; sense; Philos.)* Vernunft, *die; (sanity)* gesunder Verstand; **lose one's ~:** den Verstand verlieren; **regain one's ~:** wieder normal werden; *(fig.)* wieder zur Vernunft kommen; **contrary to ~:** unsinnig; absurd; **be out of all ~:** völlig unsinnig sein; **be** *or* **go beyond all ~:** völlig überzogen sein; **I can't see the ~ of it** ich sehe keinen Sinn darin; **in** *or* **within ~:** innerhalb eines vernünftigen Rahmens; **you can have anything within ~:** du kannst alles haben, solange es im Rahmen bleibt; **stand to ~:** unzweifelhaft sein; **not listen to ~:** sich *(Dat.)* nichts sagen lassen; **see ~:** zur Einsicht kommen; **make sb. see ~, bring sb. to ~:** jmdn. zur Einsicht bringen; **Age of R~** *(Hist.)* Zeitalter der Aufklärung *od.* Vernunft; **for ~s of State** aus Gründen der Staatsräson. **2.** *v. i.* **a)** schlußfolgern **(from** aus); **ability to ~:** logisches Denkvermögen; **he can ~ clearly** er hat einen klaren Verstand; **b) ~ with** diskutieren mit **(about, on** über + *Akk.*); **you can't ~ with her** mit ihr kann man nicht vernünftig reden. **3.** *v. t.* **a)** *(conclude)* schlußfolgern; **b)** *(persuade)* **~ sb. into doing sth.** jmdn. dazu überreden, etw. zu tun; **~ sb. out of sth.** jmdm. etw. ausreden; **c)** *(question)* **ours not to ~ why** es ist nicht unsere Sache, nach dem Warum zu fragen
**~ 'out** *v. t.* sich *(Dat.)* überlegen; **he could ~ out the result** *(knew in advance)* er konnte sich *(Dat.)* das Ergebnis schon denken; **it's easy to ~ out what ...:** man kann sich leicht denken, was ...

**reasonable** ['ri:zənəbl] *adj.* **a)** vernünftig; angemessen, vernünftig ⟨*Forderung*⟩; **be ~!** sei [doch] vernünftig!; **not be ~ in one's demands** überzogene Forderungen stellen; **beyond ~ doubt** unzweifelhaft; **b)** *(inexpensive)* günstig; **it's a ~ price** das ist ein vernünftiger Preis; **c)** *(fair)* passabel ⟨*Leistung, Wein*⟩; **with a ~ amount of luck** mit ein bißchen Glück; **d)** *(within limits)* realistisch ⟨*Chancen, Angebot*⟩

**reasonably** ['ri:zənəblı] *adv.* **a)** *(within reason)* vernünftig; **no one could ~ believe that ...:** niemand kann ernsthaft glauben, daß ...; **b)** *(moderately)* **~ priced** preisgünstig; **c)** *(fairly)* ganz ⟨*gut*⟩; ziemlich ⟨*gesund*⟩

**reasoned** ['ri:znd] *adj.* durchdacht

**reasoner** ['ri:zənə(r)] *n.* **skilful** *or* **clever ~:** kluger *od.* heller Kopf

**reasoning** ['ri:zənıŋ] *n.* logisches Denken; *(argumentation)* Argumentation, *die;* **a brilliant piece of ~:** eine brillante Argumentation; **power of ~:** logisches Denkvermögen; **there's no ~ with her** mit ihr kann man nicht vernünftig reden

**reassemble** [ri:ə'sembl] **1.** *v.i.* sich wieder versammeln; ⟨*Streitkräfte, Truppen:*⟩ sich wieder sammeln. **2.** *v.t.* **a)** *(bring together again)* wieder versammeln ⟨*Anhänger*⟩; [wieder] sammeln ⟨*Truppen*⟩; **b)** *(put together again)* wieder zusammenbauen

**reassert** [ri:ə'sɜ:t] *v.t.* [erneut] bekräftigen

**reassertion** [ri:ə'sɜ:ʃn] *n.* [erneute] Bekräftigung

**reassess** [ri:ə'ses] *v.t.* neu bewerten ⟨*Situation*⟩; überdenken ⟨*Vorschlag*⟩; überprüfen ⟨*Argument, Beweis, Anspruch*⟩; *(for taxation)* neu veranlagen ⟨*Besitz*⟩

**reassessment** [ri:ə'sesmənt] *n.* *(of evidence, argument, claim)* Überprüfung, *die;* *(of proposal)* Überdenken, *das;* *(of situation)* Neubewertung, *die;* *(for taxation)* Neuveranlagung, *die*

**reassign** [ri:ə'saın] *v.t.* neu zuweisen

**reassignment** [ri:ə'saınmənt] *n.* *(of personnel)* Versetzung, *die;* *(of resources, money)* Übertragung, *die*

**reassurance** [ri:ə'ʃʊərəns] *n.* **a)** *(calming)* **give sb. ~:** jmdn. beruhigen; **b)** *(confirmation in opinion)* Bestätigung, *die;* *in pl.* [wiederholte] Versicherungen

**reassure** [ri:ə'ʃʊə(r)] *v.t.* **a)** *(calm fears of)* beruhigen; **b)** *(confirm in opinion)* bestätigen; **he needs to be constantly ~d that ...:** man muß ihm dauernd aufs neue bestätigen *od.* versichern, daß ...; **~ sb. about his health** jmdm. versichern, daß er gesund ist

**reassuring** [ri:ə'ʃʊərıŋ] *adj.*, **reassuringly** [ri:ə'ʃʊərıŋlı] *adv.* beruhigend

**reawaken** [ri:ə'weıkn] **1.** *v.t.* *(lit. or fig.)* wiedererwecken. **2.** *v.i.* *(lit. or fig.)* wiedererwachen

**reawakening** [ri:ə'weıknıŋ] *n.* *(fig.)* Wiedererwachen, *das*

[1]**rebate** ['ri:beıt] *n.* **a)** *(refund)* Rückzahlung, *die;* **~ on tax** Steuerrückzahlung, *die;* **get a ~ on the gas-bill** Geld von den Gaswerken zurückbekommen; **b)** *(discount)* Preisnachlaß, *der* **(on** auf + *Akk.*); Rabatt, *der* **(on** auf + *Akk.*); **rate ~** *(Brit.)* Ermäßigung der Gemeindeabgaben

[2]**rebate** ['ræbıt] *see* **rabbet**

**rebel 1.** ['rebl] *n.* Rebell, *der*/Rebellin, *die.* **2.** *attrib. adj.* **a)** *(of rebels)* Rebellen-; **b)** *(refusing obedience to ruler)* rebellisch; aufständisch. **3.** [rı'bel] *v.i.*, **-ll-** rebellieren

**rebellion** [rı'beljən] *n.* Rebellion, *die;* **rise [up] in ~:** sich erheben; rebellieren

**rebellious** [rı'beljəs] *adj.* **a)** *(defiant)* rebellisch; aufsässig; **b)** *(in rebellion)* rebellierend ⟨*Sklave, Untertan*⟩

**rebind** [ri:'baınd] *v.t.*, **rebound** [ri:'baʊnd] neu [ein]binden

**rebirth** [ri:'bɜ:θ] *n.* **a)** Wiedergeburt, *die;* **b)** *(revival)* Wiederaufleben, *das*

**reborn** [ri:'bɔ:n] *adj.* wiedergeboren; **feel ~:** sich wie neugeboren fühlen; **be ~:** wiedergeboren werden

[1]**rebound 1.** [rı'baʊnd] *v.i.* **a)** *(spring back)* abprallen **(from** von); **b)** *(have reactive effect)* zurückfallen **(upon** auf + *Akk.*); **the plan ~ed on her** *or* **on her head** der Plan schadete ihr nur selbst. **2.** ['ri:baʊnd] *n.* **a)** *(recoil)* Abprall, *der;* Rebound, *der (Basketball);* **catch the ball on the ~:** den Abpraller *od.* *(Basketball)* Rebound fangen; **b)** *(fig.: emotional reaction)* **marry/turn to sb. on the ~:** in seiner Enttäuschung jmdn. heiraten/sich jmdm. zuwenden

[2]**rebound** *see* **rebind**

**rebroadcast** [ri:'brɔ:dkɑ:st] **1.** *n.* Wiederholung, *die.* **2.** *v.t., forms as* **broadcast 2** wiederholen

**rebuff** [rı'bʌf] **1.** *n.* [schroffe] Abweisung; **be met with a ~:** auf Ablehnung stoßen; **suffer a ~:** abgelehnt werden. **2.** *v.t.* [schroff] zurückweisen

**rebuild** [ri:'bıld] *v.t.*, **rebuilt** [ri:'bılt] *(lit. or fig.)* wieder aufbauen; *(make extensive changes to)* umbauen

**rebuke** [rı'bju:k] **1.** *v.t.* tadeln, rügen **(for** wegen); **~ sb. for doing sth.** jmdn. zurechtweisen, weil er etwas tut/getan hat. **2.** *n.* Rüge, *die;* Zurechtweisung, *die*

**rebus** ['ri:bəs] *n.* Bilderrätsel, *das*

**rebut** [rı'bʌt] *v.t.*, **-tt-** *(formal)* widerlegen

**rebuttal** [rı'bʌtl] *n.* *(Law)* Widerlegung, *die;* **call evidence in ~ of it** den Gegenbeweis dafür antreten

**recalcitrant** [rı'kælsıtrənt] **1.** *adj.* aufsässig ⟨*Person*⟩; schwergängig ⟨*Hebel, Mechanismus*⟩. **2.** *n.* Unruhestifter, *der*/-stifterin, *die*

**recall 1.** [rı'kɔ:l] *v.t.* **a)** *(remember)* sich erinnern an (+ *Akk.*); **~ what/how ...:** sich daran erinnern, was/wie ...; **b)** *(serve as reminder of)* erinnern an (+ *Akk.*); **~ sth. to sb.** jmdn. an etw. *(Akk.)* erinnern; **c)** *(summon back)* zurückrufen ⟨*Soldat, fehlerhaftes Produkt*⟩; zurückfordern ⟨*Buch*⟩; **the noise ~ed her to the present** der Lärm brachte sie in die Wirklichkeit zurück; **d)** *(suspend appointment of)* abberufen ⟨*Botschafter, Delegation*⟩ **(from** aus). **2.** [rı'kɔ:l, 'ri:kɔ:l] *n.* **a)** *(ability to remember)* **[powers of] ~:** Erinnerungsvermögen, *das;* Gedächtnis, *das;* *see also* **total recall; b)** *(possibility of annulling)* **beyond** *or* **past ~:** unwiderruflich; **c)** *(summons back)* Rückruf, *der;* *(to active duty)* Wiedereinberufung, *die;* **d)** *(suspension of appointment abroad)* Abberufung, *die*

**recant** [ri:'kænt] **1.** *v.i.* [öffentlich] widerrufen. **2.** *v.t.* widerrufen

**recantation** [ri:kæn'teıʃn] *n.* Widerruf, *der;* **make a ~ of sth.** etw. widerrufen

[1]**recap** [ri:'kæp] *v.t.*, **-pp-** *(Amer.)* **a)** *(replace cap on)* wieder verschließen ⟨*Flasche*⟩; **b)** *(retread)* runderneuern ⟨*Reifen*⟩

[2]**recap** ['ri:kæp] *(coll.)* **1.** *v.t. & i.*, **-pp-** rekapitulieren; kurz zusammenfassen. **2.** *n.* Zusammenfassung, *die;* **let's just have a quick ~:** fassen wir kurz zusammen

**recapitulate** [ri:kə'pıtjʊleıt] *v.t. & i.* rekapitulieren; kurz zusammenfassen

**recapitulation** [ri:kəpıtjʊ'leıʃn] *n.* **a)** *(summing up)* Zusammenfassung, *die;* Rekapitulation, *die;* **b)** *(Mus.)* Reprise, *die*

**recapture** [ri:'kæptʃə(r)] **1.** *v.t.* **a)** *(capture again)* wieder ergreifen ⟨*Gefangenen*⟩; wieder einfangen ⟨*Tier*⟩; zurückerobern ⟨*Stadt*⟩; **b)** *(re-create)* wieder lebendig werden lassen ⟨*Atmosphäre*⟩; *(experience again)* noch einmal durchleben ⟨*Aufregung, Vergangenheit, Jugend, Glück*⟩. **2.** *n.* *(retaking)* Rückeroberung, *die*

**recast** [ri:'kɑ:st] *v.t.*, **recast a)** *(remould)* neu gießen; **b)** *(refashion)* revidieren ⟨*Vorstellung, Einstellung*⟩; **c)** *(rewrite)* umschreiben

**recce** ['rekı] *(Brit. sl.)* *n.* Erkundung, *die;* **make a ~:** die Lage peilen *(ugs.)*

**recede** [rı'si:d] *v.i.* **a)** ⟨*Hochwasser, Flut:*⟩ zurückgehen; ⟨*Küste:*⟩ zurückweichen; **his hair is beginning to ~:** er bekommt eine Stirnglatze; **b)** *(be left at increasing distance)* **~ [into the distance]** in der Ferne verschwinden; **c)** *(decline)* ⟨*Preis:*⟩ fallen; **~ in importance** an Bedeutung verlieren

**receding** [rı'si:dıŋ] *adj.* fliehend ⟨*Kinn, Stirn*⟩; zurückweichend ⟨*Küste*⟩; zurückgehend ⟨*Flut, Hochwasser*⟩; *see also* **hairline a**

**receipt** [rı'si:t] **1.** *n.* **a)** Empfang, *der;* **please acknowledge ~ of this letter/order** bestätigen Sie bitte den Empfang dieses Briefes/dieser Bestellung; **be in ~ of** *(formal)* erhalten haben ⟨*Brief*⟩; **those in ~ of a pension** Rentenempfänger; **[up]on ~ of the news/your remittance** *(formal)* nach Eingang der Nachricht/Ihrer Überweisung; **b)** *(written acknowledgement)* Empfangsbestätigung, *die;* Quittung, *die;* **~ for payment** Quittung, *die;* **c)** *in pl.* *(amount received)* Einnahmen **(from** aus). **2.** *v.t.* quittieren

**receivable** [rı'si:vəbl] *adj.* *(Commerc.)* offen; ausstehend

**receive** [rı'si:v] *v.t.* **a)** *(get)* erhalten; beziehen ⟨*Gehalt, Rente*⟩; verliehen bekommen ⟨*akademischer Grad*⟩; **~ a cordial welcome** herzlich begrüßt werden; **~ one's education at a private school** eine Privatschule besuchen; **she ~d a lot of attention/sympathy [from him]** es wurde ihr [von ihm] viel Aufmerksamkeit/Verständnis entgegengebracht; **~ [fatal] injuries** [tödlich] verletzt werden; **'payment ~d with thanks'** „Betrag dankend erhalten"; **your letter will ~ our immediate attention** wir werden Ihren Brief umgehend bearbeiten; **~ insults/praise** beschimpft/gelobt werden; **~ much unfavourable comment** stark kritisiert werden; **~ 30 days [imprisonment]** 30 Tage Gefängnis bekommen; **~ the sacraments/holy communion** *(Relig.)* das Abendmahl/die heilige Kommunion empfangen; **b)** *(accept)* entgegennehmen ⟨*Bukett, Lieferung*⟩; *(submit to)* über sich *(Akk.)* ergehen lassen; **be convicted for receiving [stolen goods]** *(Law)* der Hehlerei überführt werden; **c)** *(serve as receptacle for)* aufnehmen; **d)** *(greet)* reagieren auf *(Akk.)*, aufnehmen ⟨*Angebot, Nachricht, Theaterstück, Roman*⟩; empfangen ⟨*Person*⟩; **e)** *(entertain)* empfangen ⟨*Botschafter, Delegation, Nachbarn, Gast*⟩; **f)** *(consent to hear)* abnehmen ⟨*Beichte, Eid*⟩; entgegennehmen ⟨*Gesuch*⟩ **(from** *Gen.*); **~ sb.'s confession/oath** jmdm. die Beichte/den Eid abnehmen; **g)** *(Radio, Telev.)* empfangen ⟨*Sender, Signal*⟩; **are you receiving me?** können Sie mich hören?; **h)** tragen ⟨*Last, Gewicht*⟩; **i)** *(accept as true)* anerkennen ⟨*Theorie, Lehre*⟩; **j)** *(Tennis)* **~ the serve** den Aufschlag nehmen; **Lendl to ~** Lendl nimmt den Aufschlag. *See also* **end 1 d**

**~ into** *v.t.* aufnehmen in (+ *Akk.*)

**received** [rı'si:vd] *adj.* landläufig ⟨*Vorstellung, Weisheit, Meinung*⟩; gültig ⟨*Version, Text*⟩

**received pronunci'ation** (*Amer.:* **Received 'Standard**) *n.* *(Ling.)* englische Standardaussprache

**receiver** [rı'si:və(r)] *n.* **a)** Empfänger, *der*/Empfängerin, *die;* **b)** *([Table]Tennis)* Rückschläger, *der*/-schlägerin, *die;* **c)** *(Teleph.)* [Telefon]hörer, *der;* **d)** *(Radio Telev.)* Empfänger, *der;* Receiver, *der (Technik);* **e) [official] ~** *(Law)* *(for property of bankrupt)* [gerichtlich bestellter/bestellte] Konkursverwalter/-verwalterin; *(for insane person)* Pfleger, *der*/Pflegerin, *die;* **f)** *(who receives stolen goods)* Hehler, *der*/Hehlerin, *die;* **g)** *(Chem.: vessel)* Vorlage, *die*

**receivership** [rı'si:vəʃıp] *n.* *(Law: being in hands of receiver)* Konkursverwaltung, *die;* **put sth. in** *or* **into ~:** etw. unter Konkursverwaltung stellen

**recension** [rɪ'senʃn] *n.* Überarbeitung, *die;* Rezension, *die (fachspr.)*
**recent** ['ri:sənt] *adj.* **a)** *(not long past)* jüngst ‹*Ereignisse, Wahlen, Vergangenheit usw.*›; **the ~ closure of the factory** die kürzlich erfolgte Schließung der Fabrik; **at our ~ meeting** als wir uns kürzlich *od.* vor kurzem trafen; **a ~/more ~ survey** eine neuere Untersuchung; **the most ~ survey** die neueste Untersuchung; **at our most ~ meeting** bei unserer letzten Begegnung; **b)** *(not long established)* Neu‹*auflage, -anschaffung, -erscheinung*›; **~ additions to the library's holdings** Neuerwerbungen der Bibliothek; **c) R~** *(Geol.)* Holozän, *das*
**recently** ['ri:səntlɪ] *adv.* *(a short time ago)* neulich; kürzlich; vor kurzem; *(in the recent past)* in der letzten Zeit; **until ~/until quite ~:** bis vor kurzem/bis vor ganz kurzer Zeit; **~ we've been following a different policy** seit kurzem verfolgen wir eine andere Politik; **as ~ as last year** noch letztes Jahr; **one morning ~:** neulich morgens; **I haven't seen him ~:** ich habe ihn in letzter Zeit nicht gesehen
**receptacle** [rɪ:septəkl] *n.* **a)** *(container)* Behälter, *der;* Gefäß, *das;* **b)** *(Bot.)* Blütenboden, *der;* Receptaculum, *das (fachspr.)*
**reception** [rɪ'sepʃn] *n.* **a)** *(welcome) (of person)* Empfang, *der;* Aufnahme, *die; (of play, speech)* Aufnahme, *die;* **meet with a cool ~:** kühl aufgenommen werden; **give sb. a warm ~:** jmdn. herzlich empfangen; **give a favourable ~ to** positiv aufnehmen ‹*Theaterstück, Rede*›; **b)** *(formal party, welcome)* Empfang, *der;* **hold** *or* **give a ~:** einen Empfang geben; **c)** *no art. (Brit.: foyer)* die Rezeption; **d)** *no art. (Radio, Telev.)* der Empfang; **get good ~:** guten Empfang haben
**re'ception desk** *n.* Rezeption, *die*
**receptionist** [rɪ'sepʃənɪst] *n.* *(in hotel)* Empfangschef, *der/*-dame, *die; (at doctor's, dentist's)* Sprechstundenhilfe, *die; (at hairdresser's, solarium, etc.) Angestellter, der/ Angestellte, die die Kunden empfängt und mit ihnen die Termine vereinbart; (with firm)* Empfangssekretärin, *die*
**reception: ~ office** *(Amer.) see* **reception c; ~-room** *n.* Empfangsraum, *der*
**receptive** [rɪ'septɪv] *adj.* **a)** aufgeschlossen, empfänglich (**to** für); paarungsbereit ‹*Tier*›; **have a ~ mind** aufgeschlossen sein; **b)** *(Biol.)* Rezeptor-; rezeptorisch
**receptively** [rɪ'septɪvlɪ] *adv.* rezeptiv
**receptor** [rɪ'septə(r)] *n.* *(Biol.)* Rezeptor, *der;* **~ organ** Rezeptionsorgan, *das*
**recess** [rɪ'ses, 'ri:ses] **1.** *n.* **a)** *(alcove)* Nische, *die;* **b)** *(Brit. Parl.; Amer.: short vacation)* Ferien *Pl.; (Amer. Sch.: between classes)* Pause, *die;* **be in ~** ‹*Parlament:*› in den Ferien sein; **adjourn for summer ~** *(Amer.)* sich bis nach der Sommerpause vertagen; **c)** *(lit. or fig.: remote place)* Winkel, *der.* **2.** *v. t.* **a)** *(set back)* [in die Wand] einlassen ‹*Schrank, Fenster*›; **b)** *(provide with ~)* eine Nische aussparen in (+ *Dat.*) ‹*Wand, Mauer*›; **c)** *(Amer.: end sitting of)* unterbrechen ‹*Verhandlung, Sitzung*›. **3.** *v. i. (Amer.: end a sitting)* sich vertagen
**recession** [rɪ'seʃn] *n.* **a)** *(Econ.: decline)* Rezession, *die (fachspr.);* Konjunkturrückgang, *der;* **period of ~:** Rezession[sphase], *die;* **b)** *(receding)* Zurückgehen, *das*
**recessional** [rɪ'seʃənl] *(Eccl.)* **1.** *adj.* Schluß‹*hymne, -musik*›. **2.** *n. [während des Auszugs der Geistlichen und des Chors gesungene]* Schlußhymne, *die*
**recessive** [rɪ'sesɪv] *adj.* *(Genetics, Phonet.)* rezessiv
**recharge 1.** [ri:'tʃɑ:dʒ] *v. t.* aufladen ‹*Batterie*›; nachladen ‹*Waffe*›; **~ one's batteries** *(fig.)* neue Kräfte auftanken. **2.** ['ri:tʃɑ:dʒ] *n.* Nachfüllen, *das;* **the battery needs a ~:** die Batterie muß aufgeladen werden
**rechargeable** [ri:'tʃɑ:dʒəbl] *adj.* wiederaufladbar
**recherché** [rə'ʃeəʃeɪ] *adj.* ausgefallen ‹*Vorstellungen, Ansichten*›; gesucht ‹*Ausdruck, Formulierung*›
**rechristen** [ri:'krɪsn] *v. t.* **a)** *(christen again)* noch einmal taufen; **b)** *see* **rename**
**recidivism** [rɪ'sɪdɪvɪzm] *n.* Rückfälligkeit, *die*
**recidivist** [rɪ'sɪdɪvɪst] **1.** *n.* Rückfällige, *der/ die; (habitual criminal)* Rückfalltäter, *der/* -täterin, *die.* **2.** *adj.* rückfällig
**recipe** ['resɪpɪ] *n.* *(lit. or fig.)* Rezept, *das;* **~ for success** Erfolgsrezept, *das;* **it's a ~ for disaster** damit ist die Katastrophe vorprogrammiert
**recipient** [rɪ'sɪpɪənt] *n.* Empfänger, *der/* Empfängerin, *die;* **she was the unwilling ~ of his attention** sie war das unfreiwillige Opfer seiner Aufmerksamkeit
**reciprocal** [rɪ'sɪprəkl] **1.** *adj.* **a)** gegenseitig ‹*Abkommen, Zuneigung, Hilfe*›; **b)** *(Ling.)* reziprok ‹*Pronomen*›. **2.** *n.* *(Math.)* Kehrwert, *der*
**reciprocally** [rɪ'sɪprəkəlɪ] *adv.* gegenseitig
**reciprocate** [rɪ'sɪprəkeɪt] **1.** *v. t.* **a)** austauschen ‹*Versprechen*›; erwidern ‹*Gruß, Lächeln, Abneigung, Annäherungsversuch*›; sich revanchieren für ‹*Hilfe*›; **b)** *(Mech. Engin.)* hin- und herbewegen. **2.** *v. i.* **a)** *(respond)* sich revanchieren; **b)** *(Mech. Engin.)* sich hin- und herbewegen; **reciprocating engine/saw** Kolbenmaschine, *die/*Gattersäge, *die;* **reciprocating motion** Hin- und Herbewegung, *die*
**reciprocity** [resɪ'prɒsɪtɪ] *n.* **a)** *(mutual action)* **there is deep ~ of feeling** es besteht eine innige wechselseitige Gefühlsbindung; **~ of influence** gegen- *od.* wechselseitige Beeinflussung; **b)** *(interchange of privileges)* Wechselseitigkeit, *die;* Reziprozität, *die (fachspr.);* **~ in trade** Handelsreziprozität, *die*
**recital** [rɪ'saɪtl] *n.* **a)** *(performance)* [Solisten]konzert, *das; (of literature also)* Rezitation, *die;* **piano/poetry ~:** Klavierkonzert, *das/*Gedichtrezitation, *die;* **give one's first solo ~:** seinen ersten Soloauftritt haben; **b)** *(detailed account)* Schilderung, *die;* **give a ~ of sth.** etw. eingehend schildern
**recitation** [resɪ'teɪʃn] *n.* Rezitation, *die;* **give ~s from Shakespeare** Shakespeare rezitieren; **a ~ of her grievances/my faults** eine detaillierte Aufzählung ihrer Probleme/ meiner Fehler
**recitative** [resɪtə'ti:v] *n.* *(Mus.)* Rezitativ, *das*
**recite** [rɪ'saɪt] **1.** *v. t.* **a)** *(speak from memory)* rezitieren ‹*Passage, Gedicht*›; **b)** *(give list of)* aufzählen. **2.** *v. i.* rezitieren
**reckless** ['reklɪs] *adj.* unbesonnen; rücksichtslos ‹*Fahrweise*›; tollkühn ‹*Fluchtversuch*›; **~ of the dangers/consequences** ungeachtet der Gefahren/Folgen
**recklessly** ['reklɪslɪ] *adv.* unbesonnen; *(without concern for others)* rücksichtslos
**reckon** ['rekn] **1.** *v. t.* **a)** *(work out)* ausrechnen ‹*Kosten, Lohn, Ausgaben*›; bestimmen ‹*Position*›; **b)** *(conclude)* schätzen; **what do you ~ are his chances?** wie beurteilst du seine Chancen?; **I ~ you're lucky to be alive** ich glaube, du kannst von Glück sagen, daß du noch lebst!; **I ~ to arrive** *or* **I shall arrive there by 8.30** ich nehme an, daß ich [spätestens] halb neun dort bin; **I usually ~ to arrive there by 8.30** in der Regel bin ich [spätestens] halb neun dort; **c)** *(consider)* halten (**as** für); **be ~ed as** *or* **to be sth.** als etw. gelten; **~ sb./sth. [to be] among the best** jmdn./ etw. zu den Besten zählen *od.* rechnen; **be ~ed among sth.** zu etw. zählen; **d)** *(arrive at as total)* kommen auf (+ *Akk.*); **I ~ 53 of them** ich komme auf 53. **2.** *v. i.* rechnen; **~ from 1 April** vom 1. April an rechnen
**~ 'in** *v. t.* [mit] einrechnen
**~ on** *see* **~ upon**
**~ 'up 1.** *v. t.* zusammenzählen; **~ up the bill** die Rechnungsposten zusammenzählen. **2.** *v. i.* **~ up with sb.** mit jmdm. abrechnen
**~ upon** *v. t.* **a)** *(rely on)* zählen auf (+ *Akk.*); **I was ~ing upon doing that this morning** ich hatte gedacht, ich könnte das heute früh tun; **b)** *(expect)* rechnen mit
**~ with** *v. i.* **a)** *(take into account)* rechnen mit ‹*Hindernis, Möglichkeit*›; **he is a man to be ~ed with** er ist ein Mann, den man nicht unterschätzen sollte; **b)** *(deal with)* abrechnen mit; **you'll have me/the police to ~ with** du bekommst es mit mir/der Polizei zu tun
**~ without** *v. i.* nicht rechnen mit; **we had ~ed without the weather** das Wetter hat uns einen Strich durch die Rechnung gemacht
**reckoner** ['rekənə(r)] *see* **ready reckoner**
**reckoning** ['reknɪŋ] *n.* **a)** *(calculation)* Berechnung, *die;* **by my ~:** nach meiner Rechnung; **day of ~** *(fig.)* Tag der Abrechnung; *(moment of truth)* Stunde der Wahrheit; **be [wildly] out in one's ~:** sich [gehörig] verrechnet haben; **b)** *(bill)* Rechnung, *die. See also* **dead**
**reclaim** [rɪ'kleɪm] **1.** *v. t.* **a)** urbar machen ‹*Land, Wüste*›; **~ land from the sea** dem Meer Land abgewinnen; **b)** *(recover possession of)* zurückbekommen ‹*Steuern*›; zurückerlangen ‹*Recht*›; **c)** *(for reuse)* zur Wiederverwertung sammeln; wiederverwenden ‹*Rohstoff*›; regenerieren *(Technik).* **2.** *n.* **be past** *or* **beyond ~:** unwiederbringlich verloren sein; **baggage ~:** Gepäckausgabe, *die*
**reclamation** [reklə'meɪʃn] *n.* Urbarmachung, *die;* **land ~:** Landgewinnung, *die*
**recline** [rɪ'klaɪn] **1.** *v. i.* **a)** *(lean back)* sich zurücklehnen; **the chair ~s** die Rückenlehne des Sessels läßt sich [nach hinten] verstellen; **reclining seat** *(in car)* Liegesitz, *der;* **b)** *(be lying down)* liegen. **2.** *v. t.* [nach hinten] lehnen; **~ the seat** die Rückenlehne des Sitzes nach hinten verstellen
**recliner** [rɪ'klaɪnə(r)] *n.* Lehnsessel, *der;* **~ seat** Liegesitz, *der*
**recluse** [rɪ'klu:s] *n.* Einsiedler, *der/*Einsiedlerin, *die*
**reclusive** [rɪ'klu:sɪv] *adj.* einsiedlerisch
**recognisability, recognisable, recognisably, recognisance, recognise** *see* **recogniz-**
**recognition** [rekəg'nɪʃn] *n.* **a)** *no pl., no art.* Wiedererkennen, *das;* **he's changed beyond all ~:** er ist nicht mehr wiederzuerkennen; **escape ~:** unerkannt bleiben; **b)** *(acceptance, acknowledgement)* Anerkennung, *die;* **achieve/receive ~:** Anerkennung finden; **in ~ of** als Anerkennung für
**recognizability** [rekəgnaɪzə'bɪlɪtɪ] *n., no pl.* Erkennbarkeit, *die*
**recognizable** ['rekəgnaɪzəbl] *adj.* erkennbar; deutlich ‹*Unterschied*›; **be ~:** wiederzuerkennen sein
**recognizably** ['rekəgnaɪzəblɪ] *adv.* erkennbar; **be not ~ different from sth.** sich kaum von etw. unterscheiden
**recognizance** [rɪ'kɒgnɪzəns] *n.* **a)** *(bond)* Verpflichtung, *die;* **enter into ~s to do sth.** *(Law)* sich vor Gericht dazu verpflichten, etw. zu tun; **b)** *(sum)* Kaution, *die*
**recognize** ['rekəgnaɪz] *v. t.* **a)** *(know again)* wiedererkennen (**by** an + *Dat.,* **from** durch); **b)** *(acknowledge)* erkennen; anerkennen ‹*Gültigkeit, Land, Methode, Leistung, Bedeutung, Dienst*›; **be ~d as** angesehen werden *od.* gelten als; **c)** *(admit)* zugeben; **~ sth. as valid** etw. als gültig anerkennen; **~ sb. as heir** jmdn. als Erben anerkennen; **~ sb. to be cleverer** *or* **that sb. is cleverer** zugeben, daß jmd. klüger ist; **d)** *(identify nature of)* erkennen; **~ sb. to be a fraud** erkennen, daß jmd. ein Betrüger ist; **e)** *(Amer.: allow to speak)* das Wort erteilen (+ *Dat.*)

**recoil 1.** [rɪ'kɔɪl] *v. i.* **a)** *(shrink back)* zurückfahren; **he ~ed visibly** er zuckte sichtbar zurück; **~ from an idea** vor einem Gedanken zurückschrecken; **b)** ⟨*Waffe:*⟩ einen Rückstoß haben. **2.** ['ri:kɔɪl, rɪ'kɔɪl] *n. (of gun)* Rückstoß, *der* **(from** *Gen.***)**

**~ [up]on** *v. i.* zurückfallen auf (+ *Akk.*); **~ upon sb.'s [own] head** *or* **upon sb.** auf jmdn. [selbst] zurückfallen

**recollect** [rekə'lekt] **1.** *v. t.* **a)** sich erinnern an (+ *Akk.*); **~ meeting sb.** sich daran erinnern, jmdn. getroffen zu haben; **b) ~ oneself** wieder zu sich selbst finden. **2.** *v. i.* sich erinnern

**recollection** [rekə'lekʃn] *n.* Erinnerung, *die;* **to the best of my ~ ...:** soweit ich mich erinnern kann, ...; **have a/no ~ of sth.** sich an etw. *(Akk.)* erinnern/nicht erinnern können

**recombinant** [ri:'kɒmbɪnənt] *adj. (Genetics)* rekombinant

**recombination** [ri:kɒmbɪ'neɪʃn] *n. (Phys., Genetics)* Rekombination, *die*

**recombine** [ri:kəm'baɪn] **1.** *v. t.* neu kombinieren. **2.** *v. i.* sich neu kombinieren

**recommence** [ri:kə'mens] **1.** *v. i.* wieder beginnen. **2.** *v. t.* wieder beginnen mit

**recommencement** [ri:kə'mensmənt] *n.* Wiederbeginn, *der*

**recommend** [rekə'mend] *v. t.* **a)** empfehlen; **~ sb. to do sth.** jmdm. empfehlen, etw. zu tun; **b)** *(make acceptable)* sprechen für; **the plan has little/nothing to ~ it** es spricht wenig/nichts für den Plan

**recommendable** [rekə'mendəbl] *adj.* empfehlenswert; **it is [not] ~ to do sth.** es empfiehlt sich [nicht], etw. zu tun

**recommendation** [rekəmen'deɪʃn] *n.* Empfehlung, *die;* **speak in ~ of sth./sb.** etw./jmdn. empfehlen; **on sb.'s ~:** auf jmds. Empfehlung *(Akk.)*; **letter of ~:** Empfehlungsschreiben, *das;* **make ~s to sb.** jmdn. beraten; **be a ~ for sth.** für etw. sprechen

**recompense** ['rekəmpens] *(formal)* **1.** *v. t.* **a)** *(reward)* belohnen; **b)** *(make amends to)* entschädigen. **2.** *n., no art., no pl.* **a)** *(reward)* Lohn, *der;* Anerkennung, *die;* **in ~ for** als Dank für; **work without ~:** unentgeltlich arbeiten; **b)** *(compensation)* Entschädigung, *die*

**reconcilable** ['rekənsaɪləbl] *adj.* versöhnbar ⟨*Personen*⟩; überbrückbar ⟨*Differenzen*⟩; miteinander vereinbar ⟨*Unterschiede, Standpunkte*⟩

**reconcile** ['rekənsaɪl] *v. t.* **a)** *(restore to friendship)* versöhnen; **become ~d** sich versöhnen; **b)** *(resign oneself)* **~ oneself** *or* **become/be ~d to sth.** sich mit etw. versöhnen; **c)** *(make compatible)* in Einklang bringen ⟨*Vorstellungen, Überzeugungen*⟩; *(show to be compatible)* miteinander vereinen; **one cannot ~ dictatorship and freedom of speech** Diktatur und Redefreiheit sind miteinander unvereinbar; **d)** *(settle)* beilegen ⟨*Meinungsverschiedenheit*⟩

**reconciliation** [rekənsɪlɪ'eɪʃn] *n.* **a)** *(restoring to friendship)* Versöhnung, *die;* **bring about a ~ between persons** Personen miteinander versöhnen; **try for a ~:** einen Versöhnungsversuch unternehmen; **b)** *(making compatible)* Harmonisierung, *die*

**recondite** ['rekəndaɪt, rɪ'kɒndaɪt] *adj. (formal)* abstrus

**recondition** [ri:kən'dɪʃn] *v. t.* [general]überholen; **~ed engine** Austauschmotor, *der*

**reconnaissance** [rɪ'kɒnɪsəns] *n., no pl., no def. art. (Mil.)* Aufklärung, *die; (of area)* Erkundung, *die;* **after ~:** nach Erkundung der Lage; **the plane was on ~:** das Flugzeug war auf einem Aufklärungsflug; **make a ~ [of the area]** *(lit. or fig.)* das Terrain sondieren; *attrib.* **~ aircraft** Aufklärungsflugzeug, *das;* **~ party** Spähtrupp, *der*

**reconnoitre** *(Brit.; Amer.:* **reconnoiter***)* [rekə'nɔɪtə(r)] **1.** *v. t. (esp. Mil.)* auskundschaften; erkunden ⟨*Gelände*⟩; *(fig.)* erkunden; in Augenschein nehmen ⟨*Hotel, Restaurant*⟩. **2.** *v. i. (esp. Mil.)* auf Erkundung [aus]gehen; *(fig.)* sich umsehen

**reconquer** [ri:'kɒŋkə(r)] *v. t.* zurückerobern

**reconsider** [ri:kən'sɪdə(r)] *v. t.* [noch einmal] überdenken; **~ a case** einen Fall von neuem aufrollen; *abs.* **there is still time to ~:** du kannst es dir/wir können es uns *usw.* immer noch überlegen

**reconsideration** [ri:kənsɪdə'reɪʃn] *n.* Überdenken, *das;* **put a case before the court for ~:** einen Fall zur neuerlichen Beratung vor ein Gericht bringen

**reconstitute** [ri:'kɒnstɪtju:t] *v. t.* **a)** *(build up again)* wieder aufbauen; rekonstruieren; **b)** *(restore to natural state)* **~ [with water]** [mit Wasser] anrühren; [in Wasser] einweichen ⟨*Trockenobst*⟩; **c)** *(piece together)* rekonstruieren ⟨*Ereignisse*⟩; **d)** *(reorganize)* umbauen ⟨*Anlage*⟩; umbilden ⟨*Komitee, Kabinett*⟩; **e)** *(bring back into existence)* wieder einrichten

**reconstitution** [ri:kɒnstɪ'tju:ʃn] *n.* **a)** *(building up again)* Rekonstruktion, *die;* **b)** *(restoration to natural state)* Anrühren, *das; (of dried fruit)* Einweichen, *das;* **c)** *(reorganization)* Umbildung, *die;* **d)** *(bringing back into existence)* Wiedereinrichtung, *die*

**reconstruct** [ri:kən'strʌkt] *v. t.* **a)** *(build again)* wieder aufbauen ⟨*Stadt, Gebäude*⟩; neu errichten ⟨*Gerüst*⟩; rekonstruieren ⟨*Anlage*⟩; *(fig.)* rekonstruieren; **b)** *(reorganize)* umstrukturieren

**reconstruction** [ri:kən'strʌkʃn] *n.* **a)** *(process)* Wiederaufbau, *der; (reorganization)* Umstrukturierung, *die;* **b)** *(thing reconstructed)* Rekonstruktion, *die*

**record 1.** [rɪ'kɔ:d] *v. t.* **a)** aufzeichnen; **~ a new LP** eine neue LP aufnehmen; **~ sth. in a book/painting** etw. in einem Buch/auf einem Gemälde festhalten; **be ~ed for ever in sb.'s memory** auf ewig in jmds. Gedächtnis eingegraben sein; **history ~s that ...:** es ist geschichtlich belegt, daß ...; **b)** *(register officially)* dokumentieren; protokollieren ⟨*Verhandlung*⟩; **~ one's vote** seine Stimme abgeben; **count and ~ the votes** die Stimmen auszählen [und das Ergebnis schriftlich festhalten]. **2.** *v. i.* aufzeichnen; *(on tape)* Tonbandaufnahmen/eine Tonbandaufnahme machen; **the tape recorder isn't ~ing properly** das Tonbandgerät nimmt nicht richtig auf. **3.** ['rekɔ:d] *n.* **a) be on ~** ⟨*Prozeß, Verhandlung, Besprechung:*⟩ protokolliert sein; **there is no such case on ~:** ein solcher Fall ist nicht dokumentiert; **it is on ~ that ...:** es ist dokumentiert, daß ...; **have sth. on ~:** etw. dokumentiert haben; **there is nothing on ~ to prove that ...:** es gibt keine Aufzeichnungen, die beweisen, daß ...; **put sth. on ~:** etw. schriftlich festhalten; **I am quite happy to go on ~ as having said that** man kann ruhig festhalten, daß ich das gesagt habe; **it is a matter of ~ that ...:** es ist eine verbürgte Tatsache, daß ...; **b)** *(report)* Protokoll, *das; (Law: official report)* [Gerichts]akte, *die;* **c)** *(document)* Dokument, *das; (piece of evidence)* Zeugnis, *das;* Beleg, *der;* **medical ~s** medizinische Unterlagen; **criminal ~s** Strafregister, *das;* **~ of attendance** Anwesenheitsliste, *die;* **keep a ~ of sth.** über etw. *(Akk.)* Buch führen; *(listing persons)* eine Liste von etw. führen; **for the ~:** für das Protokoll; **just for the ~:** der Vollständigkeit halber; *(iron.)* nur der Ordnung halber; **[strictly] off the ~:** [ganz] inoffiziell; **get** *or* **keep** *or* **put** *or* **set the ~ straight** keine Mißverständnisse aufkommen lassen; **let me put the ~ straight** ich möchte es einmal ganz unmißverständlich sagen; **d)** *(disc for gramophone)* [Schall]platte, *die;* **make a ~:** eine Platte machen *(ugs.)*; **e)** *(facts of sb.'s/sth.'s past)* Ruf, *der;* **have a good ~ [of achievements]** gute Leistungen vorweisen können; **the aircraft has an excellent ~ for reliability/a good safety ~:** das Flugzeug hat sich als höchst zuverlässig/sehr sicher erwiesen; **have a [criminal/police] ~:** vorbestraft sein; **keep a clean ~:** sich *(Dat.)* nichts zuschulden kommen lassen; **f)** *(best performance)* Rekord, *der;* **set a ~:** einen Rekord aufstellen; **break** *or* **beat the ~:** den Rekord brechen. **4.** *attrib. adj.* Rekord-

**record** ['rekɔ:d]: **~ album** *n.* [Schall]plattenalbum, *das;* **~-breaking** *adj.* Rekord-

**recorded** [rɪ'kɔ:dɪd] *adj.* aufgezeichnet ⟨*Film, Konzert, Rede*⟩; überliefert ⟨*Ereignis, Geschichte*⟩; bespielt ⟨*Band*⟩; **~ music** Musikaufnahmen

**recorded de'livery** *n. (Brit. Post)* eingeschriebene Sendung *(ohne Versicherung)*; **send sth. by ~ delivery** etw. per Einschreiben schicken

**recorder** [rɪ'kɔ:də(r)] *n.* **a)** *(instrument/apparatus)* Aufzeichnungsgerät, *das;* **earthquake ~:** Seismograph, *der;* **b)** *see* **tape recorder; c)** *(Mus.)* Blockflöte, *die;* **d)** *(Brit. Law)* nebenamtlicher Richter *(beim Crown Court usw.)*

**'record-holder** *n. (Sport)* Rekordhalter, *der/*-halterin, *die*

**recording** [rɪ'kɔ:dɪŋ] *n.* **a)** *(process)* Aufzeichnung, *die;* **b)** *(what is recorded)* Aufnahme, *die; (to be heard or seen later)* Aufzeichnung, *die*

**recording: ~ 'angel** *n. (Theol.)* Engel der Gerechtigkeit; **~ head** *n.* Aufnahmekopf, *der;* **~ session** *n.* Aufnahme, *die;* **~ studio** *n.* Tonstudio, *das;* **~ van** *n.* Aufnahmewagen, *der*

**recordist** [rɪ'kɔ:dɪst] *n.* **[sound] ~:** Tonmeister, *der/*-meisterin, *die*

**record** ['rekɔ:d]: **~ library** *n.* Phonothek, *die;* **R~ Office** *see* **Public R~ Office; ~-player** *n.* Plattenspieler, *der;* **~ shop** *n.* [Schall]plattengeschäft, *das;* **~ sleeve** *n.* Plattenhülle, *die;* Plattencover, *das;* **~ token** *n.* [Schall]plattengutschein, *der*

**recount** [rɪ'kaʊnt] *v. t. (tell)* erzählen

**re-count 1.** [ri:'kaʊnt] *v. t. (count again)* [noch einmal] nachzählen. **2.** ['ri:kaʊnt] *n.* Nachzählung, *die;* **have a ~:** nachzählen

**recoup** [rɪ'ku:p] *v. t.* **a)** *(regain)* ausgleichen ⟨*Verlust*⟩; [wieder] hereinbekommen ⟨*[Geld]einsatz*⟩; wiedergewinnen ⟨*Stärke, Gesundheit*⟩; **b)** *(reimburse)* wieder einbringen ⟨*Auslagen*⟩; **~ oneself** seine Ausgaben ausgleichen

**recourse** [rɪ'kɔ:s] *n.* **a)** *(resort)* Zufluchtnahme, *die;* **have ~ to sb./sth.** bei jmdm./zu etw. Zuflucht nehmen; **b)** *(person or thing resorted to)* Zuflucht, *die;* **your only ~ is legal action** das einzige, was dir bleibt, ist vor Gericht zu gehen; **c)** *(Finance)* Regreß, *der;* Rückgriff, *der*

**recover** [rɪ'kʌvə(r)] **1.** *v. t.* **a)** *(regain)* zurückerobern; **b)** *(find again)* wiederfinden ⟨*Verlorenes, Fährte, Spur*⟩; **c)** *(retrieve)* zurückbekommen; bergen ⟨*Wrack*⟩; **d)** *(make up for)* aufholen ⟨*verlorene Zeit*⟩; **e)** *(acquire again)* wiedergewinnen ⟨*Vertrauen*⟩; wiederfinden ⟨*Gleichgewicht, innere Ruhe usw.*⟩; **have ~ed one's lost appetite/normal colour** wieder Appetit/Farbe haben; **~ consciousness** das Bewußtsein wiedererlangen; **~ one's senses** *(lit. or fig.)* wieder zur Besinnung kommen; **~ the use of one's hands/feet** seine Hände/Füße wieder gebrauchen können; **~ one's sight** sein Sehvermögen wiedergewinnen; **~ one's voice** seine Stimme wiederfinden; **~ one's breath** wieder zu Atem kommen; **~ oneself** sich fangen; **f)** *(reclaim)* **~ land from the sea** dem Meer Land abgewinnen; **~ metal from scrap** Metall aus Schrott gewinnen; **g)** *(Law)* erheben ⟨*Steuer, Abgabe*⟩; erhalten ⟨*Schadenersatz, Schmerzensgeld*⟩; *abs.* Schadenersatz erhalten. **2.** *v. i.* ~ **from sth.** sich von etw. [wieder] erholen; **how long will it take him to ~?** wann wird er wieder gesund sein?; **be [completely** *or* **totally** *or* **fully** *or* **quite] ~ed** [völlig] wiederhergestellt sein

**re-cover** [ri:ˈkʌvə(r)] *v. t.* neu beziehen ⟨*Sessel, Schirm usw.*⟩

**recoverable** [rɪˈkʌvərəbl] *adj.* **a)** *(capable of being regained)* erstattungsfähig ⟨*Unkosten*⟩; ersetzbar ⟨*Schaden, Verlust*⟩; rückzahlbar ⟨*Kaution, Geldeinlage*⟩; **the cost was ~ through his insurance policy** die Kosten konnten durch seine Versicherung ersetzt werden; **b)** *(capable of being restored)* wiederherstellbar; wiedergewinnbar ⟨*Brauchwasser*⟩; **c)** *(Law)* eintreibbar ⟨*Geldstrafe, Schulden usw.*⟩; **d)** *(extractable)* abbaufähig; abbaubar; förderbar ⟨*Öl-, Gasreserven*⟩

**recovery** [rɪˈkʌvərɪ] *n.* **a)** *(restoration)* Erholung, *die;* **be on the road to ~:** auf dem Wege der Besserung sein; **make a quick/good ~:** sich schnell/gut erholen; **he is past ~:** für ihn gibt es keine Hoffnung mehr; **b)** *(regaining of sth. lost)* Wiederfinden, *das;* Fund, *der;* **c)** *(Law) (of debts)* Eintreibung, *die;* ~ **of damages** Erfüllung des Anspruchs auf Schadenersatz; **d)** *(Swimming, Rowing)* Rückkehr in die Grundstellung; **e)** *(extraction, reclamation)* Rückgewinnung, *die*

**reˈcovery room** *n. (Med.)* Aufwachraum, *der*

**recreant** [ˈrekrɪənt] *(literary)* **1.** *adj.* **a)** *(cowardly)* kleinmütig *(geh.);* verzagt *(geh.);* **b)** *(treacherous)* verräterisch; *(apostate)* abtrünnig. **2.** *n.* **a)** *(coward)* Feigling, *der;* **b)** *(betrayer)* Verräter, *der*/Verräterin, *die;* *(apostate)* Abtrünnige, *der/die*

**recreation** [rekrɪˈeɪʃn] *n.* **a)** *(act of relaxing)* Ausruhen, *das;* **b)** *(means of entertainment)* Freizeitbeschäftigung, *die;* Hobby, *das;* **for** *or* **as a ~:** zur Freizeitbeschäftigung *od.* Entspannung; **he enjoys driving as a ~:** Fahren bedeutet für ihn Entspannung

**recreational** [rekrɪˈeɪʃənl] *adj.* Freizeit⟨*wert, -möglichkeiten, -gelände*⟩; Erholungs⟨*gebiet*⟩

**recreation:** ~ **centre** *n.* Freizeitzentrum, *das;* ~ **ground** *n.* Freizeitgelände, *das; (for children)* Spielplatz, *der;* ~ **period** *n.* Pause, *die;* ~ **room** *n.* **a)** *(playroom)* Spielzimmer, *das; (hobbyroom)* Hobbyraum, *der;* **b)** *(public room)* Aufenthaltsraum, *der;* ~ **time** *n.* Freizeit, *die; (in school)* Pause, *die*

**recriminate** [rɪˈkrɪmɪneɪt] *v. i.* Gegenbeschuldigungen erheben

**recrimination** [rɪkrɪmɪˈneɪʃn] *n.* Gegenbeschuldigung, *die; (counter-accusation)* **[mutual] ~s** [gegenseitige] Beschuldigungen

**recrudescence** [ri:kru:ˈdesəns] *n. (of symptoms, disease)* erneutes Auftreten; *(of epidemic, aggression, violence)* Wiederaufflackern, *das*

**recruit** [rɪˈkru:t] **1.** *n.* **a)** *(Mil.)* Rekrut, *der;* **a raw ~:** ein frisch Eingezogener; **b)** *(Amer.) (soldier of lowest rank)* einfacher Soldat; *(sailor of lowest rank)* Matrose, *der;* **c)** *(new member)* neues Mitglied; **d) [raw] ~** *(fig.: novice)* blutiger Anfänger. **2.** *v. t.* **a)** *(Mil.: enlist)* anwerben; *(into society, party, etc.)* werben ⟨*Mitglied*⟩; **b)** *(select for appointment)* neu einstellen; **staff were ~ed once a year** einmal im Jahr wurden neue Mitarbeiter eingestellt. **3.** *v. i.* **a)** *(Mil.: enlist)* Rekruten anwerben; ⟨*Partei, Klub:*⟩ neue Mitglieder finden; **b)** *(select for appointment)* Neueinstellungen vornehmen; ~ **for staff** neue Mitarbeiter einstellen; ~ **from one's own staff** freie Stellen aus den eigenen Reihen besetzen

**recruitment** [rɪˈkru:tmənt] *n.* **a)** *(Mil.)* Anwerbung, *die; (for membership)* ~ **of members** Mitgliederwerbung, *die;* ~ **has been good this year** die Mitgliederwerbung war dieses Jahr sehr erfolgreich; ~ **for evening classes** Werbung für Abendkurse; **b)** *(process of selecting for appointment)* Neueinstellung, *die*

**recta** *pl. of* **rectum**

**rectal** [ˈrektl] *adj. (Anat.)* rektal

**rectangle** [ˈrektæŋgl] *n.* Rechteck, *das*

**rectangular** [rekˈtæŋgjʊlə(r)] *adj.* **a) ~[-shaped]** rechteckig; **b)** *(placed at right angles)* rechtwinklig

**rectifiable** [ˈrektɪfaɪəbl] *adj.* korrigierbar ⟨*Fehler*⟩; **do you think the situation is ~?** glauben Sie, daß noch etwas zu machen ist?

**rectification** [rektɪfɪˈkeɪʃn] *n.* **a)** *(correction of error)* Berichtigung, *die;* Korrektur, *die;* **b)** *(Electr.)* Gleichrichtung, *die*

**rectifier** [ˈrektɪfaɪə(r)] *n. (Electr.)* Gleichrichter, *der*

**rectify** [ˈrektɪfaɪ] *v. t.* **a)** korrigieren ⟨*Fehler, Berechnung, Kurs*⟩; richtigstellen ⟨*Bemerkung, Sachverhalt*⟩; Abhilfe schaffen (+ *Dat.*) ⟨*Mangel, Mißstand*⟩; ~ **the situation** die Sache wieder ins Lot bringen; **b)** *(Electr.)* gleichrichten

**rectilineal** [rektɪˈlɪnɪəl], **rectilinear** [rectɪˈlɪnɪə(r)] *adj.* geradlinig ⟨*Bewegung, Strecke, Anordnung*⟩; aus Geraden gebildet ⟨*Winkel*⟩; geradlinig begrenzt ⟨*Figur, Garten*⟩

**rectitude** [ˈrektɪtju:d] *n.* **a)** *(with regard to morality)* Rechtschaffenheit, *die;* **a life of ~:** ein rechtschaffenes Leben; **b)** *(with regard to correctness)* Richtigkeit, *die*

**recto** [ˈrektəʊ] *n., pl.* **~s** *(Printing, Bibliog.)* **a)** *(right-hand page)* rechte Seite; **b)** *(front of leaf)* Rekto, *das (fachspr.);* Vorderseite, *die*

**rector** [ˈrektə(r)] *n.* **a)** Pfarrer, *der;* **b)** *(Univ.)* Rektor, *der*/Rektorin, *die*

**rectory** [ˈrektərɪ] *n.* Pfarrhaus, *das*

**rectum** [ˈrektəm] *n., pl.* **~s** *or* **recta** [ˈrektə] *(Anat.)* Mastdarm, *der;* Rektum, *das (fachspr.)*

**recumbent** [rɪˈkʌmbənt] *adj.* ruhend; liegend ⟨*Skulptur*⟩; **be [lying] ~:** ruhen

**recuperate** [rɪˈkju:pəreɪt] **1.** *v. i.* sich erholen. **2.** *v. t.* wiederherstellen ⟨*Gesundheit*⟩; ~ **one's strength/health** wieder zu Kräften kommen/gesund werden

**recuperation** [rɪkju:pəˈreɪʃn] *n.* Erholung, *die;* **in rest and ~:** in Ruhe und Entspannung

**recuperative** [rɪˈkju:pərətɪv] *adj.* stärkend; ~ **remedies/powers** Heilmittel/-kräfte

**recur** [rɪˈkɜ:(r)] *v. i.,* **-rr- a)** sich wiederholen; ⟨*Beschwerden, Krankheit usw.:*⟩ wiederkehren; ⟨*Problem, Symptom:*⟩ wieder auftreten; **b)** *(return to one's mind)* ⟨*Gedanke, Furcht, Gefühl:*⟩ wiederkehren; **c)** *(Math.)* **~ring decimal** periodischer Dezimalbruch; **2.3 ~ring** 2 Komma 3 Periode

**recurrence** [rɪˈkʌrəns] *n.* **a)** Wiederholung, *die; (of illness, complaint)* Wiederkehr, *die; (of problem, symptom)* Wiederauftreten, *das;* **there's to be no ~ of this type of behaviour** dieses Verhalten darf sich nicht wiederholen; **b)** *(to mind)* Wiederkehr, *die*

**recurrent** [rɪˈkʌrənt] *adj.* immer wiederkehrend; wiederholt ⟨*Hinweis, Bezugnahme*⟩; **have ~ problems with sth.** häufig Probleme mit etw. haben

**recycle** [ri:ˈsaɪkl] *v. t. (reuse)* wiederverwerten ⟨*Papier, Glas, Abfall*⟩; *(convert)* wiederaufbereiten ⟨*Metall, Brauchwasser, Abfall*⟩

**recycling** [ri:ˈsaɪklɪŋ] *n.* Recycling, *das;* Wiederaufbereitung, *die*

**red** [red] **1.** *adj.* **a)** rot; Rot⟨*wild, -buche*⟩; rotglühend ⟨*Feuer, Lava usw.*⟩; **the ~ colour of the setting sun** das Rot der untergehenden Sonne; **go ~ with shame** rot vor Scham werden; **go ~ in the face** rot werden; **as ~ as a beetroot** puterrot; rot wie eine Tomate *(ugs. scherzh.)* ; **her eyes were ~ with crying** sie hatte rotgeweinte Augen; *see also* **paint 2 a; ¹see 2 a; b)** *(anarchistic)* rot; **c) Red** *(Soviet Russian)* rot, kommunistisch ⟨*Soldat, Propaganda*⟩; **the Red Army** die Rote Armee; **better Red than dead** lieber rot als tot. **2.** *n.* **a)** *(colour)* Rot, *das; (in roulette)* Rouge, *das; (redness)* Röte, *die;* **the ~s** die Rottöne; **b)** *(debt)* **get out of the ~:** aus den roten Zahlen kommen; **[be] in the ~:** in den roten Zahlen [sein]; **c) Red** *(communist)* Rote, *der/die;* **Reds under the bed scare** Angst vor kommunistischer Unterwanderung; **d)** *(ball)* rote Kugel; **e)** *(~ clothes)* **dressed in ~:** rot gekleidet; **f)** *(traffic-light)* Rot, *das;* **the traffic-light is at ~:** die Ampel steht auf Rot; **we drove straight through the ~:** wir fuhren bei Rot durch *(ugs.)*

**red:** ~ **admiral** *see* **admiral b;** ~ **alert** *n.* [höchste] Alarmbereitschaft; **be on ~ alert** sich in Alarmzustand befinden; **~-blooded** [ˈredblʌdɪd] *adj.* heißblütig; **~breast** *n. (Ornith.)* Rotkehlchen, *das;* **~brick** *adj. (Brit.)* weniger traditionsreich ⟨*Universität*⟩; **~cap** *n.* **a)** *(Brit.: military policeman)* Militärpolizist, *der;* **b)** *(Amer.: railway porter)* Gepäckträger, *der;* ~ **ˈcarpet** *n. (lit. or fig.)* roter Teppich; **~-carpet** *adj.;* **give sb. the ~-carpet treatment** *or* **a ~-carpet reception** jmdn. mit großem Bahnhof *(ugs.) od.* mit allen Ehren empfangen; ~ **cell** *n. (Anat., Zool.)* rotes Blutkörperchen; ~ **ˈcent** *n. (Amer.)* roter Heller; **~-cheeked** *adj.* rotwangig *(geh.);* **Red ˈChina** *n.* Rotchina, *das;* **~coat** *n. (Brit. Hist.)* Rotrock, *der; britischer Soldat;* ~ **corpuscle** *see* ~ **cell; Red ˈCrescent** *n.* Roter Halbmond; **Red ˈCross** *n.* Rotes Kreuz; ~ **ˈcurrant** *n.* [rote] Johannisbeere

**redden** [ˈredn] **1.** *v. i.* ⟨*Gesicht, Himmel:*⟩ sich röten; ⟨*Person:*⟩ rot werden, erröten; ⟨*Blätter, Wasser:*⟩ sich rot färben; **his face ~ed [with shame** *etc.***]** er lief rot an *od.* bekam einen roten Kopf [vor Scham *usw.*]. **2.** *v. t.* rot färben; röten *(geh.)*

**reddish** [ˈredɪʃ] *adj.* rötlich; ~ **brown** rotbraun

**redecorate** [ri:ˈdekəreɪt] *v. t.* renovieren; *(with wallpaper)* neu tapezieren; *(with paint)* neu streichen

**redecoration** [ri:dekəˈreɪʃn] *n.* Renovierung, *die; (with wallpaper)* Neutapezieren, *das; (with paint)* Neuanstrich, *der*

**redeem** [rɪˈdi:m] *v. t.* **a)** *(regain)* wiederherstellen ⟨*Ehre, Gesundheit*⟩; wiedergewinnen ⟨*Position*⟩; **b)** *(buy back)* tilgen ⟨*Hypothek*⟩; [wieder] einlösen ⟨*Pfand*⟩; abzahlen ⟨*Grundstück*⟩; **c)** *(convert)* einlösen ⟨*Gutschein, Coupon*⟩; **d)** *(make amends for)* ausgleichen, wettmachen ⟨*Fehler, Schuld usw.*⟩; **he has one ~ing feature** man muß ihm eins zugute halten; **e)** *(repay)* abzahlen ⟨*Schuld, Kredit*⟩; ~ **one's obligation to sb.** seine Schuld jmdm. gegenüber begleichen; **f)** *(fulfil)* einlösen, halten ⟨*Versprechen*⟩; **g)** *(save)* retten; ~ **sb. from his sins/from hell** jmdn. von seinen Sünden/aus der Hölle erlösen; **h)** *(make less bad)* retten ⟨*Situation, Beziehung, Party usw.*⟩; ~ **oneself** sich freikaufen; **he ~ed himself in their eyes by apologizing** er fand Gnade vor ihren Augen, indem er sich entschuldigte

**redeemable** [rɪˈdi:məbl] *adj.* einlösbar ⟨*Gutschein, Pfand, Aktien usw.*⟩; tilgbar ⟨*Schuld*⟩; kündbar ⟨*Obligation*⟩

**redeemer** [rɪˈdi:mə(r)] *n.* **a)** Retter, *der;* **b) R~** *(Relig.)* Erlöser, *der;* Heiland, *der*

**redefine** [ri:dɪˈfaɪn] *v. t.* neu bestimmen *od.* festlegen ⟨*Aufgaben, Bedingungen*⟩; neu formulieren ⟨*These, Vertrag[spunkte]*⟩

**redemption** [rɪˈdempʃn] *n.* **a)** *(of pawned goods)* Einlösen, *das;* Rückkauf, *der;* **b)** *(of tokens, trading stamps, stocks, etc.)* Einlösen, *das;* **c)** *(of mortgage, debt)* Tilgung, *die; (of land)* Abzahlung, *die;* **d)** *(of promise, pledge)* Erfüllung, *die;* **e)** *(of person, country)* Befreiung, *die;* **he's past** *or* **beyond ~:** für ihn gibt es keine Rettung mehr; **the situation is beyond ~:** die Lage ist hoffnungslos verfahren *od.* völlig ausweglos; **f)** *(deliverance from sin)* Erlösung, *die;* **g)** *(thing that redeems)* Rettung, *die*

**redeploy** [ri:dɪ'plɔɪ] *v.t.* umstationieren ⟨*Truppen, Raketen*⟩; woanders einsetzen ⟨*Arbeitskräfte*⟩; ~ **from ... to ...:** von ... nach ... verlegen

**redeployment** [ri:dɪ'plɔɪmənt] *n. (of troops, missiles)* Umstationierung, *die; (of labour force, workers, staff)* Einsatz an anderer Stelle; ~ **from ... to ...:** Verlegung von ... nach ...

**redesign** [ri:dɪ'zaɪn] *v.t.* umgestalten ⟨*Raum, Mechanismus, Verpackung, Modell*⟩; überarbeiten ⟨*Plan, Design*⟩

**red: ~-eyed** *adj.* **be ~-eyed** rote Augen haben; **~-faced** *adj.* rotgesichtig; **be ~-faced** *(with rage/embarrassment)* ein [hoch]rotes Gesicht haben/vor Verlegenheit rot werden; **go ~-faced with rage** vor Wut rot anlaufen; ~ **'flag** *see* **'flag 1; Red 'Guard** *n.* Rote Garde; *(member)* Rotgardist, *der*/-gardistin, *die;* **~-haired** *adj.* rothaarig; **~-handed** [red'hændɪd] *adj.* **catch sb. ~-handed** jmdn. auf frischer Tat ertappen; **~head** *n.* Rotschopf, *der (ugs.);* Rothaarige, *der/die;* **~-headed** ['redhedɪd] *adj.* rothaarig; **be ~-headed** rote Haare haben; ~ **heat** *n.* Rotglut, *die; (fig.)* Glut, *die;* **bring to a ~ heat** auf Rotglut erhitzen; ~ **'herring** *n.* **a)** *(fish)* Räucherhering, *der;* **b)** *(fig.)* Ablenkungsmanöver, *das; (in thriller, historical research)* falsche Fährte; **~-hot** *adj.* **a)** [rot]glühend; **b)** *(fig.)* glühend ⟨*Anhänger, Gläubiger, Liebhaber, Zorn*⟩; heiß ⟨*Blondine, Thema, Musik*⟩; brandaktuell ⟨*Nachricht*⟩; **this new film is ~-hot stuff** dieser neue Film ist heiß

**redid** *see* **redo**

**Red 'Indian** *(Brit.)* **1.** *n.* Indianer, *der*/Indianerin, *die.* **2.** *adj.* Indianer-

**redirect** [ri:daɪ'rekt, ri:dɪ'rekt] *v.t.* nachsenden ⟨*Post, Brief usw.*⟩; umleiten ⟨*Verkehr*⟩; weiterleiten (**to** an + *Akk.*) ⟨*Anfrage*⟩; richten (**to** auf + *Akk.*) ⟨*Aufmerksamkeit*⟩

**redirection** [ri:daɪ'rekʃn, ri:dɪ'rekʃn] *n. (of mail)* Nachsendung, *die; (of traffic)* Umleitung, *die; (of question)* Weiterleitung, *die* (**to** an + *Akk.*)

**rediscover** [ri:dɪ'skʌvə(r)] *v.t.* wiederentdecken

**rediscovery** [ri:dɪ'skʌvərɪ] *n.* Wiederentdeckung, *die*

**redistribute** [ri:dɪ'strɪbju:t] *v.t.* umverteilen ⟨*Besitz, Einkommen*⟩; versetzen ⟨*Arbeitskräfte*⟩; *(reorganize)* neu aufteilen

**redistribution** [ri:dɪstrɪ'bju:ʃn] *n. (of land, wealth)* Umverteilung, *die; (of labour etc.)* Versetzung, *die, (reorganization)* Neuaufteilung, die

**red: ~ lead** [red 'led] *n.* Mennige, *die;* **~-'letter day** *n.* **a)** *(memorable day)* im Kalender rot anzustreichender Tag; großer Tag; **b)** *(Relig.)* Feiertag, *der;* ~ **'light** *n.* **a)** [rotes] Warnlicht; *(of traffic-lights)* rote [Verkehrs]ampel; **drive straight through the ~ light** bei Rot über die Ampel fahren; **b)** *(fig.)* Warnzeichen, *das;* **they saw the** *or* **a ~ light** bei ihnen leuchtete ein [rotes] Warnsignal auf; **~-'light district** *n.* Amüsierviertel, *das;* Strich, *der (salopp);* ~ **meat** *n.* dunkles Fleisch *(z.B. vom Rind);* **~neck** *n.* *(Amer.)* armer weißer Landbewohner aus den Südstaaten; *(derog.)* weißer Rassist *od.* Reaktionär

**redness** ['rednɪs] *n., no pl. (of face, skin, eyes, sky)* Röte, *die; (of blood, fire, rose, dress, light)* rote Farbe

**redo** [ri:'du:] *v.t.,* **redoes** [ri:'dʌz], **redoing** [ri:'du:ɪŋ], **redid** [ri:'dɪd], **redone** [ri:'dʌn] **a)** *(do again)* wiederholen ⟨*Prüfung, Spiel, Test*⟩; neu frisieren ⟨*Haare*⟩; erneuern ⟨*Make-up, Lidschatten*⟩; noch einmal machen ⟨*Bett, Hausaufgabe*⟩; überarbeiten ⟨*Aufsatz, Übersetzung, Komposition*⟩; **~ one's face** sein Make-up erneuern; **b)** *(redecorate)* [gründlich] renovieren; *(repaper)* neu tapezieren; *(repaint)* neu streichen

**redolent** ['redələnt] *adj.* **a)** duftend; **~ odours** Düfte *Pl.;* ~ **of** *or* **with sth.** nach etw. duftend; **b)** *(fig.)* **be ~ of sth.** stark an etw. *(Akk.)* erinnern

**redone** *see* **redo**

**redouble** [ri:'dʌbl] **1.** *v.t.* **a)** verdoppeln; **b)** *(Bridge)* rekontrieren. **2.** *v.i.* sich verdoppeln. **3.** *n. (Bridge)* Rekontra, *das*

**redoubt** [rɪ'daʊt] *n. (Mil.)* Redoute, *die*

**redoubtable** [rɪ'daʊtəbl] *adj.* ehrfurchtgebietend ⟨*Person*⟩; gewaltig, enorm ⟨*Aufgabe, Pflicht usw.*⟩; gefürchtet ⟨*Gegner, Krieger*⟩; glänzend ⟨*Anwalt*⟩

**redound** [rɪ'daʊnd] *v.i.* ~ **to sb.'s advantage/disadvantage/honour** *or* **credit/fame** jmdm. Vorteile/Nachteile/Ehre/Ruhm einbringen; **~ to sb.'s reputation/good name** zu jmds. Ruf/gutem Namen beitragen

**red 'pepper** *n.* **a)** *see* **cayenne; b)** *(vegetable)* rote Paprika[schote]

**redraft** [ri:'drɑ:ft] *v.t.* neu entwerfen; neu aufsetzen ⟨*Vertrag*⟩; neu abfassen ⟨*Schriftstück*⟩

**red 'rag** *n. (fig.)* rotes Tuch (**to** für); **be like a ~ to a bull [to sb.]** wie ein rotes Tuch [auf jmdn.] wirken

**redraw** [ri:'drɔ:] *v.t., forms as* **draw** neu zeichnen

**redress** [rɪ'dres] **1.** *n. (reparation, correction)* Entschädigung, *die;* **seek ~ for sth.** eine Entschädigung für etw. verlangen; **seek [legal] ~:** auf Schadenersatz klagen; **have no ~:** keine Entschädigung erhalten; *(Law)* keinen Rechtsanspruch auf Entschädigung haben. **2.** *v.t.* **a)** *(adjust again)* ins Gleichgewicht bringen; **~ the balance** das Gleichgewicht wiederherstellen; **b)** *(set right, rectify)* wiedergutmachen ⟨*Unrecht*⟩; ausgleichen ⟨*Ungerechtigkeiten*⟩; beseitigen ⟨*Mißstand, Übel, Despotie*⟩; abhelfen (+ *Dat.*) ⟨*Beschwerden, Mißbrauch*⟩

**Red: ~ 'Riding Hood** *pr. n.* Rotkäppchen, *das;* ~ **'Sea** *pr. n.* Rote Meer, *das*

**red: ~shank** *n. (Ornith.)* Rotschenkel, *der;* **~-shift** *n. (Astron.)* Rotverschiebung, *die;* **~skin** *see* **Red Indian 1;** ~ **'squirrel** *n.* Eichhörnchen, *das;* **Red 'Star** *n.* Roter Stern; **~start** *n. (Ornith.)* Rotschwanz, *der;* ~ **'tape** *n. (fig.)* [unnötige] Bürokratie; **cut through the ~ tape** die Bürokratie umgehen; **Red 'Terror** *see* **terror a**

**reduce** [rɪ'dju:s] **1.** *v.t.* **a)** *(diminish)* senken ⟨*Preis, Gebühr, Fieber, Aufwendungen, Blutdruck usw.*⟩; verbilligen ⟨*Ware*⟩; reduzieren ⟨*Geschwindigkeit, Gewicht, Anzahl, Menge, Preis*⟩; **at ~d prices** zu herabgesetzten Preisen; ~ **one's weight** abnehmen; **b)** ~ **to order/despair/silence/tears/submission** auf Vordermann bringen *(ugs.)*/in Verzweiflung stürzen/verstummen lassen/zum Weinen bringen/ zum Aufgeben zwingen; **~ sb. to begging** jmdn. an den Bettelstab bringen; **be ~d to starvation** hungern müssen; **be ~d to borrowing money/pawning sth.** sich *(Dat.)* Geld leihen müssen/etw. versetzen müssen; **live in ~d circumstances** in verarmten Verhältnissen leben; ~ **sb. to the ranks** jmdn. in den Mannschaftsstand degradieren; **c)** *(convert to other form)* **~ wood to pulp** Holz zu einem Brei verarbeiten; ~ **yards to inches** Yards in Inches umwandeln; **d)** *(Photog.)* abschwächen; **e)** *(Med.)* einrenken ⟨*Gliedmaße, Gelenk*⟩; einrichten ⟨*Bruch*⟩; **f)** *(Chem.)* reduzieren. **2.** *v.i.* abnehmen

**reducer** [rɪ'dju:sə(r)] *n.* **a)** *(Photog.)* Abschwächer, *der;* **b)** *(Chem.)* Reduktionsmittel, *das*

**reducible** [rɪ'dju:sɪbl] *adj.* **a)** reduzierbar (**to** auf + *Akk.*); **be ~:** reduziert werden können (**to** auf + *Akk.*); **b)** *(Chem.)* reduzierbar

**reducing** [rɪ'dju:sɪŋ]: ~ **agent** *n. (Chem.)* Reduktionsmittel, *das;* ~ **diet** *n.* Schlankheitskur, *die*

**reductio ad absurdum** [rɪdʌktɪəʊ æd əb'sɜ:dəm] *n., no pl.* Reductio ad absurdum, *die (geh.)*

**reduction** [rɪ'dʌkʃn] *n.* **a)** *(amount, process) (in price, costs, wages, rates, speed, etc.)* Senkung, *die* (**in** *Gen.*); *(in numbers, output, etc.)* Verringerung, *die* (**in** *Gen.*); ~ **in prices/wages/weight** Preis-/Lohnsenkung, *die*/Gewichtsabnahme, *die;* **there is a ~ on all furniture** alle Möbel sind im Preis heruntergesetzt; **a ~ of £10** ein Preisnachlaß von 10 Pfund; **b)** *(smaller copy)* Verkleinerung, *die;* **c)** *(conversion to other form)* Verarbeitung, *die;* ~ **of yards to metres** Umwandlung von Yards in Meter; **d)** *(Photog.)* Abschwächung, *die;* **e)** *(Chem.)* Reduktion, *die*

**reductionism** [rɪ'dʌkʃənɪzm] *n. (Philos.)* Reduktionismus, *der*

**reductive** [rɪ'dʌktɪv] *adj. (Philos.)* reduktiv

**redundancy** [rɪ'dʌndənsɪ] *n.* **a)** *(Brit.)* Arbeitslosigkeit, *die;* **redundancies** Entlassungen; **b)** *(being more than needed)* Überfluß, *der; (of materials, capital)* Überschuß, *der; (being more than suitable)* Redundanz, *die; (of style)* Überladenheit, *die*

**re'dundancy payment** *n.* Abfindung, *die*

**redundant** [rɪ'dʌndənt] *adj.* **a)** *(Brit.: now unemployed)* arbeitslos; **be made** *or* **become ~:** den Arbeitsplatz verlieren; **make ~:** entlassen; **b)** *(more than needed)* überflüssig; überschüssig ⟨*Kapital, Material*⟩; *(more than suitable)* redundant; überflüssig ⟨*Absatz, Kapitel, Wort*⟩; überladen ⟨*Stil*⟩

**reduplicate** [rɪ'dju:plɪkeɪt] **1.** *v.t.* **a)** verdoppeln; *(repeat)* wiederholen; **b)** *(Ling.)* verdoppeln. **2.** *v.i. (Ling.)* reduplizieren

**reduplication** [rɪdju:plɪ'keɪʃn] *n.* **a)** *(act of doubling)* Verdopplung, *die; (repetition)* Wiederholung, *die;* **b)** *(Ling.)* Reduplikation, *die*

**red: ~ 'wine** *n.* Rotwein, *der;* **~wood** *n.* *(Bot.)* Mammutbaum, *der*

**re-echo** [ri:'ekəʊ] *v.i.* **a)** widerhallen (**with** von); **the cry echoed and ~ed round the cave** der Ruf wurde in dem Gewölbe wieder und wieder zurückgeworfen; **b)** *(fig.)* **these words ~ through the book** an diese Worte wird man in dem Buch immer wieder erinnert

**reed** [ri:d] *n.* **a)** *(Bot.)* Schilf[rohr], *das;* Ried, *das;* **the tall ~s by the river's edge** das hohe Schilf *od.* Ried am Flußufer; **prove to be a broken ~** *(fig.)* sich als unzuverlässig erweisen; **b)** *(Mus.) (part of instrument)* Rohrblatt, *das; (instrument)* Rohrblattinstrument, *das*

**reed: ~-bunting** *n. (Ornith.)* Rohrammer, *die;* ~ **instrument** *n. (Mus.)* Rohrblattinstrument, *das;* **~-mace** *n. (Bot.)* Breitblättriger Rohrkolben; **~-organ** *n. (Mus.)* Harmonium, *das;* **~-warbler, ~-wren** *ns.* *(Ornith.)* Teichrohrsänger, *der*

**reedy** ['ri:dɪ] *adj.* **a)** schnarrend ⟨*Musik, Singen*⟩; dünn ⟨*Stimme*⟩; **b)** *(full of reeds)* schilfig

**[1]reef** [ri:f] *(Naut.)* **1.** *n. (on sail)* Reff, *das* *(Seemannsspr.);* **take in a ~:** die Segel reffen. **2.** *v.t.* reffen *(Seemannsspr.)*

**[2]reef** *n.* **a)** *(ridge)* Riff, *das;* ~ **of sand/rocks/coral** Sand-/Fels-/Korallenriff, *das;* **b)** *(fig.)* Klippe, *die;* **c)** *(lode)* Erzgang, *der*

**reefer** ['ri:fə(r)] *n. (sl.: marijuana cigarette)* Joint, *der (Drogenjargon)*

**'reef-knot** *n.* Kreuzknoten, *der*

**reek** [ri:k] **1.** *n.* Geruch, *der;* Gestank, *der* *(abwertend).* **2.** *v.i.* **a)** riechen, *(abwertend)* stinken (**of** nach); **b)** *(fig.)* riechen *(ugs.)* (**of, with** nach)

**reel** [ri:l] **1.** *n.* **a)** *(roller, cylinder)* ⟨*Papier-, Schlauch-, Garn-, Angel*⟩rolle, *die;* ⟨*Film-, Tonband-, Garn*⟩spule, *die;* **b)** *(quantity)* Rolle, *die;* **steel rope in ~s of 1800 feet** Stahlseil auf Rollen zu 1800 Fuß; **~ of film** Filmrolle, *die;* **c)** *(dance, music)* Reel, *der*

**2.** *v. t.* ~ **[up]** *(wind on)* aufspulen. **3.** *v. i.* **a)** *(be in a whirl)* sich drehen; **his head was ~ing** in seinem Kopf drehte sich alles; **her mind ~ed with all the facts** ihr schwirrte der Kopf von all den Daten; **b)** *(sway)* torkeln; *(fig.: be shaken)* taumeln; **begin to ~:** ins Wanken geraten; **his mind ~ed when he heard the news** als er die Nachricht hörte, drehte sich ihm alles

~ **'in** *v. t.* an Land ziehen ⟨*Fisch*⟩

~ **'off** *v. t.* **a)** *(say rapidly)* herunterleiern *(ugs. abwertend),* hersagen ⟨*Geschichte*⟩; *(without apparent effort)* abspulen *(ugs.)* ⟨*Gedicht, Namen, Einzelheiten*⟩; **b)** *(take off)* abwickeln

**re-elect** [ri:ɪ'lekt] *v. t.* wiederwählen

**re-election** [ri:ɪ'lekʃn] *n.* Wiederwahl, *die*

**re-eligible** [ri:'elɪdʒɪbl] *adj.* wiederwählbar; **be ~:** wiedergewählt werden können

**re-embark** [ri:ɪm'bɑ:k] **1.** *v. t.* wieder einschiffen ⟨*Ladung, Passagiere*⟩. **2.** *v. i.* sich wieder einschiffen **(for** nach); ~ **on sth.** *(fig.)* bei etw. wieder einsteigen

**re-emerge** [ri:ɪ'mɜ:dʒ] *v. i.* **a)** *(out of liquid)* wieder auftauchen; **b)** *(into view; crop up)* wiederauftauchen; ⟨*Mond, Sonne usw.:*⟩ wieder hervorkommen; **c)** *(return)* zurückkehren **(in** nach, **from** aus)

**re-emergent** [ri:ɪ'mɜ:dʒənt] *adj.* wiederauftauchend ⟨*Frage, Idee*⟩; wiederkehrend ⟨*Glaube*⟩; wiedererstehend *(geh.)* ⟨*Nation*⟩

**re-enact** [ri:ɪ'nækt] *v. t.* **a)** wieder in Kraft setzen ⟨*Gesetz, Erlaß usw.*⟩; **b)** *(perform)* wiederholen ⟨*Tatsachen, Einzelheiten*⟩; nachstellen ⟨*Szene, Schlacht*⟩; ~ **a role** noch einmal in einer Rolle auftreten

**re-enlist** *(Mil.)* **1.** *v. i.* wieder [in die Armee/Marine] eintreten. **2.** *v. t.* wieder anwerben

**re-enter** [ri:'entə(r)] **1.** *v. i.* **a)** wieder eintreten; *(come on stage)* die Bühne [wieder] betreten; *(as stage direction)* ~ **Hamlet from left** Auftritt Hamlet von links; **b)** *(for race, exam, etc.)* wieder antreten; **c)** *(penetrate)* wieder eindringen. **2.** *v. t.* wieder betreten ⟨*Raum, Gebäude*⟩; wieder eintreffen in (+ *Dat.*) ⟨*Ortschaft*⟩; wieder einreisen in (+ *Akk.*) ⟨*Land*⟩; wiedereintreten in (+ *Akk.*) ⟨*Erdatmosphäre*⟩

**re-entry** [ri:'entrɪ] *n.* **a)** Wiedereintreten, *das; (into country)* Wiedereinreise, *die; (for exam)* Wiederantreten, *das;* nochmaliges Antreten **(for** zu); *(of spacecraft)* **[atmospheric]** ~: Wiedereintritt [in die Erdatmosphäre]; **b)** *(Law: taking possession again)* Wiederinbesitznahme, *die*

**re-erect** [ri:ɪ'rekt] *v. t.* wieder aufbauen

**re-establish** [ri:ɪ'stæblɪʃ] *v. t.* wiederherstellen ⟨*Kontakt, Demokratie, Beziehungen, Frieden, Ordnung*⟩; wiederbeleben ⟨*Brauch, Mode*⟩; wiederaufbauen ⟨*Organisation, Stützpunkt*⟩; wieder einsetzen ⟨*Regierung*⟩; beweisen ⟨*Unschuld usw.*⟩; ~ **sb. as ruler** jmdn. als Herrscher wiedereinsetzen; ~ **oneself as sth./in a position** sich erneut als etw./in einer Position etablieren

**¹reeve** [ri:v] *n.* **a)** *(Hist.) (magistrate)* Vogt, *der; (manorial supervisor)* Aufseher, *der;* **b)** *(minor official)* Gemeindebeamter, *der*/-beamtin, *die*

**²reeve** *v. t.*, **rove** [rəʊv] *or* **~d** *(Naut.)* scheren ⟨*Tau*⟩; *(fasten)* festzurren

**re-examination** [ri:ɪgzæmɪ'neɪʃn] *n.* **a)** *(Law)* erneute [Zeugen]vernehmung; **b)** *(investigation)* erneute Untersuchung; **c)** *(act of testing knowledge or ability)* Wiederholungsprüfung, *die;* **d)** *(act of scrutinizing again)* nochmalige [Über]prüfung

**re-examine** [ri:ɪg'zæmɪn] *v. t.* **a)** *(Law)* erneut vernehmen; **b)** *(investigate)* [erneut] untersuchen; **c)** *(test knowledge or ability of)* von neuem *od.* wieder prüfen; **d)** *(scrutinize)* erneut überprüfen

**re-export** [ri:ɪk'spɔ:t] *v. t.* reexportieren; wieder ausführen

**ref** [ref] *n. (Sport coll.)* Schiri, *der (Sportjargon); (Boxing)* Ringrichter, *der*

**ref.** *abbr.* **reference** Verw.; **with ref. to** mit Bz. *od.* unter Bezugn. auf (+ *Akk.*); **your/our ref.** Ihr/unser Zeichen

**reface** [ri:'feɪs] *v. t.* ~ **sth.** die Fassade einer Sache *(Gen.)* restaurieren

**refashion** [ri:'fæʃn] *v. t.* umgestalten

**refectory** [rɪ'fektərɪ] *n. (in college, university)* Mensa, *die; (in convent, monastery)* Refektorium, *das*

**refer** [rɪ'fɜ:(r)] **1.** *v. i.*, **-rr- a)** ~ **to** *(allude to)* sich beziehen auf (+ *Akk.*) ⟨*Buch, Person usw.*⟩; *(speak of)* sprechen von ⟨*Person, Problem, Ereignis usw.*⟩; **b)** ~ **to** *(apply to, relate to)* betreffen; ⟨*Beschreibung:*⟩ sich beziehen auf (+ *Akk.*); **does that remark ~ to me?** gilt diese Bemerkung mir?; **c)** ~ **to** *(consult, cite as proof)* konsultieren *(geh.);* nachsehen in (+ *Dat.*); ~ **to sb./a case** sich auf jmdn./einen Fall berufen. **2.** *v. t.*, **-rr- a)** *(send on to)* ~ **sb./sth. to sb./sth.** jmdn./etw. an jmdn./auf etw. *(Akk.)* verweisen; ~ **a patient to a specialist** einen Patienten an einen Facharzt überweisen; **the dispute was ~red to the UN** der Streitfall wurde vor die UNO gebracht; ~ **sb. to a paragraph/an article** jmdn. auf einen Absatz/Artikel aufmerksam machen; ~ **to drawer** *(Banking)* zurück an Aussteller; **b)** ~ **to** *(assign to)* zurückführen auf (+ *Akk.*); ~ **sth. to sb.** jmdm. etw. zuschreiben; **~red pain** *(Med.)* ausstrahlender Schmerz; **c)** *(after examination)* zurückstellen ⟨*Prüfling*⟩; [zur Überarbeitung] zurückgeben ⟨*Dissertation*⟩

~ **'back 1.** *v. t.* ~ **back** to zurückverweisen an (+ *Akk.*). **2.** *v. i.* **a)** *(to past event)* ~ **back** to sich beziehen auf (+ *Akk.*); **b)** *(to source of information)* ~ **back to sb./sth.** Rücksprache halten mit jmdm./auf etw. *(Akk.)* zurückgreifen

**referee** [refə'ri:] **1.** *n.* **a)** *(Sport: umpire)* Schiedsrichter, *der*/-richterin, *die; (Boxing)* Ringrichter, *der; (Wrestling)* Kampfrichter, *der;* **b)** *(Brit.: person willing to testify)* Referenz, *die;* **c)** *(arbitrator)* Schlichter, *der;* **d)** *(person who assesses)* Gutachter, *der*/Gutachterin, *die.* **2.** *v. t.* **a)** *(Sport: umpire)* als Schiedsrichter/-richterin leiten; ~ **a football game** ein Fußballspiel pfeifen *od.* leiten; **b)** *(arbitrate)* schlichten; **c)** *(assess, evaluate)* begutachten. **3.** *v. i.* **a)** *(Sport: umpire)* Schiedsrichter/-richterin sein; **b)** *(arbitrate)* schlichten; Schlichter sein; **c)** *(assess or evaluate work)* als Gutachter/Gutachterin tätig sein

**reference** ['refrəns] *n.* **a)** *(allusion)* Hinweis, *der* **(to** auf + *Akk.*); **make [several] ~[s] to sth.** sich [mehrfach] auf etw. *(Akk.)* beziehen; **make no ~ to sth.** etw. nicht ansprechen; **omit all ~ to sth.** etw. völlig verschweigen; **put a ~ to sth. in the introduction of the book** in der Einleitung des Buches auf etw. *(Akk.)* hinweisen; **b)** *(note directing reader)* Verweis, *der* **(to** auf + *Akk.*); **c)** *(cited book, passage)* Quellenangabe, *die;* **d)** *(testimonial)* Zeugnis, *das;* Referenz, *die;* **character ~:** persönliche Referenzen; **give sb. a good ~:** jmdm. ein gutes Zeugnis ausstellen; **e)** *(person willing to testify)* Referenz, *die;* **quote sb. as one's ~:** jmdn. als Referenz angeben; **f)** *(act of referring)* Konsultation, *die* **(to** *Gen.*) *(geh.);* ~ **to a dictionary/a map** Nachschlagen in einem Wörterbuch/Nachsehen auf einer Karte; **work of ~:** Nachschlagewerk, *das;* **without ~ to sb.** ohne jmdn. zu fragen; **speak without ~ to one's notes** sprechen, ohne seine Aufzeichnungen zu Hilfe zu nehmen; **g)** *(relation, correspondence)* **have ~ to sth.** in Beziehung zu etw. stehen; **in** *or* **with ~ to sth.** mit Bezug auf etw. *(Akk.);* unter Bezugnahme auf etw. *(Akk.);* **with ~ to your suggestion** was deinen Vorschlag anbetrifft. See also **cross-reference; library a; term 1 b**

**reference:** ~ **book** *n.* Nachschlagewerk, *das;* ~ **mark** *n.* Verweiszeichen, *das*

**referendum** [refə'rendəm] *n., pl.* **~s** *or* **referenda** [refə'rendə] Volksentscheid, *der;* Referendum, *das*

**referral** [rɪ'fɜ:rl] *n.* **a)** *(for advice)* Überweisung, *die* **(to** an + *Akk.*); **b)** *(for action)* Weiterleitung, *die* **(to** an + *Akk.*)

**refill 1.** [ri:'fɪl] *v. t.* nachfüllen ⟨*Glas, Feuerzeug*⟩; neu füllen ⟨*Kissen*⟩; mit einer neuen Füllung versehen ⟨*Zahn*⟩; ~ **the glasses** nachschenken; ~ **a pen with ink** einen Füller mit Tinte füllen. **2.** ['ri:fɪl] *n.* **a)** *(cartridge)* [Nachfüll]patrone, *die; (for ball-pen)* Ersatzmine, *die; (pad of paper)* Nachfüllpackung, *die;* **b)** *(with drink)* Nachgießen, *das;* **can I have a ~?** *(coll.)* gießt du mir noch einmal nach?

**refine** [rɪ'faɪn] **1.** *v. t.* **a)** *(purify)* raffinieren; **b)** *(make cultured)* kultivieren; verfeinern ⟨*Stil, Ausdrucksweise*⟩; stilistisch verbessern ⟨*Rede, Aufsatz*⟩; **c)** *(improve)* verbessern; verfeinern ⟨*Stil, Technik*⟩. **2.** *v. i.* **a)** *(become pure)* rein werden; **b)** *(become more cultured)* sich verfeinern

~ **[up]on** *v. t.* [weiter] verfeinern; weiterentwickeln

**refined** [rɪ'faɪnd] *adj.* **a)** *(purified)* raffiniert; Fein⟨*kupfer, -silber usw.*⟩; ~ **sugar** [Zucker]raffinade, *die;* **b)** *(cultured)* kultiviert; **c)** *(precise)* scharfsinnig, differenziert ⟨*Argumentation*⟩; ausgeklügelt ⟨*Technik, Maschine[rie]*⟩; kompliziert ⟨*Rechnung*⟩

**refinement** [rɪ'faɪnmənt] *n.* **a)** *(purifying)* Raffination, *die;* **b)** *(fineness of feeling, elegance)* Kultiviertheit, *die;* **person of ~:** kultivierter Mensch; ~ **of feeling** verfeinertes Gefühl; **c)** *(subtle manifestation)* Verfeinerung, *die;* **d)** *(improvement)* Verbesserung, *die;* Weiterentwicklung, *die* **([up]on** *Gen.*); **introduce ~s into a machine** eine Maschine weiterentwickeln; **e)** *(piece of reasoning)* Spitzfindigkeit, *die (abwertend)*

**refinery** [rɪ'faɪnərɪ] *n.* Raffinerie, *die*

**refit 1.** [ri:'fɪt] *v. t.*, **-tt-** überholen; reparieren; *(equip with new things)* neu ausstatten. **2.** *v. i.*, **-tt-** überholt werden; repariert werden; *(renew supplies or equipment)* sich neu ausrüsten. **3.** ['ri:fɪt] *n.* Überholung, *die; (with supplies or equipment)* Neuausstattung, *die*

**refitment** [ri:'fɪtmənt] *see* **refit 3**

**reflate** [ri:'fleɪt] *v. t. (Econ.)* ankurbeln ⟨*Wirtschaft, Konjunktur*⟩

**reflation** [ri:'fleɪʃn] *n. (Econ.)* Reflation, *die*

**reflationary** [ri:'fleɪʃənərɪ] *adj. (Econ.)* reflationär

**reflect** [rɪ'flekt] **1.** *v. t.* **a)** *(throw back)* reflektieren; **bask in sb.'s ~ed glory** sich in jmds. Ruhm sonnen; **b)** *(reproduce)* spiegeln; *(fig.)* widerspiegeln ⟨*Ansichten, Gefühle, Werte*⟩; **be ~ed** sich spiegeln; **c)** *(contemplate)* nachdenken über (+ *Akk.*); ~ **what/how ...:** überlegen, was/wie .... **2.** *v. i.* *(meditate)* nachdenken

~ **[up]on** *v. t.* **a)** *(consider, contemplate)* nachdenken über (+ *Akk.*); abwägen ⟨*Konsequenzen*⟩; **b)** ~ **credit/discredit [up]on sb./sth.** ein gutes/schlechtes Licht auf jmdn./etw. werfen; **c)** *(bring discredit on)* diskreditieren; ~ **[up]on sb.'s sincerity** an jmds. Aufrichtigkeit *(Dat.)* zweifeln lassen; ~ **badly [up]on sb./sth.** auf jmdn./etw. ein schlechtes Licht werfen; **d)** *(bring credit on)* ~ **well [up]on sb./sth.** jmdn./etw. in einem guten Licht erscheinen lassen; **e)** *(cast doubt or reproach on)* in Zweifel ziehen

**re'flecting telescope** *see* **reflector b**

**reflection** [rɪ'flekʃn] *n.* **a)** *(of light etc.)* Reflexion, *die; (by surface of water etc.)* Spiegelung, *die;* **angle of ~:** Reflexionswinkel, *der;* **b)** *(reflected light, heat, or colour)* Reflexion, *die; (image; lit. or fig.)* Spiegelbild, *das;* **c)** *(meditation, consideration)* Nachdenken, *das* **(upon** über + *Akk.*); **be lost in**

~: in Gedanken versunken sein; **on ~**: bei weiterem Nachdenken; **on ~, I think ...**: wenn ich mir das recht überlege, [so] glaube ich ...; **d)** *(censure)* ~ **on** Kritik an (+ *Dat.*); **be a ~ [up]on sb./sth.** an jmdm./etw. zweifeln lassen; **cast ~s on sth.** etw. in Zweifel ziehen; **e)** *(idea)* Vorstellung, *die;* **f)** *(remark)* Reflexion, die *(geh.),* Betrachtung, *die* **(on** über + *Akk.*); **g)** *(Philos.)* Nachdenken, *das;* Reflexion, *die (fachspr.)*

**reflective** [rɪ'flektɪv] *adj.* **a)** reflektierend; **be ~**: reflektieren; **~ power** Reflexionsvermögen, *das;* **b)** *(thoughtful)* nachdenklich; **c)** *(reflected)* reflektiert; **d)** *(concerned in reflection)* gedanklich ‹*Fähigkeiten, Kraft*›

**reflectively** [rɪ'flektɪvlɪ] *adv.* nachdenklich

**reflector** [rɪ'flektə(r)] *n.* **a)** Rückstrahler, *der;* **b)** *(telescope)* Reflektor, *der*

**reflex** ['ri:fleks] **1.** *n. (Physiol.)* Reflex, *der;* **conditioned ~**: bedingter Reflex. **2.** *adj. (by reflection)* Reflex-

**reflex: ~ action** *n. (Physiol.)* Reflexhandlung, *die;* **~ angle** *n.* überstumpfer Winkel; **~ camera** *n. (Photog.)* Spiegelreflexkamera, *die*

**reflexion** *(Brit.) see* **reflection**

**reflexive** [rɪ'fleksɪv] *(Ling.) adj.* reflexiv; *see also* **pronoun**

**reflexively** [rɪ'fleksɪvlɪ] *adv. (Ling.)* reflexiv

**reflex re'action** *n. (Physiol.; also fig.)* Reflexreaktion, *die*

**refloat** [ri:'fləʊt] *v. t.* [wieder] flottmachen ‹*Schiff*›; *(fig.)* wieder flüssig machen *(ugs.)*

**reflux** ['ri:flʌks] *n.* **a)** Rückfluß, *der;* **b)** *(Chem.)* Rückfluß, *der*

**reform** [rɪ'fɔ:m] **1.** *v. t.* **a)** *(make better)* reformieren ‹*Institution*›; bessern ‹*Person*›; **b)** *(abolish)* **~ sth.** mit etw. aufräumen. **2.** *v. i.* sich bessern. **3.** *n.* **a)** *(of person)* Besserung, *die; (in a system)* Reform, *die* **(in** *Gen.*); **b)** *(removal)* Beseitigung, *die* ; **R~ Bill** *(Hist.)* Reformgesetz, *das*

**re-form** [ri:'fɔ:m] **1.** *v. t.* **a)** neu gründen ‹*Gesellschaft usw.*›; **b)** *(Mil.)* neu formieren. **2.** *v. i.* **a)** sich neu bilden; ‹*Band, Gesellschaft:*› neu gegründet werden; **b)** *(Mil.)* sich neu formieren

**reformation** [refə'meɪʃn] *n. (of attitude)* Änderung, *die* **(in** *Gen.*); *(of society, procedure, practice)* Neugestaltung, *die* **(in** *Gen.*); *(of person, character)* Wandlung, *die* **(in** *Gen.*); **the R~** *(Hist.)* die Reformation

**re-formation** [ri:fɔ:'meɪʃn] *n.* **a)** Wiederaufbau, *der;* **b)** *(Mil.)* Neuformierung, *die*

**reformatory** [rɪ'fɔ:mətərɪ] **1.** *adj.* reformatorisch; **~ measures** Reformmaßnahmen. **2.** *n. (Hist./Amer.)* Besserungsanstalt, *die (veralt.)*

**reformed** [rɪ'fɔ:md] *adj.* gewandelt; **he's a ~ character** *or* **man** er hat sich positiv verändert; **R~ Church** Reformierte Kirche

**reformer** [rɪ'fɔ:mə(r)] *n.* **[political] ~**: Reformpolitiker, *der*/-politikerin, *die*

**reformism** [rɪ'fɔ:mɪzm] *n.* Reformismus, *der*

**reformist** [rɪ'fɔ:mɪst] **1.** *n.* Reformist, *der*/Reformistin, *die.* **2.** *adj.* reformistisch

**re'form school** *n.* Fürsorge[erziehungs]heim, *das*

**refract** [rɪ'frækt] *v. t. (Phys.)* brechen

**re'fracting telescope** *n.* Linsenfernrohr, *das;* Refraktor, *der (fachspr.)*

**refraction** [rɪ'frækʃn] *n. (Phys.)* Brechung, *die;* Refraktion, *die (fachspr.)*; **angle of ~**: Brechungswinkel, *der*

**refractive** [rɪ'fræktɪv] *adj. (Phys.)* brechend; *see also* **index 1 b**

**refractor** [rɪ'fræktə(r)] *n. (telescope)* Refraktor, *der*

**refractory** [rɪ'fræktərɪ] **1.** *adj.* **a)** *(stubborn)* störrisch; widerspenstig; **b)** *(Med.)* hartnäckig; **c)** *(heat-resistant)* hitzebeständig; schwer schmelzbar ‹*Metalle usw.*›. **2.** *n.* hitzebeständiges Material

[1]**refrain** [rɪ'freɪn] *n.* Refrain, *der*

[2]**refrain** *v. i.* **~ from doing sth.** es unterlassen, etw. zu tun; **could you kindly ~?** würden Sie das bitte unterlassen?; **I think I'd better ~**: ich glaube, ich lasse das besser [sein]; **'please ~ from smoking'** „bitte nicht rauchen"; **he ~ed from comment** er enthielt sich jeden Kommentars *(geh.)*

**refresh** [rɪ'freʃ] *v. t.* **a)** *(reanimate)* erquicken *(geh.)*; erfrischen; *(with food and/or drink)* stärken; **~ oneself** *(with rest)* sich ausruhen; *(with food and/or drink)* sich stärken; **b)** *(freshen up)* auffrischen ‹*Wissen*›; **let me ~ your memory** lassen Sie mich Ihrem Gedächtnis nachhelfen

**refresher** [rɪ'freʃə(r)] *n.* **a)** *(Brit. Law)* Sonderhonorar, *das;* **b)** *(coll.)* Erfrischung, *die;* **have a ~**: etwas trinken

**re'fresher course** *n.* Auffrischungskurs, *der*

**refreshing** [rɪ'freʃɪŋ] *adj.* **a)** wohltuend ‹*Ruhe*›; erfrischend ‹*Brise, Getränk, Schlaf*›; **b)** *(interesting)* erfrischend

**refreshment** [rɪ'freʃmənt] *n.* Erfrischung, *die*

**refreshment: ~ room** *n.* Imbißstube, *die;* **~ stall** *n.* Erfrischungsstand, *der*

**refrigerant** [ri:'frɪdʒərənt] *n.* Kühlmittel, *das*

**refrigerate** [rɪ'frɪdʒəreɪt] *v. t.* **a)** kühl lagern ‹*Lebensmittel*›; **b)** *(chill)* kühlen; *(freeze)* einfrieren; **c)** *(make cool)* abkühlen ‹*Luft*›

**refrigeration** [rɪfrɪdʒə'reɪʃn] *n.* kühle Lagerung; *(chilling)* Kühlung, *die; (freezing)* Einfrieren, *das*

**refrigerator** [rɪ'frɪdʒəreɪtə(r)] *n.* Kühlschrank, *der*

**refuel** [ri:'fju:əl], *(Brit.)* **-ll- 1.** *v. t.* auftanken. **2.** *v. i.* [auf]tanken

**refuge** ['refju:dʒ] *n.* **a)** Zuflucht, *die;* **find [a] ~ from the storm** Schutz vor dem Sturm finden; **take ~ in** Schutz *od.* Zuflucht suchen in (+ *Dat.*) **(from** vor + *Dat.*); *(fig.)* Zuflucht nehmen zu ‹*Alkohol, Religion, Lüge*›; **be a ~ to sb.** jmds. Zuflucht sein; **women's ~**: Frauenhaus, *das;* **b)** *(traffic island)* Verkehrsinsel, *die*

**refugee** [refjʊ'dʒi:] *n.* Flüchtling, *der;* **~s from the earthquake** Menschen, die Schutz vor dem Erdbeben suchen

**refu'gee camp** *n.* Flüchtlingslager, *das*

**refulgent** [rɪ'fʌldʒənt] *adj. (literary)* strahlend ‹*Licht, Tag*›; leuchtend ‹*Farbe, Sonnenuntergang*›

**refund 1.** [ri:'fʌnd] *v. t.* **a)** *(pay back)* zurückzahlen ‹*Geld, Schulden*›; erstatten ‹*Kosten*›; *abs.* die Schulden zurückzahlen; **your satisfaction guaranteed or your money ~ed** bei Nichtgefallen [bekommen Sie Ihr] Geld zurück; **b)** *(reimburse)* das Geld zurückzahlen (+ *Dat.*); **~ sb. for** jmdm. [zurück]erstatten ‹*Kosten*›; jmdm. ersetzen ‹*Verlust, Schaden*›. **2.** ['ri:fʌnd] *n.* Rückzahlung, *die; (of expenses)* [Rück]erstattung, *die;* **get a ~ of five pence on a bottle** fünf Pence [Pfand] für eine Flasche zurückbekommen; **obtain a ~ of sth.** etw. zurückbekommen

**refundable** [ri:'fʌndəbl] *adj.* **be ~**: zurückerstattet werden

**refurbish** [ri:'fɜ:bɪʃ] *v. t.* renovieren ‹*Haus*›; aufarbeiten ‹*Kleidung*›; aufpolieren ‹*Möbel*›

**refurnish** [ri:'fɜ:nɪʃ] *v. t.* neu einrichten

**refusal** [rɪ'fju:zl] *n.* Ablehnung, *die; (after a period of time)* Absage, *die; (of admittance, entry, permission)* Verweigerung, *die;* **~ to do sth.** Weigerung, etw. zu tun; **her ~ of food** ihre Weigerung, etwas zu essen; **have/get [the] first ~ on sth.** das Vorkaufsrecht für etw. haben/eingeräumt bekommen; **give sb. [the] first ~**: jmdm. das Vorkaufsrecht einräumen

[1]**refuse** [rɪ'fju:z] **1.** *v. t.* **a)** ablehnen; abweisen ‹*Heiratsantrag*›; verweigern ‹*Nahrung, Befehl, Bewilligung, Zutritt, Einreise, Erlaubnis*›; **~ sb. admittance/entry/permission** jmdm. den Zutritt/die Einreise/die Erlaubnis verweigern; **~ to do sth.** sich weigern, etw. zu tun; **b)** *(not oblige)* abweisen ‹*Person*›; **c)** ‹*Pferd:*› verweigern ‹*Hindernis*›. **2.** *v. i.* **a)** ablehnen; *(after request)* sich weigern; **b)** ‹*Pferd:*› verweigern.

[2]**refuse** ['refju:s] **1.** *n.* Abfall, *der;* Müll, *der;* **the ~ is collected once a week** einmal in der Woche ist Müllabfuhr. **2.** *adj.* **~ chemicals/water** Chemieabfälle/Abwasser, *das*

**refuse** ['refju:s]: **~ collection** *n.* Müllabfuhr, *die;* **~ collector** *n.* Müllwerker, *der;* **~ disposal** *n.* Abfallbeseitigung, *die;* **~ heap** *n.* Müllhaufen, *der*

**refusenik** [rɪ'fju:znɪk] *n. sowjetischer Jude, dem die Ausreise [nach Israel] verweigert wurde*

**refutation** [refjʊ'teɪʃn] *n.* Widerlegung, *die;* **the book was a ~ of the theory** in dem Buch wurde die Theorie widerlegt

**refute** [rɪ'fju:t] *v. t.* widerlegen

**regain** [rɪ'geɪn] *v. t.* **a)** *(recover possession of)* zurückgewinnen ‹*Zuversicht, Vertrauen, Achtung, Augenlicht*›; zurückerobern ‹*Gebiet*›; **~ one's health/strength** wieder gesund werden/zu Kräften kommen; **~ control of sth.** etw. wieder unter Kontrolle bringen; *see also* **consciousness a; b)** *(reach)* wieder erreichen ‹*Küste, Land*›; wieder bekommen ‹*Platz*›; **~ firm ground again** wieder festen Boden unter den Füßen haben; **c)** *(recover)* **~ one's balance/footing** das Gleichgewicht/den Halt wiedergewinnen; **~ one's feet** wieder auf die Beine kommen

**regal** ['ri:gl] *adj.* **a)** *(magnificent, stately)* majestätisch ‹*Person, Baum, Art, Tier, Würde*›; prachtvoll ‹*Villa, Zustand*›; groß ‹*Luxus*›; **b)** *(royal)* königlich; **~ office/power** Amt/Macht des Königs/der Königin

**regale** [rɪ'geɪl] *v. t.* **a)** *(entertain)* verwöhnen **(with, on** mit); **~ sb. with stories** jmdn. mit Geschichten unterhalten; **b)** *(give delight to)* erfreuen ‹*Auge, Ohr, Sinne, Person*›; **be ~d** ‹*Auge, Ohr, Sinne:*› sich laben *(geh.)*; ‹*Person:*› sich erquicken *(geh.)* **(by** an + *Dat.*)

**regalia** [rɪ'geɪlɪə] *n. pl.* **a)** *(of royalty)* Krönungsinsignien; **b)** *(of order)* Ordensinsignien

**regally** ['ri:gəlɪ] *adv.* wie ein König/eine Königin

**regard** [rɪ'gɑ:d] **1.** *v. t.* **a)** *(gaze upon)* betrachten; **~ sb. fixedly** jmdn. anstarren; **b)** *(give heed to)* beachten ‹*jmds. Worte, Rat*›; Rücksicht nehmen auf (+ *Akk.*) ‹*Wunsch, Gesundheit, jmds. Recht*›; **c)** *(fig.: look upon, contemplate)* betrachten; **~ sb. kindly/warmly** jmdm. freundlich gesinnt/herzlich zugetan sein; **~ sb. unfavourably** jmdm. ablehnend gegenüberstehen; **~ sth. with suspicion/horror** mißtrauisch gegen/entsetzt über etw. *(Akk.)* sein; **~ sb. with envy/scorn** neidisch auf jmdn. sein/jmdn. verachten; **~ sb. with respect/dislike** Respekt vor jmdm./eine Abneigung gegen jmdn. haben; **~ sb. as a friend/fool/genius** jmdn. als Freund betrachten/für einen Dummkopf/ein Genie halten; **be ~ed as** gelten als; **~ sth. as wrong** etw. für falsch halten; **d)** *(concern, have relation to)* betreffen; berücksichtigen ‹*Tatsachen*›; **as ~s sb./sth., ~ing sb./sth.** was jmdn./etw. angeht *od.* betrifft. **2.** *n.* **a)** *(attention)* Beachtung, *die;* **pay ~ to/have ~ to** *or* **for sb./sth.** jmdm./etw. Beachtung schenken; **pay due ~ to sb.** jmdm. die nötige Beachtung erweisen; **having ~ to these facts ...**: unter Berücksichtigung dieser Tatsachen ...; **without ~ to** ohne Rücksicht auf (+ *Akk.*); **b)** *(esteem, kindly feeling)* Achtung, *die;* **hold sb./sth. in high/low ~, have** *or* **show a high/low ~ for sb./sth.** jmdn./etw. sehr schätzen/geringschätzen; **show one's high ~ for sth.** seine Wertschätzung für etw. zum Ausdruck bringen; **c)** *in pl.* Grüße; **send one's ~s** grüßen lassen; **give her my ~s** grüße sie von mir; **with kind[est] ~s** mit herzlich[st]en Grüßen; **d)** *(relation, respect)* Beziehung, *die;* **in this ~:** in dieser Beziehung *od.* Hinsicht; **in** *or* **with ~ to sb./sth.** in bezug auf jmdn./etw.; **e)** *(gaze)* Blick, *der*

**regardful** [rɪ'gɑ:dfl] *adj.* aufmerksam; **be ~ of** im Auge behalten ‹*Gefahr, Schwierigkeit*›; Beachtung schenken (+ *Dat.*) ‹*Interesse, Problem, Gefühl*›

**regarding** [rɪ'gɑ:dɪŋ] *see* **regard 1 d**

**regardless** [rɪ'gɑ:dlɪs] **1.** *adj.* **~ of sth.** ungeachtet *od.* trotz einer Sache *(Gen.);* **~ of the consequences/cost** ohne Rücksicht auf die Folgen/Kosten. **2.** *adv.* trotzdem; **carry on ~:** trotzdem weitermachen

**regatta** [rɪ'gætə] *n.* Regatta, *die;* **sailing ~:** Segelregatta, *die*

**regd.** *abbr.* **registered** *(Law)* ges. gesch.

**regency** ['ri:dʒənsɪ] *n.* **a)** Regentschaft, *die* **(of** über + *Akk.*); **b)** *(commission)* Regentschaftsrat, *der;* *(fig.)* [stellvertretendes] Führungsgremium; **c) the R~** *(in England)* die Regentschaft Georgs IV (1810–20); **R~:** *attrib.* Regency‹*möbel, -stil*›

**regenerate 1.** [rɪ'dʒenəreɪt] *v. t.* **a)** *(generate again, re-create)* regenerieren *(bes. Chemie, Biol.);* neu beleben ‹*Haß, Angst, Liebe*›; **b)** *(improve, reform)* erneuern ‹*Kirche, Gesellschaft*›; **~ sb.** aus jmdm. einen neuen Menschen machen; **feel ~d** sich wie neugeboren fühlen; **c)** *(Biol.: form afresh)* regenerieren *(fachspr.),* neu bilden ‹*Gewebe, verlorenen Körperteil*›. **2.** [rɪ'dʒenərət] *adj.* **a)** *(Relig.: reborn)* wiedergeboren; **b)** *(improved)* gewandelt ‹*Person*›; *(reformed)* umgestaltet ‹*Gesellschaft, Institution*›

**regeneration** [rɪdʒenə'reɪʃn] *n.* **a)** *(re-creation, re-formation)* Neuentstehung, *die;* *(fig.: revival, renaissance)* Wiederbelebung, *die;* *(of church, society)* Erneuerung, *die;* **b)** *(Relig.: spiritual rebirth)* Wiedergeburt, *die;* **c)** *(Biol.: regrowth)* Regeneration, *die (fachspr.);* Neubildung, *die*

**regenerative** [rɪ'dʒenərətɪv] *adj.* regenerativ

**regent** ['ri:dʒənt] **1.** *n.* **a)** Regent, *der*/Regentin, *die;* **b)** *(Amer. Univ.)* Mitglied des Verwaltungsrates; **the R~s** der Verwaltungsrat. **2.** *adj.* **Prince R~:** Prinzregent, *der*

**reggae** ['regeɪ] *n. (Mus.)* Reggae, *der*

**regicide** ['redʒɪsaɪd] *n.* **a)** *(murder)* Königsmord, *der;* **b)** *(murderer)* Königsmörder, *der*/-mörderin, *die*

**regime, régime** [reɪ'ʒi:m] *n.* **a)** *(system)* [Regierungs]system, *das;* *(derog.)* Regime, *das;* *(fig.)* bestehende Ordnung; *see also* **ancien régime; b)** *(process)* Methode, *die;* **working ~:** Funktionsweise, *die;* **c)** *(Med.) see* **regimen**

**regimen** ['redʒɪmən] *n. (Med.)* Heilprogramm, *das;* *(diet)* Diätplan, *der*

**regiment 1.** ['redʒɪmənt], 'redʒmənt] *n.* **a)** *(Mil.: organizational unit)* Regiment, *das;* **parachute/Highland ~:** Luftlande-/Hochlandregiment, *das;* **b)** *(Mil.: operational unit)* Abteilung, *die;* **artillery/tank ~:** Artillerie-/Panzerabteilung, *die;* **Royal R~ [of Artillery]** *(Brit.)* Königliche Artillerie; **c)** *(fig.: large number) (of persons, animals)* Heer, *das;* *(of books etc.)* Masse, *die.* **2.** ['redʒɪmənt, 'redʒɪment] *v. t.* *(organize)* reglementieren

**regimental** [redʒɪ'mentl] *(Mil.)* **1.** *adj.* Regiments‹*kleidung, -vorräte*›; **the ~ officers** die Offiziere des Regiments; *see also* **colour 1 j. 2.** *n. in pl.* [Militär]uniform, *die;* *(of particular regiment)* Regimentsuniform, *die*

**regimentation** [redʒɪmən'teɪʃn, redʒɪmen'teɪʃn] *n.* Reglementierung, *die*

**Regina** [rɪ'dʒaɪnə] *n. (Law)* **~ v. Jones** die Königin gegen Jones

**region** ['ri:dʒn] *n.* **a)** *(area)* Gebiet, *das;* **the north-western ~:** der Nordwesten; **b)** *(administrative division)* Bezirk, *der;* *(Brit. Radio)* Sendegebiet, *das;* **administrative ~:** Verwaltungsbezirk, *der;* **Strathclyde/North-West R~:** Bezirk Strathclyde/Nordwest; **c)** *(fig.: sphere)* Bereich, *der;* Gebiet, *das;* **in the ~ of two tons** ungefähr zwei Tonnen; **d)** *(layer)* Schicht, *die;* Region, *die;* **e)** *(Anat.)* Region, *die;* **~ of the eyes/mouth** Augen-/Mundpartie, *die; see also* **lower regions**

**regional** ['ri:dʒənl] *adj.* regional ‹*System, Akzent, Förderung*›; Regional‹*planung, -fernsehen, -programm, -ausschuß*›; **~ dialect** Regiolekt, *der (Sprachw.);* regionaler Dialekt; **~ wines of France** Weine aus französischen Anbaugebieten

**regionalism** ['ri:dʒənəlɪzm] *n.* *(Polit., Ling.)* Regionalismus, *der*

**regionalize** ['ri:dʒənəlaɪz] *v. t.* regionalisieren

**register** ['redʒɪstə(r)] **1.** *n.* **a)** *(book, list)* Register, *das;* *(at school)* Klassenbuch, *das;* **parish/hotel/marriage ~:** Kirchen-/Fremden-/Heiratsbuch, *das;* **~ of births, deaths and marriages** Personenstandsbuch, *das;* **medical ~:** Ärzteregister, *das;* **electoral** *or* **parliamentary ~, ~ of voters** Wählerliste, *die;* Wählerverzeichnis, *das;* **~ of members/patients** Mitgliederverzeichnis, *das*/Patientenkartei, *die;* **civil service ~:** Verzeichnis der Beamten; **call** *or* **mark the ~** *(at school)* die Anwesenheit der Schüler überprüfen; **b)** *(Mus.) (in organ)* Registerzug, *der;* *(in harpsichord)* Rechen, *der;* *(set of pipes)* Register, *das;* **c)** *(Mus.: range of tones)* Tonumfang, *der;* *(part of voice-compass)* Register, *das (fachspr.);* Tonlage, *die;* **middle ~:** Mittellage, *die;* **head/chest ~:** Kopf-/Brustregister, *das;* **d)** *(Mech.)* Klappe, *die;* Schieber, *der;* **e)** *(recording device)* Zählwerk, *das; see also* **cash register; f)** *(Printing)* Register, *das;* **be in ~:** Register halten; **g)** *(Photog.)* Register, *das;* Passer, *der;* **h)** *(Ling.)* Register, *das.* **2.** *v. t.* **a)** *(set down)* schriftlich festhalten ‹*Name, Zahl, Experiment, Detail*›; *(on file; fig.: make mental note of)* registrieren **(on** in + *Dat.*) ‹*Name, Faktum, Rat*›; **b)** *(enter)* registrieren ‹*Geburt, Heirat, Todesfall, Patent*›; *(cause to be entered)* registrieren lassen; eintragen ‹*Warenzeichen, Firma, Verein*›; anmelden ‹*Auto, Patent*›; *(at airport)* einchecken ‹*Gepäck*›; *abs. (at hotel)* sich ins Fremdenbuch eintragen; **~ [oneself] with the police** sich polizeilich anmelden; **c)** *(enrol)* anmelden; *(Univ.)* einschreiben, immatrikulieren; *(as voter)* eintragen **(on** in + *Akk.*) ‹*Person*›; *abs. (as student)* sich einschreiben *od.* immatrikulieren; *(in list of voters)* sich ins Wählerverzeichnis eintragen lassen; **~ [oneself] with a doctor** sich bei einem praktischen Arzt eintragen lassen; **d)** *(record)* anzeigen, registrieren ‹*Temperatur*›; **e)** *(Post)* eingeschrieben versenden; **have sth. ~ed** etw. einschreiben lassen; **f)** *(express)* zeigen ‹*Gefühlsregung, Freude*›; widerspiegeln ‹*Angst*›; zum Ausdruck bringen ‹*Entsetzen, Überraschung*›; **~ a protest** Protest anmelden. **3.** *v. i.* *(make impression)* einen Eindruck machen **(on, with** auf + *Akk.*); **it didn't ~ with him** er hat das nicht registriert

**registered** ['redʒɪstəd] *adj.* [ins Standesregister] eingetragen ‹*Taufe, Heirat*›; [ins Handelsregister] eingetragen ‹*Firma*›; eingeschrieben, immatrikuliert ‹*Student*›; schriftlich festgehalten ‹*Fakten, Zahlen*›; eingeschrieben ‹*Brief, Post, Päckchen*›; **~ disabled** ≈ Behinderter/Behinderte mit Schwerbehindertenausweis; **State R~ Nurse** *(Brit.)* staatlich geprüfte Krankenschwester/staatlich geprüfter Krankenpfleger; **~ trade mark** eingetragenes Warenzeichen; **by ~ post** per Einschreiben

**'register office** *n. (Brit.)* Standesamt, *das*

**registrar** ['redʒɪstrɑ:(r), redʒɪ'strɑ:(r)] *n.* **a)** *(official recorder) (at university)* ≈ Kanzler, *der*/Kanzlerin, *die;* *(local official)* Standesbeamte, *der*/-beamtin, *die;* **b)** *(Brit.: in court of law)* ≈ Rechtspfleger, *der*/-pflegerin, *die;* **c)** *(Med.) Arzt/Ärztin in der klinischen Fachausbildung*

**Registrar 'General** *n. Leiter/Leiterin des Amtes für Bevölkerungsstatistik*

**registration** [redʒɪ'streɪʃn] *n.* **a)** *(act of registering)* Registrierung, *die;* *(enrolment)* Anmeldung, *die;* *(of students)* Einschreibung, *die;* Immatrikulation, *die;* *(of voters)* Eintragung ins Wählerverzeichnis; *(Post)* Einschreiben, *das;* **cost of ~** *(of letter, parcel)* Einschreibegebühr, *die;* **b)** *(entry)* [Register]eintrag, *der;* **make a ~ of** registrieren; **~ fee** Anmeldegebühr, *die;* *(for educational course)* Kursgebühr, *die*

**registration: ~ document** *n. (Brit.)* Kraftfahrzeugbrief, *der;* **~ mark, ~ number** *ns. (Motor Veh.)* amtliches *od.* polizeiliches Kennzeichen; **~ plate** *n. (Motor Veh.)* Nummernschild, *das*

**registry** ['redʒɪstrɪ] *n.* **a) ~ [office]** Standesamt, *das;* *attrib.* standesamtlich ‹*Trauung*›; **be married in a ~ [office]** sich standesamtlich trauen lassen; **b)** *(place for registers)* Registratur, *die;* **c)** *(registration)* Registrierung, *die;* Eintragung, *die;* *(of students)* Einschreibung, *die;* Immatrikulation, *die*

**Regius** ['ri:dʒɪəs] *adj.* **~ professor** *(Brit. Univ.) Inhaber/Inhaberin eines von einem Monarchen errichteten od. durch Berufung der Krone besetzten Lehrstuhls*

**regress** [rɪ'gres] *v. i.* **a)** *(in development)* sich zurückentwickeln; *(in career)* Rückschritte machen; **a sign of society ~ing** ein Zeichen gesellschaftlichen Rückschritts; **b)** *(Psych.)* regredieren **(to** in + *Akk.*)

**regression** [rɪ'greʃn] *n.* **a)** *(return to previous state)* rückläufige Entwicklung; **a ~ to less civilized standards** ein Rückfall in weniger zivilisierte Normen; **b)** *(Psych.)* Regression, *die;* **c)** *(Med.: decline)* Rückbildung, *die;* **d)** *(backward movement)* Rückkehr, *die*

**re'gression curve** *n. (Statistics)* Regressionskurve, *die*

**regressive** [rɪ'gresɪv] *adj.* **a)** *(Psych., Med., Logic)* regressiv; **b)** *(tending to go back in development)* rückschrittlich

**regret** [rɪ'gret] **1.** *v. t.,* **-tt- a)** *(feel sorrow for loss of)* nachtrauern (+ *Dat.*); **b)** *(be sorry for)* bedauern; **~ having done sth.** es bedauern, daß man etw. getan hat; **~ being unable to do sth.** *or* **that one cannot do sth.** es bedauern, daß man etw. nicht tun kann; **it is to be ~ted that ...:** es ist bedauerlich, daß ...; **I ~ to say that ...:** ich muß leider sagen, daß ...; **we ~ to hear that ...:** wir hören mit Bedauern, daß ... **2.** *n.* Bedauern, *das;* **feel ~ at sb.'s doing sth.** bedauern, daß jmd. etw. tut; **feel ~ for having done sth.** es bedauern, daß man etw. getan hat; **there's no point in having ~s** es hat keinen Sinn, sich jetzt noch darüber Gedanken zu machen; **much to my ~:** zu meinem großen Bedauern; **send one's ~s** *(polite refusal)* sich entschuldigen lassen; **please accept my ~s at having to refuse** seien Sie mir bitte nicht böse, aber ich muß leider ablehnen

**regretful** [rɪ'gretfl] *adj.* bedauernd ‹*Blick*›; **be ~ that one has done sth.** bedauern, daß man etw. getan hat

**regretfully** [rɪ'gretfəlɪ] *adv.* mit Bedauern

**regrettable** [rɪ'gretəbl] adj. bedauerlich

**regrettably** [rɪ'gretəblɪ] *adv.* bedauerlicherweise; bedauerlich ‹*teuer*›

**regroup** [ri:'gru:p] **1.** *v. t.* **a)** umgruppieren; *(into classes)* neu einteilen **(into** in + *Akk.*); **b)** *(Mil.: reorganize)* neu formieren ‹*Truppen*›. **2.** *v. i.* **a)** *(form a new group)* sich neu gruppieren; *(meet again)* wieder zusammenkommen; **b)** *(Mil.)* sich neu formieren

**regular** ['regjʊlə(r)] **1.** *adj.* **a)** *(recurring uniformly, habitual, orderly)* regelmäßig; geregelt ‹*Arbeit*›; fest ‹*Anstellung, Reihenfolge*›; ~ **customer** Stammkunde, *der*/-kundin, *die;* ~ **staff** Stammpersonal, *das;* ~ **doctor** Hausarzt, *der;* **our** ~ **postman** unser [gewohnter] Briefträger; **get** ~ **work** ‹*Freiberufler:*› regelmäßig Aufträge bekommen; **my bowels are** ~, **I am** ~: ich habe regelmäßig Stuhlgang; **what's the** ~ **procedure for opening a deposit account?** wie richtet man normalerweise ein Sparkonto ein?; **her periods are always** ~: sie bekommt ihre Periode immer regelmäßig; **have** *or* **lead a** ~ **life** ein geregeltes Leben führen; *see also* **hour c; b)** *(evenly arranged, symmetrical)* regelmäßig; **c)** *(correct)* angemessen ‹*Verhalten, Verfahren*›; **d)** *(properly qualified)* ausgebildet; ~ **army** reguläre Armee; ~ **soldiers** Berufssoldaten; **e)** *(Ling.)* regelmäßig; **f)** *(coll.: thorough)* richtig *(ugs.)*; **g)** *(Geom.)* regelmäßig; regulär *(fachspr.)*; **h)** *(Eccl.)* Regular‹*kleriker, -geistlicher*›. **2.** *n.* **a)** *(coll.:* ~ *customer, visitor, etc.)* Stammkunde, *der*/-kundin, *die; (in pub)* Stammgast, *der;* **b)** *(coll.: permanently employed person)* Festangestellte, *der/die;* **c)** *(soldier)* Berufssoldat, *der;* **d)** *(Amer.: gasoline)* Normal, *das (ugs.)*; **e)** *(Eccl.)* Regularkleriker, *der*

**regularise** *see* **regularize**

**regularity** [regjʊ'lærɪtɪ] *n.* **a)** Regelmäßigkeit, *die;* **b)** *(Ling.)* regelmäßige Flexion

**regularize** ['regjʊləraɪz] *v.t.* **a)** *(make regular)* regeln; *(by law)* gesetzlich regeln *od.* festlegen; ~ **the proceedings** vorschriftsmäßig verfahren; **b)** *(make steady)* stabilisieren ‹*Atmung, Puls, Spannung*›

**regularly** ['regjʊləlɪ] *adv.* **a)** *(at fixed times)* regelmäßig; *(constantly)* ständig; **b)** *(steadily)* gleichmäßig; **c)** *(symmetrically)* regelmäßig ‹*bauen, anlegen*›; **d)** *(in an orderly manner)* korrekt

**regulate** ['regjʊleɪt] *v.t.* **a)** *(control)* regeln; *(subject to restriction)* begrenzen; **b)** *(adjust)* regulieren; einstellen ‹*Apparat, Maschine, Zeit*›; [richtig ein]stellen ‹*Uhr*›; **she** ~**s her hours to fit in with his** sie paßt sich ihm in ihrer Zeiteinteilung an; **c)** *(moderate)* senken ‹*Ausgaben*›; *(adapt)* anpassen ‹*Lebensstil, Verhalten, Gewohnheit*›; ~ **one's lifestyle to fit in with sth.** seinen Lebensstil an etw. *(Akk.)* anpassen

**regulation** [regʊ'leɪʃn] *n.* **a)** *(regulating)* Regelung, *die; (of quantity, speed)* Regulierung, *die; (of machine)* Einstellen, *das; (of life-style, conduct, habit, mind)* Anpassung, *die; (of expenses)* Senkung, *die;* **b)** *(rule)* Vorschrift, *die;* **be against** ~**s** vorschriftswidrig sein; **school/safety/fire** ~**s** Schulordnung, *die*/Sicherheits-/Brandschutzvorschriften; **c)** *attrib. (according to rule)* vorgeschrieben ‹*Geschwindigkeit*›; vorschriftsmäßig ‹*Kleidung*›; *(usual)* üblich ‹*Größe, Kleidung, Frisur*›

**regulative** ['regjʊlətɪv] *adj.* regulativ; ~ **mechanism** Regelmechanismus, *der*

**regulator** ['regjʊleɪtə(r)] *n.* **a)** *(device)* Regler, *der; (of clock, watch)* Gangregler, *der;* **b)** *(clock)* Normaluhr, *die;* Regulator, *der (veralt.)*

**regurgitate** [ri:'gɜ:dʒɪteɪt] *v.t.* **a)** ‹*Person:*› erbrechen ‹*Essen*›; ‹*Tier:*› herauswürgen ‹*Beute*›; *(Med.)* zurückpumpen ‹*Blut*›; **b)** *(fig.)* ausspucken

**rehabilitate** [ri:hə'bɪlɪteɪt] *v.t.* rehabilitieren; renovieren, wiederherrichten ‹*altes Gebäude*›; ~ **[back into society]** wieder [in die Gesellschaft] eingliedern

**rehabilitation** [ri:həbɪlɪ'teɪʃn] *n.* Rehabilitation, *die; (of building)* Renovierung, *die;* Instandsetzung, *die;* ~ **[in society]** Wiedereingliederung [in die Gesellschaft]

**rehash 1.** [ri:'hæʃ] *v.t.* aufwärmen; **just** ~ **a text** einen Text ein bißchen aufpolieren *(ugs.)*. **2.** ['ri:hæʃ] *n.* **a)** *(restatement)* Aufguß, *der (abwertend);* **b)** *(act or process of restating) (of old arguments)* Aufwärmen, *das;* **do a** ~ **of the text** den Text ein bißchen aufpolieren *(ugs.)*

**rehearsal** [rɪ'hɜ:sl] *n.* **a)** *(Theatre, Mus., etc.)* Probe, *die;* **have a** ~/~**s** proben **(of** *Akk.*); **the play is now in** ~: das Stück wird jetzt geprobt; *see also* **dress rehearsal; b)** *(recounting)* Aufzählung, *die; (recital)* Vortrag, *der;* **give a** ~ **of** aufzählen ‹*Ereignisse*›

**rehearse** [rɪ'hɜ:s] *v.t.* **a)** *(Theatre, Mus., etc.)* proben; **b)** *(recite)* sprechen ‹*Gebet*›; rezitieren ‹*Gedicht, Stück*›; *(repeat)* wiederholen; ~ **sth. again to sb.** jmdm. etw. noch einmal erzählen; **c)** *(enumerate)* aufzählen; **d)** *(train)* proben mit ‹*Schauspieler, Musiker*›; **be** ~**d in the correct use of sth.** in den korrekten Gebrauch von etw. eingeübt werden

**re-heat** [ri:'hi:t] *v.t.* wieder erwärmen; aufwärmen ‹*Essen*›

**rehouse** [ri:'haʊz] *v.t.* umquartieren

**rehousing** [ri:'haʊzɪŋ] *n.* Umquartierung, *die*

**Reich** [raɪk, raɪx] *n. (Hist.)* [Deutsches] Reich; **the First/Second** ~: das Heilige Römische/Deutsche Reich; **the Third** ~: das Dritte Reich

**reign** [reɪn] **1.** *n.* Herrschaft, *die; (of monarch also)* Regentschaft, *die;* **in the** ~ **of King Charles** während der Regentschaft König Karls; *see also* **terror a. 2.** *v.i.* **a)** *(hold office)* herrschen **(over** über + *Akk.*); ~**ing champion** amtierender Meister/amtierende Meisterin; *see also* **supreme 1 b; b)** *(prevail)* herrschen; **silence** ~**s** es herrscht Ruhe

**reignite** [ri:ɪg'naɪt] **1.** *v.t.* wieder anzünden; wieder entzünden ‹*Gas*›. **2.** *v.i.* sich wieder entzünden

**Reilly** *see* **Riley**

**reimburse** [ri:ɪm'bɜ:s] *v.t.* [zurück]erstatten ‹*[Un]kosten, Spesen*›; entschädigen ‹*Person*›; ~ **sb. for** jmdm. [zurück]erstatten ‹*[Un]kosten, Spesen*›; jmdm. ersetzen ‹*Verlust*›

**reimbursement** [ri:ɪm'bɜ:smənt] *n.* Rückzahlung, *die; (of expenses)* Erstattung, *die*

**reimport** [ri:ɪm'pɔ:t] *v.t.* reimportieren **(into** nach)

**reimpose** [ri:ɪm'pəʊz] *v.t.* erneuern; wieder erheben ‹*Zoll, Steuer*›; erneut verhängen ‹*Kriegsrecht, Sanktionen*›; wieder anordnen ‹*Rationierung*›

**rein** [reɪn] **1.** *n.* **a)** Zügel, *der;* **keep a child on** ~**s** ein Kind am Laufgurt führen; **draw** ~: die Zügel anziehen; **give one's horse the** ~**[s]** [seinem Pferd] die Zügel schießen lassen; **b)** *(fig.)* Zügel, *der;* **hold the** ~**s** die Zügel in der Hand haben; **give [full]** ~ **to sth.** einer Sache *(Dat.)* die Zügel schießen lassen; **keep a tight** ~ **on** an der Kandare halten ‹*Person*›; im Zaum halten ‹*Gefühle*›; in Schranken halten ‹*Ausgaben*›; **assume/drop the** ~**s of government/power** die Amtsgeschäfte/Macht übernehmen/abgeben; *see also* **free 1 c. 2.** *v.t.* **a)** *(check, guide)* lenken ‹*Pferd*›; ~ **to a halt** zum Stehen bringen ‹*Pferd*›; **b)** *(restrain)* im Zaum halten ‹*Zunge*›

~ **'back 1.** *v.t.* zügeln ‹*Pferd*›. **2.** *v.i.* die Zügel anziehen

~ **'in 1.** *v.t. (check, lit. or fig.)* zügeln. **2.** *v.i.* haltmachen

~ **'up 1.** *v.t.* zügeln ‹*Pferd*›. **2.** *v.i.* die Zügel anziehen

**reincarnate** [ri:ɪn'kɑ:neɪt] *v.t. (Relig.)* reinkarnieren; **be** ~**d** wiedergeboren werden

**reincarnation** [ri:ɪnkɑ:'neɪʃn] *n. (Relig.)* Reinkarnation, *die;* Wiedergeburt, *die*

**reindeer** ['reɪndɪə(r)] *n., pl. same* Ren[tier], *das*

**'reindeer moss** *n. (Bot.)* Rentierflechte, *die*

**reinforce** [ri:ɪn'fɔ:s] *v.t.* verstärken ‹*Truppen, Mauer, Festung, Stoff*›; aufstocken ‹*Vorräte*›; stärken ‹*Partei, Gesundheit*›; erhöhen ‹*Anzahl*›; untermauern ‹*Argument*›; bestätigen ‹*Behauptung*›; ~ **sb.'s opinion/determination** jmdn. in seiner Meinung/Entschlossenheit bestärken; ~**d concrete** Stahlbeton, *der;* ~ **the message** was man zu verstehen geben wollte, unterstreichen *od.* bekräftigen

**reinforcement** [ri:ɪn'fɔ:smənt] *n.* **a)** *(of bridge etc.)* Verstärkung, *die; (of provisions)* Aufstockung, *die; (of numbers)* Zunahme, *die; (of argument)* Untermauerung, *die; (of determination)* Bestärkung, *die;* **b)** ~**[s]** *(additional men etc.)* Verstärkung, *die;* **c)** *(on punch-holes)* Verstärkungsring, *der; (for elbow of garment)* Schoner, *der; (for buckled girder)* Armierung, *die*

**reinsert** [ri:ɪn'sɜ:t] *v.t.* noch einmal einwerfen ‹*Münze*›; ‹*Arzt:*› noch einmal einstechen ‹*Nadel*›; noch einmal setzen ‹*Inserat*›

**reinstate** [ri:ɪn'steɪt] *v.t.* wiederherstellen ‹*Recht und Ordnung*›; wieder einstellen ‹*Arbeiter*›; *(in position)* wieder einsetzen; **be** ~**d in sb.'s favour** jmds. Gunst wiedergewonnen haben; **be** ~**d on the throne** wieder auf den Thron gehoben werden

**reinstatement** [ri:ɪn'steɪtmənt] *n. (of law and order)* Wiederherstellung, *die;* **his** ~ **in the job** seine Wiedereinstellung

**reinsurance** [ri:ɪn'ʃʊərəns] Rückversicherung, *die; (extension)* Verlängerung der Versicherung

**reinsure** [ri:ɪn'ʃʊə(r)] *v.t.* rückversichern; *(extend)* die Versicherung verlängern für

**reinter** [ri:ɪn'tɜ:(r)] *v.t.*, **-rr-** wieder begraben

**reinterpret** [ri:ɪn'tɜ:prɪt] *v.t. (interpret afresh)* noch einmal interpretieren; *(give different interpretation)* neu interpretieren

**reinvent** [ri:ɪn'vent] *v.t. see* **wheel 1 a**

**reinvest** [ri:ɪn'vest] *v.t.* reinvestieren *(fachspr.)*; wieder anlegen ‹*Kapital*›

**reinvestment** [ri:ɪn'vestmənt] *n. (fresh investment)* Reinvestition, *die (fachspr.)*; Wiederanlage, *die*

**reinvigorate** [ri:ɪn'vɪgəreɪt] *v.t.* neu beleben; **feel** ~**d** sich gestärkt fühlen

**reissue** [ri:'ɪʃu:, ri:'ɪsju:] **1.** *v.t.* neu herausbringen. **2.** *n.* Neuauflage, *die; (of film)* Wiederveröffentlichung, *die*

**reiterate** [ri:'ɪtəreɪt] *v.t.* wiederholen

**reiteration** [ri:ɪtə'reɪʃn] *n.* Wiederholung, *die*

**reject 1.** [rɪ'dʒekt] *v.t.* **a)** ablehnen; abweisen ‹*Freier*›; verweigern ‹*Nahrung*›; zurückweisen ‹*Bitte, Annäherungsversuch*›; **b)** *(Med.)* nicht vertragen ‹*Bluttransfusion, Nahrung, Medizin*›; abstoßen ‹*Transplantat*›. **2.** ['ri:dʒekt] *n. (person)* Ausgestoßene, *der/die; (Mil.)* Untaugliche, *der/die; (thing)* Ausschuß, *der*

**rejection** [rɪ'dʒekʃn] *n.* **a)** *see* **reject 1 a:** Ablehnung, *die;* Abweisung, *die;* Verweigerung, *die;* Zurückweisung, *die;* **parental** ~: Ablehnung durch die Eltern; **b)** *(Med.)* Abstoßung, *die;* ~ **of food indicates that ...:** daß der Körper Nahrung nicht verträgt, läßt erkennen, daß ...

**re'jection slip** *n.* Absage, *die*

**rejig** [ri:'dʒɪg] *v.t.*, **-gg-** umrüsten **(with** auf + *Akk.*); *(coll.: rearrange)* ummodeln

**rejoice** [rɪ'dʒɔɪs] *v.i.* **a)** *(feel great joy)* sich freuen **(over, at** über + *Akk.*); ~ **in the Lord!** freut Euch im Herrn!; **b)** *(make merry)* feiern

~ **in** *v.i.* **a)** *(joc.: be called by)* ~ **in a name/title** sich mit einem Namen/Titel schmücken *(scherzh.)*; **b)** *(joc.: have)* sich erfreuen (+ *Gen.*); gesegnet sein mit *(oft spött.)*

**rejoicing** [rɪ'dʒɔɪsɪŋ] *n.* **a) [sounds of]** ~: Jubel, *der;* **b)** *in pl. (celebrations)* Feier, *die*

**[1]rejoin** [rɪ'dʒɔɪn] *v.t. (reply)* erwidern **(to** auf + *Akk.*)

**²rejoin** [riːˈdʒɔɪn] **1.** *v. t.* **a)** *(join again)* wieder stoßen zu ⟨*Regiment*⟩; wieder eintreten in (+ *Akk.*) ⟨*Partei, Verein*⟩; ~ **each other** sich wieder treffen; ~ **one's ship** wieder an Bord gehen; **b)** *(reunite)* wieder zusammenfügen ⟨*Bruchstücke*⟩; ⟨*Verkehrsteilnehmer:*⟩ wieder kommen auf (+ *Akk.*) ⟨*Straße, Autobahn*⟩; ⟨*Straße:*⟩ wieder [ein]münden in (+ *Akk.*) ⟨*Straße, Autobahn*⟩. **2.** *v. i.* ⟨*Personen:*⟩ sich wieder treffen; ⟨*Straßen:*⟩ wieder zusammentreffen

**rejoinder** [rɪˈdʒɔɪndə(r)] *n.* Erwiderung, *die* (**to** auf + *Akk.*)

**rejuvenate** [rɪˈdʒuːvəneɪt] *v. t.* verjüngen ⟨*Person, Haut*⟩; neu beleben ⟨*Institution, wirtschaftliches/gesellschaftliches Leben*⟩

**rejuvenation** [rɪdʒuːvəˈneɪʃn] *n.* Verjüngung, *die; (of institutions, economic life, social life)* Neubelebung, *die*

**rekindle** [riːˈkɪndl] **1.** *v. t.* **a)** *(relight)* wieder anfachen; **b)** *(fig.: reawaken)* wieder entfachen ⟨*Liebe, Leidenschaft*⟩; wieder aufleben lassen ⟨*Sehnsucht, Verlangen, Hoffnung*⟩. **2.** *v. i.* sich wieder entzünden; *(fig.)* wieder aufflammen

**relapse** [rɪˈlæps] **1.** *v. i.* ⟨*Kranker:*⟩ einen Rückfall bekommen; ~ **into** zurückfallen in (+ *Akk.*) ⟨*Götzendienst, Barbarei*⟩; ~ **into drug-taking/shop-lifting** rückfällig werden [und wieder Drogen nehmen/Ladendiebstähle begehen]; ~ **into silence/lethargy** wieder in Schweigen/Lethargie verfallen. **2.** *n.* Rückfall, *der* (**into** in + *Akk.*)

**relate** [rɪˈleɪt] **1.** *v. t.* **a)** *(tell)* erzählen ⟨*Geschichte*⟩; erzählen von ⟨*Abenteuer*⟩; **b)** *(bring into relation)* in Zusammenhang bringen (**to, with** mit); ~ **two things** eine Verbindung zwischen zwei Dingen herstellen; **c)** *(establish relation or connection between)* einen Zusammenhang herstellen zwischen. **2.** *v. i.* **a)** ~ **to** *(have reference)* ⟨*Vorlesung:*⟩ handeln von ; ⟨*Behauptung, Frage, Angelegenheit:*⟩ in Zusammenhang stehen mit; betreffen ⟨*Person*⟩; **b)** ~ **to** *(feel involved or connected with)* eine Beziehung haben zu

**related** [rɪˈleɪtɪd] *adj.* **a)** *(by kinship or marriage)* verwandt (**to** mit); ~ **by marriage** verschwägert; **they are all ~ [to one another]** sie sind alle miteinander verwandt; **b)** *(connected)* miteinander in Zusammenhang stehend; verwandt ⟨*Sprache, Begriff, Art, Spezies, Fach*⟩

**relation** [rɪˈleɪʃn] *n.* **a)** *(connection)* Beziehung, *die* (**of ... and** zwischen ... und); Zusammenhang, *der* (**of ... and** zwischen ... und); **be out of all ~ to** in keinem Verhältnis stehen zu ⟨*Kosten, geleisteter Arbeit*⟩; **have some ~ to** in einem gewissen Zusammenhang stehen zu ; **in** *or* **with ~ to** in bezug auf (+ *Akk.*); **the ~s expressed by prepositions** die durch Präpositionen ausgedrückten Bezüge; *see also* **²bear 1c**; **b)** *in pl. (dealings) (with parents, police)* Verhältnis, *das* (**with** zu); *(with country)* Beziehungen (**with** zu, mit); *(sexual intercourse)* intime Beziehungen (**with** zu); **trading ~s** Handelsbeziehungen; **c)** *(kin, relative)* Verwandte, *der/die;* **what ~ is he to you?** wie ist er mit dir verwandt?; **is she any ~ [to you]?** ist sie mit dir verwandt?; **d)** *(narrative, account)* Erzählung, *die; (of details)* Aufzählung, *die;* **e)** *(Law)* Anzeige, *die;* **at the** *or* **by ~ of** auf Anzeige *(Akk.)* von

**relationship** [rɪˈleɪʃnʃɪp] *n.* **a)** *(mutual tie)* Beziehung, *die* (**with** zu); **have a good/bad ~ with sb.** zu jmdm. ein gutes/schlechtes Verhältnis haben; **doctor-patient ~:** Verhältnis zwischen Arzt und Patient; **b)** *(kinship)* Verwandtschaftsverhältnis, *das;* **what is your ~ to him?** in welchem Verwandtschaftsverhältnis stehst du zu ihm?; **c)** *(connection)* Beziehung, *die; (between cause and effect)* Zusammenhang, *der;* **d)** *(sexual)* Verhältnis, *das*

**relative** [ˈrelətɪv] **1.** *n.* **a)** *(family connection)* Verwandte, *der/die;* **have many ~s** eine große Verwandtschaft haben; **b)** *(related species)* Verwandte, *der/die;* **c)** *(Ling.)* Relativ[um], *das.* **2.** *adj.* **a)** *(corresponding)* relativ; **the ~ value of British and German currency is ...:** das Wertverhältnis von der englischen zur deutschen Währung beträgt ...; **b)** *(comparative)* jeweilig; **the ~ costs of a and b** die Kostenrelation zwischen a und b; **with ~ calmness** relativ gelassen; **c)** *(defined in relation to sth. else)* relativ ⟨*Dichte, Feuchtigkeit*⟩; ~ **positions of troops** Truppenkonstellation, *die;* ~ **densities/heights** Dichte-/Höhenrelation, *die;* ~ **majority** *(Brit. Polit.)* relative Mehrheit; **d)** *(proportioned to sth. else)* **be ~ to sth.** sich nach etw. richten; **a large population ~ to the town's size** eine im Verhältnis zur Größe der Stadt beachtliche Einwohnerzahl; **e)** *(implying comparison with sth. else)* relativ ⟨*Begriff*⟩; **f)** *(conditioned by relation to sth. else)* abhängig (**to** von); **be ~ to sth./sb.** ⟨*Geschmack, Größe:*⟩ durch etw./jmdn. relativiert werden; **g)** *(correlative)* sich gegenseitig bedingend; **'parents' and 'children' are ~ terms** die Begriffe „Eltern" und „Kinder" bedingen sich gegenseitig; **h)** *(having reference to sth.)* ~ **to** in Zusammenhang mit; **give me the grid references ~ to your location** geben Sie mir die Koordinaten Ihres Standorts; **i)** *(Mus.)* parallel ⟨*Dur-, Molltonart*⟩

**relative:** ~ **ˈadjective** *n. (Ling.)* Relativadjektiv, *das;* ~ **ˈadverb** *n. (Ling.)* Relativadverb, *das;* ~ **ˈclause** *n. (Ling.)* Relativsatz, *der*

**relatively** [ˈrelətɪvlɪ] *adv.* relativ; verhältnismäßig

**relative ˈpronoun** *n.* Relativpronomen, *das*

**relativise** *see* **relativize**

**relativism** [ˈrelətɪvɪzm] *n. (Philos.)* Relativismus, *der*

**relativist** [ˈrelətɪvɪst] *n. (Philos.)* Relativist, *der*/Relativistin, *die*

**relativistic** [relətɪˈvɪstɪk] *adj.* **a)** relativistisch; **b)** *(Phys.)* Relativitäts⟨*theorie, -korrektion*⟩

**relativity** [reləˈtɪvɪtɪ] *n.* **a)** *(fact of being relative)* Abhängigkeit, *die* (**to** von); **b)** *(Phys.)* Relativität, *die;* ~ **theory, the theory of ~:** die Relativitätstheorie; **c)** *(Econ.) (of posts)* Stellenstaffelung, *die; (of salaries)* Gehaltsstaffelung, *die;* **campaign for ~ in pay with men** ⟨*Frauen:*⟩ sich für die tarifliche Gleichstellung mit den Männern einsetzen

**relativize** [ˈrelətɪvaɪz] *v. t.* relativieren

**relax** [rɪˈlæks] **1.** *v. t.* **a)** *(make less tense)* entspannen ⟨*Muskel, Körper[teil]*⟩; lockern ⟨*Muskel, Feder, Griff*⟩; *(fig.)* lockern; **winter ~ed its grip on the landscape** *(fig.)* der Winter ließ die Landschaft aus seiner Umklammerung; **b)** *(make less strict)* lockern ⟨*Gesetz, Disziplin, Sitten*⟩; **c)** *(slacken)* nachlassen in (+ *Dat.*) ⟨*Bemühungen, Aufmerksamkeit*⟩; verlangsamen ⟨*Tempo*⟩; **he began to ~ his attention** seine Aufmerksamkeit ließ allmählich nach. **2.** *v. i.* **a)** *(become less tense)* sich entspannen; **his face** *or* **features ~ed into a smile** sein Gesicht entspannte sich zu einem Lächeln; **b)** *(slacken)* nachlassen (**in** in + *Dat.*); **c)** *(become less stern)* sich mäßigen (**in** in + *Dat.*); **d)** *(cease effort)* sich entspannen; ausspannen; *(stop worrying, calm down)* sich beruhigen; **let's just ~!** *(stop worrying!)* nur ruhig Blut!

**relaxant** [riːˈlæksənt] *n. (Med.)* Relaxans, *das*

**relaxation** [riːlækˈseɪʃn] *n.* **a)** *(recreation)* Freizeitbeschäftigung, *die;* **play tennis as a ~:** zur Entspannung Tennis spielen; **b)** *(cessation of effort)* Erholung, *die* (**from** von); **find time for ~:** Zeit für Muße finden; **c)** *(reduction of physical tension; also fig.)* Lockerung, *die;* **d)** *(Phys.)* Relaxation, *die*

**relaxed** [rɪˈlækst] *adj.* **a)** *(informal, not anxious)* entspannt, gelöst ⟨*Atmosphäre, Lächeln, Gefühl, Person*⟩; **she's a very ~ person** sie ist ein sehr gelassener Mensch *od.* die Gelassenheit in Person; **at a ~ pace** gemächlich; **b)** *(not strict or exact)* gelockert ⟨*Regel, Beschränkung*⟩; locker ⟨*Moral*⟩

**relaxing** [rɪˈlæksɪŋ] *adj.* entspannend; erholsam; **have a ~ bath** zur Entspannung ein Bad nehmen

**relay 1.** [ˈriːleɪ] *n.* **a)** *(gang)* Schicht, *die;* **work in ~s** schichtweise arbeiten; **b)** *(race)* Staffel, *die;* **c)** *(vehicles)* ~ **[of cars]** [Fahrzeug]stafette, *die;* **d)** *(driving operation)* Fahrzeugstafette, *die;* **e)** *(Electr.)* Relais, *das;* **protective ~:** Schutzrelais, *das;* **f)** *(Radio, Telev.)* **radio ~:** Richtfunkverbindung, *die;* ~ **station** Relaisstation, *die;* **g)** *(transmission)* Übertragung, *die;* **direct ~:** Direktübertragung, *die.* **2.** [riːˈleɪ, ˈriːleɪ] *v. t.* **a)** *(pass on)* weiterleiten; ~ **a message to sb. that ...:** jmdm. ausrichten *od.* mitteilen, daß ...; **b)** *(Radio, Telev., Teleph.)* übertragen; **c)** *(transport)* [in einer Stafette] befördern; **form a chain to ~ water to the scene of the fire** eine Kette bilden, um Wasser zur Brandstelle durchzureichen

**re-lay** [riːˈleɪ] *v. t.*, **re-laid** [riːˈleɪd] wieder verlegen ⟨*Teppich, Fliesen*⟩; neu belegen ⟨*Fußboden, Straße*⟩; *(after damage)* neu [ver]legen ⟨*Rohr, Leitung*⟩

**ˈrelay race** *n. (Running, Hurdling)* Staffellauf, *der; (Swimming)* Staffelschwimmen, *das;* **the 4 × 100 metres ~:** die 4 × 100-Meter-Staffel; **hurdles ~:** Hürdenstaffel, *die*

**release** [rɪˈliːs] **1.** *v. t.* **a)** *(free)* freilassen ⟨*Tier, Häftling, Sklaven*⟩; *(from imprisonment, jail)* entlassen (**from** aus); *(from bondage, trap)* befreien (**from** aus); *(from pain)* erlösen (**from** von); *(from promise, obligation, vow)* entbinden (**from** von); *(from work)* freistellen (**from** von); **b)** *(let go, let fall)* loslassen; lösen ⟨*Handbremse, Sprungfeder*⟩; ausklinken ⟨*Bombe*⟩; ~ **one's hold or grip on sth.** etw. loslassen; ~ **the shutter** *(Photog.)* den Verschluß auslösen; ~ **the pressure** den Druck verringern; **c)** *(make known)* veröffentlichen ⟨*Erklärung, Nachricht*⟩; *(issue)* herausbringen ⟨*Film, Schallplatte, Produkt*⟩; **d)** *(emit)* ablassen ⟨*Dampf*⟩; freisetzen ⟨*Energie, Strahlung*⟩. **2.** *n.* **a)** *(act of freeing) see* **1a:** Freilassung, *die;* Entlassung, *die;* Befreiung, *die;* Erlösung, *die;* Entbindung, *die;* Freistellung, *die;* **b)** *(of published item)* Veröffentlichung, *die;* **when does the film go out on general ~?** wann kommt der Film in die Kinos?; **the film/record is scheduled for ~ in the autumn** der Film/die Schallplatte soll im Herbst herausgebracht werden *od.* herauskommen; **a new ~ by Bob Dylan** eine neue Platte *od.* eine Neuveröffentlichung von Bob Dylan; **the film is a recent ~:** der Film ist erst vor kurzem herausgekommen; **c)** *(handle, lever, button)* Auslöser, *der;* **carriage ~:** Wagenrücklauf, *der;* **d)** *(of steam)* Ablassen, *das; (of pressure)* Verringerung, *die; (of energy, radiation)* Freisetzung, *die*

**relegate** [ˈrelɪgeɪt] *v. t.* **a)** *(dismiss, consign)* ~ **sb. to the position** *or* **status of ...:** jmdn. zu ... degradieren; ~ **sth. to the rubbish-bin** etw. in den Mülleimer wandern lassen; **b)** *(Sport)* absteigen lassen; **be ~d** absteigen (**to** in + *Akk.*); **c)** *(hand over)* weiterleiten (**to** an + *Akk.*); **d)** *(banish)* verbannen

**relegation** [relɪˈgeɪʃn] *n.* **a)** *(action of dismissing, consigning)* Degradierung, *die;* **her ~ to the position of ...:** ihre Degradierung zu ...; **b)** *(Sport)* Abstieg, *der;* **c)** *(action or state of banishment)* Verbannung, *die*

**relent** [rɪˈlent] *v. i.* sich erweichen lassen; *(yield to compassion)* Mitleid zeigen; ⟨*Wetter:*⟩ besser werden

**relentless** [rɪ'lentlɪs] *adj.* unerbittlich; erbarmungslos ⟨*Necken*⟩; schonungslos ⟨*Kritik, Heftigkeit*⟩

**relentlessly** [rɪ'lentlɪslɪ] *adv.* unerbittlich; erbarmungslos ⟨*necken*⟩; schonungslos ⟨*kritisieren*⟩

**relevance** ['relɪvəns], **relevancy** ['relɪvənsɪ] *n.* Relevanz, die (**to** für); **what ~ does it have to this?** inwiefern ist es dafür relevant?; **be of ~ to sth.** für etw. relevant sein

**relevant** ['relɪvənt] *adj.* relevant (**to** für); wichtig ⟨*Information, Dokument*⟩; entsprechend ⟨*Formular*⟩; zuständig ⟨*Person*⟩; **~ to the case** sachdienlich *(Amtsspr.)*; **is this question ~ to the argument?** tut diese Frage etwas zur Sache?

**reliability** [rɪlaɪə'bɪlɪtɪ] *n., no pl.* Zuverlässigkeit, *die*

**reliable** [rɪ'laɪəbl] *adj.* zuverlässig

**reliableness** [rɪ'laɪəblnɪs] *see* **reliability**

**reliably** [rɪ'laɪəblɪ] *adv.* zuverlässig; **I am ~ informed that ...:** ich habe aus zuverlässiger Quelle erfahren, daß ...

**reliance** [rɪ'laɪəns] *n. (trust, confidence)* Vertrauen, *das* (**in** zu, **on** auf + *Akk.*); *(dependence)* Abhängigkeit, *die* (**on** von); **she resented her ~ on his money** es ärgerte sie, daß sie auf sein Geld angewiesen war; **have ~ on** *or* **in sb./sth.** zu jmdm./etw. Vertrauen haben; **place much ~ [up]on sb.** großes Vertrauen in jmdn. setzen; **there is little ~ to be placed on sth./sb.** auf etw./jmdn. ist kaum Verlaß

**reliant** [rɪ'laɪənt] *adj. (dependent)* **be ~ on sb./sth.** von jmdm./etw. abhängig sein; *(for help also)* auf jmdn./etw. angewiesen sein

**relic** ['relɪk] *n.* **a)** *(Relig.)* Reliquie, *die;* **b)** *(surviving trace or memorial)* Überbleibsel, *das (ugs.);* Relikt, *das;* **c)** *(remains, residue)* Überrest, *der;* **d)** *(derog./joc.: old or old-fashioned person or thing)* Fossil, *das (fig.);* **he is a ~ from the Sixties** er ist noch aus den sechziger Jahren übriggeblieben

**relict** ['relɪkt] *n.* **a)** *(arch.: widow)* Witib, *die (veralt.);* **b)** *(Biol., Geog., Geol.)* Relikt, *das*

[1]**relief** [rɪ'li:f] *n.* **a)** *(alleviation, deliverance)* Erleichterung, *die;* **give** *or* **bring [sb.] ~ [from pain]** [jmdm.] [Schmerz]linderung verschaffen *od.* bringen; **it was with great ~ that I heard the news of ...:** mit großer Erleichterung habe ich die Nachricht vom ... vernommen; **breathe** *or* **heave a sigh of ~:** erleichtert aufatmen; **it was a ~ to take off his tight shoes/to bump into somebody he knew** es war eine Wohltat für ihn, die engen Schuhe auszuziehen/daß ihm ein Bekannter über den Weg lief; **what a ~!, that's a ~!** da bin ich aber erleichtert!; **b)** *(that which makes a change from monotony)* Abwechslung, *die; ; see also* **comic 1 c; [2]light 1 a; c)** *(assistance)* Hilfe, *die; (financial state assistance)* Sozialhilfe, *die; attrib.* Hilfs⟨*fond, -organisation, -komitee*⟩; **~ party** *or* **team** Rettungsmannschaft, *die;* **~ worker** Rettungshelfer, *der/*-helferin, *die; (in disaster)* Katastrophenhelfer, *der/*-helferin, *die;* **go/live on ~:** Fürsorge beantragen/von der Fürsorge leben; **go** *or* **come to sb.'s ~:** jmdm. zu Hilfe eilen *od.* kommen; **d)** *(Brit. Hist.: assistance)* Fürsorge, *die;* **e)** *(replacement of person)* Ablösung, *die; attrib.* **~ watchman/driver/troops** ablösender Wachmann/Fahrer/ablösende Truppen; **~ sentry** Wachablösung, *die;* **f)** *(Mil.) (reinforcement)* Verstärkung, *die; (raising of siege)* Entsatz, *der;* **g)** *(Law: redress)* Entschädigung, *die*

[2]**relief** *n.* **a)** *(Art)* **works in ~:** Reliefarbeiten; **high/low ~:** Hoch-/Flachrelief, *das;* **b)** *(piece of sculpture)* Relief, *das;* **c)** *(appearance of being done in ~)* reliefartiges Aussehen; **stand out in strong ~ against sth.** sich scharf gegen etw. abheben; *(fig.)* in krassem Gegensatz zu etw. stehen; **bring out in [full] ~** *(lit. or fig.)* deutlich herausarbeiten

**relief: ~ bus, ~ coach** *ns. (additional)* Entlastungsbus, *der; (as replacement)* Ersatzbus, *der;* **~ map** *n.* Reliefkarte, *die;* **~ road** *n.* Entlastungsstraße, *die*

**relieve** [rɪ'li:v] *v. t.* **a)** *(lessen, mitigate)* lindern; helfen (+ *Dat.*) ⟨*Notleidenden*⟩; verringern ⟨*Dampfdruck, Anspannung*⟩; unterbrechen ⟨*Eintönigkeit*⟩; erleichtern ⟨*Gewissen*⟩; *(remove)* abbauen ⟨*Anspannung*⟩; stillen ⟨*Schmerzen*⟩; *(remove or lessen monotony of)* auflockern; **I am** *or* **feel ~d to hear that ...:** es erleichtert mich zu hören, daß ...; **b)** *(release from duty)* ablösen ⟨*Wache, Truppen*⟩; **c) ~ sb.** *(of task, duty)* jmdn. entbinden (**of** von); *(of responsibility, load)* jmdm. abnehmen (**of** *Akk.*); *(from debt)* jmdm. erlassen (**from** *Akk.*); *(of burden, duty, from sorrow, worry)* jmdn. befreien (**of, from** von); **~ sb.'s mind of doubt** jmdm. die Zweifel nehmen; **d) ~ sb. of sth.** *(joc.: steal from)* jmdn. um etw. erleichtern *(scherzh.);* **e) ~ one's feelings** seinen Gefühlen Luft machen; **f) ~ oneself** *(empty the bladder or bowels)* sich erleichtern *(verhüll.);* **g)** *(release from a post)* entbinden (**of, from** von); *(dismiss)* entheben *(geh.)* (**of, from** *Gen.*); **~ sb. from duty** *or* **of his post** *or* **office** *or* **duties** jmdn. ablösen; **h)** *(Mil.: free from siege)* entsetzen *(bes. Mil.);* befreien

**religion** [rɪ'lɪdʒn] *n.* **a)** Religion, *die;* **freedom of ~:** Glaubensfreiheit, *die;* **what is your ~?** welcher Religion gehörst du an?; **that's against my ~:** das verstößt gegen meinen Glauben; **no thanks, I won't have a cigarette; it's against my ~** *(joc.)* nein danke, ich möchte keine Zigarette, ich bin überzeugter Nichtraucher; *see also* **established c; b)** *(recognition of God)* Glaube, *der;* **get ~** *(sl./joc.)* fromm werden; **c)** *(object of devotion or obligation)* **he makes a ~ of snooker** Snooker ist ihm heilig; **she makes a ~ of keeping her house clean** es ist ihr eine heilige Pflicht, ihr Haus sauberzuhalten *(iron.)*

**religious** [rɪ'lɪdʒəs] **1.** *adj.* **a)** *(pious)* religiös; fromm; **b)** *(concerned with religion)* Glaubens⟨*freiheit, -eifer*⟩; Religions⟨*freiheit, -unterricht, -kenntnisse*⟩; religiös ⟨*Überzeugung, Zentrum*⟩; **c)** *(of monastic order)* religiös ⟨*Orden*⟩; **~ community** Ordensgemeinschaft, *die;* **~ house** Kloster, *das;* **d)** *(scrupulous)* peinlich ⟨*Sorgfalt, Genauigkeit, Ordnung*⟩; **with ~ care** *or* **exactitude** sehr gewissenhaft ⟨*arbeiten*⟩; **pay ~ attention to details** peinlich genau auf Details achten. **2.** *n., pl. same* Ordensmitglied, *das*

**religiously** [rɪ'lɪdʒəslɪ] *adv.* **a)** *(piously, reverently)* inbrünstig ⟨*beten*⟩; ehrfürchtig ⟨*verehren, niederknien*⟩; **b)** *(conscientiously, scrupulously)* gewissenhaft ⟨*beachten, durchsehen, verbessern*⟩; peinlich genau ⟨*saubermachen, verbessern*⟩

**reline** [ri:'laɪn] *v. t.* neu [aus]füttern ⟨*Kleidungsstück*⟩; neu belegen ⟨*Bremse*⟩; doublieren ⟨*Gemälde*⟩; **~ a hat with a silk lining** einen Hut mit Seide neu ausfüttern

**relinquish** [rɪ'lɪŋkwɪʃ] *v. t.* **a)** *(give up, abandon)* aufgeben; ablassen von ⟨*Gewohnheit, Glaube*⟩; zurückziehen ⟨*Klage*⟩; verzichten auf (+ *Akk.*) ⟨*Recht, Anspruch, Macht*⟩; aufgeben ⟨*Anspruch, Stelle, Arbeit, Besitz*⟩; **~ the right/one's claim to sth.** auf sein Recht/seinen Anspruch auf etw. verzichten; **~ sth. to sb.** etw. an jmdn. abtreten; zugunsten von jmdm. auf etw. *(Akk.)* verzichten; **b) ~ one's hold** *or* **grip on sb./sth.** jmdn./etw. loslassen; **c)** *(fig.)* **~ one's hold on reality** den Bezug zur Realität verlieren; **he has ~ed his hold over** *or* **on her** er hat aufgehört, sie zu bevormunden

**relinquishment** [rɪ'lɪŋkwɪʃmənt] *n.* Aufgabe, *die; (of belief)* Ablassen, *das* (**of** von); *(of right, power, claim, territory)* Verzicht, *der* (**of** auf + *Akk.*)

**reliquary** ['relɪkwərɪ] *n.* Reliquiar, *das*

**relish** ['relɪʃ] **1.** *n.* **a)** *(liking)* Vorliebe, *die;* **show a real ~ for doing sth.** etw. mit Vorliebe tun; **have a great/no ~ for sth.** viel/nichts für eine Sache übrig haben; **do sth. with [great] ~:** etw. mit [großem] Genuß tun; **he takes [great] ~ in doing sth.** es bereitet ihm [große] Freude, etw. zu tun; **b)** *(condiment)* Relish, *das (Kochk.);* **c)** *(attractive quality)* Reiz, *der;* **have no/great ~:** reizlos/sehr verlockend sein; **meat has no ~ when one is ill** man hat keine Lust auf Fleisch, wenn man krank ist. **2.** *v. t.* genießen; reizvoll finden ⟨*Gedanke, Vorstellung*⟩; **I should ~ a lobster and a bottle of wine** was ich jetzt gern hätte, wäre ein Hummer und eine Flasche Wein

**relive** [ri:'lɪv] *n.* noch einmal durchleben; **~ one's life** noch einmal leben

**reload** [ri:'ləʊd] *v. t.* nachladen ⟨*Schußwaffe*⟩; wieder beladen ⟨*Lastwagen*⟩; wieder aufladen ⟨*Waren*⟩; **~ the camera** einen neuen Film einlegen

**relocate** [ri:lə'keɪt] **1.** *v. t.* **a)** *(move to another place)* verlegen ⟨*Fabrik, Büro*⟩; versetzen ⟨*Angestellten, Fenster, Ventil*⟩; **b)** *(find again)* wieder ausfindig machen ⟨*Aufenthaltsort*⟩; wiederfinden ⟨*Eingang, Gleise*⟩. **2.** *v. i. (settle)* sich niederlassen

**relocation** [ri:lə'keɪʃn] *n. (of factory, office)* Verlegung, *die; (of employee)* Versetzung, *die;* **~ expenses** Umzugskosten *Pl.*

**reluctance** [rɪ'lʌktəns] *n., no pl.* Widerwille, *der;* Abneigung, *die;* **have a [great] ~ to do sth.** etw. nur mit Widerwillen tun; **show some ~ at doing sth.** etw. nur ungern tun

**reluctant** [rɪ'lʌktənt] *adj.* unwillig; **be ~ to do sth.** etw. nur ungern *od.* widerstrebend tun; **give sb. ~ assistance** jmdm. nur widerstrebend helfen

**reluctantly** [rɪ'lʌktəntlɪ] *adv.* nur ungern; widerstrebend

**rely** [rɪ'laɪ] *v. i.* **a)** *(have trust)* sich verlassen (**[up]on** auf + *Akk.*); **you can always ~ on him to turn up too early** *(iron.)* du kannst dich darauf verlassen, daß er immer zu früh kommt; **b)** *(be dependent)* angewiesen sein (**[up]on** auf + *Akk.*); **[have to] ~ on sb. to help** darauf angewiesen sein, daß jmd. hilft

**remade** *see* **remake 1**

**remain** [rɪ'meɪn] *v. i.* **a)** *(be left over)* übrigbleiben; **all that ~ed for me to do was to ...:** ich mußte *od.* brauchte nur noch ...; **nothing ~s but to thank you all** es bleibt mir nur, Ihnen allen zu danken; **only one match still ~s to be played** es muß nur noch ein Spiel ausgetragen werden; **the few pleasures that ~ to an old man** die wenigen Freuden, die einem alten Mann [noch] bleiben; **b)** *(stay)* bleiben; **~ behind** noch dableiben; **~ in sb.'s memory** jmdm. im Gedächtnis bleiben; **c)** *(continue to be)* bleiben; **~ true to sb.'s memory** jmdm. ein treues Andenken bewahren; **that** *or* **it ~s to be seen** das bleibt abzuwarten *od.* wird sich zeigen; **the fact ~s that ...:** das ändert nichts an der Tatsache *od.* daran, daß ...; **I ~, yours faithfully, J. Smith** ich verbleibe mit freundlichen Grüßen Ihr J. Smith

**remainder** [rɪ'meɪndə(r)] **1.** *n.* **a)** *(sb. or sth. left over; also Math.)* Rest, *der;* **the ~ of the guests** die übrigen Gäste; **b)** *(remaining stock)* Restposten, *der;* **[publisher's] ~:** Restauflage, *die;* **c)** *(Law)* Anwartschaft auf die Nacherbschaft; **d)** *(right to succeed to a title or position)* Anwartschaft auf die Nachfolge. **2.** *v. t. (Publishing)* [als Restauflage] zu herabgesetztem Preis verkaufen

**remaining** [rɪ'meɪnɪŋ] *adj.* restlich; übrig; **spend one's ~ years ...:** seinen Lebensabend ... verbringen

**remains** [rɪ'meɪnz] *n. pl.* **a)** *(left-over part)* Reste; **b)** *(corpse)* sterbliche [Über]reste *(verhüll.);* **c)** *(relics)* Relikte; Reste; **Roman ~:** Relikte aus der Römerzeit

**remake 1.** [ri:'meɪk] *v. t.*, **remade** [ri:'meɪd] wieder machen ⟨*Bett*⟩; neu vereinbaren ⟨*Verabredung*⟩; wieder herrichten ⟨*Klei* *dung*⟩; ~ **the booking** neu buchen. **2.** ['ri:meɪk] *n. (Cinemat.)* Remake, *das (fachspr.)*; Neuverfilmung, *die;* **do a ~ of sth.** etw. neu verfilmen

**remand** [rɪ'mɑ:nd] **1.** *v. t.* **~ sb. [in** *or* **into custody]** jmdn. in Untersuchungshaft behalten; **be ~ed in custody/on bail** in Untersuchungshaft bleiben müssen/gegen Kaution aus der Untersuchungshaft entlassen werden. **2.** *n.* **[period of] ~:** Untersuchungshaft, *die;* **place sb. on ~:** jmdn. in Untersuchungshaft nehmen; **be held on ~:** in Untersuchungshaft bleiben müssen

**remand: ~ centre** *n. (Brit.) Untersuchungsgefängnis für jugendliche Straftäter zwischen 14 und 21 Jahren;* **~ home** *n. (Brit. Hist.) Untersuchungsgefängnis für jugendliche Straftäter unter 17 Jahren*

**remark** [rɪ'mɑ:k] **1.** *v. t.* **a)** *(say)* bemerken (**to** gegenüber); **b)** *(arch.: observe)* gewahr werden. **2.** *v. i.* eine Bemerkung machen (**[up]on** zu, über + *Akk.*). **3.** *n.* **a)** *(comment)* Bemerkung, *die* (**on** über + *Akk.*); **make a ~:** eine Bemerkung machen (**about, at** über + *Akk.*); **I have a few ~s to make about that** ich habe dazu einiges zu sagen; **b)** *no art. (commenting)* Kommentar, *der;* **without ~:** kommentarlos; **be worthy of special ~** *(formal)* besondere Beachtung verdienen; **nothing worthy of ~** *(formal)* nichts Bemerkenswertes

**remarkable** [rɪ'mɑ:kəbl] *adj.* **a)** *(notable)* bemerkenswert; **b)** *(extraordinary)* außergewöhnlich; **a boy who is ~ for his stupidity** ein Junge von ganz außergewöhnlicher Dummheit

**remarkably** [rɪ'mɑ:kəblɪ] *adv.* **a)** *(notably)* bemerkenswert; **b)** *(exceptionally)* außergewöhnlich

**remarriage** [ri:'mærɪdʒ] *n.* Wiederverheiratung, *die*

**remarry** [ri:'mærɪ] *v. i. & t.* wieder heiraten

**rematch** [ri:'mætʃ] *n.* Rückkampf, *der*

**remediable** [rɪ'mi:dɪəbl] *adj.* behebbar; **be ~:** beseitigt werden können; **is the situation ~?** gibt es einen Ausweg aus der Situation?

**remedial** [rɪ'mi:dɪəl] *adj.* **a)** *(affording a remedy)* Heil⟨*behandlung, -wirkung*⟩; *(intended to remedy deficiency etc.)* rehabilitierend ⟨*Maßnahme*⟩; **take ~ action** Hilfsmaßnahmen ergreifen; **be ~ rather than preventive** eher therapeutischer als vorbeugender Natur sein; **b)** *(Educ.)* Förder-; **classes in ~ reading** Förderunterricht im Lesen; **~ education** Förderunterricht, *der*

**remedy** ['remɪdɪ] **1.** *n.* **a)** *(cure)* [Heil]mittel, *das* (**for** gegen); **cough/herbal ~:** Husten-/Kräutermittel, *das;* **cold/flu ~:** Mittel gegen Erkältung/Grippe; **be past** *or* **beyond ~:** unheilbar sein; **b)** *(means of counteracting)* [Gegen]mittel, *das* (**for** gegen); **c)** *(Law: redress) (through civil proceedings)* Rechtsbehelf, *der; (through self-help)* Entschädigung, *die.* **2.** *v. t.* beheben ⟨*Sprachfehler, Problem*⟩; ausgleichen ⟨*Kurzsichtigkeit*⟩; retten ⟨*Situation*⟩; **the problem/situation cannot be remedied** das Problem kann nicht behoben werden/die Situation ist nicht zu retten

**remember** [rɪ'membə(r)] *v. t.* **a)** *(keep in memory)* denken an (+ *Akk.*); *(bring to mind)* sich erinnern an (+ *Akk.*); **I've just ~ed what I wanted to tell you** mir ist gerade [wieder] eingefallen, was ich dir sagen wollte; **don't you ~ me?** erinnern Sie sich nicht an mich?; **~ who/where you are!** vergiß nicht, wer/wo du bist; **I can't ~ the word I want** das Wort, das ich brauche, fällt mir gerade nicht ein; **she gave him something to ~ her by** sie gab ihm etwas, das ihn an sie erinnern sollte; *(fig.)* sie gab ihm einen Denkzettel; **I ~ed to bring the book** ich habe daran gedacht, das Buch mitzubringen; **I can't ~ how to put it back together** ich weiß nicht mehr, wie es wieder zusammengesetzt wird; **do you ~ when the bus leaves?** weißt du noch, wann der Bus abfährt?; **I can never ~ her name** ich kann mir ihren Namen einfach nicht merken; **I distinctly ~ posting the letter** ich erinnere mich genau, daß ich den Brief eingeworfen habe; **if I ~ correctly** *(abs.)* wenn ich mich recht erinnere; **an evening to ~:** ein unvergeßlicher Abend; **b)** *(convey greetings from)* grüßen; **~ me to them** grüße sie von mir; **she asked to be ~ed to you** sie läßt dich grüßen; **c) ~ oneself** sich zusammennehmen; **d) ~ sb. in one's will/prayers** jmdn. in seinem Testament bedenken/in sein Gebet einschließen

**remembrance** [rɪ'membrəns] *n.* Gedenken, *das;* **in ~ of sb.** zu jmds. Gedächtnis; zum Gedenken an jmdn.

**Remembrance: ~ Day** *n. (Brit.)* **a)** *(Hist.: 11 Nov.)* Gedenktag für die Gefallenen der beiden Weltkriege; **b)** *see* **~ Sunday; ~ Sunday** *n. (Brit.)* ≈ Volkstrauertag, *der*

**remind** [rɪ'maɪnd] *v. t.* erinnern (**of** an + *Akk.*); **~ sb. to do sth.** jmdn. daran erinnern, etw. zu tun; **can you ~ me how to do it?** kannst du mal meinem Gedächtnis nachhelfen, wie man das macht?; **that ~s me, ...:** dabei fällt mir ein, ...; **you are ~ed that ...:** beachten Sie bitte, daß ...; **travellers are ~ed that ...:** Reisende werden darauf hingewiesen, daß ...

**reminder** [rɪ'maɪndə(r)] *n.* Erinnerung, *die* (**of** an + *Akk.*); *(mnemonic)* Gedächtnishilfe *od.* -stütze, *die; (photo etc.)* Andenken, *das* (**of** an + *Akk.*); **give sb. a ~ that ...:** jmdn. daran erinnern, daß ...; **serve as/be a ~ of sth.** an etw. *(Akk.)* erinnern; **~ [letter]** Mahnung, *die;* Mahnbrief, *der;* **a gentle ~:** ein zarter Wink

**reminisce** [remɪ'nɪs] *v. i.* sich in Erinnerungen *(Dat.)* ergehen (**about** an + *Akk.*)

**reminiscence** [remɪ'nɪsəns] *n.* **a)** Erinnerung, *die* (**of** an + *Akk.*); **b)** *in pl. (memoirs)* [Lebens]erinnerungen *Pl.;* Memoiren *Pl.*

**reminiscent** [remɪ'nɪsənt] *adj.* **a) ~ of sth.** an etw. *(Akk.)* erinnernd; **be ~ of sth.** an etw. *(Akk.)* erinnern; **b)** *(nostalgic)* **~ mood** nostalgische Stimmung

**remiss** [rɪ'mɪs] *adj.* nachlässig (**of** von)

**remission** [rɪ'mɪʃn] *n.* **a)** *(of sins)* Vergebung, *die;* **b)** *(of debt, punishment)* Erlaß, *der;* **c)** *(prison sentence)* Straferlaß, *der;* **he gained one year's ~:** ihm ist ein Jahr erlassen worden; **d)** *(Med.)* Remission, *die;* **go into ~:** remittieren

**remit 1.** [rɪ'mɪt] *v. t.*, **-tt- a)** *(pardon)* vergeben ⟨*Sünde, Beleidigung usw.*⟩; **b)** *(cancel)* erlassen ⟨*Steuer, Gebühr usw.*⟩; **~ sb.'s punishment** jmdm. seine Strafe erlassen; **c)** *(refer)* weiterleiten ⟨*Frage, Angelegenheit*⟩ (**to** an + *Akk.*); *(Law)* zurückverweisen ⟨*Fall, Bericht*⟩; **d)** *(postpone)* verschieben, vertagen (**until** bis, **to** auf + *Akk.*); **e)** *(send)* überweisen ⟨*Geld*⟩. **2.** ['ri:mɪt, rɪ'mɪt] *n.* Aufgabe, *die;* Auftrag, *der*

**remittance** [rɪ'mɪtəns] *n.* Überweisung, *die*

**remnant** ['remnənt] *n.* **a)** Rest, *der;* **only a ~ of the family survives** nur noch wenige Mitglieder der Familie leben; **~s of carpet/wood** Teppich-/Holzreste *Pl.;* **sale of ~s** Resteverkauf, *der;* **b)** *(trace)* Überrest, *der;* **salvage the ~s of sth.** retten, was von etw. übriggeblieben ist

**remodel** [ri:'mɒdl] *v. t.*, *(Brit.)* **-ll-** *(lit. or fig.)* umgestalten

**remold** *(Amer.) see* **remould**

**remonstrance** [rɪ'mɒnstrəns] *n.* Protest, *der* (**with, against** gegen)

**remonstrate** ['remənstreɪt, rɪ'mɒnstreɪt] *v. i.* protestieren (**against** gegen); **~ with sb.** jmdm. Vorhaltungen machen (**on** wegen)

**remonstration** *see* **remonstrance**

**remonstrative** ['remənstreɪtɪv, rɪ'mɒnstrətɪv] *adv.* protestierend; Protest⟨*brief usw.*⟩

**remorse** [rɪ'mɔ:s] *n.* Reue, *die* (**for, about** über + *Akk.*); **without ~:** erbarmungslos

**remorseful** [rɪ'mɔ:sfl] *adj.* reuig, reuevoll *(geh.)*; reumütig *(öfter scherzh.)*; Reue⟨*gefühl*⟩; **feel ~:** Reue empfinden

**remorseless** [rɪ'mɔ:slɪs] *adj.* **a)** *(merciless)* erbarmungslos ⟨*Grausamkeit, Barbarei*⟩; **b)** *(relentless)* unerbittlich ⟨*Schicksal, Logik*⟩

**remorselessly** [rɪ'mɔ:slɪslɪ] *adv. see* **remorseless:** erbarmungslos; unerbittlich

**remote** [rɪ'məʊt] *adj.*, **~r** [rɪ'məʊtə(r)], **~st** [rɪ'məʊtɪst] **a)** *(far apart)* entfernt; **be very ~ from each other** sehr weit voneinander entfernt sein; **nations as ~ in culture as X and Y** Völker mit so verschiedenen *od.* unterschiedlichen Kulturen wie X und Y; **b)** *(far off)* fern ⟨*Vergangenheit, Zukunft, Zeit*⟩; früh ⟨*Altertum*⟩; abgelegen, *(geh.)* entlegen ⟨*Ort, Gebiet*⟩; **~ from** *(lit. or fig.)* weit entfernt von; **~ from the road** weitab von der Straße; **c)** *(not closely related)* entfernt, weitläufig ⟨*Vorfahr, Nachkomme, Verwandte*⟩; **d)** *(aloof)* unnahbar, distanziert ⟨*Person, Art*⟩; **e)** *(slight)* gering ⟨*Auswirkung, Chance, Möglichkeit, Vorstellung*⟩; **I don't have the ~st idea what you're talking about** ich habe nicht die geringste *od.* leiseste Ahnung, wovon du sprichst

**remote: ~ con'trol** *n. (of vehicle)* Fernlenkung, *die;* Fernsteuerung, *die; (of apparatus)* Fernbedienung, *die;* **~-con'trol[led]** *adj.* ferngesteuert; ferngelenkt; fernbedient ⟨*Anlage*⟩

**remotely** [rɪ'məʊtlɪ] *adv.* **a)** *(distantly)* entfernt, weitläufig ⟨*verwandt*⟩; **~ controlled** *see* **remote-control[led]; b)** *(aloofly)* distanziert, unnahbar ⟨*lächeln, antworten*⟩; **c)** *(slightly)* **they are not [even] ~ alike** sie haben [aber auch] nicht die entfernteste Ähnlichkeit [miteinander]; **it is not [even] ~ possible that ...:** es besteht [aber auch] nicht die geringste Möglichkeit, daß ...

**remoteness** [rɪ'məʊtnɪs] *n., no pl.* **a)** *(seclusion)* Abgeschiedenheit, *die;* Abgelegenheit, *die; (distance)* große Entfernung (**from** von); **b)** *(of relationship)* Weitläufigkeit, *die;* **c)** *(separateness)* fehlender Zusammenhang (**of ... from** zwischen ... und); **~ from everyday life** Lebensfremdheit, *die*

**remould 1.** [ri:'məʊld] *v. t.* *(refashion)* ummodeln, umgestalten (**into** zu); *(Motor Veh.)* runderneuern ⟨*Reifen*⟩. **2.** ['ri:məʊld] *n. (Motor Veh.)* runderneuerter Reifen

**remount** [ri:'maʊnt] **1.** *v. t.* **a)** *(ascend again)* wieder hinaufsteigen ⟨*Leiter*⟩; **~ one's horse/bicycle** wieder aufs Pferd/Fahrrad steigen; **b)** *(put in fresh mount)* wieder aufziehen ⟨*Bild*⟩. **2.** *v. i. (on horse)* wieder aufsitzen; *(on bicycle)* wieder aufs Fahrrad steigen

**removable** [rɪ'mu:vəbl] *adj.* abnehmbar; entfernbar ⟨*Fleck, Trennwand*⟩; herausnehmbar ⟨*Futter*⟩; **be ~:** sich entfernen lassen

**removal** [rɪ'mu:vl] *n.* **a)** *(taking away)* Entfernung, *die; (of passage from book)* Streichung, *die* (**from** aus); *(of traces)* Beseitigung, *die; (taking off)* **the ~ of the valve from the tyre proved difficult** es war schwierig, das Ventil aus dem Reifen herauszunehmen; **b)** *(dismissal)* Entlassung, *die;* **the minister's ~ from office** die Entfernung des Ministers aus dem Amt; **c)** *see* **remove 1 c:** Beseitigung, *die;* Vertreibung, *die;* Zerstreuung, *die;* **d)** *(transfer)* **his ~ to another school** seine Umschulung; **the ~ of the books to the next room** die Umräumung *od.* das Umräumen der Bücher in das andere Zimmer; **his ~ to another department** seine Versetzung in eine andere Abteilung; **his ~ to hospital** seine Einlieferung ins Krankenhaus; **e)** *(transfer of furniture)* Umzug, *der;* **'Smith & Co., R~s'** „Smith & Co., Spedition"; **office/factory ~:** Büro-/Werksverlegung, *die*

**removal: ~ expenses** *n. pl.* Umzugskosten *Pl.;* **~ firm** *n.* Spedition, *die;* **~ man**

*n.* Möbelpacker, *der;* ~ **van** *n.* Möbelwagen, *der*
**remove** [rɪ'mu:v] **1.** *v. t.* **a)** *(take away)* entfernen; streichen ⟨*Buchpassage*⟩; wegnehmen, wegräumen ⟨*Papiere, Ordner usw.*⟩; abräumen ⟨*Geschirr*⟩; beseitigen ⟨*Spur*⟩; *(take off)* abnehmen; ausziehen ⟨*Kleidungsstück*⟩; **she ~d her/the child's coat** sie legte ihren Mantel ab/sie zog dem Kind den Mantel aus; ~ **a book from the shelf/the valve from a tyre** ein Buch vom Regal nehmen/das Ventil aus einem Reifen [heraus]nehmen; ~ **one's make-up** sich abschminken; ~ **the papers/dishes from the table** die Papiere/das Geschirr vom Tisch räumen; **the parents ~d the child from the school** die Eltern nahmen das Kind von der Schule; **b)** *(dismiss)* entlassen; ~ **sb. from office/his post** jmdn. aus dem Amt/von seinem Posten entfernen; **c)** *(eradicate)* beseitigen ⟨*Gefahr, Hindernis, Problem, Zweifel*⟩; vertreiben ⟨*Angst*⟩; zerstreuen ⟨*Verdacht, Befürchtungen*⟩; **d)** *(transfer)* ~ **a pupil to another school** einen Schüler auf eine andere Schule schicken; **we ~d the books to another room** wir haben die Bücher in ein anderes Zimmer umgeräumt; ~ **an employee to another department** einen Angestellten in eine andere Abteilung versetzen; **e)** *(euphem.: kill)* beseitigen *(verhüll.)*; **f)** *in p.p. see* **cousin; g)** *in p.p. (remote)* **be entirely ~d from politics/everyday life** gar nichts mit Politik zu tun haben/völlig lebensfremd sein. **2.** *v. i.* [um]ziehen; ~ **to the country** aufs Land ziehen; **they ~d from here** sie sind [von hier] weggezogen. **3.** *n.* **a)** *(degree)* Schritt, *der;* **be only a few ~s/but one ~ from** nicht mehr weit/nur noch einen Schritt entfernt sein von; **at one ~:** auf Distanz **(from** gegenüber); **b)** *(distance)* Abstand, *der* **(from** zu); **be a far ~ from sth.** weit entfernt von etw. sein
**remover** [rɪ'mu:və(r)] *n.* **a)** *(of paint/varnish/hair/rust)* Farb-/Lack-/Haar-/Rostentferner, *der;* **b)** *(removal man)* Möbelpacker, *der;* **[firm of] ~s** Spedition[sfirma], *die*
**remunerate** [rɪ'mju:nəreɪt] *v. t.* bezahlen; entlohnen; *(recompense)* belohnen
**remuneration** [rɪmju:nə'reɪʃn] *n.* Bezahlung, *die;* Entlohnung, *die; (reward)* Belohnung, *die*
**remunerative** [rɪ'mju:nərətɪv] *adj.* lohnend; einträglich
**Renaissance** [rə'neɪsəns, rə'neɪsɑ̃s, rɪ'neɪsəns] *n.* **a)** *no pl. (Hist.)* Renaissance, *die;* ~ **man** der Renaissancemensch; **b) r~** *(rebirth)* Renaissance, *die;* Wiedergeburt, *die (geh.)*
**renal** ['ri:nl] *adj. (Anat., Med.)* Nieren-
**rename** [ri:'neɪm] *v. t.* umbenennen; umtaufen ⟨*Schiff*⟩
**renascence** *see* **Renaissance b**
**rend** [rend] **rent** [rent] *v. t. (literary)* **a)** *(tear)* reißen **(from** aus); **b)** *(split)* spalten ⟨*Baum, Gruppe, Land*⟩; ⟨*Schrei:*⟩ zerreißen ⟨*Stille*⟩
**render** ['rendə(r)] *v. t.* **a)** *(make)* machen; **the tone ~ed the statement an insult** der Ton machte die Feststellung zu einer Beleidigung; **b)** *(show, give)* leisten ⟨*Gehorsam, Hilfe*⟩; erweisen ⟨*Ehre, Achtung, Respekt, Dienst*⟩; bieten, gewähren ⟨*Schutz*⟩; ~ **a service to sb.,** ~ **sb. a service** jmdm. einen Dienst erweisen; ~ **thanks [un]to God** Gott Dank sagen; ~ **[un]to Caesar the things that are Caesar's** *(Bibl.)* gebet dem Kaiser, was des Kaisers ist; **c)** *(pay)* entrichten ⟨*Tribut, Steuern, Abgaben*⟩; **d)** *(represent, reproduce)* wiedergeben, spielen ⟨*Musik, Szene, Rolle*⟩; *(translate)* übersetzen **(by** mit); ~ **a text into another language** einen Text in eine andere Sprache übertragen; **e)** *(present)* ~ **a report to sb.** jmdm. Bericht erstatten; ~ **an annual account [to sb.]** [jmdm.] einen Jahresbericht vorlegen; **account ~ed** *(Commerc.)* ausgestellte Rechnung; **f)** *(Building: plaster)* berappen *(fachspr.)*, verputzen ⟨*Mauer*⟩; **g)** ~ **[down]** auslassen ⟨*Fett*⟩
~ **'up** *v. t. (formal)* übergeben **(to** *Dat.*) ⟨*Festung, Fort, Stadt*⟩
**rendering** ['rendərɪŋ] *n.* **a)** Wiedergabe, *die; (translation)* Übersetzung, *die* **(into** in + *Akk.*); *(of play also)* Aufführung, *die; (of musical piece, poem also)* Vortrag, *der; (of historical events also)* Darstellung, *die;* **give a [superb]** ~ **of sth.** etw. [meisterhaft] wiedergeben/aufführen/vortragen/darstellen; **b)** *(Building: plastering)* Berapp, *der (fachspr.);* Putz, *der*
**rendezvous** ['rɒndɪvu:, 'rɒndeɪvu:] **1.** *n., pl. same* ['rɒndɪvu:z, 'rɒndeɪvu:z] **a)** *(meeting-place)* Treffpunkt, *der;* **b)** *(meeting)* Rendezvous, *das (veralt., meist noch scherzh.);* Verabredung, *die;* **c)** *(Astronaut.)* Rendezvous, *das.* **2.** *v. i., pres.* **~es** ['rɒndɪvu:z, 'rɒndeɪvu:z], *p.t. & p.p.* **~ed** ['rɒndɪvu:d, 'rɒndeɪvu:d], *pres. p.* **~ing** ['rɒndɪvu:ɪŋ, 'rɒndeɪvu:ɪŋ] sich treffen
**rendition** [ren'dɪʃn] *see* **rendering a**
**renegade** ['renɪgeɪd] **1.** *n.* Abtrünnige, *der/die;* Renegat, *der*/Renegatin, *die (abwertend).* **2.** *adj.* abtrünnig
**renege, renegue** [rɪ'ni:g, rɪ'neɪg] *v. i.* **a)** *(Amer. Cards)* nicht bedienen; **b)** ~ **[on an agreement/a promise]** [eine Vereinbarung/ein Versprechen] nicht einhalten
**renegotiate** [ri:nɪ'gəʊʃɪeɪt] *v. t.* neu aushandeln; erneut verhandeln über (+ *Akk.*)
**renew** [rɪ'nju:] *v. t.* **a)** *(restore, regenerate, recover)* erneuern; wieder wecken *od.* wachrufen ⟨*Gefühle*⟩; wiederherstellen ⟨*Kraft*⟩; ~ **sb.'s energy** jmdm. neue Energie geben; **feel spiritually ~ed** sich wie neugeboren fühlen; **b)** *(replace)* erneuern; auffüllen ⟨*Vorrat*⟩; ausbessern ⟨*Kleidungsstück*⟩; **c)** *(begin again)* erneuern ⟨*Bekanntschaft*⟩; wiederaufnehmen ⟨*Kampf, Korrespondenz*⟩; fortsetzen ⟨*Angriff, Bemühungen*⟩; **~ed exhortations/outbreaks of rioting** erneute Ermahnungen/Krawalle; **d)** *(repeat)* wiederholen ⟨*Aussage, Beschuldigung*⟩; **e)** *(extend)* erneuern, verlängern ⟨*Vertrag, Genehmigung, Ausweis etc.*⟩; ~ **a library book** ⟨*Bibliothekar/Benutzer:*⟩ ein Buch [aus der Bücherei] verlängern/verlängern lassen
**renewable** [rɪ'nju:əbl] *adj.* regenerationsfähig ⟨*Energiequelle*⟩; verlängerbar ⟨*Vertrag, Genehmigung, Ausweis*⟩
**renewal** [rɪ'nju:əl] *n.* **a)** Erneuerung, *die; (of contract, passport etc. also)* Verlängerung, *die; (of attack)* Wiederaufnahme, *die; (of library book)* Verlängerung der Leihfrist; **b) [urban]** ~: [Stadt]sanierung, *die*
**rennet** ['renɪt] *n.* Lab, *das*
**renounce** [rɪ'naʊns] **1.** *v. t.* **a)** *(abandon)* verzichten auf (+ *Akk.*); **b)** *(refuse to recognize)* aufkündigen ⟨*Vertrag, Freundschaft*⟩; aufgeben ⟨*Grundsatz, Plan, Versuch*⟩; leugnen ⟨*jmds. Autorität*⟩; verstoßen ⟨*Person*⟩; ~ **the world** der Welt *(Dat.)* entsagen *(geh.)*; ~ **the devil/one's faith** dem Teufel/seinem Glauben abschwören. **2.** *v. i.* **a)** *(Law)* offiziell seinen Verzicht erklären; **b)** *(Cards)* nicht bedienen
**renouncement** [rɪ'naʊnsmənt] *see* **renunciation a**
**renovate** ['renəveɪt] *v. t.* renovieren ⟨*Gebäude*⟩; restaurieren ⟨*Möbel, Gemälde*⟩
**renovation** [renə'veɪʃn] *n.* Renovierung, *die; (of furniture etc.)* Restaurierung, *die*
**renown** [rɪ'naʊn] Renommee, *das;* Ansehen, *das;* **of [great]** ~: von hohem Ansehen; sehr berühmt ⟨*Stadt*⟩
**renowned** [rɪ'naʊnd] *adj.* berühmt **(for** wegen, für); **he is ~ as a portrait-painter** er hat als Porträtmaler einen großen Namen
[1]**rent** *see* **rend**
[2]**rent** [rent] *n. (tear, cleft)* Riß, *der (auch fig.)*; *(cleft also)* Spalte, *die;* ~ **in the clouds** Wolkenspalt, *der*
[3]**rent** [rent] **1.** *n. (for house, flat, etc.)* Miete, *die; (for land)* Pacht, *die;* **have a house free of** ~: ein Haus mietfrei bewohnen; **for** ~ *(Amer.)* ⟨*Haus, Wohnung etc.*⟩ zu vermieten; ⟨*Land*⟩ zu verpachten; ⟨*Kostüme*⟩ zu verleihen. **2.** *v. t.* **a)** *(use)* mieten ⟨*Haus, Wohnung usw.*⟩; pachten ⟨*Land*⟩; mieten ⟨*Auto, Gerät*⟩; **b)** *(let)* vermieten ⟨*Haus, Wohnung, Auto etc.*⟩ **(to** *Dat.*, an + *Akk.*); verpachten ⟨*Land*⟩ **(to** *Dat.*, an + *Akk.*). **3.** *v. i.* ⟨*Haus, Wohnung, Auto usw.:*⟩ vermietet werden; ⟨*Land:*⟩ verpachtet werden
~ **'out** *v. t. see* [3]**rent 2 b**
**rentable** ['rentəbl] *adj. see* [3]**rent 2:** zu [ver]mieten/[ver]pachten *präd.*; zu [ver]mietend/[ver]pachtend *attr.*
**rent: ~-a-car** *attrib. adj.* **~-a-car business/company/service** Autoverleih, *der;* **~-a-crowd** *n.* bestellter Haufen; *(claque)* Claque, *die*
**rental** ['rentl] *n.* **a)** *(from houses etc.)* Miete, *die; (from land)* Pacht, *die;* **b)** *see* [3]**rent 2:** Mietung, *die;* Pachtung, *die; (letting)* Vermietung, *die;* Verpachtung, *die;* **car ~:** Autoverleih, *der;* **the property is on ~:** der Besitz ist verpachtet *od.* in Pacht; **c)** *(Amer.: thing rented)* Mietgegenstand, *der;* Mietsache, *die (Rechtsw.)*
'**rental library** *n. (Amer.) (kommerzielle)* Leihbücherei
**rent: ~-a-mob** *n.* bestellter Haufen von Randalierern; **~-a-van** *attrib. adj.* **~-a-van business/company/service** Transportervermietung, *die;* **~-boy** *n. (coll.)* Strichjunge, *der (salopp);* **~-collector** *n. jmd., der für den Hausbesitzer die Miete kassiert;* ~ **control** *n.* ≈ Mietpreisbindung, *die;* **~-controlled** *adj.* mietpreisgebunden; **~-free** *adj.* mietfrei; ~ **officer** *n. Beamter/Beamtin der kommunalen Beratungsstelle für mietrechtliche Fragen;* ~ **rebate** *n.* Mietermäßigung, *die;* ~ **tribunal** *n.* Mietgericht, *das*
**renumber** [ri:'nʌmbə(r)] *v. t.* umnumerieren; neu beziffern *od.* benummern
**renunciation** [rɪnʌnsɪ'eɪʃn] *n.* **a)** *see* **renounce 1 a, b:** Verzicht, *der;* Aufkündigung, *die;* Aufgabe, *die;* Leugnung, *die;* Verstoßung, *die;* **b)** *(self-denial)* Selbstverleugnung, *die*
**reoccupation** [ri:ɒkjʊ'peɪʃn] *n.* Wiederbesetzung, *die; (of house etc.)* Wiederübernahme, *die*
**reoccupy** [ri:'ɒkjʊpaɪ] *v. t.* wiederbesetzen *(Milit.)* ⟨*Ort, Stellung*⟩; wieder übernehmen ⟨*Haus, Wohnung*⟩
**reopen** [ri'əʊpn] **1.** *v. t.* **a)** *(open again)* wieder öffnen; wieder aufmachen; wiedereröffnen ⟨*Geschäft, Lokal usw.*⟩; **b)** *(return to)* wiederaufnehmen ⟨*Diskussion, Verhandlung, Feindseligkeiten*⟩; wiederaufnehmen, wieder aufrollen ⟨*Fall*⟩; zurückkommen auf (+ *Akk.*) ⟨*Angelegenheit*⟩. **2.** *v. i.* ⟨*Geschäft, Lokal usw.:*⟩ wieder öffnen; wiedereröffnet werden; ⟨*Verhandlungen, Unterricht:*⟩ wieder beginnen
**reorder** [ri:'ɔ:də(r)] **1.** *v. t.* **a)** *(Commerc.: order again)* nachbestellen ⟨*Ware*⟩; *(after theft, loss)* neu bestellen; **b)** *(rearrange)* umordnen; neu ordnen; *(on list)* umstellen ⟨*Namen*⟩; neu festlegen ⟨*Reihenfolge*⟩. **2.** *n. (Commerc.)* Nachbestellung, *die*
**reorganisation, reorganise** *see* **reorganiz-**
**reorganization** [ri:ɔ:gənaɪ'zeɪʃn] *n.* Umorganisation, *die; (of text)* Neugliederung, *die; (of time, work)* Neueinteilung, *die*
**reorganize** [ri:'ɔ:gənaɪz] *v. t.* umorganisieren; neu einteilen ⟨*Zeit, Arbeit*⟩; neu gliedern ⟨*Aufsatz, Referat*⟩
**reorient** [ri:'ɔ:rɪent, ri:'ɒrɪent], **reorientate** [ri:'ɒrɪənteɪt, ri:'ɔ:rɪənteɪt] *v. t.* neu ausrichten ⟨*Programm, Politik, Denken, Handeln*⟩; ~ **a person** einem Menschen eine neue Orientierung geben

**reorientation** [riːɒrɪənˈteɪʃn, riːɔːrɪənˈteɪʃn] *n.* Neuorientierung, *die*

**[1]rep** [rep] *n. (Textiles)* Rips, *der*

**[2]rep** *n. (coll.: representative)* Vertreter, *der*/Vertreterin, *die*

**[3]rep** *n. (Theatre coll.)* Repertoiretheater, *das;* **be in ~:** an einem Repertoiretheater spielen

**Rep.** *abbr. (Amer.)* **a) Representative** Abg.; **b) Republican** Rep.

**repaid** *see* **repay**

**repaint 1.** [riːˈpeɪnt] *v. t.* neu streichen ‹*Gebäude, Wand, Tür usw.*›; neu lackieren ‹*Auto*›. **2.** [ˈriːpeɪnt] *n.* **the door needs a ~:** die Tür braucht einen neuen Anstrich; **give sth. a ~:** etw. neu streichen/lackieren

**[1]repair** [rɪˈpeə(r)] **1.** *v. t.* **a)** *(restore, mend)* reparieren; ausbessern ‹*Kleidung, Straße*›; **b)** *(remedy)* wiedergutmachen ‹*Schaden, Fehler*›; beheben ‹*Schaden, Mangel*›. **2.** *n.* **a)** *(restoring, renovation)* Reparatur, *die;* **be beyond ~:** sich nicht mehr reparieren lassen; **be in need of ~:** reparaturbedürftig sein; ‹*Schuhe:*› repariert werden müssen; **be under ~:** ‹*Maschine, Gerät, Fahrzeug:*› in Reparatur sein; **the road is under ~:** an der Straße werden gerade Bauarbeiten ausgeführt; **closed for ~s** wegen Reparaturarbeiten geschlossen; **'~s [done] while you wait'** „Reparaturschnelldienst"; **b)** *no pl., no art. (condition)* **be in good/bad ~** *or* **in a good/bad state of ~:** in gutem/schlechtem Zustand sein

**[2]repair** *v. i. (formal: go)* sich begeben **(to** nach/zu/in + *Akk.*) *(Papierdt.)*

**repairable** [rɪˈpeərəbl] *adj.* reparabel; **be ~** *or* **in a ~ state** zu reparieren sein

**repairer** [rɪˈpeərə(r)] *n. (of watches/shoes)* Uhr-/Schuhmacher, *der;* **take sth. to the ~'s** etw. zur Reparatur bringen

**repair: ~man** *n. (of mechanism)* Mechaniker, *der; (in house)* Handwerker, *der;* **~ shop** *n.* Reparaturwerkstatt, *die*

**repaper** [riːˈpeɪpə(r)] *v. t.* neu tapezieren

**reparation** [repəˈreɪʃn] *n.* **a)** *(making amends)* Wiedergutmachung, *die;* **b)** *(compensation)* Entschädigung, *die;* **~s** *(for war damage)* Reparationen; **make ~ [for sth.]** [für etw.] Ersatz leisten

**repartee** [repɑːˈtiː] *n.* **a)** *(witty retort)* schlagfertige Antwort; **b)** *(making of retorts)* Schlagfertigkeit, *die;* **be good at ~:** schlagfertig sein

**repast** [rɪˈpɑːst] *n. (formal)* Mahl, *das (geh.)*

**repatriate** [riːˈpætrɪeɪt] *v. t.* repatriieren

**repatriation** [riːpætrɪˈeɪʃn] *n.* Repatriierung, *die*

**repay** [riːˈpeɪ] **1.** *v. t.*, **repaid** [riːˈpeɪd] **a)** *(pay back)* zurückzahlen ‹*Schulden usw.*›; erstatten ‹*Spesen*›; **if you'll lend me £1, I'll ~ you next week** wenn du mir ein Pfund leihst, zahle *od.* gebe ich es dir nächste Woche zurück; **b)** *(return)* erwidern ‹*Besuch, Gruß, Freundlichkeit*›; **c)** *(give in recompense)* **~ sb. for sth.** jmdm. etw. vergelten; **d)** *(requite)* **~ efforts** *etc.* für Bemühungen *usw.* entschädigen. **2.** *v. i.*, **repaid** Rückzahlungen leisten

**repayable** [riːˈpeɪəbl] *adj.* rückzahlbar; **~ at the end of the year** zum Jahresende zurückgezahlt werden müssen

**repayment** [riːˈpeɪmənt] *n.* **a)** *(paying back)* Rückzahlung, *die;* **she's having trouble with the ~s** sie hat Schwierigkeiten mit der Rückzahlung; **b)** *(reward)* Lohn, *der* **(for** für)

**re'payment mortgage** *n.* Tilgungshypothek, *die*

**repeal** [rɪˈpiːl] **1.** *v. t.* aufheben ‹*Gesetz, Erlaß usw.*›. **2.** *n.* Aufhebung, *die*

**repeat** [rɪˈpiːt] **1.** *n.* **a)** Wiederholung, *die; (Radio, TV also)* Wiederholungssendung, *die;* **do a ~ of sth.** etw. wiederholen; **there will be a ~ of this programme** diese Sendung wird wiederholt; **b)** *(Commerc.)* Nachbestellung, *die;* **c)** *(Mus.) (passage)* Wiederholung, *die; (sign)* Wiederholungszeichen, *das;* **d)** *(repeated pattern)* Rapport, *der (bes. Kunstwiss.).* **2.** *v. t.* **a)** *(say, do, broadcast again)* wiederholen; **'not, ~ 'not** auf [gar] keinen Fall; unter [gar] keinen Umständen; **'nobody, [I] ~ 'nobody** niemand, ich betone, niemand; *(Radio)* niemand, ich wiederhole, niemand; **please ~ after me: ...:** sprich/sprecht/sprechen Sie mir bitte nach: ...; **b)** *(recite)* aufsagen ‹*Gedicht, Strophe, Text*›; **c)** *(report)* weitererzählen **(to** *Dat.*); **do you want me to ~ the conversation?** soll ich dir das Gespräch wiedergeben?. **3.** *v. i.* **a)** *(Math.: recur)* ‹*Zahl:*› periodisch sein; **b)** *(Amer.: vote more than once)* seine Stimme mehrmals abgeben. **4.** *v. refl.* **~ oneself/itself** sich wiederholen

**repeater** [rɪˈpiːtə(r)] *n.* **a)** *(Horol.)* Repetieruhr, *die;* **b)** *(Arms)* Repetiergewehr, *das;* Mehrlader, *der*

**repeating 'decimal** *n. (Math.)* periodische Dezimalzahl

**repeat: ~ 'order** *n. (Commerc.)* Nachbestellung, *die;* **~ per'formance** *n.* Wiederholungsvorstellung, *die (Theater); (of music)* Wiederholungskonzert, *das*

**repêchage** [ˈrepəʃɑːʒ] *n. (esp. Rowing)* Hoffnungslauf, *der; (Fencing)* Trostrunde, *die*

**repel** [rɪˈpel] *v. t.*, **-ll- a)** *(drive back)* abwehren ‹*Feind, Angriff, Annäherungsversuch, Schlag usw.*›; widerstehen (+ *Dat.*) ‹*Versuchung*›; abstoßen ‹*Feuchtigkeit, elektrische Ladung, Magnetpol*›; **b)** *(be repulsive to)* abstoßen

**repellent** [rɪˈpelənt] **1.** *adj.* **a)** *(repugnant)* abstoßend; **b)** *(repelling)* **water-~:** wasserabstoßend *od. (seltener)* -abweisend; **mosquito-~:** Mückenschutz‹*mittel usw.*›. **2.** *n.* **[insect-]~:** Insektenschutzmittel, *das*

**repent** [rɪˈpent] **1.** *v. i.* bereuen **(of** *Akk.*). **2.** *v. t.* bereuen

**repentance** [rɪˈpentəns] *n.* Reue, *die*

**repentant** [rɪˈpentənt] *adj.* reuig, reuevoll *(geh.);* reumütig *(öfter scherzh.);* **a ~ sinner** ein reuiger Sünder

**repercussion** [riːpəˈkʌʃn] *n. usu. in pl.* Auswirkung, *die* **([up]on** auf + *Akk.*)

**repertoire** [ˈrepətwɑː(r)] *n.* **a)** *(Mus., Theatre)* Repertoire, *das* **(of** an + *Dat.*, von); **b)** *(complete list)* Spektrum, *das*

**repertory** [ˈrepətərɪ] *n.* **a)** *see* **repertoire; b)** *(Theatre)* Repertoiretheater, *das;* **play/be in ~:** an einem Repertoiretheater spielen

**'repertory company** *n.* Repertoiretheater, *das*

**répétiteur** [repetɪˈtɜː(r)] *n. (Mus., Theatre)* [Kor]repetitor, *der*

**repetition** [repɪˈtɪʃn] *n.* Wiederholung, *die*

**repetitious** [repɪˈtɪʃəs] *adj.* sich immer wiederholend *attr.;* **his style is ~:** er wiederholt sich immer

**repetitive** [rɪˈpetɪtɪv] *adj.* eintönig; **sth. is ~:** etw. bietet keine Abwechslung

**rephrase** [riːˈfreɪz] *v. t.* umformulieren; **I'll rephrase that** ich will es anders ausdrücken

**repine** [rɪˈpaɪn] *v. i. (literary)* hadern *(geh.)* **(at** mit)

**replace** [rɪˈpleɪs] *v. t.* **a)** *(put back in place) (vertically)* zurückstellen; wieder einordnen ‹*Karteikarte*›; *(horizontally)* zurücklegen; [wieder] auflegen ‹*Telefonhörer*›; **I ~d the key in the lock** ich steckte den Schlüssel wieder ins Schloß; **he ~d the fish in the tank** er setzte den Fisch wieder in den Tank; **b)** *(take place of, provide substitute for)* ersetzen; **~ A with** *or* **by B** A durch B ersetzen; **c)** *(renew)* ersetzen ‹*Gestohlenes usw.*›; austauschen, auswechseln ‹*Maschinen[teile] usw.*›; auswechseln ‹*Glühbirne*›; auffüllen ‹*Vorrat*›

**replaceable** [rɪˈpleɪsəbl] *adj.* ersetzbar ‹*Person, Verlorenes usw.*›; austauschbar, auswechselbar ‹*Maschinenteil usw.*›

**replacement** [rɪˈpleɪsmənt] *n.* **a)** *(putting back) see* **replace a:** Zurückstellen, *das;* Zurücklegen, *das;* Wiedereinordnen, *das;* Auflegen, *das;* **b)** *(provision of substitute for)* Ersatz, *der;* Ersetzen, *das; attrib.* Ersatz-; **the ~ of the blood loss** der Ausgleich des Blutverlusts; **c)** *(substitute)* Ersatz, *der;* **~ [part]** Ersatzteil, *das;* **~s** *(staff, troops)* Ersatz, *der;* **my ~:** mein Nachfolger/meine Nachfolgerin

**replant** [riːˈplɑːnt] *v. t.* **a)** *(plant again)* umpflanzen; **b)** *(provide with new plants)* neu bepflanzen

**replay 1.** [riːˈpleɪ] *v. t.* wiederholen ‹*Spiel*›; nochmals abspielen ‹*Tonband usw.*›. **2.** [ˈriːpleɪ] *n.* Wiederholung, *die; (match)* Wiederholungsspiel, *das*

**replenish** [rɪˈplenɪʃ] *v. t.* [wieder] auffüllen

**replenishment** [rɪˈplenɪʃmənt] *n.* **a)** *(renewing) (of supplies)* Auffüllung, *die;* Wiederauffüllen, *das; (of stocks)* Ergänzung, *die;* **b)** *(fresh supply)* **~s** Nachschub, *der*

**replete** [rɪˈpliːt] *adj.* **a)** *(filled)* reich **(with** an + *Dat.*); **a story ~ with drama** eine Geschichte voller Dramatik; **b)** *(gorged)* satt

**repleteness** [rɪˈpliːtnɪs] *n., no pl.* Sattheit, *die;* **feeling of ~:** Völlegefühl, *das*

**repletion** [rɪˈpliːʃn] *n.* Sättigung, *die;* **eat to ~:** sich satt essen

**replica** [ˈreplɪkə] *n.* Nachbildung, *die; (of work of art)* Kopie, *die; (by original artist)* Replik, *die; (esp. on smaller scale)* Modell, *das;* **he is a ~ of his brother** er ist das Ebenbild *(geh.)* seines Bruders

**replicate** [ˈreplɪkeɪt] **1.** *v. t.* nachbilden; replizieren *(Kunstwiss.); (Biol.)* replizieren. **2.** *v. i. (Biol.)* sich reproduzieren

**replication** [replɪˈkeɪʃn] *n.* **a)** Nachbildung, *die;* **b)** *(Biol.)* Replikation, *die*

**reply** [rɪˈplaɪ] **1.** *v. i.* **~ [to sb./sth.]** [jmdm./auf etw. *(Akk.)*] antworten; **~ [to the gunfire]** das Feuer erwidern. **2.** *v. t.* **~ that ...:** antworten, daß ... **3.** *n.* **a)** Antwort, *die* **(to** auf + *Akk.*); **my ~ to him** die Antwort, die ich ihm gegeben habe/geben werde *usw.*; **in/by way of ~:** als Antwort; **in ~ to your letter** in Beantwortung Ihres Schreibens *(Amtsspr.);* **what did he say in ~?** was hat er darauf geantwortet?; **make [a] ~** *(formal)* [eine] Antwort geben; **b)** *(Law)* Replik, *die*

**reply: ~ coupon** *n. (Post)* internationaler Antwortschein; **~-paid** *adj.* **~-paid telegram** RP-Telegramm, *das;* **~-paid envelope** Freiumschlag, *der*

**repoint** [riːˈpɔɪnt] *v. t. (Building)* neu ausfugen *od.* verfugen

**repopulate** [riːˈpɒpjʊleɪt] *v. t.* neu besiedeln

**report** [rɪˈpɔːt] **1.** *v. t.* **a)** *(relate)* berichten/*(in writing)* einen Bericht schreiben über (+ *Akk.*) ‹*Ereignis usw.*›; *(state formally also)* melden; **sb. is/was ~ed to be ...:** jmd. soll ... sein/gewesen sein; **she ~ed all the details to me** sie berichtete mir [über] alle Einzelheiten; **it is ~ed from Buckingham Palace that ...:** aus dem Buckingham-Palast wird gemeldet *od.* berichtet, daß ...; **nothing to ~:** keine besonderen Vorkommnisse; **~ sb. missing** jmdn. als vermißt melden; **the papers ~ed him [as] dead** laut Zeitungsberichten war er tot; **~ progress on** *(Brit.)* einen Tätigkeitsbericht abgeben über (+ *Akk.*); **b)** *(repeat)* übermitteln **(to** *Dat.*) ‹*Botschaft*›; wiedergeben **(to** *Dat.*) ‹*Worte, Sinn*›; **he is ~ed as having said that ...:** er soll gesagt haben, daß ...; **c)** *(name or notify to authorities)* melden **(to** *Dat.*); *(for prosecution)* anzeigen **(to** bei); **d)** *(present)* **~ oneself [to sb.]** sich [bei jmdm.] melden; **~ oneself present** *(Mil.)* sich zur Stelle melden. **2.** *v. i.* **a)** Bericht erstatten **(on** über + *Akk.*); berichten **(on** über + *Akk.*); **he ~s on financial affairs for the 'Guardian'** er schreibt für den Wirtschaftsteil des „Guardian"; **b)** *(present oneself)* sich melden **(to**

bei); ~ **for duty** sich zum Dienst melden; ~ **sick** sich krank melden; **c)** *(be responsible)* ~ **to sb.** jmdm. unterstehen; **d)** *(give report)* ~ **well/badly of sb./sth.** Gutes/Schlechtes *od.* nichts Gutes über jmdn./etw. berichten; *(Radio/Telev.)* **Mark Tally ~ing [from Delhi]** Mark Tally berichtet [aus Delhi]. **3.** *n.* **a)** *(account)* Bericht, *der* **(on, about** über + *Akk.*); *(in newspaper etc. also)* Reportage, *die* **(on** über + *Akk.*); **make a ~:** einen Bericht abfassen; **an official ~ on price trends** ein Gutachten über die Preisentwicklung; **b)** *(Sch.)* Zeugnis, *das;* **c)** *(sound)* Knall, *der;* **d)** *(rumour)* Gerücht, *das;* **the ~ goes that ...:** man sagt, daß ...; **know sth. only by ~:** etw. nur vom Hörensagen kennen/wissen

~ **'back** *v. i.* **a)** *(present oneself again)* sich zurückmelden **(for zu)**; **b)** *(give a report)* Bericht erstatten **(to** *Dat.*)

**reportage** [repɔ:'tɑ:ʒ] *n.* Reportage, *die*

**reportedly** [rɪ'pɔ:tɪdlɪ] *adv.* wie verlautet; **they have ~ made huge profits** sie sollen sehr große Gewinne gemacht haben

**reported 'speech** *n. (Ling.)* indirekte Rede

**reporter** [rɪ'pɔ:tə(r)] *n. (Radio, Telev., Journ.)* Reporter, *der*/Reporterin, *die;* Berichterstatter, *der*/-erstatterin, *die*

**re'port stage** *n. (Brit. Parl.) Unterhausdebatte über Gesetzentwurf nach dessen Beratung im Ausschuß*

**repose** [rɪ'pəʊz] *(literary)* **1.** *n.* **a)** *(rest, respite)* Ruhe, *die;* **in ~:** ruhend; **b)** *(composure)* Gelassenheit, *die.* **2.** *v. i.* **a)** *(lie)* ruhen; *(joc.: be situated)* liegen; sich befinden; **b)** *(be supported)* beruhen **([up]on** auf + *Dat.*). **3.** *v. t. (rest)* ausruhen

**reposition** [ri:pə'zɪʃn] *v. t.* umstellen; verstellen ⟨*Teil*⟩

**repository** [rɪ'pɒzɪtərɪ] *n.* **a)** *(receptacle)* Behälter, *der;* **b)** *(store)* Lager, *das; (fig.) (book etc.)* Fundgrube, *die* **(of** für); *(person)* Quelle, *die* **(of** für)

**repossess** [ri:pə'zes] *v. t.* wiedergewinnen ⟨*Gebiet usw.*⟩; wieder in Besitz nehmen ⟨*Waren*⟩; ⟨*Bausparkasse:*⟩ beschlagnahmen lassen ⟨*Haus*⟩

**repossession** [ri:pə'zeʃn] *n. (of territories etc.)* Wiedergewinnung, *die; (of goods)* Wiederinbesitznahme, *die; (of house)* Erwirkung der Beschlagnahme

**repot** [ri:'pɒt] *v. t.*, **-tt-** umtopfen

**repp** *see* **'rep**

**reprehend** [reprɪ'hend] *v. t.* tadeln; rügen

**reprehensible** [reprɪ'hensɪbl] *adj.* tadelnswert; sträflich; **be morally ~:** moralisch zu verurteilen sein

**reprehensibly** [reprɪ'hensɪblɪ] *adv.* tadelnswert; sträflich

**represent** [reprɪ'zent] *v. t.* **a)** *(symbolize)* verkörpern; **b)** *(denote, depict, present)* darstellen **(as** als); *(Theatre also)* spielen; **the symbol x ~s guttural sounds** das Zeichen x steht für Gutturallaute; **I am not what you ~ me as** *or* **to be** ich bin nicht so, wie du mich hinstellst; **c)** *(correspond to)* entsprechen (+ *Dat.*); **d)** *(be specimen of, act for)* vertreten

**re-present** [ri:prɪ'zent] *v. t.* erneut vorlegen

**representation** [reprɪzen'teɪʃn] *n.* **a)** *(depicting, image)* Darstellung, *die;* **b)** *(acting for sb.)* Vertretung, *die;* **c)** *(protest)* Protest, *der;* **make ~s to sb.** bei jmdm. Protest einlegen

**representational** [reprɪzen'teɪʃənl] *adj.* **a)** gegenständlich ⟨*Kunst*⟩; **b)** *see* **representative 2c**

**representative** [reprɪ'zentətɪv] **1.** *n.* **a)** *(member, successor, agent, deputy)* Vertreter, *der*/Vertreterin, *die; (firm's agent, deputy also)* Repräsentant, *der*/Repräsentantin, *die;* **there were no ~s of the family at the funeral** die Familie war bei der Beerdigung nicht vertreten; **b) R~** *(Amer. Polit.)* Abgeordneter/Abgeordnete im Repräsentantenhaus; **House of R~s** Repräsentantenhaus, *das.* **2.** *adj.* **a)** *(typical)* repräsentativ **(of** für); **a ~ modern building** ein typisches modernes Gebäude; **Charles II was fully ~ of his age** Charles II war ein typischer Vertreter seiner Zeit; **b)** *(consisting of deputies)* Abgeordneten⟨*versammlung, -kammer usw.*⟩; **c)** *(Polit.: based on representation)* repräsentativ; Repräsentativ⟨*system, -verfassung*⟩; ~ **government/institutions** parlamentarische Regierung/Institution; **d) be ~ of** *(portray)* darstellen; *(symbolize)* symbolisieren; ⟨*Person:*⟩ verkörpern; **e)** *(that presents sth. to the mind)* ~ **faculty/power** Vorstellungsvermögen, *das*/-kraft, *die*

**representatively** [reprɪ'zentətɪvlɪ] *adv.* repräsentativ

**representativeness** [reprɪ'zentətɪvnɪs] *n., no pl.* Repräsentanz, *die*

**repress** [rɪ'pres] *v. t.* **a)** unterdrücken ⟨*Aufruhr, Gefühle, Lachen usw.*⟩; **b)** *(Psych.)* verdrängen ⟨*Gefühle*⟩ **(from** aus)

**repressed** [rɪ'prest] *adj.* unterdrückt; *(Psych.)* verdrängt

**repression** [rɪ'preʃn] *n.* Unterdrückung, *die; (Psych.)* Verdrängung, *die*

**repressive** [rɪ'presɪv] *adj.* repressiv; ~ **measures** Repressivmaßnahmen

**reprieve** [rɪ'pri:v] **1.** *v. t.* ~ **sb.** *(postpone execution)* jmdm. Strafaufschub gewähren; *(remit execution)* jmdn. begnadigen; *(fig.)* verschonen. **2.** *n.* Strafaufschub, *der* **(of** für); Begnadigung, *die; (fig.)* Gnadenfrist, *die*

**reprimand** ['reprɪmɑ:nd] **1.** *n.* Tadel, *der;* Verweis, *der.* **2.** *v. t.* tadeln; einen Verweis erteilen (+ *Dat.*)

**reprint 1.** [ri:'prɪnt] *v. t.* **a)** *(print again)* wieder abdrucken; **b)** *(make reprint of)* nachdrucken. **2.** ['ri:prɪnt] *n.* **a)** *(book reprinted)* Nachdruck, *der;* **b) how big was the ~?** wieviel Exemplare wurden nachgedruckt?; **it has had ten ~s** es ist zehnmal nachgedruckt worden; **c)** *(article printed separately)* Sonderdruck, *der*

**reprisal** [rɪ'praɪzl] *n.* Vergeltungsakt, *der* **(for** gegen)

**reprise** [rə'pri:z] *n. (Mus.)* Reprise, *die*

**repro** ['ri:prəʊ] **1.** *n. (Printing)* Repro, *das;* ~ **[proof]** Reproabzug, *der.* **2.** *adj.* **it's only ~:** es ist nur eine Reproduktion

**reproach** [rɪ'prəʊtʃ] **1.** *v. t.* ~ **sb.** jmdm. Vorwürfe machen; ~ **sb. with** *or* **for sth.** jmdm. etw. vorwerfen *od.* zum Vorwurf machen; ~ **sb. bitterly for having done sth.** jmdm. bittere Vorwürfe machen, daß er etw. getan hat; **have nothing to ~ oneself for** *or* **with** sich *(Dat.)* nichts vorzuwerfen haben. **2.** *n.* **a)** *(rebuke)* Vorwurf, *der;* **be above** *or* **beyond ~:** über jeden Vorwurf erhaben sein; **be used as a term of ~:** abwertend gebraucht werden; **look of ~:** vorwurfsvoller Blick; **b)** *(disgrace)* Schande, *die* **(to** für)

**reproachful** [rɪ'prəʊtʃfl] *adj.*, **reproachfully** [rɪ'prəʊtʃfəlɪ] *adv.* vorwurfsvoll

**reprobate** ['reprəbeɪt] **1.** *n.* Halunke, *der.* **2.** *adj.* verkommen

**reprocess** [ri:'prəʊses] *v. t.* wiederaufbereiten; **~ing plant** Wiederaufbereitungsanlage, *die*

**reproduce** [ri:prə'dju:s] **1.** *v. t.* **a)** wiedergeben; reproduzieren *(Druckw.)* ⟨*Bilder usw.*⟩; **b)** ~ **oneself** sich fortpflanzen; sich vermehren; **c)** *(Biol.: form afresh)* neu bilden ⟨*Organe, Gliedmaßen usw.*⟩. **2.** *v. i.* **a)** *(multiply)* sich fortpflanzen; sich vermehren; **b)** *(give copy)* sich reproduzieren lassen

**reproducible** [ri:prə'dju:sɪbl] *adj.* reproduzierbar; **be ~:** sich reproduzieren lassen

**reproduction** [ri:prə'dʌkʃn] *n.* **a)** Wiedergabe, *die;* Reproduktion, *die (Druckw.);* ~ **of sound** Tonwiedergabe, *die;* **b)** *(producing offspring)* Fortpflanzung, *die;* **c)** *(copy)* Reproduktion, *die;* **printed ~:** Druck, *der; attrib.* ~ **furniture** Stilmöbel *Pl.;* **a ~ Chippendale chair** ein Stuhl im Chippendalestil; **d)** *(Biol.: forming afresh)* Regeneration, *die*

**reproductive** [ri:prə'dʌktɪv] *adj.* Fortpflanzungs-

**reprographic** [ri:prə'græfɪk] *adj.* reprographisch *(Druckw.)*

**reproof** [rɪ'pru:f] *n.* Tadel, *der;* **a glance/word of ~:** ein tadelnder Blick/ein tadelndes Wort; **deserving of ~:** tadelnswert

**reprove** [rɪ'pru:v] *v. t.* tadeln ⟨*Verhalten usw.*⟩; tadeln, zurechtweisen ⟨*Person*⟩

**reproving** [rɪ'pru:vɪŋ] *adj.* tadelnd

**reprovingly** [rɪ'pru:vɪŋlɪ] *adv.* tadelnd

**reptile** ['reptaɪl] *n.* Reptil, *das;* Kriechtier, *das; (fig. derog.)* Ekel, *das (ugs. abwertend)*

**reptilian** [rep'tɪljən] **1.** *adj.* reptilartig; *(of the Reptilia)* Reptilien⟨*knochen, -schädel*⟩. **2.** *n.* Reptil, *das;* Kriechtier, *das*

**republic** [rɪ'pʌblɪk] *n.* Republik, *die*

**republican** [rɪ'pʌblɪkən] **1.** *adj.* **a)** republikanisch; **b)** *(Amer. Polit.)* **R~ Party** Republikanische Partei. **2.** *n.* **R~** *(Amer. Polit.)* Republikaner, *der*/Republikanerin, *die*

**republicanism** [rɪ'pʌblɪkənɪzm] *n.* Republikanismus, *der*

**republication** [ri:pʌblɪ'keɪʃn] *n.* Wiederveröffentlichung, *die*

**republish** [ri:'pʌblɪʃ] *v. t.* wieder veröffentlichen

**repudiate** [rɪ'pju:dɪeɪt] *v. t.* **a)** *(deny)* zurückweisen ⟨*Anschuldigung usw.*⟩; *(reject)* nicht anerkennen ⟨*Autorität, Vertrag usw.*⟩; **b)** *(disown)* verstoßen ⟨*Person*⟩

**repudiation** [rɪpju:dɪ'eɪʃn] *n. see* **repudiate:** Zurückweisung, *die;* Nichtanerkennung, *die;* Verstoßung, *die*

**repugnance** [rɪ'pʌgnəns] *n. (strong dislike)* [starke] Abneigung **(to[wards]** gegen); Abscheu, *der* **(to[wards]** vor + *Dat.*)

**repugnant** [rɪ'pʌgnənt] *adj. (distasteful)* widerlich; abstoßend; **be ~ to sb.** jmdm. widerlich sein

**repulse** [rɪ'pʌls] **1.** *v. t.* abwehren *(auch fig.);* zurückweisen ⟨*Unterstellung*⟩. **2.** *n.* Abwehr, *die;* **suffer a ~:** eine Niederlage erleiden

**repulsion** [rɪ'pʌlʃn] *n.* **a)** *(disgust)* Widerwille, *der* **(towards** gegen); **b)** *(Phys.)* Repulsion, *die*

**repulsive** [rɪ'pʌlsɪv] *adj.* **a)** *(disgusting)* abstoßend; widerwärtig; **b)** *(Phys.)* repulsiv

**repulsively** [rɪ'pʌlsɪvlɪ] *adv.* abstoßend

**repurchase** [ri:'pɜ:tʃɪs] **1.** *v. t.* zurückkaufen. **2.** *n.* Rückkauf, *der*

**reputable** ['repjʊtəbl] *adj.* angesehen ⟨*Person, Familie, Beruf, Zeitung usw.*⟩; anständig ⟨*Verhalten*⟩; seriös ⟨*Firma*⟩

**reputably** ['repjʊtəblɪ] *adv.* anständig

**reputation** [repjʊ'teɪʃn] *n.* **a)** Ruf, *der;* **have a ~ for** *or* **of doing/being sth.** in dem Ruf stehen, etw. zu tun/sein; **he has a ~ for integrity/stealing** er gilt als integer/man sagt, daß er stiehlt; **what sort of ~ do they have?** wie ist ihr Ruf?; **b)** *(good name)* Name, *der;* Renommee, *das;* **men with a ~ as scientists** Männer, die sich als Wissenschaftler einen Namen gemacht haben; **make one's** *or* **gain a ~:** sich *(Dat.)* einen Namen machen **(as** als); **c)** *(bad name)* schlechter Ruf; **get oneself** *or* **acquire quite a ~:** sich in Verruf bringen

**repute** [rɪ'pju:t] **1.** *v. t. in pass.* **be ~d [to be] sth.** als etw. gelten; **she is ~d to have/make ...:** man sagt, daß sie ... hat/macht; **be very highly ~d [as a doctor]** einen sehr guten Ruf [als Arzt] haben. **2.** *n.* Ruf, *der;* Ansehen, *das;* **hold sb./sth. in high ~:** von jmdm./etw. eine hohe Meinung haben; jmdn./etw. hochschätzen *(geh.);* **of ill ~:** von schlechtem Ruf; **a house of ill ~:** ein Haus von zweifelhaftem Ruf; **know sb. by ~:** von jmdm. schon viel gehört haben; **a philosopher of ~:** ein angesehener Philosoph

**reputed** [rɪˈpjuːtɪd] *adj.* angeblich; **the ~ father** der mutmaßliche Vater

**reputedly** [rɪˈpjuːtɪdlɪ] *adv.* angeblich; vermeintlich

**request** [rɪˈkwest] **1.** *v. t.* bitten; **~ sth. of** *or* **from sb.** jmdn. um etw. bitten; **~ sb.'s presence** um jmds. Anwesenheit bitten; **~ silence** um Ruhe bitten; **~ a record** einen Plattenwunsch äußern; **~ that ...:** darum bitten, daß ...; **~ sb. to do sth.** jmdn. [darum] bitten, etw. zu tun; **the essay I am ~ed to write** der Essay, den ich schreiben soll; **'You are ~ed not to smoke'** „Bitte nicht rauchen". **2.** *n.* Bitte, *die* (**for** um); **at sb.'s ~:** auf jmds. Bitte *od.* Wunsch *(Akk.)* [hin]; **make a ~ for sth.** um etw. bitten; **I have one ~ to make of** *or* **to you** ich habe eine Bitte an Sie; **by** *or* **on ~:** auf Wunsch; **have one's ~:** seine Bitte *od.* seinen Wunsch erfüllt bekommen; **record ~s** *(Radio)* Plattenwünsche *Pl.*; **we do not receive many ~s for it** dafür haben wir keine große Nachfrage; **c)** *no art., no pl. (demand)* **be in great ~, be much in ~:** sehr gefragt sein

**request: ~ programme** *n. (Radio)* Wunschkonzert, *das;* **~ stop** *n. (Brit.)* Bedarfshaltestelle, *die*

**requiem** [ˈrekwɪem] *n.* Requiem, *das*

**requiem 'mass** *n. (Eccl.)* Requiem, *das (kath. Kirche);* Totenmesse, *die*

**require** [rɪˈkwaɪə(r)] *v. t.* **a)** *(need, wish to have)* brauchen; benötigen; erfordern ‹*Tun, Verhalten*›; **a catalogue/guide is available if ~d** bei Bedarf ist ein Katalog erhältlich/auf Wunsch steht ein Führer zur Verfügung; **is there anything else you ~?** brauchen/*(want)* wünschen Sie außerdem noch etwas?; **I have all I ~:** ich habe alles, was ich brauche; **it ~d all his authority ...:** es bedurfte seiner ganzen Autorität ... *(geh.)*; **b)** *(order, demand)* verlangen (**of** von); **~ sb. to do sth., ~ of sb. that he does sth.** von jmdm. verlangen, daß er etw. tut; **be ~d to do sth.** etw. tun müssen *od.* sollen; **~d reading** Pflichtlektüre, *die*

**requirement** [rɪˈkwaɪəmənt] *n.* **a)** *(need)* Bedarf, *der;* **meet the ~s** den Bedarf decken; **meet sb.'s ~s** jmds. Wünschen entsprechen; **what are your ~s?** was brauchen Sie?; **borrowing ~:** Kreditbedarf, *der;* **b)** *(condition)* Erfordernis, *das; (for a job)* Voraussetzung, *die;* **fulfil sb.'s ~s** jmds. Anforderungen *(Dat.)* genügen; **there are certain language ~s for this job** diese Stelle setzt [bestimmte] Sprachkenntnisse voraus

**requisite** [ˈrekwɪzɪt] **1.** *adj.* notwendig (**to, for** für); erforderlich ‹*Voraussetzung, Kenntnisse*›. **2.** *n.* Erfordernis, *das* (**for** für); **be a ~ for sth.** für etw. erforderlich sein; **toilet/travel ~s** Toiletten-/Reiseartikel *Pl.*

**requisition** [rekwɪˈzɪʃn] **1.** *n.* **a)** *(esp. Law: demand)* Aufforderung, *die;* **b)** *(order for sth.)* Anforderung, *die* (**for** *Gen.*); *(by force if necessary)* Beschlagnahmung, *die* (**for** *Gen.*); **make a ~ on sb. for sth.** etw. bei jmdm. anfordern; **be put under ~:** beschlagnahmt werden. **2.** *v. t.* anfordern; *(by force if necessary)* beschlagnahmen

**requital** [rɪˈkwaɪtl] *n.* Vergeltung, *die*

**requite** [rɪˈkwaɪt] *v. t.* vergelten; **~ sb. for sth.** jmdm. etw. vergelten; *(avenge)* jmdm. etw. heimzahlen

**reran** *see* **rerun 1**

**reread** [riːˈriːd] *v. t.*, **reread** [riːˈred] wieder *od.* nochmals lesen; **~ sth. several times** etw. mehrmals *od.* wiederholt lesen

**reredos** [ˈrɪədɒs] *n. (Eccl.)* Altaraufsatz, *der;* Retabel, *das*

**re-route** [riːˈruːt] *v. t.*, **~ing** umleiten

**rerun 1.** [riːˈrʌn] *v. t., forms as* **run** wiederholen ‹*Rennen*›; wieder auf- *od.* vorführen ‹*Film*›; wieder abspielen ‹*Tonband*›. **2.** [ˈriːrʌn] *n. see* **1:** Wiederholung, *die;* Wiederaufführung, *die;* Wiederabspielen, *das*

**resale** [riːˈseɪl] *n.* Weiterverkauf, *der (Wirtsch.)* (**to** an + *Akk.*); **'not for ~'** „nicht zum Wiederverkauf bestimmt"; *(on free samples)* „unverkäufliches Muster"; **~ price maintenance** Preisbindung, *die*

**resat** *see* **resit 1, 2**

**reschedule** [riːˈʃedjuːl] *v. t.* **a)** zeitlich neu festlegen ‹*Veranstaltung, Flug, Programm usw.*›; **the flight will be ~d for 5 o'clock** der Flug wird auf 5 Uhr verlegt; **b)** *(Fin.)* umschulden, refinanzieren ‹*Kredit, Darlehen*›; refinanzieren ‹*Schulden*›

**rescind** [rɪˈsɪnd] *v. t.* für ungültig erklären

**rescue** [ˈreskjuː] **1.** *v. t.* retten (**from** aus); *(set free)* befreien (**from** aus); **~ sb. from drowning** jmdn. vorm Ertrinken retten. **2.** *n. see* **1:** Rettung, *die;* Befreiung, *die; attrib.* Rettungs‹*dienst, -versuch, -mannschaft, -aktion*›; **go/come to the/sb.'s ~:** jmdm. zu Hilfe kommen; **once again it was Margaret to the ~:** es war wieder mal Margaret, die die Situation gerettet hat

**rescuer** [ˈreskjuːə(r)] *n.* Retter, *der*/Retterin, *die*

**research** [rɪˈsɜːtʃ, ˈriːsɜːtʃ] **1.** *n.* **a)** *(scientific study)* Forschung, *die* (**into, on** über + *Akk.*); **do ~ in biochemistry** auf dem Gebiet der Biochemie forschen; **carry out/be engaged in ~ into sth.** wissenschaftliche Untersuchungen über etw. *(Akk.)* durchführen/sich in seiner Forschungsarbeit mit etw. befassen; **piece of ~:** Forschungsarbeit, *die; (investigation)* Untersuchung, *die;* **b)** *(inquiry)* Nachforschung, *die* (**into** über + *Akk.*). **2.** *v. i.* forschen; **~ into sth.** etw. erforschen *od.* untersuchen; *(esp. Univ.)* über etw. *(Akk.)* forschen. **3.** *v. t.* erforschen; untersuchen; recherchieren ‹*Buch usw.*›

**research assistant** [-ˈ- ---, ˈ-- ---] *n.* wissenschaftlicher Assistent/wissenschaftliche Assistentin

**researcher** [rɪˈsɜːtʃə(r), ˈriːsɜːtʃə(r)] *n.* Forscher, *der*/Forscherin, *die*

**research: ~ fellow** *n.* Forschungsstipendiat, *der*/-stipendiatin, *die;* **~ fellowship** *n.* Forschungsstipendium, *das*

**resection** [rɪˈsekʃn] *(Med.)* Resektion, *die*

**reselect** [riːsɪˈlekt] *v. t. (Parl.)* wieder aufstellen ‹*Abgeordneten*›

**reselection** [riːsɪˈlekʃn] *n. (Parl.)* Wiederaufstellung, *die*

**resell** [riːˈsel] *v. t.*, **resold** [riːˈsəʊld] weiterverkaufen (**to** an + *Akk.*)

**resemblance** [rɪˈzembləns] *n.* Ähnlichkeit, *die* (**to** mit, **between** zwischen + *Dat.*); **bear a faint/strong/no ~ to ...:** eine geringe/starke/keine Ähnlichkeit mit ... haben

**resemble** [rɪˈzembl] *v. t.* ähneln, gleichen (+ *Dat.*); **they ~ each other** sie ähneln *od.* gleichen sich *(Dat.) od.* einander

**resent** [rɪˈzent] *v. t.* übelnehmen; **she ~ed his familiarity/success** sie nahm ihm seine Vertraulichkeit übel/mißgönnte ihm seinen Erfolg; **I ~ the way you take my help for granted** es gefällt mir nicht, wie du meine Hilfe als selbstverständlich hinnimmst; **she ~ed his having won** sie ärgerte sich darüber, daß er gewonnen hatte

**resentful** [rɪˈzentfl] *adj.* übelnehmerisch, nachtragend ‹*Person, Art, Verhalten*›; grollend *(geh.)* ‹*Blick*›; **be ~ of** *or* **feel ~ about sth.** etw. übelnehmen; **be ~ of sb.'s criticism/success** jmdm. seine Kritik übelnehmen/seinen Erfolg mißgönnen

**resentfully** [rɪˈzentfəlɪ] *adv.* grollend *(geh.)*; voller Groll *nachgestellt (geh.)*

**resentment** [rɪˈzentmənt] *n., no pl.* Groll, *der (geh.)*; **feel ~ towards** *or* **against sb.** einen Groll auf jmdn. haben

**reservation** [rezəˈveɪʃn] *n.* **a)** Reservierung, *die;* **[seat] ~:** [Platz]reservierung, *die;* **have a ~ [for a room]** ein Zimmer reserviert haben; **b)** *(doubt, objection)* Vorbehalt, *der* (**about** gegen); Bedenken (**about** bezüglich + *Gen.*); **without ~:** ohne Vorbehalt; vorbehaltlos; **with ~s** mit [gewissen] Vorbehalten; *see also* **mental reservation; c) central ~** *(Brit. Road Constr.)* Mittelstreifen, *der;* **d)** *(Amer.: land reserved for Indians)* Reservat, *das;* Reservation, *die*

**reserve** [rɪˈzɜːv] **1.** *v. t.* **a)** *(secure)* reservieren lassen ‹*Zimmer, Tisch, Platz*›; *(set aside)* reservieren; **~ the right to do sth.** sich *(Dat.)* [das Recht] vorbehalten, etw. zu tun; **all seats ~d** Plätze nur auf Vorbestellung; **all rights ~d** alle Rechte vorbehalten; **b)** *in pass. (be kept)* **be ~d for sb.** ‹*Funktion, Tätigkeit:*› jmdm. vorbehalten sein; **c)** *(postpone)* aufheben ‹*Überraschung, Neuigkeit*›; **~ judgement** sein Urteil aufschieben; **~ oneself for sth.** sich für etw. schonen; **~ one's strength** seine Kräfte schonen. **2.** *n.* **a)** *(extra amount)* Reserve, *die* (**of** an + *Dat.*) *(Banking also)* Rücklage, *die;* **~s of energy/strength** Energie-/Kraftreserven; **hidden ~:** stille Reserve; **have/hold** *or* **keep sth. in ~:** etw. in Reserve haben/halten; **b)** *in sing. or pl. (Mil.) (troops)* Reserve, *die;* **the ~s** die Reservetruppen *od.* -einheiten; **c)** *see* **reservist; d)** *(Sport)* Reservespieler, *der*/-spielerin, *die;* **the R~s** die Reserve; **e)** *(place set apart)* Reservat, *das;* **f)** *(restriction)* Vorbehalt, *der;* **without ~:** ohne Vorbehalt; vorbehaltlos; **g)** *see* **reserve price; h)** *(self-restraint, reticence)* Reserve, *die;* Zurückhaltung, *die*

**reserve 'currency** *n.* Reservewährung, *die*

**reserved** [rɪˈzɜːvd] *adj.* **a)** *(reticent)* reserviert; zurückhaltend; **b)** *(booked)* reserviert

**reserve: ~ list** *n. (Mil.)* **be on the ~ list** Reservist sein; **~ player** *n.* Reservespieler, *der*/-spielerin, *die;* **~ price** *n.* Mindestgebot, *das*

**reservist** [rɪˈzɜːvɪst] *n. (Mil.)* Reservist, *der*

**reservoir** [ˈrezəvwɑː(r)] *n.* **a)** *([artificial] lake)* Reservoir, *das;* **b)** *(container)* Behälter, *der;* Speicher, *der; (of fountain-pen)* Tintenraum, *der;* **c)** *(reserve supply)* Vorrat, *der* (**of** an + *Dat.*); *(fig.)* Reservoir, *das*

**reset** [riːˈset] *v. t.*, **-tt-**, **reset a)** neu [ein]fassen ‹*Schmuck-, Edelstein*›; neu stellen ‹*Uhr, Timer*›; umstellen ‹*Uhr*› (**for, to** auf + *Akk.*); **b)** *(Med.)* wieder einrichten ‹*Gliedmaße, Knochen*›; wieder einrenken ‹*ausgerenktes Gelenk*›; **c)** *(Printing)* neu setzen

**resettle** [riːˈsetl] *v. t.* **a)** umsiedeln ‹*Flüchtlinge usw.*› (**in** in + *Akk.*); **b)** *(repopulate)* wieder besiedeln ‹*Gebiet*›

**resettlement** [riːˈsetlmənt] *n.* **a)** *(of refugees)* Umsiedlung, *die;* **b)** *(repopulating)* Neubesiedlung, *die*

**reshape** [riːˈʃeɪp] *v. t.* **a)** *(give new form to)* umgestalten; umstellen ‹*Politik*›; **b)** *(remould)* umformen

**reshuffle** [riːˈʃʌfl] **1.** *v. t.* **a)** *(reorganize)* umbilden ‹*Kabinett usw.*›; **b)** *(Cards)* neu mischen. **2.** *n.* Umbildung, *die;* **Cabinet ~:** Kabinettsumbildung, *die*

**reside** [rɪˈzaɪd] *v. i. (formal)* **a)** *(dwell)* wohnen; wohnhaft sein *(Amtsspr.)*; ‹*Monarch, Präsident usw.:*› residieren; **b)** *(be vested, present, inherent)* liegen (**in** bei)

**residence** [ˈrezɪdəns] *n.* **a)** *(abode)* Wohnsitz, *der; (house)* Wohnhaus, *das; (mansion)* Villa, *die; (of a head of state or church, an ambassador)* Residenz, *die;* **the President's official ~:** der offizielle Wohnsitz des Präsidenten; **have one's ~ in London/in Victoria Street** seinen Wohnsitz in London haben/seine Privatwohnung in der Victoria Street haben; **b)** *(residing)* Aufenthalt, *der;* **take up [one's] ~ in Rome** seinen Wohnsitz in Rom nehmen; **be in ~** ‹*König, Präsident usw.:*› [an seinem offiziellen Wohnsitz] anwesend sein; ‹*Student:*› im College sein; **we have a doctor in ~:** wir haben einen Arzt im Hause; **writer** *etc.* **in ~:** *von einer Gemeinde od. einer Institution geförderter, am Ort lebender Schriftsteller usw.*

**'residence permit** *n.* Aufenthaltsgenehmigung, *die*

**residency** ['rezɪdənsɪ] *n.* *(Amer. Med.)* Zeit als Assistenzarzt/-ärztin im Krankenhaus

**resident** ['rezɪdənt] **1.** *adj.* **a)** *(residing)* wohnhaft; ~ **population** [orts]ansässige Bevölkerung; **he is ~ in England** er hat seinen Wohnsitz in England; **b)** *(living in)* im Haus wohnend ⟨*Haushälterin*⟩; Anstalts⟨*arzt, -geistlicher*⟩; ~ **tutor** Hauslehrer, *der*. **2.** *n.* **a)** *(inhabitant)* Bewohner, *der*/Bewohnerin, *die; (in a town etc. also)* Einwohner, *der*/Einwohnerin, *die; (at hotel)* Hotelgast, *der;* **'access/parking for ~s only'** „Anlieger frei"/„Parken nur für Anlieger"; **local ~:** Anwohner, *der*/Anwohnerin, *die;* **~s association** *Interessengemeinschaft von [benachbarten] Anwohnern eines bestimmten Gebiets;* **b)** *(Amer. Med.)* ≈ Assistenzarzt, *der*/-ärztin, *die*

**residential** [rezɪ'denʃl] *adj.* **a)** Wohn⟨*gebiet, -siedlung, -straße*⟩; **for ~ purposes** zu Wohnzwecken; ~ **hotel** Hotel für Dauergäste; **b)** ~ **course** *Kurs, dessen Teilnehmer am Ort wohnen;* **the ~ qualification for voters** *Nachweis des Wohnsitzes als Voraussetzung zur Ausübung des Wahlrechts*

**residential 'care** *n.* stationäre Pflege

**resident 'parking** *n.* Parken nur für Anlieger

**residual** [rɪ'zɪdjʊəl] *adj.* zurückgeblieben; noch vorhanden; ungeklärt ⟨*Problem, Frage*⟩

**residue** ['rezɪdju:] *n.* **a)** *(remainder)* Rest, *der;* **b)** *(Law)* restlicher Nachlaß *(nach Abzug aller Nachlaßverbindlichkeiten);* **c)** *(Chem.)* Rückstand, *der*

**residuum** [rɪ'zɪdjʊəm] *n., pl.* **residua** [rɪ'zɪdjʊə] *(Chem.)* Rückstand, *der*

**resign** [rɪ'zaɪn] **1.** *v. t.* *(hand over)* zurücktreten von ⟨*Amt*⟩; verzichten auf (+ *Akk.*) ⟨*Recht, Anspruch*⟩; ~ **the leadership to sb.** jmdm. die Führung überlassen *od.* -geben; ~ **one's commission** *(Mil.)* seinen Abschied nehmen; ~ **one's job/post** seine Stelle/Stellung kündigen. **2.** *v. refl.* ~ **oneself to sth./to doing sth.** sich mit etw. abfinden/sich damit abfinden, etw. zu tun. **3.** *v. i.* **a)** ⟨*Arbeitnehmer:*⟩ kündigen; ⟨*Regierungsbeamter:*⟩ zurücktreten **(from** von); ⟨*Geistlicher, Richter:*⟩ sein Amt niederlegen; ⟨*Vorsitzender:*⟩ zurücktreten, sein Amt niederlegen; ~ **from one's post** ⟨*Beamter:*⟩ seine Stellung kündigen; **b)** *(Chess)* aufgeben

**resignation** [rezɪg'neɪʃn] *n.* **a)** *see* **resign 3a:** Kündigung, *die;* Verzicht, *der* **(of** auf + *Akk.*); Rücktritt, *der;* Amtsniederlegung, *die;* **give** *or* **send in** *or* **tender one's ~:** seinen Rücktritt/seine Kündigung einreichen/sein Amt niederlegen; **b)** *(being resigned)* Ergebenheit, *die* **(to** in + *Akk.*)

**resigned** [rɪ'zaɪnd] *adj.* resigniert; **become/be ~ to sth.** sich mit etw. abfinden/abgefunden haben

**resignedly** [rɪ'zaɪnɪdlɪ] *adv.* resigniert

**resilience** [rɪ'zɪlɪəns], **resiliency** [rɪ'zɪlɪənsɪ] *n., no pl.* **a)** *(elasticity)* Elastizität, *die;* **b)** *(fig.)* Unverwüstlichkeit, *die*

**resilient** [rɪ'zɪlɪənt] *adj.* **a)** *(elastic)* elastisch; **b)** *(fig.)* unverwüstlich; **be ~:** sich nicht [so leicht] unterkriegen lassen

**resin** ['rezɪn] *n.* **a)** *(Bot.)* Harz, *das;* **b)** **[synthetic] ~:** Kunstharz, *das*

**resinous** ['rezɪnəs] *adj.* *(like resin)* harzartig; *(containing resin)* harzig; harzhaltig

**resist** [rɪ'zɪst] **1.** *v. t.* **a)** *(withstand action of)* standhalten (+ *Dat.*) ⟨*Frost, Hitze, Feuchtigkeit usw.*⟩; **be unable to ~ an infection/disease** keine Abwehrkräfte gegen eine Infektion/Krankheit haben; **b)** *(oppose, repel)* sich widersetzen (+ *Dat.*) ⟨*Maßnahme, Festnahme, Plan usw.*⟩; widerstehen (+ *Dat.*) ⟨*Versuchung, jmds. Charme*⟩; Widerstand leisten gegen ⟨*Angriff, Feind*⟩; sich wehren gegen ⟨*Veränderung, Einfluß*⟩. **2.** *v. i.* *see* **1b:** sich widersetzen; widerstehen; Widerstand leisten; sich wehren

**resistance** [rɪ'zɪstəns] *n.* **a)** *(resisting, opposing force; also Phys., Electr.)* Widerstand, *der* **(to** gegen); **make** *or* **offer no ~ [to sb./sth.]** [jmdm./einer Sache] keinen Widerstand leisten; **take the line of least ~** *(fig.)* den Weg des geringsten Widerstandes gehen; *see also* **passive 1b; b)** *(power of resisting)* Widerstandsfähigkeit, *die* **(to** gegen); ~ **to wear and tear** Strapazierfähigkeit, *die;* ~ **to heat/cold** Hitze-/Kältebeständigkeit, *die;* **c)** *(Biol., Med.)* Widerstandskraft, *die* **(to** gegen); **d)** *(against occupation)* Widerstand, *der;* **the French R~:** die Résistance

**resistance: ~ fighter** *n.* Widerstandskämpfer, *der*/-kämpferin, *die;* ~ **movement** *n.* Widerstandsbewegung, *die*

**resistant** [rɪ'zɪstənt] *adj.* **a)** *(opposed)* **be ~ to** sich widersetzen (+ *Dat.*); sich entgegenstellen (+ *Dat.*); **b)** *(having power to resist)* widerstandsfähig **(to** gegen); **highly ~ to wear and tear** sehr strapazierfähig; **heat-/water-/rust-~:** hitze-/wasser-/rostbeständig; **c)** *(Med., Biol.)* resistent **(to** gegen)

**resistor** [rɪ'zɪstə(r)] *n.* *(Electr.)* Widerstand, *der*

**resit 1.** [ri:'sɪt] *v. t.*, **-tt-**, **resat** [ri:'sæt] wiederholen ⟨*Prüfung*⟩. **2.** *v. i.*, **-tt-**, **resat** die Prüfung wiederholen. **3.** ['ri:sɪt] *n.* Wiederholungsprüfung, *die*

**resold** *see* **resell**

**resole** [ri:'səʊl] *v. t.* neu besohlen

**resolute** ['rezəlu:t] *adj.* resolut, energisch ⟨*Person*⟩; entschlossen ⟨*Tat*⟩; entschieden ⟨*Antwort, Weigerung*⟩

**resolutely** ['rezəlu:tlɪ] *adv.* entschlossen

**resolution** [rezə'lu:ʃn] *n.* **a)** *(decision)* Entschließung, *die; (Polit. also)* Resolution, *die;* **a ~ of sympathy/solidarity** eine Sympathie-/Solidaritätserklärung; **b)** *(resolve)* Vorsatz, *der;* **make a ~:** einen Vorsatz fassen; **make a ~ to do sth.** den Vorsatz fassen, etw. zu tun; **break one's ~:** seinem Vorsatz untreu werden; **good ~s** gute Vorsätze; **New Year['s] ~s** gute Vorsätze fürs neue Jahr; **c)** *no pl. (firmness)* Entschlossenheit, *die;* **d)** *no pl. (solving) see* **resolve 1a, b:** Beseitigung, *die;* Ausräumung, *die;* Lösung, *die;* **e)** *(separation; also Phys., Mus.)* Auflösung, *die*

**resolve** [rɪ'zɒlv] **1.** *v. t.* **a)** *(dispel)* beseitigen, ausräumen ⟨*Schwierigkeit, Zweifel, Unklarheit*⟩; **b)** *(explain)* lösen ⟨*Problem, Rätsel*⟩; **c)** *(decide)* beschließen; **they ~d that they must part** sie beschlossen, sich zu trennen; **this discovery made me ~ to leave** diese Entdeckung hat mich zu dem Entschluß gebracht, fortzugehen; **d)** *(settle)* beilegen ⟨*Streit*⟩; klären ⟨*Streitpunkt*⟩; regeln ⟨*Angelegenheit*⟩; **e)** *(separate; also Phys., Mus.)* auflösen **(into** in + *Akk.*); **f)** *(analyse, divide; also Mech.)* zerlegen **(into** in + *Akk.*). **2.** *v. i.* **a)** *(decide)* ~ **[up]on sth./doing sth.** sich zu etw. entschließen/sich [dazu] entschließen, etw. zu tun; **b)** *(dissolve)* sich auflösen **(into** in + *Akk.*). **3.** *n.* **a)** Vorsatz, *der;* **make a/keep one's ~:** einen Vorsatz fassen/bei seinem Vorsatz bleiben; **make a ~ to do sth.** den Vorsatz fassen, etw. zu tun; **b)** *(Amer.) see* **resolution a; c)** *(resoluteness)* Entschlossenheit, *die*

**resolved** [rɪ'zɒlvd] *pred. adj.* ~ **[to do sth.]** entschlossen[, etw. zu tun]; **he was ~ that ...:** es stand für ihn fest, daß ...

**re'solving power** *n.* *(Phys.)* Auflösungsvermögen, *das*

**resonance** ['rezənəns] *n.* Resonanz, *die; (of voice)* voller Klang; *(fig.)* Widerhall, *der*

**resonant** ['rezənənt] *adj.* **a)** *(resounding)* hallend ⟨*Echo, Ton, Klang*⟩; volltönend ⟨*Stimme*⟩; **b)** *(tending to reinforce sounds)* ⟨*Raum, Körper:*⟩ mit viel Resonanz

**resonate** ['rezəneɪt] *v. i.* mitschwingen; resonieren *(Physik, Musik)*

**resonator** ['rezəneɪtə(r)] *n.* *(Phys., Mus.)* Resonator, *der*

**resorption** [rɪ'sɔ:pʃn] *n.* *(Biol., Med.)* Resorption, *die*

**resort** [rɪ'zɔ:t] **1.** *n.* **a)** *(resource, recourse)* Ausweg, *der* ; **have ~ to force** Gewalt anwenden; **without ~ to force** ohne Gewaltanwendung; **you were my last ~:** du warst meine letzte Rettung *(ugs.);* **as a** *or* **in the last ~:** als letzter Ausweg; **in the last ~** *(in the end)* letzten Endes; **b)** *(place frequented)* Aufenthalt[sort], *der;* **[holiday] ~:** Urlaubsort, *der;* Ferienort, *der;* **ski/health ~:** Skiurlaubs-/Kurort, *der;* **mountain/coastal ~:** Ferienort im Gebirge/an der Küste; **seaside ~:** Seebad, *das;* **c)** *(frequenting)* häufiger Besuch. **2.** *v. i.* ~ **to sth./sb.** zu etw. greifen/sich an jmdn. wenden **(for** um); ~ **to violence** *or* **force** Gewalt anwenden; ~ **to stealing/shouting** *etc.* sich aufs Stehlen/Schreien *usw.* verlegen; ~ **to crime** kriminell werden

**resound** [rɪ'zaʊnd] *v. i.* **a)** *(ring)* widerhallen **(with** von); **b)** *(produce echo)* hallen; **his fame ~ed through Greece** *(fig.)* sein Ruhm hallte durch [ganz] Griechenland

**resounding** [rɪ'zaʊndɪŋ] *adj.* hallend ⟨*Lärm, Schreie, Schritte*⟩; schallend ⟨*Gelächter, Stimme*⟩; überwältigend ⟨*Mehrheit, Sieg, Erfolg*⟩; gewaltig ⟨*Niederlage, Mißerfolg*⟩

**resoundingly** [rɪ'zaʊndɪŋlɪ] *adv.* schallend ⟨*ertönen, erklingen*⟩; **be ~ successful** ein durchschlagender Erfolg sein

**resource** [rɪ'sɔ:s, rɪ'zɔ:s] *n.* **a)** *usu. in pl. (stock)* Mittel *Pl.;* Ressource, *die;* **have no inner ~s** keine inneren Reserven haben; **financial/mineral ~s** Geldmittel *Pl.*/Bodenschätze *Pl.;* **~s in** *or* **of men and money** Reserven an Menschen und Geldmitteln; **b)** *usu. pl. (Amer.: asset)* Aktivposten, *der;* **c)** *(expedient)* Ausweg, *der;* **be at the end of one's ~s** am Ende seiner Möglichkeiten sein; **be left to one's own ~s** sich *(Dat.)* selbst überlassen sein; **as a last ~:** als letzter Ausweg; **d)** *no art., no pl. (ingenuity)* Findigkeit, *die;* **be full of ~:** sich *(Dat.)* immer zu helfen wissen

**resourceful** [rɪ'sɔ:sfl, rɪ'zɔ:sfl] *adj.* findig ⟨*Person*⟩; einfallsreich ⟨*Plan*⟩

**resourcefully** [rɪ'sɔ:sfəlɪ, rɪ'zɔ:sfəlɪ] *adv.* findig

**resourcefulness** [rɪ'sɔ:sflnɪs, rɪ'zɔ:sflnɪs] *n., no pl. (of person)* Findigkeit, *die; (of plan etc.)* Einfallsreichtum, *der*

**respect** [rɪ'spekt] **1.** *n.* **a)** *(esteem)* Respekt, *der* **(for** vor + *Dat.*); Achtung, *die* **(for** vor + *Dat.*); **show ~ for sb./sth.** Respekt vor jmdm./etw. zeigen; **hold sb. in [high** *or* **great] ~:** jmdn. [sehr] achten; **command ~:** Respekt einflößen; **treat sb./sth. with ~:** jmdm./etw. mit Respekt *od.* Achtung begegnen/etw. mit Vorsicht behandeln; **with [all due] ~, ...:** bei allem Respekt, ...; mit Verlaub, ... *(geh.);* **b)** *(consideration)* Rücksicht, *die* **(for** auf + *Akk.*); **have** *or* **pay [no] ~ to sth.** etw. [nicht] berücksichtigen; **c)** *(aspect)* Beziehung, *die;* Hinsicht, *die;* **in ~ of style** hinsichtlich des Stils; in stilistischer Hinsicht; **in all/many/some ~s** in jeder/vieler/mancher Beziehung *od.* Hinsicht; **d)** *(reference)* Bezug, *der;* **with ~ to ...:** in bezug auf ... *(Akk.);* was ... [an]betrifft; **have ~ to sth.** etw. betreffen; sich auf etw. *(Akk.)* beziehen; **e)** *in pl.* **give him my ~s** grüße ihn von mir; **pay one's ~s to sb.** *(formal)* jmdm. seine Aufwartung machen *(veralt.);* **pay one's last ~s** jmdm. die letzte Ehre erweisen *(geh.).* **2.** *v. t.* respektieren; achten; **he doesn't ~ his teachers much** er hat nicht viel Respekt vor seinen Lehrern; **much ~ed** sehr angesehen ⟨*Politiker, Firma*⟩; ~ **sb.'s feelings** auf jmds. Gefühle Rücksicht nehmen; ~ **the rules of the road** die Verkehrsregeln beachten

**respectability** [rɪspektəˈbɪlɪtɪ] *n., no pl. see* **respectable a:** Ansehen, *das;* Ehrbarkeit, *die (geh.);* **I do not doubt the ~ of his motives** ich zweifle nicht daran, daß seine Motive ehrenwert sind

**respectable** [rɪˈspektəbl] *adj.* **a)** *(of good character)* angesehen ⟨*Bürger usw.*⟩; ehrenwert ⟨*Motive*⟩; *(decent)* ehrbar *(geh.)* ⟨*Leute, Kaufmann, Hausfrau*⟩; **b)** *(presentable)* anständig, respektabel ⟨*Beschäftigung usw.*⟩; vornehm, gut ⟨*Adresse*⟩; ordentlich, *(that one can be seen in)* vorzeigbar *(ugs.)* ⟨*Kleidung*⟩; **are you ~?** *(joc.)* hast du was an? *(ugs.)*; **c)** *(considerable)* beachtlich ⟨*Summe*⟩; **d)** *(passable)* passabel

**respectably** [rɪˈspektəblɪ] *adv.* **a)** anständig ⟨*sich benehmen*⟩; ordentlich ⟨*gekleidet*⟩; **be ~ employed** eine anständige Beschäftigung haben; **b)** *(passably)* passabel

**respecter** [rɪˈspektə(r)] *n.* **be no ~ of persons** alle ohne Ansehen der Person gleich behandeln

**respectful** [rɪˈspektfl] *adj.* respektvoll (**to[wards]** gegenüber)

**respectfully** [rɪˈspektfəlɪ] *adv.* respektvoll; **~ yours, X** *(formal)* Ihr sehr ergebener X

**respecting** [rɪˈspektɪŋ] *prep.* bezüglich; hinsichtlich

**respective** [rɪˈspektɪv] *adj.* jeweilig; **you must go to your ~ places** jeder von euch muß auf seinen Platz gehen; **he and I contributed ~ amounts of £10 and £1** er und ich steuerten Beträge von 10 bzw. 1 Pfund bei

**respectively** [rɪˈspektɪvlɪ] *adv.* beziehungsweise; **the two cars were red and white ~:** die beiden Autos waren rot bzw. weiß; **he and I contributed £10 and £1 ~:** er und ich steuerten 10 bzw. 1 Pfund bei

**respell** [riːˈspel] *v. t.*, **respelt** *(Brit.)* [riːˈspelt] *or* **respelled** noch einmal buchstabieren

**respiration** [respɪˈreɪʃn] *n.* *(one breath)* Atemzug, *der; (breathing)* Atmung, *die;* **she was finding ~ difficult** das Atmen fiel ihr schwer

**respirator** [ˈrespɪreɪtə(r)] *n.* **a)** *(protecting device)* Atemschutzgerät, *das;* **b)** *(Med.)* Respirator, *der*

**respiratory** [ˈrespərətərɪ, rɪˈspɪrətərɪ] *adj.* Atem⟨*geräusch, -wege*⟩; Atmungs⟨*system, -organ, -funktion*⟩; **~ infection** Infektion der Atemwege

**respire** [rɪˈspaɪə(r)] *v. t & i.* atmen

**respite** [ˈrespaɪt] *n.* **a)** *(delay)* Aufschub, *der;* **b)** *(interval of relief)* Ruhepause, *die;* **~ from sth.** Erholung von etw.; **without ~:** ohne Pause *od.* Unterbrechung

**resplendent** [rɪˈsplendənt] *adj.* prächtig; **~ in his uniform** in der vollen Pracht seiner Uniform

**resplendently** [rɪˈsplendəntlɪ] *adv.* prächtig

**respond** [rɪˈspɒnd] **1.** *v. i.* **a)** *(answer)* antworten (**to** auf + *Akk.*); **~ to sb.'s greeting** jmds. Gruß erwidern; **b)** *(react)* reagieren (**to** auf + *Akk.*); ⟨*Patient, Bremsen, Lenkung usw.:*⟩ ansprechen (**to** auf + *Akk.*); **[not] ~ to kindness** [nicht] empfänglich für Freundlichkeit sein; **they ~ed very generously to this appeal** der Aufruf fand bei ihnen ein großes Echo; **the illness ~s to treatment** die Krankheit läßt sich behandeln. **2.** *v. t.* antworten; erwidern. **3.** *n.* *(Archit.)* Wandpfeiler, *der;* Pilaster, *der (fachspr.)*

**respondent** [rɪˈspɒndənt] *n.* *(Law)* Beklagte, *der/die; (in divorce case)* Scheidungsbeklagte, *der/die*

**response** [rɪˈspɒns] *n.* **a)** *(answer)* Antwort, *die* (**to** auf + *Akk.*); **in ~ [to]** als Antwort [auf (+ *Akk.*)]; **in ~ to your letter** in Beantwortung Ihres Schreibens *(Papierdt.)*; **make no ~:** nicht antworten; **b)** *(reaction)* Reaktion, *die;* **make no ~ to sth.** auf etw. *(Akk.)* nicht reagieren; **his ~ was to resign** er reagierte mit seinem Rücktritt; **meet with no/a large ~:** kein Echo/großes Echo finden; **£20,000 was raised in ~ to the appeal** der Aufruf brachte Spenden in Höhe von 20 000 Pfund ein; **c)** *(Eccl.)* Responsorium, *das*

**responsibility** [rɪspɒnsɪˈbɪlɪtɪ] *n.* **a)** *no pl., no indef. art. (being responsible)* Verantwortung, *die;* **take *or* bear *or* accept *or* assume/claim [full] ~ [for sth.]** die [volle] Verantwortung [für etw.] übernehmen; **'the management accepts no ~ for garments left here'** „die Geschäftsleitung übernimmt keine Haftung für die Garderobe"; **lay *or* put *or* place the ~ for sth. on sb.['s shoulders]** jmdn. für etw. verantwortlich machen; **claim ~ for a bombing** sich zu einem Bombenanschlag bekennen; **do sth. on one's own ~:** etw. in eigener Verantwortung tun; *(at one's own risk)* etw. auf eigene Verantwortung tun; **b)** *(duty)* Verpflichtung, *die;* **the responsibilities of office** die Dienstpflicht; **that's 'your ~:** dafür bist du verantwortlich

**responsible** [rɪˈspɒnsɪbl] *adj.* **a)** verantwortlich (**for** für); **hold sb. ~ for sth.** jmdn. für etw. verantwortlich machen; **be ~ to sb. [for sth.]** jmdm. gegenüber [für etw.] verantwortlich sein; **be ~ for sth.** ⟨*Person:*⟩ für etw. verantwortlich sein; ⟨*Sache:*⟩ die Ursache für etw. sein; **what's ~ for the breakdown?** woran liegt die Betriebsstörung?; **I've made you ~ for the travel arrangements** ich habe dir die Verantwortung für die Reisevorbereitungen übertragen; **b)** verantwortlich, verantwortungsvoll ⟨*Stellung, Tätigkeit, Aufgabe*⟩; **c)** *(trustworthy)* verantwortungsvoll, verantwortungsbewußt ⟨*Person*⟩

**responsibly** [rɪˈspɒnsɪblɪ] *adv.* verantwortungsbewußt ⟨*handeln, sich verhalten*⟩

**responsive** [rɪˈspɒnsɪv] *adj.* *(reacting positively)* aufgeschlossen ⟨*Person*⟩; gut ansprechend ⟨*Bremsen, Motor usw.*⟩; **the audience was very ~, it was a very ~ audience** das Publikum ging sehr gut mit; **be ~ to sth.** auf etw. *(Akk.)* reagieren *od.* eingehen

**respray** **1.** [riːˈspreɪ] *v. t.* neu spritzen ⟨*Auto*⟩. **2.** [ˈriːspreɪ] *n.* neue Lackierung; **give the car a ~:** den Wagen neu spritzen

**¹rest** [rest] **1.** *v. i.* **a)** *(lie, lit. or fig.)* ruhen; **~ on** ruhen auf (+ *Dat.*); ⟨*Schatten, Licht:*⟩ liegen auf (+ *Dat.*); *(fig.)* ⟨*Argumentation:*⟩ sich stützen auf (+ *Akk.*); ⟨*Ruf:*⟩ beruhen auf (+ *Dat.*); **~ against sth.** an etw. *(Dat.)* lehnen; **sit with one's back ~ing against sth.** mit dem Rücken an etw. *(Akk.)* gelehnt sitzen; **her head is ~ing against his shoulder** ihr Kopf liegt an seiner Schulter; **b)** *(take repose)* ruhen; sich ausruhen (**from** von); *(pause)* eine Pause machen *od.* einlegen; **never let one's enemy ~:** seinem Feind keine Ruhepause gönnen; **she never ~s** ihre Hände ruhen nie; **I won't ~ until ...:** ich werde nicht ruhen noch rasten, bis ...; **tell sb. to ~** ⟨*Arzt:*⟩ jmdm. Ruhe verordnen; **be ~ing** *(Brit. Theatre)* ⟨*Schauspieler:*⟩ ohne Engagement sein; **c)** *(euphem.: lie in death)* ruhen *(geh.)*; **let her/may she ~ in peace** laß sie/möge sie in Frieden ruhen; **d)** *(be left)* **let the matter ~:** die Sache ruhenlassen; **... and there the matter ~ed** ... und dabei blieb es; **~ assured that ...:** seien Sie versichert, daß ...; **e)** **~ with sb.** ⟨*Verantwortung, Entscheidung, Schuld:*⟩ bei jmdm. liegen; **f)** *(Agric.: lie fallow)* ruhen; brachliegen; **g)** *(Amer. Law)* ⟨*Verteidigung:*⟩ die Beweiserhebung abschließen. *See also* **laurel a; oar a. 2.** *v. t.* **a)** *(place for support)* **~ sth. against sth.** etw. an etw. *(Akk.)* lehnen; **~ sth. on sth.** *(lit. or fig.)* etw. auf etw. *(Akk.)* stützen; **she was ~ing all her hopes on her son** sie setzte ihre ganze Hoffnung auf ihren Sohn; **he ~ed the load on the ground [for a moment]** er setzte die Last [für einen Augenblick] ab; **b)** *(give relief to)* ausruhen lassen ⟨*Pferd, Person*⟩; ausruhen ⟨*Augen*⟩; schonen ⟨*Stimme, Körperteil*⟩; **~ oneself** sich ausruhen; **c)** *(Agric.: allow to lie fallow)* brachlegen *(fachspr.)*; ruhen lassen; **d)** *(Law)* **~ one's case** sein Plädoyer beschließen; **e)** **[may] God ~ his soul!** Gott hab ihn selig! **3.** *n.* **a)** *(repose)* Ruhe, *die;* **need nine hours' ~:** neun Stunden Schlaf brauchen; **go *or* retire to ~:** sich zur Ruhe legen *od.* begeben *(geh.)*; **get a good night's ~:** sich ordentlich ausschlafen; **be at ~** *(euphem.: be dead)* ruhen *(geh.)*; **go to one's ~** *(euphem.: die)* zur ewigen Ruhe eingehen *(geh. verhüll.)*; **lay to ~** *(euphem.: bury)* zur letzten Ruhe betten *(geh. verhüll.)*; **b)** *(freedom from exertion)* Ruhe[pause], *die;* Erholung, *die* (**from** von); **take a ~:** sich ausruhen (**from** von); **tell sb. to take a ~:** ⟨*Arzt:*⟩ jmdm. Ruhe verordnen; **set sb.'s mind at ~:** jmdn. beruhigen (**about** hinsichtlich); **c)** *(pause)* **~ period** [Ruhe]pause, *die;* **have *or* take a ~:** [eine] Pause machen; **give sb./sth. a ~:** ausruhen lassen ⟨*Person, Nutztier*⟩; ruhen lassen ⟨*Maschine*⟩; *(fig.)* ruhenlassen ⟨*Thema, Angelegenheit*⟩; **d)** *(stationary position)* **at ~:** in Ruhe; **come to ~:** zum Stehen kommen; *(have final position)* landen; **bring to ~:** zum Stehen bringen; **e)** *(support) (for telephone receiver)* Gabel, *die; (for billiard-cue, telescope, firearm)* Auflage, *die; (for neck)* Stütze, *die;* **f)** *(Mus.)* Pause, *die*

~ **'up** *v. i.* sich ausruhen

**²rest** *n.* *(remainder)* **the ~:** der Rest; **we'll do the ~:** alles Übrige erledigen wir; **the ~ of her clothes** ihre übrigen Kleider; **the ~ of the butter** die restliche *od.* übrige Butter; **she's no different from the ~:** sie ist nicht besser als die anderen; **and [all] the ~ of it** und so weiter; **for the ~:** im übrigen; sonst

**restart** [riːˈstɑːt] **1.** *v. t.* **a)** *(start again)* wieder anstellen ⟨*Maschine*⟩; wieder anlassen ⟨*Auto, Motor*⟩; **b)** *(resume)* wiederaufnehmen ⟨*Verhandlungen, Berufstätigkeit*⟩; fortsetzen ⟨*Spiel*⟩; neu starten ⟨*Rennen*⟩; **~ work** wieder anfangen zu arbeiten. **2.** [riːˈstɑːt] *v. i.* **a)** ⟨*Motor:*⟩ wieder anspringen; **b)** *(resume)* wieder anfangen; ⟨*Verhandlungen:*⟩ wieder aufgenommen werden. **3.** [ˈriːstɑːt] *n. see* **1 b:** Wiederaufnahme, *die;* Fortsetzung, *die*

**restate** [riːˈsteɪt] *v. t.* *(express again)* noch einmal darlegen; *(express differently)* anders darlegen; *(Mus.: repeat)* wiederaufnehmen ⟨*Thema*⟩

**restatement** [riːˈsteɪtmənt] *n.* *(repetition)* nochmalige Darlegung; nochmalige Feststellung; *(reformulation)* Neuformulierung, *die; (Mus.)* Wiederaufnahme, *die*

**restaurant** [ˈrestərɔ̃, ˈrestərɒnt] *n.* Restaurant, *das*

**'restaurant car** *n.* *(Brit. Railw.)* Speisewagen, *der*

**restaurateur** [restərəˈtɜː(r)] *n.* Gastwirt, *der*

**rest: ~-cure** *n.* *(Med.)* Erholungskur, *die;* **~-day** *n.* Ruhetag, *der*

**rested** [ˈrestɪd] *adj.* ausgeruht

**restful** [ˈrestfl] *adj.* **a)** *(free from disturbance)* ruhig ⟨*Tag, Woche, Ort*⟩; **b)** *(conducive to rest)* beruhigend; **be a ~ person to be with** Ruhe ausstrahlen

**restfully** [ˈrestfəlɪ] *adv.* ruhig ⟨*schlafen*⟩; geruhsam ⟨*Zeit verbringen*⟩

**restfulness** [ˈrestflnɪs] *n., no pl.* Entspanntheit, *die;* Gelöstheit, *die*

**rest: ~-home** *n.* Pflegeheim, *das;* **~-house** *n.* Rasthaus, *das*

**'resting-place** *n.* Rastplatz, *der;* **last ~** *(euphem.)* letzte Ruhestätte *(geh.)*

**restitution** [restɪˈtjuːʃn] *n.* Rückgabe, *die; (of sth. lost)* Erstattung, *die;* Ersatz, *der;* **make ~:** Ersatz leisten; **make ~ of sth. to sb.** jmdm. etw. zurückgeben/erstatten

**restive** [ˈrestɪv] *adj.* **a)** *(stubborn)* störrisch ⟨*Pferd, Person*⟩; **become ~** ⟨*Pferd:*⟩ bocken; **b)** *(unmanageable)* aufsässig ⟨*Einwohner, Bevölkerung*⟩; **c)** *(restless)* unruhig

**restively** [ˈrestɪvlɪ] *adv.* **a)** *(stubbornly)* störrisch; **b)** *(in fidgety manner)* unruhig

**restless** ['restlɪs] *adj.* **a)** *(affording no rest)* unruhig ⟨*Nacht, Schlaf, Bewegung*⟩; **b)** *(uneasy)* ruhelos ⟨*Person, Sehnsucht*⟩; **c)** *(taking no rest)* rastlos ⟨*Person, Lebensstil*⟩
**restlessly** ['restlɪslɪ] *adv. see* **restless a, b:** unruhig; ruhelos
**restlessness** ['restlɪsnɪs] *n., no pl. see* **restless b, c:** Ruhelosigkeit, *die;* Rastlosigkeit, *die*
**restock** [riː'stɒk] **1.** *v. t.* **a)** ~ **a shop** das Lager eines Geschäfts wieder auffüllen; **b)** wieder besetzen ⟨*Fluß, Teich*⟩; wieder aufforsten ⟨*Wald*⟩; ~ **a farm** einen [landwirtschaftlichen] Betrieb wieder mit Vieh besetzen. **2.** *v. i. (Commerc.)* das Lager auffüllen
**restoration** [restə'reɪʃn] *n.* **a)** *(restoring) (of peace, health)* Wiederherstellung, *die; (of a work of art, building, etc.)* Restaurierung, *die;* Restauration, *die (fachspr.);* **her ~ to health** ihre [gesundheitliche] Wiederherstellung; **b)** *(giving back)* Rückgabe, *die;* **c)** *(re-establishment)* Wiedereinführung, *die;* **the R~** *(Brit. Hist.)* die Restauration
**restorative** [rɪ'stɒrətɪv, rɪ'stɔːrətɪv] **1.** *adj.* stärkend; aufbauend; Stärkungs-, Aufbau⟨*mittel*⟩; Aufbau-, Kräftigungs⟨*kost*⟩. **2.** *n.* Stärkungs- *od.* Aufbaumittel, *das*
**restore** [rɪ'stɔː(r)] *v. t.* **a)** *(give back)* zurückgeben; **b)** *(bring to original state)* restaurieren ⟨*Bauwerk, Kunstwerk usw.*⟩; konjizieren ⟨*Text, Satz*⟩ *(Literaturw.);* ~ **sb. to health,** ~ **sb.'s health** jmds. Gesundheit *od.* jmdn. wiederherstellen; **his strength was ~d** er kam wieder zu Kräften; ~ **sb. to better spirits** jmdn. aufheitern; **c)** *(reinstate)* wiedereinsetzen (**to** in + *Akk.*); ~ **sb. to the throne/to power** jmdn. als König/Königin wiedereinsetzen/jmdn. wieder an die Macht bringen; **her success ~d her to her place as leading actress** der Erfolg hat sie wieder zur führenden Schauspielerin gemacht; **d)** *(re-establish)* wiederherstellen ⟨*Ordnung, Ruhe, Vertrauen*⟩; **e)** *(put back)* ~ **the book to its place [on the shelf]** das Buch wieder an seinen Platz [im Regal] zurückstellen
**restorer** [rɪ'stɔːrə(r)] *n.* **a)** *(Art, Archit.: person)* Restaurator, *der*/Restauratorin, *die;* **b)** *(agent)* ≈ Pflegemittel, *das; see also* **hair-restorer**
**restrain** [rɪ'streɪn] *v. t.* zurückhalten ⟨*Gefühl, Lachen, Drang, Person*⟩; bändigen ⟨*unartiges Kind, Tier*⟩; ~ **sb./oneself from doing sth.** jmdn. davon abhalten/sich zurückhalten, etw. zu tun; ~ **yourself!** beherrsch dich!
**restrained** [rɪ'streɪnd] *adj.* zurückhaltend ⟨*Wesen, Kritik*⟩; verhalten ⟨*Blick, Geste, Gefühl*⟩; beherrscht ⟨*Reaktion, Worte*⟩; unaufdringlich ⟨*Stil*⟩
**restraint** [rɪ'streɪnt] *n.* **a)** *(restriction)* Einschränkung, *die;* **without ~:** ungehindert; **b)** *(reserve)* Zurückhaltung, *die;* **c)** *(moderation)* Unaufdringlichkeit, *die; (self-control)* Selbstbeherrschung, *die;* **with ~:** unaufdringlich; **without ~:** ungehemmt; **his style shows a lack of ~:** er hat einen aufdringlichen Stil
**restrict** [rɪ'strɪkt] *v. t.* beschränken (**to** auf + *Akk.*); ⟨*Kleidung:*⟩ be-, einengen; **the trees ~ed our view** die Bäume nahmen uns die freie Sicht
**restricted** [rɪ'strɪktɪd] *adj.* **a)** *(limited)* beschränkt; begrenzt; ~ **diet** Diät, *die;* **I feel ~ in these clothes** ich fühle mich in dieser Kleidung beengt *od.* eingeengt; **b)** *(subject to restriction)* Sperr⟨*gebiet*⟩; begrenzt ⟨*Zulassung, Aufnahme, Anwendbarkeit*⟩; **be ~ to 30 m.p.h.** nicht schneller als 30 Meilen in der Stunde fahren dürfen; **be ~ to doing sth.** sich darauf beschränken müssen, etw. zu tun; **be ~ within narrow limits** ⟨*Freiheit:*⟩ stark eingeschränkt sein; **c)** *(not for disclosure)* geheim ⟨*Dokument, Information*⟩
**restricted 'area** *n.* **a)** Sperrgebiet, *das;* **b)** *(Brit.: with speed limit)* Gebiet mit Geschwindigkeitsbeschränkung
**restriction** [rɪ'strɪkʃn] *n.* Be-, Einschränkung, *die* (**on** *Gen.*); *(of persons)* Einengung, *die;* **without ~:** ohne Einschränkung; uneingeschränkt; **put** *or* **place** *or* **impose ~s on sth.** etw. einschränken *od.* Einschränkungen *(Dat.)* unterwerfen; **speed/weight/price ~:** Geschwindigkeits-/Gewichts-/Preisbeschränkung, *die*
**restrictive** [rɪ'strɪktɪv] *adj.* restriktiv; einschränkend *nicht präd.;* beengend ⟨*Kleidung*⟩
**restrictively** [rɪ'strɪktɪvlɪ] *adv.* restriktiv; einschränkend
**restrictive 'practice** *n. (Commerc.)* wettbewerbsbeschränkende Geschäftspraktik
**'rest-room** *n. (esp. Amer.)* Toilette, *die*
**restructure** [riː'strʌktʃə(r)] *v. t.* umstrukturieren
**'rest stop** *n. (Amer.)* Raststätte, *die*
**restyle** [riː'staɪl] *v. t.* neu stylen; ~ **sb.'s hair** jmdm. eine neue Frisur machen
**result** [rɪ'zʌlt] **1.** *v. i.* **a)** *(follow)* ~ **from sth.** die Folge einer Sache *(Gen.)* sein; von etw. herrühren; *(future)* aus etw. resultieren; **b)** *(end)* ~ **in sth.** in etw. *(Dat.)* resultieren; zu etw. führen; **the game ~ed in a draw** das Spiel endete mit einem Unentschieden; ~ **in sb.'s doing sth.** zur Folge haben, daß jmd. etw. tut. **2.** *n.* Ergebnis, *das;* Resultat, *das;* **be the ~ of sth.** die Folge einer Sache *(Gen.)* sein; **as a ~ [of this]** infolgedessen; **he knows how to get ~s** er weiß, wie man Ergebnisse *od.* Erfolg erzielt; **without ~:** ergebnislos; **What was the ~? – Leeds won 3–2** Wie ist es ausgegangen? – Leeds hat 3:2 gewonnen; **when you add up the figures, what is the ~?** was kommt heraus, wenn du die Zahlen zusammenzählst?
**resultant** [rɪ'zʌltənt] **1.** *adj.* daraus resultierend; sich daraus ergebend. **2.** *n. (Phys.)* Resultante, *die;* Resultierende, *die*
**resume** [rɪ'zjuːm] **1.** *v. t.* **a)** *(begin again)* wiederaufnehmen; fortsetzen ⟨*Reise*⟩; wieder annehmen ⟨*Gewohnheit*⟩; **b)** *(get back)* wieder-, zurückgewinnen; wieder übernehmen ⟨*Kommando*⟩; ~ **possession of sth.** etw. wieder in Besitz nehmen; *see also* **seat 1 b. 2.** *v. i.* weitermachen; ⟨*Parlament:*⟩ die Sitzung fortsetzen; ⟨*Unterricht:*⟩ wieder beginnen
**résumé** ['rezʊmeɪ] *n.* **a)** *(summary)* Zusammenfassung, *die;* **b)** *(Amer.: curriculum vitae)* Lebenslauf, *der*
**resumption** [rɪ'zʌmpʃn] *n.* **a)** *see* **resume 1 a:** Wiederaufnahme, *die;* Fortsetzung, *die;* Wiederannahme, *die;* **b)** *see* **resume 1 b:** Wieder-, Zurückgewinnung, *die;* Wiederübernahme, *die;* Wiedereinnahme, *die*
**resurface** [riː'sɜːfɪs] **1.** *v. t.* ~ **a road** den Belag einer Straße erneuern. **2.** *v. i. (lit. or fig.)* wieder auftauchen
**resurgence** [rɪ'sɜːdʒəns] *n.* Wiederaufleben, *das*
**resurgent** [rɪ'sɜːdʒənt] *adj.* wieder auflebend; wieder erwachend ⟨*Leben*⟩; **be ~:** wieder aufleben
**resurrect** [rezə'rekt] *v. t.* **a)** *(raise from the dead)* wieder zum Leben erwecken; **b)** *(revive)* wiederbeleben; wieder aufleben lassen ⟨*Vorstellungen, Bräuche*⟩; *(coll.: dig out)* wieder ausgraben ⟨*alte Kleider usw.*⟩
**resurrection** [rezə'rekʃn] *n.* **a)** *(Relig.)* Auferstehung, *die;* **the R~:** die Auferstehung Christi; **b)** *(revival)* Wiederbelebung, *die;* Wiederaufleben, *das*
**resuscitate** [rɪ'sʌsɪteɪt] *v. t. (lit. or fig.)* wiederbeleben
**resuscitation** [rɪsʌsɪ'teɪʃn] *n. (lit. or fig.)* Wiederbelebung, *die*
**ret.** *abbr.* **retired** a. D.; i. R.
**retail 1.** ['riːteɪl] *n.* Einzelhandel, *der.* **2.** *adj.* Einzel⟨*handel*⟩; Einzelhandels⟨*geschäft, -preis*⟩; [End]verkaufs⟨*preis*⟩. **3.** *adv.* **buy/sell ~:** en détail kaufen/verkaufen *(Kaufmannsspr.).* **4.** *v. t.* **a)** ['riːteɪl, rɪ'teɪl] *(sell)* [im Einzelhandel] verkaufen; **b)** [rɪ'teɪl] *(relate)* weitererzählen ⟨*Klatsch*⟩; ~ **a conversation to sb.** jmdm. ein Gespräch wiedererzählen. **5.** ['riːteɪl, rɪ'teɪl] *v. i.* im Einzelhandel verkauft werden (**at, for** für)
**retailer** ['riːteɪlə(r), rɪ'teɪlə(r)] *n.* Einzelhändler, *der*/-händlerin, *die*
**retail 'price index** *n. (Brit.)* Preisindex des Einzelhandels
**retain** [rɪ'teɪn] *v. t.* **a)** *(keep)* behalten; sich *(Dat.)* bewahren ⟨*Witz, Einfallsreichtum, Fähigkeit*⟩; ein-, zurückbehalten ⟨*Gelder*⟩; gespeichert lassen ⟨*Information*⟩; ~ **power** ⟨*Partei:*⟩ an der Macht bleiben; ~ **possession of sth.** etw. im Besitz behalten; ~ **control [of sth.]** die Kontrolle [über etw. *(Akk.)*] behalten; **b)** *(continue to practise)* festhalten an *(Dat.),* beibehalten ⟨*Gewohnheit, Tradition, Brauch*⟩; **c)** *(keep in place)* ⟨*Damm:*⟩ stauen/⟨*Deich:*⟩ zurückhalten/⟨*Boden:*⟩ speichern/⟨*Gefäß:*⟩ halten ⟨*Wasser*⟩; ~ **sth. in position** etw. in der richtigen Position halten; **d)** *(secure services of)* beauftragen ⟨*Anwalt*⟩; **e)** *(not forget)* behalten, sich *(Dat.)* merken ⟨*Gedanke, Tatsache*⟩
**retainer** [rɪ'teɪnə(r)] *n.* **a)** *(Hist.: follower)* Trabant, *der;* **old ~** *(joc.)* altes Faktotum; **b)** *(fee)* Honorarvorschuß, *der*
**retaining:** ~ **fee** *n.* Honorarvorschuß, *der;* ~ **wall** *n.* Böschungsmauer, *die*
**retake 1.** [riː'teɪk] *v. t., forms as* **take 1, 2: a)** *(recapture)* wieder einnehmen ⟨*Stadt, Festung*⟩; **b)** *(take again)* wiederholen ⟨*Prüfung, Strafstoß*⟩; **c)** *(Cinemat.)* nachdrehen ⟨*Szene*⟩. **2.** ['riːteɪk] *n.* **a)** *(of exam)* Wiederholung, *die;* **b)** *(Cinemat.)* Retake, *das;* Neuaufnahme, *die*
**retaliate** [rɪ'tælɪeɪt] *v. i.* Vergeltung üben (**against** an + *Dat.*); sich revanchieren *(ugs.);* ⟨*Truppen:*⟩ zurückschlagen; kontern (**against** *Akk.*) ⟨*Maßnahme, Kritik*⟩; ~ **by doing sth.** sich revanchieren, indem man etw. tut
**retaliation** [rɪtælɪ'eɪʃn] *n. (in war, fight)* Vergeltung, *die;* Gegenschlag, *der; (in argument etc.)* Konter, *der (ugs.);* Konterschlag, *der;* **in ~ for** als Vergeltung für; **she did that in ~ for his cruelty** sie revanchierte sich damit für seine Grausamkeit
**retaliatory** [rɪ'tæljətərɪ] *adj.* Vergeltungs⟨*maßnahme, -angriff*⟩
**retard** [rɪ'tɑːd] *v. t.* verzögern; retardieren *(bes. Physiol., Psych.)*
**retardant** [rɪ'tɑːdənt] **1.** *adj.* hemmend; **flame-/rust-~:** feuer-/rosthemmend. **2.** *n.* Hemmstoff, *der*
**retardation** [riːtɑː'deɪʃn] *n.* Verzögerung, *die;* Retardation, *die (bes. Physiol., Psych.); (braking)* Bremswirkung, *die*
**retarded** [rɪ'tɑːdɪd] *adj.* **a)** *(Psychol.)* **[mentally] ~:** [geistig] zurückgeblieben; **b)** *(Motor Veh.)* ~ **ignition** Spätzündung, *die*
**retarder** [rɪ'tɑːdə(r)] *n. (Motor Veh.)* Dauerbremse, *die*
**retch** [retʃ, riːtʃ] **1.** *v. i.* würgen. **2.** *n.* Würgen, *das*
**retd.** *abbr.* **retired** a. D.; i. R.
**retell** [riː'tel] *v. t.,* **retold** [riː'təʊld] nacherzählen; *(tell again)* noch einmal erzählen
**retention** [rɪ'tenʃn] *n.* **a)** *(keeping) (of power)* Erhaltung, *die; (of money)* Einbehaltung, *die;* **b)** *see* **retain b:** Festhalten, *das* (**of** an + *Dat.*); Beibehaltung, *die;* **c)** ~ **of water** *(by soil, plant)* Speicherung von Wasser; **d)** *see* **retain d:** Beauftragung, *die;* **e)** *(Med.)* Retention, *die; (of urine)* Verhaltung, *die;* **f) powers of ~:** Merkfähigkeit, *die*
**retentive** [rɪ'tentɪv] *adj.* **a)** gut ⟨*Gedächtnis*⟩; **a memory ~ of details** ein gutes Gedächtnis für Details; **b)** *(holding moisture)* Feuchtigkeit speichernd *nicht präd.* ⟨*Boden*⟩; **soil ~ of moisture** Boden, der Feuchtigkeit speichert

**rethink** [riːˈθɪŋk] **1.** *v. t.*, **rethought** [riːˈθɔːt] noch einmal überdenken. **2.** *n.* **have a ~ about sth.** etw. noch einmal überdenken

**reticence** [ˈretɪsəns] *n.*, *no pl.* Zurückhaltung, *die* (**on** in bezug auf + *Akk.*)

**reticent** [ˈretɪsənt] *adj.* **a)** *(reserved)* zurückhaltend (**on, about** in bezug auf + *Akk.*); **b)** *(restrained)* schlicht ⟨*Stil*⟩

**retina** [ˈretɪnə] *n.*, *pl.* **~s** *or* **~e** [ˈretɪniː] *(Anat.)* Retina, *die (fachspr.)*; Netzhaut, *die*

**retinitis** [retɪˈnaɪtɪs] *n.* *(Med.)* Netzhautentzündung, *die;* Retinitis, *die (fachspr.)*

**retinue** [ˈretɪnjuː] *n.* Gefolge, *das*

**retiracy** [rɪˈtaɪərəsɪ] *n.*, *no pl.* *(Amer.)* Abgeschiedenheit, *die*

**retiral** [rɪˈtaɪərl] *n.* *(Scot.)* Rücktritt, *der* (**from** von); Ausscheiden, *das* (**from** aus)

**retire** [rɪˈtaɪə(r)] **1.** *v. i.* **a)** *(give up work or position)* ausscheiden (**from** aus); aufhören [zu arbeiten]; ⟨*Angestellter, Arbeiter:*⟩ in Rente *(Akk.)* gehen; ⟨*Beamter, Militär:*⟩ in Pension *od.* den Ruhestand gehen; ⟨*Selbständiger:*⟩ sich zur Ruhe setzen; **~ on a pension** ⟨*Angestellter, Arbeiter:*⟩ auf *od.* in Rente *(Akk.)* gehen; ⟨*Beamter, Militär:*⟩ in Pension *(Akk.)* gehen; **b)** *(withdraw)* sich zurückziehen (**to** in + *Akk.*); *(Sport)* aufgeben; **~ [to bed]** sich [zum Schlafen] zurückziehen; **~ from the world/into oneself** sich von der Welt/in sich *(Akk.)* selbst zurückziehen. **2.** *v. t.* *(compel to leave)* aus Altersgründen entlassen; pensionieren, in den Ruhestand versetzen ⟨*Beamten, Militär*⟩; **be ~d early** in den vorzeitigen Ruhestand versetzt werden

**retired** [rɪˈtaɪəd] *adj.* **a)** *(no longer working)* aus dem Berufsleben ausgeschieden ⟨*Angestellter, Arbeiter, Selbständiger*⟩; ⟨*Beamter, Soldat:*⟩ im Ruhestand, pensioniert; **be ~:** nicht mehr arbeiten; ⟨*Angestellter, Arbeiter:*⟩ Rentner/Rentnerin *od.* in Rente *(Akk.)* sein; ⟨*Beamter, Soldat:*⟩ im Ruhestand *od.* pensioniert sein; **b)** *(withdrawn)* zurückgezogen ⟨*Leben*⟩

**retired list** *n.* *(Mil.)* Liste der aus dem aktiven Dienst Ausgeschiedenen

**retiree** [rɪtaɪəˈriː] *n.* *(Amer.)* Ruheständler, *der*/-ständlerin, *die;* *(ex-employee also)* Rentner, *der*/Rentnerin, *die;* *(ex-civil servant/serviceman also)* Pensionär, *der*/Pensionärin, *die*

**retirement** [rɪˈtaɪəmənt] *n.* **a)** *(leaving work)* Ausscheiden aus dem Arbeitsleben; **b)** *no art.* *(period)* Ruhestand, *der;* **go into ~** ⟨*Selbständiger:*⟩ sich zur Ruhe setzen; ⟨*Angestellter, Arbeiter:*⟩ in Rente *(Akk.)* gehen; ⟨*Beamter, Militär:*⟩ in Pension *od.* den Ruhestand gehen; **take early ~:** ⟨*Selbständiger:*⟩ sich vorzeitig zur Ruhe setzen; ⟨*Angestellter, Arbeiter:*⟩ vorzeitig in Rente *(Akk.)* gehen; ⟨*Beamter, Militär:*⟩ sich vorzeitig pensionieren lassen; **how will you spend your ~?** was machen Sie, wenn Sie einmal nicht mehr arbeiten/in Rente/im Ruhestand sind?; **c)** *(withdrawing)* Rückzug, *der* (**to, into** in + *Akk.*); **d)** *(seclusion)* Zurückgezogenheit, *die;* **live in ~:** zurückgezogen leben

**retirement:** **~ age** *n.* Altersgrenze, *die;* *(of employees also)* Rentenalter, *das;* *(of civil servants, servicemen also)* Pensionsalter, *das;* **~ pay, ~ pension** *ns.* *(for employees)* [Alters]rente, *die;* *(for civil servants, servicemen)* Pension, *die*

**retiring** [rɪˈtaɪərɪŋ] *adj.* *(shy)* zurückhaltend

**retiring:** **~ age** *see* **retirement age**; **~ collection** *n.* *(at church service)* Kollekte, *die;* *(at concert)* Spendensammlung, *die*

**retold** *see* **retell**

**retook** *see* **retake 1**

**retool** [riːˈtuːl] *v. t.* umrüsten (**for** auf + *Akk.*)

**¹retort** [rɪˈtɔːt] **1.** *n.* Entgegnung, *die,* Erwiderung, *die* (**to** auf + *Akk.*). **2.** *v. t.* entgegnen. **3.** *v. i.* scharf antworten

**²retort** *n.* *(Chem., Industry)* Retorte, *die*

**retouch** [riːˈtʌtʃ] *v. t.* *(Art, Photog., Printing)* retuschieren

**retrace** [rɪˈtreɪs] *v. t.* **a)** *(trace back)* zurückverfolgen; **b)** *(trace again)* nachvollziehen ⟨*Entwicklung*⟩; **c)** *(go back over)* zurückgehen; **~ one's steps/path** denselben Weg noch einmal zurückgehen

**retract** [rɪˈtrækt] **1.** *v. t.* **a)** *(withdraw)* zurücknehmen; *abs.* **he refused to ~:** er weigerte sich, es zurückzunehmen; **b)** *(Aeronaut.)* einziehen, einfahren ⟨*Fahrgestell*⟩; **c)** *(draw back)* zurückziehen; einziehen ⟨*Fühler, Krallen*⟩. **2.** *v. i.* **a)** *(Aeronaut.)* ⟨*Fahrgestell:*⟩ einziehbar *od.* einfahrbar sein; **b)** *(be drawn back)* ⟨*Fühler, Krallen:*⟩ eingezogen werden

**retractable** [rɪˈtræktəbl] *adj.* *(Aeronaut.)* einziehbar, einfahrbar ⟨*Fahrgestell*⟩

**retraction** [rɪˈtrækʃn] *n.* **a)** *(withdrawing)* Zurücknahme, *die;* **make a ~ of sth.** etw. zurücknehmen; **b)** *(drawing-back of undercarriage, claws, etc.)* Einziehen, *das*

**retrain** [riːˈtreɪn] **1.** *v. i.* [sich] umschulen [lassen]. **2.** *v. t.* umschulen ⟨*Person*⟩

**retraining** [riːˈtreɪnɪŋ] *n.* Umschulung, *die;* *attrib.* Umschulungs⟨*programm*⟩

**retranslate** [riːtrænsˈleɪt] *v. t.* [zu]rückübersetzen

**retranslation** [riːtrænsˈleɪʃn] *n.* Rückübersetzung, *die*

**retransmit** [riːtrænsˈmɪt] *v. t.*, **-tt-** **a)** *(transmit again)* noch einmal übermitteln ⟨*Nachricht*⟩; noch einmal senden ⟨*Signal*⟩; **b)** *(transmit further)* weiterübermitteln ⟨*Nachricht*⟩; weitersenden ⟨*Signal*⟩

**retread** *(Motor Veh.)* **1.** [ˈriːtred] *n.* runderneuerter Reifen. **2.** [riːˈtred] *v. t.* runderneuern ⟨*Reifen*⟩

**retreat** [rɪˈtriːt] **1.** *n.* **a)** *(withdrawal; also Mil. or fig.)* Rückzug, *der;* **their ~ from the territory/position** ihr Rückzug aus dem Gebiet/von der Stellung; **beat a ~:** den Rückzug antreten; *(fig.)* das Feld räumen; **make good one's ~:** sich in Sicherheit *(Akk.)* bringen; *(fig.)* sich aus dem Staub machen *(ugs.)*; *see also* **hasty**; **b)** *(place of seclusion)* Zuflucht, *die;* Zufluchtsort, *der;* *(hiding-place also)* Unterschlupf, *der;* **country ~:** Refugium auf dem Lande; **c)** *(Relig.: for prayer)* Exerzitien *Pl.*; **d)** *(Mil.: bugle-call)* *(for return to barracks)* Zapfenstreich, *der;* *(for withdrawal)* **sound/give the ~:** zum Rückzug blasen. **2.** *v. i.* **a)** *(withdraw; also Mil. or fig.)* sich zurückziehen; *(in fear)* zurückweichen; **~ within oneself** sich in sich *(Akk.)* selbst zurückziehen; **~ from a territory/position** sich aus einem Gebiet/von einer Stellung zurückziehen; **~ from an aggressive stance** eine aggressive Haltung aufgeben; **b)** *(recede)* ⟨*Überschwemmung, Gletscher usw.:*⟩ zurückgehen

**retrench** [rɪˈtrenʃ] **1.** *v. t.* senken ⟨*Ausgaben, Lohn*⟩. **2.** *v. i.* sich einschränken

**retrenchment** [rɪˈtrenʃmənt] *n.* Senkung, *die;* **policy of ~:** Sparpolitik, *die*

**retrial** [riːˈtraɪəl] *n.* *(Law)* Wiederaufnahmeverfahren, *das;* **he asked for a ~:** er verlangte eine Wiederaufnahme des Verfahrens

**retribution** [retrɪˈbjuːʃn] *n.* Vergeltung, *die;* **in ~ for** zur Vergeltung für

**retributive** [rɪˈtrɪbjʊtɪv] *adj.* vergeltend; ausgleichend ⟨*Gerechtigkeit*⟩

**retrievable** [rɪˈtriːvəbl] *adj.* **a)** *(able to be set right)* noch nicht ausweglos *od.* völlig verfahren ⟨*Situation*⟩; wiedergutzumachend *nicht präd.* ⟨*Fehler*⟩; **be ~** ⟨*Situation:*⟩ zu retten sein; ⟨*Fehler:*⟩ wiedergutzumachen sein; **b)** *(able to be rescued)* zu rettend/*(from wreckage)* zu bergend *nicht präd.*; **be ~:** zu retten/bergen sein; **c)** *(able to be recovered)* **the ball/money is ~:** den Ball/das Geld kann man wiederholen/-bekommen; **d)** *(Computing)* wiederauffindbar ⟨*Information*⟩

**retrieval** [rɪˈtriːvl] *n.* **a)** *(setting right)* *(of situation)* Rettung, *die;* *(of mistake)* Wiedergutmachung, *die;* **beyond** *or* **past ~:** hoffnungslos; **b)** *(rescue)* Rettung, *die;* *(from wreckage)* Bergung, *die* (**from** aus); **c)** *(recovery)* *see* **retrieve 1 c**: Zurückholen, *das;* Wiederholen, *das;* Wiedergewinnung, *die;* **the ~ of the money was difficult** es war schwierig, das Geld wiederzubekommen; **the money/chance was lost beyond ~:** das Geld/die Gelegenheit war unwiederbringlich verloren; **d)** *(Computing)* Wiederauffinden, *das*

**retrieve** [rɪˈtriːv] *v. t.* **a)** *(set right)* wiedergutmachen ⟨*Fehler*⟩; retten ⟨*Situation*⟩; **b)** *(rescue)* retten (**from** aus); *(from wreckage)* bergen (**from** aus); **timber ~d from the beach** als Strandgut aufgelesenes Holz; **c)** *(recover)* zurückholen ⟨*Brief*⟩; wiederholen ⟨*Ball*⟩; wiedergewinnen ⟨*Ansehen, Würde*⟩; wiederbekommen ⟨*Geld*⟩; **~ sth. from the depths of one's subconscious** etw. aus den Tiefen seines Unterbewußtseins hervorholen; **d)** *(Computing)* wiederauffinden ⟨*Information*⟩; **e)** *(fetch)* ⟨*Hund:*⟩ apportieren

**retriever** [rɪˈtriːvə(r)] *n.* Apportierhund, *der;* *(breed)* Retriever, *der*

**retroactive** [retrəʊˈæktɪv] *adj.* rückwirkend; **~ effect** Rückwirkung, *die*

**retrochoir** [ˈretrəʊkwaɪə(r)] *n.* *(Eccl. Archit.)* Retrochor, *der*

**retrograde** [ˈretrəgreɪd] *adj.* **a)** *(retreating)* **~ motion** Rückwärtsbewegung, *die;* **~ step** *(fig.)* Rückschritt, *der;* **b)** *(reverting to the past)* rückschrittlich ⟨*Idee, Politik, Maßnahme*⟩; **c)** *(inverse)* umgekehrt ⟨*Reihenfolge*⟩

**retrogress** [retrəˈgres] *v. i.* **a)** sich zurückbewegen; **b)** *(fig.: deteriorate)* ⟨*Gesundheitszustand:*⟩ sich verschlechtern

**retrogression** [retrəˈgreʃn] *n.* **a)** Rückwärtsbewegung, *die;* **b)** *(Biol.)* Rückentwicklung, *die*

**retrogressive** [retrəˈgresɪv] *adj.* **a)** *see* **retrograde a, b**; **b)** *(Biol.)* rückläufig ⟨*Entwicklung*⟩

**retro-rocket** [ˈretrəʊrɒkɪt] *n.* *(Astronaut.)* Bremsrakete, *die*

**retrospect** [ˈretrəspekt] *n.* **in ~:** im nachhinein; **in ~, I think ...:** rückblickend *od.* im nachhinein glaube ich, ...

**retrospection** [retrəˈspekʃn] *n.* Rückschau, *die*

**retrospective** [retrəˈspektɪv] **1.** *adj.* **a)** retrospektiv *(geh.)*; **~ exhibition** Retrospektive, *die (geh.)*; **take a ~ look at sth.** Rückschau auf etw. *(Akk.)* halten *(geh.)*; **b)** *(applying to the past)* rückwirkend ⟨*Lohnerhöhung, Gesetz, Vertragsänderung*⟩; **be ~:** Rückwirkung haben. **2.** *n.* *(Art)* Retrospektive, *die (geh.)*

**retrospectively** [retrəˈspektɪvlɪ] *adv.* **a)** *(by retrospection)* im nachhinein, rückblickend ⟨*betrachten*⟩; **b)** *(so as to apply to the past)* rückwirkend; **a law operating ~:** ein rückwirkendes Gesetz; ein Gesetz mit Rückwirkung

**retroussé** [rəˈtruːseɪ] *adj.* **~ nose** Stupsnase, *die*

**retry** [riːˈtraɪ] *v. t.* *(Law)* neu verhandeln ⟨*Fall*⟩; neu verhandeln gegen ⟨*Person*⟩

**retsina** [reˈtsiːnə] *n.* Retsina, *der*

**retune** [riːˈtjuːn] *v. t.* **a)** neu stimmen ⟨*Musikinstrument*⟩; **b)** neu einstellen ⟨*Radio*⟩

**returf** [riːˈtɜːf] *v. t.* neuen Rasen verlegen auf (+ *Dat.*) ⟨*Platz, Spielfeld usw.*⟩

**return** [rɪˈtɜːn] **1.** *v. i.* **a)** *(come back)* zurückkommen; zurückkehren *(geh.)*; ⟨*Jahreszeit:*⟩ wiederkehren; *(go back)* zurückgehen; zurückkehren *(geh.)*; *(go back by vehicle)* zurückfahren; zurückkehren *(geh.)*; **~ home** wieder nach Hause kommen/gehen/fahren/zurückkehren; **~ to work** *(after holiday or strike)* die Arbeit wieder aufnehmen; **she had gone never to ~:** sie war für immer gegangen; ~ **to health** wieder gesund werden; **his good spirits quickly ~ed** seine gute Laune stellte sich rasch wieder ein; **b)** *(revert)* ~ **to a subject/one's old habits** auf ein Thema zurückkommen/in seine alten Gewohnheiten zurückfallen; **unto dust thou shalt ~** *(Relig.)* zu Staub sollst du wieder werden. **2.** *v. t.* **a)** *(bring back)* zurückbringen; zurückgeben ‹*geliehenen/gestohlenen Gegenstand, gekaufte Ware*›; [wieder] zurückschicken ‹*unzustellbaren Brief*›; *(to original position)* zurückstellen ‹*Hebel*›; *(hand back, refuse)* zurückweisen ‹*Scheck*›; *(put back) (vertically)* [wieder] zurückstellen ‹*Buch, Ordner*›; *(horizontally)* [wieder] zurücklegen ‹*Geld, Buch, Ordner*›; *(to file)* wieder einheften ‹*Brief*›; **~ed with thanks** mit Dank zurück; **'~ to sender'** *(on letter)* „zurück an Absender"; **he ~ed his purse to his pocket** er steckte sein Portemonnaie wieder ein; **he ~ed the fish to the water** er setzte den Fisch wieder ins Wasser; **b)** *(restore)* **~ sth. to its original state** *or* **condition** etw. wieder in seinen ursprünglichen Zustand versetzen; **c)** *(yield)* abwerfen ‹*Gewinn*›; **d)** *(give back sth. similar)* erwidern ‹*Besuch, Gruß, Liebe, Gewehrfeuer*›; sich revanchieren für *(ugs.)* ‹*Freundlichkeit, Gefallen*›; zurückgeben ‹*Schlag*›; **e)** *(elect)* wählen ‹*Kandidaten*›; **~ sb. to Parliament** jmdn. ins Parlament wählen; **f)** *(Sport)* zurückschlagen ‹*Ball*›; *(throw back)* zurückwerfen; **g)** *(answer)* erwidern; entgegnen; **h)** *(declare)* ~ **a verdict of guilty/not guilty** ‹*Geschworene:*› auf „schuldig"/„nicht schuldig" erkennen; ~ **sb. guilty** jmdn. schuldig sprechen. **3.** *n.* **a)** *(coming back)* Rückkehr, *die; (to home)* Heimkehr, *die; (of illness)* Wiederauftreten, *das;* **his ~ to work/school had to be delayed** er mußte die Wiederaufnahme seiner *od.* der Arbeit verschieben/er konnte erst später [als vorgesehen] wieder zur Schule gehen; **point of no ~** *see* **point 1 k**; ~ **to health** Genesung, *die (geh.)*; **many happy ~s [of the day]!** herzlichen Glückwunsch [zum Geburtstag]!; **wish sb. many happy ~s [of the day]** jmdm. [zum Geburtstag] alles Gute wünschen; **b) by ~ [of post]** postwendend; **c)** *(ticket)* Rückfahrkarte, *die; (for flight)* Rückflugschein, *der;* **single or ~?** einfach oder hin und zurück?; **d)** *(proceeds)* **~[s]** Ertrag, Gewinn, *der* **(on, from** aus); ~ **on capital** Kapitalgewinn, *der; see also* **diminishing**; **e)** *(bringing back)* Zurückbringen, *das; (of property, goods, book)* Rückgabe, *die* **(to** an + *Akk.*); *(of cheque)* Zurückweisung, *die; (of loan)* Rückzahlung, *die;* **f)** *(giving back of sth. similar)* Erwiderung, *die;* **receive/get sth. in ~ [for sth.]** etw. [für etw.] bekommen; **g)** *(Sport: striking back)* Rückschlag, *der; (throw back)* Rückwurf, *der;* **pick up the ~** *(Footb. etc.)* den zurückgespielten Ball annehmen; **h)** *(report)* Bericht, *der; (set of statistics)* statistischer Bericht; Statistik, *die;* **income-tax ~:** Einkommensteuererklärung, *die;* **election ~s** Wahlergebnisse; **i)** *(Brit. Parl.: electing)* Wahl, *die;* **j)** *attrib. (Archit.)* Flügel‹*mauer, -wand*›

**returnable** [rɪ'tɜ:nəbl] *adj.* Mehrweg‹*behälter, -flasche usw.*›; rückzahlbar ‹*Gebühr, Kaution*›; ~ **bottle** Pfandflasche, *die;* ~ **deposit** Pfand, *der*

**returned** [rɪ'tɜ:nd] *adj.* heimgekehrt; ~ **emigrant** Rückwanderer, *der*

**return:** ~ **'fare** *n.* Preis für eine Rückfahrkarte/*(for flight)* einen Rückflugschein; **what is the ~ fare?** wieviel kostet eine Rückfahrkarte/ein Rückflugschein?; ~ **'flight** *n.* Rückflug, *der; (both ways)* Hin- und Rückflug, *der;* ~ **'game** *n.* Rückspiel, *das*

**re'turning officer** *n. (Brit. Parl.)* Wahlleiter, *der/-leiterin, die*

**return:** ~ **'journey** *n.* Rückreise, *die;* Rückfahrt, *die; (both ways)* Hin- und Rückfahrt, *die;* ~ **'match** *n.* Rückspiel, *das;* ~ **'ticket** *n. (Brit.)* Rückfahrkarte, *die; (for flight)* Rückflugschein, *der*

**retype** [ri:'taɪp] *v. t.* neu tippen

**reunification** [ri:ju:nɪfɪ'keɪʃn] *n.* Wiedervereinigung, *die*

**reunion** [ri:'ju:njən] *n.* **a)** *(gathering)* Treffen, *das;* **b)** *(reuniting)* Wiedersehen, *das;* **c)** *(reunited state)* Wiedervereinigung, *die*

**reunite** [ri:jʊ'naɪt] **1.** *v. t.* wieder zusammenführen; **a ~d Germany** ein wiedervereinigtes Deutschland. **2.** *v. i.* sich wieder zusammenschließen; ‹*Kirchen:*› sich wieder vereinigen

**reusable** [ri:'ju:zəbl] *adj.* wiederverwendbar

**reuse 1.** [ri:'ju:z] *v. t.* wiederverwenden. **2.** [ri:'ju:s] *n.* Wiederverwendung, *die*

**Rev.** ['revərənd, *(coll.)* rev] *abbr.* **Reverend** Rev.

**rev** [rev] *(coll.)* **1.** *n., usu. in pl.* Umdrehung, *die;* Tour, *die (Technikjargon);* ~ **counter** *(Brit.)* Tourenzähler, *der (ugs.).* **2.** *v. i.*, **-vv-** mit hoher Drehzahl *od.* hochtourig laufen. **3.** *v. t.*, **-vv-** hochdrehen *(Technikjargon); (noisily)* aufheulen lassen ‹*Motor*›

~ **'up 1.** *v. i.* ‹*Motor:*› hochgejagt werden *(Technikjargon);* **I heard [the sound of] a car ~ving up** ich hörte den Motor eines Autos aufheulen. **2.** *v. t.* hochjagen *(Technikjargon);* aufheulen lassen ‹*Motor[rad]*›

**revaluation** [ri:væljʊ'eɪʃn] *n.* **a)** *(of object)* Neubewertung, *die;* **b)** *(Econ.: of currency)* Aufwertung, *die*

**revalue** [ri:'vælju:] *v. t.* **a)** neu bewerten; **b)** *(Econ.)* aufwerten ‹*Währung*›

**revamp** [ri:'væmp] *(coll.) v. t.* renovieren ‹*Zimmer, Gebäude*›; [wieder] aufmöbeln *od.* aufpolieren ‹*Schrank, Auto usw.*›; neu bearbeiten ‹*Stück, Musical usw.*›; auf Vordermann bringen *(ugs.)* ‹*Firma*›

**Revd.** ['revərənd, *(coll.)* rev] *abbr.* **Reverend** Rev.

**reveal** [rɪ'vi:l] **1.** *v. t.* enthüllen *(geh.)*; verraten; offenbaren *(geh., Theol.)*, [offen] zeigen ‹*Gefühle*›; **be ~ed** ‹*Wahrheit:*› ans Licht kommen; **all will be ~ed** *(joc.)* es kommt alles ans Licht *(scherzh.)*; ~ **one's identity** seine Identität preisgeben *(geh.)*; ~ **oneself/itself to be** *or* **as being sth.** sich als etw. erweisen; ~ **sb. to be sth.** jmdn. als etw. enthüllen *(geh.)*; **the rising curtain ~ed a street scene** der sich hebende Vorhang gab den Blick auf eine Straßenszene frei; **there was not much that the dress did not ~:** das Kleid verhüllte nur wenig. **2.** *n. (Archit.)* Laibung, *die*

**revealed religion** [rɪvi:ld rɪ'lɪdʒn] *n.* Offenbarungsreligion, *die*

**revealing** [rɪ'vi:lɪŋ] *adj.* aufschlußreich ‹*Darstellung, Dokument*›; verräterisch ‹*Bemerkung, Versprecher*›; offenherzig *(scherzh.)* ‹*Kleid, Bluse usw.*›; **be ~ about sth.** etwas *od.* einiges über etw. *(Akk.)* verraten

**reveille** [rɪ'vælɪ, rɪ'velɪ] *n. (Mil.)* Reveille, *die (fachspr. veralt.)*; Wecksignal, *das;* **sound [the] ~:** das Wecksignal geben; ~ **was at 6 a. m.** Wecken war um sechs Uhr morgens

**revel** ['revl] **1.** *v. i.*, *(Brit.)* **-ll- a)** *(take delight)* genießen **(in** *Akk.*); ~ **in doing sth.** es [richtig] genießen, etw. zu tun; **b)** *(carouse)* feiern; ~ **the night away,** ~ **till dawn** die Nacht durchfeiern *(ugs.).* **2.** *n. usu pl.* Feiern, *das;* Feierei, *die (ugs.)*

**revelation** [revə'leɪʃn] *n.* **a)** Enthüllung, *die;* **be a ~:** einem die Augen öffnen; **the dessert/concert was a ~:** das Dessert/Konzert war eine Offenbarung *(scherzh.)*; **what a ~!** unglaublich!; **be a ~ to sb.** jmdm. die Augen öffnen; **b)** *(Relig.)* Offenbarung, *die;* **[the** *or* **the Book of] R~[s]** die Offenbarung [des Johannes]; **R~[s] 3:14** Offenbarung 3, 14

**reveller** ['revələ(r)] *n.* Feiernde, *der/die*

**revelry** ['revəlrɪ] *n.* Feiern, *das;* Feierei, *die (ugs.)*; **spend the whole night in ~:** die ganze Nacht durchfeiern *(ugs.)*; **hear sounds of ~:** hören, wie gefeiert wird

**revenge** [rɪ'vendʒ] **1.** *v. t.* rächen ‹*Person, Tat*›; sich rächen für ‹*Tat*›; ~ **oneself** *or* **be ~d [on sb.] [for sth.]** sich [für etw.] [an jmdm.] rächen. **2.** *n.* **a)** *(action)* Rache, *die;* **[desire for] ~:** Rachsucht, *die (geh.)*; **take ~** *or* **have** *or (literary)* **exact one's ~ [on sb.] [for sth.]** Rache [an jmdm.] [für etw.] nehmen *od. (geh.)* üben; ~ **is sweet** Rache ist süß; **in ~ for sth.** als Rache für etw.; **b)** *(Sport, Games)* Revanche, *die;* **give sb. his ~:** jmdm. Revanche geben

**revengeful** [rɪ'vendʒfl] *adj.* rachsüchtig *(geh.)*; ~ **act** Racheakt, *der*

**revenue** ['revənju:] *n.* **a)** *(State's income)* **[national/state] ~:** Staatseinnahmen; öffentliche Einnahmen; **b) ~[s]** *(income)* Einnahmen; Einkünfte *Pl.*; **source of ~:** Einnahmequelle, *die;* **c) R~** *(department)* oberste Finanzbehörde

**revenue:** ~ **officer** *n.* ≈ Zollbeamter, *der/-beamtin, die;* ~ **stamp** *n.* Steuerzeichen, *das; (paper strip on cigarette-packet etc.)*; [Steuer]banderole, *die*

**reverberate** [rɪ'vɜ:bəreɪt] **1.** *v. i.* ‹*Geräusch, Musik:*› widerhallen. **2.** *v. t.* zurückwerfen; reflektieren

**reverberation** [rɪvɜ:bə'reɪʃn] *n.* **~[s]** Widerhall, *der;* ~ **of sound** Schallreflexion, *die;* **the ~s of that episode** *(fig.)* der Nachhall dieser Begebenheit

**revere** [rɪ'vɪə(r)] *v. t.* verehren

**reverence** ['revərəns] *n.* **a)** *(revering)* Verehrung, *die;* Ehrfurcht, *die;* **hold sb. in** *or* **regard sb. with ~:** jmdn. verehren; **hold sth. in ~:** etw. heilig halten; **pay ~ to sb.** jmdm. Verehrung entgegenbringen; **have/show ~ for sth./sb.** vor etw./jmdm. Ehrfurcht haben/zeigen; **b) Your/His R~** *(arch./Ir./joc.)* Euer/Seine Hochwürden

**reverend** ['revərənd] **1.** *adj.* ehrwürdig; **the R~ John Wilson, the R~ Mr Wilson** Hochwürden [John] Wilson; **the Very/Right R~ Donald Todd** Hochwürden [Donald] Todd; **the Most R~ Archbishop of York** Seine Exzellenz der Hochwürdigste Erzbischof von York; **the R~ Father [O'Higgins]** Hochwürden [O'Higgins]; **the ~ gentleman** Hochwürden; **R~ Mother** Ehrwürdige Schwester Oberin *od.* Frau Oberin. **2.** *n. (coll.)* Pfarrer, *der; (form of address)* Hochwürden

**reverent** ['revərənt] *adj.* ehrfürchtig; **have a ~ attitude to sb., be ~ towards sb.** Ehrfurcht vor jmdm. haben; **in hushed and ~ tones** mit ehrfurchtsvoll gedämpfter Stimme

**reverential** [revə'renʃl] *adj.* ehrfürchtig

**reverently** ['revərəntlɪ] *adv.* ehrfürchtig; ehrerbietig ‹*sich verneigen*›

**reverie** ['revərɪ] *n.* Träumerei, *die;* **be deep** *or* **lost** *or* **sunk in [a] ~:** in Träumereien *(Akk.)* versunken sein; **fall into a ~:** in Träumereien *(Akk.)* versinken

**reversal** [rɪ'vɜ:sl] *n.* **a)** Umkehrung, *die;* ~ **[colour] film** Umkehrfilm, *der;* **b)** *(Law)* Aufhebung, *die*

**reverse** [rɪ'vɜ:s] **1.** *adj.* entgegengesetzt ‹*Richtung*›; Rück‹*seite*›; umgekehrt ‹*Reihenfolge*›; **the ~ side of the coin** *(fig.)* die Kehrseite der Medaille. **2.** *n.* **a)** *(contrary)* Gegenteil, *das;* **quite the ~!** ganz im Gegenteil!; **in ~:** rückwärts ‹*schreiben, drucken*›; **b)** *(Motor Veh.)* Rückwärtsgang, *der;* **in ~:** im Rückwärtsgang; **put the car into ~, go into ~:** den Rückwärtsgang einlegen; **c)** *(defeat)* Rückschlag, *der;* **~s of fortune** Schicksalsschläge *Pl.*; **d)** *(back side of coin etc.)* Rückseite, *die;* Revers, *der (Münzk.)*; *(design)* Rückseitenbild, *das;* **e)** *(back of page)* Rückseite, *die;* Verso, *das (Buchw.).* **3.** *v. t.* **a)** *(turn around)* umkehren ‹*Reihenfolge, Wortstellung, Bewegung, Rich* *tung*›; grundlegend revidieren ‹*Politik*›; ~ **the charge[s]** *(Brit.)* ein R-Gespräch anmelden; **make a ~d-charge call** *(Brit.)* ein R-Gespräch führen; ~ **arms** *(Mil.)* die Gewehre mit dem Kolben nach oben halten; **b)** *(cause to move backwards)* zurücksetzen; ~ **a car into sth.** ein Auto rückwärts in etw. *(Akk.)* fahren; **c)** *(revoke)* aufheben ‹*Urteil, Anordnung*›; kassieren *(Rechtsspr.)* ‹*Urteil*›; rückgängig machen ‹*Maßnahme*›. **4.** *v.i.* zurücksetzen; rückwärts fahren; ~ **into sth.** rückwärts in etw. *(Akk.)* fahren

**reverse 'gear** *n. (Motor Veh.)* Rückwärtsgang, *der; see also* **gear 1 a**

**reversible** [rɪ'vɜ:sɪbl] *adj.* **a)** umkehrbar, *(fachspr.)* reversibel ‹*Vorgang*›; *(capable of being revoked)* aufhebbar ‹*Entscheidung, Anordnung*›; **b)** *(having two usable sides)* beidseitig verwendbar, *(Textilw.)* beidrecht ‹*Stoff*›; beidseitig tragbar ‹*Kleidungsstück*›; Wende‹*mantel, -jacke*›

**re'versing light** *n.* Rückfahrscheinwerfer, *der*

**reversion** [rɪ'vɜ:ʃn] *n.* **a)** *(return)* Rückkehr, *die* **(to** zu); ~ **to type** *(Biol.)* Rückschlag auf eine frühere Ahnenform; *(fig.)* atavistischer Rückfall; **b)** *(Law: return of estate)* Rückfall, *der;* Heimfall, *der (Rechtsspr.)*

**revert** [rɪ'vɜ:t] *v.i.* **a)** *(recur, return)* zurückkommen **(to** auf + *Akk.*), wieder aufgreifen **(to** *Akk.*) ‹*Thema, Angelegenheit, Frage*›; ‹*Gedanken:*› zurückkehren *(geh.)* **(to** zu); **to ~ to ...:** um wieder auf ... *(Akk.)* zurückzukommen; **she has ~ed to using her maiden name** sie hat wieder ihren Mädchennamen angenommen; ~ **to type** *(Biol.)* auf eine frühere Ahnenform zurückschlagen; **he has ~ed to type** *(fig.)* er geht jetzt wieder seinen alten Gewohnheiten nach; ~ **to its natural state** in den Naturzustand zurückkehren; ~ **to savagery** ‹*Menschen:*› in den Zustand der Wildheit zurückfallen; ~ **to desert** *etc.* ‹*Land:*› wieder verwüsten *usw.*; **b)** *(Law)* ‹*Eigentum:*› zurückfallen, *(Rechtsspr.)* heimfallen **(to** an + *Akk.*)

**revetment** [rɪ'vetmənt] *n.* Futtermauer, *die (Archit.)*

**review** [rɪ'vju:] **1.** *n.* **a)** *(survey)* Übersicht, *die* **(of** über + *Akk.*); Überblick, *der* **(of** über + *Akk.*); *(of past events)* Rückschau, *die* **(of** auf + *Akk.*); **be a ~ of sth.** einen Überblick *od.* eine Übersicht über etw. *(Akk.)* geben; **b)** *(re-examination)* [nochmalige] Überprüfung; nochmalige Prüfung; *(of salary)* Revision, *die;* **be under ~** ‹*Vereinbarung, Lage:*› nochmals geprüft werden; **c)** *(account)* Besprechung, *die;* Kritik, *die;* Rezension, *die;* ~ **copy** *(Publishing)* Rezensionsexemplar, *das;* **d)** *(periodical)* Zeitschrift, *die;* **e)** *(Mil.)* Inspektion, *die; (march)* Parade, *die;* **naval ~:** Flottenparade, *die;* **pass in ~:** [vorbei]defilieren; **pass sth. in ~** *(fig.)* etw. Revue passieren lassen. **2.** *v.t.* **a)** *(survey)* untersuchen; prüfen; **b)** *(re-examine)* überprüfen; **c)** *(Mil.)* inspizieren; mustern; **d)** *(write a criticism of)* besprechen; rezensieren; **e)** *(Law)* überprüfen

**reviewer** [rɪ'vju:ə(r)] *n.* Rezensent, *der*/Rezensentin, *die;* Kritiker, *der*/Kritikerin, *die*

**revile** [rɪ'vaɪl] *v.t.* schmähen *(geh.)*

**revise** [rɪ'vaɪz] **1.** *v.t.* **a)** *(amend)* revidieren ‹*Urteil, Gesetz, Vorschlag*›; **R~d Version** *(Brit.) revidierte Fassung der „Authorized Version" der Bibel (im 19. Jh.);* **b)** *(check over)* durchsehen ‹*Manuskript, Text, Notizen*›; **c)** *(reread)* noch einmal durchlesen ‹*Notizen*›; *abs.* lernen; ~ **one's maths** Mathe *(ugs.)* wiederholen. **2.** *n. (Printing)* Revisionsbogen, *der*

**reviser** [rɪ'vaɪzə(r)] *n.* Bearbeiter, *der*/Bearbeiterin, *die; (of printer's proof)* Korrektor, *der*/Korrektorin, *die*

**revision** [rɪ'vɪʒn] *n.* **a)** *(amending)* Revision, *die;* **in need of ~:** revisionsbedürftig; **b)** *(checking over)* Durchsicht, *die;* **c)** *(amended version)* [Neu]bearbeitung, *die;* überarbeitete *od.* revidierte Fassung; **d)** *(rereading)* Wiederholung, *die;* ~ **exercises** Wiederholungsübungen

**revisionism** ['rɪ'vɪʒənɪzm] *n.* Revisionismus, *der*

**revisionist** [rɪ'vɪʒənɪst] **1.** *n.* Revisionist, *der*/Revisionistin, *die.* **2.** *adj.* revisionistisch

**revisit** [ri:'vɪzɪt] *v.t.* wieder besuchen

**revitalize (revitalise)** [ri:'vaɪtəlaɪz] *v.t.* neu beleben

**revival** [rɪ'vaɪvl] *n.* **a)** *(making active again, bringing back into use)* Wieder- *od.* Neubelebung, *die;* ~ **of learning/letters** neue geistige/literarische Blüte; **b)** *(Theatre)* Wiederaufführung, *die;* Revival, *das;* **c)** *(Relig.: awakening)* Erweckung, *die;* ~ **meeting** Erweckungsversammlung, *die;* **d)** *(restoration)* Wiederherstellung, *die;* Regenerierung, *die (geh.); (to consciousness or life; also fig.)* Wiederbelebung, *die*

**revivalism** [rɪ'vaɪvəlɪzm] *n.* Erweckungsglaube, *der;* Revivalism, *der*

**revivalist** [rɪ'vaɪvəlɪst] *n.* Erwecker, *der*/Erweckerin, *die; (evangelist)* Erweckungsprediger, *der*

**revive** [rɪ'vaɪv] **1.** *v.i.* **a)** *(come back to consciousness)* wieder zu sich kommen; **b)** *(be reinvigorated)* wieder aufleben; zu neuem Leben erwachen; ‹*Geschäft:*› sich wieder beleben; **his spirits/hopes ~d** er lebte wieder auf/schöpfte neue Hoffnung. **2.** *v.t.* **a)** *(restore to consciousness)* wiederbeleben; **b)** *(restore to healthy state)* wieder auf die Beine bringen ‹*Person*›; wieder aufleben lassen ‹*Blume*›; *(strengthen, reawaken)* wieder wecken ‹*Lebensgeister, Ehrgeiz, Interesse, Wunsch*›; ~ **sb.'s hopes** jmdn. neue Hoffnung schöpfen lassen; **c)** *(make active again, bring back into use)* wieder aufleben lassen; **the mini-skirt was ~d** der Minirock kam wieder in Mode *(Akk.);* **d)** *(Theatre)* wieder auf die Bühne bringen; **e)** *(renew memory of)* wieder lebendig werden lassen

**revocable** ['revəkəbl] *adj.* widerrufbar

**revocation** [revə'keɪʃn] *n. see* **revoke 1:** Aufhebung, *die;* Widerrufung, *die;* Zurückziehen, *das;* Zurücknahme, *die*

**revoke** [rɪ'vəʊk] **1.** *v.t.* **a)** *(cancel)* aufheben ‹*Erlaß, Privileg, Entscheidung*›; widerrufen ‹*Befehl*›; zurückziehen ‹*Auftrag*›; **b)** *(withdraw)* widerrufen ‹*Erlaubnis, Genehmigung*›; zurücknehmen ‹*Versprechen*›. **2.** *v.i. (Cards)* [unzulässigerweise] nicht bedienen. **3.** *n. (Cards)* Revoke, *die*

**revolt** [rɪ'vəʊlt] **1.** *v.i.* **a)** *(rebel)* revoltieren, aufbegehren *(geh.)* **(against** gegen); **b)** *(feel revulsion)* sich sträuben **(at, against, from** gegen); ‹*Magen:*› revoltieren, rebellieren **(from** bei). **2.** *v.t.* mit Abscheu erfüllen; **she was ~ed by their brutality** ihre Brutalität erfüllte sie mit Abscheu. **3.** *n.* *(rebelling)* Aufruhr, *der;* Rebellion, *die; (rising)* Revolte, *die (auch fig.);* Aufstand, *der;* **a spirit of ~:** eine rebellische Stimmung; **be** *or* **rise in ~:** revoltieren; aufbegehren *(geh.)*

**revolting** [rɪ'vəʊltɪŋ] *adj.* *(repulsive)* abscheulich; scheußlich ‹*Gedanke, Wetter*›; widerlich ‹*Person*›; **be ~ to sb.'s sense of decency** jmds. Anstandsgefühl verletzen

**revoltingly** [rɪ'vəʊltɪŋlɪ] *adv.* abstoßend ‹*häßlich, grausam*›

**revolution** [revə'lu:ʃn] *n.* **a)** *(lit. or fig.)* Revolution, *die;* **the American R~:** die Amerikanische Revolution; der Nordamerikanische Unabhängigkeitskrieg; **b)** *(single turn)* Umdrehung, *die;* **number of ~s** Drehzahl, *die;* **c)** *(Astron.: movement in orbit)* Umlauf, *der*

**revolutionary** [revə'lu:ʃənərɪ] **1.** *adj.* **a)** *(Polit.)* revolutionär; **b)** *(involving great changes)* revolutionär; umwälzend; *(pioneering)* bahnbrechend; **c) R~** *(Amer. Hist.)* des Nordamerikanischen Unabhängigkeitskrieges *nachgestellt;* der Amerikanischen Revolution *nachgestellt.* **2.** *n.* Revolutionär, *der*/Revolutionärin, *die*

**revo'lution counter** *n.* Drehzahlmesser, *der*

**revolutionize (revolutionise)** [revə'lu:ʃənaɪz] *v.t.* grundlegend verändern; revolutionieren ‹*Gesellschaft, Technik*›

**revolve** [rɪ'vɒlv] **1.** *v.t.* **a)** *(turn round)* drehen; **b) ~ sth. in one's mind** *(ponder)* etw. erwägen. **2.** *v.i.* sich drehen **(round, about, on** um); **everything ~s around her** sie ist der Mittelpunkt[, um den sich alles dreht]

**revolver** [rɪ'vɒlvə(r)] *n.* [Trommel]revolver, *der*

**revolving** [rɪ'vɒlvɪŋ] *attrib. adj.* drehbar; Dreh‹*stuhl, -tür, -bühne*›; ~ **credit** *(Finance)* Revolvingkredit, *der*

**revue** [rɪ'vju:] *n.* Kabarett, *das; (musical show)* Revue, *die*

**revulsion** [rɪ'vʌlʃn] *n.* **a)** *(feeling)* Abscheu, *der* **(at** vor + *Dat.*, gegen); **have a sense of ~ about sth.** von etw. angewidert sein; **b)** *(recoiling)* Distanzierung, *die* **(from** von)

**reward** [rɪ'wɔ:d] **1.** *n.* Belohnung, *die; (for kindness)* Dank, *der;* Lohn, *der; (recognition of merit etc.)* Auszeichnung, *die;* **get very little ~:** kaum belohnt werden; **offer a ~ of £100** 100 Pfund Belohnung aussetzen. **2.** *v.t.* belohnen; **is that how you ~ me for my help?** ist das der Dank für meine Hilfe?

**rewarding** [rɪ'wɔ:dɪŋ] *adj.* lohnend ‹*Zeitvertreib, Beschäftigung*›; **be ~/financially ~:** sich lohnen/einträglich sein; **bringing up a child can be very ~:** das Großziehen eines Kindes kann einem sehr viel geben

**rewind** [ri:'waɪnd] *v.t.,* **rewound** [ri:'waʊnd] **a)** *(wind again)* wieder aufziehen ‹*Uhr*›; **b)** *(wind back)* zurückspulen ‹*Film, Band*›

**rewire** [ri:'waɪə(r)] *v.t.* mit neuen Leitungen versehen; ~ **a house/car** in einem Haus/Auto die Leitungen erneuern

**reword** [ri:'wɜ:d] *v.t.* umformulieren; neu formulieren

**rework** [ri:'wɜ:k] *v.t.* neu bearbeiten ‹*Theaterstück, Szene usw.*›; neu formulieren ‹*Satz, Absatz, Text*›

**rewound** *see* **rewind**

**rewrite 1.** [ri:'raɪt] *v.t.,* **rewrote** [ri:'rəʊt], **rewritten** [ri:'rɪtn] *(write again)* noch einmal [neu] schreiben; *(write differently)* umschreiben. **2.** ['ri:raɪt] *n.* Neufassung, *die;* **a complete ~:** eine völlig neue Fassung

**'rewrite man** *n. (Amer.)* Rewriter, *der (fachspr.);* Bearbeiter, *der*

**Reynard** ['renəd, 'reɪnəd] **~[, the fox]** Reineke [Fuchs]

**r. h.** *abbr.* **right hand** r.

**rhapsodic** [ræp'sɒdɪk] *adj.* **a)** *(Mus.)* rhapsodisch; **b)** *(fig.: ecstatic)* ekstatisch

**rhapsodize (rhapsodise)** ['ræpsədaɪz] *v.i.* schwärmen **(about, on** von; **over** über + *Akk.*)

**rhapsody** ['ræpsədɪ] *n.* **a)** *(Mus.)* Rhapsodie, *die;* **b)** *(ecstatic utterance)* Schwärmerei, *die;* **go into rhapsodies over sth.** über etw. *(Akk.)* in Ekstase geraten

**rhea** ['ri:ə] *n. (Ornith.)* Nandu, *der*

**Rhenish** ['ri:nɪʃ, 'renɪʃ] *(arch.) adj.* rheinisch; ~ **wine** Rheinwein, *der;* ~ **Confederation** *(Hist.)* Rheinbund, *der*

**rheostat** ['ri:əstæt] *n. (Electr.)* Rheostat, *der*

**rhesus** ['ri:səs]: ~ **baby** *n. (Med.)* Rh-geschädigtes Baby; ~ **factor** *n. (Med.)* Rhesusfaktor, *der;* ~ **monkey** *n.* Rhesusaffe, *der;* ~-**'negative** *n. (Med.)* Rhesusfaktor negativ; ~-**'positive** *n. (Med.)* Rhesusfaktor positiv

**rhetoric** ['retərɪk] *n.* **a)** *(art of discourse)* **[art of] ~:** Redekunst, *die;* Rhetorik, *die;* **b)** *(derog.)* Phrasen *(abwertend)*

**rhetorical** [rɪ'tɒrɪkl] *adj.* **a)** rhetorisch ‹*Frage, Diskurs*›; **b)** *(derog.: designed to impress)* phrasenhaft *(abwertend)*

**rheumatic** [ru:'mætɪk] **1.** *adj.* rheumatisch.

2. *n.* **a)** *in pl. (coll.)* Rheuma, *das (ugs.)*; **b)** *(person)* Rheumatiker, *der*/Rheumatikerin, *die;* Rheumakranke, *der/die*

**rheumatism** ['ru:mətɪzm] *n. (Med.)* Rheumatismus, *der;* Rheuma, *das (ugs.)*

**rheumatoid arthritis** [ru:mətɔɪd ɑ:'θraɪtɪs] *n. (Med.)* chronischer Gelenkrheumatismus

**Rhine** [raɪn] *pr. n.* Rhein, *der*

**'Rhineland** *pr. n.* Rheinland, *das*

**Rhineland-Pa'latinate** [raɪnlænd pə'lætɪnət] *pr. n.* Rheinland-Pfalz *(das)*

**Rhine 'wine** *n.* Rheinwein, *der*

**rhino** ['raɪnəʊ] *n., pl. same or* **~s** *(coll.)*, **rhinoceros** [raɪ'nɒsərəs] *n., pl. same or* **~es** Nashorn, *das;* Rhinozeros, *das*

**rhizome** ['raɪzəʊm] *n. (Bot.)* Rhizom, *das (fachspr.);* Wurzelstock, *der*

**Rhodes** [rəʊdz] *pr. n.* Rhodos *(das)*

**Rhodesia** [rəʊ'di:ʒə] *pr. n. (Hist.)* Rhodesien *(das)*

**Rhodesian** [rəʊ'di:ʒən] *(Hist.)* **1.** *adj.* rhodesisch. **2.** *n.* Rhodesier, *der*/Rhodesierin, *die*

**rhododendron** [rəʊdə'dendrən] *n. (Bot.)* Rhododendron, *der;* Alpenrose, *die*

**rhombic** ['rɒmbɪk] *adj.* rhombisch

**rhombus** ['rɒmbəs] *n., pl.* **~es** *or* **rhombi** ['rɒmbaɪ] *(Geom.)* Rhombus, *der;* Raute, *die*

**rhubarb** ['ru:bɑ:b] *n.* **a)** Rhabarber, *der; (root, purgative)* Rhabarberwurzel, *die;* **b)** *(Theatre coll.)* **~, ~, ~...:** Rhabarber, Rhabarber, Rhabarber ...

**rhyme** [raɪm] **1.** *n.* **a)** Reim, *der;* **find no ~ or reason in sth.** sich *(Dat.)* auf etw. *(Akk.)* keinen Reim machen können; **without ~ or reason** ohne Sinn und Verstand; **b)** *(short poem)* Reim, *der; (rhyming verse)* gereimte Verse; **put sth. into ~:** etw. in Reime setzen; **c)** *(rhyming word)* Reimwort, *das;* **'honey' is a ~ for** *or* **to 'money'** „honey" reimt sich auf „money". **2.** *v. i.* **a)** sich reimen **(with** auf + *Akk.*); **b)** *(versify)* reimen. **3.** *v. t.* reimen

**'rhyme-scheme** *n. (Pros.)* Reimschema, *das*

**rhyming** ['raɪmɪŋ]: **~ 'couplet** *n. (Pros.)* Reimpaar, *das;* **~ dictionary** *n.* Reimwörterbuch, *das;* **~ slang** *n.* Rhyming Slang, *der; Slang, bei dem das eigentliche Wort durch eine sich darauf reimende Phrase oder einen Teil einer solchen ersetzt wird*

**rhythm** [rɪðm] *n.* Rhythmus, *der;* **~ and blues** *(Mus.)* Rhythm and Blues, *der*

**rhythmic** ['rɪðmɪk], **rhythmical** ['rɪðmɪkl] *adj.* rhythmisch; gleichmäßig

**rhythm: ~ method** *n.* Rhythmusmethode, *die;* **~ section** *n.* Rhythmusgruppe, *die*

**RI** *abbr. (Sch.)* **religious instruction**

**rib** [rɪb] **1.** *n.* **a)** *(Anat.)* Rippe, *die;* **bruised ~s** Rippenprellung, *die;* **dig in the ~s** Rippenstoß, *der;* **b) ~[s]** *(joint of meat)* Rippenstück, *das;* **c)** *(supporting piece) (of insect's wing)* Ader, *die; (of feather)* Kiel, *der;* Schaft, *der; (of boat, ship)* Spant, *das; (of bridge, leaf, ceiling, in knitting, fabric)* Rippe, *die; (of umbrella)* Speiche, *die;* **d)** *(Amer. coll.: joke)* Witz, *der;* Flachs, *der (ugs.)*. **2.** *v. t.,* **-bb-** *(coll.)* aufziehen *(ugs.)*

**ribald** ['rɪbəld] *adj.* zotig; schmutzig ‹*Lachen*›; unanständig ‹*Ausdrücke*›; *(irreverent)* anzüglich; rüde ‹*Gesellschaft*›

**ribaldry** ['rɪbəldrɪ] *n.* Derbheit, *die;* Zotigkeit, *die; (irreverence)* Anzüglichkeit, *die*

**riband** ['rɪbənd] *see* **ribbon a**

**ribbed** [rɪbd] *adj.* gerippt

**ribbon** [rɪbn] *n.* **a)** *(band for hair, dress, etc.)* Band, *das; (on typewriter)* [Farb]band, *das; (on medal)* [Ordens]band, *das;* **campaign/service ~:** Kriegs-/Dienstauszeichnung, *die; see also* **blue ribbon; b)** *(fig.: strip)* Streifen, *der;* **~ of light** Lichtstreifen, *der;* **c)** *in pl. (ragged strips)* Fetzen *Pl.*; **tear to ~s** zerfetzen; *(fig.: condemn)* fertigmachen *(ugs.);* in der Luft zerreißen ‹*Buch, Stück usw.*›

**ribbon: ~ building, ~ development** *ns., no pl.* Bandbebauung, *die*

**'rib-cage** *n. (Anat.)* Brustkorb, *der*

**ribonucleic acid** [raɪbənju:kli:ɪk 'æsɪd] *n. (Biol.)* Ribonukleinsäure, *die*

**rice** [raɪs] *n.* Reis, *der*

**rice: ~-field** *n.* Reisfeld, *das;* **~-paper** *n.* Reispapier, *das;* **~ 'pudding** *n.* Reispudding, *der*

**ricer** ['raɪsə(r)] *n. (Amer.)* ≈ Kartoffelpresse, *die*

**'rice wine** *n.* Reiswein, *der*

**rich** [rɪtʃ] **1.** *adj.* **a)** reich; *see also* **get-~-quick; b)** *(having great resources)* reich (in an + *Dat.*); *(fertile)* fruchtbar ‹*Land, Boden*›; **oil-~:** ölreich; **~ in vitamins/lime/forests** vitamin-/kalk-/waldreich; **a play ~ in new ideas** ein Stück voll neuer Ideen; **strike it ~:** das große Geld machen; **c)** *(splendid)* prachtvoll; prächtig; reich ‹*Ausstattung*›; **d)** *(containing much fat, oil, eggs, etc.)* gehaltvoll; *(indigestible)* schwer ‹*Essen*›; **e)** *(deep, full)* voll[tönend] ‹*Stimme*›; voll ‹*Ton*›; satt ‹*Farbe, Farbton*›; schwer ‹*Geruch*›; voll ‹*Geschmack*›; **f)** *(ample)* reichlich; **g)** *(valuable)* wertvoll; reich *(geh.)* ‹*Geschenke, Opfergaben*›; **h)** *(amusing)* köstlich; **that's ~!** köstlich!; *(iron.)* das ist stark! *(ugs.);* **i)** *(Motor Veh.)* fett ‹*Gemisch*›. **2.** *n. pl.* **the ~:** die Reichen; **~ and poor** Arm und Reich

**riches** ['rɪtʃɪz] *n. pl.* Reichtum, *der*

**richly** ['rɪtʃlɪ] *adv.* **a)** *(splendidly)* reich; üppig ‹*ausgestattet*›; prächtig ‹*gekleidet*›; **~ ornamented** reichverziert; reichgeschmückt; **~ coloured** farbenprächtig; **~ endowed** reichlich ausgestattet; **~ endowed with talent** hochtalentiert; **b)** *(fully)* voll und ganz; **~ deserved** wohlverdient

**richness** ['rɪtʃnɪs] *n., no pl.* **a)** *(elaborateness)* Pracht, *die;* Prächtigkeit, *die;* **the ~ of ornamentation** der Reichtum der Ornamentik; die reiche Ornamentik; **b)** *(of food)* Reichhaltigkeit, *die; (indigestibility)* Schwere, *die;* **c)** *(fullness) (of voice)* voller Klang; Vollheit, *die; (of colour)* Sattheit, *die;* **d)** *(great resources)* Reichtum, *der* **(in** an + *Dat.*); *(of soil)* Fruchtbarkeit, *die*

**Richter scale** ['rɪktə skeɪl] *n. (Geol.)* Richter-Skala, *die*

**¹rick** [rɪk] *n. (stack of hay)* Dieme, *die (bes. nordd.);* Schober, *der (bes. südd., österr.)*

**²rick** *(Brit.)* **1.** *n. (slight sprain or strain)* Verrenkung, *die;* **have a ~ in one's neck** einen verrenkten Hals haben. **2.** *v. t.* verrenken; **~ one's neck** sich *(Dat.)* den Hals verrenken

**rickets** ['rɪkɪts] *n. constr. as sing. or pl. (Med.)* Rachitis, *die*

**rickety** ['rɪkɪtɪ] *adj.* **a)** *(shaky)* wack[e]lig; **b)** *(feeble)* hinfällig, gebrechlich, *(ugs.)* wack[e]lig ‹*alter Mensch*›

**rickshaw** ['rɪkʃɔ:] *n.* Rikscha, *die*

**ricochet** ['rɪkəʃeɪ] **1.** *n.* **a)** Abprallen, *das;* **b)** *(hit)* Abpraller, *der.* **2.** *v. i.,* **~[t]ing** ['rɪkəʃeɪɪŋ], **~[t]ed** ['rɪkəʃeɪd] abprallen **(off** von)

**rictus** ['rɪktəs] *n.* **a)** *(Anat., Zool.)* Mund-/Maul-/Schnabelöffnung, *die;* **b)** *(fig.)* weit aufgerissener Mund

**rid** [rɪd] *v. t.,* **-dd-, rid: ~ sth. of sth.** etw. von etw. befreien; **~ oneself of sb./sth.** sich von jmdm./etw. befreien; sich jmds./einer Sache entledigen *(geh.);* **be ~ of sb./sth.** jmdn./etw. los sein *(ugs.);* **get ~ of sb./sth.** jmdn./etw. loswerden; **we are well ~ of him** wir sind froh, daß wir ihn los sind *(ugs.)*

**riddance** ['rɪdəns] *n.* **good ~ [to bad rubbish]** zum Glück *od.* Gott sei Dank ist er/es *usw.* weg!; **he's left at last – and good ~ to him!** er ist endlich gegangen – Gott sei Dank!

**ridden** *see* **ride 2, 3**

**¹riddle** ['rɪdl] *n.* Rätsel, *das;* **talk** *or* **speak in ~s** in Rätseln sprechen; **tell sb. a ~:** jmdm. ein Rätsel aufgeben

**²riddle 1.** *n. (sieve)* [Schüttel]sieb, *das.* **2.** *v. t.* **a)** *(fill with holes)* durchlöchern; **~d with bullets** von Kugeln durchsiebt *od.* durchlöchert; **~d with corruption/mistakes** *(fig.)* von Korruption durchsetzt/mit *od.* von Fehlern übersät; **b)** *(sift)* sieben

**ride** [raɪd] **1.** *n.* **a)** *(journey) (on horseback)* [Aus]ritt, *der; (in vehicle, at fair)* Fahrt, die; **~ in a train/coach** Zug-/Busfahrt, *die;* **go for a ~:** ausreiten; **go for a [bi]cycle ~:** radfahren; *(longer distance)* eine Radtour machen; **go for a ~ [in the car]** [mit dem Auto] wegfahren; **have a ~ in a train/taxi/on the merry-go-round** mit dem Zug/Taxi/Karussell fahren; **can I have a ~ on your bike/pony?** darf ich mal mit deinem Rad fahren/auf deinem Pony reiten?; **give sb. a ~:** jmdn. mitnehmen; **give sb. a ~ on one's back** jmdn. auf seinen Schultern reiten lassen; **be/come along for the ~** *(coll.)* nur so *(ugs.) od.* nur aus Interesse dabei sein/mitkommen; **take sb. for a ~:** jmdn. spazierenfahren; *(fig. sl.: deceive)* jmdn. reinlegen *(ugs.);* **b)** *(quality of ~)* Fahrkomfort, *der;* **the car gives [you] a bumpy/smooth** *etc.* **~:** das Auto fährt holprig/sanft *usw.*; **give sb. a rough/an easy ~** *(fig.)* es jmdm. schwer-/leichtmachen; **have a rough/an easy ~:** es schwer/leicht haben; **c)** *(path)* Reitweg, *der.* **2.** *v. i.,* **rode** [rəʊd], **ridden** ['rɪdn] **a)** *(travel) (on horse)* reiten; *(on bicycle, in vehicle; Amer.: in elevator)* fahren; **~ to town on one's bike/in one's car/on the train** mit dem Rad/Auto/Zug in die Stadt fahren; **b)** *(float)* **~ at anchor** vor Anker liegen *od. (Seemannsspr.)* reiten; **~ high [in the sky]** *(fig.)* ‹*Mond:*› hoch am Himmel schweben; **c)** *(be carried)* reiten; rittlings sitzen; **'X ~s again'** *(fig.)* „X ist wieder da"; **be riding on sth.** *(fig.)* von etw. abhängen; **be riding for a fall** halsbrecherisch reiten; *(fig.)* in sein Unglück rennen *(ugs.);* **be riding high** *(fig.)* Oberwasser haben *(ugs.);* **let sth. ~** *(fig.)* etw. auf sich beruhen lassen; *see also* **forth c; hound 1 a; roughshod. 3.** *v. t.,* **rode, ridden a)** *(ride on)* reiten ‹*Pferd usw.*›; fahren mit ‹*Fahrrad*›; **learn to ~ a bicycle** radfahren lernen; **~ the waves** sich auf den Wellen wiegen; **b)** *(oppress)* plagen; **ridden by fears/guilt** von Ängsten/von Schuldgefühlen geplagt *od.* heimgesucht; **c)** *(traverse) (on horseback)* reiten; *(on cycle)* fahren; **d)** *(yield to)* reiten *(Boxsport),* ausweichen (+ *Dat.*) ‹*Schlag*›; **e)** *(Amer. coll.: harass)* fertigmachen *(ugs.);* **I guess I've been riding you pretty hard** ich hab' dir wohl ziemlich zugesetzt

**~ a'way** *v. i.* wegreiten/wegfahren

**~ 'down** *v. t.* umreiten

**~ 'off** *see* **~ away**

**~ 'out** *v. t.* abreiten *(Seemannsspr.)* ‹*Sturm*›; *(fig.)* überstehen

**~ 'up** *v. i.* **a) ~ up [to sth.]** ‹*Reiter:*› an etw. *(Akk.)* heranreiten; ‹*Fahrer:*› an etw. *(Akk.)* heranfahren; **b) the skirt rode up over her knees** *(fig.)* der Rock rutschte über ihr Knie

**rider** ['raɪdə(r)] *n.* **a)** Reiter, *der*/Reiterin, *die; (of cycle)* Fahrer, *der*/Fahrerin, *die;* **b)** *(addition)* Zusatz, *der;* **add a ~:** einen Zusatz machen; *(Brit. Law)* eine zusätzliche Erklärung *od.* Feststellung abgeben

**riderless** ['raɪdəlɪs] *adj.* reiterlos

**ridge** [rɪdʒ] **1.** *n.* **a)** *(of roof)* First, *der; (of nose)* Rücken, *der;* **b)** *(long hilltop)* Grat, *der;* Kamm, *der;* **~ of hills** Höhenrücken, *der;* **~ of mountains** Gebirgskamm, *der;* **c)** *(Agric.)* Kamm, *der;* Rücken, *der;* **d)** *(Meteorol.)* **~ [of high pressure]** langgestrecktes Hoch; *(connecting two highs)* Hochdruckbrücke, *die.* **2.** *v. t.* häufeln

**ridge: ~-piece** *n.* Firstbalken, *der;* **~-pole** *n.* Firststange, *die;* **~ tent** *n.* Hauszelt, *das;* **~-tile** *n.* Firstziegel, *der;* **~way** *n.* Gratweg, *der*

**ridicule** ['rɪdɪkju:l] **1.** *n.* Spott, *der;* **object of ~:** Zielscheibe des Spotts; Gespött, *das;* **hold sb./sth. up to ~:** jmdn./etw. der Lä cherlichkeit preisgeben; **lay oneself open to ~:** sich dem Gespött aussetzen. **2.** *v. t.* verspotten; spotten über (+ *Akk.*)

**ridiculous** [rɪˈdɪkjʊləs] *adj.* lächerlich; **don't be ~!** sei nicht albern!; **make oneself [look] ~:** sich lächerlich machen

**ridiculously** [rɪˈdɪkjʊləslɪ] *adv.* lächerlich

**riding** [ˈraɪdɪŋ] *n.* Reiten, *das*

**riding: ~-breeches** *n. pl.* Reithose, *die;* **~-crop** *n.* Reitgerte, *die;* **~ habit** *n.* Reitkleid, *das;* **~-lamp** *n. (Naut.)* Ankerlaterne, *die;* **~ lesson** *n.* Reitstunde, *die;* **~-light** *see* **~-lamp; ~-school** *n.* Reitschule, *die*

**Riesling** [ˈri:zlɪŋ, ˈri:slɪŋ] *n.* Riesling, *der*

**rife** [raɪf] *pred. adj.* **a)** *(widespread)* weit verbreitet; **rumours were ~:** es gingen Gerüchte um; **b) ~ with** *(full of)* voller; voll von; **the country was ~ with rumours of war** im ganzen Land gab es Kriegsgerüchte

**riff-raff** [ˈrɪfræf] *n.* Gesindel, *das*

**rifle** [ˈraɪfl] **1.** *n. (firearm)* Gewehr, *das; (hunting-~)* Büchse, *die.* **2.** *v. t.* **a)** *(ransack)* durchwühlen; *(pillage)* plündern; **~ sth. of its contents** etw. ausplündern; **b)** *(make grooves in)* ziehen *(fachspr.)* ⟨*Gewehrlauf*⟩. **3.** *v. i.* **~ through sth.** etw. durchwühlen

**rifle: ~-barrel** *n.* Gewehrlauf, *der; (of hunting-~)* Büchsenlauf, *der;* **~-butt** *n.* Gewehrkolben, *der;* **~man** [ˈraɪflmən] *n., pl.* **~men** [ˈraɪflmən] Schütze, *der;* **~-range** *n.* Schießstand, *der;* Schießplatz, *der;* **~-shot** *n.* Gewehrschuß, *der*

**rift** [rɪft] *n.* **a)** *(dispute)* Unstimmigkeit, *die;* **b)** *(cleft)* Spalte, *die; (in cloud)* Riß, *der*

**ˈrift-valley** *n. (Geog.)* Graben[bruch], *der*

**¹rig** [rɪg] **1.** *n.* **a)** *(Naut.)* Takelung, *die;* **b)** *(for oil-well)* [Öl]förderturm, *der; (off shore)* Förderinsel, *die;* **drilling ~:** Bohrturm, *der; (off shore)* Bohrinsel, *die;* **c)** *(outfit)* Kluft, *die;* **in full ~:** in Schale *(ugs.);* **in full climbing ~:** in voller Klettermontur *(ugs.).* **2.** *v. t.,* **-gg- a)** *(Naut.)* auftakeln; **b)** *(Aeronaut.) (assemble)* montieren; *(fit out)* ausrüsten ⟨*Flugzeug*⟩

**~ ˈout** *v. t.* ausstaffieren

**~ ˈup** *v. t.* aufbauen

**²rig** *v. t.,* **-gg-** *(falsify)* fälschen ⟨*Wahl*⟩; verfälschen, *(geh.)* manipulieren ⟨*[Wahl]ergebnis*⟩; **~ the market** die Preise/*(St. Exch.)* die Kurse manipulieren *(geh.) od.* künstlich beeinflussen; **the whole thing was ~ged** das war alles Schiebung *(ugs.)*

**rigger** [ˈrɪgə(r)] *n.* **a)** *(Naut.)* Takler, *der*/Taklerin, *die;* **b)** *(Aeronaut.)* [Rüst]mechaniker, *der*/[Rüst]mechanikerin, *die*

**¹rigging** [ˈrɪgɪŋ] *n.* **a)** *(Naut.)* Takelung, *die; (ropes and chains also)* Gut, *das;* Takelage, *die;* **b)** *(Aeronaut.)* Ausrüstung, *die*

**²rigging** *n. (illicit manipulation)* Manipulation, *die (geh.);* Schiebung, *die (ugs.)*

**right** [raɪt] **1.** *adj.* **a)** *(just, morally good)* richtig; **it's not ~ for sb. to do sth.** es ist nicht richtig *od.* recht von jmdm., daß er etw. tut; **it is only ~ [and proper] to do sth./that sb. should do sth.** es ist nur recht und billig, etw. zu tun/daß jmd. etw. tut; **do the ~ thing by sb.** sich jmdm. gegenüber anständig verhalten; **b)** *(correct, true)* richtig; **~ enough** völlig richtig; **~ enough!** in Ordnung!; okay! *(ugs.);* **you're [quite] ~:** du hast [völlig] recht; **too ~** *(coll.)* allerdings!; **how ~ you are!** wie recht du hast!; **you are ~ to do** *or* **in doing it** du tust recht daran, es zu tun; **be ~ in sth.** recht mit etw. haben; **let's get it ~ this time!** machen wir es diesmal besser!; **let's get this ~!** das wollen wir doch mal klarstellen!; **is that clock ~?** geht die Uhr da richtig?; **have you got the ~ fare?** haben Sie das Fahrgeld passend?; **put** *or* **set ~:** richtigstellen ⟨*Irrtum, Behauptung*⟩; wiedergutmachen ⟨*Unrecht*⟩; berichtigen ⟨*Fehler*⟩; bereinigen ⟨*Mißverständnis, Angelegenheit*⟩; beheben ⟨*Mißstand, Mangel*⟩; wieder in Ordnung bringen ⟨*Situation, Angelegenheit, Maschine, Gerät*⟩; richtig stellen ⟨*Uhr*⟩; **put** *or* **set sb. ~:** jmdn. berichtigen *od.* korrigieren; **~ [you are]!,** *(Brit.)* **~ oh!** *(coll.)* ja, gut!; okay! *(ugs.);* **that's ~:** ja[wohl]; so ist es; **that's ~, smash the place up!** *(iron.)* recht so, hau nur immer auf den Putz *(ugs. iron.);* **is that ~?** stimmt das?; *(indeed?)* aha!; **[am I] ~?** nicht [wahr]?; oder [nicht]? *(ugs.); see also* **all 3; road b; track 1 a; c)** *(preferable, most suitable)* richtig; recht; **the ~ man for the job** der richtige Mann [dafür]; **do sth. the ~ way** etw. richtig machen; **say/do the ~ thing** das Richtige sagen/tun; **know how to say the ~ thing** die richtigen *od.* passenden Worte finden; **I did the ~ thing when I ...:** es war richtig, daß ich ...; *see also* **Mr; whale a; d)** *(sound, sane)* richtig; **all's ~ with the world** die Welt *od.* alles ist in Ordnung; **not be quite ~ in the head** nicht ganz bei Verstand sein; nicht ganz richtig [im Kopf] sein; **as ~ as rain** *(coll.) (in health)* gesund wie ein Fisch im Wasser; *(satisfactory)* in bester Ordnung; **put** *or* **set sb. ~** *(restore to health)* jmdn. [wieder] in Ordnung *od.* auf die Beine bringen; **she'll be ~** *(Austral. coll.)* das geht [schon] in Ordnung *(ugs.);* **I'll/we'll** *etc.* **see you ~:** es soll dein Schaden nicht sein; *see also* **mind 1 g; e)** *(coll./arch.: real, properly so called)* richtig; recht *(veralt.);* **you're a ~ one!** du bist mir der/die Richtige!; **your room's in a ~ mess** in deinem Zimmer sieht es wüst aus; **he made a ~ mess of that job/of it** er hat die Sache/es total vermurkst *(ugs.);* **f)** *(opposite of left)* recht...; *see also* **turn 1 c; be sb.'s ~ arm** *(fig.)* jmds. rechte Hand sein; **g) R~** *(Polit.)* recht... *See also* **right side. 2.** *v. t.* **a)** *(avenge)* aus der Welt schaffen ⟨*Unrecht*⟩; **b)** *(correct)* berichtigen; richtigstellen; **c)** *(restore to upright position)* [wieder] aufrichten; ⟨*Boot usw.:*⟩ **~ itself** sich [von selbst] [wieder] aufrichten; *(fig.: come to proper state)* ⟨*Mangel:*⟩ sich [von selbst] geben; ⟨*Körper, Organismus:*⟩ *(ugs.)* von selbst in Ordnung kommen. **3.** *n.* **a)** *(fair claim, authority)* Recht, *das;* Anrecht, *das;* **have a/no ~ to sth.** ein/kein Anrecht *od.* Recht auf etw. *(Akk.)* haben; **have a** *or* **the/no ~ to do sth.** das/kein Recht haben, etw. zu tun; **as of ~:** kraft Gesetzes; **by ~ of** auf Grund (+ *Gen.*); **belong to sb. as of** *or* **by ~:** jmds. rechtmäßiges Eigentum sein; **what ~ has he [got] to do that?** mit welchem Recht tut er das?; **in one's own ~:** aus eigenem Recht; **an authoress in her own ~:** eine eigenständige Autorin; **the ~ to work/life** das Recht auf Arbeit/Leben; **~-to-work** *attrib. (Amer.)* gegen Gewerkschaftszwang gerichtet ⟨*Gesetz, Politik*⟩; **~-to-work state** Staat ohne Gewerkschaftszwang; **the ~ to life** das Recht auf Leben *(des ungeborenen Kindes);* **~-to-life** *attrib.* auf den Schutz ungeborenen Lebens gerichtet; **grazing ~s** Weiderechte *Pl.;* **~ of way** *(~ to pass across)* Wegerecht, *das; (path)* öffentlicher Weg; *(precedence)* Vorfahrtsrecht, *das;* **who has the ~ of way?** wer hat Vorfahrt?; **Bill of R~s** Bill of Rights, *die;* **Black R~s** Rechte der Schwarzen; **be within one's ~s to do sth.** etw. mit [Fug und] Recht tun können; **b)** *(what is just)* Recht, *das;* **~ is on our side** das Recht ist auf unserer Seite; **understand the ~s and wrongs of a situation** beurteilen können, was [bei einer Sache] richtig und was falsch ist; **by ~[s]** von Rechts wegen; **do ~ by sb.** jmdn. anständig behandeln; **do ~:** sich richtig verhalten; richtig handeln; **do ~ to do sth.** recht daran tun, etw. zu tun; **in the ~:** im Recht; **c)** *(~-hand side)* rechte Seite; **move to the ~:** nach rechts rücken; **on** *or* **to the ~ [of the door]** rechts [von der Tür]; **on** *or* **to my ~, to the ~ of me** rechts von mir; zu meiner Rechten; **from ~ and left** von rechts und links; **d)** *(Polit.)* **the R~:** die Rechte; *(radicals)* die Rechten; **be on the R~ of the party** dem rechten Flügel der Partei angehören; **e)** *in pl. (proper state)* **set** *or* **put sth. to ~s** etw. in Ordnung bringen; **set** *or* **put the world to ~s** die Welt verbessern; **f)** *(Boxing)* Rechte, *die;* **g) get sb. bang to ~s** *(Brit. sl.) or (Amer. sl.)* **dead to ~s** jmdn. auf frischer Tat ertappen; **h)** *(Theatre)* [stage] **~:** linke Bühnenseite; **i)** *(in marching) see* **²left 3 e. 4.** *adv.* **a)** *(properly, correctly, justly)* richtig ⟨*machen, raten, halten*⟩; *(succeed)* klappen *(ugs.);* **nothing is going ~ for** *or* **with me today** bei mir klappt heute nichts *(ugs.);* **if I remember ~:** wenn ich mich recht *od.* richtig erinnere; **b)** *(to the side opposite left)* nach rechts; **~ of the road** rechts von der Straße; **~, left, and centre, left, ~, and centre** *(fig. coll.)* überall; *(repeatedly)* immer wieder; **c)** *(all the way)* bis ganz; *(completely)* ganz; völlig; **windows coming ~ down to the floor** Fenster, die bis ganz auf den Fußboden herunterreichen; **~ through the summer** den ganzen Sommer hindurch; **turn ~ round** sich ganz umdrehen; ⟨*Zeiger:*⟩ eine ganze Umdrehung machen; **~ round the house** ums ganze Haus [herum]; **rotten ~ through** durch und durch verfault; **d)** *(exactly)* genau; **~ in the middle of sth.** mitten in etw. *(Dat./Akk.);* **~ now** im Moment; jetzt sofort, gleich ⟨*handeln*⟩; **~ on the chin** direkt *od.* genau am/ans Kinn; **he was ˈ~ next to me** *(coll.)* er war direkt *od.* genau neben mir; **~ at the beginning** gleich am Anfang; **~ on!** *(coll.) (approving)* recht so!; so ist's recht!; *(agreeing)* genau!; ganz recht!; **e)** *(straight)* direkt; genau; **go ~ on [the way one is going]** [weiter] geradeaus gehen *od.* fahren; **I'm going ~ home now** ich gehe jetzt direkt nach Hause; **f)** *(coll.: immediately)* **~ [away/off]** sofort; gleich; **I'll be ~ ˈwith you** ich bin gleich [wieder] da; **things went wrong ~ at** *or* **from the beginning** es ging schon am Anfang *od.* von Anfang an schief; **g)** *(very)* sehr; **~ royal** [wahrhaft] fürstlich ⟨*Mahl, Empfang*⟩; **a ~ royal dressing down** eine Standpauke, die sich gewaschen hat *(ugs.); see also* **honourable d; reverend 1**

**right: ~ aˈbout [ˈturn** *or (Amer.)* **ˈface]** *n. (Mil.)* Rechtsummachen, *das;* Kehrtwendung nach rechts; *(as command)* rechtsum!; *(fig.)* Kehrtwendung, *die;* **~ angle** *n.* rechter Winkel; **at ~ angles to ...:** im rechten Winkel zu ...; **~-angled** *adj.* rechtwinklig; **~ ˈback** *n. (Footb.)* rechter Verteidiger/rechte Verteidigerin

**righteous** [ˈraɪtʃəs] **1.** *adj.* **a)** *(upright)* rechtschaffen, *(bibl.)* gerecht ⟨*Person*⟩; gerecht ⟨*Gott, Staat, Herr*⟩; **b)** *(morally justifiable)* gerecht ⟨*Zorn, Sache*⟩; gerechtfertigt ⟨*Maßnahme, Tat*⟩. **2.** *n. pl.* **the ~:** die Gerechten

**ˈright-footed** *adj.* mit dem rechten Fuß geschickter; rechtsfüßig ⟨*Fußballspieler*⟩

**rightful** [ˈraɪtfl] *adj.* **a)** *(fair)* gerecht ⟨*Sache, Strafe*⟩; berechtigt ⟨*Forderung, Anspruch*⟩; **b)** *(entitled)* rechtmäßig ⟨*Besitzer, Eigentümer, Herrscher, Erbe, Anteil*⟩

**rightfully** [ˈraɪtfəlɪ] *adv.* **a)** *(fairly)* rechtmäßig; **b)** *(correctly)* mit *od.* zu Recht

**right: ~ ˈhand** *n.* **a)** rechte Hand; Rechte, *die;* **b)** *(right side)* **on** *or* **at sb.'s ~ hand** zu jmds. Rechten; rechts von jmdm.; **c)** *(fig.: chief assistant)* rechte Hand; **~-hand** *adj.* recht...; rechtsgängig, rechtsdrehend ⟨*Schraube, Gewinde*⟩; **~-hand bend** Rechtskurve, *die;* **on the/your ~-hand side** rechts; auf der rechten Seite; *see also* **drive 1 i; ~-handed** [raɪtˈhændɪd] **1.** *adj.* **a)** rechtshändig; ⟨*Schlag*⟩ mit der Rechten; ⟨*Werkzeug*⟩ für Rechtshänder; **be ~-handed** Rechtshänder/Rechtshänderin sein; **b)** *(turning to right)* rechts angeschlagen ⟨*Tür*⟩; Rechts⟨*gewinde, -drehung*⟩; rechtsgängig, rechtsdrehend ⟨*Schraube, Gewinde*⟩; **2.** *adv.* rechtshändig; mit der rechten Hand; **~-handedness** [raɪtˈhændɪdnɪs] *n.* Rechtshändigkeit, *die;* **~-hander** [raɪtˈhændə(r)] *n.* **a)** *(person)* Rechtshänder, *der*/-händerin, *die;* **b)** *(blow)* Schlag mit der Rechten; *(Boxing)* Rechte, *die;* **~-hand ˈman** *n. (chief assistant)* rechte Hand

**rightism** [ˈraɪtɪzm] *n., no pl. (Polit.)* Konservativismus, *der*

**rightist** [ˈraɪtɪst] *(Polit.)* **1.** *adj.* rechtsorientiert. **2.** *n.* Rechte, *der/die*

**rightly** [ˈraɪtlɪ] *adv.* **a)** *(fairly, correctly)* richtig; **do ~:** richtig handeln; **..., and ~ so:** ..., und zwar zu Recht; **~ or wrongly, ...:** ob es nun richtig ist/war oder nicht, ...; **b)** *(fitly)* zu Recht

**right-ˈminded** *adj.* gerecht denkend

**rightness** [ˈraɪtnɪs] *n., no pl.* Richtigkeit, *die*

**righto** [ˈraɪtəʊ, raɪˈtəʊ] *int. (Brit.)* okay *(ugs.);* alles klar *(ugs.)*

**ˈright side** *n.* **a)** *(of fabric)* Oberseite, *die;* **b) be on the ~ of fifty** noch keine fünfzig sein; **[the] ~ out/up** richtig herum; **get on the ~ of sb.** *(fig.)* sich mit jmdm. gut stellen

**ˈrights issue** *n. (Finance)* Bezugsangebot, *das*

**ˈright-thinking** *adj.* gerecht denkend

**rightward** [ˈraɪtwəd] **1.** *adv.* [nach] rechts ⟨*abbiegen*⟩; nach rechts ⟨*blicken, sich wenden*⟩; **lie ~ of sth.** rechts von etw. liegen. **2.** *adj.* rechter Hand *nachgestellt*

**rightwards** [ˈraɪtwədz] *see* **rightward 1**

**right: ~-wing** *adj.* **a)** *(Sport)* Rechtsaußen⟨*spieler, -position*⟩; **b)** *(Polit.)* recht...; rechtsgerichtet; Rechts⟨*intellektueller, -extremist, -radikalismus*⟩; **~-winger** *n.* **a)** *(Sport)* Rechtsaußen, *der;* **b)** *(Polit.)* Angehöriger/Angehörige des rechten Flügels; **extreme ~-winger** Rechtsaußen, *der/die (Jargon);* Rechtsradikale, *der/die*

**rigid** [ˈrɪdʒɪd] *adj.* **a)** starr; *(stiff)* steif; *(hard)* hart; *(firm)* fest; **~ airship** Starrluftschiff, *das;* **b)** *(fig.: harsh, inflexible)* streng ⟨*Person*⟩; unbeugsam ⟨*Haltung, System*⟩

**rigidity** [rɪˈdʒɪdɪtɪ] *n., no pl. see* **rigid: a)** Starrheit, *die;* Steifheit, *die;* Härte, *die;* Festigkeit, *die;* **b)** Strenge, *die*

**rigidly** [ˈrɪdʒɪdlɪ] *adv.* **a)** starr; **b)** *(harshly, inflexibly)* [allzu] streng; peinlich ⟨*korrekt*⟩; rigoros ⟨*vernichten, beschränken*⟩

**rigmarole** [ˈrɪgmərəʊl] *n. (derog.)* **a)** *(long story)* langatmiges Geschwafel *(ugs. abwertend);* **b)** *(complex procedure)* Zirkus, *der (ugs. abwertend)*

**rigor** [ˈrɪgə(r)] *(Amer.) see* **rigour**

**rigor mortis** [rɪgə ˈmɔːtɪs] *n. (Med.)* Totenstarre, *die;* Rigor mortis, *der (fachspr.)*

**rigorous** [ˈrɪgərəs] *adj.* **a)** *(strict)* streng; rigoros ⟨*Methode, Maßnahme, Beschränkung, Strenge*⟩; **~ tests** strenge Prüfungen; **b)** *(marked by extremes)* hart ⟨*Leben, Bedingungen, Winter*⟩; extrem ⟨*Klima*⟩; **c)** *(precise)* peinlich ⟨*Genauigkeit, Beachtung*⟩; exakt ⟨*Analyse*⟩; streng ⟨*Beurteilung, Maßstab*⟩; scharf ⟨*Auge*⟩; genau ⟨*Arbeit*⟩

**rigorously** [ˈrɪgərəslɪ] *adv.* **a)** *(strictly)* streng; rigoros ⟨*durchführen, ausschließen*⟩; **b)** *(precisely)* exakt ⟨*berechnen*⟩

**rigour** [ˈrɪgə(r)] *n. (Brit.)* **a)** *(strictness)* Strenge, *die;* **b)** *(extremeness)* Härte, *die;* Strenge, *die;* **the ~s of sth.** die Unbilden *(geh.)* einer Sache *(Gen.);* **c)** *(precision)* Stringenz, *die (geh.);* *(of argument)* Schlüssigkeit, *die*

**rile** [raɪl] *v. t. (coll.)* ärgern; **get/feel ~d** sich ärgern; **it ~s me when ...:** es fuchst mich, wenn ... *(ugs.)*

**Riley** [ˈraɪlɪ] *n.* **live** *or* **lead the life of ~** *(sl.)* wie die Made im Speck leben *(ugs.)*

**rill** [rɪl] *n.* Bächlein, *das*

**rim** [rɪm] *n.* Rand, *der; (of wheel)* Felge, *die*

**rime** [raɪm] *n. (frost)* [Rauh]reif, *der*

**rimless** [ˈrɪmlɪs] *adj.* randlos

**-rimmed** [rɪmd] *adj. in comb.* -randig

**rind** [raɪnd] *n. (of fruit)* Schale, *die; (of cheese)* Rinde, *die; (of bacon)* Schwarte, *die*

**¹ring** [rɪŋ] **1.** *n.* **a)** Ring, *der;* **b)** *(Horse-racing, Boxing)* Ring, *der; (bull~)* Arena, *die; (in circus)* Manege, *die;* **the ~** *(bookmakers)* der Ring; die Buchmacher; **c)** *(group)* Ring, *der; (gang)* Bande, *die; (controlling prices)* Kartell, *das;* **d)** *(circle)* Kreis, *der;* **make** *or* **run ~s [a]round sb.** *(fig.)* jmdn. in die Tasche stecken *(ugs.);* **e)** *(halo round moon)* Hof, *der;* **f)** *(Chem.)* Ring, *der.* **2.** *v. t.* **a)** *(surround)* umringen; einkreisen ⟨*Wort, Buchstaben usw.*⟩; **b)** *(Brit.: put ~ on leg of)* beringen ⟨*Vogel*⟩

**²ring 1.** *n.* **a)** *(act of sounding bell)* Läuten, *das;* Klingeln, *das;* **there's a ~ at the door** es hat geklingelt; **give two ~s** zweimal läuten *od.* klingeln; **b)** *(Brit. coll.: telephone call)* Anruf, *der;* **give sb. a ~:** jmdn. anrufen; **c)** *(resonance; fig.: impression)* Klang, *der; (fig.)* **have the ~ of plausibility/truth** einleuchtend/glaubhaft klingen; *(fig.)* **a ~ of insistence in her tone** ein nachdrücklicher Ton in ihrer Stimme. **2.** *v. i.,* **rang** [ræŋ], **rung** [rʌŋ] **a)** *(sound clearly)* [er]schallen; ⟨*Hammer:*⟩ [er]dröhnen; **oaths rang across the yard** Flüche hallten über den Hof; **b)** *(be sounded)* ⟨*Glocke, Klingel, Telefon:*⟩ läuten; ⟨*Wecker, Telefon, Kasse:*⟩ klingeln; **the doorbell rang** die Türklingel ging; es klingelte; **c)** *(~ bell)* läuten **(for** nach); **please ~ for attention** bitte läuten; **d)** *(Brit.: make telephone call)* anrufen; **e)** *(resound)* ⟨*Wald, Raum, Halle:*⟩ [wider]hallen **(with** von); **~ in sb.'s ears** jmdm. in den Ohren klingen; **~ true/false** ⟨*Münze:*⟩ echt/falsch klingen; *(fig.)* glaubhaft/unglaubhaft klingen; **f)** *(hum)* summen; *(loudly)* dröhnen; **my ears are ~ing** mir dröhnen die Ohren. **3.** *v. t.,* **rang, rung a)** läuten ⟨*Glocke*⟩; **~ the [door]bell** läuten; klingeln; **~ a peal** die Glocken läuten; **it ~s a bell** *(fig. coll.)* es kommt mir [irgendwie] bekannt vor; **~ the bell [with sb.]** *(fig.)* [bei jmdm.] ankommen *(ugs.); see also* **change 1 h; knell b; b)** *(Brit.: telephone)* anrufen

**~ ˈback** *v. t. & i. (Brit.)* **a)** *(again)* wieder anrufen; **b)** *(in return)* zurückrufen

**~ down** *v. t. (Theatre)* fallen lassen, herunterlassen ⟨*Vorhang*⟩; **~ the curtain down on a project/a love affair** *(fig.)* unter ein Vorhaben/Liebesverhältnis einen Schlußstrich ziehen

**~ ˈin 1.** *v. i. (Brit.)* anrufen. **2.** *v. t.* einläuten

**~ ˈoff** *v. i. (Brit.)* auflegen; abhängen

**~ ˈout 1.** *v. i.* ertönen. **2.** *v. t.* ausläuten

**~ round** *(Brit.)* **1.** [-ˈ-] *v. i.* herumtelefonieren. **2.** [ˈ--] *v. t.* herumtelefonieren bei

**~ ˈup** *v. t.* **a)** *(Brit.: telephone)* anrufen; **b)** *(record on cash register)* [ein]tippen; bongen *(ugs.);* **c)** *(Theatre)* **~ up the curtain** den Vorhang hochziehen

**ring: ~-a-~-o'-ˈroses** *n.* Ringelreihen, *der;* **~ binder** *n.* Ringbuch, *das;* **~ circuit** *n. (Electr.)* Ringschaltung, *die;* **~-dove** *n.* Ringeltaube, *die*

**ringed** [rɪŋd] *adj.* beringt; **the ~ planet** der Ringplanet

**ringer** [ˈrɪŋə(r)] *n.* **a)** *(bell-~)* [Glocken]läuter, *der;* **b) be a [dead] ~ for sb./sth.** *(sl.: very similar)* für jmdn. durchgehen [können]/einer Sache *(Dat.)* [aufs Haar] gleichen

**ring: ~-fence** *n.* Umzäunung, *die;* **~-finger** *n.* Ringfinger, *der*

**ringing** [ˈrɪŋɪŋ] **1.** *adj.* **a)** *(clear and full)* schallend ⟨*Stimme, Gelächter*⟩; *(sonorous)* klangvoll, volltönend ⟨*Stimme, Lachen, Lied*⟩; *(resounding)* dröhnend ⟨*Schlag*⟩; **b)** *(decisive)* eindringlich ⟨*Appell*⟩. **2.** *n.* **a)** *(sounding, sound)* Läuten, *das;* **b)** *(Brit. Teleph.)* **~ tone** Freiton, *der;* **c)** *(sensation)* **~ in the** *or* **one's ears** Ohrensausen, *das*

**ˈringleader** *n.* Rädelsführer, *der (abwertend);* Anführer, *der*/Anführerin, *die*

**ringlet** [ˈrɪŋlɪt] *n.* [Ringel]löckchen, *das*

**ring: ~ main** *n. (Electr.)* Ringnetz, *das;* **~master** *n.* Dresseur, *der;* **~-pull** *adj.* **~-pull can** Aufreißdose, *die;* Ring-Pull-Dose, *die;* **~ road** *n.* Ringstraße, *die;* **~side 1.** *n.* **at the ~side** [direkt] am Ring; **2.** *adj.* **~side seat** *(Boxing)* Ringplatz, *der; (in circus)* Manegenplatz, *der;* Logenplatz, *der (auch fig.);* **~sider** [ˈrɪŋsaɪdə(r)] *n.* Zuschauer mit Ring-/Manegenplatz; **~way** *n.* Ringstraße, *die;* **~worm** *n. (Med.)* Kopfgrind, *der;* Flechtengrind, *der*

**rink** [rɪŋk] *n. (for ice-skating)* Eisbahn, *die; (for curling)* Eisschießbahn, *die; (for roller-skating)* Rollschuhbahn, *die; (bowling-green)* Bowlingfläche, *die*

**rinse** [rɪns] **1.** *v. t.* **a)** *(wash out)* ausspülen ⟨*Mund, Gefäß usw.*⟩; *abs.* **please ~** *(said by dentist)* bitte mal [aus]spülen; **b)** *(wash lightly)* durchspülen ⟨*Wäsche*⟩; **c)** *(put through water)* [aus]spülen ⟨*Wäsche usw.*⟩; abspülen ⟨*Hände, Geschirr*⟩. **2.** *n.* **a)** *(rinsing)* Spülen, *das;* Spülung, *die;* **give sth. a [good/quick] ~:** etw. [gut/schnell] abspülen/ausspülen/spülen; **after several ~s** nach mehrmaligem Spülen; **have a ~** *(said by dentist)* bitte [aus]spülen; **b)** *(solution)* [Haar]tönung, *die;* [Haar]töner, *der*

**~ aˈway** *v. t.* wegspülen

**~ ˈout** *v. t.* **a)** *(wash with clean water)* ausspülen ⟨*Wäsche, Mund, Behälter*⟩; **b)** *(remove by washing)* [her]ausspülen

**riot** [ˈraɪət] **1.** *n.* **a)** *(violent disturbance)* Aufruhr, *der;* **~s** Unruhen *Pl.;* Aufstand, *der;* **there'll be a ~** *(fig.)* es wird Ärger *od.* einen Aufstand geben *(ugs.);* **b)** *(noisy or uncontrolled behaviour)* Krawall, *der;* Tumult, *der;* **run ~:** randalieren; *(in protest)* auf die Barrikaden gehen *(ugs.);* **run ~ [all over sth.]** ⟨*Pflanze:*⟩ [etw. völlig über]wuchern; **let one's imagination run ~:** seiner Phantasie freien Lauf lassen; **c)** *(unrestrained indulgence)* Orgie, *die;* **d)** *(coll.: amusing thing or person)* **be a ~:** zum Piepen sein *(ugs.).* **2.** *v. i.* einen Aufstand machen; **the mob had been ~ing all night** der Mob hatte während der ganzen Nacht gewütet; **the ~ing** der Aufruhr; die Unruhen

**ˈRiot Act** *n. (Hist.)* Aufruhrgesetz, *das;* **read sb. the ~** *(fig. coll.)* jmdm. die Leviten lesen *(ugs.)*

**rioter** [ˈraɪətə(r)] *n.* Aufrührer, *der*

**riotous** [ˈraɪətəs] *adj.* **a)** *(turbulent)* aufrührerisch ⟨*Menge*⟩; tumultartig ⟨*Vorgang*⟩; **b)** *(dissolute)* ausschweifend; **c)** *(unrestrained)* wild; schallend ⟨*Gelächter*⟩; **a ~ display of colour** eine reiche Farbenpracht

**riotously** [ˈraɪətəslɪ] *adv.* **a)** *(dissolutely)* ausschweifend; **b) ~ funny** *(coll.)* urkomisch; zum Schreien *präd. (ugs.)*

**riot: ~ police** *n.* Bereitschaftspolizei, *die;* **~ shield** *n.* Schutzschild, *der*

**¹rip** [rɪp] **1.** *n.* **a)** *(tear)* Riß, *der;* **b)** *(act of ripping)* Reißen, *das.* **2.** *v. t.,* **-pp- a)** *(make tear in)* zerreißen; **~ open** aufreißen; *(with knife)* aufschlitzen; **~ one's skirt on sth.** sich *(Dat.)* an etw. *(Dat.)* das Kleid einreißen *od.* zerreißen; **~ sth. down the middle/to pieces** etw. in der Mitte *od.* etw. mitten durchreißen/in Stücke zerreißen; **b)** *(make by tearing)* reißen ⟨*Loch*⟩. **3.** *v. i.,* **-pp- a)** *(split)* [ein]reißen; **b)** *(coll.)* **let ~:** loslegen *(ugs.);* **he let ~ down the motorway** er bretterte volles Rohr über die Autobahn *(ugs.);* **let ~ at sb.** jmdn. zur Minna machen *(ugs.)*

**~ aˈpart** *v. t. (tear apart)* auseinanderreißen; zerreißen; *(destroy)* demolieren

**~ aˈway** *v. t.* abreißen; **~ sth. away from sth.** etw. von etw. reißen

**~ ˈdown** *v. t.* abreißen; herunterreißen

**~ into** *v. t.* **~ into sb.** *(attack)* über jmdn. herfallen; *(fig.: attack verbally)* jmdm. ins Gesicht springen *(ugs.)*

**~ ˈoff** *v. t.* **a)** *(remove from)* reißen von *(remove)* abreißen; herunterreißen ⟨*Maske Kleidungsstück*⟩; **b)** *(sl.: defraud)* übers Ohr hauen *(ugs.);* bescheißen *(derb);* **c)** *(sl. steal)* klauen *(salopp). See also* **rip-off**

~ '**out** *v.t.* herausreißen (**of** aus)

~ '**up** *v.t.* zerreißen; kaputtreißen *(ugs.)*; ~ **up an agreement** *(fig.)* aus einer Vereinbarung einfach wieder aussteigen *(ugs.)*

²**rip** *n.* **a)** *(roué)* Windhund, *der (abwertend)*; **b)** *(rascal)* Halunke, *der (scherzh.)*

**RIP** *abbr.* **rest in peace** R.I.P.

'**rip-cord** *n.* Reißleine, *die*

**ripe** [raɪp] *adj.* reif (**for** zu); ausgereift ‹*Käse, Wein, Plan*›; vollkommen, vollendet ‹*Gelehrsamkeit*›; reich ‹*Erfahrung*›; groß ‹*Verständnis*›; **the time is ~ for doing sth.** es ist an der Zeit, etw. zu tun; **be ~ for development** ‹*Land:*› entwicklungsreif sein; ~ **old age** hohes Alter

**ripen** ['raɪpn] **1.** *v.t.* zur Reife bringen; *(fig.)* reifen lassen *(geh.)*. **2.** *v.i. (lit. or fig.)* reifen; ~ **into sth.** *(fig.)* zu etw. reifen *(geh.)*

**ripeness** ['raɪpnɪs] *n., no pl. (lit. or fig.)* Reife, *die*

**rip-off** *n. (sl.)* Nepp, *der (ugs. abwertend)*; **that place is a ~:** das ist ein Neppladen *(ugs. abwertend)*

**riposte** [rɪ'pɒst] **1.** *n.* **a)** *(retort)* [rasche] Entgegnung *od. (geh.)* Replik; **b)** *(Fencing)* Riposte, *die.* **2.** *v.i.* **a)** *(retort)* [rasch] antworten; **b)** *(Fencing)* ripostieren

**ripper** ['rɪpə(r)] *n.* Lustmörder, *der;* **the Yorkshire R~:** der Ripper von Yorkshire

**ripping** ['rɪpɪŋ] *adj. (Brit. dated sl.)* famos *(ugs. veralt.)*

**ripple** ['rɪpl] **1.** *n.* **a)** *(small wave)* kleine Welle; **the breeze sent ~s along the surface** die Brise kräuselte die Oberfläche; **b)** *(sound)* **a ~ of applause/laughter** kurzer Beifall/ein perlendes Lachen; **c)** *(Electr.)* leichte [Strom]schwankung. **2.** *v.i.* **a)** *(form ~s)* ‹*See:*› sich kräuseln; ‹*Muskeln:*› spielen; **b)** *(flow)* ‹*Welle:*› plätschern; ‹*Bach:*› in kleinen Wellen fließen; **c)** *(sound)* erklingen. **3.** *v.t.* kräuseln

'**ripple-mark** *n.* Rippelmarke, *die*

**rip: ~-roaring** *adj.* wahnsinnig *(ugs.)*; Wahnsinns- *(ugs.)*; **~-saw** *n.* Längsschnittsäge, *die;* **~-snorter** ['rɪpsnɔːtə(r)] *n. (sl.) (person)* Teufelskerl, *der (ugs.)*; *(thing)* **a ~-snorter of a storm/match** *etc.* ein mordsmäßiger Sturm/mordsmäßiges Spiel *usw.*; ~ **tide** *n. (turbulence)* Kabbelung, *die; (current)* Brandungsrückströmung, *die*

**rise** [raɪz] **1.** *n.* **a)** *(going up) (of sun etc.)* Aufgang, *der; (Theatre: of curtain)* Aufgehen, *das; (advancement)* Aufstieg, *der;* ~ **and** ~ *(joc.)* unaufhaltsamer Aufstieg; **b)** *(emergence)* Aufkommen, *das;* **c)** *(increase) (in value, price, cost)* Steigerung, *die; (St. Exch.: in shares)* Hausse, *die; (in population, temperature)* Zunahme, *die;* **be on the ~:** steigen; zunehmen; **d)** *(Brit.)* **[pay]** ~ *(in wages)* Lohnerhöhung, *die; (in salary)* Gehaltserhöhung, *die;* **e)** *(hill)* Anhöhe, *die;* Erhebung, *die;* **a ~ in the road** eine Steigung; **f)** *(origin)* Ursprung, *der;* **give ~ to** führen zu; ‹*Ereignis:*› Anlaß geben zu ‹*Spekulation*›; **what has given ~ to this bizarre idea?** woher kommt denn diese seltsame Idee?; **g)** *(Angling)* Steigen, *das; (fish)* steigender Fisch; **h) get** *or* **take a ~ out of sb.** *(fig.) (make fun of)* sich über jmdn. lustig machen; *(annoy, provoke)* jmdn. reizen; **i)** *(height of step)* [Stufen]höhe, *die.* **2.** *v.i.*, **rose** [rəʊz], **risen** ['rɪzn] **a)** *(go up)* aufsteigen; ~ **[up] into the air** ‹*Rauch:*› aufsteigen, in die Höhe steigen; ‹*Ballon, Vogel, Flugzeug:*› sich in die Luft erheben; **b)** *(come up)* ‹*Sonne, Mond:*› aufgehen; ‹*Blase:*› aufsteigen; **indignation rose in him** Unmut stieg in ihm hoch; **c)** *(reach higher level)* steigen; ‹*Stimme:*› höher werden; **her pleading rose to heights of passionate eloquence** ihr inständiges Bitten steigerte sich zu leidenschaftlicher Beredtheit; **d)** *(extend upward)* aufragen; sich erheben; ‹*Weg, Straße:*› ansteigen; ~ **to 2,000 metres** ‹*Berg:*› 2000 m hoch aufragen; ~ **[a storey] higher than sth.** etw. [um ein Stockwerk] überragen; **e)** *(advance)* ‹*Person:*› aufsteigen, aufrücken; ~ **to a rank/to be the director** in einen Rang/zum Direktor aufsteigen; ~ **in one's profession** in seinem Beruf voran- *od.* vorwärts- *od.* weiterkommen; ~ **in the world** voran- *od.* weiterkommen; *see also* **fame; ¹rank 1e; f)** *(increase)* steigen; ‹*Interesse:*› wachsen; ‹*Stimme:*› lauter werden; *(blow more strongly)* ‹*Wind, Sturm:*› auffrischen, stärker werden; ~ **to a gale** zum Sturm werden; **g)** *(Cookery)* ‹*Teig, Kuchen:*› aufgehen; **h)** *(become more cheerful)* ‹*Stimmung, Moral:*› steigen; **i)** *(come to surface)* ‹*Fisch:*› steigen; ~ **to the bait** *(fig.)* sich ködern lassen *(ugs.)*; ~ **to sb.'s taunts** sich von jmdm. herausfordern lassen; **j)** *(Theatre)* ‹*Vorhang:*› aufgehen, sich heben; ~ **on a scene** *or* **to reveal a scene** [aufgehen *od.* sich heben und] den Blick auf eine Szene freigeben; **k)** *(rebel, cease to be quiet)* ‹*Person:*› aufbegehren *(geh.)*, sich erheben; ~ **as one man** wie ein Mann aufstehen; ~ **in arms** einen bewaffneten Aufstand machen; **my whole soul ~s against it** mein ganzes Inneres sträubt sich dagegen; *see also* **gorge 1b; l)** *(get up)* ~ **[to one's feet]** aufstehen; *(from sitting or lying also; after accolade)* sich erheben; **he fell, never to ~ again** er stürzte und kam nicht wieder auf die Beine; ~ **on its hind legs** ‹*Pferd:*› steigen; ~ **and shine!** *(coll.)* aufstehen!; raus aus den Federn! *(ugs.)*; *see also* **sun 1; m)** *(adjourn)* ‹*Parlament:*› in die Ferien gehen, die Sitzungsperiode beenden; *(end a session)* die Sitzung beenden; **n)** *(come to life again)* auferstehen; **Christ is ~n** Christus ist auferstanden *od. (geh.)* erstanden; ~ **from the ashes** *(fig.)* ‹*Industrie:*› aus den Trümmern wiedererstehen; **look as though one had ~n from the grave** wie eine lebende Leiche aussehen *(salopp)*; **o)** *(have origin)* ‹*Fluß:*› entspringen

~ **above** *v.t.* überragen; *(fig.)* hinauskommen über (+ *Akk.*) ‹*Niveau*›; *(morally)* erhaben sein über (+ *Akk.*)

~ **to** *v.t. see* **challenge 1b; occasion 1a**

~ '**up** *v.i.* **a)** *(get up)* aufstehen; sich erheben; **b)** *(advance)* aufsteigen; *(in level)* ansteigen; **c)** *(rebel)* ~ **up [in revolt]** aufbegehren *(geh.)*; sich erheben; **d)** *(extend upward)* ‹*Berg:*› aufragen; ~ **up to 2,000 metres** 2000 m hoch aufragen

**riser** ['raɪzə(r)] *n.* **a)** *(one who gets up)* **early ~:** Frühaufsteher, *der*/Frühaufsteherin, *die;* **late ~:** Spätaufsteher, *der*/Spätaufsteherin, *die;* **b)** *(of stair, step)* Setzstufe, *die;* **c)** *(vertical pipe)* Steigrohr, *das;* Steigleitung, *die*

**risible** ['rɪzɪbl] *adj. (literary)* lächerlich

**rising** ['raɪzɪŋ] **1.** *n.* **a)** *(appearance above the horizon)* Aufgang, *der;* **b)** *(increase in height)* Steigen, *das;* **he waited for the ~ of the tide** er wartete auf die Flut; **c)** *(getting up)* Aufstehen, *das;* **d)** *(revolt)* Aufstand, *der;* **e)** *(resurrection)* Auferstehung, *die.* **2.** *adj.* **a)** *(appearing above the horizon)* aufgehend; **b)** *(increasing)* steigend ‹*Kosten, Temperatur*›; *(fig.)* wachsend ‹*Entrüstung, Wut, Ärger, Bedeutung*›; **c)** *(mounting)* steigend ‹*Wasser, Flut*›; hochgehend ‹*Welle*›; **d) the ~ generation** die heranwachsende Generation; **e)** *(advancing in standing)* aufstrebend; **f)** *(sloping upwards)* ansteigend; **g)** *(approaching the age of)* **be ~ forty** auf die Vierzig zugehen; **be ~ sixteen** sechzehn werden; **the ~ fives** die fast fünfjährigen Kinder

**rising: ~ butt** *see* ~ **hinge;** ~ '**damp** *n.* aufsteigende Feuchtigkeit; ~ **hinge** *n.* Hebescharnier, *das*

**risk** [rɪsk] **1.** *n.* **a)** *(hazard)* Gefahr, *die; (chance taken)* Risiko, *das;* ~ **of infection/loss** Ansteckungsgefahr, *die*/Verlustrisiko, *das;* **there is a/no ~ of sb.'s doing sth.** *or* **that sb. will do sth.** es besteht die/keine Gefahr, daß jmd. etw. tut; **at the ~ of one's life** unter Lebensgefahr; **be at ~** ‹*Zukunft, Plan:*› in Gefahr sein, gefährdet sein; **at one's own ~:** auf eigene Gefahr *od.* eigenes Risiko; **at owner's ~:** auf Gefahr *od.* Risiko des Eigentümers; **'coats/luggage** *etc.* **left at owner's ~'** „keine Haftung für Garderobe/Gepäck *usw.*"; **put at ~:** gefährden; in Gefahr bringen; **run** *or* **take a ~:** ein Risiko *od.* Wagnis eingehen *od.* auf sich *(Akk.)* nehmen; **run** *or* **take ~s/a lot of ~s** etwas/viel riskieren; **take ~s with one's life** sein Leben in Gefahr bringen *od.* riskieren; **run the ~ of doing sth.** Gefahr laufen, etw. zu tun; *(knowingly)* es riskieren, etw. zu tun; **take the ~ of doing sth.** es riskieren, etw. zu tun; das Risiko eingehen *od.* in Kauf nehmen, etw. zu tun; **b)** *(Insurance)* **he is a poor/good ~:** bei ihm ist das Risiko groß/gering. **2.** *v.t.* riskieren; wagen ‹*Sprung, Kampf*›; **you'll ~ losing your job** du riskierst es, deinen Job zu verlieren; **I'll ~ it!** ich lasse es drauf ankommen; ich riskiere es; ~ **one's life/neck** sein Leben/seinen Hals riskieren; *(thoughtlessly)* sein Leben aufs Spiel setzen

**riskily** ['rɪskɪlɪ] *adv.* riskant; gewagt

'**risk-money** *n.* Fehlgeld, *das*

**risky** ['rɪskɪ] *adj.* gefährlich; riskant, gewagt ‹*Experiment, Unternehmen, Projekt*›

**risotto** [rɪ'zɒtəʊ] *n., pl.* ~**s** *(Cookery)* Risotto, *der od. das*

**risqué** ['rɪskeɪ] *adj.* gewagt; nicht ganz salonfähig

**rissole** ['rɪsəʊl] *n. (Cookery)* Rissole, *die*

**rite** [raɪt] *n.* Ritus, *der;* ~ **of passage** Rite de passage *(Völkerk.)*; Übergangsritus, *der*

**ritual** ['rɪtʃʊəl] **1.** *adj. (of ritual)* rituell; Ritual‹*mord, -tötung*›; *(done as ritual)* ritualisiert; ~ **object** Kultgegenstand, *der.* **2.** *n.* **a)** *(act)* Ritual, *das;* **b)** *no pl. (prescribed procedure)* Ritus, *der;* Ritual, *das;* **he likes ~:** er mag Rituale

**ritualistic** [rɪtʃʊə'lɪstɪk] *adj.* ritualistisch

**ritually** ['rɪtʃʊəlɪ] *adv.* rituell; in einem rituellen Akt ‹*töten*›

**ritzy** ['rɪtsɪ] *adj. (coll.)* **a)** *(high-class)* feudal, nobel ‹*Hotel, Restaurant, Wohnung usw.*›; smart ‹*Mann, Kleidung*›; **b)** *(derog.: ostentatiously smart)* stinkfein ‹*Vorort, Schule*›; *(pretentious-looking)* protzig *(ugs. abwertend)*

**rival** ['raɪvl] **1.** *n.* **a)** *(competitor)* Rivale, *der*/Rivalin, *die;* **they were ~s for her affection** sie rivalisierten um ihre Zuneigung; **~s in love** Nebenbuhler; **business ~s** Konkurrenten; **b)** *(equal)* **have no ~/~s** seines-/ihresgleichen suchen; **without ~s** konkurrenzlos. **2.** *v.t., (Brit.)* **-ll-** gleichkommen (+ *Dat.*); nicht nachstehen (+ *Dat.*); **he can't ~ that** da kann er nicht mithalten; **I cannot ~ him for speed** an Geschwindigkeit kann ich es nicht mit ihm aufnehmen. **3.** *adj.* rivalisierend ‹*Gruppen*›; konkurrierend ‹*Forderungen*›; Konkurrenz‹*unternehmen usw.*›; ~ **applicant** Mitbewerber, *der*/-bewerberin, *die*

**rivalry** ['raɪvlrɪ] *n.* Rivalität, *die (geh.)*; **business ~:** Wettbewerb, *der;* **friendly ~:** freundschaftlicher Wettstreit

**riven** ['rɪvn] *adj. (dated, literary)* zerrissen; ~ **by grief** vom Gram zerfressen

**river** ['rɪvə(r)] **1.** *n.* **a)** Fluß, *der; (large)* Strom, *der;* **the ~ Thames** *(Brit.)*, **the Thames ~** *(Amer.)* die Themse; **sell sb. down the ~** *(fig. coll.)* jmdn. verschaukeln *(ugs.)*; **go up the ~** *(Amer. fig. coll.)* ins Kittchen wandern *(ugs.)*; **b)** *(fig.)* Strom, *der;* ~ **of lava** Lavastrom, *der;* **~s of tears/blood** Ströme von Tränen/Blut. **2.** *attrib. adj.* **a)** *(Biol.)* Fluß‹*delphin, -aal, -krebs*›; **b)** *(of ~)* Fluß‹*tal, -ufer, -gott usw.*›

**river: ~ basin** *n.* Stromgebiet, *das;* Einzugsgebiet [eines Flusses]; **~-bed** *n.* Flußbett, *das;* ~ **bottom** *n. (Amer.)* Flußebene, *die;* **~-head** *n.* Flußquelle, *die;* **~side 1.** *n.* Flußufer, *das;* **on** *or* **by the ~side** am Fluß; **2.** *attrib. adj.* am Fluß gelegen; am Fluß *nachgestellt*

**rivet** ['rɪvɪt] **1.** *n.* Niete, *die;* Niet, *der od. das (Technik).* **2.** *v. t.* **a)** [ver]nieten; **~ sth. down/together** etw. annieten *od.* festnieten/zusammennieten; **b)** *(fig.: hold firmly)* fesseln ⟨*Person, Aufmerksamkeit, Blick*⟩; **be ~ed to the spot** wie angenagelt [da]stehen *(ugs.);* **be ~ed on sth.** ⟨*Aufmerksamkeit:*⟩ durch etw. gefesselt werden; **his eyes were ~ed on** *or* **to the screen** seine Augen waren auf den Bildschirm geheftet *(geh.)*

**riveter** ['rɪvɪtə(r)] *n.* Nieter, *der*/Nieterin, *die; (machine)* Nietmaschine, *die*

**riveting** ['rɪvɪtɪŋ] *adj.* fesselnd

**Riviera** [rɪvɪ'eərə] *n.* Riviera, *die*

**rivulet** ['rɪvjʊlɪt] *n. (lit. or fig.)* Bach, *der*

**rly.** *abbr.* **railway** Eisenb.

**RM** *abbr. (Brit.)* **a) Royal Mail; b) Royal Marines**

**rm.** *abbr.* **room** Zi.

**RN** *abbr. (Brit.)* **Royal Navy** Königl. Mar.

**RNA** *abbr.* **ribonucleic acid** RNS

**RNIB** *abbr. (Brit.)* **Royal National Institute for the Blind** *Königliches Blindeninstitut*

**RNLI** *abbr. (Brit.)* **Royal National Lifeboat Institution** *Königliches Institut für Rettungsboote*

**RNR, RNVR** *abbrs. (Brit. Hist.)* **Royal Navy [Volunteer] Reserve** *[Freiwillige] Reserve der Königlichen Marine*

[1]**roach** [rəʊtʃ] *n., pl. same (fish)* Plötze, *die;* Rotauge, *das*

[2]**roach** *(Amer.) see* **cockroach**

**road** [rəʊd] *n.* **a)** Straße, *die;* **the Birmingham/London ~:** die Straße nach Birmingham/London; *(name of ~/street)* **London/Shelley R~:** Londoner Straße/Shelleystraße; **'~ up'** „Straßenarbeiten"; **'~ narrows'** „Fahrbahnverengung"; **across** *or* **over the ~ [from us]** [bei uns *od. (geh.)* uns *(Dat.)*] gegenüber; **by ~** *(by car/bus)* per Auto/Bus; *(by lorry/truck)* per LKW; **off the ~** *(on the verge etc.)* neben der Straße *od.* Fahrbahn; *(across country)* im Gelände ⟨*ein Fahrzeug benutzen*⟩; durchs Gelände ⟨*fahren*⟩; *(being repaired)* in der Werkstatt; in Reparatur; **take a vehicle off the ~** *(no longer use it)* ein Fahrzeug stillegen; **one for the ~** *(coll.)* ein Glas zum Abschied; **be a danger on the ~:** eine Gefahr für den Straßenverkehr sein; **be on the ~:** auf Reisen *od.* unterwegs sein; ⟨*Theaterensemble usw.:*⟩ auf Tournee *od. (ugs.)* Tour *(Dat.)* sein; **put a vehicle on the ~:** ein Fahrzeug in Betrieb nehmen; **take the ~:** sich auf den Weg machen; aufbrechen; *(become tramp)* ein Tramp werden; **the rule of the ~:** die Verkehrsregeln; **b)** *(means of access)* Weg, *der;* **set sb. on the ~ to ruin** jmdn. ins Verderben führen; **be on the right ~:** auf dem richtigen Weg sein; **be on the ~ to success/ruin** auf dem Weg zum Erfolg sein/in sein Verderben rennen; **change one's mind somewhere along the ~** *(fig.)* es sich *(Dat.)* irgendwo unterwegs anders überlegen; **end of the ~** *(destination)* Ziel, *das; (limit)* Ende, *das;* **it's the end of the ~ for us** *(fig.)* mit uns ist es jetzt vorbei; **c)** *(one's way)* Weg, *der;* **get in sb.'s ~** *(coll.)* jmdm. in die Quere kommen *(ugs.);* **get out of my ~!** *(coll.)* geh mir aus dem Weg!; **d)** *(Amer.) see* **railway; e)** *(Mining)* Strecke, *die;* **f)** *usu. in pl. (Naut.)* Reede, *die;* **lie in the ~s** auf der Reede liegen

**road: ~ accident** *n.* Verkehrsunfall, *der;* **~-accident victims** Verkehrsopfer; **~ atlas** *n.* Autoatlas, *der;* **~-bed** *n.* **a)** *(foundation of ~, railway)* Unterbau, *der;* **b)** *(Amer.: part of ~ on which vehicles travel)* Fahrbahn, *die;* **~-block** *n.* Straßensperre, *die;* **~-book** *n.* Autoreiseführer, *der;* **~ bridge** *n.* Straßenbrücke, *die;* **~ fund licence** *n. (Brit.)* Kfz-Steuerbeleg, *der;* **~-hog** *n.* Verkehrsrowdy, *der (abwertend);* **~-holding** *n. (Brit. Motor Veh.)* Straßenlage, *die;* **~-house** *n.* Rasthaus, *das*

**roadie** ['rəʊdɪ] *n. (coll.)* Roadie, *der*

**road: ~ manager** *n.* Roadmanager, *der;* **~-map** *n.* Straßenkarte, *die;* **~-mender** *n.* Straßen[bau]arbeiter, *der*/-arbeiterin, *die;* **~-metal** *n.* Schotter, *der; (smaller pieces)* Splitt, *der;* **~ roller** *n.* Straßenwalze, *die;* **~runner** *n. (Ornith.) (Geococcyx californianus)* Erdkuckuck, *der; (G. velox)* Rennkuckuck, *der;* **~ safety** *n.* Verkehrssicherheit, *die;* **~ sense** *n.* Gespür für Verkehrssituationen; **~ show** *n. (lit. or fig.)* Tournee, *die;* Tour, *die (ugs.);* **~side 1.** *n.* Straßenrand, *der;* **at** *or* **by/along the ~side** am Straßenrand; an/entlang der Straße; **2.** *adj.* ⟨*Gasthaus usw.*⟩ am Straßenrand, an der Straße; **~side inn** Rasthaus, *das;* **~ sign** *n.* Straßenschild, *das (ugs.);* Verkehrszeichen, *das*

**roadster** ['rəʊdstə(r)] *n.* **a)** *(open car)* Roadster, *der;* Sportkabrio[lett], *das;* **b)** *(bicycle)* Tourenrad, *das*

**road: ~-sweeper** *n.* **a)** *(person)* Straßenkehrer, *der*/-kehrerin, *die (bes. südd.);* Straßenfeger, *der*/-fegerin, *die (bes. nordd.);* **b)** *(machine)* [Straßen]kehrmaschine, *die;* **~ test** *n.* Fahrtest, *der;* **~-test** *v. t.* einem Fahrtest unterziehen; **~ transport** *n.* **a) form of ~ transport** Verkehrsmittel der Straße; **b)** *(process)* Personen- und Güterbeförderung auf der Straße; **~-user** *n.* Verkehrsteilnehmer, *der*/-teilnehmerin, *die;* **~way** *n.* **a)** *(road)* Straße, *die;* **b)** *(central part of road)* Fahrbahn, *die;* **~-works** *n. pl.* Straßenbauarbeiten *Pl.;* **'~-works'** „Baustelle"; **~worthy** *adj.* fahrtüchtig ⟨*Fahrzeug*⟩

**roam** [rəʊm] **1.** *v. i.* umherstreifen; herumstreifen *(ugs.);* ⟨*Nomade:*⟩ wandern; *(stray)* ⟨*Tier:*⟩ streunen; **~ through the town** durch die Stadt streifen; **be free to ~** ⟨*Tier:*⟩ frei herumlaufen dürfen; **tendency to ~:** Hang zum Streunen. **2.** *v. t.* streifen durch; durchstreifen *(geh.).* **3.** *n.* Streifzug, *der*

**~ a'bout, ~ a'round 1.** *v. i.* herumstreifen *(ugs.);* umherstreifen; **he ~s about all over the place** er zieht überall in der Gegend herum *(ugs.).* **2.** *v. t.* herumstreifen in (+ *Dat.*) *(ugs.);* durchstreifen *(geh.)*

**roamer** ['rəʊmə(r)] *n. (person)* Herumtreiber, *der (ugs.); (animal)* streunendes Tier

**roaming** ['rəʊmɪŋ] *adj.* wandernd ⟨*Herde*⟩; *(fig.)* schweifend, wandernd ⟨*Gedanke*⟩

[1]**roan** [rəʊn] **1.** *adj.* stichelhaarig ⟨*Fell, Tier*⟩. **2.** *n. (horse)* stichelhaariges Pferd; *(cow)* stichelhaarige Kuh; **be a ~:** stichelhaarig sein

[2]**roan** *n. (Bookbinding)* Schafleder, *das*

**roar** [rɔː(r)] **1.** *n. (of wild beast)* Brüllen, *das;* Gebrüll, *das; (of water)* Tosen, *das;* Getose, *das; (of avalanche, guns)* Donner, *der; (of applause)* Tosen, *das; (of machine, traffic)* Dröhnen, *das;* Getöse, *das;* **a ~ of applause** tosender Beifall; **~s/a ~ [of laughter]** dröhnendes *od.* brüllendes Gelächter. **2.** *v. i.* **a)** *(cry loudly)* brüllen (**with** vor + *Dat.*); **~ [with laughter]** [vor Lachen] brüllen; **b)** *(make loud noise)* ⟨*Motor:*⟩ dröhnen; ⟨*Artillerie:*⟩ donnern; *(blaze up)* ⟨*Feuer:*⟩ bullern *(ugs.);* **c)** *(travel fast)* ⟨*Fahrzeug:*⟩ donnern. **3.** *v. t.* brüllen; **~ [one's] approval [of sth.]** [einer Sache *(Dat.)*] lautstark zustimmen

**roaring** ['rɔːrɪŋ] **1.** *adj.* **a)** *(making loud noise)* dröhnend ⟨*Motor, Donner*⟩; tosend ⟨*Meer*⟩; brüllend ⟨*Löwe*⟩; **b)** *(blazing loudly)* bullernd *(ugs.)* ⟨*Feuer*⟩; **a ~ inferno** ein tosendes Inferno; **c)** *(riotous)* **a ~ success** ein Bombenerfolg *(ugs.);* **the ~ twenties** die wilden zwanziger Jahre; die Roaring Twenties; **d)** *(brisk)* **do a ~ business** *or* **trade** ein Bombengeschäft machen; *see also* **forty 2. 2.** *adv.* **~ drunk** sternhagelvoll *(salopp)*

**roast** [rəʊst] **1.** *v. t.* **a)** *(cook by radiant heat)* braten; *(prepare by heating)* rösten ⟨*Kaffeebohnen, Erdnüsse, Mandeln, Kastanien*⟩; **b)** *(expose to heat)* **~ oneself in front of the fire/in the sun** sich am Feuer rösten lassen/in der Sonne braten lassen *(scherzh.);* **c)** *(Metallurgy)* rösten ⟨*Erz*⟩; **d)** *(coll.) (tell off)* zusammenstauchen *(ugs.)* ⟨*Person*⟩; *(esp. Amer.: criticize)* abqualifizieren; heruntermachen *(salopp);* geißeln, anprangern ⟨*Vorgehensweise*⟩; verreißen ⟨*Buch usw.*⟩. **2.** *attrib. adj.* gebraten ⟨*Fleisch, Ente usw.*⟩; Brat⟨*hähnchen, -kartoffeln*⟩; Röst⟨*kastanien*⟩; **eat ~ duck/pork/beef** Enten-/Schweine-/Rinderbraten essen; **~ [sirloin of] beef** Roastbeef, *das.* **3.** *n.* **a)** *(~ meat, meat for ~ing)* Braten, *der;* **b)** *see* **1 a:** Braten, *das;* Rösten, *das;* **give sth. a ~:** etw. braten/rösten; **c)** *(Amer.: social gathering)* Grillparty, *die;* Grillfest, *das.* **4.** *v. i.* **a)** ⟨*Fleisch:*⟩ braten; **b)** *(bask in warmth of sun/fire)* sich braten/rösten lassen *(scherzh.)*

**roaster** ['rəʊstə(r)] *n.* **a)** *(oven)* Bratofen, *der; (dish)* Bratentopf, *der; (for coffee)* Röstmaschine, *die;* **b)** *(chicken)* Brathähnchen, *das;* **c)** *(Metallurgy: furnace)* Röstofen, *der;* **d)** *(coll.: hot day)* knallheißer Tag *(ugs.)*

**roasting** ['rəʊstɪŋ] **1.** *n.* **a)** *(cooking)* Braten, *das; (of coffee, ore)* Rösten, *das; attrib.* ⟨*Fleisch, Huhn*⟩ zum Braten; Brat⟨*spieß, -zeit*⟩; Braten⟨*wender, -gabel*⟩; **b)** *(severe criticism) (by parent, boss, etc.)* Standpauke, *die (ugs.); (by critic)* Verriß, *der (ugs.);* **get a ~:** eins auf den Deckel kriegen *(ugs.);* **give sb. a ~:** jmdn zusammenstauchen *(ugs.);* **give sth. a ~** ⟨*Kritiker:*⟩ etw. verreißen *(ugs.).* **2.** *adj. (coll.: hot)* knallheiß *(ugs.);* **I am ~:** ich komme um vor Hitze

**rob** [rɒb] *v. t.,* **-bb-** ausrauben ⟨*Bank, Safe, Kasse*⟩; berauben ⟨*Person*⟩; *abs.* rauben; **~ sth. of sth.** einer Sache *(Dat.)* etw. nehmen; **~ sb. of sth.** jmdm. etw. rauben *od.* stehlen; *(deprive of what is due)* jmdn. um etw. bringen *od.* betrügen; *(withhold sth. from)* jmdm. etw. vorenthalten; **~ a bird of its eggs** einem Vogel die Eier wegnehmen; **be ~bed** bestohlen werden; *(by force)* beraubt werden; **we wuz ~bed** *(Sport sl.)* das war Schiebung! *(ugs.); see also* **Peter**

**robber** ['rɒbə(r)] *n.* Räuber, *der*/Räuberin, *die;* **band of ~s** Räuberbande, *die*

**robbery** ['rɒbərɪ] *n.* Raub, *der;* **robberies** Raubüberfälle; **it's sheer ~!** das ist ja die reinste Halsabschneiderei *(ugs. abwertend)*

**robe** [rəʊb] **1.** *n.* **a)** *(ceremonial garment)* Gewand, *das (geh.); (of judge, vicar)* Talar, *der;* **coronation ~s** Krönungsornat, *der;* **~ of office** Amtstracht, *die;* **b)** *(long garment)* [langes Über]gewand; **c)** *(dressing-gown)* Morgenrock, *der;* **beach ~:** Bademantel, *der;* **d) christening ~:** Taufkleid, *das;* **e)** *(Amer.: blanket)* [Reise]decke, *die;* **f)** *(Amer.: wardrobe)* [Kleider]schrank, *der.* **2.** *v. t. (formal)* **~ sb. in sth.** jmdn. in etw. *(Akk.)* kleiden; jmdm. etw. anlegen *(geh.);* **the vicar/judge ~d himself** der Pfarrer/Richter legte *(geh.) od.* zog einen/seinen/den Talar an. **3.** *v. i. (formal)* sich ankleiden *(geh.)*

**robin** ['rɒbɪn] *n. (Ornith.)* **a) ~ [redbreast]** Rotkehlchen, *das;* **b)** *(Amer.: thrush)* Wanderdrossel, *die*

**robing-room** ['rəʊbɪŋruːm, 'rəʊbɪŋrʊm] *n.* Ankleideraum, *der*

**Robin 'Hood** *n.* Robin Hood *(der)*

**robinia** [rə'bɪnɪə] *n. (Bot.)* Robinie, *die;* falsche Akazie

**robot** ['rəʊbɒt] *n.* Roboter, *der*

**robotics** [rəʊ'bɒtɪks] *n., no pl.* Robotertechnik, *die;* Robotik, *die*

**robust** [rəʊ'bʌst] *adj.* **a)** *(strong)* robust ⟨*Person, Gesundheit, Nervenkostüm*⟩; kräftig ⟨*Person, Wein*⟩; *(not delicate)* unempfindlich, widerstandsfähig ⟨*Pflanze*⟩; **b)** *(strongly built)* kräftig ⟨*Gestalt, Körperbau*⟩; robust ⟨*Fahrzeug, Maschine, Konstruktion, Möbel*⟩; stabil ⟨*Haus*⟩; **c)** *(fig.: straightfor-*

*ward)* unerschütterlich ‹*Skepsis*›; nüchtern ‹*Verstand*›; fest ‹*Glaube*›

**robustly** [rəʊ'bʌstlı] *adv.* stabil, solide ‹*bauen*›; energisch ‹*sich entgegenstellen*›

**[1]rock** [rɒk] *n.* **a)** *(piece of ~)* Fels, *der;* **come to grief on the ~s** ‹*Schiff:*› auf Felsen *od.* Klippen auflaufen; **be as solid as a ~** *(fig.)* absolut zuverlässig sein; **be as steady as a ~:** bombenfest sein; *(fig.)* durch nichts zu erschüttern sein; **b)** *(large ~, hill)* Felsen, *der;* Fels, *der (geh.);* **the R~ [of Gibraltar]** [der Felsen von] Gibraltar; **c)** *(substance)* Fels, *der; (esp. Geol.)* Gestein, *das;* **mass of ~:** Felsmasse, *die;* **d)** *(boulder)* Felsbrocken, *der; (Amer.: stone)* Stein, *der;* Steinbrocken, *der;* **'danger, falling ~s'** „Achtung *od.* Vorsicht, Steinschlag!"; „Steinschlaggefahr!"; **e)** *no pl., no indef. art. (hard sweet)* **stick of ~:** Zuckerstange, *die;* **sell ~:** Zuckerstangen verkaufen; **f)** *(fig.: support)* Stütze, *die;* Rückhalt, *der; (of society)* Fundament, *das;* **g)** *(fig.: source of danger or destruction)* **a ~ on which others have foundered** eine Klippe, an der schon andere gescheitert sind; **be heading for the ~s** ‹*Ehe:*› zu scheitern drohen; **be on the ~s** *(fig. coll.) (be short of/without money)* knapp bei Kasse/pleite sein *(ugs.); (have failed)* ‹*Ehe, Firma:*› kaputt sein *(ugs.);* **h) on the ~s** *(with ice cubes)* mit Eis *od.* on the rocks; **i)** *in pl. (Amer. sl.: money)* Kies, *der (salopp);* **j)** *(sl.: gem)* Klunker, *der (ugs.)*

**[2]rock 1.** *v. t.* **a)** *(move to and fro)* wiegen; *(in cradle)* schaukeln; wiegen; **~ oneself** *(in chair)* schaukeln; sich wiegen; **b)** *(shake)* erschüttern; *(fig.)* erschüttern ‹*Person*›; **~ sth. to its foundations** *(fig.)* etw. in seinen Grundfesten erschüttern; **~ the boat** *(fig. coll.)* Trouble machen *(ugs.).* **2.** *v. i.* **a)** *(move to and fro)* sich wiegen; schaukeln; **b)** *(sway)* schwanken; wanken; **~ with laughter** sich vor Lachen *(Dat.)* schütteln; **c)** *(dance)* rocken; Rock tanzen; **~ and roll** Rock and Roll tanzen. **3.** *n.* **a)** *(~ing motion, spell of ~ing)* Schaukeln, *das;* **give the cradle a ~:** die Wiege schaukeln; **b)** *(beat music or dance)* Rock, *der; attrib.* Rock-; **~ and** *or* **'n' roll [music]** Rock and Roll, *der;* Rock 'n' Roll, *der;* **do the ~ and roll** Rock and Roll tanzen

**rock: ~-'bottom** *(coll.)* **1.** *adj.* **~-bottom prices** Schleuderpreise *(ugs.);* **at a ~-bottom price/rent** spottbillig *(ugs.);* **2.** *n.* **reach** *or* **hit** *or* **touch ~-bottom** ‹*Handel, Währung, Nachfrage, Preis usw.:*› in den Keller fallen *od.* sinken *(ugs.);* **her spirits reached ~-bottom** ihre Stimmung war auf dem Tiefpunkt [angelangt]; **~-cake** *n. Rosinengebäck mit rauher Oberfläche;* **~-climbing** *n.* [Fels]klettern, *das*

**rocker** ['rɒkə(r)] *n.* **a)** *(Brit.: gang member)* Rocker, *der;* **b)** *(curved bar of chair, cradle, etc.)* Kufe, *die;* **be/go off one's ~** *(fig. sl.)* übergeschnappt *od.* durchgedreht sein *(ugs.)*/überschnappen *(ugs.) od.* durchdrehen *(ugs.);* **c)** *(rocking-chair)* Schaukelstuhl, *der;* **d)** *(Electr.)* **~ [switch]** Wippschalter, *der;* **e)** *(Mech. Engin.)* Kipphebel, *der*

**rockery** ['rɒkərı] *n.* Steingarten, *der*

**[1]rocket** ['rɒkıt] **1.** *n.* **a)** Rakete, *die;* **~ range** *(place)* Raketenversuchsgelände, *das;* **b)** *(Brit. sl.: reprimand)* **give sb. a ~:** jmdm. eine Zigarre verpassen *(ugs.);* **get a ~:** eine Zigarre bekommen *(ugs.).* **2.** *v. i.* **a)** ‹*Preise:*› in die Höhe schnellen; **b) ~ into the air** wie eine Rakete in die Luft schießen

**[2]rocket** *n. (Bot.)* **a) [sweet] ~:** Nachtviole, *die;* **b)** *(used in salad)* [Öl]ranke, *die*

**rocket: ~-base** *n. (Mil.)* Raketen[abschuß]basis, *die;* **~-bomb** *n.* **a)** *(air-to-ground)* [Flieger]rakete, *die;* Luft-Boden-Rakete, *die;* **b)** *(ground-to-ground)* [Artillerie]rakete, *die;* Boden-Boden-Rakete, *die;* **~ engine** *n.* Raketentriebwerk, *das;* **~-firing** *adj.* mit Raketen bewaffnet *nachgestellt;* **~ flight** *n.* Raketenflug, *der;* **~-launcher** *n.* Raketenwerfer, *der;* **~ plane** *n.* Raketenflugzeug, *das;* **~-powered, ~-propelled** *adjs.* raketengetrieben; **~ propulsion** *n.* Raketenantrieb, *der;* **~ range** *n.* Raketenversuchsgelände, *das*

**rocketry** ['rɒkıtrı] *n., no pl.* Raketentechnik, *die*

**rock: ~ face** *n.* Felswand, *die;* **~fall** *n.* Steinschlag, *der;* **~-garden** *n.* Steingarten, *der;* **~-hard** *adj.* steinhart

**Rockies** ['rɒkız] *pr. n. pl.* **the ~:** die Rocky Mountains

**rocking** ['rɒkıŋ]: **~-chair** *n.* Schaukelstuhl, *der;* **~-horse** *n.* Schaukelpferd, *das*

**rock: ~like** *adj.* felsartig; felsenfest ‹*Glaube usw.*›; **~-plant** *n.* Felsenpflanze, *die; (Hort.)* Steingartengewächs, *das;* **~ salmon** *n.* **a)** *(Brit.: dogfish)* Katzenhai, *der;* **b)** *(Amer.: Seriola)* Gelbschwanzmakrele, *die;* **~-salt** *n.* Steinsalz, *das*

**rocky** ['rɒkı] *adj.* **a)** *(coll.: unsteady)* wackelig *(ugs.);* **b)** *(full or consisting of rocks)* felsig; **c) the R~ Mountains** *see* **Rockies**

**rococo** [rə'kəʊkəʊ] **1.** *adj.* Rokoko-; *(florid)* schwülstig. **2.** *n., pl.* **~s** Rokoko, *das*

**rod** [rɒd] *n.* **a)** Stange, *die;* **ride the ~s** *(Amer. sl.)* [im Gestänge unter Eisenbahnwaggons] schwarzfahren; **b)** *(shorter)* Stab, *der;* **~ of office** Amtsstab, *der;* **c)** *(for punishing)* Stock, *der;* Rute, *die;* **the ~** *(punishment)* die Prügelstrafe; **make a ~ for one's own back** *(fig.)* sich *(Dat.)* selbst eine Rute aufbinden *(veralt.);* **a ~ to beat sb. with** *(fig.)* Sanktionen gegen jmdn.; **rule with a ~ of iron** *(fig.)* mit eiserner Faust *od.* Rute regieren; **spare the ~ and spoil the child** wer die Rute schont, verdirbt das Kind; **d)** *(for fishing)* [Angel]rute, *die;* **e)** *(measure)* Rute, *die (veralt.);* **f)** *(Amer. sl.: gun)* Schießeisen, *das (ugs.);* **g)** *(Anat.)* Stäbchen, *das*

**rode** *see* **ride 2, 3**

**rodent** ['rəʊdənt] *n.* Nagetier, *das*

**'rodent officer** *n. (Brit.)* Rattenfänger, *der*

**rodeo** ['rəʊdıəʊ, rəʊ'deıəʊ] *n., pl.* **~s** Rodeo, *der od. das*

**[1]roe** [rəʊ] *n. (of fish)* **[hard] ~:** Rogen, *der;* **[soft] ~:** Milch, *die*

**[2]roe** *n. (deer)* Reh, *das*

**roe: ~buck** *n.* Rehbock, *der;* **~-deer** *n.* Reh, *das*

**roentgen** ['rʌntjən] *n. (Phys.)* Röntgen, *das*

**rogation** [rə'geıʃn] *n. (Eccl.)* Bittlitanei, *die;* **R~ Days** Bittage *Pl.;* **R~ Sunday** [der Sonntag] Rogate; **R~ Week** Bittwoche, *die*

**roger** ['rɒdʒə(r)] *int.* **a)** *(message received)* verstanden; **b)** *(sl.: I agree)* okay *(ugs.)*

**rogue** [rəʊg] **1.** *n.* **a)** Gauner, *der (abwertend);* **~s' gallery** *(Police)* Verbrecheralbum, *das;* **b)** *(joc.: mischievous child)* Spitzbube, *der (scherzh.);* **c)** *(dangerous animal)* **~ [buffalo/elephant** *etc.*] bösartiger Einzelgänger. **2.** *attrib. adj.* defekt; fehlerhaft; **~ car** Montagsauto, *das;* **~ result** Ausreißer, *der;* **~ firms** schwarze Schafe unter den Firmen

**roguery** ['rəʊgərı] *n., no pl., no indef. art.* Gaunerei, *die; (mischief)* Spitzbüberei, *die*

**roguish** ['rəʊgıʃ] *adj.* **a)** gaunerhaft; **b)** *(mischievous)* spitzbübisch

**roguishly** ['rəʊgıʃlı] *adv. see* **roguish:** gaunerhaft; spitzbübisch

**roisterer** ['rɔıstərə(r)] *n.* Krakeeler, *der (ugs. abwertend)*

**role, rôle** [rəʊl] *n.* Rolle, *die*

**role: ~-playing** *n.* Rollenspiel, *das;* Rollenverhalten, *das;* **~ reversal** *n.* Rollentausch, *der*

**[1]roll** [rəʊl] *n.* **a)** Rolle, *die; (of cloth, tobacco, etc.)* Ballen, *der; (of fat on body)* Wulst, *der;* **~ of film** Rolle Film; **b)** *(of bread etc.)* **[bread] ~:** Brötchen, *das;* **egg/ham ~:** Eier-/Schinkenbrötchen, *das;* **jam ~:** [Biskuit]rolle mit Marmelade; **c)** *(document)* [Schrift]rolle, *die;* **d)** *(register, catalogue)* Liste, *die;* Verzeichnis, *das;* **~ of honour** Gedenktafel [für die Gefallenen]; **e)** *(Brit.: list of solicitors)* Anwaltsliste, *die;* **strike sb. off the ~s** jmdm. die Zulassung entziehen; **f)** *(Mil., Sch.: list of names)* Liste, *die;* **schools with falling ~s** Schulen mit sinkenden Schülerzahlen; **call the ~:** die Anwesenheit feststellen; **g)** *(Amer.: of paper money)* Geldbündel, *das*

**[2]roll 1.** *n.* **a)** *(of drum)* Wirbel, *der; (of thunder)* Rollen, *das;* **b)** *(motion)* Rollen, *das;* **c)** *(single movement)* Rolle, *die; (of dice)* Wurf, *der;* **d)** *(gait)* wiegender Gang. **2.** *v. t.* **a)** *(move, send)* rollen; *(between surfaces)* drehen; **b)** *(shape by ~ing)* rollen; **~ a cigarette** eine Zigarette rollen *od.* drehen; **~ one's own** [selbst] drehen; **~ snow/wool into a ball** einen Schneeball formen/Wolle zu einem Knäuel aufwickeln; **[all] ~ed into one** *(fig.)* in einem; **~ oneself/itself into a ball** sich zusammenrollen; **~ed in blankets** in Decken eingewickelt; **c)** *(flatten)* walzen ‹*Rasen, Metall usw.*›; ausrollen ‹*Teig*›; **d) ~ one's eyes** die Augen rollen; **~ one's eyes at sb.** *(amorously)* jmdm. schöne Augen machen; **~ one's shoulders/head** die Schultern/den Kopf kreisen; **e) ~ one's r's** das r rollen; **f)** *(Amer.)* **~ dice** würfeln; **g)** *(Amer. sl.: rob)* ausrauben. **3.** *v. i.* **a)** *(move by turning over)* rollen; **heads will ~** *(fig.)* es werden Köpfe rollen; **b)** *(operate)* ‹*Maschine:*› laufen; ‹*Presse:*› sich drehen; rotieren; *(on wheels)* rollen; **let it ~** *(start the machine etc.)* laß laufen; **be ready to ~** ‹*Kamera:*› aufnahmebereit sein; **get sth. ~ing** *(fig.)* etw. ins Rollen bringen; **keep things ~ing** *(fig.)* die Dinge am Laufen halten; *see also* **aisle; [1]ball 1 a, b; c)** *(wallow, sway, walk)* sich wälzen; *(walk also)* schwanken; **the way he ~s along** sein wiegender Gang; **d)** *(Naut.)* ‹*Schiff:*› rollen, schlingern; **e)** *(revolve)* ‹*Augen:*› sich [ver]drehen; **f)** *(flow, go forward)* sich wälzen *(fig.);* ‹*Wolken:*› ziehen; ‹*Tränen:*› rollen; **~ off** *or* **from sb.'s tongue** *(fig.)* ‹*Worte:*› jmdm. von den Lippen fließen; **g)** *(make deep sound)* ‹*Donner:*› rollen; ‹*Trommel:*› dröhnen

**~ a'bout** *v. i.* herumrollen; ‹*Schiff:*› schlingern, rollen; ‹*Kind, Hund usw.:*› sich wälzen; **be ~ing about with laughter** sich vor Lachen wälzen

**~ a'long 1.** *v. i.* **a)** [dahin]rollen; ‹*Fahrzeug:*› [dahin]rollen, [dahin]fahren; **things are ~ing along nicely** *(fig.)* die Dinge laufen gut; **b)** *(coll.: turn up)* eintrudeln *(ugs.);* aufkreuzen *(salopp).* **2.** *v. t.* entlangrollen

**~ a'way 1.** *v. i.* ‹*Ball:*› wegrollen; ‹*Nebel, Wolken:*› sich verziehen. **2.** *v. t.* wegrollen

**~ 'back 1.** *v. t.* **a)** zurückrollen; **b)** *(cause to retreat)* zurückschlagen ‹*Feinde, Truppen*›; **c) ~ back the years/centuries** das Rad der Zeit [um Jahre/Jahrhunderte] zurückdrehen. **2.** *v. i.* ‹*Wagen, Wellen:*› zurückrollen

**~ 'by** *v. i.* vorbeirollen; ‹*Zeit:*› vergehen; **the years ~ed by** die Jahre zogen ins Land

**~ 'in 1.** *v. i. (coll.)* ‹*Briefe, Geschenke, Geldbeträge:*› eingehen; ‹*Personen, Kunden:*› hereinströmen; **~ in an hour late** mit einer Stunde Verspätung aufkreuzen *(salopp).* **2.** *v. t.* herein-/hineinrollen

**~ 'off** *v. i.* **a)** *(fall off)* herunterrollen; **b)** *(start)* sich in Bewegung setzen

**~ 'on 1.** *v. t.* mit einer Rolle auftragen ‹*Farbe*›. **2.** *v. i.* **a)** *(pass by)* ‹*Jahre:*› vergehen; **b)** *(Brit. coll.)* **~ on Saturday!** wenn doch schon Samstag wäre! *See also* **roll-on**

**~ 'out 1.** *v. t.* **a)** *(make flat and smooth)* auswalzen ‹*Metall*›; ausrollen ‹*Teig, Teppich*›; **b)** *(bring out)* herausbringen; **~ out the barrel** *(fig. coll.)* ein paar Flaschen den Hals brechen *(ugs.).* **2.** *v. i.* heraus-/hinausrollen

**~ 'over 1.** *v. i.* ‹*Person:*› sich umdrehen, *(to make room)* sich zur Seite rollen; **~ over [and over]** ‹*Auto:*› sich [immer wieder] überschlagen; **the dog ~ed over on to its back** der Hund rollte sich auf den Rücken. **2.** *v. t.* herumdrehen; *(with effort)* herumwälzen

**~ 'past** *see* **~ by**

**~ 'up 1.** *v. t.* **a)** aufrollen ⟨*Teppich, Maßband*⟩; zusammenrollen ⟨*Regenschirm, Landkarte, Dokument usw.*⟩; hochkrempeln ⟨*Hose*⟩; *see also* **sleeve a; b)** *(Mil.)* aufrollen ⟨*feindliche Stellung*⟩. **2.** *v. i.* **a)** *(curl up)* sich zusammenrollen; **b)** *(arrive)* aufkreuzen *(salopp)*; **~ up! ~ up!** hereinspaziert!; **they ~ed up in their new car** sie fuhren in ihrem neuen Auto vor

**roll: ~away [bed]** *n.* Raumsparbett auf Rollen; **~-bar** *n. (Motor Veh.)* Überrollbügel, *der;* **~-call** *n.* Aufrufen aller Namen; *(Mil.)* Zählappell, *der*

**rolled** [rəʊld]: **~ 'gold** *n.* Goldauflage, *die;* **~ 'oats** *n. pl.* Haferflocken *Pl.*

**roller** ['rəʊlə(r)] *n.* **a)** *(heavy, for pressing, smoothing road, lawn, etc.)* Walze, *die; (smaller, for towel, painting, pastry)* Rolle, *die;* **b)** *(Med.)* **~ [bandage]** Binde, *die;* **c)** *(for hair)* Lockenwickler, *der;* **put one's hair in ~s** sich *(Dat.)* die Haare aufdrehen; **d)** *(wave)* Roller, *der (Meeresk.)*

**roller: ~ bearing** *n.* Rollenlager, *das (Technik);* **~ blind** *n.* Rouleau, *das;* Rollo, *das;* **~-coaster** *n.* Achterbahn, *die;* **~-skate 1.** *n.* Rollschuh, *der;* **2.** *v. i.* Rollschuh laufen; **~-skater** *n.* Rollschuhläufer, *der/*-läuferin, *die;* **~-skating** *n.* Rollschuhlaufen, *das;* **~-skating rink** Rollschuhbahn, *die;* **~ towel** *n. auf einer Rolle hängendes endloses Handtuch*

**'roll film** *n.* Rollfilm, *der*

**rollick** ['rɒlɪk] *v. i.* ausgelassen spielen; **~ [about]** [herum]tollen

**rollicking** ['rɒlɪkɪŋ] **1.** *adj. (unrestrained)* ausgelassen. **2.** *n.* **give sb. a ~** *(coll.)* jmdm. den Marsch blasen *(salopp)*

**rolling** ['rəʊlɪŋ] *adj.* **a)** *(moving from side to side)* rollend ⟨*Augen*⟩; schwankend ⟨*Gang*⟩; schlingernd ⟨*Schiff*⟩; **b)** *(undulating)* wogend ⟨*See*⟩; wellig ⟨*Gelände*⟩; **~ hills** sanfte Hügel; **c)** *(resounding)* rollend ⟨*Donner*⟩; hochtrabend *(abwertend)* ⟨*Phrasen*⟩; **d)** *(coll.: rich)* **be ~ [in it** *or* **in money]** im Geld schwimmen *(ugs.)*

**rolling: ~-mill** *n.* Walzwerk, *das;* **~-pin** *n. (Cookery)* Teigrolle, *die;* Nudelholz, *das;* **~-stock** *n.* **a)** *(Brit. Railw.)* Fahrzeugbestand, *der;* rollendes Material *(fachspr.);* **b)** *(Amer.: road vehicles)* Fahrzeugpark, *der;* **~ 'stone** *n. (fig.)* unsteter Mensch; **a ~ stone gathers no moss** *(prov.)* wer ein unstetes Leben führt, bringt es zu nichts

**roll: ~mop[s]** *n. (Gastr.)* Rollmops, *der;* **~-neck 1.** *n.* Rollkragen, *der;* **2.** *adj.* Rollkragen-; **~-on** *n.* **a)** *(corset)* elastischer Hüfthalter; **b)** *(deodorant)* Deoroller, *der;* **~-on ~-off** *adj.* **~-on ~-off ship/ferry** Roll-on-roll-off-Schiff, *das*/-Fähre, *die;* **~-top** *n.* Rollverschluß, *der;* **~-top desk** *n. Schreibtisch mit Rollverschluß*

**roly-poly** [rəʊlɪ'pəʊlɪ] **1.** *n.* **a) ~ [pudding]** ≈ Strudel, *der;* **b)** *(Amer.: toy)* Stehaufmännchen, *das.* **2.** *adj. (coll.)* kugelrund

**ROM** [rɒm] *abbr. (Computing)* **read-only memory** ROM

**Roman** ['rəʊmən] **1.** *n.* **a)** Römer, *der/*Römerin, *die;* **b) r~** *(Printing)* Antiqua, *die.* **2.** *adj.* **a)** römisch; **~ road** Römerstraße, *die;* **b)** *see* **Roman Catholic 1.** *See also* **snail**

**roman à clef** [rəʊmɑ:n ɑ: 'kleɪ] *n. (Lit.)* Schlüsselroman, *der*

**Roman: ~ 'alphabet** *n.* lateinisches Alphabet; **~ 'candle** *n.* ≈ Goldregen, *der;* **~ 'Catholic 1.** *adj.* römisch-katholisch; **2.** *n.* Katholik, *der/*Katholikin, *die;* **sb. is a ~ Catholic** jmd. ist römisch-katholisch; **~ Ca'tholicism** *n., no pl.* Katholizismus, *der*

**romance** [rə'mæns] **1.** *n.* **a)** *(love affair)* Romanze, *die;* **b)** *(love-story)* [romantische] Liebesgeschichte; **c)** *(romantic quality)* Romantik, *die;* **there was an air of ~ about the place** der Ort hatte etwas Romantisches; **d)** *(Lit.) (medieval tale)* Romanze, *die; (improbable tale)* phantastische Geschichte; **e)** *(make-believe)* Phantasterei, *die;* **f)** *(Mus.)* Romanze, *die;* **g) R~** *(Ling.)* Romanisch, *das.* **2.** *adj.* **R~** *(Ling.)* romanisch; **R~ languages and literature** *(subject)* Romanistik, *die.* **3.** *v. i.* phantasieren

**romancer** [rəʊ'mænsə(r)] *n.* Phantast, *der (abwertend)*

**Roman 'Empire** *n. (Hist.)* Römisches Reich; **Holy ~:** Heiliges Römisches Reich [Deutscher Nation]

**Romanesque** [rəʊmə'nesk] *n. (Art, Archit.)* Romanik, *die*

**Romania** [rəʊ'meɪnɪə] *pr. n.* Rumänien *(das)*

**Romanian** [rəʊ'meɪnɪən] **1.** *adj.* rumänisch; **sb. is ~:** jmd. ist Rumäne/Rumänin; *see also* **English 1. 2.** *n.* **a)** *(person)* Rumäne, *der/*Rumänin, *die;* **b)** *(language)* Rumänisch, *das; see also* **English 2 a**

**romanize (romanise)** ['rəʊmənaɪz] *v. t.* **a)** *(Hist.)* romanisieren *(veralt.);* **b)** *(Relig.)* katholisieren

**Roman: ~ law** *n.* römisches Recht; **~ 'nose** *n.* Römernase, *die;* **~ 'numeral** *n.* römische Ziffer

**Romansh** [rə'mænʃ, rə'mɑ:nʃ] **1.** *n.* Romantsch, *das.* **2.** *adj.* Romantsch-

**romantic** [rəʊ'mæntɪk] **1.** *adj.* **a)** *(emotional, fantastic)* romantisch; **~ fiction** *(love-stories)* Liebesromane; **b) R~** *(Lit., Art)* romantisch; der Romantik *nachgestellt.* **2.** *n.* **R~** *(Lit., Art, Mus.)* Romantiker, *der/*Romantikerin, *die*

**romantically** [rəʊ'mæntɪkəlɪ] *adv.* romantisch

**Romanticism** [rəʊ'mæntɪsɪzm] *n. (Lit., Art, Mus.)* Romantik, *die*

**Romanticist** [rəʊ'mæntɪsɪst] *n. (Lit., Art, Mus.)* Romantiker, *der*

**romanticize** [rəʊ'mæntɪsaɪz] *v. t.* romantisieren

**'roman type** *n. (Printing)* Antiquaschrift, *die*

**Romany** ['rəʊmənɪ] **1.** *n.* **a)** *(gypsy)* Rom, *der;* **the Romanies** die Roma; **b)** *(language)* Romani, *das.* **2.** *adj.* **a)** Roma-; **b)** *(Ling.)* Romani-

**Rome** [rəʊm] *pr. n.* Rom *(das);* **all roads lead to ~** *(prov.)* alle Wege führen nach Rom *(Spr.);* **~ was not built in a day** *(prov.)* Rom ist nicht an einem Tag erbaut worden *(Spr.);* **when in ~ do as the Romans [do]** man muß sich den örtlichen Gegebenheiten anpassen

**Romeo** ['rəʊmɪəʊ] *n., pl.* **~s** Casanova, *der*

**romp** [rɒmp] **1.** *v. i.* **a)** [herum]tollen; **b)** *(coll.: win, succeed, etc. easily)* **~ home** *or* **in** spielend gewinnen; **~ through sth.** etw. spielend schaffen; **~ along** dahinflitzen *(ugs.).* **2.** *n.* Tollerei, *die;* **have a ~** *see* **1 a**

**rompers** ['rɒmpəz] *n. pl.* Spielhöschen, *das*

**'romper suit** *n.* Spielanzug, *der*

**rondo** ['rɒndəʊ] *n., pl.* **~s** *(Mus.)* Rondo, *das*

**roo** [ru:] *n. (Austral. coll.)* Känguruh, *das*

**rood** [ru:d] *n. (crucifix)* Kruzifix, *das*

**rood: ~-loft** *n.* Empore des Lettners; **~-screen** *n.* Lettner, *der*

**roof** [ru:f] **1.** *n.* **a)** Dach, *das;* **under one ~:** unter einem Dach; **live under the same ~ [as sb.]** [mit jmdm.] unter einem Dach wohnen *(ugs.);* **have a ~ over one's head** ein Dach über dem Kopf haben; **go through the ~** ⟨*Preise:*⟩ kraß in die Höhe steigen; **sb. goes through** *or* **hits the ~** *(fig. coll.)* jmd. geht an die Decke *(ugs.);* **raise the ~** *(fig. coll.: make much noise)* die Wände zum Beben bringen; **b)** *(Anat.)* **~ of the mouth** Gaumen, *der.* **2.** *v. t.* bedachen; **~ in** *or* **over** überdachen

**'roof-garden** *n.* Dachgarten, *der*

**roofing** ['ru:fɪŋ] *n.* **a)** *(action)* Bedachung, *die;* **b)** *(material for roof)* Deckung, *die*

**'roofing felt** *n.* Dachpappe, *die*

**roofless** ['ru:flɪs] *adj.* dachlos

**roof: ~-rack** *n.* Dachgepäckträger, *der;* **~ timbers** *n. pl.* Dachstuhl, *der;* **~-top** *n.* Dach, *das;* **shout sth. from the ~-tops** *(fig.)* etw. in die Welt hinausrufen

**¹rook** [rʊk] **1.** *n. (Ornith.)* Saatkrähe, *die.* **2.** *v. t.* **a)** *(charge extortionately)* neppen *(ugs. abwertend);* **b)** *(in gambling)* ausnehmen; **~ sb. of £10** jmdm. 10 Pfund abnehmen

**²rook** *n. (Chess)* Turm, *der*

**rookery** ['rʊkərɪ] *n.* **a)** Saatkrähenkolonie, *die;* **b)** *(of penguins or seals)* Kolonie, *die*

**rookie** ['rʊkɪ] *n.* **a)** *(Mil. sl.)* Rekrut, *der;* **b)** *(Amer.: new member etc.)* Neuling, *der*

**room** [ru:m, rʊm] **1.** *n.* **a)** *(in building)* Zimmer, *das; (esp. without furniture)* Raum, *der; (large ~, for function)* Saal, *der;* **leave the ~** *(coll.: go to lavatory)* austreten *(ugs.);* **b)** *no pl., no indef. art. (space)* Platz, *der;* **we have no ~ for idlers** für Müßiggänger ist bei uns kein Platz; **give sb. ~:** jmdm. Platz machen; **give sb. ~ to do sth.** *(fig.)* jmdm. die Freiheit lassen, etw. zu tun; **~ and to spare** Platz genug; **make ~ [for sb./sth.]** [jmdm./einer Sache] Platz machen; **c)** *(scope)* **there is no ~ for dispute/doubt about that** darüber kann es keine Diskussion/keinen Zweifel geben; **there is still ~ for improvement in his work** seine Arbeit ist noch verbesserungsfähig; **this did not leave us much ~ for manœuvre** das ließ uns wenig Spielraum; **d)** *in pl. (apartments, lodgings)* Wohnung, *die;* **'~s to let'** „Zimmer zu vermieten"; **e)** *(persons in a ~)* Raum, *der;* Zimmer, *das. See also* **cat a. 2.** *v. i. (Amer.: lodge)* wohnen; **~ with sb.** *(be tenant of)* bei jmdm. wohnen; *(share with)* mit jmdm. zusammenwohnen

**'room-divider** *n.* Raumteiler, *der*

**-roomed** [ru:md, rʊmd] *adj. in comb.* **a three-~ flat** eine Dreizimmerwohnung; **a one-~/four-~ building** ein Haus mit einem Zimmer/vier Zimmern

**roomette** [ru:'met, rʊ'met] *n. (Amer. Railw.)* Schlafwagenkabine, *die*

**roomful** ['ru:mfʊl, 'rʊmfʊl] *n.* **a ~ of people** *etc.* ein Zimmer voll[er] Leute *usw.*

**rooming-house** ['ru:mɪŋhaʊs] *n.* Pension, *die*

**room: ~-mate** *n.* Zimmergenosse, *der/*-genossin, *die;* Stubenkamerad, *der (Milit.);* **~ service** *n.* Zimmerservice, *der;* **~ temperature** *n.* Zimmertemperatur, *die*

**roomy** ['ru:mɪ] *adj.* geräumig

**roost** [ru:st] **1.** *n.* Schlafplatz, *der; (perch)* [Sitz]stange, *die;* **come home to ~** *(fig.)* jmdm. heimgezahlt werden; *see also* **rule 2 b. 2.** *v. i.* sich [zum Schlafen] niederlassen

**rooster** ['ru:stə(r)] *n. (Amer.)* Hahn, *der*

**¹root** [ru:t] **1.** *n.* **a)** Wurzel, *die;* **pull sth. up by the ~/~s** etw. mit der Wurzel/den Wurzeln ausreißen; *(fig.)* etw. mit der Wurzel ausrotten; **put down ~s/strike** *or* **take ~** *(lit. or fig.)* Wurzeln schlagen; *(fig.)* **strike at the ~[s] of sth.** etw. in seinem Lebensnerv treffen; **have ~s** verwurzelt sein; **without ~s** wurzellos; **b)** *(source)* Wurzel, *die; (basis)* Grundlage, *die;* **have its ~s in sth.** einer Sache *(Dat.)* entspringen; **get at** *or* **to the ~[s] of things** den Dingen auf den Grund kommen; **be at the ~ of the matter** der Kern der Sache sein; **the ~ cause** der wirkliche Grund; **c)** *(Ling.)* Wurzel, *die;* **d)** *(Mus.)* Grundton, *der;* **e)** *(Math.: square ~)* [Quadrat]wurzel, *die* (**of** aus). **2.** *v. t.* **~ a plant firmly** eine Pflanze fest einpflanzen; **have ~ed itself in sth.** *(fig.)* in etw. *(Dat.)* verwurzelt sein; **stand ~ed to the spot** wie angewurzelt dastehen. **3.** *v. i.* ⟨*Pflanze:*⟩ wurzeln, anwachsen

**~ 'out** *v. t.* ausrotten; ausmerzen

**~ 'up** *v. t.* mit den Wurzeln ausreißen; ausroden ⟨*Baum[stumpf], Busch*⟩

**²root** *v.i.* **a)** *(turn up ground)* wühlen (**for** nach); **b)** *(coll.)* ~ **for** *(cheer)* anfeuern; *(wish for success of)* Stimmung machen für

~ **a'bout,** ~ **a'round** *v.i.* herumwühlen

~ **'out** *v.t. (find by search)* zu Tage fördern

**root:** ~ **and 'branch 1.** *adj.* radikal; ⟨*Reform*⟩ an Haupt und Gliedern; **2.** *adv.* radikal; an Haupt und Gliedern ⟨*reformieren*⟩; ~ **beer** *n. (Amer.)* Rootbeer, *das (schäumendes Getränk aus Wurzeln und Kräutern);* ~ **crop[s]** *n. [pl.]* Hackfrüchte *Pl.*

**rooted** ['ru:tɪd] *adj.* eingewurzelt

**rootless** ['ru:tlɪs] *adj.* wurzellos

**root:** ~**-mean-'square** *n. (Math.)* quadratisches Mittel; ~ **sign** *see* **radical sign 2 b;** ~**-stock** *n.* **a)** *(rhizome)* Wurzelstock, *der;* **b)** *(for grafting)* Unterlage, *die;* ~ **vegetable** *n.* Wurzelgemüse, *das;* ~ **word** *n. (Ling.)* Wurzelwort, *das*

**rope** [rəʊp] **1.** *n.* **a)** *(cord)* Seil, *das;* Tau, *das;* ~**'s end** *(short piece)* Tauende, *das;* **b)** *(Amer.: lasso)* Lasso, *das;* **c)** *(for hanging sb.)* **the** ~: der Strang; *(fig.: death penalty)* die Todesstrafe; **d)** *in pl. (Boxing)* **the** ~**s** die Seile; **be on the** ~**s** *(lit., or fig.: near defeat)* in den Seilen hängen; **e)** *in pl.* **learn the** ~**s** lernen, sich zurechtzufinden; *(at work)* sich einarbeiten; **know the** ~**s** sich auskennen; **show sb. the** ~**s** jmdn. mit allem vertraut machen; **f) give sb. some** ~ *(fig.)* jmdm. eine gewisse Freiheit lassen; **give him enough** ~ **and he'll hang himself** *(fig.)* laß ihn alleine machen, dann schaufelt er sich sein eigenes Grab; **g)** *(Mount.)* **on the** ~: am Seil. **2.** *v.t.* **a)** festbinden; ~ **sb. to a tree** jmdn. an einen Baum binden; **b)** *(Mount.)* anseilen

~ **'in** *v.t.* **a)** mit einem Seil/mit Seilen absperren ⟨*Gebiet*⟩; **b)** *(fig.)* einspannen *(ugs.); (for membership)* anheuern *(ugs.);* **how did you get** ~**d in to that?** warum hast du dich dazu breitschlagen lassen? *(ugs.)*

~ **'off** *v.t.* [mit einem Seil/mit Seilen] absperren

~ **to'gether** *v.t. (Mount.)* aneinanderseilen

**rope:** ~**-dancer** *n.* Seiltänzer, *der/*-tänzerin, *die;* ~**-'ladder** *n.* Strickleiter, *die;* ~ **'sole** *n.* Kordelsohle, *die;* ~**-walker** *n.* Seilakrobat, *der/*-akrobatin, *die;* ~**way** *n.* Seilbahn, *die*

**ropy** ['rəʊpɪ] *adj. (coll.) (poor)* schäbig; *(in a bad state)* mitgenommen; **be a bit** ~: nicht viel taugen; **you look a bit** ~: du siehst ziemlich kaputt aus

**Roquefort** ['rɒkfɔ:(r)] *n.* Roquefort, *der*

**ro-ro** ['rəʊrəʊ] *adj.* Ro-Ro- ⟨*Schiff, Fähre*⟩

**rorqual** ['rɔ:kwəl] *n. (Zool.)* Finnwal, *der*

**Rorschach test** ['rɔ:ʃɑ:k test] *n. (Psych.)* Rorschachtest, *der*

**rosary** ['rəʊzərɪ] *n. (Relig.)* Rosenkranz, *der*

**¹rose** [rəʊz] **1.** *n.* **a)** *(plant, flower)* Rose, *die;* ~ **of Jericho/Sharon** Jerichorose, *die/*Johanniskraut, *das;* **no bed of** ~**s** *(fig.)* kein Honigschlecken; ~**s[,** ~**s,] all the way** *(fig.)* der Himmel auf Erden; **it's not all** ~**s** es ist nicht alles [so] rosig; **everything's [coming up]** ~**s** alles ist bestens; **[there's] no** ~ **without a thorn** *(prov.)* keine Rose ohne Dornen *(Spr.);* **Wars of the R**~**s** *(Brit. Hist.)* Rosenkriege *Pl.;* ~**s in one's cheeks** rosige Wangen; **b)** *(colour)* Rosa, *das;* **c)** *(nozzle)* Brause, *die.* **2.** *adj.* rosa[farben]

**²rose** *see* **rise 2**

**rosé** [rəʊ'zeɪ, 'rəʊzeɪ] *n.* Rosé, *der*

**roseate** ['rəʊzɪət] *adj.* rosenrot

**rose:** ~**-bed** *n.* Rosenbeet, *das;* ~**-bud** *n.* Rosenknospe, *die;* ~**-bud mouth** Kirschenmund, *der (dichter.);* ~**-bush** *n.* Rosenstrauch, *der;* ~**-coloured** *adj. (lit. or fig.)* rosarot; **see things through** ~**-coloured spectacles** die Dinge durch eine rosarote Brille sehen; ~**-fish** *n.* Rotbarsch, *der;* ~**-garden** *n.* Rosengarten, *der;* ~**-hip** *n. (Bot.)* Hagebutte, *die;* ~**-hip tea** Hagebuttentee, *der;* ~**-leaf** *n.* Rosenblatt, *das*

**rosemary** ['rəʊzmərɪ] *n. (Bot.)* Rosmarin, *der*

**rose:** ~**-petal** *n.* Rosen[blüten]blatt, *das;* ~**-pink 1.** *adj.* rosarot; **2.** *n.* Rosarot, *das;* ~**-red 1.** *adj.* rosenrot; **2.** *n.* Rosenrot, *das;* ~**-tinted** *see* **rose-coloured;** ~**-tree** *n.* Rosenstock, *der*

**rosette** [rəʊ'zet] *n.* Rosette, *die*

**rose:** ~**-water** *n.* Rosenwasser, *das;* ~**-window** *n. (Archit.)* Fensterrose, *die;* ~**wood** *n.* Rosenholz, *das*

**Rosicrucian** [rəʊzɪ'kru:ʃn] **1.** *n.* Rosenkreuzer, *der/*-kreuzerin, *die.* **2.** *adj.* Rosenkreuzer-

**rosin** ['rɒzɪn] *n.* Harz, *das; (for violin bow)* Kolophonium, *das*

**RoSPA** ['rɒspə] *abbr. (Brit.)* **Royal Society for the Prevention of Accidents**

**roster** ['rɒstə(r)] **1.** *n.* Dienstplan, *der.* **2.** *v.t.* einteilen ⟨*Arbeitskraft*⟩; **call for flexible** ~**ing** flexible Dienstpläne fordern

**rostrum** ['rɒstrəm] *n., pl.* **rostra** ['rɒstrə] *or* ~**s** *(platform)* Podium, *das; (desk)* Rednerpult, *das*

**rosy** ['rəʊzɪ] *adj.* **a)** rosig; **b)** *(fig.)* rosig ⟨*Zukunft, Aussichten*⟩; **paint a** ~ **picture of sth.** etw. in den rosigsten Farben schildern

**rot** [rɒt] **1.** *n.* **a)** *see* **2a:** Verrottung, *die;* Fäulnis, *die;* Verwesung, *die;* Vermoderung, *die; (rust)* Rost, *der; (fig.: deterioration)* Verfall, *der;* **stop the** ~ *(fig.)* dem Verfall Einhalt gebieten; **the** ~ **has set in** *(fig.)* der Verfall hat eingesetzt; *see also* **dry rot; b)** *(sl.: nonsense)* Quark, *der (salopp);* ~! Blödsinn! *(ugs.).* **2.** *v.i.,* **-tt- a)** *(decay)* verrotten; ⟨*Fleisch, Gemüse, Obst:*⟩ verfaulen; ⟨*Leiche:*⟩ verwesen; ⟨*Metall:*⟩ verrosten; ⟨*Laub:*⟩ vermodern, verrotten; ⟨*Holz:*⟩ faulen; ⟨*Zähne:*⟩ schlecht werden; **b)** *(fig.: go to ruin)* verrotten; **leave sb. to** ~: jmdn. verrotten lassen *(ugs.).* **3.** *v.t.,* **-tt- a)** *(make rotten)* verrotten lassen; verfaulen lassen ⟨*Fleisch, Gemüse, Obst*⟩; vermodern *od.* verrotten lassen ⟨*Laub*⟩; faulen lassen ⟨*Holz*⟩; verwesen lassen ⟨*Leiche*⟩; zerstören ⟨*Zähne*⟩; **that stuff will** ~ **your guts** *(sl.)* das Zeug bringt dich um *(ugs.);* **b)** *(Brit. sl.: tease)* aufziehen *(ugs.)*

~ **a'way** *v.i.* verfaulen; ⟨*Leiche:*⟩ verwesen; ⟨*Holz:*⟩ faulen; *(moulder away)* vermodern

**rota** ['rəʊtə] *n. (Brit.)* **a)** *(order of rotation)* Turnus, *der;* **draw up the cleaning** ~: den Putzplan aufstellen; **she has a regular** ~ **of visitors** sie bekommt in regelmäßigem Turnus Besuch; **b)** *(list of persons)* [Arbeits]plan, *der*

**Rotarian** [rəʊ'teərɪən] **1.** *n.* Rotarier, *der.* **2.** *adj.* rotarisch; Rotarier-

**rotary** ['rəʊtərɪ] **1.** *adj.* **a)** *(acting by rotation)* rotierend; Rotations-; ~ **engine** Drehkolbenmotor, *der;* ~ **press** *(Printing)* Rotationsmaschine, *die;* ~ **pump** Kreiselpumpe, *die;* ~ **mower** Rasenmäher mit rotierenden Messern; **b) R**~: Rotarier-; **R**~ **Club** Rotary-Club, *der.* **2.** *n.* **a) The R**~, **R**~ **International** der Rotary-Club; Rotary International; **b)** *(Amer.: roundabout)* Verkehrskreisel, *der*

**rotate** [rəʊ'teɪt] **1.** *v.i.* **a)** *(revolve)* rotieren; sich drehen; ~ **on an axis** sich um eine Achse drehen; **b)** *(alternate)* **these posts** ~ **regularly** diese Stellen werden in einem regelmäßigen Turnus neu besetzt. **2.** *v.t.* **a)** *(cause to revolve)* in Rotation versetzen; **b)** *(alternate)* abwechselnd erledigen ⟨*Aufgaben*⟩; abwechselnd erfüllen ⟨*Pflichten*⟩; ~ **[the] crops** Fruchtwechselwirtschaft betreiben; **change the way one** ~**s the crops** die Fruchtfolge ändern

**rotation** [rəʊ'teɪʃn] *n.* **a)** Rotation, *die,* Drehung, *die* (**about** um); **b)** *(succession)* turnusmäßiger Wechsel; *(in political office)* Rotation, *die;* ~ **of crops** Fruchtfolge, *die;* **the** ~ **of the seasons** der Wechsel der Jahreszeiten; **by** ~: im Turnus; ~ **in office** turnusmäßiger Amtswechsel; **take office in** *or* **by** ~: ein Amt nach dem Rotationsprinzip ausüben

**rotatory** ['rəʊtətərɪ] *adj.* Dreh-; drehend

**rotavate** ['rəʊtəveɪt] *v.t.* mit der Fräse bearbeiten ⟨*Boden*⟩

**Rotavator,** (P) ['rəʊtəveɪtə(r)] *n.* [Boden]fräse, *die*

**rote** [rəʊt] *n.* **by** ~: auswendig ⟨*lernen, aufsagen*⟩; **teach sth. by** ~: etw. durch Auswendiglernen einüben

**'rote-learning** *n.* Auswendiglernen, *das*

**'rot-gut** *(sl.)* **1.** *n.* Fusel, *der (ugs., abwertend).* **2.** *adj.* fuselig

**rotisserie** [rəʊ'tɪsərɪ] *n.* **a)** *(restaurant)* Rotisserie, *die;* **b)** *(appliance)* Grill, *der*

**rotor** ['rəʊtə(r)] *n.* Rotor, *der (Technik)*

**rotten** ['rɒtn] **1.** *adj.,* ~**er** ['rɒtənə(r)], ~**est** ['rɒtənɪst] **a)** *(decayed)* verrottet; verwest ⟨*Leiche*⟩; vermodert, verrottet ⟨*Laub, Holz*⟩; verfault ⟨*Obst, Gemüse, Fleisch*⟩; faul ⟨*Ei, Zähne*⟩; *(rusted)* verrostet; ~ **to the core** *(fig.)* verdorben bis ins Mark; völlig verrottet ⟨*System, Gesellschaft*⟩; **b)** *(corrupt)* verdorben; verkommen; **c)** *(sl.: bad)* mies *(ugs.);* **feel** ~ *(ill)* sich mies fühlen *(ugs.); (have a bad conscience)* ein schlechtes Gewissen haben; **it's a** ~ **shame** so ein Mist *(ugs.);* ~ **luck** saumäßiges Pech *(salopp).* **2.** *adv. (sl.)* saumäßig *(salopp);* **hurt/stink something** ~: saumäßig weh tun/stinken *(salopp);* **spoilt** ~: ganz schön verwöhnt *(ugs.)*

**rottenly** ['rɒtnlɪ] *adv. (sl.)* saumäßig *(salopp)*

**rotter** ['rɒtə(r)] *n. (sl.)* mieser Typ *(salopp abwertend);* Halunke, *der*

**rotund** [rəʊ'tʌnd] *adj.* **a)** *(round)* rund; **b)** *(plump)* rundlich

**rotunda** [rə'tʌndə] *n.* Rotunde, *die (Archit.)*

**rotundity** [rəʊ'tʌndɪtɪ] *n., no pl.* **a)** *(roundness)* Rundheit, *die;* **b)** *(plumpness)* Rundlichkeit, *die*

**rouble** ['ru:bl] *n.* Rubel, *der*

**roué** ['ru:eɪ] *n.* Roué, *der (veralt.)*

**rouge** [ru:ʒ] **1.** *n.* **a)** *(cosmetic powder)* Rouge, *das;* **b)** *(polishing agent)* Englischrot, *das; see also* **jeweller. 2.** *v.t.* ~ **one's cheeks** *or* **face** Rouge auflegen

**rough** [rʌf] **1.** *adj.* **a)** *(coarse, uneven)* rauh; holp[e]rig ⟨*Straße usw.*⟩; uneben ⟨*Gelände*⟩; aufgewühlt ⟨*Wasser*⟩; *(shaggy)* haarig ⟨*Lebewesen*⟩; stopp[e]lig ⟨*Bart*⟩; **b)** *(violent)* rauh, roh, grob *(abwertend)* ⟨*Person, Worte, Behandlung, Benehmen*⟩; **the** ~ **element [of the population]** die Rowdys [unter der Bevölkerung]; **the remedy was** ~ **but effective** die Behandlung war eine Roßkur, aber sie hat gewirkt; **c)** *(harsh to the senses)* rauh; kratzig ⟨*Geschmack, Getränk*⟩; sauer ⟨*Apfelwein*⟩; **d)** *(trying)* hart; **this is** ~ **on him** das ist hart für ihn; **sth. is** ~ **going** etw. ist nicht einfach; **have a** ~ **time** es schwer haben; **give sb. a** ~ **time** es jmdm. schwer machen; **have a** ~ **tongue** einen rauhen Ton am Leibe haben *(ugs.); see also* **edge 1 a; e)** *(fig.: deficient in polish)* derb; rauh ⟨*Empfang*⟩; unbeholfen ⟨*Stil*⟩; ungeschliffen ⟨*Benehmen, Sprache*⟩; **f)** *(rudimentary)* primitiv ⟨*Unterkunft, Leben*⟩; *(approximate)* grob ⟨*Skizze, Schätzung, Einteilung, Übersetzung*⟩; vag ⟨*Vorstellung*⟩; ~ **notes** stichwortartige Notizen; ~ **attempt** erster Versuch; ~ **draft** Rohentwurf, *der;* **in a somewhat** ~ **state** in einem einigermaßen unfertigen Zustand; **a** ~ **circle** ein ungefährer Kreis; ~ **paper/notebook** Konzeptpapier, *das/*Kladde, *die;* **g)** *(coll.: ill)* angeschlagen *(ugs.). See also* **¹deal 3 a. 2.** *n.* **a)** *(hooligan)* Schläger, *der (abwertend);* Rowdy, *der (abwertend);* **b)** *(Golf)* Rough, *das;* **c) take the** ~ **with the smooth** die Dinge nehmen, wie sie kommen; **d)** *(unfinished state)* **[be] in** ~: [sich] im Rohzustand [befinden]. **3.** *adv.* rauh ⟨*spielen*⟩; scharf ⟨*reiten*⟩; **sleep** ~: im Freien schlafen. **4.** *v.t.* ~ **it** primitiv leben; **he had to** ~ **it for**

**a while** er mußte eine Zeitlang auf den gewohnten Komfort verzichten
~ **'in** *v. t.* skizzenhaft einzeichnen; [mit wenigen Strichen] andeuten
~ **'out** *v. t.* [grob] entwerfen
~ **'up** *v. t.* **a)** *(sl.: deal roughly with)* anrempeln *(ugs.)*; **b)** *(ruffle)* gegen den Strich streichen ⟨*Haare*⟩

**roughage** ['rʌfɪdʒ] *n.* **a)** *(for people)* Ballaststoffe *Pl. (Med.)*; **b)** *(for animals)* Rauhfutter, *das (Landw.)*

**rough: ~-and-ready** *adj.* **a)** *(not elaborate)* provisorisch; skizzenhaft ⟨*Beschreibung*⟩; behelfsmäßig ⟨*Hütte, Methode*⟩; grob ⟨*Schätzung*⟩; **a ~-and-ready method for calculating sth.** eine Faustformel für die Berechnung von etw.; **b)** *(not refined)* rauhbeinig *(ugs.)* ⟨*Person*⟩; **~-and-'tumble 1.** *adj.* wild; turbulent ⟨*Atmosphäre*⟩; **2.** *n.* [wildes] Handgemenge; [wilde] Rauferei; *(fig.: turbulent life)* Catch-as-catch-can, *das (ugs. abwertend)*; **~cast** *(Building)* **1.** *adj.* mit Grobmörtel verputzt; **2.** *n.* Grobmörtel, *der;* **3.** *v. t.* mit Grobmörtel verputzen; ~ **'copy** *n.* **a)** *(original draft)* [erster] Entwurf; Konzept, *das;* **b)** *(simplified copy)* grobe Skizze; ~ **'diamond** *n. (fig.)* ungehobelter, aber guter Mensch; **he's a ~ diamond** er ist rauh, aber herzlich; **~-dry** *v. t.* [nur] trocknen ⟨*Wäsche*⟩; ~ **'edges** *n. pl. (in book)* unbeschnittenen Kanten; **he has a few ~ edges** *(fig.)* er ist ein wenig ungeschliffen

**roughen** ['rʌfn] **1.** *v. t.* aufrauhen ⟨*Oberfläche*⟩; rauh machen ⟨*Hände*⟩. **2.** *v. i.* rauh werden

**rough:** ~ **'grazing** *n. (Brit.)* natürliche Weide; ~ **house** *n. (sl.)* Keilerei, *die (ugs.)*; ~ **'justice** *n.* ziemlich willkürliche Urteile; ~ **'luck** *n.* Pech, *das*

**roughly** ['rʌflɪ] *adv.* **a)** *(violently)* roh; grob; **b)** *(crudely)* leidlich; grob ⟨*skizzieren, bearbeiten, bauen*⟩; **c)** *(approximately)* ungefähr; grob ⟨*geschätzt*⟩; *see also* **speaking 2**

**'roughneck** *n. (coll.)* **a)** *(Amer.: rowdy)* Raufbold, *der (abwertend)*; **b)** *(driller on oil rig)* Bohrarbeiter, *der*

**roughness** ['rʌfnɪs] *n.* **a)** *no pl.* Rauheit, *die; (unevenness)* Unebenheit, *die;* **b)** *no pl. (sharpness) (of wine, fruit juice)* Säure, *die; (of voice)* Rauheit, *die;* **c)** *no pl. (violence)* Roheit, *die;* **the ~ of the area** die Häufigkeit von Gewalttaten in der Gegend; **d)** *(rough place or part)* unausgefeilte Stelle

**rough:** ~ **'passage** *n.* **a)** *(Naut.)* rauhe [Über]fahrt; **b)** *(fig.)* **get a ~ passage** ⟨*Gesetzentwurf:*⟩ nur mit Mühe durchkommen; **the interview board gave him a ~ passage** die Prüfungskommission hat es ihm nicht leicht gemacht; ~ **'ride** *n. see* **ride 1 b**; **~-rider** *n.* **a)** *(horse-breaker)* Zureiter, *der;* **b)** *(Mil.)* irregulärer Kavallerist; **~shod** *adj.* **ride ~shod over sb./sth.** jmdn./etw. mit Füßen treten; ~ **stuff** *n. (sl.)* Zoff, *der (salopp)*; ~ **'work** *n.* **a)** *(needing force)* Knochenarbeit, *die (ugs.)*; **b)** *(preliminary)* Vorbereitungsarbeit, *die*

**roulette** [ru:'let] *n.* Roulette, *das*

**Roumania** [ru'meɪnɪə] *see* **Romania**

**Roumanian** [ru'meɪnɪən] *see* **Romanian**

**round** [raʊnd] **1.** *adj.* **a)** rund; rundlich ⟨*Arme*⟩; ~ **cheeks** Pausbacken *Pl. (fam.)*; **in ~ figures, it will cost £1,000** rund gerechnet wird es 1 000 Pfund kosten; **a ~ dozen** ein volles *od.* ganzes Dutzend; **b)** *(plain)* **in the ~est manner, in ~ terms** ohne Umschweife; rundheraus; **c)** *(considerable)* stattlich ⟨*Summe, Preis*⟩; **a good ~ sum** eine hübsche Summe; **d)** *(semicircular)* ~ **arch** Rundbogen, *der;* **e)** *(Phonet.)* gerundet; **f)** *(full-toned and mellow)* voll ⟨*Ton*⟩; volltönend ⟨*Stimme*⟩. **2.** *n.* **a)** *(recurring series)* Serie, *die;* ~ **of talks/negotiations** Gesprächs-/Verhandlungsrunde, *die;* **the daily ~:** der Alltag; **the daily ~ of chores** die täglichen Pflichten; **b)** *(charge of ammunition)* Ladung, *die;* **50 ~s [of ammunition]** 50 Schuß Munition; **put five ~s in a magazine** fünf Kugeln in ein Magazin stecken; **fire five ~s** fünf Schüsse abfeuern; **c)** *(division of game or contest)* Runde, *die;* **d)** *(burst)* ~ **of applause** Beifallssturm, *der;* **~s of cheers** Hochrufe; **e)** ~ **[of drinks]** Runde, *die;* **f)** *(regular calls)* Runde, *die;* Tour, *die;* **be on sb.'s ~:** auf jmds. Tour liegen; **the doctor is on her ~ at present** Frau Doktor macht gerade Hausbesuche; **go [on]** *or* **make one's ~s** ⟨*Posten, Wächter usw.:*⟩ seine Runde machen *od.* gehen; ⟨*Krankenhausarzt:*⟩ Visite machen; **make the ~ of the wards** Visite machen; **do** *or* **go the ~s** ⟨*Person, Gerücht usw.:*⟩ die Runde machen *(ugs.)*; **do the ~s of all the second-hand shops/one's relatives** alle Gebrauchtwarenläden/seine Verwandtschaft abklappern *(ugs.)*; **she is certainly doing the ~s** *(is promiscuous)* sie macht bei den Männern die Runde *(ugs.)*; **g)** *(Golf)* Runde, *die;* **a ~ of golf** eine Runde Golf; **h)** *(Mus.)* Round, *der (fachspr.)*; einfacher Zirkelkanon; **i)** *(slice)* **a ~ of bread/toast** eine Scheibe Brot/Toast; **a ~ of cucumber sandwiches** ein Gurkensandwich *(in 2 od. 4 Stücke geschnitten)*; **j) in the ~** *postpos. (Art)* als Vollplastik; vollplastisch; *(fig.: as a whole)* ganzheitlich; **theatre in the ~:** Arenabühne, *die;* Rundtheater, *das;* **k)** *(Archery)* Runde, *die.* **3.** *adv.* **a) all the year ~:** das ganze Jahr hindurch; **the third time ~:** beim dritten Mal; **have a wall all ~:** von einer Mauer eingeschlossen sein; **have a look ~:** sich umsehen; **b)** *(in girth)* **be [all of] ten feet ~:** einen Umfang von [mindestens] zehn Fuß haben; **c)** *(from one point, place, person, etc. to another)* **tea was handed ~:** es wurde Tee herumgereicht; **he asked ~ among his friends** er fragte seine Freunde; **the room was hung ~ with portraits** in dem Zimmer hingen ringsum Portraits; **for a mile ~:** im Umkreis einer Meile; **d)** *(by indirect way)* herum; **walk ~:** außen herum gehen; **go a/the long way ~:** einen weiten Umweg machen; **e)** *(here)* hier; *(there)* dort; **I'll go ~ tomorrow** ich gehe morgen hin; **call ~ any time!** kommen Sie doch jederzeit vorbei!; **ask sb. ~ [for a drink]** jmdn. [zu einem Gläschen zu sich] einladen; **order a car** *etc.* **~:** nach einem Wagen *usw.* schicken; **send a car ~:** einen Wagen vorbeischicken; *see also* **clock 1 a. 4.** *prep.* **a)** um [... herum]; **a tour ~ the world** eine Weltreise; **travel ~ England** durch England reisen; **she had a blanket ~ her** sie hatte eine Decke um sich geschlungen; **the box had a band ~ it** um die Schachtel war ein Band gebunden; **right ~ the lake** um den ganzen See herum; **be ~ the back of the house** hinter dem Haus sein; **run ~ the back of the house** hinten ums Haus rennen; *(to position there)* hinter das Haus rennen; **run ~ the streets** durch die Straßen rennen; **walk** *etc.* **~ and ~ sth.** immer wieder um etw. herumgehen *usw.*; **she ran ~ and ~ the park** sie lief Runde um Runde durch den Park; **b)** *(with successive visits to)* **he hawks them ~ the cafés** er hausiert mit ihnen in den Cafés; **he sings ~ the pubs** er singt in den Kneipen; **we looked ~ the shops** wir sahen uns in den Geschäften um; **c)** *(in various directions from)* um [... herum]; rund um ⟨*einen Ort*⟩; **look ~ one** um sich schauen; **in Chelsea and ~ it** in und um Chelsea; **do you live ~ here?** wohnst du [hier] in der Nähe?; **if you're ever ~ this way** wenn du hier in der Nähe bist; **d) argue ~ and ~ a matter/problem** *etc.* um eine Sache/ein Problem *usw.* herumreden *(ugs.)*. **5.** *v. t.* **a)** *(give ~ shape to)* rund machen; runden ⟨*Lippen, Rücken*⟩; **b)** *(state as ~ number)* runden (**to** auf + *Akk.*); **c)** *(go ~)* umfahren/umgehen *usw.*; ~ **a turn/bend** um eine Kurve fahren/gehen/kommen *usw.*; ~ **a cape** um ein Kap fahren; **d)** *(Phonet.)* mit Rundung der Lippen sprechen; labialisieren *(Sprachw.)*
~ **'down** *v. t.* abrunden ⟨*Zahl*⟩ (**to** auf + *Akk.*)
~ **'off** *v. t. (also fig.: complete)* abrunden
~ **on** *v. t.* anfahren
~ **'out** *v. t.* vervollständigen
~ **'up** *v. t.* **a)** *(gather, collect together)* verhaften ⟨*Verdächtige*⟩; zusammentreiben ⟨*Vieh*⟩; beschaffen, *(ugs.)* auftreiben ⟨*Geld*⟩; *see also* **round-up**; **b)** *(to ~ figure)* aufrunden (**to** auf + *Akk.*)

**round:** ~ **a'bout 1.** *adv.* **a)** *(on all sides)* ringsum; **the villages ~ about** die umliegenden Dörfer; **b)** *(indirectly)* auf Umwegen; **c)** *(approximately)* rund; **~ about 2,500 people** um die *od.* rund 2 500 Leute; **2.** *prep.* rund um; **~about 1.** *n.* **a)** *(Brit.: road junction)* Verkehrskreisel, *der;* **b)** *(Brit.: merry-go-round)* Karussell, *das;* **what you lose on the swings you gain on the ~abouts** *(prov.)* was man auf der einen Seite verliert, gewinnt man auf der anderen; **it is swings and ~abouts** es gleicht sich aus; **2.** *adj.* **a)** *(meandering)* **a [very] ~about way** *or* **road** *or* **route** *etc.* ein [sehr] umständlicher Weg; **~about journey** Reise mit Umwegen; **the taxi took us/went a ~about way** das Taxi brachte uns auf einem Umweg zum Ziel/machte einen Umweg; **b)** *(fig.: indirect)* umständlich; **a more ~about method** eine weniger direkte Methode; ~ **'brackets** *n. pl.* runde Klammern; ~ **dance** *n.* Rundtanz, *der*

**rounded** ['raʊndɪd] *adj.* **a)** rund; abgerundet ⟨*Kante*⟩; **b)** *(perfected)* abgerundet; harmonisch ⟨*Person*⟩; **c)** *(fig.: polished)* ausgefeilt; **d)** *(sonorous)* voll

**roundel** ['raʊndl] *n.* **a)** *(disc)* [kleine runde] Scheibe; **b)** *(mark)* Kreiszeichen, *das*

**roundelay** ['raʊndɪleɪ] *n. (Mus.)* einfaches Liedchen mit Refrain

**rounders** ['raʊndəz] *n. sing. (Brit.)* Rounders, *das;* Rundball, *das (dem Baseball ähnliches Spiel)*

**round: ~-eyed** *adj.* mit großen Augen *nachgestellt;* **be ~-eyed with amazement** große Augen machen; **~-faced** *adj.* pausbäckig *(fam.)*; ~ **game** *n. Spiel für beliebig viele Mitspieler, bei dem jeder gegen jeden spielt;* **R~head** *n. (Brit. Hist.)* Rundkopf, *der*

**roundly** ['raʊndlɪ] *adv.* entschieden

**'round-neck** *adj.* ⟨*Pullover, Bluse usw.*⟩ mit rundem Halsausschnitt

**roundness** ['raʊndnɪs] *n., no pl.* Rundheit, *die; (of figure)* Rundlichkeit, *die*

**round:** ~ **'number** *n.* runde Zahl; ~ **'robin** *n.* **a)** *(petition)* Petition, *die (mit kreisförmig angeordneten Unterschriften)*; **b)** *(Amer.: tournament)* Round-Robin-Turnier, *das (Sport)*; **~-'shouldered** *adj.* ⟨*Person*⟩ mit einem Rundrücken; **be ~-shouldered** einen Rundrücken haben

**roundsman** ['raʊndzmən] *n., pl.* **roundsmen** ['raʊndzmən] **a)** *(Brit.)* Austräger, *der;* **milk ~:** Milchmann, *der (ugs.)*; **b)** *(Amer.: police officer)* ≈ Polizeimeister, *der*

**round: R~ 'Table** *n.* runde Tafel des Königs Artus; **[King Arthur and the] Knights of the R~ Table** [König Artus und die] Ritter der Tafelrunde; **~-table 'conference** *n.* Round-table-Konferenz, *die;* **~-the-'clock** *adj.* rund um die Uhr *nachgestellt; see also* **clock 1 a**; ~ **'trip** *n.* **a)** Rundreise, *die;* **b)** *(Amer.: return trip)* Hin- und Rückfahrt, *die;* **the ~ trip to the island** die Fahrt zu der Insel und zurück; ~ **trip ticket** Rückfahrkarte, *die;* **~-up** *n.* **a)** *(gathering-in) (of persons)* Einfangen, *das; (arrest)* Verhaftung, *die; (of animals)* Zusammentreiben, *das;* **b)** *(summary)* Zusammenfassung, *die;* **~worm** *n. (Zool., Med.)* Spulwurm, *der*

**rouse** [raʊz] **1.** *v. t.* **a)** *(awaken, lit. or fig.)* wecken (**from** aus); ~ **oneself** aufwachen;

*(overcome indolence)* sich aufraffen; ~ **sb./oneself to action** jmdn. zur Tat anstacheln/sich zur Tat aufraffen; **b)** *(provoke)* reizen; **he is terrible when ~d** er ist furchtbar, wenn man ihn reizt; ~ **sb. to anger** jmdn. in Wut bringen; **c)** *(cause)* wecken; hervorrufen, auslösen ‹*Empörung, Beschuldigungen*›; **d)** *(startle from cover)* aufscheuchen. **2.** *v. i.* ~ **[up]** aufwachen

**rousing** ['raʊzɪŋ] *adj.* mitreißend ‹*Lied*›; leidenschaftlich ‹*Rede*›; stürmisch ‹*Beifall*›

**roustabout** ['raʊstəbaʊt] *n.* **a)** *(Amer.: labourer)* Hilfsarbeiter, *der;* Handlanger, *der; (dockhand)* Schauermann, *der;* **b)** *(labourer on oil rig)* Bohrarbeiter, *der*

[1]**rout** [raʊt] **1.** *n. (disorderly retreat)* [wilde] Flucht; *(disastrous defeat)* verheerende Niederlage; **put to ~:** in die Flucht schlagen; *(arch., Law: mob)* Horde, *die.* **2.** *v. t.* aufreiben ‹*Feind, Truppen*›; vernichtend schlagen ‹*Gegner*›

[2]**rout** *v. i. (root)* wühlen

~ **'out** *v. t.* herausjagen; ~ **sb. out of sth.** jmdn. aus etw. jagen

**route** [ru:t, *Mil. also:* raʊt] **1.** *n.* **a)** *(course)* Route, *die;* Weg, *der;* **a [very] circuitous ~** *(lit. or fig.)* ein [großer] Umweg; **shipping ~:** Schiffahrtsstraße, *die;* **bus/air ~:** Bus-/Fluglinie, *die;* **b)** *(Amer.: delivery round)* Bezirk, *der.* **2.** *v. t.,* **~ing** fahren lassen ‹*Fahrzeug*›; führen ‹*Linie*›; **the train is ~d through** *or* **via Crewe** der Zug fährt über Crewe

**route:** **~man** ['ru:tmæn] *n., pl.* **~men** ['ru:tmən] *(Amer.) (delivery-man)* Austräger, *der; (salesman)* Vertreter, *der;* ~ **march** *n. (Mil.)* Übungsmarsch, *der*

**router** ['raʊtə(r)] *n. (tool)* Nuthobel, *der*

**routine** [ru:'ti:n] **1.** *n.* **a)** *(regular procedure)* Routine, *die;* **strict ~s must be kept to** ein genau festgelegter Ablauf muß eingehalten werden; **creature of ~:** Gewohnheitsmensch, *der;* **establish a new ~ after retirement** nach der Pensionierung einen neuen Lebensrhythmus finden; **b)** *(coll.) (set speech)* Platte, *die (ugs.); (formula)* Spruch, *der;* **c)** *(Theatre)* Nummer, *die; (Dancing, Skating)* Figur, *die; (Gymnastics)* Übung, *die;* **d)** *(Computing)* Routine, *die.* **2.** *adj.* routinemäßig; Routine‹*arbeit, -untersuchung usw.*›; **the investigation was purely ~:** die Untersuchung verlief absolut routinemäßig

**routinely** [ru:'ti:nlɪ] *adv.* routinemäßig

**roux** [ru:] *n., pl. same (Cookery)* Mehlschwitze, *die*

[1]**rove** [rəʊv] **1.** *v. i.* ziehen; ‹*Blick:*› schweifen *(geh.);* ~ **[about]** herumziehen. **2.** *v. t.* streifen durch; durchstreifen *(geh.);* ‹*Blick:*› durchschweifen ‹*Raum*›

[2]**rove** *see* **reeve**

[1]**rover** ['rəʊvə(r)] *n. (wanderer)* Vagabund, *der (veralt.);* **R~ Scout** *(Hist.)* Rover, *der*

[2]**rover** *n. (pirate)* Pirat, *der*

**roving** ['rəʊvɪŋ]: ~ **com'mission** *n.* Reiseauftrag, *der;* **have a ~ commission** einen Aufgabenbereich haben, bei dem man viel herumkommt; ~ **'eye** *n.* **have a ~ eye** den Frauen/Männern schöne Augen machen

[1]**row** [raʊ] *(coll.)* **1.** *n.* **a)** *(noise)* Krach, *der;* **make a ~:** Krach machen; *(protest)* Rabatz machen *(ugs.);* **b)** *(quarrel)* Krach, *der (ugs.);* **have/start a ~:** Krach haben/anfangen *(ugs.);* **they're always having** *or* **they keep having ~s** sie streiten dauernd; sie haben ständig Krach *(ugs.);* **c) get into a ~ over sth.** *(be reprimanded)* wegen etw. Ärger kriegen *(ugs.).* **2.** *v. i.* sich streiten

[2]**row** [rəʊ] *n.* **a)** Reihe, *die;* **in a ~:** in einer Reihe; *(coll.: in succession)* nacheinander; hintereinander; **b)** *(line of numbers etc.)* Zeile, *die;* **c)** *(terrace)* ~ **[of houses]** [Häuser]zeile, *die;* [Häuser]reihe, *die*

[3]**row** **1.** *v. i. (move boat with oars etc.)* rudern; ~ **out/back** hinaus-/zurückrudern. **2.** *v. t.* rudern; ~ **sb. across** jmdn. hinüberrudern. **3.** *n.* **go for a ~:** rudern gehen; **after a long ~:** nach langem Rudern

**rowan** ['rəʊən, 'raʊən] *see* **rowan-tree**

**rowan:** **~-berry** *n.* Vogelbeere, *die;* **~-tree** *n.* **a)** *(Scot., N.Engl.)* Eberesche, *die;* **b)** *(Amer.)* amerikanische Eberesche

**row-boat** ['rəʊbəʊt] *n.* Ruderboot, *das*

**rowdiness** ['raʊdɪnɪs] *n., no pl.* Rabaukenhaftigkeit, *die; (behaviour)* rabaukenhaftes Benehmen

**rowdy** ['raʊdɪ] **1.** *adj.* rowdyhaft *(abwertend);* ~ **adolescents** jugendliche Rowdys *(abwertend);* **the ~ element in the audience** die Rüpel *(abwertend)* unter den Zuhörern; ~ **scenes** tumultartige Szenen; **the party was ~:** auf der Party ging es laut zu. **2.** *n.* Krawallmacher, *der;* Rabauke, *der*

**rowdyism** ['raʊdɪɪzm] *n., no pl.* Rabaukentum, *das (abwertend)*

**rower** ['rəʊə(r)] *n.* Ruderer, *der*/Ruderin, *die;* **be a ~:** rudern

**row-house** ['rəʊhaʊs] *n. (Amer.)* Reihenhaus, *das*

**rowing** ['rəʊɪŋ] *n., no pl.* Rudern, *das;* **do a lot of/like ~:** viel/gern rudern

**rowing:** **~-boat** *n. (Brit.)* Ruderboot, *das;* **~-club** *n.* Ruderklub, *der;* **~-machine** *n.* Rudergerät, *das*

**rowlock** ['rɒlək] *n. (Brit.)* Dolle, *die*

**royal** ['rɔɪəl] **1.** *adj.* königlich; **the ~ plural** der Pluralis majestatis; *see also* **academy a; assent 2; blood 1 c; commission 1 d; duke a; Highness; regiment 1 b; right 4 g; tennis; we. 2.** *n. (coll.)* Mitglied der Königsfamilie; **the ~s** die Königsfamilie

**royal:** **R~ 'Air Force** *n. (Brit.)* Königliche Luftwaffe; ~ **'blue** *n. (Brit.)* Königsblau, *das;* ~ **'burgh** *n. (in Schottland)* grafschaftsfreie Stadt; **R~ Engi'neers** *n. pl. Pioniertruppe der britischen Armee;* ~ **'family** *n.* königliche Familie; ~ **'icing** *n. (Cookery)* Zuckerguß, *der*

**royalism** ['rɔɪəlɪzm] *n.* Royalismus, *der*

**royalist** ['rɔɪəlɪst] *n.* Royalist, *der*/Royalistin, *die; attrib.* Royalisten-; royalistisch

**royal 'jelly** *n.* Gelée royale, *das*

**royally** ['rɔɪəlɪ] *adv.* königlich

**royal:** **R~ Ma'rine** *n. (Brit.) britischer Marineinfanterist;* **R~ 'Navy** *n. (Brit.)* Königliche Kriegsmarine; ~ **'oak** *n. Eichenzweig, der zum Gedenken der Wiedereinsetzung Charles II. als König getragen wird;* ~ **stag** *n. (Hunting)* Kapitalhirsch, *der;* ~ **'standard** *n.* königliche Standarte

**royalty** ['rɔɪəltɪ] *n.* **a)** *(payment)* Tantieme, *die* **(on** für); **b)** *collect. (royal persons)* Mitglieder des Königshauses; **c)** *no pl., no art. (member of royal family)* ein Mitglied der königlichen Familie; **she's ~:** sie gehört zur königlichen Familie

**royal 'warrant** *n. Recht, den königlichen Hof zu beliefern*

**rozzer** ['rɒzə(r)] *n. (Brit. sl.)* Polyp, *der (salopp)*

**RPI** *abbr. (Brit.)* **retail price index**

**r.p.m.** [ɑ:pi:'em] *abbr.* **a) resale price maintenance; b) revolutions per minute** U.p.M.

**RSPCA** *abbr. (Brit.)* **Royal Society for the Prevention of Cruelty to Animals** *britischer Tierschutzverein*

**RSVP** *abbr.* **répondez s'il vous plaît** R.S.V.P.; U.A.w.g.

**rt.** *abbr.* **right**

**Rt. Hon.** *abbr. (Brit.)* **Right Honourable**

**Rt. Rev[d].** *abbr.* **Right Reverend; the ~:** S./Sr. E[xz].

**rub** [rʌb] **1.** *v. t.,* **-bb- a)** reiben **(on, against** an + *Dat.*); *(with ointment etc.)* einreiben; *(to remove dirt etc.)* abreiben; *(to dry)* trockenreiben; *(with sandpaper)* [ab]schmirgeln; ~ **sth. off sth.** etw. von etw. reiben; ~ **sth. dry** etw. trocken reiben; ~ **one's hands** sich *(Dat.)* die Hände reiben; ~ **noses** die Nasen aneinanderreiben; ~ **shoulders** *or* **elbows with sb.** *(fig.)* Tuchfühlung mit jmdm. haben; ~ **a hole in sth.** ein Loch in etw. *(Akk.)* scheuern; ~ **one's feet on sth.** sich *(Dat.)* die Füße an etw. *(Dat.)* reiben; ~ **two things together** zwei Dinge aneinanderreiben; ~ **sth. through a sieve** etw. durch ein Sieb streichen; **he ~bed liniment over his chest** er rieb sich *(Dat.)* die Brust mit einem Einreibemittel ein; *see also* **nose 1 a; penny c; b)** *(reproduce by ~bing) kopieren, indem man auf ein Relief Papier legt und mit Malkreide, Bleistift o. ä. darüberreibt.* **2.** *v. i.,* **-bb- a)** *(exercise friction)* reiben (**[up]on, against** an + *Dat.*); **b)** *(get frayed)* sich abreiben; ~ **bare** sich blank reiben *od.* scheuern. **3.** *n.* Reiben, *das;* **give it a quick ~:** reib es kurz ab; **there's the ~** *(fig.)* da liegt der Haken [dabei] *(ugs.)*

~ **a'long** *v. i.* **a)** ~ **along [together]** [gut] miteinander auskommen; **b)** *(financially)* auskommen

~ **a'way** *v. t.* abreiben ‹*Farbe, Schmutz*›; wegmassieren ‹*Schmerzen*›

~ **'down** *v. t.* **a)** *(prepare)* abschmirgeln; **b)** *(dry)* abreiben. *See also* **rub-down**

~ **'in** *v. t.* einreiben; **there's no need to** *or* **don't ~ it in** *(fig.)* reib es mir nicht [dauernd] unter die Nase *(ugs.)*

~ **'off 1.** *v. t.* wegreiben; wegwischen. **2.** *v. i. (lit. or fig.)* abfärben **(on** auf + *Akk.*); **a lot of dirt/oil ~bed off on my hands** ich bekam sehr schmutzige/ölige Hände

~ **'out 1.** *v. t.* ausreiben; *(from paper)* ausradieren. **2.** *v. i.* sich ausreiben/*(from paper)* sich ausradieren lassen

~ **'up 1.** *v. t.* **a)** *(polish)* blank reiben; wienern *(ugs.);* **b)** *(revise)* auffrischen; aufpolieren *(ugs.);* **c) ~ sb. up the right/wrong way** *(fig.)* jmdm. um den Bart gehen *(ugs.)*/auf den Schlips treten *(ugs.)*

[1]**rubber** ['rʌbə(r)] *n.* **a)** Gummi, *das od. der; attrib.* Gummi-; **b)** *(eraser)* Radiergummi, *der;* **c)** *(sl.: condom)* Gummi, *der (salopp);* **d)** *in pl. (Amer.: galoshes)* Galoschen *Pl.*

[2]**rubber** *n. (Cards)* Robber, *der*

**rubber:** ~ **'band** *n.* Gummiband, *das;* ~ **'cheque** *n. (coll.)* ungedeckter Scheck; ~ **goods** *n. pl.* Gummiwaren; *(condoms)* Gummis *(ugs.)*

**rubberize** ['rʌbəraɪz] *v. t.* gummieren

**rubber:** **~-neck** *(Amer.)* **1.** *n.* Gaffer, *der*/Gafferin, *die (abwertend);* **2.** *v. i.* einen langen Hals/lange Hälse machen *(ugs.);* ~ **plant** *n. (Bot.)* Gummibaum, *der;* ~ **solution** *n.* Gummilösung, *die;* ~ **'stamp** *n.* **a)** Gummistempel, *der;* **b)** *(fig.: one who endorses uncritically)* Jasager, *der*/Jasagerin, *die (abwertend);* **the council is a ~ stamp body** die Ratsversammlung sagt zu allem ja und amen *(ugs.);* **~-'stamp** *v. t. (fig.: approve)* absegnen *(ugs. scherzh.)*

**rubbery** ['rʌbərɪ] *adj.* gummiartig; *(tough)* zäh; **be tough and ~:** zäh wie Gummi sein

**rubbing** ['rʌbɪŋ] *n.: Kopie, die entsteht, wenn man auf ein Relief Papier legt und mit Malkreide, Bleistift o. ä. darüberreibt*

**rubbish** ['rʌbɪʃ] **1.** *n., no pl., no indef. art.* **a)** *(refuse)* Abfall, *der;* Abfälle; *(to be collected and dumped)* Müll, *der;* **b)** *(worthless material)* Plunder, *der (ugs. abwertend);* **be ~:** nichts taugen; **c)** *(nonsense)* Quatsch, *der (ugs.);* Blödsinn, *der (ugs.);* **talk a lot of ~:** eine Menge Blödsinn reden; **what ~!** was für ein Quatsch *od.* Schmarren! **2.** *int.* Quatsch *(ugs. abwertend).* **3.** *v. t.* verreißen

**rubbish:** **~-bin** *n.* Abfall-/Mülleimer, *der; (in factory)* Abfall-/Mülltonne, *die;* **~-chute** *n.* Müllschlucker, *der;* **~-dump** *n.* Müllkippe, *die;* **~-heap** *n.* Müllhaufen, *der; (in garden)* Abfallhaufen, *der;* **~-tip** *n.* Müllabladeplatz, *der*

**rubbishy** ['rʌbɪʃɪ] *adj.* mies *(ugs.);* ~ **newspaper** Käseblatt, *das (salopp abwertend)*

**rubble** ['rʌbl] *n.* **a)** *(from damaged building)* Trümmer *Pl.; (Geol. also)* Schutt, *der;*

**reduce sth. to ~:** etw. in Schutt und Asche legen; **b)** *(water-worn stones)* Geröll, *das*

**'rub-down** *n.* **give sb./sth. a [quick] ~:** jmdn./etw. [kurz *od.* schnell] abreiben

**rube** [ru:b] *n. (Amer. coll.)* Bauer, *der (ugs.)*

**rubella** [rʊ'belə] *n. (Med.)* Röteln *Pl.*

**Rubicon** ['ru:bɪkən] *n.* **cross the ~** *(fig.)* den Rubikon überschreiten *(geh.)*

**rubicund** ['ru:bɪkʌnd] *adj. (literary)* rosig; rotgesichtig ⟨*Person*⟩

**Rubik cube** [ru:bɪk 'kju:b] *n.* Zauberwürfel, *der;* Rubik-Würfel, *der*

**rubric** ['ru:brɪk] *n.* **a)** Rubrik, *die;* **b)** *(commentary)* Glosse, *die*

**ruby** ['ru:bɪ] **1.** *n.* **a)** *(precious stone)* Rubin, *der; (Horol.)* Stein, *der;* **b)** *(colour)* Rubinrot, *das.* **2.** *adj.* **a)** *(red)* rubinfarben; rubinrot; **b)** *(containing stone)* Rubin⟨*ring, -brosche usw.*⟩

**ruby: ~-red** *adj.* rubinrot; **~ 'wedding** *n.* Rubinhochzeit, *die*

**RUC** *abbr.* **Royal Ulster Constabulary** *nordirische Polizei*

**ruche** [ru:ʃ] *n.* Rüsche, *die*

**ruched** [ru:ʃt] *adj.* Rüschen-

[1]**ruck** [rʌk] *n.* **a)** *(Sport: main body of competitors)* Feld, *das;* **b)** *(fig.: crowd, mass)* Masse, *die;* **c)** *(Rugby)* offenes Gedränge

[2]**ruck,** *(Brit.)* **ruckle** ['rʌkl] **1.** *n. (crease)* Falte, *die.* **2.** *v. i.* **~ up** hochrutschen

**rucksack** ['rʌksæk, 'rʊksæk] *n.* Rucksack, *der*

**ruckus** ['rʌkəs] *n.,* **ructions** ['rʌkʃnz] *n. pl. (coll.)* Rabatz, *der (ugs.)*

**rudder** ['rʌdə(r)] *n.* Ruder, *das*

**rudderless** ['rʌdəlɪs] *adj.* ruderlos; ohne Ruder *nachgestellt; (fig.)* richtungslos

**ruddy** ['rʌdɪ] *adj.* **a)** *(reddish)* rötlich; **b)** *(rosy)* rosig; **c)** *(Brit. sl. euphem.: bloody)* verdammt *(salopp)*

**rude** [ru:d] *adj.* **a)** *(impolite)* unhöflich; *(stronger)* rüde; **say ~ things** *or* **be ~ about sb.** in ungehöriger Weise von jmdm. sprechen; **be ~ to sb.** zu jmdm. grob unhöflich sein; jmdn. rüde behandeln; **be ~ to a teacher** zu einem Lehrer frech *od.* unverschämt sein; **b)** *(abrupt)* unsanft; **~ awakening** böses *od. (geh.)* jähes Erwachen; **c)** *(hearty)* **in ~ health** *(dated)* kerngesund; **d)** *(simple)* primitiv; **e)** *(obscene)* unanständig

**rudely** ['ru:dlɪ] *adv.* **a)** *(impolitely)* unhöflich; rüde; **b)** *(abruptly)* jäh *(geh.);* **be ~ reminded of sth.** unsanft an etw. *(Akk.)* erinnert werden; **c)** *(roughly)* primitiv; **a ~ constructed hut** eine grob gezimmerte Hütte; **d)** *(obscenely)* unanständig; **gesture ~ at sb.** jmdm. eine unanständige Geste zeigen

**rudeness** ['ru:dnɪs] *n., no pl. (bad manners)* ungehöriges *od.* rüdes Benehmen

**rudiment** ['ru:dɪmənt] *n.* **a)** *in pl. (first principles)* Grundzüge *Pl.;* Grundlagen *Pl.;* **know the ~s of law** über juristische Grundkenntnisse verfügen; **b)** *in pl. (imperfect beginning)* [erster] Ansatz

**rudimentary** [ru:dɪ'mentərɪ] *adj.* **a)** *(elementary)* elementar; primitiv ⟨*Gebäude*⟩; **~ knowledge** Grundkenntnisse *Pl.;* **b)** *(Anat., Zool.)* rudimentär

**rue** [ru:] *v. t.,* **~ing** *or* **ruing** ['ru:ɪŋ] *(literary: repent of)* bereuen; **you'll live to ~ it** es wird dich noch gereuen *(geh., veralt.);* **~ the day/hour when ...:** den Tag/die Stunde verwünschen, da ...

**rueful** ['ru:fl] *adj.,* **ruefully** ['ru:fəlɪ] *adv.* reumütig; reuig

[1]**ruff** [rʌf] *n.* Halskrause, *die*

[2]**ruff** *n. (sandpiper)* Kampfläufer, *der*

[3]**ruff** *(Cards)* **1.** *n.* Trumpfen, *das.* **2.** *v. i.* trumpfen. **3.** *v. t.* mit einem Trumpf stechen

**ruffian** ['rʌfɪən] *n.* Rohling, *der (abwertend);* **gang of ~s** Schlägerbande, *die;* **the little ~** *(joc.)* der kleine Strolch

**ruffianly** ['rʌfɪənlɪ] *adj.* roh; rauh ⟨*Bursche*⟩

**ruffle** ['rʌfl] **1.** *v. t.* **a)** *(disturb smoothness of)* kräuseln; **~ sb.'s hair** jmdm. durch die Haare fahren; *see also* **feather 1 a; b)** *(upset)* aus der Fassung bringen; **her composure was not ~d** sie verlor ihre Fassung nicht; **be easily ~d** leicht aus der Fassung geraten; **c)** *(gather)* kräuseln. **2.** *n. (frill)* Rüsche, *die*

**~ 'up** *v. t.* sträuben ⟨*Gefieder*⟩

**rug** [rʌg] *n.* **a)** *(for floor)* [kleiner, dicker] Teppich; **Persian ~:** Perserbrücke, *die;* **pull the ~ [out] from under sb.** *(fig.)* jmdm. den Boden unter den Füßen wegziehen; **b)** *(wrap, blanket)* [dicke] Wolldecke

**Rugby** ['rʌgbɪ] *n.* Rugby, *das; see also* **fives**

**Rugby: ~ ball** *n.* Rugbyball, *der;* **~ 'football** *n.* **a)** *(game) see* **Rugby; b)** *(ball) see* **~ ball; ~ 'footballer** *n.* Rugbyspieler, *der;* **~ 'League** *n. (Brit.) Profi-Rugby (mit 13 Spielern pro Mannschaft);* **~-player** *see* **~ footballer; ~ tackle** *n.* tiefes Fassen *(Rugby);* **the policeman brought him down with a ~ tackle** der Polizist warf sich auf ihn und riß ihn zu Boden; **~ 'Union** *n. (Brit.) Amateur-Rugby (mit 15 Spielern pro Mannschaft)*

**rugged** ['rʌgɪd] *adj.* **a)** *(sturdy)* robust; **b)** *(involving hardship)* hart ⟨*Test*⟩; **c)** *(unpolished)* rauh; unverfälscht ⟨*Ehrlichkeit, Freundlichkeit usw.*⟩; **with ~ good looks** gutaussehend mit markanten Gesichtszügen; **d)** *(uneven)* zerklüftet; unwegsam ⟨*Land, Anstieg*⟩; zerfurcht ⟨*Gesicht*⟩

**ruggedize** ['rʌgɪdaɪz] *v. t. (Amer.)* armieren

**ruggedly** ['rʌgɪdlɪ] *adv.* **~ constructed** robust gebaut; **~ handsome** gutaussehend mit markanten Gesichtszügen

**rugger** ['rʌgə(r)] *n. (Brit. coll.)* Rugby, *das*

**Ruhr** [rʊə(r)] *pr. n.* **the ~:** das Ruhrgebiet

**ruin** ['ru:ɪn] **1.** *n.* **a)** *no pl., no indef. art. (decay)* Verfall, *der;* **bring about one's own ~:** sich selbst ruinieren; **be reduced to a state of ~:** völlig verfallen sein; **the ~ of his hopes** das Ende seiner Hoffnungen; **go to** *or* **fall into rack and ~** ⟨*Gebäude:*⟩ völlig verfallen; ⟨*Garten:*⟩ völlig verwahrlosen; ⟨*Pläne:*⟩ zunichte werden; **b)** *no pl., no indef. art. (downfall)* Ruin, *der;* **his business was facing ~:** sein Geschäft stand am Rande des Ruins; **~ stared her in the face** sie stand vor dem Ruin; **c)** *in sing. or pl. (remains)* Ruine, *die;* **in ~s** in Trümmern; **he is a ~** *(fig.)* er ist eine Ruine *(ugs.) od.* ein Wrack; **rise from the ~s of sth.** aus den Trümmern einer Sache entstehen; **d)** *(cause of ~)* Ruin, *der;* Untergang, *der;* **you'll be the ~ of me** du ruinierst mich [noch]. **2.** *v. t.* ruinieren; verderben ⟨*Urlaub, Abend*⟩; zunichte machen ⟨*Aussichten, Möglichkeiten usw.*⟩

**ruination** [ru:ɪ'neɪʃn] *n., no pl. see* **ruin 1 d**

**ruined** ['ru:ɪnd] *adj.* **a)** *(reduced to ruins)* verfallen; **~ town** Ruinenstadt, *die;* **a ~ castle/palace/church** eine Burg-/Palast-/Kirchenruine; **b)** *(brought to ruin)* ruiniert; **his speculations left him a ~ man** seine Spekulationen ruinierten ihn; **c)** *(spoilt)* verdorben

**ruinous** ['ru:ɪnəs] *adj.* **a)** *(in ruins)* verfallen; **b)** *(disastrous)* ruinös; katastrophal ⟨*Wirkung*⟩; **be ~ to sb./sth.** jmdn./etw. ruinieren

**ruinously** ['ru:ɪnəslɪ] *adv.* ruinös; katastrophal ⟨*teuer, hoch usw.*⟩

**rule** [ru:l] **1.** *n.* **a)** *(principle)* Regel, *die;* **~ of conduct/decorum/cricket/life** Verhaltens-/Anstands-/Kricket-/Lebensregel, *die;* **the ~s of the game** *(lit. or fig.)* die Spielregeln; **stick to** *or* **play by the ~s** *(lit. or fig.)* sich an die Spielregeln halten; **~s and regulations** Regeln und Vorschriften; **[always] make it a ~ to do sth.** *(fig.)* es sich *(Dat.)* zur Regel machen, etw. zu tun; **be against the ~s** regelwidrig sein; *(fig.)* gegen die Spielregeln verstoßen; **bend** *or* **stretch the ~s** *(fig.)* ein Auge zudrücken *(ugs.);* **R~s** *(Austral. Footb.) Fußball nach den australischen Regeln;* **as a ~:** in der Regel; **~ of three** *(Math.)* Dreisatz, *der;* **~ of thumb** Faustregel, *die;* **the usual ~ of thumb is ...:** als Faustregel gilt ...; **~ of thumb estimate** grobe Schätzung; **b)** *(custom)* Regel, *die;* **the ~ of the house is that ...:** in diesem Haus ist es üblich, daß ...; **suits are the ~ on such an occasion** bei einem solchen Anlaß trägt man normalerweise einen Anzug; **c)** *no pl. (government)* Herrschaft, *die* **(over** über + *Akk.*); **the ~ of law** die Autorität des Gesetzes; **d)** *(Eccl.: code)* [Ordens]regel, *die;* **e)** *(graduated measure)* Maß, *das; (tape)* Bandmaß, *das; (folding)* Zollstock, *der;* **f)** *(Printing)* Linie, *die. See also* **road a; work 2 a. 2.** *v. t.* **a)** *(control)* beherrschen; **b)** *(be the ruler of)* regieren; ⟨*Monarch, Diktator usw.:*⟩ herrschen über (+ *Akk.*); **~ the roost [in the house]** Herr im Hause sein; *see also* **rod c; c)** *(give as decision)* entscheiden; **he ruled the ball out** er entschied, daß der Ball aus war; **~ a motion out of order** einen Antrag nicht zulassen; **~ sb. out of order** jmdm. [unter Hinweis auf die Geschäftsordnung] das Wort entziehen; **d)** *(draw)* ziehen ⟨*Linie*⟩; *(draw lines on)* linieren ⟨*Papier*⟩. **3.** *v. i.* **a)** *(govern)* herrschen; **~ by fear** eine Schreckensherrschaft führen; **X ~s** *(sl.)* X ist der/die Größte; **b)** *(decide, declare formally)* entscheiden **(against** gegen; **in favour of** für); **~ on a matter** in einer Sache entscheiden

**~ 'off 1.** *v. t.* mit einem Strich abtrennen; **~ off a margin** am Rand einen Strich ziehen. **2.** *v. i.* einen Schlußstrich ziehen

**~ 'out** *v. t.* **a)** *(exclude, eliminate)* ausschließen; **b)** *(prevent)* unmöglich machen

**'rule-book** *n. (lit. or fig.)* Regeln; Regelbuch, *das*

**ruled** [ru:ld] *adj.* liniert ⟨*Papier*⟩

**ruler** ['ru:lə(r)] *n.* **a)** *(person)* Herrscher, *der*/Herrscherin, *die;* **b)** *(for drawing or measuring)* Lineal, *das*

**ruling** ['ru:lɪŋ] **1.** *n.* **a)** *(decision)* Entscheidung, *die;* **b)** *(using a ruler)* Linierung, *die.* **2.** *adj.* **a)** *(predominating)* herrschend ⟨*Meinung*⟩; vorherrschend ⟨*Charakterzug*⟩; **sb.'s ~ ambition/passion** jmds. größter Ehrgeiz/größte Leidenschaft; **b)** *(current)* **[the] ~ prices** die geltenden Preise; **c)** *(governing, reigning)* herrschend ⟨*Klasse*⟩; regierend ⟨*Partei*⟩; amtierend ⟨*Regierung*⟩

[1]**rum** [rʌm] *n.* Rum, *der*

[2]**rum** *adj. (Brit. coll.) (odd)* seltsam

**Rumania** [ru:'meɪnɪə] *see* **Romania**

**Rumanian** [ru:'meɪnɪən] *see* **Romanian**

**rumba** ['rʌmbə] **1.** *n.* Rumba, *die, österr. der;* **dance the ~:** Rumba tanzen. **2.** *v. i.,* **~ed** *or* **~'d** ['rʌmbəd] Rumba tanzen

[1]**rumble** ['rʌmbl] **1.** *n.* **a)** *(sound)* Grollen, *das; (of heavy vehicle)* Rumpeln, *das (ugs.);* **b)** *(Amer. sl.: street-fight)* Straßenschlacht, *die;* Schlacht, *die (fig.);* **c)** *(Amer. coll.: rumour)* Gerücht, *das;* **the ~ is that ...:** man munkelt, daß ... **2.** *v. i.* **a)** *(make low, heavy sound)* grollen; ⟨*Magen:*⟩ knurren; **b)** *(go with rumbling noise)* rumpeln *(ugs.)*

[2]**rumble** *v. t. (coll.: understand)* spitzkriegen *(ugs.)* ⟨*Sache*⟩; auf die Schliche kommen (+ *Dat.*) ⟨*Person*⟩

**'rumble seat** *n. (Amer. dated)* Notsitz, *der*

**rumbustious** [rʌm'bʌstʃəs] *adj. (coll.)* wild

**ruminant** ['ru:mɪnənt] *(Zool.)* **1.** *n.* Wiederkäuer, *der.* **2.** *adj.* wiederkäuend

**ruminate** ['ru:mɪneɪt] *v. i.* **a) ~ over** *or* **about** *or* **on sth.** über etw. *(Akk.)* nachsinnen *(geh.) od.* grübeln; **she sat ruminating for a moment** sie saß einen Augenblick nachdenklich da; **b)** *(Zool.)* wiederkäuen

**rumination** [ru:mɪ'neɪʃn] *n.* **a)** Nachsinnen, *das (geh.);* Grübeln, *das;* **his ~s were interrupted** seine Gedanken wurden unterbrochen; **b)** *(Zool.)* Wiederkäuen, *das*

**ruminative** ['ru:mɪnətɪv] *adj.* beschaulich ⟨*Stimmung*⟩; grüblerisch ⟨*Person*⟩

**rummage** ['rʌmɪdʒ] **1.** *v. i.* wühlen *(ugs.);* kramen *(ugs.);* **~ among old clothes** in alten

Kleidungsstücken herumwühlen *od.* -stöbern; ~ **through sth.** etw. durchwühlen *(ugs.)*; ~ **about** *or* **around** herumkramen *(ugs.)*. **2.** *n.* **have a ~ through sth.** etw. durchwühlen *od.* durchstöbern; **enjoy a good ~ around bookshops** gern in Buchhandlungen herumstöbern *(ugs.)*
~ **'out** *v. t.* hervorkramen *(ugs.)*

**'rummage sale** *see* **jumble sale**

**rummy** ['rʌmɪ] *n. (Cards)* Rommé, *das*

**rumour** *(Brit.; Amer.:* **rumor***)* ['ru:mə(r)] **1.** *n.* **a)** *(unverified story)* Gerücht, *das;* **there is a ~ that ...:** es geht das Gerücht, daß ...; **there is a persistent ~ that ...:** das Gerücht hält sich hartnäckig, daß ...; **b)** *no pl., no art. (common talk)* Gerücht, *das;* ~ **puts the number of casualties at around 5,000** Gerüchten zufolge liegt die Zahl der Opfer bei 5 000; ~ **has it that ...:** es geht das Gerücht, daß ... **2.** *v. t.* **sb. is ~ed to have done sth., it is ~ed that sb. has done sth.** man munkelt *(ugs.) od.* es geht das Gerücht, daß jmd. etw. getan hat; **the ~ed earthquake** das Erdbeben, das sich [Gerüchten zufolge] ereignet haben soll

**rump** [rʌmp] *n.* **a)** *(buttocks)* Hinterteil, *das (ugs.);* **meat from the ~:** Fleisch aus der Keule; **b)** *(remnant)* Rest, *der;* **sth. is only a ~:** von etw. ist nur noch der Rumpf übrig; **the R~** *(Brit. Hist.)* das Rumpfparlament

**rumple** ['rʌmpl] *v. t.* **a)** *(crease)* zerknittern; **b)** *(tousle)* zerzausen

**'rump steak** *n.* Rumpsteak, *das*

**rumpus** ['rʌmpəs] *n., no pl. (coll.)* Krach, *der (ugs.);* Spektakel, *der (ugs.);* **kick up** *or* **make a ~:** einen Spektakel veranstalten *(ugs.)*

**'rumpus room** *n. (Amer.)* Hobbyraum, *der*

**run** [rʌn] **1.** *n.* **a)** Lauf, *der;* **let the dogs out for a ~:** die Hunde hinauslassen, damit sie Auslauf haben; **go for a ~ before breakfast** vor dem Frühstück einen Lauf machen; **make a late ~** *(Sport or fig.)* zum Endspurt ansetzen; **come towards sb./take a hurdle/start off at a ~:** jmdm. entgegenlaufen/eine Hürde im Lauf nehmen/losrennen; **I've had a good ~ for my money** ich bin auf meine Kosten gekommen; **we'll give our opponents a good ~ for their money** wir werden es unseren Gegnern nicht leichtmachen; **on the ~:** auf der Flucht; **keep the enemy on the ~:** den Feind nicht zur Ruhe kommen lassen; **b)** *(trip in vehicle)* Fahrt, *die; (for pleasure)* Ausflug, *der;* **on the ~ down to Cornwall** auf der Fahrt nach Cornwall; **a two-hour/a day's ~:** eine Fahrt von zwei Stunden/eine Tagesreise; **go for a ~ [in the car]** einen [Auto]ausflug machen; **c)** *(continuous stretch)* Länge, *die;* **a 500 ft. ~ of pipe** eine Rohrleitung von 500 Fuß Länge; **d)** *(spell)* **have a ~ of fine weather** eine Schönwetterperiode haben; **she has had a long ~ of success** sie war lange [Zeit] erfolgreich; **have a long ~** ⟨*Stück, Show:*⟩ viele Aufführungen erleben; **a successful [West End] ~:** eine erfolgreiche Spielzeit [im Westend]; **e)** *(succession)* Serie, *die; (Cards)* Sequenz, *die;* **a ~ of victories** eine Siegesserie; **f)** *(tendency)* Ablauf, *der;* ~ **of [the] play** *(Sport)* Spielverlauf, *der;* **the general ~ of things/events** der Lauf der Dinge/der Gang der Ereignisse; **g)** *(regular route)* Strecke, *die;* **do a regular ~ between London and Edinburgh** regelmäßig die Strecke London–Edinburgh fahren; **he is on** *or* **he does the Glasgow ~:** er fährt die Glasgower Strecke; **h)** *(Cricket, Baseball)* Lauf, *der;* Run, *der;* **i)** *see* **ladder 1 b; j)** *(Mus.)* Lauf, *der;* **k)** *(quantity produced) (of book)* Auflage, *die;* **production ~:** Ausstoß, *der (Wirtsch.)*; **l)** *(demand)* Run, *der* **(on** auf + *Akk.*); **m)** *(general type)* **the common** *or* **general ~ of people** der Durchschnittsmensch; **he's not like the usual ~ of disc jockeys** er ist anders als die üblichen Diskjockeys; **n) the ~s** *(sl.: diarrhoea)* Durchmarsch, *der (salopp);* **o)** *(unrestricted use)* **give sb. the ~ of sth.** jmdm. etw. zu seiner freien Verfügung überlassen; **have the ~ of sth.** etw. zu seiner freien Verfügung haben; **p)** *(animal enclosure)* Auslauf, *der; (regular track of animals)* Wildwechsel, *der. See also* **long 1 c; short 1 a; ski-run. 2.** *v. i.*, **-nn-, ran** [ræn], **run a)** laufen; *(fast also)* rennen; ~ **for all one is worth** rennen so schnell man kann; ~ **for the bus** laufen *od.* rennen, um den Bus zu kriegen *(ugs.)*; ~ **to help sb.** jmdm. zu Hilfe eilen; ~ **at sb.** auf jmdn. losstürzen; **the horse ran at the fence** das Pferd lief auf den Zaun zu; **b)** *(compete)* laufen; **he ran sixth/a poor third** er wurde sechster/erreichte einen mäßigen dritten Platz; **c)** *(hurry)* laufen; **don't ~ to me when things go wrong** komm mir nicht angelaufen, wenn etwas schiefgeht *(ugs.)*; ~ **to meet sb.** jmdm. entgegenlaufen; **he ran to meet her at the gate** er lief ihr bis ans Tor entgegen; **d)** *(roll)* laufen; ⟨*Ball, Kugel:*⟩ rollen, laufen; **the wheels ran into a rut** die Räder gerieten in eine Furche; **e)** *(slide)* laufen; ⟨*Schlitten, [Schiebe]tür:*⟩ gleiten; **f)** *(revolve)* ⟨*Rad, Maschine:*⟩ laufen; **g)** *(Naut.)* ~ **for Plymouth** Plymouth anlaufen; ~ **into port** in den Hafen einlaufen; ~ **aground** auf Grund laufen; *see also* **foul 1 f; h)** *(flee)* davonlaufen; ~ **for it** *(coll.)* sich aus dem Staub machen *(ugs.)*; ~ **for cover** schnell in Deckung gehen; *see also* **life a; i)** *(travel)* ~ **over** *or* **across** hinüberfahren; ~ **down/up [to London]** [nach London] runter-/rauffahren *(ugs.)*; ~ **into town** in die Stadt fahren; **j)** *(operate on a schedule)* fahren; ~ **between two places** ⟨*Zug, Bus:*⟩ zwischen zwei Orten verkehren; **the train is ~ning late** der Zug hat Verspätung; **we're ~ning late** *(fig.)* wir sind spät dran *(ugs.)*; ~ **on time** pünktlich sein; keine Verspätung haben; **the train doesn't ~ on Sundays** der Zug verkehrt nicht an Sonntagen; **k)** *(pass cursorily)* ~ **through** überfliegen ⟨*Text*⟩; ~ **through one's head** *or* **mind** ⟨*Gedanken, Ideen:*⟩ einem durch den Kopf gehen; ~ **through the various possibilities** die verschiedenen Möglichkeiten durchspielen; **his eyes ran over the article/photo** er ließ die Augen über den Artikel/das Foto wandern; **her fingers ran over the keys** ihre Finger liefen über die Tasten; **the tune is ~ning in my head** die Melodie geht mir im Kopf herum; **l)** *(flow)* laufen; ⟨*Fluß:*⟩ fließen; ⟨*Augen:*⟩ tränen; **your bath is ~ning** dein Bad läuft ein; **till the blood ran** bis es blutete; **the child's nose was ~ning** dem Kind lief die Nase; **the walls are ~ning with moisture** die Wände triefen vor Nässe *(Dat.)*; ~ **dry** ⟨*Fluß:*⟩ austrocknen; ⟨*Quelle:*⟩ versiegen; **the taps had ~ dry** es lief kein Wasser mehr aus der Leitung; ~ **low** *or* **short** knapp werden; ausgehen; **we ran short of** *or* **low on fruit** unsere Obstvorräte wurden knapp *od.* gingen aus; **m)** *(flow rapidly)* **a heavy sea was ~ning** es herrschte starker Seegang; **the tide ran strong/out** die Flutwellen schlugen hoch/die Flut ging zurück; **n)** *(be current)* ⟨*Vertrag, Theaterstück:*⟩ laufen; **o)** *(be present)* ~ **through sth.** sich durch etw. ziehen; ~ **in the family** ⟨*Eigenschaft, Begabung:*⟩ in der Familie liegen; **p)** *(function)* laufen; **keep/leave the engine ~ning** den Motor laufen lassen/nicht abstellen; **the machine ~s on batteries/oil** *etc.* die Maschine läuft mit Batterien/Öl *usw.*; **things aren't ~ning too smoothly in their marriage** *(fig.)* in ihrer Ehe läuft es [zur Zeit] nicht besonders gut *(ugs.)*; **q)** *(have a course)* ⟨*Straße, Bahnlinie:*⟩ verlaufen; **r)** *(have wording)* lauten; ⟨*Geschichte:*⟩ gehen *(fig.)*; **s)** *(have tendency)* **my inclination does not ~ that way** meine Neigung geht nicht in diese Richtung; **t)** *(have certain level)* **inflation is ~ning at 15 %** die Inflationsrate beläuft sich auf *od.* beträgt 15 %; **interest rates are ~ning at record levels** die Zinsen bewegen sich auf Rekordhöhe; **u)** *(seek election)* kandidieren; ~ **for mayor** für das Amt des Bürgermeisters kandidieren; **v)** *(spread quickly)* **a cheer ran down** *or* **along the lines of soldiers** ein Hurra ging durch die Reihen der Soldaten; **a shiver ran down my spine** ein Schau[d]er *(geh.)* lief mir den Rücken hinunter; **w)** *(spread undesirably)* ⟨*Butter, Eis:*⟩ zerlaufen; ⟨*Farben:*⟩ *(in washing)* auslaufen; *(on painting etc.)* ineinanderlaufen; **x)** *(Cricket)* einen Lauf *od.* Run machen; **y)** *(ladder)* Laufmaschen bekommen; **stockings guaranteed not to ~:** garantiert laufmaschensichere Strümpfe. *See also* **also; blood 1 a; cut 2 e; feeling 1 c; riot 1 b; wild 1 c; [1]writ a. 3.** *v. t.*, **-nn-, ran, run a)** *(cause to move)* laufen lassen; *(drive)* fahren; ~ **the ship aground** das Schiff auf Grund laufen lassen *od. (Seemannsspr.)* auflaufen lassen; ~ **the boat into the water** das Boot zu Wasser lassen; ~ **the car into the garage** das Auto in die Garage fahren; ~ **one's hand/fingers through/along** *or* **down** *or* **over sth.** mit der Hand/den Fingern durch etw. fahren/über etw. *(Akk.)* streichen; ~ **an** *or* **one's eye along** *or* **down** *or* **over sth.** *(fig.)* etw. überfliegen; ~ **one's finger down a list** mit dem Finger eine Liste entlangfahren; ~ **a rope through sth.** ein Seil durch etw. führen; **b)** *(cause to flow)* [ein]laufen lassen; ~ **a bath** ein Bad einlaufen lassen; **c)** *(organize, manage)* führen, leiten ⟨*Geschäft usw.*⟩; durchführen ⟨*Experiment*⟩; veranstalten ⟨*Wettbewerb*⟩; führen ⟨*Leben*⟩; **the people who ~ things [in this city]** die maßgeblichen Leute [dieser Stadt]; ~ **the show** *(fig. coll.)* das Sagen haben *(ugs.)*; **d)** *(operate)* bedienen ⟨*Maschine*⟩; verkehren lassen ⟨*Verkehrsmittel*⟩; einsetzen ⟨*Sonderbus, -zug*⟩; laufen lassen ⟨*Motor*⟩; abspielen ⟨*Tonband*⟩; ~ **a train service** eine Schienenverbindung unterhalten; ~ **a taxi** Taxi fahren; ~ **forward/back** vorwärts-/zurückspulen ⟨*Film, Tonband*⟩; **e)** *(own and use)* sich *(Dat.)* halten ⟨*Auto*⟩; **a Jaguar is expensive to ~:** ein Jaguar ist im Unterhalt sehr teuer; **~ning a freezer saves money** mit einer Tiefkühltruhe spart man Geld; ~ **a car with defective brakes** ein Auto mit defekten Bremsen fahren; **f)** *(take for journey)* fahren; **I'll ~ you into town** ich fahre *od.* bringe dich in die Stadt; **g)** *(pursue)* jagen; ~ **to earth** in seinen Unterschlupf hetzen ⟨*Tier*⟩; *(fig.)* aufspüren; ~ **sb. hard** *or* **close** jmdm. auf den Fersen sein *od.* sitzen *(ugs.)*; **be ~ off one's feet** alle Hände voll zu tun haben *(ugs.)*; *(in business)* Hochbetrieb haben *(ugs.)*; **h)** *(complete)* laufen ⟨*Rennen, Marathon, Strecke*⟩; ~ **messages/errands** Botengänge machen; **the race will be ~ tomorrow** das Rennen wird morgen gelaufen/gefahren; **i)** *(smuggle)* schmuggeln ⟨*Waffen, Drogen, Personen*⟩; schleusen ⟨*Personen*⟩; **j)** *(enter for race or election)* laufen lassen ⟨*Pferd*⟩; aufstellen ⟨*Kandidaten*⟩; **k)** *(publish)* bringen *(ugs.)* ⟨*Bericht, Artikel usw.*⟩; in die Zeitung setzen ⟨*Anzeige*⟩; **l)** ~ **a fever/a temperature** Fieber/erhöhte Temperatur haben. *See also* **course 1 a; [2]fine 1 g; [2]gauntlet; ground 1 b; ragged e; risk 1 a**

~ **a'bout** *v. i.* **a)** *(bustle)* hin- und herlaufen; **b)** *(play without restraint)* herumtollen; herumspringen *(ugs.)*. *See also* **runabout**

~ **a'cross** *v. t.* ~ **across sb.** jmdn. treffen; jmdm. über den Weg laufen; ~ **across sth.** auf etw. *(Akk.)* stoßen

~ **after** *v. t.* **a)** *(~ to catch, follow persistently)* hinterherlaufen (+ *Dat.*); **b)** nachlaufen (+ *Dat.*) ⟨*Mode usw.*⟩

~ **a'long** *v. i. (coll.: depart)* sich trollen *(ugs.)*

~ **a'round 1.** *v. i.* **a)** ~ **around with sb.** sich mit jmdm. herumtreiben; **b)** *see* **run about a; c)** *see* **run about b. 2.** *v. t.* herumfahren

~ **a'way** *v. i.* **a)** *(flee)* weglaufen; fortlaufen; **b)** *(abscond)* ~ **away [from home/from the children's home]** [von zu Hause/aus dem Kinderheim] weglaufen; **c)** *(elope)* ~ **away with sb./together** mit jmdm./zusammen durchbrennen *(ugs.)*; **d)** *(bolt)* ‹*Pferd:*› durchgehen; **e)** *(get ahead)* ~ **away from the rest of the field** dem übrigen Feld davonlaufen. *See also* **runaway**

~ **a'way with** *v. t.* **a)** *(coll.: steal)* abhauen mit *(salopp)*; **b)** *(fig.: win)* ~ **away with the top prize/all the trophies** den 1. Preis/alle Trophäen erringen; **c)** *(fig.: be misled by)* ~ **away with the idea** *or* **notion that ...:** irrtümlich annehmen, daß ...; **don't ~ away with the idea that ...:** glaub bloß nicht, daß ...; **he let his imagination/enthusiasm ~ away with him** seine Phantasie/Begeisterung ist mit ihm durchgegangen; **d)** *(fig.: consume)* verbrauchen; verschlingen ‹*Geld*›; fressen *(ugs.)* ‹*Benzin*›. *See also* **run away c**

~ **'back over** *v. t.* sich *(Dat.)* in Erinnerung rufen; **her thoughts ran back over the past** sie dachte an die vergangenen Zeiten

~ **'down 1.** *v. t.* **a)** *(collide with)* überfahren; **b)** *(find after search)* aufspüren; **c)** *(criticize)* heruntermachen *(ugs.)*; herabsetzen; **don't ~ yourself down all the time** mach dich nicht immer selbst so schlecht; **d)** *(cause to diminish)* abbauen; verringern ‹*Produktion*›; **e)** *(cause to lose power)* leer machen ‹*Batterie*›. **2.** *v. i.* **a)** hin-/herunterlaufen/-rennen/-fahren; **b)** *(decline)* sich verringern; ‹*Schienennetz:*› schrumpfen; **c)** *(lose power)* ausgehen; ‹*Batterie:*› leer werden; ‹*Uhr, Spielzeug:*› ablaufen. *See also* **rundown**

~ **'in 1.** *v. t.* **a)** *(prepare for use)* einfahren ‹*Auto*›; sich einlaufen lassen ‹*Maschine*›; **b)** *(coll.: arrest)* hoppnehmen *(salopp)*. **2.** *v. i.* hin-/hereinlaufen/-rennen

~ **into** *v. t.* **a)** ~ **into a telegraph-pole/tree** gegen einen Telegrafenmast/Baum fahren; ~ **into a sandbank** auf eine Sandbank geraten *od. (Seemannsspr.)* auflaufen; **b)** *(cause to collide with)* ~ **one's car into a tree** seinen Wagen gegen einen Baum fahren; **c)** *(cause to incur)* ~ **the family into debt** die Familie in Schulden stürzen; **d)** *(fig.: meet)* ~ **into sb.** jmdm. in die Arme laufen *(ugs.)*; **e)** *(be faced with)* stoßen auf (+ *Akk.*) ‹*Schwierigkeiten, Widerstand, Probleme usw.*›; **f)** *(enter)* geraten in (+ *Akk.*) ‹*Sturm, schlechtes Wetter, Schulden*›; **his debts ~ into thousands** seine Schulden gehen in die Tausende; **g)** *(merge with)* ~ **into one another** ‹*Seen, Tage:*› ineinander übergehen

~ **'off 1.** *v. i. see* ~ **away a, c. 2.** *v. t.* **a)** *(compose rapidly)* hinwerfen ‹*ein paar Zeilen, Verse, Notizen*›; zu Papier bringen ‹*Brief*›; **b)** *(produce on machine)* abziehen ‹*Kopien, Handzettel usw.*›; **c)** *(cause to drain away)* ablaufen lassen; **d)** *(recite fluently) see* **rattle off; e)** *(decide by run-off)* durch Stechen entscheiden; *see also* **run-off**

~ **'off with** *v. t. (coll.: steal)* abhauen mit *(salopp)*; *see also* ~ **away c;** ~ **away with b**

~ **'on 1.** *v. i.* **a)** *(continue without a break)* weitergehen; ‹*Krankheit:*› fortschreiten; ‹*Redner:*› weiterreden; **b)** *(Printing: continue on same line)* **'~ on'** „ohne Absatz"; **c)** *(elapse)* ‹*Zeit:*› verstreichen; **d)** *(join up)* **let the letters ~ on** *(beim Schreiben)* die Buchstaben miteinander verbinden; **e)** *(talk incessantly)* reden wie ein Wasserfall *(ugs.)*; **her tongue ~s on** ihr Mundwerk steht nicht still *(ugs.)*. **2.** *v. t.* **a)** *(Printing)* als fortlaufenden Text setzen; **b)** ['--] *(be concerned with)* sich befassen mit; **his mind was ~ning on this subject** seine Gedanken kreisten um dieses Thema

~ **'out 1.** *v. i.* **a)** hin-/herauslaufen/-rennen; **he ran out a deserved winner** er ging aus dem Kampf als verdienter Sieger hervor; *see also* **run 2 m; b)** *(become exhausted)* ‹*Vorräte, Bestände:*› zu Ende gehen; ‹*Geduld:*› sich erschöpfen; **we have ~ out** wir haben keinen/keine/keines mehr; *(sold everything)* wir sind ausverkauft; **c)** *(expire)* ‹*Vertrag:*› ablaufen; **time is ~ning out** die Zeit wird knapp; **d)** *(jut out)* ‹*Land:*› vorspringen; ‹*Pier:*› ins Meer hinausreichen. *See also* **sand 1 c. 2.** *v. t. (Cricket)* ~ **a batsman out** *einen Schlagmann zum Ausscheiden bringen, indem man mit dem Ball das Tor zerstört, bevor er die Schlagmallinie erreicht*

~ **'out of** *v. t.* **a)** *(exhaust stock of)* **sb. ~s out of sth.** jmdm. geht etw. aus; **I'm ~ning out of patience** meine Geduld geht zu Ende; **we're ~ning out of time** uns wird die Zeit [allmählich] knapp; **b)** *(flow out of)* auslaufen aus

~ **'out on** *v. t. (desert)* im Stich lassen

~ **over 1.** ['---] *v. t.* **a)** *see* **go over 2 a; b)** *(knock down)* überfahren. *See also* **run 2 k. 2.** ['-'--] *v. i.* **a)** *(overflow)* überlaufen; **b)** *(exceed limit)* [die Zeit] überziehen

~ **through** *v. t.* **a)** *see* **get through 2 h; b)** abspielen ‹*Tonband, Film*›; **c)** *(rehearse)* durchspielen ‹*Theaterstück*›; **d)** [-'-] *(pierce right through)* ~ **sb. through with sth.** jmdn. mit etw. durchbohren. *See also* **run 2 k, o; run-through**

~ **to** *v. t.* **a)** *(amount to)* umfassen; ‹*Geldsumme, Kosten:*› sich belaufen auf (+ *Akk.*); **b)** *(be sufficient for)* **sth. will ~ to sth.** etw. reicht für etw.; **c)** *(afford)* **sb. can ~ to sth.** jmd. kann sich *(Dat.)* etw. leisten; **d)** *(show inclination towards)* ~ **to fat** [zu] dick werden; **his style ~s too easily to sentiment** sein Stil gleitet allzu leicht ins Sentimentale ab; *see also* **seed 1 b**

~ **'up 1.** *v. i.* **a)** hinlaufen; *(Sport)* Anlauf nehmen; **he ran up to where they were standing** er lief *od.* rannte zu ihnen hin; **come ~ning along** herangelaufen kommen; **b)** *(amount to)* ~ **up to** sich belaufen auf (+ *Akk.*). **2.** *v. t.* **a)** *(hoist)* hissen ‹*Fahne*›; **b)** *(make quickly)* rasch nähen ‹*Kleidungsstück*›; zusammenzimmern ‹*Schuppen*›; hochziehen *(ugs.)* ‹*Gebäude*›; **c)** *(allow to accumulate)* ~ **up debts/a [big] bill** Schulden/eine hohe Rechnung zusammenkommen lassen. *See also* **run-up**

~ **'up against** *v. t.* stoßen auf (+ *Akk.*) ‹*Probleme, Widerstand usw.*›

**run: ~about** *n. (coll.)* **[little] ~about** Kleinwagen, *der;* **~-around** *n. (coll.)* **give sb. the ~-around** jmdn. an der Nase herumführen *(ugs.)*; **~away 1.** *n.* Ausreißer, *der*/Ausreißerin, *die (ugs.)*; **2.** *attrib. adj.* **a)** *(fleeing)* flüchtig; **she was a ~away schoolgirl** sie war aus der Schule weggelaufen; **have a ~away wedding** weglaufen und heiraten; **b)** *(out of control)* durchgegangen ‹*Pferd*›; außer Kontrolle geraten ‹*Fahrzeug, Preise*›; *(fig.)* galoppierend ‹*Inflation*›; **c)** *(outstanding)* überwältigend ‹*Erfolg*›; triumphal ‹*Sieg*›; **~-down 1.** *n.* **a)** *(coll.: briefing)* Übersicht, *die* **(on** über + *Akk.*); **b)** *(reduction)* Abbau, *der;* **2.** *adj.* **a)** *(tired)* mitgenommen; **in a completely ~-down condition** völlig erschöpft; **b)** *(neglected)* heruntergekommen *(ugs.)* ‹*Gegend, Stadt, Gewerbe*›

**rune** [ru:n] *n.* Rune, *die*

**[1]rung** [rʌŋ] *n.* **a)** *(of ladder)* Sprosse, *die;* **b)** *(fig.)* **start on the bottom** *or* **lowest/reach the top** *or* **highest ~:** auf der ersten Sprosse beginnen/die oberste Sprosse erreichen

**[2]rung** *see* **[2]ring 2, 3**

**runic** ['ru:nɪk] *adj.* Runen-; runisch

**runnel** ['rʌnl] *n.* **a)** *(brook)* Wasserlauf, *der;* Rinnsal, *das (geh.)*; **b)** *(gutter)* Rinne, *die*

**runner** ['rʌnə(r)] *n.* **a)** Läufer, *der*/Läuferin, *die;* **b)** *(horse in race)* **eight ~s were in the race** acht Pferde liefen beim Rennen; **c)** *(messenger)* Bote, *der;* Laufbursche, *der;* **d)** *(Bot.: creeping stem)* Ausläufer, *der;* **e)** *(twining plant)* Kletterpflanze, *die;* **f)** **curtain ~:** Gardinenröllchen, *das;* **g)** *(part on which sth. slides)* Kufe, *die; (for curtains)* Gardinenleiste, *die; (groove)* Laufschiene, *die;* **h)** *(cloth)* Tischläufer, *der; (carpet)* Läufer, *der;* **i)** *(who handles illegal goods)* Schieber, *der (ugs.)*; **[drug-]~:** [Drogen]kurier, *der (ugs.)*; **j)** *(who runs a blockade)* Blockadebrecher, *der;* **k)** *(car)* **'good ~'** „fährt *od.* läuft einwandfrei"

**runner: ~ bean** *n. (Brit.)* Stangenbohne, *die;* **~-'up** *n.* Zweite, *der/die;* **the ~s-up** die Plazierten; **they were joint ~s-up** sie teilten sich den zweiten Platz

**running** ['rʌnɪŋ] **1.** *n.* **a)** *(management)* Leitung, *die;* **b)** *(action)* Laufen, *das; (jogging)* Jogging, *das;* **make the ~** *(in competition)* an der Spitze liegen; *(fig.: have the initiative)* den Ton angeben; **take up the ~:** sich an die Spitze setzen; **in/out of the ~:** im/aus dem Rennen; **be out of the ~ for the Presidency** keine Aussichten [mehr] auf die Präsidentschaft haben; **c)** *(ability to run)* **have a lot of ~ left** noch gute Laufkondition haben; **d)** *(Horse-racing: condition of surface)* **the ~ is good/soft** es läßt sich gut laufen/die Laufbahn ist weich; **e)** *(of engine, machine)* Laufen, *das.* **2.** *adj.* **a)** *(continuous)* ständig; fortlaufend ‹*Erklärungen*›; **have** *or* **fight a ~ battle** *(fig.)* ständig im Streit liegen; *see also* **fire 1 g; b)** *(in succession)* hintereinander; **win for the third year ~:** schon drei Jahre hintereinander gewinnen; **c)** *(Motor Veh.)* **in ~ order** in fahrbereitem Zustand

**running: ~-board** *n.* Trittbrett, *das;* ~ **'commentary** *n. (Broadcasting; also fig.)* Live-Kommentar, *der;* ~ **costs** *n. pl.* Betriebskosten *Pl.;* ~ **dog** *n. (Polit. derog.)* Kettenhund, *der (abwertend);* ~ **'head[line]** *n. (Printing)* Kolumnentitel, *der;* ~ **'jump** *n.* **you can [go and] take a ~ jump [at yourself]** *(fig. sl.)* du kannst mir den Buckel runterrutschen *(ugs.)*; ~ **knot** *n.* Knoten einer Schlinge; ~ **mate** *n. (Amer.)* **a)** Mitkandidat, *der*/Mitkandidatin, *die [als Vizepräsidentschaftskandidat];* **b)** *(horse as pace-setter)* Pacemacher, *der;* ~ **re'pairs** *n. pl.* laufende Reparaturen; **~-shoe** *n.* Rennschuh, *der;* **~-shorts** *n. pl.* Sporthose, *die;* ~ **'sore** *n.* nässende Wunde; *(fig.)* schwärende Wunde; ~ **stitch** *n. (Needlework)* Vorstich, *der;* ~ **'title** *see* ~ **head;** ~ **'total** *n.* fortlaufende Summe; **~-track** *n.* Aschenbahn, *die;* ~ **'water** *n.* **a)** *(in stream)* fließendes Gewässer; **b)** *(available through pipe)* fließendes Wasser; **hot and cold ~ water** fließendes kaltes und warmes Wasser

**runny** ['rʌnɪ] *adj.* **a)** *(secreting mucus)* laufend ‹*Nase*›; **b)** *(excessively liquid)* zerlaufend; zu dünn ‹*Farbe, Marmelade*›

**'run-off** *n. (Sport)* Stechen, *das*

**run-of-the-'mill** *adj.* ganz gewöhnlich

**runt** [rʌnt] *n.* **a)** *(weakling pig)* Kümmerer, *der (Landw.)*; **b)** *(fig. derog.)* Kümmerling, *der (abwertend)*

**run: ~-through** *n.* **a)** *(cursory reading)* **give a text a [quick] ~-through, have a [brief] ~-through of a text** einen Text [kurz] überfliegen; **b)** *(rapid summary)* Überblick, *der* **(of** über + *Akk.*); **c)** *(rehearsal)* Durchlaufprobe, *die;* **~-up** *n.* **a)** *(approach to an event)* **during** *or* **in the ~-up to an event** im Vorfeld *(fig.)* eines Ereignisses; **b)** *(Sport)* Anlauf, *der;* **take a ~-up** Anlauf nehmen

**runway** ['rʌnweɪ] *n. (for take-off)* Startbahn, *die; (for landing)* Landebahn, *die*

**rupee** [ru:'pi:] *n.* Rupie, *die*

**rupture** ['rʌptʃə(r)] **1.** *n.* **a)** *(lit. or fig.)* Bruch, *der;* **b)** *(Med.)* Ruptur, *die.* **2.** *v. t.* **a)** *(burst)* aufreißen; **a ~d appendix/spleen** ein geplatzter Blinddarm/eine gerissene Milz; **b)** ~ **oneself** sich *(Dat.)* einen Bruch zuziehen *od.* heben; **c)** *(sever)* auseinanderbrechen lassen ‹*Beziehungen, Einheit*›. **3.** *v. i.* reißen; ‹*Blutgefäß, Blinddarm:*› platzen

**rural** ['rʊərl] *adj.* ländlich; ~ **life** Landleben, *das*

**rural:** ~ **'dean** *n. (Eccl.)* ≈ Dekan, *der;* ~ **'district** *n. (Brit. Admin. Hist.)* ≈ Landkreis, *der*

**Ruritania** [rʊərɪ'teɪnɪə] *n. fiktionales mitteleuropäisches Königreich;* Ruritanien *(das);* ≈ Operettenstaat, *der*

**ruse** [ru:z] *n.* List, *die*

[1]**rush** [rʌʃ] *n. (Bot.)* Binse, *die*

[2]**rush 1.** *n.* **a)** *(rapid moving forward)* **be swept away by the ~ of the current** von der Gewalt der Strömung mitgerissen werden; **make a ~ for sth.** sich auf etw. *(Akk.)* stürzen; **the ~ to the coast** der Ansturm auf die Küste; **the holiday ~:** der [hektische] Urlaubsverkehr; **b)** *(hurry)* Eile, *die;* **what's all the ~?** wozu diese Hast?; **be in a [great] ~:** in [großer] Eile sein; es [sehr] eilig haben; **everything happened in such a ~:** es ging alles so schnell; **have a ~ to get somewhere** sich abhetzen, um irgendwohin zu kommen; **c)** *(surging)* Anwandlung, *die* **(of** von); **a ~ of blood [to the head]** *(fig. coll.)* eine [plötzliche] Anwandlung; **d)** *(period of great activity)* Hochbetrieb, *der; (~-hour)* Stoßzeit, *die;* **there is a ~ on** es herrscht Hochbetrieb *(ugs.);* **a ~ of new orders** eine Flut von neuen Aufträgen; **e)** *in pl. (Cinemat. coll.)* [Bild]muster; Musterkopien; **f)** *(heavy demand)* Ansturm, *der* **(for, on** auf + *Akk.*); **g)** *(Footb.)* Sturmangriff, *der;* **h)** *(Amer. Footb.)* Durchbruch, *der.* **2.** *v. t.* **a)** *(convey rapidly)* ~ **sb./sth. somewhere** jmdn./etw. auf schnellstem Wege irgendwohin bringen; ~ **sb. supplies** jmdn. schnell mit Vorräten versorgen; ~ **sb. round the sights** jmdn. von einer Sehenswürdigkeit zur anderen hetzen; ~ **through Parliament** im Parlament durchpeitschen *(ugs. abwertend)* ⟨*Gesetz*⟩; ~ **a regiment to the front** ein Regiment an die Front werfen; **be ~ed** *(have to hurry)* in Eile sein; **b)** *(cause to act hastily)* ~ **sb. into doing sth.** jmdn. dazu drängen, etw. zu tun; ~ **sb. into danger/trouble/marriage** jmdn. in Gefahr/Schwierigkeiten bringen/zur Heirat drängen; **she hates to be ~ed** sie kann es nicht ausstehen, wenn sie sich [ab]hetzen muß; **c)** *(perform quickly)* auf die Schnelle erledigen; *(perform too quickly)* ~ **it** zu schnell machen; **d)** *(Mil. or fig.: charge)* stürmen; überrumpeln ⟨*feindliche Gruppe*⟩; ~ **one's fences** *(fig.)* überstürzt handeln; **e)** *(sl.: swindle)* ~ **sb.** jmdn. neppen *(ugs. abwertend);* **how much did they ~ you for that sherry?** wieviel haben sie dir für den Sherry abgeknöpft? *(salopp);* **f)** *(Amer.) (entertain)* keilen *(ugs.);* umwerben; *(date)* umwerben. *See also* **foot 1 a. 3.** *v. i.* **a)** *(move quickly)* eilen; ⟨*Hund, Pferd:*⟩ laufen; **she ~ed into the room** sie stürzte ins Zimmer; ~ **through Customs/the exit** durch den Zoll/Ausgang stürmen; ~ **to help sb.** jmdm. zu Hilfe eilen; **b)** *(hurry unduly)* sich zu sehr beeilen; **don't ~!** nur keine Eile!; **don't be tempted to ~!** laß dir Zeit [dabei]!; **there is no need to ~:** es gibt keinen Grund zur Eile; **c)** *(flow rapidly)* stürzen; ~ **past** vorbeistürzen; ~ **down** hinunterstürzen; **d)** *(surge up rapidly)* **the blood ~ed to his face** das Blut schoß ihm ins Gesicht

~ **a'bout,** ~ **a'round** *v. i.* herumhetzen

~ **at** *v. t.* sich stürzen auf (+ *Akk.*); *(Mil.: charge)* anstürmen gegen ⟨*Stellung usw.*⟩

~ **'in** *v. i.* hin-/hereinstürzen; *(fig.)* ~ **in with new solutions** vorschnell neue Lösungen präsentieren; **fools ~ in [where angels fear to tread]** *(prov.)* blinder Eifer schadet nur *(Spr.)*

~ **into** *v. t.* ~ **into sth.** in etw. *(Akk.)* hin-/hereinstürzen; *(fig.)* sich in etw. *(Akk.)* stürzen/etw. überstürzt tun; ~ **into print with sth.** etw. schnellstens veröffentlichen; **you shouldn't ~ into it** das sollte man nicht übereilen

~ **'up** *v. i.* angestürzt kommen; ~ **up to sb.** zu jmdm. stürzen

**rush:** **~-hour** *n.* Stoßzeit, *die;* Hauptverkehrszeit, *die;* **~-hour traffic** Berufsverkehr, *der;* ~ **job** *n.* eilige Arbeit; ~ **mat** *n.* Binsenmatte, *die;* ~ **order** *n.* Eilauftrag, *der;* dringende Bestellung

**rusk** [rʌsk] *n.* Zwieback, *der*

**russet** ['rʌsɪt] **1.** *n.* **a)** *(reddish-brown)* Rotbraun, *das;* **b)** *(apple) Apfel mit rot- od. gelbbrauner od. braun gesprenkelter rauher Schale.* **2.** *adj.* rotbraun

**Russia** ['rʌʃə] *pr. n.* Rußland *(das)*

**Russian** ['rʌʃn] **1.** *adj.* russisch; **sb. is ~:** jmd. ist Russe/Russin; *see also* **English 1. 2.** *n.* **a)** *(person)* Russe, *der*/Russin, *die;* **b)** *(language)* Russisch, *das;* **Little ~:** Ukrainisch, *das; see also* **English 2 a**

**Russian:** ~ **'boot** *n.* Russenstiefel, *der;* ~ **rou'lette** *n.* russisches Roulett[e]; ~ **'salad** *n.* russischer Salat

**Russki** ['rʌskɪ] *n., pl.* **~s** *or* **~es** *(joc./derog.)* Rußki, *der (salopp)*

**Russo-** [rʌsəʊ] *in comb.* russisch-/Russisch-

**rust** [rʌst] **1.** *n., no pl., no indef. art.* **a)** Rost, *der;* **protection against ~:** Rostschutz, *der;* **b)** *(Bot.)* Rost, *der.* **2.** *v. i.* **a)** rosten; **b)** *(fig.: become impaired)* ⟨*Fähigkeiten, Gedächtnis:*⟩ einrosten *(fig.).* **3.** *v. t.* [ver]rosten lassen; **badly ~ed** stark verrostet; **~ed up** festgerostet

~ **'through** *v. i.* durchrosten

**'rust-coloured** *adj.* rostfarben

**rustic** ['rʌstɪk] **1.** *adj.* **a)** *(of the country)* ländlich; ~ **life** Landleben, *das;* **b)** *(unrefined)* bäurisch *(abwertend);* **c)** *(roughly built)* rustikal ⟨*Mobiliar*⟩; grob gezimmert ⟨*Bank, Brücke usw.*⟩. **2.** *n.* Bauer, *der*/Bäuerin, *die (abwertend)*

**rustically** ['rʌstɪkəlɪ] *adv.* rustikal

**rusticate** ['rʌstɪkeɪt] *v. t.* zeitweilig von der Universität relegieren

**rusticity** [rʌ'stɪsɪtɪ] *n.* Ländlichkeit, *die*

**'rustic-work** *n. (Archit.)* Rustika, *die*

**rustle** ['rʌsl] **1.** *n.* Rascheln, *das.* **2.** *v. i.* rascheln. **3.** *v. t.* **a)** rascheln lassen; rascheln mit ⟨*Papieren*⟩; **b)** *(Amer.: steal)* stehlen; **c)** *(Amer. coll.) see* ~ **up**

~ **'up** *v. t. (coll.: produce)* auftreiben *(ugs.);* zusammenzaubern *(fig.)* ⟨*Mahlzeit*⟩

**rustler** ['rʌslə(r)] *n. (Amer.)* Viehdieb, *der;* **sheep ~:** Schafdieb, *der*

**rustless** ['rʌstlɪs] *adj.* rostfrei

**'rust-proof 1.** *adj.* rostfrei. **2.** *v. t.* rostfrei *od.* rostbeständig machen

**rusty** ['rʌstɪ] *adj.* **a)** *(rusted)* rostig; **b)** *(fig.: impaired by neglect)* eingerostet; **I am a bit ~:** ich bin ein bißchen aus der Übung; **c)** *(rust-coloured)* rostfarben; rostfarbig; rost⟨*braun, -rot*⟩

[1]**rut** [rʌt] **1.** *n.* **a)** *(track)* Spurrille, *die;* **b)** *(fig.: established procedure)* **get into a ~:** in einen gewissen Trott verfallen; **be in a ~:** aus dem [Alltags]trott nicht mehr herauskommen. **2.** *v. t.,* **-tt-** durchfurchen

[2]**rut 1.** *n. (sexual excitement)* Brunst, *die; (of roe-deer, stag, etc.)* Brunft, *die (Jägersprache).* **2.** *v. i.,* **-tt-** in der Brunst sein; ⟨*Schalenwild:*⟩ brunften *(Jägerspr.)*

**rutabaga** [ru:tə'beɪgə] *see* **swede**

**ruthless** ['ru:θlɪs] *adj.,* **ruthlessly** ['ru:θlɪslɪ] *adv.* rücksichtslos

**ruthlessness** ['ru:θlɪsnɪs] *n., no pl.* Rücksichtslosigkeit, *die*

**rutted** ['rʌtɪd], **rutty** ['rʌtɪ] *adjs.* zerfurcht

**Rwanda** [rʊ'ændə] *pr. n.* Ruanda *(das)*

**rye** [raɪ] *n.* **a)** *(cereal)* Roggen, *der;* **b)** ~ **[whisky]** Roggenwhisky, *der;* Rye, *der;* **c)** *(Amer.) see* **rye bread**

**rye:** ~ **bread** *n.* Roggenbrot, *das;* **~-grass** *n.* Raigras, *das*

# S

**S, s** [es] *n., pl.* **Ss** *or* **S's** ['esɪs] **a)** *(letter)* S, s, *das;* **b)** *(curve)* **S bend** S-Biegung, *die*

**'s** *(coll.)* **= is, has, does; let's** [lets] **= let us**

**S.** *abbr.* **a) south** S; **b) southern** s.; **c) Saint** St.

**s.** *abbr.* **a) second[s]** Sek.; **b) singular** Sg.; **c) son** S.

**SA** *abbr.* **a) South America; b) South Africa; c) Sturmabteilung** SA

**Saar** [zɑ:(r)] *pr. n.* Saar, *die*

**Saarland** ['zɑ:lænd] *pr. n.* Saarland, *das*

**Saarlander** ['zɑ:lændə(r)] *n.* Saarländer, *der*/-länderin, *die*

**sabbath** ['sæbəθ] *n.* **a)** *(Jewish)* Sabbat, *der;* **b)** *(Christian)* Sonntag, *der;* **c) witches' ~:** Hexensabbat, *der*

**sabbatical** [sə'bætɪkl] **1.** *adj.* **a)** *(Jewish Relig.)* ~ **year** Sabbatjahr, *das:* **b)** ~ **term/year** Forschungssemester/-jahr, *das.* **2.** *n.* Forschungsurlaub, *der*

**saber** *(Amer.) see* **sabre**

**sable** ['seɪbl] *n.* **a)** *(Zool., also fur)* Zobel, *der;* **b) [American]** ~**:** Fichtenmarder, *der (Zool.);* Amerikanischer Zobel

**sabotage** ['sæbətɑ:ʒ] **1.** *n. (lit. or fig.)* Sabotage, *die;* **act of ~:** Sabotageakt, *der;* **industrial ~:** Wirtschaftssabotage, *die.* **2.** *v. t.* einen Sabotageakt verüben auf (+ *Akk.*); *(fig.)* sabotieren ⟨*Pläne usw.*⟩; **vehicles were ~d** es wurden Sabotageakte auf Fahrzeuge verübt

**saboteur** [sæbə'tɜ:(r)] *n.* Saboteur, *der*

**sabre** ['seɪbə(r)] *n. (Brit.)* Säbel, *der;* **rattle the ~** *(fig.)* mit dem Säbel rasseln *(abwertend)*

**sabre:** **~-cut** *n.* **a)** *(blow)* Säbelhieb, *der;* **b)** *(wound)* Säbelverletzung, *die;* **~-rattling 1.** *n.* Säbelrasseln, *das (abwertend);* **2.** *adj.* säbelrasselnd *(abwertend)*

**sac** [sæk] *n. (Biol.)* **air ~:** Luftsack, *der (Zool.);* **foetal ~:** Fruchtblase, *die (Med.)*

**saccharin** ['sækərɪn] *n.* Saccharin, *das*

**saccharine** ['sækəri:n] *adj. (lit. or fig.)* süßlich

**sacerdotal** [sæsə'dəʊtl] *adj. (priestly)* priesterlich; Priester⟨*gewand, -amt*⟩

**sachet** ['sæʃeɪ] *n.* **a)** *(small packet) (for shampoo etc.)* Beutel, *der; (cushion-shaped)* Kissen, *das;* **a ~ of shampoo** ein Beutel/Kissen Shampoo; **b)** *(bag for scenting clothes)* Duftkissen, *das*

[1]**sack** [sæk] **1.** *n.* **a)** Sack, *der;* **buy sth. by the ~:** etw. sackweise kaufen; **a ~ of potatoes** ein Sack Kartoffeln; **three ~s of mail** drei Säcke mit Post; **b)** *(coll.: dismissal)* Rausschmiß, *der (ugs.);* **threaten sb. with the ~:** jmdm. mit Entlassung drohen; **get the ~:** rausgeschmissen werden *(ugs.);* **give sb. the ~:** jmdn. rausschmeißen *(ugs.);* **c) hit the ~** *(sl.)* sich in die Falle hauen *(salopp).* **2.** *v. t.* **a)** *(coll.: dismiss)* rausschmeißen *(ugs.)* **(for** wegen); **b)** *(put into ~[s])* einsacken

[2]**sack 1.** *v. t. (loot)* plündern. **2.** *n.* Plünderung, *die*

**'sackcloth** *n.* Sackleinen, *das; (mourning)* Trauergewand, *das; (penitential)* Büßergewand, *das;* **in ~ and ashes** in Sack und Asche *(geh.)*

**sackful** ['sækfʊl] *n.* Sack, *der;* **three ~s of potatoes/cement** drei Sack Kartoffeln/Zement; **by the ~:** sackweise

**¹sacking** ['sækɪŋ] *n.* **a)** *(coll.: dismissal)* Rausschmiß, *der (ugs.);* **b)** *(coarse fabric)* Sackleinen, *das*
**²sacking** *see* **²sack 2**
'**sack race** *n.* Sackhüpfen, *das*
**sacral** ['seɪkrl] *adj.* **a)** *(Anat.)* Sakral-; **the ~ vertebrae** die Kreuzbeinwirbel; Vertebrae sacrales *(Med.);* **b)** *(Anthrop.)* sakral
**sacrament** ['sækrəmənt] *n.* Sakrament, *das;* **the last ~s** die Sterbesakramente; **the ~ [of the altar], the Blessed** *or* **Holy S~:** das Altarsakrament; **administer/receive the ~** *(the Eucharist)* das Sakrament austeilen/empfangen; **the Holy S~** *(the Host)* das Allerheiligste
**sacramental** [sækrə'mentl] *adj.* sakramental; **~ doctrine** Lehre von den Sakramenten
**sacred** ['seɪkrɪd] *adj.* heilig; geheiligt ⟨*Tradition*⟩; geistlich ⟨*Musik, Dichtung*⟩; **nothing is ~ to him, he holds nothing ~** *(lit. or fig.)* ihm ist nichts heilig; **is nothing ~?** *(iron.)* scheut man denn vor nichts mehr zurück?
**sacred:** **~ 'cow** *n. (lit. or fig.)* heilige Kuh; **S~ 'Heart** *n.* **the S~ Heart [of Jesus]** das Herz Jesu
**sacredness** ['seɪkrɪdnɪs] *n., no pl.* Heiligkeit, *die*
**sacrifice** ['sækrɪfaɪs] **1.** *n.* **a)** *(giving up valued thing)* Opferung, *die; (of principles)* Preisgabe, *die; (of pride, possessions)* Aufgabe, *die;* **make ~s** Opfer bringen; **b)** *(offering to deity)* Opfer, *das;* **~s to the gods** den Göttern dargebrachte Opfer; *(fig.)* **fall a ~ to sth.** einer Sache *(Dat.)* zum Opfer fallen; **c)** *(Games: deliberate incurring of loss)* Opfern, *das; (Baseball) Schlag ins Aus, wobei der Läufer weiterkommt; (Bridge)* Opfer, *das* **(against** für). **2.** *v.t.* **a)** *(give up, offer as ~)* opfern; **~ oneself/sth. to sth.** sich/etw. einer Sache *(Dat.)* opfern; **b)** *(sell at a loss)* zu einem Schleuderpreis verkaufen *(ugs.).* **3.** *v.i.* opfern
**sacrificial** [sækrɪ'fɪʃl] *adj.* Opfer-; **~ victim** Opfer, *das;* **~ price** *(fig.)* Schleuderpreis, *der*
**sacrilege** ['sækrɪlɪdʒ] *n., no pl.* **[act of] ~:** Sakrileg, *das;* **be little short of ~:** an ein Sakrileg grenzen
**sacrilegious** [sækrɪ'lɪdʒəs] *adj.* sakrilegisch; *(fig.)* frevelhaft
**sacristan** ['sækrɪstən] *n. (Eccl.)* Küster, *der;* Kirchendiener, *der (bes. ev. Kirche);* Sakristan, *der (bes. kath. Kirche)*
**sacristy** ['sækrɪstɪ] *n. (Eccl.)* Sakristei, *die*
**sacrosanct** ['sækrəsæŋkt] *adj. (lit. or fig.)* sakrosankt
**sacrum** ['seɪkrəm] *n. (Anat.)* Kreuzbein, *das;* Sakrum, *das (fachspr.)*
**sad** [sæd] *adj.* **a)** *(sorrowful)* traurig **(at, about** über + *Akk.*); **he was ~ at** *or* **about not getting the job** er war traurig, weil er die Stelle nicht bekam; **feel ~, be in a ~ mood** traurig sein; **it left him a ~der and a wiser man** er hat dabei viel Lehrgeld zahlen müssen; durch Schaden ist er klug geworden; **b)** *(causing grief)* traurig; schmerzlich ⟨*Tod, Verlust*⟩; **it's ~ about Jim** es ist schade um Jim; **~ to say, ...:** bedauerlicherweise ...; **I am ~ to say that ...:** leider *od.* zu meinem Bedauern muß ich sagen, daß ...; leider ...; **c)** *(derog./joc.: deplorably bad)* traurig
**sadden** ['sædn] *v.t.* traurig stimmen; **be deeply ~ed** tieftraurig sein; **his old age was ~ed by ...:** sein Alter war überschattet von ...; **I was ~ed to see that ...:** es betrübte mich, zu sehen, daß ...
**saddle** ['sædl] **1.** *n.* **a)** *(seat for rider)* Sattel, *der;* **be in the ~** *(fig.)* das Heft in der Hand haben *(geh.);* **b)** *(ridge between summits)* [Berg]sattel, *der;* **c)** *(support for cable)* Kabelsattel, *der;* **d)** *(Gastr.)* Rücken, *der;* Rückenstück, *das;* **~ of lamb/mutton** Lamm-/Hammelrücken, *der.* **2.** *v.t.* **a)** satteln ⟨*Pferd usw.*⟩; **b)** *(fig.)* **~ sb. with sth.** jmdm. etw. aufbürden *(geh.);* **~ debts/responsibility [up]on sb.** Schulden/Verantwortung auf jmdn. abwälzen
**~ 'up** *v.t. & i.* aufsatteln
**saddle:** **~back** *n.* **a)** *(Archit.)* Satteldach, *das;* **b)** *(hill)* Hügel mit sattelförmigem Rücken; **c)** *(pig)* Sattelschwein, *das;* **~backed** *adj.* sattelförmig; **~-bag** *n.* Satteltasche, *die;* **~-blanket** *n.* Satteldecke, *die;* Woilach, *der;* **~-bow** ['sædlbəʊ] *n.* Zwiesel, *der;* **~-cloth** *see* **~-blanket**
**saddler** ['sædlə(r)] *n.* Sattler, *der*
**saddlery** ['sædlərɪ] *n.* **a)** *(work, place)* Sattlerei, *die;* **b)** *(saddles etc.)* Sattlerwaren *Pl.*
**saddle:** **~-soap** *n.* Sattelseife, *die;* **~ sore** *n.* Sattelwunde, *die;* **~-sore** *adj.* **be ~-sore** wund vom Reiten/Radfahren sein; **~ stitch** *n.* **a)** *(Bookbinding)* Heftstich, *der;* **b)** *(Needlework)* Vorstich, *der*
**sadism** ['seɪdɪzm] *n.* Sadismus, *der*
**sadist** ['seɪdɪst] *n.* Sadist, *der*/Sadistin, *die*
**sadistic** [sə'dɪstɪk] *adj.,* **sadistically** [sə'dɪstɪkəlɪ] *adv.* sadistisch
**sadly** ['sædlɪ] *adv.* **a)** *(with sorrow)* traurig; **b)** *(unfortunately)* leider; **c)** *(deplorably)* erbärmlich *(abwertend);* **they are ~ lacking in common sense** sie haben erbärmlich wenig [gesunden Menschen]verstand
**sadness** ['sædnɪs] *n., no pl.* Traurigkeit, *die* **(at, about** über + *Akk.*)
**sado-masochism** [seɪdəʊ'mæsəkɪzm] *n.* Sadomasochismus, *der*
**sado-masochist** [seɪdəʊ'mæsəkɪst] *n.* Sadomasochist, *der*/Sadomasochistin, *die*
'**sad sack** *n. (Amer. sl.)* trübe Tasse *(ugs. abwertend)*
**s.a.e.** [eseɪ'i:] *abbr.* **stamped addressed envelope** adressierter Freiumschlag
**safari** [sə'fɑ:rɪ] *n.* Safari, *die;* **be/go on ~:** auf Safari sein/gehen
**sa'fari park** *n.* Safaripark, *der*
**safe** [seɪf] **1.** *n.* **a)** Safe, *der;* Geldschrank, *der;* **b)** *(Amer. coll.: contraceptive)* Präser, *der (salopp);* **c)** *see* **meat safe. 2.** *adj.* **a)** *(out of danger)* sicher **(from** vor + *Dat.*); **he's ~:** er ist in Sicherheit; **the bullfighter was ~:** der Stierkämpfer war nicht in Gefahr; **make sth. ~ from sth.** etw. gegen etw. sichern; **~ and sound** sicher und wohlbehalten; **b)** *(free from danger)* ungefährlich; sicher ⟨*Ort, Hafen*⟩; **she's a ~ driver** sie fährt sicher; **better ~ than sorry** Vorsicht ist besser als Nachsicht *(ugs.);* **is the water ~ to drink?** kann man das Wasser ohne Risiko trinken?; **wish sb. a ~ journey** jmdm. eine gute Reise wünschen; **is the car ~ to drive?** ist der Wagen verkehrssicher?; **the maximum ~ load** das zulässige Ladegewicht; **a ~ margin** eine Sicherheitsmarge; **the beach is ~ for bathing** es ist ungefährlich, am Strand zu baden; **to be on the ~ side** zur Sicherheit; **we had better be on the ~ side** wir sollten lieber sichergehen; **c)** *(unlikely to produce controversy)* sicher; bewährt *(iron.)* ⟨*Klischee*⟩; **it is ~ to say [that ...]** man kann mit einiger Sicherheit sagen[, daß ...]; **it is not ~ to generalize in such a matter** in einer solchen Frage kann man nicht einfach verallgemeinern; **d)** *(reliable)* sicher ⟨*Methode, Investition, Stelle*⟩; naheliegend ⟨*Vermutung*⟩; **in ~ hands** in guten Händen; **a ~ Conservative seat** *(Polit.)* eine Hochburg der Konservativen Partei; **e)** *(secure)* **be ~ in prison, be in ~ custody** in sicherem Gewahrsam sein; **your secrets will be ~ with me** deine Geheimnisse sind bei mir gut aufgehoben.
**safe:** **~ 'bet** *n.* **it is a ~ bet he will be there** man kann darauf wetten, daß er dort ist; **he is a ~ bet to win/for Prime Minister** man kann darauf wetten, daß er gewinnt/daß er der nächste Premierminister wird; **~-breaker** *n.* Geldschrankknacker, *der (ugs.);* **~ 'conduct** *n.* **a)** *(privilege)* freies *od.* sicheres Geleit; **b)** *(document)* Schutzbrief, *der (Politik, Dipl.);* **~-cracker** *n. see* **~-breaker;** **~ de'posit** *n.* Tresor, *der;* **~-deposit box** *(at the bank)* Banksafe, *der;* **~guard 1.** *n.* Schutz, *der;* **as a ~guard against infection** zum Schutz gegen Infektionen; **2.** *v.t.* schützen; **~guard sb.'s future/interests** jmds. Zukunft sichern/Interessen wahren; **~ house** *n.* geheimer Unterschlupf *(von Terroristen, Agenten usw.);* **~ 'keeping** *n.* sichere Obhut *(geh.); (of thing)* [sichere] Aufbewahrung
**safely** ['seɪflɪ] *adv.* **a)** *(without harm)* sicher; **did the parcel arrive ~?** ist das Paket heil angekommen?; **b)** *(securely)* sicher; **the children are ~ tucked up in bed** die Kinder liegen friedlich im Bett; **be ~ behind bars** [in sicherem Gewahrsam] hinter Schloß und Riegel sein; **c)** *(with certainty)* **one can ~ say [that] she will come** man kann mit ziemlicher Sicherheit sagen, daß sie kommt
**safe:** **~ period** *n.* unfruchtbare Tage; **~ 'seat** *n. (Polit.)* Hochburg, *die;* ≈ sicherer Wahlkreis; **~ 'sex** *n.* Safer Sex, *der;* geschützter Sex
**safety** ['seɪftɪ] *n.* **a)** *(being out of danger)* Sicherheit, *die;* **cross the river in ~:** sicher über den Fluß fahren; **b)** *(lack of danger)* Ungefährlichkeit, *die; (of a machine)* Betriebssicherheit, *die;* **do sth. with ~:** etw. tun, ohne sich einer Gefahr *(Dat.)* auszusetzen; **there is ~ in numbers** zu mehreren ist man sicherer; **a ~ first policy** eine Politik der Vorsicht; **one can say with ~ that ...:** man kann mit Sicherheit behaupten, daß ...; **c)** *attrib.* Sicherheits⟨*netz, -kette, -faktor, -maßnahmen, -vorrichtungen*⟩
**safety:** **~-belt** *n.* Sicherheitsgurt, *der;* **~-catch** *n. (of door)* Sicherheitsverriegelung, *die; (of gun)* Sicherungshebel, *der;* **~ curtain** *n. (Theatre)* eiserner Vorhang; **~ fuse** *n. (Electr.)* Sicherung, *die;* **~ glass** *n.* Sicherheitsglas, *das;* **~ helmet** *n.* Schutzhelm, *der;* **~ margin** *n.* Spielraum, *der;* **~ match** *n.* Sicherheitszündholz, *das;* **~-pin** *n.* Sicherheitsnadel, *die;* **~ play** *n. (Bridge)* Auf-sicher-Spielen, *das; Spiel, bei dem geringe Verluste hingenommen werden, um größere zu vermeiden;* **~ razor** *n.* Rasierapparat, *der;* **~-valve** *n.* Sicherheitsventil, *das (Technik); (fig.)* Ventil, *das (fig.);* **~ zone** *n. (Amer.: traffic island)* Verkehrsinsel, *die*
**saffron** ['sæfrən] **1.** *n.* Safran, *der; see also* **meadow saffron. 2.** *adj.* safrangelb
**sag** [sæg] **1.** *v.i.,* **-gg- a)** *(have downward bulge)* durchhängen; **b)** *(sink)* sich senken; absacken *(ugs.);* ⟨*Gebäude:*⟩ [in sich *(Akk.)*] zusammensacken *(ugs.);* ⟨*Schultern:*⟩ herabhängen; ⟨*Brüste:*⟩ hängen; *(fig.: decline)* ⟨*Mut, Stimmung:*⟩ sinken; **the interest/story-line ~s halfway through the book** die Spannung/Geschichte läßt in der Mitte des Buches [spürbar] nach; **~ging breasts** Hängebusen, *der (ugs.);* **c)** *(hang lopsidedly)* **the gate ~ged half off its hinges** das Tor hing schief in den Angeln; **the bridge ~s on one side** die Brücke ist auf einer Seite abgesackt *(ugs.).* **2.** *n.* **a)** *(amount that rope etc. ~s)* Durchhang, *der;* **b)** *(sinking)* **there was a ~ in the seat/mattress** der Sitz war durchgesessen/die Matratze war durchgelegen
**saga** ['sɑ:gə] *n.* **a)** *(story of adventure)* Heldenepos, *das (fig.); (medieval narrative)* Saga, *die (Literaturw.);* **knightly ~:** ≈ Ritterroman, *der;* **the ~ of a family** die Geschichte einer Familie; **b)** *(coll.: long involved story)* [ganzer] Roman *(fig.);* **the ~ of our holiday in Spain** die Geschichte unseres Spanienurlaubs
**sagacious** [sə'geɪʃəs] *adj.* klug; **~ mind** scharfer Verstand
**sagaciously** [sə'geɪʃəslɪ] *adv.* klug
**sagacity** [sə'gæsɪtɪ] *n., no pl.* Klugheit, *die*
**¹sage** [seɪdʒ] *n. (Bot.)* Salbei, *der od. die;* **~-and-onion stuffing** Salbei-und-Zwiebel-Füllung, *die*

[2]**sage 1.** *n.* Weise, *der.* **2.** *adj.* weise

**sage: ~-brush** *n. (Bot.)* Beifuß, *der (in nordamerikanischen Steppen);* ~ **'cheese,** ~ **'Derby** *ns.* Käse mit Salbeigewürz; **~-'green 1.** *adj.* salbeigrün; **2.** *n.* Salbeigrün, *das*

**sagely** ['seɪdʒlɪ] *adv.* weise

**sage 'tea** *n.* Salbeitee, *der*

**Sagittarian** [sædʒɪ'teərɪən] *n. (Astrol.)* Schütze, *der*

**Sagittarius** [sædʒɪ'teərɪəs] *n. (Astrol., Astron.)* der Schütze; der Sagittarius; *see also* **Aries**

**sago** ['seɪgəʊ] *n., pl.* **~s** Sago, *der*

**Sahara** [sə'hɑːrə] *pr. n.* **the ~ [Desert]** die [Wüste] Sahara

**sahib** [sɑːb, 'sɑːɪb] *n.* **a)** *(arch.: title)* Sahib, *der;* **b)** *(coll.: gentleman)* Herr, *der*

**said** *see* **say 1**

**sail** [seɪl] **1.** *n.* **a)** *(voyage in sailing vessel)* Segelfahrt, *die;* **go for a ~:** eine Segelfahrt machen; **the island is ten days' ~ from Plymouth** von Plymouth aus erreicht man die Insel [mit dem Segelschiff] in zehn Tagen; **b)** *(piece of canvas)* Segel, *das;* **in** *or* **under full ~:** mit vollen Segeln; **under ~:** unter Segel *(Seemannsspr.);* **c)** *pl. same (ship)* Segelschiff, *das;* **d)** *(of windmill)* [Windmühlen]flügel, *der. See also* **make 1s; set 1l; shorten 2b; strike 2t;** [1]**wind 1a. 2.** *v. i.* **a)** *(travel on water)* fahren; *(in sailing boat)* segeln; **a lovely boat to ~ in** ein schönes Boot zum Segeln; **b)** *(start voyage)* auslaufen **(for** nach); in See stechen; **c)** *(glide in air)* segeln; **d)** *(fig.: be thrown)* segeln *(ugs.);* **the bottle which ~ed past his ear** die Flasche, die an seinem Ohr vorbeisegelte *(ugs.);* **e)** *(walk in stately manner)* segeln *(ugs.);* **~ by** vorübersegeln *(salopp);* **f)** *(move smoothly)* gleiten; **~ through** hindurchgleiten; **g)** *(fig. coll.: pass easily)* **~ through an examination** eine Prüfung spielend schaffen. *See also* **colour 1j;** [1]**wind 1a. 3.** *v. t.* **a)** steuern ‹*Boot, Schiff*›; segeln mit ‹*Segeljacht, -schiff*›; **b)** *(travel across)* durchfahren, befahren ‹*Meer*›; ‹*Segelschiff:*› durchsegeln

**~ 'in** *v. i. (coll.: enter)* hereinsegeln *(ugs.)*

**~ into** *v. t. (coll.)* **a) ~ into a room** in ein Zimmer hereingesegelt kommen *(ugs.);* **b)** *(attack)* **~ into sb.** über jmdn. herfallen

**sail: ~boarding** *see* **windsurfing; ~boat** *n. (Amer.)* Segelboot, *das;* **~cloth** *n.* Segeltuch, *das*

**sailing** ['seɪlɪŋ] *n.* **a)** *(handling a boat)* Segeln, *das;* **weather for ~:** Segelwetter, *das;* **b)** *(departure from a port)* Abfahrt, *die;* **there are regular ~s from here across to the island** von hier fahren regelmäßig Schiffe hinüber zur Insel

**sailing: ~ boat** *n.* Segelboot, *das;* **~ orders** *n. pl.* Order zum Auslaufen; **~ ship, ~ vessel** *ns.* Segelschiff, *das*

**'sail-maker** *n.* Segelmacher, *der*

**sailor** ['seɪlə(r)] *n.* Seemann, *der; (in navy)* Matrose, *der;* **be a good/bad ~** *(not get seasick/get seasick)* seefest/nicht seefest sein

**'sailor suit** *n.* Matrosenanzug, *der*

**sainfoin** ['sænfɔɪn, 'seɪnfɔɪn] *n. (Bot.)* Esparsette, *die*

**saint 1.** [sənt] *adj.* **S~ Michael/Helena** der heilige Michael/die heilige Helena; Sankt Michael/Helena; *as voc.* heiliger Michael/heilige Helena; **~ Michael's [Church]** die Michaelskirche; **~ Andrew's/George's cross** Andreas-/Georgskreuz, *das.* **2.** [seɪnt] *n.* Heilige, *der/die;* **make** *or* **declare sb. a ~** *(RC Ch.)* jmdn. heiligsprechen; **be as patient as a ~:** eine Engelsgeduld haben; *see also* **aunt, patron c**

**Saint Bernard** [sənt 'bɜːnəd] *n.* **~ [dog]** Bernhardiner, *der*

**sainthood** ['seɪnthʊd] *n.* Heiligkeit, *die*

**Saint: ~ James** [sənt 'dʒeɪmz] *n.* **Court of ~ James** *der britische Hof;* **~ John's wort** [sənt 'dʒɒnz wɜːt] *n. (Bot.)* Johanniskraut, *das;* **~ Lawrence** [sənt 'lɒrəns] *n. (Geog.)* Sankt-Lorenz-Strom, *der*

**saintly** ['seɪntlɪ] *adj.* heilig; **~ patience** Engelsgeduld, *die*

**Saint: ~ Peter's** [sənt 'piːtəz] *pr. n. (in Rome)* die Peterskirche; **s~'s day** *n.* Tag eines/einer Heiligen; *see also* **all 1b; ~ Swithin's day** [sənt 'swɪðɪnz deɪ] *n. 15. Juli, der nach britischem Volksglauben wetterbestimmend für die folgenden vierzig Tage ist;* ≈ Siebenschläfer, *der;* **~ Vitus's dance** [sənt vaɪtəsɪz 'dɑːns] *see* **dance 3d**

[1]**sake** [seɪk] *n.* **for the ~ of** um ... *(Gen.)* willen; **for my** *etc.* **~:** um meinetwillen *usw.;* mir *usw.* zuliebe; **for all our ~s** uns allen zuliebe; **for your/its own ~:** um deiner/seiner selbst willen; **art for art's ~:** Kunst um ihrer selbst willen; **for the ~ of a few pounds** wegen ein paar Pfund; **for Christ's** *or* **God's** *or* **goodness'** *or* **Heaven's** *or (coll.)* **Pete's** *etc.* **~:** um Gottes *od.* Himmels willen; **for old times' ~:** um der schönen Erinnerung willen; *see also* **appearance b; argument b; ; convenience b**

[2]**sake** ['sɑːkɪ] *n. (drink)* Sake, *der*

**salaam** [sə'lɑːm] *n.* Salam [alaikum] *(veralt., noch scherzh.); in pl. (respects)* Komplimente *(veralt.)*

**salable** *see* **saleable**

**salacious** [sə'leɪʃəs] *adj.* **a)** *(lustful)* lüstern; **b)** *(inciting sexual desire)* pornographisch

**salaciously** [sə'leɪʃəslɪ] *adv.* lüstern

**salad** ['sæləd] *n.* Salat, *der;* **ham/tomato ~:** Schinken-/Tomatensalat, *der*

**salad: ~ cream** *n.* ≈ Mayonnaise, *die;* **~ days** *n. pl.* **in my ~ days** als ich noch nicht trocken hinter den Ohren war *(ugs.);* **~-dressing** *n.* Dressing, *das;* Salatsoße, *die;* **~-oil** *n.* Salatöl, *das;* **~-servers** *n. pl.* Salatbesteck, *das*

**salamander** ['sæləmændə(r)] *n.* **a)** *(Zool.)* Salamander, *der;* **b)** *(Amer.) see* **gopher a**

**salami** [sə'lɑːmɪ] *n.* Salami, *die*

**sal ammoniac** [sæl ə'məʊnɪæk] *n.* Salmiak, *der od. das*

**salaried** ['sælərɪd] *adj.* **a)** *(receiving salary)* Gehalt beziehend; **~ employee** Angestellte, *der/die;* **the ~ class** die Gehaltsempfänger; **b)** *(having salary attached to it)* **~ post** Stelle mit festem Gehalt

**salary** ['sælərɪ] *n.* Gehalt, *das; (Amer.: weekly)* Lohn, *der;* **~ increase** Gehaltserhöhung, *die;* **what is your ~?** wie hoch ist dein Gehalt?; **draw a ~:** ein Gehalt beziehen

**sale** [seɪl] *n.* **a)** *(selling)* Verkauf, *der;* **[up] for ~:** zu verkaufen; **put up** *or* **offer for ~:** zum Verkauf anbieten; **on ~:** im Handel; **on ~ at your chemist's** in Ihrer Apotheke erhältlich; **go on ~:** in den Handel kommen; **offer** *etc.* **sth. on a ~ or return basis** etw. auf Kommissionsbasis anbieten *usw.;* **b)** *(instance of selling)* Verkauf, *der;* **make a ~:** einen Verkauf tätigen *(Kaufmannsspr.);* **find a ready ~ for sth.** etw. gut verkaufen; **sth. finds a ready ~:** etw. verkauft sich gut; **c)** *in pl., no art. (amount sold)* Verkaufszahlen *Pl.* **(of** für); Absatz, *der;* **d) [jumble** *or* **rummage] ~:** [Wohltätigkeits]basar, *der;* **~ of work** Wohltätigkeitsbasar mit eigenen Bastel-, Handarbeiten; **e)** *(disposal at reduced prices)* Ausverkauf, *der;* **clearance/end-of-season/summer ~:** Räumungs-/Schluß-/Sommerschlußverkauf, *der;* **at the s~s** im Ausverkauf; **f)** *(public auction)* [Verkauf durch] Versteigerung; **put sth. up for ~ [by auction]** etw. zur Versteigerung anbieten

**saleable** ['seɪləbl] *adj.* verkäuflich; **be [highly] ~:** sich [gut] verkaufen lassen

**sale: ~-ring** *n.* Käuferring bei einer Auktion; **~-room** *n. (Brit.)* Auktionsraum, *der*

**sales: ~ assistant** *(Brit.),* **~ clerk** *(Amer.) ns.* Verkäufer, *der*/Verkäuferin, *die;* **~ department** *n.* Verkaufsabteilung, *die;* **~ desk** *see* **desk b; ~ force** *n.* Vertreterstab, *der;* **~girl, ~lady** *ns.* Verkäuferin, *die;* **~man** ['seɪlzmən] *n., pl.* **~men** ['seɪlzmən] Verkäufer, *der;* **~ manager** *n.* Verkaufsleiter, *der*/-leiterin, *die;* Sales-manager, *der*

**salesmanship** ['seɪlzmənʃɪp] *n., no pl., no indef. art.* Kunst des Verkaufens

**sales: ~ patter, ~ pitch** *ns.* Verkaufsargumentation, *die;* **~ rep** *(coll.),* **~ representative** *ns.* [Handels]vertreter, *der*/-vertreterin, *die;* **~ resistance** *n.* Kaufunlust, *die;* **~ talk** *see* **~ patter; ~ tax** *n.* Umsatzsteuer, *die;* **~woman** *n.* Verkäuferin, *die*

**salient** ['seɪlɪənt] **1.** *adj.* **a)** *(striking)* auffallend; ins Auge springend; hervorstechend ‹*Charakterzug*›; **the ~ points of a speech** die herausragenden Punkte einer Rede; **b)** *(pointing outwards)* vorspringend. **2.** *n. (Mil.)* vorgeschobene Stellung

**saline** ['seɪlaɪn] *adj.* salzig; Salz‹*ablagerung*›; **~ solution** Salzlösung, *die; (Med.)* [physiologische] Kochsalzlösung; **~ drip** *(Med.)* Tropfinfusion, *die*

**salinity** [sə'lɪnɪtɪ] *n.* Salzgehalt, *der;* **be high in ~:** stark salzhaltig sein

**saliva** [sə'laɪvə] *n.* Speichel, *der*

**salivary** ['sælɪvərɪ, sə'laɪvərɪ] *adj. (Anat.)* **~ gland** Speicheldrüse, *die*

**salivate** ['sælɪveɪt] *v. i.* speicheln

**sa'liva test** *n.* Speicheltest, *der (bes. Med.)*

[1]**sallow** ['sæləʊ] *adj.* blaßgelb

[2]**sallow** *n. (Bot.)* Salweide, *die*

**sallowness** ['sæləʊnɪs] *n., no pl.* gelbliche Blässe

**Sally** ['sælɪ] *see* **aunt**

**sally 1.** *n.* **a)** *(Mil.: sortie)* Ausfall, *der;* **b)** *(excursion)* Ausflug, *der;* **c)** *(verbal attack)* **his sallies against the authorities** seine Ausfälle gegen die Obrigkeit; **d)** *(witty remark)* Geistesblitz, *der (ugs.).* **2.** *v. i.* **a) ~ out** *(Mil.: make sortie/sorties)* einen Ausfall/Ausfälle machen; **b) ~ forth** aufbrechen, sich aufmachen **(for** zu)

**salmon** ['sæmən] **1.** *n., pl. same* Lachs, *der.* **2.** *adj. (colour)* lachsfarben; lachsrosa ‹*Farbton*›

**'salmon-coloured** *adj.* lachsfarben

**salmonella** [sælmə'nelə] *n.* Salmonelle, *die;* **~ poisoning** Salmonellenvergiftung, *die*

**salmon: ~-ladder, ~-leap** *ns.* Lachstreppe, *die;* **~-pink 1.** *n.* lachsrosa Farbton; **2.** *adj.* lachsfarben; **~ 'trout** *n.* Lachsforelle, *die*

**salon** ['sælɔ̃] *n.* Salon, *der*

**'salon music** *n.* Salonmusik, *die*

**saloon** [sə'luːn] *n.* **a)** *(public room in ship, hotel, etc.)* Salon, *der;* **dining ~:** Speisesaal, *der;* **billiard ~** *(Brit.)* Billardraum, *der;* **b)** *(Brit.: motor car)* Limousine, *die;* **c)** *(Amer.: bar)* Saloon, *der*

**saloon: ~ 'bar** *n. (Brit.) separater Teil eines Pubs mit mehr Komfort;* **~ 'car** *see* **saloon b; ~ deck** *n.* Salondeck, *das*

**salsify** ['sælsɪfɪ] *n. (Bot.)* Haferwurz, *die*

**salt** [sɔːlt, sɒlt] **1.** *n.* **a)** *(for food etc.; also Chem.)* **[common] ~:** [Koch]salz, *das;* **above/below the ~** *(Hist.)* oben/unten an der Tafel; **rub ~ in[to] the wound** *(fig.)* Salz in die Wunde streuen; **take sth. with a grain** *or* **pinch of ~** *(fig.)* etw. cum grano salis *(geh.) od.* nicht ganz wörtlich nehmen; **be the ~ of the earth** *(fig.)* anständig und rechtschaffen sein; das Salz der Erde sein *(bibl.);* **be worth one's ~:** etwas taugen; *(worth the money one is paid)* sein Geld wert sein; **b)** *in pl. (medicine)* Salz, *das;* **like a dose of ~s** *(sl.)* in Null Komma nichts *(ugs.);* **he went through the department like a dose of ~s** *(fig.)* er kehrte in der Abteilung mit eisernem Besen [aus]; **c)** *(fig.: zest)* Salz, *das (fig.);* Würze, *die (fig.);* **d) [old] ~** *(sailor)* [alter] Seebär *(ugs. scherzh.).* **2.** *adj.* **a)** *(containing or tasting of ~)* salzig; *(preserved with ~)* gepökelt ‹*Fleisch*›; gesalzen ‹*Butter*›; **b)** *(bitter)* salzig ‹*Tränen*›; **c)** *(biting)* scharf, ätzend ‹*Witz*›. **3.** *v. t.* **a)** *(add ~*

to) salzen; (fig.) würzen; b) (preserve with ~ or brine) [ein]pökeln; ~ed beef/pork gepökeltes Rind-/Schweinefleisch; c) (spread ~ on) ~ the roads Salz auf die Straßen streuen

**~ a'way, ~ 'down** v. t. (coll.) auf die hohe Kante legen (ugs.)

**SALT** [sɔ:lt, sɒlt] abbr. Strategic Arms Limitation Talks/Treaty SALT

**salt: ~-cellar** n. (open) Salzfaß, das; (sprinkler) Salzstreuer, der; ~ 'lake n. Salzsee, der; ~-lick n. Salzlecke, die (Jägerspr.); ~-marsh n. Salzwiesengebiet, das; (formed by evaporation) Salzsumpf, der; ~-mine n. Salzbergwerk, das; ~-pan n. Salzpfanne, die

**saltpetre** (Amer.: **saltpeter**) ['sɔ:ltpi:tə(r), 'sɒltpi:tə(r)] n. Salpeter, der

**salt: ~-shaker** n. (Amer.) Salzstreuer, der; ~-spoon n. Salzlöffelchen, das; ~-sprinkler n. Salzstreuer, der; ~ 'water n. Salzwasser, das; ~-water adj. Salzwasser-; ~-works n. sing., pl. same Saline, die

**salty** ['sɔ:ltɪ, 'sɒltɪ] adj. salzig; (fig.) scharf ‹Witz›

**salubrious** [sə'lu:brɪəs] adj. gesund; not a very ~ area (fig.) ein etwas zweifelhaftes Viertel

**saluki** [sə'lu:kɪ] n. Saluki, der; Persischer Windhund

**salutary** ['sæljʊtərɪ] adj. heilsam ‹Wirkung, Einfluß, Schock›; heilkräftig ‹Medizin›

**salutation** [sæljʊ'teɪʃn] n. (formal) Gruß, der; Begrüßung, die; form of ~ Begrüßungsformel, die; raise one's hat [to sb.] in ~: [vor jmdm.] zum Gruß den Hut ziehen

**salute** [sə'lu:t] 1. v. t. a) (Mil., Navy) ~ sb. jmdn. [militärisch] grüßen; (fig.: pay tribute to) sich vor jmdm. verneigen; b) (greet) grüßen. 2. v. i. (Mil., Navy) [militärisch] grüßen. 3. n. a) (Mil., Navy) Salut, der; militärischer Gruß; fire a seven-gun ~: sieben Schuß Salut abfeuern; give a ~: militärisch grüßen; take the ~ ‹Vorgesetzter:› den militärischen Gruß entgegennehmen; ‹Staatsoberhaupt usw.:› die Parade abnehmen; b) (gesture of greeting) Gruß, der; c) (Fencing) [Fecht]gruß, der

**Salvadorean** [sælvə'dɔ:rɪən] 1. n. Salvadorianer, der/Salvadorianerin, die. 2. adj. salvadorianisch

**salvage** ['sælvɪdʒ] 1. n. a) (rescue of property) Bergung, die; attrib. Bergungs‹arbeiten, -aktion›; b) (payment) Bergelohn, der (Seew.); c) (rescued property) Bergegut, das; (for recycling) Sammelgut, das; collect bottles for ~: Flaschen zur Wiedergewinnung von Glas sammeln. 2. v. t. a) (rescue) bergen; retten (auch fig.) (from von); ~ one's valuables from the flames seine Wertsachen aus den Flammen retten; b) (save for recycling) für die Wiederverwendung sammeln

**'salvage operation** n. Bergungsaktion, die

**salvation** [sæl'veɪʃn] n. a) no art. (Relig.) Erlösung, die; doctrine of ~: Heilslehre, die; find ~: zum Heil gelangen; work out one's own ~ (fig.) auf eigene Weise ans Ziel gelangen; b) (means of preservation) Rettung, die; those biscuits were my ~ (joc.) diese Kekse haben mir das Leben gerettet (scherzh.)

**Salvation 'Army** n. Heilsarmee, die

**Salvationist** [sæl'veɪʃənɪst] n. (member of Salvation Army) Heilsarmist, der/-armistin, die

**¹salve** [sælv] 1. n. Balsam, der (geh.) (to für); his apology was merely a ~ for his conscience mit der Entschuldigung wollte er nur sein Gewissen beruhigen. 2. v. t. (soothe) besänftigen; beruhigen ‹Gewissen›

**²salve** [sælv] v. t. see salvage 2 a

**salver** ['sælvə(r)] n. Tablett, das

**salvo** ['sælvəʊ] n., pl. ~es or ~s a) (of guns) Salve, die; b) ~ of applause/laughter Beifalls-/Lachsalve, die

**sal volatile** [sæl vɒ'lætɪlɪ] n. Riechsalz, das

**Samaritan** [sə'mærɪtən] n. good ~: [barmherziger] Samariter; I decided to be a good ~: ich beschloß, ein gutes Werk zu tun; the ~s (organization) ≈ die Telefonseelsorge

**samba** ['sæmbə] n. Samba, der

**Sam Browne** [sæm 'braʊn] n. a) (von brit. Offizieren getragenes) Koppel mit Schulterriemen; b) (cyclist's) Leuchtgurt, der

**same** [seɪm] 1. adj. the ~: der/die/das gleiche; the ~ [thing] (identical) der-/die-/dasselbe; the ~ afternoon/evening (of ~ day) schon am Nachmittag/Abend; she seemed just the ~ [as ever] to me sie schien mir unverändert od. immer noch die alte; my parents are much the ~ (not much changed) meine Eltern haben sich kaum geändert; he was no longer the ~ man er war nicht mehr derselbe; one and the ~ person/man ein und dieselbe Person/ein und derselbe Mann; the very ~: genau der/die/das; ebenderselbe/-dieselbe/-dasselbe; much the ~ as fast genauso wie; this/that/these or those ~: ebender-/ebendie-/ebendasselbe/ebendieselben; genau der-/die-/dasselbe/dieselben; see also token 1 d. 2. pron. the ~, (coll.) ~ (the ~ thing) der-/die-/dasselbe; he ran up big bills but was not strong at paying ~ (coll.) er machte große Schulden, machte aber keine Anstalten, sie zu bezahlen; an actual banana or a photo of the ~: eine echte Banane oder ein Foto davon; things haven't been the ~ since you left seit du nicht mehr da bist, haben sich die Dinge geändert; they look [exactly] the ~: sie sehen gleich aus; more of the ~: noch mehr davon; and the ~ to you! (also iron.) danke gleichfalls; [the] ~ again das gleiche noch einmal; I feel bored – S~ here (coll.) Ich langweile mich – Dito. 3. adv. [the] ~ as you do genau wie du; the ~ as before genau wie vorher; be pronounced the ~: gleich ausgesprochen werden; all or just the ~: trotzdem; nichtsdestotrotz (ugs., oft scherzh.); think the ~ of/feel the ~ towards dasselbe halten von/empfinden für

**'same-day** adj. ‹Dienst› noch am gleichen Tag

**sameness** ['seɪmnɪs] n., no pl. Gleichheit, die

**Samoa** [sə'məʊə] pr. n. Samoa (das)

**Samoan** [sə'məʊən] 1. adj. samoanisch. 2. n. Samoaner, der/Samoanerin, die

**samovar** ['sæməvɑ:(r)] n. Samowar, der

**sampan** ['sæmpæn] n. Sampan, der

**sample** ['sɑ:mpl] 1. n. a) (representative portion) Auswahl, die; (in opinion research, statistics) Querschnitt, der; Sample, das; b) (example) [Muster]beispiel, das; (specimen) Probe, die; [commercial] ~: Muster, das; attrib. Probe‹exemplar, -seite›; ~ of air/blood Luft-/Blutprobe, die. 2. v. t. probieren; ~ the pleasures of country life die Freuden des Landlebens kosten (geh.)

**¹sampler** ['sɑ:mplə(r)] n. (piece of needlework) Stickarbeit, die; Stickerei, die

**²sampler** n. (trial pack) Probe[packung], die

**Samson** ['sæmsn] pr. n. Samson, der; (fig.: strong man) Herkules, der

**samurai** ['sæmʊraɪ] n., pl. same or ~s (Hist.) Samurai, der

**sanatarium** [sænə'teərɪəm] (Amer.) see sanatorium

**sanatorium** [sænə'tɔ:rɪəm] n., pl. ~s or sanatoria [sænə'tɔ:rɪə] a) (clinic) Sanatorium, das; b) (sick-bay) Krankenzimmer, das

**sanctification** [sæŋktɪfɪ'keɪʃn] n. Heiligung, die (geh.)

**sanctify** ['sæŋktɪfaɪ] v. t. a) heiligen; b) (consecrate) weihen; heiligen (bes. bibl.)

**sanctimonious** [sæŋktɪ'məʊnɪəs] adj., **sanctimoniously** [sæŋktɪ'məʊnɪəslɪ] adv. scheinheilig

**sanction** ['sæŋkʃn] 1. n. a) (official approval) Sanktion, die; give one's ~ to sth. seine Erlaubnis für etw. geben; b) (Polit.: penalty; Law: punishment) Sanktion, die. 2. v. t. sanktionieren

**sanctity** ['sæŋktɪtɪ] n., no pl. Heiligkeit, die

**sanctuary** ['sæŋktʃʊərɪ] n. a) (holy place) Heiligtum, das; b) (part of church) Altarraum, der; Sanktuarium, das (kath. Kirche); c) (place of refuge) Zufluchtsort, der; (Hist.: guaranteeing safety) Freistatt, die; d) (for animals or plants) Naturschutzgebiet, das; bird/animal ~: Vogel-/Tierschutzgebiet, das; e) (asylum) Asyl, das; Freiung, die (hist.); take ~: Zuflucht suchen

**sanctum** ['sæŋktəm] n. (joc.: private retreat) [inner] ~: Allerheiligste, das (fig.)

**sanctus** ['sæŋktəs] n. Sanctus, das (kath. Kirche)

**'sanctus bell** n. Sakristeiglocke, die

**sand** [sænd] 1. n. a) Sand, der; the beach has four miles of ~: der Sandstrand ist 4 Meilen lang; built on ~ (fig.) auf Sand gebaut; have or keep or bury one's head in the ~ (fig.) den Kopf in den Sand stecken; b) in pl. (expanse) Sandbank, die; (beach) Sandstrand, der; c) in pl. the ~s [of time] are running out (fig.) die Zeit läuft ab; d) (Amer. coll.: determination) have not got ~ enough to do sth. nicht den Mumm (ugs.) haben, etw zu tun; he loses his ~: ihm rutscht das Herz in die Hose (ugs., oft scherzh.). See also plough 2 a. 2. v. t. a) (sprinkle) ~ the road die Straße mit Sand streuen; b) (bury) be ~ed up or over versandet sein; c) (polish) ~ sth. down etw. [ab]schmirgeln

**sandal** ['sændl] n. Sandale, die

**sandal: ~-tree** n. Sandelbaum, der; ~wood n. [red] ~wood Sandelholz, das; ~wood oil Sandel[holz]öl, das

**sand: ~bag** 1. n. Sandsack, der; 2. v. t. a) (barricade) mit Sandsäcken schützen; b) (Amer.: coerce) ~bag sb. into sth. jmdn. zu etw. zwingen; ~bag sb. into doing sth. jmdn. so lange bearbeiten, bis er etw. tut; ~bank n. Sandbank, die; ~-bar n. Sandbank, die (an Flußmündungen, Häfen); ~-bath n. (Chem.) Sandbad, das; ~-blast v. t. sandstrahlen (Technik); ~-box n. (Amer.) Sandkasten, der; ~boy n. be happy as a ~boy glücklich und zufrieden sein; ~-castle n. Sandburg, die; ~ dollar n. (Amer.: Zool.) Sanddollar, der; ~-dune n. Düne, die

**sander** ['sændə(r)] n. Sandpapierschleifmaschine, die

**sand: ~-glass** n. Sanduhr, die; ~-hill n. Düne, die; ~lot n. (Amer.) Spielplatz, der; (for older children) Bolzplatz, der (ugs.); ~man ['sændmæn] n. Sandmann, der; ~-martin n. (Brit. Ornith.) Uferschwalbe, die; ~paper 1. n. Sandpapier, das; 2. v. t. [mit Sandpapier] [ab]schmirgeln; ~piper n. (Ornith.) Wasserläufer, der; ~-pit n. Sandkasten, der; ~stone n. Sandstein, der; ~storm n. Sandsturm, der; ~ trap n. (Amer. Golf) Bunker, der

**sandwich** ['sændwɪdʒ, 'sændwɪtʃ] 1. n. a) Sandwich, der od. das; ≈ [zusammengeklapptes] belegtes Brot; cheese ~: Käsebrot, das; open ~: belegtes Brot; b) see sandwich cake. 2. v. t. einschieben (between zwischen + Akk.; into in + Akk.); be ~ed between other people/cars zwischen andere Personen gequetscht werden/Autos eingeklemmt sein

**sandwich: ~-board** n. von einem Sandwichmann getragenes Reklameplakat; ~ cake n. ein- od. mehrschichtig gefüllter Kuchen; ~ course n. Ausbildung mit abwechselnd theoretischem und praktischem Unterricht; ~-man n. Sandwichmann, der; ~ tin n. Brotbüchse, die

**sandy** ['sændɪ] adj. a) (consisting of sand) sandig; Sand‹boden, -strand›; b) (yellowish-red) rotblond ‹Haar›

**'sand-yacht** *n.* Strandsegler, *der*
**sane** [seɪn] *adj.* **a)** geistig gesund; **they do not think him entirely ~:** sie halten ihn nicht für ganz normal; **not ~:** geistesgestört; **b)** *(sensible)* vernünftig
**sanely** ['seɪnlɪ] *adv.* **a)** normal; **b)** *(sensibly)* vernünftig
**sang** *see* **sing 1, 2**
**sang-froid** [sɑ̃'frwɑ:] *n.* Kaltblütigkeit, *die;* Sang-froid, *das (veralt.)*
**sangria** [sæŋ'gri:ə] *n.* Sangria, *die*
**sanguinary** ['sæŋgwɪnərɪ] *adj.* **a)** *(delighting in bloodshed)* blutrünstig; **b)** *(bloody)* blutig
**sanguine** ['sæŋgwɪn] *adj.* **a)** *(confident)* zuversichtlich **(about** was ... betrifft); heiter ⟨*Temperament*⟩; **b)** *(florid)* blühend ⟨*Gesichtsfarbe*⟩
**sanguinely** ['sæŋgwɪnlɪ] *adv.* zuversichtlich
**sanitarium** [sænɪ'teərɪəm] *(Amer.) see* **sanatorium**
**sanitary** ['sænɪtərɪ] *adj.* sanitär ⟨*Verhältnisse, Anlagen*⟩; gesundheitlich ⟨*Gesichtspunkt, Problem*⟩; Gesundheits⟨*behörde*⟩; hygienisch ⟨*Küche, Krankenhaus, Gewohnheit*⟩; Sanitär⟨*fliesen, -abflußrohr*⟩
**sanitary: ~ engi'neer** *n.* Sanitärtechniker, *der*/-technikerin, *die;* **~ engi'neering** *n.* Sanitärtechnik, *die;* **~ inspector** *n.* Gesundheitsinspektor, *der*/-inspektorin, *die;* **~ napkin** *(Amer.),* **~ towel** *(Brit.) ns.* Damenbinde, *die;* **~ ware** *n., no pl.* Sanitärkeramik, *die*
**sanitation** [sænɪ'teɪʃn] *n., no pl.* **a)** *(drainage, refuse disposal)* Kanalisation und Abfallbeseitigung; **b)** *(hygiene)* Hygiene, *die*
**sanitize (sanitise)** ['sænɪtaɪz] *v. t.* keimfrei machen ⟨*Luft, Toilettensitz, Besteck*⟩; *(fig.)* entschärfen ⟨*Dokument, Protokoll, Film*⟩
**sanity** ['sænɪtɪ] *n.* **a)** *(mental health)* geistige Gesundheit; **lose one's ~:** den Verstand verlieren; **cause sb. to lose his ~:** jmdn. um den Verstand bringen; **fear for/doubt sb.'s ~:** um jmds. Zurechnungsfähigkeit fürchten/an jmds. Verstand *(Dat.)* zweifeln; **b)** *(good sense)* Vernünftigkeit, *die;* **restore ~ to the proceedings** die Veranstaltung wieder in vernünftige Bahnen lenken
**sank** *see* **sink 2, 3**
**sans** [sænz] *prep. (arch./joc.)* ohne
**sanserif** [sæn'serɪf] *(Printing)* **1.** *n.* Grotesk[schrift], *die.* **2.** *adj.* serifenlos; Grotesk⟨*buchstabe, -ziffer*⟩
**Sanskrit** ['sænskrɪt] **1.** *adj.* sanskritisch; Sanskrit⟨*text, -inschrift, -literatur*⟩; ⟨*Grammatik*⟩ des Sanskrits; *see also* **English 1. 2.** *n.* Sanskrit, *das; see also* **English 2 a**
**Santa** ['sæntə] *(coll.),* **Santa Claus** ['sæntə klɔ:z] *n.* der Weihnachtsmann
**¹sap** [sæp] **1.** *n.* **a)** *(Bot.)* Saft, *der; (fig.: vital spirit)* belebende Kraft; **in the spring the ~ rises** im Frühling steigen die Säfte; **b)** *(Amer. sl.: club)* Knüppel, *der.* **2.** *v. t.,* **-pp-** **a)** *(drain)* den Saft entziehen (+ *Dat.*) ⟨*Holz*⟩; *(for sugar, rubber)* anzapfen **(for** zur Gewinnung von); **b)** *(fig.: exhaust vigour of)* zehren an (+ *Dat.*); **~ sb. of [all] his/her strength** jmdn. [völlig] entkräften; **her strength had been ~ped by disease/hunger** Krankheit/Hunger hatte an ihren Kräften gezehrt; **c)** *(Amer. sl.: hit)* mit einem Knüppel/mit Knüppeln schlagen
**²sap 1.** *v. t.,* **-pp-** unterhöhlen ⟨*Fundament, Mauer*⟩. **2.** *n.* *(Mil.) (trench)* Sappe, *die; (under enemy's fortification)* Tunnel, *der*
**³sap** *n. (sl.: fool)* Trottel, *der (ugs. abwertend);* **find some ~ to do sth.** einen Dummen finden, der etw. tut
**sapele** [sə'pi:lɪ] *n.* **a)** *(tree)* Sapelli[baum], *der;* **b)** *(wood)* Sapelli[holz], *das*
**'sap-green 1.** *n.* Saftgrün, *das.* **2.** *adj.* saftgrün
**sapling** ['sæplɪŋ] *n.* junger Baum
**sapper** ['sæpə(r)] *n. (Brit. Mil.)* Pionier, *der*
**Sapphic** ['sæfɪk] *(Pros.)* **1.** *adj.* sapphisch. **2.** *n.* sapphischer Vers
**sapphire** ['sæfaɪə(r)] *n.* Saphir, *der;* **~ blue** saphirblau; **~ ring** Saphirring, *der;* **~ wedding** 45. Hochzeitstag
**sappy** ['sæpɪ] *adj.* saftig ⟨*Gras*⟩; *(fig.: full of vitality)* voll Saft und Kraft *nachgestellt*
**'sapwood** *n. (Bot.)* Splintholz, *das*
**saraband[e]** ['særəbænd] *n. (Mus., Dancing)* Sarabande, *die*
**Saracen** ['særəsn] *(Hist., Ethnol.)* **1.** *n.* Sarazene, *der*/Sarazenin, *die (veralt.).* **2.** *adj.* sarazenisch; Sarazenen⟨*führer, -frau*⟩
**sarcasm** ['sɑ:kæzəm] *n.* Sarkasmus, *der; (remark)* sarkastische Bemerkung; **with heavy ~:** mit beißendem Sarkasmus
**sarcastic** [sɑ:'kæstɪk] *adj.,* **sarcastically** [sɑ:'kæstɪkəlɪ] *adv.* sarkastisch
**sarcoma** [sɑ:'kəʊmə] *n., pl.* **~ta** [sɑ:'kəʊmətə] *(Med.)* Sarkom, *das*
**sarcophagus** [sɑ:'kɒfəgəs] *n., pl.* **sarcophagi** [sɑ:'kɒfəgaɪ] Sarkophag, *der*
**sardine** [sɑ:'di:n] *n. (Zool.)* Sardine, *die; (Gastr.)* [Öl]sardine, *die;* **like ~s** *(fig.)* wie die Ölsardinen
**Sardinia** [sɑ:'dɪnɪə] *pr. n.* Sardinien *(das)*
**Sardinian** [sɑ:'dɪnɪən] **1.** *n.* **a)** *(person)* Sarde, *der*/Sardin, *die;* Sardinier, *der*/Sardinierin, *die;* **b)** *(language)* Sardisch, *das.* **2.** *adj.* sardisch
**sardonic** [sɑ:'dɒnɪk] *adj.* höhnisch ⟨*Bemerkung*⟩; sardonisch ⟨*Lachen, Lächeln*⟩; **he can be very ~:** er kann sehr bissig sein
**sardonically** [sɑ:'dɒnɪkəlɪ] *adv.* höhnisch ⟨*bemerken*⟩; sardonisch ⟨*lächeln, lachen*⟩
**sarge** [sɑ:dʒ] *n. (sl.)* Sergeant, *der; (Mil.)* ≈ Hauptfeld, *der (Militärjargon)*
**sari** ['sɑ:rɪ] *n.* Sari, *der*
**sarky** ['sɑ:kɪ] *adj. (Brit. coll.)* ätzend *(ugs.)*
**sarnie** ['sɑ:nɪ] *(Brit. coll.) see* **sandwich 1 a**
**sarong** [sə'rɒŋ] *n.* Sarong, *der*
**sartorial** [sɑ:'tɔ:rɪəl] *adj.* **he has high ~ standards** er stellt hohe Ansprüche, was seine Kleidung betrifft; **~ fashion** Herrenmode, *die;* **he was the height of ~ elegance** er war der Inbegriff des elegant gekleideten Herrn
**SAS** *abbr. (Brit. Mil.)* **Special Air Service** *auf Geheimoperationen spezialisiertes Regiment der Britischen Armee*
**¹sash** [sæʃ] *n.* Schärpe, *die*
**²sash** *n.* **a)** *(of window)* Fensterrahmen, *der;* **b)** *(window)* Schiebefenster, *das*
**sashay** ['sæʃeɪ] *v. i. (Amer.)* **a)** *(walk casually)* schlendern; **b)** *(ostentatiously)* stolzieren; **c)** *(diagonally)* **~ through a crowd** sich durch eine Menschenmenge schlängeln
**sash: ~-cord, ~-line** *ns.* Gewichtsschnur, *die;* **~-'window** *n.* Schiebefenster, *das*
**sass** [sæs] *(Amer. coll.)* **1.** *n.* Frechheit, *die.* **2.** *v. t.* frech sein zu
**Sassenach** ['sæsənæx, 'sæsənæk] *(Scot., Ir.; usu. derog.)* **1.** *n.* Engländer, *der*/Engländerin, *die.* **2.** *adj.* englisch
**sassy** ['sæsɪ] *adj. (Amer. coll.)* **a)** *(cheeky)* frech; **b)** *(stylish)* schick
**sat** *see* **sit**
**Sat.** *abbr.* **Saturday** Sa.
**Satan** ['seɪtən] *pr. n.* Satan, *der*
**satanic** [sə'tænɪk] *adj.* satanisch; teuflisch
**Satanism** ['seɪtənɪzm] *n., no pl., no art.* Satanismus, *der;* Satanskult, *der*
**satchel** ['sætʃl] *n.* [Schul]ranzen, *der*
**sate** [seɪt] *v. t. (literary)* **a)** *(gratify)* stillen ⟨*Hunger, Durst, Verlangen, Zorn*⟩; zufriedenstellen ⟨*Person*⟩; **feel pleasantly ~d** ein angenehmes Sättigungsgefühl empfinden; **~ oneself on sth.** sich an etw. *(Dat.)* sättigen *(geh.);* **b)** *(cloy)* übersättigen ⟨*Lust, Verlangen*⟩; **become ~d with/be ~d by sth.** einer Sache *(Gen.)* überdrüssig werden/sein
**sateen** [sə'ti:n] *n. (Textiles)* Baumwollsatin, *der*
**satellite** ['sætəlaɪt] **1.** *n.* **a)** *(Astronaut., Astron.; also country)* Satellit, *der;* **by ~:** über Satellit; **b)** *(fig.) (object associated with another)* Ableger, *der (fig.); (follower)* Trabant, *der (fig.).* **2.** *attrib. adj.* Satelliten⟨*film, -bild, -fernsehen, -regierung*⟩; **~ industries** Zulieferindustrie, *die*
**satellite: ~ 'broadcasting** *n., no pl., no art.* Satellitenfunk, *der;* **~ dish** *n.* Parabolantenne, *die;* **~ state** *n.* Satellitenstaat, *der;* **~ town** *n.* Satelliten- *od.* Trabantenstadt, *die*
**satiate** ['seɪʃɪeɪt] *see* **sate**
**satiation** [seɪʃɪ'eɪʃn] *n.* **a)** *(gratification)* Sättigung, *die;* **b)** *(cloying)* Übersättigung, *die*
**satiety** [sə'taɪətɪ] *n.* Übersättigung, *die;* **to [the point of] ~:** bis zum Überdruß
**satin** ['sætɪn] **1.** *n.* Satin, *der.* **2.** *attrib. adj.* **a)** *(made of ~)* Satin-; **b)** *(like ~)* seidig
**'satinwood** *n.* *(tree)* [ostindischer] Satinholzbaum; *(wood)* [ostindisches] Satinholz
**satiny** ['sætɪnɪ] *adj.* seidig
**satire** ['sætaɪə(r)] *n.* Satire, *die* **(on** auf + *Akk.*); **element/tone of ~:** satirisches Element/satirischer Ton; **gift** *or* **talent for ~:** satirische Begabung
**satirical** [sə'tɪrɪkl] *adj.,* **satirically** [sə'tɪrɪkəlɪ] *adv.* satirisch
**satirise** *see* **satirize**
**satirist** ['sætɪrɪst] *n.* Satiriker, *der*/Satirikerin, *die;* **be a ~ of sb./sth.** jmdn./etw. mit satirischen Mitteln angreifen
**satirize** ['sætɪraɪz] *v. t.* **a)** *(write satire on)* satirisch darstellen; **b)** *(describe satirically)* ⟨*Buch, Film usw.:*⟩ eine Satire sein auf (+ *Akk.*); **be brutally ~d** ⟨*Person:*⟩ das Opfer gnadenloser Satire werden
**satisfaction** [sætɪs'fækʃn] *n.* **a)** *no pl. (act)* Befriedigung, *die;* **we strive for the ~ of our clients** wir bemühen uns, unsere Kunden zufriedenzustellen; **b)** *no pl. (feeling of gratification)* Befriedigung, *die* **(at, with** über + *Akk.*); Genugtuung, *die* **(at, with** über + *Akk.*); **job ~:** Befriedigung in der Arbeit; **it is with [great] ~ that I .../it gives me [great] ~ to ...:** es erfüllt mich mit [großer] Befriedigung, zu ...; **get ~ out of one's work** in seiner Arbeit Befriedigung finden; **there's a lot of ~ [to be had] in doing sth.** es ist sehr befriedigend, etw. zu tun; **what ~ can it give you?** was befriedigt dich daran?; **I can't get any ~ from him** er stellt mich nicht zufrieden; **c)** *no pl. (gratified state)* **meet with sb.'s** *or* **give sb. [complete] ~:** jmdn. [in jeder Weise] zufriedenstellen; **~ guaranteed** Sie werden garantiert zufrieden sein; **fail to give ~** ⟨*Arbeit:*⟩ nicht zufriedenstellend ausfallen; ⟨*Angestellte:*⟩ nicht zufriedenstellend arbeiten; **to sb.'s ~, to the ~ of sb.** zu jmds. Zufriedenheit; **d)** *(instance of gratification)* Befriedigung, *die;* **it is a great ~ to me that ...:** es erfüllt mich mit großer Befriedigung, daß ...; **give every ~:** in jeder Hinsicht befriedigend sein; **have the ~ of doing sth.** das Vergnügen haben, etw. zu tun; **one of the ~s of the job** eine der Befriedigungen, die die Arbeit gewährt; **e)** *(Hist.: revenge in duel)* Satisfaktion, *die*
**satisfactorily** [sætɪs'fæktərɪlɪ] *adv.* zufriedenstellend; richtig ⟨*passen*⟩; **progress ~:** befriedigende Fortschritte machen
**satisfactory** [sætɪs'fæktərɪ] *adj.* zufriedenstellend; angemessen ⟨*Bezahlung*⟩
**satisfied** ['sætɪsfaɪd] *adj.* **a)** *(contented)* zufrieden; *(replete)* satt; **be ~ with doing sth.** sich damit begnügen, etw. zu tun; **be ~ to do sth.** damit zufrieden sein, etw. zu tun; **b)** *(convinced)* überzeugt **(of** von); **be ~ that ...:** [davon] überzeugt sein, daß ...
**satisfy** ['sætɪsfaɪ] **1.** *v. t.* **a)** *(content)* befriedigen; zufriedenstellen ⟨*Kunden, Publikum*⟩; entsprechen (+ *Dat.*) ⟨*Vorliebe, Empfinden, Meinung, Zeitgeist*⟩; erfüllen ⟨*Hoffnung, Erwartung*⟩; **~/fail to ~ the examiners** die Prüfung bestehen/nicht bestehen; **b)** *(rid of want)* befriedigen; *(put an end to)* stillen ⟨*Hunger, Durst*⟩; *(make replete)* sättigen; **that meal wouldn't ~ a spar-**

**row** davon würde nicht einmal ein Spatz satt; **c)** *(convince)* ~ **sb. [of sth.]** jmdn. [von etw.] überzeugen; ~ **sb. that ...:** jmdn. [davon] überzeugen, daß ...; ~ **oneself of** *or* **as to** sich überzeugen von ⟨*Wahrheit, Ehrlichkeit*⟩; sich *(Dat.)* Gewißheit verschaffen über (+ *Akk.*) ⟨*Motiv*⟩; ~ **oneself as to what happened** sich *(Dat.)* Klarheit *od.* Gewißheit darüber verschaffen, was geschehen ist; **d)** *(adequately deal with)* ausräumen ⟨*Einwand, Zweifel*⟩; erfüllen ⟨*Bitte, Forderung, Bedingung*⟩; **e)** *(pay)* begleichen ⟨*Schulden*⟩; befriedigen ⟨*Gläubiger, Forderung*⟩; **f)** *(fulfil)* erfüllen ⟨*Vertrag, Verpflichtung, Forderung*⟩; **g)** *(Math.)* erfüllen ⟨*Gleichung*⟩. **2.** *v. i.* **a)** *(make replete)* sättigen; **b)** *(be convincing)* ⟨*Argument:*⟩ überzeugen

**satisfying** ['sætɪsfaɪɪŋ] *adj.* befriedigend; sättigend ⟨*Gericht, Speise*⟩; zufriedenstellend ⟨*Antwort, Lösung, Leistung*⟩

**satsuma** [sæt'su:mə] *n.* Satsuma, *die*

**saturate** ['sætʃəreɪt, 'sætjʊreɪt] *v. t.* **a)** *(soak)* durchnässen; [mit Feuchtigkeit durch]tränken ⟨*Boden, Erde*⟩; **cake ~d in** *or* **with liqueur** mit Likör getränkter Kuchen; **b)** *(fill to capacity)* auslasten; sättigen ⟨*Markt*⟩; **c)** *(Mil.: bomb intensively)* mit einem Bombenteppich belegen; **d)** *(Phys., Chem.)* sättigen

**saturated** ['sætʃəreɪtɪd, 'sætjʊreɪtɪd] *adj.* **a)** *(soaked)* durchnäßt; völlig naß ⟨*Boden*⟩; **b)** *(imbued)* durchdrungen (**with, in** von); **be ~ with** durchdrungen sein von; ganz erfüllt sein von ⟨*Duft*⟩; **be ~ in history/tradition** sehr geschichtsträchtig/traditionsreich sein; **c)** *(filled to capacity)* ausgelastet; gesättigt ⟨*Markt*⟩; **d)** *(Phys., Chem.)* gesättigt ⟨*Lösung, Verbindung, Fett*⟩; **e)** *(Art)* satt ⟨*Farbe, Farbton*⟩

**saturation** [sætʃə'reɪʃn, sætjʊ'reɪʃn] *n.* **a)** *(soaking, being soaked)* Durchnässung, *die;* **b)** *(filling to capacity)* Auslastung, *die* (**by, with** mit); *(of market)* Sättigung, *die;* **c)** *(Mil.)* ~ **[bombing]** Flächenbombardierung, *die;* **d)** *(Phys., Chem.)* Sättigung, *die;* **e)** *(colour intensity)* Sattheit, *die*

**satu'ration point** *n.* **a)** *(limit of capacity)* [Ober]grenze, *die; (of market)* Sättigungspunkt, *der; (limit of response)* Grenze der Aufnahmefähigkeit; *(of harmful effect)* Grenze der Belastbarkeit; **b)** *(Phys.)* Sättigungspunkt, *der*

**Saturday** ['sætədeɪ, 'sætədɪ] **1.** *n.* Sonnabend, *der;* Samstag, *der.* **2.** *adv. (coll.)* **he comes ~s** er kommt sonnabends *od.* samstags. *See also* **Friday**

**Saturn** ['sætən] *pr. n.* **a)** *(Astron.)* Saturn, *der;* **b)** *(Roman Mythol.)* Saturn *(der)*

**Saturnalia** [sætə'neɪlɪə] *n. pl. (Roman Ant.)* Saturnalien *Pl.*

**saturnine** ['sætənaɪn] *adj.* melancholisch; düster ⟨*Einstellung*⟩; *(sinister)* finster

**satyr** ['sætə(r)] *n. (Mythol.)* Satyr, *der*

**sauce** [sɔ:s] **1.** *n.* **a)** Soße, *die;* **be served with the same ~** *(fig.)* es mit *od.* in gleicher Münze heimgezahlt bekommen; *see also* **gander a; b)** *(fig.: sth. that adds piquancy)* Würze, *die;* **c)** *(Amer.: stewed fruit)* Kompott, *das;* **d)** *(Amer. coll.)* **the ~:** Alkohol; **in the ~:** alkoholisiert; **e)** *(Amer.: vegetables)* Beilage, *die;* **f)** *(impudence)* Frechheit, *die;* **he's got a lot of ~!** der ist ganz schön frech!; **don't give me any of your ~!** sei nicht so frech! **2.** *v. t. (coll.)* frech sein zu

**sauce: ~-boat** *n.* Sauciere, *die;* **~-box** *n. (coll.)* Frechdachs, *der (fam.);* **~pan** ['sɔ:spən] *n.* Kochtopf, *der; (with straight handle)* [Stiel]kasserolle, *die*

**saucer** ['sɔ:sə(r)] *n.* Untertasse, *die;* **their eyes were like ~s** *(fig.)* sie machten große Augen *(ugs.);* **with eyes like ~s** *(fig.)* mit großen Augen; *see also* **flying saucer**

**saucerful** ['sɔ:səfʊl] *n.* **a ~ [of milk]** eine Untertasse [Milch *od.* voll Milch]

**saucily** ['sɔ:sɪlɪ] *adv.* **a)** *(rudely)* frech; **b)** *(pertly)* keck

**sauciness** ['sɔ:sɪnɪs] *n., no pl.* **a)** *(rudeness)* Frechheit, *die;* **b)** *(pertness, jauntiness)* Keckheit, *die*

**saucy** ['sɔ:sɪ] *adj.* **a)** *(rude)* frech; **b)** *(pert, jaunty)* keck

**Saudi** ['saʊdɪ] **1.** *adj.* **a)** *see* **Saudi-Arabian 1; b)** *(of dynasty)* saudisch ⟨*Prinz, Palast*⟩. **2.** *n.* **a)** *see* **Saudi-Arabian 2; b)** *(member of dynasty)* Saudi, *der*

**Saudi Arabia** [saʊdɪ ə'reɪbɪə] *pr. n.* Saudi-Arabien *(das)*

**Saudi-Arabian** [saʊdɪə'reɪbɪən] **1.** *adj.* saudiarabisch. **2.** *n.* Saudi[araber], *der*/-araberin, *die*

**sauerkraut** ['saʊəkraʊt] *n. (Gastr.)* Sauerkraut, *das*

**sauna** ['sɔ:nə, 'saʊnə] *n.* Sauna, *die;* **have** *or* **take a ~:** saunieren; ein Saunabad nehmen

**saunter** ['sɔ:ntə(r)] **1.** *v. i.* schlendern; **I think I will ~ [down/over/up] to the village** ich werde wohl ins Dorf runter-/rüber-/raufschlendern *(ugs.).* **2.** *n. (stroll)* Bummel, *der (ugs.); (leisurely pace)* Schlenderschritt, *der;* **at a ~:** im Schlenderschritt; **go for a** *or* **have a ~:** schlendern

**saurian** ['sɔ:rɪən] **1.** *n. (Zool.)* Echse, *die; (Palaeont.)* Saurier, *der.* **2.** *adj. (Zool.: of the Sauria)* der Echsen *nachgestellt; (lizard-like)* echsenartig; ~ **reptile** Echse, *die*

**sausage** ['sɒsɪdʒ] *n.* Wurst, *die; (smaller)* Würstchen, *das;* **not a ~** *(fig. sl.)* gar nix *(ugs.)*

**sausage: ~-dog** *n. (Brit. coll.)* Dackel, *der;* **~-machine** *n.* Wurstfüllmaschine, *die; (Educ. fig.)* Bildungsfabrik, *die (abwertend);* **~-meat** *n.* Wurstmasse, *die;* ~ **'roll** *n. Blätterteig mit Wurstfüllung*

**sauté** ['səʊteɪ] *(Cookery)* **1.** *adj.* sautiert *(fachspr.);* kurz [an]gebraten; ~ **potatoes** ≈ Bratkartoffeln. **2.** *n.* Sauté, *das.* **3.** *v. t.,* **~d** *or* **~ed** ['səʊteɪd] sautieren *(fachspr.);* kurz [an]braten

**Sauterne[s]** [səʊ'tɜ:n] Sauternes[wein], *der*

**savage** ['sævɪdʒ] **1.** *adj.* **a)** *(uncivilized)* primitiv; wild ⟨*Volksstamm*⟩; unzivilisiert ⟨*Land*⟩; **b)** *(fierce)* brutal; wild ⟨*Tier*⟩; scharf ⟨*Hund*⟩; jähzornig ⟨*Temperament*⟩; schonungslos ⟨*Kritiker, Satiriker*⟩; **have a wild, ~ look in one's eye** wild und brutal aussehen; **make a ~ attack on sb.** brutal über jmdn. herfallen; *(fig.)* jmdn. schonungslos angreifen. **2.** *n.* **a)** *(uncivilized person)* Wilde, *der/die (veralt.);* **behave like ~s** sich wie die Wilden aufführen *(abwertend);* **b)** *(barbarous or uncultivated person)* Barbar, *der*/Barbarin, *die (abwertend).* **3.** *v. t.* **a)** ⟨*Hund:*⟩ anfallen ⟨*Kind usw.*⟩; *(lacerate)* zerfleischen; **b)** *(fig.)* ⟨*Kritiker, Journalist:*⟩ herfallen über (+ *Akk.*) ⟨*Politiker usw.*⟩; ⟨*Kritiker, Zeitung:*⟩ schonungslos verreißen ⟨*Theaterstück usw.*⟩

**savagely** ['sævɪdʒlɪ] *adv. (fiercely)* brutal; wild ⟨*brüllen*⟩; wüst ⟨*beschimpfen*⟩; schonungslos ⟨*kritisieren*⟩

**savagery** ['sævɪdʒrɪ] *n., no pl.* **a)** *(uncivilized condition)* Unzivilisiertheit, *die;* **b)** *(ferocity)* Brutalität, *die*

**savannah (savanna)** [sə'vænə] *n. (Geog.)* Savanne, *die*

**save** [seɪv] **1.** *v. t.* **a)** *(rescue)* retten (**from** vor + *Dat.*); **please, ~ me!** bitte helfen Sie mir!; **~ sb. from the clutches of the enemy/from making a mistake** jmdn. aus den Klauen des Feindes retten/davor bewahren, daß er einen Fehler macht; **alcoholics must be ~d from themselves** Alkoholiker müssen vor sich *(Dat.)* selbst geschützt werden; **he ~d my reputation** er rettete meinen guten Ruf; **~ oneself from falling** sich [beim Hinfallen] fangen; **be ~d by the bell** *(fig. coll.)* gerade noch mal davonkommen *(ugs.);* **~ the day** die Situation retten; *see also* **bacon; face 1 a; life a; skin 1 a; b)** *(keep undamaged)* schonen ⟨*Kleidung, Möbelstück*⟩; **c) God ~ the King/Queen** *etc.* Gott behüte *od.* beschütze den König/die Königin *usw.;* **[God] ~ sb. from sb./sth.** Gott bewahre jmdn. vor jmdm./etw.; **d)** *(Theol.)* retten ⟨*Sünder, Seele, Menschen*⟩; **be past saving** nicht mehr zu retten sein; **~ oneself** ⟨*Sünder:*⟩ seine Seele retten; **Jesus ~s!** Jesus ist der Retter!; **e)** *(put aside)* aufheben; sparen ⟨*Geld*⟩; sammeln ⟨*Rabattmarken, Briefmarken*⟩; *(conserve)* sparsam umgehen mit ⟨*Geldmitteln, Kräften, Wasser*⟩; **~ money for a rainy day** *(fig.)* einen Notgroschen zurücklegen; **~ water for the drought** Wasser für die Trockenzeit sammeln; **~ oneself** sich schonen; seine Kräfte sparen; **~ one's breath** sich *(Dat.)* seine Worte sparen; **you can ~ your pains** *or* **trouble/apologies** die Mühe/deine Entschuldigungen kannst du dir sparen; **~ a seat for sb.** jmdm. einen Platz freihalten; **f)** *(make unnecessary)* sparen ⟨*Geld, Zeit, Energie*⟩; **~ sb./oneself sth.** jmdm./sich etw. ersparen; **~ oneself money/half the cost** Geld/die Hälfte des Preises [ein]sparen; **~ sb./oneself doing sth.** *or* **having to do sth.** es jmdm./sich ersparen, etw. tun zu müssen; **a stitch in time ~s nine** *(prov.)* was du heute kannst besorgen ...; Vorsorge ist besser als Nachsorge; **g)** *(avoid losing)* nicht verlieren ⟨*Satz, Karte, Stich*⟩; *(prevent from making a score)* abwehren ⟨*Schuß, Ball*⟩; verhindern ⟨*Tor*⟩; *(Cricket)* ⟨*Fänger:*⟩ verhindern ⟨*Lauf*⟩; **his goal ~d the match for his team** sein Tor rettete seine Mannschaft vor der Niederlage. **2.** *v. i.* **a)** *(put money by)* sparen; **~ with a building society** bei einer Bausparkasse sparen; **b)** *(avoid waste)* sparen (**on** *Akk.*); **~ on food** am Essen sparen; **c)** *(Sport)* ⟨*Torwart:*⟩ halten. **3.** *n. (Sport)* Abwehr, *die;* Parade, *die (fachspr.);* **make a ~** ⟨*Torwart:*⟩ halten. **4.** *prep. (arch./poet./rhet.)* mit Ausnahme (+ *Gen.*). **5.** *conj. (arch.)* außer; **~ for sth.** von etw. abgesehen

**~ 'up 1.** *v. t.* sparen; sammeln, sparen ⟨*Marken, Gutscheine usw.*⟩. **2.** *v. i.* sparen (**for** für, auf + *Akk.*)

**save-as-you-'earn** *n. (Brit.) Sparen durch regelmäßige Abbuchung eines bestimmten Betrages vom Lohn-/Gehaltskonto*

**saveloy** ['sævəlɔɪ] Zervelatwurst, *die*

**saver** ['seɪvə(r)] *n.* **a)** *(of money)* Sparer, *der*/Sparerin, *die;* **b)** *in comb. (device)* **sth. is a time-~/labour-~/money-~:** etw. spart Zeit/Arbeit/Geld; **c) ~ of souls** Seelenretter, *der*/-retterin, *die*

**saving** ['seɪvɪŋ] **1.** *n.* **a)** *in pl. (money saved)* Ersparnisse *Pl.;* **have money put by in ~s** Geld zurückgelegt haben; **how much have you got in your ~s?** wieviel Geld hast du [an]gespart?; **b)** *(rescue; also Theol.)* Rettung, *die;* **c)** *(instance of economy)* Ersparnis, *die;* **~ in** *or* **of** *or* **on time/money/fuel/effort** Zeit-/Geld-/Brennstoff-/Arbeitsersparnis, *die;* **make a ~ in** *or* **of money/on equipment/in** *or* **of time** Geld/Ausrüstung/Zeit [ein]sparen; **there's no ~ at all** es wird überhaupt nichts eingespart; **there are ~s to be made on clothes** man kann beim Kleiderkauf einiges sparen. **2.** *adj.* **a)** *in comb.* ⟨*kosten-, benzin*⟩sparend; **b)** *(redeeming)* **the only ~ feature of the play** das einzig Versöhnliche an dem Stück. **3.** *prep. (except)* bis auf (+ *Akk.*)

**saving: ~ clause** *n.* einschränkende Klausel; Vorbehaltsklausel, *die;* ~ **'grace** *n.* versöhnender Zug; **her only ~ grace was her honesty** das Einzige, was einen mit ihr versöhnte, war ihre Ehrlichkeit

**savings: ~ account** *n.* Sparkonto, *das;* **~ account and loan association** *(Amer.) see* **building society; ~ bank** *n.* Sparkasse, *die;* **~ certificate** *n. (Brit.)* Staatspapier, *das*

**saviour** *(Amer.:* **savior)** ['seɪvjə(r)] *n.* **a)** Retter, *der*/Retterin, *die; (thing)* Rettung, *die;* **b)** *(Relig.)* **our/the S~:** unser/der Heiland

**savoir-faire** [sævwɑ:'feə(r)] *n.* Gewandtheit, *die*

**savor** *(Amer.) see* **savour**

$^{1}$**savory** *(Amer.) see* **savoury**

$^{2}$**savory** ['seɪvərɪ] *n. (Bot.)* Bohnenkraut, *das*

**savour** ['seɪvə(r)] *(Brit.)* **1.** *n.* **a)** *(flavour)* Geschmack, *der; (fig.)* Charakter, *der;* **b)** *(trace)* **a ~ of sth.** ein Hauch *od.* Anflug von etw.; **c)** *(enjoyable quality)* Reiz, *der.* **2.** *v. t. (lit. or fig., literary)* genießen; **that is a dish/perfume I particularly ~:** das Gericht/Parfüm ist ein ganz besonderer Genuß für mich. **3.** *v. i.* **sth. ~s of sth.** *(fig.)* etw. schmeckt nach etw. *(fig.)*

**savoury** ['seɪvərɪ] *(Brit.)* **1.** *adj.* **a)** *(not sweet)* pikant; *(having salt flavour)* salzig; **b)** *(appetizing)* appetitanregend. **2.** *n.* [pikantes] Häppchen

**Savoy** [sə'vɔɪ] *pr. n.* Savoyen *(das)*

**savoy** *n.* **~ [cabbage]** Wirsing[kohl], *der*

**savvy** ['sævɪ] *(sl.)* **1.** *v. t.* kapieren *(ugs.);* **I don't ~ French** Französisch hab' ich nicht drauf *(salopp).* **2.** *v. i.* **..., ~?** ..., kapiert? *(ugs.);* **no ~** *(I don't know)* keine Ahnung *(ugs.); (I don't understand)* nix capito *(salopp).* **3.** *n.* Durchblick, *der (ugs.).* **4.** *adj. (Amer.)* ausgebufft *(salopp)*

$^{1}$**saw** [sɔ:] **1.** *n.* Säge, *die;* **musical ~:** singende Säge. **2.** *v. t., p.p.* **~n** [sɔ:n] *or* **~ed** [zer]sägen; *(make with ~)* sägen; **~ across** *or* **through** durchsägen; **~ in half** in der Mitte durchsägen; **~ the air [with one's hands/arms]** [mit den Händen/Armen] in der Luft herumfuchteln *(ugs.).* **3.** *v. i., p.p.* **~n** *or* **~ed a)** sägen; **~ through sth.** etw. durchsägen; **b)** *(fig.)* **~ away [at the violin]** [auf der Geige] drauflossägen *(ugs.)*

**~ 'down** *v. t.* umsägen ‹*Baum*›

**~ 'off** *v. t.* absägen

**~ 'up** *v. t.* zersägen **(into** in + *Akk.*)

$^{2}$**saw** *n. (saying)* Sprichwort, *das*

$^{3}$**saw** *see* $^{1}$**see**

**sawder** ['sɔ:də(r)] *n. (coll.)* **soft ~:** Schmus, *der (ugs.);* **give sb. a load of soft ~:** jmdm. ordentlich Honig um den Bart schmieren *(ugs.)*

**saw: ~dust** *n.* Sägemehl, *das;* **~-edged** *adj.* gezähnt ‹*Klinge*›; **a ~-edged knife** ein Sägemesser

**saw: ~fish** *n.* Sägerochen, *der;* Sägefisch, *der;* **~mill** *n.* Sägemühle, *die*

**'sawn-off** *adj. (Brit.)* **a)** abgesägt; ‹*Gewehr*› mit abgesägtem Lauf; **b)** *(coll.: undersized)* mickrig *(ugs. abwertend)*

**saw: ~-pit** *n.* Sägegrube, *die;* **~tooth[ed]** ['sɔ:tu:θ(t)] *adj.* **a)** gezackt ‹*Berge*›; Säge‹*dach*›; **b)** *(Electr.)* Sägezahn‹*generator, -schwingung, -spannung*›

**sawyer** ['sɔ:jə(r)] *n.* Säger, *der;* Sägemüller, *der*

**sax** [sæks] *n. (Mus. coll.)* Saxophon, *das*

**saxe** [sæks] *n.* **~ [blue]** Sächsischblau, *das*

**saxifrage** ['sæksɪfrɪdʒ, 'sæksɪfreɪdʒ] *n. (Bot.)* Steinbrech, *der*

**Saxon** ['sæksn] **1.** *n.* **a)** Sachse, *der*/Sächsin, *die;* **b)** *(Ling.)* Sächsisch, *das;* **[Old] ~:** Westsächsisch, *das.* **2.** *adj.* **a)** sächsisch; **b)** *(Ling.)* sächsisch; *(of Old ~)* westsächsisch

**Saxony** ['sæksənɪ] *pr. n.* Sachsen *(das)*

**saxophone** ['sæksəfəʊn] *n. (Mus.)* Saxophon, *das*

**saxophonist** [sæk'sɒfənɪst, 'sæksəfəʊnɪst] *n.* Saxophonist, *der*/Saxophonistin, *die*

**say** [seɪ] **1.** *v. t., pres. t.* **he ~s** [sez], *p.t. & p.p.* **said** [sed] **a)** sagen; **~ sth. out loud** etw. aussprechen *od.* laut sagen; **~ sth. to oneself** sich *(Dat.)* etw. sagen; **he said something about going out** er hat etwas von Ausgehen gesagt; **please ~ something** bitte sag doch etwas; *(make a short speech)* sage bitte ein paar Worte; **all I can ~ is ...:** ich kann nur sagen ...; **what more can I ~?** was soll ich da noch [groß] sagen?; **I don't know 'what to ~:** ich weiß nicht, was ich [dazu] sagen soll; **I wouldn't [go so far as to] ~ that, but ...:** das würde ich nicht [unbedingt] sagen, aber ...; **..., not to ~ ...:** ..., um nicht zu sagen ...; **it ~s a lot** *or* **much** *or* **something for sb./sth. that ...:** es spricht sehr für jmdn./etw., daß ...; **have a lot/not much to ~ for oneself** viel reden/nicht viel von sich geben; **~ no 'more!** *(I understand)* schon gut; **we'll** *or* **let's ~ no more about it** reden wir nicht mehr davon; **there is no** *or* **nothing more to be said** es erübrigt sich jedes weitere Wort (**on** zu); **to ~ nothing of** *(quite apart from)* ganz zu schweigen von; mal ganz abgesehen von; **that is to ~:** das heißt; **as much as to ~:** als wollte er/sie *usw.* sagen ...; **as you might ~:** wie man sagen könnte; **having said that, that said** *(nevertheless)* abgesehen davon; **when all is said and done** letzten Endes; **~ what you 'like** du kannst sagen, was du willst; **though I ~ it myself ...:** wenn ich es mal selbst so sagen darf; **you can ~ 'that again, you 'said it** *(coll.)* das kannst du laut sagen *(ugs.);* **you don't '~ [so]** *(coll.)* was du nicht sagst *(ugs.);* **~s** *or* **said he** *etc.***/said I** *or* *(coll.)* **~s I** sagt er/*(ugs.)* sag' ich; **~s you** *(sl.)* wer's glaubt, wird selig *(ugs. scherzh.);* **~s who?** *(coll.)* wer sagt das?; **I'll ~ [it is]!** *(coll.: it certainly is)* und wie!; **don't let** *or* **never let it be said [that] ...:** niemand soll sagen können, [daß] ...; **they** *or* **people ~** *or* **it is said [that] ...:** man sagt, [daß] ...; **..., they ~:** ..., sagt man *od.* heißt es; **I can't ~ [that] I like cats/the idea** ich kann nicht gerade sagen *od.* behaupten, daß ich Katzen mag/die Idee gut finde; **what I [always] ~ is ...:** also, ich sage immer, ...; **[well,] I 'must ~:** also, ich muß schon sagen; **I should ~ so/not** ich glaube schon/nicht; *(emphatic)* bestimmt/bestimmt nicht; **Is it true that ...? – So she ~s** Stimmt es, daß ...? – Das sagt sie [jedenfalls]; **what have you got to ~ for yourself?** was haben Sie zu Ihren Gunsten zu sagen?; **there's a lot to be said for** *or* **in favour of/against sth.** es spricht viel für/gegen etw.; **there's something to be said on both sides/either side** man kann für beide Seiten/jede Seite Argumente anführen; **who can** *or* **who is to ~?** *(rhet.)* wer weiß das schon *od.* kann das schon sagen?; **I cannot** *or* **could not ~:** das kann ich nicht sagen; **I can't ~ fairer than that** ein besseres Angebot kann ich nicht machen; **he didn't ~:** er hat dazu *od.* darüber nichts gesagt; **I'd rather not ~:** ich möchte es lieber nicht sagen; **and so ~ all of us** der Meinung sind wir auch; **what do** *or* **would you ~ to sb./sth.?** *(think about)* was hältst du von jmdm./etw.?; was würdest du zu jmdm./etw. sagen?; **how ~ you?** *(Law)* wie lautet Ihr Urteil?; **[let us** *or* **shall we] ~:** sagen wir mal; **~ it were true, what then?** angenommen es stimmt, was dann?; *see also* **dare 1a; hearsay; no 2b;** $^{1}$**so 2; when 1a; word 1b; yes 1; b)** *(recite, repeat, speak words of)* sprechen ‹*Gebet, Text*›; aufsagen ‹*Einmaleins, Gedicht*›; lesen ‹*Messe*›; **c)** *(have specified wording or reading)* sagen; ‹*Zeitung:*› schreiben; ‹*Uhr:*› zeigen ‹*Uhrzeit*›; **the Bible ~s** *or* **it ~s in the Bible [that] ...:** in der Bibel heißt es, daß ...; die Bibel sagt, daß ...; **a sign ~ing ...:** ein Schild mit der Aufschrift ...; **what does it ~ here?** was steht hier?; **d)** *(express, convey information)* sagen; **~ things well/eloquently** sich gut/gewandt ausdrücken; **what I'm trying to ~ is this** was ich sagen will, ist folgendes; **his expression said it all** sein Gesichtsausdruck sagte alles; **a novel that really ~s something** ein Roman, der wirklich eine Aussage hat; **~ nothing to sb.** *(fig.)* ‹*Musik, Kunst:*› jmdm. nichts bedeuten; **which/that is not ~ing much** *or* **a lot** was nicht viel heißen will/das will nicht viel heißen; *see also* **soon b; e)** *(order)* sagen; **do as** *or* **what I ~:** tun Sie, was ich sage; **he said [to us] to be ready at ten** er hat gesagt, wir sollten um zehn fertig sein; **f)** *in pass.* **she is said to be clever/have done it** man sagt, sie sei klug/habe es getan; **a horse is said to be a pony when ...:** man bezeichnet ein Pferd als Pony, wenn ...; **the said Mr Smith** *(Law/joc.)* besagter Mr. Smith *(Papierdt., scherzh.);* **g) 215, ~ two hundred and fifteen** 215, in Worten: zweihundert[und]fünfzehn. **2.** *v. i.* **a)** *(speak)* sagen; **I ~!** *(Brit.) (seeking attention)* Entschuldigung!; *(admiring)* Donnerwetter!; *(dismayed)* ich fürchte; *(reproachful)* ich muß schon sagen!; **b)** *in imper. (poet.: tell)* sag an! *(veralt.);* **c)** *in imper. (Amer.)* Mensch! **3.** *n.* **a)** *(share in decision)* **have a** *or* **some ~:** ein Mitspracherecht haben **(in** bei); **have no ~:** nichts zu sagen haben; **b)** *(power of decision)* **the [final] ~:** das letzte Wort **(in** bei); **c)** *(what one has to say)* **have one's ~:** seine Meinung sagen; *(chance to speak)* **get one's** *or* **have a ~:** zu Wort kommen

**SAYE** *abbr. (Brit.)* **save-as-you-earn**

**saying** ['seɪɪŋ] *n.* **a)** *(maxim)* Redensart, *die;* **there is a ~ that ...:** wie es [im Sprichwort/in der Maxime] heißt, ...; **as the ~ goes** wie es so schön heißt; **b)** *(remark)* Ausspruch, *der;* **the ~s of Chairman Mao** die Worte des Vorsitzenden Mao; **c) there is no ~ what/why ...:** man kann nicht sagen, was/warum ...; **go without ~:** sich von selbst verstehen

**'say-so** *n.* **a)** *(power of decision)* **on/without sb.'s ~:** auf/ohne jmds. Anweisung *(Akk.);* **the final ~:** das letzte Wort; **b)** *(assertion)* **I won't believe it just on your ~:** das glaube ich dir nicht einfach so

**sc.** ['saɪlɪset] *abbr.* **scilicet** sc.; d. h.

**scab** [skæb] *n.* **a)** *(over wound, sore)* [Wund]schorf, *der;* **form a ~:** verschorfen; **be covered in ~s** mit Schorf bedeckt sein; **b)** *no pl. (skin-disease)* Räude, *die; (plant-disease)* Schorf, *der;* **c)** *(derog.: strikebreaker)* Streikbrecher, *der*/-brecherin, *die;* **use ~ labour** Streikbrecher einsetzen

**scabbard** ['skæbəd] *n.* Scheide, *die*

**scabies** ['skeɪbi:z] *n. (Med.)* Krätze, *die;* Skabies, *die (fachspr.)*

**scabious** ['skeɪbɪəs] *n. (Bot.)* Krätz[en]kraut, *das;* Skabiose, *die (fachspr.)*

**scabrous** ['skeɪbrəs] *adj.* **a)** *(requiring tact)* heikel ‹*Thema*›; **b)** *(indecent)* geschmacklos; **c)** *(Bot., Physiol., Zool.)* rauh

**scads** [skædz] *n. pl. (Amer. coll.)* **~ of money** *etc.* haufenweise Geld *usw. (ugs.)*

**scaffold** ['skæfəld] *n.* **a)** *(for execution)* Schafott, *das;* **go to the ~:** auf das Schafott kommen; **b)** *(for building)* Gerüst, *das*

**scaffolding** ['skæfəldɪŋ] *n., no pl.* Gerüst, *das; (materials)* Gerüstmaterial, *das;* **be surrounded by ~:** eingerüstet sein *(Bauw.);* **erect [a] ~ around** einrüsten *(Bauw.)*

**'scaffolding-pole** *n.* Gerüststange, *die*

**scalar** ['skeɪlə(r)] *(Math.)* **1.** *n.* Skalar, *der.* **2.** *adj.* skalar; Skalar-

**scald** [skɔ:ld, skɒld] **1.** *n.* Verbrühung, *die.* **2.** *v. t.* **a)** verbrühen; **~ oneself** *or* **one's skin** sich verbrühen; **be ~ed to death** tödliche Verbrühungen erleiden; **cry ~ing tears** heiße Tränen weinen; **~ing hot** brühheiß; **like a ~ed cat** wie von der Tarantel gestochen; **b)** *(Cookery)* erhitzen ‹*Milch*›; **c)** *(clean with boiling water)* auskochen; **d)** *(remove hair or feathers from)* [ab]brühen ‹*Schwein, Geflügel*›; *(remove skin from)* überbrühen ‹*Gemüse, Obst*›

$^{1}$**scale** [skeɪl] **1.** *n.* **a)** Schuppe, *die; (of rust)* Flocke, *die;* **the ~s fall from sb.'s eyes** *(fig.)* es fällt jmdm. wie Schuppen von den Augen; **b)** *no pl. (deposit in kettles, boilers, etc.)* Kesselstein, *der; (on teeth)* Zahnstein, *der.* **2.** *v. t.* **a)** *(remove scales from)* [ab]schuppen ‹*Fisch*›; **b)** *(remove deposit from)* von Kesselstein befreien ‹*Kessel, Boiler*›; von Zahnstein befreien ‹*Zähne*›

$^{2}$**scale** **1.** *n.* **a)** *in sing. or pl. (weighing-*

*instrument)* ~[s] Waage, *die;* **a pair** *or* **set of ~s** eine Waage; **bathroom/kitchen/letter ~[s]** Personen-/Küchen-/Briefwaage, *die;* **the ~s are evenly balanced** *(fig.)* die Chancen sind ausgewogen; **b)** *(dish of balance)* Waagschale, *die;* **tip** *or* **turn the ~[s]** *(fig.)* den Ausschlag geben; **tip** *or* **turn the ~[s] at 65 kilos** 65 Kilo wiegen *od.* auf die Waage bringen; **c)** *(Astrol.)* **the S~s** die Waage; *see also* **archer b. 2.** *v. t.* wiegen

**³scale 1.** *n.* **a)** *(series of degrees)* Skala, *die;* **the social ~:** die gesellschaftliche Stufenleiter; **b)** *(Mus.)* Tonleiter, *die;* **c)** *(dimensions)* Ausmaß, *das; (standard)* Richtschnur, *die;* **be on a small ~:** bescheidenen Umfang haben; **on a grand ~:** im großen Stil; **on a commercial ~:** gewerbsmäßig; **plan on a large ~:** in großem Rahmen planen; **on an international ~:** auf internationaler Ebene; ‹*Katastrophe*› von internationalem Ausmaß; **economies of ~:** Einsparungen durch Produktionserweiterung; **d)** *(ratio of reduction)* Maßstab, *der; attrib.* maßstab[s]gerecht ‹*Modell, Zeichnung*›; **what is the ~ of the map?** welchen Maßstab hat diese Karte?; **a map with a ~ of 1:250,000** eine Karte im Maßstab 1:250 000; **on a large/small ~:** in großem/kleinem Maßstab; **to ~:** maßstab[s]gerecht; **be drawn on** *or* **to a ~ of 1:2** im Maßstab 1:2 gezeichnet sein; **be in ~:** maßstab[s]getreu sein; **be in ~ with sth.** im Maßstab zu etw. passen; **be out of ~:** im Maßstab nicht passen (**with** zu); **e)** *(indication) (on map, plan)* Maßstab, *der; (on thermometer, ruler, exposure meter)* [Anzeige]skala, *die; (instrument)* Meßstab, *der;* **what ~ are these temperatures measured in?** nach welcher [Einheiten]skala werden diese Temperaturen gemessen?; **a ruler marked off in the metric ~:** ein Lineal mit Zentimeterskala; **f)** *(Math.)* **~ [of notation]** Positionssystem, *das;* **decimal ~:** Dezimalsystem, *das;* **binary ~:** Dualsystem, *das;* Binärsystem, *das.* **2.** *v. t.* **a)** *(climb, clamber up)* ersteigen ‹*Festung, Mauer, Leiter, Gipfel*›; erklettern ‹*Felswand, Leiter, Gipfel*›; **b)** *(represent in proportion)* [ab]stufen, staffeln ‹*Fahrpreise*›; maßstab[s]gerecht anfertigen ‹*Zeichnung*›; **~ production/prices to demand** die Produktion/Preise an die Nachfrage anpassen

**~ 'down** *v. t.* [entsprechend] drosseln ‹*Produktion*›; [entsprechende] Abstriche machen an (+ *Dat.*) ‹*Ideen*›; **a ~d down version** eine kleinere Version

**~ 'up** *v. t.* [entsprechend] vergrößern ‹*Umfang, Ausmaß*›; **a ~d up version** eine größere Version

**scalene** ['skeɪli:n] *adj. (Geom.)* ungleichseitig ‹*Dreieck*›

**'scale-pan** *n.* Waagschale, *die*

**scaling-ladder** ['skeɪlɪŋlædə(r)] *n.* Sturmleiter, *die; (of fire-engine)* Feuer[wehr]leiter, *die*

**scallion** ['skæljən] *n. (Bot.)* **a)** *see* **shallot; b)** *(spring onion)* Frühlingszwiebel, *die*

**scallop** ['skæləp, 'skɒləp] **1.** *n.* **a)** *in pl. (ornamental edging)* Feston, *das;* Bogenkante, *die;* **b)** *(Zool.)* Kammuschel, *die; (Gastr.)* Jakobsmuschel, *die;* **c)** *(Cookery: pan)* muschelförmige Schale. **2.** *v. t.* festonieren

**scallop-'edge** *n.* Bogenkante, *die*

**scalloping** ['skæləpɪŋ, 'skɒləpɪŋ] *n.* Feston, *das;* **be decorated with ~:** festoniert sein

**'scallop-shell** *n.* Kammuschel[schale], *die*

**scallywag** ['skælɪwæg] *n.* Schlingel, *der (scherzh.);* Tunichtgut, *der*

**scalp** [skælp] **1.** *n.* **a)** Kopfhaut, *die;* **b)** *(war-trophy)* Skalp, *der; (fig.)* Trophäe, *die;* **be after sb.'s ~** *(fig.)* jmdm. an den Kragen wollen; **the newspapers call for ~s** *(fig.)* die Zeitungen wollen Köpfe rollen sehen. **2.** *v. t.* **a)** skalpieren; **b)** *(criticize)* kein gutes Haar lassen an (+ *Dat.*) *(ugs.)* ‹*Person, Buch*›; **c)** *(Amer.) (defeat)* vernichtend schlagen, fertigmachen *(ugs.)* ‹*Partei, Gegner*›; **d)** *(Amer. coll.: sell)* mit hohem Gewinn weiterverkaufen ‹*Aktien, Eintrittskarte*›; **get ~ed tickets** Karten auf dem Schwarzmarkt bekommen

**scalpel** ['skælpl] *n. (Med.)* Skalpell, *das*

**scalper** ['skælpə(r)] *n. (Amer. coll.)* kleiner Spekulant/kleine Spekulantin; *(ticket-tout)* [Karten]schwarzhändler, *der/*-händlerin, *die*

**scaly** ['skeɪlɪ] *adj.* **a)** schuppig; abblätternd ‹*Farbe, Rost*›; **be ~** ‹*Schlange:*› eine schuppige Haut haben; **b)** *(covered in deposit)* mit Kesselstein überzogen; *(covered in tartar)* mit Zahnstein überzogen; **c)** *(forming deposit)* **~ substance** *or* **incrustation** Kesselstein, *der;* Wasserstein, *der*

**scam** [skæm] *n. (Amer. sl.)* Masche, *die (ugs.)*

**scamp** [skæmp] **1.** *n. (derog./joc.)* Spitzbube, *der (abwertend/fam.).* **2.** *v. t. see* **skimp 1**

**scamper** ['skæmpə(r)] **1.** *v. i.* ‹*Person:*› flitzen; ‹*Tier:*› huschen; *(hop)* hoppeln; **the mice ~ed to and fro** die Mäuse huschten hin und her; **~ down the stairs** die Treppe hinunterflitzen; *(romp)* **~ through the woods/park** durch die Wälder/den Park tollen. **2.** *n.* **have a ~** *(romp)* herumtollen

**scampi** ['skæmpɪ] *n. pl.* Scampi *Pl.*

**scan** [skæn] **1.** *v. t.,* **-nn- a)** *(examine intensely)* [genau] studieren; *(search thoroughly, lit. or fig.)* absuchen (**for** nach); **b)** *(look over cursorily)* flüchtig ansehen; überfliegen ‹*Zeitung, Liste usw.*› (**for** auf der Suche nach); **c)** *(examine for radioactivity)* auf Radioaktivität *(Akk.)* untersuchen; **d)** *(examine with beam)* durchleuchten ‹*Gepäck*›; ‹*Radar:*› [mittels Strahlen] abtasten ‹*Luftraum*›; ‹*Flugsicherung:*› [mittels Radar] überwachen ‹*Luftraum*›; **e)** *(Med.)* szintigraphisch untersuchen ‹*Körper, Organ*›; **f)** *(Pros.)* das Metrum bestimmen von ‹*Vers[zeile]*›; **g)** *(Telev.)* abtasten ‹*Ziel, Bild*›. **2.** *v. i.,* **-nn-** ‹*Vers[zeile]:*› das richtige Versmaß haben; **make sth. ~:** etw. in das richtige Versmaß bringen. **3.** *n.* **a)** *(thorough search)* Absuchen, *das;* **b)** *(quick look)* **[cursory] ~:** flüchtiger Blick; **do a quick ~ of** *or* **through** überfliegen, flüchtig durchblättern ‹*Zeitung*›; **c)** *(examination for radioactivity)* Untersuchung auf Radioaktivität *(Akk.);* **d)** *(examination by beam)* Durchleuchtung, *die;* **check the radar ~ for sth.** den Radarschirm nach etw. absuchen; **e)** *(Med.)* szintigraphische Untersuchung; **body-/brain-~:** Ganzkörper-/Gehirnscan, *der;* **have a ~:** sich szintigraphisch untersuchen lassen

**scandal** ['skændl] *n.* **a)** Skandal, *der* (**about/of** um); *(story)* Skandalgeschichte, *die;* **b)** *(outrage)* Empörung, *die;* **arouse a feeling** *or* **sense of ~ in sb.** jmdn. mit Empörung erfüllen; **c)** *no art. (damage to reputation)* Schande, *die;* **be untouched by ~:** einen makellosen Ruf haben; **be ruined by ~:** durch einen Skandal ruiniert werden; **d)** *(malicious gossip)* Klatsch, *der (ugs.); (in newspapers etc.)* Skandalgeschichten

**scandalize (scandalise)** ['skændəlaɪz] *v. t.* schockieren

**scandalmonger** ['skændlmʌŋgə(r)] *n.* Klatschmaul, *das (salopp abwertend); (in the press)* Schreiber/Schreiberin von Skandalgeschichten

**scandalmongering** ['skændlmʌŋgərɪŋ] *n.* Verbreitung von Skandalgeschichten

**scandalous** ['skændələs] *adj.* skandalös; schockierend ‹*Bemerkung*›; Skandal‹*blatt, -presse, -geschichte, -bericht*›; **how ~!** unerhört!; **this is ~:** das ist ein Skandal

**'scandal sheet** *n. (derog.)* Skandalblatt, *das (abwertend);* Klatschblatt, *das (ugs. abwertend)*

**Scandinavia** [skændɪ'neɪvɪə] *pr. n.* Skandinavien *(das)*

**Scandinavian** [skændɪ'neɪvɪən] **1.** *adj.* skandinavisch; **sb. is ~:** jmd. ist Skandinavier/Skandinavierin. **2.** *n.* **a)** *(person)* Skandinavier, *der*/Skandinavierin, *die;* **b)** *(Ling.)* skandinavische Sprachen

**scanner** ['skænə(r)] *n.* **a)** *(to detect radioactivity)* Geigerzähler, *der;* **b)** *(radar aerial)* Radarantenne, *die;* **c)** *(Med.)* [Szinti]scanner, *der;* **d)** *(Telev.)* Bildabtaster, *der*

**scansion** ['skænʃn] *n. (Pros.)* metrische Gliederung; *(rhythm analysis)* Bestimmung des Versmaßes

**scant** [skænt] *adj. (arch./literary)* karg *(geh.)* ‹*Lob, Lohn*›; wenig ‹*Rücksicht*›; **pay sb./sth. ~ attention** jmdn./etw. kaum beachten; **a ~ two hours** knappe zwei Stunden

**scantily** ['skæntɪlɪ] *adv.* kärglich; spärlich ‹*bekleidet*›

**scanty** ['skæntɪ] *adj.* spärlich; knapp ‹*Bikini*›; nur wenig ‹*Vergnügen, Spaß*›

**scapegoat** ['skeɪpgəʊt] *n.* Sündenbock, *der;* **make sb. a ~:** jmdn. zum Sündenbock machen; **act as** *or* **be a ~ for sth.** als Sündenbock für etw. herhalten müssen

**scapegrace** ['skeɪpgreɪs] *n.* Taugenichts, *der*

**scapula** ['skæpjʊlə] *n., pl.* **~e** ['skæpjʊli:] *(Anat.)* Schulterblatt, *das*

**scar** [skɑ:(r)] **1.** *n. (lit. or fig.)* Narbe, *die;* **duelling ~:** Schmiß, *der;* **battle ~:** Kriegsnarbe, *die;* **bear the ~s of sth.** *(fig.)* von etw. gezeichnet sein; **be a ~ on the landscape** *(fig.)* ein Schandfleck in der Landschaft sein. **2.** *v. t.,* **-rr-: ~ sb./sb.'s face** bei jmdm./in jmds. Gesicht *(Dat.)* Narben hinterlassen; **~ sb. for life** *(fig.)* jmdn. für sein ganzes Leben zeichnen; **leave sb. [badly] ~red** *(lit. or fig.)* [schlimme] Narben bei jmdm. hinterlassen. **3.** *v. i.* **~ over** vernarben

**scarab** ['skærəb] *n. (Zool., gem)* Skarabäus, *der*

**scarce** [skeəs] **1.** *adj.* **a)** *(insufficient)* knapp; **b)** *(rare)* selten; **make oneself ~** *(coll.)* sich aus dem Staub machen *(ugs.).* **2.** *adv. (arch./literary)* kaum

**scarcely** ['skeəslɪ] *adv.* kaum; **there was ~ a drop of wine left** es war fast kein Tropfen Wein mehr da; **~ [ever]** kaum [jemals]; **it is ~ likely** es ist wenig wahrscheinlich; **she will ~ be pleased** *(iron.: by no means)* sie wird sich nicht gerade freuen

**scarceness** ['skeəsnɪs] *n., no pl.* Knappheit, *die* (**of** an + *Dat.*)

**scarcity** ['skeəsɪtɪ] *n.* **a)** *(short supply)* Knappheit, *die* (**of** an + *Dat.*); **there is a ~ of sugar** es herrscht Zuckerknappheit; **~ of teachers** Lehrermangel, *der;* **food ~:** Lebensmittelknappheit, *die;* **b)** *no pl. (rareness)* Seltenheit, *die;* **have [a] ~ value** Seltenheitswert haben

**scare** [skeə(r)] **1.** *n.* **a)** *(sensation of fear)* Schreck[en], *der;* **give sb. a ~:** jmdm. einen Schreck[en] einjagen; **I had/it gave me a [nasty] ~:** ich bekam einen [bösen] Schrecken; **b)** *(general alarm; panic)* [allgemeine] Hysterie; **bomb ~:** Bombendrohung, *die;* **food-poisoning ~:** Alarm wegen Lebensmittelvergiftung; **~ story** Schauergeschichte, *die.* **2.** *v. t.* **a)** *(frighten)* Angst machen (+ *Dat.*); *(startle)* erschrecken; **he/hard work/your threat doesn't ~ me** ich habe keine Angst vor ihm/harter Arbeit/deiner Drohung; **~ sb. into doing sth.** jmdn. dazu bringen, etw. [aus Angst] zu tun; **~ sb. out of his mind** *or* **skin** *or* **wits** *(fig.),* **~ sb. rigid** *or* **silly** *or* **stiff** *(fig.),* **~ the wits** *or* *(coarse)* **the shit out of sb.** *(fig.)* jmdm. eine wahnsinnige Angst einjagen *(ugs.); (startle)* jmdn. zu Tode erschrecken; **horror films ~ the pants off me** *(coll.)* bei Horrorfilmen habe ich immer eine wahnsinnige Angst *(ugs.);* **b)** *(drive away)* verscheuchen ‹*Vögel*›. **3.** *v. i.* erschrecken (**at** bei); ‹*Pferd:*› scheuen (**at** vor + *Dat.*); **~ easily** sich leicht erschrecken lassen

~ **a'way** *v.t.* verscheuchen
~ **'off** *v.t.* verscheuchen
~ **'out,** ~ **'up** *v.t. (Amer.: Hunting, fig.)* aufstöbern ⟨*Wild, Gegenstand*⟩; auftreiben *(ugs.)* ⟨*etw. zu essen, Informationen*⟩
**scare: ~-buying** *n. (Amer.)* Hamsterkäufe *Pl.*; **~crow** *n. (lit. or fig.)* Vogelscheuche, *die*
**scared** [skeəd] *adj.* verängstigt ⟨*Gesicht, Stimme*⟩; **be/feel [very]** ~: [große] Angst haben; **be ~ of sb./sth.** vor jmdm./etw. Angst haben; **be ~ of doing/to do sth.** sich nicht [ge]trauen, etw. zu tun; **be ~ [that] sth. might happen** befürchten, daß etw. passieren könnte
**scaremonger** ['skeəmʌŋgə(r)] *n.* Panikmacher, *der/*-macherin, *die (abwertend)*
**'scare tactics** *n. pl.* ≈ Panikmache, *die (ugs.)*
**scarf** [skɑːf] *n., pl.* **~s** *or* **scarves** [skɑːvz] Schal, *der; (triangular/square piece of fine material)* Halstuch, *das; (worn over hair)* Kopftuch, *das; (worn over shoulders)* Schultertuch, *das*
**scarf: ~-pin** *n. (Brit.)* Vorstecknadel, *die*; Halstuchnadel, *die;* **~-ring** *n. (Brit.)* Halstuchring, *der*
[1]**scarify** ['skærɪfaɪ, 'skeərɪfaɪ] *v.t.* **a)** *(Med.)* skarifizieren *(fachspr.)*; anritzen; **b)** *(fig.: by criticism)* geißeln; **c)** *(Agric.)* auflockern ⟨*Boden*⟩; *(Constr.)* aufreißen ⟨*Straße*⟩
[2]**scarify** ['skeərɪfaɪ] *v.t. (coll.: frighten)* Angst machen (+ *Dat.*); **~ing** beängstigend
**scarlatina** [skɑːlə'tiːnə] *see* **scarlet fever**
**scarlet** ['skɑːlɪt] **1.** *n.* Scharlach, *der;* Scharlachrot, *das.* **2.** *adj.* scharlachrot; **I turned ~**: ich wurde puterrot; *see also* **pimpernel**
**scarlet:** ~ **'fever** *n. (Med.)* Scharlach, *der;* ~ **'runner** *n. (Bot.)* Feuerbohne, *die*
**scarp** [skɑːp] *n.* Steilhang, *der*
**scarper** ['skɑːpə(r)] *v.i. (Brit. sl.)* abhauen *(salopp)*; sich aus dem Staub machen *(ugs.)*
**'scar tissue** *n. (Med.)* Narbengewebe, *das*
**scarves** *pl. of* **scarf**
**scary** ['skeərɪ] *adj. (coll.)* **a)** *(frightening)* furchterregend ⟨*Anblick*⟩; schaurig ⟨*Film, Geschichte*⟩; angsteinflößend ⟨*Person, Gesicht*⟩; **a ~ moment** eine Schrecksekunde; **it was ~ to listen to** beim Zuhören konnte man richtig Angst kriegen *(ugs.)*; **b)** *(easily frightened)* schreckhaft ⟨*Kind, Tier*⟩; *(timid)* ängstlich
**scathing** ['skeɪðɪŋ] *adj.* beißend ⟨*Spott, Kritik*⟩; scharf ⟨*Angriff*⟩; bissig ⟨*Person, Humor, Bemerkung*⟩; **be ~ about sth.** etw. bissig herabsetzen *od. (ugs.)* heruntermachen
**scathingly** ['skeɪðɪŋlɪ] *adv.* scharf ⟨*kritisieren*⟩; bissig ⟨*sagen, bemerken*⟩
**scatological** [skætə'lɒdʒɪkl] *adj.* **a)** *(obscene)* obszön; ~ **language** Fäkalsprache, *die;* **b)** *(Med., Palaeont.)* skatologisch
**scatter** ['skætə(r)] **1.** *v.t.* **a)** vertreiben; zerstreuen, auseinandertreiben ⟨*Menge*⟩; zunichte machen ⟨*Hoffnungen*⟩; **he slammed his fist on the table, ~ing china everywhere** er schlug mit der Faust auf den Tisch, daß das Porzellan in alle Richtungen flog; **b)** *(distribute irregularly)* verstreuen; ausstreuen ⟨*Samen*⟩; **ice-cream with nuts ~ed on top** mit Nüssen bestreutes Eis; **c)** *(partly cover)* [be]streuen ⟨*Straße*⟩; ~ **a field with seeds** Samen auf einem Feld ausstreuen. **2.** *v.i.* sich auflösen; ⟨*Menge:*⟩ sich zerstreuen; *(in fear)* auseinanderstieben. **3.** *n.* **a)** *see* **~ing a; b)** *(Arms)* Streuung, *die*
**scatter: ~-brain** *n.* zerstreuter Mensch; Schussel, *der (ugs.)*; **~-brained** *adj.* zerstreut; schusselig *(ugs.)*; ~ **cushion** *n.* Sofakissen, *das*
**scattered** ['skætəd] *adj.* verstreut; vereinzelt ⟨*Fälle, Anzeichen, Regenschauer*⟩; **thinly ~ population** verstreut lebende Bevölkerung
**scattering** ['skætərɪŋ] *n.* **a)** *(small amount)* **a ~ of people/customers/letters** ein paar vereinzelte Leute/Kunden/Briefe; **add a ~ of nuts to sth.** Nüsse auf etw. *(Akk.)* streuen; **a thin ~ of snow** eine dünne Schneedecke; **b)** *(Phys.)* Streuung, *die*
**scatter:** ~ **rug** *n.* Brücke, *die;* **~-shot** *(Amer.)* **1.** *n.* Streupatrone, *die;* **2.** *adj.* willkürlich
**scatty** ['skætɪ] *adj. (Brit. sl.)* dußlig *(salopp)*; **drive sb. ~**: jmdn. verrückt machen *(ugs.)*
**scavenge** ['skævɪndʒ] **1.** *v.t.* **a)** sich *(Dat.)* holen; ~ **sth. from a jumble sale** etw. auf einem Flohmarkt ergattern; **b)** *(search)* durchstöbern **(for** nach); absuchen ⟨*Strand*⟩; fleddern ⟨*Leiche*⟩. **2.** *v.i.* ~ **for sth.** nach etw. suchen; **live by scavenging** ⟨*Geier:*⟩ Aasfresser sein; ~ **through** durchstöbern *(ugs.)* ⟨*Abfallhaufen*⟩
**scavenger** ['skævɪndʒə(r)] *n. (animal)* Aasfresser, *der; (fig. derog.: person)* Aasgeier, *der (ugs. abwertend)*
**scenario** [sɪ'nɑːrɪəʊ, sɪ'neərɪəʊ] *n., pl.* **~s** *(Theatre, Cinemat.; also fig.)* Szenario, *das*
**scene** [siːn] *n.* **a)** *(place of event)* Schauplatz, *der; (in novel, play, etc.)* Ort der Handlung; **the ~ of the novel is set in Venice** der Roman spielt in Venedig; ~ **of the crime** Ort des Verbrechens; Tatort, *der;* **b)** *(portion of play, film, or book)* Szene, *die; (division of act)* Auftritt, *der;* **love/trial ~**: Liebes-/Gerichtsszene, *die;* **steal the ~** ⟨*Schauspieler:*⟩ die Szene beherrschen; *(fig.)* sich in den Vordergrund spielen; **c)** *(display of passion, anger, jealousy)* Szene, *die;* **create** *or* **make a ~**: eine Szene machen; **there were ~s of rejoicing** es spielten sich Freudenszenen ab; **end in violent ~s** mit Gewalttätigkeiten enden; **d)** *(view)* Anblick, *der; (as depicted)* Aussicht, *die;* **present a ~ of horror** ein Bild des Schreckens bieten *(geh.)*; **change of ~**: Tapetenwechsel, *der (ugs.)*; **e)** *(place of action)* Ort des Geschehens; **arrive** *or* **come on the ~**: auftauchen; **a new political party has appeared on the ~**: eine neue Partei ist auf den Plan getreten; **he got into a bad ~** *(sl.)* er ist ins Schleudern gekommen *(salopp)*; **leave** *or* **quit the ~**: abtreten; **f)** *(field of action)* **the political/drug/artistic ~**: die politische/Drogen-/Kunstszene; **the fashion/sporting ~**: die Modewelt/die Welt des Sports; **the social ~**: das gesellschaftliche Leben; **g)** *(sl.: area of interest)* **what's your ~?** worauf stehst du? *(ugs.)*; worauf fährst du ab? *(salopp)*; **that's not my ~**: das ist nicht mein Fall *(ugs.)*; **h)** *(Theatre: set)* Bühnenbild, *das;* **change the ~**: die Kulissen auswechseln; **behind the ~s** *(lit. or fig.)* hinter den Kulissen; **behind-the-~s investigation** *(fig.)* geheime Untersuchung; **give a behind-the-~s glimpse [of sth.]** einen Blick hinter die Kulissen [einer Sache *(Gen.)*] gewähren; **set the ~ [for sb.]** *(fig.)* [jmdm.] die Ausgangssituation darlegen
**'scene: ~-change** *n. (Theatre)* Kulissenwechsel, *der;* **~-painter** *n.* Kulissenmaler, *der/*-malerin, *die*
**scenery** ['siːnərɪ] *n., no pl.* **a)** *(Theatre)* Bühnenbild, *das;* **b)** *(landscape)* Landschaft, *die; (picturesque)* [malerische] Landschaft; **mountain ~**: Gebirgslandschaft, *die;* **some beautiful ~**: einige schöne Landstriche; **change of ~**: Tapetenwechsel, *der (ugs.)*
**scene: ~-shifter** *n. (Theatre)* Bühnenarbeiter, *der/*-arbeiterin, *die;* **~-shifting** *n. (Theatre)* Kulissenwechsel, *der*
**scenic** ['siːnɪk] *adj.* **a)** *(with fine natural scenery)* landschaftlich schön; **a ~ drive** eine Fahrt durch schöne Landschaft; ~ **beauty** *or* **qualities** landschaftliche Schönheit; ~ **railway** Berg-und-Tal-Bahn, *die;* **b)** *(Theatre)* Bühnen-; **be a ~ designer** Bühnenbildner/-bildnerin sein; **c)** *(Art: in painting etc.)* szenisch
**scent** [sent] **1.** *n.* **a)** *(smell)* Duft, *der; (fig.)* [Vor]ahnung, *die;* **catch the ~ of sth.** den Duft von etw. in die Nase bekommen; **b)** *(Hunting; also fig.: trail)* Fährte, *die;* **get/be on the [right] ~** *(lit. or fig.)* die richtige Fährte finden/auf der richtigen Fährte sein; **be on the ~ of sb./sth.** *(fig.)* jmdm./einer Sache auf der Spur sein; **[lay** *or* **set] a false ~** *(lit. or fig.)* eine falsche Fährte [legen]; **put the hounds on/off the ~**: die Hunde auf die Fährte setzen/von der Fährte abbringen; **put** *or* **throw sb. off the ~** *(fig.)* jmdn. auf eine falsche Fährte bringen; **put sb. on the ~ of sb./sth.** *(fig.)* jmdn. auf jmds. Spur bringen/einer Sache *(Dat.)* auf die Spur bringen; *see also* **cold 1 k; hot 1 i; c)** *(Brit.: perfume)* Parfüm, *das;* **d)** *(sense of smell)* Geruchssinn, *der; (fig.: power to detect)* Spürsinn, *der.* **2.** *v.t.* **a)** *(lit. or fig.)* wittern; spüren ⟨*Heuchelei*⟩; ⟨*Tier:*⟩ beriechen *(ugs.)*, beschnuppern ⟨*Boden*⟩; **b)** *(apply perfume to)* parfümieren
~ **'out** *v.t. (lit. or fig.)* aufspüren
**'scent-bottle** *n. (Brit.)* Parfümfläschchen, *das*
**scented** ['sentɪd] *adj.* **a)** *(having smell)* duftend; **be ~** ⟨*Blume:*⟩ duften; ~ **air** von Düften erfüllte Luft; **b)** *(perfumed)* parfümiert
**'scent-gland** *n. (Zool.)* Duftdrüse, *die*
**scentless** ['sentlɪs] *adj.* geruchlos; ⟨*Blume*⟩ ohne Duft; **be ~**: nicht duften
**scepsis** ['skepsɪs] *n., no pl. (Philos.)* Skepsis, *die*
**scepter** *(Amer.) see* **sceptre**
**sceptic** ['skeptɪk] *n.* Skeptiker, *der/*Skeptikerin, *die; (with religious doubts)* [Glaubens]zweifler, *der/*-zweiflerin, *die*
**sceptical** ['skeptɪkl] *adj.* skeptisch; **be ~ about** *or* **of sb./sth.** jmdm./einer Sache skeptisch gegenüberstehen
**sceptically** ['skeptɪkəlɪ] *adv.* skeptisch
**scepticism** ['skeptɪsɪzm] *n.* Skepsis, *die; (Philos.)* Skeptizismus, *der; (religious doubt)* Glaubenszweifel *Pl.*
**sceptre** ['septə(r)] *n. (Brit.; lit. or fig.)* Zepter, *das*
**schedule** ['ʃedjuːl] **1.** *n.* **a)** *(list)* Tabelle, *die; (for event, festival)* Programm, *das;* **b)** *(plan of procedure)* Zeitplan, *der;* **filming ~**: Drehplan, *der;* **we are working to a tight ~**: unsere Termine sind sehr eng; **go** *or* **happen [according] to ~**: nach Plan laufen; **c)** *(set of tasks)* Terminplan, *der;* Programm, *das;* **work/study ~**: Arbeits-/Studienplan, *der;* **a heavy work ~**: ein umfangreiches Arbeitspensum; **d)** *(tabulated statement)* Aufstellung, *die; (appendix)* tabellarischer Anhang; *(blank form)* Formblatt, *das;* **[tax] ~**: Steuertabelle, *die;* **e)** *(timetable)* Fahrplan, *der;* **f)** *(time stated in plan)* **on ~**: programmgemäß; **arrive on ~**: pünktlich ankommen; **flight ~s** Ankunfts- und Abflugzeiten; **bus/train ~s** Ankunfts- und Abfahrtszeiten der Busse/Züge; *see also* **ahead c; behind 2 e. 2.** *v.t.* **a)** *(make plan of)* zeitlich planen; *(appoint to be done)* anberaumen ⟨*Sitzung*⟩; **be ~d for Thursday** für Donnerstag geplant sein; **we are ~d to start next week** laut Plan sollen wir nächste Woche anfangen; **they have ~d the building for demolition** nach ihren Plänen soll das Gebäude abgerissen werden; **b)** *(make timetable of)* einen Fahrplan aufstellen für; *(include in timetable)* in den Fahrplan aufnehmen; **trains which are ~d to run at a given time** Züge, die zu einer bestimmten Zeit fahren sollen; **c)** *(make list of)* auflisten; *(include in list)* aufführen **(in** in + *Dat.*); *(Brit.: to be preserved)* unter Denkmalschutz stellen ⟨*Gebäude*⟩
**scheduled** ['ʃedjuːld] *adj.* **a)** *(according to timetable)* [fahr]planmäßig ⟨*Zug, Halt*⟩; flugplanmäßig ⟨*Zwischenlandung*⟩; Linien- ⟨*flugzeug, -dienst, -maschine*⟩; ~ **flight** Linienflug, *der;* **make a ~ stop** ⟨*Flugzeug:*⟩

planmäßig zwischenlanden; **b)** *(Brit.: in list of protected buildings)* unter Denkmalschutz stehend

**schematic** [skɪ'mætɪk, ski:'mætɪk] *adj.*, **schematically** [skɪ'mætɪkəlɪ, ski:'mætɪkəlɪ] *adv.* schematisch

**schematize (schematise)** ['ski:mətaɪz] *v. t.* schematisieren **(into** zu**)**

**scheme** [ski:m] **1.** *n.* **a)** *(arrangement)* Anordnung, *die;* **general ~ of things** allgemeine Gegebenheiten; *see also* **colour scheme; b)** *(table of classification, outline)* Schema, *das;* **~ [of study]** *(syllabus)* Studienprogramm, *das;* **c)** *(plan)* Programm, *das; (project)* Projekt, *das;* **pension ~:** Altersversorgung, *die;* **d)** *(dishonest plan)* Intrige, *die;* **~ of revenge** Racheplan, *der;* **what ~ are you plotting?** was führst du im Schilde? **2.** *v. i.* Pläne schmieden; **~ for sb.'s downfall/to assassinate sb.** jmds. Sturz/ein Attentat auf jmdn. planen. **3.** *v. t.* im Schilde führen

**schemer** ['ski:mə(r)] *n.* Intrigant, *der*/Intrigantin, *die;* **your sister is a real little ~:** deine Schwester ist ein raffiniertes kleines Biest *(ugs.)*

**scheming** ['ski:mɪŋ] **1.** *n., no pl., no indef. art.* Winkelzüge *Pl.;* Machenschaften *Pl.;* **be given to ~:** gern intrigieren. **2.** *adj.* intrigant; **be a ~ person, have a ~ nature** gern intrigieren

**scherzo** ['skeətsəʊ] *n., pl.* **~s** *(Mus.)* Scherzo, *das*

**schilling** ['ʃɪlɪŋ] *n.* Schilling, *der*

**schism** ['sɪzm, 'skɪzm] *n.* **a)** *(Eccl.)* Schisma, *das;* **b)** *(in any group)* Spaltung, *die*

**schismatic** [sɪz'mætɪk, skɪz'mætɪk] *adj. (Eccl.)* schismatisch

**schist** [ʃɪst] *n. (Geol.)* Schiefer, *der*

**schizo** ['skɪtsəʊ] *(coll.)* **1.** *n., pl.* **~s** Schizophrene, *der/die.* **2.** *adj.* schizophren

**schizoid** ['skɪtsɔɪd] *(Psych.)* **1.** *adj.* schizoid. **2.** *n.* Schizoide, *der/die;* **be a ~:** schizoid sein

**schizophrenia** [skɪtsə'fri:nɪə] *n. (Psych.)* Schizophrenie, *die*

**schizophrenic** [skɪtsə'frenɪk, skɪtsə'fri:nɪk] *(Psych.; also fig. coll.)* **1.** *adj.* schizophren; ‹*Symptom*› der Schizophrenie. **2.** *n.* Schizophrene, *der/die*

**schlock** [ʃlɒk] *n. (coll.)* Mist, *der (fig.)*

**schmaltz** [ʃmɔ:lts] *n. (coll.)* Schmalz, *der (ugs. abwertend)*

**schmaltzy** ['ʃmɔ:ltsɪ] *adj. (coll.)* schmalzig *(abwertend)*

**schmuck** [ʃmʌk] *n. (esp. Amer. sl.)* Schwachkopf, *der (abwertend)*

**schnapps** [ʃnæps] *n.* Schnaps, *der*

**schnauzer** ['ʃnaʊtsə(r)] *n.* Schnauzer, *der*

**schnitzel** ['ʃnɪtsl] *n. (Gastr.)* [Kalbs]schnitzel, *das*

**schnorkel** ['ʃnɔ:kl] *see* **snorkel**

**scholar** ['skɒlə(r)] *n.* **a)** *(learned person)* Gelehrte, *der/die;* **literary/linguistic/musical ~:** Literatur-/Sprach-/Musikwissenschaftler *der*/-wissenschaftlerin, *die;* **Shakespeare[an] ~:** Shakespeare-Forscher, *der*/-Forscherin, *die;* **be a ~ in one's field** Experte/Expertin auf seinem/ihrem Gebiet sein; **b)** *(one who learns)* Schüler, *der*/Schülerin, *die;* **be no ~:** kein guter Schüler/keine gute Schülerin sein; **c)** *(holder of scholarship)* Stipendiat, *der*/Stipendiatin, *die*

**scholarly** ['skɒləlɪ] *adj.* wissenschaftlich; *(having much learning)* gelehrt; **a ~ life** ein Gelehrtenleben; **he has a ~ appearance** er hat das Aussehen eines Gelehrten

**scholarship** ['skɒləʃɪp] *n.* **a)** *(payment for education)* Stipendium, *das;* **closed ~:** *Stipendium, das nur bestimmten Bewerbern gewährt wird;* **open ~:** *Stipendium, um das sich jeder bewerben kann;* **b)** *no pl. (scholarly work)* Gelehrsamkeit, *die (geh.); (methods)* Wissenschaftlichkeit, *die;* **a work full of ~:** ein hochwissenschaftliches Werk; **c)** *no pl. (body of learning)* **literary/linguistic/historical ~:** Literatur-/Sprach-/Geschichtswissenschaft, *die;* **contribute to Shakespearean/Romance ~:** einen Beitrag zur Shakespeare-Forschung/Romanistik leisten

**scholastic** [skə'læstɪk] *adj.* **a)** akademisch; Akademiker‹*familie, -milieu*›; wissenschaftlich ‹*Buchhandlung, Leistung, Standard*›; **b)** *(Philos., Theol.)* scholastisch

**scholasticism** [skə'læstɪsɪzm] *n.* **a)** Scholastizismus, *der;* **b)** *(Philos., Theol.)* Scholastik, *die*

[1]**school** [sku:l] **1.** *n.* **a)** Schule, *die; (Amer.: university, college)* Hochschule, *die; attrib.* Schul-; **what do they teach them in ~s?** was lernen sie in der Schule?; **be at** *or* **in ~:** in der Schule sein; *(attend ~)* zur Schule gehen; **be kept in ~ [late]** nachsitzen müssen; **to/from ~:** zur/von *od.* aus der Schule; **go to ~:** zur Schule gehen; **leave ~:** die Schule verlassen; **have ~:** Schule *od.* Unterricht haben; **have time off ~:** schulfrei haben; **be absent from ~:** in der Schule fehlen; **one hour before/after ~:** eine Stunde vor Unterrichtsbeginn/nach Schulschluß; **there will be no ~ today** heute ist keine Schule; **the ~ of life** *(fig.)* die Schule des Lebens; **~ is fun/boring** Schule macht Spaß/ist langweilig; **my first day of ~, the day I started ~:** mein erster Schultag; **b)** *attrib.* Schul‹*arzt, -aufsatz, -bus, -bibliothek, -gebäude, -jahr, -orchester, -system*›; **~ holidays** Schulferien *Pl.;* **~ exchange** Schüleraustausch, *der;* **the ~ term** die Schulzeit; **take ~ meals** in der Schule [zu Mittag] essen; **the ~ caretaker** der Hausmeister der Schule; **my rusty ~ French** mein eingerostetes Schulfranzösisch; **c)** *(disciples)* Schule, *die;* **~ of thought** Lehrmeinung, *die; see also* **old 1 c, f; d)** *(Brit.: group of gamblers)* Runde, *die;* **e)** *(Univ.: department)* Institut, *das;* **~ of history** Institut für Zeitgeschichte; **law/medical ~:** juristische/medizinische Fakultät. **2.** *v. t.* **a)** *(send to ~)* einschulen; **b)** *(train)* erziehen; dressieren ‹*Pferd*›; **~ sb. in sth.** jmdn. in etw. *(Akk.)* unterweisen *(geh.)*

[2]**school** *n. (of fish)* Schwarm, *der;* Schule, *die (Zool.)*

**school: ~ age** *n.* Schulalter, *das;* **children of ~ age** Kinder im schulpflichtigen Alter; **~-bag** *n.* Schultasche, *die;* **~-board** *n. (Amer./Hist.)* [örtliche] Schulbehörde; **~-book** *n.* Schulbuch, *das;* **~boy** *n.* Schüler, *der; (with reference to behaviour)* Schuljunge, *der;* **every ~boy knows that** das weiß jeder Schuljunge; **~boyish** *adj.* schuljungenhaft; **~-child** *n.* Schulkind, *das;* **~-days** *n. pl.* Schulzeit, *die*

**schooled** [sku:ld] *adj.* geschult ‹*Pferd*›; **be [highly] ~ in sth.** [ausgezeichnet] Bescheid wissen über etw. *(Akk.)*

**school: ~ fees** *n. pl.* Schulgeld, *das;* **~fellow** *n.* Mitschüler, *der*/-schülerin, *die;* Schulkamerad, *der*/-kameradin, *die;* **~-friend** *n.* Schulfreund, *der*/-freundin, *die;* **~girl** *n.* Schülerin, *die; (with reference to behaviour)* Schulmädchen, *das;* **~girlish** *adj.* schulmädchenhaft; **~house** *n.* Schulhaus, *das*

**schooling** ['sku:lɪŋ] *n.* **a)** Schulbildung, *die;* **he has had little ~:** er hat keine richtige Schulbildung gehabt; **have one's ~:** zur Schule gehen; **I received my ~ at his hands** er war mein Lehrmeister; **b)** *(Horse-riding)* Ausbildung, *die*

**school: ~-kid** *n. (coll.)* Schulkind, *das;* **~-leaver** *n. (Brit.)* Schulabgänger, *der*/-abgängerin, *die;* **~-'leaving age** *n. (Brit.)* Schulabgangsalter, *das;* **~-ma'am** *n. (coll.) see* **~marm; ~man** ['sku:lmən] *n., pl.* **~men** ['sku:lmən] **a)** *(medieval teacher)* Magister, *der; (Philos., Theol.)* Scholastiker, *der;* **b)** *(Amer.: teacher)* Lehrer, *der;* **~-marm** ['sku:lmɑ:m] *n. (coll.)* Gouvernante, *die (ugs.);* **~-marmish** ['sku:lmɑ:mɪʃ] *adj. (coll.)* gouvernantenhaft; altjüngferlich; **~master** *n.* Lehrer, *der;* **~mastering** ['sku:lmɑ:stərɪŋ] *n.* Schuldienst, *der;* **~mate** *see* **schoolfellow; ~mistress** *n.* Lehrerin, *die;* **~room** *n.* Schulzimmer, *das;* **~teacher** *n.* Lehrer, *der*/Lehrerin, *die;* **~-time** *n.* **a)** *(lesson-time)* Schule, *die;* Unterricht, *der;* **in** *or* **during ~-time** während des Unterrichts; **b)** *(~-days)* Schulzeit, *die;* **~-work** *n.* Schularbeiten *Pl.*

**schooner** ['sku:nə(r)] *n.* **a)** *(Naut.)* Schoner, *der;* **b)** *(Brit.: sherry glass)* [hohes] Sherryglas; **c)** *(Amer.: beer-glass)* [großes] Bierglas

**schottische** [ʃɒ'ti:ʃ] *n. (Mus.)* Schottisch, *der*

**schuss** [ʃʊs] *(Skiing)* **1.** *n. (downhill run)* Schuß, *der; (course)* Schußpiste, *die.* **2.** *v. i.* Schuß fahren. **3.** *v. t.* in Schußfahrt *(Dat.)* hinunterfahren

**schwa** [ʃwɑ:] *n. (Phonet.)* Schwa, *das*

**sciatic** [saɪ'ætɪk] *adj. (Med.)* ischiadisch; Ischias‹*schmerzen, -symptom*›; **have a ~ hip** Ischiasbeschwerden in der Hüfte haben

**sciatica** [saɪ'ætɪkə] *n. (Med.)* Ischias, *die (fachspr. der od. das)*

**sciatic nerve** [saɪætɪk 'nɜ:v] *n. (Anat.)* Ischiadikus, *der (fachspr.);* Ischiasnerv, *der*

**science** ['saɪəns] *n.* **a)** *no pl., no art.* Wissenschaft, *die;* **applied/pure ~:** angewandte/reine Wissenschaft; **the ~ of medicine, medical ~:** Medizin, *die;* **b)** *(branch of knowledge)* Wissenschaft, *die;* **moral ~:** Sittenlehre, *die;* **c) [natural] ~:** Naturwissenschaften; *attrib.* naturwissenschaftlich ‹*Buch, Labor*›; **d)** *(technique, expert's skill)* Kunst, *die*

**science: ~ 'fiction** *n.* Science-fiction, *die;* **~ park** *n.* Technologiepark, *der*

**scientific** [saɪən'tɪfɪk] *adj.* **a)** wissenschaftlich; *(of natural science)* naturwissenschaftlich; **b)** *(using technical skill)* technisch gut ‹*Boxer, Schauspieler, Tennis*›

**scientifically** [saɪən'tɪfɪkəlɪ] *adv.* **a)** wissenschaftlich; *(with relation to natural science)* naturwissenschaftlich; nach wissenschaftlichen Methoden ‹*Vieh züchten*›; **b)** *(using technical skill)* technisch gut ‹*boxen*›

**scientist** ['saɪəntɪst] *n.* Wissenschaftler, *der*/Wissenschaftlerin, *die; (in physical or natural science)* Naturwissenschaftler, *der*/-wissenschaftlerin, *die; (student of a science)* Student/Studentin der Naturwissenschaften; **biological/social/computer ~s** Biologen/Soziologen/Informatiker

**Scientologist** [saɪən'tɒlədʒɪst] *n.* Anhänger/Anhängerin der Scientology [Kirche]

**Scientology** [saɪən'tɒlədʒɪ] *n.* Scientology, *die*

**sci-fi** ['saɪfaɪ] *n. (coll.)* Science-fiction, *die*

**scilla** ['sɪlə] *n. (Bot.)* Szilla, *die;* Blaustern, *der*

**Scillies** ['sɪlɪz], **Scilly Isles** ['sɪlɪ aɪlz] *pr. n. pl.* Scilly-Inseln *Pl.*

**scimitar** ['sɪmɪtə(r)] *n.* Krummsäbel, *der*

**scintillate** ['sɪntɪleɪt] *v. i. (fig.)* vor Geist sprühen

**scintillating** ['sɪntɪleɪtɪŋ] *adj. (fig.)* geistsprühend

**scintillation** [sɪntɪ'leɪʃn] *n.* **a)** *no pl. (sparkling)* Funkeln, *das;* **b)** *(spark)* Funke, *der;* **c)** *(Astron., Phys.)* Szintillation, *die*

**scion** ['saɪən] *n.* **a)** *(Hort.)* Schößling, *der; (for grafting)* Edelreis, *das;* **b)** *(descendant)* Sproß, *der*

**scissors** ['sɪzəz] *n. pl.* **[pair of] ~:** Schere, *die;* **any/some ~:** eine Schere; **be a ~-and-paste job** [aus anderen Werken] zusammengeschrieben sein

'**scissors kick** *n. (Swimming)* Scherenschlag, *der*

**sclerosis** [sklə'rəʊsɪs] *n., pl.* **scleroses** [sklə'rəʊsi:z] **a)** *(Med.)* Sklerose, *die;* **disseminated** *or* **multiple ~:** multiple Sklerose; **b)** *(Bot.)* Verholzung, *die*

**sclerotic** [sklə'rɒtɪk] *adj.* **a)** *(Med.)* sklerotisch; **be a ~ patient** an Sklerose leiden; **b)** *(Bot.)* verholzt; **c)** *(Anat.)* skleral *(fachspr.)*

[1]**scoff** [skɒf] *v. i. (mock)* spotten; **~ing remarks** spöttische Bemerkungen; **~ at sb./sth.** sich über jmdn./etw. lustig machen; **he ~ed at danger** er spottete der Gefahr *(geh.)*

[2]**scoff** *(sl.)* **1.** *v. t. (eat greedily)* verschlingen. **2.** *v. i.* sich [*(Dat.)* den Bauch] vollschlagen *(salopp)*

**scoffer** ['skɒfə(r)] *n.* Spötter, *der*/Spötterin, *die*

**scold** [skəʊld] **1.** *v. t.* schelten *(geh.)*; ausschimpfen (**for** wegen); **she ~ed him for coming late** sie schimpfte ihn aus *od.* schalt ihn, weil er zu spät kam. **2.** *v. i.* schimpfen; **~ing wife** zänkische Ehefrau. **3.** *n.* Xanthippe, *die (abwertend)*

**scolding** ['skəʊldɪŋ] *n.* Schimpfen, *das; (instance)* Schelte, *die (geh.)*; Schimpfe, *die (ugs.)*; **give sb. a ~ [for sth.]** jmdn. [wegen etw.] schelten *od.* ausschimpfen; **get a ~:** ausgeschimpft werden

**scollop** ['skɒləp] *see* **scallop**

**sconce** [skɒns] *n.* **a)** *(flat candlestick)* flacher Kerzenständer; *(candlestick fixed to wall)* Wandleuchter, *der;* **b)** *(socket)* [Kerzen]halterung, *die*

**scone** [skɒn, skəʊn] *n. weicher, oft zum Tee gegessener kleiner Kuchen*

**scoop** [sku:p] **1.** *n.* **a)** *(shovel)* Schaufel, *die;* **a ~ of coal** eine Schaufel Kohlen; **b)** *(ladle; ladleful)* Schöpflöffel, *der;* [Schöpf]kelle, *die;* **c)** *(for ice-cream, mashed potatoes)* Portionierer, *der; (quantity taken by ~)* Portion, *die; (of ice-cream)* Kugel, *die;* **d) apple-~:** Apfelausschneider, *der;* **cheese-~:** Käsestecher, *der;* **e)** *(large profit)* Fischzug, *der (fig.)*; **make a [considerable] ~:** einen beachtlichen Schnitt machen *(ugs.)*; **f)** *(Journ.)* Knüller, *der (ugs.)*; Scoop, *der (fachspr.)*. **2.** *v. t.* **a)** *(lift)* schaufeln ⟨*Kohlen, Zucker*⟩; *(with ladle)* schöpfen ⟨*Flüssigkeit, Schaum*⟩; *(out of fruit, cheese)* ausstechen ⟨*Kerngehäuse, Probe*⟩; **b)** *(secure)* erzielen ⟨*Gewinn*⟩; hereinholen *(ugs.)* ⟨*Auftrag*⟩; *(in a lottery, bet)* gewinnen ⟨*Vermögen*⟩; **~ the pool** den ganzen Einsatz gewinnen; **c)** *(Journ.)* ausstechen

**~ 'out** *v. t.* **a)** *(hollow out)* aushöhlen; schaufeln ⟨*Loch, Graben*⟩; **b)** *(remove)* [her]ausschöpfen ⟨*Flüssigkeit*⟩; auslöffeln ⟨*Fruchtfleisch*⟩; schöpfen ⟨*Mousse, Brei*⟩; *(with a knife)* herausschneiden ⟨*Fruchtfleisch, Gehäuse*⟩; *(excavate)* ausbaggern ⟨*Erde*⟩

**~ 'up** *v. t.* schöpfen ⟨*Wasser, Suppe*⟩; schaufeln ⟨*Erde*⟩; aufschaufeln ⟨*Kohlen, Kies*⟩; **he ~ed the child up in his arms** er hob das Kind in seine Arme

**'scoop-neck** *n.* U-Ausschnitt, *der;* **a ~ dress** ein Kleid mit U-Ausschnitt

**scoot** [sku:t] *v. i. (coll.)* rasen; *(to escape)* die Kurve kratzen *(ugs.)*; **off you go, ~!** verschwinde/verschwindet!

**scooter** ['sku:tə(r)] *n.* **a)** *(toy)* Roller, *der;* **b) [motor] ~:** [Motor]roller, *der*

[1]**scope** [skəʊp] *n., no indef. art.* **a)** Bereich, *der; (of person's activities)* Betätigungsfeld, *das; (of person's job)* Aufgabenbereich, *der; (of law)* Geltungsbereich, *der; (of department etc.)* Zuständigkeitsbereich, *der;* Zuständigkeit, *die; (of discussion, meeting, negotiations, investigations, etc.)* Rahmen, *der;* **that is a subject within my ~:** davon verstehe ich etwas; **that is a subject beyond my ~:** das fällt nicht in meine Sparte; *(beyond my grasp)* das ist mir zu hoch; **that is beyond the ~ of my essay** das sprengt den Rahmen meines Aufsatzes; **b)** *(opportunity)* Entfaltungsmöglichkeiten *Pl.*; **give ample ~ for new ideas** weiten Raum für neue Ideen bieten

[2]**scope** *n. (coll.) (telescope)* Fernrohr, *das; (microscope)* Mikroskop, *das*

**scorch** [skɔ:tʃ] **1.** *v. t.* verbrennen; versengen. **2.** *v. i.* **a)** *(become damaged by heat)* versengt werden; verbrennen; **b)** *(sl.: run or travel quickly)* flitzen. **3.** *n.* versengte Stelle; Brandfleck, *der*

**scorched earth policy** [skɔ:tʃt 'ɜ:θ pɒlɪsɪ] *n. (Mil.)* Politik der verbrannten Erde

**scorcher** ['skɔ:tʃə(r)] *n. (Brit. coll.)* **today's a [real] ~:** heute ist [wirklich] eine Affenhitze *(salopp)*; **what a ~!** ist das eine Affenhitze heute!

**scorching** ['skɔ:tʃɪŋ] **1.** *adj.* **a)** glühend heiß; sengend, glühend ⟨*Hitze*⟩; **b)** *(coll.)* affenartig *(ugs.)* ⟨*Geschwindigkeit*⟩. **2.** *adv.* **~ hot** glühend heiß ⟨*Tag, Wetter*⟩

**score** [skɔ:(r)] **1.** *n.* **a)** *(points)* [Spiel]stand, *der; (made by one player)* Punktzahl, *die; (Golf)* Score, *der;* **What's the ~? – The ~ was 4–1 at half-time** Wie steht es? – Der Halbzeitstand war 4 : 1; **final ~:** Endstand, *der;* **keep [the] ~:** zählen; *(in written form)* aufschreiben; anschreiben; **know the ~** *(fig. coll.)* wissen, was Sache ist *od.* was läuft *(salopp)*; **b)** *(Mus.)* Partitur, *die; (Film)* [Film]musik, *die;* **in ~:** in Partitur; **c)** *pl.* **~** *or* **~s** *(group of 20)* zwanzig; **a ~ of people** [ungefähr] zwanzig Leute; **three ~ years and ten** siebzig Jahre; **d)** *in pl. (great numbers)* **~s [and ~s] of** zig *(ugs.)*; Dutzende [von]; **~s of times** zigmal *(ugs.)*; **e)** *(notch)* Kerbe, *die; (scratch)* Kratzer, *der;* Schramme, *die; (weal)* Striemen, *der; (crack in skin)* Schrunde, *die;* **make a ~ on the cardboard** die Pappe [ein]ritzen; **f)** *(dated: running account)* Rechnung, *die; (in bar, restaurant also)* Zeche, *die;* **pay off** *or* **settle an old ~** *(fig.)* eine alte Rechnung begleichen; **g)** *(reason)* Grund, *der;* **on one/this ~:** aus einem/diesem Grund; **on the ~ of** wegen; **on that ~:** was das betrifft *od.* angeht; diesbezüglich. **2.** *v. t.* **a)** *(win)* erzielen ⟨*Erfolg, Punkt, Treffer usw.*⟩; **~ a direct hit on sth.** ⟨*Person:*⟩ einen Volltreffer landen; ⟨*Bombe:*⟩ etw. voll treffen; **the play ~d a success** das Stück war *od.* wurde ein Erfolg; **they ~d a success** sie hatten Erfolg *od.* konnten einen Erfolg [für sich] verbuchen; **you've ~d a success there** das ist ein Erfolg für dich; **~ a goal** ein Tor schießen/werfen; **we ~d 13** wir haben 13 Punkte gemacht/Tore geschossen/Tore geworfen; **~ points off** *(coll.) see* **~ off; b)** *(make notch/notches in)* einkerben; *(carve in)* [ein]ritzen; **~ grooves in sth.** Rillen in etw. *(Akk.)* kratzen; **the wood was deeply ~d** *(with notches/grooves)* in dem Holz waren tiefe Kerben/Rillen; **c)** *(be worth)* zählen; **the ace ~s ten [points]** das As zählt zehn [Punkte]; **d)** *(allot ~ to)* ⟨*Punktrichter, Juror:*⟩ Punkte geben (+ *Dat.*); **e)** *(dated: mark up)* ankreiden (**to** *or* **against** *Dat.*) *(veralt.)*; **~ sth. against** *or* **to sb.** *(fig.)* jmdm. etw. negativ anrechnen; **f)** *(Mus.)* setzen; *(orchestrate)* orchestrieren ⟨*Musikstück*⟩; *(compose music for)* die Musik komponieren *od.* schreiben für ⟨*Film, Theaterstück*⟩; **g)** *(make record of)* aufschreiben ⟨*Punkte*⟩; **h)** *(Amer.: criticize severely)* heftig angreifen; schwere Vorwürfe erheben gegen. **3.** *v. i.* **a)** *(make score)* Punkte/einen Punkt erzielen *od. (ugs.)* machen; punkten *(bes. Boxen)*; *(~ goal/goals)* ein Tor/Tore schießen/werfen; **~ high** *or* **well** *(in test etc.)* eine hohe Punktzahl erreichen *od.* erzielen; **do you know how to ~?** weißt du, wie gezählt wird?; **b)** *(keep score)* aufschreiben; anschreiben; **c)** *(secure advantage)* die besseren Karten haben (**over** gegenüber, im Vergleich zu); *(be a hit)* ⟨*Schauspieler:*⟩ gut ankommen *(ugs.)*; **d)** *(sl.: obtain drugs)* Stoff auftreiben *(ugs.)*; **e)** *(sl.: have sex)* zum Schuß kommen *(salopp)* (**with** bei); **I'd like to ~ with her** ich würde sie gerne [mal] aufs Kreuz legen *od.* vernaschen *(salopp)*

**~ off** *v. t. (coll.)* als dumm hinstellen

**~ 'out, ~ 'through** *v. t.* durchstreichen; ausstreichen

**~ 'up** *v. t.* anschreiben; verbuchen ⟨*Erfolg, Sieg usw.*⟩; **~ up the amount I owe you for these goods** setzen Sie den Betrag für die Waren auf mein Konto

**score: ~-board** *n.* Anzeigetafel, *die;* **~-book** *n. (Sport)* Anschreibebögen; **~-card** *n. (Sport)* Anschreibekarte, *die; (Golf)* Scorekarte, *die*

**scorer** ['skɔ:rə(r)] *n.* **a)** *(recorder of score)* Anschreiber, *der*/Anschreiberin, *die;* **b)** *(Footb.)* Torschütze, *der*/-schützin, *die;* **he was the top** *or* **highest ~:** er hat die meisten Tore/Punkte/Treffer *usw.* erzielt

**'score-sheet** *n.* Anschreibebogen, *der*

**scoring** ['skɔ:rɪŋ] *n.* **a)** *(Mus.)* Instrumentierung, *die; (for orchestra)* Orchestrierung, *die;* **b)** *(keeping score)* Aufschreiben, *das;* Anschreiben, *das*

**scorn** [skɔ:n] **1.** *n., no pl., no indef. art.* Verachtung, *die;* **with ~:** mit *od.* voll[er] Verachtung; verachtungsvoll; **be the ~ of sb.** von jmdm. verachtet werden; *see also* **pour 1 a. 2.** *v. t.* **a)** *(hold in contempt)* verachten; **b)** *(refuse)* in den Wind schlagen ⟨*Rat*⟩; ausschlagen ⟨*Angebot*⟩; verschmähen *(geh.)*; **~ doing** *or* **to do sth.** es für unter seiner Würde halten, etw. zu tun

**scornful** ['skɔ:nfl] *adj.* verächtlich ⟨*Lächeln, Blick*⟩; **with ~ disdain** voll[er] Verachtung; verachtungsvoll; **be ~ of sth.** für etw. nur Verachtung haben

**scornfully** ['skɔ:nfəlɪ] *adv.* verächtlich; voll[er] Verachtung

**Scorpian** ['skɔ:pɪən] *n. (Astrol.)* Skorpion, *der*

**Scorpio** ['skɔ:pɪəʊ] *n. (Astrol., Astron.)* der Skorpion; der Scorpius; *see also* **Aries**

**scorpion** ['skɔ:pɪən] *n.* **a)** *(Zool.)* Skorpion, *der;* **b)** *(Astrol.)* **the S~:** der Skorpion; *see also* **archer b**

**Scot** [skɒt] *n.* Schotte, *der*/Schottin, *die*

**Scotch** [skɒtʃ] **1.** *adj.* **a)** *(of Scotland) see* **Scottish; b)** *(Ling.) see* **Scots 1 b. 2.** *n.* **a)** *(whisky)* Scotch, *der;* schottischer Whisky; **b)** *(Ling.) see* **Scots 2; c)** *constr. as pl.* **the ~:** die Schotten

**scotch** *v. t.* **a)** *(frustrate)* zunichte machen ⟨*Plan*⟩; **b)** *(put an end to)* den Boden entziehen (+ *Dat.*) ⟨*Gerücht, Darstellung*⟩

**Scotch: ~ 'broth** *n. (Gastr.) Hammelfleisch- od. Rindfleischsuppe mit Gemüse und Perlgraupen;* **~ 'egg** *n. (Gastr.) hartgekochtes Ei in Wurstbrät;* **~ 'fir** *n.* [Gemeine] Kiefer; Waldkiefer, *die;* **~man** ['skɒtʃmən] *see* **Scotsman; ~ 'mist** *n.* dichter Nieselregen; **~ 'pine** *see* **~ fir; ~ tape, (P)** *n. (Amer.)* ≈ Tesafilm, *der* Ⓦⓩ; **~ 'terrier** *n.* Scotch[terrier], *der;* **~ 'whisky** *n.* schottischer Whisky; **~woman** *see* **Scotswoman**

**scot-'free** *pred. adj.* ungeschoren; **get off/go/escape ~:** ungeschoren davonkommen *od.* bleiben

**Scotland** ['skɒtlənd] *pr. n.* Schottland *(das)*

**Scotland 'Yard** *n. (Brit.)* Scotland Yard *(der)*

**Scots** [skɒts] **1.** *adj.* **a)** *(esp. Scot.) see* **Scottish; b)** *(Ling.)* schottisch. **2.** *n. (dialect)* Schottisch, *das*

**Scots: ~man** ['skɒtsmən] *n., pl.* **~men** ['skɒtsmən] Schotte, *der;* **~woman** *n.* Schottin, *die*

**Scottie** ['skɒtɪ] *n. (coll.)* **a)** *see* **Scotch terrier; b)** *(man)* Schotte, *der*

**Scottish** ['skɒtɪʃ] *adj.* schottisch; **sb. is ~:** jmd. ist Schotte/Schottin

**scoundrel** ['skaʊndrl] *n.* Schuft, *der (abwertend); (villain)* Schurke, *der (abwertend)*

**scoundrelly** ['skaʊndrəlɪ] *adj.* schurkisch *(abwertend)*; schuftig *(abwertend)*

[1]**scour** [skaʊə(r)] *v. t.* **a)** *(cleanse by friction)* scheuern ⟨*Topf, Metall*⟩; **~ out** ausscheuern ⟨*Topf*⟩; **b)** *(clear out)* **~ [out]** durchspülen ⟨*Rohr*⟩; **c)** *(remove by rubbing)* [ab]scheuern; **~ away/off** ab-/wegscheuern

²**scour** *v. t. (search)* durchkämmen **(for** nach)

**scourer** ['skaʊərə(r)] *n.* Topfreiniger, *der;* Topfkratzer, *der*

**scourge** [skɜ:dʒ] **1.** *n. (lit. or fig.)* Geißel, *die;* **they were the ~ of the English coast** sie suchten die englische Küste immer wieder heim. **2.** *v. t.* **a)** *(whip)* geißeln; **b)** *(afflict)* heimsuchen

**scouse** [skaʊs] *(Brit. sl.)* **1.** *n.* **a)** *(dialect)* Liverpooler Dialekt; **b)** *(person)* Liverpooler, *der*/Liverpoolerin, *die.* **2.** *adj.* Liverpooler

¹**scout** [skaʊt] **1.** *n.* **a) [Boy] S~:** Pfadfinder, *der;* **King's/Queen's S~** *(im Britischen Commonwealth) Pfadfinder der höchsten Rangstufe; see also* **girl scout; b)** *(Mil. etc.: sent to get information)* Späher, *der*/Späherin, *die;* Kundschafter, *der*/Kundschafterin, *die; (aircraft)* Aufklärer, *der;* **c)** *(Brit. Univ.: college servant)* Collegediener, *der;* **d)** *(coll.: helpful person)* **be a good ~:** immer bereit sein zu helfen; **e)** *(act of looking)* Erkundung, *die; (Mil.)* Aufklärung, *die;* **take a ~ around** sich umsehen. **2.** *v. i.* auf Erkundung gehen; **~ for sb./sth.** nach jmdm./etw. Ausschau halten: **be ~ing for talent** auf Talentsuche sein

**~ a'bout, ~ a'round** *v. i.* sich umsehen **(for** nach); Ausschau halten **(for** nach)

**~ 'out** *v. t.* auskundschaften; erkunden

²**scout** *v. t. (reject)* ablehnen; zurückweisen; aus der Welt schaffen ⟨*Gerücht*⟩

'**scout car** *n. (Mil.)* Panzerspähwagen, *der*

**scouting** ['skaʊtɪŋ] *n.* **a)** *(reconnaissance)* Erkundung, *die;* Aufklärung, *die (Milit.);* **b) S~:** Pfadfindertum, *das;* Pfadfinderei, *die (ugs.); (Scout movement)* Pfadfinderbewegung, *die*

**scout: ~ leader,** *(Hist.)* **~master** *ns.* Pfadfinderführer, *der;* **S~ movement** *n.* Pfadfinderbewegung, *die*

**scowl** [skaʊl] **1.** *v. i.* ein mürrisches *od.* verdrießliches Gesicht machen; **~ at sb.** jmdn. mürrisch *od.* verdrießlich ansehen. **2.** *n.* mürrischer *od.* verdrießlicher [Gesichts]ausdruck

**SCR** *abbr. (Brit. Univ.)* **a) Senior Common Room; b) Senior Combination Room**

**scrabble** [skræbl] **1.** *v. i. (scratch)* ⟨*Maus, Hund:*⟩ scharren, kratzen; **~ about** ⟨*Maus:*⟩ herumkratzen *od.* -scharren; *(for missing object)* ⟨*Person:*⟩ wühlen **(for** nach); **the child was scrabbling in the sand** das Kind buddelte *(ugs.)* im Sand. **2.** *n.* **S~, (P)** Scrabble, *das*

**scrag[-end]** [skræg('end)] *n. (Gastr.)* Hals, *der;* Halsstück, *das*

**scraggy** ['skrægɪ] *adj. (derog.)* mager ⟨*Person, Tier*⟩; dürr ⟨*Arme, Beine*⟩; hager ⟨*Hals*⟩

**scram** [skræm] *v. i.,* **-mm-** *(sl.)* abhauen *(salopp);* verschwinden *(ugs.)*

**scramble** ['skræmbl] **1.** *v. i.* **a)** *(clamber)* klettern; kraxeln *(ugs.);* **~ through a hedge** sich durch eine Hecke zwängen; **b)** *(move hastily)* hasten *(geh.);* rennen *(ugs.);* **~ for sth.** um etw. rangeln; ⟨*Kinder:*⟩ sich um etw. balgen; **c)** *(Air Force)* [im Alarmfalle] aufsteigen. **2.** *v. t.* **a)** *(Cookery)* **~ some eggs** Rührei[er] machen; **would you like your eggs ~d?** möchtest du deine Eier als Rührei?; *see also* **scrambled egg; b)** *(Teleph., Radio)* verschlüsseln ⟨*Botschaft, Nachricht*⟩; an ein Verschlüsselungsgerät anschließen ⟨*Telefon*⟩; **c)** *(mix together)* [ver]mischen; **d)** *(deal with hastily)* **~ a bill through Parliament** einen Gesetzentwurf durchs Parlament peitschen *(ugs.);* **~ the ball away** *(Footb.)* den Ball [irgendwie] wegschlagen. **3.** *n.* **a)** *(struggle)* Gerangel, *das* **(for** um); *(on roads)* [Verkehrs]gewühl, *das;* [Verkehrs]chaos, *das;* **b)** *(climb)* Kletterpartie, *die (ugs.)*

**scrambled egg** [skræmbld 'eg] *n. (Gastr.)* Rührei, *das*

**scrambler** ['skræmblə(r)] *n. (Teleph., Radio)* [elektronisches] Verschlüsselungsgerät

¹**scrap** [skræp] **1.** *n.* **a)** *(fragment) (of paper, conversation)* Fetzen, *der; (of food)* Bissen, *der;* **~ of paper** Stück Papier; *(small, torn)* Papierfetzen, *der;* **b)** *(odds and ends) (of food)* Reste *Pl.; (of language)* Brocken *Pl.;* **a few ~s of information/news** ein paar bruchstückhafte Informationen/Nachrichten; **a few ~s of French** ein paar Brocken Französisch; **c)** *(smallest amount)* **not a ~ of** kein bißchen; *(of sympathy, truth also)* nicht ein Fünkchen; *(of truth also)* nicht ein Körnchen; **not a ~ of evidence** nicht die Spur eines Beweises; **d)** *no pl., no indef. art. (waste metal)* Schrott, *der;* **~ metal** Schrott, *der;* Altmetall, *das;* **~ iron** Eisenschrott, *der;* Alteisen, *das;* **e)** *no pl., no indef. art. (rubbish)* Abfall, *der;* **they are ~:** das ist Abfall *od.* sind Abfälle. **2.** *v. t.,* **-pp-** wegwerfen; wegschmeißen *(ugs.); (send for scrap)* verschrotten; *(fig.)* aufgeben ⟨*Plan, Projekt usw.*⟩; **you can ~ that idea right away** die Idee kannst du gleich vergessen *(ugs.)*

²**scrap** *(coll.)* **1.** *n. (fight)* Rauferei, *die;* Klopperei, *die (ugs.); (verbal)* Kabbelei, *die (ugs.);* **get into a ~ with sb.** sich mit jmdm. in die Wolle kriegen *(ugs.);* **have a ~:** sich in der Wolle haben *(ugs.).* **2.** *v. i.,* **-pp-** sich raufen **(with** mit); *(verbally)* sich kabbeln

'**scrap-book** *n.* [Sammel]album, *das*

**scrape** [skreɪp] **1.** *v. t.* **a)** *(make smooth)* schaben ⟨*Häute, Möhren, Kartoffeln usw.*⟩; abziehen ⟨*Holz*⟩; *(damage)* verkratzen, verschrammen ⟨*Fußboden, Auto*⟩; schürfen ⟨*Körperteil*⟩; **~ one's knee/the skin off one's knee** sich *(Dat.)* das Knie schürfen/sich *(Dat.)* am Knie die Haut abschürfen; **b)** *(remove)* [ab]schaben, [ab]kratzen **(off, from** von) ⟨*Farbe, Schmutz, Rost*⟩; **c)** *(draw along)* schleifen; **~ the bow across the fiddle** mit dem Bogen über die Geige kratzen; **d)** *(remove dirt from)* abstreifen ⟨*Schuhe, Stiefel*⟩; **e)** *(draw back)* straff kämmen ⟨*Haar*⟩; **f)** *(excavate)* scharren ⟨*Loch*⟩; **g)** *(accumulate by care with money)* **~ together/up** *(raise)* zusammenkratzen *(ugs.); (save up)* zusammensparen; **h) ~ together/up** *(amass by scraping)* zusammenscharren ⟨*Sand, Kies*⟩; *(rake together)* zusammenharken ⟨*Laub usw.*⟩; *(amass with difficulty)* zusammenkriegen *(ugs.)* ⟨*Geld*⟩; **~ [an] acquaintance with sb.** sich bei jmdm. anbiedern *(abwertend);* **i)** *(leave no food on or in)* abkratzen ⟨*Teller*⟩; auskratzen ⟨*Schüssel*⟩; **j)** *(Naut.)* von Bewuchs befreien *od.* reinigen ⟨*Schiff*⟩. *See also* **barrel a. 2.** *v. i.* **a)** *(pass along with sound)* schleifen; **the chalk ~d along the blackboard** die Kreide kratzte über die Tafel; **b)** *(emit scraping noise)* ein schabendes Geräusch machen; **c)** *(rub)* streifen **(against, over** *Akk.*); **d)** *(very nearly graze or be grazed)* **~ over sth.** ⟨*Flugzeug:*⟩ haarscharf über etw. *(Akk.)* hinwegfliegen; **~ past each other** ⟨*Autos:*⟩ haarscharf aneinander vorbeifahren; **~ into second place** *(fig.)* mit Hängen und Würgen *(ugs.)* auf den zweiten Platz kommen; **e) bow and ~:** katzbuckeln *(abwertend);* **f)** *(be careful with money)* sein Geld zusammenhalten; *see also* **scrimp. 3.** *n.* **a)** *(act, sound)* Kratzen, *das* **(against** an + *Dat.*); Schaben, das **(against** an + *Dat.*); **give the potatoes a ~:** die Kartoffeln schaben; **b)** *(predicament)* Schwulitäten *Pl. (ugs.);* **be in a/get into a ~:** in Schwulitäten sein/kommen; **get sb. out of a ~:** jmdm. aus der Bredouille *od.* Patsche helfen *(ugs.);* **c)** *(scraped place)* Kratzer, *der (ugs.);* Schramme, *die*

**~ a'long** *v. i. (fig.)* sich über Wasser halten **(on** mit)

**~ a'way** *v. t.* abkratzen, abschaben

**~ 'by** *see* **~ along**

**~ 'out** *v. t.* **a)** *(excavate)* buddeln *(ugs.);* scharren; **b)** *(clean)* auskratzen, -schaben

**~ through 1.** ['--] *v. t.* **a)** sich zwängen durch; **b)** *(fig.: just succeed in passing)* mit Hängen und Würgen kommen durch ⟨*Prüfung*⟩. **2.** [-'-] *v. i.* **a)** sich durchzwängen; **b)** *(fig.: just succeed in passing examination)* mit Hängen und Würgen durchkommen

**scraper** ['skreɪpə(r)] *n.* **a)** *(for shoes)* Kratzeisen, *das; (grid)* Abtreter, *der;* Abstreifer, *der;* **b)** *(hand tool, kitchen utensil)* Schaber, *der; (for clearing snow)* Schneescharre, *die;* Schneeschieber, *der; (for clearing mud or dung)* [Schmutz]kratzer, *der; (decorator's)* Spachtel, *der; (for removing ice from car windows)* [Eis]kratzer, *der*

'**scraperboard** *n. (Art)* Schabpapier, *das*

'**scrap-heap** *n.* Schutthaufen, *der;* Müllhaufen, *der;* **the scheme has been thrown/is on the ~** *(fig.)* der Plan ist zu Makulatur gemacht worden/ist Makulatur; **sb. is on the ~:** jmd. wird nicht mehr gebraucht; *(because of age)* jmd. gehört zum alten Eisen *(fig. ugs.)*

**scrapings** ['skreɪpɪŋz] *n. pl.* Schabsel; Geschabsel, *das*

**scrap: ~ merchant** *n.* Schrotthändler, *der*/-händlerin, *die;* **~ 'paper** *n.* Schmierpapier, *das*

**scrappily** ['skræpɪlɪ] *adv.* unzulänglich; *(without unity)* uneinheitlich; *(unsystematically)* unsystematisch

**scrappy** ['skræpɪ] *adj.* **a)** *(not complete)* lückenhaft ⟨*Bericht, Bildung usw.*⟩; *(not unified)* uneinheitlich; **b)** *(lacking consistency)* inkonsistent *(geh.),* unausgewogen ⟨*Aufsatz, Bericht*⟩; **c)** *(made up of bits or scraps)* zusammengestoppelt *(abwertend);* **a ~ meal, consisting of left-overs** ein aus Resten zusammengestoppeltes Essen

'**scrap-yard** *n.* Schrottplatz, *der;* **be sent to the ~:** verschrottet werden

**scratch** [skrætʃ] **1.** *v. t.* **a)** *(score surface of)* zerkratzen; verkratzen; *(score skin of)* kratzen; **~ the surface [of sth.]** ⟨*Geschoß usw.:*⟩ [etw.] streifen; **he has only ~ed the surface [of the problem]** er hat das Problem nur oberflächlich gestreift; **~ an A and find a B** *(fig.)* in jedem A steckt ein B; **b)** *(get scratch[es] on)* **~ oneself/one's hands** *etc.* sich schrammen/sich *(Dat.)* die Hände *usw.* zerkratzen *od.* [zer]schrammen *od.* ritzen; **c)** *(scrape without marking)* kratzen; kratzen an (+ *Dat.*) ⟨*Insektenstich usw.*⟩; **~ oneself/one's arm** *etc.* sich kratzen/sich *(Dat.)* den Arm *usw. od.* am Arm *usw.* kratzen; *abs.* ⟨*Person:*⟩ sich kratzen; **~ one's head** sich am Kopf kratzen; **~ one's head [over sth.]** *(fig.)* sich *(Dat.)* den Kopf über etw. *(Akk.)* zerbrechen; **you ~ my back and I'll ~ yours** *(fig. coll.)* eine Hand wäscht die andere *(Spr.);* **d)** *(form)* kratzen, ritzen ⟨*Buchstaben etc.*⟩; *(excavate in ground)* kratzen, scharren ⟨*Loch*⟩ **(in** in + *Akk.*); *(scribble)* kritzeln ⟨*Zeilen*⟩; **~ a living** sich schlecht und recht ernähren **(from** von); **e)** *(erase from list)* streichen **(from** aus); *(withdraw from competition)* von der Starter- *od.* Teilnehmerliste streichen ⟨*Rennpferd, Athleten*⟩; *(Amer. Polit.)* [von der Kandidatenliste] streichen ⟨*Kandidat*⟩; *abs.* ⟨*Rennfahrer:*⟩ [seine Meldung *od.* Nennung] zurückziehen. **2.** *v. i.* **a)** *(make wounds, cause itching, make grating sound)* kratzen; **b)** *(scrape)* ⟨*Huhn:*⟩ kratzen, scharren. **3.** *n.* **a)** *(mark, wound; coll.: trifling wound)* Kratzer, *der (ugs.);* Schramme, *die;* **be covered in ~es** zer- *od.* verkratzt sein; zer- *od.* verschrammt sein; **without a ~:** ohne eine Schramme; **b)** *(sound)* Kratzen, *das* **(at** an + *Dat.*); Kratzgeräusch, *das;* **there was a ~ at the door** es kratzte an der Tür; **c)** *(spell of scratching)* **have a [good] ~:** sich [ordentlich] kratzen; **d)** *(Sport) hinterste Startlinie (bei Handikaprennen);* **on ~:** ohne Vorgabe; **e) start from ~** *(fig.)* bei Null anfangen *(ugs.);* **be up to ~** ⟨*Arbeit, Leistung:*⟩ nichts zu wünschen übriglassen; ‹*Person:*› in Form *od. (ugs.)* auf Zack sein; **not be up to ~:** [einiges] zu wünschen übriglassen; ‹*Mensch:*› nicht in Form *od. (ugs.)* auf Zack sein; **bring sth. up to ~:** etw. auf Vordermann *(scherzh.) od. (ugs.)* auf Zack bringen; **bring sb.'s performance up to ~:** jmdn. in Form *od. (ugs.)* auf Zack bringen; **f)** *no pl., no indef. art. (sl.: money)* Kohle, *die (salopp);* Knete, *die (salopp).* **4.** *adj.* **a)** *(Sport)* ohne Vorgabe *nachgestellt;* **~ player** *(Golf)* Scratchspieler, *der;* **b)** *(collected haphazardly)* bunt zusammengewürfelt; improvisiert ‹*Mahlzeit*›

**~ a'bout, ~ a'round** *v. i.* scharren; *(fig.: search)* suchen **(for** nach)

**~ 'off** *v. t.* abkratzen; *(delete)* streichen ‹*Person, Name*›

**~ 'out** *v. t.* **a)** *(score out)* aus-, durchstreichen ‹*Name, Wort*›; **b)** *(gouge out)* auskratzen ‹*Auge*›

**~ 'through** *see* **~ out a**

**~ to'gether, ~ 'up** *v. t.* zusammenstoppeln *(ugs.)* ‹*Mahlzeit*›; zusammenkratzen *(ugs.)* ‹*Geld*›

**'scratchboard** *see* **scraperboard**

**scratchily** ['skrætʃılı] *adv.* kratzend

**scratchy** ['skrætʃı] *adj.* **a)** *(making sound of scratching)* kratzig [klingend] ‹*Schallplatte*›; **this is a ~ nib** diese Feder kratzt; **b)** *(causing itching)* kratzig ‹*Wolle, Kleidungsstück*›; **c)** *(careless)* kritzlig *(ugs.)* ‹*Handschrift, Zeichnung*›; **d)** *(irritable)* kratzbürstig; kratzig *(ugs.)*

**scrawl** [skrɔ:l] **1.** *v. t.* hinkritzeln; **~ sth. on sth.** etw. auf etw. *(Akk.)* kritzeln. **2.** *v. i.* kritzeln. **3.** *n.* **a)** *(piece of writing)* Gekritzel, *das; (handwriting)* Klaue, *die (salopp abwertend);* **b)** *(note)* hingekritzelte Zeilen

**~ 'out** *v. t.* wegstreichen ‹*Wort*›

**~ 'over** *v. t.* vollkritzeln, vollschmieren ‹*Seite, Buch*›

**scrawny** ['skrɔ:nı] *adj. (derog.)* hager, dürr ‹*Hals, Person*›; mager ‹*Vieh*›

**scream** [skri:m] **1.** *v. i.* **a)** *(utter cry)* schreien **(with** vor + *Dat.*); **~ at sb.** jmdn. anschreien; **b)** *(give shrill cry)* ‹*Vogel, Affe:*› schreien; **c)** *(whistle or hoot shrilly)* ‹*Sirene, Triebwerk:*› heulen; ‹*Reifen:*› quietschen; ‹*Säge:*› kreischen; **the car ~ed past** das Auto kam mit heulendem Motor vorbeigerast; **d)** *(laugh)* schreien **(with** vor + *Dat.*); **e)** *(speak or write excitedly)* **~ about sth.** um etw. ein großes Geschrei machen *(ugs.);* **the shipyards are ~ing for work** die Werften schreien nach Aufträgen *(geh.);* **f)** *(be blatantly obvious)* ‹*Schlagzeile:*› in die Augen springen, einem entgegenspringen. **2.** *v. t.* schreien; **~ sth. at sb.** jmdm. etw. ins Gesicht schreien. **3.** *n.* **a)** *(cry)* Schrei, *der; (of siren or jet engine)* Heulen, *das;* **~s of pain/laughter** Schmerzensschreie/gellendes Gelächter; **b)** *(sl.: comical person or thing)* **be a ~:** zum Schreien sein *(ugs.)*

**screaming** ['skri:mıŋ] *adj.* **a)** schreiend; quietschend ‹*Reifen*›; heulend ‹*Sirene, Wind, Triebwerk*›; **b)** *(funny)* urkomisch

**screamingly** [skri:mıŋlı] *adv.* **~ funny** urkomisch

**scree** [skri:] *n.* **~ [s] a)** *(stones)* Schutt, *der;* Geröll, *das;* Schotter, *der;* **b)** *(mountain slope)* Schutthalde, *die*

**screech** [skri:tʃ] **1.** *v. i. (utter cry)* ‹*Kind, Eule:*› kreischen, schreien; *(make sound like cry)* ‹*Bremsen:*› quietschen, kreischen; **~ to a halt, come to a ~ing halt** ‹*Auto:*› quietschend *od.* kreischend zum Stehen kommen. **2.** *v. t.* kreischen. **3.** *n. (cry)* Schrei, *der;* Kreischen, *das; (sound like cry)* Quietschen, *das;* Kreischen, *das;* **give a ~ of laughter** gellend auflachen

**'screech-owl** *n.* **a)** *(Brit.: barn-owl)* Schleiereule, *die;* **b)** *(Amer.: of genus Otus)* Zwergohreule, *die; (Otus asio)* Kreischeule, *die*

**screed** [skri:d] *n.* **a)** *(lengthy writing)* Roman, *der (ugs.);* **b)** *(harangue)* Strafpredigt, *die;* **c)** *(Building)* Estrich, *der*

**screen** [skri:n] **1.** *n.* **a)** *(partition)* Trennwand, *die; (piece of furniture)* Wandschirm, *der; (fire-~)* [Ofen]schirm, *der; see also* **rood-screen; b)** *(sth. that conceals from view)* Sichtschutz, *der; (Hunting)* [Jagd]schirm, *der; (of trees, persons, fog)* Wand, *die; (of persons)* Mauer, *die; (expression of face or measure adopted for concealment)* Maske, *die; (of indifference, secrecy also)* Wand, *die;* Mauer, *die;* **c)** *(surface on which pictures are projected)* Leinwand, *die;* Projektionswand, *die; (in cathode-ray tube)* Schirm, *der;* **[TV] ~** [Fernseh]schirm, *der;* Bildschirm, *der;* **the ~** *(Cinemat.)* die Leinwand; **stage and ~:** Bühne und Leinwand; **the small ~:** der Bildschirm; **d)** *(vertical display surface) (for exhibits)* Stellwand, *die; (for notices)* Pinnwand, *die;* Anschlagtafel, *die;* **e)** *(Phys.)* [Schutz]schirm, *der; (Electr.)* Abschirmung, *die;* **f)** *(Motor Veh.) see* **windscreen; g)** *(Amer.: netting to exclude insects)* Fliegendraht, *der;* Fliegengitter, *das;* **h)** *(sieve)* [Wurf]sieb, *das;* Durchwurf, *der;* **i)** *(Cricket) see* **sight-screen; j)** *(Photog.)* Mattscheibe, *die;* **k)** *(Printing)* [Bild]raster, *der.* **2.** *v. t.* **a)** *(shelter)* schützen **(from** vor + *Dat.*); *(conceal)* verdecken; **~ one's eyes from the sun** seine Augen vor der Sonne schützen *od. (geh.)* gegen die Sonne beschirmen; **be ~ed from view** vor Einblicken geschützt sein; **~ sth. from sb.** etw. jmds. Blicken entziehen; **b)** *(show)* vorführen, zeigen ‹*Dias, Film*›; **c)** *(test)* durchleuchten **(for** auf ... *[Akk.]* hin); **d)** *(fig.: protect)* decken ‹*Straftäter*›; *(from blame)* in Schutz nehmen **(from** gegen); *(from justice)* bewahren **(from** vor + *Dat.*); **e)** *(sieve)* [durch]sieben; **f)** *(Electr. Phys., Nucl. Engin.)* abschirmen

**~ 'off** *v. t.* abteilen ‹*Teil eines Raums*›; [mit einem Wandschirm] abtrennen ‹*Bett*›

**screen: ~-play** *n. (Cinemat.)* Drehbuch, *das;* **~-printing** *n. (Textiles)* Gewebefilmdruck, *der;* **~ test** *n. (Cinemat.)* Probeaufnahmen *Pl.;* **~-writer** *n. (Cinemat.)* Filmautor, *der*/-autorin, *die*

**screw** [skru:] **1.** *n.* **a)** Schraube, *die;* **he has a ~ loose** *(coll. joc.)* bei ihm ist eine Schraube locker *od.* lose *(salopp);* **put the ~[s] on sb.** *(fig. coll.)* jmdm. [die] Daumenschrauben anlegen *(ugs.);* **b)** *(Naut., Aeronaut.)* Schraube, *die;* **c)** *(sl.: prison warder)* Wachtel, *die (salopp);* Schien, *der (Gaunerspr. veralt.);* **d)** *(coarse) (copulation)* Fick, *der (vulg.);* Nummer, *die (derb); (partner in copulation)* Ficker, *der*/Fickerin, *die (vulg.);* **have a ~:** ficken *(vulg.);* vögeln *(vulg.);* **be a good ~:** gut ficken *od.* vögeln *(vulg.);* **e)** *(Brit. sl.: wages)* **they're/he's** *etc.* **paid a good ~:** die Kohlen stimmen [bei ihnen/ihm] *(ugs.);* **f)** *(turn of ~)* [Um]drehung, *die;* **give the bolt another ~:** dreh die Schraube noch eine Umdrehung weiter. **2.** *v. t.* **a)** *(fasten)* schrauben **(to** an + *Akk.*); **~ together** zusammenschrauben; verschrauben; **~ down** festschrauben; **have one's head ~ed on [straight** *or* **the right way** *or* **properly]** *(coll.)* ein vernünftiger Mensch sein; **b)** *(turn)* schrauben ‹*Schraubverschluß usw.*›; **~ one's head round** den Kopf verdrehen; **~ a piece of paper into a ball** ein Stück Papier zu einer Kugel zusammendrehen; **c)** *(sl.: extort)* [raus]quetschen *(salopp)* ‹*Geld, Geständnis*› **(out of** aus); **can't you ~ a bit more money out of your parents?** kannst du deinen Eltern nicht noch ein bißchen mehr Geld aus dem Kreuz leiern? *(salopp);* **~ sb. for a loan/for repayment** ein Darlehen/die Rückzahlung aus jmdm. rausquetschen *(salopp);* **d)** *(coarse: copulate with)* ‹*Mann:*› ficken *(vulg.),* vögeln *(vulg.);* ‹*Frau:*› ficken mit *(vulg.),* vögeln mit *(vulg.);* **e)** *(sl.: burgle)* knacken *(salopp)* ‹*Tresor*›; einen Bruch machen bei *(salopp)* ‹*Bank usw.*›. **3.** *v. i.* **a)** *(revolve)* sich schrauben lassen; sich drehen lassen; **~ to the right** ein Rechtsgewinde haben; **~ out/together** sich herausschrauben/zusammenschrauben lassen; **b)** *(coarse: copulate)* ficken *(vulg.);* vögeln *(vulg.)*

**~ 'up** *v. t.* **a)** *(make tenser)* spannen ‹*Saite*›; **~ up one's courage** sich *(Dat.)* ein Herz fassen; **b)** *(crumple up)* zusammenknüllen ‹*Blatt Papier*›; **c)** *(make grimace with)* verziehen ‹*Gesicht*›; *(contract the outer parts of)* zusammenkneifen ‹*Augen, Mund*›; **d)** *(sl.: bungle)* vermurksen *(ugs.);* vermasseln *(salopp);* **~ it/things up** Mist bauen *(salopp)*

**screw: ~ball** *(Amer. sl.)* **1.** *n.* Spinner, der/Spinnerin, *die (ugs. abwertend);* **be a ~:** spinnen; **2.** *adj.* spleenig; **~-cap** *n.* Schraubdeckel, *der;* Schraubverschluß, *der;* **~-coupling** *n. (Mech. Engin.)* Gewindemuffe, *die;* **~driver** *n.* **a)** Schraubenzieher, *der;* Schraubendreher, *der (fachspr.);* **b)** *(cocktail)* Wodka-Orange, *der;* Screwdriver, *der*

**screwed** [skru:d] *adj. (sl.: drunk)* besoffen *(salopp)*

**'screwed-up** *adj. (fig. coll.)* neurotisch; **get [all] ~ about sth.** wegen etw. ausflippen *(ugs.)*

**screw-top** *see* **screw-cap**

**screwy** ['skru:ı] *adj. (sl.: eccentric)* spinnig *(ugs. abwertend);* spleenig; *(crazy)* verrückt ‹*Humor, Idee, Plan*›

**scribble** ['skrıbl] **1.** *v. t.* **a)** *(write hastily)* hinkritzeln ‹*Zeilen, Nachricht*›; **b)** *(draw carelessly or meaninglessly)* kritzeln ‹*Skizze, Muster*›; **c)** *(joc. derog.: write)* absondern *(salopp abwertend)* ‹*Gedicht, Artikel*›. **2.** *v. i.* **a)** *(write hurriedly, draw carelessly)* kritzeln; **b)** *(joc. derog.: be journalist etc.)* schreiben; **are you still scribbling?** machst du [immer] noch auf Schreiberling? *(ugs. abwertend).* **3.** *n.* Gekritzel, *das (abwertend); (handwriting)* Klaue, *die (salopp abwertend)*

**~ 'out, ~ 'over** *v. t.* aus-, durchstreichen; überkritzeln

**scribbler** ['skrıblə(r)] *n. (joc. derog.)* Schreiberling, *der (abwertend); (of poems also)* Dichterling, *der (abwertend)*

**scribbling** ['skrıblıŋ]: **~-pad** *n. (Brit.)* Notizblock, *der;* **~-paper** *n. (Brit.)* Schmierpapier, *das (ugs.)*

**scribe** [skraıb] *n.* **a)** *(producer of manuscripts)* Schreiber, *der;* Skriptor, *der; (copyist)* Abschreiber, *der;* Kopist, *der;* **b)** *(Bibl.: theologian)* Schriftgelehrte, *der*

**scrimmage** ['skrımıdʒ] **1.** *n.* Gerangel, *das.* **2.** *v. i.* rangeln; ‹*spielende Kinder:*› sich balgen

**scrimp** [skrımp] *v. i.* knausern *(ugs.);* knapsen *(ugs.);* **~ and save** *or* **scrape** knapsen und knausern *(ugs.);* **~ on sth.** mit etw. knausern

**scrip** [skrıp] *n. (Finance)* **a)** *(certificate)* Scrip, *der;* Zwischenschein, *der;* **b)** *(extra share[s])* Gratisaktie, *die*/Gratisaktien *Pl.*

**script** [skrıpt] **1.** *n.* **a)** *(handwriting)* Handschrift, *die;* **in ~:** handgeschrieben; handschriftlich; **b)** *(of play)* Regiebuch, *das; (of film)* [Dreh]buch, *das;* Skript, *das (fachspr.);* **c)** *(for broadcaster)* Skript, *das;* Manuskript, *das;* **d)** *(system of writing)* Schrift, *die;* **e)** *(Printing)* Schreibschrift, *die;* **f)** *(Brit. Educ.)* [Prüfungs]arbeit, *die.* **2.** *v. t.* schriftlich ausarbeiten ‹*Rede*›; das [Dreh]buch schreiben zu ‹*Film, Fernsehspot usw.*›; das Storyboard machen zu ‹*Fernsehspot*›

**'script girl** *n.* Skriptgirl, *das*

**scriptorium** [skrıp'tɔ:rıəm] *n., pl.* **scriptoria** [skrıp'tɔ:rıə] *or* **~s** Skriptorium, *das;* [Kloster]schreibstube, *die*

**scriptural** ['skrıptʃərl, 'skrıptʃʊrl] *adj.* **a)** *(of the Bible)* biblisch ‹*Geschichte*›; Bibel-

⟨*kenntnis*⟩; Schrift⟨*lesung*⟩; **b)** *(founded on doctrines of the Bible)* schriftgemäß

**scripture** ['skrɪptʃə(r)] *n.* **a)** *(Relig.: sacred book)* heilige Schrift; **[Holy] S~, the [Holy] S~s** *(Christian Relig.)* die [Heilige] Schrift; *attrib.* Bibel⟨*text, -stunde*⟩; **b)** *(Christian Relig.: Bible text)* Bibeltext, *der;* **c)** *no pl., no art. (Sch.)* Religion, *die*

**'script-writer** *n. (of film)* Drehbuchautor, *der/*-autorin, *die; (for radio)* Hörspielautor, *der/*-autorin, *die*

**scrofula** ['skrɒfjʊlə] *n. (Med.)* Skrofulose, *die;* Skrofeln *Pl.*

**scroll** [skrəʊl] **1.** *n.* **a)** *(roll)* Rolle, *die;* **b)** *(design) (Archit.)* Volute, *die;* Schnecke, *die; (Mus.: on violin)* Schnecke, *die; (flourish in writing)* Schnörkel, *der.* **2.** *v. t. (Computing)* verschieben; scrollen *(fachspr.);* **~ a few pages** ein paar Seiten durchlaufen lassen

**'scrollwork** *n., no pl. (Art)* Schneckenverzierung, *die*

**Scrooge** [skru:dʒ] *n. (coll.: derog.)* Geizkragen, *der (ugs. abwertend);* **don't be such a ~:** sei nicht so geizig

**scrotum** [skrəʊtəm] *n., pl.* **scrota** ['skrəʊtə] *or* **~s** *(Anat.)* Hodensack, *der;* Skrotum, *das (fachspr.)*

**scrounge** [skraʊndʒ] *(coll.)* **1.** *v. t.* **a)** *(cadge)* schnorren *(ugs.)* **(off, from** von); **~ things** schnorren; **b)** *(take illicitly)* mitgehen lassen *(ugs.);* sich *(Dat.)* unter den Nagel reißen *(salopp).* **2.** *v. i.* **a)** *(cadge things)* schnorren *(ugs.)* **(from** bei); **b)** *(take things illicitly)* klauen *(salopp);* **c)** **~ [around]** herumsuchen; herumstöbern *(ugs.);* **~ for sth.** nach etw. suchen. **3.** *n.* **be on the ~ [for sth.]** [etw.] schnorren wollen *(ugs.)*

**scrounger** ['skraʊndʒə(r)] *n. (coll.) (cadger)* Schnorrer, *der/*Schnorrerin, *die (ugs. abwertend)*

**[1]scrub** [skrʌb] **1.** *v. t.,* **-bb- a)** *(rub)* schrubben *(ugs.);* scheuern; **b)** *(coll.: cancel, scrap)* zurücknehmen ⟨*Befehl*⟩; sausenlassen, schießenlassen *(salopp)* ⟨*Plan, Projekt*⟩; wegschmeißen *(ugs.)* ⟨*Brief*⟩; **the project had to be ~bed** das Projekt mußte abgeblasen werden *(ugs.).* **2.** *v. i.,* **-bb- a)** *(use brush)* schrubben *(ugs.);* scheuern; **b)** *see* **~ up. 3.** *n.* **give sth. a ~:** etw. schrubben *(ugs.) od.* scheuern

**~ 'out** *v. t.* **a)** *(clean thoroughly)* schrubben *(ugs.),* [aus]scheuern ⟨*Pfanne*⟩; schrubben *(ugs.),* scheuern ⟨*Zimmer*⟩; **b)** *(remove)* ausbürsten ⟨*Fleck*⟩; **c)** *see* **~ 1 b**

**~ 'up** *v. i. (Med.)* sich *(Dat.)* die Hände [und Unterarme] desinfizieren

**[2]scrub** *n.* **a)** *(brushwood)* Buschwerk, *das;* Strauchwerk, *das;* Gesträuch, *das; (area of brushwood)* Buschland, *das;* **b)** *(stunted person, animal, or plant)* Kümmerling, *der*

**scrubber** ['skrʌbə(r)] *n.* **a)** *(sl.: immoral woman)* Flittchen, *das (ugs. abwertend);* Nutte, *die (abwertend); (sluttish woman)* Schlampe, *die (ugs. abwertend);* **b)** *(Chem.)* Wascher, *der*

**'scrub-brush** *(Amer.),* **'scrubbing-brush** *ns.* Scheuerbürste, *die*

**scrubby** ['skrʌbɪ] *adj.* **a)** *(bristly)* stoppelig ⟨*Kinn*⟩; stachelig, borstig ⟨*Bart*⟩; **b)** *(with stunted bushes)* mit [niedrigem] Busch- *od.* Strauchwerk bewachsen ⟨*Gebiet*⟩; **c)** *(stunted)* krüppelhaft ⟨*Büsche, Sträucher*⟩

**[1]scruff** [skrʌf] *n.* **by the ~ of the neck** beim *od.* am Genick

**[2]scruff** *n. (Brit. coll.) (scruffy man)* vergammelter Typ *(ugs.); (scruffy woman, girl)* Schlampe, *die (abwertend)*

**scruffily** ['skrʌfɪlɪ] *adv. (coll.)* gammelig *(ugs. abwertend)* ⟨*angezogen*⟩

**scruffy** ['skrʌfɪ] *adj.* vergammelt *(ugs. abwertend);* heruntergekommen ⟨*Haus, Restaurant, Gegend*⟩; ungepflegt ⟨*Haar*⟩

**scrum** [skrʌm] *n.* **a)** *(Rugby)* Gedränge, *das;* **b)** *(coll.: milling crowd)* Gedränge, *das;* Gewimmel, *das;* **a ~ of press photographers** ein Schwarm von Pressefotografen

**scrum-'half** *n. (Rugby)* Gedrängehalb[spieler], *der*

**scrummage** ['skrʌmɪdʒ] *see* **scrum a**

**scrump** [skrʌmp] *v. t. & i.* stehlen

**scrumptious** ['skrʌmʃəs] *adj. (coll.)* lecker ⟨*Essen*⟩; **she's/she looks ~:** sie ist zum Anbeißen/sie sieht zum Anbeißen aus *(ugs.)*

**scrumpy** ['skrʌmpɪ] *n. (esp. dial.)* ≈ saurer Apfelmost *(bes. südd.)*

**scrunch** [skrʌntʃ] *see* **crunch**

**scruple** ['skru:pl] **1.** *n.* **a)** *in sing. or pl.* Skrupel, *der;* Bedenken, *das;* **be [totally] without ~:** keine[rlei] Bedenken *od.* Skrupel haben; **a person with no ~s** ein gewissen- *od.* skrupelloser Mensch; **have no ~s about doing sth.** keine Bedenken *od.* Skrupel haben, etw. zu tun; **b)** *(Brit. Hist.: unit of weight)* Skrupel, *das.* **2.** *v. i.* Bedenken *od.* Skrupel haben; **[not] ~ to do sth./about doing sth.** [keine] Bedenken *od.* Skrupel haben, etw. zu tun

**scrupulous** ['skru:pjʊləs] *adj.* **a)** *(conscientious)* gewissenhaft ⟨*Mensch*⟩; unbedingt ⟨*Ehrlichkeit*⟩; peinlich ⟨*Sorgfalt*⟩; **pay ~ attention to sth.** peinlich auf etw. *(Akk.)* achten; **b)** *(over-attentive to detail)* penibel *(geh.);* pingelig *(ugs.);* [übermäßig] streng ⟨*Eltern*⟩; **be ~ about sth./in sth.** es mit etw. übertrieben genau nehmen

**scrupulously** ['skru:pjʊləslɪ] *adv.* **a)** *(conscientiously)* peinlich ⟨*sauber, genau*⟩; **~ honest** auf unbedingte Ehrlichkeit bedacht; **b)** *(with undue attention to detail)* penibel *(geh.);* pingelig *(ugs.)*

**scrutineer** [skru:tɪ'nɪə(r)] *n. (Brit. Admin.)* ≈ Wahlvorstand, *der*

**scrutinize (scrutinise)** ['skru:tɪnaɪz] *v. t.* [genau] untersuchen ⟨*Gegenstand, Forschungsgegenstand*⟩; [über]prüfen ⟨*Rechnung, Paß, Fahrkarte*⟩; mustern ⟨*Miene, Person*⟩

**scrutiny** ['skru:tɪnɪ] *n., no pl.* **a)** *(critical gaze)* musternder Blick; prüfender Blick; *(close examination) (of recruit)* Musterung, *die; (of bill, passport, ticket)* [Über]prüfung, *die;* **bear ~:** einer [genauen] Prüfung standhalten; **b)** *(Brit.: examination of votes)* Stimmenauszählung, *die*

**scuba** ['skju:bə, 'sku:bə] *n. (Sport)* Regenerationstauchgerät, *das; attrib.* Geräte⟨*tauchen*⟩; [Geräte]tauch⟨*ausrüstung*⟩

**scud** [skʌd] *v. i.,* **-dd- a)** *(skim along)* ⟨*Wolke:*⟩ jagen; **b)** *(Naut.)* **~ before the wind** vor dem Wind laufen *od. (fachspr.)* lenzen

**scuff** [skʌf] **1.** *v. t.* **a)** *(graze)* streifen; **~ one's shoe against sth.** etw. mit dem Schuh streifen; **b)** *(mark by grazing)* verkratzen, verschrammen ⟨*Schuhe, Fußboden*⟩. **2.** *n.* **a)** Kratzer, *der;* Kratzspur, *die;* Schramme, *die;* **b)** *(slipper)* Pantoffel, *der*

**scuffle** ['skʌfl] **1.** *n.* Handgreiflichkeiten *Pl.;* Tätlichkeiten *Pl.;* **a ~ broke out** es kam zu Handgreiflichkeiten *od.* Tätlichkeiten. **2.** *v. i.* **a)** handgreiflich *od.* tätlich werden **(with** gegen); **b)** *(shuffle)* schlurfen; *(scurry)* ⟨*Mäuse:*⟩ rascheln

**scull** [skʌl] **1.** *n.* **a)** *(oar)* Skull, *das;* **b)** *(boat)* Skullboot, *das.* **2.** *v. t.* skullen; rudern. **3.** *v. i.* skullen

**scullery** ['skʌlərɪ] *n.* Spülküche, *die*

**sculpt** [skʌlpt] **1.** *v. t. see* **sculpture 2. 2.** *v. i. (coll.)* bildhauern *(ugs.);* **make a living from ~ing** vom Bildhauern leben

**sculptor** ['skʌlptə(r)] *n.* Bildhauer, *der/*-hauerin, *die*

**sculptress** ['skʌlptrɪs] *n.* Bildhauerin, *die*

**sculptural** ['skʌlptʃərl] *adj.* **a)** plastisch; **b)** *(resembling sculpture)* skulptural *(geh.)* ⟨*Gesichtszüge, Form*⟩; plastisch

**sculpture** ['skʌlptʃə(r)] **1.** *n.* **a)** *(art)* Bildhauerei, *die;* **b)** *(piece of work)* Skulptur, *die;* Plastik, *die; (pieces collectively)* Skulpturen; Plastiken. **2.** *v. t.* **a)** *(represent)* skulpt[ur]ieren *(geh.);* bildhauerisch darstellen; **~d in marble/stone/bronze** in Marmor/Stein gehauen/in Bronze gegossen; **b)** *(shape)* formen **(into** zu); **a finely ~d nose** eine schön *od.* fein modellierte Nase. **3.** *v. i.* bildhauern *(ugs.);* skulpt[ur]ieren *(geh.); (in plastic material)* modellieren

**scum** [skʌm] *n.* **a)** Schmutzschicht, *die; (film)* Schmutzfilm, *der; (on soup etc.)* oben schwimmende Schicht; *(greasy)* Fettschicht, *die;* **a ring of ~ around the bath** ein Schmutzrand in der Badewanne; **b)** *no pl., no indef. art. (fig. derog.)* Abschaum, *der (abwertend);* Auswurf, *der (abwertend);* **the ~ of the earth/of humanity** der Abschaum der Menschheit

**[1]scupper** ['skʌpə(r)] *n. (Naut.)* Speigatt, *das*

**[2]scupper** *v. t. (Brit. coll.)* **a)** *(defeat)* über den Haufen werfen *(ugs.)* ⟨*Plan*⟩; **we're ~ed if the police arrive** wenn die Polizei kommt, sind wir erledigt; **b)** *(sink)* versenken ⟨*Schiff, Mannschaft*⟩; **be ~ed** ⟨*Mannschaft:*⟩ absaufen *(salopp)*

**scurf** [skɜ:f] *n.* Schuppen *Pl.*

**scurfy** ['skɜ:fɪ] *adj.* schuppig ⟨*Haar, Fell*⟩

**scurrilous** ['skʌrɪləs] *adj.* **a)** *(abusive)* niederträchtig; **b)** *(gross, obscene)* unflätig

**scurrilously** ['skʌrɪləslɪ] *adv.* **a)** *(abusively)* in niederträchtiger Weise; **b)** *(grossly, obscenely)* in unflätiger Weise

**scurry** ['skʌrɪ] **1.** *v. i.* huschen; flitzen *(ugs.).* **2.** *n.* **a)** *(bustle)* Geschäftigkeit, *die;* **b)** *(act)* Hetze, *die;* **a ~ for the best seats** ein Sturm auf die besten Plätze; **c)** *(sound) (of feet)* Getrappel, *das*

**scurvy** ['skɜ:vɪ] **1.** *n. (Med.)* Skorbut, *der.* **2.** *adj. (arch.)* niederträchtig

**'scuse** [skju:z] *v. t. (coll.)* **~ me** 'tschuldigung; **~ fingers** 'tschuldigung, daß *od.* wenn ich die Finger nehme

**scut** [skʌt] *n. (of deer)* Wedel, *der (Jägerspr.); (of rabbit, hare)* Blume, *die (Jägerspr.)*

**[1]scuttle** ['skʌtl] *n.* **a)** *(coal-box)* Kohlenfüller, *der;* **b)** *(Brit. Motor Veh.) Teil der Karosserie zwischen Motorhaube und unterem Rand der Windschutzscheibe*

**[2]scuttle** *(Naut.)* **1.** *v. t.* versenken. **2.** *n.* Luke, *die*

**[3]scuttle** *v. i. (scurry)* rennen; flitzen *(ugs.);* ⟨*Maus, Krabbe:*⟩ huschen; **she ~d off** sie huschte davon

**Scylla and Charybdis** [sɪlə ənd kə'rɪbdɪs] *n., no pl.* **between ~:** zwischen Szylla und Charybdis

**scythe** [saɪð] **1.** *n.* Sense, *die.* **2.** *v. t.* [mit der Sense] mähen ⟨*Wiese, Gras, usw.*⟩; [mit der Sense] abmähen ⟨*Gras usw.*⟩

**SDI** *abbr.* **strategic defence initiative** SDI

**SDLP** *abbr.* **Social Democratic and Labour Party** sozialistische Partei Nordirlands

**SDP** *abbr. (Brit. Polit.)* **Social Democratic Party**

**SDR** *abr. (Econ.)* **special drawing right** SZR

**SE** *abbr.* **a)** [saʊ'θi:st] **south-east** SO; **b)** [saʊ-'θi:stən] **south-eastern** sö.

**sea** [si:] *n.* **a)** Meer, *das;* **the ~:** das Meer; die See; **by ~:** mit dem Schiff; **by the ~:** am Meer; an der See; **at ~:** auf See *(Dat.);* **be all at ~** *(fig.)* nicht mehr weiter wissen; **when it comes to maths I'm all at ~:** von Mathe hab' ich nicht die geringste Ahnung; **worse things happen at ~** *(joc.)* davon geht die Welt nicht unter *(ugs.);* **beyond [the] ~[s]** *(literary) see* **overseas a; go to ~:** in See stechen; *(become sailor)* zur See gehen *(ugs.);* **on the ~** *(in ship)* auf See *(Dat.); (on coast)* am Meer; an der See; **put [out] to ~:** in See *(Akk.)* gehen *od.* stechen; auslaufen; *see also* **high seas; inland sea; b)** *(specific tract of water)* Meer, *das;* **the seven ~s** *(literary/poet.)* die sieben [Welt]meere; **c)** *(freshwater lake)* See, *der;* **the S~ of Galilee** der See Genezareth; **d)** *in sing. or pl. (state of ~)* See, *die; (wave)* Welle, *die;* Woge, *die* *(geh.);* See, *die (Seemannsspr.);* **there was a heavy ~:** es herrschte schwere See *(Seemannsspr.);* **run into heavy ~s** in schwere See kommen *(Seemannsspr.); see also* **half-seas-over; ship 2d; e)** *(fig.: vast quantity)* Meer, *das; (of drink)* Strom, *der;* **f)** *attrib. (of or on the ~)* See⟨*klima, -wind, -wasser, -schlacht, -karte, -weg*⟩; Meer⟨*gott, -ungeheuer, -wasser, -salz usw.*⟩; Meeres⟨*grund, -küste, -niveau, -spiegel usw.*⟩; *(in names of marine fauna or flora)* See⟨*maus, -gurke, -anemone, -löwe, -schildkröte usw.*⟩; Meer⟨*brasse, -neunauge, -gurke usw.*⟩

**sea: ~ 'air** *n.* Seeluft, *die;* **~ a'nemone** *n. (Zool.)* Seeanemone, *die;* Seerose, *die;* **~ bass** *n. (Zool.)* [Schwarzer] Sägebarsch; **~-'bed** *n.* Meeresboden *der;* Meeresgrund, *der;* **~-bird** *n.* Seevogel, *der;* **~board** *n.* Küste, *die;* **~boot** *n.* Seestiefel, *der;* **~ breeze** *n. (Meteorol.)* Seewind, *der;* Seebrise, *die;* **~ captain** *n.* [Schiffs]kapitän, *der;* **~ change** *n. (esp. literary: unexpected or notable transformation)* erstaunliche Metamorphose *(geh.);* **~-chest** *n. (Naut.)* Seekiste, *die;* **~-coast** *n.* Meeresküste, *die;* **~ 'cucumber** *n. (Zool.)* Seegurke, *die;* Meergurke, *die;* **~-dog** *n.* **a)** *(Zool.)* Seehund, *der;* **b)** *(literary/joc.: experienced sailor)* Seebär, *der (ugs. scherzh.);* **~ eagle** *n.* Seeadler, *der;* **~farer** ['si:feərə(r)] *n. (formal)* Matrose, *der;* **~faring** ['si:feərıŋ] **1.** *adj.* **~faring man** Seemann, *der;* **~faring nation** Seefahrernation, *die;* seefahrende Nation; **his ~faring days** die Zeit, als er zur See fuhr; **2.** *n., no pl., no indef. art.* Seefahrt, *die;* **~-fish** *n.* Seefisch, *der;* **~ fog** *n.* Seenebel, *der;* **~food** *n.* Meeresfrüchte *Pl.; attrib.* Fisch⟨*restaurant*⟩; **~food cocktail** Cocktail aus Meeresfrüchten; **~-fowl** *see* **~-bird; ~ front** *n. unmittelbar am Meer gelegene Straße[n] einer Seestadt;* **a walk along the ~ front** ein Spaziergang am Wasser *od.* auf der Uferpromenade; **the hotels on the ~ front** die Hotels direkt am Wasser *od.* an der Uferpromenade; **~-god** *n.* Meergott, *der;* **~going** *adj. (for crossing sea)* seegehend; **~going yacht** Hochseejacht, *die;* **~-green 1.** [-'-] *n.* Seegrün, *das;* Meergrün, *das;* **2.** ['--] *adj.* seegrün; meergrün; **~-gull** *n.* [See]möwe, *die;* **~-horse** *n. (Zool.)* Seepferdchen, *das;* **~-kale** *n. (Bot.)* Meerkohl, *der;* Seekohl, *der;* Englischer Kohl

**¹seal** [si:l] *n.* **a)** *(Zool.)* Robbe, *die;* **[common] ~:** [Gemeiner] Seehund; **b)** *see* **~skin**

**²seal 1.** *n.* **a)** *(piece of wax, lead, etc., stamp, impression)* Siegel, *das; (lead ~ also)* Plombe, *die; (stamp also)* Siegelstempel, *der;* Petschaft, *das; (impression also)* Siegelabdruck, *der;* **fix a ~ on** versiegeln; *(using lead)* verplomben; plombieren; **put [lead] ~s on** verplomben, plombieren ⟨*Tür*⟩; **~s of office** *(Brit.)* Dienstsiegel; Amtssiegel; **b)** *(adhesive stamp)* Julmarke, *die (Philat.);* **c) set the ~ on** *(fig.)* zementieren (+ *Akk.*); **set one's ~ to sth.** *(fig.)* grünes Licht für etw. geben; etw. absegnen *(ugs.);* **d)** *(guarantee)* **gain the ~ of respectability** sich *(Dat.)* großes Ansehen erwerben; **have the ~ of official approval** offiziell gebilligt werden; **e)** *(to close aperture)* Abdichtung, *die; (odour-trap)* Geruchsverschluß, *der. See also* **privy seal. 2.** *v. t.* **a)** *(stamp with ~, affix ~ to)* siegeln ⟨*Dokument*⟩; *(fasten with ~)* verplomben, plombieren ⟨*Tür, Stromzähler*⟩; **b)** *(close securely)* abdichten ⟨*Behälter, Rohr usw.*⟩; zukleben ⟨*Umschlag, Paket*⟩; [zum Verschließen der Poren] kurz anbraten ⟨*Fleisch*⟩; **my lips are ~ed** *(fig.)* meine Lippen sind versiegelt; **be a ~ed book to sb.** *(fig.)* ein Buch mit sieben Siegeln für jmdn. sein; **~ed orders** versiegelte Order; **c)** *(stop up)* verschließen; abdichten ⟨*Leck*⟩; verschmieren ⟨*Riß*⟩; **d)** *(decide)* besiegeln ⟨*Geschäft, Abmachung, jmds. Schicksal*⟩; **e)** *(provide with water-~)* mit einem Geruchsverschluß versehen ⟨*Rohr*⟩; **f)** *(Road Constr.)* befestigen; mit einer [Fahrbahn]decke versehen

**~ 'in** *v. t.* bewahren ⟨*Geschmack*⟩; am Austreten hindern ⟨*Fleischsaft*⟩

**~ 'off** *v. t.* abriegeln

**~ 'up** *see* **~ 2b, c**

**'sea lane** *n. (Naut.)* See[schiffahrts]straße, *die*

**sealant** ['si:lənt] *n.* Dichtungsmaterial, *das*

**sea: ~-legs** *n. pl.* Seebeine *Pl. (Seemannsspr.);* **get** *or* **find one's ~-legs** sich *(Dat.)* Seebeine wachsen lassen *(Seemannsspr.);* **~-level** *n.* Meeresspiegel, *der (fachspr.);* **200 feet above/below ~-level** 200 Fuß über/unter dem Meeresspiegel *od.* über/unter Meereshöhe *od. (fachspr.)* Normalnull; **at ~-level** auf Meereshöhe *(Dat.)*

**sealing-wax** ['si:lıŋwæks] *n.* Siegellack, *der;* Siegelwachs, *das*

**'sea-lion** *n. (Zool.)* Seelöwe, *der*

**'Sea Lord** *n. (Brit.)* Seelord, *der*

**'sealskin** *n.* Robbenfell, *das; (garment)* Robbenfelljacke, *die*/Robbenfellmantel, *der usw.*

**Sealyham [terrier]** ['si:lıəm (terıə[r])] *n.* Sealyhamterrier, *der*

**seam** [si:m] *n.* **a)** *(line of joining)* Naht, *die; (Carpentry)* Verbindung, *die;* **come apart at the ~s** aus den Nähten gehen; *(fig. coll.: fail)* zusammenbrechen; **burst at the ~s** *(fig.)* aus den *od.* allen Nähten platzen *(ugs.); see also* **fall 2t; b)** *(fissure)* Spalt, *der;* Spalte, *die; (in ship)* Naht, die *(fachspr.);* **c)** *(Mining)* Flöz, *das; (Geol.) (stratum)* Schicht, *die; (line between strata)* [Schicht]fuge, *die;* **d)** *(wrinkle)* Runzel, *die;* Falte, *die*

**seaman** ['si:mən] *n., pl.* **seamen** ['si:mən] **a)** *(sailor)* Matrose, *der; see also* **able seaman; ordinary seaman; b)** *(expert in navigation etc.)* Seemann, *der*

**seamanlike** ['si:mənlaık] *adj.* seemännisch

**seamanship** ['si:mənʃıp] *n., no pl.* seemännisches Geschick; Seemannschaft, *die (fachspr.)*

**'sea-mark** *n. (Naut.)* Seezeichen, *das*

**seamed** [si:md] *adj.* **a)** *(having seam)* **~ stockings** Strümpfe mit Naht; **b)** *(wrinkled)* faltig; runzlig; zerfurcht; **c)** *(Geol.: having seams)* geschiefert

**sea: ~-mew** *n.* [See]möwe, *die;* **~ mile** *see* **nautical mile; ~ mist** *n.* Küstennebel, *der*

**seamless** ['si:mlıs] *adj.* nahtlos

**sea: ~ monster** *n. (Mythol.)* Seeungeheuer, *das;* Meerungeheuer, *das;* **~mount** *n. (Geog.)* Tiefseeberg, *der*

**seamstress** ['semstrıs] *n.* Näherin, *die*

**seamy** ['si:mı] *adj.* **a)** *(having wrinkles)* faltig, runzlig; **b)** *(run down)* heruntergekommen ⟨*Stadtteil*⟩; **the ~ side [of life** *etc.***]** *(fig.)* die Schattenseite[n] [des Lebens *usw.*]

**seance** ['seıəns], **séance** ['seıɑ̃s] *n.* Séance, *die (fachspr.);* spiritistische Sitzung

**sea: ~-pink** *n. (Bot.)* Grasnelke, *die;* Strandnelke, *die;* **~plane** *n.* Wasserflugzeug, *das;* **~port** *n.* Seehafen, *der;* **~ power** *n.* Seemacht, *die;* **~ quake** *n.* Seebeben, *das*

**sear** [sıə(r)] *v. t.* verbrennen, versengen; *(Med.: cauterize)* ausbrennen ⟨*Wunde*⟩

**search** [sɜ:tʃ] **1.** *v. t.* durchsuchen **(for** nach); absuchen ⟨*Gebiet, Fläche*⟩ **(for** nach); prüfen *od.* musternd blicken in (+ *Akk.*) ⟨*Gesicht*⟩; *(fig.: probe)* erforschen ⟨*Herz, Gewissen*⟩; suchen in (+ *Dat.*), durchstöbern *(ugs.)* ⟨*Gedächtnis*⟩ **(for** nach); **~ me** *(coll.)* keine Ahnung! **2.** *v. i.* suchen; **~ after sth.** etw. *od.* nach etw. suchen. **3.** *n.* Suche, *die* **(for** nach); *(of building, room, etc.)* Durchsuchung, *die;* **make a ~ for** suchen nach ⟨*Waffen, Drogen, Diebesgut*⟩; **in ~ of sb./sth.** auf der Suche nach jmdm./etw.; **go off in ~ of sth.** sich auf die Suche nach etw. machen; **right of ~:** Durchsuchungsrecht, *das*

**~ for** *v. t.* suchen [nach]

**~ 'out** *v. t.* heraussuchen; aufspüren ⟨*Person mit unbekanntem Aufenthalt*⟩

**~ through** *v. t.* durchsuchen; durchsehen ⟨*Buch*⟩

**searcher** ['sɜ:tʃə(r)] *n.* Sucher, *der*/Sucherin, *die;* Suchende, *der/die;* **the ~s returned with the missing child** die Suchmannschaft kehrte mit dem vermißten Kind zurück

**searching** ['sɜ:tʃıŋ] *adj.* prüfend, forschend ⟨*Blick*⟩; bohrend ⟨*Frage*⟩; *(thorough)* eingehend ⟨*Untersuchung*⟩

**searchingly** ['sɜ:tʃıŋlı] *adv.* prüfend, forschend ⟨*jmdn. ansehen*⟩; eingehend ⟨*befragen*⟩

**search: ~light** *n.* **a)** *(lamp)* Suchscheinwerfer, *der;* **b)** *(beam of light)* Scheinwerferlicht, *das (auch fig.); (fig.)* Rampenlicht, *das;* **the ~light is on him** *(fig.)* er steht im Scheinwerfer- *od.* Rampenlicht; **~-party** *n.* Suchtrupp, *der;* Suchmannschaft, *die;* **~-warrant** *n. (Law)* Durchsuchungsbefehl, *der*

**searing** ['sıərıŋ] *adj.* sengend ⟨*Hitze*⟩; brennend ⟨*Schmerz*⟩; *(fig.: intense)* bohrend, stechend ⟨*Blick*⟩

**sea: ~-salt** *n.* Meersalz, *das;* Seesalz, das; **~scape** *n.* **a)** *(Art: picture)* Seestück, *das;* Marine, *die;* **b)** *(view)* Meerespanorama, *das*

**'Sea Scout** *n. (Brit.)* Seepfadfinder, *der*/-pfadfinderin, *die*

**sea: ~ serpent** *n.* Seeschlange, *die;* **~-shanty** *see* **²shanty; ~ shell** *n.* Muschel[schale], *die;* **~-shore** *n. (land near ~)* [Meeres]küste, *die; (beach)* Strand, *der;* **walk along the ~-shore** am Meer/Strand entlanggehen; **~sick** *adj.* seekrank; **~sickness** *n., no pl.* Seekrankheit, *die;* **~side** *n., no pl.* [Meeres]küste, *die;* **by/to/at the ~side** am/ans/am Meer; an der/an die/an der See; **~side town** Seestadt, *die;* **the usual ~side attractions** die Vergnügungen, die die Küste gemeinhin bietet

**season** ['si:zn] **1.** *n.* **a)** *(time of the year)* Jahreszeit, *die;* **dry/rainy ~:** Trocken-/Regenzeit, *die;* **b)** *(time of breeding) (for mammals)* Tragezeit, *die; (for birds)* Brutzeit, *die; (time of flourishing)* Blüte[zeit], *die; (time when animal is hunted)* Jagdzeit, *die;* **blackberry ~:** Brombeerzeit, *die;* **nesting ~:** Nistzeit, *die;* Brut[zeit], *die; see also* **close season; open season; c)** *(time devoted to specified, social activity)* Saison, *die;* **harvest/opera ~:** Erntezeit, die/Opernsaison, *die;* **football ~:** Fußballsaison, *die;* **holiday** *or (Amer.)* **vacation ~:** Urlaubszeit, *die;* Ferienzeit, *die;* **tourist ~:** Touristensaison, *die;* Reisezeit, *die;* **the ~ of goodwill** *(Christmas)* die Zeit der Nächstenliebe; **'compliments of the ~'** *(formal),* **'the ~'s greetings'** „ein frohes Weihnachtsfest und ein glückliches neues Jahr"; **d) raspberries are in/out of** *or* **not in ~:** jetzt ist die/nicht die Saison *od.* Zeit für Himbeeren; **be in ~** *(on heat)* brünstig sein; **a word in ~** *(literary)* ein Rat[schlag] zur rechten Zeit; **in and out of ~:** zu jeder passenden oder unpassenden Zeit; *(again and again)* immer wieder; **e)** *(ticket) see* **season-ticket; f)** *(period of time)* Zeit, *die; (Theatre, Cinemat.)* Spielzeit, *die;* **for a ~** *(dated)* eine Zeitlang; **they are doing a ~ in Oxford** sie gastieren [zur Zeit] in Oxford; **put on a Shakespeare/Russian ~:** ≈ Shakespeare-/russische Wochen veranstalten. *See also* **high season; low season; off-season; silly 1a. 2.** *v. t.* **a)** *(make palatable, lit. or fig.)* würzen ⟨*Fleisch, Rede*⟩; **b)** *(mature)* ablagern lassen ⟨*Holz*⟩; **~ed** erfahren ⟨*Wahlkämpfer, Soldat, Reisender*⟩; **c)** *(temper)* mäßigen *(geh.)* ⟨*Impulsivität*⟩. **3.** *v. i.* ⟨*Holz:*⟩ ablagern; ⟨*Whisky:*⟩ lagern, reifen

**seasonable** ['si:zənəbl] *adj.* **a)** *(suitable to*

*the time of the year)* der Jahreszeit gemäß; **b)** *(opportune)* willkommen ‹*Angebot*›; *(meeting needs of occasion)* geboten ‹*Vorsicht*›; passend ‹*Worte*›

**seasonably** ['si:zənəblı] *adv.* **a)** *(in a way typical of the season)* der Jahreszeit entsprechend; **b)** *(so as to be opportune)* zur rechten Zeit

**seasonal** ['si:zənl] *adj.* Saison‹*arbeit, -geschäft*›; saisonabhängig ‹*Preise*›

**seasonally** ['si:zənəlı] *adv.* saisonal, saisonbedingt ‹*schwanken*›; ~ **adjusted** *(Statistics)* saisonbereinigt ‹*Arbeitslosenzahlen*›

**seasoning** ['si:zənıŋ] *n.* **a)** *(Cookery)* Gewürze *Pl.*; Würze, *die;* **b)** *(fig.)* Würze, *die;* **have a ~ of wit** ‹*Unterhaltung:*› witzig *od.* geistreich *od.* mit Witz gewürzt sein

**'season-ticket** *n.* Dauerkarte, *die; (for one year/month)* Jahres-/Monatskarte, *die*

**seat** [si:t] **1.** *n.* **a)** *(thing for sitting on)* Sitzgelegenheit, *die; (in vehicle, cinema, etc.)* Sitz, *der; (of toilet)* [Klosett]brille, *die (ugs.);* **use sth. for a ~:** sich auf etw. *(Akk.)* setzen; *(be sitting)* auf etw. *(Dat.)* sitzen; **b)** *(place)* Platz, *der; (in vehicle)* [Sitz]platz, *der;* **have** *or* **take a ~:** sich [hin]setzen; Platz nehmen *(geh.);* **take one's ~ at table** sich zu Tisch setzen; **keep one's ~:** sitzen bleiben; ‹*Reiter:*› im Sattel bleiben, sich im Sattel halten; **resume one's ~:** sich wieder [hin]setzen; *(after the interval etc.)* seinen Platz wieder einnehmen; wieder Platz nehmen *(geh.); see also* **back seat; c)** *(part of chair)* Sitzfläche, *die;* **d)** *(buttocks)* Gesäß, *das; (part of clothing)* Gesäßpartie, *die; (of trousers)* Sitz, *der;* Hosenboden, *der;* **by the ~ of one's pants** *(coll. fig.)* nach Gefühl; **e)** *(site)* Sitz, *der; (of disease also)* Herd, *der (Med.); (of learning)* Stätte, *die (geh.); (of trouble)* Quelle, *die;* **~ of the fire** Brandherd, *der;* **f)** *(right to sit in Parliament etc.)* Sitz, *der;* Mandat, *das;* **be elected to a ~ in Parliament** ins Parlament gewählt werden; **be appointed to a ~ on a committee** in einen Ausschuß berufen werden; **g) [country] ~** *(mansion)* Landsitz, *der;* **h)** *(on horseback)* Sitz, *der;* [Sitz]haltung, *die;* **i)** *(Mech. Engin.)* Sitz, *der;* **valve ~:** Ventilsitz, *der.* **2.** *v. t.* **a)** *(cause to sit)* setzen; *(accommodate at table etc.)* unterbringen; *(ask to sit)* ‹*Platzanweiser:*› einen Platz anweisen (+ *Dat.*); **~ oneself** sich setzen; **b)** *(have seats for)* Sitzplätze bieten (+ *Dat.*); **~ 500 people** 500 Sitzplätze haben; **the car ~s five comfortably** in dem Auto haben fünf Personen bequem Platz; **c)** *(fit with seats)* bestuhlen ‹*Saal usw.*›; **d)** *(Mech. Engin.)* in [die richtige] Position bringen

**'seat-belt** *n. (Motor Veh., Aeronaut.)* Sicherheitsgurt, *der;* **fasten one's ~:** sich anschnallen; den Gurt anlegen; **wear a ~:** angeschnallt sein; *(during journey)* angeschnallt fahren

**seated** ['si:tıd] *adj.* sitzend; **remain ~:** sitzen bleiben; **take 50 ~ passengers** 50 Sitzplätze haben; **be ~** *(formal)* Platz nehmen *(geh.)*

**-seater** ['si:tə(r)] *adj. in comb.* -sitzig; **two-~ [car]** Zweisitzer, *der*

**seating** ['si:tıŋ] *n., no pl., no indef. art.* **a)** *(seats)* Sitzplätze; Sitzgelegenheiten; **b)** *(act)* Plazierung, *die;* Versorgung mit Sitzplätzen; **c)** *attrib.* Sitz‹*ordnung, -plan*›; **~ accommodation** Sitzgelegenheiten; Sitzplätze; **the ~ arrangements** die Sitzordnung

**SEATO** ['si:təʊ] *abbr.* **South-East-Asia Treaty Organisation** SEATO, *die*

**sea: ~-urchin** *n. (Zool.)* Seeigel, *der;* **~-wall** *n.* Strandmauer, *die; (dike)* Deich, *der*

**seaward** ['si:wəd] **1.** *adj.* seewärtig ‹*Kurs, Wind*›; **the ~ side** die Seeseite; **the ~ view** die Aussicht aufs Meer *od.* auf die See. **2.** *adv.* seewärts; nach See zu. **3.** *n.* **to [the] ~:** zur Seeseite hin

**seawards** ['si:wədz] *see* **seaward 2**

**sea: ~-water** *n.* Meerwasser, *das;* Seewasser, *das;* **~weed** *n.* [See]tang, *der;* **~worthy** *adj.* seetüchtig

**sebaceous** [sı'beıʃəs] *adj.* talgig; **~ duct/gland** *(Anat.)* Talgdrüsenausführungsgang, *der*/Talgdrüse, *die*

**seborrhoea** (*Amer.:* **seborrhea**) [sebə'ri:ə] *n. (Med.)* Seborrhö[e], *die (fachspr.);* Talgfluß, *der*

**sec** [sek] *(coll.) see* **second 2 b**

**Sec.** *abbr.* **Secretary** Sekr.

**sec.** *abbr.* **second[s]** Sek.

**secant** ['si:kənt, 'sekənt] *n. (Math.)* Sekante, *die; (of angle)* Sekans, *der*

**secateurs** [sekə'tɜ:z, 'sekətɜ:z] *n. pl. (Brit. Hort.)* Gartenschere, *die;* Rosenschere, *die*

**secede** [sı'si:d] *v. i. (Polit./Eccl./formal)* sich abspalten (**from** von); ‹*Mitglied:*› austreten (**from** aus)

**secession** [sı'seʃn] *n. (Polit./Eccl./formal)* Abspaltung, *die; (of member)* Austritt, *der;* **the ~ of some southern states** die Sezession einiger Südstaaten

**seclude** [sı'klu:d] *v. t.* absondern; **~ oneself** *(from society)* sich abkapseln *od.* absondern; *(into a room)* sich zurückziehen (**into** in + *Akk.*)

**secluded** [sı'klu:dıd] *adj.* **a)** *(hidden from view)* versteckt; *(somewhat isolated)* abgelegen; **b)** *(solitary)* zurückgezogen ‹*Leben*›

**seclusion** [sı'klu:ʒn] *n.* **a)** *(keeping from company)* Absonderung, *die; (being kept from company)* Abgesondertheit, *die;* **in ~ from** abgesondert von; **b)** *(privacy) (of life)* Zurückgezogenheit, *die; (of room)* Abgeschiedenheit, *die;* **in ~:** zurückgezogen ‹*leben*›; **c)** *no pl. (remoteness)* Abgelegenheit, *die*

**second** ['sekənd] **1.** *adj.* zweit...; zweitwichtigst... ‹*Stadt, Hafen usw.*›; **~ largest/highest** *etc.* zweitgrößt.../-höchst... *usw.;* **come in/be ~:** zweiter/zweite werden/sein; **every ~ week** jede zweite Woche; **~ to none** unübertroffen. **2.** *n.* **a)** *(unit of time or angle)* Sekunde, *die;* **b)** *(coll.: moment)* Sekunde, *die (ugs.);* **wait a few ~s** einen Moment warten; **in a ~** *(immediately)* sofort *(ugs.); (very quickly)* im Nu *(ugs.);* **just a ~!** *(coll.)* einen Moment!; **c)** *(additional person or thing)* **a ~:** noch einer/eine/eins; **d) the ~** *(in sequence)* der/die/das zweite; *(in rank)* der/die/das Zweite; **be the ~ to arrive** als zweiter/zweite ankommen; **be a good ~:** einen guten zweiten Platz belegen; **e)** *(in duel, boxing)* Sekundant, *der*/Sekundantin, *die;* **~s out [of the ring]** *(Boxing)* Ring frei!; **f)** *in pl. (helping of food)* zweite Portion; *(~ course)* zweiter Gang; **are there any ~s?** kann man eine zweite Portion bekommen?; **g)** *(day)* **the ~ of May** der zweite Mai; **the ~ [of the month]** der Zweite [des Monats]; **h)** *(~ form)* zweite [Schul]klasse; Zweite, *die (Schuljargon);* **i)** *in pl. (goods of second quality)* Waren zweiter Wahl; **be ~s** zweite Wahl sein; **j)** *(Motor Veh.)* zweiter Gang; **in ~:** im zweiten [Gang]; **change into ~:** in den zweiten [Gang] schalten; **k)** *(Brit. Univ.)* ≈ Gut, *das;* ≈ Zwei, *die;* **she got a ~ in mathematics** sie hat in Mathematik mit [einem] Gut *od.* [einer] Zwei abgeschlossen; **l)** *(Mus.)* Sekunde, *die.* **3.** *v. t.* **a)** *(support in debate)* unterstützen ‹*Antrag, Nominierung*›; sekundieren *(geh.);* **I'll ~ that!** *(coll.)* dem schließe ich mich an!; **b)** [sı'kɒnd] *(transfer)* vorübergehend versetzen; **c)** ['sekənd] *(support)* unterstützen; **d)** [sı'kɒnd] *(Brit. Mil.)* abstellen

**secondarily** ['sekəndərılı] *adv.* **a)** in zweiter Linie; an zweiter Stelle; **b)** *(indirectly)* mittelbar; indirekt

**secondary** ['sekəndərı] *adj.* **a)** *(of less importance)* zweitrangig; sekundär *(geh.);* Neben‹*akzent, -sache*›; *(derived from sth. primary)* weiterverarbeitend ‹*Industrie*›; **~ literature** Sekundärliteratur, *die;* **be ~ to sth.** einer Sache *(Dat.)* untergeordnet sein; **b)** *(indirectly caused)* sekundär *(geh., Med., Biol.); see also* **picketing; c)** *(supplementary)* zusätzlich; **d) S~** *(Geol.) see* **Mesozoic 1**

**secondary: ~ coil** *n. (Electr.)* Sekundärspule, *die;* **~ colour** *see* **colour 1 a; ~ education** *n.* höhere Schule; *(result)* höhere Schulbildung; **~ 'modern [school]** *n. (Brit. Hist.)* ≈ Mittelschule, *die (veralt.);* Realschule, *die;* **~ school** *n.* höhere *od.* weiterführende Schule

**second: ~ 'base** *see* **[1]base 1 c; ~-best 1.** ['---] *adj.* zweitbest...; **2.** [--'-] *adv.* **come off ~-best** den kürzeren ziehen *(ugs.);* **3.** [--'-] *n., no pl.* Zweitbeste, *der/die/das;* **don't settle for [the] ~-best!** gib dich nicht mit halben Sachen zufrieden; **~ 'chamber** *n. (Parl.)* zweite Kammer; **~ 'childhood** *see* **childhood; ~ 'class** *n.* **a)** *(set ranking after others)* zweite Kategorie; **b)** *(Transport, Post)* zweite Klasse; **travel in the ~ class** zweiter Klasse reisen; **c)** *(Brit. Univ.) see* **second 2 k; ~-class 1.** ['---] *adj.* **a)** *(of lower class)* zweiter Klasse *nachgestellt;* Zweite[r]-Klasse-‹*Post, Passagier, Fahrkarte usw.*›; **get a ~-class degree** *(Brit. Univ.)* mit der Note Zwei *od.* Gut abschließen; **b)** *(of inferior class)* zweitklassig *(abwertend);* **~-class citizen** Bürger zweiter Klasse; **~-class stamp** *Briefmarke für langsamere Postzustellung;* **2.** [--'-] *adv.* zweiter Klasse; **~ 'coming** *n., no pl. (Relig.)* zweite Ankunft; Wiederkunft, *die;* [zweite] Parusie *(fachspr.);* **~ 'cousin** *see* **cousin**

**seconder** ['sekəndə(r)] *n.* Befürworter, *der*/-worterin, *die;* Sekundant, *der*/Sekundantin, *die (geh.)*

**second: ~ 'fiddle** *see* **fiddle 1 a; ~ 'floor** *see* **floor 1 b; ~ form** *see* **form 1 d; ~ 'gear** *n., no pl. (Motor Veh.)* zweiter Gang; *see also* **gear 1 a; ~-generation** *adj.* der zweiten Generation *nachgestellt;* **~-guess** *v. t. (Amer.)* **a)** im Nachhinein kritisieren; **b)** *(anticipate)* voraussehen; **~-guess sb.** voraussehen, was jmd. tun wird; **~ hand** *n. (Horol.)* Sekundenzeiger, *der;* **~-hand 1.** ['---] *adj.* **a)** *(used)* gebraucht ‹*Kleidung, Auto usw.*›; antiquarisch ‹*Buch*›; Second-hand‹*buch, -schallplatte, -kleidung usw.*›; **~-hand car** Gebrauchtwagen, *der;* **b)** *(selling used goods)* Gebrauchtwaren-; Second-hand‹*laden, -shop*›; **c)** *(taken on another's authority)* ‹*Nachrichten, Bericht*› aus zweiter Hand; **2.** [--'-] *adv.* aus zweiter Hand *(auch fig.);* gebraucht; **get a book ~-hand** ein Buch antiquarisch kaufen; **~ 'home** *n.* Zweitwohnung, *die; (holiday house)* Ferienhaus, *das;* **~ in com'mand** *n. (Mil.)* stellvertretender Kommandeur; *(of ship)* stellvertretender Kommandant; *(fig. coll.)* stellvertretender Leiter; **~ lieu'tenant** *n. (Mil.)* ≈ Leutnant, *der*

**secondly** ['sekəndlı] *adv.* zweitens

**secondment** [sı'kɒndmənt] *n. (Brit.)* **a)** *(of official)* vorübergehende Versetzung; **be on [a] ~:** vorübergehend versetzt sein; **b)** *(Mil.)* Abstellung, *die*

**second: ~ name** *n.* Nachname, *der;* Zuname, *der;* **~ 'nature** *n., no pl., no art. (coll.)* zweite Natur; **become/be ~ nature to sb.** jmdm. zur zweiten Natur werden/geworden sein; jmdm. in Fleisch und Blut *(Akk.)* übergehen/übergegangen sein; **~ 'officer** *n. (Naut.)* zweiter Offizier; **~ 'person** *see* **person d; ~-'rate** *adj.* zweitklassig; **very/rather ~-rate** sehr/ziemlich mittelmäßig; **~-'rater** *n. (coll.)* **be a ~-rater** zweitklassig sein; **~ 'reading** *see* **reading g; ~s hand** *see* **~ hand; ~ sight** *see* **sight 1 a; ~ 'string** *see* **string 1 b; ~ 'thoughts** *n. pl.* **have ~ thoughts** es sich *(Dat.)* anders überlegen (**about** mit); **we've had ~ thoughts about buying the house** wir wollen das Haus nun doch nicht kaufen;

we've had ~ **thoughts about the house** wir haben uns das mit dem Haus doch noch einmal überlegt; **there's no time for ~ thoughts** es ist zu spät, es sich noch einmal anders zu überlegen; **but on ~ thoughts I think I will** wenn ich mir's [noch mal] überlege, werde ich es doch tun; ~ **wind** *see* ¹**wind 1 f**

**secrecy** ['si:krɪsɪ] *n.* **a)** *(keeping of secret)* Geheimhaltung, *die;* **with great ~:** in aller Heimlichkeit *od.* ganz im geheimen; **b)** *(secretiveness)* Heimlichtuerei, *die (abwertend);* **c)** *(unrevealed state)* Heimlichkeit, *die;* **be shrouded in ~:** geheimgehalten werden; **in ~:** im geheimen

**secret** ['si:krɪt] **1.** *adj.* **a)** *(kept private, not to be made known)* geheim; Geheim‹*fach, -tür, -abkommen, -kode*›; **keep sth. ~:** etw. geheimhalten (**from** vor + *Dat.*); **b)** *(acting in secret)* heimlich ‹*Trinker, Liebhaber, Bewunderer*›. **2.** *n.* **a)** Geheimnis, *das;* **make no ~ of sth.** kein Geheimnis aus etw. machen; *(not conceal feelings, opinion)* kein[en] Hehl aus etw. machen; **keep the ~:** es für sich behalten; **keep ~s/a ~:** schweigen *(fig.);* den Mund halten *(ugs.);* **can you keep a ~?** kannst du schweigen?; **make sth. a ~:** etw. geheimhalten; **keep ~s from sb.** Geheimnisse vor jmdm. haben; **let sb. in on a ~:** jmdn. in ein Geheimnis einweihen; **be in the ~:** eingeweiht sein; **open ~:** offenes Geheimnis; **the ~ of health/success** *etc.* das Geheimnis der Gesundheit/des Erfolgs *usw.;* der Schlüssel zur Gesundheit/zum Erfolg *usw.;* **b) in ~:** im geheimen; heimlich

**secret 'agent** *n.* Geheimagent, *der*/-agentin, *die*

**secretaire** [sekrɪ'teə(r)] *see* **escritoire**

**secretarial** [sekrə'teərɪəl] *adj.* Sekretariats‹*personal*›; Sekretärinnen‹*kursus, -tätigkeit*›; ‹*Arbeit*› als Sekretärin; ~ **skills** Steno- und Schreibmaschinenkenntnisse

**secretariat** [sekrə'teərɪət] *n.* Sekretariat, *das*

**secretary** ['sekrətərɪ] *n.* **a)** *(official of organization)* Sekretär, *der*/Sekretärin, *die; (of company)* Schriftführer, *der*/-führerin, *die;* **honorary ~:** ehrenamtlicher Sekretär; **b)** *(personal assistant)* Sekretär, *der*/Sekretärin, *die;* **Parliamentary [Private] S~** *(Brit. Parl.)* ≈ parlamentarischer Staatssekretär/parlamentarische Staatssekretärin; **Permanent S~** *(Brit. Admin.)* ≈ Staatssekretär, *der*/-sekretärin, *die; see also* **private secretary**

**secretary: ~-bird** *n.* Sekretär, *der;* **S~-'General** *n., pl.* **Secretaries-General** Generalsekretär, *der*/-sekretärin, *die;* **S~ of 'State** *n.* **a)** *(Brit. Polit.)* Minister, *der*/Ministerin, *die;* **S~ of State for Defence** Verteidigungsminister, *der*/-ministerin, *die;* **b)** *(Amer. Polit.)* Außenminister, *der*/-ministerin, *die;* **c)** *(Amer. Admin.: head of records department) Leiter/Leiterin des Archivs eines Bundesstaates*

**secretaryship** ['sekrətərɪʃɪp] *n.* **a)** *(office)* Amt des Sekretärs/der Sekretärin; **b)** *(tenure)* Amtszeit als Sekretär/Sekretärin

**secret 'ballot** *n.* geheime Abstimmung

**secrete** [sɪ'kri:t] *v. t.* **a)** *(Physiol.)* absondern; sezernieren *(fachspr.);* **b)** *(formal/literary: hide)* verbergen; ~ **oneself** sich verbergen

**secretion** [sɪ'kri:ʃn] *n.* **a)** *(Physiol.)* Absonderung, *die; (process also)* Sekretion, *die (fachspr.); (substance also)* Sekret, *das (fachspr.);* **b)** *(formal/literary: concealing)* Verbergen, *das*

**secretive** ['si:krɪtɪv] *adj.* verschlossen ‹*Person*›; geheimnisvoll ‹*Lächeln*›; **be ~:** heimlich tun *(abwertend) od.* geheimnisvoll tun (**about** mit); **she was being very ~ about something** sie versuchte, irgend etwas zu verheimlichen

**secretively** ['si:krɪtɪvlɪ, sɪ'kri:tɪvlɪ] *adv.* geheimnisvoll ‹*lächeln*›; **behave ~:** geheimnisvoll *od. (abwertend)* heimlich tun

**secretly** ['si:krɪtlɪ] *adv.* heimlich; insgeheim ‹*etw. glauben*›

**secretory** [sɪ'kri:tərɪ] *adj. (Physiol.)* sekretorisch

**secret: S~ Police** *n.* Geheimpolizei, *die;* **S~ 'Service** *n.* Geheimdienst, *der;* ~ **so'ciety** *n.* Geheimbund, *der*

**sect** [sekt] *n.* **a)** Sekte, *die;* **b)** *(religious denomination)* Religionsgemeinschaft, *die;* **c)** *(followers of school of thought)* Schule, *die*

**sectarian** [sek'teərɪən] **1.** *adj.* konfessionell; konfessionell motiviert ‹*Handlungen*›; konfessionell ausgerichtet ‹*Erziehung*›; Konfessions‹*krieg, -streit*›. **2.** *n.* Sektenanhänger *der*/-anhängerin, *die;* Sektierer, *der*/Sektiererin, *die*

**sectarianism** [sek'teərɪənɪzm] *n., no pl.* Sektierertum, *das*

**section** ['sekʃn] *n.* **a)** *(part cut off)* Abschnitt, *der;* Stück, *das; (part of divided whole)* Teil, *der; (of railway track)* [Strecken]abschnitt, *der;* Teilstück, *das;* **b)** *(of firm)* Abteilung, *die; (of organization etc.)* Sektion, *die; (of orchestra or band)* Gruppe, *die;* **accounts ~** *(Econ.)* Buchhaltung, *die;* **business ~** *(in newspaper)* Wirtschaftsteil, *der;* **c)** *(component part)* [Einzel]teil, *das;* [Bau]element, *das; (of ship, bridge, etc. also)* Sektion, *die (Technik);* **d)** *(of chapter, book)* Abschnitt, *der; (of statute, act)* Paragraph, *der;* **e)** *(part of community)* Gruppe, *die;* **f)** *(Amer.: area of country)* [Landes]teil, *der;* Gebiet, *das;* **g)** *(representation)* Schnitt, *der;* **vertical/horizontal/longitudinal/oblique ~:** Vertikal-/Horizontal-/Längs-/Schrägschnitt, *der;* **h)** *(Amer.: square mile)* Section, *die;* **i)** *(Geom.) (cutting of solid)* Schnitt, *der; ([area of] figure)* Schnitt, *der;* Schnittfläche, *die; (shape or area of cross-section)* Querschnitt, *der; see also* **conic; j)** *(Amer.: district)* Bezirk, *der;* **the business/residential ~:** die City/die Wohngebiete; **k)** *(Med.)* Schnitt, *der;* **abdominal ~:** Bauchdeckenschnitt, *der*

**sectional** ['sekʃənl] *adj.* **a)** *(pertaining to a representation)* Schnitt-; **b)** *(pertaining to part of community)* Gruppen‹*interessen*›; partikular ‹*Interessen*›; ‹*Auseinandersetzung*› zwischen den Bevölkerungsgruppen; **c)** *(made in parts)* zum Zusammenbauen *nachgestellt*

**sectionalism** ['sekʃənəlɪzm] *n.* Partikularismus, *der (meist abwertend)*

**sector** ['sektə(r)] *n.* **a)** *(of activity)* Sektor, *der;* Bereich, *der;* **the leisure/industrial ~:** der Freizeitsektor/der Bereich der Industrie; *see also* **private sector; public sector; b)** *(Geom.)* Sektor, *der; (of circle also)* Kreisausschnitt, *der;* **c)** *(Mil.) (area)* Kampfabschnitt, *der;* Gefechtsabschnitt, *der*

**secular** ['sekjʊlə(r)] *adj. (not sacred)* säkular *(geh.);* weltlich ‹*Angelegenheit, Schule, Musik, Gericht*›; profan *(geh.)* ‹*Musik*›; ~ **buildings** Profanbauten *(fachspr.)*

**secular 'clergy** *n. pl. (Eccl.)* Weltgeistlichkeit, *die;* Weltklerus, *der*

**secularism** ['sekjʊlərɪzm] *n.* Säkularismus, *der*

**secularize (secularise)** ['sekjʊləraɪz] *v. t.* säkularisieren; verweltlichen; **become ~d** verweltlichen

**secure** [sɪ'kjʊə(r)] **1.** *adj.* **a)** *(safe)* sicher; ~ **against burglars/fire** gegen Einbruch/Feuer geschützt; einbruch-/feuersicher; **make sth. ~ from attack/enemies** etw. gegen Angriffe/Feinde sichern; **b)** *(firmly fastened)* fest; **be ~** ‹*Ladung:*› gesichert sein; ‹*Riegel, Tür:*› fest zu sein; ‹*Tür:*› ver- *od.* zugeriegelt sein; ‹*Schraube:*› fest sein *od.* sitzen; **make sth. ~:** etw. sichern; **c)** *(untroubled)* sicher, gesichert ‹*Existenz*›; **feel ~:** sich sicher *od.* geborgen fühlen; ~ **in the knowledge that ...:** in dem sicheren Bewußtsein, daß ...; **emotionally ~:** emotional stabil. **2.** *v. t.* **a)** *(obtain)* sichern (**for** *Dat.*); beschaffen ‹*Auftrag*› (**for** *Dat.*); *(for oneself)* sich *(Dat.)* sichern; **b)** *(confine)* fesseln ‹*Gefangenen*›; *(in container)* einschließen ‹*Wertsachen*›; *(fasten firmly)* sichern, fest zumachen ‹*Fenster, Tür*›; festmachen ‹*Boot*› (**to** an + *Dat.*); **c)** *(guarantee)* absichern ‹*Darlehen*›; ~ **oneself [against sth.]** sich [gegen etw.] absichern; **d)** *(fortify)* sichern

**securely** [sɪ'kjʊəlɪ] *adv.* **a)** *(firmly)* fest ‹*verriegeln, zumachen*›; sicher ‹*befestigen*›; **b)** *(safely)* sicher ‹*untergebracht sein*›; ~ **locked up** unter sicherem Verschluß

**security** [sɪ'kjʊərɪtɪ] *n.* **a)** *(safety)* Sicherheit, *die; (of knot)* sicherer Halt; **b)** *(safety of State or organization)* Sicherheit, *die;* ~ **[measures]** Sicherheitsmaßnahmen; Sicherheitsvorkehrungen; ~ **reasons** Sicherheitsgründe; **national ~:** nationale Sicherheit; Staatssicherheit, *die;* **c)** *(thing that guarantees)* Sicherheit, *die;* Gewähr, *die;* Garantie, *die; (object of value)* Pfand, *das;* **as** *or* **in ~ for sth.** als Sicherheit/Pfand für etw.; **obtain a loan on [the] ~ of sth.** auf etw. *(Akk.)* ein Darlehen bekommen; **d)** *usu. in pl. (Finance)* Wertpapier, *das;* **securities** Wertpapiere; Effekten *Pl.;* **e) emotional ~:** emotionale Sicherheit; **he needs the ~ of a good home** er braucht die Geborgenheit eines guten Zuhauses; **f)** *(assured freedom from want)* Sicherheit, *die*

**security: S~ Council** *n. (Polit.)* Sicherheitsrat, *der;* ~ **forces** *n. pl.* Sicherheitskräfte *Pl.;* ~ **guard** *n.* Wächter, *der*/Wächterin, *die;* ~ **man** *n.* Wachmann, *der;* ~ **officer** *n.* Sicherheitsbeauftragte, *der/die;* ~ **risk** *n.* Sicherheitsrisiko, *das*

**sedan** [sɪ'dæn] *n.* **a)** *(Hist.: chair)* Sänfte, *die;* **b)** *(Amer. Motor Veh.)* Limousine, *die*

**se'dan-chair** *see* **sedan a**

**sedate** [sɪ'deɪt] **1.** *adj.* **a)** bedächtig; gesetzt ‹*alte Dame*›; ruhig ‹*Kind*›; gemächlich ‹*Tempo, Leben, Auto*›; **in a ~ manner** in aller Ruhe; **b)** *(fig.)* schlicht; gemächlich ‹*altes Pferd*›. **2.** *v. t. (Med.)* sedieren *(fachspr.);* ruhigstellen

**sedately** [sɪ'deɪtlɪ] *adv.* bedächtig; gemächlich ‹*fahren*›

**sedation** [sɪ'deɪʃn] *n. (Med.)* Sedation, *die (fachspr.);* Ruhigstellung, *die;* **be under ~:** sediert sein *(fachspr.);* ruhig gestellt sein

**sedative** ['sedətɪv] **1.** *n. (Med.)* Sedativum, *das (fachspr.);* Beruhigungsmittel, *das.* **2.** *adj.* **a)** *(Med.)* sedativ *(fachspr.);* ~ **agent** *see* **1; b)** *(fig.: calming)* beruhigend ‹*Wirkung*›

**sedentary** ['sedəntərɪ] *adj.* sitzend ‹*Haltung, Lebensweise, Tätigkeit*›; **lead a ~ life** eine sitzende Lebensweise haben; viel sitzen

**sedge** [sedʒ] *n. (Bot.)* **a)** *(plant)* Segge, *die;* **b)** *no pl. (bed)* Seggenried, *das*

**'sedge-warbler, 'sedge-wren** *ns. (Ornith.)* Schilfrohrsänger, *der*

**sediment** ['sedɪmənt] *n.* **a)** *(matter)* Ablagerung, *die;* Ablagerungen *Pl.;* **b)** *(lees)* Bodensatz, *der; (of wine also)* Depot, *das (fachspr.);* **c)** *(Geol.)* Sediment, *das*

**sedimentary** [sedɪ'mentərɪ] *adj. (Geol.)* sedimentär; Sediment‹*gestein*›

**sedimentation** [sedɪmən'teɪʃn] *n.* Sedimentation, *die (fachspr.);* Bildung von Ablagerungen

**sedition** [sɪ'dɪʃn] *n.* Aufruhr, *der;* **[incitement to] ~:** Anstiftung zum Aufruhr

**seditious** [sɪ'dɪʃəs] *adj.* aufrührerisch; staatsgefährdend ‹*Delikt*›

**seduce** [sɪ'dju:s] *v. t.* **a)** *(sexually)* verführen; **b)** *(lead astray)* verführen; *(distract)* ablenken (**away from** von); ~ **sb. into doing sth.** jmdn. dazu verführen *od.* verleiten, etw. zu tun

**seducer** [sɪ'dju:sə(r)] *n.* Verführer, *der*

**seduction** [sɪ'dʌkʃn] *n.* **a)** *(sexual)* Verführung, *die;* **b)** *(leading astray)* Verführung, *die* (**into** zu); Verleitung, *die* (**into** zu); **c)** *(thing that tempts)* Verlockung, *die;* Versuchung, *die*

**seductive** [sɪ'dʌktɪv] *adj.* verführerisch; verlockend ⟨*Angebot*⟩

**seductively** [sɪ'dʌktɪvlɪ] *adv.* verführerisch

**sedulous** ['sedʒʊləs] *adj. (formal)* unermüdlich; eifrig ⟨*Sammler*⟩; *(painstaking)* akkurat *(geh.)* ⟨*Sorgfalt, Arbeiter*⟩

**sedulously** ['sedʒʊləslɪ] *adv. (formal)* unermüdlich; *(painstakingly)* akkurat; geflissentlich ⟨*etw. vermeiden, überhören*⟩

**[1]see** [si:] **1.** *v. t.*, **saw** [sɔ:], **seen** [si:n] **a)** sehen; **let sb. ~ sth.** *(show)* jmdm. etw. zeigen; **let me ~:** laß mich mal sehen; **I saw her fall** *or* **falling** ich habe sie fallen sehen; **he was ~n to fall down the stairs** man hat gesehen, wie er die Treppe hinunterfiel; **he was ~n to leave** *or* **~n leaving the building** er ist beim Verlassen des Gebäudes gesehen worden; **I'll believe it when I ~ it** das will ich erst mal sehen; **they saw it happen** sie haben gesehen, wie es passiert ist; sie haben es gesehen; **can you ~ that house over there?** siehst du das Haus da drüben?; **for all [the world] to ~:** für jedermann sichtbar; *(fig.: in public)* in aller Öffentlichkeit; vor aller Welt; **be worth ~ing** sehenswert sein; sich lohnen *(ugs.)*; **~ the light** *(fig.: undergo conversion)* das Licht schauen *(geh.)*; **I saw the light** *(I realized my error etc.)* mir ging ein Licht auf *(ugs.)*; **he'll ~ the light eventually** *(he'll realize the truth)* ihm werden die Augen noch aufgehen; **~ the light [of day]** *(be born)* das Licht der Welt erblicken *(geh.)*; *(fig.: be published or produced)* herauskommen; '**~ things** Halluzinationen haben; **I must be ~ing things** *(joc.)* ich glaub', ich seh' nicht richtig; **~ stars** Sterne sehen *(ugs.)*; **~ the sights/town** sich *(Dat.)* die Sehenswürdigkeiten/Stadt ansehen; **~ visions** Visionen *od.* Gesichte haben; **~ one's way [clear] to do** *or* **to doing sth.** es einrichten, etw. zu tun; **we cannot ~ our way [clear] to do it** es ist uns [zur Zeit] nicht möglich, es zu tun; *see also* **back 1 a; something c, g; world a; b)** *(watch)* sehen; **let's ~ a film** sehen wir uns *(Dat.)* einen Film an!; **c)** *(meet [with])* sehen; treffen; *(meet socially)* zusammenkommen mit; sich treffen mit; **I'll ~ you there/at 5** wir sehen uns dort/um 5; **~ you!** *(coll.)*, **[I'll] be ~ing you!** *(coll.)* bis bald *(ugs.)*; **~ you on Saturday/soon** bis Samstag/bald; *see also* **[1]long 1 c; d)** *(speak to)* sprechen ⟨*Person*⟩ (**about** wegen); *(pay visit to)* gehen zu, *(geh.)* aufsuchen ⟨*Arzt, Anwalt usw.*⟩; *(receive)* empfangen; **the doctor will ~ you now** Herr Doktor läßt bitten; **whom would you like to ~?** wen möchten Sie sprechen?; zu wem möchten Sie?; **e)** *(discern mentally)* sehen; **I ~ it all!** jetzt ist mir alles klar; **I can ~ it's difficult for you** ich verstehe, daß es nicht leicht für dich ist; **I ~ what you mean** ich verstehe [was du meinst]; **~ what I mean?** siehst du?; **I saw that it was a mistake** mir war klar, daß es ein Fehler war; **I don't ~ the point of it** ich sehe keinen Sinn darin; **I can't ~ the good/advantage of doing it** ich kann keinen Sinn/Vorteil darin sehen, es zu tun; **he didn't ~ the joke** er fand es [gar] nicht lustig; *(did not understand)* er hat den Witz nicht verstanden; **I can't think what she ~s in him** ich weiß nicht, was sie an ihm findet; **I saw myself [being] obliged to ...:** ich sah mich gezwungen, zu...; **f)** *(consider)* sehen; **let me ~ what I can do** [ich will] mal sehen, was ich tun kann; **g)** *(foresee)* sehen; **I can ~ I'm going to be busy** ich sehe [es] schon [kommen], daß ich beschäftigt sein werde; **I can ~ it won't be easy** ich sehe schon *od.* weiß jetzt schon, daß es nicht einfach sein wird; **h)** *(find out)* feststellen; *(by looking)* nachsehen; **that remains to be ~n** das wird man sehen; **~ if you can read this** guck mal, ob du das hier lesen kannst *(ugs.)*; **i)** *(take view of)* sehen; betrachten; **~ things as sb. does** jmds. Ansichten teilen; **try to ~ it my way** versuche es doch mal aus meiner Sicht zu sehen; **as I ~ it** meines Erachtens; meiner Ansicht *od.* Meinung nach; *see also* **eye 1 a; [2]fit 1 c; j)** *(learn)* sehen; **I ~ from your letter that ...:** ich entnehme Ihrem Brief, daß ...; **as we have ~n** wie wir schon gesehen haben; **k)** *(make sure)* **~ [that] ...:** zusehen *od.* darauf achten, daß ...; **l)** *usu. in imper. (look at)* einsehen ⟨*Buch*⟩; **~ below/p. 15** siehe unten/S. 15; **m)** *(experience)* erleben; **live to ~ sth.** etw. miterleben; **1936 saw him in India/a revolution in that country** 1936 hielt er sich in Indien auf/kam es in dem Land zu einer Revolution; **I've ~n it all** mir ist nichts unbekannt; **I've ~n it all before** das kenne ich; **now I've ~n everything!** *(iron.)* hat man so etwas schon erlebt *od.* gesehen!; **n)** *(be witness of)* erleben; *(be the scene of)* Schauplatz (+ *Gen.*) sein; **we shall ~:** wir werden [ja/schon] sehen; **~/have ~n life** das Leben kennenlernen/kennen; **he will not** *or* **never ~ 50 again** er ist [bestimmt] über 50; *see also* **day c; service 1 a, p; o)** *(imagine)* sich *(Dat.)* vorstellen; **~ sb./oneself doing sth.** sich vorstellen, daß jmd./man etw. tut; **~ oneself as a star** sich schon als Star sehen; **I can ~ it now – ...:** ich sehe es schon bildhaft vor mir – ...; **p)** *(contemplate)* mit ansehen; zusehen bei; **[stand by and] ~ sb. doing sth.** [tatenlos] zusehen *od.* es [tatenlos] mit ansehen, wie jmd. etw. tut; **I'll ~ him damned** *or* **dead** *or* **hanged** *or* **in hell [first]** das wäre das Letzte[, was ich täte]!; nie im Leben!; **q)** *(escort)* begleiten, bringen (**to** [bis] zu); **r)** *(supervise)* **~ the doors locked/the book through the press** das Abschließen der Türen/den Druck des Buches überwachen; **I'll stay and ~ you on the bus** ich bleibe noch, bis du im Bus sitzt; **s)** *(consent willingly to)* einsehen; **not ~ [oneself] doing sth.** es nicht einsehen, daß man etw. tut; **he couldn't ~ it** er konnte sich nicht damit anfreunden; **t)** *(Gambling)* mithalten mit. **2.** *v. i.*, **saw, seen a)** *(discern objects)* sehen; **~ for yourself!** sieh doch selbst!; **~ red** rotsehen *(ugs.)*; **sth. makes sb. ~ red** jmd. sieht bei etw. rot *(ugs.)*; etw. bringt jmdn. zur Weißglut; **b)** *(make sure)* nachsehen; **c)** *(reflect)* überlegen; **let me ~:** laß mich überlegen; warte mal ['n Moment] *(ugs.)*; **d) I ~:** ich verstehe; aha *(ugs.)*; ach so *(ugs.)*; **you ~:** weißt du/wißt ihr/wissen Sie; **there you are, you ~!** Siehst du? Ich hab's doch gesagt!; **well, you ~, ...** *(in apologies)* es tut mir leid, aber ...; **she used to be a nurse, you ~:** sie war nämlich mal Krankenschwester; **~?** *(coll.)* verstanden? *(salopp)*; klar? *(salopp)*; **as far as I can ~:** soweit ich das *od.* es beurteilen kann; **~ here!** na hör/hören Sie mal!

**~ about** *v. t.* sich kümmern um; **I'll ~ about getting the car repaired** ich werde mich darum kümmern, daß das Auto repariert wird; **I've come to ~ about the room/cooker** ich komme wegen des Zimmers/des Herdes; **I'll ~ about it** *(consider it)* [ich will] mal sehen *(ugs.)*; **we'll ~ about that!** *(you may well be wrong)* das werden wir ja sehen!

**~ into** *v. t.* **a)** *(gain view into)* [hinein]sehen in (+ *Akk.*); [rein]gucken *(ugs.)* in (+ *Akk.*); **~ into it** hineinsehen; reingucken *(ugs.)*; **b)** *(fig.: investigate)* nachgehen, auf den Grund gehen (+ *Dat.*) ⟨*Angelegenheit, Klage*⟩

**~ 'off** *v. t.* **a)** *(say farewell to)* verabschieden; **b)** *(chase away)* vertreiben; **~ him off, Rover!** mach ihm Beine, Rover! *(ugs.)*; **c)** *(defeat)* erledigen; abservieren *(Sportjargon)*

**~ 'out 1.** *v. i.* hinaussehen; rausgucken *(ugs.)*. **2.** *v. t.* **a)** *(remain till end of)* ⟨*Zuschauer:*⟩ sich *(Dat.)* zu Ende ansehen ⟨*Spiel*⟩; ableisten ⟨*Amtsperiode*⟩; ⟨*Patient:*⟩ überleben ⟨*Zeitraum*⟩; **enough fuel to ~ the winter out** genug Heizmaterial, um über den Winter zu kommen; **~ sb. out** *(be present at sb.'s death)* bei jmds. Tod bei ihm/ihr sein; *(live or last until sb.'s death)* ⟨*Person, Gegenstand:*⟩ jmdn. überleben; **b)** *(escort from premises)* hinausbegleiten (**of** aus); hinausbringen (**of** aus); **~ oneself out** allein hinausfinden; **c)** *see* **~ through c**

**~ over, ~ round** *v. t.* besichtigen

**~ through** *v. t.* **a)** ['--] *(penetrate with vision)* hindurchsehen durch; durchgucken *(ugs.)* durch; *see also* **see-through; b)** ['--] *(fig.: penetrate nature of)* durchschauen; **c)** [-'-] *(not abandon)* zu Ende *od.* zum Abschluß bringen; **~ things through** bei der Stange bleiben; **d)** [-'-] *(be sufficient for)* **~ sb. through** jmdm. reichen; **we have enough food to ~ us through the weekend** wir haben für das Wochenende genug zu essen; **e) ~ sb. through his difficulties** jmdm. über seine Schwierigkeiten hinweghelfen

**~ to** *v. t.* sich kümmern um; **I'll ~ to that** dafür werde ich sorgen; **~ to it that ...:** dafür sorgen, daß ...; **well, ~ to it you do!** gut, dann sieh mal zu!

**[2]see** *n. (Eccl.)* [erz]bischöflicher Stuhl; **the Holy See** *or* **See of Rome** *(RC Ch.)* der Heilige *od.* Apostolische Stuhl

**seed** [si:d] **1.** *n.* **a)** *(grain)* Samen, *der;* Samenkorn, *das; (of grape etc.)* Kern, *der; (for birds)* Korn, *das;* **b)** *no pl., no indef. art. (~s collectively)* Samen[körner] *Pl.; (as collected for sowing)* Saatgut, *das;* Saat, *die; (of various plants also)* Sämereien *Pl.;* **grass-~:** Grassamen *Pl.;* **go** *or* **run to ~:** Samen bilden; ⟨*Salat:*⟩ [in Samen] schießen; *(fig.)* herunterkommen *(ugs.)*; **c)** *(fig.: beginning)* Saat, *die;* Samen, *der (geh.)*; **sow [the] ~s of doubt/a conflict/discord** für Zweifel/Konflikt sorgen/Zwietracht säen; **d)** *(Sport coll.)* gesetzter Spieler/gesetzte Spielerin; **fourth ~/number one ~:** als Nummer vier/eins gesetzter Spieler/gesetzte Spielerin; **e)** *no pl. (arch.) (semen)* Samen, *der;* **f)** *no pl. (Bibl.: descendants)* Same, *der.* **2.** *v. t.* **a)** *(place ~s in)* besäen; **b)** *(Sport)* setzen ⟨*Spieler*⟩; **be ~ed number one** als Nummer eins gesetzt werden/sein; **c)** *(lit. or fig.: sprinkle [as] with ~)* besäen; **d)** *(place crystal[s] in)* impfen ⟨*Wolken, chemische Lösung*⟩. **3.** *v. i.* **a)** *(produce ~s)* Samen bilden; **b)** *(go to ~)* [in Samen] schießen; **c)** *(sow ~s)* säen

**seed: ~-bed** *n.* **a)** *(Hort.)* [Saat]beet, *das;* **b)** *(fig.: place of development)* Grundlage, *die; (of evil)* Brutstätte, *die;* **prepare the ~-bed of sth.** einer Sache *(Dat.)* den Boden bereiten; **~-cake** *n.* Kümmelkuchen, *der;* **~-corn** *n.* Saatgetreide, *das;* Saatkorn, *das;* **~ crystal** *n. (Chem.)* [Kristallisations]keim, *der;* Impfkristall, *der*

**seedless** ['si:dlɪs] *adj.* kernlos ⟨*Trauben, Rosinen*⟩

**seedling** ['si:dlɪŋ] *n.* Sämling, *der*

**seed: ~-money** *n.* Anfangs-, Startkapital, *das;* **~-packet** *n.* Samentüte, *die;* **~-pearl** *n.* Samenperle, *die;* Saatperle, *die;* **~-potato** *n. (Hort.)* Saatkartoffel, *die;* **~sman** ['si:dzmən] *n., pl.* **~smen** ['si:dzmən] *n.* Samenhändler, *der;* **~-time** *n.* [Aus]saatzeit, *die*

**seedy** ['si:dɪ] *adj.* **a)** *(coll.: unwell)* **feel ~:** sich [leicht] angeschlagen fühlen; **b)** *(shabby)* schäbig, *(ugs. abwertend)* vergammelt ⟨*Aussehen, Kleidung*⟩; heruntergekommen ⟨*Stadtteil*⟩; **c)** *(disreputable)* zweifelhaft ⟨*Person*⟩

**seeing** ['si:ɪŋ] **1.** *conj.* **~ [that] ...:** da ...; wo ... *(ugs.)*. **2.** *n., no pl., no indef. art. (faculty or power of sight)* Sehvermögen, *das;* **~ is believing** so was glaubt man erst, wenn man es gesehen hat

**seeing 'eye** *n. (dog)* Blindenhund, *der*

**seek** [si:k] *v. t.,* **sought** [sɔ:t] **a)** suchen; anstreben ⟨*Posten, Amt*⟩; sich bemühen um ⟨*Anerkennung, Freundschaft, Interview, Einstellung*⟩; *(try to reach)* aufsuchen; ~ **shelter/help/one's fortune/sb.'s advice** Schutz/Hilfe/sein Glück/jmds. Rat suchen; **scientists are ~ing the solution** Wissenschaftler suchen nach der Lösung; **b)** *(literary/formal: attempt)* suchen *(geh.)*; versuchen; ~ **to do sth.** suchen, etw. zu tun *(geh.)*; **I'm only ~ing to establish a fact** es ist mir nur darum zu tun, eine Tatsache festzustellen *(geh.)*; *see also* **level 1 a**

~ **after** *v. t.* suchen nach; **be much sought after** sehr gesucht sein

~ **for** *v. t.* suchen nach; **~ing for information** auf der Suche nach Informationen

~ **'out** *v. t.* ausfindig machen ⟨*Sache, Ort*⟩; aufsuchen, kommen zu ⟨*Menschen*⟩

**seeker** ['si:kə(r)] *n.* Sucher, *der*/Sucherin, *die;* ~ **after the Truth** Wahrheitssucher, *der*/-sucherin, *die (geh.)*; **bargain-~s** Leute, die Jagd auf günstige Angebote machen/machten *usw.*

**seem** [si:m] *v. i.* **a)** *(appear [to be])* scheinen; **you ~ tired** du wirkst müde; **she ~s nice** sie scheint nett zu sein; **it's not quite what it ~s** es ist nicht ganz das, was es [zunächst] zu sein scheint; **it ~s like only yesterday** es ist, als wäre es erst gestern gewesen; **he ~s certain to win** es sieht ganz so aus, als würde er gewinnen; **she ~s younger than 45** sie wirkt jünger als 45; **what ~s to be the trouble?** wo fehlt's denn? *(ugs.)*; wo drückt denn der Schuh? *(ugs.)*; **it ~s a pity** es ist doch schade; **I ~ to recall having seen him before** ich glaube mich zu erinnern, ihn schon einmal gesehen zu haben; **it just ~s as if it were** es scheint nur so *od.* kommt einem nur so vor; **doing such a thing just doesn't ~ right somehow** es ist doch irgendwie nicht richtig, so etwas zu tun; **it ~s [that] ...:** anscheinend ...; **it ~s to me that it's silly to do that** ich finde es töricht *od.* es kommt mir töricht vor, das zu tun; **it ~s that we had better decide quickly** wir sollten uns wohl besser schnell entscheiden; **it ~s you were lying** du hast ja wohl gelogen; **it ~s [as if] there will be war** es sieht nach Krieg aus; es sieht so aus, als ob es Krieg geben wird; **it would** *or (arch.)* **should ~ to be ...:** es scheint ja wohl ... zu sein; **you know everything, it would ~:** du scheinst ja wohl alles zu wissen; **it would ~ that he is ...:** er scheint ja wohl ... zu sein; **so it ~s** *or* **would ~:** so will es scheinen; **Dead? – So it would ~:** Tot? – Allem Anschein nach; **so it ~s!** *(iron.)* was Sie nicht sagen! *(iron.)*; **b) sb. can't ~ to do sth.** *(coll.)* jmd. scheint etw. nicht tun zu können; **I just can't ~ to do it** *(coll.)* ich kann es einfach irgendwie nicht [tun] *(ugs.)*; **she doesn't ~ to notice such things** *(coll.)* so was merkt sie irgendwie nicht *(ugs.)*; ~ **good to sb.** jmdm. das beste [zu sein] scheinen

**seeming** ['si:mɪŋ] *adj.* scheinbar

**seemingly** ['si:mɪŋlɪ] *adv.* **a)** *(evidently)* offensichtlich; **b)** *(to outward appearance)* scheinbar

**seemly** ['si:mlɪ] *adj.* anständig; **it isn't ~ to praise oneself** es gehört sich nicht, sich selbst zu loben

**seen** *see* **'see**

**seep** [si:p] *v. i.* ~ **[away]** [ab]sickern; ~ **in through** durch etw. hineinsickern; ~ **out of sth.** aus etw. heraussickern; **[gradually] ~ through to sb.'s consciousness** *(fig.)* jmdm. [langsam] dämmern *(ugs.) od.* bewußt werden

**seepage** ['si:pɪdʒ] *n.* **a)** Versickern, *das; (into sth.)* Hineinsickern, *das;* **b)** *(quantity)* Lache, *die; (of oil)* Ölausbiß, *der (Geol.)*; *(of gas)* Austritt, *der*

**seer** [sɪə(r)] *n. (prophet)* Seher, *der*/Seherin, *die*

**seersucker** ['sɪəsʌkə(r)] *n. (Textiles)* Seersucker, *der; Baumwoll- od. Leinengewebe mit Kreppstreifen; attrib.* ⟨*Kleid, Tagesdecke*⟩ aus Seersucker

**'see-saw 1.** *n.* **a)** *(plank)* Wippe, *die;* **b)** *no art. (game)* Wippen, *das;* **let's have a game of ~:** komm, wir gehen auf die Wippe *od.* wippen; **c)** *(fig.: contest)* Auf und Ab, *das.* **2.** *v. i.* **a)** *(move up and down)* ⟨*Weg, Straße:*⟩ auf und ab führen; ⟨*Deck:*⟩ [auf und ab] schaukeln; **b)** *(vacillate)* schwanken; **c)** *(play on ~)* wippen

**seethe** [si:ð] *v. i.* **a)** *(surge)* ⟨*Wellen, Meer:*⟩ branden; ⟨*Straßen usw.:*⟩ wimmeln **(with** von); *(bubble or foam as if boiling)* schäumen; **b)** *(fig.: be agitated)* schäumen; ~ **[with anger/inwardly]** vor Wut/innerlich schäumen

**'see-through** *adj.* durchsichtig

**segment 1.** ['segmənt] *n.* **a)** *(of orange, pineapple)* Scheibe, *die;* Schnitz, *der (bes. südd.)*; *(of cake, pear)* Stück, *das; (of worm, skull, limb)* Segment, *das; (of bowel)* Abschnitt, *der;* Segment, *das (Med.)*; *(of economy, market)* Bereich, *der;* **b)** *(Ling., Geom., Sociol.)* Segment, *das;* ~ **of a circle** Kreissegment, *das.* **2.** [seg'ment, 'segmənt] *v. t.* untergliedern; [in Gruppen] aufteilen ⟨*Menschen*⟩. **3.** *v. i. (Biol.)* sich teilen

**segmentation** [segmən'teɪʃn] *n.* Untergliederung, *die; (Biol.)* Zellteilung, *die*

**segregate** ['segrɪgeɪt] *v. t.* **a)** trennen; isolieren ⟨*Kranke*⟩; aussondern ⟨*Forschungsgebiet*⟩; **b)** *(racially)* segregieren *(geh.)*; absondern

**segregation** [segrɪ'geɪʃn] *n., no pl.* **a)** Trennung, *die;* **b) [racial] ~:** Rassentrennung, *die*

**segregationist** [segrɪ'geɪʃənɪst] *n.* Befürworter/Befürworterin der Rassentrennung

**seine** [seɪn] *n. (Fishing)* **~[-net]** Treibnetz, *das*

**seismic** ['saɪzmɪk] *adj.* seismisch; ~ **area** *or* **region** Erdbebengebiet, *das;* **of ~ proportions** *(fig.)* von verheerenden Ausmaßen

**seismically** ['saɪzmɪkəlɪ] *adv.* seismisch

**seismograph** ['saɪzməgrɑ:f] *n.* Seismograph, *der;* Seismometer, *das*

**seize** [si:z] **1.** *v. t.* **a)** ergreifen; ~ **power** die Macht ergreifen; ~ **sb. by the arm/collar/shoulder** jmdn. am Arm/Kragen/an der Schulter packen; ~ **the opportunity** *or* **occasion/moment [to do sth.]** die Gelegenheit ergreifen/den günstigen Augenblick nutzen [und etw. tun]; ~ **any/a** *or* **the chance [to do sth.]** jede/die Gelegenheit nutzen[, um etw. zu tun]; **be ~d with remorse/panic** von Gewissensbissen geplagt/von Panik ergriffen werden; **she ~d it with both hands** *(fig.)* sie griff mit beiden Händen zu *(fig.)*; **b)** *(capture)* gefangennehmen ⟨*Person*⟩; kapern ⟨*Schiff*⟩; mit Gewalt übernehmen ⟨*Flugzeug, Gebäude*⟩; einnehmen ⟨*Festung, Brücke*⟩; **c)** *(understand)* erfassen; **d)** *(confiscate)* beschlagnahmen. **2.** *v. i. see* ~ **up**

~ **on** *v. t.* sich *(Dat.)* vornehmen ⟨*Einzelheit, Aspekt, Schwachpunkt*⟩; aufgreifen ⟨*Idee, Vorschlag*⟩; ergreifen ⟨*Chance*⟩

~ **'up** *v. i.* sich festfressen; ⟨*Verkehr:*⟩ zusammenbrechen, zum Erliegen kommen

~ **upon** *see* ~ **on**

**seizure** ['si:ʒə(r)] *n.* **a)** *(capturing)* Gefangennahme, *die; (of ship)* Kapern, *das; (of aircraft, building)* Übernahme, *die; (of fortress, bridge)* Einnahme, *die;* ~ **of power** Machtergreifung, *die;* **b)** *(confiscation)* Beschlagnahme, *die;* **c)** *(Med.: attack)* Anfall, *der*

**seldom** ['seldəm] **1.** *adv.* selten; ~ **or never** so gut wie nie; **~, if ever** fast nie; äußerst selten. **2.** *adj.* selten; **a ~ thing** eine Seltenheit; etwas Seltenes

**select** [sɪ'lekt] **1.** *adj.* **a)** *(carefully chosen)* ausgewählt; **only the most ~ company** nur eine kleine Gruppe Auserwählter; **b)** *(exclusive)* exklusiv. **2.** *v. t.* auswählen; ~ **one's own apples** sich *(Dat.)* die Äpfel selbst aussuchen

**select com'mittee** *n.* Sonderkommission, *die*

**selectee** [sɪlek'ti:] *n. (Amer.)* Einberufene, *der*

**selection** [sɪ'lekʃn] *n.* **a)** *(what is selected [from])* Auswahl, *die* **(of** an + *Dat.,* **from** aus); *(person)* Wahl, *die;* **a ~ from ...** *(Mus.)* eine Auswahl aus ...; **make a ~** *(one)* eine Wahl treffen; *(several)* eine Auswahl treffen; **~s from the best writers** ausgewählte Werke der besten Schriftsteller; **what is your ~ for the Derby?** was ist dein Tip für das Derby?; **b)** *(act of choosing)* [Aus]wahl, *die;* ~ **committee** Auswahlkomitee, *das;* **c)** *(being chosen)* Wahl, *die;* **his ~ as president** seine Wahl zum Präsidenten; **d)** *(Biol.: in evolution)* Selektion, *die;* Auslese, *die*

**selective** [sɪ'lektɪv] *adj.* **a)** *(using selection)* selektiv; *(careful in one's choice)* wählerisch; **b)** *(Electr.)* selektiv; trennscharf

**selectively** [sɪ'lektɪvlɪ] *adv.* selektiv; **not read ~ enough** [viel] zu wahllos lesen; **shop ~:** gezielt einkaufen

**selectiveness** [sɪ'lektɪvnɪs] *n., no pl.* Eingrenzung, *die*

**selectivity** [sɪlek'tɪvɪtɪ, selek'tɪvɪtɪ, si:lek'tɪvɪtɪ] *n., no pl.* **have a high degree of ~:** ⟨*Insektizid:*⟩ nur spezifisch wirksam sein; **show ~:** wählerisch sein

**selectman** [sɪ'lektmən], *pl.* **selectmen** [sɪ'lektmən] *n. (Amer.)* Stadtrat, *der*

**selectness** [sɪ'lektnɪs] *n., no pl.* Exklusivität, *die*

**selector** [sɪ'lektə(r)] *n.* **a)** *(person who selects) (of team)* Mannschaftsaufsteller, *der*/-aufstellerin, *die; (of merchandise)* Einkäufer, *der*/Einkäuferin, *die;* **b)** *(device that selects) (knob)* Schaltknopf, *der; (lever)* Schaltgriff, *der; (switch)* Wahlschalter, *der; (for selecting programmes)* Programmtaste, *die; (of computer)* Selektor, *der*

**self** [self] *n., pl.* **selves** [selvz] **a)** *(person's essence)* Selbst, *das (geh.)*; Ich, *das;* **be one's usual ~:** man selbst sein; **not be one's usual cheerful ~:** nicht so fröhlich wie sonst sein; **be back to one's former** *or* **old ~ [again]** wieder der/die alte sein; **one's better ~:** sein besseres Ich; **my humble ~/your good selves** *(joc.)* meine Wenigkeit/die werten Herrschaften *(scherzh.)*; **how is your good ~?** *(arch.)* wie ist das werte Befinden? *(veralt.)*; **b)** *(one's own interest)* die eigene Person; **she cares for nothing but ~:** sie nimmt nur sich selbst wichtig; **she has no thoughts of ~:** sie ist sehr selbstlos; **c)** *(Commerc.)* **drawn to ~:** auf selbst ausgestellt ⟨*Scheck*⟩; **pay to ~:** zahlbar an Aussteller *od.* selbst

**self-** *pref.* **a)** *expr. direct reflexive action* selbst⟨*anklagend, -schließend*⟩; Selbst⟨*ankläger, -anzeige*⟩; **stand ~-accused** sich selbst angeklagt haben; **b)** *expr. action or condition* selbst-; **~-acting** automatisch; selbsttätig

**self: ~-ad'dressed** *adj.* **a ~-addressed envelope** ein adressierter Rückumschlag; **~-ad'hesive** *adj.* selbstklebend; **~-ad'vertisement** *n.* Selbstreklame, *die;* **~-ag'grandizement** *n.* Vergrößerung der eigenen Macht; **~-a'nalysis** *n.* Selbstanalyse, *die;* **~-ap'pointed** *adj.* selbsternannt; **~-as'sertion** *n.* Durchsetzungsvermögen, *das* (**over** gegenüber); **~-as'sertive** *adj.,* **~-assertively** [selfə'sɜ:tɪvlɪ] *adv.* selbstbewußt; **~-as'sertiveness** *n., no pl.* Durchsetzungsvermögen, *das;* **a ~-assertiveness training course** ein Trainingskurs in Durchsetzungsvermögen; **~-as'surance** *n., no pl.* Selbstbewußtsein, *das;* Selbstsicherheit, *die;* **~-as'sured** *adj.* selbstsicher; selbstbewußt; **~-'catering 1.** *adj.* mit Selbstversorgung *nachgestellt;* **2.** *n.* Selbstversorgung, *die;* **~-'centred** *adj.* egozentrisch;

ichbezogen; ~-'**closing** *adj.* selbstschließend; ~-**coloured** *adj. (with uniform colouring)* einfarbig; ~-**com'mand** *n., no pl.* Selbstbeherrschung, *die;* ~-**con'demned** *adj.* **be** *or* **stand ~-condemned** sich selbst überführt haben; ~-**con'fessed** *adj.* erklärt; ~-'**confidence** *n., no pl.* Selbstvertrauen, *das;* ~-'**confident** *adj.,* ~-'**confidently** *adv.* selbstsicher; ~-'**conscious** *adj.* **a)** *(ill at ease)* unsicher; **b)** *(deliberate)* reflektiert ⟨*Prosa, Stil*⟩; ~-'**consciousness** *n.* **a)** Unsicherheit, *die;* **b)** *(deliberateness)* Reflektiertheit, *die;* ~-**con'tained** *adj.* **a)** *(not dependent)* selbstgenügsam; *(not communicative)* verschlossen; **b)** *(having no parts in common)* unabhängig ⟨*Maschine, Anlage*⟩; einzeln stehend ⟨*Haus*⟩; **c)** *(Brit.: complete in itself)* abgeschlossen ⟨*Wohnung*⟩; ~-**contra'dictory** *adj.* mit sich selbst in Widerspruch; ~-**con'trol** *n., no pl.* Selbstbeherrschung, *die;* ~-**con'trolled** *adj.* voller Selbstbeherrschung *nachgestellt;* ~-'**critical** *adj.* selbstkritisch; ~-**de'ception** *n.* Selbsttäuschung, *die;* Selbstbetrug, *der;* ~-**de'feating** *adj.* unsinnig; zwecklos; ~-**de'fence** *n., no pl., no indef. art.* Notwehr, *die;* Selbstverteidigung, *die;* **in ~-defence** aus Notwehr; **~-defence classes** Selbstverteidigungskurs, *der;* ~-**de'nial** *n.* Selbstverleugnung, *die;* ~-**de'struct** *v. i.* sich selbst zerstören; ~-**de'struction** *n.* Selbstzerstörung, *die;* ~-**de'structive** *adj.,* ~-**de'structively** *adv.* selbstzerstörerisch; ~-'**discipline** *n., no pl.* Selbstdisziplin, *die;* ~-**drive** *adj.* **~-drive hire [company]** Autovermietung, *die;* **~-drive vehicle** Mietwagen, *der;* ~-'**educated** *adj.* autodidaktisch; **be ~-educated, be a ~-educated person** Autodidakt/Autodidaktin sein; ~-**ef'facing** *adj.* zurückhaltend; ~-**em'ployed** *adj.* selbständig; **~-employed man/woman** Selbständige, *der/die;* ~-**e'steem** *n.* **a)** *(~-respect)* Selbstachtung, *die;* **b)** *(~-conceit)* Selbstgefälligkeit, *die;* ~-'**evident** *adj.,* ~-'**evidently** *adv.* offenkundig; ~-**ex'planatory** *adj.* ohne weiteres verständlich; **be ~-explanatory** für sich selbst sprechen; ~-**ex'pression** *n., no pl., no indef. art.* Selbstdarstellung, *die;* ~-**fertili'zation** *n. (Biol.)* Selbstbefruchtung, *die;* ~-**financing** *adj.* sich selbst tragend; kostenneutral ⟨*Tarifvertrag*⟩; ~-**ful'filling** *adj.* zur eigenen Bestätigung mit beitragend; **~-fulfilling prophecy** zur Bestätigung ihrer selbst mit beitragende Voraussage; Self-fulfilling prophecy, *die (Soziol.);* ~-'**governing** *adj.* selbstverwaltet; ~-'**government** *n., no pl., no indef. art.* Selbstverwaltung, *die;* ~-'**help** *n., no pl.* Selbsthilfe, *die;* ~-'**image** *n.* Selbstbild, *das;* ~-**im'portance** *n., no pl.* Selbstgefälligkeit, *die; (arrogant and pompous bearing)* Selbstherrlichkeit, *die;* ~-**im'portant** *adj.* selbstgefällig; *(arrogant and pompous)* selbstherrlich; ~-**im'posed** *adj.* selbstauferlegt; ~-**im'provement** *n.* selbständige Weiterbildung; ~-**in'duced** *adj.* **a)** selbstverursacht; **b)** *(Electr.)* selbstinduziert; ~-**in'duction** *n. (Electr.)* Selbstinduktion, *die;* ~-**in'dulgence** *n.* Maßlosigkeit, *die;* **a little ~-indulgence never hurt anyone** sich ein bißchen zu verwöhnen, hat noch keinem geschadet; **this novel is a piece of pure ~-indulgence** dieser Roman ist weiter nichts als Selbstbefriedigung des Autors; ~-**in'dulgent** *adj.* maßlos; **I've been very ~-indulgent lately** ich habe mich in der letzten Zeit sehr gehenlassen; ~-**in'flicted** *adj.* selbst beigebracht ⟨*Wunde*⟩; selbst auferlegt ⟨*Strafe*⟩; ~-'**interest** *n.* Eigeninteresse, *das;* ~-**in'vited** *adj.* **a ~-invited guest** ein Gast, der sich selbst eingeladen hat

**selfish** ['selfɪʃ] *adj.* egoistisch; selbstsüchtig

**selfishly** ['selfɪʃlɪ] *adv.* egoistisch; selbstsüchtig; **do sth. ~:** etw. aus Egoismus tun

**selfishness** ['selfɪʃnɪs] *n., no pl.* Egoismus, *der;* Selbstsucht, *die*

**self:** ~-**justifi'cation** *n.* Rechtfertigung, *die;* **attempt at ~-justification** Versuch, sich zu rechtfertigen; ~-'**knowledge** *n.* Selbsterkenntnis, *die*

**selfless** ['selflɪs] *adj.,* **selflessly** ['selflɪslɪ] *adv.* selbstlos

**self:** ~-'**loading** *adj.* mit Selbstladevorrichtung *nachgestellt;* ~-'**locking** *adj.* selbstschließend; ~-'**love** *n., no pl.* Selbstliebe, *die;* Eigenliebe, *die;* ~-**made** *adj.* selbstgemacht; **a ~-made man** ein Selfmademan; **she is a ~-made woman** sie hat sich aus eigener Kraft hochgearbeitet; ~-**o'pinionated** *adj.* **a)** *(conceited)* eingebildet; von sich eingenommen; **b)** *(obstinate)* starrköpfig; rechthaberisch; ~-**per'petuating** *adj.* sich selbst erhaltend; **be ~-perpetuating** sich selbst erhalten; ~-'**pity** *n., no pl.* Selbstmitleid, *das;* ~-'**portrait** *n.* Selbstporträt, *das;* ~-**pos'sessed** *adj.* selbstbeherrscht; **remain ~-possessed** die Selbstbeherrschung behalten; **be ~-possessed** sich beherrschen *od.* zusammennehmen; ~-**pos'session** *n., no pl.* Selbstbeherrschung, *die;* ~-**preser'vation** *n., no pl., no indef. art.* Selbsterhaltung, *die;* ~-'**propagating** *adj. (Bot.)* selbstbefruchtend; **be ~-propagating** Selbstbefruchter sein; *(fig.)* sich selbst vermehren; ~-**pro'pelled** *adj.* mit Eigenantrieb *nachgestellt;* ~-'**raising flour** *n. (Brit.)* mit Backpulver versetztes Mehl; ~-**re'gard** *n., no pl.* Selbstachtung, *die;* ~-'**regulating** *adj.* sich selbst steuernd ⟨*Maschine*⟩; autonom ⟨*Institution*⟩; ~-**re'liance** *n., no pl.* Selbstvertrauen, *das;* Selbstsicherheit, *die;* ~-**re'liant** *adj.* selbstbewußt; selbstsicher; ~-**re'spect** *n., no pl.* Selbstachtung, *die;* ~-**re'specting** *adj.* mit Selbstachtung *nachgestellt;* **no ~-respecting person ...:** niemand, der etwas auf sich hält, ...; ~-**re'straint** *n., no pl.* Selbstbeherrschung, *die;* ~-'**righteous** *adj.* selbstgerecht; ~-'**righteousness** *n., no pl.* Selbstgerechtigkeit, *die;* ~-'**righting** *adj.* selbstaufrichtend; ~-'**rising flour** *(Amer.) see* **~-raising flour;** ~-'**sacrifice** *n.* Selbstaufopferung, *die;* ~-'**sacrificing** *adj.* [sich] aufopfernd ⟨*Mutter, Vater*⟩; aufopfernd ⟨*Liebe*⟩; ~-**same** *adj.* **the ~same** der-/die-/dasselbe; ~-**satis'faction** *n., no pl.* Selbstzufriedenheit, *die; (smugness)* Selbstgefälligkeit, *die;* ~-'**satisfied** *adj.* selbstzufrieden; *(smug)* selbstgefällig; ~-'**sealing** *adj.* **a)** *(automatically sealing)* selbstdichtend; **b)** *(~-adhesive)* selbstklebend; ~-**seeking 1.** *adj.* selbstsüchtig; **2.** *n., no pl.* Selbstsucht, *die;* ~-'**service 1.** *n.* **a)** *(operation)* Selbstbedienung, *die; attrib.* Selbstbedienungs-; **b)** *(shop)* Selbstbedienungsladen, *der; (petrol station)* Tankstelle zum Selbsttanken; *(restaurant)* Selbstbedienungsrestaurant, *das;* **2.** *pred. adj.* **the petrol station is/has become ~-service** die Tankstelle hat Selbstbedienung/hat auf Selbstbedienung umgestellt; ~-**sown** *adj.* selbstausgesät; ~-'**starter** *n. (Motor Veh.)* Selbststarter, *der;* ~-'**study** *n.* Selbststudium, *das;* ~-**styled** *adj.* selbsternannt; von eigenen Gnaden *nachgestellt;* ~-**suf'ficiency** *n.* Unabhängigkeit, *die; (of country)* Autarkie, *die;* ~-**suf'ficient** *adj. (independent)* unabhängig; autark ⟨*Land*⟩; selbständig ⟨*Person*⟩; **be ~-sufficient in food** seinen Nahrungsbedarf selbst decken; ~-**sup'porting** *adj.* **a)** sich selbst tragend ⟨*Unternehmen, Verein*⟩; finanziell unabhängig ⟨*Person*⟩; **the club/firm is ~-supporting** der Verein/die Firma trägt sich selbst; **b)** *(not requiring support)* freiselbsttragend ⟨*Konstruktion, Gebäude*⟩; ~-'**tapping** *adj.* selbstschneidend ⟨*Schraube*⟩; ~-'**taught** *adj.* autodidaktisch; selbsterlernt ⟨*Fertigkeiten*⟩; **~-taught person** Autodidakt, *der*/Autodidaktin, *die;* **be a ~-taught painter/be ~-taught in German** sich *(Dat.)* das Malen/Deutsch selbst beigebracht haben; **she is ~-taught** sie ist Autodidaktin; ~-'**will** *n., no pl.* Eigensinn, *der;* ~-'**willed** *adj.* eigensinnig; ~-**winding** *adj.* automatisch; **a ~-winding watch** eine Uhr mit Selbstaufzug

**sell** [sel] **1.** *v. t.,* **sold** [səʊld] **a)** verkaufen; **the shop ~s groceries** in dem Laden gibt es Lebensmittel [zu kaufen]; **~ sth. to sb., ~ sb. sth.** jmdm. etw. verkaufen; **~ one's life** *etc.* **dear** *or* **dearly** *(fig.)* sein Leben *usw.* teuer verkaufen; **it is the advertising that ~s the product** die Werbung sorgt für den Absatz des Produkts; **~ by ...** *(on package)* ≈ mindestens haltbar bis ...; **b)** *(betray)* verraten; **c)** *(offer dishonourably)* verkaufen; verhökern *(ugs. abwertend);* **~ oneself/one's soul** sich/seine Seele verkaufen **(to** *Dat.***)**; **d)** *(sl.: cheat, disappoint)* verraten; anschmieren *(salopp);* **I've been sold!, sold again!** ich bin [wieder] der/die Dumme! *(ugs.);* **e)** *(gain acceptance for)* **~ sb. as ...:** jmdn. als ... verkaufen *(ugs.);* **~ sth. to sb.** jmdn. für etw. gewinnen; **~ sb. the idea of doing sth.** jmdn. für den Gedanken gewinnen, etw. zu tun; **f) ~ sb. on sth.** *(coll.: make enthusiastic)* jmdn. für etw. begeistern *od.* erwärmen; **be sold on sth.** *(coll.)* von etw. begeistert sein. *See also* **dummy 1 e; river 1 a; short 1 i. 2.** *v. i.,* **sold a)** sich verkaufen [lassen]; ⟨*Person:*⟩ verkaufen; **the book sold 5,000 copies in a week** in einer Woche wurden 5 000 Exemplare des Buches verkauft; **b) ~ at** *or* **for** kosten. *See also* **cake 1 b. 3.** *n.* **a) be a tough ~:** ein Ladenhüter *(abwertend)* sein; sich schlecht verkaufen; **be an easy ~:** ein Verkaufsschlager sein; sich gut verkaufen; **b)** *(coll.: deception)* Schwindel, *der (abwertend). See also* **hard sell; soft sell**

**~ 'off** *v. t.* verkaufen; abstoßen ⟨*Anteile, Aktien*⟩

**~ 'out 1.** *v. t.* **a)** ausverkaufen; restlos verkaufen; **the play/performance was sold out** das Stück/die Aufführung war ausverkauft; **b)** *(coll.: betray)* verpfeifen *(ugs.).* **2.** *v. i.* **a) we have** *or* **are sold out** wir sind ausverkauft; **sth. ~s out quickly** etw. verkauft sich schnell; **~ out to another firm** durch Verkauf in eine andere Firma übergehen; **b)** *(coll.: betray one's cause)* **~ out to sb./sth.** zu jmdm./etw. überlaufen. *See also* **sell-out**

**~ 'out of** *v. t.* **we have** *or* **are sold out of sth.** etw. ist ausverkauft

**~ 'up** *v. t. (Brit.)* verkaufen; *abs.* sein Hab und Gut verkaufen

**'sell-by date** *n.* ≈ Mindesthaltbarkeitsdatum, *das*

**seller** ['selə(r)] *n.* **a)** Verkäufer, *der*/Verkäuferin, *die;* **be a ~ of sth.** etw. verkaufen; **a ~'s** *or* **~s' market** ein Verkäufermarkt; **b)** *(product)* **be a slow/bad ~:** sich nur langsam/schlecht verkaufen; **be a fast** *or* **strong** *or* **big ~:** ein Renner *od.* Verkaufsschlager sein; **be a good ~:** sich gut verkaufen

**selling** ['selɪŋ] **1.** *n.* **a)** *(act, occupation)* Verkaufen, *das;* **b)** *(salesmanship)* Verkauf, *der;* **training in ~:** Verkaufsschulung, *die.* **2.** *adj. in comb.* **a fast-** *or* **good-selling book** ein Buch, das sich gut verkauft

**selling:** ~-**point** *n.* **a [good] ~-point** ein Verkaufsargument; *(fig.)* ein Pluspunkt; ~-**price** *n.* Verkaufspreis, *der*

**Sellotape, (P)** ['seləʊteɪp] *n., no pl., no indef. art.* ≈ Tesafilm, *der* Ⓦz

**sellotape** *v. t.* mit Klebeband kleben

**'sell-out** *n.* **a)** *(event)* **be a ~:** ausverkauft sein; **b)** *(coll.: betrayal)* Verrat, *der*

**selvage, selvedge** ['selvɪdʒ] *n.* Webkante, *die*

**selves** *pl. of* **self**
**semantic** [sɪ'mæntɪk] *adj.* semantisch
**semantically** [sɪ'mæntɪkəlɪ] *adv.* semantisch
**semantics** [sɪ'mæntɪks] *n., no pl.* Semantik, *die;* **only argue about ~s** sich um Worte streiten
**semaphore** ['seməfɔ:(r)] **1.** *n.* **a)** *(apparatus)* Signalmast, *der;* Semaphor, *das od. der;* **b)** *(system)* Winken, *das;* **~ alphabet** Winkeralphabet, *das.* **2.** *v. i.* **~ to sb.** jmdm. ein Winksignal übermitteln. **3.** *v. t.* [durch Winksignale] übermitteln
**semblance** ['sembləns] *n.* **a)** *(outward appearance)* Anschein, *der;* **without a ~ of regret/a smile** ohne das geringste Zeichen von Bedauern/den Anflug eines Lächelns; **without even the ~ of a trial** ohne auch nur die geringste Verhandlung; **bring some ~ of order to sth.** wenigstens den Anschein von Ordnung in etw. *(Akk.)* bringen; **b)** *(resemblance)* Ähnlichkeit, *die*
**semeiology** [si:maɪ'ɒlədʒɪ], **semeiotics** [si:maɪ'ɒtɪks] *see* **semiology**
**semen** ['si:men] *n. (Physiol.)* Samen, *der;* Sperma, *das*
**semester** [sɪ'mestə(r)] *n. (Univ.)* Semester, *das*
**semi** ['semɪ] *n. (coll.)* **a)** *(Brit.: house)* Doppelhaushälfte, *die;* **b)** *(Amer.: vehicle)* Sattelanhänger, *der*
**semi-** *pref.* halb-/Halb-
**semi: ~-auto'matic 1.** *adj.* halbautomatisch; **2.** *n.* halbautomatische Feuerwaffe; **~-basement** *n.* Halbsouterrain, *das;* **~bold** *adj. (Printing)* halbfett; **~breve** *n. (Brit. Mus.)* ganze Note; **~circle** *n.* Halbkreis, *der;* **~'circular** *adj.* halbkreisförmig; **~-'colon** *n.* Semikolon, *das;* **~con'ductor** *n. (Phys.)* Halbleiter, *der;* **~-'conscious** *adj.* halb bewußtlos; **be only ~-conscious** nicht bei vollem Bewußtsein sein; **~-'darkness** *n.* Halbdunkel, *das;* **in ~-darkness** im Halbdunkel; **~-de'tached 1.** *adj.* **the house is ~-detached** es ist eine Doppelhaushälfte; **a ~-detached house** eine Doppelhaushälfte; **2.** *n. (Brit.: house)* Doppelhaushälfte, *die;* **~'final** *n.* Halbfinale, *das;* Semifinale, *das;* **in the ~finals** im Halbfinale; **~'finalist** *n.* Halbfinalteilnehmer, *der/*-teilnehmerin, *die;* Halbfinalist, *der/*-finalistin, *die;* **~-'finished** *adj.* halbfertig; **~-'invalid** *n.* Teilinvalide, *der/die;* **~-literate** *adj.* **be ~-literate** kaum lesen und schreiben können
**seminal** ['semɪnl, 'si:mɪnl] *adj.* **a)** *(having originative power)* schöpferisch; *(embryonic)* keimhaft; **b)** *(reproductive)* Samen⟨*leiter, -flüssigkeit*⟩
**seminar** ['semɪnɑ:(r)] *n.* **a)** *(small class)* Seminar, *das;* **b)** *(Amer.: conference)* Konferenz, *die;* **c)** *(study-course)* Kurs[us], *der;* Seminar, *das*
**seminarian** [semɪ'neərɪən], **seminarist** ['semɪnərɪst] *ns.* Seminarist, *der*
**seminary** ['semɪnərɪ] *n.* Priesterseminar, *das*
**semiology** [si:mɪ'ɒlədʒɪ], **semiotics** [si:mɪ'ɒtɪks] *ns.* Semiotik, *die;* Semiologie, *die*
**semi: ~-'permanent** *adj.* fast permanent; **~-'precious** *adj.* **~-precious stone** Halbedelstein, *der;* Schmuckstein, *der;* **be ~-precious** ein Halbedelstein sein; **~quaver** *n. (Brit. Mus.)* Sechzehntelnote, *die;* **~-'skilled** *adj.* angelernt; **~-'sweet** *adj.* halbsüß ⟨*Sekt, Wein*⟩; [nur] leicht gesüßt ⟨*Kuchen, Schokolade*⟩
**Semite** ['si:maɪt, 'semaɪt] **1.** *n.* Semit, *der/*Semitin, *die.* **2.** *adj.* semitisch
**Semitic** [sɪ'mɪtɪk] *adj.* semitisch
**semitone** *n. (Mus.)* Halbton, *der*
**semi-trailer** *n.* Sattelanhänger, *der*
**semolina** [semə'li:nə] *n.* **a)** Grieß, *der;* **b)** *(pudding)* Grießpudding, *der*
**sempstress** *see* **seamstress**
**SEN** *abbr. (Brit.)* **State Enrolled Nurse**
**Sen.** *abbr.* **a) Senator** Sen.; **b) Senior** sen.
**senate** ['senət] *n.* Senat, *der*
**senator** ['senətə(r)] *n.* Senator, *der/*Senatorin, *die*
**send** [send] **1.** *v. t.*, **sent** [sent] **a)** *(cause to go)* schicken; senden *(geh.);* **~ sb. to Africa** jmdn. nach Afrika schicken; **~ sb. to university/boarding-school** jmdn. auf die Universität/ins Internat schicken; **~ sb. on a course/tour** jmdn. in einen Kurs/auf eine Tour schicken; **~ a dog after sb.** einen Hund auf jmdn. hetzen; **she ~s her best wishes/love** sie läßt grüßen/herzlich grüßen; **~ [sb.] apologies/congratulations** sich [bei jmdm.] entschuldigen lassen/[jmdm.] seine Glückwünsche übermitteln; **she sent him congratulations on ...:** sie schickte ihm Glückwünsche zu ...; **~ sb. home/to bed** jmdn. nach Hause/ins Bett schicken; **~ sb. to his death** jmdn. in den Tod schicken; *see also* **word 1 f; b)** *(grant)* schicken; **~ her victorious!** *(arch.)* [Herr,] laß sie siegreich sein!; **God ~s the rain on the just and the unjust** *(prov.)* Gott läßt regnen über Gerechte und Ungerechte; **c)** *(propel)* **~ a rocket into space** eine Rakete in den Weltraum schießen; **~ a ball over the wall** einen Ball über die Mauer schießen; **~ up clouds of dust** Staubwolken aufwirbeln; **~ sth. to the ground/hurtling through the air** etw. zu Boden werfen/durch die Luft sausen lassen; **~ sb. sprawling/reeling** jmdn. zu Boden strekken/ins Wanken bringen; **~ sb. running for cover** jmdn. schnell Deckung suchen lassen; **~ sth. off course** etw. vom Kurs abkommen lassen; *see also* **²fly 1 d; d)** *(drive into condition)* **~ sb. mad** *or* **crazy** jmdn. verrückt machen *(ugs.);* **~ sb. into raptures/a temper/fits of laughter** jmdn. ins Schwärmen geraten lassen/in Wut bringen/dazu bringen, daß er sich totlacht *(ugs.);* **~ sb. to sleep** jmdn. zum Einschlafen bringen; **that loud music ~s me round the bend** *(fig. coll.)* bei dieser lauten Musik könnte ich verrückt *od.* wahnsinnig werden *(ugs.);* **e)** *(dismiss)* **~ sb. about his/her** *etc.* **business** jmdn. vor die Tür setzen; *see also* **Coventry; pack 3; f)** *(sl.: put into ecstasy)* begeistern; **she really ~s me** sie macht mich total an *(salopp).* **2.** *v. i.*, **sent: ~ to sb. for sth.** *(by letter)* jmdn. um etw. anschreiben; **we'll ~ to Germany for that** wir werden nach Deutschland schreiben, daß sie uns das schicken
**~ a'head** *v. t.* vorausschicken; **he was sent ahead of the main group** er wurde dem Haupttrupp vorausgeschickt
**~ a'way 1.** *v. t.* wegschicken; fortschicken *(landsch., geh.);* **we like to ~ our guests away with pleasant memories** wir möchten unseren Gästen angenehme Erinnerungen mitgeben; *see also* **flea. 2.** *v. i.* **~ away [to sb.] for sth.** etw. [bei jmdm.] anfordern
**~ 'back** *v. t.* **a)** *(return)* zurückschicken; **b)** *(because of dissatisfaction)* zurückgehen lassen ⟨*Speise, Getränk*⟩; *(by post)* zurückschicken ⟨*Ware*⟩
**~ 'down 1.** *v. t.* **a)** [hinunter]schicken; **b)** *(Brit. Univ.)* relegieren *(geh.);* von der Hochschule verweisen; **c)** *(put in prison)* hinter Schloß und Riegel bringen *(ugs.);* **d)** *(Cricket)* werfen ⟨*Ball*⟩; **e)** nach unten treiben ⟨*Preis, Kosten, Temperatur*⟩. **2.** *v. i.* **~ down [to the store] for sth.** etw. aus dem Lager holen lassen
**~ for** *v. t.* **a)** *(tell to come)* holen lassen; rufen ⟨*Polizei, Arzt, Krankenwagen*⟩; **b)** *(order from elsewhere)* anfordern
**~ 'in** *v. t.* einschicken
**~ 'off 1.** *v. t.* **a)** *(dispatch)* abschicken ⟨*Sache*⟩; losschicken *(ugs.)* ⟨*Person*⟩; **~ one's children off to boarding-school** seine Kinder ins Internat schicken; **b)** *(bid farewell to)* verabschieden; *see also* **send-off; c)** *(Sport)* vom Platz stellen. **2.** *v. i.* **~ off for sth. [to sb.]** etw. [von jmdm.] anfordern
**~ 'on** *v. t.* **a)** *(forward)* nachsenden ⟨*Post*⟩; **they sent me on to you** ich wurde an Sie verwiesen; **b)** *(cause to go ahead)* **~ on [ahead]** vorausschicken; **c)** *(cause to participate)* **~ a player on** einen Spieler einsetzen
**~ 'out 1.** *v. t.* **a)** *(issue)* verschicken; **b)** *(emit)* aussenden ⟨*Hilferuf, Nachricht*⟩; abgeben ⟨*Hitze*⟩; senden ⟨*Lichtstrahlen*⟩; ausstoßen ⟨*Rauch*⟩; verströmen ⟨*Geruch*⟩; **c)** *(dispatch)* schicken; **~ sb. out to Africa** jmdn. nach Afrika schicken; **~ sb. out for sth.** jmdn. schicken, um etw. zu besorgen; **d)** *(order to leave)* hinausschicken. **2.** *v. i.* **~ out for sth.** etw. besorgen *od.* holen lassen
**~ 'up** *v. t.* **a)** *(Brit. coll.: ridicule) (in play, sketch, song)* parodieren; *(in cartoon)* karikieren; *see also* **send-up; b)** *(Amer. sl.: put in prison)* in den Knast stecken *(ugs.);* einbuchten *(salopp);* **c)** *(transmit to higher authority)* weiterleiten **(to** an + *Akk.*); **d)** *(cause to rise)* steigen lassen ⟨*Ballon*⟩; hochtreiben ⟨*Preis, Kosten, Temperatur*⟩; **~ sb.'s temperature up** *(fig. joc.)* jmdn. zum Kochen bringen *(ugs.);* **e)** *(destroy)* in die Luft jagen *(ugs.) od.* sprengen
**sender** ['sendə(r)] *n. (of goods)* Lieferant, *der/*Lieferantin, *die; (of letter)* Absender, *der/*Absenderin, *die*
**send: ~-off** *n.* Verabschiedung, *die;* **give sb. a good ~-off** jmdn. groß verabschieden; **~-up** *n. (Brit. coll.: parody)* Parodie, *die; (in cartoon)* Karikatur, *die;* **do a ~-up of sb./sth.** jmdn./etw. parodieren
**Senegal** [senɪ'gɔ:l] *pr. n.* Senegal *(das) od. der*
**Senegalese** [senɪgə'li:z] **1.** *adj.* senegalesisch; **sb. is ~:** jmd. ist Senegalese/Senegalesin. **2.** *n., pl. same* Senegalese, *der/*Senegalesin, *die*
**senescent** [sɪ'nesənt] *adj.* alternd
**senile** ['si:naɪl] *adj.* senil; *(physically)* altersschwach; *(caused by old age)* altersbedingt ⟨*Apathie, Schwatzhaftigkeit*⟩; **~ decay** Altersabbau, *der*
**senile de'mentia** *n. (Med.)* senile Demenz
**senility** [sɪ'nɪlɪtɪ] *n., no pl.* Senilität, *die; (physical infirmity)* Altersschwäche, *die*
**senior** ['si:nɪə(r)] **1.** *adj.* **a)** *(older)* älter; **be ~ to sb.** älter als jmd. sein; **~ team** Seniorenmannschaft, *die;* **b)** *(of higher rank)* höher ⟨*Rang, Beamter, Stellung*⟩; leitend ⟨*Angestellter, Stellung*⟩; *(longest-serving)* ältest ...; **someone ~:** jemand in höherer Stellung; **~ management** Geschäftsleitung, *die;* **~ consultant/nurse** *(in hospital)* ≈ Oberarzt, *der/*Oberschwester, *die;* **be ~ to sb.** eine höhere Stellung als jmd. haben; **she is ~/not very ~:** sie hat einen/keinen gehobenen Posten; **c)** *appended to name (the elder)* **Mr Smith S~:** Mr. Smith senior; **d)** *(Brit. Sch.)* **~ school** *or* **section** Oberstufe, *die;* **e)** *(Brit. Univ.)* **~ combination** *or* **common room** Gemeinschaftsraum für Dozenten; **f)** *(Amer. Sch., Univ.)* **~ class** Abschlußklasse, *die;* **~ year** letztes Jahr vor der Abschlußprüfung. **2.** *n.* **a)** *(older person)* Ältere, *der/die; (person of higher rank)* Vorgesetzte, *der/die;* **be sb.'s ~ [by six years]** *or* **[six years] sb.'s ~:** [sechs Jahre] älter als jmd. sein; **b)** *(Brit. Sch.)* Schüler/Schülerin einer höheren Schule; *(in the last three years)* Oberstufenschüler, *der/*-schülerin, *die;* **c)** *(Amer.) (Sch.)* Schüler/Schülerin im letzten Schuljahr; *(Univ.)* Student/Studentin im letzten Studienjahr
**senior: ~ 'citizen** *n.* Senior, *der/*Seniorin, *die;* **~ college** *n. (Amer.)* höhere Schule; ≈ [Gymnasial]oberstufe, *die*
**seniority** [si:nɪ'ɒrɪtɪ] *n.* **a)** *(superior age)* Alter, *das;* **b)** *(priority in length of service)* höheres Dienstalter; **c)** *(superior rank)* höherer Rang

**senior:** ~ '**officer** *n.* höherer Beamter/höhere Beamtin; *(Mil.)* ranghöchster Offizier; **sb.'s ~ officer** jmds. Vorgesetzter; ~ '**partner** *n.* Seniorpartner, *der*/-partnerin, *die;* ~ **service** *n. (Brit.)* Marine, *die*

**senna** ['senə] *n.* **a)** *(Bot.)* Sennespflanze, *die;* Kassie, *die;* **b)** *(drug)* Sennesblätter; Senna, *die*

**sensation** [sen'seɪʃn] *n.* **a)** *(feeling)* Gefühl, *das;* ~ **of hunger/thirst/giddiness** Hunger-/Durst-/Schwindelgefühl, *das;* **have a ~ of falling** das Gefühl haben zu fallen; **b)** *(person, event, etc. causing intense excitement)* Sensation, *die;* **a great ~:** ein großes Ereignis; **c)** *(excitement)* Aufsehen, *das*

**sensational** [sen'seɪʃənl] *adj.* **a)** *(spectacular)* aufsehenerregend; sensationell; **b)** *(arousing intense response)* reißerisch *(abwertend);* Sensations⟨*blatt, -presse*⟩; **c)** *(phenomenal)* phänomenal

**sensationalism** [sen'seɪʃənəlɪzm] *n.* Sensationshascherei, *die (abwertend);* **[desire for] ~:** Sensationsgier, *die (abwertend)*

**sensationally** [sen'seɪʃənəlɪ] *adv.* sensationell

**sense** [sens] **1.** *n.* **a)** *(faculty of perception)* Sinn, *der;* ~ **of smell/touch/taste** Geruchs-/Tast-/Geschmackssinn, *der;* **come to one's ~s** das Bewußtsein wiedererlangen; **b)** *in pl. (normal state of mind)* Verstand, *der;* **in full possession of one's ~s** im Vollbesitz seiner geistigen Kräfte; **no one in his ~s would do that** niemand mit einem Funken Verstand würde so etwas tun; **have taken leave of** *or* **be out of one's ~s** den Verstand verloren haben; **frighten sb. out of his ~s** jmdm. einen furchtbaren Schrecken einjagen; **come to one's ~s** zur Vernunft kommen; **bring sb. to his ~s** jmdn. zur Vernunft *od.* Besinnung bringen; **c)** *(consciousness)* Gefühl, *das;* ~ **of responsibility/guilt** Verantwortungs-/Schuldgefühl, *das;* **out of a ~ of duty** aus Pflichtgefühl; ~ **of gratitude** Gefühl der Dankbarkeit; **a keen ~ of honour** ein ausgeprägtes Ehrgefühl; **have a ~ of one's own importance** sich sehr wichtig nehmen; *see also* **direction c; humour 1 a; road sense; d)** *(ability to perceive)* Gespür, *das;* *(instinct)* [instinktives] Gespür; ~ **of the absurd** Gespür für das Absurde; **e)** *(practical wisdom)* Verstand, *der;* **there's a lot of ~ in what he's saying** was er sagt, klingt sehr vernünftig; **sound** *or* **good ~:** [gesunder Menschen]verstand; **not have the ~ to do sth.** nicht so schlau sein, etw. zu tun; **there is no ~ in doing that** es hat keinen Sinn, das zu tun; **what is the ~ of** *or* **in doing that?** was hat man davon *od.* wozu soll es gut sein, das zu tun?; **have more ~ than to do sth.** genug Verstand haben, etw. nicht zu tun; **talk ~:** vernünftig reden; **now you are talking ~:** jetzt wirst du vernünftig; **you're just not talking ~:** du redest einfach Unsinn; **see ~:** zur Vernunft kommen; **make sb. see ~:** jmdn. zur Vernunft bringen; **be a man/woman of ~:** wissen, was man tut; **she hasn't the ~ she was born with** sie hat keinen Funken Verstand; *see also* **common sense; f)** *(meaning)* Sinn, *der;* *(of word)* Bedeutung, *die;* **in the strict** *or* **literal ~:** im strengen *od.* wörtlichen Sinn; **in every ~ [of the word]** in jeder Hinsicht; **there is a ~ in which ...:** man könnte durchaus die Ansicht vertreten, daß ...; **in some ~:** irgendwie; **in a** *or* **one ~:** in gewisser Hinsicht *od.* Weise; **make ~:** einen Sinn ergeben; **her arguments do not make ~ to me** ihre Argumente leuchten mir nicht ein; **it does not make ~ to do that** es ist Unsinn *od.* unvernünftig, das zu tun; **it makes [a lot of] ~** *(is [very] reasonable)* es ist [sehr] sinnvoll; **it makes good** *or* **sound financial ~:** es ist in finanzieller Hinsicht sinnvoll; **it all makes ~ to me now** jetzt verstehe ich alles; **it just doesn't make ~:** es ergibt einfach keinen Sinn; **now you're making ~:** jetzt verstehe ich, was du sagen willst; **make ~ of sth.** etw. verstehen; aus etw. schlau werden; **g)** *(prevailing sentiment)* **take the ~ of the meeting** die Meinung der Versammlung einholen. **2.** *v. t.* spüren; ⟨*Tier:*⟩ wittern; ⟨*Gerät:*⟩ wahrnehmen

**senseless** ['senslɪs] *adj.* **a)** *(unconscious)* bewußtlos; **b)** *(foolish)* unvernünftig; dumm; **what a ~ thing to do/say!** wie kann man nur so etwas Dummes machen/sagen!; **c)** *(purposeless)* unsinnig ⟨*Argument*⟩; sinnlos ⟨*Diskussion, Vergeudung*⟩

'**sense-organ** *n.* Sinnesorgan, *das*

**sensibility** [sensɪ'bɪlɪtɪ] *n.* **a)** *in pl. (susceptibility)* Empfindlichkeit, *die;* **her sensibilities are easily wounded** sie ist sehr schnell verletzt *od.* gekränkt; **b)** *(openness to emotional impressions)* Sensibilität, *die* **(to** in bezug auf + *Akk.*); ~ **to pain/beauty** Schmerzempfindlichkeit, *die*/Empfänglichkeit für Schönheit; **c)** *(delicacy of feeling)* Feingefühl, *das* **(to** gegenüber; **of** für); Einfühlungsvermögen, *das* **(of** in + *Akk.*); **d)** *(over-sensitiveness)* Empfindsamkeit, *die*

**sensible** ['sensɪbl] *adj.* **a)** *(reasonable)* vernünftig; **he was ~ enough to do it** er war so vernünftig, es zu tun; **be ~ [about it]!** sei doch vernünftig!; **b)** *(practical)* praktisch; zweckmäßig; fest ⟨*Schuhe*⟩; **c)** *(appreciable)* gravierend ⟨*Fehler*⟩; beachtlich, merklich ⟨*Anstieg, Rückgang, Unterschied*⟩; **d)** *(literary: aware)* **be ~ of** *or* **to sth.** etw. spüren

**sensibly** ['sensɪblɪ] *adv.* **a)** *(reasonably)* vernünftig; besonnen; ~ **enough, he refused** er war so vernünftig abzulehnen; **b)** *(practically)* zweckmäßig; **c)** *(appreciably)* merklich

**sensitisation, sensitise** *see* **sensitiz-**

**sensitive** ['sensɪtɪv] *adj.* **a)** *(recording slight changes)* empfindlich; **be ~ to sth.** empfindlich auf etw. *(Akk.)* reagieren; ~ **to light** lichtempfindlich; **b)** *(touchy)* empfindlich **(about** wegen); **be ~ to sth.** empfindlich auf etw. *(Akk.)* reagieren; **c)** heikel ⟨*Thema, Diskussion*⟩; **d)** *(perceptive)* einfühlsam

**sensitively** ['sensɪtɪvlɪ] *adv.* empfindlich ⟨*reagieren*⟩; einfühlsam ⟨*darstellen*⟩

'**sensitive plant** *n. (Bot.; also fig.: person)* Mimose, *die*

**sensitivity** [sensɪ'tɪvɪtɪ] *n.* **a)** *(capacity to respond emotionally)* Sensibilität, *die;* Empfindlichkeit, *die* **(to** gegen); **offend sb.'s sensitivities** jmds. Feingefühl verletzen; **b)** *(responsiveness)* Empfindlichkeit, *die;* ~ **to light** Lichtempfindlichkeit, *die*

**sensitization** [sensɪtaɪ'zeɪʃn] *n.* Sensibilisierung, *die*

**sensitize** ['sensɪtaɪz] *v. t.* sensibilisieren **(to** für)

**sensor** ['sensə(r)] *n.* Sensor, *der*

**sensory** ['sensərɪ] *adj.* sensorisch; Sinnes⟨*wahrnehmung, -organ*⟩

**sensual** ['sensjʊəl, 'senʃʊəl] *adj.* sinnlich; lustvoll ⟨*Leben*⟩; Sinnen⟨*freude, -genuß*⟩

**sensuality** [sensjʊ'ælɪtɪ, senʃʊ'ælɪtɪ] *n.* Sinnlichkeit, *die*

**sensually** ['sensjʊəlɪ, 'senʃʊəlɪ] *adv.* sinnlich; genußvoll ⟨*essen*⟩

**sensuous** ['sensjʊəs] *adj.* sinnlich

**sensuously** ['sensjʊəslɪ] *adv.* sinnlich; ~ **beautiful** von sinnlicher Schönheit *nachgestellt*

**sent** *see* **send**

**sentence** ['sentəns] **1.** *n.* **a)** *(decision of lawcourt)* [Straf]urteil, *das;* *(fig.)* Strafe, *die;* **give sb. a three-year ~:** jmdn. zu drei Jahren Haft verurteilen; **pass ~ [on sb.]** [jmdm.] das Urteil verkünden; **be under ~ of death** zum Tode verurteilt sein; *(fig.)* zum Untergang verurteilt sein; **b)** *(Ling.)* Satz, *der;* *see also* **complex 1 c; ¹compound 1 f; simple e. 2.** *v. t. (lit. or fig.)* verurteilen **(to** zu)

'**sentence-modifier** *n. (Ling.)* Satzpartikel, *die*

**sententious** [sen'tenʃəs] *adj.* **a)** *(pithy)* prägnant; sentenziös *(geh.);* **b)** *(affectedly formal)* salbungsvoll *(abwertend);* **c)** *(given to pompous moralizing)* moralistisch; schulmeisterhaft

**sententiously** [sen'tenʃəslɪ] *adv.* **a)** *(pithily)* kurz und prägnant; **b)** *(pompously)* schulmeisterhaft

**sentient** ['senʃənt] *adj.* empfindungsfähig

**sentiment** ['sentɪmənt] *n.* **a)** *(mental feeling)* Gefühl, *das;* **noble ~s** edle Gesinnung; ~ **unchecked by reason** nicht vernunftgesteuerte Gefühle; **those are** *or (sl.)* **them's my ~s** so denke ich darüber; **b)** *(emotion conveyed in art)* Empfindung, *die;* **c)** *no pl. (emotional weakness)* Sentimentalität, *die;* Rührseligkeit, *die;* **d)** *(expression of view)* Gedanke, *der*

**sentimental** [sentɪ'mentl] *adj.* **a)** *(motivated by feeling)* sentimental; **sth. has ~ value [for sb.]** jmd. hängt an etw. *(Dat.);* ~ **attachment to sth.** gefühlsmäßige Bindung an etw. *(Akk.);* **for ~ reasons** aus Sentimentalität; **b)** *(appealing to sentiment)* rührselig; sentimental; **a ~ song** eine Schnulze

**sentimentalism** [sentɪ'mentəlɪzm] *n., no pl.* Sentimentalität, *die*

**sentimentalist** [sentɪ'mentəlɪst] *n.* sentimentaler Mensch

**sentimentality** [sentɪmen'tælɪtɪ] *n.* Sentimentalität, *die*

**sentimentalize** [sentɪ'mentəlaɪz] **1.** *v. i.* sich sentimentalen Gefühlen hingeben. **2.** *v. t.* sentimental darstellen

**sentimentally** [sentɪ'mentəlɪ] *adv.* sentimental; gefühlsmäßig ⟨*verbunden*⟩

**sentinel** ['sentɪnl] *n. (lit. or fig.)* Wache, *die;* **stand ~ over sth.** *(fig.)* über etw. *(Akk.)* wachen

**sentry** ['sentrɪ] *n. (lit. or fig.)* Wache, *die;* **stand ~ at the door** an der Tür Wache halten

**sentry: ~-box** *n.* Wachhäuschen, *das;* **~-duty** *n.* **be on ~-duty** Wachdienst haben

**sepal** ['sepl, 'si:pl] *n. (Bot.)* Kelchblatt, *das*

**separability** [sepərə'bɪlɪtɪ] *n., no pl.* Trennbarkeit, *die*

**separable** ['sepərəbl] *adj.* **a)** trennbar; zerlegbar ⟨*Werkzeug, Gerät*⟩; **b)** *(Ling.)* trennbar ⟨*Vorsilbe, Verb*⟩

**separate 1.** ['sepərət] *adj.* verschieden ⟨*Fragen, Probleme, Gelegenheiten*⟩; getrennt ⟨*Konten, Betten*⟩; gesondert ⟨*Teil*⟩; separat ⟨*Eingang, Toilette, Blatt Papier, Abteil*⟩; Sonder⟨*vereinbarung*⟩; *(one's own, individual)* eigen ⟨*Zimmer, Identität, Organisation*⟩; **lead ~ lives** getrennt leben; **go ~ ways** getrennte Wege gehen; **the ~ volumes** die einzelnen Bände; **one is quite ~ from the other** das eine ist ganz unabhängig von dem anderen/*(different)* ganz anders als das andere; **keep two things ~:** zwei Dinge auseinanderhalten; **keep issue A ~ from issue B** Frage A und Frage B getrennt behandeln; **keep one's cheque-book ~ from one's bank card** Scheckbuch und Scheckkarte getrennt aufbewahren. **2.** ['sepəreɪt] *v. t.* **a)** trennen; **they are ~d** *(no longer live together)* sie leben getrennt; **b)** *(Amer.: discharge)* entlassen **(from** aus). **3.** *v. i.* **a)** *(disperse)* sich trennen; **b)** ⟨*Ehepaar*⟩ sich trennen; **c)** *(secede)* sich abspalten; **d)** *see* **~ out 1.** *See also* **separates**

~ '**out 1.** *v. i.* sich entmischen *(fachspr.);* sich trennen. **2.** *v. t. (distinguish)* auseinanderhalten; *(extract)* trennen

**separately** ['sepərətlɪ] *adv.* getrennt; **they had, quite ~, reached the same conclusion** sie waren – ganz unabhängig voneinander – zum gleichen Schluß gekommen

**separate** '**maintenance** *n. (Law)* Unterhalt, *der*

**separates** ['sepərəts] *n. pl. (Fashion)* Separates; einzelne Kleidungsstücke [die man kombinieren kann]

**separation** [sepə'reɪʃn] *n.* **a)** Trennung, *die;* **judicial** *or* **legal ~:** gerichtliche Trennung; **b)** *(Amer.: resignation, discharge)* Entlassung, *die* **(from** aus)

**sepa'ration order** *n.* gerichtliche Anordnung des Getrenntlebens

**separatism** ['sepərətɪzm] *n.* **a)** *(advocacy of separation)* Separatismus, *der;* **b)** *(segregation)* **[racial/class] ~:** [Rassen-/Klassen]trennung, *die*

**separatist** ['sepərətɪst] *n.* Separatist, *der*/ Separatistin, *die; attrib.* ~ **movement** Separatistenbewegung, *die*

**separator** ['sepəreɪtə(r)] *n.* Separator, *der*

**sepia** ['si:pɪə] *n.* **a)** *(pigment)* Sepia, *die;* **b)** *(colour)* Sepiabraun, *das;* ~ **photograph/drawing** sepiafarbenes Foto/Sepiazeichnung, *die;* **c)** *(drawing)* Sepiazeichnung, *die*

**sepsis** ['sepsɪs] *n., pl.* **sepses** ['sepsi:z] *(Med.)* Sepsis, *die (fachspr.);* Blutvergiftung, *die*

**Sept.** *abbr.* **September** Sept.

**septa** *pl. of* **septum**

**September** [sep'tembə(r)] *n.* September, *der; see also* **August**

**septet, septette** [sep'tet] *n. (Mus.)* Septett, *das*

**septic** ['septɪk] *adj.* septisch

**septicaemia** *(Amer.:* **septicemia***)* [septɪ'si:mɪə] *n. (Med.)* Sepsis, *die;* Septikämie, *die (fachspr.)*

**septic 'tank** *n.* Faulraum, *der*

**septuagenarian** [septjʊədʒɪ'neərɪən] **1.** *adj.* siebzigjährig; *(more than 70 years old)* in den Siebzigern *nachgestellt.* **2.** *n.* Siebziger, *der*/Siebzigerin, *die*

**septum** ['septəm] *n., pl.* **septa** ['septə] *(Anat., Bot., Zool.)* Septum, *das*

**sepulcher** *(Amer.) see* **sepulchre**

**sepulchral** [sɪ'pʌlkrl] *adj.* **a)** *(of burial)* Grab-; Bestattungs⟨*brauch, -ritus*⟩; **b)** *(fig.: funereal)* düster

**sepulchre** ['seplkə(r)] *n. (Brit.)* Grab, *das;* **the Holy S~:** das Heilige Grab

**sequel** ['si:kwl] *n.* **a)** *(consequence, result)* Folge, *die* **(to** von); **b)** *(continuation)* Fortsetzung, *die;* **there was a tragic ~:** es gab ein tragisches Nachspiel; **in the ~:** in der Folge

**sequence** ['si:kwəns] *n.* **a)** *(succession)* Reihenfolge, *die;* **rapid/logical ~:** rasche/logische Abfolge; **a ~ of musicals** eine Reihe von Musicals; **b)** *(part of film; set of poems, also Cards; Mus., Eccl.)* Sequenz, *die;* **c)** *(succession without cause)* Aufeinanderfolge, *die;* **d)** ~ **of tenses** *(Ling.)* Zeitenfolge, *die*

**sequential** [sɪ'kwenʃl] *adj. (forming a sequence)* aufeinanderfolgend; **be ~ to** *or* **upon sth.** auf etw. *(Akk.)* folgen

**sequester** [sɪ'kwestə(r)] **1.** *v. t.* **a)** *(set apart)* abtrennen ⟨*Teil*⟩; absondern ⟨*Person*⟩; **b)** *(Law: seize)* sequestrieren; **c)** *(confiscate)* beschlagnahmen. **2.** *v. refl.* sich fernhalten; ~ **oneself from the world** sich von der Welt abkapseln

**sequestered** [sɪ'kwestəd] *adj.* abgelegen; ⟨*Leben*⟩ in Abgeschiedenheit

**sequestrate** ['si:kwɪstreɪt] *see* **sequester 1 b, c**

**sequestration** [si:kwɪ'streɪʃn] *n.* **a)** *(Law: appropriation)* Sequestration, *die;* **b)** *(confiscation)* Beschlagnahme, *die*

**sequestrator** ['si:kwɪstreɪtə(r)] *n.* Sequester, *der*

**sequin** ['si:kwɪn] *n.* Paillette, *die*

**sequined, sequinned** ['si:kwɪnd] *adj.* paillettenbesetzt ⟨*Kleid*⟩

**sequoia** [sɪ'kwɔɪə] *n. (Bot.)* Mammutbaum, *der;* Sequoia, *die (fachspr.)*

**sera** *pl. of* **serum**

**seraglio** [sə'rɑ:ljəʊ] *n., pl.* **~s** Harem, *der;* Serail, *das (veralt.)*

**seraph** ['serəf] *n., pl.* **seraphim** ['serəfɪm] *or* **~s** Seraph, *der*

**seraphic** [sə'ræfɪk] *adj.* seraphisch *(geh.)*

**Serb** [sɜ:b] *see* **Serbian**

**Serbia** ['sɜ:bɪə] *pr. n.* Serbien, *das*

**Serbian** ['sɜ:bɪən] **1.** *adj.* serbisch; **sb. is ~:** jmd. ist Serbe/Serbin; *see also* **English 1. 2.** *n.* **a)** *(dialect)* serbischer Dialekt; **b)** *(person)* Serbe, *der*/Serbin, *die. See also* **English 2 a**

**Serbo-Croat** [sɜ:bəʊ'krəʊæt], **Serbo-Croatian** [sɜ:bəʊkrəʊ'eɪʃn] **1.** *adj.* serbokroatisch; *see also* **English 1. 2.** *n.* Serbokroatisch, *das; see also* **English 2 a**

**serenade** [serə'neɪd] **1.** *n. (Mus.)* **a)** Ständchen, *das;* **sing** *or* **play sb. a ~:** jmdm. ein Ständchen bringen; **b)** *(cantata)* Serenade, *die.* **2.** *v. t. (Mus.)* ~ **sb.** jmdm. ein Ständchen bringen

**serendipity** [serən'dɪpɪtɪ] *n.* glücklicher Zufall

**serene** [sɪ'ri:n, sə'ri:n] *adj.,* **~r** [sɪ'ri:nə(r), sə'ri:nə(r)], **~st** [sɪ'ri:nɪst, sə'ri:nɪst] **a)** *(calm)* klar ⟨*Wetter, Himmel*⟩; **b)** *(unruffled)* unbewegt ⟨*Wasser, See usw.*⟩; **c)** *(placid)* ruhig; gelassen; **calm and ~:** ruhig und gelassen

**serenely** [sɪ'ri:nlɪ, sə'ri:nlɪ] *adv.* gelassen; ~ **indifferent** gleichmütig und gelassen

**serenity** [sɪ'renɪtɪ, sə'renɪtɪ] *n., no pl.* **a)** *(placidity)* Gelassenheit, *die;* **b)** *(of clear weather)* Klarheit, *die*

**serf** [sɜ:f] *n.* **a)** *(villein)* Leibeigene, *der/die;* **b)** *(fig.: drudge)* Sklave, *der*

**serfdom** ['sɜ:fdəm] *n.* Leibeigenschaft, *die; (fig.)* Sklaverei, *die;* Plackerei, *die (ugs.)*

**serge** [sɜ:dʒ] *n. (Textiles)* Serge, *die*

**sergeant** ['sɑ:dʒənt] *n.* **a)** *(Mil.)* Unteroffizier, *der;* **b)** *(police officer)* ≈ Polizeimeister, *der*

**sergeant: ~-'major** *(Amer.),* **[regimental] ~-major** *(Brit.)* ≈ [Ober]stabsfeldwebel, *der; see also* **company g**

**serial** ['sɪərɪəl] **1.** *adj.* **a)** *(forming a series)* aufeinanderfolgend; ~ **production** Serienproduktion, *die;* **publish sth. in ~ form** etw. in Serienform veröffentlichen; **b)** *(issued in instalments)* Fortsetzungs⟨*geschichte, -roman*⟩; ~ **radio/TV play** Radio-/Fernsehserie, *die;* **c)** *(periodical)* periodisch erscheinend; **a monthly ~ publication** eine Monatsschrift; **d)** *(Mus., Computing)* seriell. **2.** *n.* **a)** *(story)* Fortsetzungsgeschichte, *die; (on radio, television)* Serie, *die;* **b)** *(periodical)* [periodisch erscheinende] Zeitschrift; Periodikum, *das (geh.)*

**serialize** ['sɪərɪəlaɪz] *v. t.* in Fortsetzungen veröffentlichen; *(on radio, television)* in Fortsetzungen *od.* als Serie senden

**serial 'killer** *n.* Serienmörder, *der*

**serially** ['sɪərɪəlɪ] *adv.* in Fortsetzungen, als Serie ⟨*senden*⟩; ~ **numbered** fortlaufend numeriert

**serial: ~ number** *n.* Seriennummer, *die;* ~ **rights** *n. pl.* Rechte zur Veröffentlichung als Serie

**series** ['sɪəri:z, 'sɪərɪz] *n., pl. same* **a)** *(sequence)* Reihe, *die;* **a ~ of events/misfortunes** eine Folge von Ereignissen/Mißgeschicken; **b)** *(set of successive issues)* Serie, *die;* **radio/TV ~:** Hörfunkreihe/Fernsehserie, *die;* ~ **of programmes** Sendereihe, *die;* **first ~:** erste Folge; **c)** *(set of books)* Reihe, *die;* **d)** *(group of stamps etc.)* Serie, *die;* **e)** *(group of games etc.)* Serie, *die;* **a lecture ~:** eine Vortragsreihe; **f)** *(Chem.: set of elements)* homologe Reihe; **g)** *(Electr.)* **in ~:** in Reihe; hintereinander; **h)** *(Mus., Math.)* Reihe, *die;* **i)** *(Geol.: set of strata)* Schichtenfolge, *die*

**serif** ['serɪf] *n. (Printing)* Serife, *die*

**serio-comic** [sɪərɪəʊ'kɒmɪk] *adj.* tragikomisch

**serious** ['sɪərɪəs] *adj.* **a)** *(earnest)* ernst; ~ **music** ernste Musik; **a ~ play** ein ernstes Stück; **b)** *(important, grave)* ernst ⟨*Angelegenheit, Lage, Problem, Zustand*⟩; ernsthaft ⟨*Frage, Einwand, Kandidat*⟩; gravierend ⟨*Änderung*⟩; schwer ⟨*Krankheit, Unfall, Fehler, Überschwemmung, Niederlage*⟩; ernstzunehmend ⟨*Rivale*⟩; ernstlich ⟨*Gefahr, Bedrohung*⟩; bedenklich ⟨*Verschlechterung, Mangel*⟩; **things are/sth. is getting ~:** die Lage spitzt sich zu/ etw. nimmt ernste Ausmaße an; **there is a ~ danger that ...:** es besteht ernste Gefahr, daß ...; ~ **charge/offence** schwerwiegender Vorwurf/schwerer Verstoß; **c)** *(in earnest)* **are you ~:** ist das dein Ernst?; **but now to be ~:** aber jetzt mal im Ernst; **you cannot be ~:** das kann doch nicht dein Ernst sein; **he is a ~ worker** er nimmt seine Arbeit ernst; **be ~ about sth./doing sth.** etw. ernst nehmen/ernsthaft tun wollen; **is he ~ about her?** meint er es ernst mit ihr?; **give sth. ~ thought** ernsthaft über etw. *(Akk.)* nachdenken

**seriously** ['sɪərɪəslɪ] *adv.* **a)** *(earnestly)* ernst[haft]; **speak ~ to sb.** mit jmdm. ein ernstes Wort sprechen; **quite ~, ...:** ganz im Ernst, ...; **take sth./sb. ~:** etw./jmdn. ernst nehmen; **b)** *(severely)* ernstlich; schwer ⟨*verletzt, überflutet*⟩; **go ~ wrong** ⟨*Person:*⟩ sich schwer täuschen; ⟨*Sache:*⟩ völlig mißglücken *od.* fehlschlagen

**seriousness** ['sɪərɪəsnɪs] *n., no pl.* **a)** *(earnestness)* Ernst, *der;* Ernsthaftigkeit, *die;* **in all ~:** ganz im Ernst; **b)** *(gravity)* Schwere, *die; (of situation)* Ernst, *der*

**sermon** ['sɜ:mən] *n.* **a)** *(Relig.)* Predigt, *die;* **the S~ on the Mount** die Bergpredigt; **give a ~:** eine Predigt halten; **b)** *(moral reflections)* Mahnrede, *die;* **c)** *(lecture, scolding)* [Moral]predigt, *die*

**sermonize** ['sɜ:mənaɪz] **1.** *v. t.* ~ **sb.** jmdm. eine [Moral]predigt halten. **2.** *v. i.* **a)** *(lecture)* ⟨*Person:*⟩ dozieren; ⟨*Buch, Film:*⟩ moralisieren; **b)** *(preach)* predigen

**serpent** ['sɜ:pənt] *n.* **a)** *(snake)* Schlange, *die;* **b)** *(fig.: treacherous person)* falsche Schlange; **c)** *(Mus.)* Serpent, *der*

**serpentine** ['sɜ:pəntaɪn] **1.** *adj.* **a)** *(tortuous)* Serpentinen-; gewunden ⟨*Fluß*⟩; **b)** *(of serpent)* Schlangen-; *(resembling a snake)* schlangengleich. **2.** *n. (Min.)* Serpentin, *der*

**SERPS** [sɜ:ps] *abbr. (Brit.)* **State earnings-related pension scheme**

**serrated** [se'reɪtɪd] *adj.* gezackt; ~ **knife** Sägemesser, *das*

**serration** [se'reɪʃn] *n.* gezackter Rand; *(one tooth)* Zacke, *die;* **in ~s** gezackt

**serried** ['serɪd] *adj.* dicht ⟨*Reihen*⟩

**serum** ['sɪərəm] *n., pl.* **sera** ['sɪərə] *or* **~s** *(Physiol.)* Serum, *das*

**servant** ['sɜ:vənt] *n.* **a)** *(wage-earning employee)* Angestellte, *der/die;* **a faithful ~ of the company** ein treuer Diener der Firma; **b)** *(domestic attendant)* Diener, *der*/Dienerin, *die; (female also)* Dienstmädchen, *das;* **keep** *or* **have ~s** Bedienstete haben; **c)** *(in letter)* **your humble** *(arch.) or* **obedient ~** *(Brit.)* Ihr ergebenster *od.* untertänigster Diener *(veralt.). See also* **civil servant; domestic 1 a; public servant**

**'servant-girl** *n.* Dienstmädchen, *das*

**'servants' hall** *n.* Dienstbotenzimmer, *das*

**serve** [sɜ:v] **1.** *v. t.* **a)** *(work for)* dienen (+ *Dat.*); **she had ~d the family well for ten years** sie hatte der Familie zehn Jahre lang gute Dienste geleistet; ~ **two masters** *(fig.)* auf beiden Schultern Wasser tragen; **b)** *(be useful to)* dienlich sein (+ *Dat.*); **this car ~d us well** dieses Auto hat uns gute Dienste getan; **if my memory ~s me right** wenn mich mein Gedächtnis nicht täuscht; **c)** *(meet needs of)* nutzen (+ *Dat.*); **in order to ~ some private ends** für Privatzwecke; **that excuse will not ~ you** die Entschuldigung wird dir nichts nützen; **one packet ~s him for a week** eine Packung reicht ihm für eine Woche; ~ **a/no purpose** einen Zweck erfüllen/keinen Zweck haben *od.* zwecklos sein; ~ **sb.'s needs** *or* **purpose[s]** *or* **turn** jmds. Zweck *(Dat.)* genügen; ~ **its purpose** *or* **turn** seinen Zweck erfüllen; ~ **the purpose of doing sth.** den Zweck erfüllen *od.* dem Zweck genügen, etw. zu tun; **d)** *(go through period of)* durchlaufen ⟨*Lehre*⟩; absitzen, verbüßen ⟨*Haftstrafe*⟩; ~ **a four-year term as Prime Minister** vier Jahre lang Premierminister sein; ~ **one's time** *(hold office)* seine Amtszeit ableisten; ~ **[one's] time** *(undergo apprenticeship)* seine Lehrzeit durchmachen; *(perform military service)* seinen Wehrdienst ableisten; *(undergo imprisonment)* seine Zeit absitzen; **e)** *(dish up)* servieren; *(pour out)* einschenken (**to** *Dat.*); **dinner is ~d** das Essen ist aufgetragen; ~ **tea in china cups** Tee in Porzellantassen reichen; **f)** *(render obedience to)* dienen (+ *Dat.*) ⟨*Gott, König, Land*⟩; **g)** *(attend)* bedienen; **are you being ~d?** werden Sie schon bedient?; **h)** *(supply)* versorgen; **~s three** *(in recipe)* für drei Personen *od.* Portionen; **i)** *(provide with food)* bedienen; **has everyone been ~d?** sind alle bedient?; **j)** *(make legal delivery of)* zustellen; ~ **a summons on sb.** jmdn. vorladen; **he has been ~d notice to quit** ihm ist gekündigt worden; ~ **sb. with a writ,** ~ **a writ on sb.** jmdm. eine Verfügung zustellen; **k)** *(Tennis etc.)* aufschlagen; ~ **many double faults** viele Doppelfehler machen; ~ **an ace** ein As schlagen; **l)** *(arch./literary: treat)* behandeln; ~ **sb. ill/well** jmdm. einen schlechten/guten Dienst erweisen; **m) ~[s]** *or* **it ~s him right!** *(coll.)* [das] geschieht ihm recht!; **n)** *(copulate with)* decken. **2.** *v. i.* **a)** *(do service)* dienen; ~ **as chairman** das Amt des Vorsitzenden innehaben; ~ **as a Member of Parliament** Mitglied des Parlaments sein; ~ **on a jury** Geschworener/Geschworene sein; ~ **on a board** Mitglied des Aufsichtsrates sein; **b)** *(be employed; be soldier etc.)* dienen; Dienst tun; **he ~d against the Russians** er hat gegen die Russen gekämpft; **c)** *(be of use)* ~ **to do sth.** dazu dienen, etw. zu tun; ~ **to show sth.** etw. zeigen; **if memory ~s** wenn mein Gedächtnis mich nicht trügt; **for him nothing would ~ but ...:** er war nur mit ... zufriedenzustellen; ~ **for** *or* **as** dienen als; **it will ~:** das geht schon; das tut's *(ugs.)*; **d)** *(~ food)* **be employed to ~ at table** zum Auftragen eingestellt sein; **shall I ~?** soll ich auftragen?; **e)** *(attend in shop etc.)* bedienen; **f)** *(Eccl.)* ministrieren; **g)** *(Tennis etc.)* aufschlagen; **it's your turn to ~:** du hast Aufschlag. **3.** *n. see* **service 1 h**

~ **'out** *v. t.* **a)** *(distribute)* austeilen; ausgeben; **b)** *(work)* ableisten ⟨*Dienst*⟩; beenden ⟨*Lehrzeit*⟩; **c)** *(punish in return)* ~ **sb. out** es jmdm. heimzahlen

~ **'up** *v. t.* **a)** *(put before eaters)* servieren; **b)** *(offer for consideration)* auftischen *(ugs.)*

**service** ['sɜːvɪs] **1.** *n.* **a)** *(doing of work for employer etc.)* Dienst, *der;* **give good ~:** gute Dienste leisten; **do ~ as sth.** als etw. dienen; **see ~** ⟨*Gerät:*⟩ seine Dienste tun; **he has seen ~ in the tropics** er hat in den Tropen Dienst getan; **sth. has seen long ~:** etw. hat lange Zeit gute Dienste geleistet; **he died in the ~ of his country** er starb in Pflichterfüllung für sein Vaterland; **have thirty years' ~ behind one** dreißig Jahre Dienstzeit hinter sich *(Dat.)* haben; **b)** *(sth. done to help others)* **do sb. a ~:** jmdm. einen guten Dienst erweisen; **~s** Dienste; *(Econ.)* Dienstleistungen; **ask for sb.'s ~s** jmdn. um Unterstützung bitten; **do you need the ~s of a doctor?** brauchen Sie einen Arzt?; **[in recognition of her] ~s to the hospital/state** [in Anerkennung ihrer] Verdienste um das Krankenhaus/den Staat; **c)** *(Eccl.)* Gottesdienst, *der;* **d)** *(act of attending to customer)* Service, *der;* *(in shop, garage, etc.)* Bedienung, *die;* **e)** *(system of transport)* Verbindung, *die;* **airline ~:** Flugverbindung, *die;* **there is no bus ~ on Sundays** sonntags verkehren keine Busse; **the number 325 bus ~:** die Buslinie Nr. 325; **when does the Oxford ~ leave?** wann fährt der Zug/Bus nach Oxford ab?; **f)** *(provision of maintenance)* **[after-sale** *or* **follow-up] ~:** Kundendienst, *der;* **ask for a ~:** den Kundendienst kommen lassen; **take one's car in for a ~:** sein Auto zur Inspektion bringen; **g)** *no pl., no art. (operation)* Betrieb, *der;* **bring into ~:** in Betrieb nehmen; **out of ~:** außer Betrieb; **take out of ~:** außer Betrieb setzen; **go** *or* **come into ~:** in Betrieb genommen werden; **h)** *(Tennis etc.)* Aufschlag, *der;* **whose ~ is it?** wer hat Aufschlag?; **i)** *(crockery set)* Service, *das;* **dessert/tea ~:** Dessert-/Tee-Service, *das;* **j)** *(legal delivery)* Zustellung, *die;* **k)** *(assistance)* **can I be of ~ [to you]?** kann ich Ihnen behilflich sein?; **will it be of ~ to you?** wird es Ihnen helfen?; **l)** *(payment)* Bedienung, *die;* Bedienungsgeld, *das; see also* **service charge; m)** *(person's behalf)* **in his ~:** in seinem Auftrag; **I'm at your ~:** ich stehe zu Ihren Diensten; **'on His/Her Majesty's ~'** *(Brit.)* „[gebührenfreie] Dienstsache"; **n)** *(department of public employ)* **the consular ~:** der Konsulatsdienst; **the railway/telephone ~:** das Eisenbahnwesen/der Telefondienst; **BBC World S~:** BBC Weltsender; **public ~:** öffentlicher Dienst; *see also* **Civil Service; Secret Service; o)** *in pl. (Brit.: public supply)* Versorgungseinrichtungen; **cut off all the ~s** Gas, Wasser und Strom abstellen; **p)** *(Mil.)* **the [armed** *or* **fighting] ~s** die Streitkräfte; **in the ~s** beim Militär; **be on ~:** dienen; **see ~:** im Einsatz sein; **q)** *(being servant)* **be in/go into ~:** in Stellung sein/gehen *(veralt.)* (**with** bei); **r)** *(employ)* Stellung, *die;* **enter the ~ of sb.** bei jmdm. in Stellung gehen *(veralt.)*; **take sb. into one's ~:** jmdn. in seine Dienste nehmen. **2.** *v. t.* **a)** *(provide maintenance for)* warten ⟨*Wagen, Waschmaschine, Heizung*⟩; **take one's car to be ~d** sein Auto zur Inspektion bringen; **b)** *(perform business function for)* versorgen; **c)** *(pay interest on)* Zinsen zahlen für ⟨*Schulden*⟩; **d)** *(copulate with)* ⟨*Tier:*⟩ decken. **3.** *adj.* militärisch; Militär⟨*fahrzeug, -flugzeug*⟩; **a ~ family** die Familie eines Militärangehörigen

**serviceable** ['sɜːvɪsəbl] *adj.* **a)** *(useful)* nützlich; **b)** *(durable)* haltbar; **the shoes are ~ rather than fashionable** die Schuhe sind eher praktisch als modisch

**service:** ~ **area** *n.* **a)** *(for motorists' needs)* Raststätte, *die;* **b)** *(Radio, Telev.)* Sendebereich, *der;* ~**-book** *n. (Eccl.)* Gesangbuch, *das;* ~ **charge** *n. (in restaurant)* Bedienungsgeld, *das; (of bank)* Bearbeitungsgebühr, *die;* ~**-court** *n. (Tennis etc.)* Aufschlagfeld, *das;* ~ **dress** *n., no pl.* Dienstkleidung, *die;* ~ **engineer** *n.* Servicetechniker, *der*/-technikerin, *die;* ~ **flat** *n. (Brit.)* Wohnung mit Betreuung; ~ **hatch** *n.* Durchreiche, *die;* ~ **industry** *n.* Dienstleistungsbetrieb, *der;* ~ **lift** *n.* Lastenaufzug, *der;* **~man** ['sɜːvɪsmən] *n., pl.* **~men** ['sɜːvɪsmən] *(in armed services)* Militärangehörige, *der;* ~ **road** *n.* Zufahrtsstraße, *die;* ~ **station** *n.* Tankstelle, *die;* **~woman** *n.* Militärangehörige, *die*

**serviette** [sɜːvɪ'et] *n. (Brit.)* Serviette, *die*

**servi'ette-ring** *n. (Brit.)* Serviettenring, *der*

**servile** ['sɜːvaɪl] *adj.* unterwürfig; erbärmlich ⟨*Unterwürfigkeit, Furcht*⟩

**servilely** ['sɜːvaɪllɪ] *adv.* unterwürfig

**servility** [sɜː'vɪlɪtɪ] *n., no pl.* Unterwürfigkeit, *die*

**serving** ['sɜːvɪŋ] **1.** *n. (quantity)* Portion, *die.* **2.** *adj.* dienend

**serving:** ~ **dish** *n.* Servierschüssel, *die;* ~ **hatch** *n.* Durchreiche, *die;* ~**-spoon** *n.* Vorlegelöffel, *der*

**servitude** ['sɜːvɪtjuːd] *n., no pl. (lit. or fig.)* Knechtschaft, *die; see also* **penal servitude**

**servo** ['sɜːvəʊ] *n., pl.* **~s** Servoeinrichtung, *die*

**servo:** ~**-assisted** *adj.* **~-assisted brakes** Servobremsen; ~**-mechanism** *n.* Servomechanismus, *der;* ~**-motor** *n.* Servomotor, *der*

**sesame** ['sesəmɪ] *n.* **a)** *(herb)* Sesam, *der;* **b)** *(seed)* ~ **[seed]** Sesamkorn, *das;* **c) open ~!** Sesam, öffne dich!; **an open ~:** ein Sesam-öffne-dich

**sessile** ['sesaɪl] *adj. (Bot., Zool.)* sessil *(fachspr.)*; festsitzend

**'sessile oak** *n.* Traubeneiche, *die*

**session** ['seʃn] *n.* **a)** *(meeting)* Sitzung, *die;* **discussion ~:** Diskussionsrunde, *die;* **be in ~:** tagen; **b)** *(period spent)* Sitzung, *die; (by several people)* Treffen, *das;* **have daily tennis ~s with sb.** mit jmdm. täglich Tennis spielen; **let's have a cleaning ~ tomorrow** laß/laßt uns morgen [mal] groß reinemachen; **recording ~:** Aufnahme, *die;* **have a card ~:** zusammen Karten spielen; **c)** *(Brit.: academic year)* Studienjahr, *das;* **d)** *(Amer.: university term)* Vorlesungsperiode, *die;* **the summer ~:** die Sommervorlesungen; **e)** *(time for meeting)* Sitzung, *die;* **summer ~s** Sommersitzungsperiode, *die;* **f)** *(Eccl.)* Kirchenvorstand, *der;* **g)** *(Law)* **Court of S~** *oberstes schottisches Zivilgericht;* **petty ~s** *summarisches Schnellverfahren vor mehreren Friedensrichtern; see also* **quarter sessions**

**sestet** [ses'tet] *n.* **a)** *see* **sextet; b)** *(Pros.)* Sextett, *das*

**sestina** [ses'tiːnə] *n. (Pros.)* Sestine, *die*

**set** [set] **1.** *v. t.,* **-tt-, set a)** *(put) (horizontally)* legen; *(vertically)* stellen; ~ **sb. ashore** jmdn. an Land setzen; ~ **food before sb.** jmdm. Essen hinstellen; ~ **one brick on another** einen Stein auf den anderen setzen; ~ **the proposals before the board** *(fig.)* dem Vorstand die Vorschläge unterbreiten *od.* vorlegen; ~ **sth. against sth.** *(balance)* etw. einer Sache *(Dat.)* gegenüberstellen; **b)** *(apply)* setzen; ~ **pen to paper** etwas zu Papier bringen; ~ **a match to sth.** ein Streichholz an etw. halten; *see also* **fire 1 a; hand 1 a; [1]light 1 e; [2]seal 1 c; shoulder 1 a; c)** *(adjust)* einstellen (**at** auf + *Akk.*); aufstellen ⟨*Falle*⟩; stellen ⟨*Uhr*⟩; ~ **your watch by mine** stell deine Uhr nach meiner; ~ **the alarm for 5.30 a.m.** den Wecker auf 5.30 Uhr stellen; **d) be ~** *(have location of action)* ⟨*Buch, Film:*⟩ spielen; ~ **a book/film in Australia/a brothel** ein Buch/einen Film in Australien/in einem Bordell spielen lassen; **e)** *(specify)* festlegen ⟨*Bedingungen*⟩; festsetzen ⟨*Termin, Ort usw.*⟩ (**for** auf + *Akk.*); ~ **the interest rate at 10 %** die Zinsen auf 10 % festsetzen; ~ **limits** Grenzen setzen; **f)** *(bring into specified state)* ~ **sth./things right** *or* **in order** etw./die Dinge in Ordnung bringen; ~ **sb. laughing** jmdn. zum Lachen bringen; ~ **a dog barking** einen Hund anschlagen lassen; ~ **sb. thinking that ...:** jmdn. auf den Gedanken bringen, daß ...; **the news ~ me thinking** die Nachricht machte mich nachdenklich; *see also* **cap 1 a; defiance; ease 1 a; edge 1 a; fire 1 b; foot 1 a; free 1 a; [1]go 1 f; house 1 a; motion 1 a; [1]rest 3 b; right 1 d, 3 e; g)** *(put forward)* stellen ⟨*Frage, Aufgabe*⟩; aufgeben ⟨*Hausaufgabe*⟩; vorschreiben ⟨*Textbuch, Lektüre*⟩; *(compose)* zusammenstellen ⟨*Rätsel, Fragen, Prüfungsaufgaben*⟩; ~ **sb. an example,** ~ **an example to sb.** jmdm. ein Beispiel geben; ~ **sb. a task/problem** jmdm. eine Aufgabe stellen/jmdn. vor ein Problem stellen; ~ **[sb./oneself] a target** [jmdm./sich] ein Ziel setzen; **h)** *(turn to solid)* fest werden lassen; **is the jelly ~ yet?** ist das Gelee schon fest?; **i)** *(put in ground to grow)* einpflanzen, setzen ⟨*Pflanzen*⟩; säen ⟨*Samen*⟩; **j)** *(lay for meal)* decken ⟨*Tisch*⟩; auflegen ⟨*Gedeck*⟩; **k)** *(place for visitor)* aufstellen ⟨*Stuhl, Tisch*⟩; **l)** ~ **sail** *(hoist sail)* die Segel setzen *od.* hissen; *(begin voyage)* losfahren (**for** nach); **m)** ~ **a watch** *(guard)* eine Wache aufstellen; ~ **the watch** *(Naut.)* die Wache aufstellen; **n)** *(establish)* aufstellen ⟨*Rekord, Richtlinien*⟩; ~ **the fashion for sth.** etw. in Mode bringen; ~

**the pace** das Tempo bestimmen; **o)** *(Med.: put into place)* [ein]richten; einrenken ‹*verrenktes Gelenk*›; **p)** *(fix)* legen ‹*Haare*›; ~ **eyes on sb./sth.** jmdn./etw. sehen; ~ **one's teeth** *(lit. or fig.)* die Zähne zusammenbeißen; *see also* **face 1 a; heart 1 b; hope 1; mind 1 c; price 1 a; scene h; store 1 f; value 1 a; q)** *(Printing)* setzen; ~ **close/out** *or* **wide** eng/breit setzen; **r)** ~ **sb. to sth./doing sth.** jmdn. zu etw. anhalten/jmdn. veranlassen, etw. zu tun; ~ **sb. wood-chopping** jmdn. Holz hacken schicken; ~ **oneself to sth./do sth.** sich an etw. *(Akk.)* machen/daran machen, etw. zu tun; ~ **sb. in charge of sth.** jmdn. mit etw. betrauen; ~ **a dog on sb.** einen Hund auf jmdn. hetzen; ~ **a dog/the police after sb.** einen Hund/die Polizei auf jmdn. hetzen; **they** ~ **their thugs/detectives on him** sie setzten ihre Schläger/Detektive auf ihn an; ~ **sb. against sb.** jmdn. gegen jmdn. aufbringen; ~ **father against son** Zwietracht säen zwischen Vater und Sohn; *see also* **work 1 a; s)** ~ **sth. to music** *or* **a tune** etw. vertonen; **t)** *(ornament)* besetzen; [ein]fassen ‹*Edelstein, Ränder*›; bepflanzen ‹*Beet*›; **the lid was** ~ **with gems** der Deckel war mit Edelsteinen besetzt; **a sky** ~ **with stars** ein sternenbesetzter Himmel; **u) be** ~ **on a hill** ‹*Haus:*› auf einem Hügel stehen; **v)** *(make fast)* fixieren ‹*Farbe, Färbemittel*›. **2.** *v. i.*, **-tt-, set a)** *(solidify)* fest werden; **has the jelly** ~ **yet?** ist das Gelee schon fest?; **b)** *(go down)* ‹*Sonne, Mond:*› untergehen; **sb.'s star** ~**s** *(fig.)* jmds. Stern ist im Sinken begriffen; **c)** *(flow along)* **the current** ~**s eastwards** die Strömung geht nach Osten; ~ **against sth.** *(fig.)* sich gegen etw. richten; **d)** *(Bot.) (form into or develop fruit)* ‹*Blüte, Pflanze:*› Frucht ansetzen; *(develop out of blossom)* ‹*Frucht:*› sich entwickeln; **e)** ‹*Gesicht:*› sich verhärten (**with** vor + *Dat.*); **f)** *(take rigid attitude)* ~ **[rigidly]** ‹*Jagdhund:*› [fest] vorstehen. **3.** *n.* **a)** *(group)* Satz, *der;* ~ **[of two]** Paar, *das;* **a** ~ **of chairs** eine Sitzgruppe; eine Stuhlgarnitur; **a** ~ **of stamps** ein Satz Briefmarken; **a complete** ~ **of Dickens' novels** eine Gesamtausgabe der Romane von Dickens; **a** ~ **of lectures** eine Vortragsreihe; **chess** ~: Schachspiel, *das;* **b)** *see* **service 1 i; c)** *(section of society)* Kreis, *der;* **racing** ~: Rennsportfreunde *od.* -fans; **the younger** ~: die Jüngeren; **the fast** ~: die Lebewelt; *see also* **jet set; smart 1 c; d)** *(Math.)* Menge, *die;* **theory of** ~**s** Mengenlehre, *die;* **e)** ~ **[of teeth]** Gebiß, *das;* **f)** *(radio or TV receiver)* Gerät, *das;* Apparat, *der;* **g)** *(Tennis)* Satz, *der;* **h)** *(of hair)* Frisieren, *das;* Einlegen, *das;* **have a shampoo and** ~: sich *(Dat.)* die Haare waschen und legen lassen; **i)** *(Theatre: built-up scenery)* Szenenaufbau, *der;* **j)** *(area of performance) (of film)* Drehort, *der; (of play)* Bühne, *die;* **on the** ~ *(for film)* bei den Dreharbeiten; *(for play)* bei den Proben; **k)** *(granite paving-block)* Pflasterstein, *der;* **l)** *(burrow)* Bau, *der;* **m)** *(of dog)* **[dead]** ~: Vorstehen, *das;* **make a dead** ~ **at sb.** *(fig.) (try to win affections of)* sich an jmdn. heranmachen; *(attack)* über jmdn. herfallen; **n)** *(Hort.) (shoot, cutting)* Setzling, *der; (bulb)* Knolle, *die;* Zwiebel, *die;* **o)** *(literary: sunset)* **at** ~ **of sun** bei Sonnenuntergang; **p)** *no pl. (posture)* Haltung, *die;* **the** ~ **of his head** seine Kopfhaltung; **q)** *(way dress etc. sits or flows)* Sitz, *der.* **4.** *adj.* **a)** *(fixed)* starr ‹*Linie, Gewohnheit, Blick, Lächeln*›; fest ‹*Absichten, Zielvorstellungen, Zeitpunkt*›; **be** ~ **in one's ways** *or* **habits** in seinen Gewohnheiten festgefahren sein; **deep-**~ **eyes** tiefliegende Augen; **b)** *(assigned for study or discussion)* vorgeschrieben ‹*Buch, Text*›; bestimmt, festgelegt ‹*Thema*›; **be a** ~ **book** Pflichtlektüre sein; **c)** *(according to fixed menu)* ~ **meal** *or* **menu** Menü, *das;* **d)** *(ready)* **sth. is** ~ **to increase** etw. wird bald steigen; **be/get** ~ **for sth.** zu etw. bereit sein/sich zu etw. fertigmachen; **be/get** ~ **to leave** bereit sein/sich fertigmachen zum Aufbruch; **all** ~**?** *(coll.)* alles klar *od.* fertig?; **be all** ~ **for sth.** zu etw. bereit sein; **be all** ~ **to do sth.** bereit sein, etw. zu tun; **are we all** ~**?** alle startklar? *(ugs.);* **e)** *(determined)* **be** ~ **on sth./doing sth.** zu etw. entschlossen sein/entschlossen sein, etw. zu tun; **be [dead]** ~ **against sth.** [absolut] gegen etw. sein; **of** ~ **purpose** mit Absicht; absichtlich; *see also* **close-set**

~ **about** *v. t.* **a)** *(begin purposefully)* ~ **about sth.** sich an etw. *(Akk.)* machen; etw. in Angriff nehmen; ~ **about doing sth.** sich daranmachen, etw. zu tun; **b)** *(spread)* verbreiten ‹*Gerücht, Geschichte*›; **c)** *(coll.: attack)* herfallen über (+ *Akk.*)

~ **a'part** *v. t.* **a)** *(reserve)* reservieren; einplanen ‹*Zeit*›; **b)** *(make different)* abheben (**from** von); **his strength** ~**s him apart from others** durch seine Kraft zeichnet er sich gegenüber anderen aus

~ **a'side** *v. t.* **a)** *(put to one side)* beiseite legen ‹*Buch, Zeitung, Strickzeug*›; beiseite stellen ‹*Stuhl, Glas usw.*›; unterbrechen ‹*Arbeit, Tätigkeit*›; außer acht lassen ‹*Frage*›; unberücksichtigt lassen ‹*Angebot*›; *(postpone)* aufschieben ‹*Arbeit*›; **b)** *(cancel)* aufheben ‹*Urteil, Entscheidung*›; **c)** *(pay no attention to)* außer acht lassen ‹*Unterschiede, Formalitäten*›; begraben ‹*Feindschaft*›; vergessen ‹*Bitterkeit, Stolz, Eifersucht*›; abschaffen ‹*Recht*›; **d)** *(reserve)* aufheben ‹*Essen, Zutaten*›; einplanen ‹*Minute, Zeit*›; beiseite legen ‹*Geld*›; *(save for customer)* zurücklegen ‹*Ware*›; **why don't you** ~ **aside a day to come and visit me?** halt dir doch [einfach] einen Tag frei, an dem du mich besuchen kommst!

~ **'back** *v. t.* **a)** *(hinder progress of)* behindern ‹*Fortschritt*›; aufhalten ‹*Entwicklung*›; zurückwerfen ‹*Projekt, Programm*›; **b)** *(coll.: be an expense to)* ~ **sb. back a fair amount/sum** jmdn. eine hübsche Summe kosten; **c)** *(place at a distance)* zurücksetzen; **the house is** ~ **back some distance from the road** das Haus steht in einiger Entfernung von der Straße; **d)** *(postpone)* verschieben ‹*Termin*› (**to** auf + *Akk.*). *See also* **set-back**

~ **'by** *see* ~ **aside a, d**

~ **'down** *v. t.* **a)** *(allow to alight)* absetzen ‹*Fahrgast, Ladung*›; **the bus will** ~ **you down there** der Bus hält dort; du kannst dort aus dem Bus aussteigen; **b)** *(record on paper)* niederschreiben; **c)** *(place on surface)* absetzen; abstellen; **d)** *(fix)* anberaumen ‹*Sitzung, Treffen, Anhörung, usw.*›; **e)** *(attribute)* zuschreiben (**to** *Dat.*); **f)** ~ **down as** *or* **for** *or* **to be** *(judge)* halten für; *(record)* eintragen als

~ **'forth 1.** *v. i. (begin journey)* aufbrechen; ~ **forth on a journey** eine Reise antreten. **2.** *v. t. (present)* darstellen ‹*Zahlen, Kosten*›; darlegen ‹*Programm, Ziel, Politik*›

~ **'forward** *v. t.* **a)** *(move further in front)* weiter nach vorn stellen *od.* setzen; **b)** *(present)* darlegen ‹*Programm, Plan usw.*›; **c)** *(bring forward in time)* voranbringen ‹*Ernte, Entwicklung usw.*›; **d)** vorstellen ‹*Uhr*›

~ **'in 1.** *v. i. (gain a hold)* ‹*Dunkelheit, Regen, Reaktion, Verfall:*› einsetzen; ‹*Mode:*› aufkommen. **2.** *v. t. (insert)* einsetzen

~ **'off 1.** *v. i. (begin journey)* aufbrechen; *(start to move)* loslaufen; ‹*Zug:*› losfahren; ~ **off for work** sich auf den Weg zur Arbeit machen. **2.** *v. t.* **a)** *(show to advantage)* hervorheben; **b)** *(start)* führen zu; auslösen ‹*Reaktion, Alarmanlage*›; einleiten ‹*Entwicklung*›; in Umlauf setzen ‹*Gerücht*›; ~ **sb. off into hysterics** jmdn. hysterisch werden lassen; ~ **sb. off thinking/laughing** jmdn. zum Nachdenken anregen/zum Lachen bringen; **c)** *(cause to explode)* explodieren lassen; abbrennen ‹*Feuerwerk*›; **d)** *(counterbalance)* ausgleichen; ~ **sth. off against sth.** etw. einer Sache *(Dat.)* gegenüberstellen; *(use as compensatory item)* etw. als Ausgleich für etw. nehmen

~ **on** *v. t. (attack)* überfallen

~ **'out 1.** *v. i.* **a)** *(begin journey)* aufbrechen; **b)** *(begin with intention)* ~ **out to do sth.** sich *(Dat.)* vornehmen, etw. zu tun; ~ **out in business** sein eigenes Geschäft aufmachen; ~ **out on a career as ...**: eine Laufbahn als ... einschlagen. **2.** *v. t.* **a)** *(present)* darlegen ‹*Gedanke, Argument*›; auslegen ‹*Waren*›; ausbreiten ‹*Geschenke*›; aufstellen ‹*Schachfiguren*›; setzen ‹*Pflanzen*›; **b)** *(state, specify)* darlegen ‹*Bedingungen, Einwände, Vorschriften*›; **c)** *(mark out)* entwerfen. *See also* **set-out**

~ **over** *v. t.* stellen über (+ *Akk.*)

~ **'to** *v. i.* **a)** *(begin vigorously)* sich daranmachen; *(begin eating hungrily)* es sich *(Dat.)* schmecken lassen; **b)** *(begin to fight)* loslegen *(ugs.); see also* **set-to**

~ **'up 1.** *v. t.* **a)** *(erect)* errichten ‹*Straßensperre, Denkmal*›; aufstellen ‹*Kamera*›; aufbauen ‹*Zelt, Spieltisch*›; ~ **up the type** setzen; ~ **up a column in type** eine Spalte setzen; **b)** *(establish)* bilden ‹*Regierung usw.*›; gründen ‹*Gesellschaft, Organisation, Orden*›; aufbauen ‹*Kontrollsystem, Verteidigung*›; einleiten ‹*Untersuchung*›; einrichten ‹*Büro*›; ~ **oneself up as a dentist/in business** sich als Zahnarzt niederlassen/ein Geschäft aufmachen; ~ **sb. up in business** jmdm. die Gründung eines eigenen Geschäfts ermöglichen; **c)** *(begin to utter)* anstimmen; **the class** ~ **up such a din** die Klasse veranstaltete einen solchen Lärm; **d)** *(cause)* auslösen ‹*Infektion, Reaktion*›; **e)** *(coll.: make stronger)* stärken; **a good breakfast should** ~ **you up for the day** ein gutes Frühstück gibt dir Kraft für den ganzen Tag; **well** ~ **up** kerngesund; kraftstrotzend; **f)** *(achieve)* aufstellen ‹*Rekord, Zeit*›; **g)** *(provide adequately)* ~ **sb. up with sth.** jmdn. mit etw. versorgen *od. (ugs.)* eindecken; **h)** *(place in view)* anbringen ‹*Schild, Warnung*›; hissen ‹*Flagge*›; **i)** *(prepare)* vorbereiten ‹*Experiment*›; betriebsbereit machen ‹*Maschine*›; **j)** *(propound)* aufstellen ‹*Theorie*›; **k)** ~ **sb. up** *(coll.: frame)* jmdm. die Schuld in die Schuhe schieben. *See also* **house 1 a; set-up; shop 1 b. 2.** *v. i.* ~ **up in business/in the fashion trade** ein Geschäft aufmachen/sich in der Modebranche etablieren; ~ **up as a dentist** sich als Zahnarzt niederlassen. **3.** *v. refl.* ~ **oneself up as** *or* **to be sb./sth.** *(coll.)* sich als jmd./etw. aufspielen

**set:** ~**-back** *n.* **a)** *(checking of progress)* Rückschlag, *der;* **b)** *(defeat)* Niederlage, *die;* ~**-off** *n.* **a)** *(counterbalance)* Ausgleich, *der* (**against** für); **b)** *(Commerc., Law)* Ausgleich, *der* (**to, against** für); **by** ~**-off against other cheques** durch Verrechnung mit anderen Schecks; **c)** *(start)* Aufbruch, *der;* **d)** *(adornment)* Zier, *die;* ~**-out** *n. (commencement)* Start, *der;* ~ **phrase** *n.* feste Wendung; Phrase, *die;* ~ **'piece** *n.* **a)** *(design formed with fireworks)* Bild aus Feuerwerkskörpern; **b)** *(Footb.)* Standardsituation, *die;* ~ **point** *n. (Tennis etc.)* Satzball, *der;* ~ **'screw** *n. (Mech. Engin.)* Stellschraube, *die;* ~ **'scrum** *n. (Rugby)* Gedränge, *das;* ~ **'speech** *n.* fertige Rede; ~ **square** *n.* Zeichendreieck, *das*

**sett** [set] *see* **set 3 k, l, n**

**settee** [se'ti:] *n.* Sofa, *das*

**setter** ['setə(r)] *n. (dog)* Setter, *der*

**'set theory** *n. (Math.)* Mengenlehre, *die*

**setting** ['setıŋ] *n.* **a)** *(Mus.)* Vertonung, *die;* **b)** *(frame for jewel)* Fassung, *die;* **c)** *(surroundings)* Rahmen, *der; (of novel etc.)* Schauplatz, *der;* **a cottage in a pleasant** ~:

ein Häuschen in schöner Umgebung; **d)** *(Theatre)* Bühnendekoration, *die;* **e)** *(plates and cutlery)* Gedeck, *das*

**'setting-lotion** *n.* Haarfestiger, *der*

**settle** ['setl] **1.** *v. t.* **a)** *(place) (horizontally)* [sorgfältig] legen; *(vertically)* [sorgfältig] stellen; *(at an angle)* [sorgfältig] lehnen; ~ **a patient in his bed/an armchair** einen Patienten richtig ins Bett legen/im Sessel zurechtsetzen; **he ~d himself comfortably on the couch** er machte es sich *(Dat.)* auf der Couch bequem; **b)** *(establish) (in house or business)* unterbringen; *(in country or colony)* ansiedeln ⟨*Volk*⟩; **we got them ~d in their new house** wir haben ihnen geholfen, sich in ihrem neuen Haus einzurichten; **c)** *(determine, resolve)* aushandeln, sich einigen auf ⟨*Preis*⟩; beilegen ⟨*Streit, Konflikt, Meinungsverschiedenheit*⟩; beseitigen, ausräumen ⟨*Zweifel, Bedenken*⟩; entscheiden ⟨*Frage, Spiel*⟩; regeln, in Ordnung bringen ⟨*Angelegenheit*⟩; entscheiden über (+ *Akk.*) ⟨*Sieger*⟩; festlegen, planen ⟨*Urlaub*⟩; **nothing has been ~d as yet** es ist noch nichts entschieden; **that should ~ the match** damit dürfte das Spiel entschieden sein; ~ **the matter among yourselves!** macht das unter euch aus!; **that ~s it** dann ist ja alles klar *(ugs.); expr. exasperation* jetzt reicht's! *(ugs.);* ~ **a case out of court** sich außergerichtlich vergleichen; ~ **one's affairs** seine Angelegenheiten in Ordnung bringen; seinen Nachlaß regeln; ~ **the day/date/place** den Tag/Termin/Ort festsetzen *od.* festlegen; **is the date ~d yet?** steht der Termin schon fest?; **d)** *(deal with, dispose of)* fertig werden mit; *see also* **¹hash 1**; **e)** *(pay money owed according to)* bezahlen, *(geh.)* begleichen ⟨*Rechnung, Betrag*⟩; erfüllen ⟨*Forderung, Anspruch*⟩; ausgleichen ⟨*Konto*⟩; *see also* **score 1 f**; **f)** *(cause to sink)* sich absetzen lassen ⟨*Bodensatz, Sand, Sediment*⟩; **a shower will ~ the dust** ein Schauer wird den Staub binden; **g)** *(calm)* beruhigen ⟨*Nerven, Magen*⟩; *(aid digestion of)* verdauen ⟨*Essen*⟩; **h)** *(colonize)* besiedeln; **i)** *(bestow)* ~ **money/property on sb.** jmdm. Geld/Besitz übereignen; ~ **an annuity on sb.** jmdm. eine Rente aussetzen. **2.** *v. i.* **a)** *(become established)* sich niederlassen; *(as colonist)* sich ansiedeln; **b)** *(end dispute)* sich einigen; **c)** *(pay what is owed)* abrechnen; **d)** *(in chair, in front of the fire, etc.)* sich niederlassen; *(to work etc.)* sich konzentrieren (**to** auf + *Akk.*); *(into way of life, retirement, middle age, etc.)* sich gewöhnen (**into** an + *Akk.*); **it took a long time to ~ in our new house** es dauerte lange, bis wir uns in unserem neuen Haus richtig eingelebt hatten; **the cold ~d on her chest** die Erkältung hat sich ihr auf die Bronchien gelegt; **the snow/dust ~d on the ground** der Schnee blieb liegen/der Staub setzte sich [am Boden] ab; **darkness/silence/fog ~d over the village** Dunkelheit/Stille/Nebel legte *od.* senkte sich über das Dorf; *see also* **dust 1 a**; **e)** *(subside)* ⟨*Haus, Fundament, Boden:*⟩ sich senken; *(sink)* ⟨*Schiff:*⟩ sinken; ⟨*Sediment:*⟩ sich ablagern; ⟨*Kristalle:*⟩ sich absetzen (**at, on** auf + *Dat.*); **f)** *(be digested)* ⟨*Essen:*⟩ sich setzen; *(become calm)* ⟨*Magen:*⟩ sich beruhigen; **g)** *(become clear)* ⟨*Wein, Bier:*⟩ sich klären

~ **'back** *v. i.* **a)** *(relax)* sich zurücklehnen (**in** in + *Dat.*); **b)** ~ **back into one's routine** sich wieder in die Alltagsroutine hineinfinden

~ **'down 1.** *v. i.* **a)** *(make oneself comfortable)* sich niederlassen (**in** in + *Dat.*); ~ **down for the night** sich schlafen *od.* zur Ruhe legen; **b)** *(become established in a place) (in town or house)* seßhaft *od.* heimisch werden; *(in school)* sich eingewöhnen (**in** in + *Akk.*); ~ **down in a job** *(find permanent work)* eine feste Anstellung finden; *(get used to a job)* sich einarbeiten; **c)** *(marry)* **it's about time he ~d down** er sollte allmählich häuslich werden [und heiraten]; ~ **down to married life** ein häusliches Eheleben beginnen; **d)** *(calm down)* ⟨*Person:*⟩ sich beruhigen; ⟨*Lärm, Aufregung:*⟩ sich legen; ~ **down to work** richtig mit der Arbeit anfangen. **2.** *v. t.* **a)** *(make comfortable)* ~ **oneself down** sich [gemütlich] hinsetzen; ~ **oneself down in a chair** sich [gemütlich] auf einen Stuhl setzen; ~ **the baby down for the night/to sleep** das Baby schlafen legen; **b)** *(calm down)* beruhigen

~ **for** *v. t.* **a)** *(agree to)* sich zufriedengeben mit; **b)** *(decide on)* sich entscheiden für

~ **'in 1.** *v. i. (in new home)* sich einleben; *(in new job or school)* sich eingewöhnen. **2.** *v. t.* **we all helped to ~ them in** wir trugen alle dazu bei, daß sie heimisch wurden

~ **on** *v. t.* **a)** *(decide on)* sich entscheiden für; **b)** *(agree on)* sich einigen auf (+ *Akk.*)

~ **'up** *v. i.* abrechnen; ~ **up with the waiter** beim Kellner bezahlen

~ **with** *v. t.* ~ **with sb.** *(pay agreed amount to sb.)* jmdm. eine Abfindung zahlen; *(pay all the money owed to sb.)* bei jmdm. seine Rechnung begleichen; *(fig.)* mit jmdm. abrechnen; **now to ~ with 'you!** jetzt bist du dran! *(ugs.)*

**settled** ['setld] *adj.* fest ⟨*Meinung, Überzeugung, Grundsätze, Gewohnheit*⟩; festgelegt ⟨*Verfahren*⟩; vorausbestimmt ⟨*Zukunft*⟩; beständig ⟨*Wetter*⟩; geregelt ⟨*Lebensweise*⟩; **I don't feel ~ in this house/job** ich kann mich in diesem Haus nicht heimisch fühlen/in diese Arbeit nicht hineinfinden; **we can now expect ~ weather** jetzt ist eine Wetterberuhigung zu erwarten

**settlement** ['setlmənt] *n.* **a)** Entscheidung, *die; (in relation to price)* Einigung, *die; (of argument, conflict, dispute, differences, troubles)* Beilegung, *die; (of problem)* Lösung, *die; (of question)* Klärung, *die; (of affairs)* Regelung, *die; (of court case)* Vergleich, *der;* **reach a ~:** zu einer Einigung kommen; **reach a ~ out of court** sich außergerichtlich vergleichen; **terms of ~** *(Law)* Vergleichsbedingungen; **b)** *(of bill, account, etc.)* Bezahlung, *die;* Begleichung, *die;* **a cheque in ~ of a bill** ein Scheck zur Begleichung einer Rechnung; **c)** *(Law: bestowal)* Zuwendung, *die; (in will)* Legat, *das (fachspr.);* Vermächtnis, *das; see also* **marriage settlement**; **d)** *(colony)* Siedlung, *die; (colonization)* Besiedlung, *die;* **penal ~:** Strafkolonie, *die;* **e)** *(subsidence)* [Ab]senkung, *die*

**settler** ['setlə(r)] *n.* **a)** *(colonist)* Siedler, *der*/Siedlerin, *die;* **b)** *(sl.: decisive blow or argument)* entscheidender Schlag

**settling day** ['setlɪŋ deɪ] *n. (Brit. St. Exch.)* Abrechnungstermin, *der*

**set: ~-to** ['settu:] *n., pl.* **~-tos** Streit, *der;* **~-tos** Streitereien; *(with fists)* Prügeleien; **have a ~-to** Streit haben; *(with fists)* sich prügeln; **~-up** *n. (coll.)* **a)** *(organization)* System, *das; (structure)* Aufbau, *der;* **b)** *(situation)* Zustand, *der;* **isn't it a rather strange ~-up?** ist das nicht ein bißchen seltsam?; **what's the ~-up here?** wie läuft das hier? *(ugs.)*

**seven** ['sevn] **1.** *adj.* sieben; **the S~ Years War** der Siebenjährige Krieg; *see also* **eight 1; sea b; wonder 1 b. 2.** *n. (number, symbol)* Sieben, *die; see also* **eight 2 a, c, d**

**'sevenfold** *adj., adv.* siebenfach; *see also* **eightfold**

**'seven-league boots** *n. pl.* Siebenmeilenstiefel

**seventeen** [sevn'ti:n] **1.** *adj.* siebzehn; **sweet ~:** süße siebzehn [Jahre alt]; *see also* **eight 1. 2.** *n.* Siebzehn, *die; see also* **eight 2 a; eighteen 2**

**seventeenth** [sevn'ti:nθ] **1.** *adj.* siebzehnt...; *see also* **eighth 1. 2.** *n. (fraction)* Siebzehntel, *das; see also* **eighth 2**

**seventh** ['sevnθ] **1.** *adj.* sieb[en]t...; *see also* **eighth 1; heaven a. 2.** *n.* **a)** *(in sequence)* sieb[en]te, *der/die/das; (in rank)* Sieb[en]te, *der/die/das; (fraction)* Sieb[en]tel, *das;* **b)** *(Mus.)* Septime, *die;* **c)** *(day)* **the ~ of May** der sieb[en]te Mai; **the ~ [of the month]** der Sieb[en]te [des Monats]; **S~-day Adventists** Siebenten-Tags-Adventisten

**seventieth** ['sevntɪɪθ] **1.** *adj.* siebzigst...; *see also* **eighth 1. 2.** *n. (fraction)* Siebzigstel, *das; see also* **eighth 2**

**seventy** ['sevntɪ] **1.** *adj.* siebzig; **one-and-~** *(arch.) see* **seventy-one 1**; *see also* **eight 1. 2.** *n.* Siebzig, *die;* **one-and-~** *(arch.) see* **seventy-one 2**; *see also* **eight 2 a; eighty 2**

**seventy: ~-eight** *n. (record)* Achtundsiebziger[platte], *die;* **~-first** *etc. adj.* einundsiebzigst... *usw.; see also* **eighth 1; ~-one** *etc.* **1.** *adj.* einundsiebzig *usw.; see also* **eight 1; 2.** *n.* Einundsiebzig *usw., die; see also* **eight 2 a**

**seven-year 'itch** *n.* **the ~:** ≈ das verflixte sieb[en]te Jahr

**sever** ['sevə(r)] **1.** *v. t.* **a)** *(cut)* durchtrennen; *(fig.: break off)* abbrechen ⟨*Beziehungen, Verbindung*⟩; **some cables were ~ed in the storm** einige Kabel sind bei dem Sturm gerissen; **b)** *(separate with force)* abtrennen; *(with axe etc.)* abhacken; **the axe ~ed his head from his body** die Axt trennte seinen Kopf vom Rumpf; **c)** *(divide)* **the sea ~s England and** *or* **from France** das Meer trennt England und *od.* von Frankreich. **2.** *v. i. (tear)* reißen; *(be torn off)* abreißen

**several** ['sevrl] **1.** *adv.* **a)** *(a few)* mehrere; einige; ~ **times** mehrmals; mehrere *od.* einige Male; ~ **more copies** noch einige Exemplare mehr; **b)** *(separate, diverse)* verschieden; **joint and ~** *(Law)* gesamtschuldnerisch ⟨*Haftung*⟩. **2.** *pron.* einige; ~ **of us** einige von uns; ~ **of the buildings** einige *od.* mehrere [der] Gebäude

**severally** ['sevrəlɪ] *adv.* gesondert; **jointly and ~** *(Law)* gesamtschuldnerisch

**severance** ['sevərəns] *n. (of diplomatic relations)* Abbruch, *der; (of communications)* Unterbrechung, *die; (of contract)* Lösung, *die;* ~ **pay** Abfindung, *die*

**severe** [sɪ'vɪə(r)] *adj.,* **~r** [sɪ'vɪərə(r)], **~st** [sɪ'vɪərɪst] **a)** *(strict)* streng; hart ⟨*Urteil, Strafe, Kritik*⟩; **be ~ on** *or* **with sb.** streng mit jmdm. sein *od.* umgehen; **b)** *(violent, extreme)* streng ⟨*Frost, Winter*⟩; schwer ⟨*Sturm, Dürre, Verlust, Behinderung, Verletzung*⟩; rauh ⟨*Wetter*⟩; heftig ⟨*Anfall, Schmerz*⟩; **c)** *(making great demands)* hart ⟨*Test, Prüfung, Konkurrenz*⟩; scharf ⟨*Tempo*⟩; **d)** *(serious, not slight)* bedrohlich ⟨*Mangel, Knappheit*⟩; heftig, stark ⟨*Blutung*⟩; schwer ⟨*Krankheit*⟩; **e)** *(unadorned)* streng ⟨*Stil, Schönheit, Dekor*⟩

**severely** [sɪ'vɪəlɪ] *adv.* hart; hart, streng ⟨*bestrafen*⟩; schwer ⟨*verletzt, behindert*⟩; **leave sth. ~ alone** unbedingt die Finger von etw. lassen *(ugs.);* **be ~ critical of sth.** etw. scharf kritisieren

**severeness** [sɪ'vɪənɪs], **severity** [sɪ'verɪtɪ] *ns.* Strenge, *die; (of drought, shortage)* großes Ausmaß; *(of criticism)* Schärfe, *die;* **with ~:** streng ⟨*bestrafen*⟩; **the severities of army life** die Härte des Soldatenlebens

**Seville** [sə'vɪl] *pr. n.* Sevilla *(das)*

**Seville orange** [sevɪl 'ɒrɪndʒ] *n.* Pomeranze, *die;* Sevillaorange, *die*

**sew** [səʊ] **1.** *v. t., p.p.* **~n** [səʊn] *or* **~ed** [səʊd] nähen ⟨*Kleid, Naht, Wunde*⟩; heften, broschieren ⟨*Buch usw.*⟩; zunähen ⟨*Loch, Riß*⟩; ~ **together** zusammennähen ⟨*Stoff, Leder usw.*⟩; ~ **money into one's coat** Geld in seinen Mantel einnähen. **2.** *v. i., p.p.* **~n** *or* **~ed** nähen

~ **'down** *v. t.* aufnähen

~ **'in** *v. t.* einsetzen ⟨*Flicken*⟩

~ **'on** *v. t.* annähen ⟨*Knopf*⟩; aufnähen ⟨*Abzeichen, Band*⟩

~ 'up *v. t.* a) nähen ‹*Saum, Naht, Wunde*›; **they ~ed me up after the operation** *(coll.)* nach der Operation haben sie mich wieder zugenäht; b) *(Brit. fig. coll.: settle, arrange)* **be ~n up** unter Dach und Fach sein; *(completely organized)* durchorganisiert sein; **we've got the match all ~n up** wir haben den Sieg schon in der Tasche *(ugs.)*

**sewage** ['sju:ɪdʒ, 'su:ɪdʒ] *n.* Abwasser, *das*

**sewage:** ~ **disposal** *n.* Abwasserbeseitigung, *die;* ~ **farm** *n.*, ~ **works** *n. sing., pl. same* Kläranlage, *die*

**¹sewer** ['sju:ə(r), 'su:ə(r)] *n. (tunnel)* Abwasserkanal, *der; (pipe)* Abwasserleitung, *die*

**²sewer** ['səʊə(r)] *n. (person)* Näher, *der*/Näherin, *die*

**sewerage** ['sju:ərɪdʒ, 'su:ərɪdʒ] *n.* a) *(system of sewers)* Kanalisation, *die;* b) *no pl. (removal of sewage)* Abwasserbeseitigung, *die;* c) *(sewage)* Abwasser, *das*

**sewing** ['səʊɪŋ] *n.* Näharbeit, *die*

**sewing:** ~**-basket** *n.* Nähkorb, *der;* ~**-machine** *n.* Nähmaschine, *die*

**sewn** *see* **sew**

**sex** [seks] **1.** *n.* a) Geschlecht, *das;* **what ~ is the baby/puppy?** welches Geschlecht hat das Baby/der Welpe?; b) *(sexuality; coll.: intercourse)* Sex, *der (ugs.);* **have ~ with sb.** *(coll.)* mit jmdm. schlafen *(verhüll.);* Sex mit jmdm. haben *(salopp).* **2.** *attrib. adj.* Geschlechts‹*organ, -trieb*›; Sexual‹*verbrechen, -trieb, -instinkt*›. **3.** *v. t.* a) *(determine ~ of)* ~ **a rabbit/chicken** das Geschlecht eines Kaninchens/Kükens bestimmen; b) **be highly ~ed** einen starken Sexualtrieb haben

**'sex act** *n.* Geschlechtsakt, *der*

**sexagenarian** [seksədʒɪ'neərɪən] **1.** *adj.* sechzigjährig; *(more than 60 years old)* in den Sechzigern *nachgestellt.* **2.** *n.* Sechziger, *der*/Sechzigerin, *die*

**sex:** ~ **aid** *n.* Mittel zur sexuellen Stimulation; ~ **appeal** *n.* Sex Appeal, *der;* ~ **bomb** *see* ~**pot**; ~ **change** *n.* Geschlechtsumwandlung, *die;* ~**-change operation** *n.* operative Geschlechtsumwandlung; ~ **chromosome** *n. (Biol.)* Geschlechtschromosom, *das;* ~ **discrimination** *n.* sexuelle Diskriminierung; ~ **education** *n.* Sexualerziehung, *die*

**sexily** ['seksɪlɪ] *adv.* aufreizend, *(ugs.)* sexy ‹*sprechen, lächeln*›; **walk** ~: einen aufreizenden *od. (ugs.)* sexy Gang haben

**sexism** ['seksɪzm] *n., no pl.* Sexismus, *der*

**sexist** ['seksɪst] **1.** *n.* Sexist, *der*/Sexistin, *die.* **2.** *adj.* sexistisch

**'sex kitten** *n.* Sexbiene, *die (salopp)*

**sexless** ['sekslɪs] *adj.* geschlechtslos

**sex:** ~ **life** *n.* Geschlechtsleben, *das;* Sexualleben, *das;* ~**-linked** *adj. (Biol.)* geschlechtsgebunden; ~ **maniac** *n.* Triebverbrecher, *der;* **you ~ maniac!** *(coll.)* du geiler Bock *(ugs.);* **he behaves like a ~ maniac** *(coll.)* er benimmt sich, als habe er nur Sex im Kopf

**sexology** [sek'sɒlədʒɪ] *n.* Sexologie, *die;* Sexualwissenschaft, *die*

**sexploitation** [sekspləɪ'teɪʃn] *n.* [kommerzielle] Ausbeutung der Sexualität; Geschäft mit dem Sex; ~ **film** [kommerzieller] Sexfilm

**sex:** ~**pot** *n. (coll.)* Sexbombe, *die (salopp);* ~ **shop** *n.* Sex-Shop, *der;* ~**-starved** *adj.* sexuell ausgehungert; ~ **symbol** *n.* Sexidol, *das*

**sextant** ['sekstənt] *n.* Sextant, *der*

**sextet, sextette** [sek'stet] *n. (Mus.)* Sextett, *das*

**sexton** ['sekstən] *n.* Küster, *der;* Kirchendiener, *der*

**'sexton beetle** *n. (Zool.)* Totengräber, *der*

**sextuplet** ['sekstju:plɪt, sek'stju:plɪt] *n.* Sechsling, *der*

**sexual** ['seksjʊəl, 'sekʃʊəl] *adj.* a) sexuell; geschlechtlich, sexuell ‹*Anziehung, Erregung, Verlangen, Diskriminierung*›; ~ **maturity/behaviour** Geschlechtsreife, *die*/Sexualverhalten, *das;* b) *(Biol.)* Geschlechts-; geschlechtlich ‹*Fortpflanzung*›

**sexual 'intercourse** *n., no pl., no indef. art.* Geschlechtsverkehr, *der*

**sexuality** [seksjʊ'ælɪtɪ, sekʃʊ'ælɪtɪ] *n., no pl.* Sexualität, *die;* Geschlechtlichkeit, *die*

**sexually** ['seksjʊəlɪ, 'sekʃʊəlɪ] *adv.* a) sexuell; ~ **mature** geschlechtsreif; ~ **transmitted disease** durch Geschlechtsverkehr übertragbare Krankheit; Geschlechtskrankheit, *die;* b) *(Biol.)* geschlechtlich

**sexual 'organs** *n. pl.* Geschlechtsorgane

**sexy** ['seksɪ] *adj.* sexy *(ugs.);* erotisch ‹*Film, Buch, Gemälde*›

**Seychelles** [seɪ'ʃelz] *pr. n.* Seychellen *Pl.*

**sez** [sez] *v. i.* ~ **'you = says you** *see* **say 1 a**

**SF** *abbr.* **science fiction** SF

**Sgt.** *abbr.* **Sergeant** Uffz.

**sh** [ʃ] *int.* sch; pst

**shabbily** ['ʃæbɪlɪ] *adv.*, **shabby** ['ʃæbɪ] *adj.* schäbig

**shabby-gen'teel** *adj.* von schäbiger Eleganz *nachgestellt*

**shack** [ʃæk] **1.** *n.* Hütte, *die.* **2.** *v. i. (coll.)* ~ **up with sb.** mit jmdm. zusammenziehen

**shackle** ['ʃækl] **1.** *n.* a) *usu. in pl. (lit. or fig.)* Fessel, *die; (fetter)* Fußfessel, *die;* b) *(coupling link)* Schäkel, *der (Technik).* **2.** *v. t. (lit. or fig.)* anketten (**to** an + *Akk.*); **the chain is ~d to the anchor** die Kette ist mit einem Schäkel am Anker befestigt

**shade** [ʃeɪd] **1.** *n.* a) Schatten, *der;* **the ~s of night/evening** *(literary)* die Schatten der Nacht/des Abends *(dichter.);* **put sb./sth. in[to] the ~** *(fig.)* jmdn./etw. in den Schatten stellen; **38 [°C] in the ~:** 38° im Schatten; b) *(colour)* Ton, *der; (fig.)* Schattierung, *die;* **the newest ~s of lipstick** die neuesten Lippenstiftfarben; **various ~s of purple** verschiedene Violettöne; **~s of meaning** Bedeutungsnuancen *od.* -schattierungen; **all ~s of opinion** Standpunkte der verschiedensten Schattierungen; c) *(small amount)* Spur, *die;* d) *(ghost)* Geist, *der;* **~s of the past** die Schatten der Vergangenheit; **the ~s** *(Mythol.)* das Schattenreich; das Reich der Schatten; **~s of ...!** das erinnert an ...!; e) *(eye-shield)* [Augen]schirm, *der; (lamp~)* [Lampen]schirm, *der; (window-blind)* Jalousie, *die;* f) *in pl. (coll.: sun-glasses)* Sonnenbrille, *die.* **2.** *v. t.* a) *(screen)* beschatten *(geh.);* Schatten geben (+ *Dat.*); **be ~d from the sun** vor Sonneneinstrahlung geschützt sein; ~ **one's eyes with one's hand** die Hand schützend über die Augen halten; b) abdunkeln ‹*Fenster, Lampe, Licht*›; c) *(darken with lines)* ~ **[in]** [ab]schattieren; d) *(just defeat)* knapp überbieten. **3.** *v. i. (lit. or fig.)* übergehen (**into** in + *Akk.*); ~ **[off] into another** *or* **each other** ineinander übergehen

~ **'in** *v. t.* [ab]schattieren

**shading** [ʃeɪdɪŋ] *n.* Schattierung, *die; (protection from light)* Lichtschutz, *der*

**shadow** [ʃædəʊ] **1.** *n.* a) Schatten, *der;* **his life was lived in the ~s** *(fig.)* er lebte sein Leben im Verborgenen; **cast a ~ over** *(lit. or fig.)* einen Schatten werfen auf (+ *Akk.*); **cast a long ~** *(fig.)* großen *od.* nachhaltigen Einfluß haben; **be in sb.'s ~** *(fig.)* in jmds. Schatten stehen; **have deep ~s under one's eyes** tiefe Schatten unter den Augen haben; **be afraid of one's own ~** *(fig.)* sich vor seinem eigenen Schatten fürchten; **be sb.'s ~** *(fig.)* jmds. Schatten sein; b) *(slightest trace)* **without a ~ of doubt** ohne den Schatten eines Zweifels; **catch at** *or* **chase after ~s** einem Phantom *od. (geh.)* Schatten nachjagen; c) *(ghost, lit. or fig.)* Schatten, *der;* **be worn to a ~** *(fig.)* sich völlig aufgerieben haben; **he is only a ~ of his former self** *(fig.)* er ist nur noch ein *od.* der Schatten seiner selbst; d) **S~** *attrib. (Brit. Polit.)* ‹*Minister, Kanzler*› im Schattenkabinett; **S~ Cabinet** Schattenkabinett, *das.* **2.** *v. t.* a) *(darken)* überschatten; b) *(follow secretly)* beschatten

**'shadow boxing** *n.* Schattenboxen, *das*

**shadowy** ['ʃædəʊɪ] *adj.* a) *(not distinct)* schattenhaft; schemenhaft *(geh.);* b) *(full of shade)* schattig

**shady** ['ʃeɪdɪ] *adj.* a) *(giving shade)* schattenspendend *(geh.); (situated in shade)* schattig; b) *(disreputable)* zwielichtig

**shaft** [ʃɑ:ft] *n.* a) *(of tool, golf club, feather, spear, lance)* Schaft, *der;* b) *(Archit.)* [Säulen]schaft, *der;* c) *(Mech. Engin.)* Welle, *die;* d) *(of cart or carriage)* Deichsel, *die:* **pair of ~s** Gabeldeichsel, *die;* e) *(of mine, blast-furnace, tunnel, drain, lift, etc.)* Schacht, *der;* f) *(arrow)* Pfeil, *der; (stem of arrow)* Schaft, *der;* g) *(of light or lightning)* Strahl, *der*

**¹shag** [ʃæg] *n.* a) *(tobacco)* Shag[tabak], *der;* Feinschnitt, *der;* b) *(Ornith.)* Krähenscharbe, *die*

**²shag** *v. t.,* **-gg-** *(sl.)* bumsen *(salopp)*

**shagged** [ʃægd] *adj. (sl.)* **be ~ [out]** fix und fertig sein *(ugs.)*

**shaggy** ['ʃægɪ] *adj.* a) *(hairy)* zottelig; b) *(unkempt)* struppig

**shaggy-'dog story** *n. endlos langer Witz ohne richtige Pointe*

**Shah** [ʃɑ:] *n.* Schah, *der*

**shake** [ʃeɪk] **1.** *n.* a) Schütteln, *das;* **give sb./sth. a ~:** jmdn./etw. schütteln; **with a ~ of the head** mit einem Kopfschütteln; **be all of a ~:** am ganzen Körper zittern; **be no great ~s** *(coll.)* nicht gerade umwerfend sein *(ugs.);* **get the ~s** *(coll.) (due to alcoholism)* einen Tatterich kriegen *(ugs.); (with fear)* das große Zittern kriegen *(ugs.);* b) *see* **milk shake;** c) *(Amer., NZ: earthquake)* Erdbeben, *das;* d) **in [half] a ~, in two** *etc.* **~s [of a lamb's tail], in a brace of ~s** *(coll.)* in einer Sekunde. **2.** *v. t.,* **shook** [ʃʊk], **shaken** ['ʃeɪkn] *or (arch./coll.)* **shook** a) *(move violently)* schütteln; **the dog shook itself** der Hund schüttelte sich; **be ~n to pieces** völlig durchgeschüttelt werden; ~ **one's fist/a stick at sb.** jmdm. mit der Faust/einem Stock drohen; ~ **salt/pepper over one's food** [sich *(Dat.)*] Salz/Pfeffer aufs *od.* über das Essen streuen; **'~ [well] before using'** „vor Gebrauch [gut] schütteln!"; ~ **hands** sich *(Dat.) od.* einander die Hand geben *od.* schütteln; **they shook hands to conclude the deal** sie besiegelten das Geschäft durch Handschlag; **she won't ~ hands with me** sie gibt mir nicht die Hand; **let's ~ hands** gib mir deine Hand; ~ **sb. by the hand** jmdm. die Hand schütteln *od.* drücken; b) *(cause to tremble)* erschüttern ‹*Gebäude usw.*›; ~ **one's head [over sth.]** [über etw. *(Akk.)*] den Kopf schütteln; *see also* **leg a;** c) *(weaken)* erschüttern; ~ **sb.'s faith in sth./sb.** jmds. Glauben an etw./jmdn. erschüttern; d) *(agitate)* erschüttern; **she was badly ~n by the news of his death** die Nachricht von seinem Tod erschütterte sie sehr; **she was not hurt, only badly ~n** sie wurde nicht verletzt, sondern erlitt nur einen schweren Schock; **he failed his exam – that shook him!** er hat die Prüfung nicht bestanden – das war ein Schock für ihn!; ~ **sb.'s composure** jmdn. aus dem Gleichgewicht bringen; ~ **sb. rigid** *(sl.)* jmdn. umhauen *(salopp).* **3.** *v. i.,* **shook, shaken** *or (arch./coll.)* **shook** a) *(tremble)* wackeln; ‹*Boden, Stimme:*› beben; ‹*Hand:*› zittern; ‹*Baum:*› schwanken; ~ **[all over] with cold/fear** [am ganzen Leib] vor Kälte/Angst schlottern; ~ **like a leaf** wie Espenlaub zittern; ~ **with emotion** vor Erregung beben; ~ **in one's shoes** *(coll.)* vor Angst schlottern; b) *(coll.: ~ hands)* sich *(Dat.)* die Hand geben; **let's ~ on it!** schlag ein!; Hand drauf!; ~ **on sth.** etw. durch Handschlag besiegeln

~ **'down 1.** *v. t.* a) *(get down by shaking)* herunterschütteln; b) *(Amer. sl.: extort money* *from)* ausnehmen *(salopp)*; ~ **sb. down for £50** jmdn. um 50 Pfund erleichtern *(ugs.)*. **2.** *v.i.* **a)** *(sleep)* kampieren *(ugs.)*; *see also* **shake-down**; **b)** *(settle)* ‹*Maschine, Motor:*› sich einlaufen; ‹*Person:*› sich eingewöhnen, sich akklimatisieren

~ **'off** *v.t. (lit. or fig.)* abschütteln; *see also* **dust 1a**

~ **'out** *v.t.* ausschütteln; *(spread out)* ausbreiten; *see also* **shake-out**

~ **'up** *v.t.* **a)** *(mix)* schütteln; **b)** aufschütteln ‹*Kissen*›; **c)** *(make uncomfortable by shaking)* durchschütteln; **d)** *(discompose)* einen Schrecken einjagen (+ *Dat.*); **she felt pretty ~n up** sie hatte einen ziemlichen Schrecken bekommen; **e)** *(rouse to activity)* aufrütteln; **f)** *(coll.: reorganize)* umkrempeln *(ugs.)*. *See also* **shake-up**

**'shake-down** *n.* [improvisiertes] Nachtlager

**shaken** *see* **shake 2, 3**

**'shake-out** *n.* radikale Umorganisation; *(making workers redundant)* Rationalisierung, *die*

**shaker** ['ʃeɪkə(r)] *n.* **a)** *(vessel)* Mixbecher, *der;* Shaker, *der;* **b)** S~ *(Relig.)* Shaker, *der;* **c)** *(implement)* Streuer, *der*

**Shakespe[a]rean, Shakespe[a]rian** [ʃeɪk'spɪərɪən] *adj.* Shakespearesch ‹*Sonett, Stil*›; ‹*Zeit, Zeitalter*› Shakespeares

**'shake-up** *n.* **a)** *(mixing)* **get a [good] ~:** [gut] geschüttelt werden; **b)** *(restoring to shape)* **give the pillows a good ~:** die Kissen tüchtig aufschütteln; **c)** *(coll.: reorganization)* **give sth. a [good] ~:** etw. [total] umkrempeln *(ugs.)*; **sth. needs a ~:** etw. muß [mal] umgekrempelt werden *(ugs.)*; **government ~:** Regierungsumbildung, *die;* **d)** *(rousing to activity)* Neubelebung, *die*

**shakily** ['ʃeɪkɪlɪ] *adv.* unsicher ‹*stehen, lachen*›; wack[e]lig *(ugs.)* ‹*gehen, stehen*›; mit zittriger Stimme ‹*sprechen*›; mit zittriger Hand ‹*gießen*›

**shaky** ['ʃeɪkɪ] *adj.* **a)** *(unsteady)* wack[e]lig ‹*Möbelstück, Leiter, Haus*›; zittrig ‹*Hand, Stimme, Bewegung, Greis*›; **feel ~:** sich zittrig fühlen; **be ~ on one's legs** wacklig auf den Beinen sein *(ugs.)*; **b)** *(unreliable)* auf wackligen Füßen stehend *(ugs.)*; **his German is rather ~:** sein Deutsch steht auf wackligen Füßen *(ugs.)*

**shale** [ʃeɪl] *n.* Schiefer, *der*

**'shale oil** *n.* Schieferöl, *das*

**shall** [ʃl, *stressed* ʃæl] *v.aux. only in pres.* **shall,** *neg. (coll.)* **shan't** [ʃɑːnt], *past* **should** [ʃəd, *stressed* ʃʊd], *neg. (coll.)* **shouldn't** ['ʃʊdnt] **a)** *expr. simple future* werden; **b)** **should** *expr. conditional* würde/würdest/würden/würdet; **he should not have gone if I could have prevented it** er wäre nicht gegangen, wenn ich es hätte verhindern können; **I should have been killed if I had let go** ich wäre getötet worden, wenn ich losgelassen hätte; **c)** *expr. command* **any person found in possession of such weapons ~ be guilty of an offence** *(Law)* jeder, der im Besitz solcher Waffen angetroffen wird, macht sich strafbar *od.* eines Vergehens schuldig; **the committee ~ not be disturbed** der Ausschuß darf nicht gestört werden; **thou shalt not steal** *(Bibl.)* du sollst nicht stehlen; **d)** *expr. will or intention* **what ~ we do?** was sollen wir tun?; **let's go in, ~ we?** gehen wir doch hinein, oder?; **I'll buy six, ~ I?** ich kaufe 6 [Stück], ja?; **you ~ pay for this!** das sollst du mir büßen!; **we should be safe now** jetzt dürften wir in Sicherheit sein; **he shouldn't do things like that!** er sollte so etwas nicht tun!; **oh, you shouldn't have!** das wäre doch nicht nötig gewesen!; **you should be more careful** du solltest vorsichtiger *od.* sorgfältiger sein; *see also* **worry 2**; **e)** *in conditional clause* **if we should be defeated** falls wir unterliegen [sollten]; **should I be there, I will tell her** sollte ich dort sein, werde ich es ihr sagen; **I should hope so** ich hoffe es; *(indignant)* das möchte ich hoffen!; **f)** *in tentative assertion* **I should like to disagree with you on that point** in dem Punkt *od.* da möchte ich dir widersprechen; **I should say it is time we went home** ich würde sagen *od.* ich glaube, es ist Zeit, daß wir nach Hause gehen; **g)** *forming question* ~ **you be going to church?** gehst du in die Kirche?; **h)** *expr. purpose* **in order that he ~ *or* should be able to go** damit er gehen kann; **I gave him £5 so that he should have enough money for the journey** ich habe ihm 5 Pfund gegeben, so daß er genug Geld für die Reise hat/hatte. *See also* **seem a**

**shallot** [ʃə'lɒt] *n.* Schalotte, *die*

**shallow** ['ʃæləʊ] **1.** *adj.* seicht ‹*Wasser, Fluß*›; flach ‹*Schüssel, Teller, Wasser*›; *(fig.)* seicht *(abwertend)* ‹*Unterhaltung, Gerede, Roman*›; flach *(abwertend)* ‹*Person, Denker, Geist*›; platt *(abwertend)* ‹*Argument, Verallgemeinerung*›; ~ **breathing** flache Atmung. **2.** *n. in pl.* Flachwasser, *das*

**shalom** [ʃə'lɒm] **1.** *int.* Schalom. **2.** *n.* Schalom, *das*

**sham** [ʃæm] **1.** *adj.* unecht; imitiert ‹*Leder, Holz, Pelz, Stein*›. **2.** *n. (pretence)* Heuchelei, *die; (person)* Heuchler, *der*/Heuchlerin, *die;* **it is all a mere ~:** das ist alles bloße Heuchelei; **their marriage is only a ~:** ihre Ehe besteht nur auf dem Papier; **his life is a ~:** sein Leben ist eine einzige Lüge. **3.** *v.t.*, **-mm-** vortäuschen, simulieren; ~ **dead/ill/stupid** sich tot/krank/dumm stellen. **4.** *v.i.*, **-mm-** simulieren; sich verstellen

**shaman** ['ʃæmən] *n.* Schamane, *der*

**shamble** ['ʃæmbl] **1.** *v.i.* schlurfen; **a shambling gait** ein schlurfender Gang. **2.** *n.* Schlurfen, *das;* **move along at a ~:** sich [schwerfällig] schlurfend vorwärtsbewegen

**shambles** ['ʃæmblz] *n. sing. (coll.: mess)* Chaos, *das;* **the house/room was a ~:** das Haus/Zimmer glich einem Schlachtfeld; **the economy is in a ~:** in der Wirtschaft herrschen chaotische Zustände; **she made a ~ of her job** sie hat bei ihrer Arbeit ein heilloses Durcheinander angerichtet

**shambolic** [ʃæm'bɒlɪk] *adj. (coll.)* chaotisch

**shame** [ʃeɪm] **1.** *n.* **a)** Scham, *die;* **feel ~/no ~ for what one did** sich schämen/sich nicht schämen für das, was man getan hat; **hang one's head in *or* for ~:** beschämt den Kopf senken; **blush with ~:** vor Scham erröten; schamrot werden; **be without ~:** schamlos sein; **have no [sense of] ~:** kein[erlei] Schamgefühl besitzen; **have you no ~?** schämst du dich nicht?; **to my ~ I must confess ...:** ich muß zu meiner Schande gestehen ...; **for ~!** du solltest dich/er sollte sich *usw.* schämen!; **b)** *(state of disgrace)* Schande, *die;* ~ **on you!** du solltest dich schämen; **put sb./sth. to ~:** jmdn. beschämen/etw. in den Schatten stellen; **bring ~ on the family name, be a ~ to one's family** seiner Familie *(Dat.)* Schande machen; **c) what a ~!** *(disgrace)* es ist eine Schande!; *(bad luck)* so ein Pech!; *(pity)* wie schade!; **it is a crying *or* terrible *or* great ~:** es ist eine wahre Schande. **2.** *v.t.* beschämen; ~ **sb. into doing/out of doing sth.** jmdn. dazu bringen, daß er sich schämt und etw. tut/nicht tut; ~ **one's family** seiner Familie *(Dat.)* Schande machen

**'shamefaced** *adj.* betreten; **have a ~ look, look ~:** betreten dreinblicken

**shamefacedly** ['ʃeɪmfeɪsɪdlɪ] *adv.* betreten

**shameful** ['ʃeɪmfl] *adj.* beschämend

**shamefully** ['ʃeɪmfəlɪ] *adv.* beschämend; **she is ~ ignorant** sie weiß beschämend wenig; es ist eine Schande, wie wenig sie weiß

**shameless** ['ʃeɪmlɪs] *adj.* schamlos; **are you completely ~?** hast du denn gar kein Schamgefühl?

**shamelessly** ['ʃeɪmlɪslɪ] *adv.* schamlos

**shammy** ['ʃæmɪ] *n.* ~ **[leather]** *(coll.)* Putzleder *das; (for windows)* Fensterleder, *das*

**shampoo** [ʃæm'puː] **1.** *v.t.* schamponieren ‹*Haar, Teppich, Polster, Auto*›; **shall I ~ your hair for you?** soll ich dir die Haare waschen? **2.** *n.* Shampoo[n], *das;* **carpet ~:** Teppichschaum, *der;* **medicated ~:** medizinisches Shampoo; **car ~:** Autoshampoo, *das;* **have a ~ and set** sich *(Dat.)* die Haare waschen und [ein]legen lassen; **give one's hair a ~:** sich *(Dat.)* die Haare [mit Shampoo] waschen *od.* schamponieren

**shamrock** ['ʃæmrɒk] *n.* Klee, *der; (emblem of Ireland)* Shamrock, *der*

**shandy** ['ʃændɪ] *n.* Bier mit Limonade; Radlermaß, *die (bes. südd.)*

**Shangri-La** [ʃæŋgrɪ'lɑː] *n.* Paradies, *das*

**shank** [ʃæŋk] *n.* **a)** *(of person)* Unterschenkel, *der;* **[go] on S~s's mare *or* pony** auf Schusters Rappen [reisen] *(scherzh.)*; **b)** *(of horse)* Vordermittelfuß, *der;* Röhrbein, *das; (cut of meat)* [Hinter]hesse, *die;* **c)** *(Bot.)* Stiel, *der;* **d)** *(of pillar)* [Säulen]schaft, *der; (of key, anchor, nail, fish-hook)* Schaft, *der; (of spoon)* [Löffel]stiel, *der*

**shan't** [ʃɑːnt] *(coll.)* = **shall not**

**shantung** [ʃæn'tʌŋ] *n.* Shantung, *der (Textilw.)*; Schantungseide, *die*

**¹shanty** ['ʃæntɪ] *n. (hut)* [armselige] Hütte

**²shanty** *n. (song)* Shanty, *das;* Seemannslied, *das*

**'shanty town** *n.* Elendsviertel, *das*

**SHAPE** [ʃeɪp] *abbr.* **Supreme Headquarters Allied Powers Europe** oberstes Hauptquartier der Nato-Streitkräfte in Europa

**shape** [ʃeɪp] **1.** *v.t.* **a)** *(create, form)* formen; bearbeiten ‹*Holz, Stein*› **(into** zu); ~ **a dress at the waist** ein Kleid taillieren; **you can ~ plastic when it is hot** erwärmter Kunststoff läßt sich [ver]formen; **b)** *(adapt, direct)* prägen, formen ‹*Charakter, Person*›; nehmen ‹*Kurs*› **(for** auf + *Akk.*); [entscheidend] beeinflussen ‹*Gang der Geschichte, Leben, Zukunft, Gesellschaft*›. **2.** *v.i.* sich entwickeln; **the way things are shaping, we should be able to come** so wie sich die Dinge entwickeln, werden wir wohl kommen können. **3.** *n.* **a)** *(external form, outline)* Form, *die;* **spherical/rectangular in ~:** kugelförmig/rechteckig; **in the ~ of a circle** kreisförmig; in der Form eines Kreises; **she is the right ~ for a dancer** sie hat die richtige Figur für eine Tänzerin; **take ~** ‹*Konstruktion, Skulptur:*› Gestalt annehmen (*see also* **c**); **b)** *(appearance)* Gestalt, *die;* **a monster in human ~:** ein Ungeheuer in Menschengestalt; **in the ~ of a woman** in Gestalt einer Frau; **a paperweight in the ~ of a lizard** ein Briefbeschwerer in Form einer Eidechse; **c)** *(specific form)* Form, *die;* Gestalt, *die;* **a surprise in the ~ of an invitation/a holiday** eine Überraschung in Form einer Einladung/Ferienreise; **nothing in the ~ of ...:** nichts in der Art ... (+ *Gen.*); **take ~** ‹*Plan, Vorhaben:*› Gestalt *od.* feste Formen annehmen (*see also* **a**); **get one's ideas into ~:** seine Gedanken sammeln; Ordnung in seine Gedanken bringen; **knock sth. out of ~:** etw. verbeulen *od.* demolieren; **knock sth. into ~:** etw. wieder in Form bringen; **we have knocked the plans into ~:** wir haben die Pläne jetzt im wesentlichen fertig; **in all ~s and sizes, in every ~ and size** in allen Formen und Größen; **the ~ of things to come** die Dinge, die da kommen sollen/sollten; **this may be the ~ of things to come** so könnte das in Zukunft aussehen; *see also* **lick 1a**; **d)** *(condition)* Form, *die (bes. Sport)*; **do yoga to keep in ~:** Yoga machen, um in Form zu bleiben; **be in good/bad ~:** gut/schlecht in Form sein; **be in poor ~ mentally/physically** geistig/körperlich in schlechter Verfassung sein; **what sort of ~ is the business in?** wie steht es um die Firma?; **be in no ~ to do sth.** nicht in der Lage sein, etw. zu tun; **e)** *(person seen, ghost)* Gestalt, *die;* **f)** *(mould) (for hats)* Hutform, *die; (for puddings, jellies, etc.)* Form, *die*

~ **'up** *v. i.* sich entwickeln; **how's the new editor shaping up?** wie macht sich der neue Redakteur?

**shaped** [ʃeɪpt] *adj.* geformt; **be ~ like a pear** die Form einer Birne haben; **this is an oddly ~ cake** dieser Kuchen hat eine ungewöhnliche *od.* eigentümliche Form

**shapeless** ['ʃeɪplɪs] *adj.* formlos; unförmig ⟨*Kleid, Person*⟩; unstrukturiert ⟨*Theaterstück*⟩

**shapely** ['ʃeɪplɪ] *adj.* wohlgeformt ⟨*Beine, Busen*⟩; gut ⟨*Figur*⟩; formschön ⟨*Auto, Design*⟩

**shard** [ʃɑ:d] *see* **sherd**

**share** [ʃeə(r)] **1.** *n.* **a)** *(portion)* Teil, *der od. das; (part one is entitled to)* **[fair] ~:** Anteil, *der;* **he had a large ~ in bringing it about** er hatte großen Anteil daran, daß es zustande kam; **come in for one's full ~ of criticism** seinen Teil Kritik einstecken müssen *od.* abbekommen; **pay one's ~ of the bill** seinen Teil der Rechnung bezahlen; **have a ~ in the profits** am Gewinn beteiligt sein; **fair ~s** gerechte Teile; **do more than one's [fair] ~ of the work** mehr als seinen Teil zur Arbeit beitragen; **each had his ~ of the cake** jeder bekam seinen Teil vom Kuchen ab; **have more than one's [fair] ~ of the blame/attention** mehr Schuld zugewiesen bekommen/mehr Beachtung finden, als man verdient; **she had her ~ of luck/bad luck** sie hat aber auch Glück/Pech gehabt; **take one's ~ of the responsibility** seinen Teil Verantwortung tragen; **take one's ~ of the blame** seinen Teil Schuld auf sich *(Akk.)* nehmen; **go ~s** teilen; **let me go ~s with you in the taxi fare** ich möchte mich an den Kosten für das Taxi beteiligen; **it was ~ and ~ alike** es wurde brüderlich geteilt; *see also* **lion a; b)** *(part-ownership of property)* [Geschäfts]anteil, *der; (part of company's capital)* Aktie, *die;* **have a ~ in a business** an einem Geschäft beteiligt sein; **hold ~s in a company** *(Brit.)* Anteile *od.* Aktien einer Gesellschaft besitzen; *see also* **[1]defer a; ordinary b. 2.** *v. t.* teilen; gemeinsam tragen ⟨*Verantwortung*⟩; **~ the same birthday/surname** am gleichen Tag Geburtstag/den gleichen Nachnamen haben. **3.** *v. i.* **~ in** teilnehmen an (+ *Dat.*); beteiligt sein an (+ *Dat.*) ⟨*Gewinn, Planung*⟩; teilen ⟨*Freude, Erfahrung*⟩; **there are no single rooms left, so I'll have to ~:** es sind keine Einzelzimmer mehr frei, so daß ich mit jemandem ein Zimmer teilen muß

~ **'out** *v. t.* aufteilen (**among** unter + *Akk.*); *see also* **share-out**

**share: ~ certificate** *n.* Aktienurkunde, *die;* Mantel, *der (Finanzw.);* **~-cropper** *n.* *(Amer.)* Teilpächter, *der;* **~holder** *n.* Aktionär, *der*/Aktionärin, *die;* **~ index** *n.* *(Econ.)* Aktienindex, *der;* **~-out** *n.* Aufteilung, *die*

**shariah** [ʃə'ri:ə] *n. (Islamic Law)* Scharia, *die*

**shark** [ʃɑ:k] *n.* **a)** Hai[fisch], *der;* **b)** *(fig.: swindler)* gerissener Geschäftemacher; **property ~:** Grundstückshai, *der (ugs. abwertend)*

**shark-skin** *n.* **a)** *(skin)* Haut des Haifischs; *(tanned)* Haifischleder, *das;* **b)** *(fabric)* Haifischhaut, *die (Textilw.)*

**sharp** [ʃɑ:p] **1.** *adj.* **a)** *(with fine edge)* scharf; *(with fine point)* spitz ⟨*Nadel, Bleistift, Giebel, Gipfel*⟩; **~ sand** scharfer Sand *(Bauw.);* **b)** *(clear-cut)* scharf ⟨*Umriß, Kontrast, Bild, Gesichtszüge, Linie*⟩; deutlich ⟨*Unterscheidung*⟩; präzise ⟨*Eindruck*⟩; scharf umrissen ⟨*Schatten*⟩; **c)** *(abrupt, angular)* scharf ⟨*Kurve, Winkel*⟩; eng, scharf ⟨*Kurve*⟩; spitz ⟨*Winkel*⟩; steil, schroff ⟨*Abhang*⟩; stark ⟨*Gefälle*⟩; **a ~ rise/fall in prices** ein jäher Preisanstieg/Preissturz; **d)** *(intense)* groß ⟨*Appetit, Hunger[gefühl]*⟩; *(acid, pungent)* scharf ⟨*Würze, Geschmack, Sauce, Käse*⟩; sauer ⟨*Apfel*⟩; herb ⟨*Wein*⟩; *(shrill, piercing)* schrill ⟨*Schrei, Pfiff*⟩; *(biting)* scharf ⟨*Wind, Frost, Luft*⟩; *(sudden, severe)* heftig ⟨*Schmerz, Anfall, Krampf, Kampf*⟩; *(harsh, acrimonious)* scharf ⟨*Protest, Tadel, Ton, Stimme, Zunge, Worte*⟩; **a short ~ struggle** ein kurzer, heftiger Kampf; **a short ~ shock** ein kräftiger Schock; **e)** *(acute, quick)* scharf ⟨*Augen, Verstand, Gehör, Ohr, Beobachtungsgabe, Intelligenz, Geruchssinn*⟩; aufgeweckt ⟨*Kind*⟩; scharfsinnig ⟨*Bemerkung*⟩; begabt ⟨*Schüler, Student*⟩; raffiniert ⟨*Schachzug*⟩; **be ~ at maths** gut in Mathe sein *(ugs.);* **be as ~ as a needle** schlagfertig sein; **that was pretty ~!** das war ganz schön clever!; **keep a ~ look-out for the police!** halt die Augen offen, falls die Polizei kommt!; **keep a ~ watch** scharf aufpassen; **her mind is as ~ as a needle** sie hat einen messerscharfen Verstand; **f)** *(derog.: artful, dishonest, quick to take advantage)* gerissen; **~ practice** unlautere Praktiken; **g)** *(vigorous, brisk)* flott *(ugs.);* **that was ~ work** das ging schnell; **~'s the word!, be ~ about it!** mach schnell!; **h)** *(Mus.)* [um einen Halbton] erhöht ⟨*Note*⟩; **F/G/C** *etc.* **~:** fis, Fis/gis, Gis/cis, Cis *usw., das;* **i)** *(sl.: stylish)* scharf *(ugs.);* todschick *(ugs.);* **she is a ~ dresser** sie ist [immer] todschick angezogen *(ugs.).* **2.** *adv.* **a)** *(punctually)* **at six o'clock ~:** Punkt sechs Uhr; **on the hour ~, ~ on the hour** genau zur vollen Stunde; **b)** *(suddenly)* scharf ⟨*bremsen*⟩; plötzlich ⟨*anhalten*⟩; **turn ~ right** scharf nach rechts abbiegen; **c) look ~!** halt dich ran! *(ugs.);* **d)** *(Mus.)* zu hoch ⟨*singen, spielen*⟩. **3.** *n. (Mus.)* erhöhter Ton; *(symbol)* Kreuz, *das;* Erhöhungszeichen, *das*

**'sharp-edged** *adj.* scharfkantig; scharf ⟨*Messer*⟩

**sharpen** ['ʃɑ:pn] *v. t.* schärfen *(auch fig.);* [an]spitzen ⟨*Bleistift*⟩; *(fig.)* anregen ⟨*Appetit*⟩; verstärken ⟨*Schmerz*⟩

**'sharp end** *n. (coll.)* **a)** *(Naut.)* Bug, *der;* **be at the ~:** im vorderen Teil des Schiffes sein; **b)** *(fig.: place of direct action or decision)* vorderste Linie *od.* Front; **at the ~:** in vorderster Front

**sharpener** ['ʃɑ:pnə(r)] *n. (for pencil)* Bleistiftspitzer, *der;* Spitzer, *der (ugs.); (for tools)* Abziehstein, *der;* Schleifstein, *der*

**sharper** ['ʃɑ:pə(r)] *n. (at cards)* Falschspieler, *der; (swindler)* Betrüger, *der*

**sharp: ~-eyed** *adj.* scharfäugig; **be ~-eyed** scharfe Augen haben; **be as ~-eyed as a hawk/lynx** Augen wie ein Adler/Luchs haben; **it was ~-eyed of you to spot the fault** daß du den Fehler entdeckt hast, zeigt, daß du ein scharfes Auge hast; **~-featured** *adj.* scharf geschnitten ⟨*Gesicht*⟩; ⟨*Person*⟩ mit scharfen Gesichtszügen

**sharpish** ['ʃɑ:pɪʃ] *adv. (coll.) (quickly)* rasch; *(promptly)* unverzüglich; sofort

**sharply** ['ʃɑ:plɪ] *adv.* **a)** *(acutely)* spitz; **~ angled** spitzwinklig; **come ~ to a point** spitz[winklig] zu *od.* in einem Punkt zusammenlaufen; **b)** *(clearly)* scharf ⟨*voneinander unterschieden, kontrastierend, umrissen*⟩; **c)** *(abruptly)* scharf ⟨*bremsen, abbiegen*⟩; steil, schroff ⟨*abfallen*⟩; **d)** *(acidly)* scharf ⟨*gewürzt*⟩; *(harshly)* in scharfem Ton ⟨*antworten*⟩; **~ contested** hart umkämpft; **~ worded letter** Brief in scharfem Ton; **e)** *(quickly)* schnell, rasch ⟨*denken, handeln*⟩

**sharpness** ['ʃɑ:pnɪs] *n., no pl.* Schärfe, *die; (fineness of point)* Spitzheit, *die*

**sharp: ~shooter** *n.* Scharfschütze, *der;* **~-witted** *adj.* scharfsinnig

**shat** *see* **shit 1, 2**

**shatter** ['ʃætə(r)] **1.** *v. t.* **a)** *(smash)* zertrümmern; **b)** *(destroy)* zerschlagen ⟨*Hoffnungen*⟩; ruinieren ⟨*Gesundheit*⟩; **c)** *(coll.: severely discompose)* schwer mitnehmen. **2.** *v. i.* zerbrechen; zerspringen

**shattered** ['ʃætəd] *adj.* **a)** zerbrochen, zersprungen ⟨*Scheibe, Glas, Fenster*⟩; *(fig.)* zerstört ⟨*Hoffnungen*⟩; zerrüttet ⟨*Nerven, Gesundheit*⟩; **b)** *(coll.: greatly upset)* **she was ~ by the news** die Nachricht hat sie schwer mitgenommen; **I'm ~!** ich bin ganz erschüttert!; **c)** *(Brit. coll.: exhausted)* **I'm ~:** ich bin [völlig] kaputt *(ugs.);* **I feel/she looks ~:** ich bin [völlig] kaputt/sie sieht [ziemlich] kaputt aus *(ugs.)*

**shattering** ['ʃætərɪŋ] *adj.* **a)** *(ruinously destructive)* verheerend ⟨*Wirkung, Explosion*⟩; vernichtend ⟨*Schlag, Niederlage*⟩; **b)** *(coll.: very upsetting)* erschütternd; **it must have been ~ for you** es muß dich schwer mitgenommen haben; **c)** *(coll.: exhausting)* wahnsinnig anstrengend *(ugs.)*

**'shatter-proof** *adj.* splitterfrei; **~ glass** Sicherheitsglas, *das*

**shave** [ʃeɪv] **1.** *v. t.* **a)** rasieren; abrasieren ⟨*Haare*⟩; **he ~d his beard** er hat sich *(Dat.)* den Bart abrasiert; **b)** *(pare surface of)* abhobeln; **c)** *(fig.)* **~ a few hundredths of a second off the record** den Rekord um ein paar Hundertstelsekunden verbessern; **d)** *(graze)* ⟨*Auto:*⟩ streifen. **2.** *v. i.* **a)** sich rasieren; **b)** *(scrape)* **~ past sth.** etw. [leicht] streifen. **3.** *n.* **a)** Rasur, *die;* **have** *or* **get a ~:** sich rasieren; **have** *or* **get a ~ at the barber's** sich beim Friseur rasieren lassen; **this razor gives a good ~:** dieser Rasierapparat rasiert gut; **a clean** *or* **close ~:** eine Glattrasur; **b) close ~** *(fig.) see* **close 1 f; c)** *(tool)* Schabmesser, *das*

~ **'off** *v. t.* abrasieren ⟨*Bart, Haare*⟩

**shaven** ['ʃeɪvn] *adj.* rasiert; [kahl]geschoren ⟨*Kopf*⟩

**shaver** ['ʃeɪvə(r)] *n.* **a)** Rasierapparat, *der;* Rasierer, *der (ugs.);* **b)** *(dated coll.: lad)* **[young] ~:** junger Spund *(ugs.)*

**'shaver point** *n.* Anschluß *od.* Steckdose für den Rasierapparat

**Shavian** ['ʃeɪvɪən] *adj.* Shawsch

**shaving** ['ʃeɪvɪŋ] *n.* **a)** *(action)* Rasieren, *das;* **b)** *in pl. (of wood, metal, etc.)* Späne

**shaving: ~-brush** *n.* Rasierpinsel, *der;* **~-cream** *n.* Rasiercreme, *die;* **~-foam** *n.* Rasierschaum, *der;* **~-mug** *n.* Rasierbecken, *das;* **~-soap** *n.* Rasierseife, *die;* **~-stick** *n.* Stangenrasierseife, *die*

**shawl** [ʃɔ:l] *n.* Schultertuch, *das; (light blanket)* Umschlagtuch, *das*

**she** [ʃɪ, *stressed* ʃi:] **1.** *pron.* sie; *referring to personified things or animals which correspond to German masculines/neuters* er/es; **it was ~** *(formal)* sie war es; *see also* **[1,2]her; hers; herself. 2.** *n., pl.* **~s** [ʃi:z] Sie, *die (ugs.);* **is it a he or a ~?** ist es ein Er oder eine Sie?

**she-** [ʃi:] *pref.* weiblich; **~-ass/-bear** Eselin, *die*/Bärin, *die;* **~-cat, ~-devil** *(fig. derog.: malignant woman)* Drachen, *der (salopp abwertend)*

**sheaf** [ʃi:f] *n., pl.* **sheaves** [ʃi:vz] *(of corn etc.)* Garbe, *die; (of paper, arrows, etc.)* Bündel, *das*

**shear** [ʃɪə(r)] **1.** *v. t., p. p.* **shorn** [ʃɔ:n] *or* **~ed a)** *(clip)* scheren; **be shorn of sth.** *(fig.)* einer Sache *(Gen.)* beraubt sein/werden; **b)** *(Mech., Geol.: break)* abscheren. **2.** *v. i., p. p.* **shorn** *or* **~ed** ⟨*Bolzen, Metallteil:*⟩ abscheren *(Technik);* **the motor boat ~ed through the water** *(fig.)* das Motorboot durchschnitt das Wasser *(fig.);* **the cutter blades ~ed through the metal** die Schneiden der Schere zerschnitten das Metall. **3.** *n. (Mech., Geol.)* Scherung, *die*

~ **'off 1.** *v. t.* abtrennen. **2.** *v. i.* abscheren *(Technik)*

**shearer** ['ʃɪərə(r)] *n.* **a)** *(of sheep)* Scherer, *der;* **b)** *(metal-worker)* Metallschneider, *der;* **c)** *(machine)* Schneidemaschine, *die*

**shearing** ['ʃɪərɪŋ] *n.* Scheren, *das*

**shears** [ʃɪəz] *n. pl.* **[pair of]** ~ *(große)* Schere, *die;* **garden** ~: Heckenschere, *die*

**'shearwater** *n. (Ornith.)* Sturmtaucher, *der*

**sheath** [ʃi:θ] *n., pl.* ~s [ʃi:ðz, ʃɪ:θs] **a)** *(for knife, dagger, sword, etc.)* Scheide, *die;* **b)** *(Zool.) (of insect)* Elytron, *das;* Schutzdecke, *die;* **c)** *(Electr.)* Mantel, *der;* **d)** *(condom)* Gummischutz, *der*

**sheathe** [ʃi:ð] *v. t.* **a)** *(put into sheath)* in die Scheide stecken ⟨*Messer, Schwert, Dolch*⟩; **b)** *(protect)* ummanteln **(in, with** mit)

**sheathing** ['ʃi:ðɪŋ] *n.* Ummantelung, *die*

**'sheath-knife** *n.* Fahrtenmesser, *das*

**¹sheave** [ʃi:v] *n.* Rolle, *die*

**²sheave** *v. t.* zu Garben binden ⟨*Getreide*⟩

**sheaves** *pl. of* **sheaf**

**¹shed** [ʃed] *v. t.*, **-dd-, shed a)** *(part with)* verlieren; abwerfen, verlieren ⟨*Laub, Geweih*⟩; abstreifen ⟨*Haut, Hülle, Badehose*⟩; ausziehen ⟨*Kleidung*⟩; **a duck's back ~s water** vom Rücken einer Ente läuft das Wasser ab; **the snake is ~ding its skin** die Schlange häutet sich; **dogs/cats ~ hairs** Hunde/Katzen haaren; **you should ~ a few pounds** du solltest ein paar Pfund abspecken *(salopp);* **b)** vergießen ⟨*Blut, Tränen*⟩; ~ **tears over sth.** wegen einer Sache Tränen vergießen; **don't ~ any tears over him** seinetwegen solltest du keine Tränen vergießen; **without ~ding blood** ohne Blutvergießen; **c)** *(dispense)* verbreiten ⟨*Wärme, Licht*⟩; *see also* **¹light 1 h; d)** *(fig.: cast off)* abschütteln ⟨*Sorgen, Bürde*⟩; ablegen ⟨*Gewohnheit*⟩

**²shed** *n.* Schuppen, *der;* **wooden** ~: Holzschuppen, *der*

**she'd** [ʃɪd, *stressed* ʃi:d] **a)** = **she had; b)** = **she would**

**sheen** [ʃi:n] *n.* Glanz, *der*

**sheep** [ʃi:p] *n., pl. same* **a)** Schaf, *das;* **separate the ~ from the goats** *(fig.)* die Böcke von den Schafen trennen; **count ~** *(fig.)* Schäfchen zählen *(fam.);* **follow sb. like ~:** jmdm. wie eine Schafherde folgen; *see also* **black sheep; eye 1 a; lamb 1 a; wolf 1 a; b)** *(person)* Schäfchen, *das (fam.);* Schäflein, *das (fam.)*

**sheep: ~-dip** *n.* Desinfektionsbad für Schafe; **~-dog** *n.* Hütehund, *der;* Schäferhund, *der;* **Old English S~-dog** Bobtail, *der;* **~-farm** *n. (Brit.)* Schaffarm, *die;* **~-farmer** *n. (Brit.)* Schafzüchter, *der/* -züchterin, *die;* **~-fold** *n.* **a)** *(pen)* Schafhürde, *die;* Pferch, *der;* **b)** *(shelter)* Schafstall, *der*

**sheepish** ['ʃi:pɪʃ] *adj. (awkwardly self-conscious)* verlegen; *(embarrassed)* kleinlaut; **he felt a bit ~** *(foolish)* es war ihm ein bißchen peinlich

**sheepishly** ['ʃi:pɪʃlɪ] *adv. see* **sheepish:** verlegen; kleinlaut

**sheep: ~meat** *n.* Schaffleisch, *das;* **~-pen** *see* **sheep-fold a; ~shank** *n. (knot)* lange Trompete *(Seemannsspr.);* **~-shearing** *n.* Schafschur, *die;* **~skin** *n.* **a)** Schaffell, *das;* **~skin [jacket]** Schaffelljacke, *die;* **b)** *(leather)* Schafleder, *das;* **~-walk** *n. (Brit.)* Schafweide, *die*

**¹sheer** [ʃɪə(r)] **1.** *adj.* **a)** *attrib. (mere, absolute)* rein; blank ⟨*Unsinn, Gewalt*⟩; **by ~ chance** rein zufällig; **it is a ~ impossibility to do it** es ist schier unmöglich, es zu tun; **that's ~ robbery!** das ist ja der reinste Wucher!; **the ~ insolence of it!** so eine Frechheit!; **only by ~ hard work** nur durch harte Arbeit; **b)** *(perpendicular)* schroff ⟨*Felsen, Abfall*⟩; steil ⟨*Felsen, Abfall, Aufstieg*⟩; **c)** *(finely woven)* hauchfein. **2.** *adv. (perpendicularly)* schroff; steil

**²sheer** *v. i. (Naut.)* [aus]scheren

**~ a'way** *v. i* **a)** *(Naut.)* abscheren; **b) ~ away from** *(fig.: avoid)* ausweichen (+ *Dat.*) ⟨*Person, Thema*⟩

**¹sheet** [ʃi:t] **1.** *n.* **a)** Laken, *das; (for covering mattress)* Bettuch, *das;* Laken, *das;* **put clean ~s on the bed** das Bett frisch beziehen; **between the ~s** *(in bed)* im Bett; *see also* **white 1 b; b)** *(of thin metal, plastic)* Folie, *die; (of iron, tin)* Blech, *das; (of glass, of thicker metal, plastic)* Platte, *die; (of stamps)* Bogen, *der; (of paper)* Bogen, *der;* Blatt, *das;* **a ~ of iron/plastic** ein Eisenblech/eine Plastikfolie; **a ~ of paper** ein Papierbogen; ein Bogen *od.* Blatt Papier; **five ~s of wrapping paper** 5 Bögen Einwickelpapier; **a 250-~ roll of toilet-paper** eine 250-Blatt-Rolle Toilettenpapier; **~ of music** Notenblatt, *das;* **~ glass/metal/iron** Flachglas, *das*/Blech, *das*/Eisenblech, *das; see also* **clean 1 b; c)** *(wide expanse)* ⟨*Eis-, Lava-, Nebel*⟩decke, *die;* **a ~ of water covered the lawn** der Rasen stand unter Wasser; **a huge ~ of flame** ein Flammenmeer; **the rain was coming down in ~s** es regnete in Strömen; **d)** *(Printing)* Druckbogen, *der;* **a book in ~s** ein Rohexemplar. **2.** *v. i.* **the rain was ~ing down** es regnete in Strömen

**²sheet** *n.* **a)** *(of sail)* Schot, *die;* **b) be three ~s in** *or* **to the wind** *(sl.)* voll wie eine Strandhaubitze sein *(ugs.)*

**'sheet-anchor** *n. (Naut.)* Notanker, *der; (fig.)* Rettungsanker, *der*

**sheeting** ['ʃi:tɪŋ] *n.* **a)** *(cloth for making bed-sheets)* Bettzeugstoff, *der;* Haustuch, *das;* **b)** *(of thin metal, plastic, etc.)* Folie, *die; (of iron, tin)* Blech, *das; (of thicker metal, plastic)* Platte, *die*

**sheet: ~ lightning** *n. (Meteorol.)* Flächenblitz, *der;* **~ music** *n.* Notenblätter

**sheik, sheikdom** *see* **sheikh, sheikhdom**

**sheikh** [ʃeɪk, ʃi:k] *n.* Scheich, *der*

**sheikhdom** [ʃeɪkdəm, ʃi:kdəm] *n.* Scheichtum, *das*

**sheila** ['ʃi:lə] *n. (Austral. and NZ sl.: young woman)* Puppe, *die (salopp)*

**shekel** ['ʃekl] *n.* **a)** Schekel, *der;* **b)** *in pl. (coll.: money, riches)* Moneten *Pl. (ugs.)*

**sheldrake** ['ʃeldreɪk] *n., fem. and pl.* **shelduck** *or* **sheld duck** ['ʃeldʌk] *(Ornith.)* Brandente, *die;* Brandgans, *die*

**shelf** [ʃelf] *n., pl.* **shelves** [ʃelvz] **a)** *(flat board)* Brett, *das;* Bord, *das; (compartment)* Fach, *das; (set of shelves)* Regal, *das;* **~ of books** Bücherbrett, *das;* **be left on the ~** *(fig.)* sitzengeblieben sein *(ugs.);* **be put on the ~** *(fig.)* aufs Abstellgleis geschoben werden *(ugs.);* **b)** *(Geol.)* Riff, *das; see also* **continental shelf**

**shelf-ful** ['ʃelffʊl] *n.* **a ~ of books** *etc.* ein Bord voll Bücher *usw.*

**shelf: ~-life** *n.* Lagerfähigkeit, *die;* **~-mark** *n.* Standortnummer, *die;* **~-room, ~-space** *ns.* Stellfläche [im Regal]; **give ~-room** *or* **-space to sth.** sich *(Dat.)* etw. ins Regal stellen

**shell** [ʃel] **1.** *n.* **a)** *(casing)* Schale, *die; (of turtle, tortoise)* Panzer, *der; (of pupa)* Hülle, *die; (of snail)* Haus, *das; (of pea)* Schote, *die;* Hülse, *die; (of insect's wing)* Flügeldecke, *die;* **collect ~s on the beach** am Strand Muscheln sammeln; **bring sb. out of his ~** *(fig.)* jmdn. aus der Reserve locken *(ugs.);* **come out of one's ~** *(fig.)* aus sich herausgehen; **retire** *or* **go into one's ~** *(fig.)* sich in sein Schneckenhaus zurückziehen *(ugs.);* **b)** *(frame)* Gerippe, das *(fig.); (of unfinished building)* Rohbau, *der; (of building needing to be refurbished)* Außenmauern und Dach; *(of ruinous building)* Ruine, *die;* **c)** *(pastry case)* Teighülle, *die;* **d)** *(racing-boat)* Rennruderboot, *das;* **e)** *(Motor Veh.)* **[body] ~:** Aufbau, *der;* Karosserie, *die; (after fire, at breaker's, etc.)* [Karosserie]gerippe, *das;* **f)** *(Mil.) (bomb)* Granate, *die; (Amer.: cartridge)* Patrone, *die.* **2.** *v. t.* **a)** *(take out of ~)* schälen; knacken, schälen ⟨*Nuß*⟩; öffnen ⟨*Auster*⟩; enthülsen, *(nordd.)* palen ⟨*Erbsen*⟩; **as easy as ~ing peas** kinderleicht; **~ed nuts** Nußkerne; **b)** *(Mil.)* [mit Artillerie] beschießen

**~ 'out** *v. t. & i. (sl.)* blechen *(ugs.)* **(on** für)

**she'll** [ʃɪl, *stressed* ʃi:l] = **she will**

**shellac** [ʃə'læk] **1.** *n.* Schellack, *der.* **2.** *v.* **-ck- a)** *(varnish)* mit Schellack überziehe **b)** *(Amer. sl.: defeat, thrash)* vermöbe *(ugs.);* fertigmachen *(ugs.)*

**shell: ~fish** *n., pl. same* **a)** Schal[en]tie *das; (oyster, clam)* Muschel, *die; (crust cean)* Krebstier, *das;* **b)** *in pl. (Gastr.)* Me resfrüchte *Pl.;* **~-pink** *adj.* muschelros **~proof** *adj.* bombensicher; **~-shock** *(Psych.)* Kriegsneurose, *die;* **~-shocke** *adj.* **be ~-shocked** eine Kriegsneurose h ben; *(fig.)* niedergeschmettert sein

**shelter** ['ʃeltə(r)] **1.** *n.* **a)** *(shield)* Schutz, *d* **(against** vor + *Dat.*, gegen); **bomb** *or* **ai raid ~:** Luftschutzraum, *der;* **get under ~** sich unterstellen; **under the ~ of the rock of night** im Schutz der Felsen/der Nach **wooden/mountain ~:** Holz-/Berg- *o* Schutzhütte, *die;* **b)** *no pl. (place of safet* Zuflucht, *die;* **we needed food and ~:** w brauchten etwas zu essen und eine Unte kunft; **look for ~ for the night** eine Unte kunft für die Nacht suchen; **offer** *or* **give s ~, provide ~ for sb.** jmdm. Zuflucht gewä ren *od.* bieten; **in the ~ of one's home** i Schutz *od.* in der Geborgenheit sein Heims; **take ~ [from a storm]** [vor eine Sturm] Schutz suchen; **seek/reach ~** Schutz *od.* Zuflucht suchen/finden. **2.** *v.* schützen **(from** vor + *Dat.*); Unterschlu gewähren (+ *Dat.*) ⟨*Flüchtling*⟩; **~ s from blame/harm** jmdn. decken/gegen al Gefahren schützen. **3.** *v. i.* Schutz *od.* Zu flucht suchen **(from** vor + *Dat.*); **this is good place to ~:** hier ist man gut geschüt

**sheltered** ['ʃeltəd] *adj.* geschützt ⟨*Pla Tal*⟩; behütet ⟨*Leben*⟩; **~ workshops** b schützende Werkstätten; **~ employment** B schäftigung in beschützenden Werkstätte **live in ~ housing** in einer Altenwohnung/ Altenwohnungen leben

**shelve** [ʃelv] **1.** *v. t.* **a)** *(put on shelves)* ir Regal stellen; *(fig.) (abandon)* ad acta *o (ugs.)* zu den Akten legen; *(defer)* auf E legen *(ugs.);* **b)** *(fit with shelves)* ein Reg einbauen (+ *Akk.*) ⟨*Nische*⟩; ausfache *(fachspr.)*, mit Fächern versehen ⟨*Schrank* mit Borden versehen ⟨*Wand*⟩. **2.** *v. i.* **away/off/out into** ⟨*Berg, Boden, Ebene:*⟩ al fallen nach

**shelves** *pl. of* **shelf**

**shelving** ['ʃelvɪŋ] *n., no pl.* Regale *Pl.*

**shemozzle** [ʃɪ'mɒzl] *n. (sl.)* **a)** *(rumpu brawl)* Keilerei, *die (ugs.);* **b)** *(muddl* Schlamassel, *der (ugs.)*

**shenanigans** [ʃɪ'nænɪgənz] *n. pl. (col (trickery)* Tricks; *(nonsense)* Fez, *der (ugs. (high-spirited behaviour)* Klamauk, *der (ug abwertend)*

**shepherd** ['ʃepəd] **1.** *n.* Schäfer, *der;* Scha hirt, *der; (Relig. fig.)* Hirt[e], *der (geh.);* **th Good S~:** der Gute Hirte. **2.** *v. t.* hüter *(fig.)* führen

**'shepherd dog** *n.* Hütehund, *der;* Schä ferhund, *der; see also* **German shepher [dog]**

**shepherdess** ['ʃepədɪs] *n.* Schäferin, *di* Schafhirtin, *die*

**shepherd: ~'s 'crook** *n.* Schäferstoc *der;* Hirtenstab, *der (geh.);* **~'s 'pie** *(Gastr.) Auflauf aus Hackfleisch mit ein Schicht Kartoffelbrei darüber;* **~'s 'purs** *n. (Bot.)* Hirtentäschelkraut, *das*

**sherbet** ['ʃɜ:bət] n. **a)** *(fruit juice; al Amer.: water-ice)* Sorbet[t], *der od. das;* **b** *(effervescent drink)* Brauselimonade, *di (powder)* Brausepulver, *das*

**sherd** [ʃɜ:d] *n.* Scherbe, *die*

**sheriff** ['ʃerɪf] *n.* Sheriff, *der*

**'sheriff court** *n. (Scot. Law) Grafschaftsg richt mit Zuständigkeit in Zivil- und Stra sachen*

**Sherpa** ['ʃɜ:pə] *n. (Ethnol.)* Sherpa, *de* Sherpani, *die*

**sherry** ['ʃerɪ] *n.* Sherry, *der;* ~ **glass** Sherryglas, *das;* ≈ Südweinglas, *das*

**she's** [ʃɪz, *stressed* ʃi:z] **a)** = **she is; b)** = **she has**

**Shetland** ['ʃetlənd] *pr. n. see* **Shetland Islands**

**Shetlander** ['ʃetləndə(r)] *n.* Shetländer, *der*/-länderin, *die*

**Shetland Islands** *pr. n. pl.* Shetlandinseln *Pl.;* Shetlands *Pl.*

**Shetland:** ~ **'jumper** *n.* Pullover aus Shetlandwolle; ~ **'pony** *n.* Shetlandpony, *das*

**Shetlands** ['ʃetləndz] *pr. n. pl.* Shetlands *Pl.*

**Shetland:** ~ **'sheepdog** *n.* Sheltie, *der;* ~ **'wool** *n.* Shetlandwolle, *die*

**shew** *(arch.) see* **show 2, 3**

**shh** [ʃ] *int.* pst; sch

**Shiah** ['ʃi:ə] *n. (Muslim Relig.)* Schia, *die*

**shibboleth** ['ʃɪbəleθ] *n.* Schibboleth, *das (geh.); (catchword)* Schlagwort, *das*

**shield** [ʃi:ld] **1.** *n.* **a)** *(piece of armour)* Schild, *der;* **b)** *(in machinery etc.)* Schutz, *der; (protective plate)* Schutzplatte, *die; (protective screen)* Schutzschirm, *der;* **radiation ~:** Strahlenschutz, *der;* **c)** *(fig.: person or thing that protects)* Schild, *der (geh.);* **d)** *(Zool.)* Schild, *der;* **e)** *(Geol.)* Schild, *der;* **f)** *(Her.)* [Wappen]schild, *der;* **g)** *(Sport: trophy)* Trophäe, *die (in Form eines Schildes);* **h)** *(Amer.: policeman's badge)* Dienstmarke, *die.* **2.** *v. t.* **a)** *(protect)* schützen **(from** vor + *Dat.***)**; **b)** *(conceal)* decken ⟨*Schuldigen*⟩; ~ **sb. from the truth** die Wahrheit von jmdm. fernhalten

**shier, shiest** *see* [1]**shy 1**

**shift** [ʃɪft] **1.** *v. t.* **a)** *(move)* verrücken, umstellen ⟨*Möbel*⟩; wegnehmen ⟨*Arm, Hand, Fuß*⟩; wegräumen ⟨*Schutt*⟩; entfernen ⟨*Schmutz, Fleck*⟩; *(to another floor, room, or place)* verlegen ⟨*Büro, Patienten, Schauplatz*⟩; bringen ⟨*Gerümpel*⟩; *(to another town)* versetzen ⟨*Person*⟩; ~ **one's weight to the other foot** sein Gewicht auf den anderen Fuß verlagern; ~ **the responsibility/blame on to sb.** *(fig.)* die Verantwortung/Schuld auf jmdn. schieben; *see also* [1]**ground 1 b; b)** *(Amer. Motor Veh.)* ~ **gears** schalten; **c)** *(sl.: consume)* verkonsumieren *(ugs.);* **d)** *(coll.: sell)* loswerden *(ugs.).* **2.** *v. i.* **a)** ⟨*Wind:*⟩ drehen **(to** nach); ⟨*Ladung:*⟩ verrutschen; *(in drama, novel, etc.)* ⟨*Szene:*⟩ wechseln **(to** nach); ⟨*Schauplatz:*⟩ sich verlagern **(to** nach); ~ **uneasily in one's chair** unruhig auf dem Stuhl hin und her rutschen; **b)** *(manage)* ~ **for oneself** selbst für sich sorgen; **c)** *(sl.: move quickly)* rasen; **this new Porsche really ~s** der neue Porsche geht ab wie eine Rakete *(ugs.);* **d)** *(Amer. Motor Veh.: change gear)* schalten; ~ **down into second gear** in den zweiten Gang runterschalten *(ugs.).* **3.** *n.* **a) a ~ in emphasis** eine Verlagerung des Akzents; **a ~ in values/public opinion** ein Wandel der Wertvorstellungen/ein Umschwung der öffentlichen Meinung; **a ~ towards/away from liberalism** eine Hinwendung zum/Abwendung vom Liberalismus; **b)** *(for work)* Schicht, *die;* **eight-hour/late ~:** Achtstunden-/Spätschicht, *die;* **do** *or* **work the late ~:** Spätschicht haben; **work in ~s** Schichtarbeit machen; **c)** *(stratagem, dodge)* Kunstgriff, *der;* **d) make ~ with/without sth.** sich *(Dat.)* mit/ohne etw. behelfen; **e)** *(of typewriter)* Umschaltung, *die; attrib.* ~ **key** Umschalttaste, *die;* Umschalter, *der;* **f)** *(Amer. Motor Veh.: gear-change)* Schaltung, *die;* **manual/automatic ~:** Hand-/Automatikschaltung, *die;* **g)** *(dress)* Hängekleid, *das;* Hänger, *der;* **h)** *(Phys.)* Verschiebung, *die;* **i)** *(Ling.)* **sound ~:** Lautverschiebung, *die*

**shifting 'sands** *n. pl. (lit. or fig.)* Flugsand, *der*

**shiftless** ['ʃɪftlɪs] *adj. (lacking resourcefulness)* unbeholfen; *(incapable)* unfähig

**shifty** ['ʃɪftɪ] *adj.* verschlagen *(abwertend)*

**Shiite** ['ʃi:aɪt] *(Muslim Relig.)* **1.** *n.* Schiit, *der*/Schiitin, *die.* **2.** *adj.* schiitisch

**shillelagh** [ʃɪ'leɪlə, ʃɪ'leɪlɪ] *n.* Knüppel, *der (aus Schlehdorn- oder Eichenholz)*

**shilling** ['ʃɪlɪŋ] *n.* Shilling, *der;* **take the King's/Queen's ~** *(arch.)* sich als Rekrut [gegen Handgeld] anwerben lassen; *see also* **cut off f**

**shilly-shally** ['ʃɪlɪʃælɪ] *v.i.* zaudern; **stop ~ing!** entschließ dich endlich!

**shimmer** ['ʃɪmə(r)] **1.** *v. i.* schimmern. **2.** *n.* Schimmer, *der*

**shimmery** ['ʃɪmərɪ] *adj.* schimmernd

**shin** [ʃɪn] **1.** *n.* Schienbein, *das;* ~ **of beef** *(Cookery)* [Vorder]hesse, *die.* **2.** *v. i.*, **-nn-:** ~ **up/down a tree** *etc.* einen Baum *usw.* hinauf-/hinunterklettern

**'shin-bone** *n.* Schienbein, *das*

**shindig** ['ʃɪndɪg] *n. (coll.)* **a)** *see* **shindy; b)** *(party)* Fete, *die (ugs.)*

**shindy** ['ʃɪndɪ] *n. (brawl)* Rauferei, *die; (row)* Streit, *der; (noise)* Krach, *der; see also* **kick up b**

**shine** [ʃaɪn] **1.** *v. i.*, **shone** [ʃɒn] **a)** ⟨*Lampe, Licht, Stern:*⟩ leuchten; ⟨*Sonne:*⟩ scheinen; *(reflect light)* glänzen; ⟨*Mond:*⟩ scheinen; **his face shone with happiness/excitement** *(fig.)* er strahlte vor Glück/sein Gesicht glühte vor Aufregung; **a fine morning with the sun shining** ein schöner Morgen mit [strahlendem] Sonnenschein; **b)** *(fig.: be brilliant)* glänzen; **a shining example/light** ein leuchtendes Beispiel/eine Leuchte; ~ **at sport** im Sport glänzen; **he does not exactly ~ at maths** er ist nicht gerade eine Leuchte in Mathe *(ugs.).* **2.** *v. t.* **a)** *p.t. & p.p.* **shone** leuchten lassen; ~ **a light on sth./in sb.'s eyes** etw. anleuchten/jmdm. in die Augen leuchten; ~ **the torch this way** leuchte einmal hierher; **b)** *p.t. & p.p.* **~d** *(clean and polish)* putzen; *(make shiny)* polieren. **3.** *n., no pl.* **a)** *(brightness)* Schein, *der;* Licht, *das; see also* **rain 1 a; b)** *(polish)* Glanz, *der;* **give your shoes a good ~:** bring deine Schuhe auf Hochglanz; **have a ~** ⟨*Oberfläche:*⟩ glänzen; **put a ~ on sth.** etw. zum Glänzen bringen; **take the ~ off sth.** *(fig.: spoil sth.)* einen Schatten auf etw. *(Akk.)* werfen; **c) take a ~ to sb./sth.** *(coll.)* Gefallen an jmdm./etw. finden

[1]**shingle** ['ʃɪŋgl] **1.** *n.* **a)** *(Building)* Schindel, *die;* **b)** *(Amer.: signboard)* [Praxis]schild, *das;* **c)** *(Hairdressing)* Bubikopf, *der.* **2.** *v. t.* **a)** *(Building)* schindeln; **b)** *(Hairdressing)* zu einem Bubikopf schneiden ⟨*Haar*⟩; **~d hair** Bubikopf, *der*

[2]**shingle** *n., no pl., no indef. art. (pebbles)* Kies, *der; attrib.* ~ **beach** Kiesstrand, *der*

**shingles** ['ʃɪŋglz] *n. sing. (Med.)* Gürtelrose, *die*

**shingly** ['ʃɪŋglɪ] *adj.* kiesig; ~ **beach** Kiesstrand, *der*

**shin: ~-guard, ~-pad** *ns.* Schienbeinschutz, *der*

**Shinto** ['ʃɪntəʊ], **Shintoism** ['ʃɪntəʊɪzm] *ns., no pl., no indef. art. (Relig.)* Schintoismus, *der*

**Shintoist** ['ʃɪntəʊɪst] *n. (Relig.)* Schintoist, *der*/Schintoistin, *die*

**shiny** ['ʃaɪnɪ] *adj.* **a)** *(glistening, polished)* glänzend; **b)** *(worn)* blank

**ship** [ʃɪp] **1.** *n.* **a)** Schiff, *das;* **take ~:** sich einschiffen **(for** nach); **when my ~ comes home** *or* **in** *(fig.)* wenn ich zu Geld komme; ~ **of the desert** *(fig.)* Wüstenschiff, *das (geh. scherzh.);* Schiff der Wüste *(geh.);* **we were just ~s that pass in the night** *(fig.)* nur einmal kreuzten sich unsere Wege; **the ~ of state** das Staatsschiff *(geh.); see also* [1]**break 1 g; company a, h;** [1]**tar 1; b)** *(Amer.: aircraft)* Flugzeug, *das;* Maschine, *die;* **c)** *(coll.: spacecraft)* Raumschiff, *das.* **2.** *v. t.*, **-pp- a)** *(take on board)* einschiffen, an Bord bringen ⟨*Vorräte, Ladung, Passagiere*⟩; *(transport by sea)* verschiffen ⟨*Auto, Truppen*⟩; *(send by train, road, or air)* verschicken, versenden ⟨*Waren*⟩; **b)** *(Naut.: position)* setzen ⟨*Ruderpinne, Mast, Positionslichter*⟩; **c)** ~ **oars** *(bring them into the boat)* die Riemen einlegen *od.* -ziehen; **d)** ~ **water/a sea** Wasser/eine See übernehmen *(Seemansspr.).* **3.** *v. i.*, **-pp- a)** *(embark)* sich einschiffen; **b)** *(take service on ~)* anheuern, anmustern *(Seemannsspr.)*

~ **'off** *v. t.* versenden, verschicken ⟨*Waren*⟩; schicken ⟨*Person*⟩

~ **'out** *v. t.* verschiffen ⟨*Ladung, Güter*⟩

**ship: ~board 1.** *adj.* ⟨*Romanze usw.*⟩ an Bord; **2.** *n., no pl., no art.* **on ~board** an Bord; **~-breaker** *n.* Abwrackfirma, *die;* **~broker** *n.* Schiffsmakler, *der;* **~builder** *n.* Schiff[s]bauer, *der;* **firm of ~builders** Schiffbaufirma, *die;* **~building** *n., no pl., no indef. art.* Schiffbau, *der;* **~-canal** *n.* Schiffahrtskanal, *der;* **~load** *n.* Schiffsladung, *die;* **~mate** *n.* Schiffskamerad, *der*

**shipment** ['ʃɪpmənt] *n.* **a)** Versand, *der; (by sea)* Verschiffung, *die;* **b)** *(amount)* Sendung, *die;* **a ~ of bananas** eine Ladung Bananen

**'shipowner** *n.* Schiffseigentümer, *der*/-eigentümerin, *die;* Schiffseigner, *der*/-eignerin, *die; (of several ships)* Reeder, *der*/Reederin, *die*

**shipper** ['ʃɪpə(r)] *n. (merchant)* Spediteur, *der*/Spediteurin, *die; (company)* Spedition, *die*

**shipping** ['ʃɪpɪŋ] *n.* **a)** *no pl., no indef. art. (ships)* Schiffe *Pl.; (traffic)* Schiffahrt, *die;* Schiffsverkehr, *der;* **all ~:** alle Schiffe/der ganze Schiffsverkehr; **closed to ~:** für Schiffe/für die Schiffahrt gesperrt; **b)** *(transporting)* Versand, *der*

**shipping: ~-agent** *n.* Schiffsagent, *der;* ~ **forecast** *n.* Seewetterbericht, *der;* ~ **lane** *n.* Schiffahrtsweg, *der; (fairway)* Fahrrinne, *die;* ~ **line** *see* [1]**line 1 i; ~-office** *n.* **a)** *(of ~-agent)* Schiffsagentur, *die;* **b)** *(hiring seamen)* Heuerbüro, *das*

**ship: ~'s 'biscuit** *n.* Schiffszwieback, *der;* **~'s chandler** *n.* Schiffsausrüster, *der;* **~shape** *pred. adj.* in bester Ordnung; **get sth. ~shape** etw. in Ordnung bringen; **find everything ~shape and Bristol fashion** *(coll.)* alles picobello *od.* tipptopp *(ugs.)* vorfinden; **~'s 'papers** *n. pl.* Schiffspapiere *Pl.;* **~-way** *n.* Helling, *die (Schiffbau);* **~wreck 1.** *n. (lit. or fig.)* Schiffbruch, *der;* **suffer ~wreck** Schiffbruch erleiden; **end in ~wreck** *(fig.)* scheitern; **2.** *v. t.* **be ~wrecked** Schiffbruch erleiden; *(fig.: be ruined)* ⟨*Hoffnung:*⟩ sich zerschlagen haben; ⟨*Karriere:*⟩ gescheitert sein; **be ~wrecked on an island** bei einem Schiffbruch auf eine Insel verschlagen werden; **~wright** *n. (~-builder)* Schiff[s]bauer, *der; (~'s carpenter)* Schiffszimmermann, *der;* **~yard** *n.* [Schiffs]werft, *die*

**shire** ['ʃaɪə(r)] *n.* **a)** *(county)* Grafschaft, *die;* **b) the S~s** *(group of counties) die auf -shire endenden englischen Grafschaften; (midland counties)* die Grafschaften in Mittelengland; **c)** *see* **shire-horse**

**'shire-horse** *n. bes. in Mittelengland gezüchtetes schweres Zugpferd*

**shirk** [ʃɜ:k] *v.t.* sich entziehen (+ *Dat.*) ⟨*Pflicht, Verantwortung*⟩; ausweichen (+ *Dat.*) ⟨*Blick, Kampf*⟩; ~ **one's job/doing sth.** sich vor der Arbeit drücken/sich davor drücken *(ugs.),* etw. zu tun; **you're ~ing!** [du bist ein] Drückeberger! *(ugs. abwertend)*

**shirker** ['ʃɜ:kə(r)] *n.* Drückeberger, *der (ugs. abwertend)*

**shirring** ['ʃɜ:rɪŋ] *n.* Kräusel[ung], *die*

**shirt** [ʃɜ:t] *n.* **[man's] ~:** [Herren- *od.* Ober]hemd, *das;* **[woman's** *or* **lady's] ~:** Hemdbluse, *die;* **sports/rugby/football ~:** Trikot/Rugby-/Fußballtrikot, *das;* **keep your ~ on!** *(fig. sl.)* [nur] ruhig Blut! *(ugs.);*

have the ~ off sb.'s back *(fig.)* jmdm. das Hemd über den Kopf ziehen *(fig. ugs.)*; **lose the ~ off one's back** alles bis aufs Hemd verlieren *(ugs.)*; **put one's ~ on sth.** *(fig. sl.)* sein letztes Hemd für etw. verwetten *(ugs.)*

**shirt: ~ blouse** *n.* Hemdbluse, *die;* **~ dress** *n.* Hemdblusenkleid, *das;* **~-front** *n.* Hemdbrust, *die; (separate or detachable)* Vorhemd, *das*

**shirting** ['ʃɜ:tɪŋ] *n.* Hemdenstoff, *der*

**shirt: ~-sleeve 1.** *n.* Hemdsärmel, *der;* **work in one's ~-sleeves** in Hemdsärmeln arbeiten; **2.** *adj.* hemdsärmelig; körperlich ⟨*Arbeit*⟩; **it is real ~-sleeve weather** bei diesem Wetter kann man ohne Jacke gehen; **~-tail** *see* **tail 1 d**; **~waist** *(Amer.) see* **~ blouse**; **~waister** ['ʃɜ:tweɪstə(r)] *(Brit.) see* **~ dress**

**shirty** ['ʃɜ:tɪ] *adj. (sl.)* sauer *(salopp)*; **get ~ with sb./about sth.** auf jmdn./wegen etw. sauer werden; **be ~ with sb.** rotzig *(salopp abwertend)* zu jmdm. sein

**shish kebab** ['ʃɪʃ kɪbæb, 'ʃɪʃ kɪbɑ:b] *n. (Gastr.)* Kebab, *der*

**shit** [ʃɪt] *(coarse)* **1.** *v. i.*, **-tt-, shitted** *or* **shit** *or* **shat** [ʃæt] scheißen *(derb)*; **~ in one's pants** sich *(Dat.)* in die Hose[n] scheißen. **2.** *v. refl.*, **-tt-, shitted** *or* **shit** *or* **shat** sich *(Dat.)* in die Hose[n] scheißen *(derb)*. **3.** *int.* Scheiße *(derb)*. **4.** *n.* **a)** *(excrement)* Scheiße, *die (derb)*; **have** *(Brit.) or (Amer.)* **take a ~**: scheißen *(derb)*; **have/get the ~s** die Scheißerei *(derb)* haben/kriegen; **when the ~ hits the fan** wenn die Kacke am Dampfen ist *(derb)*; **b)** *(hashish)* Shit, *der od. das (Drogenjargon)*; **c)** *(person)* Scheißkerl, *der; (nonsense)* Scheiß, *der (salopp abwertend)*; **don't give me that ~**: erzähl mir nicht so einen Scheiß! *(salopp)*; **I don't give a ~ [about it]** das ist mir scheißegal *(salopp)*; **who gives a ~!** ist doch scheißegal! *(salopp)*; **it's not worth a ~**: es ist einen Dreck wert *(salopp abwertend)*; **beat** *or* **kick** *or* **knock the ~ out of sb.** *(fig.)* jmdn. gehörig verdreschen *(ugs.)*; **I'll beat the ~ out of you!** ich mach' Hackfleisch aus dir! *(ugs.)*; **be up ~ creek [without a paddle]** *(fig.)* bis zum Hals in der Scheiße stecken *(derb)*; **have/get the ~s** *(fig.)* Schiß haben/kriegen *(salopp)*

**shite** [ʃaɪt] *(coarse)* **1.** *int.* Scheibenkleister *(ugs. verhüll.)*. **2.** *n.* Scheiß, *der (salopp)*; **not give a ~ for sb./sth.** sich einen [Scheiß]dreck um jmdn./etw. kümmern *(salopp)*

**shitless** ['ʃɪtlɪs] *adj. (coarse)* **be scared ~**: sich *(Dat.)* vor Angst in die Hose[n] scheißen *(derb)*

'**shit-scared** *pred. adj. (coarse)* **be ~**: Schiß haben *(salopp)*

**shitty** ['ʃɪtɪ] *adj. (coarse)* beschissen *(derb)*; Scheiß- *(salopp)*

[1]**shiver** ['ʃɪvə(r)] **1.** *v. i. (tremble)* zittern (**with** vor + *Dat.*); **~ all over** am ganzen Leib *od.* Körper zittern; **~ like a leaf** wie Espenlaub zittern *(geh.)*. **2.** *n. (trembling, lit. or fig.)* Schau[d]er, *der (geh.)*; **~ of cold/fear** Kälte-/Angstschauer, *der;* **send ~s** *or* **a ~ up** *or* **[up and] down sb.'s back** *or* **spine** jmdm. [einen] Schauder über den Rücken jagen; **give sb. the ~s** *(fig.)* jmdn. schaudern lassen; **get/have the ~s** *(fig.)* eine Gänsehaut *(fig.) od. (bei Krankheit)* Schüttelfrost bekommen/haben

[2]**shiver 1.** *n. in pl. (fragments)* **break/burst into ~s** in Stücke zerbrechen *od.* zerspringen. **2.** *v. t.* zersplittern lassen; **~ me timbers** potz Blitz! *(veralt.)*. **3.** *v. i.* zerspringen

**shivery** ['ʃɪvərɪ] *adj.* verfroren ⟨*Person*⟩; **I feel all ~**: mich fröstelt

[1]**shoal** [ʃəʊl] *n.* **a)** *(shallow place)* Untiefe, *die; (sandbank)* Sandbank, *die;* **b)** *in pl. (fig.: hidden danger)* Klippen

[2]**shoal** *n. (of fish)* Schwarm, *der; (fig.)* Schar, *die;* **~s of letters/complaints** Unmengen von Briefen/Beschwerden

[1]**shock** [ʃɒk] **1.** *n.* **a)** Schock, *der;* **I got the ~ of my life** ich erschrak zu Tode; **the general feeling is one of ~**: man ist allgemein erschüttert; **come as a ~ to sb.** ein Schock für jmdn. sein; **give sb. a ~**: jmdm. einen Schock versetzen; **he's in for a [nasty] ~!** er wird eine böse Überraschung erleben!; **~ horror!** *(joc.)* Schreck, laß nach! *(ugs. scherzh.)*; *see also* **sharp 1 d**; **b)** *(violent impact)* Erschütterung, *die* (**of** durch); **c)** *(Electr.)* Schlag, *der;* **d)** *(Med.)* Schock, *der;* **die of/be suffering from ~**: an einem Schock sterben/unter Schock[wirkung] stehen; **~ is dangerous** ein Schock kann gefährlich sein; **be in [a state of] ~**: unter Schock[wirkung] stehen; **[electric] ~**: Elektroschock, *der.* **2.** *v. t.* **a) ~ sb. [deeply]** ein [schwerer] Schock für jmdn. sein; **sb. is [terribly] ~ed by/at sth.** etw. ist ein [schwerer] Schock für jmdn.; **b)** *(scandalize)* schockieren; **I'm not easily ~ed** mich schockiert so leicht nichts; **be ~ed by sth.** über etw. *(Akk.)* schockiert sein. **3.** *v. i.* schockieren

[2]**shock** *n. (of corn-sheaves)* Hocke, *die (meist aus zwölf Garben)*

[3]**shock** *n.* **a ~ of red hair** ein roter Haarschopf; **an untidy ~ of thick grey hair** eine dichte graue Mähne *(scherzh.)*

'**shock absorber** *n.* Stoßdämpfer, *der*

**shocker** ['ʃɒkə(r)] *n. (coll.)* **a) he is a ~ for gambling/drink/the girls** er ist ein hemmungsloser Zocker/Säufer/Weiberheld *(salopp)*; **b)** *(novel etc.)* Schocker, *der (ugs.)*

**shock-headed** ['ʃɒkhedɪd] *adj.* **be ~**: eine Mähne haben *(ugs.)*; **a ~ little boy/girl** ein kleiner Strubbelkopf *(ugs.)*

**shocking** ['ʃɒkɪŋ] **1.** *adj.* **a)** schockierend; **b)** *(coll.: very bad)* fürchterlich *(ugs.)*; **what a ~ thing to say** wie kann man nur so etwas sagen! *(ugs.)*. **2.** *adv. (coll.)* **~ bad** fürchterlich *(ugs.)*

**shockingly** ['ʃɒkɪŋlɪ] *adv.* **a)** *(badly)* schockierend [schlecht] ⟨*behandeln, sich benehmen*⟩; **b)** *(extremely)* sündhaft *(ugs.)* ⟨*teuer*⟩; erbärmlich ⟨*schlecht*⟩

**shocking 'pink** *adj.* grellrosa

**shock: ~proof** *adj.* stoßfest ⟨*Uhr, Kiste*⟩; erschütterungsfest ⟨*Gebäude*⟩; **~ tactics** *n. pl. (Mil.) taktischer Einsatz von Stoßtruppen; (fig.)* Überrumpelungstaktik, *die;* **~ therapy, ~ treatment** *ns. (Med.)* Schocktherapie, *die;* Schockbehandlung, *die;* **~ troops** *n. pl. (Mil.)* Stoßtruppen *(veralt.)*; **~ wave** *n.* Druckwelle, *die* (**from** *Gen.*); *(of earthquake)* Erschütterungswelle, *die* (**from** *Gen.*)

**shod** *see* **shoe 2**

**shoddily** ['ʃɒdɪlɪ] *adv.* schludrig *(ugs. abwertend)*; **treat sb. ~**: jmdn. schäbig behandeln *(abwertend)*

**shoddy** ['ʃɒdɪ] **1.** *n.* Shoddy, *das od. der (Textilw.)*; Reißwolle, *die.* **2.** *adj.* schäbig *(abwertend)*; *(poorly done, poor in quality)* minderwertig ⟨*Arbeit, Stoff, Artikel*⟩

**shoe** [ʃu:] **1.** *n.* **a)** Schuh, *der;* **I shouldn't like to be in his ~s** *(fig.)* ich möchte nicht in seiner Haut stecken *(ugs.)*; **put oneself into sb.'s ~s** *(fig.)* sich in jmds. Lage *(Akk.)* versetzen; **sb. shakes in his ~s** jmdm. schlottern die Knie; **if the ~ fits** *(Amer.)* = **if the cap fits** *see* **cap 1 a**; *see also* **pinch 3 a**; **b)** *(of horse)* [Huf]eisen, *das;* **c)** *(of brake)* Backe, *die.* **2.** *v. t.*, **~ing** ['ʃu:ɪŋ], **shod** [ʃɒd] beschlagen ⟨*Pferd*⟩; *(protect with iron tip)* beschuhen ⟨*Pfahl*⟩; **be well shod** ⟨*Person:*⟩ gut beschuht sein

**shoe: ~ bar** *n.* Schnellschusterei, *die;* **~black** *n.* Schuhputzer, *der;* **~-box** *see* [2]**box 1 a**; **~-brush** *n.* Schuhbürste, *die;* **~-buckle** *n.* Schuhschnalle, *die;* **~-cream** *n.* Schuhcreme, *die;* **~horn** *n.* Schuhlöffel, *der;* **~-lace** *n.* Schnürsenkel, *der;* Schuhband, *das;* **~-leather** *n.* Schuhleder, *das;* **you can save your ~-leather** den Weg kannst du dir sparen

**shoeless** ['ʃu:lɪs] *adj.* ohne Schuhe

**shoe: ~maker** *n.* Schuhmacher, *der;* Schuster, *der;* **~making** *n., no pl.* Schuhmacherei, *die;* **~-polish** *n.* Schuhcreme, *die;* **~-repairer** *n.* Flickschuster, *der (veralt.)*; Schuster, *der;* **~shine** *n. (Amer.)* **have** *or* **get a ~shine** sich *(Dat.)* die Schuhe putzen lassen; **~shine boy** *n. (Amer.)* Schuhputzer, *der;* **~-shop** *n.* Schuhgeschäft, *das;* **~ spray** *n.* Schuhspray, *der od. das;* **~-string** *n.* **a)** *see* **~-lace**; **b)** *(coll.: small amount)* **on a ~-string** mit ganz wenig Geld; **a ~-string budget** ein minimaler Etat; **~-string financing** Finanzierung mit ganz wenig Geld; **~-string 'tie** *n. wie eine Krawatte getragene, durch einen Ring oder eine Schleife gehaltene Schnur;* **~-tree** *n.* Schuhspanner, *der*

**shone** *see* **shine 1, 2**

**shoo** [ʃu:] **1.** *int.* sch. **2.** *v. t.* scheuchen; **~ away** fort- *od.* wegscheuchen

**shook** *see* **shake 2, 3**

**shoot** [ʃu:t] **1.** *v. i.*, **shot** [ʃɒt] **a)** schießen (**at** auf + *Akk.*); **~ to kill** ⟨*Polizei:*⟩ scharf schießen; **have sth. to ~ at** *(fig.)* ein Ziel vor Augen *od.* eine Zielvorstellung haben; *see also* [1]**hip a**; **b)** *(move rapidly)* schießen *(ugs.)*; **~ past sb./down the stairs** an jmdm. vorbeischießen/die Treppe hinunterschießen *(ugs.)*; **come ~ing in** hereingeschossen kommen *(ugs.)*; **pain shot through/up his arm** ein Schmerz schoß durch seinen Arm/seinen Arm hinauf; **c)** *(Bot.)* austreiben; **d)** *(Sport)* schießen; **e)** *(coll.: speak out)* **~!** schieß los! *(ugs.)*. **2.** *v. t.*, **shot a)** *(wound)* anschießen; *(kill)* erschießen; *(hunt)* schießen; **~ sb. dead** jmdn. erschießen *od. (ugs.)* totschießen; **~ an animal and kill it** ein Tier tödlich treffen; **he was fatally shot in the head** ihn traf ein tödlicher Kopfschuß; **~ oneself in the foot** *(fig. coll.)* sich *(Dat.)* ins eigene Fleisch schneiden; **you'll get shot for this** *(fig.)* du kannst dein Testament machen *(ugs.)*; **he ought to be shot** *(fig.)* der gehört aufgehängt *(ugs.)*; **b)** schießen mit ⟨*Bogen, Munition, Pistole*⟩; abschießen ⟨*Pfeil, Kugel*⟩ (**at** auf + *Akk.*); **c)** *(sl.: inject)* schießen *(Drogenjargon)* ⟨*Heroin, Kokain*⟩; **d)** *(send out)* zuwerfen ⟨*Lächeln, Blick*⟩ (**at** *Dat.*); [aus]treiben ⟨*Knospen, Schößlinge*⟩; **the volcano shot lava high into the air** der Vulkan schleuderte Lava hoch in die Luft; **~ a line** *(fig. sl.)* angeben *(ugs.)* (**about** mit); **~ the moon** *(Brit. sl.)* bei Nacht und Nebel abhauen *(ugs.)*; *see also* [1]**bolt 1 c**; **e)** *(Sport)* schießen ⟨*Tor, Ball, Puck*⟩; *(Basketball)* werfen ⟨*Korb*⟩; **~ dice** würfeln; **~ a hole in one** *(Golf)* ein Loch mit einem Schlag spielen; *see also* **craps**; **f)** *(push, slide)* vorschieben ⟨*Riegel*⟩; herausziehen ⟨*Manschetten*⟩; schütten ⟨*Mehl, Kohle*⟩; **g)** *(Cinemat.)* drehen ⟨*Film, Szene*⟩; **h)** *(pass swiftly over)* schießen über (+ *Akk.*) ⟨*Brücke, Stromschnelle, Wasserfall*⟩; **~ the lights** *(sl.)* eine rote Ampel überfahren. **3.** *n.* **a)** *(Bot.)* Trieb, *der;* **b)** *see* **chute a**; **c)** *(~ing-party, -expedition, -practice, -land)* Jagd, *die;* **a duck ~**: eine Entenjagd; **the whole [bang] ~** *(sl.)* der ganze Kram *od.* Krempel *(ugs.)*

**~ a'head** *v. i.* vorpreschen; **~ ahead of sb.** jmdn. blitzschnell hinter sich *(Dat.)* lassen

**~ a'long** *v. i.* dahinschießen

**~ 'down** *v. t.* abschießen ⟨*Flugzeug*⟩; niederschießen ⟨*Person*⟩; *(fig.)* entkräften ⟨*Argument*⟩; **be shot down in flames** ⟨*Flugzeug:*⟩ in Brand geschossen werden und abstürzen; *(fig.)* ⟨*Person, Argument:*⟩ in der Luft zerrissen werden

**~ 'off 1.** *v. t.* abschießen ⟨*Gewehr*⟩; **~ one's mouth off** *(sl.)* das Maul aufreißen *(derb)*. **2.** *v. i.* losschießen *(ugs.)*

**~ 'out 1.** *v. i.* hervorschießen; **the dog shot out of the gate** der Hund schoß aus dem Tor heraus *(ugs.)*. **2.** *v. t.* herausschleudern; **~ it out** *(sl.)* sich schießen; *see also* **shoot-out**

~ 'up 1. *v. i.* in die Höhe schießen; ⟨*Preise, Temperatur, Kosten, Pulsfrequenz:*⟩ in die Höhe schnellen. 2. *v. t.* herumschießen in (+ *Dat.*) *(ugs.)*; **be badly shot up** schwer beschossen werden

**shooter** ['ʃu:tə(r)] *n. (coll.: gun)* Ballermann, *der (ugs.)*

**shooting** ['ʃu:tɪŋ] *n.* **a)** Schießerei, *die;* **new outbreaks of ~ were reported** ein erneutes Aufflammen der Schießereien wurde gemeldet; **two more ~s were reported** Meldungen zufolge wurden erneut zwei Menschen von Schüssen getroffen; **b)** *(Sport)* Schießen, *das;* **rifle ~:** Gewehrschießen, *das;* **c)** *(Hunting)* **go ~:** auf die Jagd gehen; **d)** *(Cinemat.)* Dreharbeiten *Pl.*

**shooting: ~-box** *n. (Brit. Hunting)* Jagdhütte, *die;* **~-brake, ~-break** *n. (Brit. Motor Veh.)* Kombiwagen, *der;* **~-gallery** *n.* Schießstand, *der; (at fun-fair)* Schießbude, *die;* **~-iron** *n. (sl.)* Schießeisen, *das (ugs.);* Schießprügel, *der (salopp);* **~-match** *n.* **a)** Wettschießen, *das;* **b) the whole ~-match** *(sl.)* der ganze Kram *od.* Krempel *(ugs. abwertend);* **~-party** *n.* Jagdgesellschaft, *die;* **~-range** *n.* Schießstand, *der;* ~ **'star** *n.* Sternschnuppe, *die;* **~-stick** *n.* Jagdstock, *der;* ~ **war** *n.* offener Krieg

**'shoot-out** *n.* Schießerei, *die*

**shop** [ʃɒp] **1.** *n.* **a)** *(premises)* Laden, *der;* Geschäft, *das;* **go to the ~s** einkaufen gehen; **keep a ~:** einen Laden *od.* ein Geschäft haben; **keep [the] ~ for sb.** jmdn. im Laden *od.* Geschäft vertreten; **all over the ~** *(fig. sl.)* überall; **look for sth. all over the ~** *(fig. sl.)* in jedem Winkel nach etw. suchen; **my books are all over the ~** *(fig. sl.)* meine Bücher liegen wie Kraut und Rüben durcheinander *(ugs.);* **b)** *(business)* **set up ~:** ein Geschäft eröffnen; *(as a lawyer, dentist, etc.)* eine Praxis aufmachen; **shut up ~:** das Geschäft schließen; **talk ~:** fachsimpeln *(ugs.);* **no [talking] ~, please!** keine Fachsimpelei, bitte! *(ugs.);* **c)** *(sl.: institution, establishment)* Laden, *der (ugs.);* **d)** *(workshop)* Werkstatt, *die;* **engineering ~:** Maschinenbauhalle, *die;* **pattern/machine ~:** Modell-/Maschinenwerkstatt, *die;* **e)** *(action)* Einkauf, *der. See also* **closed shop. 2.** *v. i.,* **-pp-** einkaufen; **go ~ping** einkaufen gehen; **~ *or* go ~ping for shoes** Schuhe kaufen gehen. **3.** *v. t.* **-pp-** *(Brit. sl.)* verpfeifen

~ **a'round** *v. i.* sich umsehen (**for** nach)

**shop: ~ assistant** *n. (Brit.)* Verkäufer, *der*/Verkäuferin, *die;* **~-boy** *n.* Ladenbursche, *der (veralt.);* **~-fitter** *n.* Ladenbauer, *der;* **firm of ~-fitters** Ladenbaufirma, *die;* **~-fittings** *n. pl.* Ladeneinrichtung, *die;* **~-floor** *n.* **a)** *(place)* Produktion, *die (ugs.);* **the worker on the ~-floor** der einfache Arbeiter; **what is the feeling on the ~-floor?** was ist die Meinung der Arbeiter?; **b)** *(workers)* **the ~-floor** die Arbeiter; *attrib.* Arbeiter-; **~-floor democracy** Demokratie am Arbeitsplatz; **~-front** *n.* Schaufensterfront, *die;* **~-girl** *n.* Ladenmädchen, *das (veralt.);* **~keeper** *n.* Ladenbesitzer, *der*/-besitzerin, *die;* **~-lifter** *n.* Ladendieb, *der*/-diebin, *die;* **~-lifting** *n., no pl., no indef. art.* Ladendiebstahl, *der;* **~owner** *see* **~keeper**

**shopper** ['ʃɒpə(r)] *n.* **a)** *(person)* Käufer, *der*/Käuferin, *die;* **b)** *(wheeled bag)* Einkaufsroller, *der*

**shopping** ['ʃɒpɪŋ] *n.* **a)** *(buying goods)* Einkaufen, *das;* **do the/one's ~:** einkaufen/[seine] Einkäufe machen; **b)** *(items bought)* Einkäufe *Pl.*

**shopping: ~-bag** *n.* Einkaufstasche, *die;* **~-basket** *n.* Einkaufskorb, *der;* ~ **centre** *n.* Einkaufszentrum, *das;* ~ **day** *n.* Einkaufstag, *der;* **~-list** *n.* Einkaufszettel, *der; (fig.)* Wunschliste, *die;* ~ **mall** *n. (Amer.)* Einkaufszentrum, *das;* ~ **street** *n.* Geschäftsstraße, *die;* ~ **trolley** *n.* Einkaufswagen, *der*

**shop: ~-soiled** *adj. (Brit.) (slightly damaged)* leicht beschädigt; *(slightly dirty)* angeschmutzt; **~-steward** *n.* [gewerkschaftlicher] Vertrauensmann; **~-talk** *n., no pl.* Fachsimpelei, *die (ugs.);* **~walker** *n. (Brit.)* ≈ Abteilungsleiter, *der*/-leiterin, *die;* **~-'window** *n.* Schaufenster, *das;* **~-worn** *see* **~-soiled**

[1]**shore** [ʃɔ:(r)] *n.* Ufer, *das; (coast)* Küste, *die; (beach)* Strand, *der;* **on the ~:** am Ufer/an der Küste/am Strand; **on the ~[s] of Lake Garda** am Ufer des Gardasees; **off ~:** vor der Küste; **a mile off [the] ~:** eine Meile vom Ufer entfernt/vor der Küste/vom Strand entfernt; **be on ~** ⟨*Seemann:*⟩ an Land sein; **these ~s** dieses Land; diese Gestade *(dichter.)*

[2]**shore 1.** *n. (prop, beam)* Stützbalken, *der;* Stütze, *die.* **2.** *v. t. (support)* abstützen ⟨*Tunnel*⟩

~ **'up** *v. t. (support)* abstützen ⟨*Mauer, Haus*⟩; *(fig.)* stützen ⟨*Währung, Wirtschaft*⟩

**shore: ~-based** ['ʃɔ:beɪst] *adj.* landgestützt ⟨*Rakete*⟩; **~ leave** *n. (Naut.)* Landurlaub, *der;* **~-line** *n. (Geog.)* Uferlinie, *die*

**shoring** ['ʃɔ:rɪŋ] *n.* Abstützung, *die*

**shorn** *see* **shear 1, 2**

**short** [ʃɔ:t] **1.** *adj.* **a)** kurz; **a ~ time *or* while ago/later** vor kurzem/kurze Zeit später; **for a ~ time *or* while** eine kleine Weile; ein [kleines] Weilchen; **a ~ time before he left** kurz bevor er ging; **a ~ time *or* while before/after sth.** kurz vor/nach etw. *(Dat.);* **in a ~ time *or* while** *(soon)* bald; in Kürze; **within a ~ [space of] time** innerhalb kurzer Zeit; **a few ~ years of happiness** einige wenige Jahre des Glücks; **in the ~ run *or* term** kurzfristig; kurzzeitig; **there is only a ~ haul ahead of us** *(fig.)* wir haben es bald geschafft; **wear one's hair/skirts ~:** seine Haare kurz tragen/kurze Röcke tragen; **be ~ in the arm/leg** ⟨*Person:*⟩ kurzarmig/kurzbeinig sein; ⟨*Kleidungsstück:*⟩ im Arm/Bein kurz sein; **have/get sb. by the ~ hairs *or (sl.)* by the ~ and curlies** jmdn. in der Hand haben/in die Hand kriegen *(ugs.);* **~ back and sides** kurzer Haarschnitt; **make ~ work of sb./sth.** mit jmdm./etw. kurzen Prozeß machen *(ugs.);* **he made ~ work of the puzzle** er hatte das Rätsel im Handumdrehen gelöst; *see also* **neck 1 b; notice 1 b; range 1 d; shrift; straw b; b)** *(not tall)* klein ⟨*Person, Wuchs*⟩; niedrig ⟨*Gebäude, Baum, Schornstein*⟩; **c)** *(not far-reaching)* kurz ⟨*Wurf, Schuß, Gedächtnis*⟩; **take a ~ view of things** kurzsichtig sein; **d)** *(deficient, scanty)* knapp; **be in ~ supply** knapp sein; **good doctors are in ~ supply** gute Ärzte sind rar *od. (ugs.)* sind Mangelware; **give sb. ~ weight** jmdn. beim Abwiegen übervorteilen; *(inadvertently)* sich zu jmds. Ungunsten beim Abwiegen versehen; **be [far/not far] ~ of a record** einen Rekord [bei weitem] nicht erreichen/[knapp] verfehlen; **his jump was 4 cm. ~ of the record** sein Sprung verfehlte den Rekord um 4 cm; **sb./sth. is so much/so many ~:** jmdm./einer Sache fehlt soundsoviel/fehlen soundsoviele; **sb. is ~ of sth.** jmdm. fehlt es an etw. *(Dat.);* **he is [rather] ~ on talent** er ist nicht besonders talentiert; **time is getting/is ~:** die Zeit wird/ist knapp; **the poor harvest has left them ~ of food** wegen der schlechten Ernte fehlt es ihnen an Nahrung; **don't leave yourself ~ [of money/food]** paß auf, daß du selbst noch genug [Geld/zu essen] hast; **keep sb. ~ [of sth.]** jmdn. [mit etw.] kurzhalten; **[have to] go ~ [of sth.]** [an etw. *(Dat.)*] Mangel leiden [müssen]; **she is ~ of milk today** sie hat heute nicht genug Milch; **the firm is ~ of staff** die Firma hat zu wenig Arbeitskräfte; **be ~ [of cash]** knapp [bei Kasse] sein *(ugs.);* **be ~ of sth.** ⟨*Preis, Temperatur, Leistung usw.:*⟩ unter etw. *(Dat.)* liegen; **he is just ~ of six feet/not far ~ of 60** er ist knapp sechs Fuß [groß]/sechzig [Jahre alt]; **a few inches ~ of the line** nur wenige Zoll vor der Linie; **she is three months ~ of retirement** sie steht 3 Monate vor ihrer Pensionierung; **be still far ~ of one's target** von seinem Ziel noch weit entfernt sein; **his behaviour has been little *or* not far ~ of criminal** sein Verhalten war beinahe kriminell; **if it was not fraud, it was not far ~ of it** wenn es auch kein ausgesprochener Betrug war, so war es doch nicht weit davon entfernt; **it is nothing ~ of miraculous** es ist ein ausgesprochenes Wunder; *see also* **hundredweight c; measure 1 a; ration 1 a; run 2 l; ton a; e)** *(brief, concise)* kurz; **a ~ history of Wales** eine kurzgefaßte Geschichte von Wales; **the ~ answer is ...:** um es kurz zu machen: die Antwort ist ...; **~ and sweet** *(iron.)* kurz und schmerzlos *(ugs.);* **~ and to the point** kurz und geradeheraus *(ugs.) od.* direkt; **something ~** *(drink)* ein Schnaps; **in ~, ...:** kurz, ... ; **his name is Robert, [but he is called] Bob for ~:** er heißt Robert, [wird aber] kurz Bob [genannt]; **Dick is ~ for Richard** Dick ist eine Kurzform von Richard *od.* kurz für Richard; **f)** *(curt, uncivil)* kurz angebunden; barsch; **g)** *(Cookery)* mürbe ⟨*Teig*⟩; **h)** *(Pros., Phonet.)* kurz; **i)** *(St. Exch.)* **~ sale** Leerverkauf, *der;* **make a ~ sale** fixen; **sell sth. ~:** etw. leer verkaufen; **sell oneself ~** *(fig.)* sein Licht unter den Scheffel stellen; **sell sb./sth. ~** *(fig.)* jmdn./etw. unterschätzen; **j)** *(Cricket) relativ nahe beim Schlagmann [stehend];* **~ ball** kurzer Ball; **k)** *(cards)* **~ suit** kurze Farbe. **2.** *adv.* **a)** *(abruptly)* plötzlich; **stop ~:** plötzlich abbrechen; ⟨*Musik, Gespräch:*⟩ jäh *(geh.)* abbrechen; **stop ~ at sth.** über etw. *(Akk.)* nicht hinausgehen; **stop sb. ~:** jmdm. ins Wort fallen; **pull up ~:** plötzlich anhalten; **bring *or* pull sb. up ~:** jmdn. stutzen lassen; *see also* **cut 1 c; b)** *(curtly)* kurz angebunden; barsch; **c)** *(before the expected place or time)* **jump/land ~:** zu kurz springen/zu früh landen *(ugs.);* **~ of sth.** vor etw. *(Dat.);* **stop ~ of the line** vor der Linie stehen-/liegenbleiben; **the bomb dropped/landed ~ [of its target]** die Bombe fiel vor das/landete *(ugs.)* vor dem Ziel; **fall *or* come ~** *(fig.)* ⟨*Leistung, Vorstellung usw.:*⟩ enttäuschen; **fall *or* come [far/considerably] ~ of sth.** etw. [bei weitem] nicht erreichen; **stop ~ of sth.** *(fig.)* vor etw. zurückschrecken; **stop ~ of doing sth.** davor zurückschrecken, etw. zu tun; **be caught *or* taken ~** *(at a disadvantage)* in Bedrängnis geraten; *(coll.: need to go to toilet)* plötzlich dringend müssen *(fam.);* **d) nothing ~ of a catastrophe/miracle can ...:** nur eine Katastrophe/ein Wunder kann ...; **~ of locking him in, how can I keep him from going out?** wie kann ich ihn daran hindern auszugehen – es sei denn ich schlösse ihn ein? **3.** *n.* **a)** *(Electr. coll.)* Kurze, *der (ugs.);* **b)** *(coll.: drink)* Schnaps, *der (ugs.);* **c)** *(Cinemat.)* Kurzfilm, *der. See also* [1]**long 2 b; shorts. 4.** *v. t. (Electr. coll.)* kurzschließen. **5.** *v. i. (Electr. coll.)* einen Kurzschluß kriegen *(ugs.)*

**shortage** ['ʃɔ:tɪdʒ] *n.* Mangel, *der* (**of** an + *Dat.*); **~ of fruit/teachers** Obstknappheit, *die*/Lehrermangel, *der*

**short: ~bread** *n.* Shortbread, *das; Keks aus Butterteig;* **~cake** *n.* **a)** *see* **~bread; b)** *(cake served with fruit) Obstkuchen mit Mürbeteigboden;* **a strawberry ~cake** ein Erdbeerkuchen aus Mürbeteig; **~-'change** *v. t.* zu wenig [Wechselgeld] herausgeben (+ *Dat.*); *(fig.)* übers Ohr hauen *(ugs.);* prellen; ~ **'circuit** *n. (Electr.)* Kurzschluß, *der;* **~-'circuit** *(Electr.)* **1.** *v. t.* kurzschließen; *(fig.)* umgehen; **2.** *v. i.* einen Kurzschluß bekommen; **~coming** *n., usu. in pl.* Unzulänglichkeit, *die;* **he has only one**

~**coming** er hat nur einen Fehler; ~ '**commons** *n. pl.* **be on ~ commons** zu wenig zu essen haben; ~ '**cut** *n.* Abkürzung, *die;* **take a ~ cut** *(lit. or fig.)* eine Abkürzung machen; **be a ~ cut to sth.** *(fig.)* den Weg zu etw. abkürzen; **there is no ~ cut to success** *(fig.)* der Weg zum Erfolg läßt sich nicht abkürzen; ~ **division** *see* **division g;** ~ '**drink** *n.* hochprozentiges Getränk; **have a ~ drink** etwas Hochprozentiges trinken

**shorten** ['ʃɔ:tn] **1.** *v. i.* **a)** *(become shorter)* kürzer werden; **b)** *(decrease)* sich verkleinern; ‹*Preis, Gewinnquote:*› sinken. **2.** *v. t.* **a)** *(make shorter)* kürzen; *(curtail)* verkürzen ‹*Besuch, Wartezeit, Inkubationszeit*›; **b)** *(decrease)* senken; reduzieren; ~ **sail** *(Naut.)* die Segel reffen; **c)** *(Cookery)* mürbe machen

**shortening** ['ʃɔ:tnɪŋ] *n.* **a)** *(making shorter)* [Ver]kürzung, *die; (growing shorter)* Kürzerwerden, *das;* **b)** *(Cookery)* Ziehfett, *das (zum Mürbemachen des Teigs)*

**short:** ~**fall** *n.* Fehlmenge, *die; (in budget, financial resources)* Defizit, *das;* ~-**haired** *adj.* kurzhaarig; ~**hand** *n.* Kurzschrift, *die;* Stenographie, *die;* **write ~hand** stenographieren; **~hand writer** Stenograph, *der*/ Stenographin, *die;* **that's ~hand for ...** *(fig.)* das ist eine Kurzformel für ...; *see also* **typist;** ~-**handed** [ʃɔ:t'hændɪd] *adj.* zu klein ‹*Team*›; **we are terribly ~-handed** wir haben furchtbar wenig Leute; ~ **haul** *n.* Kurzstreckentransport, *der;* [Güter]nahtransport, *der;* ~-**haul** *adj.* Kurzstrecken‹*flug, -flugzeug*›; ‹*Lastwagen, Bus*› für den Nahverkehr; **~-haul route** Kurzstrecke, *die;* **~-haul transport** Güternahverkehr, *der;* ~ '**head** *n. (Brit. Horse-racing)* kurzer Kopf *(fachspr.);* **win by a ~ head** mit einem kurzen Kopf Vorsprung gewinnen; **win an election by a ~ head** eine Wahl knapp gewinnen; ~**hold** *adj.* kurzzeitig ‹*Mietverhältnis*›; ~**horn** *n. (Agric.)* Shorthornrind, *das; attrib.* Shorthorn-

**shortie** ['ʃɔ:tɪ] *n. (coll.)* **a)** *see* **shorty a; b)** *(garment)* Shorty, *das;* ~ **night-dress/dress** kurzes Nachthemd/kurzes Kleid

**shortish** ['ʃɔ:tɪʃ] *adj.* ziemlich kurz; ziemlich klein ‹*Person*›

**short:** ~-**legged** *adj.* kurzbeinig; ~ **list** *n. (Brit.)* engere Auswahl; **be on/put sb. on the ~ list** in der engeren Auswahl sein/jmdn. in die engere Auswahl nehmen; ~-**list** *v. t.* in die engere Auswahl nehmen; ~-**lived** ['ʃɔ:tlɪvd] *adj.* kurzlebig

**shortly** ['ʃɔ:tlɪ] *adv.* **a)** *(soon)* in Kürze; gleich *(ugs.);* ~ **before/after sth.** kurz vor/ nach etw.; ~ **before/after arriving, he phoned us** kurz vor/nach seiner Ankunft rief er uns an; *(outside cinema, theatre)* **'coming ~'** „demnächst"; „Voranzeige"; **b)** *(briefly)* kurz; **c)** *(curtly)* kurz angebunden; in barschem Ton

**shortness** ['ʃɔ:tnɪs] *n., no pl.* **a)** *(short extent or duration)* Kürze, *die;* **despite the ~ of his life** trotz seines kurzen Lebens; **b)** *(smallness) (of person)* Kleinheit, *die;* geringe Körpergröße; **c)** *(scarcity, lack)* Knappheit, *die* (**of** an + *Dat.*); ~ **of breath** Kurzatmigkeit; **d)** *(briefness)* Kürze, *die;* **e)** *(curtness)* Barschheit, *die;* **f)** *(of pastry)* Mürbheit, *die*

**short:** ~ '**odds** *n. pl. (Racing, also fig.)* **it's/I would give you ~ odds on X winning** es ist so gut wie sicher, daß X gewinnt; ~ '**order** *n. (Amer.)* **a)** *(for food)* Schnellgericht, *das;* **b) in ~ order** auf der Stelle; ~-**order** *adj. (Amer.)* Schnell-; **~-order counter** Selbstbedienungsbüffet, *das;* ~ '**pastry** *n. (Cookery)* Mürbeteig, *der;* ~-**range** *adj.* **a)** *(with ~ range)* Kurzstrecken-; **b)** *(relating to ~ future period)* kurzfristig

**shorts** [ʃɔ:ts] *n. pl.* **a)** *(trousers)* kurze Hose[n]; Shorts *Pl.; (in sports)* Sporthose, *die;* **football ~:** Fußballshorts; **b)** *(Amer.: underpants)* Unterhose, *die*

**short:** ~ '**sight** *n., no pl., no art.* Kurzsichtigkeit, *die;* **have ~ sight** kurzsichtig sein; ~-**sighted** [ʃɔ:t'saɪtɪd] *adj.,* ~-**sightedly** [ʃɔ:t'saɪtɪdlɪ] *adv. (lit. or fig.)* kurzsichtig; ~-**sightedness** [ʃɔ:t'saɪtɪdnɪs] *n., no pl. (lit. or fig.)* Kurzsichtigkeit, *die;* ~-**sleeved** ['ʃɔ:tsli:vd] *adj.* kurzärm[e]lig; ~ '**sleeves** *n. pl.* kurze Ärmel; ~-**staffed** [ʃɔ:t'stɑ:ft] *adj.* **be [very] ~-staffed** [viel] zu wenig Personal haben; ~ **stop** *n. (Baseball)* **a)** *no pl., no art. (position)* Shortstopposition, *die;* **b)** *(player)* Shortstop, *der;* ~ '**story** *n. (Lit.)* Short story, *die;* Kurzgeschichte, *die;* **short ~ story** Short short story, *die;* ~ '**suit** *n. (Cards)* kurze Farbe; **have a ~ suit in hearts** wenig Herz haben; ~ '**temper** *n.* aufbrausendes *od.* cholerisches Temperament; **have a ~ temper** aufbrausend *od.* cholerisch sein; ~-'**tempered** *adj.* aufbrausend; cholerisch; **be ~-tempered with sb.** ungehalten zu jmdm. sein; ~-**term** *adj.* kurzfristig; *(provisional)* vorläufig ‹*Lösung, Antwort*›; ~ '**time** *n. (Industry)* Kurzarbeit, *die;* **be on** *or* **work ~ time** kurzarbeiten; ~-**time** *adj.* **~-time working** Kurzarbeit, *die;* ~ '**title** *n.* Kurztitel, *der;* ~ '**trousers** *n. pl.* kurze Hose[n]; ~ '**wave** *n. (Radio)* Kurzwelle, *die;* ~-**wave** *adj. (Radio)* Kurzwellen-; ~-**winded** [ʃɔ:t'wɪndɪd] *adj.* kurzatmig

**shorty** ['ʃɔ:tɪ] *n. (coll.)* **a)** *(person)* Kleine, *der/die (ugs.);* **he/she is a ~:** er ist so'n Kleiner/sie ist so'ne Kleine *(ugs.);* **b)** *see* **shortie b**

**shot** [ʃɒt] **1.** *n.* **a)** *pl. same (single projectile for cannon or gun)* Geschoß, *das;* Kugel, *die (ugs.); collect.* Munition, *die;* **b)** *(Athletics)* Kugel, *die;* **put the ~:** die Kugel stoßen; kugelstoßen; **[putting] the ~:** Kugelstoßen, *das;* **c)** *pl. same (lead pellet)* [Schrot]kugel, *die; collect.* Schrot, *der od. das; see also* **lead shot; d)** *(discharge of gun)* Schuß, *der; (firing of rocket)* Abschuß, *der;* Start, *der;* **the ~ had gone home** *(fig.)* das hatte gesessen *(ugs.);* **fire a ~ [at sb./sth.]** einen Schuß [auf jmdn./etw.] abgeben; **like a ~** *(fig.)* wie der Blitz *(ugs.);* **I'd do it like a ~:** ich würde es auf der Stelle tun; **call the ~s** *(fig.)* das Sagen haben *(ugs.);* **let sb. call the ~s** nach jmds. Pfeife tanzen *(ugs.);* **have a ~ at sth./at doing sth.** *(fig.)* etw. versuchen/versuchen, etw. zu tun; **the answer is not correct, but it is a good ~:** die Antwort ist nicht richtig, aber es war [für den Anfang] schon ganz gut *(ugs.); see also* **dark 2c; long shot; Parthian shot; parting 2; snap shot; e)** *(Sport: stroke, kick, throw)* Schuß, *der; (Archery, Shooting)* Schuß, *der;* **f)** *(Photog.)* Aufnahme, *die; (Cinemat.)* Einstellung, *die;* **do** *or* **film interior/exterior/ location ~s** *(Cinemat.)* Innenaufnahmen machen/Außenaufnahmen machen/am Originalschauplatz drehen; **out of/in ~** *(Photog.)* außerhalb des Bildes/im Bild; **g)** *(person who shoots in specified way)* Schütze, *der;* **h)** *(injection)* Spritze, *die; (of drug)* Schuß, *der (Jargon);* **be a ~ in the arm for sb./sth.** *(fig.)* jmdm./einer Sache Aufschwung geben; **i)** *(coll.: dram of spirits)* Schluck, *der (fig.);* **a ~ of whisky/rum** *etc.* ein Schluck Whisky/Rum *usw..* **2.** *v. t. & i. see* **shoot 1, 2. 3.** *adj.* **a)** *(iridescent)* durchschossen; ~ **[through] with sth.** mit etw. durchschossen; **hair ~ with grey** graumeliertes Haar; **b) get ~ of sb./sth.** *(sl.)* jmdn./ etw. loswerden; **I wish I could get ~ of him** ich würde ihn am liebsten auf den Mond schießen *(salopp);* **c)** *(sl.)* **be ~** *(exhausted, finished)* im Eimer sein *(salopp);* **my nerves are ~ [to pieces]** ich bin mit den Nerven [völlig] fertig *(ugs.)*

**shot:** ~-**blasting** ['ʃɒtblɑ:stɪŋ] *n.* Kugelstrahlen, *das (Technik);* ~-**firer** ['ʃɒtfaɪərə(r)] *n.* Sprengmeister, *der;* Schießmeister, *der;* ~**gun** *n.* [Schrot]flinte, *die;* **~gun wedding/marriage** *(fig. coll.)* Mußheirat/Mußehe, *die (ugs.);* ~-**put** *n., no pl., no indef. art. (Athletics)* Kugelstoßen, *das;* ~-**putter** ['ʃɒtpʊtə(r)] *n. (Athletics)* Kugelstoßer, *der*/-stoßerin, *die*

**should** *see* **shall**

**shoulder** ['ʃəʊldə(r)] **1.** *n.* **a)** Schulter, *die;* **~ to ~** *(lit. or fig.)* Schulter an Schulter; **put** *or* **set one's ~ to the wheel** *(fig.)* sich ins Geschirr legen; **straight from the ~** *(fig.)* unverblümt; **cry on sb.'s ~** *(fig.)* sich bei jmdm. ausweinen; *see also* **chip 1a; cold shoulder; head 1a; rub 1a; b)** *in pl. (upper part of back)* Schultern *Pl.; (of garment)* Schulterpartie, *die;* **lie** *or* **rest/fall on sb.'s ~s** *(fig.)* auf jmds. Schultern *(Dat.)* lasten/ jmdm. aufgebürdet werden; **he has broad ~s** *(fig.: is able to take responsibility)* er hat einen breiten Rücken; **have** *or* **be an old head on young ~s** *(fig.)* reif für sein Alter sein; **have a good head on one's ~s** *(fig.)* Köpfchen haben *(ugs.);* **c)** *see* ~-**joint a; d)** *(Gastr.)* Bug, *der;* Schulter, *die;* **~ of lamb/veal** Lamm-/Kalbsschulter, *die;* **e)** *(Road Constr.)* Randstreifen, *der;* Seitenstreifen, *der; see also* **hard shoulder. 2.** *v. t.* **a)** *(push with ~)* rempeln; **~ one's way through the crowd** sich rempelnd einen Weg durch die Menge bahnen; **b)** *(take on one's ~s)* schultern; *(fig.)* übernehmen ‹*Verantwortung, Aufgabe*›; auf sich *(Akk.)* nehmen ‹*Schuld, Bürde*›; **~ arms** *(Mil.)* das Gewehr schultern

~ **a'side** *v. t.* beiseite rempeln; *(fig.)* beiseite schieben

**shoulder:** ~-**bag** *n.* Umhängetasche, *die;* ~-**belt** *n.* Schulterband, *das;* ~-**blade** *n.* Schulterblatt, *das*

-**shouldered** ['ʃəʊldəd] *adj. in comb.* -schult[e]rig; **square-/straight-~:** mit eckigen/geraden Schultern *nachgestellt*

**shoulder:** ~-**high 1.** ['---] *adj.* schulterhoch; **2.** [--'-] *adv.* **lift/carry sb. ~-high** jmdn. auf die Schultern heben/auf den Schultern tragen; **they carried him through the streets, ~-high** sie trugen ihn auf den Schultern durch die Straßen; ~-**holster** *n.* Schulterhalfter, *die;* ~-**joint** *n.* **a)** *(Anat.)* Schultergelenk, *das;* **b)** *(Gastr.)* Schulterstück, *das;* Bugstück, *das;* ~-**length** *adj.* schulterlang; ~-**pad** *n.* Schulterpolster, *das;* ~-**strap** *n.* **a)** *(on ~ of garment)* Schulterklappe, *die;* **b)** *(on bag)* Tragriemen, *der; (suspending a garment)* Träger, *der*

**shouldn't** ['ʃʊdnt] *(coll.)* = **should not;** *see* **shall**

**shout** [ʃaʊt] **1.** *n.* **a)** Ruf, *der; (inarticulate)* Schrei, *der;* **warning ~, ~ of alarm** Warnruf, *der*/-schrei, *der;* **~ of joy/rage** Freuden-/ Wutschrei, *der;* **~ of encouragement/approval** Anfeuerungs-/Beifallsruf, *der;* **give sb. a ~:** jmdn. rufen; *(fig. coll.: let sb. know)* jmdm. Bescheid sagen; **b)** *(coll.: turn to pay for drinks)* Runde, *die;* **stand sb. a ~:** jmdm. einen ausgeben *(ugs.).* **2.** *v. i.* **a)** schreien; **~ with laughter/pain** vor Lachen/Schmerzen schreien; **~ with** *or* **for joy** vor Freude schreien; **~ at sb.** *(be loudly abusive to sb.)* jmdn. anschreien; **you don't have to ~ [at me] – I can hear you** Du brauchst nicht zu schreien. Ich höre dich auch so; **don't ~!** schrei nicht so!; **she ~ed for him to come** sie schrie *od.* rief, er solle kommen; **he ~ed to me to be careful/help him** er schrie *od.* rief mir zu, ich solle vorsichtig sein/ihm helfen; **~ for sb./sth.** nach jmdm./etw. schreien; **~ for help** um Hilfe schreien *od.* rufen; **it's nothing to ~ about** *(fig.)* darauf braucht er/ sie/man *usw.* sich *(Dat.)* nichts einzubilden; **b)** *(Austral. and NZ coll.: stand drinks etc.)* einen ausgeben *(ugs.)* (**for** *Dat.*). **3.** *v. t.* **a)** schreien; **~ abuse** pöbeln; **~ oneself hoarse** sich heiser schreien; **b)** *(Austral. and NZ coll.)* **~ a beer for sb., ~ sb. to a beer** jmdm. ein Bier ausgeben *(ugs.)*

~ '**down** *v. t.* **a)** runterrufen; **b)** ~ **sb. down** *(prevent from being heard)* jmdn. niederschreien

~ '**out 1.** *v. i.* aufschreien; **if you know the answer, don't ~ out – wait till ...:** wenn ihr die Antwort wißt, schreit nicht einfach los – wartet, bis ... **2.** *v. t.* [laut] rufen; schreien

**shouting** ['ʃaʊtɪŋ] **1.** *adj.* schreiend. **2.** *n. (act of shouting)* Schreien, *das; Schreierei, die (abwertend); (shouts)* Geschrei, *das;* **it's all over but** *or* **bar the** ~ *(fig.)* das Rennen ist im Grunde schon gelaufen *(ugs.)*

**shove** [ʃʌv] **1.** *n.* Stoß, *der;* **little ~:** Schubs, *der (ugs.);* **a ~ with one's foot** ein Tritt [mit dem Fuß]; ein Fußtritt; **get the** ~ *(coll.)* rausfliegen *(ugs.);* **give sb. the** ~ *(coll.)* jmdn. rausschmeißen *(ugs.).* **2.** *v. t.* **a)** stoßen; schubsen *(ugs.);* **b)** *(use force to propel)* schieben; **c)** *(coll.: put)* tun. *See also* **throat a. 3.** *v. i.* drängen; drängeln *(ugs.);* ~ **past the vehicles/through the crowd** *(coll.)* sich an den Fahrzeugen vorbei/durch die Menge drängeln *(ugs.). See also* **push 2a, 3d**

~ **a'bout** *see* ~ **around**

~ **a'long** *(coll.)* **1.** *v. t.* schieben. **2.** *v. i.* sich vorwärtsschieben; *(fig. sl.: depart)* abschieben *(ugs.)*

~ **a'round** *v. t. (coll.)* herumschieben; *(fig.)* herumschubsen *(ugs.)*

~ **a'way** *v. t. (coll.)* wegschubsen *(ugs.)*

~ '**off 1.** *v. t. (coll.)* **a)** *(away)* wegschubsen *(ugs.);* **b)** *(down)* runterschubsen *(ugs.).* **2.** *v. i.* **a)** *(coll.: move boat from shore)* abstoßen; **b)** *(sl.: depart)* abschieben *(ugs.)*

~ '**over** *(coll.)* **1.** *v. t.* rüberschieben *(ugs.).* **2.** *v. i.* rüberrücken *(ugs.)*

~ '**past** *v. i. (coll.)* sich vorbeidrängeln *od.* -quetschen *(ugs.)*

**shove-'halfpenny** *n. Spiel, bei dem Münzen in die Felder des Spielbretts gestoßen werden müssen*

**shovel** ['ʃʌvl] **1.** *n.* **a)** *(implement, part of machine)* Schaufel, *die; (machine)* Bagger, *der; see also* **spade a; b)** *(quantity) see* **shovelful. 2.** *v. t., (Brit.)* **-ll- a)** schaufeln; **b)** *(fig.)* ~ **food into one's mouth** Essen in sich reinschaufeln *od.* -stopfen *(ugs.)*

**shovelful** ['ʃʌvlfʊl] *n.* **a ~ of earth** *etc.* eine Schaufel Erde *usw.;* **~s of earth** schaufelweise Erde

**show** [ʃəʊ] **1.** *n.* **a)** *(act of making visible)* Zeigen, *das;* **without any ~ of anger/emotion/grief** ohne jedes Zeichen des Ärgers/von Gefühl/der Trauer; **~ of generosity** Geste der Großzügigkeit; **~ of knowledge** Zurschaustellung von Wissen; **make a ~ of sth.** etw. zur Schau stellen; **~ of force/strength** *etc.* Demonstration der Macht/Stärke *usw.;* **b)** *(display)* Pracht, *die; (spectacle, pageant)* Schauspiel, *das (geh.);* **a ~ of flowers/colour** eine Blumen-/Farbenpracht; **the trees make a wonderful ~:** die Bäume entfalten eine wunderbare Pracht; **be on ~:** ausgestellt sein; **put sth. on ~:** etw. ausstellen; **c)** *(exhibition)* Ausstellung, *die;* Schau, *die;* **dog ~:** Hundeschau, *die;* **~ animal** ausgestelltes Tier; **d)** *(entertainment, performance)* Show, *die; (Theatre)* Vorstellung, *die; (Radio, Telev.)* [Unterhaltungs]sendung, *die;* **summer ~:** Sommerprogramm, *das;* **the ~ must go on** die Show geht weiter; *(fig.)* das Leben geht weiter; *see also* **steal 1a; stop 1b; e)** *(coll.: effort)* **that's a very good ~:** das kann sich sehen lassen; **it's a poor ~:** das ist ein schwaches Bild; **put up a good/poor ~:** eine gute/schlechte Figur machen; **good ~!** gut [gemacht]!; **bad** *or* **poor ~!** schwaches Bild!; **f)** *(sl.: undertaking, business)* **it's his ~:** er ist der Boss *(ugs.);* **who is running this ~?** wer ist hier der Boss? *(ugs.);* **give the [whole] ~ away** alles ausquatschen *(salopp); see also* **run 3c; g)** *(outward appearance)* Anschein, *der;* **make a great ~ of friendliness** ungeheuer freundlich tun; **make** *or* **put on a [great] ~ of doing sth.** sich *(Dat.)* [angestrengt] den Anschein geben, etw. zu tun; **she puts on a brave ~ of being able to cope** sie gibt sich *(Dat.)* tapfer den Anschein, als käme sie immer gut zurecht; **h)** *(pomp)* **the pomp and ~ of great State occasions** der Pomp und Prunk großer Staatsakte; **be for ~:** reine Angeberei sein *(ugs.);* **i)** *(Med.: discharge) (at onset of labour) leichte Blutung als erstes Anzeichen der beginnenden Geburt; (at beginning of menstrual period) Vorzeichen der beginnenden Menstruation.* **2.** *v. t., p.p.* **~n** [ʃəʊn] *or* **~ed a)** *(allow or cause to be seen)* zeigen; *(produce)* vorzeigen ‹*Paß, Fahrschein usw.*›; **~ one's cards** *or* **hand** *(Cards)* seine Karten aufdecken; *(fig.: reveal one's intentions)* die Karten auf den Tisch legen; **have nothing/something to ~ for it** [dabei] nichts/etwas zum Vorzeigen haben; *see also* **cause 1c; face 1a; feather 1a; 'flag 1; tooth a; b)** *(reveal, disclose)* zeigen; **~ sb. sth., ~ sth. to sb.** jmdm. etw. zeigen; **~ me an A and I will ~ you a B** jedes A ist ein B; **that dress ~s your petticoat** bei diesem Kleid sieht man deinen Unterrock; **this material does not ~ the dirt** auf diesem Material sieht man den Schmutz nicht; **~ oneself** sich zeigen; **~ itself** *(become visible)* zum Vorschein kommen; *(reveal itself)* sich zeigen; erkennbar sein; **~ itself at its best/in all its glory** sich von der besten Seite/in all seiner Herrlichkeit zeigen; **the task has been ~n to be difficult** die Aufgabe hat sich als schwierig erwiesen; **this episode ~s him to be honest/a liar** dieser Vorfall zeigt, daß er ehrlich/ein Lügner ist; **~ oneself/itself to be sth.** sich als etw. erweisen; *see also* **'heel 1a; colour 1h; sign 1e; c)** *(manifest, give evidence of)* zeigen; beweisen ‹*Mut, Entschlossenheit, Urteilsvermögen usw.*›; **~ hesitation** zaudern; **he is ~ing his age** man sieht ihm sein Alter an; *see also* **fight 3c; mettle a; willing 2; d) ~ [sb.] kindness/mercy** freundlich [zu jmdm.] sein/Erbarmen [mit jmdm.] haben; **~ mercy on** *or* **to sb.** Erbarmen mit jmdm. haben; **e)** *(indicate)* zeigen ‹*Gefühl, Freude usw.*›; ‹*Thermometer, Uhr usw.:*› anzeigen; **as ~n in the illustration** wie die Abbildung zeigt; **the frontiers are ~n by a blue line/towns are ~n in red** die Grenzen sind durch eine blaue Linie/Städte sind rot gekennzeichnet; **the accounts ~ a profit** die Bücher weisen einen Gewinn aus; **the firm ~s a profit/loss** die Firma macht Gewinn/Verlust; **f)** *(offer for viewing)* zeigen; *(exhibit in a show)* ausstellen; **g)** *(demonstrate, prove)* zeigen; **~ sb. that ...:** jmdm. beweisen, daß ...; **it all/just goes to ~ that ...:** das beweist nur, daß ...; **it all goes to ~, doesn't it?** das beweist es doch, oder?; **I'll ~ you/him** *etc.***!** ich werd's dir/ihm *usw.* schon zeigen!; **~ sb. who's boss** jmdm. zeigen, wer das Sagen hat; *see also* **door; h)** *(conduct)* führen; **~ sb. over the house/to his place** jmdn. durchs Haus/an seinen Platz führen. **3.** *v. i., p.p.* **~n** *or* **~ed a)** *(be visible)* sichtbar *od.* zu sehen sein; *(come into sight)* sich zeigen; zum Vorschein kommen; **he was angry/bored, and it ~ed** er war wütend/langweilte sich, und man sah es [ihm an]; **his age is beginning to ~:** man sieht ihm sein Alter allmählich an; **your slip is ~ing** dein Unterrock guckt raus; **b)** *(coll.: arrive)* sich blicken lassen *(ugs.);* auftauchen; **c)** *(be ~n)* ‹*Film:*› laufen; ‹*Künstler:*› ausstellen; **'Gandhi' – now ~ing in the West End** „Gandhi" – Jetzt im West End; **d)** *(make sth. known)* **time will ~:** man wird es [ja] sehen; **only time will ~:** das wird sich erst im Laufe der Zeit herausstellen; **e)** *(Amer. Horse-racing)* sich [unter den ersten drei] plazieren

~ '**in** *v. t.* hineinführen/hereinführen

~ '**off 1.** *v. t.* **a)** *(display)* ~ **sth./sb. off** etw./jmdn. vorführen *od.* vorzeigen; *(in order to impress)* mit etw./jmdm. prahlen *od. (ugs.)* angeben; **b)** *(display to advantage)* zur Geltung bringen. **2.** *v. i.* angeben *(ugs.);* prahlen; *see also* **show-off**

~ '**out** *v. t.* hinausführen

~ '**round** *v. t.* herumführen

~ '**through** *v. i.* durchscheinen

~ '**up 1.** *v. t.* **a)** *(conduct upstairs)* hinaufführen/heraufführen; **b)** *(make visible)* deutlich sichtbar machen; aufdecken ‹*Betrug*›; **this incident has ~n him up as** *or* **for a coward** *or* **to be a coward** dieser Vorfall hat gezeigt, daß er [in Wirklichkeit *od.* eigentlich] ein Feigling ist; **c)** *(coll.: embarrass)* blamieren. **2.** *v. i.* **a)** *(be easily visible)* [deutlich] zu sehen *od.* erkennen sein; *(fig.)* sich zeigen; **it will not ~ up on the photocopy** das kommt auf der Photokopie nicht heraus; **b)** *(coll.: arrive)* sich blicken lassen *(ugs.);* auftauchen

**show: ~ biz** *(sl.),* **~ business** *ns., no pl., no art.* Schaugeschäft, *das;* Showbusineß, *das;* **~-business personalities/connections** Persönlichkeiten aus dem/Verbindungen zum Schaugeschäft *od.* Showbusineß; **~-case** *n.* Vitrine, *die;* Schaukasten, *der; (fig.)* Schaufenster, *das;* **~down** *n. (fig.)* Kraftprobe, *die;* **have a ~down [with sb.]** sich [mit jmdm.] auseinandersetzen

**shower** ['ʃaʊə(r)] **1.** *n.* **a)** Schauer, *der;* **~ of rain/sleet/hail** Regen-/Schneeregen-/Hagelschauer, *der;* **a ~ of confetti/sparks/stones/petals** ein Konfettiregen/Funkenregen/Steinhagel/Regen von Blütenblättern; **a ~ of letters/curses** eine Flut von Briefen/Flüchen; **b)** *(~-bath)* Dusche, *die; attrib.* Dusch-; **have** *or* **take a [cold/quick/daily] ~:** [kalt/schnell/täglich] duschen; **be under the ~:** unter der Dusche stehen; **the ~s** der Duschraum; **c)** *(Amer.: party)* **~ [party]** Geschenkparty, *die (für eine Braut, bei der sie Aussteuergegenstände geschenkt bekommt);* **baby ~:** *Geschenkparty für eine werdende Mutter, bei der sie Babyartikel geschenkt bekommt;* **d)** *(Brit. sl.: contemptible persons)* Sauhaufen, *der (salopp).* **2.** *v. t.* **a) ~ sth. over** *or* **on sb., ~ sb. with sth.** jmdn. mit etw. überschütten; **b)** *(fig.: lavish)* **~ sth. [up]on sb., ~ sb. with sth.** jmdn. mit etw. überhäufen. **3.** *v. i.* **a)** *(fall in ~s)* **~ down [up]on sb.** ‹*Wasser, Konfetti:*› auf jmdn. herabregnen; ‹*Steine, Verwünschungen:*› auf jmdn. niederhageln; **b)** *(have a ~-bath)* duschen

**shower: ~-bath** *n.* Dusche, *die;* **~-cap** *n.* Duschhaube, *die;* **~-curtain** *n.* Duschvorhang, *der;* **~ gel** *n.* Duschgel, *das;* **~-proof** *adj.* [bedingt] regendicht

**showery** ['ʃaʊərɪ] *adj.* **the weather is ~:** es herrscht Schauerwetter; **outlook ~:** weitere Aussichten: schauerartige Regenfälle; **a cold and ~ day** ein kalter Tag mit häufigen Schauern

**show: ~ flat** *n. (Brit.)* Musterwohnung, *die;* **~girl** *n.* Showgirl, *das;* **~ground** *n.* Ausstellungsgelände, *das;* **~ house** *n.* Musterhaus, *das*

**showily** ['ʃəʊɪlɪ] *adv.* angeberisch; **behave ~:** eine Schau machen *(ugs.);* angeben

**showing** ['ʃəʊɪŋ] *n.* **a)** *(of film)* Vorführung, *die; (of television programme)* Sendung, *die;* **at the film's first ~:** bei der Premiere des Films; **b)** *(evidence)* **on this ~:** demnach; **on any ~:** wie man es auch [dreht und] wendet; **on** *or* **by sb.'s own ~:** nach jmds. eigener Darstellung; **on present ~:** wie es sich im Augenblick darstellt; **c)** *(quality of performance)* Leistung, *die;* **make a good/poor** *etc.* **~:** eine gute/schwache *usw.* Leistung zeigen; **on this ~:** bei dieser Leistung

**show: ~-jumper** *n. (Sport)* **a)** *(person)* Springreiter, *der/*-reiterin, *die;* **b)** *(horse)* Springpferd, *das;* **~-jumping** *n. (Sport)* Springreiten, *das;* **~man** ['ʃəʊmən] *n., pl.* **~men** ['ʃəʊmən] **a)** *(proprietor of fairground* *booth etc.)* Schausteller, *der;* **b)** *(person skilled in showmanship)* Showman, *der*

**showmanship** [ˈʃəʊmənʃɪp] *n., no pl.* schauspielerisches Talent; **it's nothing but ~:** es ist reine Schauspielerei

**shown** *see* **show 2, 3**

**show: ~-off** *n.* Aufschneider, *der*/Aufschneiderin, *die;* Angeber, *der*/Angeberin, *die (ugs.);* **don't be such a ~-off** gib nicht so an!; **~-piece** *n.* Renommierstück, *das (geh.); (of exhibition, collection)* Schaustück, *das; (highlight)* Paradestück, *das;* **a real ~-piece** ein richtiges Prachtexemplar *od.* -stück *(ugs.);* **~-place** *n.* Attraktion, *die;* **~room** *n.* Ausstellungsraum, *der;* **~room price** Endverbraucherpreis, *der;* **~-stopper** *n. (coll.)* **be a ~-stopper** Furore machen; **~ trial** *n.* Schauprozeß, *der*

**showy** [ˈʃəʊɪ] *adj.* **a)** *(gaudy, ostentatious)* protzig *(ugs.);* **b)** *(striking)* großartig; prächtig ⟨*Farben*⟩; [farben]prächtig ⟨*Blumen, Blüten*⟩

**shrank** *see* **shrink 1, 2**

**shrapnel** [ˈʃræpnl] *n. (Mil.)* **a)** *(fragments)* Bomben-/Granatsplitter; **piece of ~:** Bomben-/Granatsplitter, *der;* **b)** *(projectile)* Schrapnell, *das; collect.* Schrapnelle

**shred** [ʃred] **1.** *n.* Fetzen, *der;* **without a ~ of clothing on him/her** ohne einen Fetzen [Kleidung] am Leib; **not a ~ of evidence/truth** keine Spur eines Beweises/kein Fünkchen Wahrheit; **cut/tear** *etc.* **sth. to ~s** etw. in Fetzen schneiden/reißen *usw.;* **tear sb.'s reputation to ~s** jmds. Ruf ruinieren; **tear sb.['s character] to ~s** kein gutes Haar an jmdm. lassen; **tear a theory/an argument to ~s** eine Theorie/eine Argumentation zerpflücken; **in ~s** in Fetzen; **our clothes were in ~s** unsere Kleidung war zerfetzt; **sb.'s nerves are in ~s** *(fig.)* jmd. ist mit den Nerven am Ende; **sb.'s reputation is in ~s** jmds. guter Ruf ist ruiniert. **2.** *v. t.,* **-dd-** [im Reißwolf] zerkleinern ⟨*Papier, Textilien*⟩; raspeln ⟨*Gemüse*⟩

**shredder** [ˈʃredə(r)] *n. (for paper, clothes)* Reißwolf, *der; (kitchen aid)* Raspel, *die;* **~ [attachment]** Schnitzelwerk, *das*

**shrew** [ʃruː] *n.* **a)** *(Zool.)* Spitzmaus, *die;* **b)** *(woman)* Beißzange, *die (salopp)*

**shrewd** [ʃruːd] *adj.* scharfsinnig ⟨*Mensch*⟩; klug ⟨*Entscheidung, Investition, Schritt, Geschäftsmann*⟩; genau ⟨*Schätzung, Einschätzung*⟩; treffsicher ⟨*Urteilsvermögen*⟩; **I had a pretty ~ idea** *or* **suspicion what his next move would be** mir war ziemlich klar, was er als nächstes tun würde; **have a ~ mind** scharfsinnig sein

**shrewdly** [ˈʃruːdlɪ] *adv.* klug; **he ~ decided to take the job** er entschloß sich klugerweise dazu, die Stelle anzunehmen

**shrewdness** [ˈʃruːdnɪs] *n., no pl. see* **shrewd:** Scharfsinnigkeit, *die;* Klugheit, *die;* Genauigkeit, *die* Treffsicherheit, *die*

**shrewish** [ˈʃruːɪʃ] *adj.,* **shrewishly** [ˈʃruːɪʃlɪ] *adv.* zänkisch

**'shrew-mouse** *see* **shrew a**

**shriek** [ʃriːk] **1.** *n.* **a)** *(shrill cry)* [Auf]schrei, *der;* **give a ~:** [auf]schreien; **give a ~ of horror/fear** *etc.* einen Schrei des Entsetzens/der Angst *usw.* ausstoßen; **there were ~s of laughter from the children** die Kinder kreischten vor Lachen; **b)** *(high-pitched sound)* Kreischen, *das.* **2.** *v. i.* **a)** *(give shrill cry)* [auf]schreien; **~ with horror/fear** *etc.* vor Entsetzen/Angst *usw.* [auf]schreien; **~ [with laughter]** vor Lachen kreischen; **b)** *(make high-pitched sound)* kreischen. **3.** *v. t.* schreien

**~ 'out 1.** *v. i.* aufschreien. **2.** *v. t.* schreien

**shrift** [ʃrɪft] *n.* **give sb. short ~:** jmdn. kurz abfertigen *(ugs.);* **get short ~ [from sb.]** [von jmdm.] kurz abgefertigt werden *(ugs.)*

**shrike** [ʃraɪk] *n. (Ornith.)* Würger, *der*

**shrill** [ʃrɪl] **1.** *adj.* schrill; *(fig.)* lautstark. **2.** *v. i.* schrillen. **3.** *v. t.* gellend schreien

**shrillness** [ˈʃrɪlnɪs] *n., no pl.* Schrillheit, *die*

**shrilly** [ˈʃrɪlɪ] *adv.* schrill; *(fig.)* lautstark ⟨*fordern, protestieren*⟩

**shrimp** [ʃrɪmp] **1.** *n.* **a)** *pl.* **~s** *or* **~** *(Zool.)* Garnele, *die;* Krabbe, *die (ugs.); (Gastr.)* Krabbe, *die; attrib.* Garnelen-/Krabben-; **b)** *(derog.: small person)* Knirps, *der (abwertend).* **2.** *v. i.* Garnelen/Krabben fangen

**shrine** [ʃraɪn] *n.* **a)** *(tomb)* Grab, *das; (casket)* Schrein, *der (veralt.); (casket holding sacred relics)* Reliquienschrein, *der;* **be a sacred ~ of Christendom** ⟨*Altar, Kapelle:*⟩ eines der größten Heiligtümer der Christenheit sein; **b)** *(fig.: place hallowed by memory)* Gedenkstätte, *die;* **~ to sb./sth.** Gedenkstätte für jmdn./etw.

**shrink** [ʃrɪŋk] **1.** *v. i.,* **shrank** [ʃræŋk], **shrunk** [ʃrʌŋk] **a)** *(grow smaller)* schrumpfen; ⟨*Mensch:*⟩ kleiner werden; ⟨*Kleidung, Stoff:*⟩ einlaufen; ⟨*Metall, Holz:*⟩ sich zusammenziehen; **~ to nothing** ⟨*Handel, Einkünfte:*⟩ einen absoluten Tiefststand erreichen; **b)** *(recoil)* sich zusammenkauern; **~ from sb./sth.** vor jmdm. zurückweichen/vor etw. *(Dat.)* zurückschrecken; **~ from doing sth.** sich scheuen, etw. zu tun; *see also* **violet 1 a. 2.** *v. t.,* **shrank, shrunk** sich zusammenziehen lassen ⟨*Metall, Holz*⟩; einlaufen lassen ⟨*Textilien*⟩. **3.** *n.* **a)** *(act)* Schrumpfen, *das; (of fabric)* Einlaufen, *das;* **b)** *(degree) see* **shrinkage b; c)** *(sl.: psychiatrist)* Seelendoktor, *der*

**~ a'way** *v. i.* **a)** *(recoil)* zurückweichen **(from** vor + *Dat.*); **b)** *(grow smaller)* zusammenschrumpfen

**~ 'back** *v. i.* zurückweichen **(from** vor + *Dat.*); **~ back from sth./doing sth.** vor etw. *(Dat.)* zurückschrecken/sich scheuen, etw. zu tun

**shrinkage** [ˈʃrɪŋkɪdʒ] *n.* **a)** *(act) (of clothing, material)* Einlaufen, *das; (of income, trade, etc.)* Rückgang, *der;* **b)** *(degree)* Schrumpfung, *die*

**shrink: ~-proof, ~-resistant** *adjs.* schrumpffrei; **be ~-proof** nicht einlaufen; **~-wrap** *v. t.* in einer Schrumpffolie verpacken

**shrive** [ʃraɪv] *v. t.,* **shrove** [ʃrəʊv], **shriven** [ʃrɪvn] *(RC Ch. arch.)* **~ sb.** jmdm. die Beichte abnehmen

**shrivel** [ˈʃrɪvl] **1.** *v. t., (Brit.)* **-ll-: ~ [up]** schrump[e]lig machen; runzlig machen ⟨*Haut, Gesicht*⟩. **2.** *v. i., (Brit.)* **-ll-: ~ [up]** verschrumpeln; ⟨*Haut, Gesicht:*⟩ runzlig werden; ⟨*Ballon:*⟩ zusammenschrumpfen

**~ up 1.** *v. t. see* **~ 1. 2.** *v. i.* **a)** *see* **~ 2; b)** *(fig.: from fear or nervousness)* verschüchtert werden; **I just wanted to ~ up when ...:** ich wäre am liebsten in den Erdboden versunken, als ...

**shrivelled** (*Amer.:* **shriveled**) [ˈʃrɪvld] *adj.* schrump[e]lig; verschrumpelt; **a ~ old lady** eine verhutzelte alte Frau

**shriven** *see* **shrive**

**shroud** [ʃraʊd] **1.** *n.* **a)** Leichentuch, *das (veralt.);* **b)** *(fig.) (of fog, mystery, etc.)* Schleier, *der; (of snow)* Decke, *die;* **c)** *in pl. (of ship)* Wanten *Pl.; (of parachute)* Fangleine, *die.* **2.** *v. t. (cover and conceal)* einhüllen; **~ sth. in sth.** etw. in etw. *(Akk.)* hüllen; **mystery/uncertainty ~s their fate** ein Geheimnis/Ungewißheit umgibt ihr Schicksal *(geh.)*

**shrove** *see* **shrive**

**Shrove** [ʃrəʊv]: **~-tide** *n.* Fastnacht, *die;* **~ 'Tuesday** *n.* Fastnachtsdienstag, *der*

**shrub** [ʃrʌb] *n.* Strauch, *der*

**shrubbery** [ˈʃrʌbərɪ] *n.* **a)** Gesträuch, *das;* **b)** *(shrubs collectively)* Sträucher

**shrubby** [ˈʃrʌbɪ] *adj.* **a)** *(like a shrub)* strauchartig; **b)** *(covered with shrubs)* mit Strauchwerk bewachsen

**shrug** [ʃrʌg] **1.** *n.* **~ [of one's** *or* **the shoulders]** Achselzucken, *das;* **give a ~ [of one's** *or* **the shoulders]** die/mit den Achseln zucken; **give a ~ of resignation/indifference** *etc.* resigniert/gleichgültig *usw.* mit den Achseln zucken. **2.** *v. t. & i.* **-gg-: ~ [one's shoulders]** die *od.* mit den Achseln zucken

**~ 'off** *v. t.* in den Wind schlagen; **~ sth. off as unimportant** etw. als unwichtig abtun

**shrunk** *see* **shrink 1, 2**

**shrunken** [ˈʃrʌŋkn] *adj.* verhutzelt *(ugs.)* ⟨*Mensch*⟩; schrump[e]lig, verschrumpelt ⟨*Äpfel*⟩; *(fig.)* geschrumpft ⟨*Reserven, Gewinn, Resourcen*⟩; **~ head** Schrumpfkopf, *der*

**shuck** [ʃʌk] *(Amer.)* **1.** *n.* **a)** Schale, *die; (pea-pod)* Hülse, *die;* **b)** *in pl. (slightest amount)* **I don't care ~s about it** es kümmert mich nicht die Bohne *(ugs.);* **~s!** *expr. annoyance, regret* verdammt! *(salopp).* **2.** *v. t.* ausschälen

**shudder** [ˈʃʌdə(r)] **1.** *v. i.* **a)** *(shiver)* zittern **(with** vor + *Dat.*); **sb. ~s to think of sth.** jmdn. schaudert bei dem Gedanken an etw. *(Akk.);* **b)** *(vibrate)* zittern; **~ to a halt** zitternd zum Stehen kommen. **2.** *n.* **a)** *(shivering)* Zittern, *das;* Schauder, *der;* **sb. has/gets the ~s** *(coll.)* jmdn. schaudert; **it gives me the ~s to think of it** *(coll.)* mich schaudert, wenn ich daran denke; **b)** *(vibration)* Zittern, *das;* **a ~ went through the building** das Gebäude erzitterte

**shuffle** [ˈʃʌfl] **1.** *n.* **a)** Schlurfen, *das;* **walk with a ~:** schlurfend gehen; schlurfen; **b)** *(Cards)* Mischen, *das;* **give the cards a [good] ~:** die Karten [gut] mischen; **it is his ~:** er ist an der Reihe zu mischen; er muß mischen; **c)** *(fig.: change)* Umbildung, *die;* **cabinet/ministerial ~:** Kabinettsumbildung, *die;* **d)** *(Dancing) (movement)* Schlurfschritt, *der; (dance) schlurfender Tanz;* ≈ Schleifer, *der.* **2.** *v. t.* **a)** *(rearrange)* umbilden ⟨*Kabinett*⟩; umbesetzen ⟨*Posten*⟩; sortieren ⟨*Schriftstücke usw.*⟩; *(mix up)* durcheinanderbringen; **b)** *(Cards)* mischen; **c) ~ one's feet in embarrassment** verlegen von einem Fuß auf den anderen treten; **he ~s his feet when he walks** er schlurft beim Gehen. **3.** *v. i.* **a)** *(Cards)* mischen; **b)** *(move, walk)* schlurfen; **c)** *(shift one's position)* herumrutschen

**~ a'long** *v. i.* dahinschlurfen

**~ 'off 1.** *v. t.* abstreifen ⟨*Kleidungsstück*⟩; **~ the responsibility off [on to sb.]** die Verantwortung auf jmdn. abwälzen. **2.** *v. i.* wegschlurfen *(ugs.)*

**shuffling** [ˈʃʌflɪŋ] *adj.* schlurfend

**shufti** [ˈʃʊftɪ, ˈʃʌftɪ] *n. (Brit. sl.)* **have a ~ at sth.** sich *(Dat.)* etw. angucken *(ugs.)*

**shun** [ʃʌn] *v. t.,* **-nn-** meiden

**'shun** [ʃʌn] *int. (Brit. Mil.)* stillgestanden!

**shunt** [ʃʌnt] **1.** *v. t.* **a)** *(Railw.)* rangieren; **~ [off]** *(fig.)* abschieben; **b)** *(Electr.)* shunten. **2.** *v. i. (Brit. Railw.)* rangieren. **3.** *n.* **a)** *(Railw.)* Rangieren, *das;* **b)** *(Electr.)* Neben[schluß]widerstand, *der;* Shunt, *der;* **c)** *(Med.)* Shunt, *der;* **d)** *(sl.: collision)* Karambolage, *die (ugs.);* **have a ~:** eine Karambolage haben *(ugs.)*

**shunter** [ˈʃʌntə(r)] *n. (Railw.)* Rangierer, *der*

**shush** [ʃʊʃ] **1.** *int. see* **hush 3. 2.** *v. i.* **a)** *(call for silence)* um Ruhe bitten; **b)** *(be silent)* still *od.* ruhig sein. **3.** *v. t.* zum Schweigen bringen

**shut** [ʃʌt] **1.** *v. t.,* **-tt-, shut a)** zumachen; schließen; **~ sth. to sb./sth.** etw. für jmdn./etw. schließen; **~ a road to traffic** eine Straße für den Verkehr sperren; **the strike ~ the factory for a month** der Streik hat die Fabrik für einen Monat lahmgelegt; **~ the door on sb.** jmdm. die Tür vor der Nase zuschlagen *(ugs.);* **~ the door on sth.** *(fig.)* die Möglichkeit einer Sache *(Gen.)* verbauen; **~ one's eyes to sth.** *(fig.)* seine Augen vor etw. *(Dat.)* verschließen; *(turn a blind eye to sth.)* über etw. *(Akk.)* hinwegsehen; **~ one's ears to sth.** *(fig.)* die Ohren vor etw. *(Dat.*

verschließen; ~ **one's heart to sb./mind to sth.** *(fig.)* sich jmdm./einer Sache verschließen; ~ **your mouth** *or* **trap** *or* **face** *or* **gob** *or* *(Amer.)* **head!** *(sl.: stop talking)* halt den Mund *(ugs.) od.* die Klappe *(salopp) od.* die Fresse *(derb) od.* Schnauze *(derb)!*; ~ **it!** *(sl.: stop talking)* halt die Klappe! *(salopp)*; **b)** *(confine)* ~ **sb./an animal in[to] sth.** jmdn./ein Tier in etw. *(Akk.)* sperren; ~ **oneself in[to] a room** sich in einem Zimmer einschließen; ~ **sth. in a safe** etw. in einen Safe schließen; **c)** *(exclude)* ~ **sb./an animal out of sth.** jmdn./ein Tier aus etw. aussperren; **d)** *(catch)* ~ **one's finger/coat in a door** sich *(Dat.)* den Finger/den Mantel in einer Tür einklemmen; **e)** *(fold up)* schließen, zumachen ⟨*Buch, Hand*⟩; zusammenklappen ⟨*Klappmesser, Fächer*⟩. **2.** *v.i.*, **-tt-**, **shut** schließen; ⟨*Laden:*⟩ schließen, zumachen; ⟨*Blüte:*⟩ sich schließen; **the door/case won't** ~: die Tür/der Koffer geht nicht zu *od.* schließt nicht; **the door** ~ **on/after him** die Tür schloß sich vor/hinter ihm. **3.** *adj.* zu; geschlossen; **bang/kick sth.** ~: etw. zuknallen/mit einem Fußtritt zuschlagen; **bang/swing** ~ ⟨*Tür:*⟩ zuknallen/zufallen; **we are** ~ **for lunch/on Saturdays** wir haben über Mittag/samstags geschlossen *od.* zu; **remain** *or* **stay** ~: geschlossen bleiben; zu bleiben; **keep sth.** ~: etw. geschlossen halten *od.* zu lassen; **be** *or* **get** ~ **of sb./sth.** *(sl.)* = **get shot of sb./sth.** *see* **shot 3 b**

~ **a'way** *v.t.* wegschließen; **keep sth.** ~ **away safely** etw. unter sicherem Verschluß halten

~ **'down 1.** *v.t.* **a)** zumachen, schließen ⟨*Deckel, Fenster*⟩; **b)** *(shut off)* absperren; **c)** *(terminate operation of)* stillegen; abschalten ⟨*Kernreaktor*⟩; einstellen ⟨*Aktivitäten*⟩; *(Radio, Telev.)* einstellen ⟨*Sendebetrieb*⟩; **the strike has** ~ **down the factory/newspaper** der Streik hat die Fabrik lahmgelegt/hat das Erscheinen der Zeitung verhindert. **2.** *v.i. (cease working)* ⟨*Laden, Fabrik:*⟩ geschlossen werden; ⟨*Zeitung, Sendebetrieb:*⟩ eingestellt werden; **the winter resorts/ski-lifts** ~ **down during the summer** die Einrichtungen der Winterkurorte sind im Sommer geschlossen/die Skilifte sind im Sommer außer Betrieb; **the radio/television ~s down after midnight** der Rundfunk/das Fernsehen stellt den Sendebetrieb nach Mitternacht ein; *see also* **shut-down**

~ **'in** *v.t.* **a)** *(keep in)* einschließen; ⟨*Damm:*⟩ zurückhalten ⟨*Wasser*⟩; **b)** *(encircle)* umschließen; **feel** ~ **in** sich eingeschlossen fühlen

~ **'off 1.** *v.t.* **a)** *(stop)* unterbrechen ⟨*Strom, Fluß*⟩; abstellen ⟨*Motor, Maschine, Gerät*⟩; **b)** *(isolate)* absperren; ~ **sb. off from sb./sth.** jmdn. von jmdm./etw. abschneiden; ~ **sb. off from society** jmdn. aus der Gesellschaft ausschließen; ~ **oneself off from sb./sth.** sich gegen jmdn./etw. abkapseln. **2.** *v.i. (stop working)* sich abstellen

~ **'out** *v.t.* **a)** *(keep out)* aussperren; versperren ⟨*Aussicht*⟩; *(exclude from view)* verdecken; *(prevent)* ausschließen ⟨*Gefahr, Möglichkeit*⟩; **the skyscraper/tree ~s out the light** der Wolkenkratzer/Baum nimmt das Licht weg; **b)** *(fig.: exclude)* ~ **sb. out from sth.** jmdn. von etw. ausschließen; ~ **out all thoughts/memories of sb./sth.** alle Gedanken/Erinnerungen an jmdn./etw. beiseite schieben; **c)** *(Amer. Sport)* ~ **sb. out** jmdn. nicht zum Zuge kommen lassen. *See also* **shut-out**

~ **'to 1.** *v.t.* [ganz] schließen. **2.** *v.i.* ⟨*Tür:*⟩ zufallen

~ **'up 1.** *v.t.* **a)** *(close)* abschließen; zuschließen; ~ **up [the/one's] house** das/sein Haus [sicher] abschließen; *see also* **shop 1 b**; **b)** *(put away)* einschließen ⟨*Dokumente, Wertsachen usw.*⟩; einsperren ⟨*Tier, Menschen*⟩; ~ **sth. up in sth.** etw. in etw. *(Akk.)* schließen; ~ **sb. up in an asylum/a prison** jmdn. in eine Anstalt/ein Gefängnis sperren; **c)** *(reduce to silence)* zum Schweigen bringen. **2.** *v.i.* **a)** *(coll.: be quiet)* den Mund halten *(ugs.)*; ~ **up!** halt den Mund! *(ugs.)*; **b)** *(lock up premises)* abschließen

**shut: ~-down** *n.* **a)** *(stoppage)* Schließung, *die; (of newspaper, operations)* Einstellung, *die;* **b)** *(Radio, Telev.)* Sendeschluß, *der; (period)* Sendepause, *die;* **~-eye** *n. (coll.)* Nickerchen, *das (fam.)*; **get** *or* **have a bit** *or* **a spot of ~-eye** ein Nickerchen halten; **~-out** *n.* **a)** *(Amer. Sport)* Zu-null-Spiel, *das;* **b)** *(in industrial dispute) see* **lock-out**

**shutter** ['ʃʌtə(r)] *n.* **a)** Laden, *der; (of window)* Fensterladen, *der;* **put up the ~s** *(fig.: cease business)* zumachen; schließen; **b)** *(Photog.)* Verschluß, *der;* ~ **release** Auslöser, *der;* ~ **setting** [eingestellte] Verschlußzeit, *die;* ~ **speed** Verschlußzeit, *die*

**shuttle** ['ʃʌtl] **1.** *n.* **a)** *(in loom)* [Web]schützen, *der;* Schiffchen, *das; (in sewing-machine)* Schiffchen, *das;* **b)** *(Transport) (service)* Pendelverkehr, *der;* Pendelservice, *der; (bus)* Pendelbus, *der; (aircraft)* Pendelmaschine, *die; (train)* Pendelzug, *der; see also* **space ~**; **c)** *see* **shuttlecock**. **2.** *v.t.* **a)** *(cause to move to and fro)* ~ **sth. backwards and forwards** etw. hin und her schicken; ~ **passengers about** Passagiere hin und her fahren; **b)** *(transport)* im Pendelverkehr transportieren. **3.** *v.i.* pendeln; ~ **backwards and forwards** *or* **to and fro** *or* **back and forth** hin und her pendeln

**shuttle: ~cock** *n.* Federball, *der;* **be tossed backwards and forwards like a ~cock** wie ein Pingpongball hin- und hergehen; **~ diplomacy** *n.* ≈ Reisediplomatie, *die;* **~ service** *n.* Pendelverkehr, *der;* Pendelservice, *der*

[1]**shy** [ʃaɪ] **1.** *adj.*, **~er** *or* **shier** ['ʃaɪə(r)], **~est** *or* **shiest** ['ʃaɪɪst] **a)** scheu; *(diffident)* schüchtern; **don't be** ~: sei nicht [so] schüchtern!; **feel** ~ **about doing sth.** sich genieren, etw. zu tun; **feel** ~ **in sb.'s presence/with sb.** sich in jmds. Gegenwart/bei jmdm. gehemmt fühlen; **be** ~ **of strangers** eine Scheu vor Fremden haben; **be** ~ **of doing sth.** Hemmungen haben, etw. zu tun; *see also* **bite 1**; **fight 1 a**; **b)** *(sl.: short)* **be** ~ **of sth.** knapp mit etw. sein; **he is six months** ~ **of his retirement** ihm fehlt noch ein halbes Jahr, bis er pensioniert wird *(ugs.)*. **2.** *v.i.* scheuen (**at** vor + *Dat.*)

~ **a'way** *v.i.* ~ **away from sth.** ⟨*Pferd:*⟩ vor etw. *(Dat.)* scheuen; ~ **away from sth./doing sth.** *(fig.)* etw. scheuen/sich scheuen, etw. zu tun

[2]**shy 1.** *v.t. (throw)* ~ **sth. at sth./sb.** etw. auf etw./jmdn. schmeißen *(ugs.)*. **2.** *v.i.* schmeißen *(ugs.)* (**at** nach). **3.** *n.* Wurf, *der;* **have a** ~ **at sth.** nach etw. schmeißen *(ugs.)*; *see also* **coconut shy**

**shyly** ['ʃaɪlɪ] *adv.* scheu; *(diffidently)* schüchtern

**shyness** ['ʃaɪnɪs] *n., no pl.* Scheuheit, *die; (diffidence)* Schüchternheit, *die*

**shyster** ['ʃaɪstə(r)] *n. (Amer. coll.)* Ganove, *der; (lawyer)* Winkeladvokat, *der (abwertend)*

**SI** [es'aɪ] *adj. (Phys.)* SI-; **SI units** SI-Einheiten

**si** [si:] *see* **te**

**Siamese** [saɪə'mi:z] **1.** *adj.* siamesisch. **2.** *n., pl. same* **a)** *(Hist.: native of Siam)* Siamese, *der*/Siamesin, *die;* **b)** *(Ling. Hist.) see* **Thai 2 b**; **c)** *(Zool.)* Siamese, *der*

**Siamese: ~ 'cat** *n.* Siamkatze, *die;* **~ 'twins** *n. pl.* siamesische Zwillinge

**Siberia** [saɪ'bɪərɪə] *pr. n.* Sibirien *(das)*

**Siberian** [saɪ'bɪərɪən] **1.** *adj.* sibirisch. **2.** *n.* Sibirjake, *der*/Sibirjakin, *die*

**sibilant** ['sɪbɪlənt] **1.** *adj.* zischend; ~ **sound** *see* **2**. **2.** *n. (Phonet.)* Zischlaut, *der;* Sibilant, *der (fachspr.)*

**sibling** ['sɪblɪŋ] *n. (male)* Bruder, *der; (female)* Schwester, *die; in pl.* Geschwister *Pl.*; *attrib.* Geschwister-

**sibyl** ['sɪbɪl] *n.* Sibylle, *die*

**sic** [sɪk] *adv.* sic

**Sicilian** [sɪ'sɪljən, sɪ'sɪlɪən] **1.** *adj.* sizil[ian]isch. **2.** *n.* Sizilianer, *der*/Sizilianerin, *die*

**Sicily** ['sɪsɪlɪ] *pr. n.* Sizilien *(das)*

**sick** [sɪk] **1.** *adj.* **a)** *(ill)* krank; **mentally** ~: geisteskrank; **be** ~ **with** *or (arch.)* **of sth.** an etw. *(Dat.)* erkrankt sein; etw. haben; **go** ~, **fall** *or (coll.)* **take** ~: krank werden; **be off** ~: krank [gemeldet] sein; *see also* **report 2 b**; **b)** *(Brit.: vomiting or about to vomit)* **be** ~: sich erbrechen; **be** ~ **over sb./sth.** sich über jmdn./etw. erbrechen; **I think I'm going to be** ~: ich glaube, ich muß mich erbrechen *od.* ich muß brechen; **sb. is** ~ **at** *or* **to his/her stomach** *(Amer.)* jmdm. ist [es] schlecht *od.* übel; **a** ~ **feeling** ein Übelkeitsgefühl; **sb. gets/feels** ~: jmdm. wird/ist [es] übel *od.* schlecht; **he felt** ~ **with fear** ihm war vor Angst [ganz] übel; **[as]** ~ **as a cat** *or* **dog** *(coll.)* speiübel; kotzübel *(derb)*; **I get** ~ **in cars** beim Autofahren wird mir immer schlecht; **sth. makes sb.** ~: von etw. wird [es] jmdm. schlecht *od.* übel (*see also* **d**); **c)** *(sickly)* elend ⟨*Aussehen*⟩; leidend ⟨*Blick*⟩; matt ⟨*Lächeln*⟩; ungesund ⟨*Blässe*⟩; **d)** *(fig.)* ~ **at heart** niedergeschlagen; **worried** ~: krank vor Sorgen; **the team was** ~ **at losing** *(coll.)* es hat der Mannschaft schwer zu schaffen gemacht, daß sie verloren hat; **be** ~ **for home** Heimweh haben; **[as]** ~ **as a parrot** *(sl.)* völlig fertig *(ugs.)*; **be/get** ~ **of sb./sth.** jmdn./etw. nicht mehr/allmählich nicht mehr ausstehen können *od.* satt haben/allmählich satt haben; **be** ~ **and tired** *or* ~ **to death of sb./sth.** *(coll.)* von jmdm./etw. die Nase [gestrichen] voll haben *(ugs.)*; **be** ~ **of the sight/sound of sb./sth.** *(coll.)* jmdn./etw. nicht mehr sehen/hören können; **be** ~ **of doing sth.** es satt haben, etw. zu tun; **make sb.** ~ *(disgust)* jmdn. anekeln; *(coll.: make envious)* jmdn. ganz neidisch machen; **look** ~ *(sl.) (be discomfited, upset)* dumm dastehen *(ugs.)*; *(be unimpressive)* ⟨*Leistung, Ergebnis, Bilanz usw.:*⟩ ein schwaches Bild sein *(ugs.)*; ⟨*Aktie, Währung usw.:*⟩ mies stehen *(ugs.)*; ⟨*Firma:*⟩ mies dastehen *(ugs.)* (*see also* **b**); *see also* **enough 2**; **e)** *(deranged)* pervers; *(morally corrupt)* krank ⟨*Gesellschaft*⟩; *(morbid)* makaber ⟨*Witz, Humor, Phantasie*⟩. **2.** *n.* **a)** *pl.* **the** ~: die Kranken; **b)** *(Brit. coll.: vomit)* Erbrochene, *das;* Kotze, *die (salopp)*. **3.** *v.t. (coll.)* ~ **[up]** erbrechen; ausspucken *(ugs.)*

**sick: ~-bay** *see* [3]**bay c**; **~-bed** *n.* Krankenbett, *das;* **~-benefit** *n. (Brit.)* Krankengeld, *das*

**sicken** ['sɪkn] **1.** *v.i.* **a)** *(become ill)* krank werden; erkranken *(geh.)*; **be ~ing for an illness/the measles** *(Brit.)* krank werden/[die] Masern bekommen; **that child is ~ing for something** *(Brit.)* das Kind wird krank *od. (ugs.)* brütet etwas aus; **b)** *(feel nausea or disgust)* ~ **at sth.** sich vor etw. *(Dat.)* ekeln; ~ **of sth./of doing sth.** einer Sache *(Gen.)* überdrüssig sein/es überdrüssig sein, etw. zu tun. **2.** *v.t.* **a)** *(cause to feel ill)* **sth. ~s sb.** bei etw. wird jmdm. übel; **b)** *(disgust)* **you ~/your behaviour ~s me** du widerst mich an/dein Benehmen widert mich an; **doesn't it** ~ **you?** findest du es nicht auch widerlich?

**sickening** ['sɪknɪŋ] *adj.* **a)** ekelerregend; widerlich ⟨*Anblick, Geruch*⟩; **with a** ~ **thud** mit einem entsetzlichen dumpfen Geräusch; **b)** *(coll.: infuriating)* unerträglich; **it's really** ~: es kann einen krank machen

**sickeningly** ['sɪknɪŋlɪ] *adv.* **a)** ekelerregend; **his** ~ **unctuous manner** seine widerliche salbungsvolle Art; **b)** *(coll.: infuriatingly)* unverschämt *(ugs.)*

**sick 'headache** *n.* Migräne, *die*

**sickle** ['sɪkl] *n.* Sichel, *die; see also* **hammer 1 a**

'**sick-leave** *n.* Urlaub wegen Krankheit, *der;* Genesungsurlaub, *der (Milit.);* **be on ~:** ≈ krank geschrieben sein

**sickle:** ~ **cell** *n. (Med.)* Sichelzelle, *die;* **~-cell anaemia** Sichelzellenanämie, *die;* **~-shaped** *adj.* sichelförmig

'**sick-list** *n.* Liste der Kranken, *die;* **on the ~:** krank [gemeldet/geschrieben]

**sickly** ['sɪklɪ] *adj.* **a)** *(ailing)* kränklich; **b)** *(weak, faint)* schwach; matt ‹*Lächeln*›; kraftlos ‹*Sonne*›; fahl ‹*Licht*›; blaß ‹*Hautfarbe, Gesicht*›; **a ~ grey dawn/light** eine fahlgraue Dämmerung/ein fahlgraues Licht; **c)** *(nauseating)* ekelhaft; widerlich; *(mawkish)* süßlich; **~-sweet** ekelhaft süßlich; *(fig.: over-sentimental)* zuckersüß *(abwertend)*

'**sick-making** *adj. (coll.)* **a) sth. is ~:** von etw. wird einem schlecht; **b)** *(fig.: annoying)* unverschämt *(ugs.)*

**sickness** ['sɪknɪs] *n.* **a)** *no art. (being ill)* Krankheit, *die;* **in ~ and in health** in Gesundheit und in Krankheit; *see also* **bed 1 a; benefit 1 b; b)** *(disease; also fig.)* Krankheit, *die;* **childhood ~:** Kinderkrankheit, *die;* **c)** *(nausea)* Übelkeit, *die; (vomiting)* Erbrechen, *das;* **bout of ~:** Anfall von Erbrechen; *see also* **morning sickness**

**sick: ~-nurse** *see* **nurse 1; ~-pay** *n.* Entgeltfortzahlung im Krankheitsfalle; *(paid by insurance)* Krankengeld, *das;* **~-room** *n.* Krankenzimmer, *das*

**side** [saɪd] **1.** *n.* **a)** Seite, *die;* **another car rammed the ~ of ours** ein anderer Wagen rammte unseren an der Seite; **this ~ up** oben; **lie on its ~:** auf der Seite liegen; **put** *or* **lay sth. on its ~:** etw. auf die Seite legen; **over the ~** *(over gunwale of ship/boat)* über Bord *(Akk.);* **lean over the ~** *(Naut.)* sich über die Reling lehnen; **b)** *(Math.: boundary of plane figure)* Seite, *die;* **c)** *(of flat object)* Seite, *die;* **on both ~s** auf beiden Seiten; *see also* **bread 1 a; coin 1; right side; wrong side; d)** *(of animal or person)* Seite, *die;* **be hit in the ~:** in die Seite getroffen werden; **sleep on one's right/left ~:** auf der rechten/linken Seite schlafen; **paralysed in/on/down one ~:** halbseitig gelähmt; **~ of mutton/beef/pork** Hammel-/Rinder-/Schweinehälfte, *die;* **~ of bacon** Speckseite, *die;* **split** *(fig.) or* **burst** *(fig.)*/**shake one's ~s [laughing** *or* **with laughter]** vor Lachen platzen/sich vor Lachen nicht mehr halten können; **walk/stand ~ by ~:** nebeneinander gehen/stehen; **work/fight** *etc.* **~ by ~ [with sb.]** Seite an Seite [mit jmdm.] arbeiten/kämpfen *usw.;* **live ~ by ~ [with sb.]** in [jmds.] unmittelbarer Nachbarschaft leben; **live ~ by ~ with death/poverty** in der ständigen Gegenwart des Todes/der Armut leben; *see also* **blind side; thorn c; e)** *(part away from the centre)* Seite, *die;* **the eastern ~ of the town** der Ostteil der Stadt; **the ~s of sb.'s mouth** jmds. Mundwinkel; **right[-hand]/left[-hand] ~:** rechte/linke Seite; **on the right[-hand]/left[-hand] ~ of the road** auf der rechten/linken Straßenseite; **from ~ to ~** *(right across)* quer hinüber; *(alternately each way)* von einer Seite auf die andere *od.* zur anderen; **to one ~:** zur Seite; **on one ~:** an der Seite; **on one ~ of his face** auf einer Seite seines Gesichts; **stand on** *or* **to one ~:** an *od.* auf der Seite stehen; **take sb. to** *or* **on one ~:** jmdn. zur Seite nehmen; **leave a question to** *or* **on one ~:** eine Frage beiseite lassen; **put** *or* **set** *or* **place sth. on one ~ [for sb./sth.]** etw. [für jmdn./etw.] beiseite legen; **put sth. on one ~** *(fig.) (postpone dealing with sth.)* etw. beiseite legen; **on the ~** *(fig.) (in addition to regular work or income)* nebenbei; nebenher; *(as a ~-bet)* als zusätzliche Wette; *(secretly)* insgeheim; *(Amer.: as a ~-dish)* als Beilage; **tell sb. sth. on the ~:** jmdm. etw. im Vertrauen erzählen/sagen; **she is his/he has a bit on the ~** *(sl.)* mit ihr treibt er's noch nebenbei *(ugs.)*/er hat nebenbei noch 'ne andere *(ugs.);* **pass by on the other ~** *(fig.)* so tun, als ginge es einen nichts an; *see also* **laugh 2; f)** *(space beside person or thing)* Seite, *die;* **he never left her ~:** er wich nie von ihrer Seite; **at** *or* **by sb.'s ~:** an jmds. Seite; neben jmdm.; **at** *or* **by the ~ of the car** beim *od.* am Auto; **at** *or* **by the ~ of the road/lake/grave** an der Straße/am See/am Grab; **look tiny by the ~ of sb./sth.** neben jmdm./etw. winzig wirken; **on all ~s** *or* **every ~:** von allen Seiten ‹*umzingelt, kritisiert*›; **look on all ~s** sich nach allen Seiten umsehen; **from all ~s** *or* **every ~:** von allen Seiten; **g)** *(in relation to dividing line)* Seite, *die;* **[on] either ~ of** beiderseits, auf beiden Seiten (+ *Gen.*); **[to** *or* **on] one ~ of** neben (+ *Dat.*); **this/the other ~ of** *(with regard to space)* diesseits/jenseits (+ *Gen.*); *(with regard to time)* vor/nach (+ *Dat.*); **he is this ~ of fifty** er ist unter fünfzig; **what he did was only just this ~ of fraud/perfection** was er tat, war hart an der Grenze zum Betrug/war schon fast perfekt; **this ~ [of] the grave** im Diesseits; **on the other ~** *(fig.: after death)* im Jenseits; *see also* **grass 1 a; right side; wrong side; h)** *(aspect)* Seite, *die; (department)* Bereich, *der;* **see both ~s [of the question]** beide Seiten verstehen; **there are two ~s to every question** alles hat seine zwei Seiten; **look on the bright/gloomy ~ [of things]** die Dinge von der angenehmen/düsteren Seite sehen; **see the funny ~ of sth.** etw. von der komischen Seite sehen; **be on the high/flat/expensive** *etc.* **~:** [etwas] hoch/flach/teuer *usw.* sein; *see also* **err; safe 2 b; seamy b; i)** *(opposing group or position)* Seite, *die;* Partei, *die; (Sport: team)* Mannschaft, *die;* **put sb.'s ~:** jmds. Seite vertreten; **be on the winning ~** *(fig.)* auf der Seite der Gewinner stehen; **let the ~ down** *(fig.)* versagen; **change ~s** zur anderen Seite überwechseln; **time is on sb.'s ~:** die Zeit arbeitet für jmdn.; **whose ~ are you/is he on?** auf wessen Seite stehst du/steht er?; **take sb.'s ~:** sich auf jmds. Seite stellen; **take ~s [with/against sb.]** [für/gegen jmdn.] Partei ergreifen; **keep one's ~ of a bargain** seinen Teil einer Abmachung einhalten; *see also* **no side; j)** *(of family)* Seite, *die;* **on one's/sb.'s father's/mother's ~:** väterlicher-/mütterlicherseits; **the Welsh ~ of the family** der walisische Teil der Familie; **k)** *(Brit. Billiards/Snooker)* Effet, *der;* **put ~ on** *or* **apply ~ to the ball** dem Ball Effet geben; **l)** *(Math.: of equation)* Seite, *die.* **2.** *v. i.* **~ with sb.** sich auf jmds. Seite *(Akk.)* stellen; **~ against sb.** sich gegen jmdn. stellen. **3.** *adj.* seitlich; Seiten-

**side: ~-arms** *n. pl. (Mil.)* Seitengewehre; **~-band** *n. (Radio)* Seitenband, *das;* **~-bet** *n. (Gambling)* zusätzliche Wette; **~board** *n.* Anrichte, *die;* Sideboard, *das;* **~boards** *(coll.),* **~burns** *ns. pl.* **a)** Backenbart, *der;* **b)** *(hair growing down in front of the ears)* Koteletten *Pl.;* **~-car** *n.* Beiwagen, *der*

**-sided** ['saɪdɪd] *adj. in comb.* -seitig; **a high-~ enclosure/box** eine hohe Einfriedung/Schachtel; **a glass-~ showcase** ein Schaukasten mit gläsernen Seitenwänden; **a steep-~ mountain** ein steiler Berg; **an open-~ structure** eine seitlich offene Konstruktion

**side: ~-dish** *n.* Beilage, *die;* **~-door** *n.* Seitentür, *die;* **by a ~-door** *(fig.)* durch eine Hintertür; **~-drum** *n. (Mus.)* kleine Trommel; **~-effect** *n.* Nebenwirkung, *die;* **~-entrance** *n.* Seiteneingang, *der;* **~-exit** *n.* Seitenausgang, *der;* **~-glance** *n. (lit. or fig.)* Seitenblick, *der* **(at** auf + *Akk.*); **~-issue** *n.* Randproblem, *das;* **~-kick** *n. (coll.)* Kumpan, *der;* **~light** *n.* **a)** *(Motor Veh.)* Begrenzungsleuchte, *die;* **drive on ~lights** mit Standlicht fahren; **b)** *(Naut.)* Seitenlaterne, *die;* **c)** *(light from the ~)* Seitenlicht, *das;* **d)** *(fig.: incidental information)* Streiflicht, *das;* **~line 1.** *n.* **a)** *(goods)* Nebensortiment, *das;* **b)** *(occupation)* Nebenbeschäftigung, *die;* **c)** *in pl. (Sport)* Begrenzungslinien; **on the ~lines** *(outside play area/track etc.)* am Spielfeldrand/am Rande der Bahn *(usw.);* **be content to sit on the ~lines** *(fig.)* sich mit einer Zuschauerrolle begnügen; **remain on the ~lines** *(fig.)* sich [aus allem] heraushalten; **2.** *v. t. (Amer. Sport)* **be ~-lined because of injury/with a broken arm** wegen einer Verletzung/eines gebrochenen Arms ausfallen; **~-line sb. for foul play** jmdn. wegen eines Fouls vom Platz stellen; **~long 1.** *adj. (directed to one ~)* **a ~long look/glance** ein Seitenblick; **2.** *adv.* seitwärts; **look/glance ~long at sb.** einen Seitenblick auf jmdn. werfen; **~-on 1.** *adj.* seitlich; **2.** *adv.* seitlich; **look at sth. ~-on** etw. von der Seite ansehen; **~-piece** *n.* Seitenteil, *das; (of ladder)* Holm, *der; (of spectacles)* Bügel, *der;* **~-plate** *n.* kleiner Teller *(neben dem Teller für das Hauptgericht)*

**sidereal** [saɪ'dɪərɪəl] *adj.* siderisch; **~ time** siderische [Umlauf]zeit; *see also* **year a**

**side: ~-road** *n.* Seitenstraße, *die;* **~-saddle 1.** *n.* Damensattel, *der;* **2.** *adv.* **ride ~-saddle** im Damensattel reiten; **~-salad** *n.* Salat [als Beilage]; **steak with chips and a ~-salad** Steak mit Pommes frites und dazu ein Salat; **~-shoot** *n. (Bot.)* Seitensproß, *der;* **~-show** *n.* Nebenattraktion, *die;* **~-slip 1.** *n.* **a)** *(Aeronaut.)* seitliches Abrutschen; **b)** *(sideways skid)* seitliches Wegrutschen; **2.** *v. i.* **a)** *(Aeronaut.)* seitlich abrutschen; **b)** *(skid sideways)* seitlich wegrutschen; **~sman** ['saɪdzmən] *n., pl.* **~smen** ['saɪdzmən] *(Eccl.)* Kirchendiener, *der;* **~-spin** *see* **~ 1 k; ~-splitting** *adj.* zwerchfellerschütternd; **be ~-splitting** zum Brüllen sein *(ugs.);* **~-splittingly** ['saɪdsplɪtɪŋlɪ] *adv.* **be ~-splittingly funny** zum Brüllen sein *(ugs.);* **~-step 1.** *n.* Schritt zur Seite, *der; (in dancing)* Seitenschritt, *der;* **2.** *v. t. (lit. or fig.)* ausweichen (+ *Dat.*); **3.** *v. i.* zur Seite treten; *(fig.)* ausweichen; **~-street** *n.* Seitenstraße, *die;* **~-swipe** *n.* Seitenhieb, *der;* **take a ~-swipe at sb./sth.** *(fig.)* einen Seitenhieb auf jmdn./etw. austeilen; **~-table** *n.* Beistelltisch, *der;* **~track 1.** *n. (Railw.) see* **siding; 2.** *v. t.* **a)** *(Railw.)* auf ein Nebengleis schieben; **b)** *(fig.)* **get ~-tracked** abgelenkt werden; **~-trip** *n.* kleiner Ausflug; Abstecher, *der;* **~-view** *n.* Seitenansicht, *die;* **~walk** *n. (Amer.) see* **pavement a; ~wall** *n.* Seitenwand, *die;* **~ways** ['saɪdweɪz] **1.** *adv.* seitwärts; **look at sb./sth. ~ways** jmdn./etw. von der Seite ansehen; **look ~ways at sb.** *(fig.)* jmdn. von der Seite ansehen; jmdn. schief ansehen *(ugs.);* **be knocked ~ways** *(fig. coll.) (be devastated)* am Boden zerstört sein *(ugs.)* **(by** von); *(be very amazed)* [ganz] von den Socken sein *(ugs.)* **(by** über + *Akk.*); **~ways on** von der Seite; **~ways on to sth.** quer zu etw.; **2.** *adj.* seitlich; **~ways view/look** *or* **glance** Seitenansicht, *die*/Seitenblick, *der;* **~-whiskers** *n. pl.* Backenbart, *der;* **~ wind** *n.* Seitenwind, *der*

**siding** ['saɪdɪŋ] *n. (Railw.)* Abstellgleis, *das;* Rangiergleis, *das*

**sidle** ['saɪdl] *v. i.* schleichen; **~ up to sb.** [sich] zu jmdm. schleichen

**siege** [si:dʒ] *n. (Mil.)* Belagerung, *die; (by police)* Umstellung, *die;* **be under ~** *(lit. or fig.)* belagert sein; *(by police)* umstellt sein; **lay ~ to sth.** *(lit. or fig.)* etw. belagern

**sienna** [sɪ'enə] *n. (Art)* **raw/burnt ~:** Siena natur/gebrannte Siena

**sierra** [sɪ'erə] *n. (Geog.)* Sierra, *die*

**siesta** [sɪ'estə] *n.* Siesta, *die;* **have** *or* **take a ~:** [eine] Siesta halten *od.* machen

**sieve** [sɪv] **1.** *n.* Sieb, *das;* **have a head** *or* **memory like a ~** *(coll.)* ein Gedächtnis wie ein Sieb haben *(ugs.).* **2.** *v. t.* sieben; *(fig.: select by examining)* [aus]sieben
**~ 'out** *v. t.* aussieben
**sift** [sɪft] **1.** *v. t.* sieben; *(fig.: examine closely)* unter die Lupe nehmen; **~ together the flour, salt, and baking-powder** Mehl, Salz und Backpulver [zusammen] in ein Gefäß sieben; **~ sth. from sth.** etw. von etw. trennen. **2.** *v. i.* **~ through** durchsehen ‹*Briefe, Dokumente usw.*›; durchsuchen ‹*Trümmer, Asche, Habseligkeiten usw.*›
**~ 'out** *v. t. (lit. or fig.)* aussieben; **~ out sth. from sth.** etw. aus etw. heraussieben; *(fig.)* etw. von etw. trennen
**sifter** ['sɪftə(r)] *n. (Cookery)* Sieb, *das*
**sigh** [saɪ] **1.** *n.* Seufzer, *der;* **give** *or* **breathe** *or* **utter** *or* **heave a ~:** einen Seufzer ausstoßen *od.* tun; **~ of relief/sadness/contentment** Seufzer der Erleichterung/trauriger Seufzer/Seufzer der Zufriedenheit. **2.** *v. i.* seufzen; **~ with relief/despair/contentment** *etc.* vor Erleichterung/Verzweiflung/Zufriedenheit *usw. od.* erleichtert/verzweifelt/zufrieden *usw.* seufzen; **~ for sth./sb.** *(fig.)* sich nach etw./jmdm. sehnen; nach etw./jmdm. seufzen *(geh.).* **3.** *v. t.* seufzen
**sight** [saɪt] **1.** *n.* **a)** *(faculty)* Sehvermögen, *das;* **loss of ~:** Verlust des Sehvermögens; **spoil** *or* **ruin one's ~:** sich *(Dat.)* die Augen verderben; **second ~:** das Zweite Gesicht; **near ~** *see* **short sight; by ~:** mit dem Gesichtssinn *od.* den Augen; **know sb. by ~:** jmdn. vom Sehen kennen; *see also* **long sight; short sight; b)** *(act of seeing)* Anblick, *der;* **at [the] ~ of sb./of blood** bei jmds. Anblick/beim Anblick von Blut; **it was our first ~ of the sea** es war das erste Mal, daß wir das Meer sahen; **catch ~ of sb./sth.** *(lit. or fig.)* jmdn./etw. erblicken; **lose ~ of sb./sth.** *(lit. or fig.)* jmdn./etw. aus dem Auge *od.* den Augen verlieren; **be lost to ~:** den Blicken entschwunden sein *(geh.);* **disappear from ~:** [den Blicken] entschwinden *(geh.);* **have** *or* **get a good/quick ~ of sth.** etw. gut/kurz sehen können; **keep ~ of sth.** *(lit. or fig.)* etw. im Auge behalten; **read music at ~:** Noten vom Blatt lesen; **play sth. at ~:** etw. vom Blatt spielen; **translate a text at ~:** einen Text aus dem Stegreif übersetzen; **shoot sb. at** *or* **on ~:** jmdn. gleich [bei seinem Erscheinen] erschießen; **the guards had orders to shoot at** *or* **on ~:** die Wachen hatten Befehl, [auf jeden] sofort zu schießen; **; buy sth. ~ unseen** etw. unbesehen kaufen; **at first ~:** auf den ersten Blick; **love at first ~:** Liebe auf den ersten Blick; *see also* **¹line 1 c; c)** *(opinion)* **in sb.'s ~:** in jmds. Augen *(Dat.);* **in the ~ of God/of the law** vor Gott/vor dem Gesetz; **d)** *(spectacle)* Anblick, *der;* **be a sorry ~:** einen traurigen Anblick *od.* ein trauriges Bild bieten; **it is a ~ to see** *or* **to behold** *or* **worth seeing** das muß man gesehen haben; **a ~ for sore eyes** eine Augenweide; **be/look a [real] ~** *(coll.) (amusing)* [vollkommen] unmöglich aussehen *(ugs.); (horrible)* böse *od.* schlimm aussehen; **e)** *in pl. (noteworthy features)* Sehenswürdigkeiten *Pl.;* **see the ~s** sich *(Dat.)* die Sehenswürdigkeiten ansehen; **f)** *(range)* Sichtweite, *die;* **in ~** *(lit. or fig.)* in Sicht; **in sb.'s ~, in ~ of sb.** vor jmds. Augen *(Dat.);* **come into ~:** in Sicht kommen; **keep sb./sth. in ~** *(lit. or fig.)* jmdn./etw. im Auge behalten; **victory/our goal is now within** *or* **in [our] ~** *(fig.)* der Sieg/unser Ziel ist jetzt in Sicht; **within** *or* **in ~ of sb./sth.** *(able to see)* in jmds. Sichtweite *(Dat.)*/in Sichtweite einer Sache; **come/get within ~ of sb./sth.** in jmds. Sichtweite *(Akk.)*/in Sichtweite einer Sache kommen; **keep** *or* **stay within** *or* **in ~ of sth./sb.** in Sichtweite *(Dat.)* einer Sache/in jmds. Sichtweite *(Dat.)* bleiben; **out of sb.'s ~:** außerhalb jmds. Sichtweite; **be out of ~:** außer Sicht sein; *(sl.: be excellent)* wahnsinnig sein *(ugs.);* **drop out of ~** *(fig.)* aus dem Blickfeld verschwinden; **vanish out of ~:** verschwinden; **keep out of [sb.'s] ~:** sich [von jmdm.] nicht sehen lassen; sich [jmdm.] nicht zeigen; **I thought it best to keep out of his ~:** ich hielt es für das beste, ihm nicht unter die Augen zu kommen; **keep sth./sb. out of sb.'s ~:** jmdn. etw./jmdn. nicht sehen lassen; **put sth. out of [sb.'s] ~:** etw. [vor jmdm.] verstecken; **not let sb./sth. out of one's ~:** jmdn./etw. nicht aus den Augen lassen; **[get] out of my ~!** geh mir aus den Augen!; verschwinde! *(ugs.);* **out of ~, out of mind** *(prov.)* aus den Augen, aus dem Sinn; **g)** *(aim, observation)* **take a ~:** zielen; **take a ~ at sth.** etw. anvisieren; *(with gun)* auf etw. *(Akk.)* zielen; **h)** *(device for aiming)* Visier, *das;* **~s** Visiervorrichtung, *die;* **telescopic ~:** Zielfernrohr, *das;* **line sth./sb. up in one's ~s** auf etw./jmdn. zielen; etw./jmdn. anvisieren; **have sth./sb. [lined up] in one's ~s** etw./jmdn. im Visier haben; *(fig.)* es auf etw./jmdn. abgesehen haben; **have** *or* **set one's ~s on sth.** *(fig.)* etw. anpeilen; **his ~s were set on doing it** er hatte es sich *(Dat.)* zum Ziel gesetzt, es zu tun; **set one's ~s [too] high** *(fig.)* seine Ziele [zu] hoch stecken; **lower/raise one's ~s** *(fig.)* zurückstecken/sich *(Dat.)* ein höheres Ziel setzen; **i)** *no pl., no def. art. (coll.: great deal)* **a ~ too clever/expensive** *etc.* entschieden zu schlau/teuer *usw.;* **a [long** *or* **damn** *or* **damned] ~ better/more expensive** *etc.* entschieden besser/teurer *usw.;* **not by a long ~:** lange *od.* längst nicht. **2.** *v. t.* **a)** sichten ‹*Land, Schiff, Flugzeug, Wrack*›; sehen ‹*Entflohenen, Vermißten*›; antreffen ‹*seltenes Tier, seltene Pflanze*›; **b)** *(take ~ of)* anvisieren
**sighted** ['saɪtɪd] *adj.* sehend; **partially ~:** [hochgradig] sehbehindert; **the blind and the partially ~** Blinde und [hochgradig] Sehbehinderte
**sighting** ['saɪtɪŋ] *n.* Beobachtung, *die;* **there have been several ~s of the escaped prisoner** der entflohene Häftling wurde mehrfach gesehen
**sightless** ['saɪtlɪs] *adj.* blind
**sight: ~-read** *(Mus.) v. t. & i.* ‹*Pianist usw.:*› vom Blatt spielen; ‹*Sänger:*› vom Blatt singen; **~-reader** *n. (Mus.)* **be a good/poor ~-reader** ‹*Pianist usw.:*› gut/schlecht vom Blatt spielen; ‹*Sänger:*› gut/schlecht vom Blatt singen; **~-reading** *n., no pl. (Mus.)* **be good/bad** *or* **poor at ~-reading** ‹*Pianist usw.:*› gut/schlecht vom Blatt spielen [können]; ‹*Sänger:*› gut/schlecht vom Blatt singen [können]; **~-screen** *n. (Cricket)* Kontrastschirm, *der;* **~seeing** *n.* Sightseeing, *das (Touristikjargon);* **go ~seeing** Besichtigungen machen; **do [a lot of] ~seeing** [viele] Sehenswürdigkeiten besichtigen; **~seeing bus** Sightseeingbus, *der;* **~seeing tour/trip** Besichtigungsfahrt, *die;* Sightseeingtour, *die (Touristikjargon); (in town)* Stadtrundfahrt, *die;* **~seer** *n.* Tourist *(der die Sehenswürdigkeiten besichtigt);* **~-testing** *n.* Durchführung von Sehtests; **~-testing is free** Sehtests sind kostenlos
**sigma** ['sɪgmə] *n.* Sigma, *das*
**sign** [saɪn] **1.** *n.* **a)** *(symbol)* Zeichen, *das;* **chemical/mathematical ~:** chemisches/mathematisches Zeichen; **b)** *(Astrol.)* **~ [of the zodiac]** [Tierkreis]zeichen, *das;* Sternzeichen, *das;* **what ~ are you?** welches Tierkreiszeichen *od.* Sternzeichen bist du?; **sb.'s birth ~:** jmds. Tierkreiszeichen; **c)** *(notice)* Schild, *das;* **direction ~:** Wegweiser, *der;* **[advertising] ~:** Reklameschild, *das;* Reklame, *die; (illuminated, flashing)* Leuchtreklame, *die;* **danger ~** *(lit. or fig.)* Gefahrenzeichen, *das;* **d)** *(outside shop etc.)* *see* **signboard; e)** *(indication)* Zeichen, *das; (of future event)* Anzeichen, *das;* **his behaviour is a ~ that he is unhappy** sein Verhalten ist ein Zeichen dafür, daß er unglücklich ist; **there is little/no/every ~ of a quick settlement of the strike** *or* **that the strike will be settled quickly** wenig/nichts/alles deutet auf eine baldige Beendigung des Streiks hin *od.* deutet darauf hin, daß der Streik bald beendet wird; **this is a ~ of his intelligence** das zeugt von seiner Intelligenz; **she gave** *or* **showed no ~ of having heard** *or* **that she had heard me** *(did not reveal)* sie ließ durch nichts erkennen, daß sie mich gehört hatte; *(there was no indication)* es deutete nichts darauf hin, daß sie mich gehört hatte; **if he was angry, he gave no ~ of it** wenn er ärgerlich war, so zeigte er es doch nicht; **show [no] ~s of fear/fatigue/strain/improvement** *etc.* [keine] Anzeichen der Angst/Müdigkeit/Anstrengung/Besserung *usw.* zeigen *od.* erkennen lassen; **the carpet showed little/some ~[s] of wear** der Teppich wirkte kaum/etwas abgenutzt; **the cave shows ~s of having been inhabited** in der Höhle gibt es Anzeichen dafür, daß sie bewohnt war; **the window shows no ~[s] of having been forced** das Fenster zeigt keine Spuren von Gewaltanwendung; **as a ~ of** als Zeichen (+ *Gen.*); **do sth. as a ~ of sth.** etw. zum Zeichen einer Sache *(Gen.)* tun; **at the first** *or* **slightest ~ of sth.** schon beim geringsten Anzeichen von etw.; **there was no ~ of him/the car anywhere** er/der Wagen war nirgends zu sehen; **there was no ~ of life** keine Menschenseele war zu sehen; **~ of the times** Zeichen der Zeit; **f)** *(gesture, signal)* Zeichen, *das;* **give sb. a ~ to do sth., make a ~ to** *or* **for sb. to do sth.** jmdm. ein Zeichen geben, etw. zu tun; *see also* **V-sign; g)** *(mark)* Zeichen, *das;* **h)** *(Math.)* Vorzeichen, *das.* **2.** *v. t.* **a)** *(write one's name etc. on)* unterzeichnen; unterschreiben; ‹*Künstler, Autor:*› signieren ‹*Werk*›; **~ the guestbook** sich ins Gästebuch eintragen; **a ~ed copy [of a book]** ein [hand]signiertes Exemplar [eines Buches]; **~ed, sealed, and delivered** *(Law)* unterschrieben, gesiegelt und ausgehändigt; *(fig.)* unter Dach und Fach; **b) ~ one's name** [mit seinem Namen] unterzeichnen *od.* unterschreiben; **~ oneself R. A. Smith** mit R. A. Smith unterschreiben; **c)** *see* **~ up 1; d)** *(indicate)* zeigen. **3.** *v. i.* **a)** *(write one's name)* unterschreiben; **~ for sth.** *(acknowledge receipt of sth.)* etw. quittieren; *(~ a contract etc. for sth.)* [einen Vertrag über] etw. *(Akk.)* unterschreiben; **b)** *(signal)* **~ to sb. to do sth.** jmdm. ein Zeichen geben, etw. zu tun; **c)** *see* **~ on 2 a**
**~ a'way** *v. t.* abtreten ‹*Eigentum*›; verzichten auf ‹*Recht, Freiheit usw.*›
**~ 'in 1.** *v. t.* **~ sb./sth. in [on arrival]** jmds. Eintreffen/das Eintreffen einer Sache schriftlich vermerken *od.* registrieren. **2.** *v. i.* sich [bei der Ankunft] eintragen
**~ 'off 1.** *v. i.* **a)** *(cease employment)* kündigen; ‹*Seemann:*› abheuern, abmustern *(Seemannsspr.);* **b)** *(at end of shift etc.)* sich [zum Feierabend *usw.*] abmelden; **c)** *(Radio)* sich verabschieden; ‹*Pilot:*› die Frequenz verlassen *(Funkw.);* **d)** *(at end of letter)* Schluß machen. **2.** *v. t.* kündigen; abheuern, abmustern ‹*Seemann*› *(Seemannsspr.)*
**~ 'on 1.** *v. t.* einstellen ‹*Arbeitskräfte*›; verpflichten ‹*Fußballspieler*›; anwerben ‹*Soldaten*›; anheuern, anmustern ‹*Seeleute*›. **2.** *v. i.* **a)** *(~ an engagement)* sich verpflichten **(with** bei); **b)** *(at start of shift etc.)* **~ on for the night shift** sich [per Unterschrift] zur Nachtschicht anmelden; **c)** *(Radio)* ‹*Rundfunkstation:*› seine Sendungen aufnehmen; ‹*Funker:*› sich melden; **d) ~ on [for the dole]** *(coll.)* sich arbeitslos melden; stempeln gehen *(ugs. veralt.)*
**~ 'out 1.** *v. t.* **~ books out from the library** Bücher als [aus der Bibliothek] entliehen

eintragen. **2.** *v. i.* sich [schriftlich] abmelden; ‹*Hotelgast:*› abreisen

**~ 'over** *v. t.* überschreiben ‹*Immobilien*›; übertragen ‹*Rechte*›

**~ 'up 1.** *v. t. (engage)* [vertraglich] verpflichten; einstellen ‹*Arbeiter*›; aufnehmen ‹*Mitglied*›; einschreiben ‹*Kursteilnehmer*›. **2.** *v. i.* sich [vertraglich] verpflichten (**with** bei); *(join a course etc.)* sich einschreiben

**signal** ['sɪgnl] **1.** *n.* **a)** Signal, *das;* **a ~ for sth./to sb.** ein Zeichen zu etw./für jmdn.; **at a ~ from the headmaster** auf ein Zeichen des Direktors; **the ~ was for/against us/at red** *(Railw.)* das Signal zeigte „halt"/„freie Fahrt"/stand auf Rot; **alarm** *or* **danger/warning ~:** Gefahr-/Warnsignal, *das;* **hand ~s** *(Motor Veh.)* Handzeichen; **sound/light/flag ~:** akustisches Signal/Lichtsignal, *das*/Flaggensignal, *das;* **radio** *or* **wireless ~:** Funkspruch, *der;* **distress ~:** Notsignal, *das;* **code of ~s** *see* **signal-book; the Royal Corps of S~s,** *(coll.)* **the S~s** *(Brit. Mil.) die Fernmeldetruppe der britischen Armee;* **b)** *(occasion, cause)* Signal, *das;* Zeichen, *das;* **the ~ for rioting/pandemonium** das Zeichen zum Aufruhr/Chaos; **c)** *(Electr., Radio, etc.)* Signal, *das.* **2.** *v. i., (Brit.)* **-ll-** signalisieren; Signale geben; ‹*Kraftfahrer:*› blinken; *(using hand etc. signals)* anzeigen; **~ for assistance** ein Hilfesignal geben; **~ to sb. [to do sth.]** jmdm. ein Zeichen geben[, etw. zu tun]. **3.** *v. t., (Brit.)* **-ll- a)** *(lit. or fig.)* signalisieren; **~ sb. [to do sth.]** jmdm. ein Zeichen geben[, etw. zu tun]; **the driver ~led a right turn/that he was turning right** der Fahrer zeigte an, daß er [nach] rechts abbiegen wollte; **b)** *(Radio etc.)* funken; [über Funk] durchgeben. **4.** *adj.* außergewöhnlich

**signal: ~-book** *n. (Mil., Navy)* Signalbuch, *das;* **~-box** *n. (Railw.)* Stellwerk, *das*

**signaler** *(Amer.) see* **signaller**

**'signal-flag** *n. (Mil., Navy, Railw.)* Signalflagge, *die*

**'signal-lamp** *n. (Naut., Railw.)* Signallampe, *die*

**signaller** ['sɪgnələ(r)] *n. (Mil.)* Blinker, *der; (with flags)* Signalgast, *der (Seew.)*

**signally** ['sɪgnəlɪ] *adv.* ungeheuer; unerhört; **~ ineffective** bemerkenswert ineffektiv; **not ~ successful** nicht übermäßig erfolgreich

**signal: ~man** ['sɪgnlmən] *n., pl.* **~men** ['sɪgnlmən] **a)** *(Brit. Railw.)* Bahnwärter, *der;* **b)** *see* **signaller; ~-tower** *(Amer.) see* **signal-box**

**signatory** ['sɪgnətərɪ] **1.** *adj.* unterzeichnend; vertragschließend ‹*Partei, Land*›; Signatar‹*macht, -staat*› *(Politik).* **2.** *n. (person)* Unterzeichner, *der; (party)* vertragschließende Partei; *(state)* Signatarstaat, *der;* **~ to a petition** Unterzeichner einer Petition; **~ to the treaty/agreement** *(state)* Signatarstaat des Abkommens

**signature** ['sɪgnətʃə(r)] *n.* **a)** Unterschrift, *die; (on painting)* Signatur, *die;* **put one's ~ to sth.** seine Unterschrift unter etw. *(Akk.)* setzen; **b)** *(Mus.) see* **key signature; time signature; c)** *(Printing) (figure or letter)* Signatur, *die (Buchw.); (folded sheet)* Bogen, *der;* **d)** *(Amer. Med.)* Signatur, *die*

**'signature tune** *n. (Radio, Telev.)* Erkennungsmelodie, *die*

**'signboard** *n.* Schild, *das; (advertising)* Reklameschild, *das*

**signet** ['sɪgnɪt] *n.* Petschaft, *das;* Signet, *das (veralt.)*

**'signet-ring** *n.* Siegelring, *der*

**significance** [sɪg'nɪfɪkəns] *n.* **a)** *(meaning, importance)* Bedeutung, *die;* **be of [no] ~:** [nicht] von Bedeutung sein; **a matter of great/little/no ~:** eine [sehr] wichtige/ziemlich unwichtige/völlig unwichtige Angelegenheit; **b)** *(meaningfulness)* Bedeutsamkeit, *die*

**significant** [sɪg'nɪfɪkənt] *adj.* **a)** *(noteworthy, important)* bedeutend; **b)** *(suggestive)* bedeutsam; **be ~ of sth.** etw. verraten; etwas über etw. *(Akk.)* aussagen; **c)** *(having a meaning)* bedeutungstragend *(Sprachw.);* **be ~:** etwas bedeuten; **d)** *(Statistics)* signifikant

**significant 'figure** *n. (Math.)* signifikante Ziffer

**significantly** [sɪg'nɪfɪkəntlɪ] *adv.* **a)** *(suggestively)* bedeutungsvoll; *as sentence-modifier* **~ [enough]** bedeutsamerweise; **b)** *(notably)* bedeutend; signifikant *(geh., fachspr.)*

**signification** [sɪgnɪfɪ'keɪʃn] *n.* Bedeutung, *die*

**signify** ['sɪgnɪfaɪ] **1.** *v. t.* **a)** *(indicate, mean)* bedeuten; **b)** *(communicate, make known)* kundtun *(geh.);* zum Ausdruck bringen. **2.** *v. i.* **it does not ~:** es hat nichts zu bedeuten *od. (ugs.)* zu sagen

**signing** ['saɪnɪŋ] *n.* **a)** Unterschreiben, *das; (formal)* Unterzeichnung, *die;* **b)** *(~ up)* Verpflichtung, *die*

**'sign language** *n.* Zeichensprache, *die*

**sign: ~-painter** *see* **~-writer; ~post 1.** *n. (lit. or fig.)* Wegweiser, *der;* **2.** *v. t.* ausschildern ‹*Route, Umleitungsstrecke usw.*›; mit Wegweisern versehen ‹*Straße*›; **~-writer** *n.* Schildermaler, *der*

**Sikh** [si:k, sɪk] *n.* Sikh, *der;* **she is a ~:** sie gehört der Sikh-Religion an

**Sikhism** ['si:kɪzm, 'sɪkɪzm] *n., no pl.* Sikh-Religion, *die*

**silage** ['saɪlɪdʒ] *(Agric.)* **1.** *n.* Silage, *die;* Gärfutter, *das.* **2.** *v. t.* silieren

**silence** ['saɪləns] **1.** *n.* Schweigen, *das; (keeping a secret)* Verschwiegenheit, *die; (taciturnity)* Schweigsamkeit, *die; (stillness)* Stille, *die;* **there was ~:** es herrschte Schweigen/Stille; **there was a sudden/***(iron.)* **deafening ~:** es trat plötzlich Stille ein/es herrschte Totenstille; **an awkward ~/awkward ~s** ein betretenes Schweigen/peinliche [Gesprächs]pausen; **his story was punctuated by long ~s** lange Sprechpausen unterbrachen seine Erzählung; **~!** Ruhe!; **'~ – recording in progress'** „Bitte Ruhe – Aufnahme"; **~ on sth.** Schweigen zu etw.; **in ~:** schweigend; **suffer in ~:** schweigend leiden; **call for ~:** um Ruhe bitten; **keep ~** *(lit. or fig.)* schweigen; **break the ~:** die Stille unterbrechen; *(be the first to speak)* das Schweigen brechen; **break one's ~** *(lit. or fig.)* sein Schweigen brechen; **reduce sb. to ~** *(lit. or fig.)* jmdn. zum Schweigen *od.* Verstummen bringen; **a minute's ~:** eine Schweigeminute; **the [two minutes'] ~** *(Brit.: on Remembrance Sunday)* die zwei Schweigeminuten *(am Heldengedenktag);* **~ is golden** Schweigen ist Gold; *see also* **pass over 1. 2.** *v. t.* **a)** *(make silent)* zum Schweigen *od.* Verstummen bringen; *(fig.)* ersticken ‹*Zweifel, Ängste, Proteste*›; mundtot machen ‹*Gegner, Zeugen*›; *(coll.: kill)* zum Schweigen bringen *(verhüllend);* **b)** *(make quieter)* leiser machen ‹*Motor, Maschine, Auspuff, Bohrmaschine usw.*›

**silencer** ['saɪlənsə(r)] *n. (for door)* Türschließer, *der; (Brit. Motor Veh.)* Schalldämpfer, *der;* Auspufftopf, *der; (Arms)* Schalldämpfer, *der*

**silent** ['saɪlənt] *adj.* **a)** stumm; *(noiseless)* unhörbar; *(still)* still; **as ~ as the grave** *or* **tomb** totenstill; **deaf people live in a ~ world** Taube leben in einer lautlosen Welt; **be ~** *(say nothing)* schweigen; *(be still)* still sein; *(not be working)* ‹*Maschine:*› stillstehen; ‹*Waffen:*› schweigen; **fall ~:** verstummen; **keep** *or* **remain ~** *(lit. or fig.)* schweigen; ‹*jmd., der verhört wird:*› beharrlich schweigen; **b)** *(taciturn)* schweigsam; **the strong, ~ type** der starke, tatkräftige Typ, der nicht viel Worte macht; **c)** *(Ling.)* stumm; **d)** *(Cinemat.)* **~ film** Stummfilm, *der;* **the early ~ motion pictures were ~:** die ersten Filme waren Stummfilme *od.* waren ohne Ton

**silently** ['saɪləntlɪ] *adv.* schweigend; stumm ‹*weinen, beten*›; *(noiselessly)* lautlos

**silent: ~ ma'jority** *n.* schweigende Mehrheit; **~ 'partner** *(Amer.) see* **sleeping partner**

**Silesia** [saɪ'li:ʃə] *pr. n.* Schlesien *(das)*

**Silesian** [saɪ'li:ʃn] **1.** *adj.* schlesisch; **sb. is ~:** jmd. ist Schlesier/Schlesierin. **2.** *n.* **a)** *(person)* Schlesier, *der*/Schlesierin, *die;* **b)** *(dialect)* Schlesisch, *das;* **speak ~:** schlesischen Dialekt sprechen

**silhouette** [sɪlʊ'et] **1.** *n.* **a)** *(picture)* Schattenriß, *der;* **b)** *(appearance against the light)* Silhouette, *die;* **in ~:** als Silhouette. **2.** *v. t.* **be ~d against sth.** sich als Silhouette gegen etw. abheben

**silica** ['sɪlɪkə] *n.* Kieselerde, *die*

**silicate** ['sɪlɪkeɪt] *n. (Chem.)* Silikat, *das*

**siliceous** [sɪ'lɪʃəs] *adj.* Kiesel-

**silicon** ['sɪlɪkən] *n. (Chem.)* Silicium, *das;* Silizium, *das;* **~ chip** Siliciumchip, *der;* Siliziumchip, *der*

**silicone** ['sɪlɪkəʊn] *n. (Chem.)* Silikon, *das*

**silicosis** [sɪlɪ'kəʊsɪs] *n., pl.* **silicoses** [sɪlɪ'kəʊsi:z] *(Med.)* Silikose, *die*

**silk** [sɪlk] **1.** *n.* **a)** Seide, *die;* **sewing/embroidery ~:** Näh-/Stickseide, *die;* **take ~** *(Brit. Law)* Kronanwalt werden; **b)** *in pl. (kinds of ~ material)* Seidenstoffe; *(garments)* seidene Kleider *od.* Kleidungsstücke; *(Horse-racing)* Rennfarben *Pl.;* **c)** *(of spider etc.)* [Spinnen]faden, *der;* **d)** *(Bot.)* Seide, *die;* **e)** *(Brit. Law coll.)* Kronanwalt, *der.* **2.** *attrib. adj.* seiden; Seiden-; **you can't make a ~ purse out of a sow's ear** *(prov.)* aus einem Schweinsohr läßt sich kein seidener Beutel machen

**silken** ['sɪlkn] *adj.* **a)** seiden; Seiden-; **b)** *(lustrous)* seidig; **c)** *see* **silky b**

**silk: ~ 'finish** *n.* Seidenglanz, *der;* **~ 'hat** *n.* Zylinder, *der*

**silkily** ['sɪlkɪlɪ] *adv.* **a)** *(lustrously)* seiden; seidig; **b)** *(suavely)* **speak ~:** mit samtener Stimme sprechen

**silk: ~-mill** *n.* Seidenspinnerei, *die;* **~-screen printing** *see* **screen-printing; ~worm** *n. (Zool.)* Seidenraupe, *die*

**silky** ['sɪlkɪ] *adj.* **a)** seidig; **have a ~ feel** sich wie Seide anfühlen; **b)** *(suave)* glatt; samten, samtig ‹*Stimme*›

**sill** [sɪl] *n.* **a)** *(of door)* [Tür]schwelle, *die; (of window)* Fensterbank, *die;* **b)** *(Geol.)* [schichtparalleler] Lagergang; Sill, *der (fachspr.)*

**sillabub** *see* **syllabub**

**silliness** ['sɪlɪnɪs] *n.* **a)** *no pl.* Dummheit, *die;* Blödheit, *die (ugs.);* **b)** *usu. in pl. (instance)* Dummheit, *die; (piece of childishness)* Albernheit, *die*

**silly** ['sɪlɪ] **1.** *adj.* dumm; blöd[e] *(ugs.); (imprudent, unwise)* töricht; unklug; *(childish)* albern; **only a ~ little cut [in the finger]** bloß ein läppischer *(ugs.)* kleiner Schnitt [im Finger]; **with a ~ little hammer like this one** mit so einem albernen kleinen Hammer wie diesem; **the ~ season** *(Journ.)* die Sauregurkenzeit; **[you] ~ child/thing!** [du] dummes Kind/dummes Ding!; **the ~ thing** *(inanimate object)* das dumme *od. (ugs.)* blöde Ding; **a ~ thing** *(a foolish action)* etwas Dummes *od. (ugs.)* Blödes; *(a trivial matter)* eine blödsinnige Kleinigkeit *(ugs.); (a stupid person)* ein dummes Ding; **it/that was a ~ thing to do** es/das war dumm *od. (ugs.)* blöd; **~ fool** Dummkopf, *der (ugs.);* **not do anything ~** *(lit. or fig.)* keine Dummheit[en] machen; **knock sb. ~:** jmdn. bewußtlos schlagen; **I was scared ~:** mir rutschte das Herz in die Hose *(ugs.);* **laugh oneself ~:** sich halb totlachen; *see also* **'me. 2.** *n. (coll.)* Dummchen, *das;* Dummerchen, *das (fam.)*

**'silly-billy** *n. (coll.)* Kindskopf, *der;* **be a ~**

**[about sth.]** sich [bei etw.] dumm *od.* kindisch anstellen

**silo** ['saɪləʊ] *n., pl.* **~s a)** *(Agric.)* Silo, *der;* **b)** *(Brit.)* **[grain/cement] ~:** [Getreide-/Zement]silo, *der;* **c)** *(Mil.)* **[missile] ~:** [Raketen]silo, *der*

**silt** [sɪlt] **1.** *n.* Schlamm, *der;* Schlick, *der.* **2.** *v. t.* **~ up** verschlämmen. **3.** *v. i.* **~ up** verschlammen

**siltation** [sɪl'teɪʃn] *n.* **a)** *(process)* Verschlämmung, *die;* **b)** *(state)* Verschlammung, *die*

**Silurian** [saɪ'ljʊərɪən, sɪ'ljʊərɪən] *(Geol.)* **1.** *adj.* silurisch. **2.** *n.* Silur, *das*

**silver** ['sɪlvə(r)] **1.** *n.* **a)** *no pl., no indef. art.* Silber, *das;* **the price of ~:** der Silberpreis; **b)** *(colour)* Silber, *das;* **c)** *no pl., no indef. art. (coins)* Silbermünzen *Pl.;* Silber, *das (ugs.);* **for thirty pieces** *or* **a handful of ~** *(fig.)* für einen Judaslohn; **d)** *(vessels, cutlery)* Silber, *das; (cutlery of other material)* Besteck, *das;* **e)** *(medal)* Silber, *das;* **win two ~s** zweimal Silber gewinnen. **2.** *attrib. adj.* silbern; Silber⟨*pokal, -münze*⟩; **have a ~ tongue** zungenfertig sein; *see also* **¹spoon 1 a; standard 1 h. 3.** *v. t.* **a)** *(coat with ~)* versilbern; *(coat with amalgam)* verspiegeln ⟨*Glas*⟩; **b)** ergrauen lassen ⟨*Haar*⟩. **4.** *v. i.* ergrauen

**silver: ~ 'band** *n. (Mus.)* Blaskapelle *(deren Instrumente versilbert sind);* **~ 'birch** *n. (Bot.)* Weißbirke, *die;* **~ collection** *n.* Sammlung, *die (bei der Silbermünzen gespendet werden);* **~-coloured** *adj.* silberfarben; silberfarbig; **~ 'fir** *n. (Bot.)* Weißtanne, *die;* Silbertanne, *die;* **~-fish** *n. (Zool.)* **a)** *(insect)* Silberfischchen, *das;* **b)** *(fish)* Silberfisch, *der; (variety of goldfish)* weißer Goldfisch; **~ 'foil** *n.* **a)** Silberfolie, *die; (aluminium foil)* Alufolie, *die;* **b)** *(tin foil)* Stanniol, *das;* **~ 'fox** *n. (Zool.; also fur)* Silberfuchs, *der;* **~ 'gilt** *n.* **a)** *(gilded ~)* vergoldetes Silber; **~ gilt dish/tray** Teller/Tablett aus vergoldetem Silber; **b)** *(imitation gilt)* Goldimitation, *die;* **~-grey** *adj.* silbergrau; silbriggrau; **~-haired** *adj.* silberhaarig *(geh.);* **~ 'jubilee** *n.* silbernes Jubiläum; **~ 'leaf** *n.* Blattsilber, *das;* **~ 'medal** *n.* Silbermedaille, *die;* **~ 'medallist** *n.* Silbermedaillengewinner, *der*/-gewinnerin, *die;* **~-mine** *n.* Silbermine, *die;* **~ 'paper** *n.* Silberpapier, *das;* **~ 'plate** *n., no pl., no indef. art.* **a)** versilberte Ware; *(coating)* Silberauflage, *die;* **b)** *(vessels, tableware)* Silbergeschirr, *das;* **be ~ plate** versilbert sein; **~-plate** *v. t.* versilbern; **~-plated** *adj.* versilbert; **~ sand** *n. feiner, reiner Sand;* **~ 'screen** *n.* **the ~ screen** die Leinwand; **~ service** *n.* **a)** *(set of ~ware)* silbernes Service; **b)** *no pl. (method of restaurant service)* englisches Service; Rundservice, *das;* **~side** *n. (Brit. Gastr.)* Schwanzstück, *das;* **~smith** *n.* Silberschmied, *der*/-schmiedin, *die;* **~-tongued** *adj. (fig.)* zungenfertig; **~ware** *n., no pl.* Silber, *das;* **~ 'wedding** *n.* Silberhochzeit, *die;* silberne Hochzeit

**silvery** ['sɪlvərɪ] *adj. (silver-coloured)* silbrig; *(clear-sounding)* silbern *(dichter.);* silbrig *(geh.)*

**silviculture** ['sɪlvɪkʌltʃə(r)] *n.* Waldbau, *der*

**simian** ['sɪmɪən] **1.** *adj.* **a)** *(apelike)* affenähnlich; **b)** *(Zool.)* ⟨*Gehirn usw.*⟩ des/der Affen. **2.** *n.* **a)** *(ape or monkey)* Affe, *der;* **b)** *(Zool.)* Menschenaffe, *der*

**similar** ['sɪmɪlə(r)] *adj. (also Geom.)* ähnlich **(to** *Dat.*); **some flour and a ~ amount of sugar** etwas Mehl und ungefähr die gleiche Menge Zucker; **our tastes are very ~:** wir haben einen sehr ähnlichen Geschmack; **of ~ size/colour** *etc.* von ähnlicher Größe/Farbe *usw.;* **be ~ in size/appearance** *etc.* **[to sb./sth.]** eine ähnliche Größe/ein ähnliches Aussehen haben [wie jmd./etw.]; **look/taste/smell** *etc.* **~ [to sth.]** ähnlich aussehen/schmecken/riechen *usw.* [wie etw.]; **the two brothers look very ~:** die beiden Brüder sehen sich *(Dat.)* sehr ähnlich

**similarity** [sɪmɪ'lærɪtɪ] *n.* Ähnlichkeit, *die* **(to** mit); **point of ~:** Ähnlichkeit, *die;* **there the ~ ends** sonst gibt es keine Gemeinsamkeiten

**similarly** ['sɪmɪləlɪ] *adv.* ähnlich; *(in exactly the same way)* ebenso; **~ effective/costly** *etc.* ähnlich/ebenso effektiv/teuer *usw.*

**simile** ['sɪmɪlɪ] *n. (Lit.)* Vergleich, *der;* Simile, *das (geh., veralt.)*

**similitude** [sɪ'mɪlɪtju:d] *n. (literary)* Ähnlichkeit, *die*

**simmer** ['sɪmə(r)] **1.** *v. i.* **a)** *(Cookery)* ⟨*Flüssigkeit:*⟩ sieden; **put the fish in the water and allow to ~ for ten minutes** den Fisch ins Wasser legen und zehn Minuten ziehen lassen; **b)** *(fig.)* gären; **let things ~:** die Dinge sich entwickeln lassen; **~ with rage/excitement** eine Wut haben/innerlich ganz aufgeregt sein. **2.** *v. t. (Cookery)* köcheln lassen ⟨*Suppe, Soße usw.*⟩; ziehen lassen ⟨*Fisch, Klöße usw.*⟩. **3.** *n. (Cookery)* **keep at a** *or* **on the ~:** sieden lassen ⟨*Wasser*⟩; köcheln lassen ⟨*Suppe, Soße usw.*⟩

**~ 'down** *v. i.* sich abregen *(ugs.);* **let things/the situation ~ down** abwarten, bis sich die Wogen geglättet haben

**simnel cake** ['sɪmnl keɪk] *n. (Brit.)* ≈ Rosinenkuchen, *der*

**simper** ['sɪmpə(r)] **1.** *v. i.* affektiert *od.* gekünstelt lächeln. **2.** *v. t.* mit einem affektierten *od.* gekünstelten Lächeln sagen. **3.** *n.* affektiertes *od.* gekünsteltes Lächeln

**simpering** ['sɪmpərɪŋ] *adj.* affektiert, gekünstelt ⟨*Lächeln, Art*⟩; affektiert ⟨*Frau*⟩

**simple** ['sɪmpl] *adj.* **a)** *(not compound, not complicated)* einfach; *(not elaborate)* schlicht ⟨*Mobiliar, Schönheit, Kunstwerk, Kleidung*⟩; **the ~ life** das einfache Leben; *see also* **simple interest; b)** *(unqualified, absolute)* einfach; simpel; **it was a ~ misunderstanding** es war [ganz] einfach ein Mißverständnis; **it is a ~ fact that ...:** es ist [ganz] einfach eine Tatsache, *od.* eine simple Tatsache, daß ...; *see also* **pure 1 c; c)** *(easy)* einfach; **the ~st thing would be** *or* **it would be the ~st if ...:** es wäre das einfachste *od.* am einfachsten, wenn ...; **as ~ as ABC** kinderleicht; **it's/it isn't as ~ as that** so einfach ist das/ist das nicht; **it would make things so ~ if ...:** es wäre alles so einfach, wenn ...; **'Electronics made ~'** „Elektronik leicht gemacht"; **it would make my job/task much ~r** es würde mir meine Arbeit sehr erleichtern/meine Aufgabe sehr vereinfachen; **d)** *(unsophisticated)* schlicht; *(foolish)* dumm; einfältig; *(feeble-minded)* debil; *(humble)* einfach ⟨*Person, Arbeiter, Bauer, Leute*⟩; **the ~ pleasures of life** die kleinen Freuden des Lebens; **e)** *(Ling.)* **~ tense** einfache Zeitform; **~ past** Präteritum, *das;* **~ sentence** einfacher Satz

**simple: ~-hearted** ['sɪmplhɑ:tɪd] *adj.* schlicht; **~ 'interest** Kapitalzins, *der;* **~-minded** *adj.* **a)** *(unsophisticated)* schlicht; **b)** *(feeble-minded)* debil

**'simple time** *n. (Mus.)* nicht zusammengesetzte Taktart

**simpleton** ['sɪmpltən] *n.* Einfaltspinsel, *der (ugs.)*

**simplex** ['sɪmpleks] *n. (Ling.)* Simplex, *das*

**simplicity** [sɪm'plɪsɪtɪ] *n., no pl.* Einfachheit, *die; (unpretentiousness, lack of sophistication)* Schlichtheit, *die;* **be ~ itself** ein Kinderspiel sein

**simplification** [sɪmplɪfɪ'keɪʃn] *n.* **a)** *no pl.* Vereinfachung, *die;* Simplifizierung, *die (geh.);* **b)** *(instance)* Vereinfachung, *die;* Simplifikation, *die (geh.)*

**simplify** ['sɪmplɪfaɪ] *v. t.* vereinfachen; simplifizieren *(geh.);* **it would ~ matters if ...:** es würde die Sache vereinfachen, wenn ...

**simplistic** [sɪm'plɪstɪk] *adj.* [all]zu simpel

**simply** ['sɪmplɪ] *adv.* **a)** *(in an uncomplicated manner)* einfach; *(in an unsophisticated manner)* schlicht; **live/eat ~:** einfach leben/essen; **speak ~:** in schlichten Worten sprechen; **b)** *(absolutely)* einfach; **he's ~ wonderful** er ist einfach großartig; **c)** *(categorically, without good reason, without asking)* einfach; *(merely)* nur; **it ~ isn't true** es ist einfach nicht wahr; **you ~ must see that film** du mußt den Film einfach sehen; **I was ~ trying to help** ich wollte nur helfen; **quite ~:** ganz einfach; **~ because ...:** einfach weil ...; nur weil ...; **he ~ didn't feel like working** er hatte ganz einfach keine Lust zu arbeiten

**simulate** ['sɪmjʊleɪt] *v. t.* **a)** *(feign)* vortäuschen; heucheln ⟨*Reue, Tugendhaftigkeit, Entrüstung, Begeisterung*⟩; simulieren, vortäuschen ⟨*Krankheit*⟩; **b)** *(mimic)* nachahmen; *(resemble)* aussehen wie (+ *Nom.*); **c)** simulieren ⟨*Bedingungen, Wetter, Umwelt usw.*⟩

**simulated** ['sɪmjʊleɪtɪd] *adj.* **a)** *(feigned)* geheuchelt; vorgetäuscht; **b)** *(artificial)* imitiert ⟨*Leder, Pelz usw.*⟩; **c)** simuliert ⟨*Bedingungen, Wetter, Umwelt usw.*⟩

**simulation** [sɪmjʊ'leɪʃn] *n.* **a)** *(feigning)* Vortäuschung, *die; (of illness)* Vortäuschung, *die;* Simulation, *die;* **b)** *(imitation of conditions)* Simulation, *die;* **c)** *(simulated object)* Imitation, *die*

**simulator** ['sɪmjʊleɪtə(r)] *n.* Simulator, *der*

**simultaneity** [sɪmltə'ni:ɪtɪ] *n., no pl.* Gleichzeitigkeit, *die*

**simultaneous** [sɪml'teɪnɪəs] *adj.* gleichzeitig **(with** mit); simultan *(fachspr., geh.);* **be ~:** gleichzeitig/simultan erfolgen

**simultaneous: ~ display** *n. (Chess)* Simultanvorstellung, *die;* **~ equations** *n. pl. (Math.)* Gleichungssystem, *das;* **~ interpretation** *n.* Simultandolmetschen, *das*

**simultaneously** [sɪml'teɪnɪəslɪ] *adv.* gleichzeitig; simultan *(fachspr., geh.)*

**sin** [sɪn] **1.** *n.* Sünde, *die;* **a life of ~:** ein Leben in Sünde; ein sündiges Leben; **live in ~** *(coll.)* in Sünde leben *(veralt., scherzh.);* **[as] miserable as ~:** todunglücklich; **for my ~s** *(joc.)* um meiner Missetaten willen *(scherzh.);* **the ~s of the fathers** die Missetat[en] der Väter; *see also* **beset b; find out b; multitude a; omission b; original 1 a; wage 1. 2.** *v. i.,* **-nn-** sündigen; **~ against sb./God** an jmdm./Gott *od.* gegen jmdn./Gott sündigen; sich an jmdm./Gott versündigen *(geh.);* **~ against the rules** gegen die Regeln verstoßen; **he is more ~ned against than ~ning** man sündigt mehr an ihm, als daß er selbst sündigt

**Sinai Peninsula** [saɪnaɪ pɪ'nɪnsjʊlə] *pr. n.* Halbinsel Sinai

**'sin bin** *n. (Sport coll.)* Strafbank, *die*

**since** [sɪns] **1.** *adv.* seitdem; **he has ~ remarried, he has remarried ~:** er hat danach wieder geheiratet; **she had not eaten anything so delicious before or ~:** sie hatte weder vorher noch nachher je etwas so Köstliches gegessen; **long ~:** vor langer Zeit; **not long ~:** vor nicht allzulanger Zeit; **he is long ~ dead** er ist seit langem tot; **a long time/many years/six weeks ~:** vor langer Zeit/vielen Jahren/sechs Wochen. **2.** *prep.* seit; **~ seeing you ...:** seit ich dich gesehen habe; **~ then/that time** inzwischen; **he joined the firm 16 years ago and has been with them ~ then** er ist vor 16 Jahren in die Firma eingetreten und ist heute noch dort; **~ when?** seit wann?; **her mother died in 1980, ~ when/~ which time she has been looking after her father** ihre Mutter starb 1980, und seitdem/seit dieser Zeit versorgt sie ihren Vater. **3.** *conj.* **a)** seit; **it is a long time/so long/not so long ~ ...:** es ist lange/so lange/gar nicht lange her, daß ...; **how long is it ~ he left you?** wie lange ist es her, daß er dich verlassen hat?; **b)** *(seeing that, as)* da

**sincere** [sɪn'sɪə(r)] *adj.,* **~r** [sɪn'sɪərə(r)], **~st**

[sɪn'sɪərɪst] aufrichtig; herzlich ‹*Grüße, Glückwünsche usw.*›; wahr ‹*Freund*›

**sincerely** [sɪn'sɪəlɪ] *adv.* aufrichtig; **I [most] ~ hope so** *(coll.)* das will ich schwer hoffen *(ugs.)*; **yours ~** *(in letter)* mit freundlichen Grüßen

**sincerity** [sɪn'serɪtɪ] *n., no pl.* Aufrichtigkeit, *die;* **in all ~:** in aller Aufrichtigkeit; **have the ring of ~:** aufrichtig klingen

**sine** [saɪn] *n. (Math.)* Sinus, *der*

**sinecure** ['sɪnɪkjʊə(r), 'saɪnɪkjʊə(r)] *n.* Pfründe, *die;* Sinekure, *die;* **this job is no ~:** diese Arbeit ist kein reines Honiglecken *(ugs.)*

**sine die** [saɪnɪ 'daɪi:, sɪneɪ 'di:eɪ] *adv.* auf unbestimmte Zeit

**sine qua non** [saɪnɪ kweɪ 'nɒn, sɪneɪ kwɑ: 'nəʊn] *n.* notwendige Bedingung; Conditio sine qua non *(geh.)*

**sinew** ['sɪnju:] *n.* **a)** *(Anat.)* Sehne, *die;* **strain every nerve and ~ [to do sth.]** *(fig.)* alle Muskeln anspannen[, um etw. zu tun]; **b)** *(strength)* Kraft, *die*

**'sine wave** *n. (Math.)* Sinuswelle, *die*

**sinewy** ['sɪnju:ɪ] *adj.* sehnig; *(fig.: vigorous)* kraftvoll; **the ~ vigour/strength of his style** sein kraftvoller Stil

**sinfonia** [sɪn'fəʊnɪə] *n. (Mus.)* Sinfonia, *die; (in name of orchestra)* Sinfonieorchester, *das;* Sinfoniker *Pl.*

**sinfonietta** [sɪnfəʊnɪ'etə] *n. (Mus.)* **a)** Sinfonietta, *die;* **b)** *(orchestra)* kleines Sinfonieorchester; *(string orchestra)* Streichorchester, *das*

**sinful** ['sɪnfl] *adj.* sündig; *(reprehensible)* sündhaft; **it is ~ to ...:** es ist eine Sünde, ... zu ...

**sing** [sɪŋ] **1.** *v.i.,* **sang** [sæŋ], **sung** [sʌŋ] singen; *(fig.)* ‹*Kessel, Wind:*› singen; ‹*Geschoß:*› sirren, pfeifen; *(sl.: turn informer)* singen *(salopp);* **~ to sb.** jmdm. [etw.] vorsingen; **~ to the guitar/piano** zur Gitarre/zum Klavier singen; **his ears are ~ing** seine Ohren sausen; **~ of sb./sth.** *(celebrate in verse)* jmdn./etw. besingen *(geh.);* von jmdm./etw. singen *(dichter. veralt.).* **2.** *v.t.,* **sang, sung** singen; **~ [the] alto** [den] Alt singen; **~ sb. a song** *or* **a song for sb.** jmdm. ein Lied vorsingen; **~ sb. to sleep** jmdn. in den Schlaf singen; *see also* **praise 2 a; tune 1 a, b. 3.** *n. (Amer.)* **have a ~:** [gemeinsam] singen

**~ a'long** *v.i.* mitsingen

**~ 'out 1.** *v.i.* **a)** *(~ loudly)* [laut *od.* aus voller Kehle] singen; **~ out merrily** fröhlich singen; **b)** *(call out)* [laut] rufen; **~ out for sb./sth.** nach jmdm./etw. rufen. **2.** *v.t. (shout)* rufen; schreien

**~ 'up** *v.i.* lauter singen

**singable** ['sɪŋəbl] *adj.* singbar; *(easily ~)* sangbar; kantabel *(geh.)*

**Singapore** [sɪŋgə'pɔ:(r)] *pr. n.* Singapur *(das)*

**singe** [sɪndʒ] **1.** *v.t.,* **~ing** ansengen; versengen; absengen ‹*Geflügel, Schwein*›; **~ sb.'s hair** *(Hairdressing)* jmdm. die Haarspitzen abbrennen. **2.** *v.i.,* **~ing** [ver]sengen. **3.** *n.* Brandfleck, *der*

**singer** ['sɪŋə(r)] *n.* Sänger, *der*/Sängerin, *die;* **this canary is a good ~:** dieser Kanarienvogel singt schön

**singing** ['sɪŋɪŋ] *n., no pl.* **a)** Singen, *das; (fig.) see* **sing 1:** Singen, *das;* Sirren, *das;* Pfeifen, *das;* **beautiful/loud ~:** schöner/lauter Gesang; **the ~ of the birds** der Gesang der Vögel; **his ~ is terrible** er singt furchtbar; **have a ~ in one's ears** Ohrensausen haben; **b)** *no art. (Art)* Gesang, *der; attrib.* Gesangs-; **~ voice** Singstimme, *die*

**single** ['sɪŋgl] **1.** *adj.* **a)** einfach; einzig ‹*Ziel, Hoffnung*›; *(for one person)* Einzel‹*bett, -zimmer*›; einfach ‹*Größe*›; *(without the other one of a pair)* einzeln; **~ flower/stem** *etc.* einzelne Blume/einzelner Stamm *usw.;* **speak with a ~ voice** *(fig.)* mit einer Stimme sprechen; **~ sheet/cover** Bettuch/Bettbezug für ein Einzelbett; **~ ticket** *(Brit.)* einfache Fahrkarte; **~ fare** *(Brit.)* Preis für [die] einfache Fahrt; *see also* **combat 1; entry h; ³file 1 a; track 1 b, d; b)** *(one by itself)* einzig; *(isolated)* einzeln; **one ~ ...:** ein einziger/eine einzige/ein einziges ...; **at a** *or* **one ~ blow** *or* **stroke** mit einem Schlag; **two minds with but a ~ thought** zwei Seelen und ein Gedanke; **c)** *(unmarried)* ledig; **a ~ man/woman/~ people** ein Lediger/eine Ledige/Ledige; **~ parent** alleinerziehender Elternteil; **he/she is a ~ parent** er/sie ist alleinerziehend; **d)** *(separate, individual)* einzeln; **can a ~ argument be advanced for it?** läßt sich dafür überhaupt irgendein Argument vorbringen?; **every ~ one** jeder/jede/jedes einzelne; **every ~ time/day** aber auch jedesmal/jeden Tag; **not a ~ one** kein einziger/keine einzige/kein einziges; **not a ~ word/dress/soul** kein einziges Wort/Kleid/keine Menschenseele; **she did not see a ~ thing she liked** sie hat aber auch nichts gesehen, was ihr gefiel; **not/never for a ~ minute** *or* **moment** keinen [einzigen] Augenblick [lang]. **2.** *n.* **a)** *(Brit.: ticket)* einfache Fahrkarte; **[a] ~/two ~s to Manchester, please** einmal/zweimal einfach nach Manchester, bitte; **b)** *(record)* Single, *die;* **c)** *in pl. (Golf)* Single, *das; (Tennis)* Einzel, *das;* **women's** *or* **ladies'/men's ~s** Damen-/Herreneinzel, *das;* **d)** *(Brit. Hist.: pound note)* Einpfundschein, *der; (Amer.: dollar note)* Eindollarschein, *der;* **e)** *(Cricket) Schlag für einen Lauf.* **3.** *v.t.* **~ out** aussondern; *(be distinctive quality of)* auszeichnen **(from** vor + *Dat.*); **~ sb./sth. out as/for sth.** jmdn./etw. als etw./für etw. auswählen; **~ sb. out for promotion/special attention** jmdn. für eine Beförderung vorsehen/sich mit jmdm. besonders befassen

**single: ~-barrelled** (*Amer.:* **~-barreled**) ['sɪŋglbærəld] *adj. (Arms)* einläufig; **~-bedded room** ['sɪŋglbedɪd ru:m] *n.* Einzelzimmer, *das;* **~-breasted** ['sɪŋglbrestɪd] *adj. (Tailoring)* einreihig; **~ cream** *n.* [einfache] Sahne; **~-decker 1.** *n.* **be a ~-decker** ‹*Bus, Straßenbahn:*› nur ein Deck haben; **2.** *adj.* **~-decker bus/tram** Bus/Straßenbahn mit [nur] einem Deck; **~-engined** ['sɪŋglendʒɪnd] *adj.* einmotorig; **~ [European] market** *n.* [europäischer] Binnenmarkt; **~-handed 1.** ['----] *adj.* **a)** Einhand‹*segeln, -segler*›; **~-handed attempt to row across the Atlantic** Versuch, allein über den Atlantik zu rudern; **his ~-handed efforts to get a new hospital** seine einsamen Bemühungen um ein neues Krankenhaus; **b)** *(for one hand)* **~-handed weapon/fishing rod** Waffe/Angelrute für eine Hand; **2.** [--'--] *adv.* **a)** allein; **sail round the world ~-handed** als Einhandsegler um die Welt fahren; **root out corruption ~-handed** im Alleingang die Korruption ausrotten; **b)** *(with one hand)* mit einer Hand; einhändig; **~-lens 'reflex camera** *n. (Photog.)* einäugige Spiegelreflexkamera; **~-line** *adj.* einspurig; **~-minded** *adj.* zielstrebig; **be ~-minded in one's aim** unbeirrbar sein Ziel verfolgen; **~-mindedly** [sɪŋgl'maɪndɪdlɪ] *adv.* zielstrebig

**singleness** ['sɪŋglnɪs] *n., no pl.* **~ of purpose** Zielstrebigkeit, *die*

**'single-phase** *adj. (Electr.)* einphasig; **~ current** Einphasenstrom, *der*

**'singles bar** *n.* Singlekneipe, *die*

**single: ~-seater** *n.* Einsitzer, *der;* **~-seater aircraft** einsitziges Flugzeug; **~-storey** *adj.* eingeschossig

**singlet** ['sɪŋglɪt] *n. (Brit.: vest)* Unterhemd, *das; (Sport)* Trikot, *das*

**singleton** ['sɪŋgltən] *n. (Cards)* blanke Karte; **a ~ in hearts, a ~ heart** ein blankes Herz

**'single-track** *adj.* eingleisig ‹*Bahnlinie*›; einspurig ‹*Straße*›

**singly** ['sɪŋglɪ] *adv.* **a)** einzeln; **b)** *(by oneself)* allein

**'singsong 1.** *adj.* leiernd *(ugs.);* **say/recite sth. in a ~ manner/voice** etw. herunterleiern *(ugs.);* **his ~ accent** sein Singsang. **2.** *n.* **a)** *(monotonous tone or rhythm)* leiernder Ton; **recite sth./say sth. in a ~:** etw. herunterleiern *(ugs.);* **speak in a ~:** leiernd sprechen; **b)** *(Brit.: singing)* gemeinschaftliches Singen; **have a ~:** gemeinsam singen

**singular** ['sɪŋgjʊlə(r)] **1.** *adj.* **a)** *(Ling.)* singularisch; Singular-; **~ noun** Substantiv im Singular; **~ form** Singularform, *die;* **first person ~:** erste Person Singular; **~ number** *see* **2; b)** *(individual)* einzeln; *(unique)* einmalig; einzigartig; **c)** *(extraordinary)* einmalig; einzigartig; *(odd)* eigenartig; sonderbar; **how very ~!** wie eigenartig *od.* sonderbar! **2.** *n. (Ling.)* Einzahl, *die;* Singular, *der;* **I said you could have 'an apple – in the ~** *(coll.)* ich habe gesagt, du kannst einen Apfel haben – von Äpfeln war nicht die Rede

**singularity** [sɪŋgjʊ'lærɪtɪ] *n., no pl.* Eigenartigkeit, *die;* Sonderbarkeit, *die*

**singularly** ['sɪŋgjʊləlɪ] *adv. (extraordinarily)* außerordentlich; einmalig ‹*schön*›; *(strangely)* seltsam

**Sinhalese** [sɪnhə'li:z, sɪnə'li:z] **1.** *adj.* singhalesisch; **sb. is ~:** jmd. ist Singhalese/Singhalesin. **2.** *n.* **a)** *pl. same (person)* Singhalese, *der*/Singhalesin, *die;* **b)** *no pl. (language)* Singhalesisch, *das*

**sinister** ['sɪnɪstə(r)] *adj.* **a)** *(of evil omen)* unheilverkündend; **b)** *(suggestive of malice)* finster; *(wicked)* übel; **c)** *(Her.)* link...; sinister *(fachspr.); see also* **baton e; ²bend b**

**sink** [sɪŋk] **1.** *n.* **a)** Spülbecken, *das;* Spüle, *die;* **pour sth. down the ~:** etw. in den Ausguß schütten; *see also* **kitchen sink; b)** *(cesspool)* Senkgrube, *die;* Kloake, *die; (fig.: place of vice etc.)* Kloake, *die;* Pfuhl, *der;* **c)** *(Geog.: pool)* Senke, *die;* Vertiefung, *die;* **d)** *(Geol.) see* **sink-hole; e)** *(Phys.)* Feldsenke, *die.* **2.** *v.i.,* **sank** [sæŋk] *or* **sunk** [sʌŋk], **sunk a)** sinken; **we shall ~ or swim together** *(fig.)* wir werden gemeinsam untergehen oder gemeinsam überleben; **leave sb. to ~ or swim** *(fig.)* jmdn. seinem Schicksal überlassen; **b) ~ into** *(become immersed in)* sinken in (+ *Akk.*); versinken in (+ *Dat.*); *(penetrate)* eindringen in (+ *Akk.*); *(fig.: be absorbed into)* dringen in (+ *Akk.*) ‹*Bewußtsein*›; **~ into an armchair/the cushions** in einen Sessel/die Kissen sinken; **~ into sb.'s/each other's arms** jmdm./sich in die Arme sinken; **~ into a deep sleep/a coma/trance/reverie** in einen tiefen Schlaf/in ein Koma/in Trance/in Träumerei sinken *(geh.);* **~ into depression/despair** in Schwermut/Verzweiflung *(Akk.)* versinken; **~ into crime/poverty** *etc.* dem Verbrechen/der Armut *usw.* verfallen; **be sunk in thought/despair** in Gedanken/in Verzweiflung *(Akk.)* versunken sein; *see also* **oblivion; c)** *(come to lower level or pitch)* sinken; *(suffer subsidence)* absinken; *(slope down)* sich senken; *(be turned downwards)* ‹*Augen:*› sich senken; *(shrink inwards)* ‹*Augen, Wangen:*› einfallen; *(subside, abate)* ‹*Flut, Wasser, Fluß:*› sinken; *(fig.: fail)* ‹*Moral, Hoffnung:*› sinken; **the patient is ~ing [fast]** mit dem Patienten geht es zu Ende *(verhüll.);* **sb.'s heart ~s/spirits ~:** jmds. Stimmung sinkt; **sb.'s heart/courage ~s into his/her boots** *(coll.)* jmdm. rutscht *od.* fällt das Herz in die Hose[n] *(ugs.);* **~ to one's knees** auf die *od.* seine Knie sinken; **d)** *(fall)* ‹*Preis, Temperatur, Währung, Produktion usw.:*› sinken; **~ in value** im Wert sinken. **3.** *v.t.,* **sank** *or* **sunk, sunk a)** versenken; *(cause failure of)* zunichte machen; **be sunk** *(fig. coll.: have failed)* aufgeschmissen sein *(ugs.);* **~ one's differences** seine Streitigkeiten begraben; **enough luggage/make-up to ~ a battleship** *(fig. joc.)* tonnenweise *(ugs.*

Gepäck/pfundweise *(ugs.)* Make-up; **b)** *(lower)* senken; *(Golf)* ins Loch schlagen ⟨*Ball*⟩; **c)** *(dig)* niederbringen; *(inlay)* einlegen; *(recess)* versenken; *(embed)* stoßen ⟨*Messer, Schwert*⟩; graben *(geh.)* ⟨*Zähne, Klauen*⟩; ~ **a pole into the ground** einen Pfahl in den Boden senken; *see also* **fence 1 a**

~ **'back** *v. i.* zurücksinken; ~ **back into crime/poverty** *(fig.)* wieder dem Verbrechen/der Armut verfallen

~ **'down** *v. i.* hinabsinken; niedersinken; ~ **down to the floor/ground** auf den/zu Boden sinken; ~ **down into the mud** im Schlamm versinken; **his head sank down on to his chest** der Kopf sank ihm auf die Brust; **she sank down [on her knees] before him** sie sank vor ihm [auf die Knie] nieder

~ **'in 1.** *v. i.* **a)** *(become immersed)* einsinken; *(penetrate)* eindringen; **b)** *(fig.: be absorbed into the mind)* jmdm. ins Bewußtsein dringen; ⟨*Warnung, Lektion:*⟩ verstanden werden. **2.** *v. t.* einsenken ⟨*Stütze, Pfahl*⟩

**sinker** ['sɪŋkə(r)] *n. (Fishing)* Senker, *der; (of drift-net)* Grundgewicht, *das; see also* **hook 1 a**

**'sink-hole** *n. (Geol.)* Schluckloch, *das*

**sinking** ['sɪŋkɪŋ] **1.** *adj.* **a)** sinkend; **[the] rats desert a ~ ship** die Ratten verlassen das sinkende Schiff; **b)** *(declining)* untergehend ⟨*Sonne*⟩; **c)** *(falling in value)* sinkend; **d) with a ~ heart** *(fig.)* beklommen; resigniert. **2.** *n.* **a)** *(of ship) (deliberate)* Versenkung, *die; (accidental)* Sinken, *das;* Untergang, *der; (of well)* Niederbringung, *die;* **b)** ~ **of the heart** *(fig.)* Beklommenheit, *die;* **a ~ feeling** *(fig.)* ein flaues Gefühl [im Magen]

**'sinking fund** *n. (Finance)* Tilgungsfonds, *der*

**'sink unit** *n.* Spüle, *die*

**sinless** ['sɪnlɪs] *adj.* sündenfrei, sündlos ⟨*Mensch, Leben*⟩; untad[e]lig ⟨*Verhalten*⟩

**sinner** ['sɪnə(r)] *n.* Sünder, *der*/Sünderin, *die*

**Sinn Fein** [ʃɪn 'feɪn] *n., no pl., no indef. art.* Sinn Fein, *die (nationalistische irische Partei)*

**Sino-** ['saɪnəʊ] *in comb.* sino-/Sino-; **a ~-Russian war** ein chinesisch-russischer Krieg

**sinter** ['sɪntə(r)] **1.** *v. t.* sintern *(Technik).* **2.** *v. i.* sintern

**sinuous** ['sɪnjʊəs] *adj.* gewunden; sich schlängelnd ⟨*Schlange*⟩; *(lithe)* geschmeidig ⟨*Körper, Bewegungen*⟩

**sinus** ['saɪnəs] *n. (Anat.)* Sinus, *der (fachspr.);* **[paranasal]** ~: Nebenhöhle, *die*

**sinusitis** [saɪnə'saɪtɪs] *n. (Med.)* Nebenhöhlenentzündung, *die;* Sinusitis, *die (fachspr.)*

**Sioux** [su:] *n., pl. same (Ethnol.)* Sioux, *der/die; attrib.* Sioux-

**sip** [sɪp] **1.** *v. t.,* **-pp-:** ~ **[up]** schlürfen. **2.** *v. i.,* **-pp-:** ~ **at/from sth.** an etw. *(Dat.)* nippen. **3.** *n.* Schlückchen, *das;* **have** *or* **take a ~ [of sth.]** ein Schlückchen [von etw.] nehmen; **in ~s** schlückchenweise

**siphon** ['saɪfn] **1.** *n.* **a)** *(bottle)* Siphon, *der;* **b)** *(pipe)* Saugheber, *der.* **2.** *v. t.* [durch einen Saugheber] laufen lassen; ~ **sth. from a tank** etw. [mit einem Saugheber] aus einem Tank ablassen. **3.** *v. i.* [durch einen Saugheber] laufen; *(fig.: flow as if through a ~)* laufen

~ **'off** *v. t.* [mit einem Saugheber] ablassen; *(fig.: transfer)* abzweigen

~ **'out** *v. t.* [mit einem Saugheber] ablassen

**sir** [sɜ:(r)] *n.* **a)** *(formal address)* der Herr; *(to teacher)* Herr Meier/Schmidt *usw.;* Herr Lehrer/Studienrat *usw. (veralt.);* **no '~!** keinesfalls!; von wegen! *(ugs.);* **yes '~!** allerdings; **Sir!** *(Mil.)* Herr Oberst/Leutnant *usw.!; (yes)* jawohl, Herr Oberst/Leutnant *usw.!;* **b)** *(in letter)* **Dear Sir** Sehr geehrter Herr; **Dear Sirs** Sehr geehrte [Damen und] Herren; **Dear Sir or Madam** Sehr geehrte Dame/Sehr geehrter Herr; **c) Sir** [sə(r)] *(titular prefix)* Sir; **d)** [sɜ:(r)] *(person addressed as 'Sir')* Sir, *der;* **e)** *no art. (Sch. sl.: teacher)* der [Herr] Lehrer; **I shall tell ~:** das sag' ich *(ugs.)*

**sire** ['saɪə(r)] **1.** *n.* **a)** Vatertier, *das;* **b)** *(poet.) (father)* Vater, *der; (ancestor)* Ahnherr, *der (geh. veralt.);* **c)** *(arch.)* **yes, ~:** ja, Herr. **2.** *v. t.* zeugen

**siren** ['saɪrən] **1.** *n.* **a)** Sirene, *die;* **factory/ship's ~:** Fabrik-/Schiffssirene, *die;* **air-raid ~:** Luftschutzsirene, *die;* **b)** *(temptress)* Sirene, *die (geh.);* Circe, *die (geh.);* **c)** *(Greek Mythol.)* Sirene, *die.* **2.** *adj.* sirenenhaft; ~ **song** Sirenengesang, *der*

**sirloin** ['sɜ:lɔɪn] *n.* **a)** *(Brit.: upper part of loin of beef)* Roastbeef, *das;* **a ~ of beef** ein Stück Roastbeef; ~ **steak** Rumpsteak, *das;* **b)** *(Amer.)* Rumpsteak, *das*

**sirocco** [sɪ'rɒkəʊ] *n., pl.* **~s** Schirokko, *der*

**sirup** *(Amer.) see* **syrup**

**sis** [sɪs] *n. (coll.)* Schwesterherz, *das (scherzh.)*

**sisal** ['saɪsl] *n.* **a)** *(fibre)* Sisal, *der; attrib.* Sisal-; **b)** *(Bot.)* Sisalagave, *die; attrib.* Sisal-

**siskin** ['sɪskɪn] *n. (Ornith.)* [Erlen]zeisig, *der*

**sissified** ['sɪsɪfaɪd] *adj.* weibisch *(abwertend); (cowardly)* feige *(abwertend)*

**sissy** ['sɪsɪ] **1.** *n. (effeminate man)* weibischer Typ; *(cowardly person)* Waschlappen, *der (ugs. abwertend).* **2.** *adj.* weibisch *(abwertend); (cowardly)* feige *(abwertend)*

**sister** ['sɪstə(r)] *n.* **a)** Schwester, *die;* **she has been a ~ to him/her** *(fig.)* sie war für ihn/sie wie eine Schwester; **the Robinson ~s** die Robinson-Schwestern; **b)** *(friend, associate fellow member)* Schwester, *die; (in trade union)* Kollegin, *die;* ~ **company** Schwesterfirma, *die;* **c)** *(Relig.)* Schwester, *die;* **S~ of Mercy** Barmherzige Schwester; **d)** *(Brit.: senior nurse)* Oberschwester, *die;* **ward ~:** Stationsschwester, *die;* **theatre ~:** Operationsschwester, *die;* **e)** *(Brit. coll.: nurse)* Schwester, *die*

**sisterhood** ['sɪstəhʊd] *n.* **a)** *no pl.* Schwesterschaft, *die;* schwesterliches Verhältnis; **b)** *(religious society)* Schwesternschaft, *die*

**'sister-in-law** *n., pl.* **sisters-in-law** Schwägerin, *die*

**sisterly** ['sɪstəlɪ] *adj.* schwesterlich; ~ **love** Schwesterliebe, *die*

**'sister ship** *n. (Naut.)* Schwesterschiff, *das*

**Sistine Chapel** [sɪsti:n 'tʃæpl, sɪstaɪn 'tʃæpl] *n.* **the ~:** die Sixtinische Kapelle

**sit** [sɪt] **1.** *v. i.,* **-tt-, sat** [sæt] **a)** *(become seated)* sich setzen; ~ **on** *or* **in a chair/in an armchair** sich auf einen Stuhl/in einen Sessel setzen; **~!** *(to dog)* sitz!; ~ **by** *or* **with sb.** sich zu jmdm. setzen; ~ **over there!** setz dich dort drüben hin!; **b)** *(be seated)* sitzen; **don't just ~ there!** sitz nicht einfach rum *(ugs.);* ~ **at home** *(fig.)* zu Hause sitzen; ~ **in judgement on** *or* **over sb./sth.** über jmdn./etw. zu Gericht sitzen; ~ **on one's hands** *(fig.)* sich nicht rühren; ~ **still!** sitz ruhig *od.* still!; ~ **tight** *(coll.)* ruhig sitzen bleiben; *(fig.: stay in hiding)* sich nicht fortrühren; *(fig.: persevere in a course of action)* sich nicht beirren lassen; ~ **well [in the saddle/on one's horse]** einen guten Sitz haben; *see also* **fence 1 a; foot 1 a; pretty 2; c)** ~ **for one's portrait/to a painter** *etc.* Porträt sitzen/einem Maler *usw.* Modell sitzen; **d)** *see* **baby-sit; e)** *(take a test)* ~ **for sth.** die Prüfung für etw. machen; **f)** *(be in session)* tagen; **g)** *(be on perch or nest)* sitzen; **h)** *(be situated)* sich befinden; **the sewing-machine sat in the attic** die Nähmaschine stand auf dem Dachboden herum; ~ **well on sb.** *(fit)* jmdm. gut passen; *(suit)* jmdm. gut stehen; *(fig.)* gut zu jmdm. passen; **i)** *(be member of elected body)* ~ **at Westminster** Mitglied des [britischen] Parlaments sein; ~ **for** *(Brit. Parl.)* vertreten; Abgeordneter/Abgeordnete sein für. **2.** *v. t.,* **-tt-, sat a)** *(cause to be seated, place)* setzen; **b)** *(Brit.)* ~ **an examination** eine Prüfung machen; *(have space for) see* **seat 2 b**

~ **a'bout, ~ a'round** *v. i.* herumsitzen *(ugs.)*

~ **'back** *v. i.* **a)** sich zurücklehnen; **b)** *(fig.: do nothing)* sich im Sessel zurücklehnen *(fig.);* **the government is ~ting back and letting the situation worsen** die Regierung sieht tatenlos zu, wie sich die Lage verschlechtert

~ **'by** *v. i.* tatenlos zusehen

~ **'down 1.** *v. i.* **a)** *(become seated)* sich setzen (**on/in** auf/in + *Akk.*); ~ **you down** *(coll.)* setz dich hin; **b)** *(be seated)* sitzen; **take sth. ~ting down** *(fig.)* etw. auf sich *(Dat.)* sitzen lassen. **2.** *v. t. (cause to be seated)* ~ **sb. down** *(invite to ~)* jmdn. Platz nehmen lassen; *(help to ~)* jmdm. helfen, sich zu setzen. *See also* **sit-down**

~ **'in** *v. i.* **a)** *(occupy place as protest)* ein Sit-in veranstalten; **b)** *(stay in)* zu Hause bleiben; **c)** *(participate)* mitspielen; ~ **in on** *(be present at)* teilnehmen an (+ *Dat.*); dabeisein bei; **d)** *see* **stand in a.** *See also* **sit-in**

~ **on** *v. t.* **a)** *(serve as member of)* sitzen in (+ *Dat.*) ⟨*Ausschuß usw.*⟩; ~ **on the jury** *(Law)* Geschworener sein; **b)** *(coll.: delay)* in der Schublade liegen lassen *(fig. ugs.);* auf die lange Bank schieben *(ugs.)* ⟨*Entscheidung*⟩; **c)** *(coll.: repress)* unterdrücken; nicht aufkommen lassen ⟨*Wunsch, Gedanken*⟩; **people like her want ~ting on/ought to be sat on** Leute wie sie muß/sollte man an der kurzen Leine halten *(ugs.);* **d)** *(fig.: hold on to)* festhalten

~ **'out 1.** *v. i.* draußen *od.* im Freien sitzen. **2.** *v. t.* **a)** *(take no part in)* aussetzen; ~ **out a dance** einen Tanz auslassen; **b)** *(endure)* durchstehen

~ **'through** *see* ~ **out 2 b**

~ **'up 1.** *v. i.* **a)** *(rise)* sich aufsetzen; **b)** *(be sitting erect)* [aufrecht] sitzen; **c)** *(not slouch)* gerade sitzen; ~ **up straight!** sitz gerade!; **make sb. ~ up** *(fig. coll.)* jmdn. aufhorchen lassen; ~ **up and take notice** *(fig. coll.)* aufhorchen; **d)** *(delay going to bed)* aufbleiben; ~ **up [waiting] for sb.** aufbleiben und auf jmdn. warten; ~ **up with sb.** bei jmdm. Nachtwache halten. **2.** *v. t.* aufsetzen. *See also* **sit-up**

~ **upon** *see* ~ **on;** *see also* **sit-upon**

**sitar** ['sɪtɑ:(r), sɪ'tɑ:(r)] *n. (Mus.)* Sitar, *der*

**sitcom** ['sɪtkɒm] *(coll.) see* **situation comedy**

**'sit-down 1.** *n.* **have a ~:** sich setzen; **enjoy a ~:** sich gern einmal hinsetzen. **2.** *adj.* ~ **demonstration** Sitzblockade, *die;* ~ **meal** *(im Sitzen eingenommenes)* Essen; ~ **strike** Sitzstreik, *der*

**site** [saɪt] **1.** *n.* **a)** *(land)* Grundstück, *das;* **archaeological/prehistoric burial ~:** archäologische Grabungsstätte/vorgeschichtliche Grabstätte; **exhibition ~:** Ausstellungsgelände, *das;* ~ **of a battle** Kampfplatz, *der;* **b)** *(location)* Sitz, *der; (of new factory etc.)* Standort, *der;* **c)** *see* **building-site. 2.** *v. t. (locate)* stationieren ⟨*Raketen*⟩; ~ **a factory in London** London als Standort einer Fabrik wählen; **be ~d** gelegen sein

**'sit-in** *n.* Sit-in, *das*

**siting** ['saɪtɪŋ] *n.* Standortwahl, *die* (**of** für); *(position)* Lage, *die; (of missiles)* Stationierung, *die;* **the ~ of the new exhibition centre in Leeds** die Wahl von Leeds als Standort des neuen Ausstellungszentrums

**sitter** ['sɪtə(r)] *n.* **a)** *(Sport sl.) (easy catch)* leicht zu fangender Ball; *(easy shot)* idiotensichere Vorlage *(ugs. scherzh.);* **b)** *(artist's model)* Modell, *das;* **c)** *(hen)* Glucke, *die;* Bruthenne, *die;* **d)** *see* **baby-sitter**

**sitting** ['sɪtɪŋ] **1.** *n.* **a)** *(session)* Sitzung, *die;* **lunch is served in two ~s** es wird in zwei Schichten Mittag gegessen; **when is the first ~ [for lunch]?** wann geht der erste Schub [zum Mittagessen]?; **in one** *or* **at a ~** *(fig.)* in einem Zug[e]; **b)** *(Law)* Sitzungsperiode, die. 2. *adj.* **a)** *(not flying or running)* sitzend; **b)** *(hatching)* sitzend; brütend; **these are ~ hens** das sind Bruthennen

**sitting:** ~ **'duck** *n. (fig.)* leichtes Ziel; ~ **'member** *n. (Brit. Parl.)* **she is/was the ~ member** sie ist/war die derzeitige/damalige Abgeordnete; **~-room** *n.* **a)** *(lounge)* Wohnzimmer, *das; (in public buildings)* Aufenthaltsraum, *der;* **b)** *(space)* Sitzplatz, *der;* ~ **'target** *see* ~ **duck**; ~ **'tenant** *n.* **he is/was the ~ tenant** er ist/war der jetzige/damalige Mieter; **there is a ~ tenant** es ist ein Mieter vorhanden

**situate 1.** ['sɪtjʊeɪt] *v.t.* legen; einrichten ⟨*Büro*⟩. **2.** ['sɪtjʊət] *adj. (Law) see* **situated**

**situated** ['sɪtjʊeɪtɪd] *adj.* **a)** gelegen; **be ~:** liegen; **a badly ~ house** ein Haus in schlechter *od.* ungünstiger Lage; **the house is well ~ for the shops** in der Nähe des Hauses gibt es gute Einkaufsmöglichkeiten; **b) be well/badly ~ financially** finanziell gut/schlecht gestellt sein

**situation** [sɪtjʊ'eɪʃn] *n.* **a)** *(location)* Lage, *die;* **b)** *(circumstances)* Situation, *die;* **a ~ of some delicacy** eine ziemlich heikle Situation; **be in the happy ~ of being able to do sth.** in der glücklichen Lage sein, etw. tun zu können; **his ~ is as follows: ...:** seine Lage stellt sich folgendermaßen dar: ...; **what's the ~?** wie steht's?; **lead to a compromise ~:** zu einem Kompromiß führen; **the firm is in a profit ~:** die Firma schreibt Gewinne; **c)** *(job)* Stelle, *die;* **~s vacant/wanted** Stellenangebote/-gesuche

**situational** [sɪtjʊ'eɪʃənl] *adj.* Situations-; ~ **drama** Handlungsdrama, *das (Literaturw.)*

**situation 'comedy** *n.* Situationskomödie, *die (Serie von Radio- oder Fernsehkomödien mit unverbundenen Episoden bei gleichbleibenden Rollen)*

**sit:** **~-up** *n. Bewegung aus der Rückenlage in den Langsitz (als gymnastische Übung);* **do twenty ~-ups** sich zwanzigmal aufsetzen; **~-upon** *n. (coll.)* Sitzfläche, *die (ugs. scherzh.)*

**six** [sɪks] **1.** *adj.* sechs; **be ~ feet** *or* **foot under** *(coll.)* unter der Erde liegen; **it is ~ of one and half-a-dozen of the other** *(coll.)* das ist Jacke wie Hose *(ugs.); see also* **eight 1. 2.** *n.* **a)** *(number, symbol)* Sechs, *die;* **be at ~es and sevens** sich in einem heillosen Durcheinander befinden; *(on an issue or matter)* heillos zerstritten sein (**on** über + *Akk.*); *see also* **best 3 d; eight 2 a, c, d; b)** *(Cricket) Schlag, mit dem man sechs Punkte gewinnt; see also* **hit 1 k**

**Six 'Counties** *n. pl.* **the ~:** Nordirland *(das) (mit Londonderry, Antrim, Down, Armagh, Tyrone, Fermanagh)*

**six:** **~fold** *adj., adv.* sechsfach; *see also* **eightfold**; **~-'footer** *n. (person)* Zwei-Meter-Mann, *der*/-Frau, *die;* **most of them are ~-footers** die meisten sind fast zwei Meter groß; **~-pack** *n.* Sechserpack, *der;* **~pence** ['sɪkspəns] *n. (Brit. Hist.: coin)* Sixpence, *der;* **~penny** ['sɪkspənɪ] *adj. (Brit.)* zu sechs Pennies *nachgestellt; see also* **²bit g**; **~-shooter** *n.* sechsschüssiger Revolver

**sixteen** [sɪks'ti:n] **1.** *adj.* sechzehn; **sweet ~** süße sechzehn [Jahre alt]; *see also* **eight 1. 2.** *n.* Sechzehn, *die; see also* **eight 2 a, d; eighteen 2**

**sixteenth** [sɪks'ti:nθ] **1.** *adj.* sechzehnt...; *see also* **eighth 1. 2.** *n. (fraction)* Sechzehntel, *das; see also* **eighth 2**

**six'teenth-note** *n. (Amer. Mus.)* Sechzehntelnote, *die*

**sixth** [sɪksθ] **1.** *adj.* sechst...; *see also* **eighth 1. 2.** *n.* **a)** *(in sequence)* sechste, *der/die/das; (in rank)* Sechste, *der/die/das; (fraction)* Sechstel, *das;* **b)** *see* **sixth form; c)** *(Mus.)* Sexte, *die;* **d)** *(day)* **the ~ of May** der sechste Mai; **the ~ [of the month]** der Sechste [des Monats]. *See also* **eighth 2**

**sixth:** ~ **form** *n. (Brit. Sch.)* ≈ zwölfte/dreizehnte Klasse; **~-form college** *n. (Brit. Sch.)* ≈ Oberstufenzentrum, *das; College, das nur Schüler der zwölften/dreizehnten Klasse aufnimmt;* **~-former** *n. (Brit. Sch.)* Schüler/Schülerin der zwölften/dreizehnten Klasse

**sixtieth** ['sɪkstɪɪθ] **1.** *adj.* sechzigst...; *see also* **eighth 1. 2.** *n. (fraction)* Sechzigstel, *das; see also* **eighth 2**

**sixty** ['sɪkstɪ] **1.** *adj.* sechzig; *see also* **eight 1; one-and-~** *(arch.) see* **sixty-one 1. 2.** *n.* Sechzig, *die;* **one-and-~** *(arch.) see* **sixty-one 2;** *see also* **eight 2 a; eighty 2**

**sixty:** **~-'first** *etc. adj.* einundsechzigst... *usw.; see also* **eighth 1**; **~-'one** *etc.* **1.** *adj.* einundsechzig *usw.; see also* **eight 1; 2.** *n.* Einundsechzig *usw., die; see also* **eight 2 a**

**¹size** [saɪz] **1.** *n.* **a)** Größe, *die; (fig. of problem, project)* Umfang, *der;* Ausmaß, *das;* **reach full ~:** auswachsen; **be quite a ~:** ziemlich groß sein; **what a ~ he is!** wie groß er ist!; **be twice the ~ of sth.** zweimal so groß wie etw. sein; **who can afford a car that ~?** wer kann sich *(Dat.)* einen so großen Wagen leisten?; **what ~ [of] box do you want?** welche Größe soll die [gewünschte] Schachtel haben?; **take the ~ of sth.** etw. [aus]messen; **be small in ~:** klein sein; **be of great/small ~:** groß/klein sein; **a car of some ~:** ein ziemlich großes Auto; **be of a ~:** gleich groß sein; **be the ~ of sth.** so groß wie etw. sein; **be the ~ of a pea** erbsengroß sein; **a house the ~ of a palace** ein Haus so groß wie ein Palast; **that's [about] the ~ of it** *(fig. coll.)* so sieht die Sache aus *(ugs.);* **try sth. for ~:** etw. [wegen der Größe] anprobieren; *(fig.)* es einmal mit etw. versuchen; **what ~?** wie groß?; *see also* **cut down 1 c; b)** *(graded class)* Größe, *die; (of paper)* Format, *das;* **collar/waist ~:** Kragen-/Taillenweite, *die;* **take a ~ 7 shoe/ ~ 7 in shoes** Schuhgröße 7 haben; **what ~ is Madam?** welche Größe hat die Dame?; **A 5 ~ paper** A 5-Papier; **E 10 ~:** Größe E 10. **2.** *v.t.* nach der Größe sortieren

~ **'up** *v.t.* taxieren ⟨*Lage*⟩; **I can't ~ her up** ich werde aus ihr nicht schlau *(ugs.)*

**²size 1.** *n.* Leim, *der; (for textiles)* Schlichte, *die.* **2.** *v.t.* leimen; schlichten ⟨*Textilfaser*⟩

**-size** [saɪz] *adj. in comb.* **average-~:** durchschnittlich groß; **full-~ portrait/bottle** lebensgroßes Porträt *od.* Porträt in Lebensgröße/große Flasche; **small-/medium-/large-~:** klein/mittelgroß/groß

**sizeable** ['saɪzəbl] *adj.* ziemlich groß; beträchtlich ⟨*Summe, Schwierigkeiten, Wissen, Einfluß, Unterschied*⟩; ansehnlich ⟨*Betrag*⟩

**-sized** [saɪzd] *adj. in comb. see* **-size; good-~** größer

**sizzle** ['sɪzl] **1.** *v.i.* **a)** zischen; **b)** *(coll.: be hot or excited)* schmoren *(ugs.);* **be sizzling with anger** vor Wut kochen *(ugs.).* **2.** *n.* Zischen, *das*

**sizzling** ['sɪzlɪŋ] **1.** *adj.* **a)** zischend; **b)** *(very hot)* brütendheiß; ~ **heat/weather** Gluthitze, *die;* **c)** *(very fast)* blitzschnell *(ugs.).* **2.** *adv.* ~ **hot** brütendheiß ⟨*Wetter*⟩; zischend heiß ⟨*Steak*⟩

**skat** [skæt] *n. (Cards)* Skat, *der*

**¹skate** [skeɪt] *n. (Zool.)* Rochen, *der*

**²skate 1.** *n. (ice-~)* Schlittschuh, *der; (roller-~)* Rollschuh, *der;* **get one's ~s on** *(Brit. fig. coll.)* sich sputen. **2.** *v.i. (ice-~)* Schlittschuh laufen; *(roller-~)* Rollschuh laufen; **he ~d over to her/in circles** er lief zu ihr hinüber/drehte Kreise; **the insects ~ on the water** *(fig.)* die Insekten gleiten über das Wasser; **~ on thin ice** *(fig.)* sich auf dünnem Eis bewegen; *(put oneself in danger)* sich auf dünnes Eis begeben

~ **over,** ~ **round** *v.t. (fig.) (avoid)* hinweggehen über (+ *Akk.*) ⟨*Frage, Problem*⟩; *(touch lightly on)* [nur] streifen

**³skate** *n. (sl.: contemptible person)* **[cheap] ~:** mieser Kerl *(ugs. abwertend);* **you dirty ~:** du Dreckskerl *(derb abwertend)*

**skate:** **~board 1.** *n.* Skateboard, *das;* Rollerbrett, *das;* **2.** *v.i.* Skateboard fahren; **~boarder** *n.* Skateboardfahrer, *der*/-fahrerin, *die;* **~boarding** *n., no pl.* Skateboardfahren, *das*

**skater** ['skeɪtə(r)] *n. (ice-~)* Eisläufer, *der*/-läuferin, *die; (roller-~)* Rollschuhläufer, *der*/-läuferin, *die*

**skating** ['skeɪtɪŋ] *n., no pl. (ice-~)* Schlittschuhlaufen, *das; (roller-~)* Rollschuhlaufen, *das*

**'skating-rink** *n.* **a)** *(ice)* Eisbahn, *die;* Eisfläche, *die;* **b)** *(for roller-skating)* Rollschuhbahn, *die*

**skedaddle** [skɪ'dædl] *v.i. (coll.)* türmen *(salopp)*

**skeet** [ski:t] *n. (Sport)* ~ **[shooting]** Skeetschießen, *das*

**skein** [skeɪn] *n.* **a)** *(of wool etc.)* Strang, *der;* Docke, *die;* **b)** *(fig.: tangle)* Knäuel, *das; (of lies)* Netz, *das;* **c) a ~ of wild geese** eine Schar Wildgänse

**skeletal** ['skelɪtl] *adj.* **a)** *(relating to the skeleton)* Skelett-; **b)** *(emaciated)* knochendürr ⟨*Körper, Hand*⟩; **have a ~ appearance, look ~:** wie ein Skelett *od.* Gerippe aussehen

**skeleton** ['skelɪtn] *n.* **a)** Skelett, *das;* Gerippe, *das;* **have a ~ in the cupboard** *(Brit.) or (Amer.)* **closet** *(fig.)* eine Leiche im Keller haben *(ugs.);* **b)** *(framework)* Skelett, *das (Bauw.); (of ship)* Gerippe, *das;* **c)** *(outline)* Gerüst, *das;* **d)** *(fig.: thin person or animal)* Gerippe, *das;* **she was reduced to a ~:** sie magerte fast bis zum Gerippe ab

**skeleton:** ~ **'crew** *n.* Stammbesatzung, *die;* ~ **'key** *n.* Dietrich, *der;* ~ **'service** *n.* **provide a ~ service** den Betrieb notdürftig aufrechterhalten; **there were buses running, but it was only a ~ service** es fuhren zwar Busse, aber nur einige wenige; ~ **'staff** *n.* Minimalbesetzung, *die*

**skepsis, skeptic** *(Amer.) see* **scep-**

**sketch** [sketʃ] **1.** *n.* **a)** *(drawing)* Skizze, *die;* **do** *or* **make a ~:** eine Skizze anfertigen; **b)** *(fig.: outline)* **give** *or* **deliver a ~ of the situation** die Lage skizzieren; **the plan is only a ~ at the moment** der Plan existiert zur Zeit nur in [groben] Umrissen; **c)** *(play)* Sketch, *der;* **d)** *(Lit., Mus.)* Skizze, *die.* **2.** *v.t. (lit. or fig.)* skizzieren. **3.** *v.i.* skizzieren

~ **'in** *v.t.* **a)** *(draw)* einzeichnen; **b)** *(fig.: outline)* skizzieren

~ **'out** *v.t. (lit. or fig.)* [in groben Umrissen] skizzieren

**sketch:** **~-block** *n.* Skizzenblock, *der;* **~-book** *n.* Skizzenbuch, *das*

**sketcher** ['sketʃə(r)] *n.* Skizzenmaler, *der*/-malerin, *die* (**of** für)

**sketchily** ['sketʃɪlɪ] *adv.* skizzenhaft; flüchtig ⟨*vorbereiten, berichten, aufzeichnen*⟩

**sketching** ['sketʃɪŋ] *n.* Skizzieren, *das*

**sketch:** ~ **map** *n.* Faustskizze, *die;* **~-pad** *see* **sketch-block**

**sketchy** ['sketʃɪ] *adj.* **a)** skizzenhaft; **b)** *(incomplete)* lückenhaft ⟨*Information, Bericht*⟩; **c)** *(inadequate)* unzureichend

**skew** [skju:] **1.** *adj.* schräg; schief ⟨*Gesicht*⟩. **2.** *n.* **on the ~:** schräg ⟨*überqueren*⟩; schief ⟨*tragen, aufsetzen*⟩; **the picture is [hanging] on the ~:** das Bild hängt schief. **3.** *v.t.* abschrägen; verzerren ⟨*Gesicht, Gestalt, Sachverhalt*⟩. **4.** *v.i.* ~ **round** sich drehen

**skewer** ['skju:ə(r)] **1.** *n.* [Brat]spieß, *der.* **2.** *v.t.* aufspießen

**skew-'whiff** *(Brit. coll.) see* **askew**

**ski** [ski:] **1.** *n.* **a)** Ski, *der;* **b)** *(on vehicle)* Kufe, *die.* **2.** *v.i.* Ski laufen *od.* fahren; ~ **down the hill** [auf Skiern] den Berg hinabfahren; ~ **cross-country** Skilanglauf machen

**ski:** **~-bob** *n.* Skibob, *der;* **~-bobbing** *n.* Skibobfahren, *das;* ~ **boot** *n.* Skistiefel, *der;* ~ **cap** *n.* Skimütze, *die*

**skid** [skɪd] **1.** *v. i.,* **-dd- a)** schlittern; *(from one side to the other; spinning round)* schleudern; ~ **to a halt** schlitternd/schleudernd zum Stehen kommen; **b)** *(on foot)* rutschen. **2.** *n.* **a)** Schlittern, *das; (from one side to the other; spinning round)* Schleudern, *das;* **go into a ~:** ins Schlittern/Schleudern geraten; **get out of the ~, correct the ~:** das Schlittern/Schleudern abfangen; **steer into the ~:** gegenlenken; **b)** *(Aeronaut.)* Gleitkufe, *die;* **tail/wing ~:** Gleitkufe unter dem Leitwerk/Flügel; **c)** *(braking device)* Radschuh, *der;* Hemmschuh, *der;* **d)** *(support)* Stützbalken, *der;* **e)** *(slideway)* Schrotbaum, *der; (used in pairs or sets)* Schrotleiter, *die; (roller)* Rolle, *die;* **be on the ~s** *(fig. coll.)* auf dem absteigenden Ast sein; **the plan/project is on the ~s** *(fig. coll.)* der Plan/das Projekt droht zu scheitern; **put the ~s under sb./sth.** *(fig. coll.)* jmdn./etw. zu Fall bringen

**skid: ~ chains** *see* **snow chains; ~ -lid** *n. (sl.)* Sturzhelm, *der;* **~-marks** *n. pl.* Schleuderspur, *die;* **~pad** *n. (Amer.),* **~-pan** *n. (Brit.) Gelände, auf dem ein Schleudertraining durchgeführt wird;* **~ row** [skɪd'rəʊ] *n. (Amer.)* Pennerviertel, *das (salopp abwertend);* **end up on ~ row** *(coll.)* als Penner enden *(salopp abwertend)*

**skier** ['skiːə(r)] *n.* Skiläufer, *der*/-läuferin, *die;* Skifahrer, *der*/-fahrerin, *die*

**skiff** [skɪf] *n.* Skiff, *das; (racing-boat also)* Einer, *der*

**skiffle** ['skɪfl] *n.* Skiffle, *der od. das; attrib.* Skiffle-

**'ski goggles** *n. pl.* Skibrille, *die*

**skiing** ['skiːɪŋ] *n., no pl.* Skilaufen, *das;* Skifahren, *das; (Sport)* Skisport, *der*

**ski: ~-jump** *n.* **a)** *(slope)* Sprungschanze, *die;* **b)** *(leap)* Skisprung, *der;* **~-jumper** *n.* Skispringer, *der*/-springerin, *die;* **~-jumping** *n., no pl.* Skispringen, *das*

**skilful** ['skɪlfl] *adj.* **a)** *(having skill)* geschickt; gewandt ‹*Redner*›; gut ‹*Beobachter, Lehrer*›; **b)** *(well executed)* geschickt; kunstvoll ‹*Gemälde, Plastik, Roman, Komposition*›; *(expert)* fachgerecht ‹*Beurteilung*›; kunstgerecht ausgeführt ‹*Operation*›

**skilfully** ['skɪlfəlɪ] *adv.* geschickt; kunstvoll ‹*malen, dichten, komponieren*›; fachgerecht ‹*urteilen*›; kunstgerecht ‹*operieren*›

**skilfulness** ['skɪlflnɪs] *n., no pl. see* **skill a**

**'ski-lift** *n.* Skilift, *der*

**skill** [skɪl] *n.* **a)** *(expertness)* Geschick, *das;* Fertigkeit, *die; (of artist)* Können, *das;* **have ~ at** *or* **in sth.** Geschick/Fertigkeit in etw. *(Dat.)* haben; **b)** *(technique)* Fertigkeit, *die; (of weaving, bricklaying)* Technik, *die;* Kunst, *die;* **the ~ of making guests feel at home** die Kunst, Gäste sich wie zu Hause fühlen zu lassen; **c)** *in pl. (abilities)* Fähigkeiten; **office ~s** Büroerfahrung, *die;* **language ~s** Sprachkenntnisse, *die;* **d)** *(dexterity)* Geschicklichkeit, *die; (of speech)* Gewandtheit, *die; (of painting)* Kunstfertigkeit, *die*

**skilled** [skɪld] *adj.* **a)** *see* **skilful a; b)** *(requiring skill)* qualifiziert ‹*Arbeit, Tätigkeit*›; **~ trade** Ausbildungsberuf, *der;* Lehrberuf, *der (veralt.);* **c)** *(trained)* ausgebildet; *(experienced)* erfahren; **be ~ in diplomacy/sewing** ein guter Diplomat sein/gut nähen können; **~ men** Fachleute *Pl.*

**skillet** ['skɪlɪt] *n.* **a)** *(Brit.: cooking-pot)* Tiegel, *der (mit Füßen);* **b)** *(Amer.: frying-pan)* Bratpfanne, *die*

**skillful, skillfully, skillfulness** *(Amer.) see* **skilful** *etc.*

**skim** [skɪm] **1.** *v. t.,* **-mm- a)** *(remove)* abschöpfen; abrahmen ‹*Milch*›; **b)** *(touch in passing)* streifen; **c)** *(pass closely over)* **~ sth.** dicht über etw. *(Akk.)* fliegen; **d)** *(throw)* segeln lassen; hüpfen lassen ‹*Stein*›; **e)** *(scan briefly) see* **~ through. 2.** *v. i.,* **-mm-** segeln; **a bullet ~med past** *or* **by my arm** eine Kugel schwirrte an meinem Arm vorbei

**~ 'off** *v. t.* **a)** abschöpfen; **b)** *(fig.) see* **cream off**

**~ through** *v. t.* überfliegen ‹*Buch, Zeitung*›

**skimmed 'milk, skim 'milk** *n.* entrahmte Milch

**skimp** [skɪmp] **1.** *v. t.* sparen an (+ *Dat.*); **he did the work badly, ~ing it** er schluderte bei seiner Arbeit *(ugs.).* **2.** *v. i.* sparen **(with,** on an + *Dat.*); **he had to ~ on food/clothes** er mußte am Essen/an der Kleidung sparen

**skimpily** ['skɪmpɪlɪ] *adv.* sparsam ‹*bekleidet*›; kärglich ‹*essen*›; knapp ‹*geschneidert*›

**skimpy** ['skɪmpɪ] *adj.* sparsam; karg ‹*Mahl*›; kärglich ‹*Leben*›; winzig ‹*Badeanzug*›; [zu] knapp ‹*Anzug*›; spärlich ‹*Wissen*›

**skin** [skɪn] **1.** *n.* **a)** Haut, *die;* **be all** *or* **just ~ and bone** *(fig.)* nur Haut und Knochen sein *(ugs.);* **be soaked** *or* **wet to the ~:** bis auf die Haut durchnäßt sein; **change one's ~** *(fig.)* sich völlig verwandeln; **by** *or* **with the ~ of one's teeth** mit knapper Not; **get under sb.'s ~** *(fig. coll.) (irritate sb.)* jmdm. auf die Nerven gehen *od.* fallen *(ugs.); (fascinate or enchant sb.)* jmdm. unter die Haut gehen *(ugs.);* **have a thick/thin ~** *(fig.)* ein dickes Fell haben *(ugs.)*/dünnhäutig sein; **jump out of one's ~** *(fig.)* aus dem Häuschen geraten *(ugs.);* **save one's ~** *(fig.)* seine Haut retten *(ugs.);* **it's no ~ off my/his** *etc.* **nose** *(coll.)* das braucht mich/ihn *usw.* nicht zu jucken *(ugs.);* **wear sth. next to one's ~:** etw. auf der [bloßen] Haut tragen; **we are all brothers under the ~:** wir sind uns im Grunde alle sehr ähnlich; **b)** *(hide)* Haut, *die;* **c)** *(fur)* Fell, *das;* **d)** *(peel)* Schale, *die; (of onion, peach also)* Haut, *die;* **e)** *(sausage-casing)* Haut, *die;* Pelle, *die (landsch., bes. nordd.);* **f)** *(leather)* Leder, *das;* **g)** *(Brit. sl.) see* **skinhead a; h)** *(vessel)* Schlauch, *der;* **i)** *(Naut., Aeronaut.)* Außenhaut, *die;* **j)** *(stencil)* Matrize, *die.* **2.** *v. t.,* **-nn-** *(remove from)* häuten; schälen ‹*Frucht*›; **~ one's knee** *etc.* sich *(Dat.)* das Knie *usw.* [auf]schürfen **(on** an, auf + *Dat.,* **against** an + *Dat.*); **~ sb. alive** *(fig. coll.)* Hackfleisch aus jmdm. machen *(ugs.); see also* **eye 1 a**

**skin: ~-cream** *n.* Hautcreme, *die;* **~-'deep** *adj. (fig.)* oberflächlich; *see also* **beauty a; ~ disease** *n.* Hautkrankheit, *die;* **~-dive** *v. i.* tauchen; **~-diver** *n.* Taucher, *der*/Taucherin, *die;* **~-diving** *n., no pl.* Tauchen, *das;* **~-flick** *n. (sl.)* Pornofilm, *der (ugs.);* **~flint** *n.* Geizhals, *der (abwertend);* **~-food** *n.* Nährcreme, *die*

**skinful** ['skɪnfʊl] *n. (coll.)* **have [got] a ~:** voll sein *(salopp)*

**skin: ~ game** *n. (Amer. sl.)* [betrügerisches] Glücksspiel; **~-graft** *n.* Hauttransplantation, *die;* **~head** *n.* **a)** *(Brit.)* Skinhead, *der;* **b)** *(Amer. sl.: naval recruit)* Marinerekrut, *der*

**-skinned** [skɪnd] *adj. in comb.* -häutig

**skinny** ['skɪnɪ] *adj.* mager

**'skinny-dipping** *n. (Amer. sl.)* Nacktbaden, *das*

**skint** [skɪnt] *adj. (Brit. coll.)* bankrott; **be ~:** blank *od.* pleite sein *(ugs.)*

**skin: ~ test** *n.* Hauttest, *der;* **~-tight** *adj.* hauteng

**¹skip** [skɪp] **1.** *v. i.,* **-pp- a)** hüpfen; **b)** *(use skipping-rope)* seilspringen; **c)** *(change quickly)* springen *(fig.);* **d)** *(make omissions)* überspringen; **e)** *(coll.: flee)* abhauen *(ugs.).* **2.** *v. t.,* **-pp- a)** *(omit)* überspringen; *(in mentioning names)* übergehen; **~ it!** *(sl.)* vergiß es *(ugs.);* **my heart ~ped a beat** *(fig.)* mir stockte das Herz; **b)** *(coll.: miss)* schwänzen *(ugs.)* ‹*Schule usw.*›; liegenlassen ‹*Hausarbeit*›; **~ breakfast/lunch** *etc.* das Frühstück/Mittagessen *usw.* auslassen; **c)** *(coll.: flee from)* abhauen aus *(ugs.); see also* **¹bail 1 a; d) ~ rope** *(Amer.)* seilspringen. **3.** *n.* Hüpfer, *der;* Hopser, *der (ugs.);* **give a ~ of delight** vor Freude hüpfen

**~ a'bout** *v. i.* **a)** herumhüpfen; **b) he did not stay with his subject but ~ped about** er hielt sich nicht an sein Thema, sondern sprang von einem Gegenstand zum anderen *od.* nächsten

**~ a'cross** *v. i.* hinüberspringen; rüberspringen *(ugs.);* **~ across to France** *(fig.)* kurz nach Frankreich hinüberfahren *od. (ugs.)* rüberfahren

**~ a'round** *see* **~ about**

**~ 'off** *v. i.* **a)** *see* **pop off b; b)** *(flee)* sich absetzen *(ugs.)*

**~ over 1.** [-'--] *v. i. see* **~ across. 2.** ['---] *v. t. see* **~ 2 a**

**~ through** *v. t.* **a)** *see* **skim through; b)** *(make short work of)* [rasch] durchziehen *(ugs.);* herunterschnurren *(ugs.)* ‹*Vorlesung*›

**²skip** *n.* **a)** *(Building)* Container, *der;* **b)** *(Mining)* Skip, *der;* Fördergefäß, *das*

**³skip** *(Sport coll.) see* **skipper 1 c**

**ski: ~-plane** *n.* Kufenflugzeug, *das;* **~ pole** *n.* Skistock, *der*

**skipper** ['skɪpə(r)] **1.** *n.* **a)** *(Naut.)* Kapitän, *der; (of yacht)* Skipper, *der (Seglerjargon);* **b)** *(Aeronaut.)* [Flug]kapitän, *der;* **c)** *(Sport)* [Mannschafts]kapitän, *der.* **2.** *v. t.* **~ a yacht** *etc.* Kapitän einer Jacht *usw.* sein; **~ the team to victory** die Mannschaft zum Sieg führen

**skipping-rope** ['skɪpɪŋrəʊp] *(Brit.),* **'skip-rope** *(Amer.) ns.* Sprungseil, *das;* Springseil, *das*

**'ski resort** *n.* Skiurlaubsort, *der*

**skirl** [skɜːl] *n.* durchdringendes *od.* gellendes Pfeifen

**skirmish** ['skɜːmɪʃ] **1.** *n.* **a)** *(fight)* Rangelei, *die (ugs.); (of troops, armies)* Gefecht, *das (Milit.);* **b)** *(fig.: argument)* Auseinandersetzung, *die.* **2.** *v. i.* **a)** *(fight)* miteinander rangeln *(ugs.);* ‹*Armeen, Truppen:*› sich *(Dat.)* Gefechte *(Milit.)* liefern; **b)** *(fig.: argue)* [sich] streiten

**skirt** [skɜːt] **1.** *n.* **a)** Rock, *der;* **b)** *(of coat)* Schoß, *der;* **c)** *(border)* Rand, *der;* Saum, *der (geh.);* **d)** *(on hovercraft)* Schürze, *die;* **e)** *(Riding)* Seitenblatt, *das;* **f)** *(Brit.: cut of meat)* **~ of beef** Rindfleisch vom Unterbauch; **g)** *(sl.: woman)* **[a bit of] ~:** [eine] Mieze *(salopp).* **2.** *v. t.* **a)** *(go past edge of)* herumgehen um; **b)** *(border on)* ‹*Straße, Weg:*› entlangführen an (+ *Dat.*). **3.** *v. i.* **~ along sth.** an etw. *(Dat.)* entlanggehen/-fahren/-reiten *usw.*

**~ round** *v. t.* herumgehen um; *(fig.)* umgehen; ausweichen (+ *Dat.*)

**skirting** ['skɜːtɪŋ] *n.* **~[-board]** *(Brit.)* Fußleiste, *die*

**ski: ~-run** *n.* Skihang, *der; (prepared)* [Ski]piste, *die;* **~stick** *n.* Skistock, *der;* **~ suit** *n.* Skianzug, *der*

**skit** [skɪt] *n.* parodistischer Sketch **(on** über + *Akk.*)

**'ski tow** *n.* Schlepplift, *der*

**skittish** ['skɪtɪʃ] *adj.* **a)** *(nervous)* nervös ‹*Pferd*›; *(inclined to shy)* schreckhaft ‹*Pferd*›; **b)** *(lively)* ausgelassen; aufgekratzt *(ugs.)*

**skittishly** ['skɪtɪʃlɪ] *adv. see* **skittish:** nervös; schreckhaft; ausgelassen; aufgekratzt *(ugs.)*

**skittle** ['skɪtl] *n.* **a)** Kegel, *der;* **b)** *in pl., constr. as sing. (game)* Kegeln, *das;* **play [at] ~s** kegeln; see also **beer**

**~ 'out** *v. t. (Cricket)* in schneller Folge ausscheiden lassen ‹*die gegnerischen Schlagmänner*›

**skive** [skaɪv] **1.** *v. t.* **a)** *(pare)* schaben ‹*Leder, Fell*›; **b)** *(Brit. sl.: evade)* sich drücken vor (+ *Dat.*) *(ugs.);* schwänzen *(ugs.)* ‹*Schule usw.*›. **2.** *v. i. (Brit. sl.)* sich drücken *(ugs.)*

**~ 'off** *(Brit. sl.)* **1.** *v. i.* sich verdrücken *(ugs.).* **2.** *v. t.* schwänzen *(ugs.)*

**skiver** ['skaɪvə(r)] *n. (Brit. sl.)* Drückeberger, *der*/Drückebergerin, *die*

**skivvy** ['skɪvɪ] *n. (Brit. coll. derog.)* Dienstmädchen, *das (fig. ugs.);* Dienstbolzen, *der (salopp abwertend)*
**skua** ['skju:ə] *n. (Ornith.)* Skua[raubmöwe], *die*
**skulduggery** [skʌl'dʌgərɪ] *n. (joc.)* Hinterlist, *die; (Polit.)* Intrige, *die;* **a piece/an act of ~:** eine Hinterlist/Intrige; **what ~ got you the job?** mit welchen Tricks hast du die Stelle bekommen?
**skulk** [skʌlk] *v. i.* **a)** *(lurk)* lauern; **b)** *(move stealthily)* schleichen; **c)** *(be cowardly)* sich verkriechen; **d)** *(shirk duty)* krankfeiern *(ugs.)*
~ **'off** *v. i.* sich fortschleichen
**skull** [skʌl] *n.* **a)** *(Anat.)* Schädel, *der;* **b)** *(as object)* Totenschädel, *der; (representation)* Totenkopf, *der;* **c)** *(fig.: seat of intelligence)* Schädel, *der;* **can't you/when will you get it into** *or* **through your thick ~?** *(coll.)* geht das nicht/wann geht das endlich in deinen Schädel [hinein]? *(ugs.)*
**skull: ~ and cross-bones** [skʌlən'krɒsbəʊnz] *n.* Totenkopf, *der (mit gekreuzten Knochen); (flag)* Totenkopfflagge, *die;* **~-cap** *n.* **a)** *(hat)* Scheitelkäppchen, *das;* **b)** *(Anat.)* Schädeldach, *das*
**skullduggery** *see* **skulduggery**
**-skulled** [skʌld] *adj. in comb.* -schädelig
**skunk** [skʌŋk] *n.* **a)** *(Zool.)* Stinktier, *das;* Skunk, *der;* **b)** *(coll.: contemptible person)* Stinktier, *das (derb);* **c)** *(fur)* Skunk, *der*
**'skunk-bear** *(Amer.) see* **wolverine**
**sky** [skaɪ] **1.** *n.* Himmel, *der;* **in the ~:** am Himmel; **out of a clear [blue] ~** *(fig.)* aus heiterem Himmel *(ugs.);* **praise sb./sth. to the skies** jmdn./etw. in den Himmel heben *(ugs.);* **there is not a cloud in the ~** *(lit. or fig.)* es zeigt sich kein Wölkchen am Himmel; **the ~'s the limit** *(fig.)* da gibt es [praktisch] keine Grenze; **for a man with his qualifications the ~'s the limit** *(fig.)* einem so hochqualifizierten Mann stehen alle Möglichkeiten offen; **under the open ~:** unter freiem Himmel. **2.** *v. t. (Sport)* hoch in die Luft schlagen
**sky: ~-blue 1.** *adj.* himmelblau; **2.** *n.* Himmelblau, *das;* **~-diver** *n.* Fallschirmspringer, *der*/-springerin, *die;* **~-diving** *n.* Fallschirmspringen, *das (als Sport);* Fallschirmsport, *der;* **~-high 1.** *adj.* himmelhoch; astronomisch *(ugs.)* ⟨*Preise usw.*⟩; **2.** *adv.* hoch in die Luft ⟨*werfen, steigen usw.*⟩; **go ~-high** ⟨*Preise usw.:*⟩ in astronomische Höhen klettern *(ugs.);* **blow a building/a theory ~-high** ein Gebäude in die Luft jagen *(ugs.)*/eine Theorie völlig umwerfen; **~jack** *(Journ. coll.)* **1.** *v. t.* entführen; **2.** *n.* Flugzeugentführung, *die;* **~-jacker** ['skaɪdʒækə(r)] *n. (Journ. coll.)* Flugzeugentführer, *der*/-entführerin, *die;* **~lark 1.** *n. (Ornith.)* [Feld]lerche, *die;* **2.** *v. i.* **~lark [about** *or* **around]** herumalbern *(ugs.);* **~light** *n.* Dachfenster, *das;* **~line** *n.* Silhouette, *die; (characteristic of certain town)* Skyline, *die;* **~-rocket 1.** *n.* Rakete, *die;* **2.** *v. i. (fig. coll.)* ⟨*Preise usw.:*⟩ in die Höhe schnellen; ⟨*Beliebtheit:*⟩ ungeheuer *(ugs.)* wachsen; **~sail** ['skaɪseɪl, 'skaɪsl] *n. (Naut.)* Skysegel, *das;* **~scraper** *n.* Wolkenkratzer, *der*
**skyward** ['skaɪwəd] **1.** *adj.* zum Himmel gerichtet; **in a ~ direction/on a ~ path** himmelwärts *(geh.).* **2.** *adv.* himmelwärts *(geh.);* zum *od. (veralt.)* gen Himmel
**skywards** *see* **skyward 2**
**sky: ~way** *n. (Aeronaut.)* Fluglinie, *die;* **~-writing** *n.* Himmelsschrift, *die*
**slab** [slæb] *n.* **a)** *(flat stone etc.)* Platte, *die;* **mortuary ~:** Totenbank, *die;* **b)** *(thick slice)* [dicke] Scheibe; *(of cake)* [dickes] Stück; *(of chocolate, toffee)* Tafel, *die*
**'slab cake** *n.* Kastenkuchen, *der*
**¹slack** [slæk] **1.** *adj.* **a)** *(lax)* nachlässig; schlampig *(ugs. abwertend);* **his ~ attendance** sein unregelmäßiges Erscheinen; **be ~ about** *or* **in** *or* **with sth.** in bezug auf etw. *(Akk.)* nachlässig sein; **not be ~ about** *or* **in** *or* **at doing sth.** nicht lange zögern, etw. zu tun; **b)** *(loose)* schlaff; locker ⟨*Schraube, Verband, Strumpfband*⟩; **c)** *(sluggish)* schlaff; schwach ⟨*Wind, Flut*⟩; **d)** *(Commerc.: not busy)* flau; **a ~ three weeks** eine dreiwöchige Flaute. **2.** *n.* **a)** *(Naut.)* Lose, *die;* **take in** *or* **up the ~ on sth.** die Lose an etw. *(Dat.)* durchholen; **b)** *(lull)* Flaute, *die.* **3.** *v. i. (coll.)* bummeln *(ugs.)*
~ **'off** *see* **slacken off**
~ **'up** *see* **slacken up**
**²slack** *n. (coal-dust)* Grus, *der*
**slacken** ['slækn] **1.** *v. i.* **a)** *(loosen)* sich lockern; **b)** *(diminish)* nachlassen; ⟨*Geschwindigkeit:*⟩ sich verringern; ⟨*Schritt:*⟩ sich verlangsamen. **2.** *v. t.* **a)** *(loosen)* lockern; **b)** *(diminish)* verringern; verlangsamen ⟨*Schritt*⟩; **~ one's efforts/attempts** in seinen Anstrengungen/Bemühungen nachlassen
~ **'off 1.** *v. i.* **a)** *(loosen) see* **~ 1 a; b)** *(diminish) see* **~ 1 b; c)** *(relax)* es etwas langsamer angehen lassen *(ugs.).* **2.** *v. t.* **a)** *(loosen) see* **~ 2 a; b)** *(diminish) see* **~ 2 b**
~ **'up** *v. i.* **a)** *(reduce speed)* ⟨*Zug, Auto:*⟩ die Fahrt verlangsamen; ⟨*Schritt:*⟩ sich verlangsamen; **b)** *see* **~ off 1 c**
**slacker** ['slækə(r)] *n. (derog.)* Faulenzer, *der*
**slackly** ['slæklɪ] *adv.* **a)** *(negligently)* nachlässig; schlampig *(ugs. abwertend);* **b)** *(loosely)* locker; schlaff ⟨*hängen*⟩
**slackness** ['slæknɪs] *n., no pl.* **a)** *(negligence)* Nachlässigkeit, *die;* **b)** *(idleness)* Bummelei, *die (ugs.);* **c)** *(looseness)* Schlaffheit, *die;* **d)** *(of market, trade)* Flaute, *die*
**slacks** [slæks] *n. pl.* **[pair of] ~:** lange Hose; Slacks *Pl. (Mode)*
**slack 'water** *n.* Stauwasser, *das*
**slag** [slæg] **1.** *n.* **a)** *(Metallurgy, Geol.)* Schlacke, *die; see also* **basic slag; b)** *(sl.: slattern)* Schlampe, *die (salopp).* **2.** *v. t.* **~ [off]** herziehen über (+ *Akk.*) *(ugs.)*
**'slag-heap** *n. (Mining)* Schlackenhalde, *die*
**slain** *see* **slay**
**slake** [sleɪk] *v. t.* **a)** stillen; löschen, stillen ⟨*Durst*⟩; **b)** *(Chem.)* löschen
**slaked lime** [sleɪkt 'laɪm] *see* **¹lime a**
**slalom** ['slɑ:ləm] *n. (Skiing; Motor-/Canoe-racing)* Slalom, *der; see also* **giant slalom**
**¹slam** [slæm] **1.** *v. t.,* **-mm- a)** *(shut)* zuschlagen; zuknallen *(ugs.);* **~ the door in sb.'s face** jmdm. die Tür vor der Nase zuschlagen; **b)** *(put violently)* knallen *(ugs.);* **~ sb. in[to] prison** *(coll.)* jmdn. einbuchten *(salopp);* **~ one's foot on the brake** *(coll.)* auf die Bremse steigen *(ugs.);* **c)** *(sl.: criticize) see* **slate 3 a; d)** *(coll.: hit with force)* knallen *(ugs.)* ⟨*Ball*⟩. **2.** *v. i.,* **-mm- a)** zuschlagen; zuknallen *(ugs.);* **b)** *(move violently)* stürmen; **the car ~med against** *or* **into the wall** das Auto knallte *(ugs.)* gegen die Mauer. **3.** *n. (sound)* Knall, *der;* **hear the ~ of the door** die Tür zuknallen hören *(ugs.)*
~ **'down** *v. t.* [hin]knallen *(ugs.);* **~ sth. down on sth.** etw. auf etw. *(Akk.)* knallen *(ugs.);* **~ down a window** ein Fenster zuknallen *(ugs.)*
~ **'on** *v. t. (coll.)* **~ on the brakes** auf die Bremse latschen *(salopp)*
~ **'to 1.** *v. i.* zuschlagen; zuknallen *(ugs.).* **2.** *v. t.* zuschlagen; zuknallen *(ugs.)*
**²slam** *n.* **a)** *(Cards)* Schlemm, *der;* **grand/little** *or* **small ~:** großer/kleiner Schlemm; **b)** *(Sport)* **achieve the grand ~:** alle [wichtigen] Meistertitel gewinnen; *(Tennis)* den Grand Slam gewinnen
**slam'bang** *adv.* mit einem Knall
**slammer** ['slæmə(r)] *n. (sl.)* Kittchen, *das (ugs.)*
**slander** ['slɑ:ndə(r)] **1.** *n.* **a)** *(false report, defamation)* Verleumdung, *die* **(on** *Gen.***); b)** *(Law)* [mündliche] Verleumdung. **2.** *v. t.* verleumden; schädigen ⟨*Ruf*⟩
**slanderer** ['slɑ:ndərə(r)] *n.* Verleumder, *der*/Verleumderin, *die*
**slanderous** ['slɑ:ndərəs] *adj.* verleumderisch
**slang** [slæŋ] **1.** *n.* Slang, *der;* ⟨*Theater-, Soldaten-, Juristen*⟩jargon, *der; attrib.* Slang⟨*wort, -ausdruck*⟩. **2.** *v. t.* **~ sb.** jmdn. übel beschimpfen; **~ sth.** etw. zerreißen *(ugs.)*
**'slanging-match** *n.* gegenseitige [lautstarke] Beschimpfung; **I had a ~ with her** wir warfen uns gegenseitig Beschimpfungen an den Kopf
**slangy** ['slæŋɪ] *adj.* Slang⟨*ausdruck, -wort*⟩; salopp ⟨*Wortwahl, Redeweise*⟩
**slant** [slɑ:nt] **1.** *v. i.* ⟨*Fläche:*⟩ sich neigen; ⟨*Linie:*⟩ schräg verlaufen; **the roof ~s at an angle of 45°** das Dach hat eine Neigung von 45°; **green hills ~ing down to the sea** grüne Hügel, die schräg zum Meer abfallen; **his writing ~s from left to right** seine Schrift ist nach rechts geneigt *od.* er schreibt nach rechts; **the desk-top ~s** die Schreibtischplatte ist geneigt. **2.** *v. t.* **a)** abschrägen; schräg zeichnen ⟨*Linie*⟩; **b)** *(fig.: bias)* [so] hinbiegen *(ugs.)* ⟨*Meldung, Bemerkung*⟩. **3.** *n.* **a)** Schräge, *die;* **have a ~ to the right** ⟨*Handschrift:*⟩ nach rechts geneigt sein; **cut sth. with** *or* **on a** *or* **the ~:** etw. schräg abschneiden; **be on a** *or* **the ~:** schräg sein; **write on the ~:** schräg schreiben; **b)** *(fig.: bias)* Tendenz, *die;* Färbung, *die;* **have a left-wing ~** ⟨*Bericht:*⟩ links gefärbt sein; **put a right-wing ~ on sth.** von etw. eine rechts gefärbte Darstellung geben; **give an unfair ~ to events** die Vorfälle schief darstellen
**slanted** ['slɑ:ntɪd] *adj. (fig.)* gefärbt; **a ~ question** eine Suggestivfrage
**'slant-eyed** *adj. (also derog.)* schlitzäugig
**slanting** ['slɑ:ntɪŋ] *adj.* schräg
**'slantways** ['slɑ:ntweɪz], **slantwise** ['slɑ:ntwaɪz] *adv.* schräg
**slap** [slæp] **1.** *v. t.,* **-pp- a)** schlagen; **~ sb. on the face/arm/hand** jmdm. ins Gesicht/auf den Arm/auf die Hand schlagen; **~ sb.'s face** *or* **sb. in** *or* **on the face** jmdn. ohrfeigen; **I'll ~ your face!** du bekommst eine Ohrfeige; **~ one's thigh[s]** sich *(Dat.)* auf die Schenkel schlagen; **~ sb. on the back** jmdm. auf die Schulter klopfen; **she deserves to be ~ped on the back** *(fig.)* sie verdient Beifall; Hut ab vor ihr! *(ugs.);* **b)** *(put forcefully)* knallen *(ugs.);* **he ~ped the handcuffs on the prisoner** er ließ die Handschellen an den Armen des Gefangenen zuschnappen; **~ a fine on sb.** *(fig.)* jmdm. eine Geldstrafe aufbrummen *(ugs.);* **~ sb. in jail** *(coll.)* jmdn. ins Gefängnis stecken *(ugs.);* **c)** *(put hastily or carelessly)* klatschen *(ugs.).* **2.** *v. i.,* **-pp-** schlagen; klatschen. **3.** *n.* Schlag, *der;* **give sb. a ~:** jmdn. [mit der flachen Hand] schlagen; **give sth. a ~:** [mit der flachen Hand] auf etw. *(Akk.)* schlagen; **a ~ in the face** *(lit. or fig.)* ein Schlag ins Gesicht; **give sb. a ~ on the back** *(lit. or fig.)* jmdm. auf die Schulter klopfen; **a ~ on the back for sb./sth.** *(fig.)* eine Anerkennung für jmdn./etw.; **the judge gave him more than just a ~ on the wrist** *(fig.)* der Richter verpaßte ihm einen ordentlichen Denkzettel *(ugs.).* **4.** *adv.* voll; **run ~ into sb.** *(lit. or fig.)* mit jmdm. zusammenprallen; **hit sb. ~ in the eye/face** *etc.* jmdn. mit voller Wucht ins Auge/Gesicht treffen; **~ in the middle** genau in der Mitte; **he arrived ~ on time** er kam auf die Minute pünktlich
~ **'down** *v. t.* **a)** *(lay forcefully)* hinknallen *(ugs.);* **~ sth. down on sth.** etw. auf etw. *(Akk.)* knallen *(ugs.);* **b)** *(coll.: check, suppress, reprimand)* **~ sb. down** jmdm. eins auf den Deckel geben *(ugs.);* **be ~ ped down** eins auf den Deckel kriegen *(ugs.)*
~ **'on** *v. t.* **a)** *(coll.: apply hastily)* draufklatschen *(ugs.)* ⟨*Farbe, Tapete, Make-up*⟩; zuschnappen lassen ⟨*Handschellen*⟩; **b)** *(coll.: impose)* draufschlagen *(ugs.)*

**slap:** ~ **and 'tickle** *n. (Brit. coll.)* Fummelei, *die (salopp);* **~-bang** *adv.* **the table was ~-bang in the middle of the room** der Tisch stand einfach mitten im Zimmer; **~dash 1.** *adv.* ruck, zuck *(ugs.);* **2.** *adj.* **in a ~dash way/fashion/manner** im Schnellverfahren; *(carelessly)* schludrig *(ugs. abwertend);* **her essay is ~dash** ihr Aufsatz ist hingeschludert *(ugs. abwertend);* **he is a ~dash sort** er ist ein schludriger Typ; **be ~dash in one's work** bei seiner Arbeit schludern *(ugs. abwertend);* **~-happy** *adj. (coll.)* **a)** *(punch-drunk, lit. or fig.)* taumelig; **b)** *(cheerfully casual)* unbekümmert; **~stick** *n. (Theatre: comedy style)* Slapstick, *der;* **~stick comedy/humour** Slapstickkomödie, *die/*-humor, *der;* **~-up** *attrib. adj. (sl.)* ‹*Essen, Diner*› mit allen Schikanen *(ugs.)*

**slash** [slæʃ] **1.** *v. i.* ~ **with one's sword** sein Schwert schwingen; ~ **at sb./sth. with a knife/stick** auf jmdn./etw. mit einem Messer losgehen/mit einem Stock ausholen. **2.** *v. t.* **a)** *(make gashes in)* aufschlitzen; ~ **one's wrists** sich *(Dat.)* die Pulsadern aufschneiden; ~ **sth. to ribbons** *or* **shreds** etw. zerfetzen; **b)** *(Dressm., Tailoring)* [auf]schlitzen; **c)** *(fig.: reduce sharply)* [drastisch] reduzieren; [drastisch] kürzen ‹*Etat, Gehalt, Umfang*›; ~ **costs by one million** die Kosten um eine Million reduzieren; ~ **a book to half its original length** ein Buch auf die Hälfte der ursprünglichen Länge zusammenstreichen; **he ~ed five seconds off the world record** er hat die Weltrekordmarke um [beachtliche] fünf Sekunden unterboten; **d)** *(clear by ~ing)* **he ~ed his way through the undergrowth** er schlug sich *(Dat.)* einen Weg durch das Unterholz frei. **3.** *n.* **a)** *(slashing stroke)* Hieb, *der;* **b)** *(wound)* Schnitt, *der;* **give sb. a ~ on the arm** jmdm. den Arm aufschlitzen; **c)** *(slit; Dressm., Tailoring)* Schlitz, *der;* **d)** *(Amer.: tree debris)* Holzabfall, *der (nach Waldbränden, Naturkatastrophen oder Holzschlag);* **e)** **go for a** *or* **have a** ~ *(sl.: urinate)* sich auspissen gehen *(derb)*

**slash-and-'burn** *attrib. adj. (Agric.)* ~ **method** Brandrodung, *die*

**slashed** [slæʃt] *adj. (Dressm., Tailoring)* geschlitzt; ~ **sleeves** Schlitzärmel

**slashing** ['slæʃɪŋ] *adj.* vernichtend ‹*Angriff, Kritik*›

**slat** [slæt] *n.* Leiste, *die; (of wood in bedstead, fence)* Latte, *die; (in Venetian blind)* Lamelle, *die*

**slate** [sleɪt] **1.** *n.* **a)** *(Geol.)* Schiefer, *der;* **b)** *(Building)* Schieferplatte, *die;* **c)** *(writing-surface)* Schiefertafel, *die;* **put sth. on the ~** *(Brit. coll.)* etw. anschreiben *(ugs.);* **wipe the ~ clean** *(fig.)* einen Schlußstrich ziehen; **d)** *(Amer. Polit.: list of candidates)* Kandidatenliste, *die.* **2.** *attrib. adj.* Schiefer-; ~ **roof** Schieferdach, *das.* **3.** *v. t.* **a)** *(Brit. coll.: criticize)* in der Luft zerreißen *(ugs.)* **(for** wegen); **b)** *(Amer.: schedule)* ansetzen ‹*Treffen, Besprechung*›

**slate: ~-colour** *n.* Schieferfarbe, *die;* **~-coloured** *adj.* schieferfarben; **~-grey 1.** *n.* Schiefergrau, *das;* **2.** *adj.* schiefergrau; **~-pencil** *n.* Schiefergriffel, *der*

**slating** ['sleɪtɪŋ] *n. (Brit. coll.)* **get** *or* **take a ~:** in der Luft zerrissen werden *(ugs.)* **(for** wegen); **give sb./sth. a ~:** jmdn./etw. in der Luft zerreißen *(ugs.)* **(for** wegen)

**slattern** ['slætən] *n.* Schlampe, *die (ugs. abwertend)*

**slatternly** ['slætənlɪ] *adj.* schlampig *(ugs. abwertend)*

**slaughter** ['slɔ:tə(r)] **1.** *n.* **a)** *(killing for food)* Schlachten, *das;* Schlachtung, *die; see also* **lamb 1 a; b)** *(massacre)* Abschlachten, *das; (in battle, war)* Gemetzel, *das;* **the wholesale ~ of birds** der Vogelmord im großen Stil. **2.** *v. t.* **a)** *(kill for food)* schlachten; **b)** *(massacre)* abschlachten; niedermetzeln *(abwertend);* **c)** *(coll.: defeat utterly)* fertigmachen *(salopp)*

**'slaughterhouse** *see* **abattoir**

**Slav** [slɑ:v] **1.** *n.* Slawe, *der*/Slawin, *die.* **2.** *adj.* slawisch

**slave** [sleɪv] **1.** *n.* **a)** Sklave, *der*/Sklavin, *die; see also* **white slave; b)** *(fig.)* **be a ~ of** *or* **to sth.** Sklave von etw. sein; **be a ~ to sb.** jmdm. verfallen sein; **c)** *(drudge)* Kuli, *der;* **work like a ~:** wie ein Kuli *od.* Brunnenputzer schuften *(ugs.).* **2.** *v. i.* schuften *(ugs.);* ~ **at sth.** sich mit etw. abplagen; ~ **over a hot stove all day** den ganzen Tag am Herd stehen *(ugs.)*

~ **a'way** *v. i.* sich abplagen; sich abrackern *(salopp);* ~ **away at sth.** sich mit etw. abplagen

**slave: ~-drive** *v. t.* schinden; **~-driver** *n.* **a)** Sklavenaufseher, *der;* **b)** *(fig.: taskmaster)* Sklaventreiber, *der*/-treiberin, *die (abwertend);* ~ **'labour** *n.* Sklavenarbeit, *die; (fig.)* Ausbeutung, *die*

**[1]slaver** ['slævə(r)] **1.** *v. i.* sabbern *(ugs.);* ‹*Tier:*› geifern; **he was ~ing at the mouth** ihm rann Speichel aus dem Mund; ~ **over sb./sth.** *(fig. derog.)* nach jmdm./etw. gieren. **2.** *n., no indef. art.* Geifer, *der*

**[2]slaver** ['sleɪvə(r)] *n.* Sklavenhändler, *der/*-händlerin, *die*

**slavery** ['sleɪvərɪ] *n., no pl.* **a)** Sklaverei, *die;* **b)** *(drudgery)* Sklavenarbeit, *die;* Sklaverei, *die*

**slave: ~-trade** *n.* Sklavenhandel, *der;* **~-trader** *n.* Sklavenhändler, *der*/-händlerin, *die*

**Slavic** ['slɑ:vɪk] **1.** *adj.* slawisch. **2.** *n.* Slawisch, *das*

**slavish** ['sleɪvɪʃ] *adj.* sklavisch

**slavishly** ['sleɪvɪʃlɪ] *adv.* sklavisch

**Slavonia** [slə'vəʊnɪə] *pr. n.* Slawonien *(das)*

**Slavonic** [slə'vɒnɪk] **1.** *adj.* slawisch. **2.** *n.* Slawisch, *das;* **Church** *or* **Old [Church] ~:** Altkirchenslawisch, *das*

**slay** [sleɪ] *v. t.,* **slew** [slu:], **slain** [sleɪn] *(see also* **c)** **a)** *(literary)* ermorden; *(with sword, club also)* erschlagen; vernichtend schlagen ‹*Armee*›; **b)** *(coll.: defeat utterly)* in die Pfanne hauen *(ugs.);* **c)** *p. t., p. p.* **~ed** *(coll.: amuse greatly)* **he/his jokes ~ed me** über ihn/seine Witze hätte ich mich totlachen können *(ugs.)*

**SLD** *abbr. (Brit. Polit.)* **Social and Liberal Democrats** Sozial-Liberaldemokratische Partei

**sleazily** ['sli:zɪlɪ] *adv.* schäbig *(abwertend);* in schäbigen Verhältnissen ‹*leben*›; **dress ~:** schäbig angezogen gehen

**sleazy** ['sli:zɪ] *adj. (squalid)* schäbig *(abwertend);* heruntergekommen *(ugs.)* ‹*Person*›; *(disreputable)* anrüchig

**sled** [sled] *(Amer.)* **1.** *v. i.,* **-dd-** *see* **[1]sledge 2. 2.** *n.* Schlitten, *der*

**[1]sledge** [sledʒ] **1.** *n.* Schlitten, *der.* **2.** *v. i.* Schlitten fahren; rodeln. **3.** *v. t.* mit dem Schlitten fahren

**[2]sledge** *see* **sledge-hammer**

**'sledge-hammer 1.** *n.* Vorschlaghammer, *der.* **2.** *adj.* schlagend ‹*Argument*›; wuchtig ‹*Schlag*›; ~ **style** Holzhammermethode, *die (ugs.)*

**sleek** [sli:k] **1.** *adj.* **a)** *(glossy)* seidig ‹*Fell, Haar, Pelz*›; ‹*Tier*› mit seidigem Fell; **b)** *(well-fed)* wohlgenährt; **c)** *(polished)* glatt; *(glossy)* seidig glänzend; **the ~ lines of the car** die schnittige Form des Wagens. **2.** *v. t.* glätten

~ **'back** *see* **slick back**

~ **'down** *see* **slick down**

**sleep** [sli:p] **1.** *n.* Schlaf, *der;* **get some ~:** schlafen; **it's time we got some ~:** es ist Zeit zum Schlafengehen; **get three hours' ~:** drei Stunden schlafen; **get/go to ~:** einschlafen; **go to ~!** schlaf jetzt!; **not lose [any] ~ over sth.** *(fig.)* wegen etw. keine schlaflose Nacht haben; **some cocoa should put him to ~:** etwas Kakao, und er müßte einschlafen; **put an animal to ~** *(euphem.)* ein Tier einschläfern; **he put** *or* **sent me to ~ with his stories** *(coll.)* bei seinen Geschichten bin ich fast eingeschlafen; **talk in one's ~:** im Schlaf sprechen; **one's last ~** *(fig.)* der ewige Schlaf; **walk in one's ~:** schlafwandeln; **I can/could do it in my ~** *(fig.)* ich kann/könnte es im Schlaf; **be in a deep ~:** fest schlafen; **get** *or* **have a good night's ~:** [sich] gründlich ausschlafen; **have a ~:** schlafen; **have a short ~:** ein [kurzes] Schläfchen machen. **2.** *v. i.,* **slept** [slept] **a)** schlafen; ~ **late** lange schlafen; ausschlafen; ~ **like a log** *or* **top** wie ein Stein schlafen *(ugs.);* ~ **tight!** *(coll.)* schlaf gut!; ~ **at sb.'s** bei jmdm. schlafen; *see also* **rough 3; b)** *(fig.: be dormant)* schlafen *(fig.);* ‹*Vulkan, Haß:*› ruhen, schlafen; **c)** *(fig.: lie in grave)* ruhen *(geh.).* **3.** *v. t.,* **slept a)** ~ **the sleep of the just** *or* **dead** *(joc.)* den Schlaf des Gerechten schlafen *(scherzh.);* **b)** *(accommodate)* schlafen lassen; **the hotel ~s 80** das Hotel hat 80 Betten. *See also* **wink 3 b**

~ **a'round** *v. i. (coll.)* herumschlafen *(ugs.)*

~ **a'way** *v. t.* verschlafen

~ **'in** *v. i.* **a)** *(sleep late)* im Bett bleiben; **b)** *(live in)* im Hause wohnen

~ **'off** *v. t.* ausschlafen; ~ **it off** seinen Rausch ausschlafen; ~ **off one's lunch** [nach dem Mittagessen] einen Verdauungsschlaf halten

~ **on 1.** *v. i.* [-'-] weiterschlafen. **2.** *v. t.* ['--] überschlafen

~ **'out** *v. i.* **a)** *(sleep in the open)* im Freien schlafen; **b)** *(live out)* nicht im Hause wohnen

~ **through** *v. t.* ~ **through the noise/alarm** trotz des Lärms/Weckerklingelns [weiter]schlafen

~ **together** *v. i. (coll. euphem.)* miteinander schlafen

~ **with** *v. t.* ~ **with sb.** *(coll. euphem.)* mit jmdm. schlafen

**sleeper** ['sli:pə(r)] *n.* **a)** Schläfer, *der;* **be a heavy/light ~:** einen tiefen/leichten Schlaf haben; **b)** *(Brit. Railw.: support)* Schwelle, *die;* **c)** *(Railw.) (coach)* Schlafwagen, *der; (berth)* Schlafwagenplatz, *der; (overnight train)* **[night] ~:** Nachtzug mit Schlafwagen; **d)** *(ear-ring)* [medizinischer] Ohrstecker; **e)** *(slow starter)* **the novel/film was a ~:** dem Roman/Film gelang erst spät der Durchbruch *(fig.);* **f)** *(Amer.) see* **sleepsuit**

**sleepily** ['sli:pɪlɪ] *adv.* **a)** *(drowsily)* schläfrig; **b)** *(sluggishly)* schwerfällig; *(unobservantly)* schlafmützig *(ugs. abwertend)*

**sleepiness** ['sli:pɪnɪs] *n., no pl. (drowsiness)* Schläfrigkeit, *die*

**sleeping** ['sli:pɪŋ] *adj. (lit. or fig.)* schlafend; schlummernd ‹*Leidenschaft*›; **let ~ dogs lie** *(fig.)* keine schlafenden Hunde wecken

**sleeping:** ~ **accommodation** *n.* Übernachtungsmöglichkeit, *die;* **the price includes ~ accommodation** im Preis ist die Übernachtung inbegriffen; **~-bag** *n.* Schlafsack, *der;* **S~ 'Beauty** *pr. n.* Dornröschen *(das);* **~-car[riage]** *n. (Railw.)* Schlafwagen, *der;* **~-draught** *n.* Schlaftrunk, *der;* **~-drug** *n.* Schlafmittel, *das;* ~ **'partner** *n. (Commerc.)* stiller Teilhaber; **~-pill** *n.* Schlaftablette, *die;* ~ **po'liceman** *n. (Brit.)* Bodenschwelle, *die;* ~ **sickness** *n. (Med.)* Schlafkrankheit, *die;* **~-suit** *see* **sleepsuit; ~-tablet** *see* **~-pill**

**sleepless** ['sli:plɪs] *adj.* schlaflos

**sleeplessness** ['sli:plɪsnɪs] *n., no pl.* Schlaflosigkeit, *die*

**sleep: ~suit** *n.* [Baby]schlafanzug, *der;* **~-walk** *v. i.* schlafwandeln; **~-walker** *n.* Schlafwandler, *der*/-wandlerin, *die;* **~-walking** *n.* Schlafwandeln, *das*

**sleepy** ['sli:pɪ] *adj.* **a)** *(drowsy)* schläfrig; **b)**

(sluggish) schwerfällig; (unobservant) schlafmützig (ugs. abwertend); c) (peaceful) verschlafen ⟨Dorf, Stadt usw.⟩

**sleepy: ~head** n. Schlafmütze, die (ugs.); ~ **sickness** n. (Med.) Kopfgrippe, die; europäische Schlafkrankheit

**sleet** [sli:t] 1. n., no indef. art. Schneeregen, der. 2. v.i. impers. **it was ~ing** es gab Schneeregen

**sleeve** [sli:v] n. a) Ärmel, der; **have sth. up one's ~** (fig.) etw. in petto haben (ugs.); **roll up one's ~s** (lit. or fig.) die Ärmel hochkrempeln (ugs.); see also **heart 1b; laugh;** b) (record-cover) Hülle, die; c) (Mech.) Muffe, die (Technik); d) (Aeronaut.) (wind-sock) Windsack, der

**-sleeved** [sli:vd] adj. in comb. -ärmelig

**sleeveless** ['sli:vlıs] adj. ärmellos

**'sleeve-note** n. Covertext, der

**sleigh** [sleı] 1. n. Schlitten, der. 2. v.i. & t. mit dem Schlitten fahren

**sleigh: ~-bell** n. Schlittenschelle, die; **~-ride** n. Schlittenfahrt, die

**sleight of hand** [slaıt əv 'hænd] n. Fingerfertigkeit, die; **verbal ~:** verbale Taschenspielereien

**slender** ['slendə(r)] adj. a) (slim) schlank; schmal ⟨Buch, Band⟩; b) (meagre) mager ⟨Einkommen, Kost⟩; gering ⟨Chance, Mittel, Vorräte, Hoffnung, Kenntnis⟩; schwach ⟨Entschuldigung, Argument, Grund⟩; **be a person of ~ means** or **resources** wenig Geld haben; einen schmalen (geh.) Geldbeutel haben

**slenderize** ['slendəraız] 1. v.t. ~ **[the figure]** schlank machen. 2. v.i. abnehmen

**slenderly** ['slendəlı] adv. ~ **built/made** von schlankem Wuchs nachgestellt; **be ~ provided for** schlecht versorgt sein

**slept** see **sleep 2, 3**

**sleuth** [slu:θ] 1. n. Detektiv, der. 2. v.i. **go ~ing** sich detektivisch betätigen

**[1]slew** [slu:] 1. v.i. ~ **to the left/right/side** sich [schnell] nach links/rechts/seitwärts drehen; ⟨Kran:⟩ nach links/rechts/seitwärts schwenken. 2. v.t. herumschleudern; schwenken ⟨Kran⟩

~ **[a]'round** 1. v.i. sich [schnell] drehen; ~ **around to the left** ⟨Kran:⟩ nach links schwenken. 2. v.t. [schnell] drehen; schwenken ⟨Kran⟩

**[2]slew** see **slay a, b**

**[3]slew** n. (Amer. coll.) Haufen, der (ugs.); **a ~ of people/things** ein Haufen (ugs.) Leute/Dinge; **~s of spectators/snow** massenhaft (ugs.) Zuschauer/Schnee; **~s of work** Berge von Arbeit

**slice** [slaıs] 1. n. a) (cut portion) Scheibe, die; (of apple, melon, peach, apricot, cake, pie) Stück, das; **a ~ of life** ein Ausschnitt aus dem Leben; see also **cake 1a, b;** b) (share) Teil, der; (allotted part of profits, money) Anteil, der; **a ~ of land** ein Stück Land; **have a ~ of luck** Glück haben; c) (utensil) [Braten]wender, der; d) (Golf, Tennis: stroke) Slice, der. 2. v.t. a) (cut into portions) in Scheiben schneiden; in Stücke schneiden ⟨Bohnen, Apfel, Pfirsich, Kuchen usw.⟩; ~ **sth. thick/thin/into pieces** etw. dick/dünn/in Stücke schneiden; b) (Golf) slicen; (Tennis) unterschneiden; slicen. 3. v.i. schneiden; ~ **through** durchschneiden; durchpflügen ⟨Wellen, Meer⟩

~ **'off** v.t. abschneiden

~ **'up** v.t. aufschneiden; (fig.: divide) aufteilen

**sliced** [slaıst] adj. (cut into slices) aufgeschnitten; kleingeschnitten ⟨Gemüse⟩; ~ **bread** Schnittbrot, das; **the greatest thing since ~ bread** (coll. joc.) der/die/das Größte seit der Erfindung der Bratkartoffel (ugs. scherzh.)

**-slicer** [slaısə(r)] n. in comb. -schneidemaschine, die; **egg-~:** Eierschneider, der

**slick** [slık] 1. adj. (coll.) a) (dextrous) professionell; b) (pretentiously dextrous) clever (ugs.); c) (slippery) glatt ⟨Fußboden⟩; rutschig ⟨Straße, Weg⟩; d) (glossy) seidig glänzend; e) (glib) glatt; glattzüngig (geh. abwertend); **have a ~ tongue** glattzüngig sein (geh. abwertend). 2. n. **[oil-]~:** Ölteppich, der. 3. v.t. see **sleek 2**

~ **'back** v.t. ~ **back one's hair** sich (Dat.) die Haare anklatschen (salopp)

~ **'down** v.t. ~ **down one's hair** sich (Dat.) die Haare anklatschen (salopp)

**slicker** ['slıkə(r)] n. (Amer.) a) (swindler) Trickbetrüger, der/-betrügerin, die; b) see **city slicker;** c) (raincoat) Regenmantel, der; (oilskin) [gelbe] Öljacke

**slid** see **slide 1, 2**

**slide** [slaıd] 1. v.i., **slid** [slıd] a) rutschen; ⟨Kolben, Schublade, Feder⟩ gleiten; **the bolt slid home** der Riegel glitt ins Schloß; ~ **down sth.** etw. hinunterrutschen; b) (glide over ice) schlittern; c) (move smoothly) gleiten; **everything slid into place** (fig.) alles fügte sich zusammen; d) (fig.: take its own course) **let sth./things ~:** etw./die Dinge schleifen lassen (fig.); e) (fig.: go imperceptibly) ~ **into** hineinschlittern in (+ Akk.) (ugs.); ~ **from one note to another** ⟨Sänger, Stimme, Musik:⟩ von einem Ton zum nächsten gleiten. 2. v.t., **slid** a) schieben; ~ **the bolt across on a door** an einer Tür den Riegel vorschieben; ~ **the envelope under the door** den Brief unter der Tür durchschieben; b) (place unobtrusively) gleiten lassen. 3. n. a) (Photog.) Dia[positiv], das; b) (track on ice) Rutschbahn, die (ugs.); Schlitterbahn, die (landsch.); c) (toboggan slope) **[toboggan] ~:** Rodelbahn, die; d) (chute) (in children's playground) Rutschbahn, die; (for goods etc.) Rutsche, die; e) (Mech. Eng.) Gleitbahn, die; (moving part) Gleitstück, das; Schieber, der; f) see **hair-slide;** g) (act of sliding) Ausrutscher, der (ugs.); **go for** or **have a ~** (on chute) rutschen [gehen]; (on ice) schlittern [gehen]; h) (fig.: decline) **be on the ~:** auf dem absteigenden Ast sein; **the ~ in the value of the pound** das Abgleiten des Pfundes; i) (Mus.) Zug, der; j) (for microscope) Objektträger, der

**slide: ~ control** n. Flachbahnregler, der (Technik); ~ **fastener** (Amer.) see **zip 1a;** ~ **film** n. (Photog.) Diafilm, der; ~ **lecture** n. Diavortrag, der; ~ **projector** n. Diaprojektor, der; **~-rule** n. (Math.) Rechenschieber, der; **~-valve** n. (Mech. Engin.) [Absperr]schieber, der (Technik)

**sliding** ['slaıdıŋ]: ~ **'door** n. Schiebetür, die; ~ **'keel** n. (Naut.) Schwert, das; ~ **roof** n. Schiebedach, das; ~ **'scale** n. ~ **scale [of fees]** gleitende [Gebühren]skala; ~ **seat** n. (Rowing) Rollsitz, der

**slight** [slaıt] 1. adj. a) leicht; schwach ⟨Hoffnung, Aussichten, Wirkung⟩; gedämpft ⟨Optimismus⟩; gering ⟨Bedeutung⟩; **have only a ~ acquaintance with sth.** etw. nur oberflächlich kennen; **on the ~est pretext** unter dem geringsten Vorwand; **the ~est thing makes her nervous** die kleinste Kleinigkeit macht sie nervös; b) (scanty) oberflächlich; **with but ~ inconvenience** ohne größere Unannehmlichkeiten; **pay sb. ~ attention** jmdn. kaum beachten; c) (slender) zierlich; (weedy) schmächtig; (flimsy) zerbrechlich; d) **not in the ~est** nicht im geringsten; **not the ~est ...:** nicht der/die/das geringste ...; **I haven't the ~est idea** ich habe nicht die leiseste Ahnung. 2. v.t. (disparage) herabsetzen; (fail in courtesy or respect to) brüskieren; (ignore) ignorieren. 3. n. (on sb.'s character, reputation, good name) Verunglimpfung, die (**on** Gen.); (on sb.'s abilities) Herabsetzung, die (**on** Gen.); (lack of courtesy) Affront, der (**on** gegen); (neglect) Nichtachtung, die

**slightly** ['slaıtlı] adv. a) ein bißchen; leicht ⟨verletzen, riechen nach, gewürzt sein, ansteigen⟩; flüchtig ⟨jmdn. kennen⟩; oberflächlich ⟨etw. kennen⟩; b) ~ **built** (slender) zierlich; (weedy) schmächtig

**slily** see **slyly**

**slim** [slım] 1. adj. a) schlank; schmal ⟨Band, Buch⟩; b) (meagre) mager; schwach ⟨Entschuldigung, Aussicht, Hoffnung⟩; gering ⟨Gewinn, Chancen⟩; **the profit/the supper was ~ pickings** der Gewinn/das Abendessen war ziemlich mickrig; **there were only ~ pickings left** da war nicht mehr viel zu holen. 2. v.i., **-mm-** abnehmen. 3. v.t., **-mm-** schlanker machen; (fig.: decrease) kürzen ⟨Budget⟩; verschlanken (Jargon) ⟨Produktion⟩; reduzieren ⟨Nachfrage, Anzahl⟩

~ **'down** 1. v.i. abnehmen; schlanker werden. 2. v.t. see ~ **3**

**slime** [slaım] 1. n. Schlick, der; (mucus, viscous matter) Schleim, der. 2. v.t. mit Schlick/Schleim bedecken

**'slime mould** n. (Bot.) Schleimpilz, der

**'slimline** adj. schlank; schlank geschnitten ⟨Kleid⟩; kalorienarm ⟨Lebensmittel⟩

**slimmer** ['slımə(r)] n. (Brit.) jmd., der etwas für die schlanke Linie tut; **advice/a diet for ~s** Ratschläge/eine Diät zum Abnehmen

**slimming** ['slımıŋ] 1. n. a) Abnehmen, das; attrib. Schlankheits-; **be in need of ~:** abnehmen müssen; b) (fig.: reduction) (of budget) Kürzung, die; (of number) Reduzierung, die. 2. adj. schlank machend ⟨Lebensmittel⟩; **be ~:** schlank machen

**slimness** ['slımnıs] n., no pl. (slenderness) Schlankheit, die; (of book) geringer Umfang

**slimy** ['slaımı] adj. a) schleimig; schlickig ⟨Schlamm⟩; b) (slippery) glitschig (ugs.); c) (fig.: obsequious) schleimig (abwertend); schmierig (abwertend)

**[1]sling** [slıŋ] 1. n. a) (weapon) Schleuder, die; b) (Med.) Schlinge, die; c) (carrying-belt) Tragriemen, der; (for carrying babies) Tragehöschen, das; d) (hoist) Anschlagseil, das (Technik); (belt) Anschlagband, das (Technik); (chain) Anschlagkette, die (Technik). 2. v.t., **slung** [slʌŋ] a) (hurl from ~) schleudern; b) (coll.: throw) schmeißen (ugs.); **she slung him his coat** sie schmiß ihm seinen Mantel zu (ugs.); see also **mud c;** c) (suspend) hängen; (put in ~ ready for hoisting) anhängen ⟨Last⟩; **she slung the bag over her arm** sie hängte sich (Dat.) die Tasche über den Arm

~ **a'way** v.t. (coll.) wegschmeißen (ugs.)

~ **'out** v.t. (coll.) a) (throw out) ~ **sb. out** jmdn. rausschmeißen od. -werfen (ugs.); b) see ~ **away**

**[2]sling** n. (drink) Sling, der (Mischgetränk mit Brandy od. Rum); see also **gin sling**

**sling: ~-back** n. **~-back [shoe]** Slingpumps, der; **~shot** (Amer.) see **catapult 1**

**slink** [slıŋk] v.i., **slunk** [slʌŋk] schleichen

~ **a'way,** ~ **off** v.i. davonschleichen; sich fortstehlen

**slinkily** ['slıŋkılı] adv. aufreizend

**slinky** ['slıŋkı] adj. a) aufreizend; b) hauteng ⟨Kleidung⟩

**slip** [slıp] 1. v.i., **-pp-** a) (slide) rutschen; ⟨Messer:⟩ abrutschen; (and fall) ausrutschen; **he ~ped and broke his leg** er rutschte aus und brach sich (Dat.) das Bein; b) (escape) schlüpfen; **money ~s through my fingers like water** Geld zerrinnt mir zwischen den Fingern; **let the reins ~ out of one's hands** (lit. or fig.) sich (Dat.) die Zügel entgleiten lassen; **let a chance/opportunity ~:** sich (Dat.) eine Chance/Gelegenheit entgehen lassen; **let [it] ~ that ...:** verraten, daß ...; **let ~ the dogs of war** (rhet.) die Kriegsfurie loslassen; c) (go) ~ **to the butcher's** [rasch] zum Fleischer rüberspringen (ugs.); ~ **from the room/~ behind a curtain** aus dem Zimmer/hinter einen Vorhang schlüpfen; d) (move smoothly) gleiten; **everything ~ped into place** (fig.) alles fügte sich zusammen; **e)** *(make mistake)* [Flüchtigkeits]fehler machen; **f)** *(deteriorate)* nachlassen; ⟨*Moral, Niveau, Ansehen:*⟩ sinken. **2.** *v. t.*, **-pp- a)** stecken; **~ the dress over one's head** das Kleid über den Kopf streifen; **~ sb. sth.** jmdm. etw. zustecken; **~ sb. a glance** jmdm. einen verstohlenen Blick zuwerfen; **b)** *(escape from)* entwischen (+ *Dat.*); **the dog ~ped its collar** der Hund streifte sein Halsband ab; **the boat ~ped its mooring** das Boot löste sich aus seiner Verankerung; **~ sb.'s attention** jmds. Aufmerksamkeit *(Dat.)* entgehen; **~ sb.'s memory** *or* **mind** jmdm. entfallen; **c)** *(release)* loslassen; **~ a dog from its chain** einen Hund von der Kette lassen; **d)** *(Naut.)* slippen; **~ anchor** den Anker lichten; **e)** *(Motor Veh.)* schleifen lassen ⟨*Kupplung*⟩; **f)** *(Knitting)* **~ a stitch** eine Masche abheben; **g)** *(Med.)* **~ a disc** einen Bandscheibenvorfall erleiden; *see also* **slipped disc. 3.** *n.* **a)** *(fall)* **after his ~:** nachdem er ausgerutscht [und gestürzt] war; **a ~ on these steps could be nasty** auf diesen Stufen auszurutschen könnte schlimme Folgen haben; **have a [bad] ~:** [sehr unglücklich] ausrutschen; **b)** *(mistake)* Versehen, *das;* Ausrutscher, *der (ugs.);* **there's been a ~ in the accounts** bei der Berechnung ist ein Fehler unterlaufen; **a ~ of the tongue/pen** ein Versprecher/Schreibfehler; **I'm sorry, it was a ~ of the tongue/pen** Entschuldigung, ich habe mich versprochen/verschrieben; **make a ~:** einen Fehler machen; *see also* **cup 1 a; c)** *(underwear)* Unterrock, *der; see also* **show 3 a; d)** *(pillowcase)* [Kopf]kissenbezug, *der;* **e)** *(strip)* **~ of metal/plastic** Metall-/Plastikstreifen, *der;* **~ of wood** Holzleiste, *die;* **~ of glass** langes, schmales Stück Glas; **f)** *(piece of paper)* ⟨*Einzahlungs-, Wett*⟩schein, *der;* **~ [of paper]** Zettel, *der;* **g) give sb. the ~** *(escape)* jmdm. entwischen *(ugs.); (avoid)* jmdm. ausweichen; **h)** *(Naut.: landing-stage)* Aufschleppe, *die;* Slip, *der;* **i)** *in pl. (Shipb.)* Helling, *die od. der;* **j) a ~ of a boy/girl** ein zierlicher Junge/ein zierliches Mädchen; eine halbe Portion *(ugs.);* **k)** *(Cricket) Feldspieler, der seitlich hinter dem Tor aufgestellt ist;* **he was caught at ~** *or* **in the ~s** sein Ball wurde seitlich hinter dem Tor gefangen; **l)** *(Ceramics)* geschlämmter Ton. *See also* **gym-slip**

**~ a'cross** *v. i.* rüberspringen *(ugs.)*

**~ a'way** *v. i.* **a)** *(leave quietly)* ⟨*Person:*⟩ sich fortschleichen; **b)** *(pass quickly)* ⟨*Zeit, Tage, Wochen usw.:*⟩ verfliegen

**~ 'back** *v. i.* zurückschleichen; *(very quickly)* zurücksausen; **~ back into unconsciousness** wieder das Bewußtsein verlieren

**~ be'hind** *v. i.* zurückfallen; *(with one's work)* in Rückstand geraten

**~ 'by** *v. i.* **a)** *(pass unnoticed)* vorbeischleichen; ⟨*Fehler:*⟩ durchrutschen *(ugs.);* **b)** *see* **~ away b**

**~ 'down** *v. i.* runterrutschen *(ugs.);* ⟨*Getränk:*⟩ die Kehle runterlaufen *(ugs.)*

**~ 'in 1.** *v. i.* sich hineinschleichen; *(enter briefly)* [kurz] reinkommen *(ugs.); (enter unnoticed)* ⟨*Fehler:*⟩ sich einschleichen. **2.** *v. t.* einfließen lassen ⟨*Bemerkung*⟩

**~ into** *v. t.* **a)** *(put on)* schlüpfen in (+ *Akk.*) ⟨*Kleidungsstück*⟩; **b)** *(lapse into)* verfallen in (+ *Akk.*)

**~ 'off 1.** *v. i.* **a)** *(slide down)* runterrutschen *(ugs.);* **b)** *see* **~ away a. 2.** *v. t.* abstreifen ⟨*Schmuck, Bezug, Handschuh*⟩; schlüpfen aus ⟨*Kleid, Hose, Schuh*⟩; ausziehen ⟨*Strumpf, Handschuh*⟩

**~ 'on** *v. t.* überstreifen ⟨*Bezug, Handschuh, Ring*⟩; schlüpfen in (+ *Akk.*) ⟨*Kleid, Hose, Schuh*⟩; anziehen ⟨*Strumpf, Handschuh*⟩; anlegen ⟨*Schmuck*⟩; *see also* **slip-on**

**~ 'out** *v. i.* **a)** *(leave)* sich hinausschleichen; **~ out to the butcher's** zum Fleischer rüberspringen *(ugs.);* **~ out to have a cigarette** hinausschlüpfen, um eine Zigarette zu rauchen; **b)** *(be revealed)* **it ~ped out** es ist mir/dir/ihm *usw.* herausgerutscht

**~ 'over** *v. i.* **a)** *(fall)* ausrutschen; **b)** *see* **~ across**

**~ 'past** *see* **~ by**

**~ 'round** *v. i.* rübergehen *(ugs.); (towards speaker)* rüberkommen *(ugs.)*

**~ 'through** *v. i.* durchschlüpfen; ⟨*Fehler:*⟩ durchrutschen *(ugs.)*

**~ 'up** *v. i. (coll.)* einen Schnitzer machen *(ugs.)* **(on, over** bei); *see also* **slip-up**

**slip: ~-case** *n.* Schuber, *der;* **~-cover** *n.* **a)** *(for unused furniture)* Schutzüberzug, *der;* **b)** *(Amer.: loose cover)* Überzug, *der;* **c)** *(protective book-jacket)* Schutzhülle, *die;* Buchhülle, *die;* **d)** *see* **~-case; ~-knot** *n.* **a)** *(easily undone knot)* Slipstek, *der;* **b)** *see* **running knot; ~-on 1.** *adj.* **~-on shoes** Slipper; **2.** *n. (shoe)* Slipper, *der;* **~-over** *n.* Pullunder, *der*

**slippage** ['slɪpɪdʒ] *n.* **a)** *(Mech.)* Schlupf, *der;* **b)** *(Commerc.)* Rückstand, *der*

**slipped 'disc** *n. (Med.)* Bandscheibenvorfall, *der*

**slipper** ['slɪpə(r)] *n.* Hausschuh, *der; see also* **hunt 2 b**

**'slipper-bath** *n. (Brit.) teilweise abgedeckte Badewanne; (individual bath in public baths)* Wannenbad, *das*

**slippered** ['slɪpəd] *adj.* in Hausschuhen *nachgestellt*

**slippery** ['slɪpərɪ] *adj.* **a)** *(causing slipping)* schlüpfrig; glitschig; **the shoes are ~:** die Schuhe haben [sehr] glatte Sohlen; **be on a ~ path** *or* **slope** *(fig.)* auf einem verhängnisvollen Weg sein; **b)** *(elusive)* schlüpfrig; glitschig; wendig ⟨*Spieler*⟩; *(shifty)* aalglatt *(abwertend); (unreliable)* windig *(ugs.);* **he is a ~ customer** er ist aalglatt *(abwertend);* **as ~ as an eel** aalglatt *(abwertend);* **c)** *(fig.: delicate)* heikel ⟨*Thema, Fall*⟩

**slippy** ['slɪpɪ] *adj.* **a)** *(coll.) see* **slippery; b)** *(Brit. coll.)* **be** *or* **look ~:** sich sputen *(veralt.);* sich ranhalten *(ugs.)*

**slip: ~-ring** *n. (Electr.)* Schleifring, *der;* **~-road** *n. (Brit.) (for approach)* Zufahrtsstraße, *die; (to motorway)* Auffahrt, *die; (to estate)* Einfahrt, *die; (for leaving)* Ausfahrt, *die;* **~shod** *adj.* schlampig *(ugs. abwertend);* abgetreten ⟨*Schuh*⟩; *(fig.: careless, unsystematic)* schlud[e]rig *(ugs. abwertend);* **~-stream** *n.* **a)** *(of car, motor cycle)* Fahrtwind, *der; (Racing)* Windschatten, *der;* **b)** *(of propeller)* Propellerwind, *der; (of ship; also Brit. fig.)* Kielwasser, *das;* **~-up** *n. (coll.)* Schnitzer, *der (ugs.);* **there's been a ~-up somewhere** irgendwo hat jemand einen Schnitzer gemacht *(ugs.);* **~way** *see* **slip 3 h, i**

**slit** [slɪt] **1.** *n.* Schlitz, *der;* **the sleeves have ~s in them** die Ärmel haben Schlitze *od.* sind geschlitzt; **make ~s in the fat of the pork** die Schwarte des Schweinebratens einritzen. **2.** *v. t.*, **-tt-, slit a)** aufschlitzen; **~ sb.'s throat** jmdm. die Kehle durchschneiden; **b)** *(Dressmaking)* schlitzen ⟨*Rock, Ärmel*⟩

**'slit-eyed** *adj.* schlitzäugig

**slither** ['slɪðə(r)] *v. i.* rutschen; *(on ice, polished floor also)* schlittern

**slit: ~-'pocket** *n.* Durchgrifftasche, *die;* **~-trench** *n. (Mil.)* Schützenloch, *das*

**sliver** ['slɪvə(r)] *n.* **a)** *(slip) (of wood)* Span, *der; (of paper)* Streifen, *der; (of food)* dünne Scheibe; **b)** *(splinter)* Splitter, *der;* **~ of wood/glass/bone** Holz-/Glas-/Knochensplitter, *der;* **c)** *(Textiles)* Kammzug, *der*

**slivovitz** ['slɪvəvɪts] *n.* Slibowitz, *der*

**slob** [slɒb] *n. (coll.)* Schwein, *das (derb);* **lazy ~:** fauler Sack *(salopp abwertend);* **fat ~:** Fettsack, *der (salopp abwertend)*

**slobber** ['slɒbə(r)] **1.** *v. i.* sabbern *(ugs.);* **~ over sb./sth.** jmdn./etw. besabbern; *(fig.)* von jmdm./etw. schwärmen. **2.** *v. t.* vollsabbern *(ugs.).* **3.** *n. see* **¹slaver 2**

**slobbery** ['slɒbərɪ] *adj.* **the bib is all ~:** das Lätzchen ist ganz vollgesabbert *(ugs.);* **a ~ kiss** ein [feuchter] Schmatz *(ugs.)*

**sloe** [sləʊ] *n. (Bot.)* Schlehe, *die*

**sloe: ~-eyed** *adj.* **a)** *(with ~-coloured eyes)* mit schwarzblauen Augen *nachgestellt;* **b)** *(slant-eyed)* schlitzäugig; **~-gin** *n.* ≈ Schlehenlikör, *der;* Sloe-Gin, *der*

**slog** [slɒg] **1.** *v. t.*, **-gg-** dreschen *(ugs.)* ⟨*Ball*⟩; *(in boxing, fight)* voll treffen; *(with several blows)* eindreschen auf (+ *Akk.*) *(ugs.).* **2.** *v. i.*, **-gg- a)** *(hit)* draufschlagen *(ugs.);* **b)** *(fig.: work doggedly)* sich abplagen; schuften *(ugs.); (for school, exams)* büffeln *(ugs.);* **c)** *(walk doggedly)* sich schleppen; **~ along** sich dahinschleppen. **3.** *n.* **a)** *(hit)* [wuchtiger] Schlag; **give sb./sth. a ~:** jmdm./einer Sache einen wuchtigen Schlag versetzen; **b)** *(hard work)* Plackerei, *die (ugs.);* **it took me a good two hours' ~:** ich mußte mich gut zwei Stunden abplagen; **c)** *(tiring walk, hike)* [auf die Knochen gehender] Fußmarsch

**~ at** *v. t.* **a)** *(hit)* **~ at sb./sth.** auf jmdn./etw. eindreschen *(ugs.);* **b)** *(work hard at)* sich abplagen mit

**~ a'way** *v. i.* sich abplagen; **~ away at sth.** sich mit etw. abplagen; **keep ~ging away!** streng dich weiter an!

**~ 'out** *v. t. (coll.)* **~ it out** es [bis zum Ende] durchstehen; **~ one's guts out** sich kaputtarbeiten *(ugs.)*

**slogan** ['sləʊgən] *n.* **a)** *(striking phrase)* Slogan, *der; (advertising ~)* Werbeslogan, *der;* Werbespruch, *der;* **b)** *(motto)* Wahlspruch, *der; (in political campaign)* [Wahl]slogan, *der*

**slogger** ['slɒgə(r)] *n.* **a)** *(hitter)* **be a [real] ~:** immer nur draufschlagen *(ugs.);* **b)** *(hard worker)* Arbeitstier, *das (fig.)*

**sloop** [slu:p] *n. (Naut.)* Slup, *die*

**'sloop-rigged** *adj. (Naut.)* mit Sluptakelung *nachgestellt;* **be ~:** Sluptakelung haben

**slop** [slɒp] **1.** *v. i.*, **-pp-** schwappen **(out of, from** aus). **2.** *v. t.*, **-pp- a)** *(spill) (unintentionally)* schwappen; *(intentionally)* kippen; klatschen *(ugs.)* ⟨*Farbe an die Wand*⟩; **b)** *(make mess on)* vollschütten. **3.** *n.* **a)** *(liquid food)* Schleim, *der;* Geschlabber, *das (ugs.);* **b)** *(spilt liquid)* Lache, *die;* **c)** *(fig. derog.: gush)* Geseire, *das (ugs.). See also* **slops a**

**~ a'bout, ~ a'round** *v. i.* **a)** *(splash about)* herumschwappen *(ugs.);* **b)** *(move in slovenly manner)* herumschlurfen *(ugs.)*

**~ 'out** *v. i.* die Toiletteneimer leeren

**~ 'over** *v. i. (splash over)* überschwappen

**'slop-basin** *n. (Brit.) Schale für den Bodensatz aus der [Tee]tasse*

**slope** [sləʊp] **1.** *n.* **a)** *(slant)* Neigung, *die; (of river)* Gefälle, *das;* **there is a downward/upward ~ to the garden** der Garten fällt ab/steigt an; **the house is built on a steep/gentle ~:** das Haus steht an einem steilen/sanften Hang; **the roof was at a ~ of 45°** das Dach hatte eine Neigung von 45°; **be on a** *or* **the ~:** geneigt sein; **b)** *(slanting ground)* Hang, *der;* **c)** *(Skiing)* Piste, *die.* **2.** *v. i. (slant)* sich neigen; ⟨*Wand, Mauer:*⟩ schief sein; ⟨*Boden, Garten:*⟩ abschüssig sein; **~ upwards/downwards** ⟨*Straße:*⟩ ansteigen/abfallen. **3.** *v. t.* abschrägen; **~ arms** *(Mil.)* das Gewehr schultern; **~ arms!** *(Mil.)* Gewehr über!

**~ a'way** *v. i.* **a)** *(slant)* abfallen; **b)** *see* **~ off**

**~ down** *v. i.* sich hinabneigen

**~ 'off** *v. i. (sl.)* sich verdrücken *(ugs.)*

**~ 'up** *v. i.* **a)** *(rise)* ansteigen; **b)** *(approach casually)* daherkommen; **~ up to sb.** auf jmdn. zugehen/zukommen

**'slop-pail** *n.* Toiletteneimer, *der; (for kitchen slops)* Abfalleimer, *der*

**sloppily** ['slɒpɪlɪ] *adv.* **a)** *(carelessly)* schlud[e]rig *(ugs. abwertend);* **she speaks**

English rather ~: sie spricht ein ziemlich schlud[e]riges Englisch *(ugs. abwertend);* **b)** *(untidily)* unordentlich; schlampig *(ugs. abwertend);* **c)** *(sentimentally)* voller Rührseligkeit

**sloppy** ['slɒpɪ] *adj.* **a)** *(careless)* schlud[e]rig *(ugs. abwertend);* **b)** *(untidy)* unordentlich; schlampig *(ugs. abwertend);* **c)** *(splashed)* vollgeschwappt; **d)** *(sentimental)* rührselig; **it's ~ to kiss Grandma at my age** ich bin schon zu erwachsen, um Großmama einen Kuß zu geben

**sloppy Joe** [slɒpi 'dʒəʊ] *n. langer, weiter Pullover für Mädchen;* Schlabberpulli, *der (ugs.)*

**slops** [slɒps] *n. pl.* **a)** Schmutzwasser, *das;* *(contents of bedroom or prison vessels)* Fäkalien *Pl.;* **empty the ~:** die Nachttöpfe leeren und das Schmutzwasser beseitigen; **b)** *see* **slop 3 a**

**slosh** [slɒʃ] **1.** *v. i.* platschen *(ugs.);* ⟨*Flüssigkeit:*⟩ schwappen. **2.** *v. t.* **a)** *(coll.: pour clumsily)* schwappen; **b)** *(coll.: pour liquid on)* übergießen; **c)** *(Brit. sl.: hit)* verdreschen *(ugs.).* **3.** *n.* **a)** *see* **slush; b)** *(Brit. sl.: heavy blow)* [wuchtiger] Schlag

**~ a'bout, ~ a'round 1.** *v. i.* **a)** *(splash about playfully)* herumspritzen *(ugs.);* **b)** *(slop about)* herumschwappen *(ugs.).* **2.** *v. t.* verspritzen

**sloshed** [slɒʃt] *adj. (Brit. coll.)* blau *(ugs.)*

**slot** [slɒt] **1.** *n.* **a)** *(hole)* Schlitz, *der;* **b)** *(groove)* Nut, *die;* **the ~ for a tenon** das Zapfenloch *(Technik);* **c)** *(coll.: position)* Platz, *der;* **d)** *(coll.: in schedule)* Termin, *der;* *(Radio, Telev.)* Sendezeit, *die;* **the news will go out in its usual ~ at 10 o'clock** die Nachrichten werden wie üblich um 10 Uhr gesendet. **2.** *v. t.,* **-tt- a)** *(provide with holes)* schlitzen; *(provide with grooves)* nuten; **b)** *(insert)* **~ sth. into place/sth.** etw. einfügen/in etw. *(Akk.)* einfügen. **3.** *v. i.,* **-tt-: ~ into place/sth.** *(lit. or fig.)* sich einfügen/in etw. *(Akk.)* einfügen; **everything ~ted into place** *(fig.)* alles fügte sich zusammen

**~ 'in 1.** *v. t.* einfügen; **can you ~ me in at 10 o'clock?** *(fig.)* können Sie mich um 10 Uhr dazwischenschieben?. **2.** *v. i. (lit. or fig.)* sich einfügen

**~ to'gether 1.** *v. t.* zusammenfügen. **2.** *v. i. (lit. or fig.)* sich zusammenfügen

**sloth** [sləʊθ] *n.* **a)** *no pl. (lethargy)* Trägheit, *die;* **b)** *(Zool.)* Faultier, *das*

**'sloth-bear** *n. (Zool.)* Lippenbär, *der*

**slothful** ['sləʊθfl] *adj.* träge; schwerfällig ⟨*Anstrengungen, Versuche*⟩; **a life of ~ ease** ein Leben träger Bequemlichkeit; **develop ~ habits** ziemlich träge werden

**slot: ~-machine** *n.* **a)** *(vending-machine)* Automat, *der;* **b)** *(Amer.) see* **fruit machine; ~-meter** *n.* Münzzähler, *der*

**slouch** [slaʊtʃ] **1.** *n.* **a)** *(posture)* schlaffe Haltung; **walk with a ~:** einen nachlässigen Gang haben; **b)** *(sl.: lazy person)* Faulpelz, *der;* **be no ~ at sth.** etwas loshaben in etw. *(Dat.);* **he's no ~ at billiards/at geography** er ist verdammt gut im Billard/in Geographie *(ugs.).* **2.** *v. i.* **a)** sich schlecht halten; **don't ~!** halte dich gerade!; **b)** *(be ungainly)* sich herumflegeln *(ugs. abwertend);* **sit ~ed over one's desk** schlaff über seinem Schreibtisch hängen

**~ a'bout, ~ a'round** *v. i.* herumlungern *(salopp)*

**'slouch hat** *n.* Schlapphut, *der*

**¹slough** [slaʊ] *n. (literary)* Sumpf, *der; see also* **despond 2**

**²slough** [slʌf] **1.** *n.* **a)** *(Zool.)* abgestreifte Haut; *(whole skin of snake)* Natternhemd, *das;* **b)** *(Med.)* Schorf, *der.* **2.** *v. t. (Zool.; fig.: abandon)* abstreifen

**~ 'off** *see* **²slough 2**

**Slovak** ['sləʊvæk] **1.** *adj.* slowakisch; **sb. is ~:** jmd. ist Slowake/Slowakin; *see also* **English 1. 2.** *n.* **a)** *(person)* Slowake, *der*/Slowakin, *die;* **b)** *(language)* Slowakisch, *das; see also* **English 2 a**

**Slovakia** [slə'vɑːkɪə] *pr. n.* Slowakei, *die*

**sloven** ['slʌvn] *n. (female)* Schlampe, *die (ugs. abwertend); (male)* Liederjan, *der (ugs. abwertend)*

**Slovene** ['sləʊviːn] **1.** *adj.* slowenisch. **2.** *n.* **a)** *(person)* Slowene, *der*/Slowenin, *die;* **b)** *(language)* Slowenisch, *das*

**Slovenia** [slə'viːnɪə] *pr. n.* Slowenien *(das)*

**Slovenian** [slə'viːnɪən] *see* **Slovene**

**slovenliness** ['slʌvnlɪnɪs] *n., no pl.* Schlampigkeit, *die (ugs. abwertend)*

**slovenly** ['slʌvnlɪ] **1.** *adj.* schlampig *(ugs.);* schlud[e]rig *(ugs.);* **be a ~ dresser** sich schlampig *od.* schlud[e]rig anziehen *(ugs.).* **2.** *adv.* schlampig *(ugs.);* schlud[e]rig *(ugs.)*

**slow** [sləʊ] **1.** *adj.* **a)** langsam; **~ and steady wins the race, ~ and sure does it** eile mit Weile! *(Spr.);* **~ but sure** langsam, aber zuverlässig; **b)** *(gradual)* langsam; langwierig ⟨*Suche, Arbeit*⟩; **make a ~ recovery from one's illness** sich nur langsam von seiner Krankheit erholen; **be ~ in doing sth.** etw. langsam tun; **get off to a ~ start** beim Start langsam wegkommen; ⟨*Aufruf, Produkt:*⟩ zunächst nur wenig Anklang finden; **make ~ progress [in** *or* **at** *or* **with sth.]** nur langsam [mit etw.] vorankommen; *see also* **going 1 b; c) be ~ [by ten minutes], be [ten minutes] ~** ⟨*Uhr:*⟩ [zehn Minuten] nachgehen; **d)** *(preventing quick motion)* nur langsam befahrbar ⟨*Strecke, Straße, Belag*⟩; **e)** *(tardy)* **[not] be ~ to do sth.** [nicht] zögern, etw. zu tun; **f)** *(not easily roused)* **be ~ to anger/to take offence** sich nicht leicht ärgern/beleidigen lassen; **g)** *(dull-witted)* schwerfällig; langsam; **be ~ at mathematics** sich in Mathematik schwertun *(ugs.);* **be ~ [to understand]** schwer *od.* langsam von Begriff sein *(ugs.);* **be ~ of speech** schwerfällig *od.* unbeholfen sprechen; *see also* **uptake; h)** *(burning feebly)* schwach; **i)** *(uninteresting)* langweilig; **j)** *(Commerc.)* flau ⟨*Geschäft*⟩; **k)** *(not hot)* **bake in a ~ oven** bei schwacher Hitze backen; **l)** *(Photog.)* niedrigempfindlich ⟨*Film*⟩; lichtschwach ⟨*Objektiv*⟩; **m) ~ court** *(Tennis)*/**~ wicket** *(Cricket)* langsamer Platz. **2.** *adv.* langsam; **'~'** „langsam fahren!"; **go ~:** langsam fahren; *(Brit. Industry)* langsam arbeiten. **3.** *v. i.* langsamer werden; **we ~ed to a gentle walk** wir wurden immer langsamer, bis wir nur noch gemächlich gingen; **~ to a halt** anhalten; ⟨*Zug:*⟩ zum Stehen kommen; ⟨*Produktion:*⟩ zum Erliegen kommen. **4.** *v. t.* **~ a train/car** die Geschwindigkeit eines Zuges/Wagens verringern; **the accident ~ed traffic to a crawl** der Unfall verlangsamte den Verkehr derart, daß er sich nur noch kriechend vorwärtsbewegte

**~ 'down 1.** *v. i.* **a)** langsamer werden; seine Geschwindigkeit verringern; *(in working/speaking)* langsamer arbeiten/sprechen; ⟨*Produktion, Geburten-/Sterbeziffer, Inflations[rate]:*⟩ sinken; **b)** *(reduce pace of living)* langsamer machen *(ugs.);* **have to ~ down after a heart attack** nach einem Herzanfall kürzertreten müssen. **2.** *v. t.* verlangsamen; **the driver ~ed the car/train down** der Autofahrer/Lokomotivführer fuhr langsamer; **the accident ~ed traffic down to a crawl** der Unfall verlangsamte den Verkehr derart, daß er sich nur noch kriechend vorwärtsbewegte; **~ down one's pace of living** kürzertreten; **[You can't help me.] You'd only ~ me down** [Du kannst mir nicht helfen.] Du würdest mich nur aufhalten; **his illness has ~ed him down a lot** durch seine Krankheit ist seine Leistungsfähigkeit stark zurückgegangen. *See also* **slow-down**

**~ 'up** *see* **~ down**

**slow: ~ 'bowler** *n. (Cricket)* langsamer Werfer; **~coach** *n.* Trödler, *der*/Trödlerin, *die (ugs. abwertend);* **~-down** *n.* **a)** *(deceleration)* Verlangsamung, *die* **(in** *Gen.*); *(in birth, death, inflation rate, output, production, number)* Sinken, *das* **(in** *Gen.*); **there's been a ~-down in the number of ...:** die Zahl der ... ist gesunken; **b)** *(go-slow)* Bummelstreik, *der;* **~ 'handclap** *n. (Brit.)* müdes Klatschen *(als Ausdruck des Mißfallens)*

**slowly** ['sləʊlɪ] *adv.* langsam; **~ but surely** langsam, aber sicher

**slow: ~ 'march** *n. (Mil.)* langsamer Defiliermarsch; **~-match** *n.* Lunte, *die;* **~ 'motion** *n. (Cinemat.)* Zeitlupe, *die;* **in ~-motion** in Zeitlupe; **~ motion replay** *(Sport)* Zeitlupenwiederholung, *die;* **~-moving** *adj.* **a)** sich langsam fortbewegend; **b)** *(Commerc.)* schlecht gehend; **be ~-moving** schlecht gehen

**slowness** ['sləʊnɪs] *n., no pl.* **a)** Langsamkeit, *die;* **b)** *(gradualness)* Langsamkeit, *die;* *(of search, work)* Langwierigkeit, *die;* **c)** *(slackness)* Zögern, *das;* **his ~ to react** *or* **in reacting** sein zögerndes Reagieren; **d)** *(stupidity)* Schwerfälligkeit, *die;* **~ [of comprehension/mind/wit]** Begriffsstutzigkeit, *die (abwertend);* **e)** *(dullness)* Langweiligkeit, *die*

**slow: ~ 'poison** *see* **poison 1; ~poke** *(Amer.) see* **slowcoach; ~ 'puncture** *n.* winziges Loch *(durch das ein Reifen o. ä. nur langsam die Luft verliert);* **~-witted** [sləʊ'wɪtɪd] *adj.* [geistig] schwerfällig; **~-worm** *n. (Zool.)* Blindschleiche, *die*

**SLR** *abbr. (Photog.)* **single-lens reflex**

**slub** [slʌb] *n. (Textiles)* Noppe, *die*

**sludge** [slʌdʒ] *n.* **a)** *(mud)* Matsch, *der (ugs.);* Schlamm, *der;* **b)** *(sediment)* [schlammiger] Bodensatz; **c)** *(Motor Veh.)* Ölschlamm, *der;* **d)** *(sewage)* Klärschlamm, *der*

**¹slug** [slʌg] *n.* **a)** *(Zool.)* Nacktschnecke, *die;* **b)** *(bullet)* [rohe] Gewehrkugel; Flintenlaufgeschoß, *das (Waffent.);* **c)** *(for airgun)* Luftgewehrkugel, *die;* **d)** *(lump of metal)* [rundlicher] Metallklumpen; **a ~ of gold/platinum/silver** *etc.* ein Klumpen Gold/Platin/Silber *usw.;* **e)** *(Amer.: tot of liquor)* **a ~ of whisky/rum** *etc.* ein Schluck Whisky/Rum *usw.;* **f)** *(Printing) (bar)* Reglette, *die; (line)* gegossene Zeile

**²slug** *(Amer.: hit)* **1.** *v. t.,* **-gg-** niederschlagen. **2.** *n.* [harter] Schlag; **give sb. a ~:** jmdn. niederschlagen

**~ 'out** *v. t.* **~ it out** es [bis zum Ende] austragen; **the boys were ~ging it out to decide who ...:** die Jungen prügelten sich darum, wer ...

**sluggard** ['slʌgəd] *n.* Faulpelz, *der; (lacking in speed)* lahme Ente *(ugs.)*

**sluggish** ['slʌgɪʃ] *adj.* träge; schleppend ⟨*Gang, Schritt*⟩; schwerfällig ⟨*Reaktion, Vorstellungskraft*⟩; *(Commerc.)* flau; schleppend ⟨*Nachfrage, Geschäftsgang*⟩

**sluggishly** ['slʌgɪʃlɪ] *adv.* träge; schleppenden Schrittes ⟨*gehen, sich bewegen*⟩; schwerfällig ⟨*reagieren*⟩; *(Commerc.)* schleppend ⟨*sich verkaufen, vorangehen*⟩

**sluice** [sluːs] **1.** *n.* **a)** *(Hydraulic Engin.)* Schütz, *das;* **b)** *(water) vom Schütz aufgestautes/durch das Schütz fließendes Wasser;* **c)** *see* **sluice-way; d)** *(rinsing)* **give sb./sth. a ~ [down]** *(with hose)* jmdn./etw. abspritzen; *(with bucket)* jmdn./etw. [mit Wasser] übergießen. **2.** *v. t.* **a)** *(Hydraulic Engin.)* unter Wasser setzen; **b)** *(provide with sluices)* mit Schützen versehen; **c)** *(Mining)* waschen; **d) ~ [down]** *(douse) (with hose)* abspritzen; *(with bucket)* übergießen

**~ a'way** *v. t.* wegspülen; *(with hose)* wegspritzen

**~ 'out** *v. t.* ausspülen; *(with hose)* ausspritzen

**sluice: ~-gate** *n. (Hydraulic Engin.)* Schütz, *das;* **~-valve** *n. (Hydraulic Engin.)* Schieber, *der;* **~-way** *n.* **a)** *(Hydraulic*

*Engin.: channel for sluice)* Gerinne, *das;* **b)** *(Mining)* Waschrinne, *die*
**slum** [slʌm] **1.** *n.* Slum, *der; (single house or apartment)* Elendsquartier, *das.* **2.** *v. i.*, **-mm-: go ~ming** in die Slums gehen; *(fig.)* sich unters [gemeine] Volk mischen. **3.** *v. t.*, **-mm-: ~ it** wie arme Leute leben; *(fig.)* sich unters [gemeine] Volk mischen
**slumber** ['slʌmbə(r)] *(poet./rhet.)* **1.** *n. (lit. or fig.)* **~[s]** Schlummer, *der (geh.);* **fall into a light/long ~:** in leichten/tiefen Schlummer sinken; **be in a ~** *(fig.)* schlummern *(geh.).* **2.** *v. i. (lit. or fig.)* schlummern *(geh.);* ‹*Vulkan:*› ruhen
**~ a'way** *v. t.* verschlafen
**slumberous** ['slʌmbərəs] *adj. (poet./rhet.)* **a)** *(sleepy)* schläfrig; **b)** *(sleep-inducing)* einschläfernd
**'slumber-wear** *n. (Commerc.)* Nachtwäsche, *die*
**slumbrous** ['slʌmbrəs] *see* **slumberous**
**'slum clearance** *n.* Slumsanierung, *die*
**slummy** ['slʌmɪ] *adj.* verslumt
**slump** [slʌmp] **1.** *n.* Sturz, *der (fig.); (in demand, investment, sales, production)* starker Rückgang (**in** *Gen.*); *(economic depression)* Depression, *die (Wirtsch.); (in morale, interest, popularity)* Nachlassen, *das* (**in** *Gen.*); **~ in prices** Preissturz, *der.* **2.** *v. i.* **a)** *(Commerc.)* stark zurückgehen; ‹*Preise, Kurse:*› stürzen *(fig.);* **the economy ~ed** die Wirtschaft geriet in eine Depression; **b)** *(be diminished)* ‹*Popularität, Moral, Unterstützung usw.:*› nachlassen; **c)** *(collapse)* fallen; **they found him ~ed over the table/in his chair/on the floor** sie fanden ihn über dem Tisch/auf seinem Stuhl/auf dem Boden zusammengesunken
**~ 'down** *v. i.* zusammensinken
**slung** *see* **[1]sling 2**
**slunk** *see* **slink**
**slur** [slɜ:(r)] **1.** *v. t.*, **-rr-: ~ one's words/speech** undeutlich sprechen; **~red speech** undeutliche Aussprache. **2.** *v. i.*, **-rr-: his speech began to ~:** er begann undeutlich zu sprechen. **3.** *n.* **a)** *(stigma)* Schande, *die* (**on** für); *(imputation)* Verleumdung, *die; (insult)* Beleidigung, *die* (**on** für); **cast a ~ on sb./sth.** jmdn./etw. verunglimpfen *(geh.);* **it's a/no ~ on his reputation** es schmälert seinen Ruf/seinen Ruf nicht; **b)** *(Mus.)* [Legato]bogen, *der*
**slurp** [slɜ:p] *(coll.)* **1.** *v. t.* **~ [up]** schlürfen. **2.** *n.* Schlürfen, *das;* **drink one's juice in three big ~s** seinen Saft in drei Zügen ausschlürfen; **drink [one's beer] with a ~:** beim [Bier]trinken schlürfen
**slurry** ['slʌrɪ] *n.* **a)** *(liquid cement)* Zementbrühe, *die;* **b)** *(suspension)* Schlamm, *der;* Suspension, *die (Chemie);* **c)** *(thin mud)* Schlammbrühe, *die;* **d)** *(Mining)* Kohlenschlamm, *der;* **e)** *(Agric.)* Gülle, *die*
**slush** [slʌʃ] *n.* **a)** *(thawing snow)* Schneematsch, *der;* **b)** *(fig. derog.: sentiment)* sentimentaler Kitsch
**'slush fund** *n.* Fonds für Bestechungsgelder
**slushy** ['slʌʃɪ] *adj.* **a)** *(wet)* matschig; **b)** *(derog.: sloppy)* sentimental
**slut** [slʌt] *n.* Schlampe, *die (ugs. abwertend)*
**sluttish** ['slʌtɪʃ] *adj.* schlampig *(ugs. abwertend)*
**sly** [slaɪ] **1.** *adj.* **a)** *(crafty)* schlau; gerissen *(ugs.)* ‹*Geschäftsmann, Schachzug, Trick*›; verschlagen *(abwertend)* ‹*Blick*›; **he is a ~ one** *or* **type** *or* **customer** das ist ein ganz Gerissener *od.* Schlauer *(ugs.);* **b)** *(secretive)* heimlichtuerisch; verschlagen *(abwertend)* ‹*Rivale*›; **what a ~ one he is!** so ein Heimlichtuer!; **a ~ dog** *(fig. coll.)* ein Heimlichtuer/eine Heimlichtuerin; **c)** *(knowing)* vielsagend ‹*Blick, Lächeln*›. **2.** *n.* **on the ~:** heimlich; **he is a womanizer on the ~:** er ist ein heimlicher Schürzenjäger
**'slyboots** *n. sing. (coll.)* Schlauberger, *der (ugs.); (secretive person)* Heimlichtuer, *der*/Heimlichtuerin, *die*
**slyly** ['slaɪlɪ] *adv.* **a)** *(craftily)* schlau; arglistig ‹*täuschen*›; **b)** *(secretively]* heimlich; **c)** *(knowingly)* vielsagend ‹*blicken, lächeln*›
**[1]smack** [smæk] **1.** *n.* **a)** *(flavour)* Beigeschmack, *der; (smell)* Duft, *der;* **b)** *(trace)* Spur, *die; (fig.)* Anflug, *der.* **2.** *v. i.* **~ of** *(taste of)* schmecken nach; *(smell of)* riechen nach; *(fig.)* riechen nach *(ugs.)*
**[2]smack 1.** *n.* **a)** *(sound)* Klatsch, *der; (of lips)* Schmatzen, *das; (of hand, stick)* Klatschen, *das;* **b)** *(blow)* Schlag, *der; (on child's bottom)* Klaps, *der (ugs.);* **a ~ in the face** eine Ohrfeige; **a ~ in the eye** *or* **face** *(fig.)* ein Schlag ins Gesicht; **c)** *(coll.: attempt)* **have a ~ at sth.** es mit etw. versuchen; **he had a ~ at the world record** er versuchte, den Weltrekord zu verbessern; **have a ~ at doing sth.** versuchen, etw. zu tun; **c)** *(loud kiss)* Schmatz, *der (ugs.).* **2.** *v. t.* **a)** *(slap)* [mit der flachen Hand] schlagen; *(lightly)* einen Klaps *(ugs.)* geben (+ *Dat.*); **~ sb.'s face/bottom/hand** jmdn. ohrfeigen/jmdm. eins hintendrauf geben *(ugs.)*/jmdm. eins auf die Hand geben *(ugs.);* **I'll ~ your bottom!** du kriegst eins hinten drauf! *(ugs.);* **b) ~ one's lips** [mit den Lippen] schmatzen; **c)** *(propel)* knallen *(ugs.).* **3.** *v. i.* **~ into the net/wall** ins Netz/gegen die Mauer knallen *(ugs.);* **I ~ed into him** wir knallten zusammen *(ugs.).* **4.** *adv.* **a)** *(coll.: with a smack)* **go ~ into a lamp-post** gegen einen Laternenpfahl knallen *(ugs.);* **b)** *(exactly)* direkt
**[3]smack** *n. (sl.: heroin)* Junk, *der (Drogenjargon)*
**[4]smack** *n. (Naut.)* Fischkutter, *der*
**smacker** ['smækə(r)] *n. (sl.)* **a)** *(loud kiss)* Schmatz, *der (ugs.);* **b)** *(blow)* [wuchtiger] Schlag; **give** *or* **deal sb. a ~ on the nose** jmdm. voll auf die Nase hauen *(ugs.);* **c)** *(Brit.: £1)* Pfund, *das;* ≈ Scheinchen, *das (ugs.);* **d)** *(Amer.: $1)* Dollar, *der;* ≈ Scheinchen, *das (ugs.)*
**small** [smɔ:l] **1.** *adj.* **a)** *(in size)* klein; gering ‹*Wirkung, Appetit, Fähigkeit*›; schmal ‹*Taille, Handgelenk*›; dünn ‹*Stimme*›; **I'm afraid I've nothing ~er** ich habe es leider nicht kleiner *(ugs.);* **it's a ~ world** die Welt ist klein; **they came in ~ numbers** es kamen nur wenige; **the ~est room** *(fig. coll. euphem.)* das Örtchen *(fam. verhüll.); see also* **hour b; still 1 e; b)** *attrib.* (*~-scale*) klein; Klein‹*aktionär, -sparer, -händler, -betrieb, -bauer*›; *see also* **way 1 k; c)** *(young, not fully grown)* klein; *see also* **[2]fry; d)** *(of the ~er kind)* klein; **~ letter** Kleinbuchstabe, *der;* **spell with a ~ letter** klein schreiben; **feel ~** *(fig.)* sich *(Dat.)* ganz klein vorkommen; **look ~** *(fig.)* [ziemlich] schlecht aussehen *(ugs.);* **make sb. feel/look ~** *(fig.)* jmdn. beschämen/ein schlechtes Licht auf jmdn. werfen; *see also* **[2]arm 1 a; beer; circle 1 a; intestine; mercy 1 b; [2]slam a; e)** *(not much)* wenig; **it's ~ comfort** es ist ein geringer Trost; **demand for/interest in the product was ~:** die Nachfrage nach/das Interesse an dem Produkt war gering; **have ~ cause for sth./to do sth.** wenig Grund zu etw. haben/wenig Grund haben, etw. zu tun; **[it's] ~ wonder [es ist]** kein Wunder; **no ~ excitement/feat** einige Aufregung/keine geringe Leistung; **f)** *(trifling)* klein; **we have a few ~ matters/points/problems to clear up before ...:** es sind noch ein paar Kleinigkeiten zu klären, bevor ...; **g)** *(minor)* unbedeutend; gering ‹*Ruhm, Anerkennung*›; **great and ~:** hoch und niedrig; **h)** *(petty)* kleinlich *(abwertend);* **have a ~ mind** ein Kleinkrämer sein *(abwertend);* **i)** *(fine)* fein ‹*Kies, Schrot*›. **2.** *n. (Anat.)* **~ of the back** Kreuz, *das; see also* **smalls. 3.** *adv.* klein
**small: ~ 'ad** *n. (coll.)* Kleinanzeige, *die;* **the ~ ads section/pages/column** der Teil/die Seiten/die Rubrik mit den Kleinanzeigen; **~-bore** *adj. (Arms)* kleinkalibrig; Kleinkaliber-; **~ 'capital** *n. (Printing)* Kapitälchen, *das;* **~ 'change** *n., no pl., no indef. art.* **a)** *(coins)* Kleingeld, *das;* **b)** *(remarks)* Trivialitäten; *(business)* Kleinkram, der *(ugs.);* **~ 'claim** *n. (Law)* ≈ Bagatellsache, *die;* **~ 'claims court** *n. (Law) Gericht für Bagatellsachen;* **~ craft** *n. pl. (Naut.)* Boote; **~ goods** *n. pl. (Austral.)* feine Fleisch- und Wurstwaren; **~holder** *n. (Brit. Agric.)* Kleinbauer, *der*/-bäuerin, *die;* **~holding** *n. (Brit. Agric.)* landwirtschaftlicher Kleinbetrieb
**smallish** ['smɔ:lɪʃ] *adj.* ziemlich klein/gering; ziemlich schmal ‹*Taille*›
**small: ~-'minded** *adj.* kleinlich; engstirnig, kleingeistig ‹*Einstellung*›; **~-mindedness** [smɔ:l'maɪndɪdnɪs] *n.* kleinliche Art; Krämergeist, *der (abwertend)*
**smallness** ['smɔ:lnɪs] *n., no pl.* **a)** Kleinheit, *die; (of waist)* Schmalheit, *die; (of income, amount, stock)* Bescheidenheit, *die;* **b)** *(pettiness)* Kleinlichkeit, *die;* **~ of mind** *see* **small-mindedness**
**small: ~pox** *n. (Med.)* Pocken *Pl.;* **~ 'print** *n. (lit. or fig.)* Kleingedruckte, *das*
**smalls** [smɔ:lz] *n. pl. (Brit. coll.)* Unterwäsche, *die*
**small: ~-scale** *attrib. adj.* in kleinem Maßstab *nachgestellt;* klein ‹*Konflikt, Unternehmer*›; Klein‹*betrieb, -bauer, -gärtner*›; **~ 'screen** *n. (Telev.)* Bildschirm, *der;* **~-size** *adj. see* **-size; ~ talk** *n.* leichte Unterhaltung; *(at parties)* Smalltalk, *der;* **engage in** *or* **make ~ talk [with sb.]** [mit jmdm.] Konversation machen; **sb. has no ~ talk** leichte Konversation liegt jmdm. einfach nicht; **~-time** *attrib. adj. (coll.)* Schmalspur- *(ugs. abwertend);* **~-time crook** kleiner Ganove *(ugs. abwertend);* **~-town** *attrib. adj.* Kleinstadt-; kleinstädtisch
**smarm** [smɑ:m] *v. i. (coll.)* schöntun *(ugs.);* **~ to sb.** jmdm. schöntun *(ugs.);* **~ over sb.** sich bei jmdm. anbiedern *(abwertend)*
**~ 'down** *v. t.* **~ down one's hair** sein Haar [mit Frisiercreme/Haarwasser] glätten
**smarmy** ['smɑ:mɪ] *adj.* kriecherisch *(abwertend);* schmeichlerisch ‹*Stimme*›; **her ~ approaches** ihre Anbiederungsversuche; **he's so ~:** er ist solch ein Kriecher *(abwertend)*
**smart** [smɑ:t] **1.** *adj.* **a)** *(clever)* clever; smart; *(ingenious)* raffiniert; *(accomplished)* hervorragend; **get ~** *(Amer. coll.)* zur Vernunft kommen; **act** *or* **get ~ with sb.** *(Amer. coll.)* zu jmdm. *od.* jmdm. gegenüber frech werden; **~ money** *(Finance)* Geld der klugen Geschäftsleute; **b)** *(neat)* schick; schön ‹*Haus, Garten, Auto*›; **keep sth. ~:** etw. gut in Ordnung halten; **he made a ~ job of it** er hat es schön gemacht; **c)** *attrib. (fashionable)* elegant; smart; **the ~ set** die elegante Welt; die Schickeria; **d)** *(vigorous)* hart ‹*Schlag, Gefecht*›; scharf ‹*Zurechtweisung, Schmerz, Schritt*›; **e)** *(prompt)* flink; **look ~:** sich beeilen; **f)** *attrib. (dishonest)* nicht ganz reell ‹*Geschäft, Handel, Praktiken, Trick*›; **g)** *attrib. (unscrupulous)* clever. **2.** *adv. see* **smartly. 3.** *v. i.* schmerzen; **I/my leg ~ed with pain** ich verspürte einen Schmerz/mein Bein schmerzte; **his vanity/pride ~ed** *(fig.)* er fühlte sich in seiner Eitelkeit/seinem Stolz verletzt; **she ~ed from his remarks** seine Bemerkungen verletzten sie; **~ under sth.** *(fig.)* unter etw. *(Dat.)* leiden. **4.** *n. (lit. or fig.)* Schmerz, *der; (from wound, ointment)* Brennen, *das; (from pain)* Stechen, *das*
**smart alec[k], smart alick** [smɑ:t 'ælɪk] *(coll. derog.)* **1.** *n.* Besserwisser, *der (abwertend).* **2.** *attrib. adj.* neunmalklug; besserwisserisch *(abwertend)*
**'smart-arse,** *(Amer.)* **'smart-ass** *(sl.)* **1.** *ns.* Klugscheißer, *der (salopp abwertend).* **2.** *attrib. adjs.* klugscheißerisch *(salopp abwertend)*

**'smart card** *n.* Chipkarte, *die*

**smarten** ['smɑ:tn] **1.** *v. t.* **a)** *(make spruce)* herrichten; **she ~ed her appearance** sie machte sich zurecht; **he ~ed his hair/clothes** er brachte sein Haar/seine Kleidung in Ordnung *(ugs.)*; **~ oneself** *(tidy up)* sich zurechtmachen; *(dress up)* sich herrichten; *(improve appearance in general)* auf sein Äußeres achten; **b)** *(accelerate)* **~ one's pace** seinen Schritt/seine Schritte beschleunigen. **2.** *v. i.* **the pace ~ed** das Tempo beschleunigte sich

**~ 'up 1.** *v. t.* **a)** *see* **~ 1 a**; **b)** *(fig.)* **~ up one's ideas** sich am Riemen reißen *(ugs.)*. **2.** *v. i. (tidy up)* sich zurechtmachen; *(dress up)* sich herrichten; *(improve appearance in general)* auf sein Äußeres achten; **the hotel/town has ~ed up a great deal** das Hotel/die Stadt hat sich sehr gemacht *(ugs.)*

**smartish** ['smɑ:tɪʃ] **1.** *adj. (fairly neat)* ganz schick; *(fairly prompt)* ziemlich flink. **2.** *adv.* **[pretty] ~:** [ganz] schnell

**smartly** ['smɑ:tlɪ] *adv.* **a)** *(cleverly)* clever; *(in a know-all way)* besserwisserisch *(abwertend)*; **that was ~ put** das war gut gesagt; **b)** *(neatly)* schmuck ‹*[an]gestrichen*›; smart, flott ‹*gekleidet, geschnitten*›; **c)** *(fashionably)* vornehm; **d)** *(vigorously)* hart; *(sharply)* scharf ‹*zurechtweisen*›; hart ‹*anpacken*›; **set off ~ down the road** in scharfem Schritt die Straße hinuntergehen; **e)** *(promptly)* sofort; auf der Stelle

**smartness** ['smɑ:tnɪs] *n., no pl.* **a)** *(cleverness)* Cleverneß, *die; (attitude of know-all)* Besserwisserei, *die (abwertend)*; **b)** *(neatness)* Gepflegtheit, *die;* **~ [of appearance]** ansprechendes Äußeres; **c)** *(vigour)* Härte, *die; (sharpness)* Schärfe, *die;* **~ of pace** Tempo, *das;* **d)** *(promptness)* Flinkheit, *die*

**smarty** ['smɑ:tɪ]: **~-boots, ~-pants** *ns. sing. see* **smart aleck 1**

**smash** [smæʃ] **1.** *v. t.* **a)** *(break)* zerschlagen; **~ sth. against the wall/down on the floor** etw. an die Wand/auf den Boden schmettern; **~ one's hand/arm/leg** sich *(Dat.)* die Hand/den Arm/das Bein zerschmettern; **~ sth. to pieces** etw. zerschmettern; **b)** *(defeat)* zerschlagen ‹*Rebellion, Revolution, Opposition*›; zerschmettern ‹*Feind*›; *(in games)* vernichtend schlagen; klar verbessern ‹*Rekord*›; **c)** *(hit hard)* **~ sb. in the face/mouth** jmdm. [hart] ins Gesicht/auf den Mund schlagen; **I'll ~ your face** *(sl.)* ich polier' dir die Fresse *(derb)*; **d)** *(Tennis)* schmettern; **e)** *(propel forcefully)* schmettern; **he ~ed the car into a wall/his fist down on the table** er knallte *(ugs.)* mit dem Wagen gegen eine Mauer/schlug mit der Faust auf den Tisch; **he ~ed his way into the house with an iron bar** er schlug sich *(Dat.)* seinen Weg in das Haus mit einer Eisenstange frei. **2.** *v. i.* **a)** *(shatter)* zerbrechen; **b)** *(crash)* krachen; **~ into a wall/lamp-post** an *od.* gegen eine Mauer/einen Laternenpfahl krachen; **the cars ~ed into each other** die Wagen krachten zusammen *(salopp)*; **c)** *(Commerc.) see* **crash 3 d. 3.** *n.* **a)** *(sound)* Krachen, *das; (of glass)* Klirren, *das;* **b)** *see* **smash-up**; **c)** *(coll.) see* **smash hit**; **d)** *(Tennis)* Schmetterball, *der;* **e)** *(Commerc.) see* **crash 1 c. 4.** *adv.* krach

**~ 'down** *v. t.* einschlagen ‹*Tür*›

**~ 'in** *v. t.* zerschmettern; eindrücken ‹*Rippen, Motorhaube, Kotflügel*›; einschlagen ‹*Fenster, Tür, Schädel*›; ‹*Explosion:*› eindrücken ‹*Fenster, Tür*›; **~ sb.'s face in** *(coll.)* jmdm. die Fresse polieren *(derb)*

**~ 'up 1.** *v. t.* zertrümmern. **2.** *v. i.* zerschellen; ‹*Auto:*› zertrümmert werden; *see also* **smash-up**

**smash-and-'grab [raid]** *n. (coll.)* Schaufenstereinbruch, *der*

**smashed** [smæʃt] *adj. (sl.)* **a)** *(drunk)* **get ~ on sth.** von etw. besoffen werden *(derb)*; *(deliberately)* sich mit etw. vollaufen lassen *(salopp)*; **be ~ out of one's head** *or* **mind** *or* **brains** sturzbetrunken *(ugs.) od. (derb)* sturzbesoffen sein; **b)** *(on drugs)* stoned *(Drogenjargon)*

**smasher** ['smæʃə(r)] *n. (coll.)* **be a ~:** [ganz] große Klasse sein *(ugs.)*; **what a ~ he/she/it is!** er/sie/es ist ganz große Klasse! *(ugs.)*; **a ~ of a girl-friend** eine tolle Freundin

**smash 'hit** *n. (coll.) (film, play)* Kassenschlager, *der (ugs.)*; *(song, record)* Riesenhit, *der (ugs.)*

**smashing** ['smæʃɪŋ] *adj. (coll.: excellent)* toll *(ugs.)*; klasse *(ugs.)*; **[how] ~!** toll! *(ugs.)*; klasse! *(ugs.)*; **he/she is ~** *(physically attractive)* er/sie sieht klasse *od.* ganz toll aus *(ugs.)*

**'smash-up** *n.* schwerer Zusammenstoß; **there has been a ~ between two cars/trains** zwei Autos/Züge sind zusammengekracht *(ugs.)*; **multiple ~:** Massenkarambolage, *die*

**smatter** ['smætə(r)], **smattering** ['smætərɪŋ] *ns.* oberflächliche Kenntnisse; *(feeble)* Halbwissen, *das (abwertend)*; **have a ~ of German** ein paar Brocken Deutsch können

**smear** [smɪə(r)] **1.** *v. t.* **a)** *(daub)* beschmieren; *(put on or over)* schmieren; **~ oneself/one's body/face with a cream/lotion/ointment** sich/seinen Körper/sein Gesicht mit einer Creme/Lotion/Salbe einreiben; **~ cream/ointment over one's body/face/hands** sich *(Dat.)* den Körper/das Gesicht/die Hände mit Creme/Salbe einreiben; **~ed with blood** blutbeschmiert *od.* -verschmiert; **he had paint ~ed on his face** sein Gesicht war mit Farbe beschmiert; **ink was ~ed all over the letter** der ganze Brief war mit Tinte verschmiert; **b)** *(smudge)* verwischen; verschmieren; **c)** *(fig.: defame)* in den Schmutz ziehen. **2.** *n.* **a)** *(blotch)* [Schmutz]fleck, *der;* **a ~ of ink/paint/fat** *etc.* ein [verschmierter] Tinten-/Farb-/Fettfleck *usw.*; **b)** *(fig.: defamation)* **a ~ on him/his [good] name/his [good] reputation** eine Beschmutzung seiner Person/seines [guten] Namens/seines Ansehens; **c)** *(Med.)* Abstrich, *der;* **blood ~:** Blutausstrich, *der*

**smear: ~ campaign** *n.* Schmutzkampagne, *die;* **~ tactics** *n. pl.* schmutzige Mittel; **~ test** *n. (Med.)* Abstrich, *der;* **~ word** *n.* Schmähwort, *das*

**smeary** ['smɪərɪ] *adj.* **a)** verschmiert ‹*Glas, Tischplatte, Kleid*›; **make sth. ~:** etw. verschmieren; **b)** *(likely to smear)* schmierend; **be very ~:** ‹*Farbe, Tinte:*› leicht schmieren

**smegma** ['smegmə] *(Physiol.)* Smegma, *das*

**smell** [smel] **1.** *n.* **a)** *no pl., no art.* **have a good/bad sense of ~:** einen guten/schlechten Geruchssinn haben; **b)** *(odour)* Geruch, *der* (**of** nach); *(pleasant also)* Duft, *der* (**of** nach); **a ~ of burning/gas** ein Brand-/Gasgeruch; **there was a ~ of coffee** es duftete nach Kaffee; **sth. has a nice/strong** *etc.* **~ [to it]** etw. riecht angenehm/stark *usw.*; **c)** *(stink)* Gestank, *der;* **d)** *(act of inhaling)* **one ~ was enough** einmal riechen genügte; **have** *or* **take a ~ at** *or* **of sth.** an etw. *(Dat.)* riechen. **2.** *v. t.,* **smelt** [smelt] *or* **~ed a)** *(perceive)* riechen; *(fig.)* wittern; **I can ~ burning/gas** es riecht brandig/nach Gas; **I could ~ trouble** *(fig.)* es roch nach Ärger; *see also* **rat 1 a**; **b)** *(inhale ~ of)* riechen an (+ *Dat.*); **just ~ the sea air!** riech [doch] mal nur die Seeluft! **3.** *v. i.,* **smelt** *or* **~ed a)** *(emit ~)* riechen; *(pleasantly also)* duften; **b)** *(recall ~; fig.: suggest)* **~ of sth.** nach etw. riechen; **c)** *(stink)* riechen; **his breath ~s** er riecht aus dem Mund; **d)** *(perceive ~)* riechen; **she can't ~ because of her cold** sie riecht nichts wegen ihrer Erkältung; **~ at sth.** an etw. *(Dat.)* riechen

**~ 'out** *v. t. (lit. or fig.)* aufspüren

**smelling salts** ['smelɪŋ sɔ:lts, 'smelɪŋ sɒlts] *n. pl.* Riechsalz, *das*

**smelly** ['smelɪ] *adj.* stinkend *(abwertend)*; **be ~:** stinken *(abwertend)*

**[1]smelt** [smelt] *v. t. (Metallurgy)* **a)** *(melt)* verhütten ‹*Erz*›; **b)** *(refine)* erschmelzen ‹*Metall*›

**[2]smelt** *n., pl.* **~s** *or same (Zool.)* Stint, *der*

**[3]smelt** *see* **smell 2, 3**

**smelter** ['smeltə(r)] *n. (Metallurgy)* **a)** *(person)* Schmelzer, *der;* **b)** *(smelting-works)* Schmelzhütte, *die*

**smidgen, smidgin** ['smɪdʒən] *n. (coll.)* **a ~:** ein klein bißchen

**smile** [smaɪl] **1.** *n.* Lächeln, *das;* **a ~ of joy/satisfaction** ein freudiges/befriedigtes Lächeln; **be all ~s** über das ganze Gesicht strahlen; **break into a ~:** [plötzlich] zu lächeln beginnen; **give a [little] ~:** [schwach] lächeln; **give sb. a ~:** jmdn. anlächeln; **give me a big ~ now!** jetzt mal schön lächeln!; **raise a ~:** ein Lächeln hervorlocken; *(make oneself ~)* sich *(Dat.)* ein Lächeln abringen; **raise a few ~s** zum Lächeln anregen; **take that ~ off your face!** hör auf zu grinsen!; **this'll put a ~ on your face** das wird dich freuen; **with a ~:** mit einem Lächeln [auf den Lippen]; lächelnd. **2.** *v. i.* lächeln; **make sb. ~:** jmdn. zum Lachen bringen; **keep smiling** *(fig.: not despair)* das Lachen nicht verlernen *(fig.)*; **keep smiling!** Kopf hoch!; keep smiling!; **come up smiling** *(fig. coll.)* sich nicht unterkriegen lassen *(ugs.)*; **~ at sb.** jmdn. anlächeln; **~ at sth.** *(lit. or fig.)* über etw. *(Akk.)* lächeln; **~, please!** bitte recht freundlich! **~ with delight/pleasure** vor Freude strahlen; **Fortune ~d on us/our efforts** das Glück lachte uns *(veralt.)*. **3.** *v. t.* **a) ~ encouragement/one's thanks** aufmunternd/dankend lächeln; **~ a welcome** zur Begrüßung [freundlich] lächeln; **b) ~ a friendly/sad smile** freundlich/traurig lächeln

**smirch** [smɜ:tʃ] *(literary)* **1.** *v. t.* **a)** besudeln *(geh.)*; **b)** *(fig.: disgrace) see* **besmirch. 2.** *n.* **a)** [Schmutz]fleck, *der;* **b)** *(fig.: disgrace)* Schandfleck, *der (fig.)*; **cast a ~ on sb./sth.** ein Schandfleck für jmdn./etw. sein

**smirk** [smɜ:k] **1.** *v. i.* grinsen. **2.** *n.* Grinsen, *das*

**smite** [smaɪt] *v. t.,* **smote** [sməʊt], **smitten** ['smɪtn] *(arch./literary)* **a)** *(strike)* schlagen (on auf, an + *Akk.*); **~ one's breast/forehead** sich *(Dat.)* an die Brust/Stirn schlagen; **b)** *(affect suddenly)* **an idea/his conscience smote him** eine Vorstellung bemächtigte sich seiner *(geh.)*/ihm schlug das Gewissen *(geh.)*; **the light smote our eyes** das Licht blendete unsere Augen; **c)** *(afflict)* **be smitten by** *or* **with desire/terror/the plague** von Verlangen/Schrecken ergriffen/mit der Pest geschlagen sein *(geh.)*; **be smitten by** *or* **with a** *or* **the desire to do sth.** von dem Verlangen ergriffen sein, etw. zu tun; **be smitten by** *or* **with sb./sb.'s charms** jmdm./jmds. Zauber erlegen sein; **d)** *(defeat)* zerschmettern; erschlagen ‹*Person*›

**smith** [smɪθ] *n.* Schmied, *der*

**-smith** *n. suf.* **a)** *(metal-worker)* -schmied, *der;* **b)** *(fig.: creator)* **song-~:** versierter Songkomponist; **word-~** *(creator of words)* Wortschöpfer, *der;* **the word-~ John Updike** der versierte Schriftsteller John Updike

**smithereens** [smɪðə'ri:nz] *n. pl.* **blow/smash sth. to ~:** etw. in tausend Stücke sprengen/schlagen; **in ~:** in tausend Stücken

**smithy** ['smɪðɪ] *n.* Schmiede, *die*

**smitten** *see* **smite**

**smock** [smɒk] **1.** *n.* **a)** [Arbeits]kittel, *der;* **painter's ~:** Malerkittel, *der;* **b)** *see* **smock-frock. 2.** *v. t. (Sewing)* smoken

**'smock-frock** *n.* Bauernkittel, *der (veralt.)*

**smocking** ['smɒkɪŋ] *n. (Sewing)* Smokarbeit, *die*

**smog** [smɒg] *n.* Smog, *der*

**smoke** [sməʊk] **1.** *n.* **a)** Rauch, *der;* **go up in ~:** in Rauch [und Flammen] aufgehen; *(fig.)* in Rauch aufgehen; **like ~** *(sl.)* wie ein geölter Blitz *(ugs.)*⟨*laufen, fahren*⟩; *(without hindrance)* wie geschmiert *(ugs.)* ⟨*zusammenarbeiten, funktionieren*⟩; **[there is] no ~ without fire** *(prov.)* kein Rauch ohne Flamme *(Spr.)*; **b)** *(act of smoking tobacco)* **a ~ would be nice just now** jetzt würde ich gern eine rauchen; **have a [quick] ~:** [schnell eine] rauchen; **I'm dying for a ~:** ich würde schrecklich gern eine rauchen *(ugs.)*; **c)** *(sl.: cigarette)* **a packet of ~s** ein Päckchen Zigaretten; **have you got a ~?** hast du was *(ugs.)* zu rauchen?. **2.** *v. i.* **a)** *(~ tobacco)* rauchen; **do you mind if I ~?** stört es Sie, wenn ich rauche?; **~ like a chimney** rauchen wie ein Schlot *(ugs.)*; **b)** *(emit ~)* rauchen; *(burn imperfectly)* qualmen; *(emit vapour)* dampfen. **3.** *v. t.* **a)** rauchen; *see also* **pipe 1 d**; **b)** *(darken)* schwärzen ⟨*Glas*⟩; ⟨*Petroleumlampe*:⟩ verräuchern ⟨*Wand, Decke*⟩; **c)** räuchern ⟨*Fleisch, Fisch*⟩

**~ 'out** *v. t.* **a)** *(exterminate, expel)* ausräuchern; **b)** *(fill with ~)* verräuchern; **c)** *(fig.: discover)* aufspüren ⟨*Verbrecher*⟩; auf die Spur kommen (+ *Dat.*) ⟨*Absicht, Plan*⟩

**smoke: ~ a'batement** *n.* Rauchverringerung, *die*; **~-bomb** *n.* Rauchbombe, *die*

**smoked** [smәʊkt] *adj.* *(Cookery)* geräuchert; **~ glass** dunkel getöntes Glas; *(for decorative purposes)* Rauchglas, *das*

**'smoke-detector** *n.* Rauchmelder, *der*

**'smoke-dried** *adj.* geräuchert

**smokeless** ['smәʊklɪs] *adj.* rauchlos; rauchfrei ⟨*Zone*⟩

**smoker** ['smәʊkә(r)] *n.* **a)** Raucher, *der*/Raucherin, *die*; **be a heavy ~:** ein starker Raucher/eine starke Raucherin sein; **~'s companion** Raucherbesteck, *das*; **~'s cough/heart/throat** *(Med.)* Raucherhusten, *der*/-herz, *das*/-kehle, *die*; **b)** *(Railw.) see* **smoking-compartment**

**smoke: ~-ring** *n.* Rauchring, *der*; **~-room** *n. (Brit.)* Rauchsalon, *der*; Rauchzimmer, *das*; **~-screen** *n.* [künstliche] Nebelwand; *(fig.)* Vernebelung, *die* **(for** *Gen.*); **throw up a thick ~-screen round a scandal** die Fakten eines Skandals gründlich vernebeln; **~-signal** *n.* Rauchzeichen, *das*; Rauchsignal, *das*; **~-stack** *see* **stack 1 f**

**smoking** ['smәʊkɪŋ] *n.* **a)** *(act)* Rauchen, *das*; **'no ~'** „Rauchen verboten"; **no-~ compartment** *(Railw.)* Nichtraucherabteil, *das*; **b)** *no art.* *(seating area)* **[do you want to sit in] ~ or non-~?** [möchten Sie für] Raucher oder Nichtraucher?; **the next carriage is ~:** der nächste Wagen ist für Raucher

**smoking: ~-compartment** *n.* *(Railw.)* Raucherabteil, *das*; **~-jacket** *n.* Rauchjacke, *die*; Hausrock, *der*; **~-room** *(Brit.) see* **smoke-room**

**smoky** ['smәʊkɪ] *adj.* *(emitting smoke)* rauchend; qualmend; *(smoke-filled, smoke-stained)* verräuchert; *(coloured or tasting like smoke)* rauchig; **be too ~** ⟨*Feuer, Kamin, Lampe*:⟩ zu stark rauchen *od.* qualmen; **~ quartz/topaz/glass** Rauchquarz, *der*/-topas/-glas, *das*; **~ grey** rauchgrau

**smolder** *(Amer.) see* **smoulder**

**smooch** [smu:tʃ] *(coll.)* **1.** *v. i.* [sich] knutschen *(ugs.)*. **2.** *n.* Knutschen, *das (ugs.)*; **have a ~:** [sich] knutschen *(ugs.)*

**smooth** [smu:ð] **1.** *adj.* **a)** *(even)* glatt; eben ⟨*Straße, Weg*⟩; **as ~ as glass/silk/a baby's bottom** spiegelglatt/glatt wie Seide/wie ein Kinderpopo *(ugs.)*; **beat the mixture until ~:** die Mischung glattrühren; **be ~ to the touch** sich glatt anfühlen; **make sth. ~:** etw. glätten; **be worn ~** ⟨*Treppenstufe*:⟩ abgetreten sein; ⟨*Reifen*:⟩ abgefahren sein; ⟨*Fels, Stein*:⟩ glattgeschliffen sein; **this razor gives a ~ shave** dieser Rasierapparat rasiert glatt; **b)** *(mild)* weich; **as ~ as velvet** *(fig.)* samtweich; **c)** *(fluent)* flüssig; geschliffen ⟨*Stil, Diktion*⟩; **d)** *(not jerky)* geschmeidig ⟨*Bewegung*⟩; ruhig ⟨*Fahrt, Flug, Lauf einer Maschine, Bewegung, Atmung*⟩; weich ⟨*Start, Landung, Autofahren, Schalten*⟩; **come to a ~ stop** ⟨*Wagen, Bus, Zug*:⟩ weich zum Stehen kommen; **e)** *(without problems)* reibungslos; **the change-over was fairly ~:** der Wechsel ging ziemlich reibungslos vonstatten; **f)** *(equable)* ruhig ⟨*Art, Wesen*⟩; **g)** *(derog.: suave)* glatt; *(~-tongued)* glattzüngig *(geh. abwertend)*; **he is a ~ operator** er ist gewieft; **h)** *(coll.: elegant)* schick; **i)** *(skilful)* geschickt; souverän. **2.** *adv. see* **smoothly**. **3.** *v. t.* **a)** glätten; glattstreichen, glätten ⟨*Stoff, Tuch, Papier*⟩; glattstreichen ⟨*Haar*⟩; glattschleifen ⟨*Stein*⟩; *(with plane)* glatthobeln ⟨*Holz*⟩; *(with sandpaper)* glattschleifen, glätten ⟨*Holz*⟩; *(fig.: soothe)* besänftigen; **he ~ed the creases/wrinkles from the paper/cloth** er strich die Falten aus dem Papier/Stoff; **b)** *(Statistics)* bereinigen; **c)** *(fig.: free from impediments)* **~ sb.'s/sth.'s path** jmdm./einer Sache den Weg ebnen *od.* die Wege ebnen; **~ the way for sb./sth.** jmdm./einer Sache den Weg *od.* die Wege ebnen. **4.** *v. i.* *(lit. or fig.)* sich glätten

**~ a'way** *v. t.* glätten, ausstreichen ⟨*Falten*⟩; *(fig.)* vertreiben ⟨*Sorgen, Ängste*⟩; ausräumen ⟨*Differenzen, Schwierigkeiten*⟩

**~ 'back** *v. t.* [glatt] zurückstreichen ⟨*Haare*⟩; *(with comb)* [glatt] zurückkämmen

**~ 'down 1.** *v. t.* glattstreichen ⟨*Haar*⟩; *(fig.)* schlichten ⟨*Streit*⟩; besänftigen ⟨*Person*⟩; **~ things down a bit** ein wenig die Wogen glätten. **2.** *v. i. see* **smooth 4**

**~ out** *v. t.* glattstreichen ⟨*Falte, Tuch*⟩; ausstreichen ⟨*Farbe, Teig*⟩; *(fig.)* ausräumen ⟨*Schwierigkeiten, Hindernisse*⟩

**~ 'over** *v. t.* *(fig.)* beilegen ⟨*Streit*⟩; ausräumen ⟨*Schwierigkeiten*⟩; **we ~ed things over** wir bereinigten die Angelegenheit

**'smooth-bore** *n.* *(Arms)* Gewehr mit glattem Lauf

**smoothie** ['smu:ðɪ] *n.* *(coll. derog.)* aalglatter Typ *(ugs.)*

**smoothly** ['smu:ðlɪ] *adv.* **a)** *(evenly)* glatt; **b)** *(fluently)* flüssig; **~ flowing** eingängig ⟨*Poesie, Prosa, Musik*⟩; **c)** *(not jerkily)* geschmeidig ⟨*sich bewegen*⟩; reibungslos ⟨*funktionieren*⟩; ruhig ⟨*atmen, fließen, fahren*⟩; weich ⟨*starten, landen, schalten*⟩; **a ~ running engine** *(Motor Veh.)* ein rund laufender Motor; **this pen writes ~:** dieser Füller *(ugs.)* schreibt einwandfrei; **d)** *(without problems)* reibungslos; glatt; **e)** *(derog.: suavely)* aalglatt *(abwertend)*; glattzüngig *(geh. abwertend)* ⟨*sprechen*⟩; **f)** *(coll.: elegantly)* schick; **g)** *(skilfully)* geschickt; souverän

**smoothness** ['smu:ðnɪs] *n., no pl.* **a)** *(evenness)* Glätte, *die*; **have the ~ of silk** seidig glatt sein; **b)** *(mildness)* Weichheit, *die*; **c)** *(fluency)* Flüssigkeit, *die*; **d)** *(lack of jerkiness)* *(of movement)* Geschmeidigkeit, *die*; *(of machine operation, breathing)* Gleichmäßigkeit, *die*; **the ~ of his driving** sein gefühlvolles Fahren; **e)** *(lack of problems)* Reibungslosigkeit, *die*; **f)** *(equability)* Sanftheit, *die*; **g)** *(derog.: suavity)* Glätte, *die* *(abwertend)*; **h)** *(coll.: elegance)* Schick, *der*; **i)** *(skill)* Geschicklichkeit, *die*; Souveränität, *die*

**smooth: ~ 'tongue** *n.* *(fig.: suavity)* Glattzüngigkeit, *die (geh. abwertend)*; **have a ~:** eine einschmeichelnde Art haben; **~-tongued** *adj.* glattzüngig

**smote** *see* **smite**

**smother** ['smʌðә(r)] **1.** *v. t.* **a)** *(stifle)* ersticken; **he was ~ed by the avalanche** er erstickte in der Lawine; **b)** *(overwhelm)* überschütten **(with, in** mit); **~ sb. with kisses** jmdn. mit seinen Küssen [fast] ersticken; **c)** *(extinguish)* ersticken; **d)** *(fig.: suppress)* unterdrücken ⟨*Kichern, Gähnen, Schluchzen, Tatsachen, Wahrheit*⟩; ersticken ⟨*Kritik, Gerücht, Schluchzen, Gelächter, Schreie*⟩; dämpfen ⟨*Lärm*⟩; **e)** *(Amer.: defeat quickly)* erledigen ⟨*Feind, Gegner*⟩; **f)** *(cover entirely)* **~ sth. in sth.** etw. mit etw. bedecken; **~ed in dust/dirt** voller Staub/Schmutz; **strawberries ~ed in** *or* **with cream** Erdbeeren mit reichlich [flüssiger] Sahne. **2.** *v. i.* ersticken

**~ 'up** *v. t.* vertuschen ⟨*Verbrechen, Skandal*⟩; unterdrücken ⟨*Gerücht, Wahrheit, Vorschlag*⟩

**smothery** ['smʌðәrɪ] *adj.* stickig; *(overwhelming)* erdrückend

**smoulder** ['smәʊldә(r)] *v. i.* **a)** schwelen; **b)** *(fig.)* ⟨*Haß, Rebellion*:⟩ schwelen; ⟨*Liebe*:⟩ glimmen *(geh.)*; **she was ~ing with rage** Zorn schwelte in ihr; **she/her eyes ~ed with desire/rage** sie glühte *(geh.)*/ihre Augen glühten vor Verlangen/Zorn; **a ~ing beauty** eine glutvolle Schönheit

**¹smudge** [smʌdʒ] **1.** *v. t.* **a)** *(blur)* verwischen; **b)** *(smear)* schmieren; **~ sth. on sth.** etw. auf etw. *(Akk.)* schmieren; **c)** *(make smear on)* verschmieren; **d)** *(fig.: disgrace)* beschmutzen. **2.** *v. i.* ⟨*Füller, Tinte, Farbe*:⟩ schmieren; **my hand slipped and the drawing/ink/paint ~d** meine Hand rutschte aus, und die Zeichnung/Tinte/Farbe war verwischt. **3.** *n.* **a)** *(smear)* Fleck, *der*; *(fig.)* Schandfleck, *der*; **b)** *(blur)* Schmierage, *die (ugs.)*; **be a mass of ~s** eine einzige Schmiererei sein *(ugs. abwertend)*

**²smudge** *n.* *(Amer.: fire)* Rauchfeuer, *das (zum Schutz vor Insekten od. Kälte)*

**'smudge-pot** *n.* *(Amer.)* *Kessel mit Brennmaterial für ein Rauchfeuer zur Vertreibung von Insekten od. zum Kälteschutz*

**smudgy** ['smʌdʒɪ] *adj.* **a)** *(dirty)* schmutzig; verschmutzt; **b)** *(blurred)* verwischt; **c)** *(smudging easily)* schmierend; **be ~** ⟨*Füller, Tinte*:⟩ schmieren

**smug** [smʌg] *adj.* selbstgefällig *(abwertend)*; **she is very ~ about it/her job/her new house** sie ist darauf/auf ihre Stelle/auf ihr neues Haus sehr eingebildet *(abwertend)*

**smuggle** ['smʌgl] *v. t.* schmuggeln

**~ a'way** *v. t.* wegschaffen; **~ sb. away through a back door** jmdn. durch eine Hintertür hinausschmuggeln

**~ 'in** *v. t.* einschmuggeln; hinein-/hereinschmuggeln ⟨*Person*⟩

**~ 'out** *v. t.* hinaus-/herausschmuggeln

**smuggler** ['smʌglә(r)] *n.* Schmuggler, *der*/Schmugglerin, *die*

**smuggling** ['smʌglɪŋ] *n.* Schmuggel, *der*; Schmuggeln, *das*; **the ~ of dogs into Britain** das Einschmuggeln von Hunden nach Großbritannien

**smugly** ['smʌglɪ] *adv.* selbstgefällig *(abwertend)*

**smugness** ['smʌgnɪs] *n., no pl.* Selbstgefälligkeit, *die (abwertend)*

**smut** [smʌt] *n.* **a)** Rußflocke, *die*; *(smudge)* Rußfleck, *der*; **be covered in ~s** voller Ruß sein; **b)** *no art.* *(lewd matter)* Schund, *der (abwertend)*; **talk ~:** schweinigeln *(ugs. abwertend)*; **c)** *(Bot.)* *(disease)* Brand, *der*; *(fungus)* Brandpilz, *der*

**smutty** ['smʌtɪ] *adj.* **a)** *(dirty)* verschmutzt; **b)** *(lewd)* schmutzig *(abwertend)*; **he is ~:** er ist schweinisch *(ugs. abwertend)*

**snack** [snæk] *n.* Imbiß, *der*; Snack, *der*; **eat many ~s between meals** viel zwischendurch essen; **have a [quick] ~:** [rasch] eine Kleinigkeit essen *(ugs.)*

**'snack-bar** *n.* Schnellimbiß, *der*; Snackbar, *die*

**snaffle** ['snæfl] **1.** *n.* *(Riding)* Trense, *die*. **2.** *v. t.* **a)** *(sl.)* mopsen *(fam.)* ⟨*Schokolade, Zeitung*⟩; klauen *(salopp)* ⟨*Diamanten, Geheimdokumente, Geld*⟩; **b)** *(Riding)* die Trense anlegen (+ *Dat.*)

**~ 'up** *v. t.* [sich *(Dat.)*] schnappen *(ugs.)*

**'snaffle-bit** *n.* *(Riding)* Trensengebiß, *das*

**snafu** [snæ'fu:] *(Amer. sl.)* **1.** *pred. adj.* chaotisch. **2.** *n.* Chaos, *das*; **they left us in ~:** sie ließen uns im Schlamassel stecken *(ugs.)*

**snag** [snæg] **1.** *n.* **a)** *(jagged point)* Zacke, *die;* **b)** *(problem)* Haken, *der;* **what's the ~?** wo klemmt es [denn]? *(ugs.);* **hit a ~, run up against a ~:** auf ein Problem *od.* eine Schwierigkeit stoßen; **there's a ~ in it** die Sache hat einen Haken; **c)** *(tear)* Loch, *das; (pulled thread)* gezogener Faden. **2.** *v. t.,* **-gg- a)** *(catch)* **I've ~ged my coat** mein Mantel hat sich verfangen; ich bin mit dem Mantel hängengeblieben; **b)** *(tear)* einreißen; **c)** *(Amer.: catch quickly)* **~ sth.** sich *(Dat.)* etw. schnappen *(ugs.)*

**snail** [sneɪl] *n.* Schnecke, *die;* **Roman ~:** Weinbergschnecke, *die;* **at [a] ~'s pace** im Schneckentempo *(ugs.)*

**'snail-like** *adj.* schneckenartig; schneckenhaft *(ugs.)*

**snake** [sneɪk] **1.** *n.* **a)** Schlange, *die;* **~s and ladders** *Brettspiel, bei dem je nach Augenzahl beim Würfeln Spielsteine „Leitern" hinauf- und „Schlangen" hinabbewegt werden;* **b)** *(derog.)* **~ [in the grass]** *(woman)* [falsche] Schlange; *(man)* falscher Kerl *od. (ugs.)* Hund; **c)** *(Econ.)* **the ~:** die Währungsschlange *(Jargon).* **2.** *v. i.* sich schlängeln

**snake: ~-bite** *n.* **a)** Schlangenbiß, *der;* **b)** *(drink) Getränk aus gleichen Teilen Apfelwein und Lagerbier;* **~-charmer** *n.* Schlangenbeschwörer, *der;* **~-skin** *n.* Schlangenleder, *das*

**snaky** ['sneɪkɪ] *adj.* **a)** *(winding)* gewunden; schlangenartig ‹*Bewegung*›; **b)** *(sly)* hinterhältig

**snap** [snæp] **1.** *v. t.,* **-pp- a)** *(break)* zerbrechen; **~ sth. in two** *or* **in half** etw. in zwei Stücke brechen; **b) ~ one's fingers** mit den Fingern schnalzen; **~ one's fingers at sth./sb.** *(fig.)* auf etw./jmdn. pfeifen *(ugs.);* **c)** *(move with ~ping sound)* **~ sth. home** *or* **into place** etw. einrasten *od.* einschnappen lassen; **~ shut** zuschnappen lassen ‹*Portemonnaie, Tür, Schloß*›; zuklappen ‹*Buch, Zigarettendose, Etui*›; **~ sth. open** etw. aufschnappen lassen; **d)** *(take photograph of)* knipsen; **e)** *(say in sharp manner)* fauchen; *(speak crisply or curtly)* bellen. **2.** *v. i.,* **-pp- a)** *(break)* brechen; **b)** *(fig.: give way under strain)* ausrasten *(ugs.);* **my patience has finally ~ped** nun ist mir der Geduldsfaden aber gerissen; **something ~ed in me** *(fig.)* da war bei mir das Maß voll; **c)** *(make as if to bite)* [zu]schnappen; **d)** *(move smartly)* **~ into action** loslegen *(ugs.);* **~ into life** aufschrecken; **~ to attention** strammstehen; **~ to it!** *(coll.)* leg/legt los! *(ugs.);* **e)** *(move with ~ping sound)* **~ home** *or* **into place** einrasten; einschnappen; **~ shut** zuschnappen; ‹*Kiefer:*› zusammenklappen; ‹*Mund:*› zuklappen; **~ together** zusammenklappen; **~ open** aufschnappen; **f)** *(speak in sharp manner)* fauchen; **g)** *(take photograph)* knipsen. **3.** *n.* **a)** *(sound)* Knacken, *das; (of whip)* Knallen, *das;* **b)** *(biscuit)* Plätzchen, *das; see also* **brandy-snap; c)** *(Photog.)* Schnappschuß, *der;* **d)** *(Brit. Cards)* Schnippschnapp[schnurr], *das;* **e) cold ~:** kurze Kälteperiode; **f)** *(zest)* Schwung, *der.* **4.** *attrib. adj. (spontaneous)* spontan; **call a ~ election/vote** Knall und Fall *(ugs.)* einen Wahltermin festsetzen/eine Abstimmung herbeiführen. **5.** *int.* **a)** *(Brit. Cards)* schnapp; **b)** *(when two things are seen to match coincidentally)* genau gleich *(ugs.)*

**~ at** *v. t.* **a)** *(bite)* **~ at sb./sth.** nach jmdm./etw. schnappen; **~ at sb.'s heels** jmdm. auf den Fersen sein; **he ran with a pack of dogs ~ping at his heels** er rannte, dicht gefolgt von einer Hundemeute; **b)** *(speak sharply to)* anfauchen *(ugs.);* **c)** *(Amer.: accept eagerly)* **~ at a chance** eine Gelegenheit beim Schopf[e] ergreifen; **~ at an invitation/a job** bei einer Einladung/einem Job keinesfalls nein sagen *od. (salopp)* gleich zuschlagen

**~ 'back 1.** *v. i.* **a)** *(return)* zurückschnellen; **b)** *(reply)* **~ back [at sb.]** jmdn. anfauchen *(ugs.);* **c)** *(Amer. fig.: make quick recovery)* sich schnell [wieder] erholen. **2.** *v. t. (say as a retort)* zurückgeben

**~ 'off 1.** *v. i.* abbrechen; abknicken ‹*Zweig, Antenne*›. **2.** *v. t.* **a)** *(break)* abbrechen; **~ sth. off sth.** etw. von etw. abbrechen; **b)** *(bite)* abbeißen; **~ sb.'s head off** *(fig.)* jmdm. den Kopf abreißen *(fig.);* **c)** *(Amer.: switch off)* ausknipsen *(ugs.);* ausschalten; **d)** aufklappen ‹*Deckel, Verschluß*›

**~ 'on 1.** *v. i.* zuschnappen; **~ on to sth.** sich an etw. *(Dat.)* festklemmen. **2.** *v. t.* **a)** *(fasten)* festklemmen; zuklappen ‹*Deckel*›; **~ sth. on sth.** etw. auf etw. *(Akk.)* klemmen; **b)** *(Amer.: switch on)* anknipsen *(ugs.). See also* **snap-on**

**~ 'out** *v. t.* bellen ‹*Befehl, Anweisung*›

**~ 'out of** *v. t.* abwerfen; sich befreien von ‹*Gefühl, Stimmung, Komplex*›; **~ out of it!** *(coll.)* hör auf damit!; *(wake up)* wach auf!

**~ 'up** *v. t.* **a)** *(pick up)* [sich *(Dat.)*] schnappen; **b)** *(fig. coll.: seize)* [sich *(Dat.)*] schnappen *(ugs.);* **~ up a bargain/an offer** bei einem Angebot [sofort] zugreifen *od. (salopp)* zuschlagen; **~ sth. up in the sales** etw. beim Ausverkauf ergattern *(ugs.);* **the tickets were ~ped up immediately** die Karten waren sofort weg

**snap: ~ bean** *n. (Amer.)* Brechbohne, *die;* **~dragon** *n. (Bot.)* Löwenmäulchen, *das;* **~-fastener** *n.* Druckknopf, *der;* **~-on** *attrib. adj.* Klemm-

**snappy** ['snæpɪ] *adj.* **a)** *(lively)* lebhaft; temperamentvoll ‹*Tanz, Musik*›; **b)** *(smart)* schick; **be a ~ dresser** sich flott *od.* schick kleiden; **c)** *(coll.)* **look ~!, make it ~!** ein bißchen dalli! *(ugs.)*

**snap: ~ 'shot** *(gunshot)* ungezielter Schuß; **~shot** *(Photog.) n.* Schnappschuß, *der*

**snare** [sneə(r)] **1.** *n.* **a)** *(trap)* Schlinge, *die;* Falle, *die (auch fig.);* **set a ~ [for sb.]** [jmdm.] eine Falle stellen; **b)** *(temptation)* Fallstrick, *der;* **c)** *(Mus.)* Schnarrsaite, *die;* **d)** *(Mus.) see* **~ drum. 2.** *v. t.* [mit einer Schlinge] fangen ‹*Tier, Vogel*›; **~ sb.** jmdn. in eine Falle locken

**'snare drum** *n.* Wirbeltrommel, *die;* kleine Trommel

[1]**snarl** [snɑ:l] **1.** *v. i.* **a)** *(growl)* ‹*Hund:*› knurren; ‹*Tiger:*› fauchen; **b)** *(speak)* knurren. **2.** *v. t.* knurren. **3.** *n.* Knurren, *das; (of tiger)* Fauchen, *das;* **..., he said to him with a ~:** ..., knurrte er ihn an

**~ at** *v. t.* anknurren; ‹*Tiger:*› anfauchen

[2]**snarl 1.** *n. (tangle)* Knoten, *der.* **2.** *v. t.* verheddern *(ugs.).* **3.** *v. i.* sich verheddern *(ugs.)*

**~ 'up 1.** *v. t. (confuse)* durcheinanderbringen; *(bring to a halt)* zum Erliegen bringen; **get ~ed up** ‹*Wolle usw.:*› sich verheddern *(ugs.);* **get ~ed up in the traffic** im Verkehr steckenbleiben. **2.** *v. i.* ‹*Verkehr:*› stocken; ‹*Wolle:*› sich verheddern *(ugs.)*

**'snarl-up** *n.* Stau, *der;* Stockung, *die*

**snatch** [snætʃ] **1.** *v. t.* **a)** *(grab)* schnappen; **~ a bite to eat** [schnell] einen Bissen zu sich nehmen; **~ a kiss** sich *(Dat.)* einen Kuß stehlen *(scherzh.);* **~ an opportunity** eine Gelegenheit beim Schopf[e] ergreifen; **~ a rest** sich *(Dat.)* eine Ruhepause verschaffen; **~ hold of sb./sth.** jmdn./etw. schnappen; **~ hold of sb. by the collar/ear** jmdn. am Kragen/Ohr packen; **~ some sleep** ein bißchen schlafen; **~ a nap** *(coll.)* ein Nickerchen *(fam.)* halten; **~ the lead** die Führung übernehmen *od.* an sich *(Akk.)* nehmen; **~ sth. from sth.** etw. schnell von etw. nehmen; *(very abruptly)* etw. von etw. reißen; **~ sth. from sb.** jmdm. etw. wegreißen; **~ sth. out of sb.'s hand/pocket** jmdm. etw. aus der Hand reißen/schnell aus der Tasche ziehen; **b)** *(steal)* klauen *(ugs.); (kidnap)* kidnappen. **2.** *v. i.* einfach zugreifen. **3.** *n.* **a) make a ~ at sb./sth.** nach jmdm./etw. greifen; **b)** *(Brit. sl.: robbery)* Raub, *der;* **c)** *(sl.: kidnap)* Kidnapping, *das;* **d)** *(fragment)* **a ~ of a song** ein paar Takte von einem Lied; **~es of talk/conversation** Gesprächsfetzen *od.* -brocken *Pl.;* **e)** *in pl. (spells)* **do sth. in** *or* **by ~es** etw. mit Unterbrechungen tun; **f)** *(weight-lifting)* Reißen, *das*

**~ at** *v. t.* **a) ~ at sb./sth.** nach jmdm./etw. schnappen; **b)** *(fig.) see* **jump at b**

**~ a'way** *v. t.* [schnell] wegziehen **(from** *Dat.***); ~ sth. away from sb.** jmdm. etw. wegreißen

**~ 'up** *v. t.* [sich *(Dat.)*] schnappen

**snazzy** ['snæzɪ] *adj. (sl.)* [super]schick *(ugs.)*

**sneak** [sni:k] **1.** *v. t.* **a)** *(take)* stibitzen *(fam.);* **b)** *(fig.)* **~ a look at sb./sth.** nach jmdm./etw. schielen; **c)** *(bring)* **~ sth./sb. into a place** etw./jmdn. in einen Ort schmuggeln; **~ sth. into one's bag** etw. heimlich in die Tasche stecken; **d)** *(sl.: steal)* klauen *(ugs.);* mitgehen lassen *(ugs.).* **2.** *v. i.* **a)** *(Brit. Sch. sl.: tells tales)* petzen *(Schülerspr.);* **~ on sb.** jmdn. verpetzen *(Schülerspr.);* **b)** *(move furtively)* schleichen. **3.** *attrib. adj.* **a)** *(without warning)* **~ attack/raid** Überraschungsangriff, *der;* **b) a ~ preview of the film/play/programme** eine inoffizielle Vorpremiere des Films/Stücks/Programms. **4.** *n.* **a)** *(shifty person)* Fiesling, *der (salopp);* **b)** *(Brit. Sch. sl.: tell-tale)* Petze, *die (Schülerspr.)*

**~ a'way** *v. i.* [sich] fortschleichen; sich davonmachen

**~ 'in 1.** *v. i.* **a)** *(enter stealthily)* sich hineinschleichen; *(fig.)* sich einschleichen; **b)** *(win narrowly)* knapp siegen. **2.** *v. t.* **a)** *(bring in)* einschmuggeln *(ugs.);* **b)** *(Amer.: include)* **~ in a mention of sth./a word about sth.** etw. [beiläufig] erwähnen/ein Wort über etw. *(Akk.)* einstreuen

**~ 'out** *v. i.* [sich] hinausschleichen

**~ 'out of** *(Amer.: avoid)* **~ out of sth./doing sth.** sich vor etw. *(Dat.)* drücken *(ugs.)*/sich davor drücken *(ugs.),* etw. zu tun

**sneaker** ['sni:kə(r)] *(Amer.)* Turnschuh, *der*

**sneaking** ['sni:kɪŋ] *attrib. adj.* heimlich; leise ‹*Verdacht*›

**'sneak-thief** *n.* Einschleichdieb, *der*

**sneaky** ['sni:kɪ] **a)** *(underhand)* hinterhältig; **b) have a ~ feeling that ...:** so ein leises Gefühl haben, daß ...

**sneer** [snɪə(r)] **1.** *v. i.* **a)** *(smile scornfully)* spöttisch *od.* höhnisch lächeln/grinsen; hohnlächeln; **b)** *(speak scornfully)* höhnen *(geh.);* spotten. **2.** *v. t. (say)* höhnen *(geh.);* spotten. **3.** *n.* **a)** *(look)* Hohnlächeln, *das;* **b)** *(remark)* höhnische *od.* spöttische Bemerkung; **a cynical/sarcastic ~:** eine zynische/sarkastische Bemerkung

**~ at** *v. t.* **a)** *(smile scornfully at)* höhnisch anlächeln/angrinsen; **b)** *(express scorn for)* verhöhnen *(geh.);* spotten über (+ *Akk.*)

**sneeze** [sni:z] **1.** *v. i.* niesen; **not to be ~d at** *(fig. coll.)* nicht zu verachten *(ugs.).* **2.** *n.* Niesen, *das*

**snicker** ['snɪkə(r)] *see* **snigger**

**snide** [snaɪd] *adj.* **a)** *(sneering)* abfällig; **b)** *attrib. (Amer.: mean, underhand)* mies *(ugs.)*

**sniff** [snɪf] **1.** *n.* **a)** Schnüffeln, *das;* Schnuppern, *das; (with running nose, while crying)* Schniefen, *das; (contemptuous)* Naserümpfen, *das;* **give a disdainful ~:** geringschätzig die Nase rümpfen; **have a ~ at sth.** an etw. *(Dat.)* riechen *od.* schnuppern; **have a ~ at this!** hier, riech *od.* schnupper mal!; **I didn't get a ~ of the food** *(coll.)* ich habe von dem Essen keinen Krümel abbekommen; **not a ~!** leer ausgegangen!; **b)** *(quantity ~ed)* **have a [good] ~ of sea air/of perfume** [ausgiebig] die Seeluft/am Parfüm schnuppern. **2.** *v. i.* schniefen; die Nase hochziehen; *(to detect a smell)* schnuppern; *(to ex-*

*press contempt)* die Nase rümpfen. **3.** *v. t.* **a)** *(smell)* riechen *od.* schnuppern an (+ *Dat.*) ‹*Essen, Getränk, Blume, Parfüm, Wein*›; **the dog ~ed the air/the lamp-post** der Hund schnupperte/schnupperte am Laternenpfahl [herum]; **~ glue/cocaine** Klebstoff schnüffeln/Kokain sniffen *(Drogenjargon);* **b)** *(utter with contempt)* naserümpfend sagen

**~ at** *v. t.* **a)** schnuppern *od.* riechen an (+ *Dat.*) ‹*Blume, Essen*›; **b)** *(show contempt for)* die Nase rümpfen über (+ *Akk.*); **not to be ~ed at = not to be sneezed at** *see* **sneeze 1**

**~ 'out** *v. t.* aufspüren

**sniffer dog** ['snɪfə dɒg] *n.* Spürhund, *der*

**sniffle** ['snɪfl] **1.** *v. i.* schniefen; schnüffeln *(ugs.).* **2.** *n. (coll.)* **a)** Schniefen, *das;* Schnüffeln, *das (ugs.);* **b)** *in pl.* **have the ~s** [einen] Schnupfen haben

**sniffy** ['snɪfɪ] *adj. (coll.)* **a)** *(contemptuous)* hochnäsig *(ugs.);* **b)** *(sniffing)* **sb. is ~:** jmd. schnüffelt; *(has a cold)* schnieft

**snifter** ['snɪftə(r)] *n.* **a)** *(sl.: drink)* Kurze, *der (ugs.);* **b)** *(Amer.: glass)* [Kognak]schwenker, *der*

**snigger** ['snɪgə(r)] **1.** *v. i.* [boshaft] kichern. **2.** *n.* [boshaftes] Kichern

**snip** [snɪp] **1.** *v. t.,* **-pp-** schnippeln *(ugs.),* schneiden ‹*Loch*›; schnippeln *(ugs.) od.* schneiden an (+ *Dat.*) ‹*Tuch, Haaren, Hecke*›; *(cut off)* abschnippeln *(ugs.);* abschneiden. **2.** *v. i.,* **-pp-** schnippeln *(ugs.);* schneiden. **3.** *n.* **a)** *(Brit. sl.: certainty)* **be a ~:** idiotensicher sein *(ugs.);* **b)** *(Brit. sl.: good bargain)* Schnäppchen, *das (ugs.);* **c)** *(cut)* Schnitt, *der;* Schnipser, *der (ugs.);* **d)** *(piece)* Schnipsel, *der od. das;* **e)** *in pl. (shears)* [Hand]blechschere, *die*

**snipe** [snaɪp] **1.** *n., pl. same or* **~s** *(Ornith.)* Schnepfe, *die.* **2.** *v. i. (Mil.)* aus dem Hinterhalt schießen

**~ at** *v. t.* **a)** *(Mil.)* aus dem Hinterhalt beschießen; **b)** *(fig.: make snide comments about)* anschießen *(ugs.)*

**sniper** ['snaɪpə(r)] *n.* Heckenschütze, *der*

**snippet** ['snɪpɪt] *n.* **a)** *(piece)* Schnipsel, *der od. das;* **b)** *(of information in newspaper)* Notiz, *die; (of knowledge)* Bruchstück, *das; (from a book)* Passage, *die; (of conversation)* Gesprächsfetzen, *der;* **useful ~s of information** nützliche Hinweise

**snipping** ['snɪpɪŋ] *n.* Schnipsel, *der od. das*

**snit** [snɪt] *n. (Amer. sl.)* **be in a ~** *(agitated)* am Rotieren sein *(ugs.); (annoyed)* auf achtzig sein *(ugs.)*

**snitch** [snɪtʃ] *(sl.)* **1.** *v. t.* klauen *(ugs.).* **2.** *v. i.* auspacken *(salopp);* **~ on sb.** jmdn. verpfeifen *(salopp)*

**snivel** ['snɪvl] *v. i., (Brit.)* **-ll- a)** *(have runny nose)* **stop ~ling, use a handkerchief** hör auf, dauernd die Nase hochzuziehen – nimm ein Taschentuch; **b)** *(sniff, sob)* schniefen; schnüffeln *(ugs.)*

**snivelling** *(Amer.:* **sniveling***)* ['snɪvəlɪŋ] *(fig.)* **1.** *attrib. adj.* heulend; greinend *(ugs.)* ‹*Opposition*›. **2.** *n.* Geheule, *das;* Gegreine, *das (ugs.)*

**snob** [snɒb] *n.* Snob, *der (abwertend); attrib.* **~ appeal** *or* **value** Snob-Appeal, *der; see also* **inverted snob**

**snobbery** ['snɒbərɪ] *n.* Snobismus, *der*

**snobbish** ['snɒbɪʃ] *adj.,* **snobbishly** ['snɒbɪʃlɪ] *adv.* snobistisch

**snog** [snɒg] *(Brit. sl.)* **1.** *v. i.,* **-gg-** knutschen *(ugs.).* **2.** *n.* Knutschen, *das (ugs.);* **have a ~ [with sb.]** [mit jmdm.] knutschen

**snood** [snu:d] *n.* Haarnetz, *das*

**snook** [snu:k] *n. (sl.)* **cock a ~ at sb.** jmdm. eine lange Nase drehen *(ugs.); (fig. also)* jmdm. eine Nase drehen *(ugs.)*

**snooker** ['snu:kə(r)] **1.** *n.* **a)** *no pl., no indef. art.* Snooker [Pool], *das;* Taschenbillard, *das;* **b)** *(tactical position) Situation beim Billardspiel, in der der Spieler die richtige Kugel nicht direkt spielen kann.* **2.** *v. t.* **a)** *in eine Lage bringen, in der die richtige Kugel nicht direkt gespielt werden kann;* **be ~ed** *die richtige Kugel nicht direkt spielen können;* **b)** *(fig. sl.: thwart)* vereiteln; **he was ~ed** ihm wurde ein Strich durch die Rechnung gemacht

**snoop** [snu:p] *(coll.)* **1.** *v. i.* schnüffeln *(ugs.);* **~ into sth.** in einer Sache [herum]schnüffeln *(ugs.);* **~ about** *or* **around** herumschnüffeln *(ugs.);* **~ around the village** im Dorf herumschnüffeln. **2.** *n.* **have a ~ around** sich [ein bißchen] umsehen

**snooper** ['snu:pə(r)] *n. (coll.)* Schnüffler, *der*/Schnüfflerin, *die (ugs.)*

**snootily** ['snu:tɪlɪ] *adv.,* **snooty** ['snu:tɪ] *adj. (coll.)* hochnäsig *(ugs.)*

**snooze** [snu:z] *(coll.)* **1.** *v. i.* dösen *(ugs.).* **2.** *n.* Nickerchen, *das (fam.);* **have a ~:** ein Nickerchen machen

**snore** [snɔ:(r)] **1.** *v. i.* schnarchen. **2.** *n.* Schnarcher, *der (ugs.);* **~s** Schnarchen, *das*

**snorkel** ['snɔ:kl] **1.** *n.* Schnorchel, *der.* **2.** *v. i., (Brit.)* **-ll-** schnorcheln

**snort** [snɔ:t] **1.** *v. i.* schnauben **(with, in** vor + *Dat.*); **~ with laughter** vor Lachen prusten; **~ in disbelief** ungläubig schnauben. **2.** *v. t.* **a)** schnauben; **~ one's disgust/disbelief/anger** vor Ekel/ungläubig/wütend schnauben; **b)** *(sl.: take)* **~ [coke]** [Koks] sniffen *(Drogenjargon).* **3.** *n.* **a)** Schnauben, *das;* **give a ~ of indignation/rage** vor Mißbilligung/Wut schnauben; **with a ~ of rage** wutschnaubend; **~s of laughter** prustendes Gelächter; **b)** *(coll.: drink)* Kurze, *der (ugs.);* **c)** *(sl.: of drug)* Sniff, *der (Jargon)*

**snorter** ['snɔ:tə(r)] *n. (sl.)* **a)** *(gale)* Orkan, *der;* **b)** *(difficult task)* **a ~ [of a job]** eine Plackerei *(ugs.);* **the exam was a ~:** die Prüfung war ein Schlauch *(ugs.)*

**snot** [snɒt] *n. (sl.)* Rotz, *der (derb);* Schnodder, *der (derb)*

**'snot-rag** *n. (sl.)* Rotzfahne, *die (salopp)*

**snotty** ['snɒtɪ] *adj. (sl.)* **a)** *see* **snooty; b)** *(running with nasal mucus)* rotznäsig *(salopp);* **~ child** Rotznase, *die (salopp);* **~ handkerchief** Rotzfahne, *die (salopp);* **~ nose** Rotznase, *die (salopp)*

**'snotty-nosed** *adj. (sl.)* **a)** rotzig; rotznäsig *(salopp);* **b)** *see* **snooty**

**snout** [snaʊt] *n.* **a)** *(nose)* Schnauze, *die; (of pig, ant-eater)* Rüssel, *der; (of wild boar)* Gebrech, *das (Jägerspr.);* **b)** *(nose-piece)* Nase, *die;* **c)** *(derog.: nose)* Rüssel, *der (salopp);* Zinken, *der (salopp);* **d)** *(Brit. sl.) (tobacco)* Kraut, *das (ugs., oft abwertend); (cigarette)* Kippe, *die (ugs.);* Lulle, *die (ugs.);* **e)** *(Brit. sl.: informer)* Schnüffler, *der (ugs. abwertend);* Spürhund, *der (ugs.)*

**snow** [snəʊ] **1.** *n., no indef. art.* **a)** Schnee, *der;* **be [as] pure as the driven ~** ‹*Person:*› unschuldig wie ein/die Engel sein; **b)** *in pl. (areas)* Schnee, *der; (falls)* Schneefälle; **c)** *(sl.: cocaine)* Schnee, *der (Drogenjargon);* **d)** *(on TV screen etc.)* Schnee, *der.* **2.** *v. i. impers.* **it ~s** *or* **is ~ing** es schneit; **it starts ~ing** *or* **to ~:** es fängt an zu schneien. **3.** *v. t. (Amer. sl.)* **~ sb.** bei jmdm. Eindruck schinden *(ugs.)*

**~ 'in** *v. t.* **they are ~ed in** sie sind eingeschneit

**~ 'under** *v. t.* **be ~ed under** ‹*Haus:*› eingeschneit sein; ‹*Straße:*› zugeschneit sein; *(fig.) (with work)* erdrückt werden; *(with presents, letters)* überschüttet werden

**~ 'up** *see* **~ in**

**snow: ~ball 1.** *n.* Schneeball, *der;* **~ball fight** Schneeballschlacht, *die;* **have a ~ball effect** eine Kettenreaktion auslösen; **not have** *or* **stand a ~ball's chance in hell** *(coll.)* nicht die geringste Chance haben; **2.** *v. t.* mit Schneebällen bewerfen; **3.** *v. i.* **a)** Schneebälle werfen; **b)** *(fig.: increase greatly)* lawinenartig zunehmen; **~-blower** *n.* Schneefräse, *die;* **~-boot** *n.* Schneestiefel, *der;* **~-bound** *adj.* eingeschneit; **~-capped** *adj.* schneebedeckt; schneegekrönt *(dichter.);* **~ chains** *n. pl.* Schneeketten *Pl.;* **~-covered** *adj.* schneebedeckt; **~-drift** *n.* Schneeverwehung, *die;* Schneewehe, *die;* **~drop** *n.* Schneeglöckchen, *das;* **~fall** *n.* Schneefall, *der;* **~flake** *n.* Schneeflocke, *die;* **~-goose** *n.* Schneegans, *die;* **~ job** *n. (Amer. sl.)* **do a ~ job on sb.** jmdn. beschwatzen *(ugs.);* **~-leopard** *n.* Schneeleopard, *der;* **~-line** *n.* Schneegrenze, *die;* **~man** *n.* Schneemann, *der; see also* **abominable; ~mobile** ['snəʊməbi:l] *n.* Schneemobil, *das;* **~-plough** *n.* Schneepflug, *der;* **~scape** *n.* Schneelandschaft, *die;* **~-shoe** *n.* Schneeschuh, *der;* **~-shovel** *n.* Schneeschaufel, *die;* **~ shower** *n.* Schneeschauer, *der;* **~-storm** *n.* Schneesturm, *der;* **~-white** *adj.* schneeweiß; **S~ 'White** *pr. n.* Schneewittchen, *das*

**snowy** ['snəʊɪ] *adj.* **a)** *(having much snow)* schneereich ‹*Gegend, Monat*›; schneebedeckt ‹*Berge*›; **~ weather** Schneewetter, *das;* **b)** *(white)* schneeweiß

**snowy 'owl** *n.* Schnee-Eule, *die*

**SNP** *abbr.* **Scottish National Party** *Schottische Nationalpartei*

**snub** [snʌb] **1.** *v. t.,* **-bb- a)** *(rebuff)* brüskieren; vor den Kopf stoßen; **b)** *(reprove)* zurechtweisen; *(insult)* beleidigen; **c)** *(reject)* ablehnen; **d)** *(Amer.)* **~ out** ausdrücken. **2.** *n.* Abfuhr, *die;* **get** *or* **receive a ~:** eine Abfuhr erhalten; **give sb. a [proper] ~:** jmdm. eine [gehörige] Abfuhr erteilen

**snub: ~ 'nose** *n.* Stupsnase, *die;* Stupsnäschen, *das (fam.); (of car, aeroplane)* stumpfe Schnauze *(ugs.) od.* Nase; **~-nosed** *adj.* stupsnasig; stumpfnasig ‹*Auto, Flugzeug*›; mit stumpfer Schnauze *(ugs.) nachgestellt*

[1]**snuff** [snʌf] *n.* **a)** *(tobacco)* Schnupftabak, *der;* **take a pinch of ~:** eine Prise schnupfen; **b) be up to ~** *(Brit. sl.: not easily deceived)* mit allen Wassern gewaschen sein *(ugs.); (in good health or condition)* auf der Höhe sein *(ugs.)*

[2]**snuff** *v. t.* beschneiden, putzen ‹*Kerze*›; **~ it** *(sl.: die)* ins Gras beißen *(salopp)*

**~ 'out 1.** *v. t.* **a)** *(extinguish)* löschen ‹*Kerze*›; **b)** *(fig.: put an end to)* zerstören; zunichte machen ‹*Hoffnung*›; niederschlagen ‹*Revolte*›; *(kill)* töten; umbringen. **2.** *v. i. (sl.)* ins Gras beißen *(salopp)*

**'snuff-box** *n.* Schnupftabak[s]dose, *die*

**snuffer** ['snʌfə(r)] *n.* Löschhütchen, *das;* **pair of ~s** Licht[putz]schere, *die*

**snuffle** ['snʌfl] **1.** *v. i.* **a)** *(sniff)* schnüffeln **(at** an + *Dat.*); *(with cold, after crying)* schniefen; **b)** *(make sniffing sound)* schnüffeln **(at** an + *Dat.*); **c)** *(breathe noisily)* schnaufen. **2.** *n.* **a)** *(sniff)* **~[s]** Schnaufen, *das; (of horses)* Schnauben, *das;* **b)** *in pl.* **have the ~s** [einen] Schnupfen haben

**snug** [snʌg] **1.** *adj.* **a)** *(cosy)* gemütlich, behaglich ‹*Haus, Zimmer, Bett*›; *(warm)* mollig warm ‹*Zimmer, Mantel, Bett*›; **in bed sb. is as ~ as a bug in a rug** im Bett hat es jmd. urgemütlich *od.* richtig kuschelig; **b)** *(sheltered)* geschützt; **c)** *(close-fitting)* **be a ~ fit** genau passen; ‹*Kleidung:*› wie angegossen sitzen *od.* passen. **2.** *n. (Brit.: bar-parlour) Nebenzimmer in einer Gastwirtschaft, bes. für Stammgäste*

**snuggle** ['snʌgl] **1.** *v. i.* **~ together** sich aneinanderschmiegen *od.* -kuscheln; **~ down in bed** sich ins Bett kuscheln; **~ up with a book** es sich *(Dat.)* mit einem Buch gemütlich machen. **2.** *v. t.* **she ~d the crying child to her body** sie drückte das weinende Kind zärtlich an sich

**snugly** ['snʌglɪ] *adv.* **a)** *(cosily)* gemütlich; behaglich; **be/lie ~ tucked up** behaglich eingemumm[el]t sein/liegen *(fam.);* **b)** *(close-fitting)* **fit ~:** genau passen; ‹*Kleidung:*› wie angegossen sitzen *od.* passen

[1]**so** [səʊ] **1.** *adv.* **a)** *(by that amount)* so; **as winter draws near, so it gets darker** je näher der Winter rückt, desto dunkler wird es; **as fast as the water poured in, so we bailed it out** in dem Maße, wie das Wasser eindrang, schöpften wir es heraus; **so ... as** so ... wie; **there is nothing so fine as ...:** es gibt nichts Schöneres als ...; nichts ist so schön wie ...; **not so [very] difficult/easy** *etc.* nicht so schwer/leicht *usw.;* **it's not so easy/big after all** so einfach/groß ist es nun wieder auch nicht; **so beautiful a present** so ein schönes Geschenk; ein so schönes Geschenk; **so great a general as X** ein so großer General wie X; **[it's] not so bad as ...:** [es ist] nicht so schlecht wie ...; **so far** bis hierher; *(until now)* bisher; bis jetzt; *(to such a distance)* so weit; **I trust him only so far** ich traue ihm nur bis zu einem gewissen Grad; **and so on [and so forth]** und so weiter und so fort; und so weiter; und so fort; **so long!** bis dann *od.* gleich *od.* nachher *od.* später! *(ugs.);* **so many** so viele; *(unspecified number)* soundso viele; **they looked like so many chimney-sweeps** sie sahen alle aus wie die Schornsteinfeger; **so much** so viel; *(unspecified amount)* soundsoviel; **[just] so much/many** *(nothing but)* nichts als; **his books are just so much rubbish** seine Bücher taugen alle nichts; **the villages are all so much alike** die Dörfer gleichen sich alle so sehr; **so much for the agenda** so viel zur Tagesordnung; **so much for him/his plans** das wär's, was ihn/seine Pläne angeht; **so much for my hopes** und ich habe mir solche Hoffnungen gemacht; **so much for that** *(after having dealt with a tricky problem)* das wäre geschafft; das hätten wir; **so much the better** um so besser; **if he doesn't want to stay, so much the worse for him** wenn er nicht bleiben will, ist er selber schuld; **not so much ... as** weniger ... als [eher]; **be not so much angry as disappointed** weniger verärgert als [viel mehr] enttäuscht sein; **not so much as** *(not even)* [noch] nicht einmal; **not so much as glance at sth.** auf etw. *(Akk.)* nicht einmal einen Blick werfen; *see also* **ever f; every c; far 1 d;** [1]**long 3 a, b; more 3 h; never a; b)** *(in that manner)* so; **so be it** einverstanden; so sei es *(geh.);* **this being so** da dem so ist *(geh.);* **it so happened that he was not there** er war [zufällig] gerade nicht da; **c)** *(to such a degree)* so; **this answer so provoked him that ...:** diese Antwort provozierte ihn so *od.* derart, daß ...; **I went straight to bed, I was so tired** ich war so müde, daß ich gleich zu Bett ging; **put it so as not to offend him** sag es so, daß es ihn nicht kränkt; **I am not so big a fool as to believe that** ich bin nicht so dumm, das zu glauben; **I got so I could ...** *(Amer.)* ich war soweit, daß ich ... konnte; **so much so that ...:** so sehr, daß ...; das geht/ging so weit, daß ...; **d)** *(with the intent)* **so as to** um ... zu; **run so as not to get wet** rennen, um nicht naß zu werden; **so [that]** damit; **e)** *(emphatically)* so; **I'm so glad/tired!** ich bin ja so froh/müde!; **so kind of you!** wirklich nett von Ihnen!; **so sorry!** *(coll.)* Entschuldigung!; Verzeihung!; **f)** *(indeed)* **It's a rainbow! – So it is!** Es ist ein Regenbogen! – Ja, wirklich!; **'You suggested this trip. – So I did** Du hast diese Reise vorgeschlagen. – Das stimmt; **you said it was good, and so it was** du sagtest, es sei gut, und so war es auch; **is that so?** so? *(ugs.);* wirklich?; **and so he did** und das machte/tat er [dann] auch; **it 'is so** *expr. certainty* doch!; **it may be so, possibly so** [das ist] möglich; **g)** *(likewise)* **so am/have/would/could/will/do I** ich auch; **as a is to b, so is c to d** a verhält sich zu b wie c zu d; **as in the arts, so in politics, it's true that ...:** in der Politik wie in der Kunst gilt, daß ...; **h)** *(thus)* so; **and so it was that ...:** und so geschah es, daß ...; **not so!** nein, nein! *See also* **how 1; if 1 a; just 2 a; quite a; so so. 2.** *pron.* **he suggested that I should take the train, and if I had done so, ...:** er riet mir, den Zug zu nehmen, und wenn ich es getan hätte, ...; **we must consider what would be the result of so doing** wir müssen bedenken, was das für Folgen hätte; **I'm afraid so** leider ja; ich fürchte schon; **the teacher said so** der Lehrer hat es gesagt; **it was self-defence – or so the defendant said** es war Selbstverteidigung – so sagte jedenfalls der Angeklagte; **so saying, he departed** mit diesen Worten ging er; **so say all of us** das sagen wir alle; **Why do I have to go to bed? – Because I say so** Warum muß ich ins Bett? – Weil ich es sage; **I suppose so** ich nehme an *(ugs.); expr. reluctant agreement* wenn es sein muß; *granting grudging permission* von mir aus; **I told you so** ich habe es dir [doch] gesagt; **so I gathered** ich weiß [es]; **so I gathered from the newspaper** ich weiß es aus der Zeitung *od.* habe es aus der Zeitung erfahren; **he is a man of the world, so to say** *or* **speak** es menschelt sozusagen bei ihm; **it will take a week or so** es wird so *(ugs.) od.* etwa eine Woche dauern; **there were twenty or so people** es waren so *(ugs.)* um die zwanzig Leute da; **very much so** in der Tat; allerdings; *see also* **say 1 a. 3.** *conj.* *(therefore)* daher; **so 'that's what he meant** das hat er also gemeint; **cigarettes are dangerous, so don't smoke** Zigaretten sind schädlich, also rauch nicht!; **so what is the answer?** wie lautet also die Antwort?; **so you are from Oxford then?** Sie kommen also aus Oxford?; **so 'there you are!** da bist du also!; **so there you 'are!** ich habe also recht!; **so what are you going to do now?** was machen Sie denn jetzt?; **so what's the joke/problem?** was ist denn daran witzig?/was ist denn das Problem?; **so where have you been?** wo warst du denn?; **so that's 'that** *(coll.) (it's done)* [al]so, das war's *(ugs.); (it's over)* das war's also *(ugs.); (everything has been taken care of)* das wär's dann *(ugs.);* **so there!** [und] fertig!; [und damit] basta! *(ugs.);* **so you see ...:** du siehst also ...; **so?** na und?

[2]**so** *see* **soh**

**So.** *abbr. (Amer.)* **South** S

**soak** [səʊk] **1.** *v.t.* **a)** *(steep)* einweichen ⟨*Wäsche in Lauge*⟩; eintauchen ⟨*Brot in Milch, Tapete in Wasser*⟩; **~ oneself in the sun** sich in der Sonne aalen *(ugs.);* **b)** *(wet)* naß machen; durchnässen; durchtränken ⟨*Erde*⟩; **~ sb. from head to foot** jmdn. von Kopf bis Fuß durchnässen *od. (ugs.)* patschnaß machen; **~ed in sth.** von etw. durchtränkt; mit *od.* von etw. getränkt; **a rag ~ed in petrol** ein mit Benzin getränkter Lappen; **~ed in sweat** schweißgebadet; **~ed with sweat** schweißgetränkt; **this town is ~ed in history** *(fig.)* in dieser Stadt weht der Hauch der Geschichte; **c)** *(absorb) see* **~ up; d)** *(sl.: obtain money from)* melken *(salopp);* schröpfen *(ugs.).* **2.** *v.i.* **a)** *(steep)* **put sth. in sth. to ~:** etw. in etw. *(Dat.)* einweichen; **lie ~ing in the bath** ⟨*Person:*⟩ sich im Bad durchweichen lassen; **the liver was put to ~ in milk** die Leber wurde in Milch eingelegt; **b)** *(drain)* ⟨*Feuchtigkeit, Nässe:*⟩ sickern; **~ away** wegsickern. **3.** *n.* **a) give sth. a [good] ~:** etw. [gründlich] einweichen; **give the garden a [good] ~:** den Garten [gut] wässern; **put in ~:** einweichen; **he leaves his dentures in ~ overnight** er legt sein künstliches Gebiß über Nacht in eine Reinigungsflüssigkeit; **b)** *(coll.: drinker)* Säufer, *der*/Säuferin, *die (derb, oft abwertend);* Suffkopp, *der (ugs.)*

**~ 'in 1.** *v. i.* **a)** *(seep in)* einsickern; eindringen; ⟨*Flecken:*⟩ einziehen; **b)** *(fig.)* **let the atmosphere ~ in** die Atmosphäre auf sich *(Akk.)* einwirken lassen. **2.** *v. t. see* **~ up**

**~ into** *v. t.* sickern in (+ *Akk.*); ⟨*Tinte usw.:*⟩ einziehen in (+ *Akk.*)

**~ through 1.** *v. t.* **a)** ['--] *(penetrate)* ⟨*Flüssigkeit, Strahlen:*⟩ dringen durch; ⟨*Regenwasser, Blut:*⟩ sickern durch; **b)** [-'-] *(drench)* durchnässen. **2.** *v. i.* [-'-] durchdringen

**~ 'up** *v. t.* **a)** *(absorb)* aufsaugen; **~ up the sunshine** in der Sonne baden; **b)** *(fig.)* auf sich *(Akk.)* einwirken lassen, aufnehmen ⟨*Atmosphäre*⟩; aufnehmen, in sich *(Akk.)* aufsaugen ⟨*Wissen usw.*⟩

**'soak-away** *n. (Brit.)* Abflußgrube, *die*

**soaking** ['səʊkɪŋ] **1.** *n. (drenching)* **need a [good] ~** ⟨*Garten:*⟩ [gut] gewässert werden müssen; ⟨*Tuch:*⟩ [gründlich] eingeweicht werden müssen; **get a ~:** eine Dusche abbekommen; **give sb./sth. a ~:** jmdn./etw. naß machen. **2.** *adv.* **~ wet** völlig durchnäßt; klatsch- *od.* patschnaß *(ugs.).* **3.** *adj.* **a)** *(drenched)* naß [bis auf die Haut]; patschnaß *(ugs.);* **be ~** ⟨*Kleidung:*⟩ völlig durchnäßt sein; ⟨*Gras:*⟩ patschnaß sein *(ugs.);* **b)** *(saturating)* alles durchnässend ⟨*Regen, Strom*⟩

**'so-and-so** *n., pl.* **~'s a)** *(person not named)* [Herr/Frau] Soundso; *(thing not named)* Dings, *das;* **b)** *(coll.: contemptible person)* Biest, *das (ugs.);* **poor ~:** armes Schwein *(ugs.)*

**soap** [səʊp] **1.** *n., no indef. art.* **a)** Seife, *die;* **a bar** *or* **tablet of ~:** ein Stück Seife; **with ~ and water** mit Wasser und Seife; **b)** *(coll.) see* **soap opera. 2.** *v. t.* **~ [down]** einseifen

**soap: ~-box** *n.* **a)** *see* **~-dish a; b)** *(packing-box)* Seifenschachtel, *die;* **c)** *(stand)* ≈ Apfelsinenkiste, *die;* **get on one's ~-box** *(fig.)* laut seine Meinung äußern; Volksreden halten; **d)** *(cart)* Seifenkiste, *die;* **~-box derby** Seifenkistenrennen, *das;* **~-bubble** *n.* Seifenblase, *die;* **~-dish** *n.* **a)** *(container)* Seifendose, *die;* **b)** *(open dish)* Seifenschale, *die;* **~-flakes** *n. pl.* Seifenflocken *Pl.;* **~ opera** *n. (Telev., Radio)* Seifenoper, *die (ugs.);* **~ powder** *n.* Seifenpulver, *das;* **~stone** *n. (Min.)* Speckstein, *der;* **~suds** *n. pl.* Seifenschaum, *der*

**soapy** ['səʊpɪ] *adj.* seifig; **~ water** Seifenwasser, *das;* Seifenlauge, *die*

**soar** [sɔ:(r)] *v. i.* **a)** *(fly up)* aufsteigen; *(hover in the air)* segeln; **b)** *(extend)* **~ into the sky** in den Himmel ragen; **c)** *(fig.: rise rapidly)* steil ansteigen; ⟨*Preise, Kosten usw.:*⟩ in die Höhe schießen *(ugs.);* **my hopes have ~ed again** ich schöpfe wieder große Hoffnung; **~ above sb./sth.** jmdn./etw. überrunden *od.* überragen *od.* hinter sich *(Dat.)* lassen

**soaring** ['sɔ:rɪŋ] *attrib. adj.* **a)** *(flying)* segelnd; [hoch am Himmel] schwebend; **b)** *(fig.: rising rapidly)* sprunghaft ansteigend; galoppierend ⟨*Preise, Inflation, Kosten*⟩; hoch[fliegend, -gesteckt] ⟨*Ideale*⟩; **c)** *(lofty)* hoch aufragend

**SOB** [esəʊ'bi:] *abbr. (Amer.)* **son of a bitch**

**sob** [sɒb] **1.** *v. i.,* **-bb-** schluchzen **(with** vor + *Dat.*). **2.** *v. t.,* **-bb-** schluchzen. **3.** *n.* Schluchzer, *der;* **~s [of anguish/pain]** [schmerzvolles] Schluchzen

**~ 'out** *v. t.* schluchzen; **she ~bed out her story** sie erzählte schluchzend *od.* unter Schluchzen ihre Geschichte; **~ one's heart out** bitterlich weinen

**sobbing** ['sɒbɪŋ] **1.** *n.* Schluchzen, *das.* **2.** *adj.* schluchzend

**sober** ['səʊbə(r)] *adj.* **a)** *(not drunk)* nüchtern; **as ~ as a judge** stocknüchtern; **b)** *(moderate)* solide; **c)** *(solemn)* ernst; **d)** *(subdued)* schlicht; gedeckt ⟨*Farben*⟩; nüchtern ⟨*Umgebung*⟩; **be a ~ dresser** sich solide kleiden; **e)** *(rational, realistic)* nüchtern; **the ~ truth/fact** die nackte Wahrheit/Tatsache

**~ 'down** *v. i.* ruhig werden; *(after being excited)* sich abkühlen *(ugs.);* **he has ~ed down a lot** er ist wesentlich vernünftiger geworden

**~ 'up 1.** *v. i.* nüchtern werden; ausnüchtern. **2.** *v. t.* ausnüchtern

**sobering** ['səʊbərɪŋ] *adj.* ernüchternd; **he found it a ~ experience** das Erlebnis ernüchterte ihn *od.* brachte ihn zur Vernunft; **it is a ~ thought that ...:** der Gedanke ist ganz schön ernüchternd, daß ...
**soberly** ['səʊbəlɪ] *adv.* nüchtern; vernünftig; **dress ~:** sich solide kleiden
**sober: ~-minded** *adj.* nüchtern; vernünftig; **~-sides** *n., pl. same* Miesepeter, *der (ugs. abwertend)*
**sobriety** [sə'braɪətɪ] *n., no pl., no indef. art.* **a)** *(not being drunk)* Nüchternheit, *die;* **b)** *(moderation)* Bescheidenheit, *die;* **c)** *(seriousness)* Ernsthaftigkeit, *die;* **~ of mind/judgment** Nüchternheit im Denken/Urteilen
**sobriquet** ['səʊbrɪkeɪ] *n. (nickname)* Spitzname, *der*
**sob: ~-sister** *n. (Amer. Journ.) Schreiberin rührseliger Geschichten; (giving advice to readers)* Briefkastentante, *die (ugs.);* **~-story** *n.* rührselige Geschichte; **~-stuff** *n., no indef. art., no pl. (coll.)* Schmalz, *das (ugs.); (book, film, etc.)* Schmachtfetzen, *der (salopp)*
**'so-called** *adj.* sogenannt; *(alleged)* angeblich
**soccer** ['sɒkə(r)] *n. (coll.)* Fußball, *der;* **~ ball** Fußball, *der*
**sociability** [səʊʃə'bɪlɪtɪ] *n., no pl.* Geselligkeit, *die*
**sociable** ['səʊʃəbl] *adj.* gesellig; **she's not feeling ~ today** ihr ist heute nicht nach Gesellschaft zumute; **he did it just to be ~:** er hat es nur getan, um nicht ungesellig zu sein
**sociably** ['səʊʃəblɪ] *adv.* gesellig; aufgeschlossen; **they spent the evening ~ together** sie verbrachten den Abend in geselliger Runde
**social** ['səʊʃl] **1.** *adj.* **a)** sozial; gesellschaftlich; **~ welfare** Fürsorge, *die;* **b)** *(of ~ life)* gesellschaftlich; gesellig ⟨*Abend, Beisammensein*⟩; **~ behaviour** Benehmen in Gesellschaft; **~ engagement** gesellschaftliche Verpflichtung; **c)** *(Zool.)* sozial; gesellig [lebend]. **2.** *n. (gathering)* geselliges Beisammensein
**social: ~ anthro'pology** *n.* Sozialanthropologie, *die;* **~ 'class** *n.* Gesellschaftsschicht, *die;* [Gesellschafts]klasse, *die;* **~ 'climber** *n.* Emporkömmling, *der (abwertend);* [sozialer] Aufsteiger *(ugs.);* **~ club** *n.* Klub für geselliges Beisammensein; **~ compact, ~ contract** *ns. (Polit.)* Gesellschaftsvertrag, *der;* **S~ 'Democrat** *n. (Polit.)* Sozialdemokrat, *der*/-demokratin, *die;* **S~ Demo'cratic Party** *n. (Brit. Polit.)* Sozialdemokratische Partei; **~ engineering** *n.* Social engineering, *das;* Sozialtechnologie, *die;* **~ 'history** *n.* Sozialgeschichte, *die*
**socialisation, socialise** *see* **socializ-**
**socialism** ['səʊʃəlɪzm] *n.* Sozialismus, *der*
**socialist** ['səʊʃəlɪst] **1.** *n.* Sozialist, *der*/Sozialistin, *die.* **2.** *adj.* sozialistisch
**socialite** ['səʊʃəlaɪt] *n. bekannte Persönlichkeit des gesellschaftlichen Lebens*
**socialization** [səʊʃəlaɪ'zeɪʃn] *n.* Sozialisation, *die*
**socialize** ['səʊʃəlaɪz] **1.** *v.t.* umgänglich machen; **become ~d** umgänglich[er] werden; **~d medicine** *(Amer.)* öffentliche Gesundheitsfürsorge. **2.** *v.i.* geselligen Umgang pflegen; **~ with sb.** *(chat)* sich mit jmdm. unterhalten; **he is out socializing** er ist mit Bekannten *od. (ugs.)* irgendwelchen Leuten unterwegs
**social life** *n.* gesellschaftliches Leben; **a place with plenty of ~:** ein Ort, wo etwas los ist *(ugs.);* **not have much ~** ⟨*Person:*⟩ nicht viel ausgehen
**socially** ['səʊʃəlɪ] *adv.* **meet ~:** sich privat treffen; **have a good time ~:** viel unter die Leute kommen; **~ acceptable** aus der richtigen Gesellschaftsschicht; **~ deprived** sozial benachteiligt
**social: ~ 'order** *n.* Gesellschaftsordnung, *die;* **~ 'outcast** *n.* Außenseiter der Gesellschaft; **~ 'policy** *n. (Polit.)* Sozialpolitik, *die;* **~ re'form** *n.* Sozialreform, *die;* **fight for ~ reform** für Sozialreformen *od.* gesellschaftliche Reformen kämpfen; **~ 'science** *n.* Sozialwissenschaften *Pl.;* Gesellschaftswissenschaften *Pl.;* **~ 'scientist** *n.* Sozialwissenschaftler, *der*/-wissenschaftlerin, *die;* **~ se'curity** *n.* **a)** *(Brit.: benefit)* Sozialhilfe, *die;* **b)** *(welfare system)* soziale Sicherheit; **c)** *(Amer.: insurance)* Sozialversicherung, *die;* **~ 'service** *n.* **a)** *(service to society)* soziales Engagement; **b)** *(a service provided by the government)* staatliche Sozialleistung; **~ 'status** *n.* sozialer Status; **~ structure** *n.* Sozialstruktur, *die;* **~ studies** *n. sing. (Educ.)* Gemeinschaftskunde, *die;* **~ system** *n.* Gesellschaftssystem, *das;* **~ work** *n.* Sozialarbeit, *die;* **~ worker** *n.* Sozialarbeiter, *der*/-arbeiterin, *die*
**societal** [sə'saɪətl] *adj. (formal)* gesellschaftlich
**society** [sə'saɪətɪ] **1.** *n.* **a)** Gesellschaft, *die;* **be embarrassed in ~:** in Gegenwart anderer verlegen sein; **avoid ~:** gesellschaftlichen Umgang meiden; **high ~:** High-Society, *die;* **b)** *(club, association)* Verein, *der; (Commerc.)* Gesellschaft, *die; (group of persons with common beliefs, aims, interests, etc.)* Gemeinschaft, *die; see also* **friend c; Jesus. 2.** *attrib. adj.* **a)** *(of high ~)* Gesellschafts-; [High-]Society-; **she is a ~ hostess** sie gibt Feste für die [gehobene] Gesellschaft; **~ people** Leute der High-Society; **b)** *(of club or association)* Vereins-, Klub⟨*vorsitzender, -treffen, -ausflug, -sekretär usw.*⟩
**socio-** [səʊsɪəʊ] *in comb.* sozio-/Sozio-
**sociobi'ology** *n.* Soziobiologie, *die*
**socio'cultural** *adj.* soziokulturell
**socio-eco'nomic** *adj.* sozioökonomisch
**sociolingu'istic** *adj.* soziolinguistisch
**sociolingu'istics** *n. sing.* Soziolinguistik, *die*
**sociological** [səʊsɪə'lɒdʒɪkl] *adj.* soziologisch
**sociologist** [səʊsɪ'ɒlədʒɪst] *n.* Soziologe, *der*/Soziologin, *die*
**sociology** [səʊsɪ'ɒlədʒɪ] *n.* Soziologie, *die*
[1]**sock** [sɒk] *n.* **a)** *pl.* **~s** *or (Commerc./coll.)* **sox** [sɒks] Socke, *die;* Socken, *der (südd., österr., schweiz.); (ankle ~, esp. for children also)* Söckchen, *das;* **knee-length ~s** Kniestrümpfe *Pl.;* **pull one's ~s up** *(Brit. fig. coll.)* sich am Riemen reißen *(ugs.);* **put a ~ in it!** *(Brit. sl.)* halt die Klappe! *(salopp); (stop doing sth.)* hör auf [damit]!; **b)** *see* **insole d; c)** *(of horse) see* [1]**stocking b**
[2]**sock** *(coll.)* **1.** *v.t. (hit)* schlagen, hauen *(ugs.);* **~ sb. in the mouth/on the chin/jaw** jmdm. eine reinhauen *(salopp);* jmdn. in die Schnauze hauen *(derb);* **~ it to sb.** *(Amer. sl.)* jmdm. Saures geben *(salopp); (fig.: impress sb.)* es jmdm. zeigen *(ugs.).* **2.** *n.* **give sb. a ~ on the chin/jaw/in the mouth** jmdm. eine reinhauen *(salopp)*
**socket** ['sɒkɪt] *n.* **a)** *(Anat.) (of eye)* Höhle, *die; (of joint)* Pfanne, *die;* **~ of a tooth** Zahnfach, *das (Anat.);* **b)** *(Electr.)* Steckdose, *die; (receiving a bulb)* Fassung, *die;* **c)** *(for attachment)* Fassung, *die; (of pipe)* Muffe, *die; (of candle-holder)* [Kerzen]tülle, *die*
**socket: ~-spanner,** *(Amer.)* **~-wrench** *ns.* Steckschlüssel, *der*
**sockeye** ['sɒkaɪ] *n. (Zool.)* **~ [salmon]** Blaurückenlachs, *der*
**Socrates** ['sɒkrəti:z] *pr. n.* Sokrates *(der)*
**Socratic** [sə'krætɪk] *adj.* sokratisch
[1]**sod** [sɒd] *n. (turf)* Sode, *die;* **be/lie under the ~:** unter der Erde liegen
[2]**sod** *(sl.)* **1.** *n. (bastard, swine)* Sau, *die (derb); (fool)* Rindvieh, *das (salopp);* **that's ~'s law, ~'s law was proved right** *(coll.)* es mußte ja so kommen; **the poor old ~:** das arme Schwein *(salopp);* **not give a ~ = not give a damn** *see* **damn 2b. 2.** *v.t.,* **-dd-: ~ that/you!** verdammter Mist/scher dich zum Teufel! *(ugs.)*
**~ 'off** *v.i. imper. (sl.)* verpiß dich *(derb)*
**soda** ['səʊdə] *n.* **a)** *(sodium compound)* Soda, *die od. das; see also* **caustic 1b; b)** *(drink)* Soda[wasser], *das;* **whisky and ~:** Whisky mit Soda
**soda: ~-bread** *n. mit Backsoda gebackenes Brot;* **~-fountain** *n. (Amer.)* **a)** *(container)* Mineralwasserbehälter, *der;* **b)** *(shop) Erfrischungshalle bzw. -bar, in der es vor allem Erfrischungsgetränke und Speiseeis gibt;* **~-siphon** *n.* Siphon, *der;* Siphonflasche, *die;* **~-water** *n.* Soda[wasser], *das*
**sodden** ['sɒdn] *adj.* durchnäßt (**with** von)
**sodding** ['sɒdɪŋ] *attrib. adj. (sl.)* Scheiß- *(derb)*
**sodium** ['səʊdɪəm] *n. (Chem.)* Natrium, *das*
**sodium: ~ bi'carbonate** *n. (Chem.)* doppeltkohlensaures Natrium; Natriumhydrogenkarbonat, *das;* **~ 'carbonate** *n. (Chem.)* Natriumkarbonat, *das;* Soda, *die od. das;* **~ 'chloride** *n. (Chem.)* Natriumchlorid, *das;* **~ hy'droxide** *n. (Chem.)* Ätznatron, *das;* **~ lamp** *n.* Natriumdampflampe, *die;* **~ 'nitrate** *n. (Chem.)* Natriumnitrat, *das*
**sodomite** ['sɒdəmaɪt] *n.* Sodomit, *der*
**sodomize** ['sɒdəmaɪz] *v.t.* sodomisieren *(geh.);* anal verkehren mit; Sodomie betreiben mit ⟨*Tier*⟩
**sodomy** ['sɒdəmɪ] *n.* Analverkehr, *der;* Sodomie, *die (veralt.); (with animal)* Sodomie, *die*
**soever** *see* **howsoever, whatsoever,** *etc.*
**sofa** ['səʊfə] *n.* Sofa, *das;* **~ bed** Bettcouch, *die*
**soffit** ['sɒfɪt] *n. (Archit.)* Windbrett, *das*
**soft** [sɒft] **1.** *adj.* **a)** weich; zart, weich ⟨*Haut*⟩; **the ground is ~:** der Boden ist aufgeweicht; *(Sport)* der Boden ist schwer; **as ~ as butter** weich wie Butter; butterweich; **~ ice-cream** Soft-Eis, *das;* **~ toys** Stofftiere; **~ water area** Gebiet mit weichem Wasser; **b)** *(mild)* sanft; mild ⟨*Klima*⟩; zart ⟨*Duft*⟩; **c)** *(compassionate)* **have a ~ heart** ein weiches Herz haben; weichherzig sein; **have a ~ spot for sb./sth.** eine Vorliebe *od.* Schwäche für jmdn./etw. haben; **you are too ~!** du bist zu weich[herzig]!; **d)** *(delicate)* sanft ⟨*Augen*⟩; weich ⟨*Farbe, Licht*⟩; **e)** *(quiet)* leise; sanft; **f)** *(gentle)* sanft; *(amorous)* zärtlich ⟨*Blicke*⟩; **be ~ on sb.** *(coll.: be in love with)* in jmdn. verknallt sein *(ugs.);* für jmdn. schwärmen; **be ~ on** *or* **with sb.** *(coll.: be unusually lenient with)* mit jmdm. sanft umgehen; jmdn. [zu] sanft anfassen; *see also* **nothing 1c; g)** *(sl.: easy)* bequem, *(ugs.)* locker ⟨*Job, Leben*⟩; **have a ~ job** eine ruhige Kugel schieben *(ugs.);* **h)** *(compliant)* nachgiebig; *see also* **touch 3i; i)** *(too indulgent)* zu nachsichtig; zu lasch *(ugs.);* **be ~ with sb.** sich *(Dat.)* von jmdm. alles bieten lassen; **j)** *(gently curved)* weich ⟨*Umriß, Linien, Züge*⟩; **k)** *(weak)* schlaff ⟨*Muskeln*⟩; weichlich *(abwertend)* ⟨*Mann*⟩; verweichlicht ⟨*Volk*⟩; **l) be/go ~ in the head** *(coll.)* nicht alle Tassen im Schrank haben *(ugs.)*/verrückt werden *(ugs.);* **m)** *(Scot., Ir.: moist)* feucht ⟨*Wetter, Tag*⟩; **n)** *(Phonet.)* weich. **2.** *adv. (quietly)* leise
**soft: ~ball** *n.* Softball, *der (Variante des Baseballs mit weicherem Ball);* **~-boiled** *adj.* weichgekocht ⟨*Ei*⟩; **~-centred** *adj.* ⟨*Praline usw.*⟩ mit weicher Füllung; **~ coal** *n.* Fettkohle, *die;* **~ copy** *n. (Computing)* Softcopy, *die;* **~ cover** *n.* **book with a ~ cover** Buch mit einem Softcover *(Verlagsw.) od.* mit einem flexiblen Einband; **~ currency** *n. (Econ.)* weiche Währung; *attrib.*

⟨*Markt, Land*⟩ mit weicher Währung; ~ **detergent** *n.* biologisch abbaubares Waschmittel; ~ **drink** *n.* alkoholfreies Getränk; ~ **drug** *n.* weiche Droge

**soften** ['sɒfn] **1.** *v. i.* weicher werden; **~ing of the brain** Gehirnerweichung, *die (Med.); (coll.: stupidity)* Verkalkung, *die (ugs.).* **2.** *v. t.* weich klopfen ⟨*Fleisch*⟩; aufweichen ⟨*Boden*⟩; dämpfen ⟨*Beleuchtung*⟩; mildern ⟨*Farbe, Farbton*⟩; enthärten ⟨*Wasser*⟩; **~ the blow** *(fig.)* den Schock mildern

**~ 'up** *v. t.* weichklopfen *(ugs.)* ⟨*Boxgegner*⟩; aufweichen ⟨*Verteidigungsanlagen*⟩; *(verbally)* milder stimmen

**softener** ['sɒfənə(r)] *n.* **a)** *(for water)* [Wasser]enthärter, *der;* **b)** *(for fabrics)* Weichspülmittel, *das;* Weichspüler, *der*

**soft: ~ 'focus** *n. (Photog.)* Weichzeichnung, *die;* ~ **fruit** *n.* Beerenobst, *das;* ~ **'furnishings** *n. pl. (Brit.)* Raumtextilien *Pl.;* ~ **goods** *n. pl. (Brit.)* Textilien *Pl.;* **~'headed** *adj.* dumm; schwachköpfig; **~-'hearted** *adj.* weichherzig

**softie** *see* softy

**soft 'landing** *n. (Astronaut.)* weiche Landung

**softly** ['sɒftlɪ] *adv.* **a)** *(quietly)* leise ⟨*sprechen, singen, gehen*⟩; **b)** *(gently)* sanft; **speak ~:** mit sanfter Stimme sprechen; **c)** *(not dazzlingly)* sanft ⟨*scheinen, leuchten*⟩; **d)** *(affectionately)* zärtlich

**softness** ['sɒftnɪs] *n., no pl. see* **soft 1: a)** Weichheit, *die;* Zartheit, *die;* **the silky ~ of her hair** ihr seidenweiches Haar; **b)** Sanftheit, *die;* Milde, *die;* Zartheit, *die;* **there is a ~ in the air** die Luft ist mild *od. (geh.)* lind; **c) ~ of heart** Weichherzigkeit, *die;* **d)** *(delicacy)* Sanftheit, *die;* Weichheit, *die;* **e)** *(of voice, music, etc.)* Gedämpftheit, *die;* **f)** *(gentleness)* Sanftheit, *die;* Zärtlichkeit, *die;* **g)** *(compliance)* Nachgiebigkeit, *die;* **h)** *(leniency)* Nachsichtigkeit, *die;* Laschheit, *die (ugs.);* **i)** *(of lines, features, outline)* Weichheit, *die;* **j)** *(weakness)* Schlaffheit, *die;* Weichlichkeit, *die (abwertend);* **k)** *(coll.: silliness)* **~ in the head** Gehirnerweichung, *die (ugs.)*

**soft: ~ option** *n.* Weg des geringsten Widerstandes; ~ **'palate** *n. (Anat.)* weicher Gaumen; Gaumensegel, *das (fachspr.);* ~ **pedal** *see* **pedal 1 a;** **~-'pedal 1.** *v. i.* **a)** *(Mus.)* mit [dem] Pianopedal spielen; **b)** *(fig.: go easy)* sich zurückhalten; **~-pedal on sth.** etw. herunterspielen; **2.** *v. t.* **a)** *(Mus.)* mit [dem] Pianopedal spielen; **b)** *(fig.: tone down)* herunterspielen; ~ **'porn** *(coll.),* ~ **por'nography** *ns.* Softpornographie, *die;* ~ **roe** *n.* Milch, *die;* ~ **'sell** *n.* **give sb. the ~ sell** jmdn. auf die sanfte Tour *(ugs.)* zum Kauf zu bewegen versuchen; *attrib.* **~ sell salesmanship** sanfte Tour *(ugs.)* beim Verkaufsgespräch; **give sb. the ~ sell treatment** jmdn. auf die sanfte Tour *(ugs.)* zum Kauf zu bewegen versuchen; **~-shell, ~-shelled** *adjs.* **a)** *(Zool.)* mit weicher Schale *nachgestellt;* **b)** *(fig.)* gemäßigt; lasch *(abwertend);* ~ **'soap** *n.* **a)** *(cleanser)* Schmierseife, *die;* **b)** *(fig.: flattery)* Schmeichelei, *die;* **use ~ soap** schmeicheln; schöntun *(ugs.); attrib.* **~-soap tactics/policy/treatment** gezielte Schmeichelei; gezieltes Schöntun *(ugs.);* **~-'soap** *v. t.* **~-soap sb.** jmdm. Honig um den Bart schmieren *(ugs.);* **~-spoken** *adj.* leise sprechend ⟨*Person*⟩; leise [gesprochen] ⟨*Wort*⟩; **be ~-spoken** leise sprechen; ~ **'tissue** *n. (Anat.)* weiches Körpergewebe; ~ **touch** *see* **touch 3 j;** ~ **verge** *n. (Brit.)* Grünstreifen, *der;* **~ware** *n., no pl., no indef. art. (Computing)* Software, *die;* **~wood** *n.* Weichholz, *das; attrib.* Weichholz-

**softy** ['sɒftɪ] *n.* **a)** *(coll.: weakling)* Weichling, *der;* Waschlappen, *der (ugs.); (boy/girl who easily cries)* Heulpeter, *der*/Heulsuse, *die (ugs.);* **b)** *(sentimental person)* **be a ~:** sentimental sein; **you old ~!** du sentimentales Huhn! *(ugs.)*

**soggy** ['sɒgɪ] *adj.* aufgeweicht ⟨*Boden*⟩; durchnäßt ⟨*Kleider*⟩; matschig ⟨*Salat*⟩; nicht durchgebacken, *(landsch.)* glitschig ⟨*Brot, Kuchen*⟩

**soh** [səʊ] *n. (Mus.)* sol

**soi-disant** [swɑ'di:zɑ̃] *adj. (calling oneself)* selbsternannt; *(claimed as such)* sogenannt

**soigné** *(fem.:* **soignée***)* ['swɑnjeɪ] *adj.* soigniert *(geh.)* ⟨*Person, Restaurant*⟩; elegant ⟨*Kleid*⟩

**¹soil** [sɔɪl] *n.* **a)** *(earth)* Erde, *die;* Boden, *der;* **b)** *(ground)* Boden, *der;* **on British/foreign ~:** auf britischem Boden/im Ausland *od. (geh.)* in der Fremde

**²soil 1.** *v. t. (lit. or fig.)* beschmutzen; **~ one's/sb.'s reputation** *(by scandal, criminal activities)* sein/jmds. Ansehen *od.* seinen/jmds. guten Ruf beflecken *(geh.); (by failure)* seinen/jmds. Ruf schmälern; *see also* **hand 1 a. 2.** *n.* Schmutz, *der*

**'soil conservation** *n.* Bodenschutz, *der*

**soiled** [sɔɪld] *adj.* schmutzig ⟨*Wäsche, Windel*⟩; gebraucht ⟨*Damenbinde*⟩

**soil: ~-pipe** *n.* senkrechtes Abflußrohr; ~ **science** *n.* Bodenkunde, *die*

**soirée** ['swɑ:reɪ] *n.* Soiree, *die*

**sojourn** ['sɒdʒɜ:n, 'sɒdʒən] *(literary)* **1.** *v. i.* verweilen *(geh.);* weilen *(geh.)* **(at** in + *Dat.).* **2.** *n.* Aufenthalt, *der*

**¹sol** [sɒl] *n. (Chem.)* Sol, *das*

**²sol** *see* **soh**

**solace** ['sɒləs] **1.** *n.* Trost, *der;* **take** *or* **find ~ in sth.** Trost in etw. *(Dat.)* finden; sich mit etw. trösten; **turn to sb./sth. for ~:** bei jmdm./etw. Trost suchen. **2.** *v. t.* trösten

**solar** ['səʊlə(r)] *adj. (Astron.)* Sonnen-

**solar: ~ battery** *n.* Sonnenbatterie, *die;* Solarbatterie, *die;* ~ **cell** *n.* Sonnenzelle, *die;* Solarzelle, *die;* ~ **'day** *n. (Astron.)* Sonnentag, *der;* ~ **e'clipse** *n. (Astron.)* Sonnenfinsternis, *die;* ~ **'energy** *n.* Solarenergie, *die;* Sonnenenergie, *die*

**solarium** [sə'leərɪəm] *n., pl.* **solaria** [sə'leərɪə] Solarium, *das*

**solar: ~ 'panel** *n.* Sonnenkollektor, *der; (on satellite)* Sonnensegel, *das;* ~ **'plexus** *n. (Anat.)* Solarplexus, *der;* Sonnengeflecht, *das;* ~ **'power** *n.* Sonnenenergie, *die;* **~-powered** *adj.* mit Sonnenenergie betrieben; ~ **radiation** *n.* Sonnenstrahlung, *die;* ~ **system** *n. (Astron.)* Sonnensystem, *das*

**sold** *see* **sell 1, 2**

**solder** ['sɒldə(r), 'səʊldə(r)] **1.** *n.* Lot, *das (Technik).* **2.** *v. t.* löten

**soldering-iron** ['sɒldərɪŋaɪən, 'səʊldərɪŋaɪən] *n.* Lötkolben, *der*

**soldier** ['səʊldʒə(r)] **1.** *n.* Soldat, *der;* **[common] ~:** einfacher Soldat; **officers and ~s** Offiziere und Mannschaften; **~ of fortune** Glücksritter, *der (abwertend); (mercenary)* Söldner, *der; see also* **old soldier; private 2 a; tin soldier; toy soldier; unknown 1. 2.** *v. i.* als Soldat dienen

**~ 'on** *v. i. (coll.)* weitermachen

**soldierly** ['səʊldʒəlɪ] **1.** *adj.* soldatisch. **2.** *adv.* wie ein Soldat

**soldiery** ['səʊldʒərɪ] *n.* **a)** *constr. as pl. (soldiers)* Militär, *das;* **b)** *(troop)* Soldateska, *die (abwertend)*

**¹sole** [səʊl] **1.** *n.* **a)** *(Anat.; of shoe)* Sohle, *die;* **inner ~** *see* **insole b; b)** *(of plough)* Pflugsohle, *die; (of plane)* Sohle, *die.* **2.** *v. t.* [be]sohlen

**²sole** *n. (fish)* Seezunge, *die; see also* **lemon sole**

**³sole** *adj.* einzig; alleinig ⟨*Verantwortung, Erbe, Recht*⟩; Allein⟨*erbe, -eigentümer*⟩; **the operation is the surgeon's ~ responsibility** für die Operation ist allein[e] der Chirurg zuständig; **he is the ~ judge of whether ...:** er allein urteilt darüber, ob .../entscheidet, ob ...

**solecism** ['sɒlɪsɪzm] *n.* **a)** *(blunder)* [sprachlicher] Fehler; **b)** *(social gaffe)* Fauxpas, *der*

**soled** [səʊld] *adj.* besohlt; **leather-/thick-~** ⟨*Schuhe*⟩ mit Ledersohlen/dicken Sohlen

**solely** ['səʊllɪ] *adv.* einzig und allein; ausschließlich; **~ because ...:** nur [deswegen], weil ...; einzig und allein, weil ...

**solemn** ['sɒləm] *adj.* feierlich; ernst ⟨*Anlaß, Gespräch*⟩; **the ~ truth** die reine Wahrheit

**solemnity** [sə'lemnɪtɪ] *n.* **a)** *no pl.* Feierlichkeit, *die;* **b)** *(rite)* Feierlichkeit, *die*

**solemnization** [sɒləmnaɪ'zeɪʃn] *n.* feierlicher Vollzug; *(of mass)* Zelebration, *die;* Feier, *die*

**solemnize** ['sɒləmnaɪz] *v. t.* [feierlich] vollziehen; zelebrieren, feiern ⟨*Messe*⟩

**solemnly** ['sɒləmlɪ] *adv.* feierlich

**solemn 'mass** *n.* Hochamt, *das*

**solenoid** ['səʊlənɔɪd] *n.* Zylinderspule, *die; (converting energy)* Magnetspule, *die*

**sol-fa** [sɒl'fɑ:] *(Mus.)* **1.** *v. t. & i.* solmisieren. **2.** *n.* Solmisation, *die; see also* **tonic sol-fa**

**solicit** [sə'lɪsɪt] **1.** *v. t.* **a)** *(appeal to)* erregen ⟨*Interesse*⟩; **~ sb. for sth.** jmdn. um etw. bitten; **b)** *(Commerc.)* **~ sb. for sth.** bei jmdm. um etw. werben; **he ~ed [interested people for] investment in his enterprise** er warb um Kapitalanleger für sein Unternehmen; **c)** *(make sexual offer to)* **~ sb.** sich jmdm. anbieten. **2.** *v. i.* **a)** *(make request)* **~ for sth.** um etw. bitten *od. (geh.)* ersuchen; *(in a petition)* etw. [mit einer Eingabe] fordern; **b)** *(Commerc.)* **~ for sth.** um etw. werben; **c)** *(offer illicit sex)* **~ [for custom]** sich anbieten; **be arrested for ~ing** ⟨*Prostituierte:*⟩ wegen öffentlichen Sichanbietens festgenommen werden

**solicitation** [səlɪsɪ'teɪʃn] *n. (formal: request)* Drängen, *das*

**solicitor** [sə'lɪsɪtə(r)] *n.* **a)** *(Brit.: lawyer)* Rechtsanwalt, *der*/-anwältin, *die (der/die nicht vor höheren Gerichten auftritt);* **b)** *(Amer.: canvasser)* Werber, *der*

**Solicitor-'General** *n., pl.* **Solicitors-General a)** *(Brit. Law) zweiter Kronanwalt;* **b)** *(Amer. Law) ranghöchster [beamteter] Staatssekretär im Justizministerium*

**solicitous** [sə'lɪsɪtəs] *adj.* **a)** *(eager)* **be ~ of sth.** um etw. bemüht sein; **be ~ to do sth.** [darum] bemüht sein, etw. zu tun; **b)** *(anxious)* besorgt; **~ of** *or* **about** *or* **for sb./sth.** um jmdn./etw. besorgt

**solicitously** [sə'lɪsɪtəslɪ] *adv.* **a)** *(eagerly)* eifrig; **b)** *(anxiously)* besorgt

**solicitude** [sə'lɪsɪtju:d] *n. (anxiety, concern)* Besorgtheit, *die*

**solid** ['sɒlɪd] **1.** *adj.* **a)** *(rigid)* fest; **freeze/be frozen ~:** [fest] gefrieren/gefroren sein; **set ~:** fest werden; **b)** *(of the same substance all through)* massiv; **~ silver** massives Silber; **a ~-silver tea service/watch** *etc.* ein Teeservice/eine Uhr *usw.* aus massivem *od.* reinem Silber; **~ gold** reines Gold; **a ~-gold watch/crown/bar** eine reingoldene Uhr/Krone/ein Barren reines Gold; **~ tyre** Vollgummireifen, *der;* **be packed ~** *(coll.)* gerammelt voll sein *(ugs.);* **c)** *(well-built)* stabil; solide gebaut ⟨*Haus, Mauer usw.*⟩; **have a ~ majority** *(Polit.)* eine solide Mehrheit haben; **d)** *(reliable)* verläßlich, zuverlässig ⟨*Freund, Helfer, Verbündeter*⟩; fest ⟨*Stütze*⟩; **e)** *(complete)* ganz; **a good ~ meal** eine kräftige Mahlzeit; **a ~ day/hour/week** ein ganzer Tag/eine ganze *od.* volle Stunde/eine ganze Woche; **f)** *(sound)* stichhaltig ⟨*Argument, Grund*⟩; solide ⟨*Arbeiter, Finanzlage, Firma*⟩; solide, gediegen ⟨*Komfort, Grundlage*⟩; **g)** *(Geom.: having three dimensions)* dreidimensional; räumlich; **h)** *(Geom.: concerned with solids)* stereometrisch; **~ geometry** Stereometrie, *die;* **i)** *(Printing)* kompreß; kompreß gesetzt ⟨*Seite*⟩; **j)** *(united)* einig; **a ~ vote for ...:** eine einstimmige Entscheidung für ...; **be ~ with sb.** mit jmdm. einig sein; *(Amer. coll.: friendly)* mit jmdm.

auf gutem Fuß stehen; **go** *or* **be ~ for sb./sth.** uneingeschränkt für jmdn./etw. sein; **k)** heftig ‹*Schlag*›. **2.** *n.* **a)** *(substance)* fester Körper; **b)** *in pl. (food)* feste Nahrung; **c)** *(Geom.)* Körper, *der*

**solid 'angle** *n. (Geom.)* Raumwinkel, *der*

**solidarity** [sɒlɪ'dærɪtɪ] *n., no pl.* Solidarität, *die;* **show ~ with sb.** sich mit jmdn. solidarisch zeigen

**solid: ~ 'fuel** *n.* fester Brennstoff; **~-'fuel** *attrib. adj.* Festbrennstoff-; **~-fuel rocket** Feststoffrakete, *die*

**solidification** [səlɪdɪfɪ'keɪʃn] *n.* Verfestigung, *die;* Verhärtung, *die;* Erstarrung, *die*

**solidify** [sə'lɪdɪfaɪ] **1.** *v. t.* verfestigen. **2.** *v. i. (become solid)* hart *od.* fest werden; erstarren; ‹*Flüssigkeit, Lava:*› erstarren

**solidity** [sə'lɪdɪtɪ] *n., no pl. see* **solid 1: a)** Festigkeit, *die;* **b)** Massivität, *die;* **c)** Stabilität, *die;* **d)** *(of reasons, argument)* Stichhaltigkeit, *die*

**solidly** ['sɒlɪdlɪ] *adv.* **a)** *(firmly)* stabil; **b)** *(compactly)* **a ~ built person** ein kräftig gebauter Mensch; **c)** *(ceaselessly)* pausenlos; **he wrote ~ for four hours** er schrieb vier Stunden ohne Pause; **d)** *(whole-heartedly)* **be ~ behind sb./sth.** uneingeschränkt hinter jmdm./einer Sache stehen; **e)** *(with sound reasons)* stichhaltig; **argue ~ for sth.** stichhaltige Argumente für etw. vorbringen

**solid: ~ so'lution** *n. (Chem.)* feste Lösung; **~ 'state** *n. (Phys.)* fester Zustand; **~-state** *adj. (Phys.)* Festkörper‹*physik, -geräte, -schaltung*›

**soliloquize** [sə'lɪləkwaɪz] *v. i.* monologisieren; *(to oneself)* Selbstgespräche führen

**soliloquy** [sə'lɪləkwɪ] *n.* Monolog, *der; (talking to oneself)* Selbstgespräch, *das*

**solipsism** ['sɒlɪpsɪzm, 'səʊlɪpsɪzm] *n. (Philos.)* Solipsismus, *der*

**solitaire** [sɒlɪ'teə(r)] *n.* **a)** *(gem)* Solitär, *der;* **a ~ diamond/ring** ein [Diamant]solitär/ein Solitärring; **b)** *(ring)* Solitärring, *der;* **c)** *(game)* Solitär, *das;* **d)** *(Amer. Cards)* Patience, *die;* **e)** *(Ornith.)* Einsiedler, *der*

**solitary** ['sɒlɪtərɪ] **1.** *adj.* **a)** einsam; **a ~ existence/life** ein Einsiedlerdasein/-leben; **~ confinement** Einzelhaft, *die;* **b)** *(sole)* einzig; **c)** *(Zool.)* solitär; **d)** *(Bot.) see* **single 1 a. 2.** *n. (sl.)* Einzelhaft, *die*

**solitude** ['sɒlɪtju:d] *n.* **a)** *(loneliness, remoteness)* Einsamkeit, *die;* **b)** *(lonely place)* Einöde, *die*

**solmization** [sɒlmɪ'zeɪʃn] *n. (Mus.)* Solmisation, *die*

**solo** ['səʊləʊ] **1.** *n., pl.* **~s a)** *(Mus.)* Solo, *das;* **b)** *(Cards)* **~ [whist]** Solo[-whist], *das;* **go ~:** ein Solo spielen; **c)** *(Aeronaut.)* Alleinflug, *der.* **2.** *adj.* **a)** *(Mus.)* Solo‹*spiel, -part, -tanz, -instrument*›; **b)** *(unaccompanied)* **~ flight** Alleinflug, *der;* **~ performance** Solo- *od.* Alleinvorstellung, *die;* **~ achievement/effort** Einzelleistung, *die;* **a ~ act on the trapeze** eine Solonummer auf dem Trapez; **~ motor cycle** Motorrad ohne Beiwagen. **3.** *adv. (unaccompanied)* solo ‹*singen, spielen, tanzen usw.*›; **go/fly ~** *(Aeronaut.)* einen Alleinflug machen

**soloist** ['səʊləʊɪst] *n. (Mus.)* Solist, *der*/Solistin, *die*

**Solomon** ['sɒləmən] *pr. n.* Salomo[n] *(der);* **be as wise as ~:** salomonische Weisheit besitzen; **judgment of ~:** salomonisches Urteil; *see also* **song**

**Solomon 'Islands** *pr. n. pl.* **the ~:** die Salomoninseln; die Salomonen

**Solomon's 'seal** *n. (figure; also Bot.)* Salomonssiegel, *das*

**solstice** ['sɒlstɪs] *n.* **a)** *(time of year)* Sonnenwende, *die;* **summer/winter ~:** Sommer-/Wintersonnenwende, *die;* **b)** *(point)* Wendepunkt, *der*

**solubility** [sɒljʊ'bɪlɪtɪ] *n.* **a)** *(capacity to be dissolved)* Löslichkeit, *die;* **b)** *(of problem etc.)* Lösbarkeit, *die*

**soluble** ['sɒljʊbl] *adj.* **a)** *(that can be dissolved)* löslich; solubel *(fachspr.);* **~ in water, water-~:** wasserlöslich; **fat-~:** fettlöslich; **b)** *(solvable)* lösbar

**solute** ['sɒlju:t] *n. (Chem.)* gelöster Stoff

**solution** [sə'lu:ʃn, sə'lju:ʃn] *n.* **a)** *(Phys., Chem.)* Lösung, *die;* **b)** *([result of] solving)* Lösung, *die* **(to** *Gen.***); there is/is no ~ to sth.** etw. kann/kann nicht gelöst werden; **find a ~ to sth.** eine Lösung für etw. finden; etw. lösen

**solvable** ['sɒlvəbl] *adj.* lösbar

**solve** [sɒlv] *v. t.* lösen

**solvency** ['sɒlvənsɪ] *n. (Finance)* Solvenz, *die*

**solvent** ['sɒlvənt] **1.** *adj.* **a)** *(Chem.: dissolving)* lösend: **~ liquid** *or* **fluid** Lösungsmittel, *das;* **b)** *(Finance)* solvent. **2.** *n. (Chem.)* Lösungsmittel, *das* **(of, for** für); **~ abuse** Mißbrauch von Lösungsmitteln als Rauschmittel

**Somali** [sə'mɑ:lɪ] **1.** *adj.* somalisch. **2.** *n.* **a)** *(person)* Somali, *der/die;* **b)** *(language)* Somali, *das*

**Somalia** [sə'mɑ:lɪə] *pr. n.* Somalia *(das)*

**Somalian** [sə'mɑ:lɪən] **1.** *adj.* somalisch. **2.** *n.* Somalier, *der*/Somalierin, *die*

**somatic** [sə'mætɪk] *adj.* somatisch

**sombre** (*Amer.:* **somber**) ['sɒmbə(r)] *adj.* dunkel; düster ‹*Atmosphäre, Stimmung*›; ernst ‹*Anlaß*›

**sombre: ~-coloured** *adj.* düster; **~-looking** *adj.* düster [aussehend]

**sombrely** ['sɒmbəlɪ] *adv.* düster; dunkel ‹*gekleidet*›; schwach ‹*leuchten*›

**sombrero** [sɒm'breərəʊ] *n., pl.* **~s** Sombrero, *der*

**some** [səm, *stressed* sʌm] **1.** *adj.* **a)** *(one or other)* [irgend]ein; **~ fool** irgendein Dummkopf *(ugs.);* **~ day** eines Tages; irgendwann einmal; **~ [experienced] person** [irgend] jemand[, der Erfahrung hat]; **~ shop/book or other** irgendein Laden/Buch; **~ person or other** irgend jemand; irgendwer; **b)** *(a considerable quantity of)* einig...; etlich... *(ugs. verstärkend);* **speak at ~ length/wait for ~ time** ziemlich lang[e] sprechen/warten; **~ time/weeks/days/years ago** vor einiger Zeit/vor einigen Wochen/Tagen/Jahren; **~ time soon** bald [einmal]; **as ~ small token of** als ein kleines Zeichen (+ *Gen.*); **thirty ~ years** *(coll.)* über dreißig Jahre; *see also* **few 1 b; c)** *(a small quantity of)* ein bißchen; **would you like ~ wine?** möchten Sie [etwas] Wein?; **do ~ shopping/reading** einkaufen/lesen; **have ~ sense of decency** ein gewisses Gefühl für Anstand besitzen; **do have ~ sense!** sei doch vernünftig!; **d)** *(to a certain extent)* **~ guide** eine gewisse Orientierungshilfe; **that is ~ proof** das ist [doch] gewissermaßen ein Beweis; **it was ~ help having my sister here** es war mir eine gewisse Hilfe, daß meine Schwester hier war; **you are ~ help!** *(iron.)* du bist [mir] vielleicht eine Hilfe! *(ugs.);* **e)** *(sl.: true)* **this is ~ war/poem/car!** das ist vielleicht ein Krieg/Gedicht/Wagen! *(ugs.);* **he's ~ fool!** er ist vielleicht ein Dummkopf!; **f)** *(approximately)* etwa; ungefähr. **2.** *pron.* einig...; **Do you want any potatoes? – I have ~ already** Möchtest du Kartoffeln? – Ich habe schon welche; **This chocolate is delicious. – Do have ~ more** Diese Schokolade ist köstlich. – Nimm dir doch noch etwas [davon]; **she only ate ~ of it** sie hat es nur teilweise aufgegessen; **I collect stamps – If I find ~, I'll send them** Ich sammle Briefmarken – Wenn ich welche finde, schicke ich sie dir; **~ of her ideas are good** sie hat einige gute Ideen; **~ of the greatest music** einige der größten Werke der Musik; **this country has ~ of the highest mountains in the world** in diesem Land sind mit die höchsten Berge der Welt *(ugs.);* **~ say ...:** manche sagen ...; **~ ..., others ...:** manche ..., andere ...; die einen ..., andere ...; **... and then ~:** und noch einige/einiges mehr. **3.** *adv. (coll.: in ~ degree)* ein bißchen; etwas; **~ more** noch ein bißchen

**somebody** ['sʌmbədɪ] *n. & pron.* jemand; **~ or other** irgend jemand; *(important person)* **be [a] ~:** jemand *od.* etwas sein; etwas vorstellen

**'someday** *adv. (Amer.)* eines Tages; irgendwann einmal

**'somehow** *adv.* **~ [or other]** irgendwie; **we must find money ~ [or other]** wir müssen irgendwie Geld beschaffen

**someone** ['sʌmwən, *stressed* 'sʌmwʌn] *pron. see* **somebody**

**'someplace** *(Amer. coll.) see* **somewhere**

**somersault** ['sʌməsɔ:lt, 'sʌməsɒlt] **1.** *n.* Purzelbaum, *der (ugs.);* Salto, *der (Sport);* **turn a ~:** einen Purzelbaum schlagen *(ugs.);* einen Salto springen *(Sport).* **2.** *v. i.* einen Purzelbaum schlagen *(ugs.);* einen Salto springen *(Sport)*

**'something** *n. & pron.* **a)** *(some thing)* etwas; **~ new/old/good/bad** etwas Neues/Altes/Gutes/Schlechtes; **~ told me that .../to do sth.** *(coll.)* etwas sagte mir, daß .../befahl mir, etw. zu tun; **b)** *(some unspecified thing)* [irgend] etwas; **~ or other** irgend etwas; **she is a lecturer in ~ or other** sie ist Dozentin für irgendwas *(ugs.);* **c)** *(some quantity of a thing)* etwas; **have ~ before you go** nimm etwas zu dir *od.* iß etwas, bevor du gehst; **will you have a drop of ~?** nimmst du einen Schluck?; **I have seen ~ of his work** ich habe einige seiner Arbeiten *od. (ugs.)* etwas von ihm gesehen; **see ~ of a place/festival** ein bißchen was von einem Ort/Fest sehen *(ugs.);* **there is ~ in what you say** was du sagst, hat etwas für sich; an dem, was du sagst, ist etwas dran *(ugs.);* **he has ~ about him** er hat etwas Besonderes an sich *(Dat.);* **it is ~ to have got so far** es ist schon etwas [Besonderes], so weit gekommen zu sein; **you may have ~ there** *(you have had a good idea)* der Gedanke hat etwas für sich; **d)** *(impressive or important thing, person, etc.)* **the party was quite ~:** die Party war spitze *(ugs.);* **make ~ of oneself** etwas aus sich machen; **to be world champion at that age is quite ~:** in diesem Alter Weltmeister zu sein, das ist schon etwas; **e) or ~** *see* **'or c; f) ~ like** etwa wie; **he left ~ like a million** er hinterließ etwa eine Million; **it looks ~ like a cross** es sieht [etwa] wie ein Kreuz aus; **that's ~ 'like** *(coll.)* läßt sich hören/sehen! *(ugs.);* **that's ~ like it** das ist schon besser; **g) ~ of an expert/a specialist** so etwas wie ein Fachmann/Spezialist; **see ~ of sb.** jmdn. sehen. *See also* **else a, b**

**'sometime 1.** *adj.* ehemalig; **he was ~ captain of the team** er war früher Mannschaftskapitän. **2.** *adv.* irgendwann

**'sometimes** *adv.* manchmal; **~ ..., at other times ...:** manchmal ..., manchmal ...

**somewhat 1.** *adv. (rather)* irgendwie; ziemlich; **more than ~ surprised/disappointed** *(coll.)* ganz schön *(ugs.) od.* mehr als [nur] überrascht/enttäuscht. **2.** *pron.* **~ of an expert** so etwas wie ein Fachmann

**'somewhere 1.** *adv.* **a)** *(in a place)* irgendwo; **~ about** *or* **around thirty [years old]** [so *(ugs.)*] um die dreißig [Jahre alt]; **~ between five and ten** [so *(ugs.)*] zwischen fünf und zehn; **b)** *(to a place)* irgendwohin; **get ~** *(coll.) (in life)* es zu etwas bringen; *(in a task)* weiterkommen. **2.** *n.* **look for ~ to stay** sich nach einer Unterkunft umsehen; **find ~ suitable to do sth.** einen geeigneten Ort finden, [um] etw. zu tun; **she prefers ~ hot for her holidays** in den Ferien fährt sie am liebsten irgendwohin, wo es heiß ist

**somnolence** ['sɒmnələns] *n.* Schläfrigkeit, *die*

**somnolent** ['sɒmnələnt] *adj.* **a)** *(sleepy)* schläfrig; **b)** *(sleep-inducing)* einschläfernd; **c)** *(Med.)* somnolent

**son** [sʌn] *n.* Sohn, *der; (as address)* **[my] ~:** mein Sohn; **adopted ~:** Adoptivsohn, *der;* **~ and heir** Sohn und Erbe; **be a ~ of the soil** mit der Scholle verbunden sein; **the Son of Man** *(Relig.)* der Menschensohn; **the ~s of men** *(Relig.)* die Menschen; **the Son [of God]** *(Relig.)* der Sohn [Gottes]; **~ of a bitch** *(derog.)* Scheißkerl, *der (derb); (thing)* Scheißding, *das (derb); see also* **father 1 a, e; gun 1 a; mother 1 a**

**sonar** ['səʊnɑ:(r)] *n.* Sonar, *das*

**sonata** [sə'nɑ:tə] *n. (Mus.)* Sonate, *die;* **~ form** Sonatenform, *die*

**sonde** [sɒnd] *n. (Meteorol.)* [Raum]sonde, *die*

**song** [sɒŋ] *n.* **a)** Lied, *das; (esp. political ballad)* Song, *der; (pop ~)* [Pop]song, *der;* **S~ of S~s, S~ of Solomon** *(Bibl.)* Hohelied, *das;* Lied der Lieder, *das;* **b)** *no pl. (singing)* Gesang, *der;* **on ~** *(fig. coll.)* in Spitzenform; **break** *or* **burst forth into ~:** ein Lied anstimmen; **for a ~:** für einen Apfel und ein Ei *(ugs.);* **it is nothing to make a ~ about** *(coll.)* es ist nicht der Rede wert; **~ and dance** *(Brit. coll.: fuss; Amer. coll.: rigmarole)* viel *od.* großes Trara *(ugs.);* **c)** *(bird cry)* Gesang, *der; (of cuckoo)* Ruf, *der*

**song: ~bird** *n.* Singvogel, *der;* **~-book** *n.* Liederbuch, *das;* **~-cycle** *n. (Mus.)* Liederzyklus, *der*

**songster** ['sɒŋstə(r)] *n.* **a)** *(singer, poet)* Sänger, *der;* **b)** *(Amer.: song-book)* Liederbuch, *das*

**songstress** ['sɒŋstrɪs] *n. fem.* Sängerin, *die*

**'song-writer** *n.* Songschreiber, *der*/-schreiberin, *die*

**sonic** ['sɒnɪk] *attrib. adj.* Schall-; **~ depth finder** Echolot, *das*

**sonic: ~ 'bang** *see* **~ boom; ~ barrier** *see* **sound barrier; ~ boom** *n.* Überschallknall, *der;* **~ mine** *n.* Geräuschmine, *die*

**'son-in-law** *n., pl.* **sons-in-law** Schwiegersohn, *der*

**sonnet** ['sɒnɪt] *n.* Sonett, *das;* **~ sequence** Sonettenzyklus, *der*

**sonny** ['sʌnɪ] *n. (coll.)* Kleiner *(der);* kleiner Mann *(ugs.)*

**sonority** [sə'nɒrɪtɪ] *n. (of voice)* Wohlklang, *der;* Sonorität, *die (geh. selten); (of ship's horn, bell, etc.)* voller Klang

**sonorous** [sə'nɔ:rəs, 'sɒnərəs] *adj.* volltönend; sonor ⟨*Stimme*⟩; klangvoll ⟨*Instrument, Sprache*⟩

**soon** [su:n] *adv.* **a)** bald; *(quickly)* schnell; **b)** *(early)* früh; **how ~ will it be ready?** wann ist es denn fertig?; **none too ~:** keinen Augenblick zu früh; **no ~er said than done** gesagt, getan; **~er said than done** leichter gesagt als getan; **no ~er had I arrived than ...:** kaum war ich angekommen, da ...; **~ enough** früh genug; **~er or later** früher oder später; **Which train shall I take? – Whichever arrives the ~er** Welchen Zug soll ich nehmen? – Den, der zuerst ankommt; **the car must be serviced every 12 months or every six thousand miles, whichever is the ~er** der Wagen muß alle 12 Monate bzw. alle sechstausend Meilen gewartet werden, je nachdem [, was früher der Fall ist]; **the ~er [...] the better** *(coll.),* **better ~er than later** je früher *od.* eher [...], desto besser; **c) as ~ as his death was known/he heard of it** sobald sein Tod bekannt wurde/er davon gehört hatte; **we'll set off just as ~ as he arrives** sobald er ankommt, machen wir uns auf den Weg; **as ~ as possible** so bald wie möglich; **d)** *(willingly)* gern; **just as ~ [as ...]** genauso gern [wie ...]; **she would ~er die than ...:** sie würde lieber sterben, als ...; **which would you ~er/~est do?** was würdest du lieber/am liebsten tun?; **they would kill you as ~ as look at you** *(coll.)* sie würden dich sofort *od.* auf der Stelle umbringen; **~er you than me** lieber du als ich

**soonish** ['su:nɪʃ] *adv. (coll.)* recht bald

**soot** [sʊt] **1.** *n.* Ruß, *der.* **2.** *v. t.* verrußen; rußig machen

**soothe** [su:ð] *v. t.* **a)** *(calm)* beruhigen; beschwichtigen ⟨*Gefühle*⟩; **b)** *(make less severe)* mildern; lindern ⟨*Schmerz*⟩; **~ sb.'s cares away** jmds. Sorgen vertreiben

**soothing** ['su:ðɪŋ] *adj.* beruhigend; wohltuend ⟨*Bad, Creme, Massage*⟩

**soothsayer** ['su:θseɪə(r)] *n. (arch.)* Wahrsager, *der*/Wahrsagerin, *die*

**sooty** ['sʊtɪ] *adj.* **a)** *(soot-covered)* verrußt; rußig; **b)** *(black)* schwarz [wie Ruß]

**sop** [sɒp] **1.** *n.* **a)** *(piece of bread)* Stück eingeweichtes Brot; **b)** *(fig.)* Beschwichtigungsmittel, *das;* **sth. is intended as a ~ to sb., sth. is a ~ given to sb.** etw. soll jmdn. beschwichtigen. **2.** *v. i.,* **-pp-: be ~ping [wet] [with rain]** [vom Regen] völlig durchnäßt sein

**~ 'up** *v. t.* aufnehmen

**sophism** ['sɒfɪzm] *n.* Sophismus, *der*

**sophist** ['sɒfɪst] *n.* Sophist, *der*/Sophistin, *die*

**sophistical** [sə'fɪstɪkl] *adj.* sophistisch

**sophisticate 1.** [sə'fɪstɪkeɪt] *v. t.* verbilden. **2.** [sə'fɪstɪkət] *adj. see* **sophisticated a. 3.** *n.* Kultursnob, *der*

**sophisticated** [sə'fɪstɪkeɪtɪd] *adj.* **a)** *(cultured)* kultiviert; gepflegt ⟨*Restaurant, Küche*⟩; anspruchsvoll ⟨*Roman, Autor, Unterhaltung, Stil*⟩; **b)** *(elaborate)* ausgeklügelt ⟨*Autozubehör*⟩; differenziert, subtil ⟨*Argument, System, Ansatz*⟩; hochentwickelt ⟨*Technik, Elektronik, Software, Geräte*⟩; *(derog.: over-complex)* spitzfindig ⟨*Argument*⟩; **~ in style** stilistisch verfeinert

**sophistication** [səfɪstɪ'keɪʃn] *n.* **a)** *(refinement)* Kultiviertheit, *die; (of argument)* Differenziertheit, *die; (derog.)* Spitzfindigkeit, *die; (of style, manner)* Subtilität, *die;* **the ~ of French cooking** die Raffinesse der französischen Küche; **b)** *(advanced methods)* hoher Entwicklungsstand [der Technik]; **era of technical ~:** Zeitalter hochentwickelter Technik

**sophistry** ['sɒfɪstrɪ] *n.* Sophisterei, *die*

**sophomore** ['sɒfəmɔ:(r)] *n. (Amer. Sch./Univ.) Student/Studentin einer High-School bzw. Universität im zweiten Studienjahr*

**soporific** [sɒpə'rɪfɪk] **1.** *adj.* schläfrig ⟨*Person*⟩; einschläfernd ⟨*Wirkung, Rede*⟩; **~ drug/medicine** Schlafmittel, *das.* **2.** *n.* Schlafmittel, *das*

**sopping** *see* **sop 2**

**soppy** ['sɒpɪ] *adj. (Brit. coll.: sentimental)* rührselig; sentimental ⟨*Person*⟩; **be ~ on sb.** in jmdn. verschossen sein *(ugs.)*

**soprano** [sə'prɑ:nəʊ] *n., pl.* **~s** *or* **soprani** [sə'prɑ:ni:] *(Mus.) (voice, singer, part)* Sopran, *der; (female singer also)* Sopranistin, *die;* **~ flute/clarinet** Sopranflöte, *die*/-klarinette, *die;* **~ clef** Sopranschlüssel, *der*

**sorbet** ['sɔ:bɪt, 'sɔ:beɪ] *n.* Sorbet, *das*

**sorcerer** ['sɔ:sərə(r)] *n.* Zauberer, *der*

**sorceress** ['sɔ:sərɪs] *n.* Zauberin, *die*

**sorcery** ['sɔ:sərɪ] *n.* Zauberei, *die*

**sordid** ['sɔ:dɪd] *adj.* **a)** *(base)* dreckig *(abwertend);* unehrenhaft, unlauter ⟨*Motiv*⟩; unerfreulich ⟨*Detail, Geschichte*⟩; **b)** *(greedy)* habgierig ⟨*Person*⟩; schmutzig ⟨*Geschäft*⟩; **c)** *(squalid)* schmutzig; schäbig ⟨*Wohnung, Verhältnisse*⟩; heruntergekommen ⟨*Stadtviertel*⟩

**sore** [sɔ:(r)] **1.** *adj.* **a)** *(painful)* weh; *(inflamed or injured)* wund; **sb. has a ~ back/foot/arm** *etc.* jmdm. tut der Rücken/Fuß/Arm *usw.* weh; **~ point** *or* **spot** *(fig.)* wunder Punkt; **touch on a ~ point, touch a ~ spot** *(fig.)* an einen wunden Punkt rühren; **a ~ subject** ein heikles Thema; **have ~ feelings about sth.** wegen einer Sache verletzt sein; **b)** *(irritated)* verärgert; sauer *(ugs.);* **feel ~:** sich ärgern *od.* aufregen; **c)** *(Amer.: vexed)* böse; sauer *(ugs.);* **be ~ at sb./about** *or* **over sth.** böse *od. (ugs.)* sauer auf jmdn./über etw. *(Akk.)* sein; **d)** *(severe)* schwer; groß ⟨*Not, Schwierigkeiten*⟩; dringlich ⟨*Problem*⟩. **2.** *n.* **a)** *(abrasion)* wunde Stelle; **b)** *(fig.: painful thought)* Wunde, *die*

**sorely** ['sɔ:lɪ] *adv.* sehr; arg *(südd.);* **be ~ in need of sth.** etw. dringend brauchen; **~ tempted** stark versucht

**soreness** ['sɔ:nɪs] *n.* Schmerz, *der; (inflammation)* Wundsein, *das*

**sorghum** ['sɔ:gəm] *n.* Sorghum, *das*

**sorority** [sə'rɒrɪtɪ] *n.* **a)** *(sisterhood)* Schwesternorden, *der; (Amer.: female section of church congregation)* Frauen der Gemeinde; **b)** *(Amer.: society)* Studentinnenvereinigung, *die*

**¹sorrel** ['sɒrl] *n. (Bot.)* Sauerampfer, *der*

**²sorrel 1.** *adj.* fuchsrot; rotbraun. **2.** *n. (horse)* Fuchs, *der;* rotbraunes Pferd

**sorrow** ['sɒrəʊ] **1.** *n.* **a)** *(distress)* Kummer, *der;* Leid, *das;* **feel [great] ~ that ...:** es [sehr] bedauern, daß ...; **he felt great ~ at the news** die Nachricht bekümmerte ihn sehr; **cause sb. [great] ~:** jmdm. [großen] Kummer bereiten; **act more in ~ than in anger** mehr aus Kummer *od.* Betrübnis handeln als aus Zorn; **b)** *(misfortune)* Sorge, *die;* **he has had many ~s** er hat viel [Schweres] durchgemacht; **all the ~s of the world** alles *od.* das ganze Leid der Welt; **the Man of S~s** *(Relig.)* der Schmerzensmann; *see also* **drown 2 b. 2.** *v. i.* **a)** *(feel sorrow)* sich grämen *(geh.)* **(at, over, for** über + *Akk.*, um); **b)** *(mourn)* trauern **(for, after** um)

**sorrowful** ['sɒrəʊfl, 'sɒrəfl] *adj.* **a)** *(sad)* betrübt ⟨*Person*⟩; traurig ⟨*Anlaß, Lächeln, Herz*⟩; **with a ~ heart** mit Kummer im Herzen; **feel ~ at sth.** über etw. *(Akk.)* bekümmert sein; **b)** *(distressing)* traurig; leidvoll ⟨*Dasein*⟩

**sorrowing** ['sɒrəʊɪŋ] *attrib. adj.* trauernd

**sorry** ['sɒrɪ] *adj.* **a)** *(regretful)* **sb. is ~ to do sth.** jmdm. tut es leid, etw. tun zu müssen; **I am ~ to disappoint you** ich muß dich leider enttäuschen; **sb. is ~ that ...:** es tut jmdm. leid, daß ...; **sb. is ~ about sth.** jmdm. tut etw. leid; **~ about your accident** es tut mir leid, daß du einen Unfall hattest; **~, but ...** *(coll.)* tut mir leid, aber ...; **I'm ~** *(won't change my mind)* tut mir leid; **~ I'm late** *(coll.)* Entschuldigung, daß ich zu spät komme; **My mother died two months ago. – Oh, I 'am ~!** Meine Mutter ist vor zwei Monaten gestorben. – Herzliches Beileid!; **I'm ~ to say** leider; **I can't say [that] I'm ~!** ich bin nicht gerade traurig darüber; **sb. is** *or* **feels ~ for sb./sth.** jmd. tut jmdm. leid/jmd. bedauert etw.; **you'll be ~:** das wird dir noch leid tun; **feel ~ for oneself** *(coll.)* sich selbst bemitleiden; sich *(Dat.)* leid tun; **~!** Entschuldigung!; **~?** wie bitte?; **~ about that!** *(coll.)* tut mir leid!; **~ to bother you** Entschuldigung, wenn ich störe; *see also* **safe 2 b; b)** *attrib. (wretched)* traurig; faul, fadenscheinig ⟨*Entschuldigung*⟩

**sort** [sɔ:t] **1.** *n.* **a)** Art, *die; (type)* Sorte, *die;* **cakes of several ~s** verschiedene Kuchensorten; **a new ~ of bicycle** ein neuartiges Fahrrad; **people of every/that ~:** Menschen jeden/diesen Schlages; **people of every ~ and kind** alle möglichen Leute; **it takes all ~s [to make a world]** *(coll.)* es gibt so'ne und solche *(ugs.); (when referring to eccentric behaviour)* jedem Tierchen sein Pläsierchen *(scherzh.);* **all ~s of ...:** alle möglichen ...; **support sb. in all ~s of ways** jmdn. auf vielerlei Art und Weise unterstützen; **there are all ~s of things to do** es gibt alles mögliche *od.* allerlei zu tun; **she is just/not my ~:** sie ist genau/nicht mein Typ *(ugs.);* **she is not the ~ to do that** es ist nicht ihre Art, das zu tun; **what ~ of [a] person do you think I am?** für wen hältst du mich?; **you'll do nothing of the ~:** das kommt gar nicht in Frage; **he's a ~ of stockbroker, I believe** *(coll.)* er ist [so] eine Art [von] Börsenmakler, glaube ich; **~**

**of** *(coll.)* irgendwie; irgendwo *(salopp); (more or less)* mehr oder weniger; *(to some extent)* ziemlich *(ugs.);* **it's ~ of difficult for me to explain** *(coll.)* ich kann es irgendwie nicht so gut *od.* leicht erklären; **Have you finished? – Well, ~ of** *(coll.)* Bist du fertig? – Mehr oder weniger; **I ~ of expected it** *(coll.)* ich habe es irgendwie erwartet; **nothing of the ~:** nichts dergleichen; **or something of the ~:** oder so [etwas ähnliches] *(ugs.);* **a funny ~ of person/day/car** ein komischer Mensch/Tag/Wagen; **it is music of a ~** *(derog.)* es ist so was ähnliches wie Musik; **he is a doctor/footballer of a ~** *or* **of ~s** *(derog.)* er nennt sich Arzt/Fußballspieler; **we don't mix with people of that ~:** mit solchen Leuten wollen wir nichts zu tun haben; **he/she is a good ~** *(coll.)* er/sie ist schon in Ordnung *(ugs.);* **he is not a bad ~ at all** *(coll.)* er ist nicht der Schlechteste *(ugs.);* **b) be out of ~s** nicht in Form sein; *(be irritable)* schlecht gelaunt sein; **c)** *(Printing)* Letter, *die.* **2.** *v. t.* sortieren

**~ 'out** *v. t.* **a)** *(arrange)* sortieren; **~ out material for an essay** Material für einen Aufsatz zusammenstellen; **b)** *(settle)* klären; schlichten ⟨*Streit*⟩; beenden ⟨*Verwirrung*⟩; **it will ~ itself out** es wird schon in Ordnung kommen; **c)** *(organize)* durchorganisieren; auf Vordermann bringen *(ugs.);* **~ oneself out** ⟨*Neuankömmling usw.*:⟩ sich einrichten; **things have ~ed themselves out** die Dinge haben sich eingerenkt; **d)** *(sl.: punish)* **~ sb. out** jmdm. zeigen, wo's langgeht *(ugs.);* **e)** *(select)* aussuchen; wählen; **~ out the truth from the lies** die Lügen von der Wahrheit unterscheiden; Lüge und Wahrheit unterscheiden; **~ out the good apples/singers from the bad [ones]** die guten Äpfel/Sänger von den schlechten trennen

**sort code** *n. (Banking)* Bankleitzahl, *die*

**sorter** ['sɔ:tə(r)] *n.* **a)** *(arranger)* Sortierer, *der*/Sortiererin, *die;* **b)** *(for punched cards)* Sorter, *der;* Sortiermaschine, *die*

**sortie** ['sɔ:ti:, 'sɔ:tɪ] *n. (Mil.; also fig.)* **a)** Ausfall, *der;* **b)** *(flight)* Einsatz, *der*

**sorting** ['sɔ:tɪŋ] *n.* Sortieren, *das*

**sorting: ~-machine** *n.* Sortiermaschine, *die;* **~-office** *n.* Postverteilstelle, *die*

**SOS** [esəʊ'es] *n.* **a)** SOS, *das;* **~ appeal** Hilfeaufruf, *der;* **b)** *(Brit.: broadcast)* **~ message** Suchmeldung, *die; (to motorists)* Reiseruf, *der*

**'so so, 'so-so** *adj., adv.* so lala *(ugs.)*

**sot** [sɒt] *n.* Trinker, *der*/Trinkerin, *die;* Säufer, *der*/Säuferin, *die (salopp)*

**sottish** ['sɒtɪʃ] *adj.* versoffen *(salopp)*

**sotto voce** [sɒtəʊ 'vəʊtʃɪ] *adv.* mit gedämpfter Stimme

**sou** [su:] *n. (Hist./coll.)* Sou, *der;* **not have a ~:** keinen roten Heller haben

**soubrette** [su:'bret] *n. (Theatre)* Soubrette, *die*

**soufflé** ['su:fleɪ] *n. (Gastr.)* Soufflé, *das;* **~ dish** Souffléform, *die*

**sough** [sʌf, saʊ] *(literary)* **1.** *n.* Rauschen, *das.* **2.** *v. i.* rauschen

**sought** *see* **seek**

**soul** [səʊl] *n.* **a)** Seele, *die;* **sell one's ~ for sth.** *(fig.)* seine Seele für etw. verkaufen; **upon my ~!** *(dated)* meiner Treu! *(veralt.);* **bare one's ~ to sb.** jmdm. sein Herz ausschütten; *see also* **heart 1 b; life b; b)** *(intellect)* Geist, *der;* **not be able to call one's ~ one's own** nicht sein eigener Herr sein; **his whole ~ revolted from it** er sträubte sich mit ganzer Seele dagegen; **c)** *(person)* Seele, *die;* **not a ~:** keine Menschenseele; **be the ~ of discretion** die Verschwiegenheit selbst *od.* in Person sein; **be a good ~ and fetch me a cup of tea** sei ein Schatz *(ugs.)* und hol mir eine Tasse Tee; **the poor little ~:** das arme kleine Ding; **d)** *(Negro Culture) die Kultur der schwarzen US-Amerikaner; (music)* Soul, *der*

**soul: ~ brother** *n. schwarzer Nordamerikaner (als [bewußter] Teilhaber der schwarzen Kultur);* ≈ Bruder, *der;* **~-destroying** ['səʊldɪstrɔɪɪŋ] *adj.* **a)** *(boring)* nervtötend; geisttötend; **b)** *(depressing)* deprimierend

**'soul food** *n. traditionelle Küche der schwarzen Nordamerikaner*

**soulful** ['səʊlfl] *adj.* gefühlvoll; *(sad)* schwermütig

**soulfully** ['səʊlfəlɪ] *adv.* mit viel Gefühl; *(sadly)* voll Schwermut

**soulless** ['səʊllɪs] *adj.* **a)** *(ignoble)* seelenlos *(geh.);* gefühllos; **b)** *(dull)* öde

**soul: ~ mate** *n.* Seelenverwandte, *der/die;* **~ music** *n.* Soul, *der;* Soulmusik, *die;* **~-searching** *n.* Gewissenskampf, *der;* **~ sister** *n. schwarze Nordamerikanerin (als [bewußte] Teilhaberin der schwarzen Kultur);* ≈ Schwester, *die;* **~-stirring** *adj.* aufwühlend; *(inspiring)* mitreißend

**[1]sound** [saʊnd] **1.** *adj.* **a)** *(healthy)* gesund; intakt ⟨*Gebäude, Mauerwerk*⟩; gut ⟨*Frucht, Obst, Holz, Boden*⟩; **of ~ mind** im Vollbesitz der geistigen Kräfte; **~ in mind and body** gesund an Geist und Seele; **~ in wind and limb** kerngesund; **the building was structurally ~:** das Gebäude hatte eine gesunde Bausubstanz; *see also* **bell 1 a; b)** *(well-founded)* vernünftig ⟨*Argument, Rat*⟩; klug ⟨*Wahl*⟩; **it makes ~ sense** es ist sehr vernünftig; **make ~ progress** gute Fortschritte machen; **c)** *(Finance: secure)* gesund, solide ⟨*Basis*⟩; klug ⟨*Investition*⟩; **d)** *(competent, reliable)* solide ⟨*Spieler*⟩; **have a ~ character** charakterfest sein; **e)** *(undisturbed)* tief, gesund ⟨*Schlaf*⟩; **be a ~ sleeper** einen gesunden Schlaf haben; **f)** *(thorough)* gehörig *(ugs.)* ⟨*Niederlage, Tracht Prügel*⟩; gekonnt ⟨*Leistung*⟩. **2.** *adv.* fest, tief ⟨*schlafen*⟩; **fall/be ~ asleep** in einen tiefen *od.* festen Schlaf fallen/tief *od.* fest schlafen

**[2]sound 1.** *n.* **a)** *(Phys.)* Schall, *der;* **the speed of ~:** die Schallgeschwindigkeit; **b)** *(noise)* Laut, *der; (of wind, sea, car, footsteps, breaking glass or twigs)* Geräusch, *das; (of voices, laughter, bell)* Klang, der; **do sth. without a ~:** etw. lautlos tun; **c)** *(Radio, Telev., Cinemat.)* Ton, *der;* **loss of ~:** Tonausfall, *der;* **d)** *(music)* Klang, *der; (jazz, pop, rock)* Sound, *der;* **the king entered to the ~ of trumpets** von Trompetenstößen begleitet, trat der König ein; **the ~ of drums** Trommellaute *Pl.;* **dance to the ~ of a band** zu den Klängen einer Band tanzen; **e)** *(Phonet.: articulation)* Laut, *der;* **f)** *(fig.: impression)* **I like the ~ of your plan** ich finde, Ihr Plan hört sich gut an; **I like the ~ of him** was du von ihm erzählst, hört sich gut an; **I don't like the ~ of this** das hört sich nicht gut an; **g)** *in pl. (~-waves)* Töne; **h)** *(meaningless noise)* Wortgeklingel, *das;* Wortschwall, *der;* **i)** *(earshot)* **within ~ of sb./sth.** in jmds. Hörweite/in Hörweite einer Sache. **2.** *v. i.* **a)** *(seem)* klingen; **it ~s as if .../like ...:** es klingt, als .../wie ...; **it ~s to me as if .../like ...:** es hört sich für mich an, als .../wie ...; **from his lack of enthusiasm it ~s as if he wanted to give up** nach seinem Mangel an Begeisterung zu urteilen, klingt es so, als wolle er aufgeben; **it ~s to me from what you have said that ...:** was du gesagt hast, klingt für mich so, als ob ...; **that ~s a good idea to me** ich finde, die Idee hört sich gut an; **~s good to me!** klingt gut! *(ugs.);* gute Idee! *(ugs.);* **that ~s odd to me** das hört sich seltsam an, finde ich; **b)** *(emit ~)* [er]tönen. **3.** *v. t.* **a)** *(cause to emit ~)* ertönen lassen; **~ the trumpet** trompeten; in die Trompete blasen; **b)** *(utter)* **~ a note of caution** zur Vorsicht mahnen; **his words ~ed a note of alarm in my mind** seine Worte versetzten mich in Alarmstimmung; **c)** *(pronounce)* aussprechen; **d)** *(cause to be heard)* **~ sb.'s praises** ein Loblied auf jmdn. singen; **~ a fanfare** eine Fanfare erklingen lassen

**~ 'off** *v. i. (coll.: talk pompously)* tönen *(ugs.),* schwadronieren **(on, about** von)

**[3]sound** *n.* **a)** *(strait)* Sund, *der;* Meerenge, *die;* **b)** *(inlet)* Meeresarm, *der;* **Plymouth S~:** die Bucht von Plymouth

**[4]sound** *v. t.* **a)** *(Naut.: fathom)* ausloten; sondieren; **b)** *(fig.: test) see* **~ out; c)** *(Meteorol.)* untersuchen; erforschen; sondieren; **e)** *(Med.)* abhorchen

**~ 'out** *v. t.* ausfragen ⟨*Person*⟩; sondieren *(geh.),* herausbekommen ⟨*Sache*⟩; **~ sb. out on sth.** bei jmdm. wegen etw. vorfühlen

**sound: ~ barrier** *n.* Schallmauer, *die;* **go through** *or* **break the ~ barrier** die Schallmauer durchbrechen; **~-box** *n. (in violin, guitar, etc.)* Resonanzkörper, *der;* **~ broadcasting** *n.* Hörfunk, *der;* **~ check** *n.* Soundcheck, *der;* Tonprobe, *die* **~ effect** *n.* Geräuscheffekt, *der;* **~ engineer** *n. (Radio, Telev., Cinemat.)* Toningenieur, *der*/-ingenieurin, *die;* **~-hole** *n. (Mus.)* Schalloch, *das*

**[1]sounding** ['saʊndɪŋ] *adj. in comb.* **strange-/clear-/loud-~:** seltsam/klar/laut [klingend]

**[2]sounding** *n.* **a)** *(Naut.: measurement)* Lotung, *die;* **take ~s** Lotungen vornehmen; loten; **b)** *(fig.)* Sondierung, *die (geh.);* **make ~s in a locality** ein Terrain sondieren; **carry out ~s of public opinion/of interested parties** die öffentliche Meinung sondieren/mit den Beteiligten Sondierungsgespräche führen

**sounding: ~-board** *n.* **a)** *(canopy)* Schalldeckel, *der;* **b)** *(Mus.)* Decke, *die;* **c)** *(fig.: means of spreading opinions)* Sprachrohr, *das;* **d)** *(fig.: trial audience)* ≈ Testgruppe, *die;* **~-line** *n. (Naut.)* Lotleine, *die;* **~-rod** *n. (Naut.)* Peilstock, *der*

**soundless** ['saʊndlɪs] *adj.* lautlos; stumm, tonlos ⟨*Sprache, Gebet*⟩

**soundly** ['saʊndlɪ] *adv.* **a)** *(solidly)* stabil, solide ⟨*bauen*⟩; **b)** *(well)* vernünftig ⟨*argumentieren, urteilen, investieren*⟩; **c)** *(deeply)* tief, fest ⟨*schlafen*⟩; **d)** *(thoroughly)* anständig, ordentlich *(ugs.)* ⟨*verhauen*⟩; vernichtend ⟨*schlagen, besiegen*⟩; **perform ~:** eine gute Leistung zeigen

**soundness** ['saʊndnɪs] *n., no pl.* **a)** *(of mind, body)* Gesundheit, *die; (of construction, structure)* Solidität, *die;* **b)** *(of argument)* Stichhaltigkeit, *die; (of policy, views)* Vernünftigkeit, *die;* **c)** *(of sleep)* Tiefe, *die;* **d)** *(competence, reliability)* Solidität, *die;* **e)** *(solvency)* wirtschaftliche Gesundheit; Solvenz, *die*

**sound: ~-post** *n. (Mus.)* Stimmstock, *der;* **~-proof 1.** *adj.* schalldicht; **2.** *v. t.* schalldicht machen; **~-proofing** *n.* Schallisolierung, *die;* **~ recorder** *n.* Tonaufnahmegerät, *das;* **~ shift** *see* **shift 3 i; ~ technician** *see* **~ engineer; ~-track** *n. (Cinemat.)* Soundtrack, *der;* **~ truck** *n. (Amer.)* Lautsprecherwagen, *der;* **~-wave** *n. (Phys.)* Schallwelle, *die*

**soup** [su:p] *n.* Suppe, *die;* **be/land in the ~** *(fig. sl.)* in der Patsche sitzen/landen *(ugs.)*

**~ 'up** *v. t. (Motor Veh. coll.)* frisieren *(ugs.)*

**soupçon** ['su:psɔ̃] *n.* Spur, *die; (of anger, irony)* Anflug, *der;* **a ~ of garlic/grey** eine Spur Knoblauch/von Grau

**souped-up** ['su:ptʌp] *attrib. adj. (Motor Veh. coll.)* frisiert *(ugs.)*

**soup: ~-kitchen** *n.* Volksküche, *die;* Suppenküche, *die;* **~-plate** *n.* Suppenteller, *der;* **~-spoon** *n.* Suppenlöffel, *der*

**soupy** ['su:pɪ] *adj.* **a)** *(thick)* sämig ⟨*Flüssigkeit*⟩; trübe, schlammig ⟨*Wasser*⟩; **b)** *(coll.: sentimental)* rührselig; sentimental

**sour** [saʊə(r)] **1.** *adj.* **a)** *(having acid taste)* sauer; **b)** *(morose)* griesgrämig *(abwertend);* säuerlich ⟨*Blick*⟩; **c)** *(unpleasant)* bitter; **when things go ~:** wenn man *od.* einem alles leid wird; **the place has gone ~ on him** der Ort ist ihm verleidet [worden]; **d)** *(rank)* säuerlich ⟨*Geruch*⟩; **e)** *(deficient in lime)* sauer ⟨*Boden*⟩. *See also* **grape. 2.** *v. t.* **a)** versauern lassen; sauer machen; **b)** *(fig.: spoil)* verbauen ⟨*Karriere*⟩; trüben ⟨*Beziehung*⟩; **c)** *(fig.: make gloomy)* verbittern. **3.** *v. i.* **a)** sauer werden; **b)** *(deteriorate)* ⟨*Beziehungen:*⟩ sich trüben. **4.** *n.* *(Amer.: cocktail)* Sour, *der*

**source** [sɔ:s] *n.* Quelle, *die;* **~ of income/infection** Einkommensquelle, *die*/Infektionsherd, *der;* **the ~ of all woes** die Wurzel allen Übels; **locate the ~ of a leak** *(lit. or fig.)* feststellen, wo eine undichte Stelle ist; **the whole thing is a ~ of some embarrassment to us** das Ganze ist für uns ziemlich unangenehm; **at ~:** an der Quelle; **tax deducted at ~:** Quellensteuer, *die;* **my wages are taxed at ~:** die Steuer wird direkt von meinem Lohn abgezogen

**source: ~book** *n.* Quellensammlung, *die;* **~ language** *n.* Ausgangssprache, *die*

**sour 'cream** *n.* saure Sahne; Sauerrahm, *der*

**sourly** ['saʊəlɪ] *adv.* säuerlich

**sour: ~puss** *n. (sl.) (male)* Miesepeter, der *(ugs.); (female)* miesepetrige Ziege *(ugs.)*

**sousaphone** ['su:zəfəʊn] *n. (Mus.)* Sousaphon, *das*

**souse** [saʊs] *v. t.* **a)** *(plunge into liquid)* eintauchen; **b)** *(soak)* **get/be ~d** durchnäßt werden/sein; **c)** *(pickle)* einlegen

**soutane** [su:'tɑ:n] *n. (RC Ch.)* Soutane, *die*

**south** [saʊθ] **1.** *n.* **a)** Süden, *der;* **the ~:** Süd *(Met., Seew.);* **in/to[wards]/from the ~:** im/nach *od. (geh.)* gen/von Süden; **to the ~ of** südlich von; südlich (+ *Gen.*); **b)** *usu.* **S~** *(part lying to the ~)* Süden, *der;* **from the S~:** aus dem Süden; **c)** *(Cards)* Süd. **2.** *adj.* südlich; Süd⟨*küste, -wind, -grenze, -tor*⟩. **3.** *adv.* südwärts; nach Süden; **a ~-facing wall** eine nach Süden gelegene Mauer; **~ of** südlich von; südlich (+ *Gen.*); *see also* **[1]by 1 d**

**South: ~ 'Africa** *pr. n.* Südafrika *(das);* **~ 'African 1.** *adj.* südafrikanisch; **2.** *n.* Südafrikaner, *der*/-afrikanerin, *die;* **~ A'merica** *pr. n.* Südamerika *(das);* **~ A'merican 1.** *adj.* südamerikanisch; **2.** *n.* Südamerikaner, *der*/-amerikanerin, *die*

**south: ~bound** *adj.* ⟨*Zug usw.*⟩ in Richtung Süden; **~-'east 1.** *n.* Südosten, *der;* **in/to[wards]/from the ~-east** im/nach *od. (geh.)* gen/von Südosten; **to the ~-east of** südöstlich von, südöstlich (+ *Gen.*); **2.** *adj.* südöstlich; Südost⟨*wind, -fenster, -küste*⟩; **3.** *adv.* südostwärts; nach Südosten; **~-east of** südöstlich von; südöstlich (+ *Gen.*); **~'easter** *n.* Südostwind, *der;* **~-'easterly 1.** *adj.* südöstlich; **2.** *adv. (position)* im Südosten; *(direction)* nach Südosten; **~-'eastern** *adj.* südöstlich

**southerly** ['sʌðəlɪ] **1.** *adj.* **a)** *(in position or direction)* südlich; **in a ~ direction** nach Süden; **b)** *(from the south)* ⟨*Wind*⟩ aus südlichen Richtungen; **the wind was ~:** der Wind kam aus südlichen Richtungen. **2.** *adv.* **a)** *(in position)* südlich; *(in direction)* südwärts; **b)** *(from the south)* aus *od.* von Süd[en]. **3.** *n.* Süd[wind], *der*

**southern** ['sʌðən] *adj.* südlich; Süd⟨*grenze, -hälfte, -seite, -fenster, -wind*⟩; südländisch ⟨*Temperament*⟩; **~ Spain** Südspanien; das südliche Spanien; **~ Africa** das südliche Afrika; *see also* **cross 1 f; hemisphere a**

**southerner** [sʌðənə(r)] *n. (male)* Südengländer/-franzose/-italiener *usw., der; (female)* Südengländerin/-französin/-italienerin, *die; (Amer.)* Südstaatler, *der*/-staatlerin, *die;* **he's a ~:** er kommt aus dem Süden

**Southern: ~ 'Europe** *pr. n.* Südeuropa *(das);* **~ European 1.** *adj.* südeuropäisch; **2.** *n.* Südeuropäer, *der*/-europäerin, *die;* **~ 'Ireland** *pr. n.* Südirland *(das);* **s~ 'lights** *n. pl.* Südlicht, *das*

**southernmost** ['sʌðənməʊst] *adj.* südlichst ...

**South: ~ 'German 1.** *adj.* süddeutsch; **2.** *n.* Süddeutsche, *der/die;* **~ 'Germany** *pr. n.* Süddeutschland *(das);* **~ Ko'rea** *pr. n.* Südkorea *(das);* **~ Ko'rean 1.** *adj.* südkoreanisch; **2.** *n.* Südkoreaner, *der*/-koreanerin, *die*

**South of 'England** *pr. n.* Südengland *(das); attrib.* südenglisch

**south: ~paw** *(Boxing coll.)* **1.** *n.* Linkshänder, *der*/Linkshänderin, *die;* **2.** *adj.* linkshändig; **S~ 'Pole** *pr. n.* Südpol, *der;* **S~ Sea** *adj.* Südsee-; **S~ Sea Islander** Südseeinsulaner, *der*/-insulanerin, *die;* **S~ 'Seas** *pr. n. pl.* Südsee, *die;* **~-~-'east 1.** *n.* Südsüdosten, *der;* **2.** *adj.* südsüdöstlich; Südsüdost-; **3.** *adv.* südsüdostwärts; **~-~-'west 1.** *n.* Südsüdwesten, *der;* **2.** *adj.* südsüdwestlich; Südsüdwest-; **3.** *adv.* südsüdwestwärts

**southward** ['saʊθwəd] **1.** *adj.* nach Süden gerichtet; *(situated towards the south)* südlich; **in a ~ direction** nach Süden; [in] Richtung Süden. **2.** *adv.* südwärts; **they are ~ bound** sie fahren nach *od.* [in] Richtung Süden. **3.** *n.* Süden, *der*

**southwards** ['saʊθwədz] *see* **southward 2**

**south: ~-'west 1.** *n.* Südwesten, *der;* **in/to[wards]/from the ~-west** im/nach *od. (geh.)* gen/von Südwesten; **to the ~-west of** südwestlich von; südwestlich (+ *Gen.*). **2.** *adj.* südwestlich; Südwest⟨*wind, -fenster, -küste*⟩. **3.** *adv.* südwestwärts; nach Südwesten; **~-west of** südwestlich von; südwestlich (+ *Gen.*); **S~-West 'Africa** *pr. n.* Südwestafrika, *(das);* **~-wester** [saʊθ'westə(r)] *n.* Südwestwind, *der;* **~-'westerly 1.** *adj.* südwestlich; **2.** *adv. (position)* im Südwesten; *(direction)* nach Südwesten; **~-'western** *adj.* südwestlich

**souvenir** [su:və'nɪə(r)] *n. (of holiday)* Andenken, *das;* Souvenir, *das* (**of** aus); *(of wedding-day, one's youth, etc.)* Andenken, *das* (**of** an + *Akk.*)

**sou'wester** [saʊ'westə(r)] *n.* **a)** *(hat)* Südwester, *der;* **b)** *(coat)* Ölhaut, *die*

**sovereign** ['sɒvrɪn] **1.** *n.* **a)** *(ruler)* Souverän, *der;* **b)** *(Brit. Hist.: coin)* Sovereign, *der;* 20-Shilling-Münze, *die.* **2.** *adj.* **a)** *(independent)* souverän ⟨*Staat, Volk*⟩; **b)** *(supreme)* höchst...; **c)** *(arch.: royal)* souverän; **d)** *(very good)* ausgezeichnet ⟨*Medikament*⟩

**sovereignty** ['sɒvrɪntɪ] *n.* **a)** *(supreme power)* Souveränität, *die;* Oberhoheit, *die;* **b)** *(royal position)* Stellung als Souverän; **c)** *(autonomous state)* souveräner Staat

**Soviet** ['səʊvɪət, 'sɒvɪət] *(Hist.)* **1.** *adj.* sowjetisch; Sowjet⟨*bürger, -literatur, -kultur, -ideologie*⟩. **2.** *n.* Sowjet, *der;* **Supreme S~:** Oberster Sowjet

**Soviet: ~ 'Russia** *pr. n. (Hist.)* Sowjetrußland *(das);* **~ 'Union** *pr. n. (Hist.)* Sowjetunion, *die*

**[1]sow** [səʊ] *v. t., p.p.* **sown** [səʊn] *or* **~ed** [səʊd] **a)** *(plant)* [aus]säen; *(fig.)* legen ⟨*Minen*⟩; **b)** *(plant with seed)* einsäen, besäen ⟨*Feld, Boden*⟩; **c)** *(cover thickly)* spicken *(ugs.);* **meadows ~n with daisies** mit Gänseblümchen bedeckte Wiesen; **d)** *(fig.: initiate)* säen. *See also* **oat b; seed 1 c; whirlwind a**

**[2]sow** [saʊ] *n.* **a)** *(female pig)* Sau, *die;* **b)** *(Metallurgy) (trough)* Kokille, *die; (block of iron)* Massel, *die. See also* **silk 2**

**sower** ['səʊə(r)] *n.* Sämann, *der*/Säerin, *die;* **be a ~ of discord** Zwietracht säen

**sowing** ['səʊɪŋ] *n.* Säen, *das;* Aussaat, *die*

**sown** *see* **[1]sow**

**sox** [sɒks] *n. pl. (Commerc./coll.) see* **[1]sock a**

**soya [bean]** ['sɔɪə (bi:n)], **soy bean** ['sɔɪ bi:n] *ns.* **a)** *(plant)* Soja[bohne], *die;* **b)** *(seed)* Sojabohne, *die*

**soy sauce** ['sɔɪ sɔ:s] *n.* Sojasoße, *die*

**sozzled** ['sɒzld] *adj. (sl.)* voll *(ugs.);* besoffen *(derb);* **get ~:** sich besaufen *(derb)*

**spa** [spɑ:] *n.* **a)** *(place)* Bad, *das;* Badeort, *der;* **b)** *(spring)* Mineralquelle, *die*

**space** [speɪs] **1.** *n.* **a)** Raum, *der;* **stare into ~:** in die Luft *od.* ins Leere starren; **b)** *(interval between points)* Platz, *der;* **the houses are separated by a ~ of ten feet** die Häuser sind durch einen 10 Fuß breiten Zwischenraum getrennt; **clear a ~:** Platz schaffen; **he needs ~** *(fig.)* er braucht Bewegungsfreiheit; **c)** *(area on page)* Platz, *der;* **d) the wide open ~s** das weite, flache Land; **the vast ~s of the prairie/desert** die weite Fläche *od.* die Weite[n] der Prärie/Wüste; **e)** *(Astron.)* Weltraum, *der; see also* **outer space; f)** *(blank between words)* Zwischenraum, *der;* Spatium, *das (Druckw.);* **five ~s from the left margin** fünf Anschläge vom linken Rand [entfernt]; **g)** *(interval of time)* Zeitraum, *der;* **in the ~ of a minute/an hour** *etc.* innerhalb einer Minute/Stunde *usw.;* **in a short ~ of time he was back** nach kurzer Zeit war er zurück. **2.** *v. t.* **the line is/the letters are badly ~d** die Zeile ist/die Buchstaben sind schlecht spationiert *(Druckw.);* **the posts are ~d at intervals of one metre** die Pfosten sind im Abstand von einem Meter aufgestellt

**~ 'out** *v. t.* verteilen; **~ the figures out clearly** die Zahlen so weit auseinanderschreiben, daß sie deutlich lesbar sind

**space: ~ age** *n.* [Welt]raumzeitalter, *das;* Zeitalter der Raumfahrt, *das;* **~-bar** *n.* Leertaste, *die;* **~craft** *n.* Raumfahrzeug, *das; (unmanned)* Raumsonde, *die*

**spaced [out]** [speɪst ('aʊt)] *adj. (sl.: under influence of drug)* high *(Drogenjargon)*

**space: ~ flight** *n.* **a)** *(a journey through ~)* [Welt]raumflug, *der;* **b)** *see* **~ travel; ~-heater** *n.* Heizgerät, *das;* **~man** *see* **~ traveller; ~ medicine** *n.* Raumfahrtmedizin, *die;* **~ opera** *n. (esp. Amer.)* Weltraumoper, *die (ugs.);* **~ probe** *n.* Raumsonde, *die;* **~-saving** *adj.* platzsparend; raumsparend; **~ship** *n.* Raumschiff, *das;* **~ shuttle** *n.* Raumfähre, *die;* Raumtransporter, *der;* **~ station** *n.* [Welt]raumstation, *die;* **~suit** *n.* Raumanzug, *der;* **~-'time** *n. (Phys.)* Raum-Zeit-Welt, *die;* **~ travel** *n.* Raumfahrt, *die;* **~ traveller** *n.* Raumfahrer, *der*/-fahrerin, *die;* **~ vehicle** *see* **spacecraft; ~ walk** *n.* Spaziergang im All

**spacial, spacially** *see* **spatial, spatially**

**spacing** ['speɪsɪŋ] *n.* Zwischenraum, *der; (Printing)* Sperrungen; Spationierung, *die (Druckw.);* **single/double ~** *(on typewriter)* einfacher/doppelter Zeilenabstand

**spacious** ['speɪʃəs] *adj.* **a)** *(vast in area)* weitläufig ⟨*Garten, Park, Ländereien*⟩; **b)** *(roomy)* geräumig ⟨*Raum*⟩; breit ⟨*Straße*⟩

**spaciously** ['speɪʃəslɪ] *adv.* weitläufig

**spade** [speɪd] *n.* **a)** *(for digging)* Spaten, *der;* **call a ~ a ~** *or (joc.)* **a bloody shovel** das Kind beim [rechten] Namen nennen *(ugs.);* **she was never afraid to call a ~ a ~:** sie nahm nie ein Blatt vor den Mund *(ugs.);* **b)** *(Cards)* Pik, *das; see also* **club 1 d; c)** *(Amer. sl. derog.)* Neger, *der*

**spadeful** ['speɪdfʊl] *n.* **a ~/two ~s of soil** ein/zwei Spaten [voll] Erde

**'spadework** *n. (fig.)* Kleinarbeit, *die; (preliminary work)* Vorarbeit, *die*

**spadix** ['speɪdɪks] *n., pl.* **spadices** ['speɪdɪsi:z] *(Bot.)* Kolben, *der*

**spaghetti** [spə'getɪ] *n.* **a)** Spaghetti *Pl.;* **b)** *(joc.: cables)* Kabelsalat, *der (ugs.)*

**spaghetti 'Western** *n. (Cinemat.)* Italowestern, *der*

**Spain** [speɪn] *pr. n.* Spanien *(das)*

**spall** [spɔ:l] **1.** *v. t.* **a)** *(chip)* absplittern; **b)** *(Mining)* mit dem Hammer zerkleinern ⟨*Erz*⟩. **2.** *v. i.* splittern. **3.** *n.* Splitter, *der*

**Spam, (P)** [spæm] *n.* Frühstücksfleisch, *das*

**[1]span** [spæn] **1.** *n.* **a)** *(full extent)* Spanne, *die;* **~ of life/time** Lebens-/Zeitspanne, *die;* **throughout the whole ~ of Roman history** in der gesamten römischen Geschichte; **b)** *(of* *bridge)* Spannweite, *die;* **the bridge crosses the river in a single ~:** die Brücke überspannt den Fluß in einem einzigen Bogen; **c)** *(Aeronaut.)* Spannweite, *die;* **d)** *(of hand)* Spanne, *die.* **2.** *v. t.,* **-nn- a)** *(extend across)* überspannen ⟨*Fluß*⟩; umfassen ⟨*Zeitraum*⟩; **b)** *(measure)* nach Spannen messen

**[2]span** *see* **spick**

**spandrel** ['spændrl] *n. (Archit.)* [Bogen]zwickel, *der;* Spandrille, *die*

**spang** [spæŋ] *adv. (Amer. coll.)* ganz; **~ in the middle of the night/the road** mitten in der Nacht/auf der Straße

**spangle** ['spæŋgl] **1.** *n. see* **sequin. 2.** *v. t.* **~d with stars/buttercups** von glitzernden Sternen/mit leuchtenden Butterblumen übersät; *see also* **star-spangled**

**Spaniard** ['spænjəd] *n.* Spanier, *der*/Spanierin, *die*

**spaniel** ['spænjəl] *n.* Spaniel, *der*

**Spanish** ['spænɪʃ] **1.** *adj.* spanisch; **sb. is ~:** jmd. ist Spanier/Spanierin; *see also* **English 1. 2.** *n.* **a)** *(language)* Spanisch, *das; see also* **English 2 a; b)** *constr. as pl. (people)* Spanier

**Spanish: ~ A'merica** *pr. n. die spanischsprachigen Länder Lateinamerikas;* **~ 'fly** *n.* Spanische Fliege; **~ 'Main** *pr. n. (Hist.)* **the ~ Main** *die Nordostküste Südamerikas zwischen dem Orinoko und Panama sowie der angrenzende Teil der Karibik;* **~ 'omelette** *n. Omelette mit Zwiebeln, grünem Paprika und Tomaten;* ≈ Omelette andalusische Art *(Kochk.);* **~ 'onion** *n.* spanische Zwiebel; Bermudazwiebel, *die (Kochk.)*

**spank** [spæŋk] **1.** *n.* ≈ Klaps, *der (ugs.).* **2.** *v. t.* **~ sb.** jmdm. den Hintern versohlen *(ugs.);* **get ~ed** den Hintern voll kriegen *(ugs.).* **3.** *v. i.* ⟨*Pferd:*⟩ schnell traben

**spanking** ['spæŋkɪŋ] **1.** *n.* Tracht Prügel, *die (ugs.); (for sexual gratification)* Hinternversohlen, *das (ugs.).* **2.** *adj. (coll.)* scharf ⟨*Trab, Lauf, Galopp, Tempo*⟩. **3.** *adv. (coll.)* **~ new** funkelnagelneu *(ugs.)*

**spanner** ['spænə(r)] *n. (Brit.)* Schraubenschlüssel, *der;* **put** *or* **throw a ~ in the works** *(fig.)* Sand ins Getriebe streuen

**'span roof** *n.* Satteldach, *das*

**[1]spar** [spɑː(r)] *v. i.,* **-rr- a)** *(Boxing)* sparren; **b)** *(fig.: argue)* [sich] zanken

**[2]spar** *n.* **a)** *(pole)* Rundholz, *das;* Spiere, *die (Seemannsspr.);* **b)** *(Aeronaut.)* Holm, *der*

**[3]spar** *n. (Min.)* Spat, *der*

**spare** [speə(r)] **1.** *adj.* **a)** *(not in use)* übrig; **~ time/moment** Freizeit, *die*/freier Augenblick; **not have ~ cash** kein Bargeld [übrig] haben; **have sth. going ~** *(coll.)* etwas übrig haben; **there is one ~ seat** ein Platz ist noch frei; **are there any ~ tickets for Friday?** gibt es noch Karten für Freitag?; **b)** *(for use when needed)* zusätzlich, Extra⟨*bett, -tasse*⟩; **~ room** Gästezimmer, *das;* **go ~** *(Brit. sl.: be very angry)* durchdrehen *(salopp);* **c)** *(frugal)* karg ⟨*Kost, Mahlzeit*⟩; **d)** *(lean)* schlank ⟨*Wuchs, Gestalt*⟩; **e)** schlicht ⟨*Stil*⟩. **2.** *n.* Ersatzteil, *das*/-reifen, *der usw.;* **I haven't got a pen; have you a ~?** ich hab' keinen Stift, hast du einen übrig? **3.** *v. t.* **a)** *(do without)* entbehren; **can you ~ me a moment?** hast du einen Augenblick Zeit für mich?; **we arrived with ten minutes to ~:** wir kamen zehn Minuten früher an; als wir ankamen, hatten wir noch zehn Minuten Zeit [übrig]; **b)** *(not inflict on)* **~ sb. sth.** jmdm. etw. ersparen; **c)** *(not hurt)* [ver]schonen; **if I am ~d** wenn ich so lange lebe; **d)** *(not cause)* **~ sb.'s blushes** jmdm. die Verlegenheit *od.* Peinlichkeit ersparen; **e)** *(fail to use)* **not ~ any expense/pains** *or* **efforts** keine Kosten/Mühe scheuen; **no expense ~d** an nichts gespart; **not ~ oneself in one's efforts to ...:** keine Mühe scheuen ... *See also* **enough 2; rod c**

**sparely** ['speəlɪ] *adv.* **~ built** schlank [gebaut]

**spare: ~ 'part** *n.* Ersatzteil, *das;* **~-rib** *n.* **a)** *(cut of meat)* Kamm, *der;* **b)** *(dish)* [Schäl]rippchen, *das;* **~ 'tyre** *n.* **a)** Reserve-, Ersatzreifen, *der;* **b)** *(Brit. fig. coll.)* Rettungsring, *der (ugs.);* **~ 'wheel** *n.* Ersatzrad, *das*

**sparing** ['speərɪŋ] *adj.* sparsam; **be ~ of sth./in the use of sth.** mit etw. sparsam umgehen

**sparingly** ['speərɪŋlɪ] *adv.* sparsam

**spark** [spɑːk] **1.** *n.* **a)** Funke, *der;* **shower of ~s** Funkenregen, *der;* **the ~s [begin to] fly** *(fig.)* es funkt *(ugs.);* **a ~ of generosity/decency** *(fig.)* ein Funke[n] Großzügigkeit/Anstand; **not a ~ of life remained** *(fig.)* keine Spur von Leben blieb übrig; **b)** *(electrical discharge)* Funkenentladung, *die;* **c)** *(in sparking-plug)* Zündfunke[n], *der (Kfz-W.);* **d) a bright ~** *(clever person; also iron.)* ein schlauer Kopf. **2.** *v. t. see* **~ off. 3.** *v. i.* **a)** Funken sprühen; **b)** *(Electr.)* funken

**~ 'off** *v. t.* **a)** *(cause to explode)* zünden; **b)** *(fig.: start)* auslösen

**'spark-gap** *n. (Electr.)* Funkenstrecke, *die*

**sparking-plug** ['spɑːkɪŋplʌg] *n. (Brit. Motor Veh.)* Zündkerze, *die*

**sparkle** ['spɑːkl] **1.** *v. i.* **a)** *(flash)* ⟨*Tautropfen:*⟩ glitzern; ⟨*Augen:*⟩ funkeln, sprühen; **b)** *(perform brilliantly)* glänzen; **c)** *(be lively)* sprühen (**with** vor + *Dat.*). **2.** *n.* Glitzern, *das;* Funkeln, *das;* **he lost all his ~** *(fig.)* er hat sein sprühendes Temperament verloren

**sparkler** ['spɑːklə(r)] *n.* **a)** *(firework)* Wunderkerze, *die;* **b)** *(sl.: diamond)* Klunker, *der (ugs.)*

**sparkling** ['spɑːklɪŋ] *adj.* **a)** *(flashing)* glitzernd ⟨*Stein, Diamant*⟩; **b)** *(bright)* funkelnd ⟨*Augen*⟩; **~ vivacity** sprühende Lebhaftigkeit; **c)** *(brilliant)* glänzend ⟨*Schauspiel, Aufführung, Rede*⟩

**sparkling 'wine** *n.* Schaumwein, *der*

**'spark-plug** *see* **sparking-plug**

**'sparring partner** *n. (Boxing)* Sparringspartner, *der;* **this is my old ~** *(fig.)* dies ist mein alter Freund, mit dem ich oft die Klingen gekreuzt habe *(geh.)*

**sparrow** ['spærəʊ] *n.* Sperling, *der;* Spatz, *der;* **house ~:** Haussperling, *der;* Hausspatz, *der; see also* **hedge-sparrow**

**'sparrow-hawk** *n.* Sperber, *der*

**sparse** [spɑːs] *adj.* spärlich; dünn ⟨*Besiedlung*⟩

**sparsely** ['spɑːslɪ] *adv.* spärlich; dünn ⟨*besiedelt*⟩

**sparseness** ['spɑːsnɪs], **sparsity** ['spɑːsɪtɪ] *ns., no pl.* Spärlichkeit, *die*

**Spartan** ['spɑːtn] **1.** *adj.* spartanisch. **2.** *n.* Spartaner, *der*/Spartanerin, *die*

**spasm** ['spæzm] *n.* **a)** Krampf, *der;* Spasmus, *der (Med.);* **b)** *(convulsive movement)* Anfall, *der;* **~ of coughing** Hustenanfall, *der;* **c)** *(coll.)* **a ~ of activity** plötzliche fieberhafte Aktivität

**spasmodic** [spæz'mɒdɪk] *adj.* **a)** *(marked by spasms)* krampfartig; spasmodisch *(Med.);* **b)** *(intermittent)* sporadisch ⟨*Anwachsen, Bemühungen*⟩

**spasmodically** [spæz'mɒdɪkəlɪ] *adv.* **a)** krampfartig, *(Med.)* spasmodisch ⟨*zucken*⟩; **b)** *(intermittently)* sporadisch

**spastic** ['spæstɪk] *(Med.)* **1.** *n.* Spastiker, *der*/Spastikerin, *die.* **2.** *adj.* spastisch [gelähmt]

**[1]spat** *see* **[1]spit 1, 2**

**[2]spat** [spæt] *n. (gaiter)* Gamasche, *die*

**[3]spat** *n. (coll.: quarrel)* Krach, *der (ugs.)*

**spate** [speɪt] *n.* **a)** *(flood)* **the river/waterfall is in [full] ~:** der Fluß/Wasserfall führt Hochwasser; **b)** *(fig.: large amount)* **a ~ of sth.** eine Flut von etw.; **a ~ of burglaries** eine Einbruchsserie

**spatial** ['speɪʃl] *adj.,* **spatially** ['speɪʃəlɪ] *adv.* räumlich

**spatter** ['spætə(r)] **1.** *v. t.* spritzen ⟨*Lehm, Wasser*⟩; **~ sb./sth. with sth.** jmdn./etw. mit etw. bespritzen. **2.** *n.* Spritzer, *der*

**spatula** ['spætjʊlə] *n.* **a)** Spachtel, *die;* **b)** *(Surg.)* Spatel, *der od. die*

**spatulate** ['spætjʊlət] *adj.* spatelförmig

**spawn** [spɔːn] **1.** *v. t.* **a)** *(produce)* ablegen ⟨*Eier*⟩; *(fig.)* hervorbringen; **b)** *(derog.: breed)* produzieren. **2.** *v. i.* laichen. **3.** *n., constr. as sing. or pl.* **a)** *(Zool.)* Laich, *der;* **b)** *(derog.: offspring)* Brut, *die (salopp abwertend)*

**spay** [speɪ] *v. t.* sterilisieren ⟨*Katze, Hündin*⟩

**speak** [spiːk] **1.** *v. i.,* **spoke** [spəʊk], **spoken** ['spəʊkn] **a)** sprechen; **we spoke this morning** wir sprachen heute morgen miteinander; **~ with sb.** mit jmdm. sprechen; **~ [with sb.] on** *or* **about sth.** [mit jmdm.] über etwas *(Akk.)* sprechen; **~ for/against sth.** sich für/gegen etw. aussprechen; **sth. ~s well for sb.** etw. spricht für jmdn.; **~ing as a trade unionist/a European** als Gewerkschafter/Europäer; **the minister rose to ~:** der Minister erhob sich, um das Wort zu ergreifen; **b)** *(on telephone)* **Is Mr Grant there? – S~ing!** Ist Mister Grant da? – Am Apparat!; **Mr Grant ~ing** *(when connected to caller)* Grant hier; hier ist Grant; **who is ~ing, please?** wer ist am Apparat, bitte?; mit wem spreche ich, bitte? *See also* **manner a; [1]so 2. 2.** *v. t.,* **spoke, spoken a)** *(utter)* sprechen ⟨*Satz, Wort, Sprache*⟩; **b)** *(make known)* sagen ⟨*Wahrheit*⟩; **~ one's opinion/mind** seine Meinung sagen; sagen, was man denkt; **c)** *(convey without words)* **sth. ~s volumes** etw. spricht Bände; **sth. ~s volumes for sth.** etw. spricht sehr für etw.

**~ for** *v. t.* sprechen für; **~ for oneself** für sich selbst sprechen; **~ing for myself, I prefer tea to coffee** ich selber trinke lieber Tee als Kaffee; **~ for yourself!** das ist [nur] deine Meinung!; **~ for itself/themselves** für sich selbst sprechen; **We're all depressed – S~ for yourself!** Wir sind alle deprimiert. – Du vielleicht, ich nicht!; **sth. is spoken for** *(reserved)* etw. ist schon vergeben

**~ of** *v. t.* sprechen von; **~ing of Mary** da wir gerade von Mary sprechen; apropos Mary; **nothing to ~ of** nichts Besonderes *od.* Nennenswertes; **no trees to ~ of** kaum Bäume; **these tyres have no tread to ~ of** bei diesen Reifen kann man kaum noch von Profil sprechen; *see also* **devil 1 c**

**~ 'out** *v. i.* seine Meinung sagen; seine Stimme erheben; **~ out against sth.** seine Stimme gegen etw. erheben; sich gegen etw. aussprechen

**~ to** *v. t.* **a)** *(address)* sprechen mit; reden mit; **I know him to ~ to** ich kenne ihn [nur] flüchtig; **~ when** *or* **don't ~ until you are spoken to** rede nur, wenn du gefragt wirst; **b)** *(request action from)* **~ to sb. about sth.** mit jmdm. wegen einer Sache *od.* über etw. *(Akk.)* sprechen; **c)** *(coll.: reprove)* **~ to sb.** sich mit jmdm. unterhalten *(verhüllend);* **d) ~ to a subject** sich zu einem Thema äußern; **e)** *(~ in confirmation of)* **I can ~ to his having been there** ich kann bestätigen *od.* bezeugen, daß er dort war

**~ 'up** *v. i.* **a)** *(~ more loudly)* lauter sprechen; **b)** *see* **~ out**

**'speakeasy** *n. (Amer. Hist. sl.) Lokal, in dem illegal Alkohol ausgeschenkt wurde*

**speaker** ['spiːkə(r)] *n.* **a)** *(in public)* Redner, *der*/Rednerin, *die;* **be a/the ~ for** *or* **at an event** bei einem Anlaß eine/die Rede halten; **b)** *(of a language)* Sprecher, *der*/Sprecherin, *die;* **be a French ~, be a ~ of French** Französisch sprechen; **c) S~** *(Polit.)* Sprecher, *der;* ≈ Parlamentspräsident, *der;* **Mr S~:** Herr Vorsitzender; *see also* **catch 1 f; d)** *see* **loudspeaker**

**speaking** ['spiːkɪŋ] **1.** *n.* **a)** *(talking)* Sprechen, *das;* **a good ~ voice** eine gute Sprechstimme; **not be on ~ terms with sb.** nicht [mehr] mit jmdm. reden; **b)** *(speech-making)* Rede, *die; see also* **public speaking. 2.** *adv.* **strictly/roughly/generally/legally ~:** genaugenommen/grob gesagt/im allgemeinen/aus juristischer Sicht; **figuratively ~:** bildlich gesprochen

**speaking: ~ acquaintance** *n.* [flüchtige] Bekannte, *der/die;* **~ 'clock** *n. (Brit.)* telefonische Zeitansage; **~-tube** *n. Sprechverbindung zwischen zwei Räumen, Gebäuden usw. mittels einer Rohrleitung;* Sprachrohr, *das*

**spear** [spɪə(r)] **1.** *n.* **a)** Speer, *der;* **b)** *(of plant)* Stange, *die.* **2.** *v. t.* aufspießen

**spear: ~head 1.** *n. (fig.)* Speerspitze, *die; (Mil.)* Angriffsspitze, *die;* **2.** *v. t. (fig.)* **~head sth.** etw. anführen; die Speerspitze von etw. bilden *(bes. Pol.); (Mil.)* bei etw. die Angriffsspitze bilden; **~mint** *n.* Grüne Minze; **~mint sweet/chewing-gum** Pfefferminzbonbon/-kaugummi, *der od. das*

**¹spec** [spek] *n. (coll.: speculation)* Spekulation, *die;* **on ~:** auf gut Glück; auf Verdacht *(ugs.)*

**²spec** [spek] *(coll.) see* **specification a**

**special** ['speʃl] **1.** *adj.* speziell; besonder...; Sonder‹*korrespondent, -zug, -mission, -behandlung, -ausgabe, -bedeutung, -auftrag*›; **nobody ~:** niemand Besonderer; **her own ~ way** ihre eigene Art; **a ~ occasion** ein besonderer Anlaß; **a very ~ relationship** eine besonders enge Beziehung; **~ friend** besonders enger Freund/enge Freundin. **2.** *n. (newspaper)* Sonderausgabe, *die; (train)* Sonderzug, *der*

**special: S~ Branch** *n. (Brit. Police) Abteilung der britischen Polizei, deren Aufgabe die Wahrung der inneren Sicherheit ist;* ≈ Sicherheitsdienst, *der;* **~ 'case** *n.* Sonderfall, *der;* **~ 'constable** *n. (Brit. Police)* Hilfspolizist, *der*/-polizistin, *die;* **~ correspondent** *n.* Sonderkorrespondent, *der*/-korrespondentin, *die;* Sonderberichterstatter, *der*/-berichterstatterin, *die;* **~ de'livery** *n. (Post)* Eilzustellung, *die;* **~ 'drawing rights** *n. pl. (Finance)* Sonderziehungsrechte *Pl.* [auf den Internationalen Währungsfonds]; **~ e'dition** *n.* Sonderausgabe, *die;* **~ ef'fects** *n. pl. (Cinemat.)* Special effects *Pl. (fachspr.);* Spezialeffekte

**specialisation, specialise** *see* **specializ-**

**specialism** ['speʃəlɪzm] *n.* **a)** *see* **specialization; b)** *(field of study)* Spezialgebiet, *das*

**specialist** ['speʃəlɪst] *n.* **a)** Spezialist, *der*/Spezialistin, *die;* Fachmann, *der*/Fachfrau, *die;* **an eighteenth-century ~:** ein Spezialist für das achtzehnte Jahrhundert; **~ knowledge** Fachwissen, *das;* **b)** *(Med.)* Facharzt, *der*/-ärztin, *die;* **eye/heart/cancer ~:** Augenarzt/Herz-/Krebsspezialist, *der*

**speciality** [speʃɪ'ælɪtɪ] *n.* **a)** *(activity, skill, product)* Spezialität, *die; (interest)* Spezialgebiet, *das;* **she makes a ~ of her pies** Pasteten sind ihre Spezialität; **b)** *(special feature)* [besonderes] Merkmal *od.* Kennzeichen

**specialization** [speʃəlaɪ'zeɪʃn] *n.* Spezialisierung, *die*

**specialize** ['speʃəlaɪz] **1.** *v. i.* sich spezialisieren (**in** auf + *Akk.*). **2.** *v. t. (Biol.: modify)* **become ~d** ‹*Glied, Organ:*› sich gesondert ausbilden

**special 'licence** *n. (Brit.) Sondererlaubnis, die die Heirat ohne Aufgebot oder an einem anderen als dem gewöhnlichen Ort zuläßt*

**specially** ['speʃəlɪ] *adv.* **a)** speziell; **make sth. ~:** etw. speziell *od.* extra anfertigen; **~ made/chosen for me** eigens für mich gemacht/ausgewählt; **a ~ made wheelchair/lift** ein spezieller Rollstuhl/Lift; **a ~ adapted bus** ein spezieller Bus; **b)** *(especially)* besonders

**special: ~ 'offer** *n.* Sonderangebot, *das;* **have a ~ offer on sth.** etw. im Sonderangebot haben; **on ~ offer** im Sonderangebot; **~ 'pleading** *n.* **a)** *(biased argument)* Rechtsverdrehung, *die (abwertend);* **b)** *(Law) Plädoyer, das die Umstände eines Falles besonders berücksichtigt*

**specialty** ['speʃltɪ] *(esp. Amer.) see* **speciality a**

**speciation** [spi:sɪ'eɪʃn, spi:ʃɪ'eɪʃn] *n. (Biol.)* Art[en]bildung, *die*

**specie** ['spi:ʃi:, 'spi:ʃɪ] *n.* Hartgeld, *das*

**species** ['spi:ʃi:z, 'spi:ʃɪz] *n., pl. same* **a)** *(Biol.)* Spezies, *die (fachspr.);* Art, *die;* **b)** *(sort)* Art, *die;* **a dangerous ~ of criminal** ein gefährlicher Typ [von] Verbrecher

**specific** [spɪ'sɪfɪk] **1.** *adj.* **a)** *(definite)* deutlich, klar ‹*Aussage*›; bestimmt ‹*Ziel, Grund*›; **make a ~ request** einen bestimmten Wunsch äußern; **make no ~ preparations** keine besonderen Vorbereitungen treffen; **could you be more ~?** kannst du dich genauer ausdrücken?; **b)** *(of a species)* **the ~ name of a plant** der Name einer Pflanzenart; **c)** *(individual)* eigen (**to** *Dat.*); typisch (**to** für); *see also* **gravity d; heat 1 b. 2.** *n.* **a)** *(arch. Med.: remedy)* Spezifikum, *das;* **b)** *in pl. (details)* Einzelheiten Pl.; Details *Pl.*

**specifically** [spɪ'sɪfɪkəlɪ] *adv.* ausdrücklich; eigens; extra *(ugs.)*

**specification** [spesɪfɪ'keɪʃn] *n.* **a)** *often pl. (details)* technische Daten; *(instructions)* Konstruktionsplan, *der; (for building)* Baubeschreibung, *die;* **b)** *(specifying)* Spezifizierung, *die (geh.);* **c)** **[patent] ~:** Patentschrift, *die*

**specificity** [spesɪ'fɪsɪtɪ] *n.* Genauigkeit im Detail

**specify** ['spesɪfaɪ] *v. t. (name expressly)* ausdrücklich sagen; ausdrücklich nennen ‹*Namen*›; *(include in specifications)* [genau] aufführen; **as specified above** wie oben aufgeführt; **unless otherwise specified** wenn nicht anders angegeben; **'other (please specify)'** „andere (bitte genaue Angaben machen)"

**specimen** ['spesɪmən] *n.* **a)** *(example)* Exemplar, *das;* **a ~ of his handwriting** eine Schriftprobe von ihm; **some ~s of her work** ein paar Arbeitsproben von ihr; **~ signature** Unterschriftsprobe, *die;* **b)** *(sample)* Probe, *die;* **a ~ of his urine was required** es wurde eine Urinprobe von ihm benötigt; **c)** *(coll./derog.: type)* Marke, *die (salopp)*

**'specimen page** *n.* Probeseite, *die*

**specious** ['spi:ʃəs] *adj.* **a ~ argument** ein nur scheinbar treffendes Argument; **a ~ pretence/appearance of honesty** ein Anschein von Ehrlichkeit

**speck** [spek] *n.* **a)** *(spot)* Fleck, *der; (of paint also)* Spritzer, *der;* **b)** *(particle)* Teilchen, *das;* **~ of soot/dust** Rußflocke, *die*/Staubkörnchen, *das;* **a ~ on the horizon** ein Pünktchen am Horizont; **the ore sparkled with ~s of gold** in dem Erz glitzerten Goldsprenkel; **c)** *(blemish)* Fleck, *der;* **have ~s** fleckig sein

**specked** [spekt] *adj.* fleckig ‹*Frucht*›; **his coat is ~ with paint/mud** auf seinem Mantel sind Farb-/Schlammspritzer

**speckle** ['spekl] *n.* Tupfen, *der;* Sprenkel, *der*

**speckled** ['spekld] *adj.* gesprenkelt

**specs** [speks] *n. pl. (coll.: spectacles)* Brille, *die*

**spectacle** ['spektəkl] *n.* **a)** *in pl.* **[pair of] ~s** Brille, *die;* **b)** *(public show)* Spektakel, *das;* **c)** *(object of attention)* Anblick, *der;* Schauspiel, *das;* **make a ~ of oneself** sich unmöglich aufführen

**spectacled** ['spektəkld] *adj.* bebrillt

**spectacular** [spek'tækjʊlə(r)] **1.** *adj.* spektakulär. **2.** *n.* Spektakel, *das*

**spectacularly** [spek'tækjʊləlɪ] *adv.* außergewöhnlich; **be ~ successful** [einen] spektakulären Erfolg haben

**spectator** [spek'teɪtə(r)] *n.* Zuschauer, *der*/Zuschauerin, *die*

**spec'tator sport** *n.* Publikumssport, *der*

**specter** *(Amer.) see* **spectre**

**spectra** *pl. of* **spectrum**

**spectral** ['spektrl] *adj.* **a)** *(ghostly)* geisterhaft; gespenstisch; **b)** *(Phys.)* spektral

**spectre** ['spektə(r)] *n. (Brit.)* **a)** *(apparition)* Gespenst, *das;* **b)** *(disturbing image)* Schreckgespenst, *das*

**spectrogram** ['spektrəgræm] *n. (Phys.)* Spektrogramm, *das*

**spectrograph** ['spektrəgrɑ:f] *n. (Phys.)* Spektrograph, *der*

**spectrometer** [spek'trɒmɪtə(r)] *n. (Phys.)* Spektrometer, *das*

**spectroscope** ['spektrəskəʊp] *n. (Phys.)* Spektroskop, *das*

**spectroscopy** [spek'trɒskəpɪ] *n. (Phys.)* Spektroskopie, *die*

**spectrum** ['spektrəm] *n., pl.* **spectra** ['spektrə] *(Phys.; also fig.)* Spektrum, *das;* **~ of opinion** Meinungsspektrum, *das*

**specula** *pl. of* **speculum**

**speculate** ['spekjʊleɪt] *v. i.* spekulieren (**about, on** über + *Akk.*); Vermutungen *od.* Spekulationen anstellen (**about, on** über + *Akk.*); **~ as to what .../as to the wisdom of doing sth.** darüber spekulieren, was .../ob es klug sei, etw. zu tun; **~ on the Stock Exchange/in the gold market/in rubber** an der Börse/am Goldmarkt/mit *od. (Wirtsch. Jargon)* in Gummi spekulieren

**speculation** [spekjʊ'leɪʃn] *n.* Spekulation, *die* (**over** über + *Akk.*); **~ on the Stock Exchange/in the gold market/in rubber** Spekulation an der Börse/am Goldmarkt/mit *od. (Wirtsch. Jargon)* in Gummi; **there has been much ~ that ...:** man hat viel darüber spekuliert, daß ...

**speculative** ['spekjʊlətɪv] *adj.* spekulativ; **~ transactions** Spekulationsgeschäfte

**speculatively** ['spekjʊlətɪvlɪ] *adv.* spekulativ

**speculator** ['spekjʊleɪtə(r)] *n.* Spekulant, *der*/Spekulantin, *die*

**speculum** ['spekjʊləm] *n., pl.* **specula** ['spekjʊlə] *(Med.)* Spekulum, *das*

**sped** *see* **speed 2, 3**

**speech** [spi:tʃ] *n.* **a)** *(public address)* Rede, *die;* **make** *or* **deliver** *or* **give a ~:** eine Rede halten; **~ for the defence** *(Law)* Plädoyer des Verteidigers; **King's/Queen's S~** *(Parl.)* Thronrede, *die;* **b)** *(faculty of speaking)* Sprache, *die;* **lose/recover** *or* **find one's [power of] ~:** die Sprache verlieren/wiederfinden; **c)** *(act of speaking)* Sprechen, *das;* Sprache, *die;* **d)** *(manner of speaking)* Sprache, *die;* Sprechweise, *die;* **his ~ was slurred** er sprach undeutlich; **e)** *(Ling.: utterances)* Sprache, *die;* **children's ~:** Kindersprache, *die. See also* **figure 1 h; part 1 j; set speech**

**speech: ~ act** *n. (Ling.)* Sprechakt, *der;* **~-day** *n. (Brit. Sch.)* jährliches Schulfest; **~ defect** *n.* Sprachfehler, *der*

**speechify** ['spi:tʃɪfaɪ] *v. i. (coll.)* eine Rede schwingen *(ugs.)*

**speechless** ['spi:tʃlɪs] *adj.* **a)** sprachlos (**with** vor + *Dat.*); **~ with rage** sprachlos vor Wut; **b)** *(dumb)* stumm

**speech: ~-making** *n., no pl.* **be good at ~-making** ein guter Redner/eine gute Rednerin sein; **all the ~-making was over** alle Reden waren gehalten; **~ therapy** *n.* Sprachtherapie, *die;* **have ~ therapy** sprachtherapeutisch behandelt werden; **~-writer** *n.* Redenschreiber, *der*/-schreiberin, *die*

**speed** [spi:d] **1.** *n.* **a)** Geschwindigkeit, *die;* Schnelligkeit, *die; (of typist)* Schreibgeschwindigkeit, *die;* **at full** *or* **top ~:** mit Höchstgeschwindigkeit; mit Vollgas *(ugs.);* **pick up ~:** schneller werden; **top ~:** Spitzengeschwindigkeit, *die;* **with the ~ of light** mit Lichtgeschwindigkeit; *(fig.)* blitzschnell; **drive at a reckless ~:** rücksichtslos schnell fahren; **at a ~ of eighty miles an hour** mit einer Geschwindigkeit von achtzig Meilen in der Stunde; **at ~:** mit hoher Geschwindigkeit; **b)** *(gear)* Gang, *der;* **a**

**five-~ gearbox** eine 5-Gang-Schaltung; **c)** *(Photog.) (of film etc.)* Lichtempfindlichkeit, *die; (of lens)* **[shutter] ~:** Belichtungszeit, *die;* **d)** *(sl.: drug)* Speed, *das (Jargon). See also* **air speed; 'full 1 d; ground speed. 2.** *v. i.,* **sped** [sped] *or* **~ed a)** *(go fast)* schnell fahren; rasen *(ugs.);* **the hours/days sped by** die Stunden/Tage vergingen wie im Fluge; **b)** *p. t. & p.p.* **~ed** *(go too fast)* zu schnell fahren; rasen *(ugs.).* **3.** *v. t.,* **sped** *or* **~ed: ~ sb. on his/her way** jmdn. verabschieden; **God ~ you** Gott steh dir/euch bei

**~ 'off** *v. i.* davonbrausen

**~ 'up 1.** *v. t.,* **~ed up** beschleunigen; **~ up the work** die Arbeit vorantreiben; *(one's own work)* sich mit der Arbeit beeilen. **2.** *v. i.,* **~ed up** sich beeilen. *See also* **speed-up**

**speed: ~boat** *n.* Rennboot, *das;* **~ bump, ~ hump** *ns.* Bodenschwelle, *die*

**speedily** ['spi:dılı] *adv.* **a)** *(at speed)* schnell; **b)** *(soon)* umgehend

**speeding** ['spi:dıŋ] *n. (going too fast)* zu schnelles Fahren; Rasen, *das (ugs. abwertend);* Geschwindigkeitsüberschreitung, *die (Verkehrsw.);* **his third ~ offence** seine dritte Geschwindigkeitsüberschreitung

**speed: ~ limit** *n.* Tempolimit, *das;* Geschwindigkeitsbeschränkung, *die (Verkehrsw.);* **~ merchant** *n. (coll.)* Raser, *der (ugs. abwertend)*

**speedo** ['spi:dəʊ] *n., pl.* **~s** *(Brit. coll.)* Tacho, *der (ugs.)*

**speedometer** [spi:'dɒmıtə(r)] *n.* Tachometer, *der od. das*

**speed: ~ ramp** *n.* Bodenschwelle, *die;* **~ trap** *n.* Geschwindigkeitskontrolle, *die; (with radar)* Radarfalle, *die (ugs.);* **~-up** *n.* **a)** *(acceleration)* Beschleunigung, *die;* **b)** *(increase in work rate)* Steigerung der [Arbeits]produktivität; **~way** *n.* **a)** *(motorcycle racing)* Speedwayrennen, *das;* **the ~way world champion** der Speedwayweltmeister; **b)** *(race-track)* Speedwaybahn, *die;* **c)** *(Amer.: public road)* Schnellstraße, *die*

**speedwell** ['spi:dwel] *n. (Bot.)* Ehrenpreis, *der*

**speedy** ['spi:dı] *adj.* schnell; umgehend, prompt ⟨*Antwort*⟩; **the medication is ~ and effective** das Medikament wirkt schnell und gut

**speleology** [spelı'ɒlədʒı, spi:lı'ɒlədʒı] *n.* Speläologie, *die;* Höhlenkunde, *die*

**'spell** [spel] **1.** *v. t.,* **spelt** [spelt] *(Brit.) or* **~ed a)** schreiben; *(aloud)* buchstabieren; **b)** *(form)* **what do these letters/what does b-a-t ~?** welches Wort ergeben diese Buchstaben/die Buchstaben b-a-t?; **c)** *(fig.: have as result)* bedeuten; **that ~s trouble** das bedeutet nichts Gutes. **2.** *v. i.,* **spelt** *(Brit.) or* **~ed** *(say)* buchstabieren; *(write)* richtig schreiben; **he can't ~:** er kann keine Rechtschreibung *(ugs.)*

**~ 'out, ~ 'over** *v. t.* **a)** *(read letter by letter)* [langsam] buchstabieren; **b)** *(fig.: explain precisely)* genau erklären; genau darlegen

**²spell** *n.* **a)** *(period)* Weile, *die;* **do a ~ of joinery/in prison** eine Weile *od.* Zeitlang als Tischler arbeiten/im Gefängnis sitzen; **a ~ of overseas service** eine Zeitlang Dienst in Übersee; **on Sunday it will be cloudy with some sunny ~s** am Sonntag wolkig mit sonnigen Abschnitten; **a cold ~:** eine Kälteperiode; **return from a ~ in America** von einem Aufenthalt in Amerika zurückkehren; **a long ~ when ...:** eine lange Zeit, während der ...; **b)** *(Austral.: period of rest)* [Ruhe]pause, *die;* **have a ten minutes' ~:** zehn Minuten Pause machen

**³spell** *n.* **a)** *(words used as a charm)* Zauberspruch, *der;* **cast a ~ over** *or* **on sb./sth., put a ~ on sb./sth.** jmdn./etw. verzaubern; **b)** *(fascination)* Zauber, *der;* **break the ~:** den Bann brechen; **be under a ~:** unter einem Bann stehen

**spell: ~bind** *v. t.* bezaubern; **~bound** *adj.* verzaubert; **he can hold his readers ~bound** er kann seine Leser in seinem Bann halten

**spelling** ['spelıŋ] *n.* **a)** Rechtschreibung, *die;* **the original Shakespearian ~** die ursprüngliche Schreibung nach Shakespeare; **b)** *(sequence of letters)* Schreibweise, *die*

**spelling: ~-bee** *n.* Rechtschreib[e]wettbewerb, *der;* **~ checker** *n.* Rechtschreibprogramm, *das;* **~ mistake** *n.* Rechtschreibfehler, *der*

**¹spelt** *see* **¹spell**

**²spelt** [spelt] *n. (Agric.)* Dinkel, *der*

**spend** [spend] *v. t.,* **spent** [spent] **a)** *(pay out)* ausgeben; **~ money like water** *or (coll.)* **as if it's going out of fashion** sein *od.* das Geld mit beiden Händen ausgeben *od.* hinauswerfen *(ugs.);* **money well spent** sinnvoll ausgegebenes Geld; **it was money well spent** es hat sich ausgezahlt; **~ a penny** *(fig. coll.)* mal verschwinden [müssen] *(ugs.);* **b)** *(use)* aufwenden (**on** für); **~ one's time/a day** seine Zeit/einen Tag verbringen; **time well spent** sinnvoll verwendete Zeit; **it was effort/time well spent** es hat sich ausgezahlt; **c) ~ itself** *(fig.)* ⟨*Sturm, Wut:*⟩ sich legen

**spendable** ['spendəbl] *adj.* verfügbar

**spender** ['spendə(r)] *n.* **he's a [big] ~:** bei ihm sitzt das Geld locker *(ugs.)*

**'spending money** *n.* **a)** *(Amer.) see* **pocket-money; b)** *(Brit.: sum intended for spending)* verfügbares Geld

**'spendthrift** *n.* Verschwender, *der*/Verschwenderin, *die*

**spent 1.** *see* **spend. 2.** *adj.* **a)** *(used up)* verbraucht; **~ cartridge** leere Geschoßhülse; **b)** *(drained of energy)* erschöpft; ausgelaugt; hinfällig ⟨*Kranker, Greis*⟩; **a ~ force** *(fig.)* eine Kraft, die sich erschöpft hat

**sperm** ['spɜ:m] *n., pl.* **~s** *or same (Biol.)* **a)** *(semen)* Sperma, *der;* **b)** *(spermatozoon)* Samenfaden, *der*

**spermatic** [spɜ:'mætık] *adj.* Samen-

**spermatic 'cord** *n.* Samenstrang, *der*

**spermatozoon** [spɜ:mətə'zəʊɒn] *n., pl.* **spermatozoa** [spɜ:mətə'zəʊə] Spermatozoon, *das;* Spermium, *das*

**'sperm bank** *n.* Samenbank, *die*

**spermicidal** ['spɜ:mısaıdl] *adj.* spermizid

**spermicide** ['spɜ:mısaıd] *n.* Spermizid, *das*

**'sperm whale** *n.* Pottwal, *der*

**spew** [spju:] **1.** *v. t.* spucken. **2.** *v. i.* sich ergießen

**~ 'out 1.** *v. t.* erbrechen, [aus]spucken ⟨*Gegessenes*⟩; ⟨*Vulkan:*⟩ spucken, speien ⟨*Lava*⟩; **~ out waste products into the rivers** ⟨*Fabriken:*⟩ Abfälle in die Flüsse [aus]speien; **propaganda was ~ed out by the stations** *(fig.)* die Sender spien Propaganda. **2.** *v. i.* sich ergießen (**of, from** aus)

**sphagnum** ['sfægnəm] *n., pl.* **sphagna** ['sfægnə] *n.* Torf, *der;* **~ moss** Torfmoos, *das*

**sphere** [sfıə(r)] *n.* **a)** *(field of action)* Bereich, *der;* Sphäre, *die (geh.);* **be distinguished in many ~s** sich auf vielen Gebieten ausgezeichnet haben; **that's outside my ~:** das gehört nicht zu meinem Tätigkeitsbereich; **~ of life** Lebensbereich, *der;* **~ of influence** Einflußbereich, *der;* **b)** *(Geom.)* Kugel, *die;* **c)** *(heavenly body)* Sphäre, *die;* **music/harmony of the ~s** Sphärenmusik/-harmonie, *die*

**spherical** ['sferıkl] *adj.* **a)** *(globular)* kugelförmig; **b)** *(Math.)* sphärisch

**sphincter** ['sfıŋktə(r)] *n. (Anat.)* Sphinkter, *der (fachspr.);* Schließmuskel, *der*

**sphinx** [sfıŋks] *n.* Sphinx, *die*

**sphinxlike** ['sfıŋkslaık] *adj.* sphinxhaft; **she gave a ~ smile** sie lächelte wie eine Sphinx

**spica** ['spaıkə] *n.* **a)** *(Bot.)* Ähre, *die;* **b)** *(Med.)* Spica, *die*

**spice** [spaıs] **1.** *n.* **a)** Gewürz, *das; (collectively)* Gewürze *Pl.; attrib.* Gewürz-; **dealer in ~s** Gewürzhändler, *der;* **b)** *(fig.: excitement);* Würze, *die;* **the ~ of life** die Würze des Lebens. **2.** *v. t.* würzen; **a ~d account** *(fig.)* ein ausgeschmückter Bericht; **a book ~d with humour** *(fig.)* ein mit Humor gewürztes Buch

**'spice-rack** *n.* Gewürzregal, *das*

**spicily** ['spaısılı] *adv.* mit Würze

**spiciness** ['spaısınıs] *n., no pl.* Würze, *die*

**spick** [spık] *adj.* **~ and span** blitzblank *od.* -sauber *(ugs.)*

**spicy** ['spaısı] *adj.* **a)** pikant; würzig; **b)** *(racy)* pikant; **~ things** Pikanterien *Pl.*

**spider** ['spaıdə(r)] *n.* Spinne, *die; (~-like creature)* Spinnentier, *das;* **~ and fly** *(fig.)* Raubtier und Beute

**spider: ~ crab** *n.* See- *od.* Meeresspinne, *die;* **~-man** *n. Bauarbeiter, der auf Gerüsten in großer Höhe arbeitet;* **~ monkey** *n.* Klammeraffe, *der;* **~ plant** *n.* Grünlilie, *die;* **~'s web** (*Amer.:* **~ web**) Spinnennetz, *das; (fig.)* Netz, *das*

**spidery** ['spaıdərı] *adj.* spinnenförmig; krakelig *(ugs.)* ⟨*Schrift*⟩; **~ legs** Spinnenbeine

**spiel** [spi:l] *(sl.)* **1.** *n.* Sermon, *der (ugs.); (excuse)* Story, *die;* **don't give me all that ~:** erzähl mir doch nichts! **2.** *v. i. (Amer.)* schwadronieren; labern *(salopp)*

**~ 'off** *v. t. (Amer. sl.)* **he can ~ off answers to 250 questions** er kann Antworten auf 250 Fragen herunterrasseln *(ugs.)*

**spiffing** ['spıfıŋ] *adj. (arch. coll.)* ausgezeichnet; famos *(ugs. veralt.)*

**spigot** ['spıgət] *n.* Zapfen, *der*

**¹spike** [spaık] **1.** *n.* **a)** Stachel, *der; (of running-shoe)* Spike, *der;* **b)** *in pl. (shoes)* Spikes *Pl.;* **c)** *(large nail)* großer Nagel; *(Railw.)* Schienennagel, *der;* **d)** *(for holding papers)* Zettelspieß, *der.* **2.** *v. t.* **a)** mit [großen] Nägeln befestigen ⟨*Schiene*⟩; mit Spikes versehen ⟨*Schuhe*⟩; **~ sb.'s guns** *(fig.)* jmdm. einen Strich durch die Rechnung machen *(ugs.);* **b)** *(coll.: add spirits or drugs to)* **sb. ~d his drink** jmd. hat ihm etwas in seinen Drink getan; **~ coffee with cognac/spirits with LSD** Cognac in den Kaffee/LSD in den Schnaps tun

**²spike** *n. (Bot.)* Ähre, *die*

**spike 'heel** *see* **stiletto b**

**spikelet** ['spaıklıt] *n. (Bot.)* Ährchen, *das*

**spiky** ['spaıkı] *adj.* **a)** *(like a spike)* spitz [zulaufend]; stachelig ⟨*Haare*⟩; **b)** *(having spikes)* stach[e]lig; **c)** *(coll.: easily offended) see* **prickly b**

**¹spill** [spıl] **1.** *v. t.,* **spilt** [spılt] *or* **~ed a)** verschütten ⟨*Flüssigkeit*⟩; **~ sth. on sth.** etw. auf etw. *(Akk.)* schütten; **~ [sb.'s] blood** [jmds.] Blut vergießen; **b)** *(sl.: divulge)* ausquatschen *(salopp);* **~ the beans [to sb.]** [jmdm. gegenüber] aus der Schule plaudern; **not ~ the beans [to sb.]** [jmdm. gegenüber] dichthalten *(ugs.). See also* **milk 1. 2.** *v. i.,* **spilt** *or* **~ed** überlaufen. **3.** *n. (fall)* Sturz, *der;* **have/take a ~:** stürzen

**~ 'over** *v. i.* überlaufen; *(fig.)* überquellen; ⟨Unruhen:⟩ sich ausbreiten; *(develop into something else)* umschlagen

**²spill** *n. (for lighting)* Fidibus, *der*

**spillage** ['spılıdʒ] *n.* **a)** *(act)* Verschütten, *das;* **~ of oil** *(from tanker)* das Auslaufen von Öl; **b)** *(quantity)* Verschüttete, *das;* **there was little ~:** es wurde wenig verschüttet; *(from tanker)* es lief wenig Öl aus

**spillikins** ['spılıkınz] *n. sing.* Mikado, *das*

**'spillway** *n.* Überfall, *der*

**spilt** *see* **¹spill 1, 2**

**spin** [spın] **1.** *v. t.,* **-nn-, spun** [spʌn] **a)** spinnen; **~ yarn** Garn spinnen; **~ a yarn** *(fig.)* ein Garn spinnen *(bes. Seemannsspr.);* fabulieren; **b)** *(in washing-machine etc.)* schleudern; **c)** *(cause to whirl round)* [schnell] drehen; wirbeln [lassen]; **~ a top** kreiseln; **~ a coin** eine Münze kreiseln lassen; *(toss)* eine Münze werfen; **d)** *(Sport: impart ~ to)* Effet *od.* Spin geben (+ *Dat.*) ⟨*Ball*⟩. **2.** *v. i.,* **-nn-, spun** sich drehen; **my**

**head is ~ning** *(fig.) (from noise)* mir brummt der Schädel *(ugs.); (from too much work)* ich weiß nicht [mehr], wo mir der Kopf steht; *(from many impressions)* mir schwirrt der Kopf. **3.** *n.* **a)** *(whirl)* **give sth. a ~:** etw. in Drehung versetzen; **give the washing a [short] ~:** die Wäsche [kurz] schleudern; **the decision rested on the ~ of a coin** die Entscheidung sollte durch das Werfen einer Münze herbeigeführt werden; **b)** *(Aeronaut.)* Trudeln, *das; see also* **flat spin; c)** *(Sport: revolving motion)* Effet, *der;* Spin, *der;* **d)** *(outing)* **go for a ~:** einen Ausflug machen; **a ~ in the car** eine Spritztour mit dem Auto; **e)** *(Phys.)* Spin, *der*

**~ 'out** *v. t.* **a)** *(prolong)* in die Länge ziehen; **b)** *(use sparingly)* **~ one's money out until pay-day** sein Geld bis zum Zahltag strecken; **he spun out his glass of whisky** er trank lange an seinem Glas Whisky

**~ 'round 1.** *v. i.* sich drehen; ‹*Person:*› sich [schnell] umdrehen. **2.** *v. t.* [schnell] drehen

**spina bifida** [spaınə 'bıfıdə] *n. (Med.)* Spina bifida, *die (fachspr.);* Spaltwirbel, *der*

**spinach** ['spınıdʒ] *n.* **a)** Spinat, *der;* **b)** *(Amer. coll.: inessential decoration)* Schnickschnack, *der (ugs.)*

**spinal** ['spaınl] *adj. (Anat.)* Wirbelsäulen-; Rückgrat[s]-; *see also* **marrow b**

**spinal: ~ 'column** *n.* Wirbelsäule, *die;* **~ 'cord** *n.* Rückenmark, *das*

**'spin bowler** *n. (Cricket)* Werfer, der Spins wirft

**spindle** ['spındl] *n.* **a)** Spindel, *die;* **b)** *(pin bearing bobbin)* Spulenhalter, *der*

**spindle: ~-shanks** *n. sing.* **be a ~-shanks** spindeldürre Beine haben; **~-shaped** *adj.* spindelförmig

**spindly** ['spındlı] *adj.* spindeldürr ‹*Person, Beine, Arme*›

**spin-'drier** *n.* Wäscheschleuder, *die*

**'spindrift** *n.* Gischt, *der od. die*

**spin-'dry** *v. t.* schleudern

**spine** [spaın] *n.* **a)** *(backbone)* Wirbelsäule, *die;* **b)** *(Bot., Zool.)* Stachel, *der;* **c)** *(fig.: source of strength)* Rückgrat, *das;* **d)** *(of book)* Buchrücken, *der;* **e)** *(ridge)* [Gebirgs]grat, *der*

**spine: ~-chiller** *n.* Schocker, *der (ugs.);* **this film is a ~-chiller** bei diesem Film läuft es einem eiskalt den Rücken herunter *(ugs.);* **~-chilling** *adj.* gruselig

**spineless** ['spaınlıs] *adj.* **a)** *(fig.)* rückgratlos; **b)** *(Zool.: without spines)* ‹*Fisch*› ohne Flossenstrahlen

**spinelessly** ['spaınlıslı] *adv.* **give in/surrender ~:** so rückgratlos sein und nachgeben/sich ergeben

**spinet** [spı'net, 'spınıt] *n. (Mus. Hist.)* Spinett, *das*

**spinnaker** ['spınəkə(r)] *n. (Naut.)* Spinnaker, *der*

**spinner** ['spınə(r)] *n.* **a)** *(Cricket)* Werfer, der Spins wirft; **b)** *(spin-drier)* Wäscheschleuder, *die;* **c)** *(manufacturer engaged in spinning)* Spinner, *der*/Spinnerin, *die*

**spinneret** ['spınəret] *n.* **a)** *(Zool.)* Spinndrüse, *die;* **b)** *(Textiles)* Spinndüse, *die*

**spinney** ['spını] *n. (Brit.)* Gehölz, *das*

**spinning** ['spınıŋ] *n.* Spinnen, *das*

**spinning: ~ jenny** *n.* Jenny-[Spinn]maschine, *die;* **~-top** *n.* Kreisel, *der;* **~-wheel** *n.* Spinnrad, *das*

**'spin-off** *n.* Nebenprodukt, *das*

**spinster** ['spınstə(r)] *n.* **a)** ledige Frau; Junggesellin, *die;* **remain a ~:** ledig bleiben; **b)** *(derog.: old maid)* alte Jungfer *(abwertend)*

**spinsterhood** ['spınstəhʊd] *n., no pl.* Ledigsein, *das*

**spiny** ['spaını] *adj.* dornig; stachelig

**spiny 'lobster** *n.* Languste, *die*

**spiraea** [spaıə'ri:ə] *n. (Bot.)* Spierstrauch, *der*

**spiral** ['spaırl] **1.** *adj.* spiralförmig; spiralig; **~ spring** Spiralfeder, *die.* **2.** *n.* Spirale, *die;* **the ~ of rising prices and wages** die Lohn-Preis-Spirale. **3.** *v. i. (Brit.)* **-ll-** ‹*Weg:*› sich hochwinden; ‹*Kosten, Profite:*› in die Höhe klettern; ‹*Rauch:*› in einer Spirale aufsteigen

**spirally** ['spaırəlı] *adv.* spiralig; spiralförmig

**spiral: ~ 'nebula** *n. (Astron.)* Spiralnebel, *der;* **~ 'staircase** *n.* Wendeltreppe, *die*

**spirant** ['spaırənt] *(Phonet.)* **1.** *adj.* spirantisch. **2.** *n.* Spirant, *der (fachspr.);* Reibelaut, *der*

**spire** [spaıə(r)] *n.* Turmspitze, *die*

**spirit** ['spırıt] **1.** *n.* **a)** *in pl. (distilled liquor)* Spirituosen *Pl.;* **tax on ~s** Alkoholsteuer, *die;* **b)** *(mental attitude)* Geisteshaltung, *die;* **in the right/wrong ~:** mit der richtigen/falschen Einstellung; **take sth. in the wrong ~:** etw. falsch auffassen; etw. in den falschen Hals kriegen *(ugs.);* **take sth. in the ~ in which it is meant** etw. so auffassen, wie es gemeint ist; **as the ~ takes/moves one** wie man gerade Lust hat; **do sth. in a ~ of mischief** etw. in böser Absicht tun; **enter into the ~ of sth.** innerlich bei einer Sache [beteiligt] sein *od.* dabeisein; **'that's the ~!** das ist die richtige Einstellung!; **c)** *(courage)* Mut, *der;* **play with ~:** mit ganzer Seele spielen; **d)** *(vital principle, soul, inner qualities)* Geist, *der;* **the ~ is willing but the flesh is weak** der Geist ist willig, aber das Fleisch ist schwach; **give up one's ~:** seinen Geist *od.* seine Seele aushauchen *(geh. verhüll.);* **in [the] ~:** innerlich; im Geiste; **be with sb. in ~:** in Gedanken od. im Geist[e] bei jmdm. sein; **the poor in ~** *(arch.)* die Armen im Geiste; **e)** *(person supplying energy)* treibende Kraft; Motor, *der (fig.);* **f)** *(real meaning)* Geist, *der;* Sinn, *der;* **follow the ~ of the instructions** die Anweisungen sinngemäß ausführen; **obey the letter but not the ~ of the law** dem Buchstaben, nicht dem Geist[e] des Gesetzes gehorchen; **g)** *(mental tendency)* Geist, *der; (mood)* Stimmung, *die;* **the ~ of the age** *or* **times** der Zeitgeist; **h) high ~s** gehobene Stimmung; gute Laune; **in high** *or* **great** *or* **good ~s** in gehobener Stimmung; gut gelaunt; **in poor** *or* **low ~s** niedergedrückt; **i)** *(liquid got by distillation)* Spiritus, *der;* **j)** *(purified alcohol)* reiner Alkohol; **k)** *(solution in alcohol)* Geist, *der;* Spiritus, *der;* **~[s] of wine** *(arch.)* Weingeist, *der.* **2.** *v. t.* **~ away, ~ off** verschwinden lassen; **be ~ed away** *or* **off** verschwinden

**spirited** ['spırıtıd] *adj.* **a)** *(lively)* lebendig ‹*Übersetzung, Vortrag*›; beherzt ‹*Angriff, Versuch, Antwort, Verteidigung*›; lebhaft ‹*Antwort*›; **b) low/proud-~:** niedergedrückt/stolz; **high-~:** ausgelassen; temperamentvoll ‹*Pferd*›; **mean-~:** gemein

**spiritedly** ['spırıtıdlı] *adv.* lebendig ‹*schreiben*›; vehement ‹*ablehnen*›

**'spirit lamp** *n.* Spirituslampe, *die*

**spiritless** ['spırıtlıs] *adj.* dumpf ‹*Person*›; stumpfsinnig ‹*Apathie*›

**'spirit-level** *n.* Wasserwaage, *die*

**spiritual** ['spırıtʃʊəl] **1.** *adj.* **a)** spirituell *(geh.);* **a ~ relationship** eine platonische *(geh.)* Beziehung; **his ~ home** seine geistige Heimat; **b)** *(concerned with religion)* geistlich; **lords ~** *(Brit. Parl.) Bischöfe und Erzbischöfe im britischen Oberhaus.* **2.** *n.* **[Negro] ~:** [Negro] Spiritual, *das*

**spiritualism** ['spırıtʃʊəlızm] *n.* **a)** *(belief in contact with spirits)* Spiritismus, *der;* **b)** *(system of doctrines)* Spiritualismus, *der*

**spiritualist** ['spırıtʃʊəlıst] *n.* Spiritist, *der*/Spiritistin, *die*

**spirituality** [spırıtʃʊ'ælıtı] *n., no pl.* Spiritualität, *die (geh.)*

**spiritually** ['spırıtʃʊəlı] *adv.* spirituell; **~ minded** vergeistigt ‹*Person*›

**spirt** *see* **²spurt**

**¹spit** [spıt] **1.** *v. i.,* **-tt-, spat** [spæt] *or* **spit a)** spucken; **he spat in his enemy's face** er spuckte seinem Feind ins Gesicht; **it makes you [want to] ~:** es kann einen auf die Palme bringen *(ugs.);* **b)** *(make angry noise)* fauchen; **~ at sb.** jmdn. anfauchen; **c)** *(rain lightly)* **~ [down]** tröpfeln *(ugs.);* **d)** *(throw out sparks)* ‹*Feuer:*› Funken sprühen; ‹*Öl:*› spritzen. **2.** *v. t.,* **-tt-, spat** *or* **spit a)** spucken; **~ sth. at sb.** mit etw. nach jmdn. spucken; **b)** *(fig.: utter angrily)* **~ defiance at sb.** jmdn. trotzig anfauchen. **3.** *n.* **a) [dead** *or* **very] ~ [and image]** *(coll.) see* **spitting image; b)** *(spittle)* Spucke, *die;* **~ and polish** *(cleaning work)* Putzen und Reinigen; Wienern, *das;* **all that ~ and polish in the army** das ewige Putzen und Wienern in der Armee

**~ 'out** *v. t.* **~ sth. out** etw. ausspucken; **~ out curses at sb.** jmdm. die Flüche nur so ins Gesicht spucken; **she spat out the words** sie spuckte die Worte nur so aus; **~ it out!** *(fig. coll.)* spuck es aus! *(ugs.)*

**²spit 1.** *n.* **a)** *(point of land)* Halbinsel, *die;* **b)** *(reef)* Riff, *das; (shoal)* Untiefe, *die; (sandbank)* Sandbank, *die;* **c)** *(for roasting meat)* Spieß, *der.* **2.** *v. t.,* **-tt-** *(pierce)* [auf]spießen

**³spit** *n. (spade-depth)* Spatentiefe, *die*

**'spitball** *n. (Amer.: pellet)* [mit Speichel getränktes] Papierkügelchen

**spite** [spaıt] **1.** *n.* **a)** *(malice)* Boshaftigkeit, *die;* **do sth. from** *or* **out of ~:** etw. aus Boshaftigkeit tun; **b) in ~ of** trotz; **in ~ of oneself** obwohl man es eigentlich nicht will; wider *od.* gegen seinen [eigenen] Willen. **2.** *v. t.* ärgern; **cut off one's nose to ~ one's face** sich *(Dat. od. Akk.)* ins eigene Fleisch schneiden

**spiteful** ['spaıtfl] *adj.,* **spitefully** ['spaıtfəlı] *adv.* boshaft; gehässig *(abwertend)*

**'spitfire** *n.* Giftspritze, *die (ugs. abwertend)*

**spitting 'image** *n.* **be the ~ of sb.** jmdm. wie aus dem Gesicht geschnitten sein

**spittle** ['spıtl] *n.* Spucke, *die;* Speichel, *der*

**spittoon** [spı'tu:n] *n.* Spucknapf, *der*

**spiv** [spıv] *n. (Brit. sl.)* **a)** *(person living by his wits)* smarter kleiner Geschäftemacher; **b)** *(black-market dealer)* Schwarzhändler, *der;* Schieber, *der (ugs.)*

**splash** [splæʃ] **1.** *v. t.* **a)** spritzen; **~ sb./sth. with sth.** jmdn./etw. mit etw. bespritzen; **~ sth. on [to]** *or* **over sb./sth.** jmdn./etw. mit etw. bespritzen; etw. auf jmdn./etw. spritzen; **~ sth. about** etw. herumspritzen *(ugs.);* **sth. gets ~ed on sth.** etw. spritzt auf etw. *(Akk.);* **b)** *(Journ.: display prominently)* als Aufmacher bringen ‹*Story usw.*›; **be ~ed all over the front page** auf der ersten Seite groß aufgemacht sein *(ugs.);* **c)** *(with scattered colour)* sprenkeln. **2.** *v. i.* **a)** *(fly about in drops)* spritzen; **b)** *(cause liquid to fly about)* [umher]spritzen; **c)** *(move with ~ing)* platschen *(ugs.).* **3.** *n.* **a)** Spritzen, *das;* **hit the water with a ~:** ins Wasser platschen *(ugs.);* **make a [big] ~** *(fig.)* Furore machen; **b)** *(liquid)* Spritzer, *der;* **c)** *(noise)* Plätschern, *das;* **d)** *(prominent display of news etc.)* **get a front-page ~:** der Aufmacher auf der Titelseite sein; **e)** *(coll.: dash)* Schuß [Sodawasser]; **whisky and a ~ of ginger-ale** Whisky mit einem Schuß Ingwerbier; **f)** *(spot of dirt etc.)* Spritzer, *der;* **g)** *(patch of colour)* Tupfer, *der*

**~ a'bout** *v. i.* herumspritzen *(ugs.);* [herum]planschen

**~ 'down** *v. i.* wassern; *see also* **splash-down**

**~ 'out** *v. i. (coll.)* **~ out on sth.** für etw. umbekümmert Geld ausgeben

**splash: ~back** *n. Wandverkleidung zum Schutz vor Spritzern;* **~-down** *n.* Wasserung, *die*

**splatter** ['splætə(r)] **1.** *v. i.* ‹*Bach:*› plätschern; ‹*Blut:*› spritzen. **2.** *v. t.* bespritzen. **3.** *n.* Plätschern, *das*

**splay** [spleı] **1.** *v. t.* **a)** *(spread)* **~ [out]** spreizen; **b)** *(construct with divergent sides)* ausschrägen. **2.** *v. i.* ‹*Linien:*› [schräg] auseinanderlaufen; ‹*Tischbeine, Stuhlbeine:*› schräg nach außen gehen; ‹*Finger, Zehen:*› gespreizt sein; ‹*Räder:*› schräg zueinander stehen. **3.** *n.* Ausschrägung, *die.* **4.** *adj.* gespreizt

**splay: ~-foot 1.** *n.* Spreizfuß, *der;* **2.** *adj. see* **~-footed; ~-footed** *adj.* spreizfüßig

**spleen** [spli:n] *n.* **a)** *(Anat.)* Milz, *die;* **b)** *(bad mood)* schlechte Laune; Übellaunigkeit, *die; (anger, rage)* Wut, *die;* **vent one's ~ [on sb.]** seine schlechte Laune/Wut [an jmdm.] abreagieren

**splendid** ['splendɪd] *adj. (excellent, outstanding)* großartig; *(beautiful)* herrlich; *(sumptuous, magnificent)* prächtig; **live in ~ isolation** von der Außenwelt abgeschirmt leben; **cut a ~ figure** imposant aussehen

**splendidly** ['splendɪdlɪ] *adv. (excellently, outstandingly)* großartig; *(sumptuously, magnificently)* prächtig; **live ~:** prunkvoll leben; **get along ~ with sb.** bestens mit jmdm. auskommen; **this flat will suit you ~:** diese Wohnung ist genau das Richtige für Sie

**splendiferous** [splen'dɪfərəs] *adj. (coll.)* prachtvoll

**splendour** *(Brit.; Amer.:* **splendor)** ['splendə(r)] *n.* **a)** *(magnificence)* Pracht, *die;* **b)** *(brightness)* Glanz, *der*

**splenetic** [splɪ'netɪk] *adj.* mürrisch; unwirsch

**splice** [splaɪs] **1.** *v. t.* **a)** *(join ends of by interweaving)* verspleißen *(Seemannsspr.);* **b)** *(join in overlapping position)* [an den Enden überlappend] zusammenfügen; zusammenkleben ‹*Filmstreifen usw.*›; **~ a scene into a film** eine Szene in einen Film einschneiden; **c) get ~d** *(coll.: get married)* sich verehelichen. *See also* **main brace. 2.** *n.* Spleiß, *der (Seemannsspr.)*

**splint** [splɪnt] **1.** *n.* Schiene, *die;* **put sb.'s arm in a ~:** jmds. Arm schienen. **2.** *v. t.* schienen

**splinter** ['splɪntə(r)] **1.** *n.* Splitter, *der.* **2.** *v. i.* **a)** *(become split into long pieces)* splittern; **~ away from sth.** von etw. absplittern; **b)** *(fig.: split into factions)* sich aufsplittern. **3.** *v. t. (also fig.: split into factions)* zersplittern

**splinter: ~ group** *n.* Splittergruppe, *die;* **~ party** *n.* Splitterpartei, *die;* **~-proof** *adj.* splittersicher

**splintery** ['splɪntərɪ] *adj.* splitterig

**split** [splɪt] **1.** *n.* **a)** *(tear)* Riß, *der;* **b)** *(division into parts)* [Auf]teilung, *die;* **c)** *(fig.: rift)* Spaltung, *die;* **a ~ between Moscow and her allies** ein Bruch zwischen Moskau und seinen Verbündeten; **d)** *(Gymnastics, Skating)* **the ~s** *or (Amer.)* **~:** Spagat, *der od. das;* **do the ~s** Spagat machen; in den Spagat gehen. *See also* **banana split. 2.** *adj.* gespalten; **~ lip** aufgeplatzte Lippe; **~ decision** *(Boxing)* nicht einstimmige Entscheidung; **be ~ on a question** [sich *(Dat.)*] in einer Frage uneins sein; **be ~ down the middle** in zwei Lager gespalten sein; *see also* **pin 1 b. 3.** *v. t.*, **-tt-, split a)** *(tear)* zerreißen; **b)** *(divide)* teilen; spalten ‹*Holz*›; **let's ~ the money between us** laßt uns das Geld unter uns aufteilen; **~ persons/things into groups** Personen/Dinge in Gruppen *(Akk.)* aufteilen *od.* einteilen; **they ~ a bottle of wine** sie teilen/teilten sich *(Dat.)* eine Flasche Wein; **~ the difference** sich in der Mitte treffen; **~ hairs** *(fig.)* Haare spalten; **c)** *(divide into disagreeing parties)* spalten; **~ the ticket** *or* **one's vote** *(Amer. Polit.)* splitten; **d)** *(remove by breaking)* **~ [off** *or* **away]** abbrechen; **e)** *(Phys.)* spalten ‹*Atom*›. *See also* **side 1 d. 4.** *v. i.*, **-tt-, split a)** *(break into parts)* ‹*Holz:*› splittern; ‹*Stoff, Seil:*› reißen; **b)** *(divide into parts)* sich teilen; ‹*Gruppe:*› sich spalten; ‹*zwei Personen:*› sich trennen; **c)** *(be removed by breaking)* **~ from** absplittern von; **~ apart** zersplittern; **d)** *(sl.: betray secrets)* auspacken *(ugs.);* quatschen *(ugs.);* **e)** *(sl.: depart)* abhauen *(ugs.)*

**~ a'way** *v. i.* absplittern; **~ away from** absplittern von; ‹*Parteiflügel, Gruppierung:*› sich abspalten von

**~ 'off 1.** *v. t.* abspalten. **2.** *v. i. see* **~ away**

**~ on** *v. t. (sl.)* **~ on sb. [to sb.]** jmdn. [bei jmdm.] verpfeifen *(ugs.)*

**~ 'open 1.** *v. i.* aufbrechen. **2.** *v. t.* öffnen ‹*Nuß, Schote*›; **he ~ his head open** er hat sich *(Dat.)* den Kopf aufgeschlagen

**~ 'up 1.** *v. t.* aufteilen. **2.** *v. i. (coll.)* sich trennen; **~ up with sb.** sich von jmdm. trennen; mit jmdm. Schluß machen *(ugs.)*

**~ with** *v. i. (coll.)* brechen mit

**split: ~ in'finitive** *n. (Ling.) Konstruktion im Englischen, bei der zwischen Infinitivkonjunktion und Infinitiv ein Adverb eingeschoben wird;* **~-level** *adj.* mit Zwischengeschoß; auf zwei Ebenen; **a ~-level lounge** ein Wohnraum auf zwei Ebenen; **~-level cooker** *Einbauherd, bei dem Kochplatten und Backofen getrennt sind;* **~ 'pea** *n.* getrocknete [halbe] Erbse; **~ perso'nality** *n.* gespaltene Persönlichkeit *(Psych.);* **~ pin** *n.* Splint, *der;* **~ ring** *n.* Spaltring, *der;* **~ 'second** *n.* **in a ~ second** im Bruchteil einer Sekunde; **a ~ second from now** in einem Augenblick; **~-second timing** [zeitliche] Abstimmung auf die Sekunde genau; **~ 'shift** *n.* Teilschicht, *die;* **~ 'ticket** *n. (Amer. Polit.) Stimmzettel, auf dem mehrere Kandidaten verschiedener Parteien angekreuzt werden können*

**splitting** ['splɪtɪŋ] *adj.* **a ~ headache** rasende Kopfschmerzen; **sb.'s head is ~:** jmd. hat rasende Kopfschmerzen

**splodge** [splɒdʒ] *(Brit.) see* **splotch**

**splosh** [splɒʃ] *(coll.)* **1.** *n.* Platschen, *das (ugs.);* **there was a great ~:** es platschte *(ugs.)* laut. **2.** *v. i.* platschen *(ugs.).* **3.** *v. t. see* **splash 1 a**

**splotch** [splɒtʃ] **1.** *n.* Fleck, *der;* Klecks, *der.* **2.** *v. t.* **a)** *(daub)* verschmieren; **b)** *(make ~ on)* beklecksen

**splurge** [splɜ:dʒ] **1.** *n.* Wirbel, *der;* **go on a ~:** ein paar größere Anschaffungen machen; **~ of activity** Aktivitätsschub, *der.* **2.** *v. i. see* **splash out**

**splutter** ['splʌtə(r)] **1.** *v. i.* ‹*Feuer, Gaslampe:*› flackern; ‹*Fett:*› spritzen; ‹*Person:*› prusten; ‹*Motor:*› stottern; **~ with rage/indignation** vor Wut/Entrüstung schnauben. **2.** *v. t.* stottern ‹*Worte*›

**spoil** [spɔɪl] **1.** *v. t.*, **~t** [spɔɪlt] *or* **~ed a)** *(impair)* verderben; ruinieren ‹*Leben*›; **he always ~s a joke in the telling** wenn er einen Witz erzählt, verdirbt er immer die Pointe; **the news ~t his dinner/evening** die Nachricht verdarb ihm das Essen/den Abend; **~t ballot papers** ungültige Stimmzettel; *see also* **[1]tar 1; b)** *(injure character of)* verderben *(geh.);* verziehen ‹*Kind*›; **~ sb. for sth.** jmdn. für etw. zu anspruchsvoll machen; *see also* **rod c; c)** *(pamper)* verwöhnen; **be ~t for choice** die Qual der Wahl haben. **2.** *v. i.*, **~t** *or* **~ed a)** *(go bad)* verderben; **b) be ~ing for a fight/for trouble** Streit/Ärger suchen. **3.** *n.* **a)** *(plunder)* **~[s]** Beute, *die;* **~s of war** Kriegsbeute, *die;* **b)** *(Mining etc.: waste material)* Abraum, *der*

**spoiler** ['spɔɪlə(r)] *n. (of car, aircraft)* Spoiler, *der; (of glider)* Bremsklappe, *die*

**spoil: ~-sport** *n.* Spielverderber, *der/*-verderberin, *die;* **~s system** *n. (Amer.) vom Gewinner einer Wahl betriebene Ämterpatronage*

**spoilt 1.** *see* **spoil 1, 2. 2.** *adj.* verzogen ‹*Kind*›

**[1]spoke** [spəʊk] *n.* **a)** *(of wheel)* Speiche, *die;* **put a ~ in sb.'s wheel** *(fig.)* jmdm. einen Knüppel zwischen die Beine werfen; **b)** *see* **[1]rung a**

**[2]spoke, spoken** *see* **speak**

**'spokeshave** *n.* Schabhobel, *der*

**spokesman** ['spəʊksmən] *n., pl.* **spokesmen** ['spəʊksmən] Sprecher, *der*

**spokesperson** ['spəʊkspɜ:sn] *n.* Sprecher, *der/*Sprecherin, *die*

**spokeswoman** ['spəʊkswʊmən] *n.* Sprecherin, *die*

**spoliation** [spəʊlɪ'eɪʃn] *n. (plunder)* Plünderung, *die; (of vessel)* Kaperung, *die*

**spondee** ['spɒndi:, 'spɒndɪ] *n. (Pros.)* Spondeus, *der*

**sponge** [spʌndʒ] **1.** *n.* **a)** Schwamm, *der;* **throw in the ~** *(Boxing)* das Handtuch werfen *od.* schmeißen; *(fig.)* das Handtuch werfen *(ugs.);* **b)** *see* **sponge-cake; sponge pudding; c)** *(Surg.)* Tupfer, *der;* **d)** *(porous metal)* Schwamm, *der;* **e) have a ~ down** sich mit dem Schwamm abwaschen; **give the chair a ~ down** den Stuhl [mit dem Schwamm] abwischen. **2.** *v. t.* **a)** *see* **cadge 1; b)** *(wipe)* mit einem Schwamm waschen

**~ 'down** *v. t.* mit einem Schwamm abwaschen

**~ off** *v. t.* **a)** [-'-] *(wipe off)* mit einem Schwamm abwischen; *(wash off)* mit einem Schwamm abwaschen; **b)** ['--] *see* **~ on**

**~ on** *v. t. (coll.)* **~ on sb.** bei *od.* von jmdm. schnorren *(ugs.)*

**sponge: ~-bag** *n. (Brit.)* Kulturbeutel, *der;* **~ biscuit** *n.* ≈ Biskotte, *die (Kochk.);* **~-cake** *n.* Biskuitkuchen, *der;* **~ 'pudding** *n.* Schwammpudding, *der (Kochk.); leichter, im Wasserbad zubereiteter Pudding*

**sponger** ['spʌndʒə(r)] *n.* Schmarotzer, *der/*Schmarotzerin, *die;* Schnorrer, *der/*Schnorrerin, *die*

**sponge 'rubber** *n.* Schaumgummi, *der*

**spongy** ['spʌndʒɪ] *adj.* schwammig

**sponsor** ['spɒnsə(r)] **1.** *n.* **a)** *(firm paying for event, one donating to charitable event)* Sponsor, *der;* **b)** *(of legislative proposal)* **the ~s of this Bill are Labour MPs** hinter dieser Gesetzesvorlage stehen Labour-Abgeordnete; **c)** *(group supporting candidate)* **his ~ is a trade union** er wird von einer Gewerkschaft unterstützt; **d)** *(godparent)* Pate, *der/*Patin, *die.* **2.** *v. t.* **a)** *(pay for)* sponsern ‹*Programm, Veranstaltung*›; **b)** *(subscribe to)* finanziell unterstützen, sponsern ‹*Wohlfahrtsverband*›; **c)** *(introduce for legislation)* einbringen ‹*Gesetzesvorlage*›; **d)** *(support)* unterstützen ‹*Kandidaten*›

**sponsored** ['spɒnsəd] *adj.* gesponsert; finanziell gefördert; **~ run** *als Wohltätigkeitsveranstaltung durchgeführter Dauerlauf mit gesponserten Teilnehmern*

**sponsorship** ['spɒnsəʃɪp] *n.* **a)** *(financial support)* **take over the ~ of sth.** etw. sponsern; **withdraw from the ~ of sth.** etw. nicht mehr sponsern; **b)** *(introduction of legislation)* Einbringen, *das;* **c)** *(support of candidate)* Unterstützung, *die*

**spontaneity** [spɒntə'ni:ɪtɪ] *n., no pl.* Spontan[e]ität, *die*

**spontaneous** [spɒn'teɪnɪəs] *adj.* spontan; **make a ~ offer of sth.** spontan etw. anbieten

**spontaneous: ~ com'bustion** *n.* Selbstentzündung, *die;* **~ gene'ration** *n.* Urzeugung, *die*

**spontaneously** [spɒn'teɪnɪəslɪ] spontan; von selbst ‹*passieren*›

**spoof** [spu:f] *(coll.)* **1.** *n.* Veralberung, *die* **(of, on** von); Parodie, *die* **(of, on** auf + *Akk.*). **2.** *v. t.* durch den Kakao ziehen *(ugs.)*

**spook** [spu:k] *n. (joc.)* Geist, *der;* Gespenst, *das; (sl.: spy)* Spion, *der;* **it gives me the ~s** es ist mir richtig unheimlich

**spooky** ['spu:kɪ] *adj.* gespenstisch

**spool** [spu:l] **1.** *n.* **a)** *(reel)* Spule, *die* ; **b)** *(Angling)* Trommel, *die.* **2.** *v. t.* spulen

**[1]spoon** [spu:n] **1.** *n.* **a)** Löffel, *der;* **fruit-~:** Kompottlöffel, *der;* **be born with a silver ~ in one's mouth** mit einem goldenen *od.* sil-

bernen Löffel im Mund geboren werden; **wooden** ~ *(fig.)* Trostpreis *(für den Letzten eines Wettbewerbs, oft in ironischer Weise überreicht)*; **b)** *(amount) see* **spoonful; c)** *(Angling)* Blinker, *der.* **2.** *v. t.* löffeln
~ **'up** *v. t.* auflöffeln
**²spoon** *v. i. (arch.: be amorous)* schmusen
**'spoonbill** *n. (Ornith.)* Löffler, *der*
**spoonerism** ['spu:nərɪzm] *n. witziges Vertauschen der Anfangsbuchstaben o. ä. von zwei oder mehr Wörtern (wie bei „Leichenzehrer" für „Zeichenlehrer")*
**'spoon-feed** *v. t.* mit dem Löffel füttern; ~ **sb.** *(fig.)* jmdm. alles vorkauen *(ugs.)*
**spoonful** ['spu:nfʊl] *n.* **a ~ of sugar** ein Löffel [voll] Zucker
**spoor** [spʊə(r)] *n.* Spur, *die;* Fährte, *die*
**sporadic** [spə'rædɪk] *adj.* sporadisch; vereinzelt ‹*Schauer, Schüsse, Gebäude*›
**sporadically** [spə'rædɪkəlɪ] *adv.* hin und wieder
**spore** [spɔ:(r)] *n.* **a)** *(Bot.: cell)* Spore, *die;* **b)** *(Biol.: bacterium)* Spore, *die*
**sporran** ['spɒrən] *n. (Scot.) mit Fell besetzte Tasche, die von den Bewohnern der Highlands vorne über dem Kilt getragen wird*
**sport** [spɔ:t] **1.** *n.* **a)** *(pastime)* Sport, *der;* **~s** Sportarten; **team/winter/water/indoor ~:** Mannschafts-/Winter-/Wasser-/Hallensport, *der;* **b)** *no pl., no art. (collectively)* Sport, *der;* **go in for ~, do ~:** Sport treiben; **he likes doing ~ at school** er mag den Sport[unterricht] in der Schule; **have good ~** *(Hunting)* großes Jagdglück haben; **c)** *in pl. (Brit.)* **[athletic] ~s** Athletik, *die;* **S~s Day** *(Sch.)* Sportfest, *das;* **the ~s** der sportliche Wettkampf; **d)** *no pl., no art. (fun)* Spaß, *der;* **do/say sth. in ~:** etw. im *od.* zum Scherz tun/sagen; **make ~ of sb./sth.** sich über jmdn./etw. lustig machen; **e)** *(coll.: good fellow)* netter Kerl *(ugs.)*; *(Austral. as voc.: mate)* Kumpel! *(ugs.)*; Sportsmann! *(ugs.)*; **Aunt Joan is a real ~:** Tante Joan ist echt *(ugs.)* in Ordnung; **be a [good] ~ and help me** sei so nett und hilf mir; **be a good/bad ~** *(in games)* ein guter/schlechter Verlierer sein; **f)** *(Amer.: playboy)* Playboy, *der;* **g)** *(Zool., Bot.)* Variante, *die.* **2.** *v. t.* stolz tragen ‹*Kleidungsstück*›; protzen mit ‹*Neuerwerbung*›. **3.** *v. i.* **a)** *(amuse oneself)* sich tummeln; **b)** *(Biol.: mutate)* variieren
**sporting** ['spɔ:tɪŋ] *adj.* **a)** *(interested in sport)* sportlich; **b)** *(generous)* großzügig; *(fair)* fair; anständig; **do the ~ thing and do sth.** so anständig sein, etw. zu tun; **give sb. a ~ chance** jmdm. eine [faire] Chance geben; **c)** *(relating to sport)* Sport-; **~ dog/rifle** Jagdhund, *der*/Pirschbüchse, *die;* **~ giant** *or* **hero** Sportgröße, *die*
**'sporting house** *n. (Amer.)* Bordell, *das*
**sportingly** ['spɔ:tɪŋlɪ] *adv.* **a)** *(generously)* **~ do sth.** so großzügig sein, etw. zu tun; **b)** *(sportively)* in sportlichem Geist
**sportive** ['spɔ:tɪv] *adj.* verspielt ‹*junges Tier*›; ausgelassen ‹*Stimmung, Schar*›; **be in a ~ mood** zum Spielen aufgelegt sein
**sports:** ~ **car** *n.* Sportwagen, *der;* ~ **commentator** *n. (Radio, Telev) Sportberichterstatter, *der*/-berichterstatterin, *die;* ~ **editor** *n. (Journ.)* Sportredakteur, *der*/-redakteurin, *die;* ~ **field** *n.* Sportplatz, *der;* ~ **jacket** *n.* sportlicher Sakko; **~man** ['spɔ:tsmən] *n., pl.* **~men** ['spɔ:tsmən] **a)** Sportler, *der;* **b)** *(generous person)* großzügiger Mensch; *(fair-minded person)* anständiger Mensch; **c)** *(Hunting)* Jäger, *der*
**sportsmanlike** ['spɔ:tsmənlaɪk] *see* **sporting b**
**sportsmanship** ['spɔ:tsmənʃɪp] *n.* **a)** *(fairness)* [sportliche] Fairneß; **b)** *(skill)* sportliche Leistung
**sports:** ~ **news** *n. (Radio, Telev.)* Sportnachrichten; ~ **page** *n. (Journ.)* Sportseite, *die;* ~ **programme** *n. (Radio, Telev.)* Sportsendung, *die;* ~ **section** *n. (Journ.)* Sportteil, *der;* **~wear** *n., no pl.* Sport[be]kleidung, *die;* **~woman** *n.* Sportlerin, *die*
**sporty** ['spɔ:tɪ] *adj.* **a)** *(coll.: sport-loving)* sportlich; **the whole family is ~:** die ganze Familie ist sportbegeistert; **b)** *(jaunty)* sportlich ‹*Aussehen*›; **wear one's hat at a ~ angle** seinen Hut flott aufgesetzt haben; **be a ~ dresser** sich sportlich kleiden; **c)** *(designed for sport)* Sport‹*boot, -wagen, -rad*›
**spot** [spɒt] **1.** *n.* **a)** *(precise place)* Stelle, *die;* **this is the precise/exact/very ~ where he landed** genau an dieser Stelle *od.* genau hier ist er gelandet; **on this ~:** an dieser Stelle; **the very same ~:** genau die gleiche Stelle; **in ~s** stellenweise; *(fig.: partly)* teilweise; **run on the ~:** auf der Stelle laufen; **on the ~** *(fig.) (instantly)* auf der Stelle; **be on the ~** *(be present)* zur Stelle sein; **and now over to our man on the ~** *(Radio, Telev.)* und nun schalten wir um zu unserem Mann am Ort des Geschehens; **be in/get into/get out of a [tight] ~** *(fig. coll.)* in der Klemme sitzen/in die Klemme geraten/sich aus einer brenzligen Lage befreien *(ugs.)*; **put sb. on the ~** *(fig. coll.: cause difficulties for sb.)* jmdn. in Verlegenheit bringen; *(Amer. sl.: decide to kill sb.)* jmdn. auf die Abschußliste setzen; **b)** *(inhabited place)* Ort, *der;* **a nice ~ on the Moselle** ein hübscher Flecken an der Mosel; **c)** *(suitable area)* Platz, *der;* **holiday/sun ~:** Ferienort, *der*/Ferienort [mit Sonnengarantie]; **picnic ~:** Picknickplatz, *der;* **a sheltered ~:** ein geschützter Platz; **a nice ~ to live** eine hübsche Wohngegend; **d)** *(dot)* Tupfen, *der;* Tupfer, *der;* *(larger)* Flecken, *der;* **change one's ~s** *(fig.)* aus seiner Haut herauskommen *(fig.)*; **knock ~s off sb.** *(fig. coll.)* jmdn. in die Pfanne hauen *(ugs.)*; **see ~s before one's eyes** Sterne sehen *(ugs.)*; **e)** *(stain)* **~ [of blood/grease/ink]** [Blut-/Fett-/Tinten]fleck, *der;* **f)** *(Brit. coll.: small amount)* **do a ~ of work/sewing** ein bißchen arbeiten/nähen; **how about a ~ of lunch?** wie wär's mit einem Bissen zu Mittag?; **a ~ of whisky** ein Schluck Whisky; **a ~ of culture** ein bißchen Kultur; **have** *or* **be in a ~ of bother** *or* **trouble** etwas Ärger haben; **be in a ~ of trouble with the law** Ärger mit der Polizei haben; **g)** *(drop)* **a ~** *or* **a few ~s of rain** ein paar Regentropfen; **h)** *(establishment)* **eating/drinking/entertainment ~:** Eß-/Trink-/Vergnügungslokal, *das;* **i)** *(area on body)* [Körper]stelle, *die;* **a tender/sore ~** *(lit.)* eine empfindliche/wunde Stelle; **a sore ~ with sb.** *(fig.)* jmds. neuralgischer Punkt; **have a weak ~** *(fig.)* eine Schwachstelle haben; *see also* **sore 1 a; j)** *(fig. coll.: job)* Job, *der (ugs.)*; **k)** *(Telev. coll.: position in programme)* Sendezeit, *die;* **the 7 o'clock ~:** das Siebenuhrprogramm; **l)** *(Med.)* Pickel, *der;* **heat ~:** Hitzebläschen, *das;* **break out in ~s** Ausschlag bekommen; **m)** *(on dice, dominoes)* Punkt, *der;* **n)** *(spotlight)* Spot, *der;* **o)** *(fig.: blemish)* Schandfleck, *der (emotional)*; **remain without a ~ on one's reputation** immer eine weiße Weste behalten *(ugs.)*; **p)** *(Sport: dot)* Aufsetzmarke, *die;* **the ~[-ball]** *(Billiards)* der Punktball; **the [penalty] ~:** die Elfmetermarke; der Elfmeterpunkt; **q)** *(Commerc.)* **~s, ~ goods** sofort lieferbare Ware; Lokoware, *die (fachspr.)*; **pay ~ cash** [sofort] bar zahlen. *See also* **blind spot; leopard; soft 1 c; 'tender b. 2.** *v. t.,* **-tt- a)** *(detect)* entdecken; identifizieren ‹*Verbrecher*›; erkennen ‹*Gefahr*›; **it is easy to ~ an American among a group of tourists** man kann leicht feststellen, wer in einer Gruppe von Touristen Amerikaner ist; **b)** *(take note of)* erkennen ‹*Flugzeugtyp, Vogel, Talent*›; **go train-/plane-~ting** Zug-/Flugzeugtypen bestimmen; **c)** *(coll.: pick out)* tippen auf (+ *Akk.*) *(ugs.)* ‹*Sieger, Gewinner usw.*›; **d)** *(stain)* beflecken; *(with ink or paint)* beklecksen; *(with mud)* beschmutzen; **e)** *(Billiards etc.)* aufstellen; **f)** *(Mil.: locate)* orten. **3.** *v. i.* **-tt-: it is ~ting with rain** es tröpfelt *(ugs.*
**spot:** ~ **'check** *n. (test made immediately)* sofortige Überprüfung **(on** *Gen.*); *(tes[t] made on randomly selected subject)* Stichprobe, *die;* **make** *or* **carry out a ~ check on sth.** etw. sofort stichprobenweise überprü[fen]; **~-check** *v. t.* stichprobenweise überprüfen; ~ **height** *n. (Geog.)* Höhenangabe, *die;* ~ **lamp** *n.* Spotlight, *das;* *(Motor Veh.)* Scheinwerfer, *der*
**spotless** ['spɒtlɪs] *adj.* **a)** *(unstained)* fleckenlos; **her house is absolutely ~** *(fig.)* ihr Haus ist makellos sauber; **clean sth. until it is ~:** etw. reinigen, bis man kein Stäubchen mehr findet; **b)** *(fig.: blameless)* mustergültig; untadelig ‹*Charakter*›
**spotlessly** ['spɒtlɪslɪ] *adv.* **~ clean/white** tadellos sauber/makellos weiß
**spot: ~light 1.** *n.* **a)** *(Theatre)* [Bühnen]scheinwerfer, *der;* **b)** *(Motor Veh.)* Scheinwerfer, *der;* **c)** *(fig.: attention)* **the ~light is on sb.** jmd. steht im Rampenlicht [der Öffentlichkeit]; **be in the ~light** im Rampenlicht [der Öffentlichkeit] stehen; **keep out of the ~light** sich von der Öffentlichkeit fernhalten; **2.** *v. t.,* **~lighted** *or* **~li[t]** **a)** *(Theatre)* [mit dem Scheinwerfer] anstrahlen; **b)** *(fig.: highlight)* in den Blickpunkt der Öffentlichkeit bringen; ~ **market** *n. (Commerc.)* Spotmarkt, *der;* **~-'on** *(coll.)* **1.** *adj.* goldrichtig *(ugs.)*; **I was ~-on** ich lag genau richtig *(ugs.)*; **your estimate was ~-on** mit deiner Schätzung hast du ins Schwarze getroffen; **2.** *adv.* haargenau *(ugs.)*; **~-remover** *n.* Fleck[en]entferner, *der;* ~ **'survey** *n.* [Blitz]umfrage, *die*
**spotted** ['spɒtɪd] *adj.* **a)** gepunktet; **a blue dress/tie ~ with white** ein blaues Kleid mit weißen Tupfen/eine blaue Krawatte mit weißen Punkten; **b)** *(Zool.)* **~ woodpecker/hyena** Buntspecht, *der*/Tüpfelhyäne, *die*
**spotted:** ~ **'Dick** *n. (Brit.: pudding)* Pudding mit getrockneten Früchten; ~ **'dog** *n.* **a)** *(coll.: Dalmatian)* Dalmatiner, *der;* **b)** *see* **~ Dick**
**spotter** ['spɒtə(r)] *n.* **~ [plane]** Erkundungsflugzeug, *das*
**spotty** ['spɒtɪ] *adj.* **a)** *(spotted)* gefleckt; *(stained)* fleckig; **b)** *(pimply)* picklig; **be ~** viele Pickel haben; *(have a rash)* einen [starken] Ausschlag haben
**spot: ~-weld 1.** *v. t.* punktschweißen; **2.** *n.* Punktschweißung, *die;* **~-welding** *n.* Punktschweißen, *das*
**spouse** [spaʊz] *n.* [Ehe]gatte, *der*/-gattin, *die;* *(joc.)* Angetraute, *der/die;* Gemahl, *der*/Gemahlin, *die*
**spout** [spaʊt] **1.** *n.* **a)** *(tube)* Schnabel, *der;* *(of water-pump)* [Auslauf]rohr, *das;* *(of overflow)* Überlaufrohr, *das;* *(of tap)* Ausflußrohr, *das;* *(of gargoyle)* Speirohr, *das;* *(of fountain)* Spritzdüse, *die;* **be up the ~** *(sl.: pawned)* im Leihhaus sein; *(sl.: ruined)* im Eimer sein *(ugs.)*; *(Brit. sl.: pregnant)* ein Kind kriegen *(ugs.)*; **b)** *(chute)* Rutsche, *die.* **2.** *v. t.* **a)** *(discharge)* ausstoßen ‹*Wasser, Lava, Öl*›; **the wound ~s blood** aus der Wunde strömt Blut; **b)** *(declaim)* deklamieren ‹*Verse*›; *(rattle off)* herunterrasseln *(ugs.)* ‹*Zahlen, Fakten usw.*›; **~ compliments/remarks** mit Komplimenten/Bemerkungen um sich werfen; **~ nonsense** Unsinn verzapfen *(ugs.)*. **3.** *v. i.* **a)** *(gush)* schießen **(from** aus); **b)** *(declaim)* schwadronieren *(abwertend)*; schwafeln *(ugs. abwertend)*; **~ at sb.** jmdm. etwas vorpredigen *(ugs.)*
~ **'out** *v. i.* herausströmen; **~ out of sth.** aus etw. strömen
**sprain** [spreɪn] **1.** *v. t.* verstauchen; **~ one's ankle/wrist** sich *(Dat.)* den Knöchel/das Handgelenk verstauchen. **2.** *n.* Verstauchung, *die*
**sprang** *see* **spring 2, 3**

**sprat** [spræt] *n.* Sprotte, *die;* **set a ~ to catch a mackerel** *or* **herring** *or* **whale** *(fig.)* mit der Wurst nach dem Schinken *od.* der Speckseite werfen *(ugs.)*

**sprawl** [sprɔ:l] **1.** *n.* **a)** *(slump)* **lie in a ~:** ausgestreckt [da]liegen; **b)** *(straggle)* verstreute Ansammlung; **the city was one huge ~ over the map** die Stadt dehnte sich auf der Landkarte als riesiger Fleck aus; **the ~ of the handwriting across the page** die quer über die ganze Seite gezogene Handschrift; *see also* **urban. 2.** *v. i.* **a)** *(spread oneself)* sich ausstrecken; **b)** *(fall)* der Länge nach hinfallen; **send sb. ~ing** jmdn. zu Boden strecken *(geh.);* **c)** *(straggle)* sich ausbreiten. **3.** *v. t.* **a)** *(splay out)* ausstrecken; **be** *or* **lie ~ed in/on/over sth.** ausgestreckt in/auf/über etw. *(Dat.)* liegen; **b)** *(spread)* verstreuen; **~ words/letters across the page** Wörter/Buchstaben großzügig über die ganze Seite pinseln

**~ a'bout** *v. i.* sich herumflegeln *(ugs. abwertend)*

**~ 'out** *v. i.* **a)** *(stretch out)* sich ausstrecken; **b)** *(straggle)* sich hinziehen

**sprawled out** [sprɔ:ld 'aʊt] *adj.* ausgestreckt [liegend]

**sprawling** ['sprɔ:lɪŋ] *attrib. adj.* **a)** *(extended)* ausgestreckt [liegend]; **b)** *(falling)* der Länge nach hinfallend; **c)** *(straggling)* verstreut liegend ⟨*Gebäude*⟩; wuchernd ⟨*Großstadt*⟩; **d)** *(spidery)* ausladend, *(scrawled)* krakelig *(ugs.)* ⟨*Handschrift*⟩

**¹spray** [spreɪ] *n.* **a)** *(bouquet)* Strauß, *der;* **a ~ of roses** ein Strauß Rosen; **b)** *(branch)* Zweig, *der; (of palm or fern)* Wedel, *der;* **c)** *(brooch) Brosche in der Form eines kleinen Straußes od. Zweigs*

**²spray 1.** *v. t.* **a)** *(in a stream)* spritzen; *(in a mist)* sprühen ⟨*Parfum, Farbe, Spray*⟩; **they ~ed the general's car with bullets** sie durchsiebten den Wagen des Generals mit Kugeln; **b)** *(treat)* besprühen ⟨*Haar, Haut, Pflanze*⟩; spritzen ⟨*Nutzpflanzen*⟩; **the vandals ~ed the car with paint** die Rabauken besprühten das Auto mit Farbe. **2.** *v. i.* spritzen. **3.** *n.* **a)** *(drops)* Sprühnebel, *der;* **b)** *(liquid)* Spray, *der od. das;* **c)** *(container)* Spraydose, *die; (in gardening)* Spritze, *die;* **hair/throat ~:** Haar-/Rachenspray, *der od. das;* **perfume ~:** Parfümzerstäuber, *der*

**~ on [to]** *v. t.* **~ sth. on [to] sth.** etw. mit etw. besprühen

**~ 'out** *v. i.* herausspritzen

**'spray can** *see* **aerosol a**

**sprayer** ['spreɪə(r)] *n.* **a)** *(person)* **[paint] ~:** Spritzlackierer, *der*/-lackiererin, *die;* **b)** *(tool)* Sprühgerät, *das; (in pest control, gardening)* Spritze, *die*

**'spray-gun** *n.* Spritzpistole, *die*

**spread** [spred] **1.** *v. t.,* **spread a)** ausbreiten ⟨*Tuch, Landkarte*⟩ **(on** auf + *Dat.*); streichen ⟨*Butter, Farbe, Marmelade*⟩; **the peacock ~ its tail** der Pfau schlug ein Rad; **the yacht ~ its sails** die Segel der Jacht blähten sich; **b)** *(cover)* **~ a roll with marmalade/butter** ein Brötchen mit Marmelade/Butter bestreichen; **the sofa was ~ with a blanket** auf dem Sofa lag eine Decke [ausgebreitet]; **c)** *(fig.: display)* **a magnificent view/meal was ~ before us** uns *(Dat.)* bot sich eine herrliche Aussicht/uns *(Dat.)* wurde ein herrliches Mahl aufgetragen; **d)** *(extend range of)* verbreiten; **drought has ~ famine to many areas** durch die Dürre breitete sich in vielen Gebieten eine Hungersnot aus; **e)** *(distribute)* verteilen; *(untidily)* verstreuen; streuen ⟨*Dünger*⟩; verbreiten ⟨*Zerstörung, Angst, Niedergeschlagenheit*⟩; **f)** *(make known)* verbreiten; **~ the word** *(tell news)* es weitersagen; *(coll.: pass on a message)* die Nachricht weitergeben; *(Relig.)* das Wort Gottes verkünden; **g)** *(separate)* ausbreiten ⟨*Arme*⟩; öffnen ⟨*Lippen*⟩; spreizen ⟨*Beine*⟩; *see also* **wing 1 a. 2.** *v. i.,* **spread a)** sich ausbreiten; **a smile/a blush ~ across** *or* **over his face** ein Lächeln breitete sich *(geh.)* über sein Gesicht/er wurde ganz rot im Gesicht; **margarine ~s easily** Margarine läßt sich leicht streichen; **~ing branches/trees** ausladende Äste/Bäume; **~ like wildfire** sich in *od.* mit Windeseile verbreiten; **b)** *(scatter, disperse)* sich verteilen; **the odour ~s through the room** der Geruch breitet sich im ganzen Zimmer aus; **c)** *(circulate)* ⟨*Neuigkeiten, Gerücht, Kenntnis usw.:*⟩ sich verbreiten. **3.** *n.* **a)** *(expanse)* Fläche, *die;* **we could see the whole ~ of the town** wir konnten das ganze Stadtgebiet überblicken; **b)** *(span) (of tree)* Kronendurchmesser, *der; (of wings)* Spann[weite], *die;* **an oak with a magnificent ~ of branches** eine Eiche mit einer prächtigen Baumkrone; **c)** *(breadth)* **have a wide ~** ⟨*Interessen, Ansichten:*⟩ breit gefächert sein; **a wide ~ of responsibility** ein großer Verantwortungsbereich; **d)** *(extension) Verbreitung, die; (of city, urbanization, poverty)* Ausbreitung, *die;* **e)** *(diffusion)* Ausbreitung, *die; (of learning, knowledge)* Verbreitung, *die;* Vermittlung, *die;* **f)** *(distribution)* Verteilung, *die;* **g)** *(coll.: meal)* Festessen, *das;* Schmaus, *der (veralt.);* **h)** *(paste)* Brotaufstrich, *der;* ⟨*Rindfleisch-, Lachs*⟩paste, *die;* ⟨*Käse-, Erdnuß-, Schokoladen*⟩krem, *die;* **i)** *(girth) see* **middle-aged; j)** *see* **bedspread; k)** *(Printing)* **the advertisement was a full-page/double-page ~:** die Anzeige war ganzseitig/doppelseitig; **l)** *(Amer. sl.: ranch)* Ranch, *die.* **4.** *v. refl.* **a)** *(stretch out)* sich ausstrecken; **b)** *(talk or write at length)* sich verbreiten

**~ a'bout, ~ a'round** *v. t.* **a)** *(convey)* verbreiten ⟨*Neuigkeiten, Gerücht usw.*⟩; **b)** *(strew)* verstreuen; ausstreuen ⟨*Samen*⟩

**~ 'out 1.** *v. t.* **a)** *(extend)* ausbreiten ⟨*Arme*⟩; **b)** *(space out)* verteilen ⟨*Soldaten, Tänzer, Pfosten*⟩; legen ⟨*Karten*⟩; ausbreiten ⟨*Papiere*⟩. **2.** *v. i.* sich verteilen; ⟨*Soldaten:*⟩ ausschwärmen

**~ 'over 1.** *v. t.* **~ sth. over a certain time** etw. über eine bestimmte Zeit ausdehnen; **the mortgage/repayment is ~ over twenty years** die Hypothek hat eine Laufzeit von zwanzig Jahren/die Rückzahlung wird [ratenweise] innerhalb von zwanzig Jahren geleistet. **2.** *v. i.* sich erstrecken über (+ *Akk.*); **~ over into** hineinreichen in (+ *Akk.*)

**spread-'eagle** *v. t.* **a)** *(tie)* an den ausgestreckten Armen und Beinen fesseln; **b)** *(flatten)* **the police ~d the suspect against the car** die Polizei ließ den Verdächtigen sich mit ausgestreckten Armen und Beinen gegen das Auto stellen; **lie** *or* **be ~d** ausgestreckt [da]liegen

**spreader** ['spredə(r)] *n.* Streugerät, *das;* **grit-~:** Splittstreuwagen, *der;* **manure/fertilizer-~:** Stallmist-/Düngerstreuer, *der*

**'spreadsheet** *n. (Computing)* Arbeitsblatt, *das*

**spree** [spri:] *n.* **a)** *(spell of spending)* Einkaufsorgie, *die (ugs.);* **go on a shopping ~:** ganz groß einkaufen gehen; **have a ~:** viel Geld ausgeben; **b) be/go out on the ~** *(coll.)* einen draufmachen *(ugs.)*

**sprig** [sprɪg] *n.* **a)** *(twig)* Zweig, *der;* **b)** *(ornament) Schmuck in der Form eines Zweiges;* **c)** *(young person)* Sproß, *der (scherzh.);* **d)** *(tack)* Stift, *der*

**sprightly** ['spraɪtlɪ] *adj.* munter

**spring** [sprɪŋ] **1.** *n.* **a)** *(season)* Frühling, *der;* **in ~ 1969, in the ~ of 1969** im Frühjahr 1969; **in early/late ~:** zu Anfang/Ende des Frühjahrs; **last/next ~:** letzten/nächsten Frühling; **full of the joys of ~** *(iron.)* aufgekratzt *(ugs.);* fröhlich; **~ weather/fashions/flowers** Frühlingswetter, *das*/Frühlingsmoden/-blumen; **in [the] ~:** im Frühling *od.* Frühjahr; **in the ~ of his/her life** *(literary)* im Frühling seines/ihres Lebens *(dichter.);* **b)** *(source, lit. or fig.)* Quelle, *die;* **c)** *(Mech.)* Feder, *die;* **~s** *(vehicle suspension)* Federung, *die;* **d)** *(jump)* Sprung, *der;* **make a ~ at sb./at an animal** sich auf jmdn./ein Tier stürzen; **make a ~ at sth.** auf etw. *(Akk.)* zuspringen; **e)** *(elasticity)* Elastizität, *die;* **the mattresses have no ~ in them** die Matratzen federn nicht; **walk with a ~ in one's step** mit beschwingten Schritten gehen; **put a ~ in[to] sb.'s step** jmds. Schritt beschwingen; **f)** *(recoil)* Zurückschnellen, *das;* **snap back with a ~:** zurückschnellen. **2.** *v. i.,* **sprang** [spræŋ] *or (Amer.)* **sprung** [sprʌŋ], **sprung a)** *(jump)* springen; **~ [up] from sth.** von etw. aufspringen; **~ at sb.'s throat** jmdm. an die Kehle springen; **the blood ~s to sb.'s cheeks** jmdm. schießt das Blut ins Gesicht; **~ to one's feet** aufspringen; **~ to sb.'s assistance/defence** jmdm. beispringen; **~ to life** *(fig.)* [plötzlich] zum Leben erwachen; **b)** *(arise)* entspringen **(from** *Dat.*); ⟨*Saat, Hoffnung:*⟩ keimen; ⟨*Bogen:*⟩ aufstreben *(geh.);* **~ to fame** über Nacht bekannt werden; **his actions ~ from a false conviction** seine Handlungen entspringen einer falschen Ansicht; **~ to mind** jmdm. einfallen; **c)** *(recoil)* **~ back into position** zurückschnellen; **~ to** *or* **shut** ⟨*Tür, Falle, Deckel:*⟩ zuschnappen; **d)** *(split)* zerbrechen; *(become warped)* sich verziehen; **~ from sth.** von etw. abbrechen. **3.** *v. t.,* **sprang** *or (Amer.)* **sprung, sprung a)** *(make known suddenly)* **~ a new idea/a proposal/a question on sb.** jmdn. mit einer neuen Idee/einem Vorschlag/einer Frage überfallen; **~ a surprise on sb.** jmdn. überraschen; **b)** *(cause to operate)* zünden ⟨*Mine*⟩; aufspringen lassen ⟨*Schloß*⟩; zuschnappen lassen ⟨*Falle*⟩; **c)** *(sl.: set free)* herausholen **(from** aus); **d)** *(Hunting: rouse)* aufscheuchen **(from** aus); **e)** *(split)* bersten lassen *(geh.);* **I've sprung my racket** mein Schläger ist gesprungen; **f)** *(provide with ~s)* federn; **be well sprung** gut gefedert sein

**~ 'back** *v. i.* zurückschnellen

**~ from** *v. t.* **a)** *(appear from)* [plötzlich] herkommen; **where did you ~ from?** wo kommst du so plötzlich her?; **b)** *(originate from)* herrühren von; ⟨*Person:*⟩ abstammen von; **he ~s from a country family** er stammt aus einer ländlichen Familie

**~ 'up** *v. i.* ⟨*Wind, Zweifel:*⟩ aufkommen; ⟨*Gebäude:*⟩ aus dem Boden wachsen; ⟨*Pflanze:*⟩ aus dem Boden schießen; ⟨*Organisation, Freundschaft:*⟩ entstehen

**spring: ~ balance** *n.* Federwaage, *die;* **~ bed** *see* **bed 1 a; ~ 'binder** *n.* Klemmappe, *die;* **~board** *n. (Sport; also fig.)* Sprungbrett, *das; (in circus)* Schleuderbrett, *das*

**springbok** ['sprɪŋbɒk] *n.* **a)** *(Zool.)* Springbock, *der;* **b)** *in pl.* **the S~s** *(Rugby)* die Südafrikaner; *Spitzname für Mitglieder südafrikanischer Rugby-/Cricketmannschaften*

**spring: ~ 'cabbage** *n.* Frühkohl, *der;* **~ 'chicken** *n.* **a)** *(fowl)* junges Hähnchen; **b)** *(fig.: person)* **be no ~ chicken** nicht mehr der/die Jüngste sein *(ugs.);* **~-'clean 1.** *n.* [großer] Hausputz; *(in spring)* Frühjahrsputz, *der;* **2.** *v. t.* **~-clean [the whole house]** [großen] Hausputz/Frühjahrsputz machen; **~-clip** *n.* Klammer, *die*

**springer** ['sprɪŋə(r)] *n.* **~ [spaniel]** Springerspaniel, *der*

**spring: ~ gun** *n. (Hunting)* Legbüchse, *die; (Mil.)* Selbstschuß, *der;* **~-loaded** *adj.* mit Sprungfeder *nachgestellt;* **~ 'mattress** *n.* Sprungfedermatratze, *die;* **~ 'onion** *n.* Frühlingszwiebel, *die;* **~ sus'pension** *n. (Motor Veh.)* federnde Aufhängung; **~ 'tide** *n.* Springflut, *die;* **~tide** *n. (literary)* Frühlingszeit, *die (geh.);* **~time** *n.* Frühling, *der;* **~ water** *n.* Quellwasser, *das*

**springy** ['sprɪŋɪ] *adj.* elastisch; federnd ⟨*Schritt, Brett, Boden*⟩

**sprinkle** ['sprɪŋkl] *v. t.* **a)** *(scatter)* streuen; sprengen ⟨*Flüssigkeit*⟩; **~ sth. over/on sth.** etw. über/auf etw. *(Akk.)* streuen/sprengen; ~ **sth. with sth.** etw. mit etw. bestreuen/besprengen; **b)** *(fig.: distribute)* verteilen; **c)** *(fall on)* spritzen auf (+ *Akk.*)

**sprinkler** ['sprɪŋklə(r)] *n.* **a)** *(Hort.: for watering)* Sprinkler, *der; (Agric.)* Regner, *der;* **b)** *(fire extinguisher)* **~s, ~ system** Sprinkleranlage, *die*

**sprinkling** ['sprɪŋklɪŋ] *n.* **a ~ of snow/sugar/dust** eine dünne Schneedecke/Zucker-/Staubschicht; **a ~ of gold dust/rain** eine winzige Menge Goldstaub/ein paar Regentropfen; **there was only a ~ of holidaymakers on the beach** nur ein paar vereinzelte Urlauber waren am Strand

**sprint** [sprɪnt] **1.** *v. t. & i.* rennen; sprinten *(bes. Sport);* spurten *(bes. Sport);* ~ **for the line** *or* **tape** den Endspurt anziehen. **2.** *n.* **a)** *(race)* Sprint, *der (bes. Sport);* **the hundred-metres ~** *(competition)* der Hundertmeterlauf; **b)** *(fig.: short burst of speed)* Sprint, *der (bes. Sport);* Spurt, *der (bes. Sport);* **final ~:** Endspurt, *der*

**sprinter** ['sprɪntə(r)] *n.* Sprinter, *der*/Sprinterin, *die*

**sprit** [sprɪt] *n. (Naut.)* Spriet, *das*

**sprite** [spraɪt] *n.* [Elementar]geist, *der;* **a ~ of the air** ein Luftgeist

**spritsail** ['sprɪtseɪl, 'sprɪtsl] *n. (Naut.)* Sprietsegel, *das*

**spritzer** ['sprɪtsə(r)] *n. (Amer.)* Schorle, *die*

**sprocket** ['sprɒkɪt] *n. (Mech. Engin.)* Zahn, *der*

'**sprocket-wheel** *n. (Mech. Engin.)* [Ketten]zahnrad, *das*

**sprog** [sprɒg] *n. (sl.)* **a)** *(child)* Sprößling, *der;* **b)** *(trainee)* Stift, *der*

**sprout** [spraʊt] **1.** *n.* **a)** *in pl. (coll.) see* **Brussels sprouts; b)** *(Bot.) see* **shoot 3 a. 2.** *v. i.* **a)** *(lit. or fig.)* sprießen *(geh.);* ~ **into life** ‹*Pflanzen:*› sprießen [und blühen]; **b)** *(grow)* emporschießen; ‹*Bart:*› wachsen; **c)** *(fig.)* ‹*Gebäude:*› wie Pilze aus dem Boden schießen; **the garden is ~ing all over with flowers** im Garten schießen überall die Blumen empor. **3.** *v. t.* [aus]treiben ‹*Blüten, Knospen*›; sich *(Dat.)* wachsen lassen ‹*Bart*›; *(fig.)* aus dem Boden wachsen lassen ‹*Gebäude*›; hervorbringen ‹*Ideen*›; schaffen ‹*Arbeitsplätze*›; **the young deer was ~ing antlers** dem jungen Rehbock wuchs das Geweih; **my chin is sprouting hairs** auf meinem Kinn wachsen [Bart]haare

**spruce** [spru:s] **1.** *adj.* gepflegt; **look ~:** adrett aussehen. **2.** *n. (Bot.)* Fichte, *die.* **3.** *v. t.* **~ up** verschönern; ~ **the house up** das [ganze] Haus aufräumen und putzen; **~ sb./oneself up [for sth.]** jmdn./sich [für etw.] zurechtmachen *(ugs.);* **get ~d up** sich feinmachen *(ugs.)*

**sprucely** ['spru:slɪ] *adv.* adrett ‹*sich kleiden*›; **be ~ kept** sehr gepflegt sein

**sprung** [sprʌŋ] **1.** *see* **spring 2, 3. 2.** *attrib. adj.* gefedert

**spry** [spraɪ] *adj.* rege

**spryly** ['spraɪlɪ] *adv.* munter; **walk** *or* **move ~:** munteren Schrittes gehen

**spud** [spʌd] *n.* **a)** *(Brit. sl.: potato)* Kartoffel, *die;* **b)** *(spade)* Unkrautstecher, *der*

**spud-bashing** ['spʌdbæʃɪŋ] *n. (Brit. Mil. sl.)* Kartoffelschälen, *das*

**spue** *see* **spew**

**spume** [spju:m] **1.** *n.* Gischt, *die.* **2.** *v. i.* aufschäumen; gischten *(geh.)*

**spun** *see* **spin 1, 2**

**spunk** [spʌŋk] *n.* **a)** *(coll.: courage)* Mumm, *der (ugs.);* **b)** *(Brit. sl.: semen)* Samen, *der;* Soße, *die (vulg.)*

**spunky** ['spʌŋkɪ] *adj.* mutig; **he is very ~:** er hat viel Mumm in den Knochen *(ugs.)*

**spur** [spɜ:(r)] **1.** *n.* **a)** Sporn, *der;* **put** *or* **set ~s to one's horse** seinem Pferd die Sporen geben; **win one's ~s** *(Hist./fig.)* sich *(Dat.)* die [ersten] Sporen verdienen; **b)** *(fig.: stimulus)* Ansporn, *der* (**to** für); **act** *or* **serve as a ~ to sb. in sth.** jmdn. bei etw. anspornen; **on the ~ of the moment** ganz spontan; **c)** *(branch road)* Nebenstraße, *die;* **d)** *(Railw.: branch line)* Nebengleis, *das;* **e)** *(climbing-iron)* Steigeisen, *das;* **f)** *(Bot.: short branch)* Kurztrieb, *der;* kurzer Zweig. **2.** *v. t.,* **-rr- a)** *(prick)* die Sporen geben (+ *Dat.*); spornen *(veralt.);* **b)** *(fig.: incite)* anspornen; ~ **sb. [on] to sth./to do sth.** jmdn. zu etw. anspornen/anspornen, etw. zu tun; **c)** *(fig.: stimulate)* hervorrufen; in Gang setzen ‹*Aktivität*›; erregen ‹*Interesse*›. **3.** *v. i.,* **-rr-** das Pferd/die Pferde antreiben

~ '**on** *v. t.* anspornen; antreiben ‹*Pferd*›; ‹*Habgier:*› treiben; *see also* **~ 2 b**

**spurge** [spɜ:dʒ] *n. (Bot.)* Wolfsmilch, *die*

'**spur-gear** *n. (Mech.)* Stirnrad, *das*

**spurious** ['spjʊərɪəs] *adj.* unaufrichtig ‹*Charakter, Handlung, Verhalten*›; gespielt ‹*Gefühl, Interesse*›; zweifelhaft ‹*Anspruch, Vergnügen*›; falsch ‹*Name, Münze*›; **~ coins** Falschgeld, *das;* **be of ~ character/descent** einen unaufrichtigen Charakter haben/illegitimer Abstammung sein

**spuriously** ['spjʊərɪəslɪ] *adv.* fälschlicherweise

**spurn** [spɜ:n] *v. t. (reject)* zurückweisen; abweisen; ausschlagen ‹*Angebot, Gelegenheit*›; sich entziehen (+ *Dat.*) ‹*Realität, Umwelt*›; von sich weisen ‹*Ansinnen*›

[1]**spurt** [spɜ:t] **1.** *n.* Spurt, *der (bes. Sport);* **final ~:** Endspurt, *der;* **there was a ~ of activity** es brach kurzzeitig lebhafte Aktivität aus; **in a sudden ~ of energy** in einem plötzlichen Anfall von Energie; **put on a ~:** einen Spurt einlegen. **2.** *v. i.* spurten *(bes. Sport)*

[2]**spurt 1.** *v. i.* **~ out [from** *or* **of]** herausspritzen [aus]; **~ from** ‹*Rauch:*› quellen aus; ‹*Flüssigkeit:*› spritzen aus. **2.** *v. t.* **the wound ~ed blood** aus der Wunde spritzte Blut. **3.** *n.* Strahl, *der*

**sputnik** ['spʊtnɪk, 'spʌtnɪk] *n.* Sputnik, *der*

**sputter** ['spʌtə(r)] **1.** *v. t. (utter)* heraussprudeln; *(incoherently)* stottern. **2.** *v. i.* **a)** *(speak) (vehemently)* wettern; *(in hurried fashion)* stammeln; **b)** *(crackle)* zischen; **c)** *see* **splutter 1**

**sputum** ['spju:təm] *n., pl.* **sputa** ['spju:tə] *(Med.)* **a)** *(saliva)* Speichel, *der;* **b)** *(phlegm)* Sputum, *das*

**spy** [spaɪ] **1.** *n.* **a)** *(secret agent)* Spion, *der*/Spionin, *die;* **b)** *(watcher)* Spion, *der*/Spionin, *die;* Schnüffler, *der*/Schnüfflerin, *die (abwertend);* **be a ~ for sb./sth.** für jmdn./etw. als Spitzel arbeiten; **~ in the sky/cab** *(coll.)* Spionagesatellit, *der*/Fahrt[en]-schreiber, *der.* **2.** *v. t. (literary)* ausmachen; **~ a way out of the situation** einen Ausweg aus der Lage finden. **3.** *v. i. (watch closely)* [herum]spionieren; *(practise espionage)* Spionage treiben; **~ on sb./a country** jmdm. nachspionieren/gegen ein Land spionieren; **~ on sb.'s movements** jmdm. auf Schritt und Tritt nachspionieren; **~ on each other** sich gegenseitig argwöhnisch beobachten

~ '**out** *v. t.* aufspüren; ausspionieren ‹*Feind, feindliche Stellung*›; **~ out the land** *(lit. or fig.)* die Lage erkunden

**spy: ~glass** *n.* Handfernrohr, *das;* Perspektiv, *das;* **~hole** *n.* Spion, *der;* Guckloch, *das;* **~master** *n. (coll.)* Chef eines Spionagerings; **~ ring** *n.* Spionagering, *der;* **~ satellite** *n.* Spionagesatellit, *der*

**sq., Sq.** *abbr.* **square, Square**

**squab** [skwɒb] *n.* **a)** *(Ornith.: fledgeling)* [noch nicht flügger] Jungvogel; *(pigeon)* Jungtaube, *die;* **b)** *(cushion)* Kissen, *das;* *(Brit.: of car seat)* Rücken-/Seitenlehne, *die*

**squabble** ['skwɒbl] **1.** *n.* Streit, *der;* **petty ~s** kleine Streitereien; **have a ~ [with sb. about sth.]** [mit jmdm. wegen einer Sache] Streit haben *(ugs.);* sich [mit jmdm. wegen einer Sache] streiten. **2.** *v. i.* sich zanken (**over, about** wegen)

**squad** [skwɒd] *n.* **a)** *(Mil.)* Gruppe, *die;* Trupp, *der;* **b)** *(group)* Mannschaft, *die; see also* **firing-squad; c)** *(Police)* **special ~:** Sonder[einsatz]kommando, *das;* **Drug/Fraud S~:** Rauschgift-/Betrugsdezernat, *das;* **~ car** *(Amer.)* Einsatzwagen, *der; see also* **flying squad; vice squad**

**squaddie, squaddy** ['skwɒdɪ] *n. (Brit. Mil. sl.)* Gemeine, *der*

**squadron** ['skwɒdrən] *n.* **a)** *(Mil.) (of tanks)* Bataillon, *das; (of cavalry)* Schwadron, *die;* **b)** *(Navy)* Geschwader, *das;* **c)** *(Air Force)* Staffel, *die;* **~ leader** *(Air Force)* Major der Luftwaffe

**squalid** ['skwɒlɪd] *adj.* **a)** *(dirty)* [abstoßend] schmutzig; **living conditions were ~:** man lebte mitten im Schmutz; **b)** *(poor)* schäbig; armselig; **c)** *(fig.: sordid)* abstoßend

**squall** [skwɔ:l] **1.** *n. (gust)* Bö, *die;* **look out** *or* **be on the look out for ~s** *(fig.)* auf der Hut sein. **2.** *v. i.* brüllen; **~ in pain** brüllen *od.* schreien vor Schmerz

**squally** ['skwɔ:lɪ] *adj.* böig

**squalor** ['skwɒlə(r)] *n., no pl.* **a)** *(dirtiness)* Schmutz, *der;* **live in ~:** in Schmutz und Elend leben; **a life of ~:** ein Leben in Schmutz und Elend; **b)** *(fig.)* Schmutzigkeit, *die*

**squander** ['skwɒndə(r)] *v. t.* vergeuden ‹*Talent, Zeit, Geld*›; verschleudern ‹*Ersparnisse, Vermögen*›; nicht nutzen ‹*Chance, Gelegenheit*›; **~ one's life** sein Leben wegwerfen

**square** [skweə(r)] **1.** *n.* **a)** *(Geom.)* Quadrat, *das;* **b)** *(object, arrangement)* Quadrat, *das;* **carpet ~:** Teppichfliese, *die;* **cheese ~:** Scheiblette, *die* (Wz); **tile ~:** [quadratische] Kachel; **c)** *(on board in game)* Feld, *das;* **be** *or* **go back to ~ one** *(fig. coll.)* wieder von vorn anfangen müssen; **d)** *(open area)* Platz, *der;* **e)** *(scarf)* [quadratisches] Tuch; **silk ~:** Seidentuch, *das;* **f)** *(Mil.: drill area)* **[barrack-]~:** Kasernenhof, *der;* **g)** *(Math.: product)* Quadrat, *das;* **a perfect ~:** eine Quadratzahl; **h)** *(sl.: old-fashioned person)* Spießer, *der*/Spießerin, *die (abwertend);* **i) on the ~ = on the level** *see* **level 1 a; j)** *(instrument)* Winkel, *der;* **L-/T-~:** L-förmiger Meßwinkel/Kreuzwinkel, *der; see also* **set square; try-square; k)** *(Amer.: block of buildings)* Quadrat, *das;* Karree, *das;* **l)** *(Cricket: pitch area)* [Haupt]spielfläche, *die.* *See also* **inverse square law; magic square; word-square. 2.** *adj.* **a)** quadratisch; *see also* **hole 1 a; b) a ~ foot/mile/metre** *etc.* ein Quadratfuß/eine Quadratmeile/ein Quadratmeter *usw.;* **a foot ~:** ein Fuß im Quadrat; **the S~ Mile** die City von London; **c)** *(right-angled)* rechtwink[e]lig; **~ with** *or* **to** im rechten Winkel zu; **the wall is not ~ with the ceiling** die Wand ist nicht im Lot mit der Decke; **~ on to sth.** rechtwinklig zu etw.; **d)** *(stocky)* gedrungen ‹*Statur, Gestalt*›; ‹*Gegenstand:*› von gedrungenem Format; **be ~ in build** gedrungen gebaut sein; **e)** *(in outline)* rechteckig; eckig ‹*Schultern, Kinn*›; **~-shouldered** breitschultrig; **f)** *(quits)* quitt *(ugs.);* **be [all] ~:** [völlig] quitt sein *(ugs.);* ‹*Spieler:*› gleich stehen; ‹*Spiel:*› unentschieden stehen; **the match finished all ~:** das Spiel ging unentschieden aus; **get ~ with sb.** mit jmdm. quitt werden *(ugs.);* *(get revenge)* es jmdm. heimzahlen; **g)** *(sl.: old-fashioned)* spießig *(abwertend).* **3.** *adv.* **a)** breit ‹*sitzen*›; **put sth. ~ in the middle of sth.** etw. mitten auf etw. *(Akk.)* stellen; **hit sb. ~ on the jaw** jmdm. genau auf die Kinnlade schlagen; **the ball hit him ~ on the head** der Ball traf ihn genau am Kopf; **look sb. ~ in the face** *or* **between the eyes** jmdm. fest in die Augen sehen; **b)** *(fairly)* ehrlich; fair ‹*behandeln*›. *See also* [2]**fair 2 c. 4.** *v. t.* **a)** *(make right-angled)* rechtwinklig machen; vierkantig zuschneiden ‹*Holz*›; **b)** *(place squarely)* **~ one's shoulders** seine Schultern straffen; c) *(divide into ~s)* in Karos einteilen; ~**d paper** kariertes Papier; d) *(Math.: multiply)* quadrieren; 3 ~**d is 9** 3 [im] Quadrat ist 9; 3 hoch 2 ist 9; e) *(reconcile)* ~ **sth. with sth.** etw. mit etw. in Einklang bringen; f) ~ **it with sb.** *(coll.: get sb.'s approval)* es mit jmdm. klären; g) *(coll.: bribe)* schmieren *(salopp)*; h) *(settle)* begleichen; ~ **one's debt[s]** seine Schuld[en] begleichen; **I have a debt to ~ with him** *(fig.)* mit ihm werde ich [noch] abrechnen; *see also* **account 2a**; i) *(draw level in)* ~ **[the/one's match** *or* **score]** zum Unentschieden verkürzen; gleichziehen; j) ~ **the circle** *(Geom.)* den Kreis quadrieren. 5. *v. i. (be consistent)* übereinstimmen; **sth. does not ~ with sth.** etw. steht nicht im Einklang mit etw.; **it just does not ~:** hier stimmt doch etwas nicht

~ **'off** 1. *v. t. (make ~) see* ~ **4a.** 2. *v. i. (raise fists)* die Fäuste heben

~ **'up** *v. i. (settle up)* abrechnen

~ **'up to** *v. t.* a) *(raise fists against)* sich mit erhobenen Fäusten aufbauen *(ugs.)* vor (+ *Dat.*); **they ~d up to each other** sie traten sich kampfbereit gegenüber; b) *(confront)* ~ **up to sb./sth.** jmdm./einer Sache entgegentreten

**square:** ~**-bashing** ['skweəbæʃɪŋ] *n. (Brit. Mil. sl.)* Kasernenhofdrill, *der;* ~ **'brackets** *n. pl.* eckige Klammern; ~**-built** *adj.* quadratisch ⟨*Gebäude*⟩; gedrungen ⟨*Person*⟩; vierschrötig ⟨*Mann*⟩; ~ **dance** *n.* Square dance, *der;* ~ **'deal** *n.* faires Geschäft; **get a ~ deal** *(not be swindled)* kein schlechtes Geschäft machen; *(receive adequate compensation)* fair *od.* anständig behandelt werden; ~ **'leg** *n. (Cricket) Feldspieler, der die Stellung hinter dem Schlagmann innehat*

**squarely** ['skweəlɪ] *adv.* a) *(directly)* fest ⟨*ansehen*⟩; genau ⟨*treffen*⟩; aufrecht ⟨*sitzen*⟩; **his works place him ~ in the Romantic tradition** mit seinem Werk steht er direkt in der romantischen Tradition; b) *see* **fairly e**

**square:** ~ **'meal** *n.* anständige Mahlzeit *(ugs.)*; ~ **number** *n. (Math.)* Quadratzahl, *die;* ~**-rigged** ['skweərɪgd] *adj. (Naut.)* ⟨*Schoner*⟩ mit Rahsegeln; **a ~-rigged sailing ship** ein voll getakelter Rahsegler; ~ **'root** *n. (Math.)* Quadratwurzel, *die;* ~**-root sign** [Quadrat]wurzelzeichen, *das;* ~ **sail** *n. (Naut.)* Rahsegel, *das;* ~**-toed** ['skweətəʊd] *adj.* ~**-toed shoes/boots** [an den Zehen] breite Schuhe/Stiefel; ~ **wave** *n. (Phys.)* Rechteckwelle, *die*

[1]**squash** [skwɒʃ] 1. *v. t.* a) *(crush)* zerquetschen; ~ **sth. flat** etw. platt drücken; b) *(compress)* pressen; ~ **in/up** eindrücken/zusammendrücken ⟨*Gegenstand*⟩; ~ **sb./sth. into sth.** jmdn./etw. in etw. *(Akk.)* [hinein]zwängen; c) *(put down)* niederschlagen ⟨*Aufstand*⟩; zunichte machen ⟨*Hoffnung, Traum*⟩; d) *(coll.: dismiss)* ablehnen ⟨*Vorschlag, Plan*⟩; e) *(coll.: silence)* zum Schweigen bringen. 2. *v. i.* sich quetschen; ~ **in** sich hineinquetschen; **we ~ed up** wir drängten uns zusammen; ~ **into the back seat of a car** sich auf den Rücksitz eines Wagens quetschen. 3. *n.* a) *(drink)* Fruchtsaftgetränk, *das;* **orange ~:** Orangensaftgetränk, *das; (concentrated)* Orangensaftkonzentrat, *das;* b) *(Sport)* ~ **[rackets]** Squash, *das;* c) *see* **crush 2a**

[2]**squash** *n. (gourd)* [Speise]kürbis, *der*

**squash:** ~ **ball** *n.* Squashball, *der;* ~ **court** *n.* Squashfeld, *das;* ~ **racket** *n.* Squashschläger, *der;* ~ **rackets** *see* [1]**squash 3b**

**squashy** ['skwɒʃɪ] *adj.* weich ⟨*Kuchen, Obst*⟩

**squat** [skwɒt] 1. *v. i.*, **-tt-** a) *(crouch)* hocken; *(crouch down)* sich hocken; b) *(coll.: sit)* sitzen; *(sit down)* sich setzen; c) *(coll.: occupy property) (house)* eine Hausbesetzung machen; *(land)* eine Landbesetzung machen; ~ **in a house/on land** ein Haus besetzen/Land besetzen. 2. *adj.* rundlich; untersetzt. 3. *n. (coll.)* a) *(occupation) (of house)* Hausbesetzung, *die; (of land)* Landbesetzung, *die;* b) *(house)* besetztes Haus; *(land)* besetztes Land

~ **'down** *v. i.* sich [nieder]hocken; *(on seat)* sich hinsetzen

**squatter** ['skwɒtə(r)] *n. (illegal occupier)* Besetzer, *der*/Besetzerin, *die; (of house also)* Hausbesetzer, *der*/-besetzerin, *die*

**squaw** [skwɔ:] *n.* Squaw, *die*

**squawk** [skwɔ:k] 1. *v. i.* ⟨*Hahn, Krähe, Rabe:*⟩ krähen; ⟨*Huhn:*⟩ kreischen; *(complain)* ⟨*Person:*⟩ keifen *(abwertend).* 2. *n.* a) *(bird-cry)* ~**[s]** *(of crow, cockerel, raven)* Krähen, *das; (of hen)* Kreischen, *das;* b) *(complaint)* Gekeif[e], *das (ugs. abwertend);* **utter ~s of complaint** sich keifend beschweren; ~ **of anger/indignation** wütendes/entrüstetes Gezeter

**squeak** [skwi:k] 1. *n.* a) *(of animal)* Quieken, *das;* b) *(of hinge, door, brake, shoe, etc.)* Quietschen, *das;* c) *(coll.: escape)* **have a narrow ~:** gerade noch [mit dem Leben] davonkommen; **that was a narrow ~!** das war knapp! *(ugs.). See also* **bubble and squeak.** 2. *v. i.* a) ⟨*Tier:*⟩ quieken; b) ⟨*Scharnier, Tür, Bremse, Schuh usw.:*⟩ quietschen; c) *(coll.: pass)* ~ **through/past [sth.]** mit Müh und Not [durch etw.] durchkommen/[an etw. *(Dat.)*] vorbeikommen; d) *(sl.) see* **squeal 1d**

**squeaky** ['skwi:kɪ] *adj.* quietschend; schrill ⟨*Stimme*⟩; **be ~ clean** blitzsauber sein *(ugs.)*; *(fig.)* eine blütenweiße Weste haben *(fig. ugs.)*

**squeal** [skwi:l] 1. *v. i.* a) ~ **with pain/in fear** ⟨*Person:*⟩ vor Schmerz/Angst aufschreien; ⟨*Tier:*⟩ vor Schmerz/Angst laut quieken; ~ **with laughter/for joy/in excitement** vor Lachen/Freude/Aufregung kreischen; b) ⟨*Bremsen, Räder:*⟩ kreischen; ⟨*Reifen:*⟩ quietschen; c) *(sl.: protest)* ~ **[in protest]** lauthals protestieren; d) *(sl.: inform)* singen *(salopp)* **(to** bei); ~ **on sb.** jmdn. verpfeifen *(salopp).* 2. *v. t.* kreischen. 3. *n.* Kreischen, *das; (of tyres)* Quietschen, *das; (of animal)* Quieken, *das;* **give a ~ of fear** ⟨*Person:*⟩ vor Angst laut schreien; ⟨*Tier:*⟩ vor Angst laut quieken; **give a ~ of anger** vor Zorn aufschreien; **give a ~ of delight/excitement/joy** vor Vergnügen/Aufregung/Freude kreischen; **with a ~ of delight** kreischend vor Entzücken

**squeamish** ['skwi:mɪʃ] *adj.* a) *(easily nauseated)* **be ~:** zartbesaitet sein; **this film is not for the ~:** dieser Film ist nichts für zarte Gemüter; b) *(fastidious)* zimperlich

**squeegee** [skwi:'dʒi:] 1. *n.* a) *(for floor)* [Boden]wischer, *der; (for window)* [Fenster]wischer, *der;* b) *(Photog.) (roller)* Rollenquetscher, *der; (stripper)* Abstreifer, *der.* 2. *v. t.* a) *(wipe)* mit dem [Boden]wischer putzen ⟨*Fußboden*⟩; mit dem [Fenster]wischer putzen ⟨*Fenster*⟩; b) *(Photog.: roll)* mit dem Rollenquetscher/Abstreifer rollen

**squeeze** [skwi:z] 1. *n.* a) *(pressing)* Druck, *der;* **it only takes a gentle ~:** man braucht nur leicht zu drücken; **give sth. a [small] ~:** etw. [leicht] drücken; **put the ~ on sb.** *(fig. sl.)* jmdm. [die] Daumenschrauben anlegen; jmdn. durch die Mangel drehen *(salopp);* b) *(small quantity)* **a ~ of juice/washing-up liquid** ein Spritzer Saft/Spülmittel; **a ~ of toothpaste/icing** ganz wenig Zahnpasta/Zuckerguß; c) *(crush)* Gedränge, *das;* **be in a tight ~** *(fig.)* = **be in a fix** *see* **fix 4a;** d) *(Econ.: restriction)* Beschränkung, *die* **(on** *Gen.*); e) *(Brit.: embrace)* **give sb. a [big/final] ~:** jmdn. [fest/ein letztes Mal] an sich drücken. 2. *v. t.* a) *(press)* drücken; drücken auf (+ *Akk.*) ⟨*Tube, Plastikflasche*⟩; kneten ⟨*Ton, Knetmasse*⟩; ausdrücken ⟨*Schwamm, Wäsche, Pickel*⟩; *(to get juice)* auspressen ⟨*Früchte, Obst*⟩; ~ **sb.'s hand** jmdm. die Hand drücken; ~ **the trigger** auf den Abzug drükken; b) *(extract)* drücken **(out of** aus); ~ **out sth.** etw. herausdrücken; ~ **sth. on to sth.** etw. auf etw. *(Akk.)* drücken; c) *(force)* zwängen; ~ **one's way past/into/out of sth.** sich an etw. *(Dat.)* vorbei-/in etw. *(Akk.)* hinein-/aus etw. herauszwängen; d) *(fig. coll.)* ~ **sth. from sb.** etw. aus jmdm. herauspressen; e) *(emit)* ~ **[out]** herauspressen ⟨*Träne*⟩; herausbringen ⟨*Laut, Antwort*⟩; sich abringen ⟨*Lächeln*⟩; f) *(fig.: constrain)* unter Druck setzen; ~ **sb. into doing sth.** jmdn. dazu bringen, etw. zu tun; ~ **sb. out of sth./out** *(fig. coll.)* jmdn. aus etw. drängen/hinausdrängen; g) *(Bridge)* zum Abwerfen zwingen; h) *(coll.: extort)* ~ **money out of sb.** Geld aus jmdm. herauspressen. 3. *v. i.* ~ **past sb./sth.** sich an jmdm./etw. vorbeidrängen; ~ **between two persons** sich zwischen zwei Personen *(Dat.)* durchdrängen; ~ **under** *or* **underneath sth.** sich unter etw. *(Dat.)* hindurchzwängen; ~ **under a bed** sich unter ein Bett zwängen; ~ **together** sich zusammendrängen; ~ **down a hole** sich in ein Loch zwängen

~ **'in** 1. *v. t.* a) reinquetschen; b) *(fig.: fit in)* einschieben. 2. *v. i.* sich hineinzwängen

~ **'up** *v. i.* sich zusammendrängen; ~ **up against sb./sth.** sich [fest] an jmdn./etw. drücken

**squeeze:** ~ **bottle** *see* **squeezy bottle;** ~**-box** *n. (sl.)* Quetschkommode, *die (salopp scherzh.)*

**squeezer** ['skwi:zə(r)] *n. (device)* Presse, *die*

**squeezy bottle** ['skwi:zɪ bɒtl] *n.* [elastische] Plastikflasche

**squelch** [skweltʃ] 1. *v. t.* a) *(stamp on)* stampfen; b) *(silence)* zum Schweigen bringen. 2. *v. i.* a) *(make sucking sound)* quatschen *(ugs.)*; b) *(go over wet ground)* patschen

**squib** [skwɪb] *n.* a) *(firework)* Knallfrosch, *der;* **damp ~** *(fig.)* Reinfall, *der;* b) *(lampoon)* [kurze] Satire

**squid** [skwɪd] *n. (Zool., Gastr.)* Kalmar, *der*

**squidgy** ['skwɪdʒɪ] *adj. (Brit. coll.)* durchweicht; matschig *(ugs.)*

**squiggle** ['skwɪgl] *n.* Schnörkel, *der*

**squiggly** ['skwɪglɪ] *adj.* schnörk[e]lig; **put a ~ line under sth.** etw. unterschlängeln

**squint** [skwɪnt] 1. *n.* a) *(Med.)* Schielen, *das;* **have a ~:** schielen; b) *(stealthy look)* Schielen, *das (ugs.)*; c) *(coll.: glance)* kurzer Blick; **have** *or* **take a ~ at** einen Blick werfen auf (+ *Akk.*); überfliegen ⟨*Text, Zeitung*⟩; d) *(Eccl.: opening) schräge Maueröffnung, durch die man den Altar sieht.* 2. *v. i.* a) *(Med.)* schielen; b) *(with half-closed eyes)* blinzeln; die Augen zusammenkneifen; ~ **at sth.** etw. blinzelnd anschauen; c) *(obliquely)* ~ **through a gap** durch eine Lücke lugen; d) *(coll.: glance)* ~ **at** einen [kurzen] Blick werfen auf (+ *Akk.*); überfliegen ⟨*Zeitung, Text*⟩; **I ~ed through his window as I passed** ich schielte im Vorbeigehen durch sein Fenster. 3. *v. t.* ~ **one's eyes** die Augen zusammenkneifen

**squire** ['skwaɪə(r)] 1. a) *(country gentleman)* Squire, *der;* ≈ Gutsherr, *der;* b) *(Brit. coll. voc.: sir)* **want to buy any watches, ~?** möchte der Herr Uhren kaufen? *(veralt.)*; wollen Sie Uhren kaufen, Meister? *(ugs.)*; c) *(Hist.: attendant)* Knappe, *der.* 2. *v. t.* begleiten

**squirm** [skwɜ:m] *v. i.* a) *see* **wriggle 1;** b) *(fig.: show unease)* sich winden **(with** vor)

**squirrel** ['skwɪrl] *n.* a) *(Zool.)* Eichhörnchen, *das; see also* **grey squirrel; ground-squirrel; red squirrel;** b) *(fur)* Eichhörnchen[fell], *das;* Feh, *das*

**squirt** [skwɜ:t] 1. *v. t.* spritzen; sprühen ⟨*Spray, Puder*⟩; ~ **sth. at sb.** jmdn. mit etw. bespritzen/besprühen; ~ **sb. in the eye/face [with sth.]** jmdn. [etw.] ins Auge/Gesicht spritzen/sprühen; ~ **oneself with water/deodorant** sich mit Wasser bespritzen/mit Deodorant besprühen. **2.** *v. i.* spritzen. **3.** *n.* Spritzer, *der;* **a ~ of juice** ein Spritzer Saft

**squishy** ['skwɪʃɪ] *adj.* patschend *(ugs.)*

**Sr.** *abbr.* **a) Senior** sen.; sr.; **b) Señor; c)** *(Relig.)* **Sister** Sr.

**Sri Lanka** [sri: 'læŋkə] *pr. n.* Sri Lanka *(das)*

**Sri Lankan** [sri: 'læŋkən] **1.** *adj.* srilankisch. **2.** *n.* Srilanker, *der*/Srilankerin, *die;* **sb. is a ~:** jmd. ist aus Sri Lanka

**SRN** *abbr.* **State Registered Nurse** staatl. gepr. Krankenschwester/-pfleger

**SS** *abbr.* **a)** [seɪnts] **Saints** St.; **b) steamship** D; **c)** *(Nazi élite force)* SS, *die*

**SSE** [saʊθsaʊθ'i:st] *abbr.* **south-south-east** SSO

**SSW** [saʊθsaʊθ'west] *abbr.* **south-south-west** SSW

**St** *abbr.* **Saint** St.

**St.** *abbr.* **Street** Str.

**st.** *abbr.* *(Brit.: unit of weight)* **stone**

**stab** [stæb] **1.** *v. t.*, **-bb- a)** *(pierce)* stechen; ~ **the air** in der Luft herumfuchteln; ~ **sb. in the chest** jmdm. in die Brust stechen; ~ **a piece of meat** in ein Stück Fleisch stechen; **he had been severely ~bed** er hatte gefährliche Stichwunden erhalten; **b)** *(fig.)* *(hurt)* ~ **sb.'s heart** jmdm. ins Herz schneiden *(geh.);* ~ **sb.'s conscience** jmds. Gewissen quälen; *(attack)* ~ **sb. in the back** *(fig.)* jmdm. in den Rücken fallen. **2.** *v. i.*, **-bb- a)** *(pierce)* stechen; **b)** *(thrust)* zustechen; ~ **at sb.** nach jmdm. stechen. **3.** *n.* **a)** *(act)* Stich, *der;* *(fig.)* **that was a real ~ in the back** ich fühlte mich/er fühlte sich *usw.* wirklich verraten und verkauft; **b)** *(coll.: attempt)* **make** *or* **have a ~ [at it]** [es] probieren; **c)** *(blow)* Stich, *der;* *(with beak)* Hieb, *der;* **d)** *(wound)* Stichwunde, *die;* **e)** *(fig.)* *(pang)* ~ **of conscience/guilt** Gewissensbiß, *der*/[quälendes] Schuldbewußtsein

**stabbing** ['stæbɪŋ] **1.** *n.* Messerstecherei, *die.* **2.** *attrib. adj.* stechend ‹*Schmerz*›

**stabilisation** *etc. see* **stabiliz-**

**stability** [stə'bɪlɪtɪ] *n., no pl.* Stabilität, *die;* **his character lacks ~:** er ist charakterlich nicht gefestigt

**stabilization** [steɪbɪlaɪ'zeɪʃn] *n.* Stabilisierung, *die*

**stabilize** ['steɪbɪlaɪz] **1.** *v. t.* stabilisieren. **2.** *v. i.* sich stabilisieren

**stabilizer** ['steɪbɪlaɪzə(r)] *n.* **a)** *(Naut.)* Stabilisator, *der;* **b)** *(Aeronaut.)* **vertical ~** *see* **tail-fin; horizontal ~** *see* **tailplane; c)** *(Cycling)* Stützrad, *das*

**[1]stable** ['steɪbl] *adj.* **a)** *(steady)* stabil; **the patient was in a ~ condition** *or* **was ~:** der Zustand des Patienten *od.* der Patient war stabil; **a ~ family background** geordnete Familienverhältnisse; *see also* **equilibrium; b)** *(resolute)* gefestigt ‹*Person, Charakter*›

**[2]stable 1.** *n.* **a)** *(for horses)* Stall, *der;* **b)** *(Horse-racing: establishment)* [Renn]stall, *der;* **the horses are trained at his ~:** die Pferde werden in seinem Stall trainiert; **c)** *(fig.: origin)* Stall, *der (ugs.);* **the latest model from the X ~:** das jüngste Modell aus dem Hause X; **from the same ~** ‹*Person*› aus demselben Stall *(ugs.);* ‹*Produkt*› aus demselben Haus. **2.** *v. t.* *(put in ~)* in den Stall bringen; *(keep in ~)* **the pony was ~d at a nearby farm** das Pony war im Stall eines nahegelegenen Bauernhofes untergebracht

**stable:** ~**-boy** *see* ~**-lad;** ~**-door** *n.* *(made in two parts)* quergeteilte Tür; *see also* **[2]lock 2 a;** ~**-lad,** ~**man** *ns.* Stallbursche, *der*

**stabling** ['steɪblɪŋ] *n., no indef. art.* Ställe; Stallungen

**staccato** [stə'kɑ:təʊ] *(Mus.)* **1.** *adj.* staccato gesetzt; *(fig.)* abgehackt ‹*Sprache*›; **speak with a ~ delivery** schnell und abgehackt sprechen; ~ **bursts of gun-fire** ein Stakkato von Gewehrfeuer. **2.** *adv.* staccato. **3.** *n.* *(also fig.)* Stakkato, *das*

**stac'cato mark** *n.* *(Mus.)* Stakkatozeichen, *das*

**stack** [stæk] **1.** *n.* **a)** *(of hay etc.)* Schober, *der (südd., österr.);* Feim, *der (nordd., md.);* **b)** *(pile)* Stoß, *der;* Stapel, *der;* **place sth. in ~s** etw. [auf]stapeln; **c)** *(coll.: large amount)* Haufen, *der (ugs.);* **a ~ of work/money** ein Haufen Arbeit/Geld; **have a ~ of things to do** einen Haufen zu tun haben *(ugs.);* **have ~s of money** Geld wie Heu haben *(ugs.);* **d) [chimney-]~:** Schornstein, *der;* **e)** *(factory chimney)* Fabrikschornstein, *der;* **blow one's ~** *(Amer. fig. coll.)* = **blow one's top** *see* **[1]blow 2 h; f)** *(funnel)* **[smoke-]~:** Schornstein, *der;* **g)** *(Aeronaut.)* *übereinander in Warteschleifen kreisende Flugzeuge;* **h)** *(Brit.: rock pillar)* Felssäule, *die;* **i)** *(in library)* Magazin, *das.* **2.** *v. t.* **a)** *(pile)* ~ **[up]** [auf]stapeln; ~ **logs in a pile** Holz zu einem Stoß aufschichten; **be well ~ed** *(fig. sl.: have large bust)* viel Holz vor der Hütte haben *(ugs. scherzh.);* ~**ing** stapelbar ‹*Stühle usw.*›; **b)** *(arrange fraudulently)* ~ **the cards** beim Mischen betrügen; **the odds** *or* **cards** *or* **chips are ~ed against sb.** *(fig.)* jmd. hat schlechte Karten *(fig. ugs.);* **c)** *(Aeronaut.)* übereinander Warteschleifen fliegen lassen; **we are ~ed right up to 30,000 feet** der Warteraum ist schon bis in 30 000 Fuß Höhe belegt

~ **'up** *see* ~ **2 a**

**stadium** ['steɪdɪəm] *n.* Stadion, *das*

**staff** [stɑ:f] **1.** *n.* **a)** *(stick)* Stock, *der;* **b)** *constr. as pl.* *(personnel)* Personal, *das;* **editorial ~:** Redaktion, *die;* **diplomatic ~:** diplomatisches Korps; **the ~ of the firm** die Betriebsangehörigen; die Belegschaft [der Firma]; ~ **meeting** Belegschaftsversammlung, *die;* **c)** *constr. as pl.* *(of school)* Lehrerkollegium, *das;* Lehrkörper, *der (Amtsspr.);* *(of university or college)* Dozentenschaft, *die;* ~**-student ratio** Verhältnis zwischen Lehrenden und Studierenden; ~ **meeting** *(at school)* Lehrerkonferenz, *die;* *(at university or college)* Dozentenkonferenz, *die;* **d)** *pl.* **staves** [steɪvz] *(Mus.)* Liniensystem, *das;* ~ **notation** Notation mit Hilfe des Liniensystems; **e)** *(Mil.: officers)* Stab, *der; see also* **chief 1 b; f)** *(ceremonial rod)* Stab, *der;* **pastoral ~** *(Eccl.)* Bischofsstab, *der;* **g)** *(fig.: support)* Stütze, *die;* **bread/Christ is the ~ of life** Brot ist die Grundlage des Lebens/Christus ist das Brot des Lebens; **h)** *(Surv.: rod)* Meßlatte, *die. See also* **flagstaff; general staff. 2.** *v. t.* mit Personal ausstatten; **a hospital ~ed by women** ein Krankenhaus, dessen Personal aus Frauen besteht

**'staff college** *n.* *(Brit. Mil.)* Stabsakademie, *die (Milit.)*

**staffed** [stɑ:ft] *adj.* mit Personal ausgestattet

**staffer** ['stɑ:fə(r)] *n.* *(Amer. Journ.)* Redaktionsmitglied, *das*

**staff:** ~ **nurse** *n.* *(Brit.)* Zweitschwester, *die/Krankenpfleger in der Stellung einer Zweitschwester;* ~ **officer** *n.* *(Mil.)* Stabsoffizier, *der;* ~**-room** *n.* Lehrerzimmer, *das;* ~ **sergeant** *n.* **a)** *(Brit. Mil.)* ≈ Oberfeldwebel, *der;* **b)** *(Amer. Mil.)* ≈ Feldwebel, *der*

**stag** [stæg] *n.* **a)** Hirsch, *der;* **b)** *(Amer.: lone man)* Herr ohne Damenbegleitung; **c)** *(Brit. St. Exch. sl.)* Konzertzeichner, *der*

**'stag beetle** *n.* *(Zool.)* Hirschkäfer, *der*

**stage** [steɪdʒ] **1.** *n.* **a)** *(Theatre)* Bühne, *die;* **down/up ~** *(position)* vorne/hinten auf der Bühne; *(direction)* nach vorn/nach hinten; **[be/appear] on ~:** auf der Bühne [stehen/erscheinen]; **be appearing on ~ at the Royal** am Royal spielen; **b)** *(fig.)* **the ~:** das Theater; **write for the ~:** für die Bühne schreiben; **go on the ~:** zur Bühne *od.* zum Theater gehen; **c)** *(part of process)* Stadium, *das;* Phase, *die;* **be at a difficult/late/critical ~:** sich in einer schwierigen/späten/kritischen Phase befinden; **negotiations are at an early ~:** die Verhandlungen befinden sich im Anfangsstadium; **at such a late ~:** zu einem so späten Zeitpunkt; **at this ~:** in diesem Stadium; **do sth. in** *or* **by ~s** etw. abschnittsweise *od.* nach und nach tun; **I am past the ~ of caring** das ist mir inzwischen gleich; **in the final ~s** in der Schlußphase; **d)** *(raised platform)* Gerüst, *das; see also* **landing-stage; e)** *(of microscope)* Mikroskoptisch, *der;* **f)** *(fig.: scene)* Bühne, *die;* **quit the political ~** *or* **the ~ of politics** von der politischen Bühne abtreten; **hold the ~:** die Szene beherrschen; **set the ~ for sb./sth.** jmdm. den Weg ebnen/etw. in die Wege leiten; **the ~ was set for a bitter argument** damit waren die Voraussetzungen für eine erbitterte Auseinandersetzung gegeben; **g)** *(stopping-place)* Station, *die;* **h)** *(distance)* Etappe, *die;* **the ~ from Paris to Marseilles** die Strecke Paris–Marseille; **travel by [easy] ~s** in [kurzen] Etappen reisen; *see also* **fare-stage; i)** *(Geol., Electr., Astronaut.)* Stufe, *die.* **2.** *v. t.* **a)** *(present)* inszenieren; **b)** *(arrange)* veranstalten ‹*Wettkampf, Ausstellung*›; ausrichten ‹*Veranstaltung*›; organisieren ‹*Streik*›; bewerkstelligen ‹*Rückzug*›; ~ **a comeback** ein Comeback schaffen

**stage:** ~**-coach** *n.* Postkutsche, *die;* ~**craft** *n., no pl., no indef. art.* *(Theatre)* Bühnenkunst, *die;* ~ **direction** *n.* *(Theatre)* Bühnenanweisung, *die;* ~ **door** *n.* *(Theatre)* Bühneneingang, *der;* ~ **effect** *n.* *(Theatre)* Bühneneffekt, *der;* ~ **fright** *n.* *(Theatre)* Lampenfieber, *das;* ~**-hand** *n.* *(Theatre)* Bühnenarbeiter, *der*/-arbeiterin, *die;* ~ **'left** *see* **[2]left 3 c;** ~**-manage** *v. t.* **a)** *(Theatre)* als Inspizient/Inspizientin mitwirken bei ‹*Inszenierung*›; **b)** *(fig.)* veranstalten; inszenieren ‹*Revolte usw.*›; ~**-manager** *n.* *(Theatre)* Inspizient, der/Inspizientin, *die;* ~**-name** *n.* *(Theatre)* Künstlername, *der;* ~**-play** *n.* *(Theatre)* Bühnenstück, *das*

**stager** ['steɪdʒə(r)] *see* **old 1 b**

**stage:** ~ **right** *see* **right 3 h;** ~ **rights** *n. pl.* Aufführungsrechte; ~**-struck** *adj.* theaterbesessen; ~ **whisper** *n.* Beiseitesprechen, *das;* **in a ~ whisper** beiseite

**stagflation** [stæg'fleɪʃn] *n.* *(Econ.)* Stagflation, *die*

**stagger** ['stægə(r)] **1.** *v. i.* schwanken; torkeln *(ugs.).* **2.** *v. t.* **a)** *(cause to totter)* zum Schwanken bringen; **b)** *(astonish)* die Sprache verschlagen (+ *Dat.*); **I was ~ed** es hat mir die Sprache verschlagen; **c)** *(position out of line, arrange alternately)* versetzt anordnen; ~**ed junction** versetzt angelegte Kreuzung; ~**ed** *(fig.)* gestaffelt ‹*Ferien, Schichten, Essenszeiten*›

~ **a'bout,** ~ **a'round** *v. i.* [hin- und her]taumeln; [herum]torkeln *(ugs.)*

**staggering** ['stægərɪŋ] *adj.* erschütternd ‹*Schlag, Schock, Verlust*›; schwindelerregend ‹*Menge, Höhe*›; folgenschwer ‹*Auswirkung, Bedeutung*›; zutiefst beunruhigend ‹*Nachricht*›; **the ~ fact is that no one really knew who he was** erschütternd ist, daß niemand ihn wirklich kannte

**staggeringly** ['stægərɪŋlɪ] *adv.* erstaunlich; *as sentence-modifier* erstaunlicherweise

**stagily** ['steɪdʒɪlɪ] *adv.* betont auffällig ‹*sich kleiden*›; affektiert ‹*sich benehmen*›

**staging** ['steɪdʒɪŋ] *n., no indef. art.* **a)** Gerüst, *das;* *(used as stage)* Bühne, *die;* **b)** *(Hort.: shelves)* Regale; **c)** *(Theatre: production)* Inszenierung, *die*

**staging:** ~ **area** *n.* *(Mil.)* Sammelplatz, *der;* ~ **post** *n.* Zwischenstation, *die*

**stagnant** ['stægnənt] *adj.* **a)** *(motionless)* stehend ‹*Gewässer*›; **the water is ~:** das Wasser steht; **b)** *(fig.: lifeless)* abgestumpft ‹*Geist, Seele*›; stagnierend ‹*Wirtschaft*›; dumpf ‹*Leben*›; **the economy is ~:** die Wirtschaft stagniert

**stagnate** [stæg'neɪt] *v. i.* **a)** ‹*Wasser usw.:*› abstehen; **b)** *(fig.)* ‹*Wirtschaft, Geschäft:*› stagnieren; ‹*Geist, Künstler:*› in Lethargie verfallen; ‹*Person:*› abstumpfen

**stagnation** [stæg'neɪʃn] *n., no pl.* **a)** *(of water etc.)* Stehen, *das;* **b)** *(fig.)* Stagnation, *die*

**stag: ~ night** *n. Zechabend des Bräutigams mit seinen Freunden kurz vor seiner Hochzeit;* **~ party** *n.* Herrenabend, *der; (before wedding) Trinkgelage des Bräutigams mit seinen Freunden kurz vor seiner Hochzeit*

**stagy** ['steɪdʒɪ] *adj.* theatralisch; **be a ~ dresser** sich betont auffällig kleiden; **they have a ~ manner** sie benehmen sich wie die Schauspieler

**staid** [steɪd] *adj.* **a)** *(steady, sedate)* gesetzt; **lead a ~ existence** ein gleichförmiges Leben führen; **b)** *(serious)* bieder

**staidly** ['steɪdlɪ] *adv.* **a)** *(soberly)* bieder; **b)** *(sedately)* ruhig

**stain** [steɪn] **1.** *v. t.* **a)** *(discolour)* verfärben; *(make ~s on)* Flecken hinterlassen auf (+ *Dat.*); **b)** *(fig.: besmirch)* beflecken; besudeln *(geh. abwertend);* **c)** *(colour)* färben; beizen ‹*Holz*›; **d)** *(Biol.: impregnate)* anfärben. **2.** *v. i.* sich verfärben; *(take ~s)* Flecken bekommen. **3.** *n.* **a)** *(discoloration)* Fleck, *der;* **b)** *(fig.: blemish)* Schandfleck, *der;* **without a ~ on his character** mit einem fleckenlosen Charakter *od. (fig.)* einer fleckenlosen Weste; **c)** *(colouring-material)* Beize, *die;* **d)** *(Biol.)* Farbstoff, *der*

**stained 'glass** *n.* farbiges Glas; Farbglas, *das;* **the ~ at the church** die farbigen Glasfenster *od.* die Glasmalereien in der Kirche; **~ window** Fenster mit Glasmalerei

**stainless** ['steɪnlɪs] *adj.* **a)** *(spotless)* fleckenlos; **b)** *(non-rusting)* rostfrei

**stainless 'steel** *n.* Edelstahl, *der*

**'stain-remover** *n.* Fleck[en]entferner, *der*

**stair** [steə(r)] *n.* **a)** *(set of steps)* **~s**, *(arch./Scot.)* **~**: Treppe, *die;* **below ~s** in den Wirtschaftsräumen [im Souterrain]; **b)** *(step)* [Treppen]stufe, *die;* **c)** *in pl. (landing-stage)* Landungssteg, *der. See also* **downstairs; 'flight 1 d; upstairs**

**stair: ~-carpet** *see* **carpet 1 a; ~-carpeting** *see* **carpeting a; ~case** *n.* Treppenhaus, *das; (one flight)* Treppe, *die;* **on the ~case** auf der Treppe; *see also* **spiral staircase; winding staircase; ~head** *see* **landing d; ~-rod** *n.* Läuferstange, *die;* **it's raining ~-rods** *(coll.)* es regnet Bindfäden *(ugs.);* **~way** *n.* **a)** *(access via ~s)* Treppenaufgang, *der;* **b)** *(~-case)* Treppe, *die;* **~-well** *n.* Treppenhaus, *das*

**stake** [steɪk] **1.** *n.* **a)** *(pointed stick)* Pfahl, *der;* **pull up ~s** *(Amer. fig. coll.)* seine Zelte abbrechen; **b)** *(wager)* Einsatz, *der;* **be at ~:** auf dem Spiel stehen; **at ~ is the Gold Medal** es geht um die Goldmedaille; **have a lot of money at ~ on a project** viel Geld in ein Projekt gesteckt haben; **have a ~ in sth.** in etw. *(Akk.)* investiert haben; **have a 50 % ~ in a firm** einen fünfzigprozentigen Anteil an einer Firma halten; **c)** *in pl. (Horse-racing) (prize-money)* Geldpreis, *der; (race)* [Wett]rennen um einen Geldpreis; **d)** *(for execution)* **be burnt at the ~:** auf dem Scheiterhaufen verbrannt werden; **go to the ~ for sth.** *(fig.)* sich für etw. kreuzigen lassen. **2.** *v. t.* **a)** *(secure)* [an einem Pfahl/an Pfählen] anbinden; **~ sth. down** etw. einpflocken; **~ a claim [to sb./sth.]** *see* **claim 3 e; b)** *(wager)* setzen (**on** auf + *Akk.*); **c)** *(risk)* aufs Spiel setzen (**on** für); **I'll ~ my reputation on his innocence** ich verbürge mich mit meinem guten Namen für seine Unschuld; **~ one's life on sth.** seinen Kopf auf etw. *(Akk.)* wetten *(ugs.);* **you can ~ your life on that** darauf kannst du Gift nehmen *(ugs.)* ; **d)** *(Amer. coll.: finance)* **~ sb.** jmdm. finanziell unter die Arme greifen; **~ a business/venture** Geld in ein Geschäft/Unternehmen stecken

**~ 'off** *v. t.* [mit Pfählen] abstecken

**~ 'out** *v. t.* **a)** *(mark out)* mit Pfählen begrenzen; eingrenzen; **b)** *(fig.: claim)* beanspruchen; **have ~d out a field of study as one's own** ein Fachgebiet für sich alleine gepachtet haben *(ugs.);* **c)** *(Amer. coll.: observe)* überwachen; *see also* **stake-out**

**stake: ~-boat** *n. (Rowing) verankertes Boot, das die Rennstrecke bei einem Bootsrennen markiert;* **~-net** *n.* Schockernetz, *das;* **~-out** *n. (Amer. coll.)* Überwachung, *die*

**stalactite** ['stæləktaɪt] *n. (Geol.)* Stalaktit, *der*

**stalagmite** ['stæləgmaɪt] *n. (Geol.)* Stalagmit, *der*

**stale** [steɪl] **1.** *adj.* **a)** alt; muffig; abgestanden ‹*Luft*›; alt[backen] ‹*Brot*›; schal ‹*Bier, Wein usw.*›; *(fig.)* abgedroschen ‹*Witz, Trick*›; überholt ‹*Nachricht*›; **b)** *(jaded)* ausgelaugt. **2.** *v. t.* alt werden lassen ‹*Lebensmittel*›; auslaugen ‹*Sportler, Schauspieler*›

**'stalemate 1.** *n. (Chess; also fig.)* Patt, *das;* **end in** *or* **reach ~:** mit einem Patt enden. **2.** *v. t.* **a)** *(Chess)* **~ sb.** jmdn. in eine Pattsituation bringen; **b)** *(fig.: halt)* zum Stillstand bringen; aufhalten ‹*Verfahren*›; verhindern ‹*Fortschritte*›

**staleness** ['steɪlnɪs] *n., no pl.* **a)** *(lack of freshness)* Muffigkeit, *die; (of air)* Abgestandenheit, *die; (of bread)* Altbackenheit, *die; (of beer etc.)* Schalheit, *die; (fig.: lack of novelty)* Abgedroschenheit, *die; (of news)* Überholtheit, *die;* **b)** *(jadedness)* Ausgelaugtheit, *die*

**Stalinism** ['stɑ:lɪnɪzm] *n. (Polit.)* Stalinismus, *der*

**Stalinist** ['stɑ:lɪnɪst] *n. (Polit.)* Stalinist, *der/* Stalinistin, *die*

**¹stalk** [stɔ:k] **1.** *v. i.* **a)** stolzieren; **~ along** einherschreiten/-stolzieren *(geh.);* **b)** *(Hunting)* pirschen; **be ~ing** auf der Pirsch sein. **2.** *v. t.* sich heranpirschen an (+ *Akk.*)

**²stalk** [stɔ:k] *n.* **a)** *(Bot.) (main stem)* Stengel, *der; (of leaf, flower, fruit)* Stiel, *der; (of cabbage)* Strunk, *der;* **b)** *(Zool.)* Stiel, *der; (of crab etc.)* [Augen]stiel, *der;* **his eyes stood** *or* **were out on ~s** *(fig.)* er machte *od.* bekam Stielaugen *(ugs.)*

**stalker** ['stɔ:kə(r)] *n.* Pirscher, *der*

**¹stall** [stɔ:l] **1.** *n.* **a)** Stand, *der;* **b)** *(for horse)* Box, *die; (for cow)* Stand, *der;* **c)** *(Eccl.: seat)* Stuhl, *der;* **the choir ~s** das Chorgestühl; **d)** *in pl. (Brit. Theatre: seats)* **[front] ~s** Parkett, *das;* **in the rear/cheap ~s** auf den hinteren/billigen Parkettplätzen; **e)** *(Brit. Horse-racing)* **the [starting-]~s** die Startboxen; **f)** *(of engine)* Stehenbleiben, *das;* **g)** *(Aeronaut.)* Überziehen, *das;* **go into a ~:** durchsacken. **2.** *v. t.* abwürgen *(ugs.)* ‹*Motor*›. **3.** *v. i.* **a)** ‹*Motor:*› stehenbleiben; **b)** *(Aeronaut.)* durchzusacken beginnen

**²stall 1.** *v. i.* ausweichen; **~ on a promise** *(delay)* die Einlösung eines Versprechens hinauszögern; **quit ~ing!** *(Amer. coll.)* hör auf, drum herumzureden! *(ugs.).* **2.** *v. t.* blockieren ‹*Gesetz, Fortschritt*›; aufhalten ‹*Feind, Fortschritt*›

**'stall-holder** *n.* Standinhaber, *der/*-inhaberin, *die*

**stallion** ['stæljən] *n.* Hengst, *der*

**stalwart** ['stɔ:lwət] **1.** *adj.* **a)** *(sturdy)* stämmig; **b)** *attrib. (fig.: determined)* entschieden; entschlossen ‹*Kämpfer*›; *(loyal)* treu; getreu *(geh.).* **2.** *n. (loyal supporter)* treuer Anhänger/treue Anhängerin; **Party ~:** treues Parteimitglied

**stamen** ['steɪmen, 'steɪmən] *n. (Bot.)* Staubblatt, *das*

**stamina** ['stæmɪnə] *n.* **a)** *(physical staying-power)* Ausdauer, *die;* **b)** *(endurance)* Durchhaltevermögen, *das*

**stammer** ['stæmə(r)] **1.** *v. i.* stottern. **2.** *v. t.* stammeln; **~ [out] one's thanks/apologies** stammelnd danken/eine Entschuldigung stammeln. **3.** *n.* Stottern, *das;* **have a ~, speak with a ~:** stottern

**stammerer** ['stæmərə(r)] *n.* Stotterer, *der/* Stotterin, *die*

**stamp** [stæmp] **1.** *v. t.* **a)** *(impress, imprint sth. on)* [ab]stempeln; **~ sth. on sth.** etw. auf etw. *(Akk.)* [auf]stempeln; **~ envelopes with sth.** etw. auf Umschläge drucken; **b) ~ one's foot/feet** mit dem Fuß/den Füßen stampfen; **~ the snow from one's boots** den Schnee von den Stiefeln stampfen; **~ the floor** *or* **ground [in anger/with rage]** [ärgerlich/wütend] auf den Boden stampfen; **c)** *(put postage ~ on)* frankieren; freimachen *(Postw.);* **~ed addressed envelope** frankierter Rückumschlag; **d)** *(mentally)* **~ oneself/itself** *or* **become** *or* **be ~ed on sb.['s memory** *or* **mind]** sich jmdm. fest einprägen; **e)** *(crush)* zerstampfen; **f)** *(flatten)* **~ flat** platt stampfen *od.* treten ‹*Schachtel, Dose*›; **~ down** feststampfen *od.* -treten ‹*Erde, Schnee, Steine*›; **g)** *(characterize)* kennzeichnen; **~ sb. [as] a genius** zeigen, daß jmd. ein Genie ist. **2.** *v. i.* aufstampfen; **~ up and down** auf und ab stampfen. **3.** *n.* **a)** Marke, *die; (postage ~)* Briefmarke, *die; see also* **first-class 1 a; insurance stamp; second-class 1 b; trading stamp; b)** *(instrument for ~ing, mark)* Stempel, *der;* **c)** *(fig.: characteristic)* **bear the ~ of genius/greatness** Genialität/Größe erkennen lassen; **leave one's ~ on sth.** einer Sache seinen Stempel aufdrücken; **d)** *(fig.: kind)* [Menschen]schlag, *der;* **men of his ~:** Menschen seines Schlages *od.* seiner Prägung

**~ on** *v. t.* **a)** *(crush)* zertreten ‹*Insekt, Dose*›; zertrampeln ‹*Blumen*›; **~ on sb.'s foot** jmdm. auf den Fuß treten; **b)** *(suppress)* durchgreifen gegen. *See also* **~ 1 a, d**

**~ 'out** *v. t.* **a)** *(eliminate)* ausmerzen; ersticken ‹*Aufstand, Feuer*›; niederwalzen ‹*Opposition, Widerstand*›; **b)** *(cut out)* [aus]stanzen

**stamp: ~-album** *n.* Briefmarkenalbum, *das;* **~-book** *n.* Briefmarkenheftchen, *das;* **~-collecting** *n.* Briefmarkensammeln, *das;* **~-collection** *n.* Briefmarkensammlung, *die;* **~-collector** *n.* Briefmarkensammler, *der/*-sammlerin, *die;* **~-duty** *n.* Stempelsteuer, *die*

**stampede** [stæm'pi:d] **1.** *n.* **a)** Stampede, *die;* **b)** *(rush of people) (due to interest)* Ansturm, *der; (due to panic)* wilde Flucht; **b)** *(Amer. Polit.)* starker Zulauf. **2.** *v. i.* **a)** in Panik fliehen; **b)** *(rush)* ‹*Personen:*› stürmen. **3.** *v. t.* **a) ~ a herd** bei einer Herde eine Stampede auslösen; **b) ~ sb. into doing sth.** jmdn. dazu drängen, etw. zu tun

**'stamp-hinge** *see* **hinge 1 c**

**stamping-ground** ['stæmpɪŋgraʊnd] *n.* Revier, *das;* **one's old ~:** der Ort, wo man früher immer zu finden war

**'stamp-machine** *n.* Briefmarkenautomat, *der*

**stance** [stæns, stɑ:ns] *n.* **a)** *(Golf, Cricket: position)* Stellung, *die;* **b)** *(posture; fig.: attitude)* Haltung, *die;* **take up a ~ over** *or* **on sth.** *(fig.)* eine Haltung zu etw. einnehmen

**stanch** [stɑ:nʃ, stɔ:nʃ] *v. t.* **a)** *(stop flow of)* stillen ‹*Blut*›; **b)** *(stop flow from)* abbinden ‹*Wunde*›

**stanchion** ['stɑ:nʃn] *n.* Stütze, *die; (of flat wagon)* Runge, *die; (of awning)* Sonnensegelstütze, *die*

**stand** [stænd] **1.** *v. i.*, **stood** [stʊd] **a)** stehen; **all ~! aufstehen!; don't just ~ there [, do something]!** steh nicht so herum[, tu doch etwas!]; **~ for the National Anthem/for a minute's silence** zur Nationalhymne/zu einer Schweigeminute aufstehen; **~ in a line** *or* **row** sich in einer Reihe aufstellen; *(be ~ing)* in einer Reihe stehen; **we stood talk-**

ing wir standen da und unterhielten uns; ~ **or fall by sth.** *(fig.)* mit etw. stehen und fallen; ~ **empty** leer stehen; *see also* **standstill; b)** *(have height)* **he ~s six feet tall/the tree ~s 30 feet high** er ist sechs Fuß groß/der Baum ist 30 Fuß hoch; ~ **high above sb./sth.** *(fig.)* [rangmäßig] weit über jmdm. stehen/etw. bei weitem übersteigen; **c)** *(be at level)* ‹*Aktien, Währung, Thermometer:*› stehen (**at** auf + *Dat.*); ‹*Fonds:*› sich belaufen (**at** auf + *Akk.*); ‹*Absatz, Export usw.:*› liegen (**at** bei); **d)** *(hold good)* bestehenbleiben; **my decision still ~s** an meiner Entscheidung hat sich nichts geändert; **my offer/promise still ~s** mein Angebot/Versprechen gilt nach wie vor; **e)** *(find oneself, be)* ~ **first in line for the throne** in der Thronfolge der Erste sein; ~ **convicted of treachery** wegen Verrats verurteilt sein; **as it ~s, as things ~:** wie die Dinge [jetzt] liegen; **the law as it ~s** das bestehende *od.* gültige Recht; **the matter ~s thus** die Sache steht so; ~ **prepared to dispute sth.** bereit sein, über etw. *(Akk.)* zu diskutieren; **as a statesman he ~s alone in contemporary politics** *(fig.)* es gibt in der gegenwärtigen Politik keinen, der ihm als Staatsmann das Wasser reichen könnte; **I'd like to know where I ~** *(fig.)* ich möchte wissen, wo ich dran bin; ~ **in need** Not leiden; ~ **in need of sth.** einer Sache *(Gen.)* dringend bedürfen; **f)** *(be candidate)* kandidieren (**for** für); ~ **in an election** bei einer Wahl kandidieren; ~ **as a candidate/nominee** kandidieren/nominiert sein; ~ **as a Liberal/Conservative** für die Liberalen/Konservativen kandidieren; ~ **for Parliament** *(Brit.)* für einen Parlamentssitz kandidieren; ~ **for office** *(Brit.)* sich um ein Amt bewerben; **g)** ~ **proxy for sb.** jmdn. vertreten; **h)** *(place oneself)* sich stellen; ~ **from under sb.** *or* **sb.'s feet** *(Amer.)* jmdm. nicht ständig vor den Füßen herumlaufen; ~ **in the way of sth.** *(fig.)* einer Sache *(Dat.)* im Weg stehen; **[not]** ~ **in sb.'s way** *(fig.)* jmdm. [keine] Steine in den Weg legen; **i)** *(be likely)* ~ **to win** *or* **gain/lose sth.** etw. gewinnen/verlieren können; **what do I ~ to gain from/by it?** was kann ich dabei gewinnen?; **j)** *(Cricket: be umpire)* schiedsrichtern; **k)** *(Naut.: hold course)* ~ **in for** *or* **towards sth.** Kurs auf etw. *(Akk.)* nehmen; ~ **into danger** auf eine Gefahr zusteuern. *See also* **correct 1a; deliver d; ease 1f; easy 2; ²fast 2a; ²firm 2; foot 1a; leg 1a; ¹light 1a; ²pat a. 2.** *v. t.*, **stood a)** *(set in position)* stellen; ~ **sth. on end/upside down** etw. hochkant/auf den Kopf stellen; **b)** *(endure)* ertragen; vertragen ‹*Klima*›; **I can't ~ the heat/noise** ich halte die Hitze/den Lärm nicht aus; **I cannot ~ [the sight of] him/her** ich kann ihn/sie nicht ausstehen; **he can't ~ the pressure/strain/stress** er ist dem Druck/den Strapazen/dem Streß nicht gewachsen; **I can't ~ it any longer!** ich halte es nicht mehr aus; ~ **closer examination** einer genaueren [Über]prüfung standhalten; ~ **the test of time** sich bewähren; **he can't ~ being told what to do** er kann es nicht leiden *od.* ausstehen, wenn man ihm Vorschriften macht; **c)** *(undergo)* ausgesetzt sein (+ *Dat.*); **the play/player has stood much criticism** das Stück/der Spieler stieß auf viel Kritik; ~ **trial [for sth.]** [wegen einer Sache] vor Gericht stehen; **d)** *(buy)* ~ **sb. sth.** jmdm. etw. ausgeben *od.* spendieren *(ugs.)*; **can I ~ you a lunch?** Gehen wir zusammen was essen? Ich lade dich ein. *See also* **chance 1c; ¹ground 1b; ¹pace 1b; treat 1c. 3.** *n.* **a)** *(support)* Ständer, *der;* **b)** *(stall; at exhibition)* Stand, *der;* **c)** *(raised structure)* Tribüne, *die;* **d)** *(resistance)* Widerstand, *der;* **put up a brave ~ against sb./sth.** jmdm./einer Sache tapfer Widerstand leisten; **take** *or* **make a ~** *(fig.)* klar Stellung beziehen (**for/against/on** für/gegen/zu); **e)** *(Cricket)* **a ~ of 90 runs** eine gemeinsame Serie von 90 Läufen; **f)** *(~ing-place for taxi, bus, etc.)* Stand, *der;* **g)** *(performance on tour)* Auftritt, *der;* **h)** *(of trees, corn, clover, etc.)* Bestand, *der;* **i)** *(position)* **take one's ~:** sich aufstellen; **take one's ~ on the podium** seinen Platz auf der Tribüne einnehmen; **take a [firm] ~ [on sth.]** [in etw. *(Dat.)*] einen festen Standpunkt vertreten; **what's your ~ [on this matter]?** welchen Standpunkt vertrittst du [in dieser Sache]? **j)** *(Amer.: witness-box)* Zeugenstand, *der;* **take the ~:** in den Zeugenstand treten. *See also* **grandstand; one-night stand**

**~ a'bout, ~ a'round** *v. i.* herumstehen

**~ a'side** *v. i.* **a)** *(step aside)* zur Seite treten; Platz machen; **b)** *(fig.: withdraw)* abseits stehen; ~ **aside from sth.** sich an etw. nicht beteiligen

**~ 'back** *v. i.* **a)** ~ **[well] back [from sth.]** [ein gutes Stück] [von etw.] entfernt stehen; **b)** *see* ~ **aside a; c)** *(fig.: distance oneself)* zurücktreten; **sometimes one must ~ back from daily affairs** von Zeit zu Zeit muß man von seinen Alltagsgeschäften Abstand gewinnen; **d)** *(fig.: withdraw)* ~ **back from sth.** sich aus einer Sache heraushalten

**~ behind** *v. t.* ~ **behind sb./sth.** *(lit. or fig.)* hinter jmdm./etw. stehen

**~ between** *v. t.* **sth. ~s between sb. and sth.** *(fig.)* etw. steht jmdm. bei etw. im Wege

**~ by 1.** [-'-] *v. i.* **a)** *(remain apart)* abseits stehen; ~ **[idly] by and watch sth. happen** *or* **while sth. happens** untätig zusehen, wie etw. geschieht; ~ **by and do nothing to prevent sth.** sich abseits halten und nicht eingreifen, um etw. zu verhindern; **b)** *(be near)* daneben stehen; **c)** *(be ready)* sich zur Verfügung halten; ~ **by ready to do sth.** Gewehr bei Fuß stehen, um etw. zu tun. **2.** ['--] *v. t.* **a)** *(support)* ~ **by sb./one another** jmdm./sich [gegenseitig] *od. (geh.)* einander beistehen; **b)** *(adhere to)* ~ **by sth.** zu etw. stehen; ~ **by the terms of a contract** einen Vertrag einhalten; ~ **by a promise** ein Versprechen halten; ~ **by a resolution** einen Beschluß [in die Tat] umsetzen; **c)** *(Naut.: prepare to use)* klarmachen. *See also* **stand-by**

**~ 'down 1.** *v. i.* **a)** *(withdraw, retire)* verzichten; ~ **down in favour of a person** zugunsten einer Person *(Gen.)* zurücktreten; **b)** *(leave witness-box)* den Zeugenstand verlassen; **c)** *(Brit. Mil.: go off duty)* seinen Posten verlassen; ~ **down from guard duty** seinen Wachdienst beenden; **d)** *(Mil.: disband)* sich auflösen. **2.** *v. t.* **a)** *(Brit. Mil.: relieve from duty)* abziehen; **b)** *(Mil.: disband)* auflösen

**~ for** *v. t.* **a)** *(signify)* bedeuten; **she hates him and all that he ~s for** sie haßt ihn und alles, was mit ihm zusammenhängt; **b)** *(represent)* ~ **for sb./sth.** für jmdn./etw. eintreten; sich für jmdn./etw. einsetzen; **c)** *see* **stand 1f; d)** *(coll.: tolerate)* sich bieten lassen; **that's one thing I won't ~ for** das ist etwas, was ich nicht haben kann

**~ 'in** *v. i.* **a)** *(deputize)* aushelfen; ~ **in for sb.** für jmdn. einspringen; **b)** *(share)* ~ **in with sb. [for sth.]** mit jmdm. die Kosten [für etw.] teilen; **c)** *(Naut.) see* **stand 1k.** *See also* **stand-in**

**~ 'off 1.** *v. i. (move away)* sich entfernen; *(keep away)* sich in einiger Entfernung halten. **2.** *v. t. see* **²lay off 1a**

**~ 'out** *v. i.* **a)** *(persist)* ~ **out for/against sth.** hartnäckig für etw. kämpfen/sich hartnäckig gegen etw. wehren; **b)** *(be prominent)* herausragen; **the reason for the crisis ~s out** der Grund für die Krise ist augenfällig; ~ **out against** *or* **in contrast to sth.** sich gegen etw. abheben; ~ **out a mile** nicht zu übersehen sein; ‹*Grund, Antwort:*› [klar] auf der Hand liegen; **c)** *(be outstanding)* herausragen (**from** aus); **d)** *(Naut.)* ~ **out to sea** in See gehen

**~ over 1.** *v. t.* **a)** [-'--] *see* **hold over; b)** ['---] *(watch)* beaufsichtigen. **2.** [-'--] *v. i.* **sth. can ~ over** etw. kann warten; **any unfinished business ~s over to the next meeting** alle unerledigten Punkte werden bis zum nächsten Treffen zurückgestellt

**~ to** *see* ~ **by 1d;** *see also* **reason 1b**

**~ to'gether** *v. i.* zusammenstehen; *(for a photograph)* sich [gemeinsam] aufstellen; *(fig.)* zusammenhalten

**~ 'up 1.** *v. i.* **a)** *(rise)* aufstehen; ~ **up and be counted** *(fig.)* Farbe bekennen; **b)** *(be upright)* stehen; **I have only the clothes I ~ up in** ich besitze nur die Kleider, die ich am Leibe trage; ~ **up straight** sich aufrecht hinstellen; **c)** *(be valid) see* **²hold 2d; d)** ~ **up well [in comparison with sb./sth.]** [im Vergleich zu jmdm./etw.] gut abschneiden; *(maintain worth or position)* ‹*Preis, Wert:*› sich [im Vergleich zu etw.] gut halten. **2.** *v. t. (coll.: fail to keep date with)* ~ **sb. up** jmdn. versetzen *(ugs.)*. *See also* **stand-up**

**~ 'up for** *v. t.* ~ **up for sb./sth.** für jmdn./etw. Partei ergreifen; sich für jmdn./etw. stark machen; **why didn't you ~ up for me?** warum hast du mich nicht unterstützt?

**~ 'up to** *v. t.* **a)** *(face steadfastly)* ~ **up to sb.** sich jmdm. entgegenstellen; jmdm. die Stirn bieten; ~ **up to sth.** sich einer Sache *(Dat.)* stellen; ~ **up to an ordeal well/badly** eine Tortur tapfer/nicht aushalten; ~ **up to criticism** sich von Kritik nicht beirren lassen; **b)** *(survive intact under)* ~ **up to sth.** einer Sache *(Dat.)* standhalten; ~ **up to wear and tear** eine starke Beanspruchung aushalten

**stand-alone** [stændə'ləʊn] *adj. (Computing)* selbständig

**standard** ['stændəd] **1.** *n.* **a)** *(norm)* Maßstab, *der;* **safety ~s** Sicherheitsnormen; **above/below/up to ~:** überdurchschnittlich [gut]/unter dem Durchschnitt/der Norm entsprechend; **by anybody's ~s** für jeden; **b)** *(degree)* Niveau, *das;* **of [a] high/low ~:** von hohem/niedrigem Niveau; **a high ~ of competence** ein hohes Maß an Kompetenz; **set a high/low ~ in** *or* **of sth.** hohe/niedrige Ansprüche an etw. *(Akk.)* stellen; **the first competitor set a high ~:** der erste Bewerber setzte einen hohen Maßstab; **this pupil sets himself too low a ~ in his work** dieser Schüler verlangt zu wenig von sich selbst; ~ **of living** Lebensstandard, *der;* **c)** *in pl. (moral principles)* Prinzipien; **~s of sexual behaviour** Maßstäbe für das Sexualverhalten; **d)** *(flag)* Standarte, *die; (fig.: cause)* Banner, *das (geh.)*; **many flocked to the ~** *(fig.)* viele strömten zur Fahne; **e)** *(Hort.)* Hochstamm, *der;* ~ **rose** Hochstammrose, *die;* **f)** *(Bot.)* ~ **[shrub]** natürlich gewachsener Strauch; ~ **[tree]** Baum mit naturgemäßem Kronenaufbau; **g) lamp ~** *see* **lamp-post; h)** *(in currency)* Feingehalt, *der;* Standard, *der;* **the silver/monetary ~:** der Silberstandard/Münzfuß. *See also* **double standard; gold standard; royal standard. 2.** *adj.* **a)** *(conforming to ~, authoritative)* Standard-; *(used as reference)* Normal-; **b)** *(widely used)* normal; **what is the ~ thing to do in such cases?** was macht man normalerweise in solchen Fällen?; **be ~ procedure** Vorschrift sein; **have sth.** *or* **include sth.** *or* **be fitted with sth. as ~:** serienmäßig mit etw. ausgerüstet sein; **sth. is a ~ feature** etw. gehört zur Standardausrüstung; **a ~ letter** ein Schemabrief *(Bürow.)*; **a ~ model** ein Standardmodell; **be ~ practice** allgemein üblich sein; **it is ~ practice for sb. to do sth.** es ist üblich, daß jmd. etw. tut; **follow the ~ pattern** dem üblichen Muster folgen

**standard: ~-bearer** *n.* **a)** *(Mil.: flag-bearer)* Standartenträger, *der;* **b)** *(fig.: leader)* Bannerträger, *der*/-trägerin, *die (geh.)*; Vorkämpfer, *der*/-kämpferin, *die;* **~-bearer for** *or* **in sth.** Vorkämpfer einer Sa-

che *(Gen.)*; **S~-bred** *n. (Amer.)* Amerikanischer Traber; **S~ 'English** *n.* Standardenglisch, *das*
**standardisation, standardise** *see* **standardiz-**
**standardization** [stændədaɪ'zeɪʃn] *n.* Standardisierung, *die*
**standardize** ['stændədaɪz] *v. t.* standardisieren
**standard:** ~ **'lamp** *n. (Brit.)* Stehlampe, *die;* ~ **time** *n.* Normalzeit, *die*
**'stand-by 1.** *n., pl.* ~**s a)** *(reserve)* **[act] as a ~:** als Ersatz [bereitstehen]; **be on ~** ‹*Polizei, Feuerwehr, Truppen:*› einsatzbereit sein; ‹*Schauspieler:*› sich bereithalten; ‹*Flugzeug:*› startbereit sein; **the army was put on ~:** die Armee wurde in Einsatzbereitschaft versetzt; **b)** *(resource)* Rückhalt, *der;* **sth. is a good ~:** auf etw. *(Akk.)* kann man jederzeit zurückgreifen; **drink was his only ~:** das Trinken war seine einzige Zuflucht; **have some tins of food/an emergency pack as a ~:** einige Konserven für Notfälle/einen Notvorrat haben; **the generator is a ~:** der Generator dient als Notaggregat. **2.** *attrib. adj.* Ersatz-; ~ **safety equipment** zusätzliche Sicherheitsausrüstung; ~ **ticket/passenger** Stand-by-Ticket, *das*/-Passagier, *der*
**standee** [stæn'di:] *n. (Amer. coll.)* stehender Passagier/Zuschauer
**'stand-in 1.** *n.* Ersatz, *der; (in theatre, film)* Ersatzdarsteller, *der*/-darstellerin, *die; (Sport)* Ersatzspieler, *der*/-spielerin, *die.* **2.** *attrib. adj.* Ersatz-
**standing** ['stændɪŋ] **1.** *n.* **a)** *(repute)* Ansehen, *das;* **have some ~:** recht angesehen sein; **be of** *or* **have [a] high ~:** ein hohes Ansehen genießen; **have no ~:** ein Niemand sein; **what is his ~?** welchen Rang bekleidet er?; **be in good ~ with sb.** sich gut mit jmdm. stehen; *see also* **equal 1 a; b)** *(service)* **be an MP of twenty years' ~:** seit zwanzig Jahren [ununterbrochen] dem Parlament angehören; **be a member/judge of long/short ~:** seit langem/kurzem Mitglied/Richter sein; **a girl-friend of long ~:** eine langjährige Freundin; *see also* **long-standing; c)** *(duration)* **of long/short ~:** von langer/kurzer Dauer; **a feud of long ~:** ein alter Zwist; **d)** ~ **place** Standplatz, *der.* **2.** *adj.* **a)** *(erect)* stehend; **after the storm there was scarcely a tree still ~:** nach dem Sturm stand kaum mehr ein Baum; ~ **corn** stehendes Korn; ~ **stone** Menhir, *der;* **leave sb. ~** *(lit. or fig.: progress much faster)* jmdn. weit hinter sich *(Dat.)* lassen; **b)** *attrib. (established)* fest ‹*Regel, Brauch*›; **he has a ~ excuse** er bringt immer die gleiche Entschuldigung; *see also* **joke 1 b; c)** *attrib. (permanent)* stehend ‹*Heer*›; feststehend ‹*Praxis*›; **I have a ~ invitation to visit them whenever I want to** sie haben mich eingeladen, sie, wann immer ich will, zu besuchen; **d)** *attrib. (stationary)* ~ **jump** Standsprung, *der;* ~ **start** Hochstart, *der*
**standing:** ~ **com'mittee** *n.* ständiger Ausschuß; ~ **'order** *n.* **a)** *(payment instruction)* Dauerauftrag, *der; (for regular supply)* Abonnement, *das;* **b)** *in pl. (rules)* Geschäftsordnung, *die;* ~ **o'vation** *n.* stürmischer Beifall; stehende Ovation *(geh.)*; **~-room** *n., no pl., no indef. art.* Stehplätze; ~ **'water** *n.* stehendes Gewässer; *(Golf)* Wassergraben, *der;* ~ **wave** *n. (Phys.)* stehende Welle
**'stand-off** *n.* **a)** *(Amer.: deadlock)* verfahrene Situation; **finish/result in a ~:** in einer Sackgasse enden/in eine Sackgasse geraten; **b)** ~ **[half]** *(Rugby) see* **fly-half**
**stand-offish** [stænd'ɒfɪʃ] *adj.* reserviert
**stand:** ~ **'patter** *n. (Amer. Polit.)* strammer Konservativer/stramme Konservative; **~-pipe** *n. (for water-supply)* Standrohr, *das;* **~point** *n.* **a)** *(observation point)* Standort, *der;* **b)** *(fig.: viewpoint)* Standpunkt, *der;* **~still** *n.* Stillstand, *der;* **be at a ~still** stillstehen; ‹*Fahrzeug, Flugzeug:*› stehen; ‹*Produktion, Verkehr:*› zum Erliegen gekommen sein; **come to a ~still** zum Stehen kommen; ‹*Verhandlungen:*› zum Stillstand kommen; **the traffic/production came to a ~still** der Verkehr/die Produktion kam zum Erliegen; **bring to a ~still** zum Stehen bringen; zum Erliegen bringen ‹*Produktion*›; **~-up** *adj.* **~-up fight** Schlägerei, *die*
**stank** *see* **stink 1**
**stanza** ['stænzə] *n. (Pros.)* Strophe, *die*
**¹staple** ['steɪpl] **1.** *n. (for fastening paper)* [Heft]klammer, *die; (for fastening netting)* Krampe, *die.* **2.** *v. t. (with a stapler)* heften **(on to** an + *Akk.*); *(with a hammer)* krampen **(to** an + *Akk.*)
**²staple 1.** *attrib. adj.* **a)** *(principal)* Grund-; **a ~ diet** *or* **food** ein Grundnahrungsmittel; **b)** *(Commerc.: important)* grundlegend; ~ **goods** Haupthandelsartikel; **the ~ export of a country** das Hauptexportgut eines Landes. **2.** *n.* **a)** *(Commerc.: major item)* Haupterzeugnis, *das;* **b)** *(raw material)* Rohstoff, *der;* **c)** *(fig.: fundamental part)* **the ~ of conversation** das zentrale Thema der Unterhaltung; **d)** *(Textiles: fibre)* Faser, *die*
**stapler** ['steɪplə(r)] *n.* [Draht]hefter, *der*
**star** [stɑ:(r)] **1.** *n.* **a)** Stern, *der;* **reach for the ~s** *(fig.)* nach hohen Zielen streben; **three-~ general** *(Amer. Mil.)* Drei-Sterne-General, *der;* **three/four ~ hotel** Drei-/Vier-Sterne-Hotel, *das;* **two/four ~ [petrol]** Normal-/Super[benzin], *das;* **the S~s and Stripes** *(Amer.)* das Sternenbanner; **the pupil got a ~ for his work** der Schüler erhielt für seine Arbeit ein Sternchen *(als Auszeichnung);* **b)** *(prominent person)* Star, *der;* **be a rising ~ [of the tennis world]** ein aufgehender Stern [am Tennishimmel] sein; **c)** *(asterisk)* Stern, *der;* Sternchen, *das;* **d)** *(Astrol.)* Stern, *der;* **read one's/the ~s** sein/das Horoskop lesen; **be born under an unlucky ~:** unter einem ungünstigen Stern geboren sein. *See also;* **double star; evening star; morning star; ¹see 1 a; shooting star. 2.** *attrib. adj.* Star-; ~ **pupil** bester Schüler/beste Schülerin; ~ **turn** *or* **attraction** Hauptattraktion, *die;* **receive ~ billing** als Star/Stars des Abends auftreten. **3.** *v. t.*, **-rr- a)** *(decorate)* mit Sternen schmücken; **~red pattern** Sternenmuster, *das;* **b)** *(mark with asterisk)* mit einem Stern[chen] versehen; **c)** *(feature as star)* **~ring Humphrey Bogart and Lauren Bacall** mit Humphrey Bogart und Lauren Bacall in den Hauptrollen; **the film ~red Newman and Redford** in dem Film spielten Newman und Redford die Hauptrollen. **4.** *v. i.*, **-rr-:** ~ **in a film/play/TV series** in einem Film/einem Stück/einer Fernsehserie die Hauptrolle spielen
**starboard** ['stɑ:bəd] *(Naut., Aeronaut.)* **1.** *n.* Steuerbord, *das;* **land to ~!** Land an Steuerbord!; **turn** *or* **put the helm to ~:** nach Steuerbord drehen. **2.** *adj.* steuerbord-; steuerbordseitig; **on the ~ bow/quarter** Steuerbord voraus/achteraus; *see also* **¹tack 1 c; watch 1 c**
**starch** [stɑ:tʃ] **1.** *n.* **a)** Stärke, *die;* **b)** *(fig.)* Steifheit, *die.* **2.** *v. t.* stärken
**Star 'Chamber** *n.* **a)** *(Brit. Hist.)* Sternkammer, *die (Gericht zur Verfolgung von Straftaten gegen die Krone);* **b)** *(fig.: tribunal)* ≈ Volksgerichtshof, *der (fig.)*
**starched** [stɑ:tʃt] *adj.* gestärkt; *(fig.)* steif
**'starch-reduced** *adj.* stärkearm
**starchy** ['stɑ:tʃɪ] *adj.* **a)** *(containing much starch)* stärkehaltig ‹*Nahrungsmittel*›; **b)** *(fig.: prim)* steif
**'star-crossed** *adj.* **they were ~ lovers** ihre Liebe stand unter einem schlechten Stern
**stardom** ['stɑ:dəm] *n.* Starruhm, *der*
**stare** [steə(r)] **1.** *v. i.* **a)** *(gaze)* starren; ~ **in surprise/amazement** überrascht/erstaunt starren; ~ **in horror** erschreckt starren; ~ **at sb./sth.** jmdn./etw. anstarren; **it is rude to ~ at people** es ist unhöflich, andere [Leute] anzustarren; **b)** *(have fixed gaze)* starr blikken. **2.** *v. t.* ~ **sb. into silence** jmdn. durch Anstarren zum Schweigen bringen; ~ **sb. in the face** jmdn. [feindselig] fixieren; *(fig.)* jmdm. ins Auge springen; **ruin was staring him in the face** ihm drohte der Ruin; **I looked for my purse for ages and it was staring me in the face all the time** ich suchte eine Ewigkeit mein Portemonnaie, und dabei lag es die ganze Zeit direkt vor meiner Nase *(ugs.).* **3.** *n.* Starren, *das;* **fix sb. with a [curious/malevolent] ~:** jmdn. [neugierig/böse] anstarren
~ **'down,** ~ **'out** *v. t.* ~ **sb. down** *or* **out** jmds. Blick niederzwingen *(geh.);* jmdn. so lange anstarren, bis er/sie die Augen abwendet
**star:** **~fish** *n.* Seestern, *der;* **~-gazer** ['stɑ:geɪzə(r)] *n. (coll.)* Sterngucker, *der (ugs. scherzh.)*
**staring** ['steərɪŋ] *attrib. adj.* starrend ‹*Augen*›; **with ~ eyes** mit starrem Blick; **be stark ~ mad** *(fig. coll.)* völlig verrückt sein *(ugs.)*
**stark** [stɑ:k] **1.** *adj.* **a)** *(bleak)* öde; spröde ‹*Schönheit, Dichtung*›; **b)** *(obvious)* scharf umrissen; nackt ‹*Wahrheit*›; scharf ‹*Kontrast, Umriß*›; kraß ‹*Unterschied, Gegensatz, Realismus*›; **be in ~ contrast [to sb./sth.]** sich stark unterscheiden [von jmdm./etw.]; **c)** *(extreme)* schier ‹*Entsetzen, Dummheit*›; nackt ‹*Armut, Angst*›. **2.** *adv.* völlig; ~ **naked** splitternackt *(ugs.); see also* **staring**
**starkers** [stɑ:kəz] *pred. adj. (Brit. sl.)* splitternackt *(ugs.)*
**starkly** ['stɑ:klɪ] *adv.* **a)** *(clearly)* überdeutlich; scharf ‹*kontrastieren*›; **b)** *(harshly)* grell ‹*erleuchtet*›; **state a problem in ~ realistic terms** ein Problem kraß und realistisch darlegen
**starless** ['stɑ:lɪs] *adj.* stern[en]los
**starlet** ['stɑ:lɪt] *n. (Cinemat.)* Starlet[t], *das*
**'starlight** *n., no pl.* Sternenlicht, *das*
**starling** ['stɑ:lɪŋ] *n. (Ornith.)* **a)** [Gemeiner] Star; **b)** *(of family Sturnidae)* Star, *der; (of family Icteridae)* Stärling, *der*
**'starlit** *adj.* sternhell
**Star:** ~ **of Bethlehem** [stɑ:r əv 'beθlɪhem] *n. (Bot.)* Stern von Bethlehem; Milchstern, *der;* ~ **of David** [stɑ:r əv 'deɪvɪd] *n.* David[s]stern, *der*
**starry** ['stɑ:rɪ] *adj.* **a)** sternklar ‹*Himmel, Nacht*›; sternenübersät ‹*Himmel*›; **b)** *(shining)* strahlend, leuchtend ‹*Augen*›
**'starry-eyed** *adj.* blauäugig *(fig.)*
**star:** ~ **shell** *n. (Mil.)* Leuchtgeschoß, *das;* ~ **sign** *n.* Sternzeichen, *das;* **~-spangled** *adj.* mit Sternen übersät; sternbesät *(dichter.)*; **the S~-Spangled Banner** das Sternenbanner; **~-studded** *adj.* **a)** mit Sternen übersät; **b)** ‹*Show, Film, Besetzung*› mit großem Staraufgebot
**start** [stɑ:t] **1.** *v. i.* **a)** *(begin)* anfangen; beginnen *(oft geh.)*; **when we first ~ed** ganz zu Anfang; **don't 'you ~!** *(coll.)* nun fang du auch noch [damit] an!; ~ **on [at] sb.** *(coll.)* auf jmdn. einhacken *(ugs.)*; **don't ~ on at me about that again!** nun fang nicht schon wieder damit an!; ~ **on sth.** etw. beginnen; ~ **on Latin** mit Latein beginnen; ~ **with sth./sb.** bei *od.* mit etw./jmdm. anfangen; **prices ~ at ten dollars** die Preise beginnen bei zehn Dollar; ~ **at the beginning** am Anfang beginnen; **to ~ with** zuerst *od.* zunächst einmal; **~ing from next month** ab nächsten Monat; *see also* **get 2 b; scratch 3 a; b)** *(set out)* aufbrechen; **c)** *(make sudden movement)* aufschrecken; ~ **with pain/surprise** vor Schmerz/Überraschung auffahren; ~ **from one's chair** von seinem Stuhl hochfahren; ~ **back** zurückfahren; ~ **with fright** vor Schreck zurückwei-

chen; **d)** *(begin to function)* anlaufen; ⟨*Auto, Motor usw.*:⟩ anspringen; **e)** *(burst)* **his eyes ~ed from their sockets/his skull** *or* **head** die Augen traten ihm aus den Höhlen/dem Kopf. **2.** *v. t.* **a)** *(begin)* beginnen [mit]; **we ~ed the holiday on Sunday** unser Urlaub begann am Sonntag; **I have just ~ed a book by Böll** ich habe gerade ein Buch von Böll angefangen; **~ life in Australia** *(be born)* seine ersten Lebensjahre in Australien verbringen; **have ~ed life as sth.** *(fig.)* ursprünglich etw. gewesen sein; **~ school** in die Schule kommen; **~ work** mit der Arbeit beginnen (**on** an + *Dat.*); *(after leaving school)* zu arbeiten anfangen; **~ doing** *or* **to do sth.** [damit] anfangen, etw. zu tun; **b)** *(cause)* auslösen; anfangen ⟨*Streit, Schlägerei*⟩; legen ⟨*Brand*⟩; *(accidentally)* verursachen ⟨*Brand*⟩; **you've really ~ed something now!** jetzt hast du aber was angerichtet!; **you trying to ~ something?** *(coll.)* willst du 'ne Schlägerei anfangen?; **c)** *(set up)* ins Leben rufen ⟨*Organisation, Projekt*⟩; aufmachen ⟨*Laden, Geschäft*⟩; herausbringen ⟨*Zeitung*⟩; gründen ⟨*Verein, Firma, Zeitung*⟩; **d)** *(switch on)* einschalten; starten, anlassen ⟨*Motor, Auto*⟩; **e) ~ sb. doing sth.** jmdn. anfangen lassen, etw. zu tun; **~ sb. working on a project** jmdn. mit der Arbeit an einem Projekt anfangen lassen; **they ~ the children writing at an early age** sie bringen den Kindern schon früh das Schreiben bei; **~ sb. drinking/coughing/laughing** jmdn. zum Trinken/Husten/Lachen bringen; **~ sb. on a diet** jmdn. auf Diät *(Akk.)* setzen; **she ~ed the baby on solid foods** sie gab dem Baby erstmals feste Nahrung; **~ sb. in business/a trade** jmdm. die Gründung eines Geschäfts ermöglichen/jmdn. in ein Handwerk einführen; **f)** *(Sport)* **~ a race** ein Rennen starten; **~ a football match** ein Fußballspiel anpfeifen; **g) ~ a family** eine Familie gründen; **they have ~ed a baby** sie erwarten ein Kind; **h)** *(Hunting: rouse)* aufscheuchen (**from** aus). **3.** *n.* **a)** Anfang, *der;* Beginn, *der; (of race)* Start, *der;* **from the ~:** von Anfang an; **from ~ to finish** von Anfang bis Ende; **at the ~:** am Anfang; **at the ~ of the war/day** bei Kriegsbeginn/zum Tagesanfang; **be in at** *or* **in on the ~ of sth.** von Anfang an bei etw. dabei sein; **it could be the ~ of something big** *(coll.)* daraus könnte eine größere Sache werden *(ugs.)*; **make a ~:** anfangen (**on, with** mit); *(on journey)* aufbrechen; **make an early/late ~ [for town/to one's holiday]** früh/spät [in die Stadt/in die Ferien] aufbrechen; **get off to** *or* **make a good/slow/poor ~:** einen guten/langsamen/schlechten Start haben; **for a ~** *(coll.)* zunächst einmal; **b)** *(Sport: ~ing-place)* Start, *der;* **c)** *(Sport: advantage)* Vorsprung, *der;* **give sb. 60 metres ~:** jmdm. eine Vorgabe von 60 Metern geben; **have a ~ over** *or* **on sb./sth.** *(fig.)* einen Vorsprung vor jmdm./etw. haben; *see also* **head start; d)** *(good beginning)* **[good] ~:** guter Start; **get a good ~ in life** einen guten Start ins Leben haben; **e)** *(jump)* **she remembered** *or* **realized with a ~ that ...:** sie schreckte zusammen, als ihr einfiel, daß ...; **give sb. [a] ~:** jmdm. einen Schreck einjagen; **give a ~:** zusammenfahren; **f)** *in pl. (jerks)* **give several ~s** mehrmals rucken; *see also* **'fit b**

**~ for** *v. t.* sich auf den Weg machen nach/zu

**~ 'in** *v. i.* **a)** *(coll.: begin to do)* **~ in to do sth.** sich daranmachen *(ugs.)*, etw. zu tun; **~ in on sth./on doing sth.** *(Amer. coll.)* sich an etw. *(Akk.)* machen *(ugs.)*/sich daranmachen *(ugs.)*, etw. zu tun; **b) ~ in on sb. [for sth.]** *(criticize)* jmdn. [wegen etw.] attackieren

**~ 'off 1.** *v. i.* **a)** *see* **set off 1; b)** *(coll.: begin action)* **~ off by showing sth.** zu Beginn etw. zeigen; **c) ~ off with** *or* **on sth.** *(begin on)* mit etw. beginnen; **today we ~ed off with Latin** heute hatten wir zuerst Latein. **2.** *v. t.* **a) ~ sb. off working** jmdn. mit der Arbeit anfangen lassen; **~ sb. off on a task/job** jmdn. in eine Aufgabe/Arbeit einweisen; **~ sb. off on a craze** jmdm. einen Floh ins Ohr setzen *(ugs.)*; **b)** *see* **set off 2 b**

**~ 'out** *v. i.* **a)** *see* **set out 1; b)** *see* **set off 1**

**~ 'up 1.** *v. i.* **a)** *see* **jump up; b)** *(be set going)* starten; ⟨*Motor*:⟩ anspringen; **c)** *(begin to work)* **~ up in engineering/insurance** als Ingenieur/in der Versicherungsbranche anfangen; **~ up in a trade/as a plumber** sich als Handwerker/als Klempner selbständig machen. **2.** *v. t.* **a)** *(form)* beginnen ⟨*Gespräch*⟩; gründen ⟨*Geschäft, Firma*⟩; schließen ⟨*Freundschaft*⟩; **b)** *(~ [engine of])* starten; anlassen

**starter** ['stɑ:tə(r)] *n.* **a)** *(Sport: signaller)* Starter, *der;* **be under ~'s orders** *(Horse-racing)* am Start stehen; **b)** *(Sport: entrant)* Starter, *der*/Starterin, *die; (horse)* startendes Pferd; **be a ~ in a race** in einem Rennen starten; **c)** *(Motor Veh.)* **~ [motor]** Anlasser, *der;* **press the ~:** den Starter- *od.* Anlasserknopf drücken; **d)** *(initial action)* Anfang, *der;* **an easy question for a ~:** als erstes eine leichte Frage; **as a ~:** zuerst; **for ~s** *(coll.)* erstens einmal; **e)** *(hors d'œuvre etc.)* Vorspeise, *die;* **for a ~:** als Vorspeise

**starting** ['stɑ:tɪŋ]: **~-block** *n. (Athletics)* Startblock, *der;* **~-gate** *n. (Horse-racing)* Startmaschine, *die;* **~-grid** *n. (Motor-racing)* Startplatz, *der;* **on the second row of the ~-grid** in der zweiten Startreihe; **~-handle** *n. (Brit.)* [Anlasser]kurbel, *die;* **~-line** *n.* Startlinie, *die;* **~-pistol** *n. (Sport)* Startpistole, *die;* **~-point** *n. (lit. or fig.)* Ausgangspunkt, *der; (for solving a problem)* Ansatzpunkt, *der;* **~-post** *n. (Sport)* Startpfosten, *der;* **~-price** *n. (Horse-racing)* endgültige Quote; **~-stall** *see* **'stall 1 e; ~ time** *n.* Anfangszeit, *die*

**startle** ['stɑ:tl] *v. t.* erschrecken; **be ~d by sth.** über etw. *(Akk.)* erschrecken

**startling** ['stɑ:tlɪŋ] *adj.* erstaunlich; überraschend ⟨*Nachricht*⟩; *(alarming)* bestürzend ⟨*Nachricht, Entdeckung*⟩

**startlingly** ['stɑ:tlɪŋlɪ] *adv.* erstaunlich; *(alarmingly)* bestürzend

**starvation** [stɑ:'veɪʃn] *n.* Verhungern, *das;* **die of** *or* **from/suffer from ~:** verhungern/hungern *od.* Hunger leiden; **be** *or* **live on a ~ diet** fast am Verhungern sein; **~ wages** Hungerlohn, *der*

**starve** [stɑ:v] **1.** *v. i.* **a)** *(die of hunger)* **~ [to death]** verhungern; **b)** *(suffer hunger)* hungern; **c) be starving** *(coll.: feel hungry)* am Verhungern sein *(ugs.)*; **you must be starving!** *(coll.)* du mußt einen Mordshunger haben! *(ugs.)*; **d)** *(fig.: suffer want)* hungern *(geh.)* (**for** nach); **be spiritually ~d** seelisch ausgehungert sein. **2.** *v. t.* **a)** *(kill by starving)* **~ sb. [to death]** jmdn. verhungern lassen; **be ~d [to death]** verhungern; **b)** *(deprive of food)* hungern lassen; **feed a cold, ~ a fever** bei Erkältung soll man essen, bei Fieber hungern; **c)** *(deprive)* **we were ~d of knowledge** uns *(Dat.)* wurde [viel] Wissen vorenthalten; **feel ~d of affection** unter einem Mangel an Zuneigung leiden; *see also* **sex-starved; d)** *(force)* **~ sb. into submission/surrender** jmdn. bis zur Unterwerfung/Kapitulation aushungern

**~ 'out** *v. t.* aushungern

**'star wars** *n. pl.* der Krieg der Sterne

**stash** [stæʃ] *(sl.)* **1.** *v. t.* **~ [away]** verstecken; **he ~ed the sweets in his pocket** er ließ die Bonbons in seiner Tasche verschwinden; **~ money away** Geld beiseite schaffen. **2.** *n.* [geheimes] Lager

**stasis** ['stæsɪs, 'steɪsɪs] *n., pl.* **stases** ['stæsi:z, 'steɪsi:z] **a)** *(stagnation)* Stillstand, *der; (of economy)* Stagnation, *die;* **b)** *(Biol.: stoppage)* Stase, *die*

**state** [steɪt] **1.** *n.* **a)** *(condition)* Zustand, *der;* **~ of the economy** Wirtschaftslage, *die;* **the ~ of play** *(Sport)* der Spielstand; **the ~ of play [at the moment] is that X leads** nach dem gegenwärtigen Spielstand führt X; **the ~ of play in the negotiations/debate** *(fig.)* der [gegenwärtige] Stand der Verhandlungen/Debatte; **the ~ of things** der Stand der Dinge; **the ~ of things in general** die allgemeine Lage; **the ~ of the art** der [gegenwärtige] Stand der Technik; *see also* **state-of-the-art; the ~ of the nation** die Lage der Nation; **be in a ~ of war** sich im Kriegszustand befinden; **a ~ of war exists** es herrscht Kriegszustand; **be in a ~ of excitement/sadness/anxiety** aufgeregt/traurig/ängstlich sein; **b)** *(mess)* **what a ~ you're in!** wie siehst du denn aus! **things are in a ~, I can tell you** es herrschen wirklich finstere Zustände, sag' ich dir; **c)** *(anxiety)* **be in a ~** *(be in a panic)* aufgeregt sein; *(be anxious)* sich *(Dat.)* Sorgen machen; *(be excited)* ganz aus dem Häuschen sein *(ugs.)*; **get into a ~** *(coll.)* Zustände kriegen *(ugs.)*; **don't get into a ~!** reg dich nicht auf! *(ugs.)*; **d)** *(nation)* Staat, *der;* **[affairs] of S~:** Staats[geschäfte]; **e)** *(federal ~) (of Germany, Austria)* Land, *das; (of America)* Staat, *der;* **the [United] S~s** *sing.* die [Vereinigten] Staaten; **the Northern/Southern S~s** *(Amer.)* die Nord-/Südstaaten; **S~s' Rights** *(Amer.)* Rechte der einzelnen Bundesstaaten; **f) S~** *(civil government)* Staat, *der;* **g)** *(pomp)* Prunk, *der;* **in ~:** in vollem Staat; **keep ~:** hofhalten; **lie in ~:** aufgebahrt sein; **h)** *(social rank)* soziale Stellung; **i)** *(Bibliog.: variant)* Abdruckszustand, *der;* **j)** *(Bot.: stage)* Stadium, *das;* **the larval ~** *(Zool.)* das Larvenstadium. *See also* **affair b; evidence 1 b; grace 1 e; mind 1 e. 2.** *attrib. adj.* **a)** *(of nation or federal ~)* staatlich; Staats⟨*bank, -sicherheit, -geheimnis, -dienst*⟩; **~ control** staatliche Kontrolle; **~ education** staatliches Erziehungswesen; **S~ university** *(Amer.)* [öffentliche] Universität eines Bundesstaates; **b)** *(ceremonial)* Staats-; **the ~ opening of Parliament** *(Brit.)* die feierliche Eröffnung des Parlaments [nach der Sommerpause]. **3.** *v. t.* **a)** *(express)* erklären; *(fully or clearly)* darlegen; äußern ⟨*Meinung*⟩; angeben ⟨*Alter usw.*⟩; **'please ~ full particulars'** „bitte genaue Angaben machen"; **this condition is ~d in the insurance policy** so steht es ausdrücklich in der Versicherungspolice; **~ one's opinion that ...:** die Überzeugung äußern, daß ...; **b)** *(specify)* festlegen; **can you ~ the year when ...?** kannst du das Jahr nennen, in dem ...?; **at ~d intervals** in genau festgelegten Abständen; **at** *or* **by the ~d time** zur festgesetzten Zeit; **c)** *(Law: set out)* **~ a case** einen Fall vortragen; **d)** *(Mus.: introduce)* einführen

**state: ~-aided** *adj.* staatlich gefördert; **~-controlled** *adj.* **a)** *(owned)* staatseigen; **b)** *(restricted)* staatlich kontrolliert; **~craft** *n. (statesmanship)* Kunst der Staatsführung; **S~ Department** *n. (Amer. Polit.)* Außenministerium, *das*

**statehood** ['steɪthʊd] *n.* **a)** *(sovereignty)* Eigenstaatlichkeit, *die;* **b)** *(Amer.: federation)* **be admitted to ~:** als Bundesstaat aufgenommen werden

**'state-house** *n. (Amer.: legislature building)* Parlamentsgebäude, *das*

**stateless** ['steɪtlɪs] *adj.* staatenlos; **~ person** Staatenlose, *der/die*

**stately** ['steɪtlɪ] *adj.* majestätisch; stattlich ⟨*Körperbau, Erscheinung, Gebäude*⟩; hochtrabend ⟨*Stil*⟩; feierlich ⟨*Prozession*⟩; **at a ~ pace** gemessenen Schrittes

**stately 'home** *n. (Brit.)* Herrensitz, *der; (grander)* Schloß, *das*

**statement** ['steɪtmənt] *n.* **a)** *(stating, account, thing stated)* Aussage, *die; (declaration)* Erklärung, *die; (allegation)* Behauptung, *die;* **make a ~** ⟨*Zeuge*:⟩ eine Aussage machen; ⟨*Politiker:*⟩ eine Erklärung abgeben (**on** zu); **b)** *(Finance: report)* ~ **[of account], [bank]** ~: Kontoauszug, *der*

**state: ~-of-the-'art** *adj.* auf dem neuesten Stand der Technik *nachgestellt;* **~-owned** *adj.* staatlich; in Staatsbesitz *nachgestellt;* **~room** *n.* **a)** Prunkzimmer, *das;* **b)** *(Naut.)* private [Luxus]kabine; **c)** *(Amer. Railw.)* privates [Luxus]abteil; **S~ school** *n. (Brit.)* staatliche Schule; **S~side** *(Amer. coll.)* **1.** *adv.* **be/work/travel/head S~side** in den Staaten *(ugs.)* sein/arbeiten/in die Staaten *(ugs.)* reisen/fahren; **2.** *adj.* ⟨*Szene, Mode*⟩ in den Staaten *(ugs.)*

**statesman** [ˈsteɪtsmən] *n., pl.* **statesmen** [ˈsteɪtsmən] Staatsmann, *der; see also* **elder statesman**

**statesmanlike** [ˈsteɪtsmənlaɪk] *adj.* staatsmännisch; diplomatisch ⟨*Lösung*⟩

**statesmanship** [ˈsteɪtsmənʃɪp] *n., no pl.* **a)** *(Polit.: management)* Staatslenkung, *die;* **b)** *(wise leadership)* staatsmännisches Geschick

'**State system** *n., no pl. (Brit. Educ.)* staatliches Schulwesen

'**statewide** *adj.* landesweit; *(in USA)* im ganzen [Bundes]staat *nachgestellt*

**static** [ˈstætɪk] **1.** *adj.* **a)** *(Phys.)* statisch; **b)** *(not moving)* statisch; *(not changing)* konstant ⟨*Umweltbedingungen*⟩; **be ~**: stagnieren; **remain ~** ⟨*Zustand:*⟩ unverändert bleiben; ⟨*Preise:*⟩ gleich bleiben; **c)** *(Electr.)* [elektro]statisch. **2.** *n.* **a)** *(atmospherics)* atmosphärische Störungen; **b)** *see* **static electricity**

**static elec'tricity** *n. (Phys.)* statische Elektrizität

**statics** [ˈstætɪks] *n., no pl. (Mech.)* Statik, *die*

**station** [ˈsteɪʃn] **1.** *n.* **a)** *(position)* Position, *die;* **be assigned a ~**: einen [Stand]ort zugewiesen bekommen; **take up one's ~**: seine Position einnehmen; **b)** *(establishment)* Station, *die; (Broadcasting)* Sender, *der;* **radar [tracking] ~** *(Mil.)* Radarstation, *die;* **c)** *see* **railway-station; d)** *(status)* Rang, *der;* **occupy a humble/an exalted ~**: eine niedrige/hohe Position bekleiden; **have ideas above one's ~**: sich für etwas Besseres halten; **marry above/below** *or* **beneath one's ~**: über/unter seinem Stand heiraten; **e)** *(Amer.: post office)* Poststelle, *die;* **f)** *(post) (Mil.)* Posten, *der; (Navy, Air Force)* Stützpunkt, *der; (Police)* Wache, *die;* **g)** *(Austral.: farm)* Farm, *die;* **[sheep-]~**: Schaffarm, *die;* **h) ~ of the Cross** *(Relig.)* Kreuzwegstation, *die (kath. Kirche).* **2.** *v. t.* **a)** *(assign position to)* stationieren; abstellen ⟨*Auto*⟩; aufstellen ⟨*Wache*⟩; **b)** *(place)* stellen; *(Sport)* aufstellen; **~ oneself** sich aufstellen

**stationary** [ˈsteɪʃənərɪ] *adj.* **a)** *(not moving)* stehend; **be ~**: stehen; **the traffic was ~**: der Verkehr war zum Erliegen gekommen; **b)** *(fixed)* stationär

'**station break** *n. (Amer. Radio and Telev.)* Pausenzeichen, *das*

**stationer** [ˈsteɪʃənə(r)] *n.* Schreibwarenhändler, *der/*-händlerin, *die;* **~'s [shop]** Schreibwarengeschäft, *das*

**stationery** [ˈsteɪʃənərɪ] *n.* **a)** *(writing-materials)* Schreibwaren *Pl.;* **b)** *(writing-paper)* Briefpapier, *das;* **a ~ set** [eine Mappe mit] Briefpapier; eine Briefmappe; **office ~**: Bürobedarf, *der; see also* **continuous stationery**

'**Stationery Office** *n. (Brit.)* **[Her/His] Majesty's ~** *britischer Staatsverlag, der auch die staatlichen Stellen mit Bürobedarf versorgt*

**station: ~-house** *n. (Amer.: police station)* [Polizei]wache, *die;* **~-master** *n. (Railw.)* Stationsvorsteher, *der/*-vorsteherin, *die;* **~-sergeant** *n. (Brit. Police) Leiter einer Polizeiwache im Range eines Sergeanten;* **~-wagon** *n. (Amer.)* Kombi[wagen], *der*

**statistic** [stəˈtɪstɪk] *n.* statistische Tatsache; **I disliked being treated as just a ~**: es mißfiel mir, nur als Nummer behandelt zu werden

**statistical** [stəˈtɪstɪkl] *attrib. adj.,* **statistically** [stəˈtɪstɪkəlɪ] *adv.* statistisch

**statistician** [stætɪˈstɪʃn] *n.* Statistiker, *der/* Statistikerin, *die*

**statistics** [stəˈtɪstɪks] *n.* **a)** *as pl. (facts)* Statistik, *die;* **~ of population/crime, population/crime ~**: Bevölkerungs-/Kriminalitätsstatistik, *die;* **according to ~**: nach der Statistik; **~ show that one in three marriages ends in divorce** nach der Statistik endet eine von drei Eheschließungen mit Scheidung; **b)** *no pl. (science)* Statistik, *die*

**statue** [ˈstætʃuː, ˈstætjuː] *n.* Statue, *die;* **as still as a ~**: reglos wie eine Statue; *see also* **liberty**

**statuesque** [stætjʊˈesk, stætʃʊˈesk] *adj.* statuenhaft; *(imposing)* stattlich

**statuette** [stætʃʊˈet, stætjʊˈet] *n.* Statuette, *die*

**stature** [ˈstætʃə(r)] *n.* **a)** *(body height)* Statur, *die;* **be of short ~, be short in ~**: von kleiner Statur sein; **b)** *(fig.: standing)* Format, *das;* **be of international ~ in one's field** auf seinem Gebiet eine international anerkannte Kapazität sein; **a person of [some] ~**: eine [recht] bedeutende Persönlichkeit; **he was not of the same ~ as Picasso** er hatte nicht das Format *od.* die Größe Picassos

**status** [ˈsteɪtəs] *n.* **a)** *(position)* Rang, *der;* **have no ~ in society** kein angesehenes Mitglied der Gesellschaft sein; **rise in ~**: an Ansehen gewinnen; **social ~**: [gesellschaftlicher] Status; **the ~ of this information is 'secret'** diese Information ist als „geheim" eingestuft; **be a person of high/low ~ in a firm** in einer Firma eine hohe/niedrige Stellung haben; **her ~ among scientists** ihr wissenschaftlicher Rang; **equality of ~ [with sb.]** Gleichstellung [mit jmdm.]; **financial ~**: finanzielle *od.* wirtschaftliche Lage; **b)** *(superior position)* Status, *der;* **have [some] ~ in the firm** in der Firma einen [ziemlich] hohen Rang bekleiden; **c)** *(Law)* Status, *der;* **have [no] legal ~**: [nicht] rechtsgültig sein; ⟨*Person:*⟩ über keinerlei Rechte verfügen

**status: ~ quo** [steɪtəs ˈkwəʊ] *n.* Status quo, *der;* **~ symbol** *n.* Statussymbol, *das*

**statute** [ˈstætjuːt] *n.* **a)** *(Law)* Gesetz, *das;* **by ~**: per Gesetz; **b)** *in pl. (rules)* Statut, *das;* Satzung, *die*

**statute: ~-barred** *adj. (Law)* verjährt; **~-book** *n. (Law)* Gesetzbuch, *das;* **put an Act** *or* **a law on the ~-book** ein Gesetz durchbringen; **put a measure/provision on the ~-book** einer Maßnahme/Bestimmung Gesetzeskraft *(Dat.)* verleihen; **~ law** *n. (Law)* **a)** *(statute)* Gesetz, *das;* **b)** *no pl., no indef. art.* kodifiziertes *od.* schriftlich niedergelegtes Recht; **~ mile** *n.* englische Meile

**statutory** [ˈstætjʊtərɪ] *adj.* **a)** *(Law)* gesetzlich ⟨*Feiertag, Bestimmung, Erfordernis, Erbe*⟩; gesetzlich vorgeschrieben ⟨*Strafe*⟩; gesetzlich festgeschrieben ⟨*Löhne, Zinssatz*⟩, gesetzlich festgelegt ⟨*Voraussetzung, Sätze, Zeit*⟩; **~ law** kodifiziertes Recht; **~ rights** [gesetzliche] Rechte; *see also* **¹rape 1; b)** *(relating to the statutes of an institution)* Satzungs⟨*bestimmungen*⟩; von der Satzung vorgesehen ⟨*Geldbuße usw.*⟩; **in accordance with the ~ requirements** *or* **conditions** satzungsgemäß

**¹staunch** [stɔːnʃ, stɑːnʃ] *adj.* treu ⟨*Freund, Anhänger*⟩; streitbar ⟨*Kämpfer, Anhänger*⟩; überzeugt ⟨*Katholik, Demokrat usw.*⟩; unerschütterlich ⟨*Mut, Hingabe, Glaube*⟩; standhaft ⟨*Herz*⟩; **be ~ in one's belief** an seinem Glauben unerschütterlich festhalten; **be ~ in one's support for sb./sth.** jmdn./etw. getreu unterstützen

**²staunch** *see* **stanch**

**staunchly** [ˈstɔːnʃlɪ, ˈstɑːnʃlɪ] *adv.* standhaft ⟨*beistehen*⟩; unerschrocken ⟨*kämpfen, verteidigen*⟩; treu ⟨*ergeben sein*⟩; unerschütterlich ⟨*an etw. (Dat.) festhalten*⟩

**stave** [steɪv] **1.** *n.* **a)** *(Mus.) see* **staff 1 d; b)** *(of barrel)* Daube, *die;* **c)** *(rung)* Sprosse, *die;* **d)** *(lit.: stanza)* Strophe, *die.* **2.** *v. t.,* **~d** *or* **stove** [stəʊv] ein Loch schlagen in (+ *Akk.*)

**~ 'in** *v. t. (crush)* eindrücken ⟨*Karosserie, Tür, Fenster, Rippen*⟩; einschlagen ⟨*Kopf, Kiste*⟩; *(break hole in)* ein Loch schlagen in (+ *Akk.*); **the boat was ~d in** das Boot schlug leck

**~ 'off** *v. t.,* **~d off** abwenden; abwehren ⟨*Angriff*⟩; verhindern ⟨*Krankheit*⟩; stillen ⟨*Hunger, Durst*⟩; zurückweisen ⟨*Forderung*⟩

**¹stay** [steɪ] **1.** *n.* **a)** Aufenthalt, *der; (visit)* Besuch, *der;* **during her ~ with us** während sie bei uns zu Besuch war; **come/go for a short ~ with sb.** jmdn. kurz besuchen; **have a week's ~ in London** eine Woche in London verbringen; **b)** *(Law)* **~ [of execution]** Aussetzung [der Vollstreckung]; *(fig.)* Galgenfrist, *die;* **c)** *(support)* Stütze, *die;* **d)** *in pl. (Hist.) see* **corset 1 a. 2.** *v. i.* **a)** *(remain)* bleiben; **he ~ed in the club/army for five years** er war fünf Jahre Klubmitglied/in der Armee; **~ open till 10 o'clock** ⟨*Geschäft:*⟩ bis 10 Uhr geöffnet sein; **be here to ~, have come to ~**: sich fest eingebürgert haben; ⟨*Arbeitslosigkeit, Inflation:*⟩ zum Dauerzustand geworden sein; ⟨*Modeartikel:*⟩ in Mode bleiben; **~ with the leaders** sich an der Spitze halten *od.* behaupten; **~!** halt!; *(to dog)* bleib hier!; **~ for** *or* **to dinner/for the party** zum Essen/zur Party bleiben; **~ put** *(coll.)* ⟨*Ball, Haar:*⟩ liegen bleiben; ⟨*Hut:*⟩ fest sitzen; ⟨*Bild:*⟩ hängen bleiben; ⟨*Person:*⟩ bleiben[, wo man ist]; **I am ~ing put in this armchair** aus diesem Sessel rühre ich mich so schnell nicht weg; **~ sitting** sitzen bleiben; **~ 'with it!** *(coll.)* bleib dran! *(ugs.);* **~ with me!** bleib bei mir!; **~ around!** bleib in der Nähe!; **b)** *(dwell temporarily)* wohnen; **~ abroad** im Ausland leben; **he ~ed [for] two weeks in London before flying to Brussels** er verbrachte zwei Wochen in London, bevor er nach Brüssel flog; **~ the night in a hotel** die Nacht in einem Hotel verbringen; **~ at sb.'s** *or* **with sb. for the weekend** das Wochenende bei jmdm. verbringen; **c)** *(Sport)* durchhalten; **~ well at a fast pace/over any distance** bei schnellem Tempo/über jede Entfernung gut mithalten. **3.** *v. t.* **a)** *(arch./literary: stop)* aufhalten; **~ one's hand** *(fig.)* sich bedeckt halten; **~ sb.'s hand** *(fig.)* jmdn. zurückhalten; **b)** *(endure)* **~ the course** *or* **distance** die [ganze] Strecke durchhalten; *(fig.)* durchhalten; *see also* **¹pace 1 b; c)** *(satisfy)* stillen ⟨*Hunger, Durst*⟩; **d)** *(Law)* aussetzen; **e)** *(literary: support)* stützen

**~ a'head** *v. i.* die Führung halten

**~ a'way** *v. i.* **a)** *(not attend)* **~ away [from sth.]** [von etw.] wegbleiben; [einer Sache *(Dat.)*] fernbleiben; **~ away from school/a meeting** nicht zur Schule/zu einem Treffen gehen/kommen; **if the visitors/customers ~ away** wenn die Besucher/Käufer ausbleiben; **b)** *(~ distant)* **~ away from the dog!** komm dem Hund nicht zu nahe!; **he ~ed well away from the wall** er hielt sich ein gutes Stück von der Wand entfernt; **~ away from him!** laß ihn in Ruhe!; **~ away from drugs** die Finger von Drogen lassen *(ugs.)*

**~ 'back** *v. i.* **a)** *(not approach)* zurückbleiben; **b)** *see* **~ behind; c)** *(remain in place)* **the door won't ~ back** die Tür bleibt nicht offen

**~ be'hind** *v. i.* zurückbleiben; **have to ~ behind [after school]** nachsitzen müssen; **we ~ed behind after the lecture** wir sind nach der Vorlesung noch dageblieben; **can you ~ behind for a moment?** kannst du einen Augenblick [hier] warten?

**~ 'down** *v. i.* **a)** *(remain lowered)* unten bleiben; **they ~ed down out of sight** sie blieben unten, so daß man sie nicht sehen konnte; **b)** *(not increase)* stabil bleiben; **c)** *(Educ.: not go to higher form)* sitzenbleiben *(ugs.)*

**~ 'in** *v. i.* **a)** *(remain in position)* halten; **will these creases ~ in?** bleiben diese Falten [drin *(ugs.)*]?; **this passage [of the book] should ~ in** diese Passage sollte nicht gestrichen werden; **b)** *(remain indoors)* im Hause bleiben; *(remain at home)* zu Hause bleiben

**~ 'off 1.** *v. i.* **a)** wegbleiben *(ugs.)*; **b)** *(away from work, school)* **[have to] ~ off** nicht zur Schule/Arbeit gehen [können]. **2.** *v. t.* **a)** *(not go on to)* nicht betreten ⟨*Rasen, Teppich, Beete*⟩; nicht gehen auf (+ *Akk.*) ⟨*Straße usw.*⟩; **~ off the bottle/off drugs** die Finger vom Alkohol/von Drogen lassen *(ugs.)*; **b)** *(be absent from)* **~ off school/work** nicht zur Schule/Arbeit gehen

**~ 'on** *v. i.* **a)** *(remain in place)* ⟨*Hut, Perücke, Kopftuch:*⟩ sitzen bleiben; ⟨*falsche Wimpern, Aufkleber:*⟩ haften; ⟨*Deckel, Rad:*⟩ halten; **b)** *(remain in operation)* angeschaltet bleiben; anbleiben *(ugs.)*; **c)** *(remain present)* noch [da]bleiben; **~ on at school** auf der Schule bleiben; **~ on as chairman** Vorsitzender bleiben

**~ 'out** *v. i.* **a)** *(not go home)* wegbleiben *(ugs.)*; nicht nach Hause kommen/gehen; **don't ~ out late!** komm nicht zu spät nach Hause!; **b)** *(remain outside)* draußen bleiben; **c)** *(fig.)* **~ out of sb.'s way** jmdm. aus dem Wege gehen; **d)** *(remain on strike)* **~ out [on strike]** im Ausstand bleiben

**~ 'over** *v. i. (coll.)* über Nacht bleiben

**~ 'up** *v. i.* **a)** *(not go to bed)* aufbleiben; **b)** *(remain in position)* ⟨*Pfosten, Gebäude:*⟩ stehenbleiben; ⟨*Plakat:*⟩ hängen bleiben; ⟨*Flugzeug, Haare:*⟩ oben bleiben; **my socks won't ~ up** meine Socken rutschen [ständig]

[2]**stay 1.** *n.* **a)** *(Naut.)* Stag, *das;* **b)** *(guy-rope)* Zeltleine, *die; (guy-wire)* Drahtseil, *das;* **c)** *(Aeronaut., Archit.)* Strebe, *die.* **2.** *v. t. (Naut.)* stagen

**'stay-at-home 1.** *n.* häuslicher Mensch; **be a real ~:** ein richtiger Stubenhocker *(ugs. abwertend)* sein. **2.** *attrib. adj.* häuslich

**stayer** ['steɪə(r)] *n. (lit. or fig.)* Steher, *der*

**staying-power** ['steɪɪŋpaʊə(r)] *n.* Durchhaltevermögen, *das*

**staysail** ['steɪseɪl, 'steɪsl] *n. (Naut.)* Stagsegel, *das*

**STD** *abbr.* **a)** *(Brit. Teleph.)* **subscriber trunk dialling** Selbstwählfernverkehr, *der;* **~ code** Vorwahl[nummer], *die;* **b)** *(Med.)* **sexually transmitted disease** *see* **sexually a**

**stead** [sted] *n., no pl., no art.* **a) in sb.'s ~:** an jmds. Stelle *(Dat.)*; **the bishop's deputy went in his ~:** anstelle des Bischofs ging sein Vertreter; **b) stand sb. in good ~:** jmdm. zustatten kommen; **that car has stood her in good ~:** dieser Wagen hat ihr gute Dienste geleistet

**steadfast** ['stedfəst, 'stedfɑːst] *adj.* standhaft; zuverlässig ⟨*Freund*⟩; fest ⟨*Entschluß*⟩; unverwandt ⟨*Blick*⟩; unerschütterlich ⟨*Glaube*⟩; unverbrüchlich *(geh.)* ⟨*Freundschaft, Treue*⟩; **be ~ in one's belief that ...:** fest daran glauben, daß ...

**steadfastly** ['stedfəstlɪ, 'stedfɑːstlɪ] *adv.* standhaft; fest ⟨*glauben*⟩; unverwandt ⟨*[an]blicken*⟩; **adhere ~ to one's principles/faith** fest zu seinen Grundsätzen/seinem Glauben stehen

**steadily** ['stedɪlɪ] *adv.* **a)** *(stably)* fest; festen Schrittes ⟨*gehen*⟩; sicher ⟨*radfahren*⟩; **b)** *(without faltering)* fest ⟨*[an]blicken*⟩; **c)** *(continuously)* stetig; ohne Unterbrechung ⟨*arbeiten, marschieren*⟩; **it was raining ~:** es hat ununterbrochen geregnet; **progress ~:** stetige Fortschritte machen; **news flowed in ~ all day** den ganzen Tag gingen pausenlos Nachrichten ein; **d)** *(firmly)* standhaft ⟨*sich weigern*⟩; fest ⟨*glauben*⟩; **e)** *(reliably)* zuverlässig

**steady** ['stedɪ] **1.** *adj.* **a)** *(stable)* stabil; *(not wobbling)* standfest; **as ~ as a rock** völlig standfest ⟨*Leiter, Tisch*⟩; völlig stabil ⟨*Boot*⟩; ganz ruhig ⟨*Hand*⟩; **in an emergency he is as ~ as a rock** *(lit. or fig.)* in einer Notsituation läßt er sich durch nichts erschüttern; **be ~ on one's feet** *or* **legs/bicycle** sicher auf den Beinen sein/sicher auf seinem Fahrrad fahren; **hold** *or* **keep one's hand ~:** die Hand ruhig halten; **hold** *or* **keep the ladder ~:** die Leiter festhalten; **~ as she goes!** *(coll.)* immer so weiter!; **b)** *(still)* ruhig; **turn a ~ eye** *or* **gaze** *or* **look on sb.** jmdn. fest ansehen; **c)** *(regular, constant)* stetig; gleichmäßig ⟨*Arbeit, Tempo*⟩, stabil ⟨*Preis, Lohn*⟩; gleichbleibend ⟨*Temperatur*⟩; beständig ⟨*Klima, Summen, Lärm*⟩; **we had ~ rain/drizzle** wir hatten Dauerregen/es nieselte [bei uns] ständig; **at a ~ pace** mit gleichmäßiger Geschwindigkeit; **[keep her] ~!** *(Naut.)* Kurs halten!; **prices have remained ~:** die Preise sind stabil geblieben; **~!** Vorsicht!; *(to dog, horse)* ruhig!; **~ on!** langsam! *(ugs.)*; **~ on, or you'll knock the vase over/hurt me** Vorsicht, sonst wirfst du die Vase um/verletzt du mich; **d)** *(invariable)* unerschütterlich; beständig ⟨*Wesensart*⟩; standhaft ⟨*Weigerung*⟩; fest ⟨*Charakter, Glaube*⟩; **have a ~ character** charakterfest sein; **~ purpose** Zielstrebigkeit, *die;* **e)** *(enduring)* **a ~ job** eine feste Stelle; **a ~ boy-friend/girl-friend** ein fester Freund/eine feste Freundin *(ugs.)*; **f)** *(reliable)* zuverlässig. **2.** *v. t.* festhalten ⟨*Leiter*⟩; beruhigen ⟨*Pferd, Nerven*⟩; ruhig halten ⟨*Boot, Flugzeug*⟩; **~ the table/vase** für einen festen Stand des Tisches/der Vase sorgen; **she steadied herself against the table/with a stick** sie hielt sich am Tisch fest/stützte sich mit einem Stock. **3.** *v. i.* ⟨*Preise:*⟩ sich stabilisieren; ⟨*Geschwindigkeit:*⟩ sich mäßigen; **the boat steadied** das Boot wurde [wieder] ruhiger. **4.** *n. (coll.)* fester Freund/feste Freundin *(ugs.)*. **5.** *adv.* **go ~ with sth.** mit etw. vorsichtig sein; **go ~ with sb.** *(coll.)* mit jmdm. gehen *(ugs.)*; **are you going ~ with anyone?** hast du einen festen Freund/eine feste Freundin? *(ugs.)*

**steak** [steɪk] *n.* Steak, *das; (of ham, bacon, gammon, salmon, etc.)* Scheibe, *die;* **a chicken/turkey/veal ~:** ein Hähnchen-/Puten-/Kalbsschnitzel; **~ and kidney pie/pudding** Rindfleisch-Nieren-Pastete, *die;* **~ au poivre** [steɪk əʊ 'pwɑːvr] Pfeffersteak, *das;* **~ tartare** Tatarbeefsteak, *das;* **a [fish] ~:** eine Scheibe [Fisch]; *see also* **fillet 1 a; sirloin a**

**steak: ~-house** *n.* Steakhaus, *das;* **~-knife** *n.* Messer mit Sägezahnung

**steal** [stiːl] **1.** *v. t.*, **stole** [stəʊl], **stolen** ['stəʊln] **a)** stehlen (**from** *Dat.*); **~ a ride** schwarzfahren; **~ sb.'s boy-friend/girl-friend** jmdm. den Freund/die Freundin ausspannen *(ugs.)*; **she was the star of the play, but the little dog stole the show** *(fig.)* sie war der Star des Stückes, aber der kleine Hund stahl ihr die Schau; *see also* **scene b; thunder 1 c; b)** *(get slyly)* rauben *(geh. scherzh.)* ⟨*Kuß, Umarmung*⟩; entlocken ⟨*Worte, Interview*⟩; sich *(Dat.)* genehmigen *(ugs. scherzh.)* ⟨*Nickerchen*⟩; **~ a glance [at sb./sth.]** jmdm. einen verstohlenen Blick zuwerfen/einen verstohlenen Blick auf etw. *(Akk.)* werfen; **c)** *(fig.: win)* **she stole my heart** sie eroberte mein Herz; **~ a march on sb.** jmdm. zuvorkommen. **2.** *v. i.*, **stole, stolen a)** stehlen; **~ from sb.** jmdn. bestehlen; **~ from the till/supermarket** aus der Kasse/im Supermarkt stehlen; **b)** *(move furtively)* sich stehlen; **~ in/out/up** sich hinein-/hinaus-/hinaufstehlen; **mist stole over the valley** beinahe unbemerkt breitete sich Nebel über das Tal aus; **~ up [on sb./sth.]** sich [an jmdn./etw.] heranschleichen; **old age is ~ing up on me** langsam, aber sicher werde ich alt. **3.** *n. (Amer. coll.)* **a)** *(theft)* Diebstahl, *der;* **b)** *(bargain)* **that dress is a ~:** dieses Kleid ist [fast *od.* halb] geschenkt *(ugs.)*

**~ a'bout, ~ a'round** *v. i.* herumschleichen *(ugs.)*

**~ a'way** *v. i.* sich fortstehlen

**stealth** [stelθ] *n.* Heimlichkeit, *die;* **use ~:** heimlich vorgehen; **by ~:** heimlich

**stealthily** ['stelθɪlɪ] *adv.* heimlich; verstohlen

**stealthy** ['stelθɪ] *adj.* heimlich; verstohlen ⟨*Blick, Bewegung, Tun*⟩

**steam** [stiːm] **1.** *n., no pl., no indef. art.* Dampf, *der;* **the window was covered with ~:** das Fenster war beschlagen; **all the ~ has gone out of him/the idea** *(coll.)* er hat seinen ganzen Schwung verloren/aus der Idee ist der Dampf raus *(ugs.)*; **get up ~:** Dampf aufmachen; *(fig.)* in Fahrt kommen; **get up ~ to do sth.** *(fig.)* den nötigen Dampf aufbringen, um etw. zu tun; **let off ~** *(fig.)* Dampf ablassen *(ugs.)*; **run out of ~:** keinen Dampf mehr haben; *(fig.)* den Schwung verlieren; **under its own ~:** mit eigener Kraft; **under one's own ~** *(fig.)* aus eigener Kraft; *see also* [1]**full 1 d. 2.** *v. t.* **a)** *(Cookery)* dämpfen; dünsten; **~ed pudding** gedämpfter Pudding; **b) ~ open an envelope** einen Umschlag mit [heißem] Wasserdampf öffnen. **3.** *v. i.* **a)** *(emit steam)* dampfen; **~ing hot** dampfend heiß; **heat the water till ~ing hot** das Wasser erhitzen, bis es dampft; **b)** *(move)* dampfen; **he went ~ing after the thief** *(fig. coll.)* er stürmte mit Volldampf *(ugs.)* hinter dem Dieb her

**~ a'head** *v. i. (fig. coll.)* rasche Fortschritte machen

**~ 'over** *v. i.* [sich] beschlagen

**~ 'up 1.** *v. t.* **a)** beschlagen lassen; **be ~ed up** beschlagen sein; **b)** *(fig. coll.)* **be/get [all] ~ed up** [total] ausrasten *(ugs.)*; **don't get ~ed up about it!** reg dich doch darüber nicht so auf! **2.** *v. i.* beschlagen

**steam: ~-bath** *n.* Dampfbad, *das;* **~boat** *n.* Dampfschiff, *das; (small)* Dampfboot, *das;* **~-boiler** *n.* Dampfkessel, *der;* **~-coal** *n.* Dampfkesselkohle, *die;* **~-driven** *adj.* dampfgetrieben; **a ~-driven boat/train/tractor** ein Dampfboot/eine Dampflok/ein Traktor mit Dampfantrieb; **~-engine** *n.* **a)** *(Railw.)* Dampflok[omotive], *die;* **b)** *(stationary engine)* Dampf[kraft]maschine, *die*

**steamer** ['stiːmə(r)] *n.* **a)** *(Naut.)* Dampfer, *der;* **b)** *(Cookery)* Dämpfer, *der*

**steam: ~-gauge** *n.* Dampfdruckmesser, *der;* **~-hammer** *n. (Metallurgy)* Dampfhammer, *der;* **~ iron** *n.* Dampfbügeleisen, *das;* **~ 'radio** *n. (coll. joc.)* Dampfradio, *das (ugs. scherzh.)*; **~roller 1.** *n. (lit. or fig.)* Dampfwalze, *die;* **2.** *v. t.* [mit der Dampfwalze] walzen; *(fig.)* niederwalzen; **~roller a bill through Parliament** ein Gesetz durchpeitschen *(ugs.)*; **~ship** *n.* Dampfschiff, *das;* **~ train** *n. (Railw.)* Dampfzug, *der;* **~ 'turbine** *n.* Dampfturbine, *die;* **~ whistle** Dampfpfeife, *die*

**steamy** ['stiːmɪ] *adj.* **a)** dunstig; Dunst⟨*wolke*⟩; feucht ⟨*Hitze*⟩; beschlagen ⟨*Glas*⟩; **b)** *(coll.: erotic)* heiß

**steed** [stiːd] *n. (literary/joc.)* Roß, *das (geh./scherzh.)*

**steel** [stiːl] **1.** *n.* **a)** Stahl, *der;* **have a heart of ~** *(fig.)* stahlhart sein; **a man of ~:** ein stahlharter Mann; **as hard/true as ~:** stahlhart/treu wie Gold; **cold ~:** blanker Stahl; **pressed ~:** Preßstahl, *der;* **b)** *(knife-sharpener)* Wetzstahl, *der;* **c)** *(literary: sword)* Schwert, *das.* **2.** *attrib. adj.* stählern; Stahl⟨*helm, -block, -platte*⟩. **3.** *v. t.* **~ oneself for/against sth.** sich für/gegen etw. wappnen *(geh.)*; **she ~ed her heart/herself against his pleas** sie verschloß ihr Herz/sich seinen Bitten; **~ oneself to do sth.** allen Mut zusammennehmen, um etw. zu tun

**steel:** ~ **'band** *n. (Mus.)* Steelband, *die;* ~ **'drum** *n. (Mus.)* Steeldrum, *die;* ~**-grey 1.** *n.* Stahlgrau, *das;* **2.** *adj.* stahlgrau; ~ **gui'tar** *n. (Mus.)* Hawaiigitarre, *die;* ~**maker** *n.* Stahlproduzent, *der*/-produzentin, *die;* ~**-mill** *n.* Stahlwalzwerk, *das;* ~ **'plate** *n.* Stahlplatte, *die;* ~**-plated** ['sti:lpleɪtɪd] *adj. (for protection)* mit Stahlplatten gepanzert; *(for durability)* mit Stahl überzogen; ~ **'wool** *n.* Stahlwolle, *die;* ~**worker** *n.* Stahlarbeiter, *der*/-arbeiterin, *die;* ~**works** *n. sing., pl. same* Stahlwerk, *das*

**steely** ['sti:lɪ] *adj.* **a)** *(strong)* stählern; **b)** *(resolute)* eisern; **c)** *(severe)* steinern

**'steelyard** *n.* Laufgewichtswaage, *die*

**¹steep** [sti:p] *adj.* **a)** steil; **b)** *(rapid)* stark ⟨*Preissenkung*⟩; steil ⟨*Preisanstieg*⟩; **c)** *(coll.: excessive)* happig *(ugs.);* **the bill is [a bit]** ~: die Rechnung ist [ziemlich] gesalzen *(ugs.);* **be a bit** ~ = **be a bit much** *see* **much 1 b; that's pretty** ~**[, coming from you/him]** das ist ein starkes Stück *(ugs.)* [von dir/ihm]

**²steep** *v. t.* **a)** *(soak)* einweichen; **b)** *(bathe)* baden

**steeped** [sti:pt] *adj.* durchdrungen **(in** von); **a place** ~ **in history/tradition** ein geschichtsträchtiger/von der Tradition durchdrungener Ort

**steepen** ['sti:pn] **1.** *v. i.* steil[er] werden. **2.** *v. t.* steil[er] machen

**steeple** ['sti:pl] *n.* Kirchturm, *der*

**steeple:** ~**chase** *n. (Sport)* **a)** *(horse-race)* Steeplechase, *die;* Hindernisrennen, *das;* **b)** *(Athletics)* Hindernislauf, *der;* ~**chaser** *n. (Sport)* **a)** *(rider)* Reiter/Reiterin bei einer Steeplechase; **b)** *(runner)* Hindernisläufer, *der*/-läuferin, *die;* **c)** *(horse)* Steepler, *der;* ~**chasing** ['sti:pltʃeɪsɪŋ] *n. (Sport)* Hindernisrennen, *das;* ~**jack** *n. Arbeiter, der/Arbeiterin, die Reparaturarbeiten an Kaminen, Kirchtürmen usw. ausführt*

**steeply** ['sti:plɪ] *adv.* steil ⟨*ansteigen, abfallen*⟩

**'steep-sided** *see* **-sided**

**¹steer** [stɪə(r)] **1.** *v. t.* **a)** steuern; lenken; **this car is easy to** ~: dieser Wagen ist leicht lenkbar; **b)** *(direct)* ~ **a** *or* **one's way through ...:** steuern durch ...; ~ **a** *or* **one's course for a place** auf einen Ort zusteuern; *(in ship, plane, etc.)* Kurs auf einen Ort nehmen; ~ **a** *or* **one's course for home** Kurs in Richtung Heimat nehmen; ~ **a middle course** *(fig.)* einen Mittelweg einschlagen; **c)** *(guide movement of)* führen, lotsen ⟨*Person*⟩; ~ **a bill through Parliament** eine Gesetzesvorlage über die parlamentarischen Hürden bringen; ~ **sb./the conversation towards/away from a subject** jmdn./das Gespräch auf ein Thema lenken/von einem Thema ablenken. **2.** *v. i.* steuern; ~ **in and out of/**~ **between the obstacles** zwischen den Hindernissen hindurchsteuern; ~ **clear of sb./sth.** *(fig. coll.)* jmdm./einer Sache aus dem Weg[e] gehen; ~ **clear of opium/politics** die Finger von Opium/der Politik lassen; ~ **for sth.** etw. ansteuern; ~ **left/right** nach links/rechts steuern; ~ **due north** *(Naut.)* direkt nach Norden steuern

**²steer** *n. (Zool.)* junger Ochse

**steering** ['stɪərɪŋ] *n.* **a)** *(Motor Veh.)* Lenkung, *die;* **b)** *(Naut.)* Ruder, *das;* Steuerung, *die*

**steering:** ~**-column** *n. (Motor Veh.)* Lenksäule, *die;* ~ **committee** *n.* Lenkungsausschuß, *der;* ~**-gear** *n. (Naut.)* Steuervorrichtung, *die;* Ruderanlage, *die;* ~**-lock** *n. (Motor Veh.)* Lenkradschloß, *das;* ~**-wheel** *n.* **a)** *(Motor Veh.)* Lenkrad, *das;* **b)** *(Naut.)* Steuerrad, *das*

**steersman** ['stɪəzmən] *n., pl.* **steersmen** ['stɪəzmən] *(Naut.)* Steuermann, *der*

**stein** [staɪn] *n.* Bierkrug, *der;* Stein, *der (südd.)*

**stellar** ['stelə(r)] *adj.* stellar

**¹stem** [stem] **1.** *n.* **a)** *(Bot.) (of tree, shrub)* Stamm, *der; (of flower, leaf, fruit)* Stiel, *der; (of corn)* Halm, *der;* **b)** *(of glass)* Stiel, *der;* **c)** *(Mus.)* Notenhals, *der;* **d)** *(of tobacco-pipe)* Pfeifenrohr, *das;* **e)** *(Ling.)* Stamm, *der;* **f)** *(Naut.)* **from** ~ **to stern** vom Bug bis zum Heck. **2.** *v. i.,* **-mm-:** ~ **from sth.** auf etw. *(Akk.)* zurückzuführen sein. **3.** *v. t.,* **-mm-** *(make headway against)* standhalten (+ *Dat.*)

**²stem** *v. t.,* **-mm-** *(check, dam up)* aufhalten; eindämmen ⟨*Flut*⟩; stillen ⟨*Blutung, Wunde*⟩; *(fig.)* Einhalt gebieten (+ *Dat.*) *(geh.);* stoppen ⟨*Redefluß*⟩; ~ **the tide of criticism** die Welle[n] der Kritik eindämmen

**-stemmed** [stemd] *adj. in comb.* -stielig ⟨*Glas, Pfeife, Blume, Frucht*⟩; -stämmig ⟨*Baum, Strauch*⟩

**'stem-turn** *n. (Skiing)* Stemmbogen, *der*

**stench** [stentʃ] *n.* Gestank, *der (abwertend)*

**stencil** ['stensl] **1.** *n.* **a)** ~ **[-plate]** Schablone, *die;* **b)** *(for duplicating)* Matrize, *die;* **c)** *(~led pattern/lettering)* schabloniertes Muster/schablonierte Schrift. **2.** *v. t., (Brit.)* **-ll- a)** *(produce with* ~*)* mit einer Schablone zeichnen; schablonieren; **b)** *(ornament)* [mittels Schablone] mustern

**Sten gun** ['sten gʌn] *n. (Arms) Art Maschinenpistole*

**stenographer** [ste'nɒgrəfə(r)] *n.* Stenograph, *der*/Stenographin, *die*

**stentorian** [sten'tɔ:rɪən] *adj.* laut [hallend]; **a** ~ **voice** eine Stentorstimme *(geh.)*

**step** [step] **1.** *n.* **a)** *(movement, distance)* Schritt, *der;* **at every** ~: mit jedem Schritt; **watch sb.'s every** ~ *(fig.)* jmdn. auf Schritt und Tritt überwachen; **take a** ~ **towards/away from sb.** einen Schritt auf jmdn. zugehen/von jmdm. wegtreten; **take a** ~ **back/sideways/forward** einen Schritt zurücktreten/zur Seite treten/nach vorn treten; **a** ~ **forward/back** *(fig.)* ein Schritt nach vorn/zurück; ein Fortschritt/Rückschritt; **a** ~ **in the right/wrong direction** *(fig.)* ein Schritt in die richtige/falsche Richtung; **mind** *or* **watch your** ~! *(lit. or fig.)* paß auf!; **I can't walk another** ~: ich kann keinen Schritt mehr gehen; **don't move another** ~! keinen Schritt weiter!; **b)** *(stair)* Stufe, *die; (on vehicle)* Tritt, *der;* **a flight of** ~**s** eine Treppe; **mind the** ~! Vorsicht, Stufe!; *(warning by one person to another)* paß auf die Stufe auf!; **[pair of]** ~**s** *(ladder)* Stehleiter, *die; (small)* Trittleiter, *die;* **c) follow** *or* **walk in sb.'s** ~**s** *(fig.)* in jmds. Fußstapfen treten; **d)** *(short distance)* **it's only a** ~ **to my house** es sind nur ein paar Schritte bis zu mir; **e) be in** ~: im Schritt sein; *(with music, in dancing)* im Takt sein; **be in/out of** ~ **with sth.** *(fig.)* mit etw. Schritt/nicht Schritt halten; **he is rarely in** ~ **with others** er befindet sich selten in Einklang mit anderen; **be out of** ~: aus dem Schritt geraten sein; *(with music, in dancing)* nicht im Takt sein; **he is out of** ~ **with his colleagues/the official party line** er ist über Kreuz mit seinen Kollegen/weicht von der offiziellen Parteilinie ab; **break** ~: aus dem Tritt geraten *od.* kommen; **change** ~: den Schritt wechseln; **fall into** *or* **get in** ~: in den Gleichschritt fallen; **fall into** *or* **get in** ~ **with sb./sth.** mit jmdm./etw. im Gleichschritt [mit]marschieren; *(fig.)* sich jmdm./einer Sache fügen; **prices are out of** ~ **with wage increases** die Preise stehen in keinem Verhältnis zu den Lohnerhöhungen; **keep in** ~: den Schritt halten; *(with music, in dancing)* im Takt bleiben; **keep in** ~ **with sth./sb.** *(fig.)* mit etw./jmdm. Schritt halten; **f)** *(action)* Schritt, *der;* **take** ~**s to do sth.** Schritte unternehmen, um etw. zu tun; *see also* **false step; g)** *(stage in process)* Schritt, *der;* **S**~ **one: ...:** erster Schritt: ...; **keep one** ~ **ahead [of sb./sth.]** [jmdm./einer Sache] einen Schritt *od.* eine Nasenlänge voraus sein; ~ **by** ~: Schritt für Schritt; **the first** ~ **in sb.'s career** die erste Sprosse auf jmds. Karriereleiter; **what is the next** ~**?** wie geht es weiter?; **h)** *(grade)* Stufe, *die;* **i)** *(sound of foot, manner of walking)* Schritt, *der;* **know sb. from his** ~**, know sb.'s** ~: jmdn. an seinem Schritt erkennen; **walk with a skip in one's** ~: hüpfenden Schrittes gehen; **j)** *(Amer. Mus.)* große Sekunde. **2.** *v. i.,* **-pp-** treten; ~ **lightly** *or* **softly** leise auftreten; ~ **hesitantly/heavily/clumsily** mit zögernden Schritten gehen/einen schweren/unbeholfenen Schritt haben; ~ **from the pavement on to the road** vom Bürgersteig auf die Straße treten; ~ **across** *or* **over a puddle/gap** einen [großen] Schritt über eine Pfütze/Spalte machen; **don't** ~ **across the line!** nicht über die Linie treten!; ~ **inside** eintreten; **please** ~ **inside for a moment** kommen Sie bitte auf einen Augenblick herein; ~ **into** treten in (+ *Akk.*); steigen in (+ *Akk.*) ⟨*Fahrzeug, Flugzeug, Wanne*⟩; ~ **into sb.'s shoes** *(fig.)* an jmds. Stelle treten; ~ **into one's dress/trousers** in sein Kleid/seine Hose steigen *(ugs.);* ~ **on sth.** *(on the ground)* auf etw. *(Akk.)* treten; ~ **on sb.'s foot/on the dog's tail** jmdm. auf den Fuß/dem Hund auf den Schwanz treten; ~ **on a patch of oil/water** in eine Öl-/Wasserpfütze treten; ~ **on [to]** steigen auf (+ *Akk.*); steigen in (+ *Akk.*) ⟨*Fahrzeug, Flugzeug*⟩; ~ **on it** *(coll.)* auf die Tube drücken *(ugs.);* ~ **on sb.'s toes** = **tread on sb.'s toes** *see* **tread 2;** ~ **out of** treten aus; steigen aus ⟨*Fahrzeug, Bad, Fluß*⟩; ~ **out of the room for a few minutes** für ein paar Minuten aus dem Zimmer gehen; ~ **out of one's dress/trousers** aus seinem Kleid/seiner Hose steigen *(ugs.);* ~ **out of line** *(fig.)* aus der Reihe tanzen *(ugs.);* **I** ~**ped outside** ich trat hinaus; **Have you been calling my girl-friend names? I think you'd better** ~ **outside!** Hast du meine Freundin beschimpft? Komm, wir gehen mal zusammen raus *(ugs.);* ~ **over sb./sth.** über jmdn./etw. steigen; ~ **over the starting-line** über die Startlinie treten; ~ **this way, please** hier entlang, bitte; ~ **through a door/window** durch eine Tür treten/ein Fenster steigen; *see also* **breach 1 c; gas 1 b**

~ **a'side** *v. i.* **a)** zur Seite treten; **b)** *(fig.: resign)* seine Stellung räumen

~ **'back** *v. i.* zurücktreten; ~ **back in fright/surprise** vor Schreck/Überraschung [einen Schritt] zurückweichen

~ **'down 1.** *v. i.* **a)** ~ **down into the auditorium** ins Publikum herunterkommen *od.* -steigen; ~ **down from the train/into the boat** aus dem Zug/in das Boot steigen; **b)** *(fig.) see* **stand down 1 a. 2.** *v. t. (Electr.)* heruntertransformieren *(ugs.); see also* **step-down**

~ **'forward** *v. i.* **a)** [einen Schritt] vortreten; **b)** *(fig.: present oneself)* sich melden; **would somebody like to** ~ **forward and help me with the trick?** würde jemand gern nach vorn kommen und mir bei dem Trick assistieren?; **he has** ~**ped forward as the new candidate** er präsentierte sich als neuer Kandidat; **several** ~**ped forward** einige meldeten sich [freiwillig]

~ **'in** *v. i.* **a)** eintreten; *(into vehicle)* einsteigen; *(into pool)* hineinsteigen; **would you mind** ~**ping in for a moment?** würden Sie bitte einen Augenblick hereinkommen?; **b)** *(fig.) (take sb.'s place)* einspringen; *(intervene)* eingreifen

~ **'off 1.** *v. i.* **a)** *(get off) (from vehicle)* aussteigen; *(from a height)* hinabspringen; **b)** *(Mil.: begin to march)* abmarschieren. **2.** *v. t.* **a)** *(get off)* steigen aus ⟨*Fahrzeug*⟩; treten von ⟨*Bürgersteig*⟩; springen von ⟨*Klippe, Brücke*⟩; **b)** *(measure by pacing)* abschreiten *(geh.)*

~ **'out 1.** *v. i.* **a)** *(leave a place)* hinausgehen; **the car/boat stopped and she** ~**ped out** der Wagen/das Boot hielt an und sie stieg aus;

*b) (lengthen stride)* ausschreiten *(geh.)*; **c)** *(dated fig.: be active socially)* ausgehen; **he has been ~ping out with this girl for a few months now** er geht jetzt schon seit ein paar Monaten mit diesem Mädchen *(ugs.)*. **2.** *v. t.* steigen aus ‹*Fahrzeug*›
**~ 'up 1.** *v. i.* **a)** *(ascend)* hinaufsteigen; **~ up into** [ein]steigen in (+ *Akk.*) ‹*Fahrzeug*›; **~ up on to** steigen auf (+ *Akk.*) ‹*Podest, Tisch*›; **b)** *(approach)* **~ up and ask sb.'s name** auf jmdn. zugehen und ihn nach seinem Namen fragen; **~ right up!** treten Sie näher!; **~ up to sb.** zu jmdm. treten; **c)** *(increase)* zunehmen. **2.** *v. t.* **a)** *(increase)* erhöhen; intensivieren ‹*Wahlkampf*›; verstärken ‹*Anstrengungen*›; verschärfen ‹*Sicherheitsmaßnahmen, Streik*›; **b)** *(Electr.)* hinauftransformieren *(ugs.)*; *see also* **step-up 2**
**step: ~brother** *n.* Stiefbruder, *der;* **~child** *n.* Stiefkind, *das;* **~daughter** *n.* Stieftochter, *die;* **~-down** *attrib. adj. (Electr.)* **~-down converter** *or* **transformer** Abwärtstransformator, *der;* **~father** *n.* Stiefvater, *der;* **~-ladder** *n.* Stehleiter, *die;* **~mother** *n.* Stiefmutter, *die;* **~parent** *n.* Stiefelternteil, *der;* **~parents** Stiefeltern *Pl.*
**steppe** [step] *n. (Geog.)* Steppe, *die*
**stepped** [stept] *adj.* gestuft; terrassiert ‹*Berg, Hang*›; Stufen‹*pyramide, -giebel*›
**'steppeland** *n. (Geog.)* Steppenland, *das*
**stepping-stone** ['stepɪŋstəʊn] *n.* Trittstein, *der; (fig.)* Sprungbrett, *das* (**to** für, in)
**step: ~sister** *n.* Stiefschwester, *die;* **~son** *n.* Stiefsohn, *der;* **~-up 1.** *n.* Erhöhung, *die;* **a ~-up in output/production/security measures** eine Steigerung des Ausstoßes/der Produktion/Verschärfung der Sicherheitsmaßnahmen; **2.** *attrib. adj. (Electr.)* **~-up converter** *or* **transformer** Aufwärtstransformator, *der*
**stereo** ['sterɪəʊ, 'stɪərɪəʊ] **1.** *n., pl.* **~s a)** *(equipment)* Stereoanlage, *die; see also* **personal d; b)** *(sound reproduction)* Stereo, *das.* **2.** *adj.* **a)** *(sound)* stereo; Stereo‹*effekt, -aufnahme, -platte*›; **b)** *(Optics)* stereoskopisch
**stereophonic** [sterɪə'fɒnɪk, stɪərɪə'fɒnɪk] *adj.,* **stereophonically** [sterɪə'fɒnɪkəlɪ, stɪərɪə'fɒnɪkəlɪ] *adv.* stereophon
**stereoscope** ['sterɪəskəʊp, 'stɪərɪəskəʊp] *n.* Stereoskop, *das*
**stereoscopic** [sterɪə'skɒpɪk, stɪərɪə'skɒpɪk] *adj.* stereoskopisch
**stereotype** ['sterɪətaɪp, 'stɪərɪətaɪp] **1.** *n.* **a)** Stereotyp, *das (Psych.)*; Klischee, *das;* **b)** *(Printing: plate)* Stereotyp[ie]platte, *die;* **c)** *no pl. (Printing: process) (making of ~s)* Stereotypie, *die;* **~ [printing]** Drucken mit Stereotyp[ie]platten. **2.** *v. t.* in ein Klischee zwängen; **~ sb. as a villain** jmdn. in das Klischee des Schurken zwängen; **~d** stereotyp ‹*Redensart, Frage, Vorstellung*›; klischeehaft ‹*Sprache, Denkweise*›; **the ~d business man** das Klischee des Geschäftsmanns
**sterile** ['steraɪl] *adj.* **a)** *(germ-free)* steril; **b)** *(barren, lit. or fig.)* steril; unfruchtbar; *(fig.)* erfolglos ‹*Geschäftsjahr, Bemühung*›; nutzlos ‹*Tätigkeit*›; fruchtlos ‹*Diskussion, Gespräch*›
**sterilisation, sterilise, steriliser** *see* **steriliz-**
**sterility** [stə'rɪlɪtɪ] *n., no pl.* **a)** *(absence of germs)* Sterilität, *die;* **b)** *(barrenness, lit. or fig.)* Sterilität, *die;* Unfruchtbarkeit, *die; (fig.: of discussion)* Fruchtlosigkeit, *die*
**sterilization** [sterɪlaɪ'zeɪʃn] *n.* Sterilisation, *die*
**sterilize** ['sterɪlaɪz] *v. t.* **a)** *(make germ-free)* sterilisieren; **b)** *(make barren)* sterilisieren ‹*Tier, Mensch*›; unfruchtbar machen ‹*Land*›
**sterilizer** ['sterɪlaɪzə(r)] *n.* Sterilisator, *der*
**sterling** ['stɜ:lɪŋ] **1.** *n., no pl., no indef. art.* Sterling, *der;* **do they accept** *or* **take ~?** kann man bei ihnen in Pfund [Sterling] bezahlen?; **five pounds ~:** fünf Pfund Sterling; **in ~:** in Pfund [Sterling]; **~ area** *(Hist.)* Sterlingblock, *der.* **2.** *attrib. adj.* **a) ~ silver** Sterlingsilber, *das;* **b)** *(fig.)* gediegen; **he is a ~ chap!** er ist ein zuverlässiger Bursche!; **do ~ work** erstklassige Arbeit leisten; **[this is] ~ stuff!** *(coll.)* tadellos!; erstklassig!
**[1]stern** [stɜ:n] *adj.* streng; hart ‹*Strafe*›; ernst ‹*Warnung*›; **made of ~er stuff** *(fig.)* aus härterem Holz [geschnitzt]; **be ~ with sb.** mit jmdm. streng sein; jmdn. hart anpacken *(ugs.)*
**[2]stern** *n. (Naut.)* Heck, *das;* **~ foremost** [mit dem] Heck voraus; *see also* **[1]stem 1 f**
**sternly** ['stɜ:nlɪ] *adv.* streng; ernsthaft ‹*warnen*›; in strengem Ton ‹*sprechen*›; mit strenger Hand ‹*regieren*›
**'stern-post** *n. (Naut.)* Achtersteven, *der*
**sternum** ['stɜ:nəm] *n., pl.* **~s** *or* **sterna** ['stɜ:nə] *(Anat.)* Brustbein, *das;* Sternum, *das (fachspr.)*
**steroid** ['stɪərɔɪd, 'sterɔɪd] *n. (Chem.)* Steroid, *das*
**stet** [stet] *(Printing) v. i. imper.* bleibt
**stethoscope** ['steθəskəʊp] *n. (Med.)* Stethoskop, *das*
**stetson** ['stetsn] *n.* Stetson[hut], *der*
**stevedore** ['sti:vədɔ:(r)] *n. (Naut.)* Schauermann, *der*
**stew** [stju:] **1.** *n.* **a)** *(Gastr.)* Eintopf, *der;* **Irish ~:** Irish-Stew, *das;* **b)** *(coll.: state)* **be in/get into a ~:** in heller Aufregung sein/völlig aus dem Häuschen geraten *(ugs.)*; **be in** *or* **get into a ~ about** *or* **over sth.** sich über etw. *(Akk.)* [schrecklich *(ugs.)*] aufregen; **don't get into a ~ about nothing!** dreh nicht unnötig durch! *(ugs.)*. **2.** *v. t. (Cookery)* schmoren [lassen]; **~ apples/plums** Apfel-/Pflaumenkompott kochen. **3.** *v. i.* **a)** *(Cookery)* schmoren; ‹*Obst:*› gedünstet werden; **~ [in one's own juice]** *(fig.)* [im eigenen Saft] schmoren *(ugs.)*; **b)** *(fig.: fret)* **~ over a problem** sich *(Dat.)* über ein Problem den Kopf zerbrechen *(ugs.)*; **c)** *(fig.: swelter)* schmoren *(ugs.)*
**steward** ['stju:əd] **1.** *n.* **a)** *(on ship, plane)* Steward, *der;* **b)** *(supervising official) (at public meeting, ball, etc.)* Ordner, *der*/Ordnerin, *die;* **~s** *(of race)* Rennleitung, *die;* **~s' enquiry** *(Horse-racing)* [Untersuchung und] Beratung der Rennleitung; *see also* **shop-steward; c)** *(estate manager)* Verwalter, *der*/Verwalterin, *die.* **2.** *v. t.* verwalten; **~ a meeting** bei einer öffentlichen Veranstaltung Ordner/Ordnerin sein
**stewardess** ['stju:ədɪs] *n.* Stewardeß, *die*
**stewardship** ['stju:ədʃɪp] *n.* Verwaltung, *die;* **hold the ~ of an estate** Verwalter/Verwalterin eines Gutes sein
**stewed** [stju:d] *adj.* **a)** *(Cookery)* geschmort; **~ apples/plums** Apfel-/Pflaumenkompott, *das;* **b)** *(over-brewed)* **the tea is ~:** der Tee hat zu lange gezogen; **c)** *(sl.: drunk)* blau *(ugs.)*; voll *(salopp)*
**stewing steak** ['stju:ɪŋ steɪk] *n., no pl., no indef. art.* [Rinder]schmorfleisch, *das*
**stew: ~-pan** *n. (Cookery)* Schmorpfanne, *die;* **~-pot** *n. (Cookery)* Schmortopf, *der*
**stick** [stɪk] **1.** *v. t.,* **stuck** [stʌk] **a)** *(thrust point of)* stecken; **~ sth. in[to] sth.** mit etw. in etw. *(Akk.)* stechen; **she stuck a needle in[to] her finger** sie stach sich *(Dat.)* mit einer Nadel in den Finger; **get stuck into sb./sth./a meal** *(sl.: begin action)* jmdm. eine Abreibung verpassen/sich in etw. *(Akk.)* reinknien/tüchtig reinhauen *(salopp)*; **I stuck a knife in[to] him** ich stieß *od. (ugs.)* rammte ihm ein Messer in den Leib; **b)** *(impale)* spießen; **~ sth. [up]on sth.** etw. auf etw. *(Akk.)* [auf]spießen; **like a stuck pig** ‹*bluten*› wie ein Schwein; ‹*schreien*› wie eine gestochene Sau; **c)** *(coll.: put)* stecken; **he stuck a feather in his hat/a rose in his buttonhole** er steckte sich *(Dat.)* eine Feder an den Hut/eine Rose in das Knopfloch; **~ a picture on the wall/a vase on the shelf** ein Bild an die Wand hängen/eine Vase aufs Regal stellen; **~ 10% on the bill** 10% zusätzlich auf die Rechnung setzen; **~ one's hat on one's head** sich *(Dat.)* den Hut auf den Kopf stülpen; **~ one's head out of the window** den Kopf aus dem Fenster strecken; **~ sth. in the kitchen** etw. in die Küche tun *(ugs.)*; **~ one on sb.** *(sl.: hit)* jmdm. eine langen *(ugs.)*; **~ one's hands in one's pockets** die Hände in den Taschen vergraben; **you know where you can ~ that!, [you can] ~ it!** *(sl.)* das kannst du dir sonstwohin stecken!; **d)** *(with glue etc.)* kleben; **e)** *(make immobile)* **the car is stuck in the mud** das Auto ist im Schlamm steckengeblieben; **the door is stuck** die Tür klemmt [fest]; **she's been stuck indoors all day** *(fig. coll.)* sie hat den ganzen Tag im Haus hocken müssen *(ugs.)*; **f)** *(puzzle)* **be stuck for an answer/for ideas** um eine Antwort/um Ideen verlegen sein; **Can you help me with this problem? I'm stuck** Kannst du mir bei diesem Problem helfen? Ich komme nicht weiter; **be stuck for money** *(coll.)* gerade kein Geld haben; **g)** *(cover)* **~ sth. with pins/needles** Stecknadeln/Nadeln in etw. *(Akk.)* stecken; **h)** *(stab)* **~ sb. with a knife** jmdm. einen Messerstich beibringen; **i)** *(Brit.: paste on wall)* kleben; **'~ no bills'** „Plakate ankleben verboten!"; **j)** *(Brit. coll.: tolerate)* **~ it** durchhalten; **she can't ~ him** sie kann ihn nicht riechen *(salopp)*; **he can't ~ the book/film** er kann das Buch/den Film nicht ausstehen; **she can't ~ the heat/such conditions** sie kann die Hitze/solche Bedingungen nicht ertragen; **I can't ~ it/my job any longer** das/mein Job steht mir bis oben *od.* hier *(ugs.)*; **k)** *(coll.)* **be stuck with sth.** *(have to accept)* sich mit etw. herumschlagen müssen *(ugs.)*; **be stuck with sb.** jmdn. am *od.* auf dem Hals haben *(ugs.)*; **if we don't sell our car soon we'll be stuck with it** wenn wir unser Auto nicht bald verkaufen, werden wir's überhaupt nicht mehr los *(ugs.)*; **l)** *(sl.)* **be stuck on sb./sth.** *(captivated by)* auf jmdn./etw. abfahren *(salopp)*; **be stuck on an idea** eine fixe Idee haben. **2.** *v. i.,* **stuck a)** *(be fixed by point)* stecken; **there's a splinter ~ing in my finger** ich habe einen [Holz]splitter im Finger; **b)** *(adhere)* kleben; **mud ~s** *(fig.)* etwas bleibt immer hängen *(fig.)*; **~ to sth.** an etw. *(Dat.)* kleben; **my wet clothes stuck to my body** meine nassen Kleider klebten mir am Körper; **~ in the/sb.'s mind** *(fig.)* im/jmdm. im Gedächtnis haftenbleiben; **she was called the 'iron lady' and the nickname stuck** sie wurde „Eiserne Lady" genannt, und der Spitzname blieb an ihr hängen; **c)** *(become immobile)* ‹*Auto, Räder:*› steckenbleiben; ‹*Schublade, Tür, Griff, Bremse:*› klemmen; ‹*Schlüssel:*› feststecken; **~ fast** ‹*Auto, Rad:*› feststecken; ‹*Reißverschluß, Tür, Schublade:*› festklemmen; **the words stuck in his throat** die Worte blieben ihm in der Kehle stecken; **the record is stuck** die Platte ist hängengeblieben; *see also* **stick-in-the-mud; d)** *(protrude)* **a letter stuck from his pocket** ein Brief schaute ihm aus der Tasche; **e)** *(coll.: remain)* bleiben; **are you going to ~ indoors all day?** willst du den ganzen Tag im Hause [herum]hocken? *(ugs.)*; **f)** *(coll.: be considered valid)* **the accusations will not ~:** die Anschuldigungen ziehen nicht *(ugs.)*; **make a charge ~:** mit einer Anklage durchkommen *(ugs.)*; **be made to ~:** hieb- und stichfest gemacht werden; **g)** *(Cards)* **Do you want another card? – No, I'll ~:** Willst du noch eine Karte? – Nein, ich behalte mein Blatt. **3.** *n.* **a)** *([cut] shoot of tree, piece of wood)* Stock, *der; (staff)* [Holz]stab, *der; (walking-~)* Spazierstock, *der; (for handicapped person)* Krückstock, *der;* **pick up a large ~ from the ground** einen großen Knüppel vom Boden aufheben; **gather dry ~s** trockene Äste sammeln; *see*

*also* **big 1 a**; **b)** *see* **rod c**; **c)** *(Hockey etc.)* Schläger, *der;* **~s!** hoher Stock!; **d)** *(long piece)* **a ~ of chalk/shaving-soap** ein Stück Kreide/Rasierseife; **a ~ of dynamite/sealing-wax** eine Stange Dynamit/Siegellack; **a ~ of rock/celery/rhubarb** eine Stange Rocks/Sellerie/Rhabarber; **a cinnamon ~:** eine Zimtstange; **e)** *no pl., no art. (coll.: criticism)* **get** *or* **take [some] ~:** viel einstecken müssen; **give sb. [some] ~:** jmdn. zusammenstauchen *(ugs.)*; **f) give sb. the ~, take the ~ to sb.** *(cane sb.)* jmdn. den Stock spüren lassen; **g) ~ of furniture** *(coll.)* Möbelstück, *das;* **up ~s** *(sl.)* seine [Sieben]sachen zusammenpacken *(ugs.)*; **h)** *(Motor Veh.: gear-lever) see* **gear-stick**; **i)** *(Mus.) see* **baton c**; **j)** *(Printing)* Winkelhaken, *der;* **k) the ~s** *(Horse-racing sl.)* die Hürden; die Hindernisse; **the race is over the ~s** das Rennen geht über Hindernisse; **l)** *in pl. (sl.: rural area)* **in the ~s** in der hintersten Provinz; **m)** *(coll.: person)* **a queer ~:** komischer Kauz *(ugs.)*; **a funny old ~:** ein komischer alter Kauz *(ugs.)*; **n)** *(Mil.: of bombs)* Reihenwurf, *der. See also* **²cleft 2**; **cross 4 b**; **dirty 1 h**; **wrong 1 c**

**~ a'bout, ~ a'round** *v. i. (coll.)* dableiben; *(wait)* warten

**~ at** *v. t.* **a)** *(hesitate at)* **~ at sth./nothing** vor etw. *(Dat.)*/nichts zurückschrecken; **b)** *(keep on with)* **~ at one's books/studying** fleißig Bücher wälzen/studieren; **~ 'at it** *(coll.)* dranbleiben *(ugs.)*

**~ by** *v. t. (fig.)* stehen zu

**~ 'down** *v. t.* **a)** *(glue down)* festkleben; zukleben ⟨*Umschlag*⟩; **b)** *(coll.: put down)* hinknallen *(ugs.)* ⟨*Tisch, Kiste*⟩; **c)** *(coll.: write down)* schreiben

**~ 'in** *v. t.* **a)** *(jab in)* hineinstechen ⟨*Spritze, Nadel*⟩; anstecken ⟨*Hutnadel*⟩; **get stuck in** *(sl.) (working)* ranklotzen *(salopp)*; *(eating)* reinhauen *(salopp)*; **b)** *(glue in)* einkleben; **c)** *(coll.: put in)* hineinstecken; *see also* **nose 1 a**

**~ 'on 1.** *v. t.* **a)** *(glue on)* aufkleben ⟨*Briefmarke, Etikett*⟩; ankleben ⟨*Tapete*⟩; **b)** *(attach by pin etc.)* anstecken; **c)** *(coll.: put on)* aufsetzen ⟨*Hut, Wasserkessel*⟩; auflegen ⟨*Schallplatte*⟩; **stick an extra amount on the bill** *(fig.)* einen zusätzlichen Betrag auf die Rechnung setzen. **2.** *v. i.* kleben[bleiben]. *See also* **stick-on**

**~ 'out 1.** *v. t.* **a)** herausstrecken ⟨*Brust, Zunge*⟩; ausstrecken ⟨*Arm, Bein*⟩; **~ one's tongue out at sb.** jmdm. die Zunge herausstrecken; **would you like to ~ your neck out and predict the winner of the race?** *(fig. coll.)* willst du eine Prognose wagen, wer das Rennen gewinnt?; **he is not one to ~ his chin out** *(fig. coll.)* er verbrennt sich *(Dat.)* nicht gern die Finger *(ugs.)*; **b) ~ it out** *(coll.)* = **sweat it out** *see* **sweat 3 d. 2.** *v. i.* **a)** *(project)* ⟨*Brust, Bauch:*⟩ vorstehen; ⟨*steifes Kleid:*⟩ abstehen; ⟨*Nagel, Ast:*⟩ herausstehen; **his ears ~ out** er hat abstehende Ohren; **her hair stuck out from under the hat** ihr Haar schaute unter dem Hut hervor; **she lay in bed with her legs/toes ~ing out** sie lag im Bett, und ihre Beine/Zehen schauten heraus; **b)** *(fig.: be obvious)* sich abheben; **~ out a mile** *(sl.)* [klar] auf der Hand liegen; **it ~s out a mile that he is only after her money** *(sl.)* daß er nur hinter ihrem Geld her ist, ist klar wie dicke Tinte *(ugs.)*; **~ out like a sore thumb** *(coll.)* ins Auge springen; **if you don't wear the correct clothes you'll ~ out like a sore thumb** *(coll.)* wenn du nicht korrekt gekleidet bist, fällst du unangenehm auf; **c) ~ out for sth.** *see* **hold out 2 c**

**~ to** *v. t.* **a)** *(be faithful to)* halten zu ⟨*Person*⟩; halten ⟨*Versprechen*⟩; bleiben bei ⟨*Entscheidung, Meinung*⟩; treu bleiben (+ *Dat.*) ⟨*Idealen, Grundsätzen*⟩; **b)** *(not deviate from)* sich halten an (+ *Akk.*) ⟨*Plan, Text, Original*⟩; bleiben an (+ *Dat.*) ⟨*Arbeit*⟩; bleiben bei ⟨*Wahrheit, Thema*⟩; **~ to business** bei der Sache bleiben; **~ to the point** beim Thema bleiben; **~ to what you are good at** bleibe bei dem, was du [gut] kannst; **thanks, but I'll ~ to beer** danke, ich bleibe beim Bier. *See also* **gun 1 a**; **³last**; **stick-to-it-ive**; **'story a**

**~ to'gether 1.** *v. t.* zusammenkleben. **2.** *v. i.* **a)** *(adhere together)* zusammenkleben; **b)** *(fig.: remain united)* zusammenhalten

**~ 'up 1.** *v. t.* **a)** *(seal)* zukleben; **b) be stuck up with sth.** *(coll.: sticky)* von etw. klebrig sein; **c)** *(coll.: put up, raise)* strecken, recken ⟨*Kopf, Hals*⟩; anschlagen ⟨*Bekanntmachung, Poster*⟩; aufschlagen ⟨*Zelt*⟩; hinbauen, -setzen ⟨*Häuser*⟩; raufsetzen *(ugs.)* ⟨*Preise*⟩; anbringen ⟨*Regal*⟩; **he stuck his nose up [in the air]** er streckte seine Nase in die Luft; **~ up one's hand** die Hand heben; **~ sth. up on a shelf** etw. auf ein Regal tun *(ugs.)*; **~ 'em up!** *(sl.)* Pfoten hoch! *(salopp)*; **d)** *(sl.: rob)* ausrauben; *see also* **stick-up**; **e) stuck up** *(conceited)* eingebildet; **be stuck up about sth.** sich *(Dat.)* etwas auf etw. *(Akk.)* einbilden. **2.** *v. i.* **a)** ⟨*Haar, Kragen:*⟩ hochstehen; ⟨*Nagel, Pflasterstein:*⟩ hervorstehen; **b) ~ up for sb./sth.** für jmdn./etw. eintreten; **~ up for yourself!** setz dich zur Wehr!

**~ with** *v. t. (coll.)* **a)** *(keep contact with)* **~ with the leaders** sich an der Spitze halten *(bes. Sport)*; **~ 'with it!** bleib dran! *(ugs.)*; **b)** *(remain faithful to)* bleiben bei ⟨*Gruppe, Partei*⟩; halten zu ⟨*Freund*⟩; die Treue halten (+ *Dat.*) ⟨*Verein*⟩

**stick de'odorant** *n.* Deo[dorant]stift, *der*

**sticker** ['stɪkə(r)] *n.* Aufkleber, *der; see also* **billsticker**

**'stick figure** *n.* Strichmännchen, *das*

**sticking** ['stɪkɪŋ]: **~-place** *see* **~-point**; **~-plaster** *n. (Med.)* Heftpflaster, *das;* **~-point** *n. (fig.)* Hürde, *die*

**stick: ~-insect** *n.* Gespenst[heu]schrecke, *die;* **~-in-the-mud 1.** *n. (person lacking initiative)* Trantüte, *die (ugs. abwertend)*; *(unprogressive person)* Spießer, *der (abwertend)*; **2.** *adj. (lacking in initiative)* schlafmützig *(ugs. abwertend)*; *(unprogressive)* spießig *(abwertend)*

**stickleback** ['stɪklbæk] *n. (Zool.)* Stichling, *der*

**stickler** ['stɪklə(r)] *n.* **be a ~ for tidiness/authority** es mit der Sauberkeit sehr genau nehmen/in puncto Autorität keinen Spaß verstehen

**stick: ~-on** *adj.* selbstklebend; **~pin** *n.* *(Amer.)* Krawattennadel, *die;* **~-to-it-ive** [stɪk'tu:ɪtɪv] *adj. (Amer.)* verbissen; hartnäckig; **~-up** *n. (sl.)* bewaffneter Raubüberfall

**sticky** ['stɪkɪ] *adj.* **a)** klebrig; feucht ⟨*Farbe, gestrichener/gewaschener Gegenstand*⟩; zäh ⟨*Teig, Brei, Mischung*⟩; **~ label** Aufkleber, *der;* **~ tape** Klebestreifen, *der;* **b)** *(humid)* schwül ⟨*Klima, Luft*⟩; feucht ⟨*Haut*⟩; **be all hot and ~:** ganz verschwitzt sein; **c)** *(coll.: uncooperative)* unnachgiebig; **be ~ about doing sth.** etw. [nur] widerwillig tun; **d)** *(sl.: unpleasant)* vertrackt *(ugs.)*; heikel; **a ~ situation** eine brenzlige Lage; *see also* **end 1 h**

**sticky 'wicket** *n. (Cricket) Spielfeld, das nach einem Regen schlecht zu bespielen ist;* **bat** *or* **be on a ~** *(fig.)* sich auf schlüpfrigem Boden befinden

**stiff** [stɪf] **1.** *adj.* **a)** *(rigid)* steif; hart ⟨*Bürste, Stock*⟩; **be frozen ~:** steif vor Kälte sein; ⟨*Wäsche, Körper[teile]:*⟩ steif gefroren sein; **this brush is ~ with paint** dieser Pinsel ist mit Farbe verklebt; *see also* **lip a**; **b)** *(intense, severe)* hartnäckig; schroff ⟨*Absage*⟩; kräftig ⟨*Standpauke*⟩; **~ competition** scharfe Konkurrenz; **c)** *(formal)* steif; förmlich ⟨*Brief, Stil*⟩; **d)** *(difficult)* hart ⟨*Test*⟩; schwer ⟨*Frage, Prüfung*⟩; steil ⟨*Abstieg, Anstieg*⟩; **be ~ going** *(fig. coll.)* harte Arbeit sein; **e)** stark, *(Seemannsspr.)* steif ⟨*Wind, Brise*⟩; **f)** *(not bending, not working freely, aching)* steif ⟨*Gelenk, Gliedmaßen, Nacken, Person*⟩; schwergängig ⟨*Angel, Kolben, Gelenk*⟩; **g)** *(coll.: excessive)* saftig *(ugs.)* ⟨*Preis, Strafe*⟩; **h)** *(strong)* steif *(ugs.)* ⟨*Drink*⟩; stark ⟨*Dosis, Medizin*⟩; **a ~ shot of rum** ein Schuß steifen Rum; **i)** *(thick)* zäh[flüssig]; **j)** *(coll.)* **be bored/scared/worried ~:** sich zu Tode langweilen/eine wahnsinnige Angst haben *(ugs.)*/sich *(Dat.)* furchtbare *(ugs.)* Sorgen machen; **bore/scare/worry sb. ~:** jmdn. zu Tode langweilen/jmdm. eine wahnsinnige Angst einjagen *(ugs.)*/jmdm. furchtbare *(ugs.)* Sorgen machen; **k)** *pred.* **the road was ~ with police** auf der Straße wimmelte es von Polizisten. **2.** *n. (sl.)* Leiche, *die*

**stiffen** ['stɪfn] **1.** *v. t.* **a)** steif machen; stärken ⟨*Kragen*⟩; versteifen ⟨*Material*⟩; zäh[flüssig]er machen ⟨*Paste, Teig*⟩; steif werden lassen ⟨*Gliedmaße*⟩; **b)** *(fig.: bolster)* verstärken ⟨*Widerstand*⟩; stärken ⟨*Moral, Entschlossenheit*⟩. **2.** *v. i.* **a)** ⟨*Person:*⟩ erstarren; **b)** ⟨*Wind, Brise:*⟩ steifer werden *(Seemannsspr.)*, auffrischen; **c)** *(become thicker)* ⟨*Teig:*⟩ steifer werden; ⟨*Mischung:*⟩ zäher werden; **d)** *(fig.: become more resolute)* sich verstärken; **his resolve ~ed** er wurde in seinem Entschluß bestärkt

**stiffener** ['stɪfnə(r)] *n.* **a)** *(for collar, corset)* Stäbchen, *das;* **b)** *(starch)* Stärke, *die;* **c)** *(Building)* Queraussteifung, *die;* **d)** *(coll.: drink)* kleine Stärkung *(scherzh.)*

**stiffening** ['stɪfnɪŋ] *n.* Versteifung, *die*

**stiffly** ['stɪflɪ] *adv.* **a)** *(rigidly, formally)* steif; *(fig.)* hartnäckig ⟨*Widerstand leisten*⟩; **b)** *(strongly)* stark, *(Seemannsspr.)* steif ⟨*wehen*⟩; **c)** *(erectly, with restricted movement)* steif ⟨*sitzen, gehen*⟩; kerzengerade ⟨*stehen*⟩

**stiff-'necked** *adj. (fig.)* starrsinnig

**stiffness** ['stɪfnɪs] *n., no pl.* **a)** *(rigidity, formality)* Steifheit, *die; (of letter, language)* Förmlichkeit, *die;* **b)** *(intensity)* Härte, *die;* **c)** *(difficulty)* Schwierigkeit, *die;* **d)** *(of wind)* Stärke, *die;* Steifheit, *die (Seemannsspr.)*; **e)** *(lack of suppleness)* Steifheit, *die; (of hinge, piston)* geringe Beweglichkeit; **have a ~ in one's limbs** steife Glieder haben; *(due to exercise)* Muskelkater haben; **f)** *(coll.: excessiveness) (of punishment)* Strenge, *die; (of demand, price)* Überzogenheit, *die;* **g)** *(thick consistency)* Zähheit, *die*

**stifle** ['staɪfl] **1.** *v. t.* ersticken; *(fig.: suppress)* unterdrücken; ersticken ⟨*Widerstand, Aufstand, Schrei*⟩; übergehen ⟨*Einwand*⟩; **we were ~d by the heat** wir erstickten fast vor Hitze. **2.** *v. i.* ersticken; **~ in the bad air/smoke** an der schlechten Luft/vom Rauch fast ersticken

**stifling** ['staɪflɪŋ] *adj.* stickig; drückend ⟨*Hitze*⟩; *(fig.)* einengend ⟨*Atmosphäre*⟩; erdrückend ⟨*Einfluß, Herrschaft*⟩; **the heat was ~:** es war drückend heiß

**stigma** ['stɪgmə] *n., pl.* **~s** *or* **~ta** ['stɪgmətə, stɪg'mɑ:tə] **a)** *(mark of shame)* Stigma, *das (geh.)*; Makel, *der (geh.)*; **the ~ of having been in prison** das Stigma, im Gefängnis gewesen zu sein; **b)** *(Bot.)* Stigma, *das;* Narbe, *die;* **c)** *in pl.* **~ta** *(Relig.)* Stigmata

**stigmatize (stigmatise)** ['stɪgmətaɪz] *v. t.* stigmatisieren *(geh.)*; brandmarken

**stile** [staɪl] *n.* Zauntritt, *der;* Trittleiter, *die; see also* **dog 1 a**

**stiletto** [stɪ'letəʊ] *n., pl.* **~s** *or* **~es a)** *(dagger)* Stilett, *das;* **b) ~ [heel]** Stöckelabsatz, *der;* **~[-heeled shoe]** Stöckelschuh, *der*

**¹still** [stɪl] **1.** *adj.* **a)** *pred.* still; **be ~:** [still] stehen; ⟨*Fahne:*⟩ sich nicht bewegen; ⟨*Hand:*⟩ ruhig sein; **hold** *or* **keep sth. ~:** etw. ruhig halten; **hold** *or* **keep a ladder/horse ~:** eine Leiter/ein Pferd festhalten; **hold ~!** halt still!; **keep** *or* **stay ~:** stillhalten; *(not change posture)* ruhig bleiben; ‹*Pferd:*› stillstehen; ‹*Gegenstand:*› liegenbleiben; **sit ~:** stillsitzen; **stand ~:** stillstehen; ‹*Uhr:*› stehen; ‹*Arbeit:*› ruhen; *(stop)* stehenbleiben; **my heart stood ~** *(fig.)* mir blieb das Herz stehen; **the country has just stood ~ for the last 20 years** *(fig.)* das Land hat sich die letzten 20 Jahre einfach nicht weiterentwickelt; **time stood ~:** die Zeit schien stillzustehen; *see also* **statue; b)** *(calm)* ruhig; *see also* **deep 2; c)** *(without sound)* still; ruhig; **d)** *(not sparkling)* nicht moussierend ‹*Wein*›; still ‹*Mineralwasser*›; **is this water sparkling or ~?** ist dieses Wasser mit oder ohne Kohlensäure?; **e)** *(hushed)* leise; **a** *or* **the ~ small voice [of conscience]** die [leise] Stimme des Gewissens. **2.** *adv.* **a)** *(without change)* noch; *expr. surprise or annoyance* immer noch; **drink your tea while it is ~ hot** trink deinen Tee, solange er [noch] heiß ist; **b)** *(nevertheless)* trotzdem; **~, we must not forget the opposite standpoint** wir dürfen aber auch den gegensätzlichen Standpunkt nicht außer acht lassen; **~, what can you do about it?** aber was kann man dagegen tun?; **c)** *with comparative (even)* noch; **become fatter ~** *or* **~ fatter** noch *od.* immer dicker werden; **better/worse ~** *as sentence-modifier* besser/schlimmer noch; *see also* **less 2. 3.** *n.* **a)** *(Photog.)* Fotografie *die;* **~s from the film** Filmbilder; **b)** *(silence)* **in the ~ of the night** in der Stille der Nacht. **4.** *v. t. (literary)* beruhigen; glätten ‹*Wogen*›; stillen ‹*Hunger, Durst, Schmerz*›; beschwichtigen ‹*Gefühle*›; befriedigen ‹*Ehrgeiz*›; ausräumen ‹*Zweifel*›; dämpfen ‹*Geräusch*›

**²still** *n.* Destillierapparat, *der*

**still: ~ birth** *n.* Totgeburt, *die;* **~born** *adj.* **a)** totgeboren; **the child was ~born** das Kind war eine Totgeburt *od.* kam tot zur Welt; **b)** *(fig.) see* **abortive; ~ life** *n., pl.* **~ lifes** *or* **lives** *(Art)* Stilleben, *das*

**stillness** ['stɪlnɪs] *n., no pl.* **a)** *(motionlessness)* Bewegungslosigkeit, *die;* **b)** *(quietness)* Stille, *die*

**still: ~ picture** *see* **¹still 3 a; ~-room** *n. (Brit.)* Destillierraum, *der*

**stilt** [stɪlt] *n.* **a)** Stelze, *die;* **b)** *(support of building)* Pfahl, *der;* **c)** *(Ornith.)* Stelzenläufer, *der*

**stilted** ['stɪltɪd] *adj.* gestelzt; gespreizt

**Stilton** ['stɪltən] *n.* Stilton[käse], *der*

**stimulant** ['stɪmjʊlənt] **1.** *attrib. adj. (Med.)* stimulierend. **2.** *n. (lit. or fig.)* Stimulans, *das;* Anregungsmittel, *das*

**stimulate** ['stɪmjʊleɪt] *v. t.* **a)** anregen; stimulieren *(geh.);* beleben ‹*Körper*›; *(sexually)* erregen; **b)** *(fig.)* anregen ‹*Geist, Diskussion, Appetit*›; hervorrufen ‹*Reaktion*›; wecken ‹*Interesse, Neugier*›; beleben ‹*Wirtschaft, Wachstum, Markt, Absatz*›; **~ sb. to sth./to do sth.** jmdn. zu etw. anregen/dazu anregen, etw. zu tun

**stimulating** ['stɪmjʊleɪtɪŋ] *adj.* **a)** anregend; stimulierend *(geh.);* belebend ‹*Bad*›; *(sexually)* erregend; **b)** *(fig.)* interessant; inspirierend ‹*Prediger, Einfluß, Musik, Buch*›

**stimulation** [stɪmjʊ'leɪʃn] *n.* **a)** Anregung, *die;* Stimulierung, *die (geh.); (sexual)* Erregung, *die;* **b)** *(fig.)* Anregung, *die; (of reaction)* Hervorrufen, *das; (of interest, curiosity)* Wecken, *das; (of economy, market, growth, sales)* Belebung, *die*

**stimulative** ['stɪmjʊlətɪv] *adj.* anregend; stimulierend *(geh.);* **the ~ effect of a cold shower** die belebende Wirkung einer kalten Dusche

**stimulus** ['stɪmjʊləs] *n., pl.* **stimuli** ['stɪmjʊlaɪ] **a)** *(spur)* Ansporn, *der* **(to** zu); **act as a ~ to sb.'s ambition** jmds. Ehrgeiz anspornen; **b)** *(rousing effect)* Anregung, *die;* **give a ~ to sales** den Umsatz beleben; **c)** *(Physiol.)* Stimulus, *der;* Reiz, *der*

**sting** [stɪŋ] **1.** *n.* **a)** *(wounding)* Stich, *der; (by jellyfish, nettles)* Verbrennung, *die;* **b)** *(pain)* Stechen, *das;* stechender Schmerz; *(from ointment, cane, whip, wind, rash)* Brennen, *das;* **the ~ of his criticism/remark/reproach** der Stachel seiner Kritik/Bemerkung/seines Vorwurfs; **a ~ in the tail** *(fig.)* ein Pferdefuß; **the story/film/letter had a ~ in the tail** am Ende der Geschichte/des Films/Briefs kam es knüppeldick *(ugs.);* **take the ~ out of sth.** *(fig.)* einer Sache *(Dat.)* den Stachel nehmen *(geh.);* **c)** *(Zool.)* [Gift]stachel, *der; (of jellyfish)* Nesselkapsel, *die; (of snake)* Giftzahn, *der;* **d)** *(Bot.)* Brennhaar, *das;* **e)** *(vigour) see* **bite 3 e; f)** *(fraud)* Ding, *das (ugs.); (police operation)* Operation, *die.* **2.** *v. t.,* **stung** [stʌŋ] **a)** *(wound)* stechen; **a bee stung [him on] his arm** eine Biene stach ihm in den Arm; **a jellyfish stung me/my leg** ich habe mich/mein Bein an einer Qualle verbrannt; **b)** *(cause pain to)* **the cane stung the boy's fingers** der Stock brannte dem Jungen auf den Fingern; **the smoke/the wind stung my eyes** der Rauch/der Wind brannte mir in den Augen; **c)** *(hurt mentally)* tief treffen; [zutiefst] verletzen; **his conscience stung him** er hatte Gewissensbisse; **~ing** scharf ‹*Vorwürfe, Anklagen, Kritik*›; **stung by remorse** von Reue gequält; **d)** *(incite)* **~ sb. into sth./doing sth.** jmdn. zu etw. anstacheln/dazu anstacheln, etw. zu tun; **he was stung to anger by their insults** ihre Beleidigungen erregten seinen Zorn; **e)** *(sl.: swindle)* übers Ohr hauen *(ugs.);* **~ sb. for sth.** jmdn. um etw. neppen *(ugs.);* **how much did they ~ you for [it]?** was haben sie dir [dafür] abgeknöpft? *(salopp).* **3.** *v. i.,* **stung a)** *(feel pain)* brennen; **smoke makes my eyes ~:** Rauch brennt mir in den Augen; **the antiseptic made the wound/my skin ~:** das Antiseptikum brannte auf der Wunde/auf meiner Haut; **b)** *(have ~)* stechen; **not all nettles/sorts of jellyfish ~:** nicht alle Nesseln/Quallenarten brennen

**stingily** ['stɪndʒɪlɪ] *adv.* geizig; **behave ~:** knausern *(ugs.)*

**stinging-nettle** ['stɪŋɪŋnetl] *n.* *(Bot.)* Brennessel, *die*

**'sting-ray** *n.* *(Zool.)* Stechrochen, *der*

**stingy** ['stɪndʒɪ] *adj.* geizig; knaus[e]rig *(ugs.);* kümmerlich ‹*Spende, Portion, Mahlzeit*›; **be ~ with sth.** mit etw. geizen

**stink** [stɪŋk] **1.** *v. i.,* **stank** [stæŋk] *or* **stunk** [stʌŋk], **stunk a)** stinken **(of** nach); **~ to high heaven** *(coll.)* gottserbärmlich stinken; *(fig.)* ‹*Angelegenheit, Korruption:*› zum Himmel stinken; **he ~s of money** *(sl.)* er stinkt vor Geld *(ugs.);* **something ~s here** *(coll.: is suspicious)* an dieser Sache stinkt etwas *(ugs.);* **b)** *(fig.: be repulsive)* **sth. ~s** an etw. (+ *Dat.*) stinkt etwas *(ugs.);* **the book/film ~s** das Buch/der Film ist widerwärtig. **2.** *n.* **a)** *(bad smell)* Gestank, *der;* **b)** *(coll.: fuss)* Stunk, *der (ugs.);* **the scandal created an almighty ~:** der Skandal führte zu einem Riesenstunk *(ugs.);* **kick up** *or* **raise a ~ about sth.** wegen etw. Stunk machen *(ugs.);* **c)** *(sl.)* **like ~:** wie verrückt *(ugs.);* **run like ~:** wie eine gesengte Sau *(derb)* rennen

**'stink-bomb** *n.* Stinkbombe, *die*

**stinker** ['stɪŋkə(r)] *n.* *(sl.)* **a)** *(offensive person)* Stinker, *der (salopp);* Stinktier, *das (derb);* **b)** *(offensive thing)* Widerlichkeit, *die (abwertend);* **a ~ [of a letter/reply]** ein stinkiger Brief/eine stinkige Antwort *(salopp);* **a ~ [of a cold]** eine saumäßige Erkältung *(derb);* **c)** *(difficult task)* Hammer, *der (ugs.);* harte Nuß *(ugs.)*

**stinking** ['stɪŋkɪŋ] **1.** *adj.* **a)** stinkend; **b)** *(sl.: objectionable)* widerlich *(abwertend);* **a ~ cold** eine saumäßige Erkältung *(derb).* **2.** *adv. (sl.)* **~ rich/drunk** stinkreich *(salopp)*/stinkbesoffen *(derb)*

**stint** [stɪnt] **1.** *v. t.* **a)** *(restrict share of)* kurzhalten; **~ oneself [of sth.]** sich [mit etw.] einschränken; **~ sb. of sth.** jmdn. mit etw. kurzhalten; **b)** *(supply stingily)* geizen mit; sparen mit ‹*Worten*›. **2.** *v. i.* **~ on sth.** an etw. *(Dat.)* sparen. **3.** *n.* **a)** *(allotted amount)* [Arbeits]pensum, *das;* **do** *or* **work** *or* **have a long ~:** ein großes Arbeitspensum erledigen; **each of us did our ~ at the wheel** jeder von uns saß eine Zeitlang am Steuer; **b)** *(limitation)* Einschränkung, *die;* **without ~:** uneingeschränkt

**stipend** ['staɪpend] *n.* Besoldung, *die; (Eccl.)* Gehalt, *das*

**stipendiary** [staɪ'pendɪərɪ, stɪ'pendɪərɪ] **1.** *attrib. adj.* besoldet; **~ magistrate** *see* **2. 2.** *n. (Brit.)* besoldeter Friedensrichter

**stipple** ['stɪpl] *v. t.* **a)** *(Art)* punktieren; **b)** *(roughen)* [auf]rauhen ‹*Putz, Farbe*›

**stipulate** ['stɪpjʊleɪt] *(demand)* fordern; verlangen; *(lay down)* festlegen; *(insist on)* sich *(Dat.)* ausbedingen

**stipulation** [stɪpjʊ'leɪʃn] *n.* **a)** *(condition)* Bedingung, *die;* **on** *or* **with the ~ that ...:** unter der Bedingung, daß ...; **b)** *(act) see* **stipulate:** Forderung, *die;* Festlegung, *die;* Ausbedingung, *die*

**stipule** ['stɪpju:l] *n. (Bot.)* Nebenblatt, *das*

**¹stir** [stɜ:(r)] **1.** *v. t.,* **-rr- a)** *(mix)* rühren; umrühren ‹*Tee, Kaffee*›; **keep ~ring the soup** die Suppe ständig umrühren; **~ sth. into sth.** etw. in etw. *(Akk.)* [ein]rühren; **b)** *(move)* bewegen; **~ oneself out of bed** sich aus dem Bett bewegen *od. (geh.)* bequemen; **~ one's stumps** *(coll.)* einen Zahn zulegen *(ugs.);* **c)** *(fig.: arouse)* bewegen; wecken ‹*Neugier, Interesse, Gefühle, Phantasie*›; **a story to ~ the heart/blood** eine herzergreifende Geschichte/eine Geschichte, die das Blut in Wallung bringt; **~ sb. to action** jmdn. zum Handeln anstacheln; **~ sb. to greater efforts** jmdn. zu größeren Anstrengungen anspornen. **2.** *v. i.,* **-rr- a)** *(move)* sich rühren; *(in sleep, breeze)* sich bewegen; **without ~ring** regungslos; **[not] ~ from the spot** sich [nicht] vom Fleck rühren; **b)** *(fig.: be aroused)* sich regen *(geh.);* **c)** *(rise from bed)* aufstehen; **nobody was ~ring in the house/village** das ganze Haus/Dorf schlief noch. **3.** *n., no pl.* **a)** *(commotion)* Aufregung, *die; (bustle, activity)* Betriebsamkeit, *die;* **cause** *or* **create** *or* **make a [big** *or* **great] ~:** [großes] Aufsehen erregen; **b)** *(act of ~ring sth.)* **give the coffee/paint a ~:** den Kaffee umrühren/die Farbe rühren

**~ 'in** *v. t.* einrühren

**~ 'up** *v. t.* **a)** *(disturb)* aufrühren; **b)** *(fig.: arouse, provoke)* wecken ‹*Neugier, Interesse, Leidenschaft*›; aufrütteln ‹*Anhänger, Gefolgsleute*›; entfachen ‹*Liebe, Haß, Streit, Zorn, Revolution*›; schüren ‹*Haß, Feindseligkeit*›; **~ up the past/ill feelings** die Vergangenheit aufrühren/ungute Gefühle wecken; **~ up public opinion** die öffentliche Meinung aufbringen; **~ it up** *(coll.)* Unfrieden stiften

**²stir** *n. (sl.: prison)* Knast, *der (ugs.);* **be in ~:** Knast schieben *(salopp)*

**stir: ~-crazy** *adj. (sl.)* **be ~-crazy** eine Gefängnispsychose haben; **~-fry** *v. t. (Cookery)* unter Rühren schnell braten

**stirrer** ['stɜ:rə(r)] *n.* **a)** *(utensil)* Rührer, *der;* **b)** *(one who provokes)* Aufwiegler, *der*/Aufwieglerin, *die*

**stirring** ['stɜ:rɪŋ] *adj.* bewegend ‹*Musik, Theaterstück, Poesie*›; spannend ‹*Roman, Geschichte*›; mitreißend ‹*Auftritt, Rede, Marsch*›; bewegt ‹*Zeiten*›

**stirringly** ['stɜ:rɪŋlɪ] *adv.* bewegend ‹*gespielt*›; spannend ‹*erzählt*›; mitreißend ‹*gespielter Marsch*›

**stirrup** ['stɪrəp] *n.* **a)** *(Riding)* Steigbügel, *der;* **b)** *(of garment)* Steg, *der;* **c)** *(Anat.)* **~[-bone]** Steigbügel, *der*

**stirrup: ~-cup** *n.* Abschiedstrunk, *der (geh.);* **~-iron** *n. (Riding)* Steigbügel, *der;* **~-pump** *n.* Handpumpe, *die (mit Fußstütze)*

**stitch** [stɪtʃ] **1.** *n.* **a)** *(Sewing: pass of needle)* Stich, *der; see also* **save 1 f; b)** *(result of needle movement) (Knitting, Crocheting)* Masche, *die; (Sewing, Embroidery)* Stich, *der;* **drop a ~** *(Knitting)* eine Masche fallenlassen; **undo the ~es** aufziehen; *(in seam, hem)* die Naht auftrennen; **c)** *(kind of ~) (Knitting)* Muster, *das; (Sewing, Embroidery)* Stich, *der;* **d)** *(coll.: piece of clothing)* **not have a ~ on** splitter[faser]nackt *(ugs.)* sein; **the burglars stole every ~ of clothing I had** die Einbrecher stahlen mir sämtliche Klamotten *(salopp);* **e)** *(pain)* **[have] a ~ [in the side]** Seitenstechen [haben]; **f)** *(coll.)* **be in ~es** sich kugeln vor Lachen *(ugs.);* **he/his jokes had me in ~es** ich wäre [beinahe] vor Lachen über ihn/seine Witze gestorben *(ugs.);* **g)** *(Med.: to sew up wound)* Stich, *der;* **~es** Naht, *die;* **he had his ~es taken out** ihm wurden die Fäden gezogen; **need [five] ~es** [mit fünf Stichen] genäht werden müssen; **h)** *(Bookbinding)* Heftung, *die.* **2.** *v. t.* nähen; *(Embroidery)* sticken; *(Bookbinding)* heften. **3.** *v. i.* nähen; *(Embroidery)* sticken; *(Bookbinding)* heften

**~ 'down** *v. t.* festnähen

**~ 'on** *v. t.* annähen ‹*Knopf*›; aufnähen ‹*Flicken, Borte*›

**~ 'up** *v. t.* nähen; zusammennähen ‹*Stoffteile*›; vernähen ‹*Loch, Riß, Wunde*›

**stitching** ['stɪtʃɪŋ] *n.* **a)** *(series of stitches)* Naht, *die;* **b)** *(ornamental stitches)* Stickerei, *die;* **c)** *(Bookbinding: fastening)* Heftung, *die*

**stoat** [stəʊt] *n.* Hermelin, *das*

**stochastic** [stə'kæstɪk] *adj.* stochastisch

**stock** [stɒk] **1.** *n.* **a)** *(origin, family, breed)* Abstammung, *die;* **a horse of good racing/breeding ~:** ein Renn-/Zuchtpferd mit gutem Stammbaum; **be** *or* **come of farming/French/good ~:** bäuerlicher/französischer Herkunft sein/aus einer guten Familie stammen; **b)** *(supply, store)* Vorrat, *der; (in shop etc.)* Warenbestand, *der;* **our ~ is high/low** wir haben genug/zu wenig vorrätig; **our ~s of food/sherry** unsere Lebensmittelvorräte/unser Vorrat an Sherry *(Dat.);* **have a good ~ of information/knowledge** umfangreiche Informationen/ein umfangreiches Wissen haben; **be in ~/out of ~:** vorrätig/nicht vorrätig sein; **sb. is out of ~ of sth.** jmd. hat etw. nicht vorrätig; **get** *or* **lay in a ~ of coal** sich *(Dat.)* einen Kohlevorrat anlegen; **have sth. in ~:** etw. auf *od. (Kaufmannsspr.)* am Lager haben; **keep sth. in ~** *(have available as a general policy)* etw. führen; **renew** *or* **replenish one's ~ of sth.** seinen Vorrat an etw. *(Dat.)* auffüllen; **take ~:** Inventur machen; *(fig.)* Bilanz ziehen; **take ~ of sb.** *(fig.)* jmdn. mustern; **take ~ of sth.** *(fig.)* über etw. *(Akk.)* Bilanz ziehen; **take ~ of oneself** *(fig.)* sein Leben Revue passieren lassen; **take ~ of one's position/situation/prospects** seinen Standort/seine Situation/seine Zukunftsaussichten bestimmen; *see also* **rolling-stock; c)** *(Cookery)* Brühe, *die;* **d)** *(Finance)* Wertpapiere; *(shares)* Aktien; **sb.'s ~ is high/low** *(fig.)* jmds. Aktien stehen gut/schlecht *(fig.);* **take** *or (Amer.)* **put ~ in sth.** *(fig.)* viel von etw. halten; *see also* **ˡdefer a; ordinary b; e)** *(Hort.)* Stamm, *der; (for grafting)* Unterlage, *die;* **f)** *(handle)* Griff, *der; (of gun)* Schaft, *der; (of plough)* Sterz, *der; see also* **²lock 1 e; g)** *(Agric.)* [lebendes und totes] Inventar [eines landwirtschaftlichen Betriebes]; *see also* **fatstock; livestock; h)** *(raw material)* [Roh]material, *das;* **[film] ~:** Filmmaterial, *das;* **[paper] ~:** Papierstoff, *der; (for printing on)* Papier, *das;* **i)** *(Bot.)* Levkoje, *die; see also* **night-scented stock; Virginia stock; j)** *in pl. (Hist.: punishment-frame)* Stock, *der;* **k)** *(Naut.: anchor crossbar)* Stock, *der;* **l)** *in pl. (Naut.: construction support)* Helling, *die;* Helgen, *der;* **be on the ~s** auf dem Stapel liegen; *(fig.)* in Vorbereitung sein; **have sth. on the ~s** *(fig.)* an etw. *(Dat.)* arbeiten; **m)** *(tree-stump)* [Baum]stumpf, *der. See also* **laughing-stock. 2.** *v. t.* **a)** *(supply with ~)* beliefern; **~ a pond/river/lake with fish** einen Teich/Fluß/See mit Fischen besetzen; **her larder is ~ed with tins** sie hat einen [großen] Vorrat an Konserven in der Speisekammer; **a cellar ~ed with wine/sherry** ein gut mit Wein/Sherry bestückter Keller; **he has a memory ~ed with useless information** sein Gedächtnis ist mit nutzlosem Wissen vollgepfropft *(ugs.);* **b)** *(Commerc.: keep in ~)* auf *od. (fachspr.)* am Lager haben; führen. **3.** *attrib. adj.* **a)** *(Commerc.)* vorrätig; **a ~ size/model** eine Standardgröße/ein Standardmodell; **b)** *(fig.: trite, unoriginal)* abgedroschen *(ugs.);* **~ character** Standardrolle, *die*

**~ 'up 1.** *v. i.* **~ up [with sth.]** sich *(Dat.)* einen Vorrat an etw. anlegen; **~ up with coal for the winter** sich für den Winter mit Kohlen eindecken; **~ up on sth.** seine Vorräte an etw. auffüllen. **2.** *v. t.* auffüllen; mit Fischen besetzen ‹*Teich, Fluß, See*›; **the library needs ~ing up with new books** die Bibliothek muß ihren Bestand um neue Bücher erweitern

**stockade** [stɒ'keɪd] **1.** *n.* Palisade, *die.* **2.** *v. t.* mit einer Palisade befestigen

**stock: ~-breeder** *n.* Viehzüchter, *der*/-züchterin, *die;* **~-breeding** *n.* Viehzucht, *die;* **~broker** *n. (Finance)* Effektenmakler, *der*/-maklerin, *die;* **~broker belt** *Wohngebiet reicher Geschäftsleute in der Umgebung einer Großstadt;* ≈ Speckgürtel, *der (ugs.);* **~broking** ['stɒkbrəʊkɪŋ] *n., no pl. (Finance)* Effektenhandel, *der;* **~broking is a lucrative profession** der Handel mit Wertpapieren ist ein einträglicher Beruf; **~-car** *n.* **a)** *(Amer. Railw.)* Viehwaggon, *der;* **b)** *(racing-car)* Stock-Car, *der;* **~-car racing** *n.* Stock-Car-Rennen, *das;* **~ cube** *n. (Cookery)* Brühwürfel, *der;* **~ exchange** *n. (Finance)* Börse, *die;* **the S~ Exchange** *(Brit.)* die [Londoner] Börse; **~fish** *n. (Cookery)* Stockfisch, *der;* **~holder** *n. (Finance)* Wertpapierbesitzer, *der*/-besitzerin, *die; (of shares)* Aktionär, *der*/Aktionärin, *die;* **be a ~holder in the company** Anteile an der Gesellschaft besitzen

**stockily** ['stɒkɪlɪ] *adv.* **~ built** stämmig

**stockinet[te]** [stɒkɪ'net] *n. (Textiles)* Trikot, *der*

**¹stocking** ['stɒkɪŋ] *n.* **a)** Strumpf, *der;* **in one's ~[ed] feet** in Strümpfen; **hang up one's ~:** den Strumpf für den Weihnachtsmann aufhängen; **b)** *(of horse)* Strumpf, *der*

**²stocking** *n. see* **stock 2:** Belieferung, *die;* Besatz, *der;* Lagerhaltung, *die*

**stockinged** ['stɒkɪŋd] *adj. see* **¹stocking a**

**stocking: ~-filler** *n. (Brit.)* **a)** *kleines Geschenk, das in den für den Weihnachtsmann aufgehängten Strumpf gesteckt wird;* **b)** zusätzliche Kleinigkeit *(als Weihnachtsgeschenk);* **~ mask** *n.* Strumpfmaske, *die;* **~-stitch** *n. (Knitting)* Glattgestrick, *das;* **knit in ~-stitch** glatt rechts stricken; **~-stuffer** *(Amer.) see* **~-filler**

**stock-in-'trade** *n.* Inventar, *das; (workman's tools)* Handwerkszeug, *das; (fig.: resource)* [festes] Repertoire; **be the ~ of sb.** zu jmds. festem Repertoire gehören

**stockist** ['stɒkɪst] *n. (Brit. Commerc.)* Fachhändler/-händlerin [mit größerem Warenlager]

**stock: ~jobber** *n. (Finance)* **a)** *(Brit.: dealer)* Jobber, *der;* **b)** *(Amer. derog.: broker)* [Börsen]spekulant, *der*/-spekulantin, *die;* **~jobbing** *n. (Brit. Finance)* Börsenspekulation, *die;* **~list** *n.* **a)** *(Finance)* Kurszettel, *der;* **b)** *(Commerc.)* Inventarliste, *die;* **~-market** *n. (Finance)* **a)** *see* **stock exchange; b)** *(trading)* Börsengeschäft, *das;* **lose money on the ~-market** Geld an der Börse verlieren; **~pile 1.** *n.* Vorrat, *der; (of weapons)* Arsenal, *das;* **2.** *v. t.* horten; anhäufen ‹*Waffen*›; **~-pot** *n. (Cookery)* Suppentopf, *der;* **~-room** *n.* Lager, *das;* **~-'still** *pred. adj.* bewegungslos; **stand ~-still** regungslos [da]stehen; **~-taking** *n. (Commerc.)* Inventur, *die;* **closed for ~-taking** wegen Inventur geschlossen

**stocky** ['stɒkɪ] *adj.* stämmig; kräftig ‹*Pflanze, Trieb*›

**'stockyard** *n.* Viehhof, *der*

**stodge** [stɒdʒ] *n. (coll.: food)* Brei, *der*

**stodgy** ['stɒdʒɪ] *adj.* **a)** pappig [und schwerverdaulich] ‹*Essen*›; **b)** *(heavy, uninteresting)* langweilig ‹*Buch*›; schwerfällig ‹*Stil, Poesie*›; **c)** *(dull, drab)* trübselig ‹*Person, Leben usw.*›

**stoic** ['stəʊɪk] **1.** *n.* **a)** **S~** *(Philos.)* Stoiker, *der;* **b)** *(impassive person)* Stoiker, *der*/Stoikerin, *die.* **2.** *adj.* **a)** **S~** *(Philos.)* stoisch; **the S~ philosophers/school** die Stoiker/die Stoa; **b)** stoisch ‹*Person, Ablehnung, Antwort usw.*›

**stoical** ['stəʊɪkl] *adj.*, **stoically** ['stəʊɪkəlɪ] *adv.* stoisch

**stoicism** ['stəʊɪsɪzm] *n., no pl.* **a)** **S~** *(Philos.)* Stoizismus, *der;* **b)** *(impassiveness)* Stoizismus, *der (geh.);* stoische Ruhe; **do sth. with ~:** etw. mit stoischer Gelassenheit tun

**stoke** [stəʊk] **1.** *v. t.* heizen ‹*Ofen, Kessel*›; unterhalten ‹*Feuer*›; **~ a fire with coal** Kohle nachlegen. **2.** *v. i. see* **~ up 2**

**~ 'up 1.** *v. t.* aufheizen ‹*Kessel, Ofen, Dampfmaschine*›; **~ a fire up** Brennstoff auf ein Feuer legen. **2.** *v. i. (coll.: feed oneself)* sich vollstopfen *(ugs.)*

**stoke: ~hold** *n. (Naut.)* Heizraum, *der;* **~hole** *n.* Heizerstand, *der*

**stoker** ['stəʊkə(r)] *n.* Heizer, *der*/Heizerin, *die (Berufsbez.)*

**STOL** [stɒl] *abbr. (Aeronaut.)* **short take off and landing** STOL; Kurzstart

**¹stole** [stəʊl] *n.* Stola, *die*

**²stole** *see* **steal 1, 2**

**stolen** ['stəʊln] **1.** *see* **steal 1, 2. 2.** *attrib. adj.* heimlich ‹*Vergnügen, Kuß*›; verstohlen ‹*Blick*›; **~ goods** Diebesgut, *das;* **receiving ~ goods** Hehlerei, *die;* **receiver of ~ goods** Hehler, *der*/Hehlerin, *die*

**stolid** ['stɒlɪd] *adj.* stur *(ugs.);* wacker *(iron.)* ‹*Arbeiter*›; unbeirrbar ‹*Entschlossenheit*›; hartnäckig ‹*Schweigen, Weigerung, Gleichgültigkeit*›

**stolidity** [stə'lɪdɪtɪ] *n., no pl.* Sturheit, *die (ugs.); (of refusal, opposition)* Hartnäckigkeit, *die*

**stolidly** ['stɒlɪdlɪ] *adv.* stur *(ugs.);* wacker *(iron.)* ‹*arbeiten*›; starrsinnig ‹*sich widersetzen, schweigen*›; stumpf ‹*blicken, marschieren*›

**stoma** ['stəʊmə] *n.,* **pl. ~s** *or* **~ta** ['stəʊmətə] **a)** *(Zool.)* Körperöffnung, *die;* **b)** *(Bot.)* Spaltöffnung, *die*

**stomach** ['stʌmək] **1.** *n.* **a)** *(Anat., Zool.)* Magen, *der;* **lie heavy on sb.'s ~:** jmdm. schwer im Magen liegen; **on an empty ~:** mit leerem Magen ‹*arbeiten, fahren, weggehen*›; auf nüchternen Magen ‹*Alkohol trinken, Medizin einnehmen*›; **on a full ~:** mit vollem Magen; **turn sb.'s ~:** jmdm. den Magen umdrehen *(ugs.);* **the smell/sight of food turned her ~:** bei dem Geruch/beim Anblick des Essens drehte sich ihr der Magen um *(ugs.);* **b)** *(abdomen, paunch)* Bauch, *der;* **have a pain in one's ~:** Bauchschmerzen haben; **lie on one's ~:** auf dem Bauch liegen; **develop a ~:** einen Bauch ansetzen; **pull your ~ in!** zieh deinen Bauch ein!; *see also* **ˡpit 1 b; c)** **have the/no ~ [for sth.]** *(wish/not wish to eat)* Appetit/keinen Appetit [auf etw. *(Akk.)*] haben; *(fig.: interest)* Lust/keine Lust [auf etw. *(Akk.)*] haben; *(fig.: courage)* Mut/keinen Mut [zu etw.] haben. **2.** *v. t.* **a)** *(eat, drink)* herunterbekommen *(ugs.); (keep down)* bei sich behalten; **b)** *(fig.: tolerate)* ausstehen; hinnehmen ⟨*Beleidigung*⟩; akzeptieren ⟨*Vorstellung, Vorgehen, Rat*⟩

**stomach: ~-ache** *n.* Magenschmerzen *Pl.;* **have a ~-ache** Magenschmerzen haben; **~-pump** *n. (Med.)* Magenpumpe, *die;* **~ upset** *n.* Magenverstimmung, *die*

**stomp** [stɒmp] **1.** *n. (dance)* Stomp, *der.* **2.** *v. i.* **a)** *(tread heavily)* **~ [about** *or* **around]** [umher]stampfen; **b)** *(Amer.: stamp feet)* [mit den Füßen] aufstampfen

**stone** [stəʊn] **1.** *n.* **a)** Stein, *der;* **[as] hard as [a] ~:** steinhart; **his heart is** *or* **he has a heart of** *or* **[as] hard as [a] ~** *(fig.)* sein Herz ist aus Stein; er hat ein Herz aus Stein; **throw ~s/a ~ at sb.** jmdn. mit Steinen bewerfen/einen Stein auf jmdn. werfen; *(fig.)* jmdm. am Zeug flicken *(ugs.);* **cast** *or* **throw the first ~** *(fig.)* den ersten Stein werfen; **only a ~'s throw [away]** *(fig.)* nur einen Steinwurf weit entfernt; **leave no ~ unturned** *(fig.)* Himmel und Hölle in Bewegung setzen; **leave no ~ unturned to achieve sth.** *(fig.)* alles dransetzen, um etw. zu erreichen; *see also* **bird a; blood 1 a; glass 2; philosopher's stone; Portland stone; rolling stone; b)** *(gem)* [Edel]stein, *der;* **c)** *(Med., Bot.)* Stein, *der;* **d)** *see* **hailstone; e)** *pl. same (Brit.: weight unit) Gewicht von 6,35 kg.* **2.** *adj.* steinern; Stein⟨*hütte, -kreuz, -mauer, -brücke*⟩; **~ jar/urn** Krug/Urne aus Steingut. **3.** *v. t.* **a)** mit Steinen bewerfen; **~ sb. [to death]** jmdn. steinigen; **~ me!, ~ the crows!** *(sl.)* mich laust der Affe! *(ugs.);* **b)** entsteinen ⟨*Obst*⟩

**stone: S~ Age** *n. (Archaeol.)* Steinzeit, *die; attrib.* Steinzeit-; **~-cold 1.** *adj.* eiskalt; **2.** *adv.* **~-cold sober** stocknüchtern

**stoned** [stəʊnd] *adj. (sl.)* stoned *(Drogenjargon); (drunk)* voll zu *(salopp);* **get ~ [on drugs]** sich anturnen *(ugs.);* **be ~ out of one's head** *or* **mind** völlig stoned *od.* zugekifft sein *(Drogenjargon); (drunk)* total zu sein *(ugs.)*

**stone: ~-'dead** *pred. adj.* mausetot *(fam.);* **kill sth. ~-dead** *(fig.)* etw. völlig zunichte machen; **~-'deaf** *adj.* stocktaub *(ugs.);* **~-ground** *adj.* mit Mühlsteinen gemahlen; **~mason** *n.* Steinmetz, *der;* **~-pine** *n. (Bot.)* Pinie, *die;* Nußkiefer, *die;* **~'wall** *(Brit.)* **1.** *v. i.* mauern *(fig.);* **~wall on an issue** in einer Angelegenheit mauern; **2.** *v. t.* **~wall sth.** bei etw. mauern; **~walling** ['stəʊnwɔ:lɪŋ] *n. (Brit.)* **~walling [tactics]** Hinhaltetaktik, *die;* **~ware** *n., no pl.* Steingut, *das; attrib.* ⟨*Krug, Vase*⟩ aus Steingut; **~work** *n.* Mauerwerk, *das*

**stony** ['stəʊnɪ] *adj.* **a)** *(full of stones)* steinig; **fall on ~ ground** *(fig.)* auf unfruchtbaren Boden fallen; **b)** *(like stone)* steinartig; **c)** *(hostile)* steinern *(geh.)* ⟨*Blick, Miene*⟩; frostig ⟨*Person, Empfang, Schweigen*⟩; **d)** *pred. (sl.) see* **stony-broke**

**stony-'broke** *pred. adj. (sl.)* völlig abgebrannt *(ugs.)*

**stood** *see* **stand 1, 2**

**stooge** [stu:dʒ] *(sl.)* **1.** *n.* **a)** *(Theatre: comedian)* Stichwortgeber, *der*/-geberin, *die;* **b)** *(compliant person)* Marionette, *die (fig.).* **2.** *v. i.* **~ for sb.** *(for comedian)* jmdm. die Stichworte liefern; *(as deputy etc.)* jmds. Marionette sein

**stool** [stu:l] *n.* **a)** Hocker, *der;* **fall between two ~s** *(fig.)* sich zwischen zwei Stühle setzen; **b)** *see* **footstool; c)** *in sing. or pl. (Physiol.: faeces)* Stuhl, *der;* **d)** *(Bot.) (of tree) Baumstumpf mit frisch austreibenden Schößlingen; (of dormant plant)* Wurzelstock, *der; (of cut plant)* Mutterpflanze, *die*

**'stool-pigeon** *n.* **a)** *(Hunting)* Locktaube, *die;* **b)** *(fig.: decoy)* Lockvogel, *der;* **c)** *(police-informer)* Polizeispitzel, *der*

**[1]stoop** [stu:p] **1.** *v. i.* **~ [down]** sich bücken; **~ over sth.** sich über etw. *(Akk.)* beugen; **he'd ~ to anything to get his way** *(fig.)* ihm ist jedes Mittel recht[, um sein Ziel zu erreichen]; **I wouldn't ~ so low!** *(fig.)* ich würde mich nicht so erniedrigen!; **~ to do sth.** *(fig.)* sich dazu erniedrigen, etw. zu tun; **~ to deceit/a lie** sich für Verrat/eine Lüge hergeben; **b)** *(have ~)* gebeugt gehen; **c)** *see* **swoop 2. 2.** *v. t.* beugen; **~ed with old age** vom Alter gebeugt. **3.** *n.* gebeugte Haltung; **have a/walk with a ~:** einen krummen Rücken haben/gebeugt gehen

**[2]stoop** *n. (Amer.) nicht überdachte, über Treppen erreichbare Terrasse vor einem Haus*

**stop** [stɒp] **1.** *v. t.,* **-pp- a)** *(not let move further)* anhalten ⟨*Person, Fahrzeug*⟩; aufhalten ⟨*Fortschritt, Verkehr, Feind*⟩; verstummen lassen *(geh.)* ⟨*Gerücht, Geschichte, Lüge*⟩; ⟨*Tormann:*⟩ halten ⟨*Ball*⟩; **she ~ped her car** sie hielt an; **~ thief!** haltet den Dieb!; **there's no ~ping sb.** jmd. läßt sich nicht aufhalten; **~ a bullet** *or* **one** *(sl.) (get killed)* umgelegt werden *(salopp); (get wounded)* eine Kugel abkriegen *(ugs.) see also* **track 1 b; b)** *(not let continue)* unterbrechen ⟨*Redner, Spiel, Gespräch, Vorstellung*⟩; beenden ⟨*Krieg, Gespräch, Treffen, Spiel, Versuch, Arbeit*⟩; stillen ⟨*Blutung*⟩; stoppen ⟨*Produktion, Uhr, Streik, Inflation*⟩; einstellen ⟨*Handel, Zahlung, Lieferung, Besuche, Subskriptionen, Bemühungen*⟩; abstellen ⟨*Strom, Gas, Wasser, Mißstände*⟩; beseitigen ⟨*Schmerz*⟩; **~ that/that nonsense/that noise/your threats!** hör damit/mit diesem Unsinn/diesem Lärm/deinen Drohungen auf!; **he had his grant/holidays ~ped** seine Unterstützung wurde/Ferien wurden gestrichen; **bad light ~ped play** *(Sport)* das Spiel wurde wegen schlechter Lichtverhältnisse abgebrochen; **~ the show** *(fig.)* Furore machen; **just you try and ~ me!** versuch doch, mich daran zu hindern!; **~ working** mit der Arbeit aufhören; **~ smoking/crying** aufhören zu rauchen/weinen; **never ~ doing sth.** etw. unaufhörlich tun; **~ 'saying that!** sag das nicht mehr!; **~ being silly!** hör mit diesem Quatsch auf!; **~ it!** hör auf [damit]!; *(in more peremptory tone)* Schluß damit!; **~ oneself** sich zurückhalten; **I couldn't ~ myself** ich konnte nicht anders; see also **rot 1 a; c)** *(not let happen)* verhindern ⟨*Verbrechen, Unfall*⟩; **I managed to ~ myself [from] punching him** ich mußte mich sehr zurückhalten, um ihn nicht zu schlagen; **He was determined to do/say it. We couldn't ~ him** Er war entschlossen, es zu tun/sagen. Wir konnten ihn nicht davon abhalten; **she couldn't ~ herself [from] coughing** sie versuchte vergeblich, ihren Husten zu unterdrücken; **you won't ~ me [from] seeing her** du wirst mich nicht daran hindern, sie zu sehen; **he tried to ~ us parking** er versuchte uns am Parken zu hindern; **he phoned his mother to ~ her [from] worrying** er rief seine Mutter an, damit sie sich keine Sorgen machte; **~ sth. [from] happening** verhindern, daß etw. geschieht; **there's nothing to ~ me/you** *etc.* **[doing sth.]** es gibt nichts, was mich/dich *usw.* daran hindern könnte[, etw. zu tun]; **d)** *(cause to cease working)* abstellen ⟨*Maschine usw.*⟩; ⟨*Streikende:*⟩ stillegen ⟨*Betrieb*⟩; **his/her face is enough to ~ a clock** *(fig. coll.)* wenn man sein/ihr Gesicht sieht, haut es einen um *(ugs.);* **e)** *(block up)* zustopfen ⟨*Loch, Öffnung, Riß, Ohren*⟩; verschließen ⟨*Wasserhahn, Rohr, Schlauch, Flasche*⟩; **~ holes in a wall with concrete/filler** Löcher in einer Wand mit Beton/Spachtelmasse füllen; **~ sb.'s mouth** *(fig.)* jmdm. den Mund stopfen *(ugs.);* **f)** *(withhold)* streichen; **the cost will be ~ped out of** *or* **from his salary** die Kosten werden von seinem Gehalt abgezogen; **~ payment** *(Finance)* die Zahlungen [wegen Insolvenz] einstellen; **~ [payment of] a cheque** einen Scheck sperren lassen; **g)** *(Boxing) (parry)* parieren; *(knock out)* k.o. schlagen; **h)** *(Mus.)* **~ a string** eine Saite greifen; **a ~ped pipe [of an organ]** eine gedackte [Orgel]pfeife. **2.** *v. i.,* **-pp- a)** *(not extend further)* aufhören; ⟨*Straße, Treppe:*⟩ enden; ⟨*Ton:*⟩ verstummen; ⟨*Ärger:*⟩ verfliegen; ⟨*Schmerz:*⟩ abklingen; ⟨*Zahlungen, Lieferungen:*⟩ eingestellt werden; **at this point his knowledge ~s** an diesem Punkt ist sein Wissen erschöpft; **b)** *(not move or operate further)* ⟨*Fahrzeug, Fahrer:*⟩ halten; ⟨*Maschine, Motor:*⟩ stillstehen; ⟨*Uhr, Fußgänger, Herz:*⟩ stehenbleiben; **he ~ped in the middle of the sentence** er unterbrach sich mitten im Satz; **he never ~s to think [before he acts]** er denkt nie nach [bevor er handelt]; **~!** halt!; **~ at nothing** vor nichts zurückschrecken; **~ dead** plötzlich stehenbleiben; ⟨*Redner:*⟩ abbrechen; **you never know when to ~:** du weißt einfach nicht, wann du aufhören mußt; *see also* **short 2 a; track 1 b; c)** *(coll.: stay)* bleiben; **~ at a hotel/at a friend's house/with sb.** in einem Hotel/im Hause eines Freundes/bei jmdm. wohnen; **~ for** *or* **to dinner** zum Essen bleiben; **~ for coffee afterwards** zum Kaffeetrinken [noch] dableiben; **I'm not ~ping** ich kann nicht lange bleiben. **3.** *n.* **a)** *(halt)* Halt, *der;* **there will be two ~s for coffee on the way** es wird unterwegs zweimal zum Kaffeetrinken angehalten; **this train goes to London with only two ~s** dieser Zug fährt mit nur zwei Zwischenhalten nach London; **bring to a ~:** zum Stehen bringen ⟨*Fahrzeug*⟩; zum Erliegen bringen ⟨*Verkehr*⟩; unterbrechen ⟨*Arbeit, Diskussion, Treffen*⟩; **the fire brought the show/performance to a [sudden] ~:** das Feuer setzte der Show/dem Auftritt ein [plötzliches] Ende *(geh.);* **come to a ~:** stehenbleiben; ⟨*Fahrzeug:*⟩ zum Stehen kommen; ⟨*Gespräch:*⟩ abbrechen; ⟨*Arbeit, Verkehr:*⟩ zum Erliegen kommen; ⟨*Vorlesung:*⟩ abgebrochen werden; **make a ~ at** *or* **in a place** in einem Ort haltmachen; **put a ~ to** abstellen ⟨*Mißstände, Unsinn*⟩; unterbinden ⟨*Versuche*⟩; aus der Welt schaffen ⟨*Gerücht*⟩; **put a ~ on a cheque** einen Scheck sperren lassen; **without a ~:** ohne Halt ⟨*fahren, fliegen*⟩; ohne anzuhalten ⟨*gehen, laufen*⟩; ununterbrochen ⟨*arbeiten, reden*⟩; **b)** *(place)* Haltestelle, *die;* **the ship's first ~ is Cairo** der erste Hafen, den das Schiff anläuft, ist Kairo; **the plane's first ~ is Frankfurt** die erste Zwischenlandung des Flugzeuges ist in Frankfurt; **c)** *(Brit.: punctuation-mark)* Satzzeichen, *das; see also* **full stop a; d)** *(in telegram)* stop; **e)** *(Mus.) (row of organ-pipes)* Register, *das; (organ-knob)* Registerzug, *der;* **pull out all the ~s** *(fig.)* alle Register ziehen; **f)** *(to limit movement)* Anschlag, *der;* **g)** *(Photog.)* Blende, *die;* **h)** *(Phonet.)* Verschlußlaut, *der*

**~ a'way** *(coll.) see* **stay away a**

**~ be'hind** *(coll.) see* **stay behind**

**~ 'by** *(Amer.)* **1.** *v. i.* vorbeischauen *(ugs.);* **~ by at the store** im Geschäft vorbeigehen *(ugs.).* **2.** *v. t.* **~ by sb.'s house** *or* **place [and have a drink]** bei jmdm. [auf einen Drink] vorbeischauen *(ugs.);* **we'll ~ by the shop and get some apples** wir gehen schnell im Laden vorbei und kaufen [uns] ein paar Äpfel

**~ 'down** *v. t. (Photog.)* **~ down to f/16** auf Blende 16 abblenden

**~ 'in** *(coll.) see* **stay in b**

**~ 'off** *v. i.* einen Zwischenaufenthalt einlegen; **~ off at the pub for a packet of cigarettes** an der Kneipe kurz anhalten, um Zigaretten zu kaufen; *see also* **stopoff**

**~ 'on** *(coll.) see* **stay on c**

**~ 'out** *v. i. (coll.)* **a)** draußen bleiben; **b)** *(remain on strike)* ⟨*Arbeiter:*⟩ weiterstreiken *(ugs.)*

**~ 'over** *v. i.* einen Zwischenaufenthalt machen; *(remain for the night)* übernachten **(at** bei); *see also* **stopover**

~ '**up 1.** *v.t. see* ~ **1 e. 2.** *v.i. (coll.) see* **stay up a**

**stop: ~-button** *n.* Stopptaste, *die;* **press the ~-button** [auf] die Stopptaste drücken; **~cock** *n.* Abstellhahn, *der;* Absperrhahn, *der (Technik);* **~gap** *n.* Notbehelf, *der; (scheme, measure, plan, person)* Notlösung, *die; attrib.* behelfsmäßig; **a ~gap measure** eine Behelfsmaßnahme; **~-'go** *n. (Brit.)* Hin und Her, *das; (boom and recession)* Auf und Ab, *das; attrib.* **~-go strategy/policies** strategisches/politisches Hin und Her; **~-light** *n.* **a)** *(red traffic-light)* rotes Licht; **if the ~-light shows** wenn die Ampel rot ist; **b)** *(Motor Veh.)* Bremslicht, *das;* ~ **line** *n. (on road)* Haltelinie, *die;* **~off** *see* **~over; ~-order** *n.* **a)** *(Finance)* limitierter Börsenauftrag; **b)** *(Law) gerichtliche Anordnung, daß über bei Gericht hinterlegte Wertpapiere nicht verfügt werden darf;* **~over** *n.* Stopover, *der;* Zwischenaufenthalt, *der; (of aircraft)* Zwischenlandung, *die*

**stoppage** ['stɒpɪdʒ] *n.* **a)** *(halt)* Stillstand, *der; (strike)* Streik, *der; (in traffic)* Stau, *der; (Sport)* Unterbrechung, *die;* **b)** *(cancellation)* Sperrung, *die; (of delivery)* Einstellung, *die;* **c)** *(deduction)* Abzug, *der*

**stopper** ['stɒpə(r)] **1.** *n.* Stöpsel, *der;* Pfropfen, *der;* **put a ~** *or* **the ~s on sth./sb.** *(fig.)* einer Sache *(Dat.)* einen Riegel vorschieben/jmdm. einen Strich durch die Rechnung machen. **2.** *v.t.* zustöpseln

**stopping** ['stɒpɪŋ] *see* **filling 1 a**

**stopping: ~ distance** *n.* Anhalteweg, *der (fachspr.);* **~-place, ~-point** *ns.* Station, *die; (where train must stop)* Haltepunkt, *der; (where one might rest)* Ort zum Rasten; ~ **train** *n. (Brit. Railw.)* Nahverkehrszug, *der*

**stop: ~-press** *n. (Brit. Journ.)* letzte Meldung/Meldungen; *attrib.* **~-press news** letzte Meldungen; ~ **sign** *n.* Stoppschild, *das;* **~-signal** *n.* Haltesignal, *das;* **~-watch** *n.* Stoppuhr, *die*

**storage** ['stɔ:rɪdʒ] *n.* **a)** *no pl., no indef. art. (storing)* Lagerung, *die; (of furniture)* Einlagerung, *die; (of films, books, documents)* Aufbewahrung, *die; (of data, water, electricity)* Speicherung, *die;* **my furniture is in ~:** meine Möbel sind [bei einer Spedition] eingelagert; **put in[to] ~:** zur Aufbewahrung geben ⟨*Möbel*⟩; *see also* **cold storage; b)** *see* **storage space; c)** *(cost of warehousing)* Lagergebühr, *die*

**storage: ~ battery** *n. (Electr.)* Akkumulator, *der;* ~ **capacity** *n. (Computing)* Speicherkapazität, *die;* ~ **cell** *n. (Electr.)* Akkumulator, *der;* ~ **heater** *n.* [Nacht]speicherofen, *der;* ~ **space** *n.* Lagerraum, *der; (in house)* Platz [zum Aufbewahren]; **I need ~ space for all my books** ich brauche Platz, um alle meine Bücher aufzubewahren; ~ **tank** *n.* Sammelbehälter, *der;* Lagertank, *der*

**store** [stɔ:(r)] **1.** *n.* **a)** *(Amer.: shop)* Laden, *der;* **b)** *in sing. or pl. (Brit.: large general shop)* Kaufhaus, *das; see also* **department store; c)** *(warehouse)* Lager, *das; (for grain, hay)* Speicher, *der; (for valuables)* Depot, *das; (for arms)* Waffenkammer, *die; (for books, films, documents)* Magazin, *das;* **put sth. in ~:** etw. [bei einer Spedition] einlagern; **d)** *(stock)* Vorrat, *der* **(of** an + *Dat.*); **a great ~ of knowledge** ein großer Wissensschatz; **I don't have an unlimited ~ of patience** meine Geduld ist nicht unerschöpflich; **get in** *or* **lay in a ~ of sth.** einen Vorrat an etw. *(Dat.)* anlegen; **have** *or* **keep coal/food in ~:** einen Kohlenvorrat/einen Vorrat an Lebensmitteln haben; **have enough arms/ammunition in ~:** genug Waffen/Munition in Reserve haben; **be** *or* **lie in ~ for sb.** jmdn. erwarten; **have a surprise in ~ for sb.** eine Überraschung für jmdn. [auf Lager] haben; **there was another surprise in ~ for him** noch eine Überraschung wartete auf ihn; **that's a treat in ~:** das ist eine erfreuliche Aussicht; **there'll be trouble in ~:** es wird Ärger geben; **who knows what the future has in ~?** wer weiß, was die Zukunft mit sich bringt?; **e)** *in pl. (supplies)* Vorräte; **the ~s** *(place)* das [Vorrats]lager; **f) lay** *or* **put** *or* **set [great] ~ by** *or* **on sth.** [großen] Wert auf etw. legen; **g)** *(Brit. Computing)* Speicher, *der.* **2.** *v.t.* **a)** *(put in ~)* einlagern; speichern ⟨*Getreide, Energie, Wissen*⟩; einspeichern ⟨*Daten*⟩; ablegen ⟨*Papiere, Dokumente*⟩; ~ **food/nuts/coal/wine** *(collect as reserve)* sich *(Dat.)* einen Vorrat an Lebensmitteln/Nüssen/Kohle/Wein anlegen; **b)** *(leave for storage)* unterbringen; **c)** *(hold)* aufnehmen; speichern ⟨*Energie, Daten*⟩. **3.** *attrib. adj.* **a)** *(Breeding)* Mast-; **b)** *(Amer.: shop-bought)* Konfektions⟨*kleidung*⟩

~ **a'way** *v.t.* lagern; ablegen ⟨*Akten*⟩; ~ **food away** sich *(Dat.)* einen Lebensmittelvorrat anlegen; ~ **things away in a trunk/at a friend's house** Sachen in einer Truhe verstauen/bei einem Freund aufbewahren; ~ **away information** Informationen sammeln und aufbewahren

~ '**up** *v.t.* speichern; ~ **up provisions/food/wine/coal/nuts** sich *(Dat.)* Vorräte/Lebensmittel-/Wein-/Kohlenvorräte/einen Vorrat an Nüssen anlegen; **you're only storing up trouble for yourself** du handelst dir nur immer mehr Schwierigkeiten ein

**store: ~ detective** *n.* Kaufhausdetektiv, *der;* **~house** *n.* Lager[haus], *das;* **sb. is a ~house of knowledge/information [about angling]** jmd. ist ein wandelndes Lexikon[, was das Angeln betrifft]; **the book is a real ~house of facts [about Germany]** das Buch ist eine wahre Fundgrube [für jeden, der sich über Deutschland orientieren will]; **~keeper** *n.* **a)** *(one in charge of ~s)* Lagerist, *der*/Lageristin, *die; (Mil.)* Verwalter der Materialausgabe; **b)** *(Amer.: shopkeeper)* Besitzer eines Einzelhandelsgeschäftes; **~man** ['stɔ:mən] *n., pl.* **~men** ['stɔ:mən] **a)** *(man in charge of ~s)* Lagerist, *der; (Mil.)* Verwalter der Materialausgabe; **b)** *(handler of ~d goods)* Lagerarbeiter, *der;* **~-room** *n.* Lagerraum, *der; (for food on ship)* Proviantraum, *der; (in restaurant, canteen)* Speisekammer, *die*

**storey** ['stɔ:rɪ] *n.* Stockwerk, *das;* Geschoß, *das;* **a five-~ house** ein fünfgeschossiges Haus; **third-~ window** Fenster im zweiten Stock[werk]

**-storeyed** ['stɔ:rɪd] *adj. in comb.* -geschossig; **three-~ house** dreigeschossiges Haus

**storied** ['stɔ:rɪd] *adj. (literary: legendary)* legendenumwoben

**-storied** *(Amer.) see* **-storeyed**

**stork** [stɔ:k] *n.* Storch, *der*

**storm** [stɔ:m] **1.** *n.* **a)** Unwetter, *das; (thunder~)* Gewitter, *das;* **the night of the ~:** die Sturmnacht; **cross the Channel in a ~:** den Ärmelkanal bei Sturm überqueren; **a ~ in a teacup** *(fig.)* ein Sturm im Wasserglas; **b)** *(fig.: dispute)* Sturm der Entrüstung; ~ **and stress** Sturm und Drang; **c)** *(fig.: outburst) (of applause, protest, indignation, criticism)* Sturm, *der; (of abuse, insults, tears)* Flut, *die; (of missiles, shots, arrows, blows)* Hagel, *der;* **a ~ of blows rained down on his head** Schläge hagelten auf seinen Kopf; **d)** *(Mil.: attack)* Sturm, *der;* **take sb./sth. by ~:** jmdn. überrumpeln/etw. im Sturm nehmen; **e)** *(Meteorol.: wind)* [schwerer] Sturm. **2.** *v.i.* **a)** stürmen; **he ~ed in** er kam hereingestürmt; ~ **about** *or* **around in a violent temper** voller Wut herumtoben *(ugs.);* **b)** *(talk violently)* toben; ~ **at sb.** jmdn. andonnern *(ugs.);* ~ **against sth./sb.** gegen etw. wettern *(ugs.)*/gegen jmdn. vom Leder ziehen. **3.** *v.t. (Mil.)* stürmen

**storm: ~-centre** *n. (Meteorol.)* Auge *od.* Zentrum eines Wirbelsturms; **~-cloud** *n.* **a)** *(Meteorol.)* Gewitterwolke, *die;* **b)** *(fig.)* **the ~-clouds [of war] are gathering** dunkle Wolken ziehen am Horizont auf [und kündigen Krieg an]; **~-door** *n.* äußere Windfangtür; **~-trooper** *n. (Hist.)* SA-Mann, *der (ns.);* **~-troops** *n. pl.* **a)** *(Mil.)* Sturmtruppen; **b)** *(Hist.)* Sturmabteilung, *die (ns.);* SA, *die (ns.)*

**stormy** ['stɔ:mɪ] *adj.* **a)** stürmisch; wild ⟨*Beschimpfung*⟩; hitzig ⟨*Auseinandersetzung*⟩; **b)** *(indicating storms)* auf Sturm hindeutend; **be** *or* **look ~:** nach Sturm aussehen

**¹story** ['stɔ:rɪ] *n.* **a)** *(account of events)* Geschichte, *die;* **give the ~ of sth.** etw. schildern *od.* darstellen; **the suspects' stories did not coincide** die Aussagen der Verdächtigen stimmten nicht überein; **[that's] a likely ~** *(iron.)* wer's glaubt, wird selig *(ugs. scherzh.);* **it is quite another ~ now** *(fig.)* jetzt sieht alles ganz anders aus; **the [old,] old ~, the same old ~** *(fig.)* das alte Lied *(ugs.);* **tall ~:** unglaubliche Geschichte; **that's [a bit of] a tall ~!** das ist ein bißchen dick aufgetragen! *(ugs.);* **that's a different ~** *(fig.)* das ist etwas ganz anderes; **that's his ~ [and he's sticking to it]** er bleibt bei dem, was er gesagt hat; **that's only 'half the ~:** das ist noch nicht alles; **the bruise told its 'own ~:** der blaue Fleck sprach für sich selbst; **the ~ goes that ...:** man erzählt sich, daß ...; **or so the ~ goes** so erzählt man sich; **the whole ~ came out** alles kam heraus *(ugs.);* **that's not the whole ~:** das ist noch nicht alles; **to cut** *or* **make a long ~ short, ...:** kurz [gesagt], ...; **b)** *(narrative)* Geschichte, *die;* **but that is another ~:** aber das ist eine andere Geschichte; **that's the ~ of my life!** *(fig.)* das ist mein ewiges Problem!; *see also* **short story; c)** *(news item)* Bericht, *der;* Story, *die (ugs.);* **d)** *(past) see* **history a; e)** *(plot)* Story, *die;* **f)** *(set of [interesting] facts)* **the objects in the room have a ~:** die Gegenstände in dem Zimmer haben ihre eigene Geschichte; **there is an interesting ~ behind that sword** um dieses Schwert rankt sich eine interessante Geschichte *(geh.);* **g)** *(coll./child lang.: lie)* Märchen, *das;* **tell stories** Märchen erzählen

**²story** *(Amer.) see* **storey**

**story: ~-book 1.** *n.* Geschichtenbuch, *das; (with fairy-tales)* Märchenbuch, *das;* **2.** *attrib. adj.* Bilderbuch-; **~-book world** Märchenwelt, *die;* **~-line** *see* **¹story e; ~-teller** *n.* **a)** *(narrator)* [Geschichten]erzähler, *der*/-erzählerin, *die;* **b)** *(writer)* Erzähler, *der*/Erzählerin, *die;* **c)** *(raconteur)* Anekdotenerzähler, *der*/-erzählerin, *die;* **she's a wonderful ~-teller** sie kann wundervoll erzählen; **d)** *(coll./child lang.: liar)* Lügenbold, *der;* **~-telling** *n.* Geschichtenerzählen, *das; (fig.: lying)* Lügengeschichten- *od.* Märchenerzählen, *das*

**stout** [staʊt] **1.** *adj.* **a)** *(strong)* fest; stabil ⟨*Boot, Werkzeug, Messer, Zaun*⟩; dick ⟨*Tür, Mauer, Damm, Stock, Papier*⟩; robust ⟨*Material, Kleidung*⟩; stark ⟨*Seil, Abwehr*⟩; kräftig ⟨*Pflanze, Pferd, Pfeiler*⟩; **b)** *(fat)* beleibt; **of ~ build** von gedrungenem Körperbau; **c)** *(brave, staunch)* unverzagt; heftig ⟨*Widerstand, Opposition*⟩; entschieden ⟨*Ablehnung*⟩; stark ⟨*Gegner*⟩; fest ⟨*Glaube*⟩; **a ~ heart** ein festes Herz; **be ~ of heart** sehr beherzt sein; ~ **fellow** *(arch./coll.)* wackerer Kerl *(veralt.).* **2.** *n. (drink)* Stout, *der*

**stout-hearted** ['staʊthɑ:tɪd] *adj.* beherzt; unerschrocken

**stoutly** ['staʊtlɪ] *adv.* **a)** *(strongly)* stabil ⟨*gebaut, gezimmert*⟩; ~ **made** solide, robust ⟨*Schuhwerk*⟩; stark ⟨*Seil*⟩; ~ **built** stämmig; kräftig ⟨*Tier*⟩; stabil ⟨*Haus, Zaun, Tor*⟩; dick ⟨*Tür, Mauer*⟩; **b)** *(staunchly)* beherzt; hartnäckig ⟨*behaupten, ablehnen, widerstehen*⟩; fest ⟨*glauben*⟩

**stoutness** ['staʊtnɪs] *n., no pl. (fatness)* Beleibtheit, *die*

[1]**stove** [stəʊv] *n.* Ofen, *der; (for cooking)* Herd, *der;* **electric ~:** Elektroherd, *der*

[2]**stove** *see* stave 2

'**stove-pipe** *n. (also hat)* Ofenrohr, *das*

**stow** [stəʊ] *v. t.* **a)** *(put into place)* packen **(into** in + *Akk.*); verstauen **(into** in + *Dat.*); *(Naut.)* stauen; **she ~ed the letter out of sight/behind some books** sie steckte den Brief weg *(ugs.)*/hinter ein paar Bücher; **b)** *(fill)* vollpacken; vollstopfen *(ugs.); (Naut.)* befrachten; **c)** *(sl.: stop)* aufstecken *(ugs.);* **~ it!** hör auf! *(ugs.); (stop talking)* [halt die] Klappe! *(salopp)*

**~ a'way 1.** *v. t.* verwahren; **he keeps his savings ~ed away in a sock** er hat seine Ersparnisse in einem Strumpf versteckt. **2.** *v. i.* als blinder Passagier reisen; *see also* **stowaway**

**stowage** ['stəʊɪdʒ] *n.* **a)** *(space for stowing)* Platz, *der; (Naut.)* Stauraum, *der;* **b)** *(action of stowing)* Aufbewahrung, *die;* Unterbringung, *die; (Naut.)* Stauen, *das;* **c)** *(Naut.: stowed goods)* Ladung, *die*

'**stowaway** *n.* blinder Passagier

**straddle** ['strædl] *v. t.* **a)** *(be positioned across)* **~** *or* **sit straddling a fence/chair** rittlings auf einem Zaun/Stuhl sitzen; **~** *or* **stand straddling a ditch** mit gespreizten Beinen über einem Graben stehen; **his legs ~d the chair/brook** er saß rittlings auf dem Stuhl/stand mit gespreizten Beinen über dem Bach; **their farm ~s the border** ihre Farm liegt beiderseits der Grenze; **the bridge ~s the river/road** die Brücke überspannt den Fluß/die Straße; **b)** *(part widely)* **sit/stand with legs ~d** *or* **~d legs** mit gespreizten Beinen sitzen/stehen; **~ one's legs** die Beine spreizen; **c)** *(Mil.)* eindecken; **the bombs ~d the target** die Bomben schlugen zu beiden Seiten *od.* beiderseits des Ziels ein

**Stradivarius** [strædɪ'veərɪəs] *n. (Mus.)* Stradivari, *die*

**strafe** [strɑːf] *v. t. (Mil.)* beharken *(Soldatenspr.)*

**straggle** ['strægl] *v. i.* **a)** *(trail)* **~ [along] behind the others** den anderen hinterherzockeln *(ugs.);* **the last few walkers ~ed in** die letzten Geher trotteten ins Ziel; **the procession ~d [out] along the road** der Zug zockelte die Straße entlang *(ugs.);* **b)** *(spread in irregular way)* ⟨*Dorf, Stadt:*⟩ sich ausbreiten; ⟨*Häuser, Bäume:*⟩ verstreut stehen; **the brook/fence goes straggling through/over the meadow** der Bach zieht sich mit vielen Windungen/der Zaun verläuft kreuz und quer über die Wiese; **c)** *(grow untidily)* ⟨*Pflanze:*⟩ wuchern; ⟨*Haar, Bart:*⟩ zottig wachsen

**straggler** ['stræglə(r)] *n.* Nachzügler, *der*

**straggling** ['stræglɪŋ] *adj.* **a)** *(trailing)* nachzockelnd *(ugs.);* **b)** *(irregular)* verstreut ⟨*Häuser*⟩; ungeordnet ⟨*Reihe*⟩; unregelmäßig ⟨*Baumreihe, Schrift*⟩; ⟨*Fluß, Zaun, Straße*⟩ mit vielen Krümmungen; weiträumig angelegt ⟨*Stadt, Gebäude*⟩; **a ~ village** eine Streusiedlung; **c)** *(long and untidy)* wuchernd; zottig ⟨*Haar, Bart*⟩

**straggly** ['stræglɪ] *see* **straggling c**

**straight** [streɪt] **1.** *adj.* **a)** gerade; aufrecht ⟨*Haltung*⟩; glatt ⟨*Haar*⟩; **in a ~ line** in gerader Linie; **the ~ and narrow** der Pfad der Tugend; **keep sb. on/keep to the ~ and narrow** jmdn. im Zaum halten/auf dem Pfad der Tugend wandeln *(geh.); see also* **arrow 1; b)** *(not having been bent)* ausgestreckt ⟨*Arm, Bein*⟩; durchgedrückt ⟨*Knie*⟩; **c)** *(not misshapen)* gerade ⟨*Bein*⟩; **d)** *(Fashion)* gerade geschnitten; **e)** *(undiluted, unmodified)* unvermischt; **have** *or* **drink whisky/gin ~:** Whisky/Gin pur trinken; **a ~ choice** eine klare Wahl; **make a ~ bet on a horse** auf ein Pferd auf Sieg setzen; **f)** *(successive)* fortlaufend; **win in ~ sets** *(Tennis)* ohne Satzverlust gewinnen; **the team had ten ~ wins** die Mannschaft hat zehn Spiele hintereinander gewonnen; **~ As** *(Amer.)* lauter Einsen; **g)** *(undeviating)* direkt ⟨*Blick, Schlag, Schuß, Paß, Ball, Weg*⟩; **sb. has a ~ aim, sb.'s aim is ~:** jmd. zielt genau; **a ~ hit** *or* **blow** *(Boxing)* eine Gerade; **a ~ left/right** *(Boxing)* eine linke/rechte Gerade; **give sb. a ~ look** jmdn. scharf ansehen; **h)** *(candid)* geradlinig ⟨*Mensch*⟩; ehrlich ⟨*Antwort*⟩; klar ⟨*Abfuhr, Weigerung, Verurteilung*⟩; unmißverständlich ⟨*Rat*⟩; **~ dealings/speaking** direkte Verhandlungen/unverblümte Sprache; **a ~ answer to a ~ question** eine klare Antwort auf eine klare Frage; **he did some ~ talking with her** er sprach sich mit ihr offen aus; **be ~ with sb.** zu jmdm. offen sein; **i)** *(logical)* klar; **her thinking is clear and ~:** ihr Denken ist klar und logisch; **j)** *(Theatre)* ernst; *(not avant-garde)* konventionell; **k)** *(in good order, not askew)* **we/the rooms are ~ now after the move** wir haben uns/die Zimmer nach dem Umzug jetzt eingerichtet; **the accounts are ~:** die Bücher sind in Ordnung; **the picture is ~:** das Bild hängt gerade; **is my hair/tie ~?** sitzt meine Frisur/Krawatte [richtig]?; **is my hat [on] ~?** sitzt mein Hut [richtig]?; **pull sth. ~:** etw. geradeziehen; **put ~:** geradeziehen ⟨*Krawatte*⟩; gerade aufsetzen ⟨*Hut*⟩; gerade hängen ⟨*Bild*⟩; aufräumen ⟨*Zimmer, Sachen*⟩; richtigstellen ⟨*Fehler, Mißverständnis*⟩; **put things ~:** alles in Ordnung bringen; **put things ~ with sb.** mit jmdm. alles klären; **get sth. ~** *(fig.)* etw. genau *od.* richtig verstehen; **let's get it** *or* **the facts** *or* **things ~:** wir sollten alles genau klären; **get this ~!** merk dir das [ein für allemal]!; **put sb. ~:** jmdn. aufklären; **put** *or* **set the record ~:** die Sache *od.* das richtigstellen; *see also* **straight face; l)** *(sl.: heterosexual)* hetero *(ugs.);* **m)** *(coll.: conventional)* [spieß]bürgerlich *(abwertend); (Mus.)* konventionell. **2.** *adv.* **a)** *(in a ~ line)* gerade; **she came ~ at me** sie kam geradewegs auf mich zu; **~ opposite** genau gegenüber; **head ~ for the wall** genau auf die Mauer zusteuern; **go ~** *(fig.: give up crime)* ein bürgerliches Leben führen; **b)** *(directly)* geradewegs; **~ after** sofort nach; **the knife went ~ through his hand** das Messer ging mitten durch seine Hand; **the pianist went ~ into the next piece** der Klavierspieler ging sofort zum nächsten Stück über; **come ~ to the point** direkt *od.* gleich zur Sache kommen; **look sb. ~ in the eye** jmdm. direkt in die Augen blicken; **~ ahead** *or* **on** immer geradeaus; **they went ~ ahead and did it** sie taten es sofort; *see also* **horse 1 a; shoulder 1 a; c)** *(honestly, frankly)* aufrichtig; **give it to me ~:** sei ganz offen zu mir!; **he came ~ out with it** er sagte es ohne Umschweife; **I told him ~ [out] that ...:** ich sagte [es] ihm ins Gesicht, daß ...; **play ~ with sb.** mit jmdm. ein ehrliches Spiel spielen; **d)** *(upright)* gerade ⟨*sitzen, stehen, wachsen*⟩; **e)** *(accurately)* zielsicher; **he can't shoot [very] ~:** er ist nicht [sehr] zielsicher; **f)** *(clearly)* klar ⟨*sehen, denken*⟩. **3.** *n.* **a)** *(~ condition)* **out of the ~ = out of true** *see* **true 2; b)** *(~ stretch)* gerade Strecke; *(Sport)* Gerade, *die;* **final** *or* **home** *or* **last ~** *(Sport; also fig.)* Zielgerade, *die;* **c)** *(Cards)* Straße, *die;* Folge, *die*

**straight: ~ a'way** *adv. (coll.)* sofort; gleich; **~away** *(Amer.) adj.* **a)** *attrib. (straight)* gerade; **b)** *(straightforward)* nüchtern; sachlich; **~ 'bat** *n. (Cricket)* aufrecht gehaltener Schläger; **keep a ~ bat** *(Brit. fig.)* sich anständig benehmen; **~-edge** *n. (for paper-hanging)* Tapezierschiene, *die; (Metalw.)* Haarlineal, *das*

**straighten** ['streɪtn] **1.** *v. t.* **a)** geradeziehen ⟨*Kabel, Teppich, Seil*⟩; geradebiegen ⟨*Draht*⟩; glätten ⟨*Falte, Kleidung, Haare*⟩; geraderücken ⟨*Hut, Krawatte, Brille*⟩; gerade machen ⟨*Tischkante*⟩; begradigen ⟨*Fluß, Straße*⟩; geradehalten ⟨*Rücken*⟩; strecken ⟨*Beine, Arme*⟩; gerade hängen ⟨*Bild*⟩; **b)** *(put in order)* aufräumen; einrichten ⟨*neue Wohnung*⟩; in Ordnung bringen ⟨*Geschäftsbücher, Finanzen*⟩. **2.** *v. i.* gerade werden; ⟨*Haar:*⟩ glatt werden

**~ 'out 1.** *v. t.* **a)** geradebiegen ⟨*Draht*⟩; geradeziehen ⟨*Seil, Kabel*⟩; glätten ⟨*Decke, Teppich*⟩; begradigen ⟨*Fluß, Straße*⟩; **b)** *(put in order, clear up)* klären; aus der Welt schaffen ⟨*Mißverständnis, Meinungsverschiedenheit*⟩; in Ordnung bringen ⟨*Angelegenheit*⟩; berichtigen ⟨*Fehler*⟩; **~ sb. out** jmdn. zur Einsicht bringen; **~ sb. out on sth.** jmdn. über etw. *(Akk.)* aufklären; **things will ~ themselves out** das wird sich von selbst regeln; **c)** *(sl.: beat up)* jmdn. vermöbeln *(salopp);* **do you want ~ing out?** soll ich dir eine reinhauen? *(salopp).* **2.** *v. i.* gerade werden; ⟨*Haar:*⟩ glatt werden; **things will ~ out** das wird sich von selbst regeln

**~ 'up 1.** *v. t. see* **tidy up 2. 2.** *v. i.* sich aufrichten

**straight: ~ 'eye** *n.* gute Augen; **~ 'face** *n.* unbewegtes Gesicht; **with a ~ face** ohne eine Miene zu verziehen; **keep a ~ face** keine Miene verziehen; **~-faced** *adj.* mit unbewegter Miene *nachgestellt;* **be ~-faced** keine Miene verziehen; **~ 'fight** *n. (Brit. Polit.) direkter Kampf zwischen zwei Kandidaten;* **~ 'flush** *see* [4]**flush; ~'forward** *adj.* **a)** *(frank)* freimütig; geradlinig ⟨*Politik*⟩; schlicht ⟨*Stil, Sprache, Erzählung, Bericht*⟩; klar ⟨*Anweisung, Vorstellungen*⟩; **have a ~forward approach to a problem** ein Problem direkt angehen; **be ~forward in one's dealings** offen und gerade sein; **b)** *(simple)* einfach; eindeutig ⟨*Lage*⟩; **~'forwardly** *adv.* **a)** *(frankly)* ehrlich ⟨*handeln*⟩; offen ⟨*sprechen, sagen*⟩; **b)** *(simply)* deutlich ⟨*erklären*⟩; **~ man** *n. (Theatre) Schauspieler, der einem Komiker die Stichwörter für seine Gags liefert*

**straightness** ['streɪtnɪs] *n., no pl.* **a)** Geradheit, *die; (of hair)* Glattheit, *die; (Fashion)* gerader Schnitt; **b)** *(fig.) (candour) (of answer)* Offenheit, *die; (of purpose)* Geradlinigkeit, *die; (of dealings)* Ehrlichkeit, *die*

**straight: ~ 'off** *adv. (coll.)* schlankweg *(ugs.);* **~ 'ticket** *n. (Amer. Polit.)* **vote the ~ [Republican/Democratic] ticket** die [republikanische/demokratische] Liste unverändert wählen; **~ 'tip** *n.* Insidertip, *der;* **~ 'up** *adv. (sl.: honestly)* echt *(ugs.);* **Do you mean what you say? – S~ up!** Meinst du auch, was du sagst? – Na klar! *(ugs.);* **he offered me a lot of money, ~ up!** er hat mir einen Haufen Geld angeboten, ehrlich! *(ugs.)*

[1]**strain** [streɪn] **1.** *n.* **a)** *(pull)* Belastung, *die; (on rope)* Spannung, *die;* **put a ~ on sb./sth.** jmdn./etw. belasten; **b)** *(extreme physical or mental tension)* Streß, *der;* **feel the ~:** die Anstrengung spüren; **stand** *or* **take the ~:** die Belastung *od.* den Streß aushalten; **he has a lot of ~ at work** die Arbeit nimmt ihn stark in Anspruch; **place sb. under [a] great ~:** jmdn. einer starken Belastung aussetzen; **be under [a great deal of] ~:** unter großem Streß stehen; **c)** *(person, thing)* **be a ~ on sb./sth.** jmdn./etw. belasten; eine Belastung für jmdn./etw. sein; **be a ~ on sb.'s nerves** an jmds. Nerven zerren; **find sth. a ~:** etw. als Belastung empfinden; **d)** *(injury, (muscular)* Zerrung, *die; (over~ on heart, back, etc.)* Überanstrengung, *die;* **e)** *in sing. or pl. (burst of music)* Klänge; *(burst of poetry)* Vers, *der;* Zeile, *die;* **take up the ~** *(lit. or fig.)* einstimmen; einfallen; **f)** *(tone,* Ton, *der;* **g)** *(Phys.)* Deformation, *die.* **2.** *v. t.* **a)** *(over-exert)* überanstrengen; zerren ⟨*Muskel*⟩; überbeanspruchen ⟨*Geduld, Loyalität usw.*⟩; **~ one's back carrying heavy boxes** sich beim Tragen schwerer Kisten verheben; **~ oneself** *(lit. or fig. iron.)* sich

übernehmen; sich überanstrengen; **b)** *(stretch tightly)* [fest] spannen; **~ed relations** *(fig.)* gespannte Beziehungen; **c)** *(exert to maximum)* **~ oneself/sb./sth.** das Letzte aus sich/jmdm./etw. herausholen; **~ one's ears/eyes/voice** seine Ohren/Augen/Stimme anstrengen; **~ oneself to do sth.** sich nach Kräften bemühen, etw. zu tun; **d)** *(use beyond proper limits)* verzerren ‹*Wahrheit, Lehre, Tatsachen*›; überbeanspruchen ‹*Geduld, Wohlwollen*›; **e)** *in p.p. (forced)* gezwungen ‹*Lächeln*›; künstlich ‹*Humor, Witz*›; gewagt ‹*Interpretation*›; **f)** *(hug)* **~ sb./sth. to oneself/to sth.** jmdn./etw. an sich/etw. *(Akk.)* drücken; **g)** *(filter)* durchseihen; seihen (**through** durch); **~ [the water from] the vegetables** das Gemüse abgießen; **~ sth. from a liquid** etw. aus einer Flüssigkeit herausfiltern. **3.** *v. i.* **a)** *(strive intensely)* sich anstrengen; *(resist while being close to breaking-point)* ächzen (**under** unter + *Dat.*); **he ~ed to lift the box** er versuchte ächzend *od.* mit aller Kraft, die Kiste hochzuheben; **~ at sth.** an etw. *(Dat.)* zerren; **~ at the leash** an der Leine zerren; *(fig.)* es kaum erwarten können; **~ after sth.** sich mit aller Gewalt um etw. bemühen; **~ after an effect** Effekthascherei betreiben; **b)** *(be filtered)* durchlaufen; *(percolate through sand etc.)* durchsickern; **~ at a gnat [and swallow a camel]** Mücken seihen und Kamele verschlucken *(bibl.)*

**~ a'way, ~ 'off** *v. t.* abseihen; abgießen ‹*Wasser*›

**~ 'out** *v. t.* [her]ausfiltern

**²strain** *n.* **a)** *(breed)* Rasse, *die; (of plants)* Sorte, *die; (of virus)* Art, *die; (human stock)* Familie, *die;* **b)** *no pl. (tendency)* Neigung, *die* (**of** zu); Hang, *der* (**of** zu); **a cruel ~:** ein grausamer Zug

**strainer** ['streɪnə(r)] *n.* Sieb, *das*

**strait** [streɪt] **1.** *n.* **a)** *in sing. or pl. (Geog.)* [Wasser]straße, *die;* Meerenge, *die;* **the S~s [of Gibraltar/Malacca]** die Straße von Gibraltar/die Malakkastraße; **b)** *usu. in pl. (distressing situation)* Schwierigkeiten; *see also* **dire c. 2.** *adj. (arch.) (narrow)* schmal ‹*Weidefläche, Weg*›; eng ‹*Pforte*›

**straitened** ['streɪtnd] *adj.* beschränkt ‹*Verhältnisse*›

**strait: ~-jacket 1.** *n. (lit. or fig.)* Zwangsjacke, *die;* **2.** *v. t. (lit. or fig.)* in eine Zwangsjacke stecken; **~-laced** [streɪt'leɪst] *adj. (fig.)* puritanisch

**Straits of Magellan** [streɪts əv mə'gelən] *pr. n.* Magellanstraße, *die*

**strake** [streɪk] *n. (Naut.)* Planke, *die*

**¹strand** [strænd] *n. (thread)* Faden, *der; (of wire)* Litze, *die (Elektrot.); (of rope)* Strang, *der; (of beads, pearls, flowers, etc.)* Kette, *die; (of hair)* Strähne, *die; (Biol., Phys.)* Faser, *die; (fig.)* Strang, *der;* **a ~ of beads** eine Perlenkette

**²strand 1.** *v. t.* **a)** *(leave behind)* trocken setzen; **be [left] ~ed** *(fig.)* seinem Schicksal überlassen sein; *(be stuck)* festsitzen; **leave sb. ~ed** *(fig.)* jmdn. seinem Schicksal überlassen; **the strike left them ~ed in England** wegen des Streiks saßen sie in England fest; **b)** *(wash ashore)* an Land spülen ‹*Leiche, Wrackteile*›; *(run aground)* auf Grund setzen ‹*Schiff*›. **2.** *v. i.* stranden. **3.** *n. (rhet./poet.: foreshore)* Gestade, *das (dichter.)*

**strange** [streɪndʒ] *adj.* **a)** *(peculiar)* seltsam; sonderbar; merkwürdig; **feel [very] ~, come over [very] ~** *(coll.)* sich [ganz] komisch im Kopf *od. (ugs. scherzh.)* beduselt fühlen; **it feels ~ to do sth.** es ist ein merkwürdiges *od.* komisches Gefühl, wenn man etw. tut; **~ to say** seltsamerweise; **b)** *(alien, unfamiliar)* fremd; **~ to sb.** jmdm. fremd; **c)** *(unaccustomed)* **~ to sth.** nicht vertraut mit etw.; **feel ~:** sich nicht zu Hause fühlen; **I feel ~, suddenly having so much power** es ist [für mich] ganz ungewohnt, plötzlich soviel Macht zu haben; **I am [quite] ~ here** ich bin fremd hier; ich kenne mich hier nicht aus

**strangely** ['streɪndʒlɪ] *adv.* seltsam; merkwürdig; **~ enough, ...:** seltsamerweise ...; so seltsam es klingt, ...

**strangeness** ['streɪndʒnɪs] *n., no pl. (oddness)* Seltsamkeit, *die;* Merkwürdigkeit, *die*

**stranger** ['streɪndʒə(r)] *n.* **a)** *(foreigner, unknown person)* Fremde, *der/die;* **he is a ~ here/to *or* in the town** er ist hier/in der Stadt fremd; **he is no ~ to this sort of work** diese Arbeit ist ihm nicht fremd; **she is a /no ~ to the British stage** sie ist auf den britischen Bühnen unbekannt/bekannt; **he is a/no ~ to me** er ist mir nicht bekannt/ist mir bekannt; **you are quite a ~:** man kennt dich ja kaum noch; **hello, ~:** hallo, lange nicht gesehen; **b)** *(one lacking certain experience)* **be a ~ in sth.** in etw. *(Dat.)* unerfahren sein; **be a/no ~ to sth.** etw. nicht gewöhnt/etw. gewöhnt sein; **c)** *(Brit. Parl.)* Besucher, *der*/Besucherin, *die;* **S~s' Gallery** Besuchergalerie, *die*

**strangle** ['stræŋgl] *v. t.* **a)** *(throttle)* erdrosseln; erwürgen; **b)** *(fig.: suppress)* unterdrücken; **~ at birth** im Keim ersticken

**'stranglehold** *n. (lit. or fig.)* Würgegriff, *der*

**strangulated** ['stræŋgjʊleɪtɪd] *adj. (Med.)* **~ hernia** eingeklemmter Bruch

**strangulation** [stræŋgjʊ'leɪʃn] *n.* Erdrosseln, *das;* Erwürgen, *das; (fig.)* Unterdrückung, *die;* Strangulierung, *die (geh.)*

**strap** [stræp] **1.** *n.* **a)** *(leather strip)* Riemen, *der; (textile strip)* Band, *das; (shoulder-~)* Träger, *der; (for watch)* Armband, *das;* **the ~** *(punishment)* die Züchtigung mit dem Riemen; **be given [a lick of] the ~:** den Riemen zu schmecken bekommen; **b)** *(to grasp in vehicle)* Halteriemen, *der.* **2.** *v. t.,* **-pp- a)** *(secure with ~)* **~ [into position/down]** festschnallen; **~ oneself in** sich anschnallen; **b)** *see* **~ up b; c) be ~ped for cash** *(coll.)* sehr klamm sein *(ugs.);* **d)** *(punish with ~)* mit dem Riemen züchtigen

**~ 'up** *v. t.* **a)** *(fasten ~s of)* zuschnallen; **b)** *(bind with adhesive plaster)* verpflastern

**strap: ~hanger** *n.* stehender Fahrgast; **~ hinge** *n.* Langband, *das (Technik)*

**strapless** ['stræplɪs] *adj.* trägerlos

**strapping** ['stræpɪŋ] *adj.* stramm

**Strasbourg** ['stræzbɜ:g] *pr. n.* Straßburg *(das)*

**strata** *pl. of* **stratum**

**stratagem** ['strætədʒəm] *n. (trick)* [Kriegs]list, *die;* Strategem, *das (geh.)*

**strategic** [strə'ti:dʒɪk], **strategical** [strə'ti:dʒɪkl] *adj.* **a)** strategisch; **a ~ moment** ein strategisch günstiger Zeitpunkt; **b)** *(of great military importance)* strategisch wichtig; *(necessary to plan)* bedeutsam ‹*Element, Faktor*›

**strategically** [strə'ti:dʒɪkəlɪ] *adv.* strategisch

**strategic 'studies** *n., no pl.* Strategie, *die*

**strategist** ['strætɪdʒɪst] *n.* Stratege, *der*/Strategin, *die*

**strategy** ['strætɪdʒɪ] *n.* Strategie, *die; (fig. also)* Taktik, *die;* **use ~** *(fig.)* taktisch *od.* strategisch vorgehen; **it was bad ~** *(fig.)* es war taktisch *od.* strategisch unklug

**stratification** [strætɪfɪ'keɪʃn] *n.* **a)** *(Geol., Archaeol.)* Schichtung, *die;* Stratifikation, *die (fachspr.);* **b)** *(Sociol.)* [soziale] Schichtung

**stratify** ['strætɪfaɪ] *v. t.* **a)** *(Geol., Archaeol.)* stratifizieren; **stratified rock** in Schichten gewachsener Fels; **b)** *(Sociol.)* in Schichten einteilen; Schichten zuordnen; **a stratified society** eine mehrschichtige Gesellschaft

**stratosphere** ['strætəsfɪə(r)] *n. (Geog.)* Stratosphäre, *die; (fig.)* höhere Regionen

**stratospheric** [strætə'sferɪk] *adj. (Geog.)* stratosphärisch; Stratosphären‹*flugzeug, -flug*›; *(fig.)* schwindelerregend ‹*Höhe*›

**stratum** ['strɑ:təm, 'streɪtəm] *n., pl.* **strata** ['strɑ:tə, 'streɪtə] Schicht, *die;* Stratum, *das (fachspr.)*

**stratus** ['streɪtəs, 'strɑ:təs] *n., pl.* **strati** ['streɪtaɪ, 'strɑ:taɪ] *(Meteorol.)* Schichtwolke, *die;* Stratus, *der (fachspr.); attrib.* **~ clouds** Stratuswolken

**straw** [strɔ:] *n.* **a)** *no pl. (stalks of grain)* Stroh, *das; attrib.* Stroh-; **b)** *(single stalk)* Strohhalm, *der;* **catch *or* clutch *or* grasp at ~s *or* a ~** *(fig. coll.)* sich an einen Strohhalm klammern; **be the last ~, be the ~ that broke the camel's back** *(coll.)* das Faß zum Überlaufen bringen; **that's the last *or* final ~:** jetzt reicht's aber; **draw ~s [for sth.]** Hölzchen [um etw.] ziehen; **draw *or* pick the short ~:** das kürzere Hölzchen ziehen; *(fig.)* das schlechtere Los ziehen; **~ in the wind** Vorzeichen, *das;* Vorbote, *der;* **c) [drinking-]~:** Trinkhalm, *der;* Strohhalm, *der;* **d)** *(trifle)* Nichtigkeit, *die;* **it doesn't matter a ~ to me** es kümmert mich keinen Pfifferling *(ugs.);* **I don't give a ~:** ich gebe keinen Pfifferling dafür *(ugs.);* **e)** *(hat)* Strohhut, *der. See also* **cheese straw**

**strawberry** ['strɔ:bərɪ] *n.* **a)** Erdbeere, *die;* **b)** *(colour)* Erdbeerrot, *das; see also* **crush 1 a**

**strawberry: ~ 'blonde 1.** *adj.* rotblond; **2.** *n.* Rotblonde, *die;* **~-mark** *n.* [rötliches] Muttermal

**straw: ~-board** *n.* Strohpapier, *das;* Strohpappe, *die;* **~ boss** *n. (Amer.)* Vorarbeiter, *der;* **~-colour** *n.* Strohgelb, *das;* **~-coloured** *adj.* strohgelb; **~ 'hat** *n.* Strohhut, *der;* **~ poll, ~ vote** *ns.* Testabstimmung, *die*

**stray** [streɪ] **1.** *v. i.* **a)** *(wander)* streunen; *(fig.: in thought etc.)* abschweifen (**into** in + *Akk.*); **~ [away] from** sich absondern von; **the child had ~ed from his parents** das Kind war seinen Eltern weggelaufen; **~ into enemy territory** sich auf feindliches Gebiet verirren; **b)** *(move in meandering course)* ‹*Auto:*› schlingern; *(move without deliberate control)* **my gaze kept ~ing to the wart on his nose** mein Blick wanderte immer wieder zu der Warze auf seiner Nase; **he could not control his ~ing hands** er konnte seine Hände einfach nicht bei sich behalten; **c)** *(deviate)* abweichen (**from** von); **have ~ed** sich verirrt haben; **~ from the path of virtue** vom Pfad der Tugend abweichen *(geh.);* **he had ~ed once** einmal war er vom Wege abgekommen *(fig.);* **~ from the point/from *or* off the road** vom Thema/von der Straße abkommen; **somehow I ~ed into acting/the theatre** irgendwie habe ich mich aufs Schauspielern verlegt/bin ich am Theater gelandet. **2.** *n. (animal)* streunendes Tier; *(without owner)* herrenloses Tier; *(person)* Streuner, *der*/Streunerin, *die (abwertend); see also* **waif. 3.** *adj.* **a)** streunend; *(without owner)* herrenlos; *(out of proper place)* verirrt; **b)** *(occasional, isolated)* vereinzelt; **c)** *(Phys.)* streuend

**streak** [stri:k] **1.** *n.* **a)** *(narrow line)* Streifen, *der; (in hair)* Strähne, *die;* **~ of lightning** Blitzstrahl, *der;* **like a ~ [of lightning]** [schnell] wie der Blitz *(ugs.);* wie ein geölter Blitz *(ugs.);* **b)** *(fig.: element)* **have a jealous/cruel ~:** zur Eifersucht/Grausamkeit neigen; **have a ~ of meanness/jealousy** eine geizige/eifersüchtige Ader haben; **c)** *(fig.: spell)* **~ of good/bad luck, lucky/unlucky ~:** Glücks-/Pechsträhne, *die;* **be on a *or* have a winning/losing ~:** eine Glücks-/Pechsträhne haben. **2.** *v. t.* streifen; **~ sth. with green** etw. mit grünen Streifen versehen; **hair ~ed with grey** Haar mit grauen Strähnen; **~ed with paint/mud/tears** farbverschmiert/dreckbeschmiert/tränenverschmiert. **3.** *v. i.* **a)** *(move rapidly)* flitzen *(ugs.);* **b)** *(coll.: run naked)* blitzen *(ugs.);* flitzen *(ugs.)*

**streaker** ['stri:kə(r)] *n. (coll.)* Blitzer,

*der*/Blitzerin, *die (ugs.);* Flitzer, *der*/Flitzerin, *die (ugs.)*

**streaking** ['stri:kɪŋ] *n. (coll.: running naked)* Blitzen, *das (ugs.);* Flitzen, *das (ugs.)*

**streaky** ['stri:kɪ] *adj.* streifig; gestreift ⟨*Muster, Fell*⟩

**streaky 'bacon** *n.* durchwachsener Speck

**stream** [stri:m] **1.** *n.* **a)** *(of flowing water)* Wasserlauf, *der; (brook)* Bach, *der;* **b)** *(flow, large quantity)* Strom, *der; (of abuse, excuses, words)* Schwall, *der;* **~s** *or* **a ~ of applications** eine Flut von Bewerbungen; **in ~s** in Strömen; **the children rushed in ~s/in a ~ through the school gates** die Kinder strömten durch die Schultore; **c)** *(current)* Strömung, *die; (fig.)* Trend, *der;* **against/with the ~ of sth.** *(fig.)* gegen den/mit dem Strom einer Sache; **go against/with the ~** ⟨*Person:*⟩ gegen den/mit dem Strom schwimmen; *see also* **Gulf Stream; d)** *(Brit. Educ.)* Parallelzug, *der;* **e) be/go on ~** *(Industry)* in Betrieb sein/den Betrieb aufnehmen. **2.** *v.i.* **a)** *(flow)* strömen; ⟨*Sonnenlicht:*⟩ fluten; **tears ~ed down her face** Tränen strömten ihr über das Gesicht; **b)** *(run with liquid)* **my eyes ~ed** mir tränten die Augen; **the windows/walls were ~ing with condensation** die Fenster/Wände schwitzten; **his back was ~ing with sweat** sein Rücken war schweißnaß *od.* schweißüberströmt; **c)** *(wave)* ⟨*Haare, Fahne:*⟩ flattern, wehen. **3.** *v.t.* **a)** *(emit)* **his nose was ~ing blood** Blut floß ihm aus der Nase; **b)** *(Brit. Educ.)* in Parallelzüge *od.* leistungshomogene Gruppen einteilen

**~ 'down** *v.i.* ⟨*Sonne:*⟩ vom Himmel strahlen; **the rain is ~ing down** es regnet in Strömen

**~ 'in** *v.i.* hereinströmen/hineinströmen

**~ 'out** *v.i.* **a)** *(move out like ~)* herausströmen/hinausströmen; **b)** *(float)* flattern; wehen

**~ 'past** *v.i.* vorbeiströmen

**~ 'through** *v.i.* hindurchströmen

**streamer** ['stri:mə(r)] *n.* **a)** *(ribbon)* Band, *das; (of paper)* Luftschlange, *die;* Papierschlange, *die;* **b)** *(Journ.: headline)* Schlagzeile, *die;* Aufmacher, *der;* **c)** *(pennon)* Wimpel, *der*

**streaming** ['stri:mɪŋ] **1.** *n. (Brit. Educ.)* Einteilung in Parallelzüge *od.* leistungshomogene Gruppen; Streaming, *das.* **2.** *adj. (flowing)* laufend ⟨*Nase*⟩; tränend ⟨*Auge*⟩; schwitzend ⟨*Wand, Fenster*⟩; **have a ~ cold** Schnupfen haben

**streamlet** ['stri:mlɪt] *n.* Bächlein, *das*

**stream: ~line 1.** *n.* **a)** *(shape)* Stromlinienform, *die (Physik, Technik);* **b)** *(line of flow)* Stromlinie, *die (Physik);* **2.** *v.t.* **a)** *(give shape to)* [eine] Stromlinienform geben (+ *Dat.*); **be ~lined** eine Stromlinienform haben; **b)** *(simplify)* rationalisieren; *(reduce)* einschränken; **~ of 'consciousness** *n. (Lit.) (flow of thoughts)* Bewußtseinsstrom, *der; (literary style)* Stream of consciousness, *der*

**street** [stri:t] *n.* **a)** Straße, *die;* **in** *(Brit.) or* **on ... Street** in der ...straße; **in the ~:** auf der Straße; *(St. Exch.)* nach Börsenschluß; **I wouldn't cross the ~ to do that** *(fig.)* ich würde mir deswegen kein Bein ausreißen *(ugs.);* **be on the ~[s]** *(be published)* ⟨*Zeitung:*⟩ draußen sein; *(have no place to live)* auf der Straße liegen *(ugs.); (be available to be bought)* im [Straßen]verkauf sein; **be/go on the ~s** *(be/become a prostitute)* auf die Straße gehen *(ugs.);* **take to the ~s** auf die Straße gehen *(ugs.);* **keep the youngsters off the ~s** dafür sorgen, daß sich die Jugendlichen nicht auf der Straße herumtreiben; **it isn't a very interesting job, but at least it keeps me off the ~s** *(iron.)* der Job ist zwar nicht sehr interessant, aber wenigstens stehe ich nicht mehr auf der Straße *(ugs.);* **not in the same ~ [as sb./sth.]** *(fig. coll.)* nicht zu vergleichen [mit jmdm./etw.]; **~s ahead [of sb./sth.]** *(coll.)* um Längen besser [als jmd./etw.] *(ugs.);* **be [right** *or* **just] up sb.'s ~** *(coll.)* jmds. Fall sein *(ugs.);* **the ~s of San Francisco are paved with gold** *(fig.)* in San Francisco liegt das Geld auf der Straße; **b)** *(people in ~)* Straße, *die*

**street: ~car** *n. (Amer.)* Straßenbahn, *die;* Tram, *die (südd., österr., schweiz.);* **~ cred** ['stri:t kred] *(coll.),* **~ credibility** *ns.* [glaubwürdiges] Image; **~ cries** *n. pl. (Brit.)* Straßen- *od.* Händlerrufe; **~ crime** *n., no pl., no indef. art.* Straßenkriminalität, *die;* **~ door** *n.* [vordere] Haustür; **~ enter'tainer** *n.* Straßenkünstler, *der*/-künstlerin, *die;* **~-fight** *n.* Straßenkampf, *der; (heavy fighting)* Straßenschlacht, *die;* **~-fighting** *n.* Straßenkampf, *der;* **sporadic ~-fighting broke out** vereinzelt brachen Straßenkämpfe aus; **~-lamp, ~-light** *ns.* Straßenlaterne, *die;* Straßenlampe, *die;* **~-lighting** *n.* Straßenbeleuchtung, *die;* **~-map** *n.* Stadtplan, *der;* **~-market** *n.* Markt, *der;* **~-party** *n.* Straßenfest, *das;* **~-plan** *see* **~-map; ~-sweeper** *n.* **a)** *(person)* Straßenfeger, *der*/-fegerin, *die (bes. nordd.);* Straßenkehrer, *der*/-kehrerin, *die (bes. südd.);* **b)** *(machine)* Kehrmaschine, *die; (vehicle)* Straßenkehrmaschine, *die;* **~ theatre** *n.* Straßentheater, *das;* **~ urchin** *n.* Straßenkind, *das;* **~ value** *n.* Straßenverkaufswert, *der;* **~-walker** *n. fem.* Nutte, *die (ugs.);* **~-wise** *adj. (coll.)* **be ~-wise** wissen, wo es langgeht

**strength** [streŋθ] *n.* **a)** *(power)* Kraft, *die; (strong point, force, intensity, amount of ingredient; also Finance)* Stärke, *die; (of argument)* [Überzeugungs]kraft, *die; (of poison, medicine)* Wirksamkeit, *die; (of legal evidence)* [Beweis]kraft, *die; (resistance of material, building, etc.)* Stabilität, *die; (artistic forcefulness)* [künstlerische/dichterische/musikalische] Kraft; **recover/exhaust one's ~:** seine Kräfte wiedererlangen/erschöpfen; **not know one's own ~:** nicht wissen, wie stark man ist; **give sb. ~:** jmdn. stärken; jmdm. Kraft geben; *see also* **give 1 e; ~ of conviction/feeling** Überzeugungskraft, *die*/Stärke der Emotionen; **~ of character/will/purpose** Charakterstärke, *die*/Willensstärke *od.* -kraft, *die*/Zielstrebigkeit, *die;* **from ~:** aus einer Position der Stärke heraus; **go from ~ to ~:** immer erfolgreicher werden; **on the ~ of sth./that** auf Grund einer Sache *(Gen.)*/dessen; **we can have a drink on the ~ of that** darauf können wir einen trinken; **b)** *(proportion present)* Stärke, *die; (full complement)* **be below ~/up to ~:** weniger als/etwa die volle Stärke haben; **in [full] ~:** in voller Stärke; **the police were there in ~:** ein starkes Polizeiaufgebot war da

**strengthen** ['streŋθən, 'streŋkθən] **1.** *v.t. (give power to)* stärken; *(reinforce, intensify, increase in number)* verstärken; erhöhen ⟨*Anteil*⟩; *(make more effective)* unterstützen; *(increase main ingredient of)* stärker machen ⟨*Getränk*⟩; kräftiger machen ⟨*Farbe, Anstrich*⟩; **~ sb.'s resolve** jmdn. in seinem Entschluß bestärken; **~ sb.'s hand** *(fig.)* jmds. Position stärken. **2.** *v.i.* stärker werden

**strenuous** ['strenjʊəs] *adj.* **a)** *(energetic)* energisch; gewaltig ⟨*Anstrengung*⟩; **b)** *(requiring exertion)* anstrengend

**strenuously** ['strenjʊəslɪ] *adv.* mit aller Kraft ⟨*sich anstrengen*⟩; angestrengt ⟨*arbeiten*⟩; heftig ⟨*bestreiten, bekräftigen*⟩

**strenuousness** ['strenjʊəsnɪs] *n., no pl.* Schwere, *die*

**streptococcus** [streptə'kɒkəs] *n., pl.* **streptococci** [streptə'kɒkaɪ] *(Bacteriol.)* Streptokokkus, *der*

**stress** [stres] **1.** *n.* **a)** *(strain)* Streß, *der;* **be [placed] under ~:** unter Streß *(Dat.)* stehen; **b)** *(emphasis)* Betonung, *die;* Nachdruck, *der;* **lay** *or* **place** *or* **put [a] ~ on sth.** auf etw. *(Akk.)* Wert *od.* Gewicht legen; **c)** *(accentuation)* Betonung, *die; (in verse)* Hebung, *die;* **put the/a ~ on sth.** etw. betonen; **which syllable carries the ~?** welche Silbe trägt den Ton?; **d)** *(Mech.)* Belastung, *die;* [elastische] Spannung *(fachspr.). See also* **storm 1 b. 2.** *v.t.* **a)** *(emphasize)* betonen; Wert legen auf (+ *Akk.*) ⟨*richtige Ernährung, gutes Benehmen, Sport usw.*⟩; **~ [the point] that ...:** darauf hinweisen, daß ...; **b)** *(Ling.)* betonen ⟨*Silbe, Vokal usw.*⟩; **c)** *(subject to strain)* überanstrengen; *(Mech.)* belasten; [elastischer] Spannung aussetzen *(fachspr.)*

**'stress disease** *n.* Streßkrankheit, *die;* Managerkrankheit, *die (volkst.)*

**stressful** ['stresfl] *adj.* anstrengend; stressig *(ugs.)*

**'stress-mark** *n.* Betonungszeichen, *das*

**stretch** [stretʃ] **1.** *v.t.* **a)** *(lengthen, extend)* strecken ⟨*Arm, Hand*⟩; recken ⟨*Hals*⟩; dehnen ⟨*Gummiband*⟩; *(spread)* ausbreiten ⟨*Decke*⟩; *(tighten)* spannen; **he lay ~ed out on the ground** er lag ausgestreckt auf dem Boden; **~ one's legs** *(by walking)* sich *(Dat.)* die Beine vertreten; **b)** *(widen)* dehnen; **~ [out of shape]** ausweiten ⟨*Schuhe, Jacke*⟩; **c)** *(fig.: make the most of)* ausschöpfen ⟨*Reserve*⟩; fordern ⟨*Person, Begabung*⟩; **d)** *(fig.: extend beyond proper limit)* überschreiten ⟨*Befugnis, Grenzen des Anstands*⟩; strapazieren *(ugs.)* ⟨*Geduld*⟩; es nicht so genau nehmen mit ⟨*Gesetz, Bestimmung, Begriff, Grundsätzen*⟩; **~ a point** großzügig sein; **~ credibility** nicht sehr glaubhaft sein; **~ the truth** ⟨*Aussage:*⟩ nicht ganz der Wahrheit entsprechen; **he's certainly ~ing the truth there** er nimmt es hier mit der Wahrheit nicht so genau; **we're a bit ~ed at the moment** wir sind zur Zeit ziemlich überlastet; **~ it/things** den Bogen überspannen; *see also* **wing 1 a. 2.** *v.i.* **a)** *(extend in length)* sich weiten; sich dehnen; ⟨*Person, Tier:*⟩ sich strecken; **b)** *(have specified length)* sich [aus]dehnen; **~ from A to B** sich von A bis B erstrecken; **the traffic jam ~ed all the way back to Junction 9** der Verkehr staute sich bis zur Auffahrt Neun [zurück]; **c) ~ to sth.** *(be sufficient for)* für etw. reichen; **could you ~ to £10?** hast du vielleicht sogar 10 Pfund? **3.** *v. refl.* sich [dehnen und] strekken. **4.** *n.* **a)** *(lengthening, drawing out)* **have a ~, give oneself a ~:** sich strecken; **with a ~, I can reach ...:** wenn ich mich strecke, kann ich bis an ... *(Akk.)* reichen; **give sth. a ~:** etw. dehnen *od.* weiter machen; **b)** *(exertion)* **by no ~ of the imagination** auch mit viel Phantasie nicht; **at a ~** *(fig.)* wenn es sein muß *(see also* **c***);* **at full ~:** auf Hochtouren; **c)** *(expanse, length)* Abschnitt, *der;* **a ~ of road/open country** ein Stück Straße/Land; **at a ~:** ohne Unterbrechung *(see also* **b***);* **d)** *(Amer. Racing)* Gerade, *die;* **e)** *(sl.: length of imprisonment)* **do a [five-year] ~:** [fünf Jahre] im Knast sitzen *(ugs.);* **go down for another ~:** wieder einmal in den Knast wandern *(ugs.);* **f)** *(in fabric)* Elastizität, *die;* **there is a lot of ~ in this material** das Material ist sehr dehnbar. **5.** *adj.* dehnbar; Stretch⟨*hose, -gewebe*⟩

**~ 'out 1.** *v.t.* **a)** *(extend by straightening)* [aus]strecken ⟨*Arm, Bein*⟩; ausbreiten ⟨*Decke*⟩; auseinanderziehen ⟨*Seil*⟩; **~ oneself out** sich [lang] ausstrecken; **b)** *(eke out)* **~ sth. out** mit etw. reichen. **2.** *v.i.* **a)** *(~ one's hands out) (lit. or fig.)* die Hände ausstrecken (**to** nach); **b)** *(extend)* sich ausdehnen; **c)** *(last for sufficient time)* reichen

**stretcher** ['stretʃə(r)] **1.** *n.* **a)** *(for carrying a person)* [Trag]bahre, *die;* **b)** *(between chair legs)* Steg, *der;* **c)** *(for canvas)* Rahmen, *der;* **d)** *(in boat)* Stemmbrett, *das;* **e)** *(Building)* Läufer, *der.* **2.** *v.t.* auf einer Bahre tragen

**'stretcher-bearer** *n.* [Kranken]träger, *der*

**stretch:** ~ **marks** *n. pl. (after pregnancy)* Schwangerschaftsstreifen; ~ **pants** *n. pl.* Stretchhose, *die*

**stretchy** ['stretʃı] *adj. (coll.)* dehnbar

**strew** [stru:] *v. t., p.p.* ~**ed** [stru:d] *or* ~**n** [stru:n] **a)** *(scatter)* streuen ⟨*Blumen, Sand usw.*⟩; **clothes were ~n about the room** Kleider lagen im ganzen Zimmer verstreut herum; **b)** *(cover, lit. or fig.)* bestreuen; **the grass was ~n with litter** [überall] auf dem Gras war Abfall verstreut

**stricken** ['strıkn] *adj.* **a)** *(afflicted)* heimgesucht; havariert ⟨*Schiff, Flugzeug*⟩; *(showing affliction)* schmerzerfüllt; **be ~ with fever/a disease** von Fieber geschüttelt/einer Krankheit heimgesucht werden; ~ **with fear/grief/misfortune** angsterfüllt/gramgebeugt/vom Schicksal geschlagen; ~ **in years** *(arch.)* von den Jahren gezeichnet; **b)** *(Amer.: deleted)* ~ **from sth.** aus etw. gestrichen

**strict** [strıkt] *adj.* **a)** *(firm)* streng; strenggläubig ⟨*Katholik, Moslem usw.*⟩; **in ~ confidence** streng vertraulich; **he is ~ about what his children wear** er achtet streng darauf, was seine Kinder anziehen; **b)** *(precise)* streng; genau ⟨*Übersetzung*⟩; **keep a ~ watch** genau *od.* scharf aufpassen; **in the ~ sense [of the word]** im strengen Sinn[e] [des Wortes]

**strictly** ['strıktlı] *adv.* streng; **there is ~ no smoking here** Rauchen ist hier streng[stens] verboten; ~ **between ourselves** ganz im Vertrauen; **this is ~ between ourselves** das muß unter uns bleiben; ~ **[speaking]** strenggenommen; *see also* **bird a**

**strictness** ['strıktnıs] *n., no pl.* **a)** *(firmness)* Strenge, *die;* **b)** *(precision)* Genauigkeit, *die*

**stricture** ['strıktʃə(r)] *n.* **a)** *usu. in pl. (critical remark)* ~**[s]** [scharfe *od.* heftige] Kritik; ~**[s] [up]on sth.** Kritik an etw. *(Dat.)*; **pass ~s [up]on sb.** jmdn. kritisieren; **b)** *(Med.)* Verengung, *die;* Striktur, *die*

**stride** [straıd] **1.** *n.* **a)** Schritt, *der; (of galloping horse)* [Galopp]sprung, *der;* **make ~s [towards sth.]** *(fig.)* [in Richtung auf etw. *(Akk.)*] Fortschritte machen; **make great ~s** *(fig.)* große Fortschritte machen; **get into one's ~:** seinen Rhythmus finden; *(fig.)* in Fahrt *od.* Schwung kommen; **put sb. off his ~, throw sb. out of his ~** *(fig.)* jmdn. aus dem Konzept bringen; **be thrown out of** *or* **lose one's ~** *(lit. or fig.)* aus dem Tritt kommen; **take sth. in one's ~** *(fig.)* mit etw. gut fertig werden; **b)** *in pl. (Brit. and Austral. sl.: trousers)* Hose, *die.* **2.** *v. i.,* **strode** [strəʊd], **stridden** ['strıdn] [mit großen Schritten] gehen; *(solemnly)* schreiten *(geh.); (take single step)* ~ **across sth.** über etw. *(Akk.)* hinwegschreiten *(geh.).* **3.** *v. t.,* **strode, stridden:** ~ **the streets/moors** durch die Straßen/über die Moore wandern

~ **'out** *v. i.* ausschreiten *(geh.)*

**stridency** ['straıdənsı] *n., no pl. see* **strident:** Schrillheit, *die;* Grellheit, *die*

**strident** ['straıdənt] *adj.* schrill ⟨*Stimme, Blech[bläser]*⟩; *(fig.)* grell ⟨*Farbe, Satire*⟩; schrill ⟨*Protest, Ton*⟩

**stridently** ['straıdəntlı] *adv.* gellend ⟨*rufen, laut*⟩; *(fig.)* grell ⟨*sich kleiden*⟩; aufdringlich ⟨*vulgär*⟩; in schrillem Ton ⟨*sich beklagen*⟩

**strife** [straıf] *n., no pl., no indef. art.* Streit, *der;* Zwist, *der (geh.);* **we live in a world of ~:** wir leben in einer Welt der Zwietracht *(geh.)*

**strike** [straık] **1.** *n.* **a)** *(Industry)* Streik, *der;* Ausstand, *der;* **be on/go [out]** *or* **come out on ~:** in den Streik getreten sein/in den Streik treten; *see also* **hunger-strike; sit-down 2; b)** *(Finance, Mining, Oil Industry)* Treffer, *der (fig. ugs.);* **make a ~:** sein Glück machen; *(Mining)* fündig werden; **make a gold/an oil ~:** auf Gold/Öl *(Akk.)* stoßen; **c)** *(sudden success)* **[lucky] ~:** Glückstreffer, *der;* **make a lucky ~, get one's lucky ~:** Glück haben; **d)** *(act of hitting)* Schlag, *der; (of snake)* Biß, *der;* **e)** *(Mil.)* Angriff, *der* (**at** auf + *Akk.*); **pre-emptive ~:** Präventivschlag, *der;* **f)** *(Bowling)* Abräumen, *das;* **get a ~:** abräumen; **g)** *(Baseball)* Fehlschlag, *der;* **h)** *(Geol.)* Streichen, *das;* **angle of ~:** Streichwinkel, *der.* **2.** *v. t.,* **struck** [strʌk], **struck** *or (arch.)* **stricken** ['strıkn] **a)** *(hit, send by hitting)* schlagen; ⟨*Schlag, Geschoß:*⟩ treffen ⟨*Ziel*⟩; ⟨*Blitz:*⟩ [ein]schlagen in (+ *Akk.*), treffen; *(afflict)* treffen; ⟨*Epidemie, Seuche, Katastrophe usw.:*⟩ heimsuchen; ⟨*Schmerz:*⟩ durchzucken; ~ **one's head on** *or* **against the wall** mit dem Kopf gegen die Wand schlagen; **his head struck the pavement** er schlug mit dem Kopf auf das Pflaster; **the car struck a pedestrian** das Auto erfaßte einen Fußgänger; **the ship struck the rocks** das Schiff lief auf die Felsen; ~ **sth. in two** etw. entzweischlagen; etw. spalten; ~ **sth. from sb.'s hand** jmdm. etw. aus der Hand schlagen; ~ **sb./sth. aside** jmdn. zur Seite stoßen/etw. zur Seite schlagen; **b)** *(delete)* streichen (**from, off** aus); **c)** *(deliver)* ~ **two punches** zweimal zuschlagen; ~ **sb. a blow** jmdm. einen Schlag versetzen; **who struck [the] first blow?** wer hat zuerst geschlagen?; ~ **a blow against sb./against** *or* **to sth.** *(fig.)* jmdm./einer Sache einen Schlag versetzen; ~ **a blow for sth.** *(fig.)* eine Lanze für etw. brechen; **d)** *(produce by hitting flint)* schlagen ⟨*Funken*⟩; *(ignite)* anzünden ⟨*Streichholz*⟩; ~ **a light!** *(dated sl., expr. disgust)* das darf doch nicht wahr sein! *(ugs.);* **e)** *(chime)* schlagen; **f)** *(Mus.)* anschlagen ⟨*Töne auf dem Klavier*⟩; anzupfen, anreißen ⟨*Töne auf der Gitarre*⟩; *(fig.)* anschlagen ⟨*Ton*⟩; *see also* **'chord a; g)** *(impress)* beeindrucken; ~ **sb.'s notice** jmdm. auffallen; ~ **sb. as [being] silly** jmdm. dumm zu sein scheinen *od.* dumm erscheinen; **it ~s sb. that ...:** es scheint jmdm., daß...; **how does it ~ you?** was hältst du davon?; **h)** *(occur to)* einfallen (+ *Dat.*); **i) struck on sb./sth.** *(coll.: infatuated with)* hingerissen von jmdm./etw.; **j)** *(cause to become)* **a heart attack struck him dead** er erlag einem Herzanfall; **be struck blind/dumb** erblinden/verstummen; **I was struck speechless by the news** die Nachricht verschlug mir die Sprache; ~ **me dead!** *(sl.)* du kannst mich totschlagen *(ugs.);* **k)** *(attack)* überfallen; *(Mil.)* angreifen; *(wound with fangs)* ⟨*Schlange:*⟩ ihre Zähne schlagen in (+ *Akk.*); **l)** *(encounter)* begegnen (+ *Dat.*); ~ **a patch of bad luck** eine Pechsträhne haben; **m)** *(Mining)* stoßen auf (+ *Akk.*); ~ **gold** auf Gold stoßen; *(fig.)* einen Glückstreffer landen *(ugs.)* (**in** mit); *see also* **oil 1 a; n)** *(reach)* stoßen auf (+ *Akk.*) ⟨*Hauptstraße, Weg, Fluß*⟩; **o)** *(achieve)* ~ **success** [plötzlich] Erfolg haben; ~ **a compromise** einen Kompromiß erreichen; *see also* **balance 1 d; bargain 1 a; p)** *([cause to] penetrate)* **the cold struck his very marrow** die Kälte ging ihm durch Mark und Bein; ~ **sb.'s heart/sb. to the quick** jmdn. ins Herz/Mark treffen; ~ **fear into sb.** jmdn. in Angst versetzen; ~ **root** Wurzeln treiben *od.* schlagen; **q)** *(fill)* ~ **sb. with fear/foreboding** jmdn. mit Furcht/Vorahnungen erfüllen; **r)** *(Hort.)* setzen; aus Ablegern ziehen ⟨*Pflanze*⟩; **s)** *(adopt)* einnehmen ⟨*[Geistes]haltung*⟩; **t)** *(take down)* einholen ⟨*Segel, Flagge*⟩; abbrechen ⟨*Zelt, Lager*⟩; ~ **one's flag** *(fig.)* die Flagge streichen; **u)** *(mint)* prägen; schlagen *(veralt.). See also* **happy a; note 1 a; rich 1 b; stricken. 3.** *v. i.,* **struck, struck** *or (arch.)* **stricken a)** *(deliver a blow)* zuschlagen; ⟨*Pfeil:*⟩ treffen; ⟨*Blitz:*⟩ einschlagen; ⟨*Unheil, Katastrophe, Krise, Leid:*⟩ hereinbrechen *(geh.); (collide)* zusammenstoßen; *(hit)* schlagen (**against** gegen, **[up]on** auf + *Akk.*); ⟨*Schiff:*⟩ auflaufen (**on** auf + *Akk.*); **b)** *(ignite)* zünden; **c)** *(chime)* schlagen; **eight o'clock has struck** es hat acht Uhr geschlagen; **hear the hour ~:** den Stundenschlag hören; **d)** *(Industry)* streiken; **e)** *(attack; also Mil.)* zuschlagen *(fig.); (wound with fang)* zubeißen; **f)** *(make a find) (Mining)* fündig werden; *(Hunting)* die Witterung aufnehmen; ~ **lucky** Glück haben; **g)** *(penetrate)* ~ **through sth.** durch etw. dringen; **the wind ~s cold** der kalte Wind geht durch und durch; **his words struck into my heart** seine Worte trafen mich ins Herz; **h)** *(direct course)* ~ **south** *etc.* sich nach Süden *usw.* wenden; ⟨*Straße:*⟩ nach Süden *usw.* verlaufen; ⟨*Schiff:*⟩ Kurs nach Süden *usw.* nehmen; ~ **across the fields/down the hill/through the forest** über die Felder/den Hügel hinunter/durch den Wald gehen; **i)** *(launch)* ~ **into sth.** mit etw. beginnen; **j)** *(Hort.)* Wurzeln treiben *od.* schlagen; **k)** *(Angling) (hook fish)* anschlagen; *(seize bait)* anbeißen. *See also* **iron 1 a**

~ **at** *v. t.* schlagen nach; *(fig.)* einen Schlag versetzen (+ *Dat.*); rütteln an (+ *Dat.*) ⟨*Grundfesten*⟩; *see also* **'root 1 a**

~ **'back** *v. i. (lit. or fig.)* zurückschlagen; ~ **back at sb./sth.** sich gegen jmdn./etw. zur Wehr setzen

~ **'down** *v. t.* niederschlagen; *(fig.)* niederwerfen *(geh.); (Amer. Law: reverse)* aufheben

~ **'off 1.** *v. t.* **a)** *(remove)* abschlagen; **b)** *(remove from membership)* streichen ⟨*Namen*⟩; *(from professional body)* die Zulassung/Approbation entziehen (+ *Dat.*); **c)** *(produce by copying)* abziehen. **2.** *v. i.* aufbrechen

~ **on** *see* ~ **upon**

~ **'out 1.** *v. t.* **a)** *(devise)* ausarbeiten; **b)** *(delete)* streichen; **c)** *(Baseball)* ausmachen. **2.** *v. i.* **a)** *(hit out)* zuschlagen; ~ **out at sb./sth.** nach jmdm./etw. schlagen; *(fig.)* jmdn./etw. scharf angreifen; ~ **out on all sides** um sich schlagen; ~ **out wildly** wild um sich schlagen; **b)** *(swim vigorously)* mit kräftigen Zügen schwimmen; *(fig.)* Anstrengungen unternehmen; ~ **out for sth.** *(fig.)* sich mit aller Kraft um etw. bemühen; **c)** *(set out) (lit. or fig.)* aufbrechen; **d)** *(Baseball)* aussein

~ **through** *v. t.* durchstreichen ⟨*Wort*⟩; *(on list also)* ausstreichen

~ **up 1.** ['--] *v. t.* **a)** *(start)* beginnen ⟨*Unterhaltung*⟩; anknüpfen ⟨*Bekanntschaft*⟩; schließen ⟨*Freundschaft*⟩; ~ **up a friendship with sb.** sich mit jmdm. anfreunden; **b)** *(begin to play)* anstimmen. **2.** [-'-] *v. i.* beginnen

~ **upon** *v. t.* finden ⟨*Lösung, Ausweg*⟩; **I have just struck upon an idea** mir ist gerade eine Idee gekommen

**strike:** ~ **action** *n.* Streikaktionen; **take ~ action** Streikmaßnahmen ergreifen; ~ **ballot** *n.* Urabstimmung, *die;* ~ **benefit** *see* ~ **pay;** ~**bound** *adj.* bestreikt ⟨*Fabrik*⟩; vom Streik/von Streiks betroffen ⟨*Industrie*⟩; durch einen Streik lahmgelegt ⟨*Zugverkehr, Land*⟩; ~**-breaker** *n.* Streikbrecher, *der*/-brecherin, *die;* ~**-force** *see* **striking-force;** ~ **pay** *n.* Streikgeld, *das*

**striker** ['straıkə(r)] *n.* **a)** *(worker on strike)* Streikende, *der/die;* **b)** *(Cricket)* Schläger, *der*/Schlägerin, *die; (Footb.)* Stürmer, *der*/Stürmerin, *die; (Billiards)* Spieler/Spielerin, der/die am Stoß ist; **c)** *(Arms)* Schlagbolzen, *der;* **d)** *(Horol.) (clock)* Schlaguhr, *die; (mechanism)* Schlagwerk, *das*

**striking** ['straıkıŋ] *adj.* **a)** *(arresting)* auffallend; erstaunlich ⟨*Ähnlichkeit, Unterschied*⟩; bemerkenswert ⟨*Idee*⟩; schlagend ⟨*Beispiel*⟩; **b)** *(Horol.)* mit Schlagwerk *nachgestellt;* Schlagwerk-

**striking:** ~**-distance** *n.* Reichweite, *die; (of [bullet from] gun etc.)* Schußweite, *die;* **the troops had advanced to within ~-distance**

of the capital die Truppen hatten sich der Hauptstadt auf Reichweite genähert; within easy ~-distance of a town *(fig.)* in unmittelbarer Nähe einer Stadt; I'm now [with]in ~-distance of my own car *(can almost afford it)* ein eigener Wagen ist inzwischen in Reichweite gekommen; **~-force** *n. (Mil., Police)* Einsatzkommando, *das*

**strikingly** ['straɪkɪŋlɪ] *adv.* auffallend; umwerfend ⟨*ähnlich sehen*⟩; be ~ obvious ins Auge springen

**Strine** [straɪn] *n., no pl., no art.* australisches Englisch; *attrib.* australisch ⟨*Akzent usw.*⟩

**string** [strɪŋ] **1.** *n.* **a)** *(thin cord)* Schnur, *die; (to tie up parcels etc. also)* Bindfaden, *der; (ribbon)* Band, *das;* a puppet on ~s/on a ~: eine Marionette; how long is a piece of ~? wie weit ist der Himmel?; [have/keep sb.] on a ~: [jmdn.] an der Leine *(ugs.) od.* am Gängelband [haben/halten]; pull the ~s *(fig.)* die Fäden in der Hand haben; pull [a few *or* some] ~s *(fig.)* seine Beziehungen spielen lassen; there are ~s attached *(fig.)* es sind Bedingungen/es ist eine Bedingung damit verknüpft; ..., but there are ~s attached ..., aber nur unter Bedingungen/einer Bedingung; without ~s, with no ~s attached ohne Bedingung[en]; **b)** *(of bow)* Sehne, *die; (of racket, musical instrument)* Saite, *die;* have another ~ to one's bow *(fig.)* noch ein Eisen im Feuer haben *(ugs.);* first/second ~: erste/zweite Wahl; as a second ~: als zweites Eisen im Feuer *(ugs.);* a racket with nylon ~s ein Schläger mit Nylonbespannung; a six-~ guitar eine sechssaitige Gitarre; **c)** *in pl. (Mus.) (instruments)* Streichinstrumente; *(players)* Streicher; ~ quartet/orchestra Streichquartett/-orchester, *das;* he plays in the ~s er spielt bei den Streichern; **d)** *(series, sequence)* Kette, *die; (procession)* Zug, *der; (of onions)* Zopf, *der; (Computing)* String, *der;* Zeichenfolge, *die;* he owns a ~ of racehorses ihm gehören etliche Rennpferde; he has had a ~ of girlfriends er hat eine Freundin nach der anderen gehabt; **e)** *(in bean)* Faden, *der. See also* apron a; bowstring; shoe-string. **2.** *v.t.,* strung [strʌŋ] **a)** bespannen ⟨*Tennisschläger, Bogen, Gitarre usw.*⟩; be strung to breaking-point *(fig.)* ⟨*Nerven:*⟩ zum Zerreißen gespannt sein; **b)** *(thread)* auffädeln; aufziehen; **c)** *(arrange in line)* aufreihen; *(stretch out)* spannen; ~ sth. round one's neck sich *(Dat.)* etw. um den Hals hängen; **d)** *(tie with ~)* verschnüren; **e)** die Fäden abziehen von ⟨*Bohnen*⟩. *See also* highly-strung

~ **a'long** *(coll.)* **1.** *v.i.* sich anschließen; ~ along with sb. mit jmdm. mitgehen; *(have relationship)* mit jmdm. gehen *(ugs.).* **2.** *v.t.* **a)** *(deceive)* an der Nase herumführen *(ugs.);* **b)** *(keep dangling)* hinhalten

~ **'out 1.** *v.t.* verstreuen; ~ one's meals out at longer intervals die Abstände zwischen den Mahlzeiten vergrößern. **2.** *v.i. (in space)* sich verteilen

~ **to'gether** *v.t. (join on a thread)* auffädeln; aufziehen; *(join by tying)* zusammenbinden; *(join coherently)* miteinander verknüpfen; he can't ~ two sentences together er kann keine zwei zusammenhängende Sätze hervorbringen

~ **'up** *v.t.* **a)** *(tie with ~)* schnüren; *(hang up)* aufhängen ⟨*Lampions, Papiergirlanden*⟩; **b)** *(coll.: kill by hanging)* aufhängen *(ugs.);* **c)** *(make tense)* unter Druck setzen; strung up angespannt

**string:** ~ **bag** *n.* [Einkaufs]netz, *das;* ~ **band** *n. (Mus.)* Streichorchester, *das;* ~ **bass** [strɪŋ 'beɪs] *n. (Mus.)* Kontrabaß, *der;* ~ **'bean** *n. (Amer.)* grüne Bohne; *(fig. joc.: tall thin person)* Bohnenstange, *die (ugs. scherzh.)*

**stringed** [strɪŋd] *attrib. adj. (Mus.)* Saiten-

**-stringed** *adj. in comb. (Mus.)* -saitig

**stringency** ['strɪndʒənsɪ] *n., no pl.* **a)** *(strictness)* Strenge, *die;* **b)** financial ~: Geldknappheit, *die*

**stringent** ['strɪndʒənt] *adj.* **a)** *(strict)* streng ⟨*Bestimmung, Gesetz, Maßnahme, Test*⟩; schlüssig ⟨*Argumentation*⟩; überzeugend ⟨*Plan*⟩; **b)** *(tight)* angespannt ⟨*Finanzlage*⟩

**stringently** ['strɪndʒəntlɪ] *adv.* **a)** *(strictly)* streng; energisch ⟨*durchsetzen*⟩; stringent ⟨*logisch*⟩; schlüssig ⟨*argumentieren*⟩; **b)** eisern ⟨*sparen*⟩

**stringer** ['strɪŋə(r)] *n.* **a)** *(in construction)* Stringer, *der (Bauw.);* **b)** *(Journ.)* Korrespondent, *der*/Korrespondentin, *die (in freier Mitarbeit)*

**string 'vest** *n.* Netzhemd, *das*

**stringy** ['strɪŋɪ] *adj.* **a)** *(fibrous)* faserig; **b)** *(resembling string)* dünn ⟨*Haar*⟩; faserig ⟨*Gewebe*⟩; **c)** *(forming threads)* Fäden ziehend; zäh ⟨*Konsistenz*⟩; be ~: Fäden ziehen; ⟨*Konsistenz:*⟩ zäh sein

[1]**strip** [strɪp] **1.** *v.t.,* -pp- **a)** *(denude)* ausziehen ⟨*Person*⟩; leerräumen, ausräumen ⟨*Haus, Schrank, Regal*⟩; abziehen ⟨*Bett*⟩; abtakeln *(Seemannsspr.)* ⟨*Schiff*⟩; entrinden ⟨*Baum*⟩; abbeizen ⟨*Möbel, Türen*⟩; ausschlachten, *(dismantle)* auseinandernehmen ⟨*Maschine, Auto*⟩; überdrehen ⟨*Schraube, Mutter*⟩; beschädigen ⟨*Getriebe*⟩; ~ped to the waist mit nacktem Oberkörper; ~ sb. of sth. jmdn. einer Sache *(Gen.)* berauben *(geh.);* ~ sb. of his rank/title/medals/decorations/office jmdm. seinen Rang/Titel/seine Medaillen/Auszeichnungen aberkennen/jmdn. seines Amtes entkleiden *(geh.);* ~ sb. of his power jmdm. die Macht nehmen; ~ A of B B von A entfernen; ~ the garden of [all its] flowers alle Blumen im Garten abpflücken; ~ a tree [of fruit] einen Baum abernten; ~ the trees [of leaves] die Bäume entlauben; ~ the walls die Tapeten entfernen; **b)** *(remove)* entfernen (from, off von); abziehen ⟨*Laken*⟩; abnehmen ⟨*Vorhang, Bild*⟩; abschälen ⟨*Rinde, Schale*⟩; abstreifen ⟨*Hülle*⟩; ~ the clothes/shirt off sb.'s back *or* off sb. jmdm. die Kleider/das Hemd vom Leibe reißen; ~ the medals off *or* from sb.'s chest jmdm. die Orden abreißen; ~ sb.'s property/title from him *(fig.)* jmdm. seinen Besitz abnehmen/Titel aberkennen. **2.** *v.i.,* -pp- sich ausziehen; ~ to the waist/[down] to one's underwear den Oberkörper freimachen/sich bis auf die Unterwäsche ausziehen. **3.** *n.* do a ~: sich ausziehen; *(erotically)* einen Striptease vorführen; *attrib.* ~ act Striptease, *der*

~ **'down 1.** *v.t.* **a)** *(dismantle)* auseinandernehmen; **b)** *(undress)* ausziehen; **c)** *(reduce)* einschränken. **2.** *v.i.* sich ausziehen

~ **'off 1.** *v.t.* **a)** abreißen; abschälen ⟨*Rinde*⟩; abziehen ⟨*Tapete*⟩; ~ sth. off sth. etw. von etw. abreißen/abschälen/abziehen; he ~ped off the soldier's medals er riß dem Soldaten die Orden ab; **b)** ausziehen ⟨*Kleidung*⟩. **2.** *v.i.* sich ausziehen

[2]**strip** *n.* **a)** *(narrow piece)* Streifen, *der;* the curtains hung in ragged ~s die Vorhänge hingen in Fetzen; a ~ of land ein schmales Stück *od.* Streifen Land; tear sb. off a ~, tear a ~ off sb. *(Brit. sl.)* jmdn. den Marsch blasen *(ugs.);* **b)** *(Metallurgy)* Band, *das;* **c)** *see* strip cartoon; **d)** *(Brit. Sport coll.: clothes)* Trikot, *das*

**strip:** ~ **cartoon** *n.* Comic[strip], *der;* ~ **club** *n.* Stripteaselokal, *das*

**stripe** [straɪp] *n.* **a)** Streifen, *der;* **b)** *(Mil.)* [Ärmel]streifen, *der;* get/lose a ~: befördert/degradiert werden; **c)** *(Amer.: nature)* Schlag, *der. See also* star 1 a

**striped** [straɪpt] *adj.* gestreift; Streifen⟨*muster, -hyäne*⟩

**strip:** ~ **farming** *n., no pl., no indef. art.* Streifenflurwirtschaft, *die;* ~ **light** *n.* Neonröhre, *die; (Theatre)* Lichtwanne, *die;* ~ **lighting** *n.* Neonbeleuchtung, *die;* Neonlicht, *das*

**stripling** ['strɪplɪŋ] *n.* Jüngelchen, *das*

**'strip mine** *n. (Amer. Mining)* Tagebau, *der*

**stripped pine** [strɪpt 'paɪn] *n.* abgebeizte Kiefer

**stripper** ['strɪpə(r)] *n.* **a)** *(solvent)* Farbentferner, *der; (for wallpaper)* Tapetenlöser, *der; (tool)* Kratzer, *der;* **b)** *(strip-tease performer)* Stripteasetänzer, *der*/-tänzerin, *die;* Stripper, *der*/Stripperin, *die (ugs.)*

**strip:** ~ **'poker** *n. (Cards)* Strippoker, *das;* **~-search 1.** *n.* Leibesvisitation, bei der der Durchsuchte sich ausziehen muß; do a ~-search on a suspect einen Verdächtigen, der sich zuvor ausziehen mußte, durchsuchen; **2.** *v.t.* we were ~-searched wir mußten uns zur Durchsuchung ausziehen; **~-show** *n.* Strip-Show, *die;* **~-'tease 1.** *n.* Striptease, *der;* **2.** *v.i.* strippen *(ugs.)*

**stripy** ['straɪpɪ] *adj.* gestreift ⟨*Fell, Blazer*⟩; Streifen⟨*muster, -stoff*⟩

**strive** [straɪv] *v.i.,* strove [strəʊv], striven ['strɪvn] **a)** *(endeavour)* sich bemühen; ~ to do sth. bestrebt sein *(geh.) od.* sich bemühen, etw. zu tun; ~ after *or* for sth. nach etw. streben; ~ after *or* for the right answer sich bemühen, die richtige Antwort zu finden; **b)** *(contend)* kämpfen (for um); ~ together *or* with each other [for sth.] miteinander [um etw.] ringen

**strobe** [strəʊb] *(coll.),* **stroboscope** ['strəʊbəskəʊp] *ns.* **a)** *(instrument)* Stroboskop, *das;* **b)** *(lamp)* Stroboskoplicht, *das*

**stroboscopic** [strəʊbə'skɒpɪk] *adj.* stroboskopisch; ~ lamp/light Stroboskoplicht, *das*

**strode** *see* stride 2, 3

[1]**stroke** [strəʊk] **1.** *n.* **a)** *(act of striking)* Hieb, *der;* Schlag, *der; (of sword, axe)* Hieb, *der; (of sword also)* Streich, *der (geh.);* finishing ~ *(lit. or fig.)* Todesstoß, *der (see also* g*);* **b)** *(Med.)* Schlaganfall, *der;* paralytic/apoplectic ~: paralytischer/apoplektischer Anfall; **c)** *(sudden impact)* ~ of lightning Blitzschlag, *der;* by a ~ of fate/fortune durch eine Fügung des Schicksals/einen [glücklichen] Zufall; ~ of [good] luck Glücksfall, *der;* have a ~ of bad/[good] luck Pech/Glück haben; by a ~ of bad/[good] luck, the door was locked/open das Unglück/Glück wollte es, daß die Tür verschlossen/offen war; **d)** *(single effort)* Streich, *der; (skilful effort)* Schachzug, *der;* at a *or* one ~: auf einen Schlag *od.* Streich; not do a ~ [of work] keinen [Hand]schlag tun; ~ of genius genialer Einfall; **e)** *(of pendulum, heart, wings, oar)* Schlag, *der; (in swimming)* Zug, *der; (of piston)* Hub, *der (Technik);* **f)** *(Billiards etc.)* Stoß, *der; (Tennis, Cricket, Golf, Rowing)* Schlag, *der; (Swimming, Rowing: style)* Stil, *der;* off one's ~ *(lit. or fig.)* nicht in Form; put sb. off his/her ~ *(lit. or fig.)* jmdn. aus dem Takt bringen; **g)** *(mark, line)* Strich, *der; (of handwriting; also fig.: detail)* Zug, *der;* *(symbol /)* Schrägstrich, *der;* with a ~ of the *or* one's pen mit einem Federstrich; finishing ~s *(lit. or fig.)* letzte Pinselstriche; *(fig.)* letztes Feilen *(see also* a*);* **h)** *(sound of clock)* Schlag, *der;* on the ~ of nine Punkt neun [Uhr]; it was on the ~ of nine when ... es war Schlag neun [Uhr], als ...; on the ~: pünktlich; **i)** *(oarsman)* Schlagmann, *der* **2.** *v.t. (Rowing)* als Schlagmann rudern in (+ *Dat.*)

[2]**stroke 1.** *v.t.* streicheln; ~ one's chin/beard sich *(Dat.)* über das Kinn/den Bart streichen; ~ sth. over/across sth. mit etw. über etw. *(Akk.)* streichen; ~ one's hand across one's brow sich *(Dat.)* mit der Hand über die Stirn streichen; ~ sth. back etw. zurückstreichen. **2.** *n.* give sb./sth. a ~ jmdn./etw. streicheln; give the dog's ears a ~: dem Hund die Ohren streicheln

~ **'down** *v. t.* glattstreichen; *(fig.)* besänftigen

**stroke: ~ oar** *n. (Rowing) (oar)* Schlagriemen, *der; (oarsman)* Schlagmann, *der;* **~-play** *n. (Cricket) Spiel mit spektakulären, mutigen Schlägen*

**stroll** [strəʊl] **1.** *v. i.* **a)** *(saunter)* spazierengehen; ~ **into sth.** in etw. *(Akk.)* schlendern; **b)** *(go from place to place)* umherziehen; ~ **from town to town** von Ort zu Ort ziehen. **2.** *n.* Spaziergang, *der;* **at a ~:** in gemächlichem Schritt *od.* Tempo; **go for a ~:** einen Spaziergang machen

~ **a'long 1.** *v. i.* daherspazieren *od.* -schlendern. **2.** *v. t.* ~ **along sth.** an etw. *(Dat.)* entlangspazieren *od.* -schlendern

~**'on** *v. i.* weiterschlendern

**stroller** ['strəʊlə(r)] *n.* **a)** Spaziergänger, *der;* **b)** *(push-chair)* Sportwagen, *der*

**strong** [strɒŋ] **1.** *adj.*, **~er** ['strɒŋgə(r)], **~est** ['strɒŋgɪst] **a)** *(resistant)* stark; gefestigt ⟨*Ehe*⟩; stabil ⟨*Möbel*⟩; solide, fest ⟨*Fundament, Schuhe*⟩; streng ⟨*Vorschriften, Vorkehrungen*⟩; robust ⟨*Konstitution, Magen, Stoff, Porzellan*⟩; *(Econ.)* stark ⟨*Währung*⟩; **a man of ~ will/resolve** ein willensstarker Mann/Mann von großer Entschlußkraft; **you have to have a ~ stomach** *(fig.)* man muß einiges vertragen können; **have a ~ head [for alcohol]** viel [Alkohol] vertragen können; **be ~ [again]** ⟨*Patient:*⟩ [wieder] gesund sein; **the market [in oil] is ~** *(Commerc.)* die Nachfrage [nach Öl] ist groß; **b)** *(powerful)* stark, kräftig ⟨*Person, Tier*⟩; kräftig ⟨*Arme, Beine, Muskeln, Tritt, Schlag, Zähne*⟩; stark ⟨*Linse, Brille, Strom, Magnet*⟩; gut ⟨*Augen*⟩; **as ~ as a horse** *or* **an ox** *(fig.)* bärenstark *(ugs.);* **the ~ silent man/type** der starke, schweigsame Mann/Typ; **a man of ~ character** ein charakterstarker Mann; **c)** *(effective)* stark ⟨*Regierung, Herrscher, Wille*⟩; streng ⟨*Disziplin, Lehrer*⟩; gut ⟨*Gedächtnis, Schüler*⟩; fähig ⟨*Redner, Mathematiker*⟩; *(formidable)* stark ⟨*Gegner, Kombination*⟩; aussichtsreich ⟨*Kandidat*⟩; *(powerful in resources)* reich ⟨*Nation, Land*⟩; leistungsfähig ⟨*Wirtschaft*⟩; stark ⟨*Besetzung*⟩; *(numerous, of specified number)* stark ⟨*Delegation, Truppe, Kontingent usw.*⟩; *(Cards)* gut ⟨*Blatt*⟩; *(Games, Sport)* spielstark; stark ⟨*Mannschaft*⟩; **she is ~ in Latin** Latein ist ihre Stärke; sie ist gut in Latein; **Latin is her ~est subject** in Latein ist sie am besten; **sb.'s ~ point** jmds. Stärke; **the article is not ~ on facts** in bezug auf Tatsachen steht der Artikel auf schwachen Füßen; **the company is a dozen ~:** die Firma hat ein Dutzend Mitarbeiter; **a 10,000-~ army** eine 10 000 Mann starke Armee; **fate dealt him a ~ hand** *(fig.)* das Schicksal hat es gut mit ihm gemeint; **d)** *(convincing)* gut, handfest ⟨*Grund, Beispiel, Argument*⟩; **there is a ~ possibility that ...:** es ist sehr wahrscheinlich, daß ...; **e)** *(vigorous, moving forcefully)* stark; voll ⟨*Unterstützung*⟩; spannend ⟨*Plot*⟩; fest ⟨*Überzeugung*⟩; kraftvoll ⟨*Stil*⟩; *(fervent)* glühend ⟨*Anhänger, Verfechter einer Sache*⟩; **take ~ measures/action** energisch vorgehen; **be a ~ believer in sth.** fest an etw. *(Akk.)* glauben; **f)** *(affecting the senses)* stark; kräftig, stark ⟨*Geruch, Geschmack, Stimme*⟩; markant ⟨*Gesichtszüge*⟩; *(pungent)* streng ⟨*Geruch, Geschmack*⟩; kräftig ⟨*Käse*⟩; **the fish is rather ~:** der Fisch riecht schon sehr; **g)** *(concentrated)* stark; konzentriert ⟨*Lösung*⟩; hochprozentig ⟨*Alkohol*⟩; kräftig ⟨*Farbe*⟩; **I need a ~ drink** ich muß mir erst mal einen genehmigen *(ugs.);* **h)** *(emphatic)* stark ⟨*Ausdruck, Protest*⟩; heftig ⟨*Worte, Wortwechsel*⟩; *(Phonet., Pros.)* stark betont ⟨*Silbe*⟩; stark ⟨*Reim*⟩; **i)** *(Ling.)* stark ⟨*Verb, Deklination usw.*⟩. **2.** *adv.* stark; **the wind was blowing ~:** es wehte ein starker Wind; **come on ~** *(sl.)* in Fahrt kommen *(ugs.);* **sb. is going ~:** es geht jmdm. gut; **they are still going ~** *(after years of marriage)* mit ihnen geht es noch immer gut; *(after hours of work)* sie sind noch immer eifrig dabei; **the restaurant is still going ~:** das Restaurant geht immer noch gut; *see also* **come o**

**strong: ~ 'arm** *n., no pl.* Muskelkraft, *die; attrib.* **~-arm methods** brutale Methoden; **~-box** *n.* Kassette, *die;* **~hold** *n.* Festung, *die; (fig.)* Hochburg, *die;* ~ **'language** *n., no pl., no indef. art.* derbe Ausdrucksweise; **use ~ language** sich derb ausdrücken

**strongly** ['strɒŋlɪ] *adv.* **a)** stark; fest ⟨*etabliert*⟩; solide ⟨*gearbeitet*⟩; ~ **built** solide gebaut; *(in body)* kräftig gebaut; **b)** *(powerfully)* stark; **c)** *(convincingly)* überzeugend ⟨*darlegen*⟩; **d)** *(vigorously)* energisch ⟨*protestieren, bestreiten*⟩; nachdrücklich ⟨*unterstützen*⟩; dringend ⟨*raten*⟩; fest ⟨*glauben*⟩; **I feel ~ about it** es ist mir sehr ernst damit; es liegt mir sehr am Herzen; **I ~ suspect that ...:** ich habe den starken Verdacht, daß ...

**strong: ~ man** *n.* Muskelmann, *der (ugs.); (fig.) (capable man)* führender Kopf; *(dictator)* starker Mann; **~ 'meat** *n., no pl., no art. (fig.)* starker Tobak *(ugs.);* **~-'minded** *adj.* [seelisch] robust; *(determined)* willensstark; **~ point** *n. (fortified position)* Stützpunkt, *der; see also* ~ **1c;** **~-room** *n.* Tresorraum, *der;* Stahlkammer, *die;* ~ **'suit** *n. (Cards)* lange Farbe; *(fig.)* Stärke, *die;* **~-'willed** *adj.* willensstark

**strontium** ['strɒntɪəm] *n. (Chem.)* Strontium, *das*

**strop** [strɒp] **1.** *n.* Streichriemen, *der.* **2.** *v. t.,* **-pp-** [auf dem Streichriemen] schärfen

**stroppy** ['strɒpɪ] *adj. (Brit. sl.)* pampig *(salopp)*

**strove** *see* **strive**

**struck** *see* **strike 2, 3**

**structural** ['strʌktʃərl] *adj.* **a)** baulich; Bau⟨*material*⟩; tragend ⟨*Wand, Säule, Balken*⟩; Konstruktions⟨*fehler*⟩; statisch ⟨*Probleme*⟩; **b)** *(Biol.)* strukturell; Struktur⟨*muster, -merkmal*⟩; **c)** *(Geol.)* tektonisch; **d)** *(Sociol.)* strukturell

**structural: ~ engi'neering** *n.* Hochbau, *der;* **~ formula** *n. (Chem.)* Strukturformel, *die*

**structuralism** ['strʌktʃərəlɪzm] *n.* Strukturalismus, *der*

**structurally** ['strʌktʃərəlɪ] *adv.* strukturell; *(Geol.)* tektonisch ⟨*geformt*⟩; **the building is ~ sound** das Gebäude hat eine gute Bausubstanz; **~, the building is ...:** baulich gesehen ist das Gebäude ...

**structural 'steel** *n. (Building)* Baustahl, *der*

**structure** ['strʌktʃə(r)] **1.** *n.* **a)** *(manner of construction)* Bauweise, *die; (interrelation of parts; also Anat., Biol., Geol., Ling., Lit., Phys.)* Struktur, *die;* Aufbau, *der; (Mus.)* Kompositionsweise, *die;* Struktur, *die;* **bone/skeletal ~:** Knochenbau, *der*/Knochengerüst, *das;* **sentence ~:** Satzbau, *der;* **price ~:** Preisverhältnis, *das;* **b)** *no pl., no indef. art. (formal arrangement of parts)* Strukturierung, *die;* **people must have ~ in their daily lives** der Mensch braucht eine gewisse Ordnung in seinem Alltag; **c)** *(something constructed)* Konstruktion, *die; (building)* Bauwerk, *das; (complex whole; also Biol.)* Struktur, *die.* **2.** *v. t.* strukturieren; regeln ⟨*Leben*⟩; aufbauen ⟨*literarisches Werk*⟩; *(construct)* konstruieren; bauen

**structured** ['strʌktʃəd] *adj.* strukturiert; geregelt ⟨*Leben*⟩

**strudel** ['struːdl] *n. (Gastr.)* Strudel, *der*

**struggle** ['strʌgl] **1.** *v. i.* **a)** *(try with difficulty)* kämpfen; ~ **to do sth.** sich abmühen, etw. zu tun; ~ **for a place/a better world** um einen Platz/für eine bessere Welt kämpfen; ~ **for breath** nach Atem ringen; ~ **against** *or* **with sb./sth.** mit jmdm./etw. *od.* gegen jmdn./etw. kämpfen; ~ **with sth.** *(try to cope)* sich mit etw. quälen; mit etw. kämpfen; **b)** *(proceed with difficulty)* sich quälen; *(into tight dress, through narrow opening)* sich zwängen; **I ~d past** ich kämpfte mich vorbei; ~ **to one's feet** unter Schwierigkeiten aufstehen; **c)** *(physically)* kämpfen; *(resist)* sich wehren; ~ **free** freikommen; sich befreien; **d)** *(be in difficulties, have difficulty in life)* kämpfen *(fig.);* **after three laps I was struggling** nach drei Runden hatte ich zu kämpfen. **2.** *n.* **a)** *(exertion)* **with a ~:** mit Mühe; **it was a long ~:** es kostete viel Mühe; **after all our valiant ~s** nach all unserem tapferen Bemühen; **have a [hard] ~ to do sth.** [große] Mühe haben, etw. zu tun; **a life of hardship and ~:** ein hartes und mühseliges Leben; **the ~ for freedom** der Kampf für die Freiheit; **b)** *(physical fight)* Kampf, *der; (confused wrestle)* Handgemenge, *das;* **legal ~:** Rechtsstreit, *der;* **the ~ against** *or* **with sb./sth.** der Kampf gegen *od.* mit jmdm./etw.; **the ~ for influence/power** der Kampf um Einfluß/die Macht; **the ~ for existence** *or* **life** *or* **survival** der Kampf ums Überleben; **surrender without a ~:** kampflos aufgeben

**struggling** ['strʌglɪŋ] *adj. (in life) ums Überleben und um Anerkennung kämpfend*

**strum** [strʌm] **1.** *v. i.,* **-mm-** klimpern *(ugs.)* **(on** auf + *Dat.*). **2.** *v. t.,* **-mm-** klimpern *(ugs.)* auf (+ *Dat.*). **3.** *n.* Klimpern, *das (ugs.);* **have a ~:** klimpern *(ugs.)*

**strumpet** ['strʌmpɪt] *n. (arch./rhet.)* Dirne, *die (veralt.)*

**strung** *see* **string 2**

**¹strut** [strʌt] **1.** *v. i.,* **-tt-** *(walk)* stolzieren. **2.** *n.* stolzierender Gang

**²strut 1.** *n. (support)* Strebe, *die.* **2.** *v. t.,* **-tt-** verstreben

**'struth** [struːθ] *int.* Himmel! *(ugs.)*

**strychnine** ['strɪkniːn] *n.* Strychnin, *das*

**Stuart** ['stjuːət] *(Brit. Hist.)* **1.** *n.* Stuart, *der/die.* **2.** *attrib. adj.* **the ~ dynasty** *etc.* die Dynastie *usw.* der Stuarts

**stub** [stʌb] **1.** *n.* **a)** *(short remaining portion)* Stummel, *der; (of cigarette)* Kippe, *die;* **~ of pencil** Bleistiftstummel, *der;* **b)** *(counterfoil)* Abschnitt, *der; (of ticket)* Abriß, *der;* **c)** *(of tree, branch, tooth)* Stumpf, *der;* **d)** *(limb, tail, etc.)* Stummel, *der.* **2.** *v. t.,* **-bb- a)** ~ **one's toe [against** *or* **on sth.]** sich *(Dat.)* den Zeh [an etw. *(Dat.)*] stoßen; **b)** ausdrücken ⟨*Zigarette usw.*⟩; *(with one's foot)* austreten ⟨*Zigarette usw.*⟩

~ **'out** *v. t.* ausdrücken

**'stub-axle** *n. (Mech.)* Achsschenkel, *der*

**stubble** ['stʌbl] *n., no pl.* Stoppeln *Pl.*

**stubbly** ['stʌblɪ] *adj.* stopp[e]lig; ~ **field/beard** Stoppelfeld, *das*/-bart, *der (ugs.)*

**stubborn** ['stʌbən] *adj.* **a)** *(obstinate)* starrköpfig *(abwertend);* dickköpfig *(ugs.);* störrisch ⟨*Tier, Gesicht, Haltung*⟩; hartnäckig ⟨*Vorurteil, Streit*⟩; **be ~ in insisting on sth.** stur *(ugs. abwertend)* auf etw. *(Dat.)* beharren; **[as] ~ as a mule** störrisch wie ein Maulesel *(ugs.);* **b)** *(resolute)* hartnäckig; fest ⟨*Mut, Entschlossenheit, Treue*⟩; hart ⟨*Augen, Kinn*⟩; **c)** *(intractable)* störrisch *(fig.);* vertrackt *(ugs.)* ⟨*Problem*⟩; hartnäckig ⟨*Unkraut, Krankheit*⟩

**stubbornly** ['stʌbənlɪ] *adv.* **a)** *(obstinately)* störrisch; wild ⟨*entschlossen*⟩; **b)** *(resolutely, intractably)* hartnäckig

**stubbornness** ['stʌbənnɪs] *n., no pl.* **a)** *(obstinacy)* Starrköpfigkeit, *die;* **b)** *(resolution, intractability)* Hartnäckigkeit, *die*

**stubby** ['stʌbɪ] *adj.* kurz [und dick]; gedrungen, untersetzt ⟨*Person*⟩; ~ **tail** Stummelschwanz, *der*

**stucco** ['stʌkəʊ] **1.** *n., pl.* **~es** *(fine plaster)* Stuck, *der; (coarse plaster)* Putz, *der; (work)* Stuckarbeit, *die;* Stukkatur, *die; attrib.* Stuck-. **2.** *v. t. (coat with coarse plaster)* verputzen; *(decorate with fine plaster)* stuckieren

**stuck** *see* **stick 1, 2**

**'stuck up** *see* **stick up 1 e**

**¹stud** [stʌd] **1.** *n.* **a)** *(boss)* Beschlagnagel, *der; (on clothes)* Niete, *die; (on boot)* Stollen, *der; (marker in road)* Nagel, *der (Verkehrsw.);* **b)** *(for shirt)* Knebel, *der; (cufflink)* Manschettenknopf, *der; (for ear)* Ohrstecker, *der.* **2.** *v. t.,* **-dd-** *(set with ~s)* beschlagen; *(be scattered over)* verstreut sein über (+ *Akk.*); **~ded** mit Nägeln beschlagen ‹*Tür, Möbel*›; mit Nieten verziert ‹*Jacke, Gürtel*›; **~ded with flowers/stars** *etc.* mit Blumen/Sternen *usw.* übersät; **a jewel-~ded crown** eine juwelenbesetzte Krone

**²stud** *n.* **a)** *(Breeding)* Gestüt, *das;* **put a horse out to ~:** ein Pferd nur noch zur Zucht verwenden; **b)** *(stallion)* Deckhengst, *der;* Zuchthengst, *der;* Beschäler, *der (fachspr.);* **c)** *(sl.: man)* Zuchthengst, *der (derb)*

**'stud-book** *n. (Breeding)* Stutbuch, *das;* Gestütbuch, *das*

**student** ['stju:dənt] *n.* Student, *der*/Studentin, *die; (in school or training establishment)* Schüler, *der*/Schülerin, *die;* **a good ~:** ein eifriger Student/Schüler/eine eifrige Studentin/Schülerin; **be a ~ of sth.** etw. studieren; **~ of medicine** Student/Studentin der Medizin; Medizinstudent, *der*/-studentin, *die;* **eternal ~:** ewiger Student *(ugs.); attrib.* **~ days** Studenten-/Schulzeit, *die;* **~ demonstration** Studenten-/Schülerdemonstration, *die;* **~ driver** *(Amer.)* Fahrschüler, *der*/-schülerin, *die;* **~ nurse** Lernschwester, *die*/Pflegeschüler, *der;* **be a ~ doctor/teacher** ein medizinisches Praktikum/Schulpraktikum machen

**stud: ~-farm** *n. (Breeding)* Gestüt, *das;* **~-horse** *see* **²stud b**

**studied** ['stʌdɪd] *adj.* **a)** *(thoughtful)* [wohl]überlegt; **b)** *(intentional)* gewollt; gesucht ‹*Stil, Ausdrucksweise*›; gezielt ‹*Beleidigung*›; **c)** *(well-read)* belesen

**studiedly** ['stʌdɪdlɪ] *adv.* **a)** *(thoughtfully)* überlegt; **b)** *(intentionally)* **be ~ casual** sich gewollt lässig geben

**studio** ['stju:dɪəʊ] *n., pl.* **~s** **a)** *(photographer's or painter's workroom)* Atelier, *das; (workshop for the performing arts)* Studio, *das;* **b)** *(Cinemat.) (room)* Studio, *das; (organization)* Filmgesellschaft, *die;* **~s** *(premises)* Studios; **c)** *(Radio, Telev.)* Studio, *das*

**studio: ~ apartment** *(Amer.) see* **~ flat; ~ 'audience** *n. (Radio, Telev.)* Publikum im Studio; **~ couch** *n.* Schlafcouch, *die;* Bettcouch, *die;* **~ flat** *n. (Brit.)* **a)** Atelier, *das;* **b)** *(one-room flat)* Einzimmerwohnung, *die*

**studious** ['stju:dɪəs] *adj.* **a)** *(assiduous in study)* lerneifrig; gelehrt ‹*Beschäftigung, Buch, Aussehen, Atmosphäre*›; **~ life** Gelehrtendasein, *das;* **b)** *(earnest)* ernsthaft ‹*Anstrengung*›; *(intentional)* bewußt; **~ to do** *or* **in doing sth.** bemüht, etw. zu tun

**studiously** ['stju:dɪəslɪ] *adv.* **a)** *(with attention to learning)* **be ~ inclined** gern studieren; lernbegierig sein; **b)** *(diligently)* eifrig; *(intentionally)* bewußt ‹*rücksichtsvoll, kühl*›; geflissentlich ‹*aus dem Weg gehen*›

**studiousness** ['stju:dɪəsnɪs] *n., no pl.* **a)** *(application to study)* Lerneifer, *der;* **b)** *(careful attention)* Beflissenheit, *die*

**study** ['stʌdɪ] **1.** *n.* **a)** Studium, *das;* Lernen, *das;* **I enjoy my studies** das Studium macht mir Spaß; **~ does not come naturally to him** das Lernen fällt ihm nicht leicht; **what branch of ~ is he engaged in?** welche Studienrichtung hat er eingeschlagen?; **the ~ of mathematics/law** das Studium der Mathematik/der Rechtswissenschaft; **be still under ~:** noch untersucht *od.* geprüft werden; **[books on] African/Social Studies** *(Educ./Univ.)* [Bücher zur] Afrikanistik/Sozialwissenschaft; **graduate studies** *(Educ./Univ.)* Graduiertenstudium, *das;* **b)** *(piece of work)* **a ~ of** *or* **on sth.** eine Studie über etw. *(Akk.);* **studies are being carried out** zur Zeit werden Untersuchungen durchgeführt; **make a ~ of sth.** über etw. *(Akk.)* [wissenschaftliche] Untersuchungen anstellen; **c)** *(object of examination)* Studienobjekt, *das;* **make sth. one's ~:** sich *(Dat.)* etw. zur Aufgabe machen; **a ~ in sth.** ein Musterbeispiel *(fig.)* für etw.; **his face was a ~!** sein Gesicht war sehenswert!; **d)** *(Art)* Studie, *die; (Mus.)* Etüde, *die;* Übung, *die; (Lit., Theatre)* Studie, *die* **(in, of** über + *Akk.*); **as a ~ in perspective/composition** als perspektivische Studie/Kompositionsstudie; **e)** *(contemplation)* Kontemplation, *die; see also* **brown study; f)** *(room)* Arbeitszimmer, *das.* **2.** *v. t.* **a)** *(seek knowledge of)* studieren; *(at school)* lernen; **~ politics all one's life/~ Goethe** sich sein Leben lang mit Politik/sich mit Goethe beschäftigen; **b)** *(scrutinize)* studieren; **c)** *(read attentively)* studieren ‹*Fahrplan*›; sich *(Dat.)* [sorgfältig] durchlesen ‹*Prüfungsfragen, Bericht*›; **d)** *(learn by heart)* studieren. **3.** *v. i.* lernen; *(at university)* studieren; **~ under sb.** bei jmdm. studieren; **~ to be a doctor/teach French** Medizin studieren/Französisch für das Lehramt studieren; **~ for the medical profession** Medizin studieren

**'study group** *n.* Arbeitsgruppe, *die;* Arbeitskreis, *der*

**stuff** [stʌf] **1.** *n.* **a)** *no pl., no indef. art. (material[s])* Zeug, *das (ugs.); (artistic productions)* Sachen *Pl. (ugs.); (coll.: drugs)* Stoff, *der (salopp); (sl.: money)* Kohle, *die (salopp);* **garden ~:** Grünzeug, *das (ugs.);* **have the ~ of a champion** das Zeug zum Champion haben *(ugs.);* **be made of sterner ~:** aus härterem Stoff gemacht sein *(fig.);* **the ~ of fairy stories** der Stoff für Märchen; **the ~ that dreams/heroes are made of** der Stoff, aus dem die Träume sind/Helden gemacht sind *(fig.);* **plastic is useful ~:** Plastik ist eine nützliche Sache; **push [the] ~** *(coll.: deal in drugs)* mit Stoff handeln *(salopp);* **there has been some interesting ~ in the papers/on the radio** es gab ein paar interessante Sachen in den Zeitungen/im Radio *(ugs.);* **that actor has been in some good ~ lately** dieser Schauspieler hat zuletzt ein paar gute Sachen gemacht *(ugs.);* **b)** *no pl., no indef. art. (activity, knowledge)* **do painting or drawing, ~ like that** malen oder zeichnen oder so was *(ugs.);* **do one's ~** *(coll.)* seine Sache machen; **get on and do your ~!** *(coll.)* na los, mach schon! *(ugs.);* **know one's ~** *(coll.: be knowledgeable)* sich auskennen; *(know one's job)* seine Sache verstehen; **that's the ~!** *(coll.)* so ist's richtig!; **that's the ~ to give the troops** *(fig. coll.)* das ist jetzt genau das richtige; **c)** *no pl. (valueless matter)* Zeug, *das (ugs. abwertend);* **~ [and nonsense]!** *(coll.)* dummes Zeug! *(ugs. abwertend);* **d)** *(Textiles)* Wolle, *die;* Wollzeug, *das (veralt.); attrib.* wollen ‹*Hemd*›. *See also* **²bit a; hot stuff; kid 1 c; rough stuff. 2.** *v. t.* **a)** stopfen; zustopfen ‹*Loch, Ohren*›; *(in taxidermy)* ausstopfen; *(Cookery)* füllen; *(make eat to repletion)* stopfen, nudeln ‹*Gans*›; *(coarse: copulate with)* stoßen *(vulg.);* **~ envelopes [with letters]** Briefe in Umschläge stecken; **~ sth. with** *or* **full of sth.** etw. mit etw. vollstopfen *(ugs.);* **[go and] get ~ed!** *(sl.)* hau ab! *(ugs.);* **~ oneself** *(sl.)* sich vollstopfen *(ugs.);* **~ one's face** *(sl.)* sich *(Dat.)* den Bauch vollstopfen *(ugs.);* **~ ballot boxes** *(Amer.: insert bogus votes)* Stimmen fälschen; **he ~ed a banknote into my hand** er drückte mir einen Geldschein in die Hand; **b)** *(sl.)* **~ him/the family reputation!** zum Teufel mit ihm/der Familienehre!; **~ it!** Scheiß drauf! *(derb);* **he can ~ it!** er kann mich mal! *(derb).* **3.** *v. i.* sich vollstopfen *(ugs.)*

**~ 'up** *v. t.* verstopfen

**stuffed 'shirt** *n. (coll. derog.)* Wichtigtuer, *der (ugs. abwertend)*

**stuffiness** ['stʌfɪnɪs] *n., no pl.* **a)** *(airlessness)* Stickigkeit, *die;* **the ~ of the room** die stickige Luft im Zimmer; **b)** *(congestion)* **the ~ in his nose/head** seine verstopfte Nase/entzündete Stirnhöhle; **c)** *(coll.: ill humour)* Übellaunigkeit, *die;* **d)** *(coll.: primness)* Spießigkeit, *die (abwertend)*

**stuffing** ['stʌfɪŋ] *n.* **a)** *(material)* Füllmaterial, *das;* **a ~ of horsehair** eine Füllung aus Roßhaar; **knock** *or* **take the ~ out of sb./a theory** *(coll. fig.)* jmdn. umhauen *(ugs.)*/eine Theorie wie ein Kartenhaus in sich zusammenfallen lassen; **b)** *(Cookery)* Füllung, *die*

**stuffy** ['stʌfɪ] *adj.* **a)** *(stifling)* stickig ‹*Zimmer, Atmosphäre*›; **b)** *(congested)* verstopft; **my head feels very ~:** meine Stirnhöhle ist ganz zu *(ugs.);* **c)** *(coll.: ill-humoured)* sauertöpfisch *(ugs. abwertend);* **he got very ~ about it** er reagierte sehr sauer *(salopp)* [darauf]; **d)** *(coll.: prim)* spießig *(abwertend)* **(about** gegenüber)

**stultify** ['stʌltɪfaɪ] *v. t.* **a)** *(reduce to absurdity)* der Lächerlichkeit preisgeben; ins Lächerliche ziehen ‹*Entscheidung, Anstrengungen*›; **b)** *(neutralize)* zunichte machen; **c)** *(impair)* lähmen; **have a ~ing effect on sth.** sich lähmend auf etw. *(Akk.)* auswirken; **~ing boredom/monotony** lähmende Langeweile/Monotonie

**stumble** ['stʌmbl] **1.** *v. i.* **a)** stolpern **(over** über + *Akk.*); **b)** *(falter)* stocken; **~ over sth./through life** über etw. *(Akk.)*/durchs Leben stolpern; **c) ~ across** *or* **[up]on sb./sth.** *(find by chance)* über jmdn. stolpern *(fig. ugs.)*/auf etw. *(Akk.)* stoßen. **2.** *n.* **a)** *(trip)* Stolpern, *das;* **b)** *(error)* Stocken, *das*

**stumbling-block** ['stʌmblɪŋblɒk] *n.* Stolperstein, *der*

**stump** [stʌmp] **1.** *n.* **a)** *(of tree, branch, tooth)* Stumpf, *der; (of cigar, pencil)* Stummel, *der;* **up a ~** *(Amer. sl.)* aufgeschmissen *(salopp);* **b)** *(of limb, tail, etc.)* Stummel, *der; (artificial leg)* Stelze, *die;* **~s** *(joc.: legs)* Stelzen *(salopp); see also* **¹stir 1 b; c)** *(Cricket)* Stab, *der;* **draw ~s** das Ende des Spieltages ansagen; **d)** *(improvised platform)* Rednertribüne, *die;* **on the ~** *(coll.)* im Wahlkampf; **go on** *or* **take the ~** *(lit. or fig.)* sich auf die Bühne begeben. **2.** *v. t.* **a)** *(confound)* verwirren; durcheinanderbringen; **be ~ed** ratlos sein; **be ~ed for an answer** um eine Antwort verlegen sein; **this problem has got me ~ed** bei diesem Problem weiß ich nicht mehr weiter; **b)** *(Cricket)* ausschalten ‹*Schlagmann*›(*, der außerhalb einer bestimmten Zone steht, durch Umwerfen der Stäbchen);* **c)** *(Amer. Polit.)* als Wahlkämpfer bereisen. **3.** *v. i.* **a)** *(walk stiffly)* stapfen; *(walk noisily)* trampeln; **b)** *(Amer. Polit.: make speeches)* sich aufs Podium stellen; **~ing tour** Wahlkampfreise, *die*

**~ 'out** *see* **~ 2 b**

**~ 'up** *(Brit. coll.) v. t. & i.* blechen *(ugs.)*

**stumpy** ['stʌmpɪ] *adj.* gedrungen; **~ tail** Stummelschwanz, *der;* **~ pencil** Bleistiftstummel, *der*

**stun** [stʌn] *v. t.,* **-nn- a)** *(knock senseless)* betäuben; **be ~ned** *(unconscious)* bewußtlos sein; *(dazed)* benommen sein; **b)** *(fig.)* **be ~ned at** *or* **by sth.** von etw. wie betäubt sein; **a ~ned silence** ein fassungsloses Schweigen; **a superb performance which ~ned the critics and audience alike** eine herausragende Darbietung, die Kritiker und Publikum gleichermaßen in ihren Bann schlug; **c)** *(deafen temporarily)* betäuben; **be ~ned by sth.** von etw. wie betäubt sein

**stung** *see* **sting 2, 3**

**stunk** *see* **stink 1**

**stunner** ['stʌnə(r)] *n. (coll.)* **be a ~:** Spitze sein *(ugs.)*

**stunning** ['stʌnɪŋ] *adj. (coll.)* **a)** *(splendid*

hinreißend; umwerfend *(ugs.)*; **b)** *(causing insensibility)* wuchtig ‹*Schlag*›; **c)** *(shocking)* bestürzend ‹*Nachricht*›; horrend ‹*Preis*›; *(amazing)* sensationell; **d)** *(deafening)* ohrenbetäubend *(ugs.)*

**stunningly** ['stʌnɪŋlɪ] *adv. (coll.)* umwerfend *(ugs.)*; unfaßbar ‹*langweilig, schrecklich, häßlich*›

**¹stunt** [stʌnt] *v. t.* hemmen, beeinträchtigen ‹*Wachstum, Entwicklung*›; **~ed trees** verkümmerte Bäume; **emotionally ~ed** seelisch verkümmert

**²stunt 1.** *n.* halsbrecherisches Kunststück; *(Cinemat.)* Stunt, *der; (Advertising)* [Werbe]gag, *der.* **2.** *v. i.* Stunts vollführen

**'stunt man** *n.* Stuntman, *der*

**stupefaction** [stju:pɪ'fækʃn] *n., no pl.* **a)** Benommenheit, *die;* **b)** *(astonishment)* Verblüffung, *die*

**stupefy** ['stju:pɪfaɪ] *v. t.* **a)** *(benumb)* ‹*Hitze:*› benommen machen; ‹*Mühsal:*› abstumpfen; **be stupefied with** *or* **by** benommen sein von ‹*Schlag, Alkohol, Droge*›; abgestumpft sein von ‹*Armut, Kummer*›; **b)** *(astound)* die Sprache verschlagen (+ *Dat.*); **be stupefied** wie vor den Kopf geschlagen sein

**stupendous** [stju:'pendəs] *adj.* gewaltig; außergewöhnlich ‹*Schönheit, Intelligenz, Talent*›; großartig ‹*Urlaub, Schauspieler*›

**stupendously** [stju:'pendəslɪ] *adv.* außergewöhnlich; gewaltig ‹*groß*›; großartig ‹*sich verhalten*›

**stupid** ['stju:pɪd] **1.** *adj.* , **~er** ['stju:pɪdə(r)], **~est** ['stju:pɪdɪst] **a)** *(slow-witted, unintelligent)* dumm; einfältig ‹*Person, Aussehen*›; *(ridiculous)* lächerlich; *(pointless)* dumm *(ugs.)* ‹*Witz, Geschichte, Gedanke*›; *expr. rejection or irritation* blöd *(ugs.)*; **where is that ~ key?** wo ist jetzt der blöde *(ugs.)* Schlüssel?; **it would be ~ to do sth.** es wäre töricht, etw. zu tun; **that was a ~ place to leave the car** es war töricht, das Auto dort abzustellen; **b)** *(in state of stupor)* benommen **(with** von); teilnahmslos, apathisch ‹*Blick*›; **be bored ~:** zu Tode gelangweilt sein. **2.** *n. (coll.)* Dummkopf, *der (ugs.)*

**stupidity** [stju:'pɪdɪtɪ] *n.* Dummheit, *die; (of action also)* Torheit, *die; (of facial expression)* Einfältigkeit, *die*

**stupidly** ['stju:pɪdlɪ] *adv.* dumm; **~ [enough], I have ...:** dummerweise habe ich ...; **he ~ admitted that ...:** törichterweise hat er zugegeben, daß ...

**stupor** ['stju:pə(r)] *n.* **a)** *(torpidity)* Benommenheit, *die; (Med.)* Stupor, *der;* **drink oneself into a ~:** sich bis zur Bewußtlosigkeit betrinken; **b)** *(apathy)* Erstarrung, *die;* **c)** *(amazement)* **stand in a ~:** starr vor Staunen stehen

**sturdily** ['stɜ:dɪlɪ] *adv. (robustly)* fest ‹*annageln*›; mit festem Schritt ‹*gehen*›; *(resolutely)* fest ‹*überzeugt*›; entschlossen ‹*sich entgegenstellen*›; **~ built** kräftig [gebaut] ‹*Person, Pferd*›; stabil [gebaut] ‹*Stuhl, Fahrrad*›

**sturdiness** ['stɜ:dɪnɪs] *n., no pl. (robustness)* Stabilität, *die; (of person)* Stämmigkeit, *die; (resoluteness)* Stärke, *die;* Festigkeit, *die*

**sturdy** ['stɜ:dɪ] *adj. (robust)* stabil ‹*Haus, Stuhl, Schiff*›; kräftig ‹*Rasse, Pflanze, Pferd, Kind*›; kräftig [gebaut] ‹*Person*›; *(resistant to disease or rough weather)* robust; *(thickset)* stämmig ‹*Mensch*›; *(strong)* stämmig ‹*Beine, Arme*›; *(sound)* solide; *(resolute)* fest ‹*Glaube, Grundsätze*›; stark ‹*Gegner, Verfechter, Widerstand*›

**sturgeon** ['stɜ:dʒən] *n. (Zool.)* Stör, *der*

**stutter** ['stʌtə(r)] **1.** *v. i.* stottern; ‹*Gewehr:*› tacken. **2.** *v. t.* stottern. **3.** *n.* Stottern, *das; (of gun)* Tacken, *das; (of flame)* Flackern, *das;* **speak with a ~:** stottern; **have a bad ~:** stark stottern

**~ 'out** *v. t.* stotternd hervorbringen

**stutterer** ['stʌtərə(r)] *n.* Stotterer, *der*/Stotterin, *die*

**¹sty** [staɪ] *see* **pigsty**

**²sty, stye** [staɪ] *n. (Med.)* Gerstenkorn, *das*

**Stygian** ['stɪdʒɪən] *adj. (Mythol.; also fig.)* stygisch

**style** [staɪl] **1.** *n.* **a)** *(manner)* Stil, *der; (in conversation)* Ton, *der; (in performance)* Art, *die;* **~ of swimming/running** Schwimm-/Laufstil, *der;* **that's the ~!** so ist es richtig!; **be bad** *or* **not good ~:** schlechter *od.* kein guter Stil sein; **b)** *(collective features) (in artistic presentation; also Printing, Publishing)* Stil, *der; (of habitual behaviour)* Art, *die;* **it's not my ~ [to do that]** das ist nicht mein Stil; **dress in the latest/modern ~:** sich nach der neuesten/neuen Mode kleiden; **the costumes were in** *or* **of the ~ of the 1940s** es waren Kostüme im Stil der 40er Jahre; **cook in the French ~:** französisch kochen; *see also* **cramp 2a; house style; c)** *(superior way of living, behaving, etc.)* Stil, *der;* **in ~:** stilvoll; *(on a grand scale)* im großen Stil; **in the grand ~:** im großen Stil; **she is a woman of ~:** sie hat Stil; **live a life of ~:** ein luxuriöses Leben führen; **have no ~:** keinen Stil haben; **d)** *(sort)* Art, *die;* **~ of music** Musikrichtung, *die;* **she is not his ~:** sie paßt nicht zu ihm; **this house is not my ~:** das Haus ist nichts für mich; **e)** *(pattern)* Art, *die; (of clothes)* Machart, *die; (hair-~)* Frisur, *die;* **she has had her hair cut in a page-boy ~:** sie hat sich *(Dat.)* einen Pagenkopf schneiden lassen; **have one's hair done in a different ~:** sich *(Dat.)* eine andere Frisur machen lassen; **f)** *(descriptive formula)* Titel, *der; (of firm)* Firmenbezeichnung, *die;* **~ [of address]** Anrede, *die;* **g)** *(Bot.)* Griffel, *der.* **2.** *v. t.* **a)** *(design)* entwerfen; stilisieren *(veralt.)*; **~ one's own hair** sich *(Dat.)* seine Frisuren selbst machen; **elegantly ~d clothes** elegant geschnittene Kleidung; **clothes ~d for comfort** bequem geschnittene Kleidung; **b)** *(designate)* nennen; *(address)* anreden; **~ oneself sth.** sich bezeichnen als etw.

**-style** *in comb.* **a Tudor-~ house** ein Haus im Tudorstil; **a Queen-Anne-~ chair** ein Queen-Anne-Stuhl; **Indian-~ curry** indischer Curry; **French-~ cooking** französische Küche; **peasant-~ skirt** Bauernrock, *der;* **dressed cowboy-~:** wie ein Cowboy gekleidet

**'style-book** *n.* Buch mit Modellen; *(of hairdresser)* Frisurenheft, *das; (Printing, Publishing)* Buch mit Satzanweisungen

**styling** ['staɪlɪŋ] *n.* **a)** *(imparting of style)* Styling, *das;* **that hairdresser is good at ~:** dieser Friseur kann gut [neue] Frisuren entwerfen; **b)** *(Lit., Publishing)* stilistische Überarbeitung; **c)** *(ornamentation)* **intricate ~:** komplizierte Verzierungen

**stylise** *see* **stylize**

**stylish** ['staɪlɪʃ] *adj.* stilvoll; elegant ‹*Kleidung, Auto, Hotel, Person*›

**stylishly** ['staɪlɪʃlɪ] *adv.* stilvoll; elegant ‹*geschnitten, angezogen*›; **~ elegant** vornehm und elegant

**stylishness** ['staɪlɪʃnɪs] *n., no pl.* Stil, *der; (of clothes)* Eleganz, *die*

**stylist** ['staɪlɪst] *n.* **a)** *(Lit., Sport)* Stilist, *der*/Stilistin, *die;* **b)** *(designer)* Designer, *der*/Designerin, *die; (hair-~)* Haarstilist, *der*/-stilistin, *die*

**stylistic** [staɪ'lɪstɪk] *adj.* stilistisch; Stil‹*mittel, -merkmale*›

**stylistically** [staɪ'lɪstɪkəlɪ] *adv.* stilistisch

**stylistics** [staɪ'lɪstɪks] *n., no pl.* Stilistik, *die*

**stylize** ['staɪlaɪz] *v. t.* stilisieren

**stylus** ['staɪləs] *n., pl.* **styli** ['staɪlaɪ] *or* **~es a)** *(gramophone needle)* [Abtast]nadel, *die;* **sapphire/diamond ~:** Saphir, *der*/Diamant, *der;* **b)** *(writing-tool)* Griffel, *der; (engraving-tool)* Grabstichel, *der*

**stymie** ['staɪmɪ] **1.** *n. (difficult situation)* Sackgasse, *die (fig.)*. **2.** *v. t. (thwart)* in die Klemme *(ugs.)* geraten lassen; **be ~d** aufgeschmissen sein *(salopp)*; **~ oneself** sich *(Dat.)* selber ein Bein stellen

**styptic** ['stɪptɪk] **1.** *adj.* blutstillend. **2.** *n.* blutstillendes Mittel; Hämostyptikum, *das (Med.)*

**Styria** ['stɪrɪə] *pr. n.* Steiermark, *die*

**Styx** [stɪks] *pr. n. (Greek Mythol.)* Styx, *der;* **cross the ~** *(fig.)* den Styx überqueren *(geh.)*

**suave** [swɑ:v] *adj.* **a)** *(affable)* verbindlich; **b)** *(agreeable)* sanft ‹*Farbe, Licht, Musik*›; lieblich ‹*Wein, Geschmack*›

**suavely** ['swɑ:vlɪ] *adv.* **a)** *(affably)* verbindlich; **he was always ~ polite** er war stets verbindlich und höflich; **b)** *(agreeably)* sanft

**suavity** ['swɑ:vɪtɪ] *n.* **a)** *(affability)* Verbindlichkeit, *die;* **b)** *(agreeableness)* [angenehme] Milde; **suavities** Annehmlichkeiten

**sub** [sʌb] *(coll.)* **1.** *n.* **a)** *(subscription)* Abo, *das (ugs.)*; **b)** *(esp. Sport: substitute)* Ersatz, *der;* **c)** *(submarine)* U-Boot, *das;* **d)** *see* **sub-editor. 2.** *v. i.*, **-bb-** *see* **sub-edit**

**sub-** *pref.* unter-; *(mit Fremdwörtern meist)* sub-

**sub'alpine** *adj. (Geog.) (of higher mountain slopes)* subalpin *(fachspr.)*; *(of lower Alpine slopes)* Voralpen-

**subaltern** ['sʌbltən] *n. (Brit. Mil.)* Subalternoffizier, *der*

**subaqua** [sʌb'ækwə] *adj.* Tauch‹*sport, -klub*›

**suba'tomic** *adj. (Phys.)* subatomar

**'subcategory** *n.* Subkategorie, *die*

**'subclass** *n. (esp. Biol.)* Unterklasse, *die*

**'subcommittee** *n.* Unterausschuß, *der*

**sub'conscious** *(Psych.)* **1.** *adj.* unterbewußt; **~ mind** Unterbewußtsein, *das.* **2.** *n.* Unterbewußtsein, *das*

**sub'consciously** *adv. (Psych.)* unterbewußt

**sub'continent** *n. (Geog.)* Subkontinent, *der*

**subcontract 1.** [sʌbkən'trækt] *v. t. (accept under secondary contract)* als Subunternehmer übernehmen; *(offer under secondary contract)* an Subunternehmer/an einen Subunternehmer vergeben; **~ a job to sb.** eine Arbeit an jmdn. [in einem Untervertrag] vergeben. **2.** *v. i. (accept secondary contract)* als Subunternehmer arbeiten; *(offer secondary contract)* Aufträge an Subunternehmer/an einen Subunternehmer vergeben. **3.** ['sʌbkɒntrækt] *n.* Untervertrag, *der*

**subcon'tractor** *n.* Subunternehmer, *der*/-unternehmerin, *die*

**'subculture** *n. (Sociol.)* Subkultur, *die*

**subcu'taneous** *adj. (Anat.)* subkutan

**subdivide** ['sʌbdɪvaɪd, sʌbdɪ'vaɪd] **1.** *v. t. (further divide)* erneut teilen; *(divide into parts)* unterteilen. **2.** *v. i.* **~ into sth.** sich in etw. *(Akk.)* teilen

**subdivision** ['sʌbdɪvɪʒn, sʌbdɪ'vɪʒn] *n. (subdividing)* erneute Teilung; *(subordinate division)* Unterabteilung, *die;* **~ [of sth.] into sth.** Unterteilung [einer Sache *(Gen.)*] in etw. *(Akk.)*

**sub'dominant** *n. (Mus.)* Subdominante, *die*

**subdue** [səb'dju:] *v. t. (conquer)* besiegen; unterwerfen; *(bring under control)* bändigen ‹*Kind, Tier*›; ruhigstellen ‹*Patienten*›; unter Kontrolle bringen ‹*Demonstranten usw.*›; bezähmen ‹*Gefühle, zornige Person*›; urbar machen ‹*Land*›; *(reduce in intensity)* dämpfen ‹*Zorn, Heftigkeit, gute Laune, Lärm, Licht*›; abkühlen *(fig.)* ‹*Leidenschaft*›; verblassen lassen ‹*Farben*›

**subdued** [səb'dju:d] *adj.* gedämpft; **he seemed rather ~:** er schien ziemlich gedämpfter Stimmung zu sein

**sub-'edit** *v. t. (Journ., Publishing)* **a)** *(be assistant editor of)* mit herausgeben; **b)** *(Brit.: prepare copy for)* redigieren

**sub-'editor** *n. (Journ., Publishing)* **a)** *(assistant editor)* Mitherausgeber, *der*/Mitherausgeberin, *die;* **b)** *(Brit.: one who prepares ma-*

*terial)* Redaktionsassistent, *der*/-assistentin, *die*

**'subgroup** *n.* Untergruppe, *die*

**'subhead, 'subheading** *ns.* **a)** *(subordinate division)* Unterabschnitt, *der;* **b)** *(subordinate title)* Untertitel, *der*

**sub'human** *adj.* unmenschlich; *(Zool.)* menschenähnlich; **treat sb. as ~:** jmdn. wie einen Untermenschen behandeln

**subject 1.** ['sʌbdʒɪkt] *n.* **a)** *(citizen)* Staatsbürger, *der*/-bürgerin, *die; (in relation to monarch)* Untertan, *der*/Untertanin, *die; (under domination)* Sklave, *der*/Sklavin, *die (fig.);* **b)** *(topic)* Thema, *das; (department of study)* Fach, *das; (area of knowledge)* Fach[gebiet], *das; (Art)* Motiv, *das;* Sujet, *das (geh.); (Mus.)* Thema, *das;* **sb. is the ~ of a book** über jmdn. ist ein Buch geschrieben worden; **be the ~ of an investigation** Gegenstand einer Untersuchung sein; **on the ~ of money** über das Thema Geld ⟨*reden usw.*⟩; beim Thema Geld ⟨*sein, bleiben*⟩; **change the ~:** das Thema wechseln; **c) be a ~ for sth.** *(cause sth.)* zu etw. Anlaß geben; **she was a ~ for ridicule** man machte sich über sie lustig; **d)** *(Ling., Logic, Philos.)* Subjekt, *das;* **e)** *(Med.)* Patient, *der; (of scientific research)* Versuchsperson, *die*/-tier, *das*/-objekt, *das. See also* **liberty. 2.** *adj.* **a)** *(conditional)* **be ~ to sth.** von etw. abhängig sein *od.* abhängen; **sth. is ~ to alteration** etw. kann geändert werden; **prices/dates/programme details [are] ~ to alteration without further notice** Preis-/Termin-/Programmänderungen [sind] vorbehalten; **b)** *(prone)* **be ~ to** anfällig sein für ⟨*Krankheit*⟩; neigen zu ⟨*Melancholie*⟩; ausgesetzt sein (+ *Dat.*) ⟨*Mißdeutung, Feuchtigkeit*⟩; **c)** *(dependent)* abhängig; **~ to** *(dependent on)* untertan (+ *Dat.*) ⟨*König usw.*⟩; unterworfen (+ *Dat.*) ⟨*Verfassung, Gesetz, Krone*⟩; untergeben (+ *Dat.*) ⟨*Dienstherrn*⟩. **3.** *adv.* **~ to sth.** vorbehaltlich einer Sache *(Gen.);* **~ to the weather['s] being fine** vorausgesetzt, das Wetter ist gut. **4.** [səb'dʒekt] *v. t.* **a)** *(subjugate, make submissive)* unterwerfen; **~ sb./sth. to sb./sth.** jmdn./etw. jmdm./einer Sache unterwerfen; **b)** *(expose)* **~ sb./sth. to sth.** jmdn./etw. einer Sache *(Dat.)* aussetzen; **~ sb. to torture** jmdn. der Folter unterwerfen; **~ sth. to chemical analysis** etw. einer chemischen Analyse unterziehen

**'subject: ~ catalogue** *n.* Schlagwortkatalog, *der;* **~ heading** *n.* Stichwort, *das;* **~ index** *n.* Sachregister, *das*

**subjection** [səb'dʒekʃn] *n.* *(subjugation)* Unterwerfung, *die* (**to** unter + *Akk.*); *(condition of being subject)* Abhängigkeit, *die* (**to** von)

**subjective** [səb'dʒektɪv] *adj.* **a)** subjektiv; **b)** *(Ling.)* Subjekt-; **be ~:** Subjekt sein

**subjectively** [səb'dʒektɪvlɪ] *adv.* **a)** subjektiv; **~ speaking, I like him** ich persönlich mag ihn; **b)** *(Ling.)* als Subjekt ⟨*gebrauchen*⟩

**subjectiveness** [səb'dʒektɪvnɪs], **subjectivity** [sʌbdʒɪk'tɪvɪtɪ] *ns., no pl.* Subjektivität, *die*

**'subject-matter** *n., no pl., no indef. art.* Gegenstand, *der;* **make good ~ for sth.** ein gutes Thema für etw. abgeben

**sub judice** [sʌb 'dʒu:dɪsɪ, sʊb'ju:dɪkeɪ] *adj.* *(Law)* anhängig; *(not decided)* [noch] nicht entschieden

**subjugate** ['sʌbdʒʊgeɪt] *v. t.* **a)** *(conquer)* unterjochen (**to** unter + *Akk.*); **b)** *(subdue)* bezwingen; bändigen ⟨*Kind, Pferd*⟩

**subjugation** [sʌbdʒʊ'geɪʃn] *n.* **a)** *(conquest)* Unterjochung, *die* (**to** unter + *Akk.*); **b)** *(moral subjection) (action)* Knechtung, *die (geh. abwertend); (result)* Knechtschaft, *die; (of passions etc.)* Bezwingung, *die;* Unterwerfung, *die* (**to** unter + *Akk.*); *(condition)* sklavische Abhängigkeit (**to** von)

**subjunctive** [səb'dʒʌŋktɪv] *(Ling.)* **1.** *adj.* konjunktivisch; Konjunktiv-. **2.** *n.* Konjunktiv, *der;* **past/present ~:** Konjunktiv II *od.* Präteritum/Konjunktiv I *od.* Präsens

**subjunctive 'mood** *n. (Ling.)* Konjunktiv, *der*

**sub'lease** *see* **sublet**

**sub'let** *v. t.,* **-tt-, sublet** untervermieten

**sub-lieu'tenant** *n. (Brit. Navy)* Oberleutnant zur See

**sublimate 1.** ['sʌblɪmeɪt] *v. t.* *(Chem., Psych.; also fig.)* sublimieren. **2.** ['sʌblɪmət] *n.* *(sublimated substance)* Sublimat, *das (Chemie)*

**sublimation** [sʌblɪ'meɪʃn] *n.* **a)** *(Chem.) (act)* Sublimierung, *die; (process)* Sublimation, *die; (substance)* Sublimat, *das;* **b)** *(elevation; Psych.: diversion)* Sublimierung, *die* (**to** zu, **into** in + *Akk.*); Sublimation, *die*

**sublime** [sə'blaɪm] **1.** *adj.,* **~r** [sə'blaɪmə(r)], **~st** [sə'blaɪmɪst] *(exalted)* erhaben; *(iron.)* vollendet *(fig. iron.)* ⟨*Chaos*⟩; unglaublich ⟨*Frechheit*⟩; **sth. goes from the ~ to the ridiculous** *(iron.)* etw. ist ein echter Abstieg [ins Profane]. **2.** *v. t.* *(Chem.)* **a)** *(convert)* sublimieren; **b)** *(release)* freisetzen. **3.** *v. i.* *(Chem.)* sublimieren

**sublimely** [sə'blaɪmlɪ] *adv.* schlechthin vollkommen ⟨*tanzen*⟩; erhaben ⟨*handeln, edel*⟩; *(iron.)* vollkommen ⟨*töricht, betrunken*⟩; völlig ⟨*ohne Ahnung*⟩; **~ beautiful** von erhabener Schönheit *nachgestellt*

**subliminal** [sʌb'lɪmɪnl] *adj.* *(Physiol., Psych.)* unterschwellig; subliminal *(fachspr.);* **~ advertising** unterschwellige Werbung

**sublimity** [sə'blɪmɪtɪ] *n. (literary)* Erhabenheit, *die; (high degree)* hoher Grad (**of** an + *Dat.*)

**Sub-Lt.** *abbr. (Brit. Navy)* **Sub-Lieutenant** Olt. zur See

**sub-ma'chine-gun** *n.* Maschinenpistole, *die*

**submarine** [sʌbmə'ri:n, 'sʌbməri:n] **1.** *n.* Unterseeboot, *das;* U-Boot, *das.* **2.** *adj.* Unterwasser-; unterseeisch *(Geol.);* submarin *(fachspr.);* **~ warfare** U-Boot-Krieg, *der*

**submerge** [səb'mɜ:dʒ] **1.** *v. t.* **a)** *(place under water)* **~ sth. [in the water]** etw. eintauchen *od.* ins Wasser tauchen; **be ~d [at high tide]** [bei Flut] unter Wasser stehen; **b)** *(inundate)* ⟨*Wasser:*⟩ überschwemmen; **be ~d in water** unter Wasser stehen; **c)** *(fig.: obscure, bury)* **be ~d by** *or* **in sth.** unter etw. *(Dat.)* verborgen sein. **2.** *v. i.* abtauchen *(Seemannsspr.)*

**submerged** [səb'mɜ:dʒd] *adj.* versunken ⟨*Schiff, Stadt*⟩; überschwemmt ⟨*Felder*⟩; unter Wasser befindlich ⟨*Fels, Eisberg*⟩; **~ in work** *(fig.)* mit Arbeit überhäuft; **~ by debts** *(fig.)* bis über die Ohren verschuldet *(ugs.)*

**submersible** [səb'mɜ:sɪbl] **1.** *adj.* tauchfähig. **2.** *n.* Tauchboot, *das*

**submersion** [səb'mɜ:ʃn] *n.* Eintauchen, *das; (in baptism)* Submersion, *die (Theol.);* **the watch will not withstand ~:** die Uhr ist nicht wasserfest

**sub'miniature** *adj.* Subminiatur-; *(Photog.)* Kleinstbild-

**submission** [səb'mɪʃn] *n.* **a)** *(surrender)* Unterwerfung, *die* (**to** unter + *Akk.*); **force/frighten sb. into ~:** jmdn. zwingen, sich zu unterwerfen/jmdm. durch Einschüchterung seinen Willen aufzwingen; **b)** *no pl., no art. (meekness)* Unterwerfung, *die;* **attitude of ~:** Demutshaltung, *die (Verhaltensf.);* **c)** *(presentation)* Einreichung, *die* (**to** bei); *(thing put forward)* Einsendung, *die; (by witness)* Aussage, *die;* **in my ~:** meiner Meinung nach

**submissive** [səb'mɪsɪv] *adj.* gehorsam; unterwürfig *(abwertend);* **be ~ to sb./sth.** sich jmdm./einer Sache unterwerfen

**submissively** [səb'mɪsɪvlɪ] *adv.* gehorsam; unterwürfig *(abwertend)*

**submissiveness** [səb'mɪsɪvnɪs] *n., no pl.* Gehorsam, *der;* Unterwürfigkeit, *die (abwertend)*

**submit** [səb'mɪt] **1.** *v. t.,* **-tt- a)** *(present)* einreichen; vorbringen ⟨*Vorschlag*⟩; abgeben ⟨*[Doktor]arbeit usw.*⟩; **~ sth. for sb.'s approval/perusal** jmdm. etw. zur Billigung vorlegen/zu lesen geben; **~ sth. to sb.** jmdm. etw. vorlegen; **~ sth. to scrutiny/investigation** etw. einer Prüfung/Untersuchung unterziehen; **~ sth. to sb.'s examination** jmdm. etw. zur Prüfung vorlegen; **~ one's entry to a competition** seine Teilnehmerkarte *usw.* für ein Preisausschreiben einsenden; **entries must be ~ted by 1 May** Einsendeschluß ist der 1. Mai; **~ that ...** *(urge deferentially)* behaupten, daß ...; **b)** *(surrender)* **~ oneself to sb./sth.** sich jmdm./einer Sache unterwerfen; **~ oneself to Fate** sich in sein Schicksal fügen; **~ oneself to ridicule** sich dem Spott aussetzen; **c)** *(subject)* **~ sth. to heat** etw. der Hitze *(Dat.)* aussetzen; **~ sb. to a treatment** jmdn. einer Behandlung *(Dat.)* unterziehen; **~ oneself to sth.** sich einer Sache *(Dat.)* unterziehen. **2.** *v. i.,* **-tt- a)** *(surrender)* aufgeben; sich unterwerfen (**to** *Dat.*); **~ to sb.'s charms** jmds. Zauber *(Dat.)* erliegen; **~ to sb.'s request** jmds. Bitte *(Dat.)* nachkommen; **b)** *(defer)* **~ to sb./sth.** sich jmdm./einer Sache beugen; **c)** *(agree to undergo)* **~ to sth.** sich einer Sache *(Dat.)* aussetzen

**sub'normal** *adj.* unterdurchschnittlich; subnormal *(Med.); (in intelligence)* minderbegabt

**subordinate 1.** [sə'bɔ:dɪnət] *adj.* *(inferior)* untergeordnet; *(lower-ranking)* rangniedriger; *(secondary)* zweitrangig; **be ~ to sb./sth.** jmdm./einer Sache untergeordnet sein; **be of ~ importance** von untergeordneter Bedeutung sein; *see also* **clause b. 2.** *n.* Untergebene, *der/die.* **3.** [sə'bɔ:dɪneɪt] *v. t.* *(place in lower class)* niedriger einstufen (**to** als); *(render subject; also Ling.)* unterordnen (**to** *Dat.*)

**suborn** [sə'bɔ:n] *v. t.* anstiften; *(by bribery)* bestechen

**'sub-plot** *n.* Nebenhandlung, *die*

**subpoena** [səb'pi:nə, sə'pi:nə] *(Law)* **1.** *n.* Vorladung, *die:* **serve a ~ [up]on sb.** jmdm. eine Vorladung persönlich zustellen. **2.** *v. t.,* **~ed** *or* **~'d** [səb'pi:nəd, sə'pi:nəd] vorladen

**sub rosa** [sʌb 'rəʊzə] *(literary)* **1.** *adj.* Subrosa- *(geh.);* [streng] geheim. **2.** *adv.* sub rosa *(geh.);* in aller Heimlichkeit

**'subroutine** *n. (Computing)* Unterprogramm, *das;* Subroutine, *die*

**subscribe** [səb'skraɪb] **1.** *v. t.* **a)** *(sign one's name to)* unterzeichnen; **b)** *([promise to] contribute)* **~ sth.** zusichern, etw. zu spenden; **be ~d** als Spende zugesichert worden sein; **have ~d half the costs** sich verpflichtet haben, die Hälfte der Kosten zu übernehmen. **2.** *v. i.* **a)** *(express adhesion)* **~ to sth.** sich einer Sache *(Dat.)* anschließen; **b)** *(sign one's name)* unterzeichnen (**to** *Akk.*); **c)** *([promise to] make contribution)* **~ to** *or* **for sth.** eine Spende für etw. zusichern; **~ to [a newspaper]** [eine Zeitung] abonnieren

**subscriber** [səb'skraɪbə(r)] *n.* **a)** *(one who signs)* Unterzeichner, *der*/Unterzeichnerin, *die* (**of, to** *Gen.*); Unterzeichnete, *der/die (Amtsdt.);* **b)** *(one who assents)* Befürworter, *der*/Befürworterin, *die* (**to** *Gen.*); **c)** *(contributor)* Spender, *der*/Spenderin, *die* (**of, to** für); *(to a newspaper etc.)* Abonnent, *der*/Abonnentin, *die* (**to** *Gen.*); *(of a society etc.)* Mitglied, *das;* **d)** *(Teleph.)* Fernsprechkunde, *der*/-kundin, *die*

**subscriber trunk 'dialling** *n. (Brit. Teleph.)* Selbstwählferndienst, *der*

**'subscript** *(Math. etc.)* **1.** *adj.* tiefgestellt. **2.** *n.* [tiefgestellter] Index

**subscription** [səb'skrɪpʃn] *n.* **a)** *(thing sub-*

*scribed)* Spendenbeitrag, *der* (**to** für); *(membership fee)* Mitgliedsbeitrag, *der* (**to** für); *(prepayment for newspaper etc.)* Abonnement, *das* (**to** *Gen.*); **[buy] by ~:** im Abonnement [beziehen]; **a year's ~:** ein Jahresabonnement; **b)** *(act of subscribing) (signing)* Unterzeichnung, *die; (subscribing money)* Spende, *die;* **[be built] by ~:** mit Spenden [gebaut werden]; **c)** *(Publishing: offer of lower price)* Subskription, *die*

**subscription: ~ concert** *n.* Abonnementskonzert, *das;* **~ library** *n. (Mitgliedsbeiträge erhebende)* Leihbücherei

**'subsection** *n.* Unterabschnitt, *der*

**subsequent** ['sʌbsɪkwənt] *adj.* folgend; nachfolgend ‹*Kind*›; später ‹*Gelegenheit*›; **~ events** spätere *od.* die folgenden Ereignisse

**subservient** [səb'sɜ:vɪənt] *adj.* **a)** *(merely instrumental)* dienend; **be ~ to sb./sth.** jmdm./einer Sache dienen; **b)** *(subordinate)* untergeordnet (**to** *Dat.*); **c)** *(obsequious)* unterwürfig; servil *(abwertend)*

**'subset** *n. (Math.)* Teilmenge, *die*

**subside** [səb'saɪd] *v. i.* **a)** *(sink to lower level)* ‹*Wasser, Flut, Fluß:*› sinken; ‹*Boden, Haus:*› sich senken; ‹*Schwellung:*› zurückgehen; ‹*schwebende Teile:*› absinken, sich absetzen; **~ in exhaustion** erschöpft zusammensinken; **~ [on] to one's knees/the ground** auf die Knie/zu Boden sinken; **b)** *(abate)* nachlassen; ‹*Wellen, Wind, Wut, Lärm, Beifall, Aufregung:*› sich legen; ‹*Fieber, Delirium, Migräne:*› abklingen; *(cease activity)* müde werden; ermatten *(geh.);* **~ into** verfallen in (+ *Akk.*) ‹*Untätigkeit, Schweigen usw.*›

**subsidence** [səb'saɪdəns, 'sʌbsɪdəns] *n.* **a)** *(sinking) (of ground, structure)* Senkung, *die; (of liquid)* Sinken, *das; (of swelling)* Zurückgehen, *das; (of suspended matter)* Sichabsetzen, *das;* **b)** *(abatement) see* **subside b:** Nachlassen, *das;* Sichlegen, *das;* Abklingen, *das;* **~ into sth.** Verfallen in etw. *(Akk.)*

**subsidiary** [səb'sɪdɪərɪ] **1.** *adj.* **a)** *(auxiliary)* unterstützend; subsidiär *(fachspr.); (subordinate)* untergeordnet ‹*Funktion, Stellung*›; Neben‹*fach, -fluß, -aspekt*›; **~ fund** Hilfsfond, *der;* **~ to sth.** einer Sache *(Dat.)* untergeordnet; *(secondary)* gegenüber einer Sache zweitrangig; **b)** *(Commerc.)* **~ company** *see* **2. 2.** *n. (Commerc.)* Tochtergesellschaft, *die*

**subsidisation, subsidise** *see* **subsidiz-**

**subsidization** [sʌbsɪdaɪ'zeɪʃn] *n.* *(act of subsidizing)* Subventionierung, *die; (money given as subsidy)* Subventionen; *(of individual person)* finanzielle Unterstützung

**subsidize** ['sʌbsɪdaɪz] *v. t.* subventionieren; finanziell unterstützen ‹*Person*›

**subsidy** ['sʌbsɪdɪ] *n.* Subvention, *die;* **receive a ~:** subventioniert werden; **grant/pay a ~ to sb./sth.** jmdn./etw. subventionieren; jmdn./etw. mit öffentlichen Mitteln fördern

**subsist** [səb'sɪst] *v. i.* **a)** *([continue to] exist)* existieren; *(remain in force)* bestehen; **b)** *(keep oneself alive)* existieren; subsistieren *(veralt.);* **~ on sth.** von etw. leben

**subsistence** [səb'sɪstəns] *n.* **a)** *(subsisting)* [Über]leben, *das;* **be enough for a bare ~:** gerade genug zum [Über]leben sein; ‹*Einkommen:*› das Existenzminimum sein; **~ is not possible under these conditions** unter diesen Bedingungen kann man nicht leben *od.* existieren; **b) [means of] ~:** Lebensgrundlage, *die;* **millet is their chief means of ~:** sie leben hauptsächlich von Hirse

**subsistence: ~ allowance** *n.* Außendienstzulage, *die; (abroad)* Auslandszulage, *die;* **~ farming** *n.* Subsistenzwirtschaft, *die (Soziol., Wirtsch.);* **~ level** *n.* Existenzminimum, *das;* **live at ~ level** gerade genug zum Leben haben; **~ wage** *n.* ≈ Existenzminimum, *das*

**subsoil** *n.* Untergrund, *der*

**sub'sonic** *adj.* Unterschall-

**'subspecies** *n., pl. same (Biol.)* Unterart, *die*

**substance** ['sʌbstəns] *n.* **a)** Stoff, *der;* Substanz, *die;* **b)** *no pl. (solidity)* Substanz, *die;* **this is an argument of little ~:** dieses Argument ist ziemlich substanzlos; **the food lacks ~:** das Essen ist nicht sehr gehaltvoll; **a man of ~:** ein begüterter Mann; **c)** *no pl. (content) (of book etc.)* Inhalt, *der;* **there is not enough ~ in the plot** die Handlung gibt nicht genug her; **there is no ~ in his claim/the rumour** seine Behauptung/das Gerücht entbehrt jeder Grundlage; **d)** *no pl. (essence)* Kern, *der;* **in ~:** im wesentlichen

**sub'standard** *adj.* **a)** unzulänglich; **the printing/recording was ~:** der Druck/die Aufnahme war nicht zufriedenstellend; **b)** *(Ling.)* nicht standardsprachlich

**substantial** [səb'stænʃl] *adj.* **a)** *(considerable)* beträchtlich; erheblich ‹*Zugeständnis, Verbesserung*›; größer... ‹*Darlehen*›; **'~ price required'** „namhafte Summe erforderlich"; **b)** gehaltvoll ‹*Essen, Nahrung*›; **you need something more ~ [to eat]** du brauchst etwas Gehaltvolleres *od.* Kräftigeres [zu essen]; **c)** *(solid in structure)* solide, stabil ‹*Möbel*›; solide ‹*Haus*›; kräftig ‹*Körperbau*›; wesentlich ‹*Unterschied, Argument*›; **d)** *(having substance)* stofflich; materiell; **e)** *(well-to-do)* begütert ‹*Person*›; zahlungskräftig ‹*Firma*›; **f)** weitgehend ‹*Übereinstimmung, Zustimmung*›; ziemlich sicher ‹*Beweis*›; **be in ~ agreement** sich *(Dat.)* so gut wie *od.* praktisch einig sein

**substantially** [səb'stænʃəlɪ] *adv.* **a)** *(considerably)* wesentlich; **b)** *(solidly)* **~ built** solide gebaut ‹*Haus usw.*›; kräftig gebaut ‹*Person*›; **c)** *(essentially)* im wesentlichen; **~ free from sth.** weitgehend frei von etw.

**substantiate** [səb'stænʃɪeɪt] *v. t.* erhärten; untermauern

**substantiation** [səbstænʃɪ'eɪʃn] *n.* Erhärtung, *die;* Untermauerung, *die;* **in ~ of his claim** zur Erhärtung *od.* Untermauerung seines Anspruchs

**substantive 1.** [səb'stæntɪv] *adj.* **a)** *(not amended)* in der vorliegenden Form *nachgestellt;* **b)** *(Mil.)* **a ~ rank** der Rang eines Berufssoldaten. **2.** ['sʌbstəntɪv] *n. (Ling.)* Substantiv, *das*

**'substation** *n. (Electr.)* Hochspannungsverteilungsanlage, *die*

**substitutable** ['sʌbstɪtju:təbl] *adj.* substituierbar

**substitute** ['sʌbstɪtju:t] **1.** *n.* **a) ~[s]** Ersatz, *der;* **~s for rubber** Ersatzstoffe für Gummi; **coffee ~:** Kaffee-Ersatz, *der;* **there is no ~ for real ale/hard work** es geht nichts über das echte englische Bier/über harte Arbeit; **b)** *(Sport)* Ersatzspieler, *der/*-spielerin, *die.* **2.** *adj.* Ersatz-; **a ~ teacher/secretary** *etc.* eine Vertretung. **3.** *v. t.* **a) ~ A for B** B durch A ersetzen; **~ oil for butter** statt Butter Öl nehmen; **~ a striker for a midfield player** einen Mittelfeldspieler gegen einen Stürmer auswechseln *od.* austauschen; **he doesn't like potatoes, so we ~d rice** da er keine Kartoffeln mag, gaben wir ihm statt dessen Reis; **b)** *(coll.)* **~ A by** *or* **with B** A durch B ersetzen. **4.** *v. i.* **~ for sb.** jmdn. vertreten; für jmdn. einspringen; *(Sport)* für jmdn. ins Spiel kommen; **Thompson ~d for Clark just after half-time** kurz nach der Halbzeit kam Thompson für Clark ins Spiel *od.* wurde Clark gegen Thompson ausgetauscht

**substitution** [sʌbstɪ'tju:ʃn] *n.* Ersetzung, *die;* Substitution, *die (geh., fachspr.); (Sport)* Spielerwechsel, *der;* **~ of A for B** Verwendung von A statt B; **make a ~** *(Sport)* [einen Spieler] auswechseln

**sub'stratum** *n., pl.* **substrata a)** *(Geol.)* **a ~ of rock** ein felsiger Untergrund; **b)** *(Ling., Biol., Chem., fig.)* Substrat, *das (geh., fachspr.)*

**'substructure** *n.* Unterbau, *der; (of oil rig also)* Stützkonstruktion, *die*

**subsume** [səb'sju:m] *v. t.* einordnen (**in, into** in + *Akk.*); **~ an item under a category** einen Punkt einer Kategorie *(Dat.)* zuordnen

**'sub-system** *n.* Subsystem, *das (geh.);* Teilsystem, *das*

**'subtenancy** *n.* Untervermietung, *die; (of land, farm, shop)* Unterverpachtung, *die; (relationship)* Untermiete, *die; (of land, farm, shop)* Unterpacht, *die*

**'subtenant** *n.* Untermieter, *der/*-mieterin, *die; (of land, farm, shop)* Unterpächter, *der/*-pächterin, *die*

**subtend** [sʌb'tend] *v. t. (Geom.)* gegenüberliegen (+ *Dat.*) ‹*Winkel*›; schneiden ‹*Bogen*›

**subterfuge** ['sʌbtəfju:dʒ] *n.* **a)** *no pl., no art.* Täuschungsmanöver *Pl.;* **b)** *(trick)* Trick, *der*

**subterranean** [sʌbtə'reɪnɪən] *adj.* unterirdisch; subterran *(fachspr.)*

**'subtitle 1.** *n. (for film, of book, etc.)* Untertitel, *der.* **2.** *v. t.* untertiteln; **the book is ~d ...:** das Buch hat den Untertitel ...

**subtle** ['sʌtl] *adj.,* **~r** ['sʌtlə(r)], **~st** ['sʌtlɪst] **a)** *(delicate)* zart ‹*Duft, Dunst, Parfüm*›; fein ‹*Geschmack, Aroma*›; **b)** *(elusive)* subtil *(geh.);* fein ‹*Unterschied*›; unaufdringlich ‹*Charme*›; **c)** *(refined)* fein ‹*Ironie, Humor*›; zart ‹*Hinweis*›; subtil *(geh.)* ‹*Scherz*›; **d)** *(perceptive)* feinsinnig ‹*Beobachter, Kritiker*›; fein ‹*Intellekt*›; **~ perception** feines Gespür; **e)** *(ingenious)* geschickt; raffiniert ‹*Plan*›; **~ art** hohe Kunst

**subtlety** ['sʌtltɪ] *n.* **a)** *no pl. see* **subtle:** Zartheit, *die;* Feinheit, *die;* Subtilität, *die (geh.);* Unaufdringlichkeit, *die;* Feinsinnigkeit, *die;* Geschicklichkeit, *die;* Raffiniertheit, *die;* **b) subtleties** Feinheiten

**subtly** ['sʌtlɪ] *adv.* auf subtile Weise *(geh.);* zart ‹*hinweisen auf, andeuten*›; geschickt ‹*argumentieren*›; **~ flavoured/perfumed** von feinem Geschmack *nachgestellt*/zart duftend

**'subtotal** *n.* Zwischensumme, *die*

**subtract** [səb'trækt] *v. t.* abziehen (**from** von); subtrahieren (**from** von)

**subtraction** [səb'trækʃn] *n.* Subtraktion, *die;* Abziehen, *das*

**sub'tropical** *adj.* subtropisch

**suburb** ['sʌbɜ:b] *n.* Vorort, *der;* **live in the ~s** am Stadtrand leben

**suburban** [sə'bɜ:bən] *adj.* **a)** *(of suburbs)* Vorort-; ‹*Leben, Haus*› am Stadtrand; **~ spread** *or* **sprawl** eintönige, endlose Vororte; **b)** *(derog.: limited in outlook)* spießig *(abwertend)*

**suburbanite** [sə'bɜ:bənaɪt] *n.* Vorstädter, *der/*Vorstädterin, *die*

**suburbia** [sə'bɜ:bɪə] *n. (derog.)* die [eintönigen] Vororte

**subvention** [səb'venʃn] *n.* Subvention, *die (Wirtsch.)*

**subversion** [səb'vɜ:ʃn] *n.* Subversion, *die; (of government, monarchy, etc.)* [Um]sturz, *der*

**subversive** [səb'vɜ:sɪv] **1.** *adj.* subversiv; **be ~ of sth.** etw. unterminieren. **2.** *n.* Subversive, *der/die*

**subversively** [səb'vɜ:sɪvlɪ] *adv.* subversiv

**subvert** [səb'vɜ:t] *v. t.* stürzen ‹*Monarchie, Regierung*›; unterminieren ‹*Moral, Loyalität*›; [zur Illoyalität] aufstacheln ‹*Person*›

**'subway** *n.* **a)** *(passage)* Unterführung, *die;* **b)** *(Amer.: railway)* Untergrundbahn, *die;* U-Bahn, *die (ugs.)*

**sub'zero** *adj.* **~ temperatures/conditions** Temperaturen unter Null

**succeed** [sək'si:d] **1.** *v. i.* **a)** *(achieve aim)* Erfolg haben; **sb. ~s in sth.** jmdm. gelingt etw.; jmd. schafft etw.; **sb. ~s in doing sth.** es gelingt jmdm., etw. zu tun; jmd. schafft es, etw. zu tun; **~ in business/college** geschäftlich/im Studium erfolgreich sein; **I did not ~ in doing it** ich habe es nicht geschafft; es ist mir nicht gelungen; **I ~ed in passing the test** ich habe die Prüfung mit Erfolg *od.* erfolgreich abgelegt; **he usually ~s in anything he puts his mind to** ihm gelingt gewöhnlich alles, was er sich *(Dat.)* vornimmt; **~ in one's aims** seine Ziele erreichen; **the plan did not ~**: der Plan ist gescheitert; **b)** *(come next)* die Nachfolge antreten; **~ to an office/the throne** die Nachfolge in einem Amt/die Thronfolge antreten; **~ to a title/an estate** einen Titel/ein Gut erben. **2.** *v. t.* **a)** *(take place of)* ablösen ⟨*Monarchen, Beamten*⟩; **~ sb. [in a post]** jmds. Nachfolge [in einem Amt] antreten; **b)** *(follow)* **day ~ed day** ein Tag folgte auf den anderen

**succeeding** [sək'si:dɪŋ] *adj.* [nach]folgend; *(one after another)* aufeinanderfolgend ⟨*Generationen, Regierungen*⟩

**success** [sək'ses] *n.* Erfolg, *der;* **meet with ~**: Erfolg haben; erfolgreich sein; **make a ~ of sth.** bei etw. Erfolg haben; **'wishing you every ~'** „ich wünsche/wir wünschen Ihnen viel Erfolg"; **have little/considerable ~ in doing sth.** wenig/beträchtlichen Erfolg dabei haben, etw. zu tun; **I didn't have much ~ with her** ich war bei ihr nicht sonderlich erfolgreich; **~ at last!** endlich hat es geklappt! *(ugs.);* **nothing succeeds like ~** *(prov.)* nichts ist so erfolgreich wie der Erfolg *(Spr.);* **he was a great ~ as headmaster/Hamlet** er war als Schulleiter sehr erfolgreich/als Hamlet ein großer Erfolg

**successful** [sək'sesfl] *adj.* erfolgreich; **be ~ in sth./doing sth.** Erfolg bei etw. haben/dabei haben, etw. zu tun; **he was ~ in his attempts to ...**: es gelang ihm, ... zu ...; **she made a ~ attempt on the record** der Rekordversuch ist ihr gelungen

**successfully** [sək'sesfəlɪ] *adv.* erfolgreich; **he ~ avoided the question** es gelang ihm, der Frage auszuweichen

**succession** [sək'seʃn] *n.* **a)** Folge, *die;* **four games/years** *etc.* **in ~**: vier Spiele/Jahre *usw.* hintereinander; **in quick/rapid ~**: in schneller/rascher Folge; **in close ~** *(in space)* dicht hintereinander; *(in time)* kurz hintereinander; **the ~ of the seasons** die Abfolge der Jahreszeiten; **b)** *(series)* Serie, *die;* **a ~ of losses/visitors** eine Verlust-/Besucherserie; **c)** *(right of succeeding to the throne etc.)* Erbfolge, *die;* **he is second in ~**: er ist Zweiter in der Erbfolge; **in ~ to his uncle** als Nachfolger seines Onkels; **the apostolic ~** *(RC Ch.)* die Apostolische Nachfolge *od.* Sukzession

**successive** [sək'sesɪv] *adj.* aufeinanderfolgend; **five ~ games/jobs** fünf Spiele/Stellungen hintereinander

**successively** [sək'sesɪvlɪ] *adv.* hintereinander

**successor** [sək'sesə(r)] *n.* Nachfolger, *der*/Nachfolgerin, *die;* **sb.'s ~, the ~ to sb.** jmds. Nachfolger; **the ~ to the throne** der Nachfolger auf dem Thron

**suc'cess story** *n.* Erfolgsstory, *die (ugs.);* **he is a typical American ~**: er hat eine typische amerikanische Erfolgskarriere hinter sich *(Dat.)*

**succinct** [sək'sɪŋkt] *adj.* *(terse)* knapp; *(clear, to the point)* prägnant

**succinctly** [sək'sɪŋktlɪ] *adv.* *(tersely)* in knappen Worten; *(clearly)* prägnant

**succinctness** [sək'sɪŋktnɪs] *n., no pl.* *(terseness)* Knappheit, *die;* *(clarity)* Prägnanz, *die*

**succour** *(Amer.:* **succor)** ['sʌkə(r)] *(literary)* **1.** *v. t.* Beistand leisten (+ *Dat.*). **2.** *n.* Beistand, *der;* Unterstützung, *die;* **bring ~ to the wounded** die Leiden der Verwundeten lindern

**succulence** ['sʌkjʊləns] *n., no pl.* Saftigkeit, *die*

**succulent** ['sʌkjʊlənt] **1.** *adj.* **a)** saftig ⟨*Pfirsich, Steak usw.*⟩; **b)** *(Bot.)* sukkulent; fleischig; **~ plants** Sukkulenten. **2.** *n.* *(Bot.)* Sukkulente, *die;* Fettpflanze, *die*

**succulently** ['sʌkjʊləntlɪ] *adv.* saftig

**succumb** [sə'kʌm] *v. i.* **a)** *(be forced to give way)* unterliegen; **~ to sth.** einer Sache *(Dat.)* erliegen; **~ to grief/despair** in Kummer/Verzweiflung verfallen; **~ to temptation** der Versuchung erliegen; **~ to pressure** dem Druck nachgeben; **b)** *(die)* **~ [to one's illness/wounds** *etc.***]** seiner Krankheit/seinen Verletzungen *usw.* erliegen

**such** [sʌtʃ] **1.** *adj., no compar. or superl.* **a)** *(of that kind)* solch ...; **~ a person** solch *od.* *(ugs.)* so ein Mensch; ein solcher Mensch; **~ a book** solch *od.* *(ugs.)* so ein Buch; ein solches Buch; **~ people** solche Leute; **~ things** so etwas; **symphonies and other ~ compositions** Sinfonien und andere Kompositionen dieser Art; **shoplifting and ~ crimes** Ladendiebstahl und derartige *od.* ähnliche Vergehen; **there are many ~ cases** so etwas kommt oft vor; **or some ~ thing** oder so etwas; oder etwas in der Art; **some ~ plan** irgend so ein Plan *(ugs.);* **I said no ~ thing** ich habe nichts dergleichen gesagt; **you'll do no ~ thing** das wirst du nicht tun; **there is no ~ bird** solch einen *od.* einen solchen Vogel gibt es nicht; **experiences ~ as these** solche *od.* derartige Erfahrungen; **there is no ~ thing as a unicorn** Einhörner gibt es gar nicht; **there is no ~ thing as honour among thieves** Diebe kennen keine Ehre; **~ writers as Eliot and Fry** Schriftsteller wie Eliot und Fry; **~ grapes as you never saw** Trauben, wie du sie noch nie gesehen hast; **I will take ~ steps as I think necessary** ich werde die Schritte unternehmen, die ich für notwendig halte; **~ money as I have** das bißchen Geld, das ich habe; **at ~ a time** zu einer solchen Zeit; **at ~ a moment as this** in einem Augenblick wie diesem; *(disapproving)* gerade jetzt; **in ~ a case** in einem solchen *od.* *(ugs.)* so einem Fall; **for** *or* **on ~ an occasion** zu einem solchen Anlaß; **by all means stay for lunch, ~ as it is** bleib doch zum Mittagessen, aber es gibt nichts Besonderes; **~ a one as he/she is impossible to replace** jemand wie er/sie ist unersetzlich; *see also* **another 1 b; luck b; b)** *(so great)* solch ...; derartig; **I got ~ a fright that ...**: ich bekam einen derartigen *od.* *(ugs.)* so einen Schrecken, daß ...; **your stupidity is ~ as to fill me with despair** deine Dummheit treibt mich noch zur Verzweiflung; **~ was the force of the explosion that ...**: die Explosion war so stark, daß ...; **to ~ an extent** dermaßen; **c)** *(with adj.)* so; **~ a big house** ein so großes Haus; **she has ~ lovely blue eyes** sie hat so schöne blaue Augen; **~ a wonderfully fresh green** so ein herrlich frisches Grün; **~ a long time** so lange. **2.** *pron.* **a)** **as ~**: als solcher/solche/solches; *(strictly speaking)* im Grunde genommen; an sich; **this is not a promotion as ~**: dies ist im Grunde genommen *od.* eigentlich keine Beförderung; **~ is not the case** das ist nicht der Fall; **~ is life** so ist das Leben; **~ as** wie [zum Beispiel]; **~ 'as?** zum Beispiel?; **b)** *(people or things of stated kind)* **all ~**: alle seinesgleichen/ihresgleichen; **we do not have any ~**: wir haben nichts dergleichen; **or some ~**: oder so etwas; **I can give you ~ as I have** ich kann dir [das Wenige] geben, was ich habe

**such-and-such** ['sʌtʃənsʌtʃ] **1.** *adj.* **in ~ a place at ~ a time** an dem und dem Ort um die und die Zeit; **Mr ~**: Herr Sowieso. **2.** *pron.* der und der/die und die/das und das

**suchlike** ['sʌtʃlaɪk] *(coll.)* **1.** *pron.* derlei. **2.** *attrib. adj.* dergleichen

**suck** [sʌk] **1.** *v. t.* saugen **(out of** aus); lutschen ⟨*Bonbon*⟩; saugen an (+ *Dat.*) ⟨*Pfeife*⟩; **~ one's thumb** am Daumen lutschen; **~ an orange dry** eine Apfelsine auslutschen; **~ sb. dry** *(extort all sb.'s money)* jmdn. bis aufs Blut aussaugen; *(exhaust sb.)* jmdn. auslaugen. **2.** *v. i.* ⟨*Baby:*⟩ saugen; **~ at sth.** an etw. *(Dat.)* saugen; **~ at a lollipop** an einem Lutscher lecken; einen Lolli lutschen. **3.** *n.* **have a ~ at an ice lolly/at a straw** an einem Eis lutschen/Strohhalm saugen *od.* ziehen

**~ 'down** *v. t.* hinunterziehen; ⟨*Strudel:*⟩ in die Tiefe ziehen

**~ 'in** *v. t.* einsaugen; ⟨*Strudel:*⟩ in die Tiefe ziehen

**~ 'off** *v. t.* *(coarse)* **~ sb. off** jmdm. einen ablutschen *od.* abkauen *(vulg.)*

**~ 'under** *v. t.* in die Tiefe ziehen

**~ 'up 1.** *v. t.* aufsaugen ⟨*Staub, Feuchtigkeit*⟩; *(with a straw)* einsaugen; *(into a pipette)* ansaugen; *(by dredger, tubes, etc.)* verschlucken. **2.** *v. i.* **~ up to sb.** *(sl.)* jmdm. in den Hintern kriechen *(salopp)*

**sucker** ['sʌkə(r)] *n.* **a)** *(suction pad)* Saugfuß, *der;* *(Zool.)* Saugnapf, *der;* *(of leech)* Saugscheibe, *die;* **b)** *(one attracted)* **be a ~ for sb./sth.** eine Schwäche für jmdn./etw. haben; **c)** *(sl.: dupe)* Dumme, *der/die;* **poor ~**: armer Trottel; **he's always being had for a ~**: er fällt immer auf alles herein; **d)** *(Bot.)* unterirdischer Ausläufer; **e)** *(fish)* Sauger, *der;* **f)** *(Amer.) see* **lollipop**

**'sucking-pig** *n.* Spanferkel, *das*

**suckle** ['sʌkl] **1.** *v. t.* säugen. **2.** *v. i.* [an der Brust] trinken

**suckling** ['sʌklɪŋ] *n.* *(unweaned child)* Säugling, *der;* **these piglets are still ~s** diese Ferkel werden noch gesäugt; *see also* **mouth 1 a**

**sucrose** ['su:krəʊz, 'sju:krəʊz] *n.* *(Chem.)* Saccharose, *die*

**suction** ['sʌkʃn] *n.* **a)** *(sucking)* Absaugen, *das;* *(force)* Saugwirkung, *die;* **b)** *(of air, currents, etc.)* Sog, *der;* **work by ~**: durch Saugwirkung arbeiten

**suction: ~-pad** *n.* Saugfuß, *der;* **~ pump** *n.* Saugpumpe, *die*

**Sudan** [su:'dɑ:n] *pr. n.* **[the] ~**: [der] Sudan

**Sudanese** [su:də'ni:z] **1.** *adj.* sudanesisch; **sb. is ~**: jmd. ist Sudanese/Sudanesin. **2.** *n., pl. same* Sudanese, *der*/Sudanesin, *die*

**sudden** ['sʌdn] **1.** *adj.* **a)** *(unexpected)* plötzlich; **I had a ~ thought** auf einmal *od.* plötzlich fiel mir etwas ein; **b)** *(abrupt, without warning)* jäh ⟨*Abgrund, Übergang, Ruck*⟩; **there was a ~ bend in the road** plötzlich machte die Straße eine Biegung. **2.** *n.* **all of a ~**: plötzlich

**sudden 'death** *attrib. adj.* *(Sport coll.)* **a ~ play-off** ein Stichentscheid; *(Footb.: using penalties)* ein Elfmeterschießen

**suddenly** ['sʌdnlɪ] *adv.* plötzlich

**suddenness** ['sʌdnnɪs] *n., no pl.* Plötzlichkeit, *die*

**suds** [sʌdz] *n. pl.* **a) [soap-]~** [Seifen]lauge, *die;* *(froth)* Schaum, *der;* **b)** *(Amer. sl.: beer)* Gerstensaft, *der (scherzh.)*

**sudsy** ['sʌdzɪ] *adj.* *(coll.)* seifig; *(frothy)* schaumig

**sue** [su:, sju:] **1.** *v. t.* *(Law)* verklagen **(for** auf + *Akk.*). **2.** *v. i.* **a)** *(Law)* klagen **(for** auf + *Akk.*); **b)** *(fig.)* **~ for peace/mercy** um Frieden/Gnade bitten

**suede** [sweɪd] *n.* Wildleder, *das;* *(finer)* Veloursleder, *das*

**suet** ['su:ɪt, 'sju:ɪt] *n.* Talg, *der*

**suet 'pudding** *n. mit Talg zubereiteter Pudding*

**Suez** ['su:ɪz, 'sju:ɪz] *pr. n.* Suez *(das);* **~ Canal** Suez-Kanal, *der*

**suffer** ['sʌfə(r)] **1.** *v. t.* **a)** *(undergo)* erleiden ⟨*Verlust, Unrecht, Schmerz, Niederlage*⟩; durchmachen, erleben ⟨*Schweres, Kummer*⟩; dulden ⟨*Unverschämtheit*⟩; **~ disablement** invalide werden; **the dollar ~ed further losses against the yen** der Dollar mußte weitere Einbußen gegenüber dem Yen hinnehmen; **~ neglect** vernachlässigt werden **b)** *(tolerate)* dulden; **not ~ fools gladly** mi dummen Leuten keine Geduld haben; **c)** *(arch.: allow)* lassen; **~ sth. to be done** *(Bibl.)* etw. geschehen lassen; **~ the little children to come unto me** *(Bibl.)* lasset die Kindlein zu mir kommen; **he ~s no one to contradict him** er duldet *od. (veralt.)* leidet keinen Widerspruch. **2.** *v. i.* leiden; **~ for sth.** *(for a cause)* für etw. leiden; *(in expiation)* für etw. büßen; **the engine ~ed severely** der Motor hat sehr gelitten; **if you publish this article, your reputation will ~:** wenn Sie diesen Artikel veröffentlichen, wird das Ihrem Ruf schaden

**~ from** *v. t.* leiden unter (+ *Dat.*); leiden an (+ *Dat.*) ⟨*Krankheit*⟩; **~ from shock** unter Schock[wirkung] stehen; **~ from faulty planning/bad execution** an falscher Planung/schlechter Durchführung kranken; **the trees have ~ed from the frost** die Bäume haben durch den Frost gelitten

**sufferance** ['sʌfərəns] *n.* Duldung, *die;* **his behaviour is beyond ~:** sein Benehmen ist unerträglich; **he remains here on ~ only** er ist hier bloß geduldet

**sufferer** ['sʌfərə(r)] *n.* Betroffene, *der/die; (from disease)* Leidende, *der/die;* **~s from rheumatism/arthritis, rheumatism/arthritis ~s** Rheuma-/Arthritisleidende

**suffering** ['sʌfərɪŋ] *n.* Leiden, *das;* **he had experienced untold ~ from cancer** als Krebskranker hatte er unsäglich gelitten; **her ~s are now at an end** sie hat jetzt ausgelitten *(geh.)*

**suffice** [sə'faɪs] **1.** *v. i.* genügen; **~ it to say: ...:** nur soviel sei gesagt: ...; **this ~d to infuriate her** das genügte *od.* reichte schon, um sie wütend zu machen. **2.** *v. t.* genügen (+ *Dat.*); reichen für

**sufficiency** [sə'fɪʃənsɪ] *n., no pl.* Zulänglichkeit, *die; (sufficient amount)* ausreichende Menge

**sufficient** [sə'fɪʃənt] *adj.* genug; **~ money/food** genug Geld/genug zu essen; **be ~:** genügen; **~ reason** Grund genug; **I'm not ~ of an expert** ich bin nicht Fachmann genug; **have you had ~?** *(food, drink)* haben Sie schon genug?; **I think you have drunk quite ~:** ich glaube, du hast schon genug getrunken

**sufficiently** [sə'fɪʃəntlɪ] *adv.* genug; *(adequately)* ausreichend; **~ large** groß genug; **a ~ large number** eine genügend große Zahl

**suffix** ['sʌfɪks] **1.** *n.* **a)** *(Ling.)* Suffix, *das (fachspr.);* Nachsilbe, *die;* **b)** *(Math.) see* **subscript 2. 2.** *v. t.* suffigieren *(fachspr.);* anhängen ⟨*Nachsilbe*⟩

**suffocate** ['sʌfəkeɪt] **1.** *v. t.* ersticken; **he was ~d by the smoke** der Rauch erstickte ihn; er erstickte an dem Rauch; **suffocating heat** drückende Hitze; **this dreary existence is suffocating me** *(fig.)* dieses eintönige Leben erdrückt mich. **2.** *v. i.* ersticken; **she was suffocating in the hot little kitchen** sie wäre in der heißen kleinen Küche fast erstickt

**suffocation** [sʌfə'keɪʃn] *n.* Erstickung, *die;* **a feeling of ~:** das Gefühl, zu ersticken

**suffragan** ['sʌfrəgən] *(Eccl.)* **1.** *adj.* **~ bishop** Suffraganbischof, *der.* **2.** *n.* **[bishop] ~:** Suffragan, *der*

**suffrage** ['sʌfrɪdʒ] *n. (right of voting)* Wahlrecht, *das;* **female** *or* **women's ~:** das Frauenwahlrecht

**suffragette** [sʌfrə'dʒet] *n. (Hist.)* Frauenrechtlerin, *die;* Suffragette, *die*

**suffuse** [sə'fju:z] *v. t.* **a blush ~d her cheeks** Schamröte stieg ihr ins Gesicht; **the evening sky was ~d with crimson** der Abendhimmel war in purpurnes Licht getaucht

**Sufi** ['su:fɪ] *n. (Muslim Relig.)* Sufi, *der*

**sugar** ['ʃʊgə(r)] **1.** *n.* **a)** Zucker, *der;* **two ~s, please** *(spoonfuls)* zwei Löffel Zucker, bitte; *(lumps)* zwei Stück Zucker, bitte; **b)** *(fig.: flattery)* Schöntuerei, *die (abwertend);* **c)** *(Amer. sl.: money)* Kohle, *die (salopp);* **d)** *(Amer. coll.: darling)* Süße, *der/die (fam.).* **2.** *v. t.* zuckern; *(fig.)* versüßen; verzuckern

**sugar: ~ basin** *see* **~-bowl; ~-beet** *n.* Zuckerrübe, *die;* **~-bowl** *n.* Zuckerschale, *die; (covered)* Zuckerdose, *die;* **~-cane** *n.* Zuckerrohr, *das;* **~-coated** *adj.* gezuckert; mit Zucker überzogen ⟨*Dragee usw.*⟩; **~-daddy** *n. (sl.) spendabler älterer Mann, der ein junges Mädchen aushält;* **~-loaf** *n.* Zuckerhut, *der;* **~-lump** *n.* Zuckerstück, *das; (when counted)* Stück Zucker, *das;* **~-pea** *n.* Zuckererbse, *die;* **~-refinery** *n.* Zuckerraffinerie, *die;* **~-shaker, ~-sifter** *ns.* Zuckerstreuer, *der;* **~-tongs** *n. pl.* Zuckerzange, *die*

**sugary** ['ʃʊgərɪ] *adj.* süß; *(fig.)* süßlich ⟨*Lächeln, Stimme, Musik*⟩

**suggest** [sə'dʒest] **1.** *v. t.* **a)** *(propose)* vorschlagen; **~ sth. to sb.** jmdm. etw. vorschlagen; **he ~ed going to the cinema** er schlug vor, ins Kino zu gehen; **b)** *(assert)* **are you trying to ~ that he is lying?** wollen Sie damit sagen, daß er lügt?; **he ~ed that the calculation was incorrect** er sagte, die Rechnung sei falsch; **I ~ that ...** *(Law)* ich unterstelle, daß ...; **c)** *(make one think of)* suggerieren; ⟨*Symptome, Tatsachen:*⟩ schließen lassen auf (+ *Akk.*); **what does this music ~ to you?** woran denken Sie bei dieser Musik? **2.** *v. refl.* **~ itself [to sb.]** ⟨*Möglichkeiten, Ausweg:*⟩ sich [jmdm.] anbieten; ⟨*Gedanke:*⟩ sich [jmdm.] aufdrängen

**suggestible** [sə'dʒestɪbl] *adj.* beeinflußbar; suggestibel *(geh.)*

**suggestion** [sə'dʒestʃn] *n.* **a)** Vorschlag, *der;* **at** *or* **on sb.'s ~:** auf jmds. Vorschlag *(Akk.);* **I am open to ~s** ich bin Vorschlägen *od.* Anregungen aufgeschlossen; **b)** *(insinuation)* Andeutungen *Pl.;* **there is no ~ that he co-operated with the kidnappers** niemand unterstellt, daß er mit den Entführern zusammengearbeitet hat; **what a ~!** wie kann man so etwas nur sagen!; **c)** *(fig.: trace)* Spur, *die;* **not a ~ of condescension** nicht die Spur von Herablassung; **she speaks German with a ~ of a Polish accent** sie spricht Deutsch mit einem ganz leichten polnischen Akzent; **there is a ~ of blue in the grey** das Grau hat einen leichten Stich ins Blaue

**sug'gestion[s] box** *n.* Kummerkasten, *der*

**suggestive** [sə'dʒestɪv] *adj.* **a)** suggestiv *(geh.);* **be ~ of sth.** auf etw. *(Akk.)* schließen lassen; **~ power** Suggestion, *die;* **b)** *(risqué)* anzüglich; gewagt; zweideutig ⟨*Scherze, Lieder*⟩

**suggestively** [sə'dʒestɪvlɪ] *adv.* **a)** vielsagend; **b)** *(in a risqué manner)* gewagt

**suggestiveness** [sə'dʒestɪvnɪs] *n., no pl.* **a)** Suggestion, *die;* **b)** *(sexual undertones)* Anzüglichkeit, *die;* Gewagtheit, *die*

**suicidal** [su:ɪ'saɪdl, sju:ɪ'saɪdl] *adj.* **a)** *(leading or tending to suicide)* selbstmörderisch ⟨*Akt, Absicht*⟩; suizidal *(fachspr.)* ⟨*Verhalten, Patient*⟩; **~ tendencies** eine Neigung zum Selbstmord; **I felt** *or* **was quite ~:** ich hätte mich am liebsten gleich umgebracht; **b)** *(dangerous)* selbstmörderisch ⟨*Fahrweise, Verhalten usw.*⟩

**suicide** ['su:ɪsaɪd, 'sju:ɪsaɪd] *n.* **a)** Selbstmord, *der (auch fig.);* Suizid, *der (fachspr.); (viewed more positively)* Freitod, *der (geh.);* **commit ~:** Selbstmord *od. (fachspr.)* Suizid begehen; *(viewed more positively)* den Freitod wählen *(geh.);* **attempt ~:** einen Selbstmordversuch unternehmen; **b)** *(person)* Selbstmörder, *der*/-mörderin, *die;* Suizidant, *der*/Suizidantin, *die (fachspr.)*

**suicide: ~ attempt** *n.* Selbstmordversuch, *der;* **~ pact** *n.* Selbstmordpakt, *der;* **~ squad** *n.* Selbstmordkommando, *das*

**sui generis** [sju:aɪ 'dʒenərɪs, su:ɪ 'genərɪs] *adj.* einzigartig; **be ~:** einzig in seiner Art sein

**suit** [su:t, sju:t] **1.** *n.* **a)** *(for men)* Anzug, *der; (for women)* Kostüm, *das;* **a three-piece-~:** ein dreiteiliger Anzug; ein Dreiteiler; **~ of armour** Harnisch, *der;* **buy [oneself] a new ~ of clothes** sich neu einkleiden; **b)** *(Law)* **~ [at law]** Prozeß, *der;* [Gerichts]verfahren, *das;* **c)** *(Cards)* Farbe, *die;* **follow ~:** Farbe bedienen; *(fig.)* das Gleiche tun; *see also* **¹long 1 m; d)** *(courtship)* Werbung, *die (um eine Frau).* **2.** *v. t.* **a)** anpassen **(to** *Dat.***)**; **~ the action to the word** den Worten Taten folgen lassen; **b) be ~ed [to sth./one another]** [zu etw./zueinander] passen; **he is not at all ~ed to marriage** er eignet sich überhaupt nicht für die Ehe; **they are ill/well ~ed** sie passen schlecht/gut zueinander; **c)** *(satisfy needs of)* passen (+ *Dat.*); recht sein (+ *Dat.*); **will Monday ~ you?** ist Montag Ihnen recht?; paßt Ihnen Montag?; **he comes when it ~s him** er kommt, wann es ihm gerade paßt; **does the climate ~ you/your health?** bekommt Ihnen das Klima?; **dried fruit/asparagus does not ~ me** ich vertrage kein Trockenobst/keinen Spargel; **d)** *(go well with)* passen zu; **does this hat ~ me?** steht mir dieser Hut?; **black ~s her** Schwarz steht ihr gut. **3.** *v. i.* **a)** *(be convenient)* ⟨*Termin:*⟩ recht sein; **b)** *(go well)* **she'll ~:** sie ist genau richtig; **the job ~s with his abilities** die Stelle entspricht seinen Fähigkeiten. **4.** *v. refl.* **~ oneself** tun, was man will; **~ yourself!** [ganz] wie du willst!; **you can ~ yourself whether you come or not** du kannst kommen oder nicht, ganz wie du willst

**suitability** [su:tə'bɪlɪtɪ, sju:tə'bɪlɪtɪ] *n., no pl.* Eignung, *die* **(for** für**)**; *(of clothing, remark; for an occasion)* Angemessenheit, *die* **(for** für**)**; **his ~ as a teacher** seine Eignung zum *od.* als Lehrer; **we must check the ~ of the date** wir müssen prüfen, ob der Termin paßt

**suitable** ['su:təbl, 'sju:təbl] *adj.* geeignet; *(for an occasion)* angemessen ⟨*Kleidung*⟩; angebracht ⟨*Bemerkung*⟩; *(matching; convenient)* passend; **I did not find anything ~ to go with this dress** ich habe nichts gefunden, was zu diesem Kleid paßt; **this girlfriend is not ~ for him** diese Freundin paßt nicht zu ihm; **Monday is the most ~ day [for me]** Montag paßt [mir] am besten

**suitableness** ['su:təblnɪs, 'sju:təblnɪs] *see* **suitability**

**suitably** ['su:təblɪ, 'sju:təblɪ] *adv.* angemessen; gehörig ⟨*entrüstet*⟩; gebührend ⟨*beeindruckt*⟩; entsprechend ⟨*gekleidet*⟩; **a ~ treated metal** ein in geeigneter Weise bearbeitetes Metall

**'suitcase** *n.* Koffer, *der;* **live out of a ~:** aus dem Koffer leben

**suite** [swi:t] *n.* **a)** *(of furniture)* Garnitur, *die;* **three-piece ~:** Polstergarnitur, *die;* **bedroom ~:** Schlafzimmereinrichtung, *die;* **b)** *(of rooms)* Suite, *die;* **executive/bridal ~:** Chef-/Hochzeitssuite, *die;* **c)** *(Mus.)* Suite, *die*

**suitor** ['su:tə(r), 'sju:tə(r)] *n.* Freier, *der*

**sulfate, sulfide, sulfite, sulfonamide, sulfur, sulfuric** *(Amer.) see* **sulph-**

**sulk** [sʌlk] **1.** *n., usu. in pl.* **have a ~** *or* **the ~s, be in** *or* **have a fit of the ~s** eingeschnappt sein *(ugs.);* schmollen. **2.** *v. i.* schmollen; **he always ~s if he doesn't get his own way** er ist immer gleich eingeschnappt, wenn er seinen Willen nicht kriegt *(ugs.)*

**sulkily** ['sʌlkɪlɪ] *adv.* eingeschnappt *(ugs.);* schmollend

**sulkiness** ['sʌlkɪnɪs] *n., no pl.* Schmollen, *das;* **the ~ of her expression/look** ihr schmollender Gesichtsausdruck/Blick

**sulky** ['sʌlkɪ] **1.** *adj.* schmollend; eingeschnappt *(ugs.).* **2.** *n. (Horse-racing)* Sulky, *das*

**sullen** ['sʌlən] *adj.* mürrisch; verdrießlich; *(fig.)* düster ⟨*Himmel*⟩

**sullenly** ['sʌlənlɪ] *adv.* mürrisch; verdrießlich

**sullenness** ['sʌlənnɪs] *n., no pl.* Verdrießlichkeit, *die*

**sully** ['sʌlɪ] *v. t. (formal)* besudeln *(geh.)*

**sulphate** ['sʌlfeɪt] *n.* Sulfat, *das*

**sulphide** ['sʌlfaɪd] *n.* Sulfid, *das*

**sulphite** ['sʌlfaɪt] *n.* Sulfit, *das*

**sulphonamide** [sʌl'fɒnəmaɪd] *n.* Sulfonamid, *das*

**sulphur** ['sʌlfə(r)] *n.* Schwefel, *der*

**sulphuric** [sʌl'fjʊərɪk] *adj.* **~ acid** Schwefelsäure, *die*

**sultan** ['sʌltən] *n.* Sultan, *der*

**sultana** [sʌl'tɑːnə] *n.* **a)** *(raisin)* Sultanine, *die;* **b)** *(wife of sultan)* Sultanin, *die*

**sultriness** ['sʌltrɪnɪs] *n., no pl.* Schwüle, *die; (fig.: sensuality)* Sinnlichkeit, *die*

**sultry** ['sʌltrɪ] *adj.* schwül ‹*Wetter, Tag, Atmosphäre*›; *(fig.: sensual)* sinnlich; schwül ‹*Schönheit*›

**sum** [sʌm] **1.** *n.* **a)** *(total amount, lit. or fig.)* Summe, *die* **(of** aus); **~ [total]** Ergebnis, *das;* **that was the ~ total of our achievements** *or* **of what we achieved** das war alles, was wir erreicht haben; **in ~:** summa summarum; **b)** *(amount of money)* Summe, *die;* **a cheque for this ~:** ein Scheck über diesen Betrag; *see also* **lump sum; c)** *(Arithmetic)* Rechenaufgabe, *die;* **do ~s** rechnen; **she is good at ~s** sie kann gut rechnen; sie ist gut im Rechnen. **2.** *v. t.,* **-mm-** addieren

**~ 'up 1.** *v. t.* **a)** zusammenfassen; **b)** *(Brit.: assess)* einschätzen; **this ~med him up perfectly** damit war er treffend charakterisiert. **2.** *v. i.* ein Fazit ziehen; ‹*Richter:*› resümieren; **in ~ming up, I should like to ...:** zusammenfassend möchte ich ...

**sumac[h]** ['suːmæk, 'ʃuːmæk, 'sjuːmæk] *n.* Sumach, *der*

**summarily** ['sʌmərɪlɪ] *adv.* **a)** *(shortly)* knapp; **b)** *(without formalities or delay)* summarisch; **~ dismissed** fristlos entlassen; **~ convicted** *(Law)* im summarischen Verfahren verurteilt

**summarize** ['sʌməraɪz] *v. t.* zusammenfassen

**summary** ['sʌmərɪ] **1.** *adj.* **a)** *(short)* knapp; **b)** *(without formalities or delay)* summarisch *(geh.);* fristlos ‹*Entlassung*›; *(Law)* **~ justice/jurisdiction** Schnelljustiz, *die;* **~ conviction** Verurteilung im summarischen Verfahren *(Rechtsw.)*. **2.** *n.* Zusammenfassung, *die*

**summer** ['sʌmə(r)] **1.** *n.* **a)** Sommer, *der;* **in [the] ~:** im Sommer; **in early/late ~:** im Früh-/Spätsommer; **last/next ~:** letzten/nächsten Sommer; **a ~'s day/night** ein Sommertag/eine Sommernacht; **in the ~ of 1983, in ~ 1983** im Sommer 1983; **two ~s ago we went to France** im Sommer vor zwei Jahren waren wir in Frankreich; *see also* **Indian summer; solstice a; b)** *in pl. (literary: years)* Lenze *(geh.)*. **2.** *attrib. adj.* Sommer-

**summer: ~-house** *n.* [Garten]laube, *die;* **~ 'lightning** *n.* Wetterleuchten, *das;* **~ 'pudding** *n. (Brit.) Süßspeise aus Kompott und Weißbrot;* **~ school** *n.* Sommerkurs, *der;* **~ term** *n.* Sommerhalbjahr, *das;* **S~ Time** *n. (Brit.: for daylight saving)* die Sommerzeit; **~time** *n. (season)* Sommer, *der;* **~ visitor** *n.* Sommergast, *der;* **~ weight** *adj. (Textiles)* [sommerlich] leicht; Sommer-

**summery** ['sʌmərɪ] *adj.* sommerlich

**summing-up** [sʌmɪŋ'ʌp] *n.* Zusammenfassung, *die*

**summit** ['sʌmɪt] *n.* **a)** *(peak, lit. or fig.)* Gipfel, *der;* **he was at the ~ of his power** er stand auf dem Gipfel[punkt] seiner Macht; **b)** *(discussion)* Gipfel, *der;* **~ conference/meeting** Gipfelkonferenz, *die*/-treffen, *das;* **at ~ level** auf höchster Ebene

**summitry** ['sʌmɪtrɪ] *n.* Gipfeldiplomatie, *die*

**summon** ['sʌmən] *v. t.* **a)** *(call upon)* rufen **(to** zu); holen ‹*Hilfe*›; zusammenrufen ‹*Aktionäre*›; **b)** *(call by authority)* zu sich zitieren; einberufen ‹*Parlament*›; **she was ~ed to the presence of the Queen** sie wurde zur Königin befohlen *(veralt.);* **c)** *(Law: to court)* vorladen ‹*Angeklagten, Zeugen*›; **d) ~ sb. to do sth.** jmdn. auffordern, etw. zu tun

**~ 'up** *v. t.* aufbringen ‹*Mut, Kräfte, Energie, Begeisterung*›

**summons** ['sʌmənz] **1.** *n.* **a)** Aufforderung, *die;* **receive a ~ from sb. to do sth.** von jmdm. aufgefordert werden, etw. zu tun; **b)** *(Law)* Vorladung, *die;* **serve a ~ on sb.** jmdm. eine Vorladung zustellen. **2.** *v. t. (Law)* **~ sb. to appear in court** jmdn. gerichtlich vorladen *od.* vor Gericht laden

**sumo** ['suːməʊ] *n., pl.* **~s: ~ [wrestling]** Sumo, *das;* **~ [wrestler]** Sumokämpfer, *der*

**sump** [sʌmp] *n.* **a)** *(Brit. Motor Veh.)* Ölwanne, *die;* **b)** *(Mining)* Sumpf, *der*

**sumptuous** ['sʌmptjʊəs] *adj.* üppig; luxuriös ‹*Einband, Möbel, Kleidung*›

**sumptuously** ['sʌmptjʊəslɪ] *adv.* üppig; luxuriös ‹*eingerichtet*›

**sumptuousness** ['sʌmptjʊəsnɪs] *n., no pl.* Üppigkeit, *die;* **the ~ of the binding/furnishings** der luxuriöse Einband/die luxuriöse Einrichtung

**sun** [sʌn] **1.** *n.* Sonne, *die;* **rise with the ~:** in aller Herrgottsfrühe aufstehen; **a place in the ~** *(fig.)* ein Platz an der Sonne; **catch the ~** *(be in a sunny position)* viel Sonne abbekommen; *(get ~burnt)* einen Sonnenbrand bekommen; **a touch of the ~:** ein leichter Sonnenstich; **under the ~** *(fig.)* auf der Welt; **chat about everything under the ~:** über alles Mögliche schwatzen; **there is nothing new under the ~:** es gibt nichts Neues unter der Sonne; *see also* **hay; midnight sun. 2.** *v. refl.,* **-nn-** *(lit. or fig.)* sich sonnen

**Sun.** *abbr.* **Sunday** So.

**sun: ~baked** *adj.* an der Sonne getrocknet ‹*Ziegel*›; ausgedörrt ‹*Landschaft, Prärie usw.*›; **~bathe** *v. i.* sonnenbaden; **~bather** *n.* Sonnenbadende, *der/die;* **~bathing** *n.* Sonnenbaden, *das;* **~beam** *n.* Sonnenstrahl, *der;* **~-bed** *n. (with UV lamp)* Sonnenbank, *die; (in garden etc.)* Gartenliege, *die;* **~belt** *n. (Amer.)* Sonnengürtel, *der; die südlichen Staaten der USA;* **~-blind** *n.* Markise, *die;* **~-bonnet** *n.* Sonnenhäubchen, *das;* **~burn 1.** *n.* Sonnenbrand, *der;* **2.** *v. i.* **my skin ~burns/I ~burn very easily** ich kriege sehr leicht einen Sonnenbrand; **~burnt** *adj.* **a)** *(suffering from ~burn)* **be ~burnt** einen Sonnenbrand haben; **have a ~burnt back/face** einen Sonnenbrand auf dem Rücken/im Gesicht haben; **get badly ~burnt** einen schlimmen Sonnenbrand bekommen; **b)** *(tanned)* sonnenverbrannt ‹*Person, Gesicht usw.*›

**sundae** ['sʌndeɪ, 'sʌndɪ] *n.* **[ice-cream] ~:** Eisbecher, *der*

**Sunday** ['sʌndeɪ, 'sʌndɪ] **1.** *n.* **a)** Sonntag, *der;* **never in a month of ~s** nie im Leben; **b)** *in pl. (newspapers)* Sonntagszeitungen. **2.** *adv. (coll.)* **she comes ~s** sie kommt sonntags. *See also* **best 3 b; Friday**

**Sunday: ~ 'driver** *n. (derog.)* Sonntagsfahrer, *der*/-fahrerin, *die (abwertend);* **~ painter** *n.* Sonntagsmaler, *der*/-malerin, *die;* **~ school** *n.* Sonntagsschule, *die;* ≈ Kindergottesdienst, *der*

**'sun-deck** *n.* Sonnendeck, *das*

**sunder** ['sʌndə(r)] *(arch./literary) v. t.* brechen

**sun: ~dew** *n. (Bot.)* Sonnentau, *der;* **~dial** *n.* Sonnenuhr, *die;* **~down** *see* **sunset; ~downer** ['sʌndaʊnə(r)] *n. (Austral.)* Pennbruder, *der (ugs.);* **~-drenched** *adj.* sonnenüberflutet *(geh.);* **~-dress** *n.* Strand- *od.* Sonnenkleid, *das;* **~-dried** *adj.* an der Sonne getrocknet

**sundry** ['sʌndrɪ] **1.** *adj.* verschieden; **~ articles** verschiedene *od.* diverse Artikel. **2.** *n. in pl.* Verschiedenes; Diverses; *see also* **all 2 a**

**sun: ~fast** *adj. (Amer.)* lichtecht ‹*Farben*›; **~fish** *n.* Sonnen-, Mondfisch, *der;* **~flower** *n.* Sonnenblume, *die;* **~flower seeds** Sonnenblumenkerne

**sung** *see* **sing 1, 2**

**sun: ~-glasses** *n. pl.* Sonnenbrille, *die;* **~-god** *n.* Sonnengott, *der;* **~-hat** *n.* Sonnenhut, *der;* **~-helmet** *n.* Tropenhelm, *der*

**sunk** *see* **sink 2, 3**

**sunken** ['sʌŋkn] *adj.* versunken ‹*Schatz*›; gesunken ‹*Schiff*›; eingefallen ‹*Augen, Wangen*›; tieferliegend ‹*Garten, Zimmer*›; in den Boden eingelassen ‹*Badewanne*›

**sun-lamp** *n.* Höhensonne, *die*

**sunless** ['sʌnlɪs] *adj.* ‹*Ecke, Stelle, Tal*› wo die Sonne nie hinkommt; trübe ‹*Tag*›

**sun: ~light** *n.* Sonnenlicht, *das;* **come into the ~light!** komm in die Sonne!; **~lit** *adj.* sonnenbeschienen ‹*Landschaft*›; sonnig ‹*Zimmer, Garten*›; **~ lounge** *n.* Veranda, *die*

**Sunni** ['sʌnɪ] *n. (Muslim Relig.)* Sunnit, *der*/Sunnitin, *die; attrib.* sunnitisch

**sunnily** ['sʌnɪlɪ] *adv.* lustig; freundlich

**Sunnite** ['sʌnaɪt] *n. (Muslim Relig.)* Sunnit, *der*/Sunnitin, *die*

**sunny** ['sʌnɪ] **a)** sonnig; **~ intervals** Aufheiterungen; **the ~ side of the house/street** die Sonnenseite des Hauses/der Straße; **~ side up** ‹*Spiegelei*› mit dem Gelben nach oben; **b)** *(cheery)* fröhlich ‹*Wesen, Lächeln*›; **have a ~ disposition** eine Frohnatur sein

**sun: ~ray** *n.* Sonnenstrahl, *der;* **~ray treatment** *n.* Bestrahlung, *die;* **~rise** *n.* Sonnenaufgang, *der;* **at ~rise** bei Sonnenaufgang; *attrib.* **~rise industry** Zukunftsindustrie, *die;* **~-roof** *n.* Schiebedach, *das;* **~-seeker** *n.* Sonnenhungrige, *der/die;* **~set** *n.* Sonnenuntergang, *der;* **at ~set** bei Sonnenuntergang; **~shade** *n.* Sonnenschirm, *der; (awning)* Markise, *die;* **~shine** *n.* **a)** Sonnenschein, *der;* **sit in the ~shine** in der Sonne sitzen; **b)** *(joc.: as form of address) (to child)* Kleiner/Kleine; *(between men)* Kumpel *(ugs.);* **~shine roof** *see* **sunroof; ~spot** *n.* **a)** *(Astron.)* Sonnenfleck, *der;* **b)** *(place)* Sonnenparadies, *das;* **~stroke** *n.* Sonnenstich, *der;* **suffer from/get ~stroke** einen Sonnenstich haben/bekommen; **~-tan** *n.* [Sonnen]bräune, *die;* **get a ~-tan** braun werden; **~-tan lotion** *n.* Sonnencreme, *die;* **~-tanned** *adj.* braun[gebrannt]; sonnengebräunt *(geh.);* **~-tan oil** *n.* Sonnenöl, *das;* **~-top** *n.* Sonnentop, *das;* **~-trap** *n.* sonniges Plätzchen; **~-up** *(Amer.) see* **~rise; ~ visor** *n.* Blendschirm, *der;* **~-worshipper** *n. (lit./joc.)* Sonnenanbeter, *der*/-anbeterin, *die*

**sup** [sʌp] *v. t.,* **-pp- a)** *(arch.: have supper)* zu Abend essen; **b)** *(Scot., N. Engl.: drink)* süffeln *(ugs.)*

**super** ['suːpə(r)] *(coll.)* **1.** *n.* **a)** *(actor)* Statist, *der*/Statistin, *die;* **b)** *(Police) see* **superintendent a. 2.** *adj. (Brit.)* super *(ugs.);* **you've all been really ~ to me** ihr wart wirklich unheimlich nett zu mir

**superabundance** [suːpərə'bʌndəns] *n.* Überfluß, *der;* **a ~ of wealth** übermäßiger Wohlstand

**superabundant** [suːpərə'bʌndənt] *adj.* überreichlich

**superannuate** [suːpə'rænjʊeɪt] *v. t.* pensionieren

**superannuated** [suːpə'rænjʊeɪtɪd] *adj.* pensioniert; überaltert ‹*Ideen*›

**superannuation** [suːpərænjʊ'eɪʃn] *n.* **a) ~ [contribution/payment]** Beitrag zur Rentenversicherung; **~ fund** Rentenfonds, *der;* **b)** *(pension)* Rente, *die*

**superb** [sʊ'pɜːb, sjuː'pɜːb] *adj.* einzigartig; erstklassig ‹*Essen, Zustand*›; **look ~:** phantastisch aussehen *(ugs.)*

**superbly** [sʊ'pɜ:blɪ, sju:'pɜ:blɪ] *adv.* erstklassig
**supercargo** ['su:pəkɑ:gəʊ] *n., pl.* ~es Superkargo, *der*
**supercharge** ['su:pətʃɑ:dʒ] *v. t.* aufladen ⟨*Motor*⟩; ~d car/engine Auto/Motor mit Kompressor
**supercharger** ['su:pətʃɑ:dʒə(r)] *n. (Motor Veh.)* Kompressor, *der*
**supercilious** [su:pə'sɪlɪəs] *adj.*, **superciliously** [su:pə'sɪlɪəslɪ] *adv.* hochnäsig
**superciliousness** [su:pə'sɪlɪəsnɪs] *n., no pl.* Hochnäsigkeit, *die*
**supercomputer** [su:pəkəm'pju:tə(r)] *n.* Supercomputer, *der*
**superconductivity** [su:pəkɒndək'tɪvɪtɪ] *n. (Phys.)* Supraleitfähigkeit, *die*
**superconductor** [su:pəkən'dʌktə(r)] *n. (Phys.)* Supraleiter, *der*
**supercool** ['su:pəku:l] *v. t. (Phys.)* unterkühlen
**super-duper** ['su:pədu:pə(r)] *adj. (Brit. coll.)* Superklasse- *(ugs.)*; **be ~:** Superklasse sein *(ugs.)*
**superego** [su:pər'i:gəʊ, su:pər'egəʊ] *n., pl.* ~s *(Psych.)* Über-Ich, *das*
**superficial** [su:pə'fɪʃl] *adj. (also fig.)* oberflächlich; leicht ⟨*Änderung, Schaden*⟩; äußerlich ⟨*Ähnlichkeit*⟩
**superficiality** [su:pəfɪʃɪ'ælɪtɪ] *n.* Oberflächlichkeit, *die*
**superficially** [su:pə'fɪʃəlɪ] *adv.* an der Oberfläche; ⟨*Thema*⟩ oberflächlich ⟨*behandeln*⟩; äußerlich ⟨*ähnlich sein*⟩
**superfine** ['su:pəfaɪn] *adj.* **a)** *(of extra quality)* hochfein; **b)** *(excessively fine)* hauchdünn ⟨*Unterschied*⟩
**superfluity** [su:pə'flu:ɪtɪ] *n.* **a)** Überflüssigkeit, *die;* **b)** *(amount)* Überfluß, *der* **(of** an + *Dat.*)
**superfluous** [sʊ'pɜ:flʊəs, sju:'pɜ:flʊəs] *adj.* überflüssig
**superfluously** [sʊ'pɜ:flʊəslɪ, sju:'pɜ:flʊəslɪ] *adv.* überflüssigerweise
**superfluousness** [sʊ'pɜ:flʊəsnɪs, sju:'pɜ:flʊəsnɪs] *n., no pl.* Überflüssigkeit, *die*
**superglue** ['su:pəglu:] *n.* Sekundenkleber, *der*
**supergrass** ['su:pəgrɑ:s] *n. (Journ.)* Superspitzel, *der (abwertend)*
**superheat** [su:pə'hi:t] *v. t.* überhitzen
**superhighway** ['su:pəhaɪweɪ] *n. (Amer.)* Autobahn, *die*
**superhuman** [su:pə'hju:mən] *adj.* übermenschlich
**superimpose** [su:pərɪm'pəʊz] *v. t.* aufbringen ⟨*Schicht usw.*⟩; aufkopieren ⟨*Bild*⟩; **~ a on b** a auf b legen; *(fig.)* b mit a überlagern; **be ~d on sth.** *(state, lit. or fig.)* etw. überlagern
**superintend** [su:pərɪn'tend] *v. t.* überwachen; beaufsichtigen
**superintendent** [su:pərɪn'tendənt] *n.* **a)** *(Brit. Police)* Kommissar, *der*/Kommissarin, *die; (Amer. Police)* [Polizei]präsident, *der*/-präsidentin, *die;* **b)** *(of hostel)* Leiter, *der*/Leiterin, *die;* **~ of schools** ≈ Schulrat, *der*/-rätin, *die;* **c)** *(Amer.: caretaker)* Hausverwalter, *der*/-verwalterin, *die*
**superior** [su:'pɪərɪə(r), sju:'pɪərɪə(r), sʊ'pɪərɪə(r)] **1.** *adj.* **a)** *(of higher quality)* besonders gut ⟨*Restaurant, Qualität, Stoff*⟩; überlegen ⟨*handwerkliches Können, Technik, Intelligenz*⟩; **he thinks he is ~ to us** er hält sich für besser *od.* etwas Besseres als wir; **this car is ~ in speed to mine** dieser Wagen ist meinem an Geschwindigkeit überlegen; **b)** *(having higher rank)* höher... ⟨*Stellung, Rang, Gericht*⟩; **be ~ to sb.** einen höheren Rang als jmd. haben; **c)** *(greater in number)* zahlenmäßig überlegen ⟨*Truppen*⟩; **the enemy's ~ numbers** die zahlenmäßige Überlegenheit des Feindes; **d)** *(supercilious)* überlegen; hochnäsig *(abwertend)*; **e)** *(not influenced)* **be ~ to sth.** über etw. *(Dat.)* stehen; **f)** *(Printing)* hochgestellt ⟨*Zahl, Buchstabe*⟩. **2.** *n.* **a)** *(sb. higher in rank)* Vorgesetzte, *der/die;* **b)** *(sb. better)* Überlegene, *der/die;* **he has no ~ in courage** keiner hat mehr Mut als er
**superiority** [su:pɪərɪ'ɒrɪtɪ, sju:pɪərɪ'ɒrɪtɪ, sʊpɪərɪ'ɒrɪtɪ] *n.* Überlegenheit, *die* **(to** über + *Akk.*); *(of goods)* besondere Qualität; *(haughtiness)* Hochnäsigkeit, *die;* **his ~ in talent** sein größeres Talent
**superlative** [su:'pɜ:lətɪv, sju:'pɜ:lətɪv] **1.** *adj.* **a)** unübertrefflich; einmalig gut; **b)** *(Ling.)* superlativisch; **the ~ degree** der Superlativ; die zweite Steigerungsstufe; **a ~ adjective/adverb** ein Adjektiv/Adverb im Superlativ. **2.** *n. (Ling.)* Superlativ, *der*
**superlatively** [su:'pɜ:lətɪvlɪ, sju:'pɜ:lətɪvlɪ] *adv.* einmalig gut
**superman** ['su:pəmæn] *n., pl.* **supermen** ['su:pəmen] Supermann, *der; (Philos., Lit.)* Übermensch, *der*
**supermarket** ['su:pəmɑ:kɪt] *n.* Supermarkt, *der*
**supernatural** [su:pə'nætʃərl] *adj.* übernatürlich; **the ~:** das Übernatürliche
**supernaturally** [su:pə'nætʃərəlɪ] *adv.* auf übernatürliche Weise
**supernova** [su:pə'nəʊvə] *n., pl.* ~e [su:pə'nəʊvi:] *or* ~s *(Astron.)* Supernova, *die*
**supernumerary** [su:pə'nju:mərərɪ] **1.** *adj.* überzählig. **2.** *n.* zusätzliche Arbeitskraft; *(actor)* Statist, *der*/Statistin, *die*
**superpose** [su:pə'pəʊz] *see* **superimpose**
**superpower** ['su:pəpaʊə(r)] *n. (Polit.)* Supermacht, *die*
**superscript** ['su:pəskrɪpt] **1.** *n.* hochgestelltes Zeichen. **2.** *adj.* hochgestellt
**supersede** [su:pə'si:d] *v. t.* ablösen **(by** durch); **old ~d ideas** alte, überholte Vorstellungen
**supersonic** [su:pə'sɒnɪk] *adj.* Überschall-; **go ~:** die Schallmauer durchbrechen
**superstar** ['su:pəstɑ:(r)] *n.* Superstar, *der*
**superstition** [su:pə'stɪʃn] *n. (lit. or fig.)* Aberglaube, *der;* **~s** abergläubische Vorstellungen; *(religious practices)* abergläubische Praktiken
**superstitious** [su:pə'stɪʃəs] *adj.*, **superstitiously** [su:pə'stɪʃəslɪ] *adv.* abergläubisch
**superstore** ['su:pəstɔ:(r)] *n.* Großmarkt, *der*
**superstructure** ['su:pəstrʌktʃə(r)] *n.* **a)** Aufbau, *der;* **b)** *(Sociol.)* Überbau, *der*
**supertanker** ['su:pətæŋkə(r)] *n.* Supertanker, *der*
**supertax** ['su:pətæks] *n.* Ergänzungsabgabe *od.* -steuer, *die*
**supertonic** [su:pə'tɒnɪk] *n. (Mus.)* zweite Stufe; Subdominantparallele, *die (fachspr.)*
**supervene** [su:pə'vi:n] *v. i.* dazwischenkommen
**supervise** ['su:pəvaɪz] *v. t.* beaufsichtigen
**supervision** [su:pə'vɪʒn] *n.* Aufsicht, *die*
**supervisor** ['su:pəvaɪzə(r)] *n.* Aufseher, *der*/Aufseherin, *die; (for Ph. D. thesis)* Doktorvater, *der; (Amer.: school officer)* Fachbereichsleiter, *der*/-leiterin, *die;* **works ~:** Vorarbeiter, *der*/-arbeiterin, *die;* **office ~:** Bürovorsteher, *der*/-vorsteherin, *die*
**supervisory** ['su:pəvaɪzərɪ] *adj.* Aufsichts-
**supine** ['su:paɪn, 'sju:paɪn] *adj.* **he was** *or* **lay ~:** er lag auf dem Rücken; **assume a ~ position** sich auf den Rücken legen; **~ acceptance** *(fig.)* gleichgültige Hinnahme
**supper** ['sʌpə(r)] *n.* Abendessen, *das; (simpler meal)* Abendbrot, *das;* **have** *or* **eat [one's] ~:** zu Abend essen; **be at** *or* **eating** *or* **having [one's] ~:** beim Abendessen/Abendbrot sein; zu Abend essen; **sing for one's ~** *(fig.)* etwas für sein Geld tun *(ugs.)*; **The Last S~:** das [letzte] Abendmahl; *see also* **Lord 1 b**
**'supper-time** *n.* Abendbrotzeit, *die;* **it's ~:** es ist Zeit zum Abendessen
**supplant** [sə'plɑ:nt] *v. t.* ablösen, ersetzen **(by** durch); ausstechen ⟨*Widersacher, Rivalen*⟩
**supple** ['sʌpl] *adj.* geschmeidig
**supplement 1.** ['sʌplɪmənt] *n.* **a)** Ergänzung, *die* **(to** + *Gen.*); *(addition)* Zusatz, *der;* **vitamin ~:** Vitaminpräparat, *das;* **b)** *(of book)* Nachtrag, *der; (separate volume)* Supplement, *das;* Nachtragsband, *der; (of newspaper)* Beilage, *die;* **c)** *(to fare etc.)* Zuschlag, *der.* **2.** ['sʌplɪmənt, sʌplɪ'ment] *v. t.* ergänzen
**supplementary** [sʌplɪ'mentərɪ] *adj.* zusätzlich; Zusatz⟨*rente, -frage*⟩; **~ fare/charge** Zuschlag, *der; see also* **benefit 1 b**
**suppleness** ['sʌplnɪs] *n., no pl.* Geschmeidigkeit, *die*
**supplicant** ['sʌplɪkənt] *n.* Bittsteller, *der*/-stellerin, *die*
**supplicate** ['sʌplɪkeɪt] **1.** *v. t.* anflehen. **2.** *v. i.* flehen **(for um)**
**supplication** [sʌplɪ'keɪʃn] *n.* Flehen, *das;* **in ~:** flehentlich
**supplier** [sə'plaɪə(r)] *n. (Commerc.)* Lieferant, *der*/Lieferantin, *die*
**supply** [sə'plaɪ] **1.** *v. t.* **a)** liefern ⟨*Waren usw.*⟩; sorgen für ⟨*Unterkunft*⟩; zur Verfügung stellen ⟨*Lehrmittel, Arbeitskleidung usw.*⟩; beliefern ⟨*Kunden, Geschäft*⟩; versorgen ⟨*System*⟩; **~ sth. to sb., ~ sb. with sth.** jmdn. mit etw. versorgen/*(Commerc.)* beliefern; **could you ~ me with the tools?** könnten Sie mir das Werkzeug zur Verfügung stellen?; **b)** *(make good)* erfüllen ⟨*Nachfrage, Bedarf*⟩; abhelfen (+ *Dat.*) ⟨*Mangel*⟩. **2.** *n.* **a)** *(stock)* Vorräte *Pl.*; **a large ~ of food** große Lebensmittelvorräte; **a good ~ of reading matter** ausreichende Lektüre; **new supplies of shoes** neue Schuhlieferungen; **military/medical supplies** militärischer/medizinischer Nachschub; **~ and demand** *(Econ.)* Angebot und Nachfrage; *see also* **short 1 d**; **b)** *(provision)* Versorgung, *die* **(of** mit); **the wholesaler has cut off our ~:** der Großhändler beliefert uns nicht mehr; **their gas ~ was cut off** ihnen ist das Gas abgestellt worden; **the blood ~ to the brain** die Versorgung des Gehirns mit Blut; **c)** *(Brit. Parl.)* Haushalt, *der;* **S~ Day** Tag der Verabschiedung des Parlamentshaushalts; **d)** **~ [teacher]** Vertretung, *die;* **be/go on ~:** Vertretung sein/als Vertretung gehen. **3.** *attrib.* Versorgungs⟨*schiff, -netz, -basis, -lager usw.*⟩; **~ lines** Nachschubwege
**sup'ply-side** *adj. (Econ.)* angebotsseitig
**support** [sə'pɔ:t] **1.** *v. t.* **a)** *(hold up)* stützen ⟨*Mauer, Verletzten*⟩; *(bear weight of)* tragen ⟨*Dach*⟩; **b)** *(give strength to)* stärken; **~ sb. in his struggle** jmdn. in seinem Kampf bestärken; **c)** unterstützen ⟨*Politik, Verein*⟩; *(Footb.)* **~ Spurs** Spurs-Fan sein; **d)** *(give money to)* unterstützen; spenden für; **e)** *(provide for)* ernähren ⟨*Familie, sich selbst*⟩; **f)** *(Cinemat., Theatre: take secondary part to)* **~ed by ...:** mit ... in weiteren Rollen; **g)** *(bring facts to confirm)* stützen ⟨*Theorie, Anspruch, Behauptung*⟩; *(speak in favour of)* befürworten ⟨*Streik, Maßnahme*⟩; **h)** *(represent adequately)* verkörpern ⟨*Rolle*⟩; **i)** *(usu. neg.: tolerate)* ertragen; hinnehmen ⟨*Dreistigkeit usw.*⟩. **2.** *n.* **a)** Unterstützung, *die;* **give ~ to sb./sth.** jmdn./etw. unterstützen; **in ~:** zur Unterstützung; **speak in ~ of sb./sth.** jmdn. unterstützen/etw. befürworten; **b)** *(money)* Unterhalt, *der;* **c)** *(sb./sth. that ~s)* Stütze, *die;* **hold on to sb./sth. for ~:** sich an jmdm./etw. festhalten
**supportable** [sə'pɔ:təbl] *adj.* vertretbar; erträglich ⟨*Lärm*⟩
**supporter** [sə'pɔ:tə(r)] *n.* **a)** Anhänger, *der*/Anhängerin, *die;* **a football ~:** ein Fußballfan; **~s of a strike** Befürworter eines Streiks; **b)** *(Her.)* Schildhalter, *der*
**sup'porters' club** *n. (Sport)* Fanclub, *der*
**supporting** [sə'pɔ:tɪŋ] *adj.* *(Cinemat.,*

*Theatre)* ~ **role** Nebenrolle, *die;* **the ~ cast** die Darsteller der Nebenrollen; ~ **actor/actress** Schauspieler/-spielerin in einer Nebenrolle; ~ **film** Vorfilm, *der;* Beifilm, *der*

**supportive** [səˈpɔːtɪv] *adj.* hilfreich; **be very ~ [to sb.]** [jmdm.] eine große Hilfe *od.* Stütze sein

**sup'port price** *n. (Finance)* Stützungspreis, *der*

**suppose** [səˈpəʊz] *v. t.* **a)** *(assume)* annehmen; ~ *or* **supposing [that] he ...:** angenommen, [daß] er ...; **always supposing that ...:** immer vorausgesetzt, daß ...; ~ **we wait until tomorrow/went for a walk** wir könnten eigentlich bis morgen warten/einen Spaziergang machen; ~ **we change the subject** reden wir lieber von etwas anderem; **b)** *(presume)* vermuten; **I ~d she was in Glasgow** ich vermutete sie in Glasgow; **I ~ she will be here by ten** sie wird wohl bis um zehn kommen; **whom do you ~ he meant by that remark?** wen, glaubst du, hat er mit der Bemerkung gemeint?; **I don't ~ you have an onion to spare?** Sie haben wohl nicht zufällig eine Zwiebel übrig?; **we're not going to manage it, are we? – I ~ not** wir werden es wohl nicht schaffen – ich glaube kaum; **I ~ so** ich nehme es an; *(doubtfully)* ja, vermutlich; *(more confidently)* ich glaube schon; **I ~ I shall have to tell you** ich werde es dir wohl sagen müssen; **c) be ~d to do/be sth.** *(be generally believed to do/be sth.)* etw. tun/sein sollen; **cats are ~d to have nine lives** Katzen sollen angeblich neun Leben haben; **that restaurant is ~d to be quite cheap** das Restaurant soll ziemlich billig sein; **d)** *(allow)* **you are not ~d to do that/to kick people** das darfst du nicht/du darfst andere Leute nicht treten!; **I'm not ~d to be here** ich dürfte eigentlich gar nicht hier sein; **e)** *(presuppose)* voraussetzen

**supposed** [səˈpəʊzd] *attrib. adj.* mutmaßlich

**supposedly** [səˈpəʊzɪdlɪ] *adv.* angeblich

**supposition** [sʌpəˈzɪʃn] *n.* Annahme, *die;* Vermutung, *die;* **be based on ~:** auf Annahmen *od.* Vermutungen beruhen

**suppository** [səˈpɒzɪtərɪ] *n. (Med.)* Zäpfchen, *das;* Suppositorium, *das (fachspr.)*

**suppress** [səˈpres] *v. t.* **a)** unterdrücken; *(stop)* zum Stillstand bringen ‹*Blutung*›; verbieten ‹*Zeitung*›; **b)** *(Electr.)* entstören ‹*Zündung, Elektrogerät*›; ausschalten ‹*Störung*›

**suppression** [səˈpreʃn] *n.* **a)** Unterdrückung, *die;* **b)** *(Electr.)* Entstörung, *die; (of interference)* Ausschaltung, *die*

**suppressor** [səˈpresə(r)] *n. (Electr.)* Entstörgerät, *das*

**suppurate** [ˈsʌpjʊreɪt] *v. i. (Med.)* eitern

**suppuration** [sʌpjʊˈreɪʃn] *n. (Med.) (formation of pus)* Eiterung, *die; (discharge of pus)* Eitern, *das*

**supremacy** [suːˈpreməsɪ, sjuːˈpreməsɪ] *n., no pl.* **a)** *(supreme authority)* Souveränität, *die;* **b)** *(superiority)* Überlegenheit, *die;* **air/naval ~:** Luft-/Seeherrschaft, *die;* **gain ~ over others** Vorherrschaft *od.* eine Vormachtstellung über andere erlangen; *see also* **white supremacy**

**supreme** [suːˈpriːm, sjuːˈpriːm] **1.** *adj.* **a)** *(highest)* höchst...; **the S~ Being** das Höchste Wesen; **S~ Court** *(Law)* Oberster Gerichtshof; ~ **end** *or* **good** höchstes Gut; *see also* **Soviet 2; b)** *(ultimate)* **the ~ test** die schwierigste Probe; **make the ~ sacrifice** sein Leben zum Opfer bringen; **c)** *(greatest)* höchst...; größt... ‹*Stunde*›; **a ~ moment** ein unvergleichlicher Augenblick; **he is ~ among musicians** er ist der größte aller Musiker; **a ~ artist** ein unübertroffener Künstler; **reign ~:** souverän herrschen; **confusion reigns ~:** es herrscht große Verwirrung. **2.** *n. (Gastr.)* **chicken ~:** Hühnchen in Rahmsoße; ~ **of sole** Seezunge in Rahmsoße

**suprême** [suːˈprem] *see* **supreme 2**

**supremely** [suːˈpriːmlɪ, sjuːˈpriːmlɪ] *adv.* äußerst; unvergleichlich ‹*schön*›

**supremo** [suːˈpriːməʊ, sjuːˈpriːməʊ] *n., pl.* **~s** *(Brit.)* Boß, *der (ugs.)*

**Supt.** *abbr.* **Superintendent**

**sura[h]** [ˈsʊərə] *n. (Muslim Relig.)* Sure, *die*

**surcharge** [ˈsɜːtʃɑːdʒ] **1.** *n.* **a)** *(extra cost)* Zuschlag, *der;* **b)** *(on postage stamp)* [Porto]aufdruck, *der;* **c)** *(fine for false tax return)* Steuerzuschlag, *der.* **2.** *v. t.* **a) ~ sb. [10 %]** jmdn. mit einem Zuschlag [von 10 %] belegen; **b)** *(overprint)* überdrucken ‹*Briefmarke*›

**surcoat** [ˈsɜːkəʊt] *n. (arch.)* Überjacke, *die*

**surd** [sɜːd] *n. (Math.)* Wurzelausdruck, *der*

**sure** [ʃʊə(r)] **1.** *adj.* **a)** *(confident)* sicher; **be ~ of sth.** sich *(Dat.)* einer Sache *(Gen.)* sicher sein; **you may be ~ of his honesty** du kannst dich auf seine Ehrlichkeit verlassen; **~ of oneself** selbstsicher; **he looks very ~ of himself** er macht einen sehr selbstsicheren Eindruck; **I'm not quite ~ why** ich weiß nicht genau, warum; **I can't be ~ about him** ich bin mir über ihn nicht im klaren; **I'm ~ I didn't mean to insult you** ich wollte dich ganz bestimmt nicht beleidigen; **I'm ~ I don't know** ich weiß es ganz bestimmt nicht; **don't be too ~:** da wäre ich mir nicht so sicher; **b)** *(safe)* sicher; **make sth. ~:** etw. sichern; **be on ~r ground** *(lit. or fig.)* sich auf festerem Boden befinden; *see also* **slow 1 a; c)** *(certain)* sicher; **you're ~ to be welcome** Sie werden ganz sicher *od.* bestimmt willkommen sein; **it's ~ to rain** es wird bestimmt regnen; **there is ~ to be a garage** es gibt bestimmt eine Tankstelle; **don't worry, it's ~ to turn out well** keine Sorge, es wird schon alles gutgehen; **he is ~ to ask questions about the incident** er wird auf jeden Fall Fragen zu dem Vorfall stellen; **d)** *(undoubtedly true)* sicher; **to be ~** *expr. concession* natürlich; *expr. surprise* wirklich!; tatsächlich!; **for ~** *(coll.: without doubt)* auf jeden Fall; **e) make ~ [of sth.]** sich [einer Sache] vergewissern; *(check)* [etw.] nachprüfen; **you'd better make ~ of a seat** *or* **that you have a seat** du solltest dir einen Platz sichern; **make** *or* **be ~ you do it, be ~ to do it** *(do not fail to do it)* sieh zu, daß du es tust; *(do not forget)* vergiß nicht, es zu tun; **be ~ to write** vergiß nicht zu schreiben; **make ~ you've got everything you need** sieh zu, daß du alles hast, was du brauchst; **make ~ you don't forget to do it** vergiß auf keinen Fall, es zu tun; **be ~ you finish the work by tomorrow** machen Sie die Arbeit auf jeden Fall bis morgen fertig; **be ~ not to be late** sieh zu, daß du nicht zu spät kommst; **f)** *(reliable)* sicher ‹*Zeichen*›; zuverlässig ‹*Freund, Bote, Heilmittel*›; **a ~ winner** ein todsicherer Tip *(ugs.).* **2.** *adv.* **a) as ~ as can be** *(coll.)* so sicher wie das Amen in der Kirche; **as ~ as I'm standing here** so wahr ich hier stehe; **~ as hell** todsicher; **~ enough** tatsächlich; **it's brandy ~ enough!** das ist tatsächlich Weinbrand!; **it's brandy ~ enough, but ...:** es ist wohl Weinbrand, aber ...; *see also* ¹**egg; b)** *(Amer. coll.: certainly)* wirklich; echt *(ugs.);* **Can you dance? – I ~ can** Kannst du tanzen? – Und ob!. **3.** *int.* **~!, ~ thing!** *(Amer.)* na klar! *(ugs.)*

**sure: ~-fire** *attrib. adj. (Amer. coll.)* todsicher; **~-footed** *adj. (lit. or fig.)* trittsicher

**surely** [ˈʃʊəlɪ] *adv.* **1. a)** *as sentence-modifier* doch; **there is no truth in it, ~!** das kann doch gar nicht stimmen; **~ we've met before?** wir kennen uns doch, oder?; **~ you are not going out in this snowstorm?** du willst doch wohl in dem Schneesturm nicht rausgehen?; **b)** *(steadily)* sicher; **slowly but ~:** langsam, aber sicher; **c)** *(certainly)* sicherlich; **the plan will ~ fail** der Plan wird garantiert scheitern. **2.** *int. (Amer.)* natürlich; selbstverständlich

**sureness** [ˈʃʊənɪs] *n., no pl.* Sicherheit, *die;* **~ of purpose** Entschlossenheit, *die*

**surety** [ˈʃʊərətɪ, ˈʃʊətɪ] *n.* Bürge, *der*/Bürgin, *die;* **stand ~ for sb.** für jmdn. bürgen

**surf** [sɜːf] **1.** *n.* Brandung, *die.* **2.** *v. i.* surfen

**surface** [ˈsɜːfɪs] **1.** *n.* **a)** *no pl.* Oberfläche, *die;* **outer ~:** Außenfläche, *die;* **the earth's ~:** die Erdoberfläche; **on the ~ of the table** auf der Tischplatte; **the ~ of the road** die Straßendecke; **the ~ of the lake** die Seeoberfläche; **on the ~:** an der Oberfläche; *(Mining)* über Tage; **b)** *(outward appearance)* Oberfläche, *die;* **one never gets below the ~ with him** bei ihm bleibt alles immer oberflächlich; **on the ~:** oberflächlich betrachtet; **she remained calm on the ~:** äußerlich blieb sie ganz ruhig; **come to the ~:** an die Oberfläche kommen; ‹*Taucher, Unterseeboot:*› auftauchen; *(fig.)* ans Licht kommen *(fig.);* **c)** *(Geom.)* Fläche, *die.* **2.** *attrib. adj. (lacking depth)* oberflächlich. **3.** *v. i.* **a)** auftauchen; *(fig.)* hochkommen; ‹*Untergrundbahn:*› nach oben kommen; **b)** *(coll.: wake up, get up)* hochkommen *(ugs.).* **4.** *v. t.* mit einem Belag versehen ‹*Straße*›

**surface: ~ area** *n.* Oberfläche, *die;* **~ mail** *n.* gewöhnliche Post *(die auf dem Land- bzw. Seeweg befördert wird);* **~ noise** *n. (on record)* Kratzen, *das;* **~ soil** *n.* oberste Bodenschicht; **~ 'tension** *n. (Phys.)* Oberflächenspannung, *die;* **~-to-air** *adj.* **~-to-air missile** Boden-Luft-Rakete, *die;* **~ vessel** *n.* Überwasserfahrzeug, *das;* **~-water** *n.* Oberflächenwasser, *das;* **~ worker** *n. (Min.)* Übertagearbeiter, *der*

**'surf-board** *n.* Surfbrett, *das*

**surfeit** [ˈsɜːfɪt] **1.** *n.* Übermaß, *das;* **a ~ of rich food** zuviel schweres Essen. **2.** *v. t.* übersättigen

**surfer** [ˈsɜːfə(r)] *n.* Surfer, *der*/Surferin, *die*

**'surf-riding** *n.* Surfen, *das*

**surge** [sɜːdʒ] **1.** *v. i.* ‹*Wellen:*› branden; ‹*Fluten, Menschenmenge:*› sich wälzen; ‹*elektrischer Strom:*› ansteigen; **anger ~d within him** Zorn wallte in ihm auf; **the crowd ~d forward** die Menschenmenge drängte sich nach vorn. **2.** *n.* **a)** *(of the sea)* Branden, *das;* **b)** *(of crowd)* Sichwälzen, *das; (of electric current)* Anstieg, *der;* **c)** *(fig.: of interest, enthusiasm, anger, pity)* Woge, *die*

**~ 'up** *v. i.* aufsteigen; ‹*Gefühl:*› aufwallen

**surgeon** [ˈsɜːdʒən] *n.* **a)** Chirurg, *der*/Chirurgin, *die;* **b)** *(Mil., Navy: medical officer)* Stabsarzt, *der*/-ärztin, *die*

**surgeon 'general** *n.* **a)** *(Amer. Mil.)* Generalstabsarzt, *der*/-ärztin, *die;* **b)** *(Amer. Admin.)* ≈ Gesundheitsminister, *der*/-ministerin, *die*

**surgery** [ˈsɜːdʒərɪ] *n.* **a)** *no pl., no indef. art.* Chirurgie, *die;* **need ~:** operiert werden müssen; **undergo ~:** sich einer Operation *(Dat.)* unterziehen; **be saved by ~:** durch eine Operation gerettet werden; **b)** *(Brit.: place)* Praxis, *die;* **doctor's/dental ~:** Arzt-/Zahnarztpraxis, *die;* **c)** *(Brit.: time; session)* Sprechstunde, *die;* **the times of ~:** die Sprechzeiten; **when is his ~?** wann hat er Sprechstunde?; **hold a ~** *(Brit. coll.)* ‹*Abgeordneter, Anwalt usw.:*› eine Sprechstunde abhalten

**surgical** [ˈsɜːdʒɪkl] *adj.* chirurgisch; **~ treatment** Operation, *die*/Operationen; **~ gauze** Verbandsmull, *der;* **~ boot/stocking** orthopädischer Schuh/Strumpf; **~ spirit** *Methylalkohol [zur Hautdesinfektion vor Operationen];* ≈ Alkohol, *der*

**surgically** [ˈsɜːdʒɪkəlɪ] *adv.* operativ ‹*behandeln, entfernen*›

**surliness** [ˈsɜːlɪnɪs] *n., no pl.* Verdrießlichkeit, *die;* mürrische Art; **the ~ of his look** sein mürrischer Blick

**surly** [ˈsɜːlɪ] *adj.* mürrisch; verdrießlich

**surmise** [səˈmaɪz] **1.** *n.* Vermutung, *die,* Mutmaßung, *die.* **2.** *v. t.* mutmaßen; **she**

**had ~d as much** das hatte sie schon vermutet. **3.** *v. i.* mutmaßen
**surmount** [sə'maʊnt] *v. t.* **a)** krönen; **a shield ~ed by a crown** ein bekrönter Wappenschild; **b)** *(overcome)* überwinden ⟨*Hindernis, Schwierigkeiten*⟩
**surmountable** [sə'maʊntəbl] *adj.* überwindbar
**surname** ['sɜ:neɪm] **1.** *n.* Nachname, *der;* Zuname, *der.* **2.** *v. t.* **be ~d ...:** den Zunamen ... tragen
**surpass** [sə'pɑ:s] *v. t.* übertreffen (**in** an + *Dat.*); **~ oneself** sich selbst übertreffen; **sth. ~es [sb.'s] comprehension** etw. ist [jmdm.] unbegreiflich
**surpassing** [sə'pɑ:sɪŋ] *adj.* unvergleichlich ⟨*Schönheit, Leistung*⟩
**surplice** ['sɜ:plɪs] *n. (Eccl.)* Chorhemd, *das*
**surplus** ['sɜ:pləs] **1.** *n.* Überschuß, *der* (**of** an + *Dat.*); **a ~ of coffee** Kaffeeüberschüsse *Pl.;* **army ~:** Restbestände der Armee; **army ~ store/boots** Laden für Restbestände/Schuhe aus Restbeständen der Armee; *see also* **government surplus. 2.** *adj.* überschüssig; **be ~ to sb.'s requirements** von jmdm. nicht benötigt werden; **~ stocks** Überschüsse *Pl.*
**surprise** [sə'praɪz] **1.** *n.* **a)** Überraschung, *die;* **take sb. by ~:** jmdn. überrumpeln; **the fort was taken by ~:** die Festung wurde durch Überrumpelungstaktik eingenommen; **to my great ~, much to my ~:** zu meiner großen Überraschung; sehr zu meiner Überraschung; **look up in ~:** überrascht aufblicken; **it came as a ~ to us** es war für uns eine Überraschung; **~, ~!** *(iron.)* sieh mal einer an! *(spött.);* **b)** *attrib.* überraschend, unerwartet ⟨*Besuch*⟩; **a ~ attack/defeat** ein Überraschungsangriff/eine überraschende Niederlage; **it's to be a ~ party** die Party soll eine Überraschung sein; **~ packet** *(Brit. fig.)* Wundertüte, *die (scherzh.).* **2.** *v. t.* überraschen; überrumpeln ⟨*Feind*⟩; **I shouldn't be ~d if ...:** es würde mich nicht wundern, wenn ...; **be ~d at sb./sth.** sich über jmdn./etw. wundern; **~ sb. into doing sth.** jmdn. dazu überrumpeln, etw. zu tun
**surprising** [sə'praɪzɪŋ] *adj.* überraschend; **there's nothing ~ about that** daran ist nichts Überraschendes; **it's hardly ~ that ...:** es ist kaum verwunderlich, daß ...; **~ though it may seem** so erstaunlich es auch klingen mag
**surprisingly** [sə'praɪzɪŋlɪ] *adv.* überraschend; **~ [enough], he was ...:** überraschenderweise war er ...
**surreal** [sə'ri:əl] *adj.* surrealistisch
**surrealism** [sə'ri:əlɪzm] *n., no pl.* Surrealismus, *der*
**surrealist** [sə'ri:əlɪst] **1.** *n.* Surrealist, *der*/Surrealistin, *die.* **2.** *adj.* surrealistisch
**surrealistic** [səri:ə'lɪstɪk] *adj.* surrealistisch
**surrender** [sə'rendə(r)] **1.** *n.* **a)** *(submitting to enemy)* Kapitulation, *die;* **b)** *(giving up possession)* Aufgabe, *die; (of insurance policy)* Rückkauf, *der; (of firearms)* Abgabe, *die.* **2.** *v. i.* kapitulieren; **~ to sb.** sich jmdm. beugen; **~ to despair/pressure/panic** sich der Verzweiflung überlassen/sich dem Druck beugen/sich zu Panik hinreißen lassen. **3.** *v. t.* **a)** *(give up possession of)* aufgeben; preisgeben ⟨*Freiheit, Privileg*⟩; niederlegen ⟨*Amt*⟩; abgeben, aushändigen ⟨*Wertgegenstände*⟩; **b)** zurückkaufen ⟨*Versicherungspolice*⟩. **4.** *v. refl.* sich hingeben (**to** + *Dat.*)
**sur'render value** *n.* Rückkaufswert, *der*
**surreptitious** [sʌrəp'tɪʃəs] *adj.* heimlich; verstohlen ⟨*Blick*⟩
**surreptitiously** [sʌrəp'tɪʃəslɪ] *adv.* heimlich; verstohlen ⟨*blicken*⟩
**surrogate** ['sʌrəgət] *n.* **a)** *(deputy)* Stellvertreter, *der*/-vertreterin, *die;* **b)** *(substitute)* Ersatz, *der*
**surrogate 'mother** *n.* Leihmutter, *die*
**surround** [sə'raʊnd] **1.** *v. t.* **a)** *(come or be all round)* umringen; ⟨*Truppen, Heer:*⟩ umzingeln ⟨*Stadt, Feind*⟩; **b)** *(enclose, encircle)* umgeben; **be ~ed by** *or* **with sth.** von etw. umgeben sein. **2.** *n. (Brit.)* Umrandung, *die*
**surrounding** [sə'raʊndɪŋ] *adj.* umliegend ⟨*Dörfer*⟩; **~ area** Umgebung, *die;* **the ~ countryside** die [Landschaft in der] Umgebung
**surroundings** [sə'raʊndɪŋz] *n. pl.* Umgebung, *die*
**surtax** ['sɜ:tæks] *n.* Ergänzungsabgabe *od.* -steuer, *die*
**surveillance** [sə'veɪləns] *n.* Überwachung, *die;* **keep sb. under ~:** jmdn. überwachen; **be under ~:** überwacht werden
**survey 1.** [sə'veɪ] *v. t.* **a)** *(take general view of)* betrachten; *(from high point)* überblicken ⟨*Landschaft, Umgebung*⟩; **b)** *(examine)* inspizieren ⟨*Gebäude usw.*⟩; **c)** *(assess)* bewerten ⟨*Situation, Problem usw.*⟩; **d)** *(Surv.)* vermessen ⟨*Grundstück, Land usw.*⟩. **2.** ['sɜ:veɪ] *n.* **a)** *(general view, critical inspection)* Überblick, *der* (**of** über + *Akk.*); *(of landscape)* Betrachtung, *die;* **b)** *(by opinion poll)* Umfrage, *die; (by research)* Untersuchung, *die;* **conduct a ~ into sth.** eine Umfrage zu etw. veranstalten/etw. untersuchen; **a telephone ~:** eine Telefonbefragung; **c)** *(Surv.)* Vermessung, *die;* **d)** *(building inspection)* Inspektion, *die*
**surveying** [sə'veɪɪŋ] *n.* **a)** Landvermessung, *die;* **b)** *(Constr.)* Abstecken, *das;* **c)** *(profession)* **go into ~:** Landvermesser/-vermesserin werden
**surveyor** [sə'veɪə(r)] *n.* **a)** *(of building)* Gutachter, *der*/Gutachterin, *die; see also* **quantity surveyor; b)** *(of land)* Landvermesser, *der*/-vermesserin, *die;* Geodät, *der*/Geodätin, *die;* **c)** *(official inspector)* **S~ of Weights and Measures** Eichmeister, *der*/-meisterin, *die;* **d)** *(Amer.: customs officer)* Zollbeamte, *der*/-beamtin, *die*
**survival** [sə'vaɪvl] *n.* **a)** *no pl.* Überleben, *das; (of tradition)* Fortbestand, *der; (of building)* Erhaltung, *die;* **fight for ~:** Existenzkampf, *der;* **his ~ as Foreign Minister** *(fig.)* sein politisches Überleben als Außenminister; **the ~ of the fittest** *(Biol.)* [das] Überleben der Stärkeren; **b)** *(relic)* Überrest, *der*
**sur'vival kit** *n.* Notausrüstung, *die*
**survive** [sə'vaɪv] **1.** *v. t.* überleben; **she ~d her son by 20 years** sie überlebte ihren Sohn um 20 Jahre. **2.** *v. i.* ⟨*Person:*⟩ überleben; ⟨*Schriften, Gebäude, Traditionen:*⟩ erhalten bleiben; **he'll/you'll** *etc.* **~** *(iron.)* er wird's/du wirst's *usw.* [schon] überleben
**survivor** [sə'vaɪvə(r)] *n.* Überlebende, *der/die;* **he's a ~:** er ist nicht unterzukriegen
**sus** [sʌs] *(Brit. sl.)* **1.** *n.* **a)** *(suspect)* Verdächtige, *der/die;* **b)** *(suspicion)* Verdacht, *der;* **the ~ laws** *die Gesetze, nach denen jmd. festgenommen werden darf, wenn er verdächtigt wird, eine strafbare Handlung begehen zu wollen.* **2.** *v. t.,* **-ss-** spitzkriegen *(ugs.);* **get sb. ~sed** jmdn. durchschauen
**~ 'out** *v. t. (sl.)* checken *(ugs.);* spannen *(ugs.)*
**susceptibility** [səseptɪ'bɪlɪtɪ] *n.* **a)** *(being susceptible) (to flattery, persuasion, etc.)* Empfänglichkeit, *die* (**to** für); *(to illness, injury, etc.)* Anfälligkeit, *die* (**to** für); **~ to pain** Schmerzempfindlichkeit, *die;* **b)** *in pl. (feelings)* Feingefühl, *das*
**susceptible** [sə'septɪbl] *adj.* **a)** *(sensitive) (to flattery, persuasion, etc.)* empfänglich (**to** für); *(to illness, injury, etc.)* anfällig (**to** für); **b)** *(easily influenced)* empfindsam; beeindruckbar; **c) be ~ of sth.** etw. zulassen; **your work is ~ of improvement** Ihre Arbeit ließe sich verbessern; **~ of proof** beweisbar
**suspect 1.** [sə'spekt] *v. t.* **a)** *(imagine to be likely)* vermuten; **~ the worst** das Schlimmste befürchten; **~ sb. to be sth., ~ that sb. is sth.** glauben *od.* vermuten, daß jmd. etw. ist; **I ~ that he doesn't really want to come** ich vermute, daß er eigentlich gar nicht kommen will; **you, I ~, don't care** dir, habe ich das Gefühl, ist das egal; **b)** *(mentally accuse)* verdächtigen; **~ sb. of sth./of doing sth.** jmdn. einer Sache verdächtigen/jmdn. verdächtigen, etw. zu tun; **he is ~ed of telling lies** man verdächtigt ihn der Lüge; **~ed of drug-trafficking** des Drogenhandels verdächtig; **c)** *(mistrust)* bezweifeln ⟨*Echtheit*⟩; **~ sb.'s motives** jmds. Beweggründen mit Argwohn gegenüberstehen. **2.** ['sʌspekt] *adj.* fragwürdig; suspekt *(geh.);* verdächtig ⟨*Stoff, Paket, Fahrzeug*⟩. **3.** ['sʌspekt] *n.* Verdächtige, *der/die;* **political ~s** politisch Verdächtige; **a murder ~:** ein Mordverdächtiger/eine Mordverdächtige
**suspected** [sə'spektɪd] *adj.* verdächtig; **there is a ~ connection between x and y** man vermutet einen Zusammenhang zwischen x und y; **~ smallpox cases, ~ cases of smallpox** Fälle mit Verdacht auf Pocken
**suspend** [sə'spend] *v. t.* **a)** *(hang up)* [auf]hängen; **be ~ed [from sth.]** [von etw.] [herab]hängen; **be ~ed in mid-air** frei in der Luft schweben; **b)** *(stop, defer)* suspendieren ⟨*Rechte*⟩; **~ hostilities/the publication of the magazine** Kampfhandlungen/das Erscheinen der Zeitschrift [vorübergehend] einstellen; **~ judgement** sich des Urteils enthalten; **~ the proceedings** die Verhandlungen/das Verfahren aussetzen *(Rechtsw.);* **c)** *(remove from post)* ausschließen (**from** von); sperren ⟨*Sportler*⟩; vom Unterricht ausschließen ⟨*Schüler*⟩; **~ sb. from duty [pending an inquiry]** jmdn. [während einer schwebenden Untersuchung] vom Dienst suspendieren
**suspended: ~ ani'mation** *n.* vorübergehender Atemstillstand; **wait in a state of ~ animation** *(fig.)* atemlos warten; **~ particle** *n. (Phys.)* schwebendes Teilchen; **~ 'sentence** *n. (Law)* Strafe mit Bewährung; **he was given a two-year ~ sentence** er erhielt zwei Jahre Haft auf Bewährung *(Rechtsw.)*
**suspender belt** [sə'spendə belt] *n. (Brit.)* Strumpfbandgürtel, *der*
**suspenders** [sə'spendəz] *n. pl.* **a)** *(Brit.) (for stockings)* Strumpfbänder *od.* -halter; *(for socks)* Sockenhalter; **b)** *(Amer.: for trousers)* Hosenträger
**suspense** [sə'spens] *n.* Spannung, *die;* **the ~ is killing me** *(joc.)* ich komme um vor Spannung *(scherzh.);* ich bin gespannt wie ein Regenschirm *(ugs. scherzh.);* **keep sb. in ~:** jmdn. auf die Folter spannen
**suspension** [sə'spenʃn] *n.* **a)** *(action of debarring)* Ausschluß, *der; (from office)* Suspendierung, *die; (Sport)* Sperrung, *die;* **be under ~** ⟨*Schüler:*⟩ [zeitweilig] vom Unterricht ausgeschlossen sein; ⟨*Sportler:*⟩ [zeitweilig] gesperrt sein; **b)** *(temporary cessation)* Suspendierung, *die; (of publication, train service, hostilities)* [vorübergehende] Einstellung; **c)** *(hanging)* Aufhängen, *das;* **d)** *(Chem.)* Suspension, *die;* **e)** *(Motor Veh.)* Federung, die; *(mounting of wheels)* Radaufhängung, *die;* **f)** *(Mus.)* Vorhalt, *der*
**su'spension bridge** *n.* Hängebrücke, *die*
**suspicion** [sə'spɪʃn] *n.* **a)** *(uneasy feeling)* Mißtrauen, *das* (**of** gegenüber); *(more specific)* Verdacht, *der; (unconfirmed belief)* Ahnung, *die;* Verdacht, *der;* **have a ~ that ...:** den Verdacht haben, daß ...; **I have my ~s about him** er kommt mir verdächtig vor; ich traue ihm nicht ganz; **view** *or* **regard sb./sth. with ~:** jmdm./etw. mit Mißtrauen begegnen; **b)** *(suspecting)* Verdacht, *der* (**of** auf + *Akk.*); **~ is not enough** ein Verdacht genügt nicht; **protected from ~:** gegen Verdächtigungen geschützt; **on ~ of theft/murder** *etc.* wegen Verdachts auf Diebstahl/Mordverdachts *usw.;* **lay oneself**

**open to ~:** sich verdächtig machen; **be under ~:** verdächtigt werden; **c)** *(trace)* **a ~ of salt** eine Spur Salz
**suspicious** [sə'spɪʃəs] *adj.* **a)** *(tending to suspect)* mißtrauisch **(of** gegenüber); **be ~ of sb./sth.** jmdm./einer Sache mißtrauen; **b)** *(arousing suspicion)* verdächtig
**suspiciously** [sə'spɪʃəslɪ] *adv.* **a)** *(as to arouse suspicion)* verdächtig; **look ~ like sth.** verdächtig nach etw. aussehen; **b)** *(warily)* mißtrauisch
**suspiciousness** [sə'spɪʃəsnɪs] *n., no pl.* Verdächtigkeit, *die; (disposition to suspect)* Argwohn, *der;* Mißtrauen, *das*
**sustain** [sə'steɪn] *v. t.* **a)** *(withstand)* widerstehen (+ *Dat.*) ⟨*Druck*⟩; standhalten (+ *Dat.*) ⟨*Angriff*⟩; aushalten ⟨*Vergleich*⟩; tragen ⟨*Gewicht*⟩; **b)** *(support, uphold)* aufrechterhalten; **too little to ~ life** nicht genug zum Leben; **not enough to ~ a family** nicht genug, um eine Familie zu unterhalten; **~ an objection** einem Einwand stattgeben; **c)** *(suffer)* erleiden ⟨*Niederlage, Verlust, Verletzung*⟩; **~ damage** Schaden nehmen; **d)** *(maintain)* bestreiten ⟨*Unterhaltung*⟩; bewahren ⟨*Interesse*⟩; wahren ⟨*Ruf*⟩; [beibe]halten ⟨*Geschwindigkeit*⟩; durchhalten ⟨*Rolle*⟩; **~ a note** *(Mus.)* eine Note aushalten; **~ a task** einer Aufgabe gerecht werden
**sustained** [sə'steɪnd] *adj.* **a)** *(prolonged)* länger ...; anhaltend ⟨*Beifall*⟩; ausdauernd ⟨*Anstrengung*⟩; **~ speed** Dauergeschwindigkeit, *die;* **b)** *(Mus.)* ausgehalten
**sustaining** [sə'steɪnɪŋ] *adj.* stärkend; nahrhaft ⟨*Essen, Mahlzeit*⟩
**sustaining: ~ 'pedal** *n. (Mus.)* Fortepedal, *das;* **~ 'program** *n. (Amer. Radio and Telev.) nicht von einem Sponsor getragenes Programm*
**sustenance** ['sʌstɪnəns] *n.* **a)** *(nourishment, food)* Nahrung, *die;* **draw** *or* **get one's ~ from sth.** sich von etw. ernähren; **b)** *(nourishing quality)* **there is no ~ in it** es hat keinen Nährwert
**suture** ['su:tʃə(r)] *(Med.)* **1.** *n. (stitch)* Naht, *die; (thread)* Faden, *der.* **2.** *v. t.* nähen
**svelte** [svelt] *adj.* grazil; anmutig ⟨*Bewegungen*⟩
**SW** *abbr.* **a)** [saʊθ'west] **south-west** SW; **b)** [saʊθ'westən] **south-western** sw.; **c)** *(Radio)* **short wave** KW
**swab** [swɒb] **1.** *n.* **a)** *(Med.: absorbent pad)* Tupfer, *der;* **b)** *(Med.: specimen)* Abstrich, *der;* **c)** *(pad or mop for cleaning decks)* Dweil, *der (Seemannsspr.).* **2.** *v. t.,* **-bb- a) ~ [down]** wischen; schwabbern ⟨*Deck*⟩ *(Seemannsspr.);* **b)** *(Med.)* betupfen ⟨*Wunde*⟩
**Swabia** ['sweɪbɪə] *pr. n.* Schwaben *(das)*
**Swabian** ['sweɪbɪən] **1.** *adj.* schwäbisch; **sb. is ~:** jmd. ist Schwabe/Schwäbin. **2.** *n.* **a)** *(person)* Schwabe, *der*/Schwäbin, *die;* **b)** *(dialect)* Schwäbisch, *das;* **sb. speaks ~:** jmd. schwäbelt
**swaddle** ['swɒdl] *v. t.* wickeln ⟨*Baby*⟩; **swaddling clothes** *(Bibl.)* Windeln
**swag** [swæg] *n.* **a)** *(sl.: stolen goods)* Beute, *die;* Sore, *die (Gaunerspr.);* **b)** *(Austral., NZ: bundle)* Bündel, *das*
**swagger** ['swægə(r)] **1.** *v. i.* **a)** *(walk with a ~)* großspurig stolzieren; **b)** *(behave in domineering way)* großspurig auftreten; **c)** *(boast)* angeben *(ugs.);* aufschneiden. **2.** *n. see* **1: a)** großspuriges Stolzieren; **b)** großspuriges Gehabe; **walk with a ~:** arrogant auftreten; **c)** Angeberei, *die (ugs.)*
**'swagger cane** *(Brit.) see* **swagger stick**
**swaggering** ['swægərɪŋ] **1.** *n.* **a)** *(boasting)* Angeberei, *die (ugs.);* **b)** *(manner)* arrogantes *od.* großspuriges Auftreten. **2.** *adj.* stolzierend ⟨*Gang*⟩; großspurig ⟨*Gehabe*⟩
**'swagger stick** *n.* Offiziersstöckchen, *das*
**swagman** ['swægmən] *n., pl.* **swagmen** ['swægmən] *(Austral., NZ)* Landstreicher, *der*

**Swahili** [swɑ:'hi:lɪ, swə'hi:lɪ] **1.** *adj.* Swahili-; *see also* **English 1. 2.** *n.* **a)** *no pl. (language)* Swahili, *das; see also* **English 2 a; b)** *pl. same (person)* Swahili, *der/die*
**swain** [sweɪn] *n. (arch./joc.)* **a)** *(peasant)* Bauernbursche, *der;* **b)** *(lover)* Freier, *der*
**¹swallow** ['swɒləʊ] **1.** *v. t.* **a)** schlucken; *(by mistake)* verschlucken ⟨*Fischgräte, fig.: Wort, Silbe*⟩; **~ the bait** *(fig.)* den Köder schlucken *(ugs.);* **b)** *(repress)* hinunterschlucken *(ugs.)* ⟨*Stolz, Ärger*⟩; **~ one's words** [demütig] zurücknehmen, was man gesagt hat; **c)** *(believe)* schlucken *(ugs.),* glauben ⟨*Geschichte, Erklärung*⟩; **I find this hard to ~:** das kann ich kaum glauben; **d)** *(put up with)* schlucken *(ugs.)* ⟨*Beleidigung, Unrecht*⟩. **2.** *v. i.* schlucken. **3.** *n.* Schluck, *der*
**~ 'up** *v. t.* **a)** *(make disappear)* verschlucken; schlucken ⟨*kleinere Betriebe, Gebiete*⟩; **I wished the earth would ~ me up** ich wäre am liebsten vor Scham in den Boden versunken; **b)** *(exhaust, consume)* auffressen; verschlingen ⟨*große Summen*⟩
**²swallow** *n. (Ornith.)* Schwalbe, *die;* **one ~ does not make a summer** *(prov.)* eine Schwalbe macht noch keinen Sommer *(Spr.)*
**swallow: ~-dive** *n. (Brit.) Tauchsprung, bei dem die Arme bis kurz vor dem Eintauchen seitlich ausgestreckt werden;* **~-tail** *n.* Schwalbenschwanz, *der*
**swam** *see* **swim 1, 2**
**swamp** [swɒmp] **1.** *n.* Sumpf, *der.* **2.** *v. t.* **a)** *(flood)* überschwemmen; **b)** *(overwhelm)* **be ~ed with letters/applications/orders/work** mit Briefen/Bewerbungen/Aufträgen überschwemmt werden/bis über den Hals in Arbeit stecken *(ugs.)*
**'swampland** *n.* Sumpfland, *das*
**swampy** ['swɒmpɪ] *adj.* sumpfig
**swan** [swɒn] **1.** *n.* Schwan, *der;* **black ~:** Schwarzer Schwan; Trauerschwan, *der.* **2.** *v. i.,* **-nn-** *(sl.)* ziehen; **~ about** *or* **around** herumziehen *(ugs.); (in small area)* rumlaufen *(ugs.);* **~ off** losziehen *(ugs.)*
**'swan-dive** *(Amer.) see* **swallow-dive**
**swank** [swæŋk] *(coll.)* **1.** *n.* **a)** Angeberei, *die (ugs.);* Angabe, *die (ugs.);* **b)** *(person)* Angeber, *der*/Angeberin, *die.* **2.** *v. i.* angeben *(ugs.)* **(about** mit); **~ around** herumstolzieren *(ugs.)*
**swanky** ['swæŋkɪ] *adj. (coll.)* protzig *(ugs.);* **~ car** Angeberauto, *das*
**swan: ~-neck** *n.* Schwanenhals, *der;* **~sdown** *n.* Schwanendaunen *Pl.;* **~-song** *n. (fig.)* Schwanengesang, *der*
**swap** [swɒp] **1.** *v. t.,* **-pp-** tauschen **(for** gegen); austauschen ⟨*Erfahrungen, Erinnerungen*⟩; **~ jokes** sich *(Dat.)* [gegenseitig] Witze erzählen; **~ places [with sb.]** [mit jmdm.] den Platz *od.* die Plätze tauschen; *(fig.)* [mit jmdm.] tauschen; *see also* **horse 1 a. 2.** *v. i.,* **-pp-** tauschen; **will you ~?** tauschst du? **3.** *n.* Tausch, *der;* **do a ~ [with sb.]** [mit jmdm.] tauschen
**sward** [swɔ:d] *n. (literary)* Rasen, *der;* Rasenfläche, *die*
**swarf** [swɔ:f] *n.* feine Metallspäne
**swarm** [swɔ:m] **1.** *n.* **a)** Schwarm, *der;* **~ [of bees]** Bienenschwarm, *der; (settled in a hive)* Bienenvolk, *das;* **b)** *in pl. (great numbers)* **~s of tourists/children** Scharen von Touristen/Kindern. **2.** *v. i.* **a)** *(move in a ~)* schwärmen; **b)** *(teem)* wimmeln **(with** von); **the shops were ~ing with tourists** in den Geschäften wimmelte es von Touristen
**~ up** *v. t.* hochklettern
**swarthiness** ['swɔ:ðɪnɪs] *n., no pl. (complexion)* dunkle Gesichtsfarbe; *(of person)* Dunkelhäutigkeit, *die*
**swarthy** ['swɔ:ðɪ] *adj.* dunkel ⟨*Gesichtsfarbe*⟩; dunkelhäutig ⟨*Person*⟩
**swashbuckler** ['swɒʃbʌklə(r)] *n.* Draufgänger, *der*

**swashbuckling** ['swɒʃbʌklɪŋ] *adj.* draufgängerisch
**swastika** ['swɒstɪkə] *n. (of Nazis)* Hakenkreuz, *das; (ancient symbol)* Swastika, *die*
**swat** [swɒt] **1.** *v. t.,* **-tt- a)** *(hit hard)* schlagen; hauen *(ugs.);* **b)** *(crush)* totschlagen ⟨*Fliege, Wespe*⟩. **2.** *n.* **a)** *(slap)* Klaps, *der;* **give a fly a ~, take a ~ at a fly** nach einer Fliege schlagen; **b)** *(fly-swatter)* Klatsche, *die*
**swatch** [swɒtʃ] *n.* **a)** *(sample)* Muster, *das;* **b)** *(collection of samples)* Musterbuch, *das*
**swath** [swɔ:θ] *see* **swathe 2**
**swathe** [sweɪð] **1.** *v. t.* [ein]hüllen; **~d in bandages** ganz in Bandagen eingewickelt; **~d in mist** in Nebel gehüllt. **2.** *n. (cut by mower)* gemähte Bahn; *(broad strip)* breiter Streifen; *(in forest)* Schneise, *die;* **cut a ~ through the corn/the undergrowth/the forest** eine Bahn durch das Getreide/Unterholz schneiden/eine Schneise durch den Wald schlagen
**swatter** ['swɒtə(r)] *n.* Klatsche, *die*
**sway** [sweɪ] **1.** *v. i.* [hin und her] schwanken; *(gently)* sich wiegen; **~ towards sth.** *(on one's feet)* einer Sache entgegenschwanken; *(lean down to)* sich einer Sache *(Dat.)* zuneigen. **2.** *v. t.* **a)** wiegen ⟨*Kopf, Hüften, Zweig, Wipfel*⟩; hin und her schwanken lassen ⟨*Baum, Mast, Antenne*⟩; **b)** *(have influence over)* beeinflussen; *(persuade)* überreden; **be ~ed by sth.** sich von etw. beeinflussen lassen; **she will not be ~ed over sanctions** sie bleibt in der Frage der Sanktionen hart. **3.** *n.* Herrschaft, *die;* **have sb. under one's ~, hold ~ over sb.** über jmdn. herrschen
**swear** [sweə(r)] **1.** *v. t.,* **swore** [swɔ:(r)], **sworn** [swɔ:n] **a)** schwören ⟨*Eid usw.*⟩; **they swore eternal fidelity** sie schworen sich *(Dat.)* ewige Treue; **I could have sworn [that] it was him** ich hätte schwören können, daß er es war; *see also* **blind 2 b; b)** *(administer oath to)* vereidigen ⟨*Zeugen*⟩; **~ sb. to secrecy** jmdn. auf Geheimhaltung einschwören; *see also* **sworn. 2.** *v. i.,* **swore, sworn a)** *(use ~-words)* fluchen; **b) ~ to sth.** *(be certain of)* etw. beschwören; einen Eid auf etw. *(Akk.)* ablegen; **I wouldn't like to ~ to it** *(coll.)* ich will es nicht beschwören; **c)** *(take oath)* schwören, einen Eid ablegen **(on** auf + *Akk.*). **3.** *n.* Fluch, *der;* **have a ~:** fluchen
**~ at** *v. t.* beschimpfen
**~ by** *v. t. (coll.: have confidence in)* schwören auf (+ *Akk.*)
**~ 'in** *v. t.* vereidigen ⟨*Geschworenen, Zeugen*⟩
**~ 'out** *v. t. (Amer.)* **~ a warrant out against sb.** gegen jmdn. durch eine eidliche [Straf]anzeige einen Haftbefehl erwirken
**'swear-word** *n.* Kraftausdruck, *der;* Fluch, *der;* **use ~s** fluchen
**sweat** [swet] **1.** *n.* **a)** Schweiß, *der;* **in** *or* **by the ~ of one's brow** im Schweiße seines Angesichtes; **be in a ~ [with fear]** [vor Angst] schwitzen; **be in a ~ to do sth.** *(fig.: be anxious)* danach fiebern, etw. zu tun; **I came** *or* **broke out in a ~:** mir brach der [Angst]schweiß aus; **don't get in such a ~!** reg dich nicht so auf!; **be all of a ~ at the prospect of the exam** beim Gedanken an die Prüfung ins Schwitzen geraten *od.* kommen; **b)** *(spell of ~ing)* **have a good ~:** richtig schwitzen; **c)** *(drudgery)* Plagerei, *die;* Plackerei, *die (ugs.);* **no ~!** *(coll.)* kein Problem! *(ugs.);* **d)** *(drops on surface)* Kondenswasser, *das; (on cheese)* Fetttröpfchen. *See also* **cold sweat. 2.** *v. i.,* **~ed** *or (Amer.)* **~ a)** *(perspire)* schwitzen; **~ like a pig** *(coll.)* schwitzen wie die Sau *(salopp);* **~ with fear** vor Angst schwitzen; **b)** *(fig.: suffer)* **he made me sit outside ~ing** er ließ mich draußen sitzen und schmoren *(ugs.);* **c)** *(drudge)* sich placken *(ugs.);* **we had to ~ to get the job finished** wir mußten uns anstrengen, um mit der Arbeit fertig zu werden; **make sb. ~**

*(make work in bad conditions)* jmdn. schwitzen *od. (ugs.)* schuften lassen; **d)** *(produce surface moisture)* schwitzen. **3.** *v. t.* **a)** *(employ in bad conditions)* schwitzen *od. (ugs.)* schuften lassen; **b)** ~ **blood** *(fig.)* Blut und Wasser schwitzen *(ugs.)*; **c)** *(emit like* ~*)* ausschwitzen; **d)** ~ **it out** *(coll.)* durchhalten; ausharren

**'sweat-band** *n.* Schweißband, *das*

**sweated labour** [swetɪd 'leɪbə(r)] *n.* unterbezahlte [Schwer]arbeit; *(workers)* unterbezahlte Arbeitskräfte

**sweater** ['swetə(r)] *n.* Pullover, *der*

**sweat: ~-gland** *n.* Schweißdrüse, *die;* **~-shirt** *n.* Sweatshirt, *das;* **~-shop** *n.* ausbeuterische [kleine] Klitsche *(ugs.)*

**sweaty** ['swetɪ] *adj. (moist with sweat)* schweißig; schweißnaß; schwitzend ‹*Käse*›

**Swede** [swi:d] *n.* Schwede, *der*/Schwedin, *die*

**swede** *n.* Kohlrübe, *die*

**Sweden** ['swi:dn] *pr. n.* Schweden *(das)*

**Swedish** ['swi:dɪʃ] **1.** *adj.* schwedisch; **sb. is** ~**:** jmd. ist Schwede/Schwedin; *see also* **English 1. 2.** *n.* Schwedisch, *das; see also* **English 2 a**

**sweep** [swi:p] **1.** *v. t.*, **swept** [swept] **a)** fegen *(bes. nordd.)*; kehren *(bes. südd.)*; ~ **the board,** ~ **all before one** *(fig.: win all awards)* auf der ganzen Linie siegen; **b)** *(move with force)* fegen; **the current swept the logs along** die Strömung riß die Hölzer mit; **the wave of protest swept the opposition into office** die Protestwelle katapultierte die Opposition an die Macht; **c)** *(traverse swiftly)* ~ **the hillside/plain** ‹*Wind:*› über die Hügel/Ebene fegen; ~ **the country** ‹*Epidemie, Mode:*› das Land überrollen; ‹*Feuer:*› durch das Land fegen; **searchlights swept the sky** Suchscheinwerfer huschten über den Himmel; ~ **an area with fire** *(Mil.)* ein Gebiet mit Feuer bestreichen; **d)** *(search)* durchsuchen **(for** nach); ~ **a channel for mines** eine Fahrrinne nach Minen absuchen. *See also* **carpet 1 a. 2.** *v. i.*, **swept a)** *(clean)* fegen *(bes. nordd.)*; kehren *(bes. südd.)*; **b)** *(go fast, in stately manner)* ‹*Vogel:*› gleiten; ‹*Mensch, Auto:*› rauschen; ‹*Wind usw.:*› fegen; **c)** *(extend)* sich erstrecken; **the road ~s to the left** die Straße macht einen großen Bogen nach links; **his glance swept from left to right** sein Blick glitt von links nach rechts. **3.** *n.* **a)** *(cleaning)* **give sth. a** ~**:** etw. fegen *(bes. nordd.)*; etw. kehren *(bes. südd.)*; **make a clean** ~ *(fig.) (get rid of everything)* gründlich aufräumen; *(win all prizes)* gründlich abräumen *(ugs.)*; **make a clean** ~ **of the prizes** alle Preise einheimsen *(ugs.)*; **b)** *see* **chimney-sweep; c)** *(coll.) see* **sweepstake; d)** *(motion) (of arm)* ausholende Bewegung; **with an impatient** ~ **of his hand** mit einer ungeduldigen Handbewegung; **e)** *(stretch)* **a wide/an open** ~ **of country** ein weiter Landstrich; **f)** *(curve of road, river)* Bogen, *der;* **the wide** ~ **of the bay** die geschwungene Kurve der Bucht; **g)** *(sortie by aircraft)* Einsatz, *der (Milit.)*

~ **a'side** *v. t.* **a)** *(dismiss)* beiseite schieben ‹*Einwand, Zweifel*›; überrennen ‹*gegnerische Mannschaft*›; aus dem Weg scheuchen ‹*Reporter*›; **b)** *(push aside)* wegfegen; beiseite fegen

~ **a'way** *v. t.* fortreißen; *(fig.)* hinwegfegen *(geh.)* ‹*Traditionen*›; *(abolish)* aufräumen mit ‹*Privilegien, Korruption*›

~ **'by** *v. i.* vorbeirauschen

~ **'down** *v. i.* **a)** ~ **down on sb./sth.** sich auf jmdn./etw. stürzen; **b) the hills** ~ **down to the sea** die Berge fallen in sanftem Bogen zum Meer hinab

~ **'in** *v. i.* **a)** *(enter majestically)* einziehen; **b)** *(Polit.)* [mit großer Mehrheit] an die Macht kommen

~ **'off 1.** *v. i.* abrauschen *(ugs.)*. **2.** *v. t.* fortreißen; *see also* **foot 1 a**

~ **'out 1.** *v. t.* ausfegen *(bes. nordd.)*; auskehren *(bes. südd.)*. **2.** *v. i.* abrauschen *(ugs.)*

~ **'up 1.** *v. t.* zusammenfegen *(bes. nordd.)*; zusammenkehren *(bes. südd.)*. **2.** *v. i.* angerauscht kommen

**sweeper** ['swi:pə(r)] *n.* **a) [road]** ~ *(person)* Straßenfeger, *der (bes. nordd.)*; Straßenkehrer, *der (bes. südd.)*; *(machine)* Straßenkehrmaschine, *die; see also* **carpet-sweeper; mine-sweeper; b)** *(Footb.)* Ausputzer, *der*

**sweeping** ['swi:pɪŋ] **1.** *adj.* **a)** *(without limitations)* pauschal; **b)** *(far-reaching)* weitreichend ‹*Einsparung*›; umfassend ‹*Reform*›; durchschlagend ‹*Sieg, Erfolg*›; umwälzend ‹*Veränderung*›; **c)** *(moving in a wide curve)* ausholend ‹*Geste, Bewegung*›; schwungvoll ‹*Knicks, Verbeugung*›; schweifend ‹*Blick*›. **2.** *n. in pl.* Kehricht, *der*

**sweepingly** ['swi:pɪŋlɪ] *adv.* pauschal

**sweep: ~-'second hand** *n. (Horol.)* Zentralsekundenzeiger, *der;* **~stake** *n.* **a)** *(race, contest)* Sweepstake[rennen], *das;* **b)** *(lottery) Pferdetoto, bei dem sich die Gewinnsumme aus den Einsätzen zusammensetzt*

**sweet** [swi:t] **1.** *adj.* **a)** *(to taste)* süß; ~ **tea** gesüßter Tee; **have a** ~ **tooth** gern Süßes mögen; **with a** ~ **tooth like yours ...:** da du so gern *od.* viel Süßes ißt ...; **b)** *(lovely)* süß; reizend ‹*Wesen, Gesicht, Mädchen, Kleid*›; ~ **dreams!** träum[e]/träumt süß!; **how** ~ **of you!** wie nett *od.* lieb von dir!; **keep sb.** ~**:** jmdn. bei [guter] Laune halten; **he's** ~ **on her** *(dated coll.)* er hat eine Schwäche für sie; **at one's own** ~ **will, in one's own** ~ **way** wie es einem [gerade] paßt; **go one's own** ~ **way** machen, was einem paßt; **c)** *(fragrant)* süß; frisch ‹*Atem*›; **be** ~ **with sth.** süß nach etw. duften; **the** ~ **smell of success** *(fig.)* die Süße des Erfolgs *(geh., scherzh.)*; **d)** *(musical)* süß *(geh.)*; lieblich ‹*Stimme, Musik, Klang*›. *See also* **basil; chestnut 1 a; pepper 1 b; sweet potato; seventeen 1; sixteen 1; violet 1 a. 2.** *n.* **a)** *(Brit.: piece of confectionery)* Bonbon, *das od. der; (with chocolate, fudge, etc.)* Süßigkeit, *die;* **b)** *(Brit.: dessert)* Nachtisch, *der;* Dessert, *das;* **for** ~**:** zum Nachtisch *od.* Dessert; **c)** *in pl. (delights)* Freuden; Wonnen *(geh.)*; **d)** *(darling)* **[my]** ~ *(female)* [meine] Liebste; *(male)* [mein] Liebster

**sweet: ~-and-'sour** *attrib. adj.* süßsauer; **~bread** *n. (Gastr.)* Bries, *das;* ~ **brier** *n.* Weinrose, *die;* ~ **corn** *n.* Zuckermais, *der*

**sweeten** ['swi:tn] *v. t.* **a)** *(add sugar etc. to)* süßen; **b)** *(add fragrance to)* süß machen; versüßen; *(remove bad smell of)* reinigen ‹*Luft, Atem*›; **c)** *(make agreeable)* versüßen ‹*Leben, Abend*›; milde stimmen ‹*Person*›; *see also* **pill b**

**sweetener** ['swi:tnə(r)] *n.* **a)** Süßstoff, *der;* **use honey as a** ~**:** Honig zum Süßen verwenden; **b)** *(bribe)* kleine Aufmerksamkeit *(iron.)*

**'sweetheart** *n.* Schatz, *der;* Liebling, *der;* **an old** ~**:** eine alte Liebe *(ugs.)*; **how long have they been ~s?** wie lange gehen sie schon miteinander? *(ugs.)*

**sweetie** ['swi:tɪ] *n.* **a)** *(Brit. child lang.) see* **sweet 2 a; b)** *(coll.: darling)* Schatz, *der;* ~ **[pie]** *(term of endearment)* Liebling, *der;* Schätzchen, *das (ugs.)*

**sweetish** ['swi:tɪʃ] *adj.* süßlich

**sweetly** ['swi:tlɪ] *adv.* lieb; süß ‹*spielen, singen*›; **run** ~ ‹*Motor:*› schön rund laufen

**sweet: ~meal** *adj.* **~meal biscuits** süße Vollkornkekse; **~meat** *n.* Süßigkeit, *die*

**sweetness** ['swi:tnɪs] *n., no pl.* **a)** *(in taste)* Süße, *die;* **b)** *(fragrance)* süßer Duft; **c)** *(melodiousness)* Süße, *die (geh.)*; **d) all is** ~ **and light** es herrscht eitel Freude und Sonnenschein *(meist scherzh.)*

**sweet:** ~ **'pea** *n. (Bot.)* Wicke, *die;* ~ **po'tato** *n.* Batate, *die;* Süßkartoffel, *die;* **~-scented** *adj.* süß [duftend]; wohlriechend; **~-shop** *n. (Brit.)* Süßwarengeschäft, *das;* **~-smelling** *adj. see* **~-scented; ~-talk** *(Amer.)* **1.** *n.* Süßholzgeraspel, *das (ugs.)*; **2.** *v. t.* **~-talk sb. [into doing sth.]** jmdn. beschwatzen[, etw. zu tun]; **~-tempered** ['swi:ttempəd] *adj.* sanftmütig; ~ **'william** *n. (Bot.)* Bartnelke, *die*

**swell** [swel] **1.** *v. t.*, **~ed, swollen** ['swəʊlən] *or* **~ed a)** *(increase in size, height)* anschwellen lassen; aufquellen lassen ‹*Holz*›; **b)** *(increase amount of)* anschwellen lassen; vergrößern; ~ **the ranks [of participants]** die Zahl der Teilnehmer vergrößern; **c)** blähen ‹*Segel*›. **2.** *v. i.*, **~ed, swollen** *or* **~ed a)** *(expand)* ‹*Körperteil:*› anschwellen; ‹*Segel:*› sich blähen; ‹*Backen:*› sich aufblähen; ‹*Material:*› aufquellen; **b)** *(increase in amount)* ‹*Anzahl:*› zunehmen; ‹*Gehalt:*› steigen; **c)** *(become louder)* anschwellen **([in]to** zu); **d)** *(fig.)* ‹*Herz:*› schwellen *(geh.)*. **3.** *n.* **a)** *(of sea)* Dünung, *die;* **b)** *(Mus.)* Schwellwerk, *das;* **c)** *(dated coll.)* feiner Herr/feine Dame; **the ~s** die feinen Leute; *(smart set)* die Schickeria *(ugs.)*; **d)** *(act, condition)* Schwellen, *das.* **4.** *adj. (coll.)* **a)** *(dated: stylish, socially prominent)* schick; fein; **b)** *(Amer.: excellent)* toll *(ugs.)*

**'swell-box** *n. (Mus.)* Jalousieschweller, *der*

**swelling** ['swelɪŋ] **1.** *n.* Schwellung, *die (Med.)*. **2.** *adj.* **a)** *(growing larger, louder)* anschwellend; **b)** *(increasing)* wachsend; steigend ‹*Flut*›; **c)** *(bulging)* gebläht ‹*Segel*›

**'swell-organ** *n. (Mus.)* Schwellwerk, *das*

**swelter** ['sweltə(r)] *v. i.* [vor Hitze] [fast] vergehen; ~ **in the heat** in der Hitze schmoren *(ugs.)*; **~ing** glühend heiß ‹*Tag, Wetter*›; **~ing heat** Bruthitze, *die*

**swept** *see* **sweep 1, 2**

**swept: ~-back** *adj.* **~-back wing** positiv gepfeilter Flügel; **~-back hair** zurückgekämmtes Haar; **~-wing** *adj.* ‹*Flugzeug*› mit Pfeilflügeln

**swerve** [swɜ:v] **1.** *v. i. (deviate)* einen Bogen *od. (ugs.)* Schlenker machen; ~ **to the right/left** nach rechts/links [aus]schwenken; ~ **from its path** ‹*Fahrzeug:*› ausscheren; ~ **in the air** ‹*Vogel, Ball:*› in der Luft abdrehen; **she never ~d from her duty** sie hat ihre Pflicht immer treu erfüllt. **2.** *n.* **a)** *(divergence from course)* Bogen, *der;* Schlenker, *der (ugs.)*; **b)** *(swerving motion)* **put a** ~ **on a ball** einem Ball [einen] Effet geben

**swift** [swɪft] **1.** *adj.* schnell; flink, schnell ‹*Bewegung*›; ~ **action** rasches Handeln; ~ **retribution** prompte Bestrafung; **have a** ~ **temper, be** ~ **to anger** jähzornig sein. **2.** *n. (Ornith.)* Mauersegler, *der*

**swiftly** ['swɪftlɪ] *adv.* schnell; *(soon)* bald

**swiftness** ['swɪftnɪs] *n.* Schnelligkeit, *die;* ~ **of action** schnelles *od.* rasches Handeln

**swig** [swɪg] *(coll.)* **1.** *v. t.*, **-gg-** schlucken *(ugs.)*; [herunter]kippen *(ugs.)*. **2.** *v. i.*, **-gg-** [hastig] trinken. **3.** *n.* Schluck, *der;* **have/take a** ~ **[of beer** *etc.***]** einen tüchtigen Schluck [Bier *usw.*] trinken/nehmen

**swill** [swɪl] **1.** *v. t.* **a)** *(rinse)* ~ **[out]** [aus]spülen; ~ **down the floor** den Fußboden abspülen; **b)** *(derog.: drink greedily)* hinunterspülen *(ugs.)*. **2.** *n.* **a)** *(rinsing)* Spülen, *das;* **give sth. a** ~ **[out]/down** etw. [aus]spülen/abspülen; **b)** *(derog.: drink)* Brühe, *die (ugs. abwertend)*; **c)** *(for pigs)* Schweinefutter, *das*

**swim** [swɪm] **1.** *v. i.*, **-mm-, swam** [swæm], **swum** [swʌm] **a)** schwimmen; ~ **with/against the tide/stream** *(fig.)* mit dem/gegen den Strom schwimmen; **b)** *(fig.: be flooded, overflow)* ~ **with** *or* **in sth.** in etw. *(Dat.)* schwimmen; **her eyes swam with tears** ihre Augen schwammen; **the deck was ~ming with water** das Deck stand unter Wasser; **c)** *(appear to whirl)* ~ **[before sb.'s eyes]** [vor jmds. Augen] verschwimmen; **d)** *(have dizzy sensation)* **my head was ~ming** mir war schwindelig. *See also* **sink 2 a. 2.** *v. t.*, **-mm-,**

**swam, swum** schwimmen ‹*Strecke*›; durchschwimmen ‹*Fluß, See*›; ~ **[the] breaststroke/crawl** brustschwimmen/kraulen. **3.** *n.* **a) have a/go for a ~:** schwimmen/schwimmen gehen; **do you fancy a ~?** möchtest du schwimmen gehen?; **a refreshing ~:** ein erfrischendes Bad; **I like an early morning ~:** ich gehe gern frühmorgens schwimmen; **b) be in the ~ [of things]** mitten im Geschehen sein

**swimmer** ['swɪmə(r)] *n.* Schwimmer, *der*/Schwimmerin, *die;* **[not] be a ~:** [nicht] schwimmen können; **be a good/poor ~:** gut/schlecht schwimmen können

**swimming** ['swɪmɪŋ] **1.** *n.* Schwimmen, *das;* **like ~:** gern schwimmen. **2.** *attrib. adj.* schwimmend

**swimming: ~-baths** *n. pl.* Schwimmbad, *das;* **~-costume** *n.* Badeanzug, *der;* **~-lesson** *n.* Schwimmstunde, *die;* **~-lessons** Schwimmunterricht, *der*

**swimmingly** ['swɪmɪŋlɪ] *adv. (coll.)* glänzend; **go ~:** wie am Schnürchen klappen *(ugs.)*

**swimming: ~-pool** *n.* Schwimmbecken, *das; (in house or garden)* Swimmingpool, *der; (building)* Schwimmbad, *das;* **~-trunks** *n. pl.* Badehose, *die*

**'swim-suit** *n.* Badeanzug, *der*

**swindle** ['swɪndl] **1.** *v. t.* betrügen; **~ sb. out of sth.** jmdn. um etw. betrügen; *(take by persuasion)* jmdm. etw. abschwindeln. **2.** *n.* Schwindel, *der;* Betrug, *der*

**swindler** ['swɪndlə(r)] *n.* Schwindler, *der*/Schwindlerin, *die*

**swine** [swaɪn] *n., pl. same* **a)** *(Amer./formal/Zool.)* Schwein, *das;* **b)** *(derog.: contemptible person)* Schwein, *das (abwertend);* **c)** *(coll.: nasty thing)* harter Brocken *(ugs.);* **be a ~ to operate** ‹*Maschine:*› verteufelt schwer zu bedienen sein *(ugs.);* **a ~ of a job** eine verteufelt *(ugs.) od. (salopp)* tierisch schwere Arbeit. *See also* **pearl b**

**swine: ~-fever** *n.* Schweinepest, *die;* **~-herd** *n.* Schweinehirt, *der*

**swing** [swɪŋ] **1.** *n.* **a)** *(apparatus)* Schaukel, *die;* **b)** *(spell of ~ing)* Schaukeln, *das;* **want/have a ~:** schaukeln wollen/schaukeln; **c)** *(Sport: strike, blow)* Schlag, *der; (Boxing)* Schwinger, *der; (Golf)* Schwung, *der;* **take a ~ at sb./sth.** zum Schlag gegen jmdn./auf etw. *(Akk.)* ausholen; **d)** *(of suspended object)* Schwingen, *das;* **in full ~** *(fig.)* in vollem Gang[e]; **e)** *(steady movement)* Rhythmus, *der;* **the party went with a ~:** auf der Party herrschte eine tolle Stimmung *(ugs.);* **get into/be in the ~ of things** *or* **it** richtig reinkommen/richtig drin sein *(ugs.);* **f)** *(Mus.)* Swing, *der;* **g)** *(shift)* Schwankung, *die; (of public opinion)* Wende, *die; (amount of change in votes)* Abwanderung, *die;* **a ~ to the Left/Right** ein Linksruck/Rechtsruck *(Politik Jargon). See also* **pendulum; roundabout 1 b. 2.** *v. i.,* **swung** [swʌŋ] **a)** *(turn on axis, sway)* schwingen; *(in wind)* schaukeln; **~ open** ‹*Tür:*› aufgehen; **be ~ing at anchor** schwojen *(Seemannsspr.);* **b)** *(go in sweeping curve)* schwenken; **the plane swung low over the field** das Flugzeug schwenkte über dem Feld in den Tiefflug; **~ from sb.'s arm/a tree** an jmds. Arm/einem Baum schwingen *(geh.) od.* baumeln; **c)** *(go with ~ing gait)* beschwingt gehen; **~ into action** *(fig.)* loslegen *(ugs.);* **d)** *(move oneself by ~ing)* sich schwingen; **~ up** sich hinaufschwingen; **the car swung out of the drive** der Wagen schwenkte aus der Einfahrt; **e)** *(sl.: be executed by hanging)* baumeln *(salopp);* **he'll ~ for it** dafür wird er baumeln; **f) be ~ing** *(sl.: be lively)* auf vollen Touren laufen *(ugs.);* **g)** *(sl.: be promiscuous)* die Abwechslung lieben *(ugs. verhüll.);* **~ both ways** *(sl.)* es mit Männlein wie Weiblein machen *(ugs. verhüll.).* **3.** *v. t.,* **swung a)** schwingen; *(rock)* schaukeln; **~ one's legs** mit den Beinen baumeln; die Beine baumeln lassen; **~ a key on a chain** mit einem Schlüssel an einer Kette schlenkern; **~ sth. round and round** etw. kreisen *od.* im Kreise wirbeln lassen; **cranes ~ cargo on to the ship** Kräne befördern schwingende Lasten auf das Schiff; **b)** *(cause to face in another direction)* schwenken; **~ sb. round** jmdn. herumwirbeln; **he swung the car off the road/into the road** er schwenkte [mit dem Auto] von der Straße ab/in die Straße ein; **c)** *(have influence on)* umschlagen lassen ‹*öffentliche Meinung*›; **~ the elections** den Ausgang der Wahlen entscheiden; **what swung it for me ...:** was für mich den Ausschlag gab ...; **d)** *(suspend by its ends)* aufhängen ‹*Hängematte*›; **e)** *(sl.: arrange)* deichseln *(salopp). See also* **cat a**

**~ at** *v. t.* **~ at sb./sth.** zum Schlag auf jmdn./etw. ausholen

**~ 'round** *v. i.* sich schnell umdrehen **(on** nach); *(in surprise)* herumfahren

**swing: ~ bridge** *n.* Drehbrücke, *die;* **~-'door** *n.* Pendeltür, *die*

**swingeing** ['swɪndʒɪŋ] *adj. (Brit.)* hart ‹*Schlag*›; *(fig.)* drastisch ‹*Kürzung, Maßnahme*›; scharf ‹*Attacke*›

**swinging** ['swɪŋɪŋ] *adj.* **a)** schwingend; **b)** *(with strong rhythm)* [stark] rhythmisch; schwungvoll ‹*Schritt*›; **c)** *(sl.: lively)* wild *(ugs.);* swingend *(ugs.)*

**'swing-wing** *n.* Schwenkflügel, *der*

**swipe** [swaɪp] *(coll.)* **1.** *v. i.* **~ at** [wild] schlagen nach; eindreschen auf (+ *Akk.*) *(ugs.).* **2.** *v. t.* **a)** *(hit hard)* knallen *(ugs.);* **b)** *(sl.: steal)* klauen *(ugs.).* **3.** *n.* [wuchtiger] Schlag; **take a wild ~ at sth.** wild auf etw. *(Akk.)* losschlagen

**swirl** [swɜ:l] **1.** *v. i.* wirbeln. **2.** *v. t.* umherwirbeln. **3.** *n.* **a)** *(eddying motion)* **with a ~ of the paddle** durch Herumwirbeln des Paddels; **b)** *(spiralling shape)* Spirale, *die*

**swish** [swɪʃ] **1.** *v. t.* schlagen mit ‹*Schwanz*›; sausen lassen ‹*Stock*›. **2.** *v. i.* zischen; **~ past** ‹*Auto:*› vorbeirauschen. **3.** *n.* Zischen, *das.* **4.** *adj. (coll.)* schick *(ugs.)*

**Swiss** [swɪs] **1.** *adj.* Schweizer; schweizerisch; **sb. is ~:** jmd. ist Schweizer/Schweizerin. **2.** *n.* Schweizer, *der*/Schweizerin, *die;* **the ~** *pl.* die Schweizer

**Swiss: ~ 'chard** *see* **chard; ~ 'cheese** *n.* Schweizer Käse, *der;* **~ cheese plant** Fensterblatt, *das;* **~ 'French** *adj.* welschschweizerisch; **~ 'German 1.** *adj.* schweizerdeutsch; **2.** *n.* Schweizerdeutsch, *das;* **~ 'guards** *n. pl. (in Vatican)* Schweizergarde, *die;* **~ 'roll** *n.* Biskuitrolle, *die*

**switch** [swɪtʃ] **1.** *n.* **a)** *(esp. Electr.)* Schalter, *der;* **b)** *(Amer. Railw.)* Weiche, *die;* **c)** *(change with another)* Wechsel, *der; (change of procedure)* Umstellung, *die* **(from** von, **to** auf + *Akk.*); **~ of roles** Rollentausch, *der;* **d)** *(flexible shoot, whip)* Gerte, *die;* **e)** *(tress of hair)* Haarteil, *das.* **2.** *v. t.* **a)** *(change)* **~ sth. [over] to sth.** etw. auf etw. *(Akk.)* umstellen *od. (Electr.)* umschalten; **~ a player to another position** einen Spieler auf eine andere Position stellen; **~ sb. to night duty** jmdn. in den Nachtdienst versetzen; **~ one's vote to another party** seine Stimme einer anderen Partei geben; **~ the conversation to another topic** das Gespräch auf ein anderes Thema lenken; **b)** *(exchange)* tauschen; **c)** *(Railw.: transfer with ~)* [mittels einer Weiche] umleiten; **d)** *(swish)* schlagen mit ‹*Schwanz*›; sausen lassen ‹*Rohrstock*›. **3.** *v. i.* wechseln; **~ [over] to sth.** auf etw. *(Akk.)* umstellen *od. (Electr.)* umschalten

**~ a'round 1.** *v. t.* umstellen ‹*Möbel, Dienstplan*›. **2.** *v. i.* [die Stellung] wechseln

**~ 'off** *v. t. & i.* ausschalten; *(also fig. coll.)* abschalten

**~ 'on 1.** *v. t.* einschalten; anschalten; **be ~ed on** *(sl.) (high on drugs)* angeturnt sein *(ugs.); (up-to-date)* auf Draht sein *(ugs.);* **be ~ed on to jazz/rock** *etc.* auf Jazz/Rock *usw.* stehen *(ugs.).* **2.** *v. i.* sich anschalten

**~ 'over 1.** *v. t. see* **~ 2 a. 2.** *v. i. see* **~ 3**

**~ 'round** *see* **~ around**

**~ 'through** *v. t.* durchstellen ‹*Telefongespräch, Anrufer*›

**switch: ~back** *n. (Brit.) (road)* [berg]auf und [berg]ab führende Straße; *(roller-coaster)* Achterbahn, *die;* **that road is a real ~back:** diese Straße ist ein einziges Rauf und Runter *(ugs.);* **~-blade** *n.* Springmesser, *das;* **~board** *n.* **a)** *(Teleph.)* [Telefon]zentrale, *die;* Vermittlung, *die;* **~board operator** Telefonist, *der*/Telefonistin, *die;* **b)** *(Electr.)* Schalttafel, *die;* **~-engine** *n. (Amer. Railw.)* Rangierlok[omotive], *die;* **~gear** *n. (Electr.)* Schaltvorrichtung, *die;* **~-over** *see* **change-over; ~-yard** *n. (Amer.)* Rangierbahnhof, *der*

**Switzerland** ['swɪtsələnd] *pr. n.* die Schweiz

**swivel** ['swɪvl] **1.** *n.* Drehgelenk, *das.* **2.** *v. i.,* *(Brit.)* **-ll-** sich drehen. **3.** *v. t.,* *(Brit.)* **-ll-** drehen

**'swivel chair** *n.* Drehstuhl, *der*

**swiz, swizz** [swɪz] *n., pl.* **swizzes** *(Brit. sl.)* Beschiß, *der (ugs.);* Schwindel, *der*

**'swizzle-stick** ['swɪzlstɪk] *n.* Sektquirl, *der*

**swollen** ['swəʊlən] **1.** *see* **swell 1, 2. 2.** *adj.* geschwollen; angeschwollen ‹*Fluß*›; **eyes ~ with weeping** verweinte Augen; **have a ~ head** *(fig.)* sehr eingebildet *od.* von sich eingenommen sein

**swollen-headed** ['swəʊlənhedɪd] *adj.* eingebildet

**swoon** [swu:n] *(literary)* **1.** *v. i.* **a)** *(faint)* ohnmächtig werden; **b)** *(go into ecstasies)* **~ over sb./sth.** von jmdm./etw. schwärmen. **2.** *n. (literary)* Ohnmacht, *die*

**swoop** [swu:p] **1.** *n.* **a)** *(downward plunge)* Sturzflug, *der;* **at a** *or* **one [fell] ~:** auf einen Schlag *(ugs.);* **b)** *(coll.: raid)* Razzia, *die;* **make a ~ on a house/an area** eine Razzia in einem Haus/einem Bezirk machen. **2.** *v. i.* *(plunge suddenly)* herabstoßen; *(pounce)* **~ on sb.** sich auf jmdn. stürzen; *(to attack)* gegen jmdn. einen Schlag führen; **the police ~ed on several addresses** die Polizei führte in mehreren Wohnungen Razzien durch; **we'll ~ tomorrow** wir schlagen morgen zu

**swoosh** [swu:ʃ] **1.** *v. i.* rauschen; **~ by** vorbeirauschen. **2.** *n. (sound)* Rauschen, *das;* **go past with a ~:** vorbeirauschen

**swop** *see* **swap**

**sword** [sɔ:d] *n.* Schwert, *das;* **put sb. to the ~** *(literary)* jmdn. [mit dem Schwert] töten; *see also* **cross 2 a; Damocles**

**sword: ~-dance** *n.* Schwert[er]tanz, *der;* **~fish** *n.* Schwertfisch, *der;* **~-play** *n. (Fencing)* [Schwert]fechten, *das;* **~sman** ['sɔ:dzmən] *n., pl.* **~smen** ['sɔ:dzmən] [Schwert]fechter, *der;* **~smanship** ['sɔ:dzmənʃɪp] *n., no pl.* Fechtkunst, *die;* **~-stick** *n.* Stockdegen, *der;* **~-swallower** ['sɔ:dswɒləʊə(r)] *n.* Schwertschlucker, *der*

**swore** *see* **swear 1, 2**

**sworn** [swɔ:n] **1.** *see* **swear 1, 2. 2.** *attrib. adj.* **a)** *(bound by an oath)* verschworen ‹*Freund*›; **~ enemy** Todfeind, *der;* **b)** *(certified by oath)* beeidigt; **~ evidence** Aussage unter Eid; **~ affidavit/statement** eidesstattliche Versicherung/eidliche Erklärung

**swot** [swɒt] *(Brit. coll.)* **1.** *n.* Streber, *der*/Streberin, *die (abwertend).* **2.** *v. i.,* **-tt-** büffeln *(ugs.)*

**~ 'up** *v. t.* büffeln *(ugs.)*

**swotting** ['swɒtɪŋ] *n. (Brit. coll.)* Büffelei, *die (ugs.)*

**swum** *see* **swim 1, 2**

**swung** *see* **swing 2, 3**

**sybarite** ['sɪbəraɪt] *n.* Sybarit, *der (geh.)*

**sycamore** ['sɪkəmɔ:(r)] *n.* Bergahorn, *der;* *(Amer.: plane-tree)* Platane, *die*

**sycophancy** ['sɪkəfænsɪ, 'sɪkəfənsɪ] *n.* Kriecherei, *die;* Speichelleckerei, *die*

**sycophant** ['sɪkəfænt, 'sɪkəfənt] *n.* Kriecher, *der;* Schranze, *die*

**syllabic** [sɪ'læbɪk] *adj.* **a)** Silben-; **b)** *(Pros.)* silbenzählend

**syllable** ['sɪləbl] *n. (lit. or fig.)* Silbe, *die;* **she did not utter a ~ of reproach** mit keiner Silbe äußerte sie einen Vorwurf; **in words of one ~** *(fig.)* mit [sehr] einfachen Worten

**syllabub** ['sɪləbʌb] *n. (Gastr.) aromatisierte Süßspeise aus geschlagener Sahne; (with wine)* Weinschaumcreme, *die*

**syllabus** ['sɪləbəs] *n., pl.* **~es** *or* **syllabi** ['sɪləbaɪ] Lehrplan, *der; (for exam)* Studienplan, *der*

**syllogism** ['sɪlədʒɪzm] *n. (Logic)* Syllogismus, *der*

**sylph** [sɪlf] *n. (Mythol.) (male)* Sylphe, *der; (female; also fig.)* Sylphide, *die*

**'sylphlike** *adj.* sylphidenhaft *(geh.)*

**symbiosis** [sɪmbɪ'əʊsɪs], *pl.* **symbioses** [sɪmbɪ'əʊsi:z] *n. (Biol.; also fig.)* Symbiose, *die*

**symbiotic** [sɪmbɪ'ɒtɪk] *adj.* symbiotisch

**symbol** ['sɪmbl] *n.* Symbol, *das* **(of** für)

**symbolic** [sɪm'bɒlɪk], **symbolical** [sɪm'bɒlɪkl] *adj.*, **symbolically** [sɪm'bɒlɪkəlɪ] *adv.* symbolisch

**symbolise** *see* **symbolize**

**symbolism** ['sɪmbəlɪzm] *n.* **a)** Symbolik, *die;* **b)** *(Art, Literature)* Symbolismus, *der*

**Symbolist** ['sɪmbəlɪst] *n.* Symbolist, *der*/Symbolistin, *die; attrib.* symbolistisch

**symbolize** ['sɪmbəlaɪz] *v.t.* symbolisieren

**symmetric** [sɪ'metrɪk], **symmetrical** [sɪ'metrɪkl] *adj.*, **symmetrically** [sɪ'metrɪkəlɪ] *adv.* symmetrisch

**symmetry** ['sɪmɪtrɪ] *n.* Symmetrie, *die*

**sympathetic** [sɪmpə'θetɪk] *adj.* **a)** *(showing pity)* mitfühlend; *(understanding)* verständnisvoll; **b)** *(favourably inclined)* wohlgesinnt; geneigt ⟨*Leser*⟩; **be ~ to a cause/to new ideas** einer Sache wohlwollend gegenüberstehen/für neue Ideen empfänglich *od.* zugänglich sein; **give sb. a ~ hearing** ein offenes Ohr für jmdn. haben; **he is not at all ~ to this idea** er ist von dieser Idee ganz und gar nicht angetan; **c)** *(to one's taste, likeable)* ansprechend; sympathisch ⟨*Person, Persönlichkeit*⟩; **I find sb./sth. ~:** ich finde jmdn./etw. sympathisch; jmd./etw. ist mir sympathisch; **d)** *(Med.)* sympathetisch ⟨*Schmerz, Leiden*⟩; *(Anat.)* sympathisch ⟨*Nervensystem*⟩; **e)** *(Mus.)* mitschwingend ⟨*Saite, Ton*⟩; **f)** *(Phys.)* **~ vibration** Mitschwingen, *das*

**sympathetically** [sɪmpə'θetɪkəlɪ] *adv. (with pity)* mitfühlend; *(understandingly)* verständnisvoll; **treat a subject ~:** ein Thema einfühlsam behandeln

**sympathetic: ~ 'nerve** *n. (Anat.)* Sympathikus, *der;* **~ 'nervous system** *n. (Anat.)* sympathisches *od.* sympathetisches Nervensystem

**sympathise, sympathiser** *see* **sympathiz-**

**sympathize** ['sɪmpəθaɪz] *v.i.* **a)** *(feel or express sympathy)* **~ with sb.** mit jmdm. [mit]fühlen *od.* Mitleid haben; *(by speaking)* sein Mitgefühl mit jmdm. äußern; **~ with sb. over the death of a friend** jmds. Trauer beim Tod eines Freundes teilen; **I do ~:** es tut mir wirklich leid; **b) ~ with** *(have understanding for)* Verständnis haben für ⟨*jmds. Not, Denkweise usw.*⟩; *(Polit.: share ideas of)* sympathisieren mit ⟨*Partei usw.*⟩

**sympathizer** ['sɪmpəθaɪzə(r)] *n.* Sympathisant, *der*/Sympathisantin, *die*

**sympathy** ['sɪmpəθɪ] *n.* **a)** *(sharing feelings of another)* Mitgefühl, *das;* **in deepest ~:** mit aufrichtigem Beileid; **my sympathies are with you in your sorrow** ich fühle mit Ihnen in Ihrem Schmerz; **b)** *(agreement in opinion or emotion)* Sympathie, *die;* **my sympathies are with Schmidt** ich bin auf Schmidts Seite; **he has radical sympathies/no ~ with the radicals** er sympathisiert/sympathisiert nicht mit den Radikalen; **be in/out of ~ with sth.** mit etw. sympathisieren/nicht sympathisieren; **are you in ~ with what we are trying to do?** stimmst du unseren Zielen zu?; **come out** *or* **strike in ~ with sb.** mit jmdm. in einen Sympathiestreik treten; **vibrate in ~:** mitschwingen

**'sympathy strike** *n.* Sympathiestreik, *der*

**symphonic** [sɪm'fɒnɪk] *adj.* sinfonisch; symphonisch

**symphony** ['sɪmfənɪ] *n. (Mus.)* **a)** Sinfonie, *die;* **b)** *(esp. Amer.) see* **symphony orchestra**

**'symphony orchestra** *n.* Sinfonieorchester, *das*

**symposium** [sɪm'pəʊzɪəm] *n., pl.* **symposia** [sɪm'pəʊzɪə] Symposion, *das;* Symposium, *das*

**symptom** ['sɪmptəm] *n. (Med.; also fig.)* Symptom, *das*

**symptomatic** [sɪmptə'mætɪk] *adj. (Med.; also fig.)* symptomatisch **(of** für)

**synagogue** *(Amer.:* **synagog)** ['sɪnəgɒg] *n.* Synagoge, *die*

**sync, synch** [sɪŋk] *(coll.) n.* **a) in/out of ~:** synchron/nicht synchron; **b)** *(fig. coll.: in tune)* **be in ~/out of ~:** harmonieren/nicht harmonieren **(with** mit); **he is out of ~ with the rest** er hat nicht die gleiche Wellenlänge wie die anderen

**synchromesh** ['sɪŋkrəmeʃ] *(Motor Veh.) n.* **~ [gearbox]** Synchrongetriebe, *das;* **there is ~ on all gears** alle Gänge sind synchronisiert

**synchronic** [sɪŋ'krɒnɪk, sɪn'krɒnɪk] *adj. (Ling.)* synchronisch

**synchronisation, synchronise** *see* **synchroniz-**

**synchronization** [sɪŋkrənaɪ'zeɪʃn] *n.* Synchronisierung, *die*

**synchronize** ['sɪŋkrənaɪz] **1.** *v.t.* **a)** synchronisieren ⟨*Vorgänge, Maschinen, Bild und Ton*⟩; **b)** *(set to same time)* gleichstellen ⟨*Uhren*⟩; **we'd better ~ [our] watches** wir sollten Uhrenvergleich machen. **2.** *v.i.* ⟨*Bild und Ton:*⟩ synchron sein

**synchronized 'swimming** *n. (Sport)* Synchronschwimmen, *das*

**synchronous** ['sɪŋkrənəs] *adj.* synchron; **~ motor** *(Electr.)* Synchronmotor, *der*

**syncopate** ['sɪŋkəpeɪt] *v.t. (Mus., Ling.)* synkopieren

**syncopation** [sɪŋkə'peɪʃn] *n. (Mus., Ling.)* Synkopierung, *die*

**syncope** ['sɪŋkəpɪ] *n. (Ling., Med.)* Synkope, *die*

**syndicalism** ['sɪndɪkəlɪzm] *n.* Syndikalismus, *der*

**syndicate 1.** ['sɪndɪkət] *n.* **a)** *(for business, in organized crime)* Syndikat, *das;* **b)** *(in newspapers) Presseagentur, die Beiträge ankauft und an eine od. mehrere Zeitungen vertreibt;* **c) pools/lottery ~:** Tippgemeinschaft, *die.* **2.** ['sɪndɪkeɪt] *v.t.* in mehreren Zeitungen gleichzeitig veröffentlichen ⟨*Bericht usw.*⟩

**syndrome** ['sɪndrəʊm] *n. (Med.; also fig.)* Syndrom, *das*

**synod** ['sɪnəd] *n.* Synode, *die*

**synonym** ['sɪnənɪm] *n.* Synonym, *das*

**synonymous** [sɪ'nɒnɪməs] *adj.* **a)** *(Ling.)* synonym **(with** mit); **b) ~ with** *(fig.: suggestive of, linked with)* gleichbedeutend mit

**synonymy** [sɪ'nɒnəmɪ] *n. (Ling.)* Synonymie, *die*

**synopsis** [sɪ'nɒpsɪs], *n., pl.* **synopses** [sɪ'nɒpsi:z] Inhaltsangabe, *die; (overview)* Abriß, *der*

**synoptic** [sɪ'nɒptɪk] *adj.* synoptisch

**syntactic** [sɪn'tæktɪk] *adj.*, **syntactically** [sɪn'tæktɪkəlɪ] *adv. (Ling.)* syntaktisch

**syntax** ['sɪntæks] *n. (Ling.)* Syntax, *die*

**synthesis** ['sɪnθɪsɪs] *n., pl.* **syntheses** ['sɪnθɪsi:z] Synthese, *die*

**synthesise, synthesiser** *see* **synthesiz-**

**synthesize** ['sɪnθɪsaɪz] *v.t.* **a)** *(form into a whole)* zur Synthese bringen; **b)** *(Chem.)* synthetisieren; **c) ~ speech** eine Kunstsprache schaffen; **~d speech** Kunstsprache, *die*

**synthesizer** ['sɪnθɪsaɪzə(r)] *n. (Mus.)* Synthesizer, *der*

**synthetic** [sɪn'θetɪk] **1.** *adj.* **a)** *(man-made)* synthetisch; **~ fibre** Kunstfaser, *die; see also* **resin b; b)** *(sham)* unecht. **2.** *n.* Kunststoff, *der;* **~s** *(Textiles)* Synthetics

**synthetically** [sɪn'θetɪkəlɪ] *adv.* synthetisch

**syphilis** ['sɪfɪlɪs] *n. (Med.)* Syphilis, *die*

**syphilitic** [sɪfɪ'lɪtɪk] *(Med.)* **1.** *n.* Syphilitiker, *der*/Syphilitikerin, *die.* **2.** *adj.* syphilitisch

**Syracuse** ['saɪrəkju:z] *pr. n.* Syrakus *(das)*

**Syria** ['sɪrɪə] *pr. n.* Syrien *(das)*

**Syrian** ['sɪrɪən] **1.** *adj.* syrisch; **sb. is ~:** jmd. ist Syrer/Syrerin. **2.** *n.* Syrer, *der*/Syrerin, *die*

**syringa** [sɪ'rɪŋgə] *n. (Bot.)* **a)** *(mock orange)* Falscher Jasmin; **b)** *(lilac)* Flieder, *der*

**syringe** [sɪ'rɪndʒ] **1.** *n.* Spritze, *die; see also* **hypodermic 1. 2.** *v.t.* spritzen; ausspritzen ⟨*Ohr*⟩

**syrup** ['sɪrəp] *n.* **a)** Sirup, *der;* **cough ~:** Hustensaft, *der;* **b)** *(fig.: sickly sentiment)* süßlicher Kitsch *(abwertend)*

**syrupy** ['sɪrəpɪ] *adj.* **a)** *(like syrup)* sirupähnlich; **b)** *(fig.: cloyingly sweet)* süßlich

**system** ['sɪstəm] *n.* **a)** *(lit. or fig.)* System, *das; (of roads, railways also)* Netz, *das;* **root ~** *(Bot.)* Wurzelgeflecht, *das; see also* **'go 4; b)** *(Anat., Zool.: body)* Körper, *der; (part)* **digestive/muscular/nervous/reproductive ~:** Verdauungsapparat, *der*/Muskulatur, *die*/Nervensystem, *das*/Fortpflanzungssystem, *das;* **get sth. out of one's ~** *(fig.)* etw. loswerden; *(by talking)* sich *(Dat.)* etw. von der Seele reden; **c)** *no art. (methodical procedure)* System *o. Art.;* **d)** *(Geol.)* Formation, *die*

**systematic** [sɪstə'mætɪk] *adj.*, **systematically** [sɪstə'mætɪkəlɪ] *adv.* systematisch

**systematisation, systematise** *see* **systematiz-**

**systematization** [sɪstəmətaɪ'zeɪʃn] *n.* Systematisierung, *die*

**systematize** ['sɪstəmətaɪz] *v.t.* systematisieren **(into** zu)

**systemic** [sɪ'stemɪk] *adj. (Biol.)* systemisch

**systems: ~ analysis** *n.* Systemanalyse, *die;* **~ analyst** *n.* Systemanalytiker, *der*/-analytikerin, *die*

**systolic** [sɪs'tɒlɪk] *adj. (Physiol.)* systolisch

# T

**T, t** [ti:] *n., pl.* **Ts** *or* **T's a)** *(letter* T, t, *das;* **to a T** ganz genau; haargenau; **that's her to a T** das ist sie, wie sie leibt und lebt; **cross the t's** *(fig.)* peinlich genau sein; **b)** *(T-shaped object)* T, *das;* **T-junction** Einmündung, *die (in eine Vorfahrtsstraße);* **T-bone steak** T-bone-Steak, *das;* **T-shirt** T-shirt, *das;* **T-square** *see* **square 1 j**

**t.** *abbr.* **a)** **ton[s]** [britische] Tonne[n]; **b)** **tonne[s]** t

**TA** *abbr. (Brit.)* **Territorial Army**

**ta** [tɑ:] *int. (Brit. coll.)* danke

[1]**tab** [tæb] **1.** *n.* **a)** *(projecting flap)* Zunge, *die; (label)* Schildchen, *das; (on clothing)* Etikett, *das; (with name)* Namensschild, *das; (on file [card])* Reiter, *der;* **b)** *(Amer. coll.: bill)* Rechnung, *die;* **pick up the ~:** die Zeche bezahlen; **c)** *(Amer. coll.: price)* Preis, *der;* **d) keep ~s** *or* **a ~ on sb./sth.** *(watch)* jmdn./etw. [genau] beobachten; **e)** *(Brit. Mil.: on collar)* Kragenspiegel, *der;* **f)** *(Theatre)* Hängestück, *das;* **g)** *(Aeronaut.)* Trimmruder, *das;* Hilfsruder, *das.* **2.** *v. t.*, **-bb-** *see* **1 a:** mit Zunge/Schildchen/Etikett/Namensschild/Reitern versehen

[2]**tab** *see* **tabulator**

**Tabasco, (P)** [tə'bæskəʊ] *n.* Tabasco, *der;* Tabascosoße, *die*

**tabby** ['tæbɪ] *n.* **a) ~ [cat]** Tigerkatze, *die;* **b)** *(female cat)* [weibliche] Katze; Kätzin, *die*

**tabernacle** ['tæbənækl] *n.* **a)** *(Bibl.)* Stiftshütte, *die;* **b)** *(Relig.: meeting-house)* Gotteshaus, *das;* **c)** *(Eccl.: receptacle)* Tabernakel, *der*

**table** ['teɪbl] **1.** *n.* **a)** Tisch, *der;* **at ~:** bei Tisch; **sit down at ~:** sich zu Tisch setzen; **after two whiskies he was under the ~** *(coll.)* nach zwei Whisky lag er unter dem Tisch *(ugs.);* **drink sb. under the ~:** jmdn. unter den Tisch trinken *(ugs.);* **get sb./get round the ~:** jmdn. an einen Tisch bringen/sich an einen Tisch setzen; **turn the ~s [on sb.]** *(fig.)* [jmdm. gegenüber] den Spieß umdrehen *od.* umkehren; *see also* [2]**lay 1 e; b)** *(list)* Tabelle, *die;* **~ of contents** Inhaltsverzeichnis, *das;* **~ of logarithms** Logarithmentafel, *die;* **learn one's ~s** das Einmaleins lernen; **say one's nine times ~:** die Neunerreihe aufsagen; **c)** *(company at ~)* Runde, *die;* **d)** *(food provided)* **keep a good/wretched ~:** eine ausgezeichnete/jämmerliche Küche führen. **2.** *v. t.* **a)** *(bring forward)* einbringen, *(ugs.)* auf den Tisch legen ‹*Antrag, Resolution*›; **b)** *(Amer.: shelve)* auf Eis legen *(ugs.)* ‹*Plan usw.*›

**tableau** ['tæbləʊ] *n., pl.* **~x** ['tæbləʊz] *(lit. or fig.)* Tableau, *das*

'**table-cloth** *n.* Tischdecke, *die;* Tischtuch, *das*

**table d'hôte** [tɑ:bl 'dəʊt] *n.* Table d'hôte, *die (geh.);* **~ menu** Tageskarte, *die*

**table: ~-knife** *n.* Messer, *das;* Tischmesser, *das (veralt.);* **~-lamp** *n.* Tischlampe, *die;* **~land** *n. (Geog.)* Tafelland, *das;* **~-leg** *n.* Tischbein, *das;* **~-linen** *n.* Tischwäsche, *die;* **~ manners** *n. pl.* Tischmanieren *Pl.;* **~-mat** *n.* Set, *das;* **T~ 'Mountain** *pr. n.* Tafelberg, *der;* **~-napkin** *n.* Serviette, *die;* **~ salt** *n.* Tafelsalz, *das;* **~spoon** *n.* Servierlöffel, *der;* **~spoonful** *n.* Servierlöffel[voll], *der*

**tablet** ['tæblɪt] *n.* **a)** *(pill)* Tablette, *die;* **b)** *(piece)* Stück, *das;* **c)** *(stone slab)* Tafel, *die;* **d)** *(for writing on)* [Schreib]tafel, *die; (Amer.: pad)* Notizblock, *der*

**table: ~-talk** *n., no pl.* Tischgespräch, *das;* **sb.'s ~-talk** jmds. Tischgespräche; **~ tennis** *n. (Sport)* Tischtennis, *das;* **~ tennis bat** Tischtennisschläger, *der;* **~-top 1.** *n.* Tischplatte, *die;* **2.** *adj.* an einer Tischplatte angebracht ‹*Dosenöffner usw.*›; Tisch‹*kühlschrank, -waschmaschine*›; **~ware** *n., no pl.* Geschirr, Besteck und Gläser; **~ wine** *n.* Tischwein, *der*

**tabloid** ['tæblɔɪd] *n. (kleinformatige, bebilderte)* Boulevardzeitung; **the ~s** *(derog.)* die Boulevardpresse; **~ journalism** Sensationsjournalismus, *der*

**taboo, tabu** [tə'bu:] **1.** *n.* Tabu, *das;* **be under a ~:** tabu sein. **2.** *adj.* tabuisiert; Tabu‹*wort*›; **be ~:** tabu sein. **3.** *v. t.* tabuisieren

**tabular** ['tæbjʊlə(r)] *adj.* tabellarisch

**tabulate** ['tæbjʊleɪt] *v. t.* tabellarisch darstellen; tabellarisieren

**tabulation** [tæbjʊ'leɪʃn] *n.* tabellarische Aufstellung; Tabellarisierung, *die*

**tabulator** ['tæbjʊleɪtə(r)] *n.* Tabulator, *der*

**tachograph** ['tækəgrɑ:f] *n. (Motor Veh.)* Fahrt[en]schreiber, *der*

**tachometer** [tə'kɒmɪtə(r)] *n.* Tachometer, *der od. das*

**tacit** ['tæsɪt] *adj.*, **tacitly** ['tæsɪtlɪ] *adv.* stillschweigend

**taciturn** ['tæsɪtɜ:n] *adj.* schweigsam; wortkarg

**taciturnity** [tæsɪ'tɜ:nɪtɪ] *n., no pl.* Schweigsamkeit, *die;* Wortkargheit, *die*

[1]**tack** [tæk] **1.** *n.* **a)** *(small nail)* kleiner Nagel; **carpet ~:** Teppichnagel, *der;* **shoe ~:** Täcks, *der; see also* **brass tacks; b)** *(temporary stitch)* Heftstich, *der;* **c)** *(Naut.) (direction of vessel; also fig.)* Kurs, *der; (in zigzag)* Kreuzen, *das;* **be on the port/starboard ~:** auf Backbord-/Steuerbordhalsen liegen; **on the right/wrong ~** *(fig.)* auf dem richtigen/falschen Weg *od.* Kurs; **change one's ~, try another ~** *(fig.)* einen anderen Kurs einschlagen. **2.** *v. t.* **a)** *(stitch loosely)* heften; **b)** *(nail)* festnageln. **3.** *v. i. (Naut.)* kreuzen

**~ 'down** *v. t.* annageln; festnageln

**~ 'on** *v. t.* anhängen (**to** an + *Akk.*)

[2]**tack** *n. (Horse-riding)* **[riding] ~:** Sattel- und Zaumzeug, *das*

[1]**tackiness** ['tækɪnɪs] *n., no pl.* Klebrigkeit, *die*

[2]**tackiness** *n., no pl. (coll. derog.)* **a)** *(tastelessness)* Geschmacklosigkeit, *die;* **b)** *(tattiness)* Schäbigkeit, *die*

**tackle** ['tækl] **1.** *v. t.* **a)** *(come to grips with)* angehen, in Angriff nehmen ‹*Problem usw.*›; **~ sb. about/on/over sth.** jmdn. auf etw. *(Akk.)* ansprechen; *(ask for sth.)* jmdn. um etw. angehen; **b)** *(Sport)* angreifen ‹*Spieler*›; *(Amer. Footb.; Rugby)* fassen. **2.** *n.* **a)** *(equipment)* Ausrüstung, *die;* **shaving ~:** Rasierzeug, *das; see also* **fishing-tackle; b)** *(Sport)* Angriff, *der; (sliding ~)* Tackling, *das; (Amer. Footb., Rugby)* Fassen und Halten; **c)** *see* **block 1 n**

**tackling** ['tæklɪŋ] *n. (Sport)* Tackling, *das*

'**tack-room** *n.* Sattelkammer, *die*

[1]**tacky** ['tækɪ] *adj.* klebrig

[2]**tacky** *adj. (coll. derog.)* **a)** *(tasteless)* geschmacklos; **b)** *(tatty)* schäbig

**tact** [tækt] *n.* Takt, *der;* **he has no ~:** er hat kein Taktgefühl

**tactful** ['tæktfl] *adj.*, **tactfully** ['tæktfəlɪ] *adv.* taktvoll

**tactfulness** ['tæktflnɪs] *n., no pl.* Taktgefühl, *das*

**tactic** ['tæktɪk] *n.* Taktik, *die;* **delaying ~:** Verzögerungstaktik, *die; see also* **tactics**

**tactical** ['tæktɪkl] *adj.* **a)** taktisch ‹*Fehler, Manöver, Rückzug*›; **~ voting** taktische Stimmabgabe; **b)** *(skilled in tactics)* taktisch klug; **have a good ~ sense** taktisch klug *od.* geschickt sein

**tactically** ['tæktɪkəlɪ] *adv.* taktisch

**tactician** [tæk'tɪʃn] *n.* Taktiker, *der*/Taktikerin, *die*

**tactics** ['tæktɪks] *n. pl.* **a)** *(methods)* Taktik, *die;* **dubious ~:** zweifelhafte Methoden; **b)** *constr. as sing. (Mil.)* Taktik, *die*

**tactile** ['tæktaɪl] *adj.* **a)** *(using touch)* Tast‹*organ*›; taktil *(Med.);* **b)** *(tangible)* tastbar

**tactless** ['tæktlɪs] *adj.* taktlos

**tactlessly** ['tæktlɪslɪ] *adv.* taktlos; *as sentence-modifier* taktloserweise

**tactlessness** ['tæktlɪsnɪs] *n., no pl.* Taktlosigkeit, *die*

**tadpole** ['tædpəʊl] *n.* Kaulquappe, *die*

**taffeta** ['tæfɪtə] *n. (Textiles)* Taft, *der*

**taffrail** ['tæfreɪl] *n. (Naut.)* Heckreling, *die*

**Taffy** ['tæfɪ] *n. (coll.: Welshman)* Waliser, *der*

**taffy** *n. (Amer.)* Karamelbonbon, *das*

[1]**tag** [tæg] **1.** *n.* **a)** *(label)* Schild, *das; (on clothes)* Etikett, *das; (on animal's ear)* Ohrmarke, *die;* **b)** *(loop)* Schlaufe, *die;* **c)** *(metal etc. point at end of lace)* Senkelstift, *der;* **d)** *(stock phrase)* Zitat, *das;* geflügeltes Wort; **e)** *(Amer.: licence-plate)* Nummernschild, *das. See also* **price-tag. 2.** *v. t.*, **-gg-** *(attach)* anhängen (**to** an + *Akk.*); **~ together** aneinanderhängen; zusammenheften ‹*Blätter, Papier*›; *(fig.)* aneinanderreihen. **3.** *v. i.*, **-gg-: ~ behind** [nach]folgen; **~ after sb.** hinter jmdm. hertrotteln *(ugs.)*

**~ a'long** *v. i.* hinterherlaufen; **do you mind if I ~ along?** darf ich mich anschließen?

**~ 'on** *v. t.* anhängen (**to** an + *Akk.*)

[2]**tag** *n. (game)* Fangen, *das*

**tag: ~-day** *(Amer.) see* **flag-day b; ~ 'question** *n. (Ling.)* Frageanhängsel, *das;* **~ wrestling** *n. (Sport) Ringkampf zwischen zwei Mannschaften von je zwei Ringern, von denen nur einer im Ring steht und sich von seinem Partner ablösen lassen kann*

**tail** [teɪl] **1.** *n.* **a)** Schwanz, *der;* **tops and ~s** *(of carrots, turnips)* obere und untere Enden; **b)** *(fig.)* **have sb./sth. on one's ~** *(coll.)* jmdn./etw. auf den Fersen haben *(ugs.);* **be/keep on sb.'s ~** *(coll.)* jmdm. auf den Fersen sein/bleiben *(ugs.);* **with one's ~ between one's legs** mit eingezogenem Schwanz *(ugs.);* **sb. has his ~ up** jmd. ist übermütig; **turn ~ [and run]** Fersengeld geben *(ugs.);* die Flucht ergreifen; **c)** *(of comet)* Schweif, *der;* **d) [shirt-]~:** Hemdzipfel, *der (ugs.);* **e)** *(of man's coat)* Schoß, *der;* **f)** *in pl. (man's evening dress)* Frack, *der;* **g)** *in pl. (on coin)* **~s [it is]** Zahl; *see* **head 1 e; h)** *(Mus.: stem of note)* [Noten]hals, *der;* **i)** *(part of letter below line)* Unterlänge, *die;* **j)** *(sl.: person keeping watch)* Schatten, *der;* **have/put a ~ on sb.** jmdn. beschatten lassen. **2.** *v. t.* **a)** *(remove stalks of)* **top and ~ gooseberries** Stachelbeeren putzen; **b)** *(sl.: follow)* beschatten

**~ 'away** *see* **~ off**

**~ 'back** *v. i.* sich stauen. *See also* **tailback**

**~ 'off** *v. i.* **a)** *(decrease)* zurückgehen; **b)** *(fade into silence)* ersterben *(geh.);* verstummen

**tail: ~back** *n. (Brit.)* Rückstau, *der;* **~-board** *n.* hintere Bordwand; **~ coat** *n.* Frack, *der;* **~-end** *n. (hindmost end)* Schwanz, *der; (fig.)* Ende, *das;* **come in at the ~-end** erst am Ende hinzustoßen; **~-fin** *n. (Aeronaut.)* Seitenflosse, *die;* **~-gate 1.** *n. (Motor Veh.)* Heckklappe, *die;* **2.** *v. i. (Amer.)* zu dicht auffahren

'**tail-lamp** *(esp. Amer.) see* **tail-light**

**tailless** ['teɪllɪs] *adj.* schwanzlos; **the animal was ~:** das Tier hatte keinen Schwanz

'**tail-light** *n.* Rück- *od.* Schlußlicht, *das*

**tailor** ['teɪlə(r)] **1.** *n.* Schneider, *der*/Schneiderin, *die; see also* **baker. 2.** *v. t.* **a)** schneidern; **b)** *(fig.)* **~ed to** *or* **for sb./sth.** für jmdn./etw. maßgeschneidert; **~ed to sb.'s needs** auf jmds. Bedürfnisse zugeschnitten

**tailored** ['teɪləd] *adj.* maßgeschneidert; **~ suit** Maßanzug, *der; (for woman)* Schneiderkostüm, *das*

**tailoring** ['teɪlərɪŋ] *n., no pl.* Schneiderei, *die;* Schneidern, *das*

'**tailor-made** *adj. (lit. or fig.)* maßgeschneidert

**tailor's: ~ chalk** *n.* Schneiderkreide, *die;* **~ 'dummy** *n.* Schneiderpuppe, *die; (fig.)* Geck, *der*/Modepuppe, *die*

**tail: ~piece** *n.* **a)** *(appendage)* Anhang, *der;* **b)** *(Mus.: for string-ends)* Saitenhalter, *der;* **c)** *(decoration)* [Schluß]vignette, *die;* **~pipe** *n.* Auspuffendstück, *das;* **~plane** *n. (Aeronaut.)* Höhenleitwerk, *das;* **~-skid** *n. (Aeronaut.)* Sporn, *der;* **~spin** *n.* **a)** *(of aircraft)* Trudeln, *das;* **b)** *(fig.: state of panic)* **send sb./go into a ~spin** jmdn. in Panik versetzen/zu rotieren anfangen *(ugs.);* **~wheel** *n. (Aeronaut.)* Spornrad, *das;* **~ wind** *n.* Rückenwind, *der*

**taint** [teɪnt] **1.** *n.* Makel, *der;* **hereditary ~:** erbliche Belastung. **2.** *v. t.* verderben; beflecken ⟨*Ruf*⟩; **be ~ed with sth.** mit etw. behaftet sein *(geh.)*

**Taiwan** [taɪ'wɑ:n] *pr. n.* Taiwan *(das)*

**Taiwanese** [taɪwə'ni:z] **1.** *adj.* taiwanesisch. **2.** *n.* Taiwanese, *der*/Taiwanesin, *die*

**take** [teɪk] **1.** *v. t.,* **took** [tʊk], **taken** ['teɪkn] **a)** *(get hold of, grasp, seize)* nehmen; **~ sb.'s arm** jmds. Arm nehmen; **~ sb. by the hand/arm** jmdn. bei der Hand/am Arm nehmen; **he took me by the arm/elbow and steered me in the direction of the exit** er faßte mich am Arm/Ellbogen und dirigierte mich zum Ausgang; **~ matters into one's own hands** *(fig.)* die Sache selbst in die Hand nehmen; *see also* **[1]bit a; [1]bull 1 a; devil 1 c; [2]hold 3 a; law d; life a; b)** *(capture)* einnehmen ⟨*Stadt, Festung*⟩; machen ⟨*Gefangenen*⟩; fassen ⟨*Banditen*⟩; *(chess)* schlagen; nehmen; *(Cards)* stechen; *see also* **[2]hold 3 a; hostage; possession d; short 2 c; storm 1 d; surprise 1; c)** *(gain, earn)* ⟨*Laden:*⟩ einbringen; ⟨*Person:*⟩ einnehmen; ⟨*Film, Stück:*⟩ einspielen; *(win)* gewinnen ⟨*Satz, Spiel, Preis, Titel*⟩; erzielen ⟨*Punkte*⟩; *(Cards)* machen ⟨*Stich*⟩; **~ a wicket** *(Cricket)* einen Schlagmann zum Ausscheiden bringen; **~ first/second** *etc.* **place** den ersten/zweiten *usw.* Platz belegen; *(fig.)* an erster/zweiter *usw.* Stelle kommen; **~ the biscuit** *(Brit. coll.) or (coll.)* **cake** *(fig.)* alle/alles übertreffen; **d)** *(assume possession of)* nehmen; *(~ away with one)* mitnehmen; *(steal)* mitnehmen *(verhüll.); (obtain by purchase)* besorgen ⟨*Eintrittskarte, [Logen]platz*⟩; kaufen, *(by rent)* mieten ⟨*Auto, Wohnung, Haus*⟩; nehmen ⟨*Klavier-, Deutsch-, Fahrstunden*⟩; mitmachen ⟨*Tanzkurs*⟩; *(buy regularly)* nehmen; lesen ⟨*Zeitung, Zeitschrift*⟩; *(subscribe to)* beziehen; *(obtain)* erwerben ⟨*akademischen Grad*⟩; *(form a relationship with)* sich *(Dat.)* nehmen ⟨*Frau, Geliebten usw.*⟩; ins Haus nehmen ⟨*zahlende Gäste*⟩; **that woman took my purse** die Frau hat mir meinen Geldbeutel gestohlen; **he took his degree at Sussex University** er hat sein Examen an der Universität von Sussex gemacht; **~ place** stattfinden; *(spontaneously)* sich ereignen; ⟨*Wandlung:*⟩ sich vollziehen; **I'll ~ this handbag/the curry, please** ich nehme diese Handtasche/das Curry; **who has ~n my pencil?** wer hat meinen Bleistift weggenommen?; **~ [private] pupils** [Privat]stunden geben; **he took her as** *or* **for his wife** er nahm sie zur Frau; *see also* **order 1 c, h; possession d; silk 1 a; e)** *(avail oneself of, use)* nehmen; machen ⟨*Pause, Ferien, Nickerchen*⟩; nehmen ⟨*Beispiel, Zitat usw.*⟩ **(from** aus); **~ the opportunity to do/of doing sth.** die Gelegenheit dazu benutzen, etw. zu tun; **~ the car/bus into town** mit dem Auto/Bus in die Stadt fahren; **~ two eggs** *etc. (in recipe)* man nehme zwei Eier *usw.;* **~ all the time you want** nimm dir ruhig Zeit; **a story ~n from life** eine Geschichte aus dem Leben; **a quotation ~n from Pope** ein Zitat aus Pope; **[let's] ~ a more recent example/my sister [for example]** nehmen wir ein Beispiel neueren Datums/einmal meine Schwester; **thou shalt not ~ God's name in vain** *(Bibl.)* du sollst den Namen Gott[es] nicht unnütz führen; **do I hear someone taking my name in vain?** *(coll. joc.)* wer lästert denn da gerade über mich?; *see also* **advantage a; advice a; cure 1 c; [1]leave c; liberty; time 1 b; f)** *(carry, guide, convey)* bringen; **~ sb.'s shoes to the mender['s]/sb.'s coat to the cleaner's** jmds. Schuhe zum Schuster/jmds. Mantel in die Reinigung bringen; **~ a message to sb.** jmdm. eine Nachricht überbringen; **the pipe ~s the water to the tank** das Rohr führt das Wasser zum Tank; **~ sb. to school/hospital** jmdn. zur Schule/ins Krankenhaus bringen; **~ sb. to visit sb.** jmdn. zu Besuch bei jmdm. mitnehmen; **~ sb. to the zoo/cinema/to dinner** mit jmdm. in den Zoo/ins Kino/zum Abendessen gehen; **~ sb. into one's home/house** jmdn. bei sich aufnehmen; **the road ~s you/story ~s us to London** die Straße führt nach/die Erzählung führt uns nach London; **my job has ~n me all over the world** ich bin beruflich in der ganzen Welt gereist; **his ability will ~ him far/to the top** mit seinen Fähigkeiten wird er es weit bringen/wird er ganz nach oben kommen; **~ sb./sth. with one** jmdn./etw. mitnehmen; **~ home** mit nach Hause nehmen; *(earn)* nach Hause bringen ⟨*Geld*⟩; *(accompany)* nach Hause bringen *od.* begleiten; *(to meet one's parents etc.)* mit nach Hause bringen; *see also* **take-home; ~ sb. before sb.** jmdn. jmdm. vorführen; **~ sb. through/over sth.** *(fig.)* mit jmdm. etw. durchgehen; **~ in hand** *(begin)* in Angriff nehmen; *(assume responsibility for)* sich kümmern um; **~ sb. into partnership [with one]/into the business** jmdn. zu seinem Teilhaber machen/in sein Geschäft aufnehmen; **~ an axe to sth.** etw. fällen; *(fig.)* bei etw. den Rotstift ansetzen; **~ a stick** *etc.* **to sb.** den Stock *usw.* bei jmdm. gebrauchen; **~ sth. to pieces** *or* **bits** etw. auseinandernehmen; **you can/can't ~ sb./sth. anywhere** *(fig. coll.)* man kann jmdn./etw. überallhin/nirgendwohin mitnehmen; **you can't ~ it 'with you** *(coll.)* man kann es ja nicht mitnehmen; *see also* **confidence e; court 1 d; head 1 b; g)** *(remove)* nehmen; *(deduct)* abziehen; **~ sth./sb. from sb.** jmdm. etw./jmdn. wegnehmen; **I took the parcel from her** ich nahm ihr das Paket ab; **death has ~n him from us** *(fig.)* der Tod hat ihn uns genommen; **the children were ~n from their parents by the authorities** die Kinder wurden den Eltern von Amts wegen weggenommen; **be ~n from sb.** *(fig.)* jmdm. genommen werden; **~ all the fun/hard work out of sth.** einem alle Freude an etw. *(Dat.)* nehmen/einem die schwere Arbeit bei etw. ersparen; *see also* **life a; [1]wind 1 a; h)** *(conceive, experience)* **sb. ~s courage from sth.** etw. macht jmdm. Mut; **~ courage!** nur Mut!; **i) be ~n ill** *or (coll.)* **sick** krank werden; **be ~n ill with food poisoning** eine Lebensmittelvergiftung bekommen; **j)** *(make)* machen ⟨*Foto, Kopie*⟩; *(photograph)* aufnehmen; **hate having one's photograph/picture ~n** sich gar nicht gern fotografieren lassen; **the camera ~s good photographs** die Kamera macht gute Bilder *od.* Fotos; **~ sb.'s fingerprints** jmdm. Fingerabdrücke abnehmen; **k)** *(perform, execute)* aufnehmen ⟨*Brief, Diktat*⟩; machen ⟨*Prüfung, Sprung, Spaziergang, Reise, Umfrage*⟩; durchführen ⟨*Befragung, Volkszählung*⟩; ablegen ⟨*Gelübde, Eid*⟩; übernehmen ⟨*Rolle, Part*⟩; treffen ⟨*Entscheidung*⟩; **~ a fall/tumble** stürzen/straucheln; **~ a step forward/backward** einen Schritt vor-/zurücktreten; **~ a turn for the better/worse** eine Wende zum Besseren/Schlechteren nehmen; **~ a scene/movement more slowly** eine Szene/einen Satz langsamer nehmen; *see also* **action a; [2]bow 3; effect 1 d; vote 1 a; l)** *(negotiate)* nehmen ⟨*Zaun, Mauer, Hürde, Kurve, Hindernis*⟩; **the bus took the corner too fast** der Bus ist zu schnell um die Kurve gefahren; **m)** *(conduct)* halten ⟨*Gottesdienst, Andacht, Unterricht*⟩; **he ~s the older pupils in Latin** er hat die älteren Schüler in Latein; **Ms X ~s us for maths** in Mathe haben wir Frau X; **n)** *(be taught, be examined in)* **~ Latin at school** in der Schule Latein haben; **~ Latin in an exam** in einem Examen in Latein geprüft werden; **~ an examination/a test** eine Prüfung machen; **o)** *(consume)* trinken ⟨*Tee, Kaffee, Kognak usw.*⟩; einnehmen *(geh.)* ⟨*Mahlzeit*⟩; nehmen ⟨*Zucker, Milch, Überdosis, Tabletten, Medizin*⟩; **~ some food** etwas essen; **~ sugar in one's tea** den Tee mit Zucker trinken; **what can I ~ for a cold?** was kann ich gegen eine Erkältung nehmen?; **to be ~n three times a day** dreimal täglich einzunehmen; **not to be ~n [internally]** nicht zur innerlichen Anwendung; *see also* **bite 3 a; drug 1 b; medicine; sip 3; p)** *(occupy)* einnehmen ⟨*Sitz im Parlament*⟩; übernehmen, antreten ⟨*Amt*⟩; **~ sb.'s seat** sich auf jmds. Platz setzen; **is that/this seat ~n?** ist da/hier noch frei?; *see also* **back seat; chair 1 a, b; place 1 f, j; seat 1 b; q)** *(need, require)* brauchen ⟨*Platz, Zeit*⟩; haben ⟨*Kleider-, Schuhgröße usw.*⟩; *(Ling.)* haben ⟨*Objekt, Plural-s*⟩; gebraucht werden mit ⟨*Kasus*⟩; **this verb ~s 'sein'** dieses Verb wird mit „sein" konjugiert; **the wound will ~ some time to heal** es braucht einige Zeit, bis die Wunde geheilt ist; **the ticket-machine ~s 20p and 50p coins** der Fahrkartenautomat nimmt 20-Pence- und 50-Pence-Stücke; **the work is taking too much of my time** die Arbeit kostet mich zuviel Zeit; **as long as it ~s** so lange wie nötig; **sth. ~s an hour/a year/all day** etw. dauert eine Stunde/ein Jahr/einen ganzen Tag; **it ~s an hour** *etc.* **to do sth.** es dauert eine Stunde *usw.,* [um] etw. zu tun; **the meat ~s three hours to cook** das Fleisch braucht drei Stunden, bis es gar ist; **sb. ~s** *or* **it ~s sb. a long time/an hour** *etc.* **to do sth.** jmd. braucht lange/eine Stunde *usw.,* um etw. zu tun; **what took you so long?** was hast du denn so lange gemacht?; **~ a lot of money/£3,000** viel Geld/3 000 Pfund kosten; **~ a lot of work/effort/courage** viel Arbeit/Mühe/Mut kosten; **it took all my strength/determination** ich brauchte all meine Kraft/Entschlossenheit; **it doesn't ~ much to make him happy** es gehört nicht viel dazu, ihn glücklich zu machen; **have [got] what it ~s** das Zeug dazu haben; **he took a lot of/some convincing** er war schwer/nicht so leicht zu überzeugen; **these windows ~ a lot of cleaning** diese Fenster sind schwer zu putzen; **it will ~ [quite] a lot of explaining** es wird schwer zu erklären sein; **that story of his ~s some believing** die Geschichte, die er da erzählt, ist kaum zu glauben; **it ~s an expert to notice the difference** nur ein Fachmann kann den Unterschied feststellen; **it would ~ a saint to get along with him** man müßte ein Heiliger sein, um mit ihm auszukommen; **it ~s a thief to know a thief** nur ein Dieb kennt einen Dieb; **it ~s all sorts to make a world** es gibt solche und solche; *see also* **beating b; time 1 b; r)** *(accommodate, hold)* fassen; *(support)* tragen; **the car will ~ six adults** in dem Auto haben sechs Erwachsene Platz; **that room can't ~ a grand piano** in das Zimmer paßt kein Flügel; **s)** *(ascertain and record)* notieren ⟨*Namen, Adresse, Autonummer usw.*⟩; zu Protokoll nehmen ⟨*Hergang eines Unfalls usw.*⟩; fühlen ⟨*Puls*⟩; messen ⟨*Temperatur, Größe usw.*⟩; **~ sb.'s measurements for a new suit** [bei] jmdm. für einen neuen Anzug Maß nehmen; **~ the minutes of a meeting** bei einer Sitzung [das] Protokoll führen; **~ a reading from the barometer** den Barometerstand ablesen; **t)** *(apprehend, grasp)* **~ sb.'s meaning/drift,** *(arch.)* **~ sb.** verstehen, was jmd. meint; **... if you ~ my meaning ...** , Sie verstehen?; **~ sb.'s point** jmds. Standpunkt verstehen; **~ it [that] ...:** annehmen, [daß] ...; **can I ~ it that ...?** kann ich davon ausgehen, daß ...?; **am I to ~ it that ...?** soll ich das so verstehen, daß ...?; **~ sth. to mean sth.** etw. so verstehen, daß ...; **what do you ~ that to mean/signify?** wie verstehen Sie das/was bedeutet das Ihrer Meinung nach?; **~ sth. as settled/as a compliment/refusal** etw. als erledigt betrachten/als eine Ablehnung/ein Kompliment auffassen; **~ sb./sth. for/to be sth.** jmdn./etw. für etw. halten; **what do you ~ me for?** wofür halten Sie mich?; **I ~ him to be in his fifties** ich schätze ihn zwischen fünfzig und sechzig; **not know how to ~ sb.'s reply** nicht wissen, wie man jmds. Antwort verstehen soll; **~ what sb. says the wrong way** jmdn. falsch verstehen; *see also* **gospel b; grant 1 c; literally a; word 1 b; u)** *(treat or react to in a specified manner)* aufnehmen; **~ sth. like a man** etw. wie ein Mann nehmen; **~ sth. well/badly/hard** etw. gut/schlecht/nur schwer verkraften; **sb. ~s sth. very badly/ hard** etw. trifft jmdn. sehr; **~ sth. calmly** *or* **coolly** etw. gelassen [auf- *od.* hin]nehmen; **~ sth. as read** etw. als bekannt voraussetzen; **you can/may ~ it as read that ...:** du kannst sicher sein, daß ...; **taking it all in all, taking one thing with another** alles in allem; *see also* **amiss 2; easy 2; heart 1 b, c; kindly 1 c; stride 1 a; v)** *(accept)* annehmen; **~ money** *etc.* **[from sb./for sth.]** Geld *usw.* [von jmdm./für etw.] [an]nehmen; **will you ~ £500 for the car?** wollen Sie den Wagen für 500 Pfund verkaufen?; **[you can] ~ it or leave it** entweder du bist damit einverstanden, oder du läßt es bleiben; **I can ~ it or leave it** *(am indifferent)* ich mache mir nicht besonders viel daraus; **~ the hint** den Wink verstehen; **he can never ~ a hint** er hat kein Feingefühl; **I know how to take a hint** ich verstehe schon; **~ sb.'s word for it** sich auf jmdn. *od.* jmds. Wort[e] verlassen; **you can ~ his word for it that ...:** wenn er es sagt, kannst du dich darauf verlassen, daß ...; **you don't have to ~ my word for it** du brauchst es mir nicht zu glauben; **~ things as they come, ~ it as it comes** es nehmen, wie es kommt; *see also* **advice a; chance 1 e; consequence a; risk 1 a; w)** *(receive, submit to)* einstecken [müssen] ⟨*Schlag, Tritt, Stoß*⟩; *(Boxing)* nehmen [müssen] ⟨*Schlag*⟩; *(endure, tolerate)* aushalten; vertragen ⟨*Klima, Alkohol, Kaffee, Knoblauch*⟩; verwinden ⟨*Schock*⟩; *(put up with)* sich *(Dat.)* gefallen lassen [müssen] ⟨*Kritik, Grobheit*⟩; **~ one's punishment bravely** seine Strafe tapfer ertragen; **the boxer/the car took a lot of punishment** der Boxer mußte viel einstecken/das Auto mußte eine Menge aushalten; **~ no nonsense** sich *(Dat.)* nichts bieten lassen; **~ 'that!** nimm das!; **~ it** *(coll.)* es verkraften; *(referring to criticism, abuse)* damit fertigwerden; **There's a lot of pressure on you. – I can ~ it** Du stehst sehr unter Druck. – Ich werde damit schon fertig; **x)** *(adopt, choose)* ergreifen ⟨*Maßnahmen*⟩; unternehmen ⟨*Schritte*⟩; einschlagen ⟨*Weg*⟩; sich entschließen zu ⟨*Schritt, Handlungsweise*⟩; **~ the wrong road** die falsche Straße nehmen; **~ a firm** *etc.* **stand [with sb./on** *or* **over sth.]** jmdm. gegenüber/hinsichtlich einer Sache nicht nachgeben; **~ the easy way out** die einfachste Lösung wählen; *see also* **resistance a; side 1 i; view 1 d; y)** *(receive, accommodate)* [an]nehmen ⟨*Bewerber, Schüler*⟩; aufnehmen ⟨*Gäste*⟩; annehmen ⟨*Farbe, Glanz*⟩; **the city ~s its name from its founder** die Stadt ist nach ihrem Gründer benannt; **the rock ~s its colour from the minerals** der Fels hat seine Farbe von den Mineralien; **z)** *(swindle)* **he was taken for £500 by the con-man** *(coll.)* der Schwindler hat ihm 500 Pfund abgeknöpft *(ugs.)*; **aa) be ~n with sb./sth.** von jmdm./etw. angetan sein; **bb)** *(copulate with)* nehmen. **2.** *v. i.*, **took, taken a)** *(be successful, effective)* ⟨*Transplantat:*⟩ vom Körper angenommen werden; ⟨*Impfung:*⟩ anschlagen; ⟨*Pfropfreis:*⟩ anwachsen; ⟨*Sämling, Pflanze:*⟩ angehen; ⟨*Feuer:*⟩ zu brennen beginnen; ⟨*trockenes Holz:*⟩ Feuer fangen; ⟨*Farbe:*⟩ aufgenommen werden; ⟨*Anstrich, Leim:*⟩ halten; ⟨*Fisch:*⟩ [an]beißen; **b)** *(detract)* **~ from sth.** etw. schmälern; **c) ~ ill** *or (coll.)* **sick** krank werden; **d) ~ well/badly** *(Photog.)* sich gut/schlecht fotografieren lassen. **3.** *n.* **a)** *(Telev., Cinemat.)* Einstellung, *die;* Take, *der od. das (fachspr.); see also* **double take; b)** *(takings)* Einnahme, *die;* **our ~ was over £200 for the day** unsere Tageseinnahme betrug über 200 Pfund; **~ [of the loot]** Anteil [an der Beute]; **c)** *(catch of fish)* Fang, *der; (catch of game)* Jagdbeute, *die*

**~ a'back** *see* **aback**

**~ after** *v. t.* **a) ~ after sb.** *(resemble)* jmdm. ähnlich sein; *(take as one's example)* es jmdm. gleichtun; **b)** *(Amer.: chase after)* nachsetzen (+ *Dat.*)

**~ a'long** *v. t.* mitnehmen

**~ a'part** *see* **apart b**

**~ a'round** *v. t.* **a)** *(take with one)* überallhin mitnehmen; **b)** *(show around)* herumführen

**~ a'side** *see* **aside 1**

**~ a'way** *v. t.* **a)** *(remove)* wegnehmen; *(to a distance)* mitnehmen; **~ sth. away from sb.** jmdm. etw. abnehmen; **~ sb.'s licence/passport away** jmdm. den Führerschein/Paß abnehmen; **what the taxman gives with one hand, he ~s away with the other** was der Fiskus mit der einen Hand gibt, das nimmt er mit der anderen wieder; **to ~ away** ⟨*Pizza, Snack usw.*⟩ zum Mitnehmen; **tablets that will ~ away the pain** Tabletten, die einem die Schmerzen nehmen; **~ away sb.'s rights/privileges/freedom/job** jmdm. seine Rechte/Privilegien/die Freiheit/seinen Arbeitsplatz nehmen; **~ away all the flavour of the food** dem Essen jeden Geschmack nehmen; **alcohol ~s away all your worries** Alkohol vertreibt die Sorgen; **it has ~n away all the pleasure in my win** es hat mir die Freude am Sieg verdorben; **no one can ~ that away from you** das kann dir niemand nehmen; **~ sb. away** jmdn. wegbringen; ⟨*Polizei:*⟩ jmdn. abführen; **~ him away!** schafft ihn fort!; hinweg mit ihm! *(geh.)*; **~ a child away from its parents/home/from school** ein Kind den Eltern wegnehmen/aus seiner häuslichen Umgebung herausreißen/aus der Schule nehmen; **~ sb. away from his/her work** jmdn. von der Arbeit abhalten; **my job ~s me away from my family/from home a lot** mein Beruf entzieht mich oft der Familie/ durch meine Arbeit bin ich oft von zu Hause weg; **death/a cruel fate has ~n our father away from us** der Tod/ein grausames Schicksal hat uns den Vater genommen; **~ sb. away to the cells** jmdn. in seine Zelle bringen; **~ sb. away for a holiday** mit jmdm. in Urlaub fahren; *see also* **breath a; b)** *(Math.: deduct)* abziehen. *See also* **takeaway**

**~ a'way from** *v. t.* schmälern

**~ 'back** *v. t.* **a)** *(retract, have back)* zurücknehmen; wieder einstellen ⟨*Arbeitnehmer*⟩; wieder [bei sich] aufnehmen ⟨*Ehepartner*⟩; *(reclaim)* sich *(Dat.)* wiedergeben lassen; **b)** *(return)* zurückbringen; *(~ somewhere again)* wieder bringen ⟨*Person*⟩; *(carry or convey back)* wieder mitnehmen; **that ~s me back [to my childhood]** das weckt bei mir [Kindheits]erinnerungen; **c)** *(Printing)* hochnehmen; raufziehen *(ugs.)*

**~ 'down** *v. t.* **a)** *(carry or lead down)* hinunterbringen; **this path ~s you down to the harbour** auf diesem Weg kommen Sie zum Hafen [hinunter]; **b)** *(lower or lift down)* abnehmen ⟨*Bild, Ankündigung, Weihnachtsschmuck*⟩; einholen ⟨*Fahne*⟩; umlegen ⟨*Mast*⟩; herunterziehen, herunterlassen ⟨*Hose*⟩; tiefer setzen ⟨*Zeile*⟩; **~ a box down from a shelf** eine Schachtel von einem Regal herunternehmen; **c)** *(dismantle)* abreißen; abbauen ⟨*Gerüst, Zelt*⟩; **d)** *(write down)* aufnehmen ⟨*Brief, Personalien*⟩; aufschreiben ⟨*Autonummer*⟩; mitschreiben ⟨*Vortrag*⟩; **e)** *(humiliate)* ducken; *see also* **peg 1**

**~ 'in** *v. t.* **a)** *(convey to a place)* hinbringen; *(conduct)* hineinführen ⟨*Gast*⟩; **~ sb. in a cup of tea** jmdm. eine Tasse Tee [hinein]bringen; **~ the car in for a service** das Auto zur Wartung bringen; **~ sb. in [in the car]** jmdn. [mit dem Auto] reinfahren *(ugs.)*; **I took the car in** ich fuhr mit dem Auto rein *(ugs.)*; **the police took him in for questioning** die Polizei nahm ihn zum Verhör mit; **b)** *(bring indoors)* hereinholen; **~ in parcels for sb.** Pakete für jmdn. annehmen; **~ in the washing from the line** die Wäsche von der Leine [ab]nehmen [und hereinholen]; **c)** *(accept for payment)* **~ in washing** für andere Leute waschen; **d)** *(receive, admit)* aufnehmen; *(for payment)* vermieten an (+ *Akk.*); [auf]nehmen ⟨*[Kur]gäste*⟩; **~ in lodgers** ⟨*Haus-, Wohnungseigentümer:*⟩ Zimmer vermieten; ⟨*Mieter:*⟩ untervermieten; **e)** *(make narrower)* enger machen ⟨*Kleidungsstück*⟩; **f)** *(include, comprise)* einbeziehen; **g)** *(coll.: visit)* mitnehmen *(ugs.)*; **our tour took in most of the main sights** auf unserer Rundfahrt haben wir die wichtigsten Sehenswürdigkeiten besichtigt; **h)** *(understand, grasp)* begreifen; überblicken, erfassen ⟨*Lage*⟩; **I cannot ~ in any more of this lecture** ich kann mich auf diese Vorlesung nicht mehr konzentrieren; **I have won – I can't ~ it in yet** ich habe gewonnen – ich kann es noch gar nicht richtig begreifen; **i)** *(observe)* erfassen; *(watch, listen to)* mitbekommen; **j)** *(deceive)* einwickeln *(salopp)*; **be ~n in [by sb./sth.]** sich [von jmdm./durch etw.] einwickeln lassen *(salopp)*; *see also* **take-in**

**~ 'off 1.** *v. t.* **a)** abnehmen ⟨*Deckel, Hut, Bild, Hörer, Tischtuch, Verband*⟩; abziehen ⟨*Kissenbezug*⟩; ausziehen ⟨*Schuhe, Handschuhe*⟩; ablegen ⟨*Hut, Mantel, Schmuck*⟩; ⟨*Säure:*⟩ wegätzen ⟨*Farbe*⟩; **~ off sb.'s/one's clothes** jmdm./sich die Kleider ausziehen; **~ sth. off the fire** etw. vom Feuer nehmen; **~ a door off the hinges** eine Tür aus den Angeln heben; **~ the cover off a pillow/bed** ein Kissen abziehen/ein Bett abdecken; **~ a parcel off sb.** jmdm. ein Paket abnehmen; **~ your hands off me!** faß mich nicht an!; **~ your feet off the settee!** nimm die Füße vom Sofa!; **~ off one's make-up** sich abschminken; **the heat has ~n the paint off the door** durch die Hitze ist die Farbe von der Tür abgeblättert; **b)** *(transfer from)* übernehmen ⟨*Passagiere, Besatzung, Fracht*⟩; *(withdraw from a programme)* aus dem Programm nehmen; **~ sb. off sth.** jmdn. von etw. holen; *(withdraw from job, assignment, etc.)* jmdm. etw. entziehen; **he was ~n off the case** er wurde von dem Fall abgezogen; **~ sth. off a list/the menu** etw. von einer Liste streichen/von der Speisekarte nehmen; **~ a train/bus off a route** einen Zug/Bus vom Fahrplan streichen; **~ the weight off one's feet** seine Beine ausruhen; **~ years/ten years off sb.** jmdn. um Jahre jünger machen/jmdn. zehn Jahre jünger machen; *see also* **edge 1 a; eye 1 a; gilt 1 a; hat a; mind 1 c; smile 1; c)** *(cut off)* abtrennen; *(with saw)* absägen; *(with knife, scissors, etc.)* abschneiden; *(amputate)* abnehmen; **she had an inch ~n off her hair** sie ließ sich *(Dat.)* ihr Haar 2 cm kürzer schneiden; **d)** *(lead, conduct)* **~ sb. off to hospital/prison** jmdn. ins Krankenhaus/Gefängnis bringen; **~ sb. off on a stretcher/by ambulance** jmdn. auf einer Bahre/im Krankenwagen wegbringen; **~ sb. off to Paris** mit jmdm. nach Paris fahren; **I shall ~ my family off on** *or* **for a holiday** ich werde mit meiner Familie wegfahren *od.* in Urlaub fahren; **~ oneself off home/to bed** nach Hause/ins Bett gehen; **e)** *(deduct)* abziehen; **~ sth. off sth.** etw. von etw. abziehen; **~ £10 off the price** den Preis um zehn Pfund reduzieren; **f) ~ off weight/a few pounds** *(lose weight)* abnehmen/einige Pfund abnehmen; **the diet has ~n pounds off my weight** die Diät hat mich um Pfunde leichter gemacht; **g)** *(have free)* **~ a day** *etc.* **off** sich *(Dat.)* einen Tag *usw.* frei nehmen *(ugs.)*; **~ time off [work** *or* **from work]** sich *(Dat.)* frei nehmen; **h)** *(mimic)* nachmachen *(ugs.)*. **2.** *v. i.* **a)** *(Aeronaut.)* starten; **b)** *(Sport)* ‹*Springer, Pferd:*› abspringen; **c)** *(coll.: leave quickly)* losrennen; **~ off after sb./sth.** hinter jmdm./etw. herrennen; **d)** *(become successful)* ‹*Wirtschaft:*› sich [sprunghaft] aufwärts entwickeln; ‹*Verkaufszahlen:*› [sprunghaft] steigen; ‹*Produkt, Kampagne:*› einschlagen; ‹*Person:*› Karriere machen; **his career is taking off** er macht eine steile Karriere. *See also* **take-off**

**~ 'on 1.** *v. t.* **a)** *(undertake)* übernehmen; annehmen ‹*Herausforderung, Wette usw.*›; auf sich *(Akk.)* nehmen ‹*Bürde*›; *(accept responsibility for)* sich einlassen auf (+ *Akk.*) ‹*Person*›; sich *(Dat.)* aufbürden *od.* aufladen ‹*Sache*›; **b)** *(enrol, employ)* einstellen; aufnehmen ‹*Schüler, Studenten*›; annehmen ‹*Privatschüler*›; **c)** *(acquire, assume)* annehmen ‹*Farbe, Form, Ausdruck, Anmaße*›; erhalten ‹*Bedeutung*›; **d)** *(accept as opponent)* sich auf eine Auseinandersetzung einlassen mit; es aufnehmen mit; den Kampf aufnehmen mit ‹*Regierung, Gesetz*›; **I'll ~ you on** *(in a contest)* ich nehme es mit dir auf; *(in a bet)* die Wette gilt; **e)** *(take on board)* aufnehmen; **f)** *(transport farther)* weiterbringen. **2.** *v. i.* **a)** *(coll.: get upset)* sich aufregen; **don't ~ on so!** reg dich nicht so auf!; hab dich nicht so! *(ugs. abwertend)*; **b)** *(be successful)* einschlagen

**~ 'out** *v. t.* **a)** *(remove)* herausnehmen; ziehen ‹*Zahn*›; **~ sth. out of sth., ~ out sth. from sth.** etw. aus etw. [heraus]nehmen; **~ out a pizza** *etc.* sich *(Dat.)* eine Pizza *usw.* mitnehmen; **'... to ~ out'** „... zum Mitnehmen"; **~ out a nail from a piece of wood/a splinter from sb.'s finger** einen Nagel aus einem Stück Holz ziehen/jmdm. einen Splitter aus dem Finger ziehen; **~ a stain/mark out of a dress** einen Fleck aus einem Kleid entfernen; **the strong sun ~s all the natural moisture out of your skin** die starke Sonnenbestrahlung entzieht der Haut ihre natürliche Feuchtigkeit; **~ the colour/vitamins out of sth.** etw. ausbleichen/einer Sache *(Dat.)* die Vitamine entziehen; **~ sb. out of the courtroom** jmdn. aus dem Gerichtssaal führen; **the train took us out of the city** der Zug brachte uns aus der Stadt [heraus]; **~ it/a lot out of sb.** *(fig.)* jmdn. mitnehmen/sehr mitnehmen; **b)** *(destroy)* zerstören; *(fig.) (Footb. etc.)* ausschalten; *(kill)* töten; **c)** *(withdraw)* abheben ‹*Geld*›; **d)** *(deduct)* abziehen **(of** von); **e)** *(go out with)* **~ sb. out** mit jmdm. ausgehen; **~ sb. out for a walk/drive** mit jmdm. einen Spaziergang/eine Spazierfahrt machen; **~ sb. out to** *or* **for lunch/dinner** jmdn. zum Mittagessen/Abendessen einladen; **~ sb. out to the cinema/the theatre/a restaurant** jmdn. ins Kino/Theater/zum Essen einladen; **~ the dog out [for a walk]** den Hund ausführen; **~ sb. out of himself/herself** *(fig.)* jmdn. auf andere Gedanken bringen; **f)** *(get issued)* erwerben; erhalten; abschließen ‹*Versicherung*›; ausleihen ‹*Bücher*›; aufgeben ‹*Anzeige*›; **~ out a subscription to sth.** etw. abonnieren; **g) ~ it/sth. out on sb./sth.** seine Wut/etw. an jmdm./etw. auslassen. *See also* **take-out**

**~ 'over 1.** *v. t.* **a)** *(assume control of)* übernehmen; **~ sth. over from sb.** etw. von jmdm. übernehmen; **~ over the lead** *(Sport)* in Führung gehen; **let sth. ~ over one's life** *(fig.)* sein Leben von etw. bestimmen lassen; **~ sb./sth. over** *(fig.)* von jmdm./etw. Besitz ergreifen; **~ over the world** die Weltherrschaft an sich reißen; **b)** *(carry or transport over)* **~ sb./sth. over to sb./sb.'s flat/Guildford** jmdn./etw. zu jmdm./in jmds. Wohnung/nach Guildford bringen *od.* *(ugs.)* rüberbringen; **I'll ~ you/it over next time** ich werde dich/es nächstes Mal mitnehmen; **c)** *(Printing)* rübernehmen *(ugs.)*. **2.** *v. i.* übernehmen; ‹*Manager, Firmenleiter:*› die Geschäfte übernehmen; ‹*Regierung, Präsident:*› die Amtsgeschäfte übernehmen; ‹*Junta:*› die Macht übernehmen; ‹*Beifahrer:*› das Steuer übernehmen; **other organizations will ~ over [from it] and carry out its functions** andere Organisationen werden seine Funktion übernehmen; **the night nurse ~s over at 10 p.m.** um zehn Uhr tritt die Nachtschwester ihren Dienst an. *See also* **take-over**

**~ 'round** *v. t.* **a)** *(carry, deliver)* vorbeibringen; **I'll ~ you round one day** ich nehme dich einmal mit hin; **b)** *(show around)* [herum]führen; **~ sb. round the factory** jmdn. durch die Fabrik führen

**~ to** *v. i.* **a)** *(get into habit of)* **~ to doing sth.** anfangen, etw. zu tun; es sich *(Dat.)* angewöhnen, etw. zu tun; **~ to drugs/gambling/crime** zu Drogen greifen/dem Spiel/der Kriminalität verfallen; **b)** *(escape to)* sich flüchten in (+ *Akk.*); **~ to the [life]boats** sich in die Boote retten; *see also* **bed 1 a; [1]heel 1 a; c)** *(develop a liking for)* sich hingezogen fühlen zu ‹*Person*›; sich erwärmen für ‹*Sache*›; *(adapt oneself to)* sich gewöhnen an (+ *Akk.*); *see also* **[1]duck 1 a**

**~ 'up 1.** *v. t.* **a)** *(lift up)* hochheben; *(pick up)* aufheben; aufnehmen ‹*Staub, Partikel, Laub*›; herausnehmen ‹*Pflanzen*›; herausreißen ‹*Schienenstrang, Dielen*›; aufreißen ‹*Straße*›; hochholen, aufnehmen ‹*Masche*›; **he took up his book again** *(started to read again)* er nahm seine Lektüre wieder auf; *see also* **[2]arm 1 a; cudgel 1; [1]gauntlet d; glove a; b)** *(move up)* weiter nach oben rücken; *(shorten)* kürzer machen; **c)** *(carry or lead up)* **~ sb./sth. up** jmdn./etw. hinaufbringen **(to** zu); **I'll ~ you up one day** ich werde dich einmal mit hinaufnehmen; **~ sth. up to sb.** jmdm. etw. hinaufbringen; **he took the suitcase up to the top floor with him** er nahm den Koffer mit in den obersten Stock; **d)** *(absorb)* aufnehmen; **e)** *(wind up)* aufwickeln; *see also* **[1]slack 2 a; f)** *(occupy, engage)* beanspruchen; **I'm sorry to have ~n up so much of your time** es tut mir leid, Ihre Zeit so lange in Anspruch genommen zu haben; **most of my time is ~n up with ...:** ich verbringe die meiste Zeit mit ...; **be ~n up with sth./sb.** von etw./jmdm. in Anspruch genommen sein; **g)** ergreifen ‹*Beruf*›; anfangen ‹*Jogging, Tennis, Schach, Gitarre*›; **~ up a musical instrument** ein Instrument zu spielen beginnen; **~ sth. up as a hobby/profession** etw. zu seinem Hobby/Beruf machen; **~ up German/a hobby** anfangen, Deutsch zu lernen/sich *(Dat.)* ein Hobby zulegen; **h)** *(start, adopt)* aufnehmen ‹*Arbeit, Kampf*›; antreten ‹*Stelle*›; übernehmen ‹*Pflicht, Funktion*›; einnehmen ‹*Haltung, Position*›; eintreten für, sich einsetzen für ‹*Sache*›; **~ up a/one's position** ‹*Polizeiposten, Politiker:*› Position beziehen; **i)** *(accept)* annehmen; aufnehmen ‹*Idee, Vorschlag, Kredit, Geld*›; kaufen ‹*Aktien*›; **~ up an option** optieren ‹*Rechtsw.*›; **j)** *(raise, pursue further)* aufgreifen; **~ sth. up with sb.** sich in einer Sache an jmdn. wenden; **k) ~ sb. up [on sth.]** *(accept)* jmdn. [in bezug auf etw. *(Akk.)*] beim Wort nehmen; *(challenge)* jmdm. [in bezug auf etw. *(Akk.)*] widersprechen; **I might ~ you up on that offer/challenge** dein Angebot/deine Herausforderung werde ich vielleicht annehmen; **he took me up on the remark I had made** er hatte gegen meine Bemerkung etwas einzuwenden; **l)** *(join in)* einfallen in (+ *Akk.*) ‹*Ruf*›; sich beteiligen an (+ *Dat.*) ‹*Kampf*›; **m)** *(continue, resume)* [wieder] aufnehmen; weiterführen ‹*Geschichte*›; **~ up sth. where one/sb. has left off** mit etw. da fortfahren, wo man/jmd. aufgehört hat; **n) be [very] ~n up with sb./sth.** mit jmdm./etw. [sehr] beschäftigt sein. **2.** *v. i.* **a)** *(coll.: become friendly)* **~ up with sb.** sich mit jmdm. einlassen; **b)** *(continue)* einsetzen; **~ up where sb./sth. has left off** da einsetzen, wo jmd./etw. aufgehört hat; **c)** *(wind up)* aufwickeln. *See also* **take-up**

**~ upon** *v. t.* **~ upon oneself** auf sich *(Akk.)* nehmen ‹*Aufgabe, Pflicht, Verantwortung*›; **~ upon oneself the right to do sth.** sich *(Dat.)* [einfach] das Recht nehmen, etw. zu tun; **~ it upon oneself to do sth.** es auf sich *(Akk.)* nehmen, etw. zu tun; *(unwarrantably)* sich *(Dat.)* herausnehmen *(ugs.)*, etw. zu tun

**take: ~-away** *n. (restaurant)* Restaurant mit Straßenverkauf; *(meal)* Essen zum Mitnehmen; *attrib.* ‹*Restaurant*› mit Straßenverkauf; ‹*Essen, Mahlzeit*› zum Mitnehmen; **let's get a Chinese ~-away for our supper** laß uns beim Chinesen was zum Abendessen holen *(ugs.)*; **~-home** *attrib. adj.* **~-home pay/wages** Nettolohn, *der;* **~-in** *n. (coll.)* Schwindel, *der (abwertend)*

**taken** *see* **take 1, 2**

**take: ~-off** *n.* **a)** *(Sport)* Absprung, *der; (board)* [Ab]sprungbalken, *der;* **~-off speed** Geschwindigkeit beim Absprung; **b)** *(Aeronaut.)* Start, *der;* Take-off, *das (fachspr.)*; **be cleared/ready for ~-off** Starterlaubnis haben/startklar sein; **~-off speed** Abhebegeschwindigkeit, *die;* **c)** *(coll.: caricature)* Parodie, *die;* **do a ~-off of sb.** jmdn. parodieren; **d)** *(Econ.)* [rapider] Aufschwung; **~-out** *(Amer.) see* **take-away; ~-over** *n. (Commerc.)* Übernahme, *die;* **~-over bid** Übernahmeangebot, *das*

**taker** ['teɪkə(r)] *n. (of a bet)* Wetter, *der; (of shares etc.)* Käufer, *der;* **there were no ~s [for the offer]** niemand hat [das Angebot] angenommen; *(at betting)* keiner nahm die Wette an; **any ~s?** *(at auction)* wer bietet?

**'take-up** *n.* **a)** *(response)* **a ~ of over 2,000** über 2000 Interessenten; **~ has been very poor/low** es gab kaum *od.* sehr wenig Interessenten; **b)** *(winding up)* Aufwickeln, *das;* Aufwick[e]lung, *die; attrib.* Aufwickel‹*spule, -geschwindigkeit*›

**taking** ['teɪkɪŋ] *n.* **a)** *in pl. (amount taken)* Einnahmen; **b)** *(seizure)* Einnahme, *die;* **c) they are yours/his** *etc.* **for the ~:** du kannst/er kann *usw.* sie haben; **victory was his for the ~:** sein Sieg war so gut wie sicher

**talc** [tælk] *n.* **a)** Talkum, *das;* **b)** *(Min.)* Talk, *der*

**talcum** ['tælkəm] *n.* **~ [powder]** Talkumpuder, *der;* Talkum, *das; (as cosmetic)* Körperpuder, *der*

**tale** [teɪl] *n.* **a)** *(story)* Erzählung, *die;* Geschichte, *die* **(of** von, **about** über + *Akk.*); **fisherman's ~[s]** Anglerlatein, *das;* **b)** *(piece of gossip)* Geschichte, *die (ugs.)*. *See also* **tell 1 b; thereby; wife; woe a**

**talent** ['tælənt] *n.* **a)** *(ability)* Talent, *das;* **have [great/no** *etc.*] **~ [for sth.]** [viel/kein *usw.*] Talent [zu *od.* für etw.] haben; **have a ~ for music** musikalisches Talent haben; **have a [great] ~ for doing sth.** das Talent haben, etw. zu tun; **b)** *(people with ability)* Talente; Begabungen; **the [local] ~** *(sl.: girls/men)* die interessanten Frauen/*(ugs.)* Typen am Ort; **c)** *(arch.: measure, money)* Talent, *das*

**talented** ['tæləntɪd] *adj.* talentiert; **this is a ~ essay** dieser Aufsatz zeugt von Talent

**talent: ~-scout, ~-spotter** *ns.* Talentsucher, *der;* **~-spotting** *n.* Talentsuche, *die*

**tale-teller** *n.* **a)** *see* **story-teller; b)** *(sneak/gossip)* jmd., der andere anschwärzt/schlechtmacht

**talisman** ['tælɪzmən] *n.* Talisman, *der*

**talk** [tɔ:k] **1.** *n.* **a)** *(discussion)* Gespräch, *das;* **have a ~ [with sb.] [about sth.]** [mit jmdm.] [über etw. *(Akk.)*] reden *od.* sprechen; **have a long ~ on the phone** lange miteinander telefonieren; **I've enjoyed our ~:** es war nett, mit Ihnen zu sprechen; **could I have a ~ with you?** könnte ich Sie einmal sprechen?; **have** *or* **hold ~s [with sb.]** [mit jmdm.] Gespräche führen; **b)** *(speech, lecture)* Vortrag, *der;* **give a ~/a series of ~s [on sth./sb.]** einen Vortrag/eine Vortragsreihe [über etw./jmdn.] halten; **c)** *no pl. (form of communication)* Sprache, *die;* **sailors'/men's ~:** Seemanns-/Männersprache, *die;* **d)** *no pl. (talking)* Gerede, *das (abwertend);* **there's too much ~ [of ...]** es wird zuviel [von ...] geredet; **he is all ~ [and no action]** er redet nur [und tut nichts]; **there is [much/some] ~ of ...:** man hört [häufig/öfter] von ...; **be the ~ of the town/neighbourhood** *etc.* Stadtgespräch/das Thema in der Nachbarschaft *usw.* sein. *See also* **big 1 g; small talk. 2.** *v.i.* **a)** *(speak)* sprechen, reden **(with, to** mit); *(lecture)* sprechen; *(converse)* sich unterhalten; *(have ~s)* Gespräche führen; *(gossip)* reden; **be ~ing in German** deutsch sprechen; **love to hear oneself ~:** sich gern reden hören; **can't** *or* **doesn't she ~!** *(coll.)* die kann vielleicht reden!; **we must ~:** wir müssen miteinander reden; **~ on the phone** telefonieren; **we ~ on the phone every day** wir telefonieren jeden Tag miteinander; **~ to sb. on the phone** mit jmdm. telefonieren; **he sat through the entire meal without ~ing** er hat während des ganzen Essens kein Wort gesagt; **keep sb. ~ing** jmdn. in ein [längeres] Gespräch verwickeln; **she kept me ~ing for an hour** ich mußte mich eine Stunde lang mit ihr unterhalten; **now you're ~ing!** *(coll.)* das hört sich schon besser an; **that's no way to ~/~ to your uncle** das darfst du nicht sagen/so darfst du aber nicht mit deinem Onkel reden!; **don't ~ to me like that!** mit mir kannst du so nicht reden!; **who do you think you're ~ing to?** was bildest du dir ein, so mit mir zu sprechen?; **it's easy for you/him** *etc.* **to ~:** du hast/er hat *usw.* gut reden; **look who's ~ing** *(iron.)* das mußt du gerade sagen; **you/he** *etc.* **can** *(iron.)* *or* **can't ~:** sei du nur ganz still!; **don't ~ daft** *(coll.)* rede doch kein dummes Zeug!; **I'll ~ to that boy when he gets in** *(coll.: scold)* ich werde mal ein ernstes Wort mit dem Jungen reden, wenn er nach Hause kommt; **could I ~ to you for a moment?** könnte ich Sie einen Augenblick sprechen?; **~ to sb. seriously** mit jmdm. ein ernstes Wort reden; **may I ~ with Mr Smith, please?** kann ich bitte Herrn Smith sprechen?; **get ~ing [to sb.]** [mit jmdm.] ins Gespräch kommen; **~ to oneself** mit sich selbst sprechen; Selbstgespräche führen; **ships ~ to each other by radio** Schiffe verständigen sich über Funk; **~ of** *or* **about sb./sth.** über jmdn./etw. reden; **everyone's ~ing about him/his divorce** er/seine Scheidung ist in aller Munde; **everyone is ~ing about his new film** jeder spricht von seinem neuen Film; **~ of** *or* **about doing sth.** davon reden, etw. zu tun; **get oneself ~ed about** sich ins Gespräch bringen; **[not] know what one is ~ing about** [gar nicht] wissen, wovon man redet; **[not] know what sb. is ~ing about** [nicht] wissen, was jmd. meint *od.* wovon jmd. spricht; **~ about trouble** *etc.*! *(coll.)* da erzähl mir noch einer was von Schwierigkeiten *usw.*!; **What are you ~ing about? Of course he's not going to resign** Was redest du da? Natürlich tritt er nicht zurück; **~ing of holidays** *etc.* da wir [gerade] vom Urlaub *usw.* sprechen; apropos Urlaub *usw.*; **b)** *(have power of speech)* sprechen; **animals don't ~:** Tiere können nicht sprechen; **c)** *(betray secrets)* reden; **the prisoner refused to ~:** der Gefangene verweigerte jede Aussage; **make sb. ~:** jmdn. zum Reden bringen; **we have ways of making you ~:** wir werden Sie schon noch zum Reden bringen. *See also* **big 2; hat b; head 1 b. 3.** *v.t.* **a)** *(utter, express)* **~ [a load of] nonsense** [eine Menge] Unsinn *od. (ugs.)* Stuß reden; **b)** *(discuss)* **~ politics/music** *etc.* über Politik/Musik *usw.* reden; **~ business** geschäftliche Dinge besprechen; *(get down to business)* zur Sache kommen; *see also* **shop 1 b; c)** *(use)* sprechen ⟨*Sprache, Dialekt usw.*⟩; **d)** *(bring into certain condition)* **~ oneself hoarse** sich heiser reden; **~ oneself** *or* **one's way out of trouble** sich aus Schwierigkeiten herausreden; **he ~ed himself into/out of the job** er hat im Gespräch so eine gute/schlechte Figur gemacht, daß er die Stelle bekommen/nicht bekommen hat; **~ sb. into/out of sth.** jmdn. zu etw. überreden/jmdm. etw. ausreden; **~ oneself into believing sth.** sich *(Dat.)* etw. einreden. *See also* **donkey**

**~ at** *v.t.* einreden auf (+ *Akk.*)

**~ away 1.** *v.i.* sich [angeregt] unterhalten **(to** mit). **2.** *v.t.* **a)** verplaudern ⟨*Zeit*⟩; **b) ~ sb.'s fears away** jmdm. seine Angst ausreden

**~ 'back** *v.i* **a)** *(reply)* antworten; **b)** *(reply defiantly)* widersprechen **(to** *Dat.*)

**~ 'down 1.** *v.t.* **a)** *(silence)* in Grund und Boden reden; **b)** *(guide)* Landekommandos geben (+ *Dat.*). **2.** *v.i.* **~ down to sb.** von oben herab *od.* herablassend mit jmdm. reden

**~ 'out** *v.t.* **a)** *(discuss)* ausdiskutieren; **b)** *(Parl.)* **~ out a bill** die Verabschiedung eines Gesetzes verfahrensmäßig blockieren

**~ 'over** *v.t.* **a) ~ sth. over [with sb.]** etw. [mit jmdm.] besprechen; **b)** *(persuade)* **~ sb. over** jmdn. überreden

**~ 'round** *v.t.* **a)** *(persuade)* **~ sb. round** jmdn. überreden; **b)** *(skirt)* **~ round sth.** um etw. herumreden *(ugs.)*

**~ 'through** *v.t.* **~ sb. through sth.** etw. mit jmdm. durchgehen *od.* durchsprechen; **~ sth. through** etw. durchsprechen

**~ 'up 1.** *v.t.* loben. **2.** *v.i. see* **speak up a**

**talkative** ['tɔ:kətɪv] *adj.* gesprächig; geschwätzig *(abwertend)*

**talkativeness** ['tɔ:kətɪvnɪs] *n., no pl.* Gesprächigkeit, *die;* Geschwätzigkeit, *die (abwertend)*

**talked-about** ['tɔ:ktəbaʊt] *attrib. adj. see* **talked-of**

**talked-of** ['tɔ:ktɒv] *attrib. adj.* **a much ~ book/play/project** ein vieldiskutiertes Buch/Stück/Projekt; **a much ~ actor/artist** ein Schauspieler/Künstler, der in aller Munde ist

**talker** ['tɔ:kə(r)] *n.* **a)** Redner, *der*/Rednerin, *die;* **the parrot is an excellent ~:** der Papagei kann ausgezeichnet sprechen; **she is a great ~** *(talks a lot)* sie redet viel; **be a fast ~:** [sehr] schnell sprechen; *(fig. sl.)* verdammt gut reden können *(ugs.);* **b)** *(one who talks but does not act)* Schwätzer, *der*/Schwätzerin, *die;* **he's just a ~:** er redet immer nur

**talkie** ['tɔ:kɪ] *n. (coll.)* Tonfilm, *der*

**talking** ['tɔ:kɪŋ] **1.** *n.* Reden, *das;* **there's been so much ~:** es ist so viel geredet worden; **'no ~'** „bitte nicht sprechen"; **do [all] the ~:** das Gespräch dominieren; **let me do the ~:** überlaß lieber mir das Reden. **2.** *adj.* sprechend; **~ doll** Sprechpuppe, *die;* **~ book** Hörbuch, *das;* **~ film** *or* **picture** Tonfilm, *der*

**talking: ~ 'heads** *n.pl. (Telev. sl. derog.)* Leute, die man nur reden sieht; **~ point** *n.* Gesprächsthema, *das;* **~-shop** *n. (derog.)* Quasselbude, *die (ugs. abwertend);* **~-to** ['tɔ:kɪŋtu:] *n. (coll.)* Standpauke, *die (ugs.);* **give sb. a good ~-to** jmdm. eine ordentliche Standpauke halten *(ugs.)*

**'talk-show** *n.* Talk-Show, *die*

**tall** [tɔ:l] **1.** *adj.* **a)** hoch; groß ⟨*Person, Tier*⟩; **grow ~:** groß werden; wachsen; **feel ten feet ~** *(fig.)* riesig stolz sein; **b)** *(coll.: excessive)* **a ~ tale** eine unglaubwürdige Geschichte; **that is a ~ order** das ist ziemlich viel verlangt; *see also* **¹story a. 2.** *adv.* **stand six feet** *etc.* **~:** 6 Fuß *usw.* groß sein; **stand ~:** aufrecht stehen; *(be proud)* erhobenen Hauptes stehen/gehen *usw. (geh.); see also* **walk 1 a**

**tall: ~boy** *n.* Doppelkommode, *die;* Tallboy, *der;* **~ 'hat** *see* **top hat**

**tallish** ['tɔ:lɪʃ] *adj.* ziemlich hoch; ziemlich groß ⟨*Person*⟩

**tallness** ['tɔ:lnɪs] *n., no pl.* Höhe, *die; (of person)* Größe, *die*

**tallow** ['tæləʊ] *n.* Talg, *der*

**'tallow candle** *n.* Talgkerze, *die*

**tall 'ship** *n.* Windjammer, *der*

**tally** ['tælɪ] **1.** *n.* **a)** *(record)* **sb.'s ~ is 18 goals** jmd. kann 18 Tore für sich verbuchen; **a player with a ~ of 18 goals** ein Spieler, der 18 Tore für sich verbuchen kann; **keep a [daily] ~ of sth.** [täglich] über etw. *(Akk.)* Buch führen; **b)** *(label, ticket)* Schild, *das.* **2.** *v.i.* übereinstimmen

**tally-'ho 1.** *int.* ≈ horrido. **2.** *n., pl.* **~s** ≈ Horrido, *das*

**Talmud** ['tælmʊd, 'tælməd] *n.* Talmud, *der*

**talon** ['tælən] *n.* Klaue, *die;* **~s** *(fig.: long fingernails)* Krallen *(ugs. abwertend)*

**tamarind** ['tæmərɪnd] *n.* Tamarinde, *die*

**tamarisk** ['tæmərɪsk] *n. (Bot.)* Tamariske, *die*

**tambourine** [tæmbə'ri:n] *n. (Mus.)* Tamburin, *das*

**tame** [teɪm] **1.** *adj.* **a)** zahm; *(joc.)* hauseigen ⟨*Anarchist, Genie*⟩; **grow/become ~:** zahm werden; **b)** *(spiritless)* lahm *(ugs.),* lustlos ⟨*Einwilligung, Anerkennung, Kampagne, Versuch*⟩; zahm *(ugs.)* ⟨*Besprechung, Kritik*⟩; **c)** *(dull)* wenig aufregend; lasch ⟨*Stil*⟩. **2.** *v.t. (lit. or fig.)* zähmen

**tameable** ['teɪməbl] *adj. (lit. or fig.)* zähmbar; **be [not] ~:** sich [nicht] zähmen lassen

**tamely** ['teɪmlɪ] *adv.* **a)** *(docilely)* zahm *(ugs.);* **b)** *(fig.: unexcitingly)* lahm *(ugs.);* wenig aufregend

**tameness** ['teɪmnɪs] *n., no pl.* **a)** *(docility)* Zahmheit, *die;* **b)** *see* **tame 1 b:** Lahmheit, *die (ugs.);* Lustlosigkeit, *die;* Zahmheit, *die (ugs.);* **c)** *(dullness)* Langweiligkeit, *die; (of style)* Laschheit, *die*

**tamer** ['teɪmə(r)] *n.* Dompteur, *der*/Dompteuse, *die;* **a ~ of wild animals** ein Tierbändiger

**Tamil** ['tæmɪl] **1.** *adj.* tamilisch. **2.** *n.* **a)** *(person)* Tamile, *der*/Tamilin, *die;* **b)** *(language)* Tamil, *das*

**tam-o'-shanter** [tæmə'ʃæntə(r)] *n.* Tam-o'-Shanter, *der; zur schottischen Tracht gehörende Tellermütze mit Pompon*

**tamper** ['tæmpə(r)] *v.i.* **~ with** sich *(Dat.)* zu schaffen machen an (+ *Dat.*); *(make unauthorized changes in)* unerlaubte Änderungen vornehmen an (+ *Dat.*) ⟨*Schriftstück, Text*⟩; *(attempt to bribe)* zu bestechen versuchen ⟨*Jury, Zeugen*⟩; *(fig.)* ändern wollen ⟨*Regeln, Tradition*⟩; **the brakes had been ~ed with** jmd. hatte sich an den Bremsen zu schaffen gemacht

**'tamper-proof** *adj.* einbruchsicher ⟨*Schloß*⟩; verplombt ⟨*Gasuhr*⟩; aufbruchsicher ⟨*Münztelefon*⟩

**tampon** ['tæmpɒn] *n.* Tampon, *der*

**¹tan** [tæn] **1.** *v.t.,* **-nn- a)** gerben; **b)** *(bronze)* ⟨*Sonne:*⟩ bräunen; ⟨*Person:*⟩ braun werden lassen ⟨*Körperteil*⟩; **the sun had ~ned them dark brown** die Sonne hatte sie dunkelbraun gebrannt; **c)** *(sl.: beat)* das Fell gerben *(salopp)* (+ *Dat.*); *see also* **²hide. 2.** *v.i.,* **-nn-** braun werden. **3.** *n.* **a)** *(colour)* Gelbbraun, *das;* **b)** *(sun-~)* Bräune, *die;* **have/get a ~:** braun sein/werden; **c)** *(~ning agent)* Gerbmittel, *das.* **4.** *adj.* gelbbraun

**²tan** *abbr. (Math.)* **tangent** tan

**tandem** ['tændəm] **1.** *adv.* hintereinander; **be driven ~** ⟨*Pferde:*⟩ hintereinander im

Gespann laufen; **drive/ride ~** ‹*Kutscher, Radfahrer:*› Tandem fahren. **2.** *n.* *(lit. or fig.)* Tandem, *das;* **~ bicycle** Tandem, *das;* **coupled/harnessed in ~:** hintereinandergekoppelt/-gespannt; **work in ~** *(fig.)* zusammenarbeiten

**tandoori** [tæn'dʊərɪ] *n.* *(Gastr.)* Tandoorigericht, *das; attrib.* Tandoori‹*restaurant, -hühnchen*›; **~ cooking** Tandooriküche, *die*

**tang** [tæŋ] *n.* **a)** *(taste/smell)* **[sharp] ~:** scharfer Geschmack/Geruch; **[spicy/salty] ~:** würziger/salziger Geschmack/Geruch; **there is a ~ of autumn in the air** es riecht nach Herbst; **b)** *(of chisel, knife, sword)* Angel, *die*

**tangent** ['tændʒənt] *(Math.)* **1.** *n.* Tangente, *die; (in triangle)* Tangens, *der;* **run/be drawn at a ~ to a curve/circle** eine Kurve/einen Kreis in einem Punkt berühren; **go** *or* **fly off at a ~** *(fig.)* plötzlich vom Thema abschweifen. **2.** *adj.* Tangenten-; **~ plane** Tangentialebene, *die;* **be ~ to** tangieren *(fachspr.),* in einem Punkt berühren ‹*Kurve, Kreis*›

**tangential** [tæn'dʒenʃl] *adj.* *(Math.)* Tangential-; *(fig.: peripheral)* nebensächlich; nicht zur Sache gehörend ‹*Kommentar, Information*›; **be merely ~ to sth.** *(fig.)* etw. nur am Rande berühren

**tangerine** [tændʒə'ri:n] **1.** *n.* **a)** *(fruit)* **~ [orange]** Tangerine, *die;* **b)** *(colour)* Orangerot, *das.* **2.** *adj.* orangerot

**tangible** ['tændʒɪbl] *adj.* **a)** *(perceptible by touch)* fühlbar ‹*Schwellung, Verdickung, Verhärtung*›; **b)** *(fig.: real, definite)* greifbar; spürbar, merklich ‹*Unterschied, Verbesserung*›; handfest ‹*Beweis*›; **~ assets** *(Econ.)* Sachanlagevermögen, *das*

**tangibly** ['tændʒɪblɪ] *adv.* deutlich ‹*sichtbar*›; **be ~ different** sich merklich unterscheiden **(from** von); **sth. can be ~ proved** es gibt handfeste Beweise für etw.; **you should have been more ~ rewarded** man hätte dir eine handfestere Belohnung geben sollen

**Tangier[s]** [tæn'dʒɪə(z)] *pr. n.* Tanger *(das)*

**tangle** ['tæŋgl] **1.** *n.* Gewirr, *das; (in hair)* Verfilzung, *die; (fig.: dispute)* Auseinandersetzung, *die;* **be in a ~:** sich verheddert haben *(ugs.);* ‹*Haar:*› sich verfilzt haben; *(fig.)* ‹*Angelegenheiten:*› in Unordnung *(Dat.)* sein; ‹*Person:*› verwirrt sein; **get oneself into a ~** *(fig.)* sich in eine schwierige Lage bringen. **2.** *v.t.* verheddern *(ugs.);* verfilzen ‹*Haar*›. **3.** *v.i.* sich verheddern *(ugs.);* ‹*Haar:*› sich verfilzen

**~ 'up 1.** *v.t.* verheddern *(ugs.);* verfilzen ‹*Haar*›; **become** *or* **get ~d up** sich verheddern *(ugs.);* **he's got ~d up in a rather unpleasant affair** *(coll.)* er ist in eine ziemlich unangenehme Sache verstrickt; **get ~d up with sb.** *(fig.)* sich mit jmdm. einlassen. **2.** *v.i. see* **~ 3**

**~ with** *v.t.* *(coll.)* **~ with sb.** sich mit jmdm. anlegen

**tangled** ['tæŋgld] *adj.* verheddert *(ugs.);* verfilzt ‹*Haar*›; *(confused, complicated)* verworren; verwickelt ‹*Angelegenheit*›

**tango** ['tæŋgəʊ] **1.** *n., pl.* **~s** Tango, *der.* **2.** *v.i.* Tango tanzen; **it takes two to ~** *(fig. coll.)* dazu gehören immer noch zwei

**tangy** ['tæŋɪ] *adj.* scharf; *(spicy)* würzig; *(acid)* bitter; *(salty)* salzig

**tank** [tæŋk] *n.* **a)** Tank, *der; (Railw.: in tender)* Wasserkasten, *der; (for fish etc.)* Aquarium, *das; (for catching rain-water)* Auffangbecken, *das;* **fill the ~** *(with petrol)* volltanken; **b)** *(Mil.)* Panzer, *der*

**~ 'up 1.** *v.i.* *(get fuel)* auftanken. **2.** *v.t.* auftanken; **get ~ed up** *(sl.: drunk)* sich volltanken *(salopp)*

**tankard** ['tæŋkəd] *n.* Krug, *der;* **a ~ of beer** *etc.* ein Krug Bier *usw.*

**'tank-car** *n.* *(Railw.)* Kesselwagen, *der*

**tanked-up** [tæŋk'tʌp] *adj.* *(sl.)* vollgetankt *(salopp)*

**'tank-engine** *n.* *(Railw.)* Tenderlokomotive, *die*

**tanker** ['tæŋkə(r)] *n.* *(ship)* Tanker, *der;* Tankschiff, *das; (aircraft)* Tankflugzeug, *das; (vehicle)* Tank[last]wagen, *der*

**tank: ~ top** *n.* ≈ Pullunder, *der;* **~-trap** *n.* *(Mil.)* Panzersperre, *die; (ditch)* Panzergraben, *der;* **~-waggon** *n.* *(Brit. Railw.)* Kesselwagen, *der*

**tanned** [tænd] *adj.* **a)** *(treated by tanning)* gegerbt; **b)** *(bronzed)* braungebrannt

**tanner** ['tænə(r)] *n.* *(person)* Gerber, *der* /Gerberin, *die*

**tannery** ['tænərɪ] *n.* Gerberei, *die*

**tannic** ['tænɪk] *adj.* **~ acid** *(Chem.)* Tannin, *das*

**tannin** ['tænɪn] *n.* *(Chem.)* Tannin, *das*

**tanning** ['tænɪŋ] *n.* **a)** *(of hides)* Gerben, *das; (craft also)* Gerberei, *die; attrib.* Gerb-; **b)** *(bronzing)* Bräunung, *die; attrib.* Bräunungs-; **c)** *(sl.: beating)* Abreibung, *die (ugs.);* **give sb. a ~:** jmdm. das Fell gerben *(salopp)*

**Tannoy, (P)** ['tænɔɪ] *n.* Lautsprecher, *der;* **over** *or* **on the ~:** über Lautsprecher

**tansy** ['tænzɪ] *n.* *(Bot.)* Rainfarn, *der*

**tantalise, tantalising, tantalisingly** *see* **tantaliz-**

**tantalize** ['tæntəlaɪz] *v.t.* reizen; *(tease also)* zappeln lassen *(ugs.); (with promises)* [falsche] Hoffnungen wecken bei

**tantalizing** ['tæntəlaɪzɪŋ] *adj.* verlockend; **a ~ puzzle** ein Rätsel, das einen nicht losläßt

**tantalizingly** ['tæntəlaɪzɪŋlɪ] *adv.* [falsche] Hoffnungen weckend; verlockend ‹*schön, nah, duften, lächeln*›

**tantamount** ['tæntəmaʊnt] *pred. adj.* **be ~ to sth.** gleichbedeutend mit etw. sein; einer Sache *(Dat.)* gleichkommen

**tantrum** ['tæntrəm] *n.* Wutanfall, *der; (of child)* Trotzanfall, *der;* **be in a ~:** einen Wutanfall/Trotzanfall haben; **get into/throw a ~:** einen Wutanfall/Trotzanfall bekommen

**Tanzania** [tænzə'ni:ə] *pr. n.* Tansania *(das)*

**Tanzanian** [tænzə'ni:ən] **1.** *adj.* tansanisch; **sb. is ~:** jmd. ist Tansanier/Tansanierin. **2.** *n.* Tansanier, *der*/Tansanierin, *die*

**Taoiseach** ['ti:ʃæx] *n.* *(Ir. Parl.)* Premierminister/-ministerin [der Republik Irland]

**Taoism** ['taʊɪzm] *n.* *(Relig.)* Taoismus, *der*

**Taoist** ['taʊɪst] *(Relig.)* **1.** *adj.* taoistisch. **2.** *n.* Taoist, *der*/Taoistin, *die*

**¹tap** [tæp] **1.** *n.* **a)** Hahn, *der; (on barrel, cask)* [Zapf]hahn, *der;* **hot/cold[-water] ~:** Warm-/Kaltwasserhahn, *der;* **leave the ~ running** den Wasserhahn laufen lassen; **on ~:** vom Faß *nachgestellt;* **be on ~** *(fig.)* zur Verfügung stehen; **have on ~** *(fig.)* zur Verfügung haben ‹*Geld, Mittel*›; an der Hand haben ‹*Experten*›; **b)** *(plug)* Zapfen, *der;* Spund, *der;* **c) [telephone] ~:** Telefonüberwachung, *die.* **2.** *v.t.,* **-pp- a)** *(make use of)* erschließen ‹*Reserven, Ressourcen, Bezirk, Markt, Land, Einnahmequelle*›; anzapfen *(fig. ugs.)* ‹*Reserven, Ressourcen*›; **~ sb. for money/information** jmdn. anzapfen *(ugs.);* **~ sb. for a few pounds** versuchen, bei jmdm. ein paar Pfund lockerzumachen *(ugs.);* **b)** *(Teleph.: intercept)* abhören; anzapfen *(ugs.);* **c)** *(pierce)* anzapfen *(Baum, Faß);* anstechen ‹*Faß*›; *(draw off)* abzapfen ‹*Bier*›; **~ a tree for resin** einen Baum zur Harzgewinnung anzapfen; **d)** *(Metalw.)* ein Gewinde schneiden in (+ *Akk.*)

**~ 'off** *v.t.* abzapfen **(into** in + *Akk.*)

**²tap 1.** *v.t.,* **-pp-** *(strike lightly)* klopfen an (+ *Akk.*); *(on upper surface)* klopfen auf (+ *Akk.*); **~ one's fingers on the table** *(repeatedly)* mit den Fingern auf den Tisch trommeln; **~ one's finger against one's forehead** sich *(Dat.)* mit dem Finger an die Stirn tippen; **~ one's foot** mit dem Fuß auf den Boden klopfen; **~ one's foot to the music** mit dem Fuß den Takt schlagen; **~ sb. on the shoulder** jmdm. auf die Schulter klopfen/*(more lightly)* tippen. **2.** *v.i.,* **-pp-: ~ at/on sth.** an etw. *(Akk.)* klopfen; *(on upper surface)* auf etw. *(Akk.)* klopfen. **3.** *n.* *(light blow, rap)* Klopfen, *das; (given to naughty child)* Klaps, *der (ugs.);* **give a nail a little ~:** leicht auf einen Nagel klopfen; **there was a ~ at/on the door** es klopfte an die Tür; **I felt a ~ on my shoulder** jemand klopfte/*(more lightly)* tippte mir auf die Schulter; **~s** *(Amer. Mil.: signal)* Zapfenstreich, *der*

**~ a'way** *v.i.* ‹*Schreibkraft, Funker am Morsegerät:*› vor sich hin klappern; **~ away on the table with one's fingers/a ruler** mit den Fingern/einem Lineal auf dem Tisch trommeln

**~ 'in** *v.t.* einklopfen ‹*Nagel usw.*›

**~ 'out** *v.t.* **a)** *(knock out)* ausklopfen ‹*Pfeife*›; herausklopfen ‹*Nagel, Keil*›; **b)** klopfen ‹*Rhythmus, Takt*›; *(write) (in Morse)* morsen ‹*Nachricht*›; *(on typewriter)* tippen *(ugs.)*

**tap: ~-dance 1.** *n.* Step[tanz], *der;* **do a ~-dance** steppen. **2.** *v.i.* Step tanzen; steppen; **~-dancer** *n.* Steptänzer, *der*/-tänzerin, *die;* **~-dancing** *n.* Steptanz, *der;* Steppen, *das*

**tape** [teɪp] **1.** *n.* **a)** Band, *das;* **adhesive/** *(coll.)* **sticky ~:** Klebestreifen, *der;* Klebeband, *das; see also* **red tape; b)** *(Sport)* Zielband, *das;* **breast the ~:** durchs Ziel gehen; **c)** *(for recording)* [Ton]band, *das* **(of** mit); **[have sth.] on ~:** [etw.] auf Band *(Dat.)* [haben]; **put/record sth. on ~, make a ~ of sth.** etw. auf Band *(Akk.)* aufnehmen; **blank ~:** unbespieltes Band; **d) [paper] ~:** Papierstreifen, *der; (punched with holes)* Lochstreifen, *der;* **come in on the ~:** ‹*Nachricht:*› über Fernschreiber kommen. **2.** *v.t.* **a)** *(record on ~)* [auf Band *(Akk.)*] aufnehmen; **~d music** Tonbandmusik, *die;* **b)** *(bind with ~)* [mit Klebeband *od.* Klebstreifen] zukleben ‹*Paket*›; kleben ‹*Einband, eingerissene Seite*›; **c) have got sb./sth. ~d** *(sl.)* jmdn. durchschaut haben/etw. im Griff *od.* unter Kontrolle haben

**~ 'down** *v.t.* [mit Klebeband] festkleben

**~ 'on** *v.t.* [mit Klebeband] ankleben

**~ 'over** *v.t.* [mit Klebeband] überkleben

**~ to'gether** *v.t.* [mit Klebeband] zusammenkleben

**~ 'up** *v.t.* [mit Klebeband] zukleben; [mit Klebeband] zusammenkleben ‹*zerrissene Seite, zerbrochene Pfeife usw.*›

**tape: ~ cassette** *n.* Tonbandkassette, *die;* **~ deck** *n.* Tapedeck, *das;* **~-machine** *n.* Fernschreiber, *der;* **~-measure** *n.* Bandmaß, *das; (for measuring garments etc.)* [Zenti]metermaß, *das;* **~-player** *n.* Tonband[wiedergabe]gerät, *das*

**taper** ['teɪpə(r)] **1.** *v.t.* sich verjüngen lassen; **~ [to a point]** spitz zulaufen lassen; **be ~ed** sich verjüngen; *(to a point)* spitz zulaufen. **2.** *v.i.* sich verjüngen; **~ [to a point]** spitz zulaufen. **3.** *n.* **a) [wax] ~:** Wachsstock, *der;* **b)** *(narrowing)* Verjüngung, *die*

**~ away** *see* **~ off 2**

**~ 'off 1.** *v.t.* **a)** *see* **~ 1; b)** *(fig.: decrease gradually)* drosseln ‹*Produktion*›. **2.** *v.i.* **a)** *see* **~ 2; b)** *(fig.: decrease gradually)* zurückgehen

**tape: ~-record** ['teɪprɪkɔ:d] *v.t.* [auf Tonband *(Akk.)*] aufnehmen *od.* aufzeichnen; **~ recorder** *n.* Tonbandgerät, *das;* **~ recording** *n.* Tonbandaufnahme, *die*

**tapered** ['teɪpəd] *adj.* sich verjüngend; *(to a point)* spitz zulaufend; **~ trousers** unten eng geschnittene Hose

**tapering** ['teɪpərɪŋ] *adj.* sich verjüngend; *(to a point)* spitz zulaufend; **be ~:** sich verjüngen; *(to a point)* spitz zulaufen

**'tape-slide show** *n.* vertonte Diaschau

**tapestry** ['tæpɪstrɪ] *n.* Gobelingewebe, *das; (wall-hanging)* Bildteppich, *der;* Tapisserie, *die; (fig.)* Darstellung, *die;* **Gobelin ~:** Gobelin[teppich], *der;* **the Bayeux ~:** der Bayeux-Teppich

[1]**tapeworm** *n.* Bandwurm, *der*

**tapioca** [tæpɪ'əʊkə] *n.* Tapioka, *die*

**tapir** ['teɪpə(r), 'teɪpɪə(r)] *n. (Zool.)* Tapir, *der*

**tappet** ['tæpɪt] *n. (Mech. Engin.)* Mitnehmer, *der;* **~ rod** Stößel, *der*

**tap: ~room** *n.* Schankraum, *der;* **~-root** *n. (Bot.)* Pfahlwurzel, *die;* **~-water** *n.* Leitungswasser, *das*

[1]**tar** [tɑ:(r)] **1.** *n.* Teer, *der;* **high-~/low-~ cigarette** Zigarette mit hohem/niedrigem Teergehalt; *(fig.)* **beat** *or* **knock the ~ out of sb.** *(Amer. coll.)* jmdn. fertigmachen *(salopp);* **spoil the ship for a ha'p'orth of ~:** am falschen Ende sparen. **2.** *v. t.,* **-rr-** teeren; **~red road** Teerstraße, *die;* **~ and feather sb.** jmdn. teeren und federn; **they are ~red with the same brush** *or* **stick** *(fig.)* der eine ist nicht besser als der andere

[2]**tar** *n.* **[Jack] ~** *(coll.)* Teerjacke, *die (scherzh.)*

**tarantella** [tærən'telə], **tarantelle** ['tærən'tel] *n. (Mus.)* Tarantella, *die*

**tarantula** [tə'ræntjʊlə] *n. (Zool.)* Tarantel, *die*

**tardily** ['tɑ:dɪlɪ] *adv.* **a)** *(slowly)* [zögernd] langsam; **b)** *(late)* spät; *(too late)* zu spät

**tardy** ['tɑ:dɪ] *adj.* **a)** *(slow)* [zögernd] langsam; **b)** *(late)* spät; *(too late)* zu spät; **be ~** *(Amer.)* mit Verspätung kommen **(for, to** zu); **be ~ in doing sth.** etw. erst spät tun

**tare** [teə(r)] *n. (Commerc.)* Tara, *die; (of lorry, car)* Leergewicht, *das*

**target** ['tɑ:gɪt] **1.** *n.* **a)** *(lit. or fig.)* Ziel, *das;* **be the ~ of** *or* **a ~ for his mockery/fury** *(fig.)* die Zielscheibe seines Spottes/Zornes sein; **production/export/savings ~:** Produktions-/Export-/Sparziel, *das;* **fixed/moving/towed ~:** feststehendes Ziel/bewegliches Ziel/Schleppscheibe, *die;* **hit/miss the/one's/its ~:** [das Ziel] treffen/das Ziel verfehlen; **set oneself a ~** *(fig.)* sich *(Dat.)* ein Ziel setzen *od.* stecken; **set oneself a ~ of £5,000** sich *(Dat.)* 5 000 Pfund zum Ziel setzen; **set sb. a ~ of six months** jmdm. eine Frist von sechs Monaten setzen; **reach one's ~** *(fig.)* sein Ziel erreichen; **be on/off** *or* **not on ~** ‹*Geschoß, Schuß:*› treffen/danebengehen; **be on ~** *(fig.)* ‹*Sparer, Sammler:*› auf dem Wege dahin sein[, sein Ziel zu erreichen]; **be on ~ for sth.** *(lit. or fig.)* auf etw. *(Akk.)* zusteuern; **be above/below ~** *(fig.)* das Ziel über-/unterschritten haben; **b)** *(Sport)* Ziel- *od.* Schießscheibe, *die;* **c)** *(Phys.)* Target, *das. See also* **sitting target. 2.** *v. t.* zielen auf ‹*Käufergruppe*›; **~ benefits at those most in need** Unterstützung auf die Bedürftigsten konzentrieren; **independently ~ed warheads** *(Mil.)* unabhängig voneinander lenkbare Einzelsprengköpfe; **be ~ed on sth.** auf etw. *(Akk.)* gerichtet sein; **be ~ed on** *or* **at sth.** *(fig.)* auf etw. *(Akk.)* abzielen

**target: ~ date** *n.* vorgesehener Termin; **~ figure** *n. (esp. Commerc.)* Ziel, *das;* **~ language** *n.* Zielsprache, *die;* **~ practice** *n., no art.* Schießübungen

**tariff** ['tærɪf] *n.* **a)** *(tax)* Zoll, *der; (table or scale of customs duties)* Zolltarif, *der;* **[import] ~:** Einfuhr- *od.* Importzoll, *der;* **b)** *(list of charges)* Tarif, *der;* Preisliste, *die;* **railway/postal ~:** Eisenbahn-/Posttarif, *der;* **hotel ~:** Hotelpreise

**Tarmac, tarmac** ['tɑ:mæk] **1.** *n.* **(P) a)** Makadam, *der (Bauw.);* **b)** *(at airport)* Rollbahn, *die.* **2.** *v. t.,* **-ck-** makadamisieren *(Bauw.)*

**tar macadam** [tɑ: mə'kædəm] *n.* Makadam, *der (Bauw.)*

**tarn** [tɑ:n] *n.* [kleiner] Bergsee

**tarnish** ['tɑ:nɪʃ] **1.** *v. t.* stumpf werden lassen ‹*Metall*›; *(fig.)* beflecken ‹*Ruf, Namen*›. **2.** *v. i.* ‹*Metall:*› stumpf werden, anlaufen. **3.** *n.* **a)** *(action)* Anlaufen, *das;* **b)** *(discolouring film)* Beschlag, *der;* Überzug, *der*

**tarnished** ['tɑ:nɪʃt] *adj.* stumpf ‹*Metall*›; *(fig.)* befleckt ‹*Ruf, Name, Image*›

**tarot** ['tærəʊ] *n.* Tarock, *das od. der;* **~ card** Tarockkarte, *die*

**tarpaulin** [tɑ:'pɔ:lɪn] *n.* Persenning, *die*

**tarpon** ['tɑ:pən] *n. (Zool.)* Tarpun, *der*

**tarragon** ['tærəgən] *n. (Bot.)* Estragon, *der*

[1]**tarry** ['tɑ:rɪ] *adj.* teerig; teerverschmiert ‹*Hand, Kleidung*›; ‹*Strand, Felsen*› voller Teer

[2]**tarry** ['tærɪ] *v. i. (literary)* verweilen *(geh.); (be slow)* säumen *(geh.);* **~ awhile** ein Weilchen bleiben

[1]**tart** [tɑ:t] *adj.* herb; sauer ‹*Obst usw.*›; *(fig.)* scharfzüngig

[2]**tart** *n.* **a)** *(Brit.) (filled pie)* ≈ Obstkuchen, *der; (small pastry)* Obsttörtchen, *das;* **jam ~:** Marmeladentörtchen, *das;* **b)** *(sl.: prostitute)* Nutte, *die (salopp)*

**~ 'up** *v. t. (Brit. coll.)* **~ oneself up, get ~ed up** *(dress gaudily)* sich auftakeln *(ugs.); (smarten oneself up)* sich feinmachen; **~ a pub/restaurant up** *(fig.)* eine Kneipe/ein Lokal aufmotzen *(ugs.)*

**tartan** ['tɑ:tən] **1.** *n.* Schotten[stoff], *der; (pattern)* **the Stewart ~:** der Stewart *(Textilw.); das Schottenmuster des Stewart-Clans.* **2.** *adj.* **a)** Schotten‹*rock, -jacke*›; **~ plaid/rug** Tartan, *der;* **b) T~ track (P)** Tartanbahn, *die*

**Tartar** ['tɑ:tə(r)] **1.** *adj.* tatarisch; Tataren-. **2.** *n.* **a)** *(person)* Tatar, *der*/Tatarin, *die;* **b)** *(language)* Tatarisch, das; **c)** *(violent-tempered person)* Choleriker, *der*/Cholerikerin, *die*

**tartar** *n.* **a)** *(Chem.)* Tartarus, *der (fachspr.);* Weinstein, *der; see also* **cream of tartar; b)** *(scale on teeth)* Zahnstein, *der*

**tartare** ['tɑ:tɑ:(r)] *adj.* **~ sauce, sauce ~** *see* **tartar sauce; steak ~** *see* **steak**

**tartaric acid** [tɑ:tærɪk 'æsɪd] *n. (Chem.)* Weinsäure, *die*

**tartar sauce** *n. (Gastr.)* Remoulade[nsoße], *die*

**tartly** ['tɑ:tlɪ] *adv.* in scharfem Ton ‹*sprechen, antworten*›

**tartness** ['tɑ:tnɪs] *n., no pl. see* [1]**tart:** Herbheit, *die;* Säure, *die; (fig.)* Scharfzüngigkeit *die*

**tarty** ['tɑ:tɪ] *adj. (sl.)* nuttig *(ugs. abwertend)*

**Tarzan** ['tɑ:zən] *n.* Tarzan, *der (fig.)*

**task** [tɑ:sk] *n.* Aufgabe, *die;* **set sb. the ~ of doing sth.** jmdm. auftragen, etw. zu tun; **set oneself the ~ of doing sth.** es sich *(Dat.)* zur Aufgabe machen, etw. zu tun; **undertake the ~ of doing sth.** sich der Aufgabe *(Dat.)* unterziehen, etw. zu tun; **carry out/perform a ~:** eine Aufgabe erfüllen; **take sb. to ~:** jmdm. eine Lektion erteilen

**task: ~ force, ~ group** *ns. (sent out)* Sonderkommando, *das; (set up)* Sonderkommission, *die;* **~master** *n.* **a hard ~master** ein strenger Vorgesetzter; *(teacher)* ein strenger Lehrmeister

**Tasmania** [tæz'meɪnɪə] *pr. n.* Tasmanien *(das)*

**Tasmanian** [tæz'meɪnɪən] **1.** *adj.* **a)** tasmanisch; **b)** *(Zool.)* **~ devil/wolf** Beutelteufel/-wolf, *der.* **2.** *n.* Tasmanier, *der*/Tasmanierin, *die*

**tassel** ['tæsl] *n.* Quaste, *die*

**taste** [teɪst] **1.** *v. t.* **a)** schmecken; *(try a little)* probieren; kosten; **she barely ~d her food** sie hat ihr Essen kaum angerührt; **she hadn't ~d food for two days** sie hatte seit zwei Tagen keinen Bissen gegessen; **b)** *(recognize flavour of)* [heraus]schmecken; **c)** *(fig.: experience)* kosten *(geh.)* ‹*Macht, Freiheit, [Miß]erfolg, Glück, Niederlage*›. **2.** *v. i.* **a)** *(have sense of flavour)* schmecken; **b)** *(have certain flavour)* schmecken **(of** nach); **not ~ of anything** nach nichts schmecken. **3.** *n.* **a)** *(flavour)* Geschmack, *der;* **to ~:** nach Geschmack ‹*verdünnen*›; **this dish has no ~:** dieses Gericht schmeckt nach nichts; **there's a ~ of garlic in sth.** etw. schmeckt nach Knoblauch; **leave a nasty/bad** *etc.* **~ in the mouth** *(lit. or fig.)* einen unangenehmen/üblen *usw.* Nachgeschmack hinterlassen; **b)** *(sense)* **[sense of] ~:** Geschmack[ssinn], *der;* **c)** *(discernment)* Geschmack, *der;* **person of ~:** Person mit Geschmack; **he is a person of ~:** er hat Geschmack; **~ in art/music** Kunst-/Musikgeschmack, *der;* **have good ~ in clothes** sich geschmackvoll kleiden; **it would be bad ~ to do that** es wäre geschmacklos *od.* eine Geschmacklosigkeit, das zu tun; **in good/bad ~:** geschmackvoll/geschmacklos; **in the best/worst of ~:** äußerst geschmackvoll/geschmacklos; **d)** *(sample) (lit. or fig.)* Kostprobe, *die;* **have a ~ of** probieren ‹*Speise, Getränk*›; kennenlernen ‹*Freiheit, jmds. Jähzorn, Arroganz*›; **do you want a ~?** möchtest du mal kosten *od.* probieren?; **first ~ of success/of life in a big city** erstes Erfolgs-/Großstadterlebnis; **give sb. a ~ of sth.** *(lit. or fig.)* jmdm. eine Kostprobe einer Sache *(Gen.)* geben; **give sb. a ~ of the whip** jmdm. die Peitsche zu spüren *od. (geh.)* schmecken geben; **a ~ of things to come** ein Vorgeschmack dessen, was noch kommt; *see also* **medicine; e)** *(liking)* Geschmack, *der* **(in** für); **have a/no ~ for sth.** an etw. *(Dat.)* Geschmack/keinen Geschmack finden; **have expensive ~s in clothes** *etc.* eine Vorliebe für teure Kleidung *usw.* haben; **be/not be to sb.'s ~:** nach jmds./nicht nach jmds. Geschmack sein; **it's a question** *or* **matter of ~:** das ist eine Frage des Geschmacks; das ist Geschmackssache; **each** *or* **everyone to his ~:** jeder nach seinem Geschmack; **~s differ** die Geschmäcker sind verschieden *(ugs. scherzh.);* **there's no accounting for ~:** über Geschmack läßt sich nicht streiten; *see also* **acquire b**

'**taste-bud** *n. (Anat., Zool.)* Geschmacksknospe, *die*

**tasteful** ['teɪstfl] *adj.* geschmackvoll; ‹*Person*› mit Geschmack

**tastefully** ['teɪstfəlɪ] *adv.* geschmackvoll

**tasteless** ['teɪstlɪs] *adj.* geschmacklos

**tastelessly** ['teɪstlɪslɪ] *adv.* geschmacklos; *as sentence-modifier* geschmackloserweise

**taster** ['teɪstə(r)] *n.* Verkoster, *der*/Verkosterin, *die*

**tastily** ['teɪstɪlɪ] *adv.* lecker

**tastiness** ['teɪstɪnɪs] *n., no pl.* leckerer Geschmack

**tasty** ['teɪstɪ] *adj.* lecker; **be a ~ morsel** *(lit. or fig.)* ein Leckerbissen sein

[1]**tat** [tæt] *n., no pl. (coll.)* Schrott, *der (ugs.)*

[2]**tat** *see* [2]**tit**

**ta-ta** [tæ'tɑ:] *int. (child lang.)* ata, ata! *(Kinderspr.); (coll.)* tschüs! *(ugs.)*

**tattered** ['tætəd] *adj.* zerlumpt ‹*Kleidung, Person*›; zerrissen ‹*Segel*›; zerfleddert ‹*Buch, Zeitschrift*›; *(fig.)* ramponiert *(ugs.)* ‹*Ruf*›

**tatters** ['tætəz] *n. pl.* Fetzen; **be in ~:** in Fetzen sein; *(fig.)* ‹*Karriere, Leben:*› ruiniert sein; ‹*Argument, Strategie:*› zunichte sein

**tattily** ['tætɪlɪ] *adv.* schäbig *(abwertend)*

**tattiness** ['tætɪnɪs] *n., no pl.* Schäbigkeit, *die (abwertend)*

**tatting** ['tætɪŋ] *n.* Schiffchen- *od.* Okkiarbeit, *die; (lace)* Schiffchen- *od.* Okkispitze, *die*

**tattle** ['tætl] *v. i.* tratschen *(ugs. abwertend)*

[1]**tattoo** [tə'tu:] **1.** *v. t.* tätowieren; **~ sth. on sb.'s arm** jmdm. etw. auf den Arm tätowieren. **2.** *n.* Tätowierung, *die*

[2]**tattoo** *n.* **a)** *(Mil.: signal)* Zapfenstreich, *der;* **beat** *or* **sound the ~:** den Zapfenstreich schlagen/blasen; **b)** *(drumming noise)* Trommeln, *das;* **there was a ~ on the door** jemand trommelte gegen die Tür; **he/his fingers beat a ~ on the table** *(coll.)* er trommelte mit den Fingern auf den Tisch; **c)** *(military show)* **~:** Großer Zapfenstreich

**tattooed** [tə'tu:d] adj. tätowiert
**tattooer** [tə'tu:ə(r)], **tattooist** [tə'tu:ɪst] ns. Tätowierer, der/Tätowiererin, die
**tatty** ['tætɪ] adj. (coll.) schäbig (abwertend); zerfleddert ‹Zeitschrift, Buch›; (inferior) mies (ugs.) ‹Publikation, Firma›; (threadbare) billig ‹Argument, Ausrede›
**taught** see teach
**taunt** [tɔ:nt] 1. v.t. verspotten (about wegen); ~ sb. with being a weakling jmdn. als Schwächling verspotten. 2. n. spöttische Bemerkung; the ~ of cowardice or of being a coward hurt him deeply daß man ihn als Feigling verspottete, traf ihn tief
**taunting** ['tɔ:ntɪŋ] 1. adj. spöttisch. 2. n. Spott, der
**Taurean** ['tɔ:rɪən] n. (Astrol.) Stier, der
**Taurus** ['tɔ:rəs] n. (Astrol., Astron.) der Stier; der Taurus; see also Aries
**taut** [tɔ:t] adj. a) (tight) straff ‹Seil, Kabel, Saite›; gespannt ‹Muskel›; b) (fig.: tense) angespannt ‹Nerven, Ausdruck›; c) (fig.: concise) kurz ‹Geschichte, Erzählung›; knapp ‹Stil›
**tauten** ['tɔ:tn] 1. v.t. straffen. 2. v.i. sich straffen; ‹Muskel:› sich spannen
**tautly** ['tɔ:tlɪ] adv. a) (tightly) straff; b) (fig.: tensely) zum Zerreißen; c) (fig.: tersely) knapp ‹geschrieben›; straff ‹gebaut›
**tautological** [tɔ:tə'lɒdʒɪkl], **tautologous** [tɔ:'tɒləgəs] adjs. tautologisch; ~ expression/statement Tautologie, die; it is ~ to talk about ...: es ist eine Tautologie, von ... zu sprechen
**tautology** [tɔ:'tɒlədʒɪ] n. Tautologie, die
**tavern** ['tævən] n. (literary) Schenke, die
**tawdriness** ['tɔ:drɪnɪs] n., no pl. Flitter, der; the ~ of sb.'s finery jmds. Flitterstaat
**tawdry** ['tɔ:drɪ] adj. billig und geschmacklos; (fig.) zweifelhaft
**tawny** ['tɔ:nɪ] adj. gelbbraun
**tawny 'owl** n. (Ornith.) Waldkauz, der
**tax** [tæks] 1. n. a) Steuer, die; pay 20% in ~ [on sth.] 20% Steuern [für etw.] zahlen; a third of my income will go in ~: ein Drittel meines Einkommens geht an das Finanzamt; before/after ~: vor Steuern/nach Abzug der Steuern; free of ~: steuerfrei; (after ~, ~ paid) nach Abzug der Steuern; netto; ~ paid, net of ~: nach Abzug der Steuern; netto; for ~ reasons aus steuerlichen Gründen; for ~ purposes steuerlich gesehen; fürs Finanzamt (ugs.); see also capital gains tax; corporation b; direct tax; income tax; poll-tax; purchase tax; value-added tax; b) (fig.: burden) Belastung, die (on für). 2. v.t. a) (impose ~ on) besteuern; (pay ~ on) versteuern ‹Einkommen›; ~ sb. on his/her income jmds. Einkommen besteuern; I am or my income is ~ed at 30% ich bezahle 30% Lohnsteuer/Einkommensteuer; b) (make demands on) strapazieren ‹Mittel, Kräfte, Geduld usw.›; c) (accuse) beschuldigen, bezichtigen (with Gen.); ~ sb. with doing sth. jmdn. beschuldigen od. bezichtigen, etw. getan zu haben
**taxable** ['tæksəbl] adj. steuerpflichtig
**tax:** ~ **allowance** n. Steuerfreibetrag, der; ~ **assessment** n. Steuerbescheid, der
**taxation** [tæk'seɪʃn] n. (imposition of taxes) Besteuerung, die; (taxes payable) Steuern; subject to ~: steuerpflichtig
**tax:** ~ **avoidance** n. Steuerminderung, die; ~ **bill** n. Steuerbescheid, der; (amount) Steuerschuld, die; ~ **bracket** n. Stufe im Steuertarif; move into a higher ~ bracket nach einem höheren Steuersatz besteuert werden; ~-**collector** n. Finanzbeamte, der/-beamtin, die; ~-**deductible** adj. steuerabzugsfähig; [steuerlich] absetzbar; ~ **demand** n. Steuerforderung, die; ~ **disc** n. Steuerplakette, die; ~ **dodge** n. Steuertrick, der; ~-**dodger** n. Steuerbetrüger, der/-betrügerin, die; ~ **evasion** n. Steuerhinterziehung, die; ~-**exempt** adj. (Amer.) steuerbefreit; steuerfrei ‹Einkommen›; ~ **exile** n. a) (person) Steuerflüchtling, der; b) (place) Steueroase, die (ugs.); ~ **form** n. Steuerformular, das; ~-**free** 1. adj. steuerfrei; (after payment of tax) Netto-; ~-free allowance Steuerfreibetrag, der; 2. adv. steuerfrei; (after payment of tax) netto; ~ **haven** n. Steueroase, die (ugs.); Steuerparadies, das (ugs.)
**taxi** ['tæksɪ] 1. n. Taxi, das; go by ~: mit dem Taxi fahren. 2. v.i., ~ing or taxying ['tæksɪɪŋ] (Aeronaut.) ‹Flugzeug:› rollen; ‹Pilot:› das Flugzeug rollen lassen; ~ to a stop ‹Flugzeug:› ausrollen. 3. v.t., ~ing or taxying (Aeronaut.) rollen lassen
**'taxi-cab** see taxi 1
**taxidermist** ['tæksɪdɜ:mɪst] n. Taxidermist, der/Taxidermistin, die; Präparator, der/Präparatorin, die
**taxidermy** ['tæksɪdɜ:mɪ] n. Taxidermie, die
**'taxi-driver** n. Taxifahrer, der/-fahrerin, die
**taximeter** ['tæksɪmi:tə(r)] n. Taxameter, das od. der; Fahrpreisanzeiger, der
**taxing** ['tæksɪŋ] adj. strapaziös, anstrengend ‹Arbeit, Rolle, Reise›; schwierig ‹Problem›
**'tax inspector** n. Steuerinspektor, der/-inspektorin, die
**taxi:** ~-**rank** (Brit.), (Amer.) ~ **stand** ns. Taxistand, der; ~**way** n. Rollbahn, die
**tax:** ~**man** n. (coll.) Finanzbeamte, der/-beamtin, die; a letter from the ~man ein Brief vom Finanzamt; work for the ~man [nur noch] fürs Finanzamt arbeiten (fig.); ~ **office** n. Finanzamt, das
**taxonomy** [tæk'sɒnəmɪ] n. (Biol.) Taxonomie, die
**tax:** ~**payer** n. Steuerzahler, der/-zahlerin, die; ~**paying** attrib. adj. Steuern zahlend...; ~ **rebate** n. Steuererstattung, die; ~ **relief** n. Steuererleichterung, die; get ~ relief on insurance premiums Versicherungsprämien von der Steuer absetzen; ~ **return** n. Steuererklärung, die; ~ **year** n. Steuerjahr, das
**TB** abbr. tuberculosis Tb, die; ~ sufferer Tb-Kranke, der/die
**T-bone** see T b
**te** [ti:] n. (Mus.) si
**tea** [ti:] n. a) Tee, der; mint/fennel ~: Kräuter-/Fencheltee, der; early morning ~: frühmorgens [vor dem Aufstehen] getrunkener Tee; [not] be sb.'s cup of ~ (fig. coll.) [nicht] jmds. Fall sein (ugs.); be just or exactly or very much sb.'s cup of ~ (fig. coll.) genau od. ganz jmds. Fall sein (ugs.); not for all the ~ in China (coll.) nicht um alles in der Welt; [come to sb. for] ~ and sympathy (fig. coll.) Trost und Rat [bei jmdm. suchen]; b) (meal) [high] ~: Abendessen, das; afternoon ~: [Nachmittags]tee, der
**tea:** ~-**bag** n. Teebeutel, der; ~-**boy** n. ≈ Stift, der (ugs.); jüngerer Mann, der in einer Firma, Behörde o. ä. den Pausentee usw. zubereitet; ~-**break** n. (Brit.) Teepause, die; ~-**caddy** n. Teebüchse, die; ~**cake** n. a) (Brit.: sweet bread bun) ≈ Rosinenbrötchen, das; b) (Amer.: sweet cake) Keks, der; ~cakes Teegebäck, das
**teach** [ti:tʃ] 1. v.t., taught [tɔ:t] unterrichten; (at university) lehren; You can't dance? I'll ~ you Du kannst nicht tanzen? Ich bringe es dir bei od. zeige es dir; ~ music etc. to sb., ~ sb. music etc. jmdn. in Musik usw. unterrichten; jmdm. Musikunterricht usw. geben; ~ oneself es sich (Dat.) selbst beibringen; ~ sb./oneself/an animal sth. jmdm./sich/einem Tier etw. beibringen; ~ sb./oneself/an animal to do sth. jmdm./sich/einem Tier beibringen, etw. zu tun; (train) jmdn./sich/ein Tier dazu erziehen, etw. zu tun; ~ sb. to ride/to play the piano jmdm. das Reiten/Klavierspielen beibringen; T~ yourself French/car maintenance (book-title) Französisch zum Selbststudium/Wie warte ich mein Auto selbst?; this experience has taught me one thing ...: diese Erfahrung hat mich eins gelehrt ...; I'll/that'll ~ you etc. to do that! (coll. iron.) ich werde/das wird dich usw. lehren, das zu tun! (iron.); that'll ~ him/you etc.! (coll. iron.) das hat er/hast du usw. nun davon! (iron.); ~ sb. how/that ...: jmdm. beibringen, wie/daß ...; ‹Bibel, Erfahrung:› jmdn. lehren, wie/daß ...; ~ sb. tolerance or to be tolerant jmdn. Toleranz lehren; jmdn. lehren, tolerant zu sein; ~ school (Amer.) Lehrer/Lehrerin sein; see also dog 1a; lesson c. 2. v.i., taught unterrichten; he wants to/is going to ~: er will Lehrer werden/wird Lehrer
**teachable** ['ti:tʃəbl] adj. lernfähig ‹Kind, Tier›; erlernbar ‹Eigenschaft›; a ~ subject ein Fach, das man gut lehren kann
**teacher** ['ti:tʃə(r)] n. Lehrer, der/Lehrerin, die; she's a university/evening-class ~: sie lehrt an der Universität/unterrichtet an der Abendschule; kindergarten ~: ≈ Vorschullehrer, der/-lehrerin, die; geography/music ~: Geographie-/Musiklehrer, der/Geographie-/Musiklehrerin, die
**teacher:** ~-**training** n. Lehrerausbildung, die; ~ **training college** n. ≈ pädagogische Hochschule
**'tea-chest** n. Teekiste, die
**'teach-in** n. Teach-in, das
**teaching** ['ti:tʃɪŋ] n. a) (act) Unterrichten, das (of von); the ~ of languages, language ~: der Sprachunterricht; I enjoy ~ very much [das] Unterrichten macht mir großen Spaß; all the ~ at this school is in French an der Schule wird nur in französischer Sprache unterrichtet; b) no pl., no art. (profession) Lehrberuf, der; want to go into or take up or do ~: Lehrer/Lehrerin werden wollen; c) (doctrine) Lehre, die
**teaching:** ~ **aid** n. Lehr- od. Unterrichtsmittel, das; ~ **hospital** n. Ausbildungskrankenhaus, das; ~-**machine** n. Lernmaschine, die; ~ **method** n. Lehr- od. Unterrichtsmethode, die; ~ **profession** n. Lehrberuf, der; ~ **staff** n. Lehrerkollegium, das
**tea:** ~-**cloth** n. a) (for table) ≈ Kaffeedecke, die; b) (for drying) Geschirrtuch, das; ~-**cosy** n. Teewärmer, der; ~**cup** n. Teetasse, die; see also storm 1a; ~**cupful** n. Tasse, die; a ~cupful of sugar eine Tasse Zucker; ~ **dance** n. Tanztee, der; ~-**garden** n. a) (public place) ≈ Gartencafé, das; b) (plantation) Teeplantage, die; ~-**house** n. Teehaus, das
**teak** [ti:k] n. a) (wood) Teak[holz], das; attrib. Teak[holz]‹öl, -furnier, -möbel›; b) (tree) Teakbaum, der
**'tea-kettle** n. Teekessel, der
**teal** [ti:l] n., pl. same (Ornith.) Krickente, die
**tea:** ~-**lady** n. Frau, die in einer Firma, Behörde o. ä. den Pausentee usw. zubereitet; ~-**leaf** n. Teeblatt, das; read the ~-leaves ≈ aus dem Kaffeesatz lesen
**team** [ti:m] 1. n. a) (group) Team, das; (Sport also) Mannschaft, die; a football/cricket ~: eine Fußball-/Kricketmannschaft; a ~ of scientists eine Gruppe od. ein Team von Wissenschaftlern; a research ~: eine Forschungsgruppe; make a good ~: ein gutes Team od. Gespann sein; work as a ~: im Team zusammenarbeiten; b) (draught animals) Gespann, das; a ~ of oxen/horses ein Gespann Ochsen/Pferde; a ~ of four horses ein Vierergespann [Pferde]. 2. v.t. see ~ up 1. 3. v.i. see ~ up 2
~ **'up** 1. v.t. zusammenbringen. 2. v.i. sich zusammentun (ugs.)
**'tea-maker** n. Teemaschine, die
**team:** ~ **effort** n. Team- od. Gemeinschaftsarbeit, die; a great ~ effort eine großartige Gemeinschaftsleistung; thanks

to good ~ effort dank guter Teamarbeit; ~ **game** *n.* Mannschaftsspiel, *das;* ~-**leader** *n.* Gruppenleiter, *der/*-leiterin, *die;* ~-**mate** *n.* Mannschaftskamerad, *der/*-kameradin, *die;* ~-**member** *n.* Mitglied des Teams/der Mannschaft/der Gruppe; ~ '**spirit** *n.* Teamgeist, *der; (Sport also)* Mannschaftsgeist, *der*

**teamster** ['ti:mstə(r)] *n. (Amer.)* Lkw-Fahrer, *der/*-Fahrerin, *die*

'**team-work** *n.* Teamarbeit, *die;* **by ~:** in Teamarbeit

**tea:** ~-**party** *n.* Teegesellschaft, *die;* ~-**plantation** *n.* Teeplantage, *die;* ~-**planter** *n. (proprietor)* Teeplantagenbesitzer, *der/*-besitzerin, *die; (cultivator)* Teepflanzer, *der/*-pflanzerin, *die;* ~**pot** *n.* Teekanne, *die*

[1]**tear** [teə(r)] **1.** *n.* Riß, *der; see also* **wear 1 a. 2.** *v. t.,* **tore** [tɔ:(r)], **torn** [tɔ:n] **a)** *(rip; lit. or fig.)* zerreißen; *(pull apart)* auseinanderreißen; *(damage)* aufreißen; ~ **open** aufreißen ‹*Brief, Schachtel, Paket*›; ~ **one's dress [on a nail]** sich *(Dat.)* das Kleid [an einem Nagel *(Dat.)*] aufreißen; ~ **one's finger-nail** sich *(Dat.)* einen Fingernagel einreißen; ~ **a muscle** sich *(Dat.)* einen Muskelriß zuziehen; **a torn muscle** ein Muskel[faser]riß; ~ **sb.'s heart** *(fig.)* jmdm. das Herz zerreißen *(geh.);* ~ **a hole/gash in sth.** ein Loch/eine klaffende Wunde in etw. *(Akk.)* reißen; ~ **sth. in half** *or* **in two** etw. entzweireißen; ~ **to shreds** *or* **pieces** *(lit.)* zerfetzen; in Stücke reißen ‹*Flagge, Kleidung, Person*›; ~ **to shreds** *(fig.) (destroy)* ruinieren ‹*Ruf, Leumund*›; zerrütten ‹*Nerven*›; zunichte machen ‹*Argument, Alibi*›; auseinandernehmen *(salopp)* ‹*Mannschaft*›; *(criticize)* verreißen *(ugs.);* **a country torn by war** ein durch Krieg zerrissenes Land; **I was torn by** *or* **with grief** mein Herz war von Kummer zerrissen *(geh.);* **be torn between two things/people/between x and y** zwischen zwei Dingen/Personen/x und y hin- und hergerissen sein; **be torn as to what to do** hin- und hergerissen sein [und nicht wissen, was man tun soll]; **that's torn it** *(Brit. fig. coll.)* das hat alles vermasselt *(salopp);* **b)** *(remove with force)* reißen; ~ **sth. out of** *or* **from sb.'s hands/a book** jmdm. etw. aus der Hand reißen/etw. aus einem Buch [heraus]reißen; **the wind tore the cap from his head** der Wind riß ihm die Mütze vom Kopf; ~ **a child from its parents/home** *(fig.)* ein Kind seinen Eltern entreißen/aus seiner vertrauten Umgebung reißen; ~ **oneself from sb./a place** *(fig.)* sich von jmdm./einem Ort losreißen; ~ **one's hair** *(fig.)* sich *(Dat.)* die Haare raufen *(ugs.).* **3.** *v. i.,* **tore, torn a)** *(rip)* [zer]reißen; **it ~s along the perforation** es läßt sich entlang der Perforation abreißen; ~ **in half** *or* **in two** entzweireißen; durchreißen; **b)** *(move hurriedly)* rasen *(ugs.);* ~ **past** vorbeirasen *(ugs.);* ~ **along the street** die Straße hinunterrasen *(ugs.);* ~ **off** losrasen *(ugs.);* **come ~ing out/past** heraus-/vorbeigerast kommen *(ugs.)*

~ **apart** *v. t. (lit. or fig.)* auseinanderreißen; *(coll.: criticize)* zerreißen *(ugs.);* **they tore the place apart** sie haben den Laden auseinandergenommen *(ugs.)*

~ **at** *v. t.* zerren an (+ *Dat.*); ~ **at sb.'s heartstrings** *(fig.)* jmdm. sehr zu Herzen gehen

~ **a'way** *v. t.* wegreißen; abreißen ‹*Tapete, Verpackung*›; ~ **away sb.'s mask** *(fig.)* jmds. Maske herunterreißen; ~ **sb./oneself away [from sb./sth.]** *(fig.)* jmdn./sich [von jmdm./etw.] loseisen *(ugs.);* ~ **oneself away [from a sight/book/game]** *(fig.)* sich [von einem Anblick/Buch/Spiel] losreißen; *see also* **tearaway**

~ '**down** *v. t.* herunterreißen; niederreißen ‹*Zaun, Mauer*›; abreißen ‹*Gebäude*›; *(fig.)* niederreißen ‹*Schranken*›

~ **into** *v. t.* ‹*Geschoß:*› ein Loch reißen in (+ *Akk.*); ‹*Säge:*› sich [hinein]fressen in (+ *Akk.*); ‹*Raubtier:*› zerfleischen; *(fig.: tell off, criticize)* heftig angreifen

~ '**off** *v. t.* abreißen; *see also* **tear-off**

~ '**out** *v. t.* herausreißen; ausreißen ‹*Baum*›; *see also* ~ **2 b**

~ '**up** *v. t.* **a)** *(remove)* aufreißen ‹*Straße, Bürgersteig*›; herausreißen ‹*Zaun, Pflanze*›; ausreißen ‹*Baum*›; **b)** *(destroy)* zerreißen; *(fig.)* für null und nichtig erklären ‹*Vertrag, Abkommen*›

[2]**tear** [tɪə(r)] *n.* Träne, *die;* **there were ~s in her eyes** sie hatte *od.* ihr standen Tränen in den Augen; **with ~s in one's eyes** mit Tränen in den Augen; **cry ~s of joy/rage/frustration** Freudentränen/Tränen der Wut/Enttäuschung vergießen; **cry ~s of laughter** Tränen lachen; **burst into ~s** in Tränen ausbrechen; **move sb. to ~s** jmdn. zu Tränen rühren; **bore sb. to ~s** jmdn. zu Tode langweilen; **be in ~s** in Tränen aufgelöst sein; **French/Cooking without ~s** *(book-title)* Französisch/Kochen leicht gemacht; **be wet with ~s** tränennaß sein; *see also* **crocodile tears; dissolve 2 a; reduce 1 b;** [1]**shed b; vale**

**tearaway** ['teərəweɪ] **1.** *adj.* rabaukenhaft *(ugs.).* **2.** *n.* Rabauke, *der (ugs.)*

**tear** [tɪə(r)]: ~-**drop** *n.* Träne, *die;* ~-**duct** *n. (Anat.)* Tränenkanal, *der*

**tearful** ['tɪəfl] *adj. (crying)* weinend; *(wet with tears)* tränenüberströmt; *(accompanied by tears)* tränenreich ‹*Versöhnung, Abschied, Anlaß*›; **say a ~ goodbye** sich unter Tränen verabschieden; **she was looking very ~:** sie sah sehr verweint aus; *(about to cry)* sie schien den Tränen nahe

**tearfully** ['tɪəfəlɪ] *adv.* unter Tränen

**tear-gas** ['tɪəgæs] *n.* Tränengas, *das*

**tearing** ['teərɪŋ] *adj.* **a)** reißend ‹*Geräusch*›; **b)** *(coll.: violent)* rasend; **be in a ~ hurry** schrecklich in Eile sein

**tear-jerker** ['tɪədʒɜ:kə(r)] *n. (coll.)* Schnulze, *die (ugs. abwertend);* **this film is a real ~:** in diesem Film wird kräftig auf die Tränendrüsen gedrückt

**tear-off** ['teərɒf] *attrib. adj.* ~ **calendar** Abreißkalender, *der;* ~ **slip** Abriß, *der*

**tea:** ~-**room** *n.* Teestube, *die;* ≈ Café, *das;* ~-**rose** *n.* Teerose, *die*

**tear-sheet** ['teəʃi:t] *n.* Belegseite, *die*

**tear-stained** ['tɪəsteɪnd] *adj.* tränenüberströmt ‹*Gesicht*›; ‹*Brief, Buchseite*› mit Tränenspuren

**tease** [ti:z] **1.** *v. t.* **a)** necken; ~ **sb. [about sth.]** jmdn. [mit etw.] aufziehen *(ugs.);* jmdn. [wegen etw.] verspotten; **he's only teasing you** er macht nur Spaß *(ugs.);* **stop teasing the dog** hör auf, den Hund zu ärgern; ~ **sb. that he has done sth.** jmdn. damit aufziehen *(ugs.),* daß er etw. getan hat; **the children ~d their father for sweets** *or* **to give them sweets** *(Amer.)* die Kinder lagen ihrem Vater damit in den Ohren *(ugs.),* daß er ihnen Süßigkeiten geben sollte; **b)** *(Textiles) (separate fibres of)* krempeln ‹*Flachs, Wolle*›; hecheln ‹*Flachs*›; *(dress with teasels)* [auf]rauhen; **c)** *(Amer. Hairdressing)* toupieren. **2.** *v. i.* seine Späße machen; **I'm only teasing** ich mache nur Spaß. **3.** *n. (coll.)* **he/she is a great ~:** er/sie muß einen immer aufziehen *(ugs.)*

~ '**out** *v. t.* **a)** *(disentangle)* auskämmen; kämmen, krempeln ‹*Wolle, Flachs*›; hecheln ‹*Flachs*›; **b)** *(get out, lit. or fig.)* herausholen; ~ **out the facts** die Tatsachen herausarbeiten

**teasel** ['ti:zl] *n.* **a)** *(Bot.)* Karde, *die;* **common/fuller's ~:** Wilde Karde/Weberkarde, *die;* **b)** *(Textiles)* Karde, *die*

**teaser** ['ti:zə(r)] *n.* **a)** *(coll.: puzzle)* **brain-~:** Denk[sport]aufgabe, *die;* **be a [real] ~** *(fig.)* eine harte Nuß sein *(ugs.);* **b)** *(one who teases)* **he/she is a great ~:** er/sie muß einen immer aufziehen *(ugs.)*

**tea:** ~-**service,** ~-**set** *ns.* Tee-Service, *das;* ~-**shop** *(Brit.) see* **tea-room**

**teasing** ['ti:zɪŋ] *adj.* neckend; **he was in a ~ mood** er war in der Stimmung, andere aufzuziehen *(ugs.)*

**teasingly** ['ti:zɪŋlɪ] *adv.* neckend; **speak ~:** frotzeln; **ask sb. sth. ~:** jmdn. frotzelnd etw. fragen

**tea:** ~**spoon** *n.* Teelöffel, *der;* ~**spoonful** *n.* Teelöffel, *der;* **a ~spoonful** ein Teelöffel [voll]; ~-**strainer** *n.* Teesieb, *das*

**teat** [ti:t] *n.* **a)** *(nipple)* Zitze, *die;* **b)** *(of rubber or plastic)* Sauger, *der*

**tea:** ~-**table** *n.* Teetisch, *der;* **be at the ~-table** beim Tee sitzen; ~-**things** *n. pl. (coll.)* Teegeschirr, *das;* ~-**time** *n.* Teezeit, *die;* ~-**towel** *n.* Geschirrtuch, *das;* ~-**tray** *n.* Teebrett, *das;* ~-**trolley** *n.* Teewagen, *der;* ~-**urn** *n.* Teebehälter, *der;* ~-**wagon** *(Amer.) see* ~-**trolley**

**teazel, teazle** ['ti:zl] *see* **teasel**

**Tech (Tec)** [tek] *n. (coll.)* Fachhochschule, *die;* FH, *die*

**technical** ['teknɪkl] *adj.* **a)** technisch ‹*Problem, Detail, Daten, Fortschritt*›; *(of particular science, art, etc.)* fachlich; Fach‹*kenntnis, -berater, -sprache, -begriff, -wörterbuch*›; *(of the execution of a work of art)* technisch ‹*Fertigkeit, Schwierigkeit*›; ~ **expertise/expert** Sachkenntnis, *die/*Fachmann, *der;* ~ **college/school** Fachhochschule, *die/*Fachschule, *die;* **[highly] ~ book** [reines] Fachbuch; **the text is very/highly ~:** es ist ein reiner Fachtext; **the text is too ~ for me** der Text ist zu fachsprachlich für mich; **explain sth. without being** *or* **getting too ~:** etw. erklären, ohne sich zu fachsprachlich auszudrücken; ~ **hitch** technisches Problem; ~ **term** Fachbegriff, *der;* Fachausdruck, *der;* Fachterminus, *der;* **for ~ reasons** aus technischen Gründen; **b)** *(strictly interpreted) (Law)* formaljuristisch; ~ **knock-out** *(Boxing)* technischer K.o.

**technical 'drawing** *n. (Brit.)* technisches Zeichnen

**technicality** [teknɪ'kælɪtɪ] *n.* **a)** *no pl. (technical quality)* technischer Charakter; *(of book, text, style)* fachsprachlicher Charakter; **b)** *(technical expression)* Fachausdruck, *der;* **c)** *(technical distinction)* technisches Detail; *(technical point)* technische Frage; **legal/financial/military technicalities** rechtliche/finanzielle/militärische [Detail]fragen; **be acquitted on a ~:** auf Grund eines Formfehlers freigesprochen werden

**technically** ['teknɪkəlɪ] *adv.* **a)** technisch; *(in a particular science, art, etc.)* fachlich; **b)** *(strictly speaking)* im Prinzip; *(Law)* formaljuristisch

**technician** [tek'nɪʃn] *n.* Techniker, *der/*Technikerin, *die*

**Technicolor,** *(Amer.* **P)** ['teknɪkʌlə(r)] *n. (Cinemat.)* Technicolor ®, *das*

**technique** [tek'ni:k] *n.* Technik, *die; (procedure)* Methode, *die*

**technocracy** [tek'nɒkrəsɪ] *n.* Technokratie, *die*

**technocrat** ['teknəʊkræt] *n.* Technokrat, *der/*Technokratin, *die*

**technocratic** [teknəʊ'krætɪk] *adj.* technokratisch

**technological** [teknə'lɒdʒɪkl] *adj.,* **technologically** [teknə'lɒdʒɪkəlɪ] *adv. see* **technology:** technisch; technologisch

**technologist** [tek'nɒlədʒɪst] *n.* Technologe, *der/*Technologin, *die;* ‹*Lebensmittel-, Erdöl-*›techniker, *der/*-technikerin, *die*

**technology** [tek'nɒlədʒɪ] *n.* Technik, *die; (application of science)* Technologie, *die;* **science and ~:** Wissenschaft und Technik; **college of ~:** Fachhochschule für Technik

**techy** *see* **tetchy**

**tectonic** [tek'tɒnɪk] *(Geol.)* **1.** *adj.* tektonisch. **2.** *n. in pl.* Tektonik, *die;* **plate ~s** Plattentektonik, *die*

**Ted** [ted] *n. (Brit. coll.)* Teddy-Boy, *der*
**teddy** ['tedı] *n.* ~ **[bear]** Teddy[bär], *der*
**Teddy:** ~ **boy** *n. (Brit.)* Teddy-Boy, *der;* ~ **girl** *n. (Brit.)* Teddy-Girl, *das*
**Te Deum** [ti: 'di:əm, teı 'deıəm] *n. (hymn)* Tedeum, *das*
**tedious** ['ti:dıəs] *adj.* langwierig ‹*Reise, Arbeit*›; *(uninteresting)* langweilig
**tediously** ['ti:dıəslı] *adv.* langatmig ‹*reden, schreiben*›; *(uninterestingly)* langweilig; ~ **familiar** bis zum Überdruß bekannt; ~ **repeat sth.** etw. bis zum Überdruß wiederholen; **a** ~ **long meeting** eine lange, langweilige Besprechung
**tediousness** ['ti:dıəsnıs] *n., no pl. (of work, journey)* Langwierigkeit, *die; (of book, lecture, wait)* Langweiligkeit, *die*
**tedium** ['ti:dıəm] *n. (of journey)* Langwierigkeit, *die; (of waiting)* Langweiligkeit, *die;* **an hour of unrelieved** ~: eine unendlich langweilige Stunde
**tee** [ti:] **1.** *n.* **a)** *(Golf)* Tee, *das;* **b) to a** ~ *(coll.)* = **to a T** *see* **T a. 2.** *v.t. see* ~ **up 1**
~ **'off** *v.i. (Golf)* abschlagen
~ **'up** *(Golf)* **1.** *v.t.* auf das Tee legen; aufteen *(fachspr.).* **2.** *v.i.* den Ball auf das Tee legen
**tee-hee** ['ti:'hi:] *int.* hihi
**teem** [ti:m] *v.i.* **a)** *(abound)* wimmeln **(with** von); **b)** *(rain heavily)* ~ **[with rain]** in Strömen regnen
~ **'down** *v.i.* **it/the rain was** ~**ing down** es regnete in Strömen
**teeming** ['ti:mıŋ] *adj.* **a)** *(pouring)* strömend ‹*Regen*›; **b)** *(abundant)* wimmelnd ‹*Menschenmenge*›; *(crowded)* von Menschen wimmelnd ‹*Straße*›
**teen** [ti:n] *adj.* Teenager-
**teenage** ['ti:neıdʒ], **teenaged** ['ti:neıdʒd] *attrib. adj.* im Teenageralter *nachgestellt*
**teenager** ['ti:neıdʒə(r)] *n.* Teenager, *der; (loosely)* Jugendliche, *der/die*
**teens** [ti:nz] *n. pl.* Teenagerjahre; **be out of/in one's** ~: aus den Teenagerjahren heraussein/in den Teenagerjahren sein; **fashions from tots to** ~: Kinder- und Jugendmoden
**teensy-weensy** ['ti:nzı wi:nzı], **teeny** ['ti:nı] *adjs. (child lang./coll.)* klitzeklein *(ugs.)*
**teeny:** ~**-bopper** *n. (coll.) Popfan im Teenageralter;* ~**-weeny** *see* **teeny**
**teepee** *see* **tepee**
**'tee-shirt** *n.* T-shirt, *das*
**teeter** ['ti:tə(r)] *v.i.* **a)** *(waver)* wanken; ~ **on the edge** *or* **brink of sth.** schwankend am Rande einer Sache *(Gen.)* stehen; *(fig.)* am Rande einer Sache *(Gen.)* stehen; **b)** *(Amer.: see-saw)* wippen; *(fig.)* hin- und herschwanken
**teeth** *pl. of* **tooth**
**teethe** [ti:ð] *v.i.* zahnen
**teething** ['ti:ðıŋ] *n.* Zahnen, *das*
**teething:** ~**-ring** *n.* Beißring, *der;* ~ **troubles** *n.pl.* Beschwerden während des Zahnens; **have** ~ **troubles** *(fig.)*‹*Person, Vorhaben:*› Anfangsschwierigkeiten haben; ‹*Maschine usw.:*› Kinderkrankheiten haben
**teetotal** [ti:'təʊtl] *adj.* abstinent lebend; alkoholfrei ‹*Restaurant, Hotel, Feier*›; **sb. is** ~: jmd. ist Abstinenzler/Abstinenzlerin
**teetotaler** *(Amer.) see* **teetotaller**
**teetotalism** [ti:'təʊtəlızm] *n.* Abstinenz, *die*
**teetotaller** [ti:'təʊtələ(r)] *n.* Abstinenzler, *der*/Abstinenzlerin, *die*
**Teflon, (P)** ['teflɒn] *n.* Teflon Ⓦ, *das*
**tektite** ['tektaıt] *n. (Min.)* Tektit, *der*
**Tel., tel.** *abbr.* **telephone** Tel.
**telecast** ['telıkɑ:st] **1.** *v.t.,* **telecast** [im Fernsehen] senden. **2.** *n.* Fernsehsendung, *die*
**telecommunication** [telıkəmju:nı'keıʃn] *n.* **a)** *(long-distance communication)* Fernmeldeverkehr, *der; attrib.* Fernmelde-; **b)** *in pl. (science)* Fernmelde- *od.* Nachrichtentechnik, *die; attrib.* Fernmelde- *od.* Nachrichten‹*techniker, -satellit*›
**telegram** ['telıgræm] *n.* Telegramm, *das;* **by** ~: telegrafisch
**telegraph** ['telıgrɑ:f] **1.** *n.* **a)** *(for sending telegrams)* Telegraf, *der; attrib.* Telegrafen-; **ship's** ~: Maschinentelegraf, *der (Technik); see also* **bush telegraph; b)** *(semaphore apparatus)* Semaphor, *der;* **c)** *(Sports, Racing: board)* Anzeigetafel, *die.* **2.** *v.t.* **a)** telegrafieren; telegrafisch anweisen ‹*Geld*›; **b)** *(Boxing coll.)* telegrafieren ‹*Schlag*›. **3.** *v.i.* telegrafieren; ~ **for sb.** jmdn. telegrafisch rufen lassen
**telegraphese** [telıgrɑ:'fi:z] *n.* Telegrammstil, *der*
**telegraphic** [telı'græfık] *adj.* telegrafisch; Telegramm‹*adresse, -stil*›
**telegraphist** [tı'legrəfıst] *n.* Telegrafist, *der*/Telegrafistin, *die*
**telegraph:** ~**-line** *n.* Telegrafenleitung, *die;* ~ **pole,** ~ **post** *ns.* Telegrafenmast, *der;* ~**-wire** *n.* Telegrafendraht, *der*
**telegraphy** [tı'legrəfı] *n.* Telegrafie, *die*
**telemessage** ['telımesıdʒ] *n. (Brit.)* Telegramm, *das*
**telemeter** ['telımi:tə(r), tı'lemıtə(r)] **1.** *n.* Fernmeßgerät, *das.* **2.** *v.i.* Meßwerte telemetrisch übertragen; ~**ing device** Fernmeßgerät, *das.* **3.** *v.t.* telemetrisch übertragen
**telemetry** [tı'lemıtrı] *n.* Telemetrie, *die*
**teleological** [telıə'lɒdʒıkl] *adj. (Philos.)* teleologisch
**teleology** [telı'ɒlədʒı] *n. (Philos.)* Teleologie, *die*
**telepathic** [telı'pæθık] *adj.* telepathisch; **be** ~: telepathische Fähigkeiten haben
**telepathically** [telı'pæθıkəlı] *adv.* telepathisch
**telepathy** [tı'lepəθı] *n.* Telepathie, *die;* **by** ~: telepathisch
**telephone** ['telıfəʊn] **1.** *n.* Telefon, *das; attrib.* Telefon-; ~ **answering machine** Anrufbeantworter, *der;* **[public]** ~: öffentlicher Fernsprecher *(Amtsspr.);* [öffentliches] Telefon; **answer the** ~: Anrufe entgegennehmen; *(on one occasion)* ans Telefon gehen; *(speak)* sich melden; **by** ~: telefonisch; **over** *or* **on the** ~: am Telefon; **speak** *or* **talk to sb. on the** *or* **by** ~: mit jmdm. telefonieren; **be on the** ~ *(be connected to the system)* Telefon haben; *(be speaking)* telefonieren **(to** mit); **it's your sister on the** ~: deine Schwester ist am Apparat; **get on the** ~ **to sb.** jmdn. anrufen; **get sb. on the** ~: jmdn. telefonisch erreichen; **be wanted on the** ~: am Telefon verlangt werden. **2.** *v.t.* anrufen; telefonisch übermitteln ‹*Nachricht, Ergebnis usw.*› **(to** *Dat.*); ~ **the office/**~ **home** im Büro/zu Hause anrufen. **3.** *v.i.* anrufen; ~ **for a taxi/the doctor** nach einem Taxi/dem Arzt telefonieren; ~ **to ask how ...:** telefonisch anfragen, wie ...; **can we** ~ **from here?** können wir von hier aus telefonieren?
**telephone:** ~ **book** *n.* Telefonbuch, *das;* ~ **booth,** *(Brit.)* ~**-box** *ns.* Telefonzelle, *die;* ~ **call** *n.* Telefonanruf, *der;* Telefongespräch, *das;* **make a** ~ **call** ein Telefongespräch führen; **have** *or* **receive a** ~ **call** einen Anruf erhalten; **there was a** ~ **call for you** es hat jemand für Sie angerufen; **there was a** ~ **call for you from your brother** Ihr Bruder hat angerufen; **inland** ~ **call** Inlandsgespräch, *das;* **international** ~ **call** Auslandsgespräch, *das;* ~ **directory** *n.* Telefonverzeichnis, *das;* Telefonbuch, *das;* ~ **exchange** *n.* Fernmeldeamt, *das;* ~ **kiosk** *n.* Telefonzelle, *die;* ~ **line** *n.* Telefonleitung, *die;* ~ **message** *n.* telefonische Nachricht; ~ **number** *n.* Telefonnummer, *die;* ~ **operator** *n.* Telegrafist, *der*/Telegrafistin, *die;* ~ **receiver** *n.* Telefonhörer, *der;* ~ **subscriber** *n.* Fernsprechteilnehmer, *der*/-teilnehmerin, *die*
**telephonic** [telı'fɒnık] *adj.* telefonisch
**telephonist** [tı'lefənıst] *n.* Telefonist, *der*/Telefonistin, *die*
**telephony** [tı'lefənı] *n.* Fernsprechwesen, *das*
**telephoto** [telı'fəʊtəʊ] *adj. (Photog.)* telefotografisch; ~ **lens** Teleobjektiv, *das*
**teleprinter** ['telıprıntə(r)] *n.* Fernschreiber, *der;* ~ **network** Fernschreibnetz, *das*
**teleprompter,** *(Amer.* **P)** ['telıprɒmptə(r)] *n.* Teleprompter Ⓦ, *der*
**telescope** ['telıskəʊp] **1.** *n.* Teleskop, *das;* Fernrohr, *das.* **2.** *v.t.* zusammenschieben ‹*Antenne, Rohr*›; ineinanderschieben ‹*Abschnitte, Waggons*›; *(fig.)* komprimieren **(into** zu). **3.** *v.i.* sich zusammenschieben; ‹*Abschnitte, Waggons:*› sich ineinanderschieben
**telescopic** [telı'skɒpık] *adj.* **a)** teleskopisch; ~ **lens** Teleobjektiv, *das;* **b)** *(collapsible)* ausziehbar; Teleskop‹*antenne, -mast*›; ~ **umbrella** Taschenschirm, *der*
**Teletex, (P)** ['telıteks] *n.* Teletex, *das*
**teletext** ['telıtekst] *n.* Teletext, *der*
**telethon** ['telıθɒn] *n.* Marathonsendung, *die (für einen guten Zweck)*
**Teletype, (P)** ['telıtaıp], *(Amer.)* **teletypewriter** [telı'taıpraıtə(r)] *n.* Fernschreiber, *der*
**televise** ['telıvaız] *v.t.* im Fernsehen senden *od.* übertragen; ~**d football** Fußballübertragungen im Fernsehen
**television** ['telıvıʒn, telı'vıʒn] *n.* **a)** *no pl., no art.* das Fernsehen; **colour/black and white** ~: das Farb-/Schwarzweißfernsehen; **the best-paid jobs are in** ~: die bestbezahlten Stellen gibt es beim Fernsehen; **go into** ~: zum Fernsehen gehen; **we have ten hours of** ~ **a day** bei uns gibt es täglich 10 Stunden Fernsehprogramm; **make/not make good** ~: sich gut/schlecht für das Fernsehen eignen; **live** ~: Live-Sendungen [im Fernsehen]; **on** ~: im Fernsehen; **what's on** ~**?** was läuft *od.* gibt's im Fernsehen?; **watch** ~: fernsehen; **b)** *(~ set)* Fernsehapparat, *der;* Fernseher, *der (ugs.);* **portable** ~: tragbares Fernsehgerät; Portable, *der od. das. See also* **closed-circuit; commercial television**
**television:** ~ **advertising** *n.* Fernsehwerbung, *die;* ~ **aerial** *n.* Fernsehantenne, *die;* ~ **camera** *n.* Fernsehkamera, *die;* ~ **channel** *n.* [Fernseh]kanal, *der;* ~ **coverage** *n.* Fernsehberichterstattung, *die;* **there will be full** ~ **coverage of sth.** das Fernsehen wird ausführlich über etw. *(Akk.)* berichten; ~ **engineer** *n.* Fernsehtechniker, *der*/-technikerin, *die;* ~ **licence** *n. (Brit.)* Fernsehgenehmigung, *die (die jährlich gegen Zahlen der Gebühren erneuert wird); attrib.* ~ **licence fee** Fernsehgebühren *Pl.;* ~ **personality** *n.* Fernsehgröße, *die (ugs.);* ~ **picture** *n.* Fernsehbild, *das;* ~ **programme** *n.* Fernsehsendung, *die; (sequence)* Fernsehprogramm, *das;* **my favourite** ~ **programme** meine Lieblingssendung im Fernsehen; ~ **screen** *n.* Bildschirm, *der;* ~ **serial** *n.* Fernsehserie, *die;* ~ **set** *n.* Fernsehgerät, *das;* ~ **studio** *n.* Fernsehstudio, *das;* ~ **transmitter** *n.* Fernsehsender, *der;* ~ **viewer** *n.* Fernsehzuschauer, *der*/-zuschauerin, *die*
**Telex, telex** ['teleks] **1.** *n.* Telex, *das;* **by** ~: über Telex. **2.** *v.t.* telexen ‹*Nachricht*›; ein Telex schicken (+ *Dat.*) ‹*Person, Firma*›
**tell** [tel] **1.** *v.t.,* **told** [təʊld] **a)** *(make known)* sagen ‹*Name, Adresse, Alter*›; *(give account of)* erzählen ‹*Neuigkeit, Sorgen*›; anvertrauen ‹*Geheimnis*›; ~ **sb. sth.** *or* **sth. to sb.** jmdm. etw. sagen/erzählen/anvertrauen; **if he asks,** ~ **him** sag's ihm, wenn er fragt; ~ **sb. the way to the station** jmdm. den Weg zum Bahnhof beschreiben; ~ **sb. the time** jmdm. sagen, wie spät es ist; jmdm. die Uhrzeit sagen; ~ **sb. goodbye/good night** *(Amer.)* jmdm. auf Wiedersehen/gute Nacht sagen; ~ **all** auspacken *(ugs.);* ~ **me another!** *(coll.)* du kannst mir viel erzählen *(ugs.);* ~ **sb. [something] about sb./sth.**

jmdm. [etwas] von jmdm./etw. erzählen; ~ **sb. nothing/all about what happened** jmdm. nichts davon/alles erzählen, was passiert ist; **will you ~ him [that] I will come?** sag ihm bitte, daß ich kommen werde; **they ~ me/us [that] ...** *(according to them)* man sagt, daß ...; **I['ll] ~ you what, ...:** paß mal auf, ...; **I'll ~ you what I'll do** weißt du, was ich machen werde?; ~ **everyone/***(coll.)* **the world [that/how** *etc.*] jedem/*(ugs.)* aller Welt erzählen[, daß/wie *usw.*]; **more than I/words can ~:** mehr, als ich es mit Worten ausdrücken kann/als Worte es ausdrücken können; **I cannot ~ you how ...** *(cannot express how ...)* ich kann dir gar nicht sagen, wie ...; **I couldn't ~ you** *(I don't know)* das kann ich nicht sagen; **I can ~ you, ...** *(I can assure you)* ich kann dir sagen, ...; **..., I can ~ you** ..., das kann ich dir sagen; **you can't ~ me [that] ...** *(it can't be true that ...)* du kannst mir doch nicht erzählen, daß ...; **you can't ~ him anything** *(he won't accept advice)* er läßt sich *(Dat.)* ja nichts sagen; *(he is well-informed)* ihm kannst du nichts erzählen; **words cannot ~ how ..., no words can ~ how ...:** es läßt sich nicht mit Worten ausdrücken, wie ...; **..., let me ~ you** *(let me assure you)* ..., das kann ich dir sagen; **let me ~ you that ...:** ich kann dir versichern, daß ...; **..., I ~ you** *or* **I'm ~ing you** ..., das sage ich dir; **you're ~ing me** *or* **are you ~ing me [that] ...?** du willst mir doch wohl nicht erzählen, daß ...?; **you're ~ing 'me!** *(coll.)* wem sagst du das! *(ugs.)*; **he keeps ~ing me [that] ...:** er erzählt mir ständig, daß ...; **..., or so they keep ~ing us** das erzählen sie uns jedenfalls immer; **I don't need to ~ you [that] ...:** ich brauche dir wohl nicht extra zu sagen, daß ...; **be told sth. by sb.** etw. von jmdm. erfahren; **I was told that ...:** mir wurde gesagt, daß ...; **so I've been told** *(I know that)* [das] habe ich schon gehört; **... or so I've been/I'm told** ..., wie ich gehört habe/höre; **... or so we are told** ..., so heißt es jedenfalls; **but he won't be told** *(won't accept advice)* aber er läßt sich ja nichts sagen; **didn't I ~ you?** *(I told you so)* hab' ich's nicht gleich gesagt?; **no, don't ~ me, let me guess** [nein,] sag's nicht, laß mich raten; **don't ~ me [that] ...** *(expressing incredulity, dismay, etc.)* jetzt sag bloß nicht, [daß] ...; **you aren't trying** *or* **don't mean to ~ me [that] ...?** du wirst doch nicht sagen wollen, daß ...?; **b)** *(relate, lit. or fig.)* erzählen; **has he ever told you the story of how ...:** hat er dir jemals die Geschichte erzählt, wie ...; ~ **one's own story** *or* **tale** *(give one's own account)* selbst erzählen *od.* berichten; **sth. ~s its own story** *or* **tale** *(needs no comment)* etw. spricht für sich selbst; ~ **a different story** *or* **tale** *(reveal the truth)* eine andere Sprache sprechen *(fig.)*; **every picture ~s a story** das spricht Bände; **live** *or* **survive to ~ the tale** überleben; ~ **tales [about sb.]** *(gossip; reveal secret)* [über jmdn.] tratschen *(ugs. abwertend)*; ~ **tales [to sb.]** *(report)* andere/einen anderen [bei jmdm.] anschwärzen; [bei jmdm.] petzen *(Schülerspr. abwertend)*; ~ **tales** *(lie)* Lügengeschichten erzählen; ~ **tales out of school** *(fig.)* aus der Schule plaudern; **dead men ~ no tales** Tote reden nicht; **the blood stains told their own tale** die Blutflecken sprachen für sich; **now it can be told** jetzt kann man es ja erzählen; **c)** *(instruct)* sagen; ~ **sb. [not] to do sth.** jmdm. sagen, daß er etw. [nicht] tun soll; jmdm. sagen, er soll[e] etw. [nicht] tun; **I thought I told you to go to bed** ich habe dir doch gesagt, daß du ins Bett gehen sollst; ~ **sb. what to do** jmdm. sagen, was er tun soll; **no one ~s 'me what to do** ich lasse mir keine Vorschriften machen; **do as** *or* **what I ~ you** tu, was ich dir sage; **I shan't** *or* **won't ~ you again, don't let me have to ~ you again** ich sag's dir nicht noch einmal; **do as you are told** tu, was man dir sagt; **d)** *(determine)* feststellen; *(see, recognize)* erkennen (**by** an + *Dat.*); *(with reference to the future)* [vorher]sagen; ~ **the time [from the sun]** [am Stand der Sonne] erkennen, wie spät es ist; **the child can't ~ the time yet** das Kind kennt die Uhr noch nicht; ~ **the difference [between ...]** den Unterschied [zwischen ...] erkennen *od.* feststellen; **I can't ~ which of the twins ...:** ich kann nicht sagen, welcher der Zwillinge ...; **it's impossible/difficult to ~ [if/what** *etc.*] es ist unmöglich/schwer zu sagen[, ob/was *usw.*]; **it's easy to ~ whether ...:** es läßt sich leicht sagen, ob ...; **you never can ~ how/what** *etc.* man weiß nie, wie/was *usw.*; **how could you ~ he was a policeman?** woran hast du erkannt, daß es ein Polizist war?; **e)** *(distinguish)* unterscheiden; **[not] be able to ~ right from wrong** [nicht] zwischen richtig und falsch unterscheiden können; **f)** *(utter)* sagen; ~ **the truth and shame the devil** die Wahrheit sagen, auch wenn es nicht leichtfällt; *see also* **fib 1**; **[1]lie 1 a**; **truth b**; **g)** *(count)* auszählen ‹*Wählerstimmen*›; **all told** insgesamt. **2.** *v. i.*, **told a)** *(determine)* **how can you ~?** wie kann man das feststellen *od.* wissen?; **it's difficult to ~:** das ist schwer zu sagen; **[it's] hard to ~:** [das ist] schwer zu sagen; **I can ~ he's lying** ich merke ihm an, daß er lügt; **the difference is so slight, even the experts can hardly ~:** der Unterschied ist so gering, daß selbst die Experten ihn kaum erkennen können; **how can one ~?, how can** *or* **do you ~?** woran kann man das erkennen?; **as far as one/I can ~, ...:** wie es aussieht, ...; **you never can ~:** man kann nie wissen; **who can ~?** wer kann das sagen *od.* will das wissen?; **b)** *(give information)* erzählen (**of, about** von); *(give evidence)* ~ **of sth.** von etw. Zeugnis geben *od.* ablegen; **c)** *(reveal secret)* es verraten; **time [alone] will ~:** das wird sich [erst noch] zeigen; **d)** *(produce an effect)* sich auswirken; ‹*Wort, Fausthieb, Schuß:*› sitzen; **quality ~s** *or* **will ~** *(be important)* Qualität ist das, was zählt; **he made every blow ~:** jeder seiner Schläge saß; **make every shot ~:** dafür sorgen, daß jeder Schuß sitzt; ~ **in favour of sb.** *or* **in sb.'s favour** sich zu jmds. Gunsten auswirken; ~ **against sb./sth.** sich nachteilig für jmdn./auf etw. *(Akk.)* auswirken. *See also* **fortune c**; **marine 2 a**; **[1]so 2**; **what 5 a**

~ **a'part** *v. t.* auseinanderhalten

~ **'off** *v. t.* **a)** *(coll.: scold)* ~ **sb. off [for sth.]** jmdn. [für *od.* wegen etw.] ausschimpfen; ‹*Chef:*› jmdn. [für *od.* wegen etw.] rüffeln *(ugs.)*; *see also* **telling-off**; **b)** *(assign)* ~ **sb. off [for sth.]** jmdn. [zu etw.] abkommandieren

~ **on** *v. t.* **a)** *(affect)* ~ **on sb./sth.** sich bei jmdm. bemerkbar machen/sich [nachteilig] auf etw. *(Akk.)* auswirken; **b)** *(coll.: inform against)* ~ **on sb.** jmdn. verpetzen *(Schülerspr. abwertend)*

~ **upon** *see* ~ **on a**

**teller** ['telə(r)] *n.* **a)** *(in bank) see* **[1]cashier**; **b)** *(counter of votes)* Stimmenzähler, *der*/-zählerin, *die*

**telling** ['telɪŋ] **1.** *adj. (effective, striking)* schlagend ‹*Argument, Antwort*›; wirkungsvoll ‹*Worte, Phrase, Stil*›; *(revealing)* vielsagend ‹*Lächeln, Blick*›; verräterisch ‹*Röte, Reaktion*›; ~ **blow** *(Boxing)* Wirkungstreffer, *der*; *(fig.)* empfindlicher Schlag; **with ~ effect** mit durchschlagender Wirkung. **2.** *n.* Erzählen, *das*; **he did not need any ~, he needed no ~:** dazu brauchte man ihn nicht lange *od.* eigens aufzufordern; **that would be ~:** damit würde ich ein Geheimnis verraten; **there's no ~ what/how ...:** man weiß nie, was/wie ...; **there's no** *or* **never any ~ with her** bei ihr weiß man nie[, woran man ist]; *see also* **lose 2 a**

**tellingly** ['telɪŋlɪ] *adv.* wirkungsvoll; **be ~ effective** eine deutlich sichtbare Wirkung zeigen

**telling-'off** *n. (coll.)* Standpauke, *die (ugs.)*; **give sb. a ~:** jmdn. ausschimpfen (**for** wegen); ‹*Chef:*› jmdn. rüffeln *(ugs.)*; **get a ~:** Schimpfe kriegen *(ugs.)*; ‹*Untergebener:*› einen Rüffel kriegen *(ugs.)*

**'tell-tale** *n.* **a)** Klatschmaul, *das (ugs. abwertend)*; Petze, *die (Schülerspr. abwertend)*; *attrib.* vielsagend ‹*Blick, Lächeln*›; verräterisch ‹*Röte, Fleck, Glanz, Zucken, Zeichen*›; **b)** *(indicator)* Anzeiger, *der*; *(for recording attendance)* Stechuhr, *die*

**tellurium** [te'ljʊərɪəm] *n. (Chem.)* Tellur, *das*

**telly** ['telɪ] *n. (Brit. coll.)* Fernseher, *der (ugs.)*; Glotze, *die (salopp)*; **watch ~:** Fernsehen gucken *(ugs.)*; **what's on [the] ~?** was kommt im Fernsehen?

**temerity** [tɪ'merɪtɪ] *n.* Kühnheit, *die*; **have the ~ to do sth.** die Stirn haben, etw. zu tun

**temp** [temp] *(Brit. coll.)* **1.** *n.* Zeitarbeitskraft, *die*; *attrib.* ~ **agency** Zeitarbeitsunternehmen, *das*. **2.** *v. i.* Zeitarbeit machen

**temper** ['tempə(r)] **1.** *n.* **a)** *(disposition)* Naturell, *das*; **be in a good/bad ~:** gute/schlechte Laune haben; gut/schlecht gelaunt sein; **be in a foul** *or* **filthy ~:** eine miese Laune haben *(ugs.)*; **keep/lose one's ~:** sich beherrschen/die Beherrschung verlieren; **lose one's ~ with sb.** die Beherrschung bei jmdm. verlieren; **control one's ~:** sich beherrschen; **b)** *(anger)* **fit/outburst of ~:** Wutanfall, *der*/-ausbruch, *der*; **have a ~:** jähzornig sein; **be in/get into a ~:** wütend sein/werden (**over** wegen); **be in a terrible ~:** schrecklich wütend sein; **c)** *(degree of hardness of metal)* Härte, *die*. **2.** *v. t.* **a)** *(moderate)* mäßigen; mildern ‹*Trostlosigkeit, Strenge, Kritik*›; ~ **sb.'s enthusiasm/radical views** jmds. Begeisterung dämpfen/Radikalismus mildern; ~ **justice with mercy** bei aller Gerechtigkeit Milde walten lassen *(geh.)*; **b)** *(Metallurgy)* anlassen; **c)** *(Mus.)* temperieren

**tempera** ['tempərə] *n. (Art)* Tempera, *die*

**temperament** ['temprəmənt] *n.* **a)** *(nature)* Veranlagung, *die*; Natur, *die*; *(disposition)* Temperament, *das*; **have an artistic ~:** künstlerisch veranlagt sein; **b)** *(passionate disposition)* Temperament, *das*

**temperamental** [temprə'mentl] *adj.* **a)** *(having changeable moods)* launisch *(abwertend)*; launenhaft; **be a bit ~** *(fig. coll.)* ‹*Auto, Maschine:*› seine Mucken haben *(ugs.)*; **b)** *(caused by, relating to temperament)* anlagebedingt; **suffer from a ~ inability to cope with stress** von Natur aus nicht fähig sein, Streß zu bewältigen

**temperamentally** [temprə'mentəlɪ] *adv.* **a)** *(in a temperamental manner)* launisch *(abwertend)*; **the car tends to behave ~** *(fig. coll.)* das Auto hat gelegentlich seine Mucken *(ugs.)*; **b)** *(by reason of temperament)* der Veranlagung nach

**temperance** ['tempərəns] *n.* **a)** *(moderation)* Mäßigung, *die*; *(in one's eating, drinking)* Mäßigkeit, *die*; **b)** *(total abstinence)* Abstinenz, *die*

**temperate** ['tempərət] *adj.* gemäßigt; **be ~ in one's eating/drinking** maßvoll *od.* mäßig im Essen/Trinken sein; ~ **climate** *(Geog.)* gemäßigtes Klima; *see also* **zone 1**

**temperature** ['temprɪtʃə(r)] *n.* **a)** Temperatur, *die*; **what is the ~?** wieviel Grad sind es?; **the ~ is below/above ...:** die Temperatur liegt unter/über ... *(Dat.)*; **there are no extremes of ~:** es gibt keine extremen Temperaturen; **the ~ rose during the debate** *(fig.)* die Debatte wurde im Verlauf immer hitziger; **at a ~ of 10°** bei einer Temperatur von 10° ‹*kochen*›; auf eine Temperatur von 10° ‹*einstellen*›; **keep the room at a ~ of 10°** die Zimmertemperatur auf 10° *(Dat.)* halten; **at high/low ~s** bei hohen/niedrigen

Temperaturen; **b)** *(Med.)* Temperatur, *die;* **have** *or* **run a ~** *(coll.)* Temperatur *od.* Fieber haben; **have a slight/high ~:** leichtes/hohes Fieber haben; **take sb.'s ~:** jmds. [Körper]temperatur messen; **a cold accompanied by a ~:** eine fiebrige Erkältung; *see also* **run 3 l**

**tempered** ['tempəd] *adj.* **a)** *(Metallurgy)* vergütet; **b)** *(Mus.)* temperiert

**tempest** ['tempıst] *n. (lit. or fig.)* Sturm, *der;* **~ in a teapot** *(Amer.)* Sturm im Wasserglas

**tempestuous** [tem'pestjʊəs] *adj. (lit. or fig.)* stürmisch; **be in a ~ rage** vor Wut rasen

**Templar** ['templə(r)] *n. (Hist.)* **[Knight] ~:** Templer, *der;* Tempelritter, *der;* **the [Knights] ~s** der Templerorden

**template** ['templıt] *n.* Schablone, *die*

**¹temple** ['templ] *n.* Tempel, *der; (Amer.: synagogue)* Synagoge, *die*

**²temple** *n. (Anat.)* Schläfe, *die*

**templet** *see* **template**

**tempo** ['tempəʊ] *n., pl.* **~s** *or* **tempi** ['tempi:] **a)** *(fig.: pace)* **the ~ of life in the town** der Rhythmus der Stadt; **the campaign ~ stepped up** der Wahlkampf ging in die heiße Phase über; **b)** *(Mus.: speed)* Tempo, *das*

**temporal** ['tempərl] *adj.* **a)** *(of this life)* diesseitig *(geh.);* irdisch; *(secular)* weltlich; **~ power** *(Eccl.)* weltliche Macht; **lords ~** *(Brit. Parl.) weltliche Mitglieder des britischen Oberhauses;* **b)** *(of time)* zeitlich; **c)** *(Anat.)* Schläfen-; **d)** *(Ling.)* temporal

**temporally** ['tempərəlı] *adv.* zeitlich

**temporarily** ['tempərərılı] *adv.* vorübergehend

**temporary** ['tempərərı] **1.** *adj.* vorübergehend; provisorisch ‹*Gebäude, Büro*›; **~ worker** Aushilfe, *die.* **2.** *n.* Aushilfe, *die;* Aushilfskraft, *die*

**temporise, temporiser** *see* **temporiz-**

**temporize** ['tempəraız] *v.i.* **a)** *(adopt indecisive policy)* sich nicht festlegen; **b)** *(act so as to gain time)* sich abwartend verhalten; **~ with sb.** jmdn. hinhalten; **c)** *(comply temporarily)* Kompromisse eingehen; sich fügen

**temporizer** ['tempəraızə(r)] *n.* **a)** *(one who compromises)* Kompromißler, *der*/Kompromißlerin, *die (abwertend);* **b)** *(one who acts to gain time)* Hinhaltetaktiker, *der*/-taktikerin, *die*

**tempt** [tempt] *v.t.* **a)** *(attract)* **~ sb. out/into the town** jmdn. hinauslocken/in die Stadt locken; **~ sb. to do sth.** in jmdm. den Wunsch wecken, etw. zu tun; **b)** *(cause to have strong urge)* **~ sb. to do sth.** jmdn. geneigt machen, etw. zu tun; **be ~ed to do sth.** versucht sein, etw. zu tun; **I'm ~ed to question this** das möchte ich fast bezweifeln; **be ~ed to resign** an Rücktritt denken; **be strongly ~ed to dismiss sb.** sehr versucht sein, jmdn. zu entlassen; **c)** *(entice)* verführen; **be ~ed into doing sth.** sich dazu verleiten lassen, etw. zu tun; **~ sb. away from sth.** jmdn. von etw. weglocken; **don't ~ me!** verleite mich nicht!; **are you sure I can't ~ you to have a whisky?** kann ich dich wirklich nicht zu einem Whisky überreden?; **d)** *(provoke)* herausfordern; **~ fate** *or* **providence** das Schicksal herausfordern

**temptation** [temp'teıʃn] *n.* **a)** *no pl. (attracting)* Verlockung, *die; (being attracted)* Versuchung, *die; (enticing)* Verführung, *die* **(into** zu); *(being enticed)* Versuchung, *die (geh.);* **feel a ~ to do sth.** versucht sein, etw. zu tun; **please resist the ~ to make any funny remarks** mach jetzt bitte keine dummen Witze; **give in to [the] ~:** der Versuchung erliegen; **the T~** *(Relig.)* die Versuchung [Jesu]; **b)** *(thing)* Verlockung, *die* **(to** zu); **special offers are just a ~ to spend money** Sonderangebote verleiten nur dazu, Geld auszugeben; **c) lead us not into ~** *(Bibl.)* führe uns nicht in Versuchung

**tempter** ['temptə(r)] *n.* Verführer, *der;* **the T~** *(Relig.)* der Versucher

**tempting** ['temptıŋ] *adj.* **a)** *(inviting)* verlockend; verführerisch; **b)** *(enticing)* verführerisch

**temptingly** ['temptıŋlı] *adv.* **a)** *(attractively)* verlockend; verführerisch; **b) leave money lying about ~:** Geld [verführerisch] offen herumliegen lassen

**temptress** ['temptrıs] *n.* Verführerin, *die*

**ten** [ten] **1.** *adj.* zehn; **feel ~ feet tall** *(fig.)* sehr stolz auf sich *(Akk.)* sein; *see also* **eight 1. 2.** *n.* **a)** *(number, symbol)* Zehn, *die;* **b)** *(set of ~)* Zehnerpackung, *die; (of cards)* Zehnerstoß, *der;* **c) bet sb. ~ to one that ...** *(fig.)* jede Wette halten, daß ... *(ugs.). See also* **eight 2 a, c, d**

**tenable** ['tenəbl] *adj.* **a)** haltbar; *(fig.)* haltbar ‹*Theorie, Annahme*›; vertretbar ‹*Standpunkt*›; **b) ~ for five years** auf fünf Jahre befristet ‹*Arbeitsverhältnis, Stelle*›; **~ at the university of ...:** [anzutreten] an der Universität ...

**tenacious** [tı'neıʃəs] *adj.* **a)** *(holding fast)* hartnäckig haftend ‹*Dornen, Samen*›; **hold sth. in a ~ grip** etw. hartnäckig *od.* eisern festhalten; **b)** *(resolute)* hartnäckig; **be ~:** sich hartnäckig halten; **be ~ of sth.** hartnäckig an etw. *(Dat.)* festhalten; **c)** *(retentive)* **~ memory** hervorragendes Gedächtnis; **d)** *(strongly cohesive)* fest; **a very ~ link** eine sehr beständige Verbindung

**tenaciously** [tı'neıʃəslı] *adv.* zäh; *(resolutely)* hartnäckig

**tenacity** [tı'næsıtı] *n., no pl.* Hartnäckigkeit, *die; (resoluteness)* Beharrlichkeit, *die;* Hartnäckigkeit, *die;* **~ of life** zäher Lebenswille

**tenancy** ['tenənsı] *n.* **a)** *(of flat, residential building)* Mietverhältnis, *das; (of farm, shop)* Pachtverhältnis, *das;* **have ~ of a flat** eine Wohnung gemietet haben; **~ agreement** Miet-/Pachtvertrag, *der;* **b)** *(period)* Mietdauer, *die;* **c)** *(occupation of post)* Bekleidung, *die;* **~ of the post will be for 10 years** die Stelle ist auf 10 Jahre befristet

**tenant** ['tenənt] **1.** *n.* **a)** *(of flat, residential building)* Mieter, *der*/Mieterin, *die; (of farm, shop)* Pächter, *der*/Pächterin, *die;* **b)** *(occupant)* Bewohner, *der*/Bewohnerin, *die;* **c)** *(Law) (possessor)* Besitzer, *der*/Besitzerin, *die; (owner)* Eigentümer, *der*/Eigentümerin, *die.* **2.** *v.t.* mieten ‹*Wohnung, Haus usw.*›; pachten ‹*Land, Bauernhof, Geschäft*›

**'tenant farmer** *n.* Pächter, *der*/Pächterin, *die*

**tenantry** ['tenəntrı] *n.* **a)** *(people)* Mieter; *(of farm, shop)* Pächter; **b)** *(condition)* Mietverhältnis, *das; (of farm, shop)* Pachtverhältnis, *das*

**tench** [tentʃ] *n., pl. same (Zool.)* Schleie, *die*

**¹tend** [tend] *v.i.* **a)** *(be moving or directed)* ‹*Strom, Bach:*› fließen **(towards** in Richtung); ‹*Sterne:*› zustreben **(towards** auf + *Akk.*); *(fig.)* sich zubewegen **(towards** auf + *Akk.*); **this ~s to suggest that ...:** dies deutet darauf hin, daß ...; **all opinions ~ to the same conclusion** alle Meinungen führen zur gleichen Schlußfolgerung; **b)** *(be apt or inclined)* **~ to do sth.** dazu neigen *od.* tendieren, etw. zu tun; **~ to sth.** zu etw. neigen; **it ~s to get quite cold there at nights** es wird dort nachts oft sehr kalt; **he ~s to get upset if ...:** er regt sich leicht auf, wenn ...

**²tend** *v.t.* sich kümmern um; hüten ‹*Schafe*›; bedienen ‹*Maschine*›; **the rice has to be ~ed carefully** der Reis erfordert sorgfältige Pflege

**tendency** ['tendənsı] *n.* *(inclination)* Tendenz, *die;* **artistic tendencies** künstlerische Neigungen; **have a ~ to do sth.** dazu neigen, etw. zu tun; **there is a ~ for everyone to get complacent** die Leute neigen dazu, selbstzufrieden zu werden

**tendentious** [ten'denʃəs] *adj.,* **tendentiously** [ten'denʃəslı] *adv. (derog.)* tendenziös

**tendentiousness** [ten'denʃəsnıs] *n., no pl. (derog.)* tendenziöse Färbung

**¹tender** ['tendə(r)] *adj.* **a)** *(not tough)* zart; **b)** *(sensitive)* empfindlich; **~ spot** *(fig.)* wunder Punkt; **c)** *(loving)* zärtlich; liebevoll; **~ loving care** liebevolle Zuwendung; **d)** *(requiring careful handling)* heikel; **e)** *(delicate)* zart ‹*Gesundheit, Konstitution*›; **be of ~ age** *or* **years** noch sehr jung sein; **at a ~ age** in jungen Jahren; **at the ~ age of twelve** im zarten Alter von zwölf Jahren. *See also* **mercy 1 b**

**²tender** *n. (Naut., Railw.)* Tender, *der*

**³tender 1.** *v.t.* **a)** *(present)* einreichen ‹*Rücktritt*›; anbieten ‹*Rat*›; vorbringen ‹*Entschuldigung*›; **b)** *(offer as payment)* anbieten; **~ a £20 note** mit einer 20-Pfund-Note bezahlen; **please ~ exact fare** bitte den genauen Betrag bereithalten; **the cash register records the amount ~ed** die Registrierkasse zeigt den gezahlten Geldbetrag an. **2.** *v.i.* **~ for sth.** ein Angebot für etw. einreichen. **3.** *n.* **a)** Angebot, *das;* **put in a ~:** ein Angebot einreichen; **put sth. out to ~:** etw. ausschreiben; **b) legal ~:** gesetzliches Zahlungsmittel

**tender: ~foot** *n., pl.* **~foots** *or* **~feet** Greenhorn, *das; (in Scouts)* Neuling, *der;* **~-hearted** ['tendəhɑ:tıd] *adj.* weichherzig

**tenderize** ['tendəraız] *v.t. (Cookery)* zart machen; *(by beating)* weich klopfen

**tenderizer** ['tendəraızə(r)] *n. (Cookery)* Fleischklopfer, *der*

**'tenderloin** *n. (Gastr.)* **a)** *(Brit.)* Lendenstück, *das;* **b)** *(Amer.)* Filet, *das*

**tenderly** ['tendəlı] *adv.* **a)** *(gently)* behutsam ‹*behandeln*›; **b)** *(lovingly)* zärtlich

**tenderness** ['tendənıs] *n., no pl.* **a)** *(of meat etc.)* Zartheit, *die;* **b)** *(loving quality)* Zärtlichkeit, *die;* **c)** *(delicacy)* Empfindlichkeit, *die*

**tendon** ['tendən] *n. (Anat.)* Sehne, *die;* **Achilles ~:** Achillessehne, *die*

**tendril** ['tendrıl] *n.* Ranke, *die*

**tenement** ['tenımənt] *n.* **a)** *(Scot.: house containing several dwellings)* Mietshaus, *das;* Mietskaserne, *die (abwertend);* **b)** *(dwelling-place)* Behausung, *die;* **c)** *(Amer.: house containing several apartments)* **~[-house]** Mietshaus, *das;* **d)** *(Law)* Besitz, *der*

**Tenerife** [tenə'ri:f] *pr. n.* Teneriffa *(das)*

**tenet** ['tenıt, 'ti:net] *n.* Grundsatz, *der*

**ten: ~fold** ['tenfəʊld] *adj., adv.* zehnfach; *see also* **eightfold; ~-gallon 'hat** *n.* Cowboyhut, *der*

**tenner** ['tenə(r)] *n. (coll.) (Brit.)* Zehnpfundschein, *der;* Zehner, *der (ugs.); (Amer.)* Zehndollarschein, *der;* Zehner, *der (ugs.)*

**tennis** ['tenıs] *n., no pl.* Tennis, *das;* **real** *or* **royal** *or (Amer.)* **court ~:** Real *od.* Royal *od.* Court Tennis, *das; see also* **lawn tennis; table tennis**

**tennis: ~ 'arm** *n. (Med.)* Tennisarm, *der;* **~-ball** *n.* Tennisball, *der;* **~-club** *n.* Tennisverein, *der;* **~-court** *n.* **a)** *(for lawn ~)* Tennisplatz, *der; (for indoor ~)* Tennishalle, *die;* **b)** *(for real ~)* Tennishalle, *die;* Ballhaus, *das (hist.);* **~ 'elbow** *n., no pl., no art. (Med.)* Tennisell[en]bogen, *der;* **~-match** *n.* Tennismatch, *das;* Tennisspiel, *das;* **~-player** *n.* Tennisspieler, *der*/-spielerin, *die;* **~-racket** *n.* Tennisschläger, *der*

**tenon** ['tenən] *n. (Woodw.)* Zapfen, *der*

**'tenon-saw** *n. (Woodw.)* Feinsäge, *die;* feste Zapfensäge *(fachspr.)*

**tenor** ['tenə(r)] *n.* **a)** *(Mus.: voice, singer, part)* Tenor, *der;* **~ voice** Tenorstimme, *die;* **b)** *(prevailing course)* Verlauf, *der;* **the general ~ of his life** seine allgemeine Lebensführung; **c)** *(of argument, speech)* Tenor, *der;* **d)** *(Law) (actual wording)* Wortlaut, *der;* Tenor, *der (fachspr.); (exact copy)* Abschrift, *die;* **e)** *(Mus.: instrument with range like ~)* Tenor, *der;* ~ **saxophone/recorder** Tenorsaxophon, *das*/-blockflöte, *die*

**tenpenny** ['tenpənɪ] *adj.* für zehn Pence *nachgestellt*

**tenpenny 'piece** *n. (Brit.)* Zehnpencemünze, *die*

**tenpin bowling** [tenpɪn 'bəʊlɪŋ] *n.* Bowling, *das*

**¹tense** [tens] *n. (Ling.)* Zeit, *die;* **in the present/future** *etc.* ~: im Präsens/Futur *usw.*

**²tense 1.** *adj.* **a)** *(taut; showing nervous tension)* gespannt; **her face was ~ with anxiety** ihr Gesicht war vor Sorge angespannt; **his voice was ~ with emotion** seine Stimme bebte vor Erregung; **a ~ silence** eine [an]gespannte Stille; **b)** *(causing nervous tension)* spannungsgeladen. **2.** *v.i.* **sb. ~s** jmds. Muskeln spannen sich an; **he ~d with fear** er verkrampfte sich vor Angst. **3.** *v.t.* anspannen

~ **'up** *v.i.* ‹*Muskeln:*› sich anspannen; ‹*Person:*› sich verkrampfen

**tensely** ['tenslɪ] *adv.* **a)** *(tightly)* straff; **b)** *(with nervous tension)* angespannt; ~ **gripping** packend ‹*Geschichte, Film*›

**tenseness** ['tensnɪs] *n., no pl. (of person)* Anspannung, *die; (of situation etc.)* Angespanntheit, *die*

**tensile** ['tensaɪl] *adj.* **a)** Zug‹*belastung, -festigkeit*›; **b)** *(capable of being stretched)* zugfest

**tension** ['tenʃn] **1.** *n.* **a)** *(latent hostility)* Spannung, *die;* ~ **between the police and the people is on the increase** die Spannungen zwischen Polizei und Bevölkerung wachsen; **there is a lot of ~ between them** zwischen ihnen herrscht ein gespanntes Verhältnis; **there is a high level of ~ in that area** die Lage in diesem Gebiet ist sehr angespannt; **racial ~**: Rassenspannungen *Pl.;* **b)** *(mental strain)* Anspannung, *die;* **c)** *no pl. (of violin string, tennis racquet)* Spannung, *die;* **d)** *(stretching; Mech. Engin.)* Spannung, *die;* **e)** *(Knitting)* Festigkeit, *die;* **check the ~**: eine Maschenprobe machen. *See also* **surface tension. 2.** *v.t.* spannen

**tent** [tent] *n.* Zelt, *das*

**tentacle** ['tentəkl] *n.* **a)** *(Zool., Bot.)* Tentakel, *der od. das;* **b)** *(fig.)* Fühler, *der; (with sinister connotations)* Fangarm, *der*

**tentative** ['tentətɪv] *adj.* **a)** *(not definite)* vorläufig; **make a ~ suggestion** einen Vorschlag in den Raum stellen; **say a ~ 'yes'** vorläufig „ja" sagen; **b)** *(hesitant)* zaghaft

**tentatively** ['tentətɪvlɪ] *adv.* **a)** *(not definitely)* vorläufig; **b)** *(hesitantly)* zaghaft

**tenterhooks** ['tentəhʊks] *n. pl.* **be on ~**: [wie] auf glühenden Kohlen sitzen; **keep sb. on ~**: jmdn. auf die Folter spannen

**tenth** [tenθ] **1.** *adj.* zehnt...; *see also* **eighth 1. 2.** *n.* **a)** *(in sequence)* zehnte, *der/die/das; (in rank)* Zehnte, *der/die/das; (fraction)* Zehntel, *das;* **b)** *(day)* **the ~ of May** der zehnte Mai; **the ~ [of the month]** der Zehnte [des Monats]. *See also* **eighth 2**

**'tent-peg** *n.* Zeltpflock, *der;* Hering, *der*

**tenuity** [te'nju:ɪtɪ] *see* **tenuousness**

**tenuous** ['tenjʊəs] *adj.* dünn ‹*Faden*›; zart ‹*Spinnwebe*›; *(fig.)* dünn ‹*Atmosphäre*›; dürftig ‹*Argument*›; unbegründet ‹*Anspruch*›; **there are only ~ connections** es bestehen kaum Verbindungen; **he had but a ~ hold on life** sein Leben hing nur noch an einem seidenen Faden

**tenuously** ['tenjʊəslɪ] *adv.* dünn; *(fig.)* schwach; [nur] locker ‹*verbunden sein*›; **cling only ~ to life** nur noch einen schwachen Lebenswillen haben

**tenuousness** ['tenjʊəsnɪs] *n., no pl.* Dünne, *die; (fig.)* Dürftigkeit, *die*

**tenure** ['tenjə(r)] *n.* **a)** *(right, title)* Besitztitel, *der;* **b)** *(possession)* Besitz, *der;* **his ~ of the house is only for a limited period** er kann nur eine begrenzte Zeit über das Haus verfügen; **c)** *(period)* ~ **[of office]** Amtszeit, *die;* **d)** *(permanent appointment)* Dauerstellung, *die;* **have [security of] ~**: eine Dauerstellung haben

**tenuto** [tə'nu:təʊ] *adj., adv. (Mus.)* tenuto

**tepee** ['ti:pi:] *n.* Tipi, *das*

**tepid** ['tepɪd] *adj.* **a)** lauwarm; **b)** *(fig.)* halbherzig ‹*Interesse, Willkommensgruß*›; verhalten ‹*Lob, Begeisterung*›

**tequila** [te'ki:lə] *n. (drink)* Tequila, *der*

**tercentenary** [tɜ:sen'ti:nərɪ, tɜ:sen'tenərɪ] **1.** *adj.* Dreihundertjahr‹*feier, -feierlichkeiten*›. **2.** *n.* Dreihundertjahrfeier, *die*

**term** [tɜ:m] **1.** *n.* **a)** *(word expressing definite concept)* [Fach]begriff, *der;* **scientific/legal/medical ~**: wissenschaftlicher/juristischer/medizinischer Fachausdruck; **~ of reproach** Vorwurf, *der;* **in ~s of money/politics** unter finanziellem/politischem Aspekt; **in ~s of financial success** vom finanziellen Erfolg her gesehen; **in set ~s** klipp und klar; *see also* **contradiction; b)** *in pl. (conditions)* Bedingungen; **he does everything on his own ~s** er tut alles, wie er es für richtig hält; **~s of surrender** Kapitulationsbedingungen; **~s of contract** Vertragsbedingungen; **accept sb. on his own ~s** jmdn. so akzeptieren, wie er ist; **come to** *or* **make ~s [with sb.]** sich [mit jmdm.] einigen; **come to ~s [with each other]** sich einigen; **come to ~s with sth.** *(be able to accept sth.)* mit etw. zurechtkommen; *(resign oneself to sth.)* sich mit etw. abfinden; **come to ~s with oneself** mit sich selbst ins reine kommen; **~s of reference** *(Brit.)* Aufgabenbereich, *der;* **~s of trade** Austauschverhältnis, *das (Wirtsch.);* **c)** *in pl. (charges)* Konditionen; **their ~s are ...**: sie verlangen ...; **hire-purchase on easy ~s** Ratenkauf zu günstigen Bedingungen; *see also* **inclusive b; d) in the short/long/medium ~**: kurz-/lang-/mittelfristig; **e)** *(Sch.)* Halbjahr, *das; (Univ.: one of two/three/four divisions per year)* Semester, *das*/Trimester, *das*/Quartal, *das;* **during ~**: während des Halbjahres/Semesters *usw.;* **out of ~**: in den Ferien; **end of ~**: Halbjahres-/Semesterende *usw.;* **f)** *(limited period)* Zeitraum, *der; (of insurance policy etc.)* Laufzeit, *die; (period of tenure)* ~ **[of office]** Amtszeit, *die;* **g)** *(completion of pregnancy)* **[full] ~**: normale Schwangerschaftszeit; **h)** *(period of imprisonment)* Haftzeit, *die;* **be put in prison for a long ~**: für eine längere Haftstrafe ins Gefängnis kommen; **i)** *in pl. (mode of expression)* Worte; **praise in the highest ~s** in den höchsten Tönen loben; **talk in vague ~s of sth.** sich in vagen Andeutungen über etw. *(Akk.)* ergehen; **in flattering ~s** mit schmeichelnden Worten; *see also* **uncertain e; j)** *in pl. (relations)* **be on good/poor/friendly ~s with sb.** mit jmdm. auf gutem/schlechtem/freundschaftlichem Fuß stehen; *see also* **equal 1 a; speaking 1 a; k)** *(Logic, Math.)* Term, *der.* **2.** *v.t.* nennen

**termagant** ['tɜ:məgənt] *n.* Furie, *die*

**terminal** ['tɜ:mɪnl] **1.** *n.* **a)** *(Electr.)* Anschluß, *der; (of battery)* Pol, *der;* **b)** *(for train or bus)* Bahnhof, *der; (for airline passengers)* Terminal, *der od. das;* **helicopter ~**: Hubschrauberlandeplatz, *der;* **c)** *(Teleph., Computing)* Terminal, *das.* **2.** *adj.* **a)** End‹*bahnhof, -station*›; **b)** *(concluding)* abschließend ‹*Worte*›; End‹*reim, -silbe*›; **the ~ problem** das letzte große Problem; **c)** *(Med.)* unheilbar; **have a ~ illness** unheilbar krank sein; **a ~ case** ein hoffnungsloser Fall; **d)** *(Bot.)* ~ **bud** Terminalknospe, *die;* **e)** *(Zool., Anat.)* End‹*glied, -lappen*›

**terminally** ['tɜ:mɪnəlɪ] *adv. (Med.)* ~ **ill** unheilbar krank

**terminal ve'locity** *n. (Phys.)* Grenzgeschwindigkeit, *die*

**terminate** ['tɜ:mɪneɪt] **1.** *v.t.* **a)** *(bring to an end)* beenden; **the contract was ~d** der Vertrag wurde gelöst; **b)** *(Med.)* unterbrechen ‹*Schwangerschaft*›. **2.** *v.i.* **a)** *(come to an end)* enden; ‹*Vertrag:*› ablaufen; **b)** *(Ling.)* enden; auslauten

**termination** [tɜ:mɪ'neɪʃn] *n.* **a)** *no pl. (coming to an end)* Ende, *das; (of lease)* Ablauf, *der;* **b)** *no pl. (bringing to an end)* Beendigung, *die; (of a marriage)* Auflösung, *die;* **c)** *(Med.)* Schwangerschaftsabbruch, *der*

**terminological** [tɜ:mɪnə'lɒdʒɪkl] *adj.* terminologisch; *(of science of terminology)* Terminologie-

**terminologically** [tɜ:mɪnə'lɒdʒɪkəlɪ] *adv.* terminologisch

**terminologist** [tɜ:mɪ'nɒlədʒɪst] *n.* Terminologe, *der*/Terminologin, *die*

**terminology** [tɜ:mɪ'nɒlədʒɪ] *n.* Terminologie, *die*

**terminus** ['tɜ:mɪnəs] *n., pl.* **~es** *or* **termini** ['tɜ:mɪnaɪ] *(end of route or line)* Ende, *das; (of bus, train, etc.)* Endstation, *die*

**termite** ['tɜ:maɪt] *n. (Zool.)* Termite, *die*

**tern** [tɜ:n] *n. (Ornith.)* Seeschwalbe, *die*

**ternary** ['tɜ:nərɪ] *adj.* ternär

**terrace** ['terəs, 'terɪs] **1.** *n.* **a)** *(row of houses)* Häuserreihe, *die;* **b)** *(adjacent to house; Agric.: on hillside)* Terrasse, *die;* **c)** *in pl. (Footb.)* Ränge; **d)** *(Geol.)* Terrasse, *die;* Stufe, *die.* **2.** *v.t.* terrassieren

**'terraced house, 'terrace-house** *ns.* Reihenhaus, *das*

**terracotta** [terə'kɒtə] *n., no pl., no indef. art.* Terrakotta, *die*

**terra firma** [terə 'fɜ:mə] *n., no pl., no art.* fester Boden; **be back on ~**: wieder festen Boden unter den Füßen haben

**terrain** [te'reɪn] *n.* Gelände, *das;* Terrain, *das (bes. Milit.)*

**terrapin** ['terəpɪn] *n. (Zool.)* Sumpfschildkröte, *die*

**terrestrial** [tə'restrɪəl, tɪ'restrɪəl] **1.** *adj.* **a)** terrestrisch ‹*Raumschiff, Bevölkerung*›; Erd‹*satellit, -bevölkerung*›; *(mundane)* irdisch; weltlich; **the ~ globe** der Erdball; **a ~ globe** ein Erdglobus; *see also* **magnetism a; b)** *(of the land)* kontinental; terrestrisch *(Geol.);* **c)** *(Biol.)* Land-. **2.** *n.* Erdbewohner, *der*/-bewohnerin, *die*

**terrible** ['terɪbl] *adj.* **a)** *(coll.: very great or bad)* schrecklich *(ugs.);* fürchterlich *(ugs.);* **I feel ~ about doing it** es tut mir schrecklich leid, es zu tun; **b)** *(coll.: incompetent)* schlecht; **be ~ at maths/tennis/carpentry** in Mathe schlecht sein/schlecht Tennis spielen/ein schlechter Tischler sein; **c)** *(causing terror)* furchtbar. *See also* **enfant terrible**

**terribly** ['terɪblɪ] *adv.* **a)** *(coll.: very)* unheimlich *(ugs.);* furchtbar *(ugs.);* **b)** *(coll.: appallingly)* furchtbar *(ugs.);* **c)** *(coll.: incompetently)* schlecht; **d)** *(fearfully)* auf erschreckende Weise

**terrier** ['terɪə(r)] *n.* Terrier, *der*

**terrific** [tə'rɪfɪk] *adj. (coll.)* **a)** *(great, intense)* irrsinnig *(ugs.);* Wahnsinns- *(ugs.);* unwahrscheinlich *(ugs.);* **b)** *(magnificent)* sagenhaft *(ugs.);* **c)** *(highly expert)* klasse *(ugs.);* toll *(ugs.);* **be ~ at sth.** in etw. *(Dat.)* Spitze sein *(ugs.);* **a ~ singer** ein Spitzensänger/eine Spitzensängerin *(ugs.)*

**terrifically** [tə'rɪfɪkəlɪ] *adv. (coll.: extremely)* wahnsinnig *(ugs.)*

**terrify** ['terɪfaɪ] *v.t.* **a)** *(fill with terror)* angst machen (+ *Dat.*); **terrified** verängstigt; **b)** *(coll.: make very anxious)* angst machen (+ *Dat.*); **be terrified that ...**: Angst haben, daß ...; **c)** *(scare)* Angst einjagen (+ *Dat.*); **~ sb. into doing sth.** jmdm. eine solche Angst einjagen, daß er etw. tut

**terrifying** ['terɪfaɪɪŋ] *adj.* **a)** *(causing terror)* entsetzlich ‹*Erlebnis, Film, Buch, Theaterstück*›; erschreckend ‹*Klarheit, Gedanke*›; furchterregend ‹*Anblick*›; beängstigend ‹*Geschwindigkeit, Neigungswinkel*›; **b)** *(for-*

*midable)* furchterregend; beängstigend ‹*Gelehrsamkeit, Förmlichkeit, Intensität*›
**terrifyingly** ['terɪfaɪɪŋlɪ] *adv.* beängstigend ‹*dicht, knapp*›; entsetzlich ‹*einsam*›
**terrine** [tə'ri:n] *n.* **a)** *(dish)* Steinguttopf, *der;* **b)** *(Gastr.)* Terrine, *die*
**territorial** [terɪ'tɔ:rɪəl] **1.** *adj.* **a)** territorial; Gebiets‹*anspruch, -hoheit usw.*›; Hoheits‹*gewässer, -gebiet usw.*›; Gelände‹*vorteil*›; ~ **possessions** Territorialbesitz, *der;* **b)** *(limited to a district)* regional begrenzt ‹*Maßnahme, Regelung*›. **2. T~** *n. (Brit. Mil.)* Landwehrsoldat, *der*
**Territorial 'Army** *n. (Brit. Mil.)* Landwehr, *die;* Territorialarmee, *die*
**territorially** [terɪ'tɔ:rɪəlɪ] *adv.* territorial
**territorial 'waters** *n. pl.* Hoheitsgewässer
**territory** ['terɪtərɪ] *n.* **a)** *(Polit.)* Staatsgebiet, *das;* Hoheitsgebiet, *das;* **b)** *(fig.: area of knowledge or action)* Gebiet, *das;* **c)** *(of commercial traveller etc.)* Bezirk, *der;* **d)** *(large tract of land)* Region, *die;* Gebiet, *das;* **e)** *(Amer.: land not yet a full State)* Territorium, *das;* **f)** *(Zool.)* Revier, *das;* **g)** *(Sport)* Spielfeldhälfte, *die*
**terror** ['terə(r)] *n.* **a)** *(extreme fear)* [panische] Angst; **in ~:** in panischer Angst; **reign of ~:** Schreckensherrschaft, *die;* **the [Red] T~, the Reign of T~** *(Hist.)* die Schreckensherrschaft [der Französischen Revolution]; **b)** *(person or thing causing ~)* Schrecken, *der;* **c) [holy] ~** *(troublesome person)* Plage, *die; (formidable person)* Schrecken, *der*
**terrorisation, terrorise** *see* **terroriz-**
**terrorism** ['terərɪzm] *n.* Terrorismus, *der; (terrorist acts)* Terror, *der;* **acts of ~:** Terrorakte
**terrorist** ['terərɪst] *n.* Terrorist, *der*/Terroristin, *die; attrib.* Terror‹*gruppe, -organisation*›
**terroristic** [terə'rɪstɪk] *adj.* terroristisch
**terrorization** [terəraɪ'zeɪʃn] *n., no pl.* Terror, *der*
**terrorize** ['terəraɪz] *v.t.* **a)** *(frighten)* in [Angst und] Schrecken versetzen; **b)** *(coerce by terrorism)* terrorisieren; *(intimidate)* durch Terror[akte] einschüchtern; **~ sb. into submission** jmdn. durch Terror in die Knie zwingen
**terror: ~-stricken, ~-struck** *adjs.* zu Tode erschrocken
**terry** ['terɪ] *adj. (Textiles)* **~ towel** Frottier[hand]tuch, *das;* **~ towelling** Frottee, *das od. der*
**terse** [tɜ:s] *adj.* **a)** *(concise)* kurz und bündig; **b)** *(curt)* knapp
**tersely** ['tɜ:slɪ] *adv.* **a)** *(concisely)* in kurzen Worten; **b)** *(curtly)* kurz angebunden
**terseness** ['tɜ:snɪs] *n., no pl.* **a)** *(conciseness)* Bündigkeit, *die;* **b)** *(curtness)* Knappheit, *die*
**tertiary** ['tɜ:ʃərɪ] *adj.* **a)** *(of third order or rank)* tertiär; **b)** *(next after secondary)* **~ education** der tertiäre Bildungsbereich; **c) T~** *(Geol.)* tertiär
**Terylene, (P)** ['terɪli:n] *n.* Terylen, *das* ⓦ
**terza rima** [teətsə 'ri:mə] *n. (Pros.)* Terzine, *die*
**tessellated** ['tesəleɪtɪd] *adj.* mosaikartig; tessellarisch
**tessellation** [tesə'leɪʃn] *n.* mosaikartige Musterung
**test** [test] **1.** *n.* **a)** *(examination) (Sch.)* Klassenarbeit, *die; (Univ.)* Klausur, *die; (short examination)* Test, *der;* **~ of character** Charakterprüfung, *die;* **put sb./sth. to the ~:** jmdn./etw. erproben; **b)** *(critical inspection, analysis)* Test, *der;* **c)** *(basis for evaluation)* Prüfstein, *der;* **d)** *(Cricket)* Test Match, *das;* **e)** *(ground of admission or rejection)* Aufnahmeprüfung, *die;* **f)** *(Chem.)* Reagens, *das;* **serve as a ~ for starch** zum Nachweis von Stärke dienen. **2.** *v.t.* **a)** *(examine, analyse)* untersuchen ‹*Wasser, Gehör, Augen*›; testen ‹*Gehör, Augen*›; prüfen ‹*Schüler*›; überprüfen ‹*Hypothese, Aussage, Leitungen*›; **~ a pupil on his/her vocabulary** einem Schüler/einer Schülerin die Vokabeln abfragen; **~ the accuracy of a statement** den Wahrheitsgehalt einer Aussage überprüfen; **~ sb. for AIDS** jmdn. auf Aids untersuchen; **~ the reaction of the work-force** sehen, wie die Belegschaft reagiert; **b)** *(try severely)* auf die Probe stellen; **c)** *(Chem.)* analysieren; **~ a substance for sth.** eine Substanz auf etw. *(Akk.)* untersuchen; **send sth. for ~ing** etw. zur Analyse schicken
**~ out** *v.t.* ausprobieren ‹*neue Produkte*› (**on** an + *Dat.*); erproben ‹*Theorie, Idee*›
**testament** ['testəmənt] *n.* **a) Old/New T~** *(Bibl.)* Altes/Neues Testament; **b)** *see* **²will 1 b**
**testamentary** [testə'mentərɪ] *adj.* testamentarisch
**testator** [te'steɪtə(r)] *n.* Erblasser, *der (Rechtsspr.)*
**testatrix** [te'steɪtrɪks] *n.* Erblasserin, *die (Rechtsspr.)*
**test: ~ ban** *n.* Atom[waffen]teststopp, *der;* **~ ban treaty** *n.* [Atom]teststopp-Abkommen, *das;* **~ bed** *n. (Aeronaut.)* Prüfstand, *der;* **~ card** *n. (Telev.)* Testbild, *das;* **~ 'case** *n. (Law)* Musterprozeß, *der;* **~ drive** *n.* Probefahrt, *die;* **~-drive** *v.t.* probefahren
**tester** ['testə(r)] *n.* Prüfer, *der*/Prüferin, *die; (device)* Prüfgerät, *das; (sample)* Probe, *die*
**'test flight** *n.* Testflug, *der;* Erprobungsflug, *der;* **first ~:** Jungfernflug, *der*
**testicle** ['testɪkl] *n. (Anat., Zool.)* Testikel, *der (fachspr.);* Hoden, *der*
**testify** ['testɪfaɪ] **1.** *v.i.* **a) ~ to sth.** etw. bezeugen; **~ to sb.'s high intelligence** jmdm. große Intelligenz bescheinigen; **this testifies to his skills** das zeugt von seinen Fähigkeiten; **b)** *(Law)* **~ against sb./before sth.** gegen jmdn./vor etw. *(Dat.)* aussagen. **2.** *v.t.* **a)** *(declare)* bestätigen; **b)** *(be evidence of)* beweisen
**testily** ['testɪlɪ] *adv.* gereizt
**testimonial** [testɪ'məʊnɪəl] *n.* **a)** *(certificate of character)* Zeugnis, *das; (recommendation)* Referenz, *die;* **b)** *(gift)* Geschenk [als Ausdruck der Wertschätzung]
**testimony** ['testɪmənɪ] *n.* **a)** *(witness)* Aussage, *die;* **bear ~ to sth., be ~ to** *or* **of sth.** etw. beweisen; von etw. zeugen; **have sb.'s ~ for sth.** jmds. Wort für etw. haben; **~ of his respectability** Zeichen *od.* Beweis seiner Anständigkeit; **b)** *(Law)* [Zeugen]aussage, *die;* **c)** *no pl. (statements)* Angaben
**testiness** ['testɪnɪs] *n., no pl.* Gereiztheit, *die*
**testis** ['testɪs] *n., pl.* **testes** ['testi:z] *see* **testicle**
**'test match** *n. (Sport)* Test Match, *das*
**testosterone** [te'stɒstərəʊn] *n. (Physiol.)* Testosteron, *das*
**test: ~ paper** *n.* **a)** *(Educ.)* Übungsarbeit, *die; (Univ.)* Übungsklausur, *die;* **b)** *(Chem.)* Indikatorpapier, *das;* **~-piece** *n.* Pflicht[übung], *die; (Mus.)* Pflichtstück, *das;* **~ pilot** *n. (Aeronaut.)* Testpilot, *der*/-pilotin, *die;* **~-tube** *n. (Chem., Biol.)* Reagenzglas, *das;* **~-tube baby** *(coll.)* Retortenbaby, *das (ugs.)*
**testy** ['testɪ] *adj.* leicht reizbar ‹*Person*›; gereizt ‹*Antwort*›
**tetanus** ['tetənəs] *n. (Med.)* Tetanus, *der (fachspr.);* [Wund]starrkrampf, *der*
**tetchy** ['tetʃɪ] *adj.* leicht reizbar; *(on single occasion)* gereizt
**tête-à-tête** [teɪtɑ:'teɪt] **1.** *n.* Tête-à-tête, *das (veralt.);* Gespräch unter vier Augen. **2.** *adj.* privat; **~ interview/discussion** Gespräch/Diskussion unter vier Augen; **~ conversation** Zwiegespräch, *das.* **3.** *adv.* unter vier Augen
**tether** ['teðə(r)] **1.** *n.* **a)** *(chain)* Kette, *die; (rope)* Strick, *der;* **b)** *(fig.: limit)* Grenze, *die;* **give sb. a short ~:** jmdn. an der kurzen Leine halten; **be at the end of one's ~:** am Ende [seiner Kraft] sein. **2.** *v.t.* anbinden (**to** an)
**tetrahedron** [tetrə'hi:drən] *n., pl.* **~s** *or* **tetrahedra** [tetrə'hi:drə] *(Geom.)* Tetraeder, *das*
**Teuton** ['tju:tən] *n. (Hist.)* Teutone, *der*/Teutonin, *die*
**Teutonic** [tju:'tɒnɪk] *adj.* **a)** *(Germanic)* germanisch; **b)** *(with Germanic characteristics)* [typisch] deutsch; teutonisch *(abwertend, auch scherzh.);* **c)** *(Hist.: of the Teutons)* teutonisch
**Texan** ['teksn] **1.** *adj.* texanisch. **2.** *n.* Texaner, *der*/Texanerin, *die*
**text** [tekst] *n.* **a)** Text, *der;* **they couldn't agree on the ~ of the agreement** sie konnten sich über den Wortlaut des Vertrages nicht einigen; **b)** *(passage of Scripture)* Bibelstelle, *die;* **take as one's ~:** als Predigttext nehmen; predigen über (+ *Akk.*); **c)** *(Amer.: book) see* **textbook; d)** *in pl. (books to be studied)* [Pflicht]lektüre, *die*
**'textbook** *n. (Educ.)* Lehrbuch, *das; attrib.* **~ case** Paradefall, *der;* **~ landing** Bilderbuchlandung, *die*
**textile** ['tekstaɪl] **1.** *n.* Stoff, *der;* **~s** Textilien *Pl.* **2.** *adj. (woven)* textil; **~ fabrics** Textilien *Pl.*
**textual** ['tekstjʊəl] *adj.* textlich
**textual 'criticism** *n.* Textkritik, *die*
**textural** ['tekstʃərl] *adj.* strukturell
**texture** ['tekstʃə(r)] *n.* **a)** Beschaffenheit, *die; (of fabric, material)* Struktur, *die; (of food)* Konsistenz, *die;* **have a smooth ~:** sich glatt anfühlen; **b)** *(of prose, music, etc.)* Textur, *die (geh.);* **c)** *(Art)* materielle Struktur
**textured** ['tekstʃəd] *adj.* Struktur‹*garn, -farbe*›; **~ vegetable protein** Sojafleisch, *das*
**textureless** ['tekstʃəlɪs] *adj.* gestaltlos ‹*Prosa, Gemälde, Darbietung*›; formlos ‹*Masse*›
**Th.** *abbr.* **Thursday** Do.
**Thai** [taɪ] **1.** *adj.* **a)** *(of Thailand)* thailändisch; **b)** *(Ethnol./Ling.)* Thai-. **2.** *n.* **a)** *pl.* **~s** *or same* Thai, *der/die;* Thailänder, *der*/Thailänderin, *die;* **b)** *(language)* Thai, *das*
**Thailand** ['taɪlænd] *pr. n.* Thailand *(das)*
**Thailander** ['taɪlændə(r)] *see* **Thai 2 a**
**thalamus** ['θæləməs] *n. (Anat.)* Thalamus, *der*
**thalidomide** [θə'lɪdəmaɪd] *n. (Med.)* Contergan, *das* ⓦ; Thalidomid, *das*
**thalidomide: ~ baby, ~ child** *ns.* Contergankind, *das (ugs.)*
**Thames** [temz] *pr. n.* Themse, *die; see also* **father 1 g; fire 1 a**
**than** [ðən, *stressed* ðæn] *conj.* **a)** *(in comparison)* als; **I know you better ~ [I do] him** ich kenne dich besser als ihn; **I know you better ~ he [does]** ich kenne dich besser als er; **you are taller ~ he [is]** *or (coll.)* **him** du bist größer als er; *see also* **rather; b)** *(introducing statement of difference)* als; **anywhere else ~ at home** überall außer zu Hause; *see also* **none 1; other 1 c, 2 b, 3**
**thank** [θæŋk] *v.t.* **~ sb. [for sth.]** jmdm. [für etw.] danken; sich bei jmdm. [für etw.] bedanken; **I don't know how to ~ you** ich weiß gar nicht, wie ich Ihnen danken soll; **I can't ~ you enough** ich kann Ihnen gar nicht genug danken; **have sb./sth. to ~ for sth.** jmdm./einer Sache etw. zu verdanken haben; **have [only] oneself to ~ for sth.** etw. sich *(Dat.)* selbst zuzuschreiben haben; **he won't ~ you for that/for doing that** *(iron.)* er wird dir dafür nicht gerade dankbar sein/er wird dir nicht gerade dankbar sein, daß du das getan hast; **~ God** *or* **goodness** *or* **heaven[s]** Gott sei Dank; **[I] ~ you** danke; *(slightly formal)* vielen Dank; **no, ~ you** nein, danke; **yes, ~ you** ja, bitte; danke, ja; **doing very nicely, ~ you** es läuft alles prima

*(auch iron.)*; **I can do without language like that, ~ you!** *(iron.)* auf diesen Ton kann ich verzichten, vielen Dank!; **~ you very much [indeed]** vielen herzlichen Dank; **I'll stay in London, ~ you** *(iron.)* vielen Dank, ich bleibe lieber in London; **~ing 'you** *(coll.)* danke; **~ you for nothing!** *(iron.)* danke bestens!; **I will ~ you to do as you are told** *(iron.)* ich wäre dir sehr verbunden, wenn du tätest, was man dir sagt; **~ one's [lucky] stars that ...:** dem Himmel danken, daß ...

**thankful** ['θæŋkfl] *adj.* dankbar; **I am just ~ that it's all over** ich bin nur froh, daß das jetzt alles vorüber ist

**thankfully** ['θæŋkfəlɪ] *adv.* **a)** *(gratefully)* dankbar; **b)** *(as sentence-modifier: fortunately)* glücklicherweise

**thankfulness** ['θæŋkflnɪs] *n., no pl.* Dankbarkeit, *die*

**thankless** ['θæŋklɪs] *adj.* undankbar ‹*Aufgabe, Person*›

**thanks** [θæŋks] *n.pl.* **a)** *(gratitude)* Dank, *der;* **accept sth. with ~:** etw. dankend annehmen; **smile one's ~:** dankend lächeln; **they gave me little ~** *or (iron.)* **much ~ they gave me for my troubles** sie haben mir meine Mühen kaum gedankt; **that's all the ~ one gets** das ist nun der Dank dafür!; **give ~ [to God]** dem Herrn danken; das Dankgebet sprechen; **~ to** *(with the help of)* dank; *(on account of the bad influence of)* wegen; **~ to you** dank deiner; *(reproachfully)* deinetwegen; **no ~ to you** *(iron.)* dein Verdienst war es nicht; **it is small** *or* **no ~ to him that we won** ihm haben wir es jedenfalls nicht zu verdanken, daß wir gewonnen haben; **~ to his arriving in time** dank seines rechtzeitigen Erscheinens; *see also* **return 2 a; b)** *(as formula expressing gratitude)* danke; **no, ~:** nein, danke; **yes, ~:** ja, bitte; **~ awfully** *or* **a lot** *or* **very much, many ~** *(coll.)* vielen *od.* tausend Dank

**thanksgiving** ['θæŋksgɪvɪŋ] *n.* **a)** *(expression of gratitude)* Dankbarkeit, *die;* **T~ [Day]** *(Amer.)* [amerikanisches] Erntedankfest; Thanksgiving Day, *der;* **b)** *(Relig.)* Dankgebet, *das*

**'thank-you** *n. (coll.)* Dankeschön, *das;* **a warm** *or* **hearty ~:** ein herzliches Dankeschön; **~ letter** Dankbrief, *der;* **give sb. a ~ present** jmdm. zum Dank etwas schenken

**that 1.** [ðæt] *adj., pl.* **those** [ðəʊz] **a)** dieser/diese/dieses; **~ son of yours** Ihr/dein Sohn; **b)** *expr. strong feeling* der/die/das; **never will I forget ~ day** den Tag werde ich nie vergessen; **c)** *(coupled or contrasted with 'this')* der/die/das [da]. **2.** *pron., pl.* **those a)** der/die/das; **who is ~ in the garden?** wer ist das [da] im Garten?; **what bird is ~?** was für ein Vogel ist das?; **I know all ~:** ich weiß das alles; **I 'am ~!** das kannst du wohl glauben!; **those below the standard will be rejected** alle, die den Anforderungen nicht genügen, werden abgelehnt; **and [all] ~:** und so weiter; **like ~:** *(of the kind or in the way mentioned, of ~ character)* so; **[just] like ~** *(without effort, thought)* einfach so; **don't be like ~!** sei doch nicht so; **if she 'wants to be like ~:** wenn sie sich so anstellen will; **don't talk like ~:** hör auf, so zu reden; **he is 'like ~:** so ist er eben; **~ is [to say]** *introducing explanation* das heißt; *introducing reservation* das heißt; genauer gesagt; **if they'd have me, ~ is** das heißt, wenn sie mich nehmen; **'~'s more like it** *(of suggestion, news)* das hört sich schon besser an; *(of action, work)* das sieht schon besser aus; **~'s right!** *expr. approval* gut *od.* recht so; *(iron.)* nur so weiter!; *(coll.: expr. assent)* jawohl; **~'s a good boy/girl** das ist lieb [von dir, mein Junge/Mädchen]; *(with request)* sei so lieb *usw.;* **~ will do** das reicht; **sb./sth. is not as ... as all '~** *(coll.)* so ... ist jmd./etw. nun auch wieder nicht; **[so] ~'s '~** *(it's finished)* so, das wär's; *(it's settled)* so ist es nun mal; **you are not going to the party, and ~'s '~!** du gehst nicht zu der Party, und damit Schluß!; *see also* **at d; how 1; it g, j; take 1 w; this 2 e; with g; b)** *(Brit.: person spoken to)* **who is ~?** wer ist da?; *(behind wall etc.)* wer ist denn da?; *(on telephone)* wer ist am Apparat?; **who was ~?** wer war das? **3.** [ðət] *rel. pron., pl. same* der/die/das; **the people ~ you got it from** die Leute, von denen du es bekommen hast; **the box ~ you put the apples in** die Kiste, in die du die Äpfel getan hast; **is he the man ~ you saw last night?** ist das der Mann, den Sie gestern abend gesehen haben?; **everyone ~ I know** jeder, den ich kenne; **this is all [the money] ~ I have** das ist alles [Geld], was ich habe; **they ~ ...:** diejenigen, die *od.* welche ...; **what is it ~ is making you sad?** was stimmt dich so traurig?. **4.** [ðæt] *adv. (coll.)* so; **he may be daft, but he's not [all] '~ daft** er mag ja blöd sein, aber so blöd [ist er] auch wieder nicht; **a nail about ~ long** ein etwa so langer Nagel. **5.** [ðət] *rel. adv.* der/die/das; **at the speed ~ he was going** bei der Geschwindigkeit, die er hatte; **tell the way ~ the accident happened** erzählen, wie der Unfall geschah; **the day ~ I first met her** der Tag, an dem ich sie zum ersten Mal sah. **6.** [ðət, *stressed* ðæt] *conj.* **a)** *introducing statement; expr. result, reason or cause* daß; **b)** *expr. purpose* **[in order] ~:** damit; **he died ~ others might live** er starb, damit andere [weiter]leben konnten; **c)** *expr. wish* **oh ~ I could forget her!** ach, daß ich sie doch vergessen könnte! *See also* **not b; now 2**

**thatch** [θætʃ] **1.** *n.* **a)** *(of straw)* Strohdach, *das; (of reeds)* Schilf- *od.* Reetdach, *das; (of palm-leaves)* Palmblattdach, *das; (material)* Stroh, *das*/Schilf, *das*/Palmblätter; *(roofing)* Dachbedeckung, *die;* **b)** *(coll.: hair)* Matte, *die (salopp).* **2.** *v.t.* mit Stroh/Schilf/Palmblättern decken

**thatched** [θætʃt] *adj.* strohgedeckt/schilf- *od.* reetgedeckt; gedeckt ‹*Dach*›*;* Stroh-/Schilf-/Reet‹*dach*›

**thatcher** ['θætʃə(r)] *n.* Dachdecker, *der*/-deckerin, *die*

**Thatcherism** ['θætʃərɪzm] *n. (Polit.)* Thatcherismus, *der*

**thaw** [θɔː] **1.** *n.* **a)** *(warmth)* Tauwetter, *das;* **b)** *(act of ~ing)* **after the ~:** nachdem es getaut hat/hatte; **c)** *(fig.)* Tauwetter, *das;* Tauwetterperiode, *die.* **2.** *v.i.* **a)** *(melt)* auftauen; **b)** *(become warm enough to melt ice etc.)* tauen; **it looks like ~ing** es sieht nach Tauwetter aus; **c)** *(fig.: become less aloof or hostile)* auftauen; **d)** *(lose numbness)* [wieder] warm werden. **3.** *v.t.* **a)** *(cause to melt)* auftauen; **b)** *(fig.: cause to be less aloof or hostile)* auftauen; entspannen ‹*Atmosphäre*›; **c)** *(cause to lose numbness)* aufwärmen

**~ 'out** *see* **~ 2, 3**

**the** [*before vowel* ðɪ, *before consonant* ðə, *when stressed* ðiː] **1.** *def. art.* **a)** der/die/das; **all ~ doors** alle Türen; **play ~ piano** Klavier spielen; **if you want a quick survey, this is ~ book** für einen raschen Überblick ist dies das richtige Buch; **it's** *or* **there's only ~ one** es ist nur dieser/diese/dieses eine; **he lives in ~ district** er wohnt in dieser Gegend; **he was quite ~ philosopher about his misfortune** er trug sein Unglück wie ein Philosoph; **£5 ~ square metre/~ gallon/~ kilogram** 5 Pfund der Quadratmeter/die Gallone/das Kilogramm; **14 miles to ~ gallon** 14 Meilen auf eine Gallone; ≈ 201 auf 100 km; **a scale of one mile to ~ inch** ein Maßstab von 1:63 360; **none but ~ brave deserves ~ fair** allein dem Tapferen gehört die Schöne; **b)** *(denoting one best known)* **it is '~ restaurant in this town** das ist das Restaurant in dieser Stadt; **red is '~ colour this year** Rot ist in diesem Jahr die Farbe; **she is no relation to '~ Kipling** mit dem Kipling ist sie nicht verwandt; **c)** *with names of diseases* **have got ~ toothache/measles** *(coll.)* Zahnschmerzen/die Masern haben; **d)** *(Brit. coll.: my, our, etc.)* mein/unser *usw.*; **leave ~ wife and ~ dog at home** Frau und Hund zu Hause lassen; **e)** *(Scot., Ir.: with name of clan)* **~ Macnab** das Oberhaupt des Macnab-Clans. **2.** *adv.* **~ more I practise ~ better I play** je mehr ich übe, desto *od.* um so besser spiele ich; **I am not ~ more inclined to help him because he is poor** ich würde ihm genauso gern helfen, wenn er nicht arm wäre; **his car runs ~ faster for having been tuned properly** jetzt, wo es richtig eingestellt ist, fährt sein Auto schneller; **so much ~ worse for sb./sth.** um so schlimmer für jmdn./etw.; *see also* **all 3; more 1 b, 3 h**

**theatre** (*Amer.:* **theater**) ['θɪətə(r)] *n.* **a)** Theater, *das;* **at the ~:** im Theater; **go to the ~:** ins Theater gehen; **b)** *(lecture ~)* Hörsaal, *der;* **c)** *(Brit. Med.) see* **operating-theatre; d)** *(dramatic art)* **the ~:** das Theater; **go into the ~:** zum Theater gehen *(ugs.);* **e)** *no pl., no art.* **make good ~:** sehr bühnenwirksam sein; sich gut für die Bühne eignen; **f)** *(scene of action)* Schauplatz, *der; (of war)* Kriegsschauplatz, *der*

**theatre: ~-goer** *n.* Theaterbesucher, *der*/-besucherin, *die;* **~-going 1.** *n., no pl., no indef. art.* Theaterbesuche; **~-going is on the increase** die Zahl der Theaterbesucher steigt; **2.** *adj.* **the ~-going public/type** die Theaterbesucher/der typische Theaterbesucher; **~ sister** *n. (Brit. Med.)* OP-Schwester, *die;* **~ weapon** *n. (Mil.)* Kurzstreckenrakete, *die*

**theatrical** [θɪ'ætrɪkl] *adj.* **a)** schauspielerisch; **a ~ company** eine Schauspiel- *od.* Theatertruppe; **b)** *(showy)* theatralisch ‹*Benehmen, Verbeugung, Person*›

**theatrically** [θɪ'ætrɪkəlɪ] *adv.* **a) ~, the play was a disaster** was die Aufführung angeht, war das Stück ein Reinfall; **b)** *(showily)* theatralisch

**theatricals** [θɪ'ætrɪklz] *n. pl.* **a)** *(dramatic performances)* Theateraufführungen; **private** *or* **amateur ~:** Amateur- *od.* Laientheater, *das;* **b)** *(showy actions)* Theatralik, *die (geh.)*

**Thebes** [θiːbz] *pr. n. (Greek/Egyptian Ant.)* Theben *(das)*

**thee** [ðiː] *pron. (arch./poet./dial.)* dich; *(as indirect object)* dir; *(Relig.: God)* Dich/Dir; *see also* **¹her**

**theft** [θeft] *n.* Diebstahl, *der;* **~ of cars** Autodiebstahl, *der*

**their** [ðeə(r)] *poss. pron. attrib.* **a)** ihr; *see also* **²her; our a; b)** *(coll.: his or her)* **who has forgotten ~ ticket?** wer hat seine Karte vergessen?

**theirs** [ðeəz] *poss. pron. pred.* ihrer/ihre/ihres; *see also* **hers; ours**

**theism** ['θiːɪzm] *n. (Philos.)* Theismus, *der*

**theist** ['θiːɪst] *n. (Philos.)* Theist, *der*/Theistin, *die*

**them** [ðəm, *stressed* ðem] *pron.* **a)** sie; *(as indirect object)* ihnen; *see also* **¹her; b)** *(coll.: him/her)* ihn/sie

**thematic** [θɪ'mætɪk] *adj.* thematisch

**thematically** [θɪ'mætɪkəlɪ] *adv. (with regard to topic[s]; also Mus.)* thematisch; **arrange ~:** nach Themen ordnen

**theme** [θiːm] *n.* **a)** *(of speaker, writer, or thinker)* Gegenstand, *der;* Thema, *das;* **b)** *(Mus.)* Thema, *das;* Leitmotiv, *das;* **a ~ from 'My Fair Lady'** eine Melodie aus My Fair Lady; **c)** *(Amer. Educ.)* Aufsatz, *der*

**theme: ~ music** *n.* Titelmelodie, *die;* **~ park** *n. Freizeitpark, dessen Attraktionen und Einrichtungen auf ein bestimmtes Thema bezogen sind;* **~ song** *n.* **a)** *see* **~ music; b)** *see* **signature tune; ~ tune** *see* **signature tune**

**themselves** [ðəm'selvz] *pron.* **a)** *emphat.* selbst; **they ~ were astonished** sie waren selbst ganz erstaunt; **the results ~ were ...:**

die Ergebnisse an sich waren ...; **b)** *refl.* sich ⟨*waschen usw.*⟩; sich selbst ⟨*die Schuld geben, regieren*⟩. *See also* **herself; ourselves**

**then** [ðen] **1.** *adv.* **a)** *(at that time)* damals; **the ~ existing laws** die damals geltenden *od.* damaligen Gesetze; **~ and there, there and ~:** auf der Stelle; *see also* **now 1a; b)** *(after that)* dann; **~ [again]** *(and also)* außerdem; **the journey will take a long time, and ~ don't forget that it gets dark early** die Fahrt wird lange dauern, und dann dürft ihr auch nicht vergessen, daß es früh dunkel wird; **but ~** *(after all)* aber schließlich; **c)** *(in that case)* dann; **~ why didn't you say so?** warum hast du dann nichts gesagt?; **hurry up, ~:** dann beeil dich aber; **but ~ again** aber andererseits; **d)** *expr. grudging or impatient concession* dann eben; **well, take it, ~:** dann nimm es eben; **e)** *(accordingly)* [dann] also; **the cause of the accident, ~, seems to be established** die Ursache des Unfalls scheint [dann] also festzustehen. *See also* **[2]well 1d, g; what 5a. 2.** *n.* **before ~:** vorher; davor; **by ~:** bis dahin; **from ~ on** von da an; **till ~:** bis dahin; **oh, we should get there long before ~:** ach, bis dahin sind wir längst dort; **since ~:** seitdem. **3.** *adj.* damalig

**thence** [ðens] *adv. (arch./literary)* **[from] ~:** von dort; *(for that reason)* von daher

**thence: ~'forth, ~'forward** *advs. (arch./literary)* **[from] ~forth** *or* **~forward** seit dieser Zeit; von da an

**theodolite** [θɪ'ɒdəlaɪt] *n. (Surv.)* Theodolit, *der*

**theologian** [θi:ə'ləʊdʒɪən] *n.* Theologe, *der*/Theologin, *die*

**theological** [θi:ə'lɒdʒɪkl] *adj.* theologisch; Theologie⟨*student, -dozent*⟩

**theology** [θɪ'ɒlədʒɪ] *n.* **a)** *no pl., no indef. art.* Theologie, *die;* **b)** *(religious system)* Glaubenslehre, *die*

**theorem** ['θɪərəm] *n. (Math.)* [Lehr]satz, *der;* Theorem, *das (fachspr.)*

**theoretic** [θɪə'retɪk], **theoretical** [θɪə'retɪkl] *adj.* theoretisch; **your arguments are only ~:** deine Argumentation ist reine Theorie

**theoretically** [θi:ə'retɪkəlɪ] *adv.* theoretisch

**theoretician** [θɪərɪ'tɪʃn] *n.* Theoretiker, *der*/Theoretikerin, *die*

**theorise** *see* **theorize**

**theorist** ['θɪərɪst] *n.* Theoretiker, *der*/Theoretikerin, *die*

**theorize** ['θɪəraɪz] *v.i.* theoretisieren

**theory** ['θɪərɪ] *n. (also Math.)* Theorie, *die;* **~ of evolution/music** Evolutions-/Musiktheorie, *die;* **in ~:** theoretisch; **it's a ~!** das wäre eine Möglichkeit; **I always go on the ~ that ...:** ich gehe immer davon aus, daß ...; **have a ~ that ...:** die Theorie vertreten, daß ...

**theosophic** [θi:ə'sɒfɪk], **theosophical** [θi:ə'sɒfɪkl] *adj.* theosophisch

**theosophy** [θɪ'ɒsəfɪ] *n., no pl., no indef. art.* Theosophie, *die*

**therapeutic** [θerə'pju:tɪk] *adj.* therapeutisch; *(curative)* therapeutisch wirksam

**therapeutically** [θerə'pju:tɪkəlɪ] *adv.* therapeutisch

**therapeutics** [θerə'pju:tɪks] *n., no pl. (Med.)* Therapeutik, *die*

**therapist** ['θerəpɪst] *n. (Med.)* Therapeut, *der*/Therapeutin, *die*

**therapy** ['θerəpɪ] *n. (Med., Psych.)* Therapie, *die;* [Heil]behandlung, *die;* **undergo ~:** sich einer Therapie *(Dat.)* unterziehen

**there** [ðeə(r)] **1.** *adv.* **a)** *(in/at that place)* da; dort; *(fairly close)* da; **sb. has been ~ before** *(fig. coll.)* jmd. weiß Bescheid; **~ or ~a'bouts** so ungefähr; **be down/in/up ~:** da unten/drin/oben sein; **~ goes ...:** da geht/fährt *usw.* ...; **are you ~?** *(on telephone)* sind Sie noch da *od. (ugs.)* dran?; **~ and then = then and ~** *see* **then 1a;** *see also* **all 3; here 1a; b)** *(calling attention)* **hello** *or* **hi ~!** hallo!; **you ~!** Sie da!; **move along ~!** weitergehen!; **~'s a good** *etc.* **boy/girl = that's a good** *etc.* **boy/girl** *see* **that 2a;** *see also* **for 1h; c)** *(in that respect)* da; **so ~:** und damit basta *(ugs.);* **~ you are wrong** da irrst du dich; **~, it is a loose wire** da haben wir's – ein loser Draht; **~ it is** *(nothing can be done about it)* da kann man nichts machen; **~ you are** *(giving sth.)* [da,] bitte schön; **~ you have it** *(fig.)* da ist der Punkt; *see also* **2b; rub 3; d)** *(to that place)* dahin, dorthin ⟨*gehen, gelangen, fahren, rücken, stellen*⟩; **we got ~ and back in two hours** wir brauchten für Hin- und Rückweg [nur] zwei Stunden; **down/in/up ~:** dort hinunter/hinein/hinauf; **get ~ first** jmdm./den anderen zuvorkommen; **get ~** *(fig.) (achieve)* es [schon] schaffen; *(understand)* es verstehen; **e)** [ðə(r), *stressed* ðeə(r)] *(as introductory function-word)* da; **was ~ anything in it?** war da irgend etwas drin? *(ugs.);* **~ is enough food** es gibt genug zu essen; **~ are many kinds of ...:** es gibt viele Arten von ...; **~ were four of them** sie waren zu viert; **~ was once an old woman who ...:** es war einmal eine alte Frau, die ...; **~ was no beer left** es gab kein Bier mehr; **~ appears to be some error** da scheint ein Irrtum unterlaufen zu sein; **~'s no time for that now** dafür haben wir/habe ich jetzt keine Zeit; **~ being no further point in waiting, I left** weil es keinen Zweck mehr hatte, noch länger zu warten, ging ich; **... if ever ~ was one** ... wie er/sie/es im Buche steht; **what is ~ for supper?** was gibt's zum Abendessen?; **not a sound was ~ to indicate their presence** kein Laut verriet ihre Anwesenheit; **seldom has ~ been more fuss** selten hat es soviel Aufhebens gegeben; **a fine mess ~ is!** da sieht es vielleicht aus! *(ugs.).* **2.** [ðeə(r)] *int.* **a)** *(to soothe child etc.)* **~, ~:** na, na *(ugs.);* **b)** *expr. triumph or dismay* **~ [you are]!** da, siehst du!; **~, you've dropped it!** da, jetzt hast du es doch fallen lassen!; *see also* **1c. 3.** *n.* da, dort; **near ~:** da *od.* dort in der Nähe; **the tide comes up to ~:** die Flut kommt bis dahin *od.* da hoch

**there: ~abouts** ['ðeərəbaʊts] *adv.* **a)** *(near that place)* da [in der Nähe]; **the locals ~abouts** die Leute, die dort wohnen; **b)** *(near that number)* **two litres or ~abouts** zwei Liter [so] ungefähr; *see also* **there 1a; ~'after** *adv.* danach; **~by** [ðeə'baɪ, 'ðeəbaɪ] *adv.* dadurch; **~by hangs a tale** dazu gibt es noch etwas zu erzählen; **~fore** *adv.* deshalb; also; **~'from** *adv. (arch.)* daraus; **~'in** *adv. (formal)* darin; **~'of** *adv. (formal)* davon; **the island and all the ports ~of** die Insel und alle ihre Häfen; **~'to** *adv. (formal)* dazu; **~u'pon** *adv.* **a)** *(soon after that)* kurz darauf; alsbald *(veralt.);* **b)** *(in consequence of that)* daraufhin; **~'with** *adv. (formal)* damit

**therm** [θɜ:m] *n. (Brit.) englische Einheit der Wärmemenge (ca. 1,055 × $10^8$ J)*

**thermal** ['θɜ:ml] **1.** *adj.* thermisch ⟨*Erscheinung, Anforderungen*⟩; Wärme⟨*dämmung, -strahlung*⟩; **~ underwear** kälteisolierende Unterwäsche. **2.** *n. (Aeronaut.)* Thermik, *die*

**thermally** ['θɜ:məlɪ] *adv.* thermisch

**thermal: ~ 'springs** *n. pl.* Thermalquelle, *die;* **~ 'unit** *n. (Phys.)* Wärmeeinheit, *die*

**thermionic** [θɜ:mɪ'ɒnɪk]: **~ 'tube** *(Amer.),* **~ 'valve** *(Brit.) ns. (Electronics)* Glühkathodenröhre, *die*

**thermocouple** ['θɜ:məkʌpl] *n. (Phys.)* Thermoelement, *das*

**thermodynamic** [θɜ:mədaɪ'næmɪk] *adj.* thermodynamisch

**thermodynamics** [θɜ:mədaɪ'næmɪks] *n., no pl. (Phys.)* Thermodynamik, *die*

**thermometer** [θə'mɒmɪtə(r)] *n.* Thermometer, *das; see also* **clinical a**

**thermonuclear** [θɜ:məʊ'nju:klɪə(r)] *adj. (Phys.)* thermonuklear ⟨*Waffe*⟩; Kern⟨*fusion, -energie*⟩; Atom⟨*krieg, -energie*⟩

**thermoplastic** [θɜ:məʊ'plæstɪk] **1.** *adj.* **a)** thermoplastisch; **b) ~ tiles** Kunststofffliesen. **2.** *n.* Thermoplast, *der*

**Thermos, thermos, (P)** ['θɜ:məs] *n.* **~ [flask/jug/bottle]** Thermosflasche, *die* (Wz)

**thermostat** ['θɜ:məstæt] *n.* Thermostat, *der*

**thermostatic** [θɜ:mə'stætɪk] *adj.* Temperatur⟨*regler, -schalter*⟩

**thermostatically** [θɜ:mə'stætɪklɪ] *adv.* durch ein/das Thermostat ⟨*kontrolliert, reguliert*⟩

**thesaurus** [θɪ'sɔ:rəs] *n., pl.* **thesauri** [θɪ'sɔ:raɪ] *or* **~es** Thesaurus, *der*

**these** *pl. of* **this 1, 2**

**thesis** ['θi:sɪs] *n., pl.* **theses** ['θi:si:z] **a)** *(proposition)* These, *die;* **b)** *(dissertation)* Dissertation, *die,* Doktorarbeit, *die* **(on** über + *Akk.*)

**Thespian** ['θespɪən] **1.** *adj.* Theater-. **2.** *n.* Schauspieler, *der*/Schauspielerin, *die*

**they** [ðeɪ] *pron.* **a)** sie; **b)** *(people in general)* man; **c)** *(coll.: he or she)* **everyone thinks ~ know best** jeder denkt, er weiß es am besten; **d)** *(those in authority)* sie; die *(ugs.).* *See also* **their; theirs; them; themselves**

**they'd** [ðeɪd] **a) = they would; b) = they had**

**they'll** [ðeɪl] **= they will**

**they're** [ðeə(r)] **= they are**

**they've** [ðeɪv] **= they have**

**thick** [θɪk] **1.** *adj.* **a)** dick; breit, dick ⟨*Linie*⟩; **that's laying it on [a bit] ~** *(fig. coll.)* das ist ja wohl etwas dick aufgetragen *(ugs.);* **isn't she laying it on a bit ~?** *(fig. coll.)* trägt sie da nicht ein bißchen zu dick auf? *(ugs.);* **that's** *or* **it's a bit ~!** *(Brit. fig. coll.)* das ist ein starkes Stück! *(ugs.);* **get the ~ end of the stick** *(fig.)* den schlechteren Teil erwischen; **have a ~ skin** *(fig.)* ein dickes Fell haben *(ugs.);* **a rope two inches ~, a two-inch ~ rope** ein zwei Zoll starkes *od.* dickes Seil; **b)** *(dense)* dicht ⟨*Haar, Nebel, Wolken, Gestrüpp usw.*⟩; dichtgedrängt ⟨*Menschenmenge*⟩; **c)** *(filled)* **~ with** voll von; **air ~ with fog and smoke** von Nebel und Rauch erfüllte Luft; **the air was ~ with rumours** überall gingen Gerüchte um; **the furniture was ~ with dust** auf den Möbeln lag eine dicke Staubschicht; **d)** *(of firm consistency)* steif ⟨*Gallerte*⟩; dickflüssig ⟨*Sahne*⟩; *(containing much solid matter)* dick ⟨*Suppe, Schlamm, Brei, Kleister*⟩; **e)** *(stupid)* dumm; **you're just plain ~:** du bist ganz einfach doof *(salopp);* **[as] ~ as two short planks** *(coll.)* dumm wie Bohnenstroh *(ugs.);* **f)** *(coll.: intimate)* **be very ~ with sb.** mit jmdm. dick befreundet sein *(ugs.);* **be [as] ~ as thieves** dicke Freunde sein *(ugs.);* **g)** tief ⟨*Dunkelheit*⟩; **h)** *(not clear)* trüb ⟨*Wetter, Morgen, Fluß*⟩; **have a ~ head** einen dicken Kopf haben *(ugs.);* **i)** *(Printing)* fett; **j)** *(numerous)* dicht; **they are ~/not exactly ~ on the ground** die gibt es wie Sand am Meer/die sind dünn gesät *(ugs.);* **k)** *(indistinct)* dumpf; **his speech was ~** *(with drink)* er sprach mit schwerer Zunge *(geh.);* **l)** *(marked)* **he has a ~ German accent** er hat einen starken deutschen Akzent. **2.** *n., no pl., no indef. art.* **in the ~ of** mitten in (+ *Dat.*); **in the ~ of it** *or* **things** mitten drin; **in the ~ of the battle** im dichtesten Kampfgetümmel; **she is always in the ~ of things** sie ist bei allem immer voll dabei *(ugs.);* **stay with sb./stick together through ~ and thin** mit jmdm./zusammen durch dick und dünn gehen. **3.** *adv.* **snow was falling ~:** es schneite dicke Flocken; **blows rained on him ~ and fast** die Schläge prasselten nur so auf ihn nieder; **job offers/complaints came in ~ and fast** es kam eine Flut von Stellenangeboten/Beschwerden

**thick 'ear** *n. (Brit. sl.)* **give sb. a ~:** jmdm. ein paar hinter die Ohren geben *(ugs.)*

**thicken** [θɪkn] **1.** *v. t.* dicker machen; eindicken ⟨*Sauce*⟩. **2.** *v. i.* **a)** dicker werden; **sb.'s waist[line] ~s** jmds. Taille wird umfangreicher; **b)** *(become dense)* ⟨*Nebel:*⟩ dichter werden; **c)** *(become blurred)* **his speech ~ed** er bekam eine schwere Zunge *(geh.)*; **d)** *(become complex)* **the plot ~s!** die Sache wird kompliziert!; *(iron.)* die Sache wird langsam interessant!

**thickening** ['θɪknɪŋ] *n. (in food)* Bindemittel, *das; (in dye)* Verdickungsmittel, *das*

**thicket** ['θɪkɪt] *n.* Dickicht, *das*

**thick: ~ 'head** *n.* dicker Kopf *(ugs.)*; **~head** *n.* Dummkopf, *der;* **~-'headed** *adj.* dumm

**thickly** ['θɪklɪ] *adv.* **a)** *(in a thick layer)* dick; **b)** *(densely, abundantly)* dicht; **c)** *(in great numbers)* **hailstones fell ~:** die Hagelkörner prasselten nur so herab; **d)** *(indistinctly)* mit schwerer Zunge *(geh.)*; *(from emotion)* undeutlich ⟨*sprechen*⟩

**thickness** ['θɪknɪs] *n.* **a)** Dicke, *die;* **be two metres in ~:** zwei Meter dick sein; **a plank whose ~ is two centimetres** ein Brett mit einer Dicke *od.* Stärke von 2 Zentimetern; **~ of paper/card** Papier-/Kartonstärke, *die;* **b)** *no pl. (denseness)* Dichte, die; *(of hair)* Fülle, *die;* **c)** *no pl. (firm consistency) (of jelly)* Steifheit, *die; (of cream)* Dickflüssigkeit, *die; (of soup, mud, porridge, glue)* Dicke, *die;* **d)** *(layer)* Lage, *die;* **e)** *no pl. (stupidity)* Dummheit, *die*

**thicko** ['θɪkəʊ] *n., pl.* **~s** *(coll.)* Schwachkopf, *der (ugs.)*

**thick: ~set** *adj.* **a)** *(stocky)* gedrungen; **b)** *(set close together)* dicht nebeneinanderstehend ⟨*Bäume, Häuser*⟩; **~-skinned** *adj. (fig.)* unsensibel; dickfellig *(ugs. abwertend)*

**thief** [θi:f] *n., pl.* **thieves** [θi:vz] Dieb, *der*/Diebin, *die;* **like** *or* **as a ~ in the night** wie ein Dieb in der Nacht *(geh.)*; *see also* **Latin 2; take 1q; thick 1f**

**thieve** [θi:v] **1.** *v. i.* stehlen; **he makes a living out of petty thieving** er lebt vom Gelegenheitsdiebstahl. **2.** *v. t.* stehlen

**thievish** ['θi:vɪʃ] *adj.* diebisch ⟨*Wesen, Art*⟩

**thigh** [θaɪ] *n.* **a)** *(Anat.)* Oberschenkel, *der;* **b)** *(Zool.)* Schenkel, *der*

**thigh: ~-bone** *n. (Anat.)* Oberschenkelknochen, *der;* **~-boot** *n.* Kanonenstiefel, *der;* Schaftstiefel, *der*

**-thighed** [θaɪd] *adj. in comb.* -schenkelig

**thimble** ['θɪmbl] *n.* Fingerhut, *der*

**thimbleful** ['θɪmblfʊl] *n.* Fingerhut [voll], *der;* **in ~s** in winzigen Mengen

**thin** [θɪn] **1.** *adj.* **a)** *(of small thickness or diameter)* dünn; *see also* **ice 1a; wedge 1a; b)** *(not fat)* dünn; **a tall, ~ man** ein großer, hagerer Mann; **as ~ as a rake** *or* **lath** spindeldürr; **c)** *(narrow)* schmal ⟨*Baumreihe*⟩; dünn ⟨*Linie*⟩; **d)** *(sparse)* dünn, schütter ⟨*Haar*⟩; fein ⟨*Regen, Dunst*⟩; spärlich ⟨*Publikum, Besuch*⟩; gering ⟨*Beteiligung*⟩; dünn ⟨*Luft*⟩; **the country's population is ~:** das Land ist dünn bevölkert *od.* besiedelt; **he is already ~ on top** *or* **going ~ on top** bei ihm lichtet es sich oben schon; **the attendance at the meeting was ~:** die Versammlung war schwach besucht; **be ~ on the ground** *(fig.)* dünn gesät sein; **vanish** *or* **disappear into ~ air** *(fig.)* sich in Luft auflösen; **it won't appear out of ~ air!** *(fig.)* es fällt nicht einfach vom Himmel!; **produce a delicious meal out of ~ air** *(fig.)* ein köstliches Essen aus dem Nichts zaubern; **e)** *(lacking substance or strength)* dünn ⟨*Bier, Blut, Stimme*⟩; **f)** *(fig.: inadequate)* dürftig; fadenscheinig ⟨*Ausrede*⟩; **sb.'s patience is wearing ~:** jmds. Geduld geht zu Ende; jmdm. reißt allmählich der Geduldsfaden *(ugs.)*; **sb.'s credibility begins to wear ~:** jmd. verliert immer mehr an Glaubwürdigkeit; **g)** *(sl.: wretched)* enttäuschend, unbefriedigend ⟨*Zeit*⟩; **he had a pretty ~ time [of it]** er machte eine ziemlich schlimme Zeit durch; **h)** *(consisting of ~ lines)* fein ⟨*Handschrift*⟩; *(Printing)* mager. *See also* **thick 2. 2.** *adv.* dünn. **3.** *v. t.,* **-nn- a)** *(make less deep or broad)* dünner machen; **b)** *(make less dense, dilute)* verdünnen; **c)** *(reduce in number)* dezimieren; **d)** *(remove young fruit from)* ausbrechen ⟨*Reben*⟩; ausdünnen ⟨*Obstbäume*⟩. **4.** *v. i.,* **-nn-** ⟨*Haar, Nebel:*⟩ sich lichten; ⟨*Menschenmenge:*⟩ sich zerstreuen; **~ down to a mere trickle** zu einem kleinen Rinnsal werden

**~ 'out 1.** *v. i.* ⟨*Menschenmenge:*⟩ sich verlaufen; ⟨*Verkehr:*⟩ abnehmen; ⟨*Reihen der Zuschauer:*⟩ sich lichten; ⟨*Häuser:*⟩ spärlicher werden. **2.** *v. t. (Hort., Forestry)* vereinzeln, ausdünnen ⟨*Pflanzen*⟩; lichten ⟨*Wald*⟩

**thine** [ðaɪn] *poss. pron. (arch./poet./dial.)* **a)** *pred.* deiner/deine/dein[e]s; der/die/das deinige *(geh.)*; *see also* **hers; b)** *attrib.* dein

**thing** [θɪŋ] *n.* **a)** *(inanimate object)* Sache, *die;* Ding, *das;* **what's that ~ in your hand?** was hast du da in der Hand?; **be a rare ~:** etwas Seltenes sein; **books are strange** *or (coll.)* **funny ~s, aren't they?** Bücher sind schon etwas Seltsames, nicht wahr?; **neither one ~ nor the other** weder das eine noch das andere; **I haven't a '~ to wear** ich habe nichts zum Anziehen; **you haven't a ~ to worry about** du brauchst dir überhaupt keine Sorgen zu machen; **not a ~:** überhaupt *od.* gar nichts; **b)** *(action)* **that was a foolish/friendly ~ to do** das war eine große Dummheit/das war sehr freundlich; **that was a mean ~ to do to your brother** das war sehr gemein deinem Bruder gegenüber; **it was the right ~ to do** es war das einzig Richtige; **she is expecting to do great ~s** sie hat große Dinge vor; **the only ~ now is to shout for help** es bleibt uns jetzt nichts anderes mehr übrig, als um Hilfe zu rufen; **we can't do a ~ about it** wir können nichts dagegen tun; **do ~s to sb./sth.** *(fig. coll.)* auf jmdn./etw. eine enorme Wirkung haben *(ugs.)*; **she does ~s to me** *(fig. coll.)* sie macht mich total an *(ugs.)*; **c)** *(fact)* [Tat]sache, *die;* **a ~ which is well known to everybody** eine allgemein bekannte Tatsache; **it's a strange ~ that ...:** es ist seltsam, daß ...; **for one ~, you don't have enough money[, for another ~ ...]** zunächst einmal hast du nicht genügend Geld [, außerdem ...]; **and another ~, why were you late this morning?** und noch etwas: Warum bist du heute morgen so spät gekommen?; **the best/worst ~ about the situation/her** das Beste/Schlimmste an der Situation/an ihr; **know/learn a ~ or two about sth./sb.** sich mit etw./jmdm. auskennen/einiges über etw. *(Akk.)* lernen/über jmdn. erfahren; **I'll teach him a ~ or two!** dem werde ich's [mal] zeigen!; **the [only] ~ is that ...:** die Sache ist [nur] die, daß ...; *see also* **another 1a, d, 2c; d)** *(idea)* **say the first ~ that comes into one's head** das sagen, was einem gerade so einfällt; **what a ~ to say!** wie kann man nur so etwas sagen!; **have a ~ about sb./sth.** *(coll.) (be obsessed about)* auf jmdn./etw. abfahren *(salopp)*; *(be prejudiced about)* etwas gegen jmdn./etw. haben; *(be afraid of or repulsed by)* einen Horror vor jmdm./etw. haben *(ugs.)*; **e)** *(task)* **she has a reputation for getting ~s done** sie ist für ihre Tatkraft bekannt; **a big ~ to undertake** ein großes Unterfangen; **f)** *(affair)* Sache, *die;* Angelegenheit, *die;* **make a mess of ~s** alles vermasseln *(salopp)*; **make a [big] ~ of sth.** *(regard as essential)* auf etw. besonderen Wert legen; *(get excited about)* sich über etw. *(Akk.)* aufregen; **you don't have to make such a big ~ of it!** nun mach mal halblang! *(ugs.)*; **it's one ~ after another** es kommt eins zum anderen; **g)** *(circumstance)* **take ~s too seriously** alles zu ernst nehmen; **how are ~s?** wie geht's [dir]?; **it was a terrible ~:** es war furchtbar; **a strange ~ struck me** mir fiel etwas Seltsames auf; **it was a lucky ~ he didn't do that** es war ein Glück, daß er das nicht tat; **as ~s stand [with me]** so wie die Dinge [bei mir] liegen; **one has to accept these ~s** man muß sich eben damit abfinden; **~s don't work out like that** die Realität sieht anders aus; **it's just one of those ~s** *(coll.)* so was kommt schon mal vor *(ugs.)*; *see also* **close 1g; good 1b; h)** *(individual, creature)* Ding, *das;* **she is in hospital, poor ~:** sie ist im Krankenhaus, das arme Ding; **you spiteful ~!** du [gemeines] Biest!; **she's a kind old ~:** sie ist sehr liebenswürdig *od. (ugs.)* furchtbar nett; *see also* **old 1c, d; i)** *in pl. (personal belongings, outer clothing)* Sachen; **put one's ~s on** sich *(Dat.)* etwas überziehen; **wash up the dinner ~s** das Geschirr vom Abendessen abwaschen; **j)** *in pl. (matters)* **an expert/authority on ~s historical** ein Fachmann/eine Autorität in geschichtlichen Fragen; **as regards ~s financial I haven't a clue** von finanziellen Dingen habe ich keine Ahnung; **~s feminine** Frauenangelegenheiten; **and ~s** *(coll.)* und so *(ugs.)*; **k)** *(product of work)* Sache, *die;* **the latest ~ in hats** der letzte Schrei in der Hutmode; **a little ~ of mine** etwas von mir; **l)** *(special interest)* **what's your ~?** was machst du gerne?; **do one's own ~** *(coll.)* sich selbst verwirklichen; **we each do our own ~ on holiday** im Urlaub macht jeder von uns, was er will; **m)** *(coll.: sth. remarkable)* **now 'there's a ~!** das ist ja ein Ding! *(ugs.)*; **n)** *in pl. (Law)* Sachen; **~s real** unbewegliche Sachen; Immobilien; **~s personal** bewegliche Sachen; Mobilien *(fachspr.)*; **o) the ~** *(what is proper or needed or important)* das Richtige; **blue jeans are the ~ among teenagers** Bluejeans sind der Hit *(ugs.)* unter den Teenagern; **telling jokes is not the ~ for an occasion such as this one** es ist unpassend, bei einer Gelegenheit wie dieser Witze zu erzählen; **the ~ is to get orders** es geht vor allem darum, Aufträge zu bekommen; **the ~ about him is his complete integrity** sein wesentlicher Vorzug ist seine vollkommene Integrität; **but the ~ is, will she come in fact?** aber die Frage ist, wird sie auch tatsächlich kommen?; **p)** *(sl.: penis)* **his ~:** sein Ding *(ugs.)*. *See also* **first 1, 2a; good 1d; 'last 1; 'see 1a; sure 3**

**thingamy** ['θɪŋəmɪ], **thingumabob** ['θɪŋəməbɒb], **thingumajig** ['θɪŋəmədʒɪg], **thingumbob** ['θɪŋəmbɒb], **thingummy** ['θɪŋəmɪ], **thingy** ['θɪŋɪ] *ns. (coll.)* Dings, *der/die/das (salopp)*; Dingsbums, *der/die/das (ugs.)*; **you know, ~, ...** *(person)* du weißt schon, der/die Dingsda, ...; *(object)* du weißt schon, das Dingsda, ...

**think** [θɪŋk] **1.** *v. t.,* **thought** [θɔ:t] **a)** *(consider)* meinen; **we ~ [that] he will come** wir denken *od.* glauben, daß er kommt; **we do not ~ it probable** wir halten es nicht für wahrscheinlich; **I ~ it a shame that ...:** ich finde, es ist eine Schande, daß ...; **he ~s himself very fine** er meint, er sei etwas Besonderes; **it is not thought proper** es gilt als unschicklich; **he is thought to be a fraud** man hält ihn für einen Betrüger; **what do you ~?** was meinst du?; **what do you ~ of** *or* **about him/it?** was hältst du von ihm/davon?; **I thought to myself ...:** ich dachte mir [im stillen]; **that's what 'they ~!** das meinen die!; **..., don't you ~? ...,** findest *od.* meinst du nicht auch?; **where do you ~ you are?** was glaubst du eigentlich, wo du bist?; **who does he/she ~ he/she is?** für wen *od.* wofür hält er/sie sich eigentlich?; **you** *or* **one** *or* **anyone would ~ that ...:** man sollte [doch] eigentlich annehmen, daß ...; **I ~ not** ich glaube nicht; **I should '~ so/~ 'not!** *(indignant)* das will ich meinen/das will ich nicht hoffen; **I thought as much** *or* **so** das habe ich mir schon gedacht; **I ~ so** ich glaube schon; **do you really ~ so?** findest du wirklich? **I wouldn't ~ so** das glaube ich kaum; **yes, I ~ so too** ja, das finde ich auch *(ugs.)*; **I should ~ not!** *(no!)* auf keinen Fall; **you are a model of tact, I 'don't ~!** *(coll. iron.)* du bist mir vielleicht ein Ausbund von Taktgefühl! *(iron.)*; **that'll be great fun, I 'don't ~** *(coll. iron.)* das kann ja lustig werden *(ugs. iron.)*; **I'll have made my fortune by then, I 'don't ~** *(coll. iron.)* na klar, bis dahin habe ich mein Glück gemacht *(iron.)*; **to ~ [that] he should treat me like this!** man sollte es nicht für möglich halten, daß er mich so behandelt!; **this animal was thought to be extinct** dieses Tier galt als ausgestorben; **I wouldn't have thought it possible** ich hätte das nicht für möglich gehalten; **b)** *(coll.: remember)* **~ to do sth.** daran denken, etw. zu tun; **c)** *(intend)* **he ~s to deceive us** er will uns täuschen; **we thought to return early** wir hatten vor *od.* gedachten, früh zurückzukehren; **that's what 'they ~!** das meinen die [vielleicht]!; **d)** *(imagine)* sich *(Dat.)* vorstellen. **2.** *v. i.*, **thought a)** [nach]denken; **I ~, therefore I am** ich denke, also bin ich; **we want to make the students ~:** wir möchten die Studenten zum Denken bringen; **animals cannot ~:** Tiere können nicht denken; **I need time to ~:** ich muß es mir erst überlegen; **ability to ~:** Denkfähigkeit, *die;* **I've been ~ing** ich habe nachgedacht; **~ in German** *etc.* deutsch *usw.* denken; **it makes you ~:** es macht *od.* stimmt einen nachdenklich; **just ~!** stell dir das mal vor!; **~ for oneself** sich *(Dat.)* seine eigene Meinung bilden; **~ [to oneself] ...:** sich *(Dat.)* im stillen denken ...; bei sich denken ...; **let me ~:** laß [mich] mal nachdenken *od.* überlegen; **I would ~ again** ich würde mir das noch mal überlegen; **there's still time to ~ again** du kannst/wir können das noch einmal überdenken; **you'd better ~ again!** da hast du dich aber geschnitten! *(ugs.)*; **~ twice** es sich *(Dat.)* zweimal überlegen; **this made her ~ twice** das gab ihr zu denken; *see also* **big 2**; **b)** *(have intention)* **I ~ I'll try** ich glaube *od.* denke, ich werde es versuchen; **we ~ we'll enter for the regatta** wir haben vor, an der Regatta teilzunehmen. *See also* **aloud**; **²fit 1 c. 3.** *n. (coll.)* **have a [good] ~:** es sich *(Dat.)* gut überlegen; **have a ~ about that!** denk mal drüber nach! *(ugs.)*; **you have [got] another ~ coming!** da irrst du dich aber gewaltig!

**~ about** *v. t.* **a)** *(consider)* nachdenken über (+ *Akk.*); **what are you ~ing about?** woran *od.* was denkst du [gerade]?; **give sb. something to ~ about** jmdm. etwas geben, worüber er/sie nachdenken kann; *(to worry about)* jmdm. zu denken geben; **it doesn't bear ~ing about** man darf gar nicht daran denken; **b)** *(consider practicability of)* sich *(Dat.)* durch den Kopf gehen lassen; sich *(Dat.)* überlegen; **it's worth ~ing about** es ist überlegenswert

**~ a'head** *v. i.* vorausdenken

**~ 'back to** *v. t.* sich zurückerinnern an (+ *Akk.*); **I thought back to when it had first begun** ich erinnerte mich daran, wie es anfing

**~ of** *v. t.* **a)** *(consider)* denken an (+ *Akk.*); **I have many things to ~ of** ich muß an so vieles denken; **... but I can't ~ of everything at once!** ... aber ich habe schließlich auch nur einen Kopf!; **he ~s of everything** er denkt einfach an alles; **he never ~s of anyone but himself** er denkt immer nur an sich; **[just] ~ or to ~ of it!** man stelle sich *(Dat.) od.* stell dir das bloß vor!; **[now I] come to ~ of it, ...:** wenn ich es mir recht überlege, ...; **b)** *(be aware of in the mind)* denken an (+ *Akk.*); **we ~ of you a lot** wir denken oft an dich; **c)** *(consider the possibility of)* denken an (+ *Akk.*); **we must be ~ing of going home soon** wir müssen bald ans Nachhausegehen denken; **be ~ing of getting a new car** mit dem Gedanken spielen, sich *(Dat.)* ein neues Auto anzuschaffen; **be ~ing of resigning** sich mit dem Gedanken tragen, zurückzutreten; **not for a minute would she ~ of helping anybody else** ihr würde es nicht im Traum einfallen, anderen zu helfen; **I couldn't ~ of such a thing** *or* **of doing that** das würde mir nicht im Traum einfallen; **I don't know what she was ~ing of!** ich weiß nicht, was sie sich dabei gedacht hat!; **d)** *(choose from what one knows)* **I want you to ~ of a word beginning with B** überlege dir ein Wort, das mit B beginnt; **~ of a number, double it and ...:** denk dir eine Zahl, verdoppele sie und ...; **e)** *(have as idea)* **we'll ~ of something** wir werden uns etwas einfallen lassen; **can you ~ of anyone who ...?** fällt dir jemand ein, der ...?; **we're still trying to ~ of a suitable title for the book** wir suchen noch immer einen passenden Titel für das Buch; **he's never yet thought of showing gratitude** bis jetzt ist es ihm noch nie eingefallen, sich dankbar zu zeigen; **I would have telephoned if I had thought of it** ich hätte angerufen, wenn ich daran gedacht hätte; **what 'will they ~ of next?** was werden sie sich *(Dat.)* wohl [sonst] noch alles einfallen lassen?; **f)** *(remember)* sich erinnern an (+ *Akk.*); **I just can't ~ of her name** ich komme einfach nicht auf ihren Namen; **g) ~ little/nothing of sb./sth.** *(consider contemptible)* wenig/nichts von jmdm./etw. halten; **~ little/nothing of doing sth.** *(consider insignificant)* wenig/nichts dabei finden, etw. zu tun; **~ much** *or* **a lot** *or* **well** *or* **highly of sb./sth.** viel von jmdm./etw. halten; **not ~ much of sb./sth.** nicht viel von jmdm./etw. halten. *See also* **better 3 a**

**~ 'out** *v. t.* **a)** *(consider carefully)* durchdenken ⟨*Plan, Idee*⟩; **~ out what the long-term solution may be** sich *(Dat.)* darüber Gedanken machen, wie eine langfristige Lösung aussehen könnte; **b)** *(devise)* sich *(Dat.)* ausdenken ⟨*Plan, Verfahren*⟩; **the plan had been thought out in a hurry** der Plan entstand unter Zeitdruck

**~ 'over** *v. t.* sich *(Dat.)* überlegen; überdenken; **~ things over** die Lage überdenken; **I will ~ it over** ich lasse es mir durch den Kopf gehen

**~ 'through** *v. t.* [gründlich] durchdenken ⟨*Problem, Angelegenheit*⟩

**~ 'up** *v. t. (coll.)* sich *(Dat.)* ausdenken ⟨*Plan*⟩; **they thought up ideas of their own** sie entwickelten ihre eigenen Ideen

**thinkable** ['θɪŋkəbl] *adj.* **a)** *(capable of being thought about)* denkbar; **b)** *(conceivably possible)* vorstellbar

**thinker** ['θɪŋkə(r)] *n.* Denker, *der*/Denkerin, *die*

**thinking** ['θɪŋkɪŋ] **1.** *n.* **in modern ~ ...:** nach heutiger Auffassung ...; **what is your ~ on this question?** wie ist deine Meinung zu dieser Frage?; **to my [way of] ~:** meiner Meinung nach. **2.** *attrib. adj.* [vernünftig] denkend

**'thinking-cap** *n.* **put on one's ~:** scharf nachdenken; seinen Geist anstrengen

**think: ~-piece** *n.* Kommentar, *der;* **~-tank** *n.* **a)** *(organization)* Beraterstab, *der;* **b)** *(Amer. sl.: brain)* [Ge]hirnkasten, *der* *(salopp scherzh.)*

**'thin-lipped** *adj.* dünnlippig ⟨*Mund, Person*⟩

**thinly** ['θɪnlɪ] *adv.* **a)** dünn; **b)** *(sparsely)* spärlich ⟨*bevölkert, bewaldet*⟩; dünn ⟨*besiedelt*⟩; schwach ⟨*besucht*⟩; **c)** *(inadequately)* leicht ⟨*bekleidet*⟩; *(fig.)* dürftig ⟨*verschleiert, verkleidet*⟩

**thinner** ['θɪnə(r)] **1.** *adj., adv. compar. of* **thin 1, 2. 2.** *n.* **~[s]** Verdünner, *der;* Verdünnungsmittel, *das*

**thinness** ['θɪnnɪs] *n., no pl.* **a)** *(lack of depth etc.)* Dünne, *die;* geringe Dicke; **b)** *(slimness)* Magerkeit, *die;* **c)** *(sparseness)* Spärlichkeit, *die;* **d)** *(slightness of consistency)* Dünnflüssigkeit, *die;* **e)** *(lack of substance or strength)* Dürftigkeit, *die;* **the ~ of her voice** ihre dünne Stimme; **f)** *(fig.: inadequacy)* Dürftigkeit, *die*

**'thin-skinned** *adj. (fig.)* empfindlich; dünnhäutig *(geh.)*

**third** [θɜ:d] **1.** *adj.* dritt...; **the ~ finger** der Ringfinger; **~ largest/highest** *etc.* drittgrößt.../-höchst... *usw.*; **come in/be ~:** dritter/dritte sein/als dritter/dritte ankommen; **every ~ week** jede dritte Woche; **a ~ part** *or* **share** ein Drittel. **2.** *n.* **a)** *(in sequence)* dritte, *der/die/das; (in rank)* Dritte, *der/die/das; (fraction)* Drittel, *das;* **be the ~ to arrive** als dritter/dritte ankommen; **b)** *(~ form)* dritte [Schul]klasse; Dritte, *die (Schuljargon)*; **c)** *(Motor Veh.)* dritter Gang; **in ~:** im dritten [Gang]; **change into ~:** in den dritten [Gang] schalten; **d)** *(Brit. Univ.)* Drei, *die;* **he has a ~ [in History]** er hat eine Drei [in Geschichte]; **get** *or* **take** *or* **be awarded a ~ in one's finals** sein Examen mit [der Note] Drei bestehen; **e)** *(Mus.)* Terz, *die;* **f)** *(day)* **the ~ of May** der dritte Mai; **the ~ [of the month]** der Dritte [des Monats]. *See also* **eighth 2**

**third: ~-best 1.** ['--] *adj.* drittbest...; **2.** [-'-] *n., no pl.* Drittbeste, *der/die/das;* **~ 'class** *n.* **a)** *(set ranking after second class)* dritte Kategorie; **b)** *(Transport)* dritte Klasse; **c)** *(Brit. Univ.) see* **third 2 d**; **~-class 1.** ['--] *adj.* **a)** drittklassig; **he got a ~-class degree** er hat einen Abschluß mit der Note Drei; **b)** Dritte[r]-Klasse-⟨*Wagen, Reisender, Fahrkarte*⟩; ⟨*Wagen, Fahrkarte*⟩ dritter Klasse; ⟨*Reisender*⟩ der dritten Klasse; **2.** [-'-] *adv.* dritter Klasse ⟨*reisen*⟩; **~ de'gree** *see* **degree i**; **~ 'force** *n.* dritte Kraft; **~ form** *see* **form 1 d**; **~ 'gear** *n., no pl. (Motor Veh.)* dritter Gang; *see also* **gear 1 a**

**thirdly** ['θɜ:dlɪ] *adv.* drittens

**third: ~ 'man** *n. (Cricket)* [weit zurückstehender] Eckmann; **~ 'party** *n.* Dritte, *der/die;* dritte Person; *attrib.* **~-party insurance** Haftpflichtversicherung, *die;* **be covered by ~-party insurance** haftpflichtversichert sein; **take out ~-party insurance** eine Haftpflichtversicherung abschließen; **~ 'person** *n.* **a)** *see* **~ party**; **b)** *see* **person d**; **~ 'rail** *n. (Railw.)* Stromschiene, *die;* **~-rate** *adj.* drittklassig; **~ 'reading** *see* **reading g**; **T~ 'World** *n.* dritte Welt; **countries of the T~ World, T~ World countries** Länder der dritten Welt

**thirst** [θɜ:st] **1.** *n.* Durst, *der;* **die of ~:** verdursten; *(fig.: be very thirsty)* vor Durst sterben *(ugs.)*; **~ for knowledge** Wissensdurst, *der;* **~ for revenge/after fame** Rachedurst, *der*/Ruhmsucht, *die;* **~ for news** sehnsüchtiges Warten auf Nachricht. **2.** *v. i.* **~ for revenge/knowledge** nach Rache/Wissen dürsten *(geh.)*

**thirstily** ['θɜ:stɪlɪ] *adv.* durstig

**'thirst-quencher** *n.* Durstlöscher, *der*

**thirsty** ['θɜ:stɪ] *adj.* **a)** durstig; **be ~:** Durst haben; **sb. is ~ for sth.** *(fig.)* jmd. *od.* jmdn. dürstet nach etw. *(dichter.)*; **~ after gain/for knowledge/revenge** *(fig.)* gewinnsüchtig/wißbegierig/rachedurstig *(geh.)*; **b)** *(coll.: causing thirst)* durstig machend; **this is ~ work** diese Arbeit macht durstig

**thirteen** [θɜ:'ti:n] **1.** *adj.* dreizehn; *see also* **eight 1. 2.** *n.* Dreizehn, *die; see also* **eight 2 a, d**; **eighteen 2**

**thirteenth** [θɜ:'ti:nθ] **1.** *adj.* dreizehnt...; *see also* **eighth 1. 2.** *n.* **a)** *(fraction)* Dreizehntel, *das;* **b) Friday the ~:** Freitag, der Dreizehnte. *See also* **eighth 2**

**thirtieth** ['θɜ:tɪɪθ] **1.** *adj.* dreißigst...; *see also* **eighth 1. 2.** *n. (fraction)* Dreißigstel, *das; see also* **eighth 2**

**thirty** ['θɜ:tɪ] **1.** *adj.* dreißig; **one-and-~** *(arch.) see* **thirty-one 1**; *see also* **eight 1. 2.** *n.* Dreißig, *die;* **one-and-~** *(arch.) see* **thirty-one 2**; *see also* **eight 2 a**; **eighty 2**

**thirty:** **~-'first** *etc. adj.* einunddreißigst... *usw.; see also* **eighth 1**; **~-'one** *etc.* **1.** *adj.* einunddreißig *usw.; see also* **eight 1**; **2.** *n.* Einunddreißig *usw., die; see also* **eight 2 a**; **~-'second-note** *n. (Amer. Mus.)* Zweiunddreißigstel[note], *die*

**this** [ðɪs] **1.** *adj., pl.* **these** [ði:z] **a)** dieser/diese/dieses; *(with less emphasis)* der/die/das; **at ~ time** zu dieser Zeit; **before ~ time** vorher; zuvor; **these days** heut[zutag]e; **I'll say ~ much/I can tell you ~ much ...:** soviel kann ich sagen/soviel kann ich dir verraten ...; **b)** *(that is the present)* dieser/diese/dieses; **all ~ week** die[se] ganze Woche; **by ~ time** inzwischen; mittlerweile; **c)** *(of today)* **~ morning/evening** *etc.* heute morgen/abend *usw.*; **where are you going to eat ~ lunch-time?** wo wirst du heute zu Mittag essen?; **d)** *(just past)* **these last three weeks** die letzten drei Wochen; **~ day has been a really hard one** der heutige Tag war wirklich anstrengend; **e)** *(to come)* **~ Monday** nächsten Montag; **it will not be wanted these eight months** es wird in den nächsten acht Monaten nicht gebraucht werden; **f)** *(coll.: previously unspecified)* **they dug ~ great big trench** sie hoben einen riesigen Graben aus; **I was in the pub when ~ fellow came up to me** ich war in der Kneipe, als [so] einer *od.* so'n Typ auf mich zukam *(ugs.)*; **g) he's tried ~ drink and that [drink]** *or* **~ and that drink** er hat schon so manchen Drink *od.* schon allerlei Drinks probiert; **I went to ~ doctor and that** ich ging von einem Arzt zum anderen. *See also* **that 1 c**; **world b. 2.** *pron., pl.* **these a) what's ~?** was ist [denn] das?; **what is all ~?:** was soll das alles?; **what flower is ~?:** was ist das für eine Blume?; **fold it like ~!** falte es so!; **I knew all ~ before** ich wußte dies *od.* das alles schon vorher; **~ is not fair!** das ist nicht fair!; **what's all ~ about Jan and Angela separating?** stimmt das, daß Jan und Angela sich trennen wollen?; **what's ~ about holidays?** was war da mit Ferien?; **John, ~ is Mary** John, das ist Mary; *see also* **¹it j**; **b)** *(the present)* **before ~:** bis jetzt; **c)** *(Brit. Teleph.: person speaking)* **~ is Andy [speaking]** hier [spricht *od.* ist] Andy; **d)** *(Amer. Teleph.: person spoken to)* **who did you say ~ was?** wer ist am Apparat?; mit wem spreche ich, bitte?; **e) ~ and that** dies und das; **~, that, and the other** alles mögliche. **3.** *adv. (coll.)* so; **~ much** so viel

**thistle** ['θɪsl] *n.* Distel, *die*

**'thistledown** *n.* Distelwolle, *die*; **[as] light as ~:** leicht wie eine Feder

**thither** ['ðɪðə(r)] *adv. (arch.)* dorthin; *see also* **hither**

**tho'** *see* **though**

**thong** [θɒŋ] *n.* [Leder]riemen, *der*

**thoracic** [θɔ:'ræsɪk] *adj. (Anat.)* Thorax-; Brust⟨*höhle, -segment, -wirbel*⟩

**thorax** ['θɔ:ræks] *n., pl.* **thoraces** ['θɔ:rəsi:z] *or* **~es** *(Anat., Zool.)* Thorax, *der*

**thorn** [θɔ:n] *n.* **a)** *(part of plant)* Dorn, *der*; **be on ~s** *(fig.)* wie auf Nesseln sitzen *(ugs.)*; **b)** *(plant)* Dornenstrauch, *der*; **c) a ~ in the flesh** *or* **side/in sb.'s flesh** *or* **side** ein Pfahl im Fleische/im Fleische für jmdn.

**thorn-bush** *n.* Dornbusch, *der*

**thornless** ['θɔ:nlɪs] *adj.* dornenlos

**thorny** ['θɔ:nɪ] *adj.* **a)** dornig; **b)** *(fig.: difficult)* heikel; dornenreich ⟨*Weg*⟩

**thorough** ['θʌrə] *adj.* **a)** gründlich; durchgreifend ⟨*Reform*⟩; genau ⟨*Beschreibung, Anweisung*⟩; **b)** *(downright)* ausgemacht ⟨*Halunke, Nervensäge*⟩; tief ⟨*Verachtung*⟩. *See also* **³bass 2 c**

**thorough:** **~bred** **1.** *adj.* **a)** reinrassig ⟨*Tier*⟩; vollblütig ⟨*Pferd*⟩; **b)** *(fig.)* rassig ⟨*Sportwagen*⟩; **2.** *n.* **a)** reinrassiges Tier; *(horse)* Rassepferd, *das; (Horse Racing)* Vollblut, *das*; **b)** *(fig.: car)* Klassewagen, *der (ugs.)*; **~fare** *n.* Durchfahrtsstraße, *die*; **'no ~fare'** „Durchfahrt verboten"; *(on foot)* „kein Durchgang"; **~going** *adj.* **a)** *see* **thorough a**; **b)** *(extreme)* radikal ⟨*Konservative, Sozialist*⟩; ausgemacht ⟨*Halunke*⟩

**thoroughly** ['θʌrəlɪ] *adv.* gründlich ⟨*untersuchen, prüfen*⟩; gehörig ⟨*müde, erschöpft*⟩; so richtig ⟨*genießen*⟩; ausgesprochen ⟨*langweilig*⟩; zutiefst ⟨*beschämt*⟩; *(completely)* völlig ⟨*durchnäßt, verzogen*⟩; total ⟨*verdorben, verwöhnt*⟩; **be ~ fed up with sth.** *(sl.)* von etw. die Nase gestrichen voll haben *(ugs.)*; **be ~ delighted with sth.** sich außerordentlich über etw. *(Akk.)* freuen

**thoroughness** ['θʌrənɪs] *n., no pl.* Gründlichkeit, *die*

**those** *see* **that 1, 2**

**¹thou** [ðaʊ] *pron. (arch./poet./dial.)* du; *(Relig.: God)* Du

**²thou** [θaʊ] *n., pl. same (coll.)* **a)** *see* **thousand 2 a**; **b)** *(Mech. Engin.)* tausendstel Inch

**though** [ðəʊ] **1.** *(conj.)* **a)** *(despite the fact that)* obwohl; **late ~ it was** obwohl es so spät war; **the car, ~ powerful, is also economical** der Wagen ist zwar stark, aber [zugleich] auch wirtschaftlich; **b)** *(but nevertheless)* aber; **a slow ~ certain method** eine langsame, aber *od.* wenn auch sichere Methode; **c)** *(even if)* **[even] ~:** auch wenn; **as ~ = as if** *see* **if 1 a**; **d)** *(and yet)* **~ you never know** obwohl man nie weiß; **she read on, ~ not to the very end** sie las weiter, wenn auch nicht bis ganz zum Schluß. **2.** *adv. (coll.)* trotzdem; **I like him ~:** ich mag ihn aber [trotzdem]; **you don't know him, ~:** aber du kennst ihn nicht

**thought** [θɔ:t] **1.** *see* **think 1, 2. 2.** *n.* **a)** *no pl.* Denken, *das*; **[lost] in ~:** in Gedanken [verloren *od.* versunken]; **quick as ~:** blitzschnell; **Greek/Western ~:** das Denken der Griechen/das westliche Denken; **b)** *no pl., no art. (reflection)* Überlegung, *die*; Nachdenken, *das*; **act without ~:** gedankenlos handeln; **after serious ~:** nach reiflicher Überlegung; **c)** *(consideration)* Rücksicht, *die* (**for** auf + *Akk.*); **he has no ~/is full of ~ for others** er nimmt keine Rücksicht auf andere/ist sehr rücksichtsvoll anderen gegenüber; **give [plenty of] ~ to sth., give sth. [plenty of] ~:** [reiflich] über etw. *(Akk.)* nachdenken; **give no ~ to sth.** an etw. *(Akk.)* nicht denken; **he never gave the matter a moment's ~:** er dachte keinen Augenblick daran; **take ~:** überlegen; **she criticized his lack of ~ for his parents** sie kritisierte, daß er zu wenig an seine Eltern dachte; **built with some ~ for the crew** mit Blick auf die Mannschaft gebaut; **with no ~ for her own safety** ohne an ihre eigene Sicherheit zu denken; **d)** *(idea, conception)* Gedanke, *der*; **I've just had a ~!** mir ist gerade ein [guter] Gedanke gekommen; **it's the ~ that counts** der gute Wille zählt; **his one ~ is how to get rich** er hat nichts anderes im Sinn, als reich zu werden; **he hasn't a ~ in his head** er ist ein Schussel *(ugs.)*; **at the [very] ~ of sth./of doing sth./that ...:** beim [bloßen] Gedanken an etw. *(Akk.)*/daran, etw. zu tun/, daß ...; **that's** *or* **there's a ~!** das ist aber eine [gute] Idee!; **don't give it another ~:** mach dir darüber keine Gedanken; **she is [constantly] in his ~s** er muß ständig an sie denken; *see also* **penny c**; **e)** *in pl. (opinion)* Gedanken; **I'll tell you my ~s on the matter** ich sage dir, wie ich darüber denke; **f)** *(intention)* **have no ~ of doing sth.** überhaupt nicht daran denken, etw. zu tun; **give up all ~[s] of sth./doing sth.** sich *(Dat.)* etw. aus dem Kopf schlagen/es sich *(Dat.)* aus dem Kopf schlagen, etw. zu tun; **have some ~s of doing sth.** sich mit dem Gedanken tragen *od.* mit dem Gedanken spielen, etw. zu tun; **nothing was further from my ~s** nicht im Traum hätte ich daran gedacht; **g)** *(somewhat)* **a ~ arrogant/more considerate** ein wenig arrogant/rücksichtsvoller

**thoughtful** ['θɔ:tfl] *adj.* **a)** *(meditative)* nachdenklich; **b)** *(considerate)* rücksichtsvoll; *(helpful)* aufmerksam; **c)** *(showing original thought)* gedankenreich; *(well thought out)* [gut] durchdacht; wohlüberlegt ⟨*Bemerkung*⟩

**thoughtfully** ['θɔ:tfəlɪ] *adv.* **a)** *(meditatively)* nachdenklich; **b)** *(considerately)* rücksichtsvollerweise; **she ~ provided blankets** sie war so umsichtig, Decken bereitzustellen; **c)** *(in a well-thought-out manner)* **a ~ written article** ein gut durchdachter Artikel

**thoughtfulness** ['θɔ:tflnɪs] *n., no pl. see* **thoughtful: a)** Nachdenklichkeit, *die*; **b)** Rücksicht, *die* (**for** auf + *Akk.*); **c)** Gedankenreichtum, *der*; Wohlüberlegtheit, *die*

**thoughtless** ['θɔ:tlɪs] *adj.* **a)** gedankenlos; **~ of the danger, ...:** ohne an die Gefahr zu denken ...; **b)** *(inconsiderate)* rücksichtslos; **c)** *(due to lack of thought)* leichtfertig ⟨*Fehler*⟩

**thoughtlessly** ['θɔ:tlɪslɪ] *adv.* gedankenlos; **he ~ gave his son a box of matches** in seiner Gedankenlosigkeit gab er seinem Sohn eine Schachtel Streichhölzer

**thoughtlessness** ['θɔ:tlɪsnɪs] *n., no pl.* **a)** Gedankenlosigkeit, *die*; **b)** *(lack of consideration)* Rücksichtslosigkeit, *die*

**thought:** **~ process** *n.* Denkprozeß, *der*; **~-provoking** *adj.* nachdenklich stimmend; **be ~-provoking** nachdenklich stimmen; **~-reader** *n.* Gedankenleser, *der*/-leserin, *die*; **you must be/I'm not a ~-reader** du kannst wohl Gedanken lesen/ich bin doch kein Hellseher; **~-reading** *n.* Gedankenlesen, *das*; **~-transference** *n.* Gedankenübertragung, *die*

**thousand** ['θaʊznd] **1.** *adj.* **a)** tausend; **a** *or* **one ~:** eintausend; **two/several ~:** zweitausend/mehrere tausend; **one and a half ~:** [ein]tausendfünfhundert; **a** *or* **one ~ and one** [ein]tausend[und]eins; **a** *or* **one ~ and one people** [ein]tausendundeine Person; **a T~ and one Nights** Tausendundeine Nacht; **b) a ~ [and one]** *(fig.: innumerable)* tausend *(ugs.)*; **a ~ thanks** tausend Dank; **a ~ apologies** ich bitte tausendmal um Entschuldigung. *See also* **pity 1 b**; **time 1 f. 2.** *n.* **a)** *(number)* tausend; **a** *or* **one/two ~:** ein-/zweitausend; **a ~ and one** [ein]tausend[und]eins; **a ~-to-one chance** eine Chance von tausend zu eins; **she/this chance is one in a ~** *(fig.)* sie ist einmalig/das ist eine einmalige Chance; **b)** *(symbol)* Tausend, *die*; *(in adding numbers by columns)* Tausender, *der (Math.)*; *(set or group)* Tausend, *das*; **c)** *(indefinite amount)* **~s** Tausende; **they came by the ~** *or* **in their ~s** sie kamen zu Tausenden; **~s and ~s of people** tausend und aber tausend Menschen

**'thousandfold** **1.** *adv.* tausendfach. **2.** *adj.* tausendfach. **3.** *n.* Tausendfache, *das*; *see also* **hundredfold 3**

**thousandth** ['θaʊzndθ] **1.** *adj.* tausendst...; **a ~ part** ein Tausendstel; *see also* **eighth 1. 2.** *n.* **a)** *(fraction)* Tausendstel, *das*; **b)** *(in sequence)* tausendste, *der/die/das*; *(in rank)* Tausendste, *der/die/das*

**thraldom** ['θrɔ:ldəm] *n., no pl. (literary)* Sklaverei, *die*

**thrall** [θrɔ:l] *n. (literary)* **a)** *(slave, lit. or fig.)* Sklave, *der*/Sklavin, *die* (**to, of** *Gen.*); *(serf)* Hörige, *der/die*; **b) have** *or* **hold sb. in ~** *(fig.)* jmdn. in seinen Bann geschlagen haben

**thralldom** *(Amer.) see* **thraldom**

**thrash** [θræʃ] **1.** *v. t.* **a)** *(beat)* [ver]prügeln; **~ the life out of sb.** jmdm. die Seele aus dem Leib prügeln *(ugs.)*; **b)** *(defeat)* vernichtend schlagen; **c)** *see* **thresh. 2.** *v. i.* **a) ~ at sth.** auf etw. *(Akk.)* einschlagen; **b)** *(Naut.)* **~ to windward** luvwärts gegen die See knüppeln. **3.** *n. (sl.: party)* große Fete

~ a'**bout,** ~ a'**round** *v. i.* sich hin- und herwerfen; ‹*Fisch:*› zappeln

~ '**out** *v. t.* ausdiskutieren ‹*Problem, Frage*›; ausarbeiten ‹*Plan*›; ~ **out the whole business** Klarheit in die ganze Sache bringen

**thrashing** ['θræʃɪŋ] *n.* **a)** *(beating)* Prügel *Pl.;* **give sb. a ~:** jmdm. eine Tracht Prügel verpassen *(ugs.);* **get a ~:** Prügel bekommen; **b)** *(defeat)* Schlappe, *die;* **give sb. a ~:** jmdn. vernichtend schlagen

**thread** [θred] **1.** *n.* **a)** Faden, *der;* **sb. has not a dry ~ on him** jmd. hat keinen trockenen Faden [mehr] am Leib *(ugs.);* **b)** *(fig.)* **hang by a ~** *(be in a precarious state)* an einem [dünnen *od.* seidenen] Faden hängen; *(depend on sth. still in doubt)* auf Messers Schneide stehen; **lose the ~:** den Faden verlieren; **take** *or* **pick up the ~ of the conversation** den Gesprächsfaden wieder aufnehmen; **gather up the ~s of sth.** etw. erläuternd zusammenfassen; **c)** *(sth. very thin)* **a ~ of light/water** ein feiner Lichtstrahl/ein Rinnsal *(geh.);* **d)** *(Mech. Engin.: of screw)* Gewinde, *das.* **2.** *v. t.* **a)** *(pass ~ through)* einfädeln; auffädeln ‹*Perlen*›; *(make chain of)* aufreihen; **b)** *(place in position)* einfädeln ‹*Film, Tonband*› **(through** in + *Akk.*); **c)** ~ **one's way through sth.** *(lit. or fig.)* sich durch etw. schlängeln; **d)** *(Mech. Engin.)* mit einem Gewinde versehen

**thread:** ~**bare** *adj.* **a)** *(worn)* abgenutzt; abgetragen ‹*Kleidung*›; **b)** *(fig.)* abgedroschen ‹*Argument*› *(ugs.);* ~**worm** *n. (Zool., Med.)* Fadenwurm, *der*

**threat** [θret] *n.* **a)** Drohung, *die;* **make a ~ against sb.** jmdm. drohen; **under ~ of** unter Androhung von; **sb./sth. is under ~ of sth.** jmdm./einer Sache droht etw.; **issue ~s to sb.'s life** Morddrohungen gegen jmdn. richten; **b)** *(indication of sth. unpleasant)* **at the slightest ~ of sth.** wenn etw. auch nur ganz entfernt droht; **there is a ~ of rain** es kann Regen geben; **c)** *(danger)* Bedrohung, *die* **(to** für); **a ~ to our liberty** eine Bedrohung unserer Freiheit

**threaten** ['θretn] *v. t.* **a)** *(use threats towards)* bedrohen; ~ **sb. with prosecution/a beating** jmdm. Verfolgung/Schläge androhen; **I am ~ed with a visit from my mother** *(joc.)* mir droht ein Besuch meiner Mutter *(scherzh.);* **b)** *(announce one's intention)* ~ **to do sth.** damit drohen, etw. zu tun; **the fire ~ed to engulf the whole village** *(fig.)* das Feuer drohte das ganze Dorf einzuschließen; ~ **to commit suicide/to resign** mit Selbstmord/dem Rücktritt drohen; **c)** drohen mit ‹*Gewalt, Repressalien, Rache usw.*›; **the sky ~s rain** am Himmel hängen drohende Regenwolken; **d)** *abs.* **when danger ~s** wenn [eine] Gefahr droht

**threatening** ['θretnɪŋ] *adj.* drohend; bedrohlich ‹*Gegenwart, Verhalten, Situation*›; ~ **letter** Drohbrief, *der*

**threateningly** ['θretnɪŋlɪ] *adv.* drohend; ~ **close** bedrohlich nahe

**three** [θri:] **1.** *adj.* drei; ~ **parts wine and one part ...:** drei Teile Wein und ein Teil ...; **be ~ parts finished** dreiviertel fertig sein; *see also* **cheer 1 a; eight 1; R b. 2.** *n.* **a)** *(number, symbol)* Drei, *die;* **b)** *(set of ~ people)* Dreiergruppe, *die;* **the ~ [of them]** die Drei. *See also* **eight 2 a, c, d**

**three:** ~-**cornered** ['θri:kɔ:nəd] *adj.* dreieckig; ~-**cornered hat** Dreispitz, *der;* ~-**cornered contest** Wettkampf mit drei Teilnehmern; ~-**di'mensional** *adj.* dreidimensional; ~**fold** *adj., adv.* dreifach; *see also* **eightfold;** ~-'**four time** *n. (Mus.)* Dreivierteltakt, *der;* ~-**handed** *adj. (Cards)* ‹*Bridge usw.*› zu dritt; ~-**lane** *adj.* dreispurig; ~-**legged** ['θri:legd, 'θri:legɪd] *adj.* dreibeinig; ~-**legged race** *n. Wettlauf zwischen Paaren, bei denen jeweils das linke Bein des einen Partners mit dem rechten Bein des anderen zusammengebunden ist;* ~-**line** '**whip** *see* **whip 1 c;** ~**pence** ['θrepəns, 'θrɪpəns] *n. (Brit. Hist.)* drei Pence; ~**penny** ['θrepənɪ, 'θrɪpənɪ] *adj. (Brit. Hist.)* Drei-Pence-; *see also* ²**bit g;** ~-**phase** *adj.* Dreiphasen-; dreiphasig; ~-**phase current** Dreiphasenstrom, *der;* ~-**piece** *adj. see* **piece 1 b;** ~-**pin** *adj. see* **pin 1 c;** ~-**ply 1.** *adj.* dreilagig; dreifädig ‹*Wolle*›; **2.** *n.* **a)** *(wool)* dreifädige Wolle; **b)** *(wood)* dreischichtiges [Sperr]holz; ~-**point** *attrib. adj.* ~-**point landing** *(Aeronaut.)* Dreipunktlandung, *die;* ~-**point turn** *(Brit. Motor Veh.) Wendemanöver auf engem Raum, bei dem vorwärts, rückwärts und wieder vorwärts gefahren wird;* ~-**quarter 1.** *adj.* dreiviertel; ~-**quarter portrait** *(down to hips)* Dreiviertelporträt, *das; (of face)* Halbprofilporträt, *das;* ~-**quarter length** dreiviertellang; ~-**quarter back** *see* **2; 2.** *n. (Rugby)* Dreiviertel, *der;* ~-**quarters 1.** *n.* **a)** drei Viertel (**of** *Gen.*); ~-**quarters of an hour** eine Dreiviertelstunde; **b)** *attrib.* Dreiviertel‹*mehrheit usw.*›; **2.** *adv.* dreiviertel ‹*voll*›; zu drei Vierteln ‹*fertig*›; ~**score** *adj. (arch.)* sechzig; ~**score and ten** siebzig

**threesome** ['θri:səm] *n.* Dreigespann, *das;* Trio, *das;* **go as a ~:** zu dritt gehen

**three:** ~-**way** *adj.* Dreiwege-; ~-**way adapter** *(Electr.)* Dreifachstecker, *der;* ~-**way intersection** Kreuzung, an der sich drei Straßen treffen; ~-**way tie** Unentschieden, bei dem drei Spieler/Mannschaften die gleiche Punktzahl *usw.* haben; ~-**way profit split** Dreiteilung des Gewinns; ~-**way play-off** Stechen *(Sport)* von drei Teilnehmern; ~-'**wheeler** *n.* Dreirad, *das (Kfz-W.)*

**thresh** [θreʃ] *v. t. (Agric.)* dreschen

**thresher** ['θreʃə(r)] *n.* **a)** *(Agric.) (person)* Drescher, *der*/Drescherin, *die; (machine)* Dreschmaschine, *die;* **b)** *(Zool.: shark)* Fuchshai, *der;* Drescher, *der*

**threshing** ['θreʃɪŋ]: ~-**floor** *n. (Agric.)* Tenne, *die;* ~-**machine** *n. (Agric.)* Dreschmaschine, *die*

**threshold** ['θreʃəʊld] *n.* **a)** *(lit. or fig.)* Schwelle, *die;* **be on the ~ of sth.** *(fig.)* an der Schwelle einer Sache *(Gen.)* stehen; **pain ~** *(Physiol., Psych.)* Schmerzschwelle, *die;* **b)** *(Phys.)* Schwellenwert, *der*

**threw** *see* **throw 1**

**thrice** [θraɪs] *adv. (arch./literary)* dreimal

**thrift** [θrɪft] *n.* **a)** *no pl.* Sparsamkeit, *die;* **b)** *(Bot.)* Grasnelke, *die*

'**thrift account** *n. (Amer.)* Sparkonto, *das*

**thriftily** ['θrɪftɪlɪ] *adv.* sparsam

**thriftiness** ['θrɪftɪnɪs] *n., no pl.* Sparsamkeit, *die*

**thrifty** ['θrɪftɪ] *adj.* sparsam

**thrill** [θrɪl] **1.** *v. t. (excite)* faszinieren; *(delight)* begeistern; **be ~ed by/with sth.** von etw. fasziniert/begeistert sein; **we were ~ed to have your letter** wir haben uns wahnsinnig über deinen Brief gefreut *(ugs.); see also* ²**bit a. 2.** *v. i.* ~ **with** zittern *od. (geh.)* beben vor (+ *Dat.*); ~ **to** wie elektrisiert sein bei; ~ **with horror** vor Entsetzen schaudern; ~ **with excitement** ein Prickeln der Erregung verspüren; ~ **at the sight of sth./at sb.'s touch** beim Anblick einer Sache *(Gen.)*/bei jmds. Berührung von einem Schauder überlaufen werden. **3.** *n.* **a)** *(wave of emotion)* Erregung, *die;* **a ~ of joy/pleasure** freudige Erregung; **a ~ of excitement/hate/horror** prickelnde Erregung/ein starkes Haßgefühl/ein Schauder *(geh.)* des Entsetzens; **a ~ of anticipation** prickelnde Vorfreude; **b)** *(exciting experience)* aufregendes Erlebnis; *(titillation)* Nervenkitzel, *der (ugs.);* **sb. gets a ~ out of sth.** etw. erregt jmdn.; **cheap ~s** anspruchsloser Nervenkitzel *(ugs.);* **this film will give you the ~ of a lifetime** dieser Film wird das Aufregendste sein, was du je erlebt hast; ~**s and spills** Nervenkitzel, *der*

**thriller** ['θrɪlə(r)] *n.* Thriller, *der*

**thrilling** ['θrɪlɪŋ] *adj.* aufregend; spannend ‹*Buch, Film, Theaterstück, Geschichte*›; packend ‹*Ereignis*›; mitreißend ‹*Musik*›; prickelnd ‹*Gefühl*›

**thrive** [θraɪv] *v. i.* ~**d** *or* **throve** [θrəʊv], ~**d** *or* **thriven** ['θrɪvn] **a)** *(grow vigorously)* wachsen und gedeihen; ~ **on good food/sunlight** bei guter Ernährung/Sonnenschein prächtig gedeihen; **b)** *(prosper)* aufblühen (**on** bei); **business is thriving** das Geschäft floriert; **a thriving businessman** ein erfolgreicher Geschäftsmann; **c)** *(grow rich)* reich werden; ~ **on other people's misfortune** sich am Unglück der anderen bereichern

**thro'** *see* **through**

**throat** [θrəʊt] *n.* **a)** *(outside and inside of neck)* Hals, *der; (esp. inside)* Kehle, *die;* **look down sb.'s ~:** jmdm. in den Hals *od.* Rachen schauen; **pour sth. down one's ~:** etw. hinunterschütten; **cancer of the ~:** Kehlkopfkrebs, *der;* **a [sore] ~:** Halsschmerzen; **cut sb.'s ~:** jmdm. die Kehle durchschneiden; **cut one's own ~** *(fig.)* sich *(Dat.)* ins eigene Fleisch schneiden; **cut one another's ~s** *(fig.)* sich *(Dat.)* gegenseitig das Wasser abgraben; **ram** *or* **cram** *or* **shove** *or* **thrust sth. down sb.'s ~** *(fig.)* jmdm. etw. aufzwingen; **b)** *(of bottle, vase)* Hals, *der; (of blast-furnace)* Gicht, *die (Hüttenw.)*

-**throated** [θrəʊtɪd] *adj. in comb.* -halsig ‹*Mensch, Tier*›; **full-~:** aus vollem Halse

**throat:** ~ **lozenge** *n.* Halspastille, *die;* ~ **microphone** *n.* Kehlkopfmikrophon, *das*

**throaty** ['θrəʊtɪ] *adj.* **a)** *(produced in throat)* kehlig; **b)** *(hoarse)* heiser

**throb** [θrɒb] **1.** *v. i.,* **-bb- a)** *(palpitate, pulsate)* pochen; **his fingers were ~bing [with pain]** er hatte einen pochenden Schmerz in den Fingern; **b)** *(vibrate)* ‹*Motor, Artillerie:*› dröhnen; **the walls seemed to ~:** die Wände schienen zu vibrieren. **2.** *n.* **a)** *(palpitation)* Pochen, *das;* **be ~bing with life** voll von pulsierendem Leben sein; **he felt a sudden ~ of pain** ein plötzlicher Schmerz durchfuhr ihn; **b)** *(vibration)* Dröhnen, *das; (loud)* Hämmern, *das*

**throes** [θrəʊz] *n. pl.* Qual, *die;* ~ **of childbirth** Geburtswehen *Pl.;* **death-~:** Todesqual[en] *(geh.);* **be in the ~ of sth.** *(fig.)* mitten in etw. *(Dat.)* stecken *(ugs.)*

**thrombosis** [θrɒm'bəʊsɪs] *n., pl.* **thromboses** [θrɒm'bəʊsi:z] *(Med.)* Thrombose, *die*

**throne** [θrəʊn] *n.* Thron, *der;* **succeed to the ~:** die Thronfolge antreten; **on the ~** *(coll. joc.)* auf den Thron *od.* Topf *(ugs. scherzh.)*

'**throne-room** *n.* Thronsaal, *der*

**throng** [θrɒŋ] **1.** *n.* [Menschen]menge, *die;* **stand in a ~ around sb.** eine [Menschen]traube um jmdn. bilden; ~**s of people** Scharen von Menschen; **join the ~** *(joc.)* sich ins Gewühl stürzen. **2.** *v. i.* strömen **(into** in + *Akk.*); *(press)* sich drängen; ~ **round the notice-board** sich um das Schwarze Brett drängen. **3.** *v. t.* sich drängen in (+ *Dat.*)

**throttle** ['θrɒtl] **1.** *n. (Mech. Engin.)* ~**[-valve]** Drosselklappe, *die;* ~**[-pedal]** *(Motor Veh.)* Gas[pedal], *das;* ~**[-lever]** Gashebel, *der;* **at full ~** *(Motor Veh.)* mit Vollgas. **2.** *v. t.* erdrosseln; *(fig.)* ersticken

~ **back,** ~ **down 1.** *v. t.* drosseln ‹*Motor*›. **2.** *v. i.* den Motor drosseln

**through** [θru:] **1.** *prep.* **a)** durch; *(fig.)* **search/read ~ sth.** etw. durchsuchen/durchlesen; **wait ~ ten long years** zehn lange Jahre hindurch warten; **live ~ sth.** *(survive)* etw. überleben; *(experience)* etw. erleben; **sit ~ a long sermon** eine lange Predigt hindurch still sitzen bleiben; **b)** *(Amer.: up to and including)* bis [einschließlich]; **c)** *(by reason of)* durch; infolge von ‹*Vernachlässigung, Einflüssen*›; **it was all ~ you that we were late** es war nur deine Schuld, daß wir zu spät gekommen sind; **it all came about ~ his not knowing the way** alles kam so, weil er den Weg nicht wußte; **it happened ~ no fault of yours** es geschah nicht durch deine Schuld; **conceal sth. ~ shame** etw. aus Scham verheimlichen. **2.** *adv.* **a) let sb. ~:** jmdn. durchlassen; **book your tickets ~ to Vienna** löst eure Fahrkarten durchgehend bis Wien; **be a Communist/be wet ~ and ~:** durch und durch Kommunist/naß sein; **be ~ with a piece of work/with sb.** mit einer Arbeit fertig/mit jmdm. fertig *(ugs.)* sein; **we are ~!** *(have succeeded/finished)* wir haben es geschafft!; *(with each other)* wir sind miteinander fertig!; **b)** *(Teleph.)* **be ~:** durch sein *(ugs.);* **be ~ to sb.** mit jmdm. verbunden sein. **3.** *adj.* durchgehend ⟨*Zug*⟩; **~ coach** *or* **carriage** Kurswagen, *der* **(for** nach); **~ traffic** Durchgangsverkehr, *der;* **'no ~ road'** „keine Durchfahrt[sstraße]"

**through: ~-composed** *adj. (Mus.)* durchkomponiert; **~'out 1.** *prep.* **~out the war/period** den ganzen Krieg/die ganze Zeit hindurch; **spread ~out the country** sich im ganzen Land verbreiten; **2.** *adv. (entirely)* ganz; *(always)* stets; die ganze Zeit [hindurch]; **lined with fur ~out** ganz mit Pelz gefüttert; **repainted ~out** von oben bis unten neu gestrichen; **~put** *n.* Durchsatz, *der (Wirtsch.);* **~way** *n. (Amer.: expressway)* Schnellstraße, *die*

**throve** *see* **thrive**

**throw** [θrəʊ] **1.** *v. t.,* **threw** [θru:], **thrown** [θrəʊn] **a)** werfen; **~ sth. to sb.** jmdm. etw. zuwerfen; **~ sth. at sb.** etw. nach jmdm. werfen; **~ me that towel, please** wirf mal bitte das Handtuch rüber *(ugs.);* **the hose ~s a jet of water 50 feet** der Schlauch spritzt das Wasser 50 Fuß weit; **this cannon ~s 50-mm. shells** diese Kanone schießt 50-mm-Geschosse; **~ a punch/punches** zuschlagen; **~ a left/right** eine Linke/Rechte schlagen; **~ oneself on one's knees/to the floor/into a chair** sich auf die Knie/zu Boden/in einen Sessel werfen; **~ oneself down** sich niederwerfen; **~ oneself at sb.** sich auf jmdn. werfen; *(fig.)* sich jmdm. an den Hals werfen *(ugs.);* **~ good money after bad** *(fig.)* [noch mehr] Geld hinauswerfen; *see also* **glass 2; b)** *(fig.)* **~ sb. out of work/into prison** jmdn. entlassen *od. (ugs.)* hinauswerfen/ins Gefängnis werfen *(geh.);* **be ~n upon one's own resources** selbst für sich aufkommen müssen; **~ sb. into confusion** jmdn. durcheinanderbringen; **~ oneself into a task** sich in eine Arbeit *(Akk.)* stürzen; **~ sth. into disarray** *or* **disorder** etw. durcheinanderbringen; *see also* **scent 1 b; c)** *(project, direct)* werfen; **~ an icy look at sb.** jmdm. einen eisigen Blick zuwerfen; *see also* **¹light 1 h; d)** *(bring to the ground)* zu Boden werfen ⟨*Ringer, Gegner*⟩; *(unseat)* abwerfen ⟨*Reiter*⟩; **e)** *(coll.: disconcert)* ⟨*Frage:*⟩ aus der Fassung bringen; **f)** *(cause to change position)* **~ troops into action** Truppen in den Kampf werfen; **~ a switch/lever** einen Schalter/Hebel betätigen; **~ the car into reverse** den Rückwärtsgang einlegen *od. (salopp)* reinhauen; *see also* **open 1 a; g)** *(construct)* **~ a bridge across a river** eine Brücke über einen Fluß schlagen; **h)** *(Textiles)* **~ silk** Seidenfäden drehen; **i)** *(Pottery)* drehen; **j) ~ a fit/tantrum** einen Anfall/Wutanfall bekommen; **k) ~ a party** *(coll.)* eine Party schmeißen *(ugs.);* **l)** *(Amer.: lose intentionally)* absichtlich verlieren ⟨*Kampf, Rennen*⟩; **m)** *(Cards)* ausspielen; *(discard)* abwerfen; **n)** *also abs. (Games)* werfen; **~ [the/a dice]** würfeln. **2.** *n.* **a)** *(act)* Wurf, *der;* **the first ~ went to the champion** *(Wrestling)* der erste Wurf gelang dem Meister; **$5 a ~** *(sl.: each)* $5 das Stück; *see also* **stone 1 a; b)** *(Geol.) (fault)* Verwerfung, *die*

**~ a'bout** *v. t.* herumwerfen *(ugs.);* **~ one's arms about** mit den Armen fuchteln *(ugs.);* **~ one's money about** *(fig.)* mit Geld um sich werfen; *see also* **weight 1 a**

**~ a'round** *v. t.* **a)** *see* **~ about; b)** *(surround with)* **~ a cordon around an area** ein Gebiet abriegeln

**~ a'way** *v. t.* **a)** *(get rid of, waste)* wegwerfen; *(discard)* abwerfen ⟨*Spielkarte*⟩; **~ away money on sth.** Geld für etw. wegwerfen; **~ oneself away on sb.** sich an jmdn. wegwerfen; **b)** *(lose by neglect)* verschenken ⟨*Vorteil, Vorsprung, Spiel usw.*⟩; **c)** *(Theatr.)* beiläufig fallenlassen ⟨*Worte*⟩. *See also* **throw-away**

**~ 'back** *v. t.* **a)** *(return, repulse)* zurückwerfen; **be ~n back on sth.** *(fig.)* auf etw. *(Akk.)* zurückgreifen müssen; **b)** *(move back rapidly)* zurückschlagen ⟨*Bettuch, Vorhang, Teppich*⟩; zurückwerfen ⟨*Kopf*⟩. *See also* **throw-back**

**~ 'down** *v. t.* **~ down [on the ground]** auf den Boden werfen; **it's ~ing it down** *(coll.)* es gießt [wie aus Eimern] *(ugs.); see also* **'gauntlet d**

**~ 'in** *v. t.* **a)** *(include as free extra)* [gratis] dazugeben; **with ... ~n in** mit ... als Zugabe; **b)** *(interpose)* einstreuen ⟨*Bemerkung*⟩; **c)** *(Footb., Rugby)* einwerfen; *see also* **throw-in; d)** *(Cricket)* [vom Außenfeld] in das Innenfeld [zurück]werfen; **e) ~ one's hand in** *(Cards)* aussteigen *(ugs.); (fig.: withdraw)* aufgeben. *See also* **lot g; towel 1 a**

**~ 'off** *v. t.* **a)** *(discard)* ablegen ⟨*Maske, Verkleidung*⟩; von sich werfen ⟨*Kleider*⟩; *(get rid of)* loswerden ⟨*Erkältung, lästige Person*⟩; **b)** *(perform or write casually)* [mühelos] hinwerfen ⟨*Rede, Gedicht usw.*⟩

**~ 'on 1.** *v. t.* sich werfen in ⟨*Kleider*⟩. **2.** *v. refl.* **~ oneself [up]on sb.** sich auf jmdn. stürzen; **~ oneself [up]on sb.'s mercy** sich jmdm. auf Gnade oder Ungnade ausliefern

**~ 'out** *v. t.* **a)** *(discard)* wegwerfen; **b)** *(expel)* **~ sb. out [of sth.]** jmdn. [aus etw.] hinauswerfen *(ugs.);* **~ sb. out of work** jmdn. hinauswerfen *(ugs.);* **c)** *(refuse)* verwerfen ⟨*Plan usw.*⟩; **d)** *(put forward tentatively)* in den Raum stellen ⟨*Vorschläge*⟩; **e) ~ out one's chest** die Brust herausdrücken; **f)** *(confuse)* durcheinanderbringen; aus dem Konzept bringen ⟨*Sprecher*⟩; **the mistake threw us out in our calculation/results** der Fehler warf unsere Rechnung um *(ugs.)*/verfälschte unsere Ergebnisse; **g)** *(radiate)* ausstrahlen ⟨*Wärme*⟩. *See also* **throw-out**

**~ 'over** *v. t.* sitzenlassen *(ugs.)* ⟨*Freund[in] usw.*⟩; den Rücken kehren (+ *Dat.*) ⟨*Partei, Bekannten, Familie*⟩

**~ to'gether** *v. t.* **a)** *(assemble hastily)* zusammenhauen *(ugs.);* zusammenwerfen ⟨*Zutaten, Ideen*⟩; herzaubern ⟨*Essen*⟩; zusammenschustern *(ugs. abwertend)* ⟨*Aufsatz, Artikel*⟩; zusammenschreiben ⟨*Buch, Artikel, Rede*⟩; **b)** *(bring together)* zusammenwürfeln

**~ 'up 1.** *v. t.* **a)** *(lift quickly)* hochwerfen ⟨*Arme, Hände*⟩; [plötzlich] hochschieben ⟨*Fenster*⟩; **b)** *(erect quickly)* hochziehen *(salopp)* ⟨*Gebäude*⟩; **c)** *(give up)* hinwerfen *(ugs.)* ⟨*Arbeit*⟩; aufgeben ⟨*Versuch*⟩; abbrechen ⟨*Laufbahn, Ausbildung*⟩; **d)** *(produce)* hervorbringen ⟨*Führer, Ideen usw.*⟩; **e)** *(coll.: vomit)* ausspucken *(ugs.).* **2.** *v. i. (coll.: vomit)* brechen *(ugs.);* **he makes me want to ~ up** ich finde ihn zum Kotzen *(derb)*

**throw: ~-away 1.** *adj.* **a)** *(disposable)* Wegwerf-; Einweg-; **b)** *(underemphasized)* beiläufig [gesprochen] ⟨*Bemerkung*⟩; **2.** *n.* **a)** *(disposable thing)* Wegwerfartikel, *der; (bottle)* Einwegflasche, *die;* **b)** *(remark)* beiläufige Bemerkung; **~-back** *n.* Rückkehr, *die* (to zu); **he/this horse is a ~-back** in ihm/diesem Pferd schlägt altes Blut wieder durch

**thrower** ['θrəʊə(r)] *n.* Werfer, *der*/Werferin, *die; (Pottery)* Dreher, *der*/Dreherin, *die*

**'throw-in** *n. (Footb., Rugby)* Einwurf, *der*

**thrown** *see* **throw 1**

**throw: ~-out** *n.* **a) have a ~-out** ausmisten *(ugs.);* **b) sb.'s ~-outs** das, was jmd. wegwerfen will; *(clothes)* jmds. abgelegte Kleider; **these are ~-outs** diese sind zum Wegwerfen; **~-rug** *n. (Amer.)* Überwurf, *der*

**thru** *(Amer.) see* **through**

**thrum** [θrʌm] **1.** *v. t.,* **-mm-** klimpern auf (+ *Dat.*) ⟨*Gitarre usw.*⟩; trommeln auf (+ *Dat.*) ⟨*Tisch usw.*⟩; **~ a tune** eine Melodie [herunter]klimpern. **2.** *v. i.,* **-mm-** *(on guitar)* klimpern **(on** auf + *Dat.*); *(on flat surface)* trommeln **(on** auf + *Dat.*)

**¹thrush** [θrʌʃ] *n. (Ornith.)* Drossel, *die*

**²thrush** *n., no pl., no art. (Med.)* Soor, *der;* Soormykose, *die*

**thrust** [θrʌst] **1.** *v. t.,* **thrust a)** *(push suddenly)* stoßen; **he ~ his fist into my face** er stieß mir seine Faust ins Gesicht; **~ a letter into sth.** einen Brief in etw. *(Akk.)* stecken; **~ out one's hand** die Hand ausstrecken; **~ a ten-pound note into sb.'s hand** jmdm. eine Zehnpfundnote in die Hand drücken; *(fig.)* **~ aside** beiseite schieben; in den Wind schlagen ⟨*Warnungen*⟩; **~ extra work [up]on sb.** jmdm. zusätzliche Arbeit aufbürden; **~ oneself/one's company upon sb.** sich/seine Gesellschaft jmdm. aufdrängen; **fame was ~ upon her** sie wurde unversehens berühmt; **b) ~ one's way through/into/out of sth.** sich durch/in/aus etw. drängen; **c)** *(pierce)* **~ sb./sth. through** jmdn./etw. durchbohren. **2.** *v. i.,* **thrust a)** *(push)* **~ at sb.** nach jmdm. stoßen; **b)** *(force one's way)* **~ through the crowd/to the front** sich durch die Menge/nach vorn drängen *od.* kämpfen. **3.** *n.* **a)** *(sudden push)* Stoß, *der;* **b)** *(fig.: verbal attack)* Seitenhieb, *der* **(at** auf + *Akk.*); **c)** *(gist)* Stoßrichtung, *die;* **d)** *(Mil.: advance)* Vorstoß, *der;* **e)** *(force) (of jet engine)* Schub, *der; (of arch)* Gewölbeschub, *der*

**'thrust-bearing** *n. (Mech. Engin.)* Axiallager, *das*

**thruster** ['θrʌstə(r)] *n. (Astronaut.)* Korrekturtriebwerk, *das*

**thrustful** ['θrʌstfl] *adj.* energisch

**thrusting** ['θrʌstɪŋ] *adj.* [energisch und] zielstrebig

**thruway** *(Amer.) see* **throughway**

**thud** [θʌd] **1.** *v. i.,* **-dd-** dumpf schlagen; **~ to the floor/ground** dumpf [auf dem Fußboden/Boden] aufschlagen. **2.** *n.* dumpfer Schlag; **fall with a ~ [to the ground]** dumpf [auf dem Boden] aufschlagen; **the ~ of hoofbeats** dröhnender Hufschlag

**thug** [θʌg] *n.* Schläger, *der;* **football ~s** Fußballrowdys

**thuggery** ['θʌgərɪ] *n., no pl.* Schlägerunwesen, *das*

**thuggish** ['θʌgɪʃ] *adj.* aggressiv ⟨*Verhalten, Fußballfan*⟩; **~ lout** Schläger, *der;* **~ youth** jugendlicher Schläger

**thumb** [θʌm] **1.** *n.* Daumen, *der;* **give sb. the ~s down on a proposal/idea** jmds. Vorschlag/Idee ablehnen; **get the ~s down** ⟨*Idee:*⟩ verworfen werden; ⟨*Kandidat:*⟩ abgelehnt werden; **give a project the ~s up** für ein Projekt grünes Licht geben; **get the ~s up** ⟨*Person, Projekt:*⟩ akzeptiert werden; **have ten ~s, be all ~s** zwei linke Hände haben *(ugs.);* **have sb. under one's ~:** jmdn. unter der Fuchtel haben *(ugs.);* **be under sb.'s ~:** unter jmds. Fuchtel stehen; *see also* **rule 1 a; stick out 2 b. 2.** *v. t.* **a) ~ a lift** einem Autofahrer winken, um sich mitnehmen zu lassen; *(hitch-hike)* per Anhalter fahren; **b)** *(turn over)* [mit dem Daumen] durchblättern ⟨*Buch*⟩; [mit dem Daumen] umblättern ⟨*Seiten*⟩; **well-~ed** abgegriffen ⟨*Buch*⟩; **c) ~ one's nose [at sb.]** [jmdm.] eine lange Nase machen

**~ through** *v. t.* [mit dem Daumen] durchblättern ⟨*Buch*⟩

**thumb: ~-index 1.** *n.* Daumenregister, *das;* **2.** *v. t.* mit Daumenregister ausstatten; **~-indexed edition** Ausgabe mit Daumenregister; ~-**nail** *n.* Daumennagel, *der;* ~-**nail sketch** *(Art)* Miniaturportrait, *das; (fig.: brief description)* kurze Beschreibung; ~-**print** *n.* Daumenabdruck, *der;* ~**screw** *n. (Hist.)* Daumenschraube, *die;* ~-**stall** *n.* Däumling, *der;* ~-**sucking** ['θʌmsʌkɪŋ] *n., no pl., no indef. art.* Daumenlutschen, *das;* ~**tack** *(Amer.) n.* Reißzwecke, *die*

**thump** [θʌmp] **1.** *v. t.* **a)** *(strike heavily)* [mit Wucht] schlagen; **I'll ~ you if ...:** ich hau' dir eine, wenn ... *(ugs.);* **they ~ed each other** sie prügelten sich; **~ the door with one's fist** mit der Faust an die Tür hämmern; **b)** *(play on piano etc.)* **~ [out] a tune** eine Melodie hämmern *(ugs.).* **2.** *v. i.* **a)** hämmern **(at, on** gegen); ‹*Herz:*› heftig pochen; **b)** *(move noisily)* **~ around** herumpoltern; **~ down the stairs** die Treppe hinabpoltern. **3.** *n.* **a)** *(blow)* Schlag, *der;* **b)** *(dull sound)* Bums, *der (ugs.);* dumpfer Schlag

**thumping** ['θʌmpɪŋ] *(coll.)* **1.** *adj. (huge)* gewaltig *(ugs.);* überwältigend ‹*Mehrheit*›; faustdick *(ugs.)* ‹*Lüge*›. **2.** *adv.* **~ great** riesengroß *(ugs.);* **a ~ big majority** eine überwältigende Mehrheit

**thunder** ['θʌndə(r)] **1.** *n.* **a)** *no pl., no indef. art.* Donner, *der;* **roll/crash of ~:** Donnerrollen, *das*/-schlag, *der;* **b)** *(fig.: censure)* Donnerwetter, *das (ugs.);* **c) steal sb.'s ~** *(fig.)* jmdm. die Schau stehlen *(ugs.).* **2.** *v. i.* **a)** donnern; **b)** *(speak)* **~ against sth.** gegen etw. wettern *(ugs.);* **~ at sb.** jmdn. andonnern *(ugs.).* **3.** *v. t.* [mit Donnerstimme] brüllen; **~ [out] orders at sb.** jmdm. Befehle zubrüllen

**thunder:** ~**bolt** *n.* **a)** Blitzschlag [mit Donner]; *(from god)* Blitzstrahl, *der (geh.);* **b)** *(fig.: unexpected event)* **come as something of a ~bolt** wie ein Blitz einschlagen; ~-**box** *n. (coll.)* Plumpsklo[sett], *das (ugs.);* ~**clap** *n.* **a)** Donnerschlag, *der;* **b)** *(fig.)* **come** *or* **be like a ~clap** wie der Blitz einschlagen; ~-**cloud** *n.* Gewitterwolke, *die*

**thundering** ['θʌndərɪŋ] *(coll.)* **1.** *adj. (huge)* gewaltig *(ugs.)* ‹*Erfolg*›; faustdick *(ugs.)* ‹*Lüge*›; **be in a ~ rage** eine Mordswut haben *(ugs.).* **2.** *adv.* **~ great** gewaltig *(ugs.);* **we had a ~ good time** wir hatten einen unheimlichen Spaß

**thunderous** ['θʌndərəs] *adj.* donnernd; **in a ~ voice** mit Donnerstimme

**thunder:** ~-**shower** *n.* Gewitterschauer, *der;* ~**storm** *n.* Gewitter, *das; (very heavy)* Gewittersturm, *der;* ~**struck** *adj. (fig.: amazed)* **be ~struck** wie vom Donner gerührt sein

**thundery** ['θʌndərɪ] *adj.* gewittrig; **it looks ~:** es sieht nach Gewitter aus

**Thuringia** [θʊə'rɪŋgɪə] *pr. n.* Thüringen *(das)*

**Thuringian** [θʊə'rɪŋgɪən] **1.** *adj.* thüringisch ‹*Stadt*›; Thüringer ‹*Wald, Dialekt*›. **2.** *n.* Thüringer, *der*/Thüringerin, *die*

**Thurs.** *abbr.* **Thursday** Do.

**Thursday** ['θɜːzdeɪ, 'θɜːzdɪ] **1.** *n.* Donnerstag, *der.* **2.** *adv. (coll.)* **she comes ~s** sie kommt donnerstags. *See also* **Friday**

**thus** [ðʌs] *adv.* **a)** *(in the way indicated)* so; *(thereby)* dadurch; **I picture the process as happening ~ ...:** ich stelle mir den Ablauf folgendermaßen vor: ...; **b)** *(accordingly)* deshalb; daher; **c)** *(to this extent)* **~ much/far** so viel/so weit

**thwack** [θwæk] *see* **whack 1, 2 a**

**thwart** [θwɔːt] **1.** *v. t.* durchkreuzen ‹*Pläne, Absichten*›; vereiteln ‹*Versuch*›; **~ sb.** jmdm. einen Strich durch die Rechnung machen; **she was ~ed in her plans** ihre Pläne wurden durchkreuzt. **2.** *n. (Naut.)* Ducht, *die (fachspr.);* Ruderbank, *die*

**thy** [ðaɪ] *poss. pron. attrib. (arch./poet./dial.)* dein; *see also* [2]**her**

**thyme** [taɪm] *n. (Bot.)* Thymian, *der;* **wild ~:** Feldthymian, *der;* Quendel, *der*

**thymus** ['θaɪməs] *n., pl.* **~es** *or* **thymi** ['θaɪmaɪ] **~ [gland]** *(Anat.)* Thymus, *der;* Thymusdrüse, *die*

**thyroid** ['θaɪrɔɪd] *n.* **~ [gland]** *(Anat., Zool.)* Schilddrüse, *die*

**thyself** [ðaɪ'self] *pron. (arch./poet./dial.)* **a)** *emphat.* selbst; **b)** *refl.* dich/dir; **know ~!** erkenne dich selbst! *See also* **herself**

**ti** *see* **te**

**tiara** [tɪ'ɑːrə] *n.* **a)** *(pope's crown)* Tiara, *die;* **b)** *(jewelled band)* Diadem, *das*

**Tibet** [tɪ'bet] *pr. n.* Tibet *(das)*

**Tibetan** [tɪ'betn] **1.** *adj.* tibetisch; **sb. is ~:** jmd. ist Tibeter/Tibeterin. **2.** *n.* **a)** *(person)* Tibeter, *der*/Tibeterin, *die;* **b)** *(language)* Tibetisch, *das*

**tibia** ['tɪbɪə] *n., pl.* **~e** ['tɪbiː] *or* **~s** *(Anat.)* Tibia, *die (fachspr.);* Schienbein, *das*

**tic** [tɪk] *n.* Tic, *der (Med.);* nervöse Muskelzuckung

**tich** [tɪtʃ] *see* **titch**

**tichy** *see* **titchy**

**Ticino** [tɪ'tʃiːnəʊ] *pr. n.* das Tessin

[1]**tick** [tɪk] **1.** *v. i.* ticken; **what makes sb. ~** *(fig.)* worauf jmd. anspricht. **2.** *v. t.* **a)** mit einem Häkchen versehen; **b)** *see* **~ off a. 3.** *n.* **a)** *(of clock etc.)* Ticken, *das;* **b)** *(Brit. coll.: moment)* Sekunde, *die;* **half a ~!, just a ~!** Momentchen! *(ugs.);* **I'll be with you in a ~** *or* **two ~s** ich komme gleich; **c)** *(mark)* Häkchen, *das;* **put a ~ against your preference** kennzeichnen Sie das, was Sie bevorzugen, mit einem Häkchen

**~ a'way** *v. i.* [weiter] ticken; **the minutes ~ed away** die Minuten verstrichen

**~ 'off** *v. t.* **a)** *(cross off)* abhaken; **b)** *(coll.: reprimand)* rüffeln *(ugs.)*

**~ 'over** *v. i.* **a)** im Leerlauf laufen; **~ over noisily/too slowly/too fast** im Leerlauf [zu] laut/zu langsam/zu schnell drehen; **b)** *(fig.)* **~ over [nicely]** *(progress satisfactorily)* ganz gut laufen *(ugs.);* **keep things ~ing over while I'm away** sieh zu, daß alles gemächlich weiterläuft, während ich weg bin. *See also* **tick-over**

[2]**tick** *n. (Zool.) (arachnid)* Zecke, *die; (insect)* Lausfliege, *die*

[3]**tick** *n. (coll.: credit)* **buy on ~:** auf Pump kaufen *(salopp);* **can I have it on ~?** kann ich das anschreiben lassen?

**ticker** ['tɪkə(r)] *n.* **a)** *(coll.: watch)* Zwiebel, *die (ugs. scherzh.);* **b)** *(coll.: tape-machine)* Ticker, *der (ugs.);* **c)** *(joc.: heart)* Pumpe, *die (salopp)*

'**ticker-tape** *n. (Amer.)* [Papier]streifen, *der (aus dem Fernschreiber);* **~ welcome** Konfettiparade, *die*

**ticket** ['tɪkɪt] **1.** *n.* **a)** Karte, *die; (for concert, theatre, cinema, exhibition)* [Eintritts]karte, *die; (for public transport)* Fahrschein, *der; (of cardboard)* Fahrkarte, *die; (for aeroplane)* Flugschein, *der;* Ticket, *das; (for ship)* Fahrschein, *der;* Ticket, *das; (of lottery, raffle)* Los, *das; (for library)* Ausweis, *der; (for car park)* Parkschein, *der;* **cloakroom/pawn ~:** Garderobenmarke, *die*/Pfandschein, *der;* **entrance by ~ only** Einlaß nur gegen Eintrittskarte; **price ~:** Preisschild, *das;* **[parking]~:** Strafmandat, *das;* Strafzettel, *der (ugs.);* **b)** *(certificate) (Naut.)* Patent, *das; (Aeronaut.)* Pilotenschein, *der;* **c)** *(Amer. Polit.) (list of candidates)* [Wahl]liste, *die;* **run on the Democratic/Republican ~:** für die Demokraten/Republikaner kandidieren; **run on a youth ~** *(fig.)* mit einem auf Jungwähler zugeschnittenen Programm antreten; *see also* **split 3 c; d) be [just] the ~** *(sl.)* genau das Richtige sein. **2.** *v. t.* auszeichnen ‹*Waren*›

**ticket:** ~-**agency** *n.* Kartenvorverkaufsstelle, *die;* ~-**agent** *n.* Inhaber/Inhaberin einer Kartenvorverkaufsstelle; ~-**collector** *n. (on train)* Schaffner, *der*/Schaffnerin, *die; (on station)* Fahrkartenkontrolleur, *der*/-kontrolleurin, *die;* ~-**holder** *n.* Besitzer/Besitzerin einer Eintrittskarte; ~-**inspector** Fahrkartenkontrolleur, *der*/-kontrolleurin, *die;* ~-**office** *n.* Kartenschalter, *der; (for public transport)* Fahrkartenschalter, *der; (for advance booking)* Kartenvorverkaufsstelle, *die*

**ticking** ['tɪkɪŋ] *n. (Textiles)* Drillich, *der;* Drell, *der (fachspr.)*

**ticking-'off** *n. (sl.)* Rüffel, *der (ugs.)*

**tickle** ['tɪkl] **1.** *v. t.* **a)** *(touch lightly)* kitzeln; **~ sb.'s ribs** *(fig.)* jmdn. zum Lachen bringen; *abs.* **don't ~!** kitzle mich nicht!; **you're tickling!** das kitzelt!; **b)** *(amuse)* **be ~d by sth.** sich über etw. *(Akk.)* amüsieren; **be ~d pink about sth.** *(coll.)* sich wahnsinnig über etw. *(Akk.)* freuen *(ugs.);* **~ sb.'s fancy** jmdn. reizen. **2.** *v. i.* kitzeln. **3.** *n.* Kitzeln, *das;* **give sb. a ~:** jmdn. kitzeln

**ticklish** ['tɪklɪʃ] *adj. (lit. or fig.)* kitzlig

**tickly** ['tɪklɪ] *adj. (coll.)* kitzlig

**tick:** ~-**over** *n. (Motor Veh.)* Leerlauf, *der;* ~-**tack-'toe** *(Amer.)* = **noughts and crosses** *see* **nought a;** ~-**tock** ['tɪktɒk] *n.* **a)** *no pl. (sound)* Ticktack, *das;* **b)** *(child lang.: clock)* Ticktack, *die (Kinderspr.)*

**tidal** ['taɪdl] *adj.* Gezeiten-; **~ river** Tidefluß, *der;* **~ basin/harbour** Tidebecken, *das*/-hafen, *der (Seemannsspr.);* **~ power-station** Gezeitenkraftwerk, *das*

**tidal:** ~ **flow** *n. (Transport)* dem Verkehrsfluß angepaßtes System der Verkehrsführung; ~ **wave** *n.* Flutwelle, *die;* **a ~ wave of enthusiasm/protest** *(fig.)* eine gewaltige Welle der Begeisterung/von Protesten

**tidbit** ['tɪdbɪt] *(Amer.) see* **titbit**

**tiddledy-wink** ['tɪdldɪwɪŋk] *(Amer.) see* **tiddly-wink**

**tiddler** ['tɪdlə(r)] *n. (Brit. coll./child lang.)* **a)** *(fish)* Fischchen, *das;* **b)** *(child)* Kleine, *das;* **~s** *(things)* Kleinzeug, *das (ugs. abwertend)*

**tiddl[e]y** ['tɪdlɪ] *adj. (Brit.)* **a)** *(sl.: slightly drunk)* angesäuselt *(ugs.);* **b) ~ [little]** *(coll.: very small)* klitzeklein *(ugs.)*

**tiddly-wink** *n.* **a)** *(counter)* farbiges Plättchen; **b) ~s** *sing. (game)* Flohhüpfen, *das*

**tide** [taɪd] **1.** *n.* **a)** *(rise or fall of sea)* Tide, *die (nordd., bes. Seemannsspr.);* **high ~:** Flut, *die;* **low ~:** Ebbe, *die;* **the ~s** die Gezeiten; **sail on the next ~:** mit der nächsten Flut auslaufen; **cut off/washed up by the ~:** von der Flut abgeschnitten/angeschwemmt; **the ~ is in/out** es ist Flut/Ebbe; **when the ~ is in/out** bei Flut/Ebbe; **the rise and fall of the ~s** Ebbe und Flut; der Tidenhub *(Seemannsspr.); see also* **turn 1 g; b)** *(fig.: trend)* Trend, *der;* **go with/against the ~:** mit dem/gegen den Strom schwimmen; **the ~ of war was turning** das Kriegsglück wendete sich; **rising ~ of opposition** zunehmende Opposition; *see also* **turn 3 c. 2.** *v. t.* **~ sb. over** jmdm. über die Runden helfen *(ugs.);* **I have enough to ~ me over/over the winter** ich habe genug, um mich über Wasser zu halten/um durch *od.* über den Winter zu kommen; **~ sb. over a difficult period** jmdm. über eine schwierige Zeit hinweghelfen

'**tide-gate** *n. (Naut.)* Fluttor, *das*

**tideless** ['taɪdlɪs] *adj.* gezeitenlos

**tide:** ~-**mark** *n.* **a)** Flutmarke, *die;* **b)** *(Brit. coll.: line on body, bath, etc.)* Schmutzrand, *der;* ~-**table** *n. (Naut.)* Gezeitentafel, *die;* ~**way** *n. (of river)* Tidefluß, *der; (channel)* Priel, *der; (current)* Gezeitenströmung, *die*

**tidily** ['taɪdɪlɪ] *adv.* ordentlich; *(clearly)* übersichtlich ‹*präsentieren, gestalten*›

**tidiness** ['taɪdɪnɪs] *n., no pl.* Ordentlichkeit, *die*

**tidings** ['taɪdɪŋz] *n. pl. (literary)* Kunde, *die (geh.)*

**tidy** ['taɪdɪ] **1.** *adj.* **a)** *(neat)* ordentlich; aufgeräumt ‹*Zimmer, Schreibtisch*›; **make oneself/a room ~:** sich zurechtmachen/ein Zimmer aufräumen; **have ~ habits** ein ordentlicher Mensch sein; **b)** *(coll.: considerable)* ordentlich *(ugs.);* **a ~ sum** *or* **penny**

ein hübsches Sümmchen *(ugs.)*. **2.** *n. (receptacle)* **kitchen/bathroom/desk ~:** Behälter für Küchen-/Badezimmer-/Schreibtischutensilien; **sink ~:** Einsatzkörbchen für die Spüle. **3.** *v. t.* aufräumen ⟨*Zimmer*⟩; **~ oneself** sich zurechtmachen; **~ one's hair** sich kämmen; *abs.* **be busy ~ing** mit [dem] Aufräumen beschäftigt sein

**~ a'way** *v. t.* wegräumen

**~ 'up 1.** *v. i.* aufräumen. **2.** *v. t.* aufräumen; in Ordnung bringen ⟨*Text*⟩

**tie** [taɪ] **1.** *v. t.*, **tying** ['taɪɪŋ] **a)** binden (**to** an + *Akk.*, **into** zu); **~ the prisoner's legs together** dem Gefangenen die Beine zusammenbinden; **~ an apron round you[r waist]** binde dir eine Schürze um; **can he ~ his own shoes/tie?** kann er sich *(Dat.)* die Schuhe/die Krawatte selbst binden?; **~ a knot** einen Knoten machen; *see also* **hand 1 a; b)** *(Sport: gain equal score in)* **~ the match** unentschieden spielen; **they ~d the match at 3 all** es stand unentschieden drei beide; **c)** *(restrict)* binden (**to** an + *Akk.*); **d)** *(Building)* verbinden ⟨*Balken*⟩. **2.** *v. i.*, **tying a)** *(be fastened)* **it won't ~:** es läßt sich nicht binden; **it ~s at the back** es wird hinten gebunden; **where does the sash ~?** wo bindet man die Schärpe?; **b)** *(have equal scores, votes, etc.)* **~ for second place in the competition/election** mit gleicher Punktzahl den zweiten Platz im Wettbewerb/mit gleicher Stimmenzahl den zweiten Platz bei der Wahl erreichen; **~ 6:6** mit 6:6 ein Unentschieden erreichen. **3.** *n.* **a)** Krawatte, *die; see also* **old 1 f; b)** *(cord etc. for fastening)* Band, *das;* **~ fastening** Verschnürung, *die;* **c)** *(fig.) (bond)* Band, *das; (restriction)* Bindung, *die;* **~s of friendship/family ~s** Freundschafts-/Familienbande *Pl. (geh.)*; **have ~s with a firm** Beziehungen zu einer Firma unterhalten; **find that sth. is a ~:** sich durch etw. gebunden fühlen; **be a ~ for sb.** für jmdn. eine Belastung sein; **d)** *(Building)* Binder, *der;* **e)** *(Amer. Railw.)* Schwelle, *die;* **f)** *(Mus.)* Haltebogen, *der;* **g)** *(equality) (of scores)* Punktgleichheit, *die; (of votes)* Patt, *das;* Stimmengleichheit, *die;* **there was a ~ for third place** zwei Teilnehmer landeten punktgleich auf dem dritten Platz; **end in** *or* **be a ~:** unentschieden *od.* mit einem Unentschieden enden; **h)** *(Sport: match)* Begegnung, *die;* **draw an easy ~:** einen leichten Gegner ziehen; **i)** *(Amer.: shoe)* Schnürschuh, *der*

**~ 'back** *v. t.* zurückbinden; **~ one's hair back in a pony-tail** sein Haar hinten zu einem Pferdeschwanz zusammenbinden

**~ 'down** *v. t.* **a)** *(fasten)* festbinden; **b)** *(fig.: restrict)* binden; **there are too many things tying me down here** ich bin hier zu sehr gebunden; **be ~d down by sth.** durch etw. gebunden *od.* eingeschränkt sein; **~ sb. down to conditions/a time/a schedule** jmdn. auf Bedingungen/eine Zeit/einen Zeitplan festlegen

**~ 'in 1.** *v. i.* **~ in with sth.** zu etw. passen. **2.** *v. t.* **~ sth. in with sth.** etw. mit etw. abstimmen; *see also* **tie-in**

**~ 'up** *v. t.* **a)** *(bind)* festbinden; festmachen ⟨*Boot*⟩; **~ up a parcel with string** ein Paket verschnüren; **~ sth. up in[to] bundles** etw. zu Bündeln zusammenbinden; **b)** *(complete arrangements for)* abschließen; **~ up a few loose ends** *(fig.)* ein paar letzte Kleinigkeiten erledigen; **c)** *(make unavailable)* fest anlegen ⟨*Geld*⟩; **~ up property** Eigentum einer Verfügungsbeschränkung unterwerfen; **d)** *see* **~ in 2; e)** *(keep busy)* beschäftigen; **I am ~d up this evening** ich habe heute abend zu tun. *See also* **tie-up**

**tie: ~-bar** *n. (Building)* Anker, *der;* **~-beam** *n. (Building)* Binderbalken, *der;* **~-break, ~-breaker** *ns.* Tie-Break, *der od. das;* **~-clip** *n.* Krawattenhalter, *der*

**tied** [taɪd] *adj. (Brit.)* **a) ~ cottage** *or* **house** *(of farm-worker)* Wohnhaus für Farmarbeiter; *(of caretaker etc.)* Dienstwohnhaus, *das;* **b) ~ house** *(public house supplying one brewer's beers)* Vertragsgaststätte, *die*

**tie: ~-in** *n. gleichzeitige [Wieder]aufführung eines Films o. ä. mit der [Neu]veröffentlichung des zugrunde liegenden Buches;* **~-on** *adj.* Anhänge-; **~-on label** Anhänger, *der;* **~-pin** *n.* Krawattennadel, *die*

**tier** [tɪə(r)] *n.* **a)** *(row)* Rang, *der;* **b)** *(unit)* Stufe, *die*

**tiered** [tɪəd] *adj.* gestuft ⟨*Hörsaal, Theater*⟩; **a three-~ wedding cake** eine dreistöckige Hochzeitstorte; **a three-~ shelf [unit]** ein Regal mit drei Fächern

**tie-rod** *n.* **a)** *(Motor Veh.)* Spurstange, *die;* **b)** *(Building)* Querlatte, *die*

**Tierra del Fuego** [tɪerə del 'fweɪgəʊ] *pr. n.* Feuerland *(das)*

**tie-up** *n.* Verbindung, *die*

**tiff** [tɪf] *n.* Krach, *der (ugs.);* Streit, *der;* **have a ~ with sb. over sth.** mit jmdm. wegen etw. Krach haben

**tiger** ['taɪgə(r)] *n.* **a)** *(Zool.)* Tiger, *der;* **American ~** *see* **jaguar; paper ~** *(fig.)* Papiertiger, *der;* **ride a ~** *(fig.)* mit dem Feuer spielen; **b)** *(fierce or energetic person)* Kämpfernatur, *die*

**tiger: ~-cat** *n. (Zool.)* Tigerkatze, *die;* **~-eye** *n. (Min.)* Tigerauge, *das;* **~-lily** *n. (Bot.)* Tigerlilie, *die;* **~-moth** *n. (Zool.)* Bärenspinner, *der;* **~-shark** *n. (Zool.)* Tigerhai, *der*

**tight** [taɪt] **1.** *adj.* **a)** *(firm)* fest; fest angezogen ⟨*Schraube, Mutter*⟩; festsitzend ⟨*Korken, Deckel*⟩; **be very ~:** sehr fest sitzen; **the drawer/window is ~:** die Schublade/das Fenster klemmt; **b)** *(close-fitting)* eng ⟨*Kleid, Hose, Schuh usw.*⟩; **this shoe is rather [too] ~** *or* **a rather ~ fit** dieser Schuh ist etwas zu eng; **c)** *(impermeable)* **~ seal/joint** dichter Verschluß/dichte Fuge; **d)** *(taut)* straff; **a ~ feeling in one's chest** ein Gefühl der Beklemmung *od.* Enge in der Brust; **e)** *(with little space)* knapp; gedrängt ⟨*Programm*⟩; **it is a ~ space** der Platz ist knapp; es ist [zu] wenig Platz; **it is a ~ squeeze with seven people in the car** es ist sehr eng zu siebt im Wagen; **f)** *(strict)* streng ⟨*Kontrolle, Disziplin*⟩; straff ⟨*Organisation*⟩; **g)** *(Econ.)* knapp ⟨*Geld*⟩; angespannt ⟨*Markt*⟩; **h)** *(coll.: stingy)* knauserig *(ugs.);* **i)** *(difficult to negotiate)* **a ~ corner** eine enge Kurve; **be in/get oneself into a ~ corner** *or (coll.)* **spot [over sth.]** *(fig.)* [wegen etw.] in der Klemme sein/in die Klemme geraten *(ugs.);* **j)** *(coll.: drunk)* voll *(salopp);* **get ~:** sich vollaufen lassen *(salopp);* **she got ~ on a couple of drinks** nach ein paar Drinks war sie voll *(salopp);* **k)** *(Sport: evenly contested)* hart umkämpft; knapp ⟨*Rennen*⟩. **2.** *adv.* **a)** *(firmly)* fest; **hold ~!** halt dich fest!; *see also* **sit 1 b; sleep 2 a; b)** *(so as to leave no space)* [ganz] voll; **a train packed ~ with commuters** ein mit Pendlern vollgestopfter Zug *(ugs.)*. **3.** *n. in pl.* **a)** *(Brit.)* **[pair of] ~s** Strumpfhose, *die;* **b)** *(of dancer etc.)* Trikothose, *die*

**tighten** ['taɪtn] **1.** *v. t.* **a)** [fest] anziehen ⟨*Knoten, Schraube, Mutter usw.*⟩; straffziehen ⟨*Seil, Schnur*⟩; anspannen ⟨*Muskeln*⟩; verstärken ⟨*Griff*⟩; **~ one's belt** *(fig.)* den Gürtel enger schnallen *(ugs.);* **b)** *(make stricter)* verschärfen ⟨*Kontrolle, Gesetz, Vorschrift*⟩. **2.** *v. i.* **a)** sich spannen; ⟨*Knoten:*⟩ sich zusammenziehen; **her hands ~ed on the steering-wheel** ihre Hände krampften sich um das Steuer; **b)** *(become stricter)* ⟨*Gesetze, Bestimmungen:*⟩ verschärft werden

**~ 'up 1.** *v. t.* **a)** anziehen; *(retighten)* nachziehen; **b)** *(make stricter)* verschärfen ⟨*Gesetze, Bestimmungen, Kontrollen*⟩; **~ up security** die Sicherheitsmaßnahmen verschärfen. **2.** *v. i.* härter durchgreifen; **~ up on security/drunken driving** die Sicherheitsmaßnahmen verschärfen/bei Trunkenheit am Steuer schärfer durchgreifen

**tight: ~-'fisted** *adj.* geizig; **a ~-fisted old fellow** ein alter Geizhals; **~-fitting** *adj.* enganliegend ⟨*Pullover, Trikot*⟩; **~-lipped** *adj.* **a)** *(without emotion)* mit zusammengepreßten Lippen *nachgestellt;* **b)** *(silent)* verschwiegen

**tightly** ['taɪtlɪ] *adv.* **a)** *(firmly)* fest; **fit ~** ⟨*Maschinenteil usw.:*⟩ fest sitzen; ⟨*Kleidungsstück:*⟩ eng anliegen; **fasten sth. ~:** etw. gut befestigen; **put the cork in ~:** den Korken fest hineindrücken; **b)** *(strictly)* streng; **c)** *(tautly)* straff; **d)** *(closely)* dicht; **~ packed** vollgestopft *(ugs.)* ⟨*Zug, Koffer*⟩; **a ~ organized schedule** ein gedrängtes Programm; **e) ~ fought** *(evenly contested)* hart umkämpft

**tightness** ['taɪtnɪs] *n., no pl.* **a)** *(lack of leakage)* Dichtheit, *die;* **b)** *(firmness)* Festigkeit, *die; (closeness of fit)* enger Sitz; **c)** *(strictness of control or discipline)* Schärfe, *die;* Strenge, *die;* **d)** *(tautness)* Straffheit, *die;* **feel [a] ~ across the chest** ein Gefühl der Beklemmung in der Brust haben; **e)** *(of schedule)* Gedrängtheit, *die;* **f)** *(Econ.: scarcity)* Knappheit, *die; (of market)* Angespanntheit, *die;* **g)** *(of bend in road)* Enge, *die;* **h) ~ with money** Knauserigkeit, *die (ugs.);* **i)** *(Sport: of match)* Ausgeglichenheit, *die*

**'tightrope** *n.* Drahtseil, *das;* **walk a ~** *(fig.)* einen Balanceakt vollführen

**tigress** ['taɪgrɪs] *n. (Zool.)* Tigerin, *die*

**tilde** ['tɪldə] *n. (Ling.)* Tilde, *die*

**tile** [taɪl] **1.** *n.* **a)** *(on roof)* Ziegel, *der; (on floor, wall)* Fliese, *die; (on stove; also esp. designer ~)* Kachel, *die;* **spend the night on the ~s** *(fig. sl.)* die ganze Nacht durchsumpfen *(salopp);* **b)** *(Games)* Spielstein, *der.* **2.** *v. t.* [mit Ziegeln] decken ⟨*Dach*⟩; fliesen ⟨*Wand, Fußboden, Bad*⟩; kacheln ⟨*Wand, Bad*⟩; **~d roof** Ziegeldach, *das;* **~d floor** Fliesenboden, *der*

**tiler** ['taɪlə(r)] *n. (of roofs)* Dachdecker, *der/-deckerin, die; (of floors, walls)* Fliesenleger, *der/-legerin, die*

**tiling** ['taɪlɪŋ] *n., no pl., no indef. art. see* **tile 1 a: a)** *(fixing tiles) (on roof)* [Dach]decken, *das; (on floor)* Fliesen[legen], *das; (on wall)* Kacheln, *das;* Fliesen, *das;* **b)** *(set of tiles)* Ziegel/Kacheln/Fliesen

**¹till** [tɪl] *v. t. (Agric.)* bestellen

**²till 1.** *prep.* bis; *(followed by article + noun)* bis zu; **not [...] ~:** erst; **from morning ~ evening** von morgens bis abends; *see also* **until 1. 2.** *conj.* bis; *see also* **until 2**

**³till** *n.* Kasse, *die;* **at the ~:** an der Kasse; **have/put one's hand** *or* **fingers in the ~** *(fig.)* in die Kasse greifen

**tillage** ['tɪlɪdʒ] *n., no pl. (Agric.) (tilling)* Bestellung, *die; (land tilled)* Ackerland, *das*

**tiller** ['tɪlə(r)] *n. (Naut.)* Pinne, *die (Seemannsspr.)*

**tilt** [tɪlt] **1.** *v. i.* **a)** kippen; **the chair ~s back** die Sessellehne kippt nach hinten; **the board ~ed [up] when he stepped on it** das Brett schnellte hoch, als er darauftrat; **b)** *(Hist.: joust)* tjostieren; **~ at** mit der Lanze angreifen; *(fig.)* anprangern; *see also* **windmill a. 2.** *v. t.* kippen; neigen ⟨*Kopf*⟩. **3.** *n.* **a)** *(sloping position)* Schräglage, *die;* **give sth. a ~:** etw. kippen *od.* schräg stellen; **a 45° ~:** eine Neigung *od.* ein Neigungswinkel von 45°; **b)** *(fig.: attack)* Angriff, *der;* **have** *or* **make a ~ at sb./sth.** jmdn./etw. angreifen *od.* attackieren; **c) [at] full ~:** mit voller Wucht

**tilth** [tɪlθ] *n.* Ackerkrume, *die;* **rake a seed-bed to a good ~:** ein Saatbeet gut [auf]lockern

**timber** ['tɪmbə(r)] **1.** *n.* **a)** *no pl. (wood for building)* [Bau]holz, *das;* **sawn ~:** Schnittholz, *das;* **b)** *(type of wood)* Holzart, *die;* Holz, *das;* **c)** *no pl., no indef. art. (trees)*

Wald, *der;* **cut down** *or* **fell ~:** Holz schlagen; **put land under ~:** Land aufforsten *(Forstw.);* **standing ~:** Baumholz, *das (Forstw.);* **d)** *(beam, piece of wood)* Balken, *der; (Naut.)* Spant, *das;* **floor ~s** [Boden]balken; *see also* $^{2}$**shiver 2. 2.** *int. (Forestry)* Holz

**timbered** ['tɪmbəd] *adj.* **a)** *(wooded)* bewaldet; **b)** *(built of wood)* hölzern; Holz-; *(covered with planks)* holzverkleidet

**timber: ~-framed** *adj.* Fachwerk⟨*bau, -haus*⟩; ⟨*Rathaus, Jagdschloß usw.*⟩ in Fachwerkbauweise; **~-framing** *n., no pl., no indef. art. (structure)* Fachwerk, *das; (method)* Fachwerkbauweise, *die*

**timbering** ['tɪmbərɪŋ] *n., no pl., no indef. art.* Balkenwerk, *das; (of timber-framed house)* Fachwerk, *das*

**timber: ~-line** *n. (Geog.)* Baumgrenze, *die;* **~-yard** *n.* Holzlager, *das*

**timbre** ['tæmbə(r), 'tæ̃br] *n. (Mus.)* Timbre, *das*

**Timbuctoo** [tɪmbʌk'tu:] *pr. n.* Timbuktu *(das)*

**time** [taɪm] **1.** *n.* **a)** *no pl., no art.* Zeit, *die;* **the greatest composer of all ~:** der größte Komponist aller Zeiten; **for all ~:** für immer [und ewig]; **past/present/future ~:** Vergangenheit, *die*/Gegenwart, *die*/Zukunft, *die;* **stand the test of ~:** die Zeit überdauern; sich bewähren; **in [the course of] ~, as ~ goes on/went on** mit der Zeit; im Laufe der Zeit; **as old as ~:** uralt; **~ will tell** *or* **show** die Zukunft wird es zeigen; **~ and tide wait for no man** das Rad der Zeit läßt sich nicht anhalten; **at this point** *or* **moment in ~:** zum gegenwärtigen Zeitpunkt; **~ flies** die Zeit vergeht [wie] im Fluge; **how ~ flies!** wie [schnell] die Zeit vergeht!; **work against ~:** unter Zeitdruck arbeiten; **in ~, with ~** *(sooner or later)* mit der Zeit; *see also* **healer; b)** *(interval, available or allotted period)* Zeit, *die;* **in a week's/month's/year's ~:** in einer Woche/in einem Monat/Jahr; **there is ~ for that** dafür ist *od.* haben wir noch Zeit; **it takes me all my ~ to do it** es beansprucht meine ganze Zeit, es zu tun; **it took me all my ~ to persuade him** ich hatte die größte Mühe, ihn zu überreden; **give one's ~ to sth.** einer Sache *(Dat.)* seine Zeit opfern; **waste of ~:** Zeitverschwendung, *die;* **spend [most of one's/a lot of] ~ on sth./[in] doing sth.** [die meiste/viel] Zeit mit etw. zubringen/damit verbringen, etw. zu tun; **I have been waiting for some/a long ~:** ich warte schon seit einiger Zeit/schon lange; **she will be there for [quite] some ~:** sie wird ziemlich lange dort sein; **spend some ~ in a place** sich eine Zeitlang an einem Ort aufhalten; **be pressed for ~:** keine Zeit haben; *(have to finish quickly)* in Zeitnot sein; **pass the ~:** sich *(Dat.)* die Zeit vertreiben; **length of ~:** Zeit[dauer], *die;* **make ~ for sb./sth.** sich *(Dat.)* für jmdn./etw. Zeit nehmen; **a short ~ ago** vor kurzem; **that's a long ~ ago** das ist schon lange her; **in one's own ~:** in seiner Freizeit; *(whenever one wishes)* wann man will; **one's ~ is one's own** man kann über seine Zeit frei verfügen; **take one's ~ [over sth.]** sich *(Dat.)* [für etw.] Zeit lassen; *(be slow)* sich *(Dat.)* Zeit [mit etw.] lassen; **~ is money** *(prov.)* Zeit ist Geld *(Spr.);* **we're out of ~, our ~'s up** unsere Zeit ist um; **on ~** *(Amer.: on hire-purchase)* auf Raten; **in [good] ~** *(not late)* rechtzeitig; **all the** *or* **this ~:** die ganze Zeit; *(without ceasing)* ständig; **all the ~ you're standing there arguing things are only getting worse** während du hier herumstehst und argumentierst, wird alles nur immer schlimmer; **since ~ immemorial** *or* **out of mind** seit undenklichen Zeiten; **in [less than** *or* **next to] 'no ~:** innerhalb kürzester Zeit; im Nu *od.* Handumdrehen; **it was 'no ~ [at all] before she was back** sie war im Nu zurück; **in 'half the ~:** in der Hälfte der Zeit; **'half the ~** *(coll.: as often as not)* die halbe Zeit; **it will take [some] ~:** es wird einige Zeit dauern; **have ~ on one's hands** viel Zeit und Muße haben; *(have nothing to do)* nichts zu tun haben; **have the/no ~:** Zeit/keine Zeit haben; **have no ~ for sb./sth.** für jmdn./etw. ist einem seine Zeit zu schade; **we have no ~ to lose** wir dürfen keine Zeit verlieren; **there is no ~ to lose** *or* **be lost** es ist keine Zeit zu verlieren; **lose no ~ in doing sth.** *(not delay)* etw. unverzüglich tun; **lose no ~ doing sth.** *(not waste ~)* keine Zeit damit vergeuden, etw. zu tun; **do ~** *(sl.)* eine Strafe absitzen *(ugs.);* **he lived out his ~ in peace** er verbrachte den Rest seines Lebens in Ruhe; **in my '~** *(heyday)* zu meiner Zeit *(ugs.); (in the course of my life)* im Laufe meines Lebens; **in 'my ~** *(period at a place)* zu meiner Zeit *(ugs.);* **in my father's ~:** zu [Leb]zeiten meines Vaters; **~ off** *or* **out** freie Zeit; **get/take ~ off** frei bekommen/sich *(Dat.)* frei nehmen *(ugs.);* **take ~ out to look at this properly** nimm dir die Zeit, um dir das richtig anzuschauen; **T~!** *(Boxing)* Stop!; Time!; *(Brit.: in pub)* Feierabend!; **~, [ladies and] gentlemen, please!** wir machen Feierabend, meine [Damen und] Herren!; *see also* **gain 2 a; hand 1 c; serve 1 d; c)** *no pl. (moment or period destined for purpose)* Zeit, *die;* **harvest/Christmas ~:** Ernte-/Weihnachtszeit, *die;* **there is a ~ and place for everything** alles zu seiner Zeit; **now is the ~ to do it** jetzt ist die richtige Zeit, es zu tun; **~ for lunch** Zeit zum Mittagessen; **it is ~ to go** es wird Zeit zu gehen; **it's ~ [about] they were going** es ist [an der] Zeit, daß sie gehen; **his ~ was drawing near** *(~ of death)* seine Zeit nahte *(geh. verhüll.);* **look/get old before one's ~:** vorzeitig altern; **and not before ~:** und es wurde auch Zeit; **when the ~ comes/came** wenn es so weit ist/als es so weit war; **on ~** *(punctually)* pünktlich; **ahead of ~:** zu früh ⟨*ankommen*⟩; vorzeitig ⟨*fertig werden*⟩; **all in good ~:** alles zu seiner Zeit; **you'll find out in good ~:** du wirst es früh genug herausfinden; *see also* **be 2 a; behind 2 e; d)** *in sing. or pl. (circumstances)* Zeit, *die;* **~s are good/bad/have changed** die Zeiten sind gut/schlecht/haben sich verändert; **have a good ~:** Spaß haben *(ugs.);* sich amüsieren; **have quite a ~ [of it]** viel durchmachen; **have a hard ~ [of it]** eine schwere Zeit durchmachen; *see also* **life e; e)** *(associated with events or person[s])* Zeit, *die;* **in ~ of peace/war** in Friedens-/Kriegszeiten; **in Tudor/Napoleon's/ancient ~s** zur Zeit der Tudors/Napoleons/der Antike; **in prehistoric ~s** in vorgeschichtlicher Zeit; **in former/modern ~s** früher/heutzutage; **scientists of the ~:** Wissenschaftler jener Zeit; **the good old ~s** die gute alte Zeit; **Queen Victoria and her ~[s]** Königin Viktoria und ihre Zeit; **~ 'was when ...:** es gab eine Zeit, da ...; **ahead of** *or* **before one's/its ~:** seiner Zeit voraus; **at 'one ~** *(previously)* früher; *see also* **behind 2 c; f)** *(occasion)* Mal, *das;* **this ~:** diesmal; **for the first ~:** zum ersten Mal; **[the] second ~ [a]round** beim zweiten Mal; **next ~ you come** wenn du das nächste Mal kommst; **ten/a hundred/a thousand ~s** zehn-/hundert-/tausendmal; **~s without number** unzählige Male; **I've told you a hundred ~s ...:** ich habe dir schon hundertmal gesagt, ... *(ugs.);* **many ~s** sehr oft; **many's the ~ [that] ..., many a ~ ...:** viele Male ...; **there are/were ~s when ...:** es gibt Zeiten, wenn .../es gab Zeiten, als ...; **at all ~s** jederzeit; **at ~s** gelegentlich; **from ~ to ~:** von Zeit zu Zeit; **at other ~s** sonst; **at all other ~s** zu allen anderen Zeiten; **at one ~** *or* **another** irgendwann einmal; **this is no ~ to do that** es ist jetzt nicht die Zeit, das zu tun; **at a ~ like this/that** unter diesen/solchen Umständen; **at the** *or* **that ~** *(in the past)* damals; **it depends on which doctor is on duty at the ~:** es hängt davon ab, welcher Arzt gerade Bereitschaftsdienst hat; **at one ~, at [one and] the same ~** *(simultaneously)* gleichzeitig; **at the same ~** *(nevertheless)* gleichwohl; **at the best of ~s** im günstigsten Fall; **a 'fine ~** *(iron.)* genau die richtige Zeit *(iron.);* **between ~s** zwischendurch; **~ and [~] again, ~ after ~:** immer [und immer] wieder; **pay sb. £6 a ~:** jmdm. für jedes Mal 6 Pfund zahlen; **oranges cost 16p a ~:** Orangen kosten 16 Pence das Stück; **one at a ~:** einzeln; **one stone at a ~:** jeweils nur ein Stein; **two at a ~:** jeweils zwei; **hand me the cups two at a ~:** reich mir immer zwei Tassen gleichzeitig; **for hours/weeks at a ~:** stundenlang/wochenlang [ohne Unterbrechung]; **at this ~** *(Amer.)* heute; *(at this moment)* jetzt; *see also* **be 2 a; every a; g)** *(point in day etc.)* [Uhr]zeit, *die;* **at the same ~ every morning** jeden Morgen um dieselbe Zeit; **what ~ is it?, what is the ~?** wie spät ist es?; **have you [got] the ~?** kannst du mir sagen, wie spät es ist?; **tell the ~** *(read a clock)* die Uhr lesen; **~ of day** Tageszeit, *die;* **[at this] ~ of [the] year** [um diese] Jahreszeit; **this ~ of the month** diese Zeit im Monat; **at this ~ of [the] night** zu dieser Nachtstunde; **know the ~ of day** *(fig.)* sich auskennen; **not give sb. the ~ of day** jmdm. nicht einmal guten Tag sagen; **pass the ~ of day** *(coll.)* ein paar Worte wechseln; **by this/that ~:** inzwischen; **by the ~ [that] we arrived** bis wir hinkamen; **[by] this ~ tomorrow** morgen um diese Zeit; **keep good ~** ⟨*Uhr:*⟩ genau *od.* richtig gehen; **h)** *(amount)* Zeit, *die;* **make good ~:** gut vorwärtskommen; **get paid ~ and a half** 50% Zuschlag bekommen; **[your] ~'s up!** deine Zeit ist um *(ugs.) od.* abgelaufen; **i)** *(multiplication)* mal; **three ~s four** drei mal vier; **four ~s the size of/higher than sth.** viermal so groß wie/höher als etw.; **~s sign** Malzeichen, *das;* **magnified six ~s** auf das Sechsfache vergrößert; **j)** *(Mus.) (duration of note)* Zeitdauer, *die; (measure)* Takt, *der;* **in three-four ~:** im Dreivierteltakt; **keep in ~ with the music** den Takt halten; **out of ~/in ~:** aus dem/im Takt; **keep ~ with sth.** bei etw. den Takt [ein]halten; **k)** *(dated: date of childbirth)* **she is near** *or* **nearing her ~:** ihre Zeit rückt näher *(geh. verhüll.).* **2.** *v. t.* **a)** *(do at correct ~)* zeitlich abstimmen; **be well/ill ~d** zur richtigen/falschen Zeit kommen; **b)** *(set to operate at correct ~)* justieren *(Technik);* einstellen; **~ the bomb to explode at 4 p.m.** den Zeitzünder der Bombe auf 16 Uhr einstellen; **c)** *(arrange time of arrival/departure of)* **the bus is ~d to connect with the train** der Bus hat einen direkten Anschluß an den Zug; **be ~d to take 90 minutes** fahrplanmäßig 90 Minuten dauern; **d)** *(measure time taken by)* stoppen; **~ an egg** auf die richtige Kochdauer für ein Ei achten

**time: ~-and-'motion** *adj.* REFA-⟨*Techniker, Fachmann*⟩; **~-and-motion study** Arbeitsstudie, *die;* **~ bomb** *n. (lit. or fig.)* Zeitbombe, *die;* **~ capsule** *n. Behälter mit Zeitdokumenten, der bei der Grundsteinlegung von [öffentlichen] Bauten eingemauert wird;* **~-check** *n.* Zeitvergleich, *der; (to verify)* Blick auf die Uhr; **~-consuming** *adj.* **a)** *(taking ~)* zeitaufwendig; **b)** *(wasteful of ~)* zeitraubend; **~ exposure** *n. (Photog.)* Zeitaufnahme, *die;* **~ factor** *n., no pl.* Zeitfaktor, *der;* **~-fault** *n. (Show Jumping)* Zeitfehler, *der;* **~-fuse** *n.* Zeitzünder, *der;* **~-honoured** *adj.* altehrwürdig *(geh.);* althergebracht ⟨*Brauch, Vorstellung*⟩; **~keeper** *n.* **a)** *(person)* Zeitnehmer, *der*/-nehmerin, *die;* **b) the watch is a good/bad ~keeper** die Uhr geht genau/nicht genau; **~-keeping** *n.* **a)** *(Sport)* Zeitmessung, *die;* Zeitnahme, *die;* **b)** *(at work)* Einhaltung der Arbeitsstunden; **~-lag** *n.* zeitliche Verzögerung; **~-lapse** *attrib. adj. (Photog., Cinemat., Telev.)* Zeitraffer-

**timeless** ['taɪmlɪs] *adj. (rhet./poet.)* zeitlos

**'time-limit** *n.* Frist, *die;* **put a ~ on sth.** eine Frist für etw. setzen

**timeliness** ['taɪmlɪnɪs] *n., no pl.* Rechtzeitigkeit, *die*

**'time lock** *n.* Zeitschloß, *das*

**timely** ['taɪmlɪ] *adj.* rechtzeitig; **be ~:** zur rechten Zeit kommen; **a ~ piece of advice** ein [guter] Rat zur rechten Zeit

**time: ~-machine** *n.* Zeitmaschine, *die;* **~ 'out** *n. (Sport)* Spielunterbrechung, *die; (called by one team)* Auszeit, *die;* **~piece** *n.* Chronometer, *das*

**timer** ['taɪmə(r)] *n.* **a)** *see* **timekeeper a; b)** *(device)* Kurzzeitmesser, *der; (with switch)* Schaltuhr, *die*

**time: ~-scale** *n.* Zeitskala, *die;* **~-share 1.** *attrib. adj.* **~-share apartment** *Ferienwohnung, an der man einen Besitzanteil hat, der es einem erlaubt, eine bestimmte Zeit pro Jahr in dieser Wohnung zu verbringen;* **2.** *n. see* **~-sharing b; ~-sharing** *n., no pl., no art.* **a)** *(Computing)* Time-sharing, *das;* **b)** *(joint ownership) Eigentum an einer Ferienwohnung o. ä., das für eine festgelegte Zeit des Jahres gilt;* Time-sharing, *das (Wirtsch.);* **~-sheet** *n.* Stundenzettel, *der;* **~-signal** *n.* Zeitzeichen, *das;* **~-signature** *n. (Mus.)* Taktbezeichnung, *die;* **~-switch** *n.* Zeitschalter, *der;* **~table** *n.* **a)** *(scheme of work)* Zeitplan, *der; (Educ.)* Stundenplan, *der;* **b)** *(Transport)* Fahrplan, *der;* **~-travel** *n.* Reise durch die Zeit; **~ warp** *n.* Verwerfung im Raum-Zeit-Kontinuum; **~-worn** *adj.* abgegriffen ⟨*Witz, Klischee*⟩; verwittert ⟨*Gebäude*⟩; **~-zone** *n.* Zeitzone, *die*

**timid** ['tɪmɪd] *adj.* **a)** scheu ⟨*Tier, Vogel*⟩; **b)** *(fearful)* ängstlich ⟨*Person, Miene, Worte*⟩; **c)** *(lacking boldness)* zaghaft; *(shy)* schüchtern

**timidity** [tɪ'mɪdɪtɪ] *n., no pl. see* **timid:** Scheu, *die;* Ängstlichkeit, *die;* Schüchternheit, *die*

**timidly** ['tɪmɪdlɪ] *adv. see* **timid:** scheu; ängstlich; schüchtern

**timing** ['taɪmɪŋ] *n., no pl.* **a)** zeitliche Abstimmung; Timing, *das;* **that was perfect ~!** *(as sb. arrives)* du kommst gerade im richtigen Augenblick!; **the ~ of the statement was excellent** der Zeitpunkt für die Erklärung war hervorragend [gewählt]; **b)** *(Theatre)* Timing, *das;* **c)** *(Motor Veh.)* **ignition/valve ~:** Zündeinstellung, *die*/Ventilsteuerzeiten; **adjust the [ignition] ~:** die Zündung einstellen

**timorous** ['tɪmərəs] *adj.* ängstlich; verängstigt ⟨*Tier*⟩; *(lacking boldness)* zaghaft ⟨*Stimme, Auftreten*⟩

**timpani** ['tɪmpəni:] *n. pl. (Mus.)* Kesselpauken; Timpani *(fachspr.)*

**timpanist** ['tɪmpənɪst] *n. (Mus.)* Paukist, *der*/Paukistin, *die*

**tin** [tɪn] **1.** *n.* **a)** *(metal)* Zinn, *das;* **~[-plate]** Weißblech, *das;* **b)** *(Cookery)* **cooking ~s** Back- und Bratformen; **c)** *(Brit.: for preserving)* [Konserven]dose, *die;* **a ~ of peas** eine Dose Erbsen; **d)** *(with separate or hinged lid)* Dose, *die;* **bread ~:** Brotkasten, *der.* **2.** *v. t.,* **-nn-** *(Brit.)* zu Konserven verarbeiten. **3.** *attrib. adj.* Zinn-; *see also* **lid a**

**tincture** ['tɪŋktʃə(r)] *n.* **a)** *(solution)* Tinktur, *die;* **b)** *(slight flavour)* leichter Geschmack; *(unpleasant)* Beigeschmack, *der; (fig.)* Anflug, *der;* **a ~ of green/red** ein Stich ins Grüne/Rote

**tinder** ['tɪndə(r)] *n.* Zunder, *der*

**'tinder-box** *n.* Zunderbüchse, *die (veralt.); (fig.: person)* Hitzkopf, *der; (fig.: thing)* Pulverfaß, *das;* **the old houses are like ~es** die alten Häuser sind wie Zunder

**tine** [taɪn] *n.* **a)** *(of deer)* Ende, *das (Jägerspr.);* **b)** *(of rake, fork)* Zinke, *die*

**tin 'foil** *n., no pl.* Stanniol, *das; (aluminium foil)* Alufolie, *die*

**ting-a-ling** ['tɪŋəlɪŋ] **1.** *n.* Klingeling, *das.* **2.** *adv.* klingeling

**tinge** [tɪndʒ] **1.** *v. t.,* **~ing** ['tɪndʒɪŋ] tönen; **a white curtain ~d with pink** ein weißer, ins Zartrosa gehender Vorhang; **her black hair was ~d with grey** ihr schwarzes Haar war graumeliert; *(fig.)* **her admiration was ~d with envy** ihre Bewunderung war nicht ganz frei von Neid. **2.** *n.* [leichte] Färbung; *(fig.)* Hauch, *der;* **a ~ of red in the sky** eine leicht rötliche Färbung des Himmels; **white with a ~ of blue** weiß mit einem Stich ins Bläuliche

**tingle** ['tɪŋgl] **1.** *v. i.* **a)** *(feel sensation)* kribbeln; **b)** *(cause sensation)* **~ in sb.'s ears** jmdm. in den Ohren klingen *od.* tönen. **2.** *n.* Kribbeln, *das;* **feel a ~ of excitement** vor Aufregung ganz kribbelig sein *(ugs.)*

**tin: ~ 'god** *n.* Götze, *der (geh.);* Abgott, *der;* **~ 'hat** *n. (sl.)* Blechdeckel, *der (salopp);* **~horn** *(Amer.)* **1.** *n.* Angeber, *der (ugs.);* **2.** *adj.* angeberisch *(ugs.)*

**tinker** ['tɪŋkə(r)] **1.** *n.* Kesselflicker, *der;* **I don't give a ~'s cuss** *(coll.)* es ist mir völlig Wurs[ch]t *(ugs.).* **2.** *v. i.* **~ with sth.** an etw. *(Dat.)* herumbasteln *(ugs.)/(incompetently; also fig.)* herumpfuschen *(ugs.)*

**tinkle** ['tɪŋkl] **1.** *n.* Klingeln, *das; (of coins)* Klimpern, *das;* **give sb. a ~** *(Brit. coll.: telephone call)* bei jmdm. anklingeln *(ugs.).* **2.** *v. t.* klingeln mit; klimpern mit ⟨*Münzen*⟩. **3.** *v. i.* ⟨*Glocke:*⟩ klingeln; ⟨*Münzen:*⟩ klimpern; **~ on a piano** auf einem Klavier klimpern

**'tin mine** *n.* Zinnbergwerk, *das*

**tinned** [tɪnd] *adj. (Brit.)* Dosen-; **be ~:** aus der Dose sein

**tinny** ['tɪnɪ] *adj.* **a)** *(metallic)* Metall⟨*geschmack*⟩; blechern ⟨*Klang*⟩; **taste ~:** nach Metall *od. (ugs.)* Büchse schmecken; **b)** *(of inferior quality)* billig; **be ~:** Tinnef sein *(ugs.)*

**tin: ~-opener** *n. (Brit.)* Dosen-, Büchsenöffner, *der;* **~-pan 'alley** *n.* die Schlagerindustrie; **~ plate** *n.* Weißblech, *das;* **~-plate** *v. t.* verzinnen; **~-plating** *n.* Verzinnung, *die;* **~pot** *adj. (derog.)* schäbig; **~pot town** Kaff, *das (ugs.);* **~pot little firm** [kleine] Klitsche *(ugs.);* **~pot dictator** Operettendiktator, *der*

**tinsel** ['tɪnsl] *n.* **a)** *(thread)* Metallfaden, *der; (for decoration)* Lametta, *das; (strip)* Lahn, *der (Textilw.); (sheet)* Metallfolie, *die;* **b)** *also attrib.* **~ [glamour]** Talmiglanz, *der*

**tin: ~smith** *n.* Blechschmied, *der;* **~ 'soldier** *n.* Zinnsoldat, *der*

**tint** [tɪnt] **1.** *n.* Farbton, *der;* **flesh ~s** Fleischtöne; **autumn ~s** herbstliche Farbtöne; **red with a blue ~:** Rot mit einem Stich ins Blaue. **2.** *v. t.* tönen; kolorieren ⟨*Zeichnung, Stich*⟩; **~ with blue** blau tönen/kolorieren

**tin: ~ tack** *n.* [verzinnter] Drahtstift; **~ 'whistle** *n.* Blechflöte, *die*

**tiny** ['taɪnɪ] *adj.* winzig; **a ~ bit better** *(coll.)* ein klein wenig besser; **sb.'s ~ mind** *(derog.)* jmds. Spatzenhirn *(salopp)*

**[1]tip** [tɪp] **1.** *n. (end, point)* Spitze, *die;* **the ~ of his nose/finger/toe** seine Nasen-/Finger-/Zehenspitze; **on the ~s of one's toes** auf Zehenspitzen; **from ~ to toe** vom Scheitel bis zur Sohle; **it is on the ~ of my tongue** es liegt mir auf der Zunge; **a cigarette with a [filter-]~:** eine Zigarette mit Filter. **2.** *v. t.,* **-pp- ~ sth. [with stone/brass]** etw. mit einer [Stein-/Messing]spitze versehen; **~ped cigarette** Filterzigarette, *die*

**[2]tip 1.** *v. i.,* **-pp-** *(lean, fall)* kippen; **~ over** umkippen; **~ [up]** ⟨*Sitz:*⟩ nach oben klappen. **2.** *v. t.,* **-pp- a)** *(make tilt)* kippen; neigen ⟨*Kopf*⟩; **~ one's hat [to sb.]** *(Amer.)* seinen Hut lüften[, um jmdn. zu grüßen]; **~ the balance** *(fig.)* den Ausschlag geben; *see also* **[2]scale 1 b; b)** *(make overturn)* umkippen; *(Brit.: discharge)* kippen; **'no ~ping', 'no rubbish to be ~ped'** „Müll abladen verboten"; **he was ~ped into the ditch** er wurde in den Graben geworfen; **c)** *(mention as likely winner etc.)* voraussagen ⟨*Sieger*⟩; **~ sb. to win** auf jmds. Sieg tippen; **be ~ped for the Presidency/a post** als Favorit für die Präsidentschaftswahlen/einen Posten genannt werden; **d)** *(sl.: give)* geben; **~ sb. the wink** *(fig.)* jmdm. Bescheid sagen; *(~ sb. off)* jmdm. einen Tip geben *(ugs.);* **e)** *(give money to)* **~ sb. [20p]** jmdm. [20 Pence] Trinkgeld geben. **3.** *n.* **a)** *(money)* Trinkgeld, *das;* **as a ~:** als Trinkgeld; **b)** *(special information)* Hinweis, *der;* Tip, *der (ugs.); (advice)* Rat, *der;* **hot ~:** heißer Tip; **give sb. a ~ about doing sth.** jmdm. einen Tip geben, wie man etw. macht; **c)** *(Brit.: place for refuse)* Müllkippe, *die;* **d)** *(derog.: untidy place)* Schweinestall, *der;* **e)** *(Mining)* Halde, *die*

**~ 'off** *v. t.* **~ sb. off** jmdm. einen Hinweis *od. (ugs.)* Tip geben; **be ~ped off by sb.** einen Hinweis *od. (ugs.)* Tip von jmdm. erhalten; *see also* **tip-off**

**~ 'over** *v. t. & i.* umkippen

**~ 'up** *v. t.* hochklappen ⟨*Sitz*⟩

**tip: ~-and-'run raid** *n.* Blitzangriff [mit anschließendem sofortigem Rückzug]; **~-off** *n.* Hinweis, *der*

**tipper** ['tɪpə(r)] *n. (Brit. Motor Veh.)* Kipper, *der*

**tipple** ['tɪpl] **1.** *v. i.* trinken. **2.** *n. (coll.: drink)* **have a ~:** einen trinken *(ugs.);* **what's your ~?** was trinken Sie?

**tippler** ['tɪplə(r)] *n.* Trinker, *der*/Trinkerin, *die;* **be a ~:** gern einen trinken *(ugs.)*

**tipsily** ['tɪpsɪlɪ] *adv. (coll.)* angeheitert; beschwipst *(ugs.)*

**tipster** ['tɪpstə(r)] *n.* Tipgeber, *der*/-geberin, *die*

**tipsy** ['tɪpsɪ] *adj. (coll.)* angeheitert; beschwipst *(ugs.)*

**tip: ~toe 1.** *v. i.* auf Zehenspitzen gehen; *(walk quietly)* sich schleichen *od.* stehlen; **2.** *adv.* auf Zehenspitzen; **3.** *n.* **on ~toe[s]** auf Zehenspitzen; **stand on ~toe** sich auf die Zehenspitzen stellen; **be standing on ~toe** auf den Zehenspitzen stehen; **~top** ['tɪptɒp] *(coll.)* **1.** *adj.* ausgezeichnet; tipptopp *(ugs.);* **it was a ~top hotel** das Hotel war tipptopp; **be in ~top condition** in einem Topzustand/⟨*Mensch:*⟩ in Topform sein; **2.** *adv.* tipptopp *(ugs.);* ausgezeichnet; **~-up seat** *n.* Klappsitz, *der*

**TIR** *abbr. (Brit.)* **Transport International Routier** *Internationaler Straßentransport*

**tirade** [taɪ'reɪd, tɪ'reɪd] *n.* Tirade, *die (geh.);* **a ~ of abuse** eine Schimpfkanonade *(ugs.)*

**[1]tire** ['taɪə(r)] *(Amer.) see* **tyre**

**[2]tire 1.** *v. t.* ermüden. **2.** *v. i.* müde werden; ermüden; **~ of sth./doing sth.** einer Sache *(Gen.)* überdrüssig werden/es müde werden *(geh.),* etw. zu tun

**~ 'out** *v. t.* erschöpfen; **~ oneself out doing sth.** etw. bis zur Erschöpfung tun

**tired** ['taɪəd] *adj.* **a)** *(weary)* müde; **b)** *(fed up)* **be ~ of sth./doing sth.** etw. satt haben/es satt haben *od. (geh.)* es müde sein, etw. zu tun; **get** *or* **grow ~ of sb./sth.** jmds./einer Sache überdrüssig werden; **c)** *(fig.: hackneyed)* abgegriffen; abgedroschen *(ugs.)*

**tiredness** ['taɪədnɪs] *n., no pl.* Müdigkeit, *die*

**tireless** ['taɪəlɪs] *adj.,* **tirelessly** ['taɪəlɪslɪ] *adv.* unermüdlich

**tiresome** ['taɪəsəm] *adj.* **a)** *(wearisome)* mühsam; **b)** *(annoying)* lästig; **how ~!** so ein Ärger!

**tiresomely** ['taɪəsəmlɪ] *adv.* **a)** *(wearisomely)* mühsam; **~ lengthy** mühsam und langwierig; **b)** *(annoyingly)* lästigerweise; **~ facetious** auf unangenehme Art albern

**tiring** ['taɪərɪŋ] *adj.* ermüdend; anstrengend ⟨*Tag, Person*⟩

**tiro** ['taɪərəʊ] *n., pl.* ~s Anfänger, *der*/Anfängerin, *die*

**'tis** [tɪz] *(arch./poet.)* = **it is**

**tissue** ['tɪʃu:, 'tɪsju:] *n.* **a)** *(woven fabric; also Biol.)* Gewebe, *das;* **b)** *(absorbent paper)* **[paper]** ~: Papiertuch, *das; (handkerchief)* Papiertaschentuch, *das;* **c)** *(for wrapping)* ~ **[paper]** Seidenpapier, *das;* **d)** *(fig.: web)* Geflecht, *das;* ~ **of lies** Lügengewebe, *das*

**¹tit** [tɪt] *n. (Ornith.)* Meise, *die; see also* **blue tit; great tit**

**²tit** *n.* **it's ~ for tat** wie du mir, so ich dir; **give sb. ~ for tat** es jmdm. mit gleicher Münze heimzahlen

**³tit** *n. (coarse)* **a)** *(nipple)* Zitze, *die (derb);* **b)** *usu. pl. (breast)* Titte, *die (derb)*

**⁴tit** *n. (sl.: fool)* Trottel, *der (ugs.)*

**Titan** ['taɪtən] *n. (fig.)* Titan, *der (geh.)*

**titanic** [taɪ'tænɪk] *adj.* gigantisch

**titanium** [taɪ'teɪnɪəm, tɪ'teɪnɪəm] *n. (Chem.)* Titan, *das*

**titbit** ['tɪtbɪt] *n.* **a)** *(food)* Häppchen, *das (ugs.);* **b)** *(piece of news)* Neuigkeit, *die*

**titch** [tɪtʃ] *n. (coll.)* Knirps, *der (ugs.)*

**titchy** ['tɪtʃɪ] *adj. (coll.)* klitzeklein *(ugs.)*

**tithe** [taɪð] *n. (Hist.)* Zehnt[e], *der;* **pay ~s** den Zehnten bezahlen; ~ **barn** Zehntscheuer, *die*

**Titian** ['tɪʃn] **1.** *pr. n.* Tizian *(der).* **2.** *n.* ~ **[red]** Tizianrot, *das.* **3.** *adj.* ~ **[red]** tizianrot

**titillate** ['tɪtɪleɪt] *v. t.* erregen; ~ **sb.'s palate** jmds. Gaumen kitzeln

**titillation** [tɪtɪ'leɪʃn] *n.* Kitzel, *der*

**titivate** ['tɪtɪveɪt] *v. t. (coll.)* aufmöbeln *(ugs.);* ~ **[oneself]** sich zurechtmachen

**title** ['taɪtl] *n.* **a)** *(of book etc.)* Titel, *der; (of article, chapter)* Überschrift, *die;* **the flyweight ~** *(Sport)* der Titel im Fliegengewicht; **the ~s** *(Cinemat., Telev.)* der Vorspann; **b)** *(of person)* Titel, *der; (of nobility)* [Adels]titel, *der; (of organization)* Name, *der;* **people with ~s** Adlige; **c)** *(Law: recognized claim)* Rechtsanspruch, *der* (**to** auf + *Akk.*); ~ **[of ownership]** Besitztitel, *der*

**titled** ['taɪtld] *adj.* adlig

**title: ~-deed** *n. (Law)* Eigentumsurkunde, *die;* **~-holder** *n. (Sport)* Titelhalter, *der*/-halterin, *die;* **~-page** *n.* Titelseite, *die;* **~-role** *n.* Titelrolle, *die*

**'titmouse** *n. (Ornith.)* Meise, *die*

**titter** ['tɪtə(r)] **1.** *v. i.* kichern. **2.** *n.* **~[s]** Kichern, *das*

**tittle-tattle** ['tɪtltætl] **1.** *n.* Klatsch, *der (ugs. abwertend).* **2.** *v. i.* klatschen *(ugs. abwertend)*

**titular** ['tɪtjʊlə(r)] *adj.* **a)** *(only in name)* nominell *(geh.)* ⟨*Führer, Staatsoberhaupt*⟩; **b)** *(going with title)* Adels⟨*rang*⟩; mit einem Adelstitel verbunden ⟨*Besitztümer*⟩; **c)** ~ **hero** Titelheld, *der*

**tizzy** ['tɪzɪ] *n. (sl.)* **be in a/get into a ~:** durchdrehen *(ugs.)* **(over** wegen); **be all of a ~:** ganz aus dem Häuschen sein *(ugs.)*

**T-junction** *see* **T b**

**TNT** *abbr.* **trinitrotoluene** TNT, *das*

**to 1.** [*before vowel* tʊ, *before consonant* tə, *stressed* tu:] *prep.* **a)** *(in the direction of and reaching)* zu; *(with name of place)* nach; **go to work/to the theatre** zur Arbeit/ins Theater gehen; **to Paris/France** nach Paris/Frankreich; **go from town to town** von Stadt zu Stadt ziehen; **throw the ball to me** wirf mir den Ball zu; **to bed with you!** ins Bett mit dir/euch!; **b)** *(towards a condition or quality)* zu; **appoint sb. to a post** jmdn. auf einen Posten berufen; **be born to a fortune** reich geboren sein; **c)** *(as far as)* bis zu; **from London to Edinburgh** von London [bis] nach Edinburgh; **increase from 10 % to 20 %** von 10 % auf 20 % steigen; **from green to violet** von Grün bis Violett; **d)** *(next to, facing)* **with one's back to the wall** mit dem Rücken zur Wand; **e)** *(implying comparison, ratio, etc.)* **[compared] to** verglichen mit; im Vergleich zu; **3 is to 4 as 6 is to 8** 3 verhält sich zu 4 wie 6 zu 8; **it's ten to one he does sth.** die Chancen stehen zehn zu eins, daß er etw. tut; **sing to a guitar** zur Gitarre singen; **f)** *introducing relationship or indirect object* **to sb./sth.** jmdm./einer Sache *(Dat.);* **lend/give/write/explain** *etc.* **sth. to sb.** jmdm. etw. leihen/geben/schreiben/erklären *usw.;* **speak to sb.** mit jmdm. sprechen; **relate to sth.** sich auf etw. *(Akk.)* beziehen; **to me** *(in my opinion)* meiner Meinung nach; **be pleasant to the taste** gut schmecken; **secretary to the Minister** Sekretär des Ministers; **be a good father to one's children** seinen Kindern ein guter Vater sein; **a room to oneself** ein eigenes Zimmer; **get four apples to the pound** vier Äpfel je Pfund bekommen; **there is a moral to this tale** diese Geschichte hat eine Moral; **is there a point to all this?** hat das alles einen Sinn?; **that's all there is to it** mehr ist nicht dazu zu sagen; **what's that to you?** was geht das dich an?; **to repair of rear door** *(in bill or account)* Reparatur [der] Hintertür; **g)** *(until)* bis; **to the end** bis zum Ende; **to this day** bis heute; **five [minutes] to eight** fünf [Minuten] vor acht; **one minute/two minutes to eight** eine Minute/zwei Minuten vor acht; **h)** *with infinitive of a verb* zu; (*expressing purpose, or after* **too**) um [...] zu; **want to know** wissen wollen; **do sth. to annoy sb.** etw. tun, um jmdn. zu ärgern; **too young to marry** zu jung, um zu heiraten; zu jung zum Heiraten; **too hot to drink** zu heiß zum Trinken; **to rebel is pointless** es ist sinnlos zu rebellieren; **he woke to find himself in a strange room** er erwachte und fand sich in einem fremden Zimmer wieder; **those days are gone, never to return** diese Zeit ist vorbei und wird nie wiederkehren *(geh.);* **to be honest/precise, ...:** offen/genau[er] gesagt, ...; **to use a technical term** um einen Fachausdruck zu gebrauchen; **to hear him talk ...:** wenn man ihn reden hört, ...; **i)** *as substitute for infinitive* **he would have phoned but forgot to** er hätte angerufen, aber er vergaß es; **she didn't want to go there, but she had to** sie wollte nicht hingehen, aber sie mußte; **he said he would ring her, but he had no time to** er sagte, er wolle sie anrufen, aber er hatte keine Zeit [dazu]; **you should buy it; you'd be silly not to** du solltest es kaufen; du wärst dumm, wenn du es nicht tätest. **2.** [tu:] *adv.* **a)** *(just not shut)* **be to** ⟨*Tür, Fenster:*⟩ angelehnt sein; **push a door to** eine Tür anlehnen; **b) to and fro** hin und her

**toad** [təʊd] *n. (Zool.; fig. derog.)* Kröte, *die*

**toad: ~flax** *n. (Bot.)* Leinkraut, *das;* **~-in-the-hole** *n. (Gastr.) Würstchen, in einen Teig eingebacken;* **~stool** *n.* Giftpilz, *der; (Bot.)* Schirmpilz, *der*

**toady** ['təʊdɪ] **1.** *n.* Kriecher, *der.* **2.** *v. i.* ~ **[to sb.]** [vor jmdm.] kriechen *(abwertend)*

**toast** [təʊst] **1.** *n.* **a)** *no pl., no indef. art.* Toast, *der;* **a piece of ~:** eine Scheibe Toast; **cheese/egg on ~:** Toast mit Käse/Ei; **as warm as ~** *(fig.)* schön warm *(ugs.);* **b)** *(call to drink)* Toast, *der;* **drink/propose a ~ to sb./sth.** auf jmdn./etw. trinken/einen Toast auf jmdn./etw. ausbringen; **be the ~ of the town** von der ganzen Stadt gefeiert werden. **2.** *v. t.* **a)** rösten; toasten ⟨*Brot*⟩; **b)** *(fig.: warm)* ~ **one's feet** sich *(Dat.)* die Füße wärmen; ~ **oneself in the sun** in der Sonne rösten *(scherzh.);* **c)** *(drink in honour of)* trinken auf (+ *Akk.*)

**toaster** ['təʊstə(r)] *n.* Toaster, *der*

**'toasting-fork** *n.* Gabel zum Rösten vor dem offenen Feuer

**toast: ~-master** *n. jmd., der bei einem öffentlichen Essen die Toasts ausbringt;* **~-rack** *n.* Toastständer, *der*

**tobacco** [tə'bækəʊ] *n. pl.* ~s Tabak, *der*

**tobacco: ~ jar** *n.* Tabak[s]dose, *die;* **~ leaf** *n.* Tabakblatt, *das*

**tobacconist** [tə'bækənɪst] *n.* Tabak[waren]händler, *der*/-händlerin, *die; see also* **baker**

**to'bacco-pouch** *n.* Tabak[s]beutel, *der*

**toboggan** [tə'bɒgən] **1.** *n.* Schlitten, *der;* Toboggan, *der.* **2.** *v. i.* Schlitten fahren

**toby** ['təʊbɪ] *n.* ~ **[jug]** Figurenkrug, *der;* Toby jug, *der*

**toccata** [tə'kɑ:tə] *n. (Mus.)* Tokkata, *die*

**Toc H** [tɒk 'eɪtʃ] *n. (Brit.) christlich und sozial orientierte Vereinigung [ehemaliger Armeeangehöriger]*

**tod** [tɒd] *n. (Brit. sl.)* **on one's ~:** [ganz] allein

**today** [tə'deɪ] **1.** *n.* heute; **~'s newspaper** die Zeitung von heute; **~'s film industry** die heutige Filmindustrie; **live for ~:** für den Tag leben. **2.** *adv.* heute; **a week/fortnight [from] ~:** heute in einer Woche/in vierzehn Tagen; **a year [ago] ~:** heute vor einem Jahr; **early ~:** heute früh; **later [on] ~:** später [am Tage]; **earlier ~:** heute vor wenigen Stunden

**toddle** ['tɒdl] *v. i.* **a)** *(with tottering steps)* mit wackligen Schritten gehen; wackeln *(ugs.);* **b)** *(coll.: leave)* ~ **[off]** sich verziehen *(ugs.);* **I must ~ [along** *or* **off] now** ich muß mich jetzt auf die Socken machen *(ugs.);* **c)** *(coll.: go)* ~ **along** *or* **down to the post** zum Postamt wandern *(ugs.)*

**toddler** ['tɒdlə(r)] *n.* ≈ Kleinkind, *das;* **he is only a ~:** er hat gerade laufen gelernt

**toddy** ['tɒdɪ] *n.* Toddy, *der;* **rum ~:** ≈ Grog, *der*

**to-do** [tə'du:] *n.* Getue, *das (ugs.);* **make a great ~ about sth.** viel Theater um etw. machen *(ugs.);* **there was a great ~ when ...:** es gab eine große Aufregung, als ...:

**toe** [təʊ] **1.** *n.* **a)** *(Anat.)* Zeh, *der;* Zehe, *die;* **be on one's ~s** *(fig.)* auf Zack sein *(ugs.);* **keep sb. on his/her ~s** *(fig.)* jmdn. in Trab halten *(ugs.);* **turn up one's ~s** *(sl. euphem.: die)* ins Gras beißen *(salopp);* **b)** *(of footwear)* Spitze, *die;* **at the ~:** an den Zehen; **the ~s of the boots are reinforced** die Stiefel sind an der Spitze verstärkt; **c)** *(Zool.)* Zeh, *der.* **2.** *v. t.,* **~ing** *(fig.)* ~ **the line** *or (Amer.)* **mark** sich einordnen; **refuse to ~ the line** aus der Reihe tanzen *(ugs.);* ~ **the party line** linientreu sein

**'toe-cap** *n.* Vorderkappe, *die; (of boot)* Stiefelkappe, *die;* **steel ~:** Stahlkappe, *die*

**-toed** [təʊd] *adj. in comb.* -zehig

**'toe-hold** *n.* Tritt, *der; (fig.)* **gain a ~** einen Fuß in die Tür bekommen; **have only a ~ in Europe** nur ein kleines Gebiet in Europa haben; *(for sales)* in Europa nur schwach vertreten sein

**'toe-nail** *n.* Zeh[en]nagel, *der*

**toff** [tɒf] *n. (Brit. sl. dated)* Lackaffe, *der (ugs. abwertend)*

**toffee** ['tɒfɪ] *n.* **a)** Karamel, *der;* **b)** *(Brit.: piece)* Toffee, *das;* Sahnebonbon, *das;* **c) sb. can't do sth. for ~** *(fig. sl.)* jmd. kann etw. nicht für fünf Pfennig tun *(ugs.)*

**toffee: ~-apple** *n.* mit Karamel überzogener Apfel am Stiel; **~-nosed** *adj. (Brit. sl.)* hochnäsig

**tog** [tɒg] **1.** *n.* **a)** *in pl. (sl.: garments)* Klamotten *(ugs.);* **b)** *(Textiles) Einheit für das Wärmerückhaltevermögen von Textilien.* **2.** *v. t.* **-gg-:** ~ **[oneself] out** *or* **up** sich in Schale werfen *(ugs.);* **they were ~ged out in their Sunday best** sie waren mit ihrem besten Sonntagsstaat ausstaffiert

**toga** ['təʊgə] *n. (Roman Ant.)* Toga, *die*

**together** [tə'geðə(r)] *adv.* **a)** *(in or into company)* zusammen; **sit down ~:** sich zusammensetzen; **gather ~:** sich [ver]sammeln; **soloist and orchestra were not ~:** Solist und Orchester spielten nicht im Takt; **taken all ~:** alle zusammengenommen; ~ **with** zusammen mit; **b)** *(simultaneously)* gleichzeitig; **all ~ now!** jetzt alle zusammen *od.* im

Chor!; **c)** *(one with another)* miteinander; **put them ~ to compare them** halte sie nebeneinander, um sie zu vergleichen; **d)** *(without interruption)* **for weeks/days/hours ~:** wochen-/tage-/stundenlang; **for three days ~:** drei Tage hintereinander; **e)** *(coll.: organized)* **not ~** chaotisch *(ugs.)* ‹*Person*›

**togetherness** [tə'geðənɪs] *n., no pl.* Zusammengehörigkeit, *die*

**toggle** ['tɒgl] *n.* **a)** *(button)* Knebelknopf, *der;* **b)** *(cross-piece)* Knebel, *der*

**'toggle-switch** *n. (Electr.)* Kippschalter, *der*

**Togo** ['təʊgəʊ], **Togoland** ['təʊgəʊlænd] *pr. ns.* Togo *(das)*

**Togolese** [təʊgəʊ'li:z] **1.** *adj.* togolesisch. **2.** *n., pl. same* Togolese, *der*/Togolesin, *die*

**toil** [tɔɪl] **1.** *v. i.* **a)** *(work laboriously)* schwer arbeiten; sich abarbeiten; **~ at/over sth.** sich mit etw. abplagen/abmühen; **~ through a book** sich mühsam durch ein Buch arbeiten; **~ [away] on sth.** sich mit etw. abmühen; **b)** *(move laboriously)* sich schleppen; **the train ~ed up the incline** der Zug mühte sich die Steigung hinauf; **~ on** sich weiterschleppen. **2.** *n.* [harte] Arbeit; **with much ~:** mit großer Mühe; **the ~s of the day** die Mühen des Tages

**toiler** ['tɔɪlə(r)] *n. (for peace, justice, etc.)* Kämpfer, *der*/Kämpferin, *die*

**toilet** ['tɔɪlɪt] *n.* **a)** Toilette, *die;* **down the ~:** in die Toilette; **go to the ~:** auf die Toilette gehen; **be in the ~:** auf der Toilette sein; **on the ~** *(coll.)* auf dem Klo *(ugs.);* **b)** *(washing and dressing)* Toilette, *die;* **be at one's ~** *(dated)* bei der Toilette sein

**toilet: ~-bag** *n.* Kulturbeutel, *der;* **~-bowl** *n.* Toilettenbecken, *das;* Klosettbecken, *das;* **~-brush** *n.* Klosettbürste, *die;* **~-paper** *n.* Toilettenpapier, *das*

**toiletries** ['tɔɪlɪtrɪz] *n. pl.* Körperpflegemittel; Toilettenartikel

**toilet: ~-roll** *n.* Rolle Toilettenpapier; **~-roll holder** *n.* Toilettenpapierhalter, *der;* **~-seat** *n.* Klosettbrille, *die (ugs.);* Toilettensitz, *der;* **~ soap** *n.* Toilettenseife, *die;* **~ tissue** *see* **toilet-paper; ~-training** *n.* Sauberkeitserziehung, *die;* **~ water** *n.* Toilettenwasser, *das;* Eau de Toilette, *das*

**toils** [tɔɪlz] *n. pl. (literary)* Fangnetz, *das;* Fanggarn, *das (Jägerspr.); (fig.)* Fallstrick, *der*

**'toil-worn** *adj.* abgearbeitet ‹*Person*›; erschöpft ‹*Reisender*›; abgehärmt ‹*Gesicht*›

**toing and froing** [tu:ɪŋ ən 'frəʊɪŋ] *n.* Hin und Her, *das*

**Tokay** [tə'keɪ] *n.* Tokaier, *der;* Tokajer, *der*

**token** ['təʊkn] **1.** *n.* **a)** *(voucher)* Gutschein, *der; see also* **book token; gift token; record token; b)** *(counter, disc)* Marke, *die;* Jeton, *der;* **c)** *(sign)* Zeichen, *das; (evidence)* Beweis, *der;* **as a** *or* **in ~ of sth.** als Zeichen/zum Beweis einer Sache; **he received a present as a** *or* **in ~ of his 30 years' service with the firm** anläßlich seiner dreißigjährigen Zugehörigkeit zur Firma erhielt er ein Geschenk; **d) by the same** *or* **this ~:** ebenso; **if you don't believe me, then by the same ~ you can't believe him** wenn du mir nicht glaubst, dann heißt das, daß du ihm auch nicht glauben kannst; **his wages are low and, by the same ~, not nearly enough to make him stay in this job** seine Bezahlung ist schlecht und daher natürlich auch nicht ausreichend, ihn in diesem Job zu halten; **e)** *(keepsake)* Abschiedsgeschenk, *das;* Andenken, *das.* **2.** *attrib. adj.* symbolisch ‹*Preis*›; nominal *(Wirtsch.)* ‹*Lohnerhöhung, Miete*›; *(minimal)* geringfügig ‹*Schaden*›; **a ~ woman/black person on the staff** eine Alibifrau/ein Alibischwarzer als Mitarbeiterin/Mitarbeiter; **his offer of help is only a ~ offer** sein Hilfsangebot ist nur ein Proforma-Angebot; **offer** *or* **put up ~ resistance** pro forma Widerstand leisten; **~ strike** Warnstreik, *der*

**tokenism** ['təʊkənɪzm] *n.* **sth. is just ~:** etw. hat nur Alibifunktion

**Tokyo** ['təʊkjəʊ] *pr. n.* Tokio *(das)*

**told** *see* **tell**

**tolerable** ['tɒlərəbl] *adj.* **a)** *(endurable)* erträglich **(to, for** für); **b)** *(fairly good)* leidlich; annehmbar; **a very ~ lunch** ein sehr ordentliches Mittagessen; **How are things? – Oh, ~:** Wie geht's? – Oh, es geht

**tolerably** ['tɒlərəblɪ] *adv.* leidlich; annehmbar; einigermaßen ‹*gut, richtig*›

**tolerance** ['tɒlərəns] *n.* **a)** Toleranz, *die* **(for, towards,** gegen[über]); **have no ~ for sth.** für etw. kein Verständnis haben; etw. nicht tolerieren [können]; **a mother with three children needs a lot of ~:** eine Mutter mit drei Kindern braucht viel Verständnis; **b)** *(Med., Mech. Engin.)* Toleranz, *die*

**tolerant** ['tɒlərənt] *adj.* **a)** tolerant **(of, towards** gegen[über]); **be ~ of criticism** Kritik vertragen; **b)** *(Med.)* widerstandsfähig

**tolerate** ['tɒləreɪt] *v. t.* **a)** dulden; tolerieren *(geh.);* **this material will ~ high temperatures/hard wear** dieses Material ist hitzebeständig/strapazierfähig; **b)** *(put up with)* **~ sb./sth.** sich mit jmdm./etw. abfinden; **she ~d his moods** sie ließ seine Launen über sich *(Akk.)* ergehen; **~ one another** sich [gegenseitig] akzeptieren; **how can you ~ this awful man?** wie kannst du diesen schrecklichen Mann ertragen?; **I can't ~ football/fanaticism** ich kann Fußball/Fanatismus nicht ausstehen; **c)** *(sustain)* ertragen ‹*Schmerzen, Hitze, Lärm*›; **d)** *(Med.)* vertragen

**toleration** [tɒlə'reɪʃn] *n.* Tolerierung, *die (geh.);* **religious/mutual ~:** religiöse/gegenseitige Toleranz

**¹toll** [təʊl] *n.* **a)** *(tax, duty)* Gebühr, *die; (for road)* [Straßen]gebühr, *die;* Maut, *die (bes. österr.);* **b)** *(damage etc. incurred)* Aufwand, *der;* **take** *or* **exact a /its ~ of sth.** einen Tribut an etw. *(Dat.)* fordern *(fig.);* **the hurricane took ~ of 5,000 lives** der Hurrikan forderte 5 000 Todesopfer; **the revolution took a heavy ~ of human life** die Revolution forderte viele Menschenleben; **time took its ~ of him** er mußte dem Alter Tribut zollen; **c)** *(Amer.: Teleph.)* [Gesprächs]gebühr, *die*

**²toll 1.** *v. t.* läuten; ‹*Turmuhr:*› schlagen ‹*Stunde*›. **2.** *v. i.* läuten

**toll: ~-bar** *n. Schlagbaum auf gebührenpflichtigen Straßen oder Brücken;* Mautschranke, *die (bes. österr.);* **~-bridge** *n.* gebührenpflichtige Brücke; Mautbrücke, *die (bes. österr.);* **~ call** *n. (Amer. Teleph.)* gebührenpflichtiges Gespräch; **~-free** *adj., adv. (Amer. Teleph.)* gebührenfrei; **~-gate** *n.* Absperrung vor einer gebührenpflichtigen Straße/Brücke; **~-road** *n.* gebührenpflichtige Straße; Mautstraße, *die (bes. österr.)*

**tom** [tɒm] *n.* **a) any** *or* **every Tom, Dick, and Harry** Hinz und Kunz *(ugs. abwertend);* **it's me you're talking to, not any Tom, Dick, and Harry** du sprichst mit mir, nicht mit irgend jemandem; **every Tom, Dick, and Harry is talking about it** alle Welt redet davon; **any Tom, Dick, or Harry can open a shop** jeder, der Lust hat, kann einen Laden aufmachen; **b)** *(cat)* Kater, *der. See also* **peeping Tom**

**tomahawk** ['tɒməhɔ:k] *n.* Tomahawk, *der; see also* **bury b**

**tomato** [tə'mɑ:təʊ] *n., pl.* **~es** Tomate, *die*

**tomato: ~-juice** *n.* Tomatensaft, *der;* **~ 'ketchup** *n.* Tomatenketchup, *der od. das;* **~ 'purée** *n.* Tomatenmark, *das;* **~ 'sauce** *n.* **a)** Tomatensoße, *die;* **b)** *see* **~ ketchup; ~ 'soup** *n.* Tomatensuppe, *die*

**tomb** [tu:m] *n.* **a)** *(grave)* Grab, *das;* **b)** *(monument)* Grabmal, *das;* **c) the ~** *(state of death)* das Grab *(geh.);* der Tod; **his ghost came back from the ~:** sein Geist kehrte aus dem Grab zurück; **[as] silent as the ~:** totenstill; **the village/the house is/seems [as] silent as the ~:** im Dorf/Haus herrscht Totenstille; **d)** *(vault)* Gruft, *die (geh.)*

**tombola** [tɒm'bəʊlə] *n.* Tombola, *die*

**'tomboy** *n.* Wildfang, *der*

**'tombstone** *n.* Grabstein, *der;* Grabmal, *das*

**'tom-cat** *n.* Kater, *der*

**tome** [təʊm] *n.* dicker Band; Wälzer, *der (ugs.)*

**tom: ~fool** *attrib. adj.* blödsinnig; **~'foolery** *n.* Blödsinn, *der (ugs.)*

**Tommy** ['tɒmɪ] *n. (coll.: British soldier)* Tommy, *der*

**tommy: ~-gun** *n.* Maschinenpistole, *die;* **~-rot** *n., no pl., no indef. art.* Unfug, *der;* Quatsch, *der (ugs.)*

**tomorrow** [tə'mɒrəʊ] **1.** *n.* **a)** morgen; **~ morning/afternoon/evening/night** morgen früh *od.* vormittag/nachmittag/abend/nacht; **~ is another day** *(prov.)* morgen ist auch [noch] ein Tag *(Spr.);* **~ never comes** *(prov.)* morgen, morgen, nur nicht heute[, sagen alle faulen Leute] *(Spr.);* **You always say you'll do it some time. But with you, ~ never comes!** Du sagst immer, daß du es einmal tust. Aber bei dir heißt das am Sankt Nimmerleinstag; **~'s edition/newspaper** die morgige Ausgabe/Zeitung; die Ausgabe/Zeitung von morgen; **~'s events will bear me out** morgen wird man sehen, daß ich recht habe; **~ evening's concert** das Konzert morgen abend *od.* am morgigen Abend; **b)** *(the future)* Morgen, *das;* **who knows what ~ will bring?** wer weiß, was die Zukunft bringt?; **like there's no ~** *(coll.)* als gäbe es kein Morgen; als ginge morgen die Welt unter; **the men and women of ~:** die Männer und Frauen von morgen; **~'s world** die Welt von morgen. **2.** *adv.* **a)** morgen; **a week/month [from] ~:** morgen in einer Woche/in einem Monat; **a year [ago] ~:** morgen vor einem Jahr; **[I'll] see you ~!** *(coll.)* bis morgen!; **never put off till ~ what you can do today** *(prov.)* was du heute kannst besorgen, das verschiebe nicht auf morgen *(Spr.);* **the day after ~:** übermorgen; **this time ~:** morgen um diese Zeit; **~ afternoon/morning** morgen nachmittag/früh; **~ evening** *or* **night** morgen abend; **b)** *(in the future)* morgen; **what will the world be like ~?** wie wird die Welt von morgen aussehen?

**tom: T~ 'Thumb** *n.* **a)** *(Lit.)* Däumling, *der;* **b)** *(diminutive person)* Knirps, *der (ugs.);* **~tit** *n. (Ornith.)* Blaumeise, *die;* **~-tom** *n. (Mus.)* Tomtom, *das*

**ton** [tʌn] *n.* **a)** Tonne, *die;* **a five-~ lorry** ein Lastwagen von fünf Tonnen [Leergewicht]; ein Fünftonner *(ugs.);* **[long] ~:** Tonne, *die;* 1 016,05 kg; **metric ~:** metrische Tonne; **[short] ~:** Tonne, *die;* 907,185 kg; **two ~[s] of coal** zwei Tonnen Kohle; *see also* **brick 1 a; b)** *(Naut.)* Tonne, *die;* **gross ~:** Bruttoregistertonne, *die;* **net** *or* **register ~:** Registertonne, *die;* **c)** *(fig. coll.: a lot)* **it weighs [half] a ~:** es ist zentnerschwer *(fig.);* **I've asked him ~s of times** ich habe ihn x-mal gefragt *(ugs.);* **~s [of food/people/reasons** *etc.*] haufenweise *(ugs.)* [Essen/Leute/Gründe *usw.*]; **d)** *(Brit. sl.: 100 m.p.h.)* **do a** *or* **the ~:** mit 160 Sachen fahren; **e)** *(Cricket sl.) see* **century b**

**tonal** ['təʊnl] *adj.* **a)** *(Ling.)* intonatorisch; **~ language** Tonsprache; **~ changes** *or* **variations** Klangvariationen; **b)** tonal *(Musik);* **c)** *(Art)* **~ differences between colours** Unterschiede in den Farbtönen

**tonality** [tə'nælɪtɪ] *n.* **a)** *(Mus.)* Tonalität, *die;* **b)** *(Art)* Farbwirkung, *die*

**tonally** ['təʊnəlɪ] *adv. (Mus.)* tonal

**tone** [təʊn] **1.** *n.* **a)** *(sound)* Klang, *der; (Teleph.)* Ton, *der;* **the clear ~s of the speaker** die klare Stimme des Redners; **the**

**[shrill] ~s of her voice** ihre [schrille] Stimme; **a high-/low-pitched ~:** ein hoher/tiefer Ton; **b)** *(style of speaking)* Ton, *der;* **don't speak to me in that ~ [of voice]** sprich mit mir nicht in diesem Ton; **in an angry** *etc.* **~, in angry** *etc.* **~s** in ärgerlichem *usw.* Ton; **in a ~ of reproach/anger** *etc.* in vorwurfsvollem/wütendem *usw.* Ton; **c)** *(tint, shade)* [Farb]ton, *der;* **~s of blue** Blautöne; blaue Töne; **grey with a blue ~:** bläulichgrau; **d)** *(style of writing)* [Grund]stimmung, *die; (of letter)* Ton, *der;* **e)** *(Mus.) (note)* Ton, *der; (quality of sound)* Klang, *der; (Brit.: interval)* Intervall, *das;* **whole-~ scale** Ganztonleiter, *die; see also* **fundamental 1 b; f)** *(fig.: character)* Stimmung, *die;* **a ~ of quiet elegance** eine Atmosphäre stiller Eleganz; **the peaceful ~ of the discussions** die friedliche Atmosphäre der Gespräche; **give a serious/flippant ~ to sth.** einer Sache *(Dat.)* eine ernsthafte/frivole Note verleihen; **lower/raise the ~ of sth.** das Niveau einer Sache *(Gen.)* senken/erhöhen; **set the ~:** den Ton angeben; **set the ~ of *or* for sth.** für etw. bestimmend sein; **g)** *(Art: general effect of colour)* Farbgebung, *die;* Kolorit, *das;* **h)** *(degree of brightness)* Schattierung, *die;* Nuancierung, *die;* **bright ~:** Helligkeit, *die;* **i)** *(Photog.)* Ton, *der;* **j)** *(accent on syllable)* Betonung, *die;* Akzent, *der; (way of pronouncing)* Ton, *der;* **k)** *(Physiol.: firmness of muscles)* Tonus, *der; (of athlete etc.)* Fitneß, *die;* **keep oneself *or* one's body in ~:** sich fit halten. **2.** *v. t.* **a)** *(modify colouring of)* tönen; abtönen ⟨*Farbe*⟩; **~ paint [with] a darker/lighter shade** Farbe abdunkeln/aufhellen; **b)** *(Photog.)* tonen; **~ sth. a reddish-brown** etw. rötlichbraun tonen. **3.** *v. i. see* **~ in**

**~ 'down** *v. t.* **a)** *(Art)* [ab]dämpfen ⟨*Farbe*⟩; **~ a painting down** die Farben eines Bildes abdämpfen; **b)** *(fig.: soften)* mäßigen ⟨*Sprache*⟩; abschwächen ⟨*Verbalattacke, Forderung*⟩; dämpfen ⟨*Erregung, Begeisterung*⟩; besänftigen ⟨*Wut*⟩

**~ 'in** *v. i.* farblich harmonieren

**~ 'up 1.** *v. t.* **a)** *(Art)* **~ up a picture/colour** die Farben eines Bildes/eine Farbe kräftiger machen; **b)** *(Physiol.)* fit machen; straffen ⟨*Muskeln, Körper*⟩; stärken ⟨*Nerven*⟩. **2.** *v. i.* sich fit machen

**tone: ~-arm** *n.* Tonarm, *der;* **~ control** *n. (process)* Klangregelung, *die; (device)* Klangregler, *der;* Tonblende, *die;* **~-'deaf** *adj.* ohne musikalisches Gehör *(Musik);* **be ~-deaf** kein musikalisches Gehör haben; **~-deaf people** Leute ohne musikalisches Gehör; **~ language** *n. (Ling.)* Tonsprache, *die*

**toneless** ['təʊnlɪs] *adj.* **a)** tonlos ⟨*Stimme, Antwort*⟩; **b)** *(Mus.)* monoton; **c)** *(dull)* stumpf ⟨*Farbe*⟩

**tone: ~ painting** *n. (Mus.)* Tonmalerei, *die;* **~ poem** *n.* **a)** *(Mus.)* Tondichtung, *die;* **b)** *(Art) Gemälde, bei dem die Farbtöne auf poetische Weise harmonisieren*

**toner** ['təʊnə(r)] *n.* **a)** *(Photog.)* Toner, *der;* **b)** *(cosmetic)* Tönungsmittel, *das*

**tongs** [tɒŋz] *n. pl.* **[pair of] ~:** Zange, *die; see also* **curling-tongs; fire-tongs; hammer 1 a; sugar-tongs**

**tongue** [tʌŋ] *n.* **a)** Zunge, *die;* **bite one's ~** *(lit. or fig.)* sich auf die Zunge beißen; **put out your ~, please** strecken Sie [bitte] mal Ihre Zunge heraus!; **put *or* stick one's ~ out [at sb.]** [jmdm.] die Zunge herausstrecken; **with one's ~ hanging out** mit [heraus]hängender Zunge; **he came into the pub with his ~ hanging out** *(fig.)* ihm hing die Zunge aus dem Hals, als er in das Gasthaus kam; **he made the remark ~ in cheek** *(fig.)* er meinte die Bemerkung nicht ernst; **hold one's ~** *(fig.)* stillschweigen; **keep a civil ~ in one's head** seine Zunge hüten; *see also* **edge 1 a; b)** *(meat)* Zunge, *die;* **c)** *(manner or power of speech)* **find/lose one's ~:** seine Sprache wiederfinden/die Sprache verlieren; **have you lost your ~?** hat es dir die Sprache verschlagen?; hast du die Sprache verloren?; **get one's ~ round sth.** etw. aussprechen; **the name is difficult to get one's ~ round** bei dem Namen bricht man sich *(Dat.)* die Zunge ab *od.* verrenkt man sich *(Dat.)* die Zunge *(ugs.);* **have a ready/sharp/wicked** *etc.* **~:** eine flinke/scharfe/böse *usw.* Zunge haben; **the hounds gave ~:** die Hunde gaben Hals *(Jägerspr.);* **give ~:** sprechen; **d)** *(language)* Sprache, *die;* Zunge, *die (geh., dichter.);* **gift of ~s** *(Bibl.)* Zungenreden, *das; see also* **confusion a; mother tongue; e)** *(of shoe)* Zunge, *die;* **f)** *(promontory)* **~ [of land]** Landzunge, *die;* **g)** *(of bell)* Klöppel, *der;* **h)** *(of buckle)* Dorn, *der;* **i)** *(Woodw.)* Feder, *die;* **j)** *(pointer of scale etc.)* Zunge, *die;* **k)** *(Mus.)* Zunge, *die;* **l) there were ~s of flame rising from the fire** von der Feuerstelle züngelten Flammen empor. *See also* **cat a; 'tip 1; 'wag 2**

**tongue: ~-in-'cheek** *adj.* nicht ernst gemeint; *(ironical)* ironisch; *see also* **tongue a; ~-lashing** *n.* Rüffel, *der (ugs.);* **give sb. a ~-lashing** jmdm. einen Rüffel geben; jmdn. zusammenstauchen *(ugs.);* **get a ~-lashing [from sb.]** [von jmdm.] einen Rüffel bekommen/zusammengestaucht werden *(ugs.);* **~-tied** *adj.* schüchtern; gehemmt; **the boy sat ~-tied the whole evening** der Junge saß den ganzen Abend da und brachte kein Wort heraus; **be ~-tied [with *or* by fear/embarrassment** *etc.***]** [vor Angst/Verlegenheit *usw.*] kein Wort herausbringen; **~-twister** *n.* Zungenbrecher, *der (ugs.)*

**tonic** ['tɒnɪk] **1.** *n.* **a)** *(Med.)* Tonikum, *das;* **it was as good as a ~:** es hat mir/ihm *usw.* richtig gutgetan; **b)** *(fig.: invigorating influence)* Wohltat, *die (geh.);* **the good news/his visit was a welcome ~:** die gute Nachricht/sein Besuch war eine wahre Wohltat; **c)** *(~ water)* Tonic, *das;* **gin** *etc.* **and ~:** Gin *usw.* [mit] Tonic; **d)** *(Mus.)* Tonika, *die.* **2.** *adj.* **a)** *(Med.)* kräftigend; tonisch *(fachspr.); (fig.)* wohltuend ⟨*Wirkung*⟩; **b)** *(Mus.)* tonisch

**tonic: ~ 'accent** *n. (Phonet.: of word)* Betonung, *die;* **~ sol-'fa** *n. (Mus.)* Tonika-Do-System, *das;* **~ water** *n.* Tonic[wasser], *das*

**tonight** [tə'naɪt] **1.** *n.* **a)** *(this evening)* heute abend; **~ has been such fun** heute abend war es so lustig; **after ~** nach dem heutigen Abend; **I enjoyed ~:** es war ein schöner Abend; **~'s [news]paper** die heutige Abendzeitung; **~'s performance** die heutige [Abend]vorstellung; **~'s the night!** heute abend ist es soweit!; **~'s weather will be cold** heute abend wird es kalt; **b)** *(this or the coming night)* heute nacht; **~ will be colder** heute nacht wird es kälter werden. **2.** *adv.* **a)** *(this evening)* heute abend; **b)** *(during this or the coming night)* heute nacht; **[I'll] see you ~!** bis heute abend!

**tonnage** ['tʌnɪdʒ] *n. (Naut.)* **a)** Tonnage, *die;* **b)** *(charge on cargo)* Tonnageabgabe, *die*

**tonne** [tʌn] *n.* [metrische] Tonne

**tonsil** ['tɒnsl] *n. (Anat.)* [Gaumen]mandel, *die;* **have one's ~s out** sich *(Dat.)* die Mandeln herausnehmen lassen

**tonsillectomy** [tɒnsə'lektəmɪ] *n. (Med.)* Mandeloperation, *die;* Tonsillektomie, *die (fachspr.)*

**tonsillitis** [tɒnsə'laɪtɪs] *n. (Med.)* Mandelentzündung, *die;* Tonsillitis, *die (fachspr.)*

**tonsure** ['tɒnʃə(r)] *(Relig.)* **1.** *n.* Tonsur, *die.* **2.** *v. t.* tonsurieren

**ton-'up** *adj. (sl.)* **~ boys** Motorradrocker; **~ machine** Feuerstuhl, *der (ugs.)*

**too** [tu:] *adv.* **a)** *(excessively)* zu; **far *or* much ~ much** viel zu viel; **~ much** zuviel; **I've had ~ much to eat/drink** ich habe zuviel gegessen/getrunken; **but not ~ much, please** aber bitte nicht allzuviel; **the problem/he was ~ much for her** sie war der Aufgabe/ihm nicht gewachsen; **things are getting ~ much for me** es wird mir allmählich zu viel; es wächst mir allmählich über den Kopf; **this is '~ much!** *(indignantly)* jetzt reicht's!; **she's/that's just '~ much** *(intolerable)* sie ist/das ist zuviel! *(ugs.); (sl.: wonderful)* sie ist/das ist echt spitze *(ugs.);* **~ difficult a task** eine zu schwierige Aufgabe; **none ~ *or* not any ~ easy** nicht allzu leicht; *(less than one had expected)* gar nicht so leicht; **he is none ~ *or* not any ~ clever/quick** *etc.* er ist nicht der Schlauste/Schnellste *usw.*; **none ~ soon** keinen Augenblick zu früh; **the holidays can come none ~ soon as far as I am concerned** für mich können die Ferien nicht früh genug kommen; *see also* **all 3; good 1 b, e; many 1 a; much 1 a, 3 d; only 2 d; b)** *(also)* auch; **she can sing, and play the piano, ~:** sie kann singen und auch *od.* außerdem Klavier spielen; **I have been [to Berlin, and] to Cologne, ~:** ich war [in Berlin und] auch *od.* außerdem in Köln; **I, ~, have been to Cologne, 'I have been to Cologne, ~:** ich war auch in Köln; auch ich war in Köln; **c)** *(coll.: very)* besonders; **I'm not feeling ~ good** mir geht es nicht besonders [gut]; **I'm not ~ sure** ich bin mir nicht ganz sicher; **not ~ pleased** nicht gerade erfreut; **you're '~ kind!** zu nett von dir!; **the dessert was '~ delicious** die Nachspeise war zu köstlich; **d)** *(moreover)* **he lost in twenty moves, and to an amateur ~:** er verlor in zwanzig Zügen, und noch dazu gegen einen Amateur; **there was frost last night, and in May/Spain ~!** es hat letzte Nacht gefroren, und das im Mai/in Spanien!

**toodle-oo** [tu:dl'u:] *int. (Brit. sl.)* tschüs *(ugs.);* ciao *(ugs.)*

**took** *see* **take 1, 2**

**tool** [tu:l] **1.** *n.* **a)** Werkzeug, *das; (garden ~)* Gerät, *das;* **set of ~s** Werkzeug, *das; see also* **³down 4 d; b)** *(machine)* Werkzeugmaschine, *die;* **electrical ~:** Elektrowerkzeug, *das; see also* **machine tool; c)** *(Mech. Engin.: lathe ~)* Meißel, *der;* **d)** *(fig.: means)* [Hilfs]mittel, *das;* **knowledge is a great ~ in the hands of men** [das] Wissen ist für den Menschen ein großartiges Werkzeug; **pen and paper are the writer's basic ~s** Feder und Papier sind das wichtigste Handwerkszeug des Schriftstellers; **the ~s of the trade** das Handwerkszeug; das Rüstzeug; **e)** *(fig.: person)* Werkzeug, *das;* **a mere ~ [in the hands] of the dictator** ein bloßes Werkzeug des Diktators; **f)** *(sl.: penis)* Apparat, *der (ugs.);* Gerät, *das (salopp).* **2.** *v. t.* **a)** bearbeiten; **b)** *(Bookbinding)* prägen

**~ 'up** *v. t.* mit Maschinen ausrüsten; **the expense of ~ing-up** die Kosten für die Anschaffung von Maschinen

**tool: ~-bag** *n.* Werkzeugtasche, *die;* **~-box, ~-case** *ns.* Werkzeugkasten, *der;* **~-chest** *n.* Werkzeugschrank, *der;* **~-holder** *n.* **a)** *(in lathe)* Meißelhalter, *der;* **b)** *(handle)* Werkzeuggriff, *der*

**tooling** ['tu:lɪŋ] *n.* **a)** *(Building)* [steinmetzmäßige] Bearbeitung; **b)** *(Bookbinding)* Prägen, *das; (thing tooled)* Prägung, *die*

**tool: ~-kit** *n. (Brit.)* Werkzeugsatz, *der; (more general)* Werkzeug, *das; (for vehicle)* **is there a ~-kit?** gibt es Bordwerkzeug?; **~-maker** *n.* Werkzeugmacher, *der*/-macherin, *die;* **~-pusher** *n.* Bohrtechniker, *der;* **~-set** *n.* Werkzeugsatz, *der;* **~-shed** *n.* Geräteschuppen, *der*

**toot** [tu:t] **1.** *v. t.* tuten; **the boy ~ed his toy trumpet** der Junge blies in seine Spielzeugtrompete; **the driver ~ed his horn** der Fahrer hupte. **2.** *v. i.* **a)** *(on wind instrument)* blasen; *(on whistle, pipe)* pfeifen; *(on car etc. horn)* hupen; **b)** ⟨*Hupe:*⟩ hupen; ⟨*Lokomotive, Pfeife:*⟩ pfeifen; ⟨*Nebelhorn, Schiff:*⟩

tuten. **3.** *n.* Tuten, *das; (of pipe, whistle)* Pfeifen, *das;* **give a ~ on one's/its horn** ‹*Autofahrer, Auto usw.:*› hupen

**tooth** [tu:θ] *n., pl.* **teeth** [ti:θ] **a)** Zahn, *der;* **say sth. between one's teeth** etw. mit zusammengebissenen Zähnen hervorstoßen; **draw sb.'s teeth** *(lit.)* jmdm. die Zähne ziehen; *(fig.)* jmdn. kaltstellen; **sth.'s teeth have been drawn** *(fig.)* etw. ist unschädlich gemacht worden; **have a ~ out/filled** sich *(Dat.)* einen Zahn ziehen/füllen lassen; **armed to the teeth** bis an die Zähne bewaffnet; **cast** *or* **fling sth. in sb.'s teeth** *(fig.)* jmdm. etw. [wutentbrannt] unter die Nase reiben *(ugs.);* **~ and nail** verbissen ‹*kämpfen, bekämpfen*›; **I'm going to fight ~ and nail to keep this house** ich werde dieses Haus mit Zähnen und Klauen verteidigen; **get one's teeth into sth.** *(fig.)* etw. in Angriff nehmen; **sb. would give his back teeth for sth./to do sth.** *(fig.)* jmd. würde alles für etw. geben/alles dafür *od.* darum geben, etw. zu tun; **in the teeth of criticism** ungeachtet der Kritik; **sail in the teeth of the wind** gegen den Wind segeln; **put teeth into a law, give a law some teeth** ein Gesetz zu einem wirksamen Instrument machen; **show one's teeth** ‹*Hund:*› die Zähne fletschen; *(fig.)* die Zähne zeigen *(ugs.); see also* **edge 1 a; false teeth; kick 1 a, 3 a; [1]lie 2; [1]long 1 a; set 1 p; skin 1 a; b)** *(of rake, fork, comb)* Zinke, *die; (of cog-wheel, saw, comb)* Zahn, *der;* **c)** *(liking)* **have a ~ for salad** eine Vorliebe für Salat haben; Salat gern essen; *see also* **sweet 1 a; d)** *(Bot.)* Zahn, *der;* **have teeth** gezähnt sein

**tooth: ~ache** *n.* Zahnschmerzen *Pl.;* Zahnweh, *das (ugs.);* **~-brush** *n.* Zahnbürste, *die;* **~-brush moustache** Bürste, *die (fig.)*

**toothed** [tu:θt] *adj.* **a)** *(Mech. Engin.)* gezähnt; **~ wheel** Zahnrad; **b)** *(Bot.)* gezähnt; **c)** *in comb. (having teeth)* **sharp-~** ‹*Tier*› mit scharfen Zähnen

'**tooth-glass** *n.* Zahnputzglas, *das*

**toothless** ['tu:θlɪs] *adj.* zahnlos

**tooth: ~-mug** *n.* Zahnputzbecher, *der;* **~paste** *n.* Zahnpasta, *die;* **~pick** *n.* Zahnstocher, *der;* **~-powder** *n.* Zahnpulver, *das*

**toothsome** ['tu:θsəm] *adj.* köstlich

**toothy** ['tu:θɪ] *adj.* **give sb. a ~ smile** jmdn. mit entblößten Zähnen anlächeln; **he is a bit ~:** er hat ein ziemliches Pferdegebiß *(ugs.)*

**toothypeg** ['tu:θɪpeg] *n. (child lang.)* Beißerchen, *das*

**tootle** ['tu:tl] *v. i.* **a)** blasen; dudeln *(ugs. abwertend); (on whistle)* pfeifen; *(on flute)* flöten; **~ on sth.** in etw. *(Akk.)* blasen; **b)** *(coll.: move casually)* zuckeln *(ugs.); (walk casually)* schlendern; *(drive casually)* juckeln *(ugs.);* **I'm just tootling off to the shops/pub** ich gehe nur eben was einkaufen/ich gehe nur eben in die Kneipe *(ugs.)*

**too-too** *(coll.)* **1.** ['tu:tu:] *pred. adj. (marvellous)* himmlisch *(ugs.); (la-di-da)* oberfein *(ugs.).* **2.** [tu:'tu:] *adv.* überaus; über die Maßen *(geh.); (too)* übertrieben

**tootsy[-wootsy]** ['tʊtsɪ(wʊtsɪ)] *n. (joc./child lang.)* Füßchen, *das*

**[1]top** [tɒp] **1.** *n.* **a)** *(highest part)* Spitze, *die; (of table)* Platte, *die; (of bench seat)* Sitzfläche, *die; (top floor)* oberstes Stockwerk; *(flat roof, roof garden)* Dach, *das; (rim of glass, bottle, etc.)* Rand, *der; (top end)* oberes Ende; *(crest of wave)* Kamm, *der; (of tree)* Spitze, *die;* Wipfel, *der;* **the ~ of his head is smooth and shiny** sein Kopf ist oben glatt und glänzend; **a cake with a cherry on ~:** ein Kuchen mit einer Kirsche [oben]drauf; **at the ~:** oben; **at the ~ of the building/hill/pile/stairs** oben im Gebäude/[oben] auf dem Hügel/[oben] auf dem Stapel/oben an der Treppe; **bake at the ~ of the oven** auf der obersten Schiene des Backofens backen; oben im Backofen backen; **be at/get to** *or* **reach the ~ [of the ladder** *or* **tree]** *(fig.)* auf der obersten Sprosse [der Leiter] stehen/die oberste Sprosse [der Leiter] erreichen *(fig.);* oben sein/nach oben kommen *(ugs.);* **be/get on ~ of a situation/subject** eine Situation/eine Materie im Griff haben/in den Griff bekommen; **don't let it get on ~ of you** *(fig.)* laß dich davon nicht unterkriegen! *(ugs.);* **the driver didn't notice me until he was right on ~ of me** *(fig.)* der Fahrer bemerkte mich erst, als er mich schon fast umgefahren hatte; **he put it on [the] ~ of the pile** er legte es [oben] auf den Stapel; **on ~ of one another** *or* **each other** aufeinander; **live on ~ of each other** übereinander wohnen; *(too close)* sehr beengt leben; **on ~ of sth.** *(fig.: in addition)* zusätzlich zu etw.; **on ~ of everything else** zu alledem noch; **come/be on ~ of sth.** *(be additional)* zu etw. [hinzu]kommen; **on ~ of that, this happens!** *(fig.)* zu allem Überfluß passiert auch noch das!; **on ~ of the world** *(fig.)* überglücklich; **be/go thin on ~:** licht auf dem Kopf sein/werden; **be on ~:** ganz oben sein/liegen; **the English team is on ~:** die englische Mannschaft ist [dem Gegner] überlegen; **come out on ~** *(be successful)* Erfolg haben; *(win)* gewinnen; **get to the ~** *(fig.)* eine Spitzenposition erringen; ganz nach oben kommen *(ugs.);* **from ~ to toe** von Kopf bis Fuß; **a Tory from ~ to toe** ein Tory vom Scheitel bis zur Sohle; **be over the ~:** übertrieben *od.* überzogen sein; **go over the ~** *(Mil.)* den Graben verlassen; *(fig.) (take decisive step)* eine endgültige Entscheidung treffen; *(be excessive)* über die Stränge schlagen *(ugs.);* es übertreiben *(ugs.);* **he searched the house from ~ to bottom** er durchsuchte das Haus von oben bis unten; **take it from the ~** *(coll.)* noch einmal von vorne anfangen; *see also* **head 1 a; b)** *(highest rank)* Spitze, *die;* **the man at the ~:** der [oberste] Chef *od. (ugs.)* Boß; **~ of the table** *(Sport)* Tabellenspitze, *die;* **[at the] ~ of the list of things to do/agenda is ...:** ganz oben auf der Liste der Dinge, die getan werden müssen/auf der Tagesordnung steht ...; **be [at the] ~ of the class** der/die Klassenbeste sein; **go to the ~ of the class!** *(fig. coll.)* alle Achtung!; **~ of the bill** *(Theatre)* Zugpferd, *das;* **be ~ of the charts** *or* **pops** an der Spitze der Hitparade stehen; die Hitparade anführen; *(fig.)* die Nummer eins sein; **c)** *(of vegetable)* Kraut, *das;* **~s of turnips, turnip-~s** das Kraut von Rüben; **d)** *(upper surface)* Oberfläche, *die; (of cupboard, wardrobe, chest)* Oberseite, *die;* **on [the] ~ of sth.** [oben] auf etw. *(position: Dat./direction: Akk.);* **don't forget to paint along the ~ of the door** vergiß nicht, die Tür von oben zu streichen; **cut off the ~ [of the apple]** oben ein Stück [vom Apfel] abschneiden; **cut the ~ off an egg** ein Ei köpfen; **they climbed to the ~ of the hill/slope** sie kletterten auf den Hügel/den Hang hinauf; **he laid his hand on the ~ of her head** er legte ihr seine Hand auf den Kopf; **e)** *(folding roof)* Verdeck, *das;* **f)** *(upper deck of bus, boat)* Oberdeck, *das;* **g)** *(cap of pen)* [Verschluß]kappe, *die;* **h)** *(cream on milk)* Sahne, *die;* Rahm, *der (regional, bes. südd., österr., schweiz.);* **i)** *(upper part of page)* oberer Teil; **at the ~ [of the page]** oben [auf der/die Seite]; **be ten lines from the ~:** in der zehnten Zeile [von oben] stehen; **j)** *(upper garment)* Oberteil, *das; (blouse, T-shirt)* Top, *das (Textilw.);* **k)** *(turn-down of sock)* Umschlag, *der;* **l)** *(head end)* Kopf, *der; (of bed)* Kopfende, *das; (of street)* oberes Ende; *(of beach)* oberer Teil; **m)** *(utmost)* Gipfel, *der;* **shout/talk at the ~ of one's voice** aus vollem Halse schreien/so laut wie möglich sprechen; **n) be the ~s** *(coll.) (the best)* der/die/das Größte sein *(ugs.); (marvellous)* spitze sein *(ugs.);* **he's ~s at squash** er spielt hervorragend Squash; **the ~ of the morning [to you]!** *(Ir.)* einen wunderschönen guten Morgen!; **o)** *(surface)* Oberfläche, *die;* **p)** *(upper of shoe)* Oberteil, *das;* **q)** *(lid)* Deckel, *der; (of bottle, glass jar, etc.)* Deckel, *der; (stopper)* Stöpsel, *der; (silver foil, crown cork)* Verschluß, *der; see also* **[1]blow 2 h; r)** *(Bookbinding)* Kopfschnitt, *der;* **s)** *(upper part of boot)* Stulpe, *die;* **t)** *(Naut.: platform)* Saling, *die (Seemannsspr.);* **u)** *(Brit. Motor Veh.)* größter Gang *(Kfz-W.);* **in ~:** im größten Gang. **2.** *adj.* oberst...; höchst... ‹*Ton, Preis*›; **~ end** oberes Ende; **the/a ~ award** die höchste/eine hohe Auszeichnung; **the/a ~ chess-player** der beste Schachspieler/einer der besten Schachspieler *od.* ein Spitzenschachspieler; **~ scientists/actors** *etc.* hochkarätige Wissenschaftler/Schauspieler *usw.;* **~ sportsman/job/politician** Spitzensportler, *der*/Spitzenposition, *die*/Spitzenpolitiker, *der;* **the ~ pupil/school/marks** der beste Schüler/die beste Schule/die besten Noten; **~ score/nation/pop-star** höchste Punktzahl/führende Nation/größter Popstar; **a ~ Conservative** ein Spitzenpolitiker der Konservativen Partei; **~ names in industry** Spitzen der Industrie; **~ manager/management** Topmanager/-management; **a ~ speed of 100 m.p.h.** eine Spitzen- *od.* Höchstgeschwindigkeit von 100 Meilen pro Stunde; **go at ~ speed** mit Spitzen- *od.* Höchstgeschwindigkeit fahren; **the machine was working at ~ speed** die Maschine lief auf Hochtouren; **I was working at ~ speed** ich arbeitete auf Hochtouren; **read sth. at ~ speed** etw. im Schnellverfahren lesen; **be/come ~ [in a subject]** [in einem Fach] der/die Beste sein/werden; **give sth. ~ priority** einer Sache *(Dat.)* höchste Priorität einräumen; **have a record in the ~ ten** eine Platte in den Top-ten haben; **in the ~ left/right corner** in der linken/rechten oberen Ecke; **on the ~ floor** im obersten Stockwerk; **the ~ men in the firm** die Spitze der Firma; **they are the ~ men in the firm** sie stehen an der Spitze der Firma; **the ~ people** *(in society)* die Spitzen der Gesellschaft; *(in a particular field)* die besten Leute; *see also* **form 1 f; gear 1 a. 3.** *v. t.*, **-pp- a)** *(cover)* **the hills were ~ped with** *or* **by snow** die Hügelspitzen waren schneebedeckt; **a church ~ped with** *or* **by a dome** eine mit einer Kuppel gekrönte Kirche; **~ a pudding with cream** Sahne auf einen Pudding geben; **a pudding ~ped with cream** ein Pudding mit Sahne obendrauf; **b)** *(Hort.: cut ~ off)* stutzen ‹*Pflanze*›; kappen ‹*Baum*›; **c)** *(be taller than)* überragen; **he ~s six feet** er ist über sechs Fuß groß; **d)** *(surpass, excel)* übertreffen; **exports have ~ped [the] £40 million [mark/level]** die Exporte haben die [Grenze von] 40 Millionen Pfund überschritten; **the fish ~ped 2 lb.** der Fisch wog über zwei Pfund; **~ an offer** ein Angebot überbieten; **~ that for a score/story!** überbiete diese Punktzahl/erzähl eine bessere Geschichte!; **to ~ it all** [noch] obendrein; **e)** *(head)* anführen; **~ the bill** *(Theatre)* das Zugpferd sein; **f)** *(reach ~ of)* **~ the hill/wave** auf die Spitze des Hügels/den Kamm der Welle gelangen

**~ 'off 1.** *v. t. (coll.)* beschließen. **2.** *v. i. (coll.)* schließen

**~ 'out** *v. t. (Building)* richten *(Bauw.);* **~ping-out ceremony** Richtfest, *das*

**~ 'up** *(Brit. coll.)* **1.** *v. t.* auffüllen ‹*Batterie, Tank, Flasche, Glas*›; **~ up the petrol/oil/water** Benzin/Öl/Wasser nachfüllen; **can I ~ you up?** darf ich dir/Ihnen nachschenken?; **~ up sb.'s drink** jmdm. nachschenken. **2.** *v. i. (fill one's tank up)* volltanken; *(fill one's glass up)* sich nachschenken; **~ up with petrol/oil/water** den Tank mit Benzin/Öl/Wasser auffüllen. *See also* **top-up**

**[2]top** *n. (toy)* Kreisel, *der; see also* **sleep 2 a**
**top and 'tail** *v. t.* **a)** *(start and end)* einleiten und beschließen ⟨*Vortrag usw.*⟩; **b)** ~ **gooseberries** *etc.* Stachelbeeren *usw.* putzen *(durch Entfernen des Stiels und des abgestorbenen Blütenteils am anderen Ende)*
**topaz** ['təʊpæz] *n. (Min.)* Topas, *der;* **false** ~: Goldtopas, *der*
**top:** ~ **'billing** *n. (Theatre) prominentester Platz auf einem Plakat/in einer Werbung;* **he vied with her for the ~ billing** er wetteiferte mit ihr um die Rolle des Stars; **give sb. ~ billing** jmdn. groß herausbringen *(ugs.);* **in this film, Richard Burton shares ~ billing with Elizabeth Taylor** in diesem Film sind Richard Burton und Elizabeth Taylor die großen Stars; **~-boot** *n.* langschäftiger Stulpenstiefel; ~ **'brass** *see* **brass 1 g;** ~ **coat** *n.* **a)** *(overcoat)* Überzieher, *der;* Mantel, *der;* **b)** *(of paint)* Deckanstrich, *der;* ~ **copy** *n.* Original, *das;* ~ **'dog** *n. (fig. sl.)* Boß, *der (ugs.);* **he/the company came out ~ dog [amongst his/its rivals]** er/die Firma setzte sich [gegen die Konkurrenz] durch; ~ **'drawer** *n.* **a)** oberste Schublade; **b)** *(fig.: high social status)* **sb. is not out of the ~ drawer** jmd. gehört nicht gerade zur Crème de la crème; *attrib.* Oberschicht-; **~-dress** *v. t. (Agric.)* oberflächlich düngen ⟨*Land, Acker*⟩; **~-dressing** *n.* **a)** *(Agric.)* Oberflächendüngung, *die; (substance)* Oberflächendünger, *der;* **b)** *(fig.: superficial show)* Kosmetik, *die;* **the whole ceremony is just ~-dressing** die ganze Zeremonie ist nur Fassade
**topee** *see* **topi**
**toper** ['təʊpə(r)] *n. (arch./literary)* Zecher, *der*/Zecherin, *die*
**top:** **~-flight** *attrib. adj.* erstrangig; Spitzen⟨*sportler, -politiker*⟩; ~ **fruit** *n. (Brit. Hort.)* Baumobst, *das;* ~ **'hat** *n.* Zylinder[hut], *der;* **~-heavy** *adj.* oberlastig; kopflastig ⟨*Baum, Pflanze, Bürokratie*⟩; **don't make your load ~-heavy** sorg dafür, daß der Schwerpunkt der Ladung nicht zu hoch liegt; **she is a bit ~-heavy** sie hat einen ganz schönen Vorbau *(ugs. scherzh.);* **~-'hole** *adj. (Brit. dated sl.)* famos *(ugs. veralt.)*
**topi** ['təʊpɪ] *n. (Anglo-Ind.)* Tropenhelm, *der*
**topiary** ['təʊpɪərɪ] *n. (Hort.) Kunst des ornamentalen Beschnitts von Bäumen und Sträuchern*
**topic** ['tɒpɪk] *n.* Thema, *das;* ~ **of debate/conversation** Diskussions-/Gesprächsthema, *das*
**topical** ['tɒpɪkl] *adj.* **a)** aktuell; **b)** *(with regard to topics)* nach Sachgebieten *nachgestellt;* **c)** *(Med.)* lokalisiert
**topicality** [tɒpɪ'kælɪtɪ] *n., no pl.* Aktualität, *die*
**topically** ['tɒpɪkəlɪ] *adv.* **a)** mit aktuellem Bezug; **b)** *(with regard to topics)* nach Sachgebieten
**'topknot** *n.* **a)** *(ribbon)* Haarschleife, *die;* **b)** *(tuft of hair)* Haarknoten, *der*
**topless** ['tɒplɪs] *adj.* **a)** **a ~ statue/column** eine Statue/Säule mit fehlendem oberem Teil; **b)** **a ~ dress/swimsuit** ein busenfreies Kleid/ein Oben-ohne-Badeanzug; **c)** *(barebreasted)* barbusig; ~ **girl/waitress** Oben-ohne-Mädchen, *das*/-Bedienung, *die;* **go/bathe ~:** oben ohne gehen/baden
**top:** **~-level** *attrib. adj.* Gipfel⟨*treffen, -konferenz*⟩; Spitzen⟨*politiker, -funktionär*⟩; **~-level discussions/negotiations/talks/deals** Diskussionen/Verhandlungen/Gespräche/Vereinbarungen auf höchster Ebene; **~-line** *adj. (Commerc.)* **~-line profit** Bruttogewinn, *der;* **~mast** *n. (Naut.)* Stenge, *die*
**topmost** ['tɒpməʊst, 'tɒpməst] *adj.* oberst... ⟨*Schicht, Stufe*⟩; höchst... ⟨*Gipfel, Beamte, Note*⟩
**top-'notch** *adj. (coll.)* phantastisch *(ugs.)*

**topographer** [tə'pɒgrəfə(r)] *n.* Topograph, *der*/-graphin, *die*
**topographic** [tɒpə'græfɪk], **topographical** [tɒpə'græfɪkl] *adj.* topographisch
**topography** [tə'pɒgrəfɪ] *n.* **a)** Topographie, *die;* **b)** *(features)* örtliche *od. (geh.)* topographische Gegebenheiten; Topographie, *die (geh.);* **I'm not acquainted with the ~ of the area/town** *etc.* ich kenne mich in der Gegend/Stadt *usw.* nicht aus
**topology** [tə'pɒlədʒɪ] *n. (Math.)* Topologie, *die*
**topper** ['tɒpə(r)] *n. (coll.: hat)* Zylinder, *der;* Angströhre, *die (ugs. scherzh.)*
**topping** ['tɒpɪŋ] **1.** *n. (Cookery)* Überzug, *der;* **ice-cream with a ~ of whipped cream/of raspberry syrup** Eis mit Sahne/Himbeersirup [obendrauf]; **put on a ~ of cream/chopped nuts** das Ganze mit Sahne überziehen/mit gehackten Nüssen bestreuen; **cover sth. with a ~ of mashed potato/sliced potatoes** etw. mit einer Schicht Kartoffelbrei/Kartoffelscheiben bedecken. **2.** *adj. (Brit. dated sl.: excellent)* famos *(ugs.);* formidabel
**topple** ['tɒpl] **1.** *v. i.* fallen; **the tower/pile ~d to the ground** der Turm/Stapel fiel um *od.* kippte um; **the tower ~d and fell** der Turm wankte und stürzte um; ~ **[from power]** *(fig.)* stürzen. **2.** *v. t.* stürzen; ~ **a pile/wall [to the ground]** einen Stapel/eine Mauer umstürzen *od.* umwerfen; ~ **sb./a government [from power]** ⟨*Gegner:*⟩ jmdn./eine Regierung stürzen; ⟨*Skandal, Abstimmung:*⟩ jmdn./eine Regierung zu Fall bringen
~ **'down** *v. i.* hinab-/herabfallen; ⟨*Stapel, Turm:*⟩ umstürzen, umfallen
~ **'over** **1.** *v. i.* ⟨*Turm, Stapel, Baum, Auto:*⟩ umstürzen, umfallen; ⟨*Vase, Ohnmächtiger:*⟩ umfallen; **he lost his balance on the edge of the cliff and ~d over** er verlor am Rand des Kliffs sein Gleichgewicht und stürzte hinunter. **2.** *v. t.* umstürzen; umwerfen
**top:** **~-quality** *attr. adj.* [qualitativ] hochwertig; **~-ranking** *attrib. adj.* Spitzen⟨*funktionär, -beamter, -politiker, -sportler, -orchester, -delegierter*⟩; hochrangig ⟨*Offizier*⟩; erstrangig ⟨*Autor, Schauspieler*⟩; führend ⟨*Wissenschaftler*⟩; **~-ranking party member** Mitglied der Parteispitze; **~sail** ['tɒpseɪl, 'tɒpsl] *n. (Naut.) (on square-rigger)* Marssegel, *das; (on schooner)* Toppsegel, *das;* ~ **'secret** *adj.* streng geheim; **~side** *n.* **a)** *(joint of beef)* Oberschale, *die;* **b)** *(Naut.)* obere Bordwand; **~soil** *n. (Agric.)* Mutterboden, *der; (of field)* [Acker]krume, *die;* ~ **spin** *n. (Sport)* Vorwärtsdrall, *der; (tennis, table tennis)* Topspin, *der*
**topsy-turvy** [tɒpsɪ'tɜ:vɪ] **1.** *adv.* verkehrtrum *(ugs.);* auf dem Kopf *(ugs.)* ⟨*stehen, liegen*⟩; **turn sth. ~** *(lit. or fig.)* etw. auf den Kopf stellen *(ugs.);* **this development turned my plans ~:** diese Entwicklung warf meine Pläne um *od. (ugs.)* über den Haufen. **2.** *adj.* chaotisch; **the room/house was ~:** das ganze Zimmer/Haus war auf den Kopf gestellt; *(fig.)* **a world where things are all ~:** eine Welt, in der alles auf dem Kopf steht; **a ~ way of reasoning** eine verquere Art zu denken; **it's a ~ world** es ist eine verkehrte Welt; **the whole world has turned ~:** die ganze Welt steht kopf *(ugs.)*
**top:** ~ **'table** *n.* Tisch am Kopf der Tafel; **~-up** *n. (coll.)* Auffüllung, *die;* **sth. needs a ~-up** etw. muß [wieder] aufgefüllt werden; **the oil needs a ~-up** es muß Öl nachgefüllt werden; **give the tank/oil a ~-up** den Tank auffüllen/Öl nachfüllen; **would you like/can I give you a ~-up?** soll/kann ich dir noch mal nachgießen?; **I need a ~-up** ich muß mir noch mal nachgießen/nachgießen lassen
**toque** [təʊk] *n.* Toque, *die*

**tor** [tɔ:(r)] *n.* Felsenspitze, *die; (hill)* Hügel, *der*
**torch** [tɔ:tʃ] *n.* **a) [electric]** ~ *(Brit.)* Taschenlampe, *die;* **b)** *(blowlamp) (for welding)* Schweißbrenner, *der; (for soldering)* Lötlampe, *die; (for cutting)* Schneidbrenner, *der;* **c)** *(flaming stick etc.)* Fackel, *die;* **carry a ~ for sb.** *(fig.)* jmdn. verehren; **hand on the ~** *(fig.)* die Fackel weiterreichen *(geh.);* **d)** *(lamp on pole)* Öllampe [an einer Stange]
**torch:** ~ **battery** *n. (Brit.)* Taschenlampenbatterie, *die;* **~light** *n., no pl., no indef. art.* Licht der/einer Taschenlampe; *(of flaming stick)* Fackelschein, *der;* **by ~light** im Schein einer Taschenlampe/Fackel; **~light procession** Fackelzug, *der;* **a ~light ceremony/parade/tattoo** eine Zeremonie/Parade/ein Zapfenstreich im Fackelschein; ~ **song** *n.* bluesartiger sentimentaler Song von unerwiderter Liebe
**tore** *see* **[1]tear 2, 3**
**toreador** ['tɒrɪədɔ:(r)] *n.* Toreador, *der*
**torment** **1.** ['tɔ:ment] *n.* Qual, *die;* **be in ~:** Qualen ausstehen; **suffer ~s** Qualen erleiden; **be a ~ to sb., be sb.'s ~:** jmdn. quälen *od.* peinigen; **the suspense/uncertainty was a ~:** die Spannung/Ungewißheit war unerträglich. **2.** [tɔ:'ment] *v. t.* **a)** quälen; peinigen; **be ~ed by** *or* **with sth.** von etw. gequält werden; **b)** *(tease, worry)* quälen; **Don't ~ me so! Tell me ...:** Spann mich nicht auf die Folter! Sag mir ...
**tormentor** [tɔ:'mentə(r)] *n.* Folterer, *der; (fig.)* Peiniger, *der*
**torn** *see* **[1]tear 2, 3**
**tornado** [tɔ:'neɪdəʊ] *n., pl.* **~es** Wirbelsturm, *der; (in North America)* Tornado, *der; (fig.: outburst, volley)* Orkan, *der*
**torpedo** [tɔ:'pi:dəʊ] **1.** *n., pl.* **~es** Torpedo, *der;* **aerial ~:** Lufttorpedo, *der.* **2.** *v. t. (auch fig.)* torpedieren
**torpedo:** **~-boat** *n. (Navy)* Torpedoboot, *das;* **~-tube** *n.* Torpedorohr, *das*
**torpid** ['tɔ:pɪd] *adj.* **a)** träge; träge fließend ⟨*Gewässer*⟩; **b)** *(Zool.)* torpid
**torpidity** [tɔ:'pɪdɪtɪ], **torpor** ['tɔ:pə(r)] *ns., no pl.* **a)** Trägheit, *die; (of water)* träges Fließen; **b)** *(Zool.)* Torpidität, *die*
**torque** [tɔ:k] *n. (Mech.)* Drehmoment, *das*
**torque:** ~ **converter** *n. (Motor Veh.)* Drehmomentwandler, der; ~ **wrench** *n.* Drehmomentschlüssel, *der*
**torr** [tɔ:(r)] *n., pl. same (Phys.)* Torr, *das*
**torrent** ['tɒrənt] *n.* **a)** reißender Bach; *(stream having steep course)* Sturzbach, *der;* **mountain ~:** reißender Gebirgsbach; **a brook, sometimes swollen into a ~:** ein Bächlein, das manchmal zu einem reißenden Strom anschwillt; **a ~ of rain** ein Regenguß; **the rain came down in ~s** es regnete in Strömen; **b)** *(fig.: violent flow)* Flut, *die;* Schwall, *der*
**torrential** [tə'renʃl] *adj.* **a)** reißend ⟨*Gebirgsbach, Fluten*⟩; wolkenbruchartig ⟨*Regen, Schauer*⟩; **the rain was ~:** es regnete in Strömen; **a ~ cloudburst** ein heftiger Wolkenbruch; **b)** *(fig.)* überwältigend; gewaltig; **a ~ flow of words/insults/questions** ein Schwall von Worten/Beleidigungen/Fragen
**torrid** ['tɒrɪd] *adj.* **a)** *(intensely hot)* glutheiß; **a ~ land** ein [von der Hitze] versengtes Land; **the ~ heat of the desert** die Gluthitze der Wüste; **b)** *(fig.: intense, ardent)* glühend *(geh.);* ⟨*Liebesszene*⟩ voller Leidenschaft
**torsion** ['tɔ:ʃn] *n.* Verwindung, *die;* Torsion, *die (Physik, Technik);* ~ **bar** Torsionsstab, *der*
**torso** ['tɔ:səʊ] *n., pl.* **~s** **a)** *(Art)* Torso, *der;* **b)** *(human trunk)* Rumpf, *der;* **bare ~:** nackter Oberkörper; **c)** *(fig.: incomplete work)* Torso, *der*
**tort** [tɔ:t] *n. (Law)* [zivilrechtliches] Delikt; unerlaubte Handlung

**tortilla** [tɔːˈtiːljə] *n.* Tortilla, *die*

**tortoise** [ˈtɔːtəs] *n.* Schildkröte, *die*

**tortoiseshell** [ˈtɔːtəsʃel] *n.* Schildpatt, *das; attrib.* Schildpatt-

**tortoiseshell:** ~ ˈ**butterfly** *n.* Fuchs, *der;* ~ ˈ**cat** *n.* Katze mit Schildpattzeichnung

**tortuous** [ˈtɔːtjʊəs] *adj.* **a)** *(full of twists and turns)* verschlungen ‹*Weg*›; gewunden ‹*Flußlauf*›; **b)** *(fig.: circuitous)* umständlich; verworren ‹*Argumentation, Denken, Sprache*›; **a ~ speaker/writer** ein Redner/Schriftsteller, der viele Worte macht

**tortuously** [ˈtɔːtjʊəslɪ] *adv.* **a)** *(with twists and turns)* verschlungen; **the road/path/river runs ~ through the fields** die Straße/der Weg/Fluß windet sich *od.* schlängelt sich durch die Felder; **b)** *(fig.: circuitously)* umständlich; **a ~ reasoned argument** ein verworrenes Argument; **a ~ argued case** eine umständliche Argumentation; **a ~ complex legal document** ein verwirrend komplexer juristischer Schriftsatz

**tortuousness** [ˈtɔːtjʊəsnɪs] *n., no pl.* **a) the ~ of the road/river** die vielen Windungen der Straße/des Flusses; **b)** *(fig.: circuitousness)* Umständlichkeit, *die*

**torture** [ˈtɔːtʃə(r)] **1.** *n.* **a)** Folter, *die;* **the ~s of the Inquisition** die Folterungen der Inquisition; **the ~ of sb.** jmds. Folterung; **practise ~:** foltern; **instrument of ~:** Folterwerkzeug, *das;* Folterinstrument, *das;* **b)** *(fig.: agony)* Qual, *die;* **it was ~:** es war eine Tortur; **the exam was sheer ~:** das Examen war der reinste Horror *(ugs.) od.* die Hölle; **suffer the ~s of the damned** Höllenqualen erleiden. **2.** *v. t.* foltern; *(fig.)* quälen

ˈ**torture-chamber** *n.* Folterkammer, *die*

**torturer** [ˈtɔːtʃərə(r)] *n.* Folterer, *der*/Folterin, *die*

**Tory** [ˈtɔːrɪ] *(Brit. Polit. coll.)* **1.** *n.* Tory, *der.* **2.** *adj.* Tory-; **he is/they are ~:** er ist ein Tory/sie sind Tories

**Toryism** [ˈtɔːrɪɪzm] *n., no pl. (Brit. Polit. coll.)* Toryismus, *der*

**tosh** [tɒʃ] *n. (sl.)* Quark, *der (ugs.)*

**toss** [tɒs] **1.** *v. t.* **a)** *(throw upwards)* hochwerfen; **~ a ball in one's hand** einen Ball mit der Hand immer wieder hochwerfen und auffangen; **~ a pancake** einen Pfannkuchen [durch Hochwerfen] wenden; **~ sb. in a blanket** jmdn. mit einer Decke in die Höhe schleudern; *see also* **caber; b)** *(throw casually)* werfen; schmeißen *(ugs.);* **~ it over!** *(coll.)* schmeiß es/ihn/sie rüber *(ugs.);* **~ sth. to sb.** jmdm. etw. zuwerfen; **c) ~ a coin** eine Münze werfen; **~ sb. for sth.** mit jmdm. durch Hochwerfen einer Münze um etw. losen; **d) be ~ed by a bull/horse** von einem Stier auf die Hörner genommen werden/von einem Pferd abgeworfen werden; **e)** *(move about)* hin und her werfen; ‹*Baum/Blume*› wiegen ‹*Zweige/Köpfe*›; **f)** *(Cookery: mix gently)* wenden; **~ a salad in oil** einen Salat mit Öl anmachen; **g) ~ one's head** den Kopf zurückwerfen. **2.** *v. i.* **a)** *(be restless in bed)* sich hin und her werfen; **~ and turn** sich [schlaflos] im Bett wälzen; **b)** ‹*Schiff, Boot:*› hin und her geworfen werden; ‹*Halm, Korn, Äste, Blume:*› sich wiegen; ‹*Federbusch, Hutfeder, Locken:*› wippen; ‹*Mähne, Haar*› flattern; **c)** *(toss coin)* eine Münze werfen; **~ for sth.** mit einer Münze um etw. losen. **3.** *n.* **a)** *(of coin)* **~ of a coin** Hochwerfen einer Münze; **the decision depends on the ~ of a coin** die Entscheidung wird durch Hochwerfen einer Münze gefällt; **the game was decided by the ~ of a coin** das Spiel wurde durch Hochwerfen einer Münze entschieden; **argue the ~** *(fig.)* die Entscheidung nicht akzeptieren wollen; **lose/win the ~:** bei der Auslosung verlieren/gewinnen; *(Footb.)* die Seitenwahl verlieren/gewinnen; **b) give a contemptuous/proud ~ of the head** den Kopf verächtlich/stolz in den Nacken werfen; **c)** *(throw)* Wurf, *der;* **give a pancake a ~:** einen Pfannkuchen [durch Hochwerfen] wenden; **d)** *(Brit.: throw from horse)* Abwerfen, *das;* **a bad ~:** ein schlimmer Sturz vom Pferd; **take a ~:** abgeworfen werden

**~ about, ~ around 1.** *v. i.* **a)** *(be restless in bed)* sich [schlaflos] im Bett wälzen; **b)** *see* **~ 2 b. 2.** *v. t.* **~ sth. around** *or* **about** etw. herumwerfen; etw. *od.* mit etw. rumschmeißen *(ugs.); (fig.)* etw. in die Debatte werfen

**~ aˈside** *v. t.* **a)** *(throw to one side)* hinwerfen; hinschmeißen *(ugs.);* **the mouldy apples were ~ed aside** die schimmligen Äpfel wurden weggeworfen; **b)** *(fig.: reject, abandon)* beiseite schieben; **~ aside all caution** alle Vorsicht außer acht lassen

**~ aˈway** *v. t.* wegwerfen; wegschmeißen *(ugs.)*

**~ ˈback** *v. t.* zurückwerfen ‹*Kopf, Haar*›; runterkippen *(ugs.)* ‹*Getränk*›

**~ ˈdown** *see* **~ off 1 a**

**~ ˈoff 1.** *v. t.* **a)** *(drink off)* runterkippen *(ugs.);* **b)** *(produce casually)* hinwerfen; hinhauen *(ugs. abwertend);* fallenlassen ‹*Bemerkung*›; **I just ~ed off the first names that came into my head** ich spuckte einfach die ersten besten Namen aus, die mir einfielen; **c)** *(sl.: masturbate)* **~ sb. off** jmdm. einen runterholen *(salopp).* **2.** *v. i. & refl. (sl.)* sich *(Dat.)* einen runterholen *(salopp)*

**~ ˈout** *v. t.* **a)** *(throw out)* **~ sb. out** jmdn. rauswerfen *od. (ugs.)* -schmeißen; **~ sth. out** etw. wegwerfen *od. (ugs.)* -schmeißen; **b)** *(fig.: reject)* [kurzerhand] ablehnen

**~ ˈup 1.** *v. i.* eine Münze werfen; **~ up for sth.** mit einer Münze um etw. losen. **2.** *v. t.* **a)** *(throw)* hochwerfen; in die Luft werfen

ˈ**toss-up** *n.* **a)** *(tossing of coin)* Hochwerfen einer Münze; **a ~ decides who ...:** wer ..., wird durch Hochwerfen einer Münze entschieden; **have a ~:** eine Münze werfen; **have a ~ for sth.** mit einer Münze um etw. losen; **b)** *(even chance)* **it is a ~ [whether ...]** es ist noch ganz ungewiß[, ob ...]; **They are both very good. It is a ~ between the two** Sie sind beide sehr gut. Man kann nicht sagen, wer besser ist

[1]**tot** [tɒt] *n. (coll.)* **a)** *(small child)* kleines Kind; Wicht, der *(fam.);* **tiny ~:** kleiner Wicht; **b)** *(dram of liquor)* Gläschen, *das;* **will you have a ~ of rum?** möchtest du ein Gläschen *od.* Schlückchen Rum haben?

[2]**tot** *v. t. & i.,* **-tt-** *(coll.)* **~ up 1.** *v. t.* zusammenziehen *(ugs.).* **2.** *v. i.* sich summieren; sich [zusammen]läppern *(ugs.);* **that ~s up to £5** das macht zusammen 5 Pfund *(ugs.)*

**total** [ˈtəʊtl] **1.** *adj.* **a)** *(comprising the whole)* gesamt; Gesamt‹*gewicht, -wert, -bevölkerung usw.*›; **what are your ~ debts?** wieviel Schulden hast du insgesamt?; **a ~ increase of £100** eine Steigerung von insgesamt 100 Pfund; *see also* **sum 1 a; b)** *(absolute)* völlig *nicht präd.;* **~ idiot** *(coll.)* Vollidiot, *der;* **be in ~ ignorance of sth.** von etw. überhaupt *od.* absolut nichts wissen; **a ~ beginner** ein absoluter Anfänger; **~ nonsense** totaler Unsinn; **have ~ contempt/scorn for sth.** etw. zutiefst verachten; **have a ~ lack of interest in sth.** sich für etw. absolut nicht interessieren; **a ~ success/shock** ein voller Erfolg/totaler *od.* absoluter Schock; **his surrender/refusal was ~:** er gab völlig auf/er weigerte sich strikt; **the silence was ~:** es herrschte völlige Stille; *see also* **abstinence a. 2.** *n. (number)* Gesamtzahl, *die; (amount)* Gesamtbetrag, *der; (result of addition)* Summe, *die;* **a ~ of 200/£200** *etc.* insgesamt 200/200 Pfund *usw.;* **in ~:** insgesamt; *see also* **grand 1 c; subtotal. 3.** *v. t., (Brit.)* **-ll- a)** *(add up)* addieren, zusammenzählen, zusammenrechnen ‹*Zahlen, Posten, Beträge*›; **b)** *(amount to)* [insgesamt] betragen; **the visitors ~led 131** die Zahl der Besucher betrug [insgesamt] 131; **c)** *(Amer. sl.: wreck)* zusammenfahren *(ugs.)*

**~ ˈup 1.** *v. t.* addieren; zusammenrechnen/-zählen. **2.** *v. i.* **~ up to sth.** sich auf etw. *(Akk.)* belaufen

**total eˈclipse** *n. (Astron.)* totale Finsternis

**totalitarian** [təʊtælɪˈteərɪən] *adj. (Polit.)* totalitär

**totalitarianism** [təʊtælɪˈteərɪənɪzm] *n. (Polit.)* Totalitarismus, *der*

**totality** [təˈtælɪtɪ] *n.* **a)** *(completeness)* Gesamtheit, *die; (of person)* Ganzheit, *die;* **b)** *(aggregate)* Gesamtheit, *die;* **the ~ of the debt** die Gesamtschuld; **c)** *(Astron.)* Totalität, *die (fachspr.)*

**totalizator** [ˈtəʊtəlaɪzeɪtə(r)] *n. (Horse-racing)* **a)** *(device)* Totalisatoranzeigetafel, *die;* **b)** *(system)* Totalisator, *der;* Toto, *das*

**totally** [ˈtəʊtəlɪ] *adv.* völlig

**total:** ~ **reˈcall** *n.* **have [the power of] ~ recall** ein absolutes Erinnerungsvermögen haben; ~ ˈ**war** *n.* totaler Krieg

[1]**tote** [təʊt] *v. t. (coll.)* schleppen; **~ a gun** eine Kanone mit sich rumschleppen *(ugs.)*

[2]**tote** *n. (Horse-racing sl.)* **a)** *(device)* Totoanzeigetafel, *die;* **b)** *(system)* Toto, *das*

**tote:** ~ **bag** *n.* ≈ Reisetasche, *die;* ~ **box** *n. (Amer.)* [Transport]kiste, *die*

**totem** [ˈtəʊtəm] *n.* Totem, *das (Völkerk.)*

**totemism** [ˈtəʊtəmɪzm] *n.* Totemismus, *der (Völkerk.)*

ˈ**totem-pole** *n.* Totempfahl, *der (Völkerk.)*

**t'other, tother** [ˈtʌðə(r)] *adj., pron.* = **the other**

**totter** [ˈtɒtə(r)] *v. i.* **a)** *(move unsteadily)* wanken; taumeln; *(esp. owing to drunkenness)* torkeln; **the child/blind man went ~ing across the room** das Kind ging mit tapsenden *(ugs.)*/der Blinde ging mit tastenden Schritten durch das Zimmer; **b)** *(be on point of falling)* schwanken; wanken *(geh.);* **make sth. ~:** etw. ins Schwanken bringen; **~ on the brink of collapse/chaos/bankruptcy/ruin** *(fig.)* am Rande des Zusammenbruchs/Chaos/Bankrotts/Ruins stehen

**tottery** [ˈtɒtərɪ] *adj.* wack[e]lig; **a ~ old man** ein alter Mann mit wackligen *(ugs.) od.* unsicheren Beinen; **have ~ legs** wacklig *(ugs.) od.* unsicher auf den Beinen sein; **feel ~:** sich wacklig *(ugs.) od.* unsicher auf den Beinen fühlen

**totting-ˈup** [tɒtɪŋˈʌp] *n.* **a)** Zusammenrechnen, *das;* **the ~ of the votes** die Auszählung der Stimmen; **b)** *(Brit. law) Berücksichtigung einschlägiger Vorstrafen, bes. bei der Entscheidung über einen Führerscheinentzug*

**toucan** [ˈtuːkən] *n. (Ornith.)* Tukan, *der*

**touch** [tʌtʃ] **1.** *v. t.* **a)** *(lit. or fig.)* berühren; *(inspect by ~ing)* betasten; **~ one's hat [to sb.]** sich *(Dat.)* [jmdm. zum Gruß] an den Hut tippen; **~ the sky** *(fig.)* an den Himmel stoßen; **~ sb. on the shoulder** jmdm. auf die Schulter tippen; *see also* **barge-pole; bottom 1 d; wood b; b)** *(cause contact between, apply)* **~ A to B** B mit A berühren; **~ one's hand to one's hat** mit der Hand an den Hut tippen; **~ a match to sth.** ein [brennendes] Streichholz an etw. *(Akk.)* halten; **he ~ed the wires together** er hielt die Drähte aneinander; **~ glasses** anstoßen; **c)** *(harm, interfere with)* anrühren; **the police can't ~ you [for it]** die Polizei kann dich nicht [dafür] belangen; **He can't ~ you here. You are safe** Hier kann er dir nichts tun *od.* anhaben. Du bist sicher; **d)** *(Mus.)* **~ the keys of a piano/harpsichord** *etc.* in die Tasten eines Klaviers/Spinetts *usw.* greifen; **~ the strings [of a guitar/lute/harp** *etc.***]** in die Saiten [einer Gitarre/Laute/Harfe *usw.*] greifen; **e)** *(fig.: rival)* **~ sth.** an etw. *(Akk.)* heranreichen; **nobody can ~ her for speed/at tennis/as an actress** niemand kann es mit ihr an Schnelligkeit/im Tennis/als Schauspielerin aufnehmen; **That horse is the fastest. There is none to ~ it** Dieses Pferd ist das schnellste. Keines kommt an es heran; **there is nothing to ~ a glass of whisky before**

**bed** es geht nichts über ein Glas Whisky vor dem Schlafengehen; **f)** *(affect emotionally)* rühren; **it ~ed him to the heart/it ~ed his heart** es rührte ihn ans Herz/es rührte sein Herz; **be ~ed with pity/remorse/sadness** von Mitleid/Reue/Traurigkeit angerührt sein *(geh.)*; **g)** *(concern oneself with)* anrühren; **whatever I ~ – I'm a failure at it** was ich auch anfange, es mißlingt mir alles; **I would not ~ it** ich würde die Finger davon lassen *(ugs.)*; **everything he ~es turns to gold** *(fig.)* er hat bei allem, was er tut, eine glückliche Hand; **I haven't even ~ed the washing up yet** ich habe mit dem Abwasch noch nicht mal angefangen; **h)** *(tinge)* färben; **her hair was chestnut ~ed with blonde streaks** sie hatte kastanienbraunes Haar mit blonden Strähnen; **i) ~ sb. for a loan/£5** *(sl.)* jmdn. anpumpen *(salopp)*/um 5 Pfund anpumpen *od.* anhauen *(salopp)*; **j)** *(Geom.)* berühren; tangieren *(fachspr.)*; **k)** *(reach)* erreichen; **l)** *(anger, wound)* treffen; **~ sb.'s pride/self-esteem** *etc.* jmdn. in seinem Stolz/in seinem Selbstwertgefühl *usw.* treffen; **m)** *(concern)* berühren; **this does not ~ the point at issue** das hat nichts mit unserem Thema zu tun; **n)** *(injure or damage slightly)* schädigen; **~ sb.** jmdm. schaden; **he was hardly ~ed by the fall** bei dem Sturz hatte er kaum etwas abbekommen; **o)** *(have effect on)* angreifen. **2.** *v. i.* sich berühren; 〈*Grundstücke:*〉 aneinanderstoßen; **don't ~!** nicht anfassen!; **'please do not ~'** „bitte nicht berühren!". **3.** *n.* **a)** Berührung, *die;* **the rider gave his horse a ~ of the spurs/the whip** der Reiter ließ sein Pferd die Sporen/die Peitsche spüren; **I like the warm ~ of her body** ich spüre gerne ihren warmen Körper [an meiner Haut]; **the surface has a soft/rough/cold/warm** *etc.* **~:** die Oberfläche fühlt sich weich/rauh/kalt/warm *usw.* an; **a ~ of the** *or* **one's hand** eine Berührung mit der Hand; **at a ~:** bei bloßer Berührung; **the machine can be stopped at a ~:** die Maschine läßt sich mit einem Fingerdruck abstellen; **be soft/warm** *etc.* **to the ~:** sich weich/warm *usw.* anfühlen; **b)** *no pl., no art. (faculty)* **[sense of] ~:** Tastsinn, *der;* **find out sth. by ~:** etw. ertasten; **c)** *(small amount)* **a ~ of salt/pepper** *etc.* eine Spur Salz/Pfeffer *usw.*; **a ~ of irony/sadness** *etc.* ein Anflug von Ironie/Traurigkeit *usw.*; **have a ~ of rheumatism** ein bißchen Rheuma haben; **have a ~ of genius** etwas Geniales haben; **she has a ~ of style/class [about her]** sie hat irgendwie Stil/Klasse; **the palms give a ~ of class/elegance to the restaurant** die Palmen geben dem Restaurant eine stilvolle/elegante Note; **he has a ~ of grey in his hair** er hat ein paar graue Strähnen im Haar; **a ~** *(slightly)* ein [ganz] kleines bißchen; **a ~ higher/too high** eine Idee höher/zu hoch; **a ~ unrealistic** eine Idee zu unrealistisch; *see also* **sun 1**; **d)** *(game of tag)* Fangen, *das;* **e)** *(Art: stroke)* Strich, *der; (fig.)* Detail, *das;* **to mention it in such a way was a clever/subtle ~:** es auf eine solche Weise zu erwähnen, war ein schlauer/raffinierter Einfall; **the book needs a few more humorous ~es** dem Buch fehlen noch ein paar humorvolle Tupfer; **the realistic ~es in the production of the play** die realistischen Elemente in der Inszenierung des Stücks; **add** *or* **put the final ~es to sth.** etw. *(Dat.)* den letzten Schliff geben; letzte Hand an etw. *(Akk.)* legen; **it was now completed except for a few final ~es** es war nun bis auf einige noch fehlende I-Tüpfelchen fertiggestellt; *see also* **finishing touch**; **f)** *(manner, style) (on keyboard instrument, typewriter)* Anschlag, *der; (of writer, sculptor)* Stil, *der; (of painter)* Pinselführung, *die;* **have the ~ of genius/the professional ~:** genial/professionell gemacht sein; **show the ~ of a genius/professional** die Handschrift eines Genies/Profis verraten; **the play bore/revealed his ~:** das Stück trug/verriet seine Handschrift; **you need to have the right ~:** man muß das richtige Gespür haben; **he just didn't have the ~:** er hatte einfach nicht genug Talent; **this flat needs a woman's ~:** diese Wohnung braucht die Hand einer Frau; **a personal ~:** eine persönliche *od.* individuelle Note; **lose one's ~:** seinen Schwung verlieren; *(Sport)* seine Form verlieren; **I see you haven't lost your ~!** du bist ja noch ganz der/die Alte! *(ugs.)*; **he's lost his ~:** er war schon mal besser in Form; **I must be losing my ~:** ich bin wohl auf dem absteigenden Ast *(ugs.)*; *see also* **common 1 b**; **g)** *(communication)* **be in/out of ~ [with sb.]** [mit jmdm.] Kontakt/keinen Kontakt haben; **I shall be in ~ with them** ich werde mit ihnen Kontakt aufnehmen; **they said they would be in ~ with me today** sie haben gesagt, sie würden sich heute bei mir melden; **Goodbye! I'll be in ~:** Auf Wiedersehen! Ich melde mich mal wieder; **they have not been in ~ for a whole week** wir haben/ich habe seit einer ganzen Woche nichts von ihnen gehört; **be in/out of ~ with sth.** über etw. (+ *Akk.*) auf dem laufenden/nicht auf dem laufenden sein; **he is out of** *or* **not in ~ with reality/the real world** er ist wirklichkeitsfremd/weltfremd; **get in ~ [with sb.]** mit jmdm. Kontakt/Verbindung aufnehmen; **get in ~ with us by letter/at this number** schreiben Sie uns/rufen Sie uns unter dieser Nummer an; **she immediately got in ~ with the doctor/police/her lawyer** sie setzte sich sofort mit dem Arzt/der Polizei/ihrem Anwalt in Verbindung; **keep in ~ [with sb.]** [mit jmdm.] in Verbindung *od.* Kontakt bleiben; **keep in ~!** laß von dir hören!; **I've kept in ~ with him since we were children** meine Verbindung mit ihm ist seit unserer Kindheit nie abgerissen; **keep in ~ with sth.** sich über etw. *(Akk.)* auf dem laufenden halten; **lose ~ with sb.** den Kontakt zu jmdm. verlieren; **we have lost ~:** wir haben keinen Kontakt mehr [zueinander]; **lose ~ with sth.** etw. aus den Augen verlieren; **have lost ~ with sth.** über etw. *(Akk.)* nicht mehr auf dem laufenden sein; **put sb. in ~ with sb.** jmdn. mit jmdm. zusammenbringen; **her doctor put her in ~ with a specialist** ihr Arzt hat sie zu einem Spezialisten geschickt; **h)** *(Footb., Rugby: part of field)* Aus, *das;* Mark, *die (Rugby)*; **in ~:** im Aus; **he ran/the ball went into ~:** er rannte/der Ball ging ins Aus; **i)** *(sl.)* **be an easy** *or* **a soft ~** *(be a person who gives money readily)* leicht rumzukriegen sein *(ugs.)*

**~ at** *v. t. (Naut.)* anlegen in (+ *Dat.*)

**~ 'down** *v. i.* **a)** *(Rugby)* den Ball niederlegen; *(Amer. Footb.)* den Ball hinter die Grundlinie bringen; **b)** 〈*Flugzeug:*〉 aufsetzen; *(land)* landen; *see also* **touchdown**

**~ 'in** *v. t. (Art)* hineinmalen; *(fig.)* ausführen 〈*Details*〉

**~ 'off** *v. t.* **a)** *(explode)* zünden 〈*Bombe, Sprengladung, Feuerwerkskörper*〉; auslösen 〈*Explosion, Mine*〉; **b)** *(fig.: trigger off)* auslösen

**~ on** *v. t.* **a)** *(treat briefly)* ansprechen; **the book ~es on the subject often** in dem Buch wird das Thema immer wieder gestreift; **b)** *(verge on)* grenzen an (+ *Akk.*)

**~ 'up** *v. t.* **a)** *(improve)* ausbessern; retuschieren 〈*Photographie*〉; auffrischen 〈*Make-up*〉; in Ordnung bringen 〈*Haar*〉; ausfeilen 〈*Text*〉; **b)** *(sl.: fondle)* befummeln *(ugs.)*

**~ upon** *see* **touch on a**

**touch: ~-and-'go** *adj.* prekär 〈*Situation*〉; **it is ~-and-go [whether ...]** es steht auf des Messers Schneide[, ob ...]; **~down** *n.* **a)** *(Amer. Footb.)* Touchdown, *der;* **b)** *(Aeronaut.)* Landung, *die*

**touché** ['tu:ʃeɪ] *int. (Fencing)* Treffer!; *(fig.)* eins zu null für dich!

**touched** [tʌtʃt] *pred. adj.* **a)** *(moved)* gerührt; **b)** *(coll.: mad)* meschugge *(salopp)*

**touchiness** ['tʌtʃɪnɪs] *n., no pl. (irritability, over-sensitiveness)* [Über]empfindlichkeit, *die; (precariousness)* Heikelkeit, *die*

**touching** ['tʌtʃɪŋ] **1.** *adj.* rührend; *(moving)* bewegend; ergreifend. **2.** *prep. (arch./literary)* **~ sth.** etw. betreffend

**touchingly** ['tʌtʃɪŋlɪ] *adv.* rührend; *(movingly)* bewegend; ergreifend; **tell/depict sth. ~:** etw. ergreifend erzählen/schildern

**touch: ~-judge** *n. (Rugby)* Seitenrichter, *der;* **~-line** *n. (Footb., Rugby)* Seitenlinie, *die;* Marklinie, *die (Rugby)*; **~-me-not** *n. (Bot.)* Rührmichnichtan, *das;* **~-paper** *n.* Zündpapier, *das; (on firework)* Papierlunte, *die;* **~stone** *n. (fig.)* Prüfstein, *der;* **~-type** *v. i.* blindschreiben; **~-typing** *n.* Blindschreiben, *das;* **~-up paint** *n.* Ausbesserungslack, *der*

**touchy** ['tʌtʃɪ] *adj.* empfindlich 〈*Person*〉; heikel 〈*Thema, Sache*〉

**tough** [tʌf] **1.** *adj.* **a)** fest 〈*Material, Stoff, Leder, Metall, Werkstoff*〉; zäh 〈*Fleisch, fachspr.: Werkstoff, Metall, Kunststoff*〉; widerstandsfähig 〈*Straßenbelag, Bodenbelag, Gummi, Glas, Haut*〉; strapazierfähig 〈*Kleidung, Stoff, Schuhe, Seil*〉; **be [as] ~ as leather/old boots** zäh wie Leder/wie eine Schuhsohle sein; *(fig.)* hart im Nehmen sein *(ugs.)*; **b)** *(hardy, unyielding)* zäh 〈*Person*〉; **his parents want him to be ~ when he grows up** seine Eltern wollen, daß aus ihm ein harter Mann wird; **~ guy** *(coll.)* knallharter Bursche; **a ~ customer** *(coll.)* ein harter Brocken *(ugs.)*; *(stubborn person)* Dickschädel, *der (ugs.)*; **c)** *(difficult, trying)* schwierig; vertrackt *(ugs.)* 〈*Problem*〉; hart 〈*Kampf, Wettkampf*〉; strapaziös 〈*Reise*〉; schwer 〈*Zeit*〉; **we had a ~ time** wir haben viel durchgemacht; **we had a ~ time convincing her** es hat uns viel Mühe gekostet, sie zu überzeugen; **it's a ~ life being a housewife** als Hausfrau hat man es schwer; **things/life can get ~ if you run out of money** wenn man kein Geld mehr hat, kann das Leben sehr schwer werden; **it was ~ going, the going was ~:** es war ein Schlauch *(ugs.)*; **d)** *(severe, harsh)* hart; **get ~** *(coll.)* andere Saiten aufziehen; **a get-~ policy** eine Politik des harten Durchgreifens; **get ~ with sb.** *(coll.)* jmdn. hart anfassen; **e)** *(coll.: unfortunate, hard)* **~ luck** Pech, *das;* **that's ~ [luck]** so'n Pech *(ugs.) od. (salopp)* Mist!; **be ~ on sb.** hart für jmdn. sein; **f)** *(stiff)* zäh 〈*Schlamm, Ton, Brei*〉; **g)** *(Amer.: violent, criminal)* gewalttätig; **a ~ town/neighbourhood** eine Stadt/Gegend, in der das Leben rauh ist. **2.** *n.* Rowdy, *der (abwertend)*

**toughen** ['tʌfn] **1.** *v. t.* größere Festigkeit geben (+ *Dat.*); zäher machen *(fachspr.)* 〈*Werkstoff, Metall, Kunststoff*〉; abhärten, *(geh.)* stählen 〈*Person, Körper*〉; verschärfen 〈*Gesetz, Widerstand*〉; **his hard life has ~ed him** *(fig.)* sein schweres Leben hat ihn gehärtet *od.* hart gemacht; **he has ~ed his attitude towards law-breakers** er hat gegenüber Gesetzesbrechern eine härtere Haltung eingenommen; **~ one's policy/stand** einen härteren [politischen] Kurs einschlagen/einen härteren Standpunkt einnehmen; **this setback will only ~ my resolve** dieser Rückschlag wird mich in meiner Entschlossenheit nur noch bestärken. **2.** *v. i.* fester werden; 〈*Werkstoff, Metall, Kunststoff:*〉 zäher werden *(fachspr.)*; 〈*Widerstand:*〉 sich verschärfen; 〈*Entschlossenheit:*〉 stärker werden; 〈*Standpunkt, Position, politischer Kurs:*〉 sich verhärten

**~ 'up 1.** *v. t.* abhärten; stählen *(geh.)*; verschärfen 〈*Gesetz, Verbrechensbekämpfung*〉; **~ up one's attitude/policy** eine härtere Haltung einnehmen/einen härteren [politischen] Kurs einschlagen. **2.** *v. i.* sich abhärten; sich stählen *(geh.)*; *(fig.)* 〈*Politik, Ein-*

*stellung:*) sich verhärten; ⟨*Widerstand:*⟩ sich verschärfen
**toughie** ['tʌfɪ] *n. (coll.)* **a)** *(problem)* harte Nuß *(ugs.);* **b)** *(person)* Rabauke, *der (ugs.)*
**tough-'minded** *adj.* hart
**toughness** ['tʌfnɪs] *n., no pl.* **a)** *see* **tough 1 a:** Festigkeit, *die;* Zäheit, *die;* Zähigkeit, *die (fachspr.);* Widerstandsfähigkeit, *die;* Strapazierfähigkeit, *die;* **b)** *see* **tough 1 b:** Zähigkeit, *die;* **c)** *(fig.) (of problem, job)* Schwierigkeit, *die; (of fight, contest, law, policy, attitude, penalty, measure)* Härte, *die;* **the ~ of the exercise** die Schwierigkeit der Übung; **the ~ of life as an unmarried mother** die Schwierigkeiten, mit denen eine ledige Mutter zu kämpfen hat; **d)** *(stiffness)* Zäheit, *die;* **e)** *(Amer.: violence)* **the ~ of the mining towns** das rauhe Leben in den Bergarbeiterstädten
**toupee, toupet** ['tu:peɪ] *n.* Toupet, *das*
**tour** [tʊə(r)] **1.** *n.* **a)** [Rund]reise, *die;* Tour, *die (ugs.);* **a ~ of** *or* **through Europe** eine Reise durch Europa/eine Europareise; **a world ~/round-the-world ~:** eine Weltreise/Reise um die Welt; **they made a ~ of France** sie machten eine Frankreichreise; **a ~ of the capital cities of Europe/of the overseas branches of the firm** eine Rundreise zu den Hauptstädten Europas/zu den überseeischen Tochtergesellschaften der Firma; **a walking/cycling ~:** eine Wanderung/[Fahr]radtour; **a motoring/bus ~:** eine Auto-/Busreise; **b)** *(Theatre, Sport)* Tournee, *die;* Tour, *die (Jargon);* **a ~ of the provinces, a provincial ~:** eine Tournee/Tour durch die Provinz; **be/go on ~:** auf Tournee/Tour sein/gehen; **he has gone on ~ to Europe** er ist auf [einer] Europatournee; **take a play on ~:** mit einem Stück auf Tournee/Tour gehen; **c)** *(excursion, inspection) (of museum, palace, house)* Besichtigung, *die;* **go on/make/do a ~ of** besichtigen ⟨*Museum, Haus, Schloß usw.*⟩; **a ~ of the countryside/the city/the factory** ein Ausflug in die Umgebung/eine Besichtigungstour durch die Stadt/ein Rundgang durch die Fabrik; **d) ~ [of duty]** Dienstzeit, *die;* **between [sb.'s] ~s [of duty]** bevor jmd. einen neuen Posten antritt/antrat. *See also* **conduct 2 e; grand tour; guided tour; inspection. 2.** *v. i.* **a) ~/go ~ing in** *or* **through a country** eine Reise *od. (ugs.)* Tour durch ein Land machen; **be ~ing in a country** auf einer Reise *od. (ugs.)* Tour durch ein Land sein; **b)** *(Theatre, Sport, exhibition)* eine Tournee *od. (Jargon)* Tour machen; *(be on ~)* auf Tournee *od. (Jargon)* Tour sein; touren *(Jargon); (go on ~)* auf Tournee *od. (Jargon)* Tour gehen. **3.** *v. t.* **a)** besichtigen ⟨*Stadt, Gebäude, Museum*⟩; **~ a country/region** eine Reise *od. (ugs.)* Tour durch ein Land/Gebiet machen; **~ an area on foot/by bicycle** eine Wanderung/Radtour durch eine Gegend machen; **b)** *(Theatre, Sport)* **~ a country/the provinces** eine Tournee *od. (Jargon)* Tour durch das Land/die Provinz machen; **~ India/Europe** eine Indien-/Europatournee *od. (Jargon)* -tour machen
**tour de force** [tʊədə'fɔ:s] *n., pl.* **~s de force** [tʊədə'fɔ:s] Glanzleistung, *die*
**tourer** ['tʊərə(r)] *n. (Motor Veh.)* Kabriolimousine, *die*
**touring** ['tʊərɪŋ]: **~-car** *see* **tourer; ~ company** *n. (Theatre)* Gastspielensemble, *das;* **~ exhibition** *n.* Wanderausstellung, *die;* **~ holiday** *n.* **have a ~ holiday in a country** in den Ferien/im Urlaub durch ein Land fahren/*(on foot)* durch ein Land wandern; **have a ~ holiday** in den Ferien/im Urlaub eine Reise/*(on foot)* Wanderung machen
**tourism** ['tʊərɪzm] *n., no pl., no indef. art.* **a)** Tourismus, *der;* **~ has increased** der Tourismus hat zugenommen; **b)** *(operation of tours)* Touristik, *die;* **work/be involved in ~:** in der Touristikbranche arbeiten/tätig sein
**tourist** ['tʊərɪst] **1.** *n.* Tourist, *der*/Touristin, *die.* **2.** *attrib. adj.* Touristen-; **special ~ rates** ermäßigte Preise für Touristen
**tourist: ~ agency** *n.* Reisebüro, *das;* **~ attraction** *n.* Touristenattraktion, *die;* **~ board** *n. (Brit.)* Amt für Fremdenverkehrswesen; **~ class** *n.* Touristenklasse, *die;* **~ guide** *n.* **a)** *(person)* Touristenführer, *der*/-führerin, *die;* **b)** *(book)* Reiseführer, *der* **(to, of** von); **~ hotel** *n.* Touristenhotel, *das;* **~ industry** *n.* **a)** *(business)* Tourismusindustrie, *die;* **b)** *(firms)* Touristik[branche], *die;* **~ infor'mation centre, ~ office** *ns.* Fremdenverkehrsbüro, *das;* Touristeninformation, *die (ugs.);* **~ season** *n.* Touristensaison, *die;* **~ trade** *see* **~ industry; ~ trap** *n. (bar, restaurant, etc.)* [auf Touristen spezialisierter] Nepplаden *(ugs.); (town, place)* Ort, an dem Touristen geneppt werden *(ugs.)*
**touristy** ['tʊərɪstɪ] *adj. (derog.)* auf Tourismus getrimmt *(ugs.);* Touristen⟨*stadt, -nest, -gegend*⟩ *(ugs. abwertend)*
**tourmaline** ['tʊəməlɪn, 'tʊəməli:n] *n. (Min.)* Turmalin, *der*
**tournament** ['tʊənəmənt] *n. (Hist.; Sport)* Turnier, *das*
**tournedos** ['tʊənədəʊ] *n., pl. same (Gastr.)* Tournedos, *das*
**tourney** ['tʊənɪ] *(Hist.; Sport coll.) see* **tournament**
**tourniquet** ['tʊənɪkeɪ] *n. (Med.)* Tourniquet, *das*
**'tour operator** *n.* Reiseveranstalter, *der*/-veranstalterin, *die*
**tousle** ['taʊzl] *v. t.* zerzausen
**tout** [taʊt] **1.** *v. i.* **~ [for business/custom/orders]** Kunden anreißen *(ugs.) od.* werben; **~ for customers/buyers** Kunden/Käufer anreißen *(ugs.) od.* werben; **~ for a hotel** für ein Hotel Gäste werben. **2.** *n.* Anreißer, *der*/Anreißerin, *die (ugs.);* Kundenwerber, *der*/-werberin, *die;* **ticket ~:** Kartenschwarzhändler, *der*/-händlerin, *die*
**[1]tow** [təʊ] **1.** *v. t.* schleppen; ziehen ⟨*Anhänger, Wasserskiläufer, Handwagen*⟩; **he ~ed my car to get it started** er hat meinen Wagen angeschleppt; **he ~ed his sister [behind him]** *(fig.)* er zog seine Schwester hinter sich *(Dat.)* her; **~ed load** *(Motor Veh.)* Anhängelast, *die.* **2.** *n.* Schleppen, *das;* **My car's broken down. – Do you want a ~?** Mein Wagen ist stehengeblieben. – Soll ich Sie [ab]schleppen?; **give a boat/car a ~:** ein Boot/einen Wagen schleppen; **give a car a ~ [to get it started]** ein Auto anschleppen; **have sth. in** *or* **on ~:** etw. im Schlepp[tau] haben; **have sb. in ~** *(fig.)* jmdn. im Schlepptau haben *(ugs.);* **take sb. in ~** *(fig.)* jmdn. unter seine Fittiche nehmen; **'on ~'** „wird geschleppt"; **take a boat/car in ~:** ein Boot/einen Wagen in Schlepp nehmen
**~ a'way** *v. t.* abschleppen
**[2]tow** *n. (Textiles)* Hede, *die;* Werg, *das*
**toward** [tə'wɔ:d], **towards** [tə'wɔ:dz] *prep.* **a)** *(in direction of)* **~ sb./sth.** auf jmdn./etw. zu; **the ship sailed ~ France/the open sea** das Schiff fuhr in Richtung Frankreich/offenes Meer; **~ [the] town** in Richtung [auf die] Stadt; **point ~ the north** nach Norden zeigen; **march ~ the north** nach Norden *od.* in Richtung Norden *od.* in nördlicher Richtung marschieren; **look ~ the sea** in Richtung Meer blicken; **turn ~ sb.** sich zu jmdm. umdrehen; **the village is farther [to the] south, ~ Dover** das Dorf liegt weiter südlich, in Richtung Dover; **point ~ the horizon** zum Horizont deuten; **sit/stand with one's back [turned] ~ sth.** mit dem Rücken zu etw. sitzen/stehen; **turn one's face/back ~ sb./sth.** jmdm./einer Sache das Gesicht/den Rücken zuwenden; **my back was ~ the door** mein Rücken war der Tür zugewandt; **hold out one's hands ~ sb.** jmdm. die Hände entgegenstrecken; **my house faces ~ the park/sea** die Vorderseite meines Hauses liegt zum Park/Meer hin; **the country was drifting ~ war/economic chaos** das Land trieb dem Krieg/wirtschaftlichem Chaos zu; **he was sliding ~ disaster/financial ruin** er schlitterte in das Verderben/in den finanziellen Ruin; **b)** *(in relation to)* gegenüber; **feel sth. ~ sb.** jmdm. gegenüber etw. empfinden; **his attitude ~ death** seine Einstellung zum Tod; **be fair/unfair** *etc.* **~ sb.** jmdm. gegenüber *od.* zu jmdm. fair/unfair *usw.* sein; **his conduct ~ us** sein Verhalten uns gegenüber; **feel angry/sympathetic ~ sb.** böse auf jmdn. sein/Verständnis für jmdn. haben; **c)** *(for)* **a contribution ~ sth.** ein Beitrag zu etw.; **save up ~ a car/one's holidays** auf *od.* für einen Wagen/für seine Ferien sparen; **proposals ~ solving a problem** Vorschläge zur Lösung eines Problems; **work together ~ a solution** gemeinsam auf eine Lösung hinarbeiten; **contribute ~ sth.** zu etw. beitragen; **it is/it brings us a step ~ achieving our aim** es bringt uns einen Schritt näher zum Ziel; **efforts are being made ~ reconciliation** man bemüht sich um Versöhnung; **d)** *(near)* gegen; **~ the end of May/of the year** *etc.* [gegen] Ende Mai/des Jahres; **it is getting ~ midnight/your bedtime** es geht auf Mitternacht zu/es ist bald Schlafenszeit für dich; **~ the end of his life/of the book** gegen Ende seines Lebens/des Buches; **sit ~ the front/back of the bus** vorne/hinten im Bus sitzen; **~ the bottom of the list** ziemlich weit unten auf der Liste
**'tow-bar** *n. (Motor Veh.)* Anhängerkupplung, *die; (bar fitted between broken-down vehicle and towing vehicle)* Abschleppstange, *die*
**towel** ['taʊəl] **1.** *n.* **a)** Handtuch, *das;* **throw in the ~** *(Boxing; also fig.)* das Handtuch werfen. **2.** *v. t., (Brit.)* **-ll-** abtrocknen; **~ one's/sb.'s face/arms** *etc.* **[dry]** sich/jmdm. das Gesicht/die Arme *usw.* abtrocknen; **~ oneself** sich abtrocknen
**towelling** *(Amer.:* **toweling***)* ['taʊəlɪŋ] *n., no pl., no indef. art.* Frottierware, *die;* Frottee, *das (ugs.)*
**'towel-rail** *n.* Handtuchhalter, *der*
**tower** ['taʊə(r)] **1.** *n.* **a)** Turm, *der; (Aeronaut.)* Tower, *der;* Kontrollturm, *der; see also* **control tower; cooling tower; water-tower; b)** *(fortress)* Festung, *die;* Wehrturm, *der;* **the T~ [of London]** der Tower [von London]; **c) be a ~ of strength [to sb.]** *(fig.)* [jmdm.] ein fester Rückhalt sein; **d)** *see* **tower block.** *See also* **ivory tower. 2.** *v. i.* in die Höhe ragen; aufragen; **~ to [a height of] 200 feet** 200 Fuß hoch aufragen
**~ above, ~ over** *v. t.* **~ above** *or* **over sb./sth.** *(lit. or fig.)* jmdn./etw. überragen; **she saw the giant ~ing above her** sie sah die ragende Gestalt des Riesen über sich *(Dat.) (geh.);* **the building/mountain ~s above** *or* **over the town/landscape** das Gebäude/der Berg ragt über der Stadt/Landschaft *(geh.)*
**tower: ~ block** *n.* Hochhaus, *das;* **~ crane** *n.* Turmdrehkran, *der*
**towering** ['taʊərɪŋ] *attrib. adj.* **a)** hoch aufragend; riesenhaft ⟨*Gestalt*⟩; **~ height** schwindelnde Höhe; **b)** *(fig.)* herausragend ⟨*Leistung, Gestalt*⟩; **c)** *(fig.: violent, intense)* blind ⟨*Wut*⟩; maßlos ⟨*Ehrgeiz, Stolz*⟩; **be in/fly into a ~ passion** *or* **rage** von blinder Wut ergriffen sein/werden
**'tow-line** *n.* Schleppseil, *das; (Naut.)* Schlepptrosse, *die*
**town** [taʊn] *n.* **a)** Stadt, *die;* **the ~ of Cambridge** die Stadt Cambridge; **in [the] ~:** in der Stadt; **the ~** *(people)* die Stadt; **be the toast of the ~:** ein gefeierter Star/gefeierte Stars sein; **on the outskirts/in the centre of ~:** in den Randbezirken der Stadt/in der Stadtmitte *od.* Innenstadt; **go [up] to ~:** in die Stadt fahren; **we went [up] to ~ from**

**York** *(to London)* wir sind von York nach London gefahren; **be in/out of** ~: in der Stadt/nicht in der Stadt sein; **head out of** ~: stadtauswärts fahren/gehen/reiten *usw.*; **he is well known about** ~: er ist stadtbekannt; ihn kennt die ganze Stadt; **it's all over** ~ **[that ...]** die ganze Stadt redet davon[, daß ...]; **the best coffee/tea/cake** *etc.* **in** ~: der beste Kaffee/Tee/Kuchen *usw.* in der Stadt; **go out/have a night on the** ~ *(coll.)* [in die Stadt gehen und] einen draufmachen *(ugs.)*; **go to** ~ *(fig. coll.)* in die vollen gehen **(on** bei) *(ugs.)*; **man about** ~: *Mann, der an allen gesellschaftlichen und kulturellen Ereignissen einer Stadt teilnimmt; see also* **gown b**; **paint 2 a**; **talk 1 d**; **b)** *(business or shopping centre)* Stadt, *die;* **in** ~: in der Stadt; **go into** ~: in die Stadt gehen/fahren

**town:** ~ **'centre** *n.* Stadtmitte, *die;* Stadtzentrum, *das;* **the** ~ **centres** die Innenstädte; **Brighton still has an old** ~ **centre** Brighton hat noch einen alten Stadtkern; ~ **'clerk** *n.* ≈ [Ober]stadtdirektor, *der*/-direktorin, *die;* ~ **'council** *n. (Brit.)* Stadtrat, *der;* ~ **'councillor** *n. (Brit.)* Stadtrat, *der*/-rätin, *die;* ~ **'crier** *n.* städtischer Ausrufer; ~ **gas** *n., no pl., no indef. art.* Stadtgas, *das;* ~ **'hall** *n.* Rathaus, *das;* ~ **house** *n.* **a)** *(residence in town)* Stadthaus, *das;* **b)** *(terrace-house)* Reihenhaus, *das*

**townie** ['taʊni:] *n.* Stadtmensch, *der*

**town:** ~ **'mayor** *n. (Brit.)* [Stadt]bürgermeister, *der*/-bürgermeisterin, *die;* ~ **'planner** *n.* Stadtplaner, *der*/-planerin, *die;* ~ **'planning** *n.* Stadtplanung, *die*

**townscape** ['taʊnskeɪp] *n.* **a)** *(Art, Photog.)* Stadtansicht, *die;* **b)** *(town's appearance)* Stadtbild, *das*

**townsfolk** ['taʊnzfəʊk] *n.pl.* Städter *Pl.;* **the** ~: *(inhabitants)* die Stadtbevölkerung; *(citizens)* die Bürger [der Stadt]

**township** ['taʊnʃɪp] *n.* **a)** *(Amer.: division of county)* Township, *die; Verwaltungseinheit unterhalb der County;* **b)** *(Amer. Surv.)* Township, *die; 36 Quadratmeilen großes quadratisches Stück Land;* **c)** *(Austral., NZ) (small town)* Ortschaft, *die;* Siedlung, *die; (site) Areal für eine neue Siedlung;* **d)** *(S. Afr.: non-white urban area)* Township, *die; von Farbigen bewohnte, städtische Siedlung*

**town:** ~**sman** ['taʊnzmən] *n., pl.* ~**smen** ['taʊnzmən] Stadtbewohner, *der;* Städter, *der; (citizen)* [Stadt]bürger, *der;* **[fellow]** ~**sman** *(fellow citizen)* Mitbürger, *der;* ~**speople** ['taʊnzpi:pl] *see* **townsfolk**; ~**swoman** ['taʊnzwʊmən] *n.* Stadtbewohnerin, *die;* Städterin, *die; (citizen)* [Stadt-] bürgerin, *die*

**tow:** ~**-path** *n.* Leinpfad, *der;* Treidelpfad, *der;* ~**-rope** *n.* Abschleppseil, *das;* ~**-start** *n. (Motor Veh.)* [Start durch] Anschleppen; **give sb. a** ~**-start** jmdn. anschleppen; ~**truck** *n. (Amer.)* Abschleppwagen, *der*

**toxaemia** *(Amer.:* **toxemia***)* [tɒk'si:mɪə] *n. (Med.)* **a)** *(blood-poisoning)* Toxämie, *die;* **b)** *(in pregnancy)* Schwangerschaftstoxikose, *die*

**toxic** ['tɒksɪk] *adj.* **a)** giftig; toxisch *(fachspr.)*; **b)** *(caused by poison)* toxisch *(fachspr.)*; toxigen *(fachspr.)*

**toxicity** [tɒk'sɪsɪtɪ] *n., no pl.* Giftigkeit, *die;* Toxizität, *die (fachspr.)*

**toxicology** [tɒksɪ'kɒlədʒɪ] *n.* Toxikologie, *die*

**toxin** ['tɒksɪn] *n.* Toxin, *das*

**toy** [tɔɪ] **1.** *n. (lit. or fig.)* Spielzeug, *das;* ~**s** Spielzeug, *das;* Spielwaren *Pl. (Wirtsch.)*. **2.** *adj.* **a)** Spielzeug-; **b)** *(Breeding)* Zwerg-. **3.** *v.i.* ~ **with the idea of doing sth.** mit dem Gedanken spielen, etw. zu tun; ~ **with one's food** mit seinem Essen herumspielen/in seinem Essen herumstochern; ~ **with sb.** *(flirt)* mit jmdm. flirten; *(not be serious)* mit jmdm. spielen *od.* sein Spiel treiben

**toy:** ~**-boy** *n. (coll.)* Gespiele, *der (scherzh.)*; ~**shop** *n.* Spielwarengeschäft, *das;* ~ **'soldier** *n.* Spielzeugsoldat, *der*

[1]**trace** [treɪs] **1.** *v.t.* **a)** *(copy)* durchpausen; abpausen; ~ **sth. on to sth.** etw. auf etw. *(Akk.)* pausen; **b)** *(delineate)* zeichnen ⟨*Form, Linie*⟩; malen ⟨*Buchstaben, Wort*⟩; *(fig.)* entwerfen; **she** ~**d our route on the map with her finger/with a pen** sie zeichnete unsere Route mit dem Finger/Stift auf der Landkarte nach; **c)** *(follow track of)* folgen (+ *Dat.*); verfolgen; **the leak was** ~**d to an old cast-iron main** man fand das Leck an einer alten gußeisernen Hauptleitung; ~ **a river to its source** einen Fluß [bis] zur Quelle zurückverfolgen; **the doctors** ~**d the infection to some dirty instruments** die Ärzte fanden heraus, daß die Infektion von verunreinigten Instrumenten herrührte; **he had to resign when the leak was** ~**d to his office** er mußte zurücktreten, als man die undichte Stelle in seiner Behörde ausfindig machte; **the police** ~**d him to Spain** die Polizei spürte ihn in Spanien auf; **d)** *(observe, find)* finden; ~ **a connection** einen Zusammenhang sehen; **e)** *(Archaeol.)* erkennen; ~ **Roman roads** den Verlauf von alten Römerstraßen rekonstruieren. **2.** *n.* **a)** *(visible sign)* Spur, *die; (of buildings, road)* [Über]rest, *der;* **there is no** ~ **of your letter in our records** in unseren Aufzeichnungen findet sich kein Hinweis auf Ihr Schreiben; **I can't find any** ~ **of him/it** *(cannot locate)* ich kann ihn/es nirgends finden; **lose [all]** ~ **of sb.** jmdn. [völlig] aus den Augen verlieren; **all** ~ **of the climbers has been lost** von den Bergsteigern fehlt jede Spur; **sink without** ~: sinken, ohne eine Spur zu hinterlassen; *(fig.)* in der Versenkung verschwinden *(ugs.)*; ⟨*bekannte Persönlichkeit:*⟩ von der Bildfläche verschwinden *(ugs.)*; **b)** *(track left behind)* Spur, *die (of animal also)* Fährte, *die; (of recording instrument)* Kurve, *die;* **c)** *(Electronics)* Spur, *die;* **d)** *(small amount)* Spur, *die;* **a** ~ **of a smile/of sarcasm** ein Anflug eines Lächelns/von Sarkasmus; **the product contains a** ~ **of impurity** das Produkt enthält eine winzige Menge an Fremdstoffen

~ **'back** *v.t.* zurückverfolgen; **the rumour was** ~**d back to a journalist** als Quelle des Gerüchts wurde ein Journalist ausfindig gemacht

~ **'out** *see* ~ **1 b**

~ **'over** *see* ~ **1 a**

[2]**trace** *n. (strap of harness)* Strang, *der; (of horse's headstall)* Zuggurt, *der;* **kick over the** ~**s** *(fig.)* über die Stränge schlagen *(ugs.)*

**traceable** ['treɪsəbl] *adj.* **a) sth. is** ~ **to sth./through sth.** etw. läßt sich bis zu etw./durch etw. hindurch zurückverfolgen; **this effect is** ~ **to the following cause** diese Wirkung läßt sich auf folgende Ursache zurückführen; **b)** *(discoverable)* auffindbar; **this is a feature** ~ **in all his novels/paintings** dieses Merkmal läßt sich in allen seinen Romanen/Bildern entdecken

**'trace element** *n. (Chem.)* Spurenelement, *das*

**tracer** ['treɪsə(r)] *n.* **a)** *(Mil.)* Leuchtspurgeschoß, *das;* **b)** *(radioactive isotope)* Indikator, *der*

**tracery** ['treɪsərɪ] *n.* **a)** *(Archit.)* Maßwerk, *das;* **bar** ~: Maßwerk, *das;* **plate** ~: negatives Maßwerk; **b)** *(pattern, network)* Filigranmuster, *das*

**trachea** [trə'ki:ə] *n., pl.* ~**e** [trə'ki:i:] **a)** *(Anat.)* Trachea, *die (fachspr.)*; Luftröhre, *die;* **b)** *(Zool.)* Trachee, *die (Zool.)*

**tracheotomy** [treɪkɪ'ɒtəmɪ] *n. (Med.)* Luftröhrenschnitt, *der;* Tracheotomie, *die (fachspr.)*

**trachoma** [trə'kəʊmə] *n. (Med.)* Trachom, *das (Med.)*

**tracing** ['treɪsɪŋ] *n.* **a)** *(action)* [Durch]pausen, *das;* [Ab]pausen, *das;* **do some** ~: einiges durch- *od.* abpausen; **b)** *(copy)* Pause, *die;* Kopie, *die*

**'tracing-paper** *n.* Pauspapier, *das*

**track** [træk] **1.** *n.* **a)** Spur, *die; (of wild animal)* Fährte, *die;* ~**s** *(footprints)* [Fuß]spuren; *(of animal also)* Fährte, *die;* **cover one's** ~**s** *(fig.)* seine Spur verwischen; **be on sb.'s** ~: jmdm. auf der Spur sein; *(fig.: in possession of clue to sb.'s plans)* jmdm. auf die Schliche gekommen sein; **they will be on our** ~: sie kommen uns auf die Spur/*(fig.)* auf die Schliche; **be on the right/wrong** ~ *(fig.)* auf der richtigen/falschen Spur sein; **keep** ~ **of sb./sth.** jmdn./etw. im Auge behalten; **he couldn't keep** ~ **of her in the crowd** er verlor sie in der Menge aus den Augen; **the police [successfully] kept** ~ **of him** die Polizei blieb ihm auf der Spur; **they kept** ~ **of his movements/intentions/plans** sie waren jederzeit über seinen Aufenthaltsort/seine Absichten/Pläne auf dem laufenden; **The situation is very complicated. I can't keep** ~ **of it** Die Situation ist sehr verworren. Ich habe den Überblick verloren; **without keeping accounts I can't keep** ~ **of what I spend** wenn ich nicht Buch führe, verliere ich den Überblick über meine Ausgaben; **lose** ~ **of sb./sth.** jmdn./etw. aus den Augen verlieren; **the police lost** ~ **of the gang's movements** die Polizei war über den Aufenthaltsort der Bande nicht mehr auf dem laufenden; **he has lost** ~ **of the situation** er ist über die Situation nicht mehr auf dem laufenden; **she lost** ~ **of the story** sie hat bei der Geschichte den Überblick verloren; **without keeping accounts you can easily lose** ~ **of what you spend** wenn man nicht Buch führt, kann man leicht die Übersicht über seine Ausgaben verlieren; **make** ~**s** *(coll.) (depart)* sich auf die Socken machen *(ugs.)*; *(run off)* türmen *(ugs.)*; **we'd better make** ~**s for home/the station** *(coll.)* wir sollten uns langsam auf die Socken machen und zusehen, daß wir nach Hause/zum Bahnhof kommen *(ugs.)*; **stop [dead] in one's** ~**s** *(coll.)* auf der Stelle stehenbleiben; **stop sb. [dead] in his** ~**s** *(coll.)* jmdn. auf der Stelle stehenbleiben lassen; **b)** *(path)* [unbefestigter] Weg; *(footpath)* Pfad, *der; (fig.)* Weg, *der;* **the road has only a single** ~: die Straße hat nur eine Spur *od.* ist nur einspurig; **they followed in the same** ~ *(fig.)* auch sie gingen denselben Weg; *see also* **beaten 2 a**; **c)** *(Sport)* Bahn, *die;* **cycling/greyhound** ~: Radrennbahn, *die*/Windhundrennbahn, *die;* **circuit of the** ~: Bahnrunde, *die;* **d)** *(Railw.)* Gleis, *das;* **thousands of miles of** ~: Tausende von Meilen Gleise; **be born/live across the** ~**s** *or* **on the wrong side of the** ~**s** *(Amer. fig. coll.)* auf der Schattenseite geboren sein/leben *(fig.)*; **'keep off the** ~**'** „Betreten der Gleise verboten"; **single/double** ~: eingleisige/zweigleisige Strecke; **the train left the** ~: der Zug entgleiste; **e)** *(course taken)* Route, *die; (of rocket, satellite, comet, missile, hurricane, etc.)* Bahn, *die;* **f)** *(of tank, tractor, etc.)* Kette, *die;* **g)** *(section of record)* Stück, *das;* Track, *der (Jargon)*; **h)** *see* **sound-track**; **i)** *(groove on record)* Rille, *die;* **j)** *(section of tape)* Spur, *die;* **two-/four-**~ **tape recorder** Zwei-/Vierspurtonbandgerät, *das;* **k)** *(Motor Veh.: distance between wheels)* Spur[weite], *die;* **l)** *(Amer. Educ.)* Kurs, *der.* **2.** *v.t.* **a)** ~ **an animal** die Spur/Fährte eines Tieres verfolgen; **the police** ~**ed him [to Paris]** die Polizei folgte seiner Spur [bis nach Paris]; ~ **a rocket/satellite** die Bahn einer Rakete/eines Satelliten verfolgen; **b)** *(Archaeol.)* rekonstruieren; nachvollziehen ⟨*Entwicklung*⟩; **c)** *(Amer.: leave trail of)* ~ **dirt over the floor/**~ **[up] the floor with dirt** Schmutzspuren auf dem Fußboden hinterlassen

~ '**down** *v. t.* aufspüren; **~ a criminal down to his hide-out** einen Verbrecher in seinem Versteck aufspüren

**tracker** ['trækə(r)] *n.* **a)** Fährtensucher, *der;* **he is an experienced ~ of animals** er hat viel Erfahrung im Aufspüren von Tieren; **b)** ~ **[dog]** Spürhund, *der;* **c)** ~ **ball** *(Computing)* Trackball, *der*

'**track events** *n. pl. (Athletics)* Laufwettbewerbe

**tracking** ['trækɪŋ]: ~ **shot** *n. (Cinemat., Telev.)* Fahrt, *die;* ~ **station** *n. (Astronaut.)* Bahnverfolgungsstation, *die*

**track-laying** *adj.* Raupen-

**trackless** ['træklɪs] *adj.* **a)** *(without path)* weglos; **b)** *(without footprints etc.)* keinerlei Spuren aufweisend

**track:** ~ **record** *n. (fig.)* **his ~ record is good, he has a good ~ record** er hat gute Leistungen vorzuweisen; **what's his ~ record?** was hat er vorzuweisen?; **this product has a very good ~ record** dieses Produkt hat sich als sehr erfolgreich erwiesen; ~ **shoe** *n.* Rennschuh, *der;* ~ **suit** *n.* Trainingsanzug, *der;* ~ **system** *n. (Amer. Educ.)* Kurssystem, *das;* ~**way** *n.* **a)** *(beaten path)* [Trampel]pfad, *der;* **b)** *(ancient roadway)* alte Straße

[1]**tract** [trækt] *n.* **a)** *(area)* Gebiet, *das;* **a narrow/vast ~ [of land]** ein schmaler Streifen [Land]/ein riesiges Gebiet; **b)** *(Anat.)* Trakt, *der*

[2]**tract** *n. (pamphlet)* [Flug]schrift, *die;* Traktat, *der (veralt.)*

**tractable** ['træktəbl] *adj.* fügsam; leicht formbar ⟨*Material*⟩

**traction** ['trækʃn] *n., no pl., no indef. art.* **a)** *(drawing along)* Traktion, *die (fachspr.);* Ziehen, *das;* **steam/electric ~:** Dampf-/Elektrotraktion, *die;* **b)** *(grip of tyre etc.)* Haftung, *die;* **c)** *(Med.)* Zug, *der;* **in ~:** im Zug- *od.* Streckverband; **d)** *(Amer. Transport)* öffentliche Verkehrsmittel; ~ **company** Verkehrsgesellschaft, *die*

'**traction-engine** *n.* Zugmaschine, *die; (for agricultural use)* Traktor, *der*

**tractor** ['træktə(r)] *n.* **a)** Traktor, *der;* **b)** *(Motor Veh.) (lorry unit)* Zugwagen, *der;* Zugfahrzeug, *das; (of articulated lorry)* Sattelzugmaschine, *die*

**trad** [træd] *(Mus. coll.)* **1.** *adj.* traditional; ~ **jazz** Traditional Jazz, *der.* **2.** *n., no pl., no indef. art.* Traditional, *der*

**trade** [treɪd] **1.** *n.* **a)** *(line of business)* Gewerbe, *das;* **the wool/furniture/hotel ~:** die Woll-/Möbel-/Hotelbranche; **the retail/wholesale ~:** der Einzel-/Großhandel; **he's a butcher/lawyer/baker** *etc.* **by ~:** er ist von Beruf Metzger/Rechtsanwalt/Bäcker *usw.;* **trick of the ~:** einschlägiger Trick; **know the tricks of the ~:** die einschlägigen Tricks kennen; **do sth. using every trick of the ~:** etw. nach allen Regeln der Kunst tun; *see also* **jack of all trades; b)** *no pl., no indef. art (commerce)* Handel, *der;* **be bad/good for ~:** schlecht/gut fürs Geschäft sein; **do ~ with sb.** mit jmdm. Geschäfte machen; **do ~ with a country** mit einem Land Handel treiben; **domestic** *or* **home ~:** Binnenhandel, *der;* **foreign ~:** Außenhandel, *der; see also* **balance 1 i; board 1 i; free trade; term 1 b; c)** *no pl. (business done)* Geschäft, *das; (between countries)* Handel, *der;* **a large share of the ~ in wool/leather goods/grain** ein großer Anteil am Geschäft mit Wolle/Lederwaren/Getreide; **an increase in ~:** eine Umsatzsteigerung; **do a good/roaring ~ [in sth.]** ein gutes Geschäft/ein Riesengeschäft [mit etw.] machen; **how's ~?** wie gehen die Geschäfte; wie geht das Geschäft?; **d)** *(craft)* Handwerk, *das;* **learn/study for a ~:** einen Handwerksberuf [er]lernen; **e)** *no pl., no indef. art. (persons)* **the ~:** die Branche; **sell to the ~:** an Wiederverkäufer verkaufen; **special discounts for [the] ~:** Sonderrabatte für Wiederverkäufer; **f)** *in pl. (Meteorol.)* Passat, *der;* **g)** *(Amer.: a transaction)* Geschäft, *das; (exchange)* Tausch, *der.* **2.** *v. i.* **a)** *(buy and sell)* Handel treiben; **~ as a wholesale/retail dealer** ein Großhandels-/Einzelhandelsgeschäft betreiben; **they ~ as Henry Brooks & Co.** sie firmieren als Henry Brooks und Co.; **~ at a store** *(Amer.)* in einem Geschäft einkaufen; **~ in sth.** in *od.* mit etw. *(Dat.)* handeln; **we don't ~ with that firm** wir unterhalten zu dieser Firma keine Geschäftsbeziehungen; **b)** *(have an exchange)* tauschen; **~ with sb. for sth.** jmdm. etw. abhandeln; **c)** *(carry merchandise)* Handelswaren befördern; **~ to a place** Handelsgüter an einen Ort transportieren. **3.** *v. t.* **a)** tauschen; austauschen ⟨*Waren, Grüße, Informationen, Geheimnisse*⟩; sich *(Dat.)* sagen ⟨*Beleidigungen*⟩; **b) ~ sth. for sth.** etw. gegen etw. tauschen; **~ an old car** *etc.* **for a new one** einen alten Wagen *usw.* für einen neuen in Zahlung geben

~ '**in** *v. t.* in Zahlung geben; einlösen ⟨*Gutschein, Kupon usw.*⟩; *see also* **trade-in**

~ '**off** *v. t. (coll.);* **~ sth. off for sth.** etw. gegen etw. tauschen; *see also* **trade-off**

~ **on** *v. t. (fig.)* **~ on sth.** aus etw. Kapital schlagen; sich *(Dat.)* etw. zunutze machen

~ '**up** *v. i.* sich verbessern

~ **upon** *see* ~ **on**

**trade:** ~ **balance** *n. (Econ.)* Handelsbilanz, *die;* ~ **cycle** *n. (Brit. Econ.)* Konjunkturzyklus, *der;* ~ **deficit** *n. (Econ.)* Handelsbilanzdefizit, *das;* ~ **directory** *n.* Branchenadreßbuch, *das;* ~ '**discount** *n.* Branchenrabatt, *der; (in book ~)* Kollegenrabatt, *der;* ~ **fair** *n.* [Fach]messe, *die;* ~ **gap** *see* ~ **deficit;** ~**-in 1.** *n.* **a)** *(part exchange)* Inzahlungnahme, *die* **(on** *Gen.***); we offer a ~-in on your old car** wir nehmen Ihren alten Wagen in Zahlung; **can you give me a ~-in on my old car?** nehmen Sie meinen alten Wagen in Zahlung?; **b)** *(item)* **we'll accept your old car as a ~-in** wir nehmen Ihren alten Wagen in Zahlung. **2.** *attrib. adj.* **the ~-in value of your car is low** der Preis, zu dem Ihr Wagen in Zahlung genommen wird, ist niedrig; ~ **journal** *n.* Fachzeitschrift, *die;* ~**-last** *n. (Amer. coll.)* **swap ~-lasts** Komplimente von dritten austauschen; ~ **mark** *n.* **a)** Warenzeichen, *das;* **b)** *(fig.)* **leave one's ~ mark on sth.** einer Sache *(Dat.)* seinen Stempel aufdrücken; **it bore all the ~ marks of this director's style** es trug den Stempel *od.* die Handschrift dieses Regisseurs; **honesty/straightforwardness/stubbornness is her ~ mark** sie zeichnet sich durch Ehrlichkeit/Direktheit/Hartnäckigkeit aus; *see also* **registered;** ~ **name** *n.* **a)** *(name used in the trade)* Fachbezeichnung, *die;* **b)** *(proprietary name)* Markenname, *der;* **c)** *(name of business)* Firmenname, *der;* ~**-off** *n.* Tauschgeschäft, *das; (fig.)* Handel, *der;* ~ **paper** *see* ~ **journal;** ~ **plates** *n. pl. (Motor Veh.)* ≈ rote Kennzeichen; ~ **price** *n.* Einkaufspreis, *der*

**trader** ['treɪdə(r)] *n.* **a)** Händler, *der*/Händlerin, *die;* **b)** *(Naut.)* Handelsschiff, *das*

'**trade route** *n.* Handelsweg, *der;* Handelsstraße, *die*

**tradescantia** [trædɪs'kæntɪə] *n. (Bot.)* Tradeskantie, *die*

**trade:** ~ '**secret** *n.* Geschäftsgeheimnis, *das;* ~**sman** ['treɪdzmən] *n., pl.* ~**smen** ['treɪdzmən] **a)** *(shopkeeper)* [Einzel]händler, *der;* Ladeninhaber, *der;* **~smen's entrance** Lieferanteneingang, *der;* **b)** *(craftsman)* Handwerker, *der;* ~**speople** ['treɪdzpi:pl] *n. pl.* **a)** *(shopkeepers)* [Einzel]händler; Ladeninhaber; **b)** *(craft workers)* Handwerker; ~**s'** '**union** *see* ~ **union; T~s Union 'Congress** *pr. n. (Brit.)* Gewerkschaftsbund, *der;* ~ **surplus** *n. (Econ.)* Handelsbilanzüberschuß, *der;* ~ '**union** *n.* Gewerkschaft, *die; attrib.* Gewerkschafts-; ~**-'unionism** *n., no pl.* Gewerkschaftswesen, *das;* ~**-'unionist** *n.* Gewerkschaft[l]er, *der*/Gewerkschaft[l]erin, *die;* ~ **wind** *n. (Meteorol.)* Passatwind, *der*

**trading** ['treɪdɪŋ] *n.* Handel, *der;* **~ on the Stock Exchange** das Geschäft an der Börse; **the ~ of pounds for dollars** der Verkauf von Pfund gegen Dollar

**trading:** ~ **estate** *n. (Brit.)* Gewerbegebiet, *das;* ~ **hours** *n. pl.* Geschäftszeit, *die;* **during/outside ~ hours** während/außerhalb der Geschäftszeit; **'Trading hours: ...'** „Geschäftszeiten: ..."; ~ **partner** *n.* Handelspartner, *der;* ~**-post** *see* [3]**post 1 e;** ~ **stamp** *n.* Rabattmarke, *die*

**tradition** [trə'dɪʃn] *n.* Tradition, *die; (story)* [mündliche] Überlieferung; **family ~:** Familientradition, *die;* **he is no respecter of ~** er hält nicht viel von der Tradition; **old universities rich in ~:** alte traditionsreiche Universitäten; **he has no sense of ~** *or* **no feeling for ~:** er hat keinen Sinn für Tradition; **in the best ~[s]** nach bester Tradition; **break with ~:** mit der Tradition brechen; **by ~:** traditionell[erweise]; **~ has it that ...:** es heißt, daß ...

**traditional** [trə'dɪʃənl] *adj.* **a)** traditionell mündlich überliefert ⟨*Geschichte*⟩; herkömmlich ⟨*Erziehung, Einrichtung, Methode*⟩; überkommen ⟨*Brauch, Sitte, Werte, Moral*⟩; **it is ~ to do sth.** es ist Tradition, etw. zu tun; **b)** *(Art, Lit.)* konventionell; **c)** *(Mus.)* traditionell ⟨*Jazz*⟩

**traditionalism** [trə'dɪʃənəlɪzm] *n., no pl.* Traditionalismus, *der*

**traditionalist** [trə'dɪʃənəlɪst] *n.* Traditionalist, *der*/Traditionalistin, *die*

**traditionally** [trə'dɪʃənəlɪ] *adv. (in a traditional manner)* traditionell; *(by tradition)* traditionell[erweise]; **~, gifts are exchanged at Christmas** an Weihnachten werden traditionell Geschenke ausgetauscht; **the Oxford Union is ~ a good training-ground for politicians** die Oxford Union ist seit je eine gute Schule für künftige Politiker; **a ~ designed exterior** ein traditionelles Exterieur

**traduce** [trə'dju:s] *v. t. (literary: defame)* verleumden

**traducer** [trə'dju:sə(r)] *n. (literary)* Verleumder, *der*/Verleumderin, *die*

**traffic** ['træfɪk] **1.** *n., no pl.* **a)** *no indef. art.* Verkehr, *der;* **~ is heavy/light** es herrscht starker/geringer Verkehr; **~ will increase** der Verkehr wird zunehmen; **b)** *(trade)* Handel, *der;* **the ~ in goods/wool/steel between the two countries** der Handelsverkehr mit Gütern/Wolle/Stahl zwischen den beiden Ländern; **there is a brisk ~ in stolen goods/pornography** es wird ein schwunghafter Handel mit Diebesgut/Pornographie getrieben; **~ in drugs/arms** Drogen-/Waffenhandel, *der;* **c)** *(amount of business)* Verkehr, *der;* **~ in these goods/in furs/in grain has increased** der Umschlag an diesen Gütern/an Pelzen/Getreide ist gestiegen; **d)** *(Teleph., Radio)* **telephone/radio ~:** Fernsprech-/Funkverkehr, *der.* **2.** *v. i.,* **-ck-** Geschäfte machen; **~ in sth.** mit etw. handeln *od.* Handel treiben; *(fig.)* mit etw. schachern *(abwertend);* **~ in drugs** Drogen dealen. **3.** *v. t.,* **-ck-** handeln mit; *(barter, exchange)* Tauschhandel treiben mit

**traffic:** ~ **calming** *n.* Verkehrsberuhigung, *die;* ~ **circle** *n. (Amer.)* Kreisverkehr, *der;* ~ **cone** *n.* Pylon, *der;* Leitkegel, *der;* ~ **cop** *n. (Amer. coll.)* Verkehrspolizist, *der*/-polizistin, *die;* ~ **hold-up** *see* ~ **jam;** ~ **island** *n.* Verkehrsinsel, *die;* ~ **jam** *n.* [Verkehrs]stau, *der*

**trafficker** ['træfɪkə(r)] *n.* Händler, *der*/Händlerin, *die;* **~ in drugs, drug ~:** Drogenhändler, *der*/-händlerin, *die*

**traffic:** ~ **lights** *n. pl.* [Verkehrs]ampel,

*die;* ~ **police** *n.* Verkehrspolizei, *die;* ~ **policeman** *n.* Verkehrspolizist, *der;* ~ **sign** *n.* Verkehrszeichen, *das;* ~ **signals** *see* ~ **lights**; ~ **warden** *n. (Brit.)* Hilfspolizist, *der; (woman)* Hilfspolizistin, *die;* Politesse, *die*

**tragedian** [trəˈdʒiːdɪən] *n.* **a)** *(Lit.)* Tragödiendichter, *der/*-dichterin, *die;* **b)** *(Theatre)* Tragöde, *der*

**tragedienne** [trədʒiːdɪˈen] *n.fem. (Theatre)* Tragödin, *die*

**tragedy** [ˈtrædʒɪdɪ] *n.* **a)** *(sad event or fact)* Tragödie, *die; (sad story)* tragische Geschichte; **the ~ [of it] is that ...:** das Tragische [daran] ist, daß ...; **b)** *(accident)* Tragödie, *die;* **earthquake ~/bomb ~:** Erdbebenkatastrophe, *die*/blutiger Bombenanschlag; **c)** *(Theatre)* Tragödie, *die;* Trauerspiel, *das*

**tragic** [ˈtrædʒɪk] *adj.* **a)** tragisch; **a ~ waste of talent/money** eine schlimme Vergeudung von Talenten/Geldverschwendung; **b)** *attrib. (Theatre)* tragisch; **~ actor/actress** Tragöde, *der*/Tragödin, *die;* **~ irony** tragische Ironie

**tragically** [ˈtrædʒɪkəlɪ] *adv.* tragisch; **their predictions have been ~ fulfilled** ihre Prophezeiungen haben sich auf tragische Weise erfüllt; **~, she had a fatal accident** tragischerweise erlitt sie einen tödlichen Unfall

**tragicomedy** [trædʒɪˈkɒmɪdɪ] *n. (Lit.)* Tragikomödie, *die*

**trail** [treɪl] **1.** *n.* **a)** Spur, *die; (of meteor)* Schweif, *der;* **a ~ of blood** eine Blutspur; **~ of smoke/dust** Rauch-/Staubfahne, *die;* **he left a ~ of broken marriages/misery behind him** überall, wo er auftauchte, hinterließ er zerbrochene Ehen/Elend; *see also* **condensation trail; vapour trail; b)** *(Hunting)* Spur, *die;* Fährte, *die;* **be on the ~ of an animal** der Fährte eines Tieres folgen; **be off the ~** *(lit. or fig.)* nicht auf der richtigen Spur *od.* Fährte sein; **be/get on sb.'s ~** *(lit. or fig.)* jmdm. auf der Spur *od.* Fährte sein/jmdm. auf die Spur *od.* Fährte kommen; **be hard** *or* **hot on the ~ of sb.** *(lit. or fig.)* jmdm. dicht auf den Fersen sein *(ugs.);* **he was hot** *or* **hard on the ~ of the stolen goods** bei der Suche nach dem Diebesgut hatte er eine heiße Spur [gefunden]; **c)** *(path)* Pfad, *der; (wagon ~)* Weg, *der;* **there was no path or ~ of any kind** es gab keinerlei Weg oder Pfad; *see also* [2]**blaze 2; nature trail. 2.** *v.t.* **a)** *(pursue)* verfolgen; *(shadow)* beschatten; **~ sb./an animal to a place** jmdm./einem Tier bis zu einem Ort folgen; **b)** *(drag)* **~ sth. [after** *or* **behind one]** etw. hinter sich *(Dat.)* herziehen; **~ sth. on the ground** etw. über den Boden schleifen lassen; **he ~ed his hand/fingers in the water as the boat went along** er ließ seine Hand/Finger mit dem fahrenden Boot durchs Wasser gleiten; **a train/car went by, ~ing clouds of smoke/dust** ein Zug/Auto fuhr vorbei und zog eine Rauch-/Staubwolke hinter sich *(Dat.)* her; **~ sb. by 20 points** 20 Punkte hinter jmdm. liegen. **3.** *v.i.* **a)** *(be dragged)* schleifen; **the bird's wing/dog's leg was ~ing** der Flügel des Vogels/das Bein des Hundes schleifte am Boden; **a cloud of dust ~ed behind the car** hinter dem Wagen zog sich eine Staubwolke hin; **b)** *(hang loosely)* herabhängen; **~ to the ground** auf den Boden hängen; **c)** *(walk wearily etc.)* trotten; *(lag)* hinterhertrotten; **d)** *(Sport: be losing)* zurückliegen; **the runner was ~ing badly** der Läufer lag weit zurück; **be ~ing by two goals to three** mit zwei zu drei Toren im Rückstand sein; **e)** *(creep)* ⟨*Pflanze:*⟩ kriechen

**~ aˈway** *see* **~ off**

**~ beˈhind** *v.i.* hinterhertrödeln *(ugs.); (Sport)* zurückliegen

**~ ˈoff** *v.i.* **a)** *(fade into silence)* **his voice/shout ~ed off into a whisper/into silence** seine Stimme/sein Schreien wurde schwächer, bis er schließlich nur noch flüsterte/bis er schließlich ganz verstummte; **her words/speech ~ed off [into silence]** sie verstummte allmählich; **b)** *(move slowly)* lostrotten; abtrotten

**trail: ~ bike** *n. leichtes, geländegängiges Motorrad;* ≈ Enduro, *das;* **~-blazer** *n. (fig.: pioneer)* Bahnbrecher, *der*/Bahnbrecherin, *die;* Wegbereiter, *der*/Wegbereiterin, *die*

**trailer** [ˈtreɪlə(r)] *n.* **a)** *(Motor Veh.)* Anhänger, *der; (boat ~ also)* Trailer, *der; (Amer.: caravan)* Wohnanhänger, *der;* **b)** *(Cinemat., Telev.)* Trailer, *der;* **c)** *(Bot.)* Ranke, *die*

**ˈtrailing edge** *n.* Hinterkante, *die; (of sail)* Achterliek, *das*

**train** [treɪn] **1.** *v.t.* **a)** ausbilden (**in** in + *Dat.*); erziehen ⟨*Kind*⟩; abrichten ⟨*Hund*⟩; dressieren ⟨*Tier*⟩; schulen ⟨*Geist, Auge, Ohr*⟩; bilden ⟨*Charakter*⟩; **~ sb. as a teacher/soldier/engineer** jmdn. zum Lehrer/Soldaten/Ingenieur ausbilden; **~ sb. for a profession** jmdn. auf einen Beruf vorbereiten *od.* für einen Beruf ausbilden; **~ sb. for a career as an officer** jmdn. zum Offizier ausbilden; **he/she has been well/badly/fully ~ed** er/sie besitzt eine gute/schlechte/umfassende Ausbildung; **b)** *(Sport)* trainieren; **~ oneself** trainieren; **c)** *(teach and accustom)* **~ an animal to do sth./to sth.** einem Tier beibringen, etw. zu tun/etw. beibringen; **the police dog was ~ed to kill** der Polizeihund war zum Töten abgerichtet; **~ oneself to do sth.** sich dazu erziehen, etw. zu tun; **~ a child to do sth./to sth.** ein Kind dazu erziehen, etw. zu tun/zu etw. erziehen; **~ sb. to use a machine** jmdn. in der Bedienung einer Maschine schulen; **you've got him well ~ed** *(joc.)* du hast ihn dir gut erzogen; **d)** *(Hort.)* ziehen; erziehen *(fachspr.);* **the vines are ~ed and supported by poles** die Reben werden an die stützenden Pfosten gezogen *od. (fachspr.)* erzogen; **~ a plant up/against a wall/trellis** eine Pflanze an einer Mauer/einem Spalier ziehen *od. (fachspr.)* erziehen; **e)** *(aim)* richten (**on** auf + *Akk.*). **2.** *v.i.* **a)** eine Ausbildung machen; **he is ~ing as** *or* **to be a teacher/doctor/engineer** er macht eine Lehrer-/Arzt-/Ingenieursausbildung; **he is ~ing as a soldier** er läßt sich zum Soldaten ausbilden; **he is ~ing for a responsible position** er bereitet sich auf eine verantwortliche Stellung vor; **he is ~ing for a career as an officer/for the ministry/for the law** er macht eine Offiziers-/Priester-/Rechtsanwaltsausbildung; **b)** *(Sport)* trainieren. **3.** *n.* **a)** *(Railw.)* Zug, *der;* **go** *or* **travel by ~:** mit dem Zug *od.* der Bahn fahren; **the 2 o'clock ~:** der Zweiuhrzug; **on the ~:** im Zug; **which is the ~ for Oxford?** welcher Zug fährt nach Oxford?; **b)** *(of skirt etc.)* Schleppe, *die;* **c)** *(Ornith.)* Schwanz, *der;* **d)** *(retinue)* Gefolge, *das;* **the king/minister had brought a ~ of advisers/attendants with him** der König/Minister hatte ein großes Gefolge von Beratern/Begleitern mitgebracht; **the long ~ of mourners** der lange Trauerzug; **the tornado brought havoc in its ~:** der Tornado hinterließ Verwüstungen; **e)** *(line, series)* Zug, *der;* **a long ~ of causes** eine lange Kette von Ursachen; **an unlucky ~ of events** eine unglückliche [Aufeinander]folge von Ereignissen; **~ of thought** Gedankengang, *der;* **be in ~** *(formal)* im Gange sein; **everything is now in ~ for the party/ceremony/election** alle Vorbereitungen für die Party/Feier/Wahl sind jetzt im Gange

**~ ˈup** *v.t.* heranbilden; **our workers have been ~ed up to a very high standard** unsere Arbeiter sind sehr gut ausgebildet

**trainable** [ˈtreɪnəbl] *adj.* leicht erziehbar ⟨*Kind*⟩; ausbildungsfähig ⟨*Arbeiter*⟩

**train: ~-bearer** *n.* Schleppenträger, *der*/-trägerin, *die;* **~-driver** *n.* Lokomotivführer, *der*/-führerin, *die*

**trained** [treɪnd] *adj.* ausgebildet ⟨*Arbeiter, Lehrer, Arzt, Stimme*⟩; abgerichtet ⟨*Hund*⟩; dressiert ⟨*Tier*⟩; geschult ⟨*Geist, Auge, Ohr*⟩

**trainee** [treɪˈniː] *n.* Auszubildende, *der/die; (business management ~)* Trainee, *der/die; (in academic, technical professions)* Praktikant, *der*/Praktikantin, *die;* **a ~ manager/nurse/teacher/doctor/cook** *etc.* ein Manager/eine Krankenschwester/ein Lehrer/Arzt/Koch *usw.* in Ausbildung

**trainer** [ˈtreɪnə(r)] *n.* **a)** *(Sport)* [Konditions]trainer, *der*/-trainerin, *die;* **b)** *(Aeronaut.) (aircraft)* Trainer, *der; (simulator)* Flugsimulator, *der;* **c)** *in pl. see* **training shoes**

**train: ~ fare** *n.* Fahrpreis, *der;* **how much is the ~ fare to Oxford?** wieviel kostet die Bahnfahrt nach Oxford?; **we shall reimburse your ~ fare** wir erstatten Ihnen die Kosten der Bahnfahrt; **~-ferry** *n.* Eisenbahnfähre, *die*

**training** [ˈtreɪnɪŋ] *n., no pl.* **a)** Ausbildung, *die;* **b)** *(Sport)* Training, *das;* **be in ~** *(train)* trainieren; im Training sein; *(be fit)* in [guter] Form sein; **be out of ~:** außer Form sein; **go into ~:** mit dem Training anfangen; **keep in ~:** in Form bleiben

**training: ~-camp** *n. (Mil.)* Ausbildungslager, *das; (Boxing)* Trainingslager, *das;* **~ college** *n.* berufsbildende Schule; *(Brit. Hist.)* Lehrerseminar, *das;* **~-course** *n.* Lehrgang, *der;* **~ film** *n.* Lehrfilm, *der;* **~-ground** *n. (Mil.)* Übungsplatz, *der; (fig.)* Schule, *die;* **~ scheme** *n.* Ausbildungsprogramm, *das;* **be on a ~ scheme** an einem Ausbildungsprogramm teilnehmen; **~-ship** *n. (Naut.)* Schulschiff, *das;* **~ shoes** *n.pl.* Trainingsschuhe

**train: ~ journey** *n.* Bahnfahrt, *die; (long)* Bahnreise, *die;* **~-load** *n.* **~-loads of coal/livestock/tourists** *etc.* ganze Züge voll Kohle/Vieh/Touristen *usw.;* **football fans arrived in** *or* **by ~-loads** ganze Züge voll Fußballfans kamen; **~ service** *n.* Zugverbindung, *die;* [Eisen]bahnverbindung, *die; (whole system)* Eisenbahnsystem, *das;* **a better ~ service** bessere Zugverbindungen; **~ set** *n.* [Modell]eisenbahn, *die;* **~sick** *adj.* **a ~sick child/man** ein Kind/Mann, dem vom Zugfahren schlecht geworden ist; **he gets ~sick** ihm wird beim Zugfahren schlecht; **~-spotter** *n. jmd., der als Hobby die Nummern von Lokomotiven aufschreibt;* **~-spotting** *n., no pl., no indef. art.: das Aufschreiben von Lokomotivnummern als Hobby;* **~ station** *n. (Amer.)* Bahnhof, *der;* **~ surfing** *n.* ≈ S-Bahn-Surfen, *das*

**traipse** [treɪps] *v.i. (coll.)* latschen *(salopp)*

**~ about, ~ around** *v.i.* rumlatschen *(salopp)*

**trait** [treɪ] *n.* Eigenschaft, *die;* **~ of character** Charaktereigenschaft, *die;* **a marked ~ in her character** eine ausgeprägte Charaktereigenschaft bei ihr; **it is a national ~ [of the British]** es gehört zum [britischen] Nationalcharakter

**traitor** [ˈtreɪtə(r)] *n.* Verräter, *der*/Verräterin, *die;* **be a ~ to one's country/the king/the cause/one's faith** ein Verräter seines Landes/des Königs/der Sache/seines Glaubens sein; **you are a ~ to yourself!** du hast deine eigenen Überzeugungen verraten!; **turn ~:** zum Verräter/zur Verräterin werden

**traitorous** [ˈtreɪtərəs] *adj.* verräterisch; **a ~ man/woman** ein Verräter/eine Verräterin; **such conduct is ~!** solches Verhalten ist Verrat!

**trajectory** [trəˈdʒektərɪ] *n. (Phys.)* [Flug-]bahn, *die*

**tra-la** [trəˈlɑː] *int.* tralla[la]

**tram** [træm] *n.* **a)** *(Brit.)* Straßenbahn, *die;* **go by ~:** mit der Straßenbahn fahren; **on the ~:** in der Straßenbahn; **b)** *(Mining)* Hund, *der;* Förderwagen, *der*

**tram: ~car** *n.* **a)** *see* **tram a; b)** *(one car)*

Straßenbahnwagen, *der;* **~lines** *n. pl.* *(Brit.)* **a)** Straßenbahnschienen; **b)** *(fig.: rigid principles)* starre Vorschriften; **c)** *(Tennis coll.)* Korridor, *der*

**trammel** ['træml] **1.** *v. t., (Brit.)* **-ll-** einengen. **2.** *n. in pl.* Fesseln; **the ~s of convention** die Fesseln der Konvention

**tramp** [træmp] **1.** *n.* **a)** *(vagrant)* Landstreicher, *der*/-streicherin, *die; (in city)* Stadtstreicher, *der*/-streicherin, *die;* **b)** *(sound of steps)* Schritte; *(of horses)* Getrappel, *das; (of elephants)* Trampeln, *das;* **the ~ of marching feet** Marschschritte; **c)** *(walk)* [Fuß]marsch, *der;* **d)** *(sl.: dissolute woman)* Flittchen, *das (ugs. abwertend);* Nutte, *die (derb abwertend);* **e)** *(Naut.)* Tramp, *der;* Trampschiff, *das.* **2.** *v. i.* **a)** *(tread heavily)* trampeln; **b)** *(walk)* marschieren. **3.** *v. t.* **a)** **~ one's way** trotten; **b)** *(traverse)* durchwandern; *(with no particular destination)* durchstreifen; **c)** *(tread on)* herumtrampeln auf (+ *Dat.*); **~ the earth** die Erde festtreten

**~ 'down** *v. t.* niedertrampeln *(ugs.);* **~ sth. down [until it is flat]** etw. festtreten

**trample** ['træmpl] **1.** *v. t.* zertrampeln; **~ sth. to the ground** etw. zu Boden trampeln; **~ sth. into the ground** etw. in den Boden treten; **he was ~d to death by elephants** er wurde von Elefanten zu Tode getrampelt. **2.** *v. i.* trampeln

**~ 'down** *v. t.* niedertrampeln

**~ on** *v. t.* herumtrampeln auf (+ *Dat.*); **~ on sb./sth./sb.'s feelings** *(fig.)* jmdn./etw./jmds. Gefühle mit Füßen treten

**trampoline** ['træmpəli:n] **1.** *n.* Trampolin, *das.* **2.** *v. i.* Trampolin springen

**'tramp steamer** *n.* Trampschiff, *das*

**tram: ~-ride** *n. (Brit.)* Straßenbahnfahrt, *die;* **~road** *n. (Amer.) see* **tramlines a;** **~-route** *n. (Brit.)* Straßenbahnlinie, *die;* **~-stop** *n.* Straßenbahnhaltestelle, *die;* **~-ticket** *n. (Brit.)* Straßenbahnfahrschein, *der od.* -fahrkarte, *die;* **~way** *n. (Brit.) see* **tramlines a**

**trance** [trɑ:ns] *n.* **a)** Trance, *die; (half-conscious state, hypnotic state, ecstasy, etc.)* tranceartiger Zustand; **be** *or* **lie in a ~:** in Trance/in einem tranceartigen Zustand sein; **fall** *or* **go into a ~:** in Trance/in einen tranceartigen Zustand fallen; **put** *or* **send sb. into a ~:** jmdn. in Trance/in einen tranceartigen Zustand versetzen; **she's been walking about in a ~ all day** sie ist den ganzen Tag wie in Trance herumgelaufen; **b)** *(Med.: catalepsy)* Katalepsie, *die*

**tranche** [trɑ:nʃ] *n. (Finance)* Tranche, *die*

**tranny** ['trænɪ] *n. (Brit. sl.)* Transistor, *der (ugs.)*

**tranquil** ['træŋkwɪl] *adj.* ruhig; friedlich ⟨*Stimmung, Szene*⟩

**tranquilize, tranquilizer** *(Amer.) see* **tranquillize, tranquillizer**

**tranquillise, tranquilliser** *see* **tranquillize, tranquillizer**

**tranquillity** [træŋ'kwɪlɪtɪ] *n.* Ruhe, *die; (of a scene)* Friedlichkeit, *die;* **live in peace and ~:** in Ruhe und Frieden leben

**tranquillize** ['træŋkwɪlaɪz] *v. t.* beruhigen; **the unruly prisoner was quickly ~d** der aufsässige Gefangene wurde schnell ruhiggestellt

**tranquillizer** ['træŋkwɪlaɪzə(r)] *n. (Med.)* Tranquilizer, *der;* Beruhigungsmittel, *das;* **~ gun** Betäubungsgewehr, *das*

**tranquilly** ['træŋkwɪlɪ] *adv.* ruhig; friedlich ⟨*leben*⟩

**transact** [træn'sækt] *v. t.* **~ business [with sb.]** [mit jmdm.] Geschäfte tätigen *(Kaufmannsspr., Papierdt.);* **the two countries have ~ed business for a long time** die beiden Länder unterhalten seit langem Handelsbeziehungen; **our company ~s business with many foreign firms** unsere Gesellschaft unterhält Geschäftsbeziehungen mit vielen ausländischen Firmen

**transaction** [træn'sækʃn] *n.* **a)** *(doing of business)* **after the ~ of their business** nachdem sie das Geschäftliche erledigt hatten; **most banks close for the ~ of business at 3 p.m.** die meisten Banken schließen für den Publikumsverkehr um 15 Uhr; **b)** *(piece of business)* Geschäft, *das; (financial)* Transaktion, *die;* **c)** *in pl. (reports of a society)* Sitzungsberichte *Pl.*

**transalpine** [træns'ælpaɪn] transalpin

**transatlantic** [trænsət'læntɪk] *adj.* **a)** *(Brit.: American)* transatlantisch; amerikanisch; **b)** *(Amer.: European)* transatlantisch; europäisch; **c)** *(crossing the Atlantic)* transatlantisch; **a ~ voyage** eine Reise über den Atlantik; **he is a regular ~ traveller** er reist regelmäßig über den Atlantik; **~ communications** Verbindungen über den Atlantik

**transceiver** [træn'si:və(r)] *n. (Radio)* Sende- und Empfangsgerät, *das*

**transcend** [træn'send] *v. t.* **a)** *(be beyond range of)* übersteigen; hinausgehen über ⟨*Grenzen*⟩; *(Philos.)* transzendieren; **b)** *(surpass)* übertreffen; **~ sb. in beauty** jmdn. an Schönheit übertreffen

**transcendence** [træn'sendəns], **transcendency** [træn'sendənsɪ] *n., no pl.* *(Philos., Theol.)* Transzendenz, *die*

**transcendent** [træn'sendənt] *adj. (Philos., Theol.)* transzendent

**transcendental** [trænsen'dentl] *adj.* **a)** *(Philos.)* transzendental; **b)** *(Math.)* transzendent

**transcendentalism** [trænsen'dentəlɪzm] *n. (Philos.)* Transzendentalismus, *der*

**Transcendental Medi'tation,** *(Amer.:* P) *n.* Transzendentale Meditation

**transcontinental** [trænskɒntɪ'nentl] *adj.* transkontinental

**transcribe** [træn'skraɪb] *v. t.* **a)** *(copy in writing)* abschreiben; aufschreiben ⟨*mündliche Überlieferung*⟩; mitschreiben ⟨*Rede*⟩; protokollieren ⟨*Sitzung, Verhandlung usw.*⟩; **~ a tape/a taped interview** von einem Tonband/von der Tonbandaufzeichnung eines Interviews eine Niederschrift anfertigen; **~ one's rough notes** aus seinen kurzen Notizen eine Reinschrift herstellen; **b)** *(record)* aufzeichnen; **~ a record on to tape/a tape on to a record** eine Schallplatte auf Tonband überspielen/von einem Tonband eine Schallplattenaufnahme machen; **c)** *(Mus.)* transkribieren; **d)** *(transliterate)* transkribieren; umschreiben; **~ some shorthand/sth. from a shorthand version** ein Stenogramm/etw. in Langschrift übertragen

**transcript** ['trænskrɪpt] *n.* Abschrift, *die; (of trial, interview, speech, conference)* Protokoll, *das; (of tape, taped material)* Niederschrift, *die*

**transcription** [træn'skrɪpʃn] *n.* **a)** *(transcribing)* Abschrift, *die; (of proceedings, speeches)* Protokollieren, *das; (of rough notes)* Reinschrift, *die; (of spoken text, tapes, etc.)* Niederschrift, *die; (of record on to tape)* Überspielung, *die; (of tape on to a record)* Übertragung, *die; (Mus.)* Transkription, *die; (from shorthand)* Übertragung [in Langschrift]; *(transliteration)* Transkription, *die;* Umschrift, *die;* **b)** *(transcribed material)* Abschrift, *die; (of proceedings, speech)* Protokoll, *das; (of rough notes)* Reinschrift, *die; (of text, tape, etc.)* Niederschrift, *die; (of record)* [Tonband]aufnahme, *die; (Mus.)* Transkription, *die; (from shorthand)* Langschriftfassung, *die; (transliteration)* Transkription, *die;* Umschrift, *die*

**transducer** [træns'dju:sə(r)] *n. (Electr.)* Wandler, *der*

**transept** ['trænsept] *n. (Eccl. Archit.)* Querschiff, *das;* **north/south ~:** nördlicher/südlicher Kreuzarm

**transfer 1.** [træns'fɜ:(r)] *v. t.,* **-rr- a)** *(move)* verlegen (**to** nach); überweisen ⟨*Geld*⟩ (**to** auf + *Akk.*); transferieren ⟨*große Geldsumme*⟩; übertragen ⟨*Befugnis, Macht*⟩ (**to** *Dat.*); **~ a prisoner to a different gaol** einen Gefangenen in ein anderes Gefängnis verlegen *od.* überführen; **~ one's affections to someone new** seine Gunst jemand anderem schenken; **~ one's allegiance [from sb.] to sb.** [von jmdm.] zu jmdm. überwechseln; **b)** übereignen ⟨*Gegenstand, Grundbesitz*⟩ (**to** *Dat.*); **~ sth. into new ownership** etw. einem neuen Besitzer *od.* jemand anderem übereignen; **c)** versetzen ⟨*Arbeiter, Angestellte, Schüler*⟩; *(Football)* transferieren; **d)** übertragen ⟨*Bedeutung, Sinn*⟩; **e)** *(copy)* umdrucken ⟨*Zeichnung*⟩. **2.** *v. i.,* **-rr- a)** *(change to continue journey)* umsteigen; **~ from Heathrow to Gatwick** zum Weiterflug *od.* Umsteigen von Heathrow nach Gatwick fahren; **we had to ~ to a special bus** wir mußten in einen Sonderbus umsteigen; **b)** *(move to another place or group)* wechseln; ⟨*Firma:*⟩ übersiedeln. **3.** ['trænsfɜ:(r)] *n.* **a)** *(moving)* Verlegung, *die; (of powers)* Übertragung, *die* (**to** an + *Akk.*); *(of money)* Überweisung, *die; (of large sums)* Transfer, *der (Wirtsch.);* **b)** *(of employee, pupil)* Versetzung, *die; (of football player)* Transfer, *der;* Wechsel, *der;* **c)** *(Amer.: ticket)* Umsteigefahrkarte, *die;* **d)** *(picture)* Abziehbild, *das;* **e)** *(conveyance of property)* Übertragung, *die;* Übereignung, *die*

**transferability** [trænsfərə'bɪlɪtɪ] *n., no pl.* Übertragbarkeit, *die*

**transferable** [træns'fɜ:rəbl, 'trænsfərəbl] *adj.* übertragbar; frei transferierbar ⟨*Devisenkonto*⟩

**transferable 'vote** *n.* übertragbare [Wähler]stimme

**'transfer company** *n. (Amer.)* Transportunternehmen, *das*

**transference** ['trænsfərəns] *n.* Übertragung, *die*

**'transfer: ~ fee** *n. (Footb.)* Ablösesumme, *die;* Transfersumme, *die (fachspr.);* **~ list** *n. (Footb.)* Transferliste, *die*

**transfiguration** [trænsfɪgə'reɪʃn] *n.* Transfiguration, *die (fachspr.);* Verklärung Christi, *die;* **the T~** *(Relig.)* das Fest der Verklärung

**transfigure** [træns'fɪgə(r)] *v. t.* verklären

**transfix** [træns'fɪks] *v. t.* **a)** *(pierce through)* durchbohren; **b)** *(root to the spot)* erstarren lassen, lähmen ⟨*Person*⟩; **be/stand ~ed** wie gelähmt *od.* angewurzelt sein/dastehen

**transform 1.** [træns'fɔ:m] *v. t.* **a)** verwandeln; **~ heat into energy** Wärme in Energie umwandeln; **the caterpillar is ~ed into a butterfly** die Raupe verwandelt sich zu einem Schmetterling; **I felt ~ed** ich fühlte mich wie umgewandelt; **a new coat of paint would ~ the room** ein neuer Anstrich, und man würde das Zimmer nicht wiedererkennen; **b)** *(Electr.) (in potential)* transformieren; umspannen; *(in type)* umformen. **2.** ['trænsfɔ:m] *n. (Math., Ling.)* Transformation, *die*

**transformation** [trænsfə'meɪʃn] *n.* **a)** Verwandlung, *die;* **b)** *(Math., Ling.)* Transformation, *die;* **c)** *(Phys.)* Elementumwandlung, *die;* Transmutation, *die; (of heat into energy)* Umwandlung, *die*

**transformational** [trænsfə'meɪʃənl] *adj.* *(esp. Ling.)* Transformations-

**transformational 'grammar** *n. (Ling.)* Transformationsgrammatik, *die*

**transfor'mation scene** *n. (Theatre)* Verwandlungsszene, *die*

**transformer** [træns'fɔ:mə(r)] *n. (Electr.)* Transformator, *der*

**transfuse** [træns'fju:z] *v. t.* **a)** *(Med.)* transfundieren *(fachspr.);* übertragen; **b)** *(permeate, lit. or fig.)* erfüllen; durchdringen

**transfusion** [træns'fju:ʒn] *n. (Med.)* Transfusion, *die;* Übertragung, *die; see also* **blood transfusion**

**transgress** [træns'gres] *v.t.* übertreten; *abs.* **he was ~ing** er hat sich einer Übertretung *(Gen.)* schuldig gemacht *(geh.)*

**transgression** [træns'greʃn] *n.* Übertretung, *die*

**transgressor** [træns'gresə(r)] *n.* Übertreter, *der*/Übertreterin, *die* (**of** *Gen.*); *(sinner)* Sünder, *der*/Sünderin, *die* (**of** gegen)

**transience** ['trænziəns], **transiency** ['trænziənsi] *n.* Vergänglichkeit, *die*

**transient** ['trænziənt] **1.** *adj.* **a)** kurzlebig; vergänglich; **b)** *(Mus.)* durchgehend. **2.** *n.* **a)** *(temporary guest)* Durchreisende, *der/die;* **b)** *(Electr.)* Ausgleichsvorgang, *der*

**transistor** [træn'sɪstə(r)] *n.* **a)** ~ **[radio]** Transistor, *der;* Transistorradio, *das;* **b)** *(Electronics)* Transistor, *der*

**transistorize** [træn'sɪstəraɪz] *v.t. (Electronics)* transistorisieren

**transit** ['trænsɪt] *n.* **a)** Transit, *der;* **passengers in ~:** Transitreisende; Durchreisende; **be in ~:** auf der Durchreise sein; **b)** *(conveyance)* Transport, *der;* **goods in ~ from London to Hull** Waren auf dem Transport von London nach Hull; **c)** *(Astron.)* Durchgang, *der*

'**transit camp** *n.* Durchgangslager, *das*

**transition** [træn'sɪʒn, træn'zɪʃn] *n.* **a)** Übergang, *der;* *(sudden change)* Wechsel, *der;* **age/period of ~:** Übergangszeit, *die;* **b)** *(Mus.)* Ausweichung, *die;* **c)** *(Art)* Übergang, *der*

**transitional** [træn'sɪʒənl, træn'zɪʃənl] *adj.* Übergangs-; **be ~ between a and b** den Übergang von a zu b bilden

**tran'sition: ~ element** *n. (Chem.)* Übergangselement, *das;* **~ point** *n. (Phys.)* Umwandlungspunkt, *der*

**transitive** ['trænsɪtɪv] *adj.*, **transitively** ['trænsɪtɪvlɪ] *adv. (Ling.)* transitiv

'**transit lounge** *n.* Transithalle, *die;* Transitlounge, *die*

**transitoriness** ['trænsɪtərɪnɪs] *n., no pl.* Vergänglichkeit, *die;* *(fleetingness)* Flüchtigkeit, *die*

**transitory** ['trænsɪtərɪ] *adj.* vergänglich; *(fleeting)* flüchtig

**transit: ~ passenger** *n.* Transitpassagier, *der;* **~ visa** *n.* Transitvisum, *das;* Durchreisevisum, *das*

**translatable** [træns'leɪtəbl] *adj.* übersetzbar; **some words are not ~ into other languages** manche Wörter lassen sich nicht in andere Sprachen übersetzen

**translate** [træns'leɪt] **1.** *v.t.* **a)** übersetzen; **~ a novel from English into German** einen Roman aus dem Englischen ins Deutsche übersetzen; **~ 'Abgeordneter' as 'Deputy'** „Abgeordneter" mit „Deputy" übersetzen; **b)** *(convert)* **~ a vision into reality/words into action[s]** eine Vision Wirklichkeit werden lassen/Worte in die Tat/in Taten umsetzen; **c)** *(Relig.)* überführen ‹*Reliquien*›; **d)** *(Eccl.)* versetzen ‹*Bischof*›. **2.** *v.i.* sich übersetzen lassen

**translation** [træns'leɪʃn] *n.* **a)** Übersetzung, *die;* **error in ~:** Übersetzungsfehler, *der;* **his works are available in ~:** seine Werke liegen in Übersetzung *od.* übersetzt vor; **read sth. in ~:** etw. in der Übersetzung lesen; **b)** *(conversion)* Umsetzung, *die;* **c)** *(Eccl.)* Translation, *die (fachspr.);* Versetzung, *die*

**translator** [træns'leɪtə(r)] *n.* Übersetzer, *der*/Übersetzerin, *die*

**transliterate** [træns'lɪtəreɪt] *v.t.* transliterieren (**into** in + *Akk.*)

**transliteration** [trænslɪtə'reɪʃn] *n.* Transliteration, *die* (**into** in + *Akk.*)

**translucency** [træns'lu:sənsɪ] *n., no pl. see* **translucent:** Eigenschaft, durchscheinend zu sein; Durchsichtigkeit, *die*

**translucent** [træns'lu:sənt] *adj.* **a)** *(partly transparent)* durchscheinend; **b)** *(transparent)* durchsichtig

**transmigrate** [trænsmaɪ'greɪt] *v.i.* **a)** *(pass into different body)* übergehen; **b)** *(migrate)* ziehen

**transmigration** [trænsmaɪ'greɪʃn] *n.* ~ **[of souls]** Seelenwanderung, *die;* **the ~ of the soul into another body** der Übergang der Seele in einen anderen Körper

**transmission** [træns'mɪʃn] *n.* **a)** *(passing on) see* **transmit a:** Übersendung, *die;* Übertragung, *die;* Überlieferung, *die;* [Weiter]vererbung, *die;* **b)** *(Radio, Telev.)* Ausstrahlung, *die;* *(via satellite also; by wire)* Übertragung, *die;* **c)** *(Motor Veh.)* *(drive)* Antrieb, *der;* *(gearbox)* Getriebe, *das;* **manual/automatic ~:** Schalt-/Automatikgetriebe, *das*

**transmit** [træns'mɪt] *v.t.*, **-tt- a)** *(pass on)* übersenden ‹*Nachricht*›; übertragen ‹*Recht, Krankheit*›; überliefern ‹*Wissen, Kenntnisse*›; *(genetically)* [weiter]vererben ‹*Eigenschaft*›; **b)** durchlassen ‹*Licht*›; übertragen ‹*Druck, Schall*›; leiten ‹*Wärme, Elektrizität*›; **c)** *(Radio, Telev.)* ausstrahlen; *(via satellite also; by wire)* übertragen

**transmittal** [træns'mɪtl] *see* **transmission a**

**transmitter** [træns'mɪtə(r)] *n.* Sender, *der*

**transmogrification** [trænsmɒgrɪfɪ'keɪʃn] *n. (joc.)* [wundersame] Verwandlung

**transmogrify** [træns'mɒgrɪfaɪ] *v.t. (joc.)* auf wundersame Weise verwandeln (**into** in + *Akk.*)

**transmutation** [trænsmju:'teɪʃn] *n.* **a)** Umwandlung, *die* (**into** in + *Akk.*); **b)** *(Phys.)* Transmutation, *die;* Elementumwandlung, *die;* **c)** *(Biol.)* Umbildung, *die*

**transmute** [træns'mju:t] *v.t.* umwandeln

**transnational** [træns'næʃənl] *adj.* übernational

**transoceanic** [trænsəʊʃɪ'ænɪk, trænsəʊsɪ'ænɪk] *adj.* transozeanisch; überseeisch

**transom** ['trænsəm] *n. (Archit.)* Quersprosse, *die*

**transom 'window** *n.* Oberlicht, *das*

**transparency** [træns'pærənsɪ] *n.* **a)** Durchsichtigkeit, *die;* *(fig. also)* Durchschaubarkeit, *die;* Fadenscheinigkeit, *die (abwertend);* **b)** *(Photog.)* Transparent, *das;* *(slide)* Dia, *das*

**transparent** [træns'pærənt] *adj.* durchsichtig; *(fig.)* *(obvious)* offenkundig; *(easily understood)* klar

**transparently** [træns'pærəntlɪ] *adv.* offenkundig; **~ lucid** klar und einleuchtend ‹*Darstellung*›; **~ obvious** ganz offenkundig

**transpiration** [trænspɪ'reɪʃn] *n.* **a)** *(perspiration)* Schwitzen, *das;* Transpiration, *die (geh.);* **b)** *(Bot.)* Transpiration, *die*

**transpire** [træn'spaɪə(r)] **1.** *v.i.* **a)** *(coll.: happen)* passieren; **b)** *(come to be known)* sich herausstellen; **she had not, it ~d, seen the letter** sie hatte, so stellte sich heraus, den Brief nicht gesehen; **c)** *(Bot.)* transpirieren; **d)** *(be given off as perspiration)* ‹*Feuchtigkeit:*› ausgedünstet werden. **2.** *v.t.* ausdünsten

**transplant 1.** [træns'plɑ:nt] *v.t.* **a)** *(Med.)* transplantieren *(fachspr.)*, verpflanzen ‹*Organ, Gewebe*›; **b)** *(plant in another place)* umpflanzen; **c)** *(fig.: move to another place)* umsiedeln; verlegen ‹*Institution*›. **2.** ['trænsplɑ:nt] *n.* **a)** *(Med.)* *(operation)* Transplantation, *die (fachspr.);* Verpflanzung, *die;* *(thing transplanted)* Transplantat, *das (fachspr.);* **b)** *(Hort.)* umgesetzte Pflanze

**transplantation** [trænsplɑ:n'teɪʃn] *n.* *(Med.)* Transplantation, *die (fachspr.);* Verpflanzung, *die*

**transport 1.** [træn'spɔ:t] *v.t.* **a)** *(convey)* transportieren; befördern; **b)** *(literary: affect with emotion)* anrühren, anwandeln *(geh.);* **~ed with joy** von Freude überkommen; **c)** *(Hist.)* deportieren ‹*Sträfling*›. **2.** ['trænspɔ:t] *n.* **a)** *(conveyance)* Transport, *der;* Beförderung, *die;* *attrib.* Transport-; Beförderungs-; **b)** *(means of conveyance)* Verkehrsmittel, *das;* *(for persons also)* Fortbewegungsmittel, *das;* **~ was provided** für die Beförderung wurde gesorgt; **be without ~:** kein [eigenes] Fahrzeug haben; **his only ~ is a battered car** er hat nur ein verbeultes Auto; **Ministry of T~:** Verkehrsministerium, *das;* **the ~ has arrived** der Wagen ist da; **c)** *(vehement emotion)* Ausbruch, *der;* **be in/send sb. into ~s of joy** außer sich vor Freude sein/jmdn. in helles Entzücken versetzen; **d)** *(Mil.)* [Truppen]transporter, *der*

**transportable** [træn'spɔ:təbl] *adj.* transportabel

**transportation** [trænspə'teɪʃn] *n.* **a)** *(conveying)* Transport, *der;* Beförderung, *die;* **~ by air/sea/road/rail** Luft-/See-/Straßen-/Bahntransport, *der;* **b)** *(Amer.) see* **transport 2 b;** **c)** *(Hist.: of convict)* Deportation, *die*

'**transport café** *n. (Brit.)* Fernfahrerlokal, *das*

**transporter** [træn'spɔ:tə(r)] *n.* *(vehicle)* Transporter, *der*

**trans'porter bridge** *n.* Schwebefähre, *die (Technik)*

**transpose** [træns'pəʊz] *v.t.* **a)** *(cause to change places)* vertauschen; **b)** *(change order of)* umstellen; **c)** *(Mus.)* transponieren

**transposition** [trænspə'zɪʃn] *n. see* **transpose:** Vertauschung, *die;* Umstellung, *die;* *(Mus.)* Transposition, *die*

**transsexual** [træns'seksjʊəl, træns'sekʃʊəl] **1.** *adj.* transsexuell. **2.** *n.* Transsexuelle, *der/die*

**trans-ship** [træns'ʃɪp, træn'ʃɪp] *v.t.*, **-pp-** umladen

**trans-shipment** [træns'ʃɪpmənt, træn'ʃɪpmənt] *n.* Umschlag, *der*

**transubstantiate** [trænsəb'stænʃɪeɪt] *v.t.* *(Theol.)* [ver]wandeln

**transubstantiation** [trænsəbstænʃɪ'eɪʃn] *n. (Theol.)* Transubstantiation, *die;* Wandlung, *die*

**transuranic** [trænsjʊ'rænɪk] *adj. (Chem.)* transuranisch

**transverse** ['trænsvɜ:s] *adj.* querliegend; Quer‹*balken, -lage, -streifen, -verstrebung*›; **~ flute** Querflöte, *die;* **~ wave** *(Phys.)* Transversalwelle, *die;* **~ section** Querschnitt, *der*

**transversely** ['trænsvɜ:slɪ] *adv.* quer

**transvestism** [træns'vestɪzm] *n.* *(Psych.)* Transvestismus, *der*

**transvestist** [træns'vestɪst], **transvestite** [træns'vestaɪt] *n.* *(Psych.)* Transvestit, *der*

**Transylvania** [trænsɪl'veɪnɪə] *pr. n.* Transsilvanien *(das) (veralt.);* Siebenbürgen *(das)*

**trap** [træp] **1.** *n.* **a)** *(lit. or fig.)* Falle, *die;* **set a ~ for an animal** eine Falle für ein Tier legen *od.* [auf]stellen; **set a ~ for sb.** *(fig.)* jmdm. eine Falle stellen; **fall into a/sb.'s ~** *(fig.)* in die/jmdm. in die Falle gehen; **b)** *(sl.: mouth)* Klappe, *die (salopp);* Fresse, *die (derb);* **shut your ~!, keep your ~ shut!** halt die Klappe *(salopp) od. (derb)* Fresse!; **c)** *see* **speed trap; d)** *(for releasing bird)* Kasten, *der;* *(for throwing ball etc. into the air)* Wurfmaschine, *die;* **e)** *(section of pipe)* Geruchsverschluß, *der;* Siphon, *der;* **f)** *(carriage) (leichter zweirädriger)* Einspänner; **g)** *(Golf)* Bunker, *der;* **h)** *(Greyhound-racing)* Box, *die;* **i)** *see* **trapdoor; j)** *in pl. (coll.: percussion instruments)* Schießbude, *die (ugs.).* **2.** *v.t.*, **-pp- a)** *(catch)* [in *od.* mit einer Falle] fangen ‹*Tier*›; *(fig.)* in eine Falle locken ‹*Person*›; **be ~ped** *(fig.)* in eine Falle gehen/in der Falle sitzen; **be ~ped in a cave/by the tide/in the snow** in einer Höhle festsitzen/von der Flut abgeschnitten sein/im Schnee steckengeblieben sein; **she ~ped him into contradicting himself** sie brachte ihn durch eine List dazu, sich zu widersprechen; **b)** *(confine)* einschließen; *(immobilize)* einklemmen ‹*Person, Körperteil*›; **~ one's finger/foot** sich *(Dat.)* den Finger/Fuß einklemmen; **c)** *(entangle)* verstricken; **d)** stoppen ⟨*Ball*⟩

**'trapdoor** *n.* Falltür, *die*

**trapeze** [trə'pi:z] *n.* Trapez, *das*

**trapezium** [trə'pi:zɪəm] *n., pl.* **trapezia** [trə'pi:zɪə] *or* **~s** *(Geom.)* **a)** *(Brit.)* Trapez, *das;* **b)** *(Amer.)* Trapezoid, *das*

**trapezoid** ['træpɪzɔɪd] *n. (Geom.)* **a)** *(Brit.)* Trapezoid, *das;* **b)** *(Amer.)* Trapez, *das*

**trapper** ['træpə(r)] *n.* Fallensteller, *der; (in North America)* Trapper, *der*

**trappings** ['træpɪŋz] *n. pl.* **a)** [äußere] Zeichen; *(of power, high office)* Insignien; **b)** *(ornamental harness)* ≈ Schabracke, *die*

**Trappist** ['træpɪst] *n.* Trappist, *der; attrib.* Trappisten-

**trash** [træʃ] **1.** *n., no pl., no indef. art.* **a)** *(rubbish)* Abfall, *der;* **b)** *(badly made thing)* Mist, *der (ugs. abwertend); (bad literature)* Schund, *der (ugs. abwertend);* **be [just] ~:** nichts taugen; **c)** *(nonsensical talk)* Mist, *der (ugs. abwertend);* **what ~ he talks!** was der für 'n Mist redet!; **d)** *(worthless person)* Ratte, *die (derb); (worthless persons)* Gesindel, *das (abwertend);* Pack, *das (abwertend);* **white ~** *(Amer. derog.)* weißes Gesindel *od.* Pack *(abwertend).* **2.** *v. t.* wegwerfen; wegschmeißen *(ugs.)*

**'trashcan** *n. (Amer.)* Mülltonne, *die*

**trashy** ['træʃɪ] *adj.* minderwertig; Schund⟨*literatur, -roman*⟩

**trattoria** [trætə'ri:ə] *n.* Trattoria, *die*

**trauma** ['trɔ:mə] *n., pl.* **~ta** ['trɔ:mətə] *or* **~s** Trauma, *das (fachspr.); (injury also)* Verletzung, *die; (shock also)* Schock, *der*

**traumatic** [trɔ:'mætɪk] *adj.* **a)** *(Med.)* traumatisch; **b)** *(coll.: devastating)* furchtbar

**travel** ['trævl] **1.** *n.* **a)** Reisen, *das; attrib.* Reise-; **be off on one's ~s** verreist sein; **if you see him on your ~s, ...** *(joc.)* wenn er dir über den Weg läuft, ...; **b)** *(range of motion)* Weg, *der;* **there's a lot of ~ on the handbrake** der Handbremshebel hat einen sehr langen Weg. **2.** *v. i., (Brit.)* **-ll- a)** *(make a journey)* reisen; *(go in vehicle)* fahren; **~ a lot** viel reisen; **b)** *(coll.: withstand long journey)* **~ [well]** ⟨*Ware:*⟩ lange Transporte vertragen; **~ badly** ⟨*Ware:*⟩ lange Transporte nicht vertragen; **c)** *(work as ~ling sales representative)* reisen; Vertreter/Vertreterin sein; **~ in stationery** in Schreibwaren reisen *(Kaufmannsspr.);* **d)** *(move)* sich bewegen; ⟨*Blick, Schmerz:*⟩ wandern; ⟨*Tier:*⟩ sich fortbewegen; ⟨*Licht, Schall:*⟩ sich ausbreiten; **e)** *(coll.: move briskly)* kacheln *(ugs.);* **that car can really ~:** das Auto zieht ganz schön ab *(ugs.);* **we were really ~ling** wir hatten einen ganz schönen Zahn drauf *(ugs.).* **3.** *v. t., (Brit.)* **-ll-** zurücklegen ⟨*Strecke, Entfernung*⟩; bereisen ⟨*Bezirk*⟩; benutzen, passieren ⟨*Weg, Straße*⟩; **we had ~led 10 miles** wir waren 10 Meilen gefahren

**~ a'bout, ~ a'round 1.** *v. i.* umherreisen. **2.** *v. t.* **~ around the country** durchs Land reisen *od.* fahren

**travel: ~ agency** *n.* Reisebüro, *das;* **~ agent** *n.* Reisebürokaufmann, *der*/-kauffrau, *die;* **the ~ agent made a mistake** das Reisebüro hat einen Fehler gemacht

**travelator** ['trævəleɪtə(r)] *n.* Fahr- *od.* Rollsteig, *der*

**travel: ~ brochure** *n.* Reiseprospekt, *der;* **~ bureau** *n.* Reisebüro, *das*

**traveled, traveler, traveling** *(Amer.) see* **travell-**

**travelled** ['trævld] *adj. (Brit.)* **be much ~** ⟨*Person:*⟩ weit gereist sein; **be well ~** ⟨*Weg, Straße:*⟩ viel befahren sein

**traveller** ['trævlə(r)] *n. (Brit.)* **a)** Reisende, *der/die;* **be a poor ~:** das Reisen nicht [gut] vertragen; **b)** *(sales representative)* Vertreter, *der*/Vertreterin, *die;* **c)** *in pl. (gypsies etc.)* fahrendes Volk

**traveller: ~'s cheque** *n.* Reisescheck, *der;* **~'s tale** *n.* phantastischer Reisebericht; **they're just ~'s tales** das sind nur Phantastereien *(abwertend)*

**travelling** ['trævlɪŋ] *adj. (Brit.)* Wander⟨*zirkus, -ausstellung, -bühne*⟩

**travelling: ~-bag** *n.* Reisetasche, *die;* **~ clock** *n.* Reisewecker, *der;* **~ 'crane** *n.* Laufkran, *der;* **~ expenses** *n. pl.* Reisekosten *Pl.;* **~ 'fellowship** *n. (Univ.)* ≈ Auslandsstipendium, *das;* **~ rug** *n.* Reisedecke, *die;* **~ 'salesman** *n.* Vertreter, *der;* **~ 'wave** *n. (Phys.)* fortschreitende Welle

**travelogue** *(Amer.:* **travelog)** ['trævəlɒg] *n.* Reisebericht, *der*

**travel: ~-sick** *adj.* reisekrank; **~-sickness** *n., no pl.* Reisekrankheit, *die;* **~-sickness pill** *n.* Tablette gegen Reisekrankheit

**traverse** ['trævəs, trə'vɜ:s] **1.** *v. t.* **a)** überqueren ⟨*Gebirge*⟩; durchqueren ⟨*Gebäude, Gebiet*⟩; **b)** ⟨*Kanal, Mauer:*⟩ durchziehen ⟨*Gebiet*⟩; **c)** *(Mountaineering)* traversieren. **2.** *n. (Mountaineering)* Traversierung, *die*

**travesty** ['trævɪstɪ] **1.** *n.* **a)** *(parody)* Karikatur, *die;* **be a ~ [of justice]** ein Hohn [auf die Gerechtigkeit] sein; **b)** *(Lit.: burlesque)* Travestie, *die (fachspr.).* **2.** *v. t.* ins Lächerliche ziehen

**Travolator, (P)** ['trævəleɪtə(r)] *see* **travelator**

**trawl** [trɔ:l] **1.** *v. i.* mit dem Grundnetz fischen. **2.** *n.* **a)** Fischen mit dem Grundnetz; **b) ~[-net]** Grund[schlepp]netz, *das;* **~[-line]** *(Amer.)* Langleine, *die*

**trawler** ['trɔ:lə(r)] *n. (vessel)* [Fisch]trawler, *der*

**trawlerman** ['trɔ:ləmən] *n.* ≈ Hochseefischer, *der*

**tray** [treɪ] *n.* **a)** Tablett, *das;* **baking-~:** Backblech, *das;* **b)** *(for correspondence)* Ablagekorb, *der*

**'tray-cloth** *n.* Deckchen für ein Tablett

**trayful** ['treɪfʊl] *n.* Tablett voll

**treacherous** ['tretʃərəs] *adj.* **a)** treulos ⟨*Person*⟩; heimtückisch ⟨*Intrige, Feind*⟩; **b)** *(deceptive)* tückisch; **the ice looks pretty ~:** das Eis sieht nicht sehr vertrauenerweckend aus

**treacherously** ['tretʃərəslɪ] *adv.* heimtückisch

**treachery** ['tretʃərɪ] *n.* Verrat, *der;* **act of ~:** Verrat, *der*

**treacle** ['tri:kl] *n. (Brit.)* **a)** *(golden syrup)* Sirup, *der;* **b)** *see* **molasses**

**treacle 'pudding** *n. mit Sirup übergossener Mehlpudding*

**treacly** ['tri:klɪ] *adj.* sirupartig; *(fig.)* süßlich *(abwertend)*

**tread** [tred] **1.** *n.* **a)** *(of tyre, shoe, boot, etc.)* Lauffläche, *die;* **2 millimetres of tread on a tyre** 2 Millimeter Profil auf einem Reifen; **b)** *(manner of walking)* Gang, *der; (sound of walking)* Schritt, *der;* **walk with a springy/catlike ~:** einen federnden/katzenhaften Gang haben; **the ~ of feet** Schritte; **c)** *(of staircase)* [Tritt]stufe, *die.* **2.** *v. i.,* **trod** [trɒd], **trodden** ['trɒdn] *or* **trod** treten **(in/on** in/auf + *Akk.*); *(walk)* gehen; **~ carefully** *or* **lightly** *(fig.)* behutsam vorgehen; **~ on sb.'s toes** *(lit. or fig.)* jmdm. auf die Füße treten; **~ on the heels of sb./sth.** *(fig.)* jmdm./einer Sache auf den Fersen sein *(ugs.);* **~ dirt into the carpet/all over the house** Schmutz in den Teppich treten/im ganzen Haus herumtreten; *see also* **foot 1 a. 3.** *v. t.,* **trod, trodden** *or* **trod a)** *(walk on)* treten auf (+ *Akk.*); stampfen ⟨*Weintrauben*⟩; *(fig.)* gehen ⟨*Weg*⟩; **~ the stage** *or* **boards** *(Theatre)* auf der Bühne *od.* auf den Brettern stehen; **be trodden underfoot** mit Füßen getreten werden; **~ water** *(Swimming)* Wasser treten; **b)** *(make by walking or ~ing)* austreten ⟨*Weg*⟩

**~ 'down** *v. t.* festtreten ⟨*Erde*⟩; *(crush, destroy)* zertreten ⟨*Blume, Beet*⟩

**~ 'in** *v. t.* festtreten

**~ 'out** *v. t.* austreten ⟨*Feuer, Zigarette*⟩; stampfen ⟨*Weintrauben*⟩

**treadle** ['tredl] *n.* Tritt, *der*

**'treadmill** *n. (lit. or fig.)* Tretmühle, *die*

**treason** ['tri:zn] *n.* **a) [high] ~:** Hochverrat, *der;* **b)** *(disloyalty)* Verrat, *der*

**treasonable** ['tri:zənəbl], **treasonous** ['tri:zənəs] *adjs.* verräterisch; **a ~ offence** Verrat

**treasure** ['treʒə(r)] **1.** *n.* **a)** Schatz, *der;* Kostbarkeit, *die;* **art ~s** Kunstschätze; **b)** *no pl., no indef. art. (riches)* Schätze; **buried ~:** ein vergrabener Schatz; **voyage in quest of ~:** Schatzsuche, *die;* **c)** *(coll.: valued person)* Schatz, *der (ugs.).* **2.** *v. t.* in Ehren halten; die Erinnerung bewahren an (+ *Dat.*); **I'll always ~ this moment/the memory of that day** ich werde diesen Augenblick/Tag niemals vergessen

**~ 'up** *v. t.* wie einen Schatz hüten

**treasure: ~-house** *n.* Schatzkammer, *die; (fig.)* [wahre] Fundgrube; **~-hunt** *n.* Schatzsuche, *die*

**treasurer** ['treʒərə(r)] *n.* **a)** *(of club, society)* Kassenwart, *der*/-wartin, *die; (of club, party)* Schatzmeister, *der*/-meisterin, *die; (of company)* Leiter/Leiterin der Finanzabteilung; **b)** *(local government official)* Leiter/Leiterin der Finanzverwaltung

**treasure trove** ['treʒə trəʊv] *n.* Schatz, *der; (fig.: valuable source)* [wahre] Fundgrube

**treasury** ['treʒərɪ] *n.* **a)** *(place where treasure is stored)* Schatzkammer, *die;* **b)** *(fig.)* Fundgrube, *die; (as book-title)* Schatzkästchen, *das;* **c)** *(place where public revenues are kept)* Schatzamt, *das;* **d)** *(government department)* **the T~:** das Finanzministerium; **the First Lord of the T~** *(Brit.)* der Premierminister/die Premierministerin *(als nomineller Leiter/nominelle Leiterin des „treasury")*

**treasury: T~ bench** *n. (Brit. Parl.)* Regierungsbank, *die;* **~ bill** *n. (Finance)* Schatzwechsel, *der;* **~ tag** *n. kurze Kordel mit Metallstiften an den Enden zum Zusammenhalten von [gelochten] Blättern*

**treat** [tri:t] **1.** *n.* **a)** [besonderes] Vergnügen; *(sth. to eat)* [besonderer] Leckerbissen; **what a ~ [it is] to do/not to have to do that!** welch ein Genuß *od.* eine Wohltat, das zu tun/nicht tun zu müssen!; **it was a real ~ to have an entire afternoon at home on my own** es war eine richtige Wohltat, einen ganzen Nachmittag zu Hause für mich allein zu haben; **give sb. a ~:** jmdm. eine besondere Freude machen; **have a ~ in store for sb.** noch eine besondere Freude für jmdn. auf Lager haben; **there was a ~ in store for them** auf sie wartete noch eine besondere Freude; **go down a ~** *(coll.)* ⟨*Essen, Getränk:*⟩ prima schmecken *(ugs.);* **work a ~** *(coll.)* ⟨*Maschine:*⟩ prima arbeiten *(ugs.);* ⟨*Plan:*⟩ prima funktionieren *(ugs.);* **b)** *(entertainment) Vergnügen, für dessen Kosten jmd. anderes aufkommt;* **lay on a special ~ for sb.** jmdm. etwas Besonderes bieten; **as a Christmas ~ I shall take my sister to the theatre** als Weihnachtsgeschenk lade ich meine Schwester ins Theater ein; **c)** *(act of ~ing)* Einladung, *die;* **it's my ~:** ich lade dich/euch ein; **stand ~ for sb.** jmdn. einladen. **2.** *v. t.* **a)** *(act towards)* behandeln; **~ sth. as a joke** etw. als Witz nehmen; **~ sth. with contempt** für etw. nur Verachtung haben; **b)** *(Med.)* behandeln; **~ sb. for sth.** jmdn. wegen etw. behandeln; *(before confirmation of diagnosis)* jmdn. auf etw. *(Akk.)* behandeln; **c)** *(apply process to)* behandeln ⟨*Material, Stoff, Metall, Leder*⟩; klären ⟨*Abwässer*⟩; **d)** *(handle in literature etc.)* behandeln; **~ sth. fully** etw. ausführlich behandeln; **e)** *(provide with at own expense)* einladen; **~ sb. to sth.** jmdm. etw. spendieren; **~ oneself to a holiday/a new hat** sich *(Dat.)* Urlaub gönnen/sich *(Dat.)* einen neuen Hut leisten. **3.** *v. i.*

~ **with sb. [for sth.]** mit jmdm. [über etw. *(Akk.)*] verhandeln

**treatise** ['tri:tɪs, 'tri:tɪz] *n.* Abhandlung, *die*

**treatment** ['tri:tmənt] *n.* **a)** Behandlung, *die;* **receive rough ~ from sb.** von jmdm. grob behandelt werden; **his ~ of the staff/ you** die Art, wie er das Personal/dich behandelt; **her ~ at the hands of her uncle** die Art, wie ihr Onkel sie behandelt/behandelt hat; **give sb. the [full] ~** *(coll.) (treat cruelly/harshly)* jmdn. in die Mangel nehmen *(salopp); (entertain on a lavish scale)* jmdn. verwöhnen; **b)** *(Med.)* Behandlung, *die;* **be having ~ for sth.** wegen etw. in Behandlung sein; **need immediate medical ~:** sofort ärztlich behandelt werden müssen; **c)** *(processing)* Behandlung, *die; (of sewage)* Klärung, *die*

**treaty** ['tri:tɪ] *n.* **a)** [Staats]vertrag, *der;* **make** *or* **sign a ~:** einen Vertrag schließen; **the ~ of Rome** die Römischen Verträge; **the ~ of Versailles** der Versailler Vertrag; **b)** *see* **private treaty**

**treble** ['trebl] **1.** *adj.* **a)** dreifach; ~ **row** Dreierreihe, *die;* ~ **the amount compared to ...:** dreimal so viel wie ...; **sell sth. for ~ the price** etw. dreimal so teuer verkaufen; **b)** *(Brit. Mus.)* ~ **voice** Sopranstimme, *die.* **2.** *n.* **a)** *(Brit. Mus.)* **he is a ~/is singing the ~:** er singt Sopran/den Sopran; **b)** *(~ quantity etc.)* Dreifache, *das;* **c)** *(Darts)* dreifach zählender Treffer; **d)** *(Racing)* Dreifachwette, *die.* **3.** *v. t.* verdreifachen; **be ~d** ⟨*Wert einer Aktie usw.:*⟩ sich verdreifachen. **4.** *v. i.* sich verdreifachen

**treble:** ~ **'chance** *n. Art des Fußballtotos mit dreifacher Gewinnchance;* ~ **clef** *n. (Mus.)* Violinschlüssel, *der;* ~ **re'corder** *n. (Mus.)* Altflöte, *die*

**trebly** ['treblɪ] *adv.* dreifach; **be ~ fortunate** in dreifacher Hinsicht Glück haben

**tree** [tri:] *n.* Baum, *der;* **not grow on ~s** *(fig.)* nicht [einfach] vom Himmel fallen; *see also* **Christmas tree; family tree; shoe-tree; ¹top 1 a**

**tree:** ~**-creeper** *n. (Ornith.)* Baumläufer, *der;* ~**-fern** *n. (Bot.)* Baumfarn, *der;* ~**-frog** *n.* Laubfrosch, *der;* ~**-house** *n.* Baumhaus, *das*

**treeless** ['tri:lɪs] *adj.* baumlos

**tree:** ~**-line** *see* **timber-line;** ~**-lined** *adj.* von Bäumen gesäumt; ~**-ring** *see* **annual 1 c;** ~**-shaded** *adj.* von Bäumen beschattet *(geh.);* ~ **surgeon** *n.* Baumchirurg, *der;* ~ **surgery** *n.* Baumchirurgie, *die;* ~**-top** *n.* [Baum]wipfel, *der;* ~**-trunk** *n.* Baumstamm, *der*

**trefoil** ['trefɔɪl, 'tri:fɔɪl] *n.* **a)** *(clover)* Klee, *der; (plant with similar leaves)* Dreiblatt, *das;* **b)** *(Archit.)* Dreipaß, *der*

**trek** [trek] **1.** *v. i.,* **-kk- a)** ziehen **(across** durch); **b)** *(travel by ox-wagon)* trecken. **2.** *n.* **a)** [schwierige] Reise; **b)** *(journey by ox-wagon, organized migration)* Treck, *der*

**trellis** ['trelɪs] *n.* Gitter, *das; (for plants)* Spalier, *das;* ~**-work** Gitterwerk, *das*

**tremble** ['trembl] **1.** *v. i.* zittern **(with** vor + *Dat.*); ~ **for sb./sth.** *(fig.)* um jmdn./etw. zittern; **I ~ to think what .../at the thought** *(fig.)* mir wird bange, wenn ich daran denke, was .../wenn ich daran denke. **2.** *n.* Zittern, *das;* **be all of a ~** *(coll.)* am ganzen Körper zittern; **there was a ~ in her voice** ihre Stimme zitterte

**trembling** ['tremblɪŋ] **1.** *adj.* zitternd. **2.** *n.* Zittern, *das*

**tremendous** [trɪ'mendəs] *adj.* **a)** *(immense)* gewaltig; enorm ⟨*Fähigkeiten*⟩; **b)** *(coll.: wonderful)* großartig

**tremendously** [trɪ'mendəslɪ] *adv.* wahnsinnig *(ugs.)*

**tremolo** ['treməlǝʊ] *n., pl.* **~s** *(Mus.)* **a)** Tremolo, *das;* **b)** *(in organ)* ~ **[stop]** Tremulant, *der*

**tremor** ['tremə(r)] *n.* **a)** Zittern, *das;* **feel a ~ of delight/fear** freudig erregt sein/vor Angst zittern; **there was a ~ of anger in her voice** ihre Stimme zitterte vor Wut; **without a ~:** ohne zu zittern; **b) [earth]** ~ *(Geol.)* leichtes Erdbeben

**tremulous** ['tremjʊləs] *adj.* **a)** *(trembling)* zitternd; **be ~:** zittern; **b)** *(timid)* zaghaft ⟨*Lächeln*⟩; ängstlich ⟨*Person*⟩

**tremulously** ['tremjʊləslɪ] *adv.* **a)** mit zitternder Stimme ⟨*sprechen*⟩; **b)** *(timidly)* zaghaft

**trench** [trentʃ] **1.** *n.* Graben, *der; (Geog.)* [Tiefsee]graben, *der; (Mil.)* Schützengraben, *der.* **2.** *v. t. (dig ditch in)* mit einem Graben durchziehen

**trenchant** ['trentʃənt] *adj.* deutlich, energisch ⟨*Kritik, Sprache*⟩; energisch ⟨*Verteidiger, Kritiker, Politik*⟩; prägnant ⟨*Stil*⟩; scharf ⟨*Verstand*⟩

**trenchantly** ['trentʃəntlɪ] *adv.* energisch ⟨*verteidigen, argumentieren, unterstützen*⟩

**'trench coat** *n. (Mil.)* Wettermantel, *der; (coat in this style)* Trenchcoat, *der*

**trencherman** ['trentʃəmən] *n.* [guter] Esser

**trench:** ~ **mortar** *n. (Mil.)* Granatwerfer, *der;* ~ **'warfare** *n.* Grabenkrieg, *der*

**trend** [trend] **1.** *n.* **a)** Trend, *der;* **population ~s** die Bevölkerungsentwicklung; **upward ~:** steigende Tendenz; **b)** *(fashion)* Mode, *die;* [Mode]trend, *der;* **set the ~:** den Trend bestimmen; **c)** *(line of direction)* Verlauf, *der.* **2.** *v. i.* **a)** *(take a course)* verlaufen; **b)** *(fig.: move)* sich entwickeln; ~ **upward** steigen

**trendily** ['trendɪlɪ] *adv. (Brit. coll.)* modisch

**trendiness** ['trendɪnɪs] *n., no pl. (Brit. coll.)* modische Art

**'trend-setter** *n.* Trendsetter, *der*

**trendy** ['trendɪ] *(Brit. coll.)* **1.** *adj.* modisch; Schickimicki⟨*kneipe, -wohngegend*⟩ *(ugs.);* fortschrittlich-modern ⟨*Geistlicher, Lehrer*⟩. **2.** *n.* Schickimicki, *der (ugs.)*

**trepidation** [trepɪ'deɪʃn] *n.* Beklommenheit, *die;* **with some ~, not without ~:** ziemlich beklommen; **wait in ~:** voller Beklommenheit warten; **a look of ~:** ein banger Blick

**trespass** ['trespəs] **1.** *v. i.* **a)** ~ **on** unerlaubt betreten ⟨*Grundstück*⟩; eingreifen in (+ *Akk.*) ⟨jmds. Rechte⟩; **'no ~ing'** „Betreten verboten!"; ~ **on sb.'s preserve** *(fig.)* sich in jmds. Angelegenheiten *(Akk.)* einmischen; ~ **on sb.'s time/privacy** *(fig.)* jmds. Zeit über Gebühr in Anspruch nehmen/jmds. Privatsphäre verletzen; **b)** *(literary/arch.: offend)* freveln *(geh. veralt.)* **(against** an + *Dat.*); **as we forgive those who ~ against us** *(Relig.)* wie wir vergeben unseren Schuldigern. **2.** *n.* **a) forgive us our ~es** *(Relig.)* vergib uns unsere Schuld; **b)** *(Law) (on land)* Hausfriedensbruch, *der; (on a person)* ≈ Körperverletzung, *die; (on goods)* ≈ Eigentumsdelikt, *das*

**trespasser** ['trespəsə(r)] *n.* Unbefugte, *der/die;* **'~s will be prosecuted'** „Betreten verboten, Zuwiderhandlungen werden verfolgt"; ~ **on sb.'s land** Person, die unerlaubt jmds. Land betritt

**tress** [tres] *n. (literary/arch.)* Haarstrang, *der; (curly)* Locke, *die;* **she combed her ~es** sie kämmte ihr [langes] Haar

**trestle** ['tresl] *n.* **a)** [Auflager]bock, *der;* **b)** ~**[-table]** Tapeziertisch, *der*

**trews** [tru:z] *n. pl. (Brit.) enganliegende Hose [im Schottenmuster]*

**triad** ['traɪæd] *n.* **a)** Triade, *die;* Dreiheit, *die;* **b)** *(Mus.)* Dreiklang, *der*

**trial** ['traɪəl] *n.* **a)** *(Law)* [Gerichts]verfahren, *das;* **be on ~ [for murder]** [wegen Mordes] angeklagt sein; **go on ~ [for one's life]** [wegen eines Verbrechens, auf das die Todesstrafe steht,] vor Gericht gestellt werden; **bring sb. to ~, put sb. on ~:** jmdm. den Prozeß machen **(for** wegen); **the case was brought to ~:** der Fall wurde vor Gericht verhandelt; **b)** *(testing)* Test, *der;* **subject sth. to further ~:** weitere Tests mit etw. durchführen; **be given ~s** getestet werden; **sea ~** *(Naut.)* Probefahrt, *die;* **employ sb. on ~:** jmdn. probeweise einstellen; **be on ~** ⟨*Person:*⟩ in der Probezeit sein; ⟨*Maschine:*⟩ getestet werden; **give sb. a ~:** es mit jmdm. versuchen; **give sth. a ~:** etw. ausprobieren; **[by] ~ and error** [durch] Ausprobieren; ~ **of strength** Kraftprobe, *die;* **c)** *(trouble)* Prüfung, *die (geh.);* Problem, *das;* **find sth. a ~:** etw. als lästig empfinden; **be a ~ to sb.** jmdm. zu schaffen machen; **that child is a real ~:** das Kind ist eine richtige Plage; **d)** *(Sport) (competition)* Prüfung, *die; (for selection)* Testspiel, *das. See also* **jury a; tribulation a**

**trial:** ~ **'balance** *n. (Bookk.)* Probebilanz, *die;* ~ **match** *see* **trial d;** ~ **pack** *n.* Probepackung, *die;* ~ **'run** *n.* **a)** *(of car)* Testfahrt, *die; (of machine)* Probelauf, *der;* **b)** *(fig.)* Probelauf, *der;* **have a ~ run of sth., give sth. a ~ run** etw. testen

**triangle** ['traɪæŋgl] *n.* **a)** Dreieck, *das; see also* **eternal a; b)** *(Mus.)* Triangel, *das od. der*

**triangular** [traɪ'æŋgjʊlə(r)] *adj.* **a)** dreieckig; dreiseitig ⟨*Pyramide*⟩; **b)** *(between three persons etc.)* Dreier⟨*beziehung, -wettbewerb*⟩

**triangulate** [traɪ'æŋgjʊleɪt] *v. t. (Surv.)* triangulieren

**triangulation** [traɪæŋgjʊ'leɪʃn] *n. (Surv.)* Triangulation, *die*

**Triassic** [traɪ'æsɪk] *(Geol.)* **1.** *adj.* Trias-. **2.** Trias, *die*

**tribal** ['traɪbl] *adj.* Stammes-

**tribalism** ['traɪbəlɪzm] *n.* Tribalismus, *der (fachspr.)*

**tribalistic** [traɪbə'lɪstɪk] *adj.* Stammes-; tribalistisch *(fachspr.)*

**tribe** [traɪb] *n.* **a)** Stamm, *der;* **b)** *(derog.)* Bande, *die (abwertend);* **c)** *(Biol.)* Tribus, *die;* **d)** *in pl. (joc.: large numbers)* Horde, *die;* **whole ~s of children** ganze Horden von Kindern

**tribesman** ['traɪbzmən] *n., pl.* **tribesmen** ['traɪbzmən] Stammesangehörige, *der*

**tribulation** [trɪbjʊ'leɪʃn] *n.* **a)** *(great affliction)* Kummer, *der;* **bring sb. ~:** jmdm. Kummer bereiten; **trials and ~s** Probleme und Sorgen; **b)** *(cause of trouble etc.)* **be a ~ to sb.** jmdm. zur Last fallen

**tribunal** [traɪ'bju:nl, trɪ'bju:nl] *n.* **a)** Schiedsgericht, *das; (court of justice)* Gericht, *das; see also* **rent tribunal; b)** *(fig.)* Tribunal, *das*

**¹tribune** ['trɪbju:n] *n. (platform)* [Redner]tribüne, *die*

**²tribune** *n. (Hist.)* ~ **[of the people]** Volkstribun, *der*

**tributary** ['trɪbjʊtərɪ] **1.** *adj.* **a)** *(paying tribute)* tributpflichtig; **b)** ~ **river** *(of larger river)* Nebenfluß, *der; (of lake, stream, etc.)* Zufluß, *der.* **2.** *n.* **a)** *(river) (flowing into larger river)* Nebenfluß, *der; (flowing into lake, stream, etc.)* Zufluß, *der;* **b)** *(State)* tributpflichtiger Staat

**tribute** ['trɪbju:t] *n.* **a)** *(regard)* Tribut, *der* **(to** an + *Akk.*); **pay ~ to sb./sth.** jmdm./einer Sache den schuldigen Tribut zollen *(geh.);* **in silent ~:** in stiller Ehrerbietung; **floral ~s** Blumen [als Zeichen der Anerkennung]; *(to deceased person)* Blumen und Kränze; **as a ~ to his work** zur Würdigung seiner Arbeit; **she is a ~ to her teacher/trainer** sie macht ihrem Lehrer/Trainer alle Ehre; **b)** *(payment)* Tribut, *der*

**trice** [traɪs] *n.* **in a ~:** im Handumdrehen

**tricentenary** [traɪsen'ti:nərɪ, traɪsen'tenərɪ] *see* **tercentenary**

**trichinosis** [trɪkɪ'nəʊsɪs] *n. (Med.)* Trichinose, *die*

**trichloride** [traɪ'klɔ:raɪd] *n. (Chem.)* Trichlorid, *das*

**trick** [trɪk] **1.** *n.* **a)** Trick, *der;* **I suspect some ~:** es könnte ein Trick sein; **it was all a ~:** das war [alles] nur Bluff; **it was such a shabby ~ [to play on her]** es war [ihr gegenüber] eine derartige Gemeinheit *od.* dermaßen gemein; **b)** *(feat of skill etc.)* Kunststück, *das;* **try every ~ in the book** es mit allen Tricks probieren; **he never misses a ~** *(fig.)* ihm entgeht nichts; **that should do the ~** *(coll.)* damit dürfte es klappen *(ugs.);* **know a ~ worth two of that** etwas viel Besseres wissen; **c)** *(knack)* **get** *or* **find the ~ [of doing sth.]** den Dreh finden[, wie man etw. tut]; **d) how's ~s?** *(coll.)* was macht die Kunst? *(ugs.);* **e)** *(mannerism)* Eigenart, *die;* **have a ~ of doing sth.** die Eigenart haben, etw. zu tun; **f)** *(prank)* Streich, *der;* **play a ~ on sb.** jmdm. einen Streich spielen; **my hearing-aid is playing ~s on me again** mein Hörgerät spielt mal wieder verrückt *(ugs.);* **be up to one's [old] ~s again** immer noch auf dieselbe Tour reisen *(ugs.);* **be up to sb.'s ~s** wissen, was jmd. im Schilde führt; **~ or treat** Trick-or-Treat, *das (Kinderspiel);* **g)** *(illusion)* **~ of vision/lighting/the light** Augentäuschung, *die;* **h)** *(Cards)* Stich, *der;* **take a ~:** einen Stich machen; **i)** *(prostitute's customer)* Freier, *der. See also* **bag 1 a; trade 1 a. 2.** *v. t.* täuschen; hereinlegen; **~ sb. into doing sth.** jmdn. mit einem Trick *od.* einer List dazu bringen, etw. zu tun; **~ sb. out of/into sth.** jmdm. etw. ablisten. **3.** *adj.* **~ photograph** Trickaufnahme, *die;* **~ photography** Trickfotografie, *die;* **~ question** Fangfrage, *die*

**~ 'out, ~ 'up** *v. t.* schmücken; **~ oneself out** *or* **up** sich herausputzen **(in** mit)

**trick 'cyclist** *n.* **a)** Kunstradfahrer, *der/*-fahrerin, *die;* **b)** *(joc.: psychiatrist)* Seelendoktor, *der/*-doktorin, *die (ugs. scherzh.)*

**trickery** ['trɪkərɪ] *n.* [Hinter]list, *die;* **piece of ~:** List, *die;* Trick, *der*

**trickiness** ['trɪkɪnɪs] *n., no pl.* Verzwicktheit, *die (ugs.)*

**trickle** ['trɪkl] **1.** *n.* Rinnsal, *das (geh.)* **(of** von); **in a ~:** als Rinnsal; **a ~ of rain ran down the window** Regenwasser rann am Fenster hinunter; **there was a ~ of people leaving the room** *(fig.)* einige wenige Menschen verließen nacheinander den Raum; **the ~ of people leaving the hall swelled to a flood** *(fig.)* erst leerte sich die Halle nur langsam, doch dann strömten die Menschen hinaus; **supplies of food have shrunk to a ~** *(fig.)* die Versorgung mit Nahrungsmitteln ist fast versiegt. **2.** *v. i.* rinnen; *(in drops)* tröpfeln; *(fig.)* ⟨*Ball:*⟩ langsam rollen; **~ out** ⟨*Zuschauer:*⟩ nach und nach [hinaus]gehen; **~ through** *or* **out** ⟨*Informationen:*⟩ durchsickern. **3.** *v. t.* tröpfeln

**'trickle charger** *n. (Electr.)* Erhaltungslader, *der*

**trickster** ['trɪkstə(r)] *n.* Schwindler, *der/*Schwindlerin, *die*

**tricky** ['trɪkɪ] *adj.* **a)** *(full of difficulties)* verzwickt *(ugs.);* **it is ~ doing sth.** es ist gar nicht so einfach, etw. zu tun; **b)** *(crafty)* raffiniert; trickreich ⟨*Spieler*⟩

**tricolour** *(Amer.:* **tricolor)** ['trɪkələ(r), 'traɪkələ(r)] *n.* Trikolore, *die*

**tricorn** ['traɪkɔ:n] *n., adj.* **~ [hat]** Dreispitz, *der*

**tricot** ['trɪkəʊ, 'tri:kəʊ] *n.* **a)** *(hand-knitted woollen fabric)* Wollgestrick, *das;* **b)** *(plain-knitted cloth)* Jerseystoff, *der;* **c)** *(ribbed woollen cloth)* Trikot[stoff], *der*

**tricycle** ['traɪsɪkl] **1.** *n.* Dreirad, *das.* **2.** *v. i.* Dreirad fahren

**trident** ['traɪdənt] *n.* dreizackiger Fischspeer; *(held by Britannia etc.)* Dreizack, *der*

**Tridentine** [trɪ'dentaɪn] *adj.* tridentinisch

**tried** *see* **try 2, 3**

**triennial** [traɪ'enɪəl] *adj.* **a)** *(lasting three years)* dreijährig; **b)** *(once every three years)* dreijährlich

**triennially** [traɪ'enɪəlɪ] *adv.* alle drei Jahre

**trier** [traɪə(r)] *n.* **he's a real ~:** er wirft die Flinte nicht so schnell ins Korn; **but at least he's a ~:** aber er gibt sich *(Dat.)* wenigstens Mühe

**Trieste** [tri:'est] *pr. n.* Triest *(das)*

**trifle** ['traɪfl] **1.** *n.* **a)** *(Brit. Gastron.)* Trifle, *das;* **b)** *(thing of slight value)* Kleinigkeit, *die;* **the merest ~:** die geringste Kleinigkeit; **it's only a ~:** es ist nichts Besonderes; **c)** *(small amount of money)* Kleinigkeit, *die;* **it only costs a ~:** es kostet so gut wie nichts; **d) a ~ tired/angry** *etc.* ein bißchen müde/böse *usw.* **2.** *v. i.* tändeln

**~ a'way** *v. t.* vergeuden

**~ with** *v. i.* spielen mit ⟨*jmds. Gefühlen*⟩; nicht ernst genug nehmen ⟨*Person*⟩; **he is not a person you can ~ with** er läßt nicht mit sich spaßen

**trifling** ['traɪflɪŋ] *adj.* unbedeutend ⟨*Angelegenheit, Irrtum*⟩; lächerlich ⟨*Gedanke*⟩; gering ⟨*Gefahr, Wert*⟩; [lächerlich] gering ⟨*Summe*⟩; **~ objects/gifts** Kleinigkeiten

**trifocal** [traɪ'fəʊkl] *(Optics)* **1.** *adj.* Trifokal-. **2.** *n. in pl.* Trifokalgläser *Pl.*

**triforium** [traɪ'fɔ:rɪəm] *n., pl.* **triforia** [traɪ'fɔ:rɪə] *(Archit.)* Triforium, *das (fachspr.)*

**trigger** ['trɪgə(r)] **1.** *n.* **a)** *(of gun)* Abzug, *der; (of machine)* Drücker, *der;* **pull the ~:** abdrücken; *(fig.)* den Startschuß geben; **be quick on the ~** *(fig.)* prompt reagieren; **b)** *(that sets off reaction)* Auslöser, *der.* **2.** *v. t.* **~ [off]** auslösen

**'trigger-happy** *adj.* schießwütig; *(fig.)* kriegslüstern ⟨*General, Politiker*⟩

**trigonometric** [trɪgənə'metrɪk], **trigonometrical** [trɪgənə'metrɪkl] *adj. (Math.)* trigonometrisch

**trigonometry** [trɪgə'nɒmɪtrɪ] *n. (Math.)* Trigonometrie, *die*

**trike** [traɪk] *n. (coll.)* Dreirad, *das*

**trilateral** [traɪ'lætərl] **1.** *adj.* *(having three sides)* dreiseitig; *(involving three parties also)* trilateral *(geh.).* **2.** *n.* Dreieck, *das*

**trilby** ['trɪlbɪ] *n. (Brit.)* **~ [hat]** Klapprandhut, *der;* Herrenhut, *der*

**trilingual** [traɪ'lɪŋgwəl] *adj.* dreisprachig

**trill** [trɪl] **1.** *n.* **a)** Trillern, *das;* **b)** *(Mus.)* Triller, *der.* **2.** *v. i.* trillern. **3.** *v. t.* rollen ⟨*r*⟩

**trillion** ['trɪljən] *n.* **a)** *(Brit.)* Trillion, *die;* **b)** *(Amer.: million million)* Billion, *die*

**trilobite** ['traɪləbaɪt] *n. (Palaeont.)* Trilobit, *der*

**trilogy** ['trɪlədʒɪ] *n.* Trilogie, *die*

**trim** [trɪm] **1.** *v. t.,* **-mm- a)** schneiden ⟨*Hecke*⟩; [nach]schneiden ⟨*Haar*⟩; beschneiden *(auch fig.)* ⟨*Papier, Hecke, Docht, Budget*⟩; **~ £100 off** *or* **from a budget** ein Budget um 100 Pfund kürzen; **b)** *(ornament)* besetzen **(with** mit); **c)** *(adjust balance of)* trimmen ⟨*Boot, Schiff, Flugzeug*⟩; **d)** richtig stellen ⟨*Segel*⟩; **~ one's sails before the wind** *(fig.)* sich nach der Decke strecken. **2.** *adj.* proper; gepflegt ⟨*Garten*⟩; **keep sth. ~:** etw. in Ordnung halten. **3.** *n.* **a)** *(state of adjustment)* Bereitschaft, *die;* **find sth. in [perfect] ~:** etw. in [bester] Ordnung vorfinden; **everything was in good** *or* **proper ~:** alles war in bester Ordnung; **be in fine physical ~:** in guter körperlicher Verfassung sein; **get/be in ~** *(suitably dressed)* sich angemessen anziehen/angemessen angezogen sein; *(healthy)* sich trimmen/in Form *od.* fit sein; **b)** *(proper balance) (of ship)* Trimm, *der; (of aircraft)* [stabile] Fluglage; **be in/out of ~** ⟨*Schiff:*⟩ in/nicht in Trimm sein; ⟨*Flugzeug:*⟩ in stabiler/unstabiler Fluglage sein; **c)** *(cut)* Nachschneiden, *das;* **my hair needs a ~:** ich muß mir die Haare nachschneiden lassen; **give a hedge a ~:** eine Hecke nachschneiden; **just a ~, please** *(said to hairdresser)* nur nachschneiden, bitte; **d)** *(adornment) see* **trimming a; e)** *(of car)* Innenausstattung, *die; (on door panel)* Zierleiste, *die*

**~ a'way** *v. t. see* **~ off**

**~ 'down** *v. t. (fig.)* verringern; **her figure needed ~ming down** sie mußte etwas für ihre Figur tun

**~ 'off** *v. t.* abschneiden; *(fig.)* abnehmen

**trimaran** ['traɪməræn] *n. (Naut.)* Trimaran, *der*

**trimmer** ['trɪmə(r)] *n.* Schneider, *der;* **hedge-~:** Heckenschere, *die*

**trimming** ['trɪmɪŋ] *n.* **a)** *(decorative addition)* Verzierung, *die;* **lace ~s** Spitzenbesatz, *der;* **b)** *in pl. (coll.: accompaniments) (for main dish)* Beilagen; *(extra fittings on car)* Extras; **with all the ~s** mit allem Drum und Dran *(ugs.);* **c)** *in pl. (pieces cut off)* Abfall, *der (vom Zuschneiden); (of meat)* abgeschnittene Stücke

**trimness** ['trɪmnɪs] *n., no pl.* adrettes Aussehen; **the ~ of her figure** ihre gepflegte Figur

**Trinidad** ['trɪnɪdæd] *pr. n.* Trinidad *(das)*

**Trinidadian** [trɪnɪ'dædɪən] **1.** *adj.* trinidadisch; **sb. is ~:** jmd. ist Trinidader/Trinidaderin. **2.** *n.* Trinidader, *der/*Trinidaderin, *die*

**Trinity** ['trɪnɪtɪ] *n.* **a)** *(Theol.)* **the [Holy] ~:** die [Heilige] Dreifaltigkeit *od.* Dreieinigkeit *od.* Trinität; **b)** *(Eccl.)* **~ [Sunday]** Dreifaltigkeitssonntag, *der*

**Trinity 'term** *n. (Brit. Univ.)* Sommertrimester, *das*

**trinket** ['trɪŋkɪt] *n.* **a)** *(piece of jewellery)* kleines, billiges Schmuckstück; *(on bracelet)* Anhänger, *der;* **b)** *(ornament)* Schmuckgegenstand, *der*

**trio** ['tri:əʊ] *n., pl.* **~s** Trio, *das;* **string/piano ~** *(Mus.)* Streich-/Klaviertrio, *das*

**trioxide** [traɪ'ɒksaɪd] *n. (Chem.)* Trioxid, *das*

**trip** [trɪp] **1.** *n.* **a)** *(journey)* Reise, *die;* Trip, *der (ugs.); (shorter)* Ausflug, *der;* Trip, *der (ugs.);* **two ~s were necessary to transport everything** zwei Fahrten waren nötig, um alles zu transportieren; **make a ~ to London** nach London fahren; **b)** *(coll.: visit for stated purpose)* Gang, *der;* **I must make a ~ to the loo** ich muß mal aufs Klo; **make a ~ to the hairdresser's** zum Friseur gehen; **c)** *(coll.: drug-induced hallucinations)* Trip, *der (Jargon);* **[good/bad] ~ on LSD** [guter/schlechter] LSD-Trip. *See also* **round trip. 2.** *v. i.,* **-pp- a)** *(stumble)* stolpern **(on** über + *Akk.*); **b)** *(coll.: hallucinate while on drugs)* **~ [on LSD]** auf einem [LSD-]Trip sein; **c)** *(walk etc. with light steps)* trippeln; **d)** *(fig.: make a mistake)* einen Fehler machen. **3.** *v. t.,* **-pp- a)** *(cause to stumble) see* **~ up 2 a; b)** *(release)* lichten ⟨*Anker*⟩; betätigen ⟨*Schalter*⟩; auslösen ⟨*Alarm*⟩

**~ over** *v. t.* stolpern über (+ *Akk.*)

**~ 'up 1.** *v. i.* **a)** *(stumble)* stolpern; **b)** *(fig.: make a mistake)* einen Fehler machen. **2.** *v. t.* **a)** *(cause to stumble)* stolpern lassen; **b)** *(cause to make a mistake)* aufs Glatteis führen *(fig.)*

**tripartite** [traɪ'pɑ:taɪt] *adj.* **a)** *(in three parts)* **~ division** Dreiteilung, *die;* **b)** *(involving three parties)* trilateral *(geh.);* dreiseitig

**tripe** [traɪp] *n.* **a)** Kaldaunen; *(individual piece)* Kaldaune, *die;* **b)** *(sl.: rubbish)* Quatsch, *der (ugs. abwertend)*

**triple** ['trɪpl] **1.** *adj.* **a)** *(threefold)* dreifach; **b)** *(three times greater than)* **~ the ...:** der/die/das dreifache ...; **at ~ the speed** mit der dreifachen Geschwindigkeit *od.* dreimal so schnell; **~ the number of machines** dreimal so viele Maschinen. **2.** *n.* Dreifache, *das.* **3.** *v. i.* sich verdreifachen. **4.** *v. t.* verdreifachen

**triple: T~ Al'liance** *n. (Hist.)* Dreibund, *der;* **~ 'crown** *n.* **a)** *(Sport)* Triple Crown, *die;* dreifacher Triumph; **b)** *(Pope's tiara)* dreifache Krone; Tiara, *die;* **~ jump** *n. (Sport)* Dreisprung, *der*

**triplet** ['trɪplɪt] *n.* **a)** Drilling, *der;* **b)** *(Pros.)* Dreireim, *der;* **c)** *(Mus.)* Triole, *die*

**'triple time** *n. (Mus.)* Dreiertakt, *der*

**Triplex, (P)** ['trɪpleks] *n.* ~ **[glass]** Sicherheitsglas, *das; (laminated)* Verbundglas, *das*

**triplicate** ['trɪplɪkət] **1.** *adj.* dreifach. **2.** *n.* Drittausfertigung, *die;* Triplikat, *das (geh.);* **in ~:** in dreifacher Ausfertigung

**triply** ['trɪplɪ] *adv.* dreifach

**trip 'mileage recorder** *n. (Motor Veh.)* Tageskilometerzähler, *der*

**tripod** ['traɪpɒd] *n.* Dreibein, *das;* [dreibeiniges] Stativ

**tripos** ['traɪpɒs] *n. (Brit.) Abschlußprüfung für den Honours-Degree an der Universität Cambridge*

**tripper** ['trɪpə(r)] *n. (Brit.)* Ausflügler, *der*/Ausflüglerin, *die*

**triptych** ['trɪptɪk] *n. (Art)* Triptychon, *das*

**'trip-wire** *n.* Stolperdraht, *der*

**trisect** [traɪ'sekt] *v.t.* dreiteilen

**trisyllabic** [traɪsɪ'læbɪk] *adj. (Ling.)* dreisilbig

**trisyllable** [traɪ'sɪləbl] *n. (Ling. Pros.)* dreisilbiges Wort; **be a ~:** dreisilbig sein *od.* drei Silben haben

**trite** [traɪt] *adj.*, **tritely** ['traɪtlɪ] *adv.* banal

**triteness** ['traɪtnɪs] *n., no pl.* Banalität, *die*

**tritium** ['trɪtɪəm] *n. (Chem.)* Tritium, *das*

**triumph** ['traɪəmf, 'traɪʌmf] **1.** *n.* Triumph, *der* (**over** über + *Akk.*); *(Rom. Ant.: procession also)* Triumphzug, *der;* **in ~:** im Triumph; **an expression of ~:** ein triumphierender Ausdruck. **2.** *v.i.* triumphieren (**over** über + *Akk.*)

**triumphal** [traɪ'ʌmfl] *adj.* triumphal ⟨*Erfolg*⟩; Triumph⟨*bogen, -zug*⟩

**triumphant** [traɪ'ʌmfənt] *adj.* **a)** *(victorious)* siegreich; *see also* **church b; b)** *(exulting)* triumphierend ⟨*Blick*⟩; **~ shouts** Triumphgeschrei, *das;* **the look in her eyes was ~:** sie hatte einen triumphierenden Blick

**triumphantly** [traɪ'ʌmfəntlɪ] *adv.* triumphierend; **be ~ successful** einen triumphalen Erfolg haben

**triumvirate** [traɪ'ʌmvərət] *n.* Triumvirat, *das*

**trivalent** [traɪ'veɪlənt] *adj. (Chem.)* dreiwertig

**trivet** ['trɪvɪt] *n.* **a)** *(in pressure-cooker)* Dreifuß, *der;* **b)** *(Amer.: used under hot dishes)* [dreifüßiger] Untersetzer

**trivia** ['trɪvɪə] *n. pl.* Belanglosigkeiten

**trivial** ['trɪvɪəl] *adj.* **a)** belanglos; trivial *(geh.);* **b)** *(concerned only with ~ things)* oberflächlich ⟨*Person*⟩

**triviality** [trɪvɪ'ælɪtɪ] *n.* Belanglosigkeit, *die;* Trivialität, *die (geh.)*

**trivialize** ['trɪvɪəlaɪz] *v.t.* auf eine belanglose Ebene bringen; trivialisieren *(geh.)*

**trivially** ['trɪvɪəlɪ] *adv.* oberflächlich

**trochaic** [trə'keɪɪk] *(Pros.) adj.* trochäisch

**trochee** ['trəʊki:] *n. (Pros.)* Trochäus, *der*

**trod, trodden** *see* **tread 2, 3**

**troglodyte** ['trɒglədaɪt] *n.* **a)** *(cave-dweller)* Höhlenbewohner, *der*/-bewohnerin, *die;* **b)** *(fig.)* Einsiedler, *der*/Einsiedlerin, *die*

**troika** ['trɔɪkə] *n.* Troika, *die*

**Trojan** ['trəʊdʒən] **1.** *n.* **a)** *(fig.)* **work like a ~:** arbeiten wie ein Pferd; **b)** *(inhabitant of Troy)* Trojaner, *der*/Trojanerin, *die.* **2.** *adj.* trojanisch; **the T~ War** der Trojanische Krieg

**Trojan 'Horse** *n.* Trojanisches Pferd *(geh.); (fig. also)* Danaergeschenk, *das (geh.)*

**¹troll** [trəʊl] **1.** *v.t. (fish)* [mit der Schleppangel] fischen. **2.** *v.i. (fish)* [mit der Schleppangel] fischen (**for** *Akk.*)

**²troll** *n. (Mythol.)* Troll, *der*

**trolley** ['trɒlɪ] *n.* **a)** *(Brit.: on rails)* Draisine, *die;* **b)** *(Brit.: for serving food)* Servierwagen, *der;* **c)** *(Brit.)* **[supermarket] ~:** Einkaufswagen, *der;* **d)** *see* **luggage trolley; e)** *(Amer.)* **~[-car]** Straßenbahn, *die;* **f) he's off his ~** *(sl.: insane)* bei ihm ist eine Schraube locker *(salopp)*

**'trolley bus** *n. (Brit.)* Oberleitungsomnibus, *der*

**trollop** ['trɒləp] *n.* **a)** *(slut)* Schlampe, *die;* **b)** *(prostitute)* Dirne, *die*

**trolly** *see* **trolley**

**trombone** [trɒm'bəʊn, 'trɒmbəʊn] *n.* Posaune, *die*

**trombonist** [trɒm'bəʊnɪst] *n.* Posaunist, *der*/Posaunistin, *die*

**trompe-l'œil** [trɒmp'lɜ:ɪ] *(Art)* **1.** *n.* Trompe-l'œil, *das od. der.* **2.** *adj.* Trompe-l'œil-

**troop** [tru:p] **1.** *n.* **a)** *in pl.* Truppen; **our best ~s** unsere besten Soldaten; **b)** *(of cavalry)* Schwadron, *die; (artillery and armour)* Batterie, *die;* **c)** *(assembled company)* Schar, *die;* **d)** *(of Scouts)* ≈ Gruppe, *die. See also* **household troops. 2.** *v.i.* strömen; *(in an orderly fashion)* marschieren; **~ in/out** hinein-/hinausströmen. **3.** *v.t.* **~ing the colour[s]** *(Brit.)* Fahnenparade, *die*

**'troop-carrier** *n.* Truppentransporter, *der*

**trooper** ['tru:pə(r)] *n.* **a)** *(soldier)* einfacher Soldat; **swear like a ~** *(coll.)* wie ein Fuhrmann fluchen *(ugs.);* **b)** *(Amer.: policeman)* Polizist, *der*

**'troop-ship** *n. (Mil.)* Truppentransporter, *der*

**trope** [trəʊp] *n. (Rhet.)* Trope, *die (fachspr.)*

**trophy** ['trəʊfɪ] *n.* **a)** Trophäe, *die;* **b)** *(competition)* **T~:** ≈ Pokal, *der*

**tropic** ['trɒpɪk] *n.* **the T~s** *(Geog.)* die Tropen; **the ~ of Cancer/Capricorn** *(Astron., Geog.)* der Wendekreis des Krebses/Steinbocks

**tropical** ['trɒpɪkl] *adj.* tropisch; Tropen⟨*krankheit, -kleidung*⟩

**tropical: ~ 'medicine** *n.* Tropenmedizin, *die;* **~ 'rain forest** *n.* tropischer Regenwald

**troposphere** ['trɒpəsfɪə(r), 'trəʊpəsfɪə(r)] *n.* Troposphäre, *die*

**Trot** [trɒt] *n. (sl.: Trotskyist)* Trotzkist, *der*/Trotzkistin, *die*

**trot 1.** *n.* **a)** *(action of trotting)* Trab, *der;* **at a ~:** im Trab; **b)** *(journey on horseback)* Ausritt, *der;* **c)** *(coll.)* **on the ~** *(in succession)* hintereinander; **every weekend for five weeks on the ~:** an fünf Wochenenden hintereinander; **be on the ~:** auf Trab sein *(ugs.);* **keep sb. on the ~** *(continually busy)* jmdn. auf Trab halten *(ugs.);* **d) have the ~s** *(sl.: diarrhoea)* Dünnpfiff haben *(salopp).* **2.** *v.i.*, **-tt- a)** traben; **b)** *(coll.: go)* traben *(ugs.);* **~ along now** geh jetzt. **3.** *v.t.*, **-tt-** traben lassen ⟨*Pferd*⟩

**~ 'out** *v.t. (fig. coll.)* **a)** *(produce for approval)* vorführen; **b)** *(produce unthinkingly)* kommen mit *(ugs.)*

**troth** [trəʊθ] *n. (arch.)* **a) in ~, by my ~:** bei meiner Ehre!; **b)** *(faith)* Treue, *die;* **plight one's ~:** das Eheversprechen geben

**Trotskyism** ['trɒtskɪɪzm] *n.* Trotzkismus, *der*

**Trotskyist** ['trɒtskɪɪst], **Trotskyite** ['trɒtskɪaɪt] *ns.* Trotzkist, *der*/Trotzkistin, *die*

**trotter** ['trɒtə(r)] *n.* **a)** Fuß, *der;* **pigs' ~s** *(Cookery)* Schweinsfüße; **b)** *(horse)* Traber, *der*

**trotting** ['trɒtɪŋ] *n.* Trabrennen, *das*

**'trotting race** *n.* Trabrennen, *das*

**troubadour** ['tru:bədʊə(r)] *n.* Troubadour, *der*

**trouble** ['trʌbl] **1.** *n.* **a)** Ärger, *der;* Schwierigkeiten *Pl.;* **have ~ with sb./sth.** mit jmdm./etw. Ärger haben; **all his ~s** alle seine Probleme; **put one's ~s behind one** seine Probleme vergessen; **be out of ~:** aus den Schwierigkeiten heraussein; **keep out of ~:** nicht [wieder] in Schwierigkeiten kommen; **in ~:** in Schwierigkeiten; **be in ~ with the police** Ärger mit der Polizei haben; **are you looking for ~?** du willst wohl Ärger [bekommen]?; **be in serious** *or* **real** *or* **a lot of ~ [over sth.]** [wegen einer Sache] in ernsten *od.* großen Schwierigkeiten sein; **get sb. into ~:** jmdn. in Schwierigkeiten bringen; **get a girl into ~** *(coll.)* einem Mädchen ein Kind machen *(ugs.);* **get into ~ [over sth.]** [wegen einer Sache] in Schwierigkeiten geraten; **get into ~ with the bank/law** Ärger *od.* Schwierigkeiten mit der Bank bekommen/mit dem Gesetz in Konflikt geraten; **there'll be ~ [if ...]** es wird Ärger geben[, wenn ...]; **what's** *or* **what seems to be the ~?** was ist denn?; was ist los? *(ugs.); (doctor's question to patient)* wo fehlt's denn?; **you are asking for ~** *(coll.)* du machst dir nur selber Schwierigkeiten; **that's asking for ~** *(coll.)* das muß ja Ärger geben; **make** *or* **cause ~** *(cause disturbance)* Ärger machen (**about** wegen); *(cause disagreement)* Zwietracht säen; **make ~ for sb.** jmdm. Ärger *od.* Schwierigkeiten machen; **give sb. no ~:** jmdm. keine Schwierigkeiten bereiten *od.* machen; **b)** *(faulty operation)* Probleme; **engine/clutch/brake ~:** Probleme mit dem Motor/der Kupplung/der Bremse; **the engine is giving ~:** mit dem Motor stimmt etwas nicht; **c)** *(disease)* **suffer from heart/liver ~:** Probleme mit dem Herz/der Leber haben; es am Herz/an der Leber haben *(ugs.);* **she's got some ~ with her back** ihr Rücken macht ihr zu schaffen; **d)** *(cause of vexation etc.)* Problem, *das;* **half the ~** *(fig.)* das größte Problem; **your ~ is that ...:** dein Fehler ist, daß ...; **their daughter is such a terrible ~ to them** ihre Tochter macht ihnen solche Sorgen; **e)** *(inconvenience)* Mühe, *die;* **it's more ~ than it's worth** es lohnt sich nicht; **dishwashers are more ~ than they are worth** mit Geschirrspülmaschinen hat man doch nur Ärger; **I don't want to put you to any ~:** ich möchte Ihnen keine Umstände machen; **not worth the ~:** nicht der Mühe wert; **give sb. no ~:** jmdm. keine Mühe machen; **take the ~ to do sth., go to the ~ of doing sth.** sich *(Dat.)* die Mühe machen, etw. zu tun; **go to** *or* **take a lot of/some ~:** sich *(Dat.)* sehr viel/viel Mühe geben; **please don't go to a lot of ~:** bitte machen Sie sich *(Dat.)* nicht allzuviel Umstände; **of course I'll help you – [it's] no ~ at all** natürlich helfe ich dir – das macht keine Umstände *od.* das ist nicht der Rede wert; **nothing was too much ~ for her** nichts war ihr zuviel; **f)** *(source of inconvenience)* **be a ~ [to sb.]** jmdm. zur Last fallen; **he won't be any ~:** er wird [Ihnen] keine Schwierigkeiten machen; **the children are no ~:** die Kinder sind keine Last; **g)** *in sing. or pl. (unrest)* Unruhen; **h) ~ and strife** *(Brit. sl.: wife)* bessere Hälfte *(ugs. scherzh.).* **2.** *v.t.* **a)** *(agitate)* beunruhigen; **don't let it ~ you** mach dir deswegen keine Sorgen; **be ~d about money matters** Geldsorgen haben; **b)** *(inconvenience)* stören; **[I'm] sorry to ~ you** bitte entschuldigen Sie die Störung; **can I ~ you with one more question?** darf ich Ihnen noch eine letzte Frage stellen?; **my back ~s me sometimes** mein Rücken macht mir manchmal zu schaffen; **c)** *(in requests)* **may I ~ you to shut the door?** dürfte ich Sie bitten, die Tür zu schließen?; **may I ~ you to mind your own business?** *(iron.)* kümmern Sie sich gefälligst um Ihre eigenen Angelegenheiten!; **I'll ~ you to wipe your feet** *(iron.)* putz dir gefälligst die Schuhe ab. **3.** *v.i.* **a)** *(be disturbed)* sich *(Dat.)* Sorgen machen (**over** um); **don't ~ about it** mach dir deswegen keine Gedanken; **b)** *(make an effort)* sich bemühen; **don't ~ to explain/to get up/to see me out** du brauchst mir gar nichts zu erklären/bitte bleiben Sie sitzen/Sie brauchen mich nicht hinauszubringen

**troubled** ['trʌbld] *adj.* **a)** *(worried)* besorgt; **what are you so ~ about?** was macht dir denn solche Sorgen?; **b)** *(restless)* unruhig; schlecht ⟨*Traum*⟩; **c)** *(agitated)* aufgewühlt; unruhig ⟨*Zeit*⟩; bewegt ⟨*Geschichte*⟩; *see also* **pour 1 a**

**trouble: ~-free** *adj.* problemlos; harmonisch ‹*Ehe*›; **~-maker** *n.* Unruhestifter, *der*/-stifterin, *die;* **~-shooter** *n.: jemand, der Störungen od. Probleme findet und beseitigt;* Troubleshooter, *der; (in disputes)* Vermittler, *der*/Vermittlerin, *die;* **~-shooting** *n.: das Finden und Beseitigen von Störungen od. Problemen; (in disputes)* Vermittlung, *die*

**troublesome** ['trʌblsəm] *adj.* schwierig; lästig ‹*Krankheit*›

'**trouble-spot** *n.* **a)** Unruheherd, *der;* **b)** *(in machine)* Schwachstelle, *die*

**trough** [trɒf] *n.* **a)** Trog, *der;* **a drinking-~:** ein Wassertrog; **b)** *(between waves)* Wellental, *das;* **c)** *(Meteorol.)* Trog, *der;* **a ~ of low pressure** eine Tiefdruckrinne; **d)** *(Econ., on graph)* Talsohle, *die*

**trounce** [traʊns] *v. t.* **a)** *(defeat)* vernichtend schlagen; **b)** *(beat severely)* durchprügeln *(ugs.)*

**troupe** [tru:p] *n.* Truppe, *die*

**trouper** ['tru:pə(r)] *n.* Komödiant, *der*/Komödiantin, *die;* **an old ~** *(fig.)* ein alter Hase; **sb. is a good ~:** jmd. ist ein guter Kollege/eine gute Kollegin

**trouser** ['traʊzə]: **~-leg** *n.* Hosenbein, *das;* **~ pocket** *n.* Hosentasche, *die;* **~-press** *n.* Bügelpresse, *die;* Hosenbügler, *der*

**trousers** ['traʊzəz] *n. pl.* **[pair of] ~:** Hose, *die;* Hosen *Pl.;* **catch sb. with his ~ down** *(fig. sl.)* jmdn. unvorbereitet treffen; **wear the ~** *(fig.)* die Hosen anhaben *(ugs.)*

'**trouser suit** *n. (Brit.)* Hosenanzug, *der*

**trousseau** ['tru:səʊ] *n., pl.* **~s** *or* **~x** ['tru:səʊz] Aussteuer, *die*

**trout** [traʊt] *n., pl. same* Forelle, *die*

**trout: ~ farm** *n.* Forellenzuchtbetrieb, *der;* **~-fishing** *n.* Forellenfang, *der*

**trowel** ['traʊəl] *n.* **a)** Kelle, *die;* **lay it on with a ~** *(fig.)* [es] dick auftragen *(ugs. abwertend);* **b)** *(Hort.)* Pflanzkelle, *die*

**Troy** [trɔɪ] *pr. n.* Troja *(das)*

**troy** *n.* **~ [weight]** Troygewicht, *das*

**truancy** ['tru:ənsɪ] *n.* [Schule]schwänzen, *das (ugs.);* unentschuldigtes Fernbleiben vom Unterricht; **be expelled for ~:** wegen Schwänzerei der Schule verwiesen werden

**truant** ['tru:ənt] **1.** *n.* [Schul]schwänzer, *der*/-schwänzerin, *die (ugs.);* **play ~:** [die Schule] schwänzen *(ugs.).* **2.** *adj.* [schule]schwänzend *(ugs.).* **3.** *v.i.* schwänzen *(ugs.);* unentschuldigt fehlen

**truce** [tru:s] *n.* Waffenstillstand, *der;* **call a ~:** einen Waffenstillstand schließen; *see also* **¹flag 1**

**¹truck** [trʌk] **1.** *n.* **a)** *(road vehicle)* Last[kraft]wagen, *der;* Lkw, *der;* **b)** *(Brit. Railw.: wagon)* offener Güterwagen; **c)** *(porter's barrow)* Gepäckkarren, *der;* **d)** *(Railw.: bogie)* Drehgestell, *das;* **e)** *(wheeled stand)* Hund, *der.* **2.** *v.t.* [per Lastwagen] transportieren. **3.** *v.i. (Amer.)* Lastwagen fahren

**²truck** *n.* **a) have no ~ with sb./sth.** *(fig.)* mit jmdm./etw. nichts zu tun haben; **b)** *(Amer.: produce)* Gemüse, *das;* **~ farm** Gemüseanbaubetrieb, *der*

'**truck driver** *n.* Lastwagenfahrer, *der*/-fahrerin, *die; (long-distance)* Fernfahrer, *der*/-fahrerin, *die*

**trucker** ['trʌkə(r)] *n. (Amer.)* **a)** *(market gardener)* Gemüsegärtner, *der*/-gärtnerin, *die;* **b)** *see* **truck driver**

**trucking** ['trʌkɪŋ] *n. (Amer.)* Lkw-Fahren, *das; (as business)* Lkw-Transport, *der*

**truckle** ['trʌkl] *v.i.* **~ [to sb.]** [jmdm. gegenüber] klein beigeben; *(fawn)* [vor jmdm.] kriechen

'**truckle-bed** *n.* Rollbett, *das*

'**truck-load** *n.* Wagenladung, *die;* **sand by the ~:** ganze Wagenladungen Sand

**truculence** ['trʌkjʊləns], **truculency** ['trʌkjʊlənsɪ] *ns., no pl.* Aufsässigkeit, *die*

**truculent** ['trʌkjʊlənt] *adj.* aufsässig

**truculently** ['trʌkjʊləntlɪ] *adv.* aufsässig

**trudge** [trʌdʒ] **1.** *v.i.* trotten; *(through mud, snow, etc.)* stapfen. **2.** *v.t.* entlangtrotten; *(through mud, snow, etc.)* entlangstapfen. **3.** *n.* [beschwerlicher] Fußmarsch

**true** [tru:] **1.** *adj.,* **~r** ['tru:ə(r)], **~st** ['tru:ɪst] **a)** *(in accordance with fact)* wahr; wahrheitsgetreu ‹*Bericht, Beschreibung*›; **is it ~ that ...?** stimmt es, daß ...?; **[only] too ~:** nur zu wahr; **that is too good to be ~:** das ist zu schön, um wahr zu sein; **sb. is too good to be ~:** jmd. ist einfach zu gut; **[that's] ~ [enough]** [das] stimmt; **..., it is ~:** ..., das stimmt; **you never spoke a ~r word** da hast du wirklich recht; **he is so rude, it isn't ~** *(coll.)* er ist unglaublich unhöflich; **come ~** ‹*Traum, Wunsch:*› Wirklichkeit werden, wahr werden; ‹*Befürchtung, Prophezeihung:*› sich bewahrheiten; **b)** richtig ‹*Vorteil, Einschätzung*›; *(rightly so called)* eigentlich; **the frog is not a ~ reptile** der Frosch ist kein echtes Reptil; **c)** *(not sham)* wahr; echt, wahr ‹*Freund, Freundschaft, Christ*›; **that's not a ~ antique** das ist keine echte Antiquität; **d)** *(accurately conforming)* getreu ‹*Wiedergabe*›; **be ~ to sth.** einer Sache *(Dat.)* genau entsprechen; **~ to type** typisch; **~ to life** lebensecht; **e)** *(loyal)* treu; **remain ~ to sth.** einer Sache *(Dat.)* treu bleiben; **~ to one's word** *or* **promise** getreu seinem Versprechen; **f)** *(in correct position)* gerade ‹*Pfosten*›; **g)** *(Geog.)* **~ north** geographischer Norden. *See also* **colour 1 e, h; form 1 g. 2.** *n.* **out of [the] ~:** schief ‹*Mauer, Pfosten, Räder*›. **3.** *adv.* **a)** *(truthfully)* aufrichtig ‹*lieben*›; **speak ~:** die Wahrheit sagen; **tell me ~:** sag mir die Wahrheit; **b)** *(accurately)* gerade; genau ‹*zielen*›; **c)** *(without variation)* ohne Veränderung. **4.** *v. t.* **~ [up]** richten; *(alter shape of)* zurichten; *(balance)* auswuchten ‹*Rad*›

**true: ~-blue 1.** *adj.* in der Wolle gefärbt; **~-blue Tory** Erzkonservative, *der/die;* **2.** *n.* Hundertfünfzigprozentige, *der/die (abwertend);* **~-born** *adj.* echt; rechtmäßig ‹*Erbe*›; **~-life** *adj.* aus dem Leben gegriffen ‹*Geschichte, Drama*›; **this is a ~-life story** diese Geschichte hat das Leben geschrieben; **~-love** *n.* Geliebte, *der/die;* Schatz, *der;* **~-love knot** *n.: komplizierter Schleifenknoten, der das feste Band der Liebe symbolisiert*

**trueness** ['tru:nɪs] *n., no pl.* **a)** *(loyalty)* Treue, *die;* **b)** *(conformity)* genaue Entsprechung; **~ to life** Lebensechtheit, *die;* **c)** *(correctness)* Paßgenauigkeit, *die; (of wheel)* rundes Laufen

**truffle** ['trʌfl] *n.* Trüffel, *die od. (ugs.) der*

**truism** ['tru:ɪzm] *n.* Binsenweisheit, *die*

**truly** ['tru:lɪ] *adv.* **a)** *(genuinely)* wirklich; **be ~ grateful** wirklich sehr *od.* aufrichtig dankbar sein; **he was first, ~ he was!** er war Erster, ganz bestimmt!; **~, I don't think he will make it** ehrlich gesagt, ich glaube nicht, daß er es schafft; **b)** *(accurately)* zutreffend, richtig ‹*darstellen, sagen*›; **c)** *(faithfully)* treu; *see also* **really; ²well 2 b; yours c**

**¹trump** [trʌmp] **1.** *n. (Cards)* Trumpf, *der;* **play a ~** *(lit. or fig.)* einen Trumpf ausspielen; **turn up ~s** *(Brit. coll.) (turn out better than expected)* doch noch ein voller Erfolg werden; *(do the right thing)* die Situation retten; **as usual Bertha turned up ~s** wie immer hat Bertha wahre Wunder vollbracht; **hold all the ~s** *(fig.)* alle Trümpfe in der Hand haben *od.* halten. **2.** *v. t.* übertrumpfen. **3.** *v. i.* Trumpf spielen

**~ up** *v. t. (coll.)* konstruieren; **~ed up charge** falsche Beschuldigung

**²trump** *n. (arch./poet.: trumpet)* Trompete, *die; see also* **last trump**

'**trump card** *n. (lit. or fig.)* Trumpf, *der;* **play one's ~** *(lit. or fig.)* seinen [größten *od.* stärksten] Trumpf ausspielen

**trumpery** ['trʌmpərɪ] *(dated)* **1.** *n.* **a)** *(worthless articles)* Krimskrams, *der (ugs.);* **b)** *(rubbish)* Unsinn, *der;* **trumperies** Firlefanz, *der;* **c)** *(worthless finery)* Tand, *der (veralt.).* **2.** *adj. (showy but worthless)* billig

**trumpet** ['trʌmpɪt] **1.** *n. (Mus., Bot.)* Trompete, *die;* **~ blast** Trompetenstoß, *der; see also* **blow 2 d. 2.** *v. t. & i.* trompeten

'**trumpet call** *n.* Trompetensignal, *das; (fig.)* Aufruf, *der*

**trumpeter** ['trʌmpɪtə(r)] *n.* Trompeter, *der*/Trompeterin, *die*

**truncate** [trʌŋ'keɪt] *v.t.* **a)** stutzen ‹*Baum, Spitze*›; **~d cone/pyramid** stumpfer Kegel/stumpfe Pyramide; **b)** *(fig.)* kürzen

**truncheon** ['trʌntʃn] *n.* Schlagstock, *der*

**trundle** ['trʌndl] *v.t. & i.* rollen

**trunk** [trʌŋk] *n.* **a)** *(of elephant etc.)* Rüssel, *der;* **b)** *(large box)* Schrankkoffer, *der;* **c)** *(of tree)* Stamm, *der;* **d)** *(of human or animal body)* Rumpf, *der;* **e)** *(Amer.: of car)* Kofferraum, *der;* **f)** *in pl. (Brit.: shorts)* Unterhose, *die;* **[swimming] ~s** Badehose, *die;* **g)** *(of nerve, artery, etc.)* Stamm, *der*

'**trunk-call** *n.* Ferngespräch, *das*

**trunk: ~-line** *n. (Railw.)* Hauptstrecke, *die; (Teleph.)* Fernleitung, *die;* **~-road** *n. (Brit.)* Fernstraße, *die*

**truss** [trʌs] **1.** *n.* **a)** *(of roof etc.)* Gebälk, *das; (of bridge)* Sprengwerk, *das;* **~ joint** Fachwerkknoten, *der;* **~ post** Hängesäule, *die;* **b)** *(of flowers etc.)* Büschel, *das; (of tomatoes)* Fruchttraube, *die (Landw.);* **c)** *(Med.: belt)* Bruchband, *das;* **d)** *(Brit.: of hay)* Bündel, *das;* Ballen, *der.* **2.** *v. t.* **a)** *(tie up before cooking)* dressieren ‹*Truthahn, Huhn*›; **b) ~ [up]** fesseln

**trust** [trʌst] **1.** *n.* **a)** *(firm belief)* Vertrauen, *das;* **place** *or* **put one's ~ in sb./sth.** sein Vertrauen auf *od.* in jmdn./etw. setzen; **have [every] ~ in sb./sth.** [volles] Vertrauen zu jmdm./etw. haben; **our ~ is in God** wir vertrauen auf Gott; **I don't have any ~ in him** ich vertraue ihm nicht; ich habe kein Vertrauen zu ihm; **b)** *(reliance)* **take sth. on ~:** etw. einfach glauben; **c)** *(organization managed by trustees)* Treuhandgesellschaft, *die;* **[charitable] ~:** Stiftung, *die;* **d)** *(body of trustees)* Treuhänder *Pl.; (of charitable ~)* [Stiftungs]beirat, *der;* Kuratorium, *das;* **e)** *(organized association of companies)* Trust, *der;* **f)** *(commercial credit)* **on ~:** auf Kredit; **g)** *(responsibility)* **he failed in his ~:** er hat das in ihn gesetzte Vertrauen enttäuscht; **position of ~:** Vertrauensstellung, *die;* **h)** *(obligation)* Verpflichtung, *die;* **public ~:** Verpflichtung der Öffentlichkeit gegenüber; **i)** *(Law)* Treuhand[schaft], *die; (property)* Treugut, *das;* **hold in ~:** treuhänderisch verwalten. *See also* **brains trust; investment a; unit trust. 2.** *v. t.* **a)** *(rely on)* trauen (+ *Dat.*); vertrauen (+ *Dat.*) ‹*Person*›; **not ~ sb. an inch** jmdm. nicht über den Weg trauen; **you can ~ him to do his best** du kannst dich darauf verlassen, daß er sein Bestes tut; **a ~ed servant/friend** ein getreuer Diener/Freund *(geh.);* **he was widely ~ed by them** er genoß *od.* besaß das Vertrauen der meisten von ihnen; **he/what he says is not to be ~ed** er ist nicht vertrauenswürdig/auf das, was er sagt, kann man sich nicht verlassen; **~ sb. with sth.** jmdm. etw. anvertrauen; **~ 'you/'him!** *etc. (coll. iron.)* typisch!; **~ 'him to get it wrong!** er muß natürlich einen Fehler machen!; **b)** *(hope)* hoffen; **I ~ he is not hurt?** er ist doch hoffentlich nicht verletzt?; **c)** *(entrust)* anvertrauen (**to** *Dat.*). **3.** *v. i.* **a) ~ to** sich verlassen auf (+ *Akk.*); **b)** *(believe)* **~ in sb./sth.** auf jmdn./etw. vertrauen

**trust: ~-buster** *n.: jmd., der [auf der Grundlage der Antitrustgesetze] gegen Trusts vorgeht;* **~ company** *n.* Treuhandgesellschaft, *die;* **~-deed** *n.* Treuhandvertrag, *der*

**trustee** [trʌ'sti:] *n.* **a)** *(person holding*

*property in trust; also fig.)* Treuhänder, *der*/Treuhänderin, *die;* **the Public T~** *(Brit.)* der staatliche Vermögensverwalter; **b)** *(one appointed to manage institution)* Verwalter, *der;* Kurator, *der;* **Board of T~s** Vorstand, *der;* Kuratorium, *das;* **c)** *(country supervising territory)* Treuhandmacht, *die*

**trusteeship** [trʌ'sti:ʃɪp] *n.* **a)** *(office)* Treuhänderschaft, *die;* **b)** *(supervision of trust territory)* Treuhandschaft, *die;* Mandat, *das*

**trustful** ['trʌstfl] *adj.*, **trustfully** ['trʌstfəlɪ] *adv.* vertrauensvoll

**'trust fund** *n.* Treuhandvermögen, *das*

**trusting** ['trʌstɪŋ] *adj.*, **trustingly** ['trʌstɪŋlɪ] *adv.* vertrauensvoll

**trustworthiness** ['trʌstwɜ:ðɪnɪs] *n., no pl.* Vertrauenswürdigkeit, *die*

**trustworthy** ['trʌstwɜ:ðɪ] *adj.* vertrauenswürdig

**trusty** ['trʌstɪ] **1.** *adj. (arch./joc.)* [ge]treu *(dichter.)*. **2.** *n.* Kalfaktor, *der*

**truth** [tru:θ] *n., pl.* **~s** [tru:ðz, tru:θs] **a)** *no pl.* Wahrheit, *die;* **the ~ of that is open to question** es ist fraglich, ob das zutrifft; **there is some/not a word of** *or* **no ~ in that** es ist etwas Wahres/kein wahres Wort/nichts Wahres daran; **in ~** *(literary)*, **of a ~** *(arch.)* wahrlich *(geh.)*; **b)** *(what is true)* Wahrheit, *die; (principle)* Grundsatz, *der;* **tell the [whole] ~:** die [ganze] Wahrheit sagen; **the ~ is that I forgot** um ehrlich zu sein, ich habe es vergessen; **to tell the ~, ~ to tell** ehrlich gesagt. *See also* **moment a; out 1 h**

**'truth drug** *n.* Wahrheitsdroge, *die*

**truthful** ['tru:θfl] *adj.* ehrlich; wahrheitsgetreu ‹*Darstellung, Schilderung*›; **be ~ about sth.** die Wahrheit über etw. *(Akk.)* sagen

**truthfully** ['tru:θfəlɪ] *adv.* ehrlich

**truthfulness** ['tru:θflnɪs] *n., no pl.* Wahrheitstreue, *die*

**try** [traɪ] **1.** *n.* **a)** *(attempt)* Versuch, *der;* **have a ~ at sth./doing sth.** etw. versuchen/versuchen, etw. zu tun; **at least he had a good ~:** er hat sich *(Dat.)* wenigstens Mühe gegeben; **give sb./sth. a ~:** jmdm. eine Chance geben/etw. einmal ausprobieren; **I'll give him another ~** *(ask him again for help, a favour, etc.)* ich versuche es noch einmal bei ihm; *(give him another chance)* ich versuche es noch einmal mit ihm; *(on telephone)* ich versuche noch einmal, ihn zu erreichen; **give it a ~:** es versuchen; **b)** *(Rugby)* Versuch, *der;* **score two tries** zwei Versuche erzielen *od.* legen; **c)** *(Amer. Footb.)* Versuch, noch einen Punkt zu erzielen. **2.** *v.t.* **a)** *(attempt, make effort)* versuchen; **it's ~ing to rain** es tröpfelt ein wenig; **the sun is ~ing to come out** *or* **shine** es sieht so aus, als käme die Sonne bald heraus; **do ~ to be on time** bitte versuche, pünktlich zu sein; **it's no use ~ing to do sth.** es hat keinen Zweck zu versuchen, etw. zu tun; **I've given up ~ing to do sth.** ich versuche schon gar nicht mehr, etw. zu tun; **~ one's best** sein Bestes tun; **don't ~ anything!** keine Tricks!; **don't even ~ to excuse yourself** versuche erst gar nicht, dich zu entschuldigen; **b)** *(test usefulness of)* probieren; **if the stain is difficult to remove, ~ soap and water** wenn der Fleck schwer zu entfernen ist, versuche *od.* probiere es doch mal mit Wasser und Seife; **I've tried all the bookshops for this book** ich habe in allen Buchhandlungen versucht, dieses Buch zu bekommen; **you can always ~ the supermarket** du kannst es auf jeden Fall mal im Supermarkt versuchen; **if you can't find it, ~ the top shelf** wenn du es nicht finden kannst, schau mal auf dem obersten Regal nach; **~ one's hand at sth.** sich an etw. *(Dat.)* versuchen; **~ shaking it!** probier es mal mit Schütteln!; **I'll ~ anything once** ich probiere alles einmal aus; **c)** *(test)* auf die Probe stellen ‹*Fähigkeit, Kraft, Mut, Geduld*›; **~ the rope** ausprobieren, ob das Seil auch hält; **~ the door/window [to see if it's locked]** versuchen, die Tür/das Fenster zu öffnen[, um zu sehen, ob sie/es verschlossen ist]; **~ sb. in Sales** jmdn. zur Probe im Verkauf einsetzen; **be tried and found wanting** gewogen und zu leicht befunden werden; **these** *or* **such things are sent to ~ us** das sind die Prüfungen, die uns das Schicksal auferlegt; **d)** *(Law.: take to trial)* **~ a case** einen Fall verhandeln; **~ sb. [for sth.]** jmdn. [wegen einer Sache] vor Gericht stellen; jmdm. [wegen einer Sache] den Prozeß machen; **he was tried for murder** er stand wegen Mordes vor Gericht; **he was tried before a jury** er wurde vor ein Schwurgericht gestellt. *See also* **fall 1 i; ¹size 1 a. 3.** *v.i.* es versuchen; **she wasn't even ~ing** sie hat sich *(Dat.)* überhaupt keine Mühe gegeben *od.* es gar nicht erst versucht; **it was not for want of ~ing** es lag nicht daran, daß er/sie *usw.* sich nicht bemüht hätte; **if at first you don't succeed, ~, ~, ~ again** wenn es dir nicht gleich gelingt, mußt du es immer wieder versuchen; **you can't say I didn't ~:** du kannst nicht sagen, daß ich es nicht versucht hätte; **~ as he might** sosehr er sich auch bemühte; **~ and do sth.** *(coll.)* versuchen, etw. zu tun; **~ hard/harder** sich *(Dat.)* viel/mehr Mühe geben

**~ for** *v.t.* **a)** *(compete for)* sich bemühen um ‹*Arbeitsstelle, Stipendium*›; kämpfen um ‹*Sieg im Sport*›; **~ for gold** es auf eine Goldmedaille abgesehen haben; **b)** *(seek to reach)* **~ for the summit** den Gipfel in Angriff nehmen; **he had been ~ing so hard for it** er hatte so sehr darum gekämpft

**~ 'on** *v.t.* **a)** anprobieren ‹*Kleidungsstück*›; **b)** *(Brit. coll.)* **~ it on** provozieren; **don't ~ anything/it on with me** lege dich nicht mit mir an; *see also* **try-on**

**~ 'out** *v.t.* **~ sth./sb. out** etw. ausprobieren/jmdm. eine Chance geben; **let's ~ him out in Sales** setzen wir ihn doch zur Probe im Verkauf ein; *see also* **try-out**

**trying** ['traɪɪŋ] *adj.* **a)** *(testing)* schwierig; **b)** *(difficult to endure)* anstrengend; **be ~ for sb./sth.** jmdm./einer Sache sehr zusetzen *(ugs.)*

**try: ~-on** *n. (coll.)* **a)** *(Brit. joke)* Scherz, *der; (lie)* Lüge, *die;* **it's just a ~-on** *(to discover whether sth. will be tolerated)* er/sie probiert nur aus, wie weit er/sie gehen kann; **b)** *(of clothes)* Anprobe, *die;* **~-out** *n.* Erprobung, *die;* **give sth. a ~-out** etw. ausprobieren; **have a ~-out** ‹*Maschine usw.:*› ausprobiert werden; **would you like [to have] a ~-out?** möchten Sie mal probieren?; *(of vehicle)* möchten Sie eine Probefahrt machen?; **~-sail** ['traɪsl] *n. (Naut.)* Gaffelsegel, *das;* **~-square** *n.* Anschlagwinkel, *der*

**tryst** [trɪst] *n. (arch./literary)* Stelldichein, *das (veralt.)*; **keep/break ~:** zu einem Stelldichein gehen/nicht gehen; **make a ~:** sich zu einem Stelldichein verabreden

**tsar** [zɑ:(r)] *n. (Hist.)* Zar, *der*

**tsarina** [zɑ:'ri:nə] *n. (Hist.) (empress)* Zarin, *die; (tsar's wife)* Zariza, *die*

**tsarism** ['zɑ:rɪzm] *n. (Hist.)* Zarentum, *das;* Zarismus, *der*

**tsarist** ['zɑ:rɪst] *(Hist.)* **1.** *adj.* zaristisch. **2.** *n.* Zarist, *der*/Zaristin, *die*

**tsetse [fly]** ['tsetsɪ (flaɪ)] *n.* Tsetsefliege, *die*

**T-shirt** *n.* T-Shirt, *das*

**tsp.**, *pl.* **tsps** *abbr.* **teaspoon[s]** Teel.

**T-square** *see* **square j**

**TT** *abbr.* **a) teetotal; b) Tourist Trophy** *Motorradrennen auf der Insel Man*

**TU** *abbr.* **Trade Union**

**Tu.** *abbr.* **Tuesday** Di.

**tub** [tʌb] *n.* **a)** Kübel, *der;* **b)** *(for ice-cream etc.)* Becher, *der;* **c)** *(Brit. coll.: bath)* Bad, *das;* **d)** *(derog./joc.: boat)* Kahn, *der (ugs.)*

**tuba** ['tju:bə] *n. (Mus.)* Tuba, *die*

**tubbiness** ['tʌbɪnɪs] *n.* Rundlichkeit, *die; (of child also)* Pummeligkeit, *die (ugs.)*

**tubby** ['tʌbɪ] *adj.* rundlich; pummelig *(ugs.)*, rundlich ‹*Kind*›

**tube** [tju:b] *n.* **a)** *(for conveying liquids etc.)* Rohr, *das;* **be down the tube[s]** *(sl.)* am Ende sein *(ugs.)*; **he was down the ~[s] to the tune of £270,000** *(sl.)* er saß mit Schulden in Höhe von 270 000 Pfund in der Tinte *(ugs.)*; **go down the ~[s]** *(sl.)* den Bach runter gehen *(ugs.)*; **b)** *(small cylinder)* Tube, *die; (for sweets, tablets)* Röhrchen, *das;* **c)** *(Anat., Zool.)* Röhre, *die;* **d)** *(cathode-ray ~)* Röhre, *die; (coll.: television)* **watch the ~:** vor der Röhre sitzen *(ugs.)*; **be on the ~:** im Fernsehen sein; **e)** *(Amer.: thermionic valve)* Röhre, *die;* **f)** *(Brit. coll.: underground railway)* U-Bahn, *die;* **g)** *see* **inner tube**

**tubeless** ['tju:blɪs] *adj.* schlauchlos ‹*Reifen*›

**tuber** ['tju:bə(r)] *n. (Bot.)* Knolle, *die*

**tubercle** ['tju:bəkl] *n. (Med.)* Tuberkel, *der*

**tubercular** [tju:'bɜ:kjʊlə(r)] *adj. (Med.)* tuberkulös

**tuberculin** [tju:'bɜ:kjʊlɪn] *n.* Tuberkulin, *das*

**tuberculin-'tested** *adj.* tuberkulingetestet

**tuberculosis** [tju:bɜ:kjʊ'ləʊsɪs] *n., no pl. (Med.)* Tuberkulose, *die;* **pulmonary ~:** Lungentuberkulose, *die*

**tuberose** ['tju:bərəʊz] *n. (Bot.)* Tuberose, *die*

**tube: ~ station** *n. (Brit. coll.)* U-Bahnhof, *der;* **~ train** *n. (Brit. coll.)* U-Bahn-Zug, *der*

**tubful** ['tʌbfʊl] *n.* Kübel [voll], *der;* **a ~ of water** ein Kübel Wasser

**tubing** ['tju:bɪŋ] *n.* Rohre *Pl.*

**'tub-thumper** *n.* Demagoge, *der*

**tubular** ['tju:bjʊlə(r) *adj.* **a)** *(tube-shaped)* rohrförmig; **b)** *(made of ~ pieces)* Stahlrohr‹*möbel, -stuhl*›

**tubular 'bells** *n. pl.* Glockenspiel, *das*

**TUC** *abbr. (Brit.)* **Trades Union Congress**

**tuck** [tʌk] **1.** *v.t.* **a)** stecken; **he ~ed his legs under him** er schlug die Beine unter; **b)** *(put ~s in)* Biesen nähen in (+ *Akk.*). **2.** *n.* **a)** *(in fabric) (for decoration)* Biese, *die; (to shorten or tighten)* Abnäher, *der;* **b)** *no pl., no indef. art. (Brit. Sch. coll.: food)* Erfrischungen [und Süßigkeiten]

**~ a'way** *v.t.* **a)** wegstecken; **the house is ~ed away behind the trees** das Haus liegt versteckt hinter den Bäumen; **b)** *(coll.: eat)* verputzen *(ugs.)*; **she can certainly ~ it away** sie kann ganz schön was verputzen *(ugs.)*

**~ 'in 1.** *v.t.* hineinstecken; **~ in the blankets** die Decken an den Seiten feststecken; **~ your shirt in!** steck dein Hemd in die Hose! **2.** *v.i. (coll.)* zulangen *(ugs.)*; *see also* **tuck-in**

**~ into** *v.i. (coll.: eat)* **~ into sth.** sich *(Dat.)* etw. schmecken lassen

**~ 'up** *v.t.* **a)** hochkrempeln ‹*Ärmel, Hose*›; hochnehmen ‹*Rock*›; **b)** *(cover snugly)* zudecken; **be ~ed up [in bed]** zugedeckt [im Bett] sein

**'tuck-box** *n. (Brit. Sch.)* Kiste [mit Süßigkeiten *usw.*]

**¹tucker** ['tʌkə(r)] *n. (Austral. coll.: food)* Futter, *das (ugs.)*; **some ~:** etwas zu futtern *(ugs.)*

**²tucker** *v.t. (Amer.)* **~ [out]** *(coll.)* fix und fertig machen *(ugs.)*; **be ~ed [out]** fix und fertig *od.* total groggy sein *(ugs.)*

**tuck: ~-in** *n. (Brit. coll.)* [reichliches] Essen; **they had a really good ~-in** sie hatten ordentlich was zu futtern *(ugs.)*; **~-shop** *n. (Brit. Sch.) Laden für Erfrischungen, Süßigkeiten usw. in einer Schule*

**Tudor** ['tju:də(r)] *(Brit. Hist.)* **1.** *n.* Tudor, *der/die.* **2.** *attrib. adj.* Tudor-

**Tudor: ~ 'rose** *n.* Tudorrose, *die;* **~ style** *n.* Tudorstil, *der*

**Tue., Tues.** *abbrs.* **Tuesday** Di.

**Tuesday** ['tju:zdeɪ, 'tju:zdɪ] **1.** *n.* Dienstag, *der.* **2.** *adv. (coll.)* **she comes ~s** sie kommt dienstags. *See also* **Friday**

**tufa** ['tju:fə] *n. (Geol.)* Sinter, *der*

**tuff** [tʌf] *n. (Geol.)* Tuff, *der*

**tuft** [tʌft] *n.* Büschel, *das;* ~ **of grass/hair** Gras-/Haarbüschel, *das*

**tufted** ['tʌftɪd] *adj.* **a)** *(having tufts)* büschelig; ~ **carpet** Tuftingteppich, *der;* **b)** *(with tuft of feathers on head)* Hauben-; ~ **duck** Reiherente, *die;* ~ **puffin** Schopfhund, *der*

**tug** [tʌg] **1.** *n.* **a)** Ruck, *der;* **he felt a ~ on the fishing-line** er spürte, wie etwas an der Angel zog; **he gave the rope a ~:** er zerrte am Seil; ~ **of love [battle]** *(coll.) Streit bei der Ehescheidung, wem das Kind zugesprochen wird;* ~ **of war** *(lit. or fig.)* Tauziehen, *das;* **b)** ~ **[boat]** Schlepper, *der;* **c)** *(fig.: emotional pain)* **it was a ~:** es tat weh *(ugs.);* **she felt a big ~ at parting** der Abschied fiel ihr sehr schwer. **2.** *v. t.,* **-gg-** ziehen; schleppen ⟨*Boot*⟩; **be ~ged this way and that** *(fig.)* hin- und hergerissen sein. **3.** *v. i.,* **-gg-** zerren **(at** an + *Dat.*); ~ **at sb.'s heart-strings** *(fig.)* jmdm. das Herz zerreißen

**tuition** [tju:'ɪʃn] *n.* Unterricht, *der;* **extra ~:** Nachhilfeunterricht, *der;* ~ **fees** *(Sch.)* Schulgeld, *das; (Univ.)* Studiengebühren *Pl.; (for private ~)* Unterrichtshonorar, *das*

**tulip** ['tju:lɪp] *n.* Tulpe, *die*

**'tulip-tree** *n.* Tulpenbaum, *der*

**tulle** [tju:l] *n. (Textiles)* Tüll, *der*

**tum** [tʌm] *n. (joc.)* Bauch, *der*

**tumble** ['tʌmbl] **1.** *v. i.* **a)** *(fall suddenly)* stürzen; fallen; ~ **off sth.** von etw. fallen; **b)** *(move in headlong fashion)* stürzen; ~ **into/out of sth.** in/aus etw. eilen; ~ **into bed** ins Bett fallen; **c)** ⟨*Preise usw.:*⟩ fallen; *(sharply)* stürzen. **2.** *v. t.* **a)** *(fling headlong)* schleudern; **b)** *(rumple)* durcheinanderbringen, zerzausen ⟨*Haar*⟩. **3.** *n.* Sturz, *der;* **she's taken [a bit of] a ~:** sie ist hingefallen

~ **on** *v. t. (chance on)* stolpern über (+ *Akk.*)

~ **'over** *v. i.* hinfallen; ⟨*Kartenhaus:*⟩ umfallen

~ **to** *v. t. (Brit. coll.)* durchschauen

**tumble: ~-bug** *n.* Kotkäfer, *der;* **~down** *adj.* verfallen; **~-drier** *n.* Wäschetrockner, *der;* **~dry** *v. t.* im Automaten trocknen

**tumbler** ['tʌmblə(r)] *n.* **a)** *(glass) (short)* Whiskyglas, *das; (long)* Wasserglas, *das;* **b)** *(in lock)* Zuhaltung, *die;* **c)** *see* **tumble-drier; d)** *(acrobat)* Bodenakrobat, *der*/-akrobatin, *die;* **e)** *(pigeon)* Tümmler, *der*

**tumblerful** ['tʌmbləfʊl] *n.* Glas[voll], *das;* **a ~ of water** ein Glas Wasser

**'tumbler switch** *n.* Kippschalter, *der*

**'tumble-weed** *n. (Amer.)* Steppenläufer, *der*

**tumbrel** ['tʌmbrl], **tumbril** ['tʌmbrɪl] *n. (Hist.)* Karren, *der*

**tumescence** [tjʊ'mesəns] *n.* Schwellung, *die*

**tumescent** [tju:'mesənt] *adj.* anschwellend; **make ~:** anschwellen lassen

**tummy** ['tʌmɪ] *n. (child lang./coll.)* Bäuchlein, *das;* **I've got an upset ~:** ich habe mir den Magen verdorben

**tummy: ~-ache** *n. (child lang./coll.)* Bauchweh, *das;* **~-button** *n. (child lang./coll.)* Bauchnabel, *der;* ~ **upset** *n. (child lang./coll.)* Magenverstimmung, *die*

**tumour** *(Brit.; Amer.:* **tumor***)* ['tju:mə(r)] *n.* Tumor, *der*

**tumult** ['tju:mʌlt] *n.* **a)** *(commotion, uproar)* Tumult, *der;* **be in ~:** sich in Aufruhr befinden; **b)** *(confused state of mind)* Verwirrung, *die;* **his mind was in a ~:** er war innerlich in Aufruhr

**tumultuous** [tju:'mʌltjʊəs] *adj.* **a)** stürmisch ⟨*Empfang, Beifall*⟩; **b)** wild ⟨*Fluß, Sturm, Leidenschaft*⟩

**tumulus** ['tju:mjʊləs] *n., pl.* **tumuli** ['tju:mjʊlaɪ] Tumulus, *der*

**tun** [tʌn] *n.* Faß *das*

**tuna** ['tju:nə] *n., pl. same or* **~s a)** *(fish)* Thunfisch, *der;* **b)** *(as food)* **~[-fish]** Thunfisch, *der; attrib.* Thunfisch-

**tundra** ['tʌndrə] *n. (Geog.)* Tundra, *die*

**tune** [tju:n] **1.** *n.* **a)** *(melody)* Melodie, *die;* **change one's ~, sing another** *or* **a different ~** *(fig.) (behave differently)* sein Verhalten ändern; *(assume different tone)* einen anderen Ton anschlagen; **call the ~:** den Ton angeben; **b)** *(correct pitch)* **sing in/out of ~:** richtig/falsch singen; **be in/out of ~** ⟨*Instrument:*⟩ richtig gestimmt/verstimmt sein; **c)** *(fig.: agreement)* **be in/out of ~ with sth.** mit etw. in Einklang/nicht in Einklang stehen; **he doesn't feel in ~ with their attitudes/ideas** ihre Einstellungen/Vorstellungen sind ihm fremd; **d)** *(amount)* **to the ~ of [£50,000]** sage und schreibe [50 000 Pfund]. **2.** *v. t.* **a)** *(Mus.: put in ~)* stimmen; **b)** *(Radio, Telev.)* einstellen **(to** auf + *Akk.*); **stay ~d!** bleiben Sie auf dieser Welle!; **c)** einstellen ⟨*Motor, Vergaser*⟩; *(for more power)* frisieren ⟨*Motor, Auto*⟩

~ **'in** *v. i. (Radio, Telev.)* ~ **in to a station** einen Sender einstellen; ~ **in at five o'clock to hear the details!** schalten Sie [Ihr Radio/Ihren Fernseher] um fünf Uhr ein, wenn Sie die Einzelheiten hören wollen; ~ **in to** *(fig.)* sich einstellen auf (+ *Akk.*)

~ **'up 1.** *v. i.* [die Instrumente] stimmen. **2.** *v. t.* einstellen

**tuneful** ['tju:nfl] *adj.*, **tunefully** ['tju:nfəlɪ] *adv.* melodisch

**tunefulness** ['tju:nflnɪs] *n., no pl.* Melodik, *die*

**tuneless** ['tju:nlɪs] *adj.*, **tunelessly** ['tju:nlɪslɪ] *adv.* unmelodisch

**tunelessness** ['tju:nlɪsnɪs] *n., no pl.* Mangel an Melodik

**tuner** ['tju:nə(r)] *n.* **a)** *(Mus.)* Stimmer, *der*/Stimmerin, *die;* **b)** *(knob etc.)* Einstellknopf, *der;* Tuner, *der (Technik);* **c)** *(radio)* Tuner, *der*

**tungsten** ['tʌŋstən] *n.* Wolfram, *das*

**tunic** ['tju:nɪk] *n.* **a)** *(part of uniform) (of soldier, policeman)* Uniformjacke, *die; (of schoolgirl)* Kittel, *der;* **b)** *(Fashion)* Kasack, *der;* **c)** *(body-garment) (in ancient Greece)* Chiton, *der; (in ancient Rome)* Tunika, *die*

**tuning** ['tju:nɪŋ] *n.* **a)** *(Mus.)* Stimmen, *das;* **b)** *(Radio)* Einstellen, *das;* **c)** *(Motor Veh.)* Einstellen, *das; (to increase power)* Frisieren, *das;* Tuning, *das;* **the engine needs ~:** der Motor muß eingestellt werden

**tuning: ~-fork** *n. (Mus.)* Stimmgabel, *die;* **~-peg, ~-pin** *ns. (Mus.)* Wirbel, *der*

**Tunis** ['tju:nɪs] *pr. n.* Tunis *(das)*

**Tunisia** [tju:'nɪzɪə] *pr. n.* Tunesien *(das)*

**Tunisian** [tju:'nɪzɪən] **1.** *adj.* tunesisch; **sb. is ~:** jmd. ist Tunesier/Tunesierin. **2.** *n.* Tunesier, *der*/Tunesierin, *die*

**tunnel** ['tʌnl] **1.** *n.* **a)** Tunnel, *der; (dug by animal)* Gang, *der;* **b)** *(Motor Veh.)* **[transmission] ~:** Kardantunnel, *der;* **c) wind ~:** Windkanal, *der.* **2.** *v. i., (Brit.)* **-ll-** einen Tunnel graben; ~ **under sth.** etw. untertunneln; ~ **through sth.** durch etw. *(Akk.)* einen Tunnel graben. **3.** *v. t., (Brit.)* **-ll-** ~ **one's way out** sich *(Dat.)* einen Weg nach draußen graben

**'tunnel vision** *n.* Röhrengesichtsfeld, *das (Med.); (fig.)* enges Blickfeld

**tunny** ['tʌnɪ] *n. (Zool.)* Thunfisch, *der*

**tup** [tʌp] *n. (Brit.)* Widder, *der*

**tuppence** ['tʌpəns] *see* **twopence**

**tuppenny** ['tʌpənɪ] *see* **twopenny**

**turban** ['tɜ:bən] *n.* Turban, *der*

**turbaned** ['tɜ:bənd] *adj.* mit einem Turban [auf dem Kopf] *nachgestellt*

**turbid** ['tɜ:bɪd] *adj.* **a)** *(muddy)* trüb[e]; dicht ⟨*Nebel, Rauchwolke*⟩; **b)** *(fig.: confused)* wirr

**turbidity** [tɜ:'bɪdɪtɪ] *n., no pl.* **a)** *(muddiness)* Trübheit, *die;* **b)** *(fig.: confusion)* Verworrenheit, *die*

**turbine** ['tɜ:baɪn] *n.* Turbine, *die*

**turbo** ['tɜ:bəʊ] *n. (coll.)* Turbo, *der*

**turbo: ~-charged** *adj.* mit Turbolader *nachgestellt;* **~-charger** *n.* Turbolader, *der;* **~-jet** *n.* Turbojet, *der;* **~-jet engine** *n.* Turboluftstrahltriebwerk, *das;* **~-prop** *n.* Turbo-Prop-Flugzeug, *das;* **~-prop engine** Turbo-Prop-Triebwerk, *das*

**turbot** ['tɜ:bət] *n. (Zool.)* Steinbutt, *der*

**turbulence** ['tɜ:bjʊləns] *n., no pl.* **a)** *(agitation)* Aufgewühltheit, *die; (fig.)* Aufruhr, *der; (unruliness)* Unruhe, *die;* **b)** *(Phys.)* Turbulenz, *die*

**turbulent** ['tɜ:bjʊlənt] *adj.* **a)** aufgewühlt ⟨*Gedanken, Wellen, Leidenschaften*⟩; turbulent ⟨*Herrschaft, Kindheit*⟩; ungestüm ⟨*Menge*⟩; aufrührerisch ⟨*Stadt, Mob*⟩; **b)** *(Phys.)* turbulent

**turd** [tɜ:d] *n. (coarse)* **a)** *(lump of excrement)* Scheißhaufen, *der (derb);* **b)** *(contemptible person)* Scheißkerl, *der (derb)*

**tureen** [tjʊə'ri:n] *n.* Terrine, *die*

**turf** [tɜ:f] **1.** *n., pl.* **~s** *or* **turves** [tɜ:vz] **a)** *no pl. (covering of grass etc.)* Rasen, *der;* **b)** *(cut patch of grass)* [abgestochenes] Rasenstück; Sode, *die (bes. nordd.);* **lay ~:** Fertigrasen verlegen; **c) the ~** *(racecourse)* der Turf *(Pferdesport);* die Rennbahn; *(horse-racing)* der Pferderennsport. **2.** *v. t.* mit Fertigrasen bedecken

~ **'out** *v. t. (sl.)* rausschmeißen *(ugs.);* ~ **sb. out of sth.** jmdn. aus etw. [raus]schmeißen

~ **'over** *v. t.* mit Rasenstücken bedecken

**'turf accountant** *n.* Buchmacher, *der*

**turgid** ['tɜ:dʒɪd] *adj.* **a)** *(inflated)* [an]geschwollen; **b)** *(fig.)* geschwollen; schwülstig *(abwertend)*

**turgidly** ['tɜ:dʒɪdlɪ] *adv.* geschwollen *(abwertend)*

**Turk** [tɜ:k] *n.* Türke, *der*/Türkin, *die*

**Turkey** ['tɜ:kɪ] *pr. n.* die Türkei

**turkey** *n.* **a)** *(fowl)* Truthahn, *der*/Truthenne, *die;* **b)** *(esp. as food)* Puter, *der*/Pute, *die;* **b)** *(sl. derog.: stupid person)* Schwachkopf, *der (ugs. abwertend);* **c)** *(Amer. sl.: flop)* Reinfall, *der;* **d) talk ~** *(Amer. coll.)* Tacheles reden *(ugs.)*

**turkey: ~ buzzard** *n.* Truthahngeier, *der;* **~cock** *n.* Truthahn, *der; (fig.)* Angeber, *der (abwertend);* **red as a ~cock** *(from heat or exertion)* krebsrot; *(with anger or embarrassment)* puterrot; ~ **vulture** *see* ~ **buzzard**

**Turkish** ['tɜ:kɪʃ] **1.** *adj.* türkisch; **sb. is ~:** jmd. ist Türke/Türkin; *see also* **English 1. 2.** *n.* Türkisch, *das; see also* **English 2 a**

**Turkish: ~ 'bath** *n.* türkisches Bad; ~ **delight** *n. mit Puderzucker bestreutes, gelatinehaltiges Konfekt;* Rachatlukum, *das;* Lokum, *das;* ~ **'towel** *n.* Frotteehandtuch, *das*

**Turk: ~'s cap** *n. (Bot.)* Türkenbundlilie, *die;* **~'s 'head** *n. (knot)* türkischer Bund

**turmeric** ['tɜ:mərɪk] *n.* Gelbwurzel, *die; (spice)* Kurkuma, *die*

**turmoil** ['tɜ:mɔɪl] *n.* Aufruhr, *der;* [wildes] Durcheinander; **everything/her mind was in [a] ~:** es herrschte ein wildes Durcheinander/sie war völlig durcheinander

**turn** [tɜ:n] **1.** *n.* **a) it is sb.'s ~ to do sth.** jmd. ist an der Reihe, etw. zu tun; **it's your ~ [next]** du bist als nächster/nächste dran *(ugs.) od.* an der Reihe; **wait one's ~:** warten, bis man an der Reihe ist; **your ~ will come** du kommst auch [noch] an die Reihe; **by ~s** abwechselnd; **each of us in ~ had to give his name** wir mußten nacheinander *od.* der Reihe nach unsere Namen nennen; **he gave it to her, and she in ~ passed it on to me** er gab es ihr, und sie wiederum reichte es an mich weiter; **in one's ~:** wiederum; **out of ~** *(before or after one's ~)* außer der Reihe; *(fig.)* an der falschen Stelle ⟨*lachen*⟩; **she tried to throw the dice out of ~:** sie wollte würfeln, obwohl sie nicht an der Reihe war; **excuse me if I'm talking out of ~** *(fig.)* entschuldige, wenn ich etwas Unpassendes sage; **your remark was out of ~** *(fig.)* Ihr

Bemerkung war fehl am Platz; **take a ~ at the wheel** für eine Weile das Steuer übernehmen; **take [it in] ~s** sich abwechseln; **take ~s at doing sth., take it in ~s to do sth.** etw. abwechselnd tun; **she was unhappy and cheerful, in ~s** sie war abwechselnd unglücklich und fröhlich; *see also* **about 1f, g; serve 1c; b)** *(rotary motion)* Drehung, *die;* **give the handle a ~:** den Griff [herum]drehen; **have/show a good ~ of speed** schnell sein; **put on a ~ of speed** einen Zahn zulegen *(ugs.);* **[done] to a ~:** genau richtig [zubereitet]; **c)** *(change of direction)* Wende, *die;* **take a ~ to the right/left, do** *or* **make** *or* **take a right/left ~:** nach rechts/links abbiegen; **'no left/right ~'** „links/rechts abbiegen verboten!"; **make a ~ to port/starboard** nach Backbord/Steuerbord abdrehen; **the tide was on the ~:** die Flut/Ebbe setzte gerade ein; **the ~ of the year/century** die Jahres-/Jahrhundertwende; **be on the ~** *(be about to change)* sich [zum Besseren/Schlechteren] wenden; *(be about to go sour)* ⟨*Milch usw.:*⟩ einen Stich haben *(ugs.);* **a ~ of fortune** eine Schicksalswende; **take a favourable ~** *(fig.)* sich zum Guten wenden; **take a ~ for the better/worse** *see* **take 1k; d)** *(deflection)* Biegung, *die;* **e)** *(bend)* Kurve, *die;* *(corner)* Ecke, *die;* **at every ~** *(fig.)* *(constantly)* ständig; *(wherever one goes)* überall; **f)** *(short performance on stage etc.)* Nummer, *die;* **do one's ~:** auftreten; **g)** *(change of tide)* **~ of the tide** Gezeitenwechsel, *der;* **there will be a ~ of the tide** *(fig.)* das Blatt wird sich wenden; **h)** *(character)* **be of a mechanical/humorous/speculative ~:** technisch begabt sein/von humorvollem Schlag sein/einen Hang zum Spekulativen haben; **a child with a more enquiring ~ of mind than his brother** ein Kind, das eher Fragen stellt als sein Bruder; **those of a democratic ~ of mind** die demokratisch Eingestellten; **i)** *(literary: formation)* Rundung, *die;* **the graceful ~ of her ankle** ihr wohlgeformter Knöchel; **j)** *(form of expression)* **an elegant ~ of speech/phrase** eine elegante Ausdrucksweise; **k)** *(service)* **do sb. a good/bad ~:** jmdm. einen guten/schlechten Dienst erweisen; **do good ~s** Gutes tun; **one good ~ deserves another** *(prov.)* hilfst du mir, so helf ich dir; **l)** *(each round in coil of rope etc.)* Umwick[e]lung, *die;* **m)** *(coll.: fright)* **give sb. quite a ~:** jmdm. einen gehörigen Schrecken einjagen *(ugs.);* **n)** *(coll.: spell of illness etc.)* **have a nasty ~:** einen schlimmen Anfall haben; **I just had a little ~:** ich hatte einen kleinen Schwächeanfall; **o)** *(short walk)* **take a ~:** eine Runde drehen *od.* machen; **p)** *(short ride)* Runde, *die;* **go out for a ~ on one's bicycle** eine Runde mit dem Fahrrad drehen; **q)** *(Mus.)* Doppelschlag, *der;* **r)** *(Brit. St. Exch.: jobber's profit margin)* Gewinnspanne, *die. See also* **about-turn; three-point. 2.** *v. t.* **a)** *(make revolve)* drehen; **~ the tap** am Wasserhahn drehen; **~ the key in the lock** den Schlüssel im Schloß herumdrehen; **he ~ed the wheel sharply [to the right]** er riß das Steuer scharf [nach rechts] herum; **b)** *(reverse)* umdrehen; wenden ⟨*Pfannkuchen, Matratze, Auto, Heu, Teppich*⟩; umgraben ⟨*Erde*⟩; umlegen ⟨*Kragen*⟩; **~ sth. upside-down** *or* **on its head** *(lit. or fig.)* etw. auf den Kopf stellen; **~ a record** eine Platte umdrehen; **~ sth. back to front** die Vorderseite einer Sache nach hinten drehen; **~ the page** umblättern; **c)** *(give new direction to)* drehen, wenden ⟨*Kopf*⟩; **she could still ~ heads** die Leute drehten sich immer noch nach ihr um; **~ a hose/gun on sb./sth.** einen Schlauch/ein Gewehr auf jmdn./etw. richten; **~ one's chair to face the window** seinen Stuhl zum Fenster drehen; **~ one's attention/mind to sth.** sich/seine Gedanken einer Sache *(Dat.)* zuwenden; **~ one's thoughts to a subject** sich [in Gedanken] mit einem Thema beschäftigen; **~ a car into a road** [mit einem Auto] in eine Straße einbiegen; **~ the course of history** dem Gang der Geschichte eine Wende geben; **~ one's eyes on sb.** jmdm. seine Augen zuwenden; **he ~ed his steps homeward** er lenkte seine Schritte heimwärts; **~ the tide [of sth.]** [bei etw.] den Ausschlag geben; **this incident ~ed the tide of opinion in her favour** dieser Vorfall führte einen Meinungsumschwung zu ihren Gunsten herbei; **~ sb. from his purpose** jmdn. von seinem Vorhaben abbringen; **d)** *(send)* **~ sb. loose on sb./sth.** jmdn. auf jmdn./etw. loslassen; **~ sb. from one's door/off one's land** jmdn. von seiner Tür/von seinem Land verjagen; **~ a dog on sb.** einen Hund auf jmdn. hetzen; **e)** *(put)* leeren ⟨*Inhalt eines Koffers, einer Büchse*⟩; stürzen ⟨*Pudding, Kuchen usw.*⟩ (**on to** auf + *Akk.*); **f)** *(cause to become)* verwandeln; **the cigarette smoke has ~ed the walls yellow** der Zigarettenrauch hat die Wände vergilben lassen; **~ the lights low** das Licht dämpfen; **~ a play/book into a film** ein Theaterstück/Buch verfilmen; **~ water into electricity/a church into a theatre** Wasser in Elektrizität/eine Kirche in ein Theater umwandeln; **the thought ~ed him pale** der Gedanke ließ ihn erbleichen *(geh.);* **g)** *(make sour)* sauer werden lassen ⟨*Milch*⟩; **h)** *(translate)* übertragen (**in** in + *Akk.*); **i) ~ sb.'s stomach** jmdm. den Magen umdrehen; **j)** *(make conceited)* **~ sb.'s head** jmdm. zu Kopf steigen; **~ sb.'s brain** jmds. Sinne *od.* Geist verwirren *(geh.);* **k)** *(shape in lathe)* drechseln ⟨*Holz*⟩; drehen ⟨*Metall, Ton*⟩; **l)** drehen ⟨*Pirouette*⟩; schlagen ⟨*Rad, Purzelbaum*⟩; **m)** *(reach the age of)* **~ 40** 40 [Jahre alt] werden; **she has not ~ed 30 yet** sie ist noch keine 30 [Jahre alt]; **n) it's just ~ed 12 o'clock/quarter past 4** es ist gerade 12 Uhr/viertel nach vier vorbei; **it's not yet ~ed 4 o'clock** es ist noch nicht ganz 4 Uhr; **o)** *(gain)* **~ a penny/profit** einen Gewinn machen; **~ a quick penny** eine schnelle Mark machen *(ugs.);* **p)** wenden ⟨*Kragen, Jacke usw.*⟩; **q)** *(resist and divert)* abprallen lassen; **the bullet was ~ed by the door** die Kugel prallte an der Tür ab; **r)** *(blunt)* stumpf machen; **~ the edge of criticism** *(fig.)* der Kritik die Spitze abbrechen *od.* nehmen; **s)** *(go round)* umrunden ⟨*Kap, Landzunge*⟩; **~ the flank of an army** einer Streitmacht die Flanke aufrollen; **t)** *(give elegant form to)* **he knows how to ~ a compliment** er versteht es, Komplimente zu machen; **~ verses** Verse dichten *od.* schmieden. *See also* **account 3h; back 1a; coat 1a; corner 1a; deaf 1b; evidence 1b; hair a; hand 1a; honest e; phrase 2a; table 1a; tail 1c; turtle c. 3.** *v. i.* **a)** *(revolve)* sich drehen; ⟨*Wasserhahn, Schlüssel:*⟩ sich drehen lassen; **the earth ~s on its axis** die Erde dreht sich um ihre Achse; **he couldn't get the key to ~:** er konnte den Schlüssel nicht drehen; **b)** *(reverse direction)* ⟨*Person:*⟩ sich herumdrehen; ⟨*Auto:*⟩ wenden; **the car ~ed upside-down** das Auto überschlug sich; **~ back to front** sich von hinten nach vorne drehen; **c)** *(take new direction)* sich wenden; *(turn round)* sich umdrehen; **heads ~ed when she ...:** die Leute sahen *od.* drehten sich nach ihr um, als sie ...; **his thoughts/attention ~ed to her** er wandte ihr seine Gedanken/Aufmerksamkeit zu; **left/right ~!** *(Mil.)* links/rechts um!; **he ~ed to the man standing next to him** er wandte sich dem Mann zu, der neben ihm stand; **~ into a road/away from the river** in eine Straße einbiegen/vom Fluß abbiegen; **~ to the left** nach links abbiegen/⟨*Schiff, Flugzeug:*⟩ abdrehen; **~ up/down a street** in eine Straße einbiegen; **~ towards home** den Heimweg einschlagen; **profits are ~ing upward** die Gewinne steigen; **everywhere the eye ~s ...:** wohin sich das Auge wendet ...; **when the tide ~s** wenn sich die Ebbe/Flut kommt; *(fig.)* wenn sich das Blatt wendet; **not know where** *or* **which way to ~** *(fig.)* keinen Ausweg [mehr] wissen; **my luck has ~ed** *(fig.)* mein Glück hat sich gewendet; **d)** *(become)* werden; **~ traitor/statesman/Muslim** zum Verräter/zum Staatsmann/Moslem werden; **~ [in]to sth.** zu etw. werden; *(be transformed)* sich in etw. *(Akk.)* verwandeln; **her face ~ed green** sie wurde [ganz] grün im Gesicht; **e)** *(change colour)* ⟨*Laub:*⟩ sich [ver]färben; **f)** *(become sour)* ⟨*Milch:*⟩ sauer werden; **g) my stomach ~s** mir dreht sich der Magen um *(ugs.);* **h)** *(become giddy)* **sb.'s head is ~ing** jmdm. dreht sich alles [im Kopf]. *See also* **[1]grave; [1]heel 1b; toss 2a; worm 1a**

**~ a'bout 1.** *v. i.* sich umdrehen; ⟨*Kompanie:*⟩ kehrtmachen; *(fig.)* eine Kehrtwendung machen. **2.** *v. t.* wenden ⟨*Auto, Boot usw.*⟩. *See also* **turn-about**

**~ against** *v. t.* **a) ~ against sb.** sich gegen jmdn. wenden; **~ sb. against sb.** jmdn. gegen jmdn. aufbringen; **b) they ~ed his own arguments against him** sie verwendeten seine eigenen Argumente gegen ihn

**~ a'round** *see* **~ round**

**~ a'way 1.** *v. i.* sich abwenden; **~ away from sth.** *(fig.)* sich von etw. abwenden. **2.** *v. t.* **a)** *(avert)* abwenden; **b)** *(send away)* wegschicken; *(refuse admittance also)* abweisen

**~ 'back 1.** *v. i.* **a)** *(retreat, lit. or fig.)* umkehren; kehrtmachen *(ugs.);* **there can be no ~ing back** es gibt kein Zurück *od.* keinen Weg zurück; **b)** *(in book etc.)* zurückgehen. **2.** *v. t.* **a)** *(cause to retreat)* zurückweisen; zurückschlagen ⟨*Feind*⟩; **b)** *(fold back)* zurückschlagen ⟨*Bettdecke, Teppich*⟩; herunterschlagen ⟨*Kragen*⟩; **don't ~ back the corner of the page** bitte mach keine Eselsohren in die Buchseiten *(ugs.)*

**~ 'down** *v. t.* **a)** *(fold down)* herunterschlagen ⟨*Kragen, Hutkrempe*⟩; umknicken ⟨*Buchseite*⟩; [nach unten] umschlagen ⟨*Laken*⟩; **b)** *(reduce level of)* niedriger stellen ⟨*Heizung, Kochplatte*⟩; dämpfen ⟨*Licht*⟩; herunterdrehen ⟨*Gas, Heizung*⟩; leiser stellen ⟨*Ton, Radio, Fernseher*⟩; **c)** *(reject, refuse)* ablehnen; abweisen ⟨*Bewerber, Kandidaten usw.*⟩. *See also* **turndown**

**~ 'in 1.** *v. t.* **a)** *(fold inwards)* nach innen drehen; einschlagen ⟨*Stoffkante*⟩; einrollen ⟨*Blatt*⟩; **b)** *(hand in)* abgeben; **c)** *(surrender)* [der Polizei] übergeben; **~ oneself in** sich stellen; **d)** *(register)* hinlegen *(ugs.)* ⟨*Auftritt, Leistung*⟩; **e)** *(coll.: give up)* aufstecken *(ugs.)* ⟨*Arbeit*⟩; hinschmeißen *(salopp)* ⟨*Arbeit, Dienstabzeichen*⟩; **f) ~ it in!** *(coll.: stop that)* hör auf damit! **2.** *v. i.* **a)** *(incline inwards)* nach innen gebogen sein; *(narrow)* sich verjüngen; **b)** *(enter)* einbiegen; **c)** *(coll.: go to bed)* in die Falle gehen *(salopp);* **d) ~ in on oneself** sich in sich selbst zurückziehen

**~ 'off 1.** *v. t.* **a)** abschalten; abstellen ⟨*Wasser, Gas*⟩; zudrehen ⟨*Wasserhahn*⟩; **b)** *(coll.: cause to lose interest)* anwidern; **~ sb. off sth.** jmdm. etw. vermiesen *(ugs.).* **2.** *v. i.* abbiegen. *See also* **turn-off**

**~ on 1.** *v. t.* **a)** ['-'] anschalten; einlassen ⟨*Badewasser*⟩; aufdrehen ⟨*Wasserhahn, Gas*⟩; *(fig.: start showing)* aufsetzen ⟨*Miene*⟩; **b)** ['-'] *(coll.: cause to take interest)* anmachen *(ugs.);* ⟨*Droge:*⟩ anturnen *(ugs.);* **whatever ~s you on!** jedem das Seine!; *see also* **turn-on; c)** ['--] *(be based on)* ⟨*Argument:*⟩ beruhen auf (+ *Dat.*); ⟨*Gespräch, Diskussion*⟩ sich drehen um *(ugs.);* **d)** ['--] *(become hostile towards)* sich wenden gegen; *(attack)* angreifen; **there's no need to ~ on me like that** du brauchst mich nicht so anzufahren. **2.** ['-'] *v. i. (switch on)* einschalten

~ ˈ**out 1.** *v. t.* **a)** *(expel)* hinauswerfen *(ugs.)*; **~ sb. out of a room/out into the street** jmdn. aus einem Zimmer weisen *od. (ugs.)* werfen/auf die Straße werfen *od.* setzen; **~ sb. out of his office** *(temporarily)* jmdn. aus seinem Büro ausquartieren; **b)** *(switch off)* ausschalten; abdrehen ⟨*Gas*⟩; **c)** *(incline outwards)* nach außen drehen ⟨*Füße, Zehen*⟩; **d)** *(equip)* ausstaffieren; **e)** *(produce)* produzieren; hervorbringen ⟨*Fachkräfte, Spezialisten*⟩; *(in great quantities)* ausstoßen; **f)** *(Brit.) (empty)* ausräumen; ausschütten ⟨*Büchse*⟩; schütten ⟨*Bohnen usw.*⟩; stürzen ⟨*Götterspeise usw.*⟩; *(clean)* [gründlich] aufräumen; *(get rid of)* wegwerfen; **~ out one's pockets** seine Taschen umdrehen; **~ sth. inside out** etw. nach außen stülpen *od.* drehen; **g)** *(Mil.)* **~ out [the guard]** [die Wache] antreten lassen; **~ out the guard!** Wache angetreten! **2.** *v. i.* **a)** *(prove to be)* **sb./sth. ~s out to be sth.** jmd./etw. stellt sich als jmd./etw. heraus *od.* erweist sich als jmd./etw.; **it ~s out that ...:** es stellt sich heraus, daß ...; **as it ~ed out, as things ~ed out** wie sich [nachher] herausstellte; **b)** *(come to be eventually)* **the day ~ed out wet** der Tag wurde regnerisch; **see how things ~ out** sehen, wie sich die Dinge entwickeln; **~ out to be sth.** sich zu etw. entwickeln; **everything ~ed out well/all right in the end** alles endete gut; **she didn't ~ out well** aus ihr ist nichts geworden; **c)** *(end)* **the story ~ed out happily** die Geschichte ging gut aus; **the expedition ~ed out well** die Expedition hatte Erfolg; **d)** *(appear)* ⟨*Menge, Fans usw.:*⟩ erscheinen; **he ~s out every Saturday to watch his team** er kommt jeden Samstag, um seine Mannschaft zu sehen; **e)** *(coll.: get out of bed)* aus den Federn steigen *(ugs.)*; **f)** *(coll.: go out of doors)* rausgehen *(ugs.)*; **g)** *(play)* **~ out for a team** für eine Mannschaft spielen *od.* antreten; **h)** *(point outwards)* sich nach außen drehen. *See also* **turn-out**

~ ˈ**over 1.** *v. t.* **a)** *(cause to fall over)* umwerfen; **the car was ~ed over on to its roof** *(by accident)* das Auto überschlug sich und blieb auf dem Dach liegen; **b)** *(expose the other side of)* umdrehen; umgraben ⟨*Erde*⟩; **~ a page over** umblättern; **~ over two pages at once** eine Seite überschlagen; **c)** drehen ⟨*Motor*⟩; **d) ~ sth. over [in one's mind]** sich *(Dat.)* etw. hin und her überlegen; **e)** *(hand over)* übergeben (**to** *Dat.*) ⟨*Betrieb, Amt*⟩; **f)** *(Commerc.)* umschlagen ⟨*Waren*⟩; **~ over £150,000 a month** einen Umsatz von 150 000 Pfund im Monat haben. **2.** *v. i.* **a)** *(tip over)* umkippen; ⟨*Boot:*⟩ kentern, umschlagen; ⟨*Auto, Flugzeug:*⟩ sich überschlagen; **b)** *(from one side to the other)* sich umdrehen; **~ over on to one's back** sich auf den Rücken drehen; **c)** ⟨*Motor:*⟩ laufen; **d)** *(feel moved by fear, nausea)* **my stomach ~ed over at the thought of it** beim Gedanken daran drehte sich mir der Magen um *(ugs.)*; **e)** *(~ a page)* weiterblättern. *See also* **turnover**

~ ˈ**round 1.** *v. i.* **a)** sich umdrehen; **~ round and go back the same way** umkehren und denselben Weg zurückgehen; **[not] have time to ~ round** *(fig.)* [k]eine Minute Zeit haben; **b)** *(rotate)* sich drehen; **c) ~ round and do sth.** *(fig.)* plötzlich etw. tun; **they cannot ~ round and blame us** sie können nicht auf einmal uns die Schuld geben; **d)** *(change for better)* ⟨*Geschäfte:*⟩ sich erholen. **2.** *v. t.* **a)** *(unload and reload)* be- und entladen ⟨*Frachtschiff*⟩; abfertigen ⟨*Passagierschiff*⟩; **b)** *see* **~ about 2**; **c)** *(reverse)* umdrehen; auf den Kopf stellen *(ugs.)* ⟨*Theorie, Argument*⟩; **~ a company round** *(Commerc.)* eine Firma aus der Krise führen. *See also* **turn-round**

~ **to 1.** [ˈ--] *v. t.* **a)** *(set about)* **~ to work** an die Arbeit gehen; **b)** *(go to for help etc.)* **~ to sb./sth.** sich an jmdn. wenden/etw. zu Hilfe nehmen; **~ to God** sich Gott zuwenden; **~ to sb. for money** jmdn. um Geld bitten; **~ to a book** ein Buch zu Rate ziehen; **~ to sb. for comfort/help/advice** bei jmdm. Trost/Hilfe/Rat suchen; **~ to drugs** zu Drogen greifen; **~ to drink/one's work** *(seeking consolation)* sich in den Alkohol/seine Arbeit flüchten; **make sb. ~ to drink** jmdn. dem Alkohol in die Arme treiben; **c)** *(go on to consider next)* **~ to a subject/topic** sich einem Thema zuwenden; *see also* **~ 2 a, c. 2.** [-ˈ-] *v. i.* zugreifen

~ ˈ**up 1.** *v. i.* **a)** *(make one's appearance)* erscheinen; aufkreuzen *(ugs.)*; **b)** *(happen)* passieren; geschehen; **c)** *(present itself)* auftauchen; ⟨*Gelegenheit:*⟩ sich bieten; ⟨*Lösung:*⟩ sich finden; **something is sure to ~ up** irgend etwas wird sich schon finden; **d)** *(be found)* sich finden. **2.** *v. t.* **a)** *(dig up)* freilegen; *(fig.)* ans Licht bringen; **I ~ed up a lot of interesting information** ich habe viele interessante Informationen aufgetrieben; **b)** hochschlagen ⟨*Kragen, Hutkrempe*⟩; **her nose is ~ed up** sie hat eine Stupsnase; **c)** lauter stellen, *(ugs.)* aufdrehen ⟨*Ton, Fernseher, Radio*⟩; aufdrehen ⟨*Wasser, Heizung, Gas*⟩; heller machen ⟨*Licht*⟩; **d)** *(Brit.: find and refer to)* heranziehen ⟨*Artikel, Buch*⟩; **e) ~ it up!** *(Brit. sl.)* hör auf damit!; *see also* **nose 1 a; toe 1 a**

~ **upon** *see* **~ on 1 c, d**

**turn: ~-about** *n.* *(~ing about)* Wende, *die;* *(fig.)* Kehrtwendung, *die;* **a welcome ~-about in her fortunes** eine willkommene Wende ihres Geschicks; **~coat** *n.* Abtrünnige, *der/die;* **~-down** *attrib. adj.* **~-down collar** Umlegekragen, *der*

**turned-up** [ˈtɜ:ndʌp] *adj.* **~ nose** Stupsnase, *die (ugs.)*

**turner** [ˈtɜ:nə(r)] *n.* Drechsler, *der*/Drechslerin, *die*

**turning** [ˈtɜ:nɪŋ] *n.* **a)** *(off road)* Abzweigung, *die;* *(fig.)* Kreuzweg, *der (geh.)*; **take the second ~ to the left** die zweite Abzweigung nach links nehmen; **b)** *(use of lathe)* Drechseln, *das;* **c)** *in pl. (shavings)* Späne

**turning: ~-circle** *n. (Motor Veh.)* Wendekreis, *der;* **~-point** *n.* Wendepunkt, *der*

**turnip** [ˈtɜ:nɪp] *n.* Kohlrübe, *die;* Steckrübe, *die*

ˈ**turnip-top** *n.* Rübenblätter *Pl.*

**turn: ~key 1.** *n. (Hist.)* Kerkermeister, *der.* **2.** *adj.* schlüsselfertig; **a ~key contract** ein Vertrag, der schlüsselfertige Lieferung garantiert; **~-off** *n.* **a)** *(turning)* Abzweigung, *die;* *(off motorway)* Ausfahrt, *die;* **the Leicester ~-off** die Abzweigung nach Leicester/die Ausfahrt Leicester; **b)** *(coll.: repellent person or thing)* **be a ~-off** abstoßend sein; **be a ~-off for sb.** jmdn. abstoßen; **~-on** *n. (coll.)* **be a ~-on [for sb.]** [jmdn.] anmachen *(ugs.)*; **~-out** *n.* **a)** *(~ing out for duty)* Einsatz, *der;* Ausrücken, *das;* **b)** *(number voting)* **~-out [of voters]** Wahlbeteiligung, *die;* **c)** *(number assembled)* Beteiligung, *die* (**for** an + *Dat.*); **there was a large ~-out of fans at the airport** eine große Zahl von Fans war zum Flughafen gekommen; **d)** *see* **output 1 a**; **e)** *see* **clear-out**; **~over** *n.* **a)** *(tart etc.)* **apple/apricot ~over** Apfel-/Aprikosentasche, *die;* **meat ~over** Fleischpastete, *die;* **b)** *(Commerc.) (of business, money)* Umsatz, *der;* *(of stock)* Umschlag, *der;* **c)** *(of staff)* Fluktuation, *die;* *(of patients in hospital)* Zu- und Abgang, *der;* **~pike** *n.* **a)** *(Brit. Hist.: toll road)* gebührenpflichtige Straße; **b)** *(Amer.: expressway)* gebührenpflichtige Autobahn; **~-round** *n.* **a)** *(adoption of new policy)* Kehrtwendung, *die;* **b)** *(of ship, aircraft, people)* Abfertigung, *die;* *(of material)* Bearbeitung, *die;* **~stile** *n.* Drehkreuz, *das;* **~table** *n.* **a)** *(for gramophone record)* Plattenteller, *der;* **b)** *(for reversing locomotive etc.)* Drehscheibe, *die;* **~-up** *n.* **a)** *(Brit. Fashion)* Aufschlag, *der;* **with ~-ups** ⟨*Hose*⟩ mit Aufschlag; **b)** *(Brit. coll.: unexpected event)* **a ~-up [for the book]** eine Riesenüberraschung *(ugs.)*

**turpentine** [ˈtɜ:pntaɪn] *n.* **a)** Terpentin, *das;* **b) [oil of] ~:** Terpentin, *das (ugs.)*; Terpentinöl, *das;* **~ substitute** Terpentinersatz, *der*

**turpitude** [ˈtɜ:pɪtju:d] *n.* Verworfenheit, *die (geh.)*

**turps** [tɜ:ps] *n. (coll.)* Terpentin, *das (ugs.)*

**turquoise** [ˈtɜ:kwɔɪz] **1.** *n.* **a)** Türkis, *der;* **b)** *(colour)* Türkis, *das.* **2.** *adj.* **a)** türkis[farben]; **b) ~ ring** Türkisring, *der*

**turquoise: ~** ˈ**blue** *n.* Türkisblau, *das;* **~** ˈ**green** *n.* Türkisgrün, *das*

**turret** [ˈtʌrɪt] *n.* **a)** *(Archit.)* Türmchen, *das;* **b)** *(of tank etc.)* [Geschütz]turm, *der;* **c)** *(Mech. Engin.)* Revolverkopf, *der*

**turreted** [ˈtʌrɪtɪd] *adj.* ⟨*Schloß*⟩ mit Mauertürmchen

ˈ**turret lathe** *n.* Revolverdrehmaschine, *die*

**turtle** [tɜ:tl] *n.* **a)** *(marine reptile)* Meeresschildkröte, *die;* **b)** *(Amer.: freshwater reptile)* Wasserschildkröte, *die;* **c) turn ~** ⟨*Schiff, Boot:*⟩ kentern; ⟨*Auto:*⟩ sich überschlagen

**turtle: ~-dove** *n.* Turteltaube, *die;* **~-neck** *n.* Stehbundkragen, *der;* **~-neck pullover** Pullover mit Stehbund

**turves** *see* **turf 1 b**

**Tuscan** [ˈtʌskən] **1.** *adj.* **a)** *(of Tuscany)* toskanisch; **b)** *(Archit.)* **~ order** toskanische Ordnung. **2.** *n.* **a)** *(language)* Toskanisch, *das;* **b)** *(person)* Toskaner, *der*/Toskanerin, *die*

**Tuscany** [ˈtʌskənɪ] *pr. n.* Toskana, *die*

**tush** [tʌʃ] *int. (arch.)* pah

**tusk** [tʌsk] *n. (of elephant)* Stoßzahn, *der;* *(of boar, walrus)* Hauer, *der*

**tussle** [ˈtʌsl] **1.** *n.* Gerangel, *das (ugs.)*; **they had a ~ over the project** *(fig.)* es gab zwischen ihnen ein Gerangel wegen des Projekts. **2.** *v. i.* sich balgen; *(fig.)* sich auseinandersetzen (**about** wegen)

**tussock** [ˈtʌsək] *n.* *(clump of grass etc.)* [Gras]büschel, *das*

**tut[-tut]** [tʌt(ˈtʌt)] **1.** *int.* na[, na]. **2.** *v. i.,* **-tt-: ~ [with disapproval]** [mißbilligend] „Na, na!" sagen

**tutelage** [ˈtju:tɪlɪdʒ] *n.* *(guardianship)* Vormundschaft, *die;* *(of king etc.)* Schutzherrschaft, *die;* *(tuition)* Anleitung, *die;* **a child in ~:** ein unter Vormundschaft stehendes Kind; **be under sb.'s ~:** unter jmds. Obhut stehen *(geh.)*

**tutelar** [ˈtju:tɪlə(r)], **tutelary** [ˈtju:tɪlərɪ] *adjs.* **a)** *(protective)* Schutz⟨*göttin, -gottheit, -heiliger*⟩; **b)** *(of a guardian)* **~ authority** Vormundschaft, *die*

**tutor** [ˈtju:tə(r)] **1.** *n.* **a)** *(private teacher)* **[private] ~:** [Privat]lehrer, *der*/-lehrerin, *die;* *(for extra help)* Nachhilfelehrer, *der*/-lehrerin, *die;* **piano ~:** Klavierlehrer, *der*/-lehrerin, *die;* *(book)* Klavierschule, *die;* **b)** *(Brit. Univ.)* ≈ Tutor, *der;* **c)** *(Amer.: college teacher)* Dozent, *der.* **2.** *v. t.* **a) ~ sb.** *(teach privately)* jmdm. Privatstunden geben; *(give extra lessons to)* jmdm. Nachhilfestunden geben; **~ sb. in French/the piano** jmdm. Französisch-/Klavierstunden geben; **b)** *(arch./literary)* unterweisen *(geh.)*; *(discipline)* erziehen

**tutorial** [tju:ˈtɔ:rɪəl] **1.** *adj.* Tutoren-. **2.** *n.* *(Brit. Univ.) (for less advanced students)* ≈ Tutorium, *das;* *(for more advanced students)* ≈ Kolloquium, *das*

**tutti-frutti** [tʊtɪˈfru:tɪ] *n. (Gastr.)* Tuttifrutti, *das*

**tutu** [ˈtu:tu:] *n.* Tutu, *das*

**tu-whit tu-whoo** [tʊwɪt tʊˈwu:] *int.* [h]uhu

**tux** [tʌks] *n. (Amer. coll.),* **tuxedo** [tʌkˈsi:dəʊ] *n., pl.* **~s** *or* **~es** *(Amer.)* Smoking, *der*

**TV** [ti:'vi:] *n.* **a)** *(television)* Fernsehen, *das; attrib.* Fernseh‹*star, -magazin, -programm*›; **TV dinner** ≈ Fertigmahlzeit, *die;* **on TV** im Fernsehen; **b)** *(television set)* Fernseher, *der (ugs.)*

**twaddle** ['twɒdl] *n.* Gewäsch, *das (ugs.);* **talk utter ~:** völligen Blödsinn reden *(ugs.);* **don't talk such ~!** hör auf mit dem Gewäsch!

**twain** [tweɪn] *(arch./poet.) n.* **cut/split in ~:** entzweischneiden/in zwei Teile teilen; **never the ~ shall meet** die beiden werden nie zueinanderfinden

**twang** [twæŋ] **1.** *v. i.* ‹*Bogen:*› mit vibrierendem Ton zurückschnellen; **hear the guitar ~ing away** das Klimpern der Gitarre hören *(ugs.).* **2.** *v. t.* zupfen ‹*Saite*›; **~ a guitar** auf einer Gitarre [herum]klimpern *(ugs.).* **3.** *n.* **a)** *(nasal tone of voice)* **[nasal] ~:** Näseln, *das;* **speak with a ~:** näseln; **b)** *(of bowstring, string of musical instrument)* vibrierender Ton

**'twas** [twɒz] *(arch./poet.)* = **it was**

**twat** [twæt, twɒt] *n.* **a)** *(coarse: vagina)* Fotze, *die (vulg.);* **b)** *(derog. sl.: idiot)* Arschloch, *das (derb)*

**tweak** [twi:k] **1.** *v. t.* **~ sb. in the arm, ~ sb.'s arm** jmdn. in den Arm kneifen; **~ sb.'s ear** jmdn. am Ohr ziehen. **2.** *n.* Kneifen, *das;* **give sb./sth. a ~:** jmdn./etw. kneifen

**twee** [twi:] *adj.*, **tweer** ['twi:ə(r)], **tweest** ['twi:ɪst] *(Brit. derog.)* geziert ‹*Wesen, Art, Ausdrucksweise*›; kitschig ‹*Stil, Bild*›; Bilderbuch‹*dorf, -landhaus*›; niedlich, putzig ‹*Kleidung, Dorf*›

**tweed** [twi:d] *n.* **a)** *(fabric)* Tweed, *der; attrib.* Tweed-; **b)** *in pl. (clothes)* Tweedkleidung, *die;* Tweedsachen *(ugs.)*

**tweedy** ['twi:dɪ] *adj.* **a)** *(coll.: dressed in tweeds)* in Tweed gekleidet; **b)** *(fig.: heartily informal)* burschikos

**'tween-deck[s]** *n. (Naut.)* Zwischendeck, *das*

**tweet** [twi:t] **1.** *n.* Zwitschern, *das;* **~, ~!** piep, piep! **2.** *v. i.* zwitschern

**tweeter** ['twi:tə(r)] *n.* Hochtonlautsprecher, *der*

**tweezers** ['twi:zəz] *n., pl.* **[pair of] ~:** Pinzette, *die*

**twelfth** [twelfθ] **1.** *adj.* zwölft...; *see also* **eighth 1. 2.** *n.* **a)** *(fraction)* Zwölftel, *das;* **b)** *(Mus.)* Duodezime, *die; see also* **eighth 2**

**Twelfth: ~ Day** *n.* Dreikönigstag, *der;* **t~ man** *n. (Cricket)* Ersatzspieler, *der;* **~ Night** *n.* Vorabend des Dreikönigstages

**twelve** [twelv] **1.** *adj.* zwölf; **~ noon** [zwölf Uhr] Mittag; **~ midnight** [zwölf Uhr] Mitternacht; *see also* **eight 1. 2.** *n. (number, symbol)* Zwölf, *die;* **the T~:** die Zwölf; die zwölf Apostel; *see also* **eight 2 a, d**

**twelve: ~month** *n. (literary)* **a ~month** zwölf Monate; **~-'note, ~-'tone** *adjs. (Mus.)* Zwölfton-

**twentieth** ['twentɪɪθ] **1.** *adj.* zwanzigst...; *see also* **eighth 1. 2.** *n. (fraction)* Zwanzigstel, *das; see also* **eighth 2**

**twenty** ['twentɪ] **1.** *adj.* zwanzig; **one-and-~** *(arch.) see* **twenty-one 1**; *see also* **eight 1. 2.** *n.* Zwanzig, *die;* **one-and-~** *(arch.) see* **twenty-one 2**; *see also* **eight 2 a; eighty 2**

**twenty: ~-first** *etc. adj.* einundzwanzigst... *usw.; see also* **eighth 1**; **~-four-hour** *see* **hour a**; **~-one** *etc.* **1.** *adj.* einundzwanzig *usw.; see also* **eight 1**; **2.** *n.* Einundzwanzig *usw., die; see also* **eight 2 a**

**'twere** [twə(r), *stressed* twɜ:(r)] *(arch./poet.)* = **it were** 's wäre

**twerp** [twɜ:p] *n. (sl.) (male)* Blödmann, *der (derb); (female)* blöde Kuh *(derb)*

**twice** [twaɪs] *adv.* **a)** *(two times)* zweimal; **she didn't have to be asked ~!** da brauchte man sie nicht zweimal zu fragen!; **~ a year** zweimal im Jahr; **~ weekly** zweimal wöchentlich *nicht attrib.;* **his ~-weekly visit** sein Besuch zweimal in der Woche; **b)** *(doubly)* doppelt; **~ as strong** *etc.* doppelt so stark *usw.;* **he's ~ her age** er ist doppelt so alt wie sie; **have ~ the strength** doppelt so stark sein; **he is ~ the man he was** aus ihm ist ein ganz anderer Mensch geworden; **fly at ~ the speed of sound** mit doppelter Schallgeschwindigkeit fliegen; **sell sth. at ~ the price** *(coll.)* etw. zum doppelten Preis verkaufen; *see also* **think 2 a**

**twiddle** ['twɪdl] **1.** *v. t.* herumdrehen an (+ *Dat.*) *(ugs.);* zwirbeln ‹*Schnurrbart*›; **~ one's cigar** seine Zigarre [zwischen den Fingern] drehen; **~ one's thumbs** *(lit. or fig.)* Däumchen drehen *(ugs.).* **2.** *v. i.* **~ with sth.** mit etw. spielen; an etw. *(Dat.)* herumfummeln *(ugs.);* **~ one's moustache** seinen Schnurrbart zwirbeln. **3.** *n.* Drehung, *die;* **give sth. a ~:** an etw. *(Dat.)* drehen

[1]**twig** [twɪg] *n.* **a)** *(small branch)* Zweig, *der;* **b)** *(divining-rod)* Wünschelrute, *die*

[2]**twig** *(coll.)* **1.** *v. t.* **-gg- a)** *(understand)* kapieren *(ugs.);* **b)** *(notice)* mitkriegen *(ugs.).* **2.** *v. i.* **-gg- a)** *(understand)* es kapieren *(ugs.);* **b)** *(notice)* es mitkriegen *(ugs.)*

**twilight** ['twaɪlaɪt] *n.* **a)** *(evening light)* Dämmerlicht, *das;* Zwielicht, *das;* **b)** *(period of half-light)* Dämmerung, *die;* **the ~ of the Gods** *(Norse myth.)* die Götterdämmerung; **in the ~ of history** *(fig.)* in grauer Vorzeit; **c)** *(fig.: intermediate state)* Dämmer, *der (dichter.);* **his ~ years** sein Lebensabend

**twilight: ~ 'sleep** *n. (Med.)* Dämmerschlaf, *der;* **~ zone** *n.* **a)** Niemandsland, *das;* **b)** *(decaying urban area)* heruntergekommene Gegend

**twill** [twɪl] *n. (Textiles)* **a)** *(weave)* Köperbindung, *die;* **b)** *(fabric)* Köper, *der*

**'twill** [twɪl] *(arch./poet.)* = **it will**

**twin** [twɪn] **1.** *attrib. adj.* **a)** Zwillings-; **~ brother/sister** Zwillingsbruder, *der*/-schwester, *die;* **b)** *(forming a pair)* Doppel-; doppelt ‹*Problem, Verantwortung*›; **the ~ threats of war and inflation** die doppelte Bedrohung durch Krieg und Inflation; **c)** *(Bot.)* paarig; **d)** Doppel‹*vergaser, -propeller, -schraube usw.*›. **2.** *n.* **a)** Zwilling, *der;* **his ~:** sein Zwillingsbruder/seine Zwillingsschwester; **b)** *(Astrol.)* **the T~s** die Zwillinge; *see also* **Aries**; **c)** *(exact counterpart)* Gegenstück, *das;* Pendant, *das.* **3.** *v. t.*, **-nn-** eng verbinden; **Bottrop is ~ned with Blackpool** Bottrop und Blackpool sind Partnerstädte

**twin: ~ 'bed** *n.* eines von zwei [gleichen] Einzelbetten; **~ beds** zwei Einzelbetten; **~-bedded** *adj.* **a ~-bedded room** ein Zweibettzimmer

**twine** [twaɪn] **1.** *n.* Bindfaden, *der; (thicker)* Kordel, *die; (for nets)* Garn, *das.* **2.** *v. t.* **a)** *(form by twisting strands together)* [zusammen]drehen; **b)** *(form by interlacing)* winden *(geh.)* ‹*Kranz, Girlande*›; **c)** *(coil)* schlingen; **~ sth. round [and round] sth.** etw. [mehrmals] um etw. schlingen; **~ the flowers round the pole** den Mast mit Blumen umwinden. **3.** *v. i.* sich winden **(about, around** um)

**twin-engined** ['twɪnendʒɪnd] *adj.* zweimotorig

**twinge** [twɪndʒ] *n.* Stechen, *das;* **a ~ of toothache/rheumatism** ein stechender Zahnschmerz/ziehender rheumatischer Schmerz; **~s** Wehwehchen *Pl. (ugs.);* **he suffers from ~s in wet weather** bei feuchtem Wetter zwickt und zwackt es ihn überall; **~[s] of remorse/conscience** *(fig.)* Gewissensbisse

**twinkle** ['twɪŋkl] **1.** *v. i.* **a)** *(sparkle)* ‹*Sterne, Augen:*› funkeln, blitzen **(with** vor + *Dat.*); **b)** *(move rapidly)* flink trippeln. **2.** *v. t.* **~ one's eyes** mit den Augen funkeln. **3.** *n.* **a)** **in a ~:** im Handumdrehen; **b)** *(sparkle of the eyes)* Funkeln, *das;* **'...', she said with a ~ in her eye** „...", sagte sie augenzwinkernd; **with a mischievous ~:** mit Schalk in den Augen

**twinkling** ['twɪŋklɪŋ] *n.* **in a ~, in the ~ of an eye** im Handumdrehen

**twin: ~set** *n. (Brit.)* Twinset, *das;* **~ town** *n. (Brit.)* Partnerstadt, *die;* **~-tub** *n.* halbautomatische Waschmaschine *(mit separater Schleuder)*

**twirl** [twɜ:l] **1.** *v. t.* **a)** *(spin)* [schnell] drehen; **he ~ed his partner around the dance-floor** er wirbelte seine Partnerin über die Tanzfläche; **b)** *(twiddle)* zwirbeln ‹*Schnurrbart*›; drehen ‹*Haar*›. **2.** *v. i.* wirbeln **(around** über + *Akk.*); **sb. ~s around** jmd. wirbelt herum. **3.** *n.* **a)** *(twirling)* [Herum]wirbeln, *das;* **give one's moustache a ~:** seinen Schnurrbart zwirbeln; **have a ~ on the dance floor** über die Tanzfläche wirbeln; **b)** *(flourish made in writing)* Schnörkel, *der*

**twirly** ['twɜ:lɪ] *adj.* gewunden; verschnörkelt ‹*Schrift*›

**twist** [twɪst] **1.** *v. t.* **a)** *(distort)* verdrehen ‹*Worte, Bedeutung*›; **~ out of shape** verbiegen; **~ one's ankle** sich *(Dat.)* den Knöchel verrenken; **her face was ~ed with pain** ihr Gesicht war schmerzverzerrt; **~ sb.'s arm** jmdn. den Arm umdrehen; *(fig.)* jmdm. [die] Daumenschrauben anlegen *(scherzh.);* **I didn't have to ~ his arm** ich brauchte ihn nicht lange zu überreden; **b)** *(wind about one another)* flechten ‹*Blumen, Haare*› **(into** zu); **c)** *(rotate)* drehen; *(back and forth)* hin und her drehen; *see also* **knife 1**; **d)** *(interweave)* verweben; **e)** *(give spiral form to)* drehen **(into** zu); **f)** *(Brit. coll.: cheat)* beschummeln *(ugs.);* **~ sb. out of sth.** jmdn. um etw. beschummeln *(ugs.);* **g)** *(wrench)* **~ sth. from sb.'s grasp** jmdm. etw. aus der Hand winden. *See also* **little finger. 2.** *v. i.* **a)** sich winden; **~ and turn** sich drehen und winden; **~ around sth.** sich um etw. winden; **~ from sb.'s grasp** sich aus jmds. Griff winden; **b)** *(take twisted position)* sich winden; **he ~ed round in his chair** er verrenkte sich in seinem Sessel; **c)** *(dance)* twisten. **3.** *n.* **a)** *(thread etc.)* Zwirn, *der; (loosely twisted)* Twist, *der;* **b)** **~ of lemon/orange** Zitronen-/Orangenscheibe, *die;* **c)** *(twisting)* Drehung, *die;* **give sth. a ~:** an etw. *(Dat.)* drehen; **full of ~s and turns** ‹*Straße*› voll[er] Biegungen und Kurven; **d)** *(unexpected occurrence)* überraschende Wendung; **~ of fate** Laune des Schicksals; **e)** *(peculiar tendency)* **give a ~ to sth.** etw. verdrehen; **he has an odd ~ to his character** er ist ein bißchen verschroben; **a criminal ~:** eine kriminelle Neigung; **f)** **round the ~:** = **round the bend** *see* [1]**bend 1 b**; **g)** *(swindle)* Schwindel, *der (abwertend);* **h)** *(Amer.: change of procedure)* [überraschender] Wandel; **i)** *(dance)* Twist, *der;* **do the ~:** Twist tanzen; twisten

**~ 'off 1.** *v. t.* abdrehen. **2.** *v. i.* **the cap ~s off** der Verschluß läßt sich abdrehen

**~ to'gether** *v. t.* zusammendrehen ‹*Fäden*›

**twisted** ['twɪstɪd] *adj.* verbogen; *(fig.)* verdreht *(ugs. abwertend)* ‹*Geist*›; verquer ‹*Humor*›

**twister** ['twɪstə(r)] *n.* **a)** Schwindler, *der*/Schwindlerin, *die;* Gauner, *der*/Gaunerin, *die;* **b)** *(Amer.: tornado)* Tornado, *der*

**twisty** ['twɪstɪ] *adj.* kurvig; kurvenreich

**twit** [twɪt] **1.** *v. t.*, **-tt-** *see* **taunt 1. 2.** *n. (Brit. sl.)* Trottel, *der (ugs.)*

[1]**twitch** [twɪtʃ] **1.** *v. t.* **a)** zupfen; **b)** zucken mit ‹*Nase, Schwanz*›; wackeln mit ‹*Ohr*›. **2.** *v. i.* **a)** *(pull sharply)* zupfen **(at** an + *Dat.*); **b)** ‹*Mund, Lippen, Hand, Nase:*› zucken. **3.** *n.* Zucken, *das*

[2]**twitch [grass]** *see* [2]**couch**

**twitchy** ['twɪtʃɪ] *adj. (nervy)* nervös; *(irritable)* reizbar

**twitter** ['twɪtə(r)] **1.** *n.* **a)** *(coll.: excited state)* **be in a ~, be all of a ~:** [vor Spannung] ganz kribbelig sein *(ugs.);* **b)** *(chirping)* Zwit-

schern, *das;* Gezwitscher, *das.* **2.** *v.i.* zwitschern; ⟨*Person:*⟩ schnattern *(ugs.)*
**twittish** ['twɪtɪʃ] *adj. (Brit. sl.)* trottelhaft *(ugs.)*
**'twixt** [twɪkst] *prep. (poet./arch.)* zwischen
**two** [tu:] **1.** *adj.* zwei; **a box/shirt or ~:** ein, zwei Schachteln/Hemden; ein oder zwei Schachteln/Hemden; *see also* **eight 1. 2.** *n. (number, symbol)* Zwei, *die;* **the ~:** die beiden; die zwei; **just the ~ of us** nur wir zwei *od.* beiden; **it's as clear as ~ and ~ make four** es ist so klar, wie zwei mal zwei vier sind *(ugs.);* **put ~ and ~ together** *(fig.)* zwei und zwei zusammenzählen; **cut/break in ~:** zweiteilen/entzweibrechen; **~ and ~, ~ by ~** *(~ at a time)* [zu] zwei und zwei; zu zweien; **that makes ~ of us** *(coll.)* mir geht's/ging's genauso *(ugs.);* **~ can play at that game** das kann ich auch. *See also* **cheer 1 a; eight 2 a, c, d; [1]game 1 a; penny c**
**two: ~-bit** *adj. (Amer.)* **a)** *(costing 25 cents)* 25-Cent-; **b)** *(of poor quality)* mies *(ugs.);* **~-by-'four 1.** *n. (piece of wood) Holzbalken mit einer Stärke von 2 auf 4 Zoll;* **2.** *adj. (Amer. fig.)* Westentaschen-; **~-dimensional** *adj.* zweidimensional; *(fig.)* oberflächlich; **~-door** *attrib. adj.* zweitürig ⟨*Auto*⟩; **~-edged** *adj. (lit. or fig.)* zweischneidig; **~-faced** *adj. (fig.)* falsch *(abwertend);* **be ~-faced** ⟨*Person:*⟩ zwei Gesichter haben; **~-'fisted** *adj.* **a)** *(Brit.: clumsy)* ungeschickt; **be ~-fisted** zwei linke Hände haben *(ugs.);* **b)** *(Amer.: vigorous)* kernig; markig
**twofold** ['tu:fəʊld] *adj., adv.* **a)** zweifach; **be ~:** zweifacher Art *od.* Natur sein; **b)** *(double)* **a ~ increase** ein Anstieg auf das Doppelte; **increase ~:** sich verdoppeln
**two: ~-four-time** *n. (Mus.)* Zweivierteltakt, *der;* **~-'handed** *adj.* **a)** *(having two hands)* zweihändig; **b)** *(requiring both hands)* beidhändig; **c)** *(requiring two persons)* **~-handed poker** *(Cards)* Zwei-Mann-Poker, *der;* **~-party system** *n.* Zweiparteiensystem, *das;* **~pence** ['tʌpəns] *n. (Brit.)* zwei Pence; *see also* **care 2 c; ~penny** ['tʌpənɪ] *attrib. adj. (Brit.)* Zwei-Pence-; **~penny-halfpenny** [tʌpnɪ'heɪpnɪ] *attrib. adj. (Brit.)* unwichtig; lächerlich; *(of poor quality)* mies *(ugs.);* **~penny-halfpenny novel** Groschenroman, *der (abwertend);* **~-piece 1.** *n.* Zweiteiler, *der;* **2.** *adj.* zweiteilig; **~-pin** *see* **pin 1 c; ~-ply** *adj.* zweifädig ⟨*Seil, Wolle, Zwirn*⟩; aus zweifädiger Wolle gewebt ⟨*Teppich*⟩; zweilagig ⟨*Holz, Papier*⟩; **~-seater 1.** [-'--] *n.* Zweisitzer, *der;* **2.** ['---] *attrib. adj.* zweisitzig
**twosome** ['tu:səm] *n.* **a)** Paar, *das;* **b)** *(Golf)* Zweier, *der*
**two: ~-step** *n.* Twostep, *der;* **~-storey** *adj.* zweigeschossig; **~-stroke** *adj. (Mech. Engin.)* Zweitakt⟨*motor, -verfahren*⟩; **~-time** *v.t. (sl.)* **~-time sb.** *(be unfaithful)* jmdm. fremdgehen *(ugs.); (cheat)* ein falsches Spiel mit jmdm. treiben; **~-timing** *adj. (sl.)* falsch; **~-tone** *adj.* **a)** *(in colour)* zweifarbig; **a car in ~-tone green** ein Auto in zwei Grüntönen; **b)** *(in sound)* Zweiklang-
**'twould** [twʊd] *(arch./poet.)* = **it would**
**two: ~-up-~-down** *n.* kleines [Reihen]haus; **~-way** *adj.* **a)** *(in both directions)* zweibahnig *(Verkehrsw.);* **'~-way traffic ahead'** „Achtung, Gegenverkehr"; **b)** *(involving an exchange between ~ parties)* gegenseitig; **~-way scholarship programme** akademisches Austauschprogramm; **~-way radio** Funksprechgerät, *das;* **c)** *(Electr.)* **~-way switch** Zweiwege[um]schalter, *der;* **d)** **~-way tap** Zweiwegehahn, *der;* **e)** **~-way mirror** Einwegspiegel, *der;* **~-'wheeler** *n.* Zweirad, *das*
**tycoon** [taɪ'ku:n] *n.* Magnat, *der;* Tycoon, *der*
**tying** *see* **tie 1, 2**
**tyke** [taɪk] *n.* **a)** *(dog)* Köter, *der;* **b)** *(Brit.: churlish person)* Kerl, *der;* **c)** *(Yorkshireman)* **[Yorkshire] ~:** *Mann aus der Grafschaft Yorkshire;* **d)** *(child)* Bengel, *der*
**tympani** *see* **timpani**
**tympanist** *see* **timpanist**
**type** [taɪp] **1.** *n.* **a)** Art, *die; (person)* Typ, *der;* **what ~ of car ...?** was für ein Auto ...?; **her beauty is of another ~:** sie verkörpert einen anderen Typ von Schönheit; **she dislikes men of that ~:** sie mag diesen Typ [von] Mann nicht; **she's not my ~:** sie ist nicht mein Typ; **he's not the ~ to let people down** er ist nicht der Typ, der andere im Stich läßt; **a Burgundy ~ wine** eine Art Burgunder; **he is a different ~ of person** er ist eine andere Art Mensch *od.* ein anderer Typ; **books of this ~:** derartige Bücher; **true to ~:** erwartungsgemäß; **b)** *(coll.: character)* Type, *die (ugs.);* **c)** *(Printing)* Drucktype, *die;* **be in small/italic ~:** kleingedruckt/kursiv gedruckt sein; **in ~:** druckfertig. **2.** *v.t.* **a)** *(do typing of)* [mit der Maschine] schreiben; tippen *(ugs.);* **~d letter** maschinegeschriebener Brief; **b)** *(classify)* typisieren. **3.** *v.i.* maschineschreiben
**~ 'in** *v.t.* eintippen *(ugs.);* [mit der Schreibmaschine] einfügen
**~ 'out** *v.t.* [mit der Schreibmaschine] abschreiben; abtippen *(ugs.); (without original copy)* [in die Maschine] schreiben; tippen *(ugs.)*
**~ 'up** *v.t.* tippen
**-type** [taɪp] *in comb.* -artig; **ceramic-~ materials** keramikartiges Material; **Cheddar-~ cheese** Käse nach Cheddar-Art
**type: ~-cast** *v.t.* [auf eine bestimmte Rolle] festlegen; abstempeln; **be ~-cast as the devoted wife** auf die Rolle der treuen Ehefrau festgelegt sein; **~-face** *n.* Schriftbild, *das;* **~script 1.** *n.* maschine[n]geschriebene Fassung; Typoskript, *das;* **in ~script** maschine[n]geschrieben; **be still in ~script** erst als Typoskript vorliegen; **2.** *adj. see* **typewritten; ~set** *v.t. (Printing)* setzen; **~setter** *n. (person)* [Schrift]setzer, *der*/-setzerin, *die;* **~setting** *n.* [Schrift]setzen, *das;* **~setting machine** Setzmaschine, *die;* **~-size** *n.* Schriftgrad, *der;* **~-wheel** *see* **daisy-wheel**
**'typewriter** *n.* Schreibmaschine, *die;* **~ ribbon** Farbband, *das*
**'typewritten** *adj.* maschine[n]geschrieben; mit der [Schreib]maschine geschrieben
**typhoid** ['taɪfɔɪd] *n. (Med.)* **~ [fever]** Typhus, *der*
**typhoon** [taɪ'fu:n] *n.* Taifun, *der*
**typhus** ['taɪfəs] *n. (Med.)* Fleckfieber, *das*
**typical** ['tɪpɪkl] *adj.* typisch **(of** für); **that's just ~!** [das ist mal wieder] typisch! *(ugs.)*
**typically** ['tɪpɪkəlɪ] *adv.* typischerweise; **~, she turned up late** wie üblich kam sie zu spät
**typify** ['tɪpɪfaɪ] *v.t.* **a)** *(represent)* [symbolhaft] darstellen; **b)** *(be an example of)* **~ sth.** als typisches Beispiel für etw. dienen
**typing** ['taɪpɪŋ] *n.* Maschineschreiben, *das;* **his ~ is excellent** er kann sehr gut maschineschreiben; **how is your ~?** kannst du [gut] maschineschreiben?; **can you do this piece of ~ for me?** kannst du das für mich [mit der Maschine] schreiben *od. (ugs.)* tippen?
**typing: ~ error** *n.* Tippfehler, *der (ugs.);* **~ pool** *n.* Schreibzentrale, *die*
**typist** ['taɪpɪst] *n.* Schreibkraft, *die;* **shorthand ~:** Stenotypist, *der*/-typistin, *die;* **she is [not] a good ~:** sie kann [nicht] gut maschineschreiben
**typo** ['taɪpəʊ] *n., pl.* **~s** *(coll.)* Druckfehler, *der (ugs.)*
**typographer** [taɪ'pɒgrəfə(r)] *n.* Typograph, *der*/Typographin, *die*
**typographic** [taɪpə'græfɪk], **typographical** [taɪpə'græfɪkl] *adj.* typographisch; **~ error** Setzfehler, *der*
**typography** [taɪ'pɒgrəfɪ] *n.* Typographie, *die*
**typology** [taɪ'pɒlədʒɪ] *n.* Typologie, *die*
**tyrannical** [tɪ'rænɪkl, taɪ'rænɪkl] *adj.* tyrannisch
**tyrannically** [tɪ'rænɪkəlɪ, taɪ'rænɪkəlɪ] *adv.* tyrannisch; **behave ~ to sb.** jmdn. tyrannisieren
**tyrannize (tyrannise)** ['tɪrənaɪz] **1.** *v.i.* als Tyrann herrschen; **~ over sb.** jmdn. tyrannisieren. **2.** *v.t.* ⟨*Chef, Vater, Ehemann:*⟩ tyrannisieren; ⟨*Herrscher:*⟩ als Tyrann herrschen über (+ *Akk.*)
**tyrannous** ['tɪrənəs] *adj.* tyrannisch
**tyranny** ['tɪrənɪ] *n.* Tyrannei, *die*
**tyrant** ['taɪrənt] *n. (lit. or fig.)* Tyrann, *der*
**tyre** ['taɪə(r)] *n.* Reifen, *der*
**tyre: ~-chain** *n.* Schneekette, *die;* **~-gauge** *n.* Reifendruckprüfer, *der;* **~ pressure** *n.* Reifendruck, *der*
**tyro** *see* **tiro**
**Tyrol** [tɪ'rəʊl] *pr. n.* Tirol *(das)*
**Tyrolean** [tɪrə'li:ən] *adj.* Tiroler
**tzar** *etc. see* **tsar** *etc.*

# U

**[1]U, u** [ju:] *n., pl.* **Us** *or* **U's** U, u, *das*
**[2]U** *adj. (Brit. coll.)* für die Oberschicht typisch ⟨*Benehmen, Ausdruck, Sprache*⟩; **be U** ⟨*Person:*⟩ ein [typischer] Vertreter der Oberschicht sein
**[3]U** *abbr.* **a)** *(Brit.)* **universal** jugendfrei ⟨*Film*⟩; **b) University** Univ.
**UAE** *abbr.* **United Arab Emirates** VAE
**UB 40** [ju:bi: 'fɔ:tɪ] *n. (Brit.)* **a)** *(card)* Arbeitslosenausweis, *der;* **b)** *(coll.)* Arbeitslose, *der/die*
**'U-bend** *n.* U-Rohr, *das;* Knie, *das (ugs.)*
**ubiquitous** [ju:'bɪkwɪtəs] *adj.* allgegenwärtig
**'U-boat** *n. (Hist.)* [deutsches] U-Boot
**udder** ['ʌdə(r)] *n.* Euter, *das*
**UDI** *abbr.* **Unilateral Declaration of Independence** einseitige Unabhängigkeitserklärung
**UDR** *abbr.* **Ulster Defence Regiment** *nordirische paramilitärische Organisation zur Unterstützung der Britischen Armee*
**UEFA** [ju:'eɪfə] *abbr.* **Union of European Football Associations** UEFA, *die*
**UFO** ['ju:fəʊ] *n., pl.* **~s** Ufo, *das*
**Uganda** [ju:'gændə] *pr. n.* Uganda *(das)*
**Ugandan** [ju:'gændən] **1.** *adj.* ugandisch; **sb. is ~:** jmd. ist Ugander/Uganderin. **2.** *n.* Ugander, *der*/Uganderin, *die*
**ugh** [ʌh, ʊh, ɜ:h] *int.* bah
**ugli** ['ʌglɪ] *n.* **~ [fruit]** Tangelo, *die*
**ugliness** ['ʌglɪnɪs] *n., no pl.* Häßlichkeit, *die*
**ugly** ['ʌglɪ] *adj.* **a)** *(in appearance, morally)* häßlich; **~ duckling** *(fig.)* häßliches Entlein *(ugs. scherzh.);* **as ~ as sin** *(coll.)* potthäßlich *(ugs.);* häßlich wie die Nacht; **b)** *(nasty)* übel ⟨*Wunde, Laune, Szene usw.*⟩; **~ customer** *(fig. coll.)* unangenehmer Zeitgenosse/unangenehme Zeitgenossin; **have an**

~ **temper** übellaunig sein; **c)** *(stormy)* übel ‹*Wetter, Nacht*›; bedrohlich ‹*Himmel*›
**UHF** *abbr.* **ultra-high frequency** UHF
**UHT** *abbr.* **ultra heat treated** ultrahocherhitzt; UHT **milk** H-Milch, *die*
**UK** *abbr.* **United Kingdom**
**ukase** [ju:'keɪz] *n.* Ukas, *der*
**Ukraine** [ju:'kreɪn] *pr. n.* Ukraine, *die*
**Ukrainian** [ju:'kreɪnɪən] **1.** *adj.* ukrainisch; **sb. is** ~: jmd. ist Ukrainer/Ukrainerin; *see also* **English 1. 2.** *n.* **a)** *(person)* Ukrainer, *der*/Ukrainerin, *die;* **b)** *(language)* Ukrainisch, *das; see also* **English 2 a**
**ukulele** [ju:kə'leɪlɪ] *n.* *(Mus.)* Ukulele, *die od. das*
**ulcer** ['ʌlsə(r)] *n.* Geschwür, *das; (fig.)* [Krebs]geschwür, *das (fig.);* **mouth** ~**[s]** Aphthe, *die (Med.)*
**ulcerate** ['ʌlsəreɪt] **1.** *v.i.* *(Med.)* ulzerieren *(fachspr.);* geschwürig werden. **2.** *v.t.* ein Geschwür verursachen in (+ *Dat.*); **an** ~**d stomach** ein geschwüriger Magen
**ulceration** [ʌlsə'reɪʃn] *n.* **a)** *(process)* Geschwürbildung, *die;* **b)** *(ulcers)* Geschwüre
**ulcerous** ['ʌlsərəs] *adj.* *(Med.)* geschwürig; *(fig.)* **racism is an** ~ **growth in society** der Rassismus ist ein Geschwür am Leibe der Gesellschaft
**ulna** ['ʌlnə] *n., pl.* **ulnae** ['ʌlni:] *(Anat.)* Elle, *die*
**Ulster** ['ʌlstə(r)] *pr. n.* Ulster *(das)*
**ulster** *n.* *(coat)* Ulster, *der*
**Ulster:** ~**man** ['ʌlstəmən] *n., pl.* ~**men** ['ʌlstəmən] *(inhabitant)* Bewohner von Ulster; *(native)* [geborener] Nordire; ~**woman** *n.* *(inhabitant)* Bewohnerin von Ulster; *(native)* [geborene] Nordirin
**ult.** [ʌlt] *abbr.* *(Commerc.)* ultimo
**ulterior** [ʌl'tɪərɪə(r)] *adj.* hintergründig; geheim; ~ **motive/thought** Hintergedanke, *der*
**ultimate** ['ʌltɪmət] **1.** *attrib. adj.* **a)** *(final)* letzt...; *(eventual)* endgültig ‹*Sieg*›; letztendlich ‹*Rettung*›; größt... ‹*Opfer*›; ~ **result/goal/decision** Endergebnis, *das*/Endziel, *das*/endgültige Entscheidung; **in the** ~ **analysis** letzten Endes; **he exercises** ~ **jurisdiction/authority** er hat die höchste richterliche Gewalt/Autorität inne; **the** ~ **deterrent** das äußerste Abschreckungsmittel; **b)** *(fundamental)* tiefst... ‹*Grundlage, Wahrheit*›; ~ **principles** Grundprinzipien; **the** ~ **particles of matter** die elementaren Teilchen der Materie; **the** ~ **origin** der eigentliche Ursprung; **c)** *(maximum)* maximal; ~ **speed** Höchstgeschwindigkeit, *die;* **d)** *(best/greatest conceivable)* **the** ~ **washing machine** die Waschmaschine in Perfektion; **this is the** ~ **luxury** das ist der Gipfel an Luxus. **2.** *n.* **the** ~ *(maximum)* das absolute Maximum; *(minimum)* das absolute Minimum; **the** ~ **in comfort/luxury/style/fashion** der Gipfel an Bequemlichkeit/Luxus/das Exzellenteste an Stil/in der Mode
**ultimately** ['ʌltɪmətlɪ] *adv.* **a)** *(in the end)* schließlich; **b)** *(in the last analysis)* letzten Endes; *(basically)* im Grunde [genommen]
**ultimatum** [ʌltɪ'meɪtəm] *n., pl.* ~**s** *or* **ultimata** [ʌltɪ'meɪtə] Ultimatum, *das;* **give sb. an** ~: jmdm. ein Ultimatum stellen
**ultimo** ['ʌltɪməʊ] *adj.* *(Commerc.)* des vergangenen Monats
**ultra** ['ʌltrə] **1.** *n.* Ultra, *der (Politikjargon).* **2.** *adj.* extremistisch
**ultra-** ['ʌltrə] *pref.* ultra‹*konservativ, -modern*›; hyper‹*modern, -modisch*›
**ultrama'rine** *n.* Ultramarin, *das*
**ultra'sonic** *adj.* Ultraschall-
**ultra'sonically** *adv.* mit Ultraschall
**ultra'sonics** *n., no pl.* **a)** *see* **ultrasound; b)** *(science)* Lehre vom Ultraschall
**ultra'sound** *n., no pl.* Ultraschall, *der*
**ultra'violet** *adj.* *(Phys.)* ultraviolett ‹*Strahlen, Licht*›; *(using* ~ *radiation)* UV-‹*Lampe, Filter*›; ~ **treatment** UV-Bestrahlung, *die*
**ululate** ['ju:ljʊleɪt] *v.i.* *(literary)* heulen; *(with grief)* wehklagen *(geh.)*
**Ulysses** ['ju:lɪsi:z, ju:'lɪsi:z] *pr. n.* Odysseus *(der)*
**um** [m, əm, ʌm] **1.** *int.* äh[m]. **2.** [ʌm] *v.i.,* **-mm-** *(coll.)* ~ **and ah** herumdrucksen *(ugs.)*
**umbel** ['ʌmbl] *n.* *(Bot.)* Dolde, *die*
**umber** ['ʌmbə(r)] *n.* **[raw/burnt]** ~: [ungebrannte/gebrannte] Umbra
**umbilical cord** [ʌm'bɪlɪkl kɔ:d] *n.* Nabelschnur, *die*
**umbra** ['ʌmbrə] *n., pl.* ~**e** ['ʌmbri:] *or* ~**s** *(Astron.)* **a)** *(in eclipse)* Kernschatten, *der;* **b)** *(in sunspot)* Umbra, *die*
**umbrage** ['ʌmbrɪdʒ] *n., no pl., no indef. art.* **take** ~ **[at** *or* **over sth.]** [an etw. (+ *Dat.*)] Anstoß nehmen
**umbrella** [ʌm'brelə] *n.* **a)** [Regen]schirm, *der;* **telescopic** ~: Taschenschirm, *der;* **put up an** ~: einen Schirm aufspannen; **b)** *(fig.: protection)* Schutz, *der; (Mil.) (barrage)* Sperrfeuer, *das; (air cover)* Jagdschutz, *der;* **the** ~ **of the Welfare State** das soziale Netz des Wohlfahrtsstaates; **c)** *(fig.: unifying agency)* **the company X comes under the** ~ **of company Y** die Firma X ist eine Tochtergesellschaft der Firma Y; **an** ~ **organization/group** eine Dachorganisation/eine übergeordnete Gruppe
**um'brella-stand** *n.* Schirmständer, *der*
**umlaut** ['ʊmlaʊt] *n.* **a)** *(vowel change)* Umlaut, *der;* **b)** *(mark)* Umlautzeichen, *das*
**umpire** ['ʌmpaɪə(r)] **1.** *n.* Schiedsrichter, *der*/-richterin, *die.* **2.** *v.i.* schiedsrichtern; Schiedsrichter/-richterin sein. **3.** *v.t.* schiedsrichtern bei ‹*Spiel, Wettkampf*›; pfeifen ‹*Fußballspiel usw.*›
**umpteen** [ʌmp'ti:n] *adj.* *(coll.)* zig *(ugs.);* x *(ugs.)*
**umpteenth** [ʌmp'ti:nθ] *adj.* *(coll.)* zigst... *(ugs.);* **for the** ~ **time** zum zigsten *od.* x-ten Mal *(ugs.)*
**UN** *abbr.* **United Nations** UN[O], *die*
**'un** [ən] *pron.* *(coll.)* **a)** *(person)* Typ, *der;* **he's a tough/bad** ~: er ist ein zäher/übler Bursche *(ugs.);* **b)** *(thing)* **a big** ~: ein großer/eine große/ein großes; **big** ~**s and little** ~**s** Große und Kleine; *see also* **wrong 'un**
**unabashed** [ʌnə'bæʃt] *adj.* ungeniert; *(without shame)* schamlos; *(undaunted)* unerschrocken ‹*Kämpfer*›
**unabated** [ʌnə'beɪtɪd] *adj.* unvermindert
**unable** [ʌn'eɪbl] *pred. adj.* **be** ~ **to do sth.** nicht in der Lage sein, etw. zu tun; etw. nicht tun können; **he wanted to attend but was** ~ **to** er wollte kommen, aber er war dazu nicht in der Lage
**unabridged** [ʌnə'brɪdʒd] *adj.* ungekürzt
**unaccented** [ʌnək'sentɪd] *adj.* unbetont
**unacceptable** [ʌnək'septəbl] *adj.* unannehmbar; **[be] not** ~: durchaus akzeptabel [sein]; **the** ~ **face of capitalism** die Kehrseite des Kapitalismus
**unaccommodating** [ʌnə'kɒmədeɪtɪŋ] *adj.* ungefällig; *(inflexible)* unnachgiebig
**unaccompanied** [ʌnə'kʌmpənɪd] *adj.* ohne Begleitung ‹*reisen, singen*›; unbegleitet ‹*Gepäck, Chor*›; *(on aircraft etc.)* ~ **minor** alleinreisendes Kind; ~ **by sth.** nicht begleitet von etw.; **pieces for** ~ **horn/violin** Solostücke für Horn/Violine
**unaccountable** [ʌnə'kaʊntəbl] *adj.* unerklärlich
**unaccountably** [ʌnə'kaʊntəblɪ] *adv.* unerklärlicherweise; *(with adj.)* unerklärlich
**unaccounted** [ʌnə'kaʊntɪd] *adj.* ~ **for** unauffindbar; **several passengers are still** ~ **for** einige Passagiere werden noch vermißt; **the discrepancy remains** ~ **for** die Diskrepanz läßt sich nicht erklären
**unaccustomed** [ʌnə'kʌstəmd] *adj.* ungewohnt; **be** ~ **to sth.** etw. *(Akk.)* nicht gewöhnt sein; ~ **as I am to public speaking ...**: obwohl ich kein Redner bin ...
**unacquainted** [ʌnə'kweɪntɪd] *adj.* **be [completely]** ~ **with sth.** mit etw. [überhaupt] nicht vertraut sein
**unadopted** [ʌnə'dɒptɪd] *adj.* *(Brit.)* von der Gemeinde nicht unterhalten ‹*Straße*›
**unadorned** [ʌnə'dɔ:nd] *adj.* schmucklos; ungeschminkt ‹*Wahrheit*›; schlicht ‹*Stil*›
**unadulterated** [ʌnə'dʌltəreɪtɪd] *adj.* **a)** *(pure)* unverfälscht; rein ‹*Wasser, Wein*›; **b)** *(utter)* völlig; ~ **rubbish** absoluter Quatsch
**unadventurous** [ʌnəd'ventʃərəs] *adj.* bieder ‹*Person*›; ereignislos ‹*Leben*›; *(lacking ideas)* einfallslos ‹*Inszenierung, Buch usw.*›; **he is an** ~ **cook** er macht beim Kochen keine Experimente
**unaffected** [ʌnə'fektɪd] *adj.* **a)** *(not affected)* unberührt; *(Med.)* nicht angegriffen ‹*Organ*›; **the area was** ~ **by the strike** die Gegend war vom Streik nicht betroffen; **she seems to have been** ~ **by the experience** diese Erfahrung scheint keine Wirkung auf sie gehabt zu haben; **b)** *(natural)* natürlich; ungekünstelt; ~ **astonishment** blankes Staunen
**unaffectedly** [ʌnə'fektɪdlɪ] *adv.* natürlich; ungekünstelt
**unafraid** [ʌnə'freɪd] *adj.* **be** ~ **[of sb./sth.]** keine Angst [vor jmdm./etw.] haben
**unaided** [ʌn'eɪdɪd] *adj.* ohne fremde Hilfe; **by one's own** ~ **efforts** ohne jede fremde Hilfe; **walk** ~: ohne Hilfe gehen
**unalike** [ʌnə'laɪk] *pred. adj.* unähnlich; **they are so** ~: sie sind sich *(Dat.)* so unähnlich
**unalloyed** [ʌn'ælɔɪd, ʌnə'lɔɪd] *adj.* nicht legiert ‹*Metall*›; *(fig.)* rein; ungetrübt ‹*Freude, Glück*›
**unalterable** [ʌn'ɔ:ltərəbl, ʌn'ɒltərəbl] *adj.* unabänderlich ‹*Gesetz, Schicksal*›; unverrückbar ‹*Entschluß*›
**unaltered** [ʌn'ɔ:ltəd, ʌn'ɒltəd] *adj.* unverändert
**unambiguous** [ʌnæm'bɪgjʊəs] *adj.* unzweideutig
**unambitious** [ʌnæm'bɪʃəs] *adj.* ‹*Person*› ohne Ergeiz; anspruchslos ‹*Buch*›; **be** ~**/a bit** ~: keinen/wenig Ehrgeiz haben
**un-American** [ʌnə'merɪkn] *adj.* **a)** *(not typically American)* unamerikanisch; **b)** *(contrary to US interests)* antiamerikanisch; ~ **activities** unamerikanische Umtriebe
**unanimity** [ju:nə'nɪmɪtɪ] *n., no pl.* Einmütigkeit, *die;* **be in perfect** ~ **over sth.** in etw. *(Dat.)* völlig übereinstimmen
**unanimous** [ju:'nænɪməs] *adj.* einstimmig; **be** ~ **in doing sth.** etw. einmütig tun; **be** ~ **in rejecting** *or* **in their** *etc.* **rejection of sth.** etw. einmütig ablehnen; **the meeting was** ~ **as to ...**: die Versammlung war einer Meinung über ...
**unanimously** [ju:'nænɪməslɪ] *adv.* einstimmig
**unannounced** [ʌnə'naʊnst] *adj.* unangemeldet
**unanswerable** [ʌn'ɑ:nsərəbl] *adj.* unbeantwortbar ‹*Frage*›; unlösbar ‹*Rätsel, Problem*›; unwiderlegbar ‹*Argument*›
**unanswered** [ʌn'ɑ:nsəd] *adj.* unbeantwortet; **go** ~, **be left** ~: unbeantwortet bleiben
**unapologetic** [ʌnəpɒlə'dʒetɪk] *adj.* **he was quite** ~ **about it** er machte keinerlei Anstalten, sich zu entschuldigen
**unappealing** [ʌnə'pi:lɪŋ] *adj.* unansehnlich ‹*Person*›; nicht verlockend ‹*Aussicht*›
**unappetizing** [ʌn'æpɪtaɪzɪŋ] *adj.* unappetitlich; unerfreulich ‹*Zukunft, Aussicht*›
**unappreciative** [ʌnə'pri:ʃɪətɪv, ʌnə'pri:sɪətɪv] *adj.* undankbar; **be** ~ **of sth.** etw. nicht zu würdigen wissen
**unapproachable** [ʌnə'prəʊtʃəbl] *adj.* unzugänglich
**unarguable** [ʌn'ɑ:gjʊəbl] *adj.* unhaltbar
**unarm** [ʌn'ɑ:m] *see* **disarm 1**
**unarmed** [ʌn'ɑ:md] *adj.* unbewaffnet; ~ **combat** Kampf ohne Waffen
**unartistic** [ʌnɑ:'tɪstɪk] *adj.* unkünstlerisch; **be** ~: keinen Sinn für Kunst haben

**unashamed** [ʌnəˈʃeɪmd] *adj.* schamlos; *(not embarrassed)* ungeniert; unverhohlen ⟨*Individualist*⟩; **naked and ~:** nackt und ungeniert
**unashamedly** [ʌnəˈʃeɪmɪdlɪ] *adv.* ungeniert; unverhohlen ⟨*individualistisch*⟩
**unasked** [ʌnˈɑːskt] *adj.* **a)** *(uninvited)* ungebeten; **b)** *(not asked for)* ~ **[for]** ungefragt
**unassailable** [ʌnəˈseɪləbl] *adj.* **a)** *(not open to assault)* uneinnehmbar; **an ~ lead** ein nicht aufzuholender Vorsprung; **b)** *(irrefutable)* unwiderlegbar
**unassisted** [ʌnəˈsɪstɪd] *see* **unaided**
**unassuming** [ʌnəˈsjuːmɪŋ] *adj.* bescheiden; unprätentiös *(geh.)*
**unattached** [ʌnəˈtætʃt] *adj.* **a)** *(not fixed)* nicht befestigt; **b)** *(without a partner)* ungebunden
**unattainable** [ʌnəˈteɪnəbl] *adj.* unerreichbar
**unattempted** [ʌnəˈtemptɪd] *adj.* **the climb remains ~:** die Ersteigung ist noch nicht versucht worden
**unattended** [ʌnəˈtendɪd] *adj.* **a)** ~ **to** *(not dealt with)* unerledigt, unbearbeitet ⟨*Post, Angelegenheit*⟩; nicht bedient ⟨*Kunde*⟩; nicht behandelt ⟨*Patient, Wunde*⟩; **leave a customer/patient ~ to** einen Kunden nicht bedienen/einen Patienten nicht behandeln; **he left the faults ~ to** er hat sich um die Fehler nicht gekümmert; **b)** *(not supervised)* unbeaufsichtigt ⟨*Kind*⟩; unbewacht ⟨*Parkplatz, Gepäck*⟩; **leave a patient ~:** einen Patienten allein lassen; **travel ~:** ohne Begleitung reisen
**unattractive** [ʌnəˈtræktɪv] *adj.* unattraktiv; unschön ⟨*Ort, Merkmal*⟩; wenig verlockend ⟨*Angebot, Vorschlag*⟩; **not ~:** nicht ohne Reiz
**unauthorized** [ʌnˈɔːθəraɪzd] *adj.* unbefugt; nicht autorisiert ⟨*Biographie*⟩; nicht genehmigt ⟨*Demonstration*⟩; **no entry for ~ persons** Zutritt für Unbefugte verboten
**unavailable** [ʌnəˈveɪləbl] *adj.* nicht erhältlich ⟨*Ware*⟩; **be ~ for comment** zu einer Stellungnahme nicht zur Verfügung stehen; **the manager is ~:** der Manager ist nicht zu sprechen
**unavailing** [ʌnəˈveɪlɪŋ] *adj.* vergeblich
**unavoidable** [ʌnəˈvɔɪdəbl] *adj.* unvermeidlich; ~ **delays** unvermeidbare Verzögerungen
**unavoidably** [ʌnəˈvɔɪdəblɪ] *adv.* **we were ~ delayed** unsere Verspätung ließ sich nicht vermeiden; **he has been ~ detained** er konnte nicht verhindern, daß er aufgehalten wurde
**unaware** [ʌnəˈweə(r)] *adj.* **be ~ of sth.** sich *(Dat.)* einer Sache *(Gen.)* nicht bewußt sein; **he was not ~ of this fact** diese Tatsache war ihm durchaus bekannt
**unawares** [ʌnəˈweəz] *adv.* unerwartet; **come upon sb./catch sb. ~:** jmdn. überraschen; **take sb. ~:** für jmdn. unerwartet kommen
**unbalanced** [ʌnˈbælənst] *adj.* **a)** unausgewogen; **b)** *(mentally ~)* unausgeglichen
**unbar** [ʌnˈbɑː(r)] *v. t.*, **-rr-** entriegeln
**unbearable** [ʌnˈbeərəbl] *adj.*, **unbearably** [ʌnˈbeərəblɪ] *adv.* unerträglich
**unbeatable** [ʌnˈbiːtəbl] *adj.* unschlagbar *(ugs.)*
**unbeaten** [ʌnˈbiːtn] *adj.* **a)** *(not defeated)* ungeschlagen; **they lost their ~ record** ihre Siegesserie endete; **b)** *(not surpassed)* unerreicht; **this record is still ~:** dieser Rekord ist immer noch ungebrochen
**unbecoming** [ʌnbɪˈkʌmɪŋ] *adj.* **a)** *(improper)* unschicklich *(geh.)*; **conduct ~ to a soldier** ein für einen Soldaten ungebührliches Verhalten; **b)** *(not attractive)* unvorteilhaft ⟨*Kleidung, Frisur*⟩; unschön ⟨*Nase*⟩
**unbeknown** [ʌnbɪˈnəʊn] *adj.* *(coll.)* ~ **to me/her/her boss** ohne mein/ihr Wissen/ohne Wissen ihres Chefs
**unbelievable** [ʌnbɪˈliːvəbl] *adj.* **a)** *(hardly believable)* unglaublich; **b)** *(tremendous)* unwahrscheinlich ⟨*Hunger, Durst*⟩
**unbelievably** [ʌnbɪˈliːvəblɪ] *adv.* **a)** *as intensifier* unglaublich ⟨*dumm, dick, jung usw.*⟩; **b)** *as sentence-modifier (not believably)* **~, the rider managed to stay on the horse** es war kaum zu glauben, aber der Reiter konnte sich auf dem Pferd halten
**unbeliever** [ʌnbɪˈliːvə(r)] *n.* Ungläubige, *der/die*
**unbelieving** [ʌnbɪˈliːvɪŋ] *adj.* ungläubig
**unbend** [ʌnˈbend] **1.** *v. t.*, **unbent** [ʌnˈbent] geradebiegen ⟨*Draht, Metall, Stoßstange*⟩; auseinanderbiegen ⟨*Büroklammer*⟩; **~ one's body** *or* **oneself** sich aufrichten. **2.** *v. i.*, **unbent a)** *(sit/stand up)* sich aufrichten; **b)** *(become affable)* aus sich *(Dat.)* herausgehen
**unbending** [ʌnˈbendɪŋ] *adj.* *(inflexible)* unbeugsam
**unbiased, unbiassed** [ʌnˈbaɪəst] *adj.* unvoreingenommen
**unbidden** [ʌnˈbɪdn] *adj.* unaufgefordert; *(uninvited)* ungebeten
**unbind** [ʌnˈbaɪnd] *v. t., forms as* **bind 1** losbinden ⟨*Mensch, Tier*⟩; lösen ⟨*Haare*⟩
**unbirthday** [ʌnˈbɜːθdeɪ] *adj.* *(Brit. coll.)* ~ **present** Geschenk ohne besonderen Anlaß
**unbleached** [ʌnˈbliːtʃt] *adj.* ungebleicht
**unblemished** [ʌnˈblemɪʃt] *adj.* makellos ⟨*Haut, Lack, Ruf*⟩; unbefleckt *(geh.)* ⟨*Ehre*⟩
**unblinking** [ʌnˈblɪŋkɪŋ] *adj.* unverwandt ⟨*Blick*⟩; unbewegt ⟨*Haltung, Miene*⟩
**unblock** [ʌnˈblɒk] *v. t.* frei machen *od.* bekommen; **remain ~ed** frei bleiben
**unblushing** [ʌnˈblʌʃɪŋ] *adj.* *(fig.)* schamlos
**unbolt** [ʌnˈbəʊlt] *v. t.* aufriegeln
**unborn** [ʌnˈbɔːn, *attrib.* ˈʌnbɔːn] *adj.* ungeboren; **generations [yet] ~:** künftige Generationen
**unbosom** [ʌnˈbʊzəm] *v. refl.* ~ **oneself [to sb.]** [jmdm.] sein Herz ausschütten
**unbound** [ʌnˈbaʊnd] *adj.* **a)** *(not tied)* offen ⟨*Haar*⟩; **Prometheus ~:** der entfesselte Prometheus; **b)** ungebunden ⟨*Buch*⟩
**unbounded** [ʌnˈbaʊndɪd] *adj.* **a)** *(unchecked)* uneingeschränkt ⟨*Freiheit*⟩; unkontrolliert ⟨*Gefühl*⟩; **b)** *(unlimited)* grenzenlos
**unbowed** [ʌnˈbaʊd] *adj.* ungebeugt; **bloody but ~:** angeschlagen, aber unbesiegt
**unbreakable** [ʌnˈbreɪkəbl] *adj.* unzerbrechlich
**unbridled** [ʌnˈbraɪdld] *adj.* *(fig.)* ungezügelt ⟨*Machtstreben*⟩; bodenlos *(ugs.)* ⟨*Unverschämtheit*⟩; grenzenlos ⟨*Enthusiasmus*⟩
**un-British** [ʌnˈbrɪtɪʃ] *adj.* unbritisch
**unbroken** [ʌnˈbrəʊkn] *adj.* **a)** *(undamaged)* heil; unbeschädigt; **b)** *(not interrupted)* ununterbrochen; **~ sleep/peace/silence** ungestörter Schlaf/Friede/durch nichts unterbrochene Stille; **have a night's ~ sleep** die Nacht durchschlafen; **c)** *(not surpassed)* ungebrochen ⟨*Rekord*⟩; **d)** *(Equit.)* nicht zugeritten ⟨*Pferd*⟩
**unbuckle** [ʌnˈbʌkl] *v. t.* aufschnallen
**unbuilt** [ʌnˈbɪlt] *adj.* ungebaut; **~ on** *(not occupied by a building)* unbebaut
**unburden** [ʌnˈbɜːdn] *v. t.* *(literary)* befreien ⟨*Gewissen*⟩; **~ oneself/one's heart [to sb.]** [jmdm.] sein Herz ausschütten; **~ oneself of sth.** sich von etw. befreien; **to her he could ~ himself of all his anxieties** ihr konnte er alle seine Ängste anvertrauen
**unbusinesslike** [ʌnˈbɪznɪslaɪk] *adj.* **he is ~, he has an ~ approach** er geht nicht wie ein Geschäftsmann an die Dinge heran
**unbutton** [ʌnˈbʌtn] *v. t.* aufknöpfen
**unbuttoned** [ʌnˈbʌtnd] *adj.* *(lit. or fig.)* aufgeknöpft; offen
**uncalled-for** [ʌnˈkɔːldfɔː(r)] *adj.* unangebracht
**uncannily** [ʌnˈkænɪlɪ] *adv.* unheimlich
**uncanny** [ʌnˈkænɪ] *adj.* **a)** *(seemingly supernatural)* unheimlich; **b)** *(mysterious)* verblüffend
**uncap** [ʌnˈkæp] *v. t.*, **-pp-** öffnen ⟨*Flasche*⟩
**uncared-for** [ʌnˈkeədfɔː(r)] *adj.* vernachlässigt
**uncaring** [ʌnˈkeərɪŋ] *adj.* gleichgültig
**uncarpeted** [ʌnˈkɑːpɪtɪd] *adj.* teppichlos
**unceasing** [ʌnˈsiːsɪŋ] *adj.* unaufhörlich; **the rain was ~:** es regnete ununterbrochen
**unceasingly** [ʌnˈsiːsɪŋlɪ] *adv.* ununterbrochen
**uncensored** [ʌnˈsensəd] *adj.* unzensiert
**unceremonious** [ʌnserɪˈməʊnɪəs] *adj.* **a)** *(informal)* formlos; **b)** *(abrupt)* brüsk
**unceremoniously** [ʌnserɪˈməʊnɪəslɪ] *adv.* ohne Umschweife
**uncertain** [ʌnˈsɜːtn, ʌnˈsɜːtɪn] *adj.* **a)** *(not sure)* **be ~ [whether ...]** sich *(Dat.)* nicht sicher sein[, ob ...]; **I am ~ of his loyalty** ich bin mir seiner Treue nicht sicher; **b)** *(not clear)* ungewiß ⟨*Ergebnis, Zukunft, Schicksal*⟩; **of ~ age/origin** unbestimmten Alters/unbestimmter Herkunft; **a play of ~ authorship** ein Stück, dessen Verfasser nicht [sicher] bekannt ist; **it is still ~ whether ...:** es ist noch ungewiß, ob ...; **it is ~ who was the inventor** der Erfinder ist nicht [genau] bekannt; **c)** *(unsteady)* unsicher ⟨*Schritte*⟩; **d)** *(changeable)* unbeständig ⟨*Charakter, Wetter*⟩; unstet ⟨*Dasein*⟩; wechselnd ⟨*Gesundheitszustand*⟩; flackernd ⟨*Schein*⟩; **e)** *(ambiguous)* vage; **in no ~ terms** ganz eindeutig
**uncertainly** [ʌnˈsɜːtnlɪ, ʌnˈsɜːtɪnlɪ] *adv.* **a)** *(without definite aim)* ziellos; **b)** *(without confidence)* unsicher
**uncertainty** [ʌnˈsɜːtntɪ, ʌnˈsɜːtɪntɪ] *n.* **a)** *no pl.* *(doubtfulness)* Ungewißheit, *die;* **there is some ~ about it** es ist etwas ungewiß; **any ~ about it was dispelled** jeder Zweifel darüber wurde ausgeräumt; **b)** *(doubtful point)* Unklarheit, *die;* **c)** *no pl.* *(hesitation)* Unsicherheit, *die;* **the ~ of his touch** seine unsichere Hand
**unˈcertainty principle** *n.* *(Phys.)* Unschärferelation, *die*
**unchallenged** [ʌnˈtʃælɪndʒd] *adj.* unangefochten; **go ~** ⟨*Autorität, Position:*⟩ nicht in Frage gestellt werden; **let a statement go ~:** eine Behauptung unwidersprochen lassen
**unchangeable** [ʌnˈtʃeɪnʒəbl] *adj.* unabänderlich
**unchanged** [ʌnˈtʃeɪndʒd] *adj.* unverändert
**unchanging** [ʌnˈtʃeɪndʒɪŋ] *adj.* unveränderlich; **~ monotony** gleichförmige Eintönigkeit
**uncharacteristic** [ʌnkærɪktəˈrɪstɪk] *adj.* uncharakteristisch **(of** für); ungewohnt ⟨*Grobheit, Schärfe*⟩
**uncharged** [ʌnˈtʃɑːdʒd] *adj.* ungeladen
**uncharitable** [ʌnˈtʃærɪtəbl] *adj.*, **uncharitably** [ʌnˈtʃærɪtəblɪ] *adv.* lieblos
**uncharted** [ʌnˈtʃɑːtɪd] *adj.* auf keiner Landkarte verzeichnet; unerforscht ⟨*Wildnis*⟩; unbekannt ⟨*Insel, Gewässer*⟩; *(fig.)* **the ~ regions of the psyche** die unerforschten Bereiche der Psyche
**unchecked** [ʌnˈtʃekt] *adj.* **a)** *(not examined)* ungeprüft; **b)** *(unrestrained)* ungehindert; nicht eingedämmt ⟨*Epidemie, Inflation*⟩; **sth. goes ~:** gegen etw. wird nichts getan
**unchivalrous** [ʌnˈʃɪvlrəs] *adj.* unritterlich
**unchristian** [ʌnˈkrɪstjən] *adj.* unchristlich
**uncivil** [ʌnˈsɪvɪl, ʌnˈsɪvl] *adj.* unhöflich
**uncivilized** [ʌnˈsɪvɪlaɪzd] *adj.* unzivilisiert; primitiv ⟨*Zustände*⟩; **an ~ hour** eine unchristliche Tageszeit *(ugs. scherzh.)*
**unclaimed** [ʌnˈkleɪmd] *adj.* herrenlos; nicht abgeholt ⟨*Brief, Preis*⟩; **the money is still ~:** bis jetzt hat niemand Anspruch auf das Geld erhoben
**unclassified** [ʌnˈklæsɪfaɪd] *adj.* nicht klassifiziert; *(not subject to security classification)* nicht geheim
**uncle** [ˈʌŋkl] *n.* **a)** Onkel, *der;* **b)** *(sl.: pawn-*

*broker)* Pfandleiher, *der;* **c) cry ~** *(Amer. coll.: surrender)* sich geschlagen geben

**unclean** [ʌn'kli:n] *adj.* unrein

**Uncle:** ~ **'Sam** *n. (coll.)* Uncle Sam *(der);* ~ **'Tom** *n. (Amer.) den Weißen gegenüber gefügiger Schwarzer in den USA*

**unclothed** [ʌn'kləʊðd] *adj.* unbekleidet

**unclouded** [ʌn'klaʊdɪd] *adj.* wolkenlos; *(fig.)* ~ **mind/happiness** klarer Verstand/ungetrübtes Glück

**uncluttered** [ʌn'klʌtəd] *adj.* ordentlich

**uncoil** [ʌn'kɔɪl] **1.** *v. t.* abwickeln. **2.** *v. refl.* sich abwickeln; ‹*Schlange:*› sich strecken

**uncoloured** (*Amer.:* **uncolored**) [ʌn'kʌləd] *adj. (lit. or fig.)* ungefärbt; ~ **by prejudice** von keinem Vorurteil gefärbt

**uncomfortable** [ʌn'kʌmfətəbl] *adj.* **a)** *(causing physical discomfort)* unbequem; **b)** *(feeling discomfort)* **be ~:** sich unbehaglich fühlen; **the heat made me ~:** durch die Hitze fühlte ich mich unbehaglich; **c)** *(uneasy, disconcerting)* unangenehm; peinlich ‹*Stille*›; **his gaze made me ~:** sein Blick war mir unangenehm; **if you feel ~ about it** wenn es dir unangenehm ist; **sb. has an ~ awareness of sth.** jmd. ist sich *(Dat.)* einer Sache *(Gen.)* peinlich bewußt

**uncomfortably** [ʌn'kʌmfətəblɪ] *adv.* **a)** *(with physical discomfort)* unbequem; ~ **oppressive** unangenehm [und] drückend; **b)** *(uneasily)* unbehaglich; **be** *or* **feel ~ aware of sth.** sich *(Dat.)* einer Sache *(Gen.)* peinlich bewußt sein

**uncommitted** [ʌnkə'mɪtɪd] *adj.* unbeteiligt

**uncommon** [ʌn'kɒmən] *adj.* ungewöhnlich; **it is not ~ for him to be found there** es ist [ganz und gar] nicht ungewöhnlich, daß man ihn dort findet

**uncommonly** [ʌn'kɒmənlɪ] *adv.* ungewöhnlich

**uncommunicative** [ʌnkə'mju:nɪkətɪv] *adj.* verschlossen

**uncomplaining** [ʌnkəm'pleɪnɪŋ] *adj.*, **uncomplainingly** [ʌnkəm'pleɪnɪŋlɪ] *adv.* klaglos

**uncompleted** [ʌnkəm'pli:tɪd] *adj.* unvollendet

**uncomplicated** [ʌn'kɒmplɪkeɪtɪd] *adj.* unkompliziert

**uncomplimentary** [ʌnkɒmplɪ'mentərɪ] *adj.* wenig schmeichelhaft; **be ~ about sb./sth.** sich nicht sehr schmeichelhaft über jmdn./etw. äußern

**uncomprehending** [ʌnkɒmprɪ'hendɪŋ] *adj.* verständnislos

**uncompromising** [ʌn'kɒmprəmaɪzɪŋ] *adj.*, **uncompromisingly** [ʌn'kɒmprəmaɪzɪŋlɪ] *adv.* kompromißlos

**unconcealed** [ʌnkən'si:ld] *adj.* unverhohlen

**unconcern** [ʌnkən'sɜ:n] *n., no pl.* Gleichgültigkeit, *die*

**unconcerned** [ʌnkən'sɜ:nd] *adj.* gleichgültig; *(free from anxiety)* unbekümmert; **sb. is ~ about sb./sth.** jmdm. ist jmd./etw. gleichgültig; **she seemed ~ as to the outcome** das Ergebnis schien ihr gleichgültig zu sein; **he is ~ with** *or* **about style** er kümmert sich nicht um Stil

**unconcernedly** [ʌnkən'sɜ:nɪdlɪ] *adv.* gleichgültig; *(free from anxiety)* unbekümmert

**unconditional** [ʌnkən'dɪʃənl] *adj.* bedingungslos ‹*Kapitulation*›; kategorisch ‹*Ablehnung*›; ‹*Versprechen*› ohne Vorbehalte

**unconditionally** [ʌnkən'dɪʃənəlɪ] *adv.* bedingungslos; kategorisch ‹*ablehnen*›; ohne Vorbehalte ‹*versprechen*›

**unconfirmed** [ʌnkən'fɜ:md] *adj.* unbestätigt

**uncongenial** [ʌnkən'dʒi:nɪəl] *adj.* unsympathisch ‹*Person*›; **I find him/the work ~:** er ist mir unsympathisch/die Arbeit sagt mir nicht zu *od.* liegt mir nicht; **an ~ atmosphere** ein unangenehmes Klima

**unconnected** [ʌnkə'nektɪd] *adj.* **a)** nicht verbunden; **~ with any party** nicht parteigebunden; **b)** *(disjointed, isolated)* zusammenhanglos

**unconquerable** [ʌn'kɒŋkərəbl] *adj.* unbezwingbar; unerschütterlich ‹*Entschlossenheit*›

**unconquered** [ʌn'kɒŋkəd] *adj.* nicht erobert

**unconscionable** [ʌn'kɒnʃənəbl] *adj.* übertrieben lang ‹*Zeit*›; übertrieben hoch ‹*Betrag*›

**unconscionably** [ʌn'kɒnʃənəblɪ] *adv.* übertrieben

**unconscious** [ʌn'kɒnʃəs] **1.** *adj.* **a)** *(Med.: senseless)* bewußtlos; **b)** *(unaware)* **be ~ of sth.** sich einer Sache *(Gen.)* nicht bewußt sein; **I was ~ of what was going on around me** ich war mir nicht bewußt *od.* wußte nicht, was um mich herum vorging; **she was ~ of the tragedy** sie wußte nichts von der Tragödie; **he was ~ of the change in her** er merkte *od.* bemerkte nicht, daß sie sich verändert hatte; **c)** *(not intended; Psych.)* unbewußt; unfreiwillig ‹*Komik*›; **an ~ act** eine unbewußt begangene Tat. **2.** *n.* Unbewußte, *das*

**unconsciously** [ʌn'kɒnʃəslɪ] *adv.* unbewußt; **~, he was falling under her spell** ohne es zu merken, verfiel er ihrem Zauber

**unconsciousness** [ʌn'kɒnʃəsnɪs] *n., no pl.* **a)** *(loss of consciousness)* Bewußtlosigkeit, *die;* **b)** *(unawareness)* fehlende Bewußtheit

**unconsidered** [ʌnkən'sɪdəd] *adj.* **a)** *(disregarded)* unbedeutend; **b)** *(not based on consideration)* unüberlegt, vorschnell ‹*Bemerkung*›

**unconstitutional** [ʌnkɒnstɪ'tju:ʃənl] *adj.*, **unconstitutionally** [ʌnkɒnstɪ'tju:ʃənəlɪ] *adv. (in State)* verfassungswidrig; *(in other organization)* satzungswidrig

**unconstrained** [ʌnkən'streɪnd] *adj.* ungezwungen

**uncontaminated** [ʌnkən'tæmɪneɪtɪd] *adj.* unverschmutzt, nicht verseucht **(with** von); *(fig.)* unverdorben **(with** durch)

**uncontested** [ʌnkən'testɪd] *adj.* unangefochten; **go ~:** nicht angefochten werden; **it was an ~ election** bei der Wahl gab es keinen Gegenkandidaten

**uncontrollable** [ʌnkən'trəʊləbl] *adj.* unkontrollierbar; **become ~:** außer Kontrolle geraten; **the child is ~:** das Kind ist nicht zu bändigen

**uncontrollably** [ʌnkən'trəʊləblɪ] *adv.* unkontrollierbar; unbeherrscht ‹*lachen*›; hemmungslos ‹*weinen usw.*›

**uncontrolled** [ʌnkən'trəʊld] *adj.* unkontrolliert; **leave ~:** nicht kontrollieren; **~ dogs/children** herrenlose Hunde/unbeaufsichtigte Kinder

**uncontroversial** [ʌnkɒntrə'vɜ:ʃl] *adj.* nicht kontrovers; **be ~:** keinerlei Widerspruch hervorrufen; **he is an ~ figure** er gibt keinen Anlaß zu Kontroversen

**unconventional** [ʌnkən'venʃənl] *adj.*, **unconventionally** [ʌnkən'venʃənəlɪ] *adv.* unkonventionell

**unconverted** [ʌnkən'vɜ:tɪd] *adj.* **a)** *(not rebuilt)* nicht umgebaut; **b)** *(Relig.)* nicht konvertiert; **he is** *or* **remains ~ [to sth.]** er läßt sich nicht [zu etw.] bekehren

**unconvinced** [ʌnkən'vɪnst] *adj.* nicht überzeugt; **remain ~:** sich nicht überzeugen lassen; **his arguments left her ~:** seine Argumente überzeugten sie nicht

**unconvincing** [ʌnkən'vɪnsɪŋ] *adj.* nicht überzeugend

**unconvincingly** [ʌnkən'vɪnsɪŋlɪ] *adv.* nicht überzeugend; **he argues very ~:** seine Argumente überzeugen ganz und gar nicht

**uncooked** [ʌn'kʊkt] *adj.* roh; **the cake was still ~ in the centre** der Kuchen war in der Mitte noch nicht durchgebacken

**uncooperative** [ʌnkəʊ'ɒpərətɪv] *adj.* unkooperativ; wenig entgegenkommend; *(unhelpful)* wenig hilfsbereit; **a bit less ~:** ein bißchen hilfsbereiter

**uncoordinated** [ʌnkəʊ'ɔ:dɪneɪtɪd] *adj.* unkoordiniert; **very ~:** überhaupt nicht koordiniert

**uncork** [ʌn'kɔ:k] *v. t.* entkorken

**uncorroborated** [ʌnkə'rɒbəreɪtɪd] *adj.* unbestätigt

**uncountable** [ʌn'kaʊntəbl] *adj. (Ling.)* unzählbar

**uncounted** [ʌn'kaʊntɪd] *adj.* nicht gezählt

**uncouple** [ʌn'kʌpl] *v. t.* abkoppeln ‹*Hunde, Waggon, Lokomotive*›

**uncouth** [ʌn'ku:θ] *adj.* **a)** *(lacking refinement)* ungeschliffen; ungehobelt ‹*Person, Benehmen*›; grob ‹*Bemerkung, Sprache*›; **b)** *(boorish)* unkultiviert; flegelhaft *(abwertend)*

**uncouthness** [ʌn'ku:θnɪs] *n., no pl.* **a)** *(lack of refinement)* Ungeschliffenheit, *die; (of remark, language)* Grobheit, *die;* **b)** *(boorishness)* Unkultiviertheit, *die;* Flegelhaftigkeit, *die (abwertend)*

**uncover** [ʌn'kʌvə(r)] *v. t.* **a)** *(remove cover from)* aufdecken; freilegen ‹*Wunde, Begrabenes*›; **~ one's head** die Kopfbedeckung abnehmen; **b)** *(disclose)* aufdecken ‹*Skandal, Verschwörung, Wahrheit*›

**uncovered** [ʌn'kʌvəd] *adj.* unbedeckt; **[with head] ~:** ohne Kopfbedeckung

**uncritical** [ʌn'krɪtɪkl] *adj.* unkritisch; **be ~ of sth.** etw. nicht kritisieren

**uncritically** [ʌn'krɪtɪkəlɪ] *adv.* unkritisch

**uncross** [ʌn'krɒs] *v. t.* **~ one's legs** seine Beine wieder nebeneinanderstellen/nebeneinanderlegen

**uncrossed** [ʌn'krɒst] *adj. (Brit.)* **an ~ cheque/postal order** ein Barscheck/Postbarscheck

**uncrowded** [ʌn'kraʊdɪd] *adj.* nicht überlaufen

**uncrowned** [ʌn'kraʊnd] *adj. (lit. or fig.)* ungekrönt

**UNCTAD** ['ʌŋktæd] *abbr.* **United Nations Conference on Trade and Development** Welthandels- und Entwicklungskonferenz [der Vereinten Nationen]

**unction** ['ʌŋkʃn] *see* **extreme 1 d**

**unctuous** ['ʌŋktjʊəs] *adj.* salbungsvoll; ölig

**uncultivated** [ʌn'kʌltɪveɪtɪd] *adj.* **a)** *(Agric.)* nicht bestellt; **b)** unkultiviert

**uncultured** [ʌn'kʌltʃəd] *adj.* unkultiviert

**uncured** [ʌn'kjʊəd] *adj.* **a)** *(not made healthy)* ungeheilt; **b)** *(not prepared for keeping)* ungepökelt ‹*Fleisch*›; ungeräuchert ‹*Fisch*›; nicht getrocknet ‹*Häute, Tabak*›

**uncurl** [ʌn'kɜ:l] **1.** *v. t.* auseinanderrollen. **2.** *v. refl.* sich strecken. **3.** *v. i.* sich auseinanderrollen

**uncurtained** [ʌn'kɜ:tənd] *adj.* vorhanglos; **be ~:** keine Vorhänge haben

**uncut** [ʌn'kʌt] *adj.* **a)** *(not cut)* nicht geschnitten ‹*Gras, Haare usw.*›; nicht gemäht ‹*Rasen*›; **b)** *(with pages not trimmed)* unbeschnitten ‹*Buch*›; *(not slit open)* nicht aufgeschnitten ‹*Seiten*›; **c)** *(not shaped by cutting)* ungeschliffen ‹*Edelstein*›; **d)** *(not shortened)* ungekürzt ‹*Buch, Film*›

**undamaged** [ʌn'dæmɪdʒd] *adj.* unbeschädigt

**undated** [ʌn'deɪtɪd] *adj.* undatiert

**undaunted** [ʌn'dɔ:ntɪd] *adj.* unverzagt; **~ by threats** durch Drohungen nicht eingeschüchtert

**undecided** [ʌndɪ'saɪdɪd] *adj.* **a)** *(not settled)* nicht entschieden; **b)** *(hesitant)* unentschlossen; **be ~ whether to do sth.** sich *(Dat.)* noch unschlüssig sein, ob man etw. tun soll

**undecipherable** [ʌndɪ'saɪfərəbl] *adj.* **be ~:** sich nicht entziffern lassen

**undeclared** [ʌndɪ'kleəd] *adj.* **a)** nicht erklärt ‹*Krieg*›; **b)** nicht deklariert ‹*zollpflich-*

*tige Waren*⟩; ~ **income** *(for tax)* nicht angegebenes Einkommen

**undefeated** [ʌndɪˈfi:tɪd] *adj.* ungeschlagen ⟨*Mannschaft*⟩; unbesiegt ⟨*Heer*⟩

**undefended** [ʌndɪˈfendɪd] *adj.* **a)** unverteidigt; *(not protected)* ungeschützt; **b)** *(Law)* unverteidigt; **be ~:** keinen Verteidiger haben; **the case was ~:** der Fall wurde ohne Verteidigung verhandelt

**undefiled** [ʌndɪˈfaɪld] *adj.* unverdorben; *(not desecrated)* unbefleckt

**undefined** [ʌndɪˈfaɪnd] *adj.* nicht definiert; *(indefinite)* unbestimmt

**undelivered** [ʌndɪˈlɪvəd] *adj.* nicht zugestellt ⟨*Postsendung*⟩; nicht überbracht ⟨*Botschaft, Nachricht*⟩; *(on letter)* **if ~:** wenn unzustellbar

**undemanding** [ʌndɪˈmɑ:ndɪŋ] *adj.* anspruchslos

**undemocratic** [ʌndeməˈkrætɪk] *adj.* undemokratisch

**undemonstrative** [ʌndɪˈmɒnstrətɪv] *adj.* zurückhaltend

**undeniable** [ʌndɪˈnaɪəbl] *adj.* unbestreitbar; **it is ~ that ...:** es ist nicht zu leugnen, daß ...; **produce ~ evidence** Beweise vorlegen, deren Echtheit nicht bezweifelt werden kann

**undeniably** [ʌndɪˈnaɪəblɪ] *adv.* unbestreitbar

**undependable** [ʌndɪˈpendəbl] *adj.* unzuverlässig

**under** [ˈʌndə(r)] **1.** *prep.* **a)** *(underneath, below) (indicating position)* unter (+ *Dat.*); *(indicating motion)* unter (+ *Akk.*); **from ~ the table/bed** unter dem Tisch/Bett hervor; **b)** *(undergoing)* **~ treatment** in Behandlung; **~ repair** in Reparatur; **~ construction** im Bau; **be ~ investigation** untersucht werden; **fields ~ cultivation** bebaute Felder; **~ threat of extinction** vom Aussterben bedroht; **~ sentence of death** zum Tode verurteilt; *see also* **discussion b; influence 1; pain; c)** *(in conditions of)* bei ⟨*Streß, hohen Temperaturen usw.*⟩; **d)** *(subject to)* unter (+ *Dat.*); **bring a country ~ one's rule** ein Land unter seine Herrschaft bringen; **~ the doctor, ~ doctor's orders** in ärztlicher Behandlung; *see also* **delusion; illusion b; impression g; misapprehension; e)** *(in accordance with)* **~ the circumstances** unter den gegebenen *od.* diesen Umständen; **~ the terms of the will/contract/agreement** nach den Bestimmungen des Testaments/Vertrags/Abkommens; **f)** *(with the use of)* unter (+ *Dat.*); **~ an assumed name** *or* **alias/a pen-name** unter falschem Namen/unter einem Pseudonym; **g)** *(less than)* unter (+ *Dat.*); *(esp. with time, amount)* weniger als; **no one ~ a bishop** niemand unter Bischofsrang; **the mile was run in ~ four minutes** die Meile wurde in weniger als *od.* unter vier Minuten gelaufen; **for ~ five pounds** für weniger als fünf Pfund; *see also* **age 1a; h)** *(at foot of)* **~ the hill/walls** am Fuße des Berges/der Mauern; **i)** *(Naut.: in the lee of)* **close ~ the island** im Schutze der nahen Insel; **j)** *(planted with)* **field ~ corn/rice/beans** mit Getreide/Reis/Bohnen bestandenes Feld. **2.** *adv.* **a)** *(in or to a lower or subordinate position)* darunter; **stay ~** (~ *water)* unter Wasser bleiben; *see also* **go under; b)** *(in/into a state of unconsciousness)* **be ~/put sb. ~:** in Narkose liegen/jmdn. in Narkose versetzen

**under:** **~aˈchieve** *v.i.* unter dem erreichbaren Leistungsniveau bleiben; **~achiever** [ʌndərəˈtʃi:və(r)] *n.* Schüler/Schülerin mit enttäuschenden Leistungen; **be an ~achiever** *see* **~achieve; ~ˈact** *v.t. & i.* unterspielen ⟨*Theaterjargon*⟩; **~arm 1.** *adj.* **a)** *(Tennis, Cricket, etc.)* ⟨*Aufschlag, Wurf*⟩ von unten; **b)** *(in armpit)* Achsel⟨*haare, -schweiß*⟩; **2.** *adv.* von unten ⟨*aufschlagen, werfen*⟩; **~belly** *n. (Zool.)* Bauch, *der; (of aircraft)* Unterseite, *die;* **[soft] ~belly** *(fig.)* verwundbare Stelle; **~body** *n.* Unterseite, *die;* **~brush** *n. (Amer.)* Unterholz, *das;* **~carriage** *n.* Fahrwerk, *das;* **~ˈcharge** *v.t.* **~charge sb. [by several pounds]** jmdm. [einige Pfund] zuwenig berechnen; **~clothes** *n. pl.,* **~clothing** *see* **~wear; ~coat** *n.* **a)** *(layer of paint)* Grundierung, *die;* **b)** *(paint)* Grundierfarbe, *die;* **c)** *(of animal)* Unterhaar, *das;* **~ˈcooked** *adj.* zu kurz gekocht/gebraten; noch nicht gar; **~cover** *adj. (disguised)* getarnt; *(secret)* verdeckt; *(engaged in international spying)* geheim[dienstlich]; **~cover agent** Untergrund-/Geheimagent, *der;* **~croft** *n. (Eccl.)* Krypta, *die;* **~current** *n.* Unterströmung, *die; (fig.: underlying feeling)* Unterton, *der;* **he sensed an ~current of resentment** er spürte eine unterschwelligen Groll; **~ˈcut** *v.t.,* **undercut** unterbieten; **~deˈveloped** *adj.* unterentwickelt; **~deˈvelopment** *n., no pl.* Unterentwicklung, *die;* **~dog** *n.* **a)** *(in fight, match)* Unterlegene, *der/die;* **b)** *(fig.: disadvantaged person)* Benachteiligte, *der/die;* **the ~dogs of society** die sozial Unterprivilegierten; **~ˈdone** *adj.* halbgar; **I don't like my steak ~done** ich habe mein Steak gern gut durchgebraten; **~ˈemphasis** *n.* zu schwache Betonung; **there is an ~emphasis on it** es kommt nicht deutlich genug zum Ausdruck; **~ˈemphasize** *v.t.* zuwenig betonen; **~emˈployed** *adj.* unterbeschäftigt; **~emˈployment** *n.* Unterbeschäftigung, *die;* **~estimate 1.** [ʌndərˈestɪmeɪt] *v.t.* unterschätzen; **2.** [ʌndərˈestɪmət] *n.* Unterschätzung, *die;* **that figure is a considerable ~estimate** diese Zahl ist viel zu niedrig geschätzt; **~exˈpose** *v.t. (Photog.)* unterbelichten; **~exˈposure** *n. (Photog.)* Unterbelichtung, *die;* **~ˈfed** *adj.* unterernährt; **~felt** *n.* Filzunterlage, *die;* **~-ˈfives** *n.pl.* Kinder unter fünf Jahren; **~ˈfloor heating** *n.* [Fuß]bodenheizung, *die;* **~ˈfoot** *adv.* am Boden; **it's rough/muddy ~foot** der Boden ist uneben/matschig; **be trodden/trampled ~foot** mit Füßen getreten/zertrampelt werden; *(fig.: be maltreated)* wie der letzte Dreck behandelt werden *(salopp);* **~garment** *n.* Wäschestück, *das;* **~garments** Unterwäsche, *die;* **~ˈgo** *v.t., forms as* [1]**go 1** durchmachen ⟨*schlimme Zeiten*⟩; ertragen ⟨*Demütigung*⟩; **~go treatment/an operation** sich einer Behandlung/Operation unterziehen; **~go a change** sich verändern; **~go repairs** repariert werden; **~grad** [ˈʌndəˈgræd] *coll.),* **~ˈgraduate** *ns.* **~graduate [student]** Student/Studentin vor der ersten Prüfung; **~graduate course** Lehrveranstaltung für Studenten vor der ersten Prüfung; **~ground 1.** [--ˈ-] *adv.* **a)** *(beneath surface of ground)* unter der Erde; *(Mining)* unter Tage; **an explosion ~ground** eine unterirdische Explosion; **b)** *(fig.) (in hiding)* im Untergrund; *(into hiding)* in den Untergrund; **go ~ground** untertauchen; in den Untergrund gehen; **2.** [ˈ---] *adj.* **a)** unterirdisch ⟨*Höhle, See*⟩; **~ground railway** Untergrundbahn, *die;* **~ground car-park** Tiefgarage, *die;* **b)** *(fig.: secret)* **~ground activity** Tätigkeit im Untergrund; **~ground organization/movement/press** Untergrundorganisation/-bewegung/-presse; **3.** *n.* **a)** *(railway)* U-Bahn, *die;* **b)** *(clandestine movement)* Untergrund, *der;* Untergrundbewegung, *die;* **~growth** *n.* Unterholz, *das;* **~hand, ~handed 1.** *adjs.* **a)** *(secret)* heimlich; **b)** *(crafty)* hinterhältig; **2.** *advs.* heimlich; **~hung** *adj.* vorgeschoben ⟨*Unterkiefer*⟩; **~inˈsured** *adj.* unterversichert; [1]**~ˈlay** *see* **~lie;** [2]**~lay 1.** [--ˈ-] *v.t., forms as* [2]**lay 2** unterlegen; **2.** [ˈ---] *n.* Unterlage, *die;* **~ˈlie** *v.t., forms as* [2]**lie 2 a)** *(lie under)* **~lie sth.** unter etw. *(Dat.)* liegen; **b)** *(fig.: be [at] the basis of)* **~lie sth.** einer Sache *(Dat.)* zugrundeliegen; **~lying cause of sth.** eigentliche Ursache für etw.; **~line 1.** [--ˈ-] *v.t. (lit. or fig.)* unterstreichen; **2.** [ˈ---] *n.* Unterstreichung, *die*

**underling** [ˈʌndəlɪŋ] *n. (derog.)* Untergebene, *der/die*

**under:** **~ˈlining** *n.* Unterstreichung, *die;* **there is too much ~lining** es ist zuviel unterstrichen; **~ˈlying** *see* **~lie; ~ˈmanned** *adj.* [personell] unterbesetzt; **~manned industries** Industriezweige, in denen Arbeitskräftemangel herrscht; **~ˈmanning** *n.* [personelle] Unterbesetzung; **~ˈmentioned** *adj. (Brit.)* untengenannt; untenerwähnt; **~ˈmine** *v.t.* **a)** unterhöhlen; ⟨*Wasser:*⟩ unterspülen; **b)** *(fig.) (weaken)* untergraben; erschüttern ⟨*Vertrauen*⟩; unterminieren ⟨*Autorität*⟩; schwächen ⟨*Gesundheit*⟩

**underneath** [ʌndəˈni:θ] **1.** *prep. (indicating position)* unter (+ *Dat.*); *(indicating motion)* unter (+ *Akk.*); **from ~ the bed** unter dem Bett hervor. **2.** *adv.* darunter. **3.** *n.* Unterseite, *die*

**under:** **~ˈnourished** *adj.* unterernährt; **~ˈpaid** *adj.* unterbezahlt; **~pants** *n.pl.* Unterhose, *die;* Unterhosen *Pl.;* **~-part** *n.* Unterseite, *die;* **~pass** *n.* Unterführung, *die;* **~ˈpay** *v.t., forms as* **pay 2** unterbezahlen; **~ˈpayment** *n.* Unterbezahlung, *die;* **~ˈpin** *v.t.* [ab]stützen; *(fig.)* untermauern; **~pin a social system** die Grundlage eines gesellschaftlichen Systems bilden; **~ˈplay** *v.t.* **a)** *(Theatre)* zurückhaltend spielen ⟨*Rolle, Szene*⟩; **b)** *(play down)* herunterspielen; **~ˈprivileged** *adj.* unterprivilegiert; **~proˈduction** *n., no pl., no indef. art.* Unterproduktion, *die;* **~ˈrate** *v.t.* unterschätzen; **be ~rated** [allgemein] unterschätzt werden; **~ripe** *adj.* nicht ausgereift; **~ˈscore** *see* **~line 1; ~score** *see* **~line 2; ~sea** *attrib. adj.* Unterwasser-; **~seal 1.** *v.t.* mit [einem] Unterbodenschutz versehen; **be ~sealed** Unterbodenschutz haben; **2.** *n.* Unterbodenschutz, *der;* **~secretary** *n.* **a)** *(esp. Amer.: assistant to secretary)* Unterstaatssekretär, *der;* **b)** *(Brit.)* **[Parliamentary] U~secretary** [Parlamentarischer] Staatssekretär; **~ˈsell** *v.t., forms as* **sell 1: a)** *(sell at lower price than)* [im Preis] unterbieten; **b)** *(present inadequately)* nicht genug anpreisen; **~selling actually boosted her business** ihre verhaltene Werbestrategie hat eher zur Geschäftsbelebung geführt; **~-ˈsexed** *adj.* sexuell lustlos; **~shirt** *n. (Amer.)* Unterhemd, *das;* **~ˈshoot** *v.t., forms as* **shot 1, 2: ~shoot the runway** vor der Landebahn aufsetzen; **~shorts** *n.pl. (Amer.)* Unterhose, *die;* **~shot** *see* **~hung; ~-side** *n.* Unterseite, *die;* **~signed** *adj. (esp. Law)* **the ~signed** der/die Unterzeichnete/*(pl.)* die Unterzeichneten *(Papierdt.);* **~sized** *adj.* unter Normalgröße *nachgestellt;* [ziemlich] klein geraten ⟨*Mensch, Tier*⟩; **~skirt** *n.* Unterrock, *der;* **~slung** *adj. (Motor Veh.)* [tiefer als die Achsen] hängend ⟨*Fahrgestell, Rahmen*⟩; **~ˈspend 1.** *v.t., forms as* **spend: ~spend a budget/an allowance** ein Budget unterschreiten/eine Zuwendung nicht ganz ausgeben; **2.** *v.i., forms as* **spend: ~spend by £500,000** das Budget um 500 000 Pfund unterschreiten; **~spend on sth.** zu wenig für etw. ausgeben; *(save)* an etw. *(Dat.)* sparen; **~ˈstaffed** *adj.* unterbesetzt; **be ~staffed** an Personalmangel leiden

**understand** [ʌndəˈstænd] **1.** *v.t.,* **understood** [ʌndəˈstʊd] **a)** verstehen; **~ sth. by sth.** etw. unter etw. *(Dat.)* verstehen; **~ mathematics** mathematisches Verständnis haben; **~ carpentry** sich auf das Schreinern verstehen; **I cannot ~ his doing it** ich kann nicht verstehen *od.* begreife nicht, warum er es tut; **is that understood?** ist das klar?; **make oneself understood** sich verständlich machen; **b)** *(have heard)* gehört haben; **I ~ that**

**you wish to leave us** wie ich höre, wollen Sie uns verlassen; **I ~ him to be a distant relation** ich glaube, er ist ein entfernter Verwandter; **c)** *(take as implied)* **~ sth. from sb.'s words** etw. aus jmds. Worten entnehmen; **I understood [that] we were to be paid expenses** ich dachte, daß wir Spesen bekommen sollten; **it was understood that ...:** es wurde allgemein angenommen, daß ...; **do I ~ that ...?** gehe ich recht in der Annahme, daß ...?; **am I to ~ that you refuse my offer?** wollen Sie damit sagen, daß Sie mein Angebot ablehnen?; **it was understood between them that ...:** es herrschte [stillschweigendes] Einverständnis zwischen ihnen, daß ...; **d)** *(supply mentally)* hinzudenken; **be understood** *(Gram.)* ausgelassen werden; **he is seething ('with rage' understood)** er kocht (gemeint ist „vor Wut"). *See also* **give 1e; make 1f. 2.** *v.i.*, **understood a)** *(have understanding)* verstehen; **~ about sth.** etwas von etw. verstehen; **he doesn't ~ about it [being my job]** er sieht es nicht ein[, daß es meine Aufgabe ist]; **now I ~!** jetzt begreife ich es!; **I quite ~:** ich verstehe schon; **b)** *(gather, hear)* **if I ~ correctly** wenn ich mich nicht irre; **your offer is, I ~, still open** Ihr Angebot ist, so nehme ich an, noch offen; **he is, I ~, no longer here** er ist, wie ich höre, nicht mehr hier

**understandable** [ʌndəˈstændəbl] *adj.* verständlich

**understandably** [ʌndəˈstændəblɪ] *adv.* verständlicherweise

**understanding** [ʌndəˈstændɪŋ] **1.** *adj.* *(able to sympathize)* verständnisvoll; **you could be a bit more ~:** du könntest etwas mehr Verständnis zeigen. **2.** *n.* **a)** *(agreement)* Verständigung, *die;* **reach an ~ with sb.** sich mit jmdm. verständigen; **the good ~ between them** das gute Einverständnis zwischen ihnen; **have a secret ~ with sb.** eine geheime Vereinbarung mit jmdm. haben; **on the ~ that ...:** unter der Voraussetzung, daß ...; **on the clear** *or* **distinct ~ that ...** *(condition)* unter der ausdrücklichen Bedingung, daß ...; **there has never been much ~ between them** sie haben sich nie besonders gut vertragen; **b)** *(intelligence)* Verstand, *der;* **c)** *(insight, comprehension)* Verständnis, *das* **(of, for** für); **a person of great ~:** ein sehr verständnisvoller Mensch; **beyond ~:** unbegreiflich; **my ~ of the matter is that she has won** so wie ich es verstehe, hat sie gewonnen

**understandingly** [ʌndəˈstændɪŋlɪ] *adv.* verständnisvoll

**under: ~state** *v.t.* **a)** herunterspielen; **~state the case** untertreiben; **b)** *(represent inadequately)* zu gering veranschlagen; **~'statement** *n.* *(avoidance of emphasis)* Untertreibung, *die;* Understatement, *das;* **~steer** *(Motor Veh.)* **1.** [--ˈ-] *v.i.* untersteuern; **2.** [ˈ---] *n.* Untersteuern, *das;* **~'stocked** *adj.* unterversorgt; **the shops were ~stocked** die Läden hatten zu wenig Ware *od.* Vorräte [auf Lager]; **~'stood** *see* **understand; ~study 1.** *n.* Ersatzspieler, *der*/-spielerin, *die;* zweite Besetzung; **2.** *v.t.* **~study sb.** jmds. Rolle als Ersatzspieler/-spielerin einstudieren; **~-sub'scribed** *adj.* *(St. Exch.)* unterzeichnet; **~-surface** *n.* Unterseite, *die;* **~take** *v.t., forms as* **take 1: a)** *(set about)* unternehmen; **~take a task** eine Aufgabe übernehmen; **~take to do sth.** sich verpflichten, etw. zu tun; **b)** *(guarantee)* **~take sth./that ...:** sich für etw. verbürgen/sich dafür verbürgen, daß ...; **~taker** *n.* Leichenbestatter, *der*/-bestatterin, *die;* **[firm of] ~takers** Bestattungsunternehmen, *das;* **~taking** *n.* **a)** *no pl.* *(taking on)* *(of task)* Übernehmen, *das;* *(of journey etc.)* Unternehmen, *das;* **b)** *(task)* Aufgabe, *die;* **a dangerous ~taking** ein gefährliches Unterfangen; **c)** *(business)* Unternehmen, *das;* Betrieb, *der;* **d)** *(pledge)* Versprechen, *das;* **give an ~taking that .../to do sth.** zusichern, daß .../sich verpflichten, etw. zu tun; **I'll need an ~taking from you that ...:** du mußt mir [fest] versprechen, daß ...; **~tone** *n.* **a)** *(low voice)* **in ~tones** *or* **an ~tone** in gedämpftem Ton; **b)** *(undercurrent)* **~tone of criticism** kritischer Unterton; **c)** *(subdued colour)* Tönung, *die;* **~tow** *n.* Unterströmung, *die;* **~-'used** *adj.* nicht voll genutzt; **~valu'ation** *n.* Unterbewertung, *die;* **~'value** *v.t.* unterbewerten; **~vest** *n.* Unterhemd, *das;* **~water 1.** [ˈ----] *attrib. adj.* Unterwasser-; **2.** [--ˈ--] *adv.* unter Wasser; **~wear** *n., no pl., no indef. art.* Unterwäsche, *die;* **~'weight** *adj.* untergewichtig; **be ~weight** Untergewicht haben; **~whelm** [ʌndəˈwelm] *v.t.* *(joc.)* nicht gerade überwältigen *(spött.)*; **~world** *n.* *(lit. or fig.)* Unterwelt, *die;* **~'write** *v.t., forms as* **write 1: a)** *(accept liability for)* [als Versicherer] unterzeichnen; **~write a risk** ein Risiko versichern; **~write a share issue** die Übernahme von unverkauften Aktien garantieren; **b)** *(finance)* finanzieren; **~writer** *n.* *(of insurance policy)* Versicherer, *der;* *(of stock issue)* Garant, *der*/Garantin, *die*

**undeserved** [ʌndɪˈzɜːvd] *adj.* unverdient

**undeservedly** [ʌndɪˈzɜːvɪdlɪ] *adv.* unverdientermaßen

**undeserving** [ʌndɪˈzɜːvɪŋ] *adj.* unwürdig (of *Gen.*); **not ~ of attention** schon beachtenswert

**undesigned** [ʌndɪˈzaɪnd] *adj.* ungeplant

**undesirability** [ʌndɪzaɪərəˈbɪlɪtɪ] *n., no pl.* Unerwünschtheit, *die*

**undesirable** [ʌndɪˈzaɪərəbl] **1.** *adj.* unerwünscht; **it is ~ that ...:** es ist nicht wünschenswert, daß ... **2.** *n.* unerwünschte Person

**undesirably** [ʌndɪˈzaɪərəblɪ] *adv.* unerwünscht

**undesired** [ʌndɪˈzaɪəd] *adj.* unerwünscht

**undetectable** [ʌndɪˈtektəbl] *adj.* nicht nachweisbar

**undetected** [ʌndɪˈtektɪd] *adj.* unentdeckt; **go** *or* **pass ~:** unentdeckt bleiben

**undeterred** [ʌndɪˈtɜːd] *adj.* nicht entmutigt **(by** durch); **remain ~:** sich nicht abschrecken lassen; **continue ~:** unbeirrt weitermachen

**undeveloped** [ʌndɪˈveləpt] *adj.* **a)** *(immature)* nicht voll ausgebildet; **b)** *(Photog.)* nicht entwickelt; **c)** *(not built on)* nicht bebaut

**undiagnosed** [ʌndaɪəgˈnəʊzd] *adj.* nicht diagnostiziert; **die of an ~ brain tumor** an einem nicht erkannten Gehirntumor sterben

**undid** *see* **undo**

**undies** [ˈʌndɪz] *n.pl.* *(coll.)* Unterwäsche, *die*

**undifferentiated** [ʌndɪfəˈrenʃɪeɪtɪd] *adj.* undifferenziert

**undigested** [ʌndɪˈdʒestɪd, ʌndaɪˈdʒestɪd] *adj.* *(lit. or fig.)* unverdaut

**undignified** [ʌnˈdɪgnɪfaɪd] *adj.* würdelos; **consider it ~ to do sth.** es für unter seiner Würde halten, etw. zu tun

**undiluted** [ʌndaɪˈljuːtɪd] *adj.* unverdünnt; **~ pleasure/nonsense** ungetrübte Freude/barer Unsinn

**undiminished** [ʌndɪˈmɪnɪʃt] *adj.* unvermindert; **her enthusiasm remained ~:** ihre Begeisterung ließ nicht nach

**undimmed** [ʌnˈdɪmd] *adj.* nicht gedämpft; ungetrübt ‹*Augenlicht*›

**undipped** [ʌnˈdɪpt] *adj.* nicht abgeblendet

**undischarged** [ʌndɪsˈtʃɑːdʒd] *adj.* **a)** *(Finance)* unbeglichen ‹*Schuld*›; nicht entlastet ‹*Schuldner*›; **b)** *(not unloaded)* nicht entladen; **c)** *(not fired off)* nicht abgeschossen

**undisciplined** [ʌnˈdɪsɪplɪnd] *adj.* undiszipliniert

**undisclosed** [ʌndɪsˈkləʊzd] *adj.* geheim; **an ~ sum** ein nicht genannter Betrag

**undiscoverable** [ʌndɪˈskʌvərəbl] *adj.* nicht feststellbar

**undiscovered** [ʌndɪˈskʌvəd] *adj.* unentdeckt

**undiscriminating** [ʌndɪˈskrɪmɪneɪtɪŋ] *adj.* unkritisch; *(undemanding)* anspruchslos

**undisguised** [ʌndɪsˈgaɪzd] *adj.* unverhohlen

**undismayed** [ʌndɪsˈmeɪd] *see* **undeterred**

**undisputed** [ʌndɪˈspjuːtɪd] *adj.* unbestritten ‹*Fertigkeit, Kompetenz*›; unangefochten ‹*Führer, Autorität*›

**undistinguished** [ʌndɪˈstɪŋgwɪʃt] *adj.* mittelmäßig; *(ordinary)* gewöhnlich

**undisturbed** [ʌndɪˈstɜːbd] *adj.* **a)** *(untouched)* unberührt; **b)** *(not interrupted)* ungestört; **c)** *(not worried)* ungerührt

**undivided** [ʌndɪˈvaɪdɪd] *adj.* ungeteilt ‹*Sympathie, Aufmerksamkeit*›; geschlossen ‹*Front*›; uneingeschränkt ‹*Loyalität*›

**undo** [ʌnˈduː] **1.** *v.t.*, **undoes** [ʌnˈdʌz], **undoing** [ʌnˈduːɪŋ], **undid** [ʌnˈdɪd], **undone** [ʌnˈdʌn] **a)** *(unfasten)* aufmachen; **b)** *(cancel)* ungeschehen machen; **his successor undid all his work** sein Nachfolger machte sein ganzes Werk zunichte. **2.** *v.i., forms as* **1** ‹*dress etc.:*› **~ at the back** hinten aufgemacht werden

**undoing** [ʌnˈduːɪŋ] *n., no pl., no indef. art.* **be sb.'s ~:** jmds. Verderben sein

**undone** [ʌnˈdʌn] *adj.* **a)** *(not accomplished)* unerledigt; **leave the work** *or* **job ~:** die Arbeit liegen lassen; **b)** *(not fastened)* offen; **he went out with his shoe-laces ~:** er ging mit offenen Schnürsenkeln aus dem Haus

**undoubted** [ʌnˈdaʊtɪd] *adj.* unzweifelhaft

**undoubtedly** [ʌnˈdaʊtɪdlɪ] *adv.* zweifellos

**undraw** [ʌnˈdrɔː] *v.t., forms as* **draw 1** aufziehen ‹*Vorhang*›

**undreamed-of** [ʌnˈdriːmdɒv], **undreamt-of** [ʌnˈdremtɒv] *adjs.* *(unheard of)* unerhört; *(unimaginable)* unvorstellbar; ungeahnt ‹*Reichtum*›; **such a thing was ~:** an so etwas hätte man nicht im Traum gedacht

**undress** [ʌnˈdres] **1.** *v.t.* ausziehen; entkleiden *(geh.)*; **get ~ed** sich ausziehen; **can he ~ himself?** kann er sich selbst ausziehen? **2.** *v.i.* sich ausziehen. **3.** *n.* **a) ~ [uniform]** Freizeitkleidung, *die;* *(Mil.)* Ausgehuniform, *die;* **b)** *no pl., no art.* **in a state of ~:** halbbekleidet

**undressed** [ʌnˈdrest] *adj.* **a)** *(not clothed)* unbekleidet; *(no longer clothed)* ausgezogen; *(not yet clothed)* nicht angezogen; **b)** *(unfinished)* unbearbeitet ‹*Stein, Holz*›; ungegerbt ‹*Leder, Haut*›; **c)** *(not bandaged etc.)* nicht verbunden; **leave a wound ~:** eine Wunde nicht verbinden

**undrinkable** [ʌnˈdrɪŋkəbl] *adj.* nicht trinkbar; ungenießbar

**undue** [ʌnˈdjuː] *attrib. adj.* übertrieben; übermäßig; unangemessen hoch ‹*Gewinn*›; unberechtigt ‹*Optimismus*›; **~ influence** *(Law)* ungebührliche Beeinflussung; **attract ~ attention** zuviel Aufmerksamkeit auf sich *(Akk.)* lenken; **there is no ~ hurry** es hat keine besondere Eile

**undulate** [ˈʌndjʊleɪt] *v.i.* **a)** *(move with wavelike motion)* wallen *(geh.)*; **b)** *(have wavelike form)* wogen *(geh.)*; **the hills ~ southwards** die Hügel erstrecken sich in sanften Wellen nach Süden

**undulating** [ʌndjʊˈleɪtɪŋ] *adj.* Wellen‹*linie, -bewegung*›; **~ country/hills** sanfte Hügellandschaft; **~ road** auf- und abführende Straße

**undulation** [ʌndjʊˈleɪʃn] *n.* **a)** *(wavy motion)* Wellenbewegung, *die;* **b)** *(wavy line)* Wellenlinie, *die*

**unduly** [ʌnˈdjuːlɪ] *adv.* übermäßig; übertrieben ‹*ängstlich*›; unangemessen ‹*hoch*›; **not ~ worried** nicht besonders beunruhigt; **in an ~ hurried manner** in unangebrachter Eile

**undying** [ʌn'daɪɪŋ] *adj.* ewig; unsterblich ⟨*Ruhm*⟩; unversöhnlich ⟨*Haß*⟩
**unearned** [ʌn'ɜ:nd] *adj.* unverdient; ~ **income** Kapitalertrag, *der*
**unearth** [ʌn'ɜ:θ] *v.t.* **a)** *(dig up)* ausgraben; **b)** *(fig.: discover)* aufdecken; zutage fördern
**unearthly** [ʌn'ɜ:θlɪ] *adj.* **a)** *(mysterious)* unheimlich; **b)** *(coll.: terrible)* ~ **din** Höllenlärm, *der (ugs.)*; **at an ~ hour** in aller Herrgottsfrühe
**unease** [ʌn'i:z] *see* **uneasiness**
**uneasily** [ʌn'i:zɪlɪ] *adv.* **a)** *(anxiously)* mit Unbehagen; **b)** *(with embarrassment)* **be ~ aware of sth.** sich *(Dat.)* einer Sache *(Gen.)* peinlich bewußt sein; **c)** *(restlessly)* unruhig ⟨*schlafen, sitzen*⟩
**uneasiness** [ʌn'i:zɪnɪs] *n., no pl.* **a)** *(anxiety)* [ängstliches] Unbehagen; **b)** *(restlessness)* Unruhe, *die*
**uneasy** [ʌn'i:zɪ] *adj.* **a)** *(anxious)* besorgt; **be ~ about sth.** sich wegen etw. Sorgen machen; **he felt ~:** ihm war unbehaglich zumute; **b)** *(restless)* unruhig ⟨*Schlaf*⟩; **c)** *(disturbing)* quälend ⟨*Zweifel, Verdacht*⟩; **~ conscience** schlechtes Gewissen
**uneatable** [ʌn'i:təbl] *adj.* ungenießbar
**uneaten** [ʌn'i:tn] *adj.* ungegessen
**uneconomic** [ʌni:kə'nɒmɪk, ʌnekə'nɒmɪk] *adj.* unrentabel; **the mine is ~ to run** das Bergwerk ist unwirtschaftlich
**uneconomical** [ʌni:kə'nɒmɪkl, ʌnekə'nɒmɪkl] *adj.* verschwenderisch ⟨*Person*⟩; ~ **[to run]** unwirtschaftlich
**uneconomically** [ʌni:kə'nɒmɪkəlɪ, ʌnekə'nɒmɪkəlɪ] *adv.* verschwenderisch; unwirtschaftlich
**unedifying** [ʌn'edɪfaɪɪŋ] *adj.* **a)** *(uninformative)* unergiebig; **b)** *(not uplifting)* unerquicklich *(geh.)*; unerfreulich
**unedited** [ʌn'edɪtɪd] *adj.* unredigiert
**uneducated** [ʌn'edjʊkeɪtɪd] *adj.* ungebildet
**unemotional** [ʌnɪ'məʊʃənl] *adj.* emotionslos; nüchtern
**unemphatic** [ʌnɪm'fætɪk] *adj.* ausdruckslos
**unemployable** [ʌnɪm'plɔɪəbl] *adj.* als Arbeitskraft ungeeignet; **his behaviour makes him ~:** er kann wegen seines Verhaltens nirgends eingestellt werden
**unemployed** [ʌnɪm'plɔɪd] **1.** *adj.* **a)** *(out of work)* arbeitslos; **b)** *(with nothing to do)* beschäftigungslos. **2.** *n.pl.* **the ~:** die Arbeitslosen
**unemployment** [ʌnɪm'plɔɪmənt] *n., no pl., no indef. art.* Arbeitslosigkeit, *die; (number unemployed)* Arbeitslosenzahl, *die*
**unemployment: ~ benefit** *n.* Arbeitslosengeld, *das;* **~ figures** *n.pl.* Arbeitslosenzahl, *die*
**unencumbered** [ʌnɪn'kʌmbəd] *adj.* **a)** *(unburdened)* unbelastet; **travel ~ by baggage** ohne viel Gepäck reisen; **b)** *(free from mortgage etc.)* lastenfrei
**unending** [ʌn'endɪŋ] *adj.* endlos; ewig ⟨*Fortschritt*⟩; **her ordeal seemed ~:** ihre Qualen schienen nie enden zu wollen
**unendingly** [ʌn'endɪŋlɪ] *adv.* endlos
**unendurable** [ʌnɪn'djʊərəbl] *adj.* unerträglich
**unenforceable** [ʌnɪn'fɔ:səbl] *adj.* nicht durchsetzbar
**un-English** [ʌn'ɪŋglɪʃ] *adj.* unenglisch
**unenlightened** [ʌnɪn'laɪtnd] *adj.* unaufgeklärt ⟨*Zeit*⟩; rückständig ⟨*Land, Volk*⟩; **leave sb. ~:** jmdn. im dunkeln lassen
**unenterprising** [ʌn'entəpraɪzɪŋ] *adj.* wenig unternehmungslustig; **an ~ person** eine Person ohne Unternehmungsgeist
**unenthusiastic** [ʌnɪnθju:zɪ'æstɪk, ʌnɪnθu:zɪ'æstɪk] *adj.* wenig begeistert **(about** von); distanziert ⟨*Buchkritik*⟩
**unenviable** [ʌn'envɪəbl] *adj.* wenig beneidenswert
**unequal** [ʌn'i:kwl] *adj.* **a)** *(not equal)* unterschiedlich; ungleich ⟨*Kampf*⟩; **b)** *(inadequate)* **be ~** *or* **show oneself ~ to sth.** einer Sache *(Dat.)* nicht gewachsen sein; **be ~ to the strain** ⟨*Material:*⟩ die Belastung nicht aushalten; **c)** *(of varying quality)* ungleichmäßig
**unequalled** *(Amer.:* **unequaled)** [ʌn'i:kwld] *adj.* unerreicht; unübertroffen; *(in negative sense)* beispiellos ⟨*Dummheit*⟩; **~ for beauty** von unvergleichlicher Schönheit
**unequally** [ʌn'i:kwəlɪ] *adv.* ungleichmäßig
**unequivocal** [ʌnɪ'kwɪvəkl] *adj.*, **unequivocally** [ʌnɪ'kwɪvəkəlɪ] *adv.* eindeutig
**unerring** [ʌn'ɜ:rɪŋ] *adj.* untrüglich ⟨*Instinkt, Geschmack*⟩; unbedingt ⟨*Treffsicherheit*⟩; mathematisch ⟨*Genauigkeit*⟩; unfehlbar ⟨*Instinkt*⟩; unerschütterlich ⟨*Zielstrebigkeit*⟩
**unerringly** [ʌn'ɜ:rɪŋlɪ] *adv.* mit untrüglicher Sicherheit
**UNESCO** [ju:'neskəʊ] *abbr.* **United Nations Educational, Scientific and Cultural Organization** UNESCO, *die*
**unessential** [ʌnɪ'senʃl] *see* **inessential**
**unethical** [ʌn'eθɪkl] *adj.*, **unethically** [ʌn'eθɪkəlɪ] *adv.* unmoralisch
**uneven** [ʌn'i:vn] *adj.* **a)** *(not smooth)* uneben; **b)** *(not uniform)* ungleichmäßig; unregelmäßig ⟨*Pulsschlag*⟩; unausgeglichen ⟨*Temperament*⟩; **an ~ performance** ein Auftritt mit Höhen und Tiefen; **c)** *(odd)* ungerade ⟨*Zahl*⟩
**unevenly** [ʌn'i:vnlɪ] *adv.* ungleichmäßig
**unevenness** [ʌn'i:vnnɪs] *n.* **a)** *(roughness)* Unebenheit, *die;* **b)** *(irregularity)* Ungleichmäßigkeit, *die; (of pulse)* Unregelmäßigkeit, *die; (of temperament)* Unausgeglichenheit, *die;* **the ~ of the essays** das unterschiedliche Niveau der Aufsätze
**uneventful** [ʌnɪ'ventfl] *adj.* **a)** *(quiet)* ereignislos; ruhig ⟨*Leben*⟩; **b)** *(normal)* ⟨*Fahrt, Landung*⟩ ohne Zwischenfälle; **be ~** ⟨*Fahrt usw.:*⟩ ohne Zwischenfälle verlaufen
**uneventfully** [ʌnɪ'ventfəlɪ] *adv.* ohne Zwischenfälle
**unexampled** [ʌnɪg'zɑ:mpld] *adj.* beispiellos
**unexceptionable** [ʌnɪk'sepʃənəbl] *adj.* untadelig ⟨*Charakter*⟩; fehlerlos ⟨*Arbeit*⟩
**unexceptional** [ʌnɪk'sepʃənl] *adj.* alltäglich; *(average)* durchschnittlich
**unexciting** [ʌnɪk'saɪtɪŋ] *adj.* wenig aufregend; *(boring)* langweilig
**unexpected** [ʌnɪk'spektɪd] *adj.* unerwartet; **this news was entirely ~:** diese Nachricht kam völlig unerwartet
**unexpectedly** [ʌnɪk'spektɪdlɪ] *adv.* unerwartet
**unexpired** [ʌnɪk'spaɪəd] *adj.* noch gültig; noch nicht abgelaufen ⟨*Mandat*⟩
**unexplainable** [ʌnɪk'spleɪnəbl] *adj.* unerklärlich
**unexplained** [ʌnɪk'spleɪnd] *adj.* ungeklärt; unentschuldigt ⟨*Abwesenheit*⟩
**unexploded** [ʌnɪk'spləʊdɪd] *adj.* nicht explodiert *od.* detoniert
**unexplored** [ʌnɪk'splɔ:d] *adj.* unerforscht
**unexposed** [ʌnɪk'spəʊzd] *adj.* **a)** *(not brought to light)* unaufgeklärt; nicht entlarvt ⟨*Verbrecher*⟩; **b)** *(Photog.)* unbelichtet
**unexpressed** [ʌnɪk'sprest] *adj.* unausgesprochen
**unexpressive** [ʌnɪk'spresɪv] *adj.* ausdruckslos
**unexpurgated** [ʌn'ekspəgeɪtɪd] *adj.* unzensiert
**unfading** [ʌn'feɪdɪŋ] *adj.* unvergänglich
**unfailing** [ʌn'feɪlɪŋ] *adj.* unerschöpflich; nie versagend ⟨*gute Laune*⟩; unfehlbar ⟨*Heilmittel*⟩; **with ~ regularity** *(iron.)* mit schöner Regelmäßigkeit
**unfailingly** [ʌn'feɪlɪŋlɪ] *adv.* stets
**unfair** [ʌn'feə(r)] *adj.* unfair; ungerecht, unfair ⟨*Kritik, Urteil*⟩; unlauter ⟨*Wettbewerb*⟩; ungerecht ⟨*Strafe*⟩; **an ~ share** ein ungerechtfertigt hoher Anteil; **be ~ to sb.** jmdm. gegenüber ungerecht sein
**unfairly** [ʌn'feəlɪ] *adv.* **a)** *(unjustly)* ungerecht; unfair ⟨*spielen*⟩; **b)** *(unreasonably)* zu Unrecht
**unfairness** [ʌn'feənɪs] *n., no pl.* Ungerechtigkeit, *die; (Sport)* Unfairneß, *die*
**unfaithful** [ʌn'feɪθfl] *adj.* untreu; ungenau ⟨*Übersetzung*⟩; **~ to sb./sth.** jmdm./einer Sache untreu
**unfaithfulness** [ʌn'feɪθflnɪs] *n., no pl.* Untreue, *die*
**unfaltering** [ʌn'fɔ:ltərɪŋ] *adj.* unbeirrbar ⟨*Glaube, Sicherheit*⟩; fest ⟨*Stimme, Schritt*⟩
**unfamiliar** [ʌnfə'mɪljə(r)] *adj.* **a)** *(strange)* unbekannt; fremd ⟨*Stadt*⟩; ungewohnt ⟨*Arbeit, Tätigkeit*⟩; **b)** *(not well acquainted)* nicht vertraut; **be ~ with sth.** sich mit etw. nicht auskennen; **workers ~ with this type of machine** Arbeiter, die sich mit diesem Maschinentyp nicht [gut] auskennen; **he is not ~ with German** die deutsche Sprache ist ihm einigermaßen vertraut
**unfamiliarity** [ʌnfəmɪlɪ'ærɪtɪ] *n., no pl.* **a)** *(strangeness)* Fremdheit, *die; (of activity)* Ungewohntheit, *die;* **b) ~ with sth.** *(poor knowledge of)* Unvertrautheit mit etw.; **his ~ with computers** seine fehlende Erfahrung mit Computern
**unfashionable** [ʌn'fæʃənəbl] *adj.* unmodern ⟨*Kleidung*⟩; nicht eben schick ⟨*Wohngegend*⟩; **become ~:** aus der Mode kommen; **a view now ~:** eine jetzt überholte Ansicht
**unfasten** [ʌn'fɑ:sn] **1.** *v.t.* **a)** öffnen; **b)** *(detach)* lösen. **2.** *v.i.* **~ at the back** hinten geöffnet werden
**unfastened** [ʌn'fɑ:snd] *adj.* nicht verschlossen ⟨*Tür*⟩; offen ⟨*Verschluß, Knöpfe*⟩
**unfathomable** [ʌn'fæðəməbl] *adj.* **a)** *(incomprehensible)* unergründlich; **b)** *(immeasurable)* unermeßlich
**unfathomed** [ʌn'fæðəmd] *adj.* unergründet
**unfavourable** *(Amer.:* **unfavorable)** [ʌn'feɪvərəbl] *adj.* **a)** *(negative)* ungünstig; unfreundlich ⟨*Kommentar, Reaktion*⟩; negativ ⟨*Kritik, Antwort*⟩; **my suggestion got an ~ response** die Reaktion auf meinen Vorschlag war ablehnend; **be ~ to a proposal** einen Vorschlag ablehnen; **b)** *(tending to make difficult)* ungünstig **(to, for** für); widrig ⟨*Wind*⟩; **an atmosphere ~ to calm discussion** eine Atmosphäre, die einer ruhigen Diskussion abträglich ist; **a climate ~ to growth** ein wachstumsfeindliches Klima
**unfavourably** *(Amer.:* **unfavorably)** [ʌn'feɪvərəblɪ] *adv.* ungünstig; **be ~ disposed towards sb./sth.** jmdm./etw. gegenüber ablehnend eingestellt sein; **react ~ to a suggestion** auf einen Vorschlag ablehnend reagieren
**unfeeling** [ʌn'fi:lɪŋ] *adj.* *(unsympathetic)* gefühllos
**unfeelingly** [ʌn'fi:lɪŋlɪ] *adv.* herzlos
**unfeigned** [ʌn'feɪnd] *adj.* aufrichtig; unverhohlen
**unfenced** [ʌn'fenst] *adj.* nicht eingezäunt
**unfettered** [ʌn'fetəd] *adj.* ungehindert; **~ by scruples** frei von Skrupeln
**unfilled** [ʌn'fɪld] *adj.* frei, offen ⟨*Stelle*⟩; *(empty)* leer
**unfinished** [ʌn'fɪnɪʃt] *adj.* **a)** *(not completed)* unvollendet ⟨*Gedicht, Werk*⟩; unerledigt ⟨*Arbeit, Geschäft*⟩; **the U~ [Symphony]** die Unvollendete; **b)** *(in rough state)* unbearbeitet
**unfit** [ʌn'fɪt] **1.** *adj.* **a)** *(unsuitable)* ungeeignet; **~ for human consumption** zum Verzehr nicht geeignet; **~ for vehicles** nicht befahrbar; **b)** *(not physically fit)* nicht fit; **she hates to be ~:** sie will unbedingt fit sein; **~ for military service** [wehrdienst]untauglich. **2.** *v.t.*, **-tt-** untauglich machen; *see also* **unfitted**

**unfitness** [ʌn'fɪtnɪs] *n., no pl.* **a)** *(unsuitability)* fehlende Eignung; **b)** *(poor physical condition)* **[state of]** ~: schlechte körperliche Verfassung
**unfitted** [ʌn'fɪtɪd] *adj. (unsuited)* ungeeignet
**unflagging** [ʌn'flægɪŋ] *adj.* unermüdlich
**unflappable** [ʌn'flæpəbl] *adj. (coll.)* unerschütterlich; **an ~ person** jemand, der sich durch nichts aus der Ruhe bringen läßt
**unflattering** [ʌn'flætərɪŋ] *adj.* wenig schmeichelhaft; unvorteilhaft ‹*Kleid, Licht*›; **very ~**: gar nicht schmeichelhaft
**unfledged** [ʌn'fledʒd] *adj.* **a)** *(unfeathered)* [noch] ungefiedert; **b)** *(fig.: inexperienced)* unerfahren
**unflinching** [ʌn'flɪntʃɪŋ] *adj.* unerschrocken; unbeirrbar ‹*Entschlossenheit*›; **remain ~**: nicht zurückweichen
**unfold** [ʌn'fəʊld] **1.** *v. t.* **a)** *(open folds of)* entfalten; ausbreiten ‹*Zeitung, Landkarte*›; **~ one's arms** die Arme ausstrecken; **b)** *(fig.: reveal)* **~ sth. to sb.** jmdm. etw. darlegen. **2.** *v. i.* **a)** *(open out)* ‹*Knospe*:› sich öffnen; ‹*Flügel*:› sich entfalten; **the landscape ~ed before us** *(fig.)* die Landschaft breitete sich vor unseren Augen aus; **b)** *(develop)* sich entwickeln; ‹*Geheimnis*:› sich aufklären; **as the story ~ed** im weiteren Verlauf der Geschichte
**unforeseeable** [ʌnfɔː'siːəbl] *adj.* unvorhersehbar; **be ~**: nicht vorauszusehen sein
**unforeseen** [ʌnfɔː'siːn] *adj.* unvorhergesehen
**unforgettable** [ʌnfə'getəbl] *adj.* unvergeßlich
**unforgivable** [ʌnfə'gɪvəbl] *adj.* unverzeihlich
**unforgiving** [ʌnfə'gɪvɪŋ] *adj.* nachtragend
**unformed** [ʌn'fɔːmd] *adj.* unausgereift
**unforthcoming** [ʌnfɔːθ'kʌmɪŋ] *adj.* zugeknöpft (**about** hinsichtlich)
**unfortified** [ʌn'fɔːtɪfaɪd] *adj.* **a)** *(without fortification)* unbefestigt; **b)** *(not enriched)* nicht gespritet ‹*Wein*›
**unfortunate** [ʌn'fɔːtʃʊnət, ʌn'fɔːtʃənət] **1.** *adj.* **a)** *(unlucky)* unglücklich; *(unfavourable)* ungünstig ‹*Tag, Zeit*›; **the poor ~ woman** die arme bedauernswerte Frau; **be ~ [enough] to do sth.** das Pech haben, etw. zu tun; **b)** *(regrettable)* bedauerlich. **2.** *n.* Unglückliche, *der/die*
**unfortunately** [ʌn'fɔːtʃʊnətlɪ, ʌn'fɔːtʃənətlɪ] *adv.* leider
**unfounded** [ʌn'faʊndɪd] *adj. (fig.)* unbegründet; **the rumours are totally ~**: die Gerüchte entbehren jeder Grundlage
**unfreeze** [ʌn'friːz] *v. t. & i.,* **unfroze** [ʌn'frəʊz], **unfrozen** [ʌn'frəʊzn] auftauen
**unfrequented** [ʌnfrɪ'kwentɪd] *adj.* menschenleer; einsam
**unfriendly** [ʌn'frendlɪ] *adj.* unfreundlich; negativ ‹*Kritik*›; feindlich ‹*Staat*›; **the bull looked ~ to him** der Stier schien ihm feindselig [zu sein]
**unfrock** [ʌn'frɒk] *v. t.* **~ sb.** jmdn. des [Priester]amtes entheben
**unfruitful** [ʌn'fruːtfl] *adj.* **a)** *(sterile)* unfruchtbar; **b)** *(unprofitable)* fruchtlos
**unfulfilled** [ʌnfʊl'fɪld] *adj.* **a)** unerfüllt ‹*Person*›; **b)** *(not carried out)* unerledigt
**unfunny** [ʌn'fʌnɪ] *adj.* **[distinctly/decidedly] ~**: [ganz und gar] nicht witzig *od.* komisch
**unfurl** [ʌn'fɜːl] **1.** *v. t.* aufrollen; losmachen ‹*Segel*›. **2.** *v. i.* sich aufrollen
**unfurnished** [ʌn'fɜːnɪʃt] *adj.* unmöbliert
**ungainly** [ʌn'geɪnlɪ] *adj.* unbeholfen; ungelenk
**ungallant** [ʌn'gælənt] *adj.* unliebenswürdig; ungalant
**ungenerous** [ʌn'dʒenərəs] *adj.* **a)** *(petty)* kleinlich; **b)** *(mean)* wenig großzügig
**ungentlemanly** [ʌn'dʒentlmənlɪ] *adj.* unfein; *(impolite)* unhöflich; **it is ~**: es gehört sich nicht für einen Gentleman
**unget-at-able** [ʌnget'ætəbl] *adj.* unerreichbar; unzugänglich ‹*Fonds*›
**unglazed** [ʌn'gleɪzd] *adj.* **a)** nicht glasiert ‹*Keramik*›; **b)** nicht verglast ‹*Fenster*›
**ungodliness** [ʌn'gɒdlɪnɪs] *n., no pl.* Gottlosigkeit, *die*
**ungodly** [ʌn'gɒdlɪ] *adj.* **a)** *(impious)* gottlos; **b)** *(coll.: outrageous)* unchristlich *(ugs.)*
**ungovernable** [ʌn'gʌvənəbl] *adj.* unkontrollierbar; unregierbar ‹*Volk*›
**ungracious** [ʌn'greɪʃəs] *adj.* unhöflich; *(tactless)* taktlos
**ungraciously** [ʌn'greɪʃəslɪ] *adv.* unhöflich; *(tactlessly)* taktlos
**ungrammatical** [ʌngrə'mætɪkl] *adj.,* **ungrammatically** [ʌngrə'mætɪkəlɪ] *adv.* ungrammatisch
**ungrateful** [ʌn'greɪtfl] *adj.* undankbar
**ungrounded** [ʌn'graʊndɪd] *adj.* **a)** *see* **unfounded; b)** *(Amer. Electr.)* ohne Erdung
**ungrudging** [ʌn'grʌdʒɪŋ] *adj.* bereitwillig; *(generous)* großzügig; herzlich ‹*Gastfreundschaft*›; neidlos ‹*Bewunderung*›
**unguarded** [ʌn'gɑːdɪd] *adj.* **a)** *(not guarded)* unbewacht; **b)** *(incautious)* unvorsichtig; **in an ~ moment he gave away some vital information** als er einen Moment nicht aufpaßte, verriet er einige wichtige Informationen
**unguardedly** [ʌn'gɑːdɪdlɪ] *adv.* unvorsichtig
**ungulate** ['ʌŋgjʊlət] *n. (Zool.)* Huftier, *das*
**unhampered** [ʌn'hæmpəd] *adj.* unbehindert; **~ by conscience** nicht von Gewissensbissen geplagt
**unhappily** [ʌn'hæpɪlɪ] *adv.* **a)** *(unfortunately)* unglücklicherweise; leider; **b)** *(without happiness)* unglücklich
**unhappiness** [ʌn'hæpɪnɪs] *n., no pl.* Bekümmertheit, *die;* **despite his ~ about the consequences** obwohl er Bedenken über die Folgen hatte; **she spent ten years of ~ with him** sie verbrachte zehn unglückliche Jahre mit ihm; **he has been the cause of much ~ to her** er hat ihr viel Kummer gemacht
**unhappy** [ʌn'hæpɪ] *adj.* **a)** *(sad, causing misfortune)* unglücklich; *(not content)* unzufrieden (**about** mit); **be** *or* **feel ~ about doing sth.** Bedenken haben, etw. zu tun; **b)** *(unfortunate)* unglückselig ‹*Zeit, Zufall*›; unglücklich ‹*Zusammenstellung, Wahl*›
**unharmed** [ʌn'hɑːmd] *adj.* unbeschädigt; *(uninjured)* unverletzt
**unharness** [ʌn'hɑːnɪs] *v. t.* abschirren
**unhealthily** [ʌn'helθɪlɪ] *adv.* krankhaft; ungesund ‹*leben*›
**unhealthiness** [ʌn'helθɪnɪs] *n., no pl.* Krankhaftigkeit, *die; (of place, habit)* Gesundheitsschädlichkeit, *die*
**unhealthy** [ʌn'helθɪ] *adj.* **a)** *(not in good health, harmful to health)* ungesund; **b)** *(unwholesome)* ungesund, krankhaft ‹*Gier*›; schädlich ‹*Einfluß*›; schlecht ‹*Angewohnheit*›; **c)** *(coll.: risky)* gefährlich
**unheard** [ʌn'hɜːd] *adj.* **a) ~-of** *(unknown)* [gänzlich] unbekannt; *(unprecedented)* beispiellos; *(outrageous)* unerhört; **that's ~ of** das ist noch nie dagewesen; **this was an ~-of achievement fifty years ago** vor fünfzig Jahren war eine solche Leistung unvorstellbar; **b)** *(not heard)* **go ~**: ungehört bleiben
**unheeded** [ʌn'hiːdid] *adj.* unbeachtet; **go ~**: nicht beachtet werden; ‹*Gebet, Wunsch*:› nicht erhört werden
**unheedful** [ʌn'hiːdfʊl] *adj.* **~ of** ungeachtet (+ *Gen.*)
**unhelpful** [ʌn'helpfl] *adj.* wenig hilfsbereit ‹*Person*›; ‹*Bemerkung, Kritik*› die einem nicht weiterhilft
**unhelpfully** [ʌn'helpfəlɪ] *adv.* wenig hilfsbereit
**unhesitating** [ʌn'hezɪteɪtɪŋ] *adj.* unverzüglich; **she was ~ in her support for him** sie zögerte keinen Augenblick, ihn zu unterstützen
**unhesitatingly** [ʌn'hezɪteɪtɪŋlɪ] *adv.* ohne zu zögern
**unhinged** [ʌn'hɪndʒd] *adj.* **his/her mind is ~**: er/sie hat den Verstand verloren
**unhitch** [ʌn'hɪtʃ] *v. t.* losmachen; ausspannen ‹*Pferd*›; abkoppeln ‹*Anhänger*›
**unholy** [ʌn'həʊlɪ] *adj.* **a)** *(wicked)* unheilig ‹*Allianz*›; **b)** *(coll.: dreadful)* fürchterlich *(ugs.)* ‹*Krawall, Durcheinander*›
**unhook** [ʌn'hʊk] *v. t.* **a)** *(detach from hook)* vom Haken nehmen; **b)** *(unfasten by releasing hook)* aufhaken ‹*Kleid*›; loshaken ‹*Tor*›
**unhoped-for** [ʌn'həʊptfɔː(r)] *adj.* unverhofft
**unhurried** [ʌn'hʌrɪd] *adj.,* **unhurriedly** [ʌn'hʌrɪdlɪ] *adv.* gemächlich
**unhurt** [ʌn'hɜːt] *adj.* unverletzt
**unhygienic** [ʌnhaɪ'dʒiːnɪk] *adj.* unhygienisch
**UNICEF** ['juːnɪsef] *abbr.* **United Nations Children's Fund** UNICEF, *die*
**unicorn** ['juːnɪkɔːn] *n. (Mythol.)* Einhorn, *das*
**unicycle** ['juːnɪsaɪkl] *n.* Einrad, *das*
**unidentified** [ʌnaɪ'dentɪfaɪd] *adj.* nicht identifiziert; **~ flying object** unbekanntes Flugobjekt
**unidiomatic** [ʌnɪdɪə'mætɪk] *adj.,* **unidiomatically** [ʌnɪdɪə'mætɪkəlɪ] *adv.* nicht idiomatisch
**unification** [juːnɪfɪ'keɪʃn] *n.* Einigung, *die; (of system)* Vereinheitlichung, *die*
**uniform** ['juːnɪfɔːm] **1.** *adj. (the same for all)* einheitlich; *(unvarying)* gleichbleibend ‹*Strömung, Temperatur, Qualität*›; gleichmäßig ‹*Tempo*›; **be of ~ shape/size/appearance, be ~ in shape/size/appearance** die gleiche Form/Größe/das gleiche Aussehen haben; **~ rows of houses** gleichförmige Häuserzeilen. **2.** *n.* Uniform, *die;* **in/out of ~**: in/ohne Uniform; **be in/out of ~**: Uniform/keine Uniform tragen
**uniformed** ['juːnɪfɔːmd] *adj.* uniformiert
**uniformity** [juːnɪ'fɔːmɪtɪ] *n.* Einheitlichkeit, *die; (constant nature)* Gleichmäßigkeit, *die;* **impose ~ of belief on ...**: jmdm. einen einheitlichen Glauben auferlegen (+ *Dat.*)
**uniformly** ['juːnɪfɔːmlɪ] *adv.* **a)** *(unvaryingly)* einheitlich; **b)** *(equally)* gleichmäßig
**unify** ['juːnɪfaɪ] *v. t.* einigen ‹*Volk, Land*›; vereinheitlichen ‹*System, Wirtschaft*›
**unilateral** [juːnɪ'lætərl] *adj.* einseitig
**unilateralist** [juːnɪ'lætərəlɪst] *n.* Befürworter der einseitigen Abrüstung
**unilaterally** [juːnɪ'lætərəlɪ] *adv.* einseitig
**unimaginable** [ʌnɪ'mædʒɪnəbl] *adj.* unvorstellbar
**unimaginative** [ʌnɪ'mædʒɪnətɪv] *adj.,* **unimaginatively** [ʌnɪ'mædʒɪnətɪvlɪ] *adv.* phantasielos
**unimpaired** [ʌnɪm'peəd] *adj.* unbeeinträchtigt; **he emerged from the trial with ~ prestige** er überstand den Prozeß ohne Prestigeverlust
**unimpeachable** [ʌnɪm'piːtʃəbl] *adj.* **a)** *(blameless)* unanfechtbar; untadelig ‹*Ruf*›; **b)** *(beyond question)* unbezweifelbar; absolut zuverlässig ‹*Quelle*›
**unimpeded** [ʌnɪm'piːdɪd] *adj.* ungehindert
**unimportance** [ʌnɪm'pɔːtəns] *n., no pl.* Unwichtigkeit, *die;* Bedeutungslosigkeit, *die*
**unimportant** [ʌnɪm'pɔːtənt] *adj.* unwichtig; bedeutungslos
**unimpressed** [ʌnɪm'prest] *adj.* nicht beeindruckt
**unimpressive** [ʌnɪm'presɪv] *adj.* nicht eindrucksvoll; unscheinbar ‹*Gebäude*›; *(unconvincing)* nicht überzeugend
**uninfluenced** [ʌn'ɪnflʊənst] *adj.* unbeeinflußt
**uninformative** [ʌnɪn'fɔːmətɪv] *adj.* inhaltslos ‹*Text*›; **he is ~ about his plans** er verrät nichts über seine Pläne
**uninformed** [ʌnɪn'fɔːmd] *adj.* **a)** *(not in-*

*formed)* uninformiert; **be [entirely] ~ about the development** [überhaupt] nichts von der Entwicklung wissen; **b)** *(based on ignorance)* auf Unkenntnis beruhend ⟨*Urteil, Ansicht*⟩; **~ guess** reine Vermutung
**uninhabitable** [ʌnɪnˈhæbɪtəbl] *adj.* unbewohnbar
**uninhabited** [ʌnɪnˈhæbɪtɪd] *adj.* unbewohnt
**uninhibited** [ʌnɪnˈhɪbɪtɪd] *adj.* ungehemmt; ohne Hemmungen *nachgestellt*
**uninitiated** [ʌnɪˈnɪʃɪeɪtɪd] *adj.* uneingeweiht; **~ in the mysteries** nicht in die Geheimnisse eingeweiht; **the ~:** Außenstehende
**uninjured** [ʌnˈɪndʒəd] *adj.* unverletzt
**uninspired** [ʌnɪnˈspaɪəd] *adj.* einfallslos; **I am/feel ~:** mir fehlt die Inspiration
**uninspiring** [ʌnɪnˈspaɪərɪŋ] *adj.* langweilig
**uninsured** [ʌnɪnˈʃʊəd] *adj.* nicht versichert
**unintelligent** [ʌnɪnˈtelɪdʒənt] *adj.* nicht intelligent; **pretty ~:** ziemlich dumm
**unintelligible** [ʌnɪnˈtelɪdʒɪbl] *adj.* unverständlich
**unintended** [ʌnɪnˈtendɪd] *adj.* unbeabsichtigt
**unintentional** [ʌnɪnˈtenʃənl] *adj.*, **unintentionally** [ʌnɪnˈtenʃənəlɪ] *adv.* unabsichtlich; *(Law)* nicht vorsätzlich
**uninterested** [ʌnˈɪntrestɪd, ʌnˈɪntrɪstɪd] *adj.* desinteressiert (**in** an + *Dat.*)
**uninteresting** [ʌnˈɪntrestɪŋ, ʌnˈɪntrɪstɪŋ] *adj.* uninteressant
**uninterrupted** [ʌnɪntəˈrʌptɪd] *adj.* **a)** *(continuous)* ununterbrochen; nicht unterbrochen; **b)** *(not disturbed)* ungestört
**uninvited** [ʌnɪnˈvaɪtɪd] *adj.* ungeladen
**uninviting** [ʌnɪnˈvaɪtɪŋ] *adj.* wenig verlockend; wenig einladend ⟨*Ort, Wetter*⟩
**uninvolved** [ʌnɪnˈvɒlvd] *adj.* unbeteiligt (**in** an + *Dat.*); **be** *or* **remain ~:** sich nicht beteiligen
**union** [ˈjuːnɪən, ˈjuːnjən] *n.* **a)** *(trade ~)* Gewerkschaft, *die;* **b)** *(political unit)* Union, *die;* **'State of the U~' message** *(Amer. Polit.)* Regierungserklärung zur Lage der Nation; **c) [Students'] U~:** Studentenvereinigung, *die;* **d)** *(marriage)* eheliche Verbindung; **e)** *(concord)* Einigkeit, *die;* **they lived together in perfect ~:** sie lebten einträchtig zusammen; **f)** *(uniting)* Vereinigung, *die*
**unionism** [ˈjuːnɪənɪzm, ˈjuːnjənɪzm] *n.* **a)** *(of trade unions)* Gewerkschaftswesen, *das;* **b)** *(Brit. Polit.)* unionistische Bestrebungen; *Befürwortung der parlamentarischen Einheit von Großbritannien und Nordirland*
**unionist** [ˈjuːnɪənɪst, ˈjuːnjənɪst] *n.* **a)** *(member of trade union)* Gewerkschafter, *der*/Gewerkschafterin, *die;* *(advocate of trade unions)* Gewerkschaftsanhänger, *der*/-anhängerin, *die;* **b) U~** *(Polit.)* Unionist, *der*/Unionistin, *die*
**unionize (unionise)** [ˈjuːnɪənaɪz, ˈjuːnjənaɪz] *v. t.* **~ a company** in einer Firma eine Gewerkschaftsorganisation aufbauen; **~d labour** gewerkschaftlich organisierte Arbeitskräfte
**Union: ~ 'Jack** *n. (Brit.)* Union Jack, *der;* **~ of Soviet Socialist Republics** *pr. n. (Hist.)* Union der Sozialistischen Sowjetrepubliken; **u~ suit** *n. (Amer.)* Hemdhose, *die (veralt.);* Leibchenhose, *die (landsch.)*
**unique** [juːˈniːk] *adj.* **a)** *(unparalleled)* einzigartig; *(not repeated)* einmalig ⟨*Gelegenheit, Angebot*⟩; **this vase is ~:** diese Vase ist ein Einzelstück; **this problem is ~ to our society** dieses Problem gibt es nur in unserer Gesellschaft; **these animals are ~ to Australia** diese Tiere kommen nur in Australien vor; **b)** *(coll.: remarkable)* einmalig
**uniquely** [juːˈniːklɪ] *adv.* **a)** *(exclusively)* einzig und allein; **that distinction is ~ his** die Auszeichnung besitzt nur *od.* allein er; **b)** *(to a unique degree)* einzigartig; einmalig ⟨*talentiert, begabt*⟩
**uniqueness** [juːˈniːknɪs] *n., no pl.* Einzigartigkeit, *die*
**unisex** [ˈjuːnɪseks] *adj.* Unisex⟨*mantel, -kleidung*⟩; **~ hairdresser** Damen-und-Herren-Frisör
**unison** [ˈjuːnɪsən] **1.** *n.* **a)** *(Mus.)* Unisono, *das;* **in ~:** unisono; einstimmig; **act in ~** *(fig.)* vereint handeln; **act in ~ with sb.** in Übereinstimmung mit jmdm. handeln; **b)** *(concord)* Einmütigkeit, *die.* **2.** *adj. (Mus.)* unisono gesungen/gespielt
**unit** [ˈjuːnɪt] *n.* **a)** *(element, group, regarded as complete; also Mil.)* Einheit, *die;* *(in complex mechanism)* Element, *das;* **x-ray ~:** Röntgenabteilung, *die;* **armoured ~** *(Mil.)* Panzereinheit, *die;* **motor ~** *(Railw.)* Triebwagen, *der;* **b)** *(in adding numbers by columns)* Einer, *der (Math.);* **the ~s column** die Einerspalte; **c)** *(quantity chosen as standard)* [Maß]einheit, *die;* *(of gas, electricity)* Einheit, *die;* **~ of length/monetary ~:** Längen-/Währungseinheit, *die;* **d)** *(piece of furniture)* Element, *das;* **kitchen ~:** Küchenelement, *das;* **wall ~:** Wandschrank, *der;* **e)** *(esp. electrical device)* Gerät, *das;* **f)** *(building)* **shop ~:** Ladenlokal, *das;* **residential ~:** Wohneinheit, *die;* **factory ~:** Fabrikgebäude, *das;* **g)** *(Brit. Finance)* Anteil[sschein] [an einem Investmentfonds]
**Unitarian** [juːnɪˈteərɪən] *(Relig.)* **1.** *n.* Unitarier, *der*/Unitarierin, *die.* **2.** *adj.* unitarisch
**unitary** [ˈjuːnɪtərɪ] *adj.* einheitlich
**unite** [juːˈnaɪt] **1.** *v. t.* vereinigen; verbinden ⟨*Einzelteile*⟩; einen, einigen ⟨*Partei, Mitglieder*⟩. **2.** *v. i.* **a)** *(join together)* sich vereinigen; ⟨*Elemente:*⟩ sich verbinden; ⟨*gebrochene Knochen:*⟩ zusammenwachsen; **b)** *(join forces)* sich vereinigen; *(form merger)* sich zusammenschließen; **~ in doing sth.** etw. vereint *od.* gemeinsam tun
**united** [juːˈnaɪtɪd] *adj.* **a)** *(harmonious)* einig; **a ~ front** eine geschlossene Front; **~ we stand, divided we fall** gemeinsam siegen wir, getrennt fallen wir; **b)** *(combined)* vereint *(geh.);* gemeinsam; **their ~ efforts found the solution** ihre gemeinsamen Anstrengungen führten zur Lösung
**United: ~ Arab 'Emirates** *pr. n. pl.* Vereinigte Arabische Emirate; **~ 'Kingdom** *pr. n.* Vereinigtes Königreich [Großbritannien und Nordirland]; **~ 'Nations** *pr. n. sing.* Vereinte Nationen *Pl.;* **~ Re'formed Church** *n.* Vereinigte Reformierte Kirche; **~ 'States** *see* **state 1 e**; **~ States of A'merica** *n. sing.* Vereinigte Staaten von Amerika
**unit: ~ 'furniture** *n.* Anbaumöbel *Pl.;* **~ 'price** *n. (Commerc.)* Stückpreis, *der;* **~ 'trust** *n. (Brit. Finance)* ≈ Investmentfonds, *der*
**unity** [ˈjuːnɪtɪ] *n.* **a)** *(state of being united)* Einheit, *die;* *(of work of art, idea)* [innere] Geschlossenheit; **their ~ of purpose** die Gemeinsamkeit ihres Wollens; **the dramatic unities** die drei Einheiten ⟨*Literaturw.*⟩; **b)** *(Math.)* Einselement, *das;* **c)** *(harmony)* Eintracht, *die*
**universal** [juːnɪˈvɜːsl] *adj.* **a)** *(prevailing everywhere)* allgemein; allgemeingültig ⟨*Regel, Wahrheit*⟩; **less ~:** weniger häufig *od.* verbreitet; **there was ~ terror** überall herrschte große Angst; **become ~:** sich allgemein verbreiten; **b)** *(involving or versed in all fields of knowledge)* universal ⟨*Bildung, Wissen*⟩; universell begabt ⟨*Person*⟩; **~ genius** Universalgenie, *das;* **c)** *(common to all members of a class)* universell; **d)** *(meeting varied requirements)* Universal-; **~ remedy** Universalmittel, *das*
**universality** [juːnɪvɜːˈsælɪtɪ] *n., no pl.* **a)** *(universal prevalence)* allgemeine Verbreitung; **b)** *(universal comprehensiveness)* Universalität, *die*
**universal: ~ 'joint** *n.* Kardangelenk, *das;* **~ 'language** *n.* Universalsprache, *die*
**universally** [juːnɪˈvɜːsəlɪ] *adv.* allgemein; **~ opposed to these politics/hostile to foreigners** diese Politik einmütig ablehnen/ausnahmslos fremdenfeindlich sein
**universe** [ˈjuːnɪvɜːs] *n.* **a)** Universum, *das;* *(world; fig.: mankind)* Welt, *die;* **b)** *see* **cosmos b**
**university** [juːnɪˈvɜːsɪtɪ] *n.* Universität, *die;* *attrib.* Universitäts-; **go to ~:** auf die *od.* zur Universität gehen; **at ~:** an der Universität
**unjust** [ʌnˈdʒʌst] *adj.* ungerecht (**to** *Dat.* + gegenüber); **it would be ~ not to refer to X** es ist ein Gebot der Fairneß, X zu zitieren
**unjustifiable** [ʌnˈdʒʌstɪfaɪəbl] *adj.* ungerechtfertigt; **be ~:** nicht zu rechtfertigen sein
**unjustifiably** [ʌnˈdʒʌstɪfaɪəblɪ] *adv.* ungerechtfertigterweise
**unjustified** [ʌnˈdʒʌstɪfaɪd] *adj.* ungerechtfertigt; **you are entirely ~ in thinking ...:** du glaubst ganz zu Unrecht, ...
**unjustly** [ʌnˈdʒʌstlɪ] ungerechterweise; zu Unrecht
**unkempt** [ʌnˈkempt] *adj.* **a)** *(dishevelled)* ungekämmt ⟨*Haare*⟩; **b)** *(untidy)* ungepflegt
**unkind** [ʌnˈkaɪnd] *adj.* unfreundlich; **be ~ to sb./animals** jmdn./Tiere schlecht behandeln
**unkindly** [ʌnˈkaɪndlɪ] *adv.* unfreundlich; **fate treated her ~:** das Schicksal meinte es nicht gut mit ihr
**unkindness** [ʌnˈkaɪndnɪs] *n.* Unfreundlichkeit, *die*
**unknot** [ʌnˈnɒt] *v. t.*, **-tt-** entknoten
**unknowing** [ʌnˈnəʊɪŋ] *see* **unwitting**
**unknowingly** [ʌnˈnəʊɪŋlɪ] *see* **unwittingly**
**unknown** [ʌnˈnəʊn] **1.** *adj.* unbekannt; **an ~ number of people died in the accident** die Zahl der Todesopfer bei dem Unfall ist nicht bekannt; **sb./sth. is ~ to sb.** jmd./etw. ist jmdm. nicht bekannt; **a drug ~ to us** ein uns unbekanntes Heilmittel; **it is ~/not ~ for him to do such a thing** es ist nie vorgekommen/ist schon vorgekommen, daß er so etwas getan hat; **~ territory** *(lit. or fig.)* unbekanntes Terrain; **the U~ Soldier** *or* **Warrior** der Unbekannte Soldat; **murder by person** *or* **persons ~:** Mord durch unbekannten Täter; **~ strengths/reserves** *(unsuspected)* ungeahnte Kräfte/Reserven; *see also* **country a**; **quantity e. 2.** *adv.* **~ to sb.** ohne daß jmd. davon weiß/wußte. **3.** *n.* **a) the ~:** das Unbekannte; **fear of the ~:** Angst vor dem Unbekannten; **journey/voyage into the ~** *(lit. or fig.)* Reise in unbekannte Regionen; **b)** *(person)* **an ~:** ein Unbekannter/eine Unbekannte; **c)** *(Math.: quantity)* Unbekannte, *die;* **an equation with two ~s** eine Gleichung mit zwei Unbekannten; **d)** *(factor)* unbekannte Größe
**unlabelled** (*Amer.:* **unlabeled**) [ʌnˈleɪbld] *adj.* ⟨*Flasche, Behälter*⟩ ohne Etikett *od.* Beschriftung; ⟨*Gepäck, Koffer, Paket*⟩ ohne Aufkleber/Anhänger; unbeschriftet ⟨*Dokument, Aktenordner, Tonband*⟩
**unlace** [ʌnˈleɪs] *v. t.* aufschnüren
**unladen** [ʌnˈleɪdn] *adj.* **~ weight** Leergewicht, *das*
**unladylike** [ʌnˈleɪdɪlaɪk] *adj.* nicht sehr damenhaft; **very ~:** gar nicht damenhaft
**unlatch** [ʌnˈlætʃ] **1.** *v. t.* aufklinken. **2.** *v. i.* sich aufklinken lassen
**unlawful** [ʌnˈlɔːfl] *adj.* ungesetzlich; gesetzwidrig; **~ possession of firearms/drugs** illegaler Waffen-/Drogenbesitz; **~ assembly** verbotene Versammlung
**unlawfully** [ʌnˈlɔːfəlɪ] *adv.* gesetzwidrig
**unleaded** [ʌnˈledɪd] *adj.* bleifrei ⟨*Benzin*⟩
**unlearn** [ʌnˈlɜːn] *v. t., forms as* **learn 1** vergessen ⟨*Idee, Kenntnisse*⟩; ablegen ⟨*Gewohnheit*⟩
**unleash** [ʌnˈliːʃ] *v. t.* von der Leine lassen ⟨*Hund*⟩; *(fig.)* freien Lauf lassen (+ *Dat.*) ⟨*Gefühlen, Leidenschaften, Kräften*⟩; ent-

fesseln ⟨*Sturm der Entrüstung*⟩; ~ **sth. [up]on sb.** an jmdm. etw. auslassen; ~ **violence/[a] war on a country** Gewalt/Krieg über ein Land bringen

**unleavened** [ʌn'levnd] *adj.* ohne Treibmittel *nachgestellt;* ungesäuert ⟨*Brot*⟩

**unless** ['ʌn'les, ən'les] *conj.* es sei denn; wenn ... nicht; **I shall not do it ~ I am paid for it** ich werde es nur tun, wenn ich dafür bezahlt werde; **I shall expect you tomorrow ~ I hear from you/hear to the contrary** falls *od.* sofern ich nichts von dir/nichts Gegenteiliges höre, erwarte ich dich morgen; **I might go, but not ~ I'm asked to** vielleicht gehe ich, aber nur, wenn man mich darum bittet; ~ **I'm [very much] mistaken** wenn ich mich nicht [sehr] irre *od.* täusche; ~ **he comes soon, I shall leave** wenn er nicht bald kommt, dann gehe ich; ~ **otherwise indicated** *or* **stated** wenn nicht anders angegeben

**unlettered** [ʌn'letəd] *adj.* **a)** *(illiterate)* analphabetisch; **b)** *(uneducated)* ungebildet

**unliberated** [ʌn'lɪbəreɪtɪd] *adj.* nicht emanzipiert ⟨*Frau*⟩; unfrei ⟨*Massen, Land*⟩

**unlicensed** [ʌn'laɪsənst] *adj.* ⟨*Händler, Makler, Buchmacher*⟩ ohne Konzession; ⟨*Pilot*⟩ ohne Lizenz; nicht angemeldet ⟨*Hund, Radio, Fernsehgerät, Auto*⟩; ~ **premises** Gaststättenbetrieb ohne [Schank]konzession

**unlighted** [ʌn'laɪtɪd] *see* **unlit**

**unlike** [ʌn'laɪk] **1.** *adj.* nicht ähnlich; unähnlich; *(unequal)* ~ **signs** *(Math.)* ungleiche Vorzeichen; ~ **poles** *(Phys.)* ungleiche Pole; **they are ~:** sie sind sich *(Dat.)* nicht ähnlich. **2.** *prep.* **be ~ sb./sth.** jmdm./einer Sache nicht ähnlich sein; **those people are ~ us** diese Leute sind nicht wie wir; **be not ~ sb./sth.** jmdm./etw. nicht unähnlich sein *od.* ganz ähnlich sein; **his new novel is ~ his previous ones** sein neuer Roman ist anders als seine früheren; **sth. is ~ sb.** *(not characteristic of)* etw. sieht jmdm. gar nicht ähnlich *(ugs.);* etw. ist für jmdn. nicht typisch; **it is ~ him to be late** es sieht ihm gar nicht ähnlich *(ugs.) od.* es ist sonst nicht seine Art, zu spät zu kommen; ~ **her brother, she likes walking** im Gegensatz zu ihrem Bruder geht sie gern spazieren; **she sings quite ~ other singers** sie singt ganz anders als andere Sängerinnen

**unlikelihood** [ʌn'laɪklɪhʊd] *n., no pl.* Unwahrscheinlichkeit, *die;* **despite the ~ of the player's being fit** obwohl der Spieler wahrscheinlich nicht fit sein wird

**unlikely** [ʌn'laɪklɪ] *adj.* **a)** unwahrscheinlich; unglaubwürdig ⟨*Geschichte, Erklärung*⟩; **be ~ to do sth.** etw. wahrscheinlich nicht tun; **in the ~ event that ...:** sollte der unwahrscheinliche Fall eintreten, daß ...; **he's ~ to be chosen for the part/post** er wird die Rolle/Stelle kaum bekommen; **it is not ~ that ...:** es ist durchaus wahrscheinlich, daß ...; **b)** *(unsuitable)* **an ~ candidate/man for the job** ein Bewerber, der für den Posten kaum geeignet sein dürfte; **she looked in every likely and ~ place to find her key** sie suchte an allen möglichen und unmöglichen Stellen ihren Schlüssel

**unlimited** [ʌn'lɪmɪtɪd] *adj.* unbegrenzt; grenzenlos, unendlich ⟨*Himmel, Meer, Geduld*⟩; ~ **drinks** eine unbegrenzte Zahl von Getränken; ~ **liability** *(Commerc.)* unbeschränkte Haftung; ~ **company** *(Commerc.)* Gesellschaft mit unbeschränkter Haftung; ~ **mileage** unbegrenzte Meilenzahl

[1]**unlined** [ʌn'laɪnd] *adj. (without lining)* ungefüttert ⟨*Kleidung, Briefumschlag*⟩

[2]**unlined** *adj. (without lines)* unliniert ⟨*Papier*⟩

**unlisted** [ʌn'lɪstɪd] *adj.* nicht eingetragen; ~ **stock/securities** *(Finance)* nicht notierte Wertpapiere; ~ **[telephone] number** Geheimnummer, *die*

**unlit** [ʌn'lɪt] *adj.* unbeleuchtet ⟨*Straße, Korridor, Zimmer*⟩; nicht angezündet ⟨*Lampe, Kamin, Kerze*⟩

**unload** [ʌn'ləʊd] **1.** *v. t.* **a)** entladen ⟨*Lastwagen, Waggon*⟩; löschen ⟨*Schiff, Schiffsladung*⟩; ausladen ⟨*Gepäck*⟩; ~ **a donkey** einem Esel die Last abnehmen; **the bus/ship ~ed its passengers** die Fahrgäste stiegen aus dem Bus/Schiff; **b)** *(dispose of; Commerc.: sell off, dump)* abstoßen ⟨*Aktien, Wertpapiere*⟩; ~ **goods on the market** Waren auf den Markt werfen; ~ **sb./sth. on [to] sb.** *(fig.)* jmdn./etw. bei jmdm. abladen ⟨*Kinder, Hund, Probleme, Sorgen*⟩; ~ **one's job/responsibility on[to] sb. else** seine Aufgabe/Verantwortung auf jmd. anders *(Akk.)* abwälzen; **c)** entladen ⟨*Gewehr, Pistole*⟩; ~ **[the film from] a camera** den Film aus einer Kamera nehmen. **2.** *v. i.* ⟨*Schiff:*⟩ gelöscht werden; ⟨*Lastwagen:*⟩ entladen werden; **start ~ing** mit dem Entladen anfangen

**unloaded** [ʌn'ləʊdɪd] *adj.* **a)** nicht beladen ⟨*Schiff, Lastwagen, Waggon*⟩; **b)** nicht geladen ⟨*Gewehr, Pistole*⟩

**unlock** [ʌn'lɒk] *v. t.* **a)** aufschließen; lösen ⟨*Rad, Taste*⟩; **~ed** unverschlossen ⟨*Tür, Tor*⟩; **leave the door ~ed when you go out** schließ die Tür nicht ab, wenn du gehst; **the gate was left ~ed** das Tor war nicht abgeschlossen; *(fig.)* ~ **a secret/puzzle** ein Geheimnis/Rätsel entschlüsseln; **this book has ~ed the world of literature for him** dieses Buch hat ihm die Welt der Literatur erschlossen; **b)** *(fig.: release)* lösen ⟨*Hand, Umarmung*⟩

**unlooked-for** [ʌn'lʊktfɔ:(r)] *adj.* unerwartet; **a virtue perhaps ~ in him** eine Tugend, die man bei ihm vielleicht nicht erwartet hätte

**unloose** [ʌn'lu:s] *see* **loose 2**

**unlovable** [ʌn'lʌvəbl] *adj.* wenig liebenswert

**unloved** [ʌn'lʌvd] *adj.* ungeliebt

**unlovely** [ʌn'lʌvlɪ] *adj.* unschön ⟨*Anblick, Gegenstand, Haus*⟩; reizlos ⟨*Person, Gesicht, Stadt*⟩; *(in character)* nicht sehr sympathisch ⟨*Person*⟩

**unluckily** [ʌn'lʌkɪlɪ] *adv.* unglücklich; *as sentence-modifier* unglücklicherweise: ~ **for him/her** *etc.* zu seinem/ihrem *usw.* Pech

**unlucky** [ʌn'lʌkɪ] *adj.* **a)** unglücklich; *(not successful)* glücklos; **be [very/really] ~:** [großes/wirkliches] Pech haben; **lucky at cards, ~ in love** Glück im Spiel, Pech in der Liebe; **b)** *(bringing bad luck)* **an ~ date/number** ein Unglückstag/eine Unglückszahl; **an ~ sign/omen** ein schlechtes Zeichen/Omen; **be born under an ~ star** unter keinem glücklichen Stern geboren sein; **be ~:** Unglück bringen; **it was ~ [for him] that he couldn't come** es war Pech [für ihn], daß er nicht kommen konnte

**unmade** [ʌn'meɪd] *adj.* ungemacht ⟨*Bett*⟩; unbefestigt ⟨*Straße*⟩

**unmade-up** [ʌnmeɪd'ʌp] *adj.* ungeschminkt ⟨*Gesicht, Person*⟩

**unmake** [ʌn'meɪk] *v. t.*, **unmade** [ʌn'meɪd] rückgängig machen ⟨*Vereinbarung, Entscheidung*⟩; fallenlassen ⟨*Plan*⟩; ruinieren ⟨*Laufbahn*⟩

**unman** [ʌn'mæn] *v. t.*, **-nn- a)** ~ **sb.** *(deprive of strength)* jmdm. die Kraft nehmen; *(deprive of courage)* jmdn. verzagen lassen; **~ned by grief** von Kummer geschwächt; **b)** *(emasculate, castrate)* entmannen

**unmanageable** [ʌn'mænɪdʒəbl] *adj.* **a)** *(difficult to control)* widerspenstig ⟨*Kind, Pferd, Haare*⟩; unkontrollierbar ⟨*Situation*⟩; **the car/boat became ~:** der Wagen/das Boot war nicht mehr zu kontrollieren; **b)** *(unwieldy)* sperrig; unhandlich ⟨*Buch*⟩

**unmanly** [ʌn'mænlɪ] *adj.* unmännlich

**unmanned** [ʌn'mænd] *adj.* unbemannt ⟨*Leuchtturm, Raumschiff, Bahnübergang*⟩; *(with nobody in attendance)* nicht besetzt ⟨*Schalter, Rezeption*⟩; unbewacht ⟨*Posten, Eingang*⟩

**unmannerly** [ʌn'mænəlɪ] *adj.* unmanierlich ⟨*Person, Benehmen*⟩; ungehörig ⟨*Benehmen*⟩; **it is ~ to do that** es gehört sich nicht, das zu tun

**unmarked** [ʌn'mɑ:kt] *adj.* **a)** *(without markings)* ⟨*Schachtel, Kiste*⟩ ohne Aufschrift; nicht gezeichnet ⟨*Wäschestück*⟩; anonym ⟨*Grab*⟩; **an ~ police car** ein Zivilfahrzeug der Polizei; **b)** *(not spoilt by marks)* fleckenlos ⟨*Fußboden, Oberfläche*⟩; makellos ⟨*Haut, Pfirsich, Apfel*⟩; unbeschädigt ⟨*Teller, Buch*⟩; **after ten rounds, the boxer was still ~:** nach zehn Runden war der Boxer immer noch nicht gezeichnet; **his face was ~ by the accident** sein Gesicht zeigte keine Spuren des Unfalls; **c)** *(not corrected)* unkorrigiert ⟨*Klassenarbeit*⟩; **d)** *(not noticed)* unbemerkt; **e)** *(Sport)* ungedeckt ⟨*Spieler*⟩; **f)** *(Ling.)* nicht markiert ⟨*Form*⟩

**unmarketable** [ʌn'mɑ:kɪtəbl] *adj.* unverkäuflich

**unmarriageable** [ʌn'mærɪdʒəbl] *adj.* **be ~:** nicht zu verheiraten sein

**unmarried** [ʌn'mærɪd] *adj.* unverheiratet; ledig; ~ **mother/couple** ledige Mutter/unverheiratetes Paar

**unmask** [ʌn'mɑ:sk] *v. t.* ~ **sb.** jmdm. die Maske entreißen; *(fig.)* jmdn. entlarven **(as** als); ~ **a plot/sb.'s intentions** *etc.* eine Verschwörung/jmds. Absichten *usw.* aufdecken

**unmasking** [ʌn'mɑ:skɪŋ] *n.* Entlarvung, *die*

**unmatched** [ʌn'mætʃt] *adj.* **be ~ [for sth.]** [in etw. *(Dat.)*] unübertroffen sein

**unmentionable** [ʌn'menʃənəbl] *adj.* unaussprechlich ⟨*Sünde, Verbrechen*⟩; **an ~ topic/subject** ein Thema, über das man nicht spricht

**unmerciful** [ʌn'mɜ:sɪfl] *adj.* erbarmungslos; unbarmherzig

**unmercifully** [ʌn'mɜ:sɪfəlɪ] *adv.* erbarmungslos; unbarmherzig; **treat sb. ~:** jmdn. unbarmherzig behandeln

**unmerited** [ʌn'merɪtɪd] *adj.* unverdient

**unmetalled** [ʌn'metld] *adj. (Brit.)* unbefestigt ⟨*Straße*⟩

**unmethodical** [ʌnmɪ'θɒdɪkl] *adj.* unmethodisch

**unmindful** [ʌn'maɪndfl] *adj.* **be ~ of sth.** etw. nicht beachten

**unmistakable** [ʌnmɪ'steɪkəbl] *adj.* deutlich; unmißverständlich ⟨*Drohung, Befehl*⟩; klar ⟨*Beweis*⟩; unverwechselbar ⟨*Handschrift, Stimme, Silhouette*⟩; **an ~ sign of sth.** ein sicheres Zeichen für etw.; **there was ~ fear/relief in his voice** in seiner Stimme schwang deutlich Furcht/Erleichterung mit

**unmistakably** [ʌnmɪ'steɪkəblɪ] *adv.* unverkennbar

**unmitigated** [ʌn'mɪtɪgeɪtɪd] *adj.* vollkommen ⟨*Unsinn, Schwachkopf*⟩; einzig ⟨*Übel, Lüge*⟩; **an ~ scoundrel** ein Erzschurke; **be an ~ disaster** *(coll.)* eine einzige Katastrophe sein *(ugs.)*

**unmixed** [ʌn'mɪkst] *adj.* unvermischt; *(fig.)* ungetrübt ⟨*Freude, Vergnügen*⟩; **his joy was not ~ with sadness** in seine Freude mischte sich Traurigkeit

**unmolested** [ʌnmə'lestɪd] *adj.* unbelästigt

**unmoor** [ʌn'mʊə(r), ʌn'mɔ:(r)] *v. t. & i.* [bei einem Boot] die Leinen losmachen. **2.** *v. i.* die Leinen losmachen

**unmotivated** [ʌn'məʊtɪveɪtɪd] *adj.* unmotiviert

**unmounted** [ʌn'maʊntɪd] *adj.* nicht gefaßt ⟨*Edelstein*⟩; nicht aufgezogen ⟨*Bild*⟩

**unmourned** [ʌn'mɔ:nd] *adj.* unbeweint

**unmoved** [ʌn'mu:vd] *adj.* unbewegt; ungerührt; **be/remain ~ by sb.'s pleas** sich von jmds. Bitten nicht rühren *od.* erweichen lassen; **he was ~ by the accusations** er ließ sich von den Anschuldigungen nicht aus der Ruhe bringen; **remain ~ by an argument**

von einem Argument nicht beeindruckt sein

**unmusical** [ʌn'mju:zɪkl] *adj.* unmelodisch ⟨*Gesang, Stimme*⟩; unmusikalisch ⟨*Person*⟩

**unnameable** [ʌn'neɪməbl] *adj.* unbestimmt ⟨*Angst*⟩; unsagbar ⟨*Qual*⟩

**unnamed** [ʌn'neɪmd] *adj.* **a)** *(unidentified)* [namentlich] nicht genannt ⟨*Ort, Person, Medizin*⟩; ungenannt ⟨*Wohltäter*⟩; **b)** *(having no name)* namenlos ⟨*Findling*⟩; **an ~ island/lake/mountain** eine Insel/ein See/Berg ohne Namen; **a species so far ~:** eine Art, die bisher noch keinen Namen hat

**unnatural** [ʌn'nætʃrəl] *adj.* **a)** unnatürlich; *(abnormal)* nicht normal; *(perverted)* widernatürlich; *(uncaring)* herzlos ⟨*Mutter, Kind usw.*⟩; **not ~:** ganz natürlich; **a mother who is cruel to her children is ~:** eine Mutter, die grausam zu ihren Kindern ist, ist widernatürlich *od. (ugs.)* nicht normal; **b)** *(affected)* unnatürlich; gekünstelt

**unnaturally** [ʌn'nætʃrəlɪ] *adv.* **a)** unnatürlich; **not ~:** natürlich; wie man sich denken kann; **he expected, not ~, that his father would help him** natürlich rechnete er damit, daß sein Vater ihm helfen werde; **b)** *(affectedly)* unnatürlich; gekünstelt

**unnavigable** [ʌn'nævɪgəbl] *adj.* nicht schiffbar ⟨*Fluß*⟩

**unnecessarily** [ʌn'nesɪsərɪlɪ] *adv.* **a)** unnötig[erweise] ⟨*sich ärgern, sich aufregen, sich sorgen*⟩; **spend money/time ~:** unnötig Geld/Zeit aufwenden; **b)** *(excessively)* unnötig ⟨*streng, kompliziert*⟩; **be ~ high/long** höher/länger als nötig sein

**unnecessary** [ʌn'nesəsərɪ] *adj.* unnötig; **it is ~ for sb. to do sth.** es ist unnötig *od.* es muß nicht sein, daß jmd. etw. tut; **no, thank you, that's quite ~:** danke, das ist gar nicht nötig

**unneighbourly** [ʌn'neɪbəlɪ] *adj.* nicht gutnachbarlich; **they are ~:** sie sind schlechte Nachbarn

**unnerve** [ʌn'nɜ:v] *v. t.* entnerven

**unnerving** [ʌn'nɜ:vɪŋ] *adj.* entnervend; zermürbend ⟨*Warten*⟩; nervenaufreibend ⟨*Erlebnis*⟩; **be [too] ~:** [zuviel] Nerven kosten; **an ~ reaction/incident** eine Reaktion, die/ein Vorfall, der an die Nerven geht/ging

**unnoticed** [ʌn'nəʊtɪst] *adj.* unbemerkt; **~ by her, he came in** er trat ein, ohne daß sie es bemerkte; **pass** *or* **go ~:** unbemerkt bleiben

**unnumbered** [ʌn'nʌmbəd] *adj. (without numbers)* nicht numeriert; unpaginiert ⟨*Buchseite*⟩; ⟨*Haus*⟩ ohne Hausnummer

**UNO** ['ju:nəʊ] *abbr.* **United Nations Organization** UNO, *die*

**unobjectionable** [ʌnəb'dʒekʃənəbl] *adj.* gefällig; **sth./sb. is ~:** gegen etw./jmdn. gibt es nichts einzuwenden

**unobservant** [ʌnəb'zɜ:vənt] *adj.* unaufmerksam; **be an ~ person** ein schlechter Beobachter sein

**unobserved** [ʌnəb'zɜ:vd] *adj.* unbeobachtet

**unobstructed** [ʌnəb'strʌktɪd] *adj.* frei ⟨*Weg, Rohr, Ausgang*⟩; ungehindert ⟨*Vormarsch, Durchfahrt*⟩

**unobtainable** [ʌnəb'teɪnəbl] *adj.* nicht erhältlich; **number ~** *(Teleph.)* kein Anschluß unter dieser Nummer; **the 'number ~' tone** der Ton für eine Nummer ohne Anschluß

**unobtrusive** [ʌnəb'tru:sɪv] *adj.* unaufdringlich ⟨*Geste, Bemerkung, Muster, Farbe*⟩; unauffällig ⟨*Riß, Bewegung*⟩; **make oneself ~:** sich unauffällig verhalten

**unobtrusively** [ʌnəb'tru:sɪvlɪ] *adv.* unaufdringlich; unauffällig ⟨*hinausschleichen, verschwinden*⟩

**unoccupied** [ʌn'ɒkjʊpaɪd] *adj.* **a)** *(empty)* unbesetzt; nicht belegt ⟨*Bett*⟩; unbewohnt ⟨*Haus, Wohnung, Raum*⟩; **b)** *(not busy)* unbeschäftigt; **~ moments** freie Augenblicke

**unoffending** [ʌnə'fendɪŋ] *adj.* harmlos; *(innocent)* unschuldig

**unofficial** [ʌnə'fɪʃl] *adj.* inoffiziell; **an ~ strike** ein wilder Streik; **take ~ action** einen wilden Streik durchführen

**unofficially** [ʌnə'fɪʃəlɪ] *adv.* inoffiziell

**unopened** [ʌn'əʊpnd] *adj.* ungeöffnet; noch nicht aufgegangen ⟨*Knospe, Blüte*⟩

**unopposed** [ʌnə'pəʊzd] *adj.* unangefochten ⟨*Kandidat, Wahlsieger*⟩; ungehindert ⟨*Vormarsch*⟩; **the bill was given an ~ second reading** *(Parl.)* der Gesetzentwurf wurde bei der zweiten Lesung ohne Abstimmung angenommen

**unorganized** [ʌn'ɔ:gənaɪzd] *adj.* **a)** *(untidy)* unsystematisch ⟨*Arbeitsweise*⟩; konfus ⟨*Essay, Person*⟩; ungeordnet ⟨*Struktur, Leben*⟩; **b)** *(not belonging to a union)* nicht [gewerkschaftlich] organisiert

**unoriginal** [ʌnə'rɪdʒɪnl] *adj.* unoriginell

**unoriginality** [ʌnərɪdʒɪ'nælɪtɪ] *n., no pl.* fehlende Originalität

**unorthodox** [ʌn'ɔ:θədɒks] *adj.* unorthodox *(geh.)*

**unostentatious** [ʌnɒsten'teɪʃəs] *adj.* schlicht; unprätentiös *(geh.)*

**unpack** [ʌn'pæk] *v. t. & i.* auspacken; **do one's ~ing** auspacken

**unpaid** [ʌn'peɪd] *adj.* **a)** *(not yet paid)* unbezahlt; nicht bezahlt; **~ for** nicht bezahlt; **the workmen/troops have been ~ for months** die Arbeiter/Truppen haben monatelang keinen Lohn/Sold erhalten; **b)** *(not providing or receiving a salary)* unbezahlt ⟨*Arbeit, Stelle, Freiwilliger usw.*⟩; *(honorary)* ehrenamtlich; **~ leave** unbezahlter Urlaub

**unpalatable** [ʌn'pælətəbl] *adj.* ungenießbar; *(fig.)* unverdaulich ⟨*Tatsache, Wahrheit*⟩

**unparalleled** [ʌn'pærəleld] *adj.* beispiellos; unvergleichlich ⟨*Schönheit*⟩

**unpardonable** [ʌn'pɑ:dənəbl] unverzeihlich; **~ sin** *(Relig.; also fig.)* Todsünde, *die*

**unparliamentary** [ʌnpɑ:lə'mentərɪ] *adj.* gegen die parlamentarischen Regeln verstoßend; **~ expression** der Würde des Parlaments nicht angemessene Redeweise

**unpatriotic** [ʌnpætrɪ'ɒtɪk, ʌnpeɪtrɪ'ɒtɪk] *adj.* unpatriotisch

**unpaved** [ʌn'peɪvd] *adj.* ungepflastert

**unpeeled** [ʌn'pi:ld] *adj.* ungeschält

**unpeg** [ʌn'peg] *v. t.*, **-gg-** abnehmen ⟨*Wäsche*⟩; **~ a tent** bei einem Zelt die Pflöcke herausziehen

**unperceptive** [ʌnpə'septɪv] *adj.* unaufmerksam; nicht sehr tiefgründig ⟨*Bemerkung*⟩

**unperfumed** [ʌn'pɜ:fju:md] *adj.* unparfümiert

**unperson** ['ʌnpɜ:sn] *n.* Unperson, *die*

**unperturbed** [ʌnpə'tɜ:bd] *adj.* **he was ~ by the prospect of ...:** die Aussicht auf ... beunruhigte ihn nicht; **remain ~:** sich nicht aus der Ruhe bringen lassen; **they were ~ by my presence** sie ließen sich durch meine Gegenwart nicht stören; **the minister seemed ~ by the developments** der Minister schien von den Entwicklungen unbeeindruckt

**unpick** [ʌn'pɪk] *v. t.* auftrennen

**unpin** [ʌn'pɪn] *v. t.*, **-nn-** abnehmen ⟨*Zettel, Brosche*⟩; **~ sb.'s/one's hair** jmdm./sich die Nadeln aus dem Haar nehmen; **~ the seam** die Nadeln aus dem Saum nehmen

**unplaced** [ʌn'pleɪst] *adj. (Sport)* unplaziert

**unplanned** [ʌn'plænd] *adj.* nicht geplant; ungeplant

**unplayable** [ʌn'pleɪəbl] *adj.* **a)** *(Sport)* unbespielbar ⟨*Spielfeld*⟩; unspielbar ⟨*Ball*⟩; unerreichbar ⟨*Aufschlag, Return*⟩; **b)** *(Music)* unspielbar; **c)** *(too damaged to be played)* nicht abspielbar ⟨*Schallplatte, Tonband*⟩

**unpleasant** [ʌn'plezənt] *adj.* unangenehm; unfreundlich ⟨*Bemerkung*⟩; böse ⟨*Lächeln*⟩; **she can be really ~:** sie kann sehr unangenehm werden; **be ~ with sb.** zu jmdm. unfreundlich sein

**unpleasantly** [ʌn'plezəntlɪ] *adv.* unangenehm; böse ⟨*lächeln*⟩; unfreundlich ⟨*antworten*⟩

**unpleasantness** [ʌn'plezəntnɪs] *n.* **a)** *no pl. (unpleasant nature)* Unerfreulichkeit, *die*; *(of person)* Unfreundlichkeit, *die*; **the ~ of a taste/smell** das Unangenehme an einem Geschmack/Geruch; **the ~ of the weather/one's neighbour** das unangenehme Wetter/die Unfreundlichkeit seines Nachbarn; **b)** *(bad feeling, quarrel)* Verstimmung, *die*; **there has been a lot of ~ between them** zwischen ihnen ist viel Unerfreuliches geschehen *od.* gewesen

**unpleasing** [ʌn'pli:zɪŋ] *adj.* unschön; **not ~ to the eye** ganz angenehm anzusehen

**unplug** [ʌn'plʌg] *v. t.*, **-gg- a)** *(Electr.: disconnect)* **~ a radio/a television set** den Stecker eines Radio-/Fernsehgeräts herausziehen; **always ~ electrical appliances at night** bei Elektrogeräten nachts stets den Stecker aus der Steckdose ziehen; **b)** *(take plug out of)* **~ sth.** den Stöpsel aus etw. ziehen

**unplumbed** [ʌn'plʌmd] *adj.* nicht ausgelotet ⟨*Gewässer*⟩; *(fig.)* [noch] unergründet ⟨*Geheimnis, Möglichkeiten*⟩; **~ depths [of the sea/** *(fig.)* **of the human mind]** nicht ausgelotete Tiefen [des Meeres/*(fig. geh.)* des menschlichen Geistes]

**unpolished** [ʌn'pɒlɪʃt] *adj.* unpoliert ⟨*Holz, Marmor, Schuhe, Reis*⟩; *(fig.)* ungeschliffen ⟨*Person, Manieren, Sprache*⟩

**unpolluted** [ʌnpə'lu:tɪd] sauber ⟨*Wasser, Fluß, Umwelt*⟩

**unpopular** [ʌn'pɒpjʊlə(r)] *adj.* unbeliebt ⟨*Lehrer, Regierung usw.*⟩; unpopulär ⟨*Maßnahme, Politik*⟩; **be ~ with sb.** *(not liked)* ⟨*Person:*⟩ bei jmdm. unbeliebt sein; ⟨*Maßnahme, Steuern:*⟩ bei jmdm. unpopulär sein; *(out of favour)* **I'm rather ~ with my wife at the moment** meine Frau ist auf mich zur Zeit ziemlich schlecht zu sprechen; **if I don't finish it today, I shall be very ~ with my boss** wenn ich heute damit nicht fertig werde, mache ich mich bei meinem Chef ziemlich unbeliebt

**unpopularity** [ʌnpɒpjʊ'lærɪtɪ] *n., no pl. see* **unpopular:** Unbeliebtheit, *die* **(with** bei); Unpopularität, *die* **(with** bei)

**unposted** [ʌn'pəʊstɪd] *adj.* nicht aufgegeben *od.* abgeschickt

**unpractical** [ʌn'præktɪkl] *adj.* unpraktisch

**unpractised** *(Amer.:* **unpracticed***)* [ʌn'præktɪst] *adj.* **a)** *(not skilled)* ungeübt; **be ~ in sth./in doing sth.** in etw. *(Dat.)* ungeübt sein/darin ungeübt sein, etw. zu tun; **b)** *(not put into practice)* nicht ausgeübt ⟨*Handwerk*⟩; ungenutzt ⟨*Fähigkeit*⟩

**unprecedented** [ʌn'presɪdentɪd] *adj.* beispiellos; [noch] nie dagewesen; **it is ~ for the Queen to comment publicly** es ist [vorher] noch nie dagewesen, daß die Königin öffentlich Stellung genommen hat

**unprecedentedly** [ʌn'presɪdentɪdlɪ] *adv.* unerhört; außergewöhnlich

**unpredictable** [ʌnprɪ'dɪktəbl] *adj.* unberechenbar ⟨*Person, Charakter, Wetter*⟩; **the outcome of the election is quite ~:** das Wahlergebnis läßt sich kaum voraussagen

**unprejudiced** [ʌn'predʒʊdɪst] *adj.* unvoreingenommen

**unpremeditated** [ʌnprɪ'medɪteɪtɪd] *adj.* nicht vorsätzlich ⟨*Verbrechen*⟩; nicht geplant ⟨*Angriff, Tat*⟩

**unprepared** [ʌnprɪ'peəd] *adj.* **a)** *(not yet prepared)* nicht vorbereitet ⟨*Zimmer, Mahlzeit*⟩; **be [not] ~ for sth.** auf etw. *(Akk.)* [nicht] unvorbereitet sein; **b)** *(improvised)* Stegreif⟨*rede, -erklärung*⟩

**unpreparedness** [ʌnprɪ'peərɪdnɪs] *n., no pl. see* **unreadiness**

**unprepossessing** [ʌnpri:pə'zesɪŋ] *adj.* wenig attraktiv; unansehnlich; wenig einnehmend ⟨*Aussehen, Person*⟩

**unpresentable** [ʌnprɪˈzentəbl] *adj.* **sb. is ~:** mit jmdm. kann man sich nicht sehen lassen; **your clothes are ~:** in deinen Sachen kannst du dich nicht sehen lassen

**unpretentious** [ʌnprɪˈtenʃəs] *adj.* unprätentiös *(geh.)*; einfach ⟨*Wein, Mahlzeit, Stil, Haus*⟩; bescheiden ⟨*Benehmen, Person*⟩

**unpriced** [ʌnˈpraɪst] *adj.* ohne Preisangabe *nachgestellt*

**unprincipled** [ʌnˈprɪnsɪpld] *adj.* skrupellos; **be ~:** keine Prinzipien haben

**unprintable** [ʌnˈprɪntəbl] *adj. (lit. or fig.)* nicht druckreif

**unproductive** [ʌnprəˈdʌktɪv] *adj.* unfruchtbar ⟨*Boden, Gegend*⟩; fruchtlos ⟨*Diskussion, Anstrengung, Nachforschung*⟩; unproduktiv ⟨*Zeit, Arbeit, Kapital*⟩

**unprofessional** [ʌnprəˈfeʃənl] *adj.* **a)** *(contrary to standards)* standeswidrig; **b)** *(amateurish)* unfachmännisch; stümperhaft

**unprofitable** [ʌnˈprɒfɪtəbl] *adj.* unrentabel ⟨*Zeche, Investition, Geschäft*⟩; wenig einträglich ⟨*Arbeit*⟩; *(fig.)* fruchtlos

**unpromising** [ʌnˈprɒmɪsɪŋ] *adj.* nicht sehr vielversprechend

**unprompted** [ʌnˈprɒmptɪd] *adj.* spontan

**unpronounceable** [ʌnprəˈnaʊnsəbl] *adj.* unaussprechbar

**unpropitious** [ʌnprəˈpɪʃəs] *adj.* ungünstig

**unprotected** [ʌnprəˈtektɪd] *adj.* ungeschützt (**against** vor + *Dat.*, gegen); nicht geschützt ⟨*Art, Tier*⟩; **an ~ machine** eine Maschine ohne Schutzvorrichtung[en]; **hands ~ by gloves** Hände, die nicht durch Handschuhe geschützt sind; **employees/buildings ~ by legislation** Angestellte ohne gesetzlichen Schutz/Gebäude, die nicht unter Denkmalschutz stehen; **~ sex** ungeschützter Geschlechtsverkehr

**unproved** [ʌnˈpruːvd], **unproven** [ʌnˈpruːvn] *adj.* **a)** *(not proved)* unbewiesen; **b)** *(untested)* ungeprüft; **his courage/ability is still ~:** sein Mut/seine Fähigkeit ist noch nicht auf die Probe gestellt worden; **he is ~ as an administrator** er hat seine Fähigkeiten als Verwalter noch nicht unter Beweis gestellt

**unprovided** [ʌnprəˈvaɪdɪd] *pred. adj.* **a) ~ for** unversorgt ⟨*Witwe, Kind usw.*⟩; nicht vorgesehen ⟨*Ereignis*⟩; **b) ~ with sth.** mit etw. nicht versehen

**unprovoked** [ʌnprəˈvəʊkt] *adj.* grundlos; **do sth. ~:** etw. ohne [äußere] Veranlassung tun

**unpublished** [ʌnˈpʌblɪʃt] *adj.* unveröffentlicht

**unpunctual** [ʌnˈpʌŋktjʊəl] *adj.* unpünktlich

**unpunished** [ʌnˈpʌnɪʃt] *adj.* ungesühnt ⟨*Verbrechen*⟩; unbestraft ⟨*Verbrecher*⟩; **go ~:** ohne Strafe bleiben; ⟨*Verbrecher:*⟩ straffrei ausgehen

**unpurified** [ʌnˈpjʊərɪfaɪd] *adj.* ungereinigt; nicht gereinigt; *(fig.)* ungeläutert

**unputdownable** [ʌnpʊtˈdaʊnəbl] *adj. (coll.)* **an ~ book** ein Buch, das man nicht aus der Hand legt; **this novel is ~:** diesen Roman legt man nicht aus der Hand

**unqualified** [ʌnˈkwɒlɪfaɪd] *adj.* **a)** *(lacking qualifications)* unqualifiziert; ⟨*Arzt*⟩ ohne Abschluß; **be ~ for sth.** für etw. nicht qualifiziert sein; **be ~ to do sth.** nicht dafür qualifiziert sein, etw. zu tun; **he is ~ to be president** er ist für das Amt des Präsidenten nicht qualifiziert; **b)** *(absolute)* uneingeschränkt ⟨*Zustimmung*⟩; rein ⟨*Freude, Vergnügen*⟩; voll ⟨*Erfolg*⟩; **c)** *(Ling.: not qualified)* nicht [näher] bestimmt

**unquenchable** [ʌnˈkwentʃəbl] *adj.* unlöschbar ⟨*Durst*⟩; unstillbar ⟨*Verlangen*⟩

**unquestionable** [ʌnˈkwestʃənəbl] *adj.* unbezweifelbar ⟨*Tatsache, Beweis*⟩; unbestreitbar ⟨*Recht, Fähigkeiten, Ehrlichkeit*⟩; unanfechtbar ⟨*Autorität*⟩; **an ~ decision/ruling/judgement** eine Entscheidung/Verfügung, die/ein Urteil, das nicht angefochten werden kann

**unquestionably** [ʌnˈkwestʃənəblɪ] *adv.* zweifellos; ohne Frage

**unquestioned** [ʌnˈkwestʃənd] *adj.* unangefochten ⟨*Fähigkeit, Macht, Autorität, Recht*⟩; unbestritten ⟨*Talent*⟩; **his ability/loyalty is ~:** seine Fähigkeit/Loyalität steht außer Frage

**unquestioning** [ʌnˈkwestʃənɪŋ] *adj.*, **unquestioningly** [ʌnˈkwestʃənɪŋlɪ] *adv.* bedingungslos; blind

**unquiet** [ʌnˈkwaɪət] *adj.* unruhig

**unquotable** [ʌnˈkwəʊtəbl] *adj.* nicht zitierfähig

**unquote** [ʌnˈkwəʊt] *v. i.* **..., quote, ..., ~:** ..., Zitat, ..., Ende des Zitats

**unquoted** [ʌnˈkwəʊtɪd] *adj. (Commerc.)* unnotiert

**unravel** [ʌnˈrævl] **1.** *v. t. (Brit.)* **-ll-** entwirren; *(undo)* aufziehen; *(fig.)* **~ a mystery/the truth/a plot** ein Geheimnis enträtseln/die Wahrheit aufdecken/ein Komplott aufdecken. **2.** *v. i. (Brit.)* **-ll-** aufgehen; sich aufziehen

**unread** [ʌnˈred] *adj.* ungelesen

**unreadable** [ʌnˈriːdəbl] *adj.* **a)** *(illegible)* unleserlich; *(fig.: unfathomable)* unergründlich; **b)** *(too difficult, boring, etc.)* unlesbar

**unreadiness** [ʌnˈredɪnɪs] *n., no pl.* **[state of] ~:** mangelnde Vorbereitung; **~ to do sth.** mangelnde Bereitschaft, etwas zu tun

**unready** [ʌnˈredɪ] *adj.* nicht bereit; **the country is ~ for war** das Land ist für einen Krieg nicht gerüstet; **he is ~ for that position** er ist noch nicht so weit, daß er diese Position übernehmen könnte

**unreal** [ʌnˈrɪəl] *adj.* unwirklich

**unrealistic** [ʌnrɪəˈlɪstɪk] *adj.* unrealistisch

**unreality** [ʌnrɪˈælɪtɪ] *n., no pl.* Unwirklichkeit, *die*

**unrealizable** [ʌnˈrɪəlaɪzəbl] *adj.* unrealisierbar; nicht verwirklichbar

**unrealized** [ʌnˈrɪəlaɪzd] *adj.* **a)** *(not achieved)* unerfüllt ⟨*Hoffnung, Ehrgeiz*⟩; nicht erreicht ⟨*Ziel*⟩; nicht verwirklicht ⟨*Plan*⟩; ungenutzt ⟨*Potential, Fähigkeiten*⟩; **~ assets/profits** *(Commerc.)* nicht realisierte Vermögenswerte/Gewinne; **b)** *(not recognized or known)* ungeahnt ⟨*Mut, Kraft*⟩; unentdeckt ⟨*Talent*⟩

**unreasonable** [ʌnˈriːzənəbl] *adj.* unvernünftig; übertrieben ⟨*Ansprüche, Forderung*⟩; übertrieben [hoch] ⟨*Preis, Kosten*⟩; **I am not an ~ man, but ...:** ich erwarte nun wirklich nicht viel, aber ...; **spend an ~ length of time on sth.** sich übertrieben lange mit etw. beschäftigen; **arrive at an ~ hour** zu einer unmöglichen Uhrzeit ankommen; **I'm only asking you to spare me half an hour of your time – is that [so] ~?** ich bitte dich nur um eine halbe Stunde; das ist doch nicht zu viel verlangt, oder?

**unreasonableness** [ʌnˈriːzənəblnɪs] *n., no pl.* Unvernünftigkeit, *die*; **the ~ of these prices/costs** die übertriebene Höhe dieser Preise/Kosten

**unreasonably** [ʌnˈriːzənəblɪ] *adv.* unvernünftig ⟨*sich benehmen*⟩; *(excessively)* übertrieben; **this – not ~ – he refused to do** das lehnte er – nicht ohne Berechtigung – ab

**unreasoning** [ʌnˈriːzənɪŋ] *adj.* irrational; blind ⟨*Haß, Wut, Eifersucht, Fanatiker*⟩

**unreceptive** [ʌnrɪˈseptɪv] *adj.* unempfänglich (**to, for** für)

**unrecognizable** [ʌnˈrekəgnaɪzəbl] *adj.* **be [absolutely *or* quite] ~:** [überhaupt] nicht wiederzuerkennen sein; **the disguise/beard made him ~:** mit der Verkleidung/dem Bart war er nicht wiederzuerkennen

**unrecognized** [ʌnˈrekəgnaɪzd] *adj.* **a)** *(not identified)* unerkannt; **be ~ by sb.** von jmdm. nicht erkannt werden; **b)** *(not officially recognized)* nicht anerkannt; **c)** *(not appreciated)* nicht [gebührend] gewürdigt ⟨*Talent, Genie*⟩; nicht [genügend] beachtet ⟨*Gefahr, Tatsache*⟩

**unrecorded** [ʌnrɪˈkɔːdɪd] *adj.* **a)** *(not documented)* nicht [dokumentarisch] belegt; **b)** *(not recorded)* nicht aufgezeichnet; unbespielt, leer ⟨*Tonband, Kassette*⟩

**unreel** [ʌnˈriːl] **1.** *v. t.* abwickeln; abspulen ⟨*Film, Tonband*⟩. **2.** *v. i.* sich abwickeln; sich abspulen

**unrefined** [ʌnrɪˈfaɪnd] *adj.* **a)** *(not refined)* nicht raffiniert; ungebleicht *(Mehl)*; **b)** *(fig.)* unkultiviert, ungeschliffen ⟨*Geschmack, Manieren, Person, Sprache*⟩

**unreflecting** [ʌnrɪˈflektɪŋ] *adj.* gedankenlos

**unregenerate** [ʌnrɪˈdʒenərət] *adj.* *(unrepentant, obstinate)* uneinsichtig; *(wicked)* sündig ⟨*Lebenswandel*⟩

**unregistered** [ʌnˈredʒɪstəd] *adj.* nicht eingetragen; nicht approbiert ⟨*Arzt*⟩; nicht zugelassen ⟨*Rechtsanwalt, Buchmacher, Krankenschwester, Fahrzeug*⟩; nicht eingeschrieben ⟨*Postsendung*⟩; nicht [gesetzlich] geschützt ⟨*Warenzeichen*⟩

**unregulated** [ʌnˈregjʊleɪtɪd] *adj.* unkontrolliert

**unrehearsed** [ʌnrɪˈhɜːst] *adj.* **a)** *(performed without rehearsal)* [vorher] nicht geprobt; **perform a play ~:** ein Stück ohne vorherige Probe[n] spielen; **b)** *(not planned)* nicht vorgesehen; **c)** *(spontaneous)* spontan

**unrelated** [ʌnrɪˈleɪtɪd] *adj.* unzusammenhängend; **be ~** *(not connected)* nicht miteinander zusammenhängen; *(not related by family)* nicht [miteinander] verwandt sein; **be ~ to sth.** mit etw. in keinem Zusammenhang stehen; mit etw. nichts zu tun haben

**unrelenting** [ʌnrɪˈlentɪŋ] *adj.* unvermindert, nicht nachlassend ⟨*Hitze, Kälte, Regen*⟩; unerbittlich ⟨*Kampf, Opposition, Verfolgung, Haß*⟩; unnachgiebig ⟨*Entschlossenheit, Ehrgeiz*⟩; unvermindert ⟨*Kraft, Stärke*⟩; hartnäckig ⟨*Kämpfer*⟩; **the heat/pressure/pace is ~:** die Hitze/der Druck/die Geschwindigkeit läßt nicht nach; **be ~ in one's determination to do sth.** unnachgiebig entschlossen sein, etw. zu tun; **be ~ in one's battle *or* fight against sth.** etw. unnachgiebig bekämpfen; **remain ~:** unnachgiebig *od.* unerbittlich bleiben

**unreliability** [ʌnrɪlaɪəˈbɪlɪtɪ] *n., no pl.* Unzuverlässigkeit, *die*

**unreliable** [ʌnrɪˈlaɪəbl] *adj.* unzuverlässig

**unrelieved** [ʌnrɪˈliːvd] *adj.* unvermindert ⟨*Schmerz, Armut, Anstrengung*⟩; unaufhörlich ⟨*Regen, Lärm*⟩; tödlich ⟨*Langeweile, Eintönigkeit*⟩; **~ by sth.** nicht durch etw. gemildert; **a forbidding landscape, ~ by vegetation of any kind** eine Landschaft, deren Ödheit auch nicht das kleinste Pflänzchen belebt; **a gloomy film, ~ by even the slightest touch of humour** ein Film, dessen Düsterkeit durch kein Fünkchen von Humor aufgehellt wird

**unremarkable** [ʌnrɪˈmɑːkəbl] *adj.* nicht weiter bemerkenswert; unauffällig ⟨*Person, Lebensweise*⟩; **totally/pretty ~:** absolut nicht/kaum bemerkenswert

**unremitting** [ʌnrɪˈmɪtɪŋ] *adj.* nicht nachlassend; unermüdlich ⟨*Anstrengung, Versuche, Sorge*⟩; beharrlich ⟨*Kampf*⟩; **he was ~ in his efforts to help them** er bemühte sich unermüdlich, ihnen zu helfen

**unremittingly** [ʌnrɪˈmɪtɪŋlɪ] *adv.* unermüdlich ⟨*kämpfen, arbeiten, sich bemühen*⟩; unnachgiebig ⟨*Widerstand leisten*⟩

**unremunerative** [ʌnrɪˈmjuːnərətɪv] *adj.* wenig einträglich *od. (geh.)* lukrativ

**unrepeatable** [ʌnrɪˈpiːtəbl] *adj.* **a)** *(unique)* einzigartig; einmalig ⟨*Angebot, Preis*⟩; **b)** *(not fit to be repeated)* **sth. is ~:** etw. ist nicht zitierfähig; **an ~ remark/story/joke** eine Bemerkung/Geschichte, die/ein Witz, der nicht salonfähig ist

**unrepentant** [ʌnrɪˈpentənt] *adj.* **a)** *(impenitent)* reuelos ‹*Sünder*›; **die ~:** sterben, ohne bereut zu haben; **be ~:** keine Reue zeigen; **be ~ about sth.** etw. nicht bereuen; **b)** *(unreformed, obstinate)* halsstarrig; stur

**unreported** [ʌnrɪˈpɔ:tɪd] *adj.* nicht angezeigt ‹*Verbrechen*›; ‹*Fall, Versuch*› über den nicht berichtet wurde; **it went ~:** darüber wurde nicht berichtet

**unrepresentative** [ʌnreprɪˈzentətɪv] *adj.* nicht repräsentativ (**of** für); *(Polit.)* nicht demokratisch gewählt ‹*Regierung, Führer*›; **be ~ of sth.** etw. nicht repräsentieren

**unrepresented** [ʌnreprɪˈzentɪd] *adj.* nicht vertreten

**unrequited** [ʌnrɪˈkwaɪtɪd] *adj.* unerwidert

**unreserved** [ʌnrɪˈzɜ:vd] *adj.* **a)** *(not booked)* nicht reserviert; **b)** *(full, without any reservations)* uneingeschränkt ‹*Zustimmung, Aufnahme, Entschuldigung usw.*›; **he was ~ in his praise** er geizte nicht mit Lob; **c)** *(free from reserve)* offen ‹*Person, Wesensart*›

**unreservedly** [ʌnrɪˈzɜ:vɪdlɪ] *adv.* **a)** *(fully, without any reservations)* uneingeschränkt; **he ~ withdrew the allegation** er nahm die Anschuldigung in vollem Umfang zurück; **b)** *(frankly, openly)* offen

**unresolved** [ʌnrɪˈzɒlvd] *adj.* **a)** *(not solved)* ungelöst; nicht gelöst; **b)** *(undecided)* **be ~:** sich [noch] nicht entschieden haben; **c)** *(Mus.)* nicht aufgelöst

**unresponsive** [ʌnrɪˈspɒnsɪv] *adj.* **be ~:** nicht reagieren (**to** auf + *Akk.*); **an ~ audience** ein teilnahmsloses Publikum

**unrest** [ʌnˈrest] *n.* Unruhen *Pl.*; **there is widespread ~ among the population** ein großer Teil der Bevölkerung ist unzufrieden

**unrestrained** [ʌnrɪˈstreɪnd] *adj.* uneingeschränkt ‹*Freude, Begeisterung, Wachstum, Überfluß*›; unbeherrscht ‹*Gefühlsäußerung, Wut, Gewalt*›; unkontrolliert ‹*Entwicklung, Wachstum*›; ungeniert ‹*Sprache, Benehmen*›

**unrestricted** [ʌnrɪˈstrɪktɪd] *adj.* unbeschränkt; uneingeschränkt; frei ‹*Sicht*›; **have ~ use of sth.** etw. uneingeschränkt nutzen [dürfen]

**unrevealed** [ʌnrɪˈvi:ld] *adj.* verborgen

**unrewarded** [ʌnrɪˈwɔ:dɪd] *adj.* **go ~:** keine Belohnung bekommen; ‹*Tat, Mühe:*› nicht belohnt werden

**unrewarding** [ʌnrɪˈwɔ:dɪŋ] *adj.* unbefriedigend; undankbar ‹*Aufgabe*›; **financially ~:** wenig einträglich *od.* *(geh.)* lukrativ

**unrighteous** [ʌnˈraɪtʃəs] *adj.* **a)** *(wicked)* schlecht; **b)** *(unjust)* ungerecht

**unripe** [ʌnˈraɪp] *adj.* unreif

**unrivalled** (*Amer.:* **unrivaled**) [ʌnˈraɪvld] *adj.* unvergleichlich; beispiellos; unübertroffen ‹*Ruf, Luxus, Erfahrung, Könnerschaft*›; **our goods are ~ in** *or* **for quality** unsere Waren sind in ihrer Qualität konkurrenzlos *od.* unerreicht; **a landscape ~ for beauty** *or* **of ~ beauty** eine Landschaft von unvergleichlicher Schönheit

**unroadworthy** [ʌnˈrəʊdwɜ:ðɪ] *adj.* nicht verkehrssicher

**unroll** [ʌnˈrəʊl] **1.** *v. t.* aufrollen. **2.** *v. i.* sich aufrollen; *(fig.)* ‹*Geschichte, Handlung:*› sich entrollen; **he watched the landscape ~ before his eyes** er betrachtete die Landschaft, die sich vor seinen Augen auftat

**unromantic** [ʌnrəˈmæntɪk] *adj.* unromantisch

**unruffled** [ʌnˈrʌfld] *adj.* ruhig; glatt ‹*Gewässer, Haar, Feder*›; **listen with ~ calm/composure** mit unerschütterlicher Ruhe/ruhiger Gefaßtheit zuhören; **he was/remained ~ by all the fuss/criticism** er ließ sich von der ganzen Aufregung/Kritik nicht aus der Ruhe bringen

**unruled** [ʌnˈru:ld] unliniert ‹*Papier*›

**unruliness** [ʌnˈru:lɪnɪs] *n.* Ungebärdigkeit, *die*

**unruly** [ʌnˈru:lɪ] *adj.* ungebärdig ‹*Person, Benehmen*›; widerspenstig ‹*Haar, Person, Benehmen*›

**unsaddle** [ʌnˈsædl] *v. t.* **a)** absatteln ‹*Pferd usw.*›; **b)** abwerfen ‹*Reiter*›

**unsafe** [ʌnˈseɪf] *adj.* **a)** nicht sicher ‹*Leiter, Konstruktion*›; baufällig ‹*Gebäude*›; nicht verkehrssicher ‹*Fahrzeug*›; gefährlich ‹*Maschine, Leitungen, Spielzeug*›; **the food is ~ to eat** das Essen ist ungenießbar; **he looked ~ on top of the ladder** es sah gefährlich aus, wie er oben auf der Leiter stand; **feel ~:** sich unsicher fühlen; **it is ~ to do that** es ist gefährlich, das zu tun; **b)** *(untenable)* unhaltbar ‹*Annahme, Urteil usw.*›; **the conviction was ~:** die Verurteilung war juristisch nicht haltbar

**unsaid** [ʌnˈsed] *adj.* ungesagt; unausgesprochen; **leave sth. ~:** etw. ungesagt lassen; **some things are better left ~:** manche Dinge bleiben besser ungesagt

**unsaleable** [ʌnˈseɪləbl] *adj.* unverkäuflich

**unsalted** [ʌnˈsɔ:ltɪd, ʌnˈsɒltɪd] *adj.* ungesalzen

**unsanitary** [ʌnˈsænɪtərɪ] *adj.* unhygienisch

**unsatisfactorily** [ʌnsætɪsˈfæktərɪlɪ] *adv.* unbefriedigend; **perform one's tasks ~:** unbefriedigende Leistungen erbringen; **end ~:** zu einem unbefriedigenden Abschluß kommen

**unsatisfactory** [ʌnsætɪsˈfæktərɪ] *adj.* unbefriedigend; nicht befriedigend; schlecht ‹*Service, Hotel*›; mangelhaft ‹*schulische Leistung*›

**unsatisfied** [ʌnˈsætɪsfaɪd] *adj.* unzufrieden; unerfüllt ‹*Wunsch, Bedürfnis*›; nicht befriedigt ‹*Wunsch, Bedürfnis, Neugier, Nachfrage*›; nicht gestillt ‹*Hunger, Neugier, Appetit*›; unbeglichen ‹*Schuld*›; **sexually ~:** sexuell nicht befriedigt; **leave sb. ~:** jmdn. nicht befriedigen

**unsatisfying** [ʌnˈsætɪsfaɪɪŋ] *adj.* unbefriedigend; nicht sättigend ‹*Mahlzeit*›

**unsaturated** [ʌnˈsætʃəreɪtɪd, ʌnˈsætjʊreɪtɪd] *adj.* ungesättigt

**unsavoury** (*Amer.:* **unsavory**) [ʌnˈseɪvərɪ] *adj.* unangenehm ‹*Geruch, Geschmack, Mahlzeit*›; zwielichtig ‹*Charakter, Person*›; zweifelhaft ‹*Ruf, Geschäfte, Angelegenheit*›; unerfreulich ‹*Einzelheiten*›

**unscalable** [ʌnˈskeɪləbl] *adj.* unbezwinglich ‹*Berg, Höhe*›

**unscaled** [ʌnˈskeɪld] *adj.* [noch] nicht bezwungen ‹*Berg, Höhe*›

**unscathed** [ʌnˈskeɪðd] *adj.* unversehrt ‹*Person*›; unbeschädigt ‹*Sache*›; *(fig.)* **he emerged from the scandal ~/with his reputation ~:** er überlebte den Skandal ohne einen Flecken auf seiner Weste *(ugs.)*/ohne daß sein Ruf Schaden genommen hätte

**unscented** [ʌnˈsentɪd] *adj.* nicht parfümiert ‹*Seife, Shampoo*›

**unscheduled** [ʌnˈʃedju:ld] *adj.* außerplanmäßig

**unscholarly** [ʌnˈskɒləlɪ] *adj.* unwissenschaftlich ‹*Buch, Methode*›; **be ~** ‹*Person:*› kein Gelehrter sein

**unschooled** [ʌnˈsku:ld] *adj.* *(without education)* ungebildet; *(without training)* ungeschult

**unscientific** [ʌnsaɪənˈtɪfɪk] *adj.* unwissenschaftlich ‹*Methode, Buch, Ansatz usw.*›; **be ~** ‹*Person:*› kein Wissenschaftler sein

**unscientifically** [ʌnsaɪənˈtɪfɪkəlɪ] *adv.* unwissenschaftlich

**unscramble** [ʌnˈskræmbl] *v. t.* *(lit. or fig.)* entwirren; *(Teleph.: decode)* entschlüsseln

**unscratched** [ʌnˈskrætʃt] *adj.* *(unhurt)* unverletzt

**unscrew** [ʌnˈskru:] **1.** *v. t.* ab- *od.* losschrauben ‹*Regal, Deckel usw.*›; herausdrehen ‹*Schraube*›. **2.** *v. i.* ‹*Brett, Verschluß:*› sich abschrauben lassen; ‹*Schraube:*› sich lösen *od.* abschrauben lassen; **come ~ed** sich lösen

**unscripted** [ʌnˈskrɪptɪd] *adj.* frei vorgetragen ‹*Rede*›; nicht von einem Skript abgelesen ‹*Interview, Rundfunksendung*›; **an ~ play** ein Stegreifstück

**unscrupulous** [ʌnˈskru:pjʊləs] *adj.* skrupellos; **be ~ about money** in Geldangelegenheiten skrupellos sein

**unscrupulously** [ʌnˈskru:pjʊləslɪ] *adv.* skrupellos

**unscrupulousness** [ʌnˈskru:pjʊləsnɪs] *n., no pl.* Skrupellosigkeit, *die*

**unseal** [ʌnˈsi:l] *v. t.* *(break seal of)* entsiegeln; *(open)* öffnen ‹*Brief, Paket, Behälter*›

**unsealed** [ʌnˈsi:ld] *adj.* offen; unverschlossen; *(without a seal)* nicht versiegelt

**unseasonable** [ʌnˈsi:zənəbl] *adj.* nicht der Jahreszeit entsprechend ‹*Wetter, Hitze, Schnee*›; **the weather is ~:** das Wetter entspricht nicht der Jahreszeit

**unseasonably** [ʌnˈsi:zənəblɪ] *adv.* [für die Jahreszeit] ungewöhnlich ‹*kalt, warm*›

**unseasoned** [ʌnˈsi:znd] *adj.* **a)** *(not flavoured)* ungewürzt; **b)** *(not matured)* nicht abgelagert ‹*Holz*›; unerfahren ‹*Soldat*›

**unseat** [ʌnˈsi:t] *adj.* **a)** *(remove from office)* abwählen; **b)** *(throw)* aus dem Sattel werfen; ‹*Pferd:*› abwerfen

**unseaworthy** [ʌnˈsi:wɜ:ðɪ] *adj.* nicht seetüchtig

**unsecured** [ʌnsɪˈkjʊəd] *adj.* **a)** *(not fixed)* nicht gesichert; **b)** *(Finance: without security)* ohne Sicherheit[en] *nachgestellt*

**unseeded** [ʌnˈsi:dɪd] *adj.* *(Tennis)* nicht gesetzt

**unseeing** [ʌnˈsi:ɪŋ] *adj.* blind; leer ‹*Blick, Auge*›

**unseemly** [ʌnˈsi:mlɪ] *adj.* unschicklich; ungehörig ‹*Benehmen*›; ungebührlich ‹*Eile, Benehmen*›

**unseen** [ʌnˈsi:n] **1.** *adj.* **a)** *(not seen)* ungesehen; unbekannt ‹*Text*›; **~ translation** *(Brit. Sch., Univ.)* Übersetzung eines unbekannten Textes *(aus einer Fremdsprache)*; **b)** *(invisible)* unsichtbar. **2.** *n.* *(Brit. Sch., Univ.)* **Latin/French ~:** Übersetzung eines unbekannten Textes aus dem Lateinischen/Französischen

**unselfconscious** [ʌnselfˈkɒnʃəs] *adj.*, **unselfconsciously** [ʌnselfˈkɒnʃəslɪ] *adv.* unbefangen

**unselfconsciousness** [ʌnselfˈkɒnʃəsnɪs] *n.* Unbefangenheit, *die*

**unselfish** [ʌnˈselfɪʃ] *adj.*, **unselfishly** [ʌnˈselfɪʃlɪ] *adv.* selbstlos

**unselfishness** [ʌnˈselfɪʃnɪs] *n., no pl.* Selbstlosigkeit, *die*

**unsentimental** [ʌnsentɪˈmentl] *adj.* unsentimental ‹*Person*›; **be totally ~ about sth.** einer Sache *(Dat.)* gegenüber keinerlei sentimentale Gefühle haben

**unserviceable** [ʌnˈsɜ:vɪsəbl] *adj.* unbrauchbar

**unsettle** [ʌnˈsetl] *v. t.* durcheinanderbringen; verwirren ‹*menschlichen Geist*›; stören ‹*Friede*›; verstören ‹*Kind, Tier*›; erschüttern ‹*Stabilität, emotionales Gleichgewicht*›; aus dem Gleichgewicht bringen ‹*Wirtschaft, Markt*›

**unsettled** [ʌnˈsetld] *adj.* **a)** *(changeable)* wechselhaft; *(fig.)* unstet *(geh.)*, ruhelos ‹*Leben*›; unsicher ‹*Zukunft*›; **b)** *(upset)* verstimmt ‹*Magen*›; gestört ‹*Verdauung*›; unruhig ‹*Zeit, Land*›; instabil *(geh.)* ‹*Wirtschaft, Markt*›; **be/feel ~:** aus dem [gewohnten] Gleis sein; **c)** *(open to further discussion)* ungeklärt ‹*Angelegenheit, Frage*›; **d)** *(unpaid)* unbezahlt

**unsettling** [ʌnˈsetlɪŋ] *adj.* störend ‹*Vorfall, Einfluß*›; beunruhigend ‹*Nachricht*›; unruhig ‹*Zeit*›; *(Finance)* destabilisierend ‹*Einfluß*›; **have an unsettling effect on sb.** jmdn. aus dem Gleichgewicht bringen; **this constant travelling is ~:** dieses ständige Reisen bringt einen aus dem Gleis

**unshaded** [ʌnˈʃeɪdɪd] *adj.* schattenlos; nackt ‹*Glühbirne, Licht*›; **the ~ areas of the**

**design** die nicht schattierten Teile der Zeichnung

**unshak[e]able** [ʌn'ʃeɪkəbl] *adj.* unerschütterlich

**unshaken** [ʌn'ʃeɪkn] *adj.* **be ~:** nicht erschüttert sein

**unshaven** [ʌn'ʃeɪvn] *adj.* unrasiert; **go ~:** sich nicht rasieren

**unsheathe** [ʌn'ʃi:ð] *v. t.* aus der Scheide ziehen

**unshed** [ʌn'ʃed] *adj.* ungeweint ⟨*Tränen*⟩

**unshockable** [ʌn'ʃɒkəbl] *adj.* **be ~:** durch nichts zu erschüttern sein

**unshrinkable** [ʌn'ʃrɪŋkəbl] *adj. (Textiles)* nicht einlaufend; schrumpffrei; **be ~:** nicht einlaufen

**unsighted** [ʌn'saɪtɪd] *adj.* **be ~:** in der *od.* seiner Sicht behindert sein

**unsightliness** [ʌn'saɪtlɪnɪs] *n., no pl.* Häßlichkeit, *die*

**unsightly** [ʌn'saɪtlɪ] *adj.* unschön

**unsigned** [ʌn'saɪnd] *adj.* nicht unterzeichnet ⟨*Brief, Dokument*⟩; unsigniert ⟨*Gemälde*⟩

**unsinkable** [ʌn'sɪŋkəbl] *adj.* unsinkbar

**unsized** [ʌn'saɪzd] *adj.* **~ paper/textiles** ungeleimtes Papier/ungeschlichtete Textilien

**unskilful** [ʌn'skɪlfl] *adj.* ungeschickt; **be ~ in sth.** bei etw. ungeschickt vorgehen

**unskilled** [ʌn'skɪld] *adj.* **a)** *(lacking skills)* ungeschickt; stümperhaft; **b)** *(without special training)* ungelernt ⟨*Arbeiter*⟩; **~ in sth.** in etw. *(Dat.)* unerfahren; **c)** *(done without skill)* schlecht; stümperhaft; **d)** keine besonderen Fertigkeiten erfordernd ⟨*Arbeit*⟩; **~ jobs** Stellen für ungelernte Arbeiter; Hilfsarbeiterstellen; **the work is ~:** die Arbeit erfordert keine besonderen Fertigkeiten

**unskillful** *(Amer.) see* **unskilful**

**unslept-in** [ʌn'sleptɪn] *adj.* **the bed was ~:** in dem Bett hatte niemand geschlafen

**unsmiling** [ʌn'smaɪlɪŋ] *adj.* ernst

**unsmoked** [ʌn'sməʊkt] *adj.* ungeräuchert

**unsnarl** [ʌn'snɑ:l] *v. t.* entwirren

**unsociability** [ʌnsəʊʃə'bɪlɪtɪ] *n.* Ungeselligkeit, *die*

**unsociable** [ʌn'səʊʃəbl] *adj.* ungesellig

**unsocial** [ʌn'səʊʃl] *adj.* ungesellig; **at this ~ hour** *(joc.)* zu dieser unchristlichen Tageszeit; **work ~ hours** nachts/sonn- und feiertags arbeiten

**unsold** [ʌn'səʊld] *adj.* unverkauft

**unsolicited** [ʌnsə'lɪsɪtɪd] *adj.* nicht angefordert *od.* erbeten; nicht bestellt ⟨*Waren*⟩; unverlangt eingesandt ⟨*Manuskript*⟩; **~ mail** Wurfsendungen

**unsolved** [ʌn'sɒlvd] *adj.* ungelöst; unaufgeklärt ⟨*Verbrechen*⟩

**unsophisticated** [ʌnsə'fɪstɪkeɪtɪd] *adj.* schlicht, einfach ⟨*Person, Geschmack, Vergnügen, Spiel*⟩; unkompliziert ⟨*Maschine, Küche, Methode*⟩; einfach ⟨*Wein*⟩; **~ food** Hausmannskost, *die*

**unsound** [ʌn'saʊnd] *adj.* **a)** *(diseased)* nicht gesund; krank; **his health is ~:** seine Gesundheit ist angeschlagen *od.* angegriffen; **b)** *(defective)* baufällig ⟨*Gebäude*⟩; morsch ⟨*Holz*⟩; brüchig ⟨*Mauerwerk*⟩; **structurally ~:** baufällig; **c)** *(ill-founded)* wenig stichhaltig; anfechtbar ⟨*Gesetz*⟩; nicht vertretbar ⟨*Ansichten, Methoden*⟩; **d)** *(unreliable)* unzuverlässig; **the firm is financially ~:** die Firma steht finanziell auf schwachen Füßen; **e) of ~ mind** unzurechnungsfähig; **he killed her while of ~ mind** als er sie tötete, war er nicht zurechnungsfähig

**unsoundness** [ʌn'saʊndnɪs] *n., no pl. (of health)* Schwäche, *die; (of structure)* Baufälligkeit, *die; (of theory, argument, decision)* Zweifelhaftigkeit, *die;* **~ of mind** Unzurechnungsfähigkeit, *die*

**unsparing** [ʌn'speərɪŋ] *adj.* **a)** *(lavish)* großzügig; **work with ~ energy** mit voller Kraft arbeiten; **give sb. one's ~ help/support** jmdm. seine volle Hilfe/Unterstützung geben; **be ~ of** *or* **in sth.** mit etw. nicht geizen; **be ~ in one's efforts** keine Mühe scheuen; **b)** *(merciless)* schonungslos

**unsparingly** [ʌn'speərɪŋlɪ] *adj.* **a)** großzügig; **b)** *(mercilessly)* schonungslos

**unspeakable** [ʌn'spi:kəbl] *adj.* unbeschreiblich; *(indescribably bad)* unsäglich

**unspeakably** [ʌn'spi:kəblɪ] *adv.* unbeschreiblich; unsäglich ⟨*häßlich*⟩

**unspecified** [ʌn'spesɪfaɪd] *adj.* nicht näher bezeichnet; nicht genannt ⟨*Anzahl, Summe*⟩; **the job was for an ~ length of time** die Stelle war nicht befristet

**unspectacular** [ʌnspek'tækjʊlə(r)] *adj.* wenig eindrucksvoll

**unspent** [ʌn'spent] *adj.* nicht ausgegeben ⟨*Geld*⟩; **I still had 30 pence ~ in my pocket** ich hatte noch 30 Pence in der Tasche

**unspoiled** [ʌn'spɔɪld], **unspoilt** [ʌn'spɔɪlt] *adj.* unverdorben; unberührt ⟨*Dorf, Landschaft*⟩; genießbar ⟨*Lebensmittel*⟩

**unspoken** [ʌn'spəʊkn] *adj.* ungesagt; *(tacit)* unausgesprochen; stillschweigend ⟨*Übereinkunft*⟩; **be left ~:** ungesagt bleiben

**unsporting** [ʌn'spɔ:tɪŋ], **unsportsmanlike** [ʌn'spɔ:tsmənlaɪk] *adjs.* unsportlich

**unstable** [ʌn'steɪbl] *adj.* **a)** nicht stabil; instabil *(geh.)*; labil ⟨*Wirtschaft, Beziehungen, Verhältnisse*⟩; **the country is ~:** die Lage im Land ist nicht stabil *od.* ist unsicher; **[mentally/emotionally] ~:** [psychisch] labil; **b)** *(Phys.)* instabil; *see also* **equilibrium**

**unstamped** [ʌn'stæmpt] *adj.* ungestempelt; *(unfranked)* unfrankiert

**unstated** [ʌn'steɪtɪd] *adj.* nicht genannt

**unstatesmanlike** [ʌn'steɪtsmənlaɪk] *adj.* wenig staatsmännisch

**unsteadily** [ʌn'stedɪlɪ] *adv.* unsicher ⟨*gehen*⟩; unregelmäßig ⟨*schlagen, brennen*⟩

**unsteadiness** [ʌn'stedɪnɪs] *n., no pl. see* **unsteady:** Unsicherheit, *die;* Instabilität, *die;* Wechselhaftigkeit, *die;* Ungleichmäßigkeit, *die;* Wackeligkeit, *die*

**unsteady** [ʌn'stedɪ] *adj.* unsicher; instabil ⟨*Wirtschaft, Markt*⟩; wechselhaft ⟨*Entwicklung*⟩; ungleichmäßig ⟨*Flamme, Rhythmus*⟩; wackelig ⟨*Leiter, Stuhl, Tisch, Konstruktion*⟩; **be ~ on one's feet** unsicher auf den Beinen sein

**unstick** [ʌn'stɪk] *v. t.*, **unstuck** [ʌn'stʌk] [ab]lösen; *see also* **unstuck**

**unstinting** [ʌn'stɪntɪŋ] *adj.* großzügig; **be ~ in sth.** mit etw. nicht geizen; **be ~ in one's efforts** keine Mühe scheuen

**unstitch** [ʌn'stɪtʃ] *v. t.* auftrennen ⟨*Naht, Saum*⟩; **the seam has come ~ed** der Saum ist aufgegangen

**unstoppable** [ʌn'stɒpəbl] *adj.* unhaltbar ⟨*Schuß aufs Fußballtor*⟩; unerreichbar ⟨*Aufschlag*⟩; *(fig.)* unaufhaltsam; **she is ~:** sie ist nicht aufzuhalten

**unstrap** [ʌn'stræp] *v. t.* aufschnallen

**unstreamed** [ʌn'stri:md] *adj. (Sch.)* nicht in Parallelzüge *od.* leistungshomogene Gruppen eingeteilt

**unstressed** [ʌn'strest] *adj.* **a)** *(not subjected to stress)* nicht belastet; **b)** *(Phonet.)* unbetont

**unstructured** [ʌn'strʌktʃəd] unstrukturiert

**unstrung** [ʌn'strʌŋ] *adj.* **a) come ~** ⟨*Perlen usw.:*⟩ von der Schnur fallen; **b)** entnervt ⟨*Person*⟩; zerrüttet ⟨*Nerven*⟩

**unstuck** [ʌn'stʌk] *adj.* **come ~:** sich lösen; ⟨*Briefumschlag:*⟩ aufgehen; *(fig. coll.: come to grief, fail)* ⟨*Person:*⟩ baden gehen *(ugs.)* **(over** mit); ⟨*Projekt, Plan, Theorie, Geschäft:*⟩ in die Binsen gehen *(ugs.)*

**unstudied** [ʌn'stʌdɪd] *adj.* ungekünstelt

**unsubsidized** [ʌn'sʌbsɪdaɪzd] *adj.* nicht subventioniert

**unsubstantial** [ʌnsəb'stænʃl] *adj.* **a)** immateriell; *(ghostly)* körperlos ⟨*Wesen*⟩; leicht ⟨*Konstruktion*⟩; **b)** *(inadequate)* wenig nahrhaft ⟨*Essen*⟩

**unsubstantiated** [ʌnsəb'stænʃɪeɪtɪd] *adj.* unhaltbar; unbegründet

**unsubtle** [ʌn'sʌtl] *adj.* plump

**unsuccessful** [ʌnsək'sesfl] *adj.* erfolglos; **be ~:** keinen Erfolg haben; **the operation was ~:** die Operation hatte keinen Erfolg *od.* mißlang; **be ~ in an examination/competition** eine Prüfung nicht bestehen/in einem Wettbewerb unterliegen *od.* keinen Erfolg haben; **he has been ~ in his attempt to find a job** es ist ihm nicht gelungen, eine Stelle zu finden

**unsuccessfully** [ʌnsək'sesfəlɪ] *adv.* erfolglos; vergebens ⟨*versuchen*⟩

**unsuitability** [ʌnsu:tə'bɪlɪtɪ, ʌnsju:tə'bɪlɪtɪ] *n., no pl.* Ungeeignetsein, *das; (for job)* mangelnde Eignung

**unsuitable** [ʌn'su:təbl, ʌn'sju:təbl] *adj.* ungeeignet; **~ clothes** *(for weather, activity)* unzweckmäßige Kleider; *(for occasion, age)* unpassende Kleider; **be ~ for sb./sth.** für jmdn./etw. ungeeignet sein; **this sort of behaviour is ~ for a teacher** ein solches Verhalten gehört sich nicht für einen Lehrer

**unsuitably** [ʌn'su:təblɪ, ʌn'sju:təblɪ] *adv.* unpassend; **she dresses ~ for her age/figure** sie kleidet sich unpassend für ihr Alter/unvorteilhaft für ihre Figur; **be ~ dressed for a hike** für eine Wanderung unzweckmäßig gekleidet sein

**unsuited** [ʌn'su:tɪd, ʌn'sju:tɪd] *adj.* ungeeignet; **be ~ for** *or* **to sb./sth.** für jmdn./etw. ungeeignet sein; ⟨*Verhalten, Sprache:*⟩ für jmdn./etw. unpassend sein; **John and Mary are ~ to each other** John und Mary passen nicht zusammen; **he is ~ to be a teacher** er eignet sich nicht zum Lehrer

**unsullied** [ʌn'sʌlɪd] *adj. (literary)* unbefleckt; unberührt ⟨*Schnee*⟩; makellos ⟨*Glanz, Ruf*⟩

**unsung** [ʌn'sʌŋ] *adj.* unbesungen ⟨*Held, Tat*⟩

**unsupported** [ʌnsə'pɔ:tɪd] *adj.* **a)** nicht abgestützt; **if left ~, the branches will break** wenn man die Äste nicht [ab]stützt, brechen sie; **the old man walked ~:** der alte Mann ging ohne fremde Hilfe; **b)** *(Mil.)* ohne Unterstützung *nachgestellt; (without cover)* ungedeckt; **an ~ unit** eine ohne Unterstützung operierende Einheit; **c)** *(fig.)* durch nichts gestützt ⟨*Anschuldigung, Forderung, Theorie*⟩; **~ by sb./sth.** nicht gestützt durch jmdn./etw.; **a project ~ by funds** ein finanziell nicht gefördertes Projekt; **we do not accept cheques ~ by cheque cards** wir akzeptieren keine Schecks ohne Scheckkarte

**unsure** [ʌn'ʃʊə(r)] *adj.* unsicher; **be ~ about sb./sth.** sich *(Dat.)* über jmdn./etw. nicht im klaren sein; **be ~ whether to do sth.** sich *(Dat.)* nicht sicher sein, ob man etw. tun soll; **be ~ of sb./sth.** sich *(Dat.)* jmds./einer Sache nicht sicher sein; **be ~ of a date/of one's facts** ein Datum nicht genau wissen/seine Fakten nicht genau kennen; **be ~ of oneself** unsicher sein

**unsurpassable** [ʌnsə'pɑ:səbl] *adj.* unübertrefflich; *(unique)* einzigartig

**unsurpassed** [ʌnsə'pɑ:st] *adj.* unübertroffen; **a landscape ~ in beauty** eine Landschaft von unübertroffener Schönheit; **a novel ~ for suspense** ein Roman von unübertroffener Spannung; **his speeches were ~ for wit** seine Reden waren von unübertroffenem Witz

**unsurprising** [ʌnsə'praɪzɪŋ] *adj.* wenig überraschend

**unsurprisingly** [ʌnsə'praɪzɪŋlɪ] *adv.* wie zu erwarten war

**unsuspected** [ʌnsə'spektɪd] *adj.* **a)** *(not known about)* ungeahnt ⟨*Talent, Kräfte, Stärke, Tiefe, Charme*⟩; unvermutet ⟨*Defekt, Leck, Ergebnis, Folge*⟩; **he showed an ~ streak of ruthlessness** er zeigte sich überraschend rücksichtslos; **b)** *(not under suspicion)* **be ~:** nicht verdächtigt werden; nicht

unter Verdacht stehen; ~ **by anyone** ohne verdächtigt zu werden
**unsuspecting** [ʌnsəˈspektɪŋ] *adj.*, **unsuspectingly** [ʌnsəˈspektɪŋlɪ] *adv.* nichtsahnend
**unsweetened** [ʌnˈswiːtnd] *adj.* ungesüßt
**unswerving** [ʌnˈswɜːvɪŋ] *adj.* **a)** *(not turning aside)* schnurgerade; **follow an ~ course** *(fig.)* seinen Weg unbeirrt fortsetzen; **b)** *(steady, constant)* unerschütterlich ‹*Glaube, Treue*›; unbeirrbar ‹*Entschlossenheit, Zuneigung*›; **be ~ in sth.** an etw. *(Dat.)* unbeirrbar *od.* unerschütterlich festhalten
**unswervingly** [ʌnˈswɜːvɪŋlɪ] *adv.* unerschütterlich ‹*treu*›; unbeirrbar ‹*unterstützen, festhalten, folgen*›
**unsymmetrical** [ʌnsɪˈmetrɪkl] *adj.* unsymmetrisch
**unsympathetic** [ʌnsɪmpəˈθetɪk] *adj.* **a)** wenig mitfühlend; **be ~:** kein Mitgefühl zeigen; **be ~ to sth./not ~ to sth.** kein Verständnis/durchaus Verständnis für etw. haben; **b)** *(unlikeable)* unsympathisch
**unsympathetically** [ʌnsɪmpəˈθetɪkəlɪ] *adv.* ohne Mitgefühl
**unsystematic** [ʌnsɪstəˈmætɪk] *adj.*, **unsystematically** [ʌnsɪstəˈmætɪkəlɪ] *adv.* unsystematisch
**untainted** [ʌnˈteɪntɪd] *adj.* unverdorben ‹*Lebensmittel*›; makellos ‹*Ruf*›
**untalented** [ʌnˈtæləntɪd] *adj.* untalentiert
**untameable** [ʌnˈteɪməbl] *adj.* unzähmbar; *(fig.)* unbezähmbar; unbezwinglich ‹*Wildnis*›
**untamed** [ʌnˈteɪmd] *adj. (lit. or fig.)* ungezähmt; wild
**untangle** [ʌnˈtæŋgl] *v. t.* entwirren; *(fig.)* entwirren ‹*Geschichte, Situation, Handlung*›; in Ordnung bringen ‹*Finanzen, Angelegenheit*›
**untapped** [ʌnˈtæpt] *adj.* nicht angezapft; *(fig.: not used)* ungenutzt ‹*Talent*›; nicht angebrochen ‹*Vorräte*›; unerschlossen ‹*Bodenschätze, Markt*›
**untarnished** [ʌnˈtɑːnɪʃt] *adj. (lit. or fig.)* makellos; rein; nicht angelaufen ‹*Silber*›; **his name is ~ by corruption** sein Name ist nicht durch Korruption befleckt *(geh.)*
**untasted** [ʌnˈteɪstɪd] *adj.* unberührt; **leave one's food ~:** sein Essen nicht anrühren; *(fig.)* ~ **pleasures/delights** nie genossene *od.* gekostete Vergnügen/Freuden
**untaught** [ʌnˈtɔːt] *adj.* **a)** *(not instructed)* **be [completely] ~ in sth.** in etw. *(Dat.)* [überhaupt] nicht ausgebildet sein; **b)** *(not acquired by teaching)* natürlich ‹*Begabung*›; angeboren ‹*Fähigkeit*›
**untaxed** [ʌnˈtækst] *adj.* unversteuert ‹*Einkommen, Waren*›; **an ~ car** ein Auto, für das die [Kraftfahrzeug]steuer nicht bezahlt ist
**unteachable** [ʌnˈtiːtʃəbl] *adj.* nicht bildungsfähig ‹*Person, Kind*›; nicht lehrbar ‹*Fach, Fertigkeit*›
**untenable** [ʌnˈtenəbl] *adj.* unhaltbar
**untenanted** [ʌnˈtenəntɪd] *adj.* unbewohnt; leerstehend
**untended** [ʌnˈtendɪd] *adj.* ungepflegt ‹*Garten*›
**untested** [ʌnˈtestɪd] *adj.* nicht erprobt; **a drug ~ on humans** ein an Menschen [noch] nicht erprobtes Medikament
**unthankful** [ʌnˈθæŋkfl] *adj.* undankbar
**unthinkable** [ʌnˈθɪŋkəbl] **1.** *adj.* unvorstellbar. **2.** *n.* **the ~:** das Unvorstellbare
**unthinkably** [ʌnˈθɪŋkəblɪ] *adv.* unvorstellbar
**unthinking** [ʌnˈθɪŋkɪŋ] *adj.*, **unthinkingly** [ʌnˈθɪŋkɪŋlɪ] *adv.* gedankenlos; **~, I took the key** ganz in Gedanken, nahm ich den Schlüssel
**unthought** [ʌnˈθɔːt] *adj.* ~ **of** undenkbar; **hitherto ~-of disadvantages/objections** Nachteile/Einwände, an die bisher noch niemand gedacht hat/hatte
**unthread** [ʌnˈθred] *v. t.* vom Faden abziehen ‹*Perlen*›
**untidily** [ʌnˈtaɪdɪlɪ] *adv.* unordentlich
**untidiness** [ʌnˈtaɪdɪnɪs] *n., no pl. see* **untidy**: Ungepflegtheit, *die;* Unaufgeräumtheit, *die;* Unordentlichkeit, *die;* Unsauberkeit, *die*
**untidy** [ʌnˈtaɪdɪ] *adj.* ungepflegt ‹*Äußeres, Person, Garten*›; unaufgeräumt ‹*Bücher, Spielzeug, Zimmer*›; unordentlich, unsauber ‹*Manuskript*›
**untie** [ʌnˈtaɪ] *v. t.*, **untying** [ʌnˈtaɪɪŋ] aufknüpfen, aufknoten ‹*Faden, Seil, Paket*›; aufbinden ‹*Knoten, Schnürsenkel*›; losbinden ‹*Pferd, Boot, Seil vom Pfosten*›; **~ sb./sb.'s hands** jmdn./jmds. Hände von den Fesseln befreien
**untied** [ʌnˈtaɪd] *adj.* offen ‹*Schnürsenkel*›; ungebunden ‹*Krawatte*›; **leave sth. ~:** etw. nicht zusammenbinden; **come ~:** sich lösen; ‹*Schnürsenkel:*› aufgehen
**until** [ənˈtɪl] **1.** *prep.* bis; *(followed by article + noun)* bis zu; ~ **[the] evening/night/the end** bis zum Abend/bis in die Nacht/bis zum Ende; ~ **his death/retirement** bis zu seinem Tod/seiner Pensionierung; ~ **next week** bis nächste Woche; ~ **then** *or* **that time** bis dahin *od.* dann; ~ **soon after sth.** bis kurz nach etw.; **not ~:** erst; **not ~ Christmas/the summer/his birthday/this morning** erst an Weihnachten/im Sommer/an seinem Geburtstag/heute morgen; **yes, but not ~ [then]** ja, aber nicht vorher. **2.** *conj.* bis; ~ **you find the key, we shall not be able to get in** solange du den Schlüssel nicht findest, kommen wir nicht hinein; **I am not coming ~ I am asked** ich komme erst, wenn man mich einlädt; solange man mich nicht einlädt, komme ich nicht; **I did not know ~ you told me** ich wußte das nicht, bis du es mir gesagt hast; **not ~ I saw him ...:** erst, als ich ihn sah, ...
**untimely** [ʌnˈtaɪmlɪ] **1.** *adj.* **a)** *(inopportune)* ungelegen; *(inappropriate)* unpassend; **be ~:** ungelegen kommen/unpassend sein; **an ~ frost** ein nicht der Jahreszeit entsprechender Frost; **an ~ measure/action** eine zur Unzeit getroffene Maßnahme; **his joke was ~:** er machte seinen Witz im unpassenden Moment; **not ~:** zur rechten Zeit; **b)** *(premature)* vorzeitig; allzu früh ‹*Tod*›; **he came to an ~ end** er starb allzu früh. **2.** *adv. (inopportunely)* unpassend; *(prematurely)* allzu früh
**untiring** [ʌnˈtaɪərɪŋ] *adj.* unermüdlich; **be ~ in one's efforts for sb./to do sth.** sich unermüdlich für jmdn. einsetzen/sich unermüdlich bemühen, etw. zu tun
**untiringly** [ʌnˈtaɪərɪŋlɪ] *adv.* unermüdlich
**unto** [ˈʌntʊ, ˈʌntə] *prep. (arch./literary)* **a)** *see* **to 1; b)** *(Bibl.)* **come ~ me** kommet zu mir *(bibl.)*; ~ **us a child is born** uns ist ein Kind geboren; ~ **this day** bis zum heutigen Tage; **faithful ~ death** getreu bis in den Tod
**untold** [ʌnˈtəʊld] *adj.* **a)** *(immeasurable)* unbeschreiblich; unsagbar ‹*Elend*›; unermeßlich ‹*Reichtümer, Anzahl*›; **b)** *(countless)* unzählig; **c)** *(not related)* nicht erzählt
**untouchable** [ʌnˈtʌtʃəbl] **1.** *adj.* **a)** *(beyond reach)* unberührbar; **sth. is ~:** etw. kann nicht berührt werden; ; **b)** *(above criticism/reproach)* unantastbar. **2.** *n.* Unberührbare, *der/die*
**untouched** [ʌnˈtʌtʃt] *adj.* **a)** *(not handled, untasted)* unberührt; **leave sth. ~:** etw. nicht anrühren; **'~ by human hand'** *(on packaged food)* ≈ „hygienisch verpackt"; **a cup of tea still ~:** eine noch unberührte Tasse Tee; **b)** *(not changed)* unverändert; **c)** *(not affected)* unberührt; **be ~ by sth.** von etw. unberührt bleiben; **they had left her jewellery ~:** sie hatten ihren Schmuck nicht angerührt; **a town ~ by the war/a people ~ by the pressures of modern times** eine vom Krieg verschont gebliebene Stadt/ein Volk, das von den Zwängen der heutigen Zeit unberührt geblieben ist; **she remained ~ by his tears** seine Tränen ließen sie kalt; **d)** *(unequalled)* unerreicht
**untoward** [ʌntəˈwɔːd, ʌnˈtəʊəd] *adj.* **a)** *(unfavourable)* ungünstig; unglücklich ‹*Unfall*›; **in case something ~ were to happen** falls Schwierigkeiten auftauchen/ein Unglück geschieht; **nothing ~ happened** es gab keine Schwierigkeiten/es passierte kein Unheil; **b)** *(unseemly)* ungehörig
**untraceable** [ʌnˈtreɪsəbl] *adj.* unauffindbar; **be ~:** nicht aufzuspüren sein
**untraced** [ʌnˈtreɪst] *adj.* noch nicht gefunden
**untrained** [ʌnˈtreɪnd] *adj.* unausgebildet; ungelernt ‹*Arbeitskräfte*›; nicht dressiert ‹*Tier*›; **to the ~ eye/ear** dem ungeschulten Auge/Ohr; **be ~ in sth.** in etw. *(Dat.)* ungeübt sein
**untrammelled** (*Amer.:* **untrammeled**) [ʌnˈtræmld] *adj. (fig.)* unbeschränkt ‹*Freiheit*›; **young people ~ by tradition/convention** junge Leute, die sich von Traditionen/Konventionen nicht einengen lassen
**untranslatable** [ʌntrænsˈleɪtəbl] *adj.* unübersetzbar
**untravelled** (*Amer.:* **untraveled**) [ʌnˈtrævld] *adj.* der/die nicht weit herumgekommen ist; kaum befahren ‹*Straße*›
**untreated** [ʌnˈtriːtɪd] *adj.* unbehandelt
**untried** [ʌnˈtraɪd] *adj.* **a)** *(not tested)* unerprobt; **a new treatment, ~ on humans** eine neue, an Menschen noch nicht erprobte Behandlung; **leave nothing ~:** nichts unversucht lassen; **b)** *(Law)* nicht vor Gericht gestellt ‹*Person*›; nicht verhandelt ‹*Fall*›
**untrodden** [ʌnˈtrɒdn] *adj.* unberührt ‹*Schnee*›; verlassen ‹*Weg*›
**untroubled** [ʌnˈtrʌbld] *adj.* ungestört ‹*Schlaf, Ruhe*›; sorglos ‹*Gesicht, Geist*›; ruhig ‹*Wasser*›; sorgenfrei ‹*Zeit, Leben*›; **he seemed ~ by the news** die Nachricht schien ihn nicht zu beunruhigen; **we were ~ by doubts/worries** auf uns lasteten keine Zweifel/Sorgen
**untrue** [ʌnˈtruː] *adj.* **a)** *(false)* unwahr; **that's ~:** das ist nicht wahr; **b)** *(unfaithful)* **~ to sb./sth.** jmdm./etw. untreu; **c)** ungenau ‹*Ergebnis, Meßgerät*›
**untrustworthy** [ʌnˈtrʌstwɜːðɪ] *adj.* unzuverlässig
**untruth** [ʌnˈtruːθ] *n., pl.* **~s** [ʌnˈtruːðz, ʌnˈtruːθs] Unwahrheit, *die*
**untruthful** [ʌnˈtruːθfl] *adj.* verlogen *(abwertend)*; **an ~ story** eine Lügengeschichte *(abwertend)*; **I am not being ~:** ich lüge nicht
**untruthfully** [ʌnˈtruːθfəlɪ] *adv.* nicht der Wahrheit entsprechend ‹*antworten, etw. sagen*›
**untruthfulness** [ʌnˈtruːθflnɪs] *n., no pl. (of story)* Unwahrheit, *die; (of person)* Verlogenheit, *die (abwertend)*
**untuneful** [ʌnˈtjuːnfl] *adj.* unmelodisch
**unturned** [ʌnˈtɜːnd] *adj. see* **stone 1 a**
**untutored** [ʌnˈtjuːtəd] *adj.* ungeschult
**untypical** [ʌnˈtɪpɪkl] *adj.* untypisch **(of** für)
**unusable** [ʌnˈjuːzəbl] *adj.* unbrauchbar
[1]**unused** [ʌnˈjuːzd] *adj. (new, fresh)* unbenutzt; *(not utilized)* ungenutzt; ungestempelt ‹*Briefmarke*›; **he still had three days ~ leave** er hatte noch drei Tage Urlaub gut
[2]**unused** [ʌnˈjuːst] *adj. (unaccustomed)* **be ~ to sth./to doing sth.** etw. *(Akk.)* nicht gewohnt sein/nicht gewohnt sein, etw. zu tun; **we are not ~ to sudden crises** plötzliche Krisen sind für uns nichts Ungewohntes
**unusual** [ʌnˈjuːʒʊəl] *adj.* ungewöhnlich; *(exceptional)* außergewöhnlich; **an ~ number of ...:** eine ungewöhnlich große Zahl von ...; **it is ~ for him to do that** er tut das gewöhnlich nicht; **it is not ~ for her to do that** es ist durchaus nicht ungewöhnlich, daß sie das tut
**unusually** [ʌnˈjuːʒʊəlɪ] *adv.* ungewöhnlich;

*as sentence-modifier* ~ **[for him], he was late** er kam zu spät, was für ihn ganz ungewöhnlich ist

**unusualness** [ʌn'juːʒʊəlnɪs] *n., no pl.* Ungewöhnlichkeit, *die*

**unutterable** [ʌn'ʌtərəbl] *adj.*, **unutterably** [ʌn'ʌtərəblɪ] *adv.* unsäglich

**unvarnished** [ʌn'vɑːnɪʃt] *adj.* unlackiert ⟨*Holz*⟩; unglasiert ⟨*Keramik*⟩; *(fig.)* ungeschminkt ⟨*Wahrheit*⟩

**unvarying** [ʌn'veərɪɪŋ] *adj.* gleichbleibend

**unveil** [ʌn'veɪl] *v. t.* **a)** entschleiern ⟨*Gesicht*⟩; enthüllen ⟨*Statue, Gedenktafel*⟩; *(fig.: introduce publicly)* vorstellen ⟨*neues Auto, Produkt, Modell*⟩; **b)** *(reveal)* veröffentlichen, *(geh.)* enthüllen ⟨*Plan, Projekt*⟩

**unveiling** [ʌn'veɪlɪŋ] *n.* Enthüllung, *die; (fig.)* Vorstellung, *die;* **the ~ ceremony** die [feierliche] Enthüllung

**unventilated** [ʌn'ventɪleɪtɪd] *adj.* ungelüftet; *(having no permanent ventilation system)* unbelüftet

**unverifiable** [ʌn'verɪfaɪəbl] *adj.* nicht nachprüfbar ⟨*Tatsache*⟩

**unverified** [ʌn'verɪfaɪd] *adj.* nicht nachgeprüft

**unversed** [ʌn'vɜːst] *adj.* nicht bewandert **(in** in + *Dat.*)

**unvoiced** [ʌn'vɔɪst] *adj.* **a)** unausgesprochen ⟨*Ansichten, Gefühle, Zweifel*⟩; **b)** *(Phonet.)* stimmlos

**unwaged** [ʌn'weɪdʒd] *adj.* arbeitslos

**unwanted** [ʌn'wɒntɪd] *adj.* unerwünscht; **one's ~ clothes/books** die Kleider/Bücher, die man nicht mehr [haben] will

**unwarily** [ʌn'weərɪlɪ] *adv.* unvorsichtig

**unwarrantable** [ʌn'wɒrəntəbl] *adj.* nicht zu rechtfertigend *nicht präd.;* ungerechtfertigt

**unwarrantably** [ʌn'wɒrəntəblɪ] *adv.* **be ~ severe with sb.** so streng mit jmdm. sein, daß es nicht zu rechtfertigen ist

**unwarranted** [ʌn'wɒrəntɪd] *adj.* ungerechtfertigt

**unwary** [ʌn'weərɪ] *adj.* unvorsichtig; unüberlegt ⟨*Tat, Schritt*⟩

**unwashed** [ʌn'wɒʃt] *adj.* ungewaschen ⟨*Person, Kleidung*⟩; ungespült ⟨*Geschirr*⟩; **the great ~** *(derog.)* der Pöbel

**unwavering** [ʌn'weɪvərɪŋ] *adj.* gleichmäßig ⟨*Flamme, Licht*⟩; fest ⟨*Blick*⟩; *(fig.: firm, resolute)* unerschütterlich

**unwearable** [ʌn'weərəbl] *adj.* **sth. is ~:** etw. kann man nicht anziehen *od.* tragen

**unwelcome** [ʌn'welkəm] *adj.* unwillkommen; ungebeten ⟨*Besucher*⟩; unerwünscht ⟨*Anwesenheit*⟩

**unwell** [ʌn'wel] *adj.* unwohl; **look ~:** nicht wohl *od.* gut aussehen; **he feels ~** *(feels poorly)* er fühlt sich nicht wohl; *(feels sick)* ihm ist [es] schlecht *od.* übel; **she is ~:** es geht ihr nicht gut

**unwholesome** [ʌn'həʊlsəm] *adj. (lit. or fig.)* ungesund

**unwieldiness** [ʌn'wiːldɪnɪs] *n., no pl. (of tool, weapon)* Unhandlichkeit, *die; (of box, shape, parcel)* Sperrigkeit, *die; (fig.: complexity)* Kompliziertheit, *die*

**unwieldy** [ʌn'wiːldɪ] *adj.* unhandlich ⟨*Werkzeug, Waffe*⟩; sperrig ⟨*Karton, Form, Paket*⟩; *(fig.)* kompliziert ⟨*Name, Titel, Organisation usw.*⟩

**unwilling** [ʌn'wɪlɪŋ] *adj.* widerwillig ⟨*Partner, Unterstützung, Zustimmung*⟩; unfreiwillig ⟨*Helfer*⟩; **an achievement that commands our ~ admiration/respect** eine Leistung, die wir wider Willen bewundern/respektieren müssen; **be ~ to do sth.** etw. nicht tun wollen; **we are not ~ but unable to help** wir wollen durchaus helfen, können [es] aber nicht; **be ~ for sb. to do sth.** *or* **that sb. should do sth.** nicht wollen, daß jmd. etw. tut; **be ~ for sth. to be done** *or* **that sth. should be done** nicht wollen, daß etw. getan wird

**unwillingly** [ʌn'wɪlɪŋlɪ] *adv.* widerwillig

**unwillingness** [ʌn'wɪlɪŋnɪs] *n., no pl.* Widerwille, *der;* **~ to help/listen** mangelnde Bereitschaft zu helfen/zuzuhören

**unwind** [ʌn'waɪnd] **1.** *v. t.,* **unwound** [ʌn'waʊnd] abwickeln; abspulen ⟨*Film*⟩; **the girl unwound her arms from around his neck** das Mädchen löste seine Arme von seinem Hals. **2.** *v. i.,* **unwound a)** *(unreel)* sich abwickeln; **b)** *(fig.: unfold)* sich entwickeln; **c)** *(coll.: relax)* sich entspannen

**unwise** [ʌn'waɪz] *adj.* unklug; **if you are ~ enough to ignore my advice** wenn du so unklug bist, meinen Rat nicht anzunehmen

**unwisely** [ʌn'waɪzlɪ] *adv.* unklug; *as sentence-modifier* unklugerweise

**unwitting** [ʌn'wɪtɪŋ] *adj.* ahnungslos ⟨*Opfer*⟩; unwissentlich ⟨*Komplize, Urheber*⟩; *(unintentional)* unbeabsichtigt ⟨*Fehler, Handlung*⟩; ungewollt ⟨*Beleidigung*⟩

**unwittingly** [ʌn'wɪtɪŋlɪ] *adv.* unwissentlich; unabsichtlich ⟨*beleidigen*⟩

**unwonted** [ʌn'wəʊntɪd] *adj.* ungewohnt

**unworkable** [ʌn'wɜːkəbl] *adj.* unbrauchbar ⟨*Material*⟩; nicht abbaubar ⟨*Flöz*⟩; *(fig.: impracticable)* unbrauchbar ⟨*System*⟩; undurchführbar ⟨*Plan, Projekt*⟩

**unworkmanlike** [ʌn'wɜːkmənlaɪk] *adj.* nicht fachmännisch

**unworldly** [ʌn'wɜːldlɪ] *adj.* weltabgewandt; *(naïve, not worldly-wise)* weltfremd

**unworn** [ʌn'wɔːn] *adj.* **a)** *(new)* ungetragen ⟨*Kleidung*⟩; **b)** *(not damaged)* nicht abgetreten ⟨*Teppich, Treppe*⟩; nicht abgetragen ⟨*Kleidungsstück*⟩; nicht abgenutzt ⟨*Maschinenteil*⟩; nicht abgefahren ⟨*Reifen*⟩; **completely ~:** überhaupt nicht abgetreten/abgetragen/abgenutzt/abgefahren

**unworried** [ʌn'wʌrɪd] *adj.* unbekümmert; **she was completely ~ by it** sie machte sich *(Dat.)* keine Sorgen darum

**unworthily** [ʌn'wɜːðɪlɪ] *adv.* unwürdig

**unworthiness** [ʌn'wɜːðɪnɪs] *n., no pl.* Unwürdigkeit, *die*

**unworthy** [ʌn'wɜːðɪ] *adj.* unwürdig; **receive ~ treatment** in einer Weise behandelt werden, die man nicht verdient hat; **be [not] ~ of sth.** einer Sache nicht [un]würdig sein; **an incident ~ of notice/of sb.'s attention** ein Vorfall, der keine Beachtung/der jmds. Beachtung nicht verdient; **be ~ of sb./sth.** ⟨*Verhalten, Einstellung usw.:*⟩ einer Person/Sache *(Gen.)* unwürdig sein

**unwrap** [ʌn'ræp] *v. t.,* **-pp-** auswickeln; abwickeln ⟨*Bandage*⟩

**unwritten** [ʌn'rɪtn] *adj.* ungeschrieben; nicht schriftlich festgehalten ⟨*Märchen, Lied, Vertrag, Verfassung*⟩; unbeschrieben ⟨*Papier, Seite*⟩

**unyielding** [ʌn'jiːldɪŋ] *adj.* hart; *(fig.)* unnachgiebig; unerschütterlich ⟨*Mut*⟩; unbeirrbar ⟨*Entschlossenheit*⟩; unerbittlich ⟨*Widerstand*⟩

**unyoke** [ʌn'jəʊk] *v. t.* aus dem Joch nehmen; ausspannen ⟨*Zugtier, Wagen, Pflug*⟩

**unzip** [ʌn'zɪp] **1.** *v. t.,* **-pp-** öffnen ⟨*Reißverschluß*⟩; **~ a dress/bag** *etc.* den Reißverschluß eines Kleides/einer Tasche *usw.* öffnen; **can you ~ me, please?** kannst du mir bitte den Reißverschluß öffnen *od. (ugs.)* aufmachen?; **her dress had come ~ped** der Reißverschluß ihres Kleides war aufgegangen. **2.** *v. i,* **-pp-: the dress ~s at the back** das Kleid hat hinten einen Reißverschluß; **this bag/dress won't ~:** der Reißverschluß dieser Tasche/dieses Kleides geht nicht auf *(ugs.)*

**up** [ʌp] **1.** *adv.* **a)** *(to higher place)* nach oben; *(in lift)* aufwärts; **[right] up to sth.** *(lit. or fig.)* [ganz] bis zu etw. hinauf; **the bird flew up to the roof** der Vogel flog aufs Dach [hinauf]; **up into the air** in die Luft [hinauf] ...; **climb up on sth./climb up to the top of sth.** auf etw. *(Akk.)* [hinauf]steigen/bis zur Spitze einer Sache hinaufsteigen; **the lift went up to the top of the building** der Lift fuhr bis zur obersten Etage des Gebäudes; **the way up [to sth.]** der Weg hinauf [zu etw.]; **on the way up** *(lit. or fig.)* auf dem Weg nach oben; **up here/there** hier herauf/dort hinauf; **high/higher up** hoch/höher hinauf; **farther up** weiter hinauf; **half-way/a long/little way up** den halben Weg/ein weites/kurzes Stück hinauf; **up and up** immer höher; **up and away** auf und davon; **come on up!** komm [hier/weiter] herauf!; **up it** *etc.* **comes/goes** herauf kommt/hinauf geht es *usw.*; **up you go!** rauf mit dir *(ugs.); see also* **hand 1 a; b)** *(to upstairs)* rauf *(bes. ugs.);* herauf/hinauf *(bes. schriftsprachlich);* nach oben; **c)** *(to place regarded as higher)* rauf *(bes. ugs.);* herauf/hinauf *(bes. schriftsprachlich);* **go up to the shops/the end of the road** zu den Geschäften/zum Ende der Straße gehen; **d)** *(to place regarded as more important)* **go up to Leeds from the country** vom Land in die Stadt Leeds *od.* nach Leeds fahren; **e)** *(northwards)* rauf *(bes. ugs.);* herauf/hinauf *(bes. schriftsprachlich);* **come up from London to Edinburgh** von London nach Edinburgh [he]raufkommen; **f)** *(Brit.: to capital)* rein *(bes. ugs.);* herein/hinein *(bes. schriftsprachlich);* **go up to town** *or* **London** nach London gehen/fahren; **get up to London from Reading** von Reading nach London [he]reinfahren; **g)** *(Brit.: to university)* **up to university/Oxford** auf die Universität/nach Oxford; **h)** *(Naut.: with rudder to leeward)* in Luv; **put the helm up** das Ruder in Luv legen; **i)** *(in higher place)* oben; **up here/there** hier/da oben; **[right] up at sth.** [ganz] oben auf/an etw. *(Dat.);* **high up** hoch oben; **he is something high up in the Army** *(fig.)* er ist ein hohes *od.* großes Tier in der Armee *(ugs.);* **an order from high up** *(fig.)* ein Befehl von ganz oben *(ugs.);* **higher up in the mountains** weiter oben in den Bergen; **the picture should be higher up** das Bild müßte höher hängen; **farther up** weiter oben; **half-way/a long/little way up** auf halbem Weg nach oben/ein gutes/kurzes Stück weiter oben; **10 metres up** 10 Meter hoch; **live four floors** *or* **storeys up** im vierten Stockwerk wohnen; **his flat is on the next floor up** seine Wohnung ist ein Stockwerk höher; **j)** *(erect)* hoch; **keep your head up** halte den Kopf hoch; *see also* **chin; k)** *(out of bed)* **be up** aufsein; **up and about** auf den Beinen; **l)** *(in place regarded as higher; upstairs)* oben; **m)** *(in place regarded as more important; Brit.: in capital)* **up in town** *or* **London/Leeds** in London/Leeds; **n)** *(in north)* **up [north]** oben [im Norden] *(ugs.);* **o)** *(Brit.: at univeristy)* **up at university/Oxford** an der Universität/in Oxford; **p)** *(in price, value, amount)* **prices have gone/are up** die Preise sind gestiegen; **butter is up [by ...]** Butter ist [...] teurer; **the dollar is/these shares are up** der Dollar ist/diese Aktien sind im Wert gestiegen; *(at high level)* **the temperature was up in the thirties** die Temperatur lag über dreißig Grad; **q)** *(including higher limit)* **up to** bis ... hinauf; **up to midday/up to £2** bis zum Mittag/bis zu 2 Pfund; **r)** *(in position of gain)* **we're £300 up on last year** wir liegen 300 Pfund über dem letzten Jahr; **the takings were £500 up on the previous month** die Einnahmen lagen 500 Pfund über denen des Vormonats; **s)** *(ahead)* **be three points/games/goals up** *(Sport)* mit drei Punkten/Spielen/Toren vorn liegen; **be three points up on sb.** drei Punkte vor jmdm. sein *od.* liegen; **t)** *(as far as)* **up to sth.** bis zu etw.; **she is up to Chapter 3** sie ist bis zum dritten Kapitel gekommen *od.* ist beim dritten Kapitel; **where are you/have you got up to [now]?** *(in book)* wie weit bist du?/wie weit bist du jetzt gekommen?; **up to here/there** bis hier[hin]/bis dorthin; **I've had it up to here** *(coll.)* mir steht es bis hier [hin] *(ugs.)*; **up to now/then/that time/last week** bis jetzt/damals/zu jener Zeit/zur letzten Woche; *see also* **¹ear a; eye 1 a; neck 1 a; point 1 e; u) up to** *(comparable with)* **be up to expectation[s]** den Erwartungen entsprechen; **his last opera is not up to the others he has written** seine neueste Oper reicht an seine früheren nicht heran; **v) up to** *(capable of)* **[not] be/feel up to sth.** einer Sache *(Dat.)* [nicht] gewachsen sein/sich einer Sache *(Dat.)* [nicht] gewachsen fühlen; **[not] be/feel up to doing sth.** [nicht] in der Lage sein/sich nicht in der Lage fühlen, etw. zu tun; **are you sure you're up to it?** meinst du wirklich, daß du das schaffst?; **not be up to much** nicht viel taugen; **my cooking isn't up to much** ich koche nicht besonders gut; **be up to sb.'s dodges/fiddles** jmds. Schliche kennen; **he is up to all the dodges** er ist mit allen Wassern gewaschen *(ugs.)*; **w) up to** *(derog.: doing)* **be up to sth.** etw. anstellen *(ugs.)*; **what is he up to?** was hat er [bloß] vor?; **what do you think you're up to?** was fällt Ihnen [denn *od.* eigentlich] ein?; **I'm sure he's up to something** er führt sicher etwas im Schilde; **I wonder what he's up to with it** ich frage mich, was er damit vorhat; **x) up to** *(incumbent on)* **it is [not] up to sb. to do sth.** es ist [nicht] jmds. Sache, etw. zu tun; **it is up to us to help them** es ist unsere Pflicht, ihnen zu helfen; **now it's up to him to do something** nun liegt es bei *od.* an ihm, etwas zu tun; **it's not up to me to say** das kann ich nicht sagen; **the decision/choice is [not] up to me** die Entscheidung/Wahl hängt [nicht] von mir ab; **it's/that's up to you** *(is for you to decide)* es/das hängt von dir ab; *(concerns only you)* es/das ist deine Sache; **y)** *(close)* **up against sb./sth.** an jmdm./etw. ⟨*lehnen*⟩; an jmdn./etw. ⟨*stellen*⟩; **sit up against the wall** mit dem Rücken zur *od.* an der Wand sitzen; **up near/by sth.** direkt neben etw.; **z)** *(confronted by)* **be up against a problem/difficulty** *etc.* *(coll.)* vor einem Problem/einer Schwierigkeit *usw.* stehen; **find oneself up against the law/the authorities** mit dem Gesetz/mit den Behörden in Konflikt kommen; **be up against a tough opponent** es mit einem harten Gegner zu tun haben; **they don't realize what sort of competition they will be up against** sie wissen nicht, mit welcher Art von Konkurrenz sie es zu tun haben werden; **be up against it** in großen Schwierigkeiten stecken; *see also* **come up i; aa) up and down** *(upwards and downwards)* hinauf und hinunter; *(to and fro)* auf und ab; **the children are jumping up and down on the settee** die Kinder springen auf dem Sofa herum; **be up and down** *(coll.: variable)* Hochs und Tiefs haben; **How are you? – Oh, up and down** Wie geht es Ihnen? – Ach, mal so, mal so *(ugs.)*; *see also* **up-and-down; bb)** *(facing upwards)* **'this side/way up'** *(on box etc.)* „[hier] oben"; **turn sth. this/the other side/way up** diese/die andere Seite einer Sache nach oben drehen; **the right/wrong way up** richtig/verkehrt *od.* falsch herum; **which way up is the painting supposed to be?** was soll auf dem Bild oben [und unten] sein?; wie herum ist das Bild denn richtig? *(ugs.)*; **cc)** *(finished, at an end)* abgelaufen; **time is up** die Zeit ist abgelaufen; **it is all up with him** mit ihm ist es vorbei *od.* aus *(ugs.)*; *see also* **¹game 1 b. 2.** *prep.* **a)** *(upwards along)* rauf *(bes. ugs.)*; herauf/hinauf *(bes. schriftsprachlich)*; **walk up sth.** etw. hinaufgehen; **higher up the valley** weiter oben im Tal; **up hill and down dale** bergauf und bergab; **curse sb. up hill and down dale** jmdn. in Grund und Boden verfluchen; **b)** *(upwards through)* **force a liquid up a pipe** eine Flüssigkeit durch eine Röhre nach oben pressen; **c)** *(upwards over)* **up sth.** etw. *(Akk.)* hinauf; **ivy grew up the wall** Efeu wuchs die Mauer hinauf; **mud was splattered up the back of his coat** sein Mantel war den ganzen Rücken hinauf mit Schlamm bespritzt; **d)** *(along)* **go up the road/corridor/track** die Straße/den Korridor/den Weg hinauf- *od.* entlanggehen; **come up the street** die Straße herauf- *od.* entlangkommen; **turn up a side-street** in eine Seitenstraße einbiegen; **I'm going up the pub** *(Brit. coll.)* ich gehe in die Kneipe; **walk up and down the platform** auf dem Bahnsteig auf und ab gehen; **up and down the land** landauf, landab; **e)** *(at or in higher position in or on)* [weiter] oben; **further up the ladder/coast** weiter oben auf der Leiter/an der Küste; **a house up the mountain** ein Haus oben am Berg; **live/sail up the river** flußaufwärts wohnen/segeln; **f) up yours/up them!** *(sl.)* du kannst/die können mich [mal]! *(salopp)*; **g)** *(from bottom to top along)* **up the side of a house** an der Seite eines Hauses hinauf. *See also* **country b; creek d; gum-tree; ¹pole a; sleeve a; spout 1 a; stage 1 a. 3.** *adj.* **a)** *(directed upwards)* aufwärts führend ⟨*Rohr, Kabel*⟩; ⟨*Rolltreppe*⟩ nach oben; nach oben gerichtet ⟨*Kolbenhub*⟩; **up train/line/journey** *(Railw.)* Zug/Gleis/Fahrt Richtung Stadt; **b)** *(well informed)* **be up in a subject/on the news** in einem Fach auf der Höhe [der Zeit] sein/über alle Neuigkeiten Bescheid wissen *od.* gut informiert sein; **c) up for** *(in line for)*: **be up for a post/for promotion** Kandidat/Kandidatin für eine Stelle/Beförderung sein; **d)** *(coll.: ready)* **tea['s]/grub['s] up!** Tee/Essen ist fertig!; **e)** *(coll.: amiss)* **what's up?** was ist los? *(ugs.)*; **what's up with him** *etc.*? was ist los mit ihm *usw.*? *(ugs.)*; **something is up** irgendwas ist los *(ugs.)*. **4.** *n. in pl.* **the ups and downs** *(lit. or fig.)* das Auf und Ab; *(fig.)* die Höhen und Tiefen; **life is full of ups und downs** das Leben ist ein dauerndes Auf und Ab; **we've had our ups und downs** wir haben Höhen und Tiefen durchlebt. **5.** *v. i.*, **-pp-** *(coll.)* **up and leave/resign** einfach abhauen *(ugs.)*/kündigen; **he ups and says ...:** da sagt er doch [ur]plötzlich ... **6.** *v. t.*, **-pp-** *(coll.)* *(increase)* erhöhen; *(raise up)* heben

**'up-and-coming** *adj.* *(coll.)* aufstrebend

**up-and-'down** *attrib. adj.* **~ movement/motion** Aufundabbewegung, *die*; **an ~ life/~ years** *(fig.)* ein Leben/Jahre mit Höhen und Tiefen; **an ~ sort of a year** ein bewegtes Jahr

**up-and-'over door** *n.* Kipptür, *die*

**'up-and-up** *n.* *(coll.)* **be on the ~:** auf dem aufsteigenden Ast sein *(ugs.)*

**'upbeat 1.** *n.* *(Mus.)* Auftakt, *der*. **2.** *adj.* *(coll.)* *(optimistic)* optimistisch; *(cheerful)* fröhlich; **~ news/export figures** zuversichtlich stimmende Neuigkeiten/Exportraten

**up'braid** *v. t.* **~ sb. with sth./for [doing] sth.** jmdm. wegen etw. Vorwürfe machen/jmdm. vorwerfen, daß er etw. getan hat

**upbringing** ['ʌpbrɪŋɪŋ] *n.* Erziehung, *die*

**'up-country** *adj.* **a) an ~ town/region/dialect** eine Stadt/ein Gebiet im Landesinneren/ein Dialekt, wie er im Landesinneren gesprochen wird; **b)** *(countrified, unsophisticated)* **a little ~ town/place** ein kleiner Flecken/kleines Fleckchen auf dem Land; **plain ~ folk/people** einfache Leute vom flachen Land

**'up current** *n.* *(in air)* Aufwind, *der*

**update 1.** [ʌp'deɪt] *v. t.* *(bring up to date)* aktualisieren; auf den neuesten *od.* aktuellen Stand bringen; *(modernize)* modernisieren; **an ~d version/edition** eine aktualisierte Fassung/Ausgabe. **2.** ['ʌpdeɪt] *n.* Lagebericht, *der* **(on** zu); *(~d version)* Neuausgabe, *die*

**'up draught** *n.* [Luft]zug von unten

**up-'end 1.** *v. t.* *(lit. or fig.)* auf den Kopf stellen; *(knock down)* zu Boden schlagen ⟨*Gegner*⟩. **2.** *v. i.* ⟨*Schiff:*⟩ sich mit dem Heck nach oben stellen [und sinken]

**'upfield** *adv.* *(Sport)* in Richtung des gegnerischen Tores

**up 'front** *adv.* *(coll.)* **a)** *(at the front)* vorne; **b)** *(as down payment)* im voraus

**'up grade** *n.* *(Amer.)* Steigung, *die*; **be on the ~** *(fig.)* ⟨*Wirtschaft:*⟩ im Aufschwung sein; **he was on the ~:** es ging bergauf mit ihm

**upgrade** [ʌp'greɪd] *v. t.* **a)** *(raise)* befördern ⟨*Beschäftigte*⟩; aufwerten ⟨*Stellung*⟩; **~ fees/salaries/payments in line with inflation** Gebühren/Gehälter/Zahlungen entsprechend der Inflationsrate erhöhen; **b)** *(improve)* verbessern; **the stadium will be ~d to Olympic standards** das Stadion wird den olympischen Normen entsprechend ausgebaut

**upheaval** [ʌp'hi:vl] *n.* Aufruhr, *der*; *(commotion, disturbance)* Durcheinander, *das*; **the ~ of moving house** das Durcheinander eines Umzugs; **an emotional ~:** ein Aufruhr der Gefühle; **social/political ~:** soziale/politische Umwälzung

**up'hill 1.** *adj.* bergauf führend ⟨*Weg, Pfad*⟩; ⟨*Fahrt, Reise*⟩ bergauf; *(fig.)* **an ~ task/struggle** eine mühselige Aufgabe/ein harter Kampf. **2.** *adv.* bergauf; **it's ~ all the way** es geht immer bergauf; **our task will be ~ all the way** *(fig.)* unsere Aufgabe wird bis zum Schluß mühselig sein

**up'hold** *v. t.*, **upheld** [ʌp'held] **a)** *(support)* unterstützen; hochhalten, wahren ⟨*Tradition, Ehre*⟩; schützen ⟨*Verfassung*⟩; **b)** *(confirm)* aufrechterhalten ⟨*Forderung, Einwand*⟩; einhalten ⟨*Vertrag*⟩; bestätigen ⟨*Urteil*⟩; anerkennen ⟨*Einwand, Beschwerde*⟩

**up'holder** *n.* Wahrer, *der*/Wahrerin, *die*

**upholster** [ʌp'həʊlstə(r)] *v. t.* polstern; **~ sth. in** *or* **with sth.** etw. in etw. *(Dat.)* *od.* mit etw. polstern; *see also* **well-upholstered**

**upholsterer** [ʌp'həʊlstərə(r)] *n.* Polsterer, *der*/Polsterin, *die*

**upholstery** [ʌp'həʊlstərɪ] *n.* **a)** *(craft)* Polster[er]handwerk, *das*; *attrib.* Polster-; **b)** *(padding)* Polsterung, *die*; *(cover also)* Bezug, *der*; *attrib.* Polster-; **~ fabric** Polster- *od.* Möbelstoff, *der*

**'upkeep** *n.* Unterhalt, *der*

**upland** ['ʌplənd] **1.** *n. in pl.* Hochland, *das*. **2.** *adj.* Hochland-

**uplift 1.** [-'-] *v. t.* aufrichten ⟨*Volk, Seele, Geist*⟩; erheben *(geh.)* ⟨*Hand, Kopf, Stimme*⟩; **parts of the earth's crust were ~ed** Teile der Erdkruste hoben sich; **be/feel ~ed by sth.** *(fig.)* durch etw. erhoben *od.* erbaut werden/sich durch etw. erhoben *od.* erbaut fühlen; **voices ~ed in song/praise** zum Gesang/Lobpreis erhobene Stimmen. **2.** ['--] *n.* Erhebung, *die*; Erbauung, *die*; **spiritual ~:** geistige Erhebung

**up'lifting** *adj.* *(fig.)* erhebend

**'up-market** *adj.* exklusiv ⟨*Waren, Hotel, Geschäft*⟩; Luxus⟨*güter, -hotel, -restaurant*⟩; anspruchsvoll ⟨*Kunde*⟩; gehoben ⟨*Geschmack*⟩; **an ~ magazine** eine Zeitschrift für den anspruchsvollen Konsumenten ; **go ~:** exklusiver [und teurer] werden

**upon** [ə'pɒn] *prep.* **a)** *(indicating direction)* auf (+ *Akk.*); *(indicating position)* auf (+ *Dat.*); **b)** *see* **on 1 a, b, g; a house ~ the river bank** ein Haus am Flußufer

**upper** ['ʌpə(r)] **1.** *compar. adj.* **a)** ober... ⟨*Nil, Themse usw., Atmosphäre*⟩; Ober⟨*grenze, -lippe, -arm usw., -schlesien, -österreich usw., -kreide, -devon usw.*⟩; *(Mus.)* hoch ⟨*Tonlage, Noten*⟩; **~ circle** *(Theatre)* oberer Rang; **the temperatures will be in the ~ twenties** die Temperaturen werden über fünfundzwanzig Grad liegen; **have/get/gain the ~ hand [of sb./sth.]** die Oberhand [über jmdn./etw.] haben/erhalten/gewinnen; *see also* **jaw 1 a; lip a; b)** *(in rank)* ober...; **the ~ ranks/echelons of the civil service/Army** die oberen *od.* höheren Ränge des Beamtentums/der Armee; **~ class[es]** Oberschicht, *die*; **~**

**middle class** obere Mittelschicht; **the ~ crust** *(coll.)* die oberen Zehntausend. **2.** *n.* **a)** *(of footwear)* Oberteil, *das;* **'leather ~s'** „Obermaterial Leder"; **be [down] on one's ~s** *(coll.)* auf dem trockenen sitzen *(ugs.);* **b)** *(sl.: drug)* Aufputschmittel, *das;* Speed, *das (Jargon)*

**upper: ~ case 1.** *n.* Großbuchstaben; **in ~ case** in Großbuchstaben; **2.** *adj.* groß ⟨*Buchstabe*⟩; **U~ Chamber** *n. (Parl.)* Oberhaus, *das;* **~-class** *adj.* Oberschicht-; **~-class people/family/accent** Leute/Familie aus der Oberschicht/Akzent der Oberschicht; **be very ~-class** ⟨*Person:*⟩ ein typischer Vertreter der Oberschicht sein; ⟨*Akzent, Herkunft:*⟩ typisch für die Oberschicht sein; **~-crust** *adj. (coll.)* **~-crust accent/family** Akzent/Familie der oberen Zehntausend; **be very ~-crust** ⟨*Person:*⟩ ein typischer Vertreter der oberen Zehntausend sein; **~-cut** *n. (Boxing)* Uppercut, *der;* Aufwärtshaken, *der;* **~ 'deck** *n. (of ship, bus)* Oberdeck, *das;* **U~ House** *n.* Oberhaus, *das;* **~most 1.** *adj.* oberst...; **~most aim/desire** höchstes Ziel/größter Wunsch; **the questions that are ~most on the agenda** die Fragen, die auf der Tagesordnung ganz oben stehen; **be ~most in sb.'s mind** jmdn. am meisten beschäftigen; **2.** *adv.* ganz oben; obenauf; **face ~most** mit dem Gesicht nach oben; **come ~most** *(fig.)* an erster Stelle stehen; **U~ 'Rhine** *pr. n.* Hochrhein [und Oberrhein]

**uppish** ['ʌpɪʃ] *adj. (coll.)* hochnäsig *(ugs.);* **be/get ~ about sth./with sb.** über etw. *(Akk.)* die Nase rümpfen/jmdn. von oben herab behandeln

**uppishness** ['ʌpɪʃnɪs] *n., no pl. (coll.)* Hochnäsigkeit, *die (ugs.)*

**uppity** ['ʌpɪtɪ] *adj. (coll.)* hochnäsig *(ugs.);* **get ~:** sich aufblasen *(ugs.)*

**upright** ['ʌpraɪt] **1.** *adj.* **a)** aufrecht; steil ⟨*Schrift*⟩; **a chair with an ~ back** ein Stuhl mit einem geraden Rücken[teil]; **~ piano** Klavier, *das;* **~ freezer** Tiefkühlschrank, *der;* **~ vacuum cleaner** ≈ Handstaubsauger, *der;* **set/stand/hold sth. ~:** etw. aufrecht hinstellen/halten; **stand ~:** aufrecht stehen; **sit ~:** aufrecht sitzen; **hold oneself ~:** sich geradehalten; **please make sure that your seat is in the ~ position** bitte stellen Sie Ihre Rückenlehnen senkrecht; *see also* **[1]bolt 4; b)** *(fig.: honourable)* aufrecht; **be ~ in sth.** rechtschaffen in etw. *(Dat.)* sein. **2.** *n.* **a)** *(of frame)* seitliche Leiste; *(of ladder)* Holm, *der; (of scaffolding etc.)* [aufrechter] Stützpfeiler; *(Footb.)* Pfosten, *der;* **b)** *(piano)* Klavier, *das*

**uprightly** ['ʌpraɪtlɪ] *adv.* aufrecht; *(fig.)* aufrecht; rechtschaffen

**uprightness** ['ʌpraɪtnɪs] *n., no pl.* **a)** aufrechte Stellung; *(of plant)* aufrechter Wuchs; **b)** *(fig.)* Aufrichtigkeit, *die;* Rechtschaffenheit, *die*

**'uprising** *n.* Aufstand, *der*

**up-river** *see* **upstream**

**'uproar** *n.* Aufruhr, *der;* Tumult, *der;* **be in [an] ~:** in Aufruhr sein

**uproarious** [ʌp'rɔ:rɪəs] *adj.* lärmend ⟨*Menge*⟩; überwältigend ⟨*Begrüßung, Stimmung*⟩; zum Schreien komisch *(ugs.)* ⟨*Witz, Anblick, Komödie*⟩; schallend ⟨*Gelächter*⟩

**uproariously** [ʌp'rɔ:rɪəslɪ] *adv.* lärmend; schallend ⟨*lachen*⟩; **be ~ funny** zum Totlachen sein *(ugs.)*

**up'root** *v.t.* [her]ausreißen; ⟨*Sturm:*⟩ entwurzeln; *(fig.: eradicate)* ausmerzen ⟨*Übel*⟩; **~ sb.** jmdn. aus der gewohnten Umgebung herausreißen; **people were ~ed by the war** die Menschen wurden durch den Krieg entwurzelt

**upsadaisy** ['ʌpsədeɪzɪ] *int.* hoppla

**upset 1.** [ʌp'set] *v.t.*, **-tt-, upset a)** *(overturn)* umkippen; *(accidentally)* umstoßen ⟨*Tasse, Vase, Milch usw.*⟩; **~ sth. over sth.** etw. über etw. *(Akk.)* kippen; **b)** *(distress)* erschüttern; mitnehmen *(ugs.); (disturb the composure or temper of)* aus der Fassung bringen; *(shock, make angry, excite)* aufregen; **it ~s the children to hear their parents quarrelling** es belastet die Kinder, wenn sie ihre Eltern streiten hören; **the smallest thing ~s her** jede Kleinigkeit regt sie auf; **don't let it ~ you** nimm es nicht so schwer; **~ oneself** sich aufregen; **c)** *(make ill)* **sth. ~s sb.** etw. bekommt jmdm. nicht; **sth. ~s sb.'s stomach/digestion** etw. schlägt jmdm. auf den Magen/die Verdauung; **d)** *(disorganize)* stören; durcheinanderbringen ⟨*Plan, Berechnung, Arrangement*⟩; *(defeat)* ausschalten; **this incident has seriously ~ our chances** dieser Vorfall hat unsere Chancen erheblich vermindert. **2.** *v.i.*, **-tt-, upset** umkippen. **3.** *adj.* **a)** *(overturned)* umgekippt; **b)** *(distressed)* bestürzt; *(agitated)* aufgeregt; *(unhappy)* unglücklich; *(put out)* aufgebracht; verärgert; *(offended)* gekränkt; **be ~ [about sth.]** *(be distressed)* [über etw. *(Akk.)*] bestürzt sein; *(be angry)* sich [über etw. *(Akk.)*] ärgern; **we were very ~ to hear of his illness** die Nachricht von seiner Krankheit ist uns sehr nahegegangen *od.* hat uns sehr bestürzt; **when they get back they'll be very/so ~ to have missed you** wenn sie zurückkommen, wird es ihnen sehr leid tun, dich verpaßt zu haben; **get ~ [about/over sth.]** sich [über etw. *(Akk.)*] aufregen; **there's no point in getting ~ about it** es hat keinen Sinn, sich darüber aufzuregen; **c)** ['--] *(disordered)* **an ~ stomach** ein verdorbener Magen; **have an ~ stomach** sich *(Dat.)* den Magen verdorben haben; **d)** *(disorganized)* gestört ⟨*Routine, Mechanismus, System*⟩; durcheinandergebracht ⟨*Plan, Berechnung, Mechanismus, System*⟩. **4.** ['ʌpset] *n.* **a)** *(overturning)* Umkippen, *das;* **b)** *(agitation)* Aufregung, *die; (shock)* Schock, *der; (annoyance)* Verärgerung, *die;* **sth. is a great ~ for** *or* **to sb.** etw. nimmt jmdn. sehr mit *(ugs.) od.* geht jmdm. sehr nahe; **emotional ~:** seelischer Schock; **have an ~:** einiges durchmachen [müssen]; **c)** *(slight quarrel)* Mißstimmung, *die;* **d)** *(slight illness)* Unpäßlichkeit, *die;* **digestive/stomach ~:** Verdauungsstörung, *die*/Magenverstimmung, *die;* **e)** *(disturbance)* Zwischenfall, *der; (confusion, upheaval)* Aufruhr, *der;* Durcheinander, *das;* **an ~ in his plans/calculations/routine** eine Störung seiner Pläne/Berechnungen/Routine; **f)** *(surprising result)* Überraschung, *die;* **a by-election ~:** eine Überraschung bei der Nachwahl

**up'setting** *adj.* erschütternd; *(sad)* traurig; bestürzend; schlimm ⟨*Zeit*⟩; *(annoying)* ärgerlich; **being mugged/sacked was a very ~ experience for her** ausgeraubt/entlassen zu werden, war ein Erlebnis, das sie ganz schön mitgenommen hat *(ugs.);* **my mother found the obscene language ~:** meine Mutter fand die obszöne Sprache anstößig; **she missed her train, and what was even more ~, she was late for the opera** sie verpaßte ihren Zug, aber noch ärgerlicher für sie war es, daß sie dadurch zu spät in die Oper kam; **it was/I found it ~ that X was promoted instead of me** ich ärgerte mich, daß X an meiner Stelle befördert wurde; **the constant changes have been rather ~ for the children** die laufenden Veränderungen haben die Kinder ziemlich aus dem Gleis gebracht; **these pictures are ~ to a child** diese Bilder sind für ein Kind [zu] erschütternd

**'upshot** *n.* Ergebnis, *das;* **what will be the ~ of it [all]?** was wird bei der [ganzen] Sache herauskommen? *(ugs.);* **he hummed and hawed a bit and, well, the ~ of the matter/of it [all] was that ...:** er druckste ein bißchen herum, aber schließlich [und endlich] kam heraus *od.* stellte sich heraus, daß ...; **in the ~:** letztendlich

**upside 'down 1.** *adv.* verkehrt herum; **turn sth. ~** *(lit. or fig.)* etw. auf den Kopf stellen; **the plane flew ~:** das Flugzeug flog auf dem Kopf *(ugs.).* **2.** *adj.* auf dem Kopf stehend ⟨*Bild*⟩; **be ~:** auf dem Kopf stehen; **the car came to rest ~:** der Wagen blieb auf dem Dach liegen; **the acrobat hung ~:** der Akrobat hing mit dem Kopf nach unten *od.* kopfüber; *(fig.)* **the whole world seems to be ~:** die ganze Welt scheint Kopfzustehen; **an upside-down world/view of the situation/logic** eine verkehrte Welt/Sicht der Dinge/Logik

**up'stage 1.** *adv. (Theatre)* im Hintergrund [der Bühne]; **move ~:** sich zum Hintergrund der Bühne bewegen. **2.** *adj. (Theatre)* **an ~ door/entrance** eine Hintertür/ein Hintereingang zur Bühne. **3.** *v.t. (Theatre)* **~ sb.** jmdn. zwingen, sich vom Publikum abzuwenden; *(fig. coll.)* jmdm. die Schau stehlen *(ugs.)*

**upstairs 1.** [-'-] *adv.* nach oben ⟨*gehen, kommen*⟩; oben ⟨*sein, wohnen*⟩; *see also* **kick 3 a. 2.** ['--] *adj.* im Obergeschoß *nachgestellt.* **3.** [-'-] *n.* Obergeschoß, *das*

**up'standing** *adj.* **a)** *(strong and healthy)* stattlich; **fine ~ children** nette, gesunde und kräftige Kinder; **b)** *(honest)* aufrichtig; aufrecht; **c) be ~** *(stand up)* sich erheben

**'upstart 1.** *n.* Emporkömmling, *der.* **2.** *adj.* **an ~ landowner** ein emporgekommener Grundbesitzer; **~ ideas/pretensions** Ideen/Angeberei eines Emporkömmlings/von Emporkömmlingen

**'upstate** *(Amer.)* **1.** *adj.* **~ New York** nördlicher Teil des Staates New York; **an ~ town** eine Stadt im nördlichen Teil des Staates. **2.** *adv.* **live ~:** im nördlichen Teil des Staates leben; **go/travel ~:** in den nördlichen Teil des Staates fahren/reisen

**upstream 1.** [-'-] *adv.* flußaufwärts. **2.** ['--] *adj.* flußaufwärts gelegen ⟨*Ort*⟩

**'up-stroke** *n.* **a)** *(in writing)* Aufstrich, *der;* **b)** *(Mech.: of piston)* Aufwärtshub, *der*

**'upsurge** *n.* Aufwallen, *das (geh.);* **she felt an ~ of tenderness** sie fühlte Zärtlichkeit in sich *(Dat.)* aufwallen

**'upswept** *adj.* hochgekämmt ⟨*Haar*⟩; hochgezogen ⟨*Linie, Auspuffrohr*⟩

**'upswing** *n. (of pendulum, arms)* Aufwärtsschwung, *der; (fig., esp. Commerc.)* Aufschwung, *der*

**upsy-daisy** ['ʌpsɪdeɪzɪ] *int.* hoppla

**'uptake** *n.* **be quick/slow on** *or* **in the ~** *(coll.)* schnell begreifen/schwer von Begriff sein *(ugs.)*

**uptight** [ʌp'taɪt, 'ʌptaɪt] *adj. (coll.)* **a)** *(tense)* nervös **(about** wegen); *(touchy, angry)* sauer *(ugs.)* **(about** wegen); **make sb. ~:** jmdm. auf die Nerven gehen *od.* fallen *(ugs.);* **b)** *(Amer.: rigidly conventional)* **[very] ~:** stockkonservativ *(ugs.)*

**'uptime** *n. (Computing)* Betriebszeit, *die*

**up to 'date** *pred. adj.* **be/keep [very] ~:** auf dem [aller]neusten Stand sein/bleiben; [ganz] up to date sein/bleiben; **keep/bring sth. ~:** etw. auf dem neusten Stand halten/auf den neusten Stand bringen; **bring sb. ~ with all the news** jmdn. auf den neusten Stand der Informationen bringen

**up-to-'date** *attrib. adj. (current)* aktuell; *(modern)* modern; aktuell ⟨*Mode*⟩

**up-to-the-'minute** *adj.* hochaktuell

**'upturn** *n.* Aufschwung, *der* (in *Gen.*); **an ~ in prices** ein Anstieg der Preise

**'upturned** *adj.* **a)** *(upside-down)* umgedreht; **b)** *(turned upwards)* hochgeschlagen ⟨*Rand, Krempe*⟩; nach oben gerichtet ⟨*Gesicht, Auge*⟩; **~ nose** Stupsnase, *die*

**upward** ['ʌpwəd] **1.** *adj.* nach oben *nachgestellt;* nach oben gerichtet; **~ movement/trend** *(lit. or fig.)* Aufwärtsbewegung, *die*/-trend, *der;* **~ gradient** *or* **slope** Steigung, *die;* **move in an ~ direction** sich aufwärts *od.* nach oben bewegen; **~ mobility**

*(in social status)* sozialer Aufstieg. **2.** *adv.* aufwärts ‹*sich bewegen*›; nach oben ‹*sehen, gehen*›; *see also* **face up[ward]**

**upwardly** ['ʌpwədlɪ] *adv.* aufwärts; nach oben; ~ **mobile** *(in social status)* sozial aufsteigend ‹*Person*›; **be ~ mobile** sozial aufsteigen

**upwards** ['ʌpwədz] *adv.* **a)** *see* **upward 2**; **b)** ~ **of** mehr als; über; **they cost £200 and ~:** sie kosten 200 Pfund und darüber

**upwind 1.** *adv.* [ʌp'wɪnd] gegen den Wind. **2.** ['ʌpwɪnd] *adj.* **approach from the ~ side** sich mit dem Wind im Rücken nähern

**Urals** ['jʊərlz] *pr. n. pl.* Ural, *der*

**uranium** [jʊə'reɪnɪəm] *n. (Chem.)* Uran, *das*

**Uranus** ['jʊərənəs, jʊə'reɪnəs] *pr. n. (Astron.)* Uranus, *der*

**urban** ['ɜːbn] *adj.* städtisch; Stadt‹*gebiet, -bevölkerung, -planung, -sanierung, -guerilla*›; ~ **life** Leben in der Stadt; ~ **sociology** Stadtsoziologie, *die;* ~ **decay** Verslumung, *die;* ~ **district** *(Brit. Hist.) Gruppe von Städten, die von einem gewählten Rat verwaltet wurde;* ~ **sprawl** unkontrollierte Ausdehnung städtischer Randgebiete; *see also* **renewal b**

**urbane** [ɜː'beɪn] *adj.*, **urbanely** [ɜː'beɪnlɪ] *adv.* weltmännisch

**urbanise** *see* **urbanize**

**urbanity** [ɜː'bænɪtɪ] *n.* Urbanität, *die;* **urbanities** weltmännische Umgangsform[en]

**urbanize** ['ɜːbənaɪz] *v. t.* urbanisieren ‹*Land*›; verstädtern [lassen] ‹*Landbevölkerung*›; **become ~d** verstädtern

**urchin** ['ɜːtʃɪn] *n.* **a)** *(child)* Range, *die; (boy)* Strolch, *der; see also* **street urchin**; **b)** *see* **sea-urchin**

**Urdu** ['ʊəduː, 'ɜːduː] *n.* **1.** *adj.* Urdu-; *see also* **English 1. 2.** Urdu, *das; see also* **English 2 a**

**urea** [jʊə'rɪə, 'jʊərɪə] *n. (Chem.)* Harnstoff, *der*

**ureter** [jʊə'riːtə] *n. (Anat.)* Harnleiter, *der;* Ureter, *der (fachspr.)*

**urethra** [jʊə'riːθrə] *n., pl.* ~**e** [jʊə'riːθriː] *or* ~**s** *(Anat.)* Harnröhre, *die;* Urethra, *die (fachspr.)*

**urge** [ɜːdʒ] **1.** *v. t.* **a)** ~ **sb. to do sth.** jmdn. drängen, etw. zu tun; ~ **sb. to sth.** jmdn. zu etw. drängen; **we ~d him to reconsider** wir rieten ihm dringend, es sich *(Dat.)* noch einmal zu überlegen; ~ **sth. [on** *or* **upon sb.]** [jmdn.] zu etw. drängen; ~ **caution/vigilance/patience [on** *or* **upon sb.]** [jmdn.] zur Vorsicht/Wachsamkeit/Geduld mahnen; ~ **on** *or* **upon sb. the need for sth./for doing sth.** jmdm. die Notwendigkeit einer Sache/die Notwendigkeit, etw. zu tun, ans Herz legen; **the leaders ~ acceptance of the offer** die Führer dringen auf Annahme des Angebotes; ~ **that sth. [should] be done** darauf dringen, daß etw. getan wird; **b)** *(drive on)* [an]treiben; ~ **forward/onward** vorwärts treiben; *(fig.)* treiben; **c)** *(put forward)* vorbringen; ~ **sb.'s youth/inexperience/the difficulty of sth.** jmds. Jugend/Unerfahrenheit/die Schwierigkeit einer Sache zu bedenken geben; ~ **sth. on sb.** jmdm. etw. eindringlich nahelegen. **2.** *n.* Trieb, *der;* **have/feel an/the ~ to do sth.** den Drang verspüren, etw. zu tun; **resist the ~ to do sth.** dem [inneren] Drang widerstehen, etw. zu tun

~ **'on** *v. t.* antreiben; *(hasten)* vorantreiben; *(encourage)* anfeuern; ~**d on by hunger/ambition** vom Hunger/Ehrgeiz getrieben

**urgency** ['ɜːdʒənsɪ] *n., no pl.* Dringlichkeit, *die; (earnestness)* Eindringlichkeit, *die;* **there is no ~:** es eilt nicht *od.* ist nicht dringend; **be of the utmost ~:** äußerst dringend sein; **a matter of great ~:** eine sehr dringende Angelegenheit

**urgent** ['ɜːdʒənt] *adj.* **a)** *(pressing)* dringend; *(to be dealt with immediately)* eilig; **be in ~ need of sth.** etw. dringend brauchen; **give ~ consideration to sth.** etw. vordringlich in Betracht ziehen; **matters/problems of an ~ nature** dringende Angelegenheiten/drängende Probleme; **on ~ business** in dringenden Geschäften; **at sb.'s ~ request** auf jmds. Drängen; **it is ~:** es eilt; **it is ~ that sb. should do sth.** *or* **does sth.** jmd. muß dringend etw. tun; **if it's ~, call a doctor** in dringenden Fällen den Arzt rufen; **b)** *(earnest and persistent)* eindringlich; **be ~ in one's demand/plea for sth.** etw. dringend fordern/eindringlich um etw. bitten

**urgently** ['ɜːdʒəntlɪ] *adv.* **a)** *(pressingly)* dringend; *(without delay)* eilig; **he had to leave ~ for London on business** er mußte in dringenden Geschäften nach London abreisen; **b)** *(earnestly)* eindringlich

**uric** ['jʊərɪk] *adj.* ~ **acid** *(Chem.)* Harnsäure, *die*

**urinal** [jʊə'raɪnl, 'jʊərɪnl] *n. (fitting)* Urinal, *das;* **[public] ~:** [öffentliche] Herrentoilette; Pissoir, *das*

**urinary** ['jʊərɪnərɪ] *adj.* Harn-; ~ **diseases** Erkrankungen der Harnwege

**urinate** ['jʊərɪneɪt] *v. i.* urinieren

**urination** [jʊərɪ'neɪʃn] *n.* Urinieren, *das*

**urine** ['jʊərɪn] *n.* Urin, *der;* Harn, *der; attrib.* Urin-; Harn-

**urn** [ɜːn] *n.* **a) tea/coffee ~:** Tee-/Kaffeemaschine, *die;* **b)** *(vessel)* Urne, *die*

**urogenital** [jʊərə'dʒenɪtl] *adj. (Anat., Med.)* urogenital; ~ **disease/infection** Erkrankung/Infektion des Urogenitaltraktes

**urologist** [jʊər'ɒlədʒɪst] *n.* Urologe, *der*/Urologin, *die*

**urology** [jʊə'rɒlədʒɪ] *n.* Urologie, *die*

**Ursa** ['ɜːsə] *pr. n. (Astron.)* ~ **Major/Minor** Großer/Kleiner Bär

**Uruguay** ['jʊərəgwaɪ] *pr. n.* Uruguay *(das)*

**Uruguayan** [jʊərə'gwaɪən] **1.** *adj.* uruguayisch; **sb. is ~:** jmd. ist Uruguayer/Uruguayerin. **2.** *n.* Uruguayer, *der*/Uruguayerin, *die*

**US** *abbr.* **United States** USA; *attrib.* US-

**us** [əs, *stressed* ʌs] *pron.* **a)** uns; **it's us** wir sind's *(ugs.)*; **one of us** einer von uns; **b)** *(sl.: me)* **give us a clue/kiss!** gib mir 'nen Tip/Kuß! *(ugs.)*

**u/s** *abbr.* **unserviceable** unbrauchbar

**USA** *abbr.* **United States of America** USA; *attrib.* der USA *nachgestellt*

**usable** ['juːzəbl] *adj.* brauchbar; gebräuchlich ‹*Wort*›; **this nail is no longer ~:** dieser Nagel ist nicht mehr zu gebrauchen

**USAF** *abbr.* **United States Air Force** Luftwaffe der Vereinigten Staaten

**usage** ['juːzɪdʒ, 'juːsɪdʒ] *n.* **a)** Brauch, *der;* Gepflogenheit, *die (geh.)*; ~**s and customs** Sitten und Gebräuche; **commercial ~:** Handelsbrauch, *der;* **sanctified by ~:** durch Herkommen Recht geworden; **a custom sanctified by ~:** eine Sitte, die zum Gewohnheitsrecht geworden ist; **be in common ~:** allgemein gebräuchlich sein; **b)** *(Ling.: use of language)* Sprachgebrauch, *der;* ~ **[of a word]** Verwendung [eines Wortes]; **in American** *etc.* ~**:** im amerikanischen *usw.* Sprachgebrauch; **in common ~:** im allgemeinen Sprachgebrauch; allgemein gebräuchlich ‹*Wort usw.*›; **c)** *(treatment)* Behandlung, *die;* **have rough ~:** schlecht behandelt werden

**usance** ['juːzəns] *n. (Commerc.)* Zahlungsfrist für ausländische Wechsel

**use 1.** [juːs] *n.* **a)** Gebrauch, *der; (of dictionary, calculator, room)* Benutzung, *die; (of word, expression; of pesticide, garlic)* Verwendung, *die; (of name, title)* Führung, *die; (of alcohol, drugs)* Konsum, *der;* **the ~ of brutal means/methods/of trickery** die Anwendung brutaler Mittel/Methoden/von Tricks; **the ~ of troops/tear-gas/arms/violence** der Einsatz von Truppen/Tränengas/der Waffengebrauch/die Gewaltanwendung; **achieve sth. by the ~ of deception** etw. durch Täuschung erreichen; **constant/rough ~:** dauernder Gebrauch/schlechte Behandlung; **[not] be in ~:** [nicht] in Gebrauch sein; **be no longer in ~:** nicht mehr verwendet werden; **be in daily** *etc.* ~**:** täglich *usw.* in Gebrauch *od.* Benutzung sein; **the word is [not] in everyday ~:** das Wort ist [nicht] allgemein gebräuchlich; **bring into ~:** in Gebrauch nehmen; **come into ~:** in Gebrauch kommen; **[be] out of ~:** außer Betrieb [sein]; **go/fall/pass/drop out of ~:** außer Gebrauch kommen; **instructions/directions for ~:** Gebrauchsanweisung, *die;* **ready for [immediate] ~:** [sofort] gebrauchsfertig; **instruments for ~ by doctors/dentists** Instrumente für den ärztlichen/zahnärztlichen Bedarf; **batteries for ~ in** *or* **with watches** Batterien [speziell] für Armbanduhren; **a course for ~ in schools** ein Kurs für die Schule *od.* zur Verwendung im Schulunterricht; **for the ~ of sb.** für jmdn.; **for personal/private ~:** für den persönlichen Gebrauch/den Privatgebrauch; **these computers are intended for home/office ~:** diese Computer sind Homecomputer/sind für den Einsatz im Büro gedacht; **for external ~ only** nur zur äußerlichen Anwendung; **for ~ in an emergency/only in case of fire** für den Notfall/nur bei Feuer zu benutzen; **with ~:** durch den Gebrauch; **with constant ~:** durch dauernden Gebrauch; **with careful** *etc.* ~**:** bei sorgsamer *usw.* Behandlung; **make ~ of sb./sth.** jmdn./etw. gebrauchen/*(exploit)* ausnutzen; **a good cook will make ~ of any left-overs** ein guter Koch/eine gute Köchin verwendet alle Reste; **make ~ of one's connections/friendship with sb.** von seinen Verbindungen/seiner Freundschaft zu jmdm. Gebrauch machen; **make the best ~ of sth./it** das Beste aus etw./daraus machen; **make good ~ of, turn** *or* **put to good ~:** gut nutzen ‹*Zeit, Talent, Geld*›; **put sth. to ~:** etw. verwenden; **put sth. to effective ~:** etw. wirkungsvoll einsetzen; **b)** *(utility, usefulness)* Nutzen, *der;* **these tools/clothes will be of ~ to sb.** dieses Werkzeug wird/diese Kleider werden für jmdn. von Nutzen sein; **is it of [any] ~?** ist das [irgendwie] zu gebrauchen *od.* von Nutzen?; **these addresses might be of ~ to you** diese Adressen könnten für dich von Nutzen sein *od.* kannst du vielleicht gebrauchen; **be of ~ to the enemy/police** für den Feind/die Polizei von Nutzen sein; **can I be of any ~ to you?** kann ich dir irgendwie helfen?; **it is of [great] ~ for this work** man kann es für diese Arbeit [sehr gut] brauchen; **I did not find the book of any practical ~:** das Buch hatte für mich keinen praktischen Nutzen; **be [of] no ~ [to sb.]** [jmdm.] nichts nützen; **I wouldn't be [of] any ~ to you** ich könnte dir kein bißchen helfen; **he is [of] no ~ in a crisis/as a manager** er ist in einer Krise/als Manager zu nichts nütze *od. (ugs.)* nicht zu gebrauchen; **it's no ~ [doing that]** es hat keinen Zweck *od.* Sinn[, das zu tun]; **it wouldn't be any ~:** es hätte [überhaupt] keinen Sinn *od.* Zweck; **I have an umbrella at home. – That's no/not much ~ [to us] now** Ich habe einen Schirm zu Hause. – Das nützt [uns] jetzt nichts/nicht viel; **you're/that's a fat lot of ~** *(coll. iron.)* du bist ja eine schöne Hilfe/davon haben wir aber was *(ugs. iron.)*; **what's the ~ of that/of doing that?** was nützt das/was nützt es, das zu tun?; **what's the ~?** was nützt es?; **oh well, what's the ~!** ach, was soll's schon! *(ugs.)*; **c)** *(purpose)* Verwendung, *die;* Verwendungszweck, *der;* **a tool with many ~s** ein vielfältig zu verwendendes Werkzeug; **have its/one's ~s** seinen Nutzen haben; **have/find a ~ for sth./sb.** für etw./jmdn. Verwendung haben/finden; **have no/not much ~ for sth./sb.** etw./jmdn. nicht/kaum brauchen; *(fig.: dislike)* nichts/nicht viel für etw./jmdn. übrig haben; **have no further ~ for sb./sth.** für jmdn. keine

Verwendung mehr haben/etw. nicht mehr brauchen; **put sth. to a good/a new ~:** etw. sinnvoll/auf neu[artig]e Weise verwenden; **d)** *(right or power of using)* **have the ~ of sth.** etw. benutzen können; **[have the] ~ of kitchen and bathroom** Küchen- und Badbenutzung [haben]; **can I have the ~ of your car while you are away?** kann ich deinen Wagen benutzen, während du weg bist?; **let sb. have** *or* **allow sb.** *or* **give sb. the ~ of sth.** jmdn. etw. benutzen lassen; **he has [the] full/only restricted ~ of his arm** er kann seinen Arm uneingeschränkt/nur eingeschränkt benutzen; **he has lost the ~ of an arm/eye** er kann einen Arm nicht mehr benutzen/er kann auf einem Auge nichts mehr sehen; **e)** *(custom, familiarity)* **~s and customs** Sitten und Gebräuche; **long ~ has reconciled me to it** die Gewohnheit hat mich damit versöhnt; **f)** *(Eccl.: ritual)* Ritual, *das;* **g)** *(Law)* Nießbrauch, *der.* **2.** [ju:z] *v. t.* **a)** benutzen; nutzen ⟨*Gelegenheit*⟩; anwenden ⟨*Gewalt*⟩; einsetzen ⟨*Tränengas, Wasserwerfer*⟩; in Anspruch nehmen ⟨*Firma, Agentur, Agenten, Dienstleistung*⟩; nutzen ⟨*Zeit, Gelegenheit, Talent, Erfahrung*⟩; führen ⟨*Namen, Titel*⟩; **do you know how to ~ this tool?** kannst du mit diesem Werkzeug umgehen?; **the swindler/actor ~s the name John Smith** der Betrüger/Schauspieler nennt sich John Smith; **anything you say may be ~d in evidence** was Sie sagen, kann vor Gericht verwendet werden; **~ sb.'s name [as a reference]** sich [als Empfehlung] auf jmdn. berufen; **I could ~ the money/a drink/the door could ~ a coat of paint** *(coll.)* ich könnte das Geld brauchen/einen Drink vertragen *(ugs.)*/die Tür könnte einen Anstrich brauchen *od. (ugs.)* vertragen; **~ one's money [to do sth.]** sein Geld verwenden[, um etw. zu tun]; **the money is there to be ~d** das Geld ist da, um ausgegeben zu werden; **~ one's time to do sth.** seine Zeit dazu nutzen, etw. zu tun; **b)** *(consume as material)* verwenden; **~ gas/oil for heating** mit Gas/Öl heizen; **the camera ~s 35 mm film** für die Kamera braucht man einen 35-mm-Film; **'~ sparingly'** „sparsam verwenden!"; **c)** *(finish consuming)* verbrauchen; **she has ~d the last of the milk** sie hat den letzten Rest Milch aufgebraucht; **d)** *(take habitually)* **~ drugs/heroin** *etc.* Drogen/Heroin *usw.* nehmen; **~ alcohol** Alkohol trinken *od.* konsumieren; **e)** *(employ in speaking or writing)* benutzen; gebrauchen; verwenden; **~ strong language** Kraftausdrücke gebrauchen; **f)** *(exercise, apply)* Gebrauch machen von ⟨*Autorität, Einfluß, Können, Urteilsvermögen, Menschenverstand*⟩; **~ diplomacy/tact [in one's dealings** *etc.* **with sb.]** [bei jmdm.] diplomatisch vorgehen/[zu jmdm.] taktvoll sein; **~ care** vorsichtig sein; **~ care in doing sth.** etw. vorsichtig tun; **he ~d all his strength** er wandte seine ganze Kraft auf; **~ a method/system/tactics** eine Methode anwenden/nach einem [bestimmten] System/einer [bestimmten] Taktik vorgehen; **~ other/stronger methods/tactics** andere/härtere Methoden/eine andere/härtere Taktik anwenden; **~ every means at one's disposal to do sth.** mit allen einem zur Verfügung stehenden Mitteln versuchen, etw. zu tun; **g)** *(take advantage of)* **~ sb.** jmdn. ausnutzen; **don't let them ~ you** laß dich nicht [von ihnen] ausnutzen; **h)** *(treat)* behandeln; **~ sb./sth. well/badly** jmdn./etw. gut/schlecht behandeln; **i) ~d to** ['ju:st tə] *(formerly)* **I ~d to live in London/work in a factory** früher habe ich in London gelebt/in einer Fabrik gearbeitet; **he ~d to be very shy** er war früher sehr schüchtern; **before I started taking these vitamins, I ~d to be tired all the time** bevor ich anfing, diese Vitamine zu nehmen, war ich immer müde; **my mother always ~d to say ...:** meine Mutter hat immer gesagt *od.* pflegte zu sagen ...; **life ~d to be much more leisurely [than it is now]** früher was das Leben viel beschaulicher [als heute]; **this ~d to be my room** das war [früher] mein Zimmer; **it ~d to be thought ...:** früher glaubte man ...; **things aren't what they ~d to be** es ist nichts mehr so wie früher; **he smokes much more than he ~d to** er raucht viel mehr als früher; **there ~d to be ...:** es gab früher/früher gab es ...; **I ~d not** *or* **I did not ~** *or (coll.)* **I didn't ~** *or (coll.)* **I ~[d]n't to smoke** früher habe ich nicht geraucht; **didn't he ~ to work here?** *(coll.)* hat er nicht früher hier gearbeitet?; **~[d]n't there to be a shop here?** *(dated coll.)* war hier nicht früher ein Laden?; **Does he smoke? He ~d not to** *or (coll.)* **He didn't ~ to** Raucht er? Früher hat er das nicht getan; **there never ~d to be all this violence** diese ganze Gewalttätigkeit gab es früher nicht

**~ 'up** *v. t.* aufbrauchen; verwenden ⟨*[Essens]reste*⟩; verbrauchen, erschöpfen ⟨*Kraft, Geld, Energie*⟩; **~ up a dozen eggs** ein Dutzend Eier verbrauchen

**used 1.** *adj.* **a)** [ju:zd] *(no longer new)* gebraucht; benutzt ⟨*Handtuch, Teller*⟩; gestempelt ⟨*Briefmarke*⟩; **~ car** Gebrauchtwagen, *der;* **~-car salesman** Gebrauchtwagenhändler, *der;* **b)** [ju:st] *(accustomed)* **~ to sth.** [an] etw. *(Akk.)* gewöhnt; etw. gewohnt; **be/get ~ to sb./sth.** [an] jmdn./etw. gewöhnt sein/sich an jmdn./etw. gewöhnen; **I'm not ~ to this kind of treatment** *or* **to being treated in this way** ich bin eine solche Behandlung nicht gewohnt; ich bin es nicht gewohnt, so behandelt zu werden; **you'll soon be ~ to it** du wirst dich bald *od.* schnell daran gewöhnen; **[not] be ~ to sb. doing sth./to having sb. do sth.** [es] [nicht] gewohnt sein, daß jmd. etw. tut; **she was ~ to getting up early** sie war daran gewöhnt, früh aufzustehen; **she is not ~ to drinking alcohol** sie ist es nicht gewöhnt, Alkohol zu trinken. **2.** [ju:st] *see* **use 2 i**

**useful** ['ju:sfl] *adj.* **a)** nützlich; praktisch ⟨*Werkzeug, Gerät, Auto*⟩; brauchbar ⟨*Rat, Idee, Wörterbuch*⟩; hilfreich ⟨*Gespräch, Rat, Idee, Wörterbuch*⟩; **~ life** *(of machine etc.)* Lebensdauer, *die;* **~ load** Nutzlast, *die;* **he is a ~ person to know** es ist nützlich, ihn zu kennen; **English is the most ~ language** mit Englisch kommt man am weitesten; **this is ~ to know** das ist gut zu wissen; **this would be ~ to have** es wäre gut *od.* nützlich, wenn man das hätte; **be ~ to sb.** jmdm. *od.* für jmdn. nützlich sein; jmdm. nützen; **the guide was most ~ for finding our way about** der Führer hat uns sehr geholfen, uns zurechtzufinden; **the chest would be very ~ for storing my books** die Truhe würde sich sehr gut zum Lagern meiner Bücher eignen; **it would be ~ to have a tap in the garden** es wäre praktisch, wenn im Garten ein Wasserhahn wäre; **sb. finds sth. ~:** etw. nützt jmdm.; **those screws will come in ~ for my woodwork** diese Schrauben werde ich noch gut zum Schreinern brauchen können; **make oneself ~:** sich nützlich machen; **serve no ~ purpose** zu nichts nütze sein; **b)** *(coll.: worthwhile)* ordentlich *(ugs.)*; ansehnlich ⟨*Betrag, Stück, Arbeit*⟩; beachtlich ⟨*Vorsprung*⟩; wertvoll ⟨*Mitglied einer Mannschaft*⟩

**usefully** ['ju:sfəlɪ] *adv.* **a course one might ~ follow** ein Kurs, den zu verfolgen nützlich sein könnte; **a book you could ~ read** ein Buch, von dessen Lektüre du profitieren könntest; **is there anything we can ~ do?** können wir uns irgendwie nützlich machen?; **~ spend an evening doing sth.** einen Abend sinnvoll damit verbringen, etw. zu tun; **everybody should be ~ employed [in some work]** jeder sollte eine nützliche Beschäftigung haben

**usefulness** ['ju:sflnɪs] *n., no pl.* Nützlichkeit, *die;* Brauchbarkeit, *die;* **limit the ~ of sth.** den Nutzen einer Sache einschränken; **have outlived one's/its ~:** zu nichts mehr nütze *od.* zu gebrauchen sein

**useless** ['ju:slɪs] *adj.* unbrauchbar ⟨*Werkzeug, Gerät, Rat, Vorschlag, Idee, Material*⟩; nutzlos ⟨*Wissen, Information, Fakten, Protest, Anstrengung, Kampf*⟩; vergeblich ⟨*Anstrengung, Maßnahme, Kampf, Klage*⟩; zwecklos ⟨*Widerstand, Protest, Argumentieren*⟩; **be ~ to sb.** jmdm. nichts nützen; **credit cards are ~ there** Kreditkarten nützen einem dort nichts; **be ~ at sth.** zu etw. nicht zu gebrauchen sein; **oh, you're ~!** du bist doch zu nichts zu gebrauchen! *(ugs.)*; **feel ~:** sich nutzlos fühlen; **it's ~ to do that** *or* **doing that** es hat keinen Zweck *od.* Sinn, das zu tun; **he's worse than ~:** er ist zu gar nichts nütze

**uselessly** ['ju:slɪslɪ] *adv.* unnütz, sinnlos ⟨*verschwenden, aufwenden*⟩; vergeblich ⟨*kämpfen, protestieren*⟩; **throw away one's life ~:** sein Leben sinnlos wegwerfen

**uselessness** ['ju:slɪsnɪs] *n., no pl. (of tool, device, advice, information, suggestion, material)* Unbrauchbarkeit, *die; (of protest, effort, struggle)* Vergeblichkeit, *die; (of action, measure, war)* Sinnlosigkeit, *die; (of resistance)* Zwecklosigkeit, *die*

**user** ['ju:zə(r)] *n.* Benutzer, *der*/Benutzerin, *die; (of drugs, alcohol)* Konsument, *der*/Konsumentin, *die; (of coal, electricity, gas)* Verbraucher, *der*/Verbraucherin, *die; (of telephone)* Kunde, *der*/Kundin, *die*

**'user-friendly** *adj.* benutzerfreundlich; **explain sth. in ~ terms** etw. allgemeinverständlich erklären

**usher** ['ʌʃə(r)] **1.** *n. (in court)* Gerichtsdiener, *der; (at cinema, theatre, church)* Platzanweiser, *der*/-anweiserin, *die.* **2.** *v. t.* führen; geleiten *(geh.)*; **~ sb. into sb.'s presence** jmdn. vor jmdn. führen *od. (geh.)* geleiten; **~ sb. to his seat** jmdn. an seinen Platz führen

**~ 'in** *v. t.* **~ sb. in** jmdn. hineinführen *od. (geh.)* -geleiten; **~ sth. in** *(fig.)* etw. einläuten

**~ 'out** *v. t.* hinausführen *od. (geh.)* -geleiten

**usherette** [ʌʃə'ret] *n.* Platzanweiserin, *die*

**USN** *abbr.* **United States Navy** Marine der Vereinigten Staaten

**USS** *abbr.* **United States Ship** *Schiff aus den Vereinigten Staaten*

**USSR** *abbr. (Hist.)* **Union of Soviet Socialist Republics** UdSSR, *die; attrib.* der UdSSR *nachgestellt*

**usual** ['ju:ʒʊəl] *adj.* üblich; **be ~ for sb.** bei jmdm. üblich sein; **it is ~ for sb. to do sth.** es ist üblich, daß jmd. etw. tut; **[no] better/bigger/more** *etc.* **than ~:** [nicht] besser/größer/mehr *usw.* als gewöhnlich *od.* üblich; **as [is] ~,** *(coll.)* **as per ~:** wie üblich; **as is ~ in such cases** wie in solchen Fällen üblich; **the/your ~, sir?** wie immer, der Herr? *(ugs.)*; *see also* **business b**

**usually** ['ju:ʒʊəlɪ] *adv.* gewöhnlich; normalerweise; **more than ~ tired** *etc.* noch müder *usw.* als üblich; ganz ungewöhnlich müde *usw.*; **this time we were more than ~ careful** diesmal waren wir noch vorsichtiger als sonst

**usufruct** ['ju:zjʊfrʌkt] *n. (Law)* Nutznießung, *die*

**usurer** ['ju:ʒərə(r)] *n.* Wucherer, *der*/Wucherin, *die*

**usurp** [ju:'zɜ:p] *v. t.* sich *(Dat.)* widerrechtlich aneignen ⟨*Titel, Recht, Position*⟩; usurpieren *(geh.)* ⟨*Macht, Thron*⟩; **~ the leading role in the enterprise** die wichtigste Rolle im Unternehmen an sich *(Akk.)* reißen; **the man who had ~d his place in his wife's affections** der Mann, der jetzt im Herzen seiner Frau seinen Platz erobert hatte

**usurpation** [ju:zə'peɪʃn] *n. (of right, title,*

*position, authority)* widerrechtliche Aneignung; *(of power, the throne)* Usurpation, *die (geh.)*

**usurper** [juːˈzɜːpə(r)] *n.* Usurpator, *der (geh.)*

**usury** [ˈjuːʒərɪ] *n.* Wucher, *der;* **practise ~:** Wucher treiben

**utensil** [juːˈtensɪl] *n.* Utensil, *das;* **writing ~s** Schreibutensilien

**uterine** [ˈjuːtəraɪn, ˈjuːtərɪn] *adj. (Anat., Med.)* Gebärmutter-; uterin *(fachspr.)*

**uterus** [ˈjuːtərəs] *n., pl.* **uteri** [ˈjuːtəraɪ] *(Anat.)* Gebärmutter, *die;* Uterus, *der (fachspr.)*

**utilisable, utilisation, utilise** *see* **utiliz-**

**utilitarian** [juːtɪlɪˈteərɪən] **1.** *adj.* **a)** *(functional)* funktionell; utilitär ⟨*Ziele*⟩; **b)** *(Philos.)* utilitaristisch. **2.** *n. (Philos.)* Utilitarist, *der;* Utilitarier, *der*

**utilitarianism** [juːtɪlɪˈteərɪənɪzm] *n. (Philos.)* Utilitarismus, *der*

**utility** [juːˈtɪlɪtɪ] **1.** *n.* **a)** Nutzen, *der;* **of great ~:** sehr nutzbringend; von großem Nutzen; **total/marginal ~** *(Econ.)* Gesamt-/Grenznutzen, *der;* **b)** *see* **public utility. 2.** *adj.* Vielzweck-; *(functional)* funktionell; **~ goods/furniture** Gebrauchsgüter/-möbel

**utility: ~ man** *n. (Amer.)* **a)** *(Theatre)* Chargenspieler, *der/*-spielerin, *die;* **b)** *(Sport)* vielseitig einsetzbarer Spieler; **c)** *(odd-job man)* Mädchen für alles *(ugs.);* **~ program** *n. (Computing)* Dienstprogramm, *das;* **~ room** *n. Raum, in den [größere] Haushaltsgeräte (z. B. Waschmaschine) installiert sind;* **~ routine** *n. (Computing) see* **~ program**

**utilizable** [ˈjuːtɪlaɪzəbl] *adj.* nutzbar

**utilization** [juːtɪlaɪˈzeɪʃn] *n.* Nutzung, *die*

**utilize** [ˈjuːtɪlaɪz] *v. t.* nutzen

**utmost** [ˈʌtməʊst] **1.** *adj.* äußerst...; tiefst... ⟨*Verachtung*⟩; höchst... ⟨*Verehrung, Gefahr*⟩; größt... ⟨*Höflichkeit, Eleganz, Einfachheit, Geschwindigkeit*⟩; **of [the] ~ importance** von äußerster Wichtigkeit; **with the ~ caution** mit größter *od.* äußerster Vorsicht; **with the ~ ease/care/reluctance** mit größter Leichtigkeit/äußerster Sorgfalt/größter Zurückhaltung; **to the ~ degree** bis zum äußersten. **2.** *n.* Äußerste, *das;* **do** *or* **try one's ~ to do sth.** mit allen Mitteln versuchen, etw. zu tun; **to the ~:** bis zum Äußersten; **to the ~ of one's ability/strength** so gut man eben kann/mit aller Kraft; **try sb.'s patience to the ~:** jmds. Geduld auf das äußerste strapazieren

**Utopia** [juːˈtəʊpɪə] *n. (place)* Utopia *(das); (impractical scheme)* Utopie, *die*

**Utopian** [juːˈtəʊpɪən] **1.** *adj.* utopisch. **2.** *n.* Utopist, *der/*Utopistin, *die*

**¹utter** [ˈʌtə(r)] *attrib. adj.* vollkommen, völlig ⟨*Chaos, Verwirrung, Fehlschlag, Ablehnung, Friede, Einsamkeit, Unsinn*⟩; ungeheuer ⟨*Elend, Dummheit, Freude, Glück, Schönheit*⟩; größt... ⟨*Freude, Vergnügen*⟩; **be in ~ despair/misery** völlig verzweifelt/niedergeschlagen sein; **be an ~ mystery** völlig rätselhaft sein; **be an ~ stranger to sb.** jmdm. völlig fremd sein; **~ fool** Vollidiot, *der (ugs.)*

**²utter** [ˈʌtə(r)] *v. t.* **a)** von sich geben ⟨*Schrei, Seufzer, Ächzen*⟩; **b)** *(say)* sagen ⟨*Wahrheit, Wort*⟩; schwören ⟨*Eid*⟩; äußern ⟨*Drohung*⟩; zum Ausdruck bringen ⟨*Gefühle*⟩; **the last words he ~ed** die letzten Worte, die er sprach; **she never ~ed a sound** sie gab keinen Ton von sich; **this word/her name must not be ~ed in his presence** dieses Wort/ihr Name darf in seiner Gegenwart nicht gesagt *od.* ausgesprochen werden; **c) ~ a libel** *(Law)* eine Verleumdung verbreiten

**utterance** [ˈʌtərəns] *n.* **a) ~ of a sigh/groan** ein Seufzen/Stöhnen; **give ~ to sth.** etw. zum Ausdruck bringen; einer Sache Ausdruck verleihen; **b)** *(spoken words)* Worte *Pl.; (Ling.)* [sprachliche] Äußerung; *(sentence)* Satz, *der;* **c)** *(power of speech)* Sprache, *die*

**utterly** [ˈʌtəlɪ] *adv.* völlig; vollkommen; restlos ⟨*elend, deprimiert*⟩; absolut ⟨*entzückend, bezaubernd*⟩; hinreißend ⟨*schön*⟩; äußerst ⟨*dumm, lächerlich*⟩; aus tiefster Seele ⟨*verabscheuen, ablehnen, bereuen*⟩

**uttermost** [ˈʌtəməʊst] **a)** *see* **utmost 1, 2; b)** *(most distant)* entferntest...; **to the ~ ends of the earth** bis ans äußerste Ende der Welt

**ˈU-turn** *n.* Wende [um 180°]; **the driver/car made a ~:** der Fahrer/Wagen wendete; **'No ~s'** „Wenden verboten“; **make a ~ [on sth.]** *(fig.)* eine Kehrtwendung [bei etw.] vollziehen *od.* machen

**UV** *abbr.* **ultraviolet** UV

**uvula** [ˈjuːvjʊlə] *n., pl.* **~e** [ˈjuːvjʊliː] *(Anat.)* Zäpfchen, *das;* Uvula, *die (fachspr.)*

**uvular** [ˈjuːvjʊlə(r)] *adj. (Anat., Ling.)* uvular; **the ~ 'r'** das Zäpfchen-R

# V

**¹V, ¹v** [viː] *n., pl.* **Vs** *or* **V's a)** *(letter)* V, v, *das;* **b)** *(Roman numeral)* V; **c)** *(V-shaped thing)* V, *das;* **d) V1/V2** *(Hist.)* V1/V2, *die. See also* **V-neck; V-necked; V-sign**

**²V, ²v** *abbr.* **volt[s]** V

**v.** *abbr.* **a)** [ˈvɜːsəs, viː] **versus** gg.; **b) very; c) verse**

**vac** [væk] *n. (Brit. Univ. coll.)* Semesterferien *Pl.;* **the long ~:** die Sommersemesterferien

**vacancy** [ˈveɪkənsɪ] *n.* **a)** *(job)* freie Stelle; **fill a ~:** eine [freie] Stelle besetzen; **have a ~ [on one's staff]** eine freie Stelle *od.* Stelle frei haben; **'vacancies'** *(notice outside factory)* „Stellen frei“; *(in newspaper)* „Stellenangebote“; **b)** *(unoccupied room)* freies Zimmer; **have a ~:** ein Zimmer frei haben; **'vacancies'** „Zimmer frei“; **'no vacancies'** „belegt“; **c)** *no pl. (of look, mind, etc.)* Leere, *die*

**vacant** [ˈveɪkənt] *adj.* **a)** *(not occupied)* frei; **'~'** *(on door of toilet)* „frei“; **'situations ~'** „Stellenangebote“; **a house with ~ possession** ein bezugsfertiges Haus; **b)** *(mentally inactive)* leer

**vacantly** [ˈveɪkəntlɪ] *adv.* leer; **stare/gaze ~ at sb./into space** jmdn. mit leerem Blick anstarren/abwesend ins Leere starren

**vacate** [vəˈkeɪt] *v. t.* räumen ⟨*Gebäude, Büro, Wohnung*⟩; aufgeben ⟨*Stelle, Amt*⟩; niederlegen ⟨*Amt*⟩

**vacation** [vəˈkeɪʃn] **1.** *n.* **a)** *(Brit. Law, Univ.: recess)* Ferien *Pl.;* **b)** *(Amer.) see* **holiday 1 b; c)** *(vacating) (of a room, building)* Räumung, *die; (of a post)* Aufgeben, *das; (of an office)* Niederlegen, *das.* **2.** *v. i. (Amer.)* **~ [at/in a place]** [an einem Ort] Urlaub machen

**vacationer** [vəˈkeɪʃənə(r)], **vacationist** [vəˈkeɪʃənɪst] *ns. (Amer.)* Urlauber, *der/*Urlauberin, *die*

**vaccinate** [ˈvæksɪneɪt] *v. t. (Med.)* impfen

**vaccination** [væksɪˈneɪʃn] *n. (Med.)* Impfung, *die; attrib.* Impf-; **have a ~:** geimpft werden

**vaccine** [ˈvæksiːn, ˈvæksɪn] *n.* Impfstoff, *der*

**vacillate** [ˈvæsɪleɪt] *v. i. (lit. or fig.)* schwanken; **~ about doing sth.** schwanken, ob man etw. tun soll oder nicht; **~ on sth.** bezüglich einer Sache schwanken

**vacillating** [ˈvæsɪleɪtɪŋ] *adj.* schwankend

**vacillation** [væsɪˈleɪʃn] *n.* Schwanken, *das*

**vacua** *pl. of* **vacuum 1 a**

**vacuity** [vəˈkjuːətɪ] *n.* Leere, *die; (of book, play)* Geistlosigkeit, *die*

**vacuous** [ˈvækjʊəs] *adj.* leer; geistlos, nichtssagend ⟨*Buch, Theaterstück, Bemerkung*⟩

**vacuously** [ˈvækjʊəslɪ] *adv.* leer

**vacuum** [ˈvækjʊəm] **1.** *n.* **a)** *pl.* **vacua** [ˈvækjʊə] *or* **~s** *(Phys.; also fig.)* Vakuum, *das;* **perfect/partial ~:** ideales Vakuum/Unterdruck, *der; (fig.)* **her death has left a ~ in our lives** ihr Tod hat in unserem Leben eine Lücke hinterlassen; **live in a ~** *(lit. or fig.)* im luftleeren Raum leben; **b)** *pl.* **~s** *(coll.: ~ cleaner)* Sauger, *der (ugs.).* **2.** *v. t.& i.* [staub]saugen

**vacuum: ~ bottle** *(Amer.) see* **~ flask; ~ brake** *n. (Railw.)* Unterdruckbremse, *die;* **~-clean** *v. t. & i.* [staub]saugen; **~ cleaner** *n.* Staubsauger, *der;* **~ flask** *n. (Brit.)* Thermosflasche, *die;* **~-gauge** *n. (Physics)* Vakuummeter, *das;* **~-packed** *adj.* vakuumverpackt; **~ pump** *n.* Vakuumpumpe, *die;* **~ tube** *n. (Electronics)* Vakuumröhre, *die;* Elektronenröhre, *die*

**vade-mecum** [vɑːdɪˈmiːkəm, vɑːdɪˈmeɪkəm] *n.* Vademekum, *das (geh.)*

**vagabond** [ˈvægəbɒnd] **1.** *n.* Landstreicher, *der/*Landstreicherin, *die (oft abwertend);* Vagabund, *der/*Vagabundin, *die (veralt.).* **2.** *adj.* umherziehend, vagabundierend ⟨*Mensch, Stamm*⟩; **~ life** Vagabundenleben, *das*

**vagaries** [ˈveɪgərɪz] *n. pl. (lit. or fig.)* Launen *Pl.;* **the ~ of life/politics** die Wechselfälle des Lebens/der Politik

**vagina** [vəˈdʒaɪnə] *n., pl.* **~e** [vəˈdʒaɪniː] *or* **~s** *(Anat.)* Scheide, *die;* Vagina, *die (fachspr.)*

**vaginal** [vəˈdʒaɪnl] *adj.* Scheiden-; vaginal *(fachspr.)*

**vagrancy** [ˈveɪgrənsɪ] *n., no indef. art., no pl.* Landstreicherei, *die; (in cities)* Stadtstreicherei, *die*

**vagrant** [ˈveɪgrənt] **1.** *adj.* vagabundierend; **~ life** Vagabundenleben, *das.* **2.** *n.* Landstreicher, *der/*Landstreicherin, *die (oft abwertend); (in cities)* Stadtstreicher, *der/*Stadtstreicherin, *die*

**vague** [veɪg] *adj.* vage; verschwommen, undeutlich ⟨*Form, Umriß*⟩; undefinierbar ⟨*Farbe*⟩; *(absent-minded)* geistesabwesend; *(inattentive)* unkonzentriert; **describe sth. in ~ terms** etw. vage beschreiben; **not have the ~st idea** *or* **notion** nicht die blasseste *od.* leiseste Ahnung haben; **be ~ about sth.** etw. nur vag[e] andeuten; *(in understanding)* nur eine vage Vorstellung von etw. haben

**vaguely** [ˈveɪglɪ] *adv.* vage; ungefähr ⟨*wissen*⟩; entfernt ⟨*bekannt sein, erinnern an*⟩; schwach ⟨*sich erinnern*⟩; **he was ~ alarmed/sad/disappointed** er war irgendwie beunruhigt/traurig/enttäuscht; **look/taste ~ like sth.** entfernt aussehen/schmecken wie etw.; **understand sth. ~:** etw. in etwa verstehen; **she looked at me ~** *(uncertainly)* sie sah mich unsicher an; *(absent-mindedly)* sie sah mich zerstreut an

**vagueness** [ˈveɪgnɪs] *n., no pl.* Vagheit, *die; (of outline, shape)* Verschwommenheit, *die; (of policy)* Unbestimmtheit, *die; (absent-mindedness)* Zerstreutheit, *die; (uncertainty)* Unsicherheit, *die*

**vain** [veɪn] *adj.* **a)** *(conceited)* eitel; **be ~ about sth.** sich *(Dat.)* auf etw. *(Akk.)* viel einbilden; **b)** *(useless)* leer ⟨*Drohung, Versprechen, Worte, Reden*⟩; eitel *(geh.)*

*⟨Triumph, Vergnügungen⟩;* vergeblich *⟨Hoffnung, Erwartung, Versuch⟩;* **in ~:** vergeblich; vergebens; *see also* **take 1 e**

**vainglorious** [veɪn'glɔ:rɪəs] *adj. (formal/literary)* prahlerisch *⟨Reden, Angebereien⟩;* dünkelhaft *⟨Person, Auftreten⟩*

**vainly** ['veɪnlɪ] *adv.* **a)** *(uselessly)* vergebens; vergeblich; **b)** *(in a conceited way)* eitel; angeberisch

**Valais** ['væleɪ] *pr. n.* Wallis, *das*

**valance** ['væləns] *n.* Volant, *der*

**vale** [veɪl] *n. (arch./poet.)* Tal, *das;* **this ~ of tears** *(fig.)* dies Jammertal

**valediction** [vælɪ'dɪkʃn] *n. (act)* Abschied, *der; (words)* Abschiedsgruß, *der*

**valedictory** [vælɪ'dɪktərɪ] *adj.* Abschieds-; **~ remarks** Bemerkungen zum Abschied; **~ speech/address** *(Amer.)* Abschiedsrede/-ansprache, *die*

**valence** ['veɪləns] *(esp. Amer.),* **valency** ['veɪlənsɪ] *ns. (Chem., Phys.) (unit)* Wertigkeit, *die;* Valenz, *die (fachspr.);* **~ bond** kovalente Bindung

**valentine** ['væləntaɪn] *n.* **a)** *jmd., dem man am Valentinstag einen Gruß schickt;* **b) ~ [card]** Grußkarte zum Valentinstag; **c) St. V~'s Day** Valentinstag, *der*

**valerian** [və'lɪərɪən] *n. (Bot., Pharm.)* Baldrian, *der*

**valet** ['vælɪt, 'væleɪ] *n.* **a)** Kammerdiener, *der;* **b)** *(hotel employee) für den Reinigungsservice zuständiger Hotelangestellter;* **~ service** Reinigungs[- und Reparatur]service

**'valet parking** *n.* Parkservice, *der*

**valetudinarian** [vælɪtju:dɪ'neərɪən] **1.** *adj.* **a)** *(sickly)* kränkelnd; **b)** *(anxious about health)* hypochondrisch. **2.** *n.* **a)** *(sickly person)* kränklicher Mensch; **b)** *(hypochondriac)* Hypochonder, *der*

**Valhalla** [væl'hælə] *n. (Mythol.)* Walhall[a], *das*

**valiant** ['væljənt] *adj.* tapfer; kühn *(geh.);* **he made a ~ effort to disguise his disappointment** er versuchte tapfer, seine Enttäuschung zu verbergen; **it was a ~ try/effort** es war ein tapferer Versuch

**valiantly** ['væljəntlɪ] *adv.* tapfer; kühn *(geh.)*

**valid** ['vælɪd] *adj.* **a)** *(legally acceptable)* gültig; berechtigt *⟨Anspruch⟩; (having legal force)* rechtskräftig; bindend *⟨Vertrag⟩;* **b)** *(justifiable)* stichhaltig *⟨Argument, Einwand, Theorie⟩;* triftig *⟨Grund⟩;* zuverlässig *⟨Methode⟩;* begründet *⟨Entschuldigung, Einwand⟩*

**validate** ['vælɪdeɪt] *v. t.* rechtskräftig machen *⟨Anspruch, Vertrag, Testament⟩;* bestätigen, beweisen *⟨Hypothese, Theorie⟩;* für gültig erklären *⟨Wahl⟩*

**validation** [vælɪ'deɪʃn] *n. (of claim, contract, etc.)* Gültigkeitserklärung, *die; (of theory, hypothesis)* Bestätigung, *die*

**validity** [və'lɪdɪtɪ] *n., no pl.* **a)** *(of ticket, document)* Gültigkeit, *die; (of claim, contract, marriage, etc.)* Rechtsgültigkeit, *die;* **~ check** *(Computing)* Gültigkeitskontrolle, *die;* **b)** *(of argument, excuse, objection, theory)* Stichhaltigkeit, *die; (of reason)* Triftigkeit, *die; (of method)* Zuverlässigkeit, *die*

**validly** ['vælɪdlɪ] *adv. (lawfully)* rechtsgültig; *(properly)* überzeugend; mit [vollem] Recht *⟨beanspruchen, geltend machen⟩*

**valise** [və'li:z] *n. (esp. Amer.)* Reisetasche, *die*

**Valkyrie** [væl'kɪərɪ, 'vælkɪrɪ] *n. (Mythol.)* Walküre, *die*

**valley** ['vælɪ] *n.* **a)** *(lit. or fig.)* Tal, *das;* **~ bottom** Talsohle, *die;* **b)** *(of roof)* [Dach]kehle, *die;* **U-shaped/V-shaped ~:** Trogtal, *das*/Kerbtal, *das (Geog.); see also* **hanging valley; rift valley; river valley**

**valor** *(Amer.) see* **valour**

**valorous** ['vælərəs] *adj. (literary)* tapfer

**valour** ['vælə(r)] *n.* Tapferkeit, *die;* **fight with ~:** tapfer kämpfen; *see also* **discretion a**

**valuable** ['væljʊəbl] **1.** *adj.* wertvoll; **be ~ to sb.** für jmdn. wertvoll sein. **2.** *n., in pl.* Wertgegenstände; Wertsachen

**valuation** [væljʊ'eɪʃn] *n.* Schätzung, *die;* **make/get a ~ of sth.** etw. schätzen/etw. schätzen lassen; **what is the ~?** wie hoch ist der Schätzwert?; **set a high/low** *etc.* **~ on sth.** den Schätzwert für etw. hoch/niedrig *usw.* ansetzen; **accept sb. at his/her own ~:** jmds. Selbsteinschätzung teilen *od.* akzeptieren

**value** ['vælju:] **1.** *n.* **a)** Wert, *der;* **be of great/little/some/no ~ [to sb.]** [für jmdn.] von großem/geringem/einigem/keinerlei Nutzen sein; **they are taught too few things of real ~ for their future** man lehrt sie zu wenig, was ihnen in der Zukunft wirklich nützen wird; **information that is of great ~ to scientists** Informationen, die für Wissenschaftler überaus wertvoll *od.* von großem Wert sind; **this drug has been of some ~ in the treatment of cancer** dieses Medikament hat sich bei der Behandlung von Krebskranken als bedingt wirksam erwiesen; **be of [no] practical ~ to sb.** für jmdn. von [keinerlei] praktischem Nutzen sein; **set** *or* **put a high/low ~ on sth.** etw. hoch/niedrig einschätzen; **attach great ~ to sth.** einer Sache *(Dat.)* große Wichtigkeit beimessen; **b)** *(monetary worth)* Wert, *der;* **it has a ~ of one pound** es ist ein Pfund wert; **what would be the ~ of it?** was ist es wohl wert?; **know the ~ of sth.** wissen, was etw. wert ist; **sth./nothing of ~:** etw./nichts Wertvolles; **an object of ~:** ein Wertgegenstand; **items of great/little/no ~:** sehr wertvolle/nicht sonderlich wertvolle/wertlose Gegenstände; **be of great/little/no** *etc.* **~:** viel/wenig/nichts *usw.* wert sein; **increase** *or* **go up in ~:** an Wert gewinnen; wertvoller werden; **decline** *or* **decrease** *or* **fall** *or* **go down in ~:** an Wert verlieren; **an increase/decrease in ~:** ein Wertzuwachs/-verlust; **put a ~ on sth.** den Wert einer Sache schätzen; **sth. to the ~ of ...:** etw. im Werte von ...; **c)** *(equivalent)* Wert, *der;* **he offered less than the ~ of the house** er bot weniger, als das Haus wert war; **be good/poor etc. ~ [for money]** seinen Preis wert/nicht wert sein; **customers want [good] ~ for money** Kunden wollen für ihr Geld auch etwas bekommen; **£5 for a tiny steak – do you call that good ~?** 5 Pfund für ein winziges Steak – nennen Sie das reell?; **this handbook is excellent/very good ~ at £10** dieses Handbuch ist die 10 Pfund, die es kostet, unbedingt wert; **get [good]/poor ~ [for money]** etwas/nicht viel für sein Geld bekommen; **give sb. poor ~ for money** jmdm. für sein Geld nicht viel bieten; **d)** *in pl. (principles)* Werte; Wertvorstellungen; **e)** *(rank, significance)* Wert, *der;* **[time] ~** *(Mus.)* Zeitwert, *der;* **~ of a colour, colour ~:** Farbwert, *der;* **f)** *(numerical quantity) (Math.)* [Zahlen]wert, *der; (Phys.)* Größe, *die;* **give x** *or* **let x have the ~ 3** x sei 3. **2.** *v. t.* **a)** *(appreciate)* schätzen; **his work has been ~d highly by experts** seine Arbeit hat bei Experten hohe Anerkennung gefunden; **if you ~ your life** wenn dir dein Leben lieb ist; **b)** *(put price on)* schätzen, taxieren **(at** auf + *Akk.***)**

**value added 'tax** *n. (Brit.)* Mehrwertsteuer, *die*

**valued** ['vælju:d] *adj.* geschätzt *⟨Freund, Kollege, Kunde⟩;* wertvoll *⟨Rat, Hilfe⟩;* **thank you for your ~ order** *(Commerc. dated)* wir bedanken uns für Ihren geschätzten Auftrag *(veralt.)*

**'value-judgement** *n.* Werturteil, *das*

**valueless** ['væljʊlɪs] *adj.* wertlos

**valuer** ['væljʊə(r)] *n.* Schätzer, *der;* Taxator, *der*

**valve** [vælv] *n.* **a)** Ventil, *das; see also* **safety-valve; b)** *(Anat., Zool.)* Klappe, *die;* **c)** *(Brit.: thermionic ~)* Röhre, *die*

**vamoose** [və'mu:s] *v. i. (Amer. sl.)* verduften *(ugs.)*

**¹vamp** [væmp] **1.** *n. (of shoe)* Oberleder, *das.* **2.** *v. t. (Mus.)* improvisieren *⟨Begleitung⟩;* improvisierend begleiten *⟨Melodie⟩.* **3.** *v. i. (Mus.)* improvisierend begleiten

**~ 'up** *v. t. (put together)* zusammenschustern *(ugs. abwertend); (renovate)* aufmöbeln *(ugs.)*

**²vamp** *n. (woman)* Vamp, *der*

**vampire** ['væmpaɪə(r)] *n.* Vampir, *der*

**'vampire bat** *n. (Zool.)* Vampir, *der*

**¹van** [væn] *n.* **a) [delivery] ~:** Lieferwagen, *der;* **baker's/laundry ~:** Bäckerauto, *das/* Wäschereiauto, *das (ugs.);* **b)** *(Brit. Railw.)* [geschlossener] Wagen; **c)** *(Brit.: caravan)* **[camping] ~:** Wohnwagen, *der*

**²van** *n. (foremost part)* Vorhut, *die; (fig.: leaders of movement, opinion)* Vorkämpfer *Pl.;* **be in the ~ of a movement/the attack** zu den Vorkämpfern einer Bewegung gehören/den Angriff anführen

**³van** *n. (Tennis)* Vorteil, *der*

**vanadium** [və'neɪdɪəm] *n. (Chem.)* Vanadium, *das*

**vandal** ['vændl] *n.* **a)** Rowdy, *der;* **~-proof** unzerstörbar; **b)** *(Hist.)* **V~:** Wandale, *der;* Vandale, *der*

**vandalise** *see* **vandalize**

**vandalism** ['vændəlɪzm] *n.* Wandalismus, *der;* Vandalismus, *der;* **act of ~** *(destruction)* [mutwillige] Zerstörung; *(damaging)* [mutwillige] Beschädigung; **to demolish this beautiful old building would be an act of ~:** dieses schöne alte Gebäude abzureißen wäre Wandalismus

**vandalize** ['vændəlaɪz] *v. t. (destroy)* [mutwillig] zerstören; *(damage)* [mutwillig] beschädigen

**Vandyke** [væn'daɪk]: **~ beard** *n.* Henriquatre, *der;* **~ brown** *n.* Van-Dyck-Braun, *das*

**vane** [veɪn] *n.* **a)** *(weathercock) (in shape of arrow)* Wetterfahne, *die; (in shape of cock)* Wetterhahn, *der;* **b)** *(blade)* Blatt, *das; (of windmill)* Flügel, *der; (of watermill, turbine)* Schaufel, *die*

**vanguard** ['vængɑ:d] *n.* **a)** *(Mil., Navy)* Vorhut, *die;* **b)** *(fig.: leaders)* Vorreiter; *(of literary, artistic, etc. movement)* Avantgarde, *die;* **in the ~ of [public] opinion** der öffentlichen Meinung stets um eine Nasenlänge voraus; **be in the ~ of progress/a movement** an der Spitze des Fortschritts/einer Bewegung stehen

**vanilla** [və'nɪlə] **1.** *n.* **a)** Vanille, *die;* **b)** *see* **vanilla-pod. 2.** *adj.* Vanille-

**va'nilla-pod** *n. (Bot.)* Vanilleschote, *die*

**vanish** ['vænɪʃ] *v. i.* **a)** *(disappear; coll.: leave quickly)* verschwinden; **~ from sight [behind sth.]** [hinter etw. *(Dat.)*] verschwinden; **~ into the distance** in der Ferne verschwinden; **the smile ~ed from his face** das Lächeln verschwand aus seinem Gesicht; **~ off the face of the earth** von der Erde verschwinden; *see also* **thin 1 d; b)** *(cease to exist)* *⟨Gebäude:⟩* verschwinden; *⟨Sitte, Tradition:⟩* untergehen; *⟨Art, Gattung:⟩* aussterben; *⟨Zweifel, Bedenken:⟩* sich auflösen; *⟨Angst:⟩* sich legen; *⟨Hoffnung, Chancen:⟩* schwinden; **c)** *(Math.)* Null werden

**vanishing** ['vænɪʃɪŋ]: **~ act** *see* **~ trick; ~-cream** *n.* Feuchtigkeitscreme, *die;* Vanishing-Creme, *die (fachspr.);* **~-point** *n. (Art, Math.)* Fluchtpunkt, *der; (fig.)* Nullpunkt, *der;* **dwindle to ~-point** auf den Nullpunkt zurückgehen; **~ trick** *n.* Zaubertrick *(bei dem etwas verschwindet);* **do** *or* **perform a ~ trick with sth.** etw. wegzaubern *od.* verschwinden lassen; **he did his [usual] ~ trick** *(fig. coll.)* er verdrückte sich [wie üblich] *(ugs.)*

**vanity** ['vænɪtɪ] *n.* **a)** *(pride, conceit)* Eitelkeit, *die;* **b)** *(worthlessness)* Nichtigkeit, *die;*

Eitelkeit, *die (geh.); (of efforts, hopes, dreams)* Vergeblichkeit, *die;* **all is ~:** alles ist eitel *(geh.);* **c)** *(worthless thing)* **these things are vanities** das ist alles bloß Tand *(geh.);* **d)** *(Amer.: dressing-table)* Frisierkommode, *die*

**vanity: ~ bag** *n.* Kosmetiktäschchen, *das;* **~ case** *n.* Kosmetikkoffer, *der;* **V~ 'Fair** *n.* Jahrmarkt der Eitelkeiten

**vanquish** ['væŋkwɪʃ] *v. t. (literary)* bezwingen

**vantage** ['vɑ:ntɪdʒ] *n.* **a)** *(position of superiority)* Vorteil, *der;* **b)** *see* **advantage c**

**vantage: ~-ground** *n. (Mil.)* günstige [Ausgangs]position; **~-point** *n.* Aussichtspunkt, *der; (fig.)* **his ~-point as director** der Überblick, den er als Direktor hat/hatte

**vapid** ['væpɪd] *adj.* schal ⟨*Geschmack, Vergnügen*⟩; leer ⟨*Gerede, Umgangsformen*⟩; geistlos ⟨*Gerede, Vortrag, Bemerkung, Ergüsse*⟩; unverbindlich ⟨*Lächeln*⟩; nichtssagend ⟨*Erscheinung, Person*⟩

**vapidity** [və'pɪdɪtɪ] *n.* Schalheit, *die; (of conversation, remark, book, speech, etc.)* Geistlosigkeit, *die;* **the ~ of his smile/expression** sein unverbindliches Lächeln/sein nichtssagender Gesichtsausdruck

**vapor** *(Amer.) see* **vapour**

**vaporize (vaporise)** ['veɪpəraɪz] *v. t. & i.* verdampfen

**vaporizer** ['veɪpəraɪzə(r)] *n.* **a)** Verdampfer, *der;* **b)** *(atomizer)* Zerstäuber, *der*

**vapour** ['veɪpə(r)] *n. (Brit.)* **a)** Dampf, *der; (mist)* Dunst, *der;* **~s** *(rising from the ground)* Schwaden; *(arch.: melancholy)* Schwermut, *die;* **b)** *(Phys.)* Dampf, *der;* **turn into [a] ~:** zu Dampf werden; **c)** *(Med.: inhalant)* Dampf, *der*

**vapour: ~ bath** *n. (Med.)* Dampfbad, *das;* **~ trail** *n. (Aeronaut.)* Kondensstreifen, *der*

**variability** [veərɪə'bɪlɪtɪ] *n.* **a)** *(ability to be altered)* Variabilität, *die;* **b)** *(inconsistency, changeability)* Unbeständigkeit, *die; (of health, balance)* Labilität, *die*

**variable** ['veərɪəbl] **1.** *adj.* **a)** *(alterable)* veränderbar; **be ~:** verändert werden können; ⟨*Gerät:*⟩ eingestellt werden können; **b)** *(inconsistent, changeable)* unbeständig ⟨*Wetter, Wind, Strömung, Stimmung, Leistung*⟩; wechselhaft ⟨*Wetter, Launen, Schicksal, Qualität, Erfolg*⟩; labil ⟨*Gesundheit, Gleichgewicht*⟩; schwankend ⟨*Kosten*⟩; **How's your health? – Oh, ~:** Wie geht's gesundheitlich? – Mal so, mal so; **with ~ success** mit wechselndem Erfolg; **c)** *(Astron., Math.)* veränderlich; variabel. **2.** *n.* **a)** *(Math.)* Variable, *die;* Veränderliche, *die;* **b)** *(Astron.)* Veränderliche, *der;* **c)** *(fig.: varying factor)* veränderliche Größe; Variable, *die*

**'variable star** *n. (Astron.)* Veränderliche, *der*

**variably** ['veərɪəblɪ] *adv.* variabel; beliebig, stufenlos ⟨*anpaßbar, einstellbar*⟩; unterschiedlich ⟨*stark*⟩

**variance** ['veərɪəns] *n.* **a)** Uneinigkeit, *die; (between philosophies, ideologies)* Nichtübereinstimmung, *die;* **be at ~:** [sich *(Dat.)*] uneinig sein (**on** über + *Akk.*); ⟨*Theorien, Meinungen, Philosophien usw.:*⟩ nicht übereinstimmen; **be at ~ with sb./sth.** [sich *(Dat.)*] mit jmdm. uneinig sein/mit etw. nicht übereinstimmen; **this development has set the team at ~:** diese Entwicklung hat zu Meinungsverschiedenheiten im Team geführt; **b)** *(Statistics)* Varianz, *die*

**variant** ['veərɪənt] **1.** *attrib. adj.* verschieden; **three ~ spellings/readings** drei [verschiedene] Schreibweisen/Lesarten; **~ type** *(Biol.)* Variante, *die.* **2.** *n.* Variante, *die*

**variation** [veərɪ'eɪʃn] *n.* **a)** *(varying)* Veränderung, *die; (in style, diet, routine, programme)* Abwechslung, *die; (difference)* Unterschied, *der;* **be subject to ~** ⟨*Preise:*⟩ Schwankungen unterworfen sein; ⟨*Regeln:*⟩ Änderungen unterworfen sein; **~s in weather conditions** unbeständiges Wetter; **no ~ of the rules is allowed** die Regeln dürfen nicht geändert werden; **~ in price/colour** Preis-/Farbunterschied, *der;* **the ~s of light and shade** der Wechsel von Licht und Schatten; **~s from earlier editions** Unterschiede im Vergleich zu früheren Ausgaben; **b)** *(variant)* Variante, *die* **(of, on** *Gen.*); **c)** *(Mus.)* Variation, *die;* **~s on a theme** Variationen über ein Thema; **d)** *(Biol., Ballet, Math.)* Variation, *die*

**variational** [veərɪ'eɪʃənl] *attrib. adj. (Mus., Math.)* Variations-

**varicoloured** *(Brit.; Amer.:* **varicolored**) ['veərɪkʌləd] *adj.* bunt

**varicose vein** [værɪkəʊs 'veɪn] *n. (Med.)* Krampfader, *die*

**varied** ['veərɪd] *adj. (differing)* unterschiedlich; vielfältig ⟨*Freuden*⟩; *(marked by variation)* abwechslungsreich ⟨*Land, Diät, Leben*⟩; vielseitig ⟨*Arbeit, Stil, Sammlung*⟩; vielgestaltig ⟨*Landschaft*⟩; bunt ⟨*Mischung*⟩; buntgemischt ⟨*Gruppe*⟩

**variegate** ['veərɪgeɪt] *v. t.* [farblich] auflockern

**variegated** ['veərɪgeɪtɪd] *adj. (Bot.)* mehrfarbig; panaschiert ⟨*grüne Blätter*⟩

**variegation** [veərɪ'geɪʃn] *n.* **a)** Buntheit, *die;* **b)** *(Bot.)* Mehrfarbigkeit, *die; (on green leaves)* Panaschierung, *die*

**variety** [və'raɪətɪ] *n.* **a)** *(diversity)* Vielfältigkeit, *die; (in style, diet, routine, programme)* Abwechslung, *die;* **add** *or* **give ~ to sth.** etw. abwechslungsreicher gestalten; **for the sake of ~:** zur Abwechslung; **~ is the spice of life** *(prov.)* Abwechslung macht Freude; **b)** *(assortment)* Auswahl, *die* **(of** an + *Dat.*, von); **in a ~ of sizes/ways** in verschiedenen Größen/auf verschiedene Art; **for a ~ of reasons** aus verschiedenen Gründen; **a wide ~ of birds/flowers** viele verschiedene Vogelarten/Blumen; **c)** *(Theatre)* Varieté, *das; (Telev.) (varietéähnliche)* Shows; **d)** *(form)* Art, *die; (of fruit, vegetable, cigarette)* Sorte, *die;* **rare varieties of butterflies** seltene Exemplare von Schmetterlingen; **e)** *(Biol.) (subspecies)* Unterart, *die;* Varietät, *die (fachspr.); (cultivated)* Züchtung, *die;* Rasse, *die*

**variety: ~ act** *n.* Varieténummer, *die;* **~ artist** *n. (Theatre)* Varietékünstler, *der/* -künstlerin, *die; (Telev.)* Showstar, *der;* **~ entertainment** *see* **~ show; ~ meat** *n. (Amer.)* Innereien [und eßbare Schlachtabfälle]; **~ show** *n.* **a)** *(Theatre)* Varieté, *das; (single performance)* Varietévorstellung, *die;* **b)** *(Telev.) (varietéähnliche)* Show; **~ store** *n. (Amer.)* Kramladen, *der;* **~ theatre** *n.* Varieté[theater], *das*

**variola** [və'raɪələ] *n. (Med.)* Pocken *Pl.*

**various** ['veərɪəs] *adj.* **a)** *pred. (different)* verschieden; unterschiedlich; *(manifold)* vielfältig; **the causes of this are many and ~:** es gibt hierfür viele verschiedene Ursachen; **b)** *attrib. (several)* verschiedene; **at ~ times** mehrere Male

**variously** ['veərɪəslɪ] *adv.* unterschiedlich; **she has been ~ described as a liar and a paragon of virtue** sie ist mal als Lügnerin, mal als Muster an Tugend beschrieben worden

**varlet** ['vɑ:lɪt] *n. (Hist.: page)* Bursche, *der; (arch./joc.: rascal)* Schurke, *der (abwertend)*

**varmint** ['vɑ:mɪnt] *n. (Amer./dial.) (animal)* Biest, *das (ugs.); (person)* Halunke, *der; (child)* Racker, *der (fam.)*

**varnish** ['vɑ:nɪʃ] **1.** *n.* **a)** Lack, *der; (transparent)* Lasur, *die;* **clear ~:** Klarlack, *der; see also* **nail varnish; b)** *(Art)* Firnis, *der;* **c)** *(Ceramics)* Glasur, *die;* **d)** *(glossiness, lit. or fig.)* Glanz, *der;* **high ~:** Hochglanz, *der.* **2.** *v. t.* **a)** lackieren; *(with transparent ~)* lasieren; **b)** *(Art)* firnissen; **c)** *(Ceramics)* glasieren; **d)** *(fig.: gloss over)* beschönigen; übertünchen ⟨*Fehler, Verbrechen, Laster*⟩

**varsity** ['vɑ:sɪtɪ] *n. (Brit. Univ. coll.)* Uni, *die (ugs.)*

**vary** ['veərɪ] **1.** *v. t.* verändern; ändern ⟨*Bestimmungen, Programm, Methode, Verhalten, Stil, Route, Kurs*⟩; abwandeln ⟨*Rezept, Muster*⟩; *(add variety to)* abwechslungsreicher gestalten; **~ one's diet** sich abwechslungsreich ernähren; **~ one's tone to suit the situation** seinen Ton der Situation anpassen. **2.** *v. i.* **a)** *(become different)* sich ändern; ⟨*Preis, Nachfrage, Qualität, Temperatur:*⟩ schwanken; *(be different)* unterschiedlich sein; *(between extremes)* wechseln; *(deviate)* abweichen; **Are you busy? – Oh, it varies** Hast du viel zu tun? – Ach, ganz unterschiedlich; **~ between A and B** *or* **from A to B** zwischen A *(Dat.)* und B *(Dat.)* schwanken; **~ in weight/size/shape/colour** *etc.* im Gewicht/in der Größe/Form/Farbe variieren (**from ... to ...:** zwischen ... + *Dat.* und ... + *Dat.*); **these items ~ in size/price** diese Artikel gibt es in verschiedenen Größen/Preislagen; **they ~ in their opinions/in character** sie haben unterschiedliche Meinungen/sind charakterlich verschieden; **the two books ~ on this matter** dieser Sachverhalt wird in den beiden Büchern unterschiedlich beurteilt; **opinions ~ on this point** die Meinungen gehen in diesem Punkt auseinander; **b) ~ [directly]/inversely as sth.** sich direkt proportional/umgekehrt proportional zu etw. ändern

**varying** ['veərɪɪŋ] *attrib. adj.* wechselnd; wechselhaft, veränderlich ⟨*Wetter*⟩; *(different)* unterschiedlich; **in ~ colours** in verschiedenen Farben; **continually ~ prices** ständig schwankende Preise; **at ~ prices** zu unterschiedlichen Preisen

**vascular** ['væskjʊlə(r)] *adj. (Anat., Bot.)* vaskulär; *(Anat., Med.)* Gefäß-; **~ plant** Gefäßpflanze, *die*

**vase** [vɑ:z] *n.* Vase, *die*

**vasectomize** [və'sektəmaɪz] *v. t. (Med.)* [durch Vasektomie] sterilisieren

**vasectomy** [və'sektəmɪ] *n. (Med.)* Vasektomie, *die*

**Vaseline, (P)** ['væsəli:n] *n., no pl., no indef. art.* Vaseline, *die*

**vassal** ['væsl] *n.* **a)** *(Hist.)* Vasall, *der/*Vasallin, *die;* **b)** *(rhet.: slave)* Knecht, *der/*Magd, *die (fig.)*

**vast** [vɑ:st] *adj.* **a)** *(huge)* riesig; weit ⟨*Fläche, Meer, Kontinent, Welt[raum]*⟩; gewaltig ⟨*Wolken[massen]*⟩; umfangreich ⟨*Sammlung*⟩; **b)** *(coll.: great)* enorm; Riesen⟨*menge, -summe, -fehler*⟩; unermeßlich ⟨*Reichtümer*⟩; überwältigend ⟨*Mehrheit*⟩; **a ~ amount of time/money/a ~ number of things** enorm viel Zeit/viel Geld/viele Dinge; **~ sums of money** enorm hohe Summen; **to a ~ extent** größtenteils; **he has done a ~ amount of work in this field** er hat auf diesem Gebiet enorm viel geleistet

**vastly** ['vɑ:stlɪ] *adv. (coll.)* enorm; weitaus ⟨*besser*⟩; weit ⟨*überlegen, unterlegen*⟩; überaus, äußerst ⟨*wichtig, dankbar*⟩; in hohem Maße ⟨*beeinflussen*⟩; gewaltig ⟨*sich verbessern, irren, überschätzen, unterschätzen*⟩; köstlich ⟨*sich amüsieren*⟩; **in a ~ different sense** in einem völlig anderen Sinn

**vastness** ['vɑ:stnɪs] *n., no pl.* **a)** *(hugeness)* [immense *od.* ungeheure] Weite; *(of building, crowd, army)* [immense *od.* ungeheure] Größe; *(of collection etc.)* [riesiger] Umfang; **b)** *(greatness)* [immenses] Ausmaß; *(of knowledge)* [immenser] Umfang

**VAT** [vi:eɪ'ti:, væt] *abbr.* **value added tax** MwSt.

**vat** [væt] *n.* Bottich, *der; (in paper-making)* Bütte, *die*

**Vatican** ['vætɪkən] *pr. n.* Vatikan, *der*

**Vatican: ~ 'City** *pr. n.* Vatikanstadt, *die;* **~ 'Council** *n. (Hist.)* Vatikanisches Konzil

**Vaud** [vəʊ] *pr. n.* Waadt, *die*

**vaudeville** ['vɔ:dəvɪl, 'vəʊdəvɪl] *n. (Theatre,*

*Mus.)* Varieté, *das;* **appear in ~:** im Varieté auftreten; **a ~ show** eine Varietévorstellung

[1]**vault** [vɔːlt, vɒlt] **1.** *n.* **a)** *(Archit.)* Gewölbe, *das;* **the ~ of heaven** *(poet.)* das Himmelsgewölbe *(dichter.);* **b)** *(cellar)* [Gewölbe]keller, *der; see also* **wine-vault; c)** *(in bank)* Tresorraum, *der;* **d)** *(tomb)* Gruft, *die.* **2.** *v. t. (Archit.)* wölben

[2]**vault 1.** *v. i. (leap)* sich schwingen; *(Gymnastics)* springen. **2.** *v. t.* sich schwingen über (+ *Akk.*); *(Gymnastics)* springen über (+ *Akk.*). **3.** *n.* Sprung, *der;* **straddle/squat/side ~:** Grätsche, *die*/Hocke, *die*/Flanke, *die*

**vaulted** [ˈvɔːltɪd, ˈvɒltɪd] *adj. (Archit.)* gewölbt

**vaulting** [ˈvɔːltɪŋ, ˈvɒltɪŋ] *n. (Archit.)* Wölbung, *die*

ˈ**vaulting-horse** *n. (Gymnastics)* [Sprung]pferd, *das*

**vaunt** [vɔːnt] *(literary) v. t.* sich brüsten mit; **~ that ...:** sich [damit] brüsten, daß ...; **~ sth. as sth.** etw. als etw. preisen; **much ~ed** vielgepriesen *od.* -gerühmt

**VC** *abbr.* **Victoria Cross**

**VD** [viːˈdiː] *n.* Geschlechtskrankheit, *die;* **get** *or* **catch ~:** sich *(Dat.)* eine Geschlechtskrankheit zuziehen

**VDU** *abbr.* **visual display unit**

**'ve** [v] *(coll.)* = **have**

**veal** [viːl] *n., no pl.* Kalb[fleisch], *das; attrib.* Kalbs-; **roast ~:** Kalbsbraten, *der*

**veal** ˈ**cutlet** *n.* Kalbsschnitzel, *das*

**vector** [ˈvektə(r)] *n. (Math., Aeronaut., Biol.)* Vektor, *der*

**vectorial** [vekˈtɔːrɪəl] *adj. (Math.)* vektoriell

**Veda** [ˈveɪdə, ˈviːdə] *n. (Hindu Relig.)* Weda, *der*

**VE day** [viːˈiː deɪ] *n.* der 8. Mai 1945; der Tag des Sieges [im 2. Weltkrieg]

[1]**veer** [vɪə(r)] **1.** *v. i.* **a)** ⟨*Wind:*⟩ [sich] im Uhrzeigersinn drehen; ⟨*Schiff, Flugzeug:*⟩ abdrehen; ⟨*Auto:*⟩ ausscheren; **~ to the north** ⟨*Wind:*⟩ auf Nord drehen; ⟨*Schiff:*⟩ nach Norden drehen; **~ off course/off the road** *(unintentionally)* vom Kurs/von der Straße abkommen; *(intentionally)* vom Kurs abdrehen/von der Straße abbiegen; **the driver had to ~ to avoid the sheep** der Fahrer mußte das Steuer herumreißen, um dem Schaf auszuweichen; **~ out of control** außer Kontrolle geraten und ins Schleudern kommen; **go ~ing along the road** in Schlangenlinien die Straße entlangfahren; **~ gently/sharply to the right** ⟨*Straße:*⟩ eine leichte/scharfe Rechtskurve machen; **b)** *(fig.: change)* schwanken (**from ... to ...:** zwischen ... + *Dat.* und ... + *Dat.*); **~ from one extreme to the other** ⟨*Person:*⟩ von einem Extrem ins andere fallen; ⟨*Stimmung:*⟩ von einem Extrem ins andere umschlagen; **~ to the left** *(in politics)* auf Linkskurs umschwenken. **2.** *v. t.* **a) ~ the car to the left/right** den Wagen nach links/rechts herumreißen; **b)** *(fig.)* abbringen. **3.** *n.* Ausscheren, *das;* **the driver struggled to control the ~:** der Fahrer versuchte, den Wagen noch abzufangen

**~ aˈway, ~ ˈoff** *v. i.* **a)** ⟨*Schiff, Flugzeug:*⟩ abdrehen; ⟨*Auto:*⟩ ausscheren; ⟨*Fahrer, Straße:*⟩ abbiegen; **b)** *(fig.: change)* **~ away** *or* **off from sth.** von etw. abkommen

**~ ˈround 1.** *v. i.* drehen; *(through 180°)* wenden; **skid and ~ [right] round** ins Schleudern geraten und sich um die eigene Achse drehen. **2.** *v. t.* wenden

[2]**veer** *v. i. (Naut.)* **~ and haul** fieren und holen

**veg** [vedʒ] *n., pl. same (coll.)* Gemüse, *das;* **meat and two ~:** Fleisch mit Kartoffeln und Gemüse

**vegan** [ˈviːgən] **1.** *n.* Veganer, *der*/Veganerin, *die;* strenger Vegetarier/strenge Vegetarierin. **2.** *adj.* vegan; streng vegetarisch

**vegetable** [ˈvedʒɪtəbl] **1.** *n.* **a)** Gemüse, *das;* **spring/summer/winter ~:** Frühjahrs-/Sommer-/Wintergemüse, *das;* **fresh ~s** frisches Gemüse; **green ~s** Grüngemüse, *das;* **do you want ~s/a ~ with your steak?** hätten Sie gern Gemüse/eine Portion Gemüse zu Ihrem Steak?; **meat and two ~s** Fleisch mit Kartoffeln und Gemüse; *see also* **kingdom d; b)** *(fig.)* **become/be a ~** *(as result of injury or illness)* nur noch [dahin]vegetieren; **you're just a ~/you'll turn into a ~** *(as result of dull routine, lack of ambition, etc.)* du vegetierst nur so vor dich hin/bald wirst du nur noch vor dich hin vegetieren. **2.** *adj.* Gemüse⟨*suppe, -extrakt*⟩; **~ butter** Pflanzenbutter, *die;* **~ matter** pflanzliche Stoffe

**vegetable: ~ dish** *n.* **a)** *(food)* Gemüsegericht, *das;* **b)** *(bowl)* Gemüseschüssel, *die;* **~ dye** *n.* Pflanzenfarbe, *die;* **~ garden** *n.* Gemüsegarten, *der;* **~ knife** *n.* Küchenmesser, *das;* **~ ˈmarrow** *see* **marrow a; ~ oil** *n. (Cookery)* Pflanzenöl, *das*

**vegetarian** [vedʒɪˈteərɪən] **1.** *n.* Vegetarier, *der*/Vegetarierin, *die.* **2.** *adj.* vegetarisch; **sb. is ~:** jmd. ist Vegetarier/Vegetarierin

**vegetarianism** [vedʒɪˈteərɪənɪzm] *n., no pl., no indef. art.* Vegetarismus, *der*

**vegetate** [ˈvedʒɪteɪt] *v. i.* **a)** *(Bot.)* wachsen [und gedeihen]; **b)** *(fig.) (as result of injury or illness)* nur noch [dahin]vegetieren; *(as result of dull routine, lack of ambition, etc.)* vor sich *(Akk.)* hin vegetieren

**vegetation** [vedʒɪˈteɪʃn] *n., no pl.* **a)** *(plants)* Vegetation, *die;* **b)** *(fig.) (as result of injury or illness)* Dahinvegetieren, *das; (as result of dull routine, lack of ambition, etc.)* Stumpfsinnigkeit, *die*

**vegetative** [ˈvedʒɪtətɪv] *adj. (Biol., Bot.)* vegetativ

**vehemence** [ˈviːəməns] *n., no pl.* Heftigkeit, *die;* Vehemenz, *die;* **with ~:** heftig; vehement *(geh.)*

**vehement** [ˈviːəmənt] *adj.* heftig; vehement; leidenschaftlich ⟨*Gefühle, Rede*⟩; stark ⟨*Wunsch, Abneigung*⟩; hitzig ⟨*Debatte*⟩

**vehemently** [ˈviːəməntlɪ] *adv.* heftig; vehement; **hate each other ~:** einander bis aufs Blut hassen; **dislike each other ~:** eine heftige Abneigung gegeneinander empfinden

**vehicle** [ˈviːɪkl] *n.* **a)** Fahrzeug, *das;* **b)** *(fig.: medium)* Vehikel, *das;* **the pulpit as a ~ for propaganda** die Kanzel als Bühne für Propaganda; **this newspaper is their ~:** diese Zeitung ist ihr Sprachrohr; **c)** *(Art)* Bindemittel, *das;* **d)** *(Pharm.)* Vehiculum, *das;* Konstituens, *das*

**vehicular** [vɪˈhɪkjʊlə(r)] *adj.* Fahrzeug-

**veil** [veɪl] **1.** *n.* **a)** Schleier, *der;* **take the ~** *(Relig.)* den Schleier nehmen *(geh.);* **b)** *(Jewish Relig. Hist.)* [Tempel]vorhang, *der;* **beyond the ~** *(fig.)* im Jenseits; **c)** *(fig.: obscuring medium)* Schleier, *der;* **~ of mist/clouds** Dunst-/Wolkenschleier, *der;* **under the ~ of patriotism** unter dem Deckmantel des Patriotismus; **draw a ~ over sth.** den Mantel des Schweigens über etw. *(Akk.)* breiten. **2.** *v. t.* **a)** verschleiern; **b)** *(fig.: cover)* verhüllen; *(conceal)* verbergen ⟨*Gefühle, Motive*⟩ (**with, in** hinter + *Dat.*); verschleiern ⟨*Fakten, Wahrheit, Bedeutung*⟩; **~ sth. in secrecy** *or* **mystery** etw. mit dem Schleier des Geheimnisses umgeben

**veiled** [veɪld] *adj.* **a)** verschleiert; **b)** *(fig.: covert)* versteckt ⟨*Groll, Drohung*⟩; verhüllt ⟨*Anspielung*⟩

**vein** [veɪn] *n.* **a)** Vene, *die; (in popular use: any blood-vessel)* Ader, *die;* **b)** *(Geol., Mining, Zool.)* Ader, *die;* **c)** *(Bot.)* Blattrippe, *die;* Ader, *die;* **d)** *(streak)* Ader, *die;* **~s** *(in wood, marble)* Maserung, *die;* **e)** *(fig.: character, tendency)* Zug, *der; (of truth)* Spur, *die; (of superstition, aggression)* Anflug, *der;* **a ~ of melancholy/humour** ein melancholischer/humorvoller Zug; **have a poetic ~:** eine dichterische Ader haben; **f)** *(fig.) (mood)* Stimmung, *die; (style)* Art, *die;* **be in a happy/sad ~:** frohgelaunt/traurig gestimmt sein; **be in the [right] ~ [for sth./for doing sth.]** in der [richtigen] Stimmung sein [zu etw./, etw. zu tun]; **in a similar ~:** vergleichbarer Art

**veined** [veɪnd] *adj.* geädert; gemasert ⟨*Holz*⟩; **red marble ~ with white** roter Marmor, weißgeädert

**velar** [ˈviːlə(r)] *adj. (Phonet.)* velar

**Velcro, (P)** [ˈvelkrəʊ] *n., no pl., no indef. art.* Klettverschluß, *der* Ⓦⓩ

**veld, veldt** [velt] *n. (S. Afr.)* Steppe, *die*

**vellum** [ˈveləm] *n.* **a)** *(parchment)* Pergament, *das; (manuscript also)* Pergamenthandschrift, *die;* **b)** *(writing-paper)* Velin[papier], *das*

**velocity** [vɪˈlɒsɪtɪ] *n.* Geschwindigkeit, *die;* **at** *or* **with a ~ of ...:** mit einer Geschwindigkeit von ...; **~ of the wind, wind ~:** Windgeschwindigkeit, *die;* **~ of light** *(Phys.)* Lichtgeschwindigkeit, *die*

**velour[s]** [vəˈlʊə(r)] *n. (Textiles)* Velours, *der*

**velum** [ˈviːləm] *n., pl.* **vela** [ˈviːlə] *(Bot., Zool.)* Velum, *das; (Anat.)* Velum, *das;* Gaumensegel, *das*

**velvet** [ˈvelvɪt] **1.** *n.* **a)** Samt, *der;* **[as] smooth as ~:** weich wie Samt; samtweich; **b)** *(Zool.)* Bast, *der.* **2.** *adj.* aus Samt *nachgestellt;* Samt-; *(soft as ~)* samten; samtweich; **he operates with an iron hand in a ~ glove** er gibt sich entgegenkommend, in der Sache aber bleibt er unnachgiebig

**velveteen** [velvɪˈtiːn] **1.** *n. (Textiles)* Baumwollsamt, *der;* Velveton, *der (fachspr.).* **2.** *adj.* aus Baumwollsamt *nachgestellt;* Velveton-

**velvety** [ˈvelvɪtɪ] *adj. (having the feel of velvet)* samtig; samtweich; *(characteristic of velvet; also fig.)* samtig; samten; **smooth** *or* **soft and ~:** weich und samten

**Ven.** *abbr.* **Venerable** Hochw.

**venal** [ˈviːnl] *adj.* käuflich, korrupt ⟨*Person*⟩; korrupt ⟨*Verhalten, Praktiken*⟩; eigennützig ⟨*Interessen, Motive, Dienste*⟩

**venality** [viːˈnælɪtɪ] *n., no pl. see* **venal:** Käuflichkeit, *die;* Korruptheit, *die;* Eigennützigkeit, *die*

**vend** [vend] *v. t.* **a)** *(Law)* veräußern; *(as a business)* Handel treiben mit; **b)** *(offer for sale)* verkaufen

**vendee** [venˈdiː] *n. (Law)* Käufer, *der*/Käuferin, *die*

**vender** [ˈvendə(r)] *n.* Verkäufer, *der*/Verkäuferin, *die;* **street ~:** Straßenhändler, *der*/-händlerin, *die;* **newspaper ~:** Zeitungsverkäufer, *der*/-verkäuferin, *die*

**vendetta** [venˈdetə] *n.* **a)** Hetzkampagne, *die; (feud)* Fehde, *die;* **conduct a ~ against sb./sth.** eine Hetzkampagne gegen jmdn./etw. führen; **b)** *(killings)* Blutrache, *die; (in Italy also)* Vendetta, *die*

ˈ**vending-machine** *n.* [Verkaufs]automat, *der*

**vendor** [ˈvendə(r), ˈvendɔː(r)] *n.* **a)** *(esp. Law)* Verkäufer, *der*/Verkäuferin, *die;* **street ~:** Straßenhändler, *der*/-händlerin, *die;* **newspaper ~:** Zeitungsverkäufer, *der*/-verkäuferin, *die;* **b)** *see* **vending-machine**

**veneer** [vɪˈnɪə(r)] **1.** *n.* **a)** *(thin covering of wood)* Furnier, *das; (layer in plywood)* Furnierblatt, *das;* **b)** *(fig.: disguise)* Tünche, *die;* **beneath a ~ of respectability/civilization** hinter einer Fassade der Wohlanständigkeit/der Zivilisiertheit; **have only a ~ of education** sich *(Dat.)* nur den Anschein von Bildung geben; **it's just a ~:** es ist nur schöner Schein. **2.** *v. t.* furnieren

**venerable** [ˈvenərəbl] *adj.* **a)** ehrwürdig; heilig ⟨*Reliquien*⟩; **b)** *(Eccl.)* **the V~ A. W. Morgan** Hochwürden A. W. Morgan

**venerate** [ˈvenəreɪt] *v. t.* verehren; hochachten; ehren ⟨*Eltern, Wort Gottes*⟩; in Ehren halten ⟨*jmds. Andenken, Traditionen, heilige Orte*⟩

**veneration** [venə'reɪʃn] *n.* **a)** *(reverence)* Ehrfurcht, *die* (**of, for** vor + *Dat.*); **in ~ of** zu Ehren (+ *Gen.*); **hold sb./sth. in ~:** jmdn./etw. verehren; **hold sb.'s memory in ~:** jmds. Andenken in Ehren halten; **b)** *(venerating, being venerated)* Verehrung, *die* (**of** für); **the community's ~ of its traditions** der tiefe Respekt, den die Gemeinde für ihre Traditionen empfindet/empfand

**venereal** [vɪ'nɪərɪəl] *adj. (Med.)* venerisch; **~ clinic** Klinik für Geschlechtskrankheiten; **~ virus** Virus, das eine venerische Krankheit hervorruft

**ve'nereal disease** *n. (Med.)* Geschlechtskrankheit, *die;* venerische Krankheit *(fachspr.)*

**Venetian** [vɪ'ni:ʃn] **1.** *adj.* venezianisch; **sb. is ~:** jmd. ist Venezianer/Venezianerin; **~ glass** Muranoglas, *das.* **2.** *n.* **a)** *(person)* Venezianer, *der*/Venezianerin, *die;* **b)** *(dialect)* Venezianisch, *das;* venezianischer Dialekt

**venetian 'blind** *n.* Jalousie, *die*

**Venezuela** [venɪ'zweɪlə] *pr. n.* Venezuela *(das)*

**Venezuelan** [venɪ'zweɪlən] **1.** *adj.* venezolanisch; **sb. is ~:** jmd. ist Venezolaner/Venezolanerin. **2.** *n.* Venezolaner, *der*/Venezolanerin, *die*

**vengeance** ['vendʒəns] *n.* **a)** Rache, *die;* Vergeltung, *die;* **he wrought a cruel ~ on his enemies** er übte grausame Rache an seinen Feinden; **take ~ [up]on sb. [for sth.]** sich an jmdm. [für etw.] rächen; **b) with a ~** *(coll.)* gewaltig *(ugs.);* **go to work with a ~** *(coll.)* sich tüchtig ins Zeug legen *(ugs.)*

**vengeful** ['vendʒfl] *adj.* rachedurstig *(geh.);* rachsüchtig *(geh.)*

**venial** ['vi:nɪəl] *adj.* **a)** *(pardonable)* verzeihlich; entschuldbar; leichter ‹*Vergehen*›; **b)** *(Theol.)* läßlich ‹*Sünde*›

**veniality** [vi:nɪ'ælɪtɪ] *n., no pl.* **a)** Entschuldbarkeit, *die;* **b)** *(Theol.)* Läßlichkeit, *die*

**Venice** ['venɪs] *pr. n.* Venedig *(das)*

**venison** ['venɪsn, 'venɪzn] *n., no pl.* Hirsch[fleisch], *das; (of roe)* Reh[fleisch], *das;* **roast ~:** Hirsch-/Rehbraten, *der;* **~ steak** Hirsch-/Rehsteak, *das*

**venom** ['venəm] *n.* **a)** *(Zool.)* Gift, *das;* **b)** *(fig.)* Boshaftigkeit, *die;* Gehässigkeit, *die;* **unleash one's ~ on sb.** jmdn. angiften *(ugs.);* **the ~ of her hatred** ihr giftiger Haß; **say sth. with great** *or* **real ~:** etw. sehr giftig sagen; **there was much ~ in his criticism** seine Kritik war wirklich giftig

**venomous** ['venəməs] *adj.* **a)** *(Zool.)* giftig; Gift‹*schlange, -stachel*›; **b)** *(fig.)* giftig *(ugs.);* boshaft

**venomously** ['venəməslɪ] *adv. (fig.)* giftig *(ugs.);* boshaft

**venous** ['vi:nəs] *adj.* **a)** *(Anat., Zool.)* venös; **b)** *(Bot.)* geädert

[1]**vent** [vent] **1.** *n.* **a)** *(for gas, liquid to escape)* Öffnung, *die;* **b)** *(of gun, cannon, etc.)* Zündloch, *das;* Zündkanal, *der;* **c)** *(in barrel)* Spundloch, *das;* **d)** *(Mus.)* Griffloch, *das;* **e)** *(flue)* [Rauch]abzug, *der;* **f)** *(Geol.)* [Vulkan]schlot, *der;* **g)** *(fig.: for emotions)* Ventil, *das (fig.);* **give ~ to** Luft machen (+ *Dat.*) ‹*Ärger, Wut*›; freien Lauf lassen (+ *Dat.*) ‹*Gefühlen*›; Ausdruck verleihen (+ *Dat.*) ‹*Freude*›; **h)** *(Zool.)* Kloake, *die.* **2.** *v. t. (fig.)* freien Lauf lassen (+ *Dat.*) ‹*Kummer, Schmerz*›; Luft machen (+ *Dat.*) ‹*Ärger, Wut*›; **~ one's anger on sb.** seinen Ärger an jmdm. auslassen *od.* abreagieren; *see also* **spleen b**

[2]**vent** *n. (in garment)* Schlitz, *der;* **a jacket with a ~:** ein Jackett mit Rückenschlitz

**'vent-hole** *see* [1]**vent 1 a**

**ventilate** ['ventɪleɪt] *v. t.* **a)** lüften; *(by permanent installation)* belüften; **b)** *(fig.) (submit to public consideration)* [offen] erörtern; *(voice)* kundtun, äußern ‹*Meinung*›; vorbringen ‹*Beschwerden*›; **c)** *(Physiol.)* mit Sauerstoff versorgen

**ventilation** [ventɪ'leɪʃn] *n.* **a)** *no pl.* Belüftung, *die;* **the rooms need regular ~:** die Zimmer müssen regelmäßig gelüftet werden; **this room has inadequate ~:** dieses Zimmer ist unzureichend *od.* schlecht belüftet; **b)** *no pl. (installation)* Lüftung, *die;* **c)** *(fig.) (open discussion)* [offene] Erörterung; Aussprache, *die* (**of** über + *Akk.*); *(voicing) (of opinion)* Äußerung, *die; (of grievances)* Vorbringen, *das;* **d)** *no pl., no art. (Physiol.)* Sauerstoffzufuhr, *die*

**venti'lation shaft** *n. (Mining)* Wetterschacht, *der*

**ventilator** ['ventɪleɪtə(r)] *n.* **a)** Lüftung[svorrichtung], *die; (fan)* Ventilator, *der;* **b)** *(Med.)* Beatmungsgerät, *das;* **be put on a ~:** an ein Beatmungsgerät angeschlossen werden

**ventral** ['ventrl] *adj.* **a)** *(Anat., Zool.)* ventral *(fachspr.);* Bauch-; **b)** *(Bot.)* ventral

**ventricle** ['ventrɪkl] *n. (Anat.)* Ventrikel, *der*

**ventriloquism** [ven'trɪləkwɪzm] *n., no pl.* Bauchreden, *das*

**ventriloquist** [ven'trɪləkwɪst] *n.* Bauchredner, *der*/-rednerin, *die*

**venture** ['ventʃə(r)] **1.** *n.* **a)** Unternehmung, *die;* **their ~ into space/the unknown** ihre Reise in den Weltraum/ins Unbekannte; **a new ~ in sth.** ein neuer Vorstoß in etw. *(Dat.);* **her latest ~ is surfing** neuerdings hat sie sich aufs Surfen verlegt *(ugs.);* **sth. is quite a** *or* **some ~:** etw. ist ein gewagtes *od.* mutiges Unterfangen; **I can't lose much by the ~:** ich kann bei dem Versuch nicht viel verlieren; **b)** *(Commerc.)* Unternehmung, *die;* **a successful ~:** ein erfolgreiches Geschäft; **a new publishing ~:** ein neues verlegerisches Vorhaben *od.* Projekt; **join a ~:** sich einem Unternehmen anschließen; *see also* **joint 2 a. 2.** *v. i.* **a)** *(dare)* wagen; **if I might ~ to suggest ...:** wenn Sie [mir] gestatten, möchte ich vorschlagen ...; **may I ~ to ask ...:** darf ich mir erlauben, zu fragen ...; **I would even ~ to say ...:** ich würde sogar so weit gehen, zu sagen ...; **b)** *(dare to go)* sich wagen; **dare to ~:** sich wagen; **~ further into the cave** sich weiter *od.* tiefer in die Höhle vorwagen; **~ [away] from home** sich von zu Hause fort wagen; **~ abroad/into society** sich ins Ausland/in Gesellschaft wagen; **~ out of doors** sich vor die Tür wagen; **~ into a new area of research** *(fig.)* sich auf ein neues Forschungsgebiet vorwagen; **he would never ~ too far** *(fig.)* er würde sich nie zu weit vorwagen. **3.** *v. t.* **a)** wagen ‹*Bitte, Bemerkung, Blick, Vermutung*›; zu äußern wagen ‹*Ansicht*›; sich *(Dat.)* erlauben ‹*Frage, Scherz, Bemerkung*›; **~ an explanation for sth.** etw. zu erklären versuchen; **if I might ~ a suggestion** wenn ich mir einen Vorschlag erlauben darf; **'How about ...?', he ~d** „Wie wär's mit ...?" schlug er vor; **b)** *(risk, stake)* aufs Spiel setzen ‹*Leben, Ruf, Vermögen, Glück*›; setzen ‹*Wettsumme*› (**on** auf + *Akk.*); **~ money in** *or* **on sth.** Geld in etw. *(Akk.)* stecken; *see also* **nothing 1 a**

**~ 'forth** *(literary) see* **~ out**

**~ on** *v. t.* sich einlassen auf (+ *Akk.*); sich wagen an (+ *Akk.*) ‹*Aufgabe*›; sich wagen auf (+ *Akk.*) ‹*Reise*›

**~ 'out** *v. i.* sich hinauswagen; **~ out on to the sea** sich auf das Meer hinauswagen

**~ upon** *see* **~ on**

**venturer** ['ventʃərə(r)] *n.* **a)** *(Commerc. Hist.)* Unternehmer, *der*/Unternehmerin, *die;* **b)** *(adventurer)* Abenteurer, *der*/Abenteu[r]erin, *die*

**'Venture Scout** *n. (Brit.)* ≈ Rover, *der; Pfadfinder im Alter von 16 bis 20 Jahren*

**venturesome** ['ventʃəsəm] *adj.* wagemutig ‹*Person, Tat*›; *(hazardous)* abenteuerlich ‹*Unternehmen, Reise*›

**venue** ['venju:] *n. (Sport)* [Austragungs]ort, *der; (Mus., Theatre)* [Veranstaltungs]ort, *der; (meeting-place)* Treffpunkt, *der*

**Venus** ['vi:nəs] *pr. n.* **a)** *(Astron.)* Venus, *die;* **b)** *(Roman Mythol.)* Venus *(die)*

**Venusian** [vɪ'nju:zɪən] **1.** *adj. (Astron.)* Venus-. **2.** *n.* Venusbewohner, der/-bewohnerin, *die*

**Venus['s] 'fly-trap** *n. (Bot.)* Venusfliegenfalle, *die*

**veracious** [və'reɪʃəs] *adj.* **a)** aufrichtig ‹*Person*›; **assume sb. to be ~:** davon ausgehen, daß jmd. die Wahrheit sagt; **b)** *(true)* wahr; wahrheitsgetreu ‹*Schilderung, Bericht*›

**veraciously** [və'reɪʃəslɪ] *adv.* wahrheitsgemäß ‹*darstellen*›; **speak ~:** die Wahrheit sprechen

**veracity** [və'ræsɪtɪ] *n., no pl.* **a)** *(of person)* Aufrichtigkeit, *die;* **b)** *(of statement etc.)* Wahrheitstreue, *die;* **have ~:** wahrheitsgetreu sein

**veranda[h]** [və'rændə] *n.* Veranda, *die*

**verb** [vɜ:b] *n. (Ling.)* Verb, *das;* Verbum, *das (fachspr.)*

**verbal** ['vɜ:bl] *adj.* **a)** *(relating to words)* sprachlich; **~ memory** Gedächtnis für Worte *od.* Sprache; **his skills are ~:** seine Fähigkeiten liegen auf sprachlichem Gebiet; **the distinction is purely ~:** der Unterschied besteht nur in der Wortwahl; **b)** *(oral)* mündlich; verbal, mündlich ‹*Bekenntnis, Anerkennung, Protest*›; **c)** *(Ling.)* verbal; **a ~ group** eine Verb[al]gruppe

**verbalize (verbalise)** ['vɜ:bəlaɪz] *v. t.* **a)** *(express)* in Worte fassen, *(geh.)* verbalisieren ‹*Gefühle*›; **b)** *(Ling.: make into verb)* verbalisieren

**verbally** ['vɜ:bəlɪ] *adv.* **a)** *(regarding words)* sprachlich; mit Worten, verbal ‹*beschrieben*›; **b)** *(orally)* mündlich; verbal, mündlich ‹*protestieren*›; **c)** *(Ling.)* verbal

**verbal 'noun** *n. (Ling.)* Verbalsubstantiv, *das*

**verbatim** [vɜ'beɪtɪm] **1.** *adv.* im Wortlaut ‹*veröffentlichen*›; [wort]wörtlich ‹*sagen, abschreiben, zitieren*›. **2.** *adj.* wortgetreu; [wort]wörtlich

**verbena** [və'bi:nə] *n. (Bot.)* **a)** Eisenkraut, *das;* Verbene, *die (fachspr.);* **b) [lemon] ~:** Zitronenstrauch, *der*

**verbiage** ['vɜ:bɪɪdʒ] *n., no pl., no indef. art.* **a)** *(wordiness)* Geschwätzigkeit, *die;* **b)** *(words)* Geschwätz, *das*

**verbose** [və'bəʊs] *adj.* geschwätzig; weitschweifig ‹*Roman, Vortrag, Autor*›; langatmig ‹*Rede, Redner, Stil*›; **he is too ~:** er macht zu viele Worte

**verbosely** [və'bəʊslɪ] *adv.* weitschweifig; langatmig

**verboseness** [və'bəʊsnɪs], **verbosity** [və'bɒsɪtɪ] *ns.* **a)** *(wordiness)* Weitschweifigkeit, die; Langatmigkeit, *die;* **b)** *(words)* Geschwafel, *das*

**verdant** ['vɜ:dənt] *adj. (literary)* [saft]grün

**verdict** ['vɜ:dɪkt] *n.* **a)** *(Law)* Urteil, *das;* [Urteils]spruch, *der;* **open ~:** *Feststellung eines gewaltsamen Todes ohne Nennung der Ursache (bei einer gerichtlichen Untersuchung);* **~ of guilty/not guilty** Schuld-/Freispruch, *der;* **reach a ~:** zu einem Urteil kommen; *see also* **bring in d; return 2 h; b)** *(judgement)* Urteil, *das* (**on** über + *Akk.*); *(decision)* Entscheidung, *die;* **the ~ of the electors** die Entscheidung der Wähler; **what's your ~ on the affair/novel?** wie beurteilst du die Sache/wie ist dein Urteil über den Roman?; **give** *or* **pass a/one's ~ [on sb./sth.]** ein/sein Urteil [über jmdn./etw.] abgeben

**verdigris** ['vɜ:dɪgrɪs] *n.* **a)** *(Chem.)* Grünspan, *der;* **b)** *(rust on metal)* Patina, *die*

**verdure** ['vɜ:djə(r)] *n. (literary)* **a)** *(greenness)* Grün, *das;* **b)** *(green vegetation)* [dichtes] Grün

[1]**verge** [vɜ:dʒ] *n.* **a)** *(grass edging)* Rasensaum, *der; (on road)* Bankette, *die;* **'keep off the ~'** „Bankette nicht befahrbar"; *see also* **soft verge; b)** *(brink, border, lit. or fig.)*

Rand, *der; (fig.: point at which something begins)* Schwelle, *die;* **be on the ~ of economic collapse/of war/of death** am Rand des wirtschaftlichen Zusammenbruchs/an der Schwelle des Krieges/Todes stehen; **be on the ~ of despair/tears/a breakthrough/a breakdown** der Verzweiflung/den Tränen/dem Durchbruch/einem Nervenzusammenbruch nahe sein; **be on the ~ of doing sth.** kurz davor stehen, etw. zu tun; **bring sb./sth. to the ~ of sth.** jmdn./etw. an den Rand von etw. bringen

[2]**verge** *v.i.* ‹*Hügel, Land:*› abfallen; **~ to[wards] sth.** *(fig.)* einer Sache *(Dat.)* zustreben; **~ towards old age** langsam alt werden

**~ on** *v.t.* [an]grenzen an (+ *Akk.*); **be verging on 70** an die 70 sein; **an estate verging on four acres** *(fig.)* ein Grundstück von fast vier Morgen [Größe]; **be verging on tears/madness** den Tränen/dem Wahnsinn nahe sein; **blue verging on grey** *(fig.)* ein Blau, das schon fast grau wirkt; **be verging on bankruptcy** vor dem Bankrott stehen

**verger** ['vɜːdʒə(r)] *n. (Eccl.)* Küster, *der*

**Vergil** *see* **Virgil**

**verifiable** ['verɪfaɪəbl] *adj.* nachprüfbar; **this is an easily ~ statement** diese Behauptung läßt sich leicht nachprüfen

**verification** [verɪfɪ'keɪʃn] *n.* **a)** *(check)* Überprüfung, *die;* **~ of the accounts** Prüfung der Bücher; **be open to ~:** sich überprüfen lassen; **b)** *(confirmation)* Nachweis, *der;* **I'll need some ~ of your identity** ich brauche dann noch einen Ausweis von Ihnen; **c)** *(bearing out)* Bestätigung, *die;* **a ~ of their prediction** ein Beweis für die Richtigkeit ihrer Prognose

**verify** ['verɪfaɪ] *v.t.* **a)** *(check)* überprüfen; prüfen ‹*Bücher*›; **ring sb. up to ~ the news** jmdn. anrufen, um sich *(Dat.)* die [Richtigkeit der] Nachricht bestätigen zu lassen; **b)** *(confirm)* bestätigen ‹*Vermutung, Diagnose*›; bekräftigen ‹*Anspruch, Forderung*›; nachweisen ‹*Identität*›; **c)** *(bear out)* bestätigen; beweisen ‹*Theorie*›

**verily** ['verɪlɪ] *adv. (arch.)* wahrlich *(veralt.);* **no** *or* **nay, ~:** nein, fürwahr *(veralt.)*

**verisimilitude** [verɪsɪ'mɪlɪtjuːd] *n., no pl.* Wahrheitsgehalt, *der; (in work of art)* Realistik, *die;* **sth. is designed to add** *or* **give ~ to a story** etw. soll eine Geschichte realistischer erscheinen lassen

**veritable** ['verɪtəbl] *adj. (literary)* richtig; wahr, richtig ‹*Engel, Genie*›; wahr ‹*Wunder*›

**veritably** ['verɪtəblɪ] *adv. (literary)* wirklich [und wahrhaftig]; **it was ~ miraculous** es war ein wahres Wunder; **a ~ suicidal thing to do** der reinste Selbstmord *(ugs.);* **the place ~ swam with wine** der Wein floß buchstäblich in Strömen

**verity** ['verɪtɪ] *n. (literary)* Wahrheit, *die*

**vermicelli** [vɜːmɪ'selɪ, vɜːmɪ'tʃelɪ] *n. (Gastr.)* Vermicelli; Fadennudeln

**vermicide** ['vɜːmɪsaɪd] *n. (Med.)* Wurmmittel, *das*

**vermiform** ['vɜːmɪfɔːm] *adj.* wurmförmig; *see also* **appendix b**

**vermifuge** ['vɜːmɪfjuːdʒ] *(Med.) n.* Wurmmittel, *das*

**vermilion** [və'mɪljən] **1.** *n. (substance)* Zinnober, *der; (colour)* Zinnoberrot, *das.* **2.** *adj.* zinnoberrot

**vermin** ['vɜːmɪn] *n., no pl., no indef. art.* Ungeziefer, *das; (fig. derog.)* Pack, *das (abwertend);* Abschaum, *der (abwertend)*

**verminous** ['vɜːmɪnəs] *adj.* ungezieferverseucht; voller Ungeziefer *nachgestellt; (fig. derog.)* übel

**vermouth** ['vɜːməθ, və'muːθ] *n.* Wermut[wein], *der*

**vernacular** [və'nækjʊlə(r)] **1.** *adj.* **a)** *(native)* landessprachlich; ‹*Predigt, Zeitung*› in der Landessprache; *(not learned or technical)* volkstümlich; *(in dialect)* mundartlich; **~ language** Landessprache, *die*/ Volkssprache, *die*/Mundart, *die;* **the ~ dialect** der regionale Dialekt; **b) ~ architecture** volkstümliche Baukunst. **2.** *n.* **a)** *(native language)* Landessprache, *die; (dialect)* Dialekt, *der;* **b)** *(jargon)* Sprache, *die; (of a profession or group)* Jargon, *der;* **scientific/legal ~:** Wissenschafts-/Juristenjargon, *der;* **thieves' ~:** Gaunersprache, *die;* **~ of youth** Jugendsprache, *die;* **c)** *(homely speech)* Umgangssprache, *die;* **if you'll excuse the ~** *(joc.)* wenn ich das mal so sagen darf

**vernal** ['vɜːnl] *adj.* Frühlings-; *see also* **equinox a**

**vernier** ['vɜːnɪə(r)] *n. (Mech. Engin.)* Nonius, *der*

**veronica** [və'rɒnɪkə] *n. (Bot.)* Ehrenpreis, *das od. der*

**verruca** [ve'ruːkə] *n., pl.* **~e** [ve'ruːsiː] *or* **~s** *(Med.)* Warze, *die;* Verruca, *die (fachspr.)*

**versatile** ['vɜːsətaɪl] *adj.* vielseitig; *(mentally)* flexibel; *(having many uses)* vielseitig verwendbar

**versatility** [vɜːsə'tɪlɪtɪ] *n., no pl.* Vielseitigkeit, *die; (mental)* Flexibilität, *die; (variety of uses)* vielseitige Verwendbarkeit

**verse** [vɜːs] *n.* **a)** *(line)* Vers, *der;* **b)** *(stanza)* Strophe, *die;* **of** *or* **in** *or* **with five ~s** fünfstrophig; **c)** *no pl., no indef. art. (poetry)* Lyrik, *die;* **write some ~:** einige Verse schreiben; **piece of ~:** Gedicht, *das;* **written in ~:** in Versform; **put sth. into ~:** etw. in Verse fassen; **d)** *(in Bible)* Vers, *der; see also* **blank verse; chapter a**

**versed** [vɜːst] *adj.* **be [well] ~ in sth.** sich in etw. *(Dat.)* [gut] auskennen; **he's [well] ~ in such matters** er ist in diesen Dingen [sehr] versiert

**verse: ~ drama** *n. (Lit.)* Versdrama, *das;* **~ translation** *n. (Lit.)* Übertragung in Versform

**versification** [vɜːsɪfɪ'keɪʃn] *n.* **a)** *(composing of verse)* Versedichten, *das; (derog.)* Verseschmieden, *das;* **b)** *(metrical form)* Versbau, *der;* **c)** *(poetical version)* Versfassung, *die*

**versifier** ['vɜːsɪfaɪə(r)] *n.* Versdichter, *der*/ -dichterin, *die; (derog.)* Versemacher, *der*/ -macherin, *die*

**versify** ['vɜːsɪfaɪ] **1.** *v.t.* in Verse fassen. **2.** *v.i.* Gedichte schreiben; *(derog.)* Verse schmieden

**version** ['vɜːʃn] *n.* Version, *die; (in another language)* Übersetzung, *die; (in another form also)* Fassung, *die; (of vehicle, machine, tool)* Modell, *das; see also* **authorize b; revise 1 a**

**verso** ['vɜːsəʊ] *n., pl.* **~s a)** *(Printing, Bibliog.) (left-hand page)* linke Seite; *(back of leaf)* Verso, *das (fachspr.);* Rückseite, *die;* **b)** *(Num.)* Revers, *der (fachspr.);* Rückseite, *die*

**versus** ['vɜːsəs] *prep.* gegen

**vert** [vɜːt] *(Her.)* **1.** *n.* Grün, *das.* **2.** *adj.* grün

**vertebra** ['vɜːtɪbrə] *n., pl.* **~e** ['vɜːtɪbriː] *(Anat.)* Wirbel, *der;* **~e** *(backbone)* Wirbelsäule, *die*

**vertebral** ['vɜːtɪbrəl] *adj. (Anat.)* vertebral *(fachspr.);* Wirbel-; **~ column/muscles** Wirbelsäule, *die*/Rückenmuskulatur, *die*

**vertebrate** ['vɜːtɪbrət, 'vɜːtɪbreɪt] *(Zool.)* **1.** *adj.* Wirbel‹*tier*›; Wirbeltier‹*skelett, -fossilien, -zoologie*›; ‹*Stamm*› der Wirbeltiere. **2.** *n.* Wirbeltier, *das*

**vertex** ['vɜːteks] *n., pl.* **vertices** ['vɜːtɪsiːz] *or* **~es a)** *(highest point)* Gipfel, *der; (of tower, turret)* Spitze, *die; (Archit.: of dome, arch)* Scheitel[punkt], *der;* **b)** *(Geom.) (of curve, surface, angle)* Scheitel[punkt], *der; (of triangle, polygon)* Eckpunkt, *der*

**vertical** ['vɜːtɪkl] **1.** *adj.* **a)** senkrecht; senkrecht aufragend *od.* abfallend ‹*Klippe*›; **be ~:** senkrecht stehen; **b)** *(esp. Econ., Sociol.: combining levels, stages, etc.)* vertikal; *see also* **integration d. 2.** *n.* senkrechte *od.* vertikale Linie; **be out of [the] ~:** nicht im *od.* außer Lot sein

**vertically** ['vɜːtɪkəlɪ] *adv.* **a)** senkrecht; vertikal; **b)** *(esp. Econ., Sociol.: so as to combine levels, stages, etc.)* vertikal

**vertical: ~ 'plane** *n. (Geom.)* Vertikalebene, *die;* **~ 'take-off** *n. (Aeronaut.)* Senkrechtstart, *der;* **~ 'take-off aircraft** *n. (Aeronaut.)* Senkrechtstarter, *der*

**vertices** *pl. of* **vertex**

**vertiginous** [və'tɪdʒɪnəs] *adj.* schwindelerregend ‹*Höhe, Abgrund usw.*›

**vertigo** ['vɜːtɪgəʊ] *n., pl.* **~s** Schwindel, *der;* Vertigo, *die (Med.);* **give sb. ~:** jmdn. schwindelig machen; **she got ~:** ihr wurde schwindelig; **attack of ~:** Schwindelanfall, *der*

**vervain** ['vɜːveɪn] *n. (Bot.)* Eisenkraut, *das*

**verve** [vɜːv] *n.* Schwung, *der; (of artist, orchestra's playing, sports team's play)* Temperament, *das; (of music, sb.'s writing)* Ausdruckskraft, die **(of, in** *Gen.*)

**very** ['verɪ] **1.** *attrib. adj.* **a)** *(precise, exact)* genau; **you must do it this ~ day** du mußt es noch heute tun; **on the ~ day when ...:** genau am [selben] Tag, an dem ...; **you're the ~ person I wanted to see** genau dich wollte ich sehen; **at the ~ moment when ...:** im selben Augenblick, als ...; **just this ~ moment ...:** gerade eben ...; **in the ~ centre** genau in der Mitte; **the ~ opposite** genau das Gegenteil; **the ~ thing** genau das Richtige; **the ~ stones cry out** das schreit ja zum Himmel; **b)** *(extreme)* **at the ~ back/front** ganz hinten/vorn; **at the ~ edge of the cliff** ganz am Rand der Klippe; **at the ~ end/beginning** ganz am Ende/Anfang; **from the ~ outset** *or* **beginning** von Anfang an; **go to the ~ end of the street** ganz bis ans Ende der Straße gehen; **climb to the ~ top of the hill** bis auf den Gipfel des Berges steigen; **a ~ little more** ein ganz kleines bißchen mehr; **only a ~ little** nur ein ganz kleines bißchen; **c)** *(mere)* bloß ‹*Gedanke*›; **at the ~ thought** allein schon beim Gedanken; **the ~ fact of his presence** allein schon seine Anwesenheit; **the ~ mention** allein schon die Erwähnung; **d)** *(absolute)* absolut ‹*Minimum, Maximum*›; **do one's ~ best** *or* **utmost** sein menschenmöglichstes tun; **the ~ most I can offer is ...:** ich kann allerhöchstens ... anbieten; **it's the ~ least** das ist das Allermindeste; **£50 at the ~ most** allerhöchstens 50 Pfund; **they should at the ~ least consider the proposal** sie sollten das Angebot zumindest einmal in Erwägung ziehen; **be the ~ first to arrive** als allererster ankommen; **for the ~ last time** zum allerletzten Mal; **e)** *(used as emphatic or intensive)* **his ~ mother** seine eigene Mutter; **before their ~ eyes** vor ihren Augen; **be caught in the ~ act** auf frischer Tat ertappt werden; **be the ~ picture of health** wie die Gesundheit in Person aussehen; **under sb.'s ~ nose** *(fig. coll.)* direkt vor jmds. Augen *(Dat.);* **f)** *(arch.: real)* wahr ‹*Grund, Seelenfriede, Seele*›; richtig ‹*Teufel*›; rein ‹*Wahnsinn*›. **2.** *adv.* **a)** *(extremely)* sehr; **it's ~ near** es ist ganz in der Nähe; **in the ~ near future** in allernächster Zukunft; **it's ~ possible that ...:** es ist sehr gut möglich, daß ...; **~ probably** höchstwahrscheinlich; **she's ~/so ~ thin** sie ist sehr dünn/so dünn; **how ~ rude [of him]!** das ist aber unhöflich [von ihm]!; **[yes,] ~ much [so]** [ja,] sehr; **~ much prettier/better** [sehr] viel hübscher/besser; **not ~ much** nicht sehr; **~ little** [nur] sehr wenig ‹*verstehen, essen*›; **there's ~ little reason to do it** es spricht kaum etwas dafür, es zu tun; **thank you [~,] ~ much** [vielen,] vielen Dank; **[yes,] thank you ~ much** o ja, sehr gern; **no, thank you ~ much** nein, danke vielmals; **you are [~,] ~ kind** *(thank-*

*ing)* das ist [wirklich] sehr freundlich von Ihnen; **not ~ big** *(not extremely big)* nicht sehr groß; *(not at all big)* nicht gerade groß; *see also* **reverend 1; ¹so1 a, 2; b)** *(absolutely)* aller⟨*best..., -letzt..., -leichtest...*⟩; **at the ~ latest** allerspätestens; **the ~ last thing I expected** das, womit ich am allerwenigsten gerechnet hatte; **keep sth. for one's ~ own** etw. für sich ganz allein behalten; **have sth. of one's ~ own** etw. haben, das einem ganz allein gehört; **c)** *(precisely)* **the ~ same one** genau der-/die-/dasselbe; **that is the ~ word he used** das ist genau das Wort, das er gebrauchte; **meet the ~ next day** sich gleich am nächsten Tag treffen; **in his ~ next sentence/breath** schon im nächsten Satz/Atemzug; **d) ~ good** *(accepting)* sehr wohl; *(agreeing)* sehr schön; **~ well** *expr. reluctant consent* also gut; na schön; **that's all ~ well, but ...**: das ist ja alles schön und gut, aber ...

**very high 'frequency** *n. (Radio)* Ultrakurzwelle, *die*

**Very light** ['verɪ laɪt, 'vɪərɪ laɪt] *n. (Mil.)* Leuchtkugel, *die*

**vesicle** ['vesɪkl] *n.* **a)** *(Anat., Geol.)* Blase, *die;* **b)** *(Zool., Bot., Med.)* Bläschen, *das*

**vespers** ['vespəz] *n., constr. as sing. or pl. (Eccl.)* Vesper, *die*

**vessel** ['vesl] *n.* **a)** *(receptacle; also Anat., Bot.)* Gefäß, *das;* **[drinking-]~**: Trinkgefäß, *das; see also* **blood-vessel; b)** *(Naut.)* Schiff, *das;* **c)** *(Bibl./joc.: person)* Typ, *der;* **weak ~**: unsicherer Kantonist/unsichere Kantonistin *(ugs.);* **the weaker ~**: das schwache Geschlecht *(ugs.); (Bibl.)* das schwächere Gefäß

**vest** [vest] **1.** *n.* **a)** *(Brit.: undergarment)* Unterhemd, *das; (woman's)* Hemd, *das;* **b)** *(Amer.: waistcoat)* Weste, *die.* **2.** *v. t.* **~ sb. with sth., ~ sth. in sb.** jmdm. etw. verleihen; **be ~ed with the power to do sth.** berechtigt sein, etw. zu tun; **~ sb. with [rights in] sth.** jmdm. Ansprüche auf etw. *(Akk.)* einräumen; **be ~ed in sb.** jmdm. übertragen sein; **by the authority ~ed in me** kraft der mir verliehenen Vollmacht; *see also* **vested. 3.** *v. i.* **~ in sb.** jmdm. übertragen werden

**vestal** ['vestl] *(Roman Mythol.)* **1.** *adj.* vestalisch ⟨*Gesetz, Gelübde*⟩; ⟨*Schrein, Feuer*⟩ der Vesta. **2.** *n. see* **vestal virgin**

**vestal 'virgin** *n.* Vestalin, *die*

**vested** ['vestɪd] *adj.* **~ interest/right** wohlerworbener Anspruch; *(established by law)* gesetzlicher Anspruch; **~ interests** *(groups of persons)* Interessengruppen; **have a ~ interest in sth.** *(fig.)* ein persönliches Interesse an etw. *(Dat.)* haben

**vestibule** ['vestɪbju:l] *n.* **a)** *(indoors)* [Eingangs]halle, *die;* **b)** *(external porch)* Vorhalle, *die;* **c)** *(Amer. Railw.)* Vorraum, *der;* **d)** *(Anat.)* Innenohrvorhof, *der;* Vestibulum, *das (fachspr.)*

**vestige** ['vestɪdʒ] *n.* **a)** Spur, *die;* **not the slightest or least ~** *or* **not a single ~ [of sth. remains]** nicht das geringste *od.* nicht die Spur [ist von etw. übrig]; **not a ~ of truth/honour** kein Fünkchen Wahrheit/Ehre; **b)** *(Biol.)* Rudiment, *das*

**vestigial** [ve'stɪdʒɪəl] *adj.* rudimentär *(geh.; fachspr.);* spärlich ⟨*Überreste*⟩; verkümmert ⟨*Tradition, Brauch*⟩

**vestment** ['vestmənt] *n.* [Priester]gewand, *das; (worn on special occasions)* Ornat, *das*

**'vest-pocket** *attr. adj. (Amer.)* Taschen-; im [Westen]taschenformat *nachgestellt; (fig.: very small)* Miniatur⟨*modell, -ausgabe, -version*⟩

**vestry** ['vestrɪ] *n. (Eccl.)* Sakristei, *die*

**Vesuvius** [vɪ'su:vɪəs] *pr. n.* der Vesuv

**¹vet** [vet] **1.** *n.* Tierarzt, *der/*-ärztin, *die.* **2.** *v. t.*, **-tt-** überprüfen; **~ an article for errors** einen Artikel auf Fehler [hin] durchsehen

**²vet** *(Amer. coll.) see* **veteran 1**

**vetch** [vetʃ] *n. (Bot.)* Wicke, *die*

**veteran** ['vetərən] **1.** *n.* Veteran, *der/*Veteranin, *die;* **V~s' Day** *amerikanischer Gedenktag anläßlich des Waffenstillstandes 1918 u. 1945.* **2.** *attrib. adj.* altgedient ⟨*Offizier, Politiker, Schauspieler*⟩

**veteran 'car** *n. (Brit.)* Veteran, *der*

**veterinarian** [vetərɪ'neərɪən] *(Amer.) see* **veterinary surgeon**

**veterinary** ['vetərɪnərɪ] *attrib. adj.* tiermedizinisch; veterinär; **~ science/medicine** Veterinär- *od.* Tiermedizin, *die;* **~ practice** Tierarztpraxis, *die;* **course of ~ training** Ausbildung zum Tierarzt; **~ college** Institut für Tiermedizin

**veterinary 'surgeon** *n. (Brit.)* Tierarzt, *der/*-ärztin, *die*

**veto** ['vi:təʊ] **1.** *n., pl.* **~es a) [power** *or* **right of] ~**: Veto[recht], *das; see also* **pocket veto; b)** *(rejection, prohibition)* Veto, *das* **(on** gegen, **from** von seiten); **has there been a ~ of the bill?** hat jemand sein Veto gegen den Gesetzentwurf eingelegt?; **put a** *or* **one's ~ on sth.** sein Veto gegen etw. erheben *od.* einlegen. **2.** *v. t.* sein Veto einlegen gegen

**vex** [veks] *v. t.* [ver]ärgern; *(cause to worry)* beunruhigen; *(dissatisfy, disappoint)* bekümmern; **[be enough to] ~ a saint** den bravsten Menschen in Harnisch bringen; **be ~ed about** *or* **at sth.** sich über etw. *(Akk.)* ärgern; **be ~ed that ...**: sich darüber ärgern, daß ...; **I am ~ed that ...**: es ärgert mich, daß ...; **be ~ed with sb.** sich über jmdn. ärgern

**vexation** [vek'seɪʃn] *n.* **a)** *(act of harassing)* Belästigung, *die;* **take pleasure in the ~ of sb.** sich *(Dat.)* ein Vergnügen daraus machen, jmdn. zu ärgern; **b)** *(state of irritation)* Verärgerung, *die* **(with, at** über + *Akk.*); *(state of worry)* Beunruhigung, *die; (dissatisfaction, disappointment)* Kummer, *der;* **suffer [much] ~**: [viel] Ärger/Kummer haben; **cause sb. ~** *(irritate)* jmdm. Ärger bereiten; *(worry)* jmdn. in Unruhe versetzen; *(disappoint)* jmdm. Kummer machen; **have the ~ of seeing sth. happen** verärgert/bekümmert mit ansehen müssen, wie etw. geschieht; **c)** *(annoying thing)* Ärgernis, *das* **(to, for** für); **constant ~s from sb.** ständige Belästigungen durch jmdn.; **d)** *(Law)* Schikane, *die*

**vexatious** [vek'seɪʃəs] *adj.* **a)** ärgerlich; unausstehlich ⟨*Person*⟩; **it is ~ that .../to ...**: es ist ärgerlich, daß .../zu ...; **b)** *(Law)* schikanös

**vexatiously** [vek'seɪʃəslɪ] *adv.* **a)** ungehörig ⟨*sich benehmen, sich verhalten*⟩; **he said, rather ~, that ...**: sehr zu meinem Ärger/Kummer sagte er, daß ...; **~ complicated** lästig und kompliziert; **b)** *(Law)* aus Schikane; schikanös ⟨*sich verhalten*⟩

**vexed** [vekst] *adj.* **a)** *(annoyed)* verärgert **(by** über + *Akk.*); *(distressed)* bekümmert **(by** über + *Akk.*); **b) ~ question** vieldiskutierte Frage

**vexing** ['veksɪŋ] *adj.* lästig ⟨*Angelegenheit, Problem, Sorgen*⟩; ärgerlich ⟨*Zwickmühle*⟩

**VFR** *abbr. (Aeronaut.)* **visual flight rules** Sichtflugregeln

**VG** *abbr.* **very good**

**VHF** *abbr.* **very high frequency** UKW

**via** ['vaɪə] *prep.* über (+ *Akk.*) ⟨*Ort, Sender, Telefon*⟩; auf (+ *Dat.*) ⟨*Weg*⟩; durch ⟨*Eingang, Schornstein, Person*⟩; per ⟨*Post*⟩

**viability** [vaɪə'bɪlɪtɪ] *n., no pl.* **a)** *(of foetus, animal, plant)* Lebensfähigkeit, *die; (of seed)* Keimfähigkeit, *die;* **b)** *(fig.) (of state, company)* Lebensfähigkeit, *die; (feasibility)* Realisierbarkeit, *die*

**viable** ['vaɪəbl] *adj.* **a)** *(capable of maintaining life)* lebensfähig; keimfähig; **be more ~ than ...**: besser überleben als ...; **b)** *(fig.)* lebensfähig ⟨*Staat, Firma*⟩; *(feasible)* realisierbar

**viaduct** ['vaɪədʌkt] *n.* Viadukt, *das od. der*

**viands** ['vaɪəndz] *n. pl. (formal)* Eßwaren *Pl.; (for journey)* Wegzehrung, *die (geh.)*

**vibes** [vaɪbz] *n. pl. (coll.)* **a)** *(Mus.)* Vibraphon, *das;* **b)** *(vibrations)* Schwingungen; Vibrations *(salopp);* **I get good ~ from him** er törnt *od.* macht mich an *(ugs.);* **give sb. bad ~**: jmdn. abtörnen *(ugs.);* **feel those ~, man!** das törnt echt an! *(ugs.)*

**vibrant** ['vaɪbrənt] *adj.* **a)** *(vibrating)* vibrierend; schwingend, vibrierend ⟨*Saite, Draht*⟩; **b)** *(thrilling)* pulsierend ⟨*Leben*⟩; schwungvoll ⟨*Vorstellung*⟩; lebensprühend ⟨*Atmosphäre*⟩; dynamisch ⟨*Kraft*⟩; lebhaft ⟨*Farbe, Rot*⟩; **be ~ with activity/life** vor Aktivitäten/Leben *(Dat.)* sprühen; **a painting ~ with colour** ein farbenprächtiges Gemälde; **c)** *(resonant)* volltönend ⟨*Stimme*⟩; voll ⟨*Ton*⟩

**vibraphone** ['vaɪbrəfəʊn] *n. (Mus.)* Vibraphon, *das*

**vibrate** [vaɪ'breɪt] **1.** *v. i.* **a)** vibrieren; *(under strong impact)* beben; **b)** *(resound)* [nach]klingen; **the sound of the anvil ~d in the streets** das Klingen des Ambosses hallte durch die Straßen; **c)** *(Phys.)* schwingen; ⟨*Glocke:*⟩ vibrieren; **d)** *(thrill)* ⟨*Stadt, Party, Aufsatz:*⟩ sprühen **(with** vor + *Dat.*); ⟨*Stimme, Körper:*⟩ vibrieren **(with** vor + *Dat.*). **2.** *v. t.* vibrieren lassen; zum Schwingen bringen ⟨*Saite*⟩

**vibration** [vaɪ'breɪʃn] *n.* **a)** *(vibrating)* Vibrationen; *(visible)* Vibrieren, *das; (under strong impact)* Beben, *das;* **send ~s** *or* **a ~ through sth.** ⟨*Erdstoß:*⟩ etw. erzittern lassen; **b)** *(Phys.)* Schwingung, *die;* **c)** *in pl. (fig.)* **get some ~s** etwas spüren; **his presence gives me bad ~s** in seiner Gegenwart fühle ich mich [irgendwie] unwohl; **I get good ~s from this place/music** dieser Ort/diese Musik hat eine wohltuende Ausstrahlung

**vibrational** [vaɪ'breɪʃənl] *adj. (Phys.)* Schwingungs-

**vibrato** [vɪ'brɑ:təʊ] *n., pl.* **~s** *(Mus.)* Vibrato, *das*

**vibrator** [vaɪ'breɪtə(r)] *n.* **a)** Vibrator, *der;* **b)** *(Electr.)* Zerhacker, *der*

**viburnum** [vaɪ'bɜ:nəm] *n. (Bot.)* Schneeball, *der*

**vicar** ['vɪkə(r)] *n.* Pfarrer, *der;* **lay ~**: *Laie, der Teile der Liturgie singt*

**vicarage** ['vɪkərɪdʒ] *n.* Pfarrhaus, *das*

**vicar apos'tolic** *n. (RC Ch.)* Apostolischer Vikar

**vicarious** [vɪ'keərɪəs] *adj.* **a)** *(delegated)* Stellvertreter-; **his authority** *or* **power is ~**: er hat Stellvertreterbefugnisse; **b)** *(done for another)* stellvertretend; **perform ~ work/tasks** Arbeit/Aufgaben stellvertretend erledigen; **~ suffering[s]** *(Theol.)* stellvertretendes Leiden; **c)** *(experienced through another)* nachempfunden ⟨*Freude, Erregung usw.*⟩; **~ [sexual] satisfaction** Ersatzbefriedigung, *die;* **take a ~ delight in sb.'s success** sich mit jmdm. *od.* für jmdn. über dessen Erfolg *(Akk.)* freuen

**vicariously** [vɪ'keərɪəslɪ] *adv.* **a)** *(as a substitute for another)* stellvertretend; **b)** *(by means of a substitute)* indirekt

**vicariousness** [vɪ'keərɪəsnɪs] *n., no pl.* stellvertretender Charakter; **the ~ of this experience** die Mittelbarkeit dieses Erlebnisses

**¹vice** [vaɪs] *n.* **a)** Laster, *das;* **a life/den of ~**: ein Lasterleben/eine Lasterhöhle; **b)** *(defect)* Fehler, *der;* **he has no redeeming ~**: er hat aber auch gar kein[e] Laster

**²vice** *n. (Brit.: tool)* Schraubstock, *der*

**³vice** *n. (coll.: deputy)* Vize, *der (ugs.)*

**vice-** *pref.* Vize-

**vice: ~-'admiral** *n. (Navy)* Vizeadmiral, *der;* **~-'chairman** *n.* stellvertretender Vorsitzender; **~-'chairmanship** *n.* Amt des/der stellvertretenden Vorsitzenden; **~-'chancellor** *n. (Univ.)* Vizekanzler, *der/*Vizekanzlerin, *die*

**'vicelike** *adj.* eisern ⟨*Griff*⟩; fest ⟨*Umklammerung, Schwitzkasten*⟩

**vice: ~-'presidency** *n.* Amt des Vizepräsidenten/der Vizepräsidentin; **~-'president** *n.* Vizepräsident, *der*/-präsidentin, *die;* **~-'principal** *n. (Educ.)* stellvertretender Leiter/stellvertretende Leiterin; **~'regal** *adj.* eines/des Vizekönigs *nachgestellt*

**viceroy** ['vaɪsrɔɪ] *n.* Vizekönig, *der*

**viceroyship** ['vaɪsrɔɪʃɪp] *n.* Amt eines Vizekönigs

**'vice squad** *n. (Police)* Sittenpolizei, *die*

**vice versa** [vaɪsɪ 'vɜ:sə] *adv.* umgekehrt

**vicinity** [vɪ'sɪnɪtɪ] *n.* **a)** *(neighbourhood)* Umgebung, *die;* **from London or its ~:** aus London und Umgebung; **in our ~:** nicht weit von uns [entfernt]; **in the immediate ~:** ganz in der Nähe; **in the ~ [of a place]** in der Nähe [eines Ortes]; **in the ~ of 50** *(fig.)* so um die 50; **b)** *no pl. (nearness)* Nähe, *die;* **in close ~ to the church** ganz in der Nähe der Kirche

**vicious** ['vɪʃəs] *adj.* **a)** *(malicious, spiteful)* böse; boshaft ‹*Äußerung*›; böswillig ‹*Versuch, Kritik*›; bösartig ‹*Äußerung, Tier*›; **b)** *(depraved)* übel ‹*Benehmen, Charakter*›; *(addicted to vice)* verdorben; *(wicked)* skrupellos ‹*Tyrann, Verbrecher*›; schlecht ‹*Person, Menschheit*›; **c)** *(violent, severe)* brutal; unerträglich ‹*Wetter, Schmerz*›

**vicious 'circle** *n.* Teufelskreis, *der*

**viciously** ['vɪʃəslɪ] *adv.* **a)** *(maliciously, spitefully)* boshaft; auf gehässige Weise ‹*kritisieren*›; **b)** *(violently, severely)* brutal

**viciousness** ['vɪʃəsnɪs] *n., no pl.* **a)** *(maliciousness, spitefulness)* Boshaftigkeit, *die; (of animal)* Bösartigkeit, *die;* **b)** *(depravity)* Lasterhaftigkeit, *die; (of tyrant, criminal, government)* Skrupellosigkeit, *die;* **c)** *(violence, severity)* Brutalität, *die; (of weather, pain)* Unerträglichkeit, *die*

**vicious 'spiral** *n.* Teufelskreis, *der;* **the ~ of wage increases and price rises** die Lohn-Preis-Spirale

**vicissitude** [vɪ'sɪsɪtju:d] *n.* steter Wandel; **~s** *(fickleness)* Unbeständigkeit, *die;* **the ~s of life** die Wechselfälle des Lebens

**victim** ['vɪktɪm] *n.* **a)** Opfer, *das; (of sarcasm, abuse)* Zielscheibe, *die (fig.);* **be the ~ of sb.'s anger/envy/policy** unter jmds. Zorn/Neid/Politik *(Dat.)* zu leiden haben; **be one's own ~:** das Opfer seiner selbst sein; **be a ~ of fortune** dem Schicksal ausgeliefert sein; **fall [a] ~ to sth.** das Opfer einer Sache *(Gen.)* werden; **fall ~ to the plague/to drought/famine** der Pest/Trockenheit/Hungersnot *(Dat.)* zum Opfer fallen; **fall a ~ to love/sb.'s charms** sein Herz verlieren/jmds. Charme *(Dat.)* erliegen; **b)** *(dupe)* Opfer, *das;* **I refuse to be made his ~:** ich lasse mich von ihm nicht täuschen; **c)** *(Relig.)* Opfer, *das; (animal)* Opfertier, *das;* **human sacrificial ~s** Menschenopfer

**victimisation, victimise** *see* **victimiz-**

**victimization** [vɪktɪmaɪ'zeɪʃn] *n.* Schikanierung, *die; (selective punishment)* gezielte Bestrafung

**victimize** ['vɪktɪmaɪz] *v. t.* **a)** *(make a victim)* schikanieren; **be ~d [by sb.]** unter jmdm. zu leiden haben; **b)** *(punish selectively)* gezielt bestrafen

**victor** ['vɪktə(r)] *n.* Sieger, *der*/Siegerin, *die*

**Victoria** [vɪk'tɔ:rɪə] *pr. n.* **a)** *(Hist., as name of ruler etc.)* Viktoria *(die);* **b)** *(Geog.)* Victoria *(das)*

**victoria** *n.* **~ [plum]** Königin-Viktoria-Pflaume, *die*

**Victoria: ~ 'Cross** *n. (Brit.)* Viktoriakreuz, *das;* **~ 'Falls** *n. pl.* Victoriafälle *Pl.*

**Victorian** [vɪk'tɔ:rɪən] **1.** *adj.* viktorianisch. **2.** *n.* Viktorianer, *der*/Viktorianerin, *die*

**Victoriana** [vɪktɔ:rɪ'ɑ:nə] *n.pl.* viktorianische Antiquitäten

**victorious** [vɪk'tɔ:rɪəs] *adj.* **a)** siegreich; **be ~ over sb./sth.** über jmdn./etw. siegreich bleiben; **be ~ in one's struggle** aus seinem Kampf siegreich hervorgehen; **b)** *(marked by victory)* erfolgreich ‹*Verteidigung, Kreuzzug*›; siegreich ‹*Feldzug, Eroberung, Angriff*›; triumphierend ‹*Gruß, Lächeln*›; **~ procession** Triumphzug, *der*

**victoriously** [vɪk'tɔ:rɪəslɪ] *adv.* erfolgreich; siegreich ‹*kämpfen, zurückkehren*›; triumphierend ‹*rufen, lächeln, marschieren*›

**victory** ['vɪktərɪ] *n.* Sieg, *der* (**over** über + *Akk.*); *attrib.* Sieges-; **achieve ~:** den Sieg erringen; **be sure of ~:** der sichere Sieger sein; **lead one's troops to ~:** seine Truppen zum Sieg führen; **~ will be ours** der Sieg wird unser sein; **gain** *or* **win a ~ over sb./sth.** einen Sieg über jmdn./etw. erringen; *see also* **moral victory; Pyrrhic**

**victual** ['vɪtl] *(formal)* **1.** *n. in pl.* Eßwaren *Pl.; (of fort, ship, for journey)* Proviant, *der.* **2.** *v. t., (Brit.)* **-ll-** verproviantieren

**victualler** ['vɪtələ(r)] *n.* **licensed ~** *(Brit.)* Gastwirt, *der*/-wirtin, *die*

**vide** ['vaɪdɪ, 'vɪdeɪ, 'vi:deɪ] *v. t. imper.* siehe

**video** ['vɪdɪəʊ] **1.** *adj.* Video‹*recorder, -kassette, -kopf*›. **2.** *n., pl.* **~s a)** *(~ recorder)* Videorecorder, *der; (~ film, ~tape, ~ recording)* Video, *das (ugs.);* **have sth. on ~:** etw. auf Video haben *(ugs.);* **b)** *(visual element of TV broadcasts)* Bild, *das.* **3.** *v. t. see* **videotape 2**

**video: ~ camera** *n.* Videokamera, *die;* **~ cas'sette** *n.* Videokassette, *die;* **~ cas'sette recorder** *n.* Videokassettenrecorder, *der;* **~ disc** *n.* Bild- *od.* Videoplatte, *die;* **~ film** *n.* Videofilm, *der;* **~ frequency** *n.* Videofrequenz, *die;* **~ game** *n.* Videospiel, *das;* **~gram** ['vɪdɪəʊgræm] *n. bespielte Videokassette od. -platte, die keine private Kopie und kein Fernsehmitschnitt ist;* **~ 'nasty** *n.* Horrorvideo, *das;* **~phone** *n.* Bildtelefon, *das;* **~ recorder** *n.* Videorecorder, *der;* **~ recording** *n.* Videoaufnahme, *die;* **~ signal** *n.* Videosignal, *das;* **~tape 1.** *n.* Videoband, *das;* **2.** *v. t.* [auf Videoband *(Akk.)*] aufnehmen; **~ telephone** *n.* Bildtelefon, *das;* **~tex** ['vɪdɪəʊteks], **~text** *n.* Bildschirmtext, *der; (teletext)* Videotext, *der*

**vie** [vaɪ] *v. i.,* **vying** ['vaɪɪŋ] **~ [with sb.] for sth.** [mit jmdm.] um etw. wetteifern; **~ with sb. in sth.** jmdn. mit etw. zu übertreffen suchen

**Vienna** [vɪ'enə] **1.** *pr. n.* Wien *(das).* **2.** *attrib. adj.* Wiener

**Viennese** [vɪə'ni:z] **1.** *adj.* Wiener; **sb. is ~:** jmd. ist Wiener/Wienerin. **2.** *n., pl. same* Wiener, *der*/Wienerin, *die*

**Vietnam** [vɪet'næm] *pr. n.* **a)** Vietnam *(das);* **b) ~ [War]** Vietnamkrieg, *der*

**Vietnamese** [vɪetnə'mi:z] **1.** *adj.* vietnamesisch. **2.** *n., pl. same* **a)** *(person)* Vietnamese, *der*/Vietnamesin, *die;* **b)** *(language)* Vietnamesisch, *das*

**view** [vju:] **1.** *n.* **a)** *(range of vision)* Sicht, *die;* **get a good ~ of sth.** etw. gut sehen können; **have** *or* **get one's first ~ of sth.** etw. zum ersten Mal zu sehen bekommen; **have a clear/distant ~ of sth.** etw. deutlich/in der Ferne sehen können; **be out of/in ~:** nicht zu sehen/zu sehen sein; **come into ~:** in Sicht kommen; **be lost to ~:** nicht mehr zu sehen sein; **disappear from ~:** verschwinden; **leave the back exposed to [the] ~:** ‹*Kleid:*› den Rücken freilassen; **our hotel has a good ~ of the sea** von unserem Hotel aus kann man das Meer gut sehen; **in full ~ of everyone in the street** vor den Augen aller Passanten; *see also* **[1]full 1 d; [1]hide 1 c; b)** *(what is seen)* Aussicht, *die;* **the ~s from here** die Aussicht von hier; **a house with fine ~s** ein Haus mit schöner Aussicht; **a room with a ~:** ein Zimmer mit Aussicht; **just for the ~/views** nur um die Aussicht zu genießen; **c)** *(picture)* Ansicht, *die;* **photographic ~:** Foto, *das;* **take a ~ of sth.** ein Bild von etw. machen; **d)** *(opinion)* Ansicht, *die;* **what is your ~** *or* **are your ~s on this?** was meinst du dazu?; **what is your ~ of him?** was hältst du von ihm?; **be grateful for sb.'s ~ of** *or* **~s on sth.** jmdm. für eine Stellungnahme zu etw. dankbar sein; **don't you have any ~[s] about it?** hast du keine Meinung dazu?; **the ~s of the public** die öffentliche Meinung; **the general/majority ~ is that ...:** die Allgemeinheit/Mehrheit ist der Ansicht, daß ...; **take a favourable ~ of sth.** etw. billigen; **have** *or* **hold ~s about** *or* **on sth.** eine Meinung über etw. *(Akk.)* haben; **hold** *or* **take the ~ that ...:** der Ansicht sein, daß ...; **in my ~:** meiner Ansicht nach; **in sb.'s ~:** nach jmds. Ansicht; **I take a different ~:** ich bin anderer Ansicht; **take a critical/grave/optimistic ~ of sth.** etw. kritisch/ernst/optimistisch beurteilen; *see also* **dim 1 e; [1]long 1 a; poor 1 i; e) be on ~** ‹*Waren, Haus:*› besichtigt werden können; ‹*Bauplan:*› [zur Einsicht] ausliegen; **have sth. in ~** *(fig.)* etw. im Auge haben; **in ~ of sth.** *(fig.)* angesichts einer Sache; **keep sth. in ~** *(fig.)* etw. im Auge behalten; **with a ~ to** *or* **with a** *or* **the ~ of doing sth.** in der Absicht, etw. zu tun; **with a ~ to sth.** *(fig.)* mit etw. im Auge; **with this in ~:** in Anbetracht dessen; *see also* **point 1 k; f)** *(survey)* Betrachtung, *die; (of house, site)* Besichtigung, *die;* **on taking a closer ~:** bei näherer Betrachtung; **if we take a broad** *or* **general ~ of the problem** bei allgemeiner Betrachtung des Problems; **give a ~ of sth.** ‹*Buch:*› einen Überblick über etw. *(Akk.)* geben; *see also* **private view[ing]. 2.** *v. t.* **a)** *(look at)* sich *(Dat.)* ansehen; **b)** *(consider)* betrachten; beurteilen ‹*Situation, Problem*›; **~ed in this light ...:** so gesehen ...; **~ed ethically** aus ethischer Sicht; **I ~ the matter differently** ich sehe das anders; **c)** *(inspect)* besichtigen; **ask to ~ sth.** darum bitten, etw. besichtigen zu dürfen. **3.** *v. i. (Telev.)* fernsehen

**viewdata** ['vju:deɪtə] *n. (Teleph.)* Bildschirmtextsystem, *das*

**viewer** ['vju:ə(r)] *n.* **a)** *(Telev.)* [Fernseh]zuschauer, *der*/-zuschauerin, *die;* **b)** *(Photog.) (for cine film)* Filmbetrachter, *der; (for slides)* Diabetrachter, *der*

**'viewfinder** *n. (Photog.)* Sucher, *der*

**viewing** ['vju:ɪŋ] *n.* **a)** *(Telev.)* Fernsehen, *das;* **~ has decreased** der Fernsehkonsum ist zurückgegangen; **~ figures** Einschaltquoten; **at peak ~ time** zur besten Sendezeit; **b)** *(of house, at auction, etc.)* Besichtigung, *die; see also* **private view[ing]**

**viewpoint** ['vju:pɔɪnt] *n.* Standpunkt, *der;* Sehweise, *die;* **from a general/the political/the social ~ ...:** allgemein/politisch/gesellschaftlich gesehen *od.* betrachtet, ...; **seen from that ~ ...:** so gesehen *od.* betrachtet, ...; **see sth. from sb.'s ~:** etw. aus jmds. Sicht sehen

**vigil** ['vɪdʒɪl] *n.* **a)** Wachen, *das;* **nocturnal ~:** Nachtwache, *die;* **keep ~ [over sb.]** [bei jmdm.] wachen; **b)** *(Relig.)* Vigil, *die*

**vigilance** ['vɪdʒɪləns] *n., no pl.* Wachsamkeit, *die;* **exercise ~ lest sb. escape** wachsam sein, damit jmd. nicht entkommt; **escape sb.'s ~:** jmds. Wachsamkeit *(Dat.)* entgehen; jmdm. entgehen

**'vigilance committee** *n. (Amer.)* Bürgerwehr, *die*

**vigilant** ['vɪdʒɪlənt] *adj.* wachsam; **be ~ for sth.** auf etw. *(Akk.)* achten

**vigilante** [vɪdʒɪ'læntɪ] *n.* Mitglied einer/der Bürgerwehr; **~ group** Bürgerwehr, *die*

**vigilantly** ['vɪdʒɪləntlɪ] *adv.* wachsam

**vignette** [vi:'njet] *n.* **a)** *(Lit.)* Skizze, *die;* **b)** *(Art, Photog.)* vignettiertes Bild

**vigor** *(Amer.) see* **vigour**

**vigorous** ['vɪgərəs] *adj.* kraftvoll; kräftig ‹*Person, Tier, Stoß, Pflanze, Wachstum, Trieb*›; robust ‹*Gesundheit*›; leidenschaftlich ‹*Debattierer, Debatte, Verteidigung, Befürworter*›; heftig ‹*Nicken, Attacke, Kritik, Protest*›; intensiv ‹*Gymnastik, Denksport*›; energisch ‹*Versuch, Anstrengung, Leugnen,*

*Maßnahme*⟩; schwungvoll ⟨*Rede*⟩; **be too ~ for sb.** ⟨*Gymnastik:*⟩ zu anstrengend für jmdn. sein

**vigorously** ['vɪgərəslɪ] *adv.* heftig; leidenschaftlich ⟨*musizieren, reden, schreiben*⟩; intensiv ⟨*Gymnastik treiben*⟩; energisch ⟨*versuchen, beginnen*⟩; kräftig ⟨*schrubben, reiben, ziehen, drücken, wachsen*⟩

**vigour** ['vɪgə(r)] *n. (Brit.)* **a)** *(of person, animal, sexuality)* Vitalität, *die; (of limbs, body)* Kraft, *die; (of health)* Robustheit, *die; (of debate, argument, struggle, protest, denial, attack, criticism)* Heftigkeit, *die; (of performance, speech)* Schwung, *der; (of words, style, mind, intellect)* Lebendigkeit, *die;* **with ~:** schwungvoll ⟨*musizieren, reden, singen, schauspielern*⟩; kräftig ⟨*reiben, schrubben, drücken, ziehen*⟩; **b)** *(Bot.)* Wuchskraft, *die*

**Viking** ['vaɪkɪŋ] *n. (Hist.)* Wikinger, *der*/Wikingerin, *die; attrib.* Wikinger-

**vile** [vaɪl] *adj.* **a)** *(base)* verwerflich *(geh.)*; abscheulich ⟨*Sünde, Charakter, Verbrechen*⟩; gemein ⟨*Verleumdung*⟩; vulgär ⟨*Sprache*⟩; *(repulsive)* widerwärtig; **don't be so ~!** sei nicht so gemein!; **be ~ to sb.** gemein zu jmdm. sein; **b)** *(coll.: very unpleasant)* scheußlich *(ugs.)*

**vilely** ['vaɪllɪ] *adv.* **a)** in verwerflicher Weise *(geh.)*; **act/behave ~:** abscheulich handeln/gemein sein; **speak ~ of sb.** abscheuliche Dinge über jmdn. sagen; **b)** *(coll.: very unpleasantly)* scheußlich *(ugs.)*

**vileness** ['vaɪlnɪs] *n., no pl. see* **vile: a)** Verwerflichkeit, *die (geh.)*; Abscheulichkeit, *die;* Gemeinheit, *die;* Vulgarität, *die;* Widerwärtigkeit, *die;* **b)** Scheußlichkeit, *die (ugs.)*

**vilification** [vɪlɪfɪ'keɪʃn] *n.* Verunglimpfung, *die (geh.)*

**vilify** ['vɪlɪfaɪ] *v.t.* verunglimpfen *(geh.)*

**villa** ['vɪlə] *n.* **a)** *(holiday house)* **[holiday] ~:** Ferienhaus, *das;* **b)** *(country house)* **[country] ~:** Landhaus, *das;* **c)** *(Brit.: suburban house) besseres Einfamilienhaus*

**village** ['vɪlɪdʒ] *n.* Dorf, *das; attrib.* Dorf⟨*leben, -kneipe usw.*⟩

**village: ~ 'green** *n.* Dorfwiese, *die;* **~ 'idiot** *n.* Dorftrottel, *der*

**villager** ['vɪlɪdʒə(r)] *n.* Dorfbewohner, *der*/-bewohnerin, *die*

**villain** ['vɪlən] *n.* **a)** *(scoundrel)* Verbrecher, *der; (arch. derog.)* Schurke, *der;* **b) ~ [of the piece]** *(Theatre; also fig.)* Bösewicht, *der;* **c)** *(coll.: rascal)* [kleiner] Halunke *(scherzh.)*

**villainous** ['vɪlənəs] *adj.* **a)** gemein; abscheulich; **b)** *(coll.: very bad)* scheußlich *(ugs.)*

**villainously** ['vɪlənəslɪ] *adv.* gemein; abscheulich; in gemeiner *od.* abscheulicher Weise ⟨*morden, Verrat üben, sich verschwören*⟩

**villainy** ['vɪlənɪ] *n.* Gemeinheit, *die;* Abscheulichkeit, *die;* **forsake ~:** aller Gemeinheit abschwören

**villein** ['vɪlɪn] *n. (Hist.)* Leibeigene, *der/die*

**vim** [vɪm] *n., no pl. (coll.)* Schwung, *der;* **put some [more] ~ into it!** leg dich mal ein bißchen [mehr] ins Zeug! *(ugs.)*

**vinaigrette** [vɪnɪ'gret] *n.* **a)** *(smelling-bottle)* Riechfläschchen, *das;* **b) ~ [sauce]** *(Cookery)* Vinaigrette, *die*

**vindicate** ['vɪndɪkeɪt] *v.t.* **a)** *(justify, establish)* verteidigen, rechtfertigen ⟨*Person, Meinung, Handeln, Verhalten, Anspruch, Politik*⟩; retten ⟨*Ruf, Ehre, Stellung*⟩; beweisen ⟨*Mut, Ehrlichkeit, Integrität, Behauptung*⟩; *(confirm)* bestätigen ⟨*Recht, Meinung, Urteil, Theorie*⟩; **b)** *(exonerate)* rehabilitieren

**vindication** [vɪndɪ'keɪʃn] *n. see* **vindicate: a)** Verteidigung, *die;* Rechtfertigung, *die;* Beweis, *der* **(of** für); Bestätigung, *die;* **be a ~ of sth.** etw. rechtfertigen/verteidigen/beweisen/bestätigen; **in ~ of his claim/conduct** *etc.* zur Rechtfertigung seines Anspruchs/Benehmens *usw.*; **b)** Rehabilitierung, *die;* **be a full ~ of sb.** jmdn. vollständig rehabilitieren

**vindictive** [vɪn'dɪktɪv] *adj.* nachtragend ⟨*Person*⟩; unversöhnlich ⟨*Stimmung*⟩; **~ act/move/attack** Racheakt, *der (geh.)*; **feel ~** *or* **be in a ~ mood [towards sb.]** Rachegefühle [gegenüber jmdm.] hegen; **make sb. [feel] ~:** Rachegefühle bei jmdm. wecken; **be purely ~** ⟨*Tat:*⟩ ein reiner Racheakt sein

**vindictively** [vɪn'dɪktɪvlɪ] *adv.* aus Rache; **act** *or* **behave ~ [towards sb.]** sich nachtragend [gegenüber jmdm.] verhalten

**vindictiveness** [vɪn'dɪktɪvnɪs] *n., no pl.* Rachsucht, *die (geh.)*; **the ~ of sb.'s nature/mood** jmds. nachtragendes Wesen/jmds. Rachsucht; **feel ~ towards sb.** Rachegefühle gegen jmdn. hegen; **an attitude of ~:** eine nachtragende Haltung

**vine** [vaɪn] *n.* **a)** Weinrebe, *die;* **b)** *(stem of trailer or climber)* Ranke, *die;* **c)** *(Amer.: trailing or climbing plant)* Rankengewächs, *das*

**vinegar** ['vɪnɪgə(r)] *n.* Essig, *der;* **[as] sour as ~:** sehr sauer; *(fig.)* säuerlich ⟨*Miene, Lächeln*⟩; sauertöpfisch *(ugs.)* ⟨*Person*⟩

**vinegary** ['vɪnɪgərɪ] *adj.* sauer; *(fig.)* säuerlich; **have a ~ taste** wie Essig schmecken

**'vine-leaf** *n.* [Wein]rebenblatt, *das;* **stuffed vine-leaves** *(Gastr.)* gefüllte Weinblätter

**vineyard** ['vɪnjɑ:d, 'vɪnjəd] *n.* Weinberg, *der*

**vintage** ['vɪntɪdʒ] **1.** *n.* **a)** *(season's wine)* Jahrgang, *der; (season's grapes)* Traubenernte, *die;* **last/this year's ~:** der letzte/dieser Jahrgang; **the 1981 ~/a 1983 ~:** der 81er/ein 83er; **b)** *(fig.: particular period)* Jahrgang, *der; (of car, machine)* Baujahr, *das;* **a car of rather ancient ~/1955 ~:** ein Auto ziemlich alten Datums/Baujahr 1955; **music of '60s/1940s ~:** Musik aus den 60ern/40er Jahren; **of modern ~:** neueren Datums; **c)** *(grape-harvest; season)* Weinlese, *die;* **d)** *(quality wine)* erlesener Wein. **2.** *adj.* erlesen ⟨*Wein, Sekt, Whisky*⟩; herrlich ⟨*Komödie, Melodie*⟩; brillant ⟨*Leistung, Interpretation*⟩; *(old-fashioned)* alt ⟨*Modell*⟩; altmodisch ⟨*Stil*⟩; **this year has been a ~ year for port** dieses Jahr war ein gutes Jahr für Portwein; **this play is ~ Pinter** dies ist eines der typischsten und besten Pinter-Stücke

**vintage 'car** *n. (Brit.)* [zwischen 1917 und 1930 gebauter] Oldtimer

**vintner** ['vɪntnə(r)] *n.* Weinhändler, *der*/-händlerin, *die*

**vinyl** ['vaɪnɪl] *n.* **a)** Vinyl, *das;* **b)** *(polyvinyl chloride)* PVC, *das*

**viol** ['vaɪəl] *n. (Mus.)* Viola, *die*

**[1]viola** [vɪ'əʊlə] *n. (Mus.)* Bratsche, *die;* **~-player** Bratschist, *der*/Bratschistin, *die*

**[2]viola** ['vaɪələ] *n. (Bot.)* **a)** Veilchen, *das;* **b)** *(hybrid)* Stiefmütterchen, *das*

**viola da gamba** [vɪəʊlə də 'gæmbə] *n. (Mus.)* Gambe, *die*

**violate** ['vaɪəleɪt] *v.t.* **a)** verletzen; brechen ⟨*Vertrag, Versprechen, Gesetz*⟩; verstoßen gegen ⟨*Regel, Vorschrift, Prinzipien, Bestimmungen*⟩; verletzen ⟨*Vorschrift*⟩; stören ⟨*Ruhe, Frieden*⟩; verschandeln ⟨*Wälder, Landschaft*⟩; **b)** *(profane)* schänden; entheiligen ⟨*Sabbat*⟩; **c)** *(rape)* vergewaltigen; schänden *(veralt.)*

**violation** [vaɪə'leɪʃn] *n. see* **violate: a)** Verletzung, *die;* Bruch, *der;* Verstoß, *der* **(of** gegen); Störung, *die;* Verschandelung, *die;* **traffic ~:** Verkehrsdelikt, *das;* **be/act in ~ of** verletzen/brechen/verstoßen gegen; **do sth. in ~ of one's promise/oath** etw. entgegen seinem Versprechen/Eid tun; **they tested nuclear weapons in ~ of the treaty** sie testeten Atomwaffen, obwohl sie damit gegen den Vertrag verstießen; **b)** Schändung, *die;* Entheiligung, *die;* **c)** Vergewaltigung, *die;* Schändung, *die (veralt.)*

**violence** ['vaɪələns] *n., no pl.* **a)** *(intensity, force)* Heftigkeit, *die; (of blow, waterfall)* Wucht, *die; (of temper)* Ungestüm, *das; (of contrast)* Kraßheit, *die;* **b)** *(brutality)* Gewalt, *die; (at public event)* Gewalttätigkeiten; **psychological ~:** seelische Grausamkeit; **by** *or* **with ~:** mit Gewalt; **a man of ~:** ein Mann der Gewalt; **resort to** *or* **use ~:** Gewalt anwenden; **commit ~:** Gewalttaten verüben; **do ~ to sth.** *(fig.)* einer Sache *(Dat.)* Gewalt antun; **c)** *(Law)* Gewalt, *die;* **threaten sb. with ~:** jmdm. Gewalt androhen; **threat of ~:** Gewaltandrohung, *die;* **act/crime of ~:** Gewalttat, *die*/Gewaltverbrechen, *das;* **robbery with ~:** [bewaffneter] Raubüberfall

**violent** ['vaɪələnt] *adj.* gewalttätig; heftig ⟨*Schlag, Attacke, Leidenschaft, Auseinandersetzung, Erschütterung, Reaktion, Schmerzen, Wind*⟩; wuchtig ⟨*Schlag, Stoß*⟩; schwer ⟨*Schock*⟩; krass ⟨*Gegensatz, Kontrast*⟩; grell ⟨*Farbe*⟩; knall⟨*rot, -grün usw.*⟩; Gewalt⟨*verbrecher, -tat*⟩; gnadenlos ⟨*Hitze*⟩; **don't be so ~:** sei nicht so aggressiv; **he has a ~ temper, his character** *or* **temper is ~:** er neigt zum Jähzorn; **by ~ means** gewaltsam ⟨*öffnen*⟩; unter Gewaltanwendung ⟨*jmdn. überreden*⟩; **~ death** gewaltsamer *od.* unnatürlicher Tod

**violently** ['vaɪələntlɪ] *adv. (by means of violence)* brutal; *(with great vigour, intensity)* heftig; *(to a high degree)* völlig ⟨*verstört*⟩; äußerst ⟨*schmerzhaft, verstört, aufgeregt*⟩; absolut ⟨*gegensätzlich*⟩; **live/die ~:** ein gewalttätiges Leben führen/eines gewaltsamen Todes sterben; **discourage sb. from acting/behaving ~:** jmdn. von Gewalttätigkeiten abhalten; **I dislike him ~:** er ist mir äußerst zuwider; **I was ~ ill** ich mußte mich heftig übergeben; **contrast ~:** in eklatantem Widerspruch stehen **(with** zu); **the colours clash ~:** die Farben passen überhaupt nicht zusammen

**violet** ['vaɪələt] **1.** *n.* **a)** Veilchen, *das;* **sweet ~:** Märzveilchen, *das;* Wohlriechendes Veilchen *(Bot.)*; **shrinking ~** *(fig.)* schüchternes Pflänzchen *(ugs.)*; **don't be such a shrinking ~:** sei kein Angsthase; **b)** *(colour)* Violett, *das;* **dressed in ~:** violett gekleidet. **2.** *adj.* violett

**violin** [vaɪə'lɪn] *n. (Mus.)* Violine, *die*

**violin: ~ case** *n.* Geigenkasten, *der;* **~ concerto** *n.* Violinkonzert, *das*

**violinist** [vaɪə'lɪnɪst] *n. (Mus.)* Geiger, *der*/Geigerin, *die*

**violin: ~-maker** *n.* Geigenbauer, *der*/-bauerin, *die;* **~-player** *n.* Geiger, *der*/Geigerin, *die;* **~ sonata** *n.* Violinsonate, *die;* **~-teacher** *n.* Geigenlehrer, *der*/-lehrerin, *die*

**violoncello** [vaɪələn'tʃeləʊ] *n., pl.* **~s** *(Mus. formal)* Violoncello, *das*

**VIP** [vi:aɪ'pi:] *n.* Prominente, *der/die;* **the ~s** die Prominenz

**viper** ['vaɪpə(r)] *n.* **a)** *(Zool.)* Viper, *die;* **common ~:** Kreuzotter, *die;* **b)** *(fig.)* Schlange, *die (abwertend)*; **nourish** *or* **nurse a ~ in one's bosom** eine Schlange am Busen nähren *(geh.)*

**viperish** ['vaɪpərɪʃ] *adj. (fig.)* giftig ⟨*Blick*⟩; scharf ⟨*Zunge*⟩; gehässig ⟨*Mundwerk, Ausdrucksweise*⟩; niederträchtig ⟨*Angriff, Charakter*⟩; Schmäh⟨*rede, -wort*⟩

**VIP: ~ lounge** *n.* VIP-Halle, *die;* **~ treatment** *n.* Vorzugsbehandlung, *die;* **give sb. ~ treatment** jmdn. mit allen Ehren behandeln

**virago** [vɪ'rɑ:gəʊ] *n., pl.* **~s** zänkisches Weib *(abwertend)*

**viral** ['vaɪərl] *adj. (Med.)* Virus-

**Virgil** ['vɜ:dʒɪl] *pr. n.* Vergil *(der)*

**virgin** ['vɜ:dʒɪn] **1.** *n.* **a)** Jungfrau, *die;* **she/he is still a ~:** sie ist noch Jungfrau/er ist noch unschuldig; **b) the [Blessed] V~ [Mary]** *(Relig.)* die [Heilige] Jungfrau [Maria]; **c)**

*(Astrol.)* **the V~:** die Jungfrau; *see also* **archer b. 2.** *adj.* **a)** *(chaste)* jungfräulich; **b)** *(untouched, unspoiled)* unberührt ⟨*Land, Wälder*⟩; jungfräulich ⟨*Schnee*⟩; makellos ⟨*Weiß*⟩; **~ soil** *(esp. fig.)* unberührter Boden
**virginal** ['vɜ:dʒɪnl] **1.** *adj.* jungfräulich. **2.** *n. in pl. (Mus. Hist.)* Spinett, *das*
**virgin 'birth** *n.* **a)** *(Biol.)* Jungfernzeugung, *die;* **b)** *(Relig.)* jungfräuliche Geburt
**Virginia** [vɜ:'dʒɪnɪə] **1.** *pr. n.* Virginia *(das).* **2.** *n.* **~ [tobacco]** Virginia[tabak], *der;* **~ cigarettes** Virginiazigaretten
**Virginia 'creeper** *n. (Bot.)* Wilder Wein
**Virginian** [vɜ:'dʒɪnɪən] **1.** *adj.* virginisch; Virginier-. **2.** *n.* Virginier, *der*/Virginierin, *die*
**Virgin 'Islands** *pr. n. pl.* Jungferninseln *Pl.*
**virginity** [vɜ:'dʒɪnɪtɪ] *n.* Unschuld, *die; (of girl also)* Jungfräulichkeit, *die*
**Virgo** ['vɜ:gəʊ] *n., pl.* **~s** *(Astrol., Astron.)* die Jungfrau; die Virgo; *see also* **Aries**
**Virgoan** ['vɜ:gəʊən] *n. (Astrol.)* Jungfrau, *die*
**virile** ['vɪraɪl] *adj.* **a)** *(masculine)* männlich; maskulin *(geh.);* **b)** *(sexually potent)* viril; **c)** *(fig.: forceful, vigorous)* kraftvoll
**virility** [vɪ'rɪlɪtɪ] *n.* **a)** Männlichkeit, *die;* **b)** *(sexual potency)* Virilität, *die;* Manneskraft, *die;* **c)** *(fig.)* kraftvoller Schwung
**virologist** [vaɪə'rɒlədʒɪst] *n.* Virologe, *der*/Virologin, *die*
**virology** [vaɪə'rɒlədʒɪ] *n.* Virologie, *die*
**virtual** ['vɜ:tjʊəl] *adj.* **a) a ~ ...:** so gut wie ein/eine ...; praktisch ein/eine ... *(ugs.);* **he is the ~ head of the business** er ist quasi der Chef des Geschäfts *(ugs.);* **the whole day was a ~ disaster** der ganze Tag war geradezu eine Katastrophe; **the traffic came to a ~ standstill** der Verkehr kam praktisch zum Stillstand *(ugs.);* **b)** *(Optics, Mech.)* virtuell ⟨*Bild, Verrückung*⟩
**virtually** ['vɜ:tjʊəlɪ] *adv.* so gut wie; praktisch *(ugs.)*
**virtual re'ality** *n. (Computing)* virtuelle Realität
**virtue** ['vɜ:tju:] *n.* **a)** *(moral excellence)* Tugend, *die; (chastity)* Tugendhaftigkeit, *die;* **~ is its own reward** *(prov.)* die Tugend trägt ihren Lohn in sich selbst; *see also* **easy 1 c; b)** *(advantage)* Vorteil, *der;* Vorzug, *der;* **what is the ~ in that?** welchen Vorteil hat das?; **there's no ~ in doing that** es bringt keinen Vorteil, das zu tun; **c) by ~ of** auf Grund, aufgrund (+ *Gen.*). *See also* **necessity a**
**virtuosity** [vɜ:tjʊ'ɒsɪtɪ] *n., no pl.* Virtuosität, *die;* **perform with ~:** virtuos spielen
**virtuoso** [vɜ:tjʊ'əʊzəʊ] *n., pl.* **virtuosi** [vɜ:tjʊ'əʊzi:] *or* **~s** Virtuose, *der*/Virtuosin, *die; attrib.* virtuos ⟨*Spiel, Aufführung*⟩; **a ~ performer** ein Virtuose/eine Virtuosin
**virtuous** ['vɜ:tjʊəs] *adj.* **a)** *(possessing moral rectitude)* rechtschaffen ⟨*Person*⟩; brav ⟨*Kind*⟩; tugendhaft ⟨*Leben*⟩; **if you're feeling ~ you can ...** *(iron.)* wenn du etwas Gutes tun willst, kannst du ...; **that was ~ of you** *(iron.)* das war wirklich löblich *(iron.);* **b)** *(chaste)* keusch
**virtuously** ['vɜ:tjʊəslɪ] *adv.* löblicherweise; **live ~:** ein rechtschaffenes Leben führen; **we ~ went to bed at ten** *(joc.)* wir sind brav um zehn ins Bett gegangen
**virtuousness** ['vɜ:tjʊəsnɪs] *n., no pl. (of person)* Rechtschaffenheit, *die; (of action, life)* Tugendhaftigkeit, *die*
**virulence** ['vɪrʊləns, 'vɪrjʊləns] *n., no pl.* **a)** *(Med.)* Virulenz, *die; (of poison)* starke Wirkung; **b)** *(fig.: malignancy)* Bosheit, *die*
**virulent** ['vɪrʊlənt, 'vɪrjʊlənt] *adj.* **a)** *(Med.)* virulent; starkwirkend ⟨*Gift*⟩; **b)** *(fig.: malignant)* heftig; scharf ⟨*Angriff*⟩
**virulently** ['vɪrʊləntlɪ, 'vɪrjʊləntlɪ] *adv.* heftig; scharf ⟨*kritisieren, angreifen*⟩; **be ~ anti-communist** ein erbitterter Gegner/eine erbitterte Gegnerin des Kommunismus sein
**virus** ['vaɪərəs] *n.* Virus, *das;* **a ~ infection** eine Virusinfektion
**visa** ['vi:zə] *n.* Visum, *das*
**visage** ['vɪzɪdʒ] *n. (literary)* Antlitz, *das (geh.); (ugly)* Fratze, *die*
**vis-à-vis** [vi:zɑ:'vi:] **1.** *prep.* **a)** *(facing)* gegenüber; **b)** *(compared with)* im Vergleich zu. **2.** *adv.* **stand ~:** sich *(Dat.)* gegenüberstehen. **3.** *n., pl. same* **a)** *(person facing another)* Gegenüber, *das;* Vis-à-Vis, *das (veralt.);* **b)** *(Amer.: social partner)* Partner, *der*/Partnerin, *die*
**viscera** ['vɪsərə] *n. pl. (Anat.)* Eingeweide
**visceral** ['vɪsərl] *adj. (Anat.)* Eingeweide-
**viscid** ['vɪsɪd] *adj.* dickflüssig; sämig
**viscose** ['vɪskəʊz, 'vɪskəʊs] *n.* Viskose, *die*
**viscosity** [vɪs'kɒsɪtɪ] *n.* **a)** *no pl. (quality)* Dickflüssigkeit, *die;* **b)** *(Phys.: of oil etc.)* Viskosität, *die*
**viscount** ['vaɪkaʊnt] *n.* Viscount, *der*
**viscountcy** ['vaɪkaʊntsɪ] *n.* Viscountwürde, *die*
**viscountess** ['vaɪkaʊntɪs] *n.* Viscountess, *die*
**viscous** ['vɪskəs] *adj.* dickflüssig; *(Phys.)* viskos
**vise** *(Amer.) see* ²**vice**
**visibility** [vɪzɪ'bɪlɪtɪ] *n., no pl.* **a)** *(being visible)* Sichtbarkeit, *die;* **b)** *(range of vision)* Sicht, *die; (Meteorol.)* Sichtweite, *die;* **reduce ~ to ten metres** die Sichtweite auf zehn Meter verringern
**visible** ['vɪzɪbl] *adj.* **a)** *(also Econ.)* sichtbar; **be ~ to the naked eye** mit bloßem Auge erkennbar sein; **~ to observers in X** für Beobachter in X zu sehen; **highly ~** *(fig.)* unübersehbar; **b)** *(apparent)* erkennbar; **with ~ impatience** mit sichtlicher Ungeduld
**visibly** ['vɪzɪblɪ] *adv.* sichtlich
**Visigoth** ['vɪzɪgɒθ] *n. (Hist.)* Westgote, *der*/Westgotin, *die*
**vision** ['vɪʒn] *n.* **a)** *(sight)* Sehkraft, *die;* **[range of] ~:** Sichtweite, *die;* **[field of] ~:** Sehfeld, *das; see also* ¹**line 1 c; b)** *(dream)* Vision, *die;* Gesicht, *das (geh.); (person seen in dream)* Phantom, *das;* **a ~ in white** *(fig.)* ein Traum in Weiß; **be a [real] ~:** traumhaft schön sein; **c)** *usu. pl. (imaginings)* Phantasien; Phantasiebilder; **have ~s of sth.** von etw. phantasieren; *(more specific)* sich *(Dat.)* etw. ausmalen; **have ~s of having to do sth.** kommen sehen, daß man etw. tun muß; **d)** *(insight, foresight)* Weitblick, *der;* **a man/woman of ~:** ein Mann/eine Frau mit Weitblick; **e)** *(Telev.)* Bild, *das;* **in sound and ~:** in Ton und Bild; **the programme will continue in ~ only until sound is restored** wegen vorübergehenden Tonausfalls z. Z. nur Bildempfang
**visionary** ['vɪʒənərɪ] **1.** *adj.* **a)** *(imaginative)* phantasievoll; *(fanciful)* phantastisch; **b)** *(imagined)* eingebildet; imaginär *(geh.);* **c)** *(seeing visions)* visionär; **~ power** visionäre *od.* hellseherische Kraft. **2.** *n.* Visionär, *der*/Visionärin, *die;* Hellseher, *der*/Hellseherin, *die (auch fig.)*
**visit** ['vɪzɪt] **1.** *v. t.* **a)** besuchen; aufsuchen ⟨*Arzt*⟩; **~ the sick** Krankenbesuche machen; **b)** *(dated: afflict)* heimsuchen; **be ~ed with sth.** von etw. heimgesucht werden; **c)** *(Bibl.: inflict punishment for)* **~ the iniquity of the fathers upon the children** der Väter Missetat an den Kindern heimsuchen. **2.** *v. i.* **a)** einen Besuch/Besuche machen; **be ~ing in a town** als Besucher in einer Stadt sein; **I'm only ~ing** ich bin nur zu Besuch; **spend the afternoon ~ing** nachmittags Besuche machen; **~ at a hotel** *(Amer.)* in einem Hotel absteigen; **be ~ing with sb.** *(Amer.)* bei jmdm. zu Besuch sein; **b)** *(Amer.: chat)* plaudern. **3.** *n.* **a)** Besuch, *der;* **pay** *or* **make a ~ to sb.** jmdm. einen Besuch abstatten; **pay a ~** *(coll.: go to the toilet)* aufs Klo gehen *(ugs.);* **she was in London on a ~ to some friends** sie war in London bei Freunden zu Besuch; **have** *or* **receive a ~ [from sb.]** [von jmdm.] besucht werden; **we shall be honoured to receive a ~ from you** es wird uns *(Dat.)* eine Ehre sein, Sie als Besucher zu empfangen; **we had a ~ from the police** wir hatten Besuch von der Polizei; **a ~ to a** *or* **the theatre/a museum** ein Theater-/Museumsbesuch; **a ~ to the British Museum** ein Besuch des Britischen Museums; **a ~ to Rome/the USA** ein Besuch *od.* Aufenthalt in Rom/in den USA; **I'm going on a two-day ~ to Athens** ich fahre für zwei Tage nach Athen; **a ~ to the dentist['s]** ein Besuch beim Zahnarzt; **a home ~ by the doctor [to sb.]** ein Hausbesuch des Arztes [bei jmdm.]; **b)** *(Amer.: chat)* Plauderei, *die*
**visitation** [vɪzɪ'teɪʃn] *n.* **a)** *(official inspection by bishop etc.)* Visitation, *die;* **a ~ of the sick** eine Krankenvisitation; **b)** *(coll. joc.: protracted visit)* Heimsuchung, *die (ugs. scherzh.);* **we had a ~ from the director today** der Direktor hat uns heute heimgesucht *(ugs. scherzh.);* **c)** *(dated: punishment)* Heimsuchung, *die;* **a ~ of the plague** *(arch.)* eine Heimsuchung durch die Pest
**visiting** ['vɪzɪtɪŋ] *n.* Besuche *Pl.:* Besuchsdienst, *der;* **she does prison ~:** sie macht Gefängnisbesuche
**visiting: ~-card** *n.* Visitenkarte, *die (auch fig.);* **~ hours** *n.pl.* Besuchszeiten; **what are the ~ hours in this hospital?** wann ist in diesem Krankenhaus Besuchszeit?; **~ pro'fessor** *n.* Gastprofessor, *der*/-professorin, *die;* **~ team** *n. (Sport)* Gastmannschaft, *die*
**visitor** ['vɪzɪtə(r)] *n.* **a)** Besucher, *der*/Besucherin, *die; (to hotel, beach, etc.)* Gast, *der;* **have ~s/a ~:** Besuch haben; **we've got a ~ staying for a fortnight** wir haben für vierzehn Tage Besuch *od.* einen Gast; **the ~s** *(Sport)* die Gäste; *see also* **prison visitor; b)** *(Ornith.)* Zugvogel, *der;* **summer ~s** Sommergäste
**'visitors' book** *n.* Gästebuch, *das;* **sign the ~:** sich ins Gästebuch eintragen
**visor** ['vaɪzə(r)] *n.* **a)** *(of helmet)* Visier, *das;* **b)** *(eye-shade, peak of cap)* Schirm, *der;* **c)** *(Motor Veh.)* **[sun] ~:** Blendschirm, *der*
**vista** ['vɪstə] *n.* **a)** *(view)* [Aus]blick, *der (of* auf + *Akk.); (long, narrow view)* Perspektive, *die;* **b)** *(fig.)* **open up new ~s** neue Perspektiven eröffnen
**Vistula** ['vɪstjʊlə] *pr. n.* Weichsel, *die*
**visual** ['vɪzjʊəl, 'vɪʒjʊəl] *adj.* **a)** *(related to vision)* Seh⟨*nerv, -organ*⟩; **~ sense** Gesichtssinn, *der;* **b)** *(attained by sight)* visuell; optisch ⟨*Eindruck, Darstellung*⟩; bildlich ⟨*Vorstellungsvermögen*⟩; **the ~ arts** die bildenden und darstellenden Künste; **a ~ landing** eine Sichtlandung; **~ display** *(Computing)* Sichtanzeige, *die*
**visual: ~ aids** *n.pl.* Anschauungsmaterial, *das;* **~ dis'play unit** *n.* Bildschirmgerät, *das*
**visualisation, visualise** *see* **visualiz-**
**visualization** [vɪzjʊəlaɪ'zeɪʃn, vɪʒjʊəlaɪ'zeɪʃn] *n. (making visual)* Veranschaulichung, *die; (imagining)* Sichvorstellen, *das*
**visualize** ['vɪzjʊəlaɪz, 'vɪʒjʊəlaɪz] *v. t.* **a)** *(imagine)* sich *(Dat.)* vorstellen; **I can't ~ myself in retirement** ich als Rentner, das kann ich mir nicht vorstellen; **b)** *(envisage, foresee)* voraussehen; **I do not ~ many changes** ich rechne nicht mit großen Veränderungen
**visually** ['vɪzjʊəlɪ, 'vɪʒjʊəlɪ] *adv.* **a)** *(with regard to vision)* optisch; bildnerisch ⟨*begabt*⟩; **b)** *(by visual means)* bildlich; **record sth. ~:** etw. in Bildern festhalten
**vital** ['vaɪtl] **1.** *adj.* **a)** *(essential to life)* lebenswichtig; **~ functions** Vitalfunktionen; **b)** *(essential)* unbedingt notwendig; *(crucial)* entscheidend, ausschlaggebend ⟨*Frage, Entschluß*⟩ *(to* für); **it is of ~ importance** *or* **~ that you ...:** es ist von entscheidender Bedeutung, daß Sie ...; **is it ~ for**

**you to go?** müssen Sie unbedingt gehen?; **your co-operation is ~ to** *or* **for the success of the plan** Ihre Mitarbeit ist unerläßlich für den Erfolg des Plans; **c)** *(full of life)* lebendig, kraftvoll ‹*Stil*›; vital ‹*Person*›. **2.** *n. pl. see* **vital parts**

**vitality** [vaɪ'tælɪtɪ] *n., no pl.* **a)** *(ability to sustain life)* Lebenskraft, *die;* **b)** *(liveliness)* Vitalität, *die; (of prose, style, language)* Lebendigkeit, *die; (energy)* Energie, *die;* **c)** *(fig.: of institution, organization, etc.)* Dauerhaftigkeit, *die*

**vitally** ['vaɪtəlɪ] *adv.* vital; **~ important** von allergrößter Wichtigkeit; *(crucial)* von entscheidender Bedeutung

**vital 'parts** *n. pl.* **the ~** *(dated or joc.)* die lebenswichtigen Organe; *(genitals)* die edlen Teile *(scherzh.)*

**vital sta'tistics** *n. pl.* **a)** *(data)* Bevölkerungsstatistik, *die;* **b)** *(coll.: woman's body measurements)* Maße; **her ~ are 34–26–34** sie hat die Maße 34/26/34

**vitamin** ['vɪtəmɪn, 'vaɪtəmɪn] *n.* Vitamin, *das;* **~ C** Vitamin C

**vitamin: ~ deficiency** *n.* Vitaminmangel, *der;* **~ pill** *n.* Vitamintablette, *die*

**vitiate** ['vɪʃɪeɪt] *v. t.* **a)** *(impair quality of, corrupt)* beeinträchtigen; **b)** *(invalidate)* zunichte machen; hinfällig machen ‹*Vereinbarung, Vertrag*›

**viticulture** ['vɪtɪkʌltʃə(r)] *n.* Weinbau, *der*

**vitreous** ['vɪtrɪəs] *adj.* **a)** *(glasslike)* glasartig; **~ china** Halbporzellan, *das;* **~ enamel** Glasemail, *das;* **b)** *(Anat.)* **~ body** *or* **humour** Glaskörper, *der*

**vitrification** [vɪtrɪfɪ'keɪʃn] *n.* Fritten, *das*

**vitrify** ['vɪtrɪfaɪ] *v. t. & i.* fritten

**vitriol** ['vɪtrɪəl] *n.* **a)** *(Chem.)* Vitriol, *das;* **b)** *(fig.: virulence)* ätzende Schärfe

**vitriolic** [vɪtrɪ'ɒlɪk] *adj.* ätzend; giftig ‹*Bemerkung*›; geharnischt ‹*Attacke, Rede*›

**vituperate** [vɪ'tju:pəreɪt, vaɪ'tju:pəreɪt] *v. i. (literary)* wettern (**against** gegen)

**vituperation** [vɪtju:pə'reɪʃn, vaɪtju:pə'reɪʃn] *n. (literary)* Schmähungen *Pl. (geh.)*

**vituperative** [vɪ'tju:pərətɪv, vaɪ'tju:pərətɪv] *adj. (literary)* schmähend; **~ language** *or* **speech** Schmähreden; **~ attack on sb.** Schmährede/*(written)* Schmähschrift gegen jmdn.

**viva** ['vaɪvə] *(Brit. Univ. coll.)* **1.** *n.* Mündliche, *das (ugs.).* **2.** *v. t.* mündlich prüfen

**vivacious** [vɪ'veɪʃəs] *adj.* lebhaft; lebendig ‹*Stil*›; munter ‹*Lachen, Lächeln*›; bunt ‹*Kleider*›

**vivaciously** [vɪ'veɪʃəslɪ] *adv.* lebhaft; munter ‹*lächeln, lachen*›; bunt ‹*angezogen*›; lebendig ‹*schreiben*›

**vivacity** [vɪ'væsɪtɪ] *n., no pl.* Lebhaftigkeit, *die; (of smile, laugh)* Munterkeit, *die; (of style)* Lebendigkeit, *die*

**vivarium** [vaɪ'veərɪəm] *n., pl.* **vivaria** [vaɪ'veərɪə] Vivarium, *das*

**viva voce** [vaɪvə 'vəʊtsɪ, vaɪvə 'vəʊsɪ] *(Univ.)* **1.** *adv., adj.* mündlich. **2.** *n.* mündliche Prüfung; *(doctoral)* Rigorosum, *das*

**vivid** ['vɪvɪd] *adj.* **a)** *(bright)* strahlend ‹*Helligkeit*›; hell ‹*Blitz*›; lebhaft ‹*Farbe*›; **b)** *(animated)* lebhaft ‹*Person*›; **c)** *(clear, lifelike)* lebendig ‹*Schilderung, Romanfigur*›; lebhaft ‹*Phantasie, Erinnerung*›; **d)** *(intense)* heftig ‹*Schmerz*›; kraftvoll ‹*Töne*›

**vividly** ['vɪvɪdlɪ] *adv.* **a)** *(brightly)* hell; **a ~ coloured dress** ein Kleid in lebhaften Farben; **b)** *(clearly)* lebendig ‹*beschreiben*›; **remember sth. ~:** sich lebhaft an etw. *(Akk.)* erinnern

**vividness** ['vɪvɪdnɪs] *n., no pl.* **a)** *(brightness)* Helligkeit, *die;* **b)** *(liveliness, realism)* Lebhaftigkeit, *die; (of description)* Lebendigkeit, *die*

**viviparous** [vɪ'vɪpərəs, vaɪ'vɪpərəs] *adj. (Zool.)* vivipar *(fachspr.);* lebendgebärend

**vivisect** ['vɪvɪsekt] *v. t.* vivisezieren *(fachspr.)*

**vivisection** [vɪvɪ'sekʃn] *n.* Vivisektion, *die (fachspr.)*

**vivisectionist** [vɪvɪ'sekʃənɪst] *n.: jmd., der Vivisektionen durchführt/befürwortet*

**vixen** ['vɪksn] *n.* **a)** *(Zool.)* Füchsin, *die;* **b)** *(fig.: woman)* Drachen, *der (ugs.)*

**viz** [vɪz] *adv.* d. h.

**vizier** [vɪ'zɪə(r), 'vɪzɪə(r)] *n.* Wesir, *der*

**vizor** *see* **visor**

**'V-neck** *n.* V-Ausschnitt, *der*

**'V-necked** *adj.* ‹*Pullover, Kleid*› mit V-Ausschnitt

**vocabulary** [və'kæbjʊlərɪ] *n.* **a)** *(list)* Vokabelverzeichnis, *das;* **learn ~:** Vokabeln lernen; **~ test** Vokabeltest, *der;* **b)** *(language of particular field)* Vokabular, *das;* **c)** *(range of language)* Wortschatz, *der*

**vocal** ['vəʊkl] **1.** *adj.* **a)** *(concerned with voice)* stimmlich; **a ~ organ** ein Stimmorgan; **b)** *(expressing oneself freely)* gesprächig; lautstark ‹*Minderheit, Gruppe, Protest*›; **he was very ~ about his rights** er sprach sehr viel von seinen Rechten. **2.** *n. (Mus.)* Vokalpartie, *die;* Vocal, *das (fachspr.)*

**'vocal cords** *n. pl.* Stimmbänder

**vocalic** [və'kælɪk] *(Phonet.) adj.* vokalreich

**vocalise** *see* **vocalize**

**vocalist** ['vəʊkəlɪst] *n.* Sänger, *der*/Sängerin, *die (bei einer Band od. Combo)*

**vocalize** ['vəʊkəlaɪz] *v. t. & i.* vokalisieren

**vocal: ~ music** *n.* Vokalmusik, *die;* **~ score** *n. (Mus.)* Vokalpartitur, *die*

**vocation** [və'keɪʃn] *n.* **a)** *(call to career; also Relig.)* Berufung, *die;* **he felt no ~ for the ministry** er fühlte sich nicht zum Geistlichen berufen; **teaching is a ~ as well as a profession** Lehrer sein ist Berufung und Beruf zugleich; **b)** *(special aptitude)* Begabung, *die* (**for** für); **c)** *(profession)* Beruf, *der*

**vocational** [və'keɪʃənl] *adj.* berufsbezogen

**vocational: ~ college** *n.* Berufsschule, *die;* **~ guidance** *n.* Berufsberatung, *die;* **~ training** *n.* berufliche Bildung

**vocative** ['vɒkətɪv] *(Ling.)* **1.** *adj.* Vokativ-; **~ case** Vokativ, *der.* **2.** *n.* Vokativ, *der*

**vociferate** [və'sɪfəreɪt] **1.** *v. i.* wettern; zetern. **2.** *v. t.* herausschreien ‹*Flüche usw.*›

**vociferation** [vəsɪfə'reɪʃn] *n.* Gezeter, *das; (of opinions etc.)* Herausschreien, *das*

**vociferous** [və'sɪfərəs] *adj.* *(noisy)* laut; krakeelend *(ugs.)* ‹*Zwischenrufer usw.*›; *(insistent)* lautstark ‹*Forderung, Protest*›

**vociferously** [və'sɪfərəslɪ] *adv.* laut; lautstark ‹*protestieren usw.*›

**vociferousness** [və'sɪfərəsnɪs] *n., no pl.* Lautstärke, *die*

**vodka** ['vɒdkə] *n.* Wodka, *der*

**vogue** [vəʊg] *n.* Mode, *die;* **the ~ for large hats** die Mode mit den großen Hüten; **there is a ~ for holidays on canal boats** Urlaub auf Kanalbooten ist große Mode; **be in/come into ~:** in Mode sein/kommen; **go out of ~:** aus der Mode kommen; **have** *or* **enjoy a ~:** ‹*Künstler usw.:*› gerade sehr populär sein

**'vogue-word** *n.* Modewort, *das*

**voice** [vɔɪs] **1.** *n.* **a)** *(lit. or fig.)* Stimme, *die;* **in a firm/loud ~:** mit fester/lauter Stimme; **like the sound of one's own ~:** sich selbst gerne reden hören; **lose one's ~:** die Stimme verlieren; **be in [good]/bad ~:** [gut]/nicht [gut] bei Stimme sein; **make one's ~ heard** sich verständlich machen; *(fig.)* sich *(Dat.)* Gehör verschaffen; **b)** *(expression)* **give ~ to sth.** einer Sache *(Dat.)* Ausdruck geben; **c)** *(expressed opinion)* Stimme, *die;* **with one ~:** einstimmig; **lend one's ~ to sth.** in etw. *(Akk.)* einstimmen; **have a/no ~ in the matter** ein/kein Mitspracherecht bei der Angelegenheit haben; **d)** *(Mus.)* Stimme, *die;* **[singing] ~:** Singstimme, *die;* **study ~:** Gesang studieren; **setting for five ~s** fünfstimmige Vertonung; **e)** *(Phonet.)* stimmhafter Laut; **f)** *(Ling.)* Genus verbi, *das;* **the active/passive ~:** das Aktiv/Passiv. **2.** *v. t.* **a)** *(express)* zum Ausdruck bringen ‹*Meinung*›; **b)** *esp. in p.p. (Phonet.)* stimmhaft aussprechen; **a ~d consonant** ein stimmhafter Konsonant

**'voice-box** *n.* Kehlkopf, *der*

**voiceless** ['vɔɪslɪs] *adj.* **a)** stumm; sprachlos *(geh.);* **b)** *(Phonet.)* stimmlos

**voice: ~-over** *n.* Begleitkommentar, *der;* **~-print** *n.* Sonogramm, *das;* **~ teacher** *n.* Gesang[s]lehrer, *der/*-lehrerin, *die;* **~ vote** *n. (Amer.)* Abstimmung durch Zuruf

**void** [vɔɪd] **1.** *adj.* **a)** *(empty)* leer; öd [und leer] ‹*Gelände*›; **b)** *(invalid)* ungültig; **his efforts were rendered ~:** seine Bemühungen wurden zunichte gemacht; *see also* **null; c)** *(Cards)* **my hand was ~ in hearts** ich hatte kein Herz auf der Hand; **d)** *(lacking)* **~ of** ohne [jeden/jedes/jede]; **a proposal wholly ~ of sense** ein Vorschlag ohne jeden Sinn. **2.** *n.* **a)** *(empty space)* Nichts, *das;* **the vast desert ~s** die endlose Öde der Wüste; **b)** *(fig.)* **nobody can fill the ~ left by his death** keiner kann die große Lücke füllen, die sein Tod hinterlassen hat; **there was an aching ~ in her heart** sie spürte im Innern ein schmerzliches Gefühl der Leere; **c)** *(Cards)* **have a ~ in spades** kein Pik haben. **3.** *v. t.* **a)** *(render invalid)* auflösen ‹*Vertrag*›; ablösen ‹*Rente*›; *(Law)* für ungültig erklären ‹*Vertrag, Vereinbarung*›; **b)** *(empty)* entleeren ‹*Blase, Darm*›

**voile** [vɔɪl, vwɑ:l] *n. (Textiles)* Voile, *der*

**vol.** *abbr.* **volume** Bd.

**volatile** ['vɒlətaɪl] *adj.* **a)** *(Chem.)* flüchtig; volatil *(fachspr.);* **~ oil** *see* **ethereal oil; b)** *(fig.) (lively)* impulsiv; *(changeable)* unbeständig ‹*Mensch, Laune*›; *(likely to erupt)* explosiv ‹*Temperament*›; brisant ‹*Lage*›

**volatilise** *see* **volatilize**

**volatility** [vɒlə'tɪlɪtɪ] *n., no pl.* **a)** *(Chem.)* Flüchtigkeit, *die;* Volatilität, *die (fachspr.);* **b)** *(fig.) see* **volatile b:** Impulsivität, *die;* Unbeständigkeit, *die;* Explosivität, *die;* Brisanz, *die*

**volatilize** [və'lætɪlaɪz] **1.** *v. t. (Chem.)* verflüchtigen. **2.** *v. i.* sich verflüchtigen

**vol-au-vent** ['vɒləʊvɑ̃] *n. (Gastr.)* Pastete, *die;* **chicken ~:** Königinpastete, *die*

**volcanic** [vɒl'kænɪk] *adj.* **a)** vulkanisch; **~ eruption** Vulkanausbruch, *der;* **~ in origin** vulkanischen Ursprungs; **b)** *(fig.: violent)* leidenschaftlich

**volcano** [vɒl'keɪnəʊ] *n., pl.* **~es** Vulkan, *der*

**vole** [vəʊl] *n.* Wühlmaus, *die;* **field ~:** Feldmaus, *die;* **American ~:** Neuweltmaus, *die; see also* **water-vole**

**Volga** ['vɒlgə] *pr. n.* Wolga, *die*

**volition** [və'lɪʃn] *n.* Wille, *der;* **of one's own ~:** aus eigenem Willen; freiwillig

**volley** ['vɒlɪ] **1.** *n.* **a)** *(discharge of missiles)* Salve, *die;* **a ~ of stones/arrows** ein Hagel von Steinen/Pfeilen; ein Stein-/Pfeilhagel; **b)** *(fig.)* **a ~ of oaths/curses** eine Schimpfkanonade; **direct a ~ of questions at sb.** jmdn. mit Fragen bombardieren; **c)** *(Tennis)* Volley, *der; (Football)* Volleyschuß, *der;* **half-~:** Halfvolley, *der.* **2.** *v. t. (Tennis, Football)* vollieren

**'volleyball** *n.* Volleyball, *der*

**vols.** *abbr.* **volumes** Bde.

**volt** [vəʊlt] *n. (Electr.)* Volt, *das*

**voltage** ['vəʊltɪdʒ] *n. (Electr.)* Spannung, *die;* **high/low ~:** Hoch-/Niederspannung, *die;* **what's the ~ here?** was für eine Netzspannung hat man hier?

**'voltage regulator** *n. (Electr.)* Spannungsregler, *der*

**volte-face** [vɒlt'fæs] *n. (fig.)* Kehrtwendung, *die*

**voltmeter** ['vəʊltmi:tə(r)] *n. (Electr.)* Voltmeter, *das;* Spannungsmesser, *der*

**volubility** [vɒljʊ'bɪlɪtɪ] *n., no pl.* Redseligkeit, *die (abwertend); (of speech)* Wortreichtum, *der*

**voluble** ['vɒljʊbl] *adj.* redselig *(abwertend);*

wortreich ⟨*Rede*⟩; **be ~ in sb.'s defence** jmdn. wortreich verteidigen

**volubly** ['vɒljʊblɪ] *adv.* wortreich

**volume** ['vɒlju:m] *n.* **a)** *(book, set of periodicals)* Band, *der;* **a two-~ edition** eine zweibändige Ausgabe; *(on periodical)* **V~ II no. 3** Jahrgang II, Nr. 3; *see also* **speak 2c; b)** *(loudness)* Lautstärke, *die; (of voice)* Volumen, *das;* **turn the ~ up/down** das Radio *usw.* lauter/leiser stellen; **~ of sound** Klangfülle, *die;* **c)** *(amount of space)* Rauminhalt, *der;* Volumen, *das; (amount of substance)* Teil, *der;* **two ~s of hydrogen to one of oxygen** zwei Teile Wasserstoff auf einen Teil Sauerstoff; **d)** *(amount, quantity) (of sales etc.)* Volumen, *das;* **~ of traffic/passenger travel** Verkehrs-/Passagieraufkommen, *das;* **he produced a considerable ~ of church music** er hat ein umfangreiches kirchenmusikalisches Werk geschaffen; **e)** *in pl. (mass)* **~s of black smoke** schwarze Rauchschwaden; **I've got ~s of work to do** ich habe ungeheuer viel Arbeit

**volume: ~ control** *n.* Lautstärkeregelung, *die; (device)* Lautstärkeregler, *der;* **~ production** *n.* Serienproduktion, *die;* **~ sales** *n. pl.* verkaufte Stückzahl

**voluminous** [və'lju:mɪnəs, və'lu:mɪnəs] *adj.* **a)** *(great in quantity)* voluminös *(geh.);* sehr umfangreich; *(prolific)* sehr produktiv ⟨*Autor*⟩; **b)** *(bulky, loose)* weit ⟨*Kleider*⟩; voluminös *(geh.)* ⟨*Tasche usw.*⟩; voluminös *(scherzh.),* beleibt ⟨*Person*⟩; **~ garment** wallendes Gewand

**voluntarily** ['vɒləntərɪlɪ] *adv.* freiwillig

**voluntary** ['vɒləntərɪ] **1.** *adj.* **a)** freiwillig; **~ army** Freiwilligenarmee, *die;* **~ organizations** Freiwilligenverbände; **V~ Service Overseas** *(Brit.)* Freiwilliger Entwicklungsdienst; **b)** *(controlled by will)* willkürlich ⟨*Muskeln, Bewegungen*⟩. **2.** *n. (Mus.)* Voluntary, *das*

**volunteer** [vɒlən'tɪə(r)] **1.** *n.* Freiwillige, *der/die;* **any ~s?** Freiwillige vor!; **as a ~:** als Freiwilliger/Freiwillige; *attrib.* **~ army/force** Freiwilligenheer, *das*/Freiwilligenverband, *der.* **2.** *v. t. (offer)* anbieten ⟨*Hilfe, Dienste*⟩; zur Verfügung stellen ⟨*Spende*⟩; herausrücken mit *(ugs.)* ⟨*Informationen, Neuigkeiten*⟩; **~ advice** unerbetene Ratschläge erteilen. **3.** *v. i.* sich [freiwillig] melden; **~ to do** *or* **for the shopping** sich zum Einkaufen bereiterklären

**voluptuary** [və'lʌptjʊərɪ] *n.* Genußmensch, *der;* Hedonist, *der*/Hedonistin, *die (geh.)*

**voluptuous** [və'lʌptjʊəs] *adj.* **a)** *(sexually alluring)* üppig ⟨*Figur, Kurven, Blondine*⟩; aufreizend ⟨*Bewegungen*⟩; sinnlich ⟨*Mund*⟩; **b)** *(concerned with pleasures)* ausschweifend; sinnlich, erregend ⟨*Gefühl*⟩

**voluptuously** [və'lʌptjʊəslɪ] *adv.* üppig ⟨*geformt*⟩; sinnlich ⟨*küssen*⟩; aufreizend ⟨*sich bewegen*⟩

**voluptuousness** [və'lʌptjʊəsnɪs] *n. (sexual allure)* Üppigkeit, *die; (of movements, mouth)* Sinnlichkeit, *die*

**volute** [və'lju:t] *n. (Archit.)* Volute, *die*

**vomit** ['vɒmɪt] **1.** *v. t.* **a)** erbrechen; **b)** *(fig.: send out)* **~ [out]** [aus]speien ⟨*Rauch, Asche, Lava*⟩. **2.** *v. i.* sich übergeben; [sich] erbrechen. **3.** *n.* Erbrochene, *das*

**voodoo** ['vu:du:] *n.* **a)** *(witchcraft)* Wodu, *der;* **b)** *(spell)* Woduzauber, *der*

**voracious** [və'reɪʃəs] *adj.* **a)** *(ravenous)* gefräßig ⟨*Person, Tier*⟩; unbändig ⟨*Appetit*⟩; **b)** *(fig.: insatiable)* unersättlich ⟨*Lust, Leser*⟩

**voraciously** [və'reɪʃəslɪ] *adv. (lit. or fig.)* gierig ⟨*verschlingen, lesen*⟩; **be ~ hungry** einen unbändigen Hunger haben

**voracity** [və'ræsɪtɪ] *n., no pl.* Gefräßigkeit, *die; (fig.: insatiability)* Gier, *die*

**vortex** ['vɔ:teks] *n., pl.* **vortices** ['vɔ:tɪsi:z] *or* **~es** *(whirlpool, whirlwind)* Wirbel, *der; (eddying current; also fig.: whirl)* Strudel, *der*

**Vosges** [vəʊʒ] *pr. n. pl.* Vogesen *Pl.*

**votary** ['vəʊtərɪ] *n.* **a)** *(Relig.)* Gottesdiener, *der/-*dienerin, *die;* **b)** *(literary: ardent follower)* Anhänger, *der/*-hängerin, *die*

**vote** [vəʊt] **1.** *n.* **a)** *(individual ~)* Stimme, *die;* **a majority of ~s** eine Stimmenmehrheit; **my ~ goes to X, X has my ~** *(fig. coll.)* ich stimme *od.* bin für X; **b)** *(act of voting)* Abstimmung, *die;* **take a ~ on sth.** über etw. *(Akk.)* abstimmen; *see also* **¹put 1e; c)** *(right to ~)* **have/be given** *or* **get the ~:** das Stimmrecht haben/bekommen; **d)** *(collective)* Stimmen; *(result)* Abstimmungsergebnis, *das;* **the ~ in favour of capital punishment** die Stimmenzahl für die Todesstrafe; **the Irish/Black/Labour/Conservative ~:** die Stimmen der Iren/Schwarzen/Labourpartei/Konservativen; **e)** *(expression of opinion)* Votum, *das;* **give sb. a ~ of confidence/no confidence** jmdm. sein Vertrauen/Mißtrauen aussprechen; **~ of confidence/no confidence** Vertrauens-/Mißtrauensvotum, *das;* **propose a ~ of thanks** eine Dankadresse halten; **f)** *(Brit. Parl.: money granted)* Etat, *der.* **2.** *v. i.* abstimmen; *(in election)* wählen; **~ for/against** stimmen für/gegen; **~ for Smith** wählen Sie Smith; **~ on a motion** über einen Antrag abstimmen; **~ to do sth.** beschließen, etw. zu tun; **~ by acclamation/ballot/[a] show of hands** durch Akklamation/mit Stimmzetteln/durch Handzeichen abstimmen; **~ with one's feet** *(fig.)* mit den Füßen abstimmen; **~ Conservative/Labour** *etc.* die Konservativen/Labour *usw.* wählen. **3.** *v. t.* **a)** *(elect)* **~ sb. Chairman/President** *etc.* jmdn. zum Vorsitzenden/Präsidenten *usw.* wählen; **~ sb. on to a committee** jmdn. in einen Ausschuß wählen; *(approve)* **~ a sum of money for sth.** einen Betrag für etw. bewilligen; **b)** *(coll.: pronounce)* bezeichnen; **~ sth. a success/failure** etw. als Erfolg/Mißerfolg bezeichnen; **c)** *(coll.: suggest)* vorschlagen; **I ~ [that] we go home** ich schlage vor *od.* bin dafür, daß wir nach Hause gehen

**~ 'down** *v. t.* niederstimmen

**~ 'in** *v. t.* wählen ⟨*Partei, Regierung*⟩

**~ 'out** *v. t.* abwählen

**~ 'through** *v. t.* stimmen für ⟨*Gesetz*⟩

**'vote-catching** *n.* Stimmenfang, *der;* **~ concessions** Zugeständnisse im Hinblick auf die Wahl

**voter** ['vəʊtə(r)] *n.* Wähler, *der*/Wählerin, *die;* **the turn-out of ~s** die Wahlbeteiligung

**voting** ['vəʊtɪŋ] *n.* Abstimmen, *das; (in election)* Wählen, *das;* **the ~ was 220 for, 165 against** das Ergebnis der Abstimmung war 220 [Stimmen] dafür, 165 dagegen

**voting: ~ paper** *n.* Stimmzettel, *der;* **~ system** *n.* Wahlsystem, *das*

**votive** ['vəʊtɪv] *adj.* Votiv⟨*bild, -kerze*⟩

**vouch** [vaʊtʃ] **1.** *v. t.* **~ that ...:** sich dafür verbürgen, daß ... **2.** *v. i.* **~ for sb./sth.** sich für jmdn./etw. verbürgen

**voucher** ['vaʊtʃə(r)] *n.* **a)** Gutschein, *der;* Voucher, *der (Tourismus);* **b)** *(proof of payment)* Beleg, *der*

**vouchsafe** [vaʊtʃ'seɪf] *v. t. (dated, formal)* gewähren; zu geben geruhen *(geh.)* ⟨*Auskünfte*⟩; **~ to do sth.** geruhen, etw. zu tun *(geh.)*

**vow** [vaʊ] **1.** *n.* Gelöbnis, *das; (Relig.)* Gelübde, *das;* **make** *or* **take a ~ of loyalty to sb.** jmdm. gegenüber ein Treuegelöbnis ablegen; **lovers' ~s** Treueschwüre; **be under a ~:** an ein Gelübde gebunden sein; **be under a ~ of silence** zu schweigen gelobt haben; *(Relig.)* ein Schweigegelübde abgelegt haben. **2.** *v. t.* **~ sth./to do sth.** etw. geloben/geloben, etw. zu tun; **~ to take revenge on sb.** jmdm. Rache schwören

**vowel** ['vaʊəl] *n.* Vokal, *der;* Selbstlaut, *der;* **~ sound** Vokallaut, *der*

**vox populi** [vɒks 'pɒpjʊli:] *n.* Vox populi, *die (geh.);* Stimme des Volkes

**voyage** ['vɔɪɪdʒ] **1.** *n.* Reise, *die; (sea ~)* Seereise, *die;* **outward/homeward ~, ~ out/home** Hin-/Rückreise, *die;* **a ~ to the moon** ein Mondflug; **he was on a ~ of discovery** *(lit. or fig.)* er war auf einer Entdeckungsreise. **2.** *v. i. (literary)* reisen. **3.** *v. t.* bereisen; befahren ⟨*Meere*⟩

**voyager** ['vɔɪɪdʒə(r)] *n. (literary)* Reisende, *der/die; (sea ~)* Seereisende, *der/die*

**voyeur** [vwɑ:'jɜ:(r)] *n.* **a)** *(sexual)* Voyeur, *der;* **b)** *(prying observer)* Gaffer, *der (ugs.)*

**voyeurism** [vwɑ:'jɜ:rɪzm] *n., no pl.* Voyeurismus, *der;* Voyeurtum, *das*

**VP** *abbr.* **Vice-President** VP

**vroom** [vru:m, vrʊm] *int.* brumm

**vs** *abbr.* **versus** gg.

**'V-shaped** *adj.* V-förmig

**'V-sign** *n.* **a)** *(sign for victory)* Siegeszeichen, *das;* **b)** *(gesture of abuse, contempt) Zeichen, das „Du kannst mich mal!" signalisiert*

**VSO** *abbr.* **Voluntary Service Overseas**

**VTO[L]** ['vi:tɒl] *abbr. (Aeronaut.)* **vertical take-off [and landing]** Senkrechtstart [und -landung]

**vulcanise** *see* **vulcanize**

**vulcanite** ['vʌlkənaɪt] *n.* Hartgummi, *der;* Ebonit, *der (fachspr.)*

**vulcanize** ['vʌlkənaɪz] *v. t.* vulkanisieren

**vulgar** ['vʌlgə(r)] *adj.* **a)** vulgär; ordinär ⟨*Person, Benehmen, Witz, Film*⟩; geschmacklos ⟨*Kleidung*⟩; **b) the ~ tongue** *(dated)* die Volkssprache; **c)** *(Math.)* **~ fraction** gemeiner Bruch

**vulgarise** *see* **vulgarize**

**vulgarism** ['vʌlgərɪzm] *n. (Ling.)* Vulgarismus, *der*

**vulgarity** [vʌl'gærɪtɪ] *n., no pl.* Vulgarität, *die; (of clothing)* Geschmacklosigkeit, *die;* **her ~ puts me off** ihre ordinäre *od.* gewöhnliche Art stößt mich ab

**vulgarize** ['vʌlgəraɪz] *v. t.* vulgarisieren; verderben ⟨*Charakter, Person*⟩

**vulgarly** ['vʌlgəlɪ] *adv.* vulgär; ordinär; geschmacklos ⟨*sich kleiden*⟩

**Vulgate** ['vʌlgeɪt, 'vʌlgət] *n. (Bibl.)* Vulgata, *die*

**vulnerability** [vʌlnərə'bɪlɪtɪ] *n., no pl.* **a)** Angreifbarkeit, *die; (to criticism, temptation)* Anfälligkeit, *die* **(to** für); **b)** *(to injury)* Empfindlichkeit, *die* **(to** gegen); Schutzlosigkeit, *die; (emotional)* Verletzlichkeit, *die*

**vulnerable** ['vʌlnərəbl] *adj.* **a)** *(exposed to danger)* angreifbar; **a ~ spot/point** ein schwacher Punkt; **be ~ to sth.** für etw. anfällig sein; **be ~ to attack/in a ~ position** leicht angreifbar sein; **be economically ~:** wirtschaftlich in einer prekären Lage sein; **~ to criticism** leicht zu kritisieren; *(easily hurt)* leicht durch Kritik verletzt; **b)** *(susceptible to injury)* empfindlich **(to** gegen); *(without protection)* schutzlos; **~ to infection** anfällig für Infektionen; **look young and ~:** jung und schutzlos aussehen; **emotionally ~:** verletzlich

**vulture** ['vʌltʃə(r)] *n. (lit. or fig.)* Geier, *der*

**vulva** ['vʌlvə] *n. (Anat.)* Vulva, *die*

**vying** *see* **vie**

# W

**W, w** ['dʌblju:] *n., pl.* Ws *or* W's W, w, *das*
**W.** *abbr.* a) watt[s] W; b) west W.; c) western W.
**w.** *abbr.* with m.
**WAAF** *abbr. (Brit. Hist.)* a) Women's Auxiliary Air Force; b) [wæf] *Mitglied der Women's Auxiliary Air Force*
**WAC** *abbr. (Amer.)* a) Women's Army Corps; b) [wæk] *Mitglied des Women's Army Corps*
**wacky** ['wækɪ] *adj. (sl.)* bekloppt *(salopp)*; verrückt *(ugs.)* ⟨*Komödie*⟩
**wad** [wɒd] 1. *n.* a) *(material)* Knäuel, *das; (smaller)* Pfropfen, *der;* a ~ of cotton wool ein Wattebausch; b) *(of papers)* Bündel, *das;* ~s of money bündelweise Geld; he earns ~s of money *(fig.)* er verdient jede Menge Geld. 2. *v. t.*, -dd- a) *(form into ~)* zusammenknüllen; b) *(line)* füttern ⟨*Kleidungsstück*⟩; *(stuff)* ausstopfen ⟨*Zwischenräume*⟩; c) *(protect with cotton wool)* wattieren
**wadding** ['wɒdɪŋ] *n. (lining)* Futter, *das; (for packing)* Füllmaterial, *das;* Füllsel *Pl.;* cotton ~: Wattierung, *die*
**waddle** ['wɒdl] 1. *v. i.* watscheln. 2. *n.* watschelnder Gang
**wade** [weɪd] 1. *v. i.* waten; *(in snow, sand)* stapfen. 2. *v. t.* durchwaten, waten durch ⟨*Fluß, Bach*⟩
~ **'in** *v. i. (fig. coll.)* [gleich] losgehen; *(tackle task)* sich hineinknien *(ugs.)*
~ **into** *v. t. (fig. coll.)* losgehen auf (+ *Akk.*); ~ into the meal reinhauen *(ugs.)*
~ **through** *v. t.* a) waten durch; stapfen durch ⟨*Schnee, Unkraut*⟩; b) *(fig. coll.)* durchackern *(ugs.)* ⟨*Manuskript, Buch*⟩
**wader** ['weɪdə(r)] *n.* a) *(Ornith.)* Watvogel, *der;* b) *in pl. (boots)* Watstiefel
**wadi** ['wɒdɪ, 'wɑ:dɪ] *n. (Geog.)* Wadi, *das*
**wading bird** ['weɪdɪŋ bɜ:d] *see* wader a
**wafer** ['weɪfə(r)] *n.* a) Waffel, *die; (very thin)* Oblate, *die;* b) *(Eccl.)* Hostie, *die;* c) *(Electronics)* Wafer, *der*
**'wafer-thin** *adj.* hauchdünn
**¹waffle** ['wɒfl] *n. (Gastr.)* Waffel, *die*
**²waffle** *(Brit. coll.: talk)* 1. *v. i.* schwafeln *(ugs. abwertend);* faseln *(ugs. abwertend).* 2. *n.* Geschwafel, *das (ugs. abwertend);* Faselei, *die (ugs. abwertend)*
**'waffle-iron** *n.* Waffeleisen, *das*
**waft** [wɒft, wɑ:ft] 1. *v. t.* wehen. 2. *v. i.* ⟨*Geruch, Duft:*⟩ ziehen, *(with perceptible airmovement)* wehen. 3. *n.* Hauch, *der*
**¹wag** [wæg] 1. *v. t.*, -gg- ⟨*Hund:*⟩ wedeln mit ⟨*Schwanz*⟩; ⟨*Vogel:*⟩ wippen mit ⟨*Schwanz*⟩; ⟨*Person:*⟩ schütteln ⟨*Kopf*⟩; it was a case of the tail ~ging the dog *(fig.)* da hat der Schwanz mit dem Hund gewedelt *(ugs.);* ~ one's finger at sb. jmdm. mit dem Finger drohen. 2. *v. i.*, -gg- ⟨*Schwanz:*⟩ wedeln/*(of bird)* wippen; her tongue never stops ~ging ihre Zunge steht niemals still; set people's tongues ~ging den Leuten etwas zu reden geben. 3. *n. (of dog's tail)* Wedeln, *das* (of mit); *(of bird's tail)* Wippen, *das* (of mit); *(of person's head)* Schütteln, *das* (of *Gen.*); with a ~ of its tail/his head mit einem Schwanzwedeln/Kopfschütteln
**²wag** *n. (facetious person)* Witzbold, *der (ugs.)*

**wage** [weɪdʒ] 1. *n. in sing. or pl.* Lohn, *der;* sb.'s weekly ~[s] jmds. Wochenlohn; a job at a reasonable ~/with reasonable ~s eine anständig bezahlte Arbeit; ~s of sin *(fig.)* Lohn der Sünde; der Sünde Lohn *(veralt.).* 2. *v. t.* führen ⟨*Krieg, Feldzug*⟩; ~ war on *or* against crime *(fig.)* gegen das Verbrechen zu Felde ziehen
**wage:** ~**-claim** *n.* Lohnforderung, *die;* ~**-earner** *n.* Lohnempfänger, *der*/-empfängerin, *die;* be the ~-earner of the family der Ernährer/die Ernährerin der Familie sein; ~ **freeze** *n.* Lohnstopp, *der;* ~ **increase** *n.* Lohnerhöhung, *die;* ~ **packet** *n.* Lohntüte, *die;* the size of his ~ packet wieviel er in der Lohntüte hat
**wager** ['weɪdʒə(r)] *(dated, formal)* 1. *n.* Wette, *die;* a ~ of £50 eine Wette um 50 Pfund. 2. *v. t.* wetten; *(on a horse)* setzen; ~ one's life/one's whole fortune on sth. seinen Kopf/sein ganzes Vermögen auf etw. *(Akk.)* verwetten; I ~ you £10 that ...: ich wette mit dir um 10 Pfund, daß ... 3. *v. i.* wetten; he's there by now, I'll ~: ich möchte wetten, daß er inzwischen da ist
**wage:** ~ **scale** *n.* Tarif, *der;* Lohnskala, *die;* ~ **slave** *n.* Lohnsklave, *der*
**waggish** ['wægɪʃ] *adj.* witzig ⟨*Bemerkung*⟩; be in a ~ mood zu Scherzen aufgelegt sein
**waggle** ['wægl] *(coll.)* 1. *v. t.* ~ its tail ⟨*Hund:*⟩ mit dem Schwanz wedeln; ⟨*Vogel:*⟩ mit dem Schwanz wippen; ~ a loose tooth an einem lockeren Zahn wackeln. 2. *v. i.* hin und her schlagen; the dog's tail ~d der Hund wedelte mit dem Schwanz. 3. *n.* Hin- und Herschlagen, *das; (of tail)* Wedeln, *das*
**waggon** *etc. (Brit.) see* wagon *etc.*
**Wagnerian** [vɑ:g'nɪərɪən] 1. *n.* Wagnerianer, *der*/Wagnerianerin, *die.* 2. *adj.* wagnerianisch; *(of Wagner)* Wagner[i]sch; ~ singer Wagnersänger, *der*/-sängerin, *die*
**wagon** ['wægən] *n.* a) *(horse-drawn)* Wagen, *der;* covered ~: Planwagen, *der;* hitch one's ~ to a star *(fig.)* sich *(Dat.)* ein hohes Ziel setzen; b) *(Amer.: motor vehicle)* Wagen, *der;* c) [water-]~: Wasserwagen, *der;* d) go/be on the ~ *(go/be teetotal)* keinen Tropfen mehr/keinen Tropfen anrühren; e) *(trolley)* Wagen, *der;* f) *(Brit. Railw.)* Wagen, *der;* Waggon, *der (volkst.)*
**wagoner** ['wægənə(r)] *n.* Fuhrmann, *der*
**'wagonload** *n.* [Wagen]ladung, *die*
**'wagtail** *n. (Ornith.)* Bachstelze, *die*
**waif** [weɪf] *n.* Heimatlose, *der/die; (child)* verlassenes Kind; *(animal)* herrenloses Tier; ~s and strays *(children)* obdachlose Kinder; *(animals)* streunende Tiere
**wail** [weɪl] 1. *v. i.* a) *(lament)* klagen *(geh.)* (for um); jammern *(ugs.)* (for um); ⟨*Kind:*⟩ heulen; stop ~ing! hör auf zu jammern!; b) *(fig.)* ⟨*Wind, Sirene:*⟩ heulen. 2. *n.* a) *(cry)* klagender Schrei; ~s Geheul, *das; (esp. fig.: complaints)* Gejammer, *das;* ~s of protest Protestgeschrei, *das;* a ~ of pain ein Schmerzensschrei; b) *(fig.: of wind etc.)* Heulen, *das;* Geheul, *das*
**Wailing 'Wall** *n.* Klagemauer, *die*
**wainscot** ['weɪnskət], **wainscoting** ['weɪnskətɪŋ] *ns.* Täfelung, *die*
**waist** [weɪst] *n.* a) *(part of body or garment)* Taille, *die;* tight round the ~: eng in der Taille; *see also* ¹strip 1 a; b) *(Amer.) (blouse)* Bluse, *die; (bodice)* Mieder, *das;* c) *(narrow part)* Einbuchtung, *die; (of violin)* Mittelbügel, *der; (Naut.: of ship)* Mittelschiff, *das*
**'waistband** *n.* Gürtelbund, *der; (of trousers)* [Hosen]bund, *der; (of skirt)* [Rock]bund, *der*
**waistcoat** ['weɪskəʊt, 'weɪstkəʊt] *n. (Brit.)* Weste, *die*
**'waist-deep** 1. *adj.* bis zur Taille reichend; be ~: einem bis zur Taille reichen. 2. *adv.* bis zur Taille
**waisted** ['weɪstɪd] *adj.* tailliert ⟨*Kleidungsstück*⟩

**waist:** ~**-'high** *see* waist-deep; ~**line** *n.* Taille, *die;* be bad for the ~line schlecht für die schlanke Linie sein
**wait** [weɪt] 1. *v. i.* a) warten; ~ [for] an hour eine Stunde warten; ~ a moment Moment mal; keep sb. ~ing, make sb. ~: jmdn. warten lassen; how long have you been ~ing? wie lange wartest du schon?; ~ to see sth. happen darauf warten, daß etw. passiert; 'repairs [done]/keys cut while you ~' „Reparatur-/Schlüsselschnelldienst"; she ~ed to see what would happen if ...: sie wollte abwarten, was passiert, wenn ...; sth. is still ~ing to be done etw. muß noch gemacht werden; ~ and see abwarten[, was passiert]; [just] ~ and see! warte doch ab!; sth. can/can't *or* won't ~: etw. kann/kann nicht warten; this bill can't ~: diese Rechnung muß sofort bezahlt werden; I can't ~ to do sth. *(am eager)* ich kann es kaum erwarten, etw. zu tun; I can hardly ~ *(lit. or iron.)* ich kann es kaum erwarten; I can't ~ *(for lavatory)* es ist dringend; [just] you ~! warte mal ab!; *(as threat)* warte nur!; b) ~ at *or (Amer.)* on table servieren; ⟨*Ober:*⟩ kellnern *(ugs.).* 2. *v. t.* a) *(await)* warten auf (+ *Akk.*); ~ one's chance/opportunity auf eine [günstige] Gelegenheit warten; ~ one's turn warten, bis man dran ist *od.* drankommt; ~ sb.'s convenience warten, bis es jmdm. paßt; b) *(delay)* ~ lunch/supper [for sb.] mit dem Mittag-/Abendessen [auf jmdn.] warten. 3. *n.* a) *(act, time)* after a long/short ~: nach langer/kurzer Wartezeit; there is quite a ~ for appointments auf einen Termin muß man ziemlich lange warten; have a long/short ~ for sth. lange/nicht lange auf etw. *(Akk.)* warten müssen; b) *(watching for enemy)* lie in ~: im Hinterhalt liegen; lie in ~ for sb./sth. jmdm./einer Sache auflauern; c) *in pl. (Brit.: carol-singers)* Sternsinger
~ **a'bout,** ~ **a'round** *v. i.* herumstehen
~ **be'hind** *v. i.* noch hier-/dableiben; ~ behind for sb. auf jmdn. warten
~ **for** *v. t.* warten auf (+ *Akk.*); ~ for the rain to stop warten, bis der Regen aufhört; we'll ~ for a fine day wir warten einen schönen Tag ab; I can hardly ~ for the day when ...: ich kann den Tag kaum erwarten, an dem ...; it was worth ~ing for es hat sich gelohnt, darauf zu warten; ~ for it! warte/wartet!; *(to create suspense before saying something surprising)* warte ab!
~ **'in** *v. i.* zu Hause warten (for auf + *Akk.*)
~ **on** *v. t.* a) *(serve)* bedienen; b) *(await)* warten auf (+ *Akk.*)
~ **'out** *v. t.* ~ out a storm *etc.* warten, bis ein Sturm *usw.* vorüber *od.* vorbei ist
~ **'up** *v. i.* aufbleiben (for wegen)
**waiter** ['weɪtə(r)] *n.* Kellner, *der;* ~! Herr Ober!
**waiting** ['weɪtɪŋ] *n.* a) Warten, *das;* 'no ~' „Halteverbot"; b) *no pl., no art. (working as waiter)* Servieren, *das;* Kellnern, *das (ugs.)*
**waiting:** ~ **game** *n.* Hinhaltetaktik, *die;* play a ~ game erst einmal abwarten; sich erst einmal bedeckt halten *(ugs.);* ~**-list** *n.* Warteliste, *die;* a five-year ~-list eine Wartezeit von fünf Jahren; ~**-room** *n.* Wartezimmer, *das; (at railway or bus station)* Warteraum, *der; (larger)* Wartesaal, *der*
**waitress** ['weɪtrɪs] *n.* Serviererin, *die;* Kellnerin, *die (veralt.);* ~! Fräulein! *(veralt.);* there is ~ service in the ground-floor restaurant das Restaurant im Erdgeschoß ist mit Bedienung
**waive** [weɪv] *v. t.* verzichten auf (+ *Akk.*); nicht vollstrecken ⟨*Strafe*⟩; nicht anwenden ⟨*Regel*⟩
**waiver** ['weɪvə(r)] *n. (Law)* Verzicht, *der* (of auf + *Akk.*)
**¹wake** [weɪk] 1. *v. i.*, woke [wəʊk] *or (arch.)* ~d, woken ['wəʊkn] *or (arch.)* ~d a) *(cease sleeping)* aufwachen; *(fig.)* ⟨*Natur, Ge-*

*fühle:*› erwachen; **we woke to a bright, cold morning** der Morgen war klar und frisch, als wir aufwachten; **I woke to the sound of soft music** beim Aufwachen hörte ich leise Musik; **b)** ~ **to sth.** *(fig.: realize)* etw. erkennen; sich *(Dat.)* einer Sache *(Gen.)* bewußt werden. **2.** *v. t.* **woke** *or (arch.)* ~**d, woken** *or (arch.)* ~**d a)** wecken; *(fig.)* erwecken *(geh.)* ‹*die Natur, Erinnerungen*›; wecken ‹*Erinnerungen*›; **be quiet, you'll** ~ **your baby brother** sei still, sonst wacht dein Brüderchen auf!; ~ **the dead** die Toten erwecken *(geh.) od.* aufwecken; ~ **the country to the danger of war** *(fig.)* dem Land die Kriegsgefahr bewußt machen; **b)** *(cause)* hervorrufen ‹*Echo*›. **3.** *n.* **a)** *(Ir.: watch by corpse)* Totenwache, *die;* **b)** *usu. pl. (N. Engl.)* ~**s week, the** ~**s** ≈ Kirmes, *die*

~ **'up 1.** *v. i. (lit. or fig.)* aufwachen; ~ **up!** wach auf!; *(fig.: pay attention)* paß besser auf!; ~ **up to sth.** *(fig.: realize)* etw. erkennen; sich *(Dat.)* einer Sache *(Gen.)* bewußt werden. **2.** *v. t.* **a)** *(rouse from sleep)* wecken; **b)** *(fig.: enliven)* wachrütteln; Leben bringen in (+ *Akk.*) ‹*Stadt*›; **you need to** ~ **your ideas up a bit** du müßtest dich ein bißchen zusammenreißen

**²wake** *n.* **a)** *(water)* Kielwasser, *das;* **b)** *(air)* Turbulenz, *die;* **c)** *(fig.)* **in the** ~ **of sth./sb.** im Gefolge von etw./in jmds. Gefolge; **follow in the** ~ **of sb./sth.** jmdm./einer Sache folgen; **bring sth. in its** ~: etw. zur Folge haben; **leave a cloud of dust/trail of destruction in its** ~: eine Staubwolke/eine Spur der Verwüstung hinterlassen

**wakeful** ['weɪkfl] *adj.* **a)** *(sleepless)* schlaflos ‹*Nacht*›; **a** ~ **child** ein Kind, das schlecht schläft; **b)** *(vigilant)* wachsam

**wakefulness** ['weɪkflnɪs] *n., no pl.* **a)** *(sleeplessness)* Schlaflosigkeit, *die;* **b)** *(vigilance)* Wachsamkeit, *die*

**waken** ['weɪkn] **1.** *v. t.* **a)** wecken; **b)** *(fig.: arouse)* wecken ‹*Interesse, Gefühl*›; erregen ‹*Zorn*›. **2.** *v. i. see* **¹wake 1**

**waking** ['weɪkɪŋ] *adj.* **in one's** ~ **hours** den ganzen Tag; von früh bis spät; **spend all one's** ~ **hours [on] doing sth.** etw. von früh bis spät tun; ~ **dream** Wachtraum, *der*

**Wales** [weɪlz] *pr. n.* Wales *(das); see also* **prince b**

**walk** [wɔːk] **1.** *v. i.* **a)** laufen; *(as opposed to running)* gehen; *(as opposed to driving)* zu Fuß gehen; **you can** ~ **there in five minutes** es sind nur 5 Minuten zu Fuß bis dorthin; **'~'/'don't ~'** *(Amer.: at pedestrian lights)* „gehen"/„warten"; ~ **on crutches/with a stick** an Krücken/am Stock gehen; **learn to** ~: laufen lernen; **can the child** ~ **yet?** kann das Kind schon laufen?; **be** ~**ing on air** *(fig.)* sich wie im siebten Himmel fühlen; ~ **tall** *(fig.)* erhobenen Hauptes gehen *(fig.);* **b)** *(exercise)* gehen; marschieren *(ugs.);* **c)** *(appear)* ‹*Geist:*› erscheinen; **d)** *(go with slow gait)* ‹*Pferd:*› gehen; **e)** *(Cricket coll.)* rausgehen; **f)** *(coll.: go missing)* Beine bekommen *(fig. ugs.).* **2.** *v. t.* **a)** entlanggehen; ablaufen ‹*Strecke, Weg*›; durchwandern ‹*Gebiet*›; ~ **the course** *(Sport)* die Strecke abgehen; ‹*Reiter:*› den Parcours abgehen; ~ **the** *or* **his beat** ‹*Polizist:*› seine Runde gehen; ~ **the streets** durch die Straßen gehen/*(aimlessly)* laufen; *(as prostitute)* auf den Strich gehen *(ugs.);* ~ **the boards** *(be actor)* auf den Brettern stehen; ~ **it** *(coll.)* zu Fuß gehen; laufen *(ugs.);* **he** ~**ed it** *(fig. coll.: won easily)* es war ein Spaziergang für ihn; *see also* **plank 1 a; b)** *(cause to* ~*; lead)* führen; ausführen ‹*Hund*›; ~ **sb. round the room** jmdn. im Zimmer herumführen; ~ **sb. off his/her feet** jmdn. [bis zur Erschöpfung] durch die Gegend schleifen *(ugs.);* **c)** *(accompany)* bringen; **he** ~**ed his girl-friend home** er brachte seine Freundin nach Hause; **d)** *(push)* schieben ‹*Fahrrad, Motorrad*›. **3.** *n.* **a)** Spaziergang, *der;* **go [out] for** *or* **take** *or* **have a** ~: einen Spaziergang machen; **take sb./the dog for a** ~: jmdn./den Hund spazierenführen; **a ten-mile** ~: eine Wanderung von zehn Meilen; *(distance)* **ten minutes'** ~ **from here** zehn Minuten zu Fuß von hier; *see also* **space walk; b)** *(gait)* Gang, *der; (characteristic)* normale Gangart; **I know her by her** ~: ich erkenne sie am Gang; **c)** *(walking speed)* Schrittempo, *das;* **his horse/she slowed to a** ~: sein Pferd ging nur noch im Schritt/sie verfiel in ein normales Schrittempo; **d)** *(Sport: race)* Wettbewerb im Gehen; **the 10,000 metres** ~: das 10 000-m-Gehen; **e)** *(path, route)* [Spazier]weg, *der;* **a milkman's/postman's** ~: die Tour eines Milchmanns/Briefträgers; **f) people from all** ~**s of life** Leute aus den verschiedensten gesellschaftlichen Gruppierungen

~ **a'bout** *v. i.* herumlaufen; in der Gegend herumlaufen *(ugs.); see also* **walkabout**

~ **a'way** *v. i.* **a)** weggehen; **she was lucky to** ~ **away from the accident** sie hatte großes Glück, den Unfallort unverletzt verlassen zu können; **b)** *(fig.)* ~ **away from the opposition** *or* **competition** *(coll.: defeat)* der Konkurrenz weglaufen; **he tried to** ~ **away from the problem** *(ignore it)* er versuchte, dem Problem aus dem Weg zu gehen; ~ **away with sth.** *(coll.) (win easily)* etw. spielend leicht gewinnen; *(steal)* sich mit etw. davonmachen *(ugs.);* ~ **away with all the prizes** alle Preise einheimsen *(ugs.)*

~ **'in** *v. i.* **a)** *(enter)* hereinkommen/hineingehen; reinkommen/-gehen *(ugs.);* **'please** ~ **in'** „[bitte] eintreten, ohne zu klopfen"; **b)** *(enter without permission)* hinein-/hereinspazieren; ~ **in on sb./sth.** bei jmdm./etw. hereinplatzen *(ugs.)*

~ **into** *v. t.* **a)** *(enter)* betreten; treten in (+ *Akk.*) ‹*Pfütze*›; *(without permission)* eindringen in (+ *Akk.*) ‹*Haus*›; **b)** *(hit by accident)* laufen gegen ‹*Pfosten, Laternenpfahl*›; ~ **into sb.** mit jmdm. zusammenstoßen; ~ **into a trap** *(lit. or fig.)* in eine Falle gehen; **the boxer** ~**ed straight into a right hook** der Boxer lief voll in den rechten Haken [hinein]; **you** ~**ed straight into that one!** da hast du dich aber reinlegen lassen!; **c)** *(coll.: come easily into)* **she** ~**ed into the top job** ihr ist der Topjob einfach zugefallen

~ **'off 1.** *v. i.* **a)** *(leave)* weggehen; verschwinden; **he has** ~**ed off with another woman** er ist mit einer anderen Frau durchgebrannt *(ugs.);* **b)** ~ **off with sth.** *(coll.)* sich mit etw. davonmachen *(ugs.);* ~ **off with all the prizes** alle Preise einheimsen *(ugs.);* **he** ~**ed off with the fight** er hat den Kampf lässig gewonnen. **2.** *v. t.* **I'll have to** ~ **off some of this fat** ich muß mehr laufen, um ein paar Pfunde loszuwerden *(ugs.);* ~ **off a hangover** einen Spaziergang machen, um seinen Kater loszuwerden

~ **'on** *v. i.* **a)** *(go further)* weitergehen; ~ **on!** *(to horse)* hü!; **b)** *(go on stage)* auf die Bühne kommen; ~ **on as the policeman or the butler** Statistenrollen wie den Polizisten oder Butler spielen

~ **'out** *v. i.* **a)** *(leave)* hinausgehen; rausgehen *(ugs.);* **b)** *(Mil.: leave barracks)* ausgehen; **c)** *(leave in protest)* aus Protest den Saal verlassen; *(leave organization)* austreten; **d)** *(go on strike)* in den Streik *od.* Ausstand treten; **e)** *(Brit. dated: be courting)* miteinander gehen *(ugs.);* ~ **out with sb.** mit jmdm. gehen *(ugs.). See also* **walk-out**

~ **'out of** *v. t.* **a)** *(leave)* gehen aus; **b)** *(leave in protest)* verlassen ‹*Saal, Versammlung*›

~ **'out on** *v. t. (coll.)* verlassen; sitzenlassen *(ugs.)* ‹*Frau, Mann*›; hinschmeißen *(ugs.)* ‹*Job*›

~ **'over** *v. t.* ~ **[all] over sb.** jmdn. fertigmachen *(ugs.); see also* **walk-over**

~ **'up** *v. i.* **a)** *(approach)* sich nähern; ~ **up to sb.** zu jmdm. hingehen; **he** ~**ed up to me** er kam zu mir [heran]; ~ **up to the door** zur Tür gehen; ~ **up!** ~ **up!** *(said by showman)* immer hereinspaziert!; **b)** *(ascend)* hochlaufen; nach oben laufen; *see also* **walk-up**

**'walkabout** *n.* **a)** *(through crowds)* Bad in der Menge *(scherzh.);* **go on a** ~: sich unters Volk mischen; **b)** *(Austral.: in bush)* Buschwanderung, *die*

**walker** ['wɔːkə(r)] *n.* **a)** Spaziergänger, *der*/-gängerin, *die; (in race)* Geher, *der*/Geherin, *die; (rambler, hiker)* Wanderer, *der*/Wanderin, *die;* **sb. is a good** ~: jmd. ist gut zu Fuß; **b)** *(frame)* Laufgestell, *das; (baby-~)* Laufstuhl, *der*

**walkies** ['wɔːkɪz] *n. pl. (coll.)* **go** ~: Gassi gehen *(ugs.);* ~**!** *(said to dog)* komm Gassi! *(ugs.)*

**walkie-talkie** [wɔːkɪ'tɔːkɪ] *n.* Walkie-talkie, *das*

**walking** ['wɔːkɪŋ] **1.** *attrib. adj.* **a** ~ **dictionary/encyclopaedia** *(joc.)* ein wandelndes Wörterbuch/Konversationslexikon; **the** ~ **wounded** die gehfähigen Verwundeten; *see also* **disaster area. 2.** *n., no pl., no art.* [Spazieren]gehen, *das;* Laufen, *das;* **you ought to do more** ~: Sie sollten mehr zu Fuß gehen *od.* spazierengehen; *attrib.* **at** ~ **pace** im Schrittempo; **be within** ~ **distance** zu Fuß zu erreichen sein; **we are within** ~ **distance [of it]** wir können es zu Fuß erreichen

**walking:** ~ **holiday** *n.* Wanderurlaub, *der;* ~ **shoe** *n.* Wanderschuh, *der;* ~**-stick** *n.* Spazierstock, *der;* **she cannot manage now without a** ~**-stick** sie kommt nicht mehr ohne Stock aus; ~**-tour** *n.* Wanderung, *die*

**Walkman, (P)** ['wɔːkmən] *n., pl.* **Walkmans** Walkman, *der* Ⓦⓩ

**walk:** ~**-on part** *n. (Theatre)* Statistenrolle, *die;* ~**-out** *n.* Arbeitsniederlegung, *die;* ~**-over** *n. (fig.: easy victory)* Spaziergang, *der (ugs.);* ~**-up** *n. (Amer.)* Haus ohne Aufzug; ~**way** *n.* Fußweg, *der; (over machinery etc.)* Laufsteg, *der*

**wall** [wɔːl] **1.** *n.* **a)** *(of building, part of structure)* Wand, *die; (external, also freestanding)* Mauer, *die;* **town/garden** ~: Stadt-/Gartenmauer, *die;* **the south** ~ **of the house** die Südwand des Hauses; **a concrete** ~: eine Betonwand/-mauer; **the Great W~ of China** die Chinesische Mauer; **the Berlin W~** *(Hist.)* die [Berliner] Mauer; **b)** *(internal)* Wand, *die;* **be hanging on the** ~: an der Wand hängen; **hang a picture on the** ~: ein Bild an die Wand hängen; **within these four** ~**s** *(fig.)* innerhalb dieser vier Wände; **I'm tired of [staring at] my own four** ~**s** mir fällt die Decke auf den Kopf *(ugs.);* ~**s have ears** die Wände haben Ohren; **drive** *or* **send sb. up the** ~ *(fig. coll.)* jmdn. auf die Palme bringen *(ugs.);* **go up the** ~ *(fig. coll.)* die Wände hochgehen *(ugs.);* **go to the** ~ *(fig.)* an die Wand gedrückt werden; *see also* **back 1 a; c)** *(Mount., Min.)* Wand, *die; (fig.)* Mauer, *die;* **a** ~ **of water/fire** eine Wasser-/Feuerwand; **the North W~ of the Eiger** die Eigernordwand; **a** ~ **of silence/prejudice** *(fig.)* eine Mauer des Schweigens/von Vorurteilen; **d)** *(esp. Footb.: protective row)* Mauer, *die;* **a** ~ **of troops/policemen/tanks** eine Mauer von Soldaten/Polizisten/Panzern; **e)** *(Anat., Zool., Bot.: outer layer)* Wand, *die;* **abdominal** ~: Bauchwand, *die.* **2.** *v. t.* **[be]** ~**ed** von einer Mauer/Mauern umgeben [sein]; **X is a** ~**ed city/town** X hat eine Stadtmauer

~ **'in** *v. t.* mit einer Mauer umgeben; *(fig.)* umzingeln

~ **'off** *v. t.* abteilen

~ **'up** *v. t.* zumauern; einmauern ‹*Person*›

**wallaby** ['wɒləbɪ] *n. (Zool.)* Wallaby, *das*

**wallah** ['wɒlə] *n. (dated sl.)* **television/advertising** ~: Fernseh-/Werbefritze, *der (ugs.)*

**wall:** ~ **bars** *n. pl.* Sprossenwand, *die;*

~-**board** *n.* Wandfaserplatte, *die;* ~**chart** *n.* Schautafel, *die;* ~-**covering** *n.* *(~paper)* Tapete, *die;* *(~-hanging)* Wandbehang, *der;* ~-**cupboard** *n.* Hängeschrank, *der*

**wallet** ['wɒlɪt] *n.* Brieftasche, *die;* *(for cheque card etc.)* Etui, *das*

**wall:** ~**flower** *n.* **a)** *(Bot.)* Goldlack, *der;* **b)** *(coll.: person)* Mauerblümchen, *das (ugs.);* ~-**hanging** *n.* Wandbehang, *der;* ~-**light** *n.* Wandlampe, *die;* ~ **map** *n.* Wandkarte, *die*

**Wallonia** [wɒ'ləʊnɪə] *pr. n.* Wallonien *(das)*

**Walloon** [wɒ'lu:n] **1.** *n.* **a)** *(person)* Wallone, *der*/Wallonin, *die;* **b)** *(dialect)* Wallonisch, *das; see also* **English 2 a. 2.** *adj.* wallonisch; *see also* **English 1**

**wallop** ['wɒləp] *(coll.)* **1.** *v. t.* *(hit)* schlagen; *(with repeated blows)* [ver]prügeln; **he ~ed him one over the head** *(sl.)* er hat ihm eins übergebraten *(salopp).* **2.** *n.* Schlag, *der;* **give sb./sth. a ~:** auf jmdn./etw. draufhauen *(ugs.);* **he fell down with a ~:** er fiel mit einem Plumps hin

**walloping** ['wɒləpɪŋ] *(coll.)* **1.** *n.* **a)** *(thrashing)* **a ~:** eine Tracht Prügel *(ugs.);* **b)** *(defeat)* **get a ~:** eins übergebraten kriegen *(salopp).* **2.** *adj.* gepfeffert *(ugs.)* ⟨*Niederlage, Rechnung*⟩; faustdick *(ugs.)* ⟨*Lüge*⟩

**wallow** ['wɒləʊ] **1.** *v. i.* **a)** *(roll around)* sich wälzen; ⟨*Schiff:*⟩ schlingern; *(in mud also)* sich suhlen; **b)** *(fig.: take delight)* schwelgen **(in** in + *Dat.***);** **be ~ing in money** *(coll.)* im Geld schwimmen *(ugs.);* **~ in luxury** im Luxus baden *od.* schwelgen. **2.** *n.* **a)** *(mudbath)* Schlammbad, *das;* **like a good ~ in the mud** sich gern im Schlamm wälzen *od.* suhlen; **b)** *(fig.: indulgence)* **he likes to have a good ~ [in sentiment]** er schwelgt gern in Gefühlen

**wall:** ~-**painting** *n.* Wandgemälde, *das;* ~**paper 1.** *n.* Tapete, *die;* **2.** *v. t.* tapezieren; ~ **socket** *n.* *(Electr.)* Wandsteckdose, *die;* **W~ Street** *n.* [die] Wall Street; die Wallstreet; ~-**to**-~ *adj.* *(covering floor)* ~-to-~ **carpeting** Teppichboden, *der;* ~-**unit** *n.* Hängeelement, *das*

**wally** ['wɒlɪ] *n.* *(Brit. sl.)* Blödmann, *der (salopp)*

**walnut** ['wɔ:lnʌt] *n.* **a)** *(nut)* Walnuß, *die;* **b)** *(tree)* [Wal]nußbaum, *der;* **c)** *(wood)* Nußbaumholz, *das*

**walrus** ['wɔ:lrəs, 'wɒlrəs] *n.* Walroß, *das;* ~ **moustache** Walroßbart, *der (ugs.)*

**Walter Mitty** [wɒltə 'mɪtɪ] *see* **Mitty**

**waltz** [wɔ:lts, wɔ:ls, wɒlts, wɒls] **1.** *n.* Walzer, *der;* **can you dance the ~?** können Sie Walzer tanzen? **2.** *v. i.* Walzer tanzen; ~ **round the room** durchs Zimmer tanzen

~ **'in** *v. i (fig. coll.)* angetanzt kommen *(ugs.)*

~ **'off,** ~ **'out** *v. i.* *(fig. coll.)* abtanzen *(ugs.)*

**wan** [wɒn] *adj.* fahl *(geh.);* bleich; ~ **smile** mattes Lächeln

**wand** [wɒnd] *n.* Stab, *der;* *(magician's ~)* Zauberstab, *der*

**wander** ['wɒndə(r)] **1.** *v. i.* **a)** *(go aimlessly)* umherirren; *(walk slowly)* bummeln; **she ~ed over to me** sie kam zu mir herüber; **I must be ~ing** *(coll.)* ich muß mich auf die Socken machen *(ugs.);* **b)** *(stray)* ⟨*Katze:*⟩ streunen; ⟨*Schafe:*⟩ sich verlaufen; ~ **from the trail** vom Weg abkommen; ~ **from the path of righteousness,** ~ **from the straight and narrow** *(fig.)* vom Pfad der Tugend abkommen; **the car ~s badly** der Wagen hält schlecht Spur; **c)** *(fig.: stray from subject)* abschweifen; **his thoughts ~ed back to his childhood** seine Gedanken schweiften zurück in die Kindheit. **2.** *v. t.* wandern durch; ~ **the world** durch die Welt ziehen. **3.** *n.* *(coll.: walk)* Spaziergang, *der;* **let's go for a ~:** komm, laufen wir ein bißchen rum *(ugs.);* **I'll go for** *or* **take a ~ round** *or* **through the town** ich werd' mal einen Bummel durch die Stadt machen

~ **a'bout** *v. i.* sich herumtreiben

~ **a'long** *v. i.* dahintrotten; ⟨*Fahrzeug:*⟩ dahinzockeln *(ugs.)*

~ **'in** *v. i.* hineinspazieren; *(towards speaker)* hereinspaziert kommen

~ **'off** *v. i.* **a)** *(stray)* weggehen; ⟨*Kind:*⟩ sich selbständig machen *(scherzh.);* **b)** *(coll.: go away)* sich davonmachen *(ugs.)*

**wanderer** ['wɒndərə(r)] *n.* Streuner, *der*/Streunerin, *die;* *(traveller)* Wandervogel, *der (veralt. scherzh.)*

**wandering** ['wɒndərɪŋ] **1.** *adj.* **a)** *(nomadic)* Wander⟨*stamm, -volk*⟩; ~ **minstrel** *(Hist.)* fahrender Spielmann; **b)** *(meandering)* sich windend ⟨*Strom*⟩; *(fig.: disjointed)* weitschweifig ⟨*Rede*⟩; wirr ⟨*Gedanken*⟩; *(joc.)* vorwitzig *(scherzh.)* ⟨*Hände*⟩. **2.** *n. in pl.* **a)** *(travels)* Wanderschaft, *die;* **in** *or* **on his ~s** auf seiner Wanderschaft; **b)** *(straying)* **the ~s of his mind/thoughts** sein wirres Denken/seine wirren Gedanken

**Wandering 'Jew** *n.* **the ~:** der Ewige Jude; *(fig.)* **a ~:** ein Ahasver *(geh.)*

**wanderlust** ['wɒndəlʌst] *n.* Reiselust, *die;* *(related to distant places)* Fernweh, *das*

**wane** [weɪn] **1.** *v. i.* ⟨*Mond:*⟩ abnehmen; ⟨*Kraft, Einfluß, Macht:*⟩ schwinden, abnehmen; ⟨*Ruf, Ruhm:*⟩ verblassen; **the light is waning** es wird langsam dunkler. **2.** *n.* **be on the ~** ⟨*Mond:*⟩ abnehmen; *(fig.)* schwinden; dahinschwinden *(geh.)*

**wangle** ['wæŋgl] *(coll.)* **1.** *v. t.* *(get by devious means)* organisieren *(ugs.)* ⟨*Karte, Einladung*⟩; ~ **sth. out of sb.** jmdm. etw. abluchsen *(ugs.);* **can you ~ it for me?** kannst du das für mich deichseln? *(ugs.).* **2.** *n.* Kniff, *der;* **by a ~:** durch Schiebung *(ugs.)*

**wank** [wæŋk] *(Brit. coarse)* **1.** *v. t.* wichsen *(derb).* **2.** *v. t.* ~ **sb. off** jmdm. einen abwichsen *(vulg.).* **3.** *n.* **have a ~:** sich *(Dat.)* einen abwichsen *(derb)*

**wanker** ['wæŋkə(r)] *n.* *(Brit. coarse)* Wichser, *der (derb)*

**wanly** ['wɒnlɪ] *adv.* schwach ⟨*beleuchtet*⟩; matt ⟨*lächeln*⟩

**wanna** ['wɒnə] *(coll.)* = **want to; want a**

**want** [wɒnt] **1.** *v. t.* **a)** *(desire)* wollen; **I ~ my mummy** ich will zu meiner Mama; **I ~ it done by tonight** ich will, daß es bis heute abend fertig wird; **I don't ~ there to be any misunderstanding** ich will *od.* möchte nicht, daß da ein Mißverständnis aufkommt; **I don't ~ you to get the idea that I am stingy** ich möchte nicht, daß Sie den Eindruck gewinnen, ich sei geizig; **b)** *(require, need)* brauchen; **'W~ed – cook for small family'** „Koch/Köchin für kleine Familie gesucht"; **you're ~ed on the phone** du wirst am Telefon verlangt; **feel ~ed** das Gefühl haben, gebraucht zu werden; **what you ~ is a good holiday** Sie brauchen mal richtigen Urlaub; **the windows ~ painting** die Fenster müßten gestrichen werden; **what that naughty girl ~s is a good wallop** was dem frechen Gör fehlt, ist eine anständige Tracht Prügel *(ugs.);* **you ~ to be [more] careful** *(ought to be)* du solltest vorsichtig[er] sein; **you ~ to see a solicitor about that** Sie müßten sich in der Sache an einen Anwalt wenden; **c) ~ed [by the police]** [polizeilich] gesucht **(for** wegen**);** **he is a ~ed man** er wird [polizeilich] gesucht; **d)** *(lack)* **sb./sth. ~s sth.** jmdm./einer Sache fehlt es an etw. *(Dat.);* **all the soup ~s is some salt** der Suppe fehlt nur noch ein bißchen Salz. **2.** *n.* **a)** *no pl.* *(lack)* Mangel, *der* **(of** an + *Dat.***);** **there is no ~ of ...:** es fehlt nicht an ... *(Dat.);* **for ~ of sth.** aus Mangel an etw. *(Dat.);* **for ~ of a better word** in Ermangelung eines besseren Ausdrucks; **he took the flat for ~ of anything better** er nahm die Wohnung, weil er nichts Besseres finden konnte; **b)** *no pl.* *(need)* Not, *die;* **suffer ~:** Not leiden; **be in ~ of sth.** *(dated, literary)* einer Sache *(Gen.)* bedürfen *(geh.);* **c)** *(desire)* Bedürfnis, *das;* **we can supply all your ~s** wir können alles liefern, was Sie brauchen; ~ **ad** *(Amer.)* Kaufgesuch, *das.* **3.** *v. i.* **a)** *(arch.: be in ~)* Not leiden; **b)** *(esp. Amer. coll.)* ~ **in/out** rein-/rauswollen

~ **for** *v. t.* *(dated)* **sb. ~s for nothing** *or* **doesn't ~ for anything** jmdm. fehlt es an nichts; ~ **for money** an Geldmangel *(Dat.)* leiden

**wanting** ['wɒntɪŋ] *adj.* **be ~:** fehlen; **sb./sth. is ~ in sth.** jmdm./einer Sache fehlt es an etw. *(Dat.);* **be found ~:** für unzureichend befunden werden

**wanton** ['wɒntən] **1.** *adj.* **a)** *(dated: licentious)* lüstern; wollüstig ⟨*Person, Gedanken, Benehmen*⟩; **b)** *(wilful)* mutwillig ⟨*Beschädigung, Grausamkeit, Verschwendung*⟩; leichtfertig ⟨*Vernachlässigung*⟩; **c)** *(luxuriant, wild)* üppig ⟨*Wachstum, Vielfalt*⟩; **d)** *(capricious)* übermütig; mutwillig *(veralt.).* **2.** *n.* *(dated)* *(woman)* Kokotte, *die (veralt.);* *(man)* Lüstling, *der (veralt.)*

**wantonly** ['wɒntənlɪ] *adv.* **a)** *(dated: licentiously)* lüstern; wollüstig; **b)** *(wilfully)* mutwillig; leichtfertig ⟨*vernachlässigen*⟩

**wantonness** ['wɒntənnɪs] *n., no pl.* **a)** *(dated: licentiousness)* Lüsternheit, *die;* **b)** *(wilfulness)* Mutwilligkeit, *die*

**war** [wɔ:(r)] *n.* **a)** Krieg, *der;* **between the ~s** zwischen den Weltkriegen; **declare ~:** den Krieg erklären **(on** *Dat.***);** **an act of ~:** ein kriegerischer Akt; **a ~ of conquest/aggression** ein Eroberungs-/Angriffskrieg; **be at ~:** sich im Krieg befinden; **make ~:** Krieg führen **(on** gegen**);** **go to ~:** in den Krieg ziehen **(against** gegen**);** **carry the ~ into the enemy's camp** *(fig.)* den Spieß umdrehen; **look as though one/it has been in the ~s** ziemlich mitgenommen aussehen; **b)** *(science)* Kriegführung, *die;* **the art of ~:** die Kriegskunst; **laws of ~:** Kriegsrecht, *das;* **rights of ~:** Kriegsrechte; **c)** *(fig.: conflict)* Krieg, *der;* **price ~:** Preiskrieg, *der;* ~ **of nerves** Nervenkrieg, *der;* ~ **of words** Wortgefecht, *das;* **d)** *(fig.: fight, campaign)* Kampf, *der* **(on, against** gegen**);** **declare ~ on poverty** der Armut den Kampf ansagen

**'war baby** *n.* [Nach]kriegskind, *das*

**warble** ['wɔ:bl] *v. t. & i.* trällern

**warbler** ['wɔ:blə(r)] *n.* *(Ornith.)* Grasmücke, *die*

**war:** ~ **bride** *n.* Kriegsbraut, *die;* ~ **correspondent** *n.* Kriegsberichterstatter, *der*/-berichterstatterin, *die;* ~ **crime** *n.* Kriegsverbrechen, *das;* ~ **criminal** *n.* Kriegsverbrecher, *der*/-verbrecherin, *die;* ~-**cry** *n.* **a)** *(battle-cry)* Kriegsruf, *der;* **b)** *(slogan)* Schlachtruf, *der*

**ward** [wɔ:d] *n.* **a)** *(in hospital)* Station, *die;* *(single room)* Krankensaal, *der;* **geriatric/maternity ~:** geriatrische Abteilung/Entbindungsstation, *die;* **she's in W~ 3** sie liegt auf Station 3; **b)** *(minor)* Mündel, *das od. die;* ~ **[of court]** *(Law)* Mündel [unter Amtsvormundschaft]; **c)** *(electoral division)* Wahlbezirk, *der;* **d)** *(Hist.: bailey)* [Burg-]hof, *der*

~ **'off** *v. t.* **a)** *(prevent)* abwehren; schützen vor (+ *Dat.*) ⟨*Erkältung, Depressionen*⟩; abwenden ⟨*Gefahr*⟩; **b)** *(keep at distance)* sich *(Dat.)* vom Leibe halten ⟨*Verehrer*⟩

**war:** ~ **damage** *n.* Kriegsschäden *Pl.;* ~-**dance** *n.* Kriegstanz, *der*

**warden** ['wɔ:dn] *n.* **a)** *(president, governor)* Direktor, *der*/Direktorin, *die;* *(of college, school)* Rektor, *der*/Rektorin, *die;* *(of hostel, sheltered housing)* Heimleiter, *der*/-leiterin, *die;* *(of youth hostel)* Herbergsvater, *der*/-mutter, *die;* **b)** *(supervisor)* Aufseher, *der*/Aufseherin, *die;* **[air-raid] ~:** Luftschutzwart, *der; see also* **churchwarden**

**warder** ['wɔ:də(r)] *n.* *(Brit.)* Wärter, *der;* Aufseher, *der*

**wardress** ['wɔ:drɪs] *n.* Wärterin, *die;* Aufseherin, *die*

**wardrobe** ['wɔ:drəʊb] *n.* **a)** *(piece of furniture)* Kleiderschrank, *der;* **folding ~**: Kleidersack, *der;* **b)** *(stock of clothes)* Garderobe, *die; (in theatre)* Kostüme *Pl.*

**wardrobe: ~ master/mistress** *ns. (Theatre)* Gewandmeister, *der*/-meisterin, *die;* **~ trunk** *n.* Schrankkoffer, *der*

'**wardroom** *n. (Navy)* Offiziersmesse, *die*

**-wards** [wədz] *adv. suff.* -wärts

**wardship** ['wɔ:dʃɪp] *n.* Vormundschaft, *die*

'**ward sister** *n.* Stationsschwester, *die*

**ware** [weə(r)] *n.* **a)** *(pottery)* Steinzeug, *das;* **Delft ~**: Delfter Keramik; **b)** *in pl. (goods)* Ware, *die*

**warehouse 1.** ['weəhaʊs] *n. (repository)* Lagerhaus, *das; (part of building)* Lager, *das; (Brit.: retail or wholesale store)* Großmarkt, *der.* **2.** ['weəhaʊs, 'weəhaʊz] *v. t.* einlagern ⟨*Möbel*⟩

**warehouseman** ['weəhaʊsmən] *n., pl.* **warehousemen** ['weəhaʊsmən] Lagerist, *der*

**warfare** ['wɔ:feə(r)] *n. (lit. or fig.)* Krieg, *der;* **in modern ~**: in der modernen Kriegführung; **economic ~**: Wirtschaftskrieg, *der; see also* **open 1 h**

**war: ~-game** *n.* Kriegsspiel, *das;* **~-gaming** *n. (Mil.)* Sandkastenspiele *Pl.; (as hobby) das Nachstellen historischer Schlachten mit Spielzeugsoldaten;* **~-god** *n.* Kriegsgott, *der;* **~ grave** *n.* Kriegs- *od.* Soldatengrab, *das;* **~head** *n.* Sprengkopf, *der;* **~-horse** *n. (Hist., fig.)* Schlachtroß, *das*

**warily** ['weərɪlɪ] *adv.* vorsichtig; *(suspiciously)* mißtrauisch; **tread ~** *(lit. or fig.)* vorsichtig sein

**wariness** ['weərɪnɪs] *n., no pl.* Vorsicht, *die* (**of** vor + *Dat.*); **~ of strangers** Mißtrauen gegen Fremde

'**warlike** *adj.* **a)** *(bellicose)* kriegerisch; **b)** *(military)* Kriegs⟨*vorbereitungen, -gerät*⟩

**war-lord** *n.* Kriegsherr, *der*

**warm** [wɔ:m] **1.** *adj.* **a)** warm; **come inside and get ~**: komm rein und wärm dich auf; **I am very ~ from running** mir ist sehr warm vom Rennen; **it's ~ work** bei der Arbeit kommt man ins Schwitzen; **keep sb.'s food ~**: jmdm. das Essen warm halten; **keep a seat/job ~ for sb.** *(fig.)* jmdm. einen Platz/ eine Stellung freihalten; **b)** *(enthusiastic)* herzlich ⟨*Grüße, Dank*⟩; eng ⟨*Freundschaft*⟩; lebhaft ⟨*Interesse*⟩; begeistert ⟨*Unterstützung, Applaus*⟩; *see also* **reception a; welcome 2 b; c)** *(cordial, sympathetic)* warm ⟨*Herz, Wesen, Gefühl*⟩; herzlich ⟨*Lächeln*⟩; echt empfunden ⟨*Hochachtung*⟩; **the thought of her kindness gives me a ~ feeling** wenn ich an ihre Güte denke, wird mir warm ums Herz; **d)** *(passionate)* heiß ⟨*Temperament, Küsse*⟩; **e)** *(animated)* hitzig; heftig ⟨*Entrüstung*⟩; **f)** *(unpleasant)* ungemütlich; **he left when things began to get too ~ for him** er ging, als ihm die Sache zu ungemütlich wurde; **g)** *(recent)* heiß ⟨*Spur*⟩; **h)** *(in games: close)* **you're getting ~!** warm! **2.** *v. t.* wärmen; warm machen ⟨*Flüssigkeit*⟩; **~ one's hands** sich *(Dat.)* die Hände wärmen; **the thought [of ...] ~ed [the cockles of] his heart** bei dem Gedanken [an ... *(Akk.)*] wurde ihm warm ums Herz. **3.** *v. i.* **a) ~ to sb./sth.** *(come to like)* sich für jmdn./etw. erwärmen; **my heart ~ed to her** sie wurde mir sympathischer; **the speaker ~ed to his subject** der Redner steigerte sich in sein Thema hinein; **b)** *(get ~er)* warm werden. **4.** *n.* **a)** *(~ing)* **give the food a ~**: das Essen aufwärmen; **have a ~ by the fire** sich am Kamin/ Ofen *usw.* aufwärmen; **b)** *(warmth)* **the ~**: die Wärme

**~ 'up 1.** *v. i.* **a)** *(get ~)* warm werden; ⟨*Motor:*⟩ warmlaufen; **b)** *(prepare)* ⟨*Sportler:*⟩ sich aufwärmen; **c)** *(fig.: become animated)* warm werden; ⟨*Party:*⟩ in Schwung kommen; ⟨*Publikum:*⟩ in Stimmung kommen. **2.** *v. t.* aufwärmen ⟨*Speisen*⟩; erwärmen ⟨*Raum, Zimmer*⟩; warmlaufen lassen ⟨*Motor*⟩; *(fig.)* in Stimmung bringen ⟨*Publikum*⟩. *See also* **warm-up**

**warm-blooded** ['wɔ:mblʌdɪd] *adj.* **a)** warmblütig ⟨*Tier*⟩; **~-blooded animals** Warmblüter; **b)** *(fig.: passionate)* heißblütig; temperamentvoll

**warmed-over** ['wɔ:mdəʊvə(r)] *(Amer.),* **warmed-up** ['wɔ:mdʌp] *adjs.* aufgewärmt

'**war memorial** *n.* Kriegerdenkmal, *das*

'**warm-hearted** *adj.* herzlich; warmherzig ⟨*Person*⟩

'**warming-pan** *n.* Wärmepfanne, *die*

**warmish** ['wɔ:mɪʃ] *adj.* lau[warm]; warm ⟨*Wetter*⟩

**warmly** ['wɔ:mlɪ] *adv.* **a)** *(to maintain warmth)* warm; **b)** *(enthusiastically)* herzlich ⟨*willkommen heißen, gratulieren, begrüßen, grüßen, danken*⟩; wärmstens ⟨*empfehlen*⟩; begeistert ⟨*sprechen von, applaudieren*⟩; **c)** *(animatedly)* hitzig

**warmonger** ['wɔ:mʌŋgə(r)] *n.* Kriegshetzer, *der*/-hetzerin, *die*

**warmongering** ['wɔ:mʌŋgərɪŋ] *n.* Kriegshetze, *die*

**warmth** [wɔ:mθ] *n.* **a)** *(state of being warm; also of colour)* Wärme, *die;* **b)** *(enthusiasm, affection, cordiality)* Herzlichkeit, *die;* Wärme, *die;* **the ~ of her temperament** ihr ungestümes Temperament; **c)** *(animation)* Hitzigkeit, *die; (indignation)* Schärfe, *die;* **in the ~ of the debate** in der Hitze des Gefechts *(fig.)*

'**warm-up** *n.* **have a ~** *(lit., Sport)* sich aufwärmen; **give a meal a ~**: ein Essen aufwärmen; **~ [lap]** *(Motor Racing)* Aufwärmrunde, *die*

**warn** [wɔ:n] *v. t.* **a)** *(inform, give notice)* warnen (**against, of, about** vor + *Dat.*); **~ sb. that ...**: jmdn. darauf hinweisen, daß ...; **you can't say I didn't ~ you** Sie können nicht behaupten, ich hätte Sie nicht gewarnt; **you have been ~ed!** ich habe/wir haben dich gewarnt!; **~ sb. not to do sth.** jmdn. davor warnen, etw. zu tun; **you might have ~ed us you were going to be late** du hättest uns wissen lassen können, daß du später kommen würdest; **b)** *(admonish)* ermahnen; *(officially)* abmahnen

**~ 'off** *v. t.* **a)** warnen; **~ sb. off doing sth.** jmdn. davor warnen, etw. zu tun; **b)** *(Racing)* Platzverbot erteilen (+ *Dat.*)

**warning** ['wɔ:nɪŋ] **1.** *n.* **a)** *(advance notice)* Vorwarnung, *die;* **he gave me no ~ of his intentions** er hat mir seine Absichten nicht angekündigt; **we had no ~ of their arrival** sie kamen ohne Vorwarnung; **give sb. plenty of/a few days' ~**: jmdm. rechtzeitig/ein paar Tage vorher Bescheid sagen; **b)** *(lesson)* Lehre, *die;* **let that be a ~ to you** laß dir/laßt euch das eine Warnung sein; **c)** *(caution)* Verwarnung, *die; (less official)* Warnung, *die.* **2.** *attrib. adj.* Warn⟨*schild, -zeichen, -signal usw.*⟩; **~ light/shot** Warnleuchte, *die*/-schuß, *der;* **~ notice** Warnung, *die;* **a ~ look/gesture** ein warnender Blick/ eine warnende Geste

'**War Office** *n. (Brit. Hist.)* Kriegsministerium, *das*

**warp** [wɔ:p] **1.** *v. i. (become bent)* sich verbiegen; ⟨*Holz, Schallplatte:*⟩ sich verziehen. **2.** *v. t.* **a)** *(cause to become bent)* verbiegen; **the sun had ~ed the boards** durch die Sonne hatten sich die Bretter verzogen; **b)** *(fig.: pervert)* verformen; verbiegen; **~ed** getrübt ⟨*Urteilsvermögen*⟩; pervertiert ⟨*Denken, Gehirn*⟩; **a ~ed sense of humour** ein abartiger Humor. **3.** *n.* **a)** *(Weaving)* Kettfaden, *der;* Kette, *die (fachspr.);* **b)** *(bent state)* Werfen, *das (fachspr.); (bend in a board etc.)* verzogene Stelle; **there is a ~ in the record** die Platte hat sich verzogen; **c)** *(fig.: perversion)* Perversion, *die; see also* **time warp**

**war: ~-paint** *n. (also fig. coll. joc.)* Kriegsbemalung, *die;* **~-path** *n.* Kriegspfad, *der;* **be on the ~-path** auf dem Kriegspfad sein; *(fig.)* in Rage sein; **~-plane** *n.* Kampfflugzeug, *das;* **~ poet** *n.* Kriegslyriker, *der*

**warrant** ['wɒrənt] **1.** *n.* **a)** *(written order) (for sb.'s arrest)* Haftbefehl, *der;* **[search-]~**: Durchsuchungsbefehl, *der;* **b)** *(authority)* Befugnis, *die; (justification)* Rechtfertigung, *die;* **c)** *(dividend voucher)* Dividendenschein, *der;* **d)** *(Law)* Vollmacht, *die;* **~ of attorney** anwaltliche Vollmacht. **2.** *v. t.* **a)** *(justify)* rechtfertigen; **her small income does not ~ such expenditure** ihr geringes Einkommen erlaubt ihr solche Ausgaben nicht; **b)** *(guarantee)* garantieren; garantieren für ⟨*Produkt, Artikel*⟩; **we ~ [you] the diamond is genuine** wir garantieren [Ihnen], daß der Diamant echt ist; **you'll like it, I** *or* **I'll ~ you** es wird dir gefallen, das garantiere ich dir

**warrantable** ['wɒrəntəbl] *adj.* vertretbar; **be ~**: zu rechtfertigen sein

'**warrant-officer** *n.* Warrant Officer, *der; Dienstgrad zwischen Oberstabsfeldwebel/ Oberstabsbootsmann und Leutnant/Leutnant z. S.*

**warranty** ['wɒrəntɪ] *n.* **a)** *(Law)* Garantie, *die;* **it is still under ~**: es steht noch unter *od.* darauf steht noch Garantie; *see also* **guarantee 2 a; b)** *(justification)* Rechtfertigung, *die*

**warren** ['wɒrn] *n.* **a)** *see* **rabbit-warren; b)** *(fig.: densely populated area)* Ameisenhaufen, *der (fig.); (maze)* Labyrinth, *das*

**warring** ['wɔ:rɪŋ] *adj.* kriegführend; *(fig.)* sich bekämpfend *nicht präd.*

**warrior** ['wɒrɪə(r)] *n.* **a)** *(esp. literary)* Krieger, *der (geh.);* **b)** *attrib. (martial)* kriegerisch; **a ~ nation/race** ein Kriegervolk

**Warsaw** ['wɔ:sɔ:] **1.** *pr. n.* Warschau *(das).* **2.** *attrib. adj.* Warschauer; **~ Pact** *(Hist.)* Warschauer Pakt

'**warship** *n.* Kriegsschiff, *das*

**wart** [wɔ:t] *n.* Warze, *die;* **~s and all** *(fig.)* schonungslos; ungeschminkt [bis ins kleinste Detail]

'**wart-hog** *n.* Warzenschwein, *das*

**war: ~time** *n.* **a)** Kriegszeit, *die;* **in** *or* **during ~time** während des Krieges; im Krieg; **b)** *attrib.* Kriegs⟨*rationierung, -evakuierung usw.*⟩; **~time England** [das] England während des Krieges; **a ~time love affair** eine Kriegsliebe; **~-weary** *adj.* kriegsmüde; **~-widow** *n.* Kriegswitwe, *die;* Kriegerwitwe, *die (geh. veralt.)*

**wary** ['weərɪ] *adj.* vorsichtig; *(suspicious)* mißtrauisch (**of** gegenüber); **be ~ of** *or* **about doing sth.** sich davor hüten, etw. zu tun; **be ~ of sb./sth.** sich vor jmdm./etw. in acht nehmen; **keep a ~ eye on sb.** jmdn. genau beobachten

'**war-zone** *n.* Kriegsgebiet, *das*

**was** *see* **be**

**wash** [wɒʃ] **1.** *v. t.* **a)** waschen; **~ oneself/ one's hands** *(also euphem.)*/**face/hair** sich waschen/sich *(Dat.)* die Hände *(auch verhüll.)*/das Gesicht/die Haare waschen; **~ the clothes** Wäsche waschen; **~ the dishes** abwaschen; [Geschirr] spülen; **~ the floor** den Fußboden aufwischen *od.* feucht wischen; **~ one's hands of sb./sth.** mit jmdm./ etw. nichts mehr zu tun haben wollen; **I don't wish to have anything more to do with the whole business. I ~ my hands of it** Ich will mit der ganzen Geschichte nichts mehr zu tun haben. Für mich ist die Sache erledigt; **b)** *(remove)* waschen ⟨*Fleck*⟩ (**out of** aus); abwaschen ⟨*Schmutz*⟩ (**off** von); **c)** *(by licking)* putzen; **the cat ~ed its face** die Katze putzte sich; **the cat ~ed its fur** die Katze putzte sich *(Dat.)* das Fell; **d)** *(carry along)* spülen; **be ~ed overboard/ashore** über Bord/an Land gespült werden; **be ~ed downstream** von der Strömung mitgerissen werden; **e)** ⟨*Wellen, Meer:*⟩ bespülen ⟨*Klippen, Ufer*⟩. *See also* **linen 1 b. 2.** *v. i.* **a)** sich waschen; **b)** *(clean clothes)* waschen; **c)** ⟨*Stoff, Kleidungsstück, Handtuch:*⟩ sich waschen lassen; **that won't ~** *(fig. coll.)* das zieht nicht *(ugs.)*; **an interesting theory, but it won't ~**: eine interessante Theorie, aber sie läßt sich nicht halten; **d)** *(sweep)* ⟨*Brandung, Wellen:*⟩ spülen; **~ over/against sth.** etw. überspülen/gegen etw. spülen. **3.** *n.* **a) give sb./sth. a [good] ~**: jmdn./etw. [gründlich] waschen; **the baby/car needs a ~** *or (coll.)* **could do with a ~**: das Kind/Auto müßte mal gewaschen werden; **I must have a ~ before lunch** ich muß mich vor dem Essen noch waschen; **b)** *(laundering)* Wäsche, *die;* **it is in the ~**: es ist in der Wäsche; **it'll all come out in the ~** *(fig. coll.)* das wird sich alles klären; **the week's ~**: die Wäsche von einer Woche; **c)** *(of ship, aircraft, etc.)* Sog, *der;* **d)** *(lotion)* Waschlotion, *die;* **a ~ for disinfecting the mouth** ein desinfizierendes Mundwasser; *see also* **eyewash; mouthwash; e)** *(pig food)* Schweinefutter, *das*

~ **a'way** *v. t.* **a)** wegspülen; hinwegspülen *(geh.)*; **b) ~ a stain/the mud away** einen Fleck/den Schmutz auswaschen

~ **'down** *v. t.* **a)** *(clean dirt from) (with a hose)* abspritzen ⟨*Auto, Deck, Hof*⟩; *(with soap and water)* abwaschen; aufwaschen ⟨*Fußboden*⟩; **b)** *(help to go down)* runterspülen *(ugs.)*; **we lunched on beef ~ed down with beer** wir aßen Roastbeef und tranken Bier dazu

~ **'off 1.** *v. t.* **~ sth. off** etw. abwaschen. **2.** *v. i.* abgehen; *(from fabric etc.)* herausgehen

~ **'out** *v. t.* **a)** *(clean)* auswaschen ⟨*Kleidungsstück*⟩; ausscheuern ⟨*Topf*⟩; ausspülen ⟨*Mund*⟩; **~ dirt/marks out of clothes** Schmutz/Flecken aus Kleidern [her]auswaschen; **b)** *(stop; prevent from taking place)* ins Wasser fallen lassen ⟨*Sportveranstaltung*⟩; **several matches have been ~ed out** mehrere Spiele sind ins Wasser gefallen; **c)** *(damage)* unterspülen ⟨*Brückenpfeiler, Straße*⟩. *See also* **washed-out; wash-out**

~ **'over** *v. t.* **a)** *(fig. coll.: not affect)* **~ over sb.** ⟨*Streit, Lärm, Unruhe usw.:*⟩ jmdn. gar nicht berühren; **she just sat back and let everything/the criticism ~ over her** sie saß einfach da und ließ alles/die Kritik an sich *(Dat.)* ablaufen *(ugs.)*; **b)** *(sweep over)* spülen über (+ *Akk.*)

~ **'up 1.** *v. t.* **a)** *(Brit.: clean)* **~ the dishes up** das Geschirr abwaschen *od.* spülen; **b)** *(carry to shore)* anspülen ⟨*Leiche, Strandgut, Wrackteile usw.*⟩. **2.** *v. i.* **a)** abwaschen; spülen; **who's going to help me ~ up?** wer hilft mir beim Abwaschen *od.* Spülen?; **b)** *(Amer.)* sich *(Dat.)* [Gesicht und Hände] waschen. *See also* **washed-up; washing-up**

**washable** ['wɒʃəbl] *adj.* waschbar ⟨*Stoff*⟩; abwaschbar ⟨*Tapete, Farbe*⟩

**wash: ~-and-'wear** *adj.* bügelfrei; **~-basin** *n.* Waschbecken, *das;* **~board** *n.* Waschbrett, *das;* **~-bowl** *see* **~-basin; ~-cloth** *n.* **a)** *(Brit.: dishcloth)* Abwaschlappen, *der;* Spültuch, *das;* **b)** *(Amer.: facecloth)* Waschlappen, *der;* **~-day** *n.* Waschtag, *der*

**washed-'out** *adj.* **a)** *attrib. (faded by washing)* verwaschen ⟨*Farbe, Kleidungsstück*⟩; **b)** *(fig.: exhausted)* abgespannt; mitgenommen; **I was** *or* **felt limp and ~**: ich fühlte mich schlapp und ausgelaugt

**washed-'up** *adj. (sl.)* kaputt *(ugs.)*

**washer** ['wɒʃə(r)] *n. (Mech. Engin.)* Unterlegscheibe, *die; (of tap)* Dichtungsring, *der;* Dichtungsscheibe, *die*

**'washerwoman** *n.* Waschfrau, *die*

**'wash-hand basin** Handwaschbecken, *das*

**washing** ['wɒʃɪŋ] *n., no pl., no indef. art.* **a)** *(clothes to be washed)* Wäsche, *die;* **take in ~**: Wäsche ins Haus nehmen; [zu Hause] für Kunden waschen; **b)** *(cleansing)* Waschen, *das;* **do the ~**: waschen; **children often don't like ~**: Kinder waschen sich oft nicht gerne; **the car needs a good ~**: der Wagen muß mal wieder gründlich gewaschen werden

**washing: ~-day** *n.* Waschtag, *der;* **~-machine** *n.* Waschmaschine, *die;* **~-powder** *n.* Waschpulver, *das;* **~-soda** *n.* Bleichsoda, *das (veralt.)*; Natriumkarbonat, *das;* **~-'up** *n. (Brit.)* Abwasch, *der;* **do the ~-up** den Abwasch machen; abwaschen; **there was ~-up everywhere** überall stand schmutziges Geschirr herum; **the ~-up took him hours** er brauchte Stunden für den Abwasch; **~-'up liquid** *n.* Spülmittel, *das;* **~-'up machine** *see* **dishwasher a**

**wash: ~-leather** *n.* Fensterleder, *das;* **~-out** *n.* **a)** *(sl.: failure)* Pleite, *die (ugs.)*; Reinfall, *der (ugs.)*; **b)** *(sl.: useless person)* Niete, *die (salopp abwertend)*; **c)** *(breach in road etc.)* Unterspülung, *die;* **~-room** *n. (Amer.)* WC, *das;* Waschraum, *der (verhüll.)*; **~-stand** *n.* Waschtisch, *der;* **~-tub** *n.* Waschbottich, *der;* Waschzuber, *der;* **~-woman** *(Amer.) see* **washerwoman**

**washy** ['wɒʃɪ] *adj.* **a)** *(too watery)* wäßrig, dünn ⟨*Tee, Suppe*⟩; **b)** *(faded-looking)* verwaschen ⟨*Farbe*⟩; **c)** *(feeble)* verschwommen ⟨*Ansichten, Meinungen*⟩; schwach, *(ugs.)* saft- und kraftlos ⟨*Inszenierung, Übersetzung*⟩

**wasn't** ['wɒznt] *(coll.)* = **was not;** *see* **be**

**Wasp** [wɒsp] *n. (Amer. derog.)* Angehöriger des weißen amerikanischen Bürgertums *(angelsächsischer Herkunft und protestantischer Konfession)*

**wasp** *n.* Wespe, *die*

**waspish** ['wɒspɪʃ] *adj.*, **waspishly** ['wɒspɪʃlɪ] *adv.* bissig

**waspishness** ['wɒspɪʃnɪs] *n., no pl.* Bissigkeit, *die*

**'wasp-waist** *n.* Wespentaille, *die*

**wassail** ['wɒseɪl, 'wɒsl] *(arch.)* **1.** *n.* **a)** *(festivity)* Trinkgelage, *das;* **b)** *(liquor) Wein/Bier, mit verschiedenen Zutaten gewürzt.* **2.** *v. i.* zechen

**wastage** ['weɪstɪdʒ] *n.* **a)** *(loss by wear etc.)* Schwund, *der;* **b) [natural] ~** *(Admin.)* ≈ natürliche Fluktuation

**waste** [weɪst] **1.** *n.* **a)** *(useless remains)* Abfall, *der;* **disposal of ~**: Abfallbeseitigung, *die;* **kitchen ~, ~ from the kitchen** Küchenabfälle *Pl.*; **b)** *(extravagant use)* Verschwendung, *die;* Vergeudung, *die;* **it's a ~ of time/money/energy** das ist Zeit-/Geld-/Energieverschwendung; **it would be a ~ of effort** das wäre vergeudete Mühe; **it's a ~ of your time and mine** wir verschwenden beide nur unsere Zeit; **go** *or* **run to ~**: vergeudet werden; **c)** *see* **waste-pipe; d)** *(desert)* Wüste, *die. See also* **cotton waste. 2.** *v. t.* **a)** *(squander)* verschwenden; vergeuden (**on** auf + *Akk.*, an + *Akk.*); **he is ~d on an audience like that** für ein solches Publikum ist er zu schade; **all his efforts were ~d** all seine Mühe war umsonst; **don't ~ my time!** stehlen Sie mir nicht die Zeit!; **you didn't ~ much time, did you?** da hast du aber keine Zeit verloren!; **~ one's life** sein Leben vergeuden; **you're wasting your breath** *or* **words!** deine Worte kannst du dir sparen!; **~ not, want not** *(prov.)* spare in der Zeit, so hast du in der Not *(Spr.)*; **b) be ~d** *(reduced)* ⟨*Vorräte, Bevölkerung:*⟩ abnehmen, schrumpfen; **c)** *(cause to shrink)* aufzehren ⟨*Kräfte*⟩; auszehren ⟨*Körper*⟩; **a ~d arm** ein geschrumpfter Arm; **d)** *(ravage)* verwüsten ⟨*Land*⟩; **e)** *(treat as ~ paper)* makulieren; **f)** *(sl.: murder)* umlegen *(salopp)*. **3.** *v. i.* dahinschwinden; *(gradually)* im Schwinden begriffen sein. **4.** *adj.* **a)** *(not wanted)* **~ material** Abfall, *der;* **~ food** Essensreste *Pl.*; **~ product** Abfallprodukt, *das;* **~ water** Abwasser, *das;* **b)** *(uncultivated)* brach; brachliegend *nicht präd.*; **lie ~**: brachliegen; **c) lay sth. ~, lay ~ sth.** etw. verwüsten

~ **a'way** *v. i.* immer mehr abmagern

**waste: ~-basket** *see* **waste-paper basket; ~ disposal** *n.* Abfallbeseitigung, *die;* Entsorgung, *die (Amtsspr.)*; **~-di'sposal unit** *n.* Müllzerkleinerer, *der*

**wasteful** ['weɪstfl] *adj.* **a)** *(extravagant)* verschwenderisch; **too much ~ expenditure** zuviel Geldverschwendung; **b)** *(causing waste)* unwirtschaftlich; **be ~ of sth.** etw. vergeuden

**wastefully** ['weɪstfəlɪ] *adv.* verschwenderisch; **sth. is ~ thrown away** etw. wird verschwenderischerweise weggeworfen; **he's ~ extravagant with money** er geht mit dem Geld außerordentlich verschwenderisch um

**wastefulness** ['weɪstflnɪs] *n., no pl.* **a)** *(extravagance)* Verschwendung, *die; (character trait)* Verschwendungssucht, *die;* **~ in the use of public funds** Verschwendung öffentlicher Gelder; **b)** *(of manufacturing process)* Unwirtschaftlichkeit, *die*

**waste: ~land** *n. (not cultivated)* Ödland, *das; (not built on)* unbebautes Land; *(fig.)* Einöde, *die;* **~'paper** *n.* Papierabfall, *der;* **~-'paper basket** *n.* Papierkorb, *der;* **~-pipe** *n.* Abflußrohr, *das;* **~-processor** *n.* Müllzerkleinerer, *der*

**waster** ['weɪstə(r)] *n.* Verschwender, *der*/Verschwenderin, *die*

**wasting** ['weɪstɪŋ] *adj.* **a)** *(diminishing)* schwindend; von Schwund befallen ⟨*Muskel*⟩; **b)** *(reducing vitality, robustness)* **a ~ disease** eine Krankheit, bei der der Patient mehr und mehr verfällt

**wastrel** ['weɪstrl] *n.* **a)** *(good-for-nothing)* Nichtsnutz, *der;* **b)** *(wasteful person)* Verschwender, *der*/Verschwenderin, *die*

**watch** [wɒtʃ] **1.** *n.* **a) [wrist-/pocket-]~**: [Armband-/Taschen]uhr, *die;* **b)** *(constant attention)* Wache, *die;* **keep ~**: Wache halten; **keep [a] ~ for sb./sth.** auf jmdn./etw. achten *od.* aufpassen; **keep a [good** *or* **close] ~ on sb./sth.** [gut] auf jmdn./etw. aufpassen; **keep [a] ~ for enemy aircraft** nach feindlichen Flugzeugen Ausschau halten; **keep a close ~ on the time** genau auf die Zeit achten; **they kept a ~ on all his activities** sie überwachten alle seine Aktivitäten; **the police were on the ~ for car thieves** die Polizei hielt nach Autodieben Ausschau; **c)** *(Naut.)* Wache, *die;* **starboard/port ~**: Steuerbord-/Backbordwache, *die;* **the officer of the ~**: der wachhabende Offizier; *see also* **dog-watch; set 1 m; d)** *(Hist.: street-guard)* Wache, *die; (one person)* Wachmann, *der;* **e)** *(period of wakefulness at night)* Nachtwache, *die;* **in the ~es of the night** beim nächtlichen Wachen *(geh.)*. **2.** *v. i.* **a)** *(wait)* **~ for sb./sth.** auf jmdn./etw. warten; **~ for signs of improvement** nach Anzeichen einer Verbesserung Ausschau halten; **b)** *(keep watch)* Wache stehen. **3.** *v. t.* **a)** *(observe)* sich *(Dat.)* ansehen ⟨*Sportveranstaltung, Fernsehsendung*⟩; **~ [the] television** *or* **TV** fernsehen; Fernsehen gucken *(ugs.)*; **~ sth. [on television** *or* **TV]** sich *(Dat.)* etw. [im Fernsehen] ansehen; **~ sb. do** *or* **doing sth.** zusehen, wie jmd. etw. tut; **he just ~ed her drown** er sah einfach zu, wie sie ertrank; **we are being ~ed** wir werden beobachtet; **she had him ~ed** sie ließ ihn beobachten; **the police were ~ing the house** die Polizei beobachtete das Haus; **I want all of you to ~ this closely** ich möchte, daß ihr euch *(Dat.)* dies alle genau anseht; **I shall ~ your career with interest** ich werde Ihre Karriere mit Interesse verfolgen; **~ one's weight** auf sein Gewicht achten; **~ sheep/goats** *etc.* Schafe/Ziegen *usw.* hüten; **just ~ me!** *(coll.)* paß/paßt mal auf! *(ugs.)*; **~ this space** *(fig.)* man darf gespannt sein; das wird sich zeigen; **a ~ed pot never boils** *(prov.)* wenn man auf etwas wartet, kommt es einem wie eine Ewigkeit vor; *see also* **clock 1 a; b)** *(be careful of, look after)* achten auf (+ *Akk.*); **~ your man-**

ners! *(coll.)* benimm dich!; ~ **your language!** *(coll.)* drück dich bitte etwas gepflegter *od.* nicht so ordinär aus!; ~ **him, he's an awkward customer** *(coll.)* paß/paßt auf, er ist mit Vorsicht zu genießen *(ugs.)*; ~ **how you go/drive** paß auf!/fahr vorsichtig!; ~ **it** *or* **oneself** sich vorsehen; **[just] ~ it [or you'll be in trouble]!** paß bloß auf[, sonst gibt's Ärger]! *(ugs.)*; *see also* **step 1 a; c)** *(look out for)* warten auf (+ *Akk.*); ~ **one's chance** die Gelegenheit abwarten

~ **'out** *v. i.* **a)** *(be careful)* sich vorsehen; aufpassen; ~ **out! There's a car coming!** Vorsicht! Da kommt ein Auto!; **b)** *(look out)* ~ **out for sb./sth.** auf jmdn./etw. achten; *(wait)* auf jmdn./etw. warten

~ **'over** *v. t.* sich kümmern um; in Obhut nehmen ⟨*Wertgegenstand*⟩; ⟨*Gott, Schutzengel:*⟩ wachen über (+ *Akk.*); **she ~ed over the children as they played in the garden** sie paßte auf die Kinder auf, die im Garten spielten

**watch:** ~**-case** *n.* Uhrgehäuse, *das;* ~**-chain** *n.* Uhrkette, *die;* ~**-dog** *n.* Wachhund, *der; (fig.)* Wächter, *der;* Aufpasser, *der (ugs.);* **the ~-dog function of the press** *(fig.)* das Wächteramt der Presse

**watcher** ['wɒtʃə(r)] *n.* Beobachter, *der*/Beobachterin, *die;* **sky-~s** Sterngucker, *der;* **television-~s** Fernsehzuschauer; **royalty-~s** Leute, die das Leben der königlichen Familie genau verfolgen

**watchful** ['wɒtʃfl] *adj.* wachsam; **be ~ for** *or* **against sth.** vor etw. *(Dat.)* auf der Hut sein; **keep ~ guard** wachen; **spend a ~ night** eine Nacht durchwachen; **keep a ~ eye on sb./sth.** ein wachsames Auge auf jmdn./etw. haben

**watchfully** ['wɒtʃfəlɪ] *adv.* wachsam

**watchfulness** ['wɒtʃflnɪs] *n., no pl.* Wachsamkeit, *die*

**'watch-glass** *n.* Uhrglas, *das*

**watching brief** ['wɒtʃɪŋ bri:f] *n.* Kontrollfunktion, *die;* **keep** *or* **hold a ~:** Stallwache halten

**watch:** ~**maker** *n.* Uhrmacher, *der*/Uhrmacherin, *die;* ~**man** ['wɒtʃmən] *n., pl.* ~**men** ['wɒtʃmən] Wachmann, *der;* ~**-strap** *n.* [Uhr]armband, *das;* ~**-tower** *n.* Wachturm, *der;* ~**word** *n.* Parole, *die*

**water** ['wɔ:tə(r)] **1.** *n.* **a)** Wasser, *das;* **this fruit is 80 per cent ~:** diese Frucht besteht zu 80 Prozent aus Wasser; **be under ~** ⟨*Straße, Sportplatz usw.:*⟩ unter Wasser stehen; **the island across** *or* **over the ~:** die Insel drüben; **the upper ~s of a river** der Oberlauf eines Flusses; **send/carry sth. by ~:** etw. auf dem Wasserweg versenden/befördern; **be in deep ~[s]** *(fig.)* in großen Schwierigkeiten sein; **get [oneself] into deep ~** *(fig.)* sich in große Schwierigkeiten bringen; **make ~** *(urinate)* Wasser lassen; *(Naut.: leak)* Wasser machen; **on the ~** *(in boat etc.)* auf dem Wasser; **pour** *or* **throw cold ~ on sth.** *(fig.)* einer Sache *(Dat.)* einen Dämpfer aufsetzen; ~ **under the bridge** *or* **over the dam** *(fig.)* Schnee von gestern *(fig.)*; **a lot of ~ has flowed under the bridge since then** seitdem ist schon viel Wasser den Rhein hinabgeflossen; *see also* **high water;** [2]**hold 1 f; low water; spend a; b)** *in pl. (part of the sea etc.)* Gewässer *Pl.;* **cross the ~s** übers Meer fahren; **cast one's bread upon the ~s** mit offenen Händen geben; **c)** *in pl. (mineral ~ at spa etc.)* Heilquelle, *die;* Brunnen, *der;* **take** *or* **drink the ~s** eine Brunnenkur machen; **d)** *(brilliance of gem)* Wasser, *das;* **of the first ~** *(lit. or fig.)* reinsten Wassers; **a fool of the first ~:** ein Narr erster Güte *(iron.)*; **a genius of the first ~:** ein Genie ersten Ranges. **2.** *v. t.* **a)** bewässern ⟨*Land*⟩; wässern ⟨*Pflanzen*⟩; ~ **the flowers** die Blumen [be]gießen; **tears ~ed the ground** Tränen benetzen den Boden; **b)** *(adulterate)* verwässern ⟨*Wein, Bier usw.*⟩; **c)** ⟨*Fluß:*⟩ bewässern ⟨*Land*⟩; **d)** *(give drink of ~ to)* tränken ⟨*Tier, Vieh*⟩. **3.** *v. i.* **a)** ⟨*Augen:*⟩ tränen; **her eyes were ~ing from the smoke** von dem Rauch tränten ihr die Augen; **b)** *(run with saliva)* **my mouth was ~ing as ...:** mir lief das Wasser im Munde zusammen, als ...; **the very thought of it** *or* **just to think of it made my mouth ~:** allein bei dem Gedanken lief mir das Wasser im Munde zusammen; *see also* **mouth-watering; c)** *(take in supply of ~)* Wasser aufnehmen; **d)** *(go to drink)* ⟨*Tier:*⟩ saufen; **lions ~ing at dusk** Löwen in der Dämmerung an der Tränke

~ **'down** *v. t. (lit. or fig.)* verwässern

**water:** ~**-bed** *n.* Wasserbett, *das;* ~**-bird** *n.* Wasservogel, *der;* ~**-biscuit** *n.* Cracker, *der;* Kräcker, *der;* ~**-boatman** *n. (Zool.)* Rückenschwimmer, *der;* ~**-borne** *adj.* **a)** *(transported)* auf dem Wasserweg befördert ⟨*Güter*⟩; ~**-borne traffic** Verkehr zu Wasser; **b)** *(transmitted)* durch [Trink]wasser übertragen ⟨*Infektion*⟩; **c)** *(afloat)* flott ⟨*Schiff, Boot*⟩; ~**-bottle** *n.* Wasserflasche, *die;* ~**-buffalo** *n.* Wasserbüffel, *der;* ~ **bus** *n.* Fahrgastschiff, *das;* Linienschiff, *das;* ~**-butt** *n.* Regentonne, *die;* ~**-cannon** *n.* Wasserwerfer, *der;* **W~-carrier** *n. (Astrol.)* Wassermann, *der; see also* **archer b;** ~**-cart** *n.* Wasserkarren, *der; (for sprinkling roads)* Sprengwagen, *der;* ~**-closet** *n.* Toilette, *die;* WC, *das;* Wasserklosett, *das (veralt.);* ~**-colour** *n.* **a)** *(paint)* Wasserfarbe, *die;* **b)** *(picture)* Aquarell, *das;* **c)** *no pl., no indef. art. (Art)* Aquarellmalerei, *die;* ~**-colourist** *n.* Aquarellmaler, *der*/-malerin, *die;* ~**-cooled** *adj.* wassergekühlt ⟨*Motor usw.*⟩; ~**-cooler** *n.* Kühltank, *der;* ~**course** *n. (stream etc.)* Wasserlauf, *der; (bed)* Flußbett, *das;* ~**cress** *n.* Brunnenkresse, *die;* ~**-diviner** *n.* [Wünschel]rutengänger, *der*/-gängerin, *die*

**watered** ['wɔ:təd] *adj.* ~ **silk** Moiré, *der*

**water:** ~**fall** *n.* Wasserfall, *der;* ~**-fowl** *n.* Wasservogel, *der; (collectively)* Wassergeflügel, *das;* ~**front** *n.* Ufer, *das;* **down on the ~front** unten am Wasser; **a ~front location/restaurant** eine Gegend/ein Restaurant am Wasser; **W~gate** *n. (fig.)* Watergate, *das;* ~**-glass** *n. (Chem.)* Wasserglas, *das;* ~**-heater** *n.* Heißwassergerät, *das;* ~**-hole** *n.* Wasserloch, *das;* ~**-ice** *n.* ≈ Sorbet, *das;* ≈ Fruchteis, *das*

**wateriness** ['wɔ:tərɪnɪs] *n., no pl.* Wäßrigkeit, *die;* Wässerigkeit, *die*

**watering** ['wɔ:tərɪŋ] *n.* Bewässerung, *die; (of flowers, house-plants)* Gießen, *das;* **give the plants a thorough ~:** die Pflanzen gut wässern *od.* gießen

**watering:** ~**-can** *n.* Gießkanne, *die;* ~**-hole** *n.* **a)** *see* **water-hole; b)** *(sl.: bar)* Pinte, *die (salopp);* Destille, *die (salopp);* ~**-place** *n.* **a)** *(for animals)* Wasserstelle, *die;* Tränke, *die;* **b)** *(seaside resort)* Seebad, *das; (spa)* Kurbad, *das*

**water:** ~**-jacket** *n.* Kühl[wasser]mantel, *der;* ~**-jump** *n.* Wassergraben, *der*

**waterless** ['wɔ:təlɪs] *adj.* wasserlos

**water:** ~**-level** *n.* **a)** *(in reservoir etc.)* Wasserstand, *der;* Pegelstand, *der;* **b)** *(below which ground is saturated)* Grundwasserspiegel, *der;* **c)** *(to determine horizontal)* Wasserwaage, *die;* ~**-lily** *n.* Seerose, *die;* ~**-line** *n. (Naut.)* Wasserlinie, *die;* ~**logged** ['wɔ:təlɒgd] *adj.* vollgesogen ⟨*Holz*⟩; ⟨*Boot*⟩ voll Wasser; naß, feucht ⟨*Boden*⟩; aufgeweicht ⟨*Sportplatz*⟩; **a ~logged ship** ein Schiff, das voll Wasser gelaufen ist

**Waterloo** [wɔ:tə'lu:] *n.* **the Battle of ~:** die Schlacht bei Belle-Alliance *od.* Waterloo; **meet one's ~:** sein Waterloo erleben

**water:** ~**-main** *n.* Hauptwasserleitung, *die;* **a burst ~-main** ein Wasserrohrbruch; ~**man** ['wɔ:təmən] *n., pl.* ~**men** ['wɔ:təmən] *(plying for hire)* Fährmann, *der; (oarsman)* Ruderer, *der;* ~**mark 1.** *n.* Wasserzeichen, *das;* **2.** *v. t.* mit Wasserzeichen versehen; ~**marked paper** Papier mit Wasserzeichen; ~**-meadow** *n.* Feuchtwiese, *die;* ~**-melon** *n.* Wassermelone, *die;* ~ **meter** *n.* Wasseruhr, *die;* ~**-mill** *n.* Wassermühle, *die;* ~**-pipe** *n.* **a)** Wasserrohr, *das;* **b)** *(hookah)* Wasserpfeife, *die;* ~**-pistol** *n.* Wasserpistole, *die;* ~ **polo** *n.* Wasserball, *der;* Wasserballspiel, *das;* ~**-polo ball** Wasserball, *der;* ~**-power** *n.* Wasserkraft, *die;* ~**proof 1.** *adj.* wasserdicht; wasserfest ⟨*Farbe*⟩; **2.** *n.* Regenhaut, *die; (raincoat)* Regenmantel, *der;* **3.** *v. t.* wasserdicht machen; imprägnieren ⟨*Stoff*⟩; wetterfest machen ⟨*Holzzaun, Gartenmöbel*⟩; ~**-rat** *n.* Wasserratte, *die;* ~**-rate** *n.* Wassergeld, *das;* **the ~-rates** die Wassergebühren; ~**-repellent** *adj.* wasserabstoßend; ~**-resistant** *adj.* wasserundurchlässig; wasserfest ⟨*Farbe*⟩; ~**shed** *n.* **a)** *(fig.: turning-point)* Wendepunkt, *der;* **b)** *(Geog.)* Wasserscheide, *die;* ~**side** *n.* Ufer, *das; attrib.* **a ~side restaurant** ein Restaurant am Wasser; ~**-ski 1.** *n.* Wasserski, *der;* **2.** *v. i.* Wasserski laufen; ~**-skiing** *n., no pl., no art.* Wasserskilaufen, *das;* ~**-softener** *n.* Wasserenthärter, *der;* ~**-soluble** *adj.* wasserlöslich; ~**spout** *n.* **a)** *(Meteorol.)* Wasserhose, *die;* **b)** *(pipe)* Abfluß, *der;* ~**-supply** *n.* **a)** *no pl., no indef. art. (providing)* Wasserversorgung, *die;* **b)** *(stored drinking ~)* Trinkwasser, *das; (amount)* [Trink]wasservorrat, *der;* ~**-table** *n.* Grundwasserspiegel, *der;* ~ **tap** *n.* Wasserhahn, *der;* ~**tight** *adj. (lit. or fig.)* wasserdicht; ~**tight compartment** wasserdichte Abteilung; **you can't treat these topics as if they were a series of ~tight compartments** man kann diese Dinge nicht völlig isoliert voneinander betrachten; ~ **torture** *n.* Wasserfolter, *die;* ~**-tower** *n.* Wasserturm, *der;* ~ **vapour** *n.* Wasserdampf, *der;* ~**-vole** *n.* Schermaus, *die;* ~**-wagon** *see* **wagon c;** ~**way** *n.* Wasserstraße, *die;* **inland ~ways** Binnenwasserstraßen; ~**-weed** *n., no pl., no indef. art.* Wasserpflanzen *Pl.;* ~**-wheel** *n.* Wasserrad, *das; (used to raise ~)* Schöpfrad, *das;* ~**-wings** *n. pl.* Schwimmflügel; ~**works** *n.* **a)** *sing., pl. same (system)* Wasserversorgungssystem, *das; (establishment)* Wasserwerk, *das;* **b)** *pl. (sl.: tears)* **turn on the ~works** losheulen *(ugs.)*; **c)** *pl. (coll.: urinary system)* Blase, *die;* **he's got something wrong with his ~works** er hat was an der Blase *(ugs.)*

**watery** ['wɔ:tərɪ] *adj.* wäßrig, wässerig ⟨*Essen, Suppe*⟩; feucht ⟨*Augen*⟩; dünn ⟨*Getränk*⟩; *(fig.: insipid)* [saft- und] kraftlos ⟨*Stil*⟩; müde, matt ⟨*Lächeln*⟩; *(fig.: pale)* matt ⟨*Farbton*⟩; fahl ⟨*Mond, Himmel*⟩; **a ~ grave** ein feuchtes *od.* nasses Grab

**watt** [wɒt] *n. (Electr., Phys.)* Watt, *das;* **how many ~s is this bulb?** wieviel Watt hat diese Birne?

**wattage** ['wɒtɪdʒ] *n. (Electr.)* Wattzahl, *die;* **what ~ is this bulb?** wieviel Watt hat diese Birne?

**'watt-hour** *n. (Electr.)* Wattstunde, *die*

[1]**wattle** ['wɒtl] *n.* **a)** *(material)* Flechtwerk, *das;* **a ~ fence** ein Flechtzaun; ~ **and daub** Lehmflechtwerk, *das;* **b)** *in sing. or pl. (twigs)* Geflecht, *das;* Flechtwerk, *das;* **c)** *(Bot.)* Gerberakazie, *die*

[2]**wattle** *n. (Ornith.)* Kehllappen, *der*

**wave** [weɪv] **1.** *n.* **a)** *(lit. or fig.)* Welle, *die;* Woge, *die (geh.); (in hair, Phys.)* Welle, *die;* **rule the ~s** die Meere beherrschen; **his hair has a natural ~ in it** sein Haar ist von Natur aus wellig; **a ~ of enthusiasm/prosperity/pain** eine Welle der Begeisterung/des Wohlstands/des Schmerzes; **a ~ of depression overtook him** er versank in tiefe Depression; ~**s of immigrants** Einwanderungswellen; **~s of attackers** Angriffswellen; *see also* **cold wave; heat wave; permanent wave; b)** *(gesture)* **give sb. a ~:** jmdm. zuwinken; **with a ~ of one's hand** mit einem Winken. **2.** *v. i.* **a)** ⟨*Fahne, Flagge, Wimpel:*⟩ wehen; ⟨*Baum, Gras, Korn:*⟩ sich wiegen; ⟨*Kornfeld:*⟩ wogen; **b)** *(gesture with hand)* winken; **~ at** *or* **to sb.** jmdm. winken. **3.** *v. t.* **a)** schwenken; *(brandish)* schwingen ⟨*Schwert, Säbel*⟩; **~ one's hand at** *or* **to sb.** jmdm. winken; **~ one's handkerchief [in the air]** mit dem Taschentuch winken; **they ~d their arms in exultation** sie ruderten vor Begeisterung mit den Armen; **she ~d her umbrella angrily at him** sie drohte ihm wütend mit dem Regenschirm; **stop waving that rifle/those scissors around** hör auf, mit dem Gewehr/der Schere herumzufuchteln *(ugs.)*; **~ sb. on/over** jmdn. weiter-/herüberwinken; **~ sb. to do sth.** jmdm. durch Winken zu verstehen geben, daß er etw. tun soll; **~ goodbye to sb.** jmdm. zum Abschied zuwinken; **she ~d acknowledgement to him** sie winkte ihm zu, um [ihm] zu danken; **b)** *(make wavy)* wellen

**~ a'side** *v. t.* **a)** *(refuse to accept)* abtun ⟨*Zweifel, Einwand*⟩; **he refused the dish, waving it aside** er wollte das Essen nicht und winkte ab; **b)** *(signal to move aside)* **I tried to speak but she ~d me aside** ich wollte reden, aber sie winkte ab

**~ a'way** *v. t.* wegwinken

**~ 'down** *v. t.* [durch Winken] anhalten

**~ 'off** *v. t.* **~ sb. off** jmdm. nachwinken

**wave: ~band** *n.* Wellenbereich, *der;* **~ equation** *n. (Phys.)* Wellengleichung, *die;* **~-form** *n.* Wellenform, *die;* **~-front** *n.* Wellenfront, *die;* **~length** *n. (Radio, Telev., Phys.; also fig.)* Wellenlänge, *die;* **be on sb.'s ~length** *(fig.)* die gleiche Wellenlänge wie jmd. haben; **be on the same ~length [as sb.]** *(fig.)* die gleiche Wellenlänge [wie jmd.] haben; **~ power** *n.* Wellenkraft, *die*

**waver** ['weɪvə(r)] *v. i.* **a)** *(begin to give way)* wanken; **start** *or* **begin to ~:** ins Wanken geraten; **b)** *(be irresolute)* schwanken (**between** zwischen + *Dat.*); **c)** *(flicker)* ⟨*Kerze, Licht:*⟩ flackern; ⟨*Schatten:*⟩ tanzen; **d)** *(tremble)* ⟨*Stimme, Ton:*⟩ zittern

**waverer** ['weɪvərə(r)] *n.* Zauderer, *der*/ Zauderin, *die*

**wavering** ['weɪvərɪŋ] *adj.* **a)** wankend ⟨*Mut, Entschlossenheit*⟩; schwankend ⟨*Unterstützung*⟩; **b)** *(flickering)* flackernd ⟨*Kerze, Licht*⟩; tanzend ⟨*Schatten*⟩; zitternd ⟨*Stimme, Ton*⟩

**wavy** ['weɪvɪ] *adj.* **a)** *(undulating)* wellig; wogend ⟨*Gras*⟩; **b)** *(forming wave-like curves)* geschlängelt; **~ line** Schlangenlinie, *die;* **~ pattern** Wellenmuster, *das*

[1]**wax** [wæks] **1.** *n.* **a)** Wachs, *das;* **be [like] ~ in sb.'s hands** [wie] Wachs in jmds. Händen sein; **b)** *(in ear)* Schmalz, *das;* **c)** *see* **sealing-wax.** *See also* **paraffin wax. 2.** *adj.* Wachs-. **3.** *v. t.* wachsen; wichsen ⟨*Schnurrbart*⟩

[2]**wax** *v. i.* **a)** *(increase)* ⟨*Mond:*⟩ zunehmen; **~ and wane** *(fig.)* zu- und abnehmen; **the political parties may ~ and wane, but he ...:** die politischen Parteien mögen gewinnen und verlieren, er aber ...; **b)** *(become)* werden; **~ enthusiastic about sth.** über etw. *(Akk.)* ins Schwärmen geraten; **she ~ed indignant about the rudeness of the officials** sie empörte sich [immer mehr] über die Unhöflichkeit der Beamten

**wax 'crayon** *n.* Wachsmalstift, *der*

**waxed** [wækst] *adj.* gewachst; gewichst ⟨*Schnurrbart*⟩; **~ paper** Wachspapier, *das*

**waxen** ['wæksn] *adj.* **a)** *(pale, smooth)* wächsern ⟨*Blässe, Haut*⟩; **b)** *(arch.: made of wax)* wächsern; wächsen *(dichter. veralt.)*

**waxing** ['wæksɪŋ] **1.** *adj. (increasing)* zunehmend; wachsend ⟨*Begeisterung, Unmut*⟩. **2.** *n., no pl. (increase)* Zunehmen, *das; (of enthusiasm, indignation)* Zunahme, *die;* [An]wachsen, *das*

**wax: ~work** *n.* Wachsfigur, *die;* **~works** *n. sing., pl. same* Wachsfigurenkabinett, *das*

**waxy** ['wæksɪ] *adj.* **a)** *(easily moulded)* wachsweich; weich wie Wachs *nicht attr.;* **b)** *(pale, smooth)* wächsern ⟨*Blässe, Glanz, Haut*⟩

**way** [weɪ] **1.** *n.* **a)** *(road etc., lit. or fig.)* Weg, *der;* **across** *or* **over the ~:** gegenüber; **go the ~ of all good things** den Weg alles Irdischen gehen; **the Way of the Cross** der Kreuzweg; *see also* **flesh 1c; b)** *(route)* Weg, *der;* **ask the** *or* **one's ~:** nach dem Weg fragen; **ask the ~ to ...:** fragen *od.* sich erkundigen, wo es nach ... geht; **pick one's ~:** sich *(Dat.)* einen Weg suchen; **he picked his ~ through the mud** er bahnte sich mühsam einen Weg durch den Schlamm; **show sb. the way** jmdn. den Weg zeigen; **show the ~** *(fig.)* den Weg weisen; **lead the ~:** vorausgehen; *(fig.: show how to do sth.)* es vormachen; **point the ~ to a new solution to the problem** den Weg zu einer neuen Lösung des Problems aufzeigen; **find the** *or* **one's ~ in/out** den Eingang/Ausgang finden; **find a ~ out** *(fig.)* einen Ausweg finden; **I'll take the letter to the post office – it's on my ~:** ich bringe den Brief zur Post – sie liegt auf meinem Weg; **how did your cigarettes find their way into my coat-pocket?** wie kommen deine Zigaretten in meine Manteltasche?; **'W~ In/ Out'** „Ein-/Ausgang"; **go to Italy by ~ of Switzerland** über die Schweiz nach Italien fahren; **there's no ~ out** *(fig.)* es gibt keinen Ausweg; **the ~ back/down/up** der Weg zurück/nach unten/nach oben; **go one's ~:** weggehen; seiner Wege gehen *(veralt.)*; **go one's own ~/their separate ~s** *(fig.)* eigene/ getrennte Wege gehen; **be going sb.'s ~** *(coll.)* denselben Weg wie jmd. haben; **things are really going my ~ at the moment** *(fig.)* im Moment läuft [bei mir] alles so, wie ich es mir vorgestellt habe; **things could have gone the other ~:** es hätte auch anders ausgehen können; **money came his ~:** er kam zu Geld; **many offers came his ~:** er kriegte viele Angebote; **he worked at any job that came his ~:** er arbeitete in jedem Job, den er kriegen konnte; **I wish some better luck would come my ~:** ich wünschte mir, etwas mehr Glück zu haben; **I feel as though nothing nice has come my ~ for ages** mir ist, als hätte ich schon ewig nichts Schönes mehr erlebt; **when a girl like that comes your ~:** wenn dir so ein Mädchen begegnet *od. (ugs.)* über den Weg läuft; **be [a bit] out of sb.'s ~:** ein [kleiner] Umweg [für jmdn.] sein; **go out of one's ~ to collect sth. for sb.** einen Umweg machen, um etw. für jmdn. abzuholen; **go out of one's ~ to be helpful** sich *(Dat.)* besondere Mühe geben, hilfsbereit zu sein; **out of the ~:** abgelegen; **nothing out of the ~** *(fig.)* nichts Un- *od.* Außergewöhnliches; *see also* **find 1i; go 1b, p, q; go down b; keep out of b; lose 1c; out-of-the-way; take 1t; way-out; c)** *(method)* Art und Weise, *die;* **there is a right ~ and a wrong ~ of doing it** es gibt einen richtigen und einen falschen Weg, es zu tun; **that is not the ~ to do it** so macht man das nicht; **do it this ~:** mach es so; **do it my ~:** mach es wie ich; **I did it my ~:** ich habe es auf meine Art gemacht; **it's awful the ~ he swears** es ist fürchterlich, wie er flucht; **I don't like the ~ she smiles** mir gefällt ihr Lächeln nicht; **I don't like the ~ it gets dark so early** mir gefällt nicht, daß es schon so früh dunkel wird; **I object to** *or* **don't like the ~ he looks at me** ich mag nicht, wie er mich ansieht; **that's no ~ to speak to a lady** so spricht man nicht mit einer Dame; **it was his ~ of working** das war seine Art zu arbeiten; **he has a strange ~ of talking** er hat eine seltsame Sprechweise *od.* Art zu sprechen; **from** *or* **by the ~ [that] she looked at me, I knew that there was something wrong** an ihrem Blick konnte ich erkennen, daß etwas nicht stimmte; **she has a strange ~ of behaving** sie hat ein merkwürdiges Benehmen; **what a ~ to behave!** wie kann man sich nur so benehmen!; **she has a very original ~ of saying/seeing things** sie hat eine sehr originelle Art, etwas zu sagen/die Dinge zu sehen; **find a** *or* **some ~ of doing sth.** einen Weg finden, etw. zu tun; **find a ~:** einen Weg finden; **there are no two ~s about it** da gibt es gar keinen Zweifel; **Are you going to give me that money? – No ~!** *(coll.)* Gibst du mir das Geld? – Nichts da! *(ugs.)*; **there was no ~ he would change his stand** er würde auf gar keinen Fall seinen Standpunkt ändern; **no ~ is he coming with us** es kommt überhaupt nicht in Frage, daß er mit uns kommt; **one ~ or another** irgendwie; **~s and means [to do sth.** *or* **of doing sth.]** Mittel und Wege, etw. zu tun; **be built** *or* **made that ~** *(fig. coll.)* so gestrickt sein *(fig. ugs.)*; **be that ~** *(coll.)* so sein; **better that ~:** besser so; **either ~:** so oder so; **that ~, we can ...:** auf die Weise können wir ...; *see also* **hard 1b; mend 1b; d)** *(desired course of action)* Wille, *der;* **get** *or* **have one's [own] ~, have it one's [own] ~:** seinen Willen kriegen; **all right, have it your own ~[, then]!** na gut *od.* schön, du sollst deinen Willen haben!; **e)** *in sing. or (Amer. coll.) pl. (distance between two points)* Stück, *das;* **a little ~:** ein kleines Stück[chen]; *(fig.)* ein klein[es] bißchen; **it's a long ~ off** *or* **a long ~ from here** es ist ein ganzes Stück von hier aus; es ist weit weg von hier; **the summer holidays are only a little ~ away** bis zu den Sommerferien ist es nicht mehr lange; **we went a little/a long/ some ~ with him** wir sind ein kleines/ganzes/ziemliches Stück mit ihm gegangen/ gefahren *usw.*; **there's [still] some ~ to go yet** es ist noch ein ganzes Stück; *(fig.)* es dauert noch ein Weilchen; **I went a little/a long/ some ~ to meet him** ich bin ihm ein kleines/ ganzes/ziemliches Stück entgegengegangen/-gefahren *usw.*, um mich mit ihm zu treffen; *(fig.)* ich bin ihm etwas/sehr/ziemlich entgegengekommen; **it is still a long ~ off perfection** *or* **from being perfect** es ist noch weit davon entfernt, vollkommen zu sein; **India is a long ~ away** *or* **off** Indien ist weit weg; **by a long ~** *(fig.)* bei weitem; **your work isn't good enough yet – not by a long ~:** Ihre Arbeit ist noch nicht gut genug – bei weitem nicht; **have gone/come a long ~** *(fig.)* es weit gebracht haben; **go a long ~ toward sth./doing sth.** viel zu etw. beitragen/viel dazu beitragen, etw. zu tun; **a little kindness/politeness goes a long ~:** ein bißchen Freundlichkeit/Höflichkeit ist viel wert *od.* hilft viel; **all the ~:** den ganzen Weg; **go all the ~ [with sb.]** *(fig.)* [jmdm.] in jeder Hinsicht zustimmen; *(sl.: have full sexual intercourse)* es [mit jmdm.] richtig machen *(salopp)*; **f)** *(room for progress)* Weg, *der;* **block the ~:** den Weg versperren; **his ~ to promotion was blocked by a jealous rival** seine Karriere wurde durch einen neidischen Rivalen versperrt; **leave the ~ open for sth.** *(fig.)* etw. möglich machen; **clear the ~ [for sth.]** *(lit. or fig.)* [einer Sache *(Dat.)*] den Weg freimachen; **be in sb.'s** *or* **the ~:** [jmdm.] im Weg sein; **you are in my ~:** du bist [mir] im Wege; **get in sb.'s ~** *(lit. or fig.)* jmdm. im Wege stehen; **put difficulties/obstacles in sb.'s ~** *(fig.)* jmdm. Schwierigkeiten bereiten/Hindernisse in den Weg legen; **make ~ for sth.** für etw. Platz schaffen *od. (fig.)* machen; **make ~ for sb.** für jmdn. Platz machen; **make ~ for the Mayor!** Platz für den Bürgermeister!; **make ~!** Platz da!; **[get] out of the/my ~!**

[geh] aus dem Weg!; **move one's car out of the ~:** seinen Wagen aus dem Weg fahren; **can you get your books out of the ~?** kannst du deine Bücher woanders hinlegen?; **I must put that pile of old newspapers out of the ~:** ich muß den Stapel alte Zeitungen wegräumen; **please get the children out of the ~ while I do this painting** bitte sorge dafür, daß die Kinder nicht im Weg sind, während ich hier streiche; **get sth. out of the ~** *(settle sth.)* etw. erledigen; **let's get the awkward questions out of the ~ first** wir wollen erst einmal die schwierigen Fragen hinter uns bringen; **he'll be out of the ~ for a very long time** *(in prison)* er ist für lange Zeit aus dem Verkehr gezogen; **he wanted this troublesome rival out of the ~ [for good]** er wollte diesen lästigen Rivalen [für immer] aus dem Weg haben; *see also* **[1]bar 2c; give way; keep out of b; [1]see 1a; stand 1h; g)** *(journey)* **on his ~ to the office/London** auf dem Weg ins Büro/nach London; **on the ~ out to Singapore** auf dem Hinweg/der Hinfahrt/dem Hinflug nach Singapur; **on the ~ back from Nigeria** auf dem Rückweg/der Rückfahrt/dem Rückflug von Nigeria; **she is just on the** *or* **her ~ in/out** sie kommt/geht gerade; **be on the ~ in** *(fig. coll.)* ⟨*Mode, Popstar usw.:*⟩ im Kommen sein *(ugs.);* **be on the ~ out** *(fig. coll.) (be losing popularity)* passé sein *(ugs.); (be reaching end of life)* ⟨*Hund, Auto, Person:*⟩ es nicht mehr lange machen *(ugs.);* **we stopped on the ~ to have lunch** wir hielten unterwegs zum Mittagessen an; **on her ~ home** auf dem Nachhauseweg; **they're on their ~:** sie sind unterwegs; **on the ~ there** auf dem Hinweg; **be well on the ~ to becoming an alcoholic/a top-class player** auf dem besten Weg sein, Alkoholiker/ein Spitzenspieler zu werden; **the book is well on the** *or* **its ~ to completion** das Buch nähert sich dem Abschluß; **be on the ~** *(coll.)* ⟨*Kind:*⟩ unterwegs sein *(ugs.);* **[be] on your ~!** nun geh schon!; **by the ~:** übrigens; **I saw your mother, by the ~:** übrigens, ich habe deine Mutter getroffen; **all this is by the ~:** das alles nur nebenbei; **h)** *(specific direction)* Richtung, *die;* **she went this/that/the other ~:** sie ist in diese/die/die andere Richtung gegangen; **look this ~, please** sieh/seht bitte hierher!; **he wouldn't look my ~:** er hat nicht zu mir herübergesehen; **which ~ is he looking/going?** in welche Richtung *od.* wohin sieht/geht er?; **I will call next time I'm [down] your ~:** wenn ich das nächste Mal in deiner Gegend bin, komme ich [bei dir] vorbei; **she lives Brighton ~** *(coll.)* sie wohnt in der Gegend von Brighton; **out Hendon ~** *(coll.)* draußen bei Hendon; **look the other ~** *(lit. or fig.)* weggucken; **the other ~ about** *or* **round** andersherum; **this/which ~ round** so/wie herum; **stand sth. the right/wrong ~ up** etw. richtig/falsch herum stellen; **turn sth. the right ~ round** etw. richtig herum drehen; **'this ~ up'** „hier oben"; *see also* **look 1a; wrong 1c; i)** *(advance)* Weg, *der;* **fight/push** *etc.* **one's ~ through** sich durchkämpfen/-drängen; **be under ~** ⟨*Person:*⟩ aufgebrochen sein; ⟨*Fahrzeug:*⟩ abgefahren sein; *(fig.: be in progress)* ⟨*Besprechung, Verhandlung, Tagung:*⟩ im Gange sein; **get sth. under ~** *(fig.)* etw. in Gang bringen; **get under ~:** wegkommen; **make one's ~ to Oxford/the station** nach Oxford/zum Bahnhof gehen/fahren; **Do you need a lift? – No, I'll make my own ~:** Soll ich dich mitnehmen? – Nein, ich komme alleine; **make one's [own] ~ in the world** seinen Weg gehen *(fig.);* **make** *or* **pay its ~:** ohne Verlust arbeiten; **pay one's ~:** für sich selbst aufkommen; **j)** *(respect)* Hinsicht, *die;* **in [exactly] the same ~:** [ganz] genauso; **in some ~s** in gewisser Hinsicht; **in one ~:** auf eine Art; **not in any ~:** in keiner Weise; **in every ~:** in jeder Hinsicht; **in a ~:** auf eine Art; **in more ~s than one** auf mehr als eine Art; **in no ~:** auf keinen Fall; durchaus nicht; **one ~ and** *or* **or another** irgendwie; **k)** *(state)* Verfassung, *die;* **in a bad ~:** schlecht; **they are in a very bad ~:** es geht ihnen sehr schlecht; **the ~ things are, we shall never manage to get out of debt** so, wie die Dinge liegen, werden wir nie schuldenfrei sein; **we are all in the same ~ here** wir sind hier alle in der gleichen Lage *od.* Situation; **and she stayed that ~:** und das ist sie auch geblieben; **either ~:** so oder so; **in a small ~:** in bescheidenem Rahmen; **by ~ of** *(as a kind of)* als; *(for the purpose of)* um ... zu; **by ~ of illustration / greeting / apology / introduction** zur Illustration / Begrüßung / Entschuldigung/Einführung; **by ~ of business** geschäftlich; **he is by ~ of being a humorist** er ist eine Art von Humorist; **offer something in the ~ of a concession** eine Art Konzession anbieten; *see also* **family a; l)** *(custom)* Art, *die;* **get into/out of the ~ of doing sth.** sich *(Dat.)* etw. an-/abgewöhnen; **he has a ~ of leaving his bills unpaid** es ist so seine Art, seine Rechnungen nicht zu bezahlen; **these bright ideas have a ~ of turning out badly** solche brillanten Ideen haben es an sich *(Dat.),* zu nichts Gutem zu führen; **in its ~:** auf seine/ihre Art; **~ of life** Lebensstil, *der;* **change one's ~s** sich ändern; **~ of thinking** Denkungsart, *die;* **to my ~ of thinking** meiner Meinung nach; **that's just the ~ of the world** das ist ganz natürlich; **that's the ~ it goes** so ist es nun mal; **m)** *(normal course of events)* **be the ~:** so *od.* üblich sein; **that is always the ~:** das ist immer so; **n)** *(ability to charm sb. or attain one's object)* **he has a ~ with him** er hat so eine Art; **she has a ~ with children/animals** sie kann mit Kindern/Tieren gut umgehen; **o)** *(specific manner)* Eigenart, *die;* **I soon got into his ~s** ich hatte mich bald an seine Art gewöhnt; **fall into bad ~s** schlechte [An]gewohnheiten annehmen; **I soon got into the ~ of it** *or* **of things** ich hatte mich bald daran gewöhnt; **it's only his ~:** das ist so seine Art; **p)** *(sphere)* Gebiet, *das;* **he is in the grocery ~:** er ist in der Lebensmittelbranche; **a few things in the stationery ~:** ein paar Büroartikel; **q)** *(ordinary course)* Rahmen, *der;* **in the ~ of business** geschäftlich; **in the ordinary ~ [of things] there would be no problem** normalerweise gäbe es keine Schwierigkeiten; **r)** *(movement of ship etc.)* Fahrt, *die;* **gather ~:** Fahrt aufnehmen; **lose ~:** die Fahrt verlangsamen; **the vessel has ~ on [her]** das Schiff macht Fahrt; **s)** *in pl. (parts)* Teile *Pl.;* **split sth. [in] three ~s** etw. in drei Teile teilen; **t)** *in pl. (down which ship is launched)* Helling, *die;* **u)** *as name of road* Weg, *der.* **2.** *adv.* weit; **~ off/ahead/above** weit weg von/weit voraus/weit über; **~ back** *(coll.)* vor langer Zeit; **~ back in the early fifties/before the war** vor langer Zeit, Anfang der fünfziger Jahre/vor dem Krieg; **~ up in the clouds** hoch oben in den Wolken; **he was ~ out with his guess, his guess was ~ out** er lag mit seiner Schätzung gewaltig daneben; **~ down south/in the valley** tief [unten] im Süden/Tal

**way: ~-bill** *n.* Frachtbrief, *der;* **~farer** ['weɪfeərə(r)] *n.* Wandersmann, *der (geh. veralt.);* **~faring** ['weɪfeərɪŋ] *adj.* **a ~faring man/woman** ein Wandersmann/eine Wanderin; **~'lay** *v. t., forms as* **[2]lay 1: a)** *(ambush)* überfallen; **b)** *(stop for conversation)* abfangen; **~mark** *n.* Wegmarke, *die;* Wegzeichen, *das;* **~-'out** *adj. (coll.)* verrückt *(ugs.);* irre *(salopp);* **~side** *n.* Wegrand, *der;* **fall by the ~side** *(fig.)* auf der Strecke bleiben *(ugs.);* **~side flowers/inns** Blumen/Gasthöfe am Wegrand; **~station** *n. (Amer. Railw.)* Haltepunkt, *der*

**wayward** ['weɪwəd] *adj.* eigenwillig; ungezügelt ⟨*Talent, Macht*⟩

**waywardly** ['weɪwədlɪ] *adv.* eigenwillig; unberechenbar ⟨*sich verändern*⟩

**waywardness** ['weɪwədnɪs] *n., no pl.* Eigenwilligkeit, *die*

**WC** *abbr.* **water-closet** WC, *das*

**we** [wɪ, *stressed* wi:] *pl. pron.* wir; **how are we feeling today?** *(coll.)* wie geht's uns denn heute? *(ugs.);* **the royal 'we'** der Pluralis majestatis; *see also* **our; ours; ourselves; us**

**weak** [wi:k] *adj.* **a)** *(lit. or fig.)* schwach; matt ⟨*Lächeln*⟩; schwach ausgeprägt ⟨*Kinn*⟩; jämmerlich ⟨*Kapitulation*⟩; *(easily led)* labil ⟨*Charakter, Person*⟩; **go/feel ~ at the knees** weiche Knie kriegen/haben; **the ~er sex** das schwache Geschlecht; **~ with hunger/excitement** schwach vor Hunger/Aufregung; **~ eyes** *or* **sight** schlechte Augen; **a ~ stomach** ein empfindlicher Magen; **have a ~ chest** schwach auf der Brust sein; **be ~ in the head** schwachsinnig sein; **his French/maths is rather ~, he's rather ~ in French/maths** in Französisch/Mathematik ist er ziemlich schwach; **a ~ hand** *(Cards)* ein schlechtes Blatt; **in a ~ moment** in einem schwachen Moment; **sb.'s ~ side** *or* **point** jmds. schwache Seite *od.* schwacher Punkt *od.* Schwachpunkt; **his logic is a bit ~:** seine Logik steht auf ziemlich schwachen Füßen; **he has only a ~ case** seine Sache steht auf schwachen Füßen; *see also* **vessel c; b)** *(watery)* schwach ⟨*Kaffee, Tee*⟩; wäßrig, wässerig ⟨*Suppe*⟩; dünn ⟨*Bier, Suppe, Kaffee, Tee*⟩; **c)** *(Ling.)* schwach ⟨*Konjugation, Deklination, Verb*⟩; unbetont ⟨*Endung, Vokal, Silbe*⟩

**weaken** ['wi:kn] **1.** *v. t.* schwächen; beeinträchtigen ⟨*Augen*⟩; entkräften, schwächen ⟨*Argument*⟩; lockern ⟨*Griff*⟩; **be ~ed by stress/too much work** durch Streß/zuviel Arbeit angegriffen werden; **the foundations of the house had been ~ed by the earthquake** durch das Erdbeben waren die Fundamente des Hauses in Mitleidenschaft gezogen worden. **2.** *v. i.* ⟨*Kraft, Entschlossenheit:*⟩ nachlassen; **the patient was visibly ~ing** der Patient wurde sichtlich schwächer; **the pound ~ed against the dollar** das Pfund wurde gegenüber dem Dollar schwächer; **~ in one's resolve** in seinem Vorsatz schwankend werden; **his hold on power was ~ing** er hielt die Macht nicht mehr so fest in der Hand

**weak-kneed** ['wi:kni:d] *adj.* **a) be ~:** weiche Knie haben (**with** vor + *Dat.*); **b)** *(fig.)* feige

**weakling** ['wi:klɪŋ] *n.* Schwächling, *der*

**weakly** ['wi:klɪ] **1.** *adv.* schwach; matt ⟨*lächeln*⟩; **be ~ indulgent** schwach und nachgiebig sein. **2.** *adj.* schwächlich

**'weak-minded** *adj.* **a)** *(lacking strength of purpose)* entschlußlos; unentschlossen; **b)** *(mentally deficient)* schwachsinnig

**weakness** ['wi:knɪs] *n.* Schwäche, *die; (in argument, defence)* schwacher Punkt; **the ~ of her character** ihre Charakterschwäche; **I have a ~ for sweet things** ich habe eine Schwäche für Süßigkeiten

**'weak-willed** *adj.* willensschwach

**[1]weal** [wi:l] *n. (literary: welfare)* Wohl, *das;* **for the public** *or* **general ~:** zum Wohle der Allgemeinheit; **~ and woe, ~ or woe** Wohl und Weh[e] *(geh.)*

**[2]weal** *n. (ridge on flesh)* Striemen, *der*

**wealth** [welθ] *n., no pl.* **a)** *(abundance)* Fülle, *die;* **a great ~ of detail** große Detailfülle; **~ of words** Wortreichtum, *der;* **b)** *(riches, being rich)* Reichtum, *der*

**'wealth tax** *n.* Vermögensteuer, *die*

**wealthy** ['welθɪ] **1.** *adj.* reich. **2.** *n. pl.* **the ~:** die Reichen

**wean** [wi:n] *v. t.* abstillen; entwöhnen ⟨*Tier*⟩; **~ sb. [away] from sth.** *(fig.)* jmdm. etw. abgewöhnen

**weapon** ['wepən] *n. (lit. or fig.)* Waffe, *die;* **use sth. as a ~:** etw. als Waffe benutzen

**weaponry** ['wepənrɪ] *n.* Waffen *Pl.*

**wear** [weə(r)] **1.** *n., no pl., no indef. art.* **a)** *(rubbing)* **~ [and tear]** Verschleiß, *der;* Abnutzung, *die;* **show signs of ~:** Verschleiß- *od.* Abnutzungserscheinungen aufweisen; **the ~ and tear on sb.'s nerves** *(fig.)* jmds. Nervenverschleiß; **the worse for ~:** abgetragen ⟨*Kleider*⟩; abgelaufen ⟨*Schuhe*⟩; abgenutzt ⟨*Teppich, Sessel, Möbel*⟩; **feel the worse for ~:** sich angeschlagen fühlen *(ugs.);* **b)** *(clothes, use of clothes)* Kleidung, *die;* **clothes for everyday ~:** Alltagskleidung, *die;* **a jacket for casual ~:** ein Freizeit- *od. (veralt.)* Sportsakko; **children's/ladies' ~:** Kinder-/Damen[be]kleidung, *die;* **c)** *(capacity for enduring rubbing)* **there is a great deal of/no ~ [left] in it** es/das *usw.* hat noch eine große Lebensdauer/keine große Lebensdauer mehr; **there's a great** *or* **good deal of ~ still in those shoes** die Schuhe halten noch lange. **2.** *v. t.,* **wore** [wɔ:(r)], **worn** [wɔ:n] **a)** tragen ⟨*Kleidung, Schmuck, Bart, Brille, Perücke, Abzeichen*⟩; **I haven't a thing to ~:** ich habe überhaupt nichts anzuziehen; **what on earth am I going to ~ tonight?** was soll ich heute abend bloß anziehen?; **what size shoes do you ~?** welche Schuhgröße haben Sie?; **~ the crown** *(fig.)* die Krone tragen; **~ one's hair long** lange Haare tragen; **always ~ a smile** immer lächeln; **~ a joyful smile** glücklich lächeln; **~ a frown** ein finsteres Gesicht machen; **~ a sour look** eine saure Miene aufsetzen; **~ one's years well** sich gut gehalten haben; *see also* **heart 1 b; trousers; b)** abtragen ⟨*Kleidungsstück*⟩; abtreten, abnutzen ⟨*Teppich*⟩; **be worn [smooth]** ⟨*Stufen:*⟩ ausgetreten sein; ⟨*Gestein:*⟩ ausgewaschen sein; ⟨*Gesicht:*⟩ abgehärmt sein; **the old coat was badly worn** der alte Mantel war ganz abgewetzt; **a [badly] worn tyre** ein [stark] abgefahrener Reifen; **he had worn his trousers into holes** seine Hose hatte überall Löcher; **c)** *(make by rubbing)* scheuern; **the water had worn a channel in the rock** das Wasser hatte sich durch den Felsen gefressen; **d)** *(exhaust)* erschöpfen; **e)** *(coll.: accept)* **I won't ~ that!** das nehme ich dir/ihm *usw.* nicht ab! *(ugs.).* **3.** *v. i.,* **wore, worn a)** ⟨*Kante, Saum, Kleider:*⟩ sich durchscheuern; ⟨*Absätze, Schuhsohlen:*⟩ sich ablaufen; ⟨*Teppich:*⟩ sich abnutzen; **~ thin** *(fig.)* ⟨*Idealismus:*⟩ sich langsam legen, nachlassen; ⟨*Freundschaft, Stil:*⟩ verflachen, oberflächlicher werden; ⟨*Witz, Ausrede:*⟩ schon reichlich alt sein; **my patience is ~ing thin** meine Geduld geht allmählich zur Neige *od.* ist langsam erschöpft; **b)** *(endure rubbing)* ⟨*Material, Stoff:*⟩ halten; *(fig.)* sich halten; **~ well/badly** sich gut/schlecht tragen

**~ a'way 1.** *v. t.* abschleifen ⟨*Kanten, Grate*⟩; **be worn away** ⟨*Stufen:*⟩ ausgetreten werden; ⟨*Inschrift:*⟩ verwittern; **she has been worn away to a shadow** sie ist zu einem Schatten ihrer selbst geworden. **2.** *v. i.* sich abnutzen; ⟨*Gestein:*⟩ verwittern; ⟨*Schuhabsätze:*⟩ sich ablaufen; *(fig.: weaken, lessen)* dahinschwinden

**~ 'down 1.** *v. t.* **a) be worn down** ⟨*Stufen:*⟩ ausgetreten werden; ⟨*Absätze:*⟩ sich ablaufen; ⟨*Reifen:*⟩ sich abfahren; ⟨*Berge:*⟩ abgetragen werden; **b)** *(fig.)* **~ down sb.'s resistance/defence/opposition** jmds. Widerstand/Verteidigung/Opposition zermürben; **having to do this for hours at a stretch can ~ one down** es kann einen fertigmachen *(ugs.),* wenn man das stundenlang ununterbrochen tun muß. **2.** *v. i.* ⟨*Absätze:*⟩ sich ablaufen; ⟨*Reifen:*⟩ sich abfahren; **the stick/tooth had worn down to a stump** der Stock/Zahn war nur noch ein Stummel

**~ 'off 1.** *v. i.* ⟨*Auflage, Schicht:*⟩ abgehen; ⟨*Muster:*⟩ sich verlieren; *(fig.: pass away gradually)* sich legen; ⟨*Wirkung, Schmerz:*⟩ nachlassen; **the sheen had long since worn off the material** der Stoff hatte schon lange seinen Glanz verloren. **2.** *v. t.* **be worn off** ⟨*Auflage, Schicht:*⟩ abgehen

**~ 'on** *v. i.* ⟨*Nachmittag, Winter usw.:*⟩ voranschreiten; **as the day/evening wore on** im Laufe des Tages/Abends

**~ 'out 1.** *v. t.* **a)** *(make useless)* aufbrauchen; ablaufen ⟨*Schuhe*⟩; auftragen ⟨*Kleidungsstück*⟩; **b)** *(fig.: exhaust)* kaputtmachen *(ugs.);* **his patience was worn out** seine Geduld war erschöpft; **~ oneself out** sich kaputtmachen *(ugs.);* **be worn out** kaputt sein *(ugs.).* **2.** *v. i. (become unusable)* kaputtgehen; **his patience finally wore out** seine Geduld war schließlich erschöpft

**~ 'through 1.** *v. i.* sich durchscheuern; **my trousers have worn through at the knee** meine Hose ist an den Knien durchgescheuert. **2.** *v. t.* durchscheuern

**wearable** ['weərəbl] *adj.* **sth. that is still/not ~:** etw., das man noch/nicht anziehen kann

**wearer** ['weərə(r)] *n.* Träger, *der*/Trägerin, *die*

**wearily** ['wɪərɪlɪ] *adv.* müde

**weariness** ['wɪərɪnɪs] *n., no pl.* **a)** *(tiredness)* Erschöpfung, *die;* **b)** *(boredom)* Überdruß, *der* **(with** an + *Dat.)*

**wearing** ['weərɪŋ] *adj.* **a)** *(tiring)* ermüdend; **b)** *(boring)* langweilig; ermüdend

**'wearing apparel** *n. (formal)* Bekleidung, *die*

**wearisome** ['wɪərɪsəm] *adj.,* **wearisomely** ['wɪərɪsəmlɪ] *adv. (lit. or fig.)* ermüdend

**weary** ['wɪərɪ] **1.** *adj.* **a)** *(tired)* müde; **~ to death** sterbensmüde *(geh.);* **b)** *(bored, impatient)* **be ~ of sth.** einer Sache *(Gen.)* überdrüssig sein; etw. satt haben *(ugs.);* **c)** *(tiring)* ermüdend. **2.** *v. t.* **be wearied by sth.** durch etw. erschöpft sein; **a ~ing day** ein anstrengender Tag; **all this bickering was beginning to ~ me** allmählich hatte ich das ganze Gezänk satt *(ugs.).* **3.** *v. i.* **~ of sth./sb.** einer Sache/jmds. überdrüssig werden

**weasel** ['wi:zl] **1.** *n.* Wiesel, *das.* **2.** *v. i. (Amer.)* **a)** *(quibble)* drumherumreden *(ugs.);* **b)** *(default)* sich herauslavieren *(ugs.);* **~ on an obligation** sich aus einer Verpflichtung herausstehlen

**weasel: ~-faced** *adj.* **be ~-faced** ≈ ein Rattengesicht haben; **a ~-faced little man** ≈ ein kleiner Mann mit einem Rattengesicht; **~ word** *n.* vager *od.* unscharfer Begriff

**weather** ['weðə(r)] **1.** *n.* Wetter, *das;* **what's the ~ like?** wie ist das Wetter?; **the ~ has turned cooler** es ist kühler geworden; **he goes out in all ~s** er geht bei jedem Wetter hinaus; **he is feeling under the ~** *(fig.)* er ist [zur Zeit] nicht ganz auf dem Posten; **make heavy ~ of sth.** *(fig.)* sich mit etw. schwertun. **2.** *attrib. adj.* **a) keep a** *or* **one's ~ eye open [for sth.]** Ausschau [nach etw. *(Dat.)*] halten; **keep a ~ eye on sth.** ein wachsames Auge auf etw. *(Akk.)* haben; **b)** *(Naut.)* luvseitig; **the ~ side** die Luvseite; *see also* **gauge 1 c. 3.** *v. t.* **a)** *(expose to open air)* auswittern ⟨*Kalk, Holz*⟩; **b) be ~ed** ⟨*Gesicht:*⟩ wettergegerbt sein; **c)** *(wear away)* verwittern lassen ⟨*Gestein*⟩; **rocks ~ed by wind and water** Felsen, die durch Wind und Wasser verwittert sind; **d)** *(come safely through)* abwettern ⟨*Sturm*⟩; *(fig.)* durchstehen ⟨*schwere Zeit*⟩. **4.** *v. i.* **a)** *(be discoloured)* ⟨*Holz, Farbe:*⟩ verblassen; *(wear away)* **~ [away]** ⟨*Gestein:*⟩ verwittern; **b)** *(survive exposure)* wetterfest sein; **a paint that ~s very well** eine sehr wetterfeste Farbe

**weather: ~-beaten** *adj.* wettergegerbt ⟨*Gesicht, Haut*⟩; verwittert ⟨*Felsen, Gebäude*⟩; **~-board** *n.* Wetterbrett, *das;* **~-boarding** *n., no pl., no indef. art.,* **~-boards** *n. pl.* Schindeln *Pl.;* **~-chart** *n.* Wetterkarte, *die;* **~cock** *n.* Wetterhahn, *der;* **~ conditions** *n. pl.* Witterungsverhältnisse; **what are the ~ conditions at the moment?** wie ist das Wetter im Augenblick?; **~ forecast** *n.* Wettervorhersage, *die*

**weathering** ['weðərɪŋ] *n., no pl., no indef. art.* Verwitterung, *die*

**weather: ~man** *n.* Meteorologe, *der;* **~-map** *n.* Wetterkarte, *die;* **~proof 1.** *adj.* wetterfest; **2.** *v. t.* wetterfest machen; **~-report** *n.* Wetterbericht, *der;* **~ satellite** *n.* Wettersatellit, *der;* **~ ship** *n.* Wetterschiff, *das;* **~-station** *n.* Wetterwarte, *die;* **~-strip** *n.* Dichtungsstreifen, *der;* **~-vane** *n.* Wetterfahne, *die;* **~-wise** *adj.* **be ~-wise** die Wetterregeln kennen; *(fig.)* die Wetterzeichen am Horizont erkennen

**¹weave** [wi:v] **1.** *n. (Textiles)* Bindung, *die.* **2.** *v. t.,* **wove** [wəʊv], **woven** ['wəʊvn] **a)** *(intertwine)* weben ⟨*[Baum]wolle, Garn, Fäden*⟩; **~ sth. into sth.** etw. zu etw. verweben; **~ threads together** Fäden miteinander verweben; **~ flowers into wreaths** aus Blumen Kränze flechten; **b)** *(make by weaving)* weben ⟨*Textilien*⟩; flechten ⟨*Girlande, Korb, Kranz*⟩; **c)** *(fig.)* einflechten ⟨*Nebenhandlung, Thema usw.*⟩ **(into** in + *Akk.*); **d)** *(fig.: contrive)* ausspinnen ⟨*Geschichte*⟩; **~ a story around an idea** eine Idee zu einer Geschichte ausspinnen. **3.** *v. i.,* **wove, woven** *(make fabric by weaving)* weben

**²weave** *v. i.* **a)** *(move repeatedly from side to side)* torkeln; **b)** *(take devious course)* sich schlängeln; **~ between the obstacles** sich zwischen den Hindernissen hindurchschlängeln; **c) get weaving** *(sl.)* hinmachen *(ugs.);* **get weaving!** mach/macht schon *(ugs.) od.* hin!

**weaver** ['wi:və(r)] *n.* **a)** Weber, *der*/Weberin, *die;* **b)** *(Ornith.) see* **weaver-bird**

**'weaver-bird** *n.* Webervogel, *der*

**weaving** ['wi:vɪŋ] *n.* Weben, *das;* **an intricate piece of ~:** eine feine Webarbeit

**web** [web] *n.* **a)** Netz, *das;* **spider's ~:** Spinnennetz, *das;* **b)** *(woven fabric)* Gewebe, *das; (fig.)* Gespinst, *das;* **a ~ of lies/intrigue** ein Gespinst von Lügen/Intrigen; **c)** *(membrane)* Interdigitalhaut, *die (Anat.); (of duck, goose, etc.)* Schwimmhaut, *die;* **d)** *(gossamer etc.)* Gespinst, *das;* **e)** *(vane of feather)* Federfahne, *die;* **f)** *(endless wire mesh)* Drahtgeweberolle, *die; (paper-roll)* Papierbahn, *die*

**webbed** [webd] *adj.* **~ feet/toes** Schwimmfüße

**webbing** ['webɪŋ] *n.* Gurtstoff, *der*

**web: ~-foot** *n.* Schwimmfuß, *der;* Ruderfuß, *der (Zool.);* **~-footed** *adj.* schwimmfüßig; **~-'offset** *n. (Printing)* Rollenoffset[druck], *der;* **~-toe** *see* **~-foot; ~-toed** *see* **~-footed**

**wed** [wed] **1.** *v. t.,* **-dd-** **a)** *(rhet.: marry)* heiraten; ehelichen *(veralt., scherzh.); (perform wedding ceremony for)* trauen ⟨*Brautpaar*⟩; **b)** *(fig.: unite)* vereinen **(to** mit). **2.** *v. i. (rhet.)* heiraten; sich vermählen *(geh.). See also* **newly-wed**

**we'd** [wɪd, *stressed* wi:d] **a) = we had; b) = we would**

**Wed.** *abbr.* **Wednesday** Mi.

**wedded** ['wedɪd] *adj.* **a)** *(married)* angetraut; **a ~ couple** ein getrautes Paar; *see also* **wife; b)** *(of marriage)* **~ life** Eheleben, *das;* **~ love** eheliche Liebe; Gattenliebe, *die (geh.);* **~ bliss** Eheglück, *das;* **c)** *(fig.: devoted)* **be ~ to an idea/a dogma/a party** sich einer Idee/einem Dogma/einer Partei verschrieben haben; **be ~ to the view that ...:** immer noch davon überzeugt sein, daß ...; **he's ~ to his work** er ist mit seiner Arbeit verheiratet; **d)** *(fig.: united)* vereint **(to** mit)

**wedding** ['wedɪŋ] *n.* Hochzeit, *die;* **have a registry office/a church ~:** sich standesamtlich/kirchlich trauen lassen; standesamtlich/kirchlich heiraten; *see also* **diamond wedding; golden wedding; ruby wedding; shotgun; silver wedding**

**wedding: ~ anniversary** *n.* Hochzeitstag, *der;* **~ breakfast** *n.* Hochzeitsessen, *das;* **~-cake** *n.* Hochzeitskuchen, *der;* **~-day** *n.* Hochzeitstag, *der;* **~-dress** *n.* Brautkleid, *das;* Hochzeitskleid, *das;* **~ march** *n. (Mus.)* Hochzeitsmarsch, *der;* **~-night** *n.* Hochzeitsnacht, *die;* **~ present** *n.* Hochzeitsgeschenk, *das;* **~-ring** *n.* Ehering, *der;* Trauring, *der*

**wedge** [wedʒ] **1.** *n.* **a)** Keil, *der;* **it's the thin end of the ~** *(fig.)* so fängt es immer an; **be careful that it isn't the thin end of the ~** *(fig.)* paß auf, daß das nicht ausufert *od.* überhand nimmt!; **these disturbances proved to be just the thin end of the ~:** diese Unruhen erwiesen sich bloß als der Anfang; **b) a ~ of cake** ein Stück Torte; **a ~ of cheese** eine Ecke Käse; **the seats were arranged in ~s** die Sitzreihen waren keilförmig angeordnet; **c)** *(heel)* Keilabsatz, *der;* **d)** *(shoe)* Schuh mit Keilabsatz; **e)** *(Golf)* Keil, *der.* **2.** *v. t.* **a)** *(fasten)* verkeilen; **~ a door/window open** eine Tür/ein Fenster festklemmen, damit sie/es offen bleibt; **b)** *(pack tightly)* verkeilen; **there were five of them ~d together in the back of the car** sie saßen zu fünft eingezwängt *od.* zusammengepfercht hinten im Wagen; **the book had got ~d in behind the cupboard** das Buch war hinter dem Schrank eingeklemmt

**'wedge-shaped** *adj.* keilförmig

**Wedgwood** ['wedʒwʊd] *n.* **a)** *(pottery)* Wedgwood, *das;* **b)** *no pl. (colour)* Wedgwoodblau, *das*

**wedlock** ['wedlɒk] *n. (literary)* Ehe, *die;* Ehebund, *der (geh.);* **born in/out of ~:** ehelich/unehelich geboren

**Wednesday** ['wenzdeɪ, 'wenzdɪ] **1.** *n.* Mittwoch, *der; see also* **Ash Wednesday. 2.** *adv. (coll.)* **she comes ~s** sie kommt mittwochs. *See also* **Friday**

**¹wee** [wi:] *adj.* **a)** *(child lang./Scot.)* klein; lütt *(nordd.);* **b)** *(coll.: extremely small)* **a ~ bit** ein ganz klein bißchen *(ugs.)*

**²wee** *see* **wee-wee**

**weed** [wi:d] **1.** *n.* **a)** Unkraut, *das;* **~s** Unkräuter; Unkraut, *das;* **it's only a ~:** das ist bloß Unkraut; **a garden overgrown with ~s** ein von Unkraut überwucherter Garten; **b)** *(coll./arch.: tobacco)* **the ~:** das Kraut *(ugs.);* **c)** *(sl.: marijuana)* Stoff, *der (salopp);* **the ~:** Stoff *(salopp);* **d)** *(weakly person)* Kümmerling, *der (abwertend). See also* **weeds. 2.** *v. t.* jäten. **3.** *v. i.* [Unkraut] jäten

**~ 'out** *v. t. (fig.)* aussieben

**weeding** ['wi:dɪŋ] *n., no pl., no indef. art.* [Unkraut]jäten, *das;* **do the/some ~:** Unkraut jäten

**'weed-killer** *n.* Unkrautvertilgungsmittel, *das*

**weeds** [wi:dz] *n. pl.* **widow's ~:** Trauer- *od.* Witwenkleidung, *die*

**weedy** ['wi:dɪ] *adj.* **a)** von Unkraut überwachsen; **b)** *(coll.: scrawny)* spillerig *(ugs.);* schmächtig

**week** [wi:k] *n.* Woche, *die;* **what day of the ~ is it today?** was für ein Wochentag ist heute?; **can you come to see us for a ~?** kannst du [für] eine Woche zu uns kommen?; **he was away for a ~:** er war [für] eine Woche weg; **I haven't seen you for ~s** ich habe dich seit Wochen nicht gesehen; **~s ago** vor Wochen; **it will be finished in a ~:** es ist in einer Woche fertig; **three times a ~:** dreimal die *od.* in der Woche; **£40 a** *or* **per ~:** 40 Pfund die *od.* in der *od.* pro Woche; **a ~'s leave/rest** eine Woche Urlaub/Pause; **the other ~:** vor ein paar *od.* zwei, drei Wochen; **for several ~s** mehrere Wochen lang; wochenlang; **come every ~:** jede Woche kommen; **once a ~** *or* **every ~:** einmal die Woche *od.* in der Woche; einmal wöchentlich; **~ in ~ out** Woche für Woche; **in a ~['s time]** in einer Woche; **in two ~s[' time]** in zwei Wochen; in vierzehn Tagen; **take a ~'s holiday** [sich *(Dat.)*] eine Woche Urlaub nehmen; **from ~ to ~, ~ by ~:** Woche für *od.* um Woche; **a three-~ period** ein Zeitraum von drei Wochen; **at six-~ intervals** in sechswöchigem Abstand; **a two-~ visit** ein zweiwöchiger Besuch; **a six-~[s]-old baby** ein sechs Wochen altes *od.* sechswöchiges Baby; **a ~ [from] today/from** *or* **on Monday, today/Monday ~:** heute/Montag in einer Woche; **a ~ ago today/Sunday** heute/Sonntag vor einer Woche; **tomorrow ~:** morgen in einer Woche; **in** *or* **during the ~:** während der Woche; **42-hour/five-day ~:** 42-Stunden-Woche, *die*/Fünftagewoche, *die; see also* **knock 1c; next 1b, 3b**

**week: ~day** *n.* Werktag, *der;* Wochentag, *der;* **on ~days** werktags; wochentags; *attrib.* **~day opening times** Öffnungszeiten an Werktagen; **~day timetable** Werktagsfahrplan, *der;* **~end** [-'-, '--] *n.* Wochenende, *das;* **at the ~end** am Wochenende; **at** *or (Amer.)* **on ~ends** an Wochenenden; **a long ~end** ein verlängertes Wochenende; **go/be away for the ~end** übers Wochenende wegfahren/weg sein; **~-long** *adj.* einwöchig

**weekly** ['wi:klɪ] **1.** *adj.* wöchentlich; **~ wages** Wochenlohn, *der;* **a ~ season-ticket/magazine** eine Wochenkarte/Wochenzeitschrift; **on a ~ basis** wöchentlich; **at ~ intervals** wöchentlich; einmal pro Woche; **three-~:** dreiwöchentlich; **at three-~ intervals** in dreiwöchigen Abständen. **2.** *adv.* wöchentlich; einmal die Woche *od.* in der Woche. **3.** *n. (newspaper)* Wochenzeitung, *die; (magazine)* Wochenzeitschrift, *die*

**weekly re'turn** *n.* **~ [ticket]** Wochenrückfahrkarte, *die*

**'week-night** *n.* **on a ~:** abends an einem Werktag; **on ~s** werktags abends

**weeny** ['wi:nɪ] *adj. (child lang./coll.)* klitzeklein *(ugs.)*

**weeny-bopper** *n. (coll.) acht- bis zwölfjähriger [weiblicher] Popfan*

**weep** [wi:p] **1.** *v. i.,* **wept** [wept] **a)** weinen; **~ with** *or* **for joy/rage** vor Freude/Zorn weinen; **~ for sb./sth.** um jmdn./etw. weinen; **the child was ~ing for his mother** das Kind weinte nach seiner Mutter; **it makes you want to ~:** man könnte weinen; **b)** ‹*Wunde:*› nässen. **2.** *v. t.,* **wept a)** weinen ‹*Tränen*›; **b)** *(lament over)* beweinen; **c) ~ one's eyes** *or* **heart out** sich *(Dat.)* die Augen aus dem Kopf weinen; **d)** *(exude)* absondern ‹*Eiter*›. **3.** *n.* **have a ~:** sich ausweinen; **I had a little ~:** ich habe geweint

**weepie** ['wi:pɪ] *n. (coll.)* Schmachtfetzen, *der (salopp)*

**weeping 'willow** *n.* Trauerweide, *die*

**weepy** ['wi:pɪ] **1.** *adj.* weinerlich. **2.** *n. see* **weepie**

**weevil** ['wi:vɪl] *n.* Rüsselkäfer, *der*

**'wee-wee** *(coll.)* **1.** *n.* Pipi, *das (ugs.);* **do a ~:** Pipi machen. **2.** *v. i.* Pipi machen *(ugs.)*

**weft** [weft] *n.* **a)** *(set of threads)* Schuß, *der;* **b)** *(yarn)* Schußfaden, *der*

**weigh** [weɪ] **1.** *v. t.* **a)** *(find weight of)* wiegen; **the shop assistant was ~ing the fruit for her** die Verkäuferin wog ihr das Obst ab; **b)** *(estimate value of)* abwägen; **~ sb. and find him/her wanting** jmdn. wiegen und zu leicht befinden; **c)** *(consider)* abwägen; **~ in one's mind whether ...:** sich *(Dat.)* überlegen, ob ...; **~ the consequences of one's actions** sich *(Dat.)* die Folgen seines Handelns klarmachen; **~ the fact that ...:** die Tatsache berücksichtigen, daß ...; **~ one's words** seine Worte abwägen; **d)** *(balance in one's hand)* wiegen; **e)** *(have the weight of)* wiegen; **it ~s very little** es wiegt sehr wenig; **a steak ~ing two pounds** ein zwei Pfund schweres Steak. *See also* **anchor 1; ton c. 2.** *v. i.* **a) ~ [very] heavy/light** [sehr] viel/wenig wiegen; **b)** *(be important)* **~ with sb.** bei jmdm. Gewicht haben; **~ in sb.'s favour** für jmdn. sprechen. **3.** *n.* **under ~ = under way** *see* **way 1 i**

**~ a'gainst** *v. t. (fig.)* sprechen gegen; **~ heavily against sb.** sehr *od.* stark gegen jmdn. sprechen

**~ 'down** *v. t.* **a)** *(cause to sag)* **fruit ~ed down the branches of the tree** die Äste des Baumes bogen sich unter der Last der Früchte; **be ~ed down by packages** mit Paketen schwer beladen sein; **b)** *(cause to be anxious or depressed)* niederdrücken; **~ed down with cares** bedrückt von Sorgen; **~ed down with sorrow** gramgebeugt

**~ 'in** *v. i.* **a)** *(Sport)* sich wiegen lassen; **~ in at 200 kg** 200 kg auf die Waage bringen; *see also* **weigh-in; b)** *(coll.: lend one's support)* sich einschalten

**~ on** *v. t.* lasten auf (+ *Dat.*); **~ [heavily] on sb.'s mind** jmdm. [schwer] auf der Seele liegen

**~ 'out** *v. t.* abwiegen

**~ 'up** *v. t.* abwägen; sich *(Dat.)* eine Meinung bilden über (+ *Akk.*) ‹*Person*›

**~ upon** *see* **~ on**

**weigh: ~bridge** *n.* Brückenwaage, *die;* **~-in** *n. (Sport)* Wiegen, *das;* **at the ~-in** beim Wiegen

**'weighing-machine** *n.* Waage, *die*

**weight** [weɪt] **1.** *n.* **a)** *(heaviness)* Gewicht, *das;* **she is twice your ~:** sie wiegt doppelt soviel wie du; **what is your ~?** wieviel wiegen Sie?; **be under/over ~:** zuwenig/zuviel wiegen; Unter-/Übergewicht haben; **throw one's ~ about** *or* **around** *(fig. coll.)* sich wichtig machen; *see also* **gold 1a; b)** *(scale of heaviness)* Gewicht, *das;* **~s and measures** Maße und Gewichte; **avoirdupois/troy ~:** Avoirdupois-/Troygewicht, *das;* **c)** *(heavy body)* Gewicht, *das;* **lift ~s** Lasten heben; **d)** *(piece of metal used in weighing)* Gewicht, *das;* **e)** *(Athletics)* Kugel, *die;* **f)** *(load to be supported)* Gewicht, *das;* **g)** *(surface density of cloth etc.)* Qualität, *die;* **h)** *(fig.: heavy burden)* Last, *die;* **it would be a ~ off my mind if ...:** mir würde ein Stein vom Herzen fallen, wenn ...; **i)** *(importance)* Gewicht, *das;* **men of ~:** Leute von Gewicht; bedeutende Leute; **give due ~ to sth.** einer Sache *(Dat.)* die nötige Beachtung schenken; **carry ~:** ins Gewicht fallen; **his opinion carries no ~ with me** seine Meinung ist für mich unbedeutend; **j)** *(preponderance)* Übergewicht, *das;* **the ~ of evidence is against him** praktisch alle Beweise sprechen gegen ihn; **~ of numbers** zahlenmäßiges Übergewicht. *See also* **atomic weight; dead weight; pull 1g. 2.** *v. t.* **a)** *(add ~ to)* beschweren; **circumstances are rather ~ed in his favour/against him** *(fig.)* er wird durch die Umstände ziemlich begünstigt/benachteiligt; **b)** *(hold with ~)* **~ [down]** beschweren; *(fig.)* belasten; **c)** *(Statistics)* gewichten

**weighting** ['weɪtɪŋ] *n. (Admin.)* Zulage, *die;* **London ~:** Ortszulage für London

**weightless** ['weɪtlɪs] *adj.* schwerelos

**weightlessness** ['weɪtlɪsnɪs] *n.* Schwerelosigkeit, *die*

**weight: ~-lifter** *n.* Gewichtheber, *der*/-heberin, *die;* **~-lifting** *n., no pl., no indef. art.* Gewichtheben, *das;* **~-watcher** *n.* Schlankheitsbewußte, *der/die*

**weighty** ['weɪtɪ] *adj.* **a)** *(heavy)* schwer; **b)** *(important)* gewichtig

**weir** [wɪə(r)] *n.* Wehr, *das*

**weird** [wɪəd] *adj.* **a)** *(coll.: odd)* bizarr; verrückt *(ugs.);* **b)** *(uncanny)* unheimlich; phantastisch ‹*Geschichte*›

**weirdie** ['wɪədɪ] *n. (coll.)* Freak, *der (ugs.)*

**weirdly** ['wɪədlɪ] *adv. see* **weird:** bizarr; verrückt *(ugs.);* unheimlich

**weirdness** ['wɪədnɪs] *n., no pl.* **a)** *(coll.: oddness)* Verrücktheit, *die (ugs.);* **b)** *(uncanniness)* Unheimlichkeit, *die*

**weirdo** ['wɪədəʊ] *n., pl.* ~s *see* **weirdie**

**welcome** ['welkəm] **1.** *int.* willkommen; ~ **home/to England!** willkommen zu Hause/ in England!; ~ **aboard!** willkommen an Bord! **2.** *n.* **a)** Willkommen, *das;* **a gesture of** ~: eine Willkommensgeste; **outstay** *or* **overstay one's** ~: zu lange bleiben; **bid sb.** ~: jmdn. willkommen heißen; **give sb. a warm** ~: jmdn. herzlich willkommen heißen; **b)** *(reception)* Empfang, *der;* **give a proposal a warm** ~: einen Vorschlag zustimmend aufnehmen; **the committee gave her proposals a rather cool** ~: das Gremium nahm ihre Vorschläge ziemlich kühl auf; **give sb. a warm** ~ *(iron.)* jmdn. gebührend empfangen *(iron.);* **we got a really hot** ~ **from the enemy artillery** *(iron.)* die feindliche Artillerie bereitete uns einen recht heißen Empfang *(iron.);* **receive a rather cool** ~: ziemlich kühl empfangen werden. **3.** *v. t.* **a)** *(greet with pleasure)* begrüßen; willkommen heißen *(geh.);* ~ **sb. with open arms** jmdn. mit offenen Armen begrüßen *od.* willkommen heißen; **b)** *(receive)* empfangen. **4.** *adj.* **a)** willkommen; gefällig ⟨*Anblick*⟩; **make sb. [feel]** ~: jmdm. das Gefühl geben *od.* vermitteln, willkommen zu sein; **b)** *pred.* **you are** ~ **to take it** du kannst es gern nehmen; **you may have it and** ~: du kannst es gerne haben; **no one's ever managed to do it, but you're** ~ **to have a go** bis jetzt hat es noch keiner geschafft, aber Sie können es ja gern mal versuchen; **you are** ~ *(it was no trouble to me)* gern geschehen!; keine Ursache!; **if you want to stay here for the night you are more than** ~: wenn Sie die Nacht über hier bleiben möchten, sind Sie herzlich willkommen

**welcoming** ['welkəmɪŋ] *adj.* einladend; **a** ~ **cup of tea awaited us** zur Begrüßung erwartete uns eine Tasse Tee; **the crowd burst into** ~ **applause** die Menge klatschte zur Begrüßung

**weld** [weld] **1.** *v. t.* **a)** *(unite)* verschweißen; *(repair, make, or attach by* ~*ing)* schweißen (**[on]to** an + *Akk.*); ~ **two pipes together** zwei Rohre zusammenschweißen; **b)** *(fig.: unite closely)* zusammenschweißen (**into** zu); ~ **two elements together** zwei Elemente zusammenschweißen. **2.** *n.* Schweißnaht, *die*

**welder** ['weldə(r)] *n.* **a)** *(person)* Schweißer, *der*/Schweißerin, *die;* **b)** *(machine)* Schweißgerät, *das*

**welding** ['weldɪŋ] *n., no pl., no indef. art.* Schweißen, *das*

**welfare** ['welfeə(r)] *n.* **a)** *(health and prosperity)* Wohl, *das;* **b)** *(social work; payments etc.)* Sozialhilfe, *die;* Wohlfahrt, *die (veralt.);* **the** ~ **people** die Leute vom Sozialamt *od. (veralt.)* von der Wohlfahrt; **be on** ~ *(Amer.)* Sozialhilfe bekommen

**welfare: W**~ **'State** *n.* Wohlfahrtsstaat, *der;* ~ **work** *n.* Sozialarbeit, *die;* **do** ~ **work** in der Sozialarbeit *od. (veralt.)* bei der Wohlfahrt tätig sein; ~ **worker** *n.* Sozialarbeiter, *der*/-arbeiterin, *die*

**welkin** ['welkɪn] *n. (poet./literary)* Firmament, *das (dichter.)*

[1]**well** [wel] **1.** *n.* **a)** *(water* ~, *mineral spring)* Brunnen, *der;* **b)** *see* **oil well; c)** *(Brit.: of lawcourt) Teil des Gerichtssaals, der für die Anwälte bestimmt ist;* **d)** *(Archit.)* Schacht, *der; (of staircase)* Treppenloch, *das;* **e)** *(fig.: source)* Quell, *der (dichter.). See also* **artesian. 2.** *v. i. (literary)* sich ergießen

~ **'up** *v. i.* ⟨*Tränen, Wasserstrahl:*⟩ aufsteigen; ⟨*Gefühle, Scham, Zorn:*⟩ aufwallen *(geh.)*

[2]**well 1.** *int.* **a)** *expr. astonishment* mein Gott; meine Güte; nanu; ~, ~! sieh mal einer an!; *see also* **never c; b)** *expr. relief* mein Gott; **c)** *expr. concession* na ja; ~ **then, let's say no more about it** schon gut, reden wir nicht mehr davon; **d)** *expr. resumption* nun; ~ **[then], who was it?** nun, wer war's?; **e)** *expr. qualified recognition of point* ~**[, but]** ...: na ja, aber ...; ja schon, aber ...; **f)** *expr. resignation* **[oh]** ~: nun denn; **ah** ~: na ja; **g)** *expr. expectation* ~ **[then]?** na? **2.** *adv.*, **better** ['betə(r)], **best** [best] **a)** *(satisfactorily)* gut; **the business is doing** ~: das Geschäft geht gut; **do** ~ **for oneself** Erfolg haben; **do** ~ **out of sth.** mit etw. ein gutes Geschäft machen; **the patient is doing** ~: dem Patienten geht es gut; **a** ~ **situated house** ein günstig gelegenes Haus; **you did** ~ **to come** gut, daß du gekommen bist; ~ **begun is half done** *(prov.)* ein guter Anfang ist schon die halbe Arbeit; **didn't he do** ~! hat er sich nicht gut geschlagen?; **you would do** ~ **to** ...: Sie täten gut daran, zu ...; **come off** ~: gut abschneiden; **you're** ~ **out of it** es ist gut, daß du damit nichts mehr zu tun hast; **we're** ~ **rid of them** wir sind froh, daß wir sie los sind; *see also* [1]**do 2 d; b)** *(thoroughly)* gründlich ⟨*trocknen, polieren, schütteln*⟩; tüchtig ⟨*verprügeln*⟩; genau ⟨*beobachten*⟩; gewissenhaft ⟨*urteilen*⟩; **be** ~ **able to do sth.** durchaus *od.* sehr wohl in der Lage sein, etw. zu tun; **sb. is** ~ **aware that** ...: jmdm. ist sehr wohl bewußt, daß ...; **I'm** ~ **aware of what has been going on** mir ist sehr wohl klar *od.* bewußt, was sich abgespielt hat; **let** *or* **leave** ~ **alone** sich zufrieden geben; **the translator could not leave** ~ **alone** der Übersetzer hat nur verschlimmbessert; **be** ~ **worth it/a visit/the effort** es/einen Besuch/ die Mühe durchaus wert sein; **he** ~ **deserved the honour** er hat die Ehre allemal verdient; **be** ~ **pleased** sehr erfreut sein; **she was not so** ~ **pleased** sie war nicht sonderlich erfreut; ~ **out of sight** *(very far off)* völlig außer Sichtweite (**of** *Gen.*); **make sure you keep the child** ~ **out of sight** sorg auf jeden Fall dafür, daß keiner das Kind sieht; ~ **past the minimum age** längst über dem Mindestalter; **we arrived** ~ **before the performance began** wir kamen eine ganze Zeit vor Beginn der Vorstellung; **be** ~ **in with sb.** bei jmdm. gut angeschrieben sein; ~ **and truly** vollkommen; **I know only too** ~ **how/what** *etc.* ...: ich weiß nur zu gut, wie/was *usw.* ...; **c)** *(considerably)* weit; **he is** ~ **up in the list** er steht ziemlich weit oben auf der Liste; **she is** ~ **on in years** sie ist nicht mehr die Jüngste; **it was** ~ **on into the afternoon** es war schon spät am Nachmittag; **he is** ~ **past** *or* **over retiring age** er hat schon längst das Rentenalter erreicht; **he is** ~ **past** *or* **over forty** er ist weit über vierzig; **be** ~ **away** *(lit. or fig.)* einen guten Vorsprung haben; *(coll.: be drunk)* ziemlich benebelt sein *(ugs.);* **d)** *(approvingly, kindly)* gut, anständig ⟨*jmdn. behandeln*⟩; **like sb.** ~ **[enough]** jmdn. [sehr] gut leiden können; **think** ~ **of sb./sth.** eine gute Meinung von jmdm./etw. haben; **speak** ~ **of sb./sth.** sich positiv über jmdn./etw. äußern; **wish sb.** ~: jmdm. alles Gute wünschen; **stand** ~ **with sb.** [sich] gut mit jmdm. stehen; **e)** *(in all likelihood)* sehr wohl; **f)** *(easily)* ohne weiteres; **you cannot very** ~ **refuse their help** du kannst ihre Hilfe nicht ohne weiteres *od.* nicht gut ausschlagen; **g) as** ~ *(in addition)* auch; ebenfalls; *(as much, not less truly)* genauso; ebenso; *(with equal reason)* genausogut; ebensogut; *(advisable)* ratsam; *(equally well)* genauso gut; **Coming for a drink? – I might as** ~: Kommst du mit, einen trinken? – Warum nicht?; **you might as** ~ **go** du kannst ruhig gehen; **that is [just] as** ~ *(not regrettable)* um so besser; **it was just as** ~ **that I had** ...: zum Glück hatte ich ...; **as** ~ **as** *(in addition to):* **A as** ~ **as B:** B und auch [noch] A; **she can sing as** ~ **as dance** sie kann singen und auch tanzen; **as** ~ **as helping** *or (coll.)* **help me, she continued her own work** sie half mir und machte dabei noch mit ihrer eigenen Arbeit weiter. *See also* **best 2; better 2;** [1]**do 1 u;** [2]**live 1 a; may a; pretty 2; speak 1 a. 3.** *adj.* **a)** *(in good health)* gesund; **How are you feeling now? – Quite** ~, **thank you** Wie fühlen Sie sich jetzt? – Ganz gut, danke; **look** ~: gut *od.* gesund aussehen; **I am perfectly** ~: ich fühle mich bestens; **get** ~ **soon!** gute Besserung!; **he hasn't been very** ~ **lately** es geht ihm in letzter Zeit nicht sehr gut; **feel** ~: sich wohl fühlen; **she wanted to come, but she isn't** ~ **enough** sie wollte kommen, aber es geht ihr nicht so gut; **make sb.** ~: jmdn. gesund machen; **b)** *pred. (satisfactory)* **I am very** ~ **where I am** ich bin hier sehr zufrieden; **all's** ~: es ist alles in Ordnung; **all's** ~ **that ends** ~ *(prov.)* Ende gut, alles gut; **all is not** ~ **with sb./sth.** mit jmdm./etw. ist etwas nicht in Ordnung; **[that's all]** ~ **and good** [das ist alles] gut und schön; **all being** ~: wenn alles gutgeht; **c)** *pred. (advisable)* ratsam. *See also* **all 2 d; very 2 d**

**we'll** [wɪl, *stressed* wi:l] = **we will**

**well:** ~**-advised** *see* **advised;** ~**-aimed** *adj.* gezielt ⟨*Schuß, Tritt, Stoß, Schlag*⟩; ~**-appointed** *adj.* gut ausgestattet; ~**-balanced** *adj.* **a)** *(sensible)* ausgeglichen ⟨*Person*⟩; ausgewogen ⟨*Plan*⟩; **b)** *(equally matched)* harmonisch ⟨*Paar*⟩; gleich stark ⟨*Mannschaften*⟩; ~**-behaved** *adj. see* **behave 1 a;** ~**-being** *n.* Wohl, *das;* **she felt a sense of** ~**-being** sie fühlte sich wohl; ~**-bred** *adj.* **a)** *(having good manners)* anständig; **b)** *(of good stock)* ⟨*Schwein, Pferd*⟩ aus guter Zucht; ~**-built** *adj.* ⟨*Person*⟩ mit guter Figur; **be** ~**-built** eine gute Figur haben; ~**-chosen** *adj.* wohlgesetzt ⟨*Worte*⟩; wohlüberlegt ⟨*Bemerkungen*⟩; **a few** ~**-chosen words** ein paar wohlüberlegte Worte; *(reprimand)* ein paar warme Worte *(iron.);* ~**-conducted** *adj.* gut geleitet *od.* organisiert; ~**-connected** *adj.* ⟨*Person*⟩ mit guten Beziehungen; ~**-defined** *adj.* klar definiert; ~**-deserved** *adj.* wohlverdient ⟨*Lob, Ruhe*⟩; verdient ⟨*Belohnung, Prügel*⟩; ~**-disposed** *see* **disposed;** ~**-done** *adj. (Cookery)* durchgebraten; durch *nicht attr.;* **order a steak** ~ **done** ein durchgebratenes Steak bestellen; ~**-dressed** *adj.* gutgekleidet *präd. getrennt geschrieben;* ~**-earned** *adj.* wohlverdient; ~**-educated** *adj.* gebildet ⟨*Person, Benehmen*⟩; ~**-equipped** *adj.* gut ausgestattet ⟨*Büro, Studio, Krankenwagen*⟩; gut ausgerüstet ⟨*Polizei, Armee, Expedition, Flugzeug*⟩; ~**-established** *adj.* bewährt; ~**-fed** *adj.* wohlgenährt; ~**-founded** *adj.* [wohl] fundiert; ~**-groomed** *adj.* gepflegt; ~ **'grounded** *adj.* **a)** *(trained)* **be** ~ **grounded in a subject** gute Grundkenntnisse in einem Fach haben; **b)** *see* ~**-founded;** ~**-heeled** *adj. (coll.)* gutbetucht *(ugs.) präd. getrennt geschrieben*

**wellies** ['welɪz] *n. pl. (Brit. coll.)* Gummistiefel

'**well-informed** *adj.* **a) she is one of the most** ~ **people I have ever met** von allen, die ich kenne, weiß sie am besten Bescheid; **b)** *(having access to reliable information)* gutunterrichtet *präd. getrennt geschrieben*

**wellington** ['welɪŋtən] *n.* ~ **[boot]** Gummistiefel, *der*

**well:** ~**-intentioned** ['welɪntenʃənd] *adj.* gutgemeint *präd. getrennt geschrieben;* ~**-judged** *adj.* gut gezielt; ~**-kept** *adj.* gepflegt; in gutem Zustand *nachgestellt;* wohlgehütet ⟨*Geheimnis*⟩; ~**-knit** *adj.* gut gebaut ⟨*Körper, Figur, Sportler*⟩; ~**-known** *adj.* **a)** *(known to many)* bekannt; **b)** *(known thoroughly)* vertraut; ~**-loved** *adj.* beliebt; ~ **made** *adj.* **a)** *(skilfully manufactured)* gut [gearbeitet]; **b)** *(having good build)* gut gebaut; ~**-mannered** *adj. see* **mannered b;** ~**-marked** *adj.* gut gekennzeichnet ⟨*Strecke, Wanderung*⟩; ~**-matched** *adj.* einander ebenbürtig ⟨*Gegner, Mannschaften*⟩; **they are a** ~**-matched couple** sie passen gut zu einander; ~-**meaning** *adj.* wohlmeinend; **be ~-meaning** es gut meinen; ~-**meant** *adj.* gutgemeint; ~**nigh** *adv. (rhet.)* nahezu; ~ **off** *adj.* **a)** *(rich)* wohlhabend; **sb. is ~ off** jmdm. geht es [finanziell] gut; **b) be ~ off for sth.** *(provided with)* mit etw. gut versorgt sein; **c)** *(favourably situated)* **she is perfectly ~ off** es geht ihr ausgezeichnet; ~ **oiled** *adj. (fig. sl.: drunk)* abgefüllt *(salopp);* ~ **paid** *adj.* gutbezahlt *präd. getrennt geschrieben;* **he's ~ paid enough** er kriegt genug bezahlt; ~-**preserved** *adj.* gut erhalten ‹*Holz, Mumie, (scherzh.) Achtzigjährige usw.*›; ~-**read** ['welred] *adj.* belesen; ~-**rounded** *adj.* **a)** *(complete and symmetrical)* abgerundet; **b)** *(complete and ~ expressed)* ausgewogen; ~-**spent** *adj.* sinnvoll verbracht ‹*Zeit*›; vernünftig ausgegeben ‹*Geld*›; ~-**spoken** *adj.* sprachlich gewandt; mit angenehmer Sprachweise *nachgestellt;* ~-**stocked** *adj.* gut gefüllt ‹*Kühlschrank, Vorratskammer, Hausbar*›; ~-**thought-out** *adj.* gut durchdacht; ~-**thumbed** *adj.* zerlesen ‹*Buch*›; ~-**timed** *adj.* zeitlich gut gewählt; ~-**to-do** *adj.* wohlhabend; ~-**tried** *adj.* bewährt; ~-**trodden** *adj. (lit. or fig.)* ausgetreten; ~-**turned** *adj.* wohlgesetzt; ~-**upholstered** *adj. (fig. joc.)* gut gepolstert; ~-**wisher** *n.* Sympathisant, *der*/Sympathisantin, *die;* **cards and gifts from ~-wishers** Kartengrüße und Geschenke; ~-**worn** *adj.* abgetragen ‹*Kleidungsstück*›; abgenutzt ‹*Teppich*›; abgegriffen ‹*Einband, Buch, Zeitschrift*›; ausgetreten ‹*Pfad*›; abgedroschen ‹*Redensart, Ausdruck*›

**Welsh** [welʃ] **1.** *adj.* walisisch; **sb. is ~:** jmd. ist Waliser/Waliserin; *see also* **corgi; English 1. 2.** *n.* **a)** *(language)* Walisisch, *das; see also* **English 2 a; b)** *pl.* **the ~:** die Waliser

**welsh** *v. i. (leave without paying)* sich davonmachen, ohne zu bezahlen; sich auf französisch verabschieden *(ugs.)*
~ **on** *v. t. (coll.)* ~ **on sb./sth.** jmdn. sitzen lassen/sich um etw. herumdrücken *(ugs.)*

**Welsh:** ~**man** ['welʃmən] *n., pl.* ~**men** ['welʃmən] Waliser, *der;* ~ **'rabbit,** ~ **'rarebit** *ns.* Käsetoast, *der;* ~**woman** *n.* Waliserin, *die*

**welt** [welt] *n.* **a)** *(of shoe)* Rahmen, *der;* **b)** *(heavy blow)* Hieb, *der;* **c)** *(trimming)* Bündchen, *das;* **d)** *see* [2]**weal**

**Weltanschauung** [veltan'ʃaʊʊŋ] *n.* **a)** *(philosophy of life)* Weltanschauung, *die;* **b)** *(conception of the world)* Weltbild, *das*

**welter** ['weltə(r)] **1.** *v. i.* sich wälzen. **2.** *n.* Chaos, *das;* **a ~ of foam** eine schäumende Flut; **a ~ of emotions** ein Sturm von Gefühlen

**'welterweight** *n. (Boxing etc.)* Weltergewicht, *das; (person also)* Weltergewichtler, *der*

**wen** [wen] *n. (Med.)* Grützbeutel, *der*

**Wenceslas** ['wensɪsləs] *pr. n. (Hist.)* Wenzel *(der)*

**wench** [wentʃ] *n. (arch./joc.)* Mädel, *das; (arch.: maid-servant)* Magd, *die (veralt.)*

**Wend** [wend] *n.* Wende, *der*/Wendin, *die*

**wend** *v. t. (literary/arch.)* ~ **one's way homewards** sich auf den Heimweg machen; **they ~ed their way back towards the village** sie machten sich auf den Weg zurück ins Dorf

**Wendy house** ['wendɪ haʊs] *n.* Spielhaus, *das*

**went** *see* [1]**go 1, 2**

**wept** *see* **weep 1, 2**

**were** *see* **be**

**we're** [wɪə(r)] = **we are**

**weren't** *(coll.)* = **were not;** *see* **be**

**werewolf** ['wɪəwʊlf, 'weəwʊlf] *n., pl.* **werewolves** ['wɪəwʊlvz, 'weəwʊlvz], **werwolf** ['wɜ:wʊlf] *n., pl.* **werwolves** ['wɜ:wʊlvz] *(Mythol.)* Werwolf, *der*

**west** [west] **1.** *n.* **a)** Westen, *der;* **the ~:** West *(Met., Seew.); (Amer.: western part of US)* der Westen; **in/to[wards]/from the ~:** im/nach *od. (geh.)* gen/von Westen; **to the ~ of** westlich von; westlich (+ *Gen.*); **b)** *(European civilization)* Westen, *der;* Abendland, *das;* **c)** *(Cards)* West. *See also* **east 1; Far West; Middle West; Wild West. 2.** *adj.* westlich; West‹*küste, -wind, -grenze, -tor*›. **3.** *adv.* westwärts; nach Westen; ~ **of** westlich von; westlich (+ *Gen.*); **go ~** *(fig. sl.: be killed or wrecked or lost)* hopsgehen *(salopp);* ~ **by north/south** *see* [1]**by 1 d;** *see also* **east 3**

**West:** ~ **'Africa** *pr. n.* Westafrika *(das);* ~ **'Bank** *pr. n.* **the ~ Bank** *(of the Jordan)* das Westjordanland; ~ **Ber'lin** *pr. n. (Hist.)* West-Berlin *(das);* Berlin (West) *(Amtsspr.);* **w~bound** *adj.* ‹*Zug usw.*› in Richtung Westen; ~ **Country** *n. (Brit.)* Westengland, *das;* ~ **'End** *n. (Brit.)* Westend, *das;* **the ~ End theatres** die Theater des Londoner Westends

**westering** ['westərɪŋ] *attrib. adj.* im Westen stehend

**westerly** ['westəlɪ] **1.** *adj.* **a)** *(in position or direction)* westlich; **in a ~ direction** nach Westen; **b)** *(from the west)* ‹*Wind*› aus westlichen Richtungen; **the wind was ~:** der Wind kam aus Westen. **2.** *adv.* **a)** *(in position)* westlich; *(in direction)* nach West[en]; **b)** *(from the west)* aus *od.* von West[en]. **3.** *n.* West[wind], *der*

**western** ['westən] **1.** *adj.* westlich; West‹*grenze, -hälfte, -seite, -fenster, -wind*›; ~ **Germany** Westdeutschland *(das); see also* **bloc; Middle Western. 2.** *n.* Western, *der*

**westerner** ['westənə(r)] *n.* Abendländer, *der*/Abendländerin, *die*

**Western:** ~ **'Europe** *pr. n.* Westeuropa *(das);* ~ **Euro'pean 1.** *adj.* westeuropäisch; **2.** *n.* Westeuropäer, *der*/-europäerin, *die*

**westernization** [westənaɪ'zeɪʃn] *n.* Verwestlichung, *die*

**westernize** ['westənaɪz] *v. t.* verwestlichen

**westernmost** ['westənməʊst] *adj.* westlichst...

**West:** ~ **'German** *(Hist.)* **1.** *adj.* westdeutsch; **2.** *n.* Westdeutsche, *der/die;* ~ **'Germany** *pr. n. (Hist.)* Westdeutschland *(das);* ~ **'Indian 1.** *adj.* westindisch; **2.** *n.* Westinder, *der*/-inderin, *die;* ~ **'Indies** *see* **Indies b**

**Westminster** ['westmɪnstə(r)] *n. (Brit.: Parliament)* Westminster *(das);* London *(das) (ugs.)*

**west:** ~-**north-'**~ **1.** *n.* Westnordwest[en], *der;* **2.** *adj.* westnordwestlich; **3.** *adv.* nach Westnordwest[en]; **W~ of 'England** *pr. n.* Westengland *(das)*

**Westphalia** [west'feɪlɪə] *pr. n.* Westfalen *(das)*

**Westphalian** [west'feɪlɪən] **1.** *adj.* westfälisch. **2.** *n.* Westfale, *der*/Westfalin, *die*

**West:** ~ **Side** *n. (Amer.)* West Side, *die;* **w~-south-'**~ **1.** *n.* Westsüdwest[en], *der;* **2.** *adj.* westsüdwestlich; **3.** *adv.* nach Westsüdwest[en]

**westward** ['westwəd] **1.** *adj.* nach Westen gerichtet; *(situated towards the west)* westlich; **in a ~ direction** nach Westen; [in] Richtung Westen. **2.** *adv.* westwärts; **they are ~ bound** sie fahren nach *od.* [in] Richtung Westen. **3.** *n.* Westen, *der*

**westwards** ['westwədz] *see* **westward 2**

**wet** [wet] **1.** *adj.* **a)** naß; ~ **with tears** tränenfeucht; ~ **behind the ears** *(fig.)* feucht hinter den Ohren *(ugs.);* ~ **to the skin,** ~ **through** naß bis auf die Haut; **b)** *(rainy)* regnerisch; feucht ‹*Klima*›; **c)** *(recently applied)* frisch ‹*Farbe*›; **'~ paint'** „frisch gestrichen"; **d)** *(sl.: feeble)* schlapp *(ugs.);* schlappschwänzig *(salopp);* **e)** *(Brit. Polit. coll.)* pflaumenweich *(ugs. abwertend);* schlappschwänzig *(salopp abwertend). See also* **blanket 1 a;** [1]**rag a. 2.** *v. t.,* **-tt-, wet** *or* **wetted a)** befeuchten; *see also* **whistle 3 c; b)** *(urinate on)* ~ **one's bed/pants** das Bett/sich *(Dat.)* die Hosen naß machen. **3.** *n.* **a)** *(moisture)* Feuchtigkeit, *die;* **b)** *(rainy weather)* Regenwetter, *das; (rainy conditions)* Nässe, *die;* **c)** *(sl.: feeble person)* Flasche, *die (salopp abwertend);* **d)** *(Brit. Polit. coll.)* Schlappschwanz, *der (salopp abwertend)*

**wet:** ~**back** *n. (Amer. coll.)* illegaler mexikanischer Einwanderer; ~ **'dream** *n.* feuchter Traum

**wether** ['weðə(r)] *n. (Zool.)* Hammel, *der*

**wet:** ~**lands** *n. pl.* Feuchtgebiete; ~ **look** *n.* Hochglanz, *der; (of hair)* Wet-Look, *der*

**wetness** ['wetnɪs] *n., no pl.* **a)** *(being wet)* Nässe, *die;* **a patch of ~:** ein nasser Fleck; **b)** *(being rainy)* Feuchtigkeit, *die*

**wet:** ~-**nurse 1.** *n.* Amme, *die;* **2.** *v. t. (fig. derog.)* bemuttern; ~ **suit** *n.* Tauchanzug, *der*

**wetting** ['wetɪŋ] *n.* **get a ~:** naß werden; **give sb. a ~:** jmdn. naß machen

**'wetting agent** *n.* Netzmittel, *das*

**we've** [wɪv, *stressed* wi:v] = **we have**

**WFTU** *abbr.* **World Federation of Trade Unions** WGB

**whack** [wæk] **1.** *v. t.* *(coll.: strike heavily)* hauen *(ugs.).* **2.** *n.* **a)** *(coll.: heavy blow)* Schlag, *der;* **give sb. a ~ on the bottom** jmdm. eins auf den Hintern geben *(ugs.);* **b)** *(sl.: share)* Anteil, *der;* **c)** *(coll.: attempt)* **have a ~ at sth./at doing sth.** etw. probieren/probieren, etw. zu tun; **d) out of ~** *(Amer.)* aus dem Leim *(ugs.);* **e) top ~** *(coll.)* Spitzentarif, *der*

**whacked** [wækt] *adj. (Brit. coll.: tired out)* erledigt *(ugs.);* kaputt *(ugs.)*

**whacking** ['wækɪŋ] **1.** *adj. (sl.)* satt *(salopp).* **2.** *adv. (sl.)* wahnsinnig *(salopp);* ~ **great lies** faustdicke Lügen. **3.** *n. (coll.)* Tracht Prügel, *die*

**whacko** ['wækəʊ] *int. (Brit. dated sl.)* juchhe; juchhu

**whale** [weɪl] *n., pl.* ~**s** *or same* **a)** *(Zool.)* Wal, *der;* Walfisch, *der (volkst.);* **right ~:** Glattwal, *der;* **b)** *no pl. (coll.)* **we had a ~ of a [good] time** wir haben uns bombig *(ugs.) od.* toll *(ugs.)* amüsiert; **it made a ~ of a difference** es machte ungeheuer viel aus *(ugs.)*

**'whalebone** *n.* Fischbein, *das*

**whaler** ['weɪlə(r)] *n.* Walfänger, *der*

**whaling** ['weɪlɪŋ] *n., no pl., no indef. art.* Walfang, *der; attrib.* Walfang-

**wham** [wæm] **1.** *int.* wumm. **2.** *n.* Knall, *der.* **3.** *v. t.,* **-mm-:** ~ **sb.** jmdm. einen Schlag versetzen. **4.** *v. i.,* **-mm-** knallen

**wharf** [wɔ:f] *n., pl.* **wharves** [wɔ:vz] *or* ~**s** Kai, *der;* Kaje, *die (nordd.)*

**what** [wɒt] **1.** *interrog. adj.* **a)** *asking for selection* welch...; ~ **book did you choose?** welches Buch hast du ausgesucht?; **b)** *asking for statement of amount* wieviel; *with pl. n.* wie viele; ~ **men/money has he?** wie viele Leute/wieviel Geld hat er?; **I know ~ time it starts** ich weiß, um wieviel Uhr es anfängt; ~ **more can I do/say?** was kann ich sonst noch tun/sagen?; ~ **more do you want?** was willst du [noch] mehr?; **c)** *asking for statement of kind* was für; ~ **kind of man is he?** was für ein Mensch ist er?; ~ **good** *or* **use is it?** wozu soll das gut sein? *See also* **price 1 d. 2.** *excl. adj.* **a)** *(how great)* was für; ~ **a fool you are!** was für ein Dummkopf du doch bist!; ~ **impudence** *or* **cheek/luck!** was für eine Unverschämtheit *od.* Frechheit/was für ein Glück!; **b)** *before adj. and n. (to what extent)* was für. **3.** *rel. adj.* **we can dispose of ~ difficulties there are remaining** wir können die verbleibenden Schwierigkeiten ausräumen; **lend me ~ money you can** leih mir soviel Geld, wie du kannst; **I will give you ~ help I can** ich werde dir helfen, so gut ich kann. **4.** *adv.* **a)** *(to what extent)* ~ **do I care?** was kümmert's mich?; ~ **does it matter?** was macht's?; **b)** ~ **with ...:** wenn man an ... denkt; ~ **with**

**changing jobs and moving house I haven't had time to do any studying** da ich eine neue Stellung angetreten habe und umgezogen bin, hatte ich keine Zeit zum Lernen; **~ with one thing and another** wie das so ist *od.* geht. **5.** *interrog. pron.* **a)** *(~ thing)* was; **~ is your name?** wie heißt du/heißen Sie?; **~ about ...?** *(is there any news of ...?, ~ will become of ...?)* was ist mit ...?; **~ about a game of chess?** wie wär's mit einer Partie Schach?; **~ to do?** was tun?; **~-d'you-[ma-] call-him/-her/-it, ~'s-his/-her/-its-name** wie heißt er/sie/es noch; **~ for?** wozu?; **~ do you want the money for?** wozu *od.* wofür willst du das Geld?; **and/or ~ 'have you** und/oder was sonst noch [alles]; **~ if ...?** was ist, wenn ...?; **~ is he?** was ist er für einer?; **~ is it** *etc.* **like?** wie ist es *usw.*?; **I've lost a pen here somewhere – Well, ~ is it like?** Ich habe hier irgendwo einen Stift verloren. – Was ist es denn für einer?; **~ next?** *(fig.)* sonst noch was?; **~ not** wer weiß was alles; **~ 'of him/her?** was ist mit ihm/ihr?; **~ 'of it?** was ist dabei?; was soll [schon] dabeisein?; **~ do you say** *or (Amer.)* **~ say we have a rest?** was hältst du davon, wenn wir mal Pause machen?; wie wär's mit einer Pause?; **~ will people say?** was werden die Leute sagen?; **all she ever thinks about is ~ people will say** sie denkt immer nur daran, was die Leute sagen; **[I'll] tell you ~:** weißt du, was; paß mal auf; **[and] ~ then?** [na] und?; **or ~?** oder was?; **so ~?** na und?; **b)** *asking for confirmation* **~?** wie?; was? *(ugs.)*; **you did ~?** was hast du gemacht?; **nice day, ~?** *(Brit. coll.)* schöner Tag, was? *(ugs.)*; **c)** *in rhet. questions equivalent to neg. statement* **~ is the use in trying/the point of going on?** wozu [groß] versuchen/weitermachen? *See also* **give 2 c; know 1 c. 6.** *rel. pron.* **a)** *(that which)* was; **do ~ I tell you** tu, was ich dir sage; **~ little I know/remember** das bißchen, das ich weiß/an das ich mich erinnere; **this is ~ I mean: ...:** ich meine Folgendes: ...; **give me ~ you can** gib mir, soviel du kannst; **I disagree with ~ you are saying** ich stimme dem nicht zu, was du sagst; **tell sb. ~ to do** *or* **~ he can do with sth.** *(coll. iron.)* jmdm. sagen, wo er sich *(Dat.)* etw. hinstecken kann *(salopp)*; **~ is more** außerdem; zusätzlich; **the weather being ~ it is ...:** so, wie es mit dem Wetter aussieht, ...; **for ~ it is** in seiner Art; **b)** *(uneducated: who, which)* wo *(salopp)*; **it's the poor ~ gets the blame** die Armen müssen immer alles ausbaden. *See also* **but 1 b; come m. 7.** *excl. pron.* was; **~ she must have suffered!** wie sie gelitten haben muß!

**whate'er** [wɒt'eə(r)] *(poet.),* **whatever** [wɒt'evə(r)] **1.** *adj.* **a)** *rel. adj.* **~ measures we take** welche Maßnahmen wir auch immer ergreifen; **~ materials you will need** alle Materialien, die du vielleicht brauchst; **b)** *(notwithstanding which)* was für ... auch immer; **~ problems you encounter** auf welche Probleme Sie auch stoßen [mögen]; **c)** *(at all)* überhaupt; **I can't see anyone ~:** ich kann überhaupt niemanden sehen. **2.** *pron.* **a)** *rel. pron.* was für ... [auch immer]; **~ you do to complain, they will still take no notice** man kann sich beschweren, wie man will, sie beachten es doch nicht; **do ~ you like** mach, was du willst; **b)** *(notwithstanding anything)* was auch [immer]; **~ happens, ...:** was auch geschieht, ...; **c) or ~:** oder was auch immer; oder sonst was *(ugs.)*; **d)** *(coll.)* **= what ever** *see* **ever e**

**'whatnot** *n.* **a)** *(coll.: indefinite thing)* Dingsbums, *das (ugs.)*; **b)** *(stand with shelves)* Etagere, *die*

**whatsit** ['wɒtsɪt] *n. (coll.) (thing)* Dingsbums, *das (ugs.)*; *(person)* Dingsda, *der (ugs.)*

**whatsoe'er** [wɒtsəʊ'eə(r)] *(poet.),* **whatsoever** [wɒtsəʊ'evə(r)] *see* **whatever**

**wheat** [wi:t] *n., no pl., no indef. art.* Weizen, *der;* **sort out** *or* **separate the ~ from the chaff** *(fig.)* die Spreu vom Weizen trennen

**'wheat-belt** *n. (Geog.)* Weizengürtel, *der*

**wheaten** ['wi:tn] *adj.* Weizen-

**wheat: ~ germ** *see* **germ; ~-meal** *n. (Brit.)* Weizen[vollkorn]mehl, *das*

**whee** [wi:] *int.* juchhe

**wheedle** ['wi:dl] *v. t.* **a)** *(coax)* **~ sb.** jmdm. gut zureden; **~ sb. into doing sth.** jmdm. so lange gut zureden, bis er etw. tut; **b)** *(get by cajoling)* sich *(Dat.)* verschaffen; **~ sth. out of sb.** jmdm. etw. abschwatzen *(ugs.)*

**wheel** [wi:l] **1.** *n.* **a)** Rad, *das; (of roller-skate)* Rolle, *die;* **[potter's] ~:** Töpferscheibe, *die;* **[roulette] ~:** Roulett, *das;* **reinvent the ~** *(fig.)* sich mit Problemen aufhalten, die längst gelöst sind; **get oneself some ~s** *(coll.)* sich *(Dat.)* einen fahrbaren Untersatz zulegen *(ugs.)*; **put** *or* **set the ~s in motion** *(fig.)* die Sache in Gang setzen; **the ~s of bureaucracy turn slowly** *(fig.)* die Mühlen der Bürokratie mahlen langsam; **there are ~s within ~s** *(fig.)* es spielen Dinge eine Rolle, von denen man gar nichts ahnt; **break sb. on the ~** *(Hist.)* jmdn. rädern; *see also* **butterfly a; oil 2 a; shoulder 1 a; ¹spoke a; b)** *(for steering) (Motor Veh.)* Lenkrad, *das; (Naut.)* Steuerrad, *das;* **at** *or* **behind the ~** *(of car)* am *od.* hinterm Steuer; *(of ship; also fig.)* am Ruder; **c)** *(movement in a circle)* Kreisbewegung, *die;* **the ~[s] of the vultures** das Kreisen der Geier; **d)** *(Mil.: drill movement)* Schwenkung, *die;* **left/right ~:** Links-/Rechtsschwenkung, *die.* **2.** *v. t.* **a)** *(turn round)* wenden; **b)** *(Mil.)* schwenken lassen; **c)** *(push)* schieben; **~ oneself** *(in a wheelchair)* fahren. **3.** *v. i.* **a)** *(turn round)* kehrtmachen; **b)** *(circle)* kreisen; **c)** *(Mil.)* schwenken; **left/right ~!** links/rechts schwenkt!

**~ a'bout, ~ a'round 1.** *v. t.* herumdrehen; wenden ‹*Pferd*›. **2.** *v. i.* kehrtmachen; *(face the other way)* sich umdrehen; *(fig.)* kreisen; ‹*Tänzer:*› sich im Kreise drehen

**~ 'in** *v. t.* hinein-/hereinschieben

**~ 'out** *v. t.* hinaus-/herausschieben; **~ sb. out** *(fig. derog.)* jmdn. vorführen

**~ 'round** *see* **~ about**

**wheel: ~ and 'deal** *v. i.* mauscheln; **~barrow** *n.* Schubkarre, *die;* Schubkarren, *der;* **~barrow race** *n.* Schubkarrenrennen, *das;* **~base** *n. (Motor Veh., Railw.)* Radstand, *der;* **~-brace** *n.* Radschlüssel, *der; (cross-shaped)* Kreuzschlüssel, *der;* **~chair** *n.* Rollstuhl, *der;* **~-clamp** *n.* Parkkralle, *die*

**wheeled** [wi:ld] *adj.* mit Rädern *nachgestellt;* ‹*Möbel, Kulisse usw.*› auf *od.* mit Rollen; **~ vehicle** Räderfahrzeug, *das*

**-wheeled** *adj. in comb.* ‹*vier-, sechs-, acht*›räd[e]rig

**wheeler-dealer** [wi:lə'di:lə(r)] *n.* Mauschler, *der*/Mauschlerin, *die; (financial)* Geschäftemacher, *der*/-macherin, *die*

**'wheel-house** *n. (Naut.)* Steuerhaus, *das*

**wheelie** ['wi:lɪ] *n. (sl.) Fahren auf dem Hinterrad;* Wheelie, *das;* **do a ~/do ~s** auf dem Hinterrad fahren; ein Wheelie/Wheelies fahren

**wheeling** ['wi:lɪŋ] *n., no pl., no indef. art.* Kreisen, *das*

**wheeling and 'dealing** *n.* Mauschelei, *die; (shady deals)* undurchsichtige Geschäfte; **there is a lot of ~ going on** es wird eifrig gemauschelt

**wheel: ~ of 'fortune** *n.* Glücksrad, *das;* **~ of 'life** *n. (Buddhism)* Rad des Lebens *od.* Werdens; **~-spin** *n. (Motor Veh., Railw.)* Durchdrehen der Räder; **because of ~-spin** wegen durchdrehender Räder; **~wright** ['wi:lraɪt] *n.* Stellmacher, *der*

**wheeze** [wi:z] **1.** *v. i.* schnaufen; keuchen. **2.** *n.* **a)** Schnaufen, *das;* Keuchen, *das;* **give a [loud] ~:** [laut] schnaufen *od.* keuchen; **b)** *(sl.) (trick)* Trick, *der; (plan)* Idee, *die;* **think up a ~:** einen Dreh finden *(ugs.)*; **a good ~ for making money** eine gute Masche, zu Geld zu kommen

**~ 'out** *v. t.* keuchen

**wheezy** ['wi:zɪ] *adj. (coll.)* pfeifend, keuchend ‹*Atem, Stimme*›; asthmatisch ‹*Husten*›; schnaufend ‹*Orgel*›; **be ~** ‹*Atem:*› pfeifend gehen, pfeifen; ‹*Person:*› pfeifend atmen

**whelk** [welk] *n. (Zool.)* Wellhornschnecke, *die*

**whelp** [welp] **1.** *n.* Welpe, *der.* **2.** *v. i. (also derog.)* werfen

**when** [wen] **1.** *adv.* **a)** *(at what time)* wann; **say ~** *(coll.: pouring drink)* sag halt; **that was ~ I intervened** das war der Moment, wo ich eingriff; **the best part of the film was ~ the car exploded** das Beste in dem Film war die Szene, als das Auto explodierte; **b)** *(at which)* **the time ~ ...:** die Zeit, zu der *od.* *(ugs.)* wo/*(with past tense)* als ...; **the day ~ ...:** der Tag, an dem *od.* *(ugs.)* wo/*(with past tense)* als ...; **do you remember [the time] ~ we ...:** erinnerst du dich daran, wie wir ... **2.** *conj.* **a)** *(at the time that)* als; *(with present or future tense)* wenn; **~ [I was] young** als ich jung war; in meiner Jugend; **~ in doubt** im Zweifelsfall; *(with gerund)* **~ cleaning the gun** beim Putzen des Gewehrs; **~ speaking French** wenn ich/sie *usw.* Französisch spreche/spricht *usw.*; **b)** *(whereas)* **why do you go abroad ~ it's cheaper here?** warum fährst du ins Ausland, wo es doch hier billiger ist?; **I received only £5 ~ I should have got £10** ich bekam nur 5 Pfund, hätte aber 10 Pfund bekommen sollen; **c)** *(considering that)* wenn; **how can I finish it ~ you won't help?** wie soll ich es fertigmachen, wenn du nicht hilfst?; **d)** *(and at that moment)* als. **3.** *pron.* **by/till ~ ...?;** bis wann ...?; **from/since ~ ...?** ab/seit wann ...?; **~ are we invited for?** für wann sind wir eingeladen?; **but that was yesterday, since ~ things have changed** aber das war gestern, und inzwischen hat sich manches geändert. **4.** *n.* Wann, *das; see also* **where 4**

**whence** [wens] *(arch./literary)* **1.** *adv.* woher; **~ did you learn this news?** wo[her] hast du das erfahren?; **the village ~ comes the famous cheese** das Dorf, aus dem der berühmte Käse kommt; **the source ~ these evils spring** die Quelle dieser Übel; **these are the facts, ~ we can conclude that ...:** das sind die Tatsachen, aus denen wir schließen können, daß ...; **~ my doubts about his abilities** daher meine Zweifel über seine Fähigkeiten. **2.** *conj. (to the place from which)* dorthin, woher; **he returned it ~ it came** er brachte es dorthin zurück, wo es herkam. **3.** *pron.* **from ~** *see* **1**

**whene'er** [wen'eə(r)] *(poet.),* **whenever** [wen'evə(r)] **1.** *adv.* **a)** wann immer; **or ~** oder wann immer; **b)** *(coll.)* **= when ever** *see* **ever e. 2.** *conj.* jedesmal wenn

**whensoe'er** [wensəʊ'eə(r)] *(poet.),* **whensoever** [wensəʊ'evə(r)] *adv.* wann auch immer

**where** [weə(r)] **1.** *adv.* **a)** *(in or at what place)* wo; **~ shall we sit?** wo wollen wir sitzen *od.* uns hinsetzen?; wohin wollen wir uns setzen?; **~ was I?** *(fig.)* wo war ich stehengeblieben?; **~ did Orwell say/write that?** wo *od.* an welcher Stelle sagt/schreibt Orwell das? **~ is the harm in it/the sense of it?** *(rhet.)* was macht das schon/welchen *od.* was für einen Sinn hat das?; **this is ~ I was born** hier bin ich geboren; **b)** *(from what place)* woher; **~ did you get that information?** wo hast du das erfahren?; **c)** *(to what place, to which)* wohin; **she's going ~ she's wanted** sie geht dahin, wo sie gebraucht wird; **~ shall I put it?** wohin soll ich es legen?; wo soll ich es hinlegen?; **the town ~ they were going** die Stadt, wohin sie fuhren;

**~ do we go from here?** *(fig.)* was tun wir jetzt *od.* als nächstes?; **I know ~ I'm going** *(fig.)* ich weiß, was ich erreichen will; **d)** *(in what respect)* inwiefern; **I don't know ~ they differ/I've gone wrong** ich weiß nicht, worin sie sich unterscheiden/wo ich den Fehler gemacht habe; **~ he is weakest is in maths** am schwächsten ist er in Mathematik; **that is ~ you are wrong** in diesem Punkt irrst du dich; **e)** *(in which)* wo; **in the box ~ I keep my tools** in der Kiste, worin *od.* in der ich mein Werkzeug habe; **f)** *(in what situation)* wo; **~ will/would they be if ...?** was wird/würde aus ihnen, wenn ...?; **~ would I be without you?** was täte ich ohne dich?; **~ will it all end?** wo wird das noch enden? **2.** *conj.* wo; **~ uncertain, leave blank** bei Unsicherheit [bitte] freilassen; **delete ~ inapplicable** Nichtzutreffendes [bitte] streichen. **3.** *pron.* **near/not far from ~ it happened** nahe der Stelle/nicht weit von der *od.* unweit der Stelle, wo es passiert ist; **from ~ I'm standing** von meinem Standort [aus]; **they continued from ~ they left off** sie machten da weiter, wo sie aufgehört hatten; **to Oxford, from ~ we took a train to London** nach Oxford, wo wir den Zug nach London nahmen; **within ten metres of ~ we stood** keine zehn Meter von der Stelle, wo wir standen; **we drove out to ~ the air was fresh and clean** wir fuhren dorthin, wo die Luft frisch und sauber war; **~ [...] from?** woher [...]?; von wo [...]?; **~ do/have you come from?** woher kommst du?; wo kommst du her?; **he is never sure ~ his next meal is coming from** er weiß nie, woher er seine nächste Mahlzeit kriegt; **~ [...] to?** wohin [...]?; **~ are you going to?** wohin gehst du?; wo gehst du hin?; **~ have you got to [in the book]?** wie weit bist du [in dem Buch]? **4.** *n.* Wo, *das;* **I can't recall the ~ and when [of it]** ich weiß nicht mehr, wo und wann [es war]

**whereabouts 1.** [weərəˈbaʊts] *adv. (in what place)* wo; *(to what place)* wohin. **2.** [weərəˈbaʊts] *pron.* **~ are you from?** woher kommst du? **3.** [ˈweərəbaʊts] *n., constr. as sing. or pl. (of thing)* Verbleib, *der; (of person)* Aufenthalt[sort], *der;* **her/its present ~ is *or* are unknown** wo sie sich zur Zeit aufhält/wo es sich zur Zeit befindet, ist unbekannt

**where: ~'as** *conj.* **a)** während; **he is very quiet, ~as she is an extrovert** er ist sehr ruhig, sie dagegen ist eher extravertiert; **b)** *(Law: considering that)* in Anbetracht dessen, daß; da; **~by** *adv.* **a)** *(by which)* mit dem/der/denen; mit dessen/deren Hilfe; **b)** *(dated/literary: by what means?)* wie; **~by shall I know this?** woran erkenne ich das?

**where'er** [weərˈeə(r)] *(poet.) see* **wherever**

**wherefore** [ˈweəfɔː(r)] **1.** *adv. (arch./literary)* weshalb. **2.** *n.* **the whys and ~s** *see* **why 3**

**where: ~'in** *adv. (formal)* **a)** *(in which)* worin; in dem/der/denen; **b)** *(in what respect)* inwiefern; worin ‹*sich unterscheiden, sich finden*›; womit ‹*dienen*›; **~'of** *adv. (formal) (of which)* von dem/der/denen; woraus ‹*gemacht sein*›; **the house ~ he is the owner** das Haus, dessen Eigentümer er ist

**wheresoe'er** [weəsəʊˈeə(r)] *(poet.),* **wheresoever** [weəsəʊˈevə(r)] *adv., conj.* wo auch immer

**whereupon** [weərəˈpɒn] *adv.* worauf

**wherever** [weərˈevə(r)] **1.** *adv.* **a)** *(in whatever place)* wo immer; **sit ~ you like** setz dich, wohin du magst; **I'll find him, ~ he lives** ich werde ihn finden, wo er auch wohnt *od.* wohnen mag; **or ~:** oder wo immer; oder sonstwo *(ugs.);* **b)** *(to whatever place)* wohin immer; **I shall go ~ I like** ich gehe, wohin ich will; **I shall go ~ there is work** ich gehe dahin, wo es Arbeit gibt; **or ~:** oder wohin immer; oder sonstwohin *(ugs.);* **c)** *(coll.)* = **where ever** *see* **ever e. 2.** *conj.* **a)** *(in every place that)* überall [da], wo; **~ security is involved** wann immer es um die Sicherheit geht; **do it ~ possible** tun Sie es, wo *od.* wenn [irgend] möglich; **b)** *(to every place that)* wohin auch; **~ he went** wohin er auch ging; wo er auch hinging. **3.** *pron.* wo ... auch; **~ you're going to** wo du auch hingehst; wohin du auch gehst; **~ it/he comes from** wo es/er auch herkommt; woher es/er auch kommt; **carry on reading from ~ you've got to** lies da weiter, bis wohin du gekommen bist

**wherewithal** [ˈweəwɪðɔːl] *n. (coll.)* **the ~:** das nötige Kleingeld *(ugs.)*

**wherry** [ˈwerɪ] *n.* **a)** *(rowing-boat)* [Ruder]kahn, *der;* **b)** *(Brit.: barge)* [Last]kahn, *der*

**whet** [wet] *v.t.,* **-tt- a)** *(sharpen)* wetzen; **b)** *(fig.: stimulate)* anregen ‹*Appetit*›; erregen ‹*Interesse*›; reizen ‹*Neugier*›

**whether** [ˈweðə(r)] *conj.* ob; **I don't know ~ to go [or not]** ich weiß nicht, ob ich gehen soll [oder nicht]; **the question [of] ~ to do it [or not]** die Frage, ob man es tun soll [oder nicht]; **~ you like it or not, I'm going** ob es dir paßt oder nicht, ich gehe; *see also* **doubt 1 a, 3; no 2 c**

**'whetstone** *n. (lit. or fig.)* Wetzstein, *der*

**whew** [hwjuː] *int. expr. surprise* oh; *expr. consternation etc.* puh; *expr. relief* ah

**whey** [weɪ] *n., no pl., no indef. art.* Molke, *die*

**which** [wɪtʃ] **1.** *adj.* **a)** *interrog.* welch...; **~ one** welcher/welche/welches; **~ ones** welche; **~ one of you did it?** wer von euch hat es getan?; **~ way** *(how)* wie; *(in ~ direction)* wohin; **b)** *rel.* welch... *(geh.);* **I told him to go to the doctor, ~ advice he took** ich habe ihm geraten, zum Arzt zu gehen, was er auch getan hat; **he usually comes at one o'clock, at ~ time I'm having lunch/by ~ time I've finished** er kommt immer um ein Uhr; dann esse ich gerade zu Mittag/bis dahin bin ich schon fertig; **a 5 × 4 camera (~ size I prefer)** eine 5 × 4-Kamera (das Format, das ich vorziehe). **2.** *pron.* **a)** *interrog.* welcher/welche/welches; **~ of you?** wer von euch?; **~ is ~?** welcher/welche/welches ist welcher/welche/welches?; **I can't tell ~ is ~:** ich kann sie nicht auseinanderhalten *od.* unterscheiden; **b)** *rel.* der/die/das; welcher/welche/welches *(veralt.); referring to a clause* was; **of ~:** dessen/deren; **everything ~ I predicted** alles, was ich vorausgesagt habe; **the crime of ~ you accuse him** das Verbrechen, dessen Sie ihn anklagen; **the house of ~ I am speaking** das Haus, von dem *od.* wovon ich rede; **the bed on ~ she lay** das Bett, auf dem *od.* worauf sie lag; **he grinned, from ~ I gathered he wasn't serious** er grinste, woraus ich schloß, daß es nicht sein Ernst war; **the shop opposite/near ~ we parked** der Laden, gegenüber dem/in dessen Nähe wir parkten; **I have received your kind gift, for ~ many thanks** ich habe dein nettes Geschenk bekommen. Vielen Dank dafür; **I intervened, after ~ they calmed down** ich griff ein, worauf[hin] sie sich beruhigten; **Our Father, ~ art in Heaven** *(Rel.)* Vater unser, der du bist im Himmel

**whichever** [wɪtʃˈevə(r)] **1.** *adj.* **a)** *(any ... that)* der *od.* derjenige, der/die *od.* diejenige, die/das *od.* dasjenige, das/die *od.* diejenigen, die; **go ~ way you want** es ist egal, welchen Weg du nimmst; **take ~ apple/apples you wish** nimm den Apfel, den du willst/die Äpfel, die du willst; **... , ~ period is the longer** ... , je nachdem, welches der längere Zeitraum ist; **b)** *(no matter which/who/whom)* welcher/welche/welches ... auch; **~ way you go** welchen Weg du auch nimmst; **c)** *(coll.)* = **which ever** *see* **ever e. 2.** *pron.* **a)** *(any one[s] that)* der *od.* derjenige, der/die *od.* diejenige, die/das *od.* dasjenige, das/die *od.* diejenigen, die; **~ of you/the children wins will get a prize** wer von euch gewinnt/das Kind, das gewinnt, bekommt einen Preis; **a list of ~ of the children want to come** eine Liste aller Kinder, die kommen wollen; **at a walk, trot, or gallop, ~ you please** gehend, im Trab oder im Galopp, [ganz] wie du magst; **to dinner – or supper, ~ it ought to be called** zum Diner – oder Abendessen, wie immer man es nennen soll; **b)** *(no matter which one[s])* welcher/welche/welches ... auch; **~ of them comes/come** wer von ihnen auch kommt; **c)** *(coll.)* = **which ever** *see* **ever e**

**whichsoever** [wɪtʃsəʊˈevə(r)] *(arch.) see* **whichever 1 a, b, 2 a, b**

**whiff** [wɪf] *n.* **a)** *(smell)* [leichter] Geruch; *(puff, breath)* Hauch, *der;* **~s of smoke** Rauchwölkchen; **a ~ of honeysuckle** ein leichter Geißblattduft; **the ~ from his smelly feet** der Geruch seiner Schweißfüße; **give her another ~ of chloroform** gib ihr noch mal etwas Chloroform; **catch a ~ of sth.** den Geruch von etw. wahrnehmen; **b)** *(fig.: trace)* Hauch, *der;* **the faintest ~ of sentiment** der leiseste Anflug von Sentimentalität

**Whig** [wɪg] *(Hist.)* **1.** *n.* Whig, *der.* **2.** *attrib. adj.* Whig-

**while** [waɪl] **1.** *n.* Weile, *die;* **quite a *or* quite some ~, a good ~:** eine ganze Weile; ziemlich lange; **it takes a ~:** es dauert eine Weile *od.* Zeitlang; **[for] a ~:** eine Weile; **where have you been all the *or* this ~?** wo warst du die ganze Zeit?; **[only] a little *or* short ~ ago** [erst] kürzlich *od.* vor kurzem; **all the ~ we were there** die ganze Zeit, als wir da waren; **a long ~:** lange; **a long ~ ago *or* back** vor langer Zeit; **between ~s** zwischendurch; **for a little *or* short ~:** eine kleine Weile; **stay a little ~ [longer]** bleib noch ein Weilchen; **I haven't seen him for a long ~:** ich habe ihn lange nicht [mehr] gesehen; **in a little *or* short ~:** gleich; **in a long ~:** lange; seit langem; **be worth [sb.'s] ~:** sich [für jmdn.] lohnen; **make sth. worth sb.'s ~:** jmdn. für etw. entsprechend belohnen; **I'll make it worth your ~:** es soll dein Schaden nicht sein; **once in a ~:** von Zeit zu Zeit [mal]; hin und wieder [mal]; **he read the newspaper smoking a cigar the ~:** er las die Zeitung und rauchte dabei eine Zigarre. **2.** *conj.* **a)** während; *(as long as)* solange; **~ in London he took piano lessons** als er in London war, nahm er Klavierstunden; **don't smoke ~ in bed** rauchen Sie nicht im Bett; **could you get me a paper as well ~ you are about it?** könntest du mir auch eine Zeitung mitbringen, wenn du schon dabei bist?; **b)** *(although)* obgleich; **c)** *(whereas)* während. **3.** *v.t.* **~ away the time** sich *(Dat.)* die Zeit vertreiben (**by, with** mit); **~ away the evening/an hour** sich *(Dat.)* den Abend über/eine Stunde lang die Zeit vertreiben

**whilst** [waɪlst] *(Brit.) see* **while 2**

**whim** [wɪm] *n.* *(mood)* Laune, *die; (idea)* Spleen, *der;* **he acts as the ~ takes him** er handelt je nach Laune

**whimper** [ˈwɪmpə(r)] **1.** *n.* **~[s]** Wimmern, *das; (of dog etc.)* Winseln, *das;* **with a ~:** wimmernd/winselnd; **he gave a ~ of pain** er wimmerte vor Schmerz; **not with a bang but a ~** *(fig.)* sang- und klanglos. **2.** *v.i.* wimmern; ‹*Hund:*› winseln. **3.** *v.t.* in weinerlichem Ton vorbringen ‹*Klage*›; **'...', he ~ed** „...", wimmerte er

**whimsical** [ˈwɪmzɪkl] *adj.* **a)** *(frivolous)* launenhaft; *(odd, fanciful)* spleenig; *(tinged with humour)* launig; humorig; *(teasing)* neckisch ‹*Blick, Lächeln*›; **b)** *(odd-looking)* kurios; ulkig *(ugs.)*

**whimsicality** [wɪmzɪˈkælɪtɪ] *n., no pl. see* **whimsical: a)** Launenhaftigkeit, *die;* Spleenigkeit, *die;* Launigkeit, *die;* Humorigkeit, *die;* **b)** Kuriosität, *die;* Ulkigkeit, *die (ugs.)*

**whimsically** ['wɪmzɪkəlɪ] *adv.* launenhaft; *(teasingly)* neckisch ‹*ansehen, lächeln*›; **he said ~ that...:** er machte die launige Bemerkung, daß ...

**whimsy** ['wɪmzɪ] *n.* **a)** *no pl. see* **whimsicality a; b)** *(idea)* Spleen, *der*

**whine** [waɪn] **1.** *v.i.* **a)** *(make moaning sound)* heulen; ‹*Hund:*› jaulen; ‹*Baby:*› quengeln *(ugs.)*; **~ for mercy/alms** um Gnade/Almosen winseln *(abwertend)*; **b)** *(complain)* jammern; **he's been whining to the boss about it** er hat dem Chef darüber etwas vorgejammert. **2.** *n.* **a)** *(sound)* Heulen, *das; (esp. of dog)* Jaulen, *das;* **the ~ in his voice** der winselnde Ton in seiner Stimme; **the baby's ~s** das Gequengel des Babys *(ugs.)*; **b)** *(complaint)* ~[s] Gejammer, *das*

**whiner** ['waɪnə(r)] *n.* Jammerer, *der;* **be a ~:** immer was zu jammern haben

**whinge** [wɪndʒ] *v.i.*, **~ing** *(coll.) see* **whine 1 b, 2 b**

**whinny** ['wɪnɪ] **1.** *v.i.* wiehern. **2.** *n.* Wiehern, *das;* **whinnies** Gewieher, *das*

**whip** [wɪp] **1.** *n.* **a)** Peitsche, *die;* **use one's ~ on** *or* **take one's ~ to sb./a horse** jmdm./einem Pferd die Peitsche geben; *see also* **crack 1 a, 3 c; b)** *(Brit. Parl.: official)* Einpeitscher, *der*/Einpeitscherin, *die (Jargon);* **chief ~:** Haupteinpeitscher, *der*/-einpeitscherin, *die (Jargon);* Fraktionsgeschäftsführer, *der*/-führerin, *die (Amtsspr.)*; **c)** *(Brit. Parl.: notice)* **[three-line] ~:** *[verbindliche] Aufforderung zur Teilnahme an einer Plenarsitzung [wegen einer wichtigen Abstimmung];* **issue a three-line ~:** Fraktionszwang verhängen; **take/be deprived of/resign the ~:** in die Fraktion eintreten/aus der Fraktion ausgeschlossen werden/aus der Fraktion austreten; **d)** *(Hunting: whipper-in)* Pikör, *der;* **e)** *(Cookery)* Schaumspeise, *die.* **2.** *v.t.*, **-pp- a)** *(lash)* peitschen; **the rider ~ped his horse** der Reiter gab seinem Pferd die Peitsche; **he was ~ped in public** er wurde öffentlich ausgepeitscht; **the rain ~ped the window-panes** der Regen peitschte [gegen] die Fensterscheiben; **b)** *(Cookery)* schlagen; **~ sth. until stiff/to a froth** etw. steif/schaumig schlagen; **c)** *(move quickly)* reißen ‹*Gegenstand*›; **she ~ped it out of my hand** sie riß es mir aus der Hand; **he quickly ~ped it out of sight** er ließ es schnell verschwinden; **~ sth. from one's pocket** etw. blitzschnell aus der Tasche ziehen; **~ sb. into hospital** jmdn. schleunigst ins Krankenhaus bringen; **she was ~ped through customs** sie wurde am Zoll blitzschnell abgefertigt; **d)** *(sl.: defeat)* auseinandernehmen *(salopp bes. Sport)*; **e)** *(sl.: steal)* klauen *(ugs.)*; **f)** *(bind)* umwickeln; [be]takeln *(Seemannsspr.)*; *(Sewing: overcast)* umnähen; **g)** *(fig.: reprove, criticize)* **~ sb./sth.** jmdm. die Leviten lesen/etw. geißeln; **h) ~ a top** kreiseln; einen Kreisel treiben. **3.** *v.i.*, **-pp- a)** *(move quickly)* flitzen *(ugs.)*; **he ~ped down the stairs** er sauste *od.* flitzte die Treppe hinunter; **~ through a book in no time** ein Buch in Null Komma nichts durchlesen *(ugs.)*; **b)** *(lash)* peitschen

**~ a'way** *v.t.* wegreißen **(from** *Dat.***)**

**~ 'back** *v.i.* **a)** *(spring back)* zurückschnellen; **b)** *(return quickly)* zurückflitzen *(ugs.)*

**~ 'in 1.** *v.i.* reinwitschen *(ugs.)*; **the wind came ~ping in** der Wind kam reingefegt *(ugs.)*. **2.** *v.t. (Hunting)* [mit der Peitsche] wieder zur Meute treiben ‹*Hunde*›

**~ 'off** *v.t.* **a)** *(snatch off)* herunterreißen; ‹*Wind:*› herunterfegen; **~ one's clothes off** seine Kleider von sich werfen; **~ off one's hat** [sich *(Dat.)*] den Hut vom Kopf reißen; **~ sb. off to hospital/France** jmdn. schleunigst ins Krankenhaus/nach Frankreich bringen; **b)** *(Hunting)* [mit der Peitsche] zurücktreiben ‹*Hunde*›

**~ 'on** *v.t.* **a)** *(put on quickly)* draufwerfen; **~ one's coat/clothes on** sich in seinen Mantel/seine Kleider werfen; **~ one's hat on** schnell seinen Hut aufsetzen; **b)** *(urge on)* mit der Peitsche antreiben; *(fig.)* antreiben; anspornen

**~ 'out 1.** *v.t.* [blitzschnell] herausziehen; **~ sb.'s appendix/tonsils out** jmds. Blinddarm/Mandeln schleunigst herausnehmen. **2.** *v.i.* rauswitschen *(ugs.)*

**~ 'round** *v.i.* **a)** *(turn quickly)* herumschnellen; **b)** *(go quickly)* **~ round to see sb.** *or* **to sb.'s place** schnell bei jmdm. „vorbeischauen; **I'm just ~ping round to my neighbour's/to the shops** ich gehe nur schnell zum Nachbarn/einkaufen; *see also* **whip-round**

**~ 'up** *v.t.* **a)** *(snatch up)* [blitz]schnell aufheben; **b)** *(Cookery)* [kräftig] schlagen; **c)** *(arouse)* aufpeitschen ‹*Wellen*›; *(fig.)* anheizen *(ugs.)*, anfachen *(geh.)* ‹*Emotionen, Interesse*›; schüren ‹*Haß, Unzufriedenheit*›; **he knows how to ~ up enthusiasm in his pupils** er versteht es, seine Schüler zu begeistern; **~ up trouble/a riot** die Leute zu Unruhen/zum Aufruhr aufstacheln; **d)** *(coll.: make quickly)* schnell hinzaubern ‹*Gericht, Essen*›

**whip: ~cord** *n.* **a)** *(cord)* Peitschenschnur, *die;* **b)** *(fabric)* Whipcord, *der;* **~ hand** *n.* **have** *or* **hold the ~ hand [of** *or* **over sb.]** *(fig.)* die Oberhand [über jmdn.] haben; **~lash** *n.* **a)** Peitschenriemen, *der;* **b)** *(Med.)* **~lash [injury]** Peitschenschlagverletzung, *die;* Schleudertrauma, *das*

**whipped 'cream** *n.* Schlagsahne, *die*

**whipper-in** [wɪpər'ɪn] *(Hunting)* Pikör, *der*

**whipper-snapper** ['wɪpəsnæpə(r)] *n. (dated)* [junger] Dachs; *(cheeky)* Frechdachs, *der*

**whippet** ['wɪpɪt] *n.* Whippet, *der*

**whipping** ['wɪpɪŋ] *n.* **a)** *(flogging)* Schlagen [mit der Peitsche]; *(as form of punishment)* Prügelstrafe, *die; (flagellation)* Geißelung, *die;* **give sb. a ~:** jmdn. auspeitschen; *(with stick etc.)* jmdm. eine Tracht Prügel verpassen *(ugs.)*; *(sl.: defeat)* jmdm. eins überbraten *(salopp)*; **get** *or* **take** *or* **be given a ~:** ausgepeitscht werden; *(sl.: be defeated)* eins übergebraten kriegen *(salopp)*; **b)** *(cord)* Umwicklung, *die;* Takling, *der (Seemannsspr.)*

**whipping: ~-boy** *n. (Hist.; also fig.)* Prügelknabe, *der;* **~-cream** *n.* [flüssige] Schlagsahne; **~-top** *n.* [Treib]kreisel, *der*

**whippoorwill** ['wɪpʊəwɪl] *n. (Ornith.)* Whip-Poor-Will, *der*

**whippy** ['wɪpɪ] *adj.* biegsam; elastisch

**whip: ~-round** *n. (Brit. coll.)* Sammlung, *die;* **have** *or* **hold a ~-round [for sb./sth.]** [für jmdn./etw.] den Hut herumgehen lassen *(ugs.)*; **~-saw** *v.t. (Amer. fig.) beim Poker betrügen, indem man zusammen mit dem Partner den Einsatz erhöht;* **~stock** *n.* Peitschenstiel, *der*

**whir** [wɜː(r)] **1.** *v.i.*, **-rr-** *see* **whirr 1. 2.** *n. see* **whirr 2**

**whirl** [wɜːl] **1.** *v.t.* **a)** *(rotate)* [im Kreis] herumwirbeln; **b)** *(fling)* schleudern; *(with circling motion)* wirbeln ‹*Blätter, Schneeflocken usw.*›; **c)** *(convey rapidly)* in Windeseile fahren; **the train ~ed us to our destination** der Zug brachte uns in Windeseile ans Ziel. **2.** *v.i.* **a)** *(rotate)* wirbeln; **the ice-skaters ~ed at a tremendous speed** die Eisläufer wirbelten in ungeheurer Geschwindigkeit [im Kreis herum]; **~ing dervish** tanzender Derwisch; **b)** *(move swiftly)* sausen; *(with circling motion)* wirbeln; **I could see the leaves ~ing in the wind** ich sah, wie die Blätter vom Wind herumgewirbelt wurden; **c)** *(fig.: reel)* **everything/the room ~ed about me** mir drehte sich alles/das Zimmer drehte sich vor meinen Augen; **the excitements of the city made her head ~:** von den aufregenden Eindrücken der Stadt wirbelte ihr der Kopf. **3.** *n.* **a)** Wirbeln, *das;* **the wind threw up a ~ of leaves/sand** der Wind wirbelte Blätter/Sand auf; **she was** *or* **her thoughts were** *or* **her head was in a ~** *(fig.)* ihr schwirrte der Kopf; **b)** *(bustle)* Trubel, *der;* **her dull life suddenly became a ~ of activity** ihr eintöniges Leben war plötzlich voller Trubel und Betriebsamkeit; **the social ~:** der Trubel des gesellschaftlichen Lebens; **c)** *(coll.: attempt)* **give sb./sth. a ~:** jmdn./etw. mal probieren

**~ a'bout 1.** *v.t.* herumwirbeln. **2.** *v.i.* herumwirbeln; ‹*Vögel:*› sich tummeln

**~ a'long 1.** *v.t.* ‹*Fluß:*› mitreißen; **~ sb. along** mit jmdm. dahinsausen. **2.** *v.i.* dahinsausen

**~ a'round** *see* **~ about**

**~ a'way, ~'off 1.** *v.t.* in Windeseile wegfahren; **~ sb. off** *or* **away somewhere** jmdn. in Windeseile irgendwohin bringen. **2.** *v.i.* lossausen

**~ 'round 1.** *v.t.* [im Kreis] herumwirbeln. **2.** *v.i.* [im Kreis] herumwirbeln; ‹*Rad, Rotor, Strudel:*› wirbeln; **the leaf ~ed round as it fell** das Blatt drehte sich im Fall in einem Wirbel

**~ 'up** *v.t.* aufwirbeln; hochwirbeln

**whirligig** ['wɜːlɪgɪg] *n.* **a)** *(top)* Kreisel, *der; (toy windmill)* Windrädchen, *das;* **b)** *(Zool.)* Taumelkäfer, *der;* Kreiselkäfer, *der*

**whirl: ~pool** *n.* Strudel, *der; (bathing pool)* Whirlpool, *der;* **~wind** *n.* **a)** Wirbelwind, *der; (stronger)* Wirbelsturm, *der;* **sow the wind and reap the ~wind** *(prov.)* Wind säen und Sturm ernten; **b)** *(fig.: tumult)* Wirbel, *der;* Trubel, *der;* **I've been caught up all week in a ~wind of activity** für mich war die ganze Woche über ständig Trubel; **~wind romance** heftige Romanze

**whirlybird** ['wɜːlɪbɜːd] *n. (sl.: helicopter)* Hubschrauber, *der*

**whirr** [wɜː(r)] **1.** *v.i.* surren; ‹*Heuschrecke, Grille usw.:*› zirpen; ‹*Flügel eines Vogels, Propeller:*› schwirren. **2.** *n. see* **1:** Surren, *das;* Zirpen, *das;* Schwirren, *das*

**whisk** [wɪsk] **1.** *n.* **a)** Wedel, *der;* **b)** *(Cookery)* Schneebesen, *der; (part of mixer)* Rührbesen, *der;* **c)** *(movement)* wischende Bewegung; **a few ~s of the broom** ein paar Besenstriche *od.* Striche mit dem Besen; **the horse gave a ~ of its tail** das Pferd schlug mit dem Schwanz. **2.** *v.t.* **a)** *(Cookery)* [mit dem Schnee-/Rührbesen] schlagen; **b)** *(convey rapidly)* in Windeseile bringen; **the taxi will ~ you to town in no time** das Taxi bringt dich im Nu in die Stadt; **c)** *(flip)* schlagen mit ‹*Schwanz*›. **3.** *v.i.* sausen; schießen *(ugs.)*

**~ a'way** *v.t.* **a)** *(flap away)* wegscheuchen; **b)** *(remove suddenly)* **~ sth. away [from sb.]** [jmdm.] etw. [plötzlich] wegreißen; **c)** *(convey rapidly)* in Windeseile wegbringen; **~ sb. away to the station** jmdn. in Windeseile zum Bahnhof bringen

**~ 'off** *v.t.* **a)** *(flap off) see* **~ away a; b)** *(remove suddenly)* [plötzlich] wegreißen; **~ one's coat off** seinen Mantel von sich werfen; **~ off one's hat** rasch den Hut abnehmen; **c)** *see* **~ away c**

**~ 'up** *see* **~ 2 a**

**whisker** ['wɪskə(r)] *n.* **a)** *in pl. (hair on man's cheek)* Backenbart, *der;* **b)** *(Zool.) (of cat, mouse, rat)* Schnurrhaar, *das; (of walrus)* Bartborste, *die;* **a walrus's ~s** der Bart eines Walrosses; *see also* **cat's whiskers; c)** *(fig. coll.: small distance)* **be within a ~ of sth./doing sth.** kurz vor etw. *(Dat.)* stehen/kurz davorstehen, etw. zu tun; **win by a ~:** ganz knapp gewinnen

**whiskered** ['wɪskəd] *adj.* backenbärtig; ‹*Tier*› mit Schnurrhaaren

**whiskery** ['wɪskərɪ] *adj.* backenbärtig; **be ~:** einen [mächtigen] Backenbart haben

**whiskey** *(Amer., Ir.)*, **whisky** ['wɪskɪ] *n.* Whisky, *der; (Irish or American ~)* Whiskey, *der*

**whisper** ['wɪspə(r)] **1.** *v. i.* **a)** flüstern; ~ **to sb.** jmdm. etwas zuflüstern; ~ **to me so that no one else will hear** flüster es mir ins Ohr, damit es niemand [anders] hört; ~ **to each other** miteinander flüstern; **b)** *(speak secretly)* tuscheln; ~ **against sb.** über jmdn. tuscheln; **c)** *(rustle)* [leise] rauschen; säuseln *(geh.);* flüstern *(poet.).* **2.** *v. t.* **a)** flüstern; ~ **sth. to sb./in sb.'s ear** jmdm. etw. zuflüstern/ins Ohr flüstern; ~ **it to me so that no one else will hear** flüster es mir ins Ohr, damit es niemand [anders] hört; ~ **sb. to do sth./that ...:** jmdm. zuflüstern, er solle etw. tun/daß ...; **b)** *(rumour)* [hinter vorgehaltener Hand] erzählen; **the story is being ~ed about the village that ...:** im Dorf macht die Geschichte die Runde, daß ...; **it is ~ed that ...:** man munkelt, daß ... *(ugs.).* **3.** *n.* **a)** *(whispered speech)* Flüstern, *das;* **in a ~, in ~s** im Flüsterton; **b)** *(whispered remark)* **their ~s** ihr Geflüster; *see also* **stage whisper; c)** *(rumour)* Gerücht, *das;* **there were ~s that ...:** es gab Gerüchte, daß ...; man munkelte, daß ... *(ugs.);* **d)** *(rustle)* [leises] Rauschen; Säuseln, *das (geh.);* Flüstern, *das (poet.)*

**whispering: ~ campaign** *n.* Verleumdungskampagne, *die;* **~-gallery** *n.* Flüstergalerie, *die*

**whist** [wɪst] *n. (Cards)* Whist, *das; see also* **drive 1 k**

**whistle** ['wɪsl] **1.** *v. i.* pfeifen; ~ **at a girl** hinter einem Mädchen herpfeifen; **the spectators ~d at the referee** die Zuschauer pfiffen den Schiedsrichter aus; **he ~d loudly when he heard how valuable it was** er ließ ein lautes Pfeifen vernehmen, als er hörte, wie wertvoll es war; ~ **to sb.** jmdm. pfeifen; ~ **for sth.** nach etw. pfeifen; **the policeman ~d for help/reinforcement** der Polizist pfiff, um Hilfe/Verstärkung herbeizurufen; **the referee ~d for half-time** der Schiedsrichter pfiff Halbzeit; ~ **in the dark** *(fig.)* seine Angst verdrängen; **you can ~ for it!** *(fig. coll.)* da kannst du lange warten! **2.** *v. t.* **a)** pfeifen; **b)** *(summon)* her[bei]pfeifen; **he ~d his dog and it came running** er pfiff seinem Hund, und er kam angelaufen. **3.** *n.* **a)** *(sound)* Pfiff, *der; (whistling)* Pfeifen, *das;* **the joyful ~s of the birds** das fröhliche Zwitschern der Vögel *od.* Vogelgezwitscher; **give a [brief] ~:** [kurz] pfeifen; **he gave a ~ of surprise** er ließ ein überraschtes Pfeifen vernehmen; **b)** *(instrument)* Pfeife, *die;* **penny** *or* **tin ~:** Blechflöte, *die;* **the referee blew his ~:** der Schiedsrichter pfiff; **[as] clean/clear as a ~** *(fig.)* blitzsauber/absolut frei; **get away [as] clean as a ~:** ganz unbehelligt davonkommen; **blow the ~ on sb./sth.** *(fig.)* jmdn./etw. auffliegen lassen *(ugs.);* **c)** *(coll.: throat)* **wet one's ~** *(coll.)* sich *(Dat.)* die Kehle anfeuchten *(ugs.)*

~ **'back** *v. t.* zurückpfeifen

~ **'up** *v. t.* [he]ranpfeifen

**whistle: ~-blower** *n. (fig.) jmd., der etw. auffliegen läßt;* **~-stop** *n. (Amer.)* **a)** *(Railw.) (small town)* kleines Nest *(ugs.) (an einer Bahnlinie); (station)* Bedarfshaltepunkt, *der;* **b)** *(Polit.) kurzer Auftritt eines Politikers während einer Wahlkampfreise; (rapid visit)* Stippvisite, *die;* **~-stop tour/campaign** Reise mit vielen Kurzaufenthalten/Wahlkampf[reise] mit vielen kurzen Auftritten *od.* Terminen

**whistling: ~-buoy** *n. (Naut.)* Heulboje, *die;* ~ **'kettle** *n.* Pfeifkessel, *der*

**whit** [wɪt] *n., no pl., no def. art. (arch./literary)* **no ~, not a ~:** kein bißchen; **it matters not a ~:** es macht überhaupt nichts; **not a ~ of sense** nicht ein Funke [von] Verstand

**white** [waɪt] **1.** *adj.* **a)** weiß; **[as] ~ as snow** schneeweiß; **he prefers his coffee ~** *(Brit.)* er trinkt seinen Kaffee am liebsten mit Milch; **b)** *(pale)* weiß; *(through illness)* blaß; bleich; *(through fear or rage)* bleich; weiß; **[as] ~ as chalk** *or* **a sheet** kreidebleich; **go** *or* **turn ~:** weiß *od.* bleich werden; erbleichen *(geh.);* **he was ~ with rage** er war weiß *od.* bleich vor Wut; *see also* **bleed 2 a; c) ~r than ~** *(fig.: morally pure)* engelrein *(geh.);* **d)** *(light-skinned)* weiß; ~ **people** Weiße *Pl.;* ~ **oppression** Unterdrückung durch die Weißen. **2.** *n.* **a)** *(colour)* Weiß, *das;* **b)** *(of egg)* Eiweiß, *das;* **c)** *(of eye)* Weiße, *das;* **the ~s of their eyes** das Weiße in ihren Augen; **d) W~** *(person)* Weiße, *der/die;* **e)** *(~ clothes)* **dressed in ~:** weiß gekleidet; **~s** weißer Dreß; *(laundry)* Weißwäsche, *die;* **f)** *(Printing)* Zwischenraum, *der;* **g)** *(butterfly)* Weißling, *der;* **h)** *(Snooker)* weiße Kugel

**white: ~ 'ant** *n.* Termite, *die;* **~bait** *n., pl. same: junger Hering/junge Sprotte o. ä.;* **~beam** *n. (Bot.)* Mehlbeere, *die;* ~ **'bread** *n.* Weißbrot, *das;* ~ **cell** *n. (Anat., Zool.)* weißes Blutkörperchen; ~ **'Christmas** *n.* weiße Weihnachten; ~ **'coffee** *n. (Brit.)* Kaffee mit Milch; **~-'collar** *adj.* **~-collar worker** Angestellte, *der/die;* **~-collar union** Angestelltengewerkschaft, *die;* ~ **corpuscle** *see* ~ **cell;** ~ **'currant** *n.* weiße Johannisbeere; ~ **'dwarf** *n. (Astron.)* weißer Zwerg; ~ **'elephant** *see* **elephant; ~-faced** *adj.* [kreide]bleich; ~ **fish** *n.* **a)** *(light-coloured fish) [Speise]fisch mit weißlicher od. silbriger Färbung;* Weißfisch, *der;* **b)** *(lake-fish)* Weißfisch, *der;* Renke, *die;* ~ **'flag** *n.* weiße Fahne; **W~ 'Friar** *n.* Karmeliter, *der;* ~ **'frost** *n.* Reif, *der;* ~ **'gold** *n.* Weißgold, *das;* ~ **goods** *n. pl. (Commerc.)* **a)** *(fabrics)* Weißwaren *Pl.;* **b)** *(appliances)* weiße Ware; **W~hall** *pr. n. (Brit. Polit.: Government)* Whitehall *(das);* ~ **heat** *n.* **a)** *(Phys.)* Weißglut, *die;* **to a ~ heat** bis zum Weißglühen; **at [a] ~ heat** in weißglühendem Zustand; **b)** *(fig.)* Glut, *die;* **work at ~ heat** auf Hochtouren arbeiten; ~ **'hope** *n.* Hoffnungsträger, *der*/Hoffnungsträgerin, *die;* ~ **'horse** *n.* **a)** Schimmel, *der;* **b)** *in pl. (on waves)* Schaumkronen; **~-'hot** *adj.* **a)** *(Phys.)* weißglühend; **b)** *(fig.)* glühend; **W~ House** *pr. n. (Amer. Polit.)* **the W~ House** das Weiße Haus; ~ **'knight** *n. (fig.)* Retter in der Not; ~ **'lead** *n.* Bleiweiß, *das;* ~ **'lie** *see* **'lie 1 a;** ~ **'light** *n. (Phys.)* weißes Licht; ~ **'line** *n. (in middle of road)* Mittellinie, *die; (at side of road)* Randlinie, *die;* **~-lipped** ['waɪtlɪpt] *adj.* mit kreidebleichen Lippen *nachgestellt;* ~ **'magic** *n.* weiße Magie; ~ **man** *n. (Anthrop.)* Weiße, *der;* **the ~ man** *(~ people)* der weiße Mann; ~ **'meat** *n.* weißes Fleisch [und Geflügel]; ~ **'metal** *n.* Weißmetall, *das;* **W~ 'Monk** *n.* Zisterzienser, *der*

**whiten** ['waɪtn] **1.** *v. t.* weiß machen; weißen ‹*Wand, Schuhe*›. **2.** *v. i.* **a)** *(become white)* weiß werden; **b)** *(turn pale)* [kreide]weiß werden

**whitener** ['waɪtənə(r)] *n. (for shoes)* Schuhweiß, *das; (bleaching agent)* Bleichmittel, *das; (for coffee)* Kaffeeweißer, *der*

**whiteness** ['waɪtnɪs] *n., no pl.* **a)** Weiß, *das;* **b)** *(paleness)* Blässe, *die*

**white: ~ 'night** *n.* schlaflose Nacht; ~ **'noise** *n. (Phys.)* weißes Rauschen; **~-out** *n. (Meteorol.)* Whiteout, *der;* **W~ 'Paper** *n. (Brit.) öffentliches Diskussionspapier über Vorhaben der Regierung;* **W~ 'Russia** *pr. n.* Weißrußland *(das);* **W~ 'Russian 1.** *adj.* weißrussisch; **sb. is W~ Russian** jmd. ist Weißrusse/-russin; **2.** *n.* Weißrusse, *der*/-russin, *die;* ~ **'sale** *n. (Commerc.)* ≈ Weiße Woche/Wochen; Weißwarenausverkauf, *der;* ~ **'sauce** *n.* weiße *od.* helle Soße; **W~ 'Sea** *pr. n.* Weiße Meer, *das;* ~ **'slave** *n.* weiße Sklavin; *Opfer des Mädchenhandels;* ~ **slave trade** *or* **traffic** Mädchenhandel, *der;* ~ **'spirit** *n. (Chem.)* Terpentin[öl]ersatz, *der;* ~ **'stick** *n.* Blindenstock, *der;* ~ **'sugar** *n.* weißer Zucker; ~ **su'premacy** *n.* Überlegenheit der weißen Rasse; **~thorn** *n. (Bot.)* Weißdorn, *der;* **~-throat** *n. (Ornith.)* **a)** *(warbler)* Grasmücke, *die;* **b)** *(Amer.: sparrow)* Weißkehlammerfink, *der;* ~ **'tie** *n.* **a)** *(bow-tie)* weiße Fliege *od.* Schleife(, *die zum Cutaway getragen wird*); **b)** *(evening dress)* Frack, *der;* **is it dinner jacket or ~ tie?** soll man im Smoking oder im Frack erscheinen?; ~ **'trash** *see* **trash 1 d; ~-wall 'tyre** *n.* Weißwandreifen, *der;* **~wash 1.** *n.* **a)** [weiße] Tünche; *(fig.)* Schönfärberei, *die;* **the report is a ~wash of the Government** der Bericht versucht, die Regierung reinzuwaschen; **b)** *(defeat)* Zu-Null-Niederlage, *die;* **2.** *v. t.* **a)** [weiß] tünchen; **the report ~washes the Government** *(fig.)* der Bericht zielt darauf ab, die Regierung reinzuwaschen; **be ~washed** *(Finance)* [als Gemeinschuldner] entlastet werden; **b)** *(defeat)* zu Null schlagen; ~ **'water** *n. (foamy)* weiß schäumendes Wasser; *(shallow)* Flachwasser, *das;* **~-water canoeing** Wildwassersport, *der;* ~ **'wedding** *n.* Hochzeit in Weiß; **have a ~ wedding** in Weiß heiraten; ~ **'whale** *n. (Zool.)* Weißwal, *der;* ~ **'wine** *n.* Weißwein, *der;* ~ **woman** *n. (Anthrop.)* Weiße, *die;* **~wood** *n.* Weißholz, *das*

**Whitey** ['waɪtɪ] *n. (coll. derog.)* weißes Schwein *(derb)*

**whither** ['wɪðə(r)] *(arch./rhet.)* **1.** *adv.* wohin; ~ **democracy/Ulster?** *(fig. rhet.)* wohin *od. (geh.)* quo vadis, Demokratie/Ulster?; **the town ~ he was sent** die Stadt, in die er geschickt wurde. **2.** *conj.* dorthin *od.* dahin, wohin; *(to wherever)* wohin auch; **I shall go ~ she goes** ich werde gehen, wo immer sie hingeht

**whiting** ['waɪtɪŋ] *n., pl. same (Zool.)* Wittling, *der*

**whitish** ['waɪtɪʃ] *adj.* weißlich

**Whit Monday** [wɪt 'mʌndeɪ, wɪt 'mʌndɪ] *n.* Pfingstmontag, *der*

**Whitsun** ['wɪtsn] *n.* Pfingsten, *das od. Pl.;* **at ~:** zu *od.* an Pfingsten; **next/last ~:** nächste/letzte Pfingsten

**Whitsunday, Whit Sunday** [wɪt'sʌndeɪ, wɪt'sʌndɪ] *n.* Pfingstsonntag, *der*

**Whitsuntide** ['wɪtsəntaɪd] *n.* Pfingstzeit, *die*

**whittle** ['wɪtl] **1.** *v. t.* schnitzen an (+ *Dat.*); ~ **a stick to a point** einen Stock anspitzen. **2.** *v. i.* ~ **at sth.** an etw. *(Dat.)* [herum]schnitzen

~ **a'way,** ~ **'down** *v. t. (fig.)* **a)** *(completely)* auffressen ‹*Gewinn, Geldmittel, Reserven, Ersparnisse usw.*›; ~ **away sb.'s rights/power** jmdm. nach und nach alle Rechte/alle Macht nehmen; **b)** *(partly)* allmählich reduzieren ‹*Anzahl, Team, Gewinn, Verlust*›; verkürzen ‹*Liste*›

**Whit** [wɪt]: ~ **week** *n.* Pfingstwoche, *die;* ~ **week'end** *n.* Pfingstwochenende, *das*

**whiz, whizz** [wɪz] **1.** *v. i.,* **-zz-** zischen; **we could hear the arrows/shells whizzing above our heads** wir hörten das Zischen der über uns hinwegfliegenden Pfeile/Granaten. **2.** *n.* Zischen, *das;* **with a ~:** zischend

~ **'past** *v. i.* vorbeizischen; ‹*Vogel:*› vorbeischießen

**'whiz[z]-kid** *n. (coll.)* Senkrechtstarter, *der;* **he is a financial ~:** er macht eine steile Karriere als Finanzmann; **a mathematical ~:** ein mathematisches Wunderkind *(ugs. scherzh.)*

**WHO** *abbr.* **World Health Organization** WHO, *die*

**who** [hʊ, *stressed* hu:] *pron.* **a)** *interrog.* wer; *(coll.: whom)* wen; *(coll.: to whom)* wem; ~ **are you talking about?** *(coll.)* von wem *od.* über wen sprichst du?; ~ **did you give it to?** *(coll.)* wem hast du es gegeben?; **it was John – ~ else?** es war John – wer [denn] sonst?; **it was Mr ~?** es war Herr wie?; **I don't know ~'s ~ in the firm yet** ich kenne die Leute in der Firma noch nicht richtig; **he knows ~'s ~ in the publishing world** er weiß, wer in der Verlagsbranche welche Rolle spielt; ~ **am I to object/argue** *etc.*? wie könnte ich Einwände erheben/etwas dagegen sagen *usw.*?; ~ **would have thought it?** *(rhet.)* wer hätte das gedacht!; **b)** *rel.* der/die/das; *pl.* die; *(coll.: whom)* den/die/das; *(coll.: to whom)* dem/der/denen; **any person/he/those ~ ...:** wer ...; **they ~ ...:** diejenigen, die *od.* welche ...; **everybody ~ ...:** jeder, der ...; **I/you ~ ...:** ich, der ich/du, der du ...; **the man ~ I met last week/~ you were speaking to** *(coll.)* der Mann, den ich letzte Woche getroffen habe/mit dem du gesprochen hast; **c)** *(arch.: whoever)* wer

**whoa** [wəʊ] *int.* brr

**who'd** [hʊd, *stressed* hu:d] **a) = who had; b) = who would**

**whodun[n]it** [hu:'dʌnɪt] *n. (coll.)* Krimi, *der (ugs.)*

**whoe'er** [hu:'eə(r)] *(poet.),* **whoever** [hu:'evə(r)] *pron.* **a)** wer [immer]; ~ **comes will be welcome** jeder, der kommt, ist willkommen; **marry/give it to ~ you like** heirate, wen/gib es, wem du willst; **b)** *(no matter who)* wer ... auch; ~ **you may be** wer Sie auch sind; ~ **you saw, it was not John** wen du auch gesehen hast, es war nicht John; **c)** *(coll.)* = **who ever** *see* **ever e**

**whole** [həʊl] **1.** *adj.* **a)** ganz; **give me your ~ attention, please** ich bitte um Ihre ganze Aufmerksamkeit; **that's the ~ point [of the exercise]** das ist der ganze Zweck der Übung *(ugs.)*; **the ~ lot [of them]** [sie] alle; **a ~ lot of people** eine ganze Menge Leute; *see also* **hog 1 a; b)** *(intact)* ganz; **roast sth. ~:** etw. im ganzen braten; **c)** *(undiminished)* ganz; **three ~ hours** drei volle Stunden. **2.** *n.* **a) the ~:** das Ganze; **the ~ of my money/the village/London** mein ganzes *od.* gesamtes Geld/das ganze Dorf/ganz London; **he spent the ~ of that year/of Easter abroad** er war jenes Jahr/zu Ostern die ganze Zeit im Ausland; **the ~ of Shakespeare** *or* **of Shakespeare's works** Shakespeares gesamte Werke; **until he had completed the ~ of it** bis er es ganz fertig hatte; **b)** *(total of parts)* Ganze, *das;* **as a ~:** als Ganzes; **sell sth. as a ~:** etw. im ganzen verkaufen; **on the ~:** im großen und ganzen; **on the ~ I am against it** alles in allem bin ich dagegen

**whole: ~ 'cloth** *n.* Tuchbahn, *die;* **[made up] out of ~ cloth** *(Amer. fig.)* von vorne bis hinten erfunden; **~food** *n.* Vollwertkost, *die;* **~-hearted** [həʊl'hɑ:tɪd] *adj.* herzlich ‹*Dank, Dankbarkeit, Glückwünsche*›; tiefempfunden ‹*Dankbarkeit, Reue*›; rückhaltlos ‹*Unterstützung, Hingabe, Ergebenheit*›; leidenschaftlich ‹*Anhänger, Verfechter usw.*›; **with ~-hearted devotion/dedication** mit äußerster Hingabe; **~-heartedly** [həʊl'hɑ:tɪdlɪ] *adv.* von ganzem Herzen ‹*gratulieren, danken, zustimmen*›; rückhaltlos ‹*unterstützen*›; ~ **'holiday** *n.* ganzer freier Tag; **~-length** *see* **full-length;** ~ **'life insurance** *n.* Todesfallversicherung, *die;* ~ **meal** *n.* Vollkornmehl, *das;* **~meal** *adj.* Vollkorn-; ~ **'milk** *n.* Vollmilch, *die*

**wholeness** ['həʊlnɪs] *n., no pl.* Ganzheit, *die; (completeness)* Vollständigkeit, *die*

**whole: ~ note** *n. (Amer. Mus.)* ganze Note; ~ **'number** *n. (Math.)* ganze Zahl; **~sale 1.** *adj.* **a)** *(Commerc.)* Großhandels-; **~sale dealer** *or* **merchant** Großhändler, *der*/-händlerin, *die;* **~sale grocer** Lebensmittelgroßhändler, *der*/-großhändlerin, *die;* **the ~sale trade** der Großhandel; **our business is ~sale only** wir sind ein reines Großhandelsgeschäft; **these prices are ~sale** das sind Großhandelspreise; **b)** *(fig.: on a large scale)* massenhaft; Massen-; **in a ~sale way** massenweise; **c)** *(fig.: indiscriminate)* pauschal; **2.** *adv.* **a)** *(Commerc.)* en gros ‹*[ein]kaufen, verkaufen*›; im Großhandel ‹*[ein]kaufen*›; *(at wholesale price)* zum Einkaufs- *od.* Großhandelspreis; **b)** *(fig.: on a large scale)* massenweise; **c)** *(fig.: indiscriminately)* pauschal; **he punished them ~sale** er bestrafte sie samt und sonders; **3.** *n. (Commerc.)* Großhandel, *der;* **4.** *v. t. (Commerc.)* en gros *od.* als Großhändler/-händlerin verkaufen

**wholesaler** ['həʊlseɪlə(r)] *n. (Commerc.)* Grossist, *der*/Grossistin, *die (fachspr.);* Großhändler, *der*/-händlerin, *die*

**wholesome** ['həʊlsəm] *adj.* gesund; bekömmlich ‹*Essen, Getränk*›; erbaulich ‹*Lektüre, Thema, Anblick*›; positiv ‹*Einfluß*›

**wholesomely** ['həʊlsəmlɪ] *adv.* ~ **cooked food** auf gesunde Art zubereitetes Essen

**wholesomeness** ['həʊlsəmnɪs] *n., no pl.* Bekömmlichkeit, *die; (fig.: of reading, subject, etc.)* Erbaulichkeit, *die*

**whole: ~-time** *see* **full-time;** ~ **tone** *n. (Mus.)* Ganzton, *der;* ~ **'wheat** *n.* Vollweizen, *der*

**who'll** [hʊl, *stressed* hu:l] = **who will**

**wholly** ['həʊllɪ] *adv.* völlig; durch und durch ‹*böse*›; **a ~ bad example** ein in jeder Hinsicht schlechtes Beispiel

**'wholly-owned** *adj. (Commerc.)* ~ **subsidiary** hundertprozentige Tochter

**whom** [hu:m] *pron.* **a)** *interrog.* wen; *as indirect object* wem; **to ~/of ~ did you speak?** mit wem/von wem haben Sie gesprochen?; **b)** *rel.* den/die/das; *pl.* die; *as indirect object* dem/der/dem; *pl.* denen; **the children, the mother of ~ ...:** die Kinder, deren Mutter ...; **five children, all of ~ are coming** fünf Kinder, die alle mitkommen; **ten candidates, only the best of ~ ...:** zehn Kandidaten, von denen nur die besten ...; **c)** *(arch.: whomever)* wen/wem

**whomever** [hu:m'evə(r)], **whomsoever** [hu:msəʊ'evə(r)] *pron.* **a)** wen [immer]; *as indirect object* wem [immer]; **b)** *(no matter whom)* wen ... auch; *as indirect object* wem ... auch

**whoop** [wu:p] **1.** *v. i.* [aufgeregt] schreien; *(with joy, excitement)* juchzen *(ugs.)*; jauchzen. **2.** *v. t.* **~ it up** *(coll.)* die Sau rauslassen *(salopp); (Amer.: stir up enthusiasm)* Stimmung machen. **3.** *n.* [aufgeregter] Schrei; *(of joy, excitement)* Juchzer, *der (ugs.);* Jauchzer, *der;* **with loud ~s** mit lautem Geschrei; **~ of joy** Freudenschrei, *der*

**whoopee 1.** [wʊ'pi:] *int.* juhu. **2.** ['wʊpi:] *n.* **make ~** *(coll.)* die Sau rauslassen *(ugs.)*

**whooping** ['hu:pɪŋ]: ~ **cough** *n. (Med.)* Keuchhusten, *der;* ~ **swan** *n. (Ornith.)* Singschwan, *der*

**whoops** [wʊps] *int.* hoppla

**whoosh** [wʊʃ] **1.** *v. i.* brausen; ‹*Rakete, Geschoß:*› zischen; **a train ~ed past** ein Zug brauste vorbei. **2.** *n.* Brausen, *das; (of rocket, projectile)* Zischen, *das;* **with a [loud] ~:** [laut] brausend/zischend

**whop** [wɒp] *v. t.,* **-pp-** *(sl.)* vermöbeln *(salopp); (fig.: defeat)* bügeln *(salopp)*

**whopper** ['wɒpə(r)] *n. (coll.)* **a)** Riese, *der;* **a ~ of a marrow/fish** ein Riesending von einem Kürbis/Fisch *(ugs.)*; **b)** *(lie)* faustdicke Lüge; **tell a ~:** faustdick lügen

**whopping** ['wɒpɪŋ] *(coll.)* **1.** *adj.* riesig; Riesen- *(ugs.)*; gepfeffert *(ugs.)* ‹*Rechnung*›; faustdick ‹*Lüge*›. **2.** *adv.* ~ **big** *or* **great** *see* **1**

**whore** [hɔ:(r)] *(derog.)* **1.** *n.* **a)** *(prostitute)* Hure, *die;* **b)** *(loose woman)* Flittchen, *das.* **2.** *v. i.* **~ [around]** [herum]huren

**'whore-house** *n. (derog.)* Hurenhaus, *das (abwertend)*

**whorl** [wɔ:l] *n.* **a)** *(Bot.)* Wirtel, *der;* Quirl, *der;* **b)** *(circle in fingerprint)* Wirbel, *der;* **c)** *(turn of spiral)* Windung, *die*

**whortleberry** ['wɜ:tlbərɪ] *see* **bilberry**

**who's** [hu:z] **a) = who is; b) = who has**

**whose** [hu:z] *pron.* **a)** *interrog.* wessen; **b)** *rel.* dessen/deren/dessen; *pl.* deren; **the people ~ house this is** die Leute, denen dieses Haus gehört

**whosesoever** [hu:zsəʊ'evə(r)], **whosever** [hu:z'evə(r)] *pron.* wessen ... auch; **~ it is, ...:** wem er/sie/es auch gehört, ...

**whosoe'er** [hu:səʊ'eə(r)] *(poet.),* **whosoever** [hu:səʊ'evə(r)] wer auch immer

**Who's Who** [hu:z 'hu:] *n.* biographisches Lexikon; Who's who, *das*

**who've** [hʊv, *stressed* hu:v] *(coll.)* = **who have**

**why** [waɪ] **1.** *adv.* **a)** *(for what reason)* warum; *(for what purpose)* wozu; **~ is that?** warum das?; **and this/that is ~ I believe ...:** und darum glaube ich ...; **~ not buy it, if you like it?** kauf es dir doch, wenn es dir gefällt; **~ do we need another car?** wozu brauchen wir noch ein Auto?; **b)** *(on account of which)* **the reason ~ he did it** der Grund, aus dem *od.* warum er es tat; **I can see no reason ~ not** ich wüßte nicht, warum nicht. **2.** *int.* **~, certainly/of course!** aber sicher!; **~, if it isn't Jack!** na, das ist doch Jack!; aber das ist ja Jack!; **What should I do? – W~, pay up** Was soll ich machen? – Na *od.* Nun, zahlen!; **~, yes, I think so** jaja, ich glaube schon. **3.** *n.* **the ~s and wherefores** das Warum und Weshalb

**WI** *abbr.* **a) West Indies; b)** *(Brit.)* **Women's Institute**

**wick** [wɪk] *n.* Docht, *der;* **get on sb.'s ~** *(fig. sl.)* jmdm. auf den Keks gehen *(salopp)*

**wicked** ['wɪkɪd] **1.** *adj.* **a)** *(evil)* böse; schlecht ‹*Charakter, Person, Welt*›; niederträchtig ‹*Gedanken, Plan, Verhalten*›; schändlich ‹*Gesetz, Buch*›; **the ~ villain** der Schurke; der Bösewicht *(veralt.)*; **it was ~ of you to torment the poor cat** es war gemein von dir, die arme Katze zu quälen; **torture is ~:** die Folter ist etwas Böses; **b)** *(vicious)* boshaft ‹*Zunge*›; übel ‹*Schlag, Wetter, Wind, Frost, Geruch*›; **have a ~ temper** furchtbar jähzornig sein; **c)** *(coll.: scandalous)* himmelschreiend; sündhaft *(ugs.)* ‹*Preis*›; **it's ~ how he's been treated** wie man ihn behandelt hat, das schreit zum Himmel; **it's a ~ shame** es ist eine wahre Schande; **d)** *(mischievous)* schalkhaft *(geh.)*; **a ~ little fellow** ein kleiner Schlingel *(scherzh.)*; **there was a ~ gleam in his eye** ihm sah der Schalk aus den Augen; **suddenly a ~ idea came to him** plötzlich fiel ihm etwas ganz Tückisches ein. **2.** *n.pl.* **the ~:** die Bösen

**wickedly** ['wɪkɪdlɪ] *adv.* **a)** *(evilly)* niederträchtig; *as sentence-modifier* niederträchtigerweise; **~ acquired gains** auf niederträchtige Weise erzielte Gewinne; **b)** *(viciously)* fürchterlich ‹*kalt, schmerzend*›; **~ accurate** ätzend ‹*Satire, Kritik, Karikatur*›; **c)** *(coll.: scandalously)* himmelschreiend; sündhaft *(ugs.)*‹*teuer*›; **d)** *(mischievously)* schalkhaft; **a ~ playful look** ein verschmitzter Blick

**wickedness** ['wɪkɪdnɪs] *n.* **a)** *no pl. see* **wicked a:** Bosheit, *die;* Schlechtigkeit, *die;* Niederträchtigkeit, *die;* Schändlichkeit, *die;* **b)** *(evil act)* Niederträchtigkeit, *die;* **the greatest ~ that anyone can commit** die schlimmste Bosheit, die ein Mensch begehen kann; **c)** *no pl. (viciousness)* Boshaftigkeit, *die;* **d)** *no pl. (coll.: scandalousness)* Schändlichkeit, *die;* **the ~ of this waste** so eine himmelschreiende Verschwendung; **the ~ of the prices** die sündhaft hohen Preise; **e)** *no pl. (mischievousness)* Schalkhaftigkeit, *die;* **the ~ in her sense of humour** das Schalkhafte an ihrer Art Humor

**wicker** ['wɪkə(r)] *n.* Korbgeflecht, *das; attrib.* Korb‹*waren, -möbel, -stuhl*›; geflochten ‹*Korb, Matte*›; **~ fence** Flechtzaun, *der*

**'wickerwork** *n.* **a)** *(material)* Korbgeflecht, *das;* **b)** *(articles)* Korbwaren

**wicket** ['wɪkɪt] *n.* **a)** *(Cricket) (stumps)* Tor *das;* Wicket, *das; (part of innings)* Spielabschnitt, *der mit dem Ausscheiden eine*

*Schlagmannes endet; (central area of pitch)* Wurfbahn, *die;* **another ~ has fallen** *or* **is down** noch ein Schlagmann ist aus; **at the ~:** [als Schlagmann] auf dem Spielfeld; **keep ~:** als Torwächter spielen; **lose one's ~** ‹*Schlagmann:*› ausscheiden; **they lost four ~s** vier Schlagmänner ihrer Mannschaft sind ausgeschieden; **take a ~:** einen Schlagmann zum Ausscheiden bringen; **third** *etc.* **~:** *Spielabschnitt zwischen zweitem und drittem usw. Schlagmannwechsel;* **win by two ~s** mit acht ausgeschiedenen Schlagmännern gewinnen; *see also* **sticky wicket; b)** *(gate)* Tor, *das;* **c)** *(Amer.: window-like opening)* Fenster, *das;* **d)** *(Amer.: croquet hoop)* Tor, *das*

**wicket: ~-gate** *n.* Tor, *das;* **~-keeper** *n. (Cricket)* Torwächter, *der/*-wächterin, *die;* Wicketkeeper, *der*

**widdle** ['wɪdl] *(coll./child lang.) see* **pee**

**wide** [waɪd] **1.** *adj.* **a)** *(broad)* breit; groß ‹*Unterschied, Abstand, Winkel, Loch*›; weit ‹*Kleidung*›; **allow** *or* **leave a ~ margin** *(fig.)* viel Spielraum lassen; **three feet ~:** drei Fuß breit; **b)** *(extensive)* weit; umfassend ‹*Lektüre, Wissen, Kenntnisse*›; weitreichend ‹*Einfluß*›; vielseitig ‹*Interessen*›; groß ‹*Vielfalt, Bekanntheit, Berühmtheit*›; reichhaltig ‹*Auswahl, Sortiment*›; breit ‹*Publizität*›; weitverzweigt ‹*Netz*›; **have ~ appeal** weite Kreise ansprechen; **it has now achieved ~ acceptance** es wird jetzt weithin akzeptiert; **a species of ~ distribution** eine weitverbreitete Art; **the ~ world** die weite Welt; **I'll search the ~ world over** ich werde auf der ganzen weiten Welt suchen; **c)** *(liberal)* großzügig; **d)** *(fully open)* weit geöffnet; **e)** *(off target)* **be ~ of sth.** etw. verfehlen; **be ~ of the mark** *(fig.)* ‹*Annahme, Bemerkung:*› nicht zutreffen; **you're ~ of the mark** *(fig.)* du liegst falsch *(ugs.); see also* **berth 1 a; f)** *(Brit. sl.)* **~ boy** gerissener Kerl *(ugs.).* **2.** *adv.* **a)** *(fully)* weit; **open ~!** ganz [weit] aufmachen!; **~ awake** hellwach; *(fig. coll.)* gewitzt; **I'm ~ awake to your tricks** ich durchschaue deine Tricks; *see also* **wide open; b)** *(off target)* **shoot ~:** danebenschießen; **fall ~ of the target, go ~:** das Ziel verfehlen; **aim ~/~ of sth.** daneben/neben etw. *(Akk.)* zielen; **c)** *(widely)* weit; *see also* **far 1 d. 3.** *n.* **a)** *(Cricket)* Weitball, *der;* **b) dead to the ~:** fix und fertig *(ugs.)*

**-wide** *in comb.* **city-/county-~:** in der ganzen Stadt/Grafschaft *nachgestellt;* **Europe-~:** europaweit; *see also* **country-wide; world-wide** *etc.*

**wide: ~-angle 'lens** *n. (Photog.)* Weitwinkelobjektiv, *das;* **~-eyed** *adj. (surprised)* mit großen Augen *nachgestellt;* **gaze with ~-eyed innocence** mit großen, unschuldigen [Kinder]augen gucken

**widely** ['waɪdlɪ] *adv.* **a)** *(over a wide area)* weit ‹*verbreitet, gestreut*›; locker, in großen Abständen ‹*verteilt*›; **a ~ distributed species** eine weitverbreitete Art; **he has travelled ~ in Europe** er ist in Europa viel gereist; **advertise a product ~:** für ein Produkt in großem Stil werben; **a ~ travelled man** ein weitgereister Mann; **a ~ read man** ein [sehr] belesener Mann; **b)** *(by many people)* weithin ‹*bekannt, akzeptiert*›; **a ~ held view** eine weitverbreitete Ansicht; **it is ~ rumoured that ...:** allgemein wird gemunkelt *(ugs.),* daß ...; **it is not ~ understood why ...:** es wird vielfach nicht verstanden *od.* viele verstehen nicht, warum ...; **c)** *(in a wide sense)* im weiten Sinne ‹*gebraucht*›; weit ‹*interpretiert*›; **d)** *(greatly)* stark, erheblich ‹*sich unterscheiden*›; sehr ‹*verschieden, unterschiedlich*›

**widen** ['waɪdn] **1.** *v. t.* verbreitern; *(fig.)* erweitern; vergrößern ‹*Unterschied, Gegensatz*›; **let's ~ our campaign to include young people** wir wollen unsere Kampagne auch auf die jungen Leute ausdehnen. **2.** *v. i.* sich verbreitern; breiter werden; *(fig.)* sich erweitern; ‹*Interessen:*› vielfältiger werden; ‹*Unterschied, Gegensatz:*› größer werden; **the valley ~s into a plain** das Tal erweitert sich zu einer Ebene

**~ 'out** *v. i.* sich verbreitern; breiter werden; **~ out into sth.** sich zu etw. erweitern

**wide: ~-open** *attrib. adj.,* **~ 'open** *pred. adj.* weit aufstehend *od.* geöffnet ‹*Fenster, Tür*›; weit aufgerissen ‹*Mund, Augen*›; weit ‹*Landschaft, Fläche*›; **the ~-open spaces of North America** die Weite der nordamerikanischen Landschaft; **be ~ open** ‹*Fenster, Tür:*› weit offenstehen; ‹*Mund, Augen:*› weit aufgerissen sein; **be ~ open to attack/criticism/immoral influences** Angriffen/der Kritik/moralisch verderblichen Einflüssen ausgesetzt sein; **be ~ open to exploitation** der Ausbeutung schutzlos preisgegeben sein; **lay** *or* **leave oneself/sb. ~ open to sth.** sich/jmdn. einer Sache *(Dat.)* schutzlos preisgeben; **the contest is still ~ open** der Wettbewerb *od.* der Ausgang des Wettbewerbs ist noch völlig offen; **a ~-open town** *(Amer.)* eine Stadt, in der jeder macht, was er will; **~-ranging** ['waɪdreɪndʒɪŋ] *adj.* weitgehend ‹*Maßnahme, Veränderung*›; weitreichend ‹*Auswirkungen*›; ausführlich ‹*Diskussion, Gespräch*›; universal ‹*Geist*›; **~ 'screen** *n. (Cinemat.)* Breitwand, *die;* **~spread** *adj.* weitverbreitet *präd. getrennt geschr.* ‹*Art, Ansicht*›; groß ‹*Nachfrage, Beliebtheit*›; von vielen geteilt ‹*Sympathie*›; **become ~spread** sich [weit] ausbreiten; **there was a ~spread demand for reform** Reformen wurden allgemein *od.* allerseits gefordert

**widgeon** ['wɪdʒən] *n. (Ornith.)* Pfeifente, *die*

**widow** ['wɪdəʊ] **1.** *n.* **a)** Witwe, *die;* **be left/made a ~:** zur Witwe werden; **golf ~** *(joc.)* Golfwitwe, *die; see also* **black widow; grass widow; b)** *(Cards)* zusätzliches Blatt; **c)** *(Printing)* Hurenkind, *das.* **2.** *v. t.* zur Witwe machen ‹*Frau*›; zum Witwer machen ‹*Mann*›; **be ~ed** zur Witwe/zum Witwer werden **(by** durch)

**widowed** ['wɪdəʊd] *adj.* verwitwet

**widower** ['wɪdəʊə(r)] *n.* Witwer, *der*

**widowhood** ['wɪdəʊhʊd] *n.* Witwenschaft, *die;* **[the state of] ~:** der Witwenstand; **during her ~:** als sie Witwe war

**widow's: ~ 'peak** *n. in der Stirnmitte spitz zulaufender Haaransatz;* **~ 'pension** *n.* Witwenrente, *die;* **~ 'weeds** *see* **weeds**

**width** [wɪdθ] *n.* **a)** *(measurement)* Breite, *die; (of garment)* Weite, *die;* **what is the ~ of ...?** wie breit/weit ist ...?; **be half a metre in ~:** einen halben Meter breit/weit sein; **b)** *(large scope)* großer Umfang; *(of definition)* Weite, *die; (of interests)* Vielseitigkeit, *die;* **c)** *(piece of material)* Bahn, *die*

**widthways** ['wɪdθweɪz], **widthwise** ['wɪdθwaɪz] *adv.* in der Breite; **insert the card ~ into the machine** die Karte quer in den Automaten stecken

**wield** [wi:ld] *v. t. (literary)* führen *(geh.); (fig.)* ausüben ‹*Macht, Einfluß usw.*›; **~ a stick/sword** einen Stock/ein Schwert schwingen

**wiener** ['vi:nə(r)] *n. (Amer.)* Würstchen, *das*

**wife** [waɪf] *n., pl.* **wives** [waɪvz] Frau, *die;* **give my regards to your** *or (coll.)* **the ~:** grüßen Sie Ihre Frau *od. (geh.)* Gattin von mir; **make sb. one's ~:** jmdn. zur Frau nehmen; **lawful wedded ~** *(Eccl.)* rechtmäßig angetraute Frau; **old wives' tale** Ammenmärchen, *das*

**wife-swapping** ['waɪfswɒpɪŋ] *n. (coll.)* Partnertausch, *der*

**wig** [wɪg] *n.* Perücke, *die*

**wigging** ['wɪgɪŋ] *n.* Rüffel, *der (ugs.)*

**wiggle** ['wɪgl] *(coll.)* **1.** *v. t.* hin und her bewegen; **~ one's ears/bottom** mit den Ohren/dem Hintern wackeln *(ugs.).* **2.** *v. i.* wackeln; *(move)* sich schlängeln; **make one's ears ~:** mit den Ohren wackeln; **~ into sth.** sich in etw. *(Akk.)* zwängen; **~ out of sth.** sich aus etw. winden/*(fig.)* herauswinden. **3.** *n.* Wackeln, *das;* **get a ~ on** *(Amer. sl.)* sich ranhalten *(ugs.)*

**wiggly** ['wɪglɪ] *adj.* schlangenlinienförmig ‹*Naht, Saum*›; Schlangenlinien‹*muster, -form*›; **~ line** Schlangenlinie, *die*

**wigwam** ['wɪgwæm] *n.* Wigwam, *der*

**wild** [waɪld] **1.** *adj.* **a)** *(undomesticated)* wildlebend ‹*Tier*›; *(uncultivated)* wildwachsend ‹*Pflanze*›; **an animal in its ~ state** ein Tier in freier Wildbahn *od.* in Freiheit; **grow ~:** wild wachsen; **~ beast** wildes Tier; **b)** *(rough)* unzivilisiert; *(bleak)* wild ‹*Landschaft, Gegend*›; **c)** *(unrestrained)* wild; ungezügelt; wild, wüst ‹*Bursche, Unordnung, Durcheinander*›; wütend ‹*Mob*›; **he was a little ~:** er führte ein etwas ungestümes Leben; **~ and woolly** *(coll.)* wüst ‹*Aussehen, Kerl*›; verrückt ‹*Ideen*›; **run ~** ‹*Pferd, Hund:*› frei herumlaufen; ‹*Kind:*› herumtoben; ‹*Pflanzen:*› wuchern; *(derog.)* ‹*Hund:*› herumstreunen; **let one's imagination run ~:** seiner Phantasie freien Lauf lassen; **d)** *(stormy)* stürmisch; tobend ‹*Wellen*›; **e)** *(excited)* rasend ‹*Wut, Zorn, Eifersucht, Beifall*›; unbändig ‹*Freude, Wut, Zorn, Schmerz*›; wild ‹*Erregung, Zorn, Geschrei*›; erregt ‹*Diskussion*›; panisch ‹*Angst*›; irr ‹*Blick*›; **be/become ~ [with sth.]** [vor etw. *(Dat.)*] außer sich *(Dat.)* sein/außer sich *(Akk.)* geraten; **send** *or* **drive sb. ~:** jmdn. rasend vor Erregung machen; **f)** *(coll.: very keen)* **be ~ about sb./sth.** wild auf jmdn./etw. sein; **be ~ to do sth.** wild darauf sein, etw. zu tun; **I'm not ~ about it** ich bin nicht wild darauf *(ugs.);* **g)** *(coll.: angry)* wütend; **be ~ with** *or* **at sb.** eine Wut auf jmdn. haben; **make** *or* **drive sb. ~:** jmdn. in Rage bringen *(ugs.);* **I was ~ when I heard ...:** ich sah rot *(ugs.) od.* wurde wild *(ugs.),* als ich hörte, ...; **h)** *(reckless)* ungezielt ‹*Schuß, Schlag*›; unbedacht ‹*Verhalten, Versprechen, Gerede*›; aus der Luft gegriffen ‹*Anschuldigungen, Behauptungen*›; abwegig ‹*Geschichte*›; maßlos ‹*Übertreibung*›; irrwitzig ‹*Plan, Idee, Versuch, Hoffnung*›; **he made a ~ guess** er hat aufs Geratewohl *od. (ugs.)* ins Blaue hinein geschätzt; *see also* **dream 1 c. 2.** *n.* **the ~[s]** die Wildnis; **see an animal in the ~:** ein Tier in freier Wildbahn sehen; **in the ~s** *(coll.)* in der Pampa *(ugs.);* **[out] in the ~s of Yorkshire** *(coll.)* im tiefsten Yorkshire *(ugs.);* **the call of the ~:** der Ruf der Wildnis. **3.** *adv.* wild; **shoot ~** *(randomly)* wild in die Gegend ballern *(ugs.)*

**wild: ~ 'boar** *n. (Zool.)* Wildschwein, *das;* **~ card** *n.* **a)** *(Cards)* wilde Karte; **b)** *(Tennis)* Wild card *(ugs.);* **~ 'cat** *n. (Zool.)* Wildkatze, *die;* **~cat** *attrib. adj.* fragwürdig; **~cat strike** wilder Streik; **~cat well** Aufschlußbohrung, *die;* Wildcatbohrung, *die*

**wilderness** ['wɪldənɪs] *n.* Wildnis, *die; (desert)* Wüste, *die;* **cry in the ~** *(fig.)* tauben Ohren predigen; **a voice [crying] in the ~** *(fig.)* ein Rufer in der Wüste; **be in the ~** *(Polit.)* alle Bedeutung verloren haben

**wild: ~-eyed** *adj.* mit irrem Blick *nachgestellt;* **~fire** *n. (Mil. Hist.)* griechisches Feuer; *see also* **spread 2 a; ~fowl** *n., pl. same* Federwild, *das; (Cookery)* Wildgeflügel, *das;* **~-'goose chase** *n. (fig.: hopeless quest)* aussichtslose Suche; **send sb. on a ~-goose chase** jmdn. einem Phantom nachjagen lassen; **~ 'horse** *n.* Wildpferd, *das;* **~ horses would not drag it from me** *(fig.)* eher beiße ich mir die Zunge ab[, als daß ich es erzähle]; **~ horses would not make me leave here** keine zehn Pferde kriegen mich von hier weg *(ugs.);* **~life** *n. no pl., no indef. art.* die Tier- und Pflanzenwelt; die Natur;

**~life park/reserve/sanctuary** Naturpark, *der*/-reservat, *das*/-schutzgebiet, *das*

**wildly** ['waɪldlɪ] *adv.* **a)** *(unrestrainedly)* wild; **run ~ all over the house** ⟨*Kinder:*⟩ wie wild im ganzen Haus herumtoben; **b)** *(stormily)* wild; **the wind blew ~:** der Wind blies heftig; **c)** *(excitedly)* rasend ⟨*eifersüchtig*⟩; unbändig ⟨*verliebt, sich freuen, sich verlieben*⟩; wild ⟨*schreien, applaudieren*⟩; erregt ⟨*diskutieren*⟩; **I'm not ~ interested in it** *(iron.)* ich interessiere mich nicht übermäßig dafür; **be ~ excited about sth.** über etw. *(Akk.)* ganz aus dem Häuschen sein *(ugs.)*; **he looked ~ about him** er blickte irr um sich; **d)** *(recklessly)* aufs Geratewohl; maßlos ⟨*übertreiben*⟩; wirr ⟨*daherreden, denken*⟩; **hit out ~:** [wie] wild um sich schlagen; **~ inaccurate** völlig ungenau

'**wild man** *n.* **a)** *(Anthrop.)* Wilde, *der;* **b)** *(Polit.)* Scharfmacher, *der*

**wildness** ['waɪldnɪs] *n., no pl.* **a)** *(bleakness)* Wildheit, *die;* **b)** *(lack of restraint)* Wildheit, *die;* **I was frightened by the ~ of the mob** der wütende Mob machte mir angst; **after the ~ of his youth** nach seiner wilden *od.* stürmischen Jugend; **c)** *(storminess)* **the ~ of the weather/sea** das stürmische Wetter/die stürmische See; **the ~ of the waves/storm** die Gewalt der Wellen/des Sturms; **d)** *(excitement)* **the ~ of her joy** die Unbändigkeit, mit der sie sich freute; **the ~ of her jealousy** ihre rasende Eifersucht; **the ~ of their cheers/applause** die Begeisterung, mit der sie jubelten/applaudierten; **e)** *(of blow, shot)* Ungezieltheit, *die; (of promise, words)* Unbedachtheit, *die; (of scheme, attempt, idea, hope, quest)* Irrwitzigkeit, *die;* **f)** *(distractedness)* **the ~ of his look/eyes** sein irrer Blick; **there was a dangerous ~ in his eyes** seine Augen hatten etwas gefährlich Irres

**wild: ~ 'oat** *see* **oat b; ~ 'rice** *n. (Bot.)* Wasserreis, *der;* **~ 'silk** *n.* Wildseide, *die;* **~ 'thyme** *see* **thyme; W~ 'West** *pr. n.* Wilder Westen

**wile** [waɪl] *n.* List, *die;* Schlich, *der*

**wilful** ['wɪlfl] *adj.* **a)** *(deliberate)* vorsätzlich; bewußt ⟨*Täuschung*⟩; **b)** *(obstinate)* starrsinnig

**wilfully** ['wɪlfəlɪ] *adv.* **a)** *(deliberately)* vorsätzlich; bewußt ⟨*täuschen*⟩; **b)** *(obstinately)* starrsinnig

**wilfulness** ['wɪlflnɪs] *n., no pl.* **a)** *(deliberateness)* Vorsätzlichkeit, *die;* **b)** *(obstinacy)* Starrsinnigkeit, *die;* **out of ~:** aus Starrsinn

**wiliness** ['waɪlɪnɪs] *n., no pl. see* **wily:** Gewieftheit, *die;* Raffiniertheit, *die;* **the ~ of a fox** die Schläue eines Fuchses

[1]**will** [wɪl] **1.** *v. t., only in pres.* **will,** *neg. (coll.)* **won't** [wəʊnt], *past* **would** [wʊd], *neg. (coll.)* **wouldn't** ['wʊdnt] **a)** *(consent to)* wollen; **They won't help me. W~/Would you?** Sie wollen mir nicht helfen. Bist du bereit?; **you ~ help her, won't you?** du hilfst ihr doch *od.* du wirst ihr doch helfen, nicht wahr?; **the car won't start** das Auto will nicht anspringen *od.* springt nicht an; **if you ~:** wenn Sie wollen; *(in request)* bitte; **~/would you pass the salt, please?** gibst du bitte mal das Salz rüber?/würdest du bitte mal das Salz rübergeben?; **~/would you come in?** kommen Sie doch herein; **now just listen, ~ you!** jetzt hör/hört gefälligst zu!; **~ you be quiet!** willst du/wollt ihr wohl ruhig sein!; **well, if you '~ go rock-climbing, ...:** bitte, wenn du unbedingt klettern gehen mußt, ...; **b)** *(be accustomed to)* pflegen; **the car ~ occasionally break down** das Auto hat ab und zu mal eine Panne; **he ~ sit there hour after hour** er pflegt dort stundenlang zu sitzen; *(emphatic)* **children '~ make a noise** Kinder machen [eben] Lärm; **..., as young people '~:** ..., wie alle jungen Leute [es tun]; **he '~ insist on doing it** er besteht unbedingt darauf, es zu tun; **it 'would have to rain** natürlich mußte es regnen; **c)** *(wish)* wollen; **~ you have some more cake?** möchtest *od.* willst du noch etwas Kuchen?; **it shall be as you ~:** ganz wie Sie wünschen *(geh.) od.* wollen; **do as/what you ~:** mach, was du willst; **call it what [ever] you ~:** nenn es, wie du willst; **would to God that ...:** wollte Gott, daß ...; **d)** *(be able to)* **the box ~ hold 5 lb. of tea** in die Kiste gehen 5 Pfund Tee; **the theatre ~ seat 800** das Theater hat 800 Sitzplätze. **2.** *v. aux., forms as* **1: a)** *expr. simple future* werden; **this time tomorrow he ~ be in Oxford** morgen um diese Zeit ist er in Oxford; **tomorrow he ~ have been here a month** morgen ist er einen Monat hier; **one more cherry, and I ~ have eaten a pound** noch eine Kirsche und ich habe ein Pfund gegessen; **if today is Monday, tomorrow ~ be Tuesday** wenn heute Montag ist, ist morgen Dienstag; **b)** *expr. intention* **I promise I won't do it again** ich verspreche, ich mach's nicht noch mal; **You won't do that, ~ you? – Oh yes, I ~!** Du machst es doch nicht, oder? – Doch[, ich mach's]!; **~ do** *(coll.)* wird gemacht; mach ich *(ugs.)*; **c)** *in conditional clause* **if he tried, he would succeed** wenn er es versuchen würde, würde er es erreichen; **he would like/would have liked to see her** er würde sie gerne sehen/er hätte sie gerne gesehen; **d)** *(request)* **~ you please tidy up** würdest du bitte aufräumen?

[2]**will 1.** *n.* **a)** *(faculty)* Wille, *der;* **freedom of the ~:** Willensfreiheit, *die;* **have a ~ of one's own** [s]einen eigenen Willen haben; **an iron ~, a ~ of iron** ein eiserner Wille; **strength of ~:** Willensstärke, *die;* **b)** *(Law: testament)* Testament, *das;* **under his father's ~:** auf Grund des Testaments seines Vaters; *see also* **remember d; c)** *(desire)* **at ~:** nach Belieben; **~ to live** Lebenswille, *der;* **you must have the ~ to win** du mußt gewinnen wollen; **~ to** *or* **for peace** Friedenswille, *der;* Wille zum Frieden; **he has the power to do it, but lacks the ~:** er könnte es zwar, aber er will es nicht; **against one's/sb.'s ~:** gegen seinen/jmds. Willen; **of one's own [free] ~:** aus freien Stücken; **clash of ~s** ≈ Kollision der Interessen; **do sth. with a ~:** etw. mit großem Eifer *od.* Elan tun; **where there's a ~ there's a way** *(prov.)* wo ein Wille ist, ist auch ein Weg; **Thy ~ be done** *(Bibl.)* Dein Wille geschehe; *see also* **free will; d)** *(disposition)* **with the best ~ in the world** bei allem Wohlwollen; *in neg. clause* beim besten Willen; *see also* **good will; ill will. 2.** *v. t.* **a)** *(intend)* wollen; **God has ~ed it so** Gott hat es so gewollt; **b)** *(compel by ~)* durch Willenskraft erzwingen; **~ oneself to do sth.** sich zwingen, etw. zu tun; **~ sb. to do sth.** ⟨*Hypnotiseur, Therapeut:*⟩ jmdm. suggerieren, etw. zu tun; **~ sb. to win** jmds. Sieg mit aller Kraft herbeiwünschen. **3.** *v. i.* wollen; **if God so ~s, God ~ing** so Gott will

**-willed** [wɪld] *adj. in comb.* **strong-/weak-~:** willensstark/-schwach; **be iron-~:** einen eisernen Willen haben

**willful** *etc. (Amer.) see* **wilful** *etc.*

**William** ['wɪljəm] *pr. n. (Hist., as name of ruler etc.)* Wilhelm *(der)*

**willies** ['wɪlɪz] *n. pl. (sl.)* **sb. gets the ~:** jmdm. wird ganz anders *(ugs.)*; **it gives me the ~:** dabei wird mir ganz anders *(ugs.)*

**willing** ['wɪlɪŋ] **1.** *adj.* **a)** *(ready)* willig; **ready and ~:** bereit; **be ~ to do sth.** bereit sein, etw. zu tun; **I'm ~ to believe you're right** ich will gerne glauben, daß du recht hast; **she'd be more ~ to do it/to help if ...:** sie wäre eher dazu bereit/eher bereit zu helfen, wenn ...; **he was ~ to be converted** er ließ sich bereitwillig bekehren; **if my daughter is ~, then you may marry her** wenn meine Tochter es will, dürfen Sie sie heiraten; **b)** *attrib. (readily offered)* willig; **she gave ~ assistance/help** sie half bereitwillig; **lend a ~ hand** bereitwillig helfen. **2.** *n.* **show ~:** guten Willen zeigen

**willingly** ['wɪlɪŋlɪ] *adv.* **a)** *(with pleasure)* gern[e]; **their ~ offered services** ihre bereitwillig angebotenen Dienste; **b)** *(voluntarily)* freiwillig; **they did not come ~:** sie kamen nur widerstrebend

**willingness** ['wɪlɪŋnɪs] *n., no pl.* Bereitschaft, *die;* **eager ~:** Beflissenheit, *die;* **he always shows a ~ to help** er ist immer bereit zu helfen

**will-o'-the-wisp** [wɪləðə'wɪsp] *n.* **a)** Irrlicht, *das;* **b)** *(fig.)* Schimäre, *die*

**willow** ['wɪləʊ] *n.* Weide, *die*

**willow: ~-herb** *n. (Bot.)* Weidenröschen, *das;* **~-pattern** *n.* Weidenmuster, *das;* **~-warbler** *n. (Ornith.)* Laubsänger, *der*

**willowy** ['wɪləʊɪ] *adj.* gertenschlank

'**will-power** *n.* Willenskraft, *die;* **her ~ has cracked** ihr Wille ist gebrochen

**willy** ['wɪlɪ] *n. (sl./child lang.)* Pimmel, *der (salopp, fam.)*

**willy-nilly** [wɪlɪ'nɪlɪ] *adv.* wohl oder übel ⟨*etw. tun müssen*⟩; **it will happen ~:** es wird so oder so passieren

**wilt** [wɪlt] **1.** *v. i.* **a)** *(Bot.: wither)* welk werden; welken; **b)** *(fig.: lose vigour)* ⟨*Person:*⟩ schlapp werden, *(ugs.)* abschlaffen; ⟨*Interesse, Begeisterung:*⟩ abflauen; ⟨*Hoffnung, Energie, Kraft*⟩ dahinschwinden. **2.** *v. t. (Bot.)* welken lassen; **the drought has ~ed the plants** durch die Trockenheit sind die Pflanzen welk geworden

**Wilton** ['wɪltən] *n.* Wiltonteppich, *der*

**wily** ['waɪlɪ] *adj.* listig; gewieft ⟨*Person*⟩; raffiniert ⟨*Trick, Argumentation, Plan usw.*⟩

**wimp** [wɪmp] *n. (coll. derog.)* Schlappschwanz, *der (ugs.)*

**wimpish** [wɪmpɪʃ] *adj. (coll. derog.)* lahmarschig *(derb)*

**win** [wɪn] **1.** *v. t.,* **-nn-, won** [wʌn] **a)** gewinnen; bekommen ⟨*Stipendium, Auftrag, Vertrag, Recht*⟩; ernten ⟨*Beifall, Dank*⟩; **~ the long jump** im Weitsprung gewinnen; **~ an argument/debate** aus einem Streit/einer Debatte als Sieger hervorgehen; **~ promotion** befördert werden; **~ sb. sth.** jmdm. etw. einbringen; **~ sb. sb.'s friendship** jmdm. jmds. Freundschaft gewinnen; **her sad story won his sympathy** ihre traurige Geschichte fand sein Mitgefühl; **~ a reputation [for oneself]** sich *(Dat.)* einen Ruf erwerben *od.* einen Namen machen; **~ sth. from** *or* **off sb.** jmdm. etw. abnehmen; **you can't ~ them all** *(coll.)*, **you ~ some, you lose some** *(coll.)* man kann nicht immer Glück haben; *see also* **spur 1 a; toss 3 a; b)** *(sl.: steal)* organisieren *(ugs.)*; **c) ~ one's way to the top** *(fig.)* sich an die Spitze hocharbeiten; **~ one's way to a scholarship** sich *(Dat.)* ein Stipendium verdienen; **~ oneself a place in the history books** sich *(Dat.)* einen Platz in den Geschichtsbüchern sichern; **~ one's way into sb.'s heart/affections** jmds. Herz/Zuneigung gewinnen; **d)** *(Mining)* gewinnen. **2.** *v. i.,* **-nn-, won a)** gewinnen; *(in battle)* siegen; **you ~** *(have defeated me)* du hast gewonnen *(ugs.)*; **those who ~:** die Gewinner/Sieger; **~ or lose** wie es auch ausgeht/ausgehen würde; **you can't ~** *(lit. or fig.) (coll.)* da hat man keine Chance *(ugs.)*; *(you can't satisfy everyone)* man kann es nicht allen recht machen; *see also* **canter 1; hand 1 g; head 1 a; b) ~ clear/free** sich befreien. **3.** *n.* Sieg, *der;* **have a ~:** gewinnen

**~ 'back** *v. t.* zurückgewinnen

**~ 'out** *v. i. (coll.)* **~ out [over sb./sth.]** sich [gegen jmdn./etw.] durchsetzen

**~ 'over, ~ 'round** *v. t.* bekehren; *(to one's side)* auf seine Seite bringen; *(convince)* überzeugen; **~ sb. over** *or* **round to a plan/to a faith/to one's point of view** jmdn. für einen Plan gewinnen/zu einem Glauben bekehren/zu seiner Ansicht bekehren *od.* von seiner Ansicht überzeugen

**~ 'through** *v. i.* Erfolg haben; **~ through to the next round** die nächste Runde erreichen

**wince** [wɪns] **1.** *v.i.* zusammenzucken (**at** bei); **she did not ~ when the dentist started drilling** sie verzog keine Miene, als der Zahnarzt anfing zu bohren; **he ~d under the pain/the insult** der Schmerz/die Beleidigung ließ ihn zusammenzucken. **2.** *n.* Zusammenzucken, *das;* **give a ~ [of pain]** [vor Schmerz] zusammenzucken; **without a ~:** ohne eine Miene zu verziehen; ohne mit der Wimper zu zucken

**winceyette** [wɪnsɪ'et] *n. (Brit. Textiles)* Flanell, *der*

**winch** [wɪntʃ] **1.** *n.* **a)** *(crank)* Kurbel, *die;* **b)** *(Brit. Fishing)* Rolle, *die;* Haspel, *die;* **c)** *(windlass)* Winde, *die.* **2.** *v.t.* winden; mit einer Winde ziehen; **~ up** hochwinden

**¹wind** [wɪnd] **1.** *n.* **a)** Wind, *der;* **before the ~** *(Naut.)* vor dem Wind; **be in the ~** *(fig.)* in der Luft liegen; **down the ~:** mit dem Wind; in der Richtung des Windes; **see how** *or* **which way the ~ blows** *or* **lies** *(fig.)* sehen, woher der Wind weht; **into the ~** *(Naut.)* in den Wind; **off the ~** *(Naut.)* aus dem Wind; **like the ~:** wie der Wind ⟨*laufen, fahren usw.*⟩; **sail close to** *or* **near the ~:** hart am Wind segeln; *(fig.)* sich hart an der Grenze des Erlaubten bewegen; **sail too close to** *or* **near the ~** *(fig.)* den Bogen überspannen; **take the ~ out of sb.'s sails** *(fig.)* jmdm. den Wind aus den Segeln nehmen; **throw sb.'s advice to the ~s** jmds. Rat in den Wind schlagen; **throw caution/discretion/one's principles to the ~s** alle Vorsicht/alle Diskretion/seine Grundsätze über Bord werfen; **to the [four] ~s** in alle [vier] Winde; **the ~[s] of change** ein frischer Wind *(fig.); see also* **whirlwind a; b)** *no pl. (Mus.) (stream of air) (in organ)* Wind, *der; (in other instruments)* Luftstrom, *der; (instruments)* Bläser; **c)** *no pl. (blast of air)* Luftstrom, *der; (of missile)* Druckwelle, *die;* **d)** *(Hunting)* Witterung, *die;* **get ~ of sth.** *(fig.)* Wind von etw. bekommen; **e)** *no pl., no indef. art. (flatulence)* Blähungen; **break ~:** eine Blähung abgehen lassen; **get/have the ~ up** *(sl.)* Manschetten *(ugs.) od.* Schiß *(salopp)* kriegen/haben; **put the ~ up sb.** *(sl.)* jmdm. Schiß machen *(salopp);* **f)** *(breath)* **lose/have lost one's ~:** außer Atem kommen/sein; **recover** *or* **get one's ~:** wieder zu Atem kommen; **you need a lot of ~ to run such a long distance** der Atem darf einem nicht so schnell ausgehen, wenn man so eine lange Strecke laufen will; **get one's second ~** *(lit. or fig.)* sich wieder steigern; **pause to get one's second ~** *(fig.)* eine Pause machen, um einen neuen Anlauf zu nehmen; **g)** *no pl., no art. (empty words)* [leeres] Geschwätz. **2.** *v.t.* **a)** *(make breathless)* außer Atem bringen; **the blow ~ed him** der Schlag nahm ihm den Atem; **be ~ed** außer Atem sein; **he was ~ed by the blow to his stomach** nach dem Schlag in die Magengrube schnappte er nach Luft; **b)** *(burp)* ein Bäuerchen machen lassen *(fam.)* ⟨*Baby*⟩

**²wind** [waɪnd] **1.** *v.i.,* **wound** [waʊnd] **a)** *(curve)* sich winden; *(move)* sich schlängeln; **the road wound through/among the hills** die Straße wand *od.* schlängelte sich zwischen den Hügeln hindurch; **b)** *(coil)* sich wickeln. **2.** *v.t.,* **wound a)** *(coil)* wickeln; *(on to reel)* spulen; **~ wool into a ball** Wolle zu einem Knäuel aufwickeln; **~ sth. off sth./on [to] sth.** etw. von etw. [ab]wickeln/auf etw. *(Akk.)* [auf]wickeln; **~ sb. round one's finger** jmdn. um den Finger wickeln *(ugs.);* **b)** *(with key etc.)* aufziehen ⟨*Uhr*⟩; **c) ~ one's/its way** sich winden; sich schlängeln; **a road ~ing its way among the mountains** eine Straße, die sich zwischen den Bergen hindurchwindet *od.* -schlängelt; **d)** *(coil into ball)* zu einem Knäuel/zu Knäueln aufwickeln; **e)** *(surround)* wickeln; *(cover with coil)* umwickeln; bewickeln ⟨*Spule*⟩; **he wound the injured arm in a piece of cloth** er umwickelte den verletzten Arm mit einem Tuch; **f)** *(winch)* winden; **~ sth. with a winch** etw. mit einer Winde ziehen. **3.** *n.* **a)** *(curve)* Windung, *die;* **b)** *(turn)* Umdrehung, *die;* **give sth. a ~:** etw. aufziehen; **give the clock one more ~:** die Uhr noch [um] eine Umdrehung weiter aufziehen

**~ 'back** *v.t. & i.* zurückspulen

**~ 'down 1.** *v.t.* **a)** *(lower)* mit einer Winde herunter-/hinunterlassen; herunterdrehen ⟨*Autofenster*⟩; **b)** *(fig.: reduce gradually)* einschränken; drosseln ⟨*Produktion*⟩; *(and cease)* allmählich einstellen; auslaufen lassen ⟨*Produktion*⟩. **2.** *v.i. (lose momentum)* ablaufen; *(fig.)* ⟨*Produktion:*⟩ zurückgehen; *(cease)* auslaufen

**~ 'forward** *see* **~ on**

**~ 'in** *v.t.* einrollen ⟨*Angelschnur*⟩; einholen ⟨*Fisch, Tau*⟩; *(on to sth.)* aufwickeln

**~ 'on** *v.t. & i.* weiterspulen

**~ 'up 1.** *v.t.* **a)** *(raise)* hochwinden; *(winch up)* [mit einer Winde] hochziehen; hochdrehen ⟨*Autofenster*⟩; **b)** *(coil)* aufwickeln; **c)** *(with key etc.)* aufziehen ⟨*Uhr*⟩; **d)** *(make tense)* aufregen; erregen; **get wound up** sich aufregen; sich erregen; **she was wound up to a fury** sie kochte vor Wut; **e)** *(coll.: annoy deliberately)* auf die Palme bringen *(ugs.);* **f)** *(conclude)* beschließen ⟨*Debatte, Rede*⟩; **g)** *(Finance, Law)* auflösen; einstellen ⟨*Aktivitäten*⟩; **~ up one's affairs** seine Angelegenheiten in Ordnung bringen. **2.** *v.i.* **a)** *(conclude)* schließen; **he wound up for the Government** er sprach als letzter Redner aus dem Regierungslager; **..., he said, ~ing up: ...** sagte er abschließend; **~ up with ice-cream** mit Eis abschließen; **b)** *(Commerc.)* ⟨*Firma:*⟩ aufgelöst werden; **c)** *(coll.: end up)* **~ up in prison/hospital** [zum Schluß] im Gefängnis/Krankenhaus landen *(ugs.);* **~ up with a broken leg** sich *(Dat.)* am Ende noch ein gebrochenes Bein einhandeln. *See also* **wind-up**

**wind** [wɪnd]: **~bag** *n. (derog.)* Schwätzer, *der*/Schwätzerin, *die;* **~ band** *n. (Mus.)* Blaskapelle, *die; (section of orchestra)* Bläsergruppe, *die;* **~-blown** *adj.* vom Wind zerzaust ⟨*Haar*⟩; **~-break** *n.* Windschutz, *der;* **~breaker** *(Amer.),* **~-cheater** *(Brit.) ns.* Windjacke, *die;* **~-chest** *n. (Mus.)* Windlade, *die;* **~-chill** *n. (Meteorol.)* **~-chill [factor** *or* **index]** Wind-chill-Index, *der;* **~-cone** *see* **wind-sock**

**winded** ['wɪndɪd] *adj.* nach Luft schnappend *nicht präd.;* **be ~:** außer Atem sein

**winder** ['waɪndə(r)] *n. (of watch)* Krone, *die; (of clock, toy)* Aufziehschraube, *die; (key)* Schlüssel, *der*

**wind** [wɪnd]: **~fall** *n.* **a)** Stück Fallobst; *(apple)* Fallapfel, *der;* **~s** Fallobst, *das;* **b)** *(fig.)* warmer Regen *(ugs.);* **repeated ~falls** ein warmer Regen nach dem anderen; **~ farm** *n.* Windpark, *der;* Windfarm, *die;* **~-flower** *n. (Bot.)* Windröschen, *das;* **~-force** *n. (Meteorol.)* Windstärke, *die;* **~-gauge** *n. (Meteorol.)* Windmesser, *der;* **~hover** *n. (Ornith.)* Rüttelfalke, *der*

**winding** ['waɪndɪŋ] **1.** *attrib. adj.* gewunden; **the ~ procession** der sich dahinschlängelnde Zug. **2.** *n.* **a)** *in pl. (of road, river)* Windungen; **b)** *(Electr.)* Wicklung, *die*

**winding: ~ sheet** *n.* Leichentuch, *das;* **~ 'staircase** *n.* Wendeltreppe, *die*

**wind** [wɪnd]: **~ instrument** *n. (Mus.)* Blasinstrument, *das;* **~jammer** ['wɪnddʒæmə(r)] *n. (Naut.)* Windjammer, *der*

**windlass** ['wɪndləs] *n.* Winde, *die*

**windless** ['wɪndlɪs] *adj.* windstill

**windmill** ['wɪndmɪl] *n.* **a)** Windmühle, *die; (to drive generator, water pump, etc.)* Windrad, *das;* **tilt at** *or* **fight ~s** *(fig.)* gegen Windmühlen kämpfen; **b)** *(toy)* Windrädchen, *das*

**window** ['wɪndəʊ] *n.* **a)** Fenster, *das;* **break a ~:** eine Fensterscheibe zerbrechen; ⟨*Einbrecher:*⟩ eine Fensterscheibe einschlagen; **go out of the ~** *(fig. coll.)* den Bach runtergehen *(ugs.);* **b)** *(fig.: means of observation)* **a ~ on the West/world** ein Fenster zum Westen/zur Welt; **a ~ on life** ein Spiegel des Lebens; **c)** *(for display of goods)* [Schau]fenster, *das;* **d)** *(for issue of tickets etc.)* Schalter, *der;* **e)** *(Astronaut.: time when launch is possible)* Startfenster, *das;* **f)** *(Computing)* Fenster, *das*

**window: ~-box** *n.* Blumenkasten, *der;* **~-cleaner** *n.* Fensterputzer, *der*/-putzerin, *die;* **~-cleaning** *n.* Fensterputzen, *das;* **~ display** *n.* Schaufensterauslage, *die;* **~-dresser** *n.* Schaufensterdekorateur, *der*/-dekorateurin, *die;* **~-dressing** *n.* Schaufensterdekoration, *die; (fig.)* Schönfärberei, *die;* **~ envelope** *n.* Fenster[brief]umschlag, *der;* **~-frame** *n.* Fensterrahmen, *der;* **~-ledge** *n. (inside)* Fensterbank, *die; (outside)* Fenstersims, *der od. das;* **~-pane** *n.* Fensterscheibe, *die;* **~-seat** *n. (in building)* Fensterbank, *die; (in train etc.)* Fensterplatz, *der;* **~-shopper** *n.* Schaufensterbummler, *der*/-bummlerin, *die;* **~-shopping** *n.* Schaufensterbummeln, *das;* **go ~-shopping** einen Schaufensterbummel machen; **~-sill** *see* **~-ledge**

**wind** [wɪnd]: **~pipe** *n. (Anat.)* Luftröhre, *die;* **~ power** *n.* Windkraft, *die;* **~ proof** *adj.* windabweisend; **~proof jacket** Windjacke, *die;* **~ pump** *n.* Windpumpe, *die;* **~-rose** *n. (Meteorol.)* Windrose, *die;* **~screen,** *(Amer.)* **~shield** *ns. (Motor Veh.)* Windschutzscheibe, *die;* **~screen/shield-wiper** Scheibenwischer, *der;* **~-sleeve, ~-sock** *ns. (Aeronaut.)* Windsack, *der;* **~surfer** *n.* Windsurfer, *der;* **~surfing** *n. (Sport)* Windsurfen, *das;* **~-swept** *adj.* windgepeitscht; vom Wind zerzaust ⟨*Person, Haare*⟩; **the ~-swept lake** der vom Wind bewegte See; **~-tunnel** *n. (Aeronaut.)* Windkanal, *der*

**wind-up** ['waɪndʌp] *n.* **a)** *(end)* [Ab]schluß, *der;* **b)** *(sl.: attempt to annoy)* **is this a ~?** willst du mich auf die Palme bringen? *(ugs.)*

**windward** ['wɪndwəd] **1.** *adj.* **~ side** Windseite, *die;* Luvseite, *die (bes. Seemannsspr.);* **in a ~ direction** gegen den Wind; luvwärts *(Seemannsspr.);* **W~ Islands** *pr. n. pl.* Inseln über dem Winde. **2.** *adv.* gegen den Wind. **3.** *n.* Windseite, *die;* Luv, *die (Seemannsspr.);* **sail to ~:** gegen den Wind segeln; **get to ~ of sth.** auf die Windseite einer Sache *(Gen.)* gehen/fahren *usw.*

**windy** ['wɪndɪ] *adj.* **a)** windig ⟨*Tag, Ort, Wetter*⟩; **b)** *(wordy, empty)* phrasenhaft; Phrasen dreschend *(abwertend)* ⟨*Person*⟩; **he is ~ and ineffectual** er drischt nur Phrasen und tut nichts; **c)** *(sl.: frightened)* **be/get ~:** Manschetten *(ugs.) od. (salopp)* Schiß haben/kriegen

**wine** [waɪn] *n.* **a)** Wein, *der;* **~, women, and song** Wein, Weib und Gesang; **put new ~ in old bottles** *(fig.)* neuen Wein in alte Schläuche füllen; *see also* **spirit 1k; b)** *(colour)* Weinrot, *das*

**wine: ~ and 'dine** *v.t.* in großem Stil *od. (ugs.)* groß bewirten; **be ~d and dined at sb.'s expense** auf jmds. Kosten schlemmen; **~-bar** *n.* Weinstube, *die;* **~bottle** *n.* Weinflasche, *die;* **~-cellar** *n.* [Wein]keller, *der;* **~-cooler** *n.* Weinkühler, *der;* **~glass** *n.* Weinglas, *das;* **~-grower** *n.* Winzer, *der;* **~-growing 1.** *n.* Weinbau, *der;* **2.** *adj.* **~-growing area** Weingegend, *die;* **~-list** *n.* Weinkarte, *die;* **~-making** *n.* *Herstellung von Wein zu Hause in kleineren Mengen;* **~-merchant** *n.* Weinhändler, *der*/-händlerin, *die;* **~-merchants** *(business)* Weinhandlung, *die;* **~-'red** *adj.* weinrot

**winery** ['waɪnərɪ] *n.* Weinkellerei, *die*

**wine: ~-taster** *n.* Weinverkoster, *der*/ -verkosterin, *die;* **~-tasting** ['waɪnteɪstɪŋ] *n.* Weinprobe, *die;* **~-vault** *n.* Weinkeller, *der;* **~-'vinegar** *n.* Weinessig, *der;* **~-waiter** *n.* Weinkellner, *der*

**wing** [wɪŋ] **1.** *n.* **a)** *(Ornith., Archit., Sport)* Flügel, *der;* **take ~:** auffliegen; **on the ~:** im Fluge; **spread** *or* **stretch one's ~s** *(fig.)* sich auf eigene Füße stellen; **take sb. under one's ~:** jmdn. unter seine Fittiche nehmen; **lend sb. ~s/lend ~s to sb.'s feet** jmdn./ jmds. Schritte beflügeln; **b)** *(Aeronaut.)* [Trag]flügel, *der;* Tragfläche, *die;* **~s** *(badge)* Pilotenabzeichen, *das;* Fliegerabzeichen, *das;* **get/have [got] one's ~s** seinen Pilotenschein kriegen/haben; **c)** *in pl. (Theatre)* Kulissen; **wait in the ~s** *(fig.)* auf seine Chance warten; **d)** *(Brit. Motor Veh.)* Kotflügel, *der;* **e)** *(Air Force)* Geschwader, *das.* **2.** *v. t.* **a)** *(wound)* am Flügel treffen, *(Jägerspr.)* flügeln ⟨*Vogel*⟩; am Arm treffen ⟨*Person*⟩; **b)** *(fig.: speed)* beflügeln *(geh.);* **c)** *(fly)* **~ one's way** fliegen. **3.** *v. i.* fliegen

**wing: ~-case** *n. (Zool.)* Deckflügel, *der;* **~-chair** *n.* Ohrensessel, *der;* **~-'collar** *n.* Ecken- *od.* Klappenkragen, *der;* **~ commander** *n. (Brit. Air Force)* Geschwaderkommandeur, *der*

**wingding** ['wɪŋdɪŋ] *n. (Amer. sl.)* **a)** *(party)* Sause, *die (salopp);* **b)** *(seizure)* [simulierter] Krampfanfall; **throw a ~:** einen Krampfanfall simulieren

**winged** [wɪŋd] *adj.* **a)** *(having wings)* geflügelt; **b)** *(wounded)* flügellahm geschossen; geflügelt *(Jägerspr.)*

**-winged** *adj. in comb.* mit ... Flügeln *nachgestellt;* **white-/black-/short-/long-~:** weiß-/ schwarz-/kurz-/langflügelig

**winger** ['wɪŋə(r)] *n. (Sport)* Außenstürmer, *der*/-stürmerin, *die;* Flügel, *der*

**wing: ~-mirror** *n. (Brit. Motor Veh.)* Außenspiegel, *der;* **~-nut** *n.* Flügelmutter, *die;* **~-span, ~-spread** *ns.* [Flügel]spannweite, *die;* **~-tip** *n.* Flügelspitze, *die*

**wink** [wɪŋk] **1.** *v. i.* **a)** *(blink)* blinzeln; *(as signal)* zwinkern; **~ at sb.** jmdm. zuzwinkern; **be as easy as ~ing** kinderleicht *od.* ein Kinderspiel sein; **do sth. as easy as ~ing** *(coll.)* etw. mit Leichtigkeit tun; **b)** *(twinkle, flash)* blinken; **c) ~ at sth.** *(fig.: ignore)* über etw. *(Akk.)* hinwegsehen. **2.** *v. t.* **a) ~ one's eye/eyes** blinzeln; *(as signal)* zwinkern; **~ one's eye at sb.** jmdm. zuzwinkern; **b)** *(flash)* blinken ⟨*Signal, Nachricht usw.*⟩. **3.** *n.* **a)** Blinzeln, *das; (signal)* Zwinkern, *das;* **give sb. a [secret/sly/knowing** *etc.*] **~:** jmdm. [heimlich/verschmitzt/wissend *usw.*] zuzwinkern; *see also* **²tip 2 d; b) not get a ~ of sleep, not sleep a ~:** kein Auge zutun; *see also* **forty 1**

**winker** ['wɪŋkə(r)] *n. (Motor Veh.)* Blinker, *der*

**winkle** ['wɪŋkl] **1.** *n.* Strandschnecke, *die.* **2.** *v. t.* **~ out** herausholen, *(ugs.)* rauspfriemeln ⟨*Gegenstand, Substanz*⟩; herausholen ⟨*Person, Tier*⟩; **~ sth. out of sb.** *(fig.)* etw. aus jmdm. rauskriegen *(ugs.)*

**'winkle-picker** *n. (sl.) spitzer Schuh*

**winner** ['wɪnə(r)] *n.* **a)** Sieger, *der*/Siegerin, *die; (of competition or prize)* Gewinner, *der*/ Gewinnerin, *die; (winning shot)* Siegestreffer, *der; (winning goal)* Siegestor, *das;* **who is the ~ in this deal?** wer profitiert bei diesem Geschäft mehr?; **b)** *(successful thing)* Erfolg, *der; (successful play, product)* Renner, *der (ugs.);* Hit, *der (ugs.);* **you're on [to] a ~ with this idea/book** *(coll.)* diese Idee/ dieses Buch wird garantiert ein Renner *od.* Hit *(ugs.)*

**winning** ['wɪnɪŋ] *adj.* **a)** *attrib.* siegreich; **~ team** siegreiche Mannschaft; Siegermannschaft, *die;* **the ~ captain** der Kapitän der Siegermannschaft; **b)** *attrib. (bringing victory)* den Sieg bringend; **~ number** Gewinnzahl, *die;* **the ~ entry** die preisgekrönte Einsendung; **c)** *(charming)* einnehmend; gewinnend ⟨*Lächeln*⟩

**winningly** ['wɪnɪŋlɪ] *adv.* einnehmend; gewinnend ⟨*lächeln*⟩

**'winning-post** *n. (Sport)* Zielpfosten, *der*

**winnings** ['wɪnɪŋz] *n. pl.* Gewinn, *der*

**winnow** ['wɪnəʊ] *v. t. (Agric.)* worfeln; *(fig.)* scheiden; trennen

**~ 'out** *v. t. (Agric.)* ausscheiden ⟨*Spreu*⟩

**wino** ['waɪnəʊ] *n., pl.* **~s** *(sl.)* Wermutpenner, *der*/-pennerin, *die (salopp)*

**winsome** ['wɪnsəm] *adj.* einnehmend; gewinnend ⟨*Lächeln*⟩; **a ~ couple** ein reizendes Paar; **look ~:** reizend aussehen

**winter** ['wɪntə(r)] **1.** *n.* Winter, *der;* **in [the] ~:** im Winter; **last/next ~:** letzten/nächsten Winter; **the ~ of 1947–8** *or* **of 1947** der Winter 1947–48 *od.* [des Jahres] 1947; **~'s day** Wintertag, *der.* **2.** *attrib. adj.* Winter-. **3.** *v. i.* den Winter verbringen; ⟨*Truppe, Tier:*⟩ überwintern

**winter: ~ garden** *n.* Wintergarten, *der;* **~green** *n. (Bot.) (Pyrola)* Wintergrün, *das; (Gaultheria)* Gaultheria, *die*

**winterize (winterise)** ['wɪntəraɪz] *v. t.* winterfest machen

**winter: ~ 'jasmine** *see* **jasmin[e]; W~ O'lympics** *see* **Olympics; ~ 'quarters** *n. pl. (Mil.)* Winterquartier, *das;* Winterlager, *das;* **~ 'sleep** *n.* Winterschlaf, *der;* **~ 'solstice** *see* **solstice a; ~ 'sport** *n.* **a)** *usu. in pl.* Wintersport, *der;* **b)** *(particular sport)* Wintersportart, *die;* **~-time** *n.* Winter[s]zeit, *die;* **in [the] ~-time** im Winter; **~-weight** *adj. (Textiles)* Winter-; **the coat is ~-weight** dies ist ein Wintermantel

**wintry** ['wɪntrɪ] *adj.* **a)** winterlich; rauh ⟨*Klima*⟩; kalt ⟨*Wind*⟩; **~ shower** Schneegestöber, *das;* **cold and ~:** winterlich kalt; **b)** *(fig.)* frostig ⟨*Lächeln*⟩

**wipe** [waɪp] **1.** *v. t.* **a)** abwischen; [auf]wischen ⟨*Fußboden*⟩; *(dry)* abtrocknen; **~ one's mouth** sich *(Dat.)* den Mund abwischen; **~ one's brow/eyes/nose** sich *(Dat.)* die Stirn wischen/die Tränen abwischen/ die Nase abwischen; **~ one's feet/shoes** [sich *(Dat.)*] die Füße/Schuhe abtreten; **~ sb./sth. clean/dry** jmdn./etw. abwischen/ abtrocknen; *see also* **floor 1 a; b)** *(get rid of)* [ab]wischen; löschen ⟨*Bandaufnahme*⟩; **~ one's/sb.'s tears/the tears from one's/sb.'s eyes** sich/jmdm. die Tränen abwischen/aus den Augen wischen; **~ sb./sth. off the face of the earth** jmdn./etw. vollständig *od.* restlos austilgen; **~ that smile off your face!** hör auf, so unverschämt zu grinsen!; **I'll soon ~ the smile off your face** dir wird das Grinsen gleich vergehen; *see also* **map 1 b. 2.** *n.* **a)** Wisch, *der (ugs.);* **give sth. a ~:** etw. abwischen; *(dry sth.)* etw. abtrocknen; **this glass/your face needs a ~:** dieses Glas/dein Gesicht müßte einmal abgewischt werden; **b)** *(tissue)* Reinigungstuch, *das (aus Papier)*

**~ a'way** *v. t.* wegwischen; **~ away a tear/ one's tears** sich *(Dat.)* eine Träne/die Tränen abwischen

**~ 'down** *v. t.* abwischen; *(dry)* abtrocknen

**~ 'off** *v. t.* **a)** *(remove)* wegwischen; löschen ⟨*Bandaufnahme*⟩; **b)** *(pay off)* zurückzahlen ⟨*Schulden*⟩; ablösen ⟨*Hypothek*⟩

**~ 'out** *v. t.* **a)** *(clean)* auswischen; **b)** *(remove)* wegwischen; *(erase)* auslöschen; **c)** *(cancel)* tilgen; zunichte machen ⟨*Vorteil, Gewinn usw.*⟩; **d)** *(destroy, abolish)* ausrotten ⟨*Rasse, Tierart, Feinde*⟩; ersticken ⟨*Widerstand*⟩; ausmerzen ⟨*Seuche, Korruption, Terrorismus*⟩; **e)** *(coll.: murder)* aus dem Weg räumen

**~ 'over** *v. t.* wischen über (+ *Akk.*)

**~ 'up 1.** *v. t.* **a)** aufwischen; **b)** *(dry)* abtrocknen. **2.** *v. i.* abtrocknen

**wiper** ['waɪpə(r)] *n.* **a)** *(Motor Veh.)* Wischer, *der;* **b)** *(Electr.)* Kontaktarm, *der*

**'wiper blade** *n. (Motor Veh.)* Wischerblatt, *das*

**wire** ['waɪə(r)] **1.** *n.* **a)** Draht, *der;* **pull ~s** *(fig.)* = **pull strings** *see* **string 1 a; b)** *(barrier)* Drahtverhau, *der od. das; (fence)* Drahtzaun, *der; see also* **mesh 1 b; c)** *(Electr., Teleph.)* Leitung, *die;* **a piece** *or* **length of ~:** ein Stück [Leitungs]draht; **telephone/telegraph ~:** Telefon-/Telegrafenleitung, *die;* **the ~s were humming** die Drähte summten; **get one's** *or* **the ~s crossed** *(fig.)* auf der Leitung stehen *(ugs.); see also* **live wire; d)** *(coll.: telegram)* Telegramm, *das.* **2.** *v. t.* **a)** *(fasten with ~)* mit Draht zusammenbinden; *(stiffen with ~)* mit Draht versteifen; **~ sth. together** etw. mit Draht verbinden; **b)** *(Electr.)* **~ sth. to sth.** etw. an etw. *(Akk.)* anschließen; **~ a house** *(lay wiring circuits)* in einem Haus die Stromleitungen legen; **is the house ~d for a telephone?** hat das Haus einen Telefonanschluß?; **~ a studio for sound** in einem Studio Tonleitungen [ver]legen; **c)** *(coll.: telegraph)* **~ sb.** jmdm. *od.* an jmdn. telegrafieren; **~ money** Geld telegrafisch überweisen. **3.** *v. i. (coll.)* telegrafieren; **she ~d for him to come** sie telegrafierte ihm, er solle kommen

**~ 'up** *v. t. (Electr.)* anschließen (**to** an + *Akk.*)

**wire: ~ 'brush** *n.* Drahtbürste, *die;* **~-cutters** *n. pl.* Drahtschneider, *der;* **~ gauge** *n.* **a)** *(instrument)* Drahtlehre, *die;* **b)** *(series of sizes) Standardsstärken für Drähte/Bleche;* **~-haired** *adj. (Zool.)* drahthaarig; Drahthaar⟨*terrier, -fox*⟩

**wireless** ['waɪəlɪs] **1.** *adj. (Brit.) see* **radio 2 a. 2.** *n.* **a)** *(Brit.)* Radio, *das;* **b)** *(telegraphy)* Funk, *der;* **by ~:** über Funk *(Akk.)*

**wireless: ~ set** *n. (Brit. dated)* Radioapparat, *der (veralt.);* **~ te'legraphy** *n.* drahtlose Telegrafie

**wire: ~ 'netting** *see* **netting b; ~ 'rope** *n.* Drahtseil, *das;* **~-strippers** *n. pl.* Abisolierzange, *die;* **~-tapping** *see* **phonetapping; ~ 'wheel** *n. (Motor Veh.)* [Draht]speichenrad, *das;* **~ 'wool** *n.* Stahlwolle, *die;* **~-worm** *n. (Zool.)* Drahtwurm, *der*

**wiring** ['waɪərɪŋ] *n., no pl., no indef. art. (Electr.)* [elektrische] Leitungen

**'wiring diagram** *n. (Electr.)* Schaltplan, *der;* Schaltbild, *das*

**wiry** ['waɪərɪ] *adj.* drahtig; drahtartig ⟨*Stengel*⟩

**wisdom** ['wɪzdəm] *n., no pl.* **a)** Weisheit, *die;* **worldly ~:** Weltklugheit, *die;* **b)** *(prudence)* Klugheit, *die;* **where is the ~ of such a move/in doing that?** was für einen Sinn hat solch ein Schritt/hat es, das zu tun?; **her words are always full of ~:** was sie sagt, ist immer sehr klug; **words of ~:** weise Worte; *(advice)* weise Ratschläge

**'wisdom tooth** *n.* Weisheitszahn, *der*

**¹wise** [waɪz] *adj.* **a)** weise; vernünftig ⟨*Meinung*⟩; **be ~ after the event** so tun, als hätte man es immer schon gewußt; **b)** *(prudent)* klug ⟨*Vorgehensweise*⟩; vernünftig ⟨*Lebensweise, Praktik*⟩; **the ~ thing to do would be to ...:** am klügsten wäre es, ... zu ...; **you'd be ~ to ignore it** du tätest gut daran, es zu ignorieren; **c)** *(informed)* **be none the** *or* **no/not much ~r** kein bißchen *od.* nicht/nicht viel klüger als vorher sein; **without anyone's being [any] the ~r** ohne daß es jemand merkt; **d)** *(coll.: aware)* **be ~ to sb./sth.** jmdn./etw. kennen; **be ~ to what's going on** wissen, was läuft *(ugs.);* **she was ~ to the fact that ...:** ihr war klar, daß ...; **get ~ to sb./sb.'s tricks** jmdm. auf die Schliche kommen; **get ~ to sth.** etw. spitzkriegen *(ugs.);* **get ~ to sb.'s plans** dahinterkommen *(ugs.),* was jmd. vorhat; **put sb. ~:** jmdm. die Augen öffnen; **put sb. ~ to sth.** jmdn. über etw. *(Akk.)* aufklären; **put sb. ~ to sb.** jmdm., was jmdn. betrifft, die Augen öffnen

**~ 'up** *(Amer. sl.)* **1.** *v. t.* **~ sb. up [to sth.]** jmdn. [über etw.] aufklären; **I'd like to ~ you up to him** ich möchte dir über ihn die

Augen öffnen. **2.** *v. i.* ~ **up to sth.** sich *(Dat.)* über etw. klarwerden; ~ **up to sb./sb.'s tricks** jmdm. auf die Schliche kommen

**²wise** *n. (arch.: manner)* Weise, *die*

**-wise** *adv. in comb.* **a)** *(in the direction of)* **length~:** der Länge nach; **clock~:** im Uhrzeigersinn; **b)** *(coll.: as regards)* -mäßig; was ... betrifft; **weather~:** wettermäßig; was das Wetter betrifft; **health~:** in puncto Gesundheit; gesundheitlich

**wise:** **~acre** *n.* Klugschwätzer, *der*/-schwätzerin, *die (ugs. abwertend);* **~crack** *(coll.)* **1.** *n.* witzige Bemerkung; **make a ~crack** witzeln (**about** über + *Akk.*); **2.** *v. i.* witzeln; ~ **guy** *n. (coll.)* Klugscheißer, *der (salopp abwertend)*

**wisely** ['waɪzlɪ] *adv.* **a)** weise; **live ~:** das Leben eines Weisen führen; **b)** *(prudently)* klug; *as sentence-modifier* klugerweise

**wise 'man** *n.* Weise, *der; (arch.: magician)* Magier, *der;* **the Three W~ Men** *(Bibl.)* die drei Weisen [aus dem Morgenland]

**wish** [wɪʃ] **1.** *v. t.* **a)** *(desire, hope)* wünschen; **I ~ I was** *or* **were rich** ich wollte *od. (geh.)* wünschte, ich wäre reich; **I do ~ he would come** wenn er nur kommen würde; **I ~ you would shut up** es wäre mir lieb, wenn du den Mund hieltest; **it is to be ~ed that ...** *(formal)* es ist zu hoffen *od.* man muß hoffen, daß ...; **'~ you were here'** *(on postcard)* „schade, daß du nicht hier bist"; **b)** *with inf. (want)* wünschen *(geh.);* **do you really ~ me to go?** ist es wirklich dein Wunsch *od.* möchtest du wirklich, daß ich gehe?; **I ~ to go** ich möchte *od.* will gehen; **I ~ you to stay** ich möchte *od.* will, daß du bleibst; **I ~ it [to be] done** ich wünsche *(geh.) od.* möchte *od.* will, daß es getan wird; **c)** *(say that one hopes sb. will have sth.)* wünschen; ~ **sb. luck/success** *etc.* jmdm. Glück/Erfolg *usw.* wünschen; ~ **sb. good morning/a happy birthday** jmdm. guten Morgen sagen/zum Geburtstag gratulieren; ~ **sb. ill/well** jmdm. [etwas] Schlechtes/alles Gute wünschen; **I ~ him no harm** ich wünsche ihm nichts Schlechtes; **d)** *(coll.: foist)* ~ **sb./sth. on sb.** *(coll.)* jmdm. jmdn./etw. aufhalsen *(ugs.).* **2.** *v. i.* wünschen; **come on, ~!** nun, wünsch dir was!; ~ **for sth.** sich *(Dat.)* etw. wünschen; **or is that too much to ~ for?** *(iron.)* oder ist das [vielleicht] zuviel verlangt?; **what more could one ~ for?** was will man mehr?; **they have everything they could possibly ~ for** sie haben alles, was sie sich *(Dat.)* nur wünschen können; **she ~ed for something to happen** sie wünschte, daß etwas passierte. **3.** *n.* **a)** Wunsch, *der;* **her ~ is that ...:** es ist ihr Wunsch *od.* sie wünscht, daß ...; **I have no [great/particular] ~ to go** ich habe keine [große/besondere] Lust zu gehen; **I have no ~ for fame/anything** mir ist an Ruhm *(Dat.)* nicht gelegen/ich habe keine Wünsche; **make a ~:** sich *(Dat.)* etwas wünschen; **the ~ is father to the thought** *(prov.)* der Wunsch ist der Vater des Gedankens; **your ~ is my command** *(joc.)* dein Wunsch ist mir Befehl *(scherzh.);* **send sb. one's best ~es for a speedy recovery** jmdm. die besten Wünsche für eine schnelle Genesung schicken; **she sends you her good/best ~es** sie läßt dich herzlich grüßen; **with best/[all] good ~es, with every good ~:** mit den besten/allen guten Wünschen (**on, for** zu); **b)** *(thing desired)* **get** *or* **have one's ~:** seinen Wunsch erfüllt bekommen; **at last he has [got] his ~:** endlich ist sein Wunsch in Erfüllung gegangen

~ **a'way** *v. t.* wegwünschen

**'wishbone** *n. (Ornith.)* Gabelbein, *das*

**wishful** ['wɪʃfl] *adj.* sehnsuchtsvoll *(geh.)* ‹*Blick, Verlangen*›; ~ **thinking** Wunschdenken, *das*

**'wish-fulfilment** *n. (Psych.)* Wunscherfüllung, *die*

**'wishing-well** *n.* Wunschbrunnen, *der*

**wishy-washy** ['wɪʃɪwɒʃɪ] *adj.* labberig *(ugs.); (fig.)* lasch

**wisp** [wɪsp] *n. (of straw)* Büschel, *das;* ~ **of hair** Haarsträhne, *die;* ~ **of cloud/smoke** Wolkenfetzen, *der*/Rauchfahne, *die;* **she is just a ~ of a girl** sie ist nur ein Strich

**wispy** ['wɪspɪ] *adj.* dünn ‹*Gras, Haar*›; schmächtig ‹*Person, Figur*›; ~ **clouds/smoke** Wolkenfetzen/Rauchfähnchen

**wistaria** [wɪ'steərɪə], **wisteria** [wɪ'stɪərɪə] *n. (Bot.)* Glyzine, *die;* Glyzinie, *die*

**wistful** ['wɪstfl] *adj.* wehmütig; melancholisch ‹*Person, Typ*›; traurig ‹*Augen*›

**wistfully** ['wɪstfəlɪ] *adv.* wehmütig

**wistfulness** ['wɪstflnɪs] *n., no pl.* Wehmütigkeit, *die;* Wehmut, *die (geh.); (of eyes)* Traurigkeit, *die;* **a look/an expression full of ~:** ein wehmutsvoller Blick/Ausdruck *(geh.)*

**¹wit** [wɪt] *n.* **a)** *(humour)* Witz, *der;* **have a ready ~:** schlagfertig sein; **b)** *(intelligence)* Geist, *der;* **battle of ~s** intellektueller Schlagabtausch; **be at one's ~'s** *or* **~s' end** sich *(Dat.)* keinen Rat mehr wissen; **he was at his ~'s** *or* **~s' end to know what to do next** er wußte nicht mehr weiter; **collect** *or* **gather one's ~s** zu sich kommen; **drive sb. out of his/her ~s** jmdn. um den Verstand bringen; **frighten** *or* **scare sb. out of his/her ~s** jmdm. Todesangst einjagen; **be frightened** *or* **scared out of one's ~s** Todesangst haben; **have/keep one's ~s about one** auf Draht sein *(ugs.)*/nicht den Kopf verlieren; **live by one's ~s** sich irgendwie durchschlagen *od.* durchs Leben schlagen; **c)** *(person)* geistreicher Mensch

**²wit** *v. i.* **to ~:** nämlich

**witch** [wɪtʃ] *n. (lit. or fig.)* Hexe, *die; see also* **sabbath c**

**witch:** **~craft** *n., no pl.* Hexerei, *die;* **~-doctor** *n.* Medizinmann, *der;* **~-hazel** *see* **wych-hazel;** **~-hunt** *n. (lit. or fig.)* Hexenjagd, *die* (**for** auf + *Akk.*)

**witching** ['wɪtʃɪŋ] *adj.* **the ~ hour** die Geisterstunde

**with** [wɪð] *prep.* **a)** mit; **put sth. ~ sth.** etw. zu etw. stellen/legen; **have no pen to write ~:** nichts zum Schreiben haben; **I'll be ~ you in a minute** ich komme gleich; **a frontier ~ a country** eine Grenze zu einem Land; **be ~ it** *(coll.)* up to date sein; **not be ~ sb.** *(coll.: fail to understand)* jmdm. nicht folgen können; **I'm not ~ you** *(coll.)* ich komme nicht mit; **he that is not ~ me is against me** wer nicht mit mir ist, der ist wider mich *(bibl.);* **be one ~ sb./sth.** mit jmdm./etw. eins sein; **b)** *(in the care or possession of)* bei; **I have no money ~ me** ich habe kein Geld dabei *od.* bei mir; **c)** *(owing to)* vor (+ *Dat.*); **tremble ~ fear** vor Angst zittern; **d)** *(displaying)* mit; ~ **courage** mutig; **handle ~ care** vorsichtig behandeln; **e)** *(while having)* bei; **sleep ~ the window open** bei offenem Fenster schlafen; **speak ~ one's mouth full** mit vollem Mund sprechen; **f)** *(in regard to)* **be patient ~ sb.** mit jmdm. geduldig sein; **have influence ~ sb.** auf jmdn. Einfluß haben; **what do you want ~ me?** was wollen Sie von mir?; **how are things ~ you?** wie geht es dir?; **what can he want ~ it?** was mag er damit vorhaben?; **g)** *(at the same time as, in the same way as)* mit; ~ **that** damit; **h)** *(employed by)* bei; **i)** *(despite)* trotz; *see also* **²will 1 d**

**withal** [wɪ'ðɔ:l] *(arch.) adv.* obendrein

**with'draw** **1.** *v. t., forms as* **draw:** **a)** *(pull back, retract)* zurückziehen; **b)** *(remove)* nehmen *(fig.)* (**from** aus); abziehen ‹*Truppen*› (**from** aus); ~ **sth. from circulation/an account** etw. aus dem Verkehr ziehen/von einem Konto abheben. **2.** *v. i., forms as* **draw 1, 2** sich zurückziehen

**withdrawal** [wɪð'drɔ:əl] *n.* **a)** Zurücknahme, *die;* **b)** *(removal) (of privilege)* Entzug, *der; (of troops)* Abzug, *der; (of money)* Abhebung, *die;* **make a ~ from the bank** Geld von der Bank abheben; **c)** *(from drugs)* Entzug, *der;* ~ **symptoms** Entzugserscheinungen

**with'drawal slip** *n.* Auszahlungsschein, *der*

**with'drawn** *adj. (unsociable)* verschlossen

**withe** [wɪθ, wɪð, waɪð] *n.* Weidenrute, *die*

**wither** ['wɪðə(r)] **1.** *v. t.* **a)** *(shrivel)* verdorren lassen; **the plants had been ~ed by the heat** die Pflanzen waren durch die Hitze verdorrt; **age cannot ~ her** *(literary)* ihre Schönheit welkt nicht mit dem Alter; **b)** *(overwhelm with scorn)* mit Verachtung strafen. **2.** *v. i.* [ver]welken

~ **a'way** *v. i. (lit. or fig.)* dahinwelken *(geh.)*

~ **'up** *see* ~ **2**

**withered** ['wɪðəd] *adj.* verwelkt ‹*Gras, Pflanze*›; verkrüppelt ‹*Gliedmaße*›

**withering** ['wɪðərɪŋ] *adj.* vernichtend ‹*Blick, Bemerkung*›; sengend ‹*Hitze*›

**witheringly** ['wɪðərɪŋlɪ] *adv.* voller Verachtung

**withers** ['wɪðəz] *n. pl.* Widerrist, *der*

**with'hold** *v. t., forms as* **²hold:** **a)** *(refuse to grant)* verweigern; versagen *(geh.);* **b)** *(hold back)* verschweigen ‹*Wahrheit*›; ~ **sth. from sb.** jmdm. etw. vorenthalten

**with'holding tax** *n. (Amer.)* Abzug[s]steuer, *die*

**within** [wɪ'ðɪn] **1.** *prep.* **a)** *(on the inside of)* innerhalb; ~ **myself/yourself** *etc.* in meinem/deinem *usw.* Inneren; ~ **doors** drinnen; im Haus; **her heart sank ~ her** *(literary)* aller Mut verließ sie; *see also* **wheel 1 a;** **b)** *(not beyond)* im Rahmen (+ *Gen.*); ~ **the meaning of the Act** *etc.* im Sinne des Gesetzes *usw.;* **stay/be ~ the law** den Boden des Gesetzes nicht verlassen; ~ **oneself** ohne sich zu verausgaben; *see also* **¹bound 1 a; means b; reason 1 b;** **c)** *(not farther off than)* ~ **eight miles of sth.** acht Meilen im Umkreis von etw.; **we were ~ eight miles of our destination when ...:** wir waren kaum noch acht Meilen von unserem Ziel entfernt, als ...; *see also* **sight 1 f;** **d)** *(subject to)* innerhalb; **work ~ certain conditions** unter bestimmten Bedingungen arbeiten; **e)** *(in a time no longer than)* innerhalb; binnen; ~ **an/the hour** innerhalb einer Stunde. **2.** *adv. (arch./literary)* **a)** *(inside)* innen; **b)** *(in spirit)* im Innern

**without** [wɪ'ðaʊt] **1.** *prep.* **a)** ohne; ~ **doing sth.** ohne etw. zu tun; **can you do it ~ his knowing?** kannst du das machen, ohne daß er davon weiß?; ~ **end** ohne Ende; **b)** *(arch.: outside)* außerhalb. **2.** *adv. (arch./literary)* **a)** *(outside)* außen; **b)** *(in outward appearance)* nach außen hin. **3.** *conj. (arch./coll.)* **you're not coming in here ~ you've been invited** du kommst hier nicht herein, ohne daß du eingeladen wärest *(geh.)*

**with'stand** *v. t.,* **withstood** [wɪθ'stʊd] standhalten (+ *Dat.*); aushalten ‹*Beanspruchung, hohe Temperaturen*›

**withy** ['wɪðɪ] *see* **withe**

**witless** ['wɪtlɪs] *adj.* **a)** *(foolish)* töricht; **b)** *(insane)* geistesgestört; **c)** *(dull-witted)* beschränkt *(abwertend)*

**witness** ['wɪtnɪs] **1.** *n.* **a)** Zeuge, *der*/Zeugin, *die* (**of, to** *Gen.*); **be a ~ against oneself** gegen sich selbst zeugen; **as God is my ~** *(fig.)* Gott ist mein Zeuge! *(geh.);* **b)** *see* **eyewitness;** **c)** *no pl. (evidence)* Zeugnis, *das (geh.);* **bear ~ to** *or* **of sth.** ‹*Person:*› etw. bezeugen; *(fig.)* von etw. zeugen; **d)** *no pl. (confirmation)* **in ~ of sth.** zum Zeugnis *(geh.)* einer Sache; **e)** **call sb. to ~:** jmdn. zum Zeugen aufrufen; **e)** *no pl. (proof)* ~ **to** *or* **of sth.** Zeugnis für etw. *(geh.).* **2.** *v. t.* **a)** *(see)* ~ **sth.** Zeuge/Zeugin einer Sache *(Gen.)* sein; **sth. is ~ed by sb.** jmd. ist Zeuge/Zeugin einer Sache *(Gen.);* ~ **scenes of brutality** brutale Szenen mitansehen müssen; **they have**

**~ed many changes** sie haben viele Veränderungen erlebt; **b)** *(attest genuineness of)* bestätigen ‹*Unterschrift, Echtheit eines Dokuments*›; *see also* **hand 1 l. 3.** *v. i.* **~ against/to sth.** Zeugnis gegen/für etw. ablegen *(geh.)*; **[as] ~ ...:** wie ... bezeugt

**witness: ~-box** *(Brit.)*, **~-stand** *(Amer.) ns.* Zeugenstand, *der*

**witter** ['wɪtə(r)] *v. i. (Brit. coll.)* **~ [on]** quatschen *(ugs. abwertend)*

**witticism** ['wɪtɪsɪzm] *n.* Witzelei, *die*

**wittily** ['wɪtɪlɪ] *adv.* geistreich

**wittiness** ['wɪtɪnɪs] *n., no pl.* Witz, *der*

**witting** ['wɪtɪŋ] *adj.* bewußt

**wittingly** ['wɪtɪŋlɪ] *adv.* wissentlich

**witty** ['wɪtɪ] *adj.* **a)** witzig; **b)** *(possessing wit)* geistreich ‹*Person*›

**wives** *pl. of* **wife**

**wizard** ['wɪzəd] **1.** *n.* **a)** *(sorcerer)* Zauberer, *der;* **b)** *(very skilled person)* Genie, *das* (**at** in + *Dat.*); **she's a ~ with a computer** sie vollbringt wahre Wunder mit einem Computer. **2.** *adj. (dated sl.)* zauberhaft

**wizardry** ['wɪzədrɪ] *n.* **a)** *(sorcery)* Zauberei, *die;* **b)** *(seemingly magical technique)* Zauberkunst, *die (meist Pl.)*; **footballing ~:** [Fuß]ballartistik, *die*

**wizened** ['wɪzənd] *adj.* runz[e]lig

**wk.** *abbr.* **week** Wo.

**WNW** [westnɔ:θ'west] *abbr.* **west-north-west** WNW

**woad** [wəʊd] *n.* Färberwaid, *der*

**wobble** ['wɒbl] **1.** *v. i.* **a)** *(rock)* wackeln; ‹*Kompaßnadel:*› zittern; **I was wobbling like a jelly** ich zitterte wie Espenlaub; **b)** *(go unsteadily)* wackeln *(ugs.)*; **c)** *(fig.: waver)* schwanken; **d)** *(quaver)* vibrieren; ‹*Stimme:*› zittern. **2.** *n.* **a)** *(unequal motion)* Flattern, *das (ugs.)*; **walk with a ~:** schwankend gehen; **the front wheel has developed a ~:** das Vorderrad eiert *(ugs.)*; **b)** *(change of direction, piece of vacillation)* Schwankung, *die;* **c)** *(quaver)* Vibrieren, *das; (in voice)* Zittern, *das*

**wobbly** ['wɒblɪ] *adj.* wack[e]lig; zitt[e]rig ‹*Schrift, Hand, Stimme*›; zitternd ‹*Pudding*›; holp[e]rig ‹*Fahrt*›; eiernd *(ugs.)* ‹*Rad*›

**Woden** ['wəʊdn] *pr. n. (Mythol.)* Wotan *(der)*

**wodge** [wɒdʒ] *n. (Brit. coll.)* **a ~ of press cuttings** ein Packen Zeitungsausschnitte; **a great ~ of cake/butter** ein mächtiges Stück Kuchen/Butter

**woe** [wəʊ] *n. (arch./literary/joc.)* **a)** *(distress)* Jammer, *der;* **a scene of ~ greeted her** ein jammervoller Anblick bot sich ihr; **a tale of ~:** eine jammervolle Geschichte; **~ is me!** weh[e] mir!; **~ betide you!** wehe dir!; **b)** *in pl. (troubles)* Jammer, *der;* **pour out one's ~s [to sb.]** [jmdm.] sein Leid klagen

**woebegone** ['wəʊbɪgɒn] *adj.* jammervoll

**woeful** ['wəʊfl] *adj.* **a)** *(deplorable)* beklagenswert; **b)** *(distressed)* jammervoll

**woefully** ['wəʊfəlɪ] *adv.* **a)** *(deplorably)* beklagenswert; **b)** *(in a distressed manner)* jammervoll

**wog** [wɒg] *n. (sl. derog.)* Kanake, *der (ugs. abwertend)*

**wok** [wɒk] *n. (Cookery)* Wok, *der*

**woke, woken** *see* [1]**wake 1, 2**

**wold** [wəʊld] *n. (Geog.)* Hochebene, *die;* **the Yorkshire W~s** die York Wolds

**wolf** [wʊlf] **1.** *n., pl.* **wolves** [wʊlvz] **a)** *(Zool.)* Wolf, *der;* **cry ~ [too often]** *(fig.)* [zu oft] Zetermordio schreien *(ugs.)*; **keep the ~ from the door** *(fig.)* den größten Hunger stillen; **be a ~ in sheep's clothing** *(fig.)* ein Wolf im Schafspelz sein; **throw sb. to the wolves** *(fig.)* jmdn. fallenlassen; **b)** *(coll.: sexually aggressive man)* Aufreißer, *der (salopp)*; *see also* **lone wolf. 2.** *v. t.* **~ [down]** verschlingen

**wolf: ~-cub** *n.* **a)** *(Zool.)* Wolfsjunge, *das;* **b)** *(Brit. Hist.: Cub Scout)* Wölfling, *der;* **~hound** *n.* Wolfshund, *der (volkst.)*

**wolfish** ['wʊlfɪʃ] *adj.* wölfisch; **a ~ hunger/appetite** ein Wolfshunger *(ugs.)*

**'wolf-pack** *n. (Navy, Air Force)* in Rudeltaktik operierende Einheit

**wolfsbane** ['wʊlfsbeɪn] *n. (Bot.)* Eisenhut, *der*

**'wolf-whistle 1.** *n.* anerkennender Pfiff. **2.** *v. i.* anerkennend pfeifen

**wolverine (wolverene)** ['wʊlvəri:n] *n. (Zool.)* Vielfraß, *der*

**wolves** *pl. of* **wolf 1**

**woman** ['wʊmən] *n., pl.* **women** ['wɪmɪn] **a)** Frau, *die;* **women and children first** Frauen und Kinder zuerst; **shut up, ~!** *(derog.)* halt's Maul, Alte! *(derb)*; **a ~'s work is never done** eine Frau hat immer etwas zu tun; **that's ~'s work** das ist Frauenarbeit; **women's page** Frauenseite, *die;* **women's [toilet]** Damen[toilette], *die;* **the shop sells women's clothing** in dem Geschäft wird Damenkleidung verkauft; **he wears women's clothing** er trägt Frauenkleider; **the other ~:** die Geliebte; **~ of the streets** Straßenmädchen, *das; see also* **honest d; house 1 a; little 1 a; old woman; past 2 b; world a; b)** *attrib. (female)* weiblich; **~ friend** Freundin, *die;* **~ doctor** Ärztin, *die;* **a ~ driver** eine Frau am Steuer; **c)** *no pl.* **[the] ~** *(an average ~)* die Frau; **d)** *(coll.: char~)* Putzfrau, *die;* **e)** *(arch.: female attendant)* Zofe, *die;* **f)** *(feminine emotions)* **the ~ in her** die Frau in ihr

**'woman-hater** *n.* Frauenhasser, *der;* Weiberfeind, *der*

**womanhood** ['wʊmənhʊd] *n., no pl.* Weiblichkeit, *die;* **reach ~:** zur Frau werden

**womanise, womaniser** *see* **womanize, womanizer**

**womanish** ['wʊmənɪʃ] *adj. (derog.)* weibisch *(abwertend)*

**womanize** ['wʊmənaɪz] *v. i.* den Frauen nachstellen; **with all his womanizing** mit all seiner Schürzenjägerei *(ugs.)*

**womanizer** ['wʊmənaɪzə(r)] *n.* Schürzenjäger, *der*

**woman: ~kind** *n., no pl., no indef. art.* das weibliche Geschlecht; **the whole of ~kind** alle Frauen; **~like** *adj.* fraulich

**womanliness** ['wʊmənlɪnɪs] *n., no pl.* Fraulichkeit, *die*

**womanly** ['wʊmənlɪ] *adj.* fraulich; weiblich

**woman's rights** *see* **women's rights**

**womb** [wu:m] *n.* **a)** *(Anat.)* Gebärmutter, *die;* **the child in the ~:** das Kind im Mutterleib; **in her ~:** in ihrem Leib *(geh.)*; *see also* **fruit 1 d; b)** *(fig.: place of development)* Schoß, *der (geh. fig.)*

**wombat** ['wɒmbæt] *n. (Zool.)* Wombat, *der*

**women** *pl. of* **woman**

**women: ~folk** *n. pl.* Frauen; Frauensleute, *Pl. (veralt.)*; **~kind** *see* **womankind; W~'s 'Institute** *n. (Brit.) britischer Frauenverband;* **W~'s 'Lib** *(coll.) see* **W~'s Liberation; W~'s Libber** [wɪmɪnz 'lɪbə(r)] *n. (coll.)* Emanze, *die (ugs. abwertend)*; Frauenrechtlerin, *die;* **W~'s Libe'ration** *n.* die Frauenbewegung; **~'s 'rights** *n. pl.* die Rechte der Frau

**won** *see* **win 1, 2**

**wonder** ['wʌndə(r)] **1.** *n.* **a)** *(extraordinary thing)* Wunder, *das;* **do** *or* **work ~s** Wunder tun *od.* wirken; *(fig.)* Wunder wirken; **~s will never cease** *(iron.)* Wunder über Wunder!; **small** *or* **what** *or* **[it is] no ~ [that] ...:** [es ist] kein Wunder, daß ...; **the ~ is, ...:** das Erstaunliche ist, ...; **b)** *(marvellously successful person)* Wunderkind, *das; (marvellously successful thing)* Wunderding, *das;* **boy/girl ~:** Wunderkind, *das;* **the seven ~s of the world** die Sieben Weltwunder; **c)** *no pl. (feeling)* Staunen, *das;* **a feeling of ~:** ein Staunen; **be lost in ~:** in Staunen versunken sein; **look at sb. in open-mouthed ~:** jmdn. mit offenem Mund anstaunen; *see also* **nine 1. 2.** *adj.* Wunder-. **3.** *v. i.* sich wundern; staunen (**at** über + *Akk.*); **that's not to be ~ed at** darüber braucht man sich nicht zu wundern; **I shouldn't ~ [if ...]** *(coll.)* es würde mich nicht wundern[, wenn ...]; **Why do you ask? – Oh, I was just ~ing** Warum fragst du? – Ach, nur so; **I ~** *expr. agreement with another's doubts* das frage ich mich auch; *expr. disagreement with another's assertion* es sollte mich wundern; **I don't think we'll see him again. – I ~:** Den sehen wir nie wieder. – Da wäre ich nicht so sicher. **4.** *v. t.* **a)** sich fragen; **I ~ what the time is** wieviel Uhr mag es wohl sein?; **I was ~ing what to do** ich habe mir überlegt, was ich tun soll; **I ~ whether I might open the window** dürfte ich vielleicht das Fenster öffnen?; **she ~ed if ...** *(enquired)* sie fragte, ob ...; **I ~ if you'd mind if ...?** würde es Ihnen etwas ausmachen, wenn ...?; **b)** *(be surprised to find)* **~ [that] ...:** sich wundern, daß ...

**wonderful** ['wʌndəfl] *adj.* wunderbar; wundervoll

**wonderfully** ['wʌndəfəlɪ] *adv.* wunderbar; **~ beautiful** wunderschön; **~ charming** einfach bezaubernd

**wondering** ['wʌndərɪŋ] *adj.*, **wonderingly** ['wʌndərɪŋlɪ] *adv.* staunend

**'wonderland** *n.* **a)** *(wonderful place)* Paradies, *das;* **b)** *(fairyland)* Wunderland, *das*

**wonderment** ['wʌndəmənt] *n., no pl.* Verwunderung, *die;* **say sth. in ~:** etw. voll Verwunderung sagen; **in ~ at** voll Verwunderung über (+ *Akk.*); **her mouth was open in ~:** ihr stand vor Staunen der Mund offen

**'wonder-worker** *n.* Wundertäter, *der/* -täterin, *die*

**wondrous** ['wʌndrəs] *adj.*, **wondrously** ['wʌndrəslɪ] *adv. (poet.)* wundersam *(geh.)*

**wonky** ['wɒŋkɪ] *adj. (Brit. sl.)* wack[e]lig; *(crooked)* schief; **a bit ~ [on one's legs]** etwas wack[e]lig [auf den Beinen] *(ugs.)*

**wont** [wəʊnt] **1.** *pred. adj. (arch./literary)* gewohnt; **as he was ~ to say** wie er zu sagen pflegte. **2.** *n. (literary)* Gepflogenheit, *die (geh.)*; **as was her ~:** wie sie zu tun pflegte

**won't** [wəʊnt] *(coll.)* = **will not;** *see* [1]**will**

**wonted** ['wəʊntɪd] *attrib. adj. (literary)* gewohnt; **with one's ~ courtesy** mit gewohnter Höflichkeit

**woo** [wu:] *v. t.* **a)** *(literary: court)* **~ sb.** um jmdn. werben *(geh.)*; **b)** *(seek to win)* umwerben ‹*Kunden, Wähler*›; **~ away** abwerben ‹*Arbeitskräfte*›; **c)** *(coax)* umwerben

**wood** [wʊd] *n.* **a)** *in sing. or pl. (area with trees)* Wald, *der;* **sb. cannot see the ~ for the trees** *(fig.)* jmd. sieht den Wald vor [lauter] Bäumen nicht *(scherzh.)*; **be out of the ~** *(Brit.) or (Amer.)* **~s** *(fig.)* über den Berg sein *(ugs.)*; **b)** *(substance, material)* Holz, *das;* **touch ~** *(Brit.)*, **knock [on] ~** *(Amer.)* unberufen!; **you'd better touch ~ when you say that** wenn du das sagst, klopfst du besser dreimal auf Holz; **c)** *(cask for beer, wine, etc.)* **from the ~:** vom Faß; **matured in the ~:** in Holzfässern gereift; **d)** *(Bowls)* Kugel, *die;* **e)** *(Golf)* Holzschläger, *der;* Holz, *das*

**wood: ~ anemone** *n. (Bot.)* Buschwindröschen, *das;* Anemone, *die;* **~bind** ['wʊdbaɪnd], **~bine** ['wʊdbaɪn] *n. (Bot.)* **a)** *(wild honeysuckle)* Waldgeißblatt, *das;* **b)** *(Amer.: Virginia creeper)* Jungfernrebe, *die;* **~ carving** *n. (craft, object)* Holzschnitzerei, *die;* **~chuck** *n. (Zool.)* Waldmurmeltier, *das;* **~cock** *n., pl. same (Ornith.)* Waldschnepfe, *die;* **~craft** *n., no pl.* **a)** *(knowledge of forest conditions)* Kenntnis des Waldes; **b)** *(skill in ~work)* Holzschnitzerei, *die;* **~cut** *n. (Art)* Holzschnitt, *der;* **~cutter** *n.* **a)** Holzfäller, *der;* **b)** *(Art)* Holzschnitzer, *der*

**wooded** ['wʊdɪd] *adj.* bewaldet

**wooden** ['wʊdn] *adj.* **a)** hölzern ‹*Brücke, Spielzeug*›; Holz‹*haus, -brücke, -bein, -griff, -spielzeug*›; **b)** *(fig.: stiff)* hölzern

**wooden: ~head** *n. (derog.)* Holzkopf, *der (salopp abwertend);* **~headed** *adj. (derog.)* dumm; **~ 'horse** *n. (fig.)* Trojanisches Pferd
**woodenly** ['wʊdnlɪ] *adv.* ausdruckslos ‹*blicken, starren*›; tonlos ‹*sagen*›
**woodenness** ['wʊdnnɪs] *n., no pl.* Hölzernheit, *die*
**wooden 'spoon** *see* **¹spoon 1 a**
**wood: ~ hyacinth** *see* **hyacinth a; ~land** ['wʊdlənd] *n.* Waldland, *das;* Wald, *der; attrib.* Wald-; **~-louse** *n. (Zool.)* Kellerassel, *die;* **~man** ['wʊdmən] *n., pl.* **~men** ['wʊdmən] Waldarbeiter, *der;* **~pecker** *n.* Specht, *der;* **~-pigeon** *n.* Ringeltaube, *die;* **~pile** *n.* Holzstapel, *der;* Holzstoß, *der; see also* **nigger; ~-pulp** *n.* Holzschliff, *der;* **~ruff** *n. (Bot.)* **[sweet] ~ruff** Waldmeister, *der;* **~-screw** *n.* Holzschraube, *die;* **~-shed** *n.* Holzschuppen, *der;* **~ sorrel** *n. (Bot.)* Waldsauerklee, *der*
**woodsy** ['wʊdzɪ] *adj. (Amer.)* waldig
**wood: ~-wind** *n. (Mus.)* Holzblasinstrument, *das;* **the ~-wind [section]** die Holzbläser; **~-wind instrument** Holzblasinstrument, *das;* **~work** *n., no pl.* **a)** *(making things out of ~)* Arbeiten mit Holz; **~work and metalwork** *(Sch.)* Werkunterricht, *der;* **b)** *(things made of ~)* Holzarbeit[en]; **crawl out of the ~work** *(coll.)* [aus dem Nichts] auftauchen *(ugs.);* **~worm** *n., no pl., no art.* Holzwurm; **it's got ~worm** da ist der Holzwurm drin *(ugs.)*
**woody** ['wʊdɪ] *adj.* **a)** *(well-wooded)* waldreich; **b)** *(consisting of wood)* holzig ‹*Pflanze[nteil], Wurzel*›; Holz‹*stamm*›; **c)** *(resembling wood)* holzig; *see also* **nightshade**
**wooer** ['wu:ə(r)] *n.* Verehrer, *der (veralt.)*
**¹woof** [wu:f] *see* **weft**
**²woof** [wʊf] **1.** *n.* [dumpfes] Bellen; **at the sound of the dog's ~:** als der Hund aufbellte; **give a short ~:** kurz aufbellen; **~ ~! went the dog** wau, wau! bellte der Hund. **2.** *v. i.* [dumpf] bellen; **~ at sb.** jmdn. anbellen
**woofer** ['wʊfə(r)] *n.* Baß[lautsprecher], *der*
**wool** [wʊl] *n.* **a)** Wolle, *die; attrib.* Woll-; **pull the ~ over sb.'s eyes** jmdm. etwas vormachen *(ugs.);* **b)** *(garments)* Wolle, *die. See also* **cotton wool; dye 2; glass wool; steel wool; wire wool**
**woolen** *(Amer.) see* **woollen**
**'wool-gathering 1.** *n., no pl.* Hirngespinste *(abwertend).* **2.** *adj.* zerstreut; **she's ~ again** sie träumt schon wieder
**woollen** ['wʊlən] **1.** *adj.* wollen; **~ goods** Wollwaren, *Pl.* **2.** *n.* **a)** *in pl. (garments)* Wollsachen *Pl.;* **b)** *(fabric)* Wollgewebe, *das;* Wollstoff, *der*
**woolliness** ['wʊlɪnɪs] *n., no pl.* Verschwommenheit, *die*
**woolly** ['wʊlɪ] **1.** *adj.* **a)** wollig; Woll‹*pullover, -mütze*›; **b)** *(confused)* verschwommen; **c)** *(indistinct)* unklar; undeutlich ‹*Klang, Geräusch*›. *See also* **wild 1 c. 2.** *n. (coll.)* **a)** *(Brit.: knitted garment)* **[winter] woollies** [Winter]wollsachen *Pl. (ugs.);* **a ~:** ein Wollpullover/eine Wolljacke; **b)** *in pl. (Amer.: undergarments)* wollene Unterwäsche
**wool: ~-pack** *n.* Schäfchenwolken *Pl.;* **W~sack** *n. (Brit. Parl.) großes, mit Wolle gefülltes Sitzkissen des Lord Chancellors im britischen Oberhaus*
**woozy** ['wu:zɪ] *adj. (coll.)* **a)** *(dizzy)* duselig *(ugs.);* **b)** *(slightly drunk)* angeduselt *(salopp)*
**wop** [wɒp] *n. (sl. derog.)* Spaghettifresser, *der (salopp abwertend)*
**Worcester[shire] sauce** [wʊstə(ʃɪə) 'sɔ:s, wʊstə(ʃə) 'sɔ:s] *n.* Worcestersoße, *die*
**word** [wɜ:d] **1.** *n.* **a)** Wort, *das;* **have no ~s for sth.** für etw. keine Worte finden; **be beyond ~s** sich mit Worten nicht ausdrücken lassen; **~s cannot describe it** mit Worten läßt sich das nicht beschreiben; **in a** *or* **one ~** *(fig.)* mit einem Wort; **[not] in so many ~s** [nicht] ausdrücklich; **in other ~s** mit anderen Worten; **not a ~ of sth.** kein Wort von etw.; **bad luck/drunk is not the ~ for it** Pech/betrunken ist gar kein Ausdruck dafür *(ugs.);* **that's not the ~ I would have used** das ist gar kein Ausdruck *(ugs.);* **put sth. into ~s** etw. in Worte fassen; **'rude' would be a better ~ for it** „unverschämt" wäre ein treffenderes Wort dafür; **~ for ~:** Wort für Wort; **without a** *or* **one/another ~:** ohne ein/ein weiteres Wort; **too funny** *etc.* **for ~s** unsagbar komisch *usw.;* **the written ~:** das geschriebene Wort; *see also* **fail 2 e; play 1 b, 2 a; b)** *(thing said)* Wort, *das;* **hard ~s** harte Worte; **exchange** *or* **have ~s** einen Wortwechsel haben; **a man of few ~s** ein Mann von wenig Worten; **have a ~ [with sb.] about sth.** [mit jmdm.] über etw. *(Akk.)* sprechen; **could I have a ~ [with you]?** kann ich dich mal sprechen?; **have ~s with sb.** sich mit jmdm. streiten; **say a few ~s** ein paar Worte sprechen; **suit the action to the ~:** seinen Worten Taten folgen lassen; **it's his ~ against mine** sein Wort steht gegen meins; **take sb. at his/her ~:** jmdn. beim Wort nehmen; **~ of command/advice** Kommando, *das*/Rat, *der;* **don't say** *or* **breathe a ~ to anyone** sag niemandem auch nur ein Sterbenswort; **at a ~ of command** auf Befehl; **the W~ [of God]** *(Bible)* das Wort [Gottes]; **in the ~s of Shakespeare ...:** mit Shakespeares Worten: ...; **put in a good ~ for sb. [with sb.]** [bei jmdm.] ein [gutes] Wort für jmdn. einlegen; **never have a good ~ to say about anybody** nie etwas Gutes über andere zu sagen haben; **never say a bad ~ about anybody** nie etwas Schlechtes über andere sagen; **[it's] all ~s** [das sind] nichts als leere Worte; **c)** *(promise)* Wort, *das;* **doubt sb.'s ~:** jmds. Wort in Zweifel ziehen; **give [sb.] one's ~:** jmdm. sein Wort geben; **keep/break one's ~:** sein Wort halten/brechen; **I give you my ~ for it** ich gebe Ihnen mein Wort darauf; **upon my ~** *(dated)* auf mein Wort; **upon my ~!** *(dated)* meiner Treu! *(veralt.);* **my ~!** meine Güte!; **my** *etc.* **~ of honour** mein *usw.* Ehrenwort; **a man of his ~:** ein Mann von Wort; **be as good as/better than one's ~:** sein Wort halten/mehr als halten; **sb.'s ~ is [as good as] his/her bond** man kann auf jmds. Wort *(Akk.)* bauen; *see also* **take 1 v; d)** *no pl. (speaking)* Wort, *das;* **by ~ of mouth** durch mündliche Mitteilung; **e)** *in pl. (text of song, spoken by actor)* Text, *der;* **f)** *no pl., no indef. art. (news)* Nachricht, *die;* **~ had just reached them** die Nachricht hatte sie gerade erreicht; **~ has it** *or* **the ~ is [that] ...:** es geht das Gerücht, daß ...; **~ went round that ...:** es ging das Gerücht, daß ...; **send/leave ~ that/of when ...:** Nachricht geben/eine Nachricht hinterlassen, daß/wenn ...; **is there any ~ from her?** hat sie schon von sich hören lassen?; **g)** *(command)* Kommando, *das;* **just say the ~:** sag nur ein Wort; **at the ~ 'run', you run!** bei dem Wort „rennen" rennst du!; **h)** *(password)* Parole, *die (Milit.);* **give the ~:** die Parole sagen; *see also* **sharp 1 f; i)** *(Computing)* Wort, *das.* **2.** *v. t.* formulieren
**wordage** ['wɜ:dɪdʒ] *n.* die Anzahl der Wörter
**word: ~ associaton** *n.* assoziative Verknüpfung von Wörtern; **~-blind** *adj. (Med.)* wortblind; **~-break** *n.* Trennung, *die;* **~-deaf** *adj.* worttaub *(Med.);* **~-division** *n.* Silbentrennung, *die;* **~-formation** *n. (Ling.)* Wortbildung, *die;* **~-game** *n.* Buchstabenspiel, *das*
**wordiness** ['wɜ:dɪnɪs] *n., no pl.* Weitschweifigkeit, *die*
**wording** ['wɜ:dɪŋ] *n.* Formulierung, *die;* Wortwahl, *die;* **the exact ~ of the contract** der genaue Wortlaut des Vertrages
**wordless** ['wɜ:dlɪs] *adj.* **a)** *(not expressed in words)* wortlos; stumm ‹*Schmerz, Trauer*›; **b)** *(not accompanied by words)* ohne Worte *nachgestellt*
**word: ~ list** *n.* Wortliste, *die;* **~ order** *n. (Ling.)* Wortstellung, *die;* **~-'perfect** *adj.* **be ~-perfect** seinen Text beherrschen; ‹*Rede:*› perfekt vorgetragen sein; **~-picture** *n.* anschauliche Schilderung; Wortgemälde, *das;* **~-play** *n., no pl., no indef. art.* Wortspiel, *das;* **~ processing** *n.* Textverarbeitung, *die;* **~ processor** *n.* Textverarbeitungssystem, *das*
**wordy** ['wɜ:dɪ] *adj.* weitschweifig
**wore** *see* **wear 2, 3**
**work** [wɜ:k] **1.** *n.* **a)** *no pl., no indef. art.* Arbeit, *die;* **at ~** *(engaged in ~ing)* bei der Arbeit; *(fig.: operating)* am Werk *(see also* **e**); **be at ~ on sth.** an etw. *(Dat.)* arbeiten; *(fig.)* auf etw. *(Akk.)* wirken; **set to ~** ‹*Person:*› sich an die Arbeit machen; **set sb. to ~:** jmdn. an die Arbeit schicken; **get to ~ on sb./sth.** jmdn. bearbeiten *(ugs.)*/mit [der Arbeit an] etw. *(Dat.)* anfangen; **all ~ and no play** immer nur arbeiten; **have one's ~ cut out** viel zu tun haben; sich ranhalten müssen *(ugs.);* **the ~ of a moment** *etc.* das Werk eines Augenblicks *usw.;* **that's too much like hard ~:** das könnte ja in Arbeit ausarten; **make light ~ of sth.** mit etw. leicht fertig werden; *see also* **day a; short 1 a; thirsty b; b)** *(thing made or achieved)* Werk, *das;* **a good day's ~:** eine gute Tagesleistung; **do a good day's ~:** ein tüchtiges Stück Arbeit hinter sich bringen; **is that all your own ~?** hast du das alles selbst gemacht?; **~ of art** Kunstwerk, *das; see also* **good 1 g; c)** *(book, piece of music)* Werk, *das;* **a ~ of reference/literature/art** ein Nachschlagewerk/literarisches Werk/Kunstwerk; **d)** *in pl. (all compositions of author or composer)* Werke; **e)** *(employment)* Arbeit, *die,* **out of ~:** arbeitslos; ohne Arbeit; **be in ~:** eine Stelle haben; **go out to ~:** arbeiten gehen; **put people out of ~:** Leute um ihren Arbeitsplatz bringen; **at ~** *(place of employment)* auf der Arbeit; **from ~:** von der Arbeit; **the conditions at ~:** die Arbeitsbedingungen; **f)** *in pl., usu. constr. as sing. (factory)* Werk, *das;* **g)** *in pl. (Mil.)* Werke; Befestigungen; **h)** *in pl. (operations of building etc.)* Arbeiten; *see also* **clerk c; public works; i)** *in pl. (machine's operative parts)* Werk, *das;* **j)** *in pl. (sl.: all that can be included)* **the [whole/full] ~s** der ganze Kram *(ugs.);* **give sb. the ~s** *(fig.) (give sb. the best possible treatment)* jmdn. richtig verwöhnen *(ugs.); (tell sb. everything)* jmdn. alles erzählen; *(give sb. the worst possible treatment)* jmdn. fertigmachen *(salopp);* **k)** *no pl. (ornamentation)* Verzierung, *die; (ornamented or ornamental article[s])* Arbeit, *die;* **l)** *no pl., no indef. art. (knitting, needlework)* Handarbeit, *die;* **m)** *(Phys.)* Arbeit, *die. See also* **nasty 1 a; piece 1 d. 2.** *v. i.,* **~ed** *or (arch./literary)* **wrought** [rɔ:t] **a)** arbeiten; **be ~ing all morning over a hot oven** den ganzen Morgen am Herd stehen *(ugs.);* **~ with sb.** mit jmdm. zusammenarbeiten; **~ to rule** Dienst nach Vorschrift machen; **~ for a cause** *etc.* für eine Sache *usw.* arbeiten; **~ against sth.** *(impede)* einer Sache *(Dat.)* entgegenstehen; *see also* **work-to-rule; b)** *(function effectively, have intended effect)* funktionieren; ‹*Charme:*› wirken (**on** auf + *Akk.*); **make the washing-machine/television ~:** die Waschmaschine/den Fernsehapparat in Ordnung bringen; **make a relationship/an arrangement ~:** dafür sorgen, daß eine Beziehung klappt *(ugs.)*/eine Regelung funktioniert; **it doesn't ~ like that** *(fig.)* so geht das nicht; **c)** ‹*Rad, Getriebe, Kette:*› laufen; **d)** *(be craftsman)* **~ in a material** mit *od. (fachspr.)* in einem Material arbeiten; **e)** ‹*Faktoren, Einflüsse:*› wirken

(on auf + *Akk.*); ~ **to do sth.** darauf hinwirken, etw. zu tun; ~ **against** arbeiten gegen; *see also* ~ **on; f)** *(make its/one's way)* sich schieben; ~ **loose** sich lockern; ~ **round** ⟨*Kleidung:*⟩ herumrutschen; ⟨*Wind:*⟩ sich drehen; **be ~ing upstream** ⟨*Angler:*⟩ sich stromaufwärts arbeiten; ~ **round to a question** *(fig.)* sich zu einer Frage vorarbeiten; **start at the end and ~ back** fang hinten an, und arbeite dich nach vorne; **g)** *(be agitated)* ⟨*Gesichtszüge:*⟩ arbeiten; **h)** *(Naut.: sail)* sich arbeiten; **i)** *(ferment, lit. or fig.)* arbeiten. **3.** *v. t.*, **~ed** *or (arch./literary)* **wrought: a)** *(operate)* bedienen ⟨*Maschine*⟩; fahren ⟨*Schiff*⟩; betätigen ⟨*Bremse*⟩; **a pump that is ~ed by hand/by a wind-wheel** eine Pumpe, die von Hand betätigt/von einem Windrad angetrieben wird; **~ed by electricity** elektrisch betrieben; *see also* **oracle d; b)** *(get labour from)* arbeiten lassen; ~ **horses/oxen to death** Pferde/Ochsen zu Tode schinden; **he ~s his employees hard** er nimmt seine Angestellten hart heran; *see also* **bone 1 a; death a; c)** *(get material from)* ausbeuten ⟨*Steinbruch, Grube*⟩; **d)** *(operate in or on)* ⟨*Vertreter:*⟩ bereisen; **beggars ~ing the main street** Bettler, die auf der Hauptstraße arbeiten/arbeiteten; **e)** *(control)* steuern; **f)** *(effect)* bewirken ⟨*Änderung*⟩; wirken ⟨*Wunder*⟩; ~ **one's mischief** Unheil anrichten; ~ **one's will [upon sb./sth.]** Einfluß [auf jmdn./etw.] ausüben; **I'll ~ it if I can** *(sl.)* ich werde das schon irgendwie deichseln *(ugs.)*; ~ **it** *or* **things so that ...** *(sl.)* es deichseln, daß ... *(ugs.)*; **g)** *(cause to go gradually)* führen; ~ **a key/rod into sth.** einen Schlüssel/eine Stange [vorsichtig] in etw. *(Akk.)* einführen; ~ **one's way up/into sth.** sich hocharbeiten/in etw. *(Akk.)* hineinarbeiten; **h)** *(get gradually)* bringen; ~ **oneself out of sth./into a position** sich von etw. befreien/sich in eine Position hocharbeiten; **i)** *(knead, stir)* ~ **sth. into sth.** etw. zu etw. verarbeiten; *(mix in)* etw. unter etw. *(Akk.)* rühren; **j)** *(gradually excite)* ~ **oneself into a state/a rage** sich aufregen/in einen Wutanfall hineinsteigern; ~ **sb. into a state** jmdn. aufregen; **k)** *(make by needlework etc.)* arbeiten; aufsticken ⟨*Muster*⟩ **(on** auf + *Akk.*); **l)** *(purchase, obtain with labour)* abarbeiten; *(fig.)* ~ **one's keep** für sein Geld etwas leisten; **she ~ed her way through college** sie hat sich *(Dat.)* ihr Studium selbst verdient; **he ~ed his way up from office boy to company chairman** er hat sich vom Bürogehilfen zum Generaldirektor hochgearbeitet; *see also* **passage f; m)** *(Math.)* lösen ⟨*Rechenaufgabe, Problem*⟩

~ **a'way** *v. i.* ~ **away [at sth.]** [an etw. *(Dat.)*] arbeiten

~ **'in** *v. t. (include)* hineinbringen; *(mix in)* hineinrühren; *(rub in)* einreiben; *see also* **work-in**

~ **'off** *v. t.* **a)** *(get rid of)* loswerden; abreagieren ⟨*Wut*⟩; ~ **sth. off on sb./sth.** etw. an jmdm./etw. auslassen; ~ **off some excess energy** überschüssige Energie loswerden; **b)** *(pay off)* abtragen ⟨*Schuld*⟩

~ **on 1.** ['--] *v. t.* **a)** *(expend effort on)* ~ **on sth.** an etw. *(Dat.)* arbeiten; **b)** *(use as basis)* ~ **on sth.** von etw. ausgehen; **c)** *(try to persuade)* ~ **on sb.** jmdn. bearbeiten *(ugs.)*. **2.** [-'-] *v. i.* weiterarbeiten

~ **'out 1.** *v. t.* **a)** *(find by calculation)* ausrechnen; **b)** *(solve)* lösen ⟨*Problem, Rechenaufgabe*⟩; **c)** *(resolve)* ~ **things out with sb./for oneself** die Angelegenheit mit jmdm./sich selbst ausmachen; **things ~ themselves out** es erledigt sich alles von selbst; **d)** *(devise)* ausarbeiten ⟨*Plan, Strategie*⟩; **e)** *(make out)* herausfinden; *(understand)* verstehen; **I can't ~ him out** ich werde aus ihm nicht klug; **f)** *(Mining: exhaust)* ausbeuten. **2.** *v. i.* **a)** *(be calculated)* **sth. ~s out at £250/[an increase of] 22%** etw. ergibt 250 Pfund/bedeutet [eine Steigerung von] 22%; **it will ~ out more expensive to buy the car on h.p.** es wird mehr kosten, das Auto auf Kredit zu kaufen; **b)** *(give definite result)* ⟨*Gleichung, Rechnung:*⟩ aufgehen; **c)** *(have result)* laufen; **things ~ed out [well] in the end** es ist schließlich doch alles gutgegangen; **things didn't ~ out the way we planned** es kam ganz anders, als wir geplant hatten; **how are the new arrangements ~ing out?** wie klappt es mit der neuen Regelung? *(ugs.)*; **d)** *(train)* trainieren; *see also* **work-out**

~ **'over** *v. t.* **a)** *(examine thoroughly)* durcharbeiten; **b)** *(coll.: beat up)* in die Mache nehmen *(salopp)*

~ **through** *v. t.* durcharbeiten

~ **towards** *v. t. (lit. or fig.)* hinarbeiten auf (+ *Akk.*)

~ **'up 1.** *v. t.* **a)** *(develop)* verarbeiten **(into** zu); *(create)* erarbeiten; **b)** *(excite by degrees)* aufpeitschen ⟨*Menge*⟩; **get ~ed up** sich aufregen; ~ **oneself up into a rage/fury** sich in einen Wutanfall/in Raserei hineinsteigern; **c)** *(acquire familiarity with)* ~ **up one's French/maths/history** seine Französisch-/Mathematik-/Geschichtskenntnisse vertiefen; **d)** *(mix)* verarbeiten **(into** zu). **2.** *v. i.* **a)** *(advance gradually)* ~ **up to sth.** ⟨*Musik:*⟩ sich zu etw. steigern; ⟨*Geschichte, Film:*⟩ auf etw. *(Akk.)* zusteuern; **I'll have to ~ up to it** ich muß darauf hinarbeiten; **b)** ⟨*Rock usw.:*⟩ sich hochschieben

**workable** ['wɜ:kəbl] *adj.* **a)** *(capable of being worked)* bebaubar ⟨*Land*⟩; abbauwürdig ⟨*Mine*⟩; **be ~** ⟨*Mörtel:*⟩ sich verarbeiten lassen; ⟨*Stahl:*⟩ sich bearbeiten lassen; ⟨*Mine:*⟩ sich ausbeuten lassen; **b)** *(feasible)* durchführbar

**workaday** ['wɜ:kədeɪ] *adj.* alltäglich

**workaholic** [wɜ:kə'hɒlɪk] *n. (coll.)* arbeitswütiger Mensch; Workaholic, *der (Psych.)*; *attrib.* arbeitswütig

**work: ~-bag** *n.* [Hand]arbeitsbeutel, *der;* **~-basket** *n.* Handarbeitskorb, *der;* **~-bench** *n.* Werkbank, *die; (of tailor, glazier)* Arbeitstisch, *der;* **~-box** *n.* Nähkasten, *der;* **~-camp** *n.: Lager freiwilliger Helfer; (labour camp)* Arbeitslager, *das;* **~day** *n.* Werktag, *der*

**worker** ['wɜ:kə(r)] *n.* **a)** Arbeiter, *der*/Arbeiterin, *die;* **he is not one of the world's ~s** *(coll.)* er hat die Arbeit nicht gerade erfunden *(ugs.)*; ~ **of miracles** Wundertäter, *der;* **b)** *(Zool.)* Arbeiterin, *die*

**worker: ~ bee** *n. (Zool.)* Arbeiterbiene, *die;* ~ **'priest** *n. (Eccl.)* Arbeiterpriester, *der*

**work: ~ ethic** *n., no pl.* Arbeitsethos, *das;* ~ **experience** *n.* Arbeitserfahrung, *die;* **~-force** *n.* Belegschaft, *die;* **~-horse** *n. (lit. or fig.)* Arbeitspferd, *das;* **~house** *n. (Brit. Hist., Amer.)* Arbeitshaus, *das;* **~-in** *n.* Betriebsbesetzung, *die (mit Weiterführung der Arbeit bei drohender Aussperrung)*

**working** ['wɜ:kɪŋ] **1.** *n.* **a)** Arbeiten, *das;* **forbid sb.'s ~:** verbieten, daß jmd. arbeitet; **b)** *(way sth. works)* Arbeitsweise, *die;* **I cannot follow the ~s of his mind** ich kann seinen Gedankengängen nicht folgen; **the ~s of fate** die Wege des Schicksals; **c)** *(Mining)* Stollen, *der.* **2.** *adj.* **a)** handlungsfähig ⟨*Mehrheit*⟩; ⟨*Entwurf, Vereinbarung*⟩ als Ausgangspunkt; **b)** *(in employment)* arbeitend; werktätig; ~ **man** *(labourer)* Arbeiter, *der*

**working: ~ 'breakfast** *n.* Arbeitsfrühstück, *das;* ~ **'capital** *n. (Commerc.)* Betriebskapital, *das;* ~ **'class** *n.* Arbeiterklasse, *die;* **~-class** *adj.* der Arbeiterklasse *nachgestellt;* **sb. is ~-class** jmd. gehört zur Arbeiterklasse; ~ **clothes** *n. pl.* Arbeitskleidung, *die;* ~ **'day** *n.* **a)** *(portion of the day)* Arbeitstag, *der;* **b)** *(day when work is done) see* **workday;** ~ **'drawing** *n.* Konstruktionszeichnung, *die; (for building)* Bauplan, *der;* ~ **girl** *n.* berufstätige junge Frau; **she's a ~ girl** *(coll. euphem.)* sie ist im horizontalen Gewerbe tätig *(ugs. scherzh.)*; ~ **'hours** *n. pl.* Arbeitszeit, *die;* ~ **hy'pothesis** *n.* Arbeitshypothese, *die;* ~ **'knowledge** *n.* ausreichende Kenntnisse (of in + *Dat.*); **sb. with a ~ knowledge of these machines** jmd., der im Umgang mit diesen Maschinen erfahren ist; ~ **'lunch** *n.* Arbeitsessen, *das;* ~ **'model** *n.* funktionsfähiges Modell; ~ **'mother** *n.* berufstätige Mutter; ~ **'order** *n.* betriebsfähiger Zustand; **be in good ~ order** betriebsbereit sein; **~-'out** *n.* **a)** *(calculation of results)* Berechnung, *die;* **b)** *(elaboration of details)* Ausarbeitung, *die;* **~-'over** *n. (sl.)* Abreibung, *die (ugs.)*; ~ **party** *n. (Brit.)* Arbeitsgruppe, *die;* ~ **'title** *n.* Arbeitstitel, *der;* ~ **'week** *n.* Arbeitswoche, *die;* **a 35-hour ~ week** eine 35-Stunden-Woche; ~ **'wife** *n.* berufstätige Ehefrau; ~ **'woman** *n.* berufstätige Frau

**work: ~-load** *n.* Arbeitslast, *die;* **increase sb.'s ~-load** jmds. Arbeitspensum erhöhen; **~man** ['wɜ:kmən] *n., pl.* **~men** ['wɜ:kmən] Arbeiter, *der;* **council ~man** städtischer Arbeiter; **a bad ~man quarrels with** *or* **blames his tools** *(prov.)* ein schlechter Handwerker schimpft über sein Werkzeug; **~manlike** ['wɜ:kmənlaɪk] *adj.* fachmännisch; **do a ~manlike job** fachmännisch arbeiten; **~manship** ['wɜ:kmənʃɪp] *n., no pl.* **a)** *(person's skill)* handwerkliches Können; **b)** *(quality of execution)* Kunstfertigkeit, *die;* **c)** *no indef. art. (thing made)* Werk, *das;* **~mate** *n. (Brit.)* Arbeitskollege, *der*/-kollegin, *die;* **~-out** *n.* [Fitneß]training, *das;* **have a good ~-out** hart trainieren; **go for a ~-out** zum [Fitneß]training gehen; **~-people** *n. pl.* Arbeiter; ~ **permit** *n.* Arbeitserlaubnis, *die;* **~-piece** *n.* Werkstück, *das;* **~-place** *n.* Arbeitsplatz, *der;* **~-room** *n.* Arbeitsraum, *der;* **~-sharing** *n.* Job-sharing, *das;* **~sheet** *n.* **a)** *(recording ~ done etc.)* Arbeitszettel, *der;* **b)** *(for student)* Formular mit Prüfungsfragen; **~shop** *n.* **a)** *(place) (room)* Werkstatt, *die; (building)* Werk, *das;* **b)** *(meeting)* Workshop, *der;* Arbeitstreffen, *das;* **drama ~shop** Theaterworkshop, *der;* **~-shy** *adj.* arbeitsscheu; **~-space** *n.* Arbeitsraum, *der;* **~-station** *n.* **a)** *(in manufacturing)* Fertigungsstation, *die;* **b)** *(Computing)* graphischer Arbeitsplatz; ≈ Terminal, *das;* ~ **study** *n.* Arbeitsstudien; *(case)* Arbeitsstudie, *die;* **~surface** *see* **~top; ~-table** *n.* Arbeitstisch, *der;* **~top** *n.* Arbeitsplatte, *die;* **~-to-'rule** *n.* Dienst nach Vorschrift

**world** [wɜ:ld] *n.* **a)** Welt, *die; attrib.* Welt-; **the ~'s worst novel** der schlechteste Roman der Welt; **the biggest aspidistra in the ~:** die größte Schusterpalme der Welt; **go/sail round the ~:** eine Weltreise machen/die Welt umsegeln; **money makes the ~ go round** Geld regiert die Welt; **that's what/it's love that makes the ~ go round** darum/um die Liebe dreht sich letztlich alles; **it's the same the ~ over** es ist doch überall das gleiche; **the eyes of the ~ are on them** die Welt blickt auf sie; **all the ~** *or* **the whole ~ knows** alle Welt *(ugs.)* weiß; **[all] the ~ over, all over the ~:** in *od.* auf der ganzen Welt; **it's the same the whole ~ over** es ist überall das gleiche; **people from all over the ~ wrote to him** er bekam Post aus aller Welt; **give sth. to the ~:** etw. der Welt übergeben *(fig.)*; **lead the ~ [in sth.]** [in etw. *(Dat.)*] führend in der Welt sein; **the Old/New W~:** die Alte/Neue Welt; **the Roman ~:** die römische Welt; **she had the ~ at her feet** die ganze Welt lag ihr zu Füßen; **who/what in the ~ was it?** wer/was in aller Welt war es? *(ugs.)*, **how in the ~ was it that ...?** wie in aller Welt *(ugs.)* war es möglich, daß ...?; **nothing in**

**the ~ would persuade me** um nichts in der Welt ließe ich mich überreden; **not for anything in the ~**: um nichts in der Welt; **look for all the ~ as if ...**: geradezu aussehen, als ob ...; **in a ~ of one's own** in einer anderen Welt *(fig.)*; **the external ~**: die Außenwelt *od.* äußere Welt; **the ~ of dreams** die Welt der Träume; **not do sth. for the** *or* **to gain the whole ~**: etw. um alles in der Welt nicht tun; **be all the ~ to sb.** jmdm. das Wichtigste/Liebste auf der Welt sein; **think the ~ of sb.** große Stücke auf jmdn. halten *(ugs.)*; **I would give the ~ to know why ...**: ich gäbe alles darum, zu wissen, warum ...; **~ politics** Weltpolitik, *die;* **all alone in the ~**: ganz allein auf der Welt; **the Napoleons of this ~**: die Napoleons dieser Erde; **sb. is not long for this ~**: jmds. Tage sind gezählt; **out of this ~** *(fig. coll.)* phantastisch *(ugs.)*; **the other** *or* **next ~, the ~ to come** das Jenseits; die zukünftige Welt; **bring into the ~** *(possess at one's birth)* in die Welt bringen; *(deliver at birth)* auf die Welt holen; *(beget)* in die Welt setzen *(ugs.)*; *(give birth to)* zur Welt bringen; **come into the ~**: auf die Welt kommen; **the best of all possible ~s** die beste aller Welten; **get the best of both ~s** am meisten profitieren; **the ~'s end, the end of the ~**: das Ende der Welt; **it's not the end of the ~** *(iron.)* davon geht die Welt nicht unter *(ugs.)*; **~ without end** in alle Ewigkeit; **know/have seen a lot of the ~**: die Welt kennen/viel von der Welt gesehen haben; **see the ~**: die Welt kennenlernen; **a man/woman of the ~**: ein Mann/eine Frau mit Welterfahrung; **think that all's right with the ~**: glauben, daß die Welt in Ordnung ist; **take the ~ as it is** *or* **as one finds it** alles nehmen, wie es kommt; **what 'is the ~ coming to?** wo soll das noch hinführen? *(ugs.)*; **how goes the ~ with you?** wie geht's[, wie steht's]?; **all the ~ and his wife** alle Welt *(ugs.)*; **go up/come down in the ~**: [gesellschaftlich] aufsteigen/absteigen; *see also* **oyster**; **b)** *(domain)* **the literary/scientific/ancient/sporting/animal ~**: die literarische/wissenschaftliche/antike Welt *(geh.)*/die Welt *(geh.)* des Sports/die Tierwelt; **the ~ of letters/art/sport** die Welt *(geh.)* der Literatur/Kunst/des Sports; **c)** *(vast amount)* **a ~ of meaning/trouble** eine unendliche Bedeutungsfülle/Fülle von Schwierigkeiten; **it will do him a** *or* **the ~ of good** es wird ihm unendlich guttun; **a ~ of difference** ein weltweiter Unterschied; **a ~ away from sth.** Welten von etw. entfernt; **they are ~s apart in their views** ihre Ansichten sind Welten voneinander entfernt

**world: W~ 'Bank** *n.* Weltbank, *die;* **~-beater** *n.* **be a ~-beater** zur Spitzenklasse gehören; **~ 'champion** *n.* Weltmeister, *der*/-meisterin, *die;* **W~ 'Cup** *n. (Sport)* Worldcup, *der;* **~-famous** *adj.* weltberühmt; **~ 'language** *n.* Weltsprache, *die*

**worldliness** ['wɜ:ldlɪnɪs] *n., no pl.* Weltlichkeit, *die*

**worldly** ['wɜ:ldlɪ] *adj.* weltlich; weltlich eingestellt ⟨*Person*⟩

**worldly: ~ 'goods** *n. pl.* weltliche Güter; **~ 'wisdom** *n.* Weltklugheit, *die;* **~ 'wise** *adj.* weltklug

**world: ~ 'power** *n.* Weltmacht, *die;* **~ 'record** *n.* Weltrekord, *der;* **~-record holder** Weltrekordhalter, *der*/-halterin, *die;* **W~ Series** *n. (Amer. Sport) Baseball-Ausscheidungen zwischen den Gewinnern der bedeutendsten Ligen der USA;* **~-shaking** *adj.* welterschütternd; **~-view** *n.* Weltsicht, *die;* **~ 'war** *n.* Weltkrieg, *der;* **the First/Second W~ War, W~ War I/II** der erste/zweite Weltkrieg; der 1./2. Weltkrieg; **~-weary** *adj.* lebensüberdrüssig; **~-wide 1.** ['--] *adj.* weltweit *nicht präd.*; **2.** [-'-] *adv.* weltweit

**worm** [wɜ:m] **1.** *n.* **a)** Wurm, *der;* **[even] a ~ will turn** *(prov.)* auch der Wurm krümmt sich, wenn er getreten wird *(Spr.)*; **b)** *in pl. (intestinal parasites)* Würmer; **c)** *(fig.: contemptible person)* Wurm, *der;* **feel like a ~**: sich *(Dat.)* klein und häßlich vorkommen; **he's a real ~**: er ist ein richtiger Widerling. **2.** *v. t.* **a) he ~ed his hand into his trouser pocket** er zwängte seine Hand in die Hosentasche; **~ one's way through sth.** sich durch etw. winden *(geh.) od.* zwängen; **~ oneself** *or* **one's way into sth.** *(fig.)* sich in etw. *(Akk.)* hineindrängen; **~ oneself into sb.'s favour** sich in jmds. Gunst *(Akk.)* schleichen; **b)** *(draw by crafty persistence)* **~ sth. out of sb.** etw. aus jmdm. herausbringen *(ugs.)*; **c)** *(rid of ~s)* entwurmen. **3.** *v. i.* sich winden

**worm: ~-cast** *n.* Kothäufchen des Regenwurms; **~-eaten** *adj.* wurmstichig; *(fig.)* vom Zahn der Zeit angenagt; **~-gear** *n.* Schneckengetriebe, *das (Technik)*; **~-hole** *n.* Wurmloch, *das;* **~-powder** *n.* Wurmpulver, *das;* **~'s-eye-'view** *n.* Froschperspektive, *die (auch fig.)*

**'wormwood** *n.* Wermut, *der*

**wormy** ['wɜ:mɪ] *adj.* wurmig ⟨*Apfel*⟩; von Würmern befallen ⟨*Tier*⟩; wurmreich ⟨*Boden, Erde*⟩

**worn** *see* **wear 2, 3**

**'worn-out** *attrib. adj.* abgetragen ⟨*Kleidungsstück*⟩; abgenutzt ⟨*Teppich*⟩; abgedroschen ⟨*Redensart, Ausdruck*⟩; erschöpft, *(ugs.)* erledigt ⟨*Person*⟩

**worried** ['wʌrɪd] *adj.* besorgt; **give sb. a ~ look** jmdn. besorgt ansehen; **you had me ~**: ich habe mir [deinetwegen] Sorgen gemacht; **don't look so ~!** schau nicht so bekümmert drein!; **~ sick** krank vor Sorge; **be much** *or* **very ~**: sich *(Dat.)* große Sorgen machen

**worrier** ['wʌrɪə(r)] *n.* **be too much of a ~**: sich *(Dat.)* immer [zuviel] Sorgen machen; **he's a [real] ~**: er macht sich *(Dat.)* um alles Sorgen

**worrisome** ['wʌrɪsəm] *adj.* besorgniserregend

**worry** ['wʌrɪ] **1.** *v. t.* **a)** beunruhigen; **it worries me to death to think that ...**: ich sorge mich zu Tode, wenn ich [daran] denke, daß ...; **~ oneself [about sth.]** sich *(Dat.)* um etw. Sorgen machen; **~ oneself sick [about sb./sth.]** krank vor Sorge [um jmdn./etw.] werden; **b)** *(bother)* stören; **c) ~ a bone** ⟨*Hund usw.:*⟩ an einem Knochen [herum]nagen; **d)** *(attack)* ⟨*Hund usw.:*⟩ reißen ⟨*Schaf*⟩. **2.** *v. i.* sich *(Dat.)* Sorgen machen; sich sorgen; **~ about sth.** sich *(Dat.)* um etw. Sorgen machen; **don't ~ about it** mach dir deswegen keine Sorgen!; **'I should ~** *(coll. iron.)* was kümmert mich das?; **not to ~** *(coll.)* kein Problem *(ugs.)*. **3.** *n.* Sorge, *die;* **sth. is the least of sb.'s worries** etw. ist jmds. geringste Sorge; **it must be a great ~ to you** es muß dir große Sorgen bereiten

**'worry beads** *n. pl. Perlenschnur zur Beschäftigung für nervöse Hände*

**worrying** ['wʌrɪɪŋ] **1.** *adj.* **a)** *(causing worry)* beunruhigend; **sth. is very ~ for sb.** etw. macht jmdm. große Sorgen; **b)** *(full of worry)* sorgenvoll ⟨*Zeit, Woche usw.*⟩; **it is a ~ time for her** sie hat zur Zeit große Sorgen. **2.** *n.* **~ only makes everything worse** sich *(Dat.)* Sorgen zu machen macht alles nur noch schlimmer

**worse** [wɜ:s] **1.** *adj. compar. of* **bad 1** schlechter; schlimmer ⟨*Schmerz, Krankheit, Benehmen*⟩; **things could not/could be ~**: es kann nicht mehr schlimmer kommen/es könnte schlimmer sein; **the food is bad, and the service ~**: das Essen ist schlecht und die Bedienung noch schlechter; **his manners are ~ than a pig's** er benimmt sich schlimmer als ein Schwein; **he's getting ~**: mit ihm wird es schlimmer; *(his health)* ihm geht es schlechter; **be ~ than useless** ⟨*Sache:*⟩ mehr als unbrauchbar sein; ⟨*Person:*⟩ ein hoffnungsloser Fall sein; **be [none] the ~ for sth.** ⟨*Sache:*⟩ in [k]einem schlechteren Zustand wegen etw. sein; **sb. is [none] the ~ for sth.** jmdm. geht es wegen etw. [nicht] schlechter; **~ and ~**: immer schlechter/schlimmer; **to make matters ~, ...**: zu allem Übel ...; **it could have been ~**: es hätte schlimmer sein *od.* kommen können; **~ luck!** so ein Pech!; *see also* **drink 1 d; liquor a; wear 1 a. 2.** *adv. compar. of* **badly** schlechter; schlimmer, schlechter ⟨*sich benehmen*⟩; **~ and ~**: immer schlechter/schlimmer; *see also* **better 3 a; off 1 i. 3.** *n.* Schlimmeres; **she might do ~ than settle for that job** es wäre bestimmt kein Fehler, wenn sie sich für die Stelle entschiede; **go from bad to ~**: immer schlimmer werden; **or ~**: oder noch Schlimmeres; **~ still** schlimmer noch; **a change for the ~**: eine Wende zum Schlechteren; **take a turn for the ~**: sich verschlechtern; ⟨*Krankheit:*⟩ sich verschlimmern; **nobody will think any the ~ of you** niemand wird deswegen schlechter von dir denken; **there is ~ to come** es kommt noch schlimmer; *see also* **worst 3**

**worsen** ['wɜ:sn] **1.** *v. t.* verschlechtern; verschlimmern ⟨*Knappheit*⟩. **2.** *v. i.* sich verschlechtern; ⟨*Hungersnot, Sturm, Problem:*⟩ sich verschlimmern; **she ~ed in the night** ihr Zustand hat sich über Nacht verschlimmert

**worship** ['wɜ:ʃɪp] **1.** *v. t., (Brit.)* **-pp- a)** verehren ⟨*Gott, Götter, Kaiser*⟩; anbeten ⟨*Gott, Götter*⟩; **b)** *(idolize)* abgöttisch verehren; **he ~s the ground she walks on** er küßt den Boden unter ihren Füßen. **2.** *v. i., (Brit.)* **-pp- a)** am Gottesdienst teilnehmen; **b)** *(be full of adoration)* tiefe Verehrung empfinden. **3.** *n.* **a)** Anbetung, *die;* *(service)* Gottesdienst, *der;* **public ~**: [öffentlicher] Gottesdienst; **dedicated as a place of ~**: dem Gottesdienst geweiht; **gather for ~**: sich zum Gottesdienst versammeln; **freedom of ~**: Glaubensfreiheit, *die;* **b)** *(adoration)* Verehrung, *die;* **an object of ~**: ein Gegenstand der Verehrung; **the ~ of wealth/intellect** die Anbetung des Wohlstands/Intellekts; **c)** *(form of address)* **Your/His W~**: *Anrede für Richter, Bürgermeister;* ≈ Euer/seine Ehren

**worshiper** *(Amer.) see* **worshipper**

**worshipful** ['wɜ:ʃɪpfl] *adj. (Brit.) Titulierung von Friedensrichtern, Zünften, Freimaurerlogen usw.*

**worshipper** ['wɜ:ʃɪpə(r)] *n.* **a)** *(in church etc.)* Gottesdienstbesucher, *der*/-besucherin, *die;* **b)** *(of deity)* Anbeter, *der*/Anbeterin, *die;* **c)** *(of person, money, etc.)* Verehrer, *der*/Verehrerin, *die;* **be a ~ of sth.** etw. anbeten *(fig.)*

**worst** [wɜ:st] **1.** *adj. superl. of* **bad 1: a)** *see* **worse 1**: schlechtest.../schlimmst...; **be ~**: am schlechtesten/schlimmsten sein; **the ~ thing about it was ...**: das Schlimmste daran war ...; **the ~ thing you could do** das Schlechteste, was du machen könntest; **b)** *(least efficient, of poorest quality)* schlechtest... **2.** *adv. superl. of* **badly** am schlimmsten; am schlechtesten ⟨*gekleidet*⟩. **3.** *n.* **a) [the] ~**: der/die/das Schlimmste; **you saw him at his ~**: du hast ihn in seinem schlimmsten Zustand erlebt; **prepare for the ~**: sich auf das Schlimmste gefaßt machen; **at ~, at the [very] ~**: schlimmstenfalls; im [aller]schlimmsten Fall[e]; **get** *or* **have the ~ of it** *(be defeated)* [vernichtend] geschlagen werden; *(suffer the most)* am meisten zu leiden haben; **if the ~** *or* **it comes to the ~** *(Brit.)*, **if worse comes to** *(Amer.)* wenn es zum Schlimmsten kommt; **do your ~**: mach, was du willst!; **let him do his ~**: er soll machen, was er will; **b)** *(what is of poorest quality)* Schlechteste, *der/die/das.* **4.** *v. t.* [vernichtend] schlagen; **be ~ed in argument** sich geschlagen geben müssen

**worsted** [ˈwʊstɪd] *n. (Textiles)* Kammgarn, *das*

**wort** [wɜːt] *n.* [Bier]würze, *die*

**worth** [wɜːθ] **1.** *adj.* **a)** *(of value equivalent to)* wert; **it's ~/not ~ £80** es ist 80 Pfund wert/80 Pfund ist es nicht wert; **it is not ~ much** *or* **a lot [to sb.]** es ist [jmdm.] nicht viel wert; **be ~ the money** das Geld wert sein; **not ~ a penny** keinen Pfennig wert *(ugs.)*; **it's ~ a lot to me that ...:** es bedeutet mir viel, daß ...; **he's ~ the lot of you put together** er ist soviel wert wie ihr alle zusammen; **for what it is ~:** was immer auch davon zu halten ist; *see also* **gold 1 a; b)** *(worthy of)* **is it ~ hearing/the effort?** ist es hörenswert/der Mühe wert?; **is it ~ doing?** lohnt es sich?; **if it's ~ doing, it's ~ doing well** wenn schon, denn schon; **it isn't ~ it** es lohnt sich nicht; **an experience ~ having** eine lohnenswerte Erfahrung; **it's ~ a try** es ist einen Versuch wert; **it would be [well] ~ it** *(coll.)* es würde sich [sehr] lohnen; **be well ~ sth.** durchaus *od.* sehr wohl etw. wert sein; **you can have my opinion for what it's ~:** ich kann dir sagen, was meine bescheidene Meinung ist; **it's more than my job's ~:** es könnte mich meine Stelle kosten; **c) be ~ sth.** *(possess)* etw. wert sein *(ugs.)*; **run/cycle for all one is ~** *(coll.)* rennen/fahren, was man kann. *See also* **salt 1 a; while 1. 2.** *n.* **a)** *(equivalent of money etc. in commodity)* **ten pounds' ~ of petrol** Benzin für zehn Pfund; *(more formal)* Benzin im Wert von zehn Pfund; **b)** *(value, excellence)* Wert, *der;* **of great/little/no ~:** von hohem/geringem Wert/ohne Wert. *See also* **money's-worth; pennyworth**

**worthily** [ˈwɜːðɪlɪ] *adv.* ehrenhaft; zu Recht ‹*verdienen*›

**worthiness** [ˈwɜːðɪnɪs] *n., no pl.* Ehrenhaftigkeit, *die; (of cause, charity)* Wert, *der*

**worthless** [ˈwɜːθlɪs] *adj.* **a)** *(valueless)* wertlos; **b)** *(despicable)* nichtswürdig

**ˈworthwhile** *attrib. adj.* lohnend; *see also* **while 1**

**worthy** [ˈwɜːðɪ] **1.** *adj.* **a)** *(adequate, estimable)* würdig; verdienstvoll ‹*Tat*›; angemessen ‹*Belohnung*›; **~ of the occasion** dem Anlaß angemessen; **b)** *(deserving)* würdig; verdienstvoll ‹*Sache, Organisation*›; **be ~ of the name** den Namen verdienen; **~ of note/mention** erwähnenswert; **is he ~ of her?** ist er ihrer würdig? **2.** *n.* **a)** *(person of distinction)* Würdenträger, *der;* **b) local worthies** *(joc.)* örtliche Honoratioren

**wotcher** [ˈwɒtʃə(r)] *int. (Brit. sl.)* hallo *(ugs.)*

**would** *see* [1]**will**

**would-be** [ˈwʊdbiː] *attrib. adj.* **a ~ philosopher** ein Möchtegernphilosoph; **a ~ aggressor** ein möglicher Aggressor

**wouldn't** [ˈwʊdnt] *(coll.)* = **would not;** *see* [1]**will**

[1]**wound** [wuːnd] **1.** *n. (lit. or fig.)* Wunde, *die;* **a war ~:** eine Kriegsverletzung; **receive a ~ in the chest/leg** an der Brust/am Bein verwundet werden; **a knife-~ across the palm** eine Schnittwunde quer über die Handfläche; **this was a great ~ to her pride** *(fig.)* das verletzte ihren Stolz zutiefst. **2.** *v. t.* verwunden; *(fig.)* verletzen; **be ~ed in the thigh/arm** am Oberschenkel/Arm verwundet werden

[2]**wound** *see* [2]**wind 1, 2**

**wove, woven** *see* [1]**weave 2, 3**

[1]**wow** [waʊ] **1.** *int.* hoi. **2.** *n. (sl.)* **be a ~:** eine Wucht sein *(salopp).* **3.** *v. t. (sl.)* umhauen *(ugs.)*

[2]**wow** *n. (Electronics)* Jaulen, *das (fig.)*

**WP** *abbr.* **word processor**

**w. p. b.** *abbr.* **waste-paper basket**

**WPC** *abbr.* **woman police constable** Wachtmeisterin, *die*

**w. p. m.** *abbr.* **words per minute** WpM

**wraith** [reɪθ] *n.* Gespenst, *das*

**ˈwraithlike** *adj.* gespenstisch

**wrangle** [ˈræŋgl] **1.** *v. i.* [sich] streiten. **2.** *n.* Streit, *der;* **what are those two having such a ~ about?** worüber streiten die beiden sich denn so?

**wrap** [ræp] **1.** *v. t.,* **-pp- a)** einwickeln; *(fig.)* hüllen; **~ped** abgepackt ‹*Brot usw.*›; **~ sth. in paper/cotton wool** etw. in Papier/Watte [ein]wickeln; **~ sth. [a]round sth.** *(lit. or fig.)* etw. um etw. wickeln; **~ one's arms around sb.** die Arme um jmdn. schlingen; **b)** *(arrange)* schlingen ‹*Schal, Handtuch usw.*› **(about, round** um); **she ~ped her motor cycle round a tree** *(coll.)* sie hat ihr Motorrad um einen Baum gewickelt *(ugs.).* **2.** *n.* Umschlag[e]tuch, *das;* **take the ~s off sth.** *(fig.)* etw. der Öffentlichkeit vorstellen; **under ~s** *(fig.)* unter Verschluß; **keep sth. under ~s** etw. geheimhalten

**~ ˈup 1.** *v. t.* **a)** *see* **wrap 1; wrapped up; b)** *(fig.: conclude)* abschließen; **that just about ~s it up for today** damit sind wir für heute fertig. **2.** *v. i.* **a)** *(put on warm clothing)* sich warm einpacken *(ugs.)*; **mind you ~ up well** du mußt dich gut einpacken *(ugs.)*; **b)** *(sl.: be quiet)* den Rand halten *(salopp)*

**ˈwraparound 1.** *adj.* **a)** Wickel‹*kleid, -rock*›; **b)** Panorama‹*windschutzscheibe, -sonnenbrille*›. **2.** *n.* Wickelrock, *der*

**wrapped up** [ræpt ˈʌp] *adj.* **be ~ in one's work** in seine Arbeit völlig versunken sein; **she is very ~ in her family** sie geht ganz in ihrer Familie auf; **be too ~ in one's problems** zu sehr mit seinen [eigenen] Problemen beschäftigt sein; **a country whose prosperity is ~ in its shipping** ein Land, dessen Reichtum eng mit seiner Schiffahrt verknüpft ist

**wrapper** [ˈræpə(r)] *n.* **a)** *(around newspaper etc.)* Streifband, *das (Postw.)*; **b)** *(around sweet etc.)* **sweet-/toffee-~[s]** Bonbonpapier, *das;* **c)** *(of book) see* **jacket c**

**wrapping** [ˈræpɪŋ] *n.* Verpackung, *die;* **~s** Verpackung, *die; (fig.)* Hülle, *die (dichter.)*

**ˈwrapping-paper** *n. (strong paper)* Packpapier, *das; (decorative paper)* Geschenkpapier, *das*

**wrasse** [ræs] *n. (Zool.)* Lippfisch, *der*

**wrath** [rɒθ] *n. (poet./rhet.)* Zorn, *der*

**wrathful** [ˈrɒθfl] *adj. (poet./rhet.)* zornig

**wreak** [riːk] *v. t.* **a)** *(inflict)* **~ vengeance on sb.** an jmdm. Rache nehmen; **b)** *(vent)* auslassen ‹*Wut, Ärger*› **(on** an + *Dat.*); **c)** *(cause)* anrichten ‹*Verwüstung, Unheil*›

**wreath** [riːθ] *n., pl.* **wreaths** [riːðz, riːθs] Kranz, *der;* **a ~ of smoke** ein Ring aus Rauch

**wreathe** [riːð] **1.** *v. t.* **a)** *(encircle)* umkränzen; **her face was ~d in smiles** ein Lächeln umspielte ihre Lippen; **b)** *(form into wreath)* zu einem Kranz flechten *od. (geh.)* winden; **c)** *(make by interweaving)* flechten; winden *(geh.).* **2.** *v. i.* sich winden; ‹*Rauch:*› sich ringeln *od.* kräuseln **(from** aus)

**wreck** [rek] **1.** *n.* **a)** *(destruction)* Schiffbruch, *der; (fig.)* Zerstörung, *die;* **b)** *(ship)* Wrack, *das;* **c)** *(broken remains, lit. or fig.)* Wrack, *das;* **she was a physical/mental ~:** sie war körperlich/geistig ein Wrack; **I feel/you look a ~** *(coll.)* ich fühle mich kaputt *(ugs.)*/du siehst kaputt aus *(ugs.).* **2.** *v. t.* **a)** *(destroy)* ruinieren; zu Schrott fahren ‹*Auto*›; **be ~ed** *(shipwrecked)* ‹*Schiff, Person:*› Schiffbruch erleiden; **a ~ed ship/aircraft** ein wrackes *od. (fachspr.)* havariertes Schiff/Flugzeug; **b)** *(fig.: ruin)* zerstören; ruinieren ‹*Gesundheit, Urlaub*›; verderben ‹*Party, Urlaub*›; zunichte machen ‹*Hoffnung, Plan*›; zerrütten ‹*Ehe*›

**wreckage** [ˈrekɪdʒ] *n.* Wrackteile; *(fig.)* Trümmer *Pl.*

**wrecker** [ˈrekə(r)] *n.* **a)** *(who disrupts deliberately)* Umstürzler, *der*/Umstürzlerin, *die;* **b)** *(who brings about shipwreck for profit)* Strandräuber, *der;* **c)** *(employed in demolition)* Abwracker, *der;* **d)** *(who recovers wrecked ships)* Bergungsarbeiter, *der;* **e)** *(Amer.: breakdown vehicle)* Bergungsfahrzeug, *das;* Abschleppfahrzeug, *das;* **f)** *(Amer.: train)* Hilfszug, *der*

**ˈwrecking bar** *n.* Brechstange, *die*

**Wren** [ren] *n. (Brit.) Angehörige des weiblichen Marinedienstes;* **join the ~s** in den weiblichen Marinedienst eintreten

**wren** *n.* Zaunkönig, *der*

**wrench** [rentʃ] **1.** *n.* **a)** *(tool)* verstellbarer Schraubenschlüssel; **pipe ~:** Rohrzange, *die;* **screw ~:** Franzose, *der;* **b)** *(Amer.) see* **spanner; c)** *(violent twist)* Verrenkung, *die;* **give one's ankle/shoulder a ~:** sich *(Dat.)* den Knöchel/die Schulter verrenken; **give a ~ at the door-handle** an der Türklinke reißen; **d)** *(fig.)* **be a great ~ [for sb.]** sehr schmerzhaft für jmdn. sein; **what a ~ it must have been for her** wie schmerzlich muß es für sie gewesen sein. **2.** *v. t.* **a)** *(tug violently)* reißen; **~ at sth.** an etw. *(Dat.)* reißen; **~ sth. round/off/open** etw. herum-/ab-/aufreißen; **~ sth. from sb.** jmdm. etw. entreißen; **b)** *(injure by twisting)* **~ one's ankle** *etc.* sich *(Dat.)* den Knöchel *usw.* verrenken

**wrest** [rest] *v. t.* **~ sth. from sb./sb.'s grasp** *(lit. or fig.)* jmdm./jmds. Griff etw. entreißen *od. (geh.)* entwinden; **~ a confession from sb.** jmdm. ein Geständnis abnötigen *(geh.)*; **~ sth. from sth.** einer Sache *(Dat.)* etw. abringen

**wrestle** [ˈresl] **1.** *n.* **a)** *(hard struggle)* Ringen, *das;* **b)** *(wrestling-match)* Ringkampf, *der;* **have a ~:** einen Ringkampf austragen. **2.** *v. i.* **a)** ringen; **b)** *(fig.: grapple)* sich abmühen; **~ with one's conscience** mit seinem Gewissen ringen; **~ with the controls of the aircraft** mit der Steuerung des Flugzeugs kämpfen. **3.** *v. t.* **~ sth. from sth.** etw. mühsam von etw. entfernen

**wrestler** [ˈreslə(r)] *n.* Ringer, *der*/Ringerin, *die*

**wrestling** [ˈreslɪŋ] *n., no pl., no indef. art.* Ringen, *das;* **~-match** Ringkampf, *der*

**wretch** [retʃ] *n.* Kreatur, *die; (joc.: child)* Gör, *das*

**wretched** [ˈretʃɪd] *adj.* **a)** *(miserable)* unglücklich; **feel ~ about sb./sth.** *(be embarrassed)* über jmdn./etw. todunglücklich sein; **feel ~** *(be very unwell)* sich elend fühlen; **b)** *(coll.: damned)* elend *(abwertend)*; **I wish he would control that ~ dog of his!** wenn er nur besser auf seinen elenden Köter aufpassen würde!; **c)** *(very bad)* erbärmlich; miserabel ‹*Wetter*›; **she's had a bout of ~ health** es ging ihr gesundheitlich sehr schlecht; **d)** *(causing discomfort)* schrecklich ‹*Reise, Erfahrung, Zeit*›

**wretchedly** [ˈretʃɪdlɪ] *adv.* **a)** *(in misery)* jämmerlich ‹*weinen*›; jammervoll ‹*anblicken*›; **b)** *(very badly)* erbärmlich

**wretchedness** [ˈretʃɪdnɪs] *n., no pl.* **a)** *(misery)* Elend, *das;* **b)** *(badness)* Erbärmlichkeit, *die*

**wrick** *see* [2]**rick**

**wriggle** [ˈrɪgl] **1.** *v. i.* **a)** zappeln; **~ [about] on one's chair** auf dem Stuhl herumrutschen *(ugs.)*; **b)** *(make one's/its way by wriggling)* sich winden; **a worm ~d across the lawn** ein Wurm schlängelte sich über den Rasen; **~ free of the ropes** sich aus den Stricken winden; **~ out of a difficulty** *etc. (fig.)* sich aus einer schwierigen Situation *usw.* herauswinden. **2.** *v. t.* **a) ~ one's way** *(lit. or fig.)* sich schlängeln; **~ one's way out of a difficulty** *etc.* sich aus einer schwierigen Situation *usw.* herauswinden; **b)** *(move)* **~ one's hips** die Hüften kreisen lassen. **3.** *n.* Windung, *die*

**wriggly** [ˈrɪglɪ] *adj.* sich windend ‹*Wurm, Aal*›; zappelnd ‹*Fisch, Kind*›

**wring** [rɪŋ] *v. t.,* **wrung** [rʌŋ] **a)** wringen; **~ out** auswringen; **~ the water out of the towels** das Wasser aus den Handtüchern wringen; **b)** *(squeeze forcibly)* ~ **sb.'s hand** jmdm. fest die Hand drücken; *(twist forcibly)* ~ **one's hands** die Hände ringen *(geh.)*; ~ **the neck of an animal** einem Tier den Hals umdrehen; **I could have wrung his neck** *(fig.)* ich hätte ihm den Hals umdrehen können; **c)** *(extract)* wringen; ~ **sth. from** *or* **out of sb.** *(fig.)* jmdm. etw. abpressen; **d)** *(distress)* ~ **the heart** einem das Herz abdrücken

**wringer** ['rɪŋə(r)] *n.* Wringmaschine, *die*

**wringing wet** [rɪŋɪŋ 'wet] *adj.* tropfnaß; **our clothes were** ~: unsere Kleider waren zum Auswringen

**wrinkle** ['rɪŋkl] **1.** *n.* Falte, *die; (in paper)* Knick, *der.* **2.** *v.t.* falten; in Falten legen ⟨*Stirn*⟩; kräuseln ⟨*Nase*⟩. **3.** *v.i.* sich in Falten legen

**wrinkled** ['rɪŋkld] *adj.* runz[e]lig; ~ **with age** runzlig vom Alter

**wrinkly** ['rɪŋklɪ] **1.** *adj.* runz[e]lig. **2.** *n. (sl.)* Grufti, *der (ugs.)*

**wrist** [rɪst] *n.* Handgelenk, *das;* **slash one's ~s** sich *(Dat.)* die Pulsadern aufschneiden; **the glove was too tight at the** ~: der Handschuh war zu eng am Handgelenk

**wrist: ~band** *n.* **a)** *(cuff)* Manschette, *die;* **b)** *see* **sweat-band**; **~watch** *n.* Armbanduhr, *die*

[1]**writ** [rɪt] *n. (Law)* **a)** Verfügung, *die;* **serve a ~ on sb.** jmdm. eine Verfügung zustellen; **sb.'s ~ runs in ...** *(fig.)* jmds. Macht reicht bis nach ...; **b)** *(Crown document) königlicher Erlaß, mit dem ein Peer ins Parlament gerufen wird/mit dem Parlamentswahlen ausgerufen werden;* **c)** *(Relig.)* **Holy W~**: die Heilige Schrift

[2]**writ** *see* **write 2 a**

**write** [raɪt] **1.** *v.i.*, **wrote** [rəʊt], **written** ['rɪtn] schreiben; ~ **to sb./a firm** jmdm./an eine Firma schreiben; ~ **for a fresh supply** schriftlich eine neue Lieferung anfordern; **she ~s for a living** sie ist Schriftstellerin; *see also* **home. 2.** *v.t.*, **wrote, written: a)** schreiben; ausschreiben ⟨*Scheck*⟩; **the written language** die Schriftsprache; ~ **it, don't print it** schreibe es nicht in Druckschrift, sondern in Schreibschrift; **written applications** schriftliche Anträge; **the paper had been written all over** das Papier war ganz vollgeschrieben; **it is written that ...**: es steht geschrieben, daß ...; **be written into the contract** [ausdrücklich] im Vertrag stehen; ~ **sb. into/out of a serial** für jmdn. eine Rolle in einer Serie schreiben/jmdm. einen Abgang aus einer Serie verschaffen; **writ large** *(fig.)* im Großformat *(fig.)*; **b)** *(Amer./Commerc./coll.: ~ letter to)* anschreiben; **c)** *in pass. (fig.: be apparent)* **sb. has sth. written in his face** jmdm. steht etw. im Gesicht geschrieben; **guilt was written all over her face** die Schuld stand ihr ins Gesicht geschrieben; **she had 'career woman' written all over her** man sah ihr die Karrierefrau schon von weitem an; **d)** *(Computing)* schreiben; ~ **in** *or* **into** *or* **on** *or* **to a disc** auf eine Diskette schreiben; **e)** *see* **underwrite**

~ **a'way** *v.i.* ~ **away for sth.** etw. [schriftlich] anfordern

~ **'back** *v.i.* zurückschreiben

~ **'down** *v.t.* **a)** *(record)* aufschreiben; **b)** *(Commerc.: reduce nominal value of)* abschreiben *(Wirtsch.)*

~ **'in 1.** *v.i.* hinschreiben *(ugs.)*; *(include)* hineinschreiben; ~ **in for sth.** etw. [schriftlich] anfordern; ~ **in to sb.** an jmdn. schreiben. **2.** *v.t. (Amer. Polit.)* eintragen; *see also* **write-in**

~ **'off 1.** *v.t.* **a)** *(compose with ease)* herunterschreiben *(ugs.)*; **b)** *(cancel)* abschreiben ⟨*Schulden, Verlust*⟩; *(fig.)* ~ **sb. off [as a failure** *etc.*] jmdn. [als Versager] abschreiben *(ugs.)*; **c)** *(destroy)* zu Schrott fahren. **2.** *v.i. see* ~ **away.** *See also* **write-off**

~ **'out** *v.t.* **a)** ausschreiben ⟨*Scheck*⟩; schreiben ⟨*Rezept*⟩; **b)** *(~ in final form)* ausarbeiten; *(~ in full)* ausschreiben; **c)** *(from serial)* verschwinden lassen

~ **'up** *v.t.* **a)** *(praise)* eine gute Kritik schreiben über (+ *Akk.*); **b)** *(~ account of)* einen Bericht schreiben über (+ *Akk.*); *(~ in full)* aufarbeiten; **c)** *(bring up to date)* auf den neuesten Stand bringen. *See also* **write-up**

**write: ~-in** *n. (Amer.) Kandidat, der nicht auf dem offiziellen Stimmzettel steht, sondern vom Wähler selbst eingetragen wird;* **he received 10,000 ~-in votes** sein Name wurde auf zehntausend Stimmzettel geschrieben; **~-off** *n. (person)* Versager, *der*/Versagerin, *die; (event)* Reinfall, *der; (vehicle)* Totalschaden, *der*

**writer** ['raɪtə(r)] *n.* **a)** *(author)* Schriftsteller, *der*/Schriftstellerin, *die; (of letter, article)* Schreiber, *der*/Schreiberin, *die;* Verfasser, *der*/Verfasserin, *die; (of lyrics, advertisements)* Texter, *der*/Texterin, *die; (of music)* Komponist, *der*/Komponistin, *die;* **be a** ~: Schriftsteller/Schriftstellerin sein; **the present** ~: der Autor/die Autorin des vorliegenden Textes; **a ~ of historical fiction** ein Verfasser/eine Verfasserin historischer Romane; **b) be a good/bad** ~ *(as to handwriting)* eine gute/schlechte Schrift haben

**writer's 'cramp** *n. (Med.)* Schreibkrampf, *der*

**'write-up** *n.* Bericht, *der; (by critic)* Kritik, *die;* **get a good** ~: gut besprochen werden

**writhe** [raɪð] *v.i. (lit. or fig.)* sich winden; **he/it makes me** ~ *(with embarrassment)* er/es bringt mich in ziemliche Verlegenheit; *(with disgust)* er/es ist mir zuwider

**writing** ['raɪtɪŋ] *n.* **a)** Schreiben, *das;* **at the time of** ~: als dies geschrieben wurde; **put sth. in** ~: etw. schriftlich machen *(ugs.)*; *see also* **commit d**; **b)** *(handwriting)* Schrift, *die;* **c)** *(composing)* Schreiben, *das;* **creative-~ course** Kurs für kreatives Schreiben; **earn sth. from one's** ~: mit Schreiben etw. verdienen; **this poem is a lovely piece of** ~: dieses Gedicht ist herrlich geschrieben; **d)** *(something written)* Schrift, *die;* **the ~s of Plato** die Platonischen Schriften; **the ~ on the wall** *(fig.)* das Menetekel an der Wand; **she's seen the ~ on the wall** sie hat die Zeichen erkannt; **the ~ is on the wall for this department** diese Abteilung hat keine Zukunft

**writing: ~-case** *n.* Schreibmappe, *die;* **~-desk** *n.* Schreibpult, *das;* Sekretär, *der;* **~-pad** *n.* Schreibblock, *der;* **~-paper** *n.* Schreibpapier, *das;* Briefpapier, *das*

**written** *see* **write**

**wrong** [rɒŋ] **1.** *adj.* **a)** *(morally bad)* unrecht *(geh.)*; *(unfair)* ungerecht; **you were ~ to be so angry** es war nicht richtig von dir, so ärgerlich zu sein; **what's ~ with sth./that?** was ist gegen etw./dagegen einzuwenden?; **what's ~ with having a drink?** warum sollte man nicht mal ein Glas trinken?; **b)** *(mistaken)* falsch; **be** ~ ⟨*Person:*⟩ sich irren; **I was ~ about you** ich habe mich in dir geirrt; **the clock is** ~: die Uhr geht falsch; **the clock is ~ by ten minutes** die Uhr geht 10 Minuten vor/nach; **how ~ can you be** *or* **get!** wie man sich irren kann!; **c)** *(not suitable)* falsch; **give the ~ answer** eine falsche Antwort geben; **that was the ~ move to make** das war genau das Falsche; **say/do the ~ thing** das Falsche sagen/tun; **you've come to the ~ person** Sie sind bei mir an der falschen Adresse; **be the ~ person for the job** für die Stelle ungeeignet sein; **take the ~ turning** falsch abbiegen; **get hold of the ~ end of the stick** *(fig.)* alles völlig falsch verstehen; **[the] ~ way round** verkehrt herum; *see also* **go down b**; **number 1 a**; **d)** *(out of order)* nicht in Ordnung; **there's something ~ here/with him** hier/mit ihm stimmt etwas nicht; **there's nothing** ~: es ist alles in Ordnung; **what's ~?** ist etwas nicht in Ordnung? *See also* **wrong side. 2.** *adv.* falsch; **get it** ~: es falsch *od.* verkehrt machen; *(misunderstand)* sich irren; **I got the answer ~ again** meine Antwort war wieder falsch; **get sb.** ~: jmdn. falsch verstehen; **go** ~ *(take ~ path)* sich verlaufen; *(fig.)* ⟨*Person:*⟩ vom rechten Weg abkommen *(fig. geh.)*; ⟨*Maschine, Mechanismus:*⟩ kaputtgehen *(ugs.)*; ⟨*Angelegenheit:*⟩ danebengehen *(ugs.)*; **you can't go ~ if you study engineering** wenn du auf die Ingenieurschule gehst, kannst du gar nichts verkehrt machen; **the television/dishwasher has gone** ~: der Fernseher/die Spülmaschine ist kaputt *(ugs.)*. **3.** *n.* **a)** *(what is morally bad)* Unrecht, *das;* **know the difference between right and** ~: zwischen Recht und Unrecht unterscheiden können; **two ~s don't make a right** das gibt nur ein Unrecht mehr; **do** ~: unrecht tun; **she can do no** ~: sie kann überhaupt nichts Unrechtes tun; **be in the** ~: im Unrecht sein; **put sb. in the** ~: jmdn. ins Unrecht setzen; **b)** *(injustice)* Unrecht, *das* **(towards** gegenüber); **suffer a ~/many ~s** Unrecht/viel Unrecht erleiden; **do ~ to sb., do sb. a** ~: jmdm. ein Unrecht zufügen; **do sb.** ~: jmdm. unrecht tun. **4.** *v.t.* ~ **sb.** *(treat unjustly)* jmdn. ungerecht behandeln; *(mistakenly discredit)* jmdm. unrecht tun

**wrong: ~doer** *n.* Übeltäter, *der*/-täterin, *die;* Missetäter, *der*/-täterin, *die (geh.)*; **~doing** *n.* **a)** *no pl., no indef. art.* Missetaten *(geh.)*; **b)** *(instance)* Missetat, *die (geh.)*; **~-'foot** *v.t.* **a)** *(Sport)* **~-foot sb.** jmdn. auf dem falschen Fuß erwischen *(Sportjargon)*; **b)** *(fig. coll.)* unvorbereitet treffen; **he was ~-footed by that** darauf war er überhaupt nicht vorbereitet

**wrongful** ['rɒŋfl] *adj.* **a)** *(unfair)* unrecht *(geh.)*; **b)** *(unlawful)* rechtswidrig

**wrongfully** ['rɒŋfəlɪ] *adv.* **a)** *(unfairly)* unrecht *(geh.)* ⟨*handeln*⟩; zu Unrecht ⟨*beschuldigen*⟩; **b)** *(unlawfully)* rechtswidrig

**'wrong-headed** *adj.* starrköpfig *(abwertend)* **(about** in + *Dat.*)

**wrongly** ['rɒŋlɪ] *adv.* **a)** *(inappropriately, incorrectly)* falsch; **b)** *(mistakenly)* zu Unrecht; **I believed, ~, that ...**: ich habe fälschlicherweise geglaubt, daß ...; **c)** *see* **wrongfully a**

**wrongness** ['rɒŋnɪs] *n., no pl.* **a)** *(moral ~)* Unrecht, *das;* **b)** *(inappropriateness, mistakenness)* Unrichtigkeit, *die*

**wrong: ~ side** *n.* **a)** *(of fabric)* linke Seite; **[the] ~ side out/up** verkehrt herum; **b) be on the ~ side of thirty** die dreißig überschritten haben; **get on the ~ side of sb./the law** *(fig.)* jmdn. falsch anfassen/mit dem Gesetz in Konflikt geraten; *see also* **bed 1 a**; **blanket 1 a**; **~ 'un** *n. (coll.: person)* falscher Fuffziger *(salopp)*

**wrote** *see* **write**

**wrought** *see* **work 2**

**wrought 'iron** *n.* Schmiedeeisen, *das; attrib.* schmiedeeisern ⟨*Tor, Zaun*⟩

**wrung** *see* **wring**

**WRVS** *abbr. (Brit.)* **Women's Royal Voluntary Service** *britischer Hilfsdienst für Menschen in Not*

**wry** [raɪ] *adj.*, **~er** *or* **wrier** ['raɪə(r)], **~est** *or* **wriest** ['raɪɪst] ironisch ⟨*Blick*⟩; fein ⟨*Humor, Witz*⟩; **a ~ smile** ein schiefes Lächeln; **make** *or* **pull a ~ face** das Gesicht verziehen

**wryly** ['raɪlɪ] *adv.* ironisch ⟨*blicken, sagen*⟩; schief ⟨*lächeln*⟩

**WSW** [westsaʊθ'west] *abbr.* **west-south-west** WSW

**wt.** *abbr.* **weight** Gew.

**WW** *abbr. (Amer.)* **World War** WK

**wych-hazel** ['wɪtʃheɪzl] *n.* **a)** *(shrub)* Virginische Zaubernuß; **b)** *(lotion)* Hamameliswasser, *das*

# X

**¹X, x** [eks] *n., pl.* **Xs** *or* **X's** ['eksɪz] **a)** *(letter)* X, x, *das;* **b)** *(Math.)* x; **c)** *(unknown person or number)* **Mr X** Herr X; **x tons of cement** soundso viel Tonnen Zement; **x number of ...** *(coll.)* x ... *(ugs.);* **d)** *(Roman numeral)* X; **e)** *(cross-shaped symbol)* Kreuz, *das;* **x marks the spot** die Stelle ist durch ein Kreuz markiert
**²X** *symb. (Brit. Hist.)* nicht jugendfrei
**xenon** ['zenɒn] *n. (Chem.)* Xenon, *das*
**xenophobe** ['zenəfəʊb] *n.* Fremdenfeindliche, *der/die;* Xenophobe, *der/die*
**xenophobia** [zenə'fəʊbɪə] *n.* Fremdenfeindlichkeit, *die;* Xenophobie, *die*
**xerography** [zɪə'rɒgrəfɪ, ze'rɒgrəfɪ] *n.* Xerographie, *die (Druckw.)*
**Xerox, (P), xerox** ['zɪərɒks, 'zerɒks] **1.** *n.* **a)** *(process)* Xerographie, *die (Druckw.);* **b)** *(copy)* Xerokopie, *die.* **2. xerox** *v. t.* xerokopieren
**Xmas** ['krɪsməs, 'eksməs] *n. (coll.)* Weihnachten, *das*
**X-rated** ['eksreɪtɪd] *adj. (Brit. Hist.)* nicht jugendfrei ‹*Film*›
**'X-ray 1.** *n.* **a)** *in pl.* Röntgenstrahlen *Pl.;* X-Strahlen *Pl.;* **b)** *(picture)* Röntgenaufnahme, *die;* **c)** *attrib.* Röntgen-. **2.** *v. t.* röntgen; durchleuchten ‹*Gepäck*›
**xylophone** ['zaɪləfəʊn] *n. (Mus.)* Xylophon, *das*

# Y

**¹Y, y** [waɪ] *n., pl.* **Ys** *or* **Y's a)** *(letter)* Y, y, *das;* **b)** *(Math.)* y
**²Y** *abbr.* **a)** *(Amer.)* **YMCA/YWCA** CVJM/CVJF; **b) yen**
**y.** *abbr.* **year[s]** J.
**yacht** [jɒt] **1.** *n.* **a)** *(for racing)* Segelboot, *das;* Segeljacht, *die;* **b)** *(for pleasure travel etc.)* Jacht, *die.* **2.** *v. i.* segeln
**'yacht-club** *n.* Jachtklub, *der*
**yachting** ['jɒtɪŋ] *n., no pl., no art.* Segeln, *das; attrib.* Segel-
**yachtsman** ['jɒtsmən] *n., pl.* **yachtsmen** ['jɒtsmən] Segler, *der*
**yack** [jæk], **yackety-yack** [jækətɪ'jæk] *(sl. derog.)* **1.** *n.* Gequassel, *das (ugs. abwertend).* **2.** *v. i.* quasseln *(ugs. abwertend)*
**yah** [jɑ:] *int.* ~ **[boo sucks]** bäh
**yahoo** [jə'hu:] *n.* Untier, *das (fig.)*
**yak** [jæk] *n. (Zool.)* Jak, *der*
**Yale, (P)** [jeɪl]: ~ **key** *n.* Yaleschlüssel, *der* (Wz) *(Technik);* ≈ Sicherheitsschlüssel, *der;* ~ **lock** *n.* Yaleschloß, *das* (Wz) *(Technik);* ≈ [Zylinder]sicherheitsschloß, *das*
**Yalta** ['jæltə] *pr. n.* Jalta *(das)*
**yam** [jæm] *n.* **a)** *(plant, tuber)* Jamswurzel, *die;* **b)** *(Amer.) see* **sweet potato**
**yammer** ['jæmə(r)] *(coll./dial.)* **1.** *v. i.* maulen *(ugs.);* **he's always ~ing on about sth.** dauernd muß er über etw. *(Akk.)* maulen. **2.** *n.* Gemaule, *das (ugs. abwertend)*
**yang** [jæŋ] *n., no pl., no indef. art. (Chinese Philos.)* Yang, *das*
**Yank** [jæŋk] **1.** *n.* **a)** *(Brit. coll.: American)* Yankee, *der;* Ami, *der (ugs.);* **b)** *(Amer.: inhabitant of New England or northern States)* Yankee, *der.* **2.** *adj.* **a)** *(Brit. coll.: American)* Ami- *(ugs.);* **b)** *(Amer.: of New England or northern States)* Yankee-
**yank** *(coll.)* **1.** *v. t.* reißen an (+ *Dat.*); ~ **sth. off/out** etw. ab-/ausreißen. **2.** *n.* Reißen, *das;* **give a ~ at sth.** an etw. *(Dat.)* reißen; **give the rope a good ~:** kräftig am Seil ziehen
**Yankee** ['jæŋkɪ] *see* **Yank**
**yap** [jæp] **1.** *v. i.,* **-pp- a)** *(bark shrilly)* kläffen; **b)** *(coll.: talk)* quatschen *(salopp abwertend); (complainingly)* lamentieren *(ugs. abwertend).* **2.** *n.* Kläffen, *das;* **give a ~:** kläffen
**yarborough** ['jɑ:bərə] *n. (Cards) Blatt (bei Whist und Bridge), bei dem keine Karte höher als 9 ist*
**¹yard** [jɑ:d] *n.* **a)** Yard, *das;* **by the ~:** ≈ meterweise; *(fig.)* am laufenden Band *(ugs.);* **sell books by the ~** *(fig.)* Bücher meterweise verkaufen; **have a face a ~ long** ein Gesicht wie drei Tage Regenwetter machen; **b)** *in pl. (coll.: great amount)* **have/get** *etc.* **~s of sth.** etw. massenweise haben/bekommen *usw.;* **~s of toilet-paper** meterweise Toilettenpapier; **c)** *(Naut.)* Rah[e], *die;* **d)** ~ **of ale** *(Brit.)* [Stangen]glas, *das;* Stange, *die (bes. westd.);* **e)** *see* **square 2 b; f)** *see* **cubic b**
**²yard** *n.* **a)** *(attached to building)* Hof, *der;* **in the ~:** auf dem Hof; **b)** *(for manufacture)* Werkstatt, *die; (for storage)* Lager, *das; (ship~)* Werft, *die;* **builder's ~:** Bauhof, *der;* **c)** *(Amer.: garden)* Garten, *der;* **d) the Y~** *(Brit. coll.) see* **Scotland Yard.** *See also* **back yard; goods yard**
**yard: ~-arm** *n. (Naut.)* Rahnock, *das od. die;* **~stick** *n.* **a)** Meßstab, *der;* Maßstab, *der (veralt.);* **b)** *(fig.: standard)* Maßstab, *der*
**yarn** [jɑ:n] **1.** *n.* **a)** *(thread)* Garn, *das;* **b)** *(coll.: story)* Geschichte, *die; (of sailor)* [Seemanns]garn, *das;* **have a ~ with sb.** *(chat)* mit jmdm. plauschen *(bes. südd.) od.* klönen *(nordd.); see also* **spin 1 a. 2.** *v. i. (coll.)* Geschichten erzählen; ‹*Seemann:*› [s]ein Garn spinnen
**yarrow** ['jærəʊ] *n. (Bot.)* Schafgarbe, *die*
**yashmak** ['jæʃmæk] *n.* Jaschmak, *der*
**yaw** [jɔ:] *(Naut., Aeronaut.)* **1.** *v. i.* gieren. **2.** *n.* Gieren, *das*
**yawl** [jɔ:l] *n. (Naut.)* Yawl, *die;* Heckmaster, *der*
**yawn** [jɔ:n] **1.** *n.* **a)** Gähnen, *das;* **give a [long] ~:** [herzhaft] gähnen; **there were a few ~s** es wurde ein paarmal gegähnt; **b) be a ~** *(sl.: be boring)* zum Gähnen langweilig sein. **2.** *v. i.* **a)** gähnen; ~ **with exhaustion** vor Müdigkeit gähnen; **b)** *(fig.)* ‹*Abgrund, Kluft, Spalte:*› gähnen *(geh.)*
**yawning** ['jɔ:nɪŋ] *adj.* gähnend *(auch fig. geh.)*
**yawp** [jɔ:p] *(Amer.)* **1.** *v. i.* **a)** *(squawk)* kreischen; **b)** *(talk foolishly)* faseln *(ugs. abwertend).* **2.** *n.* **a)** *(squawk)* Gekreisch[e], *das;* **b)** *(foolish talk)* Gefasel, *das (ugs. abwertend)*
**yaws** [jɔ:z] *n. sing. (Med.)* Himbeerpocken *Pl.;* Frambösie, *die (fachspr.)*
**yd[s].** *abbr.* **yard[s]** Yd[s].
**¹ye** [ji:] *pron. (arch./poet./dial./joc.)* Ihr *(veralt.); (as direct or indirect object)* Euch *(veralt.)*
**²ye** *adj. (pseudo-arch.)* = **the**
**yea** [jeɪ] *(arch.)* **1.** *adv.* ja. **2.** *n.* Ja, *das* **~s and nays** Ja- und Neinstimmen; ~ **and nay** Ja und Nein
**yeah** [jeə] *adv. (coll.)* ja; **[oh] ~?** [ach] ja?
**year** [jɪə(r)] *n.* **a)** Jahr, *das;* **solar ~:** Sonnenjahr, *das;* **sidereal ~:** siderisches Jahr; Sternjahr, *das;* **she gets £10,000 a ~:** sie verdient 10 000 Pfund im Jahr; ~ **in ~ out** jahrein, jahraus; ~ **after ~:** Jahr für *od.* um Jahr; **all [the] ~ round** das ganze Jahr hindurch; **in a ~['s time]** in einem Jahr; **once a ~, once every ~:** einmal im Jahr; **Christian** *or* **Church** *or* **ecclesiastical ~** *(Eccl.)* Kirchenjahr, *das;* liturgisches Jahr *(kath. Kirche);* **a ten-~-old** ein Zehnjähriger/eine Zehnjährige; **a ten-~[s]-old child/animal/thing** ein zehn Jahre altes Kind/Tier/Ding; **in her thirtieth ~:** in ihrem 30. Lebensjahr; **financial** *or* **fiscal** *or* **tax ~:** Finanz- *od.* Rechnungsjahr, *das;* **calendar** *or* **civil ~:** Kalenderjahr, *das;* **school ~:** Schuljahr, *das;* **for a ~ and a day** ein Jahr und einen Tag [lang]; **a ~ [from] today** *etc.* heute *usw.* in einem Jahr; **a ~ [ago] today** *etc.* heute *usw.* vor einem Jahr; **... of the ~** *(best)* ... des Jahres; *see also* **¹by 1 m; dot 1 c; from b; grace 1 e; leap year; lord 1 b; sabbatical 1; b)** *(group of students)* Jahrgang, *der;* **first-~ student** Student/Studentin im ersten Jahr; **c)** *in pl. (age)* **he doesn't look his ~s** man sieht ihm seine Jahre nicht an; **be old for** *or* **beyond one's ~s** *(unexpectedly mature)* für sein Alter schon sehr reif sein; *(looking older than one is)* älter wirken, als man ist; **be young for one's ~s** jünger wirken, als man ist; **be getting on/be well on in ~s** in die Jahre kommen/in vorgerücktem Alter sein *(geh.);* **d)** *in pl. (very long time)* Jahre; **she looks ~s older** sie sieht um Jahre älter aus; **sth. has put ~s on sb.** etw. hat jmdn. um Jahre altern lassen; **take ~s off sb./sb.'s life** jmdn. um Jahre jünger/älter machen
**'year-book** *n.* Jahrbuch, *das*
**yearling** ['jɪəlɪŋ] **1.** *n. (Zool., Agric.)* Jährling, *der.* **2.** *adj. (a year old)* einjährig
**'year-long** *adj. (lasting a year)* einjährig; *(lasting the whole year)* ganzjährig
**yearly** ['jɪəlɪ] **1.** *adj.* **a)** *(annual)* jährlich; **ten-~:** zehnjährig; **at twice-~ intervals** zweimal im Jahr; **b)** *(lasting a year)* Einjahres- ‹*vertrag, -abonnement*›. **2.** *adv.* jährlich
**yearn** [jɜ:n] *v. i.* ~ **for** *or* **after sth./for sb./to do sth.** sich nach etw./jmdm. sehnen/sich danach sehnen, etw. zu tun
**yearning** ['jɜ:nɪŋ] **1.** *n.* Sehnsucht, *die.* **2.** *adj.* sehnsüchtig ‹*Blick, Liebe*›; sehnlich ‹*Wunsch, Gebet*›
**'year-round** *adj.* ganzjährig
**yeast** [ji:st] *n.* Hefe, *die*
**yeast: ~ cake** *n.* **a)** *(mass of ~)* Hefewürfel, *der;* **b)** *(cake made with ~)* Hefekuchen, *der;* ~ **pastry** *n.* Hefeteig, *der*
**yeasty** ['ji:stɪ] *adj.* hefig
**yell** [jel] **1.** *n.* **a)** gellender Schrei; **let out a ~:** einen Schrei ausstoßen; **when supper's ready, I'll give you a ~** *(coll.)* wenn das Abendessen fertig ist, rufe ich dich; **b)** *(Amer.: students' cry)* Anfeuerungsruf, *der.* **2.** *v. i.* [gellend] schreien; ~ **with rage/laughter** wütend schreien/vor Lachen brüllen; ~ **at each other** einander anschreien. **3.** *v. t.* [gellend] schreien
**yellow** ['jeləʊ] **1.** *adj.* **a)** gelb; flachsblond ‹*Haar*›; golden ‹*Getreide*›; vergilbt ‹*Papier*›; **b)** *(fig. coll.: cowardly)* feige; **have got/show a ~ streak** feige *od.* ein Feigling sein. *See also* **¹flag 1. 2.** *n.* **a)** *(colour)* Gelb, *das;* **b)** *(pigment)* Gelbton, *der;* **c)** *(~ clothes)* **dressed in ~:** gelb gekleidet; **d)** *(Snooker)* gelbe Kugel; **e)** *(butterfly)* Gelbling, *der; (brimstone)* Zitronenfalter, *der;*

clouded ~: Postillon, *der.* **3.** *v. t. & i.* vergilben
**yellow: ~-belly** *n. (sl. derog.)* Feigling, *der (ugs.)*; ~ **'fever** *n. (Med.)* Gelbfieber, *das;* **~hammer** *n. (Ornith.)* Goldammer, *die*
**yellowish** ['jeləʊɪʃ] *adj.* gelblich
**yellow 'line** *n. (Brit.)* gelbe [Markierungs]linie; **I'm on double ~s** ich stehe im Parkverbot
**yellowness** ['jeləʊnɪs] *n., no pl.* gelbe Farbe
**yellow 'pages, (P)** *n. pl.* gelbe Seiten; Branchenverzeichnis, *das*
**yelp** [jelp] **1.** *v. i.* aufheulen *(ugs.)*; ⟨*Hund:*⟩ jaulen. **2.** *n.* Heulen, *das; (of dog)* Jaulen, *das;* **the child/dog gave a ~:** das Kind heulte auf/der Hund jaulte
**yelping** ['jelpɪŋ] *n.* Geheule, *das (ugs.); (of dog)* Gejaule, *das*
**Yemen** ['jemən] *pr. n.* **[the] ~:** [der] Jemen
**Yemeni** ['jemənɪ] **1.** *adj.* jemenitisch. **2.** *n.* Jemenit, *der*/Jemenitin, *die*
**Yemenite** ['jemənaɪt] *n. see* **Yemeni 2**
**¹yen** [jen] *n., pl. same (Japanese currency)* Yen, *der*
**²yen** *n. (coll.: longing)* Drang, *der* **(for** nach); **sb. has a ~ to do sth.** es drängt jmdn. danach, etw. zu tun
**yeoman** ['jəʊmən] *n., pl.* **yeomen** ['jəʊmən] **a)** *(with small estate)* Kleinbauer, *der;* **b)** *(Hist.: freeholder)* Freisasse, *der;* **c)** *(Brit. Mil. Hist.)* Angehöriger der Yeomanry; **d)** ~ **[of signals]** *(Brit. Navy)* Signalmaat, *der;* **e)** *(Amer. Navy) Marineunteroffizier, der mit Verwaltungsarbeiten betraut ist*
**Yeoman of the 'Guard** *n. (Brit. Mil.)* königlicher Leibgardist; *(in popular use: warder in Tower of London)* Wärter im Tower von London
**yeomanry** ['jəʊmənrɪ] *n., no pl.* Yeomanry, *die (hist.); berittene Freiwilligentruppe*
**'yeoman['s] service** *n.* **give sb. ~:** jmdm. gute Dienste tun; **do ~:** gute Dienste leisten
**yep** [jep] *int. (Amer. coll.)* ja
**yes** [jes] **1.** *adv.* ja; *(in contradiction)* doch; **~, sir** jawohl!; **I didn't do it! – Oh ~ you did!** Ich war es nicht! – Doch warst du es!; **~?** *(indeed?)* ach ja?; *(what do you want?)* ja?; *(to customer)* ja, bitte?; **say '~':** ja sagen; **say ~ to a proposal** einem Vorschlag zustimmen; **she'll say ~ to anything** sie sagt zu allem ja und amen; **~ and no** ja und nein; jein *(scherzh.); see also* **¹oh. 2.** *n., pl.* **~es** Ja, *das*
**'yes-man** *n. (coll. derog.)* Jasager, *der (abwertend)*
**yesterday** ['jestədeɪ, 'jestədɪ] **1.** *n.* **a)** gestern; **the day before ~:** vorgestern; **~'s paper** die gestrige Zeitung; die Zeitung von gestern; **~ morning/afternoon/evening/night** gestern vormittag/nachmittag/abend/nacht; **a week [from] ~:** gestern in einer Woche; **a year [ago] ~:** gestern vor einem Jahr; **~ evening's concert** das Konzert gestern abend *od.* am gestrigen Abend; **b)** *(recent time)* **of ~:** von gestern; **all our ~s** unsere Vergangenheit; **be ~'s men** passé sein. **2.** *adv.* **a)** gestern; **the day before ~:** vorgestern; **~ morning/afternoon/evening/night** gestern vormittag/nachmittag/abend/nacht; **b)** *(in the recent past)* gestern; *see also* **born 1**
**yet** [jet] **1.** *adv.* **a)** *(still)* noch; **have ~ to reach sth.** etw. erst noch erreichen müssen; **have a few days free ~:** noch ein paar Tage frei haben; **much ~ remains to be done** noch bleibt viel zu tun; *see also* **as 4; b)** *(hitherto)* bisher; **the play is his best ~:** das Stück ist sein bisher bestes; **c)** *neg. or interrog. (so soon as now/then)* **not [just] ~:** [jetzt] noch nicht; **never ~:** noch nie; **need you go just ~?** mußt du [jetzt] schon gehen?; **is he dead ~?** ist er schon gestorben?; **you haven't seen anything** *or (coll.)* **ain't seen nothing ~:** das ist noch gar nichts; **d)** *(before all is over)* doch noch; **he could win ~:** er könnte noch gewinnen; **e)** *with compar. (even)* noch; **f)** *(nevertheless)* doch; **g)** *(again)* noch; **~ again** *or* **once more** noch einmal; **nor ~:** noch [...] jemals; **she has never voted for that party, nor ~ intends to** sie hat nie für diese Partei gestimmt, und sie hat es auch nicht vor. **2.** *conj.* doch; **a faint ~ unmistakable smell** ein schwacher, aber unverkennbarer Geruch
**yeti** ['jetɪ] *n.* Yeti, *der;* Schneemensch, *der*
**yew** [ju:] *n.* **a)** *(tree)* Eibe, *die;* **b)** *(wood)* Eibenholz, *das*
**'yew-tree** *see* **yew a**
**'Y-fronts, (P)** *n. pl. Herrenunterhose mit y-förmiger Vorderseite*
**YHA** *abbr. (Brit.)* **Youth Hostels Association** Jugendherbergsverband, *der*
**Yid** [jɪd] *n. (sl. derog.)* Itzig, *der (ugs. abwertend)*
**Yiddish** ['jɪdɪʃ] **1.** *adj.* jiddisch; *see also* **English 1. 2.** *n.* Jiddisch, *das; see also* **English 2 a**
**yield** [ji:ld] **1.** *v. t.* **a)** *(give)* bringen; hervorbringen ⟨*Ernte*⟩; tragen ⟨*Obst*⟩; abwerfen ⟨*Gewinn*⟩; ergeben ⟨*Resultat, Informationen*⟩; **b)** *(surrender)* übergeben ⟨*Festung*⟩; lassen ⟨*Vortritt*⟩; abtreten ⟨*Besitz*⟩ (to an + *Akk.*); **~ the point** [in diesem Punkt] nachgeben; **~ a point to sb.** jmdm. in einem Punkt nachgeben; **~ ground to the enemy** vor dem Feind zurückweichen; **~ right of way** Vorfahrt gewähren. **2.** *v.i.* **a)** *(surrender)* sich unterwerfen; **~ to threats/temptation** Drohungen *(Dat.)* nachgeben/der Versuchung *(Dat.)* erliegen; **~ to persuasion/sb.'s entreaties** sich überreden lassen/jmds. Bitten *(Dat.)* nachgeben; **the girl had ~ed to the wily seducer** das Mädchen war dem raffinierten Verführer erlegen; **b)** *(be or feel inferior)* **~ to none in sth.** niemandem in etw. *(Dat.)* nachstehen; **c)** *(give right of way)* Vorfahrt gewähren; **d)** *(Amer.: allow another the right to speak)* **~ to sb.** jmdm. das Wort überlassen. **3.** *n.* **a)** Ertrag, *der;* **b)** *(revenue from tax etc.)* Aufkommen, *das;* **c)** *(return on investment)* Zins[ertrag], *der;* **a 10% ~:** 10% Zinsen; **the ~ on this bond** die Zinsen für dieses Wertpapier
**~ 'up** *v.t.* **a)** *(surrender)* übergeben ⟨*Stadt, Festung*⟩; ausliefern ⟨*Gefangenen, sich selbst*⟩; **b)** *(reveal)* enthüllen ⟨*Geheimnis*⟩; hervorbringen ⟨*Reichtum, Ertrag, Ernte*⟩
**'yield point** *n. (Phys.)* Fließgrenze, *die*
**yin** [jɪn] *n., no pl., no indef. art. (Chinese Philos.)* Yin, *das*
**yip** [jɪp] *(Amer.)* **1.** *v. i.*, **-pp-** *see* **yelp 1. 2.** *n. see* **yelp 2**
**yippee** ['jɪpi:] *int.* hurra
**YMCA** *abbr.* **Young Men's Christian Association** CVJM
**yob** [jɒb] *n. (Brit. sl.)* Rowdy, *der (abwertend)*
**yobbish** ['jɒbɪʃ] *adj. (Brit. sl.)* rowdyhaft
**yobbo** ['jɒbəʊ] *n., pl.* **~s** *see* **yob**
**yodel** ['jəʊdl] **1.** *v. i. & t., (Brit.)* **-ll-** jodeln. **2.** *n.* Jodeln, *das*
**Yoga** ['jəʊgə] *n.* Joga, *der od. das*
**yoghurt** ['jɒgət] *n.* Joghurt, *der od. das*
**yogi** ['jəʊgɪ] *n. (Hindu Philos.)* Yogi[n], *der;* Jogi[n], *der*
**yogurt** *see* **yoghurt**
**yo-heave-ho** ['jəʊhi:vhəʊ] = **heave ho** *see* **heave 2 b**
**yo[-ho]-ho** [jəʊ(həʊ)'həʊ] *int.* **a)** *(to attract attention)* he *(ugs.)*; **b)** = **heave ho** *see* **heave 2 b**
**yoke** [jəʊk] **1.** *n.* **a)** *(for animal)* Joch, *das;* **b)** *(for person)* [Trag]joch, *das;* **c)** *(of garment)* Sattel, *der (Textilw.)*; **d)** *(fig.: bond, oppressive control)* Joch, *das (geh.)*; **e)** *(pair of oxen etc.)* Joch, *das.* **2.** *v. t.* **a)** ins Joch spannen ⟨*Tier*⟩; **~ an animal to sth.** ein Tier vor etw. *(Akk.)* spannen; **b)** *(fig.: couple)* verbinden
**yokel** ['jəʊkl] *n. (derog.)* [Bauern]tölpel, *der*
**yolk** [jəʊk] *n.* Dotter, *der;* Eigelb, *das*
**'yolk-sac** *n. (Zool.)* Dottersack, *der*
**Yom Kippur** [jɒm 'kɪpə(r)] = **Day of Atonement** *see* **atonement b**
**yomp** [jɒmp] *(sl.) v.i. & t.* stapfen
**yon** [jɒn] *(arch./poet./dial.)* **1.** *adj.* **~ mountain/field** jener Berg/jenes Feld dort *(geh.)*. **2.** *adv.* dort drüben; *see also* **hither**
**yonder** ['jɒndə(r)] *(literary)* **1.** *adj.* **~ tree/peasant** jener Baum/Bauer dort *(geh.)*. **2.** *adv.* dort drüben
**yoo-hoo** ['ju:hu:] *int.* juhu
**yore** [jɔ:(r)] *n. (literary)* **of ~:** von früher [her] ⟨*kennen*⟩; **customs of ~:** Bräuche von einst; **in days of ~:** in früheren Tagen
**yorker** ['jɔ:kə(r)] *n. (Cricket) Ball, der so geworfen wird, daß er direkt vor dem Schlagmann auftrifft*
**Yorkist** ['jɔ:kɪst] *(Hist.)* **1.** *adj.* zum Hause York gehörig; des Hauses York *nachgestellt.* **2.** *n.* Mitglied/Anhänger des Hauses York
**Yorkshire** ['jɔ:kʃɪə(r), 'jɔ:kʃə(r)]: **~man** ['jɔ:kʃɪəmən, jɔ:kʃəmən] *n., pl.* **~men** ['jɔ:kʃɪəmən, jɔ:kʃəmən] Mann aus Yorkshire; **~ 'pudding** *n. (Gastr.)* Yorkshirepudding, *der;* **~ 'terrier** *n.* Yorkshireterrier, *der;* **~ tyke** *see* **tyke c; ~woman** *n.* Frau aus Yorkshire
**you** [jʊ, *stressed* 'ju:] *pron.* **a)** *sing./pl.* du/ihr; *as polite address sing. or pl.* Sie; *as direct object* dich/euch/Sie; *as indirect object* dir/euch/Ihnen; *refl.* dich/dir/euch/sich; **it was ~:** du warst/ihr wart/Sie waren es; **~'re another** *(coll.)* du bist selber einer/eine/eins *(ugs.)*; **~-know-what/-who** du weißt/ihr wißt/Sie wissen schon, was/wer/wen/wem; **that hat is not quite ~:** dieser Hut paßt nicht ganz zu dir/Ihnen; **b)** *(one)* man; **smoking is bad for you** Rauchen ist ungesund. *See also* **¹he; ¹her; your; yours; yourself; yourselves**
**'you-all** *pron. (Amer. coll.)* ihr/Sie [alle]
**you'd** [jʊd, *stressed* ju:d] **a)** = **you had; b)** = **you would**
**you'll** [jʊl, *stressed* ju:l] **a)** = **you will; b)** = **you shall**
**young** [jʌŋ] **1.** *adj.*, **~er** ['jʌŋgə(r)], **~est** ['jʌŋgɪst] **a)** *(lit. or fig.)* jung; neu, jung ⟨*Wein*⟩; **a very ~ child** ein ganz kleines Kind; **the ~ boys** die [kleinen] Jungen; **~ at heart** im Herzen jung geblieben; **sb. is not getting any ~er** jmd. wird auch nicht jünger; **you ~ rascal** du [kleiner] Racker *(fam.)*; **you're only ~ once** man ist nur einmal jung; **she's a ~ sixty** sie ist eine jung gebliebene Sechzigerin; **the night is still ~:** die Nacht ist jung; **~ Jones** der junge Jones *(ugs.)*; **at a ~ age** in jungen Jahren; **he's not as ~ as he used to be** er ist nicht mehr der Jüngste; **b)** *in compar. (of two namesakes)* jünger; *(Scot.: heir)* Erbe, *der;* **Teniers the Y~er** Teniers der Jüngere; **c)** *(characteristic of youth)* jugendlich; **~ love/fashion** junge Liebe/Mode; **d)** *(Polit.)* **Y~ Conservatives/Liberals** *etc.* Junge Konservative/Liberale *usw. See also* **hopeful 2; married 2; shoulder 1 b; year c. 2.** *n. pl. (of animals)* Junge; *(of humans)* Kinder; **with ~:** trächtig; **the ~** *(~ people)* die jungen Leute; **~ and old** jung und alt
**young: ~ 'blood** *see* **blood 1 c; ~ day[s]** *n. [pl.]* Jugendjahre *Pl.*; **in my ~ days** in meiner Jugend[zeit]; **~ 'family** *n.* junge Familie; **have a ~ family** kleine Kinder haben; **~ 'fogey** *n. junger angepaßter und erzkonservativer Mann*
**youngish** ['jʌŋgɪʃ] *adj.* ziemlich jung
**young: ~ 'lady** *n.* **a)** junge Dame; **b)** *(girl-friend)* Freundin, *die;* **~ 'man** *n.* **a)** junger Mann; **b)** *(boy-friend)* Freund, *der;* **Y~ Pretender** *see* **pretender**
**youngster** ['jʌŋstə(r)] *n.* **a)** *(child)* Kleine, *der/die/das;* **b)** *(young person)* Jugendliche, *der/die;* **you're just a ~ compared with me** im

Vergleich zu mir bist du noch jung; **come on, you ~s!** kommt, ihr jungen Hüpfer! *(ugs.)*

**young: ~ thing** *n.* junges Ding *(ugs.)*; **~ 'un** *n. (coll.)* **he's only a ~ 'un** er ist noch jung; **all the ~ 'uns** das ganze junge Gemüse *(ugs.)*; **~ 'woman** *n.* **a)** junge Frau; **b)** *(girl-friend)* Freundin, *die*

**your** [jə(r), *stressed* jʊə(r), jɔ:(r)] *poss. pron. attrib.* **a)** *(of you, sing./pl.)* dein/euer; *in polite address* Ihr; **~ average TV viewer** *(coll.)* der durchschnittliche Fernsehzuschauer; **b)** *(one's)* **it's bad for ~ health/eyesight** es ist schlecht für die Gesundheit/Augen. *See also* **²her; our a**

**you're** [jə(r), *stressed* jʊə(r), jɔ:(r)] = **you are**

**yours** [jʊəz, jɔ:z] *poss. pron. pred.* **a)** *(to or of you, sing.)* deiner/deine/dein[e]s; *(to or of you, pl.)* eurer/eure/eures; *in polite address* Ihrer/Ihre/Ihr[e]s; **you and ~:** du und die Deinen/das Deine; **what's ~?** *(coll.)* was nimmst du/nehmen Sie?; *see also* **hers; ours; b)** *(your letter)* Ihr Brief; *(Commerc.)* Ihr Schreiben; **c)** *(ending letter)* **~ [obediently]** Ihr [sehr ergebener *(geh.)*]; **~ truly** in alter Verbundenheit Dein/Deine; *(in business letter)* mit freundlichen Grüßen; *(joc.: I)* meine Wenigkeit *(scherzh.)*; *see also* **ever a; faithfully; sincerely c; up 2 f**

**yourself** [jə'self, jʊə'self, jɔ:'self] *pron.* **a)** *emphat.* selbst; **for ~:** für dich/Sie selbst; **you must do sth. for ~:** du mußt selbst etw. tun; **how's ~?** *(sl.)* wie geht's? *(ugs.)*; *(as reply)* und selbst? *(ugs.)*; **relax and be ~:** entspann dich und gib dich ganz natürlich; **b)** *refl.* dich/dir/sich. *See also* **herself; myself**

**yourselves** [jə'selvz, jʊə'selvz, jɔ:'selvz] *pron.* **a)** *emphat.* selbst; **for ~:** für euch/Sie selbst; **b)** *refl.* euch/sich. *See also* **herself; ourselves**

**youth** [ju:θ] *n.* **a)** *no pl., no art.* Jugend, *die*; **she has kept her ~:** sie hat sich *(Dat.)* ihr jugendliches Aussehen bewahrt; **b)** *pl.* **~s** [ju:ðz] *(young man)* Jugendliche, *der*; **c)** *constr. as pl. (young people)* Jugend, *die*; **d)** *no pl., no art. (fig.: early stage of development etc.)* Anfangsstadium, *das*; **in its [early] ~:** in den [ersten] Anfängen

**youth: ~ centre** *n.* Jugendzentrum, *das*; **~ club** *n.* Jugendklub, *der*; **~ 'custody** *n. (Brit.)* Jugendstrafe, *die*; **~ 'custody centre** *n. (Brit.)* Jugendstrafanstalt, *die*

**youthful** ['ju:θfl] *adj.* jugendlich

**youthfulness** ['ju:θflnɪs] *n., no pl.* **a)** *(being young)* Jugend, *die*; **b)** *(having freshness of youth)* Jugendlichkeit, *die*

**youth: ~ hostel** *n.* Jugendherberge, *die*; **~ hosteller** *n.* Herbergsgast, *der*

**you've** [jʊv, *stressed* ju:v] = **you have**

**yowl** [jaʊl] **1.** *n.* **~[s]** Jaulen, *das*; *(of cat)* Maunzen, *das*; *(of wolf)* Heulen, *das*; **give a ~:** jaulen/maunzen/heulen. **2.** *v. i.* jaulen; ⟨*Katze:*⟩ maunzen; ⟨*Wolf:*⟩ heulen

**Yo-Yo (P)** ['jəʊjəʊ] *n., pl.* **~s** Jo-Jo, *das*

**yr.** *abbr.* **a)** **year[s]** J.; **b)** **your**

**yrs.** *abbr.* **a)** **years** J.; **b)** **yours**

**'Y-shaped** *adj.* **Y-förmig**

**yucca** ['jʌkə] *n. (Bot.)* Yucca, *die*; Palmlilie, *die*

**yuck** *see* **yuk**

**yucky** *see* **yukky**

**Yugoslav** ['ju:gəslɑ:v] *see* **Yugoslavian**

**Yugoslavia** [ju:gə'slɑ:vɪə] *pr. n. (Hist.)* Jugoslawien *(das)*

**Yugoslavian** [ju:gə'slɑ:vɪən] **1.** *adj.* **a)** *(Hist.)* jugoslawisch; **sb. is ~:** jmd. ist Jugoslawe/Jugoslawin; **b)** *(Ling.) see* **Serbo-Croat 2. 2.** *n.* **a)** *(Hist.: person)* Jugoslawe, *der*/Jugoslawin, *die*; **b)** *(Ling.) see* **Serbo-Croat 1**

**yuk** [jʌk] *int. (sl.)* bäh; äks

**yukky** ['jʌkɪ] *adj. (sl.)* eklig

**yule** [ju:l] *see* **yule-tide**

**yule: ~-log** *n.* Weihnachtsblock, *der*; *(in Scandinavia)* Julblock, *der (Volksk.)*; **~-tide** *n. (arch.)* Weihnachtszeit, *die*

**yummy** ['jʌmɪ] *(coll.)* **1.** *adj.* lecker. **2.** *int. (child lang.)* lecker, lecker; *(not referring to food)* au fein

**yum-yum** [jʌm'jʌm] *int.* lecker, lecker

**yuppie** ['jʌpɪ] *n. (coll.)* Yuppie, *der*

**YWCA** *abbr.* **Young Women's Christian Association** CVJF

# Z

**Z, z** [zed] *n., pl.* **Zs** *or* **Z's a)** *(letter)* Z, z, *das*; **b)** *(Math.)* z

**zabaglione** [zɑbɑ'ljəʊneɪ] *n. (Gastr.)* Zabaglione, *die*; Zabaione, *die*

**Zaire** [zɑ:'ɪə(r)] *pr. n.* Zaire *(das)*

**Zambezi** [zæm'bi:zɪ] *pr. n.* Sambesi, *der*

**Zambia** ['zæmbɪə] *pr. n.* Sambia *(das)*

**Zambian** ['zæmbɪən] **1.** *adj.* sambisch. **2.** *n.* Sambier, *der*/Sambierin, *die*

**zany** ['zeɪnɪ] *adj.* irre komisch *(ugs.)*; Wahnsinns⟨*humor, -komiker*⟩

**Zanzibar** [zænzɪ'bɑ(r)] *pr. n.* Sansibar *(das)*

**Zanzibari** [zænzɪ'bɑ:rɪ] **1.** *adj.* sansibarisch. **2.** *n.* Sansibarer, *der*/Sansibarerin, *die*

**zap** [zæp] *(sl.)* **1.** *int.* zack. **2.** *v. t.*, **-pp- a)** **~ sb. [one]** jmdm. eine knallen *(ugs.)*; **b)** *(do away with, kill)* erledigen *(salopp)*

**zeal** [zi:l] *n., no pl.* **a)** *(fervour)* Eifer, *der*; **b)** *(hearty endeavour)* Hingabe, *die*

**zealot** ['zelət] *n.* **a)** *(zealous person)* Besessene, *der/die*; **b)** *(fanatic)* Eiferer, *der*/Eiferin, *die*; Zelot, *der*/Zelotin, *die (geh.)*

**zealous** ['zeləs] *adj.* **a)** *(fervent)* glühend *(geh.)* ⟨*Verehrer*⟩; begeistert ⟨*Fan*⟩; **b)** *(eager)* eifrig

**zealously** ['zeləslɪ] *adv.* **a)** *(fervently)* mit glühendem Eifer *(geh.)*; begeistert ⟨*anfeuern*⟩; **b)** *(eagerly)* eifrig ⟨*suchen, arbeiten*⟩

**zebra** ['zebrə, 'zi:brə] *n.* Zebra, *das*

**zebra: ~ 'crossing** *n. (Brit.)* Zebrastreifen, *der*; **~ finch** *(Ornith.) n.* Zebrafink, *der*

**zebu** ['zi:bju:] *n. (Zool.)* Zebu, *der od. das*

**zed** [zed] *(Brit.)*, **zee** [zi:] *(Amer.) ns.* Zett, *das*

**Zen** [zen] *n., no pl., no art. (Relig.)* Zen, *das*

**zenith** ['zenɪθ] *n. (lit. or fig.)* Zenit, *der*

**zephyr** ['zefə(r)] *n. (literary)* Zephir, *der (dichter. veralt.)*

**Zeppelin** ['zepəlɪn] *n.* Zeppelin, *der*

**zero** ['zɪərəʊ] **1.** *n., pl.* **~s a)** *(nought)* Null, *die*; **b)** *(fig.: nil)* null; **her chances are ~:** ihre Aussichten sind gleich Null *(ugs.)*; **c)** *(starting point of scale; of temperature)* Null, *die*; **in ~ gravity** im Zustand der Schwerelosigkeit; **absolute ~** *(Phys.)* absoluter Nullpunkt; **d)** **~ [hour]** die Stunde X. *See also* **ground zero. 2.** *v. i.* **~ in on sth.** *(take aim at sth.)* sich auf etw. *(Akk.)* einschießen; *(focus one's attention on sth.)* sich auf etw. *(Akk.)* konzentrieren

**zero: ~ option** *n. (Polit.)* Nullösung, *die*; **~-'rated** *adj.* **~-rated goods** nicht mehrwertsteuerpflichtige Güter

**zest** [zest] *n.* **a)** *(lit. or fig.)* Würze, *die*; **add a ~ to the dish** das Gericht würzig machen; **add ~ and life to sth.** etw. beleben; **b)** *(gusto)* Begeisterung, *die*; **~ for living** Lebenslust, *die*; **c)** *(peel)* Schale, *die*

**zestful** ['zestfl] *adj.* freudig; ⟨*Person*⟩ voller Begeisterung

**zeugma** ['zju:gmə] *n. (Ling., Lit.)* Zeugma, *das (Sprachw.)*

**Zeus** [zju:s] *pr. n. (Greek Mythol.)* Zeus *(der)*

**zigzag** ['zɪgzæg] **1.** *adj.* zickzackförmig; Zickzack⟨*muster, -anordnung*⟩; **~ line** Zickzacklinie, *die*; **steer a ~ course** im Zickzack fahren/laufen *usw.* **2.** *adv.* zickzack. **3.** *n.* Zickzacklinie, *die*. **4.** *v. i.*, **-gg-** im Zickzack verlaufen/⟨*Person:*⟩ laufen

**zilch** [zɪltʃ] *n., no pl., no art. (Amer. sl.)* rein *od.* reineweg gar nichts *(ugs.)*; **be ~:** gleich Null sein *(ugs.)*

**zillion** ['zɪljən] *n. (coll.)* **a ~ mosquitoes** Myriaden von Stechmücken; **~s of dollars** zig *(ugs.)* Millionen Dollar

**Zimbabwe** [zɪm'bɑ:bwɪ] *pr. n.* Simbabwe *(das)*

**Zimbabwean** [zɪm'bɑ:bwɪən] **1.** *adj.* simbabwisch. **2.** *n.* Simbabwer, *der*/Simbabwerin, *die*

**zinc** [zɪŋk] *n.* Zink, *das*

**zing** [zɪŋ] *(coll.)* **1.** *n.* Schwung, *der*. **2.** *v. i.* ⟨*Geschoß:*⟩ sirren

**zinnia** ['zɪnɪə] *n. (Bot.)* Zinnie, *die*

**Zion** ['zaɪən] *n., no pl.* Zion, *das*

**Zionism** ['zaɪənɪzm] *n., no pl.* Zionismus, *der*

**Zionist** ['zaɪənɪst] *n.* Zionist, *der*/Zionistin, *die*

**zip** [zɪp] **1.** *n.* **a)** Reißverschluß, *der*; **b)** *(fig.: energy, vigour)* Schwung, *der*; **c)** *(sound)* Zischen, *das*. **2.** *v. t.*, **-pp- a)** *(close)* **~ [up] sth.** den Reißverschluß an etw. *(Dat.)* zuziehen; **I put on the jacket and ~ped it up** ich zog die Jacke an und machte den Reißverschluß zu; **~ sb. up** jmdm. den Reißverschluß zumachen; **b)** **~ [up]** *(enclose)* [durch Schließen des Reißverschlusses] einpacken *(ugs.)*; **he was ~ped [up] into his sleeping-bag** er wurde in seinen Schlafsack gepackt *(ugs.)*. **3.** *v. i.*, **-pp- a)** *(fasten)* **~ [up]** mit Reißverschluß geschlossen werden; **the dress ~s up [at the back/side]** das Kleid hat [hinten/seitlich] einen Reißverschluß; **the lining ~s in easily** das [Ausreiß]futter läßt sich leicht einziehen; **it won't ~ up** der Reißverschluß läßt sich nicht zuziehen; **b)** *(move fast)* sausen

**'zip-bag** *n.* Tasche mit Reißverschluß

**'Zip code** *n. (Amer.)* Postleitzahl, *die*

**zip: ~-fastener** *see* **zip 1 a**; **~ gun** *n. (Amer.)* selbstgebastelte Pistole

**zipper** ['zɪpə(r)] *see* **zip 1 a**

**zippy** ['zɪpɪ] *adj. (coll.)* spritzig

**zirconium** [zɜ:'kəʊnɪəm] *n. (Chem.)* Zirkonium, *das*; Zirconium, *das (fachspr.)*

**zit** [zɪt] *n. (Amer. sl.)* Pickel, *der*

**zither** ['zɪðə(r)] *n. (Mus.)* Zither, *die*

**zodiac** ['zəʊdɪæk] *n. (Astron.)* Tierkreis, *der*; Zodiakus, *der (fachspr.)*; **sign of the ~** *(Astrol.)* Tierkreiszeichen, *das*; Sternzeichen, *das*

**zodiacal** [zə'daɪəkl] *adj. (Astron., Astrol.)* Tierkreis-; zodiakal *(fachspr.)*

**zodiacal 'light** *n. (Astron.)* Zodiakallicht, *das*

**zombie** *(Amer.:* **zombi)** ['zɒmbɪ] *n. (lit. or fig.)* Zombie, *der*

**zonal** ['zəʊnl] *adj.* zonal; **~ tariff** Zonentarif, *der*

**zone** [zəʊn] **1.** *n.* Zone, *die*; **[time] ~:** Zeitzone, *die*; **Temperate Z~:** gemäßigte Zone. **2.** *v. t.* [in Zonen] einteilen

**zoning** ['zəʊnɪŋ] *n.* Zoneneinteilung, *die*

**zonked** [zɒŋkt] *adj. (sl.)* **be ~** *(by drugs)* stoned sein *(Drogenjargon)*; *(by alcohol)* zusein *(salopp)*; *(be tired)* erschlagen sein *(ugs.)*

**zoo** [zu:] *n.* Zoo, *der*
**'zoo-keeper** *n.* Zoowärter, *der*/-wärterin, *die*
**zoological** [zu:ə-'lɒdʒɪkl] *adj.* zoologisch
**zoological 'garden[s]** *n.* zoologischer Garten
**zoologist** [zu:-'ɒlədʒɪst] *n.* Zoologe, *der*/ Zoologin, *die*
**zoology** [zu:-'ɒlədʒɪ] *n.* Zoologie, *die*
**zoom** [zu:m] **1.** *v.i.* **a)** *(move quickly)* rauschen; **we ~ed along on our bicycles** wir sausten auf unseren Fahrrädern daher; **~ through a script** ein Manuskript überfliegen; **b)** *(Aeronaut.)* das Flugzeug steil hochziehen; **c)** *(Photog.)* ⟨*Kamera, Objektiv:*⟩ die Brennweite stufenlos verändern; ⟨*Bild:*⟩ herangeholt werden. **2.** *n. see* **zoom lens**
**~ 'in** *v.i.* **a)** *(Cinemat., Telev.)* zoomen *(fachspr.)*; nahe heranfahren; **~ in on sth.** auf etw. *(Akk.)* zoomen *(fachspr.)*; etw. nahe heranholen; **b) ~ in on sth.** *(fig.)* sich auf etw. *(Akk.)* konzentrieren
**'zoom lens** *n. (Photog.)* Zoomobjektiv, *das;* Gummilinse, *die (ugs.)*
**Zoroastrianism** [zɒrəʊ'æstrɪənɪzm] *n. (Relig.)* Zoroastrismus, *der*
**zucchini** [zʊ'ki:nɪ] *n., pl. same or* **~s** *(esp. Amer.)* Zucchino, *der*
**zugzwang** ['tsu:ktsvɑ:ŋ] *n. (Chess)* Zugzwang, *der*
**Zulu** ['zu:lu:] **1.** *n.* **a)** *(person)* Zulu, *der/die;* **b)** *(language)* Zulu, *das.* **2.** *adj.* Zulu-
**Zurich** ['zjʊərɪk] **1.** *pr. n.* Zürich *(das).* **2.** *attrib. adj.* **a)** *(of canton)* des Kantons Zürich *nachgestellt;* **b)** *(of city)* Züricher; Zürcher *(schweiz.)*
**zygomatic bone** [zaɪgə'mætɪk bəʊn] *n. (Anat.)* Jochbein, *das*
**zygote** ['zaɪgəʊt] *n. (Biol.)* Zygote, *die*

# A

**a, A** [a:] **das; ~, ~ a)** *(Buchstabe)* a/A; **kleines A** a small a; **großes A** capital A; **das A und O** *(fig.)* the essential thing/things (*Gen.* for); **von A bis Z** *(fig. ugs.)* from beginning to end; **wer A sagt, muß auch B sagen** *(fig.)* if one starts a thing, one must go through with it; **b)** *(Musik)* [key of] A

**ä, Ä** [ɛ:] **das; ~, ~:** a umlaut

**a** *Abk.* **Ar, Are**

**à** [a] *Präp. mit Nom., Akk. (Kaufmannsspr.)* **zehn Marken à 50 Pfennig** ten stamps at 50 pfennigs each; **zehn Kisten à zwölf Flaschen** ten cases of twelve bottles each

**A** *Abk.* **a) Autobahn** ≈ M; **b)** *(Phys.)* **Ampere** A

**Aa** [a'|a] **das;** ~ *(Kinderspr.)* poo[-poo] *(child lang.)*; **Aa machen** do poo-poo *or* big jobs *(child lang.)*; do a big job *(Amer. child lang.)*

[1]**AA** *Abk.* **Anonyme Alkoholiker** AA

[2]**AA** [a:'|a:] **das;** ~ *Abk.* **Auswärtiges Amt**

**Aachen** ['a:xn̩] **(das); ~s** Aix-la-Chapelle; Aachen

**Aal** [a:l] **der; ~[e]s, ~e** eel; **~ grün** *(Kochk.)* green eels; stewed eels; **~ blau** *(Kochk.)* blue eel; **glatt wie ein ~ sein** be as slippery as an eel; **sich [drehen und] winden** *od.* **krümmen wie ein ~:** twist and turn like an eel

**aalen** *refl. V. (ugs.)* stretch out; **sich in der Sonne/auf der Wiese** *usw.* **~:** lie stretched out in the sun/in the meadow *etc.*

**aal-, Aal-: ~glatt** *(abwertend)* **1.** *Adj.* slippery; **~glatt sein** be as slippery as an eel; **2.** *adv.* smoothly; **sich ~glatt herausreden** glibly talk one's way out; **~kasten der** eel-trap; **~suppe die** eel soup

**a. a. O.** *Abk.* **am angegebenen Ort** loc. cit.

**Aar** [a:ɐ̯] **der; ~[e]s, ~e** *(dichter. veralt.)* eagle

**Aas** [a:s] **das; ~es, ~e** *od.* **Äser** ['ɛ:zɐ] **a)** *Pl.* **~e** *(Kadaver)* carrion *no pl., no indef. art.*; rotten carcass; **~ fressen** eat carrion; **b)** *Pl.* **Äser** *(salopp) (abwertend)* swine; *(mit Anerkennung)* devil; **ein raffiniertes/kleines ~:** a cunning/little devil; **kein ~:** not one damned person

**Aas·blume die** *(Bot.)* carrion flower

**aasen** *itr. V. (ugs., bes. nordd.)* **mit etw. ~:** be wasteful with sth.; **mit dem Geld ~:** throw [one's] money around

**aas, Aas-: ~fliege die** *(Zool.) (Calliphorinae)* blowfly; *(Sarcophaginae)* flesh-fly; **~fresser der** *(Zool.)* carrion-eater; scavenger; **~geier der** vulture; **wie [die] ~geier** *(abwertend)* like vultures

**aasig 1.** *Adv. (ugs.)* **~ frieren** be absolutely frozen; **~ kalt** damned cold; **es tut ~ weh** it hurts like mad *(sl.)*. **2.** *Adj.* malicious; mean

**Aas-: ~käfer der** carrion-beetle; **~seite die** *(Gerberei)* flesh side

**ab** [ap] **1.** *Präp. mit Dat.* **a)** *(zeitlich)* from; **ab 1980** as from 1980; **Jugendliche ab 16 Jahren** young people over the age of 16; **ab [dem] 3. April** from the 3rd of April; **ab wann?** from when?; from what time?; **b)** *(bes. Kaufmannsspr.: räumlich)* ex; **ab Werk** ex works; **ab [unserem] Lager** ex store; ex warehouse *(Amer.)*; **ab Frankfurt fliegen** fly from Frankfurt; **ab Köln führt der Zug einen Speisewagen** from Cologne onwards the train has a dining-car; **c)** *([Rang]folge)* from ... on[wards]; **ab nächster Ausgabe** from the next edition onwards; **ab zweitausend Stück aufwärts** from two thousand items onwards; **ab 20 DM** from 20 DM [upwards]. **2.** *Adv.* **a)** *(weg)* off; away; **nicht weit ab vom Weg** not far [away] from the path; **an der Kreuzung links ab** turn off left at the junction; **b)** *(ugs.: Aufforderung)* off; away; **ab nach Hause** get off home; **ab die Post** *(fig.)* off you/we *etc.* go; **ab nach Kassel** *(fig.)* it's off and away; **X ab/X und Y ab** *(Theater)* exit X/exeunt X and Y; **Film/Ton ab!** *(Film)* camera!/sound!; **Film ab!** *(im Vorführraum)* film, please!; **c)** *(milit. Kommando)* **Gewehr ab!** order arms!; *s. auch* [1]**Helm a; d) ab und zu** *od. (norddt.)* **an** now and then; from time to time; *s. auch* **absein; auf 3e, f; von 1 a, b**

**Abakus** ['a(:)bakʊs] **der; ~, ~:** abacus

**ạbänderbar, ạbänderlich** *Adj.* alterable

**ạb|ändern 1.** *tr. V.* alter; change; amend ⟨*text*⟩. **2.** *itr. V. (Biol.)* mutate

**Ạb·änderung die** alteration; *(eines Paragraphen)* amendment

**Ạbänderungs-: ~antrag der** *s.* **Änderungsantrag; ~klage die** *(Rechtsw.)* application for a variation *(of periodical payments)*

**Abandon** [abã'dõ:] **der; ~s, ~s** *(Rechtsw.)* abandonment

**abandonnieren** [abãdɔ'ni:rən] *tr., itr. V. (Rechtsw.)* abandon

**ạb|arbeiten 1.** *tr. V.* **a)** *(abgelten)* work for ⟨*meal*⟩; work off ⟨*debt, amount*⟩; **seine Überfahrt ~:** work one's passage; **b)** *(abnutzen)* wear out [with work]; **abgearbeitete Hände** work-worn hands; **c)** *(beseitigen)* remove; *(abfeilen)* file off. **2.** *refl. V.* slave [away]; work like a slave

**Ạb·art die** variety

**ạb·artig** *Adj.* deviant; abnormal

**Ạb·artigkeit die a)** *(Eigenschaft)* abnormality; deviancy; **b)** *(Handlung)* abnormal act

**ạb|äsen** *tr. V. (Jägerspr.)* crop

**ạb|asten** *refl. V. (ugs.)* slave [away]; **sich mit etw. ~:** heave sth. around; **sich** *(Dat.)* **[mit etw.] einen ~** *(salopp)* slave away [heaving sth. around]

**ạb|ätzen** *tr. V.* **a)** *(reinigen)* clean [with corrosive]; **b)** *(entfernen)* remove [with corrosive]; *(Med.)* cauterize

**Abb.** *Abk.* **Abbildung** Fig.

**ạb|backen** *unr. itr. V.; mit sein (Kochk.)* ⟨*dough etc.*⟩ come away

**ạb|baken** ['apba:kn̩] *tr. V. (Seew.)* mark [with buoys]; buoy

**ạb|balgen** *tr. V. (Jägerspr.)* skin ⟨*animal*⟩

**Ạb·bau der a)** *(Zerlegung)* dismantling; *(von Zelten, Lagern)* striking; **b)** *(Senkung)* reduction; **c)** *s.* **abbauen 1 d:** cutback (*Gen.* in); pruning; **der ~ von Beamten** the cutback in civil service jobs; **der ~ von Vorurteilen** the breaking down of prejudices; **d)** *(Chemie, Biol.)* breakdown; **e)** *(Bergbau)* mining; *(im Steinbruch)* quarrying; *(von Flözen)* working; **f)** *(Landw.)* reduced yield; **einem ~ unterliegen** ⟨*crop variety*⟩ yield less

**ạb|bauen 1.** *tr. V.* **a)** *(zerlegen)* dismantle; strike ⟨*tent, camp*⟩; dismantle, take down ⟨*scaffolding*⟩; **b)** *(senken)* reduce ⟨*wages*⟩; **c)** *(beseitigen)* gradually remove; break down ⟨*prejudices, inhibitions*⟩; **etw. planmäßig ~:** phase sth. out; **d)** *(verringern)* cut back ⟨*staff*⟩; prune ⟨*jobs*⟩; **e)** *(Chemie, Biol.)* break down ⟨*carbohydrates, alcohol*⟩; **f)** *(Bergbau)* mine ⟨*coal, gold*⟩; quarry ⟨*stone*⟩; work ⟨*seam*⟩. **2.** *itr. V.* **a)** *(nachlassen)* fade; slow down; **kurz vor dem Ziel baute er stark ab** he faded badly just before the finish; **körperlich ~:** decay physically; **b)** *(Landw.)* ⟨*crop variety*⟩ decline in yield

**Ạbbau·produkt das** *(Chemie)* decomposition product; *(Biol.)* product of catabolism

**ạbbau·würdig** *Adj. (Bergbau)* workable

**ạb|bedingen** *unr. tr. V. (Rechtsspr.)* waive

**ạb|beißen 1.** *unr. tr. V.* bite off; **eine Zigarre ~:** bite the end off a cigar. **2.** *unr. itr. V.* have a bite; **laß deinen Bruder [von der Banane] ~!** let your brother have a bite [of the banana]!

**ạb|beizen** *tr. V. (Handw.)* strip ⟨*wooden object*⟩; **die alte Farbe [von etw.] ~:** strip the old paint off [sth.]

**ạb|bekommen** *unr. tr. V.* **a)** *(bekommen)* get; **sie hat keinen Mann ~** *(ugs.)* she didn't catch herself a husband; **b)** *(hinnehmen müssen)* **einen Schlag/ein paar Kratzer ~:** get hit/get a few scratches; **den ganzen Segen ~** *(ugs. iron.)* get the full benefit *(iron.)*; **etwas ~:** *(getroffen werden)* get *or* be hit; *(verletzt werden)* get *or* be hurt; **er hat im Krieg etwas ~** *(ugs.)* he was injured in the war; **der Wagen hat nichts ~:** the car wasn't damaged; **c)** *(entfernen können)* get ⟨*paint, lid, chain*⟩ off

**ạb|berufen** *unr. tr. V.* recall ⟨*ambassador, envoy*⟩ **(aus, von** from); **Gott hat ihn aus diesem Leben ~** *(verhüll.)* God has taken him from us

**Ạb·berufung die** recall

**ạb|bestellen** *tr. V.* cancel ⟨*newspaper, hotel room, plumber, etc.*⟩; ask to have ⟨*telephone*⟩ disconnected; **jmdn. ~:** cancel sb.'s appointment

**Ạb·bestellung die** cancellation

**ạb|betteln** *tr. V. (ugs.)* **jmdm. etw. ~:** beg sth. from sb.

**ạb|bezahlen** *tr. V.* pay off ⟨*debts, television set, etc.*⟩

**ạb|biegen 1.** *unr. itr. V.; mit sein* turn off; **links/rechts/an der Kreuzung ~:** turn [off] left/right/at the junction. **2.** *unr. tr. V.* **a)** bend ⟨*rod, metal sheet, etc.*⟩; **b)** *(ugs.: abwenden)* get out of *(coll.)* ⟨*obligation*⟩; head off *(coll.)* ⟨*row*⟩; **sie hat die Sache noch einmal abgebogen** she just managed to stop things going too far

**Ạbbieger der; ~s, ~** *(Verkehrsw.)* motorist/cyclist/car *etc.* turning off

**Ạbbiege·spur die** turning-off lane
**Ạb·biegung die** bend
**Ạb·bild das** *(eines Menschen)* likeness; *(eines Gegenstandes)* copy; *(im Spiegel)* reflection; *(fig.)* portrayal
**ạb|bilden** *tr. V.* copy; reproduce ⟨*object, picture*⟩; portray, depict ⟨*person*⟩; depict ⟨*landscape*⟩; *(fig.)* portray; depict; **auf dem Foto ist ein Haus abgebildet** the photograph shows a house; **jmdn./einen Gegenstand/die Landschaft naturgetreu ~:** depict sb./copy *or* reproduce an object/depict the scenery faithfully
**Ạb·bildung die a)** *(Bild)* illustration; *(Schaubild)* diagram; **die ~ einer unbekleideten Dame** a/the picture of a nude woman; **b)** *o. Pl. (das Abbilden)* reproduction; *(fig.)* portrayal
**Ạbbildungs·fehler der** *(Optik)* aberration; image defect
**ạb|bimsen** *tr., itr. V. (ugs.)* crib ⟨*exercises*⟩
**ạb|binden 1.** *unr. tr. V.* **a)** *(losbinden)* untie; undo; **die Schürze/Krawatte ~:** undo *or* untie one's apron/tie; **eine Schnur ~:** untie a piece of string; **b)** *(abschnüren)* put a tourniquet on ⟨*artery, arm, leg, etc.*⟩; tie ⟨*umbilical cord*⟩; **c)** *(Kochk.)* thicken ⟨*sauce, gravy*⟩; bind ⟨*rissole etc.*⟩; **d)** *(Zimmerei)* make trial assembly of; **e)** *(Landw.)* wean ⟨*calf*⟩. **2.** *unr. itr. V. (Bauw.)* ⟨*concrete*⟩ set
**Ạb·bitte die** *(geh.)* **jmdm. ~ leisten** *od.* **tun** ask sb.'s pardon
**ạb|bitten** *unr. tr. V. (geh.)* **jmdm. etwas/vieles abzubitten haben** have something/a lot to apologize to sb. for
**ạb|blasen** *unr. tr. V.* **a)** *(ugs.: absagen)* call off ⟨*enterprise, party*⟩; **b)** *(Technik)* discharge ⟨*fumes*⟩; **c)** *(Milit.)* **das Manöver/den Angriff/das Gefecht ~:** sound the retreat; **d)** *(Jägerspr.)* **die Jagd ~:** call off the hounds/beaters *etc.*
**ạb|blassen** *itr. V.; mit sein* fade
**ạb|blättern** *itr. V.; mit sein* flake off
**ạb|bleiben** *unr. itr. V.; mit sein (ugs., bes. nordd.)* **wo ist er/es nur abgeblieben?** where has he/it got to *(Brit.) or* gone *(Amer.)*?; where can he/it be?
**ạbblendbar** *Adj.* **~er Innenspiegel** *od.* **Rückspiegel** anti-dazzle rear-view mirror
**Ạb·blende die** *(Film)* fade[-out]
**ạb|blenden 1.** *tr., itr. V.* black out ⟨*window, lights*⟩; dip *(Brit.)*, dim *(Amer.)* ⟨*headlights*⟩; **bei Gegenverkehr frühzeitig ~:** dip *or (Amer.)* dim headlights promptly when there is oncoming traffic. **2.** *itr. V.* **a)** *(Film)* fade [out]; **b)** *(Fot.)* stop down
**Ạbblend-: ~licht das;** *o. Pl.* dipped *(Brit.) or (Amer.)* dimmed beam; **mit ~licht fahren** drive on dipped *or* dimmed headlights; **~schalter der** dip-switch *(Brit.)*; dimmer switch *(Amer.)*
**ạb|blitzen** *itr. V.; mit sein (ugs.)* **sie ließ alle Verehrer ~:** she gave all her admirers the brush-off; **bei jmdm. [mit etw.] ~:** fail to get anywhere [with sth.] with sb. *(coll.)*
**ạb|blocken** *tr. V. (Sport; auch fig.)* block
**ạb|blühen** *itr. V.; mit haben od. sein (auch fig.)* fade
**ạb|bohren** *tr. V. (Bergbau)* drill out
**Ạb·brand der a)** *(Kerntechnik)* burn-up; **b)** *(Metall.)* melting loss
**ạb|brausen 1.** *tr. V. s.* **abduschen. 2.** *itr. V.; mit sein (ugs.)* roar off
**ạb|brechen 1.** *unr. tr. V.* **a)** *(abtrennen)* break off; break ⟨*needle, pencil*⟩; **sich** *(Dat.)* **einen Fingernagel/Zahn ~:** break a fingernail/a tooth; **b)** *(zerlegen)* strike ⟨*tent, camp*⟩; **c)** *(abreißen)* demolish, pull down ⟨*building, tower*⟩; **d)** *(beenden)* break off ⟨*negotiations, [diplomatic] relations, discussion, conversation, connection, activity, training*⟩; call off ⟨*strike*⟩; *(vorzeitig, wider Erwarten)* cut short ⟨*conversation, studies, holiday, activity*⟩; **den Kampf ~** *(Boxen)* stop the fight; **ein abgebrochenes Studium** an unfinished course of studies; **abgebrochene Sätze** fragmentary sentences; *s. auch* **abgebrochen 2. 2.** *unr. itr. V.* **a)** *mit sein (entzweigehen)* break [off]; **die Armlehne von dem Sessel ist mir abgebrochen, als ich ...:** the arm broke off the armchair when I ...; **b)** *(aufhören)* break off; **c)** *mit sein (beendet werden)* **die Verbindung brach ab** the connection was cut off; **d)** *mit sein (steil abfallen)* fall away [steeply]. **3.** *unr. refl. V.* **sich** *(Dat.)* **einen/keinen ~** *(salopp)* put/not put oneself out
**ạb|bremsen 1.** *tr. V.* **a)** brake; **vor der Kurve den Wagen ~:** slow the car down before the bend; **b)** retard ⟨*motion*⟩; break ⟨*fall*⟩; *(fig.)* curb ⟨*zeal*⟩. **2.** *itr. V.* brake; apply the brakes; **stark/auf 40 ~:** brake hard/to 40
**ạb|brennen 1.** *unr. itr. V.; mit sein* **a)** *(zerstört werden)* be burned down; ⟨*farm*⟩ be burned out; **das Haus ist abgebrannt** the house has burned down; **wir sind schon zweimal abgebrannt** we've been burned out twice already; **dreimal umgezogen ist [so gut wie] einmal abgebrannt** *(Spr.)* you can lose just as much moving [house] three times as you can if your house burns down; *s. auch* **abgebrannt 2; Grundmauer; b)** *(sich aufbrauchen)* ⟨*fuse*⟩ burn away; ⟨*candle*⟩ burn down; **abgebrannte Streichhölzer** used *or* burnt matches. **2.** *unr. tr. V.* **a)** let off ⟨*firework*⟩; **b)** *(zerstören)* burn down ⟨*building*⟩
**Abbreviatur** [abrevi̯a'tu:ɐ̯] **die; ~, ~en** *(Druckw., Mus.)* abbreviation
**ạb|bringen** *unr. tr. V.* **a) jmdn. von etw. ~** make sb. give up sth.; **jmdn. vom Kurs ~:** make sb. change course; **jmdn. von der Fährte ~:** throw sb. off the scent; **jmdn. davon ~, etw. zu tun** stop sb. doing sth.; *(abraten)* dissuade sb. from doing sth.; **er läßt sich von seinem Plan nicht ~** he can't be persuaded to give up *or* drop his plan; **jmdn. vom Thema ~:** get sb. away from the subject; **b)** *(ugs.: lösen)* **etw. [von etw.] ~:** get sth. off [sth.]
**ạb|bröckeln** *itr. V.; mit sein (auch fig.)* crumble away; *(Börsenw.)* ⟨*price, exchange rate*⟩ decline gradually
**Ạb·bruch der a)** *o. Pl.* demolition; pulling down; **etw. auf ~ verkaufen** sell sth. at demolition value; **b)** *(Beendigung)* breaking-off; *(Sport)* abandonment; *(Boxen)* stopping; **Sieger durch ~** *(Boxen)* winner when the fight was stopped; **c) einer Sache** *(Dat.)* **[keinen] ~ tun** do [no] harm to sth.; **das tut der Liebe keinen ~** *(ugs. scherzh.)* never mind *(coll.)*; **d)** *o. Pl. (eines Zeltes, Lagers)* striking
**ạbbruch-, Ạbbruch-: ~arbeit die** demolition work; **~firma die** demolition firm; **~haus das** condemned house; **~reif** *Adj.* ripe for demolition *postpos.*; **~sieg der** *(Boxen)* win when the fight was stopped; **~unternehmen das** demolition firm
**ạb|brühen** *tr. V. (Kochk.)* blanch; *s. auch* **abgebrüht 2**
**ạb|brummen** *tr. V. (ugs.)* do *(coll.)*; **er muß noch drei Jahre ~:** he has got another three years to do
**ạb|buchen** *tr. V.* ⟨*bank*⟩ debit **(von** to); ⟨*creditor*⟩ claim by direct debit **(von** to); *(fig.: als verloren betrachten)* write off; **etw. ~ lassen** *(durch die Bank)* pay sth. by standing order; *(durch Gläubiger)* pay sth. by direct debit
**Ạb·buchung die** debiting; **~ per Dauerauftrag** payment by standing order/direct debit
**ạb|bummeln** *tr. V. (ugs.)* take time off in lieu for
**ạb|bürsten** *tr. V.* **a)** brush off; **jmdm. die Haare/den Schmutz ~:** brush the hairs/the dirt off sb.; **die Haare/den Schmutz von etw. ~:** brush the hairs/the dirt off sth.; **b)** *(säubern)* brush ⟨*garment*⟩; **c)** *(ugs.: zurechtweisen)* **jmdn. ~:** give sb. a dressing down
**ạb|busseln** *tr. V. (österr.) s.* **abküssen**
**ạb|büßen** *tr. V.* **a)** serve [out] ⟨*prison sentence*⟩; **b)** *(Rel.)* atone for; do penance for
**Ạbbüßung die; ~: nach ~ seiner Strafe** after serving [out] his sentence
**Abc** [a(:)be(:)'tse:] **das; ~: a)** ABC; **nach dem ~ ordnen** arrange alphabetically; **b)** *(fig.: Grundlagen)* ABC; fundamentals *pl.*
**Abc-Buch das** *(veralt.) s.* **Fibel a**
**ạb|checken** *tr. V.* check; check through ⟨*list*⟩; check off ⟨*names etc.*⟩
**Abc-Schütze der** child just starting school
**ABC-: ~-Staaten** *Pl.* **die ~-Staaten** Argentina, Brazil, and Chile; **~-Waffen** *Pl.* ABC weapons
**ạb|dachen** ['apdaxn̩] *refl. V. (Geogr.)* slope down
**Ạbdachung die; ~, ~en** *(Geogr.)* downward slope *or* incline
**ạb|dämmen** *tr. V.* **a)** dam up ⟨*river, pond, lake*⟩; dam off ⟨*meadow, land*⟩; **b)** *(isolieren)* insulate
**Ạbdämmung die; ~, ~en a)** dam; *(am Ufer)* dyke; *(Verfahren)* damming; **b)** *(Isolierung)* insulation
**Ạb·dampf der** *(Technik)* exhaust steam
**ạb|dampfen 1.** *itr. V.; mit sein* steam away; *(ugs.: abfahren)* set off. **2.** *tr. V. (Chemie)* evaporate
**ạb|dämpfen** *tr. V.* damp, muffle ⟨*sound*⟩; dim ⟨*light*⟩
**Ạbdampf-: ~heizung die** exhaust-steam heating; **~rück·stand der** residue from evaporation; **~turbine die** exhaust-steam turbine
**ạb|danken** *itr. V.* ⟨*ruler*⟩ abdicate; ⟨*government, minister*⟩ resign; *s. auch* **abgedankt 2**
**Ạbdankung die; ~, ~en a)** *(eines Herrschers)* abdication; *(eines Ministers, einer Regierung)* resignation; **b)** *(veralt.: Entlassung)* retirement; **c)** *(bes. schweiz.: Trauerfeier)* funeral service
**ạb|darben** *refl. V.* **sich** *(Dat.)* **etw. [vom Munde] ~** *(geh.)* stint oneself to save sth.
**Ạbdeck·band das;** *Pl.* **~bänder** masking tape
**ạb|decken 1.** *tr. V.* **a)** open up; uncover ⟨*container*⟩; **der Orkan hat viele Häuser abgedeckt** the hurricane blew the roofs off many houses; **das Bett ~:** pull back the bedspread/bedclothes; **b)** *(herunternehmen, -reißen)* take off; remove; **Bretter von einer Grube ~:** take planks off a trench; **der Sturm deckte das Dach ab** the storm blew the roof off; **c)** *(abräumen)* clear ⟨*table*⟩; clear away ⟨*dishes*⟩; **d)** *(zudecken)* cover [up] ⟨*trench, grave*⟩; **etw. mit Plastikfolie ~:** cover sth. [up] with plastic film; **e)** *(schützen)* cover ⟨*person*⟩; *(Schach)* defend; **f)** *(Sport)* mark ⟨*player*⟩; **g)** *(bezahlen, ausgleichen, berücksichtigen)* cover; meet ⟨*need, demand*⟩; deal with ⟨*problem*⟩; **h)** *(veralt.: abhäuten)* skin; flay. **2.** *itr. V. (den Tisch ~)* clear the table
**Ạbdecker der; ~s, ~** *(veralt.)* knacker *(Brit.)*; *(der Tiere abhäutet)* skinner
**Abdeckerei die; ~, ~en** *(veralt.)* knacker's yard; *(wo Tiere abgehäutet werden)* skinnery *(arch.)*
**Ạbdeck-: ~plane die** canvas; tarpaulin; **~platte die** *(Bauw.)* coping stone
**Ạb·deckung die a)** *(Bedeckung)* covering; **b)** *(Ausgleich, Bezahlung, Berücksichtigung)* covering; *(von Bedürfnissen, Forderungen)* meeting; **zur ~ des Risikos** to cover the risk
**ạb|dichten** *tr. V.* seal, stop up ⟨*hole, crack, gap*⟩; seal ⟨*pipe, container*⟩; plug ⟨*leak*⟩; **das Fenster/die Tür ~:** draughtproof the window/the door
**Ạb·dichtung die a)** seal; *(von Fenstern, Türen)* draught-proofing; **b)** *o. Pl. (Vorgang)* sealing/draught-proofing
**ạb|dienen** *tr. V.* serve [out]
**ạbdingbar** *Adj. (Rechtsspr.)* alterable by mutual consent

**ạb|dorren** *itr. V.; mit sein (geh.)* dry up and wither away

**ạb|drängen** *tr. V.* push away; force away; drive ⟨*animal*⟩ away; **jmdn. von etw. ~:** push sb. away from sth.; **einen Spieler vom Ball ~** *(Fußball)* force a player off the ball; **das Auto wurde von der Straße abgedrängt** the car was forced off the road; **ein Schiff vom Kurs ~:** force a ship off course

**ạb|drehen 1.** *tr. V.* **a)** *(ausschalten)* turn off; turn *or* switch off ⟨*light, lamp, electricity, fire, radio*⟩; **den Hahn ~** *(fig.)* turn off the supply; **b)** *(Film)* finish shooting ⟨*scene, film*⟩; **c)** *(abtrennen)* twist off; **einem Huhn den Hals** *od.* **Kopf ~:** wring a chicken's neck; *s. auch* **Gurgel; d)** *(abschrauben)* screw off ⟨*lid, top*⟩. **2.** *itr. V.; meist mit sein (die Richtung ändern)* turn off; **nach Süden ~:** turn [off] southwards

**A̱b·drift die** *(Seew.)* leeway

**ạb|driften** *itr. V.; mit sein* **a)** *(Seew.)* be blown; make leeway *(Naut.);* **nach rechts/links/ins Drogenmilieu ~** *(fig.)* drift to the Right/Left/into the world of drug addicts

**ạb|drosseln** *tr. V. (Technik)* reduce ⟨*fuel or power supply*⟩; throttle back ⟨*motor, engine*⟩; *(stoppen)* cut ⟨*motor, engine*⟩; *(fig.: verringern)* cut back; curb

**¹A̱b·druck der;** *Pl.* **A̱bdrücke** mark; imprint; *(Finger~)* fingermark; *(Fuß~)* footprint; footmark; *(Wachs~)* impression; *(Gips~)* cast; **einen ~ nehmen** *od.* **machen** make a cast/an impression

**²A̱b·druck der;** *Pl.* **~e a)** *o. Pl. (Vorgang)* printing; *(Wieder~)* reprinting; **vor dem ~:** before printing; **b)** *(Ergebnis) (einer Graphik)* print; *(eines Buchs, Artikels)* [printed] text

**ạb|drucken** *tr. V.* print; *(veröffentlichen)* publish

**ạb|drücken 1.** *itr. V. (schießen)* pull the trigger; shoot; **auf jmdn./etw. ~:** shoot *or* fire at sb./sth. **2.** *tr. V.* **a)** *(abfeuern)* fire ⟨*revolver, gun*⟩; **b)** *(zudrücken)* constrict; **c) jmdm. die Luft ~:** stop sb. breathing; **d) jmdm. das Herz ~:** burden sb.'s heart; **e)** *(ugs.: umarmen)* hug. **3.** *refl. V.* **a) sich [in etw.** *(Dat.)***] ~:** make marks [in sth.]; ⟨*track*⟩ be imprinted [in sth.]; **b) sich [mit dem Fuß] ~:** push oneself away with one's foot

**ạb|ducken** *tr., itr. V. (Boxen)* duck ⟨*punch*⟩

**ạb|dunkeln** *tr. V.* **a)** *(verdunkeln)* darken ⟨*room*⟩; dim ⟨*light*⟩; **b)** *(abtönen)* tone down

**ạb|duschen** *tr. V.* **a) sich/jmdn. [kalt/warm] ~:** take/give sb. a [cold/hot] shower; **sich/jmdm. den Rücken ~:** shower one's/sb.'s back; **b)** *(entfernen)* shower off

**ạb|ebben** *itr. V.; mit sein* recede; abate

**abend** ['a:bn̩t] *Adv.* **heute/morgen/gestern ~:** this/tomorrow/yesterday evening; tonight/tomorrow night/last night *(coll.);* **Sonntag ~:** [on] Sunday evening *or (coll.)* night; **seit Sonntag ~:** since Sunday evening/night; **was gibt es heute ~ [zu essen]?** what's for dinner/supper?

**A̱bend der; ~s, ~e a)** evening; **es wird ~:** evening is drawing in; **als es ~ wurde** when evening came; **diesen ~:** that evening *or (coll.)* night; *(heute)* this evening; tonight *(coll.);* **guten ~!** good evening; **des ~s** *(geh.)* of an evening; in the evenings; **eines [schönen] ~s** one evening; **am [frühen/späten] ~:** [early/late] in the evening; **am ~ vorher** *od.* **zuvor** the evening *or (coll.)* night before; the previous evening; **bis zum [späten] ~:** until [late in the] evening; *(als Frist)* by [late] evening; **am selben/nächsten ~:** the same/following evening *or (coll.)* night; **am ~ des 1. Mai** on the evening *or (coll.)* night of 1 May; **~ für ~, jeden ~:** every [single] evening *or (coll.)* night; **gegen ~** towards evening; **während des ~s** during the evening; **während des ganzen ~s** throughout the [entire] evening; **zu ~ essen** have dinner; *(allgemeiner)* have one's evening meal; **was essen wir zu ~?** what are we having this evening?; what is there for dinner/supper?; **was machen wir jetzt mit dem angebrochenen ~?** *(ugs.)* what shall we do with the rest of the evening?; **je später der ~, desto schöner die Gäste** *(scherzh.)* we're the happier to see you now you 'have come; **du kannst mich [mal] am ~ besuchen** *(ugs. verhüll.)* you know what 'you can do *(coll.); s. auch* **heilig b; Tag a; b)** *(Geselligkeit)* evening; *(Kultur~)* soirée; **ein bunter ~:** a social [evening] *or (coll.)* night; **c)** *(veralt.: Westen)* the Occident *(literary);* **gen ~:** to the west *or (literary)* Occident; **d)** *(geh.: Ende)* evening

**A̱bend-: ~abitur das** 'Abitur' through evening classes; **~akademie die** evening school; **~andacht die** evening service; **~an·zug der** dinner dress; evening suit; **~aus·gabe die** evening edition; **~blatt das** evening [news]paper; **~brot das** evening meal; supper; **~brot essen** have one's evening meal; have supper; **wann gibt es ~brot?** when's supper?; **was gibt es zum ~brot?** what's for supper?; **~dämmerung die** [evening] twilight

**a̱bende·lang 1.** *Adj.* lasting whole evenings *postpos., not pred.* **2.** *adv.* for whole evenings

**abend-, A̱bend-: ~essen das** dinner; **das ~essen einnehmen** *(geh.)* have dinner; **nach dem ~essen** after dinner; **was gibt es zum ~essen?** what's for dinner?; **~füllend** *Adj.* occupying a whole evening *postpos., not pred.;* **ein ~füllendes Programm** a full evening's programme; **~gage die** evening's fee; **~gebet das** evening prayers *pl.; (von Kindern)* bedtime prayers *pl.;* **das ~gebet sprechen** say one's evening/bedtime prayers; **~gottes·dienst der** evening service; *(kath. Rel.)* evening mass; **~gymnasium das** night school, evening classes *pl. (leading to the 'Abitur');* **~himmel der** sunset sky; **~karte die** *(Gastron.)* evening menu; **~kasse die** box-office *(open on the evening of the performance);* **~kleid das** evening dress *or* gown; **~kurs[us] der** evening class *or* course; **etw. in ~en lernen** learn sth. at night school; **~land das;** *o. Pl.* West; Occident *(literary);* **~ländisch** [-lɛndɪʃ] *Adj.* Western; Occidental *(literary)*

**a̱bendlich 1.** *Adj.; nicht präd.* evening ⟨*quiet, coolness*⟩ of the evening; **die ~en Straßen der Stadt** the streets of the town at evening. **2.** *adv.* **es war ~ still geworden** the stillness of evening had descended; **der Himmel ist ~ gerötet** the sky is showing the red colours of evening

**A̱bend·mahl das a)** *(im Gottesdienst)* Communion; **das ~ nehmen** receive Communion; **b)** *o. Pl. (N.T.)* Last Supper; **c)** *(bes. südd.) s.* **Abendessen**

**A̱bendmahls-: ~gottes·dienst der** Communion service; **~kelch der** Communion cup; **~wein der** Communion wine

**A̱bend-: ~mahl·zeit die** dinner; evening meal; **die ~mahlzeit einnehmen** *(geh.)* have dinner *or* one's evening meal; **~messe die** *(kath. Rel.)* evening mass; **~nachrichten** *Pl.* evening news *sing.;* **~programm das** evening programmes *pl.;* **was gibt's im ~programm?** what's on this evening?; **damit ist das heutige ~programm beendet** that is the end of our programmes for today; **~rot das: ein/das ~rot** the redness of the sunset sky; **gestern war ~rot** there was a red sunset last night; **~röte die** *(geh.) s.* **Abendrot**

**a̱bends** *Adv.* in the evenings; **um sechs Uhr ~:** at six o'clock in the evening; **Montag** *od.* **montags ~:** [on] Monday evenings; **von morgens bis ~:** from morning to night; **spät ~:** late in the evening

**A̱bend-: ~schule die** night school; evening classes *pl.;* **~schüler der** student at evening classes; **~sonne die** evening sun; **~stern der** evening star; **~stille die** evening stillness; **die ländliche ~stille** the evening stillness of the countryside; **~studium das** *(DDR) course of evening classes leading to a degree or diploma;* **~stunde die** evening hour; **in den frühen/späten ~stunden** early/late in the evening; **bis in die späten ~stunden** till late in the evening; **~toilette die** evening dress; **in großer ~toilette** *(geh.)* in full evening dress; **~vorstellung die** evening performance; **~wind der** evening breeze; **~zeit die: zur ~zeit** in the evening; **~zeitung die** *s.* **~blatt; ~zug der** evening train

**A̱benteuer** ['a:bn̩tɔyɐ] **das; ~s, ~ a)** *(auch fig.)* adventure; **auf ~ ausgehen** go off in search of adventure; **b)** *(Unternehmen)* venture; **c)** *(Liebesaffäre)* affair

**A̱benteuer-: ~buch das** adventure book; **~geschichte die** adventure story

**A̱benteuerin** *s.* **Abenteurerin**

**a̱benteuerlich 1.** *Adj.* **a)** *(riskant)* risky; hazardous; **b)** *(bizarr)* bizarre. **2.** *adv. (bizarr)* bizarrely; bizarrely, fantastically ⟨*dressed*⟩

**A̱benteuerlichkeit die; ~ a)** *(Gewagtheit)* riskiness; hazardousness; **b)** *(Bizarrheit)* bizarreness

**a̱benteuer-, A̱benteuer-: ~lust die** thirst for adventure; **~lustig** *Adj.* adventurous; **~lustig sein** have a thirst for adventure; **~roman der** adventure novel; **~spielplatz der** adventure playground

**A̱benteurer** ['a:bn̩tɔyrɐ] **der; ~s, ~:** adventurer

**A̱benteurerin die; ~, ~nen** adventuress

**A̱benteurer-: ~leben das** adventurer's life; **~natur die a)** *o. Pl. (Neigung)* adventurous nature; **b)** *(Mensch)* adventurous person

**aber** ['a:bɐ] **1.** *Konj.* **a)** *(jedoch)* but; **wir ~ ...:** we, however, ...; **~ trotzdem** but in spite of that; **da er das ~ nicht wußte** but *or* however, since he didn't know that; **oder ~ [auch]** or else; **b)** *(Einwand)* but; **~ warum denn?** but why?; **das stimmt ~ nicht** but that's not right; **c)** *(veralt.: Anknüpfung)* but; **als er ~ nicht kam ...:** but when he didn't come ... **2.** *Adv. (veralt.: wieder)* **~ und abermals** again and again; time and again; **tausend und ~ tausend** thousands upon thousands. **3.** *Partikel* **das ist ~ schön!** why, isn't that nice!; **~ ja/nein!** why, yes/no! **~ natürlich!** but *or* why of course!; **alles, ~ auch alles** everything, but everything; **~ immer!** *(ugs.)* why, certainly!; **das hat ~ geschmeckt** that really tasted good; **das ist ~ auch zu dumm** it's just 'too stupid *or (Amer.)* dumb; **das dauert ~** *(ugs.)* what a time it's taking!; **du bist ~ groß!** aren't you tall!; **hat der ~ eine große Nase!** hasn't he got a big nose!; **Sie kommen ~ spät heute** you 'are late today; **~, ~, meine Herrschaften!** now, now, [ladies and] gentlemen

**A̱ber das; ~s, ~: ich dulde kein ~:** it's no use your objecting; *s. auch* **Wenn**

**A̱ber·glaube[n] der a)** *(Irrglaube)* superstition; **b)** *(Vorurteil)* myth

**a̱ber·gläubig** *(veralt.),* **a̱ber·gläubisch** [-glɔybɪʃ] *Adj.* superstitious

**a̱ber·hundert** *unbest. Zahlw. (geh.)* hundreds [upon hundreds] of

**A̱ber·hunderte** *Pl. (geh.)* hundreds [upon hundreds]

**ạb|erkennen** *unr. tr. V.* **jmdm. ein Recht ~:** revoke sb.'s right (**auf +** *Akk.* to); *(Sport)* **jmdm. den Sieg/Titel ~:** disallow sb.'s victory/strip sb. of his/her title

**A̱berkennung die; ~, ~en** revocation; *(Sport)* **die ~ ihres Sieges/Titels** disallowing her victory/stripping her of her title

**a̱bermalig** *Adj.; nicht präd. (wiederholt)* repeated; *(nochmalig)* renewed

**abermals** ['a:bɐma:ls] *Adv.* once again; once more

**ạb|ernten** *tr. V.* finish the harvesting of; finish harvesting *or* picking ⟨*fruit*⟩; **das Getreide ist abgeerntet** the corn is all in; **die Apfelbäume waren fast abgeerntet** nearly all the fruit had been picked from the apple-trees; **abgeerntete Felder** empty fields
**Aberration** [aplɛra'tsio:n] **die**; ~, ~**en** *(Astron., Optik)* aberration
**ạber·tausend** *unbest. Zahlw. (geh.)* thousands [upon thousands] of
**Ạber·tausende** *Pl. (geh.)* thousands [upon thousands]
**Ạber·witz der**; *o. Pl. (geh.)* lunacy; **ein** ~: a piece of lunacy
**ạber·witzig** *Adj.* crazy
**ạb|essen** *unr. tr. V.* **a)** *(wegessen)* **etw. [von etw.]** ~: eat sth. off [sth.]; **b)** *(leer essen)* clear ⟨*plate, table*⟩; **abgegessene Teller** empty plates; **abgegessenes Geschirr** dirty dishes
**Abessinien** [abɛ'si:niən] **(das)**; ~**s** *(veralt.)* **a)** Abyssinia; **b)** *(scherzh.: FKK-Strand)* nudist beach
**Abessinier der**; ~**s**, ~ *(veralt.)* Abyssinian
**Abf.** *Abk.* **Abfahrt** dep.
**ạb|fackeln** *tr. V. (Technik)* flare [off]
**ạbfahr·bereit** *Adj.* ready to go *or* leave *pred.*; **die** ~**en Fahrzeuge** the vehicles which are/were ready to leave
**ạb|fahren 1.** *unr. itr. V.; mit sein* **a)** *(wegfahren)* leave; depart; **wo fährt der Zug nach Paris ab?** where does the Paris train leave from?; **b)** *(hinunterfahren)* drive down; *(Skisport)* ski *or* go down; **c)** *(salopp: sich begeistern)* **auf jmdn./etw. [voll]** ~: be mad about sb./sth.; **d)** *(salopp: abgewiesen werden)* **jmdn.** ~ **lassen** tell sb. where he/she can go *(sl.)*; **bei jmdm. ganz schön** ~: get absolutely nowhere with sb. *(coll.)*. **2.** *unr. tr. V.* **a)** *(abtransportieren)* take away; **b)** *(abnutzen)* wear out; **abgefahrene Reifen** worn tyres; **c)** *auch mit sein (entlangfahren)* drive the whole length of ⟨*street, route*⟩; drive through ⟨*district*⟩; **d)** *(ugs.: abtrennen)* **jmdm. ein Bein** ~: run over sb. and sever his/her leg; **e)** *(Film, Ferns.)* start. **3.** *unr. refl. V. (sich abnutzen)* wear out
**Ạb·fahrt die a)** departure; **b)** *(Skisport)* descent; *(Strecke)* run; *s. auch* **Abfahrtslauf**; **c)** *(Autobahn~) s.* **Ausfahrt a**
**ạbfahrt·bereit** *s.* **abfahrbereit**
**Ạbfahrts-: ~lauf der** *(Skisport)* downhill [racing]; **~läufer der** *(Skisport)* downhill racer; **~rennen das** *(Skisport)* downhill [racing]
**Ạbfahrt[s]·zeit die** time of departure; departure time
**Ạb·fall der a)** *(Küchen~ o.ä.)* rubbish, *(Amer.)* garbage *or* trash *no indef. art., no pl.*; *(Fleisch~)* offal *no indef. art., no pl.*; *(Industrie~)* waste *no indef. art.*; *(auf der Straße)* litter *no indef. art., no pl.*; **den** ~ **runtertragen** *(ugs.)* empty the rubbish; **b)** *o. Pl. (Rückgang)* drop (*Gen.*, **in** + *Dat.* in); **c)** *o. Pl. (Abtrünnigkeit) (vom Glauben)* apostasy; *(eines Landes)* secession (**von** from)
**Ạbfall-: ~beseitigung die** refuse disposal; *(industriell)* waste disposal; **~eimer der** rubbish *or* waste bin; trash *or* garbage can *(Amer.)*; *(auf der Straße)* litter bin; trash *or* litter basket *or* can *(Amer.)*
**ạb|fallen** *unr. itr. V.; mit sein* **a)** *(ugs.: herausspringen)* **wieviel fällt für jeden ab?** what will each person's share be?; **für dich wird auch eine Kleinigkeit** ~: you'll get something out of it too; **dabei fällt nicht viel ab** not much will come out of it; **b)** *(übrigbleiben)* be left [over]; **c)** *(herunterfallen)* fall off; **d)** *(verschwinden)* **von jmdm.** ~: leave sb.; **alle Unsicherheit fiel von ihm ab** he shed all his diffidence; **e)** *(sich lossagen)* ⟨*country*⟩ secede; **vom Glauben** ~: desert the faith; **seine Anhänger fielen von ihm ab** his followers deserted him; **f)** *(nachlassen)* drop; **g)** *(bes. Sport: zurückfallen)* drop *or* fall back; **h)** *(sich senken)* ⟨*land, hillside, road*⟩ drop away; slope; **i)** *(im Vergleich)* **gegenüber jmdm./etw.** *od.* **gegen jmdn./etw. stark** ~: be markedly inferior to sb./sth.; **j)** *(Seemannsspr.)* cast
**Ạbfall·haufen der** rubbish-heap; *(in einer Werkstatt usw.)* waste-pile
**ạb·fällig 1.** *Adj.* disparaging; derogatory. **2.** *adv.* **sich** ~ **über jmdn. äußern** make disparaging *or* derogatory remarks about sb.
**Ạbfall-: ~produkt das** *(auch fig.)* by-product; *(Sekundärstoff)* secondary product; **~verwertung die** recycling of waste
**ạb|fälschen** *tr. V. (Ballspiele)* deflect
**ạb|fangen** *unr. tr. V.* **a)** intercept ⟨*agent, message, aircraft*⟩; **b)** *(auf-, anhalten)* catch; **c)** *(Sport: einholen)* **jmdn.** ~: catch sb. up; catch up with sb.; **d)** *(abwehren)* repel ⟨*charge, assault*⟩; ward off ⟨*blow, attack*⟩; *(fig.)* stop ⟨*development*⟩; cushion ⟨*impact*⟩; **e)** *(Bauw.)* shore up; **f)** *(unter Kontrolle bringen)* get ⟨*vehicle, aircraft*⟩ under control
**Ạbfang·jäger der** *(Luftwaffe)* interceptor
**ạb|färben** *itr. V.* **a)** ⟨*colour, garment, etc.*⟩ run; ⟨*wet paint etc.*⟩ leave marks; **b)** *(beeinflussen)* **auf jmdn./etw.** ~: rub off on sb./sth.
**ạb|fasen** *tr. V. (Technik)* bevel ⟨*edge*⟩
**ạb|fassen** *tr. V.* write ⟨*report, letter, etc.*⟩; draw up ⟨*will*⟩
**Ạb·fassung die** writing; *(eines Testaments)* drawing up
**ạb|faulen** *itr. V.; mit sein* rot off
**ạb|federn 1.** *tr. V.* **a)** *(federnd abfangen)* absorb; **b)** *(Technik)* spring ⟨*axle etc.*⟩. **2.** *itr. V.* bend at the knees on landing [to absorb the shock]; *(beim Absprung)* push off
**ạb|fegen** *tr. V. s.* [2]**abkehren**
**ạb|feiern** *tr. V.* use up ⟨*excess hours worked*⟩ *(by taking time off)*
**ạb|feilen** *tr. V.* **a)** *(entfernen)* file off; **etw. von etw.** ~: file sth. off sth.; **b)** *(verkürzen, glätten)* file down
**ạb|fertigen** *tr. V.* **a)** handle, dispatch ⟨*mail*⟩; deal with ⟨*applicant, application*⟩; deal with, handle ⟨*passengers*⟩; serve ⟨*customer*⟩; clear ⟨*ship*⟩ for sailing; clear ⟨*aircraft*⟩ for take-off; clear ⟨*lorry*⟩ for departure; *(vorbereiten)* prepare ⟨*ship etc.*⟩ for departure; prepare ⟨*mail*⟩ for dispatch; *(kontrollieren)* clear; check; **der Zoll hat zügig abgefertigt** customs clearance was quick; **b)** *(ugs.: unfreundlich behandeln)* **jmdn. [grob/barsch]** ~: [roughly/rudely] turn sb. away; **er hat mich ganz kurz abgefertigt** he was very short with me; **c)** *(Sport)* trounce; **der Gegner wurde [mit] 5:1 abgefertigt** the opponent was trounced 5:1
**Ạb·fertigung die a)** *s.* **abfertigen a**: handling; dispatching; serving; clearing for sailing/take-off/departure; preparing for departure/dispatch; *(Kontrolle)* clearance; checking; **die unfreundliche** ~ **am Flughafen/im Laden** the unfriendly service at the airport/in the shop; **b)** *(Abteilung)* dispatch office; **c)** *(österr.) s.* **Abfindung**
**Ạbfertigungs·schalter der** *(am Flughafen)* check-in desk; *(beim Zoll)* customs desk
**ạb|feuern** *tr. V.* fire; **Schüsse/eine Kanone [auf jmdn./etw.]** ~: fire shots/a cannon [at sb./sth.]; **das ganze Magazin** ~: fire off the whole magazine
**ạb|filtern, ạb|filtrieren** *tr. V. (fachspr.)* filter out
**ạb|finden 1.** *unr. tr. V.* **a)** *(entschädigen)* **jmdn. mit etw.** ~: compensate sb. with sth.; **seine Gläubiger** ~: settle with one's creditors; **er wurde großzügig abgefunden** he received a generous settlement. **2.** *unr. refl. V.* **sich** ~: resign oneself; **sich** ~ **mit** come to terms with; learn to live with ⟨*noise, heat*⟩; **sich damit** ~, **daß ...**: come to terms with the fact that ...
**Ạbfindung die**; ~, ~**en a)** *(Summe)* settlement; **eine** ~ **in Höhe von ... zahlen** make a settlement of ...; **b)** *(Vorgang) (Entschädigung)* compensation; *(von Gläubigern)* paying-off
**Ạbfindungs·summe die** *s.* **Abfindung a**
**ạb|fischen** *tr. V.* fish out
**ạb|flachen** ['apflaxn̩] **1.** *tr. V. (flacher machen)* flatten [out]. **2.** *refl. V.* **a)** *(flacher werden)* flatten out; become flatter; **b)** *(nachlassen)* drop off
**Ạbflachung die**; ~, ~**en a)** flattening; **b)** *(Nachlassen)* dropping off
**ạb|flauen** *itr. V.; mit sein* die down; subside; ⟨*interest, conversation*⟩ flag; ⟨*business*⟩ become slack; ⟨*noise*⟩ abate; **die Konjunktur flaut ab** the economy is running down
**ạb|fliegen 1.** *unr. itr. V.; mit sein* ⟨*person*⟩ leave [by aeroplane]; ⟨*aircraft*⟩ take off; ⟨*bird*⟩ fly off *or* away; **die Maschine nach Brüssel fliegt um 13[30] Uhr ab** the plane for Brussels leaves at 13.30. **2.** *unr. tr. V.* **a)** *(wegbringen)* fly out **(aus** of); **b)** *(kontrollieren)* fly over ⟨*district*⟩; fly along ⟨*road*⟩
**ạb|fließen** *unr. itr. V.; mit sein* **a)** flow off; *(wegfließen)* flow away; **aus etw.** ~: drain away from sth.; **von etw.** ~ run off sth.; **sämtliche Gewinne fließen ins Ausland ab** *(fig.)* all profits are siphoned off abroad; **b)** *(sich leeren)* **die Wanne fließt nicht ab** the bath won't empty
**Ạb·flug der** departure
**Ạbflug-: ~hafen der** *(Flugw.)* airport of departure; **die Maschine kehrte zum ~hafen zurück** the aircraft returned to the airport it had started from; **~zeit die** departure time
**Ạb·fluß der a)** drain; *(von Gewässern)* outlet; *(Rohr)* drain-pipe; *(für Abwasser)* waste-pipe; **b)** *o. Pl. (das Abfließen)* draining away; **der** ~ **von Kapital ins Ausland** *(fig.)* the flow of capital abroad
**Ạbfluß-: ~graben der** drainage ditch; **~hahn der** outlet cock *or (Amer.)* faucet; **~rohr das** outlet pipe
**Ạb·folge die** sequence; **die** ~ **der Jahreszeiten** the cycle of the seasons
**ạb|fordern** *tr. V.* **jmdm. etw.** ~: demand sth. of sb.
**ạb|fotografieren** *tr. V.* take pictures of
**ạb|fragen** *tr. V.* **a)** test; **jmdn.** *od.* **jmdm. die Vokabeln** ~: test sb. on his/her vocabulary; **b)** *(DV)* retrieve, read out ⟨*data*⟩; interrogate ⟨*measuring-instrument, store*⟩
**ạb|fressen** *unr. tr. V.* **a)** *(wegfressen)* **etw. [von etw.]** ~: eat sth. off [sth.]; **b)** *(leer fressen)* strip ⟨*tree, stem, etc.*⟩ bare
**ạb|frieren 1.** *unr. itr. V.; mit sein* **die Ohren froren ihm ab** he lost his ears through frostbite. **2.** *unr. refl. V.* **sich** *(Dat.)* **etw.** ~: lose sth. by frostbite; **sich** *(Dat.)* **einen** ~ *(ugs.)* freeze to death *(coll.)*
**ạb|frottieren** *tr. V.* rub down [thoroughly]
**ạb|fühlen** *tr. V.* feel; palpate *(Med.)*
**Ạbfuhr die**; ~, ~**en a)** *(Abtransport)* removal; **b)** *(Zurückweisung)* **jmdm. eine** ~ **erteilen** rebuff sb.; turn sb. down; **sich eine** ~ **holen** be rebuffed *or* turned down; **die Mannschaft holte sich eine deutliche** ~: the team was soundly trounced
**ạb|führen 1.** *tr. V.* **a)** *(nach Festnahme)* take away; **b)** *(zahlen)* pay out; **Steuern ans Finanzamt** ~: pay taxes to the Inland Revenue; **c)** *auch itr. (abbringen)* take away; **jmdn. vom Thema** ~: take sb. away from the subject. **2.** *itr. V.* **a)** *(für Stuhlgang sorgen)* be a laxative; have a laxative effect; **ein ~des Mittel** a laxative; **ein stark ~des Mittel** a purgative; **b)** *(den Darm leeren)* move one's bowels; **c)** *(abzweigen)* ⟨*road*⟩ branch off
**Ạbführ-: ~mittel das** laxative; *(stärker)* purgative; **~pille die** laxative pill
**Ạbfüll-: ~an·lage die** bottling/canning plant; **~datum das** bottling/canning date
**ạb|füllen** *tr. V.* fill ⟨*sack, bottle, barrel*⟩;

**Wein in Flaschen ~:** bottle wine; **Bier in Dosen ~:** can beer

[1]**ạb|füttern** *tr., itr. V.* feed ⟨*animals*⟩

[2]**ạb|füttern** *tr. V.* line ⟨*coat, jacket*⟩

**Ạb·gabe die a)** handing in; *(eines Briefes, Pakets, Telegramms)* delivery; *(eines Gesuchs, Antrags)* submission; **gegen ~ des Coupons erhalten Sie ...:** on handing in *or* producing the coupon you will receive ...; **b)** *(Steuer, Gebühr)* tax; *(auf Produkte)* duty; *(Gemeinde~)* rate; *(Beitrag)* contribution; **c)** *(Ausstrahlung)* release; emission; **eine ~ von 60 Watt** an output of 60 watts; **d)** *(Sport: Abspiel)* pass; **e)** *o. Pl. (das Abfeuern)* firing; **f)** *(das Äußern) (von Erklärungen)* giving; *(von Urteilen, Aussagen)* making; *(Stimm~)* casting; **g)** *(Verlust)* loss; *(Sport: von Punkten)* dropping; **h)** *(Verkauf)* selling; **„~ nur in Kisten"** 'sold only by the crate'

**ạbgaben·frei 1.** *Adj.* ⟨*business, trade, product*⟩ free from tax; *(zollfrei)* duty-free. **2.** *adv.* without paying taxes

**Ạbgaben·ordnung die** *(Finanzw.)* tax law

**ạbgabe[n]·pflichtig** *Adj.* ⟨*person, business, trade*⟩ liable to tax; ⟨*product*⟩ subject to duty

**Abgabe·zug der** *(Schach)* sealed move

**Ạb·gang der a)** *(das Weggehen)* leaving; departure; *(eines Zuges, Schiffes)* departure *(Theater)* exit; *(fig.)* departure; **sich einen guten ~ verschaffen** *(fig.)* make a good exit; **b)** *(jmd., der ausscheidet)* departure; *(Schule)* leaver; **c)** *(bes. Amtsspr.: Todesfall)* death; **den ~ machen** *(salopp)* kick the bucket *(sl.)*; croak *(sl.)*; **d)** *(Turnen)* dismount; **e)** *o. Pl. (Ausscheidung)* passing; *(von Eiter, Würmern)* discharge; **durch [einen] natürlichen ~:** by being passed naturally; **f)** *(Med.: Fehlgeburt)* miscarriage; **g)** *o. Pl. (Absendung)* dispatch; **nach ~ des Briefes** after posting off *or* sending the letter; **h)** *o. Pl. (Kaufmannsspr.)* **die Ware findet reißenden ~:** the product is a best seller

**ạb·gängig** *Adj. (bes. österr.)* missing

**Ạbgängigkeits·anzeige die** *(österr.) s.* **Vermißtenanzeige**

**Ạbgangs·zeugnis das** *(Schulw.)* ≈ leaving certificate

**Ạb·gas das** exhaust; *(in geschlossenem Raum)* exhaust fumes *pl.*; **~e** exhaust fumes; **industrielle ~e** waste gases

**ạbgas-, Ạbgas-: ~entgiftung die** *(Kfz-W.)* emission control; **~frei 1.** *Adj.* exhaust-free ⟨*engine*⟩; **2.** *adv.* **das Auto fährt ~:** the car produces no exhaust fumes; **~katalysator der** *(Kfz-W.)* catalytic converter; **~sonder·untersuchung die** *(Kfz-W.)* exhaust-emission check; **~turbine die** *(Technik)* exhaust-driven turbine; **~verwertung die** *(Technik)* utilization of exhaust-gas heat; **~wolke die** cloud of exhaust fumes

**ạb|gaunern** *tr. V. (ugs.)* **jmdm. etw. ~:** con sb. out of sth. *(coll.)*

**ạbgearbeitet** *s.* **abarbeiten b**

**ạb|geben 1.** *unr. tr. V.* **a)** *(aushändigen)* hand over; deliver ⟨*letter, parcel, telegram*⟩; hand in, submit ⟨*application*⟩; hand in ⟨*school work*⟩; **etw. bei jmdm. ~:** deliver sth. *or* hand sth. over to sb.; **etw. für jmdn. ~:** leave sth. for sb.; **den Mantel in der Garderobe ~:** leave one's coat in the cloakroom; **b)** *(abtreten)* **jmdm. [etwas] von etw. ~:** let sb. have some of sth.; **den Vorsitz/die Spitze ~:** give up the chair/the leadership; **einen Punkt/Satz/eine Runde ~** *(Sport)* drop a point/set/round; **c)** *(abfeuern)* fire; **einen Schuß [auf jmdn./etw.] ~:** fire a shot [at sb./sth.]; **d)** *(ausstrahlen)* emit ⟨*radiation*⟩; radiate ⟨*heat*⟩; give off ⟨*gas*⟩; transmit ⟨*radio message*⟩; **e)** *(äußern)* make ⟨*judgement, statement*⟩; cast ⟨*vote*⟩; **seine Stimme für jmdn. ~:** cast one's vote in favour of sb.; vote for sb.; **f)** *(fungieren als)* make; **eine traurige Figur ~:** cut a sorry figure; **g)** *(verkaufen)* sell; *(zu niedrigem Preis)* sell off; **gebrauchte Skier billig abzugeben** secondhand skis for sale cheap; **h)** *auch itr. (Sport: abspielen)* pass. **2.** *unr. refl. V. (sich befassen)* **sich mit jmdm./etw. ~:** spend time on sb./sth.; *(geringschätzig)* waste one's time on sb./sth

**ạb·gebrannt 1.** *2. Part. v.* **abbrennen. 2.** *Adj.; nicht attr. (ugs.)* broke *(coll.)*

**ạb·gebrochen 1.** *2. Part. v.* **abbrechen. 2.** *Adj. (ugs. scherzh.)* **a) ein ~er Mediziner** *usw.: a former medical etc. student who never completed his training;* **b) ein ~er Riese** a midget

**ạbgebrüht 1.** *2. Part. v.* **abbrühen. 2.** *Adj. (ugs.)* hardened

**ạbgedankt 1.** *2. Part. v.* **abdanken. 2.** *Adj.* retired

**ạb·gedroschen** *Adj. (ugs.)* hackneyed; well-worn; trite

**Ạbgedroschenheit die; ~** *(ugs.)* triteness; hackneyedness

**abgefeimt** ['apgəfaimt] *Adj.* infernally cunning ⟨*villain, rogue*⟩; villainous ⟨*scheme*⟩

**Ạbgefeimtheit die; ~, ~en** *(Handlung)* piece of villainy; *(Charakter)* infernal cunning; **seine ~en** his villainy *sing.*

**ạb·gegriffen 1.** *2. Part. v.* **abgreifen. 2.** *Adj.* **a)** *(abgenutzt)* battered; **b)** *(fig.: abgedroschen)* hackneyed; well-worn

**ạbgehackt 1.** *2. Part. v.* **abhacken. 2.** *Adj.* broken ⟨*voice*⟩; clipped ⟨*speech*⟩; fragmentary ⟨*sentence*⟩. **3.** *adv.* in short bursts

**ạb·gehangen 1.** *2. Part. v.* [1]**abhängen. 2.** *Adj.* hung; **ein gut ~es Steak** a well-hung steak

**ạbgehärmt 1.** *2. Part. v.* **abhärmen. 2.** *Adj.* careworn; haggard

**ạbgehärtet 1.** *2. Part. v.* **abhärten. 2.** *Adj. (körperlich)* tough; *(seelisch)* callous

**ạb|gehen 1.** *unr. itr. V.; mit sein* **a)** *(sich entfernen)* leave; go away *or* off; *(Theater)* exit; go off; **von der Bühne ~:** leave the stage; **nach hinten ~:** go out at the back; **b)** *(ausscheiden)* leave; **von der Schule ~:** leave school; **c)** *(abfahren)* ⟨*train, ship, bus*⟩ leave, depart; **d)** *(abgeschickt werden)* ⟨*message, letter*⟩ be sent [off]; **e)** *(abzweigen)* branch off; *(in andere Richtung)* turn off; **f)** *(sich lösen)* come off; ⟨*spot, stain*⟩ come out; ⟨*avalanche*⟩ come down; **g)** *(Turnen)* dismount; **h)** *(abgerechnet werden)* **von etw. [an jmdn.] ~:** have to be deducted from sth. [and paid to sb.]; **i)** *(fehlen)* **jmdm. geht etw. [völlig] ab** sb. is [totally] lacking in sth.; **mir geht jedes Interesse daran ab** it does not interest me in the slightest; **sich** *(Dat.)* **nichts ~ lassen** never stint oneself; **j)** *(ausgehen)* go off; **k)** *(ausgeschieden werden)* ⟨*pus, worms*⟩ be discharged; *(mit normalen Ausscheidungen)* be passed; **jmdm. geht Kot ab** sb. has a motion *or (Amer.)* movement; **eine Blähung ~ lassen** break wind; **ihm ging einer ab** *(derb)* he shot his load *(coarse)*; **l)** *(aufgeben)* **~ von** abandon ⟨*demand, agreement, principle*⟩; give up ⟨*habit*⟩. **2.** *unr. tr. V.; auch mit sein* walk all along; go over ⟨*area*⟩ on foot

**ạbgehetzt 1.** *2. Part. v.* **abhetzen. 2.** *Adj.* exhausted; *(außer Atem)* breathless

**ạbgekämpft** *Adj.* worn out; exhausted; combat-weary ⟨*troops*⟩

**ạbgekartet** *Adj. (ugs.)* pre-arranged; **von vornherein ~:** set up in advance; **eine ~e Sache** *od.* **ein abgekartetes Spiel sein** be rigged in advance

**ạbgeklappert 1.** *2. Part. v.* **abklappern. 2.** *Adj. (abwertend)* beat-up, *(Brit. sl.)* clapped-out ⟨*machine, bicycle, horse, etc.*⟩; hackneyed, well-worn, trite ⟨*expression*⟩

**ạbgeklärt 1.** *2. Part. v.* **abklären. 2.** *Adj.* serene

**Ạbgeklärtheit die; ~:** serenity

**ạbgelagert 1.** *2. Part. v.* **ablagern. 2.** *Adj.* mature ⟨*wine*⟩; seasoned ⟨*timber, tobacco*⟩; **gut ~es Holz** well-seasoned timber

**ạbgelebt 1.** *2. Part. v.* **ableben. 2.** *Adj.* [old and] weary ⟨*person*⟩; worn ⟨*face*⟩

**ạb·gelegen** *Adj.* remote; *(einsam)* isolated; out-of-the-way ⟨*district*⟩; *(abgeschieden)* secluded; *(fig.)* recondite

**Ạb·gelegenheit die; ~:** remoteness; *(einsame Lage)* isolation

**ạb|gelten** *unr. tr. V.* satisfy, settle ⟨*claim*⟩

**Ạb·geltung die; ~, ~en** settlement

**ạbgemagert 1.** *2. Part. v.* **abmagern. 2.** *Adj.* emaciated; wasted

**ab·gemessen 1.** *2. Part. v.* **abmessen. 2.** *Adj. (geh.)* measured. **3.** *adv. (geh.)* in a measured fashion

**ạb·geneigt** *Adj.* **einer Sache** *(Dat.)* **~ sein** be averse to sth.; **ein stiller, jeder Publicity ~er Mensch** a quiet person averse to public notice; **die jeder Reform ~en Politiker** the politicians opposed to any reform; **jmdm. ~ sein** be ill-disposed towards sb.; **[nicht] ~ sein, etw. zu tun** [not] be averse to doing sth.

**ạbgenutzt 1.** *2. Part. v.* **abnutzen. 2.** *Adj.* worn ⟨*tyre, chair, handle*⟩; well-used ⟨*implement*⟩; well-worn ⟨*phrase*⟩

**Ạbgeordnete der/die;** *adj. Dekl.* member [of parliament]; *(in West-Berlin, Frankreich)* deputy; **Herr ~r [Schmidt]/Frau ~ [Müller]** *(im Parlament)* the honourable Member; **der [Herr] ~ Meier** Mr Meier

**Ạbgeordneten·haus das** parliament; *(in West-Berlin, Frankreich)* Chamber of Deputies

**ab|geraten** *unr. itr. V.; mit sein (veralt.)* **vom Weg ~:** lose one's way; stray from one's path

**ạb·gerissen 1.** *2. Part. v.* **abreißen. 2.** *Adj.* **a)** *(zerlumpt)* ragged; **b)** *(zusammenhanglos)* disconnected; fragmentary

**Ạb·gesandte der/die** *(veralt.)* ambassador; *(fig.)* emissary

**Ạb·gesang der a)** *(Abschied)* **ein ~ auf etw.** *(Akk.)* a farewell to sth.; **b)** *(geh.: letztes Werk)* swan song; **c)** *(Verslehre)* abgesang *(final part of Minnesang strophe)*

**ạbgeschabt 1.** *2. Part. v.* **abschaben. 2.** *Adj.* shabby; worn

**ạb·geschieden 1.** *2. Part. v.* **abscheiden. 2.** *Adj.* **a)** secluded; *(abgelegen)* isolated; **b)** *(geh.: tot)* departed. **3.** *adv.* ⟨*live*⟩ in seclusion

**Ạbgeschiedenheit die; ~:** seclusion; *(Abgelegenheit)* isolation

**ạb·geschlagen 1.** *2. Part. v.* **abschlagen. 2.** *Adj.* **a)** *(Sport)* [well] beaten; **~ auf dem neunten Tabellenplatz** in lowly ninth place; **b)** *(erschöpft)* exhausted; tired out

**ạb·geschlossen 1.** *2. Part. v.* **abschließen. 2.** *Adj.* **a)** *(abgesondert)* secluded; solitary; **b)** *(in sich geschlossen)* enclosed; self-contained ⟨*flat*⟩. **3.** *adv.* ⟨*live*⟩ in seclusion

**Ạb·geschlossenheit die; ~:** seclusion; *(Abgelegenheit)* a isolation

**abgeschmackt** ['apgəʃmakt] *Adj.* tasteless

**ạb·geschnitten 1.** *2. Part. v.* **abschneiden. 2.** *Adj.* isolated; **von der Außenwelt ~:** cut off from the outside world

**ạb·gesehen 1.** *2. Part. v.* **absehen. 2.** *Adv.* **~ von jmdm./etw.** apart from sb./sth.; **~ davon, daß ...:** apart from the fact that ...

**ạb·gesessen 1.** *2. Part. v.* **absitzen. 2.** *Adj.* worn

**ạb·gespannt 1.** *2. Part. v.* **abspannen. 2.** *Adj.* weary; exhausted

**Ạb·gespanntheit die; ~:** weariness; exhaustion

**ạbgespielt 1.** *2. Part. v.* **abspielen. 2.** *Adj.* ⟨*record etc.*⟩ worn out with repeated playing

**ab·gestanden 1.** *2. Part. v.* **abstehen. 2.** *Adj.* **a)** *(schal)* flat; *(fig.)* trite; **b)** *(verbraucht)* stale

**ạb·gestorben 1.** *2. Part. v.* **absterben. 2.** *Adj.* dead ⟨*branch, tree*⟩; numb ⟨*fingers, legs, etc.*⟩

**ạbgestumpft** 1. *2. Part. v.* abstumpfen. 2. *Adj.* apathetic and insensitive ⟨*person*⟩; deadened ⟨*conscience, perception*⟩; gegenüber einer Sache ~ sein be hardened to sth.

**Ạbgestumpftheit die;** ~: apathy and insensitivity

**ạbgetakelt** 1. *2. Part. v.* abtakeln. 2. *Adj.* *(salopp: heruntergekommen)* faded

**ạb·getragen** 1. *2. Part. v.* abtragen. 2. *Adj.* well-worn

**ạb·getreten** 1. *2. Part. v.* abtreten. 2. *Adj.* worn down

**ạbgewetzt** 1. *2. Part. v.* abwetzen. 2. *Adj.* well-worn; battered ⟨*case etc.*⟩

**ạb|gewinnen** *unr. tr. V.* a) *(beim Spiel)* jmdm. Geld ~: win money from sb.; b) *(erlangen von)* jmdm. etw. ~: get sth. out of sb.; win sth. from sb.; einer Sache *(Dat.)* etw. ~: win *or* gain sth. from sth.; c) *(fig.)* ich kann ihm/dem nichts ~: he/it does not do anything for me *(coll.)*; *s. auch* Geschmack a

**ạbgewirtschaftet** 1. *2. Part. v.* abwirtschaften. 2. *Adj.* run down

**ạb·gewogen** 1. *2. Part. v.* abwägen, abwiegen. 2. *Adj.* carefully weighed; balanced ⟨*judgement*⟩; carefully considered ⟨*account*⟩

**ạb|gewöhnen** *tr. V.*: jmdm. etw. ~: make sb. give up *or* stop sth.; sich *(Dat.)* etw. ~: give up *or* stop sth.; noch einen zum Abgewöhnen trinken/eine zum Abgewöhnen rauchen *(ugs.)* have just one more *(coll.)*; zum Abgewöhnen [sein] *(ugs.)* [be] awful

**ạbgewrackt** 1. *2. Part. v.* abwracken. 2. *Adj. (abwertend)* superannuated

**ạbgezehrt** *Adj.* emaciated

**ạbgezirkelt** 1. *2. Part. v.* abzirkeln. 2. *Adj.* measured out ⟨*flower-beds*⟩; carefully weighed ⟨*words*⟩; ein exakt ~er Paß *(Sport)* a precisely calculated pass. 3. *adv.* with calculated precision

**ạb|gießen** *unr. tr. V.* a) pour away ⟨*liquid*⟩; drain ⟨*potatoes*⟩; den Eimer ~: pour some water *etc.* out of the bucket; b) *(bild. Kunst; Gießerei)* etw. [in Bronze] ~: cast sth. [in bronze]

**Ạb·glanz der** a) *(Reflex)* reflection; b) *(Nachklang)* distant echo; pale reflection

**ạb|gleichen** *unr. tr. V. (Funkw., Elektronik)* balance

**ạb|gleiten** *unr. itr. V.; mit sein (geh.)* a) *(abrutschen)* slide *or* slip off; von/an etw. *(Dat.)* ~: slip *or* slide off sth.; b) *(absinken)* in etw. *(Akk.)* ~: slip down into sth.

**Ạb·gott der** idol

**Abgötterei** [apgœtəˈrai] **die;** ~: idolatry

**abgöttisch** [ˈapgœtɪʃ] 1. *Adj.* idolatrous. 2. *adv.* jmdn. ~ verehren/lieben idolize sb.

**ạb|graben** *unr. tr. V.* dig out; *s. auch* Wasser a

**ạb|grasen** *tr. V.* a) graze away ⟨*pasture*⟩; b) *(ugs.: absuchen)* etw. nach etw. ~: comb *or* scour sth. for sth.

**ạb|greifen** *unr. tr. V.* a) measure *(with one's hand)*; eine Strecke mit dem Zirkel ~: measure a distance with compasses; *s. auch* abgegriffen 2; b) *(Elektrot.)* pick up

**ạb|grenzen** *tr. V.* a) bound; etw. nach allen Seiten ~: enclose sth.; etw. gegen *od.* von etw. ~: separate sth. from sth.; b) *(unterscheiden)* differentiate; distinguish; *(festlegen)* demarcate; zwei Theorien gegeneinander *od.* voneinander ~: differentiate between two theories; sich von jmdm. ~: differentiate oneself from sb.

**Ạbgrenzung die;** ~, ~en a) boundary; ~ nach allen Seiten enclosure; b) *(Unterscheidung)* differentiation; *(Festlegung)* demarcation; Politik der ~: policy of demarcation *(by the GDR from the Federal Republic)*

**Ạb·grund der** a) *(Schlucht)* abyss; chasm; *(Abhang)* precipice; b) *(fig. geh.)* dark abyss; die Abgründe der menschlichen Seele the depths of the human soul; ein ~ von Verzweiflung an abyss of despair

**abgründig** [ˈapgrʏndɪç] *(geh.)* 1. *Adj.* a) *(rätselhaft)* inscrutable ⟨*smile*⟩; hidden ⟨*meaning*⟩; dark ⟨*secret*⟩; b) *(unermeßlich)* unbounded. 2. *adv.* a) *(rätselhaft)* ⟨*smile*⟩ inscrutably; b) *(sehr)* thoroughly

**ạbgrund·tief** *Adj.* out and out

**Ạb·gruppierung die** salary downgrading

**ạb|gucken** *(ugs.)* 1. *tr. V.* a) [bei *od.* von] jmdm. etw. ~: learn sth. by watching sb.; b) ich guck' dir nichts ab! *(fam.)* you needn't be self-conscious just because I'm watching you. 2. *itr. V. (abschreiben)* [bei jmdm.] ~: copy [from sb.]; copy [sb. else's] work

**Ạb·guß der** *(bild. Kunst, Gießerei) (Verfahren)* casting; *(Ergebnis)* cast; ein ~ in Bronze a bronze [cast]

**ạb|haben** *(ugs.) unr. tr. V.* a) *auch itr. (erhalten)* etwas/ein Stück usw. [von etw.] ~: have some/a piece *etc.* [of sth.]. du kannst gerne davon ~: you're welcome to have some; b) *(abgenommen haben)* have off; du hast die Mütze ja schon wieder ab! why, you've got your cap off again!; c) *(entfernt haben)* have got off

**ạb|hacken** *tr. V.* chop off; jmdm. die Hand *usw.* ~: chop sb.'s hand *etc.* off; *s. auch* abgehackt 2, 3

**ạb|haken** *tr. V.* a) *(mit Haken versehen)* tick off; check off *(Amer.)*; *(fig.: erledigen)* deal with; b) *(vom Haken abnehmen)* unclip

**ạb|halftern** *tr. V.* a) *(ugs.: entlassen)* sack *(coll.)*; b) *(das Halfter abnehmen von)* ein Pferd ~: take the halter off a horse

**ạb|halten** *unr. tr. V.* a) *(fernhalten)* [von jmdm./etw.] ~: keep ⟨*person, wind, cold, flies, etc.*⟩ off [sb./sth.]; keep ⟨*trouble*⟩ away [from sb.]; b) *(hindern)* jmdn. davon ~, etw. zu tun stop sb. doing sth.; prevent sb. from doing sth.; c) *(durchführen)* hold ⟨*elections, meeting, referendum*⟩; d) *(bei der Notdurft)* hold ⟨*child*⟩ out; e) *(weghalten)* hold away; etw. ein Stück von sich ~: hold sth. away from oneself

**Ạb·haltung die** a) *(Verhinderung)* eine [dringende] ~ haben be [unavoidably] held up; b) *o. Pl. (Durchführung)* holding

**ạb|handeln** *tr. V.* a) *(abkaufen)* jmdm. etw. ~: do a deal with sb. for sth.; b) *(herunterhandeln)* jmdm. zehn Mark ~: beat sb. down by ten marks; *(fig.)* sich *(Dat.)* von etw. nichts ~ lassen not be persuaded to part with any of sth.; c) *(darstellen)* treat; deal with

**abhanden** [apˈhandn̩] *Adv. in* ~ kommen get lost; go astray; etw. kommt jmdm. ~: sb. mislays *or* loses sth.

**Ạb·handlung die** a) *(Aufsatz)* treatise (über + *Akk.* on); b) *(das Abhandeln)* treatment

**Ạb·hang der** slope; incline

[1]**ạb|hängen** *unr. itr. V.* a) *(abhängig sein)* [ganz allein] von jmdm./etw. ~: depend [entirely] on sb./sth.; davon hängt sehr viel für mich ab a lot depends on it for me; von jmdm./etw. ~ *(angewiesen sein)* be dependent on sb./sth.; b) *(hängen)* hang; *s. auch* abgehangen 2

[2]**ạb|hängen** 1. *tr. V.* a) *(abnehmen)* take down; ein Bild von der Wand ~: take a picture [down] off the wall; b) *(Eisenb.: abkuppeln)* uncouple; c) *(ugs.: abschütteln)* shake off *(coll.)* ⟨*pursuer, competitor*⟩. 2. *itr. V.* *(den Hörer auflegen)* hang up

**abhängig** [ˈaphɛŋɪç] *Adj.* a) von jmdm./etw. ~ sein *(bedingt)* depend on sb./sth.; *(angewiesen)* be dependent on sb./sth.; von einer Droge ~ sein be addicted to *or* dependent on a drug; etw. von etw. ~ machen make sth. conditional upon sth.; b) *(Sprachw.)* indirect *or* reported ⟨*speech*⟩; subordinate ⟨*clause*⟩; oblique ⟨*case*⟩

**-abhängig** *Adj.* dependent on ...

**Ạbhängige der/die;** *adj. Dekl. (Rechtspr.)* dependant; *(Untergebene)* subordinate

**Ạbhängigkeit die;** ~, ~en dependence; ~ von Drogen addiction to *or* dependence on drugs; in ~ von jmdm./etw. geraten become dependent on sb./sth.

**-ạbhängigkeit die** dependence on ...

**Ạbhängigkeits·verhältnis das** relationship of dependence (zu on)

**ạb|härmen** *refl. V.* sich [um jmdn.] ~: pine away with grief [over sb.]; *s. auch* abgehärmt 2

**ạb|härten** *tr. V.* harden; sich/seinen Körper durch Sport ~: harden oneself/one's body with sporting activity; *s. auch* abgehärtet 2

**Ạb·härtung die;** ~: hardening; zur ~: to harden oneself

**ạb|haspeln** *tr. V.* a) *(abwickeln)* unwind; *(von einer Spule)* unreel; b) *(hastig vortragen)* reel off

**ạb|hauen** 1. *unr. tr. V.* a) *(abtrennen)* chop off; jmdm. den Arm *usw.* ~: cut sb.'s arm *etc.* off. b) *Prät. nur* haute ab *(abschlagen)* knock off. 2. *unr. itr. V.; mit sein; Prät. nur* haute ab *(salopp: verschwinden)* beat it *(sl.)*; hau ab! get lost! *(sl.)*

**ạb|häuten** *tr. V.* skin

**ạb|heben** 1. *unr. tr. V.* a) lift off ⟨*lid, cover, etc.*⟩; [den Hörer] ~: answer [the telephone]; b) *(Kartenspiel) (in zwei Hälften teilen)* cut [the pack]; *(nehmen)* draw ⟨*card*⟩; c) *(von einem Konto)* withdraw ⟨*money*⟩; ich möchte gern [Geld] ~: I would like to make a withdrawal. 2. *unr. itr. V.* a) *(in die Luft)* ⟨*balloon*⟩ rise; ⟨*aircraft, bird*⟩ take off; ⟨*rocket*⟩ lift off; nachdem das Flugzeug abgehoben hatte after take-off; b) auf etw. *(Akk.)* ~: lay emphasis on sth.; stress sth.; c) *(ugs.: unrealistisch werden)* lose touch with the real world; der hat abgehoben *(ist verrückt geworden)* he's cracked *(coll.)*. 3. *unr. refl. V. (sich abzeichnen)* stand out; contrast; sich von *od.* gegen etw./von jmdm. ~: stand out against *or* contrast with sth./sb.

**Ạb·hebung die** withdrawal

**ạb|heften** *tr. V.* file; etw. in einem *od.* einen Ordner ~: file sth.

**ạb|heilen** *itr. V.; mit sein* heal up

**ạb|helfen** *unr. itr. V.* einem Bedürfnis ~: meet a need; einem Mißstand ~: put an end to an abuse; einem Übelstand ~: remedy an evil; dem ist leicht abzuhelfen that is easily remedied

**ạb|hetzen** 1. *tr. V.* ride ⟨*horse etc.*⟩ to exhaustion. 2. *refl. V.* rush *or* dash [around]; hetz dich doch nicht so ab! don't rush around so much!; *s. auch* abgehetzt 2

**ab|heuern** [ˈaphɔyɐn] *(Seemannsspr.)* 1. *tr. V.* pay off. 2. *itr. V.* be paid off

**Ạb·hilfe die;** *o. Pl.* action to improve matters; ~ schaffen find a remedy; put things right; baldige/schnellste ~: speedy/immediate action

**ạb|hobeln** *tr. V.* a) plane down; b) *(entfernen)* plane off

**ạbhol·bereit** *Adj.* ready for collection *postpos.*

**ạb·hold** *Adj. in* einer Sache *(Dat.)* ~ sein *(geh.)* be averse to sth.

**ạb|holen** *tr. V.* a) collect, pick up ⟨*parcel, book, tickets, etc.*⟩; pick up, fetch ⟨*person*⟩; ein Paket auf der Post ~: collect a parcel at the post office; ich hole Sie am Bahnhof ab I'll pick you up at the station; jmdn. zum Essen ~: call for sb. and go for a meal; b) *(ugs. verhüll.: verhaften)* take away

**Ạbholer der;** ~s, ~ *(Postw.) addressee who collects mail from the post office instead of having it delivered*

**Ạbholung die;** ~, ~en collection

**ạb|holzen** *tr. V.* fell ⟨*trees*⟩; clear ⟨*area*⟩ [of trees]

**Ạbhör·anlage die** listening *or (coll.)* bugging system

**ạb|horchen** *tr. V.* listen to; sich ~ lassen *(beim Arzt)* have one's lungs/chest sounded

**ạb|hören** *tr. V.* a) *(abfragen)* jmdm. *od.*

jmdn. **Vokabeln ~:** test sb.'s vocabulary [orally]; **das Einmaleins ~:** ask questions on the multiplication table; **b)** *(anhören, heimlich hören)* listen to; **c)** *(überwachen)* tap ‹*telephone, telephone conversation*›; bug *(coll.)*‹*conversation, premises*›; **jmdn. ~:** tap sb.'s telephone; **d)** *s.* **abhorchen**

**Abhör·gerät das** listening device; bug *(coll.)*

**abhör·sicher** *Adj.* bug-proof *(coll.)*; tap-proof ‹*telephone*›

**ab|hungern** *tr. V.* **a)** *(verlieren)* take off, lose ‹*weight*›; **b)** *(sparen)* **sich** *(Dat.)* **das Geld für die Reise ~:** go *or (Amer.)* do without to save the money for the trip

**Abi** ['abi] **das; ~s, ~s** *(Schülerspr.) s.* **Abitur**

**ab|irren** *itr. V.; mit sein (geh.)* stray; **vom Weg ~:** stray from one's path; *(fig.)* stray; err

**ab|isolieren** *tr. V. (Elektrot.)* strip the insulation off

**Abisolier·zange die** wire-strippers *pl.*

**Abitur** [abi'tu:ɐ̯] **das; ~s, ~e** Abitur *(school-leaving examination at grammar school needed for entry to higher education)*; ≈ A levels *(Brit.)*; **sein** *od.* **das ~ machen** do *or* take one's Abitur; **haben Sie ~?** have you got your Abitur?

**Abiturient** [abitu'ri̯ɛnt] **der; ~en, ~en** *sb. who is taking/has passed the 'Abitur'*

**Abiturienten·klasse die** *class of pupils in last year at grammar school;* ≈ upper sixth *or* A-level class *(Brit.)*

**Abiturientin die; ~, ~nen** *s.* **Abiturient**

**Abitur·zeugnis das** Abitur certificate

**ab|jagen 1.** *tr. V. (abnehmen)* **jmdm. etw. ~:** finally get sth. away from sb. **2.** *refl. V. s.* **abhetzen 2**

**Abk.** *Abk.* **Abkürzung** abbr.

**ab|kämmen** *tr. V.* **a)** *(entfernen)* comb out; **b)** *(absuchen)* comb, scour (**nach** for)

**ab|kanten** *tr. V. (Technik)* fold *(near the edge)*

**ab|kanzeln** *tr. V. (ugs.)* **jmdn. ~:** give sb. a dressing down; reprimand sb.

**ab|kapiteln** *tr. V. (veralt.)* **jmdn. ~:** read sb. a lesson; chide sb. *(dated)*

**ab|kapseln** *tr. V.* encapsulate; **sich gegen die Umwelt ~** *(fig.)* isolate oneself from one's surroundings

**ab|karten** *tr. V. s.* **abgekartet**

**ab|kassieren** *tr., itr. V.* **a)** *(kassieren)* **jmdn.** *od.* **bei jmdm. ~** *(im Restaurant)* give sb. his/her bill; *(ohne Rechnung)* settle up with sb.; *(im Bus usw.)* **die Fahrgäste ~:** take the fares; **b)** *(ugs.) s.* **kassieren 2 b**

**ab|kauen** *tr. V.* chew ‹*pencil*›; bite ‹*fingernails*›

**ab|kaufen** *tr. V.* **a) jmdm. etw. ~:** buy sth. from sb.; **b)** *(ugs.: glauben)* **das kaufe ich dir nicht ab** I'm not buying that story *(coll.)*

**Abkehr die; ~: eine ~ von alten Traditionen** a rejection of *or* turning away from ancient traditions

**¹ab|kehren** *tr. V. (abwenden)* turn away; **sein Gesicht ~:** turn one's face away; **sich [von jmdm./etw.] ~:** turn away [from sb./sth.]; **sich von der Welt ~** *(fig.)* turn one's back on the world; **die uns abgekehrte Seite des Mondes/des Schiffes** the far side of the moon/the ship

**²ab|kehren** *tr. V.* **a)** *(entfernen)* brush off; **den Schmutz von etw. ~:** brush the dirt off sth.; **b)** *(säubern)* **etw. ~:** brush sth. clean

**ab|ketteln, ab|ketten** *tr. (auch itr.) V. (Handarb.)* cast off

**ab|kippen 1.** *tr. (auch itr.) V. (abladen)* tip out; dump ‹*refuse*›. **2.** *itr. V.; mit sein (herunterfallen)* tip over

**ab|klappern** *tr. V. (ugs.)* trudge round ‹*town, district*›; **alle Läden nach etw. ~:** do the rounds of all the shops looking for sth.; *s. auch* **abgeklappert 2**

**ab|klären** *tr. V.* clear up; sort out *(coll.)*; *s. auch* **abgeklärt 2**

**Ab·klatsch der** *(abwertend)* pale imitation; poor copy

**ab|klatschen** *tr. V.* **a)** *(beim Tanzen)* **jmdn. ~** *(clap one's hands and)* cut in to dance with sb.; **beim nächsten Tanz darf abgeklatscht werden** an excuse-me dance comes next; **b)** *(Ballspiele)* palm away ‹*ball, shot*›

**ab|klemmen** *tr. V.* **a)** *(zusammenpressen)* clamp; **b)** *(lösen)* disconnect; **c)** *(abtrennen)* sever

**ab|klingen** *unr. itr. V.; mit sein* **a)** *(leiser werden)* grow fainter; **b)** *(nachlassen)* subside; die away

**ab|klopfen 1.** *tr. V.* **a)** *(entfernen)* knock *or* tap off; **jmdm. etw. [von der Jacke] ~:** tap sth. off sb.['s jacket]; **b)** *(säubern)* knock/tap the dirt/snow/crumbs *etc.* off; **sich** *(Dat.)* **die Hände ~:** clap one's hands together to knock the flour/powder *etc.* off; **c)** *(untersuchen)* tap; **etw. auf seine Zuverlässigkeit hin ~** *(fig.)* check the reliability of sth. **2.** *itr., tr. V. (Musik)* tap one's baton to stop

**ab|knabbern** *tr. V.* nibble off; gnaw off

**ab|knallen** *tr. V. (salopp)* shoot down; gun down

**ab|knapsen** *tr. V. (ugs.)* **a)** *(wegnehmen)* pinch *(coll.)*; **jmdm. etwas/ein Drittel von seinem Lohn ~:** take some/a third of sb.'s wages; **b)** *s.* **abzwacken a**

**ab|kneifen** *unr. tr. V.* nip off; pinch off

**ab|knicken 1.** *tr. V.* **a)** *(abbrechen)* snap *or* break off; **b)** *(knicken)* bend. **2.** *itr. V.; mit sein* **a)** *(abbrechen)* snap; break; **b)** *(einknicken)* bend over; **in der Hüfte ~:** bend at the hips; **c)** *(Verkehrsw.)* **~de Vorfahrt** priority for traffic turning right/left

**ab|knipsen** *tr. V. (ugs.)* snip off

**ab|knöpfen** *tr. V.* **a)** unbutton; **b)** *(salopp)* **jmdm. Geld ~:** get money out of sb.

**ab|knutschen** *tr. V. (ugs.)* **a)** kiss and fondle; **b)** *(sexuell)* **jmdn. ~/sich mit jmdm. ~:** smooch *(coll.) or (sl.)* neck with sb.; **sich ~:** smooch *(coll.)*; neck *(sl.)*

**ab|kochen 1.** *tr. V.* **a)** *(keimfrei machen)* boil; **b)** *(salopp: schröpfen)* rip off *(sl.)*; fleece *(coll.)*. **2.** *itr. V. (im Freien kochen)* cook in the open air

**ab|kommandieren** *tr. V.* detail; *(fig.)* detail; send; **jmdn. zum Dienst/zu einer Einheit ~:** detail sb. for duty/to a unit; **jmdn. an die Front ~:** send sb. to the front

**Abkomme der; ~n, ~n** *(geh.) s.* **Nachkomme**

**ab|kommen** *unr. itr. V.; mit sein* **a)** *(abweichen)* **vom Weg ~:** lose one's way; **immer mehr vom Weg ~:** go further and further astray; **vom Kurs ~:** go off course; **von der Fahrbahn ~:** leave the road; **vom rechten Weg ~** *(fig. geh.)* stray from the straight and narrow; **b)** *(abschweifen)* digress; **vom Thema ~:** stray from the topic; digress; **c)** *(aufgeben)* **von einem Plan ~:** abandon *or* give up a plan; **d)** *(Sport)* **der Läufer ist gut/schlecht abgekommen** the runner got a good/bad start; **der Springer ist gut/schlecht abgekommen** the jumper made a good/bad take-off; **e)** *(Schießen)* aim

**Ab·kommen das; ~s, ~:** agreement; **ein ~ [über etw.** *(Akk.)***] treffen** *od.* **schließen** come to an agreement [on sth.]

**abkömmlich** ['apkœmlɪç] *Adj.* free; available

**Abkömmling** ['apkœmlɪŋ] **der; ~s, ~e a)** *(Nachkomme)* descendant; **b)** *(Chemie)* derivative

**ab|können** *unr. tr. V.* **a)** *(nordd.: mögen)* stand; *(vertragen)* take; **b)** *(ugs.: abgemacht werden dürfen)* **das Bild kann ab** that picture can go

**ab|konterfeien** *tr. V. (veralt.)* **jmdn. ~:** *(zeichnen)* draw a good likeness of sb.; *(fotografieren)* take sb.'s photograph

**ab|koppeln** *tr. V.* uncouple; *(fig.)* separate; dissociate

**ab|kratzen 1.** *tr. V.* **a)** *(entfernen) (mit den Fingern)* scratch off; *(mit einem Werkzeug)* scrape off; **b)** *(säubern)* scrape [clean]. **2.** *itr. V.; mit sein (derb)* croak *(sl.)*; snuff it *(sl.)*

**ab|kriegen** *tr. V. (ugs.) s.* **abbekommen**

**ab|kucken** *tr., itr. V. (nordd.) s.* **abgucken**

**ab|kühlen 1.** *tr. V. (kühlen)* cool down; **jmds. Eifer ~** *(fig.)* dampen sb.'s ardour; **jmdn. ~** *(fig.)* cool sb. off. **2.** *itr. V.; meist mit sein (kühler werden)* cool down; get cooler; **es hat stark abgekühlt** it has become a lot cooler; **die Begeisterung kühlte ab** *(fig.)* enthusiasm waned. **3.** *refl. V. (kühler werden)* cool down; get cooler

**Ab·kühlung die** cooling; *(fig.)* cooling [off]

**Abkunft** ['apkʊnft] **die; ~** *(geh.)* descent; **ein Mädchen bürgerlicher ~:** a girl of bourgeois family

**ab|kupfern** *tr. V. (ugs.)* copy mechanically (**bei** from)

**ab|kuppeln** *tr. V. s.* **abkoppeln**

**ab|kürzen** *tr., itr. V.* **a)** *(räumlich)*; **eine Strecke um 5 km ~:** shorten a distance by 5 km; **den Weg ~:** take a shorter route; **wir haben abgekürzt, indem wir durch die Gärten gegangen sind** we took a short cut through the gardens; **b)** *(zeitlich)* cut short; **c)** *(kürzer schreiben)* abbreviate (**mit** to); **sich [mit] H. S. ~:** have the initials H. S.

**Ab·kürzung die a)** *(Weg)* short cut; **b)** *(Wort)* abbreviation; **c)** *(das Abkürzen)* cutting short; **zur ~ des Verfahrens** to shorten the procedure

**Abkürzungs-: ~liste die** *s.* **~verzeichnis; ~punkt der** *(Schriftw.)* full stop; **~verzeichnis das** list of abbreviations

**ab|küssen** *tr. V.* cover with kisses

**Abl.** *Abk.* **Ableitung**

**ab|laden** *unr. tr., itr. V.* **a)** unload, off-load ‹*case, sack, barrel, goods, vehicle*›; dump, unload ‹*gravel, sand, rubble*›; **seine Sorgen bei jmdm. ~** *(fig.)* unburden oneself to sb.; **b)** *(Seew.: beladen)* load ‹*ship*›

**Ablader der; ~s, ~** *(Seew.)* shipping agent

**Ab·lage die a)** *(Vorrichtung)* storage place; **b)** *(Raum)* storage room; **c)** *(Bürow.)* filing; **d)** *(von Eiern)* laying; **e)** *(schweiz.) s.* **Annahmestelle, Zweigstelle**

**ab|lagern 1.** *tr. V.* **a)** *(absetzen)* deposit; **b)** *(deponieren)* dump. **2.** *refl. V.* be deposited. **3.** *itr. V.; meist mit sein (reifen)* season; *s. auch* **abgelagert 2**

**Ab·lagerung die a)** deposit; **b)** *(das Absetzen)* deposition; **bei der ~ von Mineralien** when minerals have been deposited; **c)** *(das Deponieren)* dumping; **d)** *(das Reifen)* seasoning

**ablandig** *Adj. (Seemannsspr.)* offshore

**Ablaß** ['aplas] **der; Ablasses, Ablässe** *(kath. Rel.)* indulgence

**Ablaß·brief der** *(hist.)* letter of indulgence

**ab|lassen 1.** *unr. tr. V.* **a)** *(ablaufen lassen)* let out (**aus of**); **sein Wasser ~:** pass water; **b)** *(ausströmen lassen)* let off ‹*steam*›; let out ‹*air*›; **eine Blähung ~:** break wind; **c)** *(leeren)* empty; **d)** *(abgeben)* **jmdm. etw. ~:** let sb. have sth.; **e)** *(nachlassen)* **[jmdm.] vom Preis 20 % ~:** give [sb.] a 20% discount; **f)** *(ugs.: nicht anziehen, befestigen)* leave ‹*tie, hat, badge, etc.*› off; **g)** *(salopp: äußern)* come out with. **2.** *unr. itr. V.* **a)** *(aufgeben)* **von etw. ~:** give sth. up; **b)** *(sich nicht mehr befassen)* **von jmdm./etw. ~:** leave sb./sth. alone

**Ablaß-: ~prediger der** *(hist.)* pardoner; **~ventil das** *(Technik)* outlet valve

**Ablativ** ['ablati:f] **der; ~s, ~e** *(Sprachw.)* ablative

**Ab·lauf der a)** *(Verlauf)* course; **der ~ der Ereignisse** the course of events; **der ~ des Überfalls/des Programms/der Handlung** the sequence of events during the raid/the order of events on the programme/the development of the plot; **b)** *(das Stattfinden)* passing *or* going off; **für den reibungslosen**

~ **einer Veranstaltung sorgen** ensure that an event passes *or* goes off smoothly; **c)** *(Prozeß)* process; **d)** *o. Pl. (Ende)* **nach ~ eines Jahres** after a year; **nach ~ einer Frist** at the end of a period of time; **mit ~ des Kalenderjahres** at the end of one calendar year; **e)** *(Abfluß)* outlet

**ạb|laufen 1.** *unr. itr. V.; mit sein* **a)** *(abfließen)* flow away; *(aus einem Behälter)* run *or* flow out; *(sich leeren)* empty; **das Badewasser ~ lassen** let the bathwater out; **b)** *(herabfließen)* run down; **von/an etw.** *(Dat.)* **~:** run off sth.; **an ihm läuft alles ab** *(fig.)* it's like water off a duck's back [with him]; **jmdn. ~ lassen** *(ugs.)* send sb. packing; **das Geschirr ~ lassen** let the dishes drain; **c)** *(verlaufen)* pass *or* go off; **gut/glimpflich abgelaufen sein** have gone *or* passed off well/smoothly; **d)** *(stehengeblieben sein)* ⟨*alarm clock*⟩ run down; ⟨*parking-meter*⟩ expire; **e)** *(aufhören, ungültig werden)* ⟨*period, contract, passport*⟩ expire; **f)** *(abspulen)* **~ lassen** play ⟨*tape*⟩*;* run ⟨*film*⟩ through; **g)** *(abrollen)* run out ⟨*rope etc.*⟩*;* **h)** *(Seemannsspr.)* be launched. **2.** *unr. tr. V.* **a)** *auch mit sein (entlanglaufen)* walk all along; go over ⟨*area*⟩ on foot; *(schnell)* run all along; **b)** *(abnutzen)* wear down; *s. auch* **Bein a; Fuß b; Schuhsohle**

**ạb|lauschen** *tr. V. (geh.)* **jmdm. etw. ~:** learn sth. by listening to sb.

**Ạb·laut der** *(Sprachw.)* ablaut

**ạb|lauten** *itr. V. (Sprachw.)* undergo ablaut; **das sind ~de Verben** these verbs undergo ablaut

**ạb|läuten** *itr. V.* **a)** ring the bell [to start]; **b)** *(veralt.: beim Telefon)* ring off

**ạb|leben** *itr. V.; mit sein (geh.)* pass away; *s. auch* **abgelebt 2**

**Ạb·leben das;** *o. Pl. (geh.)* decease; demise

**ạb|lecken** *tr. V.* **a)** *(entfernen)* lick off; **b)** *(säubern)* lick clean; **sich** *(Dat.)* **die Finger ~:** lick one's fingers

**ạb|ledern** *tr. V.* leather down

**ạb|legen 1.** *tr. V.* **a)** *(niederlegen)* lay *or* put down; lay ⟨*egg*⟩*;* **b)** *(Bürow.)* file; **c)** *(nicht mehr tragen)* stop wearing; **abgelegte Kleidung** old clothes *pl.;* cast-offs *pl.;* **d)** *(aufgeben)* give up ⟨*habit*⟩*;* lose ⟨*shyness*⟩*;* put aside ⟨*arrogance*⟩*;* **e)** *(machen, leisten)* swear ⟨*oath*⟩*;* sit ⟨*examination*⟩*;* give ⟨*account*⟩*;* make ⟨*confession*⟩*; s. auch* **Bekenntnis a; f)** *(geh.: beabsichtigen)* **es auf etw.** *(Akk.)* **~:** want sth. **2.** *tr., itr. V.* **a)** *(ausziehen)* take off; **möchten Sie ~?** would you like to take your coat off?; **b)** *(Kartenspiel) (abwerfen)* discard; *(auflegen)* put down. **3.** *itr. V. (Seemannsspr.: losfahren)* **[vom Kai] ~:** cast off

**Ạbleger der; ~s, ~: a)** *(Bot.)* layer; **b)** *(Steckling)* cutting; *(fig. ugs.: Sohn)* offspring; *(fig.: Filiale)* offshoot

**ạb|lehnen 1.** *tr. V.* **a)** *(zurückweisen)* decline; decline, turn down ⟨*money, invitation, position*⟩*;* reject ⟨*suggestion, applicant*⟩*;* **b)** *(nicht genehmigen)* turn down; reject; reject, throw out ⟨*bill*⟩*;* **c)** *(verweigern)* **es ~, etw. zu tun** refuse to do sth.; **d)** *(mißbilligen)* disapprove of; reject. **2.** *itr. V.* decline; **sie haben ohne Begründung abgelehnt** *(nicht genehmigt)* they rejected it/them without giving any reason

**ạblehnend 1.** *Adj.* negative ⟨*reply, attitude*⟩*;* **ein ~er Bescheid** a rejection. **2.** *adv.* **einer Sache** *(Dat.)* **~ gegenüberstehen** take a negative view of sth.; **sich ~ zu etw. äußern** voice one's opposition to sth.

**Ạblehnung die; ~, ~en a)** *(Zurückweisung)* rejection; **auf ~ stoßen** meet with opposition; **b)** *(Mißbilligung)* disapproval; **auf ~ stoßen** meet with disapproval; **c)** *(Weigerung)* refusal

**ạb|leisten** *tr. V.* serve out

**ạb|leiten 1.** *tr. V.* **a)** divert; **b)** *(herleiten; auch Sprachw., Math.)* **etw. aus/von etw. ~:** derive sth. from sth.; **das Wort ist aus dem Spanischen abgeleitet** the word is derived from Spanish; **c)** *(Math.: differenzieren)* differentiate ⟨*function*⟩. **2.** *refl. V. (sich herleiten)* **sich aus/von etw. ~:** derive *or* be derived from sth.

**Ạb·leitung die a)** *(das Ableiten; auch Math., Sprachw.)* derivation; **b)** *(Sprachw.: Wort; Math.: Ergebnis des Differenzierens)* derivative

**Ạbleitungs·silbe die** *(Sprachw.)* affix

**ạb|lenken 1.** *tr. V.* **a)** *(Richtung ändern)* deflect; **einen Verdacht von sich ~** *(fig.)* divert suspicion from oneself; **b)** *auch itr. (abbringen)* **jmdn. von etw. ~:** distract sb. from sth.; **alles, was ablenkt** everything that is distracting; **c)** *auch itr. (zerstreuen)* divert; **sich ~:** amuse *or* divert oneself; **das lenkt dich davon ab** that'll take your mind off it; **das lenkt ab** it's amusing *or* diverting. **2.** *itr. V. (ausweichen)* **[vom Thema] ~:** change the subject

**Ạb·lenkung die a)** *(Richtungsänderung)* deflection; **b)** *(Störung)* distraction; **c)** *(Zerstreuung)* diversion

**Ạblenkungs·manöver das** diversion[ary tactic]

**ạblesbar** *Adj.* **~ sein** ⟨*scale, dial*⟩ be readable; **an etw.** *(Dat.)* **~ sein** *(fig.)* be detectable from sth.

**[1]ạb|lesen** *unr. tr. V.* **a)** *(wegnehmen)* pick off; **b)** *(säubern)* pick clean; groom ⟨*coat*⟩

**[2]ạb|lesen 1.** *unr. tr., itr. V.* **a)** read ⟨*speech, lecture*⟩*;* **werden Sie frei sprechen oder ~?** will you be talking from notes or reading your speech?; **b)** *(feststellen, prüfen)* check ⟨*time, speed, temperature*⟩*;* **[das Gas/den Strom] ~:** read the gas/electricity meter; **die Temperatur auf dem** *od.* **am Thermometer ~:** read off the temperature on the thermometer; **das Thermometer/den Tacho ~:** read the thermometer/speedo. **2.** *unr. tr. V. (erkennen)* see; gauge ⟨*significance*⟩*;* **etw. an etw.** *(Dat.)* **~:** see sth. from sth.; **jmdm. jeden Wunsch von den Augen ~:** read sb.'s every wish in his/her eyes

**ạb|leuchten** *tr. V.* shine a light all over

**ạb|leugnen** *tr., itr. V.* deny ⟨*involvement, guilt*⟩; deny any involvement in ⟨*crime*⟩*;* **sie leugnet stur ab** she flatly denies it

**ạb|lichten** *tr. V.* **a)** *(fotokopieren)* photocopy; **b)** *(fotografieren)* take a photograph of

**ạb|liefern** *tr., itr. V.* deliver ⟨*goods*⟩*;* hand in ⟨*manuscript, examination paper, weapon, etc.*⟩*; (fig. ugs.)* take/bring ⟨*person*⟩ **(in/auf** + *Dat.*, **bei** to); **er hat pünktlich abgeliefert** he delivered it/handed it in on time

**Ạb·lieferung die** *(von Waren)* delivery; *(von Manuskripten usw.)* handing in

**ạb|liegen** *unr. itr. V.* be out of the way; *s. auch* **abgelegen**

**ạb|listen** ['aplɪstn̩] *tr. V.* **jmdm. etw. ~:** *(durch Betrug)* swindle sb. out of sth.; *(durch Charme)* cajole sb. into giving sth.

**ạb|locken** *tr. V.* **jmdm. etw. ~:** coax sth. out of sb.

**ạblösbar** *Adj.* **a)** removable; **b)** *(Finanzw.)* redeemable

**ạb|löschen 1.** *tr. V.* **a)** *(trocknen)* blot ⟨*ink, letter, etc.*⟩*;* **b)** *(abwischen)* wipe ⟨*blackboard*⟩*;* wipe out ⟨*writing*⟩*;* **c)** *(Kochk.)* **etw. mit Rotwein** *usw.***~:** add red wine *etc.* to sth.; **d)** *(löschen)* extinguish; put out. **2.** *itr. V.* **a)** *(trocknen)* blot it/them; **b)** *(abwischen)* wipe [the blackboard]; **c)** *(Kochk.)* **mit Rotwein** *usw.* **~:** add red wine *etc.*

**Ạblöse die; ~, ~n a)** *s.* **Ablösesumme; b)** *(österr.) single payment made by tenant at start of tenancy*

**ạb|lösen 1.** *tr. V.* **a)** *(lösen)* **etw. [von etw.] ~:** get sth. off [sth.]; remove sth. [from sth.]; **b)** *(abwechseln)* relieve; take over from; *(fig.: ersetzen)* replace; **sich** *od.* **einander ~:** take turns; **c)** *(verhüll.: entlassen)* remove from office; **d)** *(Finanzw.: tilgen)* redeem. **2.** *refl. V. (sich lösen)* ⟨*retina*⟩ become detached; **sich von etw. ~:** come off sth.

**Ablö̱se·summe die** *(Sport)* transfer fee

**Ạb·lösung die a)** *(eines Postens)* changing; *(fig.: Verdrängung, Ersetzung)* replacement; **ich schicke Ihnen jemanden zur ~:** I'll send someone to relieve you; **b)** *(Ersatz)* relief; **c)** *(das Ablösen)* detaching; *(der Netzhaut)* detachment; **d)** *(verhüll.: Entlassung)* removal; **e)** *(Finanzw.: Tilgung)* redemption; **f)** *(Psych.)* dissolution of an emotional tie/ emotional ties; **die ~ von seinen Eltern** breaking away emotionally from his parents

**ạb|luchsen** ['aplʊksn̩] *tr. V. (salopp)* **jmdm. etw. ~:** get *or (sl.)* wangle sth. out of sb.

**Ạb·luft die** *(Technik)* vitiated air

**ạb|lutschen** *tr. V.* **a)** suck off; *(säubern)* suck clean; **die Marmelade von den Fingern ~:** suck the jam off one's fingers; **ein abgelutschter Bonbon** a half-sucked sweet; **b)** *(vulg.)* **jmdm. einen ~:** suck sb. off *(sl.)*

**ạb|machen** *tr. V.* **a)** *(ugs.: entfernen)* take off; take down ⟨*sign, rope*⟩*;* **etw. von etw. ~:** take sth. off sth.; **b)** *(vereinbaren)* agree; arrange; **abgemacht, wir kommen mit!** all right, we'll come; **c)** *(klären)* sort out; **das muß er mit sich selbst ~:** that's something he'll have to sort out by himself

**Ạbmachung die; ~, ~en** agreement; arrangement; **eine ~ [mit jmdm.] treffen** come to an agreement *or* arrangement [with sb.]

**ạb|magern 1.** *itr. V.; mit sein* become thin; *(absichtlich)* slim; **bis auf die Knochen ~:** become a mere skeleton; *s. auch* **abgemagert 2. 2.** *tr. V.* **a)** *(Technik)* **das Gemisch ~:** make the mixture leaner; **b)** *(verringern)* cut back on; *(leichter machen)* make lighter

**Ạbmagerung die; ~, ~en** *(Vorgang)* weight loss; *(Zustand)* emaciation

**Ạbmagerungs·kur die** reducing diet; **eine ~ machen** go on a diet; **er macht gerade eine ~:** he's dieting at the moment

**ạb|mähen** *tr. V.* mow

**ạb|mahnen** *tr. V. s.* **verwarnen**

**Ạb·mahnung die** *s.* **Verwarnung**

**ạb|malen** *tr. V.* paint a picture of **(aus, von** from)

**Ạb·marsch der** departure; **im ~ sein** be marching off; **~!** forward march!

**ạbmarsch·bereit** *Adj.* ready to depart; *(Milit.)* ready to march

**ạb|marschieren** *itr. V.; mit sein* depart; *(Milit.)* march off

**ạb|matten** ['apmatn̩] *tr. V. (geh.)* fatigue

**ạb|meißeln** *tr. V.* chisel *or* carve off

**Ạbmelde·bestätigung die** *document confirming that one has notified the authorities of one's intention to move from an address*

**ạb|melden** *tr. V.* **a)** *(das Weggehen melden)* **sich/jmdn. ~:** report that one/sb. is leaving; **sich [bei jmdm.] vom Dienst ~:** report absent from duty [to sb.]; **b)** *(Umzug melden) notify the authorities that one is moving from an address;* **abgemeldet sein** have given notice of moving away; **c) ein Auto ~:** cancel a car's registration; **ein abgemeldetes Auto** a car of which the registration has been cancelled; **sein Telefon ~:** have one's phone disconnected; **seinen Fernseher ~:** cancel one's TV licence; **d)** *(Sportjargon: beherrschen)* **jmdn. ~:** shut sb. out of the game/ race *etc.*; **abgemeldet sein** be kept out of the game/race *etc.;* **e)** *(ugs.)* **[bei jmdm.] abgemeldet sein** no longer be of interest [to sb.]; **er ist jetzt bei mir abgemeldet** I want nothing more to do with him

**Ạb·meldung die a)** *(beim Weggehen)* report that one is leaving; **b)** *(beim Umzug) registration of a move with the authorities at one's old address;* **c)** *(des Telefons)* disconnection; **d) ~ eines Autos/eines Fernsehers** cancellation of a car's registration/a television licence; **e)** *s.* **Abmeldebestätigung**

**ạb|messen** *unr. tr. V.* **a)** measure; *(fig.)* measure; assess; **b)** *(abteilen)* measure off; *s. auch* **abgemessen 2, 3**

**Ạb·messung die a)** *meist Pl. (Dimension)* dimension; measurement; **b)** *(das Abmessen)* measuring

**ạb|mildern** *tr. V.* **a)** *(dämpfen)* break, cushion ⟨*fall, impact*⟩; **b)** *(abschwächen)* tone down; take the edge off

**ạb|montieren 1.** *tr. V. (entfernen)* take off, remove ⟨*part, wheel*⟩; dismantle ⟨*machine, equipment*⟩. **2.** *itr. V. (Fliegerspr.: sich lösen)* come off

**ạb|mühen** *refl. V.* **sich [mit jmdm./etw.] ~:** toil [for sb.'s benefit/with sth.]; **sie mühte sich mit dem schweren Koffer ab** she struggled with the heavy suitcase

**ạb|murksen** *tr. V. (salopp)* do in *(sl.)*

**ạb|müssen** *unr. itr. V. (ugs.)* **das muß ab** it will have to come off; **der Baum/das Plakat muß ab** the tree/poster will have to come down

**ạb|mustern** *(Seemannsspr.)* **1.** *tr. V. (entlassen)* discharge. **2.** *itr. V.* sign off; **von einem Schiff ~:** leave a ship

**ạb|nabeln** *tr. V.* **ein Kind ~:** cut a child's cord; **sich vom Elternhaus ~** *(fig.)* break away from the parental home

**ạb|nagen** *tr. V.* gnaw off; **etw. von etw. ~** gnaw sth. off sth.; **ein abgenagter Knochen** a gnawed bone

**ạb|nähen** *tr. V.* take in ⟨*skirt, jacket, etc.*⟩

**Abnäher** ['apnɛ:ɐ] **der; ~s, ~:** tuck

**Abnahme** ['apna:mə] **die; ~, ~n a)** *o. Pl. (das Entfernen)* removal; **vor/bei/nach der ~ des Verbandes** before/when/after the bandage was/is removed; **b)** *(Verminderung)* decrease; decline; **c)** *(Kauf)* purchasing; **bei ~ größerer Mengen** when large quantities are purchased; **d)** *(Prüfung) (eines Gebäudes, einer Strecke)* inspection and approval; *(eines Fahrzeugs)* testing and passing; *(Freigabe)* passing; **e)** *(Entgegennahme) (eines Eides)* administration; *(eines Versprechens)* extraction; *(einer Parade)* taking the salute *(Gen.* at)

**Ạbnahme·garantie die** guaranteed purchase; firm order

**ạbnehmbar** *Adj.* detachable; removable

**ạb|nehmen 1.** *unr. tr. V.* **a)** *(entfernen)* take off; remove; take down ⟨*picture, curtain, lamp*⟩; **jmdm. das Bein ~:** take sb.'s leg off; **sich** *(Dat.)* **den Bart ~:** shave one's beard off; **b)** *(übernehmen)* take; **jmdm. den Koffer ~:** take sb.'s suitcase [from him/her]; **kann/darf ich Ihnen etwas ~?** can/may I carry something for you?; **jmdm. einen Weg/eine Arbeit ~:** save sb. a journey/a job; **jmdm. seine Sorgen ~:** relieve sb. of his/her worries; **c)** *(entgegennehmen)* **jmdm. ein Versprechen/einen Eid ~:** make sb. give a promise/swear an oath; **jmdm. die Beichte ~:** hear sb.'s confession; **eine Parade ~:** take the salute at a parade; **eine Prüfung ~:** conduct an examination; **d)** *(prüfen)* inspect and approve; test and pass ⟨*vehicle*⟩; **e)** *(stehlen)* take; *(beschlagnahmen)* take away ⟨*driving licence, passport*⟩; *(abgewinnen)* **jmdm. etw. ~:** take sth. off sb.; **jmdm. ein paar Meter ~:** gain a few metres over sb.; **f)** *(abverlangen)* **jmdm. etw. ~:** charge sb. sth.; **g)** *(abkaufen)* **jmdm. etw. ~:** buy sth. from sb.; **h)** *(ugs.: glauben)* buy *(coll.)*; **diese Geschichte nehme ich dir nicht ab** I'm not buying that story *(coll.)*; **i)** *(übertragen)* take ⟨*fingerprint*⟩. **2.** *unr. itr. V.* **a)** *auch tr. (beim Telefon)* answer; **den Hörer ~:** pick up the receiver; **b)** *auch tr. (Handarb.)* decrease; **c)** *(Gewicht verlieren)* lose weight; **sechs Kilo ~:** lose six kilos; **d)** *(sich verringern)* decrease; drop; ⟨*attention, interest*⟩ flag; ⟨*brightness*⟩ diminish; **die Tage nehmen ab** the days are getting shorter; **wir haben ~den Mond** there is a waning moon

**Ạbnehmer der; ~s, ~:** buyer

**Ạb·neigung die** dislike **(gegen** for); aversion **(gegen** to)

**abnorm** [ap'nɔrm] **1.** *Adj.* abnormal; *(ungewöhnlich)* exceptional. **2.** *adv.* abnormally; *(ungewöhnlich)* unusually

**ạb·normal** *Adj., adv. (bes. österr. u. schweiz.) s.* **anormal**

**Abnormität** [apnɔrmi'tɛ:t] **die; ~, ~en a)** *(Mißbildung)* deformity; **b)** *(Mißgeburt)* freak

**ạb|nötigen** *tr. V. (geh.)* **jmdm. Respekt ~:** compel sb.'s respect; **jmdm. ein Geständnis/die Zustimmung ~:** extract a confession/agreement from sb.

**ạb|nutzen,** *(landsch.:)* **ạb|nützen 1.** *tr. V.* wear out. **2.** *refl. V.* wear out; become worn; ⟨*expressions, arguments*⟩ become hackneyed; **das Material nutzt sich rasch ab** the material wears very quickly; *s. auch* **abgenutzt 2**

**Ạb·nutzung,** *(landsch.:)* **Ạb·nützung die** wear [and tear] *no indef. art.*

**Ạbnutzungs·erscheinung die** sign of wear and tear; *(fig.)* sign of disenchantment

**Abonnement** [abɔnə'mã:] **das; ~s, ~s** subscription (+ *Gen.* to); *(Theater, Oper)* subscription ticket; **eine Zeitschrift im ~ beziehen** subscribe to *or* have a subscription to a magazine

**Abonnement[s]-: ~karte die** subscription ticket; **~konzert das** subscription concert

**Abonnent** [abɔ'nɛnt] **der; ~en, ~en, Abonnẹntin die; ~, ~nen** subscriber (+ *Gen.* to); *(Theater, Oper)* season-ticket holder

**abonnieren** [abɔ'ni:rən] **1.** *tr. V.* subscribe to; have a subscription to; *(Theater, Oper)* have a season ticket for. **2.** *itr. V. (bes. schweiz.)* **abonniert sein auf** (+ *Akk.*) have a subscription to ⟨*newspaper, magazine, concerts*⟩; *(Theater, Oper)* have a season ticket for; *(fig.)* get as a matter of course

**ạb|ordnen** *tr. V.* send; **jmdn. als Delegierten ~:** delegate sb.; **jmdn. zu einer Konferenz ~:** delegate sb. to a conference; **jmdn. nach Wien ~:** send sb. to Vienna

**Ạb·ordnung die** delegation

**¹Abort** [a'bɔrt] **der; ~[e]s, ~e** *(veralt., noch fachspr.)* lavatory

**²Abọrt der; ~s, ~e** *(Med.)* **a)** *(Fehlgeburt)* miscarriage; **b)** *(Abtreibung)* abortion

**Abọrt·grube die** cesspool

**ạb|packen** *tr. V.* pack; wrap ⟨*bread*⟩; **abgepacktes Obst/abgepackte Fleischportionen** packaged fruit/pieces of meat

**ạb|passen** *tr. V.* **a)** *(abwarten)* wait for; **b)** *(aufhalten)* catch

**ạb|pausen** *tr., itr. V.* trace

**ạb|pellen** *tr. V. (nordd.)* peel; peel the skin off ⟨*sausage*⟩

**ab|perlen** *itr. V.; mit sein* **von etw. ~:** roll off sth.

**ạb|pfeifen** *(Sport)* **1.** *itr. V.* blow the whistle; **der Schiedsrichter hatte abgepfiffen** the whistle had gone. **2.** *tr. V.* **a)** *(unterbrechen)* [blow the whistle to] stop; **b)** *(beenden)* blow the whistle for the end of ⟨*match, game, half*⟩

**Ạb·pfiff der** *(Sport)* final whistle; *(Halbzeit~)* half-time whistle

**ạb|pflücken** *tr. V.* **a)** pick; **sich** *(Dat.)* **etw. ~:** pick oneself sth.; **b)** *(leer pflücken)* pick clean

**ạb|placken** *(ugs.),* **ạb|plagen** *refl. V.* slave away; flog oneself to death *(coll.)*; **sich mit etw./jmdm. ~:** slave away at sth./for sb.'s benefit; **sich mit einem Problem ~:** wrestle with a problem

**ạb|platten** ['applatn̩] *tr. V.* flatten [out]

**ạb|platzen** *itr. V.; mit sein* ⟨*lacquer, enamel, plaster*⟩ flake off; ⟨*button*⟩ fly off

**ạb|prägen 1.** *refl. V.* **sich in etw.** *(Dat.)* **~:** leave an impression in sth.; *(fig.)* leave its/their mark on sth. **2.** *tr. V. (Technik)* take ⟨*cast*⟩; make ⟨*mould*⟩

**ạb|prallen** *itr. V.; mit sein* rebound; bounce off; ⟨*missile*⟩ ricochet; **an** *od.* **von etw.** *(Dat.)* **~:** rebound/ricochet off sth.; **an jmdm. ~** *(fig.)* bounce off sb.

**Ạbpraller der; ~s, ~** *(Sport)* rebound; *(ugs.: eines Geschosses)* ricochet

**ạb|pressen** *tr. V.* **a)** *(abnötigen)* **jmdm. etw. ~:** extort sth. from sb.; **b)** *(abschnüren)* **das preßte uns den Atem ab** it took our breath away

**Ạb·produkt das** *(bes. DDR)* waste product

**ạb|protzen 1.** *tr. V. (Milit.)* unlimber. **2.** *itr. V. (derb)* have *or (Amer.)* take a crap *(vulg.)*; crap *(vulg.)*

**ạb|pumpen** *tr. V.* pump out; extract ⟨*milk*⟩ by breast-pump

**ạb|putzen** *tr. V. (ugs.)* **a)** wipe; **jmdm./sich das Gesicht** *usw.* **~:** clean sb.'s/one's face *etc.*; **b)** *(entfernen)* **etw. von jmdm./etw. ~:** wipe sth. off sb./sth.

**ạb|quälen** *refl. V.* **sich [mit etw.] ~:** struggle [with sth.]; **sich** *(Dat.)* **einen Brief ~:** force oneself to write a letter; **da hat er sich was abgequält** he must have had a struggle to get that out

**ạb|qualifizieren** *tr. V.* denigrate; **jmdn./etw. als etw. ~:** dismiss sb./sth. as sth.; **sich selbst ~:** show oneself up

**ạb|quetschen 1.** *tr. V.* **jmdm. einen Arm/ein Bein ~:** crush sb.'s arm/leg. **2.** *refl. V. (ugs.: hervorbringen)* **sich** *(Dat.)* **etw. ~:** force out ⟨*words, smile*⟩; **sich** *(Dat.)* **ein paar Tränen ~:** squeeze out a few tears

**ạb|rackern** *refl. V. (ugs.)* slave [away]; flog oneself to death *(coll.)*; **sich mit etw. ~:** slave away at sth.

**Abraham** ['a:braham] **(der) a)** Abraham; **b)** *in* **[sicher] wie in ~s Schoß** *(ugs.)* as safe as houses *(coll.)*

**Abrakadabra** [a:braka'da:bra] **das; ~s a)** *(Zauberwort)* abracadabra; **b)** *(unsinniges Gerede)* blitherings *pl.*

**ạb|rasieren** *tr. V.* shave off; **jmdm./sich den Bart ~:** shave off sb.'s/one's beard

**ạb|raten** *unr. itr., tr. V.* **jmdm. von etw. ~:** advise sb. against sth.; **jmdm. [davon] ~, etw. zu tun** advise sb. not to do sth. *or* against doing sth.; **da kann ich nur abraten** I can only advise you against it

**Ạb·raum der;** *o. Pl. (Bergbau)* overburden

**ạb|räumen 1.** *tr. V.* **a)** clear away; **b)** *(leer machen)* clear ⟨*table*⟩; **c)** *(Bergbau)* remove ⟨*overburden*⟩. **2.** *itr. V.* **a)** clear away; **b)** *(vom Tisch)* clear the table; **c)** *(Bergbau)* remove the overburden

**ạb|rauschen** *itr. V.; mit sein (ugs.) (schnell)* rush off; *(auffällig)* sweep off

**ạb|reagieren 1.** *tr. V.* work off; **seine Wut an jmdm. ~:** take one's anger out on sb. **2.** *refl. V.* work off one's feelings

**ạb|rechnen 1.** *itr. V.* **a)** cash up; **b)** *(fig.)* **mit jmdm. ~:** call sb. to account. **2.** *tr. V.* **a) die Kasse ~:** reckon up the till; total the cash *or* register *(Amer.)*; **seine Einnahmen ~:** agree one's takings; **seine Spesen ~:** claim one's expenses; **b)** *(abziehen)* deduct

**Ạb·rechnung die a)** *(Schlußrechnung)* cashing up *no art.*; **die Kellnerin machte die ~:** the waitress was cashing up; **b)** *(Aufstellung)* statement; *(Kaufmannsspr.: Bilanz)* balance; *(Dokument)* balance-sheet; **der Tag der ~:** the day of reckoning; **c)** *(Vergeltung)* reckoning; **d)** *(Abzug)* deduction; **nach ~ der Unkosten** after deducting expenses; **etw. in ~ bringen** *(Amtsspr.)* deduct sth.; **in ~ kommen** *(Amtsspr.)* be deducted

**Ạbrechnungs-: ~stelle die** *(Finanzw.)* clearing-house; **~verkehr der** *(Finanzw.)* clearing

**Ạb·rede die a)** arrangement; agreement; **b) etw. in ~ stellen** deny sth.

**ạb|regen** *refl. V. (ugs.)* calm down; **reg dich ab!** cool it! *(coll.)*; calm down!

**ạb|reiben** *unr. tr. V.* **a)** *(entfernen)* rub off; *(Kochk.)* grate; **etw. von etw. ~:** rub/grate sth. off sth.; **abgeriebene Zitronenschale** grated lemon peel; **b)** *(säubern)* rub; **[sich** *(Dat.)***] die Hände an der Hose ~:** rub one's hands on one's trousers; **c)** *(frottieren)* rub down; **jmds. Hände mit Schnee ~:** rub sb.'s hands with snow

**Ạb·reibung die a)** *(ugs.: Prügel)* hiding *(coll.) or (Amer.)* licking; **jmdm. eine ~ verpassen** give sb. a good hiding; **b)** *(Med.)* rubbing

**Ạb·reise die** departure (**nach** for); **bei meiner ~:** when I left/leave

**ạb|reisen** *itr. V.; mit sein* leave (**nach** for)

**Ạbreiß·block der; ~s, ~s** *od.* **Ạbreißblöcke** tear-off notebook

**ạb|reißen 1.** *unr. tr. V.* **a)** *(entfernen)* tear off; tear down ⟨*poster, notice*⟩; pull off ⟨*button*⟩; break off ⟨*thread*⟩; *s. auch* **Kopf a; b)** *(niederreißen)* demolish, pull down ⟨*building*⟩; demolish ⟨*area*⟩; **c)** *(salopp: ableisten)* get through; stick out *(coll.)*; *s. auch* **abgerissen 2. 2.** *unr. itr. V.; mit sein* **a)** *(sich lösen)* fly off; ⟨*shoe-lace*⟩ break off; **b)** *(aufhören)* come to an end; ⟨*connection, contact*⟩ be broken off; **in nicht ~der Folge** in a never-ending procession

**Ạbreiß·kalender der** tear-off calendar

**ạb|reiten 1.** *unr. itr. V.; mit sein (wegreiten)* ride off *or* away. **2.** *unr. tr. V.* **a)** *mit sein od. haben (entlangreiten)* ride the whole length of; ride over ⟨*district*⟩; **b)** *(Pferdesport: vorbereiten)* supple; **c)** *(müde reiten)* ride to exhaustion; **d)** *(Seemannsspr.)* ride out ⟨*storm*⟩

**Ạbreite·platz, Ạbreit·platz der** *(Pferdesport)* warming-up arena

**ạb|richten** *tr. V.* train

**Ạb·richter der** trainer

**Ạb·richtung die; ~:** training

**ạb|riegeln** *tr., itr. V.* **a)** *(zusperren)* **[die Tür] ~:** bolt the door; **b)** *(absperren)* seal *or* cordon off ⟨*area*⟩

**Ạbrieg[e]lung die; ~, ~en** sealing *or* cordoning off

**ạb|ringen** *unr. tr. V.* **a)** *(abnötigen)* **jmdm. etw. ~:** extract sth. from sb.; **sich** *(Dat.)* **ein Lächeln ~:** force a smile; **b)** *(entreißen)* **jmdm./einer Sache etw. ~:** wrest sth. from sb./sth.

**Ạb·riß der a)** *o. Pl.: s.* **abreißen 1 b:** demolition; pulling down; **auf ~ stehen** *(ugs.)* be scheduled for demolition; **b)** *(von Eintrittskarten)* tear-off section; **c)** *(knappe Darstellung)* outline

**Ạbriß·arbeiten** *Pl. s.* **Abbrucharbeit**

**ạb|rollen 1.** *tr. V.* unwind; **sich ~:** unwind [itself]. **2.** *itr. V.; mit sein* **a)** unwind [itself]; **b)** *(vonstatten gehen)* go off; ⟨*events*⟩ unfold; **sein Leben rollte vor seinen Augen ab** his life passed before his eyes; **c)** *(Sport)* roll over (**über** + *Akk.* on to)

**ạb|rubbeln** *tr. V. (bes. nordd.)* **jmdn./sich ~:** dry sb./oneself by rubbing; rub sb./oneself down; **jmdm./sich den Rücken ~:** dry sb.'s/one's back by rubbing

**ạb|rücken 1.** *tr. V. (wegschicken)* move away. **2.** *itr. V.; mit sein* **a)** move away; **von jmdm./etw. ~:** move away from sb./sth.; **b)** *(Milit.) (abmarschieren)* move out; *(zurückmarschieren)* march back; **c)** *(ugs.: sich entfernen)* clear out *(coll.)*

**Ạb·ruf der a) auf ~:** on call; *(DV)* in retrievable form; **sich auf ~ bereithalten** be on call; **b)** *(Kaufmannsspr.)* request for delivery; **etw. auf ~ kaufen** buy sth. on call purchase

**ạbrufbar a)** *(DV)* retrievable; **b)** *(Finanzw.)* withdrawable

**ạbruf·bereit** *Adj.* **a)** on call *postpos.*; **b)** *(Kaufmannsspr.)* ready for delivery on demand *postpos.*

**ạb|rufen** *unr. tr. V.* **a)** summon, call ⟨*person*⟩; **er wurde ins Jenseits/aus diesem Leben abgerufen** *(geh. verhüll.)* he was taken from us; **b)** *(DV)* retrieve; **c)** *(Kaufmannsspr.)* **etw. ~:** ask for sth. to be delivered; **d)** *(Finanzw.)* withdraw

**ạb|runden** *tr. V.* **a)** round off; **abgerundete Ecken** rounded corners; **b)** *(auf eine runde Zahl bringen)* round up/down (**auf** + *Akk.* to); **etw. nach oben/unten ~:** round sth. up/down; **ein Betrag von abgerundet 27,50 Mark** a rounded [up/down] sum of 27.50 marks; **c)** *(vervollkommnen)* round off; complete

**Ạb·rundung die a)** rounding off; **b)** *(von Zahlen)* rounding up/down; **c)** *(Vervollkommnung)* rounding off; **zur ~ des Geschmacks** to round off the taste

**ạb|rupfen** *tr. V.* pull off

**abrupt** [ap'rʊpt] **1.** *Adj.* abrupt. **2.** *adv.* abruptly

**ạb|rüsten** *itr., tr. V.* disarm

**Ạb·rüstung die; ~:** disarmament

**Ạbrüstungs-: ~konferenz die** disarmament conference; **~verhandlungen** *Pl.* disarmament negotiations

**ạb|rutschen** *itr. V.; mit sein* **a)** *(abgleiten)* slip; **von etw. ~:** slip off sth.; **das Pferd rutschte mit den Hinterbeinen ab** the horse's hind feet slipped; **sie ist mit dem Messer abgerutscht** her knife slipped; **b)** *(nach unten rutschen)* slide down; ⟨*earth*⟩ subside; ⟨*snow*⟩ give way; ⟨*aircraft*⟩ side-slip; *(fig.)* ⟨*pupil, competitor, etc.*⟩ slip (**auf** + *Akk.* to); **c)** *(moralisch absinken)* go downhill

**ABS** *Abk.* **Antiblockiersystem**

**Abs.** *Abk.* **a) Absender; b) Absatz**

**ạb|säbeln** *tr. V. (ugs.)* hack off

**¹ạb·sacken** *itr. V.; mit sein (ugs.)* **a)** *(nach unten sinken)* fall; ⟨*ground*⟩ subside; ⟨*aircraft*⟩ lose altitude; **b)** *(moralisch absinken)* go downhill

**²ạb|sacken** *tr. V.* sack ⟨*grain, sugar, etc.*⟩

**Ạb·sage die a)** *(auf eine Einladung)* refusal; *(auf eine Bewerbung)* rejection; **jmdm. eine ~ erteilen** reject sb.; **eine ~ an jede Form totalitärer Politik** a rejection of all forms of totalitarian politics; **b)** *(Rundf.)* closing announcement

**ạb|sagen 1.** *tr. V.* cancel; withdraw ⟨*participation, co-operation*⟩. **2.** *itr. V.* **a)** cry off; **jmdm. ~:** tell sb. one cannot come; put sb. off *(coll.)*; **telefonisch ~:** ring to say one cannot come; **ich muß Ihnen für Donnerstag ~:** I must cancel our meeting/visit/appointment *etc.* on Thursday; **b) dem Bewerber wurde abgesagt** the applicant was rejected; **c)** *(Rundf.)* make the closing announcement

**ạb|sägen** *tr. V.* **a)** saw off; **b)** *(ugs.)* **jmdn. ~:** get rid of sb.

**ạb|sahnen 1.** *itr. V. (ugs.)* make a killing *(coll.)*. **2.** *tr. V.* **a)** *(ugs.)* **100 000 Mark ~:** pocket 100,000 marks; **b)** *(Rahm entfernen von)* cream ⟨*milk*⟩

**ạb|satteln** *tr., itr. V.* unsaddle

**Ạb·satz der a)** *(am Schuh)* heel; **auf dem ~ kehrtmachen, sich auf dem ~ herumdrehen** turn on one's heel; **b)** *(Textunterbrechung)* break; **einen ~ machen** make a break; start a new line; **c)** *(Abschnitt)* paragraph; **d)** *(Kaufmannsspr.)* sales *pl.*; **guten/keinen ~ finden** sell well/not sell at all; *s. auch* **reißend; e)** *(einer Innentreppe)* landing; *(zwischen Geschossen)* half-landing; *(Mauer~)* ledge

**ạbsatz-, Absatz-: ~chance die** *(Kaufmannsspr.)* sales prospect; **~flaute die** *(Kaufmannsspr.)* drop in sales; **~förderung die** *(Kaufmannsspr.)* sales promotion; **~gebiet das** *(Kaufmannsspr.)* sales territory; *(von Produkten)* market area; **~kick der** *(Fußball)* back-heel; **~markt der** *(Kaufmannsspr.)* market; **~schwierigkeiten** *Pl. (Kaufmannsspr.)* sales problems; *(beim Vertrieb)* marketing difficulties; **~steigerung die** *(Kaufmannsspr.)* increase in sales; **~trick der** *(Fußball)* clever back-heel; **~weise** *Adv.* paragraph by paragraph

**ạb|saufen** *unr. itr. V.; mit sein* **a)** *(salopp: untergehen)* go to the bottom; **b)** *(derb: ertrinken)* drown; **c)** *(ugs.)* ⟨*engine, car*⟩ flood; **d)** *(salopp: sich mit Wasser füllen)* flood; **abgesoffen sein** be under water; be flooded

**ạb|saugen** *tr. V.* **a)** *(entfernen)* suck away; **etw. aus/von etw. ~:** suck sth. out of/off sth.; **b)** *(säubern)* hoover *(Brit. coll.)*; vacuum

**ạb|schaben** *tr. V.* **a)** *(entfernen)* scrape off; **sich** *(Dat.)* **den Bart ~** *(scherzh.)* have a shave; **b)** *(säubern)* scrape [clean]; *s. auch* **abgeschabt 2**

**ạb|schaffen 1.** *tr. V.* **a)** *(beseitigen)* abolish ⟨*capital punishment, regulation, customs duty, institution*⟩; repeal ⟨*law*⟩; put an end to ⟨*injustice, abuse*⟩; **er möchte alle Flugzeuge ~:** he'd like to do away with aeroplanes completely; **b)** *(aufgeben)* get rid of. **2.** *refl. V. (südd., schweiz.) (sich abarbeiten)* slave away; work oneself hard; *(sich anstrengen)* go at it

**Ạb·schaffung die a)** abolition; *(von Gesetzen)* repeal; *(von Unrecht, Mißstand)* ending; **b)** *(Aufgabe)* **er sah sich zur ~ seines Autos/Hundes gezwungen** he was forced to get rid of *or* give up his car/dog

**ạb|schälen 1.** *tr. V.* **a)** *(lösen)* peel off; **etw. von etw. ~:** peel sth. off sth.; **b)** *(befreien von)* bark ⟨*tree*⟩. **2.** *refl. V. (sich lösen)* peel off; **die Haut schält sich ab** the skin is peeling

**ạbschaltbar** *Adj.* which can be switched off *postpos., not pred.*; **das ist ~:** it can be switched off

**ạb|schalten 1.** *tr., itr. V. (ausschalten)* switch off; turn off; shut down ⟨*power-station*⟩. **2.** *itr. V. (ugs.: nicht zuhören; Abstand gewinnen)* switch off

**Ạb·schaltung die** the switching off; *(eines Kraftwerks)* shut-down

**Abschattung** ['ap-ʃatʊŋ] **die; ~, ~en** shade; hue; *(fig.)* shade; nuance

**ạb|schätzen** *tr. V.* estimate; size up ⟨*person, possibilities*⟩; **jmdn. ~d betrachten** look at sb. appraisingly

**abschätzig** ['ap-ʃɛtsɪç] **1.** *Adj.* derogatory; disparaging. **2.** *adv.* derogatorily; disparagingly

**Ạbschätzigkeit die** derogatoriness; disparagement

**ạb|schauen** *s.* **abgucken**

**Ạb·schaum der;** *o. Pl. (abwertend)* scum; dregs *pl.*

**ạb|scheiden** *unr. tr. V.* **a)** *(Chemie)* precipitate; *(Physiol.)* secrete; **b)** *(geh.: abtrennen)* separate; *(fig.)* isolate; *s. auch* **abgeschieden 2**

**Ạbscheider der; ~s, ~** *(Technik)* separator

**¹ạb|scheren** *unr. tr. V.* shear off ⟨*hair, wool*⟩; shear ⟨*sheep, head*⟩

**²ạb|scheren** *(Technik)* **1.** *tr. V. (abtrennen)* shear. **2.** *itr. V. (sich lösen)* shear off

**Ạb·scheu der; ~s,** *(selten:)* **die; ~:** detestation; abhorrence; **einen ~ vor jmdm./etw. haben** detest *or* abhor sb./sth.; **jmds. ~ erregen** arouse repugnance in sb.; repel sb.

**ạb|scheuern** *tr. V.* **a)** *(entfernen)* scrub off; **etw. von etw. ~:** scrub sth. off sth.; **b)** *(säubern)* scrub; **c)** *(beschädigen)* graze ⟨*skin*⟩; wear away ⟨*cloth*⟩; **ein abgescheuerter Kragen** a badly worn collar

**ạbscheu·erregend** *Adj. s.* **abscheulich 1 b**

**abscheulich** [ap'ʃɔylɪç] **1.** *Adj.* **a)** *(widerwärtig)* disgusting, awful ⟨*smell, taste*⟩; repulsive, awful ⟨*sight*⟩; **b)** *(verwerflich, schändlich)* disgraceful ⟨*behaviour*⟩; abominable ⟨*crime*⟩. **2.** *adv.* **a)** disgracefully; abominably; **b)** *(ugs.: sehr)* **~ frieren** freeze [half] to death *(coll.)*; **das schmerzt ganz ~:** it hurts like hell *(coll.)*; **~ kalt/scharf** terribly cold/sharp *(coll.)*

**Abscheulichkeit die; ~, ~en** *s.* **abscheu-**

lich 1: disgustingness; awfulness; repulsiveness; disgracefulness; abominableness
**ab|schicken** *tr. V.* send [off], post ‹*letter, parcel*›; dispatch, send [off], post ‹*goods, money*›; send ‹*messenger*›
**ab|schieben** 1. *unr. tr. V.* a) push *or* shove away; **das Bett von der Wand ~:** push *or* shove the bed away from the wall; b) *(abwälzen)* shift; **die Verantwortung/Schuld auf jmdn. ~:** shift [the] responsibility/the blame on to sb.; c) *(Rechtsw.: ausweisen)* deport; **jmdn. über die Grenze ~:** put sb. over the border; d) *(ugs.: entfernen)* get rid of; **jmdn. in ein Heim ~:** shove sb. into a home *(coll.)*. 2. *unr. itr. V.; mit sein (salopp: weggehen)* push off *(sl.)*; shove off *(coll.)*
**Ab·schiebung die** *(Rechtsw.)* deportation
**Abschiebungs·haft die** *(Rechtsw.)* detention prior to deportation
**Abschied** ['ap-ʃi:t] **der**; ~[e]s, ~e a) *(Trennung)* parting (**von** from); farewell (**von** to); **[von jmdm./etw.] ~ nehmen** say goodbye [to sb./sth.]; take one's leave [of sb./sth.]; **von einer Gewohnheit ~ nehmen** give up a habit; **beim ~:** at parting; when saying goodbye; **sich zum ~ die Hände schütteln** shake hands on parting; **zum ~ Blumen schenken** give flowers as a parting gift; **jmdm. zum ~ zuwinken** wave goodbye to sb.; b) *(geh.: Entlassung)* resignation; **seinen ~ nehmen** resign; ‹*officer*› resign one's commission; **den ~ erhalten** *(veralt.)* be discharged
**Abschieds-: ~besuch der** farewell visit; **~brief der** farewell letter; **~essen das** farewell dinner; **~feier die** *(Zeremonie)* farewell ceremony; *(Party)* farewell *or* leaving party; **~geschenk das** farewell *or* parting gift; *(einer Firma usw.)* leaving present; **~gesuch das** *(geh.)* letter of resignation; **sein ~gesuch einreichen** tender one's resignation; ‹*officer*› resign one's commission; **~gruß der** goodbye; farewell; **~kuß der** goodbye *or* parting kiss; **~rede die** farewell speech; **~schmerz der**; *o. Pl.* sorrow at parting; **~spiel das** *(Fußball)* farewell appearance; **~szene die** scene of sentimental farewells; **~vorstellung die** farewell performance
**ab|schießen** *unr. tr. V.* a) loose, fire ‹*arrow*›; fire ‹*rifle, pistol, rocket, cannon*›; launch ‹*spacecraft*›; b) *(töten)* take; *(salopp)* shoot down ‹*person*›; c) *(ugs.: entfernen)* kick *or* throw ‹*person*› out; d) *(von sich geben)* fire off ‹*question*›; shoot ‹*glance*›; e) *(zerstören)* shoot down ‹*aeroplane*›; put ‹*tank*› out of action; f) *(wegreißen)* shoot off ‹*arm, leg, etc.*›
**ab|schilfern** *itr. V.; mit sein* peel
**ab|schinden** *unr. refl. V.* **sich ~:** work *or* *(Brit. coll.)* flog oneself to death; **sich mit etw. ~:** struggle along with sth.
**Abschirm·dienst der** *(Milit.)* counterespionage service
**ab|schirmen** *tr. V.* a) *(schützen)* shield; **jmdn./sich von der** *od.* **gegen die Umwelt ~:** screen sb./oneself off from the outside world; b) *(abdecken)* cover ‹*lamp*›; screen off ‹*light, radiation, radio station*›
**Abschirmung die**; ~, ~en a) *(Schutz)* shielding; *(von der Umwelt usw.)* screening off; b) *(von Licht, Strahlung)* screening off
**ab|schirren** *tr. V.* unharness ‹*horse*›; unyoke ‹*cattle*›
**ab|schlachten** *tr. V.* slaughter
**ab|schlaffen** ['ap-ʃlafn̩] *(ugs.)* 1. *tr., itr. V.* *(schlaff machen)* take it out of; **das schlafft ab** it takes it out of you; **ein abgeschlaffter Typ** a lackadaisical fellow; **er saß abgeschlafft im Sessel** he sat limply in his chair. 2. *itr. V.; mit sein (schlaff werden)* wilt; sag; **geistig ~:** lose one's intellectual vigour
**Ab·schlag der** a) *(Kaufmannsspr.)* reduction; discount; b) *(Teilzahlung)* interim payment; *(Vorschuß)* advance; c) *(Fußball)* goalkeeper's kick out; d) *(Hockey)* *s.* **Bully**; e) *(Golf)* tee; *(Schlag)* drive; f) *(Finanzw.)* *s.* **Disagio**
**ab|schlagen** 1. *unr. tr. V.* a) knock off; *(mit dem Beil, Schwert usw.)* chop off; **jmdm. den Kopf ~:** chop off sb.'s head; b) *(ablehnen)* refuse; **jmdm. etw. ~:** refuse *or* deny sb. sth.; c) *(abwehren)* beat *or* fend off; d) *(zerlegen)* dismantle; strike ‹*tent*›; e) *(Seemannsspr.)* unbend. 2. *unr. itr. V.* a) *auch tr.* *(Fußball)* **[den Ball] ~:** kick the ball out; b) *(Hockey)* take a 15-metre hit. 3. *unr. refl. V.* *(kondensieren)* **sich an etw.** *(Dat.)* **~:** condense on sth.; *s. auch* **abgeschlagen 2; Wasser e**
**abschlägig** ['apʃlɛ:gɪç] *(Amtsspr.)* 1. *Adj.* negative; **ein ~er Bescheid** a refusal *or* rejection. 2. *adv.* **jmdn. ~ bescheiden** refuse sb.; **jmds. Gesuch** *(Akk.)* **~ bescheiden** reject sb.'s application
**Abschlag[s]·zahlung die** *s.* **Abschlag b**
**ab|schlecken** *tr. V. (österr., südd.)* *s.* **ablecken**
**ab|schleifen** 1. *unr. tr. V.* a) *(entfernen)* *(von Holz)* sand off; *(von Metall, Glas usw.)* grind off; b) *(glätten)* sand down ‹*wood*›; grind down ‹*metal, glass, etc.*›; smooth down ‹*broken tooth*›. 2. *unr. refl. V. (sich abnutzen)* wear away; **das schleift sich noch ab** *(fig.)* that will wear off in time
**Abschlepp·dienst der** *(Kfz-W.)* breakdown recovery service; tow[ing] service *(Amer.)*
**ab|schleppen** 1. *tr. V.* a) tow away; take ‹*ship*› in tow; **ein Auto zur Werkstatt ~:** tow a car to the garage; b) *(salopp: mitnehmen)* **jmdn. ~:** drag sb. off. 2. *refl. V. (ugs.: schwer tragen)* **sich mit/an etw.** *(Dat.)* **~:** break one's back carrying sth. *(fig.)*
**Abschlepp-: ~seil das** tow-rope; *(aus Draht)* towing cable; **~stange die** towbar; **~wagen der** breakdown vehicle; tow truck *(Amer.)*; *(der Polizei)* tow-away vehicle
**abschließbar** *Adj.* lockable; **es ist nicht ~:** it cannot be locked
**ab|schließen** 1. *unr. tr. V.* a) *auch itr.* *(zuschließen)* lock ‹*door, gate, cupboard*›; lock [up] ‹*house, flat, room, park*›; **vergiß nicht, abzuschließen!** don't forget to lock up!; b) *(absondern, trennen)* **etw. luftdicht ~:** seal sth. hermetically; **sich ganz [von der Welt] ~:** cut oneself off [from the world] completely; c) *(begrenzen)* border; d) *(zum Abschluß bringen)* bring to an end; conclude; **die Bücher ~:** balance the books; **sein Studium ~:** finish one's studies; **Bewerber mit abgeschlossenem Universitätsstudium** applicants with a degree; e) *(vereinbaren)* strike ‹*bargain, deal*›; make ‹*purchase*›; enter into ‹*agreement*›; **Geschäfte ~:** conclude deals; *(im Handel)* do business; *s. auch* **abgeschlossen 2; Versicherung b; Wette.** 2. *unr. itr. V.* a) *(begrenzt sein)* be bordered (**mit** by); b) *(aufhören, enden)* end; **~d sagte er ...:** in conclusion he said ...; **seine ~den Worte waren ...:** his concluding words were ...; **mit [einem] Gewinn/Verlust ~** *(Kaufmannsspr.)* show a profit/deficit; c) **mit jmdm./etw. abgeschlossen haben** have finished with sb./sth.; d) *(Kaufmannsspr.)* **die Vertragspartner wollen morgen ~:** the parties [to the contract] want to close tomorrow
**Ab·schluß der** a) *(Verschluß)* seal; **ein luftdichter ~:** an airtight seal; b) *(abschließender Teil)* edge; c) *(Beendigung)* conclusion; end; **vor ~ der Arbeiten** before the completion of the work; **zum ~ noch eine Frage** one final question; **sich dem ~ nähern** be drawing to a conclusion; **kurz vor dem ~ stehen** be nearly finished *or* at an end; **etw. zum ~ bringen** finish sth.; bring sth. to an end *or* conclusion; **zum ~ kommen** *od.* **gelangen** be completed; **wir müssen mit unseren Verhandlungen zum ~ kommen** we must bring our negotiations to a close; **zum ~ unseres Programms** to end our programme; d) *(ugs.: ~zeugnis)* **einen/keinen ~ haben** *(Hochschulw.)* ≈ have a/have no degree *or* *(Amer.)* diploma; *(Schulw.)* ≈ have some/no GCSE passes *(Brit.)*; *(Lehre)* have/not have finished one's apprenticeship; **ohne ~** without gaining a degree *or* *(Amer.)* diploma/any GCSE passes *(Brit.)*/finishing one's apprenticeship; e) *(Kaufmannsspr.: Schlußrechnung)* balancing; f) *(Kaufmannsspr.: geschäftliche Vereinbarung)* business deal; **einen ~ über 2 Millionen Tonnen Getreide tätigen** make a deal for 2 million tons of grain; g) *(eines Geschäfts, Vertrags)* conclusion; **durch den ~ einer Versicherung** by taking out an insurance policy; h) *(Fußball)* finishing move
**Abschluß-: ~ball der** final dance; **~examen das** final examination; **~feier die** *(Schulw.)* leaving party; **~klasse die** *(Schulw.)* final year; **~kundgebung die** final rally; **~prüfung die** a) *(Schulw.)* leaving *or* *(Amer.)* final examination; *(Hochschulw.)* final examination; finals *pl.*; b) *(Wirtsch.)* audit; **~veranstaltung die** final event; **~zeugnis das** *(Schulw.)* ≈ leaving certificate *(Brit.)*; ≈ diploma *(Amer.)*
**ab|schmatzen** *tr. V. (ugs.)* **jmdn. ~:** kiss sb. noisily
**ab|schmecken** *tr. V.* a) *(kosten)* taste; try; b) *(würzen)* season
**ab|schmeicheln** *tr. V.* **jmdm. etw. ~:** wheedle sth. out of sb.
**ab|schmelzen** 1. *unr. itr. V.; mit sein* melt away. 2. *unr. tr. V.* melt; *(fig.: verringern)* reduce [the size of] ‹*assets, reserves*›
**ab|schmettern** *tr. V. (ugs.)* throw out; **jmdn. ~:** turn a deaf ear to sb.
**ab|schmieren** 1. *tr. V.* a) *(Technik)* grease; b) *(ugs.: abschreiben)* scribble down; *(unerlaubt)* copy; ‹*child in school*› crib (**von, bei** from). 2. *itr. V.* a) *(ugs.)* crib (**von, bei** from); b) *(Fliegerspr.)* side-slip
**Abschmier·presse die** *(Kfz-W.)* grease-gun
**ab|schminken** *tr. V.* a) **jmdn./sich ~:** remove sb.'s/one's make-up; **sich** *(Dat.)* **das Gesicht/die Augen ~:** remove the make-up from one's face/eyes; **als ich sie abgeschminkt sah** when I saw her without her make-up; b) *(salopp)* **sich** *(Dat.)* **etw. ~:** get sth. out of one's head
**ab|schmirgeln** *tr. V.;* a) *(polieren)* rub down with emery; *(mit Sandpapier)* sand down; b) *(entfernen)* rub off with emery; *(mit Sandpapier)* sand off
**ab|schmücken** *tr. V.* take the decorations off ‹*Christmas tree*›
**ab|schnacken** *tr. V. (nordd.)* *s.* **abschwatzen**
**ab|schnallen** 1. *tr. V.* a) *(abnehmen)* unfasten; **[sich** *(Dat.)***] den Tornister/das Holzbein ~:** take off one's knapsack/wooden leg; b) *(losschnallen)* unfasten; **sich ~:** unfasten one's seat-belt. 2. *itr. V. (salopp)* a) *(nicht mehr folgen können)* switch off; b) *(fassungslos sein)* be flabbergasted; **da schnallst du [echt] ab** you'll be flabbergasted
**ab|schneiden** 1. *unr. tr. V.* a) *(abtrennen)* cut off; cut down ‹*sth. hanging*›; **etw. von etw. ~:** cut sth. off sth.; **sich** *(Dat.)* **den Finger ~:** cut one's finger off; **sich** *(Dat.)* **eine Scheibe Brot/Fleisch ~:** cut oneself a slice of bread/meat; *s. auch* **Scheibe b**; b) *(kürzer schneiden)* cut; **jmdm./sich die Haare/Fingernägel ~:** cut sb.'s/one's hair/fingernails; **ein Kleid/einen Rock [ein Stück] ~:** cut [a piece] off a dress/a skirt; **eine Zigarre ~:** cut the end off a cigar; c) **jmdm. den Weg ~:** take a short cut to get ahead of sb.; d) *(trennen, isolieren)* cut off; **die Truppen vom Nachschub ~:** cut off troops from reinforcements; *s. auch* **abgeschnitten 2**; e) *(un-*

*terbinden)* **einen Einwurf/Einwand ~:** cut short an interjection/a protest. **2.** *unr. itr. V.* **a)** *(ver-, abkürzen)* ‹*path, road*› be a short cut; ‹*pedestrian, driver*› take a short cut; **b) bei etw. gut/schlecht ~:** do well/badly in sth.

**ạb|schnellen** *refl. V.* **sich [vom Boden] ~:** take off

**ạb|schnippeln** *tr. V. (ugs.)* **Stückchen von etw. ~:** cut little bits off sth.; *(mit der Schere)* snip bits off sth.

**Ạb·schnitt der a)** *(Kapitel)* section; **b)** *(Milit.: Gebiet, Gelände)* sector; *(DDR: Wohnbereich)* district; *(DDR: Handelsbereich)* section *(comprising ten retail shops belonging to a manufacturing co-operative);* **c)** *(Zeitspanne)* phase; **d)** *(Kontroll~)* [detachable] portion; *(eines Schecks)* stub, counterfoil; **die Lebensmittelkarte hatte ~e für Butter, Brot, Zucker usw.** the ration card had coupons for butter, bread, sugar, etc.; **e)** *(Math.: eines Kreises)* segment

**Ạbschnitts·bevollmächtigte der** *(DDR)* ≈ community policeman

**ạbschnitt[s]·weise 1.** *Adv.* in sections; **etw. ~ lesen** read sth. section by section. **2.** *adj.* sectionalized

**ạb|schnüren** *tr. V.* **a)** apply a tourniquet to; **jmdm. die Luft/das Blut ~:** stop sb. from breathing/restrict sb.'s circulation; **einem Konkurrenten die Luft ~** *(fig.)* ruin a competitor; **b)** *(blockieren)* seal off

**ạb|schöpfen** *tr. V.* skim off; *(fig.)* **den Rahm ~** *(am meisten bekommen)* take the lion's share; *(das Beste bekommen)* cream off the best; **den Gewinn** *od.* **Profit ~:** siphon off the profits; **überschüssige Kaufkraft ~:** absorb excess spending power

**ạb|schotten** *tr. V.* **a)** *(Schiffbau)* separate by a bulkhead/bulkheads; **b)** *(fig.)* **etw. [von etw.] ~:** seal sth. off [from sth.]; **sich jmdm. gegenüber ~:** seal oneself off from sb.

**ạb|schrägen** *tr. V.* **einen Balken/ein Brett ~:** bevel a beam/the edges of a plank

**ạb|schrammen 1.** *tr. V. (abschürfen)* graze; **sich** *(Dat.)* **das Knie/die Haut ~:** graze one's knee/one's skin. **2.** *itr. V.* **a)** *(nordd. salopp: weggehen)* push off *(sl.);* **b)** *(salopp: sterben)* croak *(sl.);* snuff it *(sl.)*

**ạbschraubbar** *Adj.* unscrewable

**ạb|schrauben** *tr. V.* unscrew [and remove]; **etw. läßt sich ~:** sth. can be unscrewed

**ạb|schrecken 1.** *tr. V.* **a)** *(abhalten)* deter; **sein Aussehen schreckt viele ab** many people are put off by his appearance; **b)** *(fernhalten)* scare off; **c)** *(Metall.)* quench; **d)** *(Kochk.)* pour cold water over; put ‹*boiled eggs*› into cold water. **2.** *itr. V. (eine ~de Wirkung haben)* act as a deterrent; **das schreckt eher ab** it's more likely to put people off

**ạbschreckend 1.** *Adj.* **a)** *(warnend)* deterrent; **ein ~es Beispiel für alle Raucher** a warning to all smokers; **b)** *(abstoßend)* repulsive. **2.** *adv.* **~ wirken** have a deterrent effect; **~ häßlich** repulsively ugly

**Ạbschreckung die; ~, ~en a)** deterrence; **der ~** *(Dat.)* **dienen** serve as a deterrent; **b)** *(Mittel zur ~)* deterrent

**Ạbschreckungs-: ~politik die** the policy of deterrence; **~potential das** deterrent potential; **~theorie die** *(Rechtsw.)* theory of the deterrent value of punishment; **~waffe die** deterrent [weapon]

**ạb|schreiben 1.** *unr. tr. V.* **a)** *(kopieren)* copy out; **sich** *(Dat.)* **etw. ~:** copy sth. down; *(aus einem Buch, einer Zeitung usw.)* copy sth. out; **b) etw. von jmdm. ~** *(in der Schule)* copy sth. from *or* off sb.; *(als Plagiator)* plagiarize sth. from sb.; **c)** *(Wirtsch.)* amortize, write down (**mit** by); **d)** *(ugs.: verloren geben)* write off; **jmdn. abgeschrieben haben** have written sb. off; **e)** *(abnutzen)* use up ‹*pencil, crayon, ball-point or felt pen*›; wear out ‹*pen-nib*›. **2.** *unr. itr. V.* **a) bei** *od.* **von jmdm. ~** *(in der Schule)* copy off sb.; *(als Plagiator)* copy from sb.; **b)** *(brieflich absagen)* **jmdm. ~:** write to sb. and say one cannot come

**Ạb·schreibung die** *(Wirtsch.)* **a)** *(das Abschreiben)* amortization; **b)** *(Betrag)* depreciation provision

**Ạbschreibungs-: ~möglichkeit die** *(Wirtsch.) possibility of setting off items against taxable income;* **~ruine die** *(salopp) building erected not for occupation, but for purposes of offsetting depreciation against tax*

**ạb|schreiten** *unr. tr. V. (geh.)* **a)** *mit sein od. haben (entlanggehen an)* inspect ‹*troops*›; pace ‹*distance*›; **b)** *(schreitend abmessen)* pace out

**Ạb·schrift die** copy

**ạb|schrubben** *tr. V. (ugs.)* **a)** scrub; **sich/jmdm. den Rücken ~:** scrub one's/sb.'s back [down]; **sich/jmdn. ~:** scrub oneself/sb. [down]; **b)** *(schrubbend entfernen)* scrub away *or* off; **sich/jmdm. den Schmutz ~:** scrub the dirt off oneself/sb.

**ạb|schuften** *refl. V. (ugs.)* work like a slave; **sosehr man sich auch abschuftet** however hard you slave *or (Brit. sl.)* graft

**ạb|schuppen 1.** *tr. V.* scale. **2.** *refl. V.* **die Haut schuppt sich ab** the skin flakes off

**ạb|schürfen** *tr. V.* **sich** *(Dat.)* **die Knie/die Ellenbogen ~:** graze one's knees/one's elbows; **sich** *(Dat.)* **die Haut ~:** chafe the skin

**Ạb·schürfung die a)** *(das Abschürfen)* grazing; **b)** *(Schürfwunde)* graze

**Ạb·schuß der a)** *(eines Flugzeugs)* shooting down; *(eines Panzers)* putting out of action; **der Pilot hatte 50 Abschüsse** the pilot had 50 kills; **b)** *(von Wild)* shooting; *(fig. salopp: Eroberung)* lay *(coll.);* **Tiere zum ~ freigeben** permit the shooting of animals; **jmdn. zum ~ freigeben** *(fig. ugs.)* throw sb. to the wolves *(fig.);* **c)** *(das Abfeuern) (von Geschossen, Torpedos)* firing; *(von Raketen in den Weltraum)* launching

**Ạbschuß·basis die** launch[ing] site

**abschüssig** ['ap-ʃʏsɪç] *Adj.* downward sloping ‹*land*›; **die Straße ist ~:** the road goes steeply downhill

**Ạbschuß-: ~liste die** *(fig. ugs.)* **er steht auf meiner ~liste** I've got it in for him *(coll.);* **auf der/jmds. ~liste stehen** be on the/sb.'s blacklist; **~prämie die** bounty *(for shot animals);* **~rampe die** launch[ing] pad

**ạb|schütteln** *tr. V.* **a)** *(herunterschütteln)* shake down ‹*fruit*›; **[sich** *(Dat.)***] den Staub/den Schnee [vom Mantel] ~:** shake off the dust/the snow [from one's coat]; *s. auch* **Joch a; b) ein Tischtuch ~:** shake [out] a tablecloth; **c)** *(fig.: überwinden, loswerden)* shake off

**ạb|schütten** *tr. V. s.* **abgießen a**

**ạb|schwächen 1.** *tr. V.* **a)** *(mildern)* tone down, moderate ‹*statement, criticism*›; **b)** *(verringern)* lessen ‹*effect, impression*›; cushion ‹*blow, impact*›; **c)** *(Fot.)* reduce. **2.** *refl. V. (nachlassen)* ‹*interest, demand*› wane; ‹*noise, storm*› abate; **das Tief/Hoch schwächt sich ab** *(Met.)* the low/high-pressure area is weakening; **der Preisauftrieb schwächt sich ab** price increases are slowing down

**Ạb·schwächung die; ~, ~en a)** *(Milderung)* toning down, moderation; *(abgemilderte Form)* attenuation; **b)** *(eines Aufpralls, Stoßes usw.)* cushioning; **c)** *(Fot.)* reduction; **d)** *(das Nachlassen)* waning; *(eines Hochs, Tiefs)* weakening; *(zahlenmäßig)* drop (*Gen.* in)

**ạb|schwatzen,** *(bes. südd.)* **ạb|schwätzen** *tr. V.* **jmdm. etw. ~:** talk sb. into giving one sth.; **sich** *(Dat.)* **etw. von jmdm. ~ lassen** let oneself be talked into giving sb. sth.

**ạb|schweifen** *itr. V.; mit sein;* **a)** digress; **ihr Blick schweifte ab** her gaze wandered; **b)** *(geh.: vom Weg abgehen)* stray

**Ạbschweifung die; ~, ~en** digression

**ạb|schwellen** *unr. itr. V.; mit sein* **a)** go down; **b)** *(geh.: zurückgehen)* ‹*flood*› subside; ‹*noise*› die away; ‹*music*› fade [away]

**ạb|schwemmen** *tr. V.* **a)** wash away; **b)** *(durch Schwemmen reinigen)* wash down

**Ạbschwemmung die; ~, ~en** wash-out

**ạb|schwenken 1.** *itr. V.; mit sein* turn aside; **links/rechts ~:** *(abbiegen)* turn left/right; *(die Richtung allmählich ändern)* bear to the left/right. **2.** *tr. V.* **die Tropfen vom Glas ~:** shake the drops off the glass; **die Gläser ~:** rinse the glasses and shake the drops off them

**ạb|schwindeln** *tr. V.* **jmdm. etw. ~:** trick sb. out of sth.

**ạb|schwirren** *itr. V.; mit sein* **a)** ‹*bird, dragon-fly*› whirr away; ‹*bee, beetle, fly, wasp*› buzz away; **b)** *(ugs.: weggehen)* buzz off *(sl.)*

**ạb|schwitzen** *tr. V.* sweat off

**ạb|schwören** *unr. itr. V.* **dem Teufel/seinem Glauben ~:** renounce the Devil/one's faith; **dem Alkohol/Laster ~:** forswear *or* swear off alcohol/vice

**Ạb·schwung der a)** *(Turnen)* dismount; **beim ~:** when dismounting; **b)** *(Wirtsch.: Rezession)* downward trend; **ein ~ der Konjunktur** a recession

**ạb|segeln 1.** *itr. V.* **a)** *mit sein (lossegeln)* sail away; **von Kiel ~:** sail from Kiel; **b)** *(die Saison beenden)* have the last sail of the season. **2.** *tr. V.* **die Küste ~:** sail along the coast

**ạb|segnen** *tr. V. (ugs. scherzh.)* sanction

**ạbsehbar** *Adj.* foreseeable; **in ~er Zeit** within the foreseeable future; **etw. ist noch gar nicht ~:** sth. cannot yet be predicted; **auf** *od.* **für ~e Zeit** for the foreseeable future; **nicht ~:** unforeseeable

**ạb|sehen 1.** *unr. tr. V.* **a)** *(voraussehen)* predict; foresee ‹*event*›; **b)** *(abzielen)* **er hat es darauf abgesehen, uns zu ärgern** he's out to annoy us; **c)** *(haben wollen)* **es auf etw.** *(Akk.)* **abgesehen haben** be after sth.; **sie hat es bloß auf sein Geld abgesehen** she's only after his money; **er hat es auf sie abgesehen** he's got his eye on her; **d)** *(schikanieren)* **der Chef hat es auf ihn abgesehen** the boss has got it in for him; **e)** *s.* **abgucken 1. 2.** *unr. itr. V.* **a)** *(nicht beachten)* **von etw. ~:** leave aside *or* ignore sth.; *s. auch* **abgesehen 2; b)** *(verzichten)* **von etw. ~:** refrain from sth.; **von einer Anzeige/Klage ~:** not report sth./not press charges; **c)** *s.* **abgucken 2**

**ạb|seifen** *tr. V.* wash down [with soap]; **jmdn./sich ~:** soap sb./oneself down

**ạb|seilen 1.** *tr. V.* lower [with a rope]. **2.** *refl. V.* **a)** *(Bergsteigen)* abseil; **b)** *(salopp: sich davonmachen)* push *or* buzz off *(sl.)*

**Ạbseil·haken der** *(Bergsteigen)* abseil piton

**ạb|sein** *unr. itr. V.; mit sein (Zusschr. nur im Inf. u. Part.)* **[an etw.** *(Dat.)***] ~:** *(abgegangen sein)* have come off [sth.]; *(fehlen)* be missing [from sth.]; **seit dem Krieg ist sein linkes Bein ab** since the war he has been without his left leg

**Ạb·seite die** *(Textilw.)* wrong side

**ạbseitig** *Adj.* **a)** *(geh.: abseits gelegen)* remote; **b)** *(ausgefallen, abwegig)* esoteric; **c)** *s.* **abartig**

**abseits** ['apzaits] **1.** *Präp. mit Gen.* away from. **2.** *Adv.* **a)** *(entfernt)* far away; **etwas ~:** a little way away; **b)** *(Ballspiele)* **~ sein** *od.* **stehen** be offside

**Ạbseits das; ~, ~ a)** *(Sport)* **das war ein klares ~:** that was clearly offside; **im ~ stehen** be offside; **der Spieler lief ins ~:** the player put himself offside; **b)** *(fig.)* **im ~ stehen** have been pushed out into the cold; **ins ~ geraten** be pushed out into the cold

**ạbseits-, Ạbseits-: ~falle die** *(Sport)* offside trap; **~position die, ~stellung die** *(Sport)* offside position; **sich in ~stellung**

**befinden** be in an offside position; **~tor** *(Sport)* **das** offside goal; **~verdächtig** *Adj. (Sport)* which may have been offside *postpos.*; **[stark] ~ sein** look [very much] like offside

**ạb|senden** *unr. od. regelm. tr. V.* dispatch

**Ạb·sender der** sender; *(~angabe)* sender's address

**Ạb·sendung die** dispatch

**ạb|sengen** *tr. V.* singe off; singe ‹*poultry*›

**ạb|senken 1.** *refl. V.* **sich [zum See/Fluß hin] ~:** slope [down to the lake/river]. **2.** *tr. V.* **a)** *(Tiefbau)* lower; **b)** *(versenken)* sink; **c)** *(Gartenbau)* **Erdbeeren/Weinstöcke ~:** set strawberries/vines

**Ạbsenker der; ~s, ~** *(Gartenbau)* runner; set

**absentieren** [apzɛn'ti:rən] *refl. V. (geh., veralt.)* withdraw

**Absenz** [ap'zɛnts] **die; ~, ~en a)** absence [of mind]; **b)** *(bes. österr., schweiz.)* absence *(from school)*

**ạb|servieren 1.** *itr. V.* clear away. **2.** *tr. V.* **a) ein Gedeck/den Tisch ~:** clear away a cover/clear the table; **b)** *(salopp: absetzen, kaltstellen)* throw out; **c)** *(salopp: töten)* **jmdn. ~:** bump sb. off *(sl.)*

**ạbsetzbar** *Adj.* **a)** *(Steuerw.)* **[steuerlich] ~:** [tax-]deductible; **b)** *(verkäuflich)* saleable; **c)** *s.* **absetzen 1 d: er ist nicht ~:** he cannot be dismissed/be removed from office

**ạb|setzen 1.** *tr. V.* **a)** *(abnehmen)* take off; **b)** *(hinstellen)* put down ‹*glass, bag, suitcase*›; **c)** *(aussteigen lassen)* **jmdn. ~** *(im öffentlichen Verkehr)* put sb. down; let sb. out *(Amer.)*; *(im privaten Verkehr)* drop sb. [off]; **d)** *(entlassen)* dismiss ‹*minister, official*›; remove ‹*chancellor, judge*› from office; depose ‹*king, emperor*›; **e)** *(ablagern)* deposit; **f)** *(absagen)* drop; call off ‹*strike, football match*›; **einen Punkt von der Tagesordnung ~:** delete an item from the agenda; **g)** *(nicht mehr anwenden)* discontinue ‹*treatment, therapy*›; stop taking ‹*medicine, drug*›; **h)** *(von den Lippen nehmen)* take ‹*glass, trumpet*› from one's lips; *(nicht mehr schreiben mit)* lift ‹*pen*› from the paper; **i)** *(verkaufen)* sell; **j)** *(Steuerw.)* **etw. [von der Steuer] ~:** deduct sth. [from tax]; **k)** *(abwerfen)* throw ‹*rider*›; **l)** *(Druckw.: als neue Zeile beginnen)* start ‹*section*› on a new line; **die folgenden Zeilen ~:** treat the subsequent lines as a new paragraph; **m)** *(Druckw.: setzen)* compose; **einen Text/ein Manuskript ~:** set [up] a text/manuscript; **n)** *(Seemannsspr.)* **ein Boot [vom Ufer] ~:** push a boat off [from the shore]; **o)** *(hervorheben)* **farblich abgesetzt** of contrasting colour *postpos.*; **wir wollen den Saum farblich ~:** we want to use a contrasting colour for the hem; **den Saum mit Samt ~:** trim the hem with velvet. **2.** *refl. V.* **a)** *(sich ablagern)* be deposited ‹*dust*› settle; ‹*particles in suspension*› settle out; **b)** *(sich distanzieren)* **sich von etw. ~:** distance oneself from sth.; **c)** *(sich unterscheiden) s.* **abheben 4; d)** *(ugs.: sich davonmachen)* get away; **e)** *(Milit.)* withdraw

**Ạbsetzung die; ~, ~en a)** *s.* **absetzen 1 d:** dismissal; removal from office; deposition; **b)** *(Steuerw.)* deduction; **c)** *(Absage)* cancellation; *(eines Streiks, Fußballspiels usw.)* calling off; **d)** *(Abbruch)* discontinuation

**ạb|sichern 1.** *tr. V.* **a)** make safe; **b)** *(fig.)* substantiate ‹*argument, conclusions*›; validate ‹*result*›; **etw. rechtlich/vertraglich ~:** protect sth. legally/by contract; **tariflich abgesichert** protected by agreement *postpos.* **2.** *refl. V.* safeguard oneself; **sich vertraglich ~:** protect oneself by contract; **sich gegenseitig ~:** keep each other safe; **er will sich ~ für den Fall, daß ...:** he wants to cover himself against the possiblity that ...; **sich nach allen Seiten ~:** guard against all eventualities; *(gegen Einwände)* forestall criticism

**Ạb·sicherung die a)** *(das Sichermachen)* making safe; **die Polizei ist für die ~ des Geländes verantwortlich** the police are responsible for making the site safe; **b)** *(fig.)* substantiation; *(von Ergebnissen)* validation; **zur rechtlichen/vertraglichen ~ einer Sache** *(Gen.)* to protect sth. legally/by contract

**Ạb·sicht die; ~, ~en a)** intention; **die ~ haben, etw. zu tun** plan *or* intend to do sth.; **etw. mit** *od.* **aus ~ tun** do sth. intentionally *or* deliberately; **etw. ohne** *od.* **nicht mit ~ tun** do sth. unintentionally; **das ist ~:** that's intentional; **in der besten ~:** with the best of intentions; **aus** *od.* **in politischer/therapeutischer ~:** with a political/therapeutic purpose; **b)** *(Rechtsw.)* intent; **in betrügerischer ~ handeln** act with intent to deceive

**ab·sịchtlich 1.** *Adj.* intentional; deliberate. **2.** *adv.* intentionally; deliberately

**Ạbsichts·erklärung die** declaration of intent

**ạbsichtslos 1.** *Adj.* unintentional. **2.** *adv.* unintentionally

**Ạb·siedlung die** *(Med.)* dissemination

**ạb|singen** *unr. tr. V.* **a)** *auch itr.* **[etw.] vom Blatt ~:** sing [sth.] at sight; **b) unter Absingen der Nationalhymne/schmutziger Lieder** singing the national anthem/dirty songs

**ạb|sinken** *unr. itr. V.; mit sein* **a)** sink; *(fig.: im Niveau)* decline; **b)** ‹*temperature, blood pressure*› drop; ‹*interest, performance*› decline; **in seinen Leistungen ~:** do *or* perform less well

**Absinth** [ap'zɪnt] **der; ~[e]s, ~e** absinth[e]

**ạb|sitzen 1.** *unr. tr. V.* **a)** *(hinter sich bringen)* sit through; sit out ‹*hours of duty etc.*›; *(im Gefängnis)* serve; **zehn Jahre ~:** serve *or (coll.)* do ten years; **seine Jahre ~:** serve one's full sentence; **b)** *s.* **abgesessen 2. 2.** *unr. itr. V. mit sein* **[vom Pferd] ~:** dismount [from one's horse]

**absolut** [apzo'lu:t] **1.** *Adj. (auch Chemie, Physik)* absolute; pure ‹*lyricism, art*›; **der ~e Knüller** *(ugs.)* the high spot; **der ~e Nullpunkt** *(Physik)* absolute zero; **der ~e Ablativ** *(Sprachw.)* the ablative absolute; **die ~e Mehrheit** *(Pol.)* an absolute majority. **2.** *adv.* absolutely

**Absolụtheit die; ~, ~en** absoluteness

**Absolution** [apzolu'tsi̯o:n] **die; ~, ~en** *(kath. Rel.)* absolution; **jmdm. die ~ erteilen** give sb. absolution

**Absolutịsmus der; ~** *(hist.)* absolutism *no art.*

**absolutịstisch 1.** *Adj.* absolutist. **2.** *adv.* in an absolutist manner

**Absolvent** [apzɔl'vɛnt] **der; ~en, ~en, Absolvẹntin die; ~, ~nen** *(einer Schule)* one who has taken the leaving *or (Amer.)* final examination; *(einer Akademie)* graduate; **die ~en der Handelsschule/eines Lehrgangs** those who have/had attended a commercial college/completed a course of training; **er ist ~ einer Abendschule** he has attended an evening school; *s. auch* **-in**

**absolvieren** [apzɔl'vi:rən] *tr. V.* **a)** complete; **das Gymnasium ~:** complete a grammar-school education; **b)** *(erledigen, verrichten)* put in ‹*hours*›; do ‹*performance, route, task*›; make ‹*visit*›; do *(coll.)*‹*sights*›; **c)** *(kath. Rel.)* absolve

**Absolvi̱erung die; ~:** completion; **nach [der] ~ einiger Besuche/seines Studiums** having paid some visits/finished one's studies

**ab·sọnderlich** *Adj.* strange; odd

**Absọnderlichkeit die; ~, ~en** strangeness; oddness

**ạb|sondern 1.** *tr. V.* **a)** isolate ‹*patient*›; separate ‹*prisoner*›; **b)** *(Biol., Physiol.)* secrete; exude ‹*resin*›; discharge ‹*pus*›; *(fig. abwertend)* emit. **2.** *refl. V.* **sich [von anderen] ~:** isolate oneself [from others]

**Ạbsonderung die; ~, ~en a)** isolation; **b)** *(Biol., Med.)* secretion; **c)** *(österr.: Einzelhaft)* solitary confinement

**Absorbens** [ap'zɔrbɛns] **das; ~, Absorbẹnzien** *od.* **Absorbẹntia** *(Chemie, Physik)* absorbent

**Absọrber der; ~s, ~ a)** *s.* **Absorbens; b)** *(bei Kältemaschinen usw.)* absorber

**absorbi̱eren** *tr. V.* **a)** *(Chemie, Physik, Physiol.)* absorb; **~d** absorbent; **b)** *(fig.)* absorb, engage ‹*attention*›

**Absorption** [apzɔrp'tsi̯o:n] **die; ~:** *(Chemie, Physik, Physiol.)* absorption

**Absorptio̱ns·vermögen das** *(Chemie, Physik, Physiol.)* absorbency

**ạb|spalten 1.** *unr. od. regelm. tr. V.* **a)** *(abschlagen, fig.: trennen)* split off; **b)** *(Chemie)* release. **2.** *unr. od. regelm. refl. V.* split off *or* away **(aus** from); **sich von jmdm./etw. ~:** split with sb./sth.

**Ạb·spaltung die a)** *(das Abschlagen, fig.: Trennung)* splitting-off; **b)** *(Chemie)* separation

**Ạb·spann der** *(Ferns.)* final credits

**ạb|spannen** *tr. V.* **a)** *(ausspannen)* unhitch ‹*wagon*›; unharness ‹*horse*›; unyoke ‹*oxen*›; **b)** *(Technik: mit Seilen)* anchor ‹*pole, mast*›; *s. auch* **abgespannt 2**

**Ạbspann·seil das** *(Brückenbau)* inclined tension cable

**Ạbspannung die; ~, ~en a)** *(Ermüdung)* weariness; fatigue; **b)** *(Technik)* anchoring; *(Abspannseil)* anchoring cable

**ạb|sparen** *refl. V.* **sich** *(Dat.)* **etw. von seinem Lohn/Taschengeld ~:** save for sth. out of one's wages/pocket-money; **er hatte sich** *(Dat.)* **ein paar Mark abgespart** he had managed to save a few marks; *s. auch* **Mund**

**ạb|specken** *(salopp)* **1.** *tr. V.* shed. **2.** *itr. V.* **a)** *(Gewicht verlieren)* lose weight; slim [down]; **b)** *(fig.: schrumpfen)* slim down

**ạb|speichern** *tr. V. (DV)* store

**ạb|speisen** *tr. V.* **a)** *(vertrösten)* **jmdn. mit etw. ~:** fob sb. off with sth.; **b)** *(oft abwertend: beköstigen)* feed

**abspenstig** ['ap-ʃpɛnstɪç] *Adj.; nicht attr.* **jmdm. etw. ~ machen** get sb. to part with sth.; **jmdm. die Kunden/die Patienten/das Personal ~ machen** lure away sb.'s customers/patients/staff; **jmdm. den Freund/die Freundin ~ machen** steal sb.'s boy-/girlfriend

**ạb|sperren 1.** *tr. V.* **a)** *(blockieren)* seal off; close off; **b) jmdm. das Gas/das Wasser/den Strom ~:** cut off sb.'s gas/water/electricity; **c)** *(österr., südd.: abschließen)* lock ‹*door*›. **2.** *itr. V. (österr., südd.)* lock up

**Ạbsperr-: ~gitter das** barrier; **~hahn der** *(Technik)* stopcock; **~kette die** cordon

**Ạb·sperrung die a)** *(Blockierung)* sealing off; closing off; **b)** *(Sperre)* barrier

**Ạbsperr·ventil das** *(Technik)* stop valve

**Ạb·spiel das** *(Ballspiele)* **a)** *(das Abspielen)* passing; **b)** *(Schuß)* pass

**ạb|spielen 1.** *tr. V.* **a)** *(ablaufen lassen)* **etw. ~:** play sth. through; **b) die Nationalhymne/Internationale ~:** play the national anthem/Internationale; **ein Musikstück vom Blatt ~:** play a piece of music at sight; **c)** *(Ballspiele)* pass; *s. auch* **abgespielt 2. 2.** *refl. V.* **a)** *(stattfinden)* take place; **b)** *(sich ereignen)* happen; take place; ‹*course of events*› proceed; ‹*war*› be waged; **da spielt sich [bei mir/ihm] nichts ab!** *(salopp)* nothing doing [as far as I'm/he's concerned] *(coll.)*. **3.** *itr. V. (Ballspiele)* pass; **an jmdn. ~:** pass [the ball] to sb.

**ạb|splittern 1.** *itr. V.; mit sein* ‹*wood*› splinter off; ‹*lacquer, paint*› flake off. **2.** *refl. V. (fig.)* **sich von einer Gruppe/Partei ~:** split away from a group/party

**Ạb·sprache die** agreement; arrangement; **eine ~ mit jmdm. treffen** come to an agreement *or* make an arrangement with sb.;

**nach ~ mit** by arrangement with; **nach vorheriger/ohne vorherige ~:** after/without prior consultation

**ạbsprache·gemäß** *Adv.* as arranged *or* agreed

**ạb|sprechen 1.** *unr. tr. V.* **a)** *(aberkennen)* **jmdm. etw. ~:** deprive sb. of sth.; **b)** *(ableugnen)* **jmdm. etw. ~:** deny that sb. has sth.; **jmdm. das Recht auf etw.** *(Akk.)* **~:** deny sb.'s right to sth.; **jmdm. das Recht ~, etw. zu tun** deny sb. the right to do sth.; **c)** *(vereinbaren)* arrange; **etw. miteinander ~:** arrange sth. together. **2.** *unr. refl. V. (sich einigen)* **sich [mit jmdm.] [über etw.** *(Akk.)***] ~:** come to *or* reach an agreement [with sb.] [about sth.]

**ạb|spreizen** *tr. V.* stretch out ⟨*arm, leg*⟩ sideways; splay out ⟨*fingers, toes*⟩; spread out ⟨*hands*⟩; extend ⟨*finger*⟩

**ạb|sprengen** *tr. V.* **a)** *(lossprengen)* split off; *(Raumf.)* jettison ⟨*stage*⟩; **b)** *(fig.)* separate ⟨*troops*⟩; **abgesprengte Truppenteile** isolated detachments of troops

**ạb|springen** *unr. itr. V.; mit sein* **a)** *(losspringen)* jump off; **[mit dem rechten/linken Bein] ~:** ⟨*jumper*⟩ take off [on the right/left leg]; **b)** *(herunterspringen)* jump down; **vom Fahrrad/Pferd ~:** jump off one's bicycle/horse; **aus dem Flugzeug ~:** jump out of the aeroplane; **mit dem Fallschirm ~:** jump [with a parachute]; *(bei Gefahr)* bail out; **„Abspringen während der Fahrt verboten"** 'do not alight while the vehicle is in motion'; **c)** *(abplatzen)* come off; ⟨*paint*⟩ flake off; ⟨*enamel*⟩ splinter off; **d)** *(sich lösen)* fly off; ⟨*bicycle-chain*⟩ jump off; **e)** *(abprallen)* rebound; **f)** *(ugs.: sich zurückziehen)* drop out; *(von einem Abkommen)* back out; **Kunden/Leser springen uns ab** we are losing customers/readers

**ạb|spritzen 1.** *tr. V.* **a)** *(reinigen)* spray [down]; **b)** *(entfernen)* spray off; **einer Kuh** *(Dat.)* **den Kot ~:** spray the muck off a cow; **c)** *(ns. verhüll.: ermorden)* **jmdn. ~:** give sb. a lethal injection. **2.** *itr. V.* **a)** *(vulgär: ejakulieren)* come *(coarse)*; **b)** *mit sein (veralt.: weggehen)* race off; **c)** *mit sein (spritzend abprallen)* ⟨*liquid*⟩ splash off; ⟨*mud, mortar, etc.*⟩ splatter off

**Ạb·sprung der a)** *(das Losspringen)* take-off; **b)** *(das Herunterspringen)* jump; **c)** *(fig.)* break; **den ~ wagen** risk making the break; **den ~ schaffen** make the break; **den ~ verpassen** miss the boat

**Ạbsprung·balken der** *(Leichtathletik)* take-off board

**ạb|spulen** *tr. V.* **a)** *(abwickeln)* unwind; **sich ~:** come unwound; **b)** *(filmen)* shoot; **c)** *(vorführen)* show; **d)** *(salopp: herunterleiern)* reel off; **e)** *(salopp: fahren)* cover

**ạb|spülen 1.** *tr. V.* **a)** *(wegspülen)* wash off ⟨*dirt, dust*⟩; **b)** *(reinigen)* rinse off; **sich** *(Dat.)* **die Hände** *usw.* **~:** rinse one's hands *etc.*; **c)** *(bes. südd.)* **das Geschirr ~:** wash the dishes. **2.** *itr. V. (bes. südd.)* wash up

**ạb|stammen** *itr. V.* **von jmdm./vom Affen ~:** be descended from sb./the apes

**Ạbstammung die; ~, ~en** descent; **seiner ~ nach ist er Deutscher** he is German by descent

**Ạbstammungs·lehre die** theory of evolution

**Ạb·stand der a)** *(Zwischenraum)* distance; **in 20 Meter ~:** at a distance of 20 metres; **im ~ von 10 Metern** 10 metres apart; **~ halten** keep one's distance; **b)** *(Punktunterschied)* gap; difference; *(Rangunterschied)* social distinction; **mit ~:** by far; far and away; **c)** *(Zeitspanne)* interval; *(kürzer)* gap; **in Abständen von 20 Minuten** at 20-minute intervals; **[von etw.] ~ gewinnen** *(fig.)* have time to recover [from sth.]; **mir fehlt noch der innere ~ zu den Geschehnissen** these events are still too close to me; **d)** *(Zurückhaltung, Distanz)* **~ halten** keep one's distance; **den [gebührenden/nötigen] ~ wahren** keep the proper/necessary distance; **e)** *(geh.: Verzicht)* **von etw. ~ nehmen** refrain from sth.; **von einer Intervention ~ nehmen** refrain from intervening; **davon ~ nehmen, etw. zu tun** refrain from doing sth.; **von einer Idee ~ nehmen** abandon an idea; **f)** *(Entschädigung)* compensation; *(bei Übernahme einer Wohnung) payment for furniture and fittings left by previous tenant*

**Ạbstands·summe die** *s.* **Abstand f**

**ab|statten** ['ap-ʃtatn] *tr. V. (geh.)* **jmdm. einen Besuch ~:** pay sb. a visit; **jmdm. Bericht ~:** present one's *or* a report to sb.; **jmdm. seinen Dank ~:** convey one's thanks *or* express one's gratitude to sb.

**ạb|stauben** *tr., itr. V.* **a)** dust; **b)** *(ugs.) (stehlen)* **etw. ~:** pinch *(sl.) or* nick *(Brit. sl.) or (Amer. coll.)* lift sth.; *(schnorren)* **etw. bei jmdm. ~:** sponge sth. from sb.; **sie haben ordentlich abgestaubt** they've been pinching things left, right, and centre *(sl.)*/sponging from all over the place; **c)** *(Fußballjargon)* **ein Tor ~:** steal a goal

**Ạbstauber der; ~s, ~ a)** *s.* **Abstaubertor; b)** *(Fußballjargon)* goal-hanger

**Ạbstauber·tor das** *(Fußballjargon)* opportunist goal

**ạb|stechen 1.** *unr. tr. V.* **a)** slaughter ⟨*animal*⟩ *(by cutting its throat)*; **jmdn. ~** *(derb)* slit sb.'s throat; *s. auch* **Kalb a; b)** *(ab-, herauslösen)* slice off; cut edge of ⟨*lawn*⟩; cut ⟨*peat*⟩; **Teig/Klöße [mit dem Löffel] ~:** cut up dough/cut out dumplings [with a spoon]; **c)** *(ablaufen lassen)* tap ⟨*beer, wine*⟩; **einen Hochofen ~:** tap a blast-furnace. **2.** *unr. itr. V.* **von etw./jmdm. ~:** contrast with sth./sb.; **gegen etw. ~:** stand out against sth.

**Ạbstecher der; ~s, ~:** side-trip; *(fig.: Abschweifung)* digression

**ạb|stecken** *tr. V.* **a)** *(abgrenzen)* mark out; *(fig.)* define; **ein Gelände mit Pfählen/Pflöcken/Fähnchen ~:** mark out an area with stakes/pegs/flags; **b)** *(Schneiderei)* pin up ⟨*hem*⟩; **ein Kleid ~:** fit a dress [by pinning]

**ạb|stehen** *unr. itr. V.* **a)** *(nicht anliegen)* ⟨*hair*⟩ stand up, stick out; ⟨*pigtail[s]*⟩ stick out; ⟨*beard*⟩ grow out; **~de Ohren** protruding ears; **b)** *(wegstehen)* **40 cm/zu weit von etw. ~:** be 40 cm. away/too far away from sth.; **c)** *(geh.: Abstand nehmen)* **von einem Plan ~:** abandon a plan; **davon ~, etw. zu tun** refrain from doing sth.; **d) Wasser ~ lassen** let water stand; *s. auch* **abgestanden 2; Bein a**

**Ạb·steige die; ~, ~n** *(ugs. abwertend)* cheap and crummy hotel *(sl.)*; *(Stundenhotel)* sleazy hotel

**ạb|steigen** *unr. itr. V.; mit sein* **a)** *(heruntersteigen)* **[vom Pferd/Fahrrad] ~:** get off [one's horse/bicycle]; **vom Karren ~:** get down from the cart; **„Radfahrer ~":** 'no cycling'; 'cycling prohibited'; **b)** *(abwärts gehen)* go down; descend; **~d** descending ⟨*pipe, branch*⟩; **vom Gipfel/ins Tal ~:** climb down *or* descend from the summit/into the valley; **gesellschaftlich ~** *(fig.)* decline in social status; **die ~de Linie** *(Geneal.)* the line of descent; *s. auch* **Ast a; c)** *(Sport)* be relegated; **d)** *(übernachten, wohnen)* **in einem Hotel ~:** put up at a hotel

**Ạbsteige·quartier das a)** *(veralt.)* stopping-place; **b)** *(ugs. abwertend) s.* **Absteige**

**Ạb·steiger der; ~s, ~** *(Sport) (vor dem Abstieg stehend)* team threatened with *or* facing relegation; *(abgestiegen)* relegated team; **ein gesellschaftlicher ~** *(fig.)* one who has declined in social status

**Ạbstell·bahn·hof der** [rail] sidings *pl.*

**ạb|stellen 1.** *tr. V.* **a)** *(absetzen)* put down; **b)** *(unterbringen, hinstellen)* put; *(parken)* park; **c)** *(ausschalten, abdrehen)*; turn *or* switch off; turn off ⟨*gas, water*⟩; **jmdm. das Gas/den Strom ~:** cut sb.'s gas/electricity off; **jmdm. das Telefon ~:** disconnect sb.'s telephone; **d)** *(unterbinden)* put a stop to; **e)** *(seinlassen)* stop; *(aufgeben)* give up; **f)** *(beordern)* assign; detail [off] ⟨*soldiers*⟩; **g) etw. [weiter] von etw. ~** *(abrücken)* move sth. [further] away from sth.; *(entfernt stellen)* put sth. at a [greater] distance from sth.; **h)** *(ausrichten)* **etw. auf etw.** *(Akk.)* **~:** gear sth. to sth. **2.** *itr. V.* **auf etw.** *(Akk.)* **~:** take account of sth.; take sth. into account; **darauf ~, daß ...:** take account of *or* take into account the fact that ...

**Ạbstell-: ~gleis das** siding; **jmdn. aufs ~ schieben** *(fig. ugs.)* put sb. out of harm's way; **~kammer die** lumber-room; **~raum der** store-room

**ạb|stemmen 1.** *tr. V. (abmeißeln)* chisel off. **2.** *refl. V.* push with one's feet; **sich mit den Armen vom Boden ~:** push oneself up from the floor with one's arms

**ạb|stempeln** *tr. V.* **a)** frank ⟨*letter*⟩; cancel ⟨*stamp*⟩; **der Brief war in Hamburg abgestempelt** the letter had a Hamburg postmark; **b)** *(fig.)* **jmdn. als** *od.* **zum Verbrecher/als geisteskrank ~:** label *or* brand sb. as a criminal/as insane

**ạb|steppen** *tr. V.* back-stitch

**ạb|sterben** *unr. itr. V.; mit sein* **a)** *(eingehen, verfallen)* [gradually] die; *s. auch* **abgestorben 2; b)** *(gefühllos werden)* go numb; **mir sind die Finger abgestorben** my fingers have gone numb; **c)** *(verschwinden)* ⟨*custom, tradition*⟩ die out; ⟨*state, social order*⟩ wither away; **d)** *(ugs.: ausgehen)* ⟨*engine*⟩ die

**Ạb·stich der;** *o. Pl.* **a)** *(das Abstechen)* cutting; **b)** *(Metall.)* tapping

**Ạbstich-: ~loch das** *(Metall.)* tapping hole; **~rinne die** *(Metall.)* tapping spout

**Ạb·stieg der; ~[e]s, ~e a)** descent; **b)** *(Niedergang)* decline; **[sozialer** *od.* **gesellschaftlicher] ~:** fall *or* drop in [social] status; **c)** *(Sport)* relegation; **d)** *(Weg abwärts)* way down

**ạbstiegs·gefährdet** *Adj.* *(Sport)* threatened with *or* facing relegation *postpos.*

**Ạbstiegs·kandidat der** *(Sportjargon)* candidate for relegation

**ạb|stillen 1.** *tr. V.* wean. **2.** *itr. V.* stop breast-feeding

**ạb|stimmen 1.** *itr. V.* vote; **es wird abgestimmt** a vote is taken; **geheim/namentlich/durch Handzeichen/durch Akklamation ~:** vote by secret ballot/by roll-call/by a show of hands/by acclamation; **über etw.** *(Akk.)* **~:** vote on sth.; **über etw.** *(Akk.)* **~ lassen** put sth. to the vote. **2.** *tr. V.* **a)** *(vereinbaren)*; **etw. [miteinander] ~:** discuss and agree on sth. [with each other]; **etw. mit jmdm. ~:** discuss and agree sth. with sb.; **b)** *(harmonisieren)* **etw. auf etw.** *(Akk.)* **~:** suit sth. to sth.; *(Mode)* match sth. to sth.; **etw. auf jmdn. ~:** pitch sth. at sb.'s level; **eine fein abgestimmte Mischung** a finely balanced blend; **zwei/mehrere Dinge aufeinander ~:** make two/several things consistent with each other; **Zeitpläne/Programme aufeinander ~:** coordinate timetables/programmes; **c)** *(Rundf., Ferns.: einstellen)* tune; **d)** *(Kfz-W.)* tune [up]; adjust ⟨*carburettor*⟩. **3.** *refl. V.* **sich über etw.** *(Akk.)* **~:** discuss and agree on sth.

**Ạb·stimmung die a)** *(Stimmabgabe)* vote; ballot; **eine geheime ~:** a secret ballot; **zur ~ schreiten** *(geh.) od.* **kommen** come to the vote; **eine ~ [über etw.** *(Akk.)***] durchführen** take a vote [on sth.]; **bei der ~:** in the vote; *(während der ~)* during the voting; **b)** *(Absprache)* agreement; **c)** *(Harmonisierung)* coordination; **d)** *(Rundf., Ferns.)* tuning

**Ạbstimmungs-: ~ergebnis das** result of a/the vote; **~nieder·lage die** defeat [in a/the vote]; **~sieg der** victory [in a/the vote]

**abstinent** [apsti'nɛnt] *Adj.* **a)** teetotal; **~ sein** be a non-drinker *or* teetotaller; **b) sexuell ~:** sexually abstinent; continent; **politisch ~ sein** *(fig.)* abstain from politics
**Abstinenz** [apsti'nɛnts] **die; ~: a)** teetotalism; **~ üben** be teetotal; **b) sexuelle ~:** sexual abstinence; continence; **politische ~** *(fig.)* political abstinence
**Abstinẹnzler der; ~s, ~:** teetotaller; non-drinker
**Abstinẹnzlertum das; ~s** temperance
**ạb|stoppen 1.** *tr. V.* **a)** *(zum Stillstand bringen)* halt; stop; check ⟨*advance*⟩; stop ⟨*machine*⟩; **b)** *(mit der Stoppuhr)* **einen Läufer ~:** time a runner with a stop-watch; **die Zeit ~:** measure the time with a stop-watch. **2.** *itr. V.* come to a halt; ⟨*person*⟩ stop
**Ạb·stoß der a)** *(Fußball)* goal-kick; **den ~ ausführen** take the goal-kick; **b)** *(Sport: beim Springen)* take-off
**ạb|stoßen 1.** *unr. tr. V.* **a)** *(wegstoßen)* push off *or* away; **das Boot [vom Ufer] ~:** push the boat out [from the bank]; **b)** *(beschädigen)* chip ⟨*crockery, paintwork, stucco, plaster*⟩; batter ⟨*furniture*⟩; scuff ⟨*shoes*⟩; *s. auch* **Horn; c)** *(verkaufen)* sell off; **d)** *(zurückweisen)* reject; **e)** *(Physik)* repel; **f)** *(anwidern)* repel; put off; **sich von jmdm./etw. abgestoßen fühlen** find sb./sth. repulsive. **2.** *unr. itr. V.* **a)** *mit sein od. haben (sich entfernen)* be pushed off; **b)** *(anwidern)* be repulsive. **3.** *refl. V.* **sich [vom Boden] ~:** push oneself off; *(beim Sprung)* take off
**ạbstoßend** *Adj.* repulsive
**Ạbstoßung die; ~, ~en a)** *(Physik, auch fig.)* repulsion; **b)** *(Verkauf)* sale; **c)** *(Med., Physiol.)* rejection
**ạb|stottern** *tr. V. (ugs.)* pay for in instalments; pay off ⟨*debt*⟩ by instalments; **er muß jeden Monat 400 DM ~:** he has to pay out 400 DM in instalments every month
**ạb|strafen** *tr. V.* punish
**Ạbstrafung die; ~, ~en** punishment
**ạbstrahieren** [apstra'hi:rən] **1.** *itr. V. (absehen)* **von etw. ~:** ignore sth.; leave sth. out of account. **2.** *tr., itr. V. (verallgemeinern)* abstract **(aus** from)
**ạb|strahlen 1.** *tr. V. (Physik)* radiate; *(Funkw., Elektrot.)* emit ⟨*wave, frequency*⟩. **2.** *itr. V. (fig.)* **auf jmdn./etw. ~:** influence *or* affect sb./sth.
**Ạb·strahlung die; ~** *(Physik)* radiation; *(Funkw., Elektrot.)* emission
**abstrakt** [ap'strakt] **1.** *Adj.* abstract. **2.** *adv.* abstractly; **~ denken** think in the abstract
**Abstrạktheit die; ~:** abstractness
**Abstraktion** [apstrak'tsi̯o:n] **die; ~, ~en** abstraction
**Abstraktio̩ns·vermögen das** capacity for abstraction
**Abstraktum** [ap'straktʊm] **das; ~s, Abstrạkta a)** *(Philos.)* abstract[ion]; **b)** *(Sprachw.)* abstract noun
**ạb|strampeln** *refl. V. (ugs.)* **a)** *(beim Radfahren)* pedal; **sich** *(Dat.)* **einige Pfunde ~:** pedal off a few pounds; **b)** *s.* **abplacken**
**ạb|streichen 1.** *unr. tr. V.* **a)** *(abstreifen)* wipe; *(durch Streichen entfernen)* wipe off; **b)** *(ausstreichen)* cross off; **c)** *(abziehen)* knock off; **davon muß man die Hälfte ~** *(fig.)* you have to take it with a pinch *or* grain of salt; **d)** *(absuchen)* sweep ⟨*horizon*⟩; comb ⟨*terrain*⟩. **2.** *unr. itr. V.; mit sein (Jägerspr.)* fly away
**Ạb·streicher der** *s.* **Abtreter**
**ạb|streifen** *tr. V.* **a)** pull off; strip off ⟨*berries*⟩; **sich** *(Dat.)* **die Handschuhe/den Ring ~:** take off *or* remove one's gloves/ring; **sich/jmdm. die Kleidung ~:** take off one's/sb.'s clothes; **die Asche [von der Zigarette/Zigarre] ~:** remove the ash [from one's cigarette/cigar]; **b)** *(abwischen)* wipe; *(durch Streifen entfernen)* wipe off; **seine** *od.* **sich** *(Dat.)* **die Schuhe/Sohlen ~:** wipe one's feet; **c)** *(absuchen)* comb **(nach** for)
**Ạbstreifer der; ~s, ~** *s.* **Abtreter**
**Ạbstreif·gitter das** grille *(for removing excess paint from paint-roller)*
**ạb|streiten** *unr. tr. V.* deny; **~, etw. getan zu haben** deny that one has done sth.; **das läßt sich nicht ~:** there's no denying that; that cannot be denied; **das kann ihm keiner ~:** you cannot deny him that
**Ạb·strich der a)** *(Med.)* taking of a swab; **einen ~ machen** take a swab; **b)** *(Streichung, Kürzung)* cut; **~e [an etw.** *(Dat.)***] machen** make cuts [in sth.]; *(Einschränkungen machen)* make concessions [as regards sth.]; **c)** *(Musik)* down-stroke
**ạb|strömen** *itr. V.; mit sein* ⟨*water*⟩ flow away; ⟨*air mass*⟩ move away
**abstrus** [ap'stru:s] *Adj. (geh.)* abstruse; *(absurd)* absurd
**ạb|stufen** *tr. V.* **a)** *(in Stufen anlegen)* terrace ⟨*slope, hill*⟩; layer ⟨*hair*⟩; **b)** *(staffeln)* grade; **abgestufte Abschreckung** *(Milit.)* graduated deterrence; **c)** *(nuancieren)* differentiate; *(Kunstwiss.)* nuance
**Ạb·stufung die; ~, ~en a)** *(im Gelände)* terrace; **b)** *(Staffelung)* gradation; **die soziale ~:** the social hierarchy; **c)** *(Nuance)* shade; *(Nuancierung)* variety
**ạb|stumpfen 1.** *tr. V. (gefühllos machen)* deaden; *s. auch* **abgestumpft 2. 2.** *itr. V.; mit sein (gefühllos werden)* **man stumpft ab** one's mind becomes deadened; **gegen etw. ~:** become dead to sth.; **der Gerechtigkeitssinn stumpft ab** one's sense of justice becomes blunted
**Ạb·sturz der a)** fall; **b)** *(eines Flugzeugs)* crash; **ein Flugzeug zum ~ bringen** cause a plane to crash; **c)** *(Steilhang)* precipice
**ạb|stürzen** *itr. V.; mit sein* **a)** fall; ⟨*aircraft, pilot, passenger*⟩ crash; **tödlich ~:** fall/crash to one's death; **b)** *(geh.: abfallen)* ⟨*cliff*⟩ plunge
**Ạbsturz·stelle die** site of the [aircraft] crash
**ạb|stützen 1.** *refl. V.* support oneself **(mit** on, **an** + *Dat.* against); **sich von etw. ~:** push oneself away from sth. **2.** *tr. V.* support; *(Bauw.: gegen Einsturz)* shore up; *(fig.: untermauern)* support; back up
**Ạb·stützung die** *(Bauw.)* shores *pl.*
**ạb|suchen** *tr. V.* **a)** search **(nach** for); *(durchkämmen)* comb **(nach** for); drag ⟨*pond, river, etc.*⟩ **(nach** for); **den Himmel/Horizont ~:** scan the sky/horizon **(nach** for); **b)** *(absammeln)* **etw. von etw. ~:** pick sth. off sth.; **jmdm. die Läuse ~:** look for lice on sb.
**Ạb·sud** ['apzu:t] **der; ~[e]s, ~e** *(veralt.)* decoction
**absurd** [ap'zʊrt] *Adj.* absurd; **~es Theater** Theatre of the Absurd
**absụrderweise** *Adv.* absurdly enough
**Absurdität** [apzʊrdi'tɛ:t] **die; ~, ~en** absurdity; *(Ungereimtheit)* inconsistency
**Abszeß** [aps'tsɛs] **der** *(österr. auch:* **das***);* **Abszẹsses, Abszẹsse a)** *(Med.)* abscess; **b)** *(Geschwür)* ulcer
**Abszisse** [aps'tsɪsə] **die; ~, ~en** *(Math.)* abscissa
**Abszịssen·achse die** *(Math.)* axis of abscissae
**Abt** [apt] **der; ~[e]s, Äbte** ['ɛptə] abbot
**Abt.** *Abk.* **Abteilung**
**ab|takeln** ['apta:kl̩n] *tr. V. (Seemannsspr.)* unrig ⟨*ship*⟩; *s. auch* **abgetakelt 2**
**ạb|tasten** *tr. V.* **etw. ~:** feel sth. all over; **jmdn. auf Waffen** *(Akk.)* **~:** frisk sb. for weapons
**Ạbtast·nadel die, Ạbtast·stift der** stylus
**Ạbtau·automatik die** *(Elektrot.)* automatic defrost
**ạb|tauchen** *itr. V.* **a)** *(Seemannsspr.)* submerge; **b)** *(ugs.)* **[in die Illegalität** *od.* **in den Untergrund] ~:** go underground
**ạb|tauen 1.** *itr. V.; mit sein (wegschmelzen)* melt away; *(eis-/schneefrei werden)* become clear of ice/snow; ⟨*refrigerator*⟩ defrost. **2.** *tr. V. (schnee-/eisfrei machen)* melt; thaw; de-ice ⟨*vehicle windows*⟩; **den Schnee/das Eis von etw. ~:** melt the snow/ice off sth.; **einen Kühlschrank ~:** defrost a refrigerator
**Ạb·tausch der;** *o. Pl.* **a)** *(Schach)* exchange; **b)** *s.* **Schlagabtausch; c)** *(schweiz.) s.* **Tausch**
**ạb|tauschen** *tr. V.* **a)** *(Schach)* exchange; **b) jmdm. etw. ~:** get sth. from sb. by swapping; **c)** *(schweiz.) s.* **tauschen**
**Abtei** [ap'tai̯] **die; ~, ~en** abbey
**Abtei·kirche die** abbey[-church]
**Abteil das; ~[e]s, ~e** compartment; *(eines Regals)* shelf; **ein ~ erster/zweiter Klasse** a first/second-class compartment
**ạb|teilen** *tr. V.* **a)** *(aufteilen)* divide [up]; **b)** *(abtrennen)* divide off
**Abteil-: ~fenster das** compartment window; **~tür die** compartment door
**¹Ạb·teilung die;** *o. Pl.* dividing off
**²Ab·teilung die a)** department; *(einer Behörde)* department; section; **die ~ für Vor- und Frühgeschichte** the department of prehistory and early history; **b)** *(Zool.)* phylum; *(Bot.)* division; **c)** *(Milit.)* unit; **d)** *(veralt.: Teil)* part
**-abteilung die** ... department
**Abteilungs·leiter der** head of department/section; departmental manager
**ạb|telefonieren** *itr. V.* **[jmdm.] ~:** phone [sb.] to say one cannot come
**ạb|telegrafieren** *itr. V.* **[jmdm.] ~:** send [sb.] a telegram to say one cannot come
**ạb|teufen** *tr. V. (Bergbau)* sink
**ạb|tippen** *tr. V. (ugs.)* type out
**Äbtissin** [ɛp'tɪsɪn] **die; ~, ~nen** abbess
**ạb|tönen** *tr. V.* tint; *(Sprachw.)* shift
**Ạbtön·farbe die** tinting colour
**Ạb·tönung die a)** *o. Pl. (das Abtönen)* tinting; *(Sprachw.)* vowel-shift; **b)** *(Farbton)* tone; shade
**Ạbtönungs·partikel die** *(Sprachw.)* modal particle
**ạb|töten** *tr. V.* destroy ⟨*parasites, germs*⟩; deaden ⟨*nerve, feeling*⟩; mortify ⟨*desire*⟩
**Ạb·tötung die; ~** *s.* **abtöten:** destruction; deadening; mortification
**ạb|traben** *itr. V.; mit sein* trot off *or* away
**Abtrag** ['aptra:k] **der; ~[e]s** *(geh., veralt.)* **einer Sache** *(Dat.)* **~ tun** be detrimental to sth.
**ạb|tragen** *unr. tr. V.* **a)** *(abnutzen)* wear out; *s. auch* **abgetragen 2; b)** *(geh.: abräumen)* clear away; **c)** *(einebnen)* level; *(Geol.)* erode; **d)** *(abbauen)* demolish; *(zum Wiederaufbau)* take down; **e)** *(geh.: abbezahlen)* discharge ⟨*debt*⟩; pay off ⟨*loan*⟩; **f)** *(Med.) (entfernen)* remove; *(abbauen)* disperse
**abträgig** ['aptrɛ:gɪç] *(schweiz.),* **abträglich** ['aptrɛ:klɪç] *Adj. (geh.)* detrimental; harmful; *(nachteilig)* unfavourable; **einer Sache** *(Dat.)* **~ sein** be detrimental *or* harmful to sth.; **~e Kritik** unfavourable criticism
**Ạbtragung die; ~, ~en a)** *(das Einebnen)* levelling; *(Geol.)* erosion; **b)** *(das Abbauen)* demolition; *(zum Wiederaufbau)* taking down; **d)** *(geh.: das Abbezahlen)* discharge; **e)** *(Med.: Entfernung)* removal; *(Abbau)* dispersal
**ạb|trainieren 1.** *itr. V.* gradually reduce one's training schedule. **2.** *tr. V.* **Fett/Pfunde ~:** get rid of fat/pounds
**Ạb·transport der** *s.* **abtransportieren:** taking away; removal; dispatch
**ạb|transportieren** *tr. V.* take away; remove ⟨*dead, injured*⟩; *(befördern)* dispatch ⟨*goods*⟩
**ạb|treiben 1.** *unr. tr. V.* **a)** *(wegtreiben)* carry away; **jmdn./ein Schiff vom Kurs ~:** drive *or* carry sb./a ship off course; **der Wind hat den Ballon nach Westen abgetrieben** the wind carried the balloon westwards; **b)** abort ⟨*foetus*⟩; **ein Kind ~ lassen** have an abortion; **c)** *(zu Tal treiben)* bring

down; **d)** *(Med.: abgehen lassen)* expel; **e)** *(österr. Kochk.: rühren)* beat. **2.** *unr. itr. V.* **a)** *mit sein (weggetrieben werden)* be carried away; ‹*ship*› be carried off course; **b)** *(einen Abort vornehmen lassen)* have an abortion; *(Aborte vornehmen)* carry out *or* perform abortions

**Abtreibung die;** ~, ~en abortion

**Abtreibungs-: ~paragraph der** abortion law *(Section 218 of the West German criminal code);* ≈ Abortion Act; **~tourismus der** *travelling to another country or state in order to obtain an abortion;* **~verbot das** ban on abortion; **~versuch der** attempted abortion

**ab|trennen** *tr. V.* **a)** detach; sever ‹*arm, leg, etc.*›; cut off ‹*button, collar, etc.*›; detach, tear off ‹*paper, voucher*›; **b)** *(abteilen, absondern)* divide off; **c)** *(Rechtsw.)* **ein Verfahren ~:** decide to handle a prosecution separately

**abtretbar** *Adj. (Rechtsw.)* transferable; cedable ‹*territory*›

**ab|treten 1.** *unr. tr. V.* **a) sich** *(Dat.)* **die Füße/Schuhe ~:** wipe one's feet; **sich** *(Dat.)* **den Schnee/den Schmutz von den Schuhen ~:** wipe the snow/dirt off one's feet; **b)** *(überlassen)* **jmdm. etw. ~:** let sb. have sth.; **c)** *(Rechtsw.)* transfer; cede ‹*territory*›; **d)** *(abnutzen)* wear down. **2.** *unr. itr. V.; mit sein* **a)** *(Milit.)* dismiss; **b)** *(Theater, auch fig.)* exit; make one's exit; **XY tritt ab/die Arbeiter treten ab** exit XY/exeunt workers; **von der Bühne ~** *(fig.)* step down; leave the arena; **c)** *(zurücktreten)* step down; ‹*monarch*› abdicate; **d)** *(verhüll.: sterben)* make one's exit. **3.** *unr. refl. V. (sich abnutzen)* become worn; **sich leicht/schnell ~:** wear [out] easily/quickly

**Abtreter der;** ~s, ~: doormat

**Abtretung die;** ~, ~en *(Rechtsw.)* transfer; *(eines Staatsgebiets)* cession; **Deutschland wurde zur ~ Westpreußens gezwungen** Germany was forced to cede West Prussia

**Ab·trieb der a)** *(Vieh~)* bringing down of cattle; **beim ~:** when bringing the cattle down; **b)** *(österr. Kochk.)* mixture

**Ab·trift die;** ~, ~en *s.* **Abdrift**

**ab|trinken 1.** *unr. tr. V.* drink off; **einen Schluck ~:** take a sip *(from a full glass).* **2.** *unr. itr. V.* take a sip *(from a full glass)*

**Ab·tritt der a)** *(Theater)* exit; **b)** *(Rücktritt)* resignation; **c)** *(veralt.: Toilette)* privy *(arch.)*

**Abtrocken·tuch das;** *Pl.* **-tücher** tea-towel

**ab|trocknen 1.** *tr. V.* dry; **das Geschirr ~:** dry the dishes; **sich** *(Dat.)* **die Hände/das Gesicht/die Tränen ~:** dry one's hands/face/tears; **ich muß noch [das Geschirr] ~:** I still have to dry the dishes. **2.** *itr. V.; mit sein (trocken werden)* dry off

**Abtropf·brett das** draining-board *(Brit.);* drainboard *(Amer.)*

**ab|tropfen** *itr. V.; mit sein* drip off; ‹*lettuce, dishes*› drain; ‹*clothing*› drip-dry; **von etw. ~:** drip off sth.

**ab|trotzen** *tr. V.* **jmdm. etw. ~:** wrest sth. from sb.

**ab|trudeln** *itr. V.* **a)** *(Fliegerspr.)* go down in a spin; **b)** *(ugs.: weggehen)* push off *or* along *(coll.)*

**abtrünnig** *Adj. (einer Partei)* renegade; *(einer Religion, Sekte)* apostate; **ein ~er Vasall** a disloyal vassal; **der Kirche/dem Glauben ~ werden** desert the Church/the faith

**Abtrünnige der/die;** *adj. Dekl. (einer Partei)* renegade; deserter; *(einer Religion, Sekte)* apostate; turncoat

**Abtrünnigkeit die;** ~: apostasy; *(Treulosigkeit)* disloyalty **(von** to)

**ab|tun** *unr. tr. V.* **a)** *(beiseite schieben)* dismiss; **etw. mit einer Handbewegung ~:** wave sth. aside; **b)** *(erledigen)* **damit ist die Sache abgetan** that's the end of the matter

**ab|tupfen** *tr. V.* dab away; **sich/jmdm. die Tränen ~:** dab away one's/sb.'s tears; **sich** *(Dat.)* **die Stirn/Mundwinkel ~:** dab one's brow/the corners of one's mouth

**ab|urteilen** *tr. V.* pass judgement on; *(fig.)* condemn

**Aburteilung die;** ~, ~en passing of judgement (+ *Gen.* on); condemnation; *(fig.)* condemnation

**ABV** [a:be:'fau̯] **der;** ~[s], ~[s] *(DDR) s.* **Abschnittsbevollmächtigte**

**Ab·verkauf der** *(österr., südd.)* sale

**ab|verkaufen** *tr. V. (österr., südd.)* sell off

**ab|verlangen** *tr. V.* **jmdm. etw. ~:** demand sth. of sb.; **jmdm. Geld ~:** demand money from sb.; **es wird Ihnen einige Mühe ~:** it will cost you some effort

**ab|wägen** *unr. od. regelm. tr., itr. V.* **a)** weigh up; **zwei Dinge gegeneinander ~:** weigh two things against each other; **die Vor- und Nachteile gegeneinander ~:** weigh the advantages and disadvantages; **lange ~:** weigh things/the problem *etc.* up for a long time; *s. auch* **abgewogen 2; b)** *(veralt.) s.* **abwiegen**

**abwägend 1.** *Adj.* appraising. **2.** *adv.* appraisingly; **er sah mich kritisch-~ an** he looked at me, sizing me up critically

**Ab·wahl die** voting out; **seit seiner ~:** since he was voted out

**abwählbar** *Adj.* **er/dieses Fach ist [nicht] ~:** he can[not] be voted out/this subject can[not] be dropped

**ab|wählen** *tr. V.* vote out; drop ‹*school subject*›; **sechs Leute wurden aus dem Ausschuß abgewählt** six members of the committee were not re-elected

**ab|wälzen** *tr. V.* pass on **(auf** + *Akk.* to); shift ‹*blame, responsibility*› **(auf** + *Akk.* on to)

**abwandelbar** *Adj.* **a)** *(variierbar)* modifiable; **ein unendlich ~es Motiv/Thema** a motif/theme capable of infinite variation; **b)** *(Sprachw. veralt.) s.* **flektierbar**

**ab|wandeln** *tr. V.* **a)** *(variieren)* adapt; modify; **b)** *(Sprachw. veralt.) s.* **flektieren**

**ab|wandern 1.** *itr. V.; mit sein* **a)** migrate **(aus** from, **in** + *Akk.* to); *(in ein anderes Land)* emigrate **(aus** from, **in** + *Akk.* to); **b)** *(fig.)* move over; ‹*capital*› be transferred; **in einen anderen Beruf ~:** move into a different job; **viele Spieler wandern aus der Liga ab** many players are leaving the league; **c)** *(Met.)* move away. **2.** *tr. V.; mit sein od. haben (wandernd zurücklegen)* walk *or* hike over; walk ‹*route*›

**Ab·wanderung die a)** migration **(aus** from, **in** + *Akk.* to); *(in ein anderes Land)* emigration **(aus** from, **in** + *Akk.* to); **b)** *(fig.)* moving over; **~ in einen anderen Beruf** movement into a different job; **~ des Kapitals** transfer of capital; **die ~ der Spieler aus der Liga** the departure of players from the league

**Abwanderungs·verlust der** *(Soziol.)* population drain

**Ab·wandlung die** adaptation; modification; *(Variante)* variation; **in ~ eines Wortes von Goethe** adapting a saying of Goethe's

**Ab·wärme die** *(Technik)* waste heat

**Ab·wart der;** ~s, ~e *(schweiz.)* caretaker

**ab|warten 1.** *itr. V.* wait; **sie warteten ab** they awaited events; **warte ab!** wait and see; *(als Drohung)* just you wait!; **warten wir [erst mal] ab** let's wait and see; **sich ~d verhalten** adopt an attitude of 'wait and see'; **eine ~de Haltung einnehmen** decide to await events; **~ und Tee trinken** *(ugs. scherzh.)* wait and see what happens. **2.** *tr. V.* **a)** *(warten auf)* wait for; **wir müssen die Entwicklung der Dinge ~:** we must wait and see how things develop; **das bleibt [noch] abzuwarten** only time will tell; **b)** *(warten auf das Ende von)* **etw. ~:** wait for sth. to end

**abwärts** ['apvɛrts] *Adv.* downwards; *(den Berg hinunter)* downhill; *(den Fluß hinunter)* downstream; **der Fahrstuhl fährt ~:** the lift is going down; „~" 'going down'; **vom Major [an] ~:** from the major down

**-abwärts** *Adv.* **[weiter] rhein~/mosel~:** further down the Rhine/Mosel; **rhein~/mosel~ segeln** sail down the Rhine/Mosel

**abwärts-, Abwärts-: ~entwicklung die** deterioration; **die anhaltende ~entwicklung** the downward slide; **~|gehen** *unr. itr. V.; mit sein* **mit ihm/dem Land/ihrer Gesundheit geht es ~:** he/the country is going downhill/her health is deteriorating; **seit damals ging es eigentlich immer nur ~:** from that time on things really only got worse; **~trend der** downward trend

[1]**Abwasch** ['apvaʃ] **der;** ~[e]s **a)** *(das Geschirrspülen)* washing-up *(Brit.);* washing dishes *(Amer.);* **den ~ machen** do the washing-up/wash the dishes; **wir erledigen das gleichzeitig, das ist dann ein ~** *(ugs.)* we'll deal with that at the same time, and so kill two birds with one stone; **b)** *(schmutziges Geschirr)* dirty dishes *pl.*

[2]**Abwasch die;** ~, ~en *(österr.)* sink

**abwaschbar** *Adj.* washable

**Abwasch·becken das** sink

**ab|waschen 1.** *unr. tr. V.* wash off; wash [up] ‹*dishes*›; wash down ‹*surface*›; **etw. von etw. ~:** wash sth. off sth.; **sich** *(Dat.)* **den Schmutz/das Blut ~:** wash the dirt/blood off oneself; **sich** *(Dat.)* **die Hände/sein Gesicht ~:** wash one's hands/face; **eine Schmach ~** *(fig.)* wipe out a disgrace. **2.** *unr. itr. V.* wash up, do the washing-up *(Brit.);* wash the dishes *(Amer.)*

**Abwasch-: ~lappen der** dishcloth; **~mittel das** *s.* **Spülmittel; ~tuch das** *s.* **~lappen; ~wasser das** *s.* **Spülwasser b**

**Ab·wasser das;** *Pl.* **-wässer** sewage; **industrielle Abwässer** industrial effluent *sing.*

**Abwasser-: ~auf·bereitung die** sewage treatment; **~beseitigung die** disposal of sewage; **~kanal der** sewer; **~reinigung die** sewage purification

**ab|wechseln** *refl., itr. V.* alternate; **die beiden wechselten sich ab** the two of them took turns; **ich wechsle mich mit ihr beim Geschirrspülen ab** she and I take it in turns to do the dishes; **Regen und Sonne wechselten miteinander ab** it rained and was sunny by turns

**abwechselnd** *Adv.* alternately

**Abwechslung die;** ~, ~en *(Wechsel)* change; *(Zerstreuung)* **etwas/wenig ~:** some/not much variety; **zur ~:** for a change; **die ~ lieben** *(verhüll.)* like a bit of variety

**abwechslungs-: ~arm 1.** *Adj.* monotonous; **2.** *adv.* monotonously; **~halber** *Adv.* for a change; **~los 1.** *Adj.* unvaried; **~los sein** lack variety; **2.** *adv.* monotonously; **~reich 1.** *Adj.* varied; **2.** *adv.* **der Urlaub verlief sehr ~reich** the holiday *or (Amer.)* vacation was full of variety; **sich ~reich ernähren** eat a varied diet; **nicht sonderlich ~reich** without much variety; **~weise** *Adv. s.* **abwechselnd**

**Ab·weg der** error; **auf ~e kommen** *od.* **geraten** go astray; **jmdn. auf ~e führen** lead sb. astray

**abwegig** *Adj. (irrig, unzutreffend)* erroneous; false ‹*suspicion*›; *(falsch, abzulehnen)* mistaken; wrong; *(ungewöhnlich)* outlandish; exceptional ‹*case*›

**Abwegigkeit die;** ~, ~en *s.* **abwegig:** erroneousness; falseness; mistakenness; wrongness; outlandishness; exceptionalness

**Ab·wehr die;** ~ **a)** *(Ablehnung)* hostility; **b)** *(Zurückweisung)* repulsion; *(von Schlägen)* fending off; **c)** *(Widerstand)* resistance; **d)** *(Milit.: Geheimdienst)* counter-intelligence; **er ist bei der ~:** he is in counter-intelligence; **e)** *(Sport) (Hintermannschaft)*

defence; *(~aktion)* clearance; clearing *(Amer.)*

**ạbwehr-, Ạbwehr-: ~bereit** *Adj.* ready to take defensive action *postpos.*; **~bereitschaft die** readiness to take defensive action; **~dienst der** counter-intelligence service

**ạb|wehren 1.** *tr. V.* **a)** *(zurückschlagen)* repulse; fend off, parry ⟨*blow*⟩; *(Sport)* clear ⟨*ball, shot*⟩; save ⟨*match point*⟩; **b)** *(abwenden)* avert ⟨*danger, consequences*⟩; **c)** *(von sich weisen)* avert ⟨*suspicion*⟩; deny ⟨*rumour*⟩; decline ⟨*thanks*⟩; **d)** *(fernhalten)* deter; **um die Blicke Neugieriger abzuwehren** [in order] to give protection from the stares of inquisitive people. **2.** *itr. V.* **a)** *(Sport)* clear; **zur Ecke ~:** clear the ball and give away *or* concede a corner; **b)** *(ablehnend reagieren)* demur; **eine ~de Geste** *od.* **Handbewegung** a deprecatory gesture

**Ạbwehr-: ~kampf der** defensive action; *(über längere Zeit)* defence; **~kraft die** power of resistance; **~mechanismus der** *(Psychoanalyse, Physiol.)* defence mechanism; **~reaktion die** *(Physiol., fig.)* defensive reaction; **~spieler der** *(Sport)* defender

[1]**ạb|weichen** *unr. itr. V.*; *mit sein* **a)** deviate; **b)** *(sich unterscheiden)* differ; **voneinander ~:** differ from each other; **~des Verhalten** *(Soziol.)* deviant behaviour

[2]**ạb|weichen 1.** *itr. V.*; *mit sein* soften and come off. **2.** *tr. V.* soak off

**Abweichler** ['apvaiçlɐ] **der; ~s, ~** *(Politik)* deviationist

**ạbweichlerisch** *Adj. (Politik)* deviationist

**Ạbweichlertum das; ~s** *(Politik)* deviationism *no art.*

**Ạbweichung die; ~, ~en a)** deviation; **~en von der Geschäftsordnung** departures from the standing orders; **in ~** *(Dat.)* **von** in contrast with; **die ~ der Magnetnadel** the variation of the compass needle; **b)** *(Unterschied)* difference

**ạb|weiden** *tr. V.* crop; browse ⟨*twigs, leaves*⟩; *(abgrasen)* graze

**ạb|weisen** *unr. tr. V.* **a)** turn away; turn down ⟨*applicant, suitor*⟩; **b)** *(ablehnen)* reject; dismiss ⟨*action, case, complaint*⟩; disallow ⟨*claim*⟩

**ạbweisend 1.** *Adj.* cold ⟨*look, tone of voice*⟩; negative ⟨*reply*⟩; **in ~em Ton** coldly. **2.** *adv.* coldly

**Ạb·weisung die; ~, ~en** *s.* **abweisen:** turning away; turning down; rejection; dismissal; disallowance

**ạb|wenden 1.** *unr. od. regelm. tr. V.* **a)** *(wegwenden)* turn away; **den Blick ~:** look away; avert one's gaze; **die Augen von etw. nicht ~ können** not be able to take one's eyes off sth.; **mit abgewendetem Kopf** with his/her head turned away; **b)** *nur regelm. (verhindern)* avert; **etw. von jmdm. ~:** protect sb. from sth. **2.** *unr. od. regelm. refl. V.* **a)** turn away; **b)** *(fig.)* **sich von jmdm. ~:** turn one's back on sb.; *(sich jmdm. allmählich entfremden)* become estranged from sb.

**Ạb·wendung die a)** *(Abkehr)* **seit seiner ~ vom Sozialismus** since he turned away from socialism; **die ~ von der bisherigen Politik** turning away from previous policy; **b)** *(Verhinderung)* **zur ~ einer Sache** *(Gen.)* in order to avert sth.

**ạb|werben** *unr. tr. V.* lure away; entice away; **jmdn. jmdm. ~:** lure *or* entice sb. away from sb.

**Ạbwerber der; ~s, ~, Ạbwerberin die; ~, ~nen** recruiter *(enticing people away from their existing employment)*

**Ạb·werbung die** enticement **(bei** from)

**ạb|werfen** *unr. tr. V.* **a)** *(herunterwerfen)* drop; ⟨*tree*⟩ shed ⟨*leaves, needles*⟩; ⟨*stag*⟩ shed ⟨*antlers*⟩; throw off ⟨*clothing*⟩; jettison ⟨*ballast*⟩; throw ⟨*rider*⟩; *(Kartenspiel)* discard; **das Joch der Knechtschaft/Tyrannei** *usw.* **~** *(fig. geh.)* throw *or* cast off the yoke of bondage/tyranny *etc.*; *s. auch* **Maske a; b)** *(herunterstoßen)* knock down; **c)** *(ins Spielfeld werfen)* throw out ⟨*ball*⟩; **d)** *(einbringen)* bring in; **Profit ~:** make a profit; **viel/wenig ~:** show a big/only a small profit. **2.** *unr. itr. V. (Sport)* throw the ball out

**ạb|werten 1.** *tr., itr. V.* devalue. **2.** *tr. V. (fig.: herabwürdigen)* run down; belittle

**ạbwertend 1.** *Adj.* derogatory. **2.** *adv.* derogatorily; in a derogatory way

**Ạb·wertung die a)** devaluation; **b)** *(fig.: Herabwürdigung)* reduction in status; *(eines Begriffs)* debasement; **eine ~ erfahren** lose status; **das soll keine ~ sein** that wasn't meant in any derogatory sense

**ạbwesend 1.** *Adj.* **a)** *(nicht zugegen)* absent; **b)** *(zerstreut)* absent-minded. **2.** *adv.* absent-mindedly

**Ạbwesende der/die;** *adj. Dekl.* absentee

**Ạbwesenheit die; ~ a)** *(Fehlen)* absence; **in ~** *(Rechtsw.)* in his/her/their absence; **durch ~ glänzen** *(iron.)* be conspicuous by one's absence; **b)** *(fig.: Zerstreutheit)* absent-mindedness

**Ạb·wetter** *Pl. (Bergbau)* foul air

**ạb|wettern** *tr. V. (Seemannsspr., auch fig.)* weather

**ạb|wetzen 1.** *tr. V., refl. V.* wear away; *s. auch* **abgewetzt 2. 2.** *itr. V.*; *mit sein (ugs.: weglaufen)* bolt; scarper *(Brit. sl.)*

**ạb|wichsen** *tr. V. (derb)* **sich** *(Dat.)* **einen ~:** wank *(Brit. coarse)*; jerk [oneself] off *(coarse)*; **jmdm. einen ~:** jerk sb. off *(coarse)*; wank sb. *(Brit. coarse)*

**ạb|wickeln 1.** *tr. V.* **a)** *(herunterwickeln)* unwind; **b)** *(erledigen)* deal with ⟨*case*⟩; do ⟨*business*⟩; *(im Auftrag)* handle ⟨*correspondence*⟩; conduct, handle ⟨*transaction, negotiations*⟩; **c)** *(organisieren)* stage. **2.** *refl. V.* **a)** *(sich abspulen)* unwind [itself]; **b)** *(durchgeführt werden)* take place; *(mit Erfolg)* go off

**Ạbwicklung die; ~, ~en a)** *s.* **abwickeln 1 b:** dealing *(Gen.* with); doing; handling; conducting; **b)** *(Organisation)* staging; **für eine reibungslose ~ der Veranstaltung sorgen** see to it that the function goes off smoothly; **c)** *(Kaufmannsspr., Rechtsw.: Liquidation)* liquidation

**ạb|wiegeln 1.** *tr. V.* **a)** pacify; calm down ⟨*crowd*⟩; **b)** *(abwertend)* appease. **2.** *itr. V.* **a)** calm things down; **b)** *(etw. herunterspielen)* play down the issue

**ạb|wiegen** *unr. tr. V.* weigh out; weigh ⟨*single item*⟩

**Ạbwiegler der; ~s, ~: a)** peacemaker; **b)** *(abwertend)* appeaser

**Ạbwieglung die; ~, ~en a)** conciliation; **b)** *(abwertend)* appeasement

**ạb|wimmeln** *tr. V. (ugs.)* get rid of ⟨*person*⟩; get out of ⟨*duty, responsibility, etc.*⟩

**Ạb·wind der a)** *(Met.)* katabatic wind; **b)** *(Flugw.)* downwash

**ạb|winkeln** *unr. tr. V.* bend; **mit abgewinkelten** *(in die Hüfte gestützten)* **Armen** with arms akimbo

**ạb|winken 1.** *itr. V. (2. Part. landsch. od. scherzh.: abgewunken)* **apathisch/uninteressiert ~:** wave it/them aside apathetically/uninterestedly; **2.** *tr. V. (Motorsport)* **ein Rennen ~:** wave the chequered flag; *(bei einer Unterbrechung)* stop a race; **einen Fahrer ~:** wave *or* flag down a driver

**ạb|wirtschaften** *itr. V.* **endgültig abgewirtschaftet haben** have gone to the wall; be finished for good; *s. auch* **abgewirtschaftet 2**

**ạb|wischen** *tr. V.* **a)** *(wegwischen)* wipe away; **sich/jmdm. etw. ~:** wipe sth. off oneself/sb.; **sich/jmdm. den Schweiß von der Stirn ~:** wipe off the sweat from one's/sb.'s forehead; **Staub von den Regalen ~:** wipe off dust from the shelves; **sich/jmdm. die Tränen ~:** dry one's/sb.'s tears; **b)** *(säubern)* wipe; **sich/jmdm. die Nase/die Hände** *usw.* **~:** wipe one's/sb.'s nose/hands *etc.* **(an +** *Dat.* on); **damit können Sie sich den Hintern** *od.* **den Arsch ~** *(derb)* you know where you can stick that *(sl.)*; *(es ist wertlos)* you might as well wipe your arse *(Brit.) or (Amer.)* ass with it *(coarse)*

**ạb|wohnen** *tr. V.* **a)** wear out ⟨*furniture*⟩; make ⟨*flat, house, room*⟩ shabby; **abgewohnt** shabby; **b)** use up ⟨*rent*⟩

**ạb|wracken** ['apvrakn̩] *tr. V.* scrap; *s. auch* **abgewrackt 2**

**Ạb·wurf der a)** dropping; *(von Ballast)* jettisoning; **nach zwei Abwürfen wollte er nicht mehr reiten** after being thrown twice he didn't want to do any more riding; **b)** *(Fußball)* **beim ~ stolperte der Torwart** the goalkeeper stumbled as he threw the ball out; **c)** *(Handball, Wasserball)* goal throw; **d)** *(Speer-, Diskus-, Hammerwurf)* delivery; **e)** *(Hochsprung)* failure; **f)** *(Springreiten)* fault

**ạb|würgen** *tr. V. (ugs.)* stifle; choke off; squash ⟨*proposal*⟩; stall ⟨*car, engine*⟩

**ạb|zahlen** *tr. V.* pay off ⟨*debt, loan*⟩; pay for ⟨*home, car, etc.*⟩

**ạb|zählen 1.** *tr. V.* count; **„bitte das Fahrgeld abgezählt bereithalten!"** 'please tender exact fare'. **2.** *itr. V.* **a)** *(Sport, Milit.)* number off; **zu zweien/vieren ~:** number off in twos/fours; **b)** *(mit Abzählreim)* count out

**Ạbzähl·reim der** counting-out rhyme

**Ạb·zahlung die; ~, ~en** paying off; repayment; **etw. auf ~ kaufen/verkaufen** buy/sell sth. on easy terms *or (Brit.)* on HP

**Ạbzahlungs-: ~kauf der** credit *or* hire purchase; **~rate die** repayment; instalment

**Abzähl·vers der** *s.* **Abzählreim**

**ạb|zapfen** *tr. V.* tap ⟨*beer, wine*⟩; let, draw off ⟨*blood*⟩; draw off ⟨*petrol*⟩; **Strom ~:** tap the electricity supply; **jmdm. Geld ~** *(ugs.)* touch sb. for some money *(sl.)*

**ạb|zappeln** *refl. V. (fig. ugs.)* flog oneself; slave away

**ạb|zäumen** *tr. V.* unbridle

**ạb|zäunen** *tr. V.* fence off

**Ạbzäunung die; ~, ~en a)** *o. Pl.* fencing off; **b)** *(Zaun)* fencing

**Ạbzehrung die; ~, ~en** *(veralt.)* wasting away; cachexia *(Med.)*; **er starb an ~:** he wasted away and died

**Ạb·zeichen das a)** *(Kennzeichen)* emblem; *(fig.)* badge; **militärische ~:** military insignia; **b)** *(Ansteckнadel, Plakette)* badge

**ạb|zeichnen 1.** *tr. V.* **a)** *(nachzeichnen, kopieren)* copy; **b)** *(signieren)* initial. **2.** *refl. V.* stand out; *(fig.)* begin to emerge; *(drohend)* loom

**Ạbzieh·bild das** transfer

**ạb|ziehen 1.** *unr. tr. V.* **a)** pull off; peel off ⟨*skin*⟩; strip ⟨*bed*⟩; **ein Laken/das Bettzeug ~:** pull off a sheet/the bedclothes; **b)** *(Fot.)* make a print/prints of; **zweimal ~:** make two prints of; **c)** *(Druckw.)* run off; **etw. 50mal ~:** run off 50 copies of sth.; **d)** *(Milit., auch fig.)* withdraw; **e)** *(subtrahieren)* subtract; take away *(abrechnen)* deduct; *(kassieren)* charge for; **jmdm. zuviel ~:** overcharge sb.; **davon kannst du die Hälfte/das meiste ~** *(ugs.)* you have to take it with a pinch of salt; **f)** *(ugs.: abnehmen, ausziehen)* take off; **g)** *(schälen)* peel ⟨*peach, almond, tomato*⟩; string ⟨*runner bean*⟩; **h)** *(häuten)* skin; **i) eine Handgranate ~:** pull the pin of a hand-grenade; **j)** *(herausziehen)* take out ⟨*key*⟩; **k)** *(abfüllen)* **Wein auf Flaschen ~:** bottle wine; **l)** *(glätten)* **Parkett ~:** sand [down] parquet flooring; **ein Messer/Rasiermesser ~:** sharpen a knife/razor; **m)** *(Kochk.)* thicken; **n)** *(salopp: veranstalten)* throw ⟨*party*⟩; crack ⟨*joke*⟩; *s. auch* **Schau b. 2.** *unr. itr. V.* **a)** *mit sein (sich verflüchtigen)* escape; *(Met.)* move away; **b)** *mit sein (Milit.)* withdraw; **c)** *mit sein (ugs.: weggehen)* push off *(sl.)*; go away; **d)** *mit sein (ugs.: beschleunigen)* **der**

**Wagen zieht vielleicht ab** the car really takes off; **e)** *(abdrücken)* fire
**Ạbzieher der; ~s, ~** *(Druckw.)* proof-puller
**Ạbzieh·presse die** *(Druckw.)* proof[ing]-press
**ạb|zielen** *itr. V.* **auf etw.** *(Akk.)* **~:** be aimed at *or* directed towards sth.
**ạb|zirkeln** *tr. V.* measure off ⟨*area, section*⟩; *(fig.)* delineate; measure ⟨*words*⟩; *s. auch* **abgezirkelt 2, 3**
**ạb|zischen** *itr. V.; mit sein (salopp)* shoot off; **zisch ab!** *(verschwinde!)* beat it! *(sl.)*; push off! *(sl.)*
**ạb|zittern** *itr. V.; mit sein (salopp)* beat it *(sl.)*; push off *(sl.)*
**ạb|zotteln** *itr. V.; mit sein (ugs.)* trot off *or* away
**Ạb·zug der a)** *(an einer Schußwaffe)* trigger; **die Hand** *od.* **den Finger am ~ haben** *(auch fig.)* have one's finger on the trigger; **b)** *(Fot.)* print; **c)** *(Druckw.)* proof; **d)** *(Verminderung, Abgabe)* deduction; **etw. in ~ bringen** deduct sth.; **e)** *o. Pl. (Abmarsch, auch fig.)* withdrawal; **jmdm. freien ~ gewähren** give sb. free passage; **f)** *(Öffnung für Rauch usw.)* vent; **g)** *o. Pl. (von Rauch usw.)* escape
**abzüglich** ['aptsy:klɪç] *Präp. mit Gen. (Kaufmannsspr.)* less; **~ 3% Rabatt** *od.* **Rabatt von 3%** less 3% discount
**ạbzugs-, Ạbzugs-: ~fähig** *Adj. (Steuerw.)* [tax-]deductible; **~frei** *Adj. (Steuerw.)* tax-free; **~graben der** drainage ditch; **~rohr das** flue; **~schach das** *(Schach)* discovered check
**ạb|zupfen** *tr. V.* pluck off
**ạb|zwacken** *tr. V. (ugs.)* **a) [sich** *(Dat.)***] das Geld/die Zeit ~:** scrape the money together/spare the time; **b)** *s.* **abzwicken**
**Ạb·zweig der** *(Verkehrsw.)* turn-off
**Ạbzweig·dose die** *(Elektrot.)* junction-box
**ạb|zweigen 1.** *itr. V.; mit sein* branch off. **2.** *tr. V.* **a)** *(bereitstellen)* set *or* put aside; **Geld für einen Plattenspieler ~:** put aside *or* put by money to buy a record-player; **b)** *(verhüll.: sich heimlich aneignen)* appropriate
**Ạbzweigung die; ~, ~en a)** turn-off; *(einer Pipeline)* branch; *(Gabelung)* fork; **die rechte ~ fahren** take the right fork; **b)** *(Nebenlinie)* branch-line
**ạb|zwicken** *tr. V.* pinch *or* nip off
**ạb|zwingen** *unr. tr. V.* **jmdm. ein Geständnis ~:** force a confession out of sb.; **sich** *(Dat.)* **ein Lächeln ~:** force oneself to smile
**ạb|zwitschern** *itr. V.; mit sein (ugs.)* clear off *(coll.)*; push off *(sl.)*
**a cappella** [a ka'pɛla] *Adv.* a cappella
**Accent aigu** [aksãtɛ'gy] **der; ~ ~, ~s ~s** [aksãzɛ'gy] acute [accent]
**Accent circonflexe** [aksãsirkõ'flɛks] **der; ~ ~, ~s ~s** circumflex [accent]
**Accent grave** [aksã'gra:v] **der; ~ ~, ~s ~s** [aksã'gra:v] grave [accent]
**Accessoire** [aksɛ'so̯a:ɐ̯] **das; ~s, ~s** *(geh.)* accessory
**Acetat** [atse'ta:t] **das; ~s, ~e** *(Chemie)* acetate
**Aceton das; ~s** *(Chemie)* acetone
**Acetylen** [atsety'le:n] **das; ~s** *(Chemie)* acetylene
**Acetylen-: ~brenner der** oxy-acetylene torch; **~gas das** acetylene
**ach** [ax] **1.** *Interj.* **a)** *(betroffen, mitleidig)* oh [dear]; **~ Gott** o dear; **b)** *(bedauernd, unwirsch)* oh; **c)** *(klagend)* ah; alas *(dated)*; **~ und weh schreien** scream blue *or (Amer.)* bloody murder; **d)** *(erstaunt)* oh; **~, wirklich?** no, really?; **~, der!** oh, him!; **~, ist das schön!** oh, how lovely!; **e) ~ so!** oh, I see; **~ nein** no, no; **~ was** *od.* **wo!** of course not. **2.** *Adv. (meist iron.)* **unser ~ so edler Held** our oh-so-noble hero
**Ach das; ~s** *in:* **mit ~ und Krach** *(ugs.)* by the skin of one's teeth; **mit ~ und Weh** with a lot of weeping and wailing

**Achat** [a'xa:t] **der; ~[e]s, ~e** *(Min.)* agate
**achạten** *Adj.; nicht präd.* agate
**Achill** [a'xɪl], **Achilles** [a'xɪlɛs] **(der)** Achilles
**Achịlles-: ~ferse die** Achilles' heel; **~sehne die** *(Anat.)* Achilles tendon
**Achilleus** [a'xɪlɔ̯ys] **(der)** *s.* **Achill**
**Ạch-Laut der** velar fricative; ach-laut
**ạchromatisch** *Adj. (Optik)* achromatic
**Ạchs-: ~abstand der** *s.* **Radstand; ~bruch der** *s.* **Achsenbruch**
**Achse** ['aksə] **die; ~, ~n a)** *(Rad~)* axle; **auf [der] ~ sein** *(ugs.)* be on the road *or* move; **b)** *(Dreh~, Astron.)* axis; **sich um die** *od.* **um seine eigene ~ drehen** turn on one's/its own axis; **c)** *(Math.)* axis; **d) die ~ Berlin-Rom** *(hist.)* the Berlin-Rome axis
**Achsel** ['aksl̩] **die; ~, ~n** *(Schulter)* shoulder; *(~höhle)* armpit; **jmdn. über die ~ ansehen** look down on sb.; look down one's nose at sb.; **die** *od.* **mit den ~n zucken** shrug one's shoulders; **jmdn. unter den ~ packen** seize sb. under the arms; **etw. unter die ~ klemmen** tuck sth. under one's arm
**ạchsel-, Ạchsel-: ~griff der a)** *(Rettungsgriff)* underarm grip; **b)** *(Ringen)* nelson; **~grube die** *s.* **~höhle; ~haare** *Pl.* hair *sing.* under one's arms; armpit hair *sing.*; **~höhle die** armpit; **~klappe die** epaulette; **~schnur die** *(Milit.)* aiguillette; **~schweiß der** underarm perspiration; **~stück das** *meist Pl. (Milit.) s.* **~klappe; ~zucken das** shrug [of the shoulders]; **sein dauerndes ~zucken** his continual shoulder-shrugging; **~zuckend** *Adj.* shrugging; **er ging ~zuckend hinaus** he went out with a shrug [of the shoulders]
**ạchsen-, Ạchsen-: ~ab·stand der** *s.* **Radstand; ~bruch der** broken axle; **~kreuz das** *(Math.)* axes *pl.* of coordinates; **~mächte** *Pl. (hist.)* Axis Powers; **~symmetrisch** *Adj. (Math.)* **~symmetrisch sein** have axial symmetry; **eine ~symmetrische Kurve** a curve with axial symmetry; an axially symmetric curve
**-achser der; ~s, ~: ein Drei-/Sẹchs~:** a three-/six-axle vehicle *etc.*
**-achsig** *Adj.* **drei-/sẹchs~:** three-/six-axle
**Ạchs-: ~lager das** axle-bearing; **~last die** *(Technik)* axle-weight; **~schenkel der** *(Kfz-W.)* stub-axle; **~stand der** *s.* **Radstand; ~welle die** *(Technik)* axle-shaft
**¹acht** [axt] *Kardinalz.* eight; **~ mal ~ ist 64** eight eights are *or* eight times eight makes 64; **wir waren ~** *od. (geh.)* **unser ~:** we were eight; **je ~ bildeten eine Gruppe** they formed into groups of eight; **die ersten/letzten ~:** the first/last eight; **er ist ~ [Jahre]** he is eight [years old]; **mit ~ [Jahren]** as an eight-year-old; at eight years of age; **es ist ~ Uhr** it is eight o'clock; **um ~ Uhr zehn** at ten past eight; **um ~ [Uhr]** at eight [o'clock]; **um ~ herum, gegen ~:** [at] around *or* about eight [o'clock]; **um halb ~:** at half past seven; **~ Minuten vor/nach halb ~:** twenty-two minutes past seven/twenty-two minutes to eight; **dreiviertel ~** *od.* **Viertel vor ~:** [a] quarter to eight; **in ~ Tagen** in a week's time; a week from now; **Freitag/morgen in ~ Tagen** a week on Friday/a week tomorrow; **[heute] vor ~ Tagen** a week ago [today]; **gestern vor ~ Tagen** a week ago yesterday; **im Jahre ~ nach/vor Christi Geburt** in the year AD 8/8 BC; **die Linie ~ [des Busses/der Straßenbahn]** the number eight [bus/tram]; **es steht ~ zu ~/~ zu 2** *(Sport)* the score is eight all/eight to two; **ein Vater von ~ Kindern** a father of eight; *s. auch* **¹Acht**
**²ạcht** *in* **wir waren zu ~:** there were eight of us; **wir rückten ihm zu ~ auf die Bude** *(ugs.)* eight of us dropped in on him; **wir haben zu ~ ein Haus gemietet** the eight of us rented a house; **sie kamen zu ~:** eight of them came; **stellt euch zu ~ auf** make lines of eight

**ạcht...** *Ordinalz.* eighth; **der ~e** *od.* **8. September** the eighth of September; *(im Brief auch)* 8 September; **am ~en** *od.* **8. September** on the eighth of September; *(im Brief auch)* 8 September; **München, [den] 8. Mai 1984** Munich, 8 May 1984; **das ~e Kapitel/der ~e Abschnitt** chapter/section eight; **sie ging als ~e durchs Ziel** she came [in] *or* finished eighth; **jede ~e [Person/Kiste** *usw.***]** one out of every eight [persons/crates *etc.*]; one [person/crate *etc.*] in eight
**¹Ạcht die; ~, ~en a)** *(Zahl)* eight; **eine arabische/römische ~:** an arabic/Roman eight; **die ~ ist seine Glückszahl** eight is his lucky number; **b)** *(Figur)* figure eight; **c)** *(Verbiegung)* buckle; **mein Rad hat eine ~:** my wheel is buckled; **d)** *(Spielkarte)* eight; **e)** *(ugs.: Bus-, Bahnlinie)* [number] eight; **f)** *(ugs.: Handschellen)* cuffs *pl. (coll.)*; **g)** *(auf der Speise-, Weinkarte)* **ich nehme die ~:** I'll have number eight
**²Ạcht die; ~** *(hist.)* outlawry; **über jmdn. die ~ verhängen, jmdn. mit der ~ belegen** outlaw sb.; **jmdn. in ~ und Bann tun** *(kirchlich)* anathematize *or* put the ban on sb.; *(fig.)* ostracize sb.
**³Ạcht die; ~** *(veralt.) in* **etw. außer acht** *od.* **außer aller ~ lassen** disregard *or* ignore sth.; **sich in acht nehmen** take care; be careful; **sich vor jmdm./etw. in acht nehmen** be wary of sb./sth.
**-ạcht die** *(Kartenspiel)* eight of ...
**ạcht, Ạcht: ~ad[e]rig** *Adj. (Elektrot.)* eight-core; **~armig** *Adj.* eight-armed; **~armig sein** have eight arms; **~bänder** [~bɛndɐ] **der; ~s, ~** *(Verlagsw.)* eight-volume set; **~bändig** *Adj.* eight-volume; **~bändig sein/~bändig herausgebracht werden** be in/be published in eight volumes
**ạchtbar** *Adj. (geh.)* respectable; upright ⟨*principles*⟩; **eine ~e Leistung** a creditable performance
**Ạchtbarkeit die; ~** *(geh.)* respectability; *(einer Gesinnung)* uprightness
**ạcht·beinig** *Adj.* eight-legged; **~ sein** have eight legs
**Ạchte der/die;** *adj. Dekl.* eighth; **er war [in der Leistung] der ~:** he came eighth; **der ~ [des Monats]** the eighth [of the month]; **Heinrich der ~:** Henry the Eighth
**ạcht-, Ạcht-: ~eck das; ~s, ~e** octagon; **~eckig** *Adj.* octagonal; **ein Würfel ist ~eckig** a cube has eight corners; **ein Gebäude ~eckig bauen** make a building octagonal; **ein ~eckiger Hut** an eight-sided hat; **~einhạlb** *Bruchz.* eight and a half
**achtel** ['axtl̩] *Bruchz.* eighth; **ein ~ Kilo** an eighth of a kilo; **drei ~ Liter** three eighths of a litre
**Ạchtel das** *(schweiz. meist* **der***)*; **~s, ~ a)** eighth; **b)** *(ugs.: ~pfund)* eighth of a pound; ≈ two ounces; **c)** *(ugs.: ~liter)* eighth of a litre *(of wine)*; **d)** *(Musik) s.* **Achtelnote**
**Ạchtel-: ~finale das** *(Sport)* last sixteen; **~final·spiel das** *(Sport) match in the round before the quarter-finals*; **~liter der** eighth of a litre; **~los das** lottery ticket which has one eighth of the value of a whole ticket
**ạchteln** *tr. V.* **etw. ~:** divide/cut sth. up into eight pieces
**Ạchtel-: ~note die** *(Musik)* quaver; eighth note *(Amer.)*; **~pause die** *(Musik)* quaver rest; eighth rest *(Amer.)*; **~pfund das** eighth of a pound
**ạchte·mal** *Adv.* **das ~:** for the eighth time; **das ~ wurde er gefaßt** the eighth time, he was caught
**ạchten 1.** *tr. V.* respect; observe, respect ⟨*laws, commandments*⟩. **2.** *itr. V.* **a) auf etw.** *(Akk.)* **[nicht] ~** *([nicht] auf etw. aufpassen)* [not] mind *or* look after sth.; *(von etw. [keine] Notiz nehmen)* pay [no] attention *or* heed to sth.; **es ist [besonders] darauf zu ~, daß ...:** your attention is [particularly] drawn to the fact that ...; **auf jmdn. ~:** look

out for sb.; *(aufpassen)* look after *or* keep an eye on sb.; **b)** *(geh., veralt.) s.* **erachten**

**ächten** ['ɛxtn̩] *tr. V.* **a)** *(hist.: die Acht verhängen über)* outlaw; *(kirchlich)* anathematize; **b)** *(gesellschaftlich)* ostracize; **sich geächtet fühlen** feel like an outcast; **c)** *(verdammen)* ban ⟨*war, torture*⟩

**Acht·ender der; ~s, ~** *(Jägerspr.)* eight-pointer

**achten·mal** *Adv.* **beim ~:** the eighth time; at the eighth attempt *etc.;* **zum ~:** for the eighth time

**achtens** ['axtn̩s] *Adv.* eighthly

**achtens·wert** *Adj.* respectable ⟨*person*⟩*;* worthy, commendable ⟨*motive*⟩

**Achter** ['axtɐ] **der; ~s, ~ a)** *(Rudern)* eight; **b)** *s.* **¹Acht a, b, c; c)** *(ugs.: Autobus)* number eight; **d)** *(ugs.: Schraube, Dübel usw.)* [number] eight

**achter-, Achter-: ~aus** *Adv.* *(Seemannsspr.)* astern; **~bahn die** roller-coaster; **~bahn fahren** go *or* ride on the roller-coaster; **~deck das** *(Seemannsspr.)* afterdeck; **~gruppe die** group of eight; **~lastig** [~lastɪç] *Adj. (Seemannsspr.)* stern-heavy

**achterlei** *Gattungsz.; indekl.* **a)** *attr.* eight kinds *or* sorts of; eight different ⟨*sorts, kinds, sizes, possibilities*⟩*;* **b)** *subst.* eight [different] things

**achterlich** *Adj.* *(Seemannssprr.)* stern *attrib.;* **~ sein** be astern

**achtern** *Adv.* *(Seemannsspr.)* astern; aft; **nach ~ gehen** go astern; **nach ~ drehen** ⟨*wind*⟩ move astern; **von ~:** from astern

**Achter-: ~reihe die** row *or* line of eight; **~rennen das** *(Rudern)* eights race; **~schiff das** *(Seemannsspr.)* stern; **~steven der** *(Seemannsspr.)* stern-post

**acht-, Acht-: ~fach** *Vervielfältigungsz.* eightfold; **die ~fache Menge** eight times the quantity; **die ~- bis zehnfache Dosis** eight to ten times the [correct] dose; **etw. in ~facher Ausfertigung schicken** send eight copies of sth.; **~fach vergrößert/verkleinert, in ~facher Vergrößerung/Verkleinerung** magnified *or* enlarged/reduced eight times; **das Produkt ist ~fach geprüft worden** the product went through eight tests; **~fache das;** *adj. Dekl.* **das ~fache von 4 ist 32** eight fours are *or* eight times four makes 32; **er verdient das ~fache von mir** he earns eight times as much as I do; **um das ~fache steigen/steigern** increase ninefold *or* nine times; **~fältig** *(veralt.) s.* **~fach; ~flach das; ~s, ~e, ~flächner der; ~s, ~:** octahedron; **~füßer der; ~s, ~** *(Biol.)* octopod; **~füßig** *Adj.* eight-footed; *(Verslehre)* eight-foot, octonarian ⟨*line*⟩*;* **~ sein** have eight feet

**acht|geben** *unr. itr. V.* **a)** *(aufpassen)* **auf jmdn./etw. ~:** mind *or* take care of sb./sth.; **[auf jmds. Worte] ~:** pay attention [to what sb. says]; **~ müssen, daß ...:** have to be careful that ...; **er gab nicht sonderlich acht darauf** he did not pay any particular attention to it; **in der Schule besser ~:** pay more attention at school; **b)** *(vorsichtig sein)* be careful; watch out; **gib acht!** look out!; watch out!; **auf sich** *(Akk.)* **~:** be careful

**acht, Acht-: ~geschossig,** *Adj. s.* **~stöckig; ~gliedrig** *Adj.* eight-membered; **~groschen·junge der** *(abwertend)* **a)** *(Denunziant, Spitzel)* informer; nark *(Brit. sl.);* **b)** *(käufliches Subjekt)* hireling

**acht|haben** *unr. itr. V. (veralt.) s.* **achtgeben**

**acht-, Acht-: ~hebig** *Adj. (Verslehre) s.* **~füßig; ~hundert** *Kardinalz.* eight hundred; **~hundertjahr·feier die** octocentenary [celebrations *pl.*]; **~hundertst...** *Ordinalz.* eight-hundredth; **~hundert·tausend** *Kardinalz.* eight hundred thousand; **~jährig** *Adj. (8 Jahre alt)* eight-year-old *attrib.;* eight years old *pred.; (8 Jahre dauernd)* eight-year *attrib.;* **nach ~jährigem Studium** after eight years of study; **~jährig sterben** die at [the age of] eight; **seine ~jährige Tätigkeit an dem Institut** his eight years at the institute; **mit ~jähriger Verspätung** with a delay of eight years; eight years late; **~jährige der/die;** *adj. Dekl.* eight-year-old; **als ~jähriger** when one *etc.* is/was *etc.* eight years old; **~jährlich 1.** *Adj.* eight-yearly; **in ~jährlichem Turnus** in an eight-year cycle; **2.** *adv.* every eight years; **~kampf der** *(Turnen)* eight-exercise gymnastic competition; **~kantig 1.** *Adj. (Technik)* eight-sided; **2.** *adv.* *(salopp)* **~kantig rausfliegen** get kicked *or (sl.)* booted out; **jmdn. ~kantig rausschmeißen** throw sb. out on his/her ear *(coll.);* **~klassig** *Adj.* with eight classes; **~köpfig** *Adj.* eight-headed ⟨*monster*⟩*;* ⟨*family, committee*⟩ of eight

**Achtling** ['axtlɪŋ] **der; ~s, ~e** octuplet

**acht·los 1.** *Adj.; nicht präd.* heedless. **2.** *adv.* heedlessly

**Achtlosigkeit die; ~:** heedlessness

**acht-, Acht-: ~mal** *Adv.* eight times; **~mal so groß/soviel/so viele** eight times as big/as much/as many; **~malig** *Adj.; nicht präd.* **nach ~maliger Wiederholung bestand er die Prüfung** he passed the test at the ninth attempt; **nach ~maliger Aufforderung** at the eighth request; after being asked eight times; **trotz ~maligen Klingelns** in spite of ringing eight times; **~millionen·mal** *Adv.* eight million times; **~minuten·takt** [--'---] **der** *(Fernspr.) system whereby telephone calls are charged at so much per eight minutes or part thereof;* **~minütig** *Adj.* eight-minute *attrib.;* lasting eight minutes *pred.;* **mit ~minütiger Verspätung** eight minutes late; **nach ~minütiger Sonnenbestrahlung** after eight minutes' exposure to the sun; **~monatig** *Adj. (8 Monate alt)* eight-month-old *attrib.;* eight months old *pred.; (8 Monate dauernd)* eight-month *attrib.;* lasting eight months *postpos.; s. auch* **~jährig; ~monatlich 1.** *Adj.* eight-monthly; **im ~monatlichen Turnus** rotating every eight months; **2.** *adv.* every eight months; **~monats·kind das** child born a month prematurely; **~pfennig·marke die** eight-pfennig stamp; **~pfünder** [~pfʏndɐ] **der; ~s, ~:** eight-pounder; **~pfündig** *Adj.; nicht präd.* eight-pound; **~polig** *Adj. (Elektrot.)* eight-pin; eight-core ⟨*cable*⟩*;* **~punkt·schrift die** *(Druckw.)* eight-point type; **~prozentig** *Adj.* eight per cent; **~räd[e]rig** *Adj.* eight-wheeled; **~räd[e]rig sein** have eight wheels

**achtsam 1.** *Adj. (geh.)* attentive. **2.** *adv.* *(sorgsam)* carefully; with care; **mit etw. [äußerst] ~ umgehen** handle sth. with [extreme] care

**Achtsamkeit die; ~:** attentiveness; *(Sorgsamkeit)* care

**acht-, Acht-: ~seitig** *Adj.* eight-page *attrib.* ⟨*letter, article*⟩*;* **ein ~seitiges Vieleck** an eight-sided polygon; **~silber der; ~s, ~** *s.* **~silbler; ~silbig** *Adj.* eight-syllable *attrib.;* octosyllabic; **~silbler der; ~s, ~** *(Verslehre)* octosyllabic verse *or* line; **~sitzer der; ~s, ~:** eight-seater; **~sitzig** *Adj.* eight-seater *attrib.;* **~sitzig sein** have eight seats; **~spaltig** *(Druckw.)* **1.** *Adj.* **~spaltiger Artikel** eight-column article; **~spaltig sein** have eight columns; **2.** *adv.* **~spaltig setzen** print in eight columns; **~spänner der; ~s, ~:** eight-in-hand; **~spännig** *Adj.* eight-horse; *s. auch* **vierspännig; ~sprachig** *Adj.* in eight languages *postpos.; s. auch* **zweisprachig; ~sprossig** *Adj.* ⟨*ladder*⟩ with eight rungs; **~sprossig sein** have eight rungs; **~spurig** *Adj.* eight-lane ⟨*road, motorway*⟩*;* eight-track ⟨*cassette*⟩*;* **~stellig** *Adj.* eight-figure *attrib.;* **~stellig sein** have eight figures *or* digits; **~stimmig 1.** *Adj.* for eight-part; **2.** *adv.* in eight parts; **~stöckig 1.** *Adj.* eight-storey *attrib.;* **~stöckig sein** have eight storeys *or* floors; be eight storeys high; **2.** *adv.* **~stöckig bauen** build to eight storeys; **~strophig** [~ʃtro:fɪç] *Adj.* with eight verses *postpos., not pred.;* **~strophig sein** have eight verses; **~stufig** *Adj.* with eight steps *postpos., not pred.;* **~stufig sein** have eight steps; **~stunden·rhythmus** [-'----] **der** eight-hour rhythm; **~stunden·tag** [-'---] **der** eight-hour day; **~stündig** *Adj.* eight-hour *attrib.;* lasting eight hours *postpos., not pred.;* **mit ~stündiger Verspätung** eight hours late; **nach ~stündigem Warten** after waiting for eight hours; **~stündlich 1.** *Adj.* eight-hourly; **2.** *adv.* every eight hours; **~tägig** *Adj. (8 Tage alt)* eight-day-old *attrib.; (8 Tage dauernd)* eight-day[-long] *attrib.;* **mit ~tägiger Verspätung** eight days late; **nach ~tägiger Dauer** after lasting for eight days; **sie sind meist ~tägig** they mostly last eight days; **~täglich 1.** *Adj.* **in ~täglichem Wechsel** on an eight-day rota; **2.** *adv.* every eight days; **~tausend** *Kardinalz.* eight thousand; **~tausender der** *mountain over eight thousand metres high;* **~teiler der** *(Rundf., Ferns.)* eight-part series/serial; **~teilig** *Adj.* eight-piece ⟨*tea-service, tool-set, etc.*⟩*;* eight-part ⟨*series, serial*⟩*;* **~teilig sein** have eight pieces; *(Rundf., Ferns.)* be in eight parts; **~tonner der; ~s, ~:** eight-tonner

**Acht·uhr-:** eight o'clock ⟨*news, train, performance, etc.*⟩

**acht-, Acht-: ~und·ein·halb** *Bruchz.* eight and a half; **~und·vierziger der; ~s, ~** *(hist.)* forty-eighter *(one who took part in or sympathized with the 1848 revolution);* **~und·vierzig·stunden·woche die** forty-eight-hour week; **~und·zwanzig** *Kardinalz.* twenty-eight

**Achtung die; ~ a)** *(Wertschätzung)* respect (**vor +** *Dat.* for); **gegenseitige ~:** mutual respect; **~ vor sich** *(Dat.)* **selbst** self respect; **alle ~!** well done!; **b)** *(Respektierung)* respect (*Gen.* for); **c)** *(Aufmerksamkeit)* attention; **~!** watch out!; **~! Stillgestanden!** *(Milit.)* attention!; **~, ~!** your attention, please!; **„~, Stufe!"** 'mind the step'; **„~, Hochspannung"** 'danger high voltage'; **~, fertig, los!** on your marks, get set, go!

**Ächtung die; ~, ~en a)** *(hist.)* outlawing; *(kirchlich)* anathematization; **b)** *(gesellschaftliche ~)* ostracism; **c)** *(Verdammung)* banning

**achtung·gebietend** *Adj.* *(geh.)* awe-inspiring

**achtungs-, Achtungs-: ~applaus der** polite applause; **~erfolg der** reasonable success; **~voll 1.** *Adj.* respectful; **2.** *adv.* respectfully

**acht-: ~wöchentlich 1.** *Adj.* eight-weekly; **im ~wöchentlichen Turnus/Wechsel** every eight weeks; **2.** *adv.* every eight weeks; **~wöchig** *Adj. (8 Wochen alt)* eight-week-old *attrib.; (8 Wochen dauernd)* eight-week[-long] *attrib.;* *s. auch* **~jährig; ~zackig** *Adj.* eight-pointed

**acht·zehn** *Kardinalz.* eighteen; **mit ~ [Jahren] wird man volljährig** one reaches the age of majority at eighteen; **18 Uhr** 6 p.m.; *(auf der 24-Stunden-Uhr)* eighteen hundred hours; 1800; **18 Uhr 33** 6.33 p.m.; *(auf der 24-Stunden-Uhr)* 1833

**achtzehn, Achtzehn-: ~ender der; ~s, ~** *(Jägerspr.)* eighteen-pointer; **~hundert** *Kardinalz.* eighteen hundred; **das war [im Jahre] ~hundert** *od.* **1800** that was in [the year] eighteen hundred *or* 1800; **~hundert** *od.* **1800 DM pro Hektoliter** eighteen hundred *or* 1,800 DM per hectolitre; **~jährig** *Adj. (18 Jahre alt)* eighteen-year-old *attrib.;* eighteen years old *pred.; (18 Jahre dauernd)* eighteen-year *attrib.;* *s. auch* **achtjährig; ~jährige der/die;** *adj.*

*Dekl.* eighteen-year-old; **als ~jähriger** when one *etc.* is/was *etc.* eighteen years old

**achtzehnt...** *Ordinalz.* eighteenth; *s. auch* **acht...**

**Acht·zehntel das** eighteenth

**acht·zeilig** *Adj.* eight-line *attrib.*; **~ sein** have eight lines

**achtzig** ['axtsɪç] *Kardinalz.* eighty; **mit ~ [km/h] fahren** drive at *or (coll.)* do eighty [k.p.h.]; **über/etwa ~ [Jahre alt] sein** be over/about eighty [years old]; **Mitte [der] Achtzig sein** be in one's mid-eighties; **in die Achtzig kommen** reach one's eighties; **mit ~ [Jahren]** *od.* **Achtzig** at eighty [years of age]; **im Jahre ~ vor/nach Christi Geburt** in the year 80 BC/AD 80; **auf ~ sein** *(fig. ugs.)* be hopping mad *(coll.)*

**Achtzig die; ~ a)** *(Zahl)* eighty; *s. auch* [1]**Acht e; b)** *s.* **achtzig**

**achtziger** *indekl. Adj.; nicht präd.* **ein ~ Jahrgang** an '80 vintage; **die ~ Jahre** the eighties

[1]**Achtziger der; ~s, ~ a)** *(80jähriger)* eighty-year-old [man]; octogenarian; **b)** *(ugs.: Autobus)* number eighty; **c)** *(Wein)* '80 vintage

[2]**Achtziger die; ~, ~** *(ugs.)* **a)** *(Briefmarke)* eighty-pfennig/schilling *etc.* stamp; **b)** *(Zigarre)* eighty-pfennig cigar

[3]**Achtziger** *Pl.* eighties; **in den ~n sein** be in one's eighties

**Achtzigerin die; ~, ~nen** eighty-year-old [woman]; octogenarian

**Achtziger·jahre** *Pl.* eighties *pl.*

**achtzig-, Achtzig-: ~jährig** *Adj. 80 Jahre alt)* eighty-year-old *attrib.*; eighty years old *pred.*; *(80 Jahre dauernd)* eighty-year *attrib.*; *s. auch* **achtjährig; ~jährige der/die;** *adj. Dekl.* eighty-year-old; **~pfennig·marke die** the eighty-pfennig stamp

**achtzigst...** ['axtsɪçst] *Ordinalz.* eightieth; **zum Achtzigsten herzlichen Glückwunsch** best wishes on your eightieth birthday; *s. auch* **acht...**

**Achtzigstel das; ~s, ~:** eightieth

**acht-, Acht-: ~zimmer·wohnung die** eight-roomed flat; **~zöllig** *Adj.* eight-inch[-long] *attrib.*; eight-inch *attrib.* ‹*pipe*›; **~zöllig sein** be eight inches long; ‹*pipe*› be eight inches in diameter; **~zylinder der** *(ugs.)* eight-cylinder [engine/car]; **~zylinder·motor der** eight-cylinder engine; **~zylindrig** *Adj.* eight-cylinder *attrib.*; **~ sein** have eight cylinders

**ächzen** ['ɛçtsn̩] *itr. V.* **a)** *(schwer stöhnen)* groan; **~ und stöhnen** grunt and groan; **b)** *(knarren)* creak

**Ächzer der; ~s, ~** *(ugs.)* groan

**Acker** ['akɐ] **der; ~s, Äcker** ['ɛkɐ] **a)** field; **auf dem ~:** in the field; *(bei der Feldarbeit)* in the fields; **den ~ bestellen** till the field; **b)** *Pl.* **~** *(altes Feldmaß)* ≈ half acre *(usually about 2,500 sq.m.)*; **vier ~ Land/Wald** ≈ two acres of land/woodland

**acker-, Acker-: ~bau der;** *o. Pl.* agriculture *no indef. art.*; farming *no indef. art.*; **~bau treiben** farm; **~bau und Viehzucht** farming and stock-breeding; **~bauer der** farmer; **~bau·treibend** *Adj.* farming *attrib.*; **~boden der** soil [for cultivation]; **~bürger der** *(hist.) citizen who farmed land within the city area;* **~furche die** furrow; **~gaul der** *(ugs. abwertend)* cart-horse; old nag *(derog.)*; **aus einem ~gaul kann man kein Rennpferd machen** *(Spr.)* you can't make a silk purse out of a sow's ear *(prov.)*; **~gerät das** farm implement; **~krume die** topsoil; **~land das;** *o. Pl.* farmland; **~mann der** *(veralt.) s.* **Ackersmann**

**ackern** *itr. V. (salopp)* **a)** *(schwer arbeiten)* slog one's guts out *(coll.)*; **b)** *(sich anstrengen)* put one's back into it *(coll.)*; work like hell *(coll.)*; **c)** *(veralt.: pflügen)* plough

**Acker-: ~schädling der** field pest; **~scholle die** clod [of earth]

**Ackers·mann der;** *Pl.* **~leute** *(veralt.)* husbandman *(arch.)*

**Acker·winde die** *(Bot.)* field bindweed

**a conto** [a 'kɔnto] *(Bankw.)* on account

**Acryl-: ~faser die** acrylic fibre; **~harz das** acrylic resin

**Action** ['ækʃən] **die; ~:** action

**a. D.** [a:'de:] *Abk.* **außer Dienst** retd.

**A. D.** *Abk.* **Anno Domini** AD

**Adabei der; ~s, ~s** *(österr. ugs.)* hanger-on

**ad absurdum** [at ap'zʊrdʊm] *in* **etw. ~ ~ führen** demonstrate the absurdity of sth.

**ADAC** [a:de:|a:'tse:] **der; ~** *Abk.* **Allgemeiner Deutscher Automobilclub** *automobile association in the FRG*

**ad acta** [at 'akta] *in* **etw. ~ ~ legen** shelve sth.

**Adagio** [a'da:dʒo] **das; ~s, ~s** *(Musik)* adagio

[1]**Adam** ['a:dam] **(der)** Adam; **seit ~s Zeiten** since the beginning of time; **bei ~ und Eva anfangen** *(ugs.)* begin from the beginning; **der alte ~:** the old Adam

[2]**Adam der; ~s, ~s** *(ugs. scherzh.: Mann)* the male of the species

**Adam Riese** *in* **das macht nach ~ ~ 4,50 Mark** *(ugs. scherzh.)* my arithmetic makes it 4.50 marks *(coll. joc.)*

**Adams-: ~apfel der** *(ugs. scherzh.)* Adam's apple; **~kostüm das** *(ugs. scherzh.)* **im ~kostüm** in one's birthday suit

**Adaptation** [adapta'tsio:n] **die; ~, ~en** adaptation

**adaptieren** [adap'ti:rən] *tr. V.* **a)** adapt; **für den Bildschirm/Film ~:** adapt for television/the screen; **b)** *(österr.: herrichten)* fit out

**Adaptierung die; ~, ~en a)** *s.* **Adaptation; b)** *(österr.: Herrichtung)* fitting-out

**Adaption** [adap'tsio:n] **die; ~, ~en** *s.* **Adaptation**

**adaptiv** [adap'ti:f] *Adj.* adaptive

**adäquat** [atɛ'kva:t] **1.** *Adj. (passend)* appropriate (*Dat.* to); suitable (*Dat.* for); *(angemessen)* adequate ‹*reward, payment*›; appropriate, suitable ‹*measures, means*›. **2.** *adv. (passend)* suitably; appropriately; *(angemessen)* adequately

**addieren** [a'di:rən] **1.** *tr. V.* add [up]. **2.** *itr. V.* add. **3.** *refl. V.* add up

**Addier·maschine die** adding-machine

**Addition** [adi'tsio:n] **die; ~, ~en** addition

**additiv** [adi'ti:f] *Adj.* additive

**Additiv das; ~s, ~e** *(Chemie)* additive

**ade** [a'de:] *Adv. (veralt.)* farewell; **jmdm. ~ sagen** bid farewell to sb.; take one's leave of sb.; **einer Sache** *(Dat.)* **~ sagen** *(fig.)* bid farewell to sth.

**Adebar** ['a:dəbar] **der; ~s, ~e** *(scherzh., bes. nordd.)* stork

**Adel** ['a:dl̩] **der; ~s a)** nobility; **der niedere ~:** the lesser nobility *or* nobles; **der hohe ~:** the higher nobility; the aristocracy; **von ~ sein** be of noble blood; **~ verpflichtet** noblesse oblige; **er stammt aus altem ~:** he belongs to an old noble family; **b)** *(Titel)* **der erbliche/persönliche ~:** a hereditary/non-hereditary title; *(hoher ~)* a hereditary/life peerage; **c)** *(geh.: edle Gesinnung)* nobility

**adelig** *s.* **adlig**

**Adelige** *s.* **Adlige**

**adeln 1.** *tr. V.* **jmdn. ~:** give sb. a title; *(in den hohen Adel erheben)* raise sb. to the peerage; *(fig.)* ennoble sb. **2.** *itr. V. (geh.)* ennoble

**Adels-: ~brief der** patent of nobility; **~familie die, ~geschlecht das** noble family; **~krone die** *coronet of the untitled lowest rank of nobility;* **~prädikat das** title of nobility; **~stand der** nobility; *(hoher Adel)* nobility; peerage; **jmdn. in den ~stand erheben** give sb. a title/raise sb. to the peerage; **~titel der** title of nobility

**Adelung die; ~, ~en** conferral of a title; *(in den hohen Adel)* ennoblement

**Adept** [a'dɛpt] **der; ~en, ~en a)** *(hist.)* initiate; **b)** *(scherzh.)* adherent; disciple

**Ader** ['a:dɐ] **die; ~, ~n a)** *(Anat., Zool.)* blood-vessel; vein; *(Schlagader)* artery; **in seinen ~n fließt Bauernblut** there is peasant blood in his veins; **sich** *(Dat.)* **die ~n öffnen** *(geh.)* slash one's wrists; **jmdn. zur ~ lassen** *(veralt.)* bleed sb.; *(fig.)* milk sb.; *s. auch* **Blut; b)** *o. Pl. (Anlage, Begabung)* streak; **c)** *(Bot., Geol.)* vein; **d)** *(Elektrot.)* core

**Äderchen** ['ɛ:dɐçən] **das; ~s, ~:** small blood-vessel *or* vein; *(Bot.)* small vein

**Aderlaß** ['a:dɐlas] **der; Aderlasses, Aderlässe** [-lɛsə] **a)** *(Med.: Blutentnahme)* bleeding; **b)** *(fig.)* drain; *(finanziell)* squeeze

**Aderung** ['a:dərʊŋ], **Äderung** ['ɛ:dərʊŋ] **die; ~, ~en** veining

**Adhäsion** [athɛ'zio:n] **die; ~, ~en** *(Phys., Med., Bot.)* adhesion

**Adhäsions-: ~kraft die** *(Physik)* power of adhesion; **~verschluß der** resealable closure

**ad hoc** [at 'hɔk] *Adv.* **a)** *(zu diesem Zweck)* ad hoc; **b)** *(spontan)* on the spur of the moment

**Ad-hoc-: ~-Bildung die** *s.* **~-Prägung; ~-Maßnahme die** ad hoc measure; **~-Prägung die** ad hoc coinage *or* formulation

**adieu** [a'diø:] *Adv. (veralt.)* adieu; farewell; **jmdm. ~ sagen** bid sb. adieu *or* farewell

**Adieu das; ~s, ~s** *(veralt.)* adieu

**Adjektiv** ['atjɛkti:f] **das; ~s, ~e** *(Sprachw.)* adjective

**adjektivisch** ['atjɛkti:vɪʃ] *(Sprachw.)* **1.** *Adj.* adjectival. **2.** *Adv.* adjectivally

**Adjunkt** [at'jʊnkt] **der; ~en, ~en** *(veralt.)* low-grade civil servant

**adjustieren** [atjʊs'ti:rən] *tr. V.* **a)** *(Technik) s.* **justieren a; b)** *(österr. Amtsspr.)* provide with a uniform; kit out *(Brit.)*

**Adjustierung die; ~, ~en a)** *s.* **Justierung a; b)** *(österr. Amtsspr.)* uniform

**Adjutant** [atju'tant] **der; ~en, ~en** adjutant; aide-de-camp

**Adjutum** [at'ju:tʊm] **das; ~s, Adjuten** *(österr. Amtsspr.)* grant

**Adlatus** [at'la:tʊs] **der; ~, Adlaten** *od.* **Adlati** *(scherzh.)* loyal assistant

**Adler** ['a:dlɐ] **der; ~s, ~:** eagle; **der ~** *(Astron.)* Aquila; the Eagle

**adler-, Adler-: ~auge das** *(fig.)* eagle eye; **~äugig** *Adj. (fig.)* eagle-eyed; **~blick der** eagle eye; **~farn der** *(Bot.)* eagle fern; bracken; **~horst der** eyrie; **~nase die** aquiline nose

**adlig** ['a:dlɪç] *Adj.* noble; **~ sein** be a noble [man/woman]

**Adlige der/die** *adj. Dekl.* noble [man/woman]

**Administration** [atmɪnɪstra'tsio:n] **die; ~, ~en** administration

**administrativ** [atmɪnɪstra'ti:f] **1.** *Adj.* administrative. **2.** *adv.* administratively

**Administrator** [atmɪnɪs'tra:tɔr] **der; ~s, ~en** [-tra'to:rən] administrator

**administrieren** *itr. V.* administer

**Admiral** [atmi'ra:l] **der; ~s, ~e** *od.* **Admiräle** [atmi'rɛ:lə] **a)** admiral; **b)** *(Schmetterling)* red admiral

**Admiralität** [atmirali'tɛ:t] **die; ~, ~en** admirals *pl.*; *(Marineführung)* admiralty

**Admirals·rang der** rank of admiral; **im ~ stehen** hold the rank of admiral

**ADN** [a:de:'ɛn] *Abk. (DDR)* **Allgemeiner Deutscher Nachrichtendienst** *GDR press agency*

**Adoleszenz** [adolɛs'tsɛnts] **die; ~** *(bes. Med., Psych.)* adolescence

**Adonis** [a'do:nɪs] **der; ~, ~se** Adonis

**Adonis·röschen das** *(Bot.)* adonis; *(Adonis annua)* pheasant's eye

**adoptieren** [adɔp'ti:rən] *tr. V.* adopt

**Adoption** [adɔp'tsio:n] **die; ~, ~en** adoption

**Adoptiv-** [adɔp'ti:f-]: **~bruder der** adoptive brother; brother by adoption; **~eltern** *Pl.* adoptive parents; **~kind das** adoptive *or* adopted child; **~mutter die** adoptive mother; **~schwester die** adoptive sister; sister by adoption; **~sohn der** adoptive *or* adopted son; **~tochter die** adoptive *or* adopted daughter; **~vater der** adoptive father
**Adrenalin** [adrena'li:n] **das; ~s** *(Physiol., Med.)* adrenalin
**Adreß·änderung die** *(schweiz.)* change of address
**Adressat** [adrɛ'sa:t] **der; ~en, ~en, Adressatin die; ~, ~nen** addressee; *(einer Rede)* hearer; *(eines Buches)* reader; *(einer Sendung)* listener/viewer; *(nicht direkt angesprochen)* implied target
**Adreß·buch das: ~ [der Stadt]** [town/city] directory
**Adresse** [a'drɛsə] **die; ~, ~n a)** *(auch DV)* address; *(fig.: Unternehmen)* establishment; **unter folgender ~:** at the following address; **eine Warnung an jmds. ~** *(Akk.)* **richten** *(fig.)* address a warning to sb.; **sich an die richtige ~ wenden** go to the right quarters *(fig.)*; **bei jmdm. an die falsche ~ kommen** *od.* **geraten** *(ugs.)* come to the wrong address *(fig.)*; **bei jmdm. an der falschen ~ sein** *(ugs.)* have come to the wrong place *(fig.)*; **b)** *(geh.: Botschaft)* message; *(Meinungsäußerung)* address
**Adressen-: ~änderung die** change of address; **~büro das** mailing-list broker; **~liste die** address-list; **~verzeichnis das** directory of addresses
**adressieren** *tr. V.* address
**Adressier·maschine die** addressing-machine; Addressograph **(P)**
**adrett** [a'drɛt] **1.** *Adj.* smart. **2.** *adv.* smartly
**Adria** ['a:dria] **die; ~:** Adriatic
**adriatisch** [adri'a:tɪʃ] *Adj.* **das Adriatische Meer** the Adriatic [Sea]
**adrig, ädrig** *Adj. s.* **aderig, äderig**
**Adsorbens** [at'zɔrbɛns] **das; ~, Adsorbenzien** *od.* **Adsorbentia** *(Chemie, Physik)* adsorbent
**adsorbieren** *tr. V. (Chemie, Physik)* adsorb
**Adsorption** [atzɔrp'tsio:n] **die; ~, ~en** *(Chemie, Physik)* adsorption
**A-Dur das; ~** *(Musik)* A major; **Sonate/Etüde in ~:** sonata/study in A major; **die ~-Etüde** the A major study
**Advent** [at'vɛnt] **der; ~s a)** Advent; **b)** *(Adventssonntag)* Sunday in Advent
**Adventist der; ~en, ~en** *(Rel.)* Adventist
**Advents-: ~kalender der** Advent calendar; **~kranz der** *garland of evergreens with four candles for the Sundays in Advent;* **~sonntag der** Sunday in Advent
**Adverb** [at'vɛrp] **das; ~s, ~ien** *(Sprachw.)* adverb
**adverbial** [atvɛr'bia:l] *(Sprachw.)* **1.** *Adj.* adverbial; **~e Bestimmung** adverbial qualification. **2.** *adv.* adverbially; as an adverb
**Adverbial·satz der** adverbial clause
**adversativ** [atvɛrza'ti:f] *(Sprachw.)* **1.** *Adj.* adversative. **2.** *adv.* adversatively
**Advocatus Diaboli** [atvo'ka:tʊs di'a:boli] **der; ~ ~, Advocati ~** *(kath. Kirche, fig.)* devil's advocate
**Advokat** [atvo'ka:t] **der; ~en, ~en** *(österr., schweiz., sonst veralt.)* lawyer; advocate *(arch.)*; *(fig.: Fürsprecher)* advocate
**Advokatur** [atvoka'tu:ɐ̯] **die; ~, ~en** legal profession; *(Anwaltsbüro)* legal practice
**Advokatur·büro das** *(schweiz.)*, **Advokaturs·kanzlei die** *(österr.)* legal practice
**aerob** [ae'ro:p] *Adj. (Biol.)* aerobic
**Aerobic** [ɛ'ro:bɪk] **das; ~s;** *meist o. Art.* aerobics *sing.*
**aero-, Aero-** [aero- *od.* ɛ:ro-]: **~dynamik die** aerodynamics *sing.*; **~dynamisch** *Adj.* aerodynamic; **~gramm das** air[-mail] letter; **~sol** [~'zo:l] **das; ~s, ~e** aerosol

**Affaire** *(veralt., österr.)*, **Affäre die; ~, ~n** affair; *(Angelegenheit)* affair; business; **die ~ Dreyfus** the Dreyfus affair; **sich aus der ~ ziehen** *(ugs.)* get out of it; **eine ~ von ein paar Stunden/Mark** *(ugs.)* a matter of a few hours/marks
**Äffchen** ['ɛfçən] **das; ~s, ~:** little ape/monkey
**Affe** ['afə] **der; ~n, ~n a)** monkey; *(Menschen~)* ape; *(fig.)* **du bist wohl vom wilden ~n gebissen!** *(salopp)* you're off your head *(coll.) or (sl.)* rocker!; **seinem ~n Zucker geben** *(ugs.)* really let oneself go; **jmdn. zum ~n machen** *(ugs.)* make a monkey out of sb.; *s. auch* **lausen; Schleifstein; b)** *(derb: dummer Kerl)* oaf; clot *(Brit. sl.)*; **c)** *(derb: Geck)* dandy; **ein eingebildeter ~:** a conceited so-and-so *(coll.)*; **d)** *(Milit. ugs.)* knapsack; **e)** *(salopp: Rausch)* **einen ~n [sitzen] haben** be plastered *(sl.)*
**Affekt** [a'fɛkt] **der; ~[e]s, ~e a)** *(Gemütsbewegung)* feeling; emotion; affect *(Psych.)*; **im ~:** in the heat of the moment; **b)** *Pl. (Leidenschaften)* passions
**affekt·geladen** *Adj.* emotive
**Affekt·handlung die** emotive act
**affektiert** [afɛk'ti:ɐ̯t] *(abwertend)* **1.** *Adj.* affected. **2.** *adv.* affectedly
**Affektiertheit die; ~, ~en** affectedness; affectation
**affektiv** [afɛk'ti:f] *(Psych.)* **1.** *Adj.* affective. **2.** *adv.* affectively
**Affekt·stauung die** *(Psych.)* emotional block
**affen-, Affen-: ~arsch der** *(derb)* stupid bugger *(coarse)*; **das sind doch alles ~ärsche** they are a stupid lot of buggers *(coarse)*; **~artig** *Adj. (wie Menschenaffen)* apelike; **mit ~artiger Geschwindigkeit** *(ugs.)* like a bat out of hell *(coll.)*; **~brot·baum der** *(Bot.)* baobab *or* monkey-bread tree; **~haus das** monkey-house; **~hitze die** *(salopp)* blazing heat; **es herrschte gestern eine ~hitze** yesterday was a real scorcher; **~jacke die, ~jäckchen das** *(Soldatenspr. scherzh.)* monkey-jacket; **~käfig der** monkey-cage; **~liebe die** *(ugs.)* infatuation **(zu** with); **~mensch der** ape-man; **~pinscher der** affenpinscher; **~schande die** *(salopp)* **es ist eine ~schande** it's monstrous; **~schaukel die** *(ugs. scherzh.)* **a)** *(Milit.)* aiguillette; **b)** *(meist Pl.: Zopf)* looped plait; **~stall der** *(salopp)* dump *(coll.)*; hole *(coll.)*; **hier stinkt es wie in einem ~stall** *(derb)* this place smells like a pigsty *(sl.)*; **~tanz der** *(salopp) s.* **~theater; ~tempo das** *(salopp)* **mit einem ~tempo** like mad; like the clappers *(Brit. sl.)*; **ein ~tempo anschlagen** move like hell *(coll.)*; **~theater das** *(salopp)* farce; **~weibchen das** female ape; **~zahn der** *(salopp) s.* **~tempo; ~zirkus der** *(salopp) s.* **~theater**
**affig** *(ugs. abwertend)* **1.** *Adj.* dandyish; *(lächerlich)* ludicrous; *(affektiert)* affected. **2.** *adv.* **~ gekleidet** dressed in a dandyish/ludicrous/affected way
**Affigkeit die; ~** *(ugs. abwertend) s.* **affig:** dandyishness; ludicrousness; affectation
**Äffin** ['ɛfɪn] **die; ~, ~nen** female ape
**Affinität** [afini'tɛ:t] **die; ~, ~en** affinity **(zu** for)
**Affirmation** [afɪrma'tsio:n] **die; ~, ~en** *(geh.)* affirmation
**affirmativ** [afɪrma'ti:f] *Adj.* affirmative
**affizieren** [afi'tsi:rən] *tr. V. (geh.)* influence; affect
**Affront** [a'frõ:] **der; ~s, ~s** affront
**Afghane** [af'ga:nə] **der; ~n, ~n a)** Afghan; **b)** *(Hund)* Afghan hound
**Afghanin die; ~, ~nen** Afghan; *s. auch* **-in**
**afghanisch** *Adj.* Afghan
**Afghanistan** [af'ga:nɪsta:n] **(das); ~s** Afghanistan
**Afrika** ['a:frika] **(das); ~s** Africa
**Afrikaans** [afri'ka:ns] **das; ~** Afrikaans

**Afrika·forscher der** African explorer
**Afrikaner** [afri'ka:nɐ] **der; ~s, ~, Afrikanerin die; ~, ~nen** African; *s. auch* **-in**
**afrikanisch** *Adj.* African
**Afrikanistik die; ~:** African studies *pl., no art.*
**afro-, Afro-: ~amerikaner der** Afro-American; **~amerikanisch** *Adj.* Afro-American; **~-asiatisch** *Adj.* Afro-Asian; **~kubanisch** *Adj.* Afro-Cuban; **~-Look der** Afro look
**After** ['aftɐ] **der; ~s, ~:** anus
**After-: ~furche die** *(Anat.)* anal cleft; **~mieter der** *(veralt.)* subtenant; **~wissenschaft die** *(veralt. abwertend)* pseudo-science
**AG** [a:'ge:] *Abk.* **die; ~, ~s a) Aktiengesellschaft** PLC *(Brit.)*; Ltd. *(private company) (Brit.)*; Inc. *(Amer.)*; **b) Arbeitsgemeinschaft**
**Ägäis** [ɛ'gɛ:ɪs] **die; ~** Aegean
**ägäisch** *Adj.* Aegean
**Agave** [a'ga:və] **die; ~, ~n** *(Bot.)* agave
**Agende** [a'gɛndə] **die; ~, ~n** *(ev. Kirche)* liturgy
**Agens** ['a:gɛns] **das; ~, Agenzien** [a'gɛntsiən] driving force; *(Philos., Sprachw.)* agent
**Agent** [a'gɛnt] **der; ~en, ~en** agent
**Agenten-: ~aus·tausch der** exchange of [captured] agents; **~netz das** network of agents; **~ring der** spy ring; **~tätigkeit die** activity as a spy
**Agentin die; ~, ~nen** [female] agent
**Agent provocateur** [a'ʒã: provoka'tø:ɐ̯] **der; ~ ~, ~s ~s** agent provocateur
**Agentur** [agɛn'tu:ɐ̯] **die; ~, ~en** agency
**Agentur·bericht der, Agentur·meldung die** agency report
**Agglomerat** [aglome'ra:t] **das; ~[e]s, ~e a)** *(geh.: Anhäufung)* conglomeration; **b)** *(Geol.)* agglomerate
**Agglomeration** [aglomera'tsio:n] **die; ~, ~en** *(Soziol.)* agglomeration
**Agglutination** [aglutina'tsio:n] **die; ~, ~en** *(Sprachw.)* agglutination
**agglutinierend** [agluti'ni:rənt] *Adj. (Sprachw.)* agglutinative
**Aggregat** [agre'ga:t] **das; ~[e]s, ~e** *(Technik)* unit; *(Elektrot.)* set
**Aggregat·zustand der** *(Chemie)* state
**Aggression** [agrɛ'sio:n] **die; ~, ~en** aggression; **starke ~en haben** have strong feelings of aggression
**Agressions-: ~krieg der** war of aggression; **~politik die** policy of aggression; **~trieb der** aggressive drive
**aggressiv** [agrɛ'si:f] **1.** *Adj.* aggressive. **2.** *adv.* aggressively
**Aggressivität die; ~:** aggressiveness
**Aggressor** [a'grɛsɔr] **der; ~s, ~en** [-'so:ren] aggressor
**Ägide** [ɛ'gi:də] *(geh.) in* **unter jmds. ~** *(Dat.)* under sb.'s aegis
**agieren** [a'gi:rən] *itr. V. (auch Theater, fig.)* act; **als jmd. ~:** play sb.
**agil** [a'gi:l] *Adj. (beweglich)* agile; *(geistig rege)* mentally alert
**Agilität** [agili'tɛ:t] **die; ~:** agility; *(geistige Regsamkeit)* mental alertness
**Agitation** [agita'tsio:n] **die; ~** *(Politik)* agitation; **~ betreiben** agitate
**Agitator** [agi'ta:tɔr] **der; ~s, ~en** [-ta'to:ran] agitator
**agitatorisch 1.** *Adj.* agitative; inflammatory ⟨*speech*⟩. **2.** *adv.* for purposes of agitation
**agitieren 1.** *itr. V.* agitate. **2.** *tr. V.* stir up
**Agitprop** [agɪt'prɔp] **die; ~** *(Politik)* agitprop
**Agnostiker** [a'gnɔstikɐ] **der; ~s, ~:** *(Philos.)* agnostic
**Agnostizismus** [agnɔsti'tsɪsmʊs] **der; ~** *(Philos.)* agnosticism *no art.*
**Agonie** [ago'ni:] **die; ~, ~n: [die] ~:** the throes *pl.* of death; **in ~ liegen** be in the throes of death

**Agrar-** ['agra:ɐ̯]: **~erzeugnis das** agricultural *or* farm product; **~erzeugnisse** agricultural *or* farm produce *or* products; **~gesellschaft die** agrarian society

**Agrarier** [a'gra:ri̯ɐ] **der; ~s, ~** *(veralt.)* landowner

**agrarisch** *Adj.* agrarian; agricultural

**Agrar-: ~land das;** *Pl.* **~länder** agrarian country; **~markt der** agrarian *or* agricultural products market; **~politik die** agricultural policy; **~produkt das** *s.* **~erzeugnis; ~wissenschaft die** *s.* **Agronomie; ~zoll der** import tariff *(on agricultural produce)*

**Agrément** [a'gre'mã:] **das; ~s, ~s** *(Diplomatie)* **jmdm. das ~ erteilen/verweigern** accord/refuse an agrément to sb.

**Agri·kultur** [agri-] **die;** *o. Pl. (geh.)* agriculture *no art.*

**Agrikultur·chemie die, Agro·chemie** ['a:gro-] **die** *(DDR)* agricultural chemistry *no art.*

**Agronom** [agro'no:m] **der; ~en, ~en** agronomist

**Agronomie** [agrono'mi:] **die; ~:** agronomy *no art.*

**Agro·technik die** *(DDR)* agricultural technology *no art.*

**Ägypten** [ɛ'gʏptn̩] **(das); ~s** Egypt; **die Flucht nach ~:** the flight into Egypt

**Ägypter der; ~s, ~, Ägypterin die; ~, ~nen** Egyptian

**ägyptisch** *Adj.* Egyptian; *s. auch* **Finsternis a**

**Ägyptologe** [ɛgʏpto'lo:gə] **der; ~n, ~n** Egyptologist

**Ägyptologie** [ɛgʏptolo'gi:] **die; ~:** Egyptology *no art.*

**ah** [a:] *Interj. (verwundert)* oh; *(freudig, genießerisch)* ah; *(verstehend)* oh; ah

**äh** [ɛ(:)] *Interj.* **a)** *(angeekelt)* ugh; **b)** *(stotternd)* er; hum

**aha** [a'ha(:)] *Interj. (verstehend)* oh[, I see]; *(triumphierend)* aha

**Aha-Erlebnis das** *(Psych.)* aha experience

**ahd.** *Abk.* **althochdeutsch** OHG

**ahistorisch 1.** *Adj.* ahistorical. **2.** *adv.* ahistorically

**Ahle** ['a:lə] **die; ~, ~n** awl; *(des Schriftsetzers)* bodkin

**Ahn** [a:n] **der; ~[e]s,** *od.* **~en, ~en** *(geh.)* forebear; ancestor; *(fig.)* father

**ahnden** ['a:ndn̩] *tr. V. (geh.)* punish

**Ahndung die; ~:** punishment

[1]**Ahne der; ~n, ~n** *s.* **Ahn**

[2]**Ahne die; ~, ~n** *(geh.)* ancestress; forebear; *(fig.)* spiritual forebear

**ähneln** ['ɛ:nl̩n] *itr. V.* **jmdm. ~:** resemble *or* be like sb.; bear a resemblance to sb.; **jmdm. sehr/wenig ~:** strongly resemble *or* be very like sb./bear little resemblance to sb.; **das Mädchen ähnelt seiner Mutter** the girl takes after her mother; **jmdm. frappierend ~:** bear a striking resemblance to sb.; **einer Sache** *(Dat.)* **~:** be similar to sth.; be like sth.; **sich** *od. (geh.)* **einander ~:** resemble one another; be alike; **sich sehr/wenig ~:** resemble each other very strongly *or* be very much alike/bear little resemblance to each other

**ahnen** ['a:nən] **1.** *tr. V.* **a)** *(im voraus fühlen)* have a presentiment *or* premonition of; **etw. dumpf** *od.* **dunkel ~:** have a vague presentiment *or* premonition of sth.; sense sth. dimly; **b)** *(vermuten)* suspect; *(erraten)* guess; **wer soll denn ~, daß ...:** who would know that ...; how are you supposed to know that ...; **das konnte ich doch nicht ~!** I had no way of knowing that; **du ahnst es nicht, wen/wo/wie ...** you'll never guess whom/where/how ...; **ach, du ahnst es nicht!** *(salopp)* oh heck *(coll.)*; oh Lord *(coll.)*; **davon haben wir überhaupt nichts geahnt** we didn't suspect it for one moment; **nichts Böses ~:** be unsuspecting; **ohne es zu ~:** without suspecting *or* realizing [it]; **c)** *(vage erkennen)* just make out; **die Wagen waren in der Dunkelheit mehr zu ~ als zu sehen** one could sense the cars in the darkness, rather than see them. **2.** *itr. V. (geh.)* **mir ahnt nichts Gutes** I fear the worst; **es ahnte mir, daß ...:** I suspected that ...; **ihm ahnte Schreckliches** he was filled with *or* had a dreadful [sense of] foreboding

**Ahnen-: ~bild das a)** *(~porträt)* ancestral portrait; **b)** *(Völkerk.) s.* **~figur; ~figur die** *(Völkerk.)* figure *or* effigy of an ancestor; **~forschung die** genealogy; **~galerie die** gallery of ancestral portraits; **~kult der** ancestor-worship; **ein javanischer ~kult** a Javanese ancestor cult; **~paß der** *(ns.)* proof of ancestry *(proving Aryan descent)*; **~tafel die** genealogical table; **~verehrung die** ancestor-worship

**Ahn-: ~frau die** *(geh. veralt.)* [first] ancestress; *(fig.)* spiritual forebear; **~herr der** *(geh. veralt.)* [first] ancestor; *(fig.)* father

**ähnlich** ['ɛ:nlɪç] **1.** *Adj.* similar; **jmdm. ~ sein** be similar to *or* be like sb.; *(~ aussehen)* resemble sb.; be like sb.; **das Kind ist seinem Vater ~:** the child takes after his father; **sich** *(Dat.) od. (geh.)* **einander ~ sein** be similar to one another; be alike; *(~ aussehen)* resemble one another; be alike; **~ wie er/wir** like him/us; **~ wie etw. aussehen/klingen** look/sound like sth.; **ein einer Ratte ~es Tier** an animal similar to a rat; **das sieht dir/ihm ~!** *(ugs.)* that's you/him all over; that's just like you/him; **[etwas] Ähnliches** something similar. **2.** *adv.* similarly; ‹*answer, react*› in a similar way *or* manner; **~ dumm/naiv** *usw.* **argumentieren** argue in a similarly stupid/naïve *etc.* way *or* manner; **~ dumm/naiv sein** be similarly stupid/naïve; **uns geht es ~:** it is/will be much the same for us; *(wir denken, fühlen ~)* we feel much the same. **3.** *Präp. mit Dat.* like

**Ähnlichkeit die; ~, ~en** similarity; *(ähnliches Aussehen)* similarity; resemblance; **mit jmdm. ~ haben** be similar to *or* be like sb.; *(ähnlich aussehen)* bear a resemblance to *or* be like sb.; **mit etw. ~ haben** bear a similarity to sth.

**Ahnung die; ~, ~en a)** *(Vorgefühl)* presentiment; premonition; **eine ~ haben, daß ...:** have a feeling *or* hunch that ...; **b)** *(Befürchtung)* foreboding; **c)** *(ugs.: Kenntnisse)* knowledge; **von etw. [viel] ~ haben** know [a lot] about sth.; **keine ~!** [I've] no idea; [I] haven't a clue; **du hast doch keine ~:** you don't know the first thing about it; **nicht die geringste** *od.* **keine blasse ~ [von etw.] haben** not have the faintest idea [about sth.]; **haben Sie eine ~, wer/wie ...?** have you any idea who/how ...?; **von Tuten und Blasen keine ~ haben, keine ~ von Ackerbau und Viehzucht haben** *(salopp)* not know the first thing about it; **hast du 'ne ~!** *(ugs.)* that's what you think!

**ahnungs·los 1.** *Adj. (nichts ahnend)* unsuspecting; *(naiv, unschuldig)* naïve; innocent; *(unwissend)* naïve; **sich ~ stellen** play the innocent. **2.** *adv. (nichts ahnend)* unsuspectingly; all unawares; *(naiv, unschuldig)* naïvely; innocently; *(unwissend)* naïvely

**Ahnungslosigkeit die; ~** *(Naivität, Unschuld)* naïvety; innocence; *(Unwissenheit)* naïvety

**ahnungs·voll** *Adj. (geh.)* full of presentiment *postpos.*; *(geheimnisvoll)* mysterious; *(Böses ahnend)* full of foreboding *postpos.*

**ahoi** [a'hɔy] *Interj.* **a)** *(Seemannsspr.)* **Boot/Schiff** *usw.* **~!** boat/ship *etc.* ahoy!; **b)** *s.* **helau**

**Ahorn** ['a:hɔrn] **der; ~s, ~e** maple

**Ahorn-: ~blatt das** maple-leaf; **~sirup der** maple syrup

**Ähre** ['ɛ:rə] **die; ~, ~n** *(von Getreide)* ear; head; *(von Gräsern)* head; *(Bot.: von Blüten)* spike; **~n lesen** glean

**Ähren-: ~feld das** *(geh.)* field of [ripening/ripe] corn; **~kranz der** wreath of wheat-ears; **~lese die** *o. Pl.* gleaning

**Air** [ɛ:ɐ̯] **das; ~s, ~s a)** air; aura; **b)** *(Musik)* air

**Aids** [e:ts] **das; ~:** AIDS

**Aids-: ~kranke der/die** person suffering from AIDS; **~test der** AIDS test

**Air·bus** ['ɛ:ɐ̯-] **der** *(Flugw.)* airbus

**Airedale** ['ɛ:ɐ̯de:l] **der; ~s, ~s** Airedale

**Airedale·terrier der** Airedale terrier

**ais, Ais** ['a:ɪs] **das; ~, ~** *(Mus.)* A sharp

**Akademie** [akade'mi:] **die; ~, ~n a)** academy; **b)** *(Fachhochschule)* academy; *(Bergbau, Forst~, Bau~)* school; college; **c)** *(österr.: künstlerische Veranstaltung)* cultural function

**Akademie·mitglied das** member of the/an academy; academician

**Akademiker** [aka'de:mikɐ] **der; ~s, ~, Akademikerin die; ~, ~nen a)** *(Hochschulabsolvent)* [university/college] graduate; **b)** *s.* **Akademiemitglied**

**akademisch 1.** *Adj.; nicht präd.* academic; **~er Rat** [university] lecturer; **~er Oberrat** senior [university] lecturer; **der ~e Mittelbau** *the non-professional teaching staff;* **das ~e Proletariat** *the mass of jobless graduates and graduates working in jobs for which they are over-qualified;* **~er Lehrer** university teacher; **das ~e Viertel** *the 15 minutes' grace between the announced start and actual beginning of a lecture.* **2.** *adv.* academically; **~ [aus]gebildet sein** have [had] a university education; be university-educated; **dieses Problem stellt sich rein ~:** this problem is purely academic

**Akademisierung die; ~: die ~ des Bundestages schreitet weiter fort** the Bundestag is becoming increasingly peopled with [university] graduates

**Akanthus** [a'kantʊs] **der; ~, ~** *(Bot., Kunstwiss.)* acanthus

**akausal** *(Philos.)* **1.** *Adj.* acausal. **2.** *adv.* acausally

**Akazie** [a'ka:tsi̯ə] **die; ~, ~n** *(auch volkst.: Robinie)* acacia

**Akelei** [akə'lai̯] **die; ~, ~en** aquilegia; columbine

**Akklamation** [aklama'tsi̯o:n] **die; ~, ~en a)** *(Abstimmung durch Zuruf)* acclamation; **durch** *od.* **per ~:** by acclamation; **b)** *(selten: Beifall)* acclamation *no pl.*; acclaim *no pl.*

**akklamieren** [akla'mi:rən] *(geh.)* **1.** *itr. V. (zustimmen)* applaud. **2.** *tr. V. (durch Beifall)* acclaim

**Akklimatisation** [aklimatiza'tsi̯o:n] **die; ~, ~en** acclimatization

**akklimatisieren** *refl. V.* become *or* get acclimatized

**Akklimatisierung die; ~, ~en** *s.* **Akklimatisation**

**Akkolade** [ako'la:də] **die; ~, ~n a)** *(Hist., Musik)* accolade; **b)** *(Druckw.)* brace

**Akkord** [a'kɔrt] **der; ~[e]s, ~e a)** *(Musik)* chord; **b)** *(Wirtsch.) (~arbeit)* piece-work; *(~lohn)* piece-work pay *no indef. art., no pl.*; *(~satz)* piece-rate; **im ~ sein** *od.* **arbeiten** be on piece-work; **etw. im ~ tun** do sth. piece-work; **im ~ hergestellt werden** be manufactured by piece-workers; **c)** *(geh.: Übereinstimmung)* accord; **d)** *(Rechtsspr.: Einigung)* settlement

**Akkord-: ~arbeit die** piece-work; **in ~arbeit hergestellt werden** be manufactured by piece-workers; **~arbeiter der** piece-worker

**Akkordeon** [a'kɔrdeɔn] **das; ~s, ~s** accordion

**Akkordeonist der; ~en, ~en, Akkordeon·spieler der** accordionist

**Akkord-: ~lohn der** *(Wirtsch.)* piece-work pay *no indef. art., no pl.*; **~satz der** *(Wirtsch.)* piece-rate; **~zuschlag der** *(Wirtsch.)* piece-rate bonus

**akkreditieren** [akredi'ti:rən] *tr. V.* **a)** *(bes. Dipl.)* accredit (**bei** to); **b)** *(Finanzw.)* **jmdn. ~:** grant sb. credit facilities; **akkreditiert sein** have credit facilities

**Akkreditierung die;** ~, ~en **a)** *(bes. Dipl.)* accreditation (**bei** to); **b)** *(Finanzw.)* **meine ~ bei der Bank** my credit facilities *pl. or* credit arrangement at the bank; **eine ~ von DM 10 000,–:** provision of 10,000 DM of credit

**Akkreditiv** [akredi'ti:f] **das;** ~s, ~e **a)** *(Dipl.)* credentials *pl.;* **b)** *(Finanzw.)* letter of credit

**Akku** ['aku] **der;** ~s, ~s *(ugs.) s.* **Akkumulator a**

**Akkulturation** [akʊltura'tsio:n] **die;** ~, ~en *(Völkerk., Sozialpsych.)* acculturation

**akkulturieren** *tr. V. (Völkerk., Sozialpsych.)* acculturate

**Akkumulation** [akumula'tsio:n] **die;** ~, ~en *(geh., Wirtsch.)* accumulation

**Akkumulator** [akumu'la:tɔr] **der;** ~s, ~en [-la'to:rən] *(Technik)* **a)** *(Stromspeicher)* accumulator *(Brit.);* storage battery *or* cell; **b)** *(Druckspeicher, DV)* accumulator

**akkumulieren** *tr., itr., refl. V. (geh., Wirtsch., Soziol.)* accumulate

**akkurat** [aku'ra:t] **1.** *Adj.* **a)** *(sorgfältig)* meticulous; *(sauber)* neat; **b)** *(exakt, genau)* precise; exact. **2.** *adv.* **a)** *(sorgfältig)* meticulously; *(sauber)* neatly; **b)** *(exakt, genau)* precisely; exactly

**Akkuratesse** [akura'tɛsə] **die;** ~ **a)** *(Sorgfalt)* meticulousness; *(Sauberkeit)* neatness; **b)** *(Exaktheit, Genauigkeit)* precision

**Akkusativ** ['akuzati:f] **der;** ~s, ~e *(Sprachw.)* accusative [case]; *(Wort im ~)* accusative [form]; **im/mit dem ~ stehen** be in/take the accusative [case]

**Akkusativ·objekt das** *(Sprachw.)* accusative *or* direct object

**Akne** ['aknə] **die;** ~, ~n *(Med.)* acne

**Akonto** [a'kɔnto] **das;** ~s, ~s *od.* **Akonten** *(österr.),* **Akonto·zahlung die** *s.* **Anzahlung**

**akquirieren** [akvi'ri:rən] *itr. V. (Wirtsch.)* canvass [new] business

**Akquisiteur** [akvizi'tø:ɐ̯] **der;** ~s, ~e *(Wirtsch.)* canvasser

**Akquisition** [akvizi'tsio:n] **die;** ~, ~en *(Wirtsch.)* canvassing *no art.* for [new] business

**Akquisitor** [akvi'zi:tɔr] **der;** ~s, ~en [-zi'to:rən] *(österr.)* canvasser

**Akribie** [akri'bi:] **die;** ~ *(geh.)* meticulousness; meticulous precision

**akribisch** [a'kri:bɪʃ] **1.** *Adj.* meticulous; meticulously precise. **2.** *adv.* meticulously; with meticulous precision; **~ genau** meticulously accurate

**Akrobat** [akro'ba:t] **der;** ~en, ~en acrobat

**Akrobaten·truppe die** troupe of acrobats

**Akrobatik die;** ~ **a)** *(Körperbeherrschung)* acrobatic skill; **b)** *(akrobatische Übungen)* acrobatics *pl.*

**Akrobatin die;** ~, ~nen acrobat

**akrobatisch 1.** *Adj.* acrobatic. **2.** *adv.* acrobatically

**Akronym** [akro'ny:m] **das;** ~s, ~e *(Sprachw.)* acronym

**¹Akt** [akt] **der;** ~[e]s, ~e **a)** *(auch Theater, Zirkus~, Varieté~)* act; **b)** *(Zeremonie)* ceremony; ceremonial act; **c)** *(Geschlechts~)* sexual act; **d)** *(~bild)* nude; **e)** *(Amtshandlung)* action

**²Akt der;** ~[e]s, ~en *(bes. südd., österr.) s.* **Akte**

**Akt-: ~aufnahme die** nude photograph; **~bild das** nude [picture]

**Akte die;** ~, ~n file; **die ~ Schulze** the Schulze file; **das kommt in die ~n** it goes on file; **~n über jmdn./etw. führen** keep a file on sb./sth.; **etw. zu den ~n legen** file sth. away; *(fig.)* lay sth. to rest; **über etw.** *(Akk.)* **die ~n schließen** close the file on sth.

**akten-, Akten-: ~berg der** *(ugs.)* mountain of files; **~deckel der** folder; **~einsicht die** *(Amtsspr.)* **~einsicht nehmen** examine the files; **jmdm. ~einsicht gewähren** allow sb. to examine the files; **~koffer der,** *(iron.)* **~köfferchen das** attaché case; **~kundig** *Adj.; nicht attr.* on record; **~kundig werden** go on file; be recorded; **~mappe die a)** *(~tasche)* brief-case; **b)** *(~deckel)* folder; **~notiz die a)** note [for the files]; **sich** *(Dat.)* **eine kurze ~notiz von etw. machen** make a brief note of sth. [for the files]; **b)** *(längeres Schreiben)* memorandum; **~ordner der** file; **~schrank der** filing cabinet; **~stoß der** stack *or* pile of files; **~tasche die** brief-case; **~vermerk der** *s.* **~notiz a; ~wolf der** [paper-]shredder; **~zeichen das** reference

**Akteur** [ak'tø:ɐ̯] **der;** ~s, ~e person involved; *(Theater)* member of the cast; *(Varieté)* performer; *(Sportjargon)* player; *(Boxen, Ringen)* contestant

**Akt-: ~foto das** nude photo; **~fotografie die a)** *o. Pl.* nude photography *no art.;* **b)** *(Bild)* nude photograph; **~gemälde das** nude [painting]

**Aktie** ['aktsiə] **die;** ~, ~n *(Wirtsch.)* share; **~n** shares *(Brit.);* stock *(Amer.);* **sein Geld in ~n anlegen** invest one's money in shares *(Brit.) or (Amer.)* stocks; **die ~n fallen/steigen** share *or* stock prices are falling/rising; **junge ~n** new-issue shares *or* stocks; **wie stehen die ~n?** *(ugs. scherzh.) (wie geht's)* how are things?; *(wie sind die Chancen)* what are the prospects?; **seine/meine** *usw.* **~n steigen** *(fig. ugs.)* his/my *etc.* prospects are improving

**Aktien-: ~besitz der** shareholdings *pl.;* **~besitzer der** shareholder; **~gesellschaft die** joint-stock company; **~index der** share index; **~kapital das** share capital; **~kurs der** share price; **~markt der** stock market; **~mehrheit die** majority shareholding (*Gen.* in); **~paket das** block of shares; **~urkunde die** share certificate *(Brit.);* stock certificate *(Amer.)*

**Aktion** [ak'tsio:n] **die;** ~, ~en **a)** *(Unternehmung)* action *no indef. art.; (militärisch)* operation; **revolutionäre/politische ~en** revolutionary/political action *sing.;* **b)** *(Kampagne)* campaign; **~ saubere Umwelt** campaign to clean up the environment; *s. auch* **konzertiert; c)** *o. Pl. (das Handeln)* action; **in ~ treten** go into action; ⟨*safety device*⟩ come into action; **d)** *(Kaufmannsspr.: Verkauf zu Sonderpreisen)* sale

**Aktionär** [aktsio'nɛ:ɐ̯] **der;** ~s, ~e, **Aktionärin die;** ~, ~nen shareholder

**Aktionärs·versammlung die** shareholders' meeting

**Aktionismus der;** ~: actionism *no art.*

**Aktionist der;** ~en, ~en, **Aktionistin die;** ~, ~nen actionist

**aktionistisch 1.** *Adj.* actionist[ic]. **2.** *adv.* actionistically

**aktions-, Aktions-: ~art die** *(Sprachw.)* aspect; **~ausschuß der** action committee; **~bereich der** *s.* **~radius; ~einheit die** united action *no art.* (*Gen.* by); **~fähig** *Adj.* capable of action *postpos.;* **~fähigkeit die** ability to act; **~gemeinschaft die: eine ~gemeinschaft herstellen/fordern** bring about/demand united action (**von** by); **~gruppe die** action group; **~komitee das** action committee; **~preis der** *(Kaufmannsspr.)* sale price; **zum ~preis** at sale price; **~programm das** programme for action; **~radius der a)** *(Luftwaffe, Seew.)* radius of action; **b)** *(Wirkungsbereich)* range of activity; **~unfähig** *Adj.* incapable of action *postpos.;* **~zentrum das a)** *(Mittelpunkt)* centre *or* focus for action; **b)** *(Met.)* centre of action

**aktiv** [ak'ti:f] **1.** *Adj.* **a)** *(auch Chemie)* active; **b)** *(Milit.)* serving *attrib.* ⟨*officer, soldier*⟩; **er ist Soldat im ~en Dienst** he is a serving soldier; **er war in Vietnam ~:** he served in Vietnam; **c) ~e Bestechung** offering of a bribe/bribes to an official; **~e Handelsbilanz** favourable balance of trade; **~er Wortschatz** active vocabulary. **2.** *adv.* actively; **sich ~ verhalten** be active

**¹Aktiv** ['akti:f] **das;** ~s, ~e *(Sprachw.)* active; **im ~ stehen** be in the active

**²Aktiv** [ak'ti:f] **das;** ~s, ~e *od.* ~s *(bes. DDR)* committee

**¹-aktiv** *Adj. (Werbespr.)* **saug~:** extra-absorbent; **wasch~e Substanzen** substances with a strong cleansing action; **atmungs~es Gewebe** fabric which allows the skin to breathe

**²-aktiv das;** ~s, ~e *od.* ~s *(bes. DDR)* **Verkehrssicherheits~/Bezirks~/Eltern~** *usw.* traffic safety/district/parents *etc.* committee

**Aktiva** [ak'ti:va] *Pl. (Wirtsch.)* assets

**Aktiv·bürger der** *(schweiz.) citizen with full political and civil rights*

**¹Aktive** [ak'ti:və] **der/die;** *adj. Dekl. (Sport)* participant; *(eines Vereins, einer Gewerkschaft)* active member; *(der Feuerwehr)* regular

**²Aktive die;** ~n, ~n *(salopp) (nicht selbstgedrehte Zigarette)* real fag *(Brit. sl.);* store-bought cigarette *(Amer.); (filterlose Zigarette)* plain fag *(sl.);* non-filter

**Aktiven** *Pl.: s.* **Aktiva**

**Aktiv·geschäft das** *(Finanzw.)* lending and investment business

**aktivierbar** *Adj.* **er ist/sie sind** *usw.* **[politisch] ~:** he/they *etc.* can be [politically] mobilized

**aktivieren** *tr. V.* **a)** mobilize ⟨*party members, group, class, etc.*⟩; intensify, step up ⟨*work, campaign*⟩; **den Kreislauf ~:** stimulate the circulation; **alte Freundschaften ~:** revive old friendships; **Beziehungen ~:** reactivate connections; **b)** *(Chemie)* activate; **c)** *(Finanzw.)* **etw. ~:** enter sth. on the assets side

**Aktivierung die;** ~, ~en **a)** *(von Parteimitgliedern, einer Gruppe, Klasse)* mobilization; *(einer Arbeit, Kampagne)* intensification; *(von Beziehungen)* reactivation; **die ~ des Kreislaufs/alter Freundschaften** stimulation of the circulation/reviving old friendships; **b)** *(Chemie)* activation; **c)** *(Finanzw.)* entry on the assets side; **die ~ von etw.** entering sth. on the assets side

**aktivisch** *(Sprachw.)* **1.** *Adj.* active. **2.** *adv.* actively; in the active form

**Aktivismus der;** ~ *(Politik)* activism *no art.*

**Aktivist der;** ~en, ~en activist

**Aktivisten-: ~bewegung die** *(DDR)* activists' movement; **~schule die** *(DDR)* school for activists

**Aktivistin die;** ~, ~nen activist

**aktivistisch** *(Politik) Adj.* activist

**Aktivität** [aktivi'tɛ:t] **die;** ~, ~en *(auch Chemie, Radio~)* activity

**Aktiv-: ~kohle die** activated carbon *or* charcoal; **~posten der** *(Kaufmannsspr., fig.)* asset; **~saldo der** *(Kaufmannsspr.)* credit balance; **~seite die** *(Kaufmannsspr.)* assets side; **~urlaub der** *(Werbespr.)* activity holiday; **~vermögen das** *(Kaufmannsspr.)* realizable assets *pl.;* **~zinsen** *Pl. (Kaufmannsspr.)* interest *sing.* receivable

**Akt-: ~malerei die** nude painting *no art.;* **~modell das** nude model

**Aktrice** [ak'tri:sə] **die;** ~, ~n actress

**Akt·studie die** nude study

**aktualisieren** [aktuali'zi:rən] **1.** *tr. V.* update. **2.** *refl. V. (sich manifestieren)* be evident *or* clearly visible

**Aktualisierung die;** ~, ~en updating; **er sorgte für die ~ des Themas** he ensured that the subject was made topical

**Aktualität** [aktu̯ali'tɛ:t] **die; ~, ~en a)** *(Gegenwartsbezug)* relevance [to the present]; **b)** *(von Nachrichten usw.)* topicality; **c)** *(Mode, Werbespr.)* up-to-the-minute style

**Aktuar** [ak'tu̯a:ɐ̯] **der; ~s, ~e a)** *(schweiz.: Schriftführer)* secretary; **b)** *(veralt.) s.* **Gerichtsschreiber**

**aktuell** [ak'tu̯ɛl] **1.** *Adj.* **a)** *(gegenwartsbezogen)* topical; *(gegenwärtig)* current; **von ~er Bedeutung** of relevance to the present *or* current situation; **dieses Problem ist nicht mehr ~:** this is no longer a problem; **b)** *(neu)* up-to-the-minute; **das Aktuellste von den Olympischen Spielen** the latest from the Olympics; **eine ~e Sendung** *(Ferns., Rundf.)* a [news and] current affairs programme; **c)** *(geh.: real)* real; **d)** *(Mode, Werbespr.)* fashionable; **in den ~en Farben** in the latest colours. **2.** *adv.* currently

**Akt-: ~zeichnen das** nude drawing *no art.*; **~zeichnung die** nude drawing

**Akupressur** [akuprɛ'su:ɐ̯] **die; ~, ~en** *(Med.)* acupressure

**Akupunkteur** [akupʊŋk'tø:ɐ̯] **der; ~s, ~e** *(Med.)* acupuncturist

**akupunktieren** *(Med.)* **1.** *tr. V.* perform acupuncture on; **sich ~ lassen** have acupuncture. **2.** *itr. V.* perform acupuncture

**Akupunktur** [akupʊŋk'tu:ɐ̯] **die; ~, ~en** *(Med.)* acupuncture

**Akustik** [a'kʊstɪk] **die; ~ a)** *(Lehre vom Schall)* acoustics *sing., no art.*; **b)** *(Schallverhältnisse)* acoustics *pl.*

**akustisch 1.** *Adj.* acoustic. **2.** *adv.* acoustically; **ich habe Sie ~ nicht verstanden** I didn't hear *or* catch what you said

**akut** [a'ku:t] **1.** *Adj.* **a)** *(vordringlich)* acute; pressing, urgent ‹*question, issue*›; **b)** *(Med.)* acute. **2.** *adv. (Med.)* in an acute form; **~ auftretende Asthmaanfälle** acute attacks of asthma

**Akut der; ~[e]s, ~e** *(Schriftw.)* acute [accent]

**AKW** [a:ka:'ve:] **das; ~[s], ~s** *Abk.* **Atomkraftwerk**

**Akzeleration** [aktselera'tsi̯o:n] **die; ~, ~en** *(Anthrop., Astron.)* acceleration

**Akzelerator** [aktsele'ra:tɔr] **der; ~s, ~en** [-ra'to:rən] *(Kerntechnik)* accelerator

**Akzent** [ak'tsɛnt] **der; ~[e]s, ~e a)** *(Sprachw.) (Betonung)* accent; stress; *(Betonungszeichen)* accent; **b)** *(Sprachmelodie, Aussprache)* accent; **mit starkem koreanischem ~:** with a strong Korean accent; **c)** *(Nachdruck, Gewicht)* emphasis; stress; *(in der Mode)* accent; **den ~ [besonders] auf etw.** *(Akk.)* **legen** lay *or* put [particular] emphasis *or* stress on sth.; **die ~e werden verschoben** the emphasis *or* stress is shifted; **neue ~e setzen** set new directions; **diesen Herbst liegen die [modischen] ~e bei ...:** this autumn the accent is on ...; **1969 hat neue ~e gesetzt** 1969 saw the beginning of new trends

**akzent·frei 1.** *Adj.* without an *or* any accent *postpos.* **2.** *adv.* without an *or* any accent

**akzentuieren** [aktsɛntu'i:rən] *tr. V.* **a)** *(deutlich aussprechen)* enunciate; articulate; *(betonen)* accentuate; stress; **b)** *(fig.: hervorheben, auch Mode)* accentuate

**Akzent·verschiebung die a)** *(Sprachw.)* stress shift; **b)** *(fig.)* shift of emphasis

**Akzept** [ak'tsɛpt] **das; ~[e]s, ~e** *(Finanzw.)* acceptance

**akzeptabel** [aktsɛp'ta:bl̩] **1.** *Adj.* acceptable. **2.** *adv.* acceptably

**Akzeptanz** [aktsɛp'tants] **die** *(bes. Werbespr.)* acceptance

**akzeptieren** *tr. V.* accept

**Akzidens** ['aktsidɛns] **das; ~, Akzidenzien a)** *(Philos.)* accident; accidental property; **b)** *(Musik)* accidental

**akzidentell** [aktsidɛn'tɛl], **akzidentiell** [-'tsi̯ɛl] *Adj.* **a)** *(Philos., geh.)* accidental (*Dat.* to); **b)** *(Med.)* accidental

**Akzidenz** [aktsi'dɛnts] **die; ~, ~en** *(Druckw.)* job; **~en** job-work *sing.*; job printing *sing.*

**à la** [a la] *(Gastr., ugs.: im Stile von)* à la

**alaaf** [a'la:f] *Interj. (rhein.)* hurrah; hurray; **Kölle ~!** hurrah, Cologne!

**Alabaster** [ala'bastɐ] **der; ~s, ~:** alabaster

**alabastern** *Adj. (geh.)* alabaster

**à la carte** [ala'kart] *(Gastr.)* à la carte

**Alarm** [a'larm] **der; ~[e]s, ~e a)** *(Warnung)* alarm; *(Flieger~)* air-raid warning; **~ geben** raise *or* sound *or* give the alarm; **blinder ~:** false alarm; **~ schlagen** *(ugs.)* raise *or* sound the alarm; **bei ~:** if there is an alarm; **b)** *(~zustand)* alert; **da war ständig ~:** there was a permanent state of alert

**alarm-, Alarm-: ~anlage die** alarm system; **~bereit** *Adj.* on alert *postpos.*; ‹*fire crew, police*› on stand-by *postpos.*, standing by *pred.*; **~bereitschaft die** *s.* **~bereit:** alert; **in [ständiger] ~bereitschaft** on [permanent] alert/stand-by; **jmdn./etw. in ~bereitschaft versetzen** place *or* put sb./sth. on alert/stand-by; **~fall der** alert; **im ~fall** in case of alert; in the event of an alert; **~glocke die** alarm bell

**alarmieren** *tr. V.* **a)** *(zu Hilfe rufen)* call [out] ‹*doctor, police, fire brigade, etc.*›; **b)** *(warnen)* alarm; **~d** alarming; **nichts Alarmierendes** nothing alarming

**Alarmierung die; ~: bei rechtzeitiger ~ der Bergwacht** *usw.* if the mountain rescue service *etc.* is/had been called [out] in time; **eine sofortige ~ der Feuerwehr wäre geboten gewesen** the fire service *or (Amer.)* department should have been called [out] immediately; **zur ~ aller Demokraten führen** cause alarm on the part of all democrats

**Alarm-: ~klingel die** alarm bell; **~pikett das** *(schweiz.) s.* **Überfallkommando; ~ruf der** *(fig.)* warning cry; **~signal das** *(auch fig.)* warning signal; **~sirene die** alarm *or* warning siren; **~stufe die** alert stage; **höchste ~stufe** maximum alert; **~stufe eins/zwei/drei** stage one/two/three alert; **~übung die** practice drill; *(Milit.)* practice alert; **~vor·richtung die** alarm [device]; **~zeichen das** *(fig.)* warning signal; **~zustand der** state of alert; **sich im ~zustand befinden** ‹*troops*› be on alert; ‹*fire service, police*› be on stand-by; ‹*country, province*› be on a state of alert; **in den ~zustand versetzen** put ‹*troops*› on alert; place *or* put ‹*fire service, police*› on stand-by; place *or* put ‹*country, province*› on a state of alert

**Alaska** [a'laska] **(das); ~s** Alaska

**Alaun** [a'laun] **der; ~s, ~e** alum

**Alaun·stift der** styptic pencil

**A-Laut der** A-sound

**Alb** [alp] **der; ~[e]s, ~en** *(Myth.)* elf

**Albaner** [al'ba:nɐ] **der; ~s, ~, Albanerin die; ~, ~nen** Albanian

**Albanien** [al'ba:ni̯ən] **(das); ~s** Albania

**albanisch** *Adj.* Albanian; *s. auch* **deutsch**

**Albanisch das; ~s** Albanian; *s. auch* **Deutsch**

**Albatros** ['albatrɔs] **der; ~, ~se** *(Zool.)* albatross

**Alb·druck** *s.* **Alpdruck**

**Albe** ['albə] **die; ~, ~n** *(christl. Kirchen)* alb

**Alben** *s.* **Alb, Albe, Album**

**Alberei die; ~, ~en** *s.* **Albernheit b**

**¹albern** *itr. V.* fool about *or* around

**²albern** *Adj.* **a)** *(kindisch, töricht)* silly; foolish; **~es Zeug reden** talk silly *or* foolish nonsense; **stell dich nicht so ~ an** don't be so silly; **sich ~ benehmen** act silly; **sich** *(Dat.)* **~ vorkommen** feel silly; feel a fool; **b)** *(ugs.: nebensächlich)* silly; stupid

**Albernheit die; ~, ~en a)** *o. Pl. (albernes Verhalten)* silliness,; foolishness; **b)** *(alberne Handlung)* silliness; *(alberne Bemerkung/alberner Witz)* silly remark/joke; **diese ~en** this silliness *sing.*

**Albinismus** [albi'nɪsmʊs] **der; ~** albinism

**Albino** [al'bi:no] **der; ~s, ~s** albino

**Alb·traum** *s.* **Alptraum**

**Album** ['albʊm] **das; ~s, Alben** album

**Albumin** [albu'mi:n] **das; ~s, ~e** *(Biol.)* albumin

**Alchemie** [alçe'mi:] **die; ~** *(bes. österr.)*, **Alchimie** [alçi'mi:] **die; ~:** alchemy *no art.*

**Alchemist der; ~en, ~en** *(bes. österr.)*, **Alchemistin die; ~, ~nen** *(bes. österr.)*, **Alchimist der; ~en, ~en, Alchimistin die; ~, ~nen** alchemist

**Alchimisten·küche die** alchemist's laboratory

**alchimistisch 1.** *Adj.* alchemical; alchemistic. **2.** *adv.* alchemistically; **~ beeinflußt** influenced by alchemy

**Aldehyd** [alde'hy:t] **der; ~s, ~e** *(Chem.)* aldehyde

**Alemanne** [alə'manə] **der; ~n, ~n, Alemannin die; ~, ~nen** Alemannian; **die ~n** Alemannians; *(Hist.)* the Alemanni

**alemannisch** *Adj.* Alemannic

**alert** [a'lɛrt] *Adj. (ugs.)* dynamic

**Aleuten** [ale'u:tn̩] *Pl.* **die ~:** the Aleutian Islands; the Aleutians

**Alexandriner** [alɛksan'dri:nɐ] **der; ~s, ~** *(Verslehre)* alexandrine

**Alfa·gras** ['alfa-] **das** alfa grass

**Alge** ['algə] **die; ~, ~n** alga

**Algebra** ['algebra, *österr.:* al'ge:bra] **die; ~,** *(fachspr.)* **Algebren** algebra

**Algebraiker der; ~s, ~, Algebraikerin die; ~, ~nen** algebraist

**algebraisch 1.** *Adj.* algebraic. **2.** *adv.* algebraically

**Algen-: ~pest die** seaweed plague; **~pilz der** comycete

**Algerien** [al'ge:ri̯ən] **(das); ~s** Algeria

**Algerier der; ~s, ~, Algerierin die; ~, ~nen** Algerian

**algerisch** *Adj.* Algerian

**Algier** ['alʒi:ɐ̯] **(das); ~s** Algiers

**Algorithmus** [algo'rɪtmʊs] **der; ~, Algorithmen** *(Math., DV)* algorithm

**alias** ['a:li̯as] *Adv.* alias

**Alibi** ['a:libi] **das; ~s, ~s a)** *(Rechtsw.)* alibi; **b)** *(Ausrede)* alibi *(coll.)*; excuse

**Alibi-: ~frau die** token woman; **~funktion die** use as an alibi *(coll.) or* excuse; **~funktion haben** serve as an alibi *(coll.) or* excuse

**Alimente** [ali'mɛntə] *Pl. (veralt., noch ugs.)* maintenance *sing. (esp. for illegitimate child)*; **jmdn. auf ~ verklagen** sue sb. for maintenance

**Alk** [alk] **der; ~[e]s, ~en** *(Zool.)* auk

**alkäisch** [al'kɛ:ɪʃ] *Adj. (Verslehre)* alcaic

**Alkali** [al'ka:li] **das; ~s, Alkalien** alkali

**alkali·frei** *Adj. (Werbespr.)* non-alkaline

**alkalisch** *Adj. (Chemie)* alkaline

**Alkaloid** [alkalo'i:t] **das; ~[e]s, ~e** *(Chemie)* alkaloid

**Alki** ['alki] **der; ~s, ~s** *(salopp)* wino *(sl.)*

**Alkohol** ['alkoho:l] **der; ~s, ~e** alcohol; **unter ~ stehen** *(ugs.)* be under the influence *(coll.)*; **jmdn. unter ~ setzen** *(ugs.)* get sb. drunk; *s. auch* **ertränken**

**alkohol-, Alkohol-: ~abhängig** *Adj.* dependent on alcohol *postpos.*; **~abhängigkeit die** dependence on alcohol; alcohol dependence; **~arm** *Adj.* low in alcohol *pred.*; **~ausschank der** sale of alcohol[ic drinks]; **Kiosken ist der ~ausschank verboten** kiosks are forbidden to sell alcohol; **„kein ~ausschank an Jugendliche"** 'no alcohol may be sold to persons under 18'; **~ein·fluß der, ~ein·wirkung die** influence of alcohol *or* drink; **unter ~einfluß** *od.* **~einwirkung [stehen]** [be] under the influence of alcohol *or* drink; **~fahne die** smell of alcohol [on one's breath]; **eine ~fahne haben** smell of alcohol; **jmds. ~fahne riechen** smell the alcohol on sb.'s breath; **~frei** *Adj.* **a)** *(ohne ~gehalt)* non-alcoholic;

~freie Getränke soft *or* non-alcoholic drinks; **b)** *(ohne ~ausschank)* dry ⟨*country, state, etc.*⟩; **c)** *(ohne ~genuß)* ⟨*day, week, etc.*⟩ without alcohol; **einen ~freien Tag einlegen** spend a day without drinking alcohol; **~gegner der** opponent of alcohol; **~gehalt der** alcohol content; **~genuß der;** *o. Pl.* consumption of alcohol; **infolge ~genusses** as a result of consuming alcohol; **~haltig** *Adj.* containing alcohol *postpos., not pred.;* **~haltige Getränke** alcoholic drinks; **wenig/stark ~haltig sein** have a low/high alcohol content

**Alkoholika** [alko'ho:lika] *Pl.* alcoholic drinks

**Alkohọliker der; ~s, ~, Alkohọlikerin die; ~, ~nen** alcoholic

**alkohọlisch** *Adj.* alcoholic

**alkoholisi̱eren** *tr. V.* **a)** *(mit Alkohol versetzen)* alcoholize; **b)** *(scherzh.: betrunken machen)* **jmdn. ~:** get sb. drunk

**alkoholisi̱ert** *Adj.* inebriated; **in ~em Zustand** in a state of inebriation

**Alkoholịsmus der;** ~: alcoholism *no art.*

**ạlkohol-, Ạlkohol-: ~konsum der** consumption of alcohol; **er hat in letzter Zeit einen beträchtlichen ~konsum** *(ugs.)* he has recently been hitting the bottle *(coll.);* **~krank** *Adj. (Med.)* alcoholic; **~mißbrauch der** alcohol abuse; **~pegel der** *(scherzh.)* level of alcohol in one's blood; **sein ~pegel war schon ganz beträchtlich** he was already well primed; **~reich** *Adj.* ⟨*drink, wine, etc.*⟩ with a high alcohol content; **~reich sein** have a high alcohol content; **~schmuggler der** bootlegger; **~spiegel der** level of alcohol in one's blood; **~steuer die** duty *or* tax on alcohol; **~sucht die** alcohol addiction; alcoholism; **~süchtig** *Adj.* addicted to alcohol *postpos.;* alcoholic; **~süchtige der/die;** *adj. Dekl.* alcoholic; **~sünder der** *(ugs.)* drunk[en] driver; **~verbot das** ban on alcohol; **es herrschte ~verbot** alcohol was banned; **~vergiftung die** alcohol[ic] poisoning

**Alkoven** [al'ko:vn̩] **der;** ~s, ~ alcove; *(Bettnische)* bed-recess

**all** [al] *Indefinitpron. u. unbest. Zahlw.* **1.** *attr. (ganz, gesamt...)* all; **in ~er Deutlichkeit** in all clarity; **~e Freude, die sie empfunden hat** all the joy she felt; **~es Geld, das ich noch habe** all the money I have left; **~er Eifer nützte ihm nichts** all his zeal was to no avail; **ich kann diese Leute ~e nicht leiden** I can't stand any of these people; **ich will euch ~e nicht mehr sehen** I don't want to see any of you again; **die Ärzte verdienen ~e sehr viel** doctors all earn a great deal; **~es Geld spendete sie dem Roten Kreuz** she donated all her money to the Red Cross; **~es Leid der Welt** all the suffering in the world; **~ unser/mein** *usw.* **...:** all our/my *etc.* ...; **~es andere/Weitere/übrige** everything else; **~es übrige hat sich nicht geändert** nothing else has changed; **~es Schöne/Neue/Fremde** everything *or* all that is beautiful/new/strange; **~es Gute!** all the best!; **~e Fenster schließen** close all the windows; **sie gaben ~e Waffen ab** they handed in all their weapons; **wir/ihr/sie ~e** all of us/you/them; we/you/they all; **das sagen sie ~e** *(ugs.)* that's what they all say; **~e Beteiligten/Anwesenden** all those involved/present; **trotz ~er Vorbehalte werde ich ...:** in spite of all my reservations I shall ...; **~e beide/~e zehn** both of them/all ten of them; **~e Männer/Frauen/Kinder** all men/women/children; **~e Mädchen über zwölf Jahre** all girls over twelve; **~e Mädchen in der Schule** all the girls in the school; **~e Bewohner der Stadt** all the inhabitants of the town; **ohne ~en Anlaß** for no reason [at all]; without any reason [at all]; **gegen ~e Erwartungen** contrary to all expectations; **~e Jahre wieder** every year; **~e fünf Minuten/Meter** every five minutes/metres; **Bücher ~er Art** books of all kinds; all kinds of books; **in ~er Eile** with all haste; **in ~er Ruhe** in peace and quiet; **trotz ~er Versuche/Anstrengungen** despite all [his/her/their/*etc.*] attempts/efforts. **2.** *alleinstehend* **a)** *(gesamt..., sämtlich)* everything; **~es geht vorüber** everything passes [in time]; **~es für die Braut/den Bastler** everything for the bride/handicraft enthusiast; **das ~es** all that; **ich weiß nicht, was das ~es soll** I don't know what all that is supposed to mean; **das ist ~es Unsinn** that is all nonsense; **von ~em etwas verstehen/wissen** understand/know a bit about everything; **wer ~es war** *od.* **wer war ~es dort** who was there?; **wen ~es habt ihr getroffen?** who did you meet?; **das sind ~es Gauner** they're all scoundrels; **was gab es dort ~es zu sehen?** what was there to see?; **was es nicht ~es gibt!** well, would you believe it!; well, I never!; **~[es] und jedes** everything; *(wahllos)* anything and everything; **trotz ~em** in spite of *or* despite everything; **sie liebt ihren Hund über ~es** she loves her dog more than anything else; **zu ~em fähig sein** *(fig.)* be capable of anything; **~es schon mal dagewesen** *(ugs.)* it's all happened before; **das kenne ich ~es schon** I've heard it all before; **~es in ~em** all in all; **vor ~em** above all; **~es klar** *od.* **in Ordnung** *(ugs.)* everything's fine *or (coll.)* OK; **~es klar?** everything all right *or (coll.)* OK?; **dann treffen wir uns um 5$^{00}$ Uhr, ~es klar?** we'll meet at 5 o'clock then, all right *or (coll.)* OK?; **das ist ~es** that's all *or (coll.)* it; **ist das ~es?** is that all *or (coll.)* it?; **nach ~em, was man hört/weiß** to judge from everything *or* all one hears/knows; **b)** *(jeder einzelne)* all; **~e miteinander** all together; **ihr seid/wir sind/sie sind ..., ~e miteinander** you/we/they are ..., all of you/us/them; **~e auf einmal** all at once; **sprecht nicht ~e auf einmal!** don't all speak at once; **am besten, wir gehen ~e auf einmal zum Chef** the best thing would be for us all to go and see the boss together; **~e, die ...:** all those who ...; **der Kampf ~er gegen ~e** unfettered competition; **in ~em einverstanden sein** agree *or* be agreed on everything; **von ~em etwas nehmen** take a bit of everything; **er ist bei ~em, was er tut, sehr genau** he is very precise in everything he does; **sie ist in ~em sehr empfindlich** she is very sensitive about everything; **c)** *(Neutr. Sg.: ~e Beteiligten)* **~es mal herhören!** *(ugs.)* listen everybody!; *(stärker befehlend)* everybody listen!; **~es war nach Hause gegangen** *(ugs.)* everyone *or* everybody had gone home; **~es aussteigen!** *(ugs.)* everyone *or* all out!; *(vom Schaffner gesagt)* all change!

**Ạll das;** ~s space *no art.;* *(Universum)* universe

**all-: ~abendlich 1.** *Adj.; nicht präd.* regular evening; **2.** *adv.* every evening; **~bekannt** *Adj. (geh.)* universally known; **~da** *Adv. (veralt.)* there; **~dem** *s.* **alledem; ~dieweil[en] 1.** *Konj. (veralt.)* since; because; **2.** *Adv.* all the while

**ạlle** *Adj.; nicht attr.* **a)** *(ugs.: verbraucht, verkauft usw.)* **~ sein** be all gone; **~ werden** run out; **etw. ~ machen** finish sth. off; **b)** *(salopp: erschöpft)* all in *pred.;* **c) jmdn. ~ machen** *(salopp)* do sb. in *(sl.)*

**alle·dem** *Pron.* **in trotz ~:** in spite of *or* despite all that; **von ~ wußte er nichts** he knew nothing about all that; **an ~ ist nichts wahr** there's no truth in any of it; **nichts von ~:** nothing of the sort *or* kind; **bei ~:** for all that; **zu ~:** in addition to *or* on top of all that

**Allee** [a'le:] **die;** ~, ~n avenue

**Allee·baum der** avenue tree

**Allegorie** [alego'ri:] **die;** ~, ~n allegory

**Allegorik** [ale'go:rɪk] **die;** ~: allegory

**allegọrisch 1.** *Adj.* allegorical. **2.** *adv.* allegorically

**Allegretto** [ale'grɛto] **das;** ~s, ~s *od.* **Allegrẹtti** allegretto

**Allegro** [a'le:gro] **das;** ~s, ~s *od.* **Allegri** allegro

**allein** [a'lain] **1.** *Adj.; nicht attr.* **a)** *(ohne andere, für sich)* alone; on one's/its own; by oneself/itself; **sie waren ~ im Zimmer** they were alone in the room; **ganz ~:** all on one's/its own; **jmdn. ~ lassen** leave sb. alone *or* on his/her own; **~ über den Atlantik segeln** sail alone across the Atlantic; **b)** *(einsam)* alone. **2.** *adv. (ohne Hilfe)* by oneself/itself; on one's/its own; **sie kann ~ schwimmen** she can swim by herself *or* on her own; **etw. ~ machen** *(herstellen)* make sth. oneself; *(tun)* do sth. oneself; **von ~** *(ugs.)* by oneself/itself; **das müßtet ihr von ~ wissen** you shouldn't have to be told [that]. **3.** *Adv.* **a)** *(geh.: ausschließlich)* alone; **er ~ trägt die Verantwortung** he alone bears responsibility; it is his responsibility alone; **sie denkt ~ an sich** she thinks solely *or* only of herself; **~ durch den Glauben** by faith alone; only by faith; **nicht ~ ..., sondern auch ...:** not only ..., but also ...; **b)** *(von allem anderen abgesehen)* **[schon] ~ der Gedanke/[schon] der Gedanke ~:** the mere *or* very thought [of it]; **~ die Nebenkosten** the additional costs alone. **4.** *Konj. (veralt.)* however; but; **~, es war zu spät** however, it was too late; it was too late, however

**Allein-: ~besitz der** sole *or* exclusive property; **im ~besitz von jmdm./in jmds. ~besitz sein** be sb.'s sole *or* exclusive property; **~besitzer der** sole owner

**alleine** *(ugs.) s.* **allein**

**allein-, Allein-: ~erbe der, ~erbin die** sole heir; **~erziehend** *Adj.; nicht präd.* single ⟨*mother, father, parent*⟩; **~erziehende der/die;** *adj. Dekl.* single parent; **~flug der** *(Flugw.)* solo flight; **~gang der a)** *(fig.: Tat)* independent initiative; **etw. im ~gang tun** do sth. off one's own bat; **b)** *(Sport)* solo run; *(Radfahren)* solo ride; **die Etappe praktisch im ~gang fahren** be out on one's own for practically the whole stage; **ein Tor im ~gang erzielen** score a goal from a solo run; **c)** *(Alpinistik)* solo ascent *or* climb; **~gesellschafter der** *(Rechtsw.)* sole proprietor; **~herrschaft die;** *o. Pl.* autocratic rule; *(Diktatur)* dictatorship; **~herrscher der** *(auch fig.)* autocrat; *(Diktator, auch fig.)* dictator

**alleinig** *Adj.; nicht präd.* sole; sole, exclusive ⟨*distribution rights*⟩

**allein-, Allein-: ~inhaber der** *(Wirtsch.)* sole owner; **~reisende der/die** person travelling alone; **~schuld die;** *o. Pl.* sole blame *or* responsibility *no indef. art.;* **~sein das a)** *(das Verlassensein)* loneliness; **b)** *(das Ungestörtsein)* privacy; **~selig·machend** *Adj. (kath. Rel.)* **die ~seligmachende Kirche/** *(fig.)* **das ~seligmachende Prinzip** *usw.* the true church/principle *etc.* in which alone salvation is to be found; **~stehend** *Adj.* ⟨*person*⟩ living on his/her own *or* alone; *(ledig)* single ⟨*person*⟩; **ich bin ~stehend** I live on my own *or* alone/am single; **~stehende der/die;** *adj. Dekl.* person living on his/her own *or* alone; *(Ledige[r])* single person; **ich als ~stehender ...:** living on my own I .../as a single person I ...; **~unter·halter der** solo entertainer; **~verdiener der** sole earner; **~verschulden das** *s.* **~schuld; ~vertretung die** *(Wirtsch.)* sole agency; *(Politik)* sole representation; **~vertretungs·anspruch der** *(Politik)* claim to be the sole legitimate representative; **~vertrieb der: den ~vertrieb von etw. haben/übernehmen** be/become the sole *or* exclusive distributor of sth.; have acquired sole *or* exclusive distribution rights to sth.

**alle·mal** *Adv.* **a)** *(ugs.: bestimmt)* any time *(coll.)*; **was der kann, das kann ich doch ~:** anything he can do, I can do too; **b)** *(jedesmal)* every time; always; *s. auch* ¹**ein 1**

**allen·falls** *Adv.* **a)** *(höchstens)* at [the] most; at the outside; **~ 40 Leute** 40 people at most *or* at the outside; at most 40 people; **b)** *(nötigenfalls)* if need be; if necessary; **c)** *(bestenfalls)* at best

**allenthalben** ['alənt'halbn̩] *Adv. (geh.)* everywhere

**aller-: ~art** *indekl. unbest. Gattungsz.; attr. (veralt.)* all kinds *or* sorts of; **~äußerst...** *Adj.* **a)** *(entferntest)* farthest; **b)** *(größt...)* extreme; utmost; **mit ~äußerster Vorsicht** with extreme *or* [the] utmost caution; **c)** *(schlimmst...)* worst; **im ~äußersten Fall** if the worst comes/came to the worst; **~best... 1.** *Adj.* very best; **~besten Dank** thank you very much indeed; **der/die/das Allerbeste sein** be the best of all; **es wäre das ~beste, wenn du ihn selbst fragst** the best thing [of all] would be for you to ask him yourself; **das ist das Allerbeste, was du tun kannst** that's the best thing you can do; **jmdm. das Allerbeste wünschen** wish sb. all the [very] best; **du bist mein Allerbester** you are my darling; **2.** *adv.* **am ~besten** best of all; **am ~besten wäre es, wenn ...:** the best thing [of all] would be if ...; **~dings 1.** *Adv.* **a)** *(einschränkend)* though; **es stimmt ~dings, daß ...:** it's true though that ...; **b)** *(zustimmend)* [yes,] certainly; **Habe ich dich geweckt? – Allerdings!** Did I wake you up? – You certainly did!; **2.** *Partikel (anteilnehmend)* to be sure; **das war ~dings Pech** that was bad luck, to be sure; **~erst...** *Adj.; nicht präd.* **a)** *(verstärkend: erst...)* very first; **der/die/das ~erste** the very first; **als ~erste[r] etw. tun** be the very first to do sth.; **das ~erste, was ich tun muß** the very first thing I must do; **b)** *(best...)* very best; **~frühest... 1.** *Adj.* very earliest; **2.** *adv.* **am ~frühesten** earliest of all; **~frühestens** *Adv.* at the very earliest

**Allergen** [alɛr'ge:n] **das; ~s, ~e** *(Med.)* allergen

**Allergie** [alɛr'gi:] **die; ~, ~n** *(Med.)* allergy

**Allergiker** [a'lɛrgikɐ] **der; ~s, ~, Allergikerin die; ~, ~nen** *(Med.)* allergy sufferer

**allergisch 1.** *Adj. (Med.)* allergic; **eine ~e Reaktion auf etw.** *(Akk.) (auch fig.)* an allergic reaction to sth.; **gegen etw. ~ sein** *(auch fig.)* be allergic to sth. **2.** *adv.* **auf etw.** *(Akk.)* **~ reagieren** have an allergic reaction to sth.; **~ auf jmdn./etw. reagieren** *(fig.)* be allergic to sb./sth.

**aller-, Aller-: ~größt...** *Adj.* utmost ⟨*trouble, care, etc.*⟩; biggest *or* largest ⟨*car, house, town, etc.*⟩ of all; tallest ⟨*person*⟩ of all; **am ~größten sein** be [the] biggest *or* largest/tallest of all; **~hand** *indekl. unbest. Gattungsz. (ugs.)* **a)** *attr.* all kinds *or* sorts of; **b)** *alleinstehend* all kinds *or* sorts of things; **das ist ~hand!** *(viel)* that's a lot; *(sehr gut)* that's quite something; **das ist ja** *od.* **doch ~hand!** that's just not on *(Brit. coll.)*; that really is the limit *(coll.)*; **~heiligen das; ~** *(bes. kath. Kirche)* All Saints' Day; All Hallows; **~heiligste das; ~n a)** *(Tempelinneres)* inner sanctum; *(jüdisch, orth.)* holy of holies; *(fig.)* holy of holies; inner sanctum; **b)** *(kath. Rel.)* Blessed Sacrament; **~herzlichst 1.** *Adj.; nicht präd.* warmest ⟨*thanks, greetings, congratulations*⟩; most cordial ⟨*reception, welcome, invitation*⟩; **2.** *adv.* ⟨*thank, greet, congratulate*⟩ most warmly; ⟨*welcome*⟩ most warmly *or* cordially; **Sie sind ~herzlichst eingeladen ...:** you are most cordially invited ...; **~höchst... 1.** *Adj.* highest ... of all; **der ~höchste Gipfel** the highest peak of all; the topmost peak; **der ~höchste Berg der Welt** the highest mountain in the world; **es ist ~höchste Zeit, daß ...:** it really is high time that ...; **am ~höchsten sein** be the highest of all; **die ~höchsten Kreise** the very highest circles; **auf ~höchste Anordnung** on orders from the very top; **der Allerhöchste** *(dichter.)* the Most High; **2.** *adv.* **am ~höchsten** ⟨*fly, jump, etc.*⟩ the highest of all; **~höchstens** *Adv.* at the very most

**allerlei** *indekl. unbest. Gattungsz.: attr.* all kinds *or* sorts of; *alleinstehend* all kinds *or* sorts of things

**Allerlei das; ~s, ~s** *(Gemisch)* pot-pourri; *(Durcheinander)* jumble; **Leipziger ~:** 'Leipzig-style' mixed vegetables *(carrots, green beans, peas, celery, kohlrabi, and asparagus)*

**aller-, Aller-: ~letzt...** *Adj.; nicht präd.* **a)** *(verstärkend)* very last; **der/die/das ~letzte** the very last [one]; **b)** *(drückt Ablehnung aus)* most dreadful *or* awful *(coll.)*; **das ist [ja** *od.* **wirklich] das Allerletzte** *(ugs.)* that [really] is the absolute limit; **c)** *(~neuest...)* very latest; **~liebst** *Adj.* **a)** *(verstärkend)* most favourite; **am ~liebsten besuchte er die Großmutter** best of all he liked to go and see his grandmother; **es wäre mir das ~liebste** *od.* **am ~liebsten, wenn ...:** I should like it best of all if ...; **das Allerliebste, was ich habe** my most favourite *or* treasured possession; **ihr Allerliebster/seine Allerliebste** her/his beloved; **b)** *(reizend)* enchanting; delightful; **~meist** *Adv.* mostly; for the most part; **~meist... 1.** *Indefinitpron. u. unbest. Zahlw.* **a)** *(die größte Menge)* by far the most *attrib.*; **das ~meiste/am ~meisten** most of all/by far the most; **b)** *(der größte Teil)* **die ~meisten Gäste** the vast majority of the guests; **die ~meiste Zeit** by far the greatest part of the time; **die ~meisten [der Arbeiter** *usw.*] the vast majority [of the workers *etc.*]; **2.** *Adv.* **am ~meisten** most of all; **die am ~meisten befahrene Straße** by far the most travelled road; **~mindest...** *Adj.; nicht präd.* slightest; least; **das ~mindeste** the very least; **nicht das ~mindeste** absolutely nothing; **nicht im ~mindesten** not in the least *or* slightest; **zum ~mindesten** at the very least; **~nächst... 1.** *Adj.* very nearest *attrib.*; *(räumliche od. zeitliche Reihenfolge ausdrückend)* very next *attrib.*; very closest ⟨*relatives*⟩; **in ~nächster Zeit** in the very near future; **am ~nächsten sein** be the nearest of all; **2.** *adv.* **am ~nächsten** nearest of all; **~neu[e]st...** *Adj.* very latest *attrib.*; **das Allerneu[e]ste** the very latest; **~nötigst..., ~notwendigst... 1.** *Adj.* absolutely necessary; **ich habe nur die ~nötigsten** *od.* **~notwendigsten Kleider gepackt** I only packed the clothes that are/were absolutely necessary; **am ~nötigsten** *od.* **~notwendigsten hätte ich ...:** what I'm most badly in need of is/are ....; **es am ~nötigsten** *od.* **~notwendigsten haben, etw. zu tun** be most in need of doing sth.; **der hat es am ~nötigsten** *od.* **~notwendigsten!** *(ugs.)* he's a fine one to talk; **das Allernötigste** what is/was absolutely necessary; **2.** *adv.* **am ~nötigsten** ⟨*need etc.*⟩ most badly; **~orten** *(veralt.)*, **~orts** *(geh.) Adv.* everywhere; **~schlimmst... 1.** *Adj.* very worst *attrib.*; **der/die/das ~schlimmste** *od.* **am ~schlimmsten sein** be the worst of all; **das Allerschlimmste** the worst of all; **sich auf das Allerschlimmste gefaßt machen** prepare oneself for the very worst; **2.** *adv.* **am ~schlimmsten** worst of all; **~schönst... 1.** *Adj.* most beautiful *attrib.*; loveliest *attrib.*; *(angenehmst...)* very nicest *attrib.*; **in ~schönster Harmonie** in perfect harmony; **am ~schönsten war, daß ...** *(auch iron.)*; **das Allerschönste, was ich je gesehen habe** the loveliest thing I have ever seen; **das wäre ja noch das Allerschönste** that would beat everything; **2.** *adv.* **am ~schönsten war, daß ...:** the best thing of all was that ...; **da werden alle Vorurteile aufs ~schönste bestärkt** *(iron.)* that's the best possible way of reinforcing everyone's prejudices; **~seelen das; ~** *(kath. Kirche)* All Souls' Day; **~seits** *Adv.* **a)** *(alle zusammen)* **guten Morgen ~seits!** good morning everyone *or* everybody; **b)** *(überall)* on all sides; on every side; **~seits sehr geschätzt sein** be highly regarded by everyone; **~spätestens** *Adv.* at the very latest

**Allerwelts-: ~gesicht/~wort/~mittel** nondescript face/hackneyed word/cure-all

**Allerwelts·kerl der** Jack of all trades

**aller, Aller-: ~wenigst... 1.** *Adj.; nicht präd.* least ... of all; *Pl.* fewest ... of all; **er hat von allen das ~wenigste Geld** *od.* **am ~wenigsten Geld** he has the least money of all; **die ~wenigsten [Menschen] wissen das** very few [people] know that; **das Allerwenigste, was er hätte tun können** the very least he could have done; **2.** *adv.* **am ~wenigsten abbekommen/arbeiten** get/work [the] least of all; **das hätte ich von ihm am ~wenigsten erwartet** he's the very last person I would have expected that of; **das am ~wenigsten!** anything but that!; **~wenigstens** *Adv.* at the very least; **~werteste der;** *adj. Dekl. (ugs. scherzh.)* posterior

**alles** *s.* **all**

**alle·samt** *Indefinitpron. u. unbest. Zahlw. (ugs.)* all [of you/us/them]; **wir ~:** all of us; we all

**Alles-: ~brenner der** multi-fuel stove; **~fresser der** omnivore; **~kleber der** all-purpose adhesive *or* glue; **~könner der** all-rounder; **~wisser der** *(abwertend)* know-all

**alle·zeit** *Adv. (veralt.) s.* **allzeit**

**all-, All-: ~fällig** *(bes. österr., schweiz.)* **1.** *Adj.* possible; **~fällige Verluste** any losses which may occur; **Allfälliges** miscellaneous; *(Tagesordnungspunkt)* any other business; **2.** *adv.* **~fällig anfallende Portokosten/~fällig vorkommende Ausnahmen** any postal charges/exceptions which may arise; **~gegenwart die** *(christl. Theol., fig.)* omnipresence; **~gegenwärtig** *Adj. (christl. Theol., fig.)* omnipresent

**all·gemein 1.** *Adj.* general; universal ⟨*conscription, suffrage*⟩; universally applicable ⟨*law, rule*⟩; **auf ~en Wunsch** by popular *or* general request; **zur ~en Überraschung** to everyone's *or* everybody's surprise; **das ~e Wohl** the common good; **im ~en Interesse** in the common interest; in everybody's interest; **~e Redensarten** common expressions; **vom Allgemeinen auf das Besondere schließen** infer the particular from the general; **im ~en** in general; generally. **2.** *adv.* **a)** *(überall, allerseits, von allen)* generally; *(generell, ausnahmslos)* universally; **es ist ~ üblich, das zu tun** it is [the] common practice to do it; **~ verbreitet** widespread; **es ist ~ bekannt, daß ...:** it is common knowledge that ...; **~ gängig** common; **~ zugänglich** open to all *or* everybody; **es wird ~ diskutiert** it is being discussed by people at large; **wird das ~ gewünscht?** is that the general wish?; **b)** *(nicht speziell, oft abwertend: unverbindlich)* ⟨*write, talk, discuss, examine, be worded*⟩ in general terms; **eine ~ gehaltene Einführung** a general introduction; **das kann man nicht so ~ behaupten** one cannot generalize like that; **c)** *(umfassend)*; **~ belesen/beschlagen sein** be well read/be knowledgeable about a wide range of subjects; **~ interessiert sein** have a wide range of interests

**allgemein-, Allgemein-: ~befinden das** *(Med.)* general state of health; general condition; **~begriff der** *(Philos., Sprachw.)* general concept; **~besitz der** *(auch fig.)* common property; **~bildend** *Adj.* ⟨*school, course, etc.*⟩ providing a general *or* an all-round *or (Amer.)* all-around education; **das Zeitungslesen für ~bildend halten** hold that reading newspapers is of general educational value; ~bildende polytechnische Oberschule (DDR) general polytechnical secondary school; ~bildung die; o. Pl. general or all-round or (Amer.) all-around education; ~gültig 1. Adj.; nicht präd. universally or generally applicable ‹law, rule›; universally or generally valid ‹law of nature, definition, thesis›; 2. adv. etw. ~gültig formulieren/festlegen formulate sth./set sth. down in universally or generally applicable terms; ~gültigkeit die s. ~gültig 1: universal or general applicability/validity; ~gut das (fig.) common knowledge

**Allgemeinheit** die; ~, ~en a) o. Pl. (Öffentlichkeit) general public; public at large; b) o. Pl. (Unverbindlichkeit) generality; c) Pl. (Äußerungen) generalities

**allgemein-, Allgemein-:** ~interesse das public interest; ~medizin die; o. Pl. general medicine; ~mediziner der general practitioner; GP; ~platz der platitude; commonplace; ~verbindlich 1. Adj.; nicht präd. universally binding; 2. adv. in universally binding terms; ~verständlich 1. Adj.; nicht präd. comprehensible or intelligible to all postpos.; readily comprehensible or intelligible; 2. adv. in a way comprehensible or intelligible to all; in a readily comprehensible or intelligible manner; ~wissen das general knowledge; ~wohl das public welfare or good

**all-, All-:** ~gewalt die (geh.) omnipotence; ~gewaltig (geh.) Adj. omnipotent; all-powerful; der Allgewaltige the Almighty; ~gütig Adj. all-gracious; ~heil·mittel das (auch fig.) cure-all; panacea; universal remedy

**Allianz** [a'li̯ants] die; ~, ~en alliance

**Alligator** [ali'ga:tɔr] der; ~s, ~en [...ga'to:rən] alligator

**alliieren** [ali'i:rən] refl. V. form an alliance; sich mit jmdm. ~: ally oneself with sb.

**alliiert** Adj.; nicht präd. allied

**Alliierte** der; adj. Dekl. ally; die ~n the Allies

**Alliteration** [alıtera'tsi̯o:n] die; ~, ~en (Verslehre) alliteration

**all, All-:** ~jährlich 1. Adj. annual; yearly; 2. adv. annually; every year; ~macht die; o. Pl. (geh.) omnipotence; ~mächtig Adj. omnipotent; all-powerful; der ~mächtige Gott Almighty God; ~mächtiger Gott! (ugs.) good God!; heavens above!; ~mächtige der; adj. Dekl. der ~mächtige Almighty God; the Almighty; ~mächtiger! good God!; heavens above!

**all·mählich** 1. Adv. gradually; es wird ~ Zeit it's about time; ich werde ~ müde I'm beginning to get tired; wir sollten ~ gehen it's time we got going. 2. adj.; nicht präd. gradual

**Allmende** [al'mɛndə] die; ~, ~n common land

**all-:** ~monatlich 1. Adj. monthly; 2. adv. monthly; every month; ~morgendlich 1. Adj.; nicht präd. regular morning; 2. adv. every morning; ~nächtlich 1. Adj.; nicht präd. nightly; 2. adv. nightly; every night

**Allonge·perücke** [a'lõ:ʒə-] die full-bottomed wig

**allo-** [alo-], **Allo-:** ~path [~'pa:t] der; ~en, ~en allopath; ~pathie [~pa'ti:] die; ~: allopathy; ~pathisch 1. Adj. allopathic; 2. adv. allopathically; ~phon das; ~s, ~e (Sprachw.) allophone

**Allotria** [a'lo:tria] das; ~[s], ~: skylarking; ~ treiben skylark; lark about (coll.)

**All-:** ~parteien·regierung die all-party government; ~rad·antrieb der (Kfz-W.) all-wheel drive

**Allround-** ['ɔ:l'raʊnd-] all-round; all-around (Amer.)

**Allround·man** ['ɔ:l'raʊndmən] der; ~s, Allroundmen all-rounder

**all, All-:** ~seitig 1. Adj. a) (allgemein) general; all-round, (Amer.) all-around attrib.; zur ~seitigen Zufriedenheit to the satisfaction of all or everyone; b) (umfassend) comprehensive; eine ~seitige Ausbildung an all-round or (Amer.) all-around education; 2. adv. a) (allgemein) generally; man war ~seitig einverstanden there was agreement on all sides or general agreement; ~seitig geachtet highly regarded by everyone; b) (umfassend) comprehensively; ~seitig gebildet sein have had an all-round or (Amer.) all-around education; ~seitig begabt/interessiert sein have all-round or (Amer.) all-around talents/interests; ~seits Adv. everywhere; on all sides; (in jeder Hinsicht) in all respects; in every respect; ~seits geschätzt highly regarded by everyone; ~strom·gerät das (Elektrot.) AC/DC appliance; ~stündlich 1. Adj.; nicht präd. hourly; 2. adv. hourly; every hour

**All·tag** der a) (Werktag) weekday; ein Mantel für den ~: a coat for everyday wear; zum ~ gehören (fig.) be part of everyday life; b) o. Pl. (Einerlei) daily routine; der graue ~: the dull routine of everyday life; der ~ der Ehe the day-to-day realities of married life; morgen geht der graue ~ wieder los it's back to the daily grind tomorrow

**all·täglich** 1. Adj. a) [-'--] (gewöhnlich) ordinary ‹face, person, appearance, etc.›; everyday ‹topic, event, sight›; commonplace ‹remark›; ein nicht ~er Anblick a sight one doesn't see every day; etw. Alltägliches sein be an everyday occurrence; es ist nichts Alltägliches, wenn ...: it's not every day that ...; it doesn't happen every day that ...; b) (werktäglich) everyday, workaday attrib. ‹clothes›; c) ['-'--] (täglich) daily. 2. adv. a) (werktäglich) [on] weekdays; b) ['-'--] (täglich) daily; every day

**Alltäglichkeit** die; ~, ~en a) o. Pl. (das Alltäglichsein) ordinariness; b) o. Pl. (Gewohnheit) eine ~ sein/zur ~ werden be/become routine or commonplace; c) (alltäglicher Vorgang) everyday occurrence

**all·tags** Adv. [on] weekdays

**Alltags-** everyday attrib.; of everyday life postpos., not pred.; ~pflicht daily duty

**Alltags-:** ~kleidung die everyday or workaday clothes pl.; ~mensch der ordinary person; ~sprache die (Sprachw.) everyday language; ~trott der (abwertend) daily round or grind; jetzt geht der ~trott wieder los now it's back to the daily grind

**all·um·fassend** 1. Adj. all-embracing; encyclopaedic ‹knowledge›. 2. adv. ‹plan, inform› in comprehensive detail; ~ gebildet sein have had an all-round or (Amer.) all-around education

**Allüren** [a'ly:rən] Pl. (meist abwertend) behaviour sing.; (geziertes Benehmen) affectations; airs and graces

**Alluvium** [a'lu:vi̯ʊm] das; ~s (Geol.) Holocene epoch

**all, All:** ~wetter·straße die all-weather road; ~wissend Adj. omniscient; er tut, als wäre er ~wissend he acts as if he knew everything; ~wissenheit die; ~: omniscience; ~wöchentlich 1. Adj. weekly; 2. adv. weekly; every week; ~zeit Adv. (veralt.) always; ~zeit bereit! be prepared!

**all·zu** Adv. all too; er war nicht ~ begeistert he was not too or not all that enthusiastic; nicht ~ viele not all that many (coll.); not too many; kein ~ großes Gewicht not too heavy a weight; ~ viele Fehler far too many mistakes

**allzu-:** ~bald Adv. all too soon; ~früh Adv. all too early; (~bald) all too soon; nicht ~früh not too early; ~gern Adv. ‹like› only too much; (bereitwillig) only too willingly; ich möchte es doch ~gern machen I would be only too pleased or delighted to do it; ich esse zwar Fisch, aber nicht ~gern I'll eat fish but I'm not all that fond (coll.) or not overfond of it; ~lang[e] Adv. too long; ~menschlich Adv. in an all too human way or manner; ~oft Adv. too often; nicht ~oft not too often; not all that often (coll.); ~sehr Adv. too much; ~sehr enttäuscht/begeistert only too disappointed/enthusiastic; nicht ~sehr not too much; not all that much (coll.); etw. ~sehr/nicht ~sehr mögen like sth. all too much/not like sth. too much or (coll.) all that much; nicht ~sehr interessiert not too or (coll.) not all that interested; ich habe mich ~sehr/nicht ~sehr bemüht I tried only too hard/did not try too hard; ~viel Adv. too much; ~ ist ungesund one should never overdo things; you can have too much of a good thing

**All·zweck-** multi-purpose

**All·zweck-:** ~halle die multi-purpose hall; ~tuch das; Pl. ~tücher multi-purpose or all-purpose cloth

**Alm** [alm] die; ~, ~en mountain pasture; Alpine pasture

**Alm·ab·trieb** der driving of the cattle down from the mountain pastures in autumn

**Almanach** ['almanax] der; ~s, ~e (Buchw.) (hist.) almanac; (eines Verlages) yearbook (containing a selection from the firm's publications during the year)

**Alm-:** ~auf·trieb der driving of the cattle up to the mountain pastures in spring; ~hütte die Alpine hut

**Almosen** ['almo:zn̩] das; ~s, ~ a) (veralt.: Spende) alms pl.; von ~ leben live on charity; b) (abwertend: dürftiges Entgelt) pittance

**Alm-:** ~rausch der; o. Pl. (österr., südd.) Alpine rose; alpenrose; ~wirtschaft die; o. Pl. Alpine farming no art.

**Aloe** ['a:loe] die; ~, ~n aloe

**[1]Alp** [alp] die; ~, ~en (bes. schweiz.) s. Alm

**[2]Alp** der; ~[e]s, ~e (veralt.: Kobold) goblin believed to give sleeping people nightmares by sitting on their chests at night; ≈ incubus; wie ein ~ auf der Brust lasten (geh.) lie or weigh heavily on sb.; ein ~ plagte ihn he had nightmares

**[1]Alpaka** [al'paka] das; ~s, ~s (Lama, Wolle) alpaca

**[2]Alpaka** der; ~s (Gewebe) alpaca

**[3]Alpaka** das; ~s (veralt.: Neusilber) German silver; nickel silver

**Alpaka·wolle** die alpaca wool

**Alp-:** ~druck der; o. Pl. nightmare; ~drücken das; ~s nightmares pl.

**Alpen** Pl. die ~: the Alps

**Alpen-** Alpine

**alpen-, Alpen-:** ~dollar der (scherzh.) [Austrian] schilling; ~glühen das; ~s alpenglow; ~jäger Pl. (Milit.) Alpine Troops; ~land das; o. Pl. Alpine country or region; ~ländisch [~lɛndɪʃ] Adj. ‹music, customs, dances› of the Alpine region; ‹goods› from the Alpine region; ~paß der Alpine pass; ~republik die (ugs.) Alpine Republic (Austria or Switzerland); ~rose die rhododendron; Alpine rose; ~veilchen das cyclamen; ~vorland das; o. Pl. foothills pl. of the Alps

**Alpha** ['alfa] das; ~[s], ~[s] alpha

**Alphabet** [alfa'be:t] das; ~[e]s, ~e alphabet

**alphabetisch** 1. Adj. alphabetical. 2. adv. alphabetically; etw. ~ ordnen arrange sth. in alphabetical order or alphabetically

**alphabetisieren** tr. V. a) (ordnen) arrange in alphabetical order or alphabetically; alphabetize; b) (lesen u. schreiben lehren) jmdn. ~: teach sb. to read and write

**Alphabetisierung** die; ~ a) (das Ordnen) alphabetization; b) (das Lehren) teaching literacy skills; eine Kampagne zur ~ der Bevölkerung a campaign against illiteracy in the population

**ạlpha·numẹrisch** *(DV)* **1.** *Adj.* alphanumeric. **2.** *adv.* alphanumerically

**Ạlpha-: ~strahlen** *Pl. (Kernphysik)* alpha rays; **~teilchen das** *(Kernphysik)* alpha particle

**Ạlp·horn das;** *Pl.* **Alphörner** alpenhorn

**alpin** [al'pi:n] *Adj.* **a)** Alpine; **~e Kombination** *(Ski)* Alpine combined [event]; **b)** *nicht präd. (Bergsteigen)* mountaineering

**Alpinịsmus der; ~:** Alpinism *no art.*

**Alpinịst der; ~en, ~en** Alpinist

**Alpinịstik die; ~:** Alpinism *no art.*

**Alpinịstin die; ~, ~nen** Alpinist

**alpinịstisch** *Adj.* mountaineering *attrib.*

**Älpler** ['ɛlplɐ] **der; ~s, ~, Ạ̈lplerin die; ~, ~nen** inhabitant of the Alps

**Ạlp·traum der** nightmare

**Alraune** [al'raune] **die; ~, ~n** mandrake

**¹als** *Konj.* **a)** *(zeitlich)* when; *(während)* as; **~ wir zu Hause ankamen, [da] fing es an zu regnen** when *or* after we had arrived home, it started to rain; **gleich ~:** as soon as; **damals, ~:** [in the days] when; **gerade ~:** just as; **gerade ~ Tante Ida hier war** just when Aunt Ida was here; **b)** *(nach Komp.)* than; **mehr/weniger ~:** more/less than; **mehr ~ arbeiten kann ich nicht** I can't do more than work; **c)** *(bei Vergleichen)* **niemand/nirgends anders ~:** nobody/nowhere but; **mir fehlt nichts weiter, ~ daß ...:** there is nothing wrong with me other than that ...; **sie arbeiten mit anderen Methoden ~ wir** they work with different methods from ours; **alles andere ~:** anything but; **kein anderer** *od.* **niemand anderes ~ Karl** none other than Karl; **anders ~ wir sein/leben** be different/live differently from us; **soviel/soweit ~ möglich** as much/as far as possible; **so bald/schnell ~ möglich** as soon/as quickly as possible; *s. auch* **sowohl; d)** *(bei Modalsätzen)* as if; as though; **~ ob** *od.* **wenn** as if; as though; **~ ob ich das nicht wüßte!** as if I didn't know; **~ ob das neu wäre!** as if that were something new; **e)** *(in der Eigenschaft)* as; **~ Rentner/Arzt** as a pensioner/a doctor; **sich ~ Held fühlen** feel oneself [to be] a hero; **sich ~ wahr/falsch erweisen** prove [to be] true/false; **in seiner/ihrer Eigenschaft ~ ...:** in his/her capacity as ...; **f)** *(eine Folge ausdrückend)* **die Kinder sind zu klein, ~ daß sie das verstehen könnten** the children are too young to understand that; **die Zeit war zu kurz, ~ daß wir ...:** time was too short for us to ...; **g)** *(einen Grund ausdrückend)* **um so ..., ~ ...:** all the more ... since *or* in that ...; **h)** *(veralt.: vor Aufzählungen)* **~ [da sind]** to wit; namely; *s. auch* **insofern**

**²ạls** *Adv. (westmd.)* **a)** *(immer)* **~ etw. tun** keep on doing sth.; **gehen Sie ~ geradeaus** keep going straight on *or* ahead; **b)** *(manchmal)* sometimes

**als-: ~bạld** *Adv. (geh. veralt.) (sogleich)* immediately; at once; *(kurz danach)* soon; **~bạldig** *Adj.; nicht präd. (Papierdt.)* immediate; **„zum ~baldigen Verbrauch bestimmt"** 'for immediate consumption'; **~dạnn** *Adv. (geh. veralt.)* then

**also** ['alzo] **1.** *Adv.* **a)** *(folglich)* so; therefore; **~ kommst du mit?** so you're coming too?; you're coming too, then?; **b)** *(veralt.: so)* thus. **2.** *Partikel* **a)** *(das heißt)* that is; **b)** *(nach Unterbrechung)* well [then]; **~, wie ich schon sagte** well [then], as I was saying; **c)** *(verstärkend);* **~, kommst du jetzt oder nicht?** well, are you coming now or not?; **na ~!** there you are[, you see]; **~ schön** well all right then; **~ so was/nun!** well, I don't know; well, really; **~, so eine Frechheit** well, what a cheek; **~, gute Nacht** goodnight then; **~ dann** right then

**Als-ọb das; ~** *(Philos.)* **die Philosophie des ~:** the philosophy of 'as-if'

**alt** [alt]; **älter** ['ɛltɐ], **ältest...** ['ɛltəst...] *Adj.* **a)** old; **~ und jung** old and young; **seine ~en Eltern** his aged parents; **hier werde ich nicht ~** *(fig. ugs.)* I won't be staying here long; **das Alte Testament** the Old Testament; **die Alte Welt** the Old World; **~ aussehen** *(fig. salopp)* be in the cart *(sl.)*; **eine drei Jahre ~e Tochter** a three-year-old daughter; **wie ~ bist du?** how old are you?; **man ist so ~, wie man sich fühlt** you're only as old as you feel; **aus ~ mach neu** give your coat/furniture *etc.* a new lease of life; **immer die ~e Platte** *od.* **Leier** it's always the same old story; *s. auch* **Dame; Eisen; Hase; Herr; b)** *(nicht mehr frisch)* old; **~es Brot** stale bread; **c)** *(vom letzten Jahr)* old; **~e Äpfel/Kartoffeln** last year's apples/potatoes; **im ~en Jahr** *(dieses Jahr)* this year; *(letztes Jahr)* last year; **d)** *(seit langem bestehend)* ancient; old; **ein ~es Volk/ein ~er Brauch** an ancient people/an ancient *or* old custom; **eine ~e Freundschaft** a long-standing friendship; **in ~er Freundschaft, Dein ...** yours, as ever, ...; **e)** *(langjährig)* long-standing ‹*acquaintance*›; long-serving ‹*employee*›; **f)** *(antik, klassisch)* ancient; **g)** *(vertraut)* old familiar ‹*streets, sights, etc.*›; **ganz der/die ~e sein** be just the same; **es bleibt alles beim ~en** things will stay as they were; **das ist nicht das ~e Prag** it's not the old Prague I/we *etc.* knew; **alles geht seinen ~en Gang** everything goes on just as before; **h)** *(ugs.) (vertraulich)* **~er Freund/~es Haus!** old friend/pal *(coll.)*; *(bewundernd)* **ein ~er Fuchs/Gauner** an old fox/rascal; *(verstärkend)* **die ~e Hexe/der ~e Geizkragen** the old witch/skinflint

**¹Ạlt der; ~s, ~e** *(Musik)* **a)** *(Stimmlage)* alto; *(Frauenstimme)* contralto; alto; **b)** *o. Pl. (im Chor)* altos *pl.*; contraltos *pl.*; **c)** *(Sängerin)* contralto; alto

**²Ạlt das; ~[s], ~:** *top fermented, dark beer*

**Altan** [al'ta:n] **der; ~[e]s, ~e** *(Archit.)* balcony

**Altar** [al'ta:ɐ̯] **der; ~[e]s, Altäre** [al'tɛ:rə] altar; **eine Frau zum ~ führen** *(geh.)* lead a woman to the altar; **jmdn./etw. auf dem ~ des Vaterlands opfern** *(fig.)* sacrifice sb./sth. for one's country

**Altar-: ~bild das** altar-piece; **~gerät das** altar furniture; **~raum der** chancel

**ạlt-, Ạlt-: ~backen** *Adj.* **a)** *(trocken)* stale ‹*bread, roll, etc.*›; **b)** *(abwertend: altmodisch)* outdated ‹*ideas, views, policies*›; old-fashioned ‹*clothes*›; **~bau der;** *Pl.* **~bauten** old building; **~bauer der** old farmer; **~bau·wohnung die** flat *(Brit.) or (Amer.)* apartment in an old building; old flat *(Brit.) or (Amer.)* apartment; **~bekạnnt** *Adj.* well-known; **~bewährt** *Adj.* well-tried; long-standing ‹*tradition, acquaintanceship*›; **~bier das** *top fermented, dark beer;* **~bundes·kanzler der** former Federal Chancellor; **~bundes·präsident der** former Federal President; **~christlich** *Adj.* early Christian; **~deutsch** *Adj.* old German; German Renaissance ‹*painting, art, etc.*›

**¹Alte der;** *adj. Dekl.* **a)** *(alter Mann)* old man; **komischer ~r** *(Theater)* comic old man; **b)** *(salopp) (Vater, Ehemann)* old man *(coll.)*; *(Chef)* governor *(sl.)*; boss *(coll.)*; **c)** *(österr.: Wein) fully fermented wine*

**²Ạlte die;** *adj. Dekl.* **a)** *(alte Frau)* old woman; **komische ~** *(Theater)* comic old woman; **b)** *(salopp) (Mutter)* old woman *(coll.)*; *(Ehefrau)* missis *(sl.)*; old woman *(coll.)*; *(Chefin)* boss *(coll.)*

**³Ạlte das;** *adj. Dekl.; o. Pl.* **am ~n hängen** cling to the past; **~es und Neues** the old and the new; **er kann nichts ~s wegwerfen** he cannot throw anything old away

**⁴Ạlte** *Pl.; adj. Dekl.* **a)** *(alte Menschen)* old people; **b) die ~n** *(salopp: Eltern)* my/his *etc.* old man and old woman *(coll.)*; *(Zool.: Tiereltern)* the parents; *(geh.: Menschen der Antike)* the ancients

**ạlt; Ạlt: ~ehrwürdig** *Adj. (geh.)* venerable; time-honoured ‹*customs*›; **~eingeführt** *Adj.* old-established; **~eingesessen** *Adj.* old-established; **~eingesessene der/die;** *adj. Dekl.* old-established inhabitant; **~eisen das;** *o. Pl.* scrap iron; **~englisch** *Adj.* Old English

**Ạlten-: ~heim das** old people's home; old-age home *(Amer.)*; **~pfleger der** geriatric nurse; **~tages·stätte die** old people's day centre; **~teil das** *portion of farm property and certain rights retained by a farmer on handing over to his successor;* **sich aufs ~teil zurückziehen** *(fig.)* retire; **jmdn. aufs ~teil setzen** *(fig.)* send sb. into retirement; **~wohn·heim das** old people's home

**Ạlter das; ~s, ~ a)** age; *(hohes ~)* old age; **im ~:** in one's old age; **mit dem ~:** with age; **er ist in meinem ~:** he is my age; **in meinem ~ wirst du sehen, daß ...:** when you are my age you will see that ...; **im ~ von** at the age of; **eine Frau mittleren ~s** a middle-aged woman; **Kinder in diesem ~:** children of this age; **~ schützt vor Torheit nicht** *(Spr.)* there's no fool like an old fool *(prov.)*; **b)** *(alte Menschen)* old people *no art.*; **c)** *(Menschen einer Altersstufe)* age-group

**älter** ['ɛltɐ] **1.** *s.* **alt. 2.** *Adj. (nicht mehr jung)* elderly; **eine Melodie für unsere ~en Hörer** a tune for our older listeners; *s. auch* **Mitbürger**

**Ạlterchen das; ~s, ~** *(ugs.)* grandad *(coll.)*

**Ạ̈ltere der/die;** *adj. Dekl.* **a)** *(älterer Mensch)* older person/man/woman; **für uns ~:** for us older people; **b)** *(bei Namen)* elder; **Hans Holbein der ~:** Hans Holbein the Elder

**Alter ego** ['altɐ 'e:go] **das; ~ ~** *(Psych.; geh.: Freund)* alter ego

**ạltern 1.** *itr. V.; mit sein* **a)** *(älter werden)* age; **b)** *(reifen)* mature. **2.** *tr. V. (alt machen)* age, mature ‹*wine, spirits*›

**alternativ** [altɛrna'ti:f] **1.** *Adj. (auch: Industriekultur usw. ablehnend)* alternative. **2.** *adv.* **a)** *(die Wahl lassend)* alternatively; **b)** *(Industriekultur ablehnend)* ‹*work, farm*› using alternative methods; **~ leben/einkaufen** adopt an alternative life style/do one's shopping in alternative shops

**Alternatịv·bewegung die** alternative movement

**¹Alternatịve die; ~, ~n** alternative; **jmdn. vor die ~ stellen, mehr Miete zu zahlen oder auszuziehen** give sb. the alternative of either paying more rent or moving out

**²Alternatịve der/die;** *adj. Dekl.* supporter of the alternative society

**Alternatịv-: ~energie die** alternative energy; **~kultur die** alternative culture

**alterniẹren** *itr. V.* alternate

**ạlt·erprọbt** *Adj.* well-tried

**ạlters** *in* **seit ~, von ~ her** *(geh.)* from time immemorial

**ạlters-, Ạlters-: ~ab·stand der** age difference; **~an·gabe die** details *pl.* of one's age; **[nicht] zur ~angabe verpflichtet sein** [not] be obliged to give one's age; **~aufbau der;** *o. Pl.* age structure; **~bedingt 1.** *Adj.* occurring at a particular age *postpos., not pred.*; *(im hohen Alter)* due to *or* caused by old age *postpos.*; **2.** *adv.* in relation to [one's/its] age; *(durch hohes Alter)* as a result of old age; **~beschwerden** *Pl.* complaints of old age; **~erscheinung die** sign of old age; **~fleck der** age spot; liver spot; **~gemäß 1.** *Adj.* ‹*behaviour, education, etc.*› appropriate to one's/its age; **2.** *adv.* in a manner appropriate to one's/its age; **das Kind entwickelt sich/spielt ~gemäß** the child is developing/playing as it should at its age; **~genosse der, ~genossin die** contemporary; person/child of the same age; **meine ~genossen** my contemporaries; people of my age; **er ist ein ~genosse von mir** he is the same age as I am; he is my age;

**~grenze die** age limit; *(für Rente)* retirement age; **~gründe** *Pl.* reasons of age; **~gruppe die** age-group; **~heim das** old people's home; old-age home *(Amer.)*; **~herz das** *(Med.) heart which has undergone physiological changes due to old age;* **~jahr das** *(schweiz.) s.* **Lebensjahr; ~klasse die** *(bes. Sport)* age-group; **~leiden das** complaint of old age; **~los** *Adj.* ageless; **~mäßig 1.** *Adj.* according to age *postpos., not pred.;* **2.** *adv. (dem Alter nach)* according to age; *(in bezug auf das Alter)* as far as age is concerned; **~präsident der** president by seniority; **der ~präsident des Bundestages** the oldest member of the Bundestag, acting as president; **~rente die** old-age pension; **~ruhe·geld das** retirement pension; **~schwach** *Adj.* old and infirm ⟨*person*⟩; old and weak ⟨*animal*⟩; [old and] decrepit ⟨*object*⟩; **~schwäche die;** *o. Pl. (bei Menschen)* [old] age and infirmity; *(bei Tieren)* [old] age and weakness; *(von Dingen)* [age and] decrepitude; **~sicherung die** provision for one's old age; **~sichtig** *Adj.* presbyopic *(Med.)*; **~sichtigkeit die;** *o. Pl.* presbyopia *(Med.)*; **~sitz der** retirement home; **er wählte Genf als seinen ~sitz** he chose to spend his retirement in Geneva; **~starrsinn der** obstinacy of old age; **~stil der** later style; **~stufe die** age; **~unterschied der** age difference; **~versorgung die** provision for one's old age; **gibt es hier eine betriebliche ~versorgung?** do you have a pension scheme here?; **~werk das** later work; *(Gesamtheit)* later works *pl.*

**Ạltertum das; ~s, Ạltertümer** [-ty:mɐ] **a)** *o. Pl.* antiquity *no art.*; **das deutsche ~:** early German history; **b)** *Pl. (antike Kunstgegenstände)* antiquities

**Altertümelei die; ~, ~en** archaism

**altertümeln** ['altɛty:m|n] *itr. V.* archaize

**ạltertümlich 1.** *Adj.* ancient ⟨*building, monument, etc.*⟩; old-fashioned ⟨*dress, handwriting, etc.*⟩; antiquated, old-fashioned ⟨*appliance, device, vehicle, etc.*⟩. **2.** *adv.* ⟨*dress, furnish, decorate*⟩ in an old-fashioned style; ⟨*work, function, etc.*⟩ in an antiquated manner

**Ạltertümlichkeit die; ~** *s.* **altertümlich:** ancientness; old-fashionedness; antiquatedness

**Ạltertums-: ~forscher der** archaeologist; **~forschung die;** *o. Pl.*, **~kunde die** archaeology *no art.*; **~wert der** *in* **~wert haben** have antique value

**Ạlterung die; ~, ~en a)** *(das Altwerden)* ageing; **b)** *(von Werkstoffen)* ageing; *(von Legierungen)* ageing; age-hardening; **c)** *(von Wein usw.)* ageing; maturing

**Ạlterungs·prozeß der** ageing process

**Älteste** ['ɛltəstə] **der/die;** *adj. Dekl.* **a)** *(Dorf~, Vereins~, Kirchen~ usw.)* elder; **b)** *(Sohn, Tochter)* eldest

**Ältesten·rat der a)** *(Bundesrepublik Deutschland) all-party parliamentary committee, which assists the Bundestag President in carrying out his duties and in regulating parliamentary business;* **b)** *(Völkerk.)* council of elders

**ạlt-, Ạlt-: ~flöte die** *(Querflöte)* alto *or* bass flute; *(Blockflöte)* alto *or* treble recorder; **~fränkisch** *(ugs. scherzh.)* **1.** *Adj.* old-fashioned; **2.** *adv.* in an old-fashioned way; **~französisch das** Old French; **~gedient** *Adj.* long-serving; **~glas·behälter der** bottle bank; **~gold das** old gold; **~griechisch** *Adj.* ancient Greek; *(Ling.)* classical *or* ancient Greek; *s. auch* **deutsch, Deutsch, ²Deutsche; ~griechisch das** classical *or* ancient Greek; **~handel der** second-hand trade; **~hẹr·gebracht** *Adj.* traditional; **~hẹrren·mannschaft die** *(Sport); team of players over thirty-two;* ≈ over-thirties' team; **~hoch·deutsch** *Adj.* Old High German; **~hoch·deutsch das** Old High German

**Altịst der; ~en, ~en** *(Musik)* alto

**Altịstin die; ~, ~nen** *(Musik)* alto; contralto

**ạlt, Ạlt-: ~jüngferlich** [~jʏŋfɛrlɪç] **1.** *Adj.* old-maidish; **2.** *adv.* like an old maid/old maids; **~kanzler der** former Chancellor; ex-Chancellor; **~katholik der** Old Catholic; **~katholisch** *Adj.* Old Catholic; **~kleider·sammlung die** collection of old clothes; **~klug; ~kluger, ~klugst... 1.** *Adj.* precocious; **2.** *adv.* precociously; **~klugheit die** precociousness; **~lage die** *(Musik)* alto range; **in der ~lage singen** be an alto; **~last a)** *(Ökologie)* old, improperly disposed of harmful waste *no indef. art.;* **b)** *(fig.)* inherited problem; **eine ~last aus den 60er Jahren** a hangover from the sixties

**ältlich** ['ɛltlɪç] *Adj.* rather elderly; oldish

**ạlt, Ạlt: ~material das** scrap; **~meister der a)** *(Vorbild)* doyen; **b)** *(Sport)* ex-champion; former champion; **~meisterin die a)** *(Vorbild)* doyenne; **b)** *(Sport)* ex-champion; former champion; **~metall das** scrap metal; **~modisch 1.** *Adj.* old-fashioned; **2.** *adv.* in an old-fashioned way; **~öl das** used oil; **~papier das** waste paper; **~partie die** *(Musik)* alto part; **~philologe der** classical scholar; **~philologie die** classical studies *pl., no art.;* **~philologisch** *Adj.* classical; **~römisch** *Adj.* ancient Roman; **~rosa** *Adj.* old rose

**Altruismus** [altru'ɪsmʊs] **der; ~** *(geh.)* altruism

**Altruịst der; ~en, ~en, Altruịstin die; ~, ~nen** *(geh.)* altruist

**altruịstisch** *(geh.)* **1.** *Adj.* altruistic. **2.** *adv.* altruistically

**ạlt-, Ạlt-: ~sänger der** alto; **~sängerin die** alto; contralto; **~saxophon das** alto saxophone; **~schlüssel der** *(Musik)* alto clef; **~schnee der** old snow; **~schneedecke die** layer *or* covering of old snow; **~silber das a)** *(veralt.: bereits verarbeitet)* old silver; **b)** *(Silberart)* oxidized silver; **~sprachler** [~ʃpra:xlɐ] **der; ~s, ~:** classicist; **~sprachlich** *Adj.* classical; **~sprachliches Gymnasium** *grammar school concentrating on classical rather than modern languages;* **~stadt die** old [part of the] town; **die Düsseldorfer ~stadt** the old part of Düsseldorf; **~stadt·sanierung die** renovation of the old part of a/the town; **~stein·zeit die** Old Stone Age; Palaeolithic Age; **~stein·zeitlich** *Adj.* Palaeolithic; **~stimme die** alto voice; *(von Frau)* alto *or* contralto voice; **~testamentarisch, ~testamentlich** *Adj.* Old Testament *attrib.;* **~überliefert** *Adj.* traditional; **~väterisch** [~fɛ:tərɪʃ] **1.** *Adj.* old-fashioned; **2.** *adv.* in an old-fashioned way; **~vertraut** *Adj.* old familiar *attrib.;* **~vordern** [~fɔrdɐn] *Pl. (veralt.)* forbears; forefathers; ancestors; **~waren·händler der** second-hand dealer; **~wasser das;** *Pl.* **~wasser** dead arm of a/the river; **~weiber·geschwätz, ~weiber·gewäsch das** *(abwertend)* empty chatter; **~weiber·sommer der a)** Indian summer; **b)** *o. Pl. (Spinnfäden)* gossamer

**¹Alu** ['a:lu] **das; ~s** *(ugs.)* aluminium

**²Ạlu die; ~** *(ugs.) Abk.:* **Arbeitslosenunterstützung** dole [money] *(Brit.);* unemployment pay

**Ạlu·folie die** aluminium foil

**Aluminium** [alu'mi:niʊm] **das; ~s** aluminium

**Aluminium·folie die** aluminium foil

**Alumnat** [alʊm'na:t] **das; ~[e]s, ~e** boarding-school

**Alveolar** [alveo'la:ɐ̯] **der; ~s, ~e** *(Sprachw.)* alveolar [consonant]

**Alweg·bahn** ['alve:k-] *type of overhead, high-speed monorail system*

**am** [am] *Präp.* + *Art.* **a)** = **an dem; b)** *(räumlich)* **am Boden** on the floor; **Frankfurt am Main** Frankfurt on [the] Main; **am Rande** on the edge; **am Institut für ...:** at the Institute for ...; **am Marktplatz** on the market square *or* place; **am Baum lehnen** lean against the tree; **am Meer/Fluß** by the sea/on *or* by the river; **am Atlantik** on the Atlantic; **am Anfang/Ende** at the beginning/end; **es am Herzen haben** *(ugs.)* have heart trouble; **sich am Kopf stoßen** bang one's head; **c)** *(österr.: auf dem)* on the; **d)** *(zeitlich)* on; **am Freitag** on Friday; **am 19. November** on 19 November; **am Anfang/Ende** at the beginning/end; **am letzten Freitag** last Friday; **am Morgen/Nachmittag** in the morning/afternoon; **e)** *(zur Bildung des Superlativs)* **das Rote gefällt mir am besten** I like the red one [the] best; **am gescheitesten/schönsten sein** be the cleverest/most beautiful; **am schnellsten laufen** run [the] fastest; **das machen wir am besten nachher** it's best if we do it afterwards; **f)** *(nach bestimmten Verben)* **am Gelingen eines Planes** *usw.* **zweifeln** have doubts about *or* doubt the success of a plan *etc.;* **schuld am Scheitern eines Planes** *usw.* **sein** be to blame for the failure of a plan *etc.;* **am Wettbewerb teilnehmen** take part in the contest; **g)** *(zur Bildung der Verlaufsform)* **am Verwelken/Verfallen sein** be wilting/decaying; **h)** *(ugs.: bes. westf., rhein.)* **ich bin gerade am Kochen** I'm right in the middle of cooking; **er ist sein Auto am Putzen** he's cleaning his car

**Amalgam** [amal'ga:m] **das; ~s, ~e** *(Chemie, auch fig.)* amalgam

**Amalgạm·füllung die** *(Zahnmed.)* amalgam filling

**amalgamịeren** *(Technik) tr., refl. V. (auch fig.)* amalgamate

**Amalgamịerung die; ~, ~en** *(auch fig.)* amalgamation

**Amaryllis** [ama'rʏlɪs] **die; ~, Amarỵllen** amaryllis

**Amateur** [ama'tø:ɐ̯] **der; ~s, ~e** *(auch abwertend)* amateur

**Amateụr-** amateur

**-amateur der** amateur ...

**Amateụr-: ~funk der** amateur radio operating; **~funker der** amateur radio operator

**amateụrhaft 1.** *Adj.* amateurish. **2.** *adv.* amateurishly

**Amateụr-: ~status der;** *o. Pl. (Sport)* amateur status; **~theater das** amateur theatre

**Amazonas** [ama'tso:nas] **der; ~:** Amazon

**Amazone** [ama'tso:nə] **die; ~, ~n a)** *(Myth.)* Amazon; **b)** *(Reiterin)* woman rider; equestrienne; **c)** *(Fahrerin)* [woman] racing driver; **d)** *(veralt.: männlich wirkende Frau)* amazon

**Amazonen·springen das** *(Reiten)* women's show-jumping; *(Veranstaltung)* women's show-jumping competition

**Amazonien** [ama'tso:niən] **(das); ~s** Amazonia

**Amber** ['ambɐ] **der; ~s, ~[n]** ambergris

**Ambiente** [am'biɛntə] **das; ~** *(geh.)* ambience

**Ambition** [ambi'tsio:n] **die; ~, ~en** *(geh.)* ambition; **~en auf etw.** *(Akk.)* **haben** have ambitions of getting sth.

**ambitionịert** [ambitsio'ni:ɐ̯t] *Adj.* *(geh.)* ambitious

**ambivalent** [ambiva'lɛnt] *(geh.)* **1.** *Adj.* ambivalent. **2.** *adv.* ambivalently

**Ambivalenz** [ambiva'lɛnts] *(geh.)* **die; ~, ~en** ambivalence

**Amboß** ['ambɔs] **der; Ạmbosses, Ạmbosse a)** anvil; **b)** *(Anat.)* anvil; incus

**Ambra** ['ambra] **die; ~, ~s** ambergris

**Ambrosia** [am'bro:zia] **die; ~** *(Myth.)* ambrosia

**ambrọsisch** *Adj. (veralt., geh.)* ambrosial

**ambulant** [ambu'lant] **1.** *Adj.* **a)** *(Med.)* out-patient *attrib.* ⟨*treatment, therapy, etc.*⟩; **ein ~er Patient** an out-patient; **b)** *(umherziehend)* itinerant. **2.** *adv.* **a)** *(Med.)* **jmdn. ~ behandeln/versorgen** treat sb. as an out-patient *or* give sb. out-patient treatment/look after sb. as an out-patient; **b) ~ mit etw. handeln** travel around selling sth.
**Ambulanz** [ambu'lants] **die; ~, ~en a)** *(Feldlazarett)* field hospital; **b)** *(in Kliniken)* out-patient[s'] department; **c)** *(in Betrieben)* first-aid station; **d)** *(Krankenwagen)* ambulance
**Ambulatorium** [ambula'to:riʊm] **das; ~s, Ambulatorien** *(bes. DDR)* out-patient[s'] department
**Ameise** ['a:maizə] **die; ~, ~n** ant
**Ạmeisen·bär der** ant-eater
**Ạmeisen-: ~haufen der** anthill; **~pfad der** *(Zool.)* ant run; **~säure die;** *o. Pl.* formic acid; **~staat der** ant colony
**amen** ['a:mɛn] *Adv.* amen; **zu allem ja und ~ sagen** *(ugs.)* agree to anything
**Ạmen das; ~s, ~:** Amen; **das ist so sicher wie das ~ in der Kirche** *(ugs.)* you can bet your bottom dollar on it; **sein ~ zu etw. geben** *(fig.)* give one's blessing to sth.
**Amerika** [a'me:rika] **(das); ~s** America
**Amerikaner** [ameri'ka:nɐ] **der; ~s, ~ a)** American; **b)** *(Gebäck) small, flat iced cake*
**Amerikanerin die; ~, ~nen** American
**amerikanisch** *Adj.* American *s. auch* **deutsch, Deutsch, ²Deutsche**
**amerikanisieren** *tr. V.* Americanize
**Amerikanisierung die; ~:** Americanization
**Amerikanịsmus der; ~, Amerikanismen** Americanism
**Amerikanịst der; ~en, ~en** specialist in American studies *pl.*
**Amerikanịstik die; ~:** American studies *pl., no art.*
**amerikanịstisch** *Adj.* American ⟨*studies*⟩
**Amethyst** [ame'tʏst] **der; ~[e]s, ~e** amethyst
**Ami** ['ami] **der; ~[s], ~[s]** *(ugs.)* Yank *(coll.)*
**Amigo** [a'mi:go] **der; ~s, ~s** *(ugs.)* buddy *(coll.)*
**Amino·säure** [a'mi:no-] **die** *(Chemie)* amino acid
**Ammann** ['aman] **der; ~[e]s, Ạmmänner** *(schweiz.)* *(Gemeinde~, Bezirks~)* ≈ mayor; *(Land~)* cantonal president
**Amme** ['amə] **die; ~, ~n** *(Mensch)* wet-nurse; *(Tier)* foster-mother
**Ạmmen·märchen das** fairy tale *or* story
**Ammer** ['amɐ] **die; ~, ~n** bunting
**Ammoniak** [amo'ni̯ak] **das; ~s** *(Chemie)* ammonia
**Ammonit** [amo'ni:t] **der; ~en, ~en** *(Paläont.)* ammonite
**Amnesie** [amne'zi:] **die; ~, ~n** *(Med., Psych.)* amnesia
**Amnestie** [amnɛs'ti:] **die; ~, ~n** amnesty
**amnestieren** *tr. V.* grant an amnesty to; amnesty
**Amnestierung die; ~, ~en: eine ~ politischer Gefangener** an amnesty for political prisoners
**Amöbe** [a'mø:bə] **die; ~, ~n** *(Biol.)* amoeba
**Amöben·ruhr die** *(Med.)* amoebic dysentery
**Amok** ['a:mɔk] **der; ~s** *in* **~ laufen** run amok; *(ugs.: wütend werden)* go wild *(coll.)*; **~ fahren** go berserk at the wheel
**Ạmok-: ~fahrer der** berserk driver; **~fahrt die** crazed drive; **~lauf der** crazed rampage; **~läufer der** madman; **der ~läufer, der mehrere Menschen erschossen hatte** the man who had gone berserk and shot several people; **~schütze der** crazed gunman
**a-Moll das; ~:** A minor; **Sonate/Etüde in ~:** sonata/étude in A minor
**a-Moll-: ~-Drei·klang der** A minor triad; **~-Etüde die** study *or* étude in A minor; **~-Sonate die** sonata in A minor; **~-Ton·leiter die** scale of A minor
**Amor** ['a:mɔr] **(der)** Cupid; **~s Pfeil** *(dichter.)* Cupid's arrow *or* dart
**ạmoralisch** *(geh.)* **1.** *Adj.* immoral. **2.** *adv.* immorally
**Amoralität die; ~** *(geh.)* immorality
**Amorette** [amo'rɛtə] **die; ~, ~n** *(Kunstwiss.)* amoretto; [little] cupid
**amorph** [a'mɔrf] *Adj.* *(geh.)* amorphous
**Amortisation** [amɔrtiza'tsi̯o:n] **die; ~, ~en** *(Wirtsch.)* **a)** *(Schuldentilgung)* amortization; **b)** *(Kostendeckung)* **die Berechnung der ~ der Maschine** calculating how long the machine will take to pay for itself
**amortisieren** *(Wirtsch.)* **1.** *tr. V.* **a)** *(tilgen)* amortize; pay off; **b)** *(einbringen)* repay ⟨*initial investment, acquisition costs*⟩. **2.** *refl. V.* *(sich bezahlt machen)* pay for itself
**Amouren** [a'mu:rən] *Pl.* *(veralt., noch scherzh.)* amours
**amourös** [amu'rø:s] *Adj.* amorous
**Ampel** ['ampl̩] **die; ~, ~n a)** *(Verkehrs~)* traffic lights *pl.*; **die ~ sprang auf Rot** the traffic lights turned to red; **halten Sie an der nächsten ~:** stop at the next set of traffic lights; **eine ~ ụmfahren** knock over a traffic light; **b)** *(Hängelampe)* hanging lamp; **c)** *(für Pflanzen)* hanging flowerpot
**Ạmpel-: ~anlage die** set of traffic lights; **~koalition die** *(ugs.) coalition between the SPD, FDP, and the Green Party*
**Ampere** [am'pɛ:ɐ̯] **das; ~[s], ~:** ampere; amp *(coll.)*
**Ampere-: ~meter das** ammeter; **~stunde die** ampere-hour
**Ampfer** ['ampfɐ] **der; ~s, ~** *(Bot.)* dock
**Amphibie** [am'fi:bi̯ə] **die; ~, ~n** *(Zool.)* amphibian
**Amphibien·fahrzeug das** amphibious vehicle
**amphibisch** *(Zool., Milit.)* **1.** *Adj.* amphibious. **2.** *adv.* amphibiously
**Amphi·theater** [am'fi:-] **das** amphitheatre
**Amphore** [am'fo:rə] **die; ~, ~n** amphora
**Amplitude** [ampli'tu:də] **die; ~, ~n** *(Math., Physik)* amplitude
**Ampulle** [am'pʊlə] **die; ~, ~n** *(Med.)* ampoule
**Amputation** [amputa'tsi̯o:n] **die; ~, ~en** *(Med.)* amputation
**amputieren** *tr. (auch itr.) V.* amputate; **amputiert werden** ⟨*person*⟩ have an amputation; **jmdm. das Bein/den Arm ~:** amputate sb.'s leg/arm
**Amputierte der/die;** *adj. Dekl.* amputee
**Amsel** ['amzl̩] **die; ~, ~n** blackbird
**Amt** [amt] **das; ~[e]s, Ämter** ['ɛmtɐ] **a)** *(Stellung)* post; position; *(hohes politisches od. kirchliches ~)* office; **sein ~ antreten** take up one's post/take up office; **im ~ sein** be in office; **in ~ und Würden sein** be a man/woman of position and authority; **jmdn. aus dem ~ entfernen** remove sb. from his/her post/from office; **für ein ~ kandidieren** be a candidate for a post *or* position/an office; **von ~s wegen** because of one's profession *or* job; **kraft seines ~es** *(geh.)* by virtue of one's office; **b)** *(Aufgabe)* task; job; *(Obliegenheit)* duty; **seines ~es walten** *(geh.)* discharge the duties of one's office; **Scharfrichter, walte deines ~es!** executioner, do your duty!; **c)** *(Behörde)* *(Paß~, Finanz~, ~ für Statistik)* office; *(Sozial~, Fürsorge~, ~ für Denkmalpflege, Vermessungswesen)* department; **jmdn. dem zuständigen ~ melden** report sb. to the appropriate authorities; **von ~s wegen** by order of the authorities; *s. auch* **auswärtig c; d)** *(Gebäude usw.)* office; **e)** *(Fernsprechvermittlung)* exchange; **das Fräulein vom ~** *(veralt.)* the operator; **vom ~ vermittelt werden** be put through by the operator; **f)** *(kath. Rel.)* [sung] mass
**Ämtchen** ['ɛmtçən] **das; ~s, ~** *(abwertend)* petty little job
**Ạ̈mter·patronage die** [political] patronage in the distribution of posts/offices
**Ạmt·frau die** *s.* **Amtmann**
**amtieren** *itr. V.* **a)** hold office; **der ~de Generalsekretär** the incumbent Secretary-General; **der seit zwei Jahren ~de Generalsekretär** the Secretary-General who has been in *or* has held office for two years; **als Bürgermeister ~:** hold the office of mayor; **b)** *(vorübergehend)* act **(als** as**)**
**ạmtlich 1.** *Adj.* **a)** *nicht präd.* official; **~es Kennzeichen** registration number; *(ugs.: sicher)* definite; certain. **2.** *adv.* officially
**ạmtlicher·seits** *Adv.* officially
**Ạmt·mann der;** *Pl.* **...männer** *od.* **...leute, Ạmt·männin** [-mɛnɪn] **die; ~, ~nen** *senior civil servant*
**ạmts-, Ạmts-: ~anmaßung die** *(Rechtsw.)* unauthorized assumption of authority; **~an·tritt der** assumption of office; **bei ~antritt** on assuming office; **~anwalt der** *public prosecutor at a local court;* **~apparat der** machinery of officialdom; **~arzt der** medical officer; **~ärztlich 1.** *Adj.* **~ärztliche Gesundheits-/Impfbescheinigung** certificate of health/vaccination issued by the medical officer; **~ärztliche Untersuchung** examination by the medical officer; **2.** *adv.* ⟨*authorized, certified*⟩ by the medical officer; **sich ~ärztlich untersuchen lassen** have an official medical examination; **~blatt das** official gazette; **~bruder der** fellow clergyman; **~deutsch das** *(abwertend)* officialese; **~eid der** oath of office; **~einsetzung die** installation; **~enthebung die,** *(bes. österr. u. schweiz.)* **~entsetzung die** removal *or* dismissal from office; **~führung die;** *o. Pl.* discharge of one's office; **~geheimnis das a)** *o. Pl.* *(Schweigepflicht)* official secrecy *no art.*; **dem ~geheimnis unterliegen** be bound by official secrecy; **b)** *(geheime Sache)* official secret; **~gericht das a)** *(Instanz)* local *or* district court; **b)** *(Gebäude)* local *or* district court building; **~geschäfte** *Pl.* official duties; **~handlung die** official act *or* duty; **~hilfe die** official assistance *(given by one authority to another)*; **~kette die** chain of office; **~leitung die** exchange line; **~miene die** *(meist iron.)* official air; **~mißbrauch der** abuse of authority *or* one's position; **~müde** *Adj.* tired of office *postpos.*; **~nachfolger der** successor in office; **~person die** official; **~pflicht die** official duty; duty of one's office; **~richter der** *(veralt.)* local *or* district court judge; **~schimmel der;** *o. Pl.* *(scherzh.)* officialism; bureaucracy; **der ~schimmel wiehert** that's bureaucracy for you; **~siegel das** official seal; *(Dienststempel)* official stamp; **~sitz der a)** *(Ort)* [official] seat; **b)** *(Gebäude)* official residence; **~sprache die a)** *o. Pl.* *(~deutsch)* official language; officialese *(derog.)*; **in der ~sprache** in official language/officialese; **b)** *(eines Landes, einer Organisation)* official language; **~stube die** *(veralt.)* office; **~stunden** *Pl.* office hours; **~tracht die** robes *pl.* of office; official dress; *(eines Geistlichen)* vestments *pl.*; **~verweser der** *(geh.)* deputy; *(eines Herrschers)* regent; **~vorsteher der** head *or* chief [of a/the department]; **~vorsteher der Paßstelle/des Zollamtes** head of the passport/customs office; **~zeit die** period *or* term of office; **~zimmer das** office
**Amulett** [amu'lɛt] **das; ~[e]s, ~e** amulet; charm
**amüsant** [amy'zant] **1.** *Adj.* amusing; entertaining. **2.** *adv.* in an amusing *or* entertaining way
**Amüsement** [amyzə'mã:] **das; ~s, ~s** amusement
**Amüsier·betrieb der** *(oft abwertend)* night-club; *(Spielhalle)* amusement arcade; arcade room *(Amer.)*

**amüsieren 1.** *refl. V.* **a)** *(sich vergnügen)* enjoy oneself; have a good time; **amüsier dich gut!** enjoy yourself!; have a good time!; **sich mit etw.** ~ *(auch iron.)* have fun with sth.; **sich mit jmdm.** ~: have fun *or* a good time with sb.; **b)** *(sich lustig machen)* be amused; **sich über jmdn./etw.** ~: find sb./sth. funny; *(über jmdn./etw. lachen)* laugh at sb./sth.; *(jmdn. verspotten)* make fun of sb./sth. **2.** *tr. V.* amuse; **amüsiert zusehen** look on with amusement; **was amüsiert dich denn so?** what do you find so amusing *or* funny?

**Amüsier·viertel das** night-club district

**amusisch** *(geh.) Adj.* with no feeling for art *postpos., not pred.*; **[völlig]** ~ **sein** have no feeling [at all] for art.

**an** [an] **1.** *Präp. mit Dat.* **a)** *(räumlich)* at; *(auf)* on; **an einem Ort** at a place; **an der Tür/Wand** on the door/wall; **an der Wand stehen** stand by *or* against the wall; **eine Blase an der Ferse haben** have a blister on one's heel; **an der Mosel/Donau liegen** be [situated] on the Moselle/Danube; **Frankfurt an der Oder** Frankfurt on [the] Oder; **ein Lehrer an dieser Schule** a teacher at this school; **an etw. lehnen** lean against sth.; **nah an etw. stehen** stand close to sth.; **jmdn. an der Hand nehmen** take sb. by the hand; **Tür an Tür** next door to one another; **Laden an Laden** shop after shop; one shop after the other; **an jmdm. vorbeigehen/-sehen** go/look past sb.; **an etw. vorbeiplanen/vorbeibauen** plan/build without regard for sth.; *s. auch* **²Bord; Land a; b)** *(zeitlich)* on; **an jedem Sonntag** every Sunday; **an dem Abend, als er ...:** [on] the evening he ...; **das war an dem Tag, als er ...:** that was the day he ...; **an Ostern** *(bes. südd.)* at Easter; **c)** *(nach bestimmten Substantiven, Adjektiven und Verben)* in; **acht an der Zahl** eight in number; **arm/reich an Vitaminen** low/rich in vitamins; **jung an Jahren** young in years; **jmdn. an etw. erkennen** recognize sb. by sth.; **das Beste an etw.** the best thing about sth.; **ein Mangel an etw.** a shortage of sth.; **an etw. arbeiten** be working on sth.; **an etw. leiden** suffer from sth.; **was haben Sie an Zeitungen?** what newspapers have you got?; **es an der Leber bekommen/haben** get/have liver trouble; **an einer Krankheit sterben** die of a disease; **was mir an der Sache nicht gefällt** what I don't like about it; **es ist an ihm, das zu tun** it is up to him to do it; **er/sie hat etwas an sich** there is sth. about him/her; **was er an Rente bekam** what he received by way of a pension; **an [und für] sich** actually; **die Idee ist an [und für] sich ausgezeichnet** the idea is excellent in itself. **2.** *Präp. mit Akk.* **a)** to; *(auf, gegen)* on; **etw. an jmdn. schicken** send sth. to sb.; **etw. an etw. hängen** hang sth. on sth.; **an die Tafel schreiben** write on the blackboard; **etw. an etw. lehnen** lean sth. against sth.; **[bis] an die Decke reichen** reach [up] to the ceiling; *s. auch* **bis; ²Bord; Land; b)** *(nach bestimmten Substantiven, Adjektiven und Verben)* **an etw./jmdn. glauben** believe in sth./sb.; **an etw. denken** think of sth.; **sich an etw. erinnern** remember *or* recall sth.; **an die Arbeit gehen** get down to work; **eine Bitte/Frage an jmdn. haben** have a request to make of sb./a question to ask sb.; **an etw. appellieren** appeal to sth.; **einen Gruß an jmdn. ausrichten lassen** send greetings to sb.; **ich konnte kaum an mich halten vor Lachen/Ärger** I could hardly contain myself for laughing/hardly contain my anger. **3.** *Adv.* **a)** *(Verkehrsw.)* **Köln an: 9.15** arriving Cologne 09.15; **b)** *(ugs.: in Betrieb)* on; **die Waschmaschine/der Fernseher ist an** the washing-machine/television is on; *s. auch* **ansein; c)** *(als Aufforderung)* **Scheinwerfer an!** spotlights on!; **d)** *(ugs.: ungefähr)* around; about; **an [die] 20 000 DM** around *or* about 20,000 DM; **e)** *in* **ohne [et]was an** *(ugs.)* with nothing on; without anything on; *s. auch* **ab 2d; von 1a, b**

**Anabolikum** [ana'bo:likʊm] **das; ~s, Anabolika** *(Med.)* anabolic steroid

**Anachronismus** [anakro'nɪsmʊs] **der; ~, Anachronismen** anachronism

**anachronistisch 1.** *Adj.* anachronistic. **2.** *adv.* anachronistically

**anaerob** [an|ae'ro:p] *Adj. (Biol.)* anaerobic

**Anagramm** [ana'gram] **das; ~s, ~e** anagram

**Anakoluth** [anako'lu:t] **das** *od.* **der; ~s, ~e** *(Sprachw.)* anacoluthon

**Anakonda** [ana'kɔnda] **die; ~, ~s** anaconda

**Anakreontik** [anakre'ɔntɪk] **die;** ~ *(Literaturw.)* anacreontic verse

**anal** [a'na:l] *(Anat., Psych.)* **1.** *Adj.* anal. **2.** *adv.* anally; ~ **verkehren** have anal intercourse

**Analeptikum** [ana'lɛptɪkʊm] **das; ~s, Analeptika** *(Med.)* analeptic

**Anal·erotik die;** ~: anal eroticism

**Analgetikum** [anal'ge:tikʊm] **das; ~s, Analgetika** *(Med.)* analgesic

**analog** [ana'lo:k] **1.** *Adj.* **a)** *(gleichartig)* analogous; ~ **[zu] diesem Fall** analogous to this case; **b)** *(Technik, DV)* analogue. **2.** *adv.* **a)** *(gleichartig)* analogously; **b)** *(Technik, DV)* ⟨*display, reproduce*⟩ in analogue form; ~ **arbeitende Geräte** analogue devices

**Analogie die; ~, ~n** *(Entsprechung, auch Rechtsw., Biol., Sprachw.)* analogy; **in** ~ **zu etw.** in analogy to sth.

**Analog-: ~rechner der** *(DV)* analogue computer; **~uhr die** analogue clock; *(Armbanduhr)* analogue watch

**An·alphabet der; ~en, ~en a)** illiterate [person]; ~ **sein** be illiterate; **b)** *(fig. abwertend)* ignoramus; **ein politischer** ~ **sein** be politically illiterate

**Analphabetentum das; ~s** illiteracy

**Anal·verkehr der** anal intercourse

**Analysand** [analy'zant] **der; ~en, ~en** *(Psychoanalyse)* analysand

**Analyse** [ana'ly:zə] **die; ~, ~n** *(auch: Psycho~)* analysis

**analysieren** *tr. V.* analyse

**Analysis** [a'na:lyzɪs] **die;** ~ *(Math.)* analysis

**Analytiker der; ~s, ~** analyst

**analytisch 1.** *Adj.* analytical; **~e Geometrie** analytical geometry. **2.** *adv.* analytically

**Anämie** [anɛ'mi:] **die; ~, ~n** *(Med.)* anaemia

**anämisch** [a'nɛ:mɪʃ] *Adj. (Med., auch fig. abwertend)* anaemic

**Anamnese** [anam'ne:zə] **die; ~, ~n** *(Med.)* anamnesis

**Ananas** ['ananas] **die; ~, ~** *od.* **~se** pineapple

**Anapäst** [ana'pɛ:st] **der; ~[e]s, ~e** *(Verslehre)* anapaest

**Anapher** [a'nafɐ] **die; ~, ~n** *(Stilk.)* anaphora

**Anarchie** [anar'çi:] **die; ~, ~n** anarchy

**anarchisch** *Adj.* anarchic

**Anarchismus der;** ~: anarchism

**Anarchist der; ~en, ~en, Anarchistin die; ~, ~nen** anarchist

**anarchistisch** *Adj.* anarchistic

**Anarcho·szene die** *(ugs.)* anarchist scene

**Anästhesie** [an|ɛste'zi:] **die; ~, ~n** *(Med.)* anaesthesia

**anästhesieren** *tr. V. (Med.)* anaesthetize

**Anästhesist der; ~en, ~en, Anästhesistin die; ~, ~nen** *(Med.)* anaesthetist

**Anatolien** [ana'to:li̯ən] **(das); ~s** Anatolia

**Anatom** [ana'to:m] **der; ~en, ~en** *(Med.)* anatomist

**Anatomie** [anato'mi:] **die; ~, ~n** *(Med.)* **a)** anatomy; **b)** *(Institut)* anatomical institute

**Anatomie·saal der** *(Med.)* anatomy lecture theatre

**anatomisch** [ana'to:mɪʃ] *(Med.)* **1.** *Adj.* anatomical. **2.** *adv.* anatomically

**¹an|backen 1.** *unr. tr. V.* **etw. [kurz]** ~: bake sth. for a short time. **2.** *unr. itr. V.; mit sein (festbacken)* become baked on (**an** + *Dat.* to); stick (**an** + *Dat.* on to)

**²an|backen** *itr. V.; mit sein (nordd.: sich festsetzen)* stick (**an** + *Dat.* to)

**an|bahnen 1.** *tr. V.* initiate ⟨*negotiations, talks, process, etc.*⟩; develop ⟨*relationship, connection*⟩. **2.** *refl. V.* ⟨*development*⟩ be in the offing; ⟨*friendship, relationship*⟩ start to develop; **zwischen den beiden bahnt sich etwas an** there is something going on between those two

**Anbahnung die; ~, ~en** *s.* **anbahnen 1:** initiation; development

**an|bandeln** ['anbandl̩n] *(südd., österr.),* **an|bändeln** ['anbɛndl̩n] *itr. V. (ugs.)* **mit jmdm.** ~ *(flirten)* get off with sb. *(Brit. coll.)*; pick sb. up; *(Streit anfangen)* pick a quarrel with sb.

**An·bau der;** *Pl.* **Anbauten a)** *o. Pl.* building; **die Genehmigung für den ~ einer Garage an ein Haus bekommen** receive permission to build a garage on to a house; **b)** *(Gebäude)* extension; **c)** *o. Pl. (das Anpflanzen)* cultivation; growing

**-anbau der;** *o. Pl.* **Flachs~/Hopfen~/Futter~:** cultivation of flax/hop/fodder plants

**an|bauen 1.** *tr. V.* **a)** build on; add; **eine Garage ans Haus ~:** build a garage on to the house; **b)** *(anpflanzen)* cultivate; grow. **2.** *itr. V. (das Haus vergrößern)* build an extension; *(~ lassen)* have an extension built

**Anbau-: ~fläche die** area of arable land; *(bebaute Fläche)* area under cultivation; **~gebiet das: die besten ~gebiete für Getreide** the best cereal-growing *or* grain-growing areas; **die wichtigsten ~gebiete für Rotwein** the principal red-wine-growing areas *or* areas for red wine; **~küche die** fitted kitchen; unit kitchen *(Amer.)*; **~möbel das** unit furniture; **~schrank der** cupboard unit

**an|befehlen** *unr. tr. V. (geh.)* **a)** *(befehlen)* **jmdm. etw.** ~: urge sth. on sb.; **b)** *(anvertrauen)* **jmdm. etw.** ~: commend sth. to sb.; **jmdm. ein Kind** ~: commend a child to sb.'s care

**An·beginn der** *(geh.)* beginning; **von ~ [an]** right from the beginning

**an|behalten** *unr. tr. V. (ugs.)* **etw.** ~: keep sth. on

**an·bei** *Adv. (Amtsspr.)* herewith; **Rückporto** ~: return postage enclosed

**an|beißen 1.** *unr. tr. V.* bite into; take a bite of; **er hat die Banane nur angebissen** he only took one bite of the banana; **zum Anbeißen sein** *od.* **aussehen** *(ugs.)* look good enough to eat. **2.** *unr. itr. V. (auch fig. ugs.)* bite; **bei ihr hat noch keiner angebissen** *(fig. ugs.)* she hasn't managed to hook anybody yet

**an|bekommen** *unr. tr. V. (ugs.)* **a)** *(anziehen können)* **etw.** ~: manage to get sth. on; **b)** *(anzünden od. starten können)* **ein Feuer/Streichholz** ~: manage to get a fire going/a match to light; **einen Motor** ~: manage to get an engine going *or* to start

**an|belangen** *tr. V. in* **was mich/diese Sache** *usw.* **anbelangt** as far as I am/this matter is *etc.* concerned

**an|bellen** *tr. V.* bark at

**an|bequemen** *refl. V. (geh.)* **sich einer Sache** *(Dat.)* ~: adapt [oneself] to sth.

**an|beraumen** ['anbəraumən] *tr. V. (Amtsspr.)* arrange, fix ⟨*meeting*⟩; arrange, set, fix ⟨*date*⟩

**Anberaumung die; ~, ~en** *(Amtsspr.) s.* **anberaumen:** arrangement; fixing; setting; **wir bitten um ~ eines neuen Termins** we should like a new date to be arranged *or* set

**an|beten** *tr. V. (auch fig.)* worship

**Anbeter der; ~s, ~** *(auch fig.)* worshipper; *(fig.: Verehrer)* admirer

**Ạn·betracht** der *in* **in ~ einer Sache** *(Gen.)* in consideration *or* view of sth.; **in ~ dessen, daß ...:** in view of the fact that ...
**ạn|betreffen** *unr. tr. V. in* **was mich/diese Sache** *usw.* **anbetrifft** as far as I am/this matter *etc.* is concerned
**ạn|betteln** *tr. V.* **jmdn. ~:** beg from sb.; **jmdn. um etw. ~:** beg sb. for sth.; **[auf der Straße] angebettelt werden** be stopped [in the street] by a beggar and asked for money
**Ạnbetung** die; ~, ~en *(auch fig.)* worship; *(fig.: Verehrung)* adoration
**ạnbetungs·würdig** *Adj.* adorable
**ạn|bezahlen** *tr. V.* make a down payment on; pay a deposit on
**ạn|biedern** ['anbi:dɐn] *refl. V. (abwertend)* **sich [bei jmdm.] ~:** curry favour [with sb.]
**Ạnbiederung** die; ~, ~en *(abwertend)* currying favour (**an** + *Akk.* with)
**Ạnbiederungs·versuch** der *(abwertend)* attempt to curry favour
**ạn|bieten** **1.** *unr. tr. V.* offer; offer, tender ⟨*resignation*⟩; **jmdm. etw. ~:** offer sb. sth.; **jmdm. seine Begleitung ~:** offer to accompany sb.; **jmdm. ~, etw. zu tun** offer to do sth. for sb.; **ich habe dir immer wieder angeboten, dir zu helfen** I offered time and again to help you; **Verhandlungen ~:** offer to negotiate; **ich habe nichts anzubieten** *od.* **zum Anbieten** I have nothing to offer you/them; **sich auf der Straße ~:** offer oneself on the streets; **jmdm. Schläge ~** *(iron.)* threaten to hit sb. **2.** *unr. refl. V.* **a)** offer one's services (**als** as); **sich ~, etw. zu tun** offer to do sth.; **sich fürs** *od.* **zum Geschirrspülen** *usw.* **~:** offer to do the dishes-; **b)** *(naheliegen)* ⟨*opportunity*⟩ present itself; ⟨*possibility, solution*⟩ suggest *or* present itself; **es bietet sich an, das zu tun** it would seem to be the thing to do; **c)** *(geeignet sein)* **sich für etw. ~:** be suitable for sth.; **dieses Tal bietet sich für die Einrichtung eines Sanatoriums geradezu an** this valley is an obvious place to build a sanatorium
**Ạn·bieter** der *(Wirtsch.)* supplier
**ạn|binden** **1.** *unr. tr. V.* **a)** *(befestigen)* tie [up] (**an** + *Dat. od. Akk.* to); tie up, moor ⟨*boat*⟩ (**an** + *Dat. od. Akk.* to); tether ⟨*animal*⟩ (**an** + *Dat. od. Akk.* to); **er läßt sich nicht ~** *(fig.)* he won't be tied down; **man kann Kinder nicht ~** *(fig.)* you can't keep children on a lead; *s. auch* **angebunden 2; b)** *(verbinden, anschließen)* link (**an** + *Akk.* to); **c)** *(Landw.)* rear. **2.** *unr. itr. V. (geh.)* **mit jmdm. ~** *(Streit anfangen)* pick a quarrel with sb.; *(flirten)* flirt with sb.
**Ạn·bindung** die linking (**an** + *Akk.* to); *(psychische ~)* involvement (**an** + *Akk.* in)
**ạn|blaffen** *tr. V. (ugs., auch fig.)* bark at
**ạn|blasen** *unr. tr. V.* **a)** blow at; **jmdn. mit Rauch ~:** blow smoke at sb.; **b)** *(anfachen)* blow on; **einen Hochofen ~** *(Technik)* blow in a blast-furnace; **c)** *(salopp: zurechtweisen)* **jmdn. ~:** bawl sb. out *(coll.)*; **d) die Jagd ~:** sound the horn for the start of the hunt; **e)** *(Musik)* sound ⟨*note*⟩; blow ⟨*instrument*⟩
**ạn|blecken** *tr. V.* bare its/their teeth at; *(fig.)* bare his/her/their *etc.* teeth at
**ạn|bleiben** *unr. itr. V.; mit sein (ugs.)* stay on
**ạn|blenden** *tr. V.* flash [at]; **jmdn. mit einer Taschenlampe ~:** flash a torch at sb. *(Brit.)*; shine a flashlight at sb. *(Amer.)*
**Ạn·blick** der sight; **einen erfreulichen/traurigen ~ bieten** be a welcome/sad sight; **ihm wurde beim bloßen ~ schon schlecht** the mere sight of it made him sick; **beim ~ der Pyramiden** at the sight of the Pyramids; **es war ein ~ für Götter, als du ...:** you looked a [real] sight when you ...
**ạn|blicken** *tr. V.* look at; **jmdn. mit großen Augen ~:** look at sb. wide-eyed; **jmdn. flüchtig/starr ~:** glance/stare at sb.
**ạn|blinken** *tr. V. s.* **anblenden**
**ạn|blinzeln** *tr. V.* **a)** blink at; **b)** *(zuzwinkern)* wink at
**ạn|bohren** *tr. V.* **a)** bore into; *(mit der Bohrmaschine)* bore *or* drill into; **Saboteure hatten sämtliche Benzinfässer angebohrt** saboteurs had drilled holes in all the petrol drums; **b)** *(erschließen)* tap [by drilling]; *(fig. ugs.: befragen)* pump
**ạn|branden** *itr. V.; mit sein (auch fig.)* surge
**ạn|brassen** *tr. V. (Seemannsspr.)* brace up
**ạn|braten** *unr. tr. V. (Kochk.)* brown; **scharf ~:** sear
**ạn|brauchen** *tr. V. (ugs.)* start [using]; **eine angebrauchte Tube Senf** a half-used tube of mustard
**ạn|bräunen** **1.** *tr. V. (Kochk.)* brown [lightly]. **2.** *itr. V.; mit sein (ugs.: von der Sonne braun werden)* tan [lightly]
**ạn|brausen** *itr. V.; mit sein* roar up; **angebraust kommen** come roaring along; *(auf einen zu)* come roaring up
**ạn|brechen** **1.** *unr. tr. V.* **a)** crack; **sich** *(Dat.)* **einen Knochen ~:** crack a bone; **b)** *(öffnen)* open; start; **eine angebrochene Flasche** an opened bottle; **c)** *(zu verbrauchen beginnen)* break into ⟨*supplies, reserves*⟩; **einen Hundertmarkschein ~:** break into *or (Amer.)* break a hundred mark note; **was machen wir mit dem angebrochenen Abend?** *(fig. ugs.)* what shall we do for the rest of the evening? **2.** *unr. itr. V.; mit sein (geh.: beginnen)* ⟨*dawn*⟩ break; ⟨*day*⟩ dawn, break; ⟨*darkness, night*⟩ come down, fall; ⟨*age, epoch*⟩ dawn; ⟨*autumn, winter*⟩ set in; ⟨*spring, summer*⟩ begin
**ạn|brennen** **1.** *unr. tr. V. (anzünden)* light. **2.** *unr. itr. V.; mit sein* **a)** burn; **jmdm. ist das Essen angebrannt** sb. has burnt the food; **nichts ~ lassen** *(fig. ugs.)* not miss out on anything; **der Torwart ließ nichts ~** *(Sportjargon)* the goalkeeper kept a clean sheet; **b)** *(zu brennen beginnen)* ⟨*wood, coal, etc.*⟩ catch
**ạn|bringen** *unr. tr. V.* **a)** *(befestigen)* put up ⟨*sign, aerial, curtain, plaque*⟩ (**an** + *Dat.* on); fix ⟨*lamp, camera*⟩ (**an** + *Dat.* [on] to); **an etw.** *(Dat.)* **angebracht sein** be fixed [on] to sth.-; **b)** *(äußern)* make ⟨*request, complaint, comment, reference*⟩; **c)** *(zeigen)* display, demonstrate ⟨*knowledge, experience*⟩; **d)** *(ugs.: herbeibringen)* bring; *(nach Hause)* bring home; **e)** *(ugs.: verkaufen)* sell; move
**Ạnbringung** die; ~ *s.* **anbringen a:** putting up; fixing
**Ạn·bruch** der **a)** *o. Pl. (geh.: Beginn)* dawn[ing]; **der ~ des Tages** dawn; daybreak; **vor/nach/bei** *od.* **mit ~ der Nacht** before/after/at nightfall; **vor ~ der Dunkelheit** before darkness closes in; **b)** *(Bergbau)* lode; vein
**ạn·brüchig** *Adj. (Jägerspr.)* rotting
**ạn|brühen** *tr. V.* brew, make ⟨*tea, coffee*⟩; blanch ⟨*tomatoes, almonds, etc.*⟩
**ạn|brüllen** **1.** *tr. V.* **a)** ⟨*tiger, lion, etc.*⟩ roar at; ⟨*cow, bull, etc.*⟩ bellow at; **b)** *(ugs.: anschreien)* bellow *or* bawl at. **2.** *itr. V. (ugs.: zu übertönen versuchen)* **gegen etw. ~:** try to shout above [the noise of] sth.
**ạn|brummen** **1.** *tr. V. (auch ugs.: unfreundlich anreden)* growl at. **2.** *itr. V.; mit sein* **angebrummt kommen** come roaring along; *(auf einen zu)* come roaring up
**ạn|brüten** *tr. V.* begin to sit on ⟨*eggs*⟩; **angebrütete Eier** eggs that have been sat on
**Anchovis** *s.* **Anschovis**
**Anciennitäts·prinzip** [ãsi̯eni'tɛ:ts-] **das** principle of seniority; **nach dem ~:** according to [the principle of] seniority
**Andacht** ['andaxt] die; ~, ~en **a)** *o. Pl. (Sammlung im Gebet)* silent prayer *or* worship; **in tiefer ~:** in deep devotion; **in ~ versunken** sunk in silent prayer *or* worship *or* in one's devotions; **b)** *o. Pl. (innere Sammlung)* rapt attention; **mit großer ~:** with rapt attention; **c)** *(Gottesdienst)* prayers *pl.*; **eine ~ halten** hold a [short] service; **zur ~ gehen** go to prayers *or* to the service
**andächtig** ['andɛçtɪç] **1.** *Adj.* **a)** *(ins Gebet versunken)* devout; reverent; **b)** *(innerlich gesammelt)* rapt; **c)** *nicht präd. (feierlich)* reverent. **2.** *adv.* **a)** *(ins Gebet versunken)* devoutly; reverently; **b)** *(innerlich gesammelt)* with rapt attention; raptly
**Ạndachts·bild** das *(Kunst, Rel.)* devotional picture
**ạndachts·voll** *(geh.) s.* **andächtig**
**Andalusien** [anda'lu:zi̯ən] **(das);** ~s Andalusia
**ạn|dampfen** *itr. V.; mit sein* **angedampft kommen** *(ugs.)* come steaming along; *(auf einen zu)* come steaming up; *(fig. scherzh.)* come charging along, puffing and blowing; *(auf einen zu)* come charging up, puffing and blowing
**Andante** [an'dantə] **das;** ~[s], ~s *(Musik)* andante
**ạn|dauen** ['andau̯ən] *tr. V. (Med.)* **angedaute Nahrung** partially digested food
**Ạn·dauer** die continuance; **bei längerer ~ des Fiebers/des schlechten Wetters** if the fever continues *or* persists/the bad weather lasts for a long time
**ạn|dauern** *itr. V.* ⟨*negotiations*⟩ continue, go on; ⟨*weather, rain*⟩ last, continue
**ạndauernd** **1.** *s.* **andauern. 2.** *Adj.; nicht präd.* continual; constant. **3.** *adv.* continually; constantly; **warum fragst du denn ~ dasselbe?** why do you keep on asking the same thing?
**Anden** ['andn̩] *Pl.* **die ~:** the Andes
**Ạn·denken** das; ~s, ~ **a)** *o. Pl.* memory; **jmds. ~ bewahren/in Ehren halten** keep/honour sb.'s memory; **jmdm. ein liebevolles ~ bewahren** keep fond memories of sb.; **zum ~ an jmdn./etw.** to remind you/us *etc.* of sb./sth.; **das schenke ich dir zum ~:** I'll give you that to remember me/us by; **b)** *(Erinnerungsstück)* memento, souvenir (**an** + *Akk.* of); *(Reise~)* souvenir (**an** + *Akk.* of)
**Ạndenken·jäger** der souvenir hunter
**Ạnden·staat** der Andean country
**ander...** ['andɐ...] *Indefinitpron.* **1.** *attr.* **a)** *(zweit..., weiter...)* other; **ein ~er Mann/eine ~e Frau/ein ~es Haus** another man/woman/house; **zum ~n Mal** *(veralt.)* [for] a second time; **eine ~e Frage** another *or* a further question; **~e Fragen** other *or* further questions; **das Kleid gefällt mir nicht, haben Sie noch ~e/ein ~es?** I don't like that dress, do you have any others/another?; **b) am/bis zum ~[e]n Tag** [on] the/by the next *or* following day; **von einem Tag zum ~n** from one day to the next; **c)** *(verschieden)* different; **wir ~n** the rest of us; **~er Meinung sein** be of a different opinion; take a different view; **das ~e Geschlecht** the opposite sex; **bei ~er Gelegenheit** another time; **statt dieses Wagens hätte ich gern einen ~n** instead of that car I would like a different one; *s. auch* **Land; Städtchen; d)** *(neu)* **einen ~en Arbeitsplatz finden** find another job; **er ist ein ~er Mensch geworden** he is a changed man. **2.** *alleinstehend* **a)** *(Person)* **ein ~r/eine ~e:** another [one]; **die ~n** the others; **alle ~n** all the others; everyone else; **jeder/jede ~e** anyone *or* anybody else; **kein ~er/keine ~e** nobody *or* no one else; **was ist mit den ~n?** what about the others *or* the rest?; **ich will weder den einen noch den ~en heiraten** I don't want to marry either of them; **niemand ~er als ...:** nobody *or* no one but ...; **da muß ein ~r kommen** *(fig.)* it will take more than you/him *etc.*; **einen ~[e]n/eine ~e haben** *(fig. ugs.)* have found somebody *or* someone else; **auf ~e hören** listen to others; **eine war schöner als die ~e** one was more beautiful than the other; **einer hinter dem ~[e]n** one after another *or* the other; **nicht drängeln, einer nach dem ~n** don't push, one after the other; **der eine**

**oder [der] ~e** one or two *or* a few people; **wenn der eine oder [der] ~e von Ihnen etwas Genaueres wissen möchte** if any of you would like further details; *s. auch* **recht c; b)** *(Sache)* **ein ~er/eine ~e/ein ~es** another [one]; **alles ~e** everything else; **ein[e]s nach dem ~[e]n** first things first; **das ~e schaffen wir schon allein** we can manage the rest on our own; **wir haben noch zwei ~e** we have two others; **es bleibt uns nichts ~es übrig** there's nothing else we can do; **sich eines ~n besinnen** change one's mind; **ich will weder das eine noch das ~e** I don't want either; *(will beides nicht tun)* I don't want to do either; **Möchtest du Tee oder Kaffee? – Weder das eine noch das ~e** Would you like tea or coffee? – Neither; **und ~es/vieles ~e mehr** and more/much more besides; **unter ~[e]m** among[st] other things; **so kam eins zum ~[e]n** what with one thing on top of the other; **das ist etwas [ganz] ~es** that's [something quite] different; **von etwas ~em sprechen** talk about something else; *(um das bisherige Thema zu vermeiden)* change the subject; **das bedeutet doch nichts ~es, als daß wir noch einmal ganz von vorn anfangen müssen** that means only one thing, that we must start all over again from the beginning; **ich habe nichts ~es erwartet** I didn't expect anything else; **dem hätte ich etwas ~es erzählt** *(fig. ugs.)* I would have given him a piece of my mind; **alles ~e als ...:** anything but ...; **das ist alles ~e als das, was ich mir vorgestellt hatte** it's not at all what I had imagined; **~es zu tun haben** have other things to do

**änderbar** *Adj.* alterable

**anderen·falls** *Adv.* otherwise

**anderen·orts** *Adv. (geh.)* elsewhere

**anderen·tags** *Adv. (geh.)* [on] the next *or* following day

**anderen·teils** *Adv. s.* **einesteils**

**anderer·seits** *Adv.* on the other hand

**Ander·konto das** *(Finanzw.)* trust account; client account

**ander·mal** *Adv.* **ein ~:** another time

**andern-** *s.* **anderen-**

**ändern** ['ɛndɐn] **1.** *tr. V.* change; alter; alter ⟨*garment*⟩; change ⟨*person*⟩; **etw. an etw.** *(Dat.)* **~:** change *or* alter sth. in sth.; **wenn ich an dem Kleid etwas ~ würde** if I was going to change anything about the dress; **daran kann man nichts ~:** nothing can be done *or* there's nothing you/we *etc.* can do about it; **das alles ändert nichts an der Tatsache, daß ...:** none of that alters the fact that ... **2.** *refl. V.* change; alter; ⟨*person, weather*⟩ change; **daran hat sich nichts geändert** nothing about it has changed *or* altered

**ander·orts** *s.* **anderenorts**

**anders** ['andɐs] *Adv.* **a)** *(verschieden)* ⟨*think, act, feel, do*⟩ differently (**als** from *or esp. Brit.* to); ⟨*be, look, sound, taste*⟩ different (**als** from *or esp. Brit.* to); **es war alles ganz ~:** it was all quite different; **er ist irgendwie ~:** there is something different about him; he has changed somehow; **wie könnte es ~ sein!** *(iron.)* surprise, surprise! *(iron.)*; **mir wird ganz ~** *(ugs.)* I feel weak at the knees; **es wäre alles ~ gekommen** it would all have been different *or* would have turned out differently; **es kommt immer ~, als man denkt** things never turn out the way you think they will; **es kam ~, als wir dachten** things didn't turn out the way we expected; **wir haben es uns ~ überlegt** we've changed our minds; **ich kann auch ~** *(ugs.)* you'd/he'd *etc.* better watch it *(coll.)*; **das hört sich schon ~ an** *(ugs.)* that's more like it; **so und nicht ~:** this way and no other; exactly like that; **das kennt er nicht ~:** he's never known any different; **das kennen wir gar nicht ~ von ihm** we wouldn't expect anything else from him; **ich konnte nicht ~:** I couldn't help it; *(ich wurde gezwungen)* I had no choice; **das habe ich nicht ~ erwartet** I didn't expect anything else; that was just what I expected; **wie nicht ~ zu erwarten** as [was to be] expected; **wenn es nicht ~ geht** if there is no other way; **b)** *(sonst)* else; **irgendwo/nirgendwo ~:** somewhere/nowhere else; **niemand ~:** nobody else; **jemand ~:** someone else; *(verneint, in Fragen)* anyone else; **c)** *(ugs.: andernfalls)* otherwise; or else

**anders, Anders: ~artig** *Adj.* different; **~artigkeit die;** *o. Pl.* different nature; **das Bewußtsein seiner ~artigkeit** his consciousness that he was different; **~denkend** *Adj.; nicht präd.* dissident; dissenting; **~denkende der/die;** *adj. Dekl.* dissident; dissenter

**anderseits** *s.* **andererseits**

**anders-, Anders-: ~farbig 1.** *Adj.* different-coloured *attrib.*; of a different colour *postpos.*; **2.** *adv.* ⟨*decorated*⟩ in a different colour; **~farbig bezogen** covered in material of a different colour; **~farbige der/die** person of a different colour; **~geartet** *Adj.* different; of a different nature *postpos.*; **~geschlechtlich** *Adj.* of the opposite sex *postpos.*; **~gesinnte** [~gəzɪntə] **der/die;** *adj. Dekl.* person of a different opinion; **die ~gesinnten** those with *or* of different opinions; **~gläubig** *Adj.* of a different faith *or* religion *postpos.*; **~gläubige der/die** person of a different faith *or* religion; **die ~gläubigen** those of different faiths *or* religions; **~herum 1.** *Adv.* the other way round *or (Amer.)* around; **etw. ~herum drehen** turn sth. the other way; **~herum gehen/fahren** go/drive round *or (Amer.)* around the other way; **2.** *Adj. s.* **~rum 2; ~lautend** [~lautn̩t] *Adj.; nicht präd.* to the contrary *postpos.*; **~rum** *(ugs.)* **1.** *Adv. s.* **~herum 1; 2.** *Adj.; nicht attr.* **~rum sein** be a poof *(Brit. coll.)* or a fairy *(sl.)*; be queer *(sl.)*; **~sein das** *(geh.)* **sein ~sein akzeptieren** accept that one is different; **~wie** *Adv. (ugs.)* some other way; **~wo** *Adv. (ugs.)* elsewhere; **mach das doch ~wo** do it somewhere else *or* elsewhere; **weder dort noch ~wo** neither there nor anywhere else; **~woher** *Adv. (ugs.)* from elsewhere; from somewhere else; **kann man das ~woher beziehen?** can you get that [from] anywhere else?; **~wohin** *Adv. (ugs.)* elsewhere; somewhere else; **warum fahren wir nie ~wohin?** why do we never go somewhere else?; **wir fahren immer in die Berge, nie ~wohin** we always go up into the mountains, never anywhere else

**anderthalb** ['andɐt'halp] *Bruchz.* one and a half; **~ Pfund Mehl** a pound and a half of flour; **~ Stunden** an hour and a half; **~ Jahre [alt] sein** be eighteen months [old]

**anderthalb·fach** *Vervielfältigungsz.* one and a half times; **einen ~en Salto machen** do a one-and-a-half somersault; **den ~en Preis verlangen** demand half as much again

**anderthalb·mal** *Adv.* one and a half times; **~ so viel Geld** half as much money again; **~ so viele Besucher** half as many visitors again; **~ so groß wie ...:** half as big again as ...

**Änderung die; ~, ~en** change (+ *Gen.* in); alteration (+ *Gen.* to); *(an einem Kleidungsstück)* alteration (**an** + *Dat.* to); *(in einem Menschen)* change (**in** + *Dat.* in); **eine ~ vornehmen** make a change *or* an alteration; **eine ~ zum Besseren** a change for the better; **eine ~ des Programms** a change of programme; **das hat uns zu einer ~ des Programms veranlaßt** it has caused us to change *or* alter the programme; **„~en vorbehalten"** 'subject to alteration'

**Änderungs-: ~antrag der** *(Politik)* amendment; **~kündigung die** *(Arbeitswelt) notice of intention to terminate agreement on terms and conditions of employment if changes to the agreement are not accepted;* **~schneiderei die** tailor's [that does alterations]; **~vor·schlag der** suggested amendment *or* change; **~wunsch der** request for changes *or* alterations; **haben Sie irgendwelche ~wünsche?** are there any changes *or* alterations you would like to see?

**anderwärts** [-vɛrts] *Adv. (geh.)* elsewhere

**anderweitig** [-vaitɪç] **1.** *Adj.; nicht präd. (sonstig)* other. **2.** *adv.* **a)** *(auf andere Weise)* in another way; **~ beschäftigt sein** be otherwise engaged; **b)** *(an jmd. anderen)* to somebody else

**an|deuten 1.** *tr. V.* **a)** *(zu verstehen geben)* intimate; hint; **jmdm. etw. ~:** intimate *or* hint sth. to sb.; **b)** *(nicht ausführen)* outline; *(kurz erwähnen)* indicate. **2.** *refl. V. (sich abzeichnen)* be indicated; **sobald sich die ersten wärmeren Sommertage andeuteten** as soon as there was a suggestion of the first warm days of summer

**An·deutung die a)** *(Anspielung)* hint; **eine ~ machen** give *or* drop a hint (**über** + *Akk.* about); **in ~en sprechen** talk in hints; **b)** *(schwaches Anzeichen)* suggestion; hint

**andeutungs·weise** *Adv.* in the form of a hint *or* suggestion/hints *or* suggestions; **davon war nur ~ die Rede** it was only hinted at

**an|dichten** *tr. V.* **jmdm. etw. ~:** impute sth. to sb.; **man hatte ihm Wunderkräfte angedichtet** he had been credited with miraculous powers; **sie hatten ihm eine Affäre mit seiner Sekretärin angedichtet** they claimed that he'd had an affair with his secretary

**an|dicken** ['andɪkn̩] *tr. V. (Kochk.)* thicken

**an|dienen 1.** *tr. V.* **a) jmdm. etw. ~:** offer sth. to sb.; *(aufdringlich)* press sth. on sb. **2.** *refl. V.* **sich jmdm. ~:** offer oneself *or* one's services to sb.; *(aufdringlich)* press oneself *or* one's services on sb.

**an|diskutieren** *tr. V.* [begin to] discuss briefly

**an|docken** *tr., itr. V. (Raumf.)* **an etw.** *(Dat.)* **~:** dock with sth.

**an|donnern** *itr. V. (ugs.)* **angedonnert kommen** come roaring *or* thundering along; *(auf einen zu)* come roaring *or* thundering up

**An·drang der;** *o. Pl.* **a)** crowd; *(Gedränge)* crush; **es herrschte großer ~:** there was a large crowd/great crush; **b)** *(von Blut, Milch)* rush; *(von Wasser)* surge

**an|drängen** *itr. V.; mit sein* surge (**gegen** against); ⟨*crowd*⟩ surge forward; ⟨*army*⟩ push forward; **gegen das Tor ~** *(Sport)* surge towards goal; **die ~de Flut/Menschenmenge** the surging tide/crowd

**andre...** *s.* **ander...**

**Andreas** [an'dre:as] **(der)** Andrew

**Andreas·kreuz das a)** St Andrew's cross; **b)** *(Verkehrsw.)* diagonal cross

**an|drehen** *tr. V.* **a)** *(einschalten)* turn on; **b)** *(ugs.: verkaufen)* **jmdm. etw. ~:** palm sb. off with sth.; palm sth. off on sb.; **laß dir bloß keinen von diesen Äpfeln ~:** don't let yourself be palmed off with any of those apples; **c)** *(befestigen)* screw ⟨*nut*⟩ on; screw ⟨*screw*⟩ in; **d)** *(salopp)* **jmdm. ein Kind ~:** knock sb. up *(sl.)*; put sb. in the club *(Brit. sl.)*

**andrerseits** *s.* **andererseits**

**an|dressieren** *tr. V.* **a) einem Tier ein Kunststück/artfremdes Verhalten ~:** train an animal to perform a trick/to exhibit behaviour [patterns] foreign to the species; **andressiertes Verhalten** behaviour that is the result of training; **b)** *(fig. abwertend)* train; drill

**an|dringen** *unr. itr. V.; mit sein (geh.)* surge (**gegen** against); **der ~de Feind** the enemy surging forward

**Androgen** [andro'ge:n] **das; ~s, ~e** *(Med.)* androgen

**androgyn** [andro'gy:n] *Adj. (Psych., Bot.)* androgynous

**ạn|drohen** *tr. V.* **jmdm. etw. ~:** threaten sb. with sth.; **er hat mir Prügel angedroht** he threatened to beat me

**Ạn·drohung die** threat; **unter ~ von Gewalt** with the *or* under threat of violence; **durch die ~ seines Rücktritts** by threatening to resign

**Android** [andro'i:t] **der; ~en, ~en, Androide** [andro'i:də] **der; ~n, ~n** android

**Androloge** [andro'lo:gə] **der; ~n, ~n** *(Med.)* andrologist

**Ạn·druck der; ~[e]s, ~e** *(Druckw.)* **a)** *(Probe)* proof; **bereit für den ~:** ready for proofing; **b)** *(Beginn)* going to press; **lange vor dem ~:** long before going to press

**ạn|drucken** *(Druckw.)* **1.** *tr. V.* **a)** *(beginnen)* start printing; **b)** *(zur Probe)* proof; pull proofs of. **2.** *itr. V.* **a)** *(beginnen)* start printing; go to press; **wir können ~ lassen** we can go to press; **b)** *(zur Probe)* pull proofs

**ạn|drücken** *tr. V.* **a)** press down; **den Bleistift leicht ~:** press lightly with the pencil; **b)** *(einschalten)* switch on

**Ạndruck·exemplar das** *(Druckw.)* **a)** printed copy; **b)** *(Probe)* proof copy

**ạn|dudeln** *tr. V. in* **sich** *(Dat.)* **einen ~** *(salopp)* get plastered *(sl.)*

**ạn|dünsten** *tr. V. (Kochk.)* braise lightly

**Äneas** [ɛ'ne:as] **(der)** Aeneas

**ạn|ecken** *itr. V.; mit sein* **a)** *(anstoßen)* **an etw.** *(Dat.)* **~:** hit sth.; **b)** *(ugs.: Ärger erregen)* **bei jmdm. ~:** rub sb. [up *(Brit.)*] the wrong way

**ạn|eifern** *tr. V. (südd., österr.)* spur on

**ạn|eignen** *refl. V.* **a)** *(nehmen)* appropriate; **sich** *(Dat.)* **etw. widerrechtlich ~:** misappropriate sth.; **b)** *(lernen)* acquire; learn; **c)** *(angewöhnen)* acquire; pick up

**Ạn·eignung die a)** appropriation; **widerrechtliche ~:** misappropriation; **b)** *(Lernen)* acquisition; learning; **c)** *(Rechtsw.)* acquisition of title (*Gen.* to)

**an·einạnder** *Adv.* **~ denken** think of each other *or* one another; **~ vorbeigehen** pass each other *or* one another; go past each other *or* one another; **sich ~ gewöhnen** get used to each other *or* one another; **~ vorbeireden** talk at cross purposes; **sich ~ festhalten** hold each other *or* one another

**aneinạnder, Aneinạnder: ~|bauen** *tr. V.* build on to each other; **dicht ~gebaut** built very close together; **~|binden** *unr. tr. V.* tie together; hitch ⟨*horses*⟩ together; **~|drängen 1.** *tr. V.* push *or* press together; **2.** *refl. V.* press together; **~|drücken** *tr. V.* press together; **~|fesseln** *tr. V.* tie together; *(mit Ketten)* chain together; **man hatte uns Hände und Füße ~gefesselt** our hands and feet had been tied together; **~|fügen 1.** *tr. V.* fit together; **2.** *refl. V.* fit together; **~|geraten** *unr. itr. V.; mit sein* **mit jmdm. ~geraten** *(sich prügeln)* come to blows with sb.; *(sich streiten)* quarrel with sb.; **~|grenzen** *itr. V.* ⟨*properties, rooms, etc.*⟩ adjoin [each other *or* one another]; ⟨*countries*⟩ border on each other *or* one another; **~|halten** *unr. tr. V.* hold next to each other *or* one another; **~|hängen 1.** *tr. V.* link ⟨*chains, garlands*⟩ together; couple ⟨*carriages*⟩ together; fasten ⟨*papers*⟩ together; **2.** *unr. itr. V.* ⟨*chains, garlands*⟩ be linked together; ⟨*carriages*⟩ be coupled together; ⟨*insects*⟩ cling together; **~|klammern 1.** *tr. V.* clip ⟨*papers*⟩ together; clamp ⟨*boards*⟩ together; **2.** *refl. V.* cling together *or* to each other; **~|kleben** *tr., itr. V.* stick together; **~|knoten** *tr. V.* knot *or* tie together; **~|koppeln** *tr. V.* couple ⟨*carriages*⟩ together; link up ⟨*spacecraft*⟩; **~|kuscheln** *refl. V.* snuggle *or* cuddle up [together *or* to each other *or* to one another]; **sie lagen ~gekuschelt** they lay snuggled *or* cuddled up [together]; **~|legen 1.** *tr. V.* put *or* place next to each other *or* one another; **2.** *refl. V.* lie next to each other *or* together; **wenn man den Hebel zieht, legen sich zwei Metallklötze ~:** when the handle is pulled, two metal blocks are brought together; **~|lehnen 1.** *tr. V.* lean against each other *or* one another; **2.** *refl. V.* lean on *or* against each other *or* one another; **~|liegen** *unr. itr. V.* ⟨*properties*⟩ adjoin [each other *or* one another]; be adjacent [to each other *or* one another]; **~liegende Steine** stones lying next to each other; **~|prallen** *itr. V.; mit sein* collide; **~|pressen** *tr. V.* press together; **~|reihen 1.** *tr. V.* string ⟨*facts, anecdotes*⟩ together; line up [next to each other *or* one another]; **Perlen auf einer Schnur ~reihen** thread pearls on a string; **2.** *refl. V.* ⟨*days, nights, minutes, etc.*⟩ follow one another; **~reihung die** stringing together; **eine bloße ~reihung von Tatsachen** a series of facts just strung together; **~|rücken 1.** *tr. V.* move *or* put ⟨*chairs etc.*⟩ together; **2.** *itr. V.; mit sein* move [up] closer together; **~|schlagen 1.** *unr. tr. V.* strike together; **2.** *unr. itr. V.; mit sein* strike each other *or* one another; **~|schmieden** *tr. V.* forge together; **~|schmiegen** *refl. V.* snuggle *or* cuddle up [together *or* to each other *or* to one another]; **~|schrauben** *tr. V.* screw together; **~|schweißen** *tr. V.* weld together; **~|setzen** *tr. V.* put together; put ⟨*dominoes*⟩ next to each other; **~|stellen 1.** *tr. V.* put together *or* next to each other; **2.** *refl. V.* stand together *or* next to each other; **stellt euch mal mit dem Rücken ~:** stand back to back; **~|stoßen 1.** *unr. tr. V.* knock together; **2.** *unr. itr. V.; mit sein* **a)** strike each other; ⟨*heads, vehicles*⟩ collide; **sie stießen mit den Köpfen ~:** their heads collided; **b)** *(~grenzen)* meet

**Äneis** [ɛ'ne:ɪs] **die; ~:** Aeneid

**Anekdote** [anɛk'do:tə] **die; ~, ~n** anecdote

**anekdọten·haft 1.** *Adj.* anecdotal. **2.** *adv.* ⟨*relate*⟩ in anecdotes

**anekdọtisch 1.** *Adj.* anecdotal. **2.** *adv.* **ein ~ gewürzter Vortrag** a lecture enlivened with anecdotes

**ạn|ekeln** *tr. V.* disgust; nauseate; **du ekelst mich an** you make me sick; **sich angeekelt abwenden** turn away in disgust

**Anemo·meter** [anemo-] **das** *(Met.)* anemometer

**Anemone** [ane'mo:nə] **die; ~, ~n** anemone

**ạn|empfehlen** *unr. tr. V. (geh.)* recommend (*Dat.* to)

**ạn|erbieten** *unr. refl. V. (geh.)* offer one's services; **sich ~, etw. zu tun** offer to do sth.

**Ạnerbieten das; ~s, ~** *(geh.)* offer

**ạnerkannt** *Adj.* recognized; recognized, acknowledged ⟨*authority, expert*⟩; recognized, accepted, established ⟨*fact*⟩

**ạnerkanntermaßen** *Adv.* **er gehört ~ zu den besten Spielern** he is generally recognized *or* acknowledged to be one of the best players

**ạnerkennen**[1] *unr. tr. V.* **a)** recognize ⟨*country, record, verdict, qualification, document*⟩; acknowledge ⟨*debt*⟩; accept ⟨*demand, bill, conditions, rules*⟩; allow ⟨*claim, goal*⟩; **ein Kind ~:** acknowledge a child as one's own; **jmdn. als gleichberechtigten Partner ~:** accept sb. as an equal partner; **b)** *(nicht leugnen)* acknowledge; **c)** *(würdigen)* acknowledge, appreciate ⟨*achievement, efforts*⟩; appreciate ⟨*person*⟩; respect ⟨*viewpoint, opinion*⟩; **ein ~der Blick** an appreciative look; **~d nicken** nod appreciatively; **einige ~de Worte** a few words of appreciation

**ạnerkennens·wert** *Adj.* commendable

**ạnerkennenswerter·weise** *Adv.* commendably

[1] *ich erkenne an (od. seltener: anerkenne), anerkannt, anzuerkennen*

**Ạn·erkenntnis das; ~ses, ~se** acknowledgement

**Ạnerkennung die; ~, ~en a)** *s.* **anerkennen a:** recognition; acknowledgement; acceptance; allowance; **b)** *(Zugeständnis)* acknowledgement; **c)** *(Würdigung) s.* **anerkennen c:** acknowledgement; appreciation; respect (*Gen.* for)

**ạn|erziehen** *unr. tr. V.* **jmdm. etw. ~:** instil sth. into sb.; **Kindern Pünktlichkeit ~:** bring children up to be punctual

**ạn|essen** *unr. refl. V. in* **sich** *(Dat.)* **einen Bauch ~:** develop a paunch

**ạn|fachen** *tr. V.* fan; *(fig.)* arouse ⟨*anger, curiosity, enthusiasm*⟩; arouse, inflame ⟨*passion*⟩; inspire, stir up ⟨*hatred*⟩; inspire ⟨*hope*⟩; ferment ⟨*discord, war*⟩

**ạn|fahren 1.** *unr. tr. V.* **a)** run into; hit; **b)** *(herbeifahren)* deliver; **c)** *(ansteuern)* stop *or* call at ⟨*village etc.*⟩; ⟨*ship*⟩ put in at ⟨*port*⟩; **das Schiff fährt die Insel einmal wöchentlich an** the boat calls at the island once a week; **d)** *(zurechtweisen)* shout at; **e)** *(in Betrieb nehmen)* commission ⟨*powerstation, blast furnace*⟩. **2.** *unr. itr. V.; mit sein* **a)** *(starten)* start off; **das Anfahren am Berg** hill-starting; **b)** *(heranfahren)* drive up; *(mit dem Fahrrad, Motorrad)* ride up; **angefahren kommen** come driving/riding up

**Ạn·fahrt die a)** *(das Anfahren)* journey; *(als Autofahrer)* drive; *(Ankunft)* arrival; **b)** *(Weg)* approach; *(Einfahrt)* entrance

**Ạnfahrts-: ~weg der** journey; *(als Autofahrer)* drive; **~zeit die** travelling time; **~zeiten als Arbeitszeit berechnen** count travelling time *sing.* as working time

**Ạn·fall der a)** *(Attacke)* attack; *(epileptischer ~, fig.)* fit; **einen ~ bekommen** *od.* *(ugs.)* **kriegen** have an attack/a fit; **in einem ~ von ...** *(fig.)* in a fit of ...; **b)** *o. Pl.* *(Anfallendes)* amount (**an +** *Dat.* of); *(Ertrag)* yield (**an +** *Dat.* of)

**ạnfall·artig 1.** *Adj.* **~es Husten** fits *pl.* of coughing; coughing fits *pl.*; **~e Schmerzen** spasms *pl.* of pain. **2.** *adv.* **plötzlich und ~ auftretende Zuckungen/Schmerzen** a sudden fit/sudden fits of twitching/a sudden spasm/sudden spasms of pain; **die Schmerzen kommen ~:** the pain comes in spasms

**ạn·fallen 1.** *unr. tr. V.* **a)** *(angreifen)* attack; **b)** *(geh.: befallen)*; **Zweifel/Angst fiel mich an** I was assailed by doubt/fear; **Heimweh/Wut/Entsetzen fiel mich an** I was filled with homesickness/rage/horror; **Müdigkeit fiel mich an** I was overcome with tiredness. **2.** *unr. itr V.; mit sein* ⟨*costs*⟩ arise, be incurred; ⟨*interest*⟩ accrue; ⟨*work*⟩ come up; ⟨*parcels etc.*⟩ accumulate; **als Nebenprodukt/Nebenkosten ~:** be obtained as a by-product/be costs incurred; **alle ~den Reparaturen** any repairs that become necessary

**ạn·fällig** *Adj.* delicate ⟨*child*⟩; temperamental ⟨*engine*⟩; **gegen** *od.* **für etw. ~ sein** be susceptible to sth.; **für eine Krankheit ~ sein** be prone to an illness

**Ạn·fälligkeit die; ~, ~en** *(eines Kindes usw.)* delicateness; *(eines Motors usw.)* temperamental nature; **~ gegen** *od.* **für etw.** susceptibility to sth.; **~ für eine Krankheit** proneness to an illness

**ạnfalls·weise** *Adv.* **die Schmerzen kommen ~:** the pain comes in spasms

**Ạn·fang der** beginning; start; *(erster Abschnitt)* beginning; **ohne ~ und Ende** without a beginning *or* an end; **[ganz] am ~ der Straße** [right] at the start of the street; **von den Anfängen** from the beginnings; **am** *od.* **zu ~:** at first; to begin with; **am ~ schuf Gott ...:** in the beginning God created ...; **du hättest ihm gleich zu ~ sagen sollen, daß ...:** you should have told him right at the beginning *or* outset that ...; **von ~ an** from the beginning *or* outset; **~ 1984/der achtziger Jahre/Mai/der Woche** *usw.* at the beginning of 1984/the eighties/May/the week *etc.;* **von ~ bis Ende** from beginning to end *or* start to finish; **der ~ vom Ende** the beginning of the end; **im ~ war das Wort** *(bibl.)* in the beginning was the Word; **einen ~ machen** make a start; **ein ~ ist gemacht** it's a start; we've/they've *etc.* made a start; **den ~ machen** make a start; start; *(nach einem Zerwürfnis o. ä.)* make the first move; **einen/keinen ~ finden** know/not know how to begin *or* start; **einen neuen ~ machen** make a new *or* fresh start; **aller ~ ist schwer** *(Spr.)* it's always difficult at the beginning; **seinen ~ nehmen** *(geh.)* begin; start; **in den** *od.* **seinen Anfängen stecken** be in its infancy; **wehret den Anfängen!** these things must be stopped at the outset; **aus bescheidenen Anfängen** from small *or* humble beginnings

**ạn·fangen 1.** *unr. itr. V.* **a)** begin; start; **das fängt ja gut an!** *(ugs. iron.)* that's a good start! *(iron.)*; **mit dreißig fängt das Leben erst an** life begins at thirty; **der Monat fing mit einem Donnerstag an** the first day of the month was a Thursday; **wer fängt an?** who is going to start?; **habt ihr schon angefangen?** have you already started?; **fangt doch bitte schon an** do please start; **er hat ganz klein/als ganz kleiner Angestellter angefangen** he started small/started [out] as a minor employee; **mit etw. ~:** start [on] sth.; **fang nicht wieder damit an!** don't start [all] that again!; **~, etw. zu tun** start to do sth.; **es fängt an zu schneien** *od.* **zu schneien an** it's starting *or* beginning to snow; **fang doch nicht gleich an zu weinen** don't start crying; **angefangen bei** *od.* **mit** *od.* **von ...:** starting *or* beginning with ...; **Weiß fängt an** white starts; **er hat angefangen** *(mit dem Streit o. ä.)* he started it; **[noch mal] von vorne ~:** start [again] from the beginning; start all over again; **b)** *(zu sprechen ~)* begin; start; **von etw. ~:** start on about sth.; **c)** *(eine Stelle antreten)* start; **bei einer Firma ~:** start working for a firm; start with a firm. **2.** *unr. tr. V.* **a)** begin; start; *(anbrechen)* start; **das Rauchen ~:** start smoking; **ich glaube, er will mit seiner Sekretärin was ~** *(ugs.)* I think he's trying to start something with his secretary; **auf seinem Schreibtisch lag ein angefangener Brief** on his desk lay a letter which he had started to write; **b)** *(machen)* do; **damit kann ich nichts/nicht viel ~:** that's no/not much good to me; *(das verstehe ich nicht/kaum)* that doesn't mean anything/much to me; **kannst du noch etwas damit ~?** is it any good *or* use to you?; **mit ihm ist heute nichts anzufangen** he is just not with it today; **mit ihm kann ich wenig ~:** he isn't my type of person; **er weiß nichts mit sich anzufangen** he doesn't know what to do with himself; **wie hast du das nun wieder angefangen?** how did you manage that?; **du mußt etwas Solides ~:** you must get yourself a proper job/training *etc.;* **du hättest es ganz anders ~ müssen** you should have gone about it quite differently

**Ạn·fänger der; ~s, ~, Ạn·fängerin die; ~, ~nen** beginner; *(abwertend: Stümper)* amateur; *(am Heck eines Autos)* „~" 'learner'

**Ạnfänger·kurs der** beginners' course; course for beginners

**anfänglich** ['anfɛŋlɪç] **1.** *Adj.* initial. **2.** *adv.* at first; initially

**ạnfangs** *Adv.* at first; initially; **gleich ~:** right at the beginning *or* outset

**Ạnfangs-: ~buchstabe der** initial [letter]; first letter; **~drittel das** *(Eishockey)* first period; **~erfolg der** initial success; **~gehalt das** starting salary; **~geschwindigkeit die** *(Physik)* initial velocity; **~gründe** *Pl.* rudiments; **~kapital das** starting capital; **~phase die** first *or* initial phase; **~reim der** initial *or* beginning rhyme; **~schwierigkeit die;** *meist Pl.* initial difficulty; **~silbe die** first *or* initial syllable; **~stadium das** initial stage; **im ~stadium sein** be in its/their initial stages *pl.;* **~unterricht der** elementary instruction; **ein Englischbuch für den ~unterricht** an elementary-level English book; **~zeit die** starting time

**ạn|fassen 1.** *tr. V.* **a)** *(fassen, halten)* take hold of; **die Kinder fassen jeden Dreck an** the children will pick up any bit of dirt; **b)** *(berühren)* touch; **faß mal meine Stirn an** feel my forehead; **nicht ~!** don't touch!; **Geschichte zum Anfassen** *(fig.)* history brought to life; **ich fasse nie wieder eine Spielkarte an** I'll never touch a pack of cards again; **c)** *(bei der Hand nehmen)* **jmdn. ~:** take sb.'s hand; **faßt euch an** take each other's hand; **d)** *(angehen)* approach, tackle ⟨*problem, task, etc.*⟩; **e)** *(behandeln)* treat ⟨*person*⟩; **f)** *(geh.: befallen)* **Ekel/Sehnsucht/Mitleid faßte mich an** I was seized with revulsion/filled with longing/pity. **2.** *itr. V.* *(mithelfen)* **[mit] ~:** lend a hand. **3.** *refl. V.* *(sich anfühlen)* feel; **das faßt sich wie Wolle an** it feels like wool

**ạn|fauchen** *tr. V.* **a)** ⟨*cat*⟩ spit at; **b)** *(fig.)* snap at

**ạn|faulen** *itr. V.; mit sein* ⟨*fruit*⟩ start to go bad; ⟨*wood*⟩ start to rot; **ein angefaulter Apfel/Balken** a bad apple/rotting beam

**ạnfechtbar** *Adj.* **a)** *(bes. Rechtsw.)* contestable; **b)** *(kritisierbar, bestreitbar)* disputable ⟨*statement, decision*⟩; ⟨*book*⟩ open to criticism

**Ạnfechtbarkeit die; ~** *s.* **anfechtbar: a)** contestable nature; **b)** disputable nature

**ạn|fechten** *unr. tr. V.* **a)** *(bes. Rechtsw.)* challenge, dispute ⟨*validity, authenticity, statement*⟩; contest ⟨*will*⟩; contest, challenge ⟨*decision*⟩; dispute ⟨*contract*⟩; challenge ⟨*law, opinion*⟩; **b)** *(beunruhigen)* trouble; bother; **was ficht dich an?** *(geh.)* what is wrong *or* the matter with you?

**Ạnfechtung die; ~, ~en a)** *(bes. Rechtsw.)* *s.* **anfechten a:** challenging; disputing; contesting; **b)** *(geh.: Versuchung)* temptation

**Ạnfechtungs·klage die** *(Rechtsw.)* action for nullification

**ạn|fegen** *itr. V.; mit sein* **angefegt kommen** *(ugs.)* come belting along *(sl.)*; *(auf einen zu)* come belting up *(sl.)*

**ạn|feinden** *tr. V.* treat with hostility

**Ạnfeindung die; ~, ~en** hostility; **trotz aller ~en** despite all the hostility *sing.* shown towards him/her *etc.;* **~en ausgesetzt sein** be exposed to hostility *sing.*

**ạn|fertigen** *tr. V.* make; do ⟨*homework, translation*⟩; make up ⟨*medicament, preparation*⟩; prepare, draw up ⟨*report*⟩; cut, make ⟨*key*⟩; **Kleider/einen Schlüssel ~ lassen** have clothes made/a key cut

**Ạn·fertigung die a)** *s.* **anfertigen:** making; doing; making up; preparing; drawing up; cutting; **b)** *(Erzeugnis)* **das Regal ist eine eigene ~ [von mir]** I made the shelves myself; **eine spezielle ~ sein** be specially made

**ạn|feuchten** *tr. V.* moisten ⟨*lips, stamp*⟩; dampen, wet ⟨*ironing, cloth, etc.*⟩

**ạn|feuern** *tr. V.* spur on; **~de Rufe/Gesten** shouts of encouragement/rousing gestures

**Ạn·feuerung die** spurring on; **~ und Beifall** cheers and applause

**Ạnfeuerungs·ruf der** cheer

**ạn|finden** *unr. refl. V.* be found [again]; turn up

**ạn|flachsen** *tr. V. (ugs.)* tease; kid *(sl.)*

**an|flanschen** ['anflanʃn̩] *tr. V. (Technik)* flange sth. on (**an +** *Dat. od. Akk.* to)

**ạn|flattern** *itr. V.; mit sein* **angeflattert kommen** come fluttering along; *(auf einen zu)* come fluttering up

**ạn|flehen** *tr. V.* beseech; implore; **jmdn. um etw. ~:** beg sb. for sth.

**ạn|fliegen 1.** *unr. itr. V.; mit sein* ⟨*aircraft*⟩ fly in; *(beim Landen)* approach; come in to land; ⟨*bird etc.*⟩ fly in; **angeflogen kommen** come flying in; *(auf einen zu)* ⟨*bird*⟩ come flying up; **gegen den Wind ~:** fly into the wind. **2.** *unr. tr. V.* **a)** fly to ⟨*city, country, airport*⟩; *(beim Landen)* approach ⟨*airport*⟩; land on ⟨*runway etc.*⟩; **b)** *(ansteuern)* ⟨*aircraft*⟩ approach; ⟨*bird*⟩ fly towards, approach

**ạn|flitzen** *itr. V.; mit sein* **angeflitzt kommen** *(ugs.)* come racing along; *(auf einen zu)* come racing up

**Ạn·flug der a)** approach; **die Maschine befindet sich im ~ auf Berlin** the plane is now approaching Berlin; **b)** *(Hauch)* hint; trace; **ein humoristischer ~:** a hint *or* trace of humour; **c)** *(Anwandlung)* fit; **in einem ~ von Großzügigkeit** in a fit of generosity; **d)** *(Weg, Strecke)* flight

**ạn|flunkern** *tr. V. (ugs.)* tell fibs to

**ạn|fordern** *tr. V.* request, ask for ⟨*help*⟩; ask for ⟨*catalogue*⟩; order ⟨*goods, materials*⟩; send for ⟨*ambulance*⟩

**Ạn·forderung die a)** *o. Pl. (das Anfordern)* request (*Gen.* for); **die ~ von Waren/Materialien** ordering goods/materials; **b)** *(Anspruch)* demand; **große/hohe ~en an jmdn./etw. stellen** make great demands on sb./sth.; **den ~en nicht gewachsen sein** not be up to the demands

**Ạn·frage die** inquiry; *(Parl.)* question; **große/kleine ~** *(Parl.)* oral/written question

**ạn|fragen 1.** *itr. V.* inquire; ask; **bei jmdm. um etw. ~:** ask sb. for sth. **2.** *tr. V. (schweiz.)* ask

**ạn|fressen 1.** *unr. tr. V.* **a)** nibble [at]; ⟨*bird*⟩ peck [at]; **b)** *(zersetzen)* eat away [at]; **ein von Rost angefressenes altes Auto** a rusty old car. **2.** *unr. refl. V.* **sich** *(Dat.)* **einen Bauch ~** *(salopp)* develop a paunch; **die Tiere fressen sich einen Winterspeck an** the animals [eat to] put on winter fat

**ạn|freunden** *refl. V.* **a)** make *or* become friends; **sich mit jmdm./miteinander ~:** make *or* become friends with sb./become friends; **b)** *(fig.)* **sich mit einer Sache ~:** get to like sth.

**ạn|frieren** *unr. itr. V.; mit sein* **an etw.** *(Dat.)* **~:** freeze to sth.

**ạn|fügen** *tr. V.* add

**Ạn·fügung die** addition

**ạn|fühlen 1.** *refl. V.* feel; **sich hart/weich ~:** feel hard/soft; be hard/soft to the touch. **2.** *tr. V.* *(befühlen)* feel

**Ạnfuhr die; ~, ~en** transport[ation]

**ạn|führen** *tr. V.* **a)** lead; lead, head ⟨*procession*⟩; **unsere Mannschaft führt die Tabelle an** our team heads the table *or* is [at the] top of the table; **b)** *(zitieren)* quote; **c)** *(nennen)* quote, give, offer ⟨*example*⟩; give, offer ⟨*reason, details, proof*⟩; **zu meiner Entschuldigung möchte ich auch noch ~, daß ...:** I should also like to mention in my defence that ...; **d)** *(benennen)* name; cite; **e)** *(ugs.: hereinlegen)* have on *(Brit. coll.)*; dupe; **laß dich doch von ihm nicht ~:** don't be had on *(Brit.)* *or* taken in by him *(coll.)*; **f)** *(Druckw.: mit Anführungszeichen versehen)* mark with opening quotation-marks *or* *(Brit.)* inverted commas; **Buchtitel werden an- und abgeführt** book titles are put in quotation-marks *or (Brit.)* inverted commas

**Ạn·führer der a)** *(Führer)* leader; **b)** *(Rädelsführer)* ringleader

**Ạn·führung die a)** leadership; **unter [der] ~** (+ *Gen.*) under the leadership of; **b)** *(das Zitieren, Zitat)* quotation; **c)** *(Nennung)* *s.* **anführen c:** quotation; giving; offering; **ich beschränke mich auf die ~ einiger Beispiele** I will confine myself to quoting *or* giving *or* offering just a few examples; **d)** *(Benennung)* naming; citing; **e)** *(Druckw.: Anführungszeichen)* opening quotation-mark

**Ạnführungs-: ~strich der, ~zeichen das** quotation-mark; inverted comma *(Brit.)*; **ein Wort mit ~strichen** *od.* **~zeichen versehen** put a word in quotation-marks *or (Brit.)*

inverted commas; **~striche** *od.* **~zeichen unten/oben** *(beim Diktieren o.ä.)* quote/unquote; **halbe ~striche** *od.* **~zeichen** single quotation-marks *or (coll.)* quotes

**ạn|füllen 1.** *tr. V.* fill [up]; **mit etw. angefüllt sein** be filled *or* full with sth. **2.** *refl. V.* fill [up]

**ạn|funkeln** *tr. V.* flash one's eyes at

**ạn|futtern** *refl. V. in* **sich** *(Dat.)* **einen Bauch/ein Bäuchlein ~** *(ugs.)* develop a paunch/*(coll.)* a bit of a tummy

**Ạn·gabe die a)** *(das Mitteilen)* giving; **ohne ~ von Gründen** without giving [any] reasons; **zur ~ dieser Daten bist du verpflichtet** you are obliged to give this information; **b)** *(Auskunft, Aussage)* **~n** information *sing.*; **jede einzelne ~ wurde überprüft** every piece of information has been checked; **c)** *(Anweisung)* instruction; **d)** *o. Pl. (Prahlerei)* boasting; bragging; *(angeberisches Benehmen)* showing-off; **das ist doch nur ~!** he is/they are *etc.* only boasting; **e)** *(Ballspiele)* service; serve; **[eine] ~ machen** serve; **ich habe [die] ~:** it's my serve

**ạn|gaffen** *tr. V. (abwertend)* gape at

**ạn|gähnen** *tr. V.* yawn at

**ạn|galoppieren** *itr. V.; mit sein* **angaloppiert kommen** come galloping along; *(auf einen zu)* come galloping up

**ạn·gängig** *Adj.* permissible

**ạn|geben 1.** *unr. tr. V.* **a)** give ⟨*reason*⟩; declare ⟨*income, dutiable goods*⟩; name, cite ⟨*witness*⟩; **welche Haarfarbe er hatte, kann ich nicht [genau] ~:** I cannot say *or* state [exactly] what colour hair he had; **zur angegebenen Zeit** at the appointed time; **wie oben angegeben** as stated *or* mentioned above; **der Zeuge gab an, er habe drei Schüsse gehört** the witness stated *or* maintained that he heard three shots; **b)** *(bestimmen)* set ⟨*course, direction*⟩; **den Takt ~:** keep time; **c)** *(veralt.: anzeigen, melden)* report ⟨*theft etc.*⟩; give away ⟨*accomplice etc.*⟩; **jmdn./einen Diebstahl bei der Polizei ~:** report sb./a theft to the police; **das geb' ich an!** I'm going to report that! **2.** *unr. itr. V.* **a)** *(prahlen)* boast; brag; *(sich angeberisch benehmen)* show off; **er gibt vor den Mädchen damit an, daß ...:** he boasts to all the girls that ...; **Väter geben mit ihren Kindern an** fathers boast *or* brag about their children; **~ wie eine Tüte [voll] Mücken** *(ugs.)* be just a big show-off *(coll.)*; **b)** *(Ballspiele)* serve; **wer gibt an?** whose serve is it?; whose turn is it to serve?

**Ạngeber der; ~s, ~ a)** *(Prahler)* boaster; braggart; *(sich angeberisch Benehmender)* show-off; **b)** *(veralt.: Denunziant)* informer

**Angeberei die; ~, ~en a)** *o. Pl. (das Angeben)* boasting; bragging; *(angeberisches Benehmen)* showing-off; **das ist doch nichts als ~:** he's/they are *etc.* only boasting/showing off; **b)** *(Handlung)* piece of showing-off; *(Äußerung)* boast; **mit seinen dummen ~en** with his stupid showing off/boasting

**ạngeberisch** *(ugs.)* **1.** *Adj.* boastful ⟨*person*⟩; pretentious, showy ⟨*glasses, car, jacket*⟩; *(im Benehmen)* ⟨*person*⟩ given to showing off; **~es Getue** *od.* **Verhalten** showing-off. **2.** *adv.* boastfully

**Ạngebetete der/die;** *adj. Dekl. (meist scherzh.)* beloved; *(Idol)* idol

**Ạn·gebinde das** *(geh. veralt.)* gift; present

**ạngeblich 1.** *Adj.* alleged. **2.** *adv.* supposedly; allegedly; **er ist ~ krank** he is supposed to be ill; *(er sagt, er sei krank)* he says he's ill

**ạn·geboren** *Adj.* innate ⟨*characteristic*⟩; congenital ⟨*disease*⟩; **die Schüchternheit ist ihm ~:** he is shy by nature *or* naturally shy

**Ạn·gebot das a)** offer; **b)** *(Wirtsch.: Waren~)* range; **das ~ an** *od.* **von Gemüse ist immer saisonabhängig** the selection of vegetables available always depends on the season; **das Verhältnis von ~ und Nachfrage** the relationship between supply and demand; **c)** *(Kaufmannsspr.: Sonder~)* [special] offer; **im ~:** on [special] offer; **~ der Woche** bargain of the week

**ạn·gebracht 1.** *2. Part. v.* **anbringen. 2.** *Adj.* appropriate

**ạn·gebunden 1.** *2. Part. v.* **anbinden. 2.** *Adj.* **a)** tied down; **b)** *in* **kurz ~** *(ugs.)* short; abrupt

**ạn·gedeihen** *unr. itr. V. in* **jmdm. etw. ~ lassen** *(geh.)* provide sb. with sth.; grant sb. sth.

**Ạn·gedenken das** remembrance; **jmdm. ein treues ~ bewahren** keep sb. in fond remembrance; **mein Großvater seligen ~s** *(geh.)* my grandfather of blessed memory; **eine Zeit unseligen ~s** *(geh.)* a notorious period

**ạn·gegangen 1.** *2. Part. v.* **angehen. 2.** *Adj. (bes. ostmd.)* ⟨*food*⟩ that has gone off; **~ sein** have gone off

**angegilbt** ['angəgılpt] *Adj.* yellowing; slightly yellowed

**ạn·gegossen** *Adj. in* **wie ~ sitzen/passen** *(ugs.)* fit like a glove

**angegraut** ['angəgraut] *Adj.* greying

**ạn·gegriffen 1.** *2. Part. v.* **angreifen. 2.** *Adj.* weakened ⟨*health, stomach*⟩; strained ⟨*nerves, voice*⟩; *(erschöpft)* exhausted; *(nervlich)* strained

**ạngehaucht 1.** *2. Part. v.* **anhauchen. 2.** *Adj.* **links/rechts/sozialistisch** *usw.* **~ sein** have left-wing/right-wing/socialist *etc.* leanings

**ạn·geheiratet** *Adj.* **ein ~er Onkel/Vetter** *usw.* an uncle/a cousin *etc.* by marriage; **~ sein** be related by marriage

**angeheitert** ['angəhaitɐt] *Adj.* tipsy; merry *(coll.)*

**ạn|gehen 1.** *unr. itr. V.; mit sein* **a)** *(sich einschalten, entzünden)* ⟨*radio, light, heating*⟩ come on; ⟨*fire*⟩ catch, start burning; **b)** *(sich einschalten, entzünden lassen)* ⟨*radio, light*⟩ go on; ⟨*fire*⟩ light, catch; **c)** *(ugs.: beginnen)* start; **d)** *(anwachsen, wachsen)* ⟨*plant*⟩ take root; ⟨*vaccination*⟩ take; ⟨*bacteria*⟩ grow; **e)** *(geschehen dürfen)* **es mag noch ~:** it's [just about] acceptable; **es geht nicht an, daß radikale Elemente die Partei unterwandern** radical elements must not be allowed to infiltrate the party; **f)** *(bes. nordd.: wahr sein)* **das kann doch wohl nicht ~!** that can't be true!; **das kann [wohl] ~:** that could be true; **g) gegen etw./jmdn. ~:** fight sth./sb. **2.** *unr. tr. V.* **a)** *(angreifen)* attack; *(Sport)* tackle; challenge; **b)** *(in Angriff nehmen)* tackle ⟨*problem, difficulty*⟩; take ⟨*fence, bend*⟩; **c)** *(bitten)* ask; **jmdn. um etw. ~:** ask sb. for sth.; **d)** *(betreffen)* concern; **was geht dich das an?** what's it got to do with you?; **das geht dich nichts an** it's none of your business; **was das/mich angeht, [so] ...:** as far as that is/I am concerned ...

**ạngehend** *Adj.* budding ⟨*actor, artist, etc.*⟩; prospective ⟨*teacher, husband, etc.*⟩

**ạn|gehören** *itr. V.* **jmdm./einer Sache ~:** belong to sb./sth.; **der Regierung/einer Familie/Kommission ~:** be a member of the government/a family/committee; **einander ~** *(geh.)* belong to each other; **einer Nation ~:** be a national of a country

**ạn·gehörig** *Adj.* belonging *(Dat.* to); **dem Bündnis ~e Staaten** states belonging to the alliance

**Ạngehörige der/die;** *adj. Dekl.* **a)** *(Verwandte)* relative; relation; **der nächste ~:** the next of kin; **b)** *(Mitglied)* member

**Angeklagte** ['angəkla:ktə] **der/die;** *adj. Dekl.* accused; defendant

**ạngeknackst** *(ugs.)* **1.** *2. Part. v.* **anknacksen. 2.** *Adj.* weakened ⟨*trust, confidence*⟩; weakened ⟨*health*⟩; **ihre Gesundheit ist ~:** she's not in the best of health *or (coll.)* not all that great

**angekränkelt** ['angəkrɛŋklt] *Adj.* sickly; **von Eitelkeit ~:** afflicted with vanity

**Angel** ['aŋl] **die; ~, ~n a)** fishing-rod; rod and line; **die ~ auswerfen/einziehen** cast/pull in the line; **b)** *(Tür~, Fenster~ usw.)* hinge; **etw. aus den ~n heben** lift sth. off its hinges; *(fig.)* turn sth. upside down

**ạn·gelegen 1.** *2. Part. v.* **anliegen. 2.** *Adj. in* **sich** *(Dat.)* **etw. ~ sein lassen** concern oneself with sth.

**Ạn·gelegenheit die** matter; *(Aufgabe, Problem)* affair; concern; **öffentliche/kulturelle ~en** public/cultural affairs; **das ist meine/nicht meine ~:** that is my affair *or* business/not my concern *or* business; **kümmere dich um deine eigenen ~en!** mind your own business; **sich in jmds. ~en mischen** meddle in sb.'s affairs; **in welcher ~?** in what connection?; **in eigener/in einer privaten ~:** on a personal/private matter

**ạn·gelegentlich** *(geh.)* **1.** *Adj.* pressing ⟨*question, request*⟩; earnest ⟨*conversation, warning*⟩. **2.** *adv.* ⟨*look*⟩ very closely, thoroughly; ⟨*ask, inquire*⟩ particularly; **sich mit einer Sache ~ beschäftigen** be intensively occupied with sth.; **jmdm. ~ empfehlen, nicht mehr zu rauchen** earnestly recommend sb. to give up smoking

**ạngelegt 1.** *2. Part. v.* **anlegen. 2.** *Adj.* **auf Verteidigung/Entspannung** *(Akk.)* **~ sein** be intended for defence/be intended to promote détente

**Ạngel-: ~gerät das a)** fishing-rod; rod and line; **b)** *o. Pl.* fishing-tackle; **~haken der** fish-hook; **~leine die** fishing-line

**ạngeln 1.** *tr. V. (zu fangen suchen)* fish for; *(fangen)* catch; **er angelt sich immer die Fleischstücke aus der Suppe** *(fig.)* he always fishes the pieces of meat out of the soup; **sie hat sich einen reichen Mann geangelt** *(fig.)* she has hooked a rich husband. **2.** *itr. V.* angle; fish; **auf Hechte ~:** fish for pike; **nach etw. ~** *(fig.)* fish for sth.

**ạn|geloben** *tr. V. (österr.) s.* **vereidigen**

**Ạngel-: ~punkt der** crucial point; *(eines Problems)* crux; *(zentrales Thema)* central issue; **~rute die** fishing-rod; **~sachse der a)** *(hist.)* Anglo-Saxon; **b)** *(Engländer)* Englishman; **die ~sachsen** the English; *(Engländer u. Amerikaner)* the Anglo-Saxons; **~sächsisch** *Adj.* **a)** *(hist.)* Anglo-Saxon; **b)** *(englisch)* English; **die ~sächsischen Länder** the Anglo-Saxon countries; **~schein der** fishing permit *or* licence; **~schnur die** fishing-line; **~sport der** angling *no art.*

**ạn·gemessen 1.** *2. Part. v.* **anmessen. 2.** *Adj.* appropriate; reasonable, fair ⟨*price, fee*⟩; **den Umständen ~ sein** be appropriate to the circumstances. **3.** *adv.* ⟨*behave*⟩ appropriately; ⟨*reward*⟩ adequately; ⟨*recompense*⟩ reasonably, fairly

**ạn·genehm 1.** *Adj.* pleasant; agreeable; **ist Ihnen die Temperatur/ist es so ~?** is the temperature all right for you/is it all right like that?; **es ist mir gar nicht ~, daß ...:** I don't at all like it that ...; **wenn Ihnen das ~er ist** if you [would] prefer; **~e Reise/Ruhe!** [have a] pleasant journey/have a good rest; **[sehr] ~!** delighted to meet you; **das Angenehme mit dem Nützlichen verbinden** combine business with pleasure. **2.** *adv.* pleasantly; agreeably

**ạngepaßt 1.** *2. Part. v.* **anpassen. 2.** *Adj.* conformist

**Ạngepaßtheit die; ~:** conformism

**Anger** ['aŋɐ] **der; ~s, ~:** [village] green

**ạngeregt 1.** *2. Part. v.* **anregen. 2.** *Adj.* lively; animated. **3.** *adv.* **sich ~ unterhalten/~ diskutieren** have a lively *or* an animated conversation/discussion

**ạngesäuselt** *(ugs.)* **1.** *2. Part. v.* **ansäuseln. 2.** *Adj.* tipsy; merry *(coll.)*

**ạn·geschlagen 1.** *2. Part. v.* **anschlagen. 2.** *Adj.* groggy; poor, weakened ⟨*health*⟩

**angeschmutzt** ['angəʃmʊtst] *Adj.* slightly soiled

**Angeschuldigte der/die;** *adj. Dekl.* suspect

**angesehen 1.** *2. Part. v.* **ansehen. 2.** *Adj.* respected

**An·gesicht das;** ~[e]s, ~er, *österr. auch* ~e *(geh.)* **a)** *(Gesicht)* face; **von ~ zu ~:** face to face; **jmdm. von ~ zu ~ gegenüberstehen** stand facing sb. *or* face to face with sb.; **jmdn. von ~ kennen** know sb. by sight; **b)** *in* **im ~** (+ *Gen.*) *s.* **angesichts a**

**angesichts** *Präp. mit Gen. (geh.)* **a) ~ des Feindes/der Gefahr/des Todes/der Stadt/der Küste** in the face of the enemy/of danger/death/in sight of the town/coast; **b)** *(fig.: in Anbetracht)* in view of

**an·gespannt 1.** *2. Part. v.* **anspannen. 2.** *Adj.* **a)** *(angestrengt)* close ⟨*attention*⟩; taut ⟨*nerves*⟩; **b)** *(kritisch)* tense ⟨*situation*⟩; tight ⟨*market, economic situation*⟩. **3.** *adv.* ⟨*work*⟩ concentratedly; ⟨*listen*⟩ with concentrated attention

**Angespanntheit die; ~ a)** *(Angestrengtheit)* attentiveness; **b)** *(kritischer Zustand) s.* **angespannt b:** tenseness; tightness

**angestammt** ['angəʃtamt] *Adj.* hereditary ⟨*right*⟩; inherited ⟨*property*⟩; *(scherzh.: altgewohnt)* usual ⟨*seat, place*⟩

**angestaubt 1.** *2. Part. v.* **anstauben. 2.** *Adj* outdated

**angestellt 1.** *2. Part. v.* **anstellen. 2.** *Adj.* **bei jmdm. ~ sein** be employed by sb.; work for sb.; **fest ~ sein** have a permanent position

**Angestellte der/die;** *adj. Dekl.* [salaried] employee; **die ~n des öffentlichen Dienstes** salaried public employees; **Arbeiter und ~:** workers and salaried staff; blue- and white-collar workers; **die leitenden ~n** the managerial staff; the managers; **sie ist ~ bei der Stadt** she works for the town council; *(im Gegensatz zur Beamtin/Arbeiterin)* she has a salaried position with the town council

**Angestellten-: ~gewerkschaft die** white-collar union; **~verhältnis das** employment *no indef. art.* on a [monthly] salary; **im ~verhältnis stehen** be a salaried employee; *(kein Beamter sein)* not have guaranteed employment for life; **~versicherung die** [salaried] employees' insurance

**angestrengt 1.** *2. Part. v.* **anstrengen. 2.** *Adj.* close ⟨*attention*⟩; concentrated ⟨*work, study, thought*⟩; forced ⟨*joke*⟩. **3.** *adv.* ⟨*work, think, search*⟩ concentratedly

**Angestrengtheit die; ~:** *s.* **angestrengt 2:** closeness; concentratedness; forcedness

**an·getan 1.** *2. Part. v.* **antun. 2.** *Adj. in* **von jmdm./etw. ~ sein** be taken with sb./sth.; **dazu** *od.* **danach ~ sein, etw. zu tun** *(geh.)* be suitable for doing sth.

**Angetraute** ['angətrautə] **der/die;** *adj. Dekl. (scherzh.)* better half *(joc.)*

**an·getrunken 1.** *2. Part. v.* **antrinken. 2.** *Adj.* [slightly] drunk

**an·gewandt 1.** *2. Part. v.* **anwenden. 2.** *Adj.; nicht präd.* applied

**an·gewiesen 1.** *2. Part. v.* **anweisen. 2.** *Adj. in* **auf etw.** *(Akk.)* **~ sein** have to rely on sth.; **auf jmdn./jmds. Unterstützung ~ sein** be dependent on *or* have to rely on sb./sb.'s support; **auf sich selbst ~ sein** be thrown back upon one's own resources; **ich war auf jeden Pfennig ~:** I needed every pfennig

**an|gewöhnen** *tr. V.* **jmdm. etw. ~:** get sb. used to sth.; accustom sb. to sth.; **jmdm. ~, etw. zu tun** get sb. used to *or* accustom sb. to doing sth.; **sich** *(Dat.)* **etw. ~:** get into the habit of sth.; **sich** *(Dat.)* **schlechte Manieren ~:** become ill-mannered; **[es] sich** *(Dat.)* **~, etw. zu tun** get into the habit of doing sth.; **sich** *(Dat.)* **das Rauchen ~:** take up smoking

**An·gewohnheit die** habit

**angezeigt 1.** *2. Part. v.* **anzeigen. 2.** *Adj.; nicht attr. (geh.)* advisable

**an|giften** ['angıftn̩] *tr. V. (ugs.)* lay into *(coll.)*; let fly at

**Angina** [aŋ'gi:na] **die; ~, Anginen** angina

**Angina pectoris** [- 'pɛktorıs] **die; ~ ~** *(Med.)* angina [pectoris]

**an|gleichen 1.** *unr. tr. V.* **etw. einer Sache** *(Dat.) od.* **an etw.** *(Akk.)* **~:** bring sth. into line with sth.; **Systeme einander ~:** bring systems into line with each other. **2.** *unr. refl. V.* **sich jmdm./etw. ~** *od.* **sich an jmdn./etw. ~:** become like sb./sth.; **sich [einander** *od.* **aneinander] ~:** become like each other *or* alike

**An·gleichung die: die ~ der Löhne an die Preise** bringing wages into line with prices

**Angler der; ~s, ~, Anglerin die; ~, ~nen** angler

**Anglikaner** [aŋgli'ka:nɐ] **der; ~s, ~, Anglikanerin die; ~, ~nen** Anglican

**anglikanisch 1.** *Adj.* Anglican. **2.** *adv.* **~ beeinflußt sein** be influenced by Anglicanism

**Anglikanismus der; ~:** Anglicanism *no art.*

**anglisieren** *tr. V.* Anglicize

**Anglist der; ~en, ~en** English specialist *or* scholar; Anglicist; *(Student)* English student

**Anglistik die; ~:** Anglistics *sing.;* English [language and literature]; English studies *pl., no art.*

**Anglistin die; ~, ~nen** *s.* **Anglist**

**anglistisch** *Adj.; nicht präd.* Anglistics *attrib.*, English studies *attrib.* ⟨*seminar, journal*⟩

**Anglizismus der; ~, Anglizismen** Anglicism

**Anglo·amerikaner** [aŋglo|ameri'ka:nɐ] **der** Anglo-American

**Anglo-Amerikaner der** Anglo-Saxon; **die ~:** the British and the Americans

**anglophil** [aŋglo'fi:l] *Adj.* Anglophile

**an|glotzen** *tr. V. (ugs.)* gawp at *(coll.)*

**Angola** [aŋ'go:la] **(das); ~s** Angola

**Angolaner der; ~s, ~:** Angolan

**Angora-** [aŋ'go:ra]: **~kaninchen das** angora rabbit; **~katze die** angora cat; **~wolle die** angora [wool]; **~ziege die** angora goat

**angreifbar** *Adj.* contestable

**an|greifen 1.** *unr. tr. V.* **a)** *(attackieren; auch fig.)* attack; **b)** *(schwächen)* weaken, affect ⟨*health, heart*⟩; affect ⟨*stomach, intestine, voice*⟩; weaken ⟨*person*⟩; **die Nerven ~:** be a strain on the nerves; **die Fahrt hat mich sehr angegriffen** I was exhausted by the journey; **c)** *([be]schädigen)* attack ⟨*metal*⟩; harm ⟨*hands*⟩; **d)** *(anbrechen)* break into ⟨*supplies, savings, etc.*⟩; **e)** *(ugs.: anfassen)* touch. **2.** *unr. itr. V. (einen Angriff machen; auch fig.)* attack

**An·greifer der** *(auch fig.)* attacker

**an|grenzen** *itr. V.* **an etw.** *(Akk.)* **~:** border on *or* adjoin sth.; **die ~den Grundstücke** the adjoining properties

**An·griff der** attack; **einen ~ fliegen** make *or* carry out an attack *or* an air-raid; **zum ~ übergehen** go over to the attack; take the offensive; **zum ~ blasen** *(auch fig.)* sound the charge *or* attack; **etw. in ~ nehmen** set about *or* tackle sth.; **~ ist die beste Verteidigung** *(Spr.)* attack is the best form of defence

**angriffs-, Angriffs-: ~drittel das** *(Eishockey)* attacking zone; **~fläche die: das Segel bot dem Wind eine große ~fläche** the sail presented a large area to the wind; **seinem Gegner eine ~fläche bieten** *(fig.)* leave oneself open to attack by one's opponent; **~fuß·ball der;** *o. Pl.* attacking football; **~krieg der** war of aggression; **~lust die** aggression; aggressiveness; **~lustig 1.** *Adj.* aggressive; **2.** *adv.* aggressively; **~punkt der** target; **~spieler der** *(Sport)* **a)** *(offensiver Spieler)* attacking player; **b)** *(Stürmer)* forward; **~waffe die** offensive weapon

**an|grinsen** *tr. V.* grin at

**angst** [aŋst] *Adj. in* **jmdm. ist/wird [es] ~ [und bange]** sb. is/becomes afraid *or* frightened; *(jmd. sorgt sich)* sb. is/becomes very worried *or* anxious; **jmdm. ~ [und bange] machen** frighten *or* scare sb.; *(jmdn. unruhig machen)* make sb. very worried *or* anxious

**Angst die; ~, Ängste** ['ɛŋstə] **a)** *(Furcht)* fear; *(Psych.)* anxiety; **~ bekommen** *od. (ugs.)* **kriegen** become *or* get frightened *or* scared; **~ [vor jmdm./etw.] haben** be afraid *or* frightened [of sb./sth.]; **eine existentielle ~:** existential fear; angst; **jmdn. in ~ und Schrecken versetzen** worry and frighten sb.; **es mit der ~ [zu tun] bekommen** *od. (ugs.)* **kriegen** become *or* get frightened *or* scared; **jmdm. ~ einflößen/einjagen/machen** frighten *or* scare sb.; **keine ~!** don't be afraid; **aus ~ [vor etw./jmdm.] sich verstekken** hide in fear [of sth./sb.]; **aus ~, sich zu verraten, sagte er kein einziges Wort** he didn't say a word for fear of betraying himself; **in ständiger ~ vor etw.** *(Dat.)* **leben** live in constant fear of sth.; **er hat mehr ~ als Vaterlandsliebe** *(ugs. scherzh.)* he's a scaredy-cat *(coll.)*; he's chicken *(sl.)*; **~ vor der eigenen Courage haben/bekommen** have got/get cold feet *(fig.)*; **b)** *(Sorge)* worry; anxiety; **~ [um jmdn./etw.] haben** be worried *or* anxious [about sb./sth.]; **sie hat ~, ihn zu verletzen/enttäuschen** she is worried about hurting/disappointing him; **keine ~, ich vergesse es schon nicht!** don't worry, I won't forget [it]!; **keine ~, die Rechnung wird schon noch kommen!** the bill will come all right, don't [you] worry!; **in tausend Ängsten schweben** be terribly worried

**angst-, Angst-: ~erfüllt** *Adj. (geh.)* frightened; terrified; **~frei 1.** *Adj.* anxiety-free ⟨*atmosphere*⟩; ⟨*school*⟩ with an anxiety-free atmosphere; ⟨*learning*⟩ without tears; **2.** *adv.* ⟨*live*⟩ without anxiety; ⟨*learn*⟩ without tears; **~gefühl das** feeling of anxiety; **~gegner der** *(Sport)* bogy opponent; *(Mannschaft)* bogy team; **~hase der** *(ugs. abwertend)* scaredy-cat *(coll.)*

**ängstigen** ['ɛŋstıgn̩] **1.** *tr. V.* frighten; scare; *(beunruhigen)* worry. **2.** *refl. V.* be frightened *or* afraid; *(sich sorgen)* worry; **sich vor etw.** *(Dat.)*/**um jmdn. ~:** be frightened *or* afraid of sth./worried about sb.

**ängstlich** ['ɛŋstlıç] **1.** *Adj.* **a)** *(verängstigt)* anxious; apprehensive; **b)** *(furchtsam, schüchtern)* timorous; timid; **c)** *(übertrieben)* **mit ~er Genauigkeit** with painful meticulousness; **d)** *(besorgt)* worried; anxious; **mit ~er Spannung** anxiously. **2.** *adv.* **a)** *(verängstigt)* anxiously; apprehensively; **b)** *(besorgt)* anxiously; **~ gespannt** anxiously; **c)** *(übermäßig genau)* meticulously; **~ bemüht** *od.* **darauf bedacht sein, etw. zu tun** be at great pains to do sth.

**Ängstlichkeit die; ~ a)** *(Furchtsamkeit)* timorousness; timidity; **b)** *(Schüchternheit)* timidity; **c)** *(übertriebene Genauigkeit)* **die ~, mit der er die Vorschriften befolgt** the painful meticulousness with which he follows regulations; **d)** *(Besorgnis)* anxiety

**Angst-: ~neurose die** anxiety neurosis; **~psychose die** anxiety psychosis; **~röhre die** *(ugs. scherzh.)* topper *(coll.)*; top hat

**Ångström** ['ɔŋstrø:m] **das; ~[s], ~** *(veralt.)* ångström

**angst-, Angst-: ~schrei der** cry of fear; terrified cry; **~schweiß der** cold sweat; **der ~schweiß brach ihm aus** he broke out in a cold sweat; **~traum der** nightmare; **~verzerrt** *Adj.* ⟨*face*⟩ twisted in fear; **~voll 1.** *Adj.* anxious; apprehensive; **2.** *adv.* anxiously; apprehensively; **~zustand der** [state of] panic; **~zustände haben/bekommen** *od. (ugs.)* **kriegen** be in a/get into a [state of] panic

**an|gucken** *tr. V. (ugs.)* look at; **sich** *(Dat.)* **etw./jmdn. ~:** look *or* have a look at sth./

sb.; **guck dir das/den an!** [just] look at that/him!

**ạn|gurten** *tr. V.* strap in; **sich ~:** put on one's seat-belt; *(im Flugzeug)* fasten one's seat-belt

**Anh.** *Abk.* **Anhang** app.

**ạn|haben** *unr. tr. V.* **a)** *(ugs.: am Körper tragen)* have on; **b) jmdm./einer Sache etwas ~ können** be able to harm sb./harm *or* damage sth.; **er sorgte dafür, daß niemand ihm etwas ~ konnte** he made sure that no one could touch him; **c)** *(ugs.: in Betrieb haben)* have on

**ạn|haften** *itr. V. (geh.)* **ein Nachteil/Risiko haftet einer Sache** *(Dat.)* **an** there is a disadvantage/risk in *or* attached to sth.; **die Schmach haftet ihr noch heute an** the disgrace remains with her even today

**ạn|häkeln** *tr. V.* crochet on (**an** + *Akk.* to)

**Ạn·halt der** clue (**für** to); *(für eine Vermutung)* grounds *pl.* (**für** for)

**ạn|halten 1.** *unr. tr. V.* **a)** stop; **den Atem ~:** hold one's breath; **b)** *(auffordern)* urge; **c)** *(an etw. halten)* **etw. an etw.** *(Akk.)* **~:** hold sth. up against sth.; **jmdm./sich ein Kleidungsstück ~:** hold a garment up against sb./oneself. **2.** *unr. itr. V.* **a)** stop; **b)** *(andauern)* go on; last; **c) er hat [bei ihren Eltern] um sie** *od.* **um ihre Hand angehalten** he asked [her parents] for her hand [in marriage]

**ạnhaltend 1.** *Adj.* constant; continuous. **2.** *adv.* constantly; continuously

**Ạn·halter der** hitch-hiker; **per ~ fahren** hitch[-hike]

**Ạn·halterin die** hitch-hiker

**Ạnhalte·weg der** *(Kfz-W.)* [overall] stopping distance

**Ạnhalts·punkt der** clue (**für** to); *(für eine Vermutung)* grounds *pl.* (**für** for)

**an·hạnd 1.** *Präp. mit Gen.* with the help of; on the basis of ⟨*current developments*⟩. **2.** *Adv.* **~ von** with the help of; on the basis of ⟨*current developments*⟩

**Ạn·hang der a)** *(eines Buches)* appendix; **b)** *(Anhängerschaft)* following; **der Minister und sein ~:** the minister and his followers; **hoffentlich bringt er nicht seinen ganzen ~ mit** let's hope he doesn't bring his whole gang along; **c)** *(Verwandtschaft)* family; *(in Heiratsanzeigen)* **Witwe ohne ~:** widow, no family *or* dependants

**¹ạn|hängen** *(geh.) unr. itr. V.* **a)** *(verbunden sein mit)* be attached to; **b)** *(glauben an)* subscribe to ⟨*belief, idea, theory, etc.*⟩; **einer Sekte ~:** be an adherent *or* follower of a sect; **c)** *(verehren)* be devoted to

**²ạn|hängen 1.** *tr. V.* **a)** hang up (**an** + *Akk.* on); **b)** *(ankuppeln)* couple on (**an** + *Akk.* to); hitch up ⟨*trailer*⟩ (**an** + *Akk.* to); **c)** *(anfügen)* add (**an** + *Akk.* to); **d)** *(ugs.: zuschreiben, anlasten)* **jmdm. etw. ~:** blame sb. for sth.; blame sth. on sb.; **er will mir nur was ~:** he just wants to pin something on me; **e)** *(ugs.: geben)* **jmdm. etw. ~:** give sb. sth.; **jmdm. einen Prozeß ~:** bring an action against sb.; take sb. to court; **laß dir keine vergammelten Tomaten ~!** don't let yourself be palmed off with bad tomatoes. **2.** *refl. V.* **a)** hang on (**an** + *Akk.* to); **b)** *(ugs.: sich anschließen)* **sich [an jmdn.** *od.* **bei jmdm.] ~:** tag along [with sb.] *(coll.)*

**Ạn·hänger der a)** *(Mensch)* supporter; *(einer Sekte)* adherent; follower; **b)** *(Wagen)* trailer; **eine Straßenbahn mit zwei ~n** a tram *(Brit.) or (Amer.)* trolley with two extra cars; **c)** *(Schmuckstück)* pendant; **d)** *(Schildchen)* label; tag

**-anhänger der** *(eines Sportvereins, einer politischen Richtung o. ä.)* ... supporter

**Ạnhänger·kupplung die** tow-bar

**Ạnhängerschaft die; ~, ~en** supporters *pl.*; *(einer Sekte)* followers *pl.*; adherents *pl.*; **eine breite ~ gewinnen** gain a wide following

**ạnhängig** *Adj. (Rechtsw.)* pending ⟨*action*⟩; **etw. ~ machen** start legal proceedings over sth.

**ạnhänglich** *Adj.* devoted ⟨*dog, friend*⟩; devoted, affectionate ⟨*child*⟩

**Ạnhänglichkeit die; ~:** devotion (**an** + *Akk.* to); **aus alter ~** *(Nostalgie)* out of old affection

**Anhängsel** ['anhɛŋzl̩] **das; ~s, ~ a)** *(Überflüssiges)* appendage (*Gen.* to); **b)** *(veralt.: Anhänger)* pendant; *(am Armband)* charm

**Ạn·hauch der** *(geh., auch fig.)* breath; *(Anflug)* trace; touch

**ạn|hauchen** *tr. V.* breathe on ⟨*mirror, glasses*⟩; blow on ⟨*fingers, hands*⟩

**ạn|hauen** *tr. V. (salopp)* accost; **jmdn. um 50 Mark ~:** touch *(sl.) or* tap sb. for 50 marks

**ạn|häufen 1.** *tr. V.* accumulate; amass; *(hamstern)* hoard. **2.** *refl. V.* accumulate; pile up

**Ạn·häufung die a)** *(das Anhäufen)* accumulation; amassing; *(das Hamstern)* hoarding; **b)** *(Haufen)* accumulation; *(von Hütten)* cluster

**¹ạn|heben** *unr. tr. V.* **a)** *(hochheben)* lift [up] ⟨*cupboard, carpet*⟩; raise ⟨*glass*⟩; **b)** *(erhöhen)* raise ⟨*prices, wages, etc.*⟩

**²ạn|heben** *unr. itr. V. (geh.)* commence; begin; **zu weinen/sprechen ~:** start *or* begin to cry/speak; start *or* begin crying/speaking

**Ạn·hebung die** increase (*Gen.* in); raising (*Gen.* of)

**ạn|heften** *tr. V.* tack [on] ⟨*hem, sleeve, etc.*⟩; attach ⟨*label, list*⟩; put up ⟨*sign, notice*⟩; **etw. mit Büroklammern/Reißnägeln/Heftklammern ~:** [paper-]clip/pin/staple sth. (**an** + *Akk.* to); **jmdm. einen Orden ~:** pin a medal on sb.

**ạnheimelnd** *Adj.* homely; cosy

**anheim-: ~|fallen** *unr. itr. V.; mit sein (geh.)* **jmdm./dem Staate ~fallen** ⟨*wealth, property*⟩ pass to sb./the state; **der Vergessenheit/der Zerstörung/einem Betrug ~fallen** sink into oblivion/fall prey to destruction/fall victim to a fraud ; **~|geben** *(geh.)* **1.** *unr. tr. V.* **etw. den Flammen/dem Feuer ~geben** commit sth. to the flames/fire; **jmds. Obhut ~gegeben werden** be entrusted to sb.'s care; **2.** *unr. refl. V.* entrust oneself (*Dat.* to); **sich Gott ~geben** put one's trust in God; **~|stellen** *(geh.) tr. V.* **[es] jmdm. ~stellen, etw. zu tun** leave it to sb. to do sth. ; **es bleibt/ist dir ~gestellt, dich zu beschweren** it is up to you to complain

**anheischig** ['anhai̯ʃɪç] *Adj. (geh.) in* **sich ~ machen, etw. zu tun** undertake to do sth.; **jetzt macht er sich auch noch ~, mich über meine Pflichten zu belehren** now he even takes it upon himself to tell me what my duties are

**ạn|heizen 1.** *tr. V.* **a)** fire up ⟨*stove, boiler, etc.*⟩; **b)** *(fig. ugs.)* stimulate ⟨*interest*⟩. **2.** *itr. V.* put the heating on; *(bei einer Lokomotive)* fire up

**ạn|herrschen** *tr. V. (geh.)* bark at

**ạn|hetzen** *itr. V.; mit sein* **angehetzt kommen** *(ugs.)* come rushing *or* tearing along; *(auf einen zu)* come rushing *or* tearing up

**an|heuern** ['anhɔyɐn] **1.** *tr. V.* **a)** *(Seemannsspr.)* sign on; **b)** *(fig. ugs.: einstellen)* sign on *or* up; *(um Hilfe bitten)* rope in. **2.** *itr. V. (Seemannsspr.)* sign on

**Ạn·hieb der: auf [den ersten] ~** *(ugs.)* straight off; first go

**ạn|himmeln** *tr. V. (ugs.)* **a)** *(verehren)* idolize; worship; **b)** *(ansehen)* gaze adoringly at

**Ạn·höhe die** rise; elevation; *(Hügel)* hill

**ạn|hören 1.** *tr. V.* **a)** listen to; **etw. [zufällig] mit ~:** overhear sth.; **er wurde verurteilt, ohne vorher auch nur angehört worden zu sein** he was sentenced without even being given a hearing; **sich** *(Dat.)* **jmdn./etw. ~:** listen to sb./sth.; **ich kann das nicht länger** *od.* **mehr mit ~!** I can't listen to that any longer; **b)** *(anmerken)* **man hörte ihr die Verzweiflung an** one could hear the despair in her voice. **2.** *refl. V.* sound; **[das] hört sich nicht schlecht an** *(ugs.)* [that] doesn't sound bad

**Ạnhörung die; ~, ~en** hearing

**Ạnhörungs·verfahren das** hearing

**ạn|hupen** *tr. V.* hoot at

**ạn|husten** *tr. V.* cough over; **jmdn. ~:** cough over sb. *or* in sb.'s face

**Anhydrid** [anhy'dri:t] **das; ~s, ~e** *(Chemie)* anhydride

**Änigma** [ɛ'nɪgma] **das; ~s, ~ta** *u.* **Änịgmen** *(geh.)* enigma

**änigmatisch** *Adj. (geh.)* enigmatic

**Anilin** [ani'li:n] **das; ~s** *(Chemie)* aniline

**Anilịn·leder das** aniline leather

**animalisch** [ani'ma:lɪʃ] *Adj.* **a)** animal; **b)** *(abwertend: triebhaft)* animal; bestial

**Animateur** [anima'tø:ɐ̯] **der; ~s, ~e** host

**Animateurin die; ~, ~nen** hostess

**Animation** [anima'tsi̯o:n] **die; ~, ~en** animation

**Animier·dame die** hostess

**animieren** [ani'mi:rən] *tr. (auch itr.) V.* **a)** encourage; **das soll zum Kaufen ~:** that's to encourage people to buy; **er fühlte sich [durch mein Beispiel] animiert** he felt prompted [by my example]; **b)** *(Film)* animate

**Animier-: ~lokal das** hostess bar; *(Nachtklub)* hostess night-club; **~mädchen das** hostess

**Animosität** [animozi'tɛ:t] **die; ~, ~en a)** *o. Pl.* animosity; **b)** *(Äußerung)* hostile remark

**Animus** ['a:nimʊs] **der; ~ a)** *(Psych.)* animus; **b)** *(ugs.: Ahnung)* **ich habe so einen ~, daß ...:** I have a feeling *or* hunch that ...

**Ạn·ion das** *(Chemie)* anion

**Anis** [a'ni:s] **der; ~[es], ~e a)** *(Pflanze)* anise; **b)** *(Gewürz)* aniseed; **c)** *(Branntwein)* aniseed brandy

**Anisette** [ani'zɛt] **der; ~s, ~s** anisette

**Anịs-: ~likör der** aniseed liqueur; **~plätzchen das** aniseed biscuit; **~schnaps der** aniseed brandy

**Ank.** *Abk.* **Ankunft** arr.

**ạn|kämpfen** *itr. V.* **gegen jmdn./etw. ~:** fight [against] sb./sth.; **gegen den Strom/Wind/die Elemente ~:** battle against the current/the wind/the elements

**ạn|karren** *tr. V. (ugs.)* cart along; bring along ⟨*supporters, followers*⟩

**Ạn·kathete die** *(Geom.)* adjacent side

**Ạn·kauf der** purchase; **„Heinrich Meyer, An- und Verkauf"** 'Heinrich Meyer, second-hand dealer'; **„An- und Verkauf von ..."** 'we buy and sell ...'; **durch den ~ einer Sache** *(Gen.)* by purchasing *or* buying sth.; by the purchase of sth.

**ạn|kaufen** *tr. V.* purchase; buy

**ạn|keifen** *tr. V.* scream at

**Anker** ['aŋkɐ] **der; ~s, ~ a)** *(eines Schiffs)* anchor; *(fig.)* support; **vor ~ gehen/liegen** *od.* **treiben** drop anchor/lie at anchor; **~ werfen** drop anchor; **b)** *(Elektrot.)* armature; **c)** *(Uhrmacherei)* anchor

**Ạnker-: ~boje die** anchor buoy; **~kette die** anchor cable; **~klüse die; ~, ~n** hawse-hole; *(Rohr)* hawse-pipe

**ạnkern** *itr. V.* **a)** *(vor Anker gehen)* anchor; drop anchor; **b)** *(vor Anker liegen)* be anchored; lie at anchor

**Ạnker-: ~platz der** anchorage; **~wicklung die** *(Elektrot.)* armature winding; **~winde die** windlass

**ạn|ketten** *tr. V.* chain up (*Dat.*, **an** + *Akk.* to)

**ạn|kläffen** *tr. V.* yap at

**Ạn·klage die a)** charge; **der Staatsanwalt hat ~ [wegen Mordes gegen ihn] erhoben** the public prosecutor brought a charge [of murder against him]; **unter ~ stehen** have been charged (**wegen** with); **jmdn. unter ~ stellen** charge sb. (**wegen** with); **b)** *(~vertre-*

*tung)* prosecution; **der Vertreter der ~:** counsel for the prosecution; prosecuting counsel; **c)** *(geh.: Vorwurf)* accusation

**Ạnklage-: ~bank die;** *Pl.* **~bänke** dock; **auf der ~bank sitzen** *(auch fig.)* be in the dock; **~erhebung die** preferral of charges; **für eine ~erhebung hinreichend sein** be sufficient to justify preferring charges

**ạn|klagen 1.** *tr. V.* **a)** *(Rechtsw.)* charge; accuse; **jmdn. einer Sache** *(Gen.)* *od.* **wegen etw. ~:** charge sb. with *or* accuse sb. of sth.; **b)** *(geh.: beschuldigen)* accuse; **jmdn./sich einer Sache** *(Gen.)* **~:** accuse sb./oneself of sth.; **jmdn./sich ~, etw. zu tun** accuse sb./oneself of doing sth.; **sich als etw.** *(Nom. od. Akk.)* **~:** accuse oneself of being sth. **2.** *itr. V.* cry out in accusation; **ein ~des Buch** a book that cries out in accusation; **jmdn. ~d ansehen** look at sb. accusingly

**Ạn·kläger der** prosecutor

**Ạnklage-: ~schrift die** indictment; **~vertreter der** prosecuting counsel; counsel for the prosecution; **~vertretung die** *(Vorgang, Partei)* prosecution

**ạn|klammern 1.** *tr. V.* peg *(Brit.),* pin *(Amer.)* ⟨*clothes, washing*⟩ up **(an +** *Akk.* to); clip ⟨*copy, sheet, etc.*⟩ **(an +** *Akk.* to); *(mit Heftklammern)* staple ⟨*copy, sheet, etc.*⟩ **(an +** *Akk.* on). **2.** *refl. V.* **sich an jmdn./etw. ~:** cling to *or* hang on to sb./sth.

**Ạn·klang der a)** *o. Pl. in* **[bei jmdm.] ~ finden** meet with [sb.'s] approval; find favour [with sb.]; **mit dem Vorschlag wirst du keinen großen ~ finden** you won't find any great support for that proposal; **wenig/keinen/großen ~ finden** be poorly/badly/well received **(bei** by); **b)** *(Ähnlichkeit)* echo **(an +** *Akk.* of); **Anklänge an etw.** *(Akk.)* **enthalten** be reminiscent of sth.

**ạn|klatschen** *tr. V. (ugs.)* slap ⟨*poster, wallpaper, etc.*⟩ up or on **(an +** *Akk.* to); plaster ⟨*hair*⟩ down

**ạn|kleben 1.** *tr. (auch itr.) V.* stick up ⟨*poster, etc.*⟩ **(an +** *Akk.* on); **„Ankleben verboten"** 'stick *(Brit.) or* post no bills'; 'bill-posting prohibited'; **sich** *(Dat.)* **einen falschen Bart ~:** stick on a false beard. **2.** *itr. V.; mit sein* stick **(an +** *Dat.* to)

**ạn|kleckern** *itr. V.; mit sein* **angekleckert kommen** *(ugs.) (immer wieder kommen)* come trotting along *(coll.); (auf einen zu)* come trotting up *(coll.); (nach und nach eintreffen)* come drifting along *or* in

**Ạnkleide·kabine die** changing cubicle

**ạn|kleiden** *tr. V. (geh.)* dress; **sich ~:** get dressed; dress [oneself]

**Ạnkleide·raum der** dressing-room

**ạn|klicken** *tr. V. (DV)* click on

**ạn|klingeln** *tr., itr. V. (ugs.)* **jmdn.** *od.* **bei jmdm. ~:** ring *or* call sb. [up]

**ạn|klingen** *unr. itr. V.* **a)** *(erinnern)* be reminiscent **(an +** *Akk.* of); **b)** *auch mit sein (wahrnehmbar sein)* be discernible; **ein Thema ~ lassen** touch on a theme

**ạn|klopfen** *itr. V.* knock **(an +** *Akk. od. Dat.* at *or* on); **bei jmdm. um etw. ~** *(ugs.)* try to touch *(sl.) or* tap sb. for sth.

**ạn|knabbern** *tr. V. (ugs.)* nibble [at]; **der Staat muß seine Goldreserven ~** *(fig.)* the state is having to dig into its gold reserves; **zum Anknabbern aussehen** *(fig.)* look good enough to eat

**ạn|knacksen** *tr. V. (ugs.)* crack ⟨*bone, rib*⟩; *(fig.)* injure ⟨*pride*⟩; badly affect ⟨*health*⟩

**ạn|knipsen** *tr. V. (ugs.)* switch *or* put on

**ạn|knüpfen 1.** *tr. V.* **a)** tie on **(an +** *Akk.* to); **b)** *(beginnen)* start up ⟨*conversation*⟩; open, start ⟨*negotiations*⟩; establish ⟨*relations, business links*⟩; form ⟨*relationship*⟩; **eine Bekanntschaft mit jmdm. ~:** strike up an acquaintance with sb. **2.** *itr. V.* **an etw.** *(Akk.)* **~:** take sth. up; **ich knüpfe dort an, wo wir vorige Woche aufgehört haben** I'll pick up where we left off last week

**Ạnknüpfung die; ~, ~en a)** *s.* **anknüpfen b:** starting up; opening; starting; establishment; forming; **b) die ~ an etw.** *(Akk.)* taking sth. up; **unter [bewußter] ~ an etw.** *(Akk.)* with [conscious] reference to sth.

**Ạnknüpfungs·punkt der** starting-point [for a/the conversation]

**ạn|knurren** *tr. V.* growl at; **sich [gegenseitig] ~** *(auch fig.)* growl at one another

**ạn|kohlen** *tr. V. (ugs.)* kid *(coll.)*

**ạn|kommen 1.** *unr. itr. V.; mit sein* **a)** *(eintreffen)* arrive; ⟨*letter, parcel*⟩ come, arrive; ⟨*bus, train, plane*⟩ arrive, get in; **seid ihr gut angekommen?** did you arrive safely *or* get there all right?; **ich bin beim 6. Kapitel angekommen** I have reached *or* got to the sixth chapter; **wann sollen die Zwillinge denn ~?** *(ugs.: geboren werden)* when are the twins due [to arrive]?; **bei ihr ist kürzlich das vierte Kind angekommen** *(ugs.: geboren worden)* she has just had her fourth child; **b)** *(ugs.: Anklang finden)* **[bei jmdm.] [gut] ~:** go down [very] well [with sb.]; **damit kommt er bei mir nicht an** he won't get anywhere with me with that; **er ist ein Typ, der bei den Frauen ankommt** he is the sort who is a success with women; **c) gegen jmdn./etw. ~:** be able to cope *or* deal with sb./fight sth.; **d)** *(unpers.: abhängen)* **auf uns/auf das Wetter kommt es dabei nicht an** it doesn't depend on us/the weather; **es kommt [ganz] darauf an, ob ...:** it [all] depends whether ...; **es kommt [ganz] darauf** *od.* **drauf an** *(ugs.)* it [all] depends; **es darauf** *od.* **drauf ~ lassen** *(ugs.)* take a chance; chance it; **es auf etw.** *(Akk.)* **~ lassen** [be prepared to] risk sth.; **man könnte es ja mal auf einen Versuch ~ lassen** one could at least give it a try; **e)** *(unpers.: entscheidend, wichtig sein)* **es kommt auf etw.** *(Akk.)* **an** sth. matters; **auf die paar Mark/Minuten kommt es [mir] nicht an/soll es mir nicht ~:** a few marks/minutes don't matter [to me]; **es kommt auf jede Minute/jeden Pfennig an** every minute/pfennig counts; **es käme auf einen Versuch an** it's *or* it would be worth a try; **da kommt es auf drei Leute mehr auch nicht mehr an** three more people won't make any difference; **es kommt nicht darauf an, was er sagt** it's not what he says that matters; **darauf kommt es mir nicht so sehr an** that doesn't matter so much to me; **f)** *(herankommen)* come along; **mit etw. ~** *(ugs.: etw. dauernd betonen)* harp on about sth.; **g)** *(ugs.: Erfolg haben)* **er ist mit seinem Manuskript bisher noch bei keinem Verlag angekommen** up to now he hasn't had any success with publishers with his manuscript; **ohne Beziehungen kommt man heute nirgends mehr an** you won't *or* don't get anywhere these days without connections. **2.** *tr. V. (geh.)* **a)** *(überkommen)* ⟨*fear, desire, etc.*⟩ come over; **b) jmdn. hart/schwer** *usw.* **~:** be hard/difficult etc. for sb.

**Ankömmling** ['ankœmlɪŋ] **der; ~s, ~e** newcomer; *(ugs.: Neugeborenes)* new arrival

**ạn|können** *unr. itr. V.* **a) gegen jmdn./etw. ~:** be able to fight sb./sth.; **b)** *(ugs.: ansein dürfen)* **das Licht/Radio/die Heizung kann jetzt wieder an** you/he *etc.* can put the light/radio/heating on again now

**ạn|koppeln 1.** *tr. V.* couple ⟨*carriage*⟩ up **(an +** *Akk.* to); hitch ⟨*trailer*⟩ up **(an +** *Akk.* to); dock ⟨*spacecraft*⟩ **(an +** *Akk.* with). **2.** *itr. V.* ⟨*spacecraft*⟩ dock **(an +** *Akk.* with)

**ạn|kotzen** *tr. V. (salopp)* **a)** throw up over; puke over *(coarse);* **b)** *(fig.: anwidern)* **jmdn. ~:** make sb. sick

**ạn|krallen** *refl. V.* cling **(an +** *Akk. od. Dat.* at)

**ạn|kratzen** *tr. V.* scratch; *(fig. ugs.)* dent

**ạn|kreiden** *tr. V. (ugs.)* **jmdm. etw. ~:** hold sth. against sb.; **man kreidet ihm sein Verhalten als Schwäche an** his behaviour is seen *or* regarded as weakness; **das muß man ihm dick ~:** you've really got to hold that against him

**Ạn·kreis der** *(Geom.)* escribed circle; excircle

**ạn|kreuzen 1.** *tr. V.* mark with a cross; put a cross beside. **2.** *itr. V.; meist mit sein* **gegen den Wind ~** *(Segeln)* sail against *or* into the wind

**ạn|kriechen** *unr. itr. V.; mit sein* **angekrochen kommen** come creeping *or* crawling along; *(auf einen zu)* come creeping *or* crawling up

**ạn|kündigen 1.** *tr. V.* announce; **kündige dich bitte vorher an** please let me/us *etc.* know in advance that you are coming *or* give me/us *etc.* advance notice; **ein Gewitter ~:** herald a storm; **eine angekündigte/nicht angekündigte Klassenarbeit** a class test announced in advance/a surprise test. **2.** *refl. V.* ⟨*spring, storm*⟩ announce itself; ⟨*illness*⟩ show itself

**Ạn·kündigung die** announcement; **er besuchte uns ohne vorherige ~:** he visited us without letting us know in advance *or* with no advance notice

**Ankunft** ['ankʊnft] **die; ~, Ạnkünfte** arrival; **„~"** 'arrivals'

**Ạnkunfts-: ~halle die** *(Flugw.)* arrival[s] hall; **~tafel die** arrivals board

**ạn|kuppeln** *tr. V. s.* **ankoppeln 1**

**ạn|kurbeln** *tr. V.* **a)** crank [up]; **b)** *(fig.)* boost ⟨*economy, production, etc.*⟩

**Ạnkurb[e]lung die; ~, ~en** boosting; **Maßnahmen zur ~ der Wirtschaft** measures to boost the economy

**ạn|kuscheln** *refl. V.* **sich an jmdn.** *od.* **bei jmdm./an etw.** *(Akk.)* **~:** snuggle *or* cuddle up to sb./sth.

**Anl.** *Abk.* **Anlage** encl.

**ạn|lächeln** *tr. V.* smile at; **jmdn. freundlich ~:** give a friendly smile to sb.

**ạn|lachen 1.** *tr. V.* smile at; **ich habe dich angelacht, nicht ausgelacht** I was laughing with you, not at you. **2.** *refl. V.* **sich** *(Dat.)* **jmdn. ~** *(ugs.)* get off with sb. *(Brit. coll.);* pick sb. up

**Ạn·lage die a)** *o. Pl. (das Anlegen) (einer Kartei)* establishment; *(eines Parks, Gartens usw.)* laying out; construction; *(eines Parkplatzes, Stausees)* construction; **b)** *(Grün~)* park; *(um ein Schloß, einen Palast usw. herum)* grounds *pl.;* **die öffentlichen/städtischen ~n** public/municipal parks and gardens; **c)** *(Angelegtes, Komplex)* complex; **d)** *(Einrichtung)* facilities *pl.;* **sanitäre/militärische ~n** sanitary facilities/military installations; **die elektrische ~:** the electrical equipment; **e)** *(Werk)* plant; **f)** *(Musik~, Lautsprecher~ usw.)* equipment; system; **g)** *(Geld~)* investment; **h)** *(Konzeption)* conception; *(Struktur)* structure; **i)** *(Veranlagung)* aptitude, gift, talent **(zu** for); *(Neigung)* tendency, predisposition **(zu** to); **j)** *(Beilage zu einem Brief)* enclosure; **als ~ sende ich Ihnen/erhalten Sie ein ärztliches Attest** please find enclosed *or* I enclose a medical certificate

**ạnlage-, Ạnlage-: ~bedingt 1.** *Adj.* constitutional; **2.** *adv.* constitutionally; **~berater der** investment advisor; **~kapital das** investment capital

**ạn|lagern** *(Chemie)* **1.** *tr. V.* take up. **2.** *refl. V.* be taken up **(an +** *Akk.* by)

**Ạnlage·vermögen das** fixed assets *pl. or* capital

**ạn|landen** *tr. V.* land

**ạn|langen 1.** *itr. V.; mit sein* arrive; **bei/auf/an etw.** *(Dat.)* **~:** arrive at *or* reach sth.; **bei Kapitel 3 ~:** reach *or* get to chapter 3. **2.** *tr. V.* **a)** *(südd.: anfassen)* touch; **b)** *s.* **anbelangen**

**Anlaß** ['anlas] **der; Ạnlasses, Anlässe** ['anlɛsə] **a)** *(Ausgangspunkt, Grund)* cause **(zu** for); **der ~ des Streites** the cause of the dispute; **etw. zum ~ nehmen, etw. zu tun** use *or* take sth. as an opportunity to do sth.; **ich möchte aus gegebenem ~ darauf hinweisen, daß ...:** I would like to take this opportunity to point out that ...; **aus ~ seines Geburtstags** on the occasion of *or* to celebrate his birthday; **jmdm. ~ zu Beschwerden geben** give sb. cause for complaint; **~ zur Sorge/Beunruhigung/Klage geben** give cause for concern/unease/complaint; **beim geringsten/kleinsten ~:** for the slightest reason; **aus aktuellem ~:** because of current events; **b)** *(Gelegenheit)* occasion; **bei festlichen Anlässen** on festive occasions

**ạn|lassen 1.** *unr. tr. V.* **a)** *(in Betrieb lassen)* leave ⟨*light, radio, heating, etc.*⟩ on; leave ⟨*engine, tap*⟩ on *or* running; leave ⟨*candle*⟩ burning; **b)** *(anbehalten)* keep ⟨*coat, gloves, etc.*⟩ on; **c)** *(in Gang setzen)* start [up]. **2.** *unr. refl. V.* **sich gut/schlecht ~:** make a *or* get off to a good/bad *or* poor start; **wie läßt sich der neue Mitarbeiter denn an?** how is your new colleague getting on?

**Ạnlasser der; ~s, ~** *(Kfz-W.)* starter

**ạn·läßlich** *Präp. mit Gen.* on the occasion of

**ạn|lasten** *tr. V.* **jmdm. ein Verbrechen ~:** accuse sb. of a crime; **jmdm. die Schuld an etw.** *(Dat.)* **~:** blame sb. for sth.; **jmdm. etw. als Versagen ~:** regard sth. as a failure on sb.'s part

**ạn|latschen** *itr. V.; mit sein (ugs.)* **angelatscht kommen** come trudging along; *(auf einen zu)* come trudging up; *(schlurfend)* come slouching along/up

**Ạn·lauf der a)** run-up; **[mehr] ~ nehmen** take [more of] a run-up; **mit/ohne ~:** with/without a run-up; **er sprang mit/ohne ~:** he did a running/standing jump; **ein Sprung mit/ohne ~:** a running/standing jump; **b)** *(Versuch)* attempt; **beim** *od.* **im ersten/dritten ~:** at the first/third attempt *or (coll.)* go; **einen [neuen] ~ nehmen** make another attempt; have another go *(coll.)*; **c)** *(Sport)* *(Bahn)* runway; *(Strecke)* run-up

**Ạnlauf·adresse die** *s.* **Anlaufstelle**

**ạn|laufen 1.** *unr. itr. V.; mit sein* **a) angelaufen kommen** come running along; *(auf einen zu)* come running up; **b) gegen jmdn./etw. ~:** run at sb./sth.; **gegen etw. ~** *(fig.)* fight against sth.; **c)** *(Anlauf nehmen)* take a run-up; **d)** *(zu laufen beginnen)* ⟨*engine*⟩ start [up]; *(fig.)* ⟨*film*⟩ open; ⟨*production, campaign, search*⟩ start; **e)** *(sich färben)* turn; go; **f)** *(beschlagen)* mist *or* steam up. **2.** *unr. tr. V.* put in at ⟨*port*⟩

**Ạnlauf-: ~stelle die** [place of] refuge; place to go; **~stelle für solche Reiserufe** the place to which to send such SOS messages; **~zeit die: der Motor braucht einige Minuten ~zeit** the engine needs a few minutes to warm up; **morgens braucht sie immer eine gewisse ~zeit** it always takes her a certain amount of time to get going in the mornings

**Ạn·laut der** *(Sprachw.)* initial sound; **der Konsonant wird im ~ stimmhaft gesprochen** the consonant is voiced when in initial position

**ạn|lauten** *itr. V. (Sprachw.)* begin **(mit** with); **der ~de Vokal** the initial vowel

**ạn|läuten** *tr., itr. V. (bes. südd.) s.* **anrufen 1 c, 2 a**

**ạn|legen 1.** *tr. V.* **a)** *(an etw. legen)* put *or* lay ⟨*domino, card*⟩ [down] **(an +** *Akk.* next to); place, position ⟨*ruler, protractor*⟩ **(an +** *Akk.* on); put ⟨*ladder*⟩ up **(an +** *Akk.* against); **ein Gewehr auf jmdn./etw. ~:** level a gun at sb./sth.; **sie legte das Baby an** she put the baby to her breast; **einen strengen Maßstab [an etw.** *(Akk.)***] ~:** apply strict standards [to sth.]; **b)** *(an den Körper legen)* **die Flügel/Ohren ~:** close its wings/lay its ears back; **die Arme ~:** put one's arms to one's sides; **c)** *(geh.: anziehen, umlegen)* don; put on; **d)** *(schaffen, erstellen)* lay out ⟨*town, garden, plantation, street*⟩; start ⟨*file, album*⟩; compile ⟨*statistics, index*⟩; **e)** *(gestalten, entwerfen)* structure ⟨*story, novel*⟩; **f)** *(investieren)* invest; **g)** *(ausgeben)* spend **(für** on); **h) er legt es auf einen Streit an** he is determined to have a fight; **es darauf ~, etw. zu tun** be determined to do sth.; **i)** *(nachlegen)* put on. **2.** *itr. V.* **a)** *(festmachen, landen)* moor; *(am Liegeplatz)* berth; **b)** *(Kartenspiel)* lay a card/cards; **bei jmdm. ~:** lay a card/cards on sb.'s hand; **ich kann nirgends/nicht ~:** I can't go; **c)** *(Domino)* play [a domino/dominoes]; **d)** *(das Gewehr anlegen)* aim **(auf +** *Akk.* at). **3.** *refl. V.* **sich mit jmdm. ~:** pick an argument *or* a quarrel with sb.

**Ạnlege·platz der** berth

**Ạnleger der; ~s, ~ a)** *(Schiffahrt)* jetty; landing-pier; **b)** *(Investor)* investor

**Ạnlege-: ~steg der** jetty; landing-stage; **~stelle die** mooring

**ạn|lehnen 1.** *tr. V.* **a)** *(an etw. lehnen)* lean **(an +** *Akk. od. Dat.* against); **b)** leave ⟨*door*⟩ slightly open *or* ajar; leave ⟨*window*⟩ slightly open; **die Tür war angelehnt** the door was [left] slightly open *or* ajar. **2.** *refl. V.* **sich [an jmdn.** *od.* **jmdm./etw.] ~:** lean [on sb./against sth.]; **er lehnte sich mit dem Rücken/der Schulter an die** *od.* **der Wand an** he leaned back *or* leaned his back/leaned [with] his shoulder against the wall; **sich an ein Vorbild ~** *(fig.)* follow an example

**Ạnlehnung die; ~, ~en a)** dependence **(an +** *Akk.* on); *(Halt, Stütze)* support; **~ an jmdn./etw. suchen/finden** look for/find support from sb./sth.; **b)** *(Nachahmung)* **in ~ an jmdn./etw.** following *or* in imitation of sb./sth.

**Ạnlehnungs·bedürfnis das** need for love and affection

**ạnlehnungs·bedürftig** *Adj.* in need of love and affection *postpos.*; **je mehr sie trank, desto ~er wurde sie** *(scherzh.)* the more she drank, the more amorous and affectionate she became

**Ạnleihe die; ~, ~n a)** *(Darlehen)* loan; **b)** *(fig.)* borrowing; **eine ~ bei Goethe/Picasso machen** borrow from Goethe/Picasso

**ạn|leimen** *tr. V.* stick *or* glue on **(an +** *Akk. od. Dat.* to)

**ạn|leinen** *tr. V.* put ⟨*dog*⟩ on the lead; **Hunde sind anzuleinen** dogs must be kept on a lead; **der Hund war nicht angeleint** the dog was not on a lead

**ạn|leiten** *tr. V.* **a)** *(unterweisen)* instruct; teach; **jmdn. bei der Arbeit ~:** instruct sb. in the work; teach sb. the work; **b)** *(anhalten, erziehen)* teach; **die Kinder zur Selbständigkeit/Pünktlichkeit ~:** teach the children to be independent/punctual

**Ạn·leitung die** instructions *pl.*

**Ạnlern·beruf der** semi-skilled occupation *or* job

**ạn|lernen 1.** *tr. V.* train; **ein angelernter Arbeiter** a semi-skilled worker. **2.** *refl. V.* **sich** *(Dat.)* **etw. ~:** learn sth. up; **eine bloß angelernte Bildung** a superficially acquired education

**Ạnlernling** ['anlɛrnlɪŋ] **der; ~s, ~e** *(veralt.)* trainee; **~ sein** be a trainee

**ạn|lesen 1.** *unr. tr. V.* begin *or* start reading *or* to read. **2.** *unr. refl. V.* **sich** *(Dat.)* **etw. ~:** learn sth. by reading *or* from books; **eine nur angelesene Kenntnis** knowledge which comes straight out of books

**ạn|leuchten** *tr. V.* **jmdn./etw. ~:** shine a light on sb./light sth. up; **den Dieb mit der Taschenlampe ~:** shine a torch *(Brit.) or (Amer.)* flashlight on the thief

**ạn|liefern** *tr. V.* deliver

**Ạn·lieferung die** delivery

**ạn|liegen** *unr. itr. V.* **a)** *(an etw. liegen)* ⟨*pullover etc.*⟩ fit tightly *or* closely; ⟨*hair, ears*⟩ lie flat; **ein eng ~der Pullover** a tight- *or* close-fitting pullover; **b)** *(ugs.: vorliegen)* be on; *(zu erledigen sein)* to be done; **was liegt an?** *(was kann ich für dich tun?)* what's up? *(coll.)*

**Ạn·liegen das; ~s, ~** *(Bitte)* request; *(Angelegenheit)* matter; **etw. zu seinem persönlichen ~ machen** take a personal interest in sth.

**ạnliegend** *Adj.* **a)** *nicht präd. (angrenzend)* adjacent; **b)** *(beiliegend)* enclosed

**Ạnlieger der; ~s, ~:** resident; **„~ frei", „frei für ~"** 'access only'

**Ạnlieger-: ~staat der: die ~staaten des Mittelmeers** *usw.* the countries bordering the Mediterranean *etc.*; **~verkehr der** residents' vehicles *pl.*; **die Straße ist nur noch für den ~verkehr frei** the street is only open to residents; **„~verkehr frei"** 'residents only'

**ạn|locken** *tr. V.* attract ⟨*customers, tourists, etc.*⟩; lure ⟨*bird, animal*⟩

**ạn|löten** *tr. V.* solder on **(an +** *Akk. od. Dat.* to)

**ạn|lügen** *tr. V.* lie to

**Anm.** *Abk.* **Anmerkung**

**ạn|machen** *tr. V.* **a)** *(anschalten, -zünden usw.)* put *or* turn ⟨*light, radio, heating*⟩ on; light ⟨*fire*⟩; **b)** *(bereiten)* mix ⟨*cement, plaster, paint, etc.*⟩; dress ⟨*salad*⟩; **c)** *(ugs.: anbringen)* put ⟨*curtain, sign*⟩ up; **ein Schild an der Tür ~:** put a sign up on the door; **dem Hund das Halsband ~:** put the collar on the dog; **d)** *(ugs.: ansprechen)* ⟨*woman, girl*⟩ give ⟨*man, boy*⟩ the come-on *(sl.)*; ⟨*man, boy*⟩ chat ⟨*woman, girl*⟩ up *(Brit. coll.)*; **e)** *(ugs.: begeistern, erregen)* get ⟨*audience etc.*⟩ going; **das macht mich ungeheuer/nicht an** it really turns me on *(coll.)*/does nothing for me *(coll.)*; **f)** *(provozieren)* **mach mich nicht an!** leave me alone!

**ạn|mahnen** *tr. V.* send a reminder about; **er hat den angemahnten Betrag sofort überwiesen** he paid the outstanding amount as soon as he received a reminder

**Ạn·mahnung die** reminder; **trotz mehrfacher ~:** despite repeated reminders *pl.*

**ạn|malen** *tr. V.* **a)** *(ugs.: bemalen)* paint; **etw. rot ~:** paint sth. red; **b)** *(ugs.: schminken)* paint; **sich ~:** paint one's face; **c)** *(auf etw. malen)* paint **(an +** *Akk.* on); *(auf etw. zeichnen)* draw **(an +** *Akk.* on); **jmdm./sich einen Bart ~:** paint *or* draw a beard on sb.'s/one's face *or* on sb./oneself

**Ạn·marsch der a)** *o. Pl. (das Anmarschieren)* advance; **im ~ sein** *(anrücken)* be advancing; *(ugs. scherzh.: unterwegs sein)* be on one's way; **b)** *(ugs.: Weg)* walk

**ạn|marschieren** *itr. V.; mit sein* advance; **anmarschiert kommen** *(ugs.)* come marching along; *(auf einen zu)* come marching up

**Ạnmarsch·weg der** walk

**ạn|maßen** *refl. V.* **sich** *(Dat.)* **etw. ~:** claim sth. [for oneself]; arrogate sth. to oneself; **was maßt du dir an?** who do you think you are?; what do you think you are doing?; **sich ~, etw. zu tun** presume to do sth.; **darüber kannst du dir gar kein Urteil ~:** you have no right *or* it's not your place to pass judgement on that

**ạn·maßend 1.** *Adj.* presumptuous; *(arrogant)* arrogant. **2.** *adv.* presumptuously; *(arrogant)* arrogantly

**Ạnmaßung die; ~, ~en** presumptuousness; presumption; *(Arroganz)* arrogance; **so eine [freche] ~!** what presumptuousness *or* presumption/arrogance!; **es ist eine ~ zu behaupten, daß ...:** it is presumptuous to assert that ...

**ạn|meckern** *tr. V. (ugs.)* **jmdn. ~:** have a go at sb.

**Ạnmelde·formular das a)** application form; **b)** *(einer Meldebehörde)* registration form

**ạn|melden** *tr. V.* **a)** *(als Teilnehmer)* enrol; **jmdn./sich zu einem Kursus/in** *od.* **bei einer Schule ~:** enrol sb./enrol for a course/at a school; **sich schriftlich ~:** register [in writing]; **jmdn. zu einer Impfung ~:** make an appointment for sb. to be vaccinated; **b)** *(melden, anzeigen)* license, get a licence for ⟨*television, radio*⟩; apply for ⟨*patent*⟩; register ⟨*domicile, change of address, car, trade mark*⟩; **die Demonstration war nicht angemeldet** no notification had been given of the demonstration; **sich/seinen neuen Wohnsitz ~:** register one's new address; **jmdn./sich polizeilich** *od.* **bei der Polizei ~:** register sb./register with the police; *s. auch* **Konkurs; c)** *(ankündigen)* announce; *(einen Termin vereinbaren)* **sind Sie angemeldet?** do you have an appointment?; **sich beim Arzt ~:** make an appointment to see the doctor; **d)** *(geltend machen)* express, make known ⟨*reservation, doubt, wish*⟩; put forward ⟨*demand*⟩; assert ⟨*right*⟩; **e)** *(Kartenspiele: ansagen)* bid; **f)** *(Fernspr.)* book; **ein Gespräch nach Übersee ~:** book an overseas call

**Ạnmelde·pflicht die** *(für den Wohnsitz)* obligation to register one's address; *(für Fernsehen, Radio)* obligation to obtain a licence; *(für das Auto)* obligation to register a/the vehicle; **für Demonstrationen besteht ~:** it is mandatory to notify the police in advance of demonstrations

**ạnmelde·pflichtig** *Adj.* **~ sein** ⟨*television, radio*⟩ need a licence; ⟨*car*⟩ have to be registered; ⟨*demonstration*⟩ have to be notified; **jeder Wohnungswechsel ist ~:** every change of address must be registered

**Ạn·meldung die a)** *(zur Teilnahme)* enrolment; **b)** *s.* **anmelden b:** licensing; registration; notification; **die ~ eines Patents** the application for a patent; **c)** *(Ankündigung)* announcement; *(beim Arzt, Rechtsanwalt usw.)* making an appointment; **d)** *s.* **anmelden d:** expression; putting forward; assertion; **e)** *(Fernspr.)* booking; **die ~ eines Gesprächs** booking a call; **f)** *(Formular, Schreiben)* registration [form]; **g)** *(Büro, Schalter usw.)* reception; **Sie müssen zuerst zur/in die ~ [gehen]** you must go to reception first

**ạn|merken** *tr. V.* **a) jmdm. seinen Ärger/seine Verlegenheit** *usw.* **~:** notice that sb. is annoyed/embarrassed *etc.*; notice sb.'s annoyance/embarrassment *etc.*; **man merkt ihm [nicht] an, daß er krank ist** you can[not] tell that he is ill; **sich nichts ~ lassen** not let it show; **b)** *(geh.: bemerken)* note; **c)** *(geh.: anstreichen)* mark

**Ạnmerkung die; ~, ~en a)** *(Fußnote)* note; **b)** *(geh.: Bemerkung)* comment; remark; **wenn ich dazu eine ~ machen darf** if I may comment on that

**ạn|mieten** *tr. V.* rent; hire, rent ⟨*car, van*⟩

**ạn·mit** *Adv. (schweiz. Papierdt.)* herewith

**ạn|montieren** *tr. V.* fix on **(an +** *Akk. od. Dat.* to)

**ạn|müssen** *unr. itr. V.* have to be put on

**ạn|mustern** *(Seemannsspr.) tr., itr. V.* sign on

**Ạn·mut die; ~** *(geh.)* grace; *(Liebreiz, auch fig.: einer Landschaft usw.)* charm; *(fig.: eines Ausdrucks)* elegance; gracefulness; **mit ~:** gracefully

**ạn|muten** *tr. (auch itr.) V. (geh.)* **etw. mutet [jmdn.] fremd** *usw.* **an** sth. seems strange *etc.* [to sb.]; **alles mutete ihn wie ein Traum an** everything seemed like a dream to him; **ein seltsam ~der Anblick** a sight that seems strange to me/him *etc.*

**ạn·mutig** *(geh.)* **1.** *Adj.* graceful ⟨*girl, gesture, movement, dance*⟩; charming, delightful ⟨*girl, smile, picture, landscape*⟩. **2.** *adv.* ⟨*move, dance*⟩ gracefully; ⟨*smile, greet*⟩ charmingly, delightfully

**ạnmuts·voll** *(geh.) s.* **anmutig**

**ạn|nageln** *tr. V.* nail on **(an +** *Akk. od. Dat.* to); nail up ⟨*notice, picture*⟩ **(an +** *Akk. od. Dat.* on); **wie angenagelt dastehen** *(ugs.)* stand [there] rooted to the spot

**ạn|nagen** *tr. V.* gnaw [at]; *(fig. geh.)* gnaw *or* nibble away at

**ạn|nähen** *tr. V.* sew on **(an +** *Akk.* to)

**ạn|nähern 1.** *refl. V.* **a)** approach; **die Straße nähert sich der Küste allmählich immer weiter an** the road gradually gets closer and closer to the coast; **sich einem Grenzwert ~** *(Math.)* converge towards a limit; **b)** *(fig.: [menschlich] näherkommen)* **sich jmdm. ~:** come *or* get closer to sb.; **c)** *(sich angleichen)* **sich einer Sache** *(Dat.)* **~:** come *or* get closer to sth. **2.** *tr. V. (angleichen)* bring closer (*Dat.* to); **verschiedene Standpunkte einander ~:** bring differing points of view closer together; **etw. einem Vorbild ~:** make sth. more like a model

**ạnnähernd 1.** *Adv. (ungefähr)* approximately; roughly; *(fast)* almost; nearly; **nicht ~ so teuer** not nearly as *or* nowhere near as expensive. **2.** *adj.; nicht präd.* approximate; rough; **mit ~er Sicherheit** with a rough degree of certainty

**Ạnnäherung die; ~, ~en a)** *(das Sichannähern)* approach **(an +** *Akk.* to); **bei ~ des Zuges** as the train approaches/approached; **b)** *(fig.)* **es kam zu einer ~ der beiden Parteien** the two parties came *or* moved closer together; **eine ~ zwischen zwei Staaten herbeiführen** bring two states closer together; **c)** *(Angleichung)* **eine ~ der gegenseitigen Standpunkte** bringing the points of view on each side closer together

**ạnnäherungs-, Ạnnäherungs-: ~versuch der** advance; *(im politischen Bereich)* attempted rapprochement; **immer wieder plumpe ~versuche machen** keep making [very] obvious advances; **~weise** *Adv.* approximately; roughly; **~wert der** *s.* **Näherungswert**

**Annahme** ['anna:mə] **die; ~, ~n a)** *(das Annehmen)* acceptance; **die ~ eines Pakets verweigern** refuse to accept [delivery of] a parcel; **b)** *(Vermutung)* assumption; **ich war der ~, daß ...:** I assumed that ...; **in der ~, daß ...:** on the assumption that ...; **gehe ich recht in der ~, daß ...?** am I right in assuming that ...?; **ich gehe einmal von der ~ aus, daß ...:** I am working *or* going on the assumption that ...; **c)** *s.* **Annahmestelle; d)** *(Billigung)* approval; *(einer Dissertation)* acceptance; **e)** *(einer Gewohnheit)* adoption; *(eines Namens)* adoption; assumption; **f)** *(Aufnahme)* taking on; **über jmds. ~ entscheiden** decide if sb. should be taken on; **~ an Kindes Statt** *(veralt.)* adoption

**Ạnnahme-: ~schluß der** deadline [for acceptance]; **wann ist ~schluß?** when is the deadline [for acceptance]?; **freitags ist für Lottoscheine ~schluß** Friday is the last day of the week for lottery coupons; **~stelle die** *(für Lotto/Wetten usw.)* place where coupons/bets are accepted; *(einer Reinigung)* branch; *(für Reparaturen)* repairs counter/department; *(für Telegramme, Pakete usw.)* telegrams/parcels counter; *(für Lieferungen)* delivery point

**Annalen** [a'na:lən] *Pl.* annals; **in die ~ der Firma eingehen** go down in the annals of the firm

**ạnnehmbar 1.** *Adj.* **a)** *(akzeptabel)* acceptable; **b)** *(recht gut)* reasonable. **2.** *adv.* reasonably [well]

**ạn|nehmen 1.** *unr. tr. V.* **a)** accept; take; accept ⟨*alms, invitation, condition, help*⟩; take ⟨*food, telephone call*⟩; accept, take [on] ⟨*task, job, repairs*⟩; accept, take up ⟨*offer, invitation, challenge*⟩; **die** *od.* **seine Wahl ~:** accept one's election; **b)** *(Sport)* take; **er nahm den Ball mit dem Kopf an** he headed the ball down; **c)** *(billigen)* approve; accept ⟨*dissertation*⟩; pass ⟨*law*⟩; approve, adopt ⟨*resolution*⟩; **d)** *(aufnehmen)* take on ⟨*worker, patient, pupil*⟩; **e)** *(hinnehmen)* accept ⟨*fate, verdict, punishment*⟩; **f)** *(adoptieren)* adopt; **jmdn. an Kindes Statt ~** *(veralt.)* adopt sb.; **g)** *(haften lassen)* take ⟨*dye, ink*⟩; **kein Wasser ~:** repel water; be water-repellent; **Feuchtigkeit gut ~:** absorb moisture easily; **h)** *(sich aneignen)* adopt ⟨*habit, mannerism*⟩; adopt, assume ⟨*name, attitude*⟩; put on ⟨*airs and graces*⟩; **i)** *(bekommen)* take on ⟨*look, appearance, form, tone, dimension*⟩; **j)** *(vermuten)* assume; presume; **ich nehme es an/nicht an** I assume *or* presume so/not; **das ist/ist nicht anzunehmen** that can/cannot be assumed; **k)** *(voraussetzen)* assume; **etw. als gegeben** *od.* **Tatsache ~:** take sth. for granted *or* as read; **nehmen wir an, daß ...:** let us assume that ...; **angenommen, [daß] ...:** assuming [that] ...; **das kannst du ~!** *(ugs.)* you bet! *(coll.)*; **l)** *(Jägerspr.: angreifen)* attack; go for; **m)** *(Jägerspr.: aufnehmen)* **eine/die Fährte ~:** take up a/the scent. **2.** *unr. refl. V. (geh.)* **sich jmds./einer Sache ~:** look after sb./sth.

**Ạnnehmlichkeit die; ~, ~en** comfort; *(Vorteil)* advantage

**annektieren** [anɛk'ti:rən] *tr. V.* annex

**Annektịerung die; ~, ~en, Annexion** [anɛ'ksi̯o:n] **die; ~, ~en** annexation

**ạn|niesen** *tr. V.* sneeze over

**ạn|nieten** *tr. V.* rivet on **(an +** *Akk. od. Dat.* to)

**anno** ['ano], **Ạnno** *in* **~ 1910/68** *usw. (veralt.)* in [the year] 1910/'68 *etc.*; **ein Auto von ~ 1932** *(veralt.)* a 1932 car; **~ dazumal** *od.* **dunnemals** *od.* **Tobak** *(ugs. scherzh.)* the year dot *(Brit. coll.)*; long ago; **~ Domini 1656** *(veralt.)* in the year of our Lord 1656

**Annonce** [a'nõ:sə] **die; ~, ~n** advertisement; ad *(coll.)*; advert *(Brit. coll.)*

**Annọncen·teil der** advertisement section

**annoncịeren 1.** *itr. V.* advertise. **2.** *tr. V.* *(ankündigen)* announce

**annullieren** [anʊ'li:rən] *tr. V.* annul

**Annullịerung die; ~, ~en** annulment

**Anode** [a'no:də] **die; ~, ~n** *(Physik)* anode

**ạn|öden** *tr. V. (ugs.)* bore stiff *(coll.) or* to death *(coll.)*

**anomal** ['anoma:l] **1.** *Adj.* anomalous; abnormal. **2.** *adv.* anomalously; abnormally

**Anomalịe die; ~, ~n a)** anomaly; abnormality; **b)** *(Med.: Mißbildung)* abnormality

**anonym** [ano'ny:m] **1.** *Adj.* anonymous; **die Anonymen Alkoholiker** Alcoholics Anonymous. **2.** *adv.* anonymously

**Anonymität** [anonymi'tɛ:t] **die; ~:** anonymity

**Anonymus** [a'no:nymʊs] **der; ~, Anọnymi** *(geh.)* anonymous writer/composer/artist *etc.*

**Anopheles** [a'no:felɛs] **die; ~, ~** *(Zool.)* anopheles

**Anorak** ['anorak] **der; ~s, ~s** anorak

**ạn|ordnen** *tr. V.* **a)** *(arrangieren)* arrange; **b)** *(befehlen)* order

**Ạn·ordnung die a)** *(Ordnung, Aufstellung)* arrangement; **in alphabetischer ~:** in alphabetical order; **b)** *(Weisung)* order; **haben Sie die nötigen ~en getroffen?** have you given all the necessary orders?; **auf meine ~/auf ~ des Arztes** on my/doctor's orders *pl.*

**ạn·organisch** *Adj.* inorganic

**ạnormal 1.** *Adj.* abnormal. **2.** *adv.* abnormally

**ạn|packen 1.** *tr. V.* **a)** *(ugs.: greifen, anfassen)* grab hold of; **jmdn. am Arm ~:** grab [hold of] sb. by the arm; **mußt du das Buch mit deinen Dreckpfoten ~?** must you touch the book with your dirty hands?; **b)** *(beginnen, angehen)* tackle; **packen wir's an!** let's get down to it; **c)** *(ugs.: behandeln)* treat. **2.** *itr. V. (ugs.: mithelfen)* **[mit] ~:** lend a hand

**ạn|pappen** *(ugs.)* **1.** *tr. V.* **etw. ~:** stick sth. on **(an +** *Dat.* to). **2.** *itr. V.; mit sein* stick **(an +** *Dat.* to)

**ạn|passen 1.** *tr. V.* **a)** *(passend machen)* fit; **jmdn. einen Anzug ~:** fit sb. for a suit; **Bauteile einander ~:** fit components together;

b) *(abstimmen)* suit (*Dat.* to); **die Renten wurden am 1. Januar angepaßt** pensions were adjusted on 1 January. **2.** *refl. V.* adapt [oneself] (*Dat.* to); ⟨*animal*⟩ adapt; *(gesellschaftlich)* conform; **die am besten angepaßten Arten** the species which have adapted best; *s. auch* **angepaßt 2**

**Ạnpassung die; ~, ~en** adaptation (**an** + *Akk.* to); *(der Renten, Löhne usw.)* adjustment (**an** + *Akk.* to); *(an die Gesellschaft)* conformity

**ạnpassungs·fähig** *Adj.* adaptable

**Ạnpassungs-: ~fähigkeit die;** *o. Pl.* adaptability (**an** + *Akk.* to); **~schwierigkeiten** *Pl.* difficulties in adapting (**an** + *Akk.* to)

**ạn|peilen** *tr. V.* **a)** *(Funkw.)* take a bearing on; **b)** *(fig. ugs.: anstreben)* aim at; **c)** *(anvisieren)* take a sight on

**ạn|peitschen** *tr. V.* drive on

**ạn|pesen** *itr. V.; mit sein (nordd. ugs.)* **angepest kommen** come tearing *or (sl.)* belting along; *(auf einen zu)* come tearing *or (sl.)* belting up

**ạn|pfeifen 1.** *unr. tr. V.* **a) das Spiel/die zweite Halbzeit ~:** blow the whistle to start the game/the second half; **b)** *(salopp: zurechtweisen)* bawl out *(coll.)*. **2.** *unr. itr. V.* blow the whistle

**Ạn·pfiff der a)** *(Sport)* whistle for the start of play; **der ~ zur zweiten Halbzeit** the whistle for the start of the second half; **b)** *(salopp: Zurechtweisung)* bawling-out *(coll.)*

**ạn|pflanzen** *tr. V.* **a)** *(pflanzen, bepflanzen)* plant; **b)** *(anbauen)* grow; cultivate

**Ạn·pflanzung die a)** planting; **b)** *(bepflanzte Fläche)* cultivated area; **eine ~ anlegen** lay out an area for cultivation

**ạn|pflaumen** *tr. V. (ugs.)* **a)** tease; take the mickey out of *(Brit. sl.)*; **b)** *s.* **anmeckern**

**Anpflaumerei die; ~, ~en** *(ugs.)* teasing; mickey-taking *(Brit. sl.)*; **laß doch deine ~en** stop teasing *or (Brit. sl.)* taking the mickey

**ạn|pflocken** *tr. V.* tie ⟨*boat*⟩ up; tether ⟨*animal*⟩

[1]**ạn|picken** *tr. V.* peck at

[2]**ạn|picken** *(österr. ugs.)* **1.** *tr. V.* stick on. **2.** *itr. V.; mit sein* be stuck on

**ạn|pinkeln** *tr. V. (ugs.)* pee on *(coll.)*

**ạn|pinnen** *tr. V. (nordd.)* pin up (**an** + *Akk.* on)

**ạn|pinseln** *tr. V. (ugs.)* **a)** *(anstreichen)* paint; **b)** *(an etw. pinseln)* paint (**an** + *Akk.* on)

**ạn|pirschen** *refl. V.* creep up (**an** + *Akk.* on)

**ạn|pissen** *tr. V. (derb)* piss on *(coarse)*

**Ạn·pöbelei die** *(ugs.)* abuse; **~en** abuse *sing.*

**ạn|pöbeln** *tr. V. (ugs.)* abuse

**ạn|pochen** *itr. V. (südd.) s.* **anklopfen**

**Ạn·prall der; ~[e]s** impact (**auf, an** + *Akk.* with, **gegen** against)

**ạn|prallen** *itr. V.; mit sein* crash; **gegen** *od.* **an etw. ~:** crash into sb./against sth.

**ạn|prangern** *tr. V.* denounce (**als** as)

**ạn|preisen** *unr. tr. V.* extol; **etw. als etw. ~:** extol sth. as being sth.; **jmdn./etw. jmdm. ~:** extol the virtues of sb./sth. to sb.; recommend sb./sth. highly to sb.

**ạn|preschen** *itr. V.; mit sein* **angeprescht kommen** *(ugs.)* come racing along; *(auf einen zu)* come racing up

**ạn|pressen** *tr. V.* press on (**an** + *Akk.* to)

**Ạn·probe die a)** fitting; **zur ~ kommen** come for a fitting; **b)** *(Raum) (beim Schneider)* fitting-room; *(im Kaufhaus)* changing-room *(Brit.)*; dressing-room *(Amer.)*

**ạn|probieren 1.** *tr. V.* try on; **jmdm. etw. ~:** try sth. on sb. **2.** *itr. V.* **~ kommen** *(ugs.)* come for a fitting

**ạn|pumpen** *tr. V. (ugs.)* borrow money from; **jmdn. um 20 Mark ~:** touch *(sl.) or* tap sb. for 20 marks

**ạn|pusten** *tr. V. (ugs.)* blow on

**ạn|quasseln** *tr. V. (salopp),* **ạn|quatschen** *tr. V. (salopp)* speak to

**Anrainer** ['anrainɐ] **der; ~s, ~ a)** *(Nachbar)* neighbour; **als ~ des Sees habe ich ...:** as I live on *or* by the lake, I have ...; **b)** *(bes. österr.: Anlieger)* resident; **c)** *s.* **Anrainerstaat**

**Ạnrainer-: ~grundstück das** neighbouring property; **die ~grundstücke des Sees** the properties on *or* by the lake; **~staat der: die ~staaten des Bodensees** the countries bordering on Lake Constance

**ạn|ranzen** *tr. V. (salopp)* bawl out *(coll.)*

**Ạnranzer der; ~s, ~** *(salopp)* bawling-out *(coll.)*

**ạn|rasen** *itr. V.; mit sein (ugs.)* race up; **gegen etw. ~:** crash into sth.; **angerast kommen** come racing along; *(auf einen zu)* come racing up

**ạn|raten** *unr. tr. V.* **jmdm. etw. ~:** recommend sth. to sb.; **jmdm. Vorsicht ~:** advise sb. to be careful; **auf Anraten des Arztes** on the *or* one's doctor's advice

**ạn|rattern** *itr. V.; mit sein (ugs.)* **angerattert kommen** come rattling along; *(auf einen zu)* come rattling up

**ạn|rauchen** *tr. V.* light up; **jmdm. eine Zigarette ~:** light up a cigarette for sb.; **eine angerauchte Zigarre** a partly smoked *or* half-smoked cigar

**ạn|räuchern** *tr. V.* lightly smoke

**ạn|rauhen** *tr. V.* roughen

**ạn|raunzen** *tr. V. (salopp) s.* **anranzen**

**Ạnraunzer der; ~s, ~** *(salopp) s.* **Anranzer**

**ạn|rauschen** *itr. V.; mit sein (ugs.)* **angerauscht kommen** come sweeping along; *(auf einen zu)* come sweeping up; ⟨*vehicle*⟩ come roaring along; *(auf einen zu)* come roaring up

**ạnrechenbar** *Adj.* **[auf etw.** *(Akk.)***] ~ sein** count [towards sth.]

**ạn|rechnen** *tr. V.* **a)** *(gutschreiben, verbuchen)* count; take into account; **jmdm. einen Betrag/seine Überstunden ~:** credit sb. with an amount/his/her overtime; **die Untersuchungshaft kann auf die Gefängnisstrafe angerechnet werden** time spent in custody can be counted as part of *or* taken into account in the prison sentence; **er bekam einen Pluspunkt angerechnet** he was given an extra mark; **jmdm. etw. als Verdienst/Fehler ~:** count sth. to sb.'s credit/as sb.'s mistake; **sich** *(Dat.)* **etw. zur Ehre ~** *(geh.)* consider sth. an honour; **jmdm. etw. hoch ~:** think highly of sb. for sth.; **b)** *(in Rechnung stellen)* **jmdm. etw. ~:** charge sb. for sth.; **das Porto wird dem Kunden angerechnet** postage is charged to the customer; **jmdm. zuviel ~:** overcharge sb.

**Ạn·rechnung die;** *o. Pl.* **a) unter ~ der Untersuchungshaft** counting *or* taking into account time spent in custody; **eine ~ der Untersuchungshaft/des Praktikums ist nicht möglich** it is not possible to take time spent in custody/practical work into account; **b)** *(Berechnung)* charge; **eine ~ der Transportkosten erfolgt nicht** transport costs *(Brit.) or (Amer.)* transportation costs are not charged; **etw. in ~ bringen** *(Papierdt.)* charge for sth.

**ạnrechnungs·fähig** *Adj. (Papierdt.) s.* **anrechenbar**

**Ạn·recht das a)** right; **ein ~ auf etw.** *(Akk.)* **haben** *od.* **besitzen** have a right to *or* be entitled to sth.; **b)** *(Abonnement)* subscription

**Ạn·rede die** form of address; *(Brief~)* form of address; salutation; **wie ist die ~ eines Kardinals** *od.* **für einen Kardinal?** what is the correct form of address for a cardinal?

**Ạnrede-: ~fall der** *s.* **~kasus; ~für·wort das** *s.* **~pronomen; ~kasus der** vocative [case]

**ạn|reden** *tr. V.* **a)** address; **jmdn. mit „du" ~:** address sb. as 'du'; use 'du' to sb.; **jmdn. mit dem Vornamen ~:** address *or* call sb. by his/her Christian name; **b) gegen den Lärm ~:** talk above the noise; **gegen etw. ~** *(widersprechen)* argue [against sth.]

**Ạnrede·pronomen das** personal pronoun used as form of address

**ạn|regen 1.** *tr. V.* **a)** *(ermuntern)* prompt; **jmdn. zum Nachdenken ~:** make sb. think; **b)** *(vorschlagen)* propose; suggest; raise ⟨*question*⟩; **~, etw. zu tun** propose *or* suggest doing sth.; **c)** *(Physik)* excite. **2.** *tr. (auch itr.) V.* stimulate ⟨*imagination, digestion*⟩; sharpen, whet, stimulate ⟨*appetite*⟩; **Kaffee regt an** coffee acts as a stimulant; *s. auch* **angeregt 2**

**ạnregend** *Adj.* stimulating; **ein ~es Mittel** a stimulant; **Kaffee wirkt/ist ~:** coffee acts as a stimulant

**Ạn·regung die a)** *(das Anregen) s.* **anregen 2:** stimulation; whetting; sharpening; **zur ~ der Verdauung/des Appetits** to stimulate the digestion/whet *etc.* the appetite; **b)** *(Denkanstoß, Idee)* stimulus; **c)** *(Vorschlag)* proposal; suggestion; **d)** *(Physik)* excitation

**Ạnregungs·mittel das** stimulant

**ạn|reichen** *s.* **zureichen**

**an|reichern** ['anraiçɐn] **1.** *tr. V.* **a)** *(gehaltvoller machen)* enrich; **Trinkwasser mit Fluor ~:** add fluoride to drinking water; **b)** *(akkumulieren)* accumulate; **c)** *(Kerntechnik)* enrich. **2.** *refl. V.* **a)** *(sich ansammeln)* accumulate; **b)** *(seinen Gehalt an etw. erhöhen)* be enriched

**Ạnreicherung die; ~, ~en a)** enrichment; **die ~ von Trinkwasser mit Fluor** the addition of fluoride to drinking water; **b)** *(Akkumulation)* accumulation; **c)** *(Kerntechnik)* enrichment

**ạn|reihen 1.** *tr. V.* add (**an** + *Akk.* to). **2.** *refl. V.* **sich hinten [an die Schlange] ~:** join the end of the queue *(Brit.)*; get on the end of the line *(Amer.)*

**Ạn·reise die a)** journey [there/here]; **die ~ dauert 10 Stunden** the journey there/here takes ten hours; it takes 10 hours to get there/here; **b)** *(Ankunft)* arrival

**ạn|reisen** *itr. V.; mit sein* **a)** travel there/here; **mit der Bahn ~:** go/come by train; travel there/here by train; **die aus dem ganzen Land anreisenden Besucher** the visitors travelling there/here from all over the country; **angereist kommen** come; **b)** *(ankommen)* arrive

**Ạnreise·tag der** day of arrival; **für den An- und den Abreisetag bekommen Sie Spesen** your expenses will be paid for the days of the journey there and the journey back

**ạn|reißen** *unr. tr. V.* **a)** *(durchzureißen beginnen)* partly tear; **b)** *(in Gang setzen)* start [up]; **c)** *(anzünden)* strike ⟨*match*⟩; **d)** *(Technik)* mark [out]; **e)** *(kurz ansprechen)* touch on; **f)** *(ugs.: anbrechen)* start; open; **g)** *(ugs. abwertend: anlocken)* lure

**Ạn·reißer der a)** *(ugs. abwertend: Werber)* tout; **b)** *(ugs.: Ware)* big attraction; **c)** *(Berufsbez.)* marker-out

**ạn·reißerisch** *(ugs. abwertend)* **1.** *Adj.* flashily commercial; gimmicky *(coll.)* ⟨*advertisement*⟩. **2.** *adv.* **das Buch/die Reklame ist mir zu ~ aufgemacht** the book is too flashily commercial/the ad is too gimmicky for my liking *(coll.)*

**ạn|reiten** *unr. itr. V.; mit sein* **a) angeritten kommen** come riding along; *(auf einen zu)* come riding up; **gegen den Feind ~:** charge the enemy; **b)** *(ansteuern)* ride at ⟨*obstacle*⟩; **c)** *(zureiten)* break in ⟨*horse*⟩

**Ạn·reiz der** incentive; **ein ~ zum Sparen** an incentive to save

**ạn|reizen** *tr. (auch itr.) V.* **a)** *(anspornen)* stimulate; encourage; **Steuerermäßigungen sollen zum Sparen ~:** tax reductions are supposed to stimulate *or* act as an incentive to saving; **b)** *(anregen, erregen)* stimulate

**ạn|rempeln** *tr. V.* barge into; *(absichtlich)* jostle

**ạn|rennen 1.** *unr. itr. V.; mit sein* **a) angerannt kommen** come running along; *(auf einen zu)* come running up; **er kommt wegen jeder Kleinigkeit bei mir angerannt** he comes running to me about every little thing; **b) gegen den Sturm/feindliche Stellungen ~:** run into *or* against the storm/storm enemy positions; **gegen jmdn./etw. ~** *(fig.)* fight against sb./sth. **2.** *unr. refl. V. (ugs.)* **sich** *(Dat.)* **das Knie/den Kopf an etw.** *(Dat.)* **~:** bumb one's knee/head on sth.

**Ạnrichte die; ~, ~n a)** *(Möbel)* sideboard; **b)** *(Raum)* pantry

**ạn|richten** *tr. V.* **a)** *(auch itr.)* arrange ⟨*food*⟩; *(servieren)* serve; **es ist angerichtet** *(geh.)* dinner is served; **b)** cause ⟨*disaster, confusion, devastation, etc.*⟩; **was hast du wieder alles angerichtet!** what have you gone and done now? *(coll.)*

**ạn|ritzen** *tr. V.* scratch

**ạn|rollen 1.** *itr. V.; mit sein* **a)** *(zu rollen beginnen)* ⟨*vehicle, column, etc.*⟩ start moving; *(fig.)* ⟨*campaign, search operation*⟩ start; **b)** *(heranrollen)* roll up; ⟨*aircraft*⟩ taxi up; **angerollt kommen** come rolling along; *(auf einen zu)* come rolling up; **c) die Wellen rollten gegen den Deich an** the waves rolled in against the dike. **2.** *tr. V.* roll up ⟨*barrel*⟩; *(auf einem Wagen o. ä.)* wheel up

**ạn|rosten** *itr. V.; mit sein* start to rust; get [a bit] rusty; **ein angerostetes Messer** a rusting knife; a knife that has started to rust

**ạn|rösten** *tr. V.* roast lightly; toast ⟨*bread*⟩ lightly

**anrüchig** ['anrʏçɪç] *Adj.* **a)** *(berüchtigt)* disreputable; **b)** *(unanständig)* indecent; *(obszön)* offensive

**Ạnrüchigkeit die; ~ a)** *(schlechter Ruf)* disreputableness; **b)** *(Unanständigkeit)* indecency; *(Obszönität)* offensiveness

**ạn|rücken 1.** *itr. V.; mit sein* ⟨*troops*⟩ advance; move forward; ⟨*firemen, police*⟩ move in; **morgen rücken meine Verwandten an** *(ugs. scherzh.)* my relatives are descending on me/us tomorrow. **2.** *tr. V.* push **(an** + *Akk.* against); *(ziehen)* pull **(an** + *Akk.* against)

**Ạn·ruf der a)** *(telefonischer ~)* call; **danke für den ~:** thanks for ringing *(Brit.) or* calling; **b)** *(Zuruf)* call; *(eines Wachtpostens)* challenge; **auf ~:** when called/challenged; **ohne ~ schießen** shoot without warning

**Ạnruf·beantworter der; ~s, ~:** [telephone-]answering machine

**ạn|rufen 1.** *unr. tr. V.* **a)** call *or* shout to ⟨*friend, passer-by*⟩; call ⟨*sleeping person*⟩; hail ⟨*ship*⟩; ⟨*sentry*⟩ challenge; **b)** *(geh.: angehen, bitten)* appeal to ⟨*person, court*⟩ **(um** for); call upon ⟨*God*⟩; **Gott um Gnade ~:** implore God's mercy; **c)** *(telefonisch ~)* ring *(Brit.)*; call; **d)** *(geh.: begehren)* implore, beg ⟨*sb.'s mercy, help, protection, etc.*⟩. **2.** *unr. itr. V.* **a)** *(antelefonieren)* ring *(Brit.)*; call; **bei jmdm. ~:** ring *(Brit.) or* call sb.; **ruf doch mal in Köln an** ring *(Brit.) or* call Cologne; **im Büro ~:** ring *(Brit.) or* call the office; **b)** *(ugs., bes. südd.: telefonieren)* make a phone call *(coll.)*; **ich muß nur mal kurz ~:** I must just make a quick phone call *(coll.)*; **kann ich bei Ihnen/in Ihrem Büro mal ~?** can I just use your telephone *or (coll.)* phone/telephone from your office *or* use your office telephone?

**Ạnrufer der; ~s, ~:** caller

**Ạnrufung die; ~, ~en a)** *(einer Gottheit o. ä.)* invocation; **b)** *(eines Gerichts)* appeal *(Gen.* to)

**ạn|rühren** *tr. V.* **a)** touch; **keine Zigaretten/kein Buch ~:** never touch cigarettes/never pick up a book; **b)** *(bereiten)* mix; **c)** *(geh.: beeindrucken)* move; touch

**ạns** *Präp.* + *Art.* **a)** = **an das; b)** *(mit subst. Inf.)* **sich ~ Arbeiten machen** set to work; **wenn es ~ Bezahlen geht** when it comes to paying

**ạn|säen** *tr. V.* sow ⟨*grass, grain*⟩

**Ạn·sage die a)** *(Ankündigung)* announcement; **b)** *(Kartenspiel)* bid; **du hast die ~:** it's your bid

**ạn|sagen 1.** *tr. V.* **a)** *(ankündigen)* announce; *s. auch* **Bankrott a; Kampf d; b)** *(Kartenspiel)* bid; *s. auch* **Schneider c; c)** *(Büro.: diktieren)* dictate; **d)** *(veralt.: mitteilen)* **sagt an, was ...:** pray tell me/us what ... *(arch.)*. **2.** *refl. V.* say that one is coming; **sich zum nächsten Wochenende/für Dienstag abend/bei jmdm. ~:** say that one is coming next weekend/Tuesday evening/to see sb.

**ạn|sägen** *tr. V.* make a saw-cut in; start to saw through

**Ạnsager der; ~s, ~, Ạnsagerin die; ~, ~nen a)** *(Radio, Fernsehen)* announcer; **b)** *(im Kabarett usw.)* master of ceremonies; *(Brit.)* compère

**ạn|sammeln 1.** *tr. V. (anhäufen)* accumulate; amass ⟨*riches, treasure*⟩. **2.** *refl. V.* **a)** *(zusammenströmen)* gather; **b)** *(sich anhäufen)* accumulate; *(fig.)* ⟨*anger, excitement*⟩ build up

**Ạn·sammlung die a)** *(von Gegenständen)* collection; *(Haufen)* pile, heap; *(von Wasser)* pool; **b)** *(Auflauf)* crowd

**ansässig** ['anzɛsɪç] *Adj.* resident; **eine in London ~e Firma** a firm with its registered office in London; **sich in Bayern ~ machen** settle in Bavaria

**Ạn·satz der a)** *(erstes Zeichen, Beginn)* beginnings *pl.*; **einen ~ zum Bauch haben** have the beginnings of a paunch; **Ansätze zur Besserung zeigen** show the first signs of improvement; **etw. im ~ unterdrücken** nip sth. in the bud; **die ersten Ansätze** the initial stages; **gute Ansätze zeigen** make a good start; **im ~** *(ansatzweise)* to some extent; **b)** *(eines Körperteils)* base; **c)** *(Musik) (Lippenstellung)* embouchure; *(Tonerzeugung)* attack; **d)** *(Math.)* statement; **e)** *(bes. Philos.: Lösungsversuch)* approach; **f)** *(von Rost, Kalk usw.)* formation; *(Schicht)* coating; **g)** *(Wirtsch.: Voranschlag)* estimate; *(im Staatsbudget)* amount budgeted; appropriation; **etw. für etw. in ~ bringen** *(Amtsspr.)* earmark sth. for sth.; **außer ~ bleiben** *(Amtsspr.)* be left out of account; be excluded; **h)** *(Chemie: eines Versuchs)* setting up; **i)** *(Technik) (Verlängerungsstück)* extension; *(Nahtstelle)* join

**ạnsatz-, Ạnsatz-: ~punkt der** starting-point; point of departure; **~stück das** *(Technik)* extension; **~weise** *Adv.* to some extent

**ạn|saufen** *unr. refl. V. (salopp)* **sich** *(Dat.)* **einen [Rausch] ~:** get plastered *(sl.)*; **sich** *(Dat.)* **einen Bierbauch ~:** get a beer belly

**ạn|saugen 1.** *tr. V. (geh. auch unr.)* suck in *or* up. **2.** *refl. V. (geh. auch unr.) (sich festsetzen)* ⟨*leech etc.*⟩ attach itself *(by suction)*

**Ạnsaug·rohr das** *(Kfz-W.)* intake manifold; *(beim Einzylindermotor)* inlet pipe

**ạn|säuseln** *refl. V.* **sich** *(Dat.)* **einen ~** *(ugs.)* get tipsy; *s. auch* **angesäuselt 2**

**Ạnschaffe** ['anʃafə] **die; ~** *(salopp)* **auf [die] ~ gehen** *(sich prostituieren)* go on the game *(Brit. sl.)*; walk the streets *(Amer.)*; *(stehlen)* go out thieving

**ạn|schaffen 1.** *tr. V.* **a)** *(kaufen)* **[sich** *(Dat.)*] **etw. ~** *(auch fig. ugs.)* get [oneself] sth.; **sich** *(Dat.)* **Kinder ~** *(fig. ugs.)* have children *or (coll.)* kids; **b)** *(südd., österr.: befehlen)* **jmdm. ~, daß er etw. tut** order sb. to do sth.; **c)** *(salopp: stehlen)* pinch *(sl.)*. **2.** *itr. V.* **a)** *(salopp: Prostitution betreiben)* **~ [gehen]** be on the game *(Brit. sl.)*; be walking the streets *(Amer.)*; **für jmdn. ~:** work as a prostitute for sb.; **b)** *(südd., österr.: befehlen)* **[jmdm.] ~:** give [sb.] orders

**Ạn·schaffung die** purchase; **~en machen** make purchases; **sich zur ~ eines Autos entschließen** decide to get *or* buy a car

**Ạnschaffungs-: ~kosten** *Pl.* original *or* initial cost *sing.*; acquisition cost *sing.*; **~wert der** value at the time of purchase

**ạn|schalten** *tr. V.* switch on

**ạn|schauen** *(bes. südd., österr., schweiz.) s.* **ansehen**

**ạnschaulich 1.** *Adj. (deutlich)* clear; *(bildhaft, lebendig)* vivid, graphic ⟨*style, description*⟩; **etw. ~ machen** make sth. vivid; bring sth. to life; **etw. durch Beispiele ~ machen** illustrate sth. by examples; **ein ~er Unterricht** teaching that makes the subject come alive. **2.** *adv. (deutlich)* clearly; *(bildhaft, lebendig)* vividly; ⟨*describe*⟩ vividly, graphically

**Ạnschaulichkeit die; ~** *s.* **anschaulich:** clarity; vividness; graphicness

**Ạnschauung die; ~, ~en a)** *(Auffassung)* view; *(bestimmte Meinung)* opinion; **b)** *(Eindruck, Erfahrung)* experience; **aus eigener ~:** from personal *or* one's own experience; **c)** *o. Pl. (das Betrachten)* contemplation

**Ạnschauungs-: ~material das** illustrative material; *(für den Unterricht)* visual aids *pl.*; **~unterricht der** visual instruction; *(fig.)* object lesson; **~weise die** view

**Ạn·schein der** appearance; **allem** *od.* **dem ~ nach** to all appearances; **es hat den ~, als ob ...:** it appears *or* looks as if ...; **sich** *(Dat.)* **den ~ geben, als ob man etw. glaubt** pretend to believe sth.; **den ~ erwecken, etw. zu sein** give the impression of being sth.

**ạn·scheinend** *Adv.* apparently; seemingly

**ạn|scheißen** *(derb)* **1.** *unr. tr. V.* **a)** *(betrügen)* con *(sl.)*; diddle *(sl.)*; **b)** *(zurechtweisen)* **jmdn. ~:** give sb. a bollocking *(Brit. coarse)*; bawl sb. out *(coll.)*. **2.** *unr. itr. V.; mit sein* **da kommt er schon wieder angeschissen** there he is, come to make a bloody nuisance of himself again *(Brit. sl.)*

**ạn|schesen** *itr. V.; mit sein (nordd.)* **angeschest kommen** come rushing along; *(auf einen zu)* come rushing up

**ạn|schicken** *refl. V. (geh.)* **sich ~, etw. zu tun** *(sich bereit machen)* get ready *or* prepare to do sth.; *(anfangen, im Begriff sein)* be about to do sth.; be on the point of doing sth.

**ạn|schieben** *unr. tr. V.* push ⟨*vehicle*⟩; **könnt ihr mich mal ~?** could you give me a push?

**ạn|schießen 1.** *unr. tr. V.* **a)** *(durch Schuß verletzen)* shoot and wound; **das Reh war nicht tot, nur angeschossen** the deer was not dead, only wounded; **b)** *(bes. Fußball)* kick the ball against ⟨*player*⟩; shoot straight at ⟨*goalkeeper*⟩; **c)** *(ugs.: kritisieren)*; **jmdn. ~:** give sb. some stick *(sl.)*; **d)** *(Milit., Jagdw.: prüfen)* test. **2.** *unr. itr. V.; mit sein* **angeschossen kommen** come tearing *or* racing along; *(auf einen zu)* come tearing *or* racing up

**ạn|schimmeln** *itr. V.; mit sein* start to go mouldy; **angeschimmeltes Brot** bread that has started to go mouldy

**ạn|schirren** *tr. V.* harness ⟨*horse*⟩

**Ạn·schiß der** *(salopp)* bollocking *(Brit. coarse)*; bawling-out *(coll.)*; **einen ~ kriegen** get a bollocking *(Brit. coarse)*; get bawled out *(coll.)*

**Ạn·schlag der a)** *(Bekanntmachung)* notice; *(Plakat)* poster; **einen ~ machen** put up a notice/poster; **b)** *(Attentat)* assassination attempt; *(auf ein Gebäude, einen Zug o. ä.)* attack; **einen ~ auf jmdn. verüben** make an attempt on sb.'s life; **einem ~ zum Opfer fallen** be assassinated; **c)** *(Texterfassung)* keystroke; **200 Anschläge pro Minute [schreiben]** ≈ [have a typing speed of] 40 words a minute; **d)** *(Musik)* touch; **e)** *(Technik)* stop; **etw. bis zum ~ niederdrücken/aufdrehen** push sth. right down/turn sth. on as far as it will go; **f)** *(Häkeln, Stricken)* first line of stitches; *(Vorgang)* casting on; **„~ 50 Maschen"** 'cast on 50 stitches'; **g)** *(Milit.,*

*Jagdw.)* aiming position; **mit dem Gewehr im ~:** with rifle/rifles levelled; **in ~ bringen** level ‹*gun*›; **h)** *(Kaufmannsspr.)* estimate; **etw. in ~ bringen** take sth. into account *or* consideration

**Anschlag·brett das** notice-board *(Brit.)*; bulletin board *(Amer.)*

**an|schlagen 1.** *unr. tr. V.* **a)** *(aushängen)* put up, post ‹*notice, announcement, message*› **(an + *Akk.* on); b)** *(Häkeln, Stricken)* cast on; **c)** *(beim Versteckspiel)* tag; **d)** *(beschädigen)* chip; **e)** *(bei Musikinstrumenten)* strike ‹*string, key, etc.*›; strike, sound ‹*gong*›; **f)** *(erklingen lassen)* play ‹*note, melody, etc.*›; **einen anderen/ernsthaften Ton ~** *(fig.)* adopt a different/serious tone; **g)** *(beginnen)* **ein rascheres Tempo/eine schnellere Gangart ~:** increase one's pace; speed up; **h)** *(befestigen)* fix on **(an + *Akk.* to)**; *(mit Nägeln)* nail on **(an + *Akk.* to)**; **i)** *(beim Maschinenschreiben)* press, hit ‹*key*›; **j)** *(Seemannsspr.: festbinden)* bend **(an + *Dat.* to)**; **k)** *(markieren)* **einen Baum ~:** mark a tree with a notch; **l)** *(Milit., Jagdw. veralt.)* level ‹*gun*›; **m)** *(österr.: anstechen)* tap ‹*barrel*›. **2.** *unr. itr. V.* **a)** *mit sein (anstoßen)* **an etw.** *(Akk.)* **~:** knock against sth.; **mit dem Knie/Kopf an etw.** *(Akk.)* **~:** knock one's knee/head on sth.; **b)** *(Schwimmen)* touch; **c)** *(Tasten niederdrücken)* press *or* hit the keys; **d)** *(wirken)* work; **e)** *(ugs.: dick machen)* be fattening; **bei jmdm. ~:** make sb. put on weight; **f)** *(bellen)* bark. **3.** *unr. refl. V. (stoßen)* **sich** *(Dat.)* **das Knie** *usw.* **~:** knock one's knee *etc.* **(an + *Dat.* on)**

**Anschlag·säule die** advertising column

**an|schleichen 1.** *unr. itr. V.; mit sein* creep up; **angeschlichen kommen** come creeping along; *(auf einen zu)* come creeping up. **2.** *unr. refl. V.* **sich an jmdn./etw. ~:** creep up on sb./sth.

[1]**an|schleifen** *unr. tr. V.* grind; cut ‹*precious stone*›

[2]**an|schleifen** *tr. V. (ugs.)* drag along

**an|schlendern** *itr. V.; mit sein* **angeschlendert kommen** come strolling along; *(auf einen zu)* come strolling up

**an|schleppen** *tr. V.* **a)** *(herbeibringen)* drag along; **b)** *(zum Starten)* tow-start

**an|schließen 1.** *unr. tr. V.* **a)** *(befestigen)* lock, secure **(an + *Akk. od. Dat.* to)**; **b)** *(verbinden)* connect **(an + *Akk. od. Dat.* to)**; connect up ‹*electrical device*›; *(mit Stecker und Steckdose)* plug in; **angeschlossene Sender** *(Rundf., Ferns.)* linked stations; **c)** *(anfügen)* add. **2.** *unr. refl. V.* **a)** *(sich beteiligen)*; **sich jmdm./einer Sache ~:** join sb./sth.; **b) sich an etw.** *(Akk.)* *od.* **sich einer Sache** *(Dat.)* **~** *(zeitlich)* follow sth.; *(angrenzen an)* adjoin sth.; **an den Vortrag schloß sich eine Diskussion an** the lecture was followed by a discussion; **an das Haus schließen sich Stallungen an** stables adjoin the house; **c)** *(beipflichten)* endorse; **ich schließe mich meinem Vorredner voll und ganz an** I endorse completely the remarks of the previous speaker; **d)** *(sich zuwenden)* follow ‹*example*›; grow close to ‹*person*›; **sich leicht/schwer an andere ~:** make/not make friends easily. **3.** *unr. itr. V.* **an etw.** *(Akk.)* **~:** *s.* **2 b**

**anschließend 1.** *Adv.* afterwards; **~ an etw.** *(Akk.)* after sth. **2.** *adj.* subsequent; **ein Vortrag mit ~em Theaterbesuch** a lecture followed by a visit to the theatre

**An·schluß der a)** *(Netz~)* connection; *(Kabel)* cable; **~ an etw.** *(Akk.)* **erhalten/haben** be connected [up] to sth.; **elektrischen ~ erhalten/haben** be connected up to the mains; **b)** *(telefonische Verbindung)* connection; **[keinen] ~ bekommen** [not] get through; **auf den ~ warten** wait to be connected; **c)** *(Verkehrs~)* connection; *(Flugw.)* connecting flight; **Sie haben ~ nach ...:** there is a connection to ...; **den ~ verpaßt haben** have missed one's connection; *(fig. ugs.) (keinen Ehepartner gefunden haben)* have got left on the shelf; *(nicht Schritt gehalten haben)* have got left behind; **d)** *(Fernsprecher)* telephone; **kein ~ unter dieser Nummer** number unobtainable; **e)** *o. Pl. (Kontakt)*; **~ finden** make friends; **~ suchen** want to meet and get to know people; **f)** *(Verbindung nach vorn)* contact **(an + *Akk.* with)**; **den ~ verlieren** lose contact **(an + *Akk.* with)**; **im ~ an** following; after; **im ~ an unseren Brief vom ...:** further to our letter of ...; **g)** *(Sport) s.* **~tor; h)** *(Politik) (Vereinigung)* union **(an + *Akk.* with)**; *(verhüll.: Annexion)* anschluss **(an + *Akk.* with)**

**Anschluß-: ~kabel das** connecting cable *or (esp. Brit.)* lead; *(zur Verlängerung)* extension cable *or (esp. Brit.)* lead; **~tor das, ~treffer der** *(Sport)* goal which leaves/left the side only one down; **ihm gelang das ~tor** he pulled one back to leave the side only a goal down; **~zug der** connecting train; **den ~zug verpassen** miss one's connection

**an|schmieden** *tr. V.* forge on **(an + *Akk.* to)**; **jmdn. an etw. ~** *(anketten)* chain sb. to sth.

**an|schmiegen 1.** *tr. V.* nestle **(an + *Akk.* against)**. **2.** *refl. V.* nestle up, snuggle up **(an + *Akk.* to, against)**; **sich an den Körper ~** *(fig.)* ‹*fabric, material*› cling to the body

**an·schmiegsam** *Adj.* affectionate ‹*child*›; soft and smooth ‹*material*›

**an|schmieren** *tr. V.* **a)** *(ugs.: täuschen)* con *(sl.)*; diddle *(sl.)*; **b)** *(beschmutzen)* smear; **jmdn./sich/etw. mit etw. ~:** get *or* smear sth. all over sb./oneself/sth.

**an|schnallen** *tr. V.* strap on ‹*rucksack*›; put on ‹*skis, skates*›; **jmdn. ~** *(im Auto)* strap sb. in; **sich ~** *(im Auto)* put on one's seat-belt; *(im Flugzeug)* fasten one's seat-belt; **„bitte ~!"** 'fasten your seat-belts, please'

**Anschnall-: ~gurt der** seat-belt; **~pflicht die;** *o. Pl.* compulsory wearing of seat-belts

**an|schnauzen** *tr. V. (ugs.)* shout at

**An·schnauzer der** *(ugs.)* **einen ~ [ab]kriegen** get shouted at

**an|schneiden** *unr. tr. V.* **a)** cut [the first slice of]; **einen frischen Laib ~:** start a fresh loaf; **b)** *(ansprechen)* raise; broach; *(gesprächsweise berühren)* touch on; **c)** trim ‹*flower*›; **d)** *(Schneiderei)* **etw. an etw.** *(Akk.)* **~:** cut sth. in one piece with sth.; **angeschnittene Ärmel** sleeves cut in one piece with the garment; **e)** *(Verkehrsw., Motorsport)* cut ‹*corner*›

**An·schnitt der a)** *(Schnittfläche)* cut end; **b)** *(erstes Stück)* first slice; end piece

**an|schnorren** *tr. V. (salopp)* **jmdn. [um etw.] ~:** tap sb. [for sth.] *(coll.)*

**Anschovis** [an'ʃo:vɪs] **die; ~, ~:** anchovy

**an|schrauben** *tr. V.* screw on **(an + *Akk.* to)**

**an|schreiben 1.** *unr. tr. V.* **a)** *(hinschreiben)* write up **(an + *Akk.* on)**; *(mit Kreide)* chalk up; **angeschrieben stehen** be written/chalked up; **b)** *(ugs.: stunden)* **[jmdm.] etw. ~:** chalk sth. up [to sb.'s account]; **bei jmdm. gut/schlecht angeschrieben sein** *(ugs.)* be in sb.'s good/bad books; be on sb.'s good/black list *(Amer.)*; **c)** *(schriftlich benachrichtigen)* write to; **vierzig Prozent der angeschriebenen Studenten** forty per cent of the students written to. **2.** *unr. itr. V. (ugs.: Kredit geben)* give credit; **er läßt immer ~:** he always buys on tick *(coll.)*

**An·schreiben das** covering letter

**an|schreien** *unr. tr. V.* shout at

**An·schrift die** address

**an|schuldigen** ['anʃʊldɪgn̩] *tr. V. (geh.)* accuse (*Gen.*, **wegen** of); **der Angeschuldigte/die Angeschuldigten** the accused

**Anschuldigung die; ~, ~en** accusation

**an|schwärmen 1.** *itr. V.; mit sein* ‹*bees*› swarm in. **2.** *tr. V. (verehren)* idolize; adore

**an|schwärzen** *tr. V. (ugs.)* **jmdn. ~:** *(in Mißkredit bringen)* blacken sb.'s name; *(schlechtmachen)* run sb. down **(bei** to**)**; *(denunzieren)* inform *or (Brit. sl.)* grass on sb. **(bei** to**)**

**an|schweigen** *unr. tr. V.* **sich [gegenseitig]/jmdn. ~:** not speak *or* talk to each other/sb.

**an|schweißen** *tr. V. (Technik)* weld on **(an + *Akk. od. Dat.* to)**

**an|schwellen** *unr. itr. V.; mit sein* **a)** *(dicker werden)* swell [up]; **stark angeschwollen** very swollen; **b)** *(lauter werden)* grow louder; ‹*noise*› rise; **c)** *(zunehmen; auch fig.)* swell, grow; ‹*water, river*› rise

**An·schwellung die** swelling

**an|schwemmen** *tr. V.* wash up *or* ashore

**an|schwimmen** *unr. itr. V.; mit sein* **angeschwommen kommen** come swimming along; *(auf einen zu)* come swimming up; **gegen die Strömung/Flut ~:** swim against the current/tide

**an|schwindeln** *tr. V. (ugs.)* **jmdn. ~:** tell sb. fibs

**an|schwirren** *itr. V.; mit sein (heranfliegen)* **angeschwirrt kommen** come whirring *or* buzzing along; *(fig. ugs.)* come buzzing along; *(auf einen zu)* come buzzing up

**an|schwitzen** *tr. V. (Kochk.)* brown lightly *(in hot fat)*

**an|segeln 1.** *itr. V.* **a)** *mit sein* **angesegelt kommen** come sailing along; *(auf einen zu)* come sailing up; **b)** *(Saison eröffnen)* open the sailing season. **2.** *tr. V.* make *or* head for

**an|sehen 1.** *unr. tr. V.* **a)** *(anblicken)* look at; **jmdn. groß/böse ~:** stare at sb./give sb. an angry look; **hübsch** *usw.* **anzusehen sein** be pretty *etc.* to look at; **b)** *(betrachten)* look at; view, look at ‹*flat, house*›; watch ‹*television programme*›; see ‹*play, film*›; **sieh [mal] [einer] an!** *(ugs.)* well, I never! *(coll.)*; **c)** *(erkennen)* **man sieht ihm sein Alter nicht an** he does not look his age; **man sieht ihr die Strapazen an** she's showing the strain; **man sieht ihr nicht an, daß sie krank ist** there is nothing to show that she is ill; **das sah man ihm nicht an** one would not have thought so to look at him; *s. auch* **Nasenspitze; d)** *(zusehen)* **etw. [mit] ~:** watch sth.; **das kann man doch nicht [mit] ~:** I/you can't just stand by and watch that; **das habe ich lange genug angesehen** I've had *or* seen enough of that; **ich kann das nicht länger [mit] ~:** I can't stand this any longer; **e)** *(beurteilen)* see; **f)** *(auffassen)* regard; consider; **jmdn. als seinen Freund/als Betrüger ~:** regard sb. as a friend/a cheat; consider sb. [to be] a friend/a cheat; **etw. als/für seine Pflicht ~:** consider sth. one's duty. **2.** *unr. refl. V.* **a) sich** *(Dat.)* **etw. ~:** look at sth.; **sich** *(Dat.)* **ein Haus/Fernsehprogramm/Schauspiel/einen Film ~:** look at *or* view a house/watch a television programme/see a play/film; **das sehe sich einer an!** *(ugs.)* just look at that!; **b) das sieht sich hübsch/furchtbar** *usw.* **an** it looks pretty/terrible *etc.*

**Ansehen das; ~s a)** *(Wertschätzung)* [high] standing *or* reputation; **hohes ~ genießen** enjoy high standing *or* a good reputation; **[bei jmdm.] in hohem ~ stehen** be held in high esteem *or* high regard [by sb.]; **b)** *(geh.: Aussehen)* appearance; **[nur] von** *od.* **vom ~:** [only] by sight; **von** *od.* **vom ~ über jmdn. urteilen** judge sb. by appearances; **ohne ~ der Person** *(Rechtsw.)* without respect of persons

**an·sehnlich** *Adj.* **a)** *(beträchtlich)* considerable; **b)** *(gut aussehend, stattlich)* handsome; **er hat sich** *(Dat.)* **einen ~en Bauch angefuttert** he's developed quite a stomach

**ạn|seilen** *tr. V.* rope [up]; **sich ~:** rope up
**ạn|sein** *unr. itr. V.; mit sein; nur im Inf. u. Part. zusammengeschrieben (ugs.)* ⟨*light, gas, etc.*⟩ be on
**ạn|sengen** *tr. V.* singe [slightly]; **es riecht angesengt** there's a smell of something singeing
**ạn|setzen 1.** *tr. V.* **a)** *(in die richtige Stellung bringen)* position ⟨*ladder, jack, drill, saw*⟩; **die Feder/das Glas ~:** put pen to paper/the glass to one's lips; **den Geigenbogen/die Trompete ~:** put *or* place the violin bow in the bowing position/put the trumpet to one's lips; *s. auch* **Hebel**; **b)** *(anfügen)* attach, put on (**an** + *Akk. od. Dat.* to); fit (**an** + *Akk. od. Dat.* on to); **c)** *(festlegen)* fix ⟨*meeting etc.*⟩ (**für, auf** + *Akk.* for); fix, set ⟨*deadline, date, price*⟩; **d)** *(veranschlagen)* estimate; **die Kosten mit drei Millionen ~:** estimate the cost at three million; **etw. zu niedrig/hoch ~:** underestimate/overestimate sth.; **e)** *(anrühren)* mix; prepare; **f)** *(ausbilden)* **Rost/Grünspan ~:** go rusty/become covered with verdigris; **Fett ~:** put on weight; **Knospen/Früchte ~:** form buds/set fruit; **g)** *(einsetzen)* **jmdn. auf einen Erpresser** *usw.*/**ein Projekt** *usw.* **~:** set *or* put sb. on to a blackmailer *etc.*/put sb. on [to] a project; **Hunde [auf eine Spur]/auf jmdn. ~:** set dogs on sb.'s/an animal's trail/on sb. **2.** *itr. V.* **a)** *(beginnen)* **zum Reden/Trinken ~:** open one's mouth to speak/raise the glass *etc.* to one's lips; **er setzte mehrmals [zum Sprechen] an, aber ...:** he kept opening his mouth to speak, but ...; **zur Landung ~:** come in to land; **zum Sprung/Überholen ~:** get ready *or* prepare to jump/overtake; **hier muß die Diskussion/Kritik ~:** this is where the discussion/criticism must start; **b)** ⟨*nose, tail, hair, etc.*⟩ start; **c)** *(sich festsetzen)* stick
**Ạn·sicht die a)** *(Meinung)* opinion; view; **meiner ~ nach** in my opinion *or* view; **nach [der] ~ der Fachleute** in the opinion of the experts; **anderer/der gleichen ~ sein** be of a different/the same opinion; **der ~ sein, daß ...:** be of the opinion that ...; **ich bin ganz Ihrer ~:** I entirely agree with you; **da bin ich anderer ~:** I disagree with you there; **die ~en sind geteilt** opinion is divided; **b)** *(Bild)* view; **Ludwigshafen in alten ~en** old views of Ludwigshafen; **c)** *(Kaufmannsspr.)* **zur ~:** on approval
**ạnsichtig** *Adj.* **jmds./einer Sache ~ werden** *(geh.)* catch sight of sb./sth.
**Ạnsichts-: ~karte die, ~post·karte die** picture postcard; **~sache die** *in* **~sache sein** be a matter of opinion; **~sendung die** article/articles [sent] on approval
**ạn|siedeln 1.** *refl. V. (ansässig werden)* settle; ⟨*industry, bacteria*⟩ become established; **auf dieser Insel haben sich seltene Vogelarten angesiedelt** rare species of birds have colonized this island. **2.** *tr. V. (ansässig machen)* settle ⟨*immigrant, refugee, etc.*⟩; establish ⟨*industry, species, variety, bacteria*⟩; **die Attentäter sind rechts anzusiedeln** *(fig.)* it can be assumed that the assassins are rightists; **etw. in einem exotischen Milieu ~** *(fig.)* give sth. an exotic setting
**Ạnsiedelung** *s.* **Ansiedlung**
**Ạn·siedler der** settler
**Ạn·siedlung die a)** *(das Ansiedeln) s.* **ansiedeln 2:** settlement; establishment; **b)** *(Ort)* settlement
**Ạn·sinnen das; ~s, ~:** [unreasonable] request; **ein freches/seltsames** *usw.* **~:** an impudent/a strange *etc.* request
**Ạn·sitz der a)** *(Jägerspr.)* hide *(Brit.)*; blind *(Amer.)*; *(Hochsitz)* raised hide *(Brit.)* or *(Amer.)* blind; **b)** *(österr.: Haus)* residence
**an·sọnst** *Konj. (österr., schweiz.)* otherwise
**ansọnsten** *Adv. (ugs.)* **a)** *(außerdem)* **der Verlag produziert ... und ~ noch Kinderbücher** the publishing house produces ... and, in addition, children's books; **aber ~ ist nichts Besonderes passiert** but apart from that *or* otherwise nothing special has happened; **b)** *(andernfalls)* otherwise
**ạn|spannen 1.** *tr. V.* **a)** *(einspannen)* harness, hitch up ⟨*horse etc.*⟩ (**an** + *Akk.* to); hitch up, yoke up ⟨*oxen*⟩ (**an** + *Akk.* to); hitch up ⟨*carriage, cart, etc.*⟩ (**an** + *Akk.* to); **b)** *(anstrengen)* strain; **seine ganze Kraft ~:** exert all one's energies. **2.** *itr. V.* hitch up; **~ lassen** have the carriage made ready
**Ạn·spannung die** strain; **unter ~ aller seiner Kräfte/Gedanken** by exerting all one's energies/by intense mental effort
**ạn|spazieren** *itr. V.; mit sein (ugs.)* **anspaziert kommen** come strolling along; *(auf einen zu)* come strolling up
**Ạn·spiel das a)** *(Sport: Zuspiel)* pass; **b)** *(Spielbeginn) (Schach)* **das ~ haben** make the first move; *(Kartenspiel)* **ich habe das ~:** it's my lead; *(Fußball) s.* **Anstoß c**
**ạn|spielen 1.** *itr. V.* **a)** *(hinweisen)* **auf jmdn./etw. ~:** allude to sb./sth.; **worauf wollen Sie ~?** what are you hinting at?; **b)** *(Spiel beginnen)* start; *(Fußball)* kick off; *(Kartenspiel)* lead; *(Schach)* make the first move. **2.** *tr. V.* **a)** *(Sport: zuspielen)* **jmdn. ~:** pass to sb.; **b)** *(Kartenspiel: ins Spiel bringen)* lead
**Ạnspielung die; ~, ~en** allusion (**auf** + *Akk.* to); *(verächtlich, böse)* insinuation (**auf** + *Akk.* about)
**ạn|spinnen 1.** *unr. tr. V. (beginnen)* [gradually] start ⟨*conversation*⟩; start having ⟨*affair*⟩; start hatching ⟨*intrigue, plot*⟩. **2.** *unr. refl. V.* develop; **zwischen den beiden spinnt sich etwas an** there's something going on between those two
**ạn|spitzen** *tr. V.* **a)** *(spitz machen)* sharpen ⟨*pencil*⟩; shape ⟨*stake, post*⟩ to a point; **b)** *(ugs.: antreiben)* **jmdn. ~:** give sb. a prod; **jmdn. ~, etw. zu tun** *od.* **daß er etw. tut** prod sb. into doing sth.
**Ạn·sporn der** incentive
**ạn|spornen** *tr. V.* **a)** *(anfeuern)* spur on; encourage; **b)** *(die Sporen geben)* spur ⟨*horse*⟩
**Ạn·sprache die a)** *(Rede)* speech; address; **eine ~ halten** make a speech; give an address; **b)** *(Kontakt)* **~ suchen/haben** look for/have sb. to talk to
**ạnsprechbar** *Adj.* **a) ich bin jetzt beschäftigt und daher nicht ~:** you can't talk to me now, I'm too busy; **sie ist vor Müdigkeit nicht ~:** she's too tired to listen to anyone; **b)** *(zugänglich)* amenable; **c)** *(fähig zu reagieren)* responsive
**ạn|sprechen 1.** *unr. tr. V.* **a)** speak to; *(zudringlich)* accost; **jmdn. mit „Herr Doktor" ~:** address sb. as 'doctor'; **jmdn. mit seinem Vornamen ~:** use sb.'s first name; **jmdn. auf etw./jmdn./um etw. ~:** speak to sb. about sth./sb./approach *or* ask sb. for sth.; **b)** *(gefallen)* appeal to; **c)** *(zur Sprache bringen)* mention; *(kurz, oberflächlich)* touch on; **d)** *(Jagdw., Milit.)* identify. **2.** *unr. itr. V.* **a)** *(gefallen)* **[gut] ~:** go down well (**bei** with); be well received (**bei** by); **b)** *(reagieren)* ⟨*patient, brake, clutch, etc.*⟩ respond (**auf** + *Akk.* to); **c)** *(wirken)* work; **bei jmdm. gut/nicht ~:** have/not have the desired effect on sb.; **d)** *(Musik)* **gut** *od.* **leicht ~:** ⟨*instrument*⟩ be easy to play
**ạnsprechend 1.** *Adj.* attractive; attractive, appealing ⟨*personality*⟩. **2.** *adv.* attractively
**Ạnsprech·partner der** contact
**ạn|springen 1.** *unr. itr. V.; mit sein* **a)** *(in Gang kommen)* start; **b)** *(sich nähern)* **angesprungen kommen** come bounding along; *(auf einen zu)* come bounding up; **c)** *(ugs.)* **auf ein Angebot/Geschäft ~:** take up an offer/agree to a deal; **sofort auf etw.** *(Akk.)* **~:** jump at sth. [straight away]. **2.** *unr. tr. V.* **a)** *(anfallen)* pounce on; **b)** *(an jmdm. hochspringen)* jump up at; **c)** *(Turnen)* mount ⟨*box, horse, beam*⟩ with a jump
**ạn|spritzen 1.** *tr. V.* splash; *(mit Gartenschlauch, Zerstäuber, Wasserpistole)* spray. **2.** *itr. V.; mit sein (ugs.: sich nähern)* **angespritzt kommen** come rushing along; *(auf einen zu)* come rushing up
**Ạn·spruch der a)** claim; *(Forderung)* demand; **hohe Ansprüche [an jmdn.] haben** *od.* **stellen** demand a great deal [of sb.]; **~ auf etw.** *(Akk.)* **erheben** lay claim to sth.; **[keine] Ansprüche stellen** make [no] demands; **in ~ nehmen** *(Gebrauch machen von)* take up, take advantage of ⟨*offer*⟩; exercise ⟨*right*⟩; *(beanspruchen)* take up ⟨*time*⟩; **jmds. Zeit/Hilfe in ~ nehmen** make demands on sb.'s time/enlist sb.'s aid; **jmdn. [stark] in ~ nehmen** make [heavy] demands on sb.; **jmdn. völlig in ~ nehmen** take up all [of] sb.'s time; **b)** *(bes. Rechtsspr.: Anrecht)* claim; **[einen] ~/keinen ~ auf etw.** *(Akk.)* **haben** be/not be entitled to sth.; **auf etw.** *(Akk.)* **~ erheben** assert one's entitlement to sth.
**ạn·spruchs-, Ạn·spruchs-: ~denken das; ~s** *(abwertend) attitude that everything one wants should be provided by the State;* **~los 1.** *Adj.* **a)** *(genügsam)* undemanding; **b)** *(schlicht)* unpretentious; simple; **2.** *adv.* **a)** *(genügsam)* undemandingly; ⟨*live*⟩ modestly, simply; **b)** *(schlicht)* unpretentiously; simply; **~losigkeit die; ~:** *s.* **~los 1:** undemanding nature; unpretentiousness; simplicity; **~voll 1.** *Adj.* **a)** *(wählerisch)*; demanding, discriminating ⟨*reader, audience, gourmet*⟩; *(hohe Anforderungen stellend)* demanding; ambitious ⟨*subject*⟩; **b)** *(Werbespr.)* exquisite; **eine ~volle Zigarette/ein ~voller Sekt** a cigarette for the discriminating smoker/champagne for the discriminating drinker; **die Cremeseife für Anspruchsvolle** the cream soap for people with discriminating taste; **2.** *adv. (Werbespr.)* exquisitely
**ạn|spucken** *tr. V.* spit at
**ạn|spülen** *tr. V.* wash up *or* ashore
**ạn|stacheln** *tr. V.* spur on (**zu** to); **jmds. Ehrgeiz/Eifer ~:** fire sb.'s ambition/enthusiasm
**Anstalt** ['anʃtalt] **die; ~, ~en** *(auch verhüll.)* institution; **eine ~ des öffentlichen Rechts** a public institution
**Ạnstalten** *Pl.* preparations; **[keine] ~ machen** *od. (geh.)* **treffen** make [no] preparations (**für** for); **~ machen/keine ~ machen, etw. zu tun** make a move/make no move to do sth.
**Ạnstalts-: ~geistliche der** [resident] chaplain; **~kleidung die** institutional clothing; **~leiter der** *(einer Schule)* head; *(eines Erziehungsheims)* superintendent
**¹Ạn·stand der** *(Jägerspr.) s.* **Ansitz a**
**²Ạn·stand der a)** *o. Pl. (Schicklichkeit)* decency; **keinen ~ haben** have no sense of decency; **gegen jeden/den ~ verstoßen** offend against common decency; **sich mit ~ aus der Affäre ziehen** emerge from the affair with no damage to one's reputation; **b)** *o. Pl. (veralt.: Benehmen)* good manners *pl.*; **dir werde ich ~ beibringen** I'll give you a lesson in manners; **c)** *(südd., österr.: Ärger)* trouble; **[keinen] ~ an etw.** *(Dat.)* **nehmen** [not] object to sth.; **keinen ~ nehmen[, etw. zu tun]** *(nicht zögern)* not hesitate [to do sth.]
**ạn·ständig 1.** *Adj.* **a)** *(sittlich einwandfrei, rücksichtsvoll)* decent; decent, clean ⟨*joke*⟩; *(ehrbar)* respectable; *(gut angesehen)* decent, respectable ⟨*job*⟩; **bleib ~!** *(auch scherzh.)* behave yourself!; be good!; **b)** *(ugs.: zufriedenstellend)* decent; respectable ⟨*result, marks*⟩; **c)** *(ugs.: beträchtlich)* sizeable ⟨*sum, amount, debts*⟩; **eine ~e Tracht Prügel** a good hiding *(coll.)*; **ein ~es Stück gefahren sein** have come a tidy old *(coll.) or* pretty long way *(coll.)*. **2.** *adv.* **a)** *(sittlich einwandfrei)* decently; *(ordentlich)* properly; **b)** *(ugs.: zufriedenstellend)* **jmdn. ~ bezahlen** pay sb. pretty well; **ganz ~ abschneiden** do quite well; **~ arbeiten** do good

work; **c)** *(ugs.: ziemlich)* **~ ausschlafen** have a decent sleep; **es regnet ganz ~:** it's raining pretty hard; **jmdn. ~ eine knallen** really belt sb. one *(coll.)*

**anständigerweise** *Adv.* out of decency

**Anständigkeit die; ~:** decency

**anstands-, Anstands-: ~besuch der** formal courtesy call (**bei** on); formal courtesy visit (**bei** to); **~dame die** *(veralt.)* chaperon; **~halber** *Adv.* out of politeness; for the sake of politeness; **~happen der** *(ugs.)* **einen ~happen übriglassen** leave the last piece out of politeness; **~los** *Adv. (ohne Bedenken)* readily; without [any] hesitation; *(ohne Schwierigkeiten zu machen)* without [any] objection; **~unterricht der** lessons *pl.* in deportment *or* manners; **~wau·wau der** *(ugs. scherzh.)* chaperon

**an|stänkern** *tr. V. (salopp)* **jmdn. ~:** lay into sb. *(coll.)*

**an|starren** *tr. V.* stare at

**an·statt 1.** *Konj.* **~ zu arbeiten/~, daß er arbeitet** instead of working. **2.** *Präp. mit Gen.* instead of

**an|stauben** *itr. V.; mit sein* get dusty; **leicht angestaubte Ware** slightly shop-worn *or (Brit.)* shop-soiled goods *pl.*

**an|stauen 1.** *tr. V.* dam up; *(fig.)* bottle up ⟨*feelings*⟩. **2.** *refl. V.* ⟨*water*⟩ accumulate; *(fig.)* ⟨*feelings*⟩ build up

**an|staunen** *tr. V.* **jmdn./etw. ~:** gaze *or* stare in wonder at sb./sth.; **jmdn./etw. mit offenem Mund ~:** gape at sb./sth. in wonder

**an|stechen 1.** *unr. tr. V.* **a)** prick; puncture ⟨*tyre*⟩; **wie ein angestochenes Schwein, wie angestochen** *(derb)* like a wild thing; **b)** *(anzapfen)* tap ⟨*barrel*⟩. **2.** *unr. itr. V. (anzapfen)* tap a/the barrel

**an|stecken 1.** *tr. V.* **a)** *(feststecken)* pin on ⟨*badge, brooch*⟩; *(am Finger)* put *or* slip ⟨*ring*⟩; **jmdm. eine Brosche/einen Ring ~:** pin a brooch on sb./put *or* slip a ring on sb.'s finger; **b)** *(infizieren, auch fig.)* infect; **ich will dich nicht ~:** I don't want to give you my cold/germs *etc.*; **c)** *(bes. nordd., mitteld.: anzünden)* light; *(in Brand setzen)* set fire to. **2.** *itr. V. (sich übertragen)* be infectious *or* catching; *(durch Berührung)* be contagious; *(fig.)* be infectious *or* contagious

**ansteckend** *Adj.* infectious; *(durch Berührung)* contagious; *(fig.)* infectious; contagious

**Ansteck·nadel die** *(Brosche)* pin; *(Plakette)* badge

**Ansteckung die; ~, ~en** infection; *(durch Berührung)* contagion

**Ansteckungs-: ~gefahr die** risk *or* danger of infection; **~herd der** source of [the/an] infection

**an|stehen** *unr. itr. V.* **a)** *(warten)* queue [up], *(Amer.)* stand in line (**nach** for); **b)** *südd. mit sein (geh.: sich ziemen)* **jmdm. [wohl/übel] ~:** [well/ill] become sb.; **c)** *(zu erledigen sein)* be waiting to be dealt with; *(zur Beratung ~)* be on the agenda; **die ~den Probleme** the problems to be dealt with; **etw. ~ lassen** defer sth.; **d)** *(Rechtsspr.: festgesetzt sein)* be fixed *or* set (**auf** + *Akk.* for); **e)** *in* **nicht ~, etw. zu tun** *(geh.)* have no hesitation in doing sth.; not hesitate to do sth.; **f)** *(Geol.)* outcrop; crop out

**an|steigen** *unr. itr. V.; mit sein* **a)** *(bergan führen)* ⟨*hill*⟩ rise; ⟨*person, road, path*⟩ climb, ascend; ⟨*garden, ground*⟩ slope up, rise; **b)** *(höher werden)* ⟨*water level, temperature, etc.*⟩ rise; *(fig.)* ⟨*price, cost, rent, etc.*⟩ rise, go up, increase

**an·stelle 1.** *Präp. mit Gen.* instead of. **2.** *Adv.* **~ von** instead of; *s. auch* **Stelle a**

**an|stellen 1.** *refl. V.* **a)** *(warten)* queue [up], *(Amer.)* stand in line (**nach** for); **b)** *(ugs.: sich verhalten)* act; behave; **sich dumm/ungeschickt ~:** act *or* behave stupidly/be clumsy; **sich dumm/ungeschickt bei etw. ~:** go about sth. stupidly/clumsily; **sich geschickt ~:** go about it well; **stell dich nicht [so] an!** don't make [such] a fuss! **2.** *tr. V.* **a)** *(aufdrehen)* turn on; **b)** *(einschalten)* switch on; turn on, switch on ⟨*radio, television*⟩; start ⟨*engine*⟩; **c)** *(einstellen)* employ (**als** as); **bei jmdm. angestellt sein** be employed by sb.; **d)** *(ugs.: beschäftigen)* **jmdn. zum Kartoffelschälen** *usw.* **~:** get sb. to peel the potatoes *etc.*; **e)** *(anlehnen)* **etw. an etw.** *(Akk.)* **~:** put *or* place sth. against sth.; **f)** *(anrichten)* **etwas/Unfug ~:** get up to something/to mischief; **was hast du nun wieder angestellt?** what have you been up to this time?; **sieh, was du angestellt hast** see what you've done; **g)** *(ugs.: fertigbringen)* manage; **wie soll ich es ~, daß er nichts merkt/daß ich rechtzeitig hinkomme?** how do I stop him noticing anything?/make sure of getting there in time?; **h)** *(ugs.: versuchen)* try; **i)** *(vornehmen)* do ⟨*calculation*⟩; draw, make ⟨*comparison*⟩; carry out ⟨*experiment, investigation*⟩; make ⟨*assumption*⟩; **Überlegungen ~, wie ...:** consider how ...

**anstellig** *Adj.* clever; skilful

**Anstelligkeit die; ~:** ability; skill

**An·stellung die a)** *o. Pl. (das Einstellen)* employment; **b)** *(Stellung)* job; **ohne ~:** without a job; unemployed

**Anstellungs-: ~verhältnis das** employment *no indef. art.*; **~ auf Zeit** temporary employment; **~vertrag der** contract of employment

**an|steuern** *tr. V. (auch fig.)* head *or* make for; **ein Thema ~** *(fig.)* steer the conversation towards a subject

**An·stich der a)** *(das Anstechen)* tapping; broaching; **nach dem ~:** after tapping *or* broaching the barrel; **b)** *(Getränk)* **[frischer] ~:** newly tapped beer/wine

**an|stiefeln** *itr. V.; mit sein* **angestiefelt kommen** come marching along; *(auf einen zu)* come marching up

**Anstieg der; ~[e]s, ~e a)** *o. Pl. (Zunahme, Erhöhung)* rise, increase (+ *Gen.* in); **b)** *o. Pl. (Steigung)* gradient; **c)** *(Aufstieg)* climb; ascent; *(Weg)* way up; *(für Bergsteiger)* ascent route

**an|stieren** *tr. V. (ugs.)* stare at

**an|stiften** *tr. V.* **a)** *(in Gang setzen)* instigate; *(verursachen)* cause, bring about ⟨*disaster, confusion*⟩; **b)** *(verleiten)* **jmdn. [dazu] ~, etw. zu tun** incite sb. to do sth.; **jmdn. zum Betrug/Mord/zu einem Verbrechen ~:** incite sb. to deception/to murder/to commit a crime; **jmdn. zu dummen Streichen ~:** put sb. up to silly tricks

**An·stifter der, An·stifterin die** instigator

**An·stiftung die** incitement (**zu** to); **~ zu einer Straftat** incitement to commit a serious offence

**an|stimmen** *tr. V.* **a)** *(Musik)* start singing ⟨*song*⟩; start playing ⟨*waltz, march, etc.*⟩; play ⟨*note*⟩; ⟨*band*⟩ strike up ⟨*waltz, march, etc.*⟩; **b)** *(ausbrechen in)* **Proteste/ein Geschrei ~:** start protesting/shouting; **ein Freudengeheul ~:** burst into shouts of joy

**an|stinken** *(ugs.)* **1.** *unr. tr. V. (anwidern)* **jmdn. ~:** make sb. sick. **2.** *unr. itr. V.* **in gegen jmdn./etw. nicht ~ können** be powerless against sb./sth.

**an|stolzieren** *itr. V.; mit sein* **anstolziert kommen** come strutting along; *(auf einen zu)* come strutting up

**An·stoß der a)** *(Impuls)* stimulus (**zu** for); **den [ersten] ~ zu etw. geben** initiate sth.; **der ~ ging von ihr aus** she was the one who initiated things *or* [first] got things going; **es bedurfte eines neuen ~es** a fresh impetus was needed; **b) ~ erregen** cause *or* give offence (**bei** to); **[keinen] ~ an etw.** *(Dat.)* **nehmen** [not] object to sth.; *(sich [nicht] beleidigt fühlen)* [not] take offence at sth.; *s. auch* **Stein b; c)** *(Fußball)* kick-off; **den ~ ausführen** kick off; **welche Mannschaft hat ~?** which side will kick off?; **d)** *(Aufprall)* impact

**an|stoßen 1.** *unr. itr. V.* **a)** *mit sein* **an etw.** *(Akk.)* **~:** bump into sth.; **mit dem Kopf ~:** knock *or* bump one's head; **mit dem Koffer dauernd/überall ~:** keep bumping the case against things; **b)** *(auf etw. trinken)* **[mit den Gläsern] ~:** clink glasses; **auf jmdn./etw. ~:** drink to sb./sth.; **c)** *(Fußball)* kick off; **d)** *auch mit sein (lispeln)* **[mit der Zunge] ~:** lisp; **e)** *mit sein (Anstoß erregen)* give *or* cause offence (**bei** to); **man stößt leicht bei ihm an** he easily takes offence; **f)** *(angrenzen)* **an etw.** *(Akk.)* **~:** adjoin sth. **2.** *unr. tr. V. (einen Stoß geben)* **jmdn./etw. ~:** give sb./sth. a push; **jmdn. aus Versehen ~:** knock into sb. inadvertently; **jmdn. mit dem Ellenbogen/Fuß ~** *(als Zeichen)* nudge/kick sb.; **sich** *(Dat.)* **den Kopf/die Zehe ~:** knock *or* bang one's head/stub one's toe

**anstößig** ['anʃtø:sɪç] **1.** *Adj.* offensive; offensive, objectionable ⟨*behaviour*⟩. **2.** *adv.* offensively; ⟨*behave*⟩ offensively, objectionably

**Anstößigkeit die; ~, ~en a)** *o. Pl.* offensiveness; *(einer Handlung)* offensiveness, objectionableness; **b)** *(Handlung)* piece of offensive *or* objectionable behaviour; **~en** offensive *or* objectionable behaviour *sing.*

**an|strahlen** *tr. V.* **a)** illuminate; *(mit Scheinwerfer)* floodlight; *(im Theater)* spotlight; **ein Gebäude rot ~:** illuminate a building with red light; **b)** *(anblicken)* beam at; **ihre Augen strahlten ihn an** she beamed at him

**an|streben** *tr. V. (geh.)* aspire to; *(mit großer Anstrengung)* strive for

**anstrebens·wert** *Adj. s.* **anstreben:** worth aspiring to/striving for *postpos.*

**an|streichen** *unr. tr. V.* **a)** *(mit Farbe)* paint; *(mit Tünche)* whitewash; **b)** *(hervorheben)* mark (**als** as); **etw. rot ~:** mark sth. in red; **c)** *(anzünden)* strike, light ⟨*match*⟩

**An·streicher der** *(ugs.)* [house-]painter

**an|strengen 1.** *refl. V. (sich einsetzen)* make an effort; exert oneself; *(körperlich)* exert oneself; **sich ~, etw. zu tun** make an effort to do sth.; **sich mehr/sehr ~:** make more of an effort/a great effort; **sich übermäßig** *od.* **zu sehr ~:** overexert oneself; **da hat er sich aber angestrengt** he has made a special effort *or* gone to a lot of trouble [there]. **2.** *tr. V.* **a)** *(anspannen)* strain ⟨*eyes, ears, voice*⟩; **alle seine Kräfte ~:** make every effort; *(körperlich)* use all one's strength; **seinen Verstand ~:** think hard; **seine Phantasie ~:** exercise one's imagination; **b)** *(strapazieren)* strain, put a strain on ⟨*eyes*⟩; be a strain on ⟨*person*⟩; **jmdn. zu sehr ~:** be too much of a strain on sb.; **c)** *(Rechtsw.: einleiten)* **eine Klage/einen Prozeß ~:** lay a charge/start proceedings (**gegen** against)

**anstrengend** *Adj. (körperlich)* strenuous; *(geistig)* demanding; **~ zu lesen/für die Augen sein** be a strain to read/on the eyes; **Nachtfahrten finde ich ~:** I find travelling at night a strain; **es war ~, dem Vortrag zu folgen** following the lecture was a strain

**Anstrengung die; ~, ~en a)** *(Einsatz)* effort; **~en machen** *od. (geh.)* **unternehmen** make an effort; **große ~en machen, etw. zu tun** make every effort to do sth.; **mit letzter/äußerster ~:** with one last/a supreme effort; **b)** *(Strapaze)* strain

**An·strich der a)** *o. Pl. (das Anstreichen)* painting; *(mit Tünche)* whitewashing; **b)** *(Farbe)* paint; *(Tünche)* whitewash; **der erste/zweite ~:** the first/second coat; **c)** *o. Pl. (Note)* touch; *(Aussehen)* air; **einer Sache** *(Dat.)* **einen bestimmten ~ geben** lend sth. a certain air; **d)** *(beim Schreiben)* up-stroke

**an|stricken** *tr. V.* **etw. an etw.** *(Akk.)* **~:** knit sth. on to sth.

**an|strömen** *itr. V.; mit sein* **a)** *(heranfließen)* ⟨*water*⟩ flow in; ⟨*air*⟩ stream in; **von**

Westen ~de Kaltluft a stream of cold air from the west; **b)** *(herbeikommen)* pour *or* stream in; **angeströmt kommen** come pouring *or* streaming in

**ạn|stückeln, ạn|stücken** *tr. V.* add a piece to ⟨*carpet etc.*⟩; **ein Kleid/Hemd ~:** lengthen a dress/shirt [by adding a piece on]; **etw. an etw.** *(Akk.)* **~:** attach sth. to sth.

**Ạn·sturm der a)** *(das Anstürmen)* onslaught; **b)** *(Andrang) (auf Kaufhäuser, Schwimmbäder)* rush **(auf** + *Akk.* to); *(auf Banken, Waren)* run **(auf** + *Akk.* on)

**ạn|stürmen** *itr. V.; mit sein* **a)** *(gegen etw. drängen)* **gegen etw. ~:** ⟨*waves, wind*⟩ pound sth.; *(Milit.)* storm sth.; **b) angestürmt kommen** come charging *or* rushing along; *(auf einen zu)* come charging *or* rushing up

**ạn|stürzen** *itr. V.; mit sein* **angestürzt kommen** come tearing *or* dashing along; *(auf einen zu)* come tearing *or* dashing up

**ạn|suchen** *itr. V. (österr., sonst veralt.)* **[bei jmdm.] um etw. ~** *(beantragen)* apply [to sb.] for sth.; *(bitten)* ask [sb.] for sth.

**Ạnsuchen das; ~s, ~** *(österr., sonst veralt.) (Gesuch)* application **(auf** + *Akk.* for); *(Bitte)* request **(auf** + *Akk.* for); **auf jmds. ~** *(Akk.)* at sb.'s request

**ạn|sülzen** *tr. V. (salopp)* blether at

**Antagonismus** [antago'nɪsmʊs] **der; ~, Antagonịsmen** antagonism (*Gen.*, **zwischen** between)

**Antagonịst der; ~en, ~en, Antagonịstin die; ~, ~nen** antagonist

**antagonịstisch 1.** *Adj.* antagonistic. **2.** *adv.* antagonistically

**ạn|tanzen** *itr. V.; mit sein (ugs.)* show up *(coll.)*; **angetanzt kommen** turn up

**Antarktis** [ant'arktɪs] **die;** ~ *(Geogr.)* **die ~:** the Antarctic

**antạrktisch** *Adj.* Antarctic

**ạn|tasten** *tr. V.* **a)** *(verbrauchen)* break into ⟨*savings, provisions*⟩; **das Geld taste ich nicht an** I shall not touch the money; **b)** *(beeinträchtigen)* infringe, encroach on ⟨*right, freedom, privilege*⟩; encroach on ⟨*property, private life*⟩; **jmds. Ehre ~:** cast a slur on *or* impugn sb.'s honour; **c)** *(berühren)* touch; *(fig.)* touch on ⟨*subject*⟩

**ạn|tauchen** *itr. V. (österr.)* **a)** *(anschieben)* push; **b)** *(sich mehr anstrengen)* make more effort; try harder

**ạn|tauen 1.** *itr. V.; mit sein (zu tauen beginnen)* ⟨*ice, snow*⟩ begin to melt *or* thaw; ⟨*foodstuff*⟩ begin to thaw. **2.** *tr. V. (tauen lassen)* **etw. ~:** allow sth. to thaw slightly

**ạn|täuschen 1.** *tr. V. (Boxen)* **einen linken Haken ~ und mit der Rechten zuschlagen** feint with the left and throw a right. **2.** *itr. V. (Fußball, Rugby)* **[links/rechts] ~:** dummy *(Brit.) or (Amer.)* fake [to the left/right]

**Ạn·teil der a)** *(jmdm. zustehender Teil)* share **(an** + *Dat.* of); **~ an etw.** *(Dat.)* **haben** share in sth.; *(zu etw. beitragen)* play *or* have a part in sth.; **b)** *(Wirtsch.)* share; **c)** *o. Pl. (Interesse)* interest **(an** + *Dat.* in); **~ an jmdm./etw. nehmen** *od. (geh.)* **bekunden** take/show an interest in sb./sth.; **an jmds. Leid/Freude ~ nehmen** sympathize with sb. in his/her suffering/share in sb.'s joy; **viele Menschen nahmen ~ am Tod seiner Frau** many people felt for him when his wife died

**ạnteilig, ạnteil·mäßig 1.** *Adj.* proportional; proportionate. **2.** *adv.* proportionally; proportionately

**Ạn·teilnahme die a)** *(Beteiligung)* participation; **unter reger ~ der Bevölkerung** with the active participation of the public; **b)** *(Interesse)* interest **(an** + *Dat.* in); **c)** *(Mitgefühl)* sympathy **(an** + *Dat.* with); **mit ~ zuhören** listen sympathetically

**Ạnteil·schein der** *(Wirtsch.)* share certificate

**Ạnteils·eigner der** *(Wirtsch.)* shareholder

**ạn|telefonieren** *tr. V. (ugs.)* phone *(coll.)*; call; ring *(Brit.)*

**Antẹnne die; ~, ~n a)** aerial; antenna *(Amer.)*; **eine/keine ~ für etw. haben** *(fig. ugs.)* have a/no feeling for sth.; **b)** *(Zool.)* antenna

**Anthologie** [antolo'gi:] **die; ~, ~n** anthology

**anthrazit** [antra'tsi:t] *Adj.; nicht attr.* anthracite[-grey]

**Anthrazịt der; ~s, ~e** anthracite

**anthrazịt-: ~farben, ~farbig** *Adj.* anthracite[-coloured]; **~grau** *Adj.* anthracite-grey

**Anthropologe** [antropo'lo:gə] **der; ~n, ~n** anthropologist

**Anthropologie die; ~, ~n** anthropology *no art.*

**Anthropolọgin die; ~, ~nen** anthropologist; *s. auch* **-in**

**anthropolọgisch 1.** *Adj.* anthropological. **2.** *adv.* anthropologically

**anthropomorph** [antropo'mɔrf] *Adj.* anthropomorphic

**Anthropomorphịsmus der; ~, Anthropomorphịsmen a)** *o. Pl. (Übertragung)* anthropomorphism; **b)** *(Eigenschaft)* anthropomorphic feature

**Anthroposoph** [antropo'zo:f] **der; ~en, ~en** anthroposophist

**Anthroposophie die; ~:** anthroposophy *no art.*

**Anthroposọphin die; ~, ~nen** anthroposophist; *s. auch* **-in**

**anthroposọphisch** *Adj.* anthroposophical

**anthropozentrisch** [antropo'tsɛntrɪʃ] **1.** *Adj.* anthropocentric. **2.** *adv.* anthropocentrically

**anti-, Anti-** [anti-]: anti-

**anti-, Anti-: ~alkohọliker der** teetotaller; **~autoritär 1.** *Adj.* anti-authoritarian; **2.** *adv.* in an anti-authoritarian manner; **~autoritär eingestellt sein** take an anti-authoritarian view; **~baby·pille die** *(ugs.)* contraceptive pill; **~bakteriẹll 1.** *Adj.* antibacterial; **2.** *adv.* **~bakteriell wirken** have an antibacterial action

**Antibiotikum** [anti'bio:tikʊm] **das; ~s, Antibiotika** *(Med.)* antibiotic

**antichambrieren** [antiʃam'bri:rən] *itr. V.* **a)** *(veralt.: warten)* wait in the antechamber; **b)** *(geh. abwertend: dienern)* bow and scrape **(bei** to)

**anti, Anti-: ~blockier·system das** *(Kfz-W.)* anti-lock braking system; **[1]~christ** ['---] **der; ~[s]** Antichrist; **[2]~christ** ['---] **der; ~en, ~en** antichristian; **~christlich** ['----] **1.** *Adj.* antichristian; **2.** *adv.* **~christlich eingestellt/gesinnt sein** be antichristian [in one's views]; **~demokrạtisch 1.** *Adj.* anti-democratic; **2.** *adv.* **~demokratisch eingestellt/gesinnt sein** be anti-democratic [in one's views]; **~faschịsmus der** anti-fascism *no art.*; **~faschịst der** anti-fascist; **~faschịstisch 1.** *Adj.* anti-fascist; **2.** *adv.* **~faschistisch eingestellt/gesinnt sein** be anti-fascist [in one's views]; **~gen das** *(Med., Biol.)* antigen; **~haft·beschichtung die** non-stick coating; **~held** ['---] **der** anti-hero; **~hẹldin** ['----] **die** anti-heroine

**antik** [an'ti:k] **1.** *Adj.* **a)** *(des klassischen Altertums)* classical; **b)** *(altertümelnd)* antique-style ⟨*furniture, fittings, etc.*⟩; **c)** *(aus vergangenen Zeiten)* antique. **2.** *adv. (altertümelnd)* ⟨*make, furnish, etc.*⟩ in antique style

**Antike** [an'ti:kə] **die; ~, ~n a)** *(Epoche)* classical antiquity *no art.*; **b)** *(Kunstwerk)* classical work of art

**antikisieren** *itr. V.* imitate classical forms

**anti, Anti-: ~klerikal 1.** *Adj.* anticlerical; **2.** *adv.* **~klerikal gesinnt/eingestellt sein** be anticlerical [in one's view]; **~klerikal denken/handeln** think/act anticlerically; **~klerikalịsmus der** anticlericalism; **~klọpf·mittel das** *(Kfz-W.)* antiknock [agent]; **~kommunịsmus der** anticommunism; **~kommunịst der** anticommunist; **~kommunịstisch 1.** *Adj.* anticommunist; **2.** *adv.* **~kommunistisch eingestellt/gesinnt sein** be anticommunist [in one's views]; **~körper** ['----] **der** *(Med.)* antibody

**Antillen** [an'tɪlən] *Pl.*; **die [Großen/Kleinen] ~:** the [Greater/Lesser] Antilles

**Antilope** [anti'lo:pə] **die; ~, ~n** antelope

**anti, Anti-: ~militarịsmus der** antimilitarism; **~militarịst der** antimilitarist; **~militarịstisch 1.** *Adj.* antimilitaristic; **2.** *adv.* ⟨*argue*⟩ along antimilitaristic lines; **~militaristisch gesinnt/eingestellt sein** be antimilitaristic [in one's views]

**Antimon** [anti'mo:n] **das; ~s** *(Chem.)* antimony

**Antinomie** [antino'mi:] **die; ~, ~n** *(Philos., Rechtsspr.)* antinomy

**Antipathie** [antipa'ti:] **die; ~, ~n** antipathy; **eine ~ gegen jmdn./etw. haben** have an antipathy to sb./sth.

**Antipode** [anti'po:də] **der; ~n, ~n a)** *(Geogr.)* antipodean; **b)** *(geh.)* antipode; exact opposite

**ạn|tippen** *tr. V. (berühren)* give ⟨*person, thing*⟩ a [light] tap; touch ⟨*accelerator, brake, etc.*⟩; *(fig.)* touch on ⟨*point, question*⟩

**Antiqua** [an'ti:kva] **die;** ~ *(Druckw.)* roman [type]

**Antiquar** [anti'kva:ɐ̯] **der; ~s, ~e** antiquarian bookseller; *(mit neueren gebrauchten Büchern)* second-hand bookseller

**Antiquariat** [antikva'ria:t] **a)** *o. Pl. (Handel)* antiquarian book trade; *(mit neueren gebrauchten Büchern)* second-hand book trade; **b)** *(Laden/Abteilung)* antiquarian bookshop/department; *(mit neueren gebrauchten Büchern)* second-hand bookshop/department; **modernes ~:** *shop/department selling remainders, defective copies, cheap editions, reprints, etc.*

**antiquarisch 1.** *Adj.* antique; *(Buchw.)* antiquarian; *(von neueren gebrauchten Büchern)* second-hand. **2.** *adv.* **ein Buch ~ kaufen** buy a book second-hand

**antiquiert** [anti'kvi:ɐ̯t] *(abwertend)* **1.** *Adj.* antiquated. **2.** *adv.* in an antiquated way

**Antiquität die; ~, ~en** antique

**Antiquitäten-: ~händler der** antique-dealer; **~laden der** antique shop; **~sammler der** collector of antiques; **~sammlung die** collection of antiques

**anti, Anti: ~rakete** ['-----], **~rakẹten·rakete die** anti-missile missile; **~semịt der** anti-Semite; **~semịtisch 1.** *Adj.* anti-Semitic; anti-Semite; **2.** *adv.* anti-Semitically; **~semitisch eingestellt/gesinnt sein** be anti-Semitic [in one's views]; **~semitịsmus der** anti-Semitism; **~sẹptisch** *Adj. (Med.)* antiseptic; **~stạtisch 1.** *Adj. (Physik)* antistatic; **2.** *adv.* **~statisch wirken** have an antistatic action; **~teilchen** ['----] **das** *(Kernphysik)* antiparticle; **~these** ['----] **die** antithesis

**antithẹtisch 1.** *Adj.* antithetical. **2.** *adv.* antithetically

**Antizipation** [antitsipa'tsio:n] **die; ~, ~en** *(geh.)* anticipation

**antizipieren** *tr. V. (geh.)* anticipate

**anti·zyklisch 1.** *Adj.* **a)** *(in unregelmäßiger Folge)* irregular; **b)** *(Wirtsch.)* counter-cyclical. **2.** *adv.* **a)** *(unregelmäßig)* irregularly; at irregular intervals; **b)** *(Wirtsch.)* in a counter-cyclical way

**Antlitz** ['antlɪts] **das; ~es, ~e** *(dichter., geh.)* countenance *(literary)*; face

**Antonym** [anto'ny:m] **das; ~s, ~e** *(Sprachw.)* antonym

**ạn|törnen** ['antœrnən] *s.* **[1]anturnen**

**ạn|traben** *itr. V.* **a)** *mit sein (sich nähern)*

come trotting along; **angetrabt kommen** come trotting along; *(auf einen zu)* come trotting up; **jmdn. ~ lassen** *(ugs.: kommen lassen)* get sb. to come along promptly; **b)** start trotting; break into a trot; *(aus dem Stillstand)* set off at a trot

**Antrag** ['antra:k] **der; ~[e]s, Ạnträge a)** *(Gesuch)* application, request **(auf +** *Akk.* for); *(Rechtsw.: schriftlich)* petition; **einen ~ auf etw.** *(Akk.)* **stellen** make an application for sth.; apply for sth.; *(Rechtsw.: schriftlich)* enter a petition for sth.; **einem ~ stattgeben** grant an application/a petition; **auf jmds. ~:** at sb.'s request; *(Rechtsw.: schriftlich)* in response to sb.'s petition; **b)** *(Formular)* application form; **c)** *(Heirats~)* proposal of marriage; **jmdm. einen ~ machen** propose to sb.; **d)** *(Parl.)* motion; **einen ~ auf etw.** *(Akk.)* **stellen** *od.* **einbringen** table *or* put forward a motion for sth.; **e) jmdm. unzüchtige Anträge machen** make improper suggestions to sb.

**ạn|tragen** *unr. tr. V. (geh.)* offer; **jmdm. ~, etw. zu tun** put it to sb. that he/she should do sth.

**Ạntrags·formular das** application form

**ạntrags·gemäß** *adv.* in accordance with the/your/his *etc.* request

**Ạntrag·steller der; ~s, ~:** applicant

**ạn|trainieren** *tr. V.* **jmdm./sich Muskeln ~:** develop sb.'s/one's muscles; **Pünktlichkeit läßt sich ~:** you can train yourself to be punctual

**ạn|trauen** *tr. V. (veralt.)* **jmdn. jmdm. ~:** marry sb. to sb.; **meine [mir] angetraute Gattin** my wedded wife

**ạn|treffen** *unr. tr. V.* find; *(zufällig)* come across; **er trifft mich nie zu Hause an** he never catches me in

**ạn|treiben 1.** *unr. tr. V.* **a)** *(vorwärts treiben)* drive ⟨*animals, column of prisoners*⟩ on *or* along; *(fig.)* urge; **jmdn. zur Eile/zu immer besseren Leistungen ~** *(fig.)* urge sb. to hurry up/urge *or* drive sb. on to better and better performances; **b)** *(in Bewegung setzen)* drive; power ⟨*ship, aircraft*⟩; **c)** *(veranlassen)* drive; **jmdn. [dazu] ~, etw. zu tun** drive sb. to do sth.; **d)** *(anschwemmen)* **etw. ~:** wash sth. up **(an +** *Akk.* on to); **etw. an den Strand ~:** wash sth. ashore *or* up; **e)** *(Gartenbau)* force. **2.** *unr. itr. V.; mit sein (herantreiben)* drift *or* float ashore

**Ạn·treiber der** *(abwertend)* slave-driver

**ạn|treten 1.** *unr. itr. V.; mit sein* **a)** *(sich aufstellen)* form up; *(in Linie)* line up; *(Milit.)* fall in; **in Reih und Glied ~:** form up in rank and file; fall in; **b)** *(sich stellen)* meet one's opponent; *(als Mannschaft)* line up; **~ gegen** meet; *(als Mannschaft)* line up against; **zum Rückspiel ~:** line up for the return match; **c)** *(sich einfinden)* report **(bei** to); **zum Dienst/zur Arbeit ~:** report for duty/work. **2.** *unr. tr. V.* **a)** start ⟨*job, apprenticeship*⟩; take up ⟨*position, appointment*⟩; start, set out on ⟨*journey*⟩; begin ⟨*prison sentence*⟩; come into ⟨*inheritance*⟩; **jmds. Nachfolge ~:** succeed sb.; **den Urlaub ~:** go on holiday; **b)** *(festtreten)* tread down ⟨*soil*⟩

**Ạn·trieb der a)** *(Triebkraft)* drive; **ein Fahrzeug mit elektrischem ~:** an electrically powered *or* driven vehicle; **b)** *(Anreiz)* impulse; *(Psych.)* drive; impulse; **jmdm. neuen ~ geben** give sb. fresh impetus; **aus eigenem** *od.* **freiem** *od.* **persönlichem ~:** of one's own accord; on one's own initiative

**Ạntriebs-: ~achse die** *(Technik)* driving axle; **~kraft die** *(Technik)* motive *or* driving power; **~rad das** *(Technik)* drive wheel; **~welle die** *(Technik)* drive shaft

**ạn|trinken 1.** *unr. refl. V.* **sich** *(Dat.)* **einen Rausch/Schwips ~:** get drunk/tipsy; **sich** *(Dat.)* **einen ~** *(ugs.)* get sloshed *(coll.)*; **sich** *(Dat.)* **Mut ~:** give oneself Dutch courage. **2.** *unr. tr. V.* start drinking ⟨*wine, coffee, etc.*⟩; start drinking from ⟨*glass*⟩; start drinking out of ⟨*bottle*⟩; **eine schon angetrunkene Flasche Wein** a bottle of wine that has/had already been started

**Ạn·tritt der a)** beginning; **bei ~ seiner Stellung** on taking up his post; **vor ~ Ihres Urlaubs** before you go *or* before going on holiday *(Brit.) or (Amer.)* vacation; **vor ~ der Reise** before setting out on the journey; **bei ~ des Erbes/Amtes** on coming into the inheritance/taking up office; **b)** *(Sport)* acceleration *no indef. art.*

**Ạntritts-: ~besuch der** [formal] first visit; **seinen ~besuch bei jmdm. machen** pay one's [formal] first visit to sb.; **~rede die** inaugural speech; **~vor·lesung die** inaugural lecture

**ạn|trocknen** *itr. V.; mit sein* **a)** *(festkleben)* **an etw.** *(Dat.)* **~:** dry and stick to sth.; **b)** *(ein wenig trocknen)* start *or* begin to dry

**ạn|tuckern** *itr. V.; mit sein (ugs.)* **angetuckert kommen** come chugging along; *(auf einen zu)* come chugging up

**ạn|tun** *unr. tr. V.* **a) sich** *(Dat.)* **etw. Gutes ~:** give oneself a treat; treat oneself; **jmdm. ein Leid ~:** hurt sb.; **jmdm. etwas Böses/ein Unrecht ~:** do sb. harm/an injustice; **tu mir das nicht an!** don't do that to me!; **tu dir keinen Zwang an!** *(ugs.)* don't stand on ceremony!; **sich** *(Dat.)* **etw. ~** *(ugs. verhüll.)* do away with oneself; **b) das/er** *usw.* **hat es ihr angetan** she was taken with it/him *etc.*; *s. auch* **angetan 2; c)** *(geh.: anziehen)* **[sich** *(Dat.)***] etw. ~:** put sth. on; don sth.

[1]**an|turnen** ['antœrnən] *(ugs.)* **1.** *tr. V.* **jmdn. ~:** ⟨*drugs, music, etc.*⟩ turn sb. on *(coll.)*. **2.** *itr. V.* turn people on *(coll.)*

[2]**ạn|turnen** *itr. V.; mit sein (ugs.)* **angeturnt kommen** come romping along; *(auf einen zu)* come romping up

**Antwerpen** [ant'vɛrpn̩] **(das); ~s** Antwerp

**Antwort** ['antvɔrt] **die; ~, ~en a)** *(Erwiderung)* answer; reply; *(bei Examen usw.)* answer; **er gab mir keine ~:** he didn't answer [me] *or* reply; he made no answer *or* reply; **er gab mir keine ~ auf meine Frage** he did not reply to *or* answer my question; **wer viel fragt, bekommt viel Antwort[en]** *(Spr.)* you'll have to make up your own mind; **keine ~ ist auch eine ~:** your/her *etc.* silence speaks for itself; **in ~ auf etw.** *(Akk.)* *(Amtsspr.)* in reply to sth.; **um ~ wird gebeten** *(auf Einladungskarten)* RSVP; **b)** *(Reaktion)* response; **als ~ auf etw.** *(Akk.)* in response to sth.

**ạntworten** *itr. V.* **a)** *(erwidern)* answer; reply; **auf etw.** *(Akk.)* **~:** answer sth.; reply to sth.; **jmdm. ~:** answer sb.; reply to sb.; **jmdm. auf seine Frage ~:** reply to *or* answer sb.'s question; **wie/was soll ich ihm ~?** what answer shall I give him?/what shall I tell him?; **mit Ja/Nein ~:** answer yes/no; **b)** *(reagieren)* respond **(auf +** *Akk.* to)

**Ạntwort-: ~post·karte die** *(Postw.)* reply card; **~schein der: internationaler ~schein** *(Postw.)* international reply coupon; **~schreiben das** reply **(auf +** *Akk.* to)

**ạn|vertrauen 1.** *tr. V.* **a)** *(übergeben)* **jmdm. etw. ~:** entrust sth. to sb.; entrust sb. with sth.; **sein Kind jmdm. ~:** entrust one's child to sb.'s care; **b)** *(mitteilen)* **jmdm./seinem Tagebuch etw. ~:** confide sth. to sb./one's diary. **2.** *refl. V.* **a)** *(sich mitteilen)* **sich jmdm. ~:** confide in sb.; **b)** *(sich schützen lassen)* **sich jmdm./einer Sache ~:** put one's trust in sb./sth.

**ạn·verwandt** *Adj. (geh.)* related

**Ạn·verwandte der/die** *(geh.)* relation

**ạn|visieren** *tr. V.* **a)** *(Milit.)* align the *or* one's sights on; **b)** *(anstreben)* aim at

**ạn|wachsen** *unr. itr. V.; mit sein* **a)** *(festwachsen)* grow on; **wieder ~** ⟨*finger, toe*⟩ grow back on; **die transplantierte Haut ist angewachsen** the skin graft has/skin grafts have taken; **angewachsene Ohrläppchen** earlobes attached to the sides of one's head; **b)** *(Wurzeln schlagen)* take root; **steh nicht da wie angewachsen** *(ugs.)* don't just stand there like a stuffed dummy; **c)** *(zunehmen)* increase; grow

**ạn|wackeln** *itr. V.; mit sein (ugs.)* **angewackelt kommen** come waddling along; *(auf einen zu)* come waddling up

**ạn|wählen** *tr. V.* dial; **jmdn. ~:** dial sb.'s number

**Anwalt** ['anvalt] **der; ~[e]s, Anwälte** ['anvɛltə], **Ạnwältin die; ~, ~nen a)** *(Rechts~)* lawyer; solicitor *(Brit.)*; attorney *(Amer.)*; *(vor Gericht)* barrister *(Brit.)*; attorney[-at-law] *(Amer.)*; advocate *(Scot.)*; **einen ~ nehmen** get a lawyer *or (Amer.)* an attorney; **b)** *(Fürsprecher)* advocate; champion

**Ạnwalts·büro das a)** *(Räume)* lawyer's office; solicitor's office *(Brit.)*; **b)** *(Sozietät)* firm of solicitors *(Brit.)*; law firm *(Amer.)*

**Ạnwaltschaft die; ~, ~en a)** *(Gesamtheit der Anwälte)* legal profession; **b)** *(Amt) s.* **Anwalt a:** profession of lawyer/solicitor/attorney/barrister/advocate; **c)** *o. Pl. (Vertretung)* **die ~ in einer Sache übernehmen/ablehnen** take on/refuse to take on a case

**Ạnwalts-: ~kammer die** *(Rechtsw.) professional association of lawyers*; **~kanzlei die** *s.* **~büro**

**ạn|wandeln** *tr. V. (geh.)* come over

**Ạnwandelung, Ạn·wandlung die** *(Laune)* mood; *(leichter Anfall)* fit; **in einer ~ von Großzügigkeit** *usw.* in a fit of generosity *etc.*; **dann bekommt er wieder seine ~en** then he gets one of his moods again; **eine ~ von Furcht/Schwermütigkeit** a sudden feeling of fear/a fit of melancholy

**ạn|wärmen** *tr. V.* warm up; warm ⟨*hands, feet*⟩

**Ạn·wärter der a)** candidate **(auf +** *Akk.* for); *(Sport)* contender **(auf +** *Akk.* for); **b)** *(auf den Thron)* claimant; *(Thronerbe)* heir **(auf +** *Akk.* to)

**Ạn·wärterin die a)** *s.* **Anwärter a; b)** *(auf den Thron)* claimant; *(Thronerbin)* heiress **(auf +** *Akk.* to)

**Ạnwartschaft die; ~, ~en** candidacy, candidature **(auf +** *Akk.* for); *(Sport)* being in contention **(auf +** *Akk.* for); *(auf den Thron, einen Titel)* claim **(auf +** *Akk.* to)

**ạn|watscheln** *itr. V.; mit sein (ugs.)* **angewatschelt kommen** come waddling along; *(auf einen zu)* come waddling up

**ạn|wehen 1.** *tr. V.* **a)** *(geh.: gegen jmdn. wehen)* ⟨*wind, breeze*⟩ blow [up]on; **b)** *(anhäufen)* drift ⟨*snow, sand, etc.*⟩. **2.** *itr. V.; mit sein (sich anhäufen)* drift

**ạn|weisen** *unr. tr. V.* **a)** *(beauftragen)* **jmdn. ~:** give sb. instructions; **jmdn. ~, etw. zu tun** instruct *or* direct sb. to do sth.; **b)** *(zuweisen)* **jmdm. etw. ~:** allocate sth. to sb.; **c)** *(anleiten)* instruct; **d)** *(überweisen)* remit; *(die Auszahlung veranlassen)* order the payment of; *s. auch* **angewiesen 2**

**Ạn·weisung die a)** *(Anordnung)* instruction; **~ haben, etw. zu tun** have instructions to do sth.; **auf ~ der Behörde** by order of *or* on instructions *pl.* from the authorities; **b)** *(das Zuteilen)* allocation; **c)** *(Gebrauchs~)* instructions *pl.*; **d)** *(Überweisung)* remittance; *(Anordnung zur Auszahlung)* **die ~ erfolgt demnächst** payment will be ordered shortly; **e)** *(Bankw.: Formular)* payment order

**ạnwendbar** *Adj.* applicable **(auf +** *Akk.* to); **schwer ~:** difficult to apply; **die Regel ist hier nicht ~:** the rule doesn't apply here

**Ạnwendbarkeit die; ~:** applicability **(auf +** *Akk.* to)

**ạn|wenden** *unr. (auch regelm.) tr. V.* use, employ ⟨*process, trick, method, violence, force*⟩; use ⟨*medicine, money, time*⟩; take ⟨*care, trouble*⟩ **(auf +** *Akk.* over); apply ⟨*rule, paragraph, proverb, etc.*⟩ **(auf +** *Akk.* to); **sich auf etw.** *(Akk.)* **~ lassen** be applicable to sth.; apply to sth.

**Anwender der;** ~s, ~ *(DV)* user

**An·wendung die a)** *s.* **anwenden:** use; employment; taking; application; **etw. in ~** *(Akk.) od.* **zur ~ bringen** *(Amtsspr.)* apply sth.; **zur ~ kommen** *od.* **gelangen, ~ finden** *(Amtsspr.)* ‹*rule, paragraph, etc.*› apply, be applicable; **b)** *(Med.)* application

**Anwendungs-: ~bereich der, ~gebiet das** range of application; *(eines Gesetzes, einer Regel)* scope; **~möglichkeit die** possible use *or* application

**an|werben** *unr. tr. V.* recruit **(für** to); *(Milit.)* enlist, recruit; **sich ~ lassen** be recruited; *(Milit.)* enlist **(für in)**

**An·werbung die** *s.* **anwerben:** recruitment **(für** to); enrolment **(für** in)

**an|werfen** *unr. tr. V.* **a)** *(ugs.: in Gang bringen)* start [up] ‹*machine, engine, vehicle*›; swing ‹*propeller*›; put *or* switch on ‹*electrical device*›; **b)** *(an etw. werfen)* **Kalk/Mörtel** *usw.* **an eine Wand ~:** rough-cast a wall [with lime/plaster *etc.*]

**An·wesen das** property

**anwesend** *Adj.* present; **die nicht ~en Mitglieder** the members [who are/were] not present; **bei etw. ~ sein** be present at sth.; **ich war nicht ganz ~** *(fig. ugs. scherzh.)* I wasn't quite with it *(coll.)*

**Anwesende der/die;** *adj. Dekl.* **die ~n** those present; **jeder ~/einige ~/alle ~n** everyone/some of those/all those present; **~ natürlich ausgenommen** present company excepted, of course

**Anwesenheit die;** ~: presence; **in ~:** in the presence (*Gen. od.* **von** of)

**Anwesenheits·liste die** attendance list

**an|wetzen** *itr. V.; mit sein (ugs.)* **angewetzt kommen** come rushing *or* tearing along; *(auf einen zu)* come rushing *or* tearing up

**an|widern** ['anvi:dɐn] *tr. V.* nauseate

**an|winkeln** *tr. V.* bend ‹*knee, arm, etc.*›

**an|winseln** *tr. V.* whimper at; **jmdn. um Hilfe ~:** come whining to sb. for help

**Anwohner** ['anvo:nɐ] **der;** ~s, ~: resident; **Parken nur für ~:** residents-only parking

**Anwohnerschaft die** residents *pl.*

**An·wurf der a)** *(Vorwurf) (esp. unjustified)* reproach; *(Beschuldigung) (esp. false)* accusation; **b)** *o. Pl. (Handball)* throw-off; *(Korbball)* centre pass

**an|wurzeln** *itr. V.; mit sein* take root; **wie angewurzelt [da] stehen/stehenbleiben** stand rooted to the spot

**An·zahl die;** *o. Pl.* number; **eine ganze ~:** a whole lot

**an|zahlen** *tr. V.* put down *or* pay a deposit on; *(bei Ratenzahlung)* make a down payment on; **50 DM ~:** put down 50 marks as a deposit/make a down payment of 50 marks

**an|zählen** *tr. V. (Boxen)* **jmdn. ~:** start to give sb. the count

**An·zahlung die** deposit; *(bei Ratenzahlung)* down payment; **eine ~ auf etw.** *(Akk.)* **machen** *od.* **leisten** put down *or* pay a deposit on sth./make a down payment on sth.

**an|zapfen 1.** *tr. V.* **a)** tap ‹*barrel, tree*›; **b)** *(ugs.: zum Abhören)* tap ‹*telephone line, wire*›; **c)** *(ugs.) s.* **anpumpen. 2.** *itr. V.* tap a/the barrel; **frisch ~:** tap a/the new barrel

**An·zeichen das** sign; indication; *(Med.)* symptom; **alle ~ deuten darauf hin, daß ...:** all the signs *or* indications are that ...

**an|zeichnen** *tr. V.* **a)** *(an etw. zeichnen)* draw (**an +** *Akk.* on); **b)** *(markieren)* mark

**Anzeige** ['antsaigə] **die;** ~, ~n **a)** *(Straf~)* report; **gegen jmdn. [eine] ~ [wegen etw.] erstatten** report sb. to the police/the authorities [for sth.]; **jmdn./etw. zur ~ bringen** *(Amtsspr.)* report sb./sth. to the police/the authorities; **b)** *(Inserat)* advertisement; **eine ~ in einer Zeitung aufgeben** place an advertisement in a newspaper; **c)** *(Bekanntmachung)* announcement; **d)** *(ablesbarer Stand)* display; *(eines Meßinstruments)* reading; **e)** *(Gerät)* display unit

**an|zeigen** *tr. V.* **a)** *(Strafanzeige erstatten)* **jmdn./etw. ~:** report sb./sth. to the police/the authorities; **sich selbst ~:** voluntarily admit an/the offence; **b)** *(zeigen)* show; indicate; show ‹*time, date*›; **c)** *(bekanntgeben)* announce; **d)** *(wissen lassen, geh.: ankündigen)* **jmdm. etw. ~:** inform *or* notify sb. of sth.; **jmdm. ~, daß ...:** inform *or* notify sb. [of the fact] that ...

**Anzeigen-: ~blatt das** advertiser; **~teil der** advertisement section *or* pages *pl.;* **~werbung die** newspaper and magazine advertising

**Anzeige·pflicht die;** *o. Pl.* **a)** statutory obligation to report a/the birth/death/[criminal] offence *etc.;* **b)** *s.* **Meldepflicht a**

**An·zeiger der a)** indicator; **b)** *(Zeitung)* advertiser

**Anzeige·tafel die** *(Sport)* scoreboard

**an|zetteln** *tr. V. (abwertend)* hatch ‹*plot, intrigue*›; instigate ‹*revolt*›; foment ‹*war*›

**an|ziehen 1.** *unr. tr. V.* **a)** *(an sich ziehen)* draw up ‹*knees, feet, etc.*›; **b)** *(anlocken)* attract; draw; *(durch Schönheit, freundliches Betragen usw.)* attract; **sich von jmdm. angezogen fühlen** feel attracted to sb.; **c)** *(anspannen)* tighten, pull tight ‹*rope, wire, chain*›; tighten ‹*guitar-string*›; **d)** *(festziehen)* tighten ‹*screw, knot, belt, etc.*›; put on, pull on ‹*handbrake*›; **e)** *(Kleidung anlegen)* dress; **sich ~:** get dressed; **f)** put on ‹*clothes*›; **sich** *(Dat.)* **etw. ~:** put sth. on; **jmdm. etw. ~:** put sth. on sb.; *(als Hilfeleistung)* put sth. on for sb.; **g)** *(aufnehmen)* absorb ‹*moisture*›; take on ‹*taste, smell*›; **h)** *(Physik)* ‹*magnet, body, etc.*› attract. **2.** *unr. itr. V.* **a)** *(Tempo beschleunigen)* accelerate; **b)** *(sich in Bewegung setzen)* ‹*car, train*› pull away, move off; ‹*horse*› move off; **c)** *(Brettspiel)* make the first move; move *or* go first; **d)** *(Börsenw., Kaufmannsspr.)* ‹*prices, costs*› rise, increase; ‹*shares, securities, commodities*› advance, move ahead

**anziehend** *Adj.* attractive; engaging ‹*manner, smile*›

**An·ziehung die** attraction

**Anziehungs·kraft die a)** *(Physik)* attractive force; force of attraction; **b)** *o. Pl. (Reiz)* attraction

**an|zischen 1.** *tr. V.* **a)** hiss at; **b)** *(ugs.: anfahren)* snarl at. **2.** *itr. V.; mit sein (ugs.: sich nähern)* **angezischt kommen** come whizzing along; *(auf einen zu)* come whizzing up

**an|zockeln** *itr. V.; mit sein (ugs.)* **angezockelt kommen** come jogging along; *(auf einen zu)* come jogging up; ‹*cart*› come trundling along/up

**An·zug der a)** *(Herren~)* suit; **jmdn. aus dem ~ stoßen** *od.* **boxen** *(salopp)* beat *or* knock the living daylights *(sl.) or* the hell *(coll.)* out of sb.; **b) im ~ sein** ‹*danger*› be imminent; ‹*storm*› be approaching; ‹*fever, illness*› be coming on; ‹*enemy*› be advancing; **c)** *(Beschleunigung)* acceleration; **d)** *(Brettspiele)* first move; **~ haben** have the first move

**anzüglich** ['antsy:klɪç] **1.** *Adj.* **a)** insinuating ‹*remark, question*›; **werde bloß nicht ~!** just don't start making insinuating remarks; **b)** *(anstößig)* offensive ‹*joke, remark*›. **2.** *adv.* **a)** in an insinuating way; **b)** *(anstößig)* offensively

**Anzüglichkeit die** *s.* **anzüglich a, b: a)** *o. Pl. (Art)* insinuating nature; offensiveness; **b)** *(Bemerkung)* insinuating remark; offensive remark/joke

**Anzug·stoff der** suiting

**Anzugs·vermögen das** acceleration

**an|zünden** *tr. V.* light; **ein Gebäude** *usw.* **~:** set fire to a building *etc.;* set a building *etc.* on fire

**An·zünder der** *(Gas~)* gas lighter; *(Feuer~)* fire-lighter *(Brit.)*

**an|zweifeln** *tr. V.* doubt; question

**an|zwinkern** *tr. V.* wink at

**an|zwitschern** *refl. V. (ugs.) in* **sich** *(Dat.)* **einen ~:** get sloshed *(coll.)*

**AOK** [a:|o:'ka:] **die;** ~ *Abk.* **Allgemeine Ortskrankenkasse**

**Äols·harfe** ['ɛ:ɔls-] **die** aeolian harp

**Äon** [ɛ'o:n] **der;** ~s, ~en *(geh.)* aeon

**Aorta** [a'ɔrta] **die;** ~, **Aorten** *(Med.)* aorta

**Apanage** [apa'na:ʒə] **die;** ~, ~n apanage; *(fig.)* subsidy

**apart** [a'part] **1.** *Adj.* individual *attrib.;* **~ sein** be individual in style. **2.** *adv.* **a)** in an individual style; **b)** *(Buchhandel: einzeln)* individually

**Apartheid** [a'pa:ɐthait] **die;** ~: apartheid *no art.*

**Apartheid·politik die** policy of apartheid

**Apartheit die;** ~: individuality

**Apartment** [a'partmənt] **das;** ~s, ~s studio flat *(Brit.);* flatlet *(Brit.);* small flat *(Brit.);* studio apartment *(Amer.)*

**Apartment·haus das** block of studio flats *(Brit.) or (Amer.)* studio apartments

**Apathie** [apa'ti:] **die;** ~, ~n apathy

**apathisch** [a'pa:tɪʃ] **1.** *Adj.* apathetic. **2.** *adv.* apathetically

**Apenninen** [apɛ'ni:nən] *Pl.* **die ~:** the Apennines

**Apennin[en]·halbinsel die** *o. Pl.* Apennine peninsula

**aper** ['a:pɐ] *Adj. (südd., österr., schweiz.)* snowless; bare of snow *pred.;* ‹*street*› clear of snow *pred.*

**Aperçu** [apɛr'sy:] **das;** ~s, ~s *(geh.)* bon mot

**Aperitif** [aperi'ti:f] **der;** ~s, ~s aperitif

**apern** ['a:pɐn] *itr. V. (südd., österr., schweiz.)* **es apert** the snow is going; **die Hänge/Straßen ~:** the snow on the slopes is going/the streets are becoming clear of snow

**Apex** ['a:pɛks] **der;** ~, **Apizes** ['a:pitse:s] **a)** *(Astron.)* apex; **b)** *(Sprachw.) (Längezeichen)* length mark; *(Betonungszeichen)* stress mark

**Apfel** ['apf̩l] **der;** ~s, **Äpfel** ['ɛpf̩l] **a)** apple; **der ~ fällt nicht weit vom Stamm** *od. (ugs. scherzh.)* **Pferd** *(Spr.)* it's in the blood; **~ im Schlafrock** *(Kochk.)* apple dumpling; **Äpfel und Birnen zusammenzählen, Äpfel mit Birnen addieren** *(ugs.)* lump together totally different things; **[etw.] für einen ~ und ein Ei [kaufen]** [buy sth.] for a song; **in den sauren ~ beißen [und etw. tun]** *(ugs.)* grasp the nettle [and do sth.]; **b)** *(~baum)* apple-tree

**Apfel-: ~baum der** apple-tree; **~blüte die a)** apple-blossom; **b)** *(das Blühen)* blossoming of the apple-trees; **während der ~blüte** while the apple-trees are/were in blossom

**Äpfelchen das;** ~s, ~: little apple

**apfel, Apfel-: ~grün** apple-green; **~korn der** apple-flavoured schnapps; **~kuchen der** apple-cake; *(mit Äpfeln belegt)* apple flan; **gedeckter ~kuchen** apple pie; **~most der a)** *(~saft)* apple-juice; **b)** *(südd.: gegorener ~saft)* cider; **~mus das** apple purée; *(zu Fleisch)* apple sauce; **~saft der** apple-juice; **~schimmel der** dapple-grey [horse]

**Apfelsine** [apf̩l'zi:nə] **die;** ~, ~n **a)** orange; **b)** *(Baum)* orange-tree

**Apfel-: ~strudel der** apfelstrudel; **~tasche die** apple turnover *or* puff; **~wein der** cider; **~wickler der** *(Zool.)* codling moth

**Aphorismus** [afo'rɪsmʊs] **der;** ~, **Aphorismen** *(geh.)* aphorism

**aphoristisch** *(geh.)* **1.** *Adj.* aphoristic. **2.** *adv.* aphoristically

**Aphrodisiakum** [afrodi'zi:akʊm] **das;** ~s, **Aphrodisiaka** *(Med.)* aphrodisiac

**Aplomb** [a'plõ:] **der;** ~s *(geh.)* aplomb

**APO, Apo** ['a:po] **die;** ~ *Abk.* **außerparlamentarische Opposition**

**apodiktisch** [apo'dɪktɪʃ] *Adj. (Philos., geh.)* apodictic

**Apokalypse** [apoka'lʏpsə] **die;** ~, ~n apocalypse

**apokalyptisch** [apoka'lʏptɪʃ] *(Rel., fig.)* **1.** *Adj.* apocalyptic; **die Apokalyptischen Reiter** the Four Horsemen of the Apocalypse. **2.** *adv.* apocalyptically

**apokryph** [apo'kry:f] *Adj. (Rel., fig.)* apocryphal; **die Apokryphen** the Apocrypha *sing.*

**apolitisch 1.** *Adj.* apolitical. **2.** *adv.* apolitically

**Apoll** [a'pɔl] **der; ~s, ~s** *(geh.)* Apollo

**apollinisch** [apɔ'li:nɪʃ] *Adj. (bes. Philos.)* apollonian

**Apollo** [a'pɔlo] **der; ~s, ~s** *(Myth., geh.)* Apollo

**Apologet** [apolo'ge:t] **der; ~en, ~en** apologist

**Apologetik** [apolo'ge:tɪk] **die; ~, ~en a)** *(geh.: Rechtfertigung)* apologia (*Gen.* for); **b)** *o. Pl. (Theol.)* apologetics *sing.*

**Apologetin die; ~, ~nen** apologist

**Apologie** [apolo'gi:] **die; ~, ~n** *(geh.)* apologia (*Gen.* for)

**Aporie** [apo'ri:] **die; ~, ~n** *(Philos., geh.)* aporia

**Apostel** [a'pɔstl̩] **der; ~s, ~:** apostle; **die zwölf ~:** the twelve Apostles

**-apostel der** *(meist iron.)* apostle of ⟨*economic growth, world peace, etc.*⟩; **ein Frischluft~/Gesundheits~:** a fresh air/health fanatic; **ein Spar~/Abnehm~:** an enthusiastic advocate of saving/slimming

**Apostel-: ~brief der** epistle; **~geschichte die a)** *(apokryphe Geschichte)* Apocryphal New Testament story; **b)** *o. Pl. (Buch des N. T.)* Acts of the Apostles *constr. as sing.*

**a posteriori** [a: pɔste'ri̯o:ri] *(Philos.)* a posteriori

**aposteriorisch** *(Philos.) Adj., adv.* a posteriori

**apostolisch** [apɔs'to:lɪʃ] *Adj. (Theol.)* **a)** apostolic; **das Apostolische Glaubensbekenntnis** the Apostles' Creed; **b)** *(päpstlich)* apostolic; **~er Segen** apostolic blessing; **Apostolischer Nuntius** Apostolic Nuncio; **Apostolischer Stuhl** Holy See

**Apostroph** [apo'stro:f] **der; ~s, ~e** *(Sprachw.)* apostrophe

**apostrophieren** *tr. V.* **a)** *(Sprachw.: mit Apostroph versehen)* apostrophize; **b) jmdn./etw. als etw. ~:** refer to sb./sth. as sth.; describe sb./sth. as sth.

**Apotheke** [apo'te:kə] **die; ~, ~n a)** chemist's [shop] *(Brit.)*; drugstore *(Amer.)*; *(im Krankenhaus)* dispensary; **b)** *(Haus~)* medicine cabinet; *(Reise~, Bord~)* first-aid kit; **c)** *(ugs. abwertend: teures Geschäft)* expensive shop; **das ist eine richtige ~:** they charge an arm and a leg there *(coll.)*

**apotheken·pflichtig** *Adj.* obtainable only at a chemist's [shop] *(Brit.) or (Amer.)* drugstore *postpos.*

**Apotheker der; ~s, ~, Apothekerin die; ~, ~nen** [dispensing] chemist *(Brit.)*; druggist

**Apotheker·preise** *Pl. (fig. ugs.)* fancy prices *(coll.)*

**Apotheose** [apote'o:zə] **die; ~, ~n** *(geh.)* apotheosis

**App.** *Abk.* **a) Apparat** ext.; **b) Appartement** Apt.

**Apparat** [apa'ra:t] **der; ~[e]s, ~e a)** *(Technik)* apparatus *no pl.*; *(Haushaltsgerät)* appliance; *(kleiner)* gadget; **b)** *(Radio~)* radio; *(Fernseh~)* television; *(Rasier~)* razor; *(elektrisch)* shaver; *(Foto~)* camera; **wir haben einen neuen Fernseher gekauft, der alte ~ war 15 Jahre alt** we've bought a new television – our old set was fifteen years old; **c)** *(Telefon)* telephone; *(Nebenstelle)* extension; **am ~ verlangt werden** be wanted on the telephone; **am ~!** speaking!; **bleiben Sie am ~!** hold the line; **wer war am ~?** who answered?; who did you speak to?; **d)** *(Personen und Hilfsmittel)* organization; *(Verwaltungs~)* system; **e)** *(ugs.: etwas Ausgefallenes, Riesiges)* whopper *(sl.)*; *(dicker Mensch)* heavyweight; **f)** *(Hochschulw.: Bücher) reference collection of books for a particular course;* **g)** *(Lesarten)* apparatus; **[text]kritischer ~:** apparatus criticus; critical apparatus

**Apparate·bau der;** *o. Pl. (Technik)* design and manufacture of apparatus

**Apparate·medizin die;** *o. Pl. (oft abwertend)* high-technology medicine

**apparativ** [apara'ti:f] **1.** *Adj.* **a)** *(Technik)* **~e Einrichtungen** technical equipment *sing.*; **~e Lehrmittel** machine aids in the classroom; **~e Diagnostik** machine-aided diagnosis; **b)** *(Verwaltung)* **der ~e Ausbau der Organisation** the expansion of the organization's administrative system. **2.** *adv.* **a)** *(Technik)* with the aid of machines *or* technical equipment; **~ am Leben erhalten werden** be kept alive by life-support systems; **b)** *(Verwaltung)* organizationally

**Apparatschik** [apa'ratʃɪk] **der; ~s, ~s** *(abwertend)* apparatchik

**Apparatur** [apara'tu:ɐ̯] **die; ~, ~en** apparatus *no pl*; equipment *no indef. art., no pl.*; *(fig.)* apparatus *no pl*; **~en** *(Kontrollinstrumente usw.)* instruments and controls

**Apparillo** [apa'rɪlo] **der; ~s, ~s** *(ugs. scherzh.)* contraption *(coll.)*; **Der Karpfen wiegt 6 Kilo. – Mann, ist das ein ~!** The carp weighs 6 kilos – That's 'some 'fish!

**Appartement** [apartə'mã:, schweiz. auch: -'mɛnt] **das; ~s, ~s** *(schweiz. auch: ~e)* **a)** *s.* **Apartment; b)** *(Hotelsuite)* suite

**Appeal** [ə'pi:l] **der; ~s** appeal

**Appeasement** [ə'pi:zmənt] **das; ~s** *(Politik, meist abwertend)* appeasement

**Appell** [a'pɛl] **der; ~s, ~e a)** *(Mahnung)* appeal **(zu** for, **an +** *Akk.* to); **einen ~ an jmdn. richten** make an appeal to sb.; appeal to sb.; **b)** *(Milit.)* muster; *(Anwesenheits~)* roll-call; *(Besichtigung)* inspection; **zum ~ antreten** fall in for roll-call inspection; **c)** *(Jagdw.)* obedience; **~/keinen ~ haben** be/not be obedient

**Appellation** [apɛla'tsi̯o:n] **die; ~, ~en** *(Rechtsw., schweiz. sonst veralt.)* appeal

**Appellativ** [apɛla'ti:f] **das; ~s, ~e, Appellativum** [apɛla'ti:vʊm] **das; ~s, Appellativa** *(Sprachw.)* appellative; common noun

**appellieren** *itr. V.* appeal **(an +** *Akk.* to)

**[1]Appendix** [a'pɛndɪks] **der; ~, Appendizes** [-dɪtse:s] *od.* **~es, ~e a)** *(geh.: Anhängsel)* appendage; **b)** *(Buchw.)* appendix

**[2]Appendix der** *od. (fachspr.:)* **die; ~, Appendizes** *(Anat.)* appendix

**Apperzeption** [apɛrtsɛp'tsi̯o:n] **die; ~, ~en** *(Philos., Psych.)* apperception

**Appetit** [ape'ti:t] **der; ~[e]s, ~e** *(auch fig.)* appetite **(auf +** *Akk.* for); **~ auf etw. haben/bekommen** fancy sth.; **ich hätte so richtig ~ auf ...:** I could just fancy *or* eat ...; I could really go for ... *(Amer.)*; **guten ~!** enjoy your meal!; **jmdm. den ~ verderben** spoil sb.'s appetite; **das verschlug uns/ihnen** *usw.* **den ~:** that took away our/their *etc.* appetite; **mit ~ essen** enjoy one's food; **der ~ kommt beim** *od.* **mit dem Essen** appetite comes with eating *(prov.)*

**appetit·anregend** *Adj.* **a)** *(appetitlich)* appetizing; **b)** *(den Appetit fördernd)* ⟨*medicine etc.*⟩ that stimulates the appetite; **~ wirken** stimulate the appetite; **ein ~es Mittel** an appetite-stimulant

**Appetit-: ~happen der** canapé; **~hemmer der; ~s, ~:** *s.* **~zügler**

**appetitlich 1.** *Adj.* **a)** *(appetitanregend)* appetizing; **b)** *(sauber, ansprechend)* attractive and hygienic; **c)** *(adrett)* attractive. **2.** *adv.* **a)** *(appetitanregend)* appetizingly; **b)** *(sauber, ansprechend)* attractively and hygienically ⟨*packed*⟩; **ein ~ gedeckter Tisch** an attractively laid table

**appetit-, Appetit-: ~los 1.** *Adj.* without any appetite *postpos.*; **~los sein** have lost one's appetite; **immer noch ~los sein** still have no appetite; **2.** *adv.* without any appetite; **~losigkeit die; ~:** lack of appetite; **~zügler der** appetite suppressant

**Appetizer** ['æpɪtaɪzə] **der; ~s, ~** *(Pharm.)* appetite stimulant

**applanieren** *tr. V. (österr.)* smooth over; settle

**applaudieren** [aplau̯'di:rən] *itr. (veralt. auch tr.) V.* applaud; **jmdm./einer Sache ~:** applaud sb./sth.

**Applaus** [a'plau̯s] **der; ~es, ~e** applause

**applikabel** [apli'ka:bl̩] *Adj. (geh.)* applicable

**Applikation** [aplika'tsi̯o:n] **die; ~, ~en a)** *(Med.: Verabreichung)* administration; *(äußerlich)* application; **b)** *(Textilw.)* appliqué

**applizieren** [apli'tsi:rən] *tr. V.* **a)** *(Med.)* administer; *(äußerlich)* apply; **b)** *(Textilw.)* appliqué

**apportieren** [apɔr'ti:rən] *tr. (auch itr.) V. (Jägerspr.)* retrieve; fetch

**Apportier·hund der** retriever

**Apposition die** *(Sprachw.)* apposition

**appretieren** [apre'ti:rən] *tr. V. (bes. Textilind.)* dress, finish ⟨*fabric, linen*⟩

**Appretur** [apre'tu:ɐ̯] **die; ~, ~en** *(bes. Textilind.)* dressing; finishing

**Approbation** [aproba'tsi̯o:n] **die; ~, ~en** licence to practise *(as a doctor, dentist, chemist)*

**approbieren** [apro'bi:rən] *tr. V. (österr., sonst veralt.)* approve

**approbiert** *Adj.* registered ⟨*doctor, dentist, chemist*⟩

**Apr.** *Abk.* **April** Apr.

**Après-Ski** [aprɛ'ʃi:] **das; ~ a)** *(Kleidung)* après-ski outfit; **b)** *(Unterhaltung)* après-ski [entertainment]

**Aprikose** [apri'ko:zə] **die; ~, ~n a)** *(Frucht)* apricot; **b)** *(Baum)* apricot-tree

**Aprikosen·marmelade die** apricot jam

**April** [a'prɪl] **der; ~[s], ~e** April; **der ~:** April; **~, ~!** April fool!; **der 1. ~:** the first of April; *(in bezug auf Aprilscherze)* April Fool's *or* All Fools' Day; **jmdn. in den ~ schicken** make an April fool of sb.

**April-: ~scherz der** April-fool trick; **das ist doch wohl ein ~scherz!** *(fig.)* you/they *etc.* can't be serious!; you/they *etc.* must be joking!; **~wetter das;** *o. Pl.* April weather

**a priori** [a:pri'o:ri] *(Philos.)* a priori

**apriorisch** *(Philos.) Adj., adv.* a priori

**apropos** [apro'po:] *Adv.* apropos; by the way; incidentally

**Aquädukt** [akvɛ'dʊkt] **der** *od.* **das; ~[e]s, ~e** aqueduct

**aquamarin** [akvama'ri:n] *s.* **~blau**

**Aquamarin der; ~s, ~e** aquamarine

**aquamarin·blau** *Adj.* aquamarine

**Aquanaut** [akva'nau̯t] **der; ~en, ~en** aquanaut

**Aquaplaning** [akva'pla:nɪŋ] **das; ~[s]** aquaplaning

**Aquarell** [akva'rɛl] **das; ~s, ~e** *(Malerei)* water-colour [painting]

**Aquarell·farbe die** water-colour

**aquarellieren** *itr. V.* paint in water-colours

**Aquarell-: ~maler der** water-colour painter; water-colourist; **~malerei die a)** *o. Pl. (Maltechnik)* water-colour painting; **in ~malerei** in water-colour; **b)** *(Bild)* water-colour

**Aquarien** [a'kva:ri̯ən] *s.* **Aquarium**

**Aquarien-: ~fisch der** aquarium fish; **~haus das** aquarium

**Aquarium** [a'kva:ri̯ʊm] **das; ~s, Aquarien** aquarium

**Aquatinta** [akva'tɪnta] **die; ~, Aquatinten** *(bild. Kunst)* aquatint

**Äquator** [ɛ'kva:tɔr] **der; ~s; ~en** [-'to:rən] *(Erd~, Math.)* equator

**äquatorial** [ɛkvato'ri̯a:l] *Adj.* equatorial

**Äquator·taufe die** crossing-the-line ceremony
**Aquavit** [akva'vi:t] **der; ~s, ~e** aquavit
**Äquilibrist** [ɛkvili'brɪst] **der; ~en, ~en** equilibrist
**Äquinoktium** [ɛkvi'nɔktsiʊm] **das; ~s, Äquinoktien** *(Geogr.)* equinox
**äquivalent** [ɛkviva'lɛnt] *Adj.* equivalent
**Äquivalent das; ~[e]s, ~e** equivalent; *(Ersatz)* appropriate replacement; *(Entschädigung)* appropriate compensation
**Äquivalenz** [ɛkviva'lɛnts] **die; ~, ~en** *(auch Math., Logik)* equivalence
**Ar** [a:ɐ̯] **das** *od.* **der; ~s, ~e** are
**Ära** ['ɛ:ra] **die; ~, Ären** era; **die ~ Kreisky** the Kreisky era
**Araber** ['a:rabɐ] **der; ~s, ~** *(auch Pferd)* Arab; Arabian
**Arabeske** [ara'bɛskə] **die; ~, ~n** *(bild. Kunst, Musik)* arabesque
**Arabien** [a'ra:biən] **(das); ~s** Arabia
**arabisch** *Adj.* Arabian; Arab; Arabic ⟨*language, numeral, dialect, alphabet, literature*⟩; **die Arabische Halbinsel** the Arabian Peninsula; **das Arabische** Arabic; *s. auch* **deutsch, ²Deutsche**
**Arabisch das; ~[s]** Arabic *s. auch* **Deutsch**
**Arabistik** [ara'bɪstɪk] **die; ~:** Arabic studies *pl., no art.*
**Aralie** [a'ra:liə] **die; ~, ~n** *(Bot.)* aralia
**aramäisch** [ara'mɛ:ɪʃ] *Adj.* Aramaic; **das Aramäische** Aramaic; *s. auch* **deutsch, Deutsch, ²Deutsche**
**Arancini** [aran'tʃi:ni], **Aranzini** [aran'tsi:ni] *Pl. (bes. österr.) sugar- or chocolate-coated candied orange peel*
**Aräo·meter** [arɛo-] **das** *(Physik)* hydrometer
**Arbeit** ['arbait] **die; ~, ~en a)** *(auch Sport, Jagdw., Physik)* work *no indef. art.*; *(Politik, Soziol.: Arbeitskraft)* labour *no indef. art.*; **die ~[en] am Staudamm** [the] work on the dam; **an die ~ gehen, sich an die ~ machen** get down to work; **die ~ mit Asbest ist gesundheitsschädigend** working with asbestos is injurious to health; **eine widerliche ~ sein** be a revolting job *or* task; **die ~ läuft uns nicht davon** *(scherzh.)* the work can wait; **ganze** *od.* **gründliche ~ leisten** *od.* **tun** *od.* **machen** *(auch fig. iron.)* make a good job of it; **nur halbe ~ machen** leave the job half-done; only half do the job; **Tag der ~:** Labour Day; **an** *od.* **bei der ~ sein** be at work; **jmdm. bei der ~ zusehen** watch sb. working *or* at work; **mit der ~ beginnen** start work; **bei der ~ mit Chemikalien** when working with chemicals; **viel ~ haben** have a lot of work [to do]; **seine ~ tun** *od.* **machen** do one's job; **gute ~ leisten** do good work; work well; **[wieder] an die ~!** [back] to work!; **die ~ niederlegen** stop work; *(bei manueller ~)* down tools; **der/die hat die ~ nicht erfunden** *(scherzh.)* he/she is not the world's hardest worker; **etw. in ~ geben** have sth. made; **jmdm. etw. in ~ geben** get sb. to make sth.; **etw. in ~ haben** be working on sth.; **~ schändet nicht** work's no disgrace; **erst die ~, dann das Vergnügen** business before pleasure; **b)** *o. Pl. (Mühe)* trouble; **~ machen** cause bother *or* trouble; **jmdm. ~ machen** make work for sb.; **machen Sie sich keine ~!** don't go to *or* put yourself to any trouble; **sich** *(Dat.)* **~ [mit etw.] machen** take trouble [over sth.]; **viel ~ machen** *od.* **kosten** cost a lot of effort *or* hard work; **das war eine ~!** what a job that was!; **c)** *o. Pl. (~splatz, ~sstätte)* work *no indef. art.*; *(Stellung)* job; **eine ~ suchen/finden** look for/find work *or* a job; **eine ~ als ...:** work *or* a job as ...; **zur** *od. (ugs.)* **auf ~ gehen** go to work; **auf ~ sein** *(ugs.)* be at work; **auf ~ gehen** *(ugs.: berufstätig sein)* work; have a job; **ohne ~ sein** be out of work; be unemployed; **bei jmdm. in ~ stehen** *od.* **sein** work for sb.; be employed by sb.; **vor/nach der ~** *(ugs.)* before/after work; **d)** *(Aufträge)* work *no indef. art.*; **e)** *(Produkt, Ausführung)* work; *(handwerkliche ~)* piece of work; *(kurze schriftliche ~)* article; *(Dissertation)* dissertation; **f)** *(Klassen~)* test; **eine ~ schreiben/schreiben lassen** do/set a test
**arbeiten 1.** *itr. V.* **a)** *(Arbeit leisten)* work; **zu ~ haben** have work to do; **~ wie ein Pferd/***(ugs.)* **ein Wilder** work like a slave *or* a Trojan/like mad; **er arbeitet für zwei** he does the work of two; **an etw.** *(Dat.)* **~:** work on sth.; **an sich** *(Dat.)* **~:** work to improve one's abilities; **mit Silber/Akrylfarben ~:** work in silver/acrylic paints; **mit Behinderten/Taubstummen ~:** work with the disabled/the deaf-and-dumb; **sein Geld ~ lassen** *(fig.)* make one's money work for one; **b)** *(beruflich tätig sein)* work; **seine Frau arbeitet** his wife has a job *or* works; **40 Stunden in der Woche ~:** work 40 hours a week *or* a 40-hour week; **das Büro arbeitet freitags nur bis 14⁰⁰** *(fig.)* the office closes at 2 p.m. on Fridays; **bei der Bahn/einer Firma ~:** work on the railways *(Brit.) or (Amer.)* at the railroad/for a firm; **c) über jmdn./etw. ~** *(sich befassen mit)* work on sb./sth.; **d)** *(wirksam sein);* **für/gegen jmdn./etw. ~:** work for/against sb./sth.; **die Zeit arbeitet für/gegen uns** time is on our side/against us; **an jmds. Untergang** *(Dat.)* **~:** work to bring about sb.'s downfall; **e)** *(funktionieren)* ⟨*heart, lungs, etc.*⟩ work, function; ⟨*machine*⟩ work, operate; **mit Gas/Sonnenenergie ~:** run on gas/solar energy; **automatisch ~:** be automatic; **in meinem Magen arbeitet es** *(fig.)* my stomach is grumbling; **f)** *(ankämpfen)* work hard **(gegen** against); **g)** *(sich verändern)* ⟨*wood*⟩ warp; ⟨*must*⟩ ferment; ⟨*dough*⟩ rise; **h)** *(Sport)* work **(mit** with); **i)** *(schneidern)* **wo/bei wem lassen Sie ~?** where do you have *or* get your clothes made?; who makes your clothes?. **2.** *tr. V.* **a)** *(herstellen)* make; *(in Ton, Silber, usw.)* work; make; fashion; **b)** *(tun)* do; **was ~ Sie?** what are you doing?; *(beruflich)* what do you do for a living?; what's your job? **3.** *refl. V.* **a) sich müde/krank ~:** tire oneself out/make oneself ill with work; **sich zu Tode ~:** work oneself to death; **b)** *(Strecke zurücklegen);* **sich durch etw./in etw.** *(Akk.)* **~:** work one's way through/into sth.; **sich nach oben ~** *(fig.)* work one's way up; **c) sich** *(Dat.)* **die Hände wund ~:** work one's fingers to the bone; **d)** *unpers.* **hier arbeitet es sich gut** this is a good place to work; **mit dieser Maschine arbeitet es sich gut/schneller** this machine is easy to work with/the work goes faster with this machine; **mit ihm arbeitet es sich angenehm** it's nice working with him; he's pleasant to work with
**Arbeiter der; ~s, ~:** worker; *(Bau~, Land~)* labourer; *(beim Straßenbau)* workman; **der ~ Karl Müller** the factory worker/labourer/workman Karl Müller; **wir suchen ~ und Arbeiterinnen für folgende Bereiche** we are looking for men and women to work in the following areas; **~ und Arbeiterinnen werden oft ...:** male and female workers are often ...; **die ~:** *(als Klasse)* the workers
**arbeiter-, Arbeiter-: ~auf·stand der** workers' rebellion *or* revolt; **~bewegung die** *(Politik)* labour movement; **~biene die** *(Zool.)* worker [bee]; **~denkmal das a)** workers' monument; monument to the working classes; **b)** *(ugs. scherzh.)* monument to inactivity *(joc.)*; **~dichter der** poet of the working class; **~familie die** working-class family; **~feindlich** *Adj.* anti-working-class; **~freundlich** *Adj.* favouring the workers *postpos.*; **~führer der** workers' leader; **~gewerkschaft die** trade union *(Brit.)*; labor union *(Amer.)*
**Arbeiterin die; ~, ~nen** *(auch Zool.)* worker; *s. auch* **Arbeiter**
**Arbeiter-: ~jugend die** young working people; *(Organisation)* labour youth movement *or* organization; **~kampf·lied das** workers' [rallying] song; **~kind das** working-class child; **~klasse die;** *o. Pl.* working class[es *pl.*]; **~kontrolle die** *(bes. DDR)* worker control; **~lied das** workers' song; **~massen** *Pl.* working masses; **~milieu das** working-class environment; **aus dem ~milieu stammen** come from a working-class environment *or* background; **~organisation die** labour organization; **~partei die** workers' party; **~priester der** worker-priest; **~rat der** workers' council
**Arbeiterschaft die; ~:** workers *pl.*; **aus der ~:** from among the workers
**Arbeiter-: ~schriftsteller der** worker-writer; working-class writer; **~selbstverwaltung die** workers' control *no indef. art.*; *(Gremium)* workers' management committee; **in ~selbstverwaltung arbeiten** be under workers' control; **~siedlung die** workers' housing-estate *(Brit.) or (Amer.)* housing development; **~stadt die** workers' town; *(ugs.: Industriestadt, in der viele Arbeiter leben)* working-class town; **~student der** *(DDR)* worker-student; **~-und-Bauern-Fakultät die** *(DDR)* workers and farmers' faculty *(preparing young workers for university study)*; **~-und-Bauern-Inspektion die** *(DDR) body charged with monitoring the implementation of party and Government policy in economic and social affairs;* **~-und-Bauern-Staat der** *(DDR)* workers' and farmers' state; **~-und-Soldaten-Rat der** *(hist.)* workers' and soldiers' council; **~unruhen** *Pl.* unrest *sing.* among the workers; **~verein der** workers' association; **~verräter der** *(Politik abwertend)* traitor to the working class; **~viertel das** working-class district *or* area; **~wohl·fahrt die;** *o. Pl.* workers' welfare association
**Arbeit·geber der** employer
**Arbeitgeber·anteil der** employer's contribution
**Arbeitgeberin die; ~, ~nen** [female] employer; *s. auch* **-in**
**Arbeitgeber-: ~seite die** employers' side; **~verband der** employers' association *or* organization
**Arbeitnehmer der; ~s, ~:** employee
**Arbeitnehmer·anteil der** employee's contribution
**Arbeitnehmerin die; ~, ~nen** [female] employee; *s. auch* **-in**
**Arbeitnehmer-: ~organisation die** workers' organization; **~seite die** employees' side
**Arbeits·ab·lauf der** programme of work
**arbeitsam** *Adj. (geh. veralt.)* **a)** *(fleißig)* industrious; hard-working; **b)** *(von Arbeit erfüllt)* **ein ~es Leben** a life of hard work; **ein paar ~e Monate vor sich haben** have a few months of hard work ahead of one
**arbeits-, Arbeits-: ~amt das** job centre *(Brit.)*; employment exchange; labour exchange *(Brit. dated)*; **~an·fall der** volume of work; **~an·fang der** starting-time [at work]; **~anfang ist um 6 Uhr** work starts at 6 a.m.; **~an·leitung die** instructions *pl.*; **~an·tritt der vor ~antritt** before starting work *or* the/a job; **bei ~antritt** when you start/he starts *etc.* work; **~an·zug der** working clothes *pl.*; **blauer ~anzug** blue overalls *pl.*; **~atmosphäre die** working atmosphere; **~auf·fassung die** attitude to one's work; **~aufwand der: mit großem ~aufwand** with a great deal of work; **das wäre mir zuviel ~aufwand** it would be *or* involve too much work [for me]; **~auf·wendig 1.** *Adj.* requiring a great deal of work *postpos., not pred.*; **[sehr] ~aufwendig sein** require a great deal of work; **2.** *adv.* in a way that requires/required a great deal of work; **~aus·fall der** loss of working

hours; **ein ~ausfall von einigen Wochen** a loss of several working weeks; **~bedingungen** *Pl.* working conditions; **~beginn der** *s.* ~anfang; **~belastung die** work-load; **~bereich der a)** *(Tätigkeit)* area of work; *(~gebiet)* field of work; **das gehört nicht in meinen ~bereich** that's not part of my job; **b)** *(im Raum)* working area; **c)** *(eines Krans)* working radius; **~beschaffung die** job creation; creation of employment; **~beschaffungs·maßnahme die** job-creation measure; **~beschaffungs·programm das** job-creation programme; **~bescheinigung die** certificate of employment *(issued to employee on leaving job, and listing responsibilities, length of service, etc.)*; **~biene die a)** *(Zool.)* worker bee; **b)** *(ugs.: emsige Frau)* busy bee; **~dienst der a)** *(Arbeit) (low-paid)* community-service work; **b)** *(Organisation)* community service agency; **c)** *s.* **Reichsarbeitsdienst; ~direktor der** personnel director *(with special responsibility for safeguarding the interests of the employees within the framework of codetermination)*; **~disziplin die** discipline in one's approach to work; **~eifer der** enthusiasm for one's work; **~ende das** finishing-time [at work]; **nach/bei ~ende** after work/when it's time to go; **um fünf Uhr haben wir** *od.* **ist bei uns ~ende** we finish work at five o'clock; **~erlaubnis die** work permit; **~erleichternd 1.** *Adj.* labour-saving; **2.** *adv.* in a labour-saving way; **~erleichterung die** saving of labour; **eine große ~erleichterung für jmdn. sein** make sb.'s work a great deal easier; save sb. a great deal of work; **~essen das** *(bes. Politik)* working lunch/dinner; **~ethos das** work ethic; **~fähig** *Adj.* fit for work *postpos.*; *(grundsätzlich)* able to work *postpos.*; viable ⟨*government*⟩; **~fähigkeit die;** *o. Pl.* fitness for work; *(grundsätzlich)* ability to work; **~feld das** *(geh.)* field of work; **~frei** *Adj.* **ein paar Tage/eine Woche ~frei** a few days/a week off; **Montag ist/haben wir ~frei** we've got Monday off; **~freude die** enthusiasm for one's work; **~friede** *(geh.)*, **~frieden der** industrial peace; peaceful labour *or* industrial relations *pl.*; **~früh·stück das** working breakfast; **~gang der a)** *(einzelne Operation)* operation; **b)** *(Ablauf)* process; **~gebiet das** field of work; **~gemeinschaft die** team; *(Hochschulw.)* study group; **~genehmigung die** work permit; **~gerät das a)** *(Gegenstand)* tool; **b)** *o. Pl. (Gesamtheit)* tools *pl.*; equipment *no indef. art., no pl.*; **~gericht das** industrial tribunal; **~gruppe die** study group; **~haus das** *(hist.) correctional institution for minor offenders where prisoners are required to work;* workhouse *(Amer.)*; **~hypothese die** working hypothesis; **~intensiv** *(Wirtsch.)* **1.** *Adj.* labour-intensive; **2.** *adv.* labour-intensively; **~kampf der** industrial action; **~kampfmaßnahme die** form of industrial action; **~kleidung die** work clothes *pl.*; **~klima das;** *o. Pl.* working atmosphere; **~kollege der** *(bei Arbeitern)* workmate *(Brit.)*; fellow worker; *(bei Angestellten, Beamten)* colleague; **~kraft die a)** *(Vermögen zu arbeiten)* capacity for work; **seine ~kraft verkaufen** sell one's labour; **die menschliche ~kraft wird durch Roboter ersetzt** human labour is being replaced by robots; **b)** *(Mensch)* worker; **~kreis der** study group; **~lager das** labour camp; **~last die** burden of work; **~leben das;** *o. Pl.* **a)** *(Berufstätigkeit)* working life; **b)** *(Arbeitswelt)* world of work; working life *no art.*; **~leistung die** rate of output; **~lohn der** wage; wages *pl.*; *(auf einer Rechnung)* labour [costs *pl.*]; **~los** *Adj.* **a)** unemployed; out of work *postpos.*; **b)** *in* **~loses Einkommen** unearned income

**Arbeitslose der/die;** *adj. Dekl.* unemployed person/man/woman *etc.*; **die ~n** the unemployed *or* jobless; **es gab 2 Mio. ~:** there were 2 million [people] unemployed *or* out of work; **viele ~:** many unemployed people; many people who are/were unemployed *or* out of work

**Arbeitslosen-: ~geld das;** *o. Pl. (full-rate)* earnings-related unemployment benefit; **~heer das** army of unemployed; **~hilfe die;** *o. Pl.* **a)** *(Geld)* reduced-rate unemployment benefit; **b)** *(Institution)* reduced-rate unemployment benefit system; **~unterstützung die** *(volkst.)* unemployment benefit *or* pay; **~versicherung die;** *o. Pl.* unemployment insurance; **~ziffer die** unemployment figures *pl.*

**arbeits-, Arbeits-: ~losigkeit die; ~:** unemployment *no indef. art.*; **eine ~losigkeit von 0,5%** a level of unemployment of 0.5%; **~mangel der** lack of work; **~markt der** labour market; **~material das** materials *pl.*; *(einschließlich Werkzeugen)* materials [and equipment *or* tools]; *(für den Unterricht)* teaching aids *pl.*; **~medizin die** occupational medicine and health care; **~methode die** working method; method of working; **~minister der** minister for employment; Secretary for Employment *(Brit.)*; Secretary of Labor *(Amer.)*; **~ministerium das** ministry for employment; Department of Employment *(Brit.)*; Department of Labor *(Amer.)*; **~mittel das** material; *(Werkzeug, Wörterbuch usw.)* tool; **~mittel** *Pl.* materials/tools; *(Schreibzeug)* materials; **~moral die** morale of the workers/staff; **~nachweis der a)** *(das Nachweisen)* information *no indef. art.* about situations vacant; **b)** *(Stelle)* employment office; **~niederlegung die** walk-out; **mit ~niederlegungen drohen** threaten walk-outs; **~ordnung die a)** *(Einteilung)* organization of the work; **b)** *(Regelung des Betriebsablaufs)* [office/factory/shop] regulations *pl.*; **~organisation die** organization of the/one's work; **~ort der** place of work; **~papier das a)** *(Thesenblatt)* working paper; **b)** *Pl. (das Arbeitsverhältnis betreffende Papiere)* employment papers

**arbeit·sparend 1.** *Adj.* labour-saving. **2.** in a labour-saving way

**Arbeits-: ~pause die** break; **eine ~pause machen** take a break; **~pensum das** work quota; **~pferd das** *(auch fig.)* workhorse; **~plan der** work plan *or* schedule; **~platz der a)** *(Platz im Betrieb)* work-place; **am ~platz** at one's work-place; **b)** *(~stätte)* place of work; **den ~platz wechseln** change one's place of work; **c)** *(~verhältnis)* job; **~platz·sicherung die** safeguarding of jobs; **zur ~platzsicherung** to safeguard jobs; **~platz·studie die** job study; **~platz·wechsel der** change of job; **~probe die** sample of one's work; **~prozeß der a)** *o. Pl. (Berufstätigkeit)* **im ~prozeß stehen** be in employment; have a job; **jmdn. wieder in den ~prozeß eingliedern** get sb. back to work; **b)** *(~ablauf)* work process; **~raum der a)** workroom; *(Büroraum)* office; **b)** *s.* **Arbeitszimmer; ~recht das;** *o. Pl.* labour law; **~rechtlich** *Adj.* **~rechtliche Fragen/Literatur** issues relating to/literature on labour law; **ein ~rechtlicher Streitfall** a dispute concerning labour law; **~reich** *Adj.* ⟨*life, week, etc.*⟩ full of hard work; **~richter der** *judge on an industrial tribunal;* **~ruhe die** break [from work]; **gestern herrschte in ganz Italien ~ruhe** commerce and industry was at a standstill throughout Italy yesterday; **~sache die a)** *Pl.* work things; **b)** *Pl. (Kleidung)* work[ing] things *or* clothes; **c)** *(Rechtsw.)* labour law dispute; **~scheu** *Adj.* work-shy; **~schluß der** *s.* **~ende; ~schutz der** protection of health and safety standards at work; **~schutz·bestimmung die** regulation concerning [the protection of] health and safety at work; **~sitzung die** working session; **~sklave der** slave labourer; **als ~sklaven verkauft werden** be sold as slave labour; **~soziologie die** occupational sociology; **~stätte die a)** *(geh.)* **das war Beethovens/Schillers ~stätte** this is [the place] where Beethoven/Schiller worked *or* did his work; **b)** *(Stätte beruflicher Tätigkeit)* place of work; **~stelle die a)** *s.* **Arbeitsstätte b; b)** *(Job) s.* **Stelle g; c)** *(Abteilung)* department; **~stil der** style of working; **~studie die** work study; **~stunde die** hour of work; **2 ~stunden** *(bei Reparaturen usw.)* two hours' labour; **die Herstellung erfordert 2000 ~stunden** manufacture takes 2,000 man-hours; **~suche die** search for a job *or* for work; **auf ~suche sein** be looking for a job; **~süchtig** *Adj.* **~süchtig sein** be a compulsive worker *or (coll.)* a workaholic; **~tag der** working day; **mein erster ~tag nach dem Urlaub** my first day back at work after the holiday *(Brit.) or (Amer.)* vacation; **das war ein harter ~tag** that was a hard day's work; **~tagung die** conference; **~takt der** *(Technik)* power stroke; **~team das** team; **~technik die** work[ing] technique; **~teilig 1.** *Adj.* ⟨*society, mode of production, etc.*⟩ based on the division of labour; **2.** *adv.* **die Produktion ~teilig gestalten** base production on the principle of the division of labour; **~teilung die** division of labour; **~tempo das** rate of work; work rate; **~therapie die** occupational therapy; **~tier das a)** work animal; **b)** *(Arbeitssüchtiger)* compulsive worker; workaholic *(coll.)*; **~tisch der** work-table; *(für Schreibarbeiten)* desk; *(für technische Arbeiten)* [work-]bench; **~titel der** working title; **~überlastung die** overwork; **er klagt über ~überlastung** he complains that he's overworked

**Arbeit-: ~suche die** *s.* **Arbeitssuche; ~suchende der/die;** *adj. Dekl.* person/man/woman looking for work; **die ~suchenden** those looking for work

**arbeits-, Arbeits-: ~unfähig** *Adj.* unable to work *postpos.*; *(krankheitsbedingt)* unfit for work *postpos.*; **die Arbeitsunfähigen** those unable to work/unfit for work; **~unfähigkeit die** *s.* **~unfähig:** inability to work; unfitness for work; **~un·fall der** industrial accident; **er hatte einen ~unfall** he had an accident at work; **~un·lust die** disinclination to work; **~unter·lage die;** *meist Pl.* work paper; **das benutzt er als ~unterlage** he works from that; **~un·willig** *Adj.* unwilling to work *postpos.*; **~verfahren das** work process; **~verhältnis das a)** *contractual relationship between employer and employee;* **ein ~verhältnis eingehen** enter employment; **in einem ~verhältnis stehen** be in employment; **b)** *Pl.* working conditions; conditions of work; **~vermittlung die a)** *(Tätigkeit)* arranging employment; **b)** *(Stelle)* employment exchange; job centre *(Brit.)*; *(Firma)* employment agency; **~verteilung die** allocation of [the] work; **~vertrag der** contract of employment; **~verweigerung die** refusal to work; **~vor·gang der** work process; **~vor·lage die: eine Skizze als ~vorlage benutzen** work from a sketch; **dieses Buch hat ihm als ~vorlage gedient** he worked from that book; **~weise die a)** way *or* method of working; **b)** *(Funktionsweise)* mode of operation; **~welt die** world of work; **~willig** *Adj.* **~willig sein** be willing to work; **~willige Kollegen** fellow employees who are willing to work; **~wissenschaft die** ergonomics *sing.*; **~woche die a)** week's work; **während seiner ersten ~woche** during his first week at work; **b)** *(wöchentliche ~zeit)* working week;

**~wut die** fit of work-mania; **~wütig** *Adj.* **~wütig sein** suffer from work-mania; **~zeit die a)** working hours *pl.*; **während der ~zeit** during working hours; **die ~zeit beginnt um 8 Uhr** work starts at 8 o'clock; **b)** working time; **die tägliche/wöchentliche ~zeit** the working day/week; **c)** *(als Ware)* labour time; **2 Stunden ~zeit** two hours' labour; **wir berechnen keine ~zeit** we don't charge for labour; **ich lasse mir die ~zeit bezahlen** I charge for my time; **~zeit·verkürzung die** reduction in working hours; **~zeug das**; *o. Pl.* **a)** work things *pl.*; **b)** *(Kleidung)* work[ing] things *pl. or* clothes *pl.*; **~zeugnis das** reference [from one's employer]; **~zimmer das** study

**arbiträr** [arbiˈtrɛːɐ̯] *(geh.)* **1.** *Adj.* arbitrary. **2.** *adv.* in an arbitrary way; arbitrarily

**archaisch** [arˈçaːɪʃ] **1.** *Adj.* archaic. **2.** *adv.* in an archaic way; archaically

**archaisieren** *itr. V. (geh.)* archaize; **eine ~de Sprache verwenden** use *or* employ an archaistic *or* a deliberately archaic style

**Archaismus der**; ~, **Archaismen** *(Sprachw., Stilk., Kunstw.)* archaism

**Archäologe** [arçɛoˈloːgə] **der**; ~n, ~n archaeologist

**Archäologie die**; ~: archaeology *no art.*

**archäologisch 1.** *Adj.* archaeological. **2.** *adv.* archaeologically

**Archäologin die**; ~, ~nen archaeologist

**Arche** [ˈarçə] **die**; ~, ~n ark; **die ~ Noah** Noah's Ark

**Arche·typ der** *(Psych., Philos.)* archetype

**arche·typisch** *(Psych., Philos.)* **1.** *Adj.* archetypal. **2.** *adv.* archetypally

**Arche·typus der** *s.* **Archetyp**

**Archimedes** [arçiˈmeːdɛs] **(der)** Archimedes

**archimedisch** *Adj.; nicht präd.* Archimedean; **das Archimedische Prinzip** Archimedes' Principle

**Archipel** [arçiˈpeːl] **der**; ~s, ~e archipelago; **„der ~ Gulag"** 'the Gulag archipelago'

**Architekt** [arçiˈtɛkt] **der**; ~en, ~en architect

**Architekten·büro das a)** architect's office; **b)** *(Firma)* firm of architects

**Architektin die**; ~, ~nen architect

**Architektonik** [arçitɛkˈtoːnɪk] **die**; ~, ~en architectonics *sing., no art.*

**architektonisch 1.** *Adj.* architectonic. **2.** *adv.* architectonically

**Architektur** [arçitɛkˈtuːɐ̯] **die**; ~, ~en **a)** *o. Pl.* architecture; **b)** *(Bauwerk)* edifice

**Archiv** [arˈçiːf] **das**; ~s, ~e archives *pl.*; archive

**Archivalien** [arçiˈvaːli̯ən] *Pl.* papers and documents in/from the archives

**Archivar** [arçiˈvaːɐ̯] **der**; ~s, ~e, **Archivarin die**; ~, ~nen archivist

**Archiv·bild das** archive picture *or* photograph

**archivieren** *tr. V.* **etw. ~**: archive sth.; put sth. in the archives

**Archivierung die**; ~, ~en archiving

**ARD** [aː|ɛrˈdeː] **die**; ~ *Abk.* **Arbeitsgemeinschaft der öffentlich-rechtlichen Rundfunkanstalten der Bundesrepublik Deutschland** *national radio and television network in the FRG*

**Ardennen** [arˈdɛnən] *Pl.* **die ~**: the Ardennes

**Ardennen·offensive die** *(hist.)* Ardennes offensive

**Are** [ˈaːrə] **die**; ~, ~n *(schweiz.) s.* **Ar**

**Areal** [areˈaːl] **das**; ~s, ~e **a)** area; **b)** *(Grundstück)* grounds *pl.*; **c)** *(Biol.)* range

**areligiös** *Adj.* areligious

**Ären** *s.* **Ära**

**Arena** [aˈreːna] **die**; ~, **Arenen a)** *(hist., Sport, fig.)* arena; **b)** *(Stierkampf~)* bullring; **c)** *(Manege)* [circus-]ring

**Areopag** [areoˈpaːk] **der**; ~s *(hist.)* Areopagus

**arg** [ark], **ärger** [ˈɛrgɐ], **ärgst...** [ˈɛrgst...] **1.** *Adj.* **a)** *(geh., landsch.: schlimm)* bad ⟨*weather, condition, state*⟩; serious ⟨*situation, wound*⟩; hard ⟨*times*⟩; extremely hackneyed ⟨*cliché*⟩; **etw. noch ärger machen** make sth. worse; **an nichts Arges denken** be completely unsuspecting; **das Ärgste befürchten** fear the worst; **wenn es zum Ärgsten kommt** if the worst comes to the worst; **im ~en liegen** be in a sorry state; **b)** *(geh. veralt.: böse)* wicked; evil; **es ist nichts Arges an ihm** there is no malice in him; **c)** *(geh., landsch.: unangenehm groß, stark)* severe ⟨*pain, hunger, shock*⟩; severe, bitter ⟨*disappointment*⟩; serious ⟨*dilemma, error*⟩; extreme, *(coll.)* terrible ⟨*embarrassment*⟩; gross ⟨*exaggeration, injustice*⟩; heavy ⟨*drinker*⟩; **in ~er Bedrängnis/Not sein** be in desperate straits; **mein ärgster Feind** my worst enemy *or* arch-enemy; **unser ärgster Konkurrent** our most dangerous competitor; **es herrschte ein ~es Gedränge** there was a dreadful crush *(coll.)*. **2.** *adv. (geh., landsch.)* extremely, *(coll.)* awfully, *(coll.)* terribly ⟨*painful, cold, steep, expensive, heavy, etc.*⟩; severely, bitterly ⟨*disappointed*⟩; extremely, *(coll.)* terribly ⟨*embarrassed*⟩; ⟨*suffer, weaken*⟩ severely; ⟨*offend*⟩ deeply; ⟨*deceive*⟩ badly; ⟨*rain, pull, punch*⟩ hard; ⟨*hurt*⟩ a great deal; **der Garten ist ~ verwahrlost** the garden is badly neglected; **sich ~ blamieren** make a complete fool of oneself; **ihr treibt es gar zu ~!** you're going too far!; **etwas ~ laut** a bit too loud; **ich hab' ihn ~ gern** I like him very much *or (coll.)* an awful lot; **hast du es ~ eilig?** are you in a great *or (coll.)* terrible hurry?; **es geht ihm ~ schlecht/gut** things are going really badly/well for him; **Schmeckt dir das Bier? – Nicht so ~**: Do you like the beer? – Not that much

**Arg das**; ~s *(geh. veralt.)* malice; **kein ~ an der Sache finden** see no harm in it

**Argentinien** [argɛnˈtiːni̯ən] **(das)**; ~s Argentina; the Argentine

**Argentinier der**; ~s, ~, **Argentinierin die**; ~, ~nen Argentinian; Argentine; *s. auch* **-in**

**argentinisch** *Adj.* Argentinian; Argentine

**ärger** *s.* **arg**

**Ärger** [ˈɛrgɐ] **der**; ~s **a)** annoyance; *(Zorn)* anger; **etw. erregt jmds. ~**: sth. annoys sb.; **seinem ~ Luft machen** vent one's anger; **seinen ~ an jmdm. auslassen** vent one's anger on sb.; **b)** *(Unannehmlichkeiten)* trouble; **häuslicher/beruflicher ~**: domestic problems *pl.*/problems *pl.* at work; **[jmdm.] ~ machen** cause [sb.] trouble; make trouble [for sb.]; **so ein ~!** how annoying!; **~ bekommen** get into trouble; **sonst gibt es ~**: otherwise there'll be trouble!

**ärgerlich 1.** *Adj.* annoyed; *(zornig)* angry; **ein ~es Gesicht machen** look annoyed/angry; **~ über jmdn. sein** be annoyed at/angry with sb.; **~ über etw.** *(Akk.)* **sein** be annoyed/angry about sth.; **~ über sich selbst** annoyed/angry at oneself; **~ werden** get angry/annoyed; **b)** *(Ärger erregend)* annoying; irritating; **wie ~!** how annoying! **2.** *adv.* **a)** with annoyance; *(zornig)* angrily; **b)** *(Ärger erregend)* annoyingly; irritatingly

**Ärgerlichkeit die**; ~ **a)** annoyance; *(Zorn)* anger; **b)** *(einer Sache)* troublesomeness; **bei aller ~ war es doch von Vorteil** even though it was annoying, it was still an advantage

**ärgern 1.** *tr. V.* **a) jmdn. ~**: annoy sb.; *(zornig machen)* make sb. angry; **so was ärgert einen natürlich** that sort of thing is annoying, of course; **b)** *(reizen, necken)* tease. **2.** *refl. V.* get annoyed; *(zornig werden)* get angry; *(verärgert sein)* be annoyed/angry; **sich über jmdn. ~**: get annoyed/angry at sb.; **sich zu Tode ~** *(fig.)* be annoyed/angry to the point of distraction; **sich schwarz** *od.* **grün und blau ~**: fret and fume; **nicht ~, nur wundern!** *(ugs.)* there's no point in getting worked *or (sl.)* het up about it

**Ärgernis das**; ~ses, ~se **a)** *o. Pl.* offence; **Erregung öffentlichen ~ses** *(Rechtsspr.)* creating a public nuisance; **b)** *(etw. Ärgerliches)* annoyance; irritation; **häusliche/berufliche ~se** minor domestic troubles/irritations and annoyances at work; **c)** *(etw. Anstößiges)* nuisance; *(etw. Skandalöses)* scandal; outrage

**arg-, Arg-: ~list die**; *o. Pl. (geh.) (Hinterlist)* guile; deceit; *(Heimtücke, Rechtsw.)* malice; **~listig 1.** *Adj. (hinterlistig)* guileful; deceitful; deceitful ⟨*plan*⟩; *(heimtückisch)* malicious; crafty ⟨*smile*⟩; **~listige Täuschung** *(Rechtsspr.)* malicious deception; **2.** *adv. (hinterlistig)* guilefully; deceitfully; *(heimtückisch)* maliciously; ⟨*smile*⟩ craftily; **~listigkeit die**; ~, ~en **a)** *o. Pl. (Hinterlistigkeit)* guilefulness; deceitfulness; *(eines Plans, einer Absicht)* deceitfulness; *(Heimtücke)* malice; **b)** *(arglistige Handlung) s.* **arglistig a**: guileful *or* deceitful/malicious act; **~los 1.** *Adj.* **a)** guileless ⟨*person*⟩; guileless, innocent ⟨*question, remark*⟩; **b)** *(ohne Argwohn)* unsuspecting; **~los, wie ich war ...**: all unsuspecting as I was ...; **wie kannst du nur so ~los sein?** how can you be so naïve?; **2.** *adv.* **a)** guilelessly; innocently; **b)** *(ohne Argwohn)* unsuspectingly; **~losigkeit die**; ~ **a)** *(eines Menschen)* guilelessness; *(einer Äußerung, Absicht)* innocence; **ich bin von seiner ~losigkeit überzeugt** I'm convinced he is not being deceitful/malicious; **b)** *(Vertrauensseligkeit)* unsuspecting nature

**Argon** [ˈargɔn] **das**; ~s *(Chemie)* argon

**ärgst...** *s.* **arg**

**Argument** [arguˈmɛnt] **das**; ~[e]s, ~e *(auch Math.)* argument

**Argumentation** [argumɛntaˈtsi̯oːn] **die**; ~, ~en argumentation

**argumentativ** [argumɛntaˈtiːf] **1.** *Adj.* **ein ~er Wahlkampf** an election campaign marked by reasoned argument; **eine rein ~e Auseinandersetzung** a conflict based solely on reasoned argument. **2.** *adv.* by [reasoned] argument; **er ist ihr ~ überlegen** he is superior to her in argument

**argumentieren** *itr. V.* argue; **damit kannst du nicht ~!** you can't use that as an argument

**Argus·augen** [ˈargʊs-] *Pl. (geh.)* eagle eye *sing.*; **jmdn. mit ~ beobachten** watch sb. like a hawk

**Argwohn** [ˈarkwoːn] **der**; ~[e]s suspicion; **jmds. ~ erregen/zerstreuen** arouse/allay sb.'s suspicions *pl.*; **~ gegen jmdn. hegen** be suspicious of sb.; *s. auch* **schöpfen 1c**

**argwöhnen** [ˈarkwøːnən] *tr. V. (geh.)* suspect; **sie argwöhnten einen Verräter in ihm** they suspected him of being a traitor

**argwöhnisch** *(geh.)* **1.** *Adj.* suspicious. **2.** *adv.* suspiciously

**Aridität** [aridiˈtɛːt] **die**; ~ *(Geogr.)* aridity

**Arie** [ˈaːri̯ə] **die**; ~, ~n aria

**Arier** [ˈaːri̯ɐ] **der**; ~s, ~ *(Völkerk., Sprachw., ns.)* Aryan

**arisch** *Adj. (Völkerk., Sprachw., ns.)* Aryan

**arisieren** *tr. V. (ns.)* Aryanize

**Aristokrat** [arɪstoˈkraːt] **der**; ~en, ~en aristocrat

**Aristokratie** [arɪstokraˈtiː] **die**; ~, ~n aristocracy

**Aristokratin die**; ~, ~nen aristocrat

**aristokratisch 1.** *Adj.* aristocratic. **2.** *adv.* aristocratically

**Aristoteles** [arɪsˈtoːtelɛs] **(der)** Aristotle

**Aristoteliker** [arɪstoˈteːlikɐ] **der**; ~s, ~: Aristotelian

**aristotelisch** *Adj.; nicht präd.* Aristotelian

**Arithmetik** [arɪtˈmeːtɪk] **die**; ~, ~en **a)** *o. Pl.* arithmetic *no art.*; **b)** *(Buch)* textbook on arithmetic

**arithmetisch 1.** *Adj.* arithmetical. **2.** *adv.* arithmetically
**Arkade** [ar'ka:də] **die; ~, ~n a)** arch; **in** *od.* **unter den ~n** under the arcade; **b)** *(Bogenreihe, Gang)* arcade
**arkadisch** *(dichter.) Adj.* Arcadian
**Arktis** ['arktɪs] **die; ~** *(Geogr.)* **die ~:** the Arctic
**arktisch 1.** *Adj. (auch fig.)* arctic. **2.** *adv.* **das Klima ist ~ beeinflußt** the climate is influenced by the Arctic
**Arkus** ['arkʊs] **der; ~, ~** ['arku:s] *(Geom.)* arc
**arm** [arm], **ärmer** ['ɛrmɐ], **ärmst...** ['ɛrmst...] *Adj. (auch fig.)* poor; **wir sind um 100 Mark ärmer** we are 100 marks worse off *or* [the] poorer; **~ und reich** *(veralt.)* rich and poor [alike]; **die Gegensätze zwischen Arm und Reich** the differences between rich and poor; **selig sind, die da geistlich ~ sind** *(bibl.)* blessed are the poor in spirit; **um etw. ärmer sein/werden** have lost/lose sth.; **~ an Bodenschätzen/Nährstoffen** poor in mineral resources/nutrients; **das Gebiet ist ~ an Wasser** the area is short of water; **~ an Vitaminen sein** ⟨*food*⟩ be lacking in *or* low in vitamins; **der/die Ärmste** *od.* **Arme** the poor man/boy/woman/girl; **ach, du Armer** *od.* **Ärmster!** *(meist iron.)* oh, you poor thing!; **ich Armer!** *(dichter. veralt.)* woe is me!; *s. auch* **dran b**
**Arm der; ~[e]s, ~e a)** arm; **jmdn. am ~ führen** lead sb. by the arm; **er nahm** *od.* *(geh.)* **schloß sie in die ~e** he took her in his arms; **jmdm. in die ~e fallen** *od.* *(geh.)* **sinken** fall *or* sink into sb.'s arms; **nimm mich auf den ~!** carry me!; **etw. unter den ~ nehmen** put sth. under one's arm; **einen Mantel über dem ~ tragen** carry a coat over one's arm; **jmds. ~ nehmen** take sb.'s arm; take sb. by the arm; **jmdm. den ~ bieten** *(geh.)* offer sb. one's arm; **jmdn. im ~ halten** embrace sb.; **sich** *(Dat.)* **in den ~en liegen** lie in each other's *or* one another's arms; **sich aus jmds. ~en lösen** *(geh.)* free oneself from sb.'s embrace; **er hat einen langen ~** *(fig.)* his power and influence extend a long way; **den längeren ~ haben** *(fig. ugs.)* have more clout *(coll.)*; **jmds. verlängerter ~ sein** *(fig.)* be sb.'s tool *or* instrument; **jmdn. auf den ~ nehmen** *(fig. ugs.)* have sb. on *(Brit. coll.)*; pull sb.'s leg; **jmdm. in den ~ fallen** *(fig.)* stay sb.'s hand; **jmdm. in die ~e laufen** bump *or* run into sb.; **er ist mir in die ~e gelaufen** I bumped *or* ran into him; **jmdn. jmdm. in die ~e treiben** drive sb. into sb.'s arms; **jmdn. dem Alkoholismus/Terrorismus in die ~e treiben** drive sb. to alcoholism/to adopt terrorist tactics; **sich jmdm. in die ~e werfen** throw oneself into sb.'s arms; **jmdn. mit offenen ~en aufnehmen** *od.* **empfangen** welcome sb. with open arms; **jmdm. [mit etw.] unter die ~e greifen** help sb. out [with sth.]; **jmdn. am steifen ~ verhungern lassen** *(salopp)* put the screws *(coll.)* *or* *(sl.)* squeeze on sb.; *s. auch* **Bein a; b)** *(armartiger Teil)* arm; *(einer Waage)* beam; **c)** *(Ärmel)* arm; sleeve; **ein Hemd/eine Bluse mit halbem ~:** a short-sleeved shirt/blouse
**Armada** [ar'ma:da] **die; ~, Armaden** *u.* **~s** *(auch fig.)* armada
**arm·amputiert** *Adj.* ⟨*person*⟩ with an *or* one arm/both [his/her] arms amputated; **er ist ~:** he has had an arm/both [his] arms amputated
**Armatur** [arma'tu:ɐ] **die; ~, ~en** *(Technik)* **a)** fitting; **b)** *meist Pl. (im Kfz)* instrument
**Armaturen·brett das** instrument panel; *(im Kfz)* dashboard
**Arm-: ~band das** bracelet; *(Uhr~)* strap; **~band·uhr die** wrist-watch; **~beuge die a)** inside of the/one's elbow; crook of the/one's arm; **b)** *(Turnen)* press-up *(Brit.)*; push-up; **~bewegung die** arm movement; **~binde die a)** armband; **b)** *(Med.)* sling; **~bruch der** fracture of the arm; **er wurde mit einem ~bruch ins Krankenhaus gebracht** he was taken to hospital with a fractured arm; **~brust die** crossbow
**Ärmchen** ['ɛrmçən] **das; ~s, ~:** [little] arm
**Arme der/die;** *adj. Dekl.* poor man/woman; pauper; **die ~n** the poor *pl.*; *s. auch* **arm**
**Armee** [ar'me:] **die; ~, ~n a)** *(Streitkräfte)* armed forces *pl.*; **b)** *(Landstreitkräfte, Verband, fig.)* army
**Armee-: ~fahrzeug das** army vehicle; **~korps das** army corps
**Ärmel** ['ɛrməl] **der; ~s, ~:** sleeve; **die ~ hochkrempeln** *(fig. ugs.)* roll up one's sleeves; **[sich** *(Dat.)***] etw. aus dem ~ schütteln** *(ugs.)* produce sth. just like that; **leck mich am ~!** *(salopp verhüll.)* get stuffed *(Brit. sl.)*
**Ärmel·auf·schlag der** cuff
**Ärmeleute-: ~essen das** poor man's food; **~geruch der** smell of poverty; **~viertel das** poor district
**Ärmel·halter der** sleeve-band
**Ärmel·kanal der** *(Geogr.)* **der ~:** the [English] Channel
**Ärmel·schoner der; ~s, ~, Ärmelschützer der; ~s, ~:** oversleeve
**Armen-: ~haus das** *(hist., fig.)* poorhouse; **Irland war das ~haus Europas** *(fig.)* Ireland was the poor man of Europe; **~häusler der** *(hist.)* inmate of the poorhouse
**Armenien** [ar'me:niən] **(das); ~s** Armenia
**Armenier der; ~s, ~, Armenierin die; ~, ~nen** Armenian
**armenisch** *Adj.* Armenian; *s. auch* **deutsch, Deutsch**
**Armen-: ~kasse die** poor-relief fund; **~recht das;** *o. Pl. (Rechtsw.)* right to legal aid; **~viertel das** poor district
**Armensünder-** *(österr.) s.* **Armsünder-**
**ärmer** *s.* **arm**
**Arme·sünder der; des Armensünders, die Armensünder (ein Armersünder, zwei Armesünder)** *(veralt.)* condemned man; **wie ein Armersünder dasitzen** *(ugs.)* sit there looking a picture of misery and remorse
**Armesünder·glocke die** *s.* **Armsündergloeke**
**armieren** *tr. V.* **a)** *(Milit. veralt.)* arm; **b)** *(Technik)* reinforce ⟨*concrete*⟩; armour, sheathe ⟨*cable*⟩
**-armig** *adj.* -armed; **sieben~:** seven-armed ⟨*candelabrum*⟩; **dick~:** ⟨*person*⟩ with fat arms
**Arm-: ~länge die** arm length; *(Abstand)* arm's length; **ein Stück von ~länge** a piece the length of an *or* one's arm; **~lehne die** armrest; **~leuchter der a)** candelabra; **b)** *(ugs. verhüll.)* berk *(Brit. sl.)*; jerk *(sl.)*
**ärmlich** ['ɛrmlɪç] **1.** *Adj.* cheap ⟨*clothing*⟩; shabby ⟨*flat, office*⟩; meagre ⟨*meal*⟩; **in ~en Verhältnissen leben** live in impoverished circumstances; **aus ~en Verhältnissen** from a poor family. **2.** *adv.* cheaply ⟨*dressed, furnished*⟩; **~ leben/wohnen** live in impoverished circumstances
**Ärmlichkeit die; ~ a)** *s.* **ärmlich a:** cheapness; shabbiness; meagreness; **b)** *(Armut)* poverty
**Ärmling** ['ɛrmlɪŋ] **der; ~s, ~e** oversleeve
**Arm-: ~loch das a)** armhole; **b)** *(salopp verhüll.)* berk *(Brit. sl.)*; jerk *(sl.)*; **~muskel der** arm muscle; **~prothese die** artificial arm; arm prosthesis *(Med.)*; **~reif der** armlet; **~schiene die a)** *(hist.)* *(für den Oberarm)* brassard; *(für den Unterarm)* vambrace; **b)** *(Med.)* arm-splint
**arm·selig 1.** *Adj.* **a)** *(sehr arm, dürftig, unbefriedigend)* miserable; miserable, wretched ⟨*dwelling*⟩; pathetic ⟨*result, figure*⟩; meagre ⟨*meal, food*⟩; paltry ⟨*return, salary, sum, fee*⟩; **~e 10 Mark** a paltry 10 marks; **b)** *(abwertend: erbärmlich)* miserable, wretched ⟨*swindler, quack*⟩; pathetic, miserable, wretched ⟨*coward*⟩; pathetic, miserable ⟨*amateur, bungler*⟩. **2.** *adv.* **~ leben** lead *or* live a miserable life; **~ eingerichtet** miserably *or* wretchedly furnished
**Armseligkeit die; ~** *s.* **armselig 1:** miserableness; wretchedness; patheticness; meagreness; paltriness
**Arm·sessel der** armchair
**ärmst...** *s.* **arm**
**Arm-: ~stuhl der** armchair; **~stumpf der** stump of the/one's arm
**Armsünder-: ~glocke die** *(hist.) bell tolled during an execution;* **~miene die** *(scherzh.)* expression of misery and remorse
**Armut** ['armu:t] **die; ~** *(auch fig.)* poverty; **die ~ des Landes an Rohstoffen** *(fig.)* the country's lack of raw materials; **geistige ~** *(fig.)* lack of culture; cultural poverty
**Armuts·zeugnis das** *in* **ein ~ sein** be a sign of inadequacy; **jmdm. ein ~ ausstellen** expose sb.'s inadequacy
**Armvoll der; ~, ~:** armful; **zwei ~ Reisig** two armfuls of brushwood
**Arnika** ['arnika] **die; ~, ~s** arnica
**Arom** [a'ro:m] **das; ~s, ~e** *(dichter.) s.* **Aroma a**
**Aroma** [a'ro:ma] **das; ~s, Aromen** *od.* *(veralt.)* **Aromata a)** *(Duft)* aroma; *(Geschmack)* flavour; taste; **b)** *(Substanz, Essenz)* flavouring
**aromatisch** [aro'ma:tɪʃ] *Adj.* **a)** *(duftend)* aromatic; **~ duften** give off an aromatic fragrance; **b)** *(wohlschmeckend)* distinctive ⟨*taste*⟩; **sehr ~ schmecken** have a very distinctive taste
**aromatisieren** *tr. V. (wohlriechend machen)* aromatize; *(wohlschmeckend machen)* flavour ⟨*tea, ice-cream, chewing-gum, etc.*⟩
**Aron[s]·stab** ['a:rɔn(s)-] **der** arum; **Gefleckter ~:** cuckoo-pint; lords-and-ladies
**Arrak** ['arak] **der; ~s, ~e** *od.* **~s** arrack
**Arrangement** [arɑ̃ʒə'mɑ̃:] **das; ~s, ~s** *(geh., Mus.)* arrangement; **ein ~ treffen** come to an arrangement; **~: Gil Evans** arranger: Gil Evans
**Arrangeur** [arɑ̃'ʒø:ɐ] **der; ~s, ~e** *(Musik)* arranger
**arrangieren** [arɑ̃'ʒi:rən] **1.** *tr. V. (geh., Musik)* arrange. **2.** *itr. V. (Musik)* **er kann gut ~:** he's a good arranger. **3.** *refl. V.* **sich ~:** adapt, adjust; **sich mit jmdm. ~:** come to an accommodation with sb.; **sich mit etw. ~:** come to terms with sth.
**Arrest** [a'rɛst] **der; ~[e]s, ~e a)** *(Milit., Rechtsw., Schule)* detention; **einen Schüler mit ~ bestrafen** *(veralt.)* punish a pupil by putting him in detention; **b)** *(Zivilrecht)* **persönlicher ~:** attachment; **dinglicher ~:** attachment; distraint; **etw. unter ~ stellen** *od.* **mit ~ belegen** attach sth.
**Arrestant** [arɛs'tant] **der; ~en, ~en** detainee
**Arrest·zelle die** detention cell
**arretieren** [are'ti:rən] *tr. V.* **a)** *auch itr.* lock; **b)** *(veralt.: festnehmen)* detain; arrest
**Arretierung die; ~, ~en a)** locking; **b)** *(Vorrichtung)* latch; **c)** *(veralt.: Festnahme)* detention; arrest
**Arrhythmie** [arʏt'mi:] **die; ~, ~n** *(Med.)* arrhythmia
**arrivieren** [ari'vi:rən] *itr. V.; mit sein (geh.)* arrive; **zum Superstar/zum Staatsfeind Nummer eins ~:** achieve superstar status/become public enemy number one; **ein arrivierter Schriftsteller** a successful writer; *(abwertend)* a parvenu writer
**Arrivierte der/die;** *adj. Dekl. (geh.)* man/woman who has/had arrived; *(abwertend: Emporkömmling)* parvenu
**arrogant** [aro'gant] *(abwertend)* **1.** *Adj.* arrogant. **2.** *adv.* arrogantly
**Arroganz** [aro'gants] **die; ~** *(abwertend)* arrogance
**arrondieren** [arɔn'di:rən] *tr. V. (geh.)* round off ⟨*property, territory, etc.*⟩
**Arsch** [arʃ] **der; ~[e]s, Ärsche** ['ɛrʃə] *(derb)* **a)**

arse *(Brit. coarse);* bum *(Brit. sl.);* ass *(Amer. sl.);* **den ~ voll kriegen** get a bloody good hiding *(Brit. sl.);* **der ~ der Welt** *(fig.)* the back of beyond; **ihm geht der ~ mit Grundeis** *(fig.)* he is scared shitless *(coarse);* he is shitting himself *(coarse);* **den ~ offen haben** *(fig.)* be round the bloody twist *(Brit. sl.);* be crazy; **den ~ zukneifen** *(fig.)* kick the bucket *(sl.);* croak *(sl.);* **jmdm. den ~ aufreißen** *(fig.)* make sb. sweat blood; **jmdn. am ~ haben** *(fig.)* have sb. by the short and curlies *(Brit. sl.);* have sb. by the balls *(coarse);* **leck mich am ~!** *(fig.)* piss off *(coarse);* get stuffed *(Brit. sl.); (verflucht noch mal!; na, so was!)* bugger me! *(Brit. coarse);* **er kann mich [mal] am ~ lecken** *(fig.)* he can piss off *(coarse);* he can kiss my arse *(Brit. coarse) or* ass *(Amer. sl.);* **auf den ~ fallen** *(fig.)* come unstuck *(coll.);* **sich auf den ~ setzen** *(fig.) (fleißig arbeiten)* get *or* pull one's finger out *(sl.); (perplex sein)* freak *(sl.);* **jmdm. in den ~ kriechen** *(fig.)* kiss sb.'s arse *(Brit. coarse) or* ass *(Amer. sl.);* **das kannst du dir in den ~ stecken** *(fig.)* you can shove it up your arse *(Brit. coarse) or* ass *(Amer. sl.);* **ich könnte mir in den ~ beißen** I could kick myself; **jmdm. in den ~ treten** kick sb. *or* give sb. a kick up the arse *(Brit. coarse) or* kick in the ass *(Amer. sl.); (fig.)* give sb. a kick up the backside; **im ~ sein** *(fig.)* be buggered *(coarse);* **ein [ganzer] ~ voll** *(fig.)* a hell of a lot; **b)** *(widerlicher Mensch)* arse-hole *(Brit. coarse);* ass-hole *(Amer. sl.);* **~ mit Ohren** arse-hole *(Brit. coarse);* ass-hole *(Amer. sl.);* **c)** *(nichts geltender Mensch)* piece of dirt

**ạrsch-, Ạrsch-: ~backe die** *(derb)* cheek *(sl.)* [of the/one's arse *(Brit. coarse) or* bum *(Brit. sl.) or* ass *(Amer. sl.)*]; **~ficker der** *(vulg.)* arse-fucker *(Brit. coarse);* bum-fucker *(Brit. coarse);* butt-fucker *(Amer. coarse);* **~geige die** *(derb abwertend)* arse-hole *(Brit. coarse);* **~klar** *Adj. (derb)* bloody *(Brit. sl.) or* damned obvious; **Ich mache mit. Ist doch ~klar** I'm game. 'Course I bloody am *(Brit. sl.);* **~kriecher der** *(derb abwertend)* arse-licker *(Brit. coarse);* ass-licker *(Amer. sl.);* **~kriecherei die** *(derb abwertend)* arse-licking *(Brit. coarse);* ass-licking *(Brit.);* **~loch das** *(derb)* **a)** *(widerlicher Mensch)* arse-hole *(Brit. coarse);* ass-hole *(Amer. sl.);* **Mensch, ich bin doch ein ~loch** what a stupid arse *(Brit. coarse) or (Amer. sl.)* ass I am; **b)** *(bedauernswerter Mensch)* poor bloody sod *(Brit. sl.);* poor bastard; **~-und-Titten-Presse die;** *o. Pl. (salopp)* tit-and-bum press *(Brit. sl.);* tit-and-ass press *(Amer. sl.);* **~wisch der** *(derb abwertend)* useless piece of paper

**Arsen** [ar'ze:n] **das; ~s** arsenic

**Arsenal** [arze'na:l] **das; ~s, ~e** arsenal

**arsen·haltig** *Adj.* containing arsenic *postpos., not pred.;* arsenical; **~/stark ~ sein** contain arsenic/have a high arsenic content

**Arsenik** [ar'ze:nɪk] **das; ~s** arsenic; arsenic trioxide

**Art** [a:ɐ̯t] **die; ~, ~en a)** *(Sorte)* kind; sort; *(Biol.: Spezies)* species; **Tische/Bücher aller ~:** tables/books of all kinds *or* sorts; all kinds *or* sorts of tables/books; **einzig in seiner ~:** unique of its kind; **ein Verbrecher übelster ~:** the worst sort *or* kind of criminal; **jede ~ von Gewalt ablehnen** reject all forms of violence; **diese ~ [von] Menschen** that kind *or* sort of person; people like that; **[so] eine ~ ...:** a sort *or* kind of ...; **aus der ~ schlagen** not be true to type; *(in einer Familie)* be different from all the rest of the family; **in der ~ eines Gorillas** like a gorilla; **b)** *o. Pl. (Wesen)* nature; *(Verhaltensweise)* manner; way; **es liegt nicht in ihrer ~** *od.* **ist nicht ihre ~, das zu tun** it's not [in] her nature to do that; **das entspricht nicht seiner ~:** it's not [in] his nature; that's not his way; **c)** *o. Pl. (gutes Benehmen)* behaviour; **das ist doch keine ~!** that's no way to behave!; **was ist denn das für eine ~?** what sort of behaviour is that?; **die feine englische ~** *(ugs.)* the proper way to behave; **d)** *(Weise)* way; **auf diese ~:** in this way; **auf verschiedene ~en** in various ways; **auf welche ~?** in what way?; **auf grausamste ~:** in the cruellest way; **in einer ~:** in a way; **die richtige ~, darauf zu reagieren** the right way to react to it; **auf die eine oder andere ~:** in one way or another; **~ und Weise** way; **seine ~ und Weise zu arbeiten** his way of working; **Schweinesteak nach ~ des Hauses** *(Kochk.)* pork steak à la maison; **nach Schweizer** *od.* **auf schweizerische ~** *(Kochk.)* Swiss style; **daß es eine ~ hat/hatte** *(veralt.)* with a vengeance

**Art·angabe die** *(Sprachw.)* adverb of manner; *(Phrase)* adverbial phrase of manner

**Artefakt** [arte'fakt] **das; ~[e]s, ~e** *(geh.)* artefact

**art·eigen** *Adj. (Biol.)* species-specific

**arten·reich** *Adj. (Biol.)* species-rich

**Arten·reichtum der** *(Biol.)* species-richness

**art·erhaltend** *(Biol., Verhaltensf.) Adj.* species-preserving

**Art·erhaltung die** *(Biol., Verhaltensf.)* preservation of the species

**Arterie** [ar'te:ri̯ə] **die; ~, ~n** artery

**arteriell** [arte'ri̯ɛl] *Adj. (Anat.)* arterial

**Arterien·verkalkung die** hardening of the arteries; arteriosclerosis *(Med.)*

**Arterio·sklerose** [arteri̯o-] **die** *(Med.)* arteriosclerosis

**artesisch** [ar'te:zɪʃ] *Adj.* **in ~er Brunnen** artesian well

**ạrt-, Ạrt-: ~fremd** *Adj. (Biol.)* foreign [to a/the species]; **~genosse der** conspecific; creature of the same species; **~gleich** *Adj. (Biol.)* ⟨*animal, individual*⟩ of the same species

**Arthritis** [ar'tri:tɪs] **die; ~, Arthritiden** *(Med.)* arthritis

**arthritisch** *(Med.) Adj.* arthritic

**Arthrose** [ar'tro:zə] **die; ~, ~n** *(Med.)* arthrosis

**artifiziell** [artifi'tsi̯ɛl] *(geh.)* **1.** *Adj.* artificial. **2.** *adv.* artificially

**ạrtig 1.** *Adj.* **a)** well-behaved; good; **sei ~:** be good; be a good boy/girl/dog *etc.*; **b)** *(geh. veralt.: höflich)* courteous; **c)** *(veralt.: nett)* charming. **2.** *adv.* **a) sich ~ benehmen** be good; behave well; **b)** *(geh. veralt.: höflich)* courteously; **c)** *(veralt.: nett)* charmingly

**-artig 1.** *Adj.* **marmor~/gold~** marble-like/gold-like. **2.** *adv.* **sich explosions~ vermehren** increase explosively; **sich kegel~ verjüngen** taper like a cone

**Ạrtigkeit die; ~, ~en a)** *o. Pl. (geh. veralt.)* courteousness; **b)** *(Redensart)* pleasantry; *(Kompliment)* compliment; **jmdm. ~en sagen** say nice things to sb./pay sb. compliments

**Artikel** [ar'ti:kl̩] **der; ~s, ~ a)** article; **b)** *(Ware)* article; item

**Artikulation** [artikula'tsi̯o:n] **die; ~, ~en** articulation

**artikulieren 1.** *tr., itr. V.* articulate; enunciate; *(Sprachw., geh.: zum Ausdruck bringen)* articulate. **2.** *refl. V.* **a)** *(sich ausdrücken)* express oneself; **b)** *(zum Ausdruck kommen)* express itself; be expressed

**Artillerie** [artɪlə'ri:] **die; ~, ~n** artillery

**Artillerie·beschuß der** artillery fire

**Artillerist der; ~en, ~en** artilleryman

**artilleristisch** *(Milit.)* **1.** *Adj.* **~e Unterstützung** artillery support. **2.** *adv.* **~ unterstützt werden** have artillery support

**Artischocke** [arti'ʃɔkə] **die; ~, ~n** artichoke

**Artischọcken·boden der** artichoke bottom

**Artist** [ar'tɪst] **der; ~en, ~en a)** [variety/circus] artiste *or* performer; **b)** *(geh.: Virtuose)* artist

**Artịstik die; ~ a)** circus/variety performance *no art.;* **b)** *(Geschicklichkeit)* skill; **c)** *(geh.: formale Könnerschaft)* artistry

**Artịstin die; ~, ~nen** *s.* **Artist**

**artịstisch 1.** *Adj.* **a) eine ~e Glanzleistung** a superb circus/variety performance; **sein ~es Können** his skill as a [circus/variety] artiste; **b)** *(geschickt)* masterly; **c)** *(geh.: technisch perfekt)* virtuoso *attrib.* **2.** *adv.* **a) eine ~ anspruchsvolle Nummer** a circus/variety act of great virtuosity; **b)** *(geschickt)* in a masterly way *or* fashion; **c)** *(geh.: technisch perfekt)* with great artistry *or* virtuosity

**Artothek** [arto'te:k] **die; ~, ~en** art lending library

**Artus** ['artʊs] **(der)** [King] Arthur

**art·verwandt** *Adj.* related

**Arznei** [a:ɐ̯ts'nai̯] **die; ~, ~en** *(veralt.)* medicine; medicament; *(zur äußeren Anwendung)* medicament; **eine bittere/heilsame ~ für jmdn. sein** *(fig. ugs.)* be a painful/salutary lesson for sb.

**Arznei-: ~buch das** pharmacopoeia; **~kunde, ~lehre die** pharmacology; **~mittel das** medicine; medicament; *(zur äußeren Anwendung)* medicament; **~mittel·gesetz das** *law relating to the manufacture and distribution of medicines;* **~mittel·mißbrauch der** abuse of medicines; **~mittel·sucht die** addiction to medicines; pharmacomania *(Med.);* **~schränkchen das** medicine cabinet

**Arzt** [a:ɐ̯tst] **der; ~es, Ärzte** ['ɛ:ɐ̯tstə] doctor; physician *(arch./formal);* **zum ~ gehen** go to the doctor['s]; **Sie sollten mal zum ~ gehen** you ought to see a/the doctor; **praktischer ~,** *(fachspr.)* **~ für Allgemeinmedizin** general practitioner; GP; **..., wie vom ~ verordnet** ... as directed by a physician; **ein ~ für Kinder-/Frauenkrankheiten** a paediatrician/gynaecologist

**Arzt·beruf der;** *o. Pl.* job of doctor; **in den ~ drängen** crowd into the medical profession; **den ~ ergreifen** become a doctor

**Ärzte-: ~kammer die:** *professional body of doctors;* ≈ General Medical Council *(Brit.);* **~muster das** medical sample

**Ärzteschaft die; ~:** medical profession

**Arzt-: ~frau die** doctor's wife; **~helferin die** doctor's receptionist

**Ärztin** ['ɛ:ɐ̯tstɪn] **die; ~, ~nen** doctor; physician *(formal); s. auch* **Arzt; -in**

**ärztlich** ['ɛ:ɐ̯tstlɪç] **1.** *Adj.* medical; **auf ~e Verordnung** on doctor's orders; **alle ~e Kunst** all the doctor's/doctors' skill. **2.** *adv.* **sich ~ behandeln lassen** have medical treatment; **„~ empfohlen"** 'recommended by doctors'

**Arzt-: ~praxis die** doctor's surgery *(Brit.) or* practice; **~rechnung die** doctor's bill; **~wahl die: das Recht der freien ~wahl** the right to choose one's doctor

**as, [1]As** [as] **das; ~, ~** *(Musik)* [key of] A flat

**[2]Ạs das; ~ses, ~se** ace

**A-Saite die** *(Musik)* A-string

**Asbest** [as'bɛst] **der; ~[e]s, ~e** asbestos

**Asbẹst-: ~anzug der** asbestos suit; **~platte die** *(für Töpfe)* asbestos mat; *(für Bügeleisen)* asbestos stand

**Ạsch·becher der** *s.* **Aschenbecher**

**ạsch·blond** *Adj.* ash blond

**Asche** ['aʃə] **die; ~, ~n** ash[es *pl.*]; *(sterbliche Reste)* ashes *pl.*; **in ~ liegen/legen** *(fig. geh.)* lie/lay in ashes; **sich** *(Dat.)* **~ aufs Haupt streuen** *(fig. geh.)* wear sackcloth and ashes

**Ạsch·eimer der** *(nordd.)* rubbish *or* waste bin

**Ạschen-: ~bahn die** *(Sport)* cinder-track; **~becher der** ashtray

**Ạschen·brödel** [-brø:dl̩] **das; ~s, ~** *(auch fig.)* Cinderella

**Ạschen-: ~eimer der** *(nordd.) s.* **Mülleimer; ~platz der** *(Tennis)* cinder-court

**Ạschen·puttel** [-pʊtl] **das; ~s,** *~ s.* Aschenbrödel

**Ạschen·regen der** rain of ash

**Ạscher der; ~s, ~** *(ugs.)* ashtray

**Ascher·mịttwoch der** Ash Wednesday

**ạsch-: ~fahl** *Adj.* ashen; **~grau** *Adj.* ash-grey; *(~fahl)* ashen

**Ascorbin·säure** [askɔr'bi:n-] **die** ascorbic acid

**Ạs-Dur das** *(Musik)* A flat major; *s. auch* **A-Dur**

**Ase** ['a:zə] **der; ~n, ~n** *(germ. Myth.)* one of the Aesir; **die ~n** the Aesir

**äsen** [ɛ:zn̩] *itr. V. (Jägerspr.)* browse; *(weiden)* graze

**asẹptisch** *(Med.)* **1.** *Adj.* aseptic. **2.** *adv.* aseptically

**Äser** *s.* **Aas**

**ạsexuell 1.** *Adj.* asexual. **2.** *adv.* asexually

**Asiat** [a'zia:t] **der; ~en, ~en, Asiatin die; ~, ~nen** Asian

**asiatisch** *Adj.* Asian; *(ost~)* Asian; oriental; **~ aussehen** have an Asiatic look about one

**Asien** ['a:ziən] **(das); ~s** Asia

**Askese** [as'ke:zə] **die; ~:** asceticism

**Asket** [as'ke:t] **der; ~en, ~en** ascetic

**askẹtisch 1.** *Adj.* ascetic. **2.** *adv.* ascetically

**Äskulap·stab** [ɛsku'la:p-] **der** staff of Aesculapius

**ạs-Mọll das** *(Musik)* A flat minor

**Äsop** [ɛ'zo:p] **(der)** Aesop

**ạsozial 1.** *Adj.* asocial; *(gegen die Gesellschaft gerichtet)* antisocial; **ein ~er Mensch** a social misfit. **2.** *adv.* asocially; antisocially

**Ạsoziale der/die;** *adj. Dekl.* social misfit

**Asparagus** [as'pa:ragʊs] **der; ~ a)** *(Bot.)* asparagus; **b)** *(Grün)* asparagus fern

**Aspekt** [as'pɛkt] **der; ~[e]s, ~e** aspect

**Asphalt** [as'falt] **der; ~[e]s, ~e** asphalt

**Asphạlt·decke die** *(Straßenbau)* asphalt surface

**asphaltieren** *tr. V.* asphalt

**Asphạlt-: ~literat der** *(ns. abwertend) writer associated with urban rootlessness and decadence;* **~straße die** asphalt road

**Aspik** [as'pi:k] **der** *(österr. auch* **das**); ~s, ~e aspic

**Aspirant** [aspi'rant] **der; ~en, ~en, Aspirantin die; ~, ~nen a)** *(Anwärter)* candidate; **b)** *(DDR: Wissenschaftler)* research student *(with some teaching responsibilities)*

**Aspiration** [aspira'tsio:n] **die; ~, ~en** *(Sprachw.)* aspiration

**aspirieren 1.** *tr. V. (Sprachw.)* aspirate. **2.** *itr. V. (österr. geh.)* **auf etw.** *(Akk.)* **~:** be a candidate for sth.

**aß** [a:s] *1. u. 3. Pers. Sg. Prät. v.* **essen**

[1]**Aß** [as] **das; Asses, Asse** *(österr.) s.* [2]**As**

[2]**Ạß das; Asses, Asse** *(österr. ugs.: Abszeß)* boil

**assanieren** [asa'ni:rən] *tr. V. (österr.)* clean up

**äße** ['ɛ:sə] *1. u. 3. Pers. Sg. Konjunktiv II v.* **essen**

**Assekuranz** [aseku'rants] **die; ~, ~en** *(Wirtsch.)* assurance *(Brit.);* insurance

**Assel** ['asl] **die; ~, ~n a)** *(Zool.)* isopod; **b)** *(Keller~, Mauer~)* woodlouse

**Asservat** [asɛr'va:t] **das; ~[e]s, ~e** *(Rechtw.)* exhibit

**Assessor** [a'sɛsɔr] **der; ~s, ~en** [asɛ'so:rən], **Assessorin die; ~, ~nen** *holder of a higher civil service post, e.g. teacher or lawyer, who has passed the necessary examinations but has not yet completed his/her probationary period; s. auch* **-in**

**Assimilation** [asimila'tsio:n] **die; ~, ~en** *(auch fachspr.)* assimilation **(an +** *Akk.* to)

**assimilieren** *(auch fachspr.)* **1.** *tr. V.* assimilate. **2.** *refl. V.* assimilate **(an +** *Akk.* to)

**Assistent** [asɪs'tɛnt] **der, ~en, ~en, Assistentin die; ~, ~nen** assistant; *s. auch* **wissenschaftlich; -in**

**Assistenz** [asɪs'tɛnts] **die; ~, ~en** assistance

**Assistẹnz-: ~arzt der** junior doctor; **~professor der** assistant professor; reader *(Brit.)*

**assistieren** *itr. V.* **[jmdm.] ~:** assist [sb.] **(bei** at)

**Assonanz** [aso'nants] **die; ~, ~en** *(Verslehre)* assonance

**Assoziation** [asotsia'tsio:n] **die; ~, ~en** association

**Assoziatiọns·freiheit die** *(Rechtsw.)* freedom of association

**assoziativ** [asotsia'ti:f] **1.** *Adj.* associative. **2.** *adv.* associatively

**assoziieren 1.** *tr. V. (bes. Psych., geh.)* associate; **bei einem Namen** *usw.* **etw. ~:** associate sth. with a name *etc.* **2.** *itr. V.* make associations; **frei ~:** free-associate. **3.** *refl. V. (sich an-, zusammenschließen)* form an association; **der Sudan ist der EG assoziiert** the Sudan is associated with the EEC

**Ast** [ast] **der; ~[e]s, Äste** ['ɛstə] **a)** branch; bough; **den ~ absägen, auf dem man sitzt** *(fig. ugs.)* saw off the branch one is sitting on; **auf dem absteigenden ~ sein** *(fig. ugs.)* be going downhill; **b)** *(in Holz)* knot; **c)** *(landsch.) (Rücken)* back; *(Buckel)* hunchback; humpback; **sich** *(Dat.)* **einen ~ lachen** *(ugs.)* split one's sides [with laughter]

**AStA** ['asta] **der; ~[s], ~[s]** *od.* **Ạsten** *Abk.* **Allgemeiner Studentenausschuß** ≈ Students' Union

**Ästchen** ['ɛstçən] **das; ~s, ~** [small] branch

**Aster** ['astɐ] **die; ~, ~n** aster; *(Herbst~)* Michaelmas daisy

**Ạst·gabel die** *(zwischen Stamm und Ast)* fork of a/the tree; *(zwischen Ast und Zweig)* fork of a/the branch

**Ästhet** [ɛs'te:t] **der; ~en, ~en** aesthete

**Ästhetik** [ɛs'te:tɪk] **die; ~, ~en a)** aesthetics *sing.;* **b)** *(Buch)* [book on] aesthetics; **c)** *(das Ästhetische)* aesthetics *pl; (Schönheitssinn)* aesthetic sense; **er hat keinen Sinn für ~:** he has no aesthetic sense

**ästhetisch 1.** *Adj.* aesthetic. **2.** *adv.* aesthetically

**ästhetisieren** *tr. (auch itr.) V. (geh.)* aestheticize

**Ästhetizịsmus der; ~** *(geh.)* aestheticism

**ästhetizịstisch** *(geh.) Adj.* aestheticist; aestheticizing *attrib.*

**Asthma** ['astma] **das; ~s** asthma

**Asthmatiker** [ast'ma:tikɐ] **der; ~s, ~, Asthmatikerin die; ~, ~nen** asthmatic

**asthmatisch 1.** *Adj.* asthmatic. **2.** *adv.* asthmatically; **~ bedingte Beschwerden** complaints linked to asthma

**ạstig** *Adj.* knotty

**Ạst·loch das** knot-hole

**astral** [as'tra:l] *Adj.* astral

**Astral·leib der** astral body

**ạst·rein 1.** *Adj. (ugs.) (in Ordnung)* on the level *(coll.); (echt)* genuine; *(salopp: prima, toll)* fantastic *(coll.);* great *(coll.).* **2.** *adv. (salopp: prima)* fantastically *(coll.)*

**Astrologe** [astro'lo:gə] **der; ~n, ~n** astrologer; *(fig.)* forecaster; pundit; **DDR-/Kreml-~** *(fig.)* GDR-watcher/Kremlinwatcher *or* Kremlinologist

**Astrologie die; ~:** astrology *no art.*

**Astrologin die; ~, ~nen** *s.* **Astrologe**

**astrologisch 1.** *Adj.* astrological. **2.** *adv.* astrologically; **sich ~ beraten lassen** consult an astrologer

**Astronaut** [astro'naut] **der; ~en, ~en** astronaut

**Astronautik** [astro'nautɪk] **die; ~:** astronautics *sing., no art.*

**Astronautin die; ~, ~nen** astronaut; *s. auch* **-in**

**astronautisch 1.** *Adj.* astronautical. **2.** *adv.* astronautically; **~ interessiert** interested in astronautics; **jmdn. ~ ausbilden** train sb. in astronautics

**Astronom** [astro'no:m] **der; ~en, ~en** astronomer

**Astronomie die; ~:** astronomy *no art.*

**Astronomin die; ~, ~nen** astronomer

**astronomisch** *Adj.* astronomical

**astro-, Astro-** [astro-]: **~physik die** astrophysics *sing., no art.;* **~physikalisch 1.** *Adj.* astrophysical; **2.** *adv.* astrophysically; **~physiker der** astrophysicist

**Ạst·werk das; ~[e]s** branches *pl.*

**ASU** *Abk.* **Abgassonderuntersuchung**

**Äsung die; ~, ~en** *(Jägerspr.)* grazing

**Asyl** [a'zy:l] **das; ~s, ~e a)** [political] asylum; **jmdm. ~ gewähren** grant sb. asylum; **b)** *(Obdachlosen~)* hostel [for the homeless]

**Asylant** [azy'lant **der; ~en, ~en, Asylạntin die; ~, ~nen** person granted [political] asylum; *(Asylbewerber)* person seeking [political] asylum

**Asyl-: ~bewerber der** person seeking [political] asylum; **~recht das** *(Rechtsw.)* **a)** right of [political] asylum; **b)** *(eines Staates)* right to grant [political] asylum; **~werber der; ~s, ~** *(österr.) s.* **~bewerber**

**Ạsymmetrie die** asymmetry

**ạsymmetrisch 1.** *Adj.* asymmetrical. **2.** *adv.* asymmetrically

**ạsynchron 1.** *Adj.* asynchronous; **Bild und Ton sind ~:** sound and picture are out of synchronization. **2.** *adv.* asynchronously

**Aszendent** [astsɛn'dɛnt] **der; ~en, ~en** *(Astron., Astrol., Genealogie)* ascendant

**A. T.** *Abk.* **Altes Testament** OT

**ata** ['ata] *in* **~ [~] gehen** *(Kinderspr.)* go walkies *(child lang., coll.)*

**Atavismus** [ata'vɪsmʊs] **der; ~, Atavịsmen** *(Biol., Psych.)* atavism

**atavịstisch** *(Biol., Psych.)* **1.** *Adj.* atavistic. **2.** *adv.* atavistically

**Atelier** [atə'lie:] **das; ~s, ~s** studio

**Atelier-: ~aufnahme die** *(Film, Fot.)* studio shot; **~fest das** studio party; **~wohnung die** studio flat *(Brit.) or (Amer.)* apartment

**Atem** ['a:təm] **der; ~s** breath; **sein ~ wurde schneller** his breathing became faster; **einen kurzen ~ haben** be short of breath; *(fig.)* not have much staying-power; **einen langen/den längeren ~ haben** *(fig.)* have great/the greater staying power; **jmdn. in ~ halten** *(in Spannung halten)* keep sb. in suspense; *(pausenlos beschäftigen)* keep sb. busy *or* at it; **den ~ anhalten** hold one's breath; **jmdm. den ~ verschlagen** take sb.'s breath away; **~ holen** *od. (geh.)* **schöpfen** *(auch fig.)* get one's breath back; **außer ~ sein/geraten** *od.* **kommen** be/get out of breath; **[wieder] zu ~ kommen** get one's breath back; **nach ~ ringen** *(geh.)* gasp for air; *s. auch* **ausgehen 1 b**

**atem-, Atem-: ~beklemmung die** shortness of breath; **~beraubend 1.** *Adj.* breath-taking; **2.** *adv.* breath-takingly; **~beschwerden** *Pl.* trouble *sing.* with one's breathing; **~holen das** breathing; **der Taucher kam zum ~holen an die Oberfläche** the diver came up to the surface for air; **~los 1.** *Adj.* breathless; **2.** *adv.* breathlessly; **~losigkeit die; ~:** breathlessness; **~luft die;** *o. Pl.* the air one breathes; **~maske die** *(Med.)* breathing-mask; **~not die;** *o. Pl.* difficulty in breathing; **~pause die** breathing space; **~technik die** breathing technique; **~übung die** breathing exercise; **~wege** *Pl.* respiratory tract *sing. or* passages; **~zug der** breath; **bis zum letzten ~zug** *(geh.)* to the last breath; **in einem** *od.* **im selben ~zug** in the same breath

**Atheismus** [ate'ɪsmʊs] **der; ~:** atheism *no art.*

**Atheịst der; ~en, ~en, Atheịstin die; ~, ~nen** atheist

**atheịstisch 1.** *Adj.* atheistic. **2.** *adv.*

atheistically; **er ist ~ erzogen worden** he had an atheistic upbringing
**Athen** [a'te:n] **(das); ~s** Athens
**Athe̱ner 1.** *indekl. Adj.; nicht präd.* Athens *attrib.;* of Athens *postpos.* **2. der; ~s, ~:** Athenian; *s. auch* **Kölner**
**athe̱nisch** *Adj.* Athenian
**Äther** ['ɛ:tɐ] **der; ~s, ~** *(Chemie, Physik, geh.)* ether
**ätherisch** [ɛ'te:rɪʃ] *Adj. (Chemie, dichter.)* ethereal
**Ä̱ther-: ~narkose die** *(Med.)* ether anaesthesia; **~wellen** *Pl. (veralt.)* waves in the ether
**Äthiopien** [ɛ'ti̯o:pi̯ən] **(das); ~s** Ethiopia
**Äthio̱pier der; ~s, ~, Äthio̱pierin die; ~, ~nen** Ethiopian; *s. auch* **-in**
**Athlet** [at'le:t] **der; ~en, ~en a)** *(Sportler)* athlete; **b)** *(ugs.: kräftiger Mann)* muscleman
**Athletik** [at'le:tɪk] **die; ~:** athletics *sing., no art.*
**Athle̱tin die; ~, ~nen** athlete; *s. auch* **-in**
**athle̱tisch** *Adj.* athletic
**Äthyl·alkohol der** *(Chemie)* ethyl alcohol; ethanol
**Äthylen** [ɛty'le:n] **das; ~s** *(Chemie)* ethylene
**Atlant** [at'lant] **der; ~en, ~en** *(Archit.)* telamon; atlas
**Atlạnten** *s.* **¹Atlas, Atlant**
**Atlantik** [at'lantɪk] **der; -s** Atlantic
**atlạntisch** *(Geogr.) Adj.* Atlantic; **der Atlantische Ozean** the Atlantic Ocean
**¹Atlas** ['atlas] **der; ~** *od.* **~ses, Atlạnten** *od.* **~se** atlas
**²A̱tlas der; ~** *od.* **~ses, ~se** *(Textilw.)* atlas
**atmen** ['a:tmən] **1.** *itr. V.* breathe; *(Physiol., Bot.)* respire. **2.** *tr. V. (geh., auch fig.: erfüllt sein von)* breathe
**Atmosphäre** [atmo'sfɛ:rə] **die; ~, ~n** *(auch fig.)* atmosphere
**atmosphä̱risch 1.** *Adj.* atmospheric; *s. auch* **Störung b. 2.** *adv.* atmospherically
**A̱tmung die; ~:** breathing; *(Physiol., Bot.)* respiration
**A̱tmungs-: ~apparat der** *(Med.)* respirator; **~organ das** respiratory organ
**Ätna** ['ɛ:tna] **der; ~[s]** Mount Etna
**Atoll** [a'tɔl] **das; ~s, ~e** atoll
**Atom** [a'to:m] **das; ~s, ~e** atom
**atomar** [ato'ma:ɐ̯] **1.** *Adj.* atomic; *(Atomwaffen betreffend)* nuclear; nuclear, atomic ⟨*age, weapons*⟩. **2.** *adv.* **~ angetrieben** nuclear-powered; atomic-powered; **~ aufrüsten** build up nuclear arms
**Ato̱m-, ato̱m-: ~bombe die** nuclear bomb; atom bomb; **~bomben·sicher** *Adj.* nuclear-bomb-proof; **~bomben·versuch der** nuclear [weapons] test; **~bunker der** fall-out shelter; **~energie die;** *o. Pl.* nuclear *or* atomic energy *no indef. art.;* **~explosion die** nuclear *or* atomic explosion; **~gewicht das** atomic weight
**atomisi̱eren** *tr. V.* **a)** *(vernichten)* **etw. ~:** smash sth. to atoms; **b)** *(zerstäuben)* atomize ⟨*liquid*⟩; **c)** *(abwertend: zerstückelnd behandeln)* atomize
**Atomịsmus der; ~** *(Philos.)* atomism *no art.*
**ato̱m-, Ato̱m-: ~kern der** atomic nucleus; **~klub der** *(Politik ugs.)* nuclear club; **~kraft die;** *o. Pl.* nuclear *or* atomic power *no indef. art.;* **~kraft·werk das** nuclear *or* atomic power-station; **~krieg der** nuclear war; **~macht die** nuclear power; **~meiler der** atomic pile; **~modell das** *(Physik)* model of the/an atom; **~müll der** nuclear *or* atomic waste; **~physik die** nuclear *or* atomic physics *sing., no art.;* **~physiker der** nuclear *or* atomic physicist; **~pilz der** mushroom cloud; **~rakete die** nuclear *or* atomic missile; **~reaktor der** nuclear reactor; **~spreng·kopf der** nuclear warhead; **~stopp der** nuclear freeze; **~streit·macht die** nuclear force; **~strom der** *(ugs.)* electricity generated by nuclear power; **~tẹst·stopp·abkommen das** *(Politik)* nuclear test ban treaty; **~tod der;** *o. Pl.* death in a nuclear war/accident; **„Kampf dem ~tod!"** 'ban the bomb'; **~-U-Boot das** nuclear[-powered] submarine; **~uhr die** atomic clock; **~u̱ntersee·boot das** *s.* **~-U-Boot; ~waffe die** nuclear *or* atomic weapon; **~waffen·frei** *Adj.* nuclear-free; **~waffen·spẹrr·vertrag der** *(Politik)* Nuclear Nonproliferation Treaty; **~zeichen das** *(Chemie)* [chemical] symbol; **~zeit·alter das;** *o. Pl.* nuclear *or* atomic age; **~zerfall der** *(Physik)* radioactive decay; **~zertrümmerung die** *(Physik)* splitting of the atom
**ạtonal** *(Musik) Adj.* atonal
**Atonalitä̱t die; ~** *(Musik)* atonality
**ạtoxisch** *Adj. (bes. Biol., Med.)* non-toxic
**Atrium** ['a:triʊm] **das; ~s, A̱trien** atrium
**A̱trium·haus das** *(Archit.)* house with an atrium
**ätsch** [ɛ:tʃ] *Interj. (Kinderspr.)* ha ha
**Attaché** [ata'ʃe:] **der; ~s, ~s** attaché
**Attacke** [a'takə] **die; ~, ~n a)** *(auch Med.)* attack **(auf** + *Akk.* on); **b)** *(Reiter~)* [cavalry] charge; **eine ~ [gegen jmdn./etw.] reiten** charge [sb./sth.]; *(fig.)* make an attack [on sb./sth.]
**attacki̱eren** *tr. V.* **a)** attack; **b)** *(Milit.: zu Pferde)* charge
**Attentat** ['atnta:t] **das; ~[e]s, ~e** assassination attempt; *(erfolgreiches)* assassination; **ein ~ auf jmdn. verüben** make an attempt on sb.'s life/assassinate sb.; **ein ~ [auf jmdn.] vorhaben** *(fig. ugs. scherzh.)* want to ask a favour [of sb.]
**Attentäter** ['atṇtɛ:tɐ] **der; ~s, ~, A̱ttentäterin die; ~, ~nen** would-be assassin; *(bei erfolgreichem Attentat)* assassin
**Attest** [a'tɛst] **das; ~[e]s, ~e** medical certificate; doctor's certificate
**attesti̱eren** *tr. V.* certify; **jmdm. seine Unzurechnungsfähigkeit ~:** certify sb. as not responsible for his/her own actions
**Attika** ['atika] **(das); ~s** Attica
**attisch** ['atɪʃ] *Adj.* Attic
**Attitüde** [ati'ty:də] **die; ~, ~n** *(geh.)* posture
**Attraktion** [atrak'tsi̯o:n] **die; ~, ~en** attraction
**attraktiv** [atrak'ti:f] **1.** *Adj.* attractive. **2.** *adv.* attractively
**Attraktivität** [atraktivi'tɛ:t] **die; ~:** attractiveness
**Attrappe** [a'trapə] **die; ~, ~n** dummy; **die ~ eines Fernsehgeräts/einer Flasche** a dummy television set/bottle
**Attribut** [atri'bu:t] **das; ~[e]s, ~e** attribute
**attributiv** [atribu'ti:f] *(Sprachw.)* **1.** *Adj.* attributive. **2.** *adv.* attributively
**Attribu̱t·satz der** *(Sprachw.)* attributive clause
**atü** [a'ty:] *(veralt.) Abk.* **Atmosphärenüberdruck; 1 ~:** 2 atm.; **3 ~:** 4 atm.
**ạtypisch** *(geh.)* **1.** *Adj.* atypical. **2.** *adv.* atypically
**atzen** ['atsn̩] *tr. V. (Jägerspr.)* feed
**ätzen** ['ɛtsn̩] **1.** *tr. V.* **a)** etch; **b)** *(Med.)* cauterize ⟨*wound*⟩. **2.** *itr. V.* corrode
**ạ̈tzend 1.** *Adj.* **a)** corrosive; *(fig.)* caustic ⟨*wit, remark, criticism*⟩; pungent ⟨*smell*⟩; acrid ⟨*smoke*⟩; **b)** *(Jugendspr.) (gut)* great *(coll.);* ace *(sl.); (schlecht)* grotty *(Brit. sl.);* grot *(Brit. sl.).* **2.** *adv.* caustically ⟨*ironic, critical*⟩
**Ä̱tz·natron das** *(Chemie)* caustic soda
**Atzung die; ~, ~en a)** *(Jägerspr.)* **a)** *(Fütterung)* feeding; **b)** *(Nahrung)* food; *(fig. scherzh.)* fodder
**Ä̱tzung die; ~, ~en a)** etching; **b)** *(Med.)* cauterization
**au** [au̯] *Interj.* **a)** *(bei Schmerz)* ow; ouch; **b)** *(bei Überraschung, Begeisterung)* oh
**Au die; ~, ~en** *(südd., österr.) s.* **Aue a**
**aua** ['au̯a] *Interj. (ugs.; Kinderspr.)* ow; ouch
**Aubergine** [obɛr'ʒi:nə] **die; ~, ~n** aubergine *(Brit.);* egg-plant
**auch** [au̯x] **1.** *Adv.* **a)** *(ebenso, ebenfalls)* as well; too; also; **Klaus war ~ dabei** Klaus was there as well *or* too; Klaus was also there; **Ich gehe jetzt. – Ich ~:** I'm going now – So am I; **Mir ist warm. – Mir ~:** I feel warm – So do I; **... – Ja, das ~:** ... – Yes, that too; **~ gut!** that's all right too; **das kann ich ~!** I can do that too; **was er verspricht, tut er ~:** what he promises to do, he does; **wenn er sagt, er kommt, dann kommt er ~:** if he says he's going to come, then he'll come; **nicht nur ..., sondern ~ ...:** not only ..., but also ...; **grüß deine Frau und ~ die Kinder** give my regards to your wife and the children too; **sehr gut, aber ~ teuer** very good but expensive too; **~ das noch!** that's all I/we *etc.* need!; **oder ~:** or; **oder ~ nicht** or not, as the case may be; **das weiß ich ~ nicht** I don't know either; **ich weiß ~ das nicht** I don't know that either; **ich habe ~ keine Lust/kein Geld** I don't feel like it either/don't have any money either; **das hat ~ nichts genützt** that did not help either; **wir waren unter anderem ~ in Florenz** we were in Florence, among other places; *s. auch* **sowohl; b)** *(sogar, selbst)* even; **~ wenn** even if; **wenn ~:** even if *or* though; **ohne ~ nur zu fragen/eine Sekunde zu zögern** without even asking/hesitating for a second; **c)** *(außerdem, im übrigen)* besides; **und ich sehe ~ gar nicht ein, warum ...:** nor do I see why ...; and besides, I don't see why ... **2.** *Partikel* **a)** *not translated* **etwas anderes habe ich ~ nicht erwartet** I never expected anything else; **du bist aber ~ ein Trottel** *(ugs.)* you're a real idiot[, you are] *(coll.);* **so schlimm ist es ~ [wieder] nicht** it's not as bad as all that; **den Teufel ~:** damn it [all]!; **nun hör aber ~ zu!** now listen!; **wozu [denn] ~?** what's the point? why should I/you *etc.?;* **b)** *(zweifelnd)* **bist du dir ~ im klaren, was das bedeutet?** are you sure you unterstand what that means?; **bist du ~ glücklich?** are you truly happy?; **lügst du ~ nicht?** you're not lying, are you?; **c)** *(mit Interrogativpron.)* **wo .../wer .../wann .../was ...** *usw.* **~:** wherever/whoever/whenever/whatever *etc.* ...; **wie dem ~ sei** however that may be; **d)** *(konzessiv)* **mag er ~ noch so klug sein** however clever he may be; no matter how clever he is; **so oft ich ~ anrief** however often I rang; no matter how often I rang; **so gern ich es ~ täte, ...:** much as I should like to [do it]; **so sehr er sich ~ bemühte** much as he tried; **wenn ~!** never mind
**Audienz** [au̯'di̯ɛnts] **die; ~, ~en** audience
**Audimax** [au̯di'maks] **das; ~** *(Studentenspr.)* main lecture hall
**audiovisuell** [au̯di̯ovi'zu̯ɛl] **1.** *Adj.* audiovisual. **2.** *adv.* audio-visually
**auditiv** [au̯di'ti:f] **1.** *Adj.* auditory. **2.** *adv.* auditorily
**Auditorium** [au̯di'to:ri̯ʊm] **das; ~s, Audito̱rien a)** *(Hörsaal)* auditorium; **~ maximum** *(Hochschulw.)* main lecture hall; **b)** *(Zuhörerschaft)* audience
**Aue** ['au̯ə] **die; ~, ~en a)** *(dichter.)* mead *(poet.);* meadow; **b)** *(Geogr.)* water meadow
**A̱uen·wald der** riverside forest
**Auer-** ['au̯ɐ-]: **~hahn der** [cock] capercaillie; **~henne die** [female *or* hen] capercaillie; **~huhn das** capercaillie; **~ochse der** aurochs
**auf** [au̯f] **1.** *Präp. mit Dat.* **a)** on; **~ See** at sea; **~ dem Baum** in the tree; **~ der Erde** on earth; **~ der Welt** in the world; **~ der Straße** in the street; **~ dem Platz** in the square; **~ meinem Konto** in my account; **~ den Hebriden/Skye** in the Hebrides/on Skye; **~ Meereshöhe** at sea level; **~ beiden Augen blind** blind in both eyes; **das Thermometer steht ~ 15°** the thermometer stands at *or* says *or*

reads 15°; **b)** *(bei Räumen, Gebäuden, Institutionen)* at ‹*post office, town, hall, police station*›; **~ seinem Zimmer** *(ugs.)* in his room; **Geld ~ der Bank haben** have money in the bank; **~ der Polizei** *(ugs.)* at the police station; **~ der Schule/Uni** at school/university; **c)** *(bei Veranstaltungen o.ä.)* at ‹*party, wedding*›; on ‹*course, trip, walk, holiday, tour*›; **d) was hat es damit ~ sich?** what's it all about?; **damit hat es nichts/etwas ~ sich** there is nothing/something in it. **2.** *Präp. mit Akk.* **a)** on; on to; **sich ~ einen Stuhl setzen** sit down on a chair; **sich ~ das Bett legen** lie down on the bed; **er nahm den Rucksack ~ den Rücken** he lifted the rucksack up on to his back; **~ einen Berg steigen** climb up a mountain; **sich** *(Dat.)* **einen Hut ~ den Kopf setzen** put a hat on [one's head]; **~ den Mond fliegen** fly to the moon; **~ die See hinausfahren** go out to sea; **jmdm. ~ den Fuß treten** step on sb.'s foot; **~ die Straße gehen** go [out] into the street; **~ den Grund des Meeres sinken** sink to the bottom of the sea; **jmdn. ~ den Rücken legen** lay sb. on his/her back; **jmdn. ~ den Rücken drehen** turn sb. on to his/her back; **~ die Hebriden** to the Hebrides; **~ die andere Seite der Schranke gehen** go over to the other side of the barrier; **etw. ~ ein Konto überweisen** transfer sth. to an account; **das Thermometer ist ~ 0° gefallen** the thermometer has fallen to 0°; **~ ihn!** *(ugs.)* get him!; **b)** *(bei Institutionen, Veranstaltungen)* to; **~ die Schule/Uni gehen** go to school/university; **~ einen Lehrgang gehen** go on a course; **~ Reisen/Urlaub/Tournee gehen** go travelling/on holiday/on tour; **c)** *(bei Entfernungen)* **~ 10 km [Entfernung]** for [a distance of] 10 km; **wir näherten uns der Hütte [bis] ~ 30 m** we approached to within 30 m of the hut; **d)** *(zeitlich)* for; **~ Jahre [hinaus]** for years [to come]; **etw. ~ nächsten Mittwoch festlegen/verschieben** arrange sth. for/postpone sth. until next Wednesday; **die Nacht von Sonntag ~ Montag** Sunday night; **das fällt ~ einen Montag** it falls on a Monday; **wir verschieben es ~ den 3. Mai** we'll postpone it to the 3 May; **sich ~ morgen vertagen** adjourn until tomorrow; **komm doch mal ~ eine Tasse Tee herüber** come round for a cup of tea some time; **e)** *(zur Angabe der Art und Weise)* **~ diese Art und Weise** in this way; **~ die Tour erreichst du bei mir nichts** *(ugs.)* you won't get anywhere with me like that; **komm mir bloß nicht ~ die Sentimentale!** *(salopp)* don't try *or* come the old sentimental bit with me! *(sl.)*; **auf die Billige** *(salopp)* on the cheap; **~ deutsch** in German; **~ das sorgfältigste/herzlichste** *(geh.)* most carefully/warmly; **~ a enden** end in a; **Wörter ~ a** words ending in a; **f)** *(auf Grund)* **~ Wunsch** on request; **~ vielfachen Wunsch/wiederholte Aufforderung [hin]** in response to numerous requests/repeated demands; **~ meine Bitte** at my request; **~ seine Initiative** on his initiative; **~ Befehl** on command; **~ meinen Vorschlag [hin]** at my suggestion; **erst ~ meinen Brief [hin]** only as a result of my letter; **g)** *(sonstige Verwendungen)* **ein Teelöffel ~ einen Liter Wasser** one teaspoon to one litre of water; **das Bier geht ~ mich** *(ugs.)* the beer's on 'me *(coll.)*; **~ wen geht die Cola?** who's paying for the Coke?; **Welle ~ Welle brandete ans Ufer** wave upon wave broke on the shore; **einen Text ~ orthographische Fehler [hin] durchsehen** examine a text for orthographical errors; **jmdn. ~ Tb untersuchen** examine sb. for TB; **jmdn. ~ seine Eignung prüfen** test sb.'s suitability; **~ die Sekunde/den Millimeter [genau]** [precise] to the second/millimetre; **ein Kabel ~ 1,50 m kürzen/abschneiden** shorten a cable to 1.50 m; **~ ein gutes Gelingen** to our/your success; **~ deine Gesundheit** your health; **~ bald/morgen!** *(bes. südd.)* see you soon/tomorrow; **~ 10 zählen** *(bes. südd.)* count [up] to 10; *s. auch* **einmal 1 a; machen 3 f. 3.** *Adv.* **a)** *(Aufforderung, sich zu erheben)* **~!** up you get!; *(zu einem Hund)* up!; **Sprung ~! Marsch, marsch!** *(Milit.)* Up! At the double!; **b) sie waren längst ~ und davon** they had made off long before; **jetzt heißt's ~ und davon** it's time to be off; *s. auch* **aufsein, aufmachen, davonsein, davonmachen; c)** *(bes. südd.: los)* come on; **~ geht's** off we go; let's go; **d)** *(Aufforderung, sich aufzumachen)* **~ ins Schwimmbad!/nach Schifferstadt!** come on, off to the swimming-pool!/to Schifferstadt!; **e) ~ und ab** *od. (geh.)* **nieder** up and down; **das Auf und Ab** the up-and-down movement; **das Auf und Ab des Lebens** *(fig.)* the ups and downs of life; **f) ~ und ab** *(hin und her)* up and down; to and fro; **g)** *(Aufforderung, sich etw. aufzusetzen)* **Helm/Hut/Brille ~!** helmet/hat/glasses on!; **h)** *(Aufforderung, etw. zu öffnen)* **Fenster/Türen/Mund ~!** open the window/doors/your mouth!. **4. ~ daß** *Konj. (veralt.)* so that; **~ daß er sich nicht erkälte[te]** lest he should catch [a] cold

**auf|arbeiten** *tr. V.* **a)** *(erledigen)* catch up with ‹*correspondence etc.*›; **b)** *(studieren, analysieren)* review ‹*literature, material*›; look back on and reappraise ‹*one's past, childhood*›; **c)** *(restaurieren, überholen)* refurbish

**Aufarbeitung die; ~, ~en a)** *(Erledigung)* **die ~arbeitung der Post** catching up with the post *(Brit.) or* mail; **b)** *(das Studieren, Analysieren)* **die ~ der Literatur/Kindheit** reviewing the literature/looking back on and reappraising one's childhood; **c)** *(Restaurierung)* refurbishing

**auf|atmen** *itr. V.* **a)** *(fig.: erleichtert sein)* breathe a sigh of relief; **ein Aufatmen** a sigh of relief; **b)** *(tief atmen)* breathe deeply

**auf|backen** *regelm. (auch unr.) tr. V.* crisp up ‹*bread, rolls, etc.*›

**auf|bahren** *tr. V.* lay out ‹*body, corpse*›; **jmdn./einen Toten ~:** lay out sb.'s body; **aufgebahrt sein** ‹*king, president, etc.*› lie in state

**Auf·bau der; ~[e]s, ~ten a)** *o. Pl. (das Aufbauen)* construction; building; *(das Wiederaufbauen)* reconstruction; rebuilding; **b)** *o. Pl. (von Staat, Ökonomie, gesellschaftlicher Ordnung)* building; **den wirtschaftlichen ~ beschleunigen** speed up economic development; **c)** *o. Pl. (Biol.)* synthesis; **d)** *o. Pl. (Struktur)* structure; **e)** *Pl. (Schiffbau)* superstructure *sing.*; **f)** *(Bauw.)* superstructure; **einen zweistöckigen ~ genehmigen** approve the addition of two extra storeys; **g)** *(Kfz-W.)* body

**Aufbau·arbeit die** construction work; *(bei Wiederaufbau)* reconstruction work

**auf|bauen 1.** *tr. V.* **a)** *auch itr. (errichten, aufstellen)* erect ‹*hut, kiosk, podium*›; set up ‹*equipment, train set*›; build ‹*house, bridge*›; put up ‹*tent*›; *(wiederaufbauen)* rebuild ‹*house, bridge*›; **ein Haus neu ~:** rebuild a house; **b)** *(hinstellen, arrangieren)* lay *or* set out ‹*food, presents, etc.*›; **c)** *(fig.: schaffen)* build ‹*state, economy, social order, life, political party, etc.*›; build up ‹*business, organization, army, spy network*›; **sich** *(Dat.)* **ein neues Leben ~:** build a new life [for oneself]; **d)** *(fig.: strukturieren)* structure; **e)** *(fig.: fördern)* **jmdn./etw. zu etw. ~:** build sb./sth. up into sth.; **jmdn. als etw. ~:** build sb. up as sth.; **f)** *(gründen)* **etw. auf etw.** *(Dat.)* **~:** base sth. upon sth.; **g)** *(Biol.)* synthesize. **2.** *itr. V.* **auf etw.** *(Dat.)* **~:** be based on sth. **3.** *refl. V.* **a)** *(ugs.: sich hinstellen)* plant oneself (**vor** + *Dat.* in front of); **b)** *(sich zusammensetzen)* be composed (**aus** of); **c)** *(sich auftürmen, sich bilden)* ‹*clouds, pressure, tension, etc.*› build up

**aufbauend** *Adj.* constructive ‹*criticism, geological process*›; restorative ‹*medicine*›; nutrient ‹*substance*›

**auf|bäumen** ['aufbɔymən] *refl. V.* rear up; **sich gegen jmdn./etw. ~** *(fig.)* rise up against sb./sth.

**Aufbau·prinzip das** structural principle

**auf|bauschen 1.** *tr. V.* **a)** *(aufblähen)* billow; billow, belly [out] ‹*sail*›; **b)** *(fig.: hochspielen)* blow up *(coll.)*; exaggerate. **2.** *refl. V. (fig.: sich auswachsen)* **sich [zu etw.] ~:** blow up [into sth.] *(coll.)*

**Aufbauten** *s.* **Aufbau**

**auf|begehren** *itr. V. (geh.)* rebel

**auf|behalten** *unr. tr. V.* **etw. ~:** keep sth. on

**auf|beißen** *unr. tr. V.* **etw. ~:** bite sth. open; **sich** *(Dat.)* **die Lippe ~:** bite one's lip [and make it bleed]

**auf|bekommen** *unr. tr. V.* **a)** *(öffnen können)* **etw. ~:** get sth. open; **b)** *(aufessen können)* manage to eat; **c)** *(aufsetzen können)* **etw. ~:** get sth. on; **d)** *(aufgegeben bekommen)* be given

**auf|bereiten** *tr. V.* **a)** *(Hüttenw., Bergbau)* dress, prepare ‹*ore, coal*›; **Erz magnetisch ~:** separate ore magnetically; **b)** *(Wasserwirtsch.)* purify; treat; **c)** *(Kerntechnik)* reprocess; **d)** *(Statistik)* process; **e)** *(geh.) (bearbeiten)* adapt; *(erschließen)* reconstruct; **etw. literarisch/dramatisch ~:** put sth. into literary/dramatic form

**Auf·bereitung die** *s.* **aufbereiten a–e:** dressing; preparation; purification; treatment; reprocessing; processing; adaptation; reconstruction

**Aufbereitungs·anlage die** *(Hüttenw.)* preparation plant; *(Wasserwirtsch.)* purification works *sing.*; treatment plant; *(Kerntechnik)* reprocessing plant

**auf|bessern** *tr. V.* improve; increase ‹*pension, wages, etc.*›

**Auf·besserung die** improvement (*Gen.* in); *(bei Renten, Löhnen, Gehältern)* increase (*Gen.* in); **zur ~ seines Taschengeldes/seiner Sprachkenntnisse** to increase his pocket money/to improve his linguistic proficiency

**auf|bewahren** *tr. V.* keep; store, keep ‹*medicines, food, provisions*›; *(fig.: bewahren, erhalten)* preserve ‹*memory, name, writings*›; **die Fahrkarte/das Testament mußt du gut ~:** you must keep your ticket safe/keep the will in a safe place; **etw. kühl ~:** store sth. in a cool place

**Auf·bewahrung die a)** *s.* **aufbewahren:** keeping; storage; **jmdm. etw. zur ~ geben/anvertrauen** give sth. to sb. for safe keeping/entrust sb. with the care of sth.; **bei ~ im Kühlschrank** if kept in a refrigerator; **b)** *(Verkehrsw.)* left-luggage office *(Brit.)*; baggage check room *(Amer.)*

**Aufbewahrungs-: ~ort der: das ist kein geeigneter ~ort für Dokumente/Lebensmittel** that is not a suitable place to keep documents/keep *or* store food; **~schein der** *(Verkehrsw.)* left-luggage ticket *(Brit.)*; baggage check *or* ticket *(Amer.)*

**auf|biegen 1.** *unr. tr. V.* **a) etw. ~:** bend sth. open; **b)** *(hochbiegen)* bend up[wards]. **2.** *unr. refl. V.* **a)** bend open; **b)** *(sich hochbiegen)* bend up[wards]

**auf|bieten** *unr. tr. V.* **a)** *(aufwenden)* exert ‹*strength, energy, will-power, influence, authority*›; call on ‹*skill, wit, powers of persuasion or eloquence*›; **b)** *(einsetzen)* call in ‹*police, troops*›; **c)** *(Milit. veralt.: ausheben)* call up ‹*troops*›; raise ‹*army*›; **d)** *(zur Eheschließung)* **ein Brautpaar ~:** read *or* call the banns of a couple to be married; **e)** *(bei Versteigerung)* **etw. [mit 400 Mark] ~:** put sth. up for auction [at a starting price of 400 marks]

**Aufbietung die; ~ a) unter ~ aller Kräfte/seiner ganzen Überredungskunst** summoning up all one's strength/calling on all one's

persuasive skills; **b)** *(Milit. veralt.)* calling up; *(einer Armee)* raising
**auf|binden** *unr. tr. V.* **a)** *(öffnen, lösen)* untie; undo; **sich/jmdm. die Schuhe ~:** undo one's/sb.'s shoes; **b)** *(hochbinden)* tie *or* put up ⟨*hair*⟩; tie ⟨*plant*⟩ up straight; **jmdm./sich die Haare ~:** tie *or* put up sb.'s/one's hair; **c)** *(auf den Rücken binden)* **jmdm./einem Tier eine Last ~:** tie a burden on to sb.'s/an animal's back; **d)** *(ugs.: weismachen)* **wer hat dir das aufgebunden?** who spun you that yarn?; **jmdm. ein Märchen/eine Fabel ~:** spin sb. a yarn; *s.* **auch Bär; e)** *(binden auf)* **etw. auf etw.** *(Akk.)* **~:** tie sth. on to sth.; **f)** *(Buchw.: binden)* bind
**auf|blähen 1.** *tr. V.* distend ⟨*body, stomach*⟩; puff out ⟨*cheeks, feathers*⟩; flare ⟨*nostrils*⟩; billow, fill, belly [out] ⟨*sail*⟩; billow ⟨*washing, clothing*⟩; *(fig.: vergrößern)* overinflate; **ein aufgeblähter Beamtenapparat** *(fig.)* an overblown bureaucracy. **2.** *refl. V.* **a)** ⟨*sail*⟩ billow *or* belly out; ⟨*balloon, lungs, chest*⟩ expand; ⟨*stomach*⟩ swell up, become swollen *or* distended; **b)** *(abwertend: sich aufspielen)* puff oneself up
**Auf·blähung die** *(fig.)* over-expansion
**aufblasbar** *Adj.* inflatable
**auf|blasen 1.** *unr. tr. V.* blow up; inflate; **die Backen ~:** puff out one's cheeks; **etw. zu etw. ~** *(fig.)* blow sth. up into sth. **2.** *unr. refl. V. (ugs. abwertend: sich aufspielen);* **sich ~ [wie ein Frosch]** puff oneself up **(mit** about); *s. auch* **aufgeblasen 2**
**auf|bleiben** *unr. itr. V.; mit sein* **a)** *(geöffnet bleiben)* stay open; **b)** *(nicht zu Bett gehen)* stay up
**auf|blenden 1.** *tr. V. (Kfz-W.)* **die Scheinwerfer ~:** switch one's headlights to full beam; **mit aufgeblendeten Scheinwerfern fahren** drive with headlights on full beam. **2.** *itr. V.* **a)** *(Kfz-W.)* switch to full beam; **b)** *(Fot., Film)* open up the lens; increase the [lens] aperture
**auf|blicken** *itr. V.* **a)** look up; *(kurz)* glance up; **von etw. ~:** look/glance up from sth.; **b)** *(verehrend)* **zu jmdm. ~:** look up to sb.
**auf|blinken** *itr. V.* **a)** ⟨*light*⟩ flash; ⟨*metal*⟩ glint; ⟨*star*⟩ blink; **b)** *(ugs.: kurz aufblenden)* flash one's headlights
**auf|blitzen** *itr. V.* flash; ⟨*wave, white-caps*⟩ sparkle
**auf|blühen** *itr. V.; mit sein* **a)** bloom; come into bloom; ⟨*bud*⟩ open; **eine halb/voll aufgeblühte Tulpe** a half-open tulip/a tulip in full bloom; **b)** *(fig.: aufleben)* blossom [out]; **c)** *(fig.: einen Aufschwung nehmen)* ⟨*trade, business, town, industry*⟩ flourish and expand; ⟨*cultural life, science*⟩ blossom and flourish
**auf|bocken** *tr. V.* **etw. ~:** jack sth. up
**auf|bohren** *tr. V.* **etw. ~:** drill a hole in sth.; drill ⟨*tooth*⟩; bore out ⟨*cylinder, engine*⟩
**auf|branden** *itr. V.; mit sein (geh.)* **die Wellen brandeten an den Felsen auf** the waves broke against the rock with a roar; **Beifall/Jubel brandete auf** *(fig.)* thunderous applause/cheering burst out
**auf|braten** *unr. tr. V.* **etw. ~:** fry sth. up [again]
**auf|brauchen** *tr. V.* use up
**auf|brausen** *itr. V.; mit sein* **a)** *(zornig werden)* flare up; **schnell/leicht ~:** be quick-tempered *or* hot-tempered; have a quick temper; **b)** *(zu brausen beginnen)* ⟨*sea, surf, wave*⟩ surge [up]; ⟨*liquid*⟩ seethe, boil up; ⟨*wind*⟩ rise to a roar; **Beifall/Jubel brauste auf** there was a sudden roar of applause/a thunderous cheer went up
**aufbrausend** *Adj.* quick-tempered; hot-tempered; **ein ~es Temperament haben** be quick-tempered *or* hot-tempered; have a quick temper
**auf|brechen 1.** *unr. tr. V.* **a)** *(öffnen)* break open ⟨*lock, safe, box, crate, etc.*⟩; break into ⟨*car*⟩; force [open] ⟨*door*⟩; break up ⟨*ground, surface*⟩; *(geh.: aufreißen)* tear open ⟨*letter, telegram*⟩; *(fig.)* break down ⟨*[social] structures*⟩; break ⟨*system*⟩; **b)** *(Jägerspr.: ausnehmen)* gut. **2.** *unr. itr. V.; mit sein* **a)** *(sich öffnen)* ⟨*bud*⟩ open [up], burst [open]; ⟨*ice [sheet], surface, ground*⟩ break up; ⟨*wound*⟩ open; **alte Wunden brechen auf** *(fig.)* old wounds are opening [again]; **b)** *(sich auf den Weg machen)* set off, start out **(zu** on); **c)** *(geh.: spürbar werden)* become evident; emerge
**auf|brennen** *unr. tr. V.* **einem Tier ein Zeichen/ein Mal ~:** brand an animal; **jmdm. eins ~** *(salopp: auf jmdn. schießen)* let sb. have it
**auf|bringen** *unr. tr. V.* **a)** *(beschaffen)* find; raise, find ⟨*money*⟩; *(fig.)* find, summon [up] ⟨*strength, energy, courage*⟩; find ⟨*patience*⟩; **b)** *(kreieren)* introduce, start ⟨*fashion, custom*⟩; introduce ⟨*slogan, theory*⟩; start, put about ⟨*rumour*⟩; **c)** *(in Wut bringen)* **jmdn. ~:** make sb. angry; infuriate sb.; **d)** *(aufwiegeln)* **jmdn. gegen jmdn./etw. ~:** set sb. against sb./sth.; **e)** *(auftragen)* put on, apply ⟨*paint, ointment, varnish, etc.*⟩; **f)** *(Seew.)* seize; *(in den Hafen bringen)* bring in; **g)** *(bes. südd.) s.* **aufbekommen a, b, c**
**Auf·bruch der a)** departure; *(fig. geh.)* awakening; **im ~ begriffen sein** be on the point of departure *or* of setting off; *(fig. geh.)* experience an awakening; **das Zeichen zum ~ geben** give the signal to set off *or* leave; **zum ~ rüsten** get ready to set off *or* leave; **b)** *(aufgebrochene Stelle)* crack
**Aufbruchs·stimmung die;** *o. Pl.* **es herrschte allgemeine ~:** everybody was getting ready to go; **bist du schon in ~?** are you all ready to go?
**auf|brühen** *tr. V.* brew [up]
**auf|brüllen** *itr. V.* let out *or* give a roar; ⟨*animal*⟩ bellow
**auf|brummen** *tr. V. (ugs.)* **jmdm. etw. ~:** slap sth. on sb. *(coll.)*; **einem Schüler viele Hausaufgaben ~:** lumber *(Brit.) or* burden a pupil with a lot of homework; **jmdm. die Kosten für etw. ~:** land sb. with the costs for sth.
**auf|bügeln** *tr. V.* iron; **etw. [auf etw.** *(Akk.)***] ~:** iron sth. on [to sth.]; **Flicken zum Aufbügeln** iron-on patches
**auf|bürden** *tr. V. (geh.)* **jmdm./einem Tier etw. ~:** load sth. on to sb./an animal; **jmdm./sich etw. ~** *(fig.)* burden sb./oneself with sth.; **jmdm. die Schuld ~:** put the blame on sb.
**auf|bürsten** *tr. V.* **etw. ~:** brush sth. up; give sth. a brush-up
**auf|decken 1.** *tr. V.* **a)** uncover; **das Bett ~:** pull back the covers; **sich im Schlaf ~:** throw off one's covers; **b)** *(Kartenspiele)* show; **die** *od.* **seine Karten ~** *(fig.)* lay one's cards on the table *(fig.)*; **c)** *(enthüllen)* expose ⟨*corruption, error, weakness, misdeeds, crime, plot, abuse, etc.*⟩; *(erkennen und bewußtmachen)* reveal, uncover ⟨*connections, motive, processes, cause, error, weakness, contradiction, etc.*⟩; **d)** *(für eine Mahlzeit)* **etw. ~:** put sth. on the table. **2.** *itr. V.* lay the table
**Auf·deckung die** *s.* **aufdecken 1c:** exposure; revelation; uncovering
**auf|donnern** *refl. V. (ugs. abwertend)* tart *(Brit.) or* doll oneself up *(coll.)*; get tarted *(Brit.) or* dolled up *(coll.)*
**auf|drängen 1.** *tr. V.* **jmdm. etw. ~:** force sth. on sb.; **jmdm. seine Ansichten ~:** force *or* impose one's views on sb. **2.** *refl. V.* **a) sich jmdm. ~:** force one's company *or* oneself on sb.; **ich will mich aber nicht ~:** I don't want to impose; **b)** *(fig.: in den Sinn kommen)* **mir drängte sich der Verdacht auf, daß ...:** I couldn't help suspecting that ...; **dieser Gedanke drängt sich [einem] förmlich auf** one simply can't help but think so; the thought is unavoidable
**auf|drehen 1.** *tr. V.* **a)** *(öffnen)* unscrew ⟨*bottle-cap, nut*⟩; undo ⟨*screw*⟩; turn on ⟨*tap, gas, water*⟩; open ⟨*valve, bottle, vice*⟩; **b)** *(ugs.: laut stellen)* turn up ⟨*radio, record-player, etc.*⟩; **c)** *(ugs.: aufziehen)* wind up ⟨*musical box, watch, toy, etc.*⟩; **d)** *(zu Locken drehen)* turn up, twist up ⟨*moustache*⟩; **sich/jmdm. die Haare ~:** put one's/sb.'s hair in curlers. **2.** *itr. V. (ugs.)* **a)** *(das Tempo steigern)* **[voll] ~:** put one's foot [right] down *(coll.)*; step on the gas *(Amer.)*; *(fig.)* step the pace [right] up; **b)** *(in Schwung kommen)* get into the mood; get going
**auf·dringlich 1.** *Adj.* importunate, *(coll.)* pushy ⟨*person*⟩; insistent ⟨*music, advertisement, questioning*⟩; pestering *attrib.* ⟨*journalist*⟩; pungent ⟨*perfume, smell*⟩; loud, gaudy ⟨*colour, wallpaper*⟩; **~e Vertraulichkeit** over-familiarity; **~e Freundlichkeit** over-friendliness; **sei nicht so ~!** don't pester so!; **~ riechen** have a pungent smell; be pungent. **2.** *adv.* ⟨*behave*⟩ importunately, *(coll.)* pushily; ⟨*ask*⟩ insistently
**Aufdringlichkeit die; ~, ~en a)** *o. Pl. s.* **aufdringlich:** insistent manner; insistence; importunity; pushiness *(coll.)*; pungency; **b)** *(Äußerung, Handlung)* piece of over-familiarity; **die ~en der Männer** the over-familiarity *sing.* of the men
**auf|dröseln** ['aufdrø:z|n] *tr. V. (ugs., auch fig.)* unravel; unpick ⟨*piece of knitting*⟩
**Auf·druck der; ~[e]s, ~e a)** imprint; **b)** *(Philat.) s.* **²Überdruck**
**auf|drucken** *tr. V.* **etw. auf etw.** *(Akk.)* **~:** print sth. on sth.; **Briefumschläge mit aufgedruckter Adresse** envelopes with the address printed on them
**auf|drücken** *tr. V.* **a)** *(öffnen)* push open; **b)** *(aufplatzen lassen)* squeeze ⟨*pimple, boil*⟩; **c)** *(aufstempeln, aufprägen)* **etw. auf etw.** *(Akk.)* **~:** stamp sth. on sth.; **jmdm. einen Kuß ~:** plant a kiss on sb.; **einer Sache** *(Dat.)* **sein Gepräge ~** *(fig.)* leave one's mark *or* stamp on sth.; *s. auch* **Stempel a; d)** *(auf etw. drücken)* **etw. auf etw.** *(Akk.)* **~:** press sth. on to sth.; **drück den Bleistift nicht so fest auf** don't press so hard with your pencil
**auf·einander** *Adv.* **a)** on top of one another *or* each other; **die Bücher sollen ~ liegen** the books should lie one on top of the other; **b) zwei Autos waren ~ aufgefahren** two cars had collided with each other *or* one another; **~ warten** wait for each other *or* one another; **~ zugehen** walk towards *or* approach one another *or* each other
**aufeinander-: ~|beißen** *unr. tr. V.* **die Zähne ~beißen** clench one's teeth; **~|drücken** *tr. V.* press together
**Aufeinander·folge die; ~:** sequence; **in rascher ~:** in rapid *or* quick succession
**aufeinander-: ~|folgen** *itr. V.; mit sein* follow each other *or* one another; **~folgend** successive; **an mehreren ~folgenden Tagen** several days running; on several successive days; **~|hängen 1.** *tr. V.* **die Mäntel ~hängen** hang the coats one on top of the other; **2.** *unr. itr. V.* **a)** hang one on top of the other; hang on top of each other *or* one another; **b)** *(fig. ugs.)* hang around together; **wenn es regnet, hängt man den ganzen Tag im Hotel ~:** when it rains, people hang around on top of each other all day in the hotel; **~|häufen** *tr. V.* pile ⟨*books etc.*⟩ on top of each other *or* one another; **~|hetzen** *tr. V.* set ⟨*dogs etc.*⟩ on each other *or* one another; **~|legen 1.** *tr. V.* lay ⟨*planks etc.*⟩ one on top of the other; **2.** *refl. V.* lie on top of each other *or* one another; **~|liegen** *unr. itr. V.* lie on top of each other *or* one another; **~|prallen** *itr. V.; mit sein* crash into each other *or* one another; collide; ⟨*armies*⟩ clash; *(fig.)* ⟨*opinions*⟩ clash; **~|pressen** *tr. V.* press together; **~|schichten** *tr. V.* stack up;

~|**schlagen 1.** *unr. tr. V.* strike *or* knock together; bang ⟨*cymbals*⟩ together; **2.** *unr. itr. V.; mit sein* strike *or* knock against each other *or* one another; ~|**setzen 1.** *tr. V.* put ⟨*stones etc.*⟩ one on top of the other; **2.** *refl. V.* sit on top of each other *or* one another; ~|**sitzen** *unr. itr. V.* sit on top of each other *or* one another; *(fig.: eng wohnen)* live on top of each other *or* one another; ~|**stapeln** *tr. V.* stack ⟨*planks etc.*⟩ one on top of the other; ~|**stoßen** *unr. itr. V.; mit sein* ⟨*buffers*⟩ bump together; ⟨*lines, streets*⟩ meet; *(fig.)* ⟨*people*⟩ bump *or* run into each other *or* one another; ⟨*cultures*⟩ meet; ⟨*opinions*⟩ clash; ~|**treffen** *unr. itr. V.; mit sein* ⟨*teams, enemies, opponents, streets*⟩ meet; ⟨*missiles*⟩ collide, hit each other *or* one another; ~|**türmen** *tr. V.* stack ⟨*crates etc.*⟩ [up] one on top of the other

**Aufenthalt** ['aufɛnthalt] **der; ~[e]s, ~e a)** stay; **der ~ im Depot ist verboten** personnel/the public *etc.* are not permitted to remain within in the depot; **~ nehmen** *(geh.)* reside; **b)** *(Fahrtunterbrechung)* stop; **der Zug hatte dort [10 Minuten] ~:** the train stopped there [for 10 minutes]; **ohne ~ durchfahren** travel through non-stop *or* without stopping; **c)** *(geh.: Ort)* residence

**-aufenthalt der: Frankreich~/Italien~:** stay in France/Italy

**Aufenthalts-: ~bewilligung die** *s.* **~erlaubnis; ~dauer die** length of stay; **bei einer ~dauer von weniger als sechs Monaten** for a stay of less than six months; **~erlaubnis die** residence permit; **~genehmigung die** *s.* **~erlaubnis; ~ort der** [place of] residence; **jmds. ~ort ermitteln** establish sb.'s whereabouts *pl.*; **~raum der** *(in einer Schule o. ä.)* common-room *(Brit.)*; *(in einer Jugendherberge)* day-room; *(in einem Betrieb o. ä.)* recreation-room; *(in einem Hotel o. ä.)* lounge

**auf|erlegen, auf·erlegen** *tr. V. (geh.)* **jmdm. etw. ~:** impose sth. on sb.; **du solltest dir etwas Zurückhaltung ~:** you should exercise some restraint; **die Kosten wurden dem Kläger auferlegt** costs were awarded against the plaintiff; **jmdm. eine schwere Prüfung ~:** subject sb. to *or* put sb. through a severe test

**auf|erstehen** *unr. itr. V.; mit sein* rise [again]; **von den Toten ~:** rise from the dead; **Christus ist auferstanden** Christ is risen

**Auferstehung die; ~, ~en** resurrection

**auf·erwecken** *tr. V.* **jmdn. ~:** bring sb. back to life; raise sb. from the dead; **jmdn. von den Toten ~:** raise sb. from the dead; **der Lärm hätte einen Toten ~ können** *(fig.)* the noise was enough to waken the dead

**Auf·erweckung die: die ~ eines Toten** raising someone from the dead

**auf|essen** *unr. tr. (auch itr.) V.* eat up

**auf|fächern 1.** *tr. V.* fan [out]; *(fig.)* set out. **2.** *refl. V.* fan out; **sich in Einzeldisziplinen ~:** develop into seperate disciplines

**auf|fädeln** *tr. V.* **etw. [auf etw.** *(Akk.)*] **~:** thread sth. on to sth.

**auf|fahren 1.** *unr. itr. V.; mit sein* **a)** *(aufprallen)* **auf ein anderes Fahrzeug ~:** drive *or* run into the back of another vehicle; **auf etw./jmdn. ~:** drive *or* run into sth./sb.; **das Schiff ist auf ein Riff aufgefahren** the ship has run aground on a reef; **b)** *(aufschließen)* **auf den Vordermann zu dicht ~:** drive too close to the car in front; tail-gate; **fahr doch nicht so dicht** *od.* **nah auf!** don't drive so close!; **zu dichtes Auffahren** driving too close to the vehicle in front; tail-gating; **c)** *(vorfahren)* drive up; **d)** *(in Stellung gehen)* move up [into position]; **e)** *(Bergmannsspr.)* go/come up; **aufgefahren kommen** come up; **f)** *(gen Himmel fahren)* ascend; **g)** *(aufschrecken)* start; **aus dem Schlaf ~:** awake with a start; **h)** *(aufbrausen)* flare up. **2.** *unr. tr. V.* **a)** *(in Stellung bringen)* bring *or* move up; **b)** *(ugs.: auftischen)* serve up

**auf·fahrend** *Adj.* quick-tempered; hot-tempered

**Auf·fahrt die a)** *(das Hinauffahren)* climb; drive up; **die ~ zum Gipfel** the drive up to the summit; **b)** *(zu Gebäuden)* drive; **c)** *(zur Autobahn)* slip-road *(Brit.)*; access road *(Amer.)*; **d)** *(schweiz.) (Himmelfahrt)* Ascension; *(Himmelfahrtstag)* Ascension [Day]

**Auffahrts·fest das** *(schweiz.)* feast of the Ascension

**Auffahr·unfall der** rear-end collision

**auf|fallen** *unr. itr. V.; mit sein* **a)** *(auffällig sein)* stand out; **diese Fettflecken/Druckfehler fallen kaum auf** these grease-marks/printing errors are hardly noticeable; **tu das so, daß es nicht auffällt** do it so that it doesn't attract attention *or* so that nobody notices; **er fällt durch seine abstehenden Ohren auf** the fact that his ears stick out makes him conspicuous; **seine Abwesenheit fiel nicht auf** his absence was not noticed; **um nicht aufzufallen** so as not to attract attention; **sie will nur ~:** she just wants to attract attention; **jmdm. fällt etw. auf** sb. notices sth.; sth. strikes sb.; **fällt dir an diesem Satz etwas auf?** does anything strike you about that sentence?; **er ist mir angenehm/unangenehm aufgefallen** he made a good/bad impression on me; **ist Ihnen nichts aufgefallen?** did you not notice anything?; did nothing strike you?; **so etwas fällt sofort/nie auf** that sort of thing will be noticed right away/will never be noticed; **es fiel allgemein auf, daß ...:** it was generally noticed that ...; **b)** *(auftreffen)* fall (**auf +** *Akk.* on [to]); strike (**auf +** *Akk.* sth.); **das ~de Licht** the light falling on [to] *or* striking the surface *etc.*; *(Optik)* the incident light

**auffallend 1.** *Adj. (auffällig)* conspicuous; *(eindrucksvoll, bemerkenswert)* striking ⟨*contrast, figure, appearance, beauty, similarity*⟩; **das Auffallendste an ihr** the most striking thing about her. **2.** *adv. (auffällig)* conspicuously; *(eindrucksvoll, bemerkenswert)* ⟨*contrast, differ*⟩ strikingly; **stimmt ~!** *(scherzh.)* you're so right!

**auf·fällig 1.** *Adj.* conspicuous; garish, loud ⟨*colour*⟩; **eine recht ~e Erscheinung sein** have a most striking appearance. **2.** *adv.* conspicuously; **sich ~ kleiden** dress showily; **~er hätte er es nicht machen können** he couldn't have made it more obvious [if he had tried]

**Auf·fälligkeit die a)** *o. Pl.* conspicuousness; *(Grellheit)* garishness; loudness; **b)** *(etw. Auffälliges)* distinctive feature

**auf|falten 1.** *tr. V.* fold open; unfold. **2.** *refl. V. (Geol.)* fold upward

**auf|fangen** *unr. tr. V.* **a)** *(fangen)* catch; *(fig.)* regain control of ⟨*aircraft*⟩; **b)** *(aufnehmen, sammeln)* collect; collect, catch ⟨*liquid*⟩; *(fig.)* receive ⟨*refugees*⟩; **c)** *(wahrnehmen)* catch ⟨*words, conversation*⟩; *(Funkw.: empfangen)* pick up; **d)** *(absorbieren)* absorb; **e)** *(Milit.: aufhalten)* hold ⟨*attack, advance*⟩; **f)** *(Handarb.)* pick up ⟨*stitch*⟩; **g)** *(ausgleichen)* offset ⟨*price increase etc.*⟩

**Auffang·lager das** reception camp

**auf|fassen** *tr. V.* **a)** *(ansehen als)* **etw. als etw. ~:** see *or* regard sth. as sth.; **etw. als Scherz/Kompliment/Beleidigung/Kritik ~:** take sth. as a joke/compliment/insult/criticism; **etw. persönlich/falsch ~:** take sth. personally/misunderstand sth.; **b)** *(begreifen)* grasp; comprehend

**Auf·fassung die a)** *(Meinung, Ansicht)* view; *(Begriff)* conception; **nach meiner ~:** in my view; **der ~ sein, daß ...:** take the view that ...; be of the opinion that ...; **eine andere ~ von etw. haben** take a different view of sth.; **b)** *o. Pl. s.* **Auffassungsgabe**

**Auffassungs-: ~gabe die** powers *pl.* of comprehension; **eine leichte/schnelle ~gabe haben** be quick on the uptake; **~sache die** *in* **~sache sein** depend on one's point of view; **~vermögen das;** *o. Pl. s.* **~gabe**

**auf|fegen** *tr. (auch itr.) V. (bes. nordd.)* sweep up

**auffindbar** *Adj.* findable; **der Schlüssel muß doch ~ sein!** we must be able to find the key somewhere!; **es ist nirgends/nicht ~:** it's nowhere to be found/it can't be *or* isn't to be found; **schwer/leicht ~ sein** be hard/easy to find

**auf|finden** *unr. tr. V.* find

**auf|fischen** *tr. V. (ugs.)* fish out *(coll.)*

**auf|flackern** *itr. V.; mit sein* flicker up; *(fig.)* ⟨*hope*⟩ flicker up; ⟨*revolt, unrest, passion, anger*⟩ flare up

**auf|flammen** *itr. V.; mit sein (auch fig.)* flare up; **in seinen Augen flammte Zorn auf** *(fig.)* his eyes flashed with anger

**auf|fliegen** *unr. itr. V.; mit sein* **a)** *(hochfliegen)* fly up; **b)** *(sich öffnen)* fly open; **c)** *(ugs.: scheitern)* ⟨*illegal organization, drug ring*⟩ be *or* get busted *(coll.)*; **den Parteitag/einen Schmugglerring ~ lassen** ruin *or (Brit. sl.)* scupper the party conference/bust a smuggling ring *(coll.)*

**auf|fordern** *tr. V.* **a)** *auch itr.* **jmdn. ~, etw. zu tun** call upon *or* ask sb. to do sth.; **jmdn. zur Teilnahme/Zahlung ~:** call upon *or* ask sb. to take part/ask sb. for payment; **ich fordere Sie zum letzten Mal auf, ...:** I am asking you for the last time ...; **jmdn. dringend ~, etw. zu tun** urgently request sb. to do sth.; **b)** *(einladen, ermuntern)* **jmdn. ~, etw. zu tun** invite *or* ask sb. to do sth.; **jmdn. zu einem Spaziergang/zum Mitspielen/Sitzen ~:** invite sb. for a walk/invite *or* ask sb. to join in/sit down; **jmdn. [zum Tanz] ~:** ask sb. to dance

**auffordernd 1.** *Adj.* **mit einer ~en Geste** with a gesture of invitation; **mit ~em Blick** with a look of encouragement. **2.** *adv.* encouragingly

**Auf·forderung die a)** request; *(nachdrücklicher)* demand; **nach dreimaliger/mehrmaliger ~:** after three/repeated requests; **b)** *(Einladung, Ermunterung)* invitation

**Aufforderungs·satz der** *(Sprachw.) clause/sentence expressing a wish, desire, or command*

**auf|forsten 1.** *tr. V.* afforest; *(wieder ~)* reforest; **einen Wald ~:** restock a forest. **2.** *itr. V.* establish woods; *(wieder ~)* reestablish the woods

**Aufforstung die; ~, ~en** afforestation; *(Wieder~)* reforestation; **die ~ der Wälder** restocking the forests

**auf|fressen 1.** *unr. tr. V.* **a)** eat up; *(fig.)* swallow up ⟨*small business*⟩; eat up ⟨*savings, money, etc.*⟩; **er wird dich [deswegen] nicht [gleich] ~** *(ugs.)* he won't *or* isn't going to bite your head off [for that]; **b)** *(fig. ugs.: krank machen)* **jmdn. ~:** eat sb. up; **c)** *(fig.: auflösen)* **etw. ~:** ⟨*acid etc.*⟩ eat sth. **2.** *unr. itr. V.* ⟨*animal*⟩ eat [all] its food up; *(salopp)* ⟨*person*⟩ eat [everything] up

**auf|frischen 1.** *tr. V.* **a)** *(wieder frisch machen)* freshen up; brighten up ⟨*colour, paintwork*⟩; renovate ⟨*polish, furniture*⟩; *(restaurieren)* restore ⟨*tapestry, fresco, etc.*⟩; *(fig.)* revive ⟨*old memories*⟩; renew ⟨*acquaintance, friendship*⟩; **seine Englischkenntnisse ~:** brush up one's [knowledge of] English; **b)** *(auffüllen)* stock up on ⟨*supplies*⟩. **2.** *itr. V.; auch mit sein* ⟨*wind*⟩ freshen

**Auffrischung die; ~, ~en** *s.* **auffrischen: a)** freshening up; brightening up; renovation; restoration; renewal; **zur ~ meiner Englischkenntnisse** to brush up my [knowledge of] English; **b) die ~ der Biervorräte** *usw.* stocking up on beer [supplies] *etc.*

**aufführbar** *Adj.* stageable ⟨*play, ballet, opera*⟩; performable ⟨*piece of music*⟩

**auf|führen 1.** *tr. V.* **a)** put on, stage ⟨*play,*

*ballet, opera⟩*; screen, put on ⟨*film*⟩; perform ⟨*piece of music*⟩; put on ⟨*concert*⟩; **führ doch nicht so ein Theater auf!** don't make such a fuss!; **b)** *(nennen)* cite, quote, adduce ⟨*example, reason, fact*⟩; cite ⟨*witness*⟩; **Waren/Preise in einem Verzeichnis ~:** list goods/prices. **2.** *refl. V.* behave; **er hat sich wieder einmal aufgeführt** he made another fuss

**Auf·führung die a)** performance; **zur ~ bringen** *(Papierdt.)* put on, stage ⟨*play, ballet, opera*⟩; screen, put on ⟨*film*⟩; perform ⟨*piece of music*⟩; put on ⟨*concert*⟩; **zur ~ gelangen** *od.* **kommen** *(Papierdt.)* ⟨*play, ballet, opera*⟩ be staged; ⟨*film*⟩ be screened; ⟨*piece of music, composer*⟩ be performed; ⟨*concert*⟩ be put on; **b)** *(Nennung) s.* **aufführen 1 b:** citation; quotation; listing

**Aufführungs·recht das** performing rights *pl.*

**auf|füllen** *tr. V.* **a)** *(vollfüllen, füllen)* fill up; fill in ⟨*hole, gap, crack*⟩; **b)** *(fig.: ergänzen)* replenish ⟨*stocks*⟩; bring ⟨*team, battalion, etc.*⟩ up to full strength; **c)** *(ugs.: nachfüllen)* **Wasser/Öl/Benzin ~:** top up *(Brit.) or (Amer.)* fill up with water/oil/fill up with petrol *(Brit.) or (Amer.)* gasoline. **2.** *refl. V. (Met.)* ⟨*low-pressure area*⟩ fill

**auf|futtern** *tr. (auch itr.) V. (fam.)* eat up

**auf|füttern** *tr. V.* rear ⟨*animal*⟩ **(mit on)**

**Auf·gabe die a)** *(zu Bewältigendes)* task; **sich** *(Dat.)* **zur ~ machen, etw. zu tun** make it one's task *or* job to do sth.; **sich** *(Dat.)* **etw. zur ~ machen** make sth. one's task *or* job; **b)** *(Pflicht)* task; responsibility; duty; **c)** *(fig.: Zweck, Funktion)* function; **d)** *(Schulw.) (Übung)* exercise; *(Prüfungs~)* question; **e)** *(Schulw.: Haus~)* piece of homework; **~n** homework *sing.*; **ich muß noch ~n machen** I still have homework to do; **f)** *(Rechen~, Mathematik~)* problem; **g)** *(Beendigung)* abandonment; **h)** *(Kapitulation)* retirement; *(im Schach)* resignation; **jmdn. zur ~ zwingen** force sb. to retire/resign; **i)** *(Verzicht)* giving up; *(eines Plans, einer Forderung)* giving up; abandonment; dropping; *(eines Berufs, Versuchs)* giving up; abandonment; **j)** *(einer Postsendung)* posting *(Brit.)*; mailing *(Amer.)*; *(eines Telegramms)* handing in; *(einer Bestellung, einer Annonce)* placing; **k)** *(von Gepäck)* depositing; *(am Flughafen)* checking in; **l)** *(bes. Volleyball)* service

**auf|gabeln** *tr. V. (salopp)* pick up; **wo hat die Firma bloß diesen Analphabeten aufgegabelt?** where on earth did the firm get hold of this illiterate?

**Aufgaben-: ~bereich der, ~gebiet das** area of responsibility; **~stellung die** nature of the task; **sich mit der neuen ~stellung vertraut machen** *(bei Ressortwechsel)* familiarize oneself with one's new duties *or* responsibilities; **~verteilung die a)** *(das Verteilen)* allocation of duties *or* responsibilities; **b)** *(das Verteiltsein)* distribution of responsibilities

**Aufgabe-: ~ort der** *(Postw.)* place of posting *(Brit.) or (Amer.)* mailing; **~stempel der** *(Postw.)* postmark [showing time and place of posting *(Brit.) or (Amer.)* mailing]

**Auf·gang der a)** *(Sonnen~, Mond~ usw.)* rising; **b)** *(Treppe)* stairs *pl.*; staircase; stairway; *(in einem Bahnhof, zu einer Galerie, einer Tribüne)* steps *pl.*; **c)** *(Weg)* **der ~ zur Burgruine** the path up to the ruined castle; **d)** *(Turnen)* mount **(auf** + *Akk.* on to)

**auf|geben 1.** *unr. tr. V.* **a)** *(beenden)* give up; **gib's auf!** *(ugs.)* you might as well give up!; why don't you give up!; **b)** *(sich trennen von)* give up ⟨*habit, job, flat, business, practice, etc.*⟩; give up, abandon, drop ⟨*plans, demand*⟩; give up, abandon ⟨*profession, attempt*⟩; give up, stop ⟨*smoking, drinking*⟩; **c)** *(verloren geben)* give up ⟨*patient*⟩; give up hope on *or* with ⟨*wayward son, daughter, etc.*⟩; give up, abandon ⟨*chessman*⟩; **sich selbst ~:** give oneself up for lost; **d)** *(nicht länger zu gewinnen versuchen)* give up ⟨*struggle*⟩; retire from ⟨*race, competition*⟩; **eine Partie ~:** concede a game; **e)** *(übergeben, übermitteln)* post *(Brit.)*, mail ⟨*letter, parcel*⟩; hand in, *(telefonisch)* phone in ⟨*telegram*⟩; place ⟨*advertisement, order*⟩; check ⟨*luggage*⟩ in; *(am Flughafen)* check ⟨*baggage*⟩ in; *(zur Aufbewahrung im Bahnhof)* deposit ⟨*luggage*⟩; **f)** *(Schulw.: als Hausaufgabe)* set *(Brit.)*; assign *(Amer.)*; **viel/nichts ~:** set *(Brit.) or (Amer.)* assign a lot of/no homework; **g)** *(zur Lösung vorlegen)* **jmdm. ein Rätsel/eine Frage ~:** set *(Brit.) or (Amer.)* assign sb. a puzzle/pose sb. a question; **h)** *(geh. veralt.: auftragen, auferlegen)* **jmdm. ~, etw. zu tun** charge sb. with doing sth.; **es war ihr aufgegeben, schweigend zu dulden** it was her lot to suffer in silence; **i)** *(landsch.: auf den Teller geben)* serve [up]; **jmdm. etw. ~:** serve sb. [up] sth. **2.** *unr. itr. V.* **a)** give up; *(im Sport)* retire; *(Schach)* resign; **b)** *s.* **aufschlagen 1 d; c)** *(landsch.: Essen auf den Teller geben)* dish up; **jmdm. ~:** serve sb.; **jmdm. zum zweiten Mal ~:** give sb. a second helping

**auf·geblasen 1.** *2. Part. v.* **aufblasen. 2.** *Adj.* puffed up

**Aufgeblasenheit die; ~:** self-importance

**Auf·gebot das a)** *(aufgebotene Menge)* contingent; *(Sport: Mannschaft)* contingent; squad; *(an Arbeitern)* squad; **ein gewaltiges ~ an Polizisten/Fahrzeugen/Material** a huge force of police/array of vehicles/materials; **b)** *(zur Heirat)* notice of an/the intended marriage; *(kirchlich)* banns *pl.*; **das ~ bestellen** give notice of an/the intended marriage; *(kirchlich)* put up the banns

**auf·gedreht 1.** *2. Part. v.* **aufdrehen. 2.** *Adj. (ugs.)* in high spirits *pred.*; **er war unheimlich ~:** he was in tremendously high spirits

**auf·gedunsen** *Adj.* bloated

**auf|gehen** *unr. itr. V.; mit sein* **a)** *(am Horizont erscheinen)* rise; **b)** *(sich öffnen [lassen])* ⟨*door, parachute, wound*⟩ open; ⟨*stage curtain*⟩ go up, rise; ⟨*knot, button, zip, bandage, shoelace, stitching*⟩ come undone; ⟨*boil, pimple, blister*⟩ burst; ⟨*flower, bud*⟩ open [up]; **das Weckglas ist wieder aufgegangen** the top has come off the preserving jar; **c)** *(keimen)* come up; **d)** *(aufgetrieben werden)* ⟨*dough, cake*⟩ rise; **e)** *(Math.)* ⟨*calculation*⟩ work out, come out; ⟨*equation*⟩ come out; **3 geht in 12 auf** 3 goes into 12; 12 is divisible by 3; **12 durch 3 geht glatt** *od.* **genau auf** 3 goes into 12 without a remainder; **7 durch 3 geht nicht auf** threes into seven won't go; **seine Rechnung ging nicht auf** *(fig.)* he had miscalculated; **die Patience geht auf** *(fig.)* the game of patience comes out; **f)** *(klarwerden)* **etw. geht jmdm. auf** sb. realizes sth.; **der Sinn dieses Satzes ist mir noch nicht ganz aufgegangen** I don't quite grasp the meaning of this sentence; **g)** *(einbezogen werden)* **in etw.** *(Dat.)* **~:** become absorbed into sth.; *s. auch* **Flamme; h)** *(Erfüllung finden)* **in etw.** *(Dat.)* **~:** be completely absorbed in sth.; **er geht ganz in seiner Familie auf** his whole life revolves around his family; **i)** *(Jagdw.: beginnen)* **die Jagd geht im August auf** the hunting season *or* open season starts in August

**auf|geilen** *tr. V. (salopp)* **jmdn. [mit/durch etw.] ~:** get sb. randy [with sth.]; **sich [an etw.** *(Dat.)*] **~:** get randy [with sth.]; *(fig.)* get worked up [about sth.]

**aufgeklärt 1.** *2. Part. v.* **aufklären. 2.** *Adj.* enlightened; *(sexualkundlich)* **~ sein/werden** know/be taught the facts of life; *s. auch* **Absolutismus**

**Aufgeklärtheit die; ~:** enlightened views *pl.*; **bei aller ~:** although he is/they are *etc.* so enlightened

**aufgekratzt 1.** *2. Part. v.* **aufkratzen. 2.** *Adj. (ugs.)* in high spirits *pred.*; **in ~er Stimmung** in high spirits

**Auf·geld das** *(landsch.) s.* **Aufschlag b**

**auf·gelegt 1.** *2. Part. v.* **auflegen. 2.** *Adj.* **a)** *(gelaunt)* **gut/schlecht/heiter** *usw.* **~ sein** be in a good/bad/cheerful *etc.* mood; **zu etw. ~ sein** be in the mood for sth.; **dazu ~ sein, etw. zu tun** be in the mood to do sth.; **b)** *nicht präd. (offensichtlich)* **ein ~er Schwindel** a blatant swindle

**auf·gelöst 1.** *2. Part. v.* **auflösen. 2.** *Adj.* distraught; **vor Schmerz/Trauer/Freude ~ sein** be beside oneself with pain/grief/joy; *s. auch* **Träne**

**aufgeräumt 1.** *2. Part. v.* **aufräumen. 2.** *Adj.* jovial

**aufgeregt 1.** *2. Part. v.* **aufregen. 2.** *Adj. (erregt)* excited; *(nervös, beunruhigt)* agitated. **3.** *adv. (erregt)* exitedly; *(nervös, beunruhigt)* agitatedly

**Aufgeregtheit die; ~:** excitement; agitation; *(Nervosität)* agitation

**auf·geschlossen 1.** *2. Part. v.* **aufschließen. 2.** *Adj.* open-minded **(gegenüber** as regards, about); *(interessiert, empfänglich)* receptive, open (+ *Dat.*, **für** to); *(mitteilsam)* communicative); *(zugänglich)* approachable; **einer Sache** *(Dat.)* **~ gegenüberstehen** be open-minded about sth.

**Auf·geschlossenheit die** *s.* **aufschließen 2:** open-mindedness; receptiveness; openness; communicativeness; approachableness

**auf·geschmissen** *Adj. (ugs.)* in **[ganz] [schön] ~ sein** be [right] up the creek *(sl.)*; be in a [real] fix

**auf·geschossen** *2. Part. v.* **aufschießen**

**aufgesetzt 1.** *2. Part. v.* **aufsetzen. 2.** *Adj.* put on

**aufgestellt 1.** *2. Part. v.* **aufstellen. 2.** *Adj. (schweiz.) s.* **aufgeschlossen**

**aufgeweckt 1.** *2. Part. v.* **aufwecken. 2.** *Adj.* bright; sharp

**Aufgewecktheit die; ~:** brightness; sharpness

**auf|gießen** *unr. tr. V.* **a)** *(aufbrühen)* make, brew [up] ⟨*tea*⟩; make ⟨*coffee*⟩; **b)** *(gießen auf, daraufgießen)* **etw. [auf etw.** *(Akk.)*] **~:** pour sth. on [to sth.]; **c)** *(übergießen)* **etw. mit Milch/Wasser** *usw.* **~:** pour milk/water *etc.* on [to] sth.

**auf|gliedern** *tr. V.* subdivide, break down, split up **(in** + *Akk.* into); structure ⟨*essay*⟩; *(nach Kategorien)* categorize; **aufgegliedert nach Berufen/Einkommen** broken down by occupation/income

**Auf·gliederung die** *s.* **aufgliedern:** subdivision; breakdown; structuring; categorization

**auf|glimmen** *unr. (auch regelm.) itr. V.; mit sein* [begin to] glimmer; *(fig.)* ⟨*hope, suspicion*⟩ flicker up

**auf|glühen** *itr. V.; mit sein* [begin to] glow; *(fig.)* ⟨*passion*⟩ begin to burn; **eine Hoffnung glühte in ihm auf** he felt a gleam of hope

**auf|graben** *unr. tr. V. (umgraben)* dig over; *(freilegen)* dig up

**auf|greifen** *unr. tr. V.* **a)** *(festnehmen)* pick up; **b)** *(sich befassen mit)* take *or* pick up ⟨*subject, suggestion*⟩; **c)** *(fortsetzen)* take up again; continue

**auf Grund, aufgrund** *s.* **Grund c**

**Auf·guß der** infusion; *(fig.)* rehash

**Aufguß·beutel der;** *(Teebeutel)* tea-bag; *(für Kräutertee)* herb sachet

**auf|haben** *(ugs.)* **1.** *unr. tr. V.* **a)** *(aufgesetzt haben)* have on; wear; **sie hat ihre Brille nicht aufgehabt** she didn't have her glasses on; she wasn't wearing her glasses; **b)** *(geöffnet haben)* have ⟨*zip*⟩ undone; have ⟨*door, window, jacket, blouse*⟩ open; **die Augen ~:** have one's eyes open; **seinen Laden/sein Büro ~:** have one's shop/office open; be open; **c)** *(aufbekommen haben)* have got

⟨*cupboard, case, safe, etc.*⟩ open; have got ⟨*knot, zip*⟩ undone; **d)** *(für die Schule)* **etw. ~:** have sth. as homework; **viel/wenig ~:** have a lot of/not have much homework; **haben wir etwas in** *od.* **für Englisch auf?** have we got any English homework?; **e)** *(aufgegessen haben)* have eaten up *or* finished. **2.** *unr. itr. V.* ⟨*shop, office*⟩ be open; **wir haben bis 17.30 auf** we are open until 5.30 p.m.

**auf|hacken** *tr. V. (mit einer Hacke)* break up; *(mit dem Schnabel)* peck *or* break open

**auf|halsen** ['aufhalzn̩] *tr. V. (ugs.)* **jmdm./sich etw. ~:** saddle sb./oneself with sth.; **sich** *(Dat.)* **etw. ~ lassen** get oneself saddled with sth.

**auf|halten 1.** *unr. tr. V.* **a)** *(anhalten)* halt; halt, check ⟨*inflation, advance, rise in unemployment*⟩; **jmdn. an der Grenze ~:** hold sb. up at the border; **b)** *(stören)* hold up; **c)** *(ugs.: geöffnet halten)* hold ⟨*sack, door, etc.*⟩ open; **die Augen [und Ohren] ~:** keep one's eyes [and ears] open; **die Hand ~** *(auch fig.)* hold out one's hand. **2.** *unr. refl. V.* **a)** *(sich befassen)* **sich mit jmdm./etw. ~:** spend [a long] time on sb./sth.; **sich zu lange mit jmdm./etw. ~:** spend too long on sb./sth.; **sich bei etw. ~:** linger over sth.; **b)** *(verweilen)* stay; **tagsüber hielt er sich im Museum auf** he spent the day in the museum; **sich im Winter in der Küche ~:** live in the kitchen in the winter; **der Gesuchte soll sich in Frankreich ~:** the wanted man is thought to be in France

**auf|hängen 1.** *tr. V.* **a)** *(auf etw. hängen)* hang up; hang ⟨*picture, curtains*⟩; **die Wäsche ~:** hang up the washing *or (Amer.)* wash; *(draußen)* hang out the washing; **den Hörer ~:** hang up; **b)** *(erhängen)* hang; **jmdn. an etw.** *(Dat.)* **~:** hang sb. from sth.; **c)** *(ugs.)* **jmdm. etw. ~** *(andrehen)* palm sth. off on sb.; *(glauben machen)* talk sb. into believing sth.; *(aufbürden)* saddle sb. with sth.; **d) etw. an einer Frage/einem bestimmten Fall** *usw.* **~:** use a question/a specific case *etc.* as a peg to hang sth. on. **2.** *refl. V. (sich erhängen)* hang oneself; **wo kann ich mich ~?** *(ugs. scherzh.)* where can I hang up my things?

**Aufhänger der; ~s, ~ a)** *(Schlaufe)* loop; **b)** *(fig.: aktuelles Ereignis)* peg; **ein guter ~ für etw.** a good peg to hang sth. on

**Aufhängung die; ~** *(Technik)* suspension

**auf|hauen** *unr. (ugs. auch regelm.) tr. V.* **a)** *(öffnen)* knock a hole in ⟨*ice, wall*⟩; crack open ⟨*nut, coconut*⟩; **b)** *(ugs.: verletzen)* **sich** *(Dat.)* **das Knie/die Stirn usw. ~:** gash one's knee/forehead *etc.*

**auf|häufen 1.** *tr. V.* pile up; *(fig.)* amass ⟨*treasure, riches*⟩. **2.** *refl. V. (auch fig.)* pile up; accumulate

**auf|heben** *unr. tr. V.* **a)** *(hochheben)* pick up; pick *or* lift up ⟨*heavy object, burden*⟩; lift [off] ⟨*lid, cover*⟩; **b)** *(aufbewahren)* keep; preserve; **gut/schlecht aufgehoben sein** be/not be in good hands (**bei** with); **dein Geheimnis ist bei mir sicher aufgehoben** your secret is quite safe with me; **c)** *(abschaffen)* abolish; repeal ⟨*law*⟩; rescind, revoke ⟨*order, instruction*⟩; cancel ⟨*contract*⟩; lift ⟨*ban, prohibition*⟩; **das neue Gesetz hebt die alte Regelung auf** the new law supersedes the old regulation; *s. auch* **aufschieben a; d)** *(ausgleichen)* cancel out; neutralize, cancel ⟨*effect*⟩; **sich [gegenseitig] ~:** cancel each other out; **e)** *(beenden)* close ⟨*meeting*⟩; lift ⟨*blockade, siege, martial law*⟩; **die Tafel ~** *(geh.)* bring the meal to a close; **f)** *(erheben)* **die Hand/den Kopf ~:** raise one's hand/head

**Aufheben das; ~s** *in* **viel ~[s]/kein ~ von jmdm./etw. machen** make a great fuss/not make any fuss about sb./sth.; **ohne jedes/großes ~:** without any/a great deal of *or* much fuss

**Auf·hebung die a)** *(Abschaffung) s.* **aufheben c:** abolition; repeal; rescindment; revocation; cancellation; lifting; **b)** *(Beendigung) s.* **aufheben e:** closure; lifting

**auf|heitern 1.** *tr. V. (heiterer stimmen)* cheer up; brighten up ⟨*life*⟩. **2.** *refl. V.* **a)** *(froher werden)* ⟨*mood, face, expression*⟩ brighten; **b)** *(heller werden)* ⟨*weather*⟩ clear *or* brighten up; ⟨*sky*⟩ brighten. **3.** *itr. V.* **es heitert auf** it is clearing up; **zeitweilig ~d** [some] bright periods

**Aufheiterung die; ~, ~en a)** *(des Wetters)* bright period; **b)** *(Erheiterung)* cheering up; **zur allgemeinen ~:** to cheer everyone up

**auf|heizen** *(bes. Physik, Technik)* **1.** *tr. V.* heat [up]; *(fig.)* inflame ⟨*tensions, conflict*⟩; fuel ⟨*mistrust*⟩. **2.** *refl. V.* heat up

**auf|helfen** *unr. itr. V.* **a)** *(beim Aufstehen helfen)* **jmdm. ~:** help sb. up; *(fig.)* help sb. [to get] back on his/her feet again; **b)** *(aufbessern)* boost ⟨*self-confidence, income*⟩

**auf|hellen 1.** *tr. V.* **a)** *(heller machen)* brighten; lighten ⟨*hair, shadow, darkness*⟩; *(fig.)* brighten [up] ⟨*mood, life*⟩; **b)** *(klären)* shed *or* cast *or* throw light on. **2.** *refl. V.* **a)** *(hell werden)* ⟨*sky*⟩ brighten; ⟨*hair*⟩ turn *or* go lighter; ⟨*day, weather*⟩ brighten [up]; **sein Gesicht/seine Miene hellte sich auf** his face/expression brightened; **es hat sich aufgehellt** it's brightened up; **b)** *(durchschaubar werden)* ⟨*sense, meaning*⟩ become clear

**Aufheller der; ~s, ~ a)** *(Fot.)* fill-in photo flood; **b)** *(in Waschmitteln)* colour-intensifier; brightener; **c)** *(ugs.: Medikament)* pep pill *(coll.)*

**auf|hetzen** *tr. V.* incite; **jmdn. zur Meuterei/zu Gewalttaten ~:** incite sb. to mutiny/violence

**Aufhetzung die; ~, ~en** incitement

**auf|heulen** *itr. V.* **a)** *(heulen)* ⟨*siren*⟩ wail; ⟨*animal*⟩ howl; ⟨*engine, crowd*⟩ give a roar; **b)** *(ugs.: weinen)* howl

**auf|holen 1.** *tr. V.* make up ⟨*time, delay*⟩; make up, pull back ⟨*lead*⟩; catch up on ⟨*studies, neglected work*⟩; **ein paar Sekunden/Meter ~:** make up *or* pull back a few seconds/metres. **2.** *itr. V.* **a)** catch up; ⟨*train*⟩ make up time; ⟨*athlete, competitor*⟩ make up ground; *(Zeit ~)* make up time; **b)** *(Börsenw.)* ⟨*shares*⟩ rise

**auf|horchen** *itr. V.* prick up one's ears; **die Öffentlichkeit ~ lassen** *(fig.)* make the public [sit up and] take notice

**auf|hören** *itr. V.* stop; ⟨*friendship*⟩ end; *(ugs.: das Arbeitsverhältnis aufgeben)* finish; **das muß ~!** this has got to stop!; **da hört [sich] doch alles auf!** *(ugs.)* that really is the limit! *(coll.)*; **die Musik hörte auf** the music ended *or* came to an end; *(wurde abgebrochen)* the music stopped; **es hat aufgehört zu schneien** it's stopped snowing; **[damit] ~, etw. zu tun** stop doing sth.; **nicht [damit] ~, etw. zu tun** keep on doing sth.; **hört mit dem Lärm/Unsinn auf** stop that noise/nonsense; **ich habe mit dem Buch aufgehört und ein anderes angefangen** I've stopped reading that book and started another; **mit dem Fußboden kannst du jetzt aufhören, der ist sauber genug** you can leave the floor now, it's clean enough; **ich höre hier bald auf** I'm just about to finish; *(kündige bald)* I'm giving up this job soon; **ohne aufzuhören** without stopping; *s. auch* **Spaß b**

**auf|jagen** *tr. V.* start ⟨*game, animals*⟩ from cover; put up ⟨*birds*⟩; **jmdn. aus dem Schlaf ~** *(fig.)* rouse sb. [violently] from his/her sleep

**auf|jauchzen** *itr. V.;* **[vor Freude/Entzücken** *usw.***] ~:** shout for joy/with delight *etc.*

**auf|jaulen** *itr. V.* howl; give a howl

**Auf·kauf der** buying up; **durch Aufkäufe kleiner Firmen** by buying up smaller firms

**auf|kaufen** *tr. V.* buy up

**Auf·käufer der** buyer

**auf|kehren** *tr. (auch itr.) V. (bes. südd.)* sweep up

**auf|keimen** *itr. V.; mit sein* sprout; *(fig.)* ⟨*suspicion, doubt, fear, longing, reluctance*⟩ begin to grow; ⟨*hope, passion, love, sympathy*⟩ burgeon

**aufklappbar** *Adj.* ⟨*chair, table*⟩ which folds open; folding *attrib.* ⟨*chair, table*⟩; foldback ⟨*car hood*⟩; opening *attrib.* ⟨*window*⟩; hinged ⟨*flap, lid*⟩; **eine zu einem Doppelbett ~e Couch** a settee which converts into a double bed

**auf|klappen 1.** *tr. V.* open, fold open ⟨*chair, table*⟩; open [up] ⟨*suitcase, trunk*⟩; fold back ⟨*car hood*⟩; open ⟨*window, door, book, knife*⟩. **2.** *itr. V.; mit sein* ⟨*shutters, door*⟩ open, swing open

**auf|klaren** *itr. V. (Met.)* ⟨*sky*⟩ clear; ⟨*weather*⟩ clear up; **örtlich ~d** clearing locally

**auf|klären 1.** *tr. V.* **a)** *(klären)* clear up ⟨*matter, mystery, question, misunderstanding, error, confusion*⟩; solve ⟨*crime, problem*⟩; elucidate, explain ⟨*event, incident, cause*⟩; resolve ⟨*contradiction, disagreement*⟩; **b)** *(unterrichten)* enlighten; *(informieren)* inform; **jmdn. über jmdn./etw. ~:** enlighten/inform sb. about sb./sth.; **jmdn. [darüber] ~, wie .../ was ...:** enlighten/inform sb. how .../what ...; **c)** *(sexualkundlich)* **ein Kind ~:** tell a child the facts of life; educate a child in sexual matters; **d)** *(Milit.)* reconnoitre. **2.** *refl. V.* **a)** *(sich klären)* ⟨*misunderstanding, mystery*⟩ be cleared up; **b)** *(sich aufhellen)* ⟨*weather*⟩ clear up; brighten [up]; ⟨*sky*⟩ clear, brighten

**Aufklärer der; ~s, ~ a)** *(hist.)* philosopher of the Enlightenment; **b)** *(Luftwaffe: Flugzeug)* reconnaissance plane *or* aircraft; **c)** *(Milit.: Soldat, Spion)* scout

**aufklärerisch 1.** *Adj.* ⟨*mission, intention*⟩ to instruct and inform, to combat ignorance. **2.** *adv.* **~ wirken** instruct and inform; combat ignorance

**Auf·klärung die a)** *s.* **aufklären 1a:** clearing up; solution; elucidation; explanation; resolution; **ihm gelang die ~ des Verbrechens** he succeeded in solving the crime; **b)** *(Information)* information; **jmdm. einige ~en geben** give sb. some information *sing.*; **c)** *(Belehrung)* enlightenment; *(von offizieller Stelle)* informing; **um ~ darüber bitten, was vorgefallen ist** ask to be told what has happened; **d)** *o. Pl. (über Sexualität)* education in sexual matters; **die ~ der Kinder** telling the children the facts of life; **e)** *o. Pl. (hist.)* **die ~:** the Enlightenment; **f)** *(Milit.)* reconnaissance

**Aufklärungs-: ~arbeit die** educational work; **politische ~arbeit** political education; **~buch das** sex education book; **~film der** sex education film; **~flug der** *(Luftwaffe)* reconnaissance flight *or* mission; **~flug·zeug das** *(Luftwaffe)* reconnaissance plane *or* aircraft; **~kampagne die** information campaign; **~schrift die** information pamphlet; **~ziel das** *(Milit.)* reconnaissance objective

**auf|klauben** *tr. V. (landsch., auch fig.)* pick up

**auf|kleben** *tr. V.* stick on; *(mit Kleister)* paste on; *(mit Klebstoff, Leim)* stick *or* glue on

**Auf·kleber der** sticker; adhesive label

**auf|klinken** *tr. V.* open ⟨*door*⟩ by the handle

**auf|klopfen** *tr. V.* **a)** *(öffnen)* crack open; **b)** *(aufschütteln)* plump up ⟨*cushion etc.*⟩

**auf|knacken** *tr. V.* **a)** crack [open] ⟨*nut, cherry-stone, etc.*⟩; **b)** *(ugs.: aufbrechen)* break into ⟨*car, desk, drawer*⟩; break down ⟨*door*⟩; crack ⟨*safe*⟩

**auf|knien 1.** *itr. V.; auch mit sein (Turnen)* kneel (**auf** + *Akk. od. Dat.* on). **2.** *refl. V.* kneel (**auf** + *Akk./Dat.* on)

**auf|knöpfen** *tr. V.* **a)** unbutton; undo; **b) etw. auf etw.** *(Akk.)* **~:** button sth. on to sth.

**auf|knoten** *tr. V.* untie, undo ⟨*parcel, bundle, etc.*⟩; unknot ⟨*string, rope*⟩

**auf|knüpfen** *(ugs.)* **1.** *tr. V.* **a)** *(erhängen)* string up *(coll.)*, hang (**an** + *Dat.* from); **b)** *(aufknoten)* undo, untie ⟨*knot, parcel, bundle*⟩; unknot ⟨*string, rope*⟩. **2.** *refl. V.* hang oneself

**auf|kochen 1.** *tr. V.* **a)** *(zum Kochen bringen)* bring to the boil; **b)** *(noch einmal kochen)* reboil. **2.** *itr. V.* **a)** *mit sein (zu kochen beginnen)* come to the boil; **etw. ~ lassen** bring sth. to the boil; **b)** *(südd., österr.: üppig kochen)* prepare a magnificent spread

**auf|kommen** *unr. itr. V.; mit sein* **a)** *(entstehen)* ⟨*wind*⟩ spring up; ⟨*storm, gale*⟩ blow up; ⟨*fog*⟩ come down; ⟨*rumour*⟩ start; ⟨*suspicion, doubt, feeling*⟩ arise; ⟨*fashion, style, invention*⟩ come in; ⟨*boredom*⟩ set in; ⟨*mood, atmosphere*⟩ develop; **etw. ~ lassen** give rise to sth.; **b) ~ für** *(bezahlen)* bear, pay ⟨*costs*⟩; pay for ⟨*damage*⟩; pay, defray ⟨*expenses*⟩; be liable for ⟨*debts*⟩; stand ⟨*loss*⟩; **für jmdn. ~:** pay for sb.'s upkeep; **c) ~ für** *(Verantwortung tragen für)* be responsible for; **d) er läßt niemanden neben sich** *(Dat.)* **~:** he won't let anybody become a rival; he brooks no rivals *(literary)*; **e)** *(auftreffen)* land (**auf** + *Akk.* on); **f)** *(Sport: aufholen) (beim Wettlauf)* close the gap; *(Fußball, Boxen)* come back; **g)** *(sich behaupten)* **gegen jmdn./etw. ~:** prevail against sb./sth.; **h)** *(bes. südd.: entdeckt werden)* be discovered; **wenn das aufkommt, ...:** if it comes out, ...; **i)** *(Seemannsspr.: in Sicht kommen)* approach

**Aufkommen das; ~s, ~** *(Wirtsch.)* revenue (**aus** from)

**auf|kratzen** *tr. V.* **a)** *(öffnen)* scratch open ⟨*wound, sore*⟩; **b)** *(verletzen)* scratch

**auf|kreischen** *itr. V.* ⟨*person*⟩ shriek, give a shriek; ⟨*brake, saw*⟩ screech

**auf|krempeln** *tr. V.* roll up ⟨*sleeves, trousers*⟩; **jmdm./sich die Ärmel ~:** roll up sb.'s/one's sleeves

**auf|kreuzen** *itr. V.* **a)** *mit sein (ugs.: erscheinen)* turn up; **b)** *auch mit sein (Seemannsspr.)* **gegen den Wind ~:** beat to windward

**auf|kriegen** *(ugs.) s.* **aufbekommen**

**auf|künden** *(geh., schweiz.)*, **auf|kündigen** *tr. V.* terminate ⟨*lease, contract*⟩; cancel ⟨*subscription, membership*⟩; foreclose ⟨*mortgage*⟩; **seinen Dienst ~:** hand in one's notice; **jmdm. die Freundschaft/den Gehorsam ~** *(geh.)* break off one's friendship with sb./refuse sb. further obedience

**Auf·kündigung die** *s.* **aufkündigen:** termination; cancellation; foreclosure; breaking off

**Aufl.** *Abk.* **Auflage** ed.

**auf|lachen** *itr. V.* give a laugh; laugh; *(schallend)* burst out laughing

**auf|laden 1.** *unr. tr. (auch itr.) V.* **a)** load (**auf** + *Akk.* on [to]); **b)** *(ugs.: tragen lassen)* **jmdm. etw. ~:** load sb. with sth.; *(fig.)* saddle *or* load sb. with sth.; **c)** *(Physik: elektrisch laden)* charge [up] ⟨*battery*⟩; put ⟨*battery*⟩ on charge; *(nach Entladung auch)* recharge; **emotional aufgeladen** *(fig.)* emotionally charged; **d)** *(Kfz-W.)* supercharge ⟨*engine*⟩. **2.** *unr. refl. V. (Physik)* ⟨*battery*⟩ charge, become charged; *(nach Entladung)* recharge; become recharged; **sich elektrostatisch ~:** become electrostatically charged

**Auf·ladung die a)** *(Kfz-W.)* supercharging; **b)** *(Physik) (das Aufladen)* charging [up]; *(nach Entladung)* recharging

**Auf·lage die a)** *(Buchw.)* edition; *(gedruckte ~ einer Zeitung)* print run; *(verkaufte ~ einer Zeitung)* circulation; **dieses Buch/diese Zeitung hat hohe ~n erreicht** large numbers of copies of this book have been sold/this newspaper has reached high circulation figures; **sieben ~n erleben** go through seven editions; **b)** *(bes. Rechtsw.: Verpflichtung)* condition; **mit der ~, etw. zu tun** with the condition that *or* on condition that one does sth.; **[es] jmdm. zur ~ machen, daß ...:** impose on sb. the condition that ...; **c)** *(DDR Wirtsch.)* target; **d)** *(auf Sitzmöbeln)* cushion; **e)** *(Metallüberzug)* plating; **eine ~ aus Silber haben** be silver-plated; **f)** *(Stütze)* rest; support

**Auflage·fläche die** supporting surface

**Auflagen·höhe die** *(Buchw.)* number of copies printed; *(einer Zeitung)* circulation

**auflagen·stark** *Adj.* high-circulation ⟨*newspaper, magazine*⟩; **~ sein** have a high *or* large circulation

**Auf·lager das** *(Bauw.)* support; bearer; *(beweglich)* bearing

**auflandig** *(Seemannsspr.)* onshore

**auf|lassen** *unr. tr. V.* **a)** *(ugs.: offenlassen)* leave open; **b)** *(ugs.: aufbehalten)* keep on; **c)** *(ugs.: aufbleiben lassen)* let ⟨*child*⟩ stay up; **d)** *(aufsteigen lassen)* send up ⟨*balloon, rocket, satellite*⟩; release ⟨*carrier pigeon*⟩; **e)** *(bes. südd., österr.: schließen; Bergbau: stillegen)* close *or* shut down; **eine aufgelassene Grube** a closed-down pit

**Auflassung die; ~, ~en** *(bes. südd., österr.: Schließung; Bergbau: Stillegung)* closing *or* shutting down

**auf|lauern** *itr. V.* **jmdm. ~:** lie in wait for sb.; *(~ und angreifen)* waylay sb.

**Auf·lauf der a)** *(Menschen~)* crowd; **b)** *(Speise)* soufflé

**auf|laufen** *unr. itr. V.; mit sein* **a)** *(Seemannsspr.)* run aground (**auf** + *Akk. od. Dat.* on); **b)** *(Sport)* **zur Spitze/zu den Führenden ~:** move to the front/catch up with the leaders; **c)** *(aufprallen)* **auf jmdn./etw. ~:** run into sb./sth.; **jmdn. ~ lassen** *(Fußball)* body-check sb.; **d)** *(sich ansammeln)* accumulate; mount up

**Auflauf·form die** baking-dish; *(für Eierspeisen)* soufflé dish

**auf|leben** *itr. V.; mit sein* revive; *(fig.: wieder munter werden)* come to life; liven up; **etw. ~ lassen** revive sth.

**auf|lecken** *tr. V.* lap up

**auf|legen 1.** *tr. V.* **a)** *(auf etw. legen)* put on ⟨*record, coal, logs, table-cloth, adhesive plaster, saddle*⟩; **noch ein Gedeck ~:** set another place; **das Silber ~:** put out the silverware; **jmdm. das Fleisch ~:** serve sb. his/her meat; **jmdm. die Hand ~** ⟨*faith-healer*⟩ lay one's hands on sb.; **den Hörer ~:** put down the receiver; **b)** *(Buchw.)* publish; **ein Buch neu** *od.* **wieder ~:** bring out a new edition of a book; *(nachdrucken)* reprint a book; **c)** *(Finanzw.)* issue, float ⟨*shares*⟩; **d)** *(Seemannsspr.)* lay up ⟨*ship*⟩. **2.** *itr. V. (den Hörer ~)* hang up; ring off *(Brit.)*

**auf|lehnen 1.** *refl. V.* **sich gegen jmdn./etw. ~:** rebel *or* revolt against sb./sth. **2.** *tr. V. (landsch.: aufstützen)* **sich/die Arme auf etw.** *(Akk. od. Dat.)* **~:** lean on sth./lean *or* rest one's arms on sth.

**Auflehnung die; ~, ~en** rebellion; revolt

**auf|leimen** *tr. V.* glue on (**auf** + *Akk.* to)

**auf|lesen** *unr. tr. V.* **a)** *(aufsammeln)* pick up; gather [up]; *(fig. ugs.: sich holen)* pick up, catch ⟨*germ, disease, illness*⟩; **b)** *(ugs.: mitnehmen)* pick up; **jmdn. von der Straße ~:** pick sb. up off the street

**auf|leuchten** *itr. V.; auch mit sein* light up; *(für kurze Zeit)* flash; ⟨*brake-light*⟩ come on; ⟨*star*⟩ shine out; *(fig.)* ⟨*eyes, face*⟩ light up

**auf|liegen 1.** *unr. itr. V.* **a)** *(auf etw. liegen)* lie, rest (**auf** + *Dat.* on); **b)** *(Seemannsspr.)* be laid up. **2.** *unr. refl. V. (ugs.: sich wundliegen)* get bedsores

**auf|listen** *tr. V.* list

**Auflistung die; ~, ~en a)** *o. Pl. (das Auflisten)* listing; **b)** *(Liste)* list

**auf|lockern 1.** *tr. V.* **a)** *(locker machen)* break up, loosen ⟨*soil*⟩; loosen ⟨*stuffing, hair*⟩; **die Muskeln ~:** loosen up one's muscles; **aufgelockerte Bewölkung** broken cloud; **b)** *(abwechslungsreicher machen)* introduce some variety into ⟨*landscape, lesson, lecture*⟩; relieve, break up ⟨*pattern, façade*⟩; **c)** *(unbeschwerter machen)* make ⟨*mood, atmosphere, evening*⟩ more relaxed. **2.** *refl. V. (seine Muskeln lockern)* loosen up

**Auf·lockerung die a)** *(des Bodens)* breaking up; loosening; *(einer Füllung, des Haars)* loosening; *(der Muskeln)* loosening up; **b)** *(einer Fassade, eines Musters)* relieving; breaking up; **zur ~ des Unterrichts/Vortrags** to introduce some variety into the lesson/lecture; **c) zur ~ der Stimmung/Atmosphäre/des Abends** to make the mood/atmosphere/evening more relaxed

**auf|lodern** *itr. V.; mit sein (geh.)* ⟨*fire*⟩ blaze *or* flare up; ⟨*flames*⟩ leap up; *(fig.)* ⟨*jealousy, hatred, anger, passion*⟩ flare up; **wie eine Fackel ~:** go up like a torch

**auflösbar** *Adj.* soluble; soluble, solvable ⟨*equation, problem*⟩; dissoluble ⟨*marriage*⟩

**Auf·lösbarkeit die; ~:** *s.* **auflösbar:** solubility; solvability; dissolubility

**auf|lösen 1.** *tr. V.* **a)** dissolve; resolve ⟨*difficulty, contradiction*⟩; solve ⟨*puzzle, equation*⟩; break off ⟨*engagement*⟩; terminate, cancel ⟨*arrangement, contract, agreement*⟩; dissolve, disband ⟨*organization*⟩; remove ⟨*brackets*⟩; **etw. in seine Bestandteile ~:** resolve sth. into its constituent parts; *s. auch* **Haushalt; b)** *(geh.: aufbinden)* undo, untie ⟨*knot, shoelace, plait*⟩; let down ⟨*hair*⟩; *(fig.)* disentangle; **c)** *(Musik)* cancel ⟨*accidental*⟩; resolve ⟨*discord*⟩; **d)** *(Optik, Fot.)* resolve. **2.** *refl. V.* **a)** dissolve; ⟨*parliament*⟩ dissolve itself; ⟨*crowd, demonstration*⟩ break up; ⟨*fog, mist*⟩ disperse, lift; ⟨*cloud*⟩ break up; *(fig.)* ⟨*resistance, vision*⟩ dissolve; ⟨*empire, kingdom, social order*⟩ disintegrate; **sich in etw.** *(Akk.)***/in nichts ~** *(auch fig.)* dissolve into sth./into nothing; **b)** *(geh.: aufgehen)* ⟨*shoelace, hair, bow*⟩ come undone; **c)** *(sich aufklären)* ⟨*misunderstanding, difficulty, contradiction*⟩ be resolved; ⟨*puzzle, equation*⟩ be solved; *s. auch* **aufgelöst 2**

**Auf·lösung die a)** *s.* **auflösen 1 a–d:** dissolving; resolution; solution; breaking off; termination; cancellation; dissolution; disbandment; removal; undoing; untying; disentanglement; **b)** *s.* **auflösen 2 a:** dissolving; dispersing; lifting; breaking up; *(fig.)* dissolving; disintegration; **c)** *(Verstörtheit)* distraction

**Auflösungs-: ~erscheinung die** sign of disintegration; **~zeichen das** *(Musik)* natural

**auflüpfisch** ['aʊflʏpfɪʃ] *Adj., adv. (schweiz.) s.* **aufmüpfig**

**auf|machen 1.** *tr. V.* **a)** *(öffnen)* open; undo ⟨*button, knot*⟩; open, undo ⟨*parcel, packet*⟩; **b)** *(ugs.: eröffnen)* open [up] ⟨*shop, theatre, business, etc.*⟩; **c)** *(gestalten)* get up; present; **das wurde von der Presse groß aufgemacht** the press gave it headline treatment. **2.** *itr. V.* **a)** *(geöffnet werden)* ⟨*shop, office, etc.*⟩ open; **b)** *(ugs.: die Tür öffnen)* open up; open the door; **jmdm. ~:** open the door to sb.; **mach auf!** open up!; **c)** *(ugs.: eröffnet werden)* ⟨*shop, business*⟩ open [up]. **3.** *refl. V. (aufbrechen)* set out; start [out]

**Auf·macher der** *(Zeitungsw.) (Schlagzeile)* lead headline; *(Bild)* main front-page photograph

**Aufmachung die; ~, ~en a)** *(Gestaltung)* presentation; *(Kleidung)* get-up; **ein Buch in ansprechender ~:** an attractively presented book; **b)** *(Zeitungsw.)* **die Zeitungen haben darüber in großer ~ berichtet** it was splashed across the pages of the newspapers; **c)** *s.* **Aufmacher**

**auf|malen** *tr. V.* paint on

**Auf·marsch der a)** *(Milit.: zum Kampf)* deployment; **b)** *(Parade)* march-past; parade; **c)** *(schweiz.: Zulauf)* attendance

**Aufmarsch·gebiet das** *(Milit.)* deployment area

**auf|marschieren** *itr. V.; mit sein* draw up; assemble; *(heranmarschieren)* march up; *(vorbeimarschieren)* march past; parade; ⟨*demonstrators, delegations*⟩ parade; **die Zeugen zur Vernehmung ~ lassen** *(salopp)* march the witnesses in for examination; **Truppen sind an der Grenze aufmarschiert** troops were deployed along the border

**auf|meißeln** *tr. V.* chisel open

**auf|merken** *itr. V.* **a)** *(aufhorchen)* [sit up and] take notice; **b)** *(geh.: aufpassen)* pay attention (**auf** + *Akk.* to)

**aufmerksam 1.** *Adj.* **a)** *(konzentriert)* attentive ⟨*pupil, reader, observer*⟩; keen, sharp ⟨*eyes*⟩; **~e Nachbarn hatten bemerkt, daß ...:** observant neighbours had noticed that ...; **jmdn. auf jmdn./etw. ~ machen** draw sb.'s attention to sb./sth.; bring sb./sth. to sb.'s notice; **jmdn. darauf ~ machen, daß ...:** draw sb.'s attention to *or* bring to sb.'s notice the fact that ...; **auf jmdn./etw. ~ werden** become aware of *or* notice sb./sth.; **~ werden** notice; **b)** *(höflich)* attentive; **danke, sehr ~:** thank you, that's very *or* most kind of you. **2.** *adv.* attentively

**Aufmerksamkeit die; ~, ~en a)** *o. Pl.* *(Konzentration)* attention; **jmds. ~** *(Dat.)* **entgehen** escape sb.'s attention; **b)** *(Höflichkeit)* attentiveness; **c)** *(Geschenk)* **eine [kleine] ~:** a small gift

**auf|möbeln** *tr. V. (ugs.)* **a)** *(verbessern)* do up; **seinen Ruf/seine Deutschkenntnisse ~:** polish up one's reputation/knowledge of German; **b)** *(beleben)* pep *or* buck up *(coll.)*; *(aufmuntern)* buck *(coll.) or* cheer up

**auf|montieren** *tr. V.* mount; fit [on]

**auf|motzen** *tr. V. (ugs.)* tart up *(Brit. coll.)*; doll up *(coll.)*; repackage ⟨*edition, novel, record*⟩; *(schneller machen)* soup up *(coll.)* ⟨*car, engine*⟩

**auf|mucken, auf|mucksen** *itr. V. (ugs.)* kick up *or* make a fuss; **gegen etw. ~:** balk at sth.

**auf|muntern** *tr. V.* **a)** *(aufheitern)* cheer up; **b)** *(beleben)* liven up; pep up *(coll.)*; **c)** *(ermutigen)* encourage; **jmdn. zum Weitermachen/Widerstand/Kampf** *usw.* **~:** encourage sb. to carry on/resist/ fight *etc.*

**Aufmunterung die; ~, ~en a)** *(Aufheiterung)* cheering up; **b)** *(Belebung)* livening up; pepping up *(coll.)*; **eine Tasse Kaffee zur ~:** a cup of coffee to liven *or (coll.)* pep me/you *etc.* up; **c)** *(Ermutigung)* encouragement

**aufmüpfig** ['aufmʏpfɪç] *(ugs.)* **1.** *Adj.* rebellious. **2.** *adv.* rebelliously

**Aufmüpfigkeit die; ~:** rebelliousness

**auf|nähen** *tr. V.* sew on; **etw. auf etw.** *(Akk.)* **~:** sew sth. on [to] sth.

**Aufnahme die; ~, ~n a)** *(Beginn) (von Verhandlungen, Gesprächen)* opening; starting; *(der Arbeit, einer Ermittlung, der Produktion)* start; *(von Beziehungen, Verbindungen)* establishment; *(von Studien, einer Tätigkeit)* taking up; **vor ~ der Arbeit** before starting work; **b)** *(Empfang)* reception; *(Beherbergung)* accommodation; **jmds. ~ in ein Krankenhaus** sb.'s admission to hospital; **jmdm. eine herzliche ~ bereiten** give sb. a warm reception; **sie fanden ~ bei einer Familie** they were taken in [and looked after] by a family; **c)** *(in einen Verein, eine Schule, Organisation)* admission (**in** + *Akk.* into); **d)** *(von Hypotheken, Geld, Anleihen)* raising; **e)** *(Aufzeichnung)* taking down; *(von Personalien, eines Diktats)* taking [down]; **die ~ des Protokolls der Sitzung** taking the minutes of the meeting; **f)** *(das Fotografieren)* photographing; *(eines Bildes)* taking; *(das Filmen)* shooting; filming; **bei der ~:** while taking the photograph/ while shooting *or* filming; **g)** *(Bild)* picture; shot; photo[graph]; **eine ~ machen** take a picture *or* shot *or* photo[graph]; **h)** *(das Aufnehmen auf Tonträger, das Aufgenommene)* recording; **i)** *(Anklang)* reception; response (*Gen.* to); **j)** *o. Pl.* *(Einverleibung, Absorption)* absorption; **k)** *(das Einschließen, Verzeichnen)* inclusion; **die ~ eines Wortes in den Wortschatz** the adoption of a word into the language; **l)** *(~raum)* reception *(Brit.)*; reception office *(Amer.)*; **in der ~ warten** wait in reception *(Brit.) or (Amer.)* the reception office

**aufnahme-, Aufnahme-: ~antrag der** application for membership; **~bedingung die a)** condition of admission; **~bedingungen** conditions *or* terms of admission; **b)** *Pl.* *(bei Tonaufnahme)* recording conditions; *(Fot., Film)* shooting conditions; **~fähig** *Adj.* **a)** *(konzentriert)* receptive (**für** to); **ich bin nicht mehr ~fähig** I can't take any more in; **b)** *(Wirtsch.)* receptive ⟨*market*⟩; **~fähigkeit die;** *o. Pl.* **a)** *(Konzentration)* receptivity (**für** to); ability to take things in; **b)** *(Wirtsch.)* receptivity (**für** to); **~gebühr die** enrolment fee; **~land das** host country; **~leiter der** *(Film, Rundf., Ferns.)* production manager; **~prüfung die** entrance examination; **~studio das** *(Tonstudio)* recording studio; *(Filmstudio)* film studio; **~wagen der** recording van

**aufnahms-, Aufnahms-** *(österr.) s.* **aufnahme-, Aufnahme-**

**auf|nehmen** *unr. tr. V.* **a)** *(hochheben)* pick up; lift up; *(aufsammeln)* pick up; *(fig.)* **es mit jmdm./etw. ~/nicht ~ können** be a/no match for sb./sth.; **an Intelligenz kann es keiner mit ihm ~:** nobody can compare with him for intelligence; **b)** *(beginnen mit)* open, start ⟨*negotiations, talks*⟩; establish ⟨*relations, contacts*⟩; take up ⟨*studies, activity, occupation*⟩; start ⟨*production, investigation*⟩; *(fortsetzen)* take up ⟨*idea, theme*⟩; **den Kampf gegen etw. ~** *(fig.)* take up the fight against sth.; **etw. wieder ~:** resume sth.; **um ein Wort des Kanzlers aufzunehmen** to borrow an expression used by the chancellor; **c)** *(empfangen)* receive; *(beherbergen)* take in; *(fig.: umhüllen)* ⟨*night, darkness, mist*⟩ envelop; **in ein** *od.* **einem Krankenhaus aufgenommen werden** be admitted to hospital; **d)** *(beitreten lassen)* admit (**in** + *Akk.* to); **jmdn. als Mitglied in einen Verein** *usw.* **~:** admit sb. as a member of a club *etc.*; admit sb. to membership of a club *etc.*; **jmdn. als Teilhaber in sein Geschäft ~:** bring sb. into one's business as a partner; **e)** *(einschließen, verzeichnen)* include; **f)** *(fassen)* take; hold; absorb ⟨*immigrants, goods, workers*⟩; **g)** *(erfassen)* take in, absorb ⟨*impressions, information, etc.*⟩; **etw. ganz in sich ~:** take sth. in *or* absorb sth. completely; **h)** *(absorbieren)* absorb; **wieder Nahrung ~** ⟨*patient*⟩ take food again; **i)** *(leihen)* raise ⟨*mortgage, money, loan*⟩; **j)** *(reagieren auf)* receive; **etw. positiv/mit Begeisterung ~:** give sth. a positive/ an enthusiastic reception; **k)** *(aufschreiben)* take down; take [down] ⟨*dictation, particulars*⟩; *(Kartographie)* survey and record ⟨*area, district*⟩; **l)** *(fotografieren)* take ⟨*picture*⟩; take a photograph of, photograph ⟨*scene, subject*⟩; *(filmen)* film; **m)** *(auf Tonträger)* record; **n)** *(Handarbeit)* increase ⟨*stitch*⟩; **o)** *(bes. Fußball)* take ⟨*ball*⟩; ⟨*goalkeeper*⟩ take, gather ⟨*ball*⟩; **p)** *(nordd.: aufwischen)* mop *or* wipe up; **q)** *(österr.: einstellen)* take on ⟨*staff, workers*⟩

**Aufnehmer der; ~s, ~** *(nordd.)* cloth

**äufnen** ['ɔyfnən] *tr. V. (schweiz.)* accumulate ⟨*money, fortune*⟩

**auf|nesteln** *tr. V.* undo

**auf|norden** *tr. V. (ns.)* nordicize

**auf|nötigen** *tr. V.* **jmdm. etw. ~:** force sth. on sb.; **die Lage nötigt uns Zurückhaltung auf** the situation forces us to be cautious

**auf|oktroyieren** ['auf|ɔktroaji:rən] *tr. V.* **jmdm. etw. ~:** impose *or* force sth. on sb.

**auf|opfern 1.** *tr. V. (geh.: opfern)* sacrifice (*Dat.* to). **2.** *refl. V. (sich einsetzen)* devote oneself sacrificingly (**für** to)

**aufopfernd 1.** *Adj.* self-sacrificing ⟨*person, love, work*⟩. **2.** *adv.* self-sacrificingly

**Auf·opferung die a)** *(das Opfern)* sacrifice; **b)** *(das Sicheinsetzen)* self-sacrifice

**aufopferungs·voll** *s.* **aufopfernd**

**auf|packen** *tr. V.* **etw. ~:** load sth. on; **jmdm./einem Tier etw. ~:** load sth. on to sb./an animal; **sich** *(Dat.)* **etw. ~:** load oneself with sth.; **jmdm./sich etw. ~** *(fig.)* burden sb./oneself with sth.

**auf|päppeln** *tr. V.* feed up; *(fig.)* pep up

**auf|passen** *itr. V.* **a)** look *or* watch out; *(konzentriert sein)* pay attention; **paß mal auf!** *(ugs.) (du wirst sehen)* you just watch!; *(hör mal zu!)* now listen; *(sei aufmerksam!)* pay attention!; **aufgepaßt!** *(ugs.)* look *or* watch out!; **kannst du denn nicht ~?** can't you be more careful?; **wir haben immer aufgepaßt, aber jetzt ist meine Frau doch schwanger** *(ugs.)* we've always been careful, but my wife's got pregnant all the same *(coll.)*; **b)** *(beaufsichtigen)* **auf jmdn./etw. ~:** keep an eye on sb./sth.

**Aufpasser der; ~s, ~ a)** *(abwertend)* spy; **b)** *(Wärter, Bewacher)* guard; *(aus Gründen des Anstands)* chaperon

**Aufpasserin die; ~, ~nen a)** *(abwertend)* spy; **b)** *(Wärterin)* guard; *(Anstandsdame)* protector; chaperon

**auf|peitschen** *tr. V.* **a)** *(bewegen)* whip up ⟨*sea, waves*⟩; **b)** *(erregen)* inflame ⟨*passions, emotions, senses*⟩; inflame, stir up ⟨*populace, crowd*⟩

**auf|peppen** ['aufpɛpn̩] *tr. V. (salopp)* pep up *(coll.)*

**auf|pflanzen 1.** *tr. V.* **a)** *(aufstellen)* set up; **b)** fix ⟨*bayonet*⟩. **2.** *refl. V.* **sich vor jmdm./ etw. ~** *(ugs.)* plant oneself in front of sb./ sth.

**auf|pfropfen** *tr. V. (auch fig.)* graft on (**auf** + *Akk.* to)

**auf|picken** *tr. V.* **a)** *(aufnehmen)* ⟨*bird*⟩ peck up; *(fig. ugs.)* pick up ⟨*expression, idea, piece of information*⟩; **b)** *(öffnen)* peck open; **c)** *(österr.: aufkleben)* stick on (**auf** + *Akk.* to)

**auf|platzen** *itr. V.; mit sein* burst open; ⟨*seam, cushion*⟩ split open; ⟨*wound*⟩ open up

**auf|plustern 1.** *tr. V.* ruffle [up] ⟨*feathers*⟩; puff up ⟨*cheeks*⟩; *(fig. ugs.: aufbauschen)* blow up (**zu** into). **2.** *refl. V.* **a)** ⟨*bird*⟩ ruffle [up] its feathers; **b)** *(ugs. abwertend: sich wichtig tun)* puff oneself up

**auf|polieren** *tr. V. (auch fig.)* polish up

**auf|polstern** *tr. V.* reupholster

**auf|prägen** *tr. V.* emboss; stamp; **jmdm./ einer Sache einen Stempel ~** *(fig.)* leave one's/its mark on sb./sth.

**Auf·prall der; ~[e]s, ~e** impact

**auf|prallen** *itr. V.; mit sein* **auf etw.** *(Akk., seltener Dat.)* **~:** strike *or* hit sth.; *(auf etw. auffahren)* collide with *or* run into sth.

**Auf·preis der** extra *or* additional charge; **gegen ~:** for an extra *or* additional charge

**auf|probieren** *tr. V.* try on ⟨*hat, cap, spectacles*⟩

**auf|pulvern** *tr. (auch itr.) V. (ugs.)* pep up *(coll.)*; boost, lift ⟨*morale*⟩; **Kaffee pulvert [einen] auf** coffee peps you up *(coll.)*

**auf|pumpen 1.** *tr. V.* pump up, inflate ⟨*tyre*⟩; inflate ⟨*air mattress, rubber boat*⟩; pump up *or* inflate the tyres of *or* on ⟨*bicycle*⟩. **2.** *refl. V. (ugs.)* ⟨*bird*⟩ ruffle [up] its feathers

**auf|putschen** *tr. V. (abwertend)* **a)** *(stimulieren)* stimulate; arouse ⟨*passions, urge*⟩;

**~de Mittel** stimulants; **jmdn./sich mit Kaffee ~:** give sb. coffee/drink coffee as a stimulant; **b)** *(aufhetzen)* incite; stir up (**gegen** against)

**Aufputsch·mittel das** stimulant

**Auf·putz der** get-up; **die Häuser standen in festlichem ~:** the houses were festively decorated

**auf|putzen** *tr. V.* **a)** decorate ‹*Christmas tree, building, etc.*›; **b)** *(fig. ugs.)* **mit bürgerlichen Ideen aufgeputzter Sozialismus** socialism dressed up in bourgeois ideas

**auf|quellen** *unr. itr. V.; mit sein* **a)** *(größer werden)* swell up; ‹*dough*› rise; **aufgequollene Augen/Wangen** swollen eyes/cheeks; **b)** *(geh.: emporsteigen, auch fig.)* well *or* rise up; ‹*smoke*› rise [up]

**auf|raffen 1.** *tr. V. (hochnehmen)* gather up. **2.** *refl. V.* **a)** *(sich erheben)* pull oneself up [on to one's feet]; struggle to one's feet; **b)** *(sich überwinden)* pull oneself together; **sich dazu ~, etw. zu tun** bring oneself to do sth.; **sich zu einer Arbeit/Entscheidung ~:** bring oneself to do a piece of work/come to a decision

**auf|ragen** *itr. V.* tower [up]; ‹*tower, mountain range*› rise up

**auf|rappeln** *refl. V. (ugs.)* **a)** *s.* **aufraffen 2a, b; b)** *(Schwäche überwinden)* recover

**auf|rauchen** *tr. V.* finish [smoking] ‹*cigarette, pipe, etc.*›; **die ganze Schachtel/alle Zigaretten ~:** get through *or* smoke the whole packet/all the cigarettes

**auf|rauhen** *tr. V.* roughen [up]; nap ‹*cloth*›

**auf|räumen 1.** *tr. V.* **a)** *(in Ordnung bringen)* tidy *or* clear up; *(fig.)* sort out; **b)** *(wegräumen)* clear *or* put away. **2.** *itr. V.* **a)** *(Ordnung machen)* tidy *or* clear up; *(fig.)* sort things out; **b)** *(beseitigen)* **mit jmdm./etw. ~:** eliminate sb./sth.

**Aufräumungs·arbeiten** *Pl.* clearance work *sing.*

**auf|rechnen** *tr. V.* **a)** *(berechnen)* charge for; **b)** *(verrechnen)* **etw. gegen etw. ~:** set sth. off against sth.

**auf·recht 1.** *Adj.* **a)** *(aufgerichtet)* upright ‹*position*›; upright, erect ‹*posture, bearing*›; **der ~e Gang ist für den Menschen charakteristisch** human beings characteristically walk upright; **etw. ~ hinstellen** place sth. upright *or* in an upright position; **b)** *(redlich)* upright. **2.** *adv. (aufgerichtet)* ‹*walk, sit, hold oneself*› straight, erect; **die Aussicht/Hoffnung hält ihn ~** *(fig.)* the prospect/hope keeps him going; **sich kaum noch ~ halten können** be hardly able to stand

**aufrecht|erhalten** *unr. tr. V.* maintain; maintain, keep up ‹*deception, fiction, contact, custom*›; keep to ‹*decision*›; **nur der Gedanke an ein kühles Bier erhielt ihn aufrecht** *(fig.)* it was only the thought of a cool beer that kept him going

**Aufrecht·erhaltung die** *s.* **aufrechterhalten:** maintenance; keeping up; **zur ~ des Kontakts** in order to maintain contact

**auf|regen 1.** *tr. V. (erregen)* excite; *(ärgerlich machen)* annoy; irritate; *(beunruhigen)* agitate; *(ugs.: entrüsten)* upset; **du regst mich auf** you're getting on my nerves. **2.** *refl. V.* get worked up (**über** + *Akk.* about)

**Auf·regung die** *(Erregung)* excitement *no pl.*; *(Beunruhigung)* agitation *no pl.*; **jmdn. in ~ versetzen** make sb. excited/agitated; **nur keine ~!** don't get excited!; **alles war in heller ~:** everything was in utter confusion; **der Vorfall hat das ganze Land in ~ versetzt** the whole country is in an uproar over the case

**auf|reiben 1.** *unr. tr. V.* **a)** *(zermürben)* wear down; **b)** *(vernichten)* wipe out; **c)** *(wund reiben)* **sich** *(Dat.)* **die Hände/Fersen** *usw.* **~:** rub one's hands/heels *etc.* sore; **das Seil hatte ihm die Hände aufgerieben** the rope had chafed his hands. **2.** *unr. refl. V.* wear oneself out

**aufreibend 1.** *Adj.* wearing; trying ‹*day, time*›; *(stärker)* gruelling. **2.** *adv.* tryingly, exasperatingly

**auf|reihen 1.** *tr. V.* **a)** thread ‹*beads, pearls*›; **b)** *(aufstellen)* line up; put in a row/rows. **2.** *refl. V. (sich aufstellen)* line up

**auf|reißen 1.** *unr. tr. V.* **a)** *(öffnen)* tear *or* rip open; tear open ‹*collar, shirt, etc.*›; wrench open ‹*drawer*›; fling open ‹*door, window*›; **die Augen/den Mund ~:** open one's eyes/mouth wide; **b)** *(beschädigen)* tear *or* rip open; rip, tear ‹*clothes*›; break up ‹*road, soil*›; **sich** *(Dat.)* **die Haut/den Ellbogen/Ärmel ~:** gash one's skin/elbow/rip *or* tear one's sleeve; **c)** *(bes. Fußballjargon)* open up ‹*defence*›; **d)** *(aufbrechen)* tear up ‹*road surface, pavement*›; **e)** *(Bautechnik)* make a drawing of; **f)** *(salopp: Kontakt finden mit)* pick up *(coll.)*; **g)** *(salopp: sich verschaffen)* get hold of; get, land oneself ‹*job*›. **2.** *itr. V.; mit sein (auseinanderreißen)* ‹*clothes*› tear, rip; ‹*seam*› split; ‹*wound*› open; ‹*clouds*› break up

**auf|reizen** *tr. V.* **a)** *(erregen)* excite ‹*senses, imagination*›; rouse ‹*passions*›; *(wütend machen)* provoke; **b)** *(aufwiegeln)* incite; **jmdn. zum Widerstand ~:** incite sb. to resist

**auf·reizend 1.** *Adj.* provocative. **2.** *adv.* provocatively

**auf|ribbeln** *tr. V. (ugs.)* unpick

**Aufrichte die; ~, ~n** *(schweiz.)* topping-out ceremony

**auf|richten 1.** *tr. V.* **a)** *(hochrichten)* **den Kopf/Oberkörper ~:** raise one's head/upper body; **jmdn. ~** *(auf die Beine stellen)* help sb. up; **jmdn. im Bett ~:** sit sb. up in bed; **sich ~:** stand up [straight]; *(aus gebückter Haltung)* straighten up; *(nach einem Sturz)* get to one's feet; **sich im Bett ~:** sit up in bed; **sich zur vollen Länge ~:** draw oneself up to one's full height; **b)** *(errichten)* erect; put up; *(fig.)* build up ‹*business, empire*›; **c)** *(trösten)* **jmdn. [wieder] ~:** give fresh heart to sb.; **d)** *(beleben)* restore ‹*pride, self-confidence*›; **jmds. Mut ~:** give sb. new courage. **2.** *refl. V. (Mut schöpfen)* take heart; **sich an jmdm./etw. [wieder] ~:** take heart from sb./sth.

**auf·richtig 1.** *Adj.* honest, sincere ‹*person, efforts*›; sincere ‹*regret, sympathy, affection*›; genuine ‹*pleasure, admiration*›; **~ zu jmdm.** *od.* **gegen jmdn. sein** be honest *or* straightforward with sb.; **wenn ich ~ sein soll** to be honest *or* frank. **2.** *adv.* sincerely; ‹*speak*› honestly, frankly

**Auf·richtigkeit die** sincerity; *(eines Menschen)* honesty; sincerity

**Auf·riß der a)** *(Bautechnik)* elevation; **etw. im ~ darstellen** draw sth. in elevation; **b)** *(Darstellung)* outline

**Aufriß·zeichnung die** *(Bautechnik)* elevation

**auf|ritzen** *tr. V.* **a)** *(öffnen)* slit [open]; **b)** *(verletzen)* scratch; **sich** *(Dat.)* **die Haut/den Arm ~:** scratch oneself/one's arm

**auf|rollen** *tr. V.* **a)** *(zusammenrollen)* roll up; coil *or* roll up ‹*hose, cable*›; *(auf eine Rolle)* roll up ‹*hose, cable*›; **sich** *(Dat.)* **die Haare ~** *(ugs.)* put one's hair up in rollers *or* curlers; **b)** *(auseinanderrollen)* unroll; unfurl ‹*flag*›; **c)** *(aufkrempeln)* roll up ‹*sleeve, trouser-leg*›; **d)** *(erörtern)* go into ‹*subject, question*›; **der Prozeß mußte noch einmal aufgerollt werden** the case had to be retried; **e)** *(Milit.)* **den Feind ~:** turn ‹*enemy, enemy position*›

**auf|rücken** *itr. V.; mit sein* **a)** *(aufschließen)* move up; **dicht aufgerückt stehen** stand close [up] together; **b)** *(befördert werden)* move up; be promoted; **zum Major ~:** be promoted to major; **in eine leitende Stellung ~:** rise to a managerial position

**Auf·ruf der a)** *(das Aufrufen)* call; **„Eintritt nur nach ~"** 'do not enter until called'; **b)** *(Appell)* appeal (**an** + *Akk.* to); **einen ~ an jmdn. richten** appeal to sb.; **c)** *(DV)* call; **d)** *(Bankw.)* calling-in

**auf|rufen** *unr. tr. V.* **a)** *auch itr. (auffordern)* **jmdn. ~, etw. zu tun** call upon sb. to do sth.; **jmdn. zum Widerstand/zu Spenden ~:** call on sb. to resist/for donations; **zum [General]streik ~:** call a [general] strike; **b)** *(namentlich)* call ‹*name*›; **jmdn. ~:** call sb.; call sb.'s name; **einen Schüler ~:** call upon a pupil to answer; **c)** *(Rechtsw.)* appeal for ‹*witnesses*› [to come forward]; **etwaige Erben ~:** call on possible heirs to make themselves known; **d)** *(DV)* call

**Aufruhr der; ~s, ~e a)** *(Widerstand)* revolt; rebellion; **in ~ sein** be in revolt; **b)** *o. Pl.* *(Erregung)* turmoil; **jmdn./etw. in ~ versetzen** plunge *or* throw sb./sth. into [a state of] turmoil

**auf|rühren** *tr. V.* **a)** stir up; **b)** *(geh.: hervorrufen)* stir up, rouse ‹*feelings*›; **c)** *(in Erinnerung rufen)* stir up ‹*memory*›; rake up ‹*scandal, story*›; **d)** *(geh.: erregen)* upset; disturb

**Aufrührer der; ~s, ~, Aufrührerin die; ~, ~nen** rabble-rouser

**aufrührerisch 1.** *Adj.* **a)** *(aufwiegelnd)* seditious; inflammatory; **b)** *nicht präd. (in Aufruhr befindlich)* rebellious. **2.** *adv. (aufwiegelnd)* seditiously

**auf|runden** *tr. V.* round off (**auf** + *Akk.* to)

**auf|rüsten** *tr., itr. V.* arm; **wieder ~:** rearm

**Auf·rüstung die** armament

**auf|rütteln** *tr. V.* **jmdn. [aus dem Schlaf] ~:** shake sb. out of his/her sleep; **jmds. Gewissen ~** *(fig.)* stir sb.'s conscience; **jmdn. aus seiner Apathie/Lethargie** *usw.* **~** *(fig.)* shake sb. out of his/her apathy/lethargy *etc.*

**aufs** *Präp.* + *Art.* **a) = auf das; b) ~ Klo gehen** *(ugs.)* go to the loo *(Brit. coll.)* or *(Amer. coll.)* john; **sich ~ Bitten verlegen** resort to appeals

**auf|sagen** *tr. V.* **a)** *(sagen)* recite; **b)** *(geh.: aufkündigen)* **[jmdm.] seinen Dienst ~:** give in one's notice [to sb.] *(Brit.)*; give [one's] notice [to sb.] *(Amer.)*; **jmdm. die Freundschaft ~:** break with sb.

**auf|sammeln** *tr. V.* **a)** *(aufheben)* pick *or* gather up; **b)** *(ugs.: aufgreifen)* pick up

**aufsässig** ['aufzɛsɪç] **1.** *Adj.* **a)** *(trotzig)* recalcitrant; **b)** *(veralt.: rebellisch)* rebellious. **2.** *adv.* **a)** *(trotzig)* recalcitrantly; **b)** *(veralt.: rebellisch)* rebelliously

**Aufsässigkeit die; ~, ~en a)** *o. Pl. (Trotz)* recalcitrance; *(Rebellion)* rebelliousness; **b)** *(Handlung)* piece of recalcitrance/rebelliousness

**auf|satteln** *tr. V.* saddle ‹*horse*›; hitch up ‹*trailer, sled*›

**Auf·satz der a)** *(Schul~, Abhandlung)* essay; *(in einer Zeitschrift)* article; **b)** *(Aufbau)* top *or* upper part; **c)** *(Orgelbau)* resonator; **d)** *(Tafel~)* epergne

**Aufsatz-: ~heft das** essay book; **~thema das** essay subject

**auf|saugen** *unr. (auch regelm.) tr. V.* soak up; *(fig.)* absorb; *(verschlucken)* absorb; swallow up

**auf|schauen** *(südd., österr., schweiz.) s.* **aufblicken**

**auf|schaukeln** *refl. V.* **a)** *(Techn.)* ‹*vehicle*› start rocking more and more violently; **b)** *(ugs.: sich steigern)* ‹*excitement etc.*› build up

**auf|schäumen 1.** *itr. V.; meist mit sein* ‹*champagne, beer, etc.*› foam up; ‹*sea*› foam. **2.** *tr. V. (Technik)* **etw. auf die Wand ~:** apply sth. to *or* spray sth. on to the wall as a foam

**auf|scheinen** *unr. itr. V.; mit sein (auch fig., auch österr. Amtsspr.)* appear

**auf|scheuchen** *tr. V.* **a)** *(aufjagen)* put up ‹*birds, animals*›; **b)** *(ugs.: in Unruhe versetzen)* startle; **jmdn. aus seiner Gleichgültigkeit/Lethargie** *usw.* **~:** shake *or* jolt sb. out of his/her apathy/lethargy

**auf|scheuern 1.** *tr. V. (verletzen)* chafe;

sich *(Dat.)* **die Haut/die Fersen** ~: chafe one's skin/heels. **2.** *refl. V. (verletzt werden)* become chafed *or* sore

**auf|schichten** *tr. V.* stack up; build [up] ⟨*wall, mound, stack, pile*⟩; pile up ⟨*straw*⟩ [in layers]

**auf|schieben** *unr. tr. V.* **a)** *(verschieben)* postpone; put off; **aufgeschoben ist nicht aufgehoben** there'll be another opportunity; there is always another time; **b)** slide open ⟨*door, window*⟩; slide *or* draw back ⟨*bolt*⟩

**auf|schießen 1.** *unr. itr. V.; mit sein* **a)** *(nach oben schießen)* shoot up; ⟨*flames*⟩ shoot *or* leap up; **b)** *(schnell wachsen)* shoot up; **ein lang aufgeschossener Junge** a tall gangling *or* gangly youth. **2.** *unr. tr. V. (Seemannsspr.)* coil [up]

**Auf·schlag der a)** *(das Aufprallen)* impact; **b)** *(Preis~)* extra charge; surcharge; **c)** *(Ärmel~)* cuff; *(Hosen~)* turn-up; *(Revers)* lapel; **d)** *(Tennis usw.)* serve; service; **jetzt habe ich** ~: now it's my serve

**auf|schlagen 1.** *unr. itr. V.* **a)** *mit sein (aufprallen)* **auf etw.** *(Dat. od. Akk.)* ~: hit *or* strike sth.; **mit der Stirn/dem Kopf** ~: hit one's forehead/head on sth.; **b)** *auch mit sein (teurer werden)* ⟨*price, rent, costs*⟩ go up; **c)** *(Tennis usw.)* serve; **Sie schlagen auf!** it's your serve *or* service; **d)** *(auflodern)* ⟨*flames*⟩ leap up; ⟨*fire*⟩ leap *or* blaze up. **2.** *unr. tr. V.* **a)** *(öffnen)* crack ⟨*nut, egg*⟩ [open]; knock a hole in ⟨*ice*⟩; **sich** *(Dat.)* **das Knie/den Kopf** ~: fall and cut one's knee/head; **b)** *(aufblättern)* open ⟨*book, newspaper*⟩; *(zurückschlagen)* turn back ⟨*bedclothes, blanket*⟩; **schlagt S. 15 auf!** turn to page 15; **c) die Augen** ~: open one's eyes; **d)** *(hoch-, umschlagen)* turn up ⟨*collar, sleeve, trouser-leg*⟩; **e)** *(aufbauen)* set up ⟨*camp*⟩; pitch, put up ⟨*tent*⟩; put up ⟨*bed, hut, scaffolding*⟩; **f)** *(erhöhen)* put up, raise, increase ⟨*prices*⟩; **5% auf etw.** *(Akk.)* ~: put 5% on sth.; **g)** *(sich niederlassen)* **seinen Wohnsitz in der Hauptstadt/einem Bauernhaus** ~: take up residence in the capital/a farmhouse; **h)** *(Stricken)* cast on

**Auf·schläger der** *(Tennis usw.)* server

**Aufschlag-: ~fehler der** *(Tennis usw.)* [service] fault; **~zünder der** percussion fuse

**auf|schlecken** *tr. V.* lap up

**auf|schließen 1.** *unr. tr. V.* **a)** unlock; **jmdm. die Tür** ~: unlock the door for sb.; **b)** *(Bergbau)* develop; **c)** *(Chemie, Biol.)* break down; **d)** *(Amtsspr.: erschließen)* develop. **2.** *unr. itr. V.* **a) [jmdm.]** ~: unlock the door/gate *etc.* [for sb.]; **b)** *(aufrücken)* close up; *(Milit.)* close ranks; **die Autos fuhren dicht aufgeschlossen** the cars were bumper to bumper; **c)** *(Sport)* catch up **(zu** with)

**auf|schlitzen** *tr. V.* slit open; slash open ⟨*stomach, dress*⟩

**auf|schluchzen** *tr. V.* give a sob; *(stoßweise schluchzen)* sob convulsively

**Auf·schluß der a)** *(Auskunft)* information *no pl.*; **über etw.** *(Akk.)* **~ geben** give *or* provide information about sth.; **jmdm. über etw.** *(Akk.)* **~ geben** inform sb. about sth.; **über etw.** *(Akk.)* **~ verlangen** demand an explanation of sth.; **b)** *(Bergbau)* development; **c)** *(Chemie, Biol.)* breaking up; **d)** *(im Gefängnis)* **um 7 Uhr ist** ~: the cells are unlocked at 7 o'clock

**auf|schlüsseln** *tr. V.* break down **(nach** according to)

**Aufschlüsselung, Aufschlüßlung die;** ~, ~en breakdown

**aufschluß·reich** *Adj.* informative; *(enthüllend)* revealing

**auf|schnallen** *tr. V.* **a)** *(öffnen)* unbuckle; unstrap; unbuckle, unfasten ⟨*belt*⟩; **b)** *(befestigen)* strap on; **sich** *(Dat.)* **den Rucksack** ~: strap one's rucksack on [to] one's back

**auf|schnappen 1.** *tr. V.* **a)** *(ugs.: hören)* pick up; **b)** *(auffangen)* snap up. **2.** *itr. V.; mit sein (sich öffnen)* snap *or* spring open

**auf|schneiden 1.** *unr. tr. V.* **a)** *(öffnen)* cut open; cut ⟨*knot*⟩; lance ⟨*abscess, boil*⟩; **sich** *(Dat.)* **den Finger** ~: cut one's finger [open]; **ein neues Buch** ~: cut the pages of a new book; **b)** *(zerteilen)* cut, slice ⟨*bread, cake, cheese*⟩; carve, slice ⟨*meat, poultry*⟩. **2.** *unr. itr. V. (ugs. abwertend: prahlen)* boast, brag **(mit** about)

**Auf·schneider der** *(ugs. abwertend)* boaster; braggart

**Auf·schneiderei die** *(ugs. abwertend)* boasting; bragging

**auf|schnellen** *itr. V.; mit sein* leap up

**Auf·schnitt der;** *o. Pl.* [assorted] cold meats *pl.*/cheeses *pl.*; **kalter** ~: cold cuts *pl.*

**auf|schnüren** *tr. V.* undo, untie ⟨*knot, parcel, string*⟩; unlace, undo ⟨*shoe, boot, corset*⟩

**auf|schrauben** *tr. V.* **a)** *(öffnen, lösen)* unscrew; unscrew the top of ⟨*bottle, jar, etc.*⟩; **b)** *(auf etw. schrauben, mit Schrauben befestigen)* screw on **(auf** + *Akk.* to)

**auf|schrecken 1.** *tr. V. (erschrecken)* startle; make ⟨*person*⟩ jump; **jmdn. aus dem Schlaf** ~: startle sb. from his/her sleep. **2.** *itr. V.; im Präsens und Prät. auch unr.; mit sein* start [up]; **aus dem Schlaf** ~: awake with a start; start from one's sleep; **aus einem Traum/seinen Gedanken** ~: start from a dream/one's reflections

**Auf·schrei der** cry; *(stärker)* yell; *(schriller)* scream; **ein ~ der Empörung** *od.* **Entrüstung** *(fig.)* an outcry

**auf|schreiben 1.** *unr. tr. V.* **a)** write down; **[sich** *(Dat.)***] etw.** ~: make a note of sth.; **er wurde von einem Polizisten aufgeschrieben** the policeman took his name and particulars; **b)** *(ugs.: verordnen)* prescribe ⟨*medicine*⟩. **2.** *unr. itr. V. (bes. südd., österr.: anschreiben)* give credit; **bei jmdm. ~ lassen** get credit from sb.

**auf|schreien** *unr. itr. V.* cry out; *(stärker)* yell out; *(schrill)* scream

**Auf·schrift die a)** *(Beschriftung)* inscription; *(Etikett)* label; **b)** *(Anschrift)* address

**Auf·schub der** delay; *(absichtliche Verschiebung)* postponement; **die Sache duldet keinen** ~: the matter brooks no delay; **jmdm. ~ gewähren** *(Zahlungs~)* allow *or* grant sb. a period of grace; **ein ~ der Hinrichtung** a reprieve

**auf|schürfen** *tr. V.* **sich** *(Dat.)* **das Knie/die Haut** ~: graze one's knee/oneself

**auf|schütteln** *tr. V.* shake *or* plump up ⟨*pillow, cushion*⟩

**auf|schütten** *tr. V.* **a)** *(auf etw. schütten)* pour on ⟨*liquid*⟩; **etw. auf etw.** *(Akk.)* ~: pour sth. on *or* over sth.; **noch etwas Kohle [auf die Glut]** ~: put some more coal on [the fire]; **b)** *(aufhäufen)* pile up; pile *or* heap up ⟨*sand, earth, straw*⟩; **c)** *(errichten)* build ⟨*dam, embankment, pile*⟩; *(erhöhen)* raise ⟨*road*⟩; *(verbreitern)* widen ⟨*road*⟩; **d)** *(Geol.)* deposit

**Aufschüttung die;** ~, ~en **a)** *(Erhöhung)* earth bank; **b)** *(Geol.)* deposit

**auf|schwatzen,** *(bes. südd.)* **auf|schwätzen** *tr. V.* **jmdm. etw.** ~: talk sb. into having sth.; **sich** *(Dat.)* **etw. ~ lassen** be talked into having sth.

**auf|schwellen 1.** *unr. itr. V.; mit sein* **a)** *(dick werden)* swell up; **aufgeschwollene Leiber/Wangen** swollen bodies/cheeks; **b)** *(laut werden)* swell. **2.** *tr. V. (auch fig.)* swell

**auf|schwemmen** *tr. V.* **jmdn./jmds. Gesicht** ~: make sb./sb.'s face bloated

**auf|schwingen 1.** *unr. refl. V.* **a)** *(emporfliegen)* ⟨*bird*⟩ soar up; **b)** *(sich aufraffen)* **sich ~, etw. zu tun** bring oneself to do sth.; **sich zum Arbeiten/zu einem Entschluß/Brief** ~: bring oneself to get down to work/bring oneself to make a decision/write a letter; **c) sich zum Sittenrichter/Diktator** *usw.* ~: set oneself up as a judge of morals/as a dictator *etc.* **2.** *unr. itr. V. (Turnen)* swing [oneself] up

**Auf·schwung der a)** *(Auftrieb)* uplift; **das gab mir neuen** ~: that gave me a lift; **b)** *(gute Entwicklung)* upswing; upturn *(Gen.* in); **einen ~ erleben** experience an upswing *or* upturn; **c)** *(Turnen)* swing up

**auf|sehen** *unr. itr. V.* **a)** look up; **b)** *(bewundern)* **zu jmdm.** ~: look up to sb.

**Aufsehen das;** ~s stir; sensation; **[großes] ~ erregen** cause *or* create a [great] stir *or* sensation; **sich ohne großes ~ davonmachen** make off without causing a lot of fuss; **um jedes ~ zu vermeiden, reiste er inkognito** to avoid causing *or* creating a stir, he travelled incognito

**aufsehen·erregend** *Adj.* sensational

**Auf·seher der** *(im Gefängnis)* warder *(Brit.)*; [prison] guard *(Amer.)*; *(im Park)* park-keeper; *(im Museum, auf dem Parkplatz)* attendant; *(bei Prüfungen)* invigilator *(Brit.)*; proctor *(Amer.)*; *(auf einem Gut, Sklaven~)* overseer; *(im Warenhaus)* shopwalker *(Brit.)*; floorwalker *(Amer.)*

**Aufseherin die;** ~, ~nen *(im Gefängnis)* warder *(Brit.)*; [prison] guard *(Amer.)*; *(im Museum)* attendant; *(bei Prüfungen)* invigilator *(Brit.)*; proctor *(Amer.)*; *(im Warenhaus)* shopwalker *(Brit.)*; floorwalker *(Amer.)*

**auf|sein** *unr. itr. V.; mit sein; nur im Inf. und Part. zusammengeschrieben (ugs.)* **a)** be open; **b)** *(nicht im Bett sein)* be up

**auf|setzen 1.** *tr. V.* **a)** put on ⟨*hat, glasses, mask*⟩; **eine Miene/ein Lächeln** ~ *(fig.)* put on an expression/a smile; **sich** *(Dat.)* **etw.** ~: put sth. on; **b)** *(aufs Feuer setzen)* put on; **Wasser [zum Kochen]** ~: put water on [to boil]; **c)** *(entwerfen)* draft; *(verfassen)* draw up ⟨*minutes, contract, will*⟩; **d)** *(aufrecht hinsetzen)* **jmdn.** ~: sit sb. up; **sich** ~: sit up; **e)** *(auf eine Unterlage)* set down; lower ⟨*record-player arm*⟩; **den Fuß** ~: put one's foot on the ground *or* down; **f)** *(aufschichten)* stack [up]; **g)** *(aufrecht hinstellen)* set up ⟨*skittles*⟩; **h)** *(Seemannsspr.)* beach; **i)** *(Flugw.)* land ⟨*aircraft*⟩; set ⟨*aircraft*⟩ down. **2.** *itr. V.* ⟨*aircraft*⟩ touch down, land; *s. auch* **aufgesetzt 2; Horn a; Dämpfer b**

**Auf·setzer der** *(Fußball, Handball)* bouncer; bouncing ball

**auf|seufzen** *itr. V.* **[laut/tief]** ~: heave a [loud/deep] sigh

**Auf·sicht die a)** *o. Pl. (Überwachung)* supervision; *(bei Prüfungen)* invigilation *(Brit.)*; proctoring *(Amer.)*; **[die] ~ haben** *od.* **führen** be in charge **(über** + *Akk.* of); *(bei Prüfungen)* invigilate *(Brit.)*; proctor *(Amer.)*; **ohne** ~: unsupervised; without supervision; **unter [jmds.]** ~ *(Dat.)* under [sb.'s] supervision; **unter ärztlicher/polizeilicher** ~: under medical/police supervision; **während der Pause auf dem Schulhof ~ haben** ⟨*teacher*⟩ be on duty during break; **b)** *(Person)* person in charge; *(Lehrer)* teacher in charge *or* on duty; *(im Museum)* attendant

**aufsicht·führend** *Adj.; nicht präd.* in charge *postpos.*; supervising ⟨*authority*⟩; ⟨*teacher*⟩ in charge *or* on duty

**Aufsicht·führende der/die;** *adj. Dekl.; s.* **Aufsicht b**

**Aufsichts-: ~beamte der** attendant; *(im Bahnhof)* supervisor; **~pflicht die** *(Rechtsw.)* legal responsibility *or* obligation to exercise proper supervision; **die elterliche ~pflicht** legal parental responsibility to keep children under proper supervision; **~rat der** *(Wirtsch.)* **a)** *(Gremium)* board of directors; supervisory board; **b)** *(Mitglied)* member of the board [of directors] *or* supervisory board

**auf|sitzen** *unr. itr. V.* **a)** *mit sein (auf ein Reittier)* mount; *(auf ein Fahrzeug)* get on;

**auf ein Pferd ~:** mount a horse; **aufgesessen!** *(Milit.)* mount!; **b)** *mit sein (Turnen)* come to a sitting position; **c)** *mit sein (hereinfallen)* **jmdm./einer Sache ~:** be taken in by sb./sth.; **d)** *(ugs.: aufrecht sitzen)* sit up; **e)** *(aufliegen)* **auf etw.** *(Dat.)* **~:** ⟨*machine part, beam, etc.*⟩ sit on sth.; **f)** *(Seemannsspr.)* be grounded *or* aground

**Aufsitzer der;** ~s, ~ *(österr.)* flop *(coll.)*

**auf|spalten 1.** *unr. (auch regelm.) tr. V.* split; *(fig.)* split [up]. **2.** *unr. refl. V.* split

**Auf·spaltung die** splitting; *(fig.)* splitting [up]

**auf|spannen** *tr. V.* **a)** *(öffnen)* open, put up ⟨*umbrella, parasol*⟩; stretch out ⟨*net, jumping-sheet*⟩; put up ⟨*tennis-net, badminton-net, etc.*⟩; **b)** *(spannen)* stretch, mount ⟨*canvas*⟩ **(auf +** *Akk.* on)

**auf|sparen** *tr. V. (auch fig.)* save [up]; keep

**auf|speichern 1.** *tr. V. (auch fig.)* store up; **seine aufgespeicherte Wut/Energie** *(fig.)* his pent-up rage/energy. **2.** *refl. V. (auch fig.)* build up

**auf|sperren** *tr. V.* **a)** *(ugs.: öffnen)* **[weit] ~:** open wide; **b)** *(bes. südd., österr.: aufschließen)* unlock

**auf|spielen 1.** *refl. V.* **a)** *(ugs. abwertend: angeben)* put on airs; **sich vor jmdm. ~:** show off in front of sb.; **b)** *(als etw. hinstellen)* **sich als Held/Märtyrer ~:** act the hero/martyr; **sich als Kenner/als jmds. Anwalt ~:** set oneself up as an expert/as sb.'s lawyer. **2.** *itr. V.* **a)** *(musizieren)* play; **zum Tanz ~:** play dance music; **b)** *(Sport)* **groß/eindrucksvoll ~:** give a fine/impressive display

**auf|spießen** *tr. V.* **a)** run ⟨*animal, person*⟩ through; skewer ⟨*piece of meat*⟩; *(mit der Gabel)* take ⟨*piece of meat*⟩ on one's fork; *(auf die Hörner nehmen)* gore; **jmdn. mit seinen Blicken ~** *(fig.)* look daggers at sb.; **b)** *(befestigen)* pin ⟨*butterfly, insect*⟩

**auf|splittern 1.** *itr. V.; mit sein* ⟨*wood*⟩ splinter. **2.** *tr. V. (in Teile auflösen)* split up ⟨*party, group, country, etc.*⟩. **3.** *refl. V.* ⟨*party, group, country, etc.*⟩ split up

**Aufsplitterung die;** ~, ~en *s.* **aufsplittern:** splintering; splitting up

**auf|sprengen** *tr. V.* force [open]; break open; *(mit Sprengstoff)* blow open

**auf|springen** *unr. itr. V.; mit sein* **a)** *(hochspringen)* jump *or* leap up; **b)** *(auf ein Fahrzeug)* jump on; **auf etw.** *(Akk.)* **~:** jump on [to] sth.; **c)** *(rissig werden)* crack; ⟨*skin, lips*⟩ crack, chap; **d)** *(sich öffnen)* ⟨*door, window*⟩ fly *or* burst open; ⟨*bud, seed-pod*⟩ burst open; **e)** *(auftreffen)* bounce

**auf|spriten** ['aufʃprɪtn̩] *tr. V.* fortify ⟨*wine*⟩

**auf|spritzen 1.** *itr. V.; mit sein* **a)** *(hochspritzen)* ⟨*blood*⟩ spurt [up]; ⟨*mud, spray, waves, sea, surf*⟩ spray up; **b)** *(ugs.: aufspringen)* leap up; leap up to one's feet. **2.** *tr. V.* spray on; **etw. auf etw.** *(Akk.)* **~:** spray sth. on [to] sth.

**auf|sprudeln** *itr. V.; mit sein* ⟨*spring, water*⟩ bubble up

**auf|sprühen 1.** *tr. V.* spray on; **etw. auf etw.** *(Akk.)* **~:** spray sth. on [to] sth. **2.** *itr. V.; mit sein* ⟨*flames*⟩ shoot up; ⟨*sparks, spray*⟩ fly up; ⟨*water*⟩ spray up

**Auf·sprung der** landing; *(eines Balls)* bounce

**auf|spulen** *tr. V.* wind ⟨*cotton, ribbon, fishing-line*⟩ on to a/the reel *or* spool

**auf|spüren** *tr. V. (auch fig.)* track down

**auf|stacheln** *tr. V.* **a)** *(aufhetzen)* incite; **jmdn. zur Revolte/zum Widerstand** *usw.* **~:** incite sb. to revolt/offer resistance *etc.*; **b)** *(anspornen)* spur on ⟨*person, team*⟩; fire ⟨*passion, jealousy, imagination, etc.*⟩

**auf|stampfen** *itr. V.* stamp; **mit dem Fuß ~:** stamp one's foot

**Auf·stand der** rebellion; revolt; **im ~:** in rebellion *or* revolt

**auf·ständisch** *Adj.* rebellious; rebel *attrib.*, insurgent ⟨*army unit*⟩

**Aufständische der/die;** *adj. Dekl.* rebel; insurgent

**auf|stapeln** *tr. V.* stack up

**auf|stauen 1.** *refl. V.* ⟨*water*⟩ pile up; *(fig.)* ⟨*anger, aggression, bitterness, etc.*⟩ build up; **aufgestaute Wut/Erbitterung** *usw. (fig.)* pent-up rage/bitterness *etc.* **2.** *tr. V.* dam [up]; **etw. in sich** *(Dat.)* **~** *(fig.)* bottle sth. up inside [one]

**auf|stechen** *unr. tr. V.* **a)** lance, prick ⟨*boil*⟩; prick ⟨*blister*⟩; lance ⟨*abscess*⟩; **jmdm./sich eine Blase ~:** prick sb.'s/one's blister; **b)** *(ugs.: aufdecken)* uncover; bring to light

**auf|stecken 1.** *tr. V.* **a)** put up ⟨*curtains*⟩; turn up ⟨*hem, dress, trousers*⟩; **sich** *(Dat.)* **das Haar/die Zöpfe ~:** pin *or* put one's hair/plaits up; **sie trug das Haar aufgesteckt** she wore her hair up; **Kerzen auf den Leuchter ~:** put candles on the candelabrum; **b)** *(ugs.: aufgeben)* **etw. ~:** give sth. up; pack sth. in *(sl.)*; **einen Plan ~:** give up a plan. **2.** *itr. V. (bes. Sport: aufgeben)* retire

**auf|stehen** *unr. itr. V.* **a)** *mit sein (vom Sitzplatz)* stand up; *(aus dem Liegen)* get up; get to one's feet; *(aus dem Bett)* get up; *(als Kranker)* get up; get out of bed; **aus seinem Sessel ~:** get up from one's chair; **vom Tisch ~:** rise from the table; **für jmdn. im Bus ~:** get up for sb. in the bus; **da mußt du früher** *od.* **eher ~!** *(ugs.)* you'll have to be a lot sharper than that!; *s. auch* **Huhn a; b)** *(offenstehen)* ⟨*door, window, etc.*⟩ be open; **c)** *mit sein (geh. veralt.: sich auflehnen)* rise in revolt; **gegen jmdn./etw. ~:** rise [up] against sb./sth.

**auf|steigen** *unr. itr. V.; mit sein* **a)** *(auf ein Fahrrad, einen Wagen usw.)* get *or* climb on; **auf etw.** *(Akk.)* **~:** get *or* climb on [to] sth.; **auf ein Pferd ~:** get on [to] *or* mount a horse; **b)** *(bergan steigen)* climb; **zum Gipfel ~:** climb [up] to the top *or* summit; **c)** *(hochsteigen)* ⟨*smoke, mist, sap, air, moon, sun*⟩ rise; ⟨*storm*⟩ gather; **eine ~de Linie** *(fig.)* an ascending line; **d)** *(beruflich, gesellschaftlich)* rise **(zu** to); **zum Direktor ~:** rise to the post of *or* to be manager; **zu Macht und Einfluß ~:** rise to power and influence; **e)** *(hochfliegen)* go up; ⟨*bird*⟩ soar up; **in** *od.* **mit einem Ballon ~:** go up in a balloon; **f) an die Oberfläche ~:** rise to the surface; **g)** *(geh.: entstehen)* **in jmdm. ~** ⟨*hatred, revulsion, fear, etc.*⟩ rise [up] in sb.; ⟨*memory, thought*⟩ come into sb.'s mind; ⟨*doubt*⟩ arise in sb.'s mind; ⟨*tears*⟩ well up inside sb.; **h)** *(Sport)* be promoted, go up **(in +** *Akk.* to); **i)** *(geh.: aufragen)* rise up; tower

**Auf·steiger der a) ein [sozialer] ~:** a social climber; **b)** *(Sport) (aufsteigende Mannschaft)* promotion team *or* side; *(aufgestiegene Mannschaft)* newly promoted side

**auf|stellen 1.** *tr. V.* **a)** *(hinstellen)* put up **(auf +** *Akk.* on); set up ⟨*skittles*⟩; *(aufrecht hinstellen)* stand up; **b)** *(postieren)* post; station; **c)** *(auswählen)* select, pick ⟨*team, player*⟩; put together ⟨*team of experts*⟩; raise ⟨*army*⟩; **jmdn. für ein Spiel ~** *(Sport)* play sb. in a match; pick *or* select sb. for a match; **d)** *(nominieren)* nominate; put up; **jmdn. als Kandidaten ~:** nominate sb. *or* put sb. up as a candidate; **e)** *(errichten)* put up; put up, erect ⟨*scaffolding, monument*⟩; put in, install ⟨*machine*⟩; **f)** *(hochstellen)* erect ⟨*spines*⟩; turn up ⟨*collar*⟩; **die Ohren ~** ⟨*animal*⟩ prick up its ears; **g)** *(ausarbeiten)* work out ⟨*programme, budget, plan*⟩; draw up ⟨*contract, statute, balance sheet*⟩; make [out], draw up ⟨*list*⟩; set up ⟨*hypothesis*⟩; establish ⟨*norm*⟩; prepare ⟨*statistics*⟩; **eine Formel für etw. ~:** devise a formula for sth.; **h)** *(erzielen)* set up, establish ⟨*record*⟩; **i)** *(formulieren)* put forward ⟨*theory, conjecture, demand*⟩; **j)** *(bes. südd.: aufsetzen)* put on ⟨*soup, potatoes, etc.*⟩; **k)** *(nordd.) s.* **anstellen f. 2.** *refl. V.* **a)** *(postieren)* position *or* place oneself; take up position; *(in einer Reihe, zum Tanz)* line up; **sich im Kreis ~:** form a circle; **sich in Reih und Glied ~** *(Milit.)* fall in; **b)** ⟨*hairs, bristles*⟩ rise

**Auf·stellung die a)** *s.* **aufstellen 1 a:** putting up; setting up; standing up; **b)** *s.* **aufstellen e:** putting up; erection; installation; **c)** *(einer Mannschaft, eines Spielers)* selection; picking; *(einer Spezialeinheit)* putting together; *(eines Heeres)* raising; *(aufgestellte Mannschaft)* [team] line-up; **d)** *(Nominierung)* nomination; **e)** *(Milit.)* **~ nehmen** *od.* **beziehen** line up; **das Bataillon hatte vor dem Palast ~ genommen** *od.* **bezogen** the battalion was drawn up in front of the palace; **f)** *s.* **aufstellen g:** working out; drawing up; making out; setting up; establishment; preparation; **g)** *(das Erzielen)* setting up; establishment; **h)** *(das Formulieren)* putting forward; **i)** *(Liste)* list; *(Tabelle)* table

**auf|stemmen** *tr. V.* **a)** *(öffnen)* force ⟨*door*⟩ open [with a crowbar]; force *or* prise ⟨*box*⟩ open [with a crowbar]; **b)** *(aufstützen)* **seinen Fuß/Arm ~:** brace one's foot/arm **(auf +** *Akk.* on)

**auf|stieben** *unr. itr. V.; mit sein* fly up

**Aufstieg der;** ~[e]s, ~e **a)** *(das Hinaufsteigen)* climb; ascent; **b)** *(Aufwärtsentwicklung)* rise; **den ~ zum Geschäftsleiter/in den Vorstand schaffen** succeed in rising to the position of manager/rising to become a member of the board of directors; **ein wirtschaftlicher/sozialer ~:** economic/social advancement; **c)** *(Sport)* promotion **(in +** *Akk.* to); **d)** *(Weg)* way up; **ein gefährlicher ~ zum Gipfel** a dangerous route up *or* ascent to the summit

**Aufstiegs-: ~chance die** prospect of promotion; **~spiel das** *(Sport)* promotion decider

**auf|stöbern** *tr. V.* **a)** *(aufjagen)* put up ⟨*birds, animals*⟩; **b)** *(entdecken)* track down; run to earth

**auf|stocken** *tr. (auch itr.) V.* **a) ein Gebäude ~:** add a storey to a building; **wir haben aufgestockt** we've added another storey; **b)** *(vermehren, erweitern)* increase ⟨*capital, budget, funds, pensions*⟩; build up ⟨*supplies*⟩; **die Gesellschaft stockt auf** the company is increasing its capital

**auf|stöhnen** *itr. V.* groan; **laut/erleichtert ~:** give *or* utter a loud groan/a sigh of relief

**auf|stören** *tr. V.* **a)** *(aufschrecken)* put up ⟨*bird, animal*⟩; disturb ⟨*wasps' nest, anthill*⟩; **b)** *(stören)* disturb

**auf|stoßen 1.** *unr. tr. V.* **a)** *(öffnen)* push open; *(mit einem Fußtritt)* kick open; **b)** *(heftig aufsetzen)* **etw. auf etw.** *(Akk.)* **~:** bang sth. down on sth.; **den Stock auf den Boden ~:** thump one's stick on the ground; **c)** *(verletzen)* **sich** *(Dat.)* **den Ellbogen** *usw.* **~:** graze one's elbow *etc.* **2.** *unr. itr. V.* **a)** *(rülpsen)* belch; burp *(coll.)*; ⟨*baby*⟩ bring up wind, *(coll.)* burp; **b)** *auch mit sein (Aufstoßen verursachen)* **[jmdm.] ~:** repeat [on sb.]; **das könnte Ihnen übel ~** *(fig.)* you might have to pay dearly for that *(fig.)*; you could live to regret that; **c)** *mit sein (ugs.: auffallen)* **jmdm. ~:** strike sb.

**auf|streben** *itr. V. (geh.)* tower [up]; **steil ~de Felswände** towering rock walls

**aufstrebend** *Adj.* rising ⟨*talent, bourgeoisie, industry*⟩; ⟨*nation, people*⟩ striving for progress; **ein ~er junger Mann** an ambitious and up-and-coming young man

**auf|streichen** *unr. tr. V.* spread ⟨*butter, jam, etc.*⟩ **(auf +** *Akk.* on); put on, apply ⟨*ointment, paint*⟩ **(auf +** *Akk.* to)

**auf|streuen** *tr. V.* sprinkle on; **etw. auf etw.** *(Akk.)* **~:** sprinkle sth. on sth.; **den Tieren Stroh ~:** put down straw for the animals

**Auf·strich der a)** *(Brot~)* spread; **b)** *(Schriftw.)* upstroke; **c)** *(Musik)* up-bow

**auf|stülpen** *tr. V.* **a)** *(stülpen auf)* **etw. auf**

etw. *(Akk.)* ~: plonk sth. on sth.; **b)** *(hochschlagen)* turn *or* roll up ⟨*sleeves, trousers*⟩; turn up ⟨*collar*⟩; **die Lippen** ~ *(fig.)* purse one's lips; *(verführerisch)* pout

**auf|stützen 1.** *tr. V.* **a)** *(auf etw. stützen)* **die Ellbogen/Arme auf etw.** *(Akk. od. Dat.)* ~: rest one's elbows/arms on sth.; **mit aufgestütztem Kopf** with one's head resting on one's hands; **b)** *(aufrichten)* **jmdn./sich [im Bett]** ~: prop sb./oneself up [in bed]. **2.** *refl. V.* support oneself

**auf|suchen** *tr. V.* **a)** *(hingehen zu)* call on, go and see ⟨*friends, relatives*⟩; visit ⟨*museum, grave, monument*⟩; **den Arzt** ~: go to the doctor; go and see the doctor; **die Toilette** ~: go to the toilet *or* lavatory; **b)** *(in einem Buch usw.)* look up

**auf|summen, auf|summieren 1.** *tr. V.* *(DV)* sum. **2.** *refl. V.* add *or* mount up

**auf|takeln** ['aufta:kln] *refl. V. (ugs. abwertend)* tart *(Brit.) or* doll oneself up *(coll.)*; **aufgetakelt** tarted *(Brit.) or* dolled up *(coll.)*

**Auf·takt der a)** prelude; *(Beginn)* start; **den ~ zu etw. bilden** form the prelude to sth./be the start of sth.; **b)** *(Musik)* upbeat; anacrusis; **c)** *(Verslehre)* anacrusis

**auf|tanken 1.** *tr. V.* fill up; refuel ⟨*aircraft*⟩; **2000 Liter** ~ ⟨*aircraft*⟩ take on 2,000 litres; **neue Kräfte** ~ *(fig.)* recharge one's batteries *(fig.)*. **2.** *itr. V.* fill up; ⟨*aircraft*⟩ refuel

**auf|tauchen** *itr. V.; mit sein* **a)** *(aus dem Wasser)* surface; ⟨*frogman, diver*⟩ surface, come up; **b)** *(sichtbar werden)* appear; *(aus dem Dunkel, dem Nebel)* emerge; appear; **c)** *(erscheinen, gefunden werden)* turn up; *(fig.)* ⟨*problem, question, difficulties*⟩ crop up, arise

**auf|tauen 1.** *tr. V.* thaw ⟨*ice, frozen food*⟩; thaw [out] ⟨*earth, ground*⟩; defrost ⟨*windscreen*⟩; ⟨*sun*⟩ thaw the ice on ⟨*windscreen*⟩. **2.** *itr. V.; mit sein (auch fig.)* thaw; ⟨*earth, ground*⟩ thaw [out]; **der See ist wieder aufgetaut** the ice on the lake has melted

**auf|teilen** *tr. V.* **a)** *(verteilen)* share out **(unter** + *Akk. od. Dat.* among); **b)** *(aufgliedern)* divide [up] **(in** + *Akk.* into)

**Auf·teilung die** *s.* **aufteilen a, b:** sharing out **(unter** + *Akk. od. Dat.* among); dividing [up] **(in** + *Akk.* into)

**auf|tischen 1.** *tr. V.* **a)** *(servieren)* serve [up]; **jmdm. etw.** ~: serve sb. with sth.; **b)** *(ugs. abwertend: erzählen)* serve up ⟨*excuses, lies, etc.*⟩; **jmdm. etw.** ~: serve sb. up with sth. **2.** *itr. V.* **jmdn. reichlich** ~: serve sb. up a substantial meal

**Auftrag der;** ~**[e]s, Aufträge a)** *(Anweisung)* instructions *pl.*; *(Aufgabe)* task; job; **in jmds.** ~ *(Dat.)* on sb.'s instructions; **Luigi, ich habe einen ~ für dich** I've got a job for you, Luigi; **im ~ des/der ...** *(für jmdn.)* on behalf of the ...; *(auf jmds. Anweisung)* on the instructions of the ...; **jmdm. den ~ geben** *od.* **erteilen, etw. zu tun** instruct sb. to do sth.; give sb. the job of doing sth.; **einen ~ ausführen** carry out an instruction *or* order; **den ~ haben, etw. zu tun** have been instructed to do sth.; **b)** *(Bestellung)* order; *(bei Künstlern, Architekten usw.)* commission; **ein ~ über** *od.* **auf etw.** *(Akk.)* an order/a commission for sth.; **etw. in ~ geben** *(Kaufmannsspr.)* order/commission sth. **(bei** from); **c)** *(Mission)* task; mission; **d)** *(das Auftragen [von Farbe])* application

**auf|tragen 1.** *unr. tr. V.* **a) jmdm. ~, etw. zu tun** instruct sb. to do sth.; **jmdm. eine Besorgung/eine Botschaft** ~: instruct sb. to get sth./to deliver a message; **er hat mir aufgetragen, dich zu grüßen** he asked me to pass on his regards; **b)** *(aufstreichen)* apply, put on ⟨*paint, make-up, ointment, etc.*⟩; **etw. auf etw.** *(Akk. od. Dat.)* ~: apply sth. to sth.; put sth. on sth.; **c)** *(verschleißen)* wear out ⟨*clothes*⟩; **d)** *(geh.: servieren)* serve [up]. **2.** *unr. itr. V.* **a)** ⟨*clothes*⟩ be too bulky; **b)** *(ugs.: übertreiben)* **dick** *od.* **stark** ~: lay it on thick *(sl.)*

**Auftrag-:** ~**geber der** client; customer; *(eines Künstlers, Architekten, Schriftstellers usw.)* client; ~**nehmer der** contractor

**auftrags-, Auftrags-:** ~**buch das** *(Kaufmannsspr.)* order book; ~**gemäß 1.** *Adj.; nicht präd.* in accordance with instructions *postpos.*; **2.** *adv.* as instructed; as ordered; as per instructions; ~**lage die** *(Kaufmannsspr.)* situation as regards orders; ~**rückgang der** *(Kaufmannsspr.)* falling-off of orders; ~**werk das** commissioned work

**auf|treffen** *unr. itr. V.; mit sein* **auf etw.** *(Akk.)* ~: strike *or* hit sth.; **mit der Stirn auf etw.** *(Akk.)* ~: hit one's forehead on sth.

**auf|treiben 1.** *unr. tr. V.* **a)** *(aufwirbeln)* raise ⟨*dust*⟩; blow up ⟨*dry leaves, sand*⟩; **b)** *(aufblähen)* bloat; swell; make ⟨*dough*⟩ rise; **c)** *(ugs.: ausfindig machen)* get hold of; **ein Quartier** ~: find somewhere to stay; **d)** *(auf den Markt)* drive ⟨*livestock*⟩ to market; *(auf die Almen)* drive ⟨*cattle, livestock*⟩ up to [the] high pastures. **2.** *unr. itr. V.; mit sein* ⟨*body, corpse, face*⟩ become bloated *or* swollen; ⟨*dough*⟩ rise

**auf|trennen** *tr. V.* unpick; undo; unpick ⟨*garment*⟩

**auf|treten 1.** *unr. itr. V.; mit sein* **a)** tread; **er kann mit dem verletzten Bein nicht** ~: he can't walk on *or* put his weight on his injured leg; **b)** *(sich benehmen)* behave; **forsch/schüchtern** ~: have a forceful/shy manner; **mit Entschlossenheit** ~: act with firmness; **c)** *(fungieren)* appear; **als Zeuge/Kläger** ~: appear as a witness/a plaintiff; **als Vermittler/Sachverständiger** ~: act as mediator/be called in as an expert; **gegen jmdn./etw.** ~: speak out against sb./sth.; **d)** *(als Künstler, Sänger usw.)* appear; **sie ist seit Jahren nicht mehr aufgetreten** she hasn't given any public performances for years; **zum ersten Mal** ~: make one's first appearance; **e)** *(die Bühne betreten)* enter; **f)** *(auftauchen)* ⟨*problem, question, difficulty*⟩ crop up, arise; ⟨*difference of opinion*⟩ arise; *(vorkommen)* occur; ⟨*pest, symptom, danger*⟩ appear. **2.** *unr. tr. V.* kick open ⟨*door, gate*⟩

**Auftreten das;** ~**s a)** *(Benehmen)* manner; **b)** *(das Fungieren)* appearance; **c)** *(das Vorkommen)* occurrence; *(von Schädlingen, Gefahren)* appearance; **seit dem ~ von Aids** since the appearance of AIDS

**Auf·trieb der a)** *o. Pl. (Physik)* buoyancy; *(in der Luft)* lift; **b)** *o. Pl. (Elan, Aufschwung)* impetus; **das hat ihm ~/neuen ~ gegeben** that has given him a lift/given him new impetus; **neuen ~ erhalten** ⟨*industry, economy*⟩ receive a boost; **c)** *(von Vieh zum Markt)* **der ~ an** *od.* **von Ferkeln** *usw.* the number of piglets *etc.* [brought] for sale; **d)** *(auf Almen)* **der ~ des Viehs** the driving of cattle up to [the] high pastures

**Auftriebs·kraft die** *(Physik)* buoyancy; *(in der Luft)* lift

**Auf·tritt der a)** *(als Künstler, Sänger usw.)* appearance; **b)** *(Theater: das Auftreten)* entrance; *(Szene)* scene; **er hat erst im 3. Akt seinen** ~: he doesn't make his entrance until the third act; **c)** *(Streit)* row; **jmdm. einen ~ machen** go off the deep end at sb. *(coll.)*

**auf|trumpfen** *itr. V.* show one's superiority; show how good one is; **„Na siehst du", trumpfte sie auf** there you are, she crowed; **mit seinem Wissen/seinen Leistungen** ~: show off with one's knowledge/achievements

**auf|tun 1.** *unr. refl. V. (geh.: sich öffnen)* open; *(fig.)* ⟨*abyss, plain, street, new world, new horizons*⟩ open up; **sich jmdm.** ~: open up before sb. **2.** *unr. tr. V.* **a)** *(ugs.: entdecken)* find; **b)** *(ugs.: servieren)* **jmdm./sich etw.** ~: help sb./oneself to sth.; **c)** *(geh.: öffnen)* open ⟨*door, window*⟩; **den Mund/die Augen** ~: open one's mouth/eyes; **d)** *(landsch.: aufsetzen)* put on ⟨*hat, spectacles, etc.*⟩. **3.** *unr. itr. V.* **jmdm./sich** ~: help sb./oneself **(von** to)

**auf|türmen 1.** *tr. V.* pile up **(zu** into). **2.** *refl. V.* ⟨*mountain range*⟩ tower up; *(fig.)* ⟨*work, problems, difficulties*⟩ pile up

**auf|wachen** *itr. V.; mit sein (auch fig.)* wake up, awaken **(aus** from); **aus der Narkose/Ohnmacht** ~: come round from the anaesthetic/faint

**auf|wachsen** *unr. itr. V.; mit sein* grow up

**auf|wallen** *itr. V.; mit sein* boil up; **etw. ~ lassen** bring sth. to the boil; **in jmdm.** ~ *(fig. geh.)* ⟨*joy, tenderness, hatred, passion, etc.*⟩ surge [up] within sb.

**Auf·wallung die;** ~, ~**en** *(geh.)* surge

**Auf·wand der;** ~**[e]s a)** expenditure **(an** + *Dat.* of); *(das Aufgewendete)* cost; expense; **mit einem ~ von 1,5 Mio. Mark** at a cost of 1.5 million marks; **ein unnützer ~ an Zeit** a waste of time; **der dazu nötige ~ an Zeit/Kraft** the time/energy needed; **b)** *(Luxus)* extravagance; ~ **[mit etw.] treiben** be extravagant [with sth.]

**Aufwands·entschädigung die** expense allowance

**auf|wärmen 1.** *tr. V.* heat *or* warm up ⟨*food*⟩; *(fig. ugs.: wieder erwähnen)* rake *or* drag up. **2.** *refl. V.* **a)** *(sich wärmen)* warm oneself up; **b)** *(Sport)* warm up

**Aufwarte·frau die** *(bes. md.)* cleaning woman; domestic help

**auf|warten** *itr. V.* **a)** *(geh.)* **jmdm. mit etw.** ~ *(anbieten)* offer sb. sth.; *(vorsetzen)* serve sb. [with] sth.; **b)** *(zu bieten haben)* **mit etw.** ~: come up with sth.; **c)** *(veralt.: bedienen)* **jmdm.** ~: wait *or* attend on sb.; **bei Tisch** ~: wait *or* serve at table

**aufwärts** *Adv.* upwards; *(bergauf)* upwards; uphill; **den Fluß** ~: upstream; ~! *(beim Fahrstuhl)* going up!; **vom Major [an]** ~: from major up

**-aufwärts** *Adv.* **[weiter] rhein~/mosel~:** further up the Rhine/Mosel; **rhein~/mosel~ segeln** sail up the Rhine/Mosel

**aufwärts-, Aufwärts-:** ~**entwicklung die** upward trend; ~**|führen** *tr. V. (fig.)* lead towards prosperity; ~**|gehen** *unr. itr. V.; mit sein (unpers.)* **mit seiner Gesundheit/dem Land/Geschäft geht es** ~: his health is improving/the country/firm is doing better; **mit ihm geht es** ~ *(gesundheitlich)* he's getting better; *(finanziell, geschäftlich, beruflich, in der Schule)* he's doing better; ~**haken der** *(Boxen)* uppercut; ~**trend der** upward trend

**Auf·wartung die** *in* **jmdm. seine ~ machen** *(geh.)* make *or* pay a courtesy call on sb.; pay sb. a courtesy visit

**Aufwasch der;** ~**[e]s** *(bes. md.) s.* [1]**Abwasch**

**auf|waschen** *unr. tr., itr. V. (bes. md.)* wash up; **das ist ein/geht in einem Aufwaschen** *(ugs.)* it can all be done in one go

**auf|wecken** *tr. V.* wake [up]; waken; *(fig.)* waken; *s. auch* **aufgeweckt**

**auf|wehen 1.** *tr. V.* **a)** *(hochwehen)* blow up; raise, blow up ⟨*dust*⟩; **b)** *(aufhäufen)* pile up ⟨*snow, leaves, etc.*⟩; **c)** *(öffnen)* blow open. **2.** *itr. V.; mit sein (emporwirbeln)* blow up

**auf|weichen 1.** *tr. V.* soften; *(fig.)* weaken ⟨*system*⟩; **den Boden** ~: make the ground soft *or* sodden. **2.** *itr. V.; mit sein* become soft; soften up; *(fig.)* weaken

**auf|weisen** *unr. tr. V.* **a)** *(zeigen)* demonstrate; show; **b)** *(erkennen lassen)* show; exhibit; **der Ort hat viele Sehenswürdigkeiten aufzuweisen** the town has many sights to offer

**auf|wenden** *unr. (auch regelm.) tr. V.* use ⟨*skill, influence*⟩; expend ⟨*energy, resources*⟩; spend ⟨*money, time*⟩; **viel Geld/**

**seine ganze Freizeit für etw. ~:** spend a great deal of money/all one's spare time on sth.

**auf·wendig 1.** *Adj.* lavish; *(kostspielig)* costly; expensive. **2.** *adv.* lavishly; *(kostspielig)* expensively

**Auf·wendung die a)** *s.* **aufwenden:** using; expenditure; spending; **unter ~ von etw.** by using/expending/spending sth.; **b)** *Pl. (Kosten)* expenditure *sing.*

**auf|werfen 1.** *unr. tr. V.* **a)** *(aufhäufen)* pile *or* heap up ⟨*earth, snow, etc.*⟩; build, raise ⟨*embankment, dam, etc.*⟩; **b)** *(öffnen)* fling open ⟨*door, window*⟩; **c)** *(ansprechen)* raise ⟨*problem, question*⟩; **d)** *(hochwerfen)* throw up; **den Kopf ~:** toss one's head; **e)** *(schürzen)* **die Lippen ~:** purse one's lips; **aufgeworfene Lippen** pursed lips. **2.** *unr. refl. V. (abwertend: sich aufspielen)* **sich zu etw. ~:** set oneself up as sth.; **sich zum Richter ~:** set oneself up as judge

**auf|werten** *tr. V.* **a)** *auch itr.* revalue; **b)** *(fig.)* enhance the status of; enhance ⟨*standing, reputation, status*⟩

**Auf·wertung die** revaluation; **dieses Amt hat durch ihn eine ~ erfahren** he has enhanced the status of this office

**auf|wickeln** *tr. V.* **a)** wind up; *(ohne Rolle, Spule)* roll *or* coil up; **b)** *(auf Lockenwickler)* **jmdm./sich die Haare ~:** put sb.'s/one's hair in curlers; **sich** *(Dat.)* **die Haare ~ lassen** have one's hair curled; **c)** *(öffnen)* unwrap, undo ⟨*parcel, bundle*⟩

**Aufwiegelei die; ~, ~en** *(abwertend)* incitement [to revolt]

**auf|wiegeln** ['aufvi:gl̩n] *tr. V. (abwertend)* incite; stir up (**gegen** against); **jmdn. zum Aufstand/Streik ~:** incite sb. to rebel/strike

**Aufwiegelung die; ~, ~en** *(abwertend)* incitement; **die ~ der Massen zum Widerstand** inciting the masses to resist

**auf|wiegen** *unr. tr. V.* make up for; **die Vorteile wiegen die Nachteile auf** the advantages offset the disadvantages; *s. auch* **Gold**

**Aufwiegler der; ~s, ~, Aufwieglerin die; ~, ~nen** *(abwertend)* agitator

**aufwieglerisch** *(abwertend)* **1.** *Adj.* seditious; inflammatory, seditious ⟨*speech, pamphlet*⟩. **2.** *adv.* seditiously

**Aufwieglung** *s.* **Aufwiegelung**

**Auf·wind der** *(Met.)* anabatic wind; *(Flugw.)* up-current; **wieder ~ bekommen** *(fig.)* get new impetus (**durch** from)

**auf|wirbeln 1.** *tr. V.* swirl up; swirl up, raise ⟨*dust*⟩; *s. auch* **Staub. 2.** *itr. V.; mit sein* swirl up

**auf|wischen** *tr. V.* **a)** *(entfernen)* wipe *or* mop up; **b)** *(säubern)* wipe ⟨*floor*⟩; *(mit Wasser)* wash; **die Küche/das Badezimmer ~:** wipe/wash the kitchen/bathroom floor

**auf|wogen** *itr. V.; mit sein (dichter.)* ⟨*sea*⟩ surge

**auf|wühlen** *tr. V.* churn up ⟨*water, sea, mud, soil*⟩; *(fig.)* stir ⟨*person, emotions, passions*⟩ deeply; *(auf schmerzhafte Weise)* upset ⟨*person*⟩ deeply; **ein ~des Erlebnis** *(fig.)* a deeply moving experience; **jmdn. bis ins Innerste ~:** move sb. to the depths of his/her soul

**auf|zahlen** *(südd., österr.)* **1.** *tr. V.* **20 Mark ~:** pay 20 marks on top; pay an extra 20 marks. **2.** *itr. V.* pay extra; make an additional payment

**Auf·zahlung die** *(südd., österr.)* additional payment

**auf|zählen** *tr. V.* enumerate; list; enumerate, give ⟨*dates, names, facts*⟩

**Auf·zählung die a)** *(das Aufzählen)* enumeration; listing; **b)** *(Liste)* list

**auf|zäumen** *tr. V.* bridle ⟨*horse*⟩; **etw. verkehrt ~** *(fig.)* go about sth. the wrong way; *s. auch* **Pferd a**

**auf|zehren** *(geh.)* **1.** *tr. V.* exhaust ⟨*food, supplies, savings*⟩; *(fig.)* consume, sap ⟨*energy, strength*⟩. **2.** *refl. V.* wear oneself out; ⟨*energy, supplies, money, etc.*⟩ give out

**auf|zeichnen** *tr. V.* **a)** *(notieren)* record; **b)** *(zeichnen)* draw

**Auf·zeichnung die a)** *(das Notieren)* recording; **b)** *(das Aufgezeichnete)* record; *(Film~, Magnetband~)* recording; **~en** *(Notizen)* notes; **c)** *(das Zeichnen)* drawing

**auf|zeigen** *tr. V. (nachweisen)* demonstrate; show; *(darlegen)* expound; *(hinweisen auf)* point out; highlight

**auf|ziehen 1.** *unr. tr. V.* **a)** *(öffnen)* pull open ⟨*drawer*⟩; open, draw [back] ⟨*curtains*⟩; undo ⟨*zip*⟩; undo, untie ⟨*bow*⟩; **b)** *(die Feder spannen von)* wind up ⟨*clock, watch, toy, etc.*⟩; **c)** *(spannen, aufkleben)* mount ⟨*photograph, print, etc.*⟩ (**auf +** *Akk.* on); stretch ⟨*canvas*⟩; **Saiten/neue Saiten auf ein Instrument ~:** string/restring an instrument; **neue Saiten ~:** put new strings on; *s. auch* **Saite; d)** *(großziehen)* bring up, raise ⟨*children*⟩; raise, rear ⟨*animals*⟩; raise ⟨*plants, vegetables*⟩; **e)** *(ugs.: gründen)* set up ⟨*company, department, business, political party, organization, system*⟩; **f)** *(ugs.: durchführen)* organize, stage ⟨*festival, event, campaign, rally*⟩; **wir haben das Ganze völlig falsch aufgezogen** we've gone about it completely the wrong way; **g)** *(ugs.: verspotten)* rib *(coll.)*, tease (**mit, wegen** about); **sie hat ihn damit aufgezogen, daß er so große Ohren hat** she ribbed him *(coll.) or* poked fun at him because of his big ears; **h)** *(nach oben ziehen)* pull *or* draw up; haul up ⟨*fishing nets, heavy load*⟩; hoist, run up ⟨*flag*⟩; hoist ⟨*sail*⟩; raise ⟨*barrier, curtain, sluice-gate, signal, drawbridge, etc.*⟩; **i)** *(auftrennen)* undo; unpick; unpick ⟨*garment*⟩; **j)** *(auf eine Spritze)* draw up ⟨*vaccine etc.*⟩; **k)** *(füllen)* fill ⟨*hypodermic syringe*⟩. **2.** *unr. itr. V.; mit sein* **a)** *(näher kommen)* ⟨*storm*⟩ gather, come up; ⟨*clouds*⟩ gather; ⟨*star, mist, haze*⟩ come up; **b)** *(sich aufstellen)* take up position; *(aufmarschieren)* march up

**Auf·zucht die** raising; rearing

**Auf·zug der a)** *(Lift)* lift *(Brit.)*; elevator *(Amer.)*; *(Lasten~, Bau~)* hoist; **b)** *(abwertend: Aufmachung)* get-up; **c)** *(Theater: Akt)* act; **d)** *(Aufmarsch)* parade; *(feierlicher Zug)* procession; **der ~ der Garde** the mounting of the guard

**Aufzugs·schacht der** lift *(Brit.) or (Amer.)* elevator shaft

**auf|zwingen 1.** *unr. tr. V.* **jmdm. etw. ~:** force sth. [up]on sb.; **jmdm. seinen Willen ~:** impose one's will [up]on sb. **2.** *unr. refl. V.* **sich jmdm. ~:** impose oneself *or* force one's company [up]on sb.; **der Gedanke zwingt sich [einem] ja förmlich auf** the idea positively forces itself upon you

**Aug·apfel der** eyeball; **er hütet das wie seinen ~:** it's his most treasured possession; **sie ist der ~ ihrer Großmutter** *(fig.)* she is the apple of her grandmother's eye

**Auge** ['augə] **das; ~s, ~n a)** eye; **gute/schlechte ~n haben** have good/poor eyesight; **er hat so gute ~n, daß ...:** his eyesight is so good that ...; **meine ~n sind schlechter geworden** my eyesight has deteriorated; **auf einem ~ blind sein** be blind in one eye; *(fig.)* have two different sets of standards; **ich konnte ihm nicht in die ~n sehen** *(fig.)* I could not look him in the eye; **etw. mit eigenen ~n gesehen haben** have seen sth. with one's own eyes; **die ~n schließen** *od.* **zumachen** close *or* shut one's eyes; **mit bloßem ~:** with the naked eye; **ihm fallen die ~n zu** his eyelids are drooping; **ganz kleine ~n haben** *(fig.)* be all sleepy; **~n links/rechts/geradeaus!** *(Milit.)* eyes left/right/front!; **mit verbundenen ~n** blindfold[ed]; **jmdn. aus großen ~n unschuldig ansehen** look at sb. all wide-eyed and innocent; **hast du keine ~n im Kopf?** haven't you got eyes in your head?; are you blind?; **etw. im ~ haben** have sth. in one's eye; *(fig.: haben wollen)* have one's eye on sth.; **das ~ des Gesetzes** *(fig.: Polizist)* the law *(coll.)*; **so weit das ~ reicht** as far as the eye can see; **die ~n sind größer als der Magen** *od.* **Bauch** *(fig. ugs.)* your *etc.* eyes are bigger than your *etc.* belly; **ihr/ihm** *usw.* **gingen die ~n auf** *(fig.)* the scales fell from her/his *etc.* eyes; **ihm/ihr** *usw.* **werden die ~n noch aufgehen** *(fig.)* he/she *etc.* is in for a rude awakening; **da wird er ~n machen** *(fig. ugs.)* his eyes will pop out of his head; **ihnen fielen fast die ~n aus dem Kopf** their eyes nearly popped out of their heads; **ein ~ voll Schlaf nehmen** *(fig. ugs.)* have forty winks *or* a short nap; **da blieb kein ~ trocken** *(fig. ugs.)* everyone laughed till they cried *or* till the tears ran down their faces; *(es blieb niemand verschont)* no one was safe; **ich traute meinen [eigenen] ~n nicht** *(ugs.)* I couldn't believe my eyes; **~n wie ein Luchs haben** have eyes like a lynx; **ich habe doch hinten keine ~n** *(ugs.)* I haven't got eyes in the back of my head; **nur ~n für jmdn. haben** *(fig.)* have eyes only for sb.; **ich kann doch meine ~n nicht überall haben!** I can't be looking everywhere at once; **sie hat ihre ~n überall** she doesn't miss a thing; **[große] ~n machen** *(fig. ugs.)* be wide-eyed; **jmdm. [schöne] ~n machen** *(fig. veralt.)* make eyes at sb.; **die ~n offen haben** *od.* **offenhalten [ob, ...]** *(fig.)* keep one's eyes open [and see whether ...]; **die ~n vor etw.** *(Dat.)* **verschließen** *(fig.)* shut *or* close one's eyes to sth.; **sich** *(Dat.)* **nach jmdm./etw. die ~n ausgucken** *od.* **aus dem Kopf sehen** *(fig. ugs.)* look out eagerly *or* expectantly for sb./sth.; **ein ~** *od.* **beide ~n zudrücken** *(fig.)* turn a blind eye; **ein ~ auf jmdn./etw. geworfen haben** *(fig.)* have taken a liking to sb./have one's eye on sth.; **ein ~ auf jmdn./etw. haben** *(achtgeben)* keep an eye on sb./sth.; *(Gefallen finden)* have taken a fancy to sb./have one's eye on sth.; **ein ~/ein sicheres ~ für etw. haben** have an eye/a sure eye for sth.; **kein ~ von jmdm. lassen** *(fig.)* not take one's eyes off sb.; **ich habe ja schließlich ~n im Kopf** *(ugs.)* I'm not blind, you know; **jmdm. die ~n öffnen** *(fig.)* open sb.'s eyes; **sich** *(Dat.)* **die ~n ausweinen** *od.* **aus dem Kopf weinen** *(fig.)* cry one's eyes out; **jmdn./etw. nicht aus den ~n lassen** not take one's eyes off sb./sth.; not let sb./sth. out of one's sight; **jmdn./etw. aus dem ~** *od.* **den ~n verlieren** lose sight of sb./sth.; *(fig.)* lose contact *or* touch with sb./lose touch with sth.; **ich kann vor Arbeit/Müdigkeit nicht mehr aus den ~n gucken** *(ugs.)* I've got so much work I don't know whether I'm coming or going/I'm so tired I can't see straight; **aus den ~n, aus dem Sinn!** *(Spr.)* out of sight, out of mind; **geh mir aus den ~n!** get out of my sight!; **ein solches Ereignis muß auch etwas fürs ~ sein** such an event must also have visual appeal; **das ist mehr fürs ~:** it's only [there] for decoration; **jmdm./einander ~ in ~ gegenüberstehen** face sb./one another; **Aug' in Aug'** *(veralt.)* face to face; **jmdn./etw. im ~ behalten** *(fig.)* keep an eye on sb./bear *or* keep sth. in mind; **in jmds. ~n** *(Dat.) (fig.)* to sb.'s mind; in sb.'s opinion; **jmdm. ins ~** *od.* **in die ~n fallen** *od.* **springen** *(fig.)* hit sb. in the eye; **etw. ins ~ fassen** *(fig.)* consider sth.; think about sth.; **ins ~ fassen, etw. zu tun** *(fig.)* have it in mind to do sth.; contemplate doing sth.; **einer Sache** *(Dat.)* **ins ~ sehen** *(fig.)* face sth.; **der Wahrheit/Gefahr ins ~ sehen** *(fig.)* face up to the truth/danger; **ins ~ gehen** *(fig. ugs.) (schlimm ausgehen)* end in disaster; *(erfolglos ausgehen)* end in failure; **mit einem lachenden und einem weinenden ~** *(fig.)* with mixed feelings; **mit offenen ~n schlafen** *(ugs.)* be day-dreaming; **mit offenen ~n durch die Welt gehen** *(fig.)* walk about with one's eyes open; jmdn./etw. mit anderen *od.* neuen ~n betrachten *od.* ansehen *(fig.)* see sb./sth. in a different *or* new light; ~ um ~, Zahn um Zahn an eye for an eye, a tooth for a tooth; unter vier ~n *(fig.)* in private; unter jmds. ~n *(Dat.)* right in front of sb.; right under sb.'s nose; komm mir nicht mehr unter die ~n! never let me set eyes on you again!; jmdm. jeden Wunsch von den ~n ablesen *(fig.)* anticipate sb.'s every wish; vor aller ~n in front of everybody; jmdm. etw. vor ~n führen *od.* halten *od.* stellen *(fig.)* bring sth. home to sb.; wenn man sich *(Dat.)* das mal vor ~n führt *(fig.)* when you stop and think about it; jmdn./etw. vor ~n haben *(fig.)* see sb./sth. in one's mind's eye; *s. auch* auskratzen 1a; beleidigen; blau; ¹Null b; schließen 1a; schwarz 1a; schweben a; zutun; b) *(auf Würfeln, Spielkarten, Dominosteinen)* pip; drei ~n werfen throw a three; wie viele ~n hat er geworfen? how many has he thrown?; c) *(Keim)* eye; bud; *(bei Kartoffeln)* eye; d) *s.* Fettauge

**äugeln** ['ɔyglṇ] 1. *itr. V. (hinsehen)* nach jmdm./etw. ~: cast secret glances at sb./sth. 2. *tr. V. (Gartenbau)* bud

**äugen** ['ɔygṇ] *itr. V.* peer

**Augen-:** ~abstand der *(Med.)* interocular distance; ~arzt der eye specialist; ~aufschlag der [upward] glance; mit unschuldigem ~aufschlag with wide-eyed innocence; ~binde die blindfold; *(Verband)* eye bandage

**Augen·blick** [*auch:* --'-] der moment; alle ~e *(ugs.)* all the time; *s. auch* ¹Moment

**augenblicklich** [*auch:* --'--] 1. *Adj.; nicht präd.* a) *(unverzüglich)* immediate; b) *(gegenwärtig)* present; *(vorübergehend)* temporary; *(einen Augenblick dauernd)* momentary. 2. *adv.* a) *(sofort)* immediately; at once; b) *(zur Zeit)* at the moment

**augen·blicks** *Adv.* immediately; at once

**Augenblicks-:** ~erfolg der short-lived success; ~sache die matter of a moment

**augen-, Augen-:** ~braue die eyebrow; ~brauen·stift der eyebrow pencil; ~deckel der *(ugs.)* eyelid; ~fällig 1. *Adj.* striking; *(offensichtlich)* obvious; 2. *adv.* strikingly; *(offensichtlich)* obviously; ~farbe die colour of one's eyes; ~fehler der eye defect; ~fleck der *(Biol.)* eye-spot; ocellus; ~glas das; *Pl.* ~gläser *(österr., sonst Amtsspr.) (Monokel)* monocle; *(Zwicker)* pince-nez; ~gläser *(Brille)* spectacles; ~heil·kunde die ophthalmology; ~höhe die eye-level; in/auf ~höhe at/to eye-level; ~höhle die eye socket; ~klappe die eye-patch; ~klinik die eye hospital; ~krankheit die eye-disease; disease of the eye; ~lid das eyelid; ~-Make-up das eye make-up; ~maß das; *o. Pl.* ein gutes/schlechtes ~maß haben have a good eye/no eye for distances; jegliches ~maß verlieren *(fig.)* lose all sense of proportion; ~mensch der *(ugs.)* visual type *or* person; ~merk das: sein ~merk auf jmdn./etw. richten *od.* lenken give one's attention to sb./sth.; ~optiker der ophthalmic optician; ~paar das *(geh.)* pair of eyes; ~ränder *Pl.* rims of one's/the eyes; sie hatte gerötete ~ränder the rims of her eyes were red; ~ringe *Pl.* rings under the eyes; ~schatten *Pl.* shadows under the eyes

**Augen·schein** der; *o. Pl. (geh.)* a) *(Eindruck)* appearance; dem ~ nach by all appearances; dem ersten ~ nach at first sight; allem ~ zum Trotz despite all appearances; b) *(Betrachtung)* inspection; jmdn./etw. in ~ nehmen have a close look at sb./sth.; give sb./sth. a close inspection

**augen·scheinlich** *(geh.)* 1. *Adj. (scheinbar)* apparent; evident; *(sichtbar)* obvious; evident. 2. *adv. (scheinbar)* apparently; evidently; *(sichtbar)* obviously; evidently

**augen-, Augen-:** ~schmaus der *(scherzh.)* feast for the eyes; ~spiegel der *(Med.)* ophthalmoscope; ~spiegelung die *(Med.)* ophthalmoscopy; ~stern der a) *(dichter.: Pupille)* pupil; b) *(veralt.: Liebstes)* apple of one's eye; ~trost der *(Bot.)* eyebright; ~weide die; *o. Pl.* feast for the eyes; ~wimper die eyelash; ~winkel der corner of one's eye; ~wischerei die eyewash; ~zahn der eye-tooth; ~zeuge der eyewitness; ~zeuge sein be an eyewitness; ~zeugen·bericht der eyewitness report; ~zwinkern das; ~s: mit einem ~zwinkern with a wink; durch ~zwinkern by winking; ~zwinkernd 1. *Adj.; nicht präd.* tacit ⟨*agreement*⟩; 2. *adv.* with a wink

**Augias·stall** [au'gi:as-] der; *o. Pl. (geh.)* Augean stables; den ~ ausmisten *od.* reinigen create order out of chaos

**-äugig** [-ɔygɪç] *Adj.* -eyed; ein~/blau~/groß~/hell~: one-eyed/blue-eyed/big-eyed/bright-eyed

**Augur** ['augʊr] der; ~s *od.* ~en [-'gu:rən], ~en *(geh., spött.)* pundit

**Auguren·lächeln** das *(geh.)* knowing smile

**¹August** [au'gʊst] der; ~[e]s *od.* ~, ~e August; *s. auch* April

**²August** ['augʊst] *in* dummer ~: clown

**augusteisch** [augʊs'te:ɪʃ] *Adj. in* ~es Zeitalter *(geh.)* Augustan age

**Augustiner** [augʊs'ti:nɐ] der; ~s, ~: Augustinian monk

**Augustinus** [augʊs'ti:nʊs] (der) St Augustine

**Auktion** [auk'tsio:n] die; ~, ~en auction

**Auktionator** [auktsio'na:tɔr] der; ~s, ~en [-na'to:rən] auctioneer

**Aula** ['aula] die; ~, Aulen *od.* ~s *(einer Universität)* [great] hall; *(einer Schule)* [assembly] hall

**Au-pair-Mädchen** [o'pɛ:r-] das au pair [girl]

**Aura** ['aura] die; ~, Auren *(geh.)* aura

**Aureole** [aure'o:lə] die; ~, ~n a) *(Heiligenschein)* aureole; halo; b) *(Met.)* aureole

**aus** [aus] 1. *Präp. mit Dat.* a) *(räumlich: aus dem Inneren von)* out of; ~ dem Bett steigen get out of bed; ~ der Flasche trinken drink out of the bottle *or* from the bottle; b) *(Herkunft, Quelle, Ausgangspunkt angebend, auch zeitlich)* from; ~ Spanien/Griechenland *usw.* from Spain/Greece *etc.*; er kommt *od.* stammt ~ *od.* ist gebürtig ~ Hamburg he comes from Hamburg; ~ der Ferne from a distance; *(von weitem)* from far away; jmdm. etw. ~ dem Urlaub mitbringen bring sth. back from holiday *or (Amer.)* one's vacation for sb.; ~ guter Familie stammen come from a good family; ~ dem Deutschen ins Englische from German into English; etw. ~ dem Zusammenhang reißen take sth. out of [its] context; c) *(Veränderung eines Zustandes angebend)* ~ der Mode/Übung sein be out of fashion/training; ~ dem Gleichgewicht out of balance; ~ tiefem Schlaf erwachen awake from a deep sleep; d) *(Grund, Ursache angebend)* out of; etw. ~ Erfahrung wissen know sth. from experience; ~ folgendem Grund for the following reason; ~ Versehen inadvertently; by mistake; ~ einer Laune heraus on impulse; ~ Furcht vor for fear of; ~ Spaß/Jux *(ugs.)* for fun/a laugh; ein Verbrechen ~ Leidenschaft a crime of passion; ~ sich heraus on one's own initiative; of one's own accord; e) *(hergestellt ~)* made of; eine Bank ~ Holz/Stein a bench made of wood/stone; a wooden/stone bench; etw. ~ Fertigteilen bauen build sth. out of prefabricated components; eine Figur ~ Holz schnitzen carve a figure in wood; ~ etw. bestehen consist of sth.; f) *(Entwicklung angebend)* ~ ihm ist ein guter Arzt geworden he made a good doctor; ~ der Sache wird nichts nothing will come of it; ~ den Raupen entwickeln sich Schmetterlinge caterpillars develop into butterflies; einen Soldaten ~ jmdm. machen make a soldier out of sb.; etwas ~ sich machen make something of oneself; ~ ihm ist nichts geworden he never made anything of his life; g) *(österr.: in)* in; eine Prüfung ~ Biologie an examination in biology. 2. *Adv.* a) *(ugs.: vorbei, Schluß)* ~ jetzt! that's enough; ~, habe ich gesagt that's enough, I said; ~ und vorbei over and done with; *s. auch* aussein, aushaben *usw.*; b) *(als Aufforderung: ausschalten)* „~" *(an Lichtschaltern)* 'out'; *(an Geräten)* 'off'; Licht/Radio ~! lights *pl.* out!/turn the radio off; c) vom Flugplatz/Fenster/obersten Stockwerk ~: from the airport/window/top storey; von hier/München ~: from here/Munich; von seinem Standpunkt ~: from his point of view; von mir ~ *(ugs.)* if you like *or* want; von sich *(Dat.)* ~: of one's own accord; *s. auch* ²ein

**Aus** das; ~ a) der Ball ging ins ~ *(Tennis)* the ball was out; *(Fußball)* the ball went out of play; den Ball ins ~ schlagen hit the ball out; b) *(Sport: das Ausscheiden)* exit; *(fig.)* end

**aus|arbeiten** 1. *tr. V.* a) *(erstellen)* work out, develop ⟨*guidelines, system, method*⟩; prepare, draw up ⟨*agenda, draft, regulations, contract*⟩; prepare ⟨*leaflet*⟩; b) *(vollenden)* work out the details of ⟨*plan, proposal, list, lecture, etc.*⟩; elaborate the details of ⟨*picture, drawing*⟩. 2. *refl. V. (durch Sport, körperliche Anstrengung)* work out; have a work-out

**Ausarbeitung** die; ~, ~en a) *s.* ausarbeiten 1a: working out; developing; preparation; drawing up; b) *s.* ausarbeiten 1b: working out the details; elaboration of the details

**aus|arten** *itr. V.; mit sein* a) degenerate (in + *Akk.*, zu into); b) *(sich schlecht benehmen)* become unruly

**aus|atmen** *itr., tr. V.* breathe out; exhale

**aus|backen** *regelm. (auch unr.) tr. V. (Kochk.)* a) *(in Fett)* fry; b) *(fertigbacken)* etw. ~: bake sth. until it is done

**aus|baden** *tr. V. (ugs.)* carry *or* take the can for *(Brit. sl.)*; take the rap for *(sl.)*

**aus|baggern** *tr. V.* a) excavate ⟨*hole, basement, ditch, etc.*⟩; b) *(säubern)* dredge ⟨*channel, river bed, etc.*⟩; c) *(herausholen)* dredge up ⟨*mud, detritus, etc.*⟩

**aus|balancieren** 1. *tr. V. (auch fig.)* balance. 2. *refl. V.* balance; *(fig.)* balance out

**aus|baldowern** *tr. V. (ugs.)* spy out

**Aus·ball** der *(Ballspiele)* auf ~ entscheiden decide that the ball was out; bei ~: when the ball goes out of play

**Aus·bau** der; ~[e]s a) *(Erweiterung)* extension; *(einer Straße)* improvement; ein ~ des Hauses an extension to the house; der ~ der Beziehungen zwischen zwei Staaten/Organisationen the building of closer relations between two states/organizations; b) *(Ausgestaltung)* conversion (zu into); c) *(Entfernung)* removal (aus from)

**aus|bauen** *tr. V.* a) *(entfernen)* remove (aus from); b) *(erweitern)* extend; *(fig.)* build up, cultivate ⟨*friendship, relationship*⟩; expand ⟨*theory, knowledge, market*⟩; eine Fachhochschule zu einer Universität ~: expand *or* enlarge a college into a university; eine Straße ~: improve a road; seinen Vorsprung weiter ~ *(fig.)* extend one's lead; seine Position ~ *(fig.)* consolidate *or* strengthen one's position; ein Gebäude zu einem *od.* als Theater ~: convert a building into a theatre *or* for use as a theatre

**ausbau·fähig** *Adj.* ⟨*building etc.*⟩ suitable for extension; ⟨*market*⟩ that can be expanded; ⟨*position, job*⟩ with [good] prospects; er hat ~e Englischkenntnisse he has a good grounding in English

**aus|bedingen** *unr. refl. V.* sich *(Dat.)* etw. ~: *(etw. verlangen)* insist on sth.; *(etw. zur Bedingung machen)* make sth. a condition;

sich (Dat.) das Recht/die Freiheit ~, etw. zu tun reserve the right/freedom to do sth.

**aus|beißen** unr. refl. V. sich (Dat.) einen Zahn ~: break a tooth (an + Dat. on); sich (Dat.) an einem Problem die Zähne ~ (fig.) sweat over a problem

**aus|bekommen** unr. tr. V. (ugs.) get off

**aus|bessern** tr. V. a) (reparieren) repair; fix (Amer.); mend ⟨clothes⟩; touch up ⟨paintwork⟩; b) (beseitigen) mend; einen Schaden an etw. (Dat.) ~: repair damage to sth.

**Aus·besserung** die repair

**ausbesserungs-, Ausbesserungs-:** ~arbeiten Pl. repairs; repair work sing.; ~bedürftig Adj. in need of repair postpos.; ~werk das (Eisenb.) repair shed

**aus|beulen** 1. tr. V. a) remove a/the dent/the dents in; (mit einem Hammer) beat out; b) (dehnen) make baggy; ausgebeulte Knie baggy knees. 2. refl. V. ⟨trousers⟩ go baggy; ⟨pocket⟩ bulge

**Aus·beute** die yield; (einer Untersuchung) results pl.; (eines Einkaufsbummels) spoils pl.; unsere ganze ~ betrug drei Pilze we ended up with only three mushrooms between us

**aus|beuteln** tr. V. (bes. österr.) shake out

**aus|beuten** tr. V. (auch abwertend) exploit

**Ausbeuter** der; ~s, ~, **Ausbeuterin** die; ~, ~nen (abwertend) exploiter

**ausbeuterisch** (abwertend) 1. Adj. exploitative. 2. adv. exploitatively

**Ausbeuter·klasse** die; ~ (abwertend) exploiting class

**Ausbeutung** die; ~, ~en exploitation

**aus|bezahlen** tr. V. a) (auszahlen) pay [out]; er bekommt 2 000 DM ausbezahlt his take-home pay is 2,000 marks; b) (entlohnen) pay; (und entlassen) pay off; c) (abfinden) buy out ⟨shareholder, joint heir, etc.⟩

**Aus·bezahlung** die s. ausbezahlen: payment; paying; paying off; buying out

**aus|bilden** 1. tr. V. a) (schulen, unterrichten) train; sich in etw. (Dat.) ~ lassen take a training in sth.; (studieren) study sth.; sich als od. zu etw. ~ lassen train to be sth.; (studieren) study to be sth.; sich im Gesang/Zeichnen ~ lassen take singing lessons/study drawing; jmdn. an einem Instrument/einer Maschine ~: teach sb. to play an instrument/train sb. on a machine or to use a machine; b) (fördern) cultivate, develop ⟨talent, skill, feeling, etc.⟩; c) (entwickeln) develop; (gestalten) design; (formen) shape; form. 2. refl. V. a) (sich schulen) sich in etw. (Dat.) ~: take a training in sth.; (studieren) study sth.; b) (sich entwickeln) develop

**Ausbilder** der; ~s, ~, **Ausbilderin** die; ~, ~nen instructor

**Ausbildner** der; ~s, ~ (österr.) instructor

**Aus·bildung** die a) (Schulung) training; sich noch in der ~ befinden still be training; (an einer Lehranstalt) still be at college; b) (Entwicklung) development

**Ausbildungs-:** ~bei·hilfe die [education] grant; (für Berufsschüler, Lehrlinge) training grant; ~beruf der trade requiring an apprenticeship; ~förderung die provision of [education] grants; (für Berufsschüler, Lehrlinge) provision of training grants; ~gang der training syllabus; ~platz der trainee post; (für Lehrlinge) apprenticeship; ~stätte die place of training; ~vertrag der articles of apprenticeship

**aus|bitten** unr. refl. V. a) (geh.: erbitten) sich (Dat.) von jmdm. etw. ~: request sth. from sb.; ask sb. for sth.; b) (verlangen) sich (Dat.) etw. ~: demand sth.; ich bitte mir Ruhe/mehr Sorgfalt aus I must insist on silence/that you take more care

**aus|blasen** unr. tr. V. a) (löschen, ausatmen) blow out; b) (leer blasen) blow ⟨egg⟩

**aus|blassen** itr. V.; mit sein (geh.) fade

**aus|bleiben** unr. itr. V.; mit sein a) (nicht eintreten) ⟨effect, disaster, success, reward⟩ fail to materialize; ⟨symptom⟩ be absent, not appear; es konnte nicht ~, daß ...: it was inevitable that ...; das Ausbleiben einer Nachricht the abscence or lack of any news; beim Ausbleiben der Regelblutung if a period is missed; b) (fernbleiben) ⟨guests, visitors, customers⟩ stay away, fail to appear; ⟨order, commission, help, offer, support, rain⟩ fail to arrive; wenn jahrelang der Regen ausbleibt if the rains fail year after year; sein Ausbleiben his abscence; c) (nicht heimkommen) stay out; d) (ugs.: ausgeschaltet bleiben) stay off; e) (stocken) ⟨pulse, breathing⟩ stop

**aus|bleichen** 1. unr. itr. V.; mit sein fade; ausgebleichte Gebeine/Haare bleached bones/hair. 2. tr. V. bleach; ⟨light, sun⟩ fade ⟨material, curtains, etc.⟩

**aus|blenden** 1. tr. V. (Rundf., Ferns., Film) fade out; (fig.: nicht berücksichtigen) take no account of, leave out of account ⟨facts, information⟩. 2. refl. V. (Rundf., Ferns.) sich [aus einer Übertragung] ~: fade oneself out of a transmission

**Aus·blendung** die (Film, Rundf., Ferns.) fade-out; nach unserer ~ aus der Übertragung after we leave this transmission

**Aus·blick** der a) view (auf + Akk. of); jmdm. den ~ versperren block or obstruct sb.'s view; ein Zimmer mit ~ aufs Meer/auf die Berge a room overlooking the sea/with a view of the mountains; b) (Vorausschau) jmdm. einen ~ auf etw. (Akk.) geben give sb. a preview of sth.; einen optimistischen ~ in die Zukunft gestatten permit an optimistic view of the prospects for the future

**aus|blicken** itr. V. (geh.) nach jmdm./etw. ~: look out for sb./sth.

**aus|bluten** itr. V.; mit sein bleed to death; (fig.) bleed dry; ~ lassen bleed ⟨animal⟩

**aus|bohren** tr. V. a) (bohren) bore; (mit Bohrgerät) drill; (erweitern) drill out; b) (entfernen) bore out; (mit Bohrgerät) drill out

**aus|bomben** tr. V. bomb out; s. auch Ausgebombte

**aus|booten** tr. V. a) (ugs.: verdrängen) get rid of (aus from); b) (Seew.: an Land bringen) disembark ⟨passengers⟩ by boat

**aus|borgen** tr. V. (ugs.) a) (sich ausleihen) [sich (Dat.)] etw. ~: borrow sth. (von, bei from); b) (überlassen) jmdm. etw. ~: lend sb. sth.; lend sth. to sb.

**aus|braten** 1. unr. itr. V.; mit sein ⟨fat⟩ run out (aus of). 2. unr. tr. V. (auslassen) fry the fat out of ⟨bacon⟩

**aus|brechen** 1. unr. itr. V.; mit sein a) (entkommen, auch Milit.) break out (aus of); (fig.) break free (aus from); b) (austreten) jmdm. bricht der [kalte] Schweiß aus sb. breaks into a [cold] sweat; c) ⟨volcano⟩ erupt; d) (beginnen) break out; ⟨crisis⟩ break; ⟨misery, despair⟩ set in; s. auch Wohlstand; e) in Gelächter/Weinen ~: burst out laughing/crying; in Beifall/Tränen ~: burst into applause/tears; in den Ruf ~ „...“ break into the cry, '...'; in Schweiß ~: break out into a sweat; in Zorn/Wut ~: explode with anger/rage; f) (sich lösen) ⟨hook, dowel, etc.⟩ come out; ihm waren zwei Zähne ausgebrochen he had broken two teeth; g) (Richtung ändern) ⟨car, horse⟩ swerve. 2. unr. tr. V. a) take or knock down ⟨wall⟩; Steine aus einer Wand ~: knock stones out of a wall; sich (Dat.) einen Zahn ~: break a tooth; eine Tür/ein Fenster [in einer Mauer] ~: put a doorway/window [in a wall]; b) (erbrechen) bring up; vomit [up]

**Aus·brecher** der (ugs.) escaped prisoner or convict; (gewohnheitsmäßiger) jailbreaker

**aus|breiten** 1. tr. V. a) (entfalten) spread [out] ⟨map, cloth, sheet, etc.⟩; open out ⟨fan, newspaper⟩; (nebeneinanderlegen) spread out; ein Tuch über etw. (Akk. od. Dat.) ~: spread or put a cloth over sth.; seine Wünsche/Pläne/Ansichten/sein Leben vor jmdm. ~ (fig.) unfold one's desires/plans/views/life story to sb.; b) (ausstrecken) die Arme/Flügel ~: spread one's arms/its wings; die Arme nach jmdm. ~: stretch out one's arms to sb. 2. refl. V. a) (sich verbreiten) spread; b) (ugs.: sich breitmachen) spread oneself out; c) (sich erstrecken) extend; stretch [out]; d) (abwertend: erörtern) sich über etw. (Akk.) ~: go on [at great length] about sth.

**aus|brennen** 1. unr. itr. V.; mit sein a) (zu Ende brennen) burn out; ausgebrannte Kernbrennstäbe (fig.) spent nuclear fuel rods; b) (zerstört werden) ⟨building, room⟩ be gutted, be burnt out; ⟨ship, aircraft, vehicle⟩ be burnt out; ausgebrannt sein be burnt out. 2. unr. tr. V. a) (reinigen) cauterize ⟨wound⟩; b) (entfernen) burn out; burn off ⟨weeds⟩; s. auch ausgebrannt 2

**aus|bringen** unr. tr. V. a) (sprechen) propose; einen Trinkspruch od. Toast auf jmdn./etw. ~: propose a toast to sb./sth.; b) (Seemannsspr.) lower ⟨boat, anchor⟩; lay, lower ⟨net⟩; lay or run out ⟨mooring-line⟩

**Aus·bruch** der a) (Flucht) escape; (lit. or fig.), break-out (also Mil.) (aus from); an ~ denken think of escape; b) (Beginn) outbreak; vor/nach ~ des Krieges before/after the outbreak of war; zum ~ kommen break out; ⟨crisis, storm⟩ break; c) (Gefühls~) outburst; (stärker) explosion; (von Wut, Zorn) eruption; explosion; zum ~ kommen explode; erupt; d) (eines Vulkans) eruption

**Ausbruchs·versuch** der attempted break-out or escape; (fig.) attempt to break free; (Milit.) attempted break-out

**aus|brüten** tr. V. a) hatch out; (im Brutkasten) incubate; b) (ugs.: sich ausdenken) hatch [up] ⟨plot, scheme⟩; c) etwas/einen Infekt ~ (ugs.: krank werden) be going down with something/an infection

**aus|buchen** tr. V. (Kaufmannsspr., Bankw.) etw. ~ (streichen) delete sth. from the accounts; (abschreiben) write sth. off; s. auch ausgebucht 2

**aus|buchten** tr. V. bulge; widen ⟨road⟩ (to form a parking area, passing point, etc.)

**Ausbuchtung** die; ~, ~en bulge

**aus|buddeln** tr. V. (ugs., auch fig.) dig up

**aus|bügeln** tr. V. a) (ugs.: bereinigen) iron out ⟨differences, problem, misunderstanding, defect⟩; make good ⟨loss, mistake⟩; b) iron ⟨shirt, dress, etc.⟩; press ⟨seam, suit, trousers⟩; iron out ⟨crease, fold⟩

**aus|buhen** tr. V. (ugs.) boo

**Aus·bund** der (oft iron.) ein ~ an od. von Tugend a paragon or model of virtue; ein ~ an od. von Bosheit/Frechheit malice/impudence itself or personified

**aus|bürgern** tr. V. jmdn. ~: deprive sb. of citizenship

**Ausbürgerung** die; ~, ~en deprivation of citizenship

**aus|bürsten** tr. V. brush out ⟨dust, dirt⟩ (aus of); brush ⟨clothes, upholstery, etc.⟩

**aus|büxen** ['ausbʏksn̩] itr. V.; mit sein (ugs.) skedaddle (coll.); scarper (Brit. sl.); jmdm. ~: run away from sb.; vor jmdm./etw. ~: run away from sb./sth.

**aus|checken** itr. V. check out

**Aus·dauer** die staying power; stamina; (Beharrlichkeit) perseverance; (Hartnäckigkeit) persistence; [beim Lernen, Lesen] ~/keine ~ haben have/lack perseverance [when it comes to learning, reading]

**aus·dauernd** 1. Adj. a) ⟨runner, swimmer, etc.⟩ with stamina or staying power; (beharrlich) persevering; tenacious; (hartnäckig) persistent; unflagging ⟨diligence, enthusiasm, efforts⟩; enduring ⟨love, sympathy⟩; b) (Bot.) perennial. 2. adv. perseveringly; tenaciously; (hartnäckig) persistently

**Ausdauer·training das** stamina training

**aus·dehnbar** *Adj.* ‹*company, market*› capable of expansion; ‹*norm, application, etc.*› capable of extension *or* of being extended (**auf** + *Akk.* to); elastic ‹*material*›

**aus|dehnen 1.** *tr. V.* **a)** *(räumlich)* stretch ‹*clothes, piece of elastic*›; expand ‹*rail*›; *(fig.)* extend ‹*power, borders, trading links*›; expand, increase ‹*capacity*›; **b)** *(einbeziehen)* **etw. auf etw.** *(Akk.)* **~:** extend sth. to sth.; **c)** *(zeitlich)* prolong; **ein ausgedehntes Frühstück** a leisurely breakfast; **ausgedehnte Ausflüge/Spaziergänge** extended trips/walks. **2.** *refl. V.* **a)** *(räumlich)* ‹*metal, water, gas, etc.*› expand; ‹*fog, mist, fire, epidemic*› spread; *(fig.)* ‹*business, firm, trade*› expand; **b)** *(zeitlich)* go on (**bis** until); **c)** *(sich erstrecken)* extend; **ein ausgedehnter Park** an extensive park; **sich bis zum Meer ~:** extend *or* stretch to the sea

**Aus·dehnung die a)** *(Zunahme an Volumen, Vergrößerung)* expansion; *(fig.: der Macht, von Beziehungen, Grenzen)* extension; **b)** *(zeitlich)* prolongation; *(von Öffnungszeiten)* extension; **c)** *(Ausmaß, Größe)* extent

**ausdehnungs-, Ausdehnungs-: ~fähig** *Adj. (bes. Physik)* expansible; capable of expansion *postpos.*; **~fähigkeit die** *(bes. Physik)* expansibility; **~koeffizient der** *(Physik)* coefficient of expansion

**aus|denken 1.** *unr. refl. V.* **sich** *(Dat.)* **etw. ~:** think of sth.; *(erfinden)* think sth. up; *(sich vorstellen)* imagine sth.; **sich** *(Dat.)* **etw. in allen Einzelheiten ~:** think sth. out in every detail; **da mußt du dir schon etwas anderes ~!** you'll have to come up with *or* think of something better than that! **2.** *unr. tr. V. (zu Ende denken)* **etw. ~:** think sth. out *or* through [completely]; **[das ist] nicht auszudenken** it's impossible to imagine; *(zu schrecklich)* it does not bear thinking about

**aus|deuten** *tr. V.* interpret; **etw. falsch ~:** misinterpret sth.; **etw. dahin ~, daß ...:** interpret sth. to mean that ...

**aus|deutschen** *tr. V. (österr.)* **jmdm. etw. ~:** explain sth. to sb. in words of one syllable

**Aus·deutung die** interpretation

**aus|dienen** *itr. V. (Milit. veralt.)* **ausgedient haben** have finished *or* completed one's military service; *(fig. ugs.)* have had it *(coll.)*; *s. auch* **ausgedient 2**

**aus|diskutieren** *tr. V.* **etw. ~:** discuss sth. fully *or* thoroughly

**aus|dorren** *s.* **ausdörren 2**

**aus|dörren 1.** *tr. V.* dry up; dry up, parch ‹*land, soil*›; parch ‹*throat, lips*›. **2.** *itr. V.; mit sein* dry up; ‹*land, soil*› dry up, become parched; ‹*plant*› wither

**aus|drehen** *tr. V.* **a)** *(ausschalten)* switch *or* turn off ‹*radio, light, engine*›; turn off ‹*gas*›; **b)** *(Technik)* drill [out] ‹*hole*›

[1]**Aus·druck der; ~[e]s, Ausdrücke a)** *(Wort)* expression; *(Terminus)* term; **du sollst nicht solche Ausdrücke gebrauchen** you mustn't use language like that; **Sie haben sich im ~ vergriffen** your choice of words is most unfortunate; **dumm/ärgerlich** *usw.* **ist gar kein ~:** stupid/angry *etc.* isn't the word for it; **b)** *o. Pl. (Ausdrucksweise, Gesichts~)* expression; **etw. zum ~ bringen** express sth.; give expression to sth.; **einer Sache** *(Dat.)* **~ geben** *od.* **verleihen** *(geh.)* express sth.; **mit dem ~ der Entrüstung/des Dankes** with an expression of indignation/thanks; **in etw.** *(Dat.)* **zum ~ kommen** be expressed *or* find expression in sth.

[2]**Aus·druck der; ~[e]s, ~e** *(Nachrichtenw., DV)* print-out

**aus|drucken 1.** *tr. V.* **a)** *(Druckerspr.: fertig drucken)* finish printing ‹*book etc.*›; **b)** *(Nachrichtenw., DV)* print out; **c)** *(angeben, aufführen)* **im Katalog [mit 400 DM] ausgedruckt** listed in the catalogue [at 400 marks]; **in Abänderung unseres ausgedruckten Programms** in a change to our advertised programme. **2.** *itr. V. (Druckerspr.)* **gut/schlecht ~:** print well/badly

**aus|drücken 1.** *tr. V.* **a)** *(auspressen)* squeeze ‹*juice*› out; squeeze [out] ‹*lemon, orange, grape, etc.*›; squeeze out ‹*sponge*›; squeeze ‹*boil, pimple*›; **den Saft aus einer Zitrone ~:** squeeze *or* press the juice out of *or* from a lemon; **b)** *(auslöschen)* stub out ‹*cigarette*›; pinch out ‹*candle*›; **c)** *(formulieren, widerspiegeln)* express; **anders ausgedrückt** to put it another way; **... und das ist noch milde ausgedrückt** ..., and that's putting it mildly; **jmdm. seinen Dank ~:** express one's thanks to sb.; **etw. in** *od.* **mit Worten ~:** express sth. in *or* put sth. into words; **seine Miene drückte Zufriedenheit aus** his expression was one of contentment. **2.** *refl. V.* **a)** *(sich äußern)* express oneself; **um mich gelinde/höflich auszudrücken** to put it mildly/politely; **b)** *(offenbar werden)* be expressed

**ausdrücklich** [*od.* -'--] **1.** *Adj.; nicht präd.* express *attrib.* ‹*command, wish, etc.*›; explicit ‹*reservation*›; **gegen jmds. ~es Verbot** although sb. has/had expressly forbidden it. **2.** *adv.* expressly; ‹*mention*› explicitly; **etw. ~ betonen** give sth. particular emphasis

**ausdrucks-, Ausdrucks-: ~fähigkeit die** expressiveness; *(sprachliche Gewandtheit)* articulateness; **~kraft die;** *o. Pl.* expressive power; expressiveness; **~los 1.** *Adj.* **a)** expressionless; **b)** *(ohne Ausdruckskraft)* unexpressive ‹*style, delivery, etc.*›; **2.** *adv.* **a)** expressionlessly; **b)** *(ohne Ausdruckskraft)* unexpressively; **~losigkeit die;** *o. Pl.* **a)** expressionlessness; **b)** *(Fehlen von Ausdruckskraft)* lack of expressiveness; **~mittel das** means of expression; **~schwach 1.** *Adj.* unexpressive; **~schwach sein** be lacking in expression; **2.** *adv.* unexpressively; **~stark 1.** *Adj.* expressive; forceful ‹*language*›; bold ‹*pattern, colour*›; **2.** *adv.* expressively; **~tanz der;** *o. Pl.* expressive dance; **~voll 1.** *Adj.* expressive; **2.** *adv.* expressively; **~weise die** way of expressing oneself

**aus|dünnen** *tr. V.* thin out

**aus|dünsten 1.** *tr. V. (ausströmen)* give off; ‹*factory*› emit ‹*fumes etc.*›. **2.** *itr. V. (Feuchtigkeit abgeben)* transpire

**Aus·dünstung die a)** *(das Ausdünsten)* transpiration; **b)** *(Dampf)* vapour; *(Geruch)* odour

**aus·einander** *Adv.* **a)** *(voneinander getrennt)* apart; **etw. ~ schreiben** write sth. as separate words; **zwei Schüler ~ setzen** seat two pupils apart; **weit ~ stehen** be far apart; ‹*teeth*› be widely spaced; ‹*eyes, legs*› be wide apart; **sie sind [im Alter] ein Jahr ~:** they are a year apart in age; **~!** get away from each other!; break it up!; **~ sein** *(ugs.) (sich getrennt haben)* have separated; have split up; *(aufgelöst sein)* ‹*engagement*› have been broken off; be off; ‹*marriage, relationship, friendship*› have broken up; **b)** *(eines aus dem anderen)* **Behauptungen/Formeln** *usw.* **~ ableiten** deduce propositions/formulae *etc.* one from another

**auseinander-, Auseinander-: ~|bekommen** *unr. tr. V.* **etw./zwei Sachen ~bekommen [können]** be able to get sth./two things apart; **~|biegen** *unr. tr. V.* **Drähte/Zweige** *usw.* **~biegen** bend wires/twigs *etc.* apart; **~|brechen 1.** *unr. itr. V.; mit sein (auch fig.)* break up; **2.** *unr. tr. V.* **etw. ~brechen** break sth. up; **~|breiten** *tr. V.* **etw. ~breiten** spread sth. out; **~|bringen** *unr. tr. V. (ugs.)* **a)** *(voneinander lösen)* separate ‹*objects, combatants*›; **b)** *(entzweien)* split up ‹*family*›; **das hat die beiden auseinandergebracht** this led to the two of them parting company; **nichts kann sie ~bringen** nothing can part them; **~|dividieren** *tr. V.* split up; **zwei Verbündete ~zudividieren suchen** seek to drive a wedge between two allies; **~|entwickeln** *refl. V.* develop away from each other *or* one another; ‹*friends, partners, etc.*› grow apart [from each other *or* one another]; **~|fallen** *unr. itr. V.; mit sein* fall apart; **~|falten** *tr. V.* unfold; open ‹*newspaper*›; **~|gehen** *unr. itr. V.; mit sein* **a)** *(sich trennen, sich teilen)* part; ‹*crowd*› disperse; **b)** *(nicht übereinstimmen)* ‹*opinions, views*› differ, diverge; **c)** *(sich verzweigen)* ‹*streets, traffic lanes*› diverge; **d)** *(ugs.: sich wieder lösen)* ‹*relationship, marriage*› break up; **e)** *(ugs.: dick werden)* get round and podgy; *s. auch* **Hefekloß; f)** *(ugs.: entzweigehen)* come apart; **~|halten** *unr. tr. V.* **zwei Dinge ~halten** distinguish between two things; **zwei Namen ~halten** keep two names apart; **zwei Sprachen/Menschen ~halten** tell two languages/people apart; **~|jagen** *tr. V.* scatter; **~|klaffen** *itr. V.* **a)** ‹*hole, wound*› gape; **b)** *(fig.: nicht übereinstimmen)* be poles apart; **~|klamüsern** [~klamy:zɐn] *tr. V. (nordd. ugs.)* **a)** *(mühsam ordnen)* unravel; sort out; **b)** *(erklären)* **[jmdm.] etw. ~klamüsern** make sense of sth. [for sb.]; **~|kriegen** *tr. V. (ugs.) s.* **~bekommen; ~|laufen** *unr. itr. V.; mit sein* **a)** *(in verschiedene Richtungen laufen)* run off in different directions; ‹*crowd*› scatter; **b)** *(in verschiedenen Richtungen verlaufen)* ‹*paths, roads, etc.*› diverge; **c)** *(verlaufen)* ‹*ink, paint, etc.*› run; **d)** *(zerlaufen)* ‹*ice-cream, cheese*› go runny; ‹*dough*› spread; **~|leben** *refl. V.* grow apart (**mit** from); **~|nehmen** *unr. tr. V.* **a)** *(zerlegen)* **etw. ~nehmen** take sth. apart; dismantle sth.; **b)** *(salopp: besiegen)* **jmdn. ~nehmen** take sb. apart *(coll.)*; **~|pflücken** *tr. V. s.* **zerpflücken; ~|reißen** *unr. tr. V.* **a)** tear up; **eine Familie ~reißen** *(fig.)* tear a family apart; **Freunde/Liebende ~reißen** *(fig.)* part *or* separate friends/lovers; **b)** *(zerfetzen)* **etw. ~reißen** tear *or* rip sth. apart; **~|rücken 1.** *tr. V.* **Sachen ~rücken** move things apart; **2.** *itr. V.; mit sein* move apart; **~|schrauben** *tr. V.* **etw. ~schrauben** unscrew sth. and take it apart; **~|setzen 1.** *tr. V.* **jmdm. etw. ~setzen** explain sth. to sb.; **2.** *refl. V.* **a)** *(sich befassen)* **er hat sich mit diesem Problem/Thema seit Jahren ~gesetzt** he's concerned himself with this problem/subject for years; **ein Mensch, der sich mit den Dingen [ernsthaft] ~setzt** a person who gives things serious thought; **b)** *(etw. Strittiges klären)* **sich mit jmdm. ~setzen** have it out with sb.; argue the/a matter out with sb.; **sich mit seinen Gläubigern ~setzen** battle with one's creditors; **~setzung die; ~, ~en a)** *(eingehende Beschäftigung)* examination (**mit** of); **b)** *(Diskussion)* debate, discussion (**über** + *Akk.* about, on); **c)** *(Streit)* argument; *(zwischen Arbeitgeber und Arbeitnehmer)* dispute; **es kam wegen etw. zu einer ~setzung** an argument/a dispute developed over sth.; **d)** *(Kampfhandlung)* clash; **es kam zu ~setzungen zwischen Polizisten und Demonstranten** there were clashes between police and demonstrators; **e)** *(Rechtsw.)* partition; **~|sprengen 1.** *tr. V.* **a)** *(sprengen)* **etw. ~sprengen** blow sth. up; **b)** *(zerbersten lassen)* **etw. ~sprengen** burst sth. [apart *or* open]; **2.** *itr. V.; mit sein* scatter; **~|stieben** *unr. (auch regelm.) itr. V.; mit sein* scatter; **~|streben** *itr. V.* **a)** *mit sein (sich voneinander wegbewegen)* disperse; ‹*lines*› diverge; **b)** *(sich trennen wollen)* begin to go their separate ways; **c)** *(divergieren)* ‹*opinions, trends, forces, etc.*› diverge; **~|treiben 1.** *unr. tr. V.* scatter ‹*birds, animals*›; disperse ‹*crowd, demonstrators, clouds*›; **der Wind trieb die beiden Boote ~:** the wind drove the two boats apart; **2.** *unr. itr. V.; mit sein* ‹*boats, balloons*› drift apart, *(in alle Richtungen)* drift off in all directions; **~|ziehen**

1. *unr. tr. V.* **a)** *(dehnen)* stretch; extend ⟨*reading-lamp arm, telescope*⟩; **b)** *(trennen)* pull apart; **den Ausziehtisch ~ziehen** pull out the table leaf; **c)** *(aufziehen)* draw *or* pull back ⟨*curtains*⟩; **2.** *unr. refl. V.* spread out; ⟨*column, competitors in race*⟩ string *or* spread out

**aus|erkiesen** *unr. tr. V. (geh., Präsensformen dicht. veralt.)* choose; **zu etw. auserkoren sein** be chosen for sth.

**Aus·erkorene der/die;** *adj. Dekl. (scherzh.)* intended *(coll.)*

**aus·erlesen 1.** *Adj. (geh.)* select ⟨*company, audience*⟩; choice ⟨*fruits, wines, etc.*⟩; exquisite ⟨*taste*⟩; **von ~er Eleganz** of exquisite elegance. **2.** *adv. (überaus)* exquisitely ⟨*beautiful, fine, charming*⟩

**aus|ersehen** *unr. tr. V. (geh.)* choose

**aus|erwählen** *tr. V. (geh.)* choose; **zu etw. auserwählt sein** be chosen for sth.; **das auserwählte Volk** *(jüd. Rel.)* the chosen people

**Aus·erwählte der/die;** *adj. Dekl.* **a)** *(geh.)* chosen one; **die ~n** the chosen; **b)** *(scherzh.) (Freund[in]) beloved (joc.); (Verlobte[r])* intended *(coll.)*

**aus·fahrbar** *Adj.* telescopic ⟨*aerial*⟩; retractable, pop-up ⟨*headlights*⟩

**aus|fahren 1.** *unr. tr. V.* **a) jmdn. ~** *(im Kinderwagen, Rollstuhl)* take sb. out for a walk; *(im Auto o. ä.)* take sb. out for a drive *or* ride; **b)** *(ausliefern)* deliver ⟨*newspapers, parcels, laundry*⟩; **c)** *(Technik: nach außen bringen)* extend ⟨*aerial, crane, landing-flaps, telescope, etc.*⟩; lower ⟨*undercarriage*⟩; raise ⟨*periscope*⟩; **d)** *(abnutzen)* damage; **ausgefahrene Straßen** rutted and damaged roads; *s. auch* **Gleis b; e)** *mit sein* **eine Kurve ~:** take a bend wide; **f)** *(maximal beschleunigen)* drive ⟨*car*⟩ flat out; run ⟨*engine*⟩ at full power; **g)** *(die Kapazität ausnutzen)* **etw. voll/zu 40% ~:** operate *or* run sth. at full capacity/40% of capacity; **h)** *(Seemannsspr.: ausbringen)* lay out, run out ⟨*warp, cable*⟩; run out ⟨*anchor*⟩; rig out, set ⟨*boom*⟩. **2.** *unr. itr. V.; mit sein* **a)** *(spazierenfahren)* go out for a drive; **b)** *(hinausfahren)* ⟨*boat, ship*⟩ put to sea; ⟨*train*⟩ leave, pull out; ⟨*car, lorry*⟩ leave; **aus dem Hafen ~:** leave harbour; **der Zug fuhr aus dem Bahnhof aus** the train pulled out of *or* left the station; **c)** *(Bergmannsspr.: aus dem Schacht fahren)* come up; **d)** *(Technik: hervorkommen)* extend; **e)** *(den Körper verlassen)* **[von jmdm.] ~** ⟨*evil spirit etc.*⟩ leave sb.

**Aus·fahrt die a)** *(Stelle zum Hinausfahren, Autobahn~)* exit *(Gen.* from); **die ~ Bremen-Ost** the Bremen-East exit; the exit for Bremen East; **b)** *(das Hinausfahren)* departure; *(Bergmannsspr.: aus dem Schacht)* ascent; **bei der ~ aus dem Bahnhof sahen wir ...:** as the train pulled out of *or* left the station, we saw ...; **bei der ~ aus dem Hafen tutete das Schiff** as it left [the] habour, the ship hooted; **der Zug hat keine ~:** the train has not been given the signal for departure; **c)** *(Spazierfahrt) (mit dem Auto)* drive; *(mit dem Fahrrad, Motorrad)* ride; **eine ~ machen** go for a drive/ride

**Ausfahrt·signal das** *(Eisenb.)* starting-signal

**Ausfahrts-: ~schild das;** *Pl.* **~schilder** exit sign; **~signal das** *(Eisenb.) s.* **Ausfahrtsignal; ~straße die** exit [road]

**Aus·fall der a)** *(das Nichtstattfinden)* cancellation; **ein hoher ~ an Unterrichtsstunden** a large number of cancelled lessons; **b)** *(Einbuße, Verlust)* loss; *(an Einnahmen, Lohn)* drop *(Gen.* in); **c)** *(Technik) (eines Motors)* failure; *(einer Maschine, eines Autos)* breakdown; *(fig.: eines Organs)* failure; loss of function; **d)** *o. Pl. (das Ausscheiden)* retirement; *(vor einem Rennen)* withdrawal; *(Abwesenheit)* absence; **nach [dem] ~ von vier Läufern** after four runners had retired *or* dropped out; **e)** *(das Herausfallen)* **zum ~ der Haare/Zähne führen** cause hair loss/cause teeth to fall out; **f)** *(Ergebnis)* outcome; result; **g)** *(beleidigende Äußerungen)* attack **(gegen** on); **h)** *(Fechten)* lunge; **im ~:** in the lunge position; **i)** *(Gewichtheben)* split; **in den ~ springen** split the legs; **j)** *(Turnen)* splits *pl.*; **k)** *(Milit.: Ausbruch)* rally; sortie

**aus|fallen** *unr. itr. V.; mit sein* **a)** *(herausfallen)* fall out; **mir fallen die Haare aus** my hair is falling out; **b)** *(nicht stattfinden)* be cancelled; **etw. ~ lassen** cancel sth.; **der Unterricht/die Schule fällt morgen aus** lessons are cancelled/there is no school tomorrow; **c)** *(ausscheiden)* drop out; *(während eines Rennens)* retire; drop out; *(fehlen)* be absent; **wenn der Pilot ausfällt, muß der Kopilot das Steuer übernehmen** if the pilot becomes unable to fly the plane, the copilot must take over the controls; **d)** *(nicht mehr funktionieren)* ⟨*engine, brakes, signal*⟩ fail; ⟨*machine, car*⟩ break down; **der Strom fiel aus** there was a power failure; **e)** *(ein bestimmtes Ergebnis zeigen)* turn out; **gut/schlecht** *usw.* **~:** turn out well/badly *etc.*; **wie ist die Prüfung ausgefallen?** *(für dich)* how did you do in the examination?; *(insgesamt)* what were the examination results like?; **die Niederlage fiel sehr deutlich aus** the defeat turned out to be *or* was most decisive; **f)** *(Milit.: einen Ausfall machen)* make a sortie; **g)** *(Chemie: sich abscheiden)* be precipitated; **h)** *(Sprachw.: wegfallen)* be dropped; *s. auch* **ausgefallen 2**

**aus|fällen** *tr. V. (Chemie)* precipitate

**ausfallend** *Adj.* **[gegen jmdn.] ~ sein/werden** be/become abusive [towards sb.]

**aus·fällig** *Adj. s.* **ausfallend**

**Ausfalls·erscheinung die** *(Med.)* deficiency symptom

**Ausfall·straße die** *(Verkehrsw.)* main road [leading] out of the/a town/city

**Ausfall[s]·winkel der** *(Physik)* angle of reflection

**Ausfall·zeit die** *(Versicherungsw.)* credited service period

**aus|fasern** *itr. V.; meist mit sein* fray

**aus|fechten** *unr. tr. V.* fight out

**aus|fegen** *tr. (auch itr.) V. (bes. nordd.)* sweep up ⟨*dirt*⟩; sweep out ⟨*room etc.*⟩; *s. auch* **eisern c**

**aus|feilen** *tr. V.* file down ⟨*key, cogwheel, etc.*⟩; file [out] ⟨*hole*⟩; *(fig.)* polish ⟨*speech, essay, poem, etc.*⟩

**aus|fertigen** *tr. V. (Amtsspr.)* **a)** *(ausstellen)* draw up ⟨*document, agreement, will, etc.*⟩; issue ⟨*passport, certificate*⟩; make out ⟨*bill, receipt*⟩; **b)** *(unterzeichnen)* sign

**Aus·fertigung die** *(Amtsspr.)* **a)** *s.* **ausfertigen a:** drawing up; issuing; making out; **b)** *(Exemplar)* copy; **in doppelter/dreifacher ~:** in duplicate/triplicate; **etw. in vier ~en einreichen** submit four copies of sth.

**aus·findig** *Adv.* **in jmdn./etw. ~ machen** find sb./sth.

**aus|flicken** *tr. V. (ugs.)* patch up

**aus|fliegen 1.** *unr. itr. V.; mit sein* **a)** *(hinausfliegen)* fly out; **die ganze Familie ist ausgeflogen** *(ugs. fig.)* the whole family has gone out [for a walk/drive *etc.*]; **b)** *(flügge werden)* leave the nest. **2.** *unr. tr. V.* **jmdn./etw. ~:** fly sb./sth. out; *(per Luftbrücke)* airlift sb./sth.

**aus|fließen** *unr. itr. V.; mit sein (herausfließen)* flow *or* run out **(aus** of)

**aus|flippen** *itr. V.; mit sein (salopp)* **a)** freak out *(sl.)*; **ausgeflippt** *(im Drogenrausch)* freaked *or* spaced out *(sl.)*; **eine ausgeflippte Idee** a freaky idea *(sl.)*; **b)** *(überschnappen)* flip one's lid *or* one's top *(sl.)*

**Aus·flucht die; ~, Ausflüchte** [-flʏçtə] excuse; **Ausflüchte machen** make excuses

**Aus·flug der a)** outing; *(vom Reisebüro o. ä. organisiert)* excursion; *(Wanderung)* ramble; walk; *(fig.)* excursion; **einen ~ machen** go on an outing/excursion; go for a ramble *or* walk; **b)** *(das Ausschwärmen)* flight [from the nest/hive]; **c)** *(Imkerei: Flugloch)* [hive-]entrance

**Ausflügler** ['ausfly:klɐ] **der; ~s, ~, Ausflüglerin die; ~, ~nen** tripper *(Brit.)*; day-tripper; excursionist *(Amer.)*

**Ausflugs-: ~dampfer der** pleasure steamer; *(allgemeiner)* excursion boat; **~lokal das** restaurant/café catering for [day-]trippers; **~ort der** resort for [day-]trippers; **~verkehr der** *(am Wochenende)* weekend holiday traffic; *(an Feiertagen)* holiday traffic; **~ziel das** destination for [day-]trippers; **unser ~ziel war ...:** the destination of our excursion *or* outing was ...

**Aus·fluß der a)** *o. Pl. (das Ausfließen)* outflow; *(von Gas)* escape; **b)** *(Med.: Absonderung)* discharge; **c)** *(geh.: Auswirkung)* product; **d)** *(Abfluß)* outlet; **e)** *(Technik: ausfließende Menge)* outflow

**aus|folgen** *tr. V. (österr.)* issue; release ⟨*body*⟩

**aus|formen** *tr. V.* **a)** *(formen)* shape **(zu** into); **b)** *(endgültig gestalten)* give final shape to ⟨*text, work of art*⟩

**aus|formulieren** *tr. V.* formulate ⟨*ideas, questions*⟩; flesh out ⟨*paper*⟩ [from notes]

**Aus·formung die a)** *o. Pl. (das Ausformen)* shaping; **b)** *(Gestalt)* form

**aus|forschen** *tr. V.* **a)** *(ausfragen)* question **(nach** about); **b)** *(herausfinden)* find out; *(erforschen)* investigate; *(zu Spionagezwecken)* gather information on; **c)** *(österr. Amtsspr.: ausfindig machen)* find

**Aus·forschung die a)** *(Befragung)* questioning; **b)** *(das Herausfinden)* finding out; *(das Erforschen)* investigation; **zur ~ von militärischen Betrieben** to gather information about military establishments; **c)** *(österr. Amtsspr.: Ermittlung)* finding

**aus|fragen** *tr. V.* **jmdn. ~:** question sb., ask sb. questions **(nach, über +** *Akk.* about); *(verhören)* interrogate sb. **(nach, über +** *Akk.* about); **so fragt man die Leute aus** that would be telling

**aus|fransen 1.** *itr. V.; mit sein* fray. **2.** *tr. V.* fringe

**aus|fressen** *unr. tr. V.* **etw. ausgefressen haben** *(ugs.)* have been up to sth. *(coll.)*

**Aus·fuhr die; ~, ~en a)** *o. Pl. (das Exportieren)* export; **b)** *(Export)* exports *pl.*

**ausführbar** *Adj.* **a)** *(durchführbar)* practicable; workable ⟨*plan*⟩; **b)** *(für die Ausfuhr geeignet)* exportable

**aus|führen** *tr. V.* **a)** *(ausgehen mit)* **jmdn. ~:** take sb. out; **b)** *(spazierenführen)* take ⟨*person, animal*⟩ for a walk; take *or* lead ⟨*prisoners*⟩ out for their exercise; **c)** *(exportieren)* export; **d)** *(durchführen)* carry out ⟨*work, repairs, plan, threat*⟩; execute, carry out ⟨*command, order, commission*⟩; execute, perform ⟨*movement, dance-step*⟩; put ⟨*idea, suggestion*⟩ into practice; perform ⟨*operation*⟩; perform, carry out ⟨*experiment, analysis*⟩; **die ~de Gewalt** *(Politik)* the executive power; **e)** *(Fußball, Eishockey usw.)* take ⟨*penalty, free kick, corner*⟩; **f)** *(ausarbeiten)* **etw. ~:** work sth. out in detail *or* fully; **etw. näher ~:** work sth. out in more detail; **g)** *(erläutern, darlegen)* explain

**Ausfuhr-: ~gut das;** *meist Pl.* article for export; **~güter** goods for export; **~hafen der** port of exportation; **~land das;** *Pl.* **~länder** *(Wirtsch.)* **a)** *(Land, das ausführt)* exporting country; **b)** *(Land, in das ausgeführt wird)* export market

**ausführlich** [*auch:* -'--] **1.** *Adj.* detailed, full ⟨*account, description, report, discussion*⟩; thorough, detailed, full ⟨*investigation, debate*⟩; detailed ⟨*introduction, instruction, letter*⟩; **~ werden** go into detail. **2.** *adv.* in detail; ⟨*investigate*⟩ thoroughly, fully; **etw. ~er/sehr ~ beschreiben** describe sth. in more *or* greater/in great detail

**Ausführlichkeit** [*auch:* -'---] **die;** ~ *s.* **ausführlich 1:** fullness; thoroughness; exhaustiveness; **mit großer** ~: in great detail; *(umständlich)* at great length

**Ausfuhr-: ~prämie die** *(Wirtsch.)* export premium; **~sperre die** *(Wirtsch.) s.* **~verbot**

**Aus·führung die a)** *o. Pl. (das Durchführen) s.* **ausführen d:** carrying out; execution; performing; implementation; playing; giving; **zur ~ gelangen** *od.* **kommen** *(Papierdt.)* ⟨*plan*⟩ be carried out *or* put into effect; **b)** *(Fußball, Eishockey)* taking; **nach der ~ des Freistoßes** after the free kick has/had been taken; **c)** *(Art der Herstellung) (Version)* version; *(äußere ~)* finish; *(Modell)* model; *(Stil)* style; **in der gleichen ~:** of the same design; **d)** *(Darlegung)* explanation; *(Bemerkung)* remark; observation; **e)** *o. Pl. (Ausarbeitung)* **der Entwurf war fertig, jetzt ging es an die ~ des Romans/der Einzelheiten** the draft was ready, and the next task was to work out the novel out in detail/to work out the details

**Ausfuhr·verbot das** *(Wirtsch.)* export embargo

**aus|füllen** *tr. V.* **a)** *(füllen)* fill in ⟨*trench, excavation, gravel pit*⟩; *(zustopfen)* fill ⟨*hole, joint*⟩; **b)** *(beanspruchen, einnehmen)* take up ⟨*space*⟩; ⟨*person*⟩ fill ⟨*chair, doorway, etc.*⟩; **ihr Leben ist ganz mit Arbeit ausgefüllt** her life is completely taken up by work; **c)** *(die erforderlichen Angaben eintragen in)* fill in ⟨*form, crossword puzzle*⟩; write *or* make out ⟨*prescription, cheque*⟩; **d)** *(verbringen)* fill ⟨*pause*⟩; **seine freie Zeit mit etw. ~:** fill [up] one's free time with sth.; **er füllte die Wartezeit mit Lesen aus** he filled in the time [he had to wait] with reading; **e)** *(in Anspruch nehmen)* take up; **f)** *(bekleiden, versehen)* **seinen Posten gut/nicht ~:** do one's job well/not do one's job; **g)** *(innerlich befriedigen)* **jmdn. ~:** fulfil sb.; give sb. fulfilment; **ihr Beruf füllt sie ganz aus** she finds complete fulfilment in her work; **er lebt ein ausgefülltes Leben** he lives a full life

**aus|füttern** *tr. V.* line

**Aus·gabe die a)** *o. Pl. (das Austeilen)* distribution; giving out; *(von Essen)* serving; **die ~ des Essens erfolgt ab ...:** lunch/dinner *etc.* is [served] from ...; **b)** *o. Pl. (das Aushändigen)* issuing; *(von Meldungen, Nachrichten)* release; **nach ~ des Befehls** after the order was/had been issued; **c)** *(Geld~)* item of expenditure; expense; **~n** expenditure *sing.* (für on); **seine ~n übersteigen seine Einnahmen** his outgoings exceeded his income; **d)** *(Edition, Auflage)* edition; *(Nummer einer Zeitschrift; Finanzw., Postw.)* issue; **~ erster/letzter Hand** *first/last edition personally supervised by the author;* **die letzte ~ der Tagesschau** *(fig.)* the late news bulletin; **e)** *s.* **Ausgabestelle; f)** *(Ausführung, auch fig.)* version; **g)** *(DV)* output

**Ausgabe·kurs der** *(Finanzw.)* issue price

**Ausgaben-: ~buch das** petty-cash book; **~politik die;** *o. Pl.* expenditure policy

**Ausgabe·stelle die** *(Schalter)* issuing counter; *(Büro)* issuing office

**Aus·gang der a)** *o. Pl. (Erlaubnis zum Ausgehen)* time off; *(von Soldaten)* leave; **zwei Tage ~ haben** ⟨*servant*⟩ have two days off; ⟨*soldier*⟩ have a two-day pass; **bis sechs Uhr ~ haben** ⟨*servant*⟩ be free till six; ⟨*soldier*⟩ have a pass until six; **b)** *(Tür ins Freie)* exit (*Gen.* from); **c)** *(Endpunkt, Grenze)* **am ~ des Dorfes/der Allee/des Waldes** at the end of the village/avenue/on the edge of the forest; **d)** *(Anat.: Öffnung eines Organs)* outlet; **e)** *o. Pl. (Ende)* end; *(eines Romans, Films usw.)* ending; **f)** *o. Pl. (Ergebnis)* outcome; *(eines Wettbewerbs)* result; **ein Unfall mit tödlichem ~:** an accident with fatal consequences; a fatal accident; **g)** *o. Pl. (Ausgangspunkt)* starting-point; **seinen ~ von etw. nehmen** take sth. as one's starting-point; ⟨*style, plan, suggestion*⟩ originate with sth.; **h)** *o. Pl. (Bürow.: Postversand)* posting *(Brit.)*; mailing; **i)** *(Bürow.: abgehende Post)* outgoing mail; **j)** *(Spaziergang)* walk; **das war der erste ~ des Rekonvaleszenten** that was the convalescent's first time out

**ausgangs 1.** *Adv.* **~ von** on the outskirts of. **2.** *Präp. mit Gen.* **a)** *(räumlich)* coming out of; **b)** *(zeitlich)* at the end of; **ein Mann ~ der Fünfziger** a man in his late fifties

**Ausgangs-: ~basis die** starting-point; **~lage die** initial position *or* situation; **~position die** initial position; starting position; *(bei einem Rennen)* starting position; **~punkt der** starting-point; **~sperre die** *(bes. Milit.) (für Zivilisten)* curfew; *(für Soldaten)* confinement to barracks; **[eine] ~sperre verhängen** impose a curfew/confine the soldiers/regiment *etc.* to barracks; **~sperre haben** be confined to barracks; **~sprache die** *(Sprachw.)* source language; **~stellung die a)** *(Sport)* starting position; **b)** *(Milit.)* initial position; **~zeile die** *(Druckw.)* break-line

**aus|geben 1.** *unr. tr. V.* **a)** *(austeilen)* distribute; give out; serve ⟨*food, drinks*⟩; **b)** *(aushändigen, erteilen; Finanzw., Postw.: herausgeben)* issue; *(fig.)* put about ⟨*story, rumour*⟩; **c)** *(verbrauchen)* spend ⟨*money*⟩ (für on); **d)** *(ugs.: spendieren)* **einen ~:** treat everybody; *(eine Runde geben)* stand a round of drinks *(coll.)*; **ich gebe [dir] einen aus** I'll treat you; **e)** *(fälschlich bezeichnen)* **jmdn./etw. als** *od.* **für jmdn./etw. ~:** pretend sb./sth. is sb./sth.; **sich als jmd./etw.** *od.* **für jmdn./etw. ~:** pretend to be sb./sth.; **f)** *(DV)* output. **2.** *unr. refl. V.* **sich [völlig** *od.* **vollständig] ~:** push oneself right to the limit

**ausgebeult** *2. Part. v.* **ausbeulen**

**ausgebombt** *2. Part. v.* **ausbomben**

**Ausgebombte der/die;** *adj. Dekl.* person who has/had been bombed out; **die ~n** those who have/had been bombed out

**aus·gebrannt 1.** *2. Part. v.* **ausbrennen. 2.** *Adj. (fig.)* burnt out

**ausgebucht 1.** *2. Part. v.* **ausbuchen. 2.** *Adj. (ausverkauft, belegt, auch fig. ugs.)* booked up

**ausgebufft** ['ausgəbʊft] *Adj. (salopp) (clever)* canny; *(durchtrieben)* crafty

**Aus·geburt die** *(geh. abwertend)* **a)** *(übles Erzeugnis)* evil product; **eine ~ der Hölle** the spawn of hell; **b)** *(Inbegriff)* epitome

**aus·gedient 1.** *2. Part. v.* **ausdienen. 2.** *Adj. (ugs.: unbrauchbar)* worn out, *(Brit. sl.)* clapped out, *(Amer. sl.)* beat up ⟨*vehicle, engine, etc.*⟩

**ausgedörrt** *2. Part. v.* **ausdörren**

**aus·gefallen 1.** *2. Part. v.* **ausfallen. 2.** *Adj.* unusual

**Ausgeflippte der/die;** *adj. Dekl. (salopp)* drop-out *(coll.)*

**ausgefranst** *2. Part. v.* **ausfransen**

**ausgefuchst** *Adj. (ugs.)* wily; crafty; **~e Spezialisten** experienced specialists

**ausgeglichen 1.** *2. Part. v.* **ausgleichen. 2.** *Adj.* **a)** *(harmonisch)* balanced, harmonious ⟨*structure, façade, etc.*⟩; well-balanced ⟨*person*⟩; **ein ~es Wesen haben** have an even *or* well-balanced temperament; **b)** *(stabil)* stable; equable ⟨*climate*⟩; **c)** *(Sport)* even

**Ausgeglichenheit die;** ~ *(einer Struktur, Fassade usw.)* balance; harmony; **die ~ ihres Wesens/ihre ~:** the evenness of her temperament

**aus·gegoren** *Adj.* **[voll] ~:** fully fermented; *(fig.)* fully worked out ⟨*plan, idea*⟩

**Ausgeh·anzug der** best suit; *(Milit.)* walking-out uniform *(Brit.)*

**aus|gehen 1.** *unr. itr. V.; mit sein* **a)** *(irgendwohin gehen)* go out; **er geht selten aus** he doesn't go out much; **b)** *(fast aufgebraucht sein; auch fig.)* run out; **jmdm. geht etw. aus** sb. is running out of sth.; **ihr ging die Geduld/der Gesprächsstoff aus** *(fig.)* she ran out of patience/conversation; **ihm geht der Atem** *od.* **die Luft** *od. (ugs.)* **die Puste aus** *(er gerät außer Atem)* he is getting short *or* out of breath; he is running out of puff *(Brit. coll.)*; *(er verliert seine Kraft, Energie)* he is running out of steam *(fig.)*; *(er ist finanziell am Ende)* he is going broke *(coll.)*; **c)** *(ausfallen)* fall out; **mir gehen die Haare aus** I'm losing my hair; my hair is falling out; **d)** *(aufhören zu brennen)* go out; **e)** *(enden)* end; **unentschieden ~:** end in a draw; **gut/schlecht ~:** turn out well/badly; ⟨*story, film*⟩ end happily/unhappily; *s. auch* **leer a; straffrei; f)** *(herrühren)* **von jmdm./etw. ~:** come from sb./sth.; **g) von etw. ~** *(etw. zugrunde legen)* take sth. as one's starting-point; **gehen wir davon aus, daß ...:** let us assume that ...; let us start from the assumption that ...; **du gehst von falschen Voraussetzungen aus** you're starting from false assumptions; **h) auf Abenteuer ~:** look for adventure; **auf Entdeckungen ~:** be bent on making discoveries; **auf Eroberungen ~** *(scherzh.)* set out *or* be aiming to make a few conquests; **i)** *(seinen Ausgang nehmen)* **vom Hauptplatz** *usw.* **~** ⟨*road*⟩ lead off from the main square *etc.*; *(strahlenförmig)* radiate from the main square *etc.*; **j)** *(ausgestrahlt werden)* radiate; **von jmdm./etw. geht Ruhe/Sicherheit aus** sb./sth. radiates calm/confidence; **k)** *(abgeschickt werden)* be sent off; **die ~de Post** the outgoing mail; **l)** *(blasser werden)* ⟨*colour*⟩ run; ⟨*fabric*⟩ fade. **2.** *unr. refl. V. (österr.: ausreichen)* be enough; ⟨*equation, calculation*⟩ come out; **es geht sich aus** there's enough; *(zeitlich)* there's enough time

**ausgehend** *Adj.; nicht präd.* **im ~en Mittelalter** towards the end of the Middle Ages; **das ~e 19. Jahrhundert** the end of *or* closing years of the 19th century

**ausgehungert 1.** *2. Part. v.* **aushungern. 2.** *Adj.* **a)** *(sehr hungrig)* starving; **nach etw. ~ sein** *(fig.)* be starved of sth.; **b)** *(abgezehrt)* emaciated

**Ausgeh-: ~uniform die** *(Milit.)* walking-out uniform *(Brit.)*; **~verbot das** curfew; *(Milit.)* confinement to barracks

**ausgeklügelt** *2. Part. v.* **ausklügeln**

**ausgekocht 1.** *2. Part. v.* **auskochen. 2.** *Adj. (ugs. abwertend: durchtrieben)* crafty

**aus·gelassen 1.** *2. Part. v.* **auslassen. 2.** *Adj.* exuberant ⟨*mood, person*⟩; lively ⟨*party, celebration*⟩; *(wild)* boisterous. **3.** *adv.* exuberantly; *(wild)* boisterously; **nebenan wurde ~ gefeiert** there was a lively party going on next door

**Aus·gelassenheit die** exuberance; *(Wildheit)* boisterousness

**Ausgeliefertsein das; ~s** helplessness

**aus·gelitten** *Adj. in* **er hat ~** *(geh.)* he has been released from his suffering

**aus·gemacht 1.** *2. Part. v.* **ausmachen. 2.** *Adj.* **a)** *(beschlossen)* agreed; **es ist [eine] ~e Sache, daß ...:** it is an accepted fact that ...; **b)** *nicht präd. (vollkommen)* complete; complete, utter ⟨*nonsense*⟩; **eine ~e Dummheit** downright stupidity. **3.** *adv. (überaus)* extremely; *(ausgesprochen)* decidedly

**aus·genommen 1.** *2. Part. v.* **ausnehmen. 2.** *Konj. (außer)* except; apart from; **alle sind anwesend, ~ er** *od.* **er ~:** everyone is present apart from *or* except him; **er kommt bestimmt, ~ es regnet** he's sure to come, unless it rains

**ausgepicht** ['ausgəpɪçt] *Adj. (ugs.)* crafty; **ein ~er Bursche** a wily customer *(coll.)*

**ausgeprägt 1.** *2. Part. v.* **ausprägen. 2.** *Adj. (ausgesprochen, stark entwickelt)* distinctive ⟨*personality, character*⟩; marked ⟨*inclination, tendency, disinclination*⟩; pronounced ⟨*feature, tendency*⟩; **einen ~en Sinn für etw. haben** have a highly developed sense of sth.

**ausgepumpt** 1. *2. Part. v.* **auspumpen.** 2. *Adj. (salopp: erschöpft)* knackered *(Brit. sl.)*; shattered *(Brit. coll.)*; tuckered out *(Amer. coll.)*

**ausgerechnet** 1. *2. Part. v.* **ausrechnen.** 2. *Adv.* (*ugs.*: **gerade**) ~ **heute/morgen** today/tomorrow of all days; ~ **hier** here of all places; ~ **Sie** you of all people; ~ **jetzt kommt er/muß er kommen** he would have to come [just] now [of all times]; ~ **ihm muß das passieren** it would have to happen to him of all people; ~ **das** that of all things

**aus·geschlafen** 1. *2. Part. v.* **ausschlafen.** 2. *Adj. (ugs.: gewitzt)* wide-awake

**aus·geschlossen** 1. *2. Part. v.* **ausschließen.** 2. *Adj.; nicht attr.* **das ist** ~: that is out of the question; **es ist nicht ~, daß ...**: one cannot rule out the possibility that ...; it is not impossible that ...; **jeder Irrtum ist** ~: there can be no possibility of a mistake

**aus·geschnitten** 1. *2. Part. v.* **ausschneiden.** 2. *Adj.* low-cut ‹*dress, blouse, etc.*›; **ein tief/weit ~es Kleid** a dress with a plunging neckline; a very low-cut dress

**ausgesorgt** *Adj. (ugs.)* **[finanziell]** ~ **haben** be comfortably off

**ausgespielt** 1. *2. Part. v.* **ausspielen.** 2. *Adj. in* ~ **haben** be finished; **bei mir hat er** ~ *(ugs.)* he's had it as far as I'm concerned *(coll.)*

**aus·gesprochen** 1. *2. Part. v.* **aussprechen.** 2. *Adj.* definite, marked ‹*preference, inclination, resemblance*›; pronounced ‹*dislike*›; marked ‹*contrast*›; **~es Pech/Glück haben** be decidedly unlucky/lucky; **ein ~es Talent für etw.** a definite talent for sth.; **ein ~er Gegner von etw. sein** be a strong opponent of sth. 3. *adv. (besonders)* decidedly; downright ‹*stupid, ridiculous, ugly*›

**aus|gestalten** *tr. V.* **a)** *(in bestimmter Weise gestalten)* arrange; *(formulieren)* formulate; **b)** *(ausbauen)* develop (**zu** into)

**Aus·gestaltung die a)** *o. Pl.; s.* **ausgestalten a, b:** arrangement; development; formulation; **b)** *(Form)* form

**ausgestellt** 1. *2. Part. v.* **ausstellen.** 2. *Adj.* flared ‹*skirts, trousers, etc.*›

**aus·gestorben** 1. *2. Part. v.* **aussterben.** 2. *Adj.* **[wie]** ~: deserted; **die Stadt ist wie** ~: this is like a ghost town

**Ausgestoßene der/die;** *adj. Dekl.* outcast

**aus·gesucht** 1. *2. Part. v.* **aussuchen.** 2. *Adj.* **a)** *(erlesen)* choice; exquisite ‹*jewellery, clothes, furniture*›; select ‹*company*›; **b)** *(besonders groß)* exceptional; extreme; **c)** *(wenig Auswahl bietend)* **diese Sachen sind ziemlich** ~: there aren't many good things left. 3. *adv.* exceptionally; extremely

**aus·gewachsen** 1. *2. Part. v.* **auswachsen.** 2. *Adj.* **a)** fully-grown; adult ‹*man, woman*›; **b)** *(fig. ugs.) (richtig)* real ‹*storm, gale*›; *(groß)* full-blown ‹*scandal*›; utter, complete ‹*nonsense, fool, idiot*›

**aus·gewogen** 1. *2. Part. v.* **auswiegen.** 2. *Adj. (ausgeglichen)* balanced; [well-]balanced ‹*personality*›. 3. *adv.* in a balanced way

**Aus·gewogenheit die;** ~: balance

**ausgezeichnet** [*od.* '--'--] 1. *2. Part. v.* **auszeichnen.** 2. *Adj.* excellent; outstanding ‹*expert*›. 3. *adv.* excellently; ~ **Tennis spielen können** be an excellent tennis player; **sie paßt ~ zu ihm** she suits him very well indeed

**ausgiebig** ['ausgi:bɪç] 1. *Adj.* **a)** substantial, large ‹*meal*›; good long ‹*walk, sleep, rest, drive*›; extensive ‹*study*›; abundant ‹*credit*›; **ein ~er Regen** continuous heavy rain; **~en Gebrauch von etw. machen** make full use of sth.; **b)** *(veralt.) s.* **ergiebig.** 2. *adv.* ‹*profit*› handsomely; ‹*read*› extensively; **von etw. ~ Gebrauch machen** make full use of sth.; ~ **frühstücken** eat a substantial breakfast; ~ **wandern** walk extensively; **etw. ~ betrachten** have a long close look at sth.; **sich ~ strecken** have a good stretch; ~ **gähnen** have a good yawn

**aus|gießen** *unr. tr. V.* **a)** *(aus einem Gefäß gießen)* pour out (**aus** of); **b)** *(leeren)* empty; **c)** *(geh.: über jmdn./etw. gießen)* pour (**über** + *Akk.* over); **seinen Spott/seine Verachtung/seinen Zorn über jmdn.** ~: pour scorn/contempt on sb./vent one's rage on sb.; **d)** *(Technik: ausfüllen)* fill (**mit** with)

**Ausgießung die;** ~ *in* **die ~ des Heiligen Geistes** *(christl. Rel.)* the effusion of the Holy Spirit

**Ausgleich der; ~[e]s, ~e a)** *(von Unregelmäßigkeiten)* evening out; *(von Spannungen)* easing; *(von Differenzen, Gegensätzen)* reconciliation; *(eines Konflikts)* settlement; *(Schadensersatz)* compensation; *(einer Rechnung, Schuld)* settlement; *(eines Kontos)* balancing; **einen ~ der verschiedenen Interessen anstreben** strive to reconcile differing interests; **um ~ bemüht sein** be at pains to promote compromise; **als** *od.* **zum ~ für etw.** to make up *or* compensate for sth.; **im Büro hat er wenig Bewegung, deshalb spielt er Tennis zum ~**: he doesn't get much exercise in the office, so, to compensate, he plays tennis; **eine auf ~ und Zusammenarbeit gerichtete Politik** policies aimed at conciliation and cooperation; **zum ~ Ihrer Rechnung/Ihres Kontos** in settlement of your invoice/to balance your account; **einen ~ in etw.** *(Dat.)* **finden** be made up *or* compensated for by sth.; **b)** *(Gleichgewicht)* balance; **c)** *o. Pl. (Sport)* equalizer; **den ~ erzielen, zum ~ kommen** equalize; score the equalizer

**aus|gleichen** 1. *unr. tr. V.* even out ‹*irregularities, differences in height*›; ease ‹*tensions*›; reconcile ‹*differences of opinions, contradictions*›; settle ‹*conflict*›; redress ‹*injustice*›; compensate for ‹*damage*›; equalize, balance ‹*forces, values*›; make up for, compensate for ‹*misfortune, lack*›; *(Kaufmannsspr.)* settle ‹*bill, debt*›; discharge ‹*obligation*›; make up ‹*loss*›; *(Bankw.)* balance ‹*account, budget*›; **etw. durch etw.** ~: compensate for sth. by sth.; make up for sth. with sth.; **~de Gerechtigkeit** poetic justice; *s. auch* **ausgeglichen 2.** 2. *unr. refl. V.* **a)** *(sich nivellieren)* balance out; *(sich ganz aufheben)* cancel each other out; **das gleicht sich wieder aus** one thing makes up for the other; **b)** *(Kaufmannsspr., Bankw.)* ‹*account, budget*› balance. 3. *unr. itr. V. (Sport)* equalize; **zum 3:3** ~: level the scores at three all

**Ausgleichs-: ~amt das** *authority which administers system of compensation paid to individuals for damage and losses during and immediately after the Second World War;* **~getriebe das** *(Technik)* differential gear; **~sport der** sport for fitness; **~tor das, ~treffer der** *(Ballspiele)* equalizer; **~zahlung die** compensation payment

**aus|gleiten** *unr. itr. V.; mit sein (geh.) s.* **ausrutschen**

**aus|gliedern** *tr. V.* hive off; *(fig.: ausklammern)* exclude

**aus|glühen** *tr. V.* **a)** *(Med.)* sterilize by heating; **b)** *(Technik)* anneal

**aus|graben** *unr. tr. V.* dig up; dig [out] ‹*trench, hole*›; dig out ‹*trapped person, avalanche victim, etc.*›; dig up, excavate ‹*archaeological object*›; excavate ‹*temple, settlement, etc.*›; dig, lift ‹*potatoes*›; *(aus dem Grab)* disinter, exhume ‹*body, corpse*›; *(fig. ugs.)* dig up; dig up, unearth ‹*old manuscripts, maps, etc.*›; **eine alte Geschichte wieder ~** *(fig.)* dig *or* rake up an old story; *s. auch* **Kriegsbeil**

**Aus·grabung die** *(Archäol.)* **a)** *(das Ausgraben)* excavation; **b)** *(Fund)* find

**Ausgrabungs-: ~arbeit die;** *meist Pl.* excavation work *no pl.*; **~stätte die** excavation site

**aus|greifen** *unr. itr. V.* step out; **~d** extended ‹*gallop*›; striding ‹*movement*›; long ‹*stride*›; **weit ~d** widely spreading ‹*branches*›; *(fig.)* wide-ranging ‹*speech*›; large-scale ‹*plans, objectives*›

**aus|grenzen** *tr. V.* mark off (**aus** from); mark out ‹*area*›; *(ausklammern, isolieren)* exclude (**aus** from)

**Ausgrenzung die;** ~: marking off; *(einer Fläche)* marking out; *(Ausklammerung, Isolierung)* exclusion

**aus|gründen** *tr. V. (Wirtsch.)* hive off (**aus** from)

**Ausguck der; ~[e]s, ~e a)** *(ugs., auch Seemannsspr.)* look-out post; ~ **halten** keep a look-out (**nach** for); **b)** *(Seemannsspr.: Matrose)* look-out

**aus|gucken** *itr. V. (ugs.)* keep a look-out (**nach** for); *s. auch* **Auge a**

**Aus·guß der a)** *(Becken)* sink; **b)** *(Abfluß)* wastepipe; **c)** *(landsch.: Tülle)* spout

**aus|haben** *(ugs.)* 1. *unr. tr. V.* **a)** *(ausgelesen haben)* have finished; **b)** *(ausgezogen haben)* have taken off. 2. *unr. itr. V. (Schule, Unterricht beendet haben)* finish school

**aus|hacken** *tr. V.* **a)** hoe ‹*weeds*›; lift ‹*potatoes, turnips, etc.*› using a hoe; **b)** *(auspicken)* **jmdm. die Augen** ~: peck out sb.'s eyes; *s. auch* **Krähe; c)** *(österr.: zerlegen)* cut up

**aus|haken** 1. *tr. V.* unhook. 2. *refl. V.* come unhooked; ‹*zip-fastener*› come undone. 3. *itr. V. (unpers.)* **es hakte bei ihr aus** *(ugs.) (sie begriff es nicht)* she just didn't get it; *(ihre Geduld war zu Ende)* she lost her patience

**aus|halten** 1. *unr. tr. V.* **a)** *(ertragen)* stand, bear, endure ‹*pain, suffering, hunger, blow, noise, misery, heat, etc.*›; withstand ‹*attack, pressure, load, test, wear and tear*›; stand up to ‹*strain, operation*›; **er konnte es zu Hause nicht mehr** ~: he couldn't stand it at home any more; **er hält es nirgends lange aus** he never stays in one place for long; *(wechselt häufig die Stellung)* he never stays in one job for long; **den Vergleich mit jmdm./etw.** ~: stand comparison with sb./sth.; **es läßt sich** ~: it's bearable; I can put up with it; **hier läßt es sich** ~: I could get to like this place; **er konnte es im Bett nicht** ~: he couldn't stand being in bed; **es ist nicht/nicht mehr zum Aushalten** it is/has become unbearable *or* more than anyone can bear; **es ist nicht mehr zum Aushalten mit dir** you've become unbearable; **das Material muß viel** ~: the material has to take a lot of wear [and tear]; **b)** *(ugs. abwertend: jmds. Unterhalt bezahlen)* keep; **er läßt sich von seiner Freundin** ~: he gets his girl-friend to keep him; **c)** *(Musik: anhalten)* hold. 2. *unr. itr. V. (durchhalten)* hold out

**aus|handeln** *tr. V.* negotiate

**aus|händigen** *tr. V.* hand over; issue ‹*passport, document, etc.*›; **jmdm. etw.** ~: hand sth. over to sb./issue sb. with sth.

**Aushändigung die;** ~: handing over; *(eines Passes, Dokuments usw.)* issue

**Aus·hang der** notice; **einen ~ machen** put up a notice

**Aushänge·bogen der** *(Druckw.)* advance sheet

[1]**aus|hängen** *unr. itr. V.* ‹*notice, timetable, etc.*› have been put up; **am Schwarzen Brett** ~: be up on the notice-board *(Brit.) or (Amer.)* bulletin board

[2]**aus|hängen** 1. *tr. V.* **a)** *(öffentlich anschlagen)* put up ‹*notice, timetable, etc.*›; **b)** *(herausheben)* take ‹*door*› off its hinges; take ‹*window*› out; unhitch ‹*coupling*›. 2. *refl. V.* **a)** *(sich lösen)* ‹*chain*› come undone *or* unfastened; ‹*shutter, door, etc.*› come off its hinges; **b)** *(sich glätten)* ‹*crease*› drop out

**Aus·hänger der** *(Druckw.) s.* **Aushängebogen**

**Aushänge·schild das;** *Pl.* **~er** [advertising] sign; advertisement *(lit. or fig.)*

**aus|harren** *itr. V. (geh.)* hold out; **an jmds. Seite** *(Dat.)* **~**: remain at sb.'s side; **auf seinem Posten ~**: remain *or* wait at one's post
**aus|härten** *tr., itr. V. (Technik)* cure
**aus|hauchen** *tr. V. (geh.)* give off ‹*smell, fumes*›; exhale, give off ‹*perfume, scent*›; **seinen Geist** *od.* **sein Leben** *od.* **seine Seele ~** *(geh. verhüll.)* breathe one's last *(literary)*
**aus|hauen** *unr. tr. V.* **a)** *(hineinschlagen)* hew out; **b)** *(ausmeißeln)* carve ‹*statue, inscription, etc.*›; **c)** *(fällen)* thin out ‹*trees*›; **d)** *(roden)* clear ‹*forest, vineyard, etc.*›; **e)** *(auslichten)* prune ‹*trees, bushes, etc.*›
**aushäusig** ['aushɔyzɪç] *Adj.* out-of-house, *(Amer.)* independent ‹*worker, contractor*›; **[viel] ~ sein** be away from home [a great deal]
**aus|heben** *unr. tr. V.* **a)** *(ausschaufeln)* dig out ‹*earth, sand, etc.*›; dig ‹*channel, trench, grave*›; **b)** *s.* **²aushängen 1 b**; **c)** *(aus dem Nest nehmen)* steal ‹*eggs, birds*›; *(leeren)* rob ‹*nest*›; *(fig.: unschädlich machen)* break up ‹*gang, ring, etc.*›; raid ‹*club, casino, hiding-place, outpost*›; pick up, catch ‹*criminal, terrorist*›; **d)** *(österr.)* empty ‹*postbox*›; **e)** *(veralt.: einziehen)* levy, recruit ‹*troops, army*›; **f)** *(Ringen)* **jmdn. ~**: execute a pick-up on sb.
**aus|hebern** *tr. V. (Med.)* **jmdm. den Magen ~**: pump out sb.'s stomach
**aus|hecken** *tr. V. (ugs.)* hatch ‹*plan, intrigue*›; plan ‹*attack*›; **immer neue Streiche ~**: keep on thinking up new tricks
**aus|heilen 1.** *itr. V.; mit sein* ‹*injury, organ*› heal [up]; ‹*patient, illness*› be cured. **2.** *tr. V.* **bis er seine Verletzung ausgeheilt hatte** until his injury had healed
**aus|helfen** *unr. itr. V.* help out; **jmdm. [mit** *od.* **bei etw.] ~**: help sb. out [with sth.]
**aus|heulen** *(ugs.) refl. V.* **sich bei jmdm. ~**: cry one's heart out on sb.'s shoulder
**Aus·hilfe die a)** *o. Pl. (das Aushelfen)* help; **sie arbeitet in der Kantine zur ~**: she helps out in the canteen; **b)** *(Aushilfskraft)* temporary worker; *(in Läden, Gaststätten)* temporary helper *or* assistant; *(Sekretärin)* temporary secretary; temp *(coll.)*; **als ~ arbeiten** help out on a temporary basis
**Aushilfs-, aushilfs-: ~arbeit die;** *meist Pl.* temporary work *no pl.*; **~arbeiten** *Pl.* temporary work *sing.*; temporary jobs; **~kraft die** temporary worker; *(in Läden, Gaststätten)* temporary helper *or* assistant; *(Sekretärin)* temporary secretary; temp *(coll.)*; **~weise** *adv.* on a temporary basis
**aus|höhlen** *tr. V.* hollow out; erode ‹*rock, cliff, etc.*›; *(fig.: untergraben)* undermine; **ausgehöhlte Wangen** *(fig.)* hollow cheeks; **einen Begriff ~** *(fig.)* render a concept meaningless
**Aushöhlung die; ~, ~en a)** *o. Pl. s.* **aushöhlen**: hollowing out; erosion; undermining; **b)** *(ausgehöhlte Stelle)* hollow
**aus|holen 1.** *itr. V.* **a)** *(zu einer Bewegung ansetzen)* **[mit dem Arm] ~**: draw back one's arm; *(zum Schlag)* raise one's arm; **er holte zum Schlag aus** he raised his fist/sword *etc.* to strike; **er holte zum Wurf aus** he drew back his arm ready to throw; **zum Gegenschlag ~** *(fig.)* prepare to counter-attack; **zu einem Coup ~** *(fig.)* prepare a coup; **b)** *(ausgreifen)* step out; **[weit] ~de Schritte** long strides; **c)** *(weitschweifig sein)* range far afield; *(weit zurückgehen)* go back a long way. **2.** *tr. V. (landsch.: ausfragen)* **jmdn. über etw.** *(Akk.) od.* **nach etw. ~**: question *or* *(coll.)* quiz sb. about sth.
**aus|holzen** *tr. V.* **a)** *(lichten)* thin out; **b)** *(abholzen)* clear
**aus|horchen** *tr. V.* **jmdn. über etw.** *(Akk.) od.* **nach etw. ~**: sound sb. out about sth.
**Aus·hub der** *(Tiefbau)* **a)** *o. Pl.* excavation; **b)** *(ausgehobene Erde)* excavated material
**aus|hungern** *tr. V.* starve out ‹*city, fortress, garrison, etc.*›; *s. auch* **ausgehungert 2**
**aus|husten 1.** *tr. V.* cough up. **2.** *itr., auch refl. V. (zu Ende husten)* finish coughing
**aus|ixen** *tr. V. (ugs.)* x out
**aus|jäten** *tr. V.* weed ‹*garden, flower-bed*›; weed out ‹*dandelions etc.*›; **Unkraut ~**: weed
**aus|kämmen** *tr. V.* **a)** *(entfernen)* comb out ‹*dust, dirt*›; **jmdm./sich etw. aus dem Haar ~**: comb sth. out of sb.'s/one's hair; **b)** *(glätten, ordnen)* comb out ‹*hair*›
**aus|kegeln** *tr. V.* **a) einen Pokal** *usw.* **~**: bowl for a cup *etc.*; **b)** *(südd., österr.: ausrenken)* **sich/jmdm. den Arm ~**: put one's/sb.'s arm out [of joint]
**aus|kehren** *tr. (auch itr.) V. (bes. südd.) s.* **ausfegen**
**aus|keimen** *itr. V.; auch mit sein* germinate; ‹*potatoes*› sprout
**aus|kennen** *unr. refl. V. (in einer Stadt, an einem Ort usw.)* know one's way around *or* about; *(in einem Fach, einer Angelegenheit usw.)* know what's what; **sie kennt sich in dieser Stadt aus** she knows her way around the town; **man kennt sich bei ihm nicht aus** you don't know where you are with him; **sich [gut] mit/in etw.** *(Dat.)* **~**: know [a lot] about sth.; **sich mit den Klassikern/jmds. Jargon ~**: be familiar with the classics/sb.'s jargon; **sich bei den Frauen ~**: know a lot about women
**aus|kernen** *tr. V.* stone
**aus|kippen** *tr. V.* **a)** *(entfernen aus)* tip out; **b)** *(leeren)* empty
**aus|klammern** *tr. V.* **a)** *(Math.)* place outside the brackets; **b)** *(beiseite lassen)* leave aside; *(nicht zulassen)* exclude
**aus|klamüsern** *tr. V. (ugs.)* figure *or* work out
**Aus·klang der a)** *(geh.; Abschluß)* end; **zum ~ der Saison/des Festes** to end *or* close the season/festival; **b)** *(Musik: Ende)* final notes/chord/chorus *etc.*; **einen heiteren ~ haben** end brightly
**ausklappbar** [ausklapba:ɐ̯] *Adj.* fold-out; **die Couch ist ~**: the couch folds out
**aus|klarieren** *tr. V. (Zollw., Seew.)* clear
**aus|klauben** *tr. V. (südd., österr., schweiz.)* pick out
**aus|kleiden 1.** *tr. V.* **a)** *(geh.: entkleiden)* undress; **b)** *(überziehen mit)* line. **2.** *refl. V. (geh.)* undress; disrobe *(formal)*
**Aus·kleidung die** lining; *(eines Schwimmbeckens, Gartenteichs)* liner
**aus|klingen** *unr. itr. V.* **a)** *mit sein (ausgehen)* end; **b)** *mit sein (verklingen)* ‹*song*› finish; ‹*music, final notes*› die away; **c)** ‹*bell*› cease *or* stop ringing
**aus|klinken 1.** *tr. (auch itr.) V.* release. **2.** *refl. V.* release itself/themselves; *(fig.)* opt out
**aus|klopfen** *tr. V.* **a)** *(entfernen) (mit einem Stock, Schläger)* beat out **(aus +** *Dat.* of); *(durch Anklopfen)* knock *or* tap out **(aus +** *Dat.* of); **b)** *(säubern)* beat ‹*carpet*›; knock *or* tap ‹*pipe*› out
**Aus·klopfer der; ~s, ~**: carpet-beater
**aus|klügeln** *tr. V.* think out; work out; **ein ausgeklügeltes System** a cleverly devised system
**aus|kneifen** *unr. itr. V.; mit sein (ugs.)* run away **(vor, aus** from)
**aus|knipsen** *tr. V. (ugs.)* switch *or* turn off
**aus|knobeln** *tr. V. (ugs.)* **a)** *(durch Knobeln entscheiden)* **sie knobelten aus, wer anfangen sollte** they threw dice to decide who would start; **die nächste Runde Bier ~**: throw dice to decide who will stand the next round of beer; **b)** *(austüfteln)* work out
**ausknöpfbar** [ausknœpfba:ɐ̯] *Adj.* removable, detachable ‹*lining*›
**aus|kochen** *tr. V.* **a)** *(kochen, säubern)* boil; **b)** *(keimfrei machen)* sterilize ‹*instruments etc.*› [in boiling water]; **c)** *(salopp abwertend: sich ausdenken)* concoct; *s. auch* **ausgekocht 2**
**aus|kommen** *unr. itr. V.; mit sein* **a)** *(ausreichend haben, zurechtkommen)* **mit etw. ~**: manage on *or* *(coll.)* get by on sth.; **ohne jmdn./etw. ~**: manage without *or* *(coll.)* get by without sb./sth.; **der Motor kommt mit sechs Litern aus** the engine can run for a hundred kilometres on six litres; **b)** *(sich verstehen)* **mit jmdm. [gut] ~**: get along *or* on [well] with sb.; **mit ihm ist einfach nicht auszukommen** he's just impossible to get on with; **c)** *(südd., österr.: entkommen)* escape **(aus +** *Dat.* from); **d)** *(bes. schweiz.: bekannt werden)* get out
**Auskommen das; ~s a)** *(Lebensunterhalt)* livelihood; **sein ~ haben** make a living; **b) mit ihm/ihr ist kein ~**: he/she is quite impossible [to get on with]
**auskömmlich** ['auskœmlɪç] **1.** *Adj.* adequate; **ein ~es Gehalt haben** earn enough to live on. **2.** *adv.* adequately
**aus|kosten** *tr. V. (geh.* **a)** *(genießen)* **etw. ~**: enjoy sth. to the full; **b)** *(erleiden)* suffer
**aus|kotzen** *(derb)* **1.** *tr. V.* puke up *(sl.)*. **2.** *refl. V.* puke *(sl.)*; **sich bei jmdm. ~** *(fig.)* have a bloody good moan to sb. *(Brit. sl.)*
**aus|kramen** *tr. V. (ugs.)* dig out; *(fig.)* dig up ‹*memories, knowledge, story*›
**aus|kratzen 1.** *tr. V.* **a)** *(entfernen)* scrape out ‹*dirt, remains, deposit, etc.*› **(aus** from); scratch ‹*words, writing, inscription*› out; *(reinigen)* scrape [out] ‹*bowl, pan, etc.*›; **jmdm. am liebsten die Augen ~ mögen** *(ugs.)* want to scratch sb.'s eyes out; **b)** *(Med.) s.* **ausschaben b. 2.** *itr. V.; mit sein (salopp)* do a bunk *(Brit. sl.)*; beat it *(sl.)*; **vor jmdm. ~**: beat it to avoid sb.
**Auskratzung die; ~, ~en** *(Med.) s.* **Ausschabung**
**aus|kriechen** *unr. itr. V.; mit sein* hatch [out]
**aus|kriegen** *tr. V. (ugs.) s.* **ausbekommen**
**aus|kristallisieren 1.** *tr. V.* crystallize out. **2.** *itr. V.; mit sein* crystallize out
**aus|kugeln** *tr. V.* **sich** *(Dat.)* **den Arm/die Schulter** *usw.* **~**: put one's arm/shoulder *etc.* out [of joint]; dislocate one's arm/shoulder *etc.*; **jmdm. den Arm/die Schulter ~**: dislocate sb.'s arm/shoulder *etc.*
**aus|kühlen 1.** *tr. V.* chill ‹*person, body*› through. **2.** *itr. V.; mit sein* cool down
**Aus·kühlung die;** *o. Pl.* loss of body heat; exposure
**auskultieren** [auskʊl'ti:rən] *tr. V. (Med.)* auscultate
**aus|kundschaften** *tr. V.* find out; trace ‹*arrival, relative*›; find ‹*opportunity*›; track down ‹*refuge, criminal, enemy, etc.*›; sound out ‹*mood, attitude*›; spy out ‹*place*›
**Auskunft die; ~, Auskünfte a)** *(Information)* piece of information; **Auskünfte** information *sing.*; **[jmdm. über etw.** *(Akk.)***] ~ geben** *od.* **erteilen** give [sb.] information [about sth.]; **sie gab auf alle Fragen ~**: she answered all the questions; **können Sie mir bitte ~ geben, wann ...?** *(geh.)* can you please tell me when ...?; **~/Auskünfte über jmdn./etw. einholen** *od.* **einziehen** obtain information about sb./sth.; *s. auch* **näher b; b)** *o. Pl. (Stelle)* information desk/counter/office/centre *etc.*; *(Fernspr.)* directory enquiries *no art. (Brit.)*; directory information *no art. (Amer.)*; **„~"** 'Information'; 'Enquiries' *(Brit.)*
**Auskunftei die; ~, ~en** private detective agency; *(Kredit~)* credit reference agency
**Auskunfts-: ~beamte der** *(Schalterbeamte)* enquiry office clerk *(Brit.)*; information office clerk *(Amer.)*; *(Bahnsteigbeamte)* inspector; **~büro das** information office; enquiry office *(Brit.)*; **~dienst der** *(Fernspr.)* directory enquiries *no art. (Brit.)*; directory information *no art. (Amer.)*; **~pflicht die;** *o. Pl. (Rechtsw.)* obligation to provide information; **~schalter der** information counter; **~stelle die** information office

**aus|kuppeln** *itr. V.* disengage the clutch; declutch

**aus|kurieren** *tr. V.* heal 〈*wound*〉 [completely]; **jmdn. ~:** cure sb. [completely]; **der Spieler, der seit Wochen eine Oberschenkelzerrung auskuriert** the player, who has been recovering from a thigh strain for weeks

**aus|lachen** *tr. V.* **jmdn. ~:** laugh at sb.; **laß dich nicht ~:** don't be ridiculous

[1]**aus|laden** *unr. tr. V.* unload (**aus** from)

[2]**aus|laden** *unr. tr. V.* **jmdn. ~:** cancel one's invitation to sb.

**ausladend** *Adj.* prominent 〈*forehead*〉; jutting 〈*chin*〉; broad 〈*shoulders*〉; extensive 〈*roots*〉; widely spreading 〈*branches*〉; *(fig.)* sweeping 〈*gestures, movements*〉

**Aus·lage die a)** *Pl. (Unkosten)* expenses; **unsere ~n für Strom/Heizung/Wasser** *usw.* our outlay *sing.* on electricity/heating/water *etc.*; **b)** *(ausgestellte Ware)* item *or* article on display; **~n** goods on display; **c)** *(Schaufenster)* shop-window; window display; *(Vitrine)* display cabinet; **d)** *(Boxen)* stance; **in der linken/rechten ~ boxen** use the orthodox stance/be a southpaw *(coll.) or* left-hander; **e)** *(Fechten)* on-guard position; **f)** *(Rudern)* recovery; **in die ~ gehen** recover

**Aus·land das;** *o. Pl.* foreign countries *pl.*; **im/ins ~:** abroad; **aus dem ~:** from abroad; **aus dem sozialistischen und dem kapitalistischen ~:** from other countries, both socialist and capitalist; **die Literatur/Intervention/Hilfe des ~s** foreign literature/intervention/aid; **die Meinung des ~s** opinion abroad; **das ~ hat zurückhaltend reagiert** foreign reaction *or* the reaction of other countries *pl.* was guarded

**Ausländer der; ~s, ~:** foreigner; alien *(Admin. lang., Law)*; **~ sein** be a foreigner

**ausländer·feindlich** *Adj.* hostile to foreigners *postpos.*

**Ausländerin die; ~, ~nen** *s.* **Ausländer**; *s. auch* **-in**

**ausländisch** *Adj.; nicht präd.* foreign; exotic 〈*plant, animal*〉

**Auslands-: ~anleihe die** *(Bankw.)* foreign loan; **~aufenthalt der** stay abroad; **~beziehungen** *Pl.* foreign relations; **~deutsche der/die** expatriate German; German national living abroad; **~gespräch das** *(Fernspr.)* international call; **~korrespondent der** foreign correspondent; **~reise die** trip abroad; **~schule die** *school run by one country on another's territory*; **~schutz·brief der** *(Versicherungsw.)* international travel cover documents *pl.*; **~tournee die** foreign tour; **~vertretung die a)** *(von Firmen usw.)* foreign agency; **b)** *(diplomatische Vertretung)* foreign mission

**aus|langen** *itr. V. (landsch.)* **a)** *(ausholen)* **[mit dem Arm] ~:** draw back one's arm; *(zum Schlag)* raise one's hand; **nach jmdm. ~:** raise one's a arm to hit sb.; **b)** *(ausreichen)* be enough

**Auslaß der; Auslasses, Auslässe** *(Technik)* outlet

**aus|lassen 1.** *unr. tr. V.* **a)** *(weglassen)* leave out; leave out, omit 〈*detail, passage, word, etc.*〉; **b)** *(versäumen)* miss 〈*chance, opportunity, etc.*〉; **c)** *(abreagieren)* vent (**an** + *Dat.* on); release 〈*tension*〉; **seinen Ärger/Zorn/seine Wut an jmdm. ~:** vent one's anger on sb.; take one's anger out on sb.; **d)** *(ugs.: nicht tragen, nicht einschalten)* **etw. ~:** leave sth. off; **e)** *(zerlassen)* melt 〈*bacon fat*〉 down; melt 〈*butter*〉; **f)** *(länger machen)* let down; *(weiter machen)* let out. **2.** *unr. refl. V. (abwertend: sich äußern)* talk, speak (**über** + *Akk.* about); *(schriftlich)* write (**über** + *Akk.* about); *(sich verbreiten)* hold forth (**über** + *Akk.* about); **sich im Detail/näher ~:** go into detail/more detail; *s. auch* **ausgelassen 2, 3**

**Auslassung die; ~, ~en a)** *(Weglassung)* omission; **b)** *meist Pl. (oft abwertend: Äußerung)* remark

**Auslassungs-: ~punkte** *Pl.* omission marks; ellipsis *sing.*; **~zeichen das** *(Sprachw.)* apostrophe

**aus|lasten** *tr. V.* **a)** *(volladen)* fully load; **b)** *(voll ausnutzen)* **etw. ~:** use sth. to full capacity; **seine/ihre** *usw.* **Kapazität ~** 〈*mine, factory, etc.*〉 be working to full capacity; **ausgelastet sein** 〈*mine, factory, etc.*〉 be working to full capacity; **c)** *(voll beanspruchen)* fully occupy; *(befriedigen)* fulfil

**aus|latschen** *tr. V. (ugs.)* wear 〈*shoes etc.*〉 out of shape

**Auslauf der a)** *o. Pl.* **keinen/zuwenig ~ haben** have no/too little chance to run around outside; **der Hund braucht viel ~:** the dog needs plenty of exercise; **b)** *(Raum)* space to run around in; *(für Hühner, Enten usw.)* run; *(für Pferde)* paddock; **c)** *(Fechten)* runback; *(Ski)* outrun; run-out; **d)** *(Abfluß)* outlet

**aus|laufen 1.** *unr. itr. V.; mit sein* **a)** *(herausfließen)* run out (**aus** of); 〈*pus*〉 drain; **b)** *(leer laufen)* empty; 〈*eye*〉 drain; 〈*egg*〉 run out; *(undicht sein)* leak; **c)** *(in See stechen)* sail, set sail (**nach** for); **d)** *(erlöschen)* 〈*contract, agreement, etc.*〉 run out; **e)** *(nicht fortgesetzt werden)* 〈*model, line*〉 be dropped *or* discontinued; **etw. ~ lassen** drop *or* discontinue sth.; **f)** *(zum Stillstand kommen)* come *or* roll to a stop; **g)** *(auseinanderlaufen)* 〈*colour, ink, etc.*〉 run; **h)** *(Sport: abbremsen)* slow down; **i)** *(enden)* 〈*path, road, etc.*〉 end, *(allmählich)* peter out; **j)** *(übergehen)* run (**in** + *Akk.* into); **spitz ~de Türme** towers tapering to a point; **k)** *(einen bestimmten Ausgang nehmen)* end. **2.** *unr. refl. V.* **die Kinder konnten sich mal richtig ~:** the children could run about to their heart's content

**Aus·läufer der a)** *(Geogr.)* foothill *usu. in pl.*; **b)** *(Met.) (eines Hochs)* ridge; *(eines Tiefs)* trough; **c)** *(Bot.)* runner; **d)** *(schweiz.: Bote)* delivery man/boy

**aus|laugen** *tr. V.* leach 〈*soil*〉; leach [out] 〈*salts etc.*〉 (**aus** from); *(fig.)* drain, exhaust, wear out 〈*person*〉; exhaust 〈*economy*〉

**Aus·laut der** *(Sprachw.)* final sound; auslaut; **im ~:** in final position

**aus|lauten** *itr. V. (Sprachw.)* **auf „d" ~:** have 'd' in final position; **ein ~der Konsonant** a final consonant

**aus|läuten** *tr. V.* **a) das alte Jahr ~:** ring out the old year; **b)** *(veralt.: bekanntmachen)* ring out; proclaim

**aus|leben 1.** *refl. V.* **a)** *(das Leben genießen)* live life to the full; **sich in seiner Arbeit ~:** find complete fulfilment in one's work; **b)** *(sich entfalten)* find *or* be given complete expression. **2.** *tr. V. (geh.: verwirklichen)* give full expression to; realize 〈*talent*〉

**aus|lecken** *tr. (auch itr.) V.* lick out (**aus** of)

**aus|leeren** *tr. V.* empty [out]; empty 〈*ashtray, dustbin, etc.*〉; *(austrinken)* drain

**aus|legen** *tr. V.* **a)** *(zur Ansicht, Einsicht hinlegen)* lay out; display 〈*goods, exhibits*〉; **b)** *(bedecken mit)* **etw. mit Fliesen/Teppichboden ~:** tile/carpet sth.; **einen Schrank [mit Papier] ~:** line a cupboard [with paper]; **c)** *(leihen)* lend; **jmdm. etw.** *od.* **etw. für jmdn. ~:** lend sb. sth.; lend sth. to sb.; **ich habe das Porto für dich ausgelegt** I paid the postage for you; **d)** *(interpretieren)* interpret; **etw. falsch ~:** misinterpret sth.; **etw. als Furcht ~:** take sth. to be fear; **e)** *(für Tiere)* lay 〈*bait*〉; put down 〈*poison*〉; set 〈*trap, net*〉; **f)** *(Technik: verlegen)* lay 〈*mine, cable, fuse, etc.*〉; **g)** *(Landw.)* plant; **h)** *(Technik: auf eine bestimmte Leistung hin)* **etw. auf** *od.* **für etw. ~:** design sth. for sth.

**Ausleger der; ~s, ~ a)** *(eines Krans)* jib; boom; **b)** *(Bootsbau)* outrigger

**Auslege·ware die** carpeting

**Auslegung die; ~, ~en** interpretation

**aus|leiern** *(ugs.)* **1.** *itr. V.; mit sein* wear out; 〈*clothes*〉 go baggy; **ausgeleiert** worn out; baggy 〈*pullover, trousers, etc.*〉. **2.** *refl. V.* wear out; 〈*pullover, trousers*〉 go baggy; 〈*elastic band, material*〉 lose its stretch. **3.** *tr. V.* wear out; make 〈*pullover, trousers, etc.*〉 go baggy; make 〈*rubber band*〉 lose its stretch

**Ausleihe die; ~, ~n a)** *o. Pl. (das Ausleihen)* lending; **b)** *(Stelle)* issue desk

**aus|leihen** *unr. tr. V.* **a)** *(leihen)* borrow; **[sich** *(Dat.)***] etw. von jmdm. ~:** borrow sth. from sb.; **b)** *(verleihen)* lend; **jmdm. etw.** *od.* **an jmdn. etw. ~:** lend sb. sth.; lend sth. to sb.

**aus|lernen** *itr. V.* finish one's apprenticeship; **ein ausgelernter Schreiner** a trained carpenter; **man lernt nie aus** *(Spr.)* you learn something new every day

**Aus·lese die a)** *o. Pl. (Auswahl)* selection; **eine ~ treffen** make a selection; **b)** *(geh.: Elite)* elite; cream; **c)** *(Wein) fine wine made with selected bunches of fully ripe grapes*

[1]**aus|lesen** *unr. tr. V.* **a)** *(aussondern)* pick out (**aus** from); **b)** *(von Minderwertigem befreien)* sort 〈*peas, lentils, etc.*〉

[2]**aus|lesen** *unr. tr. V. (ugs.)* **etw. ~:** finish [reading] sth.; **etw. in einem Zug ~:** read sth. [from beginning to end] at one sitting

**Auslese·verfahren das** selection process

**aus|leuchten** *tr. V.* illuminate; *(fig.)* throw light on; *(untersuchen)* probe; **die Bühne ~:** floodlight the stage

**aus|lichten** *tr. (auch itr.) V.* prune 〈*bush, tree, etc.*〉; thin 〈*wood, area, etc.*〉

**aus|liefern** *tr. V.* **a)** *(übergeben)* **jmdm. etw.** *od.* **etw. an jmdn. ~:** hand sth. over to sb.; **jmdn. an ein Land ~:** extradite sb. to a country; **jmdm./einer Sache ausgeliefert sein** *(fig.)* be at the mercy of sb./sth.; **b)** *auch itr. (Kaufmannsspr.: liefern)* deliver

**Aus·lieferung die a)** *(Übergabe)* handing over; *(an ein Land)* extradition; **jmds. ~ fordern** demand that sb. be handed over/extradited; **b)** *(Kaufmannsspr.: Lieferung)* delivery

**Auslieferungs-: ~abkommen das** *s.* **~vertrag**; **~antrag der** application for extradition; **~lager das** *(Wirtsch.)* distribution centre; **~vertrag der** extradition treaty

**aus|liegen** *unr. itr. V.* **a)** *(zur Ansicht, Einsicht)* be displayed; 〈*newspapers, plans, etc.*〉 be laid out, be available; **b)** *(zum Fang)* 〈*trap*〉 be set

**Aus·linie die** *(Ballspiele)* touchline

**aus|loben** *tr. V.* **10 000 DM ~:** offer a reward of 10,000 marks; *(bei einem Wettbewerb)* offer a prize of 10,000 marks

**aus|löffeln** *tr. V.* **a)** *(aufessen)* **etw. ~:** spoon up [all of] sth.; **jetzt muß** *od.* **kann er die Suppe ~[, die er sich eingebrockt hat]** *(fig.)* he's made his [own] bed and now he must lie in it; **b)** *(leer essen)* spoon up everything out of 〈*plate, bowl, etc.*〉

**aus|löschen** *tr. V.* **a)** *(löschen)* extinguish, put out 〈*fire, lamp*〉; snuff, put out, extinguish 〈*candle*〉; *(geh.)* extinguish 〈*light*〉; **b)** *(beseitigen)* rub out, erase 〈*drawing, writing*〉; 〈*wind, rain*〉 obliterate 〈*tracks, writing*〉; *(fig.)* obliterate, wipe out 〈*memory*〉; extinguish 〈*life*〉; wipe out 〈*people, population*〉

**aus|losen** *tr. V.* **etw. ~:** draw lots for sth.; **es wurde ausgelost, wer beginnt** lots were drawn to decide who would start; **den Gewinner ~:** draw lots to decide the winner

**aus|lösen 1.** *tr. V.* **a)** *(in Gang setzen)* trigger 〈*mechanism, device, etc.*〉; set off, trigger 〈*alarm*〉; release 〈*camera shutter*〉; **b)** *(hervorrufen, herbeiführen)* provoke 〈*discussion, anger, laughter, reaction, outrage, heart attack, sympathy*〉; cause 〈*sorrow, horror, surprise, disappointment, panic, war*〉; excite, arouse 〈*interest, enthusiasm*〉; evoke 〈*memories*〉; draw 〈*applause*〉; trigger [off] 〈*crisis, chain of events, rebellion, strike*〉; **c)** *(veralt.:*

*einlösen, freikaufen)* redeem; **d)** *(südd., österr.: lösen aus, von)* remove, take out (**aus** from); shell ⟨*peas, beans*⟩. **2.** *refl. V.* ⟨*alarm*⟩ go off

**Auslöser der; ~s, ~** *(Fot.)* shutter release; *(fig., Psych., Verhaltensf.)* trigger

**Aus·losung die** draw

**Aus·lösung die a)** *(Betätigung) (eines Mechanismus)* triggering; *(eines Alarms)* setting off; triggering; **b)** *(Hervorrufung, Herbeiführung) s.* **auslösen b:** provocation; causing; exciting; arousal; evocation; drawing; triggering [off]; **c)** *(veralt.: Einlösung, Freikauf)* redemption

**aus|loten** *tr. V.* **a)** *(Seew.)* sound the depth of; sound, plumb ⟨*depth*⟩; *(fig.)* sound out ⟨*intentions*⟩; **ein Problem ~** *(fig.)* try to get to the bottom of a problem; **b)** *(Bauw.)* plumb ⟨*wall*⟩

**aus|lüften 1.** *tr., itr. V.* air. **2.** *refl. V. (ugs. scherzh.)* get some fresh air

**aus|lutschen** *tr. V. (ugs.)* suck out ⟨*juice*⟩; suck the juice from ⟨*orange, lemon, etc.*⟩

**aus|machen** *tr. V.* **a)** *(ugs.: ausschalten, auslöschen)* put out ⟨*light, fire, cigarette, candle*⟩; turn *or* switch off ⟨*television, radio, hi-fi*⟩; turn off ⟨*gas*⟩; **b)** *(vereinbaren)* agree; **einen Termin/ein Honorar ~:** agree [on] a deadline/fee; **etw. mit jmdm. ~:** agree sth. with sb.; **c)** *(auszeichnen, kennzeichnen)* make up; constitute; **was einen großen Künstler ausmacht** what goes to make a great artist; **die Farben machen den Reiz seiner Bilder aus** it is the colours which make his pictures attractive; **d)** *(ins Gewicht fallen)* make a difference; **wenig/nichts/viel ~:** make little/no/a great *or* big difference; **e)** *(stören)* **das macht mir nichts aus** I don't mind [that]; **macht es Ihnen etwas aus, wenn ...?** would you mind if ...?; **würde es Ihnen etwas ~, den Platz zu wechseln?** would you mind swapping places?; **f)** *(klären)* settle; **etw. mit sich allein/mit seinem Gewissen ~:** sort sth. out for oneself/with one's conscience; **g)** *(erkennen)* make out; **es läßt sich nicht mit Sicherheit ~, ob ...:** it cannot be determined with certainty whether ...; **h)** *(betragen)* come to; **der Zeitunterschied/die Entfernung macht ... aus** the time difference/distance is ...; *s. auch* **ausgemacht**

**aus|malen 1.** *tr. V.* **a)** *(mit Farbe ausfüllen)* colour in; **b)** *(mit Malereien ausschmücken)* **das Innere einer Kirche ~:** decorate the interior of a church with murals/frescoes *etc.*; **c)** *(schildern)* describe. **2.** *refl. V.* **sich** *(Dat.)* **etw. ~:** picture sth. to oneself; imagine sth.; **das hatte ich mir so schön ausgemalt** I had pictured it as being so beautiful

**aus|manövrieren** *tr. V.* outmanœuvre

**aus|marschieren** *itr. V.; mit sein* march out (**aus** of)

**Aus·maß das a)** *(Größe, Ausdehnung)* size; dimensions *pl.*; **die ~e des Rumpfs/Kraters** *usw.* the size *sing. or* dimensions of the fuselage/crater *etc.*; **gewaltige ~e haben** be of huge *or* vast dimensions; **b)** *(Umfang, Grad)* extent; **bis zu einem gewissen ~:** to a certain extent; **erschreckende ~e annehmen** assume horrifying dimensions; **eine Katastrophe unvorstellbaren ~es** a disaster on an unimaginable scale

**aus|mergeln** ['au̯smɛrgl̩n] *tr. V.* emaciate; **ausgemergelt** gaunt, emaciated ⟨*face, body*⟩

**aus|merzen** ['au̯smɛrtsn̩] *tr. V.* **a)** *(ausrotten)* eradicate ⟨*pests, insects, weeds, etc.*⟩; **b)** *(beseitigen)* eliminate ⟨*errors, slips, etc.*⟩; eliminate, cut out ⟨*offensive passages*⟩; **c)** *(aussondern)* cull ⟨*animal*⟩

**aus|messen** *unr. tr. V.* measure up

**aus|misten** *tr. (auch itr.) V.* **a)** *(von Mist säubern)* muck out; **b)** *(ugs.: von Unbrauchbarem leeren, aussortieren)* clear out

**aus|mustern** *tr. V.* **a)** *(Milit.: als untauglich erklären)* **jmdn. ~:** reject sb. as unfit [for service]; **b)** *(als unbrauchbar ausscheiden)* take ⟨*vehicle, machine*⟩ out of service

**Aus·nahme die; ~, ~n** exception; **mit ~ von Peter/des Pfarrers** with the exception of Peter/of the priest; **ohne ~:** without exception; **mit** *od.* **bei jmdm. eine ~ machen** make an exception in sb.'s case; **~n bestätigen die Regel, keine Regel ohne ~:** the exception proves the rule

**Ausnahme-: ~erscheinung die** exceptional phenomenon; **~fall der** exceptional case; **im ~fall** in exceptional cases; **~situation die** exceptional situation; **~zustand der** state of emergency

**ausnahms-: ~los 1.** *Adj.; nicht präd.* unanimous ⟨*approval, agreement*⟩; **2.** *adv.* without exception; **~weise** *Adv.* by way of *or* as an exception; **Dürfen wir mitkommen? – Ausnahmsweise ja** May we come too? – Yes, just this once; **er hat es mir ~weise erlaubt** he gave me permission by way of an exception; **kann ich heute ~weise früher weg?** can I go earlier today, just as a special exception?; **wenn ich ~weise keinen Schirm bei mir habe** when, just for once, I don't have my umbrella with me

**aus|nehmen 1.** *unr. tr. V.* **a)** gut ⟨*fish, rabbit, chicken*⟩; **b)** *(ausschließen von)* exclude; *(gesondert behandeln)* make an exception of; **jeder irrt sich einmal, ich nehme mich nicht aus** everyone makes mistakes once in a while, and I'm no exception; *s. auch* **ausgenommen 2**; **c)** *(die Eier herausnehmen aus)* rob ⟨*nest*⟩; **d)** *(ugs. abwertend: neppen)* **jmdn. ~:** fleece sb. **2.** *unr. refl. V. (geh.: wirken)* look; *(sich anhören)* sound

**ausnehmend** *(geh.)* **1.** *Adj.; nicht präd.* exceptional. **2.** *adv.* exceptionally

**aus|nüchtern** *tr., itr., refl. V.* sober up

**Ausnüchterung die; ~, ~en** sobering up; **jmdn. zur ~ auf die Wache bringen** take sb. to the [police] station to sober up

**Ausnüchterungs·zelle die** drying-out cell

**aus|nutzen,** *(bes. südd., österr.)* **aus|nützen** *tr. V.* **a)** *(nutzen)* **etw. [voll] ~:** take [full] advantage of sth.; make [full] use of sth.; **den Raum/seine Zeit für etw. ~:** use the space/one's time for sth.; **b)** *(Vorteil ziehen aus)* take advantage of; *(ausbeuten)* exploit

**Aus·nutzung die,** *(bes. südd., österr.)* **Ausnützung die; ~:** use; *(Ausbeutung)* exploitation; **unter voller ~ einer Sache** *(Gen.)* making full use of sth.

**aus|packen 1.** *tr., itr. V.* unpack (**aus** from); unwrap ⟨*present*⟩; *(fig. ugs.: erzählen)* come out with. **2.** *itr. V. (ugs.)* **a)** *(Geheimnisse verraten)* talk *(coll.)*; squeal *(sl.)*; **b)** *(seine Meinung sagen)* sound off

**aus|peitschen** *tr. V.* whip; *(auf Grund eines Gerichtsurteils)* flog

**Auspeitschung die; ~, ~en** whipping; *(auf Grund eines Gerichtsurteils)* flogging

**aus|pennen** *(salopp)* **1.** *itr., refl. V.* have a decent *or* good kip *(Brit. sl.) or* sleep-in. **2.** *tr. V.* **seinen Rausch ~:** sleep it off

**aus|pfeifen** *unr. tr. V.* **jmdn./etw. ~:** give sb./sth. the bird

**aus|pflanzen** *tr. V.* plant out

**Auspizium** [au̯s'piːtsi̯ʊm] **das; ~s, Auspizien;** *meist Pl. (geh.)* auspice; **unter jmds. Auspizien** *(Dat.)* under sb.'s auspices

**aus|plaudern** *tr. V.* let out; blab

**aus|plündern** *tr. V.* **a)** *(ausrauben)* **jmdn./etw. ~:** rob sb./sth. [of everything]; **b)** *(völlig plündern, auch fig.)* plunder

**aus|polstern** *tr. V.* pad; pad ⟨*jacket, coat, etc.*⟩ [out]; **gut ausgepolstert sein** *(fig. scherzh.)* be well upholstered *(joc.)*

**aus|posaunen** *tr. V. (ugs. abwertend)* tell the whole world about *(fig.)*

**aus|powern** [-poːvɐn] *tr. V. (ugs. abwertend)* bleed ⟨*organization, country, nation*⟩ dry *or* white; exploit ⟨*workers, masses*⟩; *(fig.)* impoverish ⟨*soil, fields, market*⟩

**aus|prägen 1.** *refl. V.* **a)** *(offenbar werden)* show itself; ⟨*contradiction*⟩ manifest itself; **b)** *(sich herausbilden)* develop; ⟨*peculiarity*⟩ become more pronounced; *s. auch* **ausgeprägt 2. 2.** *tr. V. (prägen)* mint (**zu** into)

**Aus·prägung die a)** *(das Prägen)* minting; **b)** *(charakteristische Form)* form; **c)** *(das Sichherausbilden)* development [in a more pronounced form]; *(der Persönlichkeit)* moulding

**aus|pressen** *tr. V.* press *or* squeeze out ⟨*juice*⟩; squeeze ⟨*orange, lemon*⟩; *(mit einer Presse)* press the juice from ⟨*grapes etc.*⟩; press out ⟨*juice, oil*⟩; *(fig.: ausbeuten)* squeeze ⟨*country, population, etc.*⟩ [dry]; *(fig.: ausfragen)* grill; *(aus Neugier)* pump; *s. auch* **Zitrone**

**aus|probieren** *tr. V.* try out

**Aus·puff der** exhaust

**Auspuff-: ~gase** *Pl.* exhaust fumes *pl.*; **~rohr das** exhaust pipe; **~topf der** silencer *(Brit.)*; muffler *(Amer.)*

**aus|pumpen** *tr. V.* pump out; *s. auch* **ausgepumpt 2**

**aus|punkten** *tr. V. (Boxen)* outpoint; beat on points; *(fig.)* outdo

**aus|pusten** *tr. V. (ugs.)* blow out; blow ⟨*egg*⟩

**aus|putzen 1.** *tr. V.* **a)** *(auslichten, beschneiden)* prune; **b)** *(bes. südd.: reinigen)* clean out; **c)** *(veralt.: schmücken)* deck out. **2.** *itr. V. (Fußball)* play as sweeper

**Aus·putzer der; ~s, ~** *(Fußball)* sweeper

**aus|quartieren** *tr. V.* move out; billet out ⟨*troops*⟩

**aus|quatschen** *(salopp)* **1.** *tr. V.* let out; blab; **alles ~:** spill the beans *(coll.)*. **2.** *refl. V.* **sich mit jmdm. ~:** have a really *or (Amer.)* real good chat with sb.; *(sich aussprechen)* have a heart-to-heart with sb. *(coll.)*

**aus|quetschen** *tr. V.* **a)** squeeze out; squeeze ⟨*orange, lemon, etc.*⟩; **b)** *(ugs.: ausfragen)* grill; *(aus Neugier)* pump; *s. auch* **Zitrone**

**aus|radieren** *tr. V.* rub out; erase; *(fig.)* annihilate, wipe out ⟨*village, city, etc.*⟩; liquidate ⟨*person*⟩

**aus|rangieren** *tr. V. (ugs.)* throw out; discard; scrap ⟨*vehicle, machine*⟩; **ausrangierte Fahrzeuge** scrap vehicles

**aus|rasieren** *tr. V.* shave ⟨*neck, leg, etc.*⟩; shave off ⟨*hair*⟩; **jmdm./sich die Haare im Nacken/den Nacken ~:** shave sb.'s/one's neck

**[1]aus|rasten** *itr. V.; mit sein (Technik)* disengage; **er rastete aus, es rastete bei ihm aus** *(fig. salopp)* something snapped in him

**[2]aus|rasten** *itr., refl. V. (südd., österr.)* have a decent *or* good rest

**aus|rauben** *tr. V.* rob

**aus|räubern** *tr. V.* raid; rob; *(scherzh.: plündern)* raid; **jmdn. ~:** rob sb. [of everything]; *(fig.)* clean sb. out

**aus|räuchern** *tr. V. (auch fig.)* smoke out; fumigate ⟨*room*⟩

**aus|raufen** *tr. V.* pull *or* tear out; **ich könnte mir die Haare ~** *(fig.)* I could kick myself

**aus|räumen 1.** *tr. V.* **a)** *(herausnehmen)* clear out (**aus** of); clear *or* move out ⟨*furniture*⟩ (**aus** of); **b)** *(leer räumen)* clear out; **c)** *(beseitigen)* clear up; dispel ⟨*prejudice, suspicion, misgivings*⟩; **d)** *(ugs.: ausrauben)* clear out *(coll.)*; **e)** *(Med.)* remove; *(mit der Kürette)* curette. **2.** *itr. V.* clear everything out

**aus|rechnen 1.** *tr. V.* **a)** *(lösen)* work out; **b)** *(errechnen)* work out; calculate. **2.** *refl. V.* **das kannst du dir leicht ~** *(ugs.)* you can easily work that out [for yourself]; **sich** *(Dat.)* **Vorteile/gute Chancen ~:** reckon that one has advantages/good prospects; *s. auch* **ausgerechnet 2**

**Aus·rede die** excuse

**aus|reden 1.** *itr. V. (zu Ende reden)* finish

[speaking]. **2.** *tr. V.* **jmdm. etw. ~:** talk sb. out of sth.; **sie versuchten, ihm das Mädchen auszureden** *(ugs.)* they tried to persuade him to give up the girl. **3.** *refl. V. (südd., österr.) s.* **aussprechen 2 c**

**aus|regnen** *itr., refl. V. (unpers.)* stop raining

**aus|reiben** *unr. tr. V.* **a)** *(entfernen aus)* rub out ⟨*stain etc.*⟩; **b)** *(reinigen)* rub ⟨*pot, pan, etc.*⟩ clean; wipe out ⟨*glasses*⟩; **sich** *(Dat.)* **die Augen ~:** rub one's eyes; **c)** *(österr.: scheuern)* scrub

**aus|reichen** *itr. V.* **a)** *(genügen)* be enough *or* sufficient **(zu** for); **die Zeit/der Platz reicht [nicht] aus** there's [not] enough *or* sufficient time/space; **b)** *(ugs.: auskommen)* get by *(coll.)*, manage **(mit** on)

**ausreichend 1.** *Adj.* sufficient; enough; *(als Note)* fair. **2.** *adv.* sufficiently; **etw. ~ begründen/erklären** give an adequate justification for/explanation of sth.

**aus|reifen** *itr. V.; mit sein* ⟨*fruit, cereal, etc.*⟩ ripen fully; ⟨*cheese, wine, etc.*⟩ mature fully; *(fig.)* mature [fully]

**Aus·reise die: jmdm. die ~ verweigern** refuse sb. permission to leave [the/a country]; **vor/bei der ~:** before/when leaving the country

**Ausreise-: ~erlaubnis die, ~genehmigung die** exit permit

**aus|reisen** *itr. V.; mit sein* leave [the country]; **aus einem Land/nach Österreich** *usw.* **~:** leave a country/go to Austria *etc.*

**ausreise·willig** *Adj.* wanting to leave the country *postpos.*

**aus|reißen 1.** *unr. tr. V.* tear out; pull out ⟨*plants, weeds*⟩; **jmdm. die Haare ~:** tear sb.'s hair out; **einer Fliege** *(Dat.)* **die Beine/Flügel ~:** pull a fly's legs/wings off. **2.** *unr. itr. V.; mit sein* **a)** *(sich lösen)* ⟨*sleeve*⟩ come off *or* away; ⟨*button, handle*⟩ come off; *(einreißen)* ⟨*buttonhole*⟩ tear; ⟨seam⟩ split, pull apart; **b)** *(ugs.: weglaufen)* run away *(Dat.* from); **von zu Hause ~:** run away from home; **c)** *(Sport: Vorsprung gewinnen)* break away *(Dat.* from)

**Aus·reißer der a)** *(ugs.)* runaway; **b)** *(Statistik)* outlier; **c)** *(Sport: Läufer/Radfahrer)* runner/rider breaking away from the field; **d)** *(Schießsport)* stray bullet

**Ausreißerin die; ~, ~nen** *s.* **Ausreißer a, c**

**aus|reiten 1.** *unr. itr. V.; mit sein* **a)** *(wegreiten)* ride out **(aus** of); **b)** *(einen Ausritt machen)* go for a ride; go riding. **2.** *unr. tr. V. (Reitsport)* **a)** *(bewegen)* exercise; **b)** *(die Höchstleistung abfordern)* **ein Pferd ~:** ride a horse to its limit

**aus|reizen** *tr. V. (Kartenspiel)* **seine Karten ~:** bid the full value of one's cards

**aus|renken** *tr. V.* dislocate; **jmdm./sich den Arm ~:** dislocate sb.'s/one's arm; **sich [nach jmdm.] den Hals ~** *(ugs.)* crane one's neck [to look for sb.]

**aus|richten 1.** *tr. V.* **a)** *(übermitteln)* **jmdm. etw. ~:** tell sb. sth.; **ich werde es ~:** I'll pass the message on; **kann ich ihm etwas ~?** can I give him a message?; **richte ihr einen Gruß [von mir] aus** give her my regards; **jmdm. ~, daß ...:** tell sb. that ...; **b)** *(einheitlich anordnen)* line up; **etw./sich in einer Linie ~:** line sth. up/line up; **c)** *(Technik: in eine bestimmte Lage bringen)* align, line up **(auf +** *Akk.* with); **d)** *(fig.)* **etw. auf jmdn./etw. ~:** orientate sth. towards sb./sth.; **sein ganzes Denken und Handeln auf etw.** *(Akk.)* **~:** direct all one's thoughts and energies towards sth.; **etw. nach** *od.* **an jmdm./etw. ~:** gear sth. to sb./sth.; **seine Entscheidung an den Bedürfnissen der Menschen ~:** make one's decision to fit in with people's needs; **reformerisch/kommunistisch ausgerichtet sein** be oriented towards reform/be communist in one's/its orientations; **e)** *(erwirken)* accomplish; achieve; **bei jmdm. wenig/nichts ~ können** not be able to get very far/anywhere with sb.; **gegen jmdn./etw. etwas ~ können** be able to do something against sb./sth.; **gegen ihn wirst du nichts ~ können** you won't be able to do anything about him; **f)** *(veranstalten)* organize; **jmdm. die Hochzeit ~:** make the arrangements for sb.'s wedding; **g)** *(schweiz.: zahlen)* pay **(an +** *Akk.* to); make ⟨*payment*⟩. **2.** *refl. V.* **a)** *(Milit.)* dress ranks; **sich nach seinem Vorder-/Hinter-/Nebenmann ~:** line [oneself] up with the person in front/behind/next to one; **b) sich an einem Vorbild ~:** follow an example

**Aus·richtung die a)** *(Technik: das Ausrichten)* alignment; **b)** *(Orientierung)* orientation **(auf +** *Akk.* towards); *(an Bedürfnissen, Interessen)* gearing **(an +** *Dat.*, **nach** to); **c)** *(Veranstaltung)* organization; **die ~ einer Hochzeit** making the arrangements for a wedding; **d)** *(schweiz.: Zahlung)* payment

**aus|ringen** *unr. tr. V. (bes. ostmitteld.) s.* **auswringen**

**aus|rinnen** *unr. itr. V.; mit sein (bes. südd., österr.)* **a)** *(herausfließen)* run out; **b)** *(leer werden)* empty

**Aus·ritt der a)** *(das Ausreiten)* riding out; **b)** *(Spazierritt)* ride [out]

**aus|roden** *tr. V.* root *or* grub up ⟨*tree, bush*⟩; clear ⟨*forest*⟩

**aus|rollen 1.** *tr. V.* roll out. **2.** *itr. V.; mit sein* roll to a stop

**aus|rotten** *tr. V.* eradicate ⟨*weeds, vermin, etc.*⟩; *(fig.)* wipe out ⟨*family, enemy, etc.*⟩; eradicate, stamp out ⟨*superstition, idea, evil, etc.*⟩; eliminate ⟨*error*⟩

**aus|rücken 1.** *itr. V.; mit sein* **a)** *(bes. Milit.: in den Einsatz gehen)* move out; ⟨*fire brigade, police*⟩ turn out; **b)** *(ugs.: weglaufen)* make off; **seinen Bewachern ~:** give one's guards the slip; **von zu Hause ~:** run away from home. **2.** *tr. V.* **a)** *(Druckw.)* **etw. [nach links/rechts] ~:** set sth. out to the left/right; **b)** *(Technik: auskuppeln)* disengage

**Aus·ruf der** cry

**aus|rufen** *unr. tr. V.* **a)** *(äußern)* call out; **„Schön!" rief er aus** 'Lovely', he exclaimed; **jmdn.** *od.* **jmds. Namen ~ lassen** have a call put out for sb.; *(im Hotel)* have sb. paged; **die Haltestellen ~:** call out [the names of] the stops; **b)** *(offiziell verkünden)* proclaim; declare ⟨*state of emergency*⟩; call ⟨*strike*⟩; **jmdn. zum König/als Präsidenten ~:** proclaim sb. king/president; **c)** *(zum Kauf anbieten)* **seine Waren ~:** cry one's wares

**Ausrufe-: ~satz der** *(Sprachw.)* exclamation; exclamatory clause; **~wort das;** *Pl.* **~wörter** *(Sprachw.)* interjection; **~zeichen das** exclamation mark

**Ausrufung die; ~, ~en** *s.* **ausrufen b:** proclamation; declaration; calling; **nach seiner ~ zum König/Präsidenten** after he had been proclaimed king/president

**Ausrufungs·zeichen das** *(österr., schweiz.)* exclamation mark

**aus|ruhen 1.** *refl., itr. V. (sich erholen)* have a rest; **[sich] ein wenig/richtig ~:** rest a little/have a proper *or* good rest; **ausgeruht sein** be rested; *s. auch* **Lorbeer c. 2.** *tr. V. (ruhen lassen)* rest

**aus|rupfen** *tr. V.* pluck out ⟨*feathers, hair*⟩; pull up ⟨*grass, weeds, flowers*⟩

**aus|rüsten** *tr. V.* **a)** equip; equip, fit out ⟨*ship*⟩; **ein Auto mit Sicherheitsgurten ~:** fit safety belts to a car; fit a car with safety belts; **b)** *(Textilw.: veredeln)* finish

**Aus·rüstung die a)** *o. Pl. (das Ausrüsten)* equipping; *(von Schiffen)* equipping; fitting out; **die ~ des Autos mit Gurten** *usw.* the fitting of belts *etc.* to the car; **b)** *(Ausrüstungsgegenstände, technische Einrichtung)* equipment *no pl.*; **eine neue ~:** a new set of equipment; **technische ~en** technical equipment *sing.*; **c)** *(Textilw.)* finishing

**Ausrüstungs·gegenstand der** item of equipment

**aus|rutschen** *itr. V.; mit sein* slip; *(fig.)* put one's foot in it; **jmdm. rutscht das Beil/die Feder aus** sb.'s axe/pen slips

**Ausrutscher der; ~s, ~ a)** *(ugs., auch fig.)* slip; **b)** *(Sport: Niederlage)* surprise defeat

**Aus·saat die a)** sowing; **mit der ~ beginnen** begin sowing; **b)** *(Saatgut)* seed

**aus|säen** *tr. (auch itr.) V. (auch fig.)* sow

**Aus·sage die a)** *(Feststellung)* statement; stated view; **nach ~ von Experten** according to what the experts say; **b)** *(vor Gericht, bei der Polizei)* statement; **eine ~ machen** make a statement; give evidence; **die ~ verweigern** refuse to make a statement; *(vor Gericht)* refuse to give evidence; **~ steht gegen ~:** it's one person's word against another's; **c)** *(geistiger Gehalt)* message; **dem Gemälde fehlt jede ~:** the painting conveys nothing

**Aussage·kraft die;** *o. Pl.* meaningfulness; *(Ausdruckskraft)* expressiveness

**aussage·kräftig** *Adj.* meaningful; *(ausdruckskräftig)* expressive

**aus|sagen 1.** *tr. V.* **a)** *(zum Ausdruck bringen)* say; **damit wird ausgesagt, daß ...:** this expresses the idea that ...; **b)** *(eine bestimmte Aussagekraft haben)* ⟨*picture, novel, etc.*⟩ express; **c)** *(vor Gericht, vor der Polizei)* **~, daß ...:** state that ...; *(unter Eid)* testify that ... **2.** *itr. V.* make a statement; *(unter Eid)* testify

**aus|sägen** *tr. V.* saw out

**Aussage-: ~satz der** *(Sprachw.)* affirmative clause; **~verweigerung die** *(Rechtsw.)* refusal to give evidence

**Aus·satz der;** *o. Pl. (Med. veralt., fig.)* leprosy

**aussätzig** *Adj. (Med. veralt., fig.)* leprous

**Aussätzige der/die;** *adj. Dekl. (Med. veralt., fig.)* leper

**aus|saufen** *unr. tr. (auch itr.) V.* **a)** ⟨*animal*⟩ drink [up] ⟨*water etc.*⟩ **(aus** out of); empty ⟨*trough etc.*⟩; **b)** *(derb)* **den ganzen Schnaps/eine halbe Flasche [Schnaps] ~:** drink all the schnapps/half a bottle [of schnapps]; **ein Glas Bier in einem Zuge ~:** down a glass of beer in one *(sl.)*

**aus|saugen** *regelm. (geh. auch unr.) tr. V.* **a)** suck out **(aus** of); *(leer saugen)* suck dry; **eine Wunde/Apfelsine ~:** suck the poison out of a wound/suck the juice from an orange; **b)** *(fig.: ausbeuten)* **jmdn./etw. ~:** bleed sb./sth. [white]; **jmdn. bis aufs Blut** *od.* **Mark ~:** bleed sb. white

**aus|schaben** *tr. V.* **a)** scrape out; **b)** *(Med.)* remove; *(mit der Kürette)* curette

**Ausschabung die; ~, ~en** *s.* **Kürettage**

**aus|schachten** *tr. V.* excavate; sink ⟨*well, shaft*⟩

**Ausschachtung die; ~, ~en a)** *(das Ausschachten)* excavation; *(eines Brunnens, Schachtes)* sinking; **b)** *(Grube, Schacht usw.)* excavation

**aus|schälen** *tr. V. (auch Med.)* remove **(aus** from)

**aus|schalten** *tr. V.* **a)** *(abstellen)* switch *or* turn off; **b)** *(ausschließen)* eliminate; exclude ⟨*emotion, influence*⟩; dismiss ⟨*doubt, objection*⟩; shut out ⟨*feeling, thought*⟩

**Aus·schaltung die a)** *(das Abstellen)* switching *or* turning off; **bei ~ des Geräts** when switching *or* turning off the apparatus; **b)** *(Eliminierung) s.* **ausschalten b:** elimination; exclusion; dismissal

**Aus·schank der; ~[e]s, Ausschänke** ['ausʃɛŋkə] **a)** *o. Pl.* serving; **„Heute kein ~"** 'closed today'; **„Kein ~ an Jugendliche unter 16 Jahren"** 'persons under sixteen will not be served with alcoholic drinks'; **b)** *(Schanktisch)* bar; counter; **c)** *(Gaststätte)* bar; pub *(Brit. coll.)*; bar *(Amer.)*

**Aus·schau** *in* **nach jmdm./etw. ~ halten** look out for *or* keep a look-out for sb./sth.

**aus|schauen** *itr. V.* **a)** *(Ausschau halten)*

**nach jmdm./etw. ~** *(auch fig.)* look out for *or* keep a look-out for sb./sth.; **b)** *(südd., österr.) s.* **aussehen**

**aus|schaufeln** *tr. V.* dig out ⟨*earth, rubble, buried person*⟩; dig ⟨*trench, grave, hole, etc.*⟩

**Ausscheid der; ~[e]s, ~e** *(bes. DDR Sport)* qualifier

**aus|scheiden 1.** *unr. itr. V.; mit sein* **a)** *(eine Gemeinschaft verlassen)* **aus etw. ~:** leave sth.; **aus dem Amt ~:** leave office; **b)** *(Sport)* be eliminated; *(wegen Defekt, Verletzung)* retire; **c)** *(nicht in Betracht kommen)* **diese Möglichkeit/dieser Kandidat scheidet aus** this possibility/candidate has to be ruled out. **2.** *unr. tr. V.* **a)** *(absondern) (Physiol.)* excrete ⟨*waste*⟩; eliminate, expel ⟨*poison*⟩; exude ⟨*sweat*⟩; *(Chem.)* precipitate; **b)** *(aussondern)* eliminate; rule out ⟨*proposal, possibility*⟩

**Aus·scheidung die a)** *o. Pl. s.* **ausscheiden 2a:** excretion; elimination; expulsion; exudation; precipitation; **b)** *Pl. (Physiol.)* excreta; **c)** *(Sport)* qualifier

**Ausscheidungs-: ~kampf der** *(Sport)* qualifier; **~organ das** *(Physiol.)* excretory organ; **~runde die** *(Sport)* qualifying round; **~spiel das** *(Sport)* qualifying game *or* match

**aus|schelten** *unr. tr. V.* scold

**aus|schenken 1.** *tr. V.* **a)** *(servieren)* serve ⟨*alcohol, drink*⟩; **b)** *(eingießen)* pour out; *(verteilen)* serve. **2.** *itr. V.* serve drinks

**aus|scheren** *itr. V.; mit sein* **a)** *(eine Gruppe, Reihe usw. verlassen)* ⟨*car, driver*⟩ pull out; ⟨*ship*⟩ break out of [the] line; ⟨*aircraft*⟩ peel off, break formation; *(fig.) (aus einer Organisation)* pull out (**aus** of); **b)** *(aus der Spur geraten)* skid

**aus|schicken** *tr. V.* send out

**aus|schießen** *unr. tr. V.* **a) jmdm. ein Auge ~:** shoot sb.'s eye out; **b)** *(Druckw.)* impose; **c)** *(Schießsport)* hold ⟨*competition*⟩; shoot for ⟨*prize*⟩; **den besten Schützen ~:** hold a competition to find the best marksman; **die Sache ~** *(salopp)* ⟨*cowboys etc.*⟩ shoot it out *(sl.)*

**aus|schiffen** *tr. V.* disembark ⟨*passengers*⟩; unload ⟨*cargo*⟩

**aus|schildern** *tr. V.* signpost

**aus|schimpfen** *tr. V.* **jmdn. ~:** give sb. a telling-off; tell sb. off

**aus|schlachten** *tr. V.* **a)** *(ugs.: brauchbare Teile ausbauen aus)* cannibalize ⟨*machine, vehicle*⟩; break ⟨*vehicle*⟩ for spares; **b)** *(ugs. abwertend: ausnutzen)* exploit; **etw. politisch ~:** make political capital out of sth.; **c)** eviscerate ⟨*animal*⟩

**aus|schlafen 1.** *unr. itr., refl. V.* have a good *or* proper sleep; **[hast du jetzt] ausgeschlafen?** have you had a long enough sleep?; **ich hatte** *od.* **war nicht ausgeschlafen** I hadn't had enough sleep. **2.** *unr. tr. V.* **seinen Rausch ~:** sleep off the effects of alcohol

**Aus·schlag der a)** *(Haut~)* rash; **[einen] ~ bekommen** break out *or* come out in a rash; **b)** *(Abweichung) (einer Magnetnadel, Waage)* deflection; *(eines Pendels)* swing; **den ~ geben** *(fig.)* turn *or* tip the scales *(fig.)*; **das gab den ~ für seine Entscheidung** that was the crucial factor in his decision; that decided him

**aus|schlagen 1.** *unr. tr. V.* **a)** *(herausschlagen)* knock out; **jmdm. einen Zahn ~:** knock one of sb.'s teeth out; **b)** *(ablehnen)* turn down; reject; refuse ⟨*inheritance*⟩; **c)** *(löschen)* beat out ⟨*fire*⟩; **d)** *(auskleiden)* line ⟨*room, walls*⟩; **e)** *(Handw.: breit schlagen)* beat out. **2.** *unr. itr. V.* **a)** *(stoßen)* ⟨*horse*⟩ kick; **b)** *auch mit sein (schwingen)* ⟨*needle, pointer*⟩ be deflected, swing; ⟨*divining-rod*⟩ dip; ⟨*scales*⟩ turn; ⟨*pendulum*⟩ swing; **c)** *auch mit sein (sprießen)* come out [in bud]; **d)** *(zu Ende schlagen)* **ausgeschlagen haben** ⟨*clock*⟩ have stopped striking; *(fig. geh.)* ⟨*heart*⟩ have stopped [beating]; **e)** *mit sein (sich entwickeln)* turn out; **zu jmds. Nachteil ~:** turn out to sb.'s disadvantage

**ausschlag·gebend** *Adj.* decisive; **das war ~ für seine Entscheidung** that was the crucial factor in his decision; that decided him

**aus|schlecken** *s.* **auslecken**

**aus|schließen** *unr. tr. V.* **a)** *(aus einer Gemeinschaft entfernen)* expel (**aus** from); **b)** *(nicht teilnehmen lassen)* exclude (**aus** from); **er schließt sich von allem aus** he won't join in anything; **c)** *(ausnehmen)* exclude; exclude, rule out ⟨*possibility*⟩; **die zwei Behauptungen schließen einander aus** the two statements are mutually exclusive; **d)** *(unmöglich machen)* **jedes Mißverständnis/jeden Irrtum** *usw.* **~:** rule out all possibility of misunderstanding/error *etc.*; **es ist nicht auszuschließen, daß ...:** one cannot rule out the possibility that ...; **e)** *(aussperren)* lock out; **f)** *(Druckw.)* justify; *s. auch* **ausgeschlossen 2**

**aus·schließlich** [*od.* '-'--, -'--] **1.** *Adj.; nicht präd. (alleinig)* exclusive; exclusive, sole ⟨*concern, right*⟩. **2.** *Adv. (nur)* exclusively; **das ist ~ sein Verdienst** the credit is his alone. **3.** *Präp. mit Gen. (ohne, außer)* excluding; exclusive of; **der Preis versteht sich ~ Porto** the price does not include postage

**Ausschließlichkeit** [*od.* '-'---] **die; ~:** exclusiveness; **er widmet sich seinem Beruf mit einer ~, die ...:** he devotes himself to his job with a single-mindedness which ...

**Aus·schlupf der** way out; *(Möglichkeit zum Entkommen)* means of escape

**aus|schlüpfen** *itr. V.; mit sein* hatch [out]; ⟨*butterfly*⟩ emerge

**aus|schlürfen** *tr. V.* sip ⟨*drink*⟩ noisily; suck ⟨*oyster, egg*⟩; **sein Glas/seine Tasse ~:** empty one's glass/cup noisily

**Aus·schluß der a)** *(das Ausschließen)* exclusion (**von** from); *(aus einer Gemeinschaft)* expulsion (**aus** from); *(aus einem Wettbewerb)* disqualification (**aus** from); **unter ~ der Öffentlichkeit** with the public excluded; *(Rechtsw.)* in camera; **b)** *(Druckw.)* spaces *pl.*; spacing material

**aus|schmücken** *tr. V.* decorate; deck out; *(fig.)* embellish ⟨*story, incident, report, etc.*⟩

**Ausschmückung die; ~, ~en a)** *s.* **ausschmücken:** decoration; decking out; embellishment; **b)** *(etw. Ausschmückendes)* decoration; *(erfundene Einzelheit)* embellishment

**aus|schnaufen** *(österr., südd. ugs.) s.* **verschnaufen**

**aus|schneiden** *unr. tr. V.* **a)** *(herausschneiden)* cut out; **b)** prune ⟨*tree*⟩; **einen Apfel ~:** cut the rotten parts out of an apple; *s. auch* **ausgeschnitten 2**

**Aus·schnitt der a)** *(Zeitungs~)* cutting; clipping; **b)** *(Hals~)* neck; **ein tiefer ~:** a plunging neck-line; **er versuchte, ihr in den ~ zu gucken** he tried to look down the front of her dress; **c)** *(Teil, Auszug)* part; *(eines Textes)* excerpt; *(eines Films)* clip; excerpt; *(Bild~)* detail; **etw. in ~en lesen/kennenlernen** read/show/get to know parts of sth.; **d)** *(Kreis~)* sector; **e)** *(Loch)* [cut-out] opening

**ausschnitt·weise 1.** *Adj.; nicht präd.* **die ~ Lektüre ist unbefriedigend** reading extracts is unsatisfactory; **die ~ Wiedergabe einer Rede/Vorführung eines Films** the reporting of parts of a speech/showing clips from a film. **2.** *adv.* **etw. ~ zitieren/abdrucken** quote/print extracts from sth.; **einen Film ~ zeigen** show clips from a film

**aus|schnitzen** *tr. V.* **etw. ~:** carve sth. out

**aus|schöpfen** *tr. V.* **a)** *(herausschöpfen)* scoop out (**aus** from); *(mit dem Schöpflöffel)* ladle out (**aus** of); **Wasser aus einem Boot ~:** bale water out of a boat; **b)** *(leeren)* bale ⟨*boat*⟩ out; **c)** *(voll ausnutzen)* exhaust; **alle Lebensgenüsse voll ~:** enjoy to the full all the pleasures life has to offer

**aus|schrauben** *tr. V.* screw out (**aus** of)

**aus|schreiben** *unr. tr. V.* **a)** *(nicht abgekürzt schreiben)* **etw. ~:** write sth. out in full; **einen Betrag ~:** write an amount out in words; **b)** *(ausstellen)* write *or* make out ⟨*cheque, invoice, receipt*⟩; **c)** *(bekanntgeben)* announce, call ⟨*election, meeting*⟩; impose ⟨*tax*⟩; advertise ⟨*flat, job*⟩; put ⟨*supply order etc.*⟩ out to tender

**Aus·schreibung die a)** *s.* **ausschreiben c:** announcement; calling; imposition; advertisement; **die ~ von Lieferungen** the invitation of tenders for supplies; **b)** *(Text)* announcement; *(bei Wahlen)* election notice; *(Steuerw.)* schedule; *(Anzeige, Inserat)* advertisement; *(Angebotseinholung)* invitation to tender

**aus|schreien 1.** *unr. tr. V.: s.* **ausrufen c. 2.** *unr. refl. V.* **sich** *(Dat.)* **die Kehle** *od.* **die Lunge ~:** shout *or* yell one's head off

**aus|schreiten** *(geh.)* **1.** *unr. itr. V.; mit sein* step out. **2.** *unr. tr. V.* **eine Strecke ~:** pace out a distance

**Ausschreitung die; ~, ~en;** *meist Pl.* **a)** *(Gewalttätigkeit)* act of violence; **es kam zu ~en** violence broke out; **b)** *(veralt.: Ausschweifung)* excess

**aus|schulen** *tr. V.* **ausgeschult werden** leave school

**Aus·schulung die: nach der ~:** after leaving school

**Aus·schuß der a)** *(Kommission)* committee; **b)** *o. Pl. (Waren)* rejects *pl.*

**Ausschuß-: ~mitglied das** committee member; **~quote die** reject rate; **~sitzung die** committee meeting; **~ware die** rejects *pl.*

**aus|schütteln** *tr. V.* shake ⟨*dust, tablecloth, etc.*⟩ out

**aus|schütten** *tr. V.* **a)** tip out ⟨*water, sand, coal, etc.*⟩; *(ausleeren)* empty ⟨*bucket, bowl, container*⟩; *(verschütten)* spill; **jmdm. seinen Kummer ~** *(fig.)* recount one's woes *pl.* to sb.; **sich vor Lachen ~ [wollen]** *(ugs.)* split one's sides laughing; die laughing *(coll.)*; *s. auch* **Herz b; b)** *(auszahlen)* distribute ⟨*dividends, prizes, etc.*⟩

**Ausschüttung die; ~, ~en a)** distribution; **b)** *(Börsenw.)* dividend [paid]

**aus|schwärmen** *itr. V.; mit sein (auch fig.)* swarm out; ⟨*soldiers*⟩ deploy; *(fächerartig)* fan out

**aus|schwefeln** *tr. V.* **a)** *(desinfizieren)* sulphur; fumigate with sulphur; **b)** *(entfernen)* smoke out ⟨*insects, vermin*⟩ with sulphur

**aus|schweifen** *itr. V.; mit sein* **a)** ⟨*imagination*⟩ run riot; **b)** *(in seiner Lebensweise)* indulge in excess

**ausschweifend 1.** *Adj.* wild ⟨*imagination, emotion, hope, desire, orgy*⟩; extravagant ⟨*idea*⟩; exaggerated ⟨*account, portrayal*⟩; riotous, wild ⟨*enjoyment*⟩; dissolute, dissipated ⟨*life*⟩; dissolute ⟨*person*⟩. **2.** *adv.* **~ leben** lead a dissolute life

**Ausschweifung die; ~, ~en** *(im Genießen)* dissolution; dissipation; **nächtliche ~en** nightly excesses; *(stärker)* nightly orgies

**aus|schweigen** *unr. refl. V.* remain silent

**aus|schwemmen** *tr. V.* **a)** wash out; wash *or* flush out ⟨*impurities, poisons*⟩; **b)** *(aushöhlen)* erode ⟨*rock*⟩; erode, wash away ⟨*beach, river bank*⟩

**aus|schwenken 1.** *tr. V.* **a)** *(nach außen schwenken)* swing out; **b)** *(reinigen)* rinse out. **2.** *itr. V.; mit sein* ⟨*lorry, tram*⟩ swing out; *(Milit.)* ⟨*rearguard etc.*⟩ wheel; **nach rechts/links ~!** left-wheel/right-wheel!

**aus|schwitzen** *tr. V.* **a)** *(ausscheiden)* sweat out; **eine Erkältung ~** *(fig.)* sweat out a cold; **b)** *(aussondern)* ⟨*wall, stone, etc.*⟩ sweat ⟨*moisture etc.*⟩; ⟨*tree, plant*⟩ exude ⟨*sap etc.*⟩; **c)** *(Kochk.)* sweat ⟨*onion, flour*⟩

**aus|segnen** *tr. V. (christl. Kirchen)* give the last blessing to ⟨*dead person*⟩

**aus|sehen** *unr. itr. V.* look (**wie** like); **gut ~:** look good; *(gesund)* look well; *(schön)* be good-looking; **zum Fürchten ~:** look terrifying; **es sieht nach Regen aus** it looks like rain; **nach etwas/nichts ~** *(ugs.)* look something special/not look anything special; **wie sieht ein Okapi aus?** what does an okapi look like?; **wie sieht's aus, kannst du mitkommen?** *(ugs.)* how are you fixed, can you come with us? *(coll.)*; **na, wie sieht's aus, wie weit seid ihr?** *(ugs.)* how is it going, how far have you got *(Brit.) or (Amer.)* are you?; **wie sieht der denn aus?!** what does he look like!; just look at him!; **ich habe [vielleicht] ausgesehen!** I looked a real sight!; **es sieht danach** *od.* **so aus, als ob ...:** it looks as if ...; **Erfolgreicher junger Unternehmer! Der sieht [mir] gerade danach aus!** *(iron.)* A successful young executive! I bet!; **sehe ich so** *od.* **danach aus?** *(ugs.)* what do you take me for?; **so siehst du aus!** *(ugs.)* you've got another think coming *(coll.)*; that's what you think!; **es sieht [nicht] gut mit ihm/damit aus** things [don't] look good for him/on that front; *s. auch* **danach d**

**Aussehen das;** ~s appearance; **dem ~ nach** going *or* judging by appearances; **etw. nach dem ~ beurteilen** judge sth. by appearances

**aus|sein** *unr. itr. V.; mit sein; nur im Inf. und Part. zusammengeschrieben* **a)** *(zu Ende sein)* ⟨*play, film, war*⟩ be over, have ended; **wann ist die Vorstellung aus?** what time does the performance end?; **die Schule ist aus** school is out *or* has finished; **mit ihm ist es aus** he's had it *(coll.)*; he's finished; **es ist aus mit dem schönen Leben/der Faulenzerei** the good life is over/[there'll be] no more lazing around; **zwischen uns ist es aus** it's [all] over between us; **b)** *(nicht mehr brennen)* ⟨*fire, candle, etc.*⟩ be out; **c)** *(ausgeschaltet sein)* ⟨*radio, television, light, etc.*⟩ be off; **d)** *(erreichen wollen)* **auf etw.** *(Akk.)* **~:** be after *or* interested in sth.; **e)** *(Sport)* ⟨*ball*⟩ be out; **f)** *(ausgegangen sein)* ⟨*person*⟩ be out; **g)** *(bes. Kinderspr.: ausgeschieden sein)* be out

**außen** ['au̯sn̩] *Adv.* **a)** outside; **die Vase ist ~ bemalt** the vase is painted on the outside; **~ an der Windschutzscheibe** on the outside of the windscreen; **nach ~ hin** on the outside; outwardly; **das Fenster geht nach ~ auf** the window opens outwards; **von dem Skandal darf nichts nach ~ dringen** *(fig.)* nothing must get out about the scandal; **er ist nur auf Wirkung nach ~ [hin] bedacht** *(fig.)* he is only concerned with [outward] effect; **von ~:** from the outside; **Hilfe von ~ nötig haben** *(fig.)* need outside help; **er läuft/spielt ~** *(Sport)* he's running in the outside lane/playing on the wing; **~ vor bleiben** *(ugs.)* be ignored; **jmdn./etw. ~ vor lassen** *(ugs.)* ignore sb./sth.; **~ vor lassen, daß ...** *(ugs.)* ignore the fact that ...; **b)** *(österr.: [hier] draußen)* outside; out here; **hier ~:** out here

**Außen der;** ~, ~ *(Sport)* wing; winger

**Außen-:** **~ansicht die** exterior view; **~antenne die** outdoor aerial; **~arbeiten** *Pl.* outside work; **~aufnahme die** *(Film)* exterior [shot]; location shot; **~bahn die** *(Sport)* outside lane; **~bezirk der** outlying district

**Außenborder** [-bɔrdɐ] **der;** ~s, ~ *(ugs.: Motor, Boot)* outboard

**Außenbord·motor der** outboard motor

**außenbords** *Adv. (Seemannsspr.)* outboard; **das Schiff muß ~ gestrichen werden** the hull of the ship must be painted

**aus|senden** *unr. (auch regelm.) tr. V.* **a)** *(wegschicken)* send out; **b)** *(ausstrahlen)* send out, emit ⟨*rays, light, etc.*⟩; transmit ⟨*news, radio programme, etc.*⟩

**außen-, Außen-:** **~dienst der: im ~dienst sein** *od.* **arbeiten, ~dienst machen** *od.* **haben** be working out of the office; ⟨*salesman*⟩ be on the road; **~durchmesser der** external diameter; **~fläche die** outer surface; *(der Hand)* back [of the hand]; **~geleitet** *Adj. (Soziol.)* other-directed; **~handel der;** *o. Pl.* foreign trade *no art.*; **~handels·bilanz die** balance of trade; **~haut die** [outer] skin; *(aus Metallplatten)* shell plating; **~kurve die** outside bend; **~läufer der** *(Ballspiele)* wing half; **~linie die** *(Ballspiele)* touch-line; **~minister der** Foreign Minister; Foreign Secretary *(Brit.)*; Secretary of State *(Amer.)*; **~ministerium das** Foreign Ministry; Foreign and Commonwealth Office *(Brit.)*; Foreign Office *(Brit. coll.)*; State Department *(Amer.)*; **~netz das** *(Ballspiele)* outside of the net; **~pfosten der** *(Ballspiele)* outside of the post; **~politik die** foreign politics *sing.*; *(bestimmte)* foreign policy/policies *pl.*; **~politiker der** politician concerned with foreign affairs; **~politisch 1.** *Adj.* foreign-policy *attrib.* ⟨*debate*⟩; ⟨*question*⟩ relating to foreign policy; ⟨*mistake*⟩ in foreign policy; ⟨*reporting*⟩ of foreign affairs; ⟨*experience*⟩ in foreign affairs; ⟨*speaker, expert*⟩ on foreign affairs; **auf ~politischem Gebiet** in foreign affairs; **2.** *adv.* as regards foreign policy; **~politisch gesehen** from the point of view of foreign policy; **~politisch unter Druck geraten** come under foreign pressure; **~posten der** outpost; **~rist der** *(bes. Fußball)* outside of the *or* one's foot; **~rolle die** flick-up; **~seite die** outside; *(eines Stoffes)* right side; *(fig.: eines Menschen)* exterior

**Außenseiter der;** ~s, ~, **Außenseiterin die;** ~, ~nen *(Sport, fig.)* outsider

**Außen-:** **~spiegel der** exterior mirror; **~stände** *Pl.* outstanding debts *or* accounts

**Außenstehende der/die;** *adj. Dekl.* outsider

**Außen-:** **~stelle die** branch; **~stürmer der** *(Ballspiele)* winger; outside forward; **~tasche die** outside pocket; **~temperatur die** outside temperature; *(im Freien herrschende Temperatur)* outdoor temperature; **bei 15° ~temperatur** when the temperature outdoors is 15°; **~wand die** external *or* outside wall; **~welt die** outside world; **~winkel der** exterior angle; **~wirtschaft die;** *o. Pl.* foreign trade and investment

**außer** ['au̯sɐ] **1.** *Präp. mit Dat.* **a)** *(abgesehen von)* apart from; aside from *(Amer.)*; *(ausgenommen auch)* except [for]; **alle ~ mir** all except [for] me; **b)** *(außerhalb von)* out of; **~ Atem** out of breath; **~ Haus[es]/Land[es] sein** be out of the house/country; **~ Landes gehen** leave the country; **~ Zweifel stehen** be beyond doubt; **~ sich sein** be beside oneself (**vor** with); **c)** *(zusätzlich zu)* in addition to. **2.** *Präp. mit Akk.* **etw. ~ jeden Zweifel stellen** make sth. very clear *or* clear beyond all doubt; **vor Wut/Dankbarkeit/Erleichterung ~ sich geraten** become beside oneself with rage/be overcome with gratitude/relief; *s. auch* ³**Acht; Betrieb b; Dienst b; Frage c; Gefecht a; Kraft g; Kurs b; Zeit b; Zweifel. 3.** *Konj. (es sei denn)* except; **ich komme, ~ es regnet** I'll come unless it rains; **~ daß ...:** except that ...; **~ wenn ...:** except when ...; **niemand ~ ich selbst** nobody but me

**äußer...** ['ɔy̆sɐ...] *Adj.; nicht präd.* **a)** *(sich außen befindend)* outer ⟨*layer, courtyard, ring road*⟩; outer, outside ⟨*wall, door*⟩; external ⟨*diameter*⟩; outside ⟨*pocket*⟩; outlying ⟨*district, area*⟩; external ⟨*injury*⟩; **die ~e Seite** the outside; **b)** *(von außen kommend)* external ⟨*cause, force, etc.*⟩; **c)** *(von außen wahrnehmbar)* outward ⟨*appearance, similarity, effect, etc.*⟩; external ⟨*form, circumstances*⟩; **d)** *(auswärtig)* foreign ; **Minister des Äußeren** *s.* **Außenminister**

**außer-, Außer-:** **~acht·lassen** [--'---] **das, ~achtlassung** [--'---] **die;** ~: disregard; **unter ~achtlassen** *od.* **~achtlassung der Vorschriften** disregarding *or* ignoring the regulations; **~beruflich** *Adj.* ⟨*interests, pressures, etc.*⟩ outside one's job; **~dem** [*auch:* --'-] *Adv. (dazu)* as well; besides; *(überdies)* besides; anyway; **sie ist Ärztin, Politikerin und ~dem noch Mutter von drei Kindern** she is a doctor, a politician, and a mother of three children as well; **~dienstlich 1.** *Adj.* private; social, unofficial ⟨*event*⟩; unofficial ⟨*commitment, activity*⟩; **2.** *adv.* out of working hours; **mit jmdm. ~dienstlich verkehren** meet with sb. on a social basis

**Äußere das;** ~n [outward] appearance; **das ~ täuscht oft** appearances are often deceptive; **dem ~n nach zu urteilen** to judge by appearances; judging by appearances

**außer-, Außer-:** **~ehelich 1.** *Adj.* extramarital ⟨*relationship*⟩; illegitimate ⟨*child, birth*⟩; **2.** *adv.* outside marriage; **ein ~ehelich geborenes Kind** a child born out of wedlock; **~europäisch** *Adj.* non-European; **Reisen ins ~europäische Ausland** journeys to countries outside Europe; **~fahrplan·mäßig** [--'----] **1.** *Adj.* unscheduled ⟨*train, bus*⟩; **2.** *adv.* **dieser Zug verkehrt ~fahrplanmäßig** this train is not a scheduled one; **~gerichtlich** *(Rechtsw.)* **1.** *Adj.* out of court *attrib.* ⟨*settlement, arrangement*⟩; ⟨*settlement, arrangement*⟩ arrived at *or* reached out of court; **2.** *adv.* **sich ~gerichtlich einigen** arrive at *or* reach a settlement out of court; **~gewöhnlich 1.** *Adj.* **a)** *(vom Üblichen abweichend)* unusual; **dies ist ein ganz ~gewöhnlicher Fall** this case is quite out of the ordinary; this is a most unusual case; **b)** *(das Gewohnte übertreffend)* exceptional; **2.** *adv.* **a)** *(unüblich)* unusually; **b)** *(sehr)* exceptionally; **~halb 1.** *Präp. mit Gen.* outside; **~halb der Legalität** *(fig.)* outside the law; **~halb der Sprechstunde/Dienstzeit** out of *or* outside consulting hours/working hours *or* office hours; **2.** *Adv.* out of town; **~halb von Bremen wohnen** live outside Bremen; **nach/von ~halb** out of/from out of town; **~irdisch 1.** *Adj.* **a)** *(nicht auf der Erde)* ⟨*phenomenon, object*⟩ in space; **b)** *(von einem anderen Planeten)* extraterrestrial; *(fig. dichter.)* heavenly ⟨*beauty etc.*⟩; **2.** *adv.* **a)** *(nicht auf der Erde)* ⟨*stationed etc.*⟩ in space; **b)** *(fig. dichter.: überirdisch)* **~irdisch anmutende Musik** heavenly-sounding music; **~kirchlich 1.** *Adj.* civil ⟨*wedding*⟩; non-ecclesiastical ⟨*organization*⟩; **2.** *adv.* **sie sind ~kirchlich getraut** they had a civil wedding; they had a registry-office wedding *(Brit.)*; **~kraft·setzung** [--'---] **die** repeal; *(des Kriegsrechts)* lifting

**äußerlich 1.** *Adj.* **a)** *(an der Außenseite)* external ⟨*use, injury*⟩; **zur ~en Anwendung** for external use; **b)** *(nach außen hin)* outward ⟨*appearance, calm, similarity, etc.*⟩; **c)** *(oberflächlich)* superficial; **einer Sache** *(Dat.)* **~ sein** *(geh.)* be extrinsic to sth. **2.** *adv.* **a)** *(an der Außenseite)* externally; **b)** *(nach außen hin)* outwardly; **~ gesehen** on the face of it

**Äußerlichkeit die;** ~, ~en **a)** *(äußere Form)* formality; **b)** *(Unwesentliches)* minor point; **c)** *Pl. (Aussehen)* appearances; **d)** *Pl. (Philos., Rel.)* externals

**äußern 1.** *tr. V.* express, voice ⟨*opinion, view, criticism, reservations, disapproval, doubt*⟩; express ⟨*joy, happiness, wish*⟩; voice ⟨*suspicion*⟩. **2.** *refl. V.* **a)** *(Stellung nehmen)* **sich über etw.** *(Akk.)* **~:** give one's view on sth.; **ich möchte mich dazu jetzt nicht ~:** I don't want to comment on that at present; **sich abfällig/begeistert über etw.** *(Akk.)* **~:** make disparaging remarks about sth./speak enthusiastically about sth.; **sich dahin gehend ~, daß ...:** make a comment to the effect that ...; **b)** *(in Erscheinung treten)* ⟨*illness*⟩ manifest itself (**in** + *Dat.*, **durch** in); ⟨*emotion*⟩ show itself, be expressed (**in** + *Dat.* in, **durch** through)

**außer-: ~ordentlich 1.** *Adj.* **a)** *(ungewöhnlich)* extraordinary; **b)** *(zusätzlich)* extraordinary ⟨*meeting*⟩; special ⟨*court, conference*⟩; *s. auch* **Professor a; c)** *(das Gewohnte übertreffend)* exceptional; **2.** *adv.* *(sehr)* exceptionally; ⟨*value*⟩ highly; extremely ⟨*pleased, relieved*⟩; **~ordentlich viel Mühe** an enormous *or* exceptional amount of trouble; **~orts** *Adv. (schweizer., österr.)* out of town; **~parlamentarisch 1.** *Adj.* extra-parliamentary ⟨*opposition, organization, etc.*⟩; **2.** *adv.* outside parliament; **~plan·mäßig** *Adj.* **a)** unscheduled; unbudgeted ⟨*expenditure*⟩; *s. auch* **Professor a; b)** *s.* **~fahrplanmäßig; ~schulisch 1.** *Adj.* ⟨*topics, problems*⟩ unconnected with school; out-of-school *attrib.* ⟨*activities*⟩; ⟨*interests*⟩ outside school; **2.** *adv.* outside school; **~sprachlich** *Adj.* extra-linguistic

**äußerst** *Adv.* extremely; extremely, exceedingly ⟨*important*⟩; **~ knapp gewinnen/entkommen** *usw.* only just win/escape *etc.*

**äußerst...** *Adj.; nicht präd.* **a)** extreme; **mit ~er Umsicht/Behutsamkeit/Mißbilligung** with extreme *or* the utmost circumspection/care/disapproval; **mit ~er Willenskraft** using all one's will-power; **aufs ~e erschrocken/angestrengt/verwirrt** frightened in the extreme/strained to the utmost/utterly confused; **von ~er Wichtigkeit sein** be of extreme *or* the utmost importance; **im ~en Norden/Süden der Stadt/des Landes** in the northernmost/southernmost part of the town/in the far north/south of the country; **b)** *(letztmöglich)* latest possible, last possible ⟨*date, deadline*⟩; *(höchst...)* highest ⟨*price*⟩; *(niedrigst...)* lowest ⟨*price*⟩; **das Äußerste wagen/versuchen** risk/try everything; **bis zum Äußersten gehen** go to the last extreme; **c)** *(schlimmst...)* worst; **im ~en Fall** if the worst comes/came to the worst; **auf das Äußerste gefaßt sein** be prepared for the worst; *s. auch* **äußer... a**

**außer·stand** [*auch:* '---], **außerstande** *Adv.* **~ sein, etw. zu tun** *(nicht befähigt)* be unable to do sth.; *(nicht in der Lage)* not be in a position to *or* not be able to do sth.; **jmdn. ~ setzen, etw. zu tun** make it impossible for sb. to do sth.

**äußersten·falls** *Adv.* **a)** at most; **~ bis 19⁰⁰** until 7 p.m. at the outside; **b)** *s.* **schlimmstenfalls**

**außertourlich** [-tu:ɐ̯lɪç] *(österr.)* **1.** *Adj.* additional ⟨*bus, train*⟩; additional, special ⟨*concert*⟩. **2.** *adv.* in addition; **~ befördert werden** be promoted ahead of turn

**Äußerung die; ~, ~en a)** *(Bemerkung)* comment; remark; **eine amtliche ~:** an official comment *or* statement; **b)** *(Ausdruck)* expression

**aus|setzen 1.** *tr. V.* **a)** *(verlassen)* abandon ⟨*baby, animal*⟩; *(auf einer einsamen Insel)* maroon; *(ansiedeln)* release ⟨*animal*⟩ [into the wild]; *(ins Freiland bringen)* plant out ⟨*plants, seedlings*⟩; **b)** *(auf See)* launch, lower ⟨*boat*⟩; get ⟨*passengers*⟩ into the boats; *(an Land bringen)* put ⟨*passengers*⟩ ashore; **c)** *(der Einwirkung von etw. überlassen)* expose (*Dat.* to); **jmdm. ausgesetzt sein** be at sb.'s mercy; **dem Spott/der Kritik/einer Gefahr** *usw.* **ausgesetzt sein** be exposed to ridicule/criticism/a danger *etc.*; **Belastungen/Mißdeutungen ausgesetzt werden** be subject to strains/misinterpretations; **d)** *in* **an jmdm./etw./allem etwas auszusetzen haben** find fault with sb./sth./everything; **was hast du an ihm/daran auszusetzen?** what don't you like about him/it?; **daran war nichts auszusetzen** there was nothing wrong with that; **ich habe nur eines daran auszusetzen** I've only one objection to make about it; **e)** *(zur Verfügung stellen)* offer ⟨*reward, prize, salary*⟩; bequeath, leave ⟨*inheritance*⟩; **eine große Summe für etw. ~:** provide a large sum for sth.; **jmdm.** *od.* **für jmdn. eine Rente ~:** provide sb. with a pension; settle an annuity on sb.; **f)** *(Kaufmannsspr.)* prepare ⟨*consignment*⟩ [for packing]; **g)** *(unterbrechen)* interrupt; **h)** *(Rechtsw.)* suspend ⟨*proceedings*⟩; defer ⟨*judgement, imprisonment*⟩; *s. auch* **Bewährung a. 2.** *itr. V.* **a)** *(aufhören)* stop; ⟨*engine, machine*⟩ cut out, stop; ⟨*heart*⟩ stop [beating]; **b)** *(eine Pause machen)* ⟨*player*⟩ miss a turn; **mit etw. ~:** stop sth.; **mit der Arbeit/dem Training [ein paar Wochen] ~:** stop work/training [for a few weeks]; **mit seinem Studium ~:** interrupt one's studies; **mit den Tabletten ~:** stop taking the tablets

**Aus·setzer der** *(Kaufmannsspr.) employee who prepares consignments etc. for packing*

**Aussetzung die; ~, ~en a)** *s.* **aussetzen 1 a:** abandonment; marooning; release [into the wild]; planting out; **b)** *s.* **aussetzen 1 b:** launching; lowering; **c)** *s.* **aussetzen 1 e:** offering; bequesting; leaving; **d)** *s.* **aussetzen 1 h:** suspension; deferment

**Aus·sicht die a)** *(Blick)* view (**auf +** *Akk.* of); **ein Zimmer mit ~ aufs Meer** a room overlooking the sea; **jmdm. die ~ nehmen/versperren** block *or* obstruct sb.'s view; **b)** *(Perspektive)* prospect (**auf +** *Akk.* of); **das sind ja vielleicht [heitere] ~en!** *(iron.)* that's a fine prospect! *(iron.)*; **~ auf etw.** *(Akk.)* **haben** have the prospect of sth.; **sie hat nicht die geringste ~ auf Erfolg** she hasn't the slightest chance *or* prospect of success; **er hat gute ~en, gewählt zu werden** he stands a good chance of being elected; **etw. in ~ haben** have the prospect of sth.; have sth. in prospect; **jmdn./etw. für etw. in ~ nehmen** consider sb./sth. for sth.; **in ~ stehen** be in prospect; **jmdm. etw. in ~ stellen** hold out the prospect of sth. to sb.; **weitere ~en** *(Met.)* further outlook *sing.*

**aussichts·los 1.** *Adj.* hopeless. **2.** *adv.* hopelessly

**Aussichtslosigkeit die; ~:** hopelessness

**aussichts-, Aussichts-: ~punkt der** vantage point; **~reich** *Adj.* **a)** promising; **b)** *(österr.: mit schöner Aussicht)* **in ~reicher Wohnlage** offering attractive views *postpos.*; **~turm der** look-out *or* observation tower; **~voll** *Adj.* promising; **~wagen der** observation car

**aus|sieben** *tr. V.* sift out; screen ⟨*coal*⟩; filter out ⟨*frequencies*⟩; *(fig.)* select; pick out ⟨*candidates etc.*⟩; weed out ⟨*weak candidates etc.*⟩

**aus|siedeln** *tr. V.* move out and resettle; *(evakuieren)* evacuate

**Aussiedelung die; ~, ~en** *s.* **Aussiedlung**

**Aus·siedler der** *(Auswanderer)* emigrant; *(Evakuierter)* evacuee; *(Umsiedler)* resettled person

**Aussiedler·hof der** *farm, formerly part of a strip-farming system and with its buildings in the village, now resited away from the village on a single area of land*

**Aus·siedlung die** *(Evakuierung)* evacuation; *(Umsiedlung)* resettlement

**aus|sinnen** *unr. tr. V. (geh.)* think up; devise ⟨*plan*⟩

**aus|sitzen** *unr. tr. V.* **etw. ~:** sit sth. out

**aus|söhnen 1.** *refl. V.* **sich mit jmdm./** *(fig.)* **etw. ~:** become reconciled with sb./to sth.; **sie haben sich ausgesöhnt** they have become reconciled; they have made it up. **2.** *tr. (auch itr.) V.* reconcile; **jmdn. mit jmdm./** *(fig.)* **etw. ~:** reconcile sb. with sb./to sth.

**Aussöhnung die; ~, ~en** reconciliation

**aus|sondern** *tr. V.* **a)** *(ausscheiden)* weed out; **ausgesonderte Ware** reject goods *pl.*; **b)** *(auswählen)* sort *or* pick out; select

**Aussonderung die; ~, ~en a)** weeding out; **b)** *(das Auswählen)* selection

**aus|sortieren** *tr. V.* sort out

**aus|spähen 1.** *itr. V. (ausschauen)* keep a look-out (**nach** for). **2.** *tr. V. (auskundschaften)* spy out; spy on ⟨*organization*⟩

**aus|spannen 1.** *tr. V.* **a)** unharness, unhitch ⟨*horse, mule*⟩; unyoke ⟨*oxen*⟩; **b)** *(salopp: wegnehmen)* **jmdm. etw. ~:** get sb. to part with sth.; **jmdm. den Freund/die Freundin ~:** pinch sb.'s boy-friend/girl-friend *(sl.)*; **c)** *(lösen)* unhitch ⟨*cart, plough, etc.*⟩; take out ⟨*sheet of paper*⟩ (**aus** of); **d)** *(ausbreiten)* spread out ⟨*cloth, net*⟩; stretch ⟨*rope, cable, line*⟩; **die Flügel ~:** spread its/their wings. **2.** *itr. V.* **a)** *(ausruhen)* take *or* have a break; **b)** *(Pferde ~)* unharness *or* unhitch the horses; *(Ochsen ~)* unyoke the oxen

**Aus·spannung die** relaxation

**aus|sparen** *tr. V.* leave ⟨*line etc.*⟩ blank; *(fig.)* leave out; omit; **eine ausgesparte Lücke** a gap left free

**Aussparung die; ~, ~en a)** *(das Aussparen)* leaving blank; **b)** *(Stelle)* gap; *(im Text)* blank space

**aus|speien** *(geh.)* **1.** *unr. tr. V.* **a)** *(ausspucken)* spit out; **b)** *(erbrechen)* bring up; vomit [up]. **2.** *unr. itr. V.* spit; **vor jmdm. ~:** spit at sb.'s feet

**aus|sperren 1.** *tr. V.* **a)** *(ausschließen)* lock out; shut ⟨*animal*⟩ out; **b)** *(im Streik)* lock out. **2.** *itr. V.* organize a lock-out; lock the work-force out

**Aus·sperrung die** lock-out

**aus|spielen 1.** *tr. V.* **a)** *(Kartenspiel)* lead; **sein ganzes Wissen ~** *(fig.)* make use of all one's knowledge; bring all one's knowledge to bear; **einen/seinen letzten Trumpf ~** *(fig.)* play one's last trump card; **b)** *(manipulieren)* **jmdn./etw. gegen jmdn./etw. ~:** play sb./sth. off against sb./sth.; **c)** *(Sport: spielen um)* play for ⟨*cup, title, etc.*⟩; **d)** *(als Preis aussetzen)* put up as ⟨*prize money*⟩; **e)** *(Sport) (deklassieren)* outplay; *(umspielen)* beat; go round; **f)** *(Theater)* act out; *s. auch* **ausgespielt 2. 2.** *itr. V. (Kartenspiel)* lead; **wer spielt aus?** whose lead is it?

**aus|spinnen** *unr. tr. V.* elaborate ⟨*story, idea*⟩; develop, pursue ⟨*train of thought*⟩

**aus|spionieren** *tr. V.* **a)** *(entdecken, herausbekommen)* spy out; **die Zahlenkombination des Safes ~:** discover the combination of the safe by spying; **b)** *(ugs.: aushorchen)* pump

**aus|spotten** *tr. V. (bes. österr., schweiz.) s.* **verspotten**

**Aus·sprache die a)** *(von Wörtern)* pronunciation; *(Art des Artikulierens)* articulation; *(Akzent)* accent; *s. auch* **feucht; b)** *(Gespräch)* discussion; *(zwangloseres)* talk; **eine offene ~ herbeiführen** bring things out into the open

**Aussprache-: ~angabe die, ~bezeichnung die** phonetic transcription; **~angaben haben** show pronunciation; **~wörterbuch das** pronouncing dictionary; dictionary of pronunciation

**aussprechbar** *Adj.* pronounceable; **nicht ~:** unpronounceable; impossible to pronounce *postpos.*; unrepeatable ⟨*thought, idea, wish*⟩

**aus|sprechen 1.** *unr. tr. V.* **a)** pronounce; **b)** *(ausdrücken)* express; voice ⟨*suspicion, request*⟩; *(verkünden)* pronounce ⟨*judgement, sentence, etc.*⟩; grant ⟨*divorce*⟩; **~, daß ...:** state that ...; **der Regierung sein Vertrauen ~:** pass a vote of confidence in the government. **2.** *unr. refl. V.* **a)** *(sich sprechen lassen)* be pronounced; **ihr Name spricht sich schwer aus** her name is difficult to pronounce; **b)** *(äußern)* speak; **sich lobend/mißbilligend über jmdn./etw. ~:** speak highly/disapprovingly of sb./sth.; **er hat sich nicht näher darüber ausgesprochen** he did not say anything further about it; **sich für jmdn./etw. ~:** declare *or* pronounce oneself in favour of sb./sth.; **sich gegen jmdn./etw. ~:** declare *or* pronounce oneself against sb./sth.; **c)** *(offen sprechen)* say what's on one's mind; **sich über etw.** *(Akk.)*

**mit** *od.* **bei jmdm. ~:** have a heart-to-heart talk with sb. about sth.; **na los, sprich dich aus!** *(ugs.)* come on, get it off your chest!; **d)** *(Strittiges klären)* have it out, talk things out (**mit** with); **wir haben uns über alles ausgesprochen** we had everything out. **3.** *unr. itr. V. (zu Ende sprechen)* finish [speaking]; *s. auch* **ausgesprochen 2, 3**

**aus|spritzen** *tr. V.* **a)** squirt out ⟨*liquid, contents*⟩; **sein Gift gegen jmdn. ~** *(fig.)* spit venom at sb.; **b)** *(reinigen)* flush out; rinse out ⟨*tooth*⟩; syringe ⟨*ear*⟩; **c)** *(löschen)* put out ⟨*fire*⟩ [with a hose/hoses]

**Aus·spruch der** remark; *(Sinnspruch)* saying

**aus|spucken 1.** *itr. V.* spit; **vor jmdm. ~:** spit at sb.'s feet. **2.** *tr. V.* **a)** spit out; *(fig. ugs.)* ⟨*machine, factory, computer*⟩ spew out; cough up *(sl.)* ⟨*money*⟩; regurgitate ⟨*facts, information, etc.*⟩; **nun los, spuck's aus, sei nicht so schüchtern!** *(ugs. fig.)* come on, spit it out and don't be so shy!; **b)** *(ugs.: erbrechen)* sick up *(Brit. coll.)*; throw up

**aus|spülen** *tr. V.* **a)** *(reinigen)* rinse out; *(Med.)* irrigate; wash out; **sich** *(Dat.)* **den Mund ~:** rinse one's mouth out; **b)** *(entfernen)* flush *or* wash out; ⟨*river, sea*⟩ wash away, erode ⟨*soil, rock*⟩

**Aus·spülung die** *s.* **ausspülen a, b:** rinsing out; irrigation; washing out; flushing *or* washing out; washing away; erosion

**aus|staffieren** ['aus∫ta,fi:rən] *tr. V.* kit *or* rig out; fit out, furnish ⟨*room etc.*⟩; *(verkleiden)* dress up; **sie hat ihre Tochter sonntäglich ausstaffiert** she dressed her daughter up in her Sunday best

**Aus·staffierung die** outfit; get-up *(coll.)*

**Aus·stand der** strike; **im ~ sein** be on strike; **in den ~ treten** go on strike

**aus·ständig** *Adj. (südd., österr.: ausstehend)* outstanding

**aus|stanzen** *tr. V.* punch out

**aus|statten** ['aus∫tatn̩] *tr. V.* provide (**mit** with); *(mit Kleidung)* provide; fit out; *(mit Gerät)* equip ⟨*office, kitchen, hospital, school, etc.*⟩; *(mit Möbeln, Teppichen, Gardinen usw.)* furnish ⟨*room, flat, office, etc.*⟩; **mit Rechten/Befugnissen ausgestattet sein** be vested with powers/authority *sing.*; have powers/authority *no pl.* vested in one; **mit Talent ausgestattet sein** be endowed with talent; **ein prächtig ausgestatteter Band** a splendidly produced volume

**Ausstattung die; ~, ~en a)** *(das Ausstatten) s.* **ausstatten:** provision; fitting out; equipping; furnishing; vesting; production; **b)** *(Ausrüstung)* equipment; *(Innen- eines Autos)* trim; **c)** *(Einrichtung)* furnishings *pl.*; **d)** *(Aufmachung) (eines Films, Theaterstücks)* décor and costumes; *(Verpackung)* packaging; *(eines Buchs)* design and layout; *(typographisch)* design

**Ausstattungs-: ~film der** period film; **~stück das** spectacular [opera/play *etc.*]

**aus|stechen** *unr. tr. V.* **a) jmdm. die Augen ~:** put *or* gouge sb.'s eyes out; **b)** *(entfernen)* dig up ⟨*plants*⟩; cut ⟨*turf*⟩; **c)** *(herstellen)* dig [out] ⟨*trench, hole, etc.*⟩; *(Kochk.)* press *or* cut out ⟨*biscuits*⟩; **d)** *(übertreffen)* outdo; **jmdn. bei jmdm. ~:** oust sb. in sb.'s affections/esteem/favour; **jmdn. in etw.** *(Dat.)* **~:** outshine sb. *or* put sb. in the shade in sth.

**aus|stehen 1.** *unr. itr. V.* **noch ~** ⟨*debt*⟩ be outstanding; ⟨*decision*⟩ be still to be taken, have not yet been taken; ⟨*book*⟩ be still to appear; ⟨*solution*⟩ be still to be found; **ihre Entscheidung/Antwort steht noch aus** I am/we are *etc.* still awaiting their decision/reply; **eine offizielle Bestätigung steht noch aus** there has as yet been no official confirmation; **~de Forderungen** outstanding demands; **Geld ~ haben** *(ugs.)* have money owing [one]; **euer Besuch bei mir steht noch aus** you still owe me a visit. **2.** *unr. tr. V. (ertragen)* endure ⟨*pain, suffering*⟩; suffer ⟨*worry, anxiety*⟩; *(erdulden)* put up with; **ausgestanden sein** be all over; **ich kann ihn/das nicht ~:** I can't stand *or* bear him/it

**aus|steigen** *unr. itr. V.; mit sein;* **a)** *(aus einem Auto, Boot)* get out (**aus** of); *(aus einem Zug, Bus)* get off; alight *(formal)*; *(Fliegerspr.: abspringen)* bale out; **aus einem Zug/Bus ~:** get off a train/bus; alight from a train/bus *(formal)*; **alles ~!** all change!; **b)** *(ugs.: sich nicht mehr beteiligen)* **~ aus** opt out of; give up ⟨*show business, job*⟩; leave ⟨*project*⟩; **c)** *(Sport: aus einem Rennen o. ä.)* drop out (**aus** of); retire (**aus** from); **d)** *(ugs.: der Gesellschaft den Rücken kehren)* drop out

**Aussteiger der; ~s, ~, Aussteigerin die; ~, ~nen** *(ugs.)* drop-out *(coll.)*

**aus|stellen** *tr. V.* **a)** *auch itr. (im Schaufenster)* put on display; display; *(im Museum, auf einer Messe)* exhibit; **ausgestellt sein** ⟨*goods*⟩ be on display/be exhibited; ⟨*painting*⟩ be exhibited; **die Galerie wird Hans Meyer ~:** the gallery is going to put on a Hans Meyer exhibition; **bekannte Künstler/viele Betriebe stellen hier aus** famous artists/many firms exhibit here; **b)** *(ausfertigen)* make out, write [out] ⟨*cheque, prescription, receipt*⟩; make out ⟨*bill*⟩; issue ⟨*visa, passport, certificate*⟩; **einen Scheck auf jmdn. ~:** make out a cheque to sb.; **c)** *(ugs.: ausschalten)* turn *or* switch off ⟨*cooker, radio, heating, engine*⟩; **d)** *(nach außen stellen)* open out ⟨*window*⟩; roll out ⟨*blind*⟩; pull out ⟨*aerial*⟩; **e)** *(aufstellen)* put up ⟨*poster, sign*⟩; post ⟨*sentry*⟩; set ⟨*trap*⟩; *s. auch* **ausgestellt 2**

**Aussteller der; ~s, ~, Ausstellerin die; ~, ~nen a)** *(auf Messen)* exhibitor; **b)** *(eines Dokuments)* issuer; *(Behörde)* issuing authority; *(eines Schecks)* drawer

**Aus·stellung die a)** *(das Präsentieren)* exhibiting; **b)** *(das Ausfertigen) s.* **ausstellen b:** making out; writing [out]; issuing; **Datum und Ort der ~:** date and place of issue; **c)** *(Veranstaltung)* exhibition; **d)** *(das Aufstellen) s.* **ausstellen e:** putting up; posting; setting

**Ausstellungs-: ~datum das** date of issue; **~fläche die** exhibition area; **~gelände das** exhibition site; **~halle die** exhibition hall; **~katalog der** exhibition catalogue; **~ort der** place of issue; **~raum der a)** *o. Pl.* exhibition space; **b)** *(Zimmer)* exhibition room; **~stand der** exhibition stand; **~stück das** *(in Schaufenstern usw.)* display item; *(in Museen usw.)* exhibit; *(auf Messen)* **dieses Fahrzeug ist ein ~stück** this vehicle is for display purposes only; **dein Auto ist ja nicht gerade ein ~stück!** *(iron.)* your car isn't exactly much to look at!

**Aussterbe·etat der** *(ugs.) in* **auf dem ~ sein** *od.* **stehen, sich auf dem ~ befinden** be on its last legs

**aus|sterben** *unr. itr. V.; mit sein (auch fig.)* die out; ⟨*species*⟩ die out, become extinct; **ein ~des Handwerk** *(fig.)* a dying craft; **die Dummen sterben nicht** *od.* **nie aus** there's one born every minute

**Aus·steuer die** trousseau *(consisting mainly of household linen)*

**aus|steuern** *tr. V.* **a)** *(Elektronik)* modulate ⟨*signal, wave*⟩; *(bei der Aufnahme)* control the recording level of; control the power level of ⟨*amplifier*⟩; **b) ein Auto ~:** [use the steering-wheel to] bring a car under control; **c)** *(Versicherungsw.)* **jmdn. ~:** end sb.'s entitlement to benefits

**Ausstieg der: ~[e]s, ~e a)** *(Ausgang)* exit; *(Tür)* door[s]; *(~luke)* hatch; **b)** *o. Pl. (das Aussteigen)* climbing out (**aus** of); **„kein ~"** 'no exit'; **der ~ aus dem Bus/Zug** getting off the bus/train; alighting from the bus/train *(formal)*; **der ~ aus der Höhle** the way up out of the cave; **c)** *(fig.)* **ein ~ aus dem heiklen Thema** a way of getting off the awkward subject

**aus|stopfen** *tr. V.* stuff ⟨*cushion, animal, doll, etc.*⟩; fill ⟨*crack*⟩

**Aus·stoß der;** *o. Pl. (Wirtsch.)* output

**aus|stoßen** *unr. tr. V.* **a)** *(nach außen pressen)* expel; give off, emit ⟨*gas, fumes, smoke*⟩; fire ⟨*torpedo*⟩; **b)** give ⟨*cry, whistle, laugh, etc.*⟩; let out ⟨*cry, scream, yell*⟩; heave, give ⟨*sigh*⟩; utter ⟨*curse, threat, accusation, etc.*⟩; **c) jmdm. ein Auge ~:** put sb.'s eye out; **sich** *(Dat.)* **einen Zahn ~:** knock a tooth out; **d)** *(ausschließen) (aus einem Verein, einer Gesellschaft)* expel (**aus** from); *(aus der Armee)* drum out (**aus** of); **sich ausgestoßen fühlen** feel an outcast; *s. auch* **Ausgestoßene; e)** *(Wirtsch.)* turn out; produce

**aus|strahlen 1.** *tr. V.* **a)** *(verbreiten, auch fig.)* radiate; radiate, give off ⟨*heat*⟩; ⟨*lamp*⟩ give out ⟨*light*⟩; **b)** *(Rundf., Ferns.)* broadcast; transmit; **c)** *(ausleuchten)* floodlight. **2.** *itr. V.* **a)** *(ausgehen)* radiate; ⟨*heat*⟩ radiate, be given off; ⟨*light*⟩ be given out; *(fig.)* ⟨*pain*⟩ spread, extend; **b)** *(wirken)* **auf jmdn./etw. ~:** communicate itself to sb./influence sth.

**Aus·strahlung die a)** *(Wirkung)* radiation; *(eines Menschen)* charisma; **~ haben** ⟨*person*⟩ have charisma; **b)** *(Rundf., Ferns.)* transmission

**aus|strecken 1.** *tr. V.* extend, stretch out ⟨*arms, legs*⟩; stretch out ⟨*hand*⟩; put out ⟨*feelers*⟩; stick *or* put out ⟨*tongue*⟩; **mit ausgestreckten Armen** with arms extended; with outstretched arms. **2.** *refl. V.* stretch [oneself] out; **ausgestreckt am Boden liegen** lie stretched out on the floor

**aus|streichen** *unr. tr. V.* **a)** *(durchstreichen)* cross *or* strike out; delete; *(fig.)* obliterate; **jmds. Namen auf einer Liste ~:** cross sb.'s name off a list; **b)** *(verteilen)* spread; **c)** *(Kochk.)* grease ⟨*tin, pan, etc.*⟩; **d)** *(füllen)* fill, smooth over ⟨*cracks*⟩

**aus|streuen** *tr. V.* **a)** *(verstreuen)* scatter; distribute ⟨*gifts, leaflets, money*⟩; spread, put about ⟨*rumour, story, lies, etc.*⟩; **er ließ ~, daß ...:** he caused the rumour to be spread about that ...; **b)** *(bestreuen)* **etw. mit etw. ~:** sprinkle sth. with sth.

**Aus·strich der** *(Med., Biol.)* smear

**aus|strömen 1.** *tr. V.* radiate ⟨*warmth*⟩; give off ⟨*scent*⟩; *(fig.)* radiate ⟨*optimism, confidence, etc.*⟩. **2.** *itr. V.; mit sein* stream *or* pour out; ⟨*gas, steam*⟩ escape; **etw. strömt von jmdm./etw. aus** *(fig.)* sb./sth. radiates sth.

**aus|suchen** *tr. V.* choose; pick; **such dir was aus!** choose what you want; take your pick; **man kann es sich nicht immer ~:** there isn't always any choice in the matter; *s. auch* **ausgesucht 2, 3**

**aus|sülzen** *refl. V. (salopp) (lange reden)* go on [and on]; *(zu Ende reden)* finish spouting

**aus|täfeln** *tr. V.* panel

**aus|tapezieren** *tr. V.* paper

**aus|tarieren** *tr. V.* **a)** *(ins Gleichgewicht bringen)* balance ⟨*scales*⟩; **b)** *(österr.: Tara feststellen von)* determine the tare of

**Aus·tausch der a)** exchange; **im ~ für** *od.* **gegen** in exchange for; **b)** *(das Ersetzen)* replacement (**gegen** with); *(Sport)* substitution (**gegen** by)

**austauschbar** *Adj.* interchangeable; *(ersetzbar)* replaceable ⟨*parts etc.*⟩

**aus|tauschen 1.** *tr. V.* **a)** exchange (**gegen** for); **b)** *(ersetzen)* replace (**gegen** with); *(Sport)* substitute (**gegen** by). **2.** *refl. V. (über etw. sprechen)* exchange views/experiences [with each other]

**Austausch-: ~motor der** *(Kfz-W.)* replacement engine; **~schüler der** exchange pupil *or* student

**aus|teilen** *tr. V.* distribute (**unter** + *Dat.*

among, **an** + *Akk.* to); *(aushändigen)* hand *or* give out ‹*books, post, etc.*› **(an** + *Akk.* to); issue, give ‹*orders*›; deal [out] ‹*cards*›; give out ‹*marks, grades*›; administer ‹*sacrament*›; *(servieren)* serve ‹*food etc.*›; *(fig.)* give ‹*blessing*›; **Prügel** ~ *(fig.)* hand out beatings

**Aus·teilung die** *s.* **austeilen:** distribution; handing *or* giving out; issuing; giving; dealing [out]; administering; serving

**Auster** ['austɐ] **die; ~, ~n** oyster

**Austern-: ~bank die;** *Pl.* **~bänke** oyster-bed; oyster-bank; **~fischer der** oyster-catcher; **~park der** oyster-farm; **~zucht die** oyster-farming

**aus|tilgen** *tr. V.* **a)** *(vernichten)* exterminate ‹*pests, race*›; eradicate ‹*weeds*›; wipe out, eradicate ‹*disease*›; **b)** *(streichen, auch fig.)* obliterate

**aus|toben 1.** *refl. V.* **a)** *(spielen)* romp about; have a good romp; **b)** *(sich amüsieren)* indulge oneself; **die Jugend will sich ~:** youth must have its fling. **2.** *tr. V. (abreagieren)* work off ‹*anger etc.*› **(an** + *Dat.* on)

**aus|tollen** *refl. V. (ugs.)* romp about; have a good romp

**Austrag der; ~[e]s a)** *(das Austragen)* settlement; resolution; **b)** *(Sport)* holding; **c)** *(österr.) s.* **Altenteil**

**aus|tragen** *unr. tr. V.* **a)** *(zustellen)* deliver ‹*newspapers, post*›; **b)** *(im Mutterleib)* carry ‹*child*› to full term; *(nicht abtreiben)* have ‹*child*›; **c)** *(ausfechten)* settle; *(bis zum Ende)* carry on ‹*quarrel, hostilities*›; settle, resolve ‹*conflict, differences*›; fight out ‹*battle*›; **etw. vor Gericht ~:** take sth. to court; **einen Streit mit jmdm. ~:** have it out with sb.; **d)** *(Sport)* hold ‹*race, competition, etc.*›; **e)** *(löschen)* delete, take out ‹*data, figures*›; *(aus einer Liste)* cross ‹*person, name*› off

**Aus·träger der** delivery boy/man; *(Zeitungsjunge)* newspaper boy

**Aus·trägerin die** delivery woman/girl; *(Zeitungsmädchen)* newspaper girl

**Austragung die; ~, ~en a)** carrying on; *(bis zum Ende) (eines Streits)* settlement; **b)** *(Sport)* holding

**Austragungs-: ~modus der** *(bes. Sport)* procedure; **~ort der** *(Sport)* venue

**Australide** [austra'li:də] **der/die;** *adj. Dekl.* Australoid

**Australien** [aus'tra:li̯ən] **(das); ~s** Australia; **~ und Ozeanien** Australasia

**Australier der; ~s, ~, Australierin die; ~, ~nen** Australian; **er/sie ist ~:** he/she is [an] Australian

**australisch** *Adj.* Australian

**aus|träumen** *itr. (auch tr.) V.* finish dreaming; **der Traum [vom Glück] ist ausgeträumt** the dream [of happiness] is over

**aus|treiben 1.** *unr. tr. V.* **a)** *(verbannen)* exorcize, cast out ‹*evil spirit, demon*›; **b)** *(abgewöhnen)* **jmdm. etw. ~:** cure sb. of sth.; **c)** *(geh.: vertreiben, auch fig.)* drive out **(aus** from); **d)** *(auf die Weide)* drive ‹*cattle, sheep*› out to pasture; **e)** *(hervorbringen)* put forth ‹*leaves, buds*›; produce ‹*blossom*›. **2.** *unr. itr. V.* **a)** *(ausschlagen)* sprout; **b)** *(hervorkommen)* ‹*shoot, bud*› appear

**Austreibung die; ~, ~en** expulsion **(aus** from); *(von Dämonen)* exorcism; casting out

**aus|treten 1.** *unr. tr. V.* **a)** tread out ‹*spark, cigarette-end*›; trample out ‹*fire*›; **b)** *(bahnen)* tread out ‹*path*›; **ausgetretene Pfade** *(fig.)* well-trodden paths; **c)** *(abnutzen)* wear down; **eine ausgetretene Steintreppe** a stone staircase with worn-down steps; **d)** *(weiten)* wear out ‹*old shoes*›; break in ‹*new shoes*›. **2.** *unr. itr. V.; mit sein* **a)** *(ugs.: zur Toilette gehen)* pay a call *(coll.)*; **der Schüler fragte, ob er ~ dürfe** the pupil asked to be excused; **b)** *(ausscheiden)* **aus etw. ~:** leave sth.; **aus einer Vereinigung ~:** resign from a society; **c)** *(Jägerspr.)* come out into the open; **aus der Deckung ~:** break cover; **d)** *(nach außen gelangen)* come out; *(entweichen)* escape; ‹*blood*› issue; ‹*pus*› be discharged

**Austriazismus** [austria'tsɪsmʊs] **der; ~, Austriazismen** Austrianism

**aus|tricksen** *tr. V. (ugs.)* trick

**aus|trinken 1.** *tr. V.* finish, drink up ‹*wine, beer, coffee, etc.*›; finish, drain ‹*glass, bottle, etc.*›. **2.** *itr. V.* drink up

**Aus·tritt der a)** *(das Ausscheiden)* leaving; *(aus einem Verband, einer Vereinigung)* resignation **(aus** from); **seinen ~ aus der Partei/Kirche erklären** announce that one is leaving the party/church; **die Partei hatte viele ~e zu verzeichnen** the party recorded a large drop in membership; **b)** *(das Hervorquellen)* outflow; *(das Entweichen)* escape; *(von Blut)* issue; *(von Eiter)* discharge

**Austritts·erklärung die** [notice of] resignation

**aus|trocknen 1.** *tr. V.* **a)** *(ausdörren)* dry out; dry up ‹*river bed, marsh*›; parch ‹*throat*›; **b)** *(trockenlegen)* drain ‹*marsh, swamp*›. **2.** *itr. V.; mit sein* dry out; ‹*river bed, pond, etc.*› dry up; ‹*skin, hair*› become dry; ‹*throat*› become parched

**Austro·marxismus** [austro-] **der** Austro-Marxism

**aus|trompeten** *tr. V. (ugs.) s.* **ausposaunen**

**aus|trudeln 1.** *itr. V. (ugs.)* **etw. ~ lassen** let sth. fizzle out. **2.** *tr. V. (ugs.) s.* **auswürfeln**

**aus|tüfteln** *tr. V. (ugs.) (ausarbeiten)* work out; *(ersinnen)* think up

**aus|üben** *tr. V.* **a)** *(nachgehen)* practise ‹*art, craft*›; follow ‹*profession*›; carry on ‹*trade*›; do ‹*job*›; **welche Tätigkeit üben Sie aus?** what is your occupation?; **b)** *(innehaben)* hold ‹*office*›; wield, exercise ‹*power*›; exercise ‹*control*›; *(wahrnehmen)* exercise ‹*right*›; *(wirksam werden lassen)* exert

**Aus·übung die** *o. Pl.; s.* **ausüben:** practising; following; carrying on; doing; holding; wielding; exercising

**aus|ufern** *itr. V.; mit sein* **a)** *(überhandnehmen)* get out of hand; **b)** *(selten: über die Ufer treten)* burst *or* break its banks

**Aus·verkauf der** [clearance] sale; *(wegen Geschäftsaufgabe)* closing-down *(Brit.) or (Amer.)* liquidation sale; *(fig.: Verrat)* sell-out; **etw. im ~ kaufen** buy sth. at the sale[s]

**aus|verkaufen** *tr. V.* **a)** *(verkaufen)* sell out of; **Mineralwasser ist ausverkauft** there is no mineral water left [in stock]; **b)** *(räumen)* sell off, clear ‹*stock*›; clear ‹*warehouse, shop*›

**ausverkauft** *Adj.* sold out; **vor ~em Haus spielen** play to a full house; **~e Ränge** *(Sport)* packed stands

**aus|wachsen 1.** *unr. refl. V.* **a)** *(sich normalisieren)* right *or* correct itself; **b)** *(sich entwickeln)* grow **(zu** into). **2.** *unr. itr. V.; mit sein* **a)** *(ugs.: verzweifeln)* go round the bend *(coll.)*; **zum Auswachsen sein** be enough to drive you up the wall *(coll.)*; **b)** *(keimen)* sprout prematurely

**Aus·wahl die a)** *(das Auswählen)* choice; selection; **Sie haben die [freie] ~:** the choice is yours; you can choose whichever you like; **drei Sorten/Tee und Kaffee stehen zur Wahl** there are three kinds to choose from/one can choose between tea and coffee; **bei uns stehen Ihnen mehr als 600 Wagen zur ~:** we offer you a choice of over 600 cars; **eine ~ treffen** make a selection; **b)** *(Auslese)* selection; *(von Gedichten, Erzählungen)* anthology; selection; **c)** *(Sortiment)* range; **viel/wenig ~ haben** have a wide/limited selection **(an** + *Dat.*, **von** of); **hier hat man keine ~:** there is no choice here; **Backwaren in reicher ~:** a wide selection of bread, cakes, and pastries; **d)** *(Sport: Mannschaft)* [selected] team

**Auswahl·band der;** *Pl.* **-bände** anthology

**aus|wählen** *tr. V.* choose, select **(aus** from, **unter** + *Dat.* from among); **sich** *(Dat.)* **etw. ~:** choose *or* select sth. [for oneself]

**Auswahl-: ~mannschaft die** *(Sport)* [selected] team; **~möglichkeit die** choice; **~prinzip das** method of selection; **~spieler der** *(Sport)* [selected] player

**aus|walzen** *tr. V.* roll out ‹*metal*›; *(fig. ugs.)* drag out ‹*subject*›; **eine Geschichte zu einem Roman ~:** spin a story out into a novel

**Aus·wanderer der** emigrant

**aus|wandern** *itr. V.; mit sein* emigrate **(nach, in** + *Akk.* to); ‹*tribe*› migrate

**Aus·wanderung die** emigration

**auswärtig** ['ausvɛrtɪç] *Adj.; nicht präd.* **a)** *(woanders befindlich)* non-local; **eine ~e Filiale/Bank** a branch/bank in another area/town; **b)** *(von woanders stammend)* ‹*student, guest, etc.*› from out of town; **c)** *(das Ausland betreffend)* foreign; **der Minister des Auswärtigen** the Foreign Minister; the Foreign Secretary *(Brit.)*; the Secretary of State *(Amer.)*; **das Auswärtige Amt** the Foreign Ministry; the Foreign and Commonwealth Office *(Brit.)*; the Foreign Office *(Brit. coll.)*; the State Department *(Amer.)*; **der ~e Dienst** the foreign service

**auswärts** *Adv.* **a)** *(nach außen)* outwards; **b)** *(nicht zu Hause)* ‹*sleep, live*› away from home; **~ essen** eat out; **c)** *(nicht am Ort)* in another town; *(Sport)* away; **ich habe ~ zu tun** I have to do a few things out of town; **~ sprechen** *(ugs. scherzh.)* talk foreign *(coll.)*

**Auswärts-: ~sieg der** *(Sport)* away win; **~spiel das** *(Sport)* away match *or* game

**aus|waschen** *unr. tr. V.* **a)** wash out; *(ausspülen)* rinse out; **b)** *(Geol.)* erode

**auswechselbar** *Adj.* changeable; exchangeable; *(untereinander)* interchangeable; *(ersetzbar)* replaceable

**aus|wechseln 1.** *tr. V.* **a)** change **(gegen** + *Akk.* for); **b)** *(ersetzen)* replace **(gegen** with); *(Sport)* substitute ‹*player*›; **A gegen B ~:** replace A by B; **sie war wie ausgewechselt** she was a different person. **2.** *itr. V. (Sport)* bring on a substitute; make a substitution

**Auswechsel·spieler der** *(Sport)* substitute

**Auswechselung, Auswechslung die; ~, ~en** change; *(Ersatz)* replacement; *(Sport)* substitution; **die ~ von A gegen B** the replacement of A by B

**Aus·weg der** way out **(aus** of); **der letzte ~ für jmdn. sein** be a last resort for sb.

**ausweg·los 1.** *Adj.* hopeless. **2.** *adv.* hopelessly

**Ausweglosigkeit die; ~:** hopelessness

**aus|weichen** *unr. itr. V.; mit sein* **a)** *(Platz machen)* make way *(Dat.* for); *(wegen Gefahren, Hindernissen)* get out of the way *(Dat.* of); **[nach] rechts/nach der Seite ~:** move to the right/move aside to make way/get out of the way; **b)** *(entgehen wollen)* get out of the way *(Dat.* of); **einem Schlag/Angriff ~:** dodge a blow/evade an attack; **c)** *(meiden)* **dem Feind ~:** avoid [contact with] the enemy; **jmdm./einem Kampf/Hindernis ~** *(auch fig.)* avoid sb./a fight/an obstacle; **einer Frage/Entscheidung/einem Zwang/Verbot ~:** evade a question/decision/obligation/ban; **~de Antworten** evasive answers; **der Beantwortung weiterer Fragen ~:** avoid answering any more questions; **d)** *(zurückgreifen)* **auf etw.** *(Akk.)* **~:** switch [over] to sth.

**Ausweich·manöver das** evasive manœuvre; **~** *Pl.* evasive action *sing.*; **das sind doch nur ~** *(fig.)* these are just evasions

**aus|weinen 1.** *refl. V.* have a good cry; **sie hat sich bei mir darüber ausgeweint** *(ugs.)* she had a cry on my shoulder about it. **2.** *tr. V. (geh.)* **seinen Kummer/sein Elend ~:** find relief for one's sorrow/misery in tears; *s. auch* **Auge a. 3.** *itr. V.* finish crying

**Ausweis** ['auswais] **der;** ~es, ~e **a)** card; *(Personal~, Kennkarte)* identity card; *(Mitglieds~)* membership card; **b)** *(österr. veralt.: Zeugnis)* certificate; *(Schulzeugnis)* report; **c)** *in* **nach** ~ *(Papierdt.) s.* **ausweislich**

**aus|weisen 1.** *unr. tr. V.* **a)** *(aus dem Land)* expel **(aus** from); **b)** *(erkennen lassen)* **jmdn. als etw.** ~: show that sb. is/was sth.; **seine Papiere wiesen ihn als ... aus** his papers proved *or* established his identity as ...; **c)** *(angeben)* reveal; **d)** *(zeigen)* demonstrate ⟨*ability, skill, etc.*⟩. **2.** *unr. refl. V.* **a)** *(seinen Ausweis zeigen)* prove *or* establish one's identity [by showing one's papers]; **können Sie sich ~?** do you have any means of identification?; **b)** *(sich erweisen)* **sich als etw.** ~: prove oneself to be sth.

**ausweislich** *Präp. mit Gen. (Papierdt.)* according to

**Ausweis·papiere** *Pl.* identity papers

**Aus·weisung die** the expulsion **(aus** from)

**aus|weiten 1.** *tr. V. (dehnen)* stretch; *(fig.: erweitern)* expand **(zu** into); extend ⟨*jurisdiction, study*⟩. **2.** *refl. V.* **a)** *(zu weit werden)* stretch; **b)** *(sich erweitern)* expand; **sich zur Krise** ~: develop *or* grow into a crisis

**Ausweitung die;** ~, **~en** expansion; *(des Studiums, der Gerichtsbarkeit)* extension

**aus·wendig** *Adv.* **etw. ~ können/lernen** know/learn sth. [off] by heart; **etw. ~ spielen/aufsagen** play/recite sth. from memory; **das kenne ich ja schon** ~ *(ugs. abwertend fig.)* I know it backwards; *s. auch* **inwendig**

**Auswendig·lernen das** learning by heart

**aus|werfen** *unr. tr. V.* **a)** cast ⟨*net, anchor, rope, line, etc.*⟩; **b)** *(herausschleudern)* throw out ⟨*sparks*⟩; ⟨*volcano*⟩ eject, spew out ⟨*lava, ash, etc.*⟩; eject ⟨*cartridge-case*⟩; **c)** *(geh.: ausspucken)* cough up ⟨*blood, phlegm, etc.*⟩; **d)** *(ausschaufeln)* throw up ⟨*earth, sand, etc.*⟩; **e)** *(anlegen)* dig [out] ⟨*trench, pit, ditch, etc.*⟩; **f)** *(zur Ausgabe bestimmen)* allocate ⟨*sum*⟩; pay [out] ⟨*dividend, premium, etc.*⟩; **g)** *(produzieren)* produce; turn out; **h) jmdm. ein Auge** ~: put sb.'s eye out *(by throwing sth.)*

**auswertbar** *Adj.* **a) leicht/schwer ~ sein** be easy/difficult to analyse and evaluate; **maschinell** ~: machine-analysable; **b)** *(nutzbar)* utilizable

**aus|werten** *tr. V.* **a)** analyse and evaluate; **b)** *(nutzbar machen)* utilize

**Aus·wertung die a)** analysis and evaluation; *(das Nutzbarmachen)* utilization; **b)** *(Ergebnis)* analysis

**aus|wetzen** *tr. V.: s.* **Scharte a**

**aus|wickeln** *tr. V.* **a)** *(Verpackung entfernen)* unwrap **(aus** from); **b)** unwind ⟨*person*⟩ **(aus** from)

**aus|wiegen** *unr. tr. V.* **a)** *(das Gewicht feststellen)* weigh; **b)** *(portionsweise)* weigh out; *s. auch* **ausgewogen 2, 3**

**aus|winden** *unr. tr. V. (südd., schweiz.)* wring out

**aus|wirken** *refl. V.* have an effect **(auf** + *Akk.* on); **sich in etw.** *(Dat.)* ~: result in sth.; **sich günstig/negativ** *usw.* ~: have a favourable/an unfavourable *etc.* effect **(auf** + *Akk.* on); **sich zu jmds. Vorteil** ~: work to sb.'s advantage

**Aus·wirkung die** *(Wirkung)* effect **(auf** + *Akk.* on); *(Folge)* consequence **(auf** + *Akk.* for); *(Rückwirkung)* repercussion **(auf** + *Akk.* on)

**aus|wischen 1.** *tr. V.* **a)** *(entfernen)* wipe ⟨*dirt etc.*⟩ out **(aus** of); **b)** *(säubern)* wipe [clean]; **sich** *(Dat.)* **die Augen** ~: wipe one's eyes; **c)** *in* **jmdm. eins** ~ *(ugs.)* get one's own back on sb. *(coll.)*. **2.** *itr. V.; mit sein (ugs.)* get away, escape *(Dat.* from)

**aus|wringen** *unr. tr. V. (bes. nordd.)* wring out

**Aus·wuchs der a)** *(Wucherung)* growth; excrescence *(Med., Bot.)*; *(Mißbildung)* deformity; **b)** *(fig.)* unhealthy product; *(Folge)* harmful consequence; *(Übersteigerung, Mißstand)* excess; **c)** *o. Pl. (Landw.)* premature sprouting of the kernel

**aus|wuchten** *tr. V. (Technik)* **die Räder** ~: balance the wheels

**Aus·wurf der a)** *(Med.)* sputum; **~/blutigen ~ haben** be bringing up phlegm/coughing up blood; **b)** *o. Pl. (das Auswerfen)* ejection; **c)** *(Lava, Geröll usw.)* ejected material; ejecta *pl.*; **d)** *o. Pl. (abwertend: Abschaum)* scum

**aus|würfeln** *tr. V.* **eine Runde Bier** *usw.* ~: throw dice to decide who will pay for a round of beer *etc.*

**aus|zacken** *tr. V.* serrate; *(mit der Zickzackschere)* pink ⟨*fabric*⟩

**aus|zahlen 1.** *tr. V.* **a)** *(aushändigen)* pay out; **sich** *(Dat.)* **einen Scheck ~ lassen** cash a cheque; **ausgezahlt bekommt er 1 650 Mark** his net pay is 1,650 marks; **b)** *(entlohnen)* pay off; buy out ⟨*business partner, shareholder, etc.*⟩. **2.** *refl. V. (sich lohnen)* pay off; *(einbringen)* pay; **Verbrechen zahlen sich nicht aus** crime doesn't pay

**aus|zählen** *tr. V.* **a)** *(zählen)* count [up] ⟨*votes etc.*⟩; **b)** *(Boxen)* count out; **c)** *auch itr. (aussondern)* choose by counting; *(bei Kinderspielen)* count out

**Aus·zahlung die a)** *(das Aushändigen)* paying out; **b)** *(das Entlohnen)* paying off; *(eines Geschäftspartners)* buying out

**Aus·zählung die** the counting [up]; **mit der ~ wurde bereits begonnen** the count had already started

**aus|zanken** *tr. V. (bes. ostmd.)* **jmdn.** ~: give sb. a scolding *or* a telling off

**aus|zehren** *tr. V. (geh.)* exhaust ⟨*person, soil*⟩; ⟨*disease*⟩ debilitate ⟨*person*⟩; *(abzehren)* emaciate ⟨*person*⟩

**Auszehrung die;** ~: **a)** *(Kräfteverfall)* emaciation; **b)** *(veralt.: Schwindsucht)* consumption

**aus|zeichnen 1.** *tr. V.* **a)** *(mit einem Preisschild)* mark, price **(mit** at); **etw. mit einem Preisschild** ~: put a price-tag on sth.; **b)** *(ehren)* honour; **jmdn. mit einem Orden** ~: decorate sb. [with a medal]; **jmdn./etw. mit einem Preis/Titel** ~: award a prize/title to sb./sth.; **c)** *(Druckw.: hervorheben)* display; **wichtige Stellen sind durch Kursivschrift ausgezeichnet** important sections are displayed in italics; **d)** *(Druckw.: zum Satz fertigmachen)* mark up; **e)** *(bevorzugt behandeln)* single out for special favour; *(ehren)* single out for special honour; **jmdn. mit** *od.* **durch etw.** ~: *(bevorzugt behandeln)* favour sb. with sth.; *(ehren)* honour sb. with sth.; **f)** *(kennzeichnen)* distinguish **(gegenüber, vor** + *Dat.* from); **Klugheit und Fleiß zeichneten ihn aus** he was distinguished by his intelligence and industriousness. **2.** *refl. V. (sich hervortun) (durch eine Eigenschaft)* stand out **(durch** for); *(durch Leistung)* ⟨*person*⟩ distinguish oneself **(durch** by); **sich als Politiker/im Sport** ~: distinguish oneself as a politician/at sport; **der Stoff zeichnet sich durch seine Haltbarkeit aus** the outstanding feature of the material is its durability; *s. auch* **ausgezeichnet 2, 3**

**Aus·zeichnung die a)** *o. Pl. (von Waren)* marking; **b)** *(Schildchen)* [price-]ticket *or* tag; **c)** *(Ehrung)* honouring; *(mit Orden)* decoration; *(Gunstbeweis)* mark of favour; **die ~ mit dem „Oscar" war sein größter Erfolg** the award of the Oscar was his greatest success; **die ~ der Preisträger** the presentation of awards to the winners; **d)** *(Orden)* decoration; *(Preis)* award; prize; **e)** *o. Pl. (Druckw.: das Hervorheben)* displaying; **f)** *o. Pl. (Druckw.: das Satzfertigmachen)* marking up; **g)** *(Druckw.: Zeichen im Manuskript)* mark; **h)** *in* **mit** ~: with distinction

**Aus·zeit die** *(Basketball, Volleyball, Schach)* time-out

**ausziehbar** *Adj.* extendible; telescopic ⟨*aerial*⟩; extending *attrib.* ⟨*ladder*⟩; sliding-leaf *attrib.* ⟨*table*⟩

**aus|ziehen 1.** *unr. tr. V.* **a)** *(vergrößern)* pull out ⟨*couch*⟩; extend ⟨*table, tripod, etc.*⟩; **b)** *(ablegen)* take off, remove ⟨*clothes*⟩; **c)** *(entkleiden)* undress; **sich** ~: undress; get undressed; **sich ganz/nackt** ~: strip off *or* undress completely; **jmdn. mit den Augen** ~ *(ugs.)* undress sb. with one's eyes; **d)** *(auszupfen)* pull out ⟨*hair etc.*⟩; **e)** *(herausschreiben)* extract ⟨*words, passages, etc.*⟩; **f)** *(nachzeichnen)* draw in; **mit Tusche** ~: ink in; **ausgezogene und punktierte Linien** continuous and dotted lines. **2.** *unr. itr. V.; mit sein* **a)** *(aus einer Wohnung usw.)* move out **(aus** of); **b)** *(losgehen)* set off; **auf Abenteuer/zur Jagd** ~: set off *or* out in search of adventure/for the hunt

**Auszieh·tisch der** extending table; sliding-leaf table

**aus|zischen** *tr. V.* hiss ⟨*speaker, play, etc.*⟩

**Auszubildende der/die;** *adj. Dekl. (bes. Amtsspr.)* trainee; *(im Handwerk)* apprentice

**Aus·zug der a)** *(das Ausziehen)* move; **b)** *(Abschrift)* extract; *(Bankw.)* statement; **c)** *(Textstelle)* extract; excerpt; **d)** *(das Hinausgehen)* departure; *(feierlich)* procession **(aus** out of); *(als Protest)* walk out; **der ~ der Kinder Israel** *(bibl.)* the Exodus; **e)** *(Extrakt)* extract; **f)** *(schweiz.) first age-group of men liable for military service*

**auszugs·weise** *Adv.* in extracts *or* excerpts; **etw. ~ lesen** read extracts from sth.

**aus|zupfen** *tr. V.* pluck out; pull out ⟨*weeds*⟩

**autark** [au'tark] *Adj.* **a)** *(Wirtsch.)* self-sufficient; autarkic *as tech. term;* **b)** *(geh.: eigenständig, selbstgenügsam)* independent; self-sufficient

**Autarkie** [autar'ki:] **die;** ~, **~n a)** *(Wirtsch.)* self-sufficiency; autarky *as tech. term;* **b)** *(geh.: Selbstgenügsamkeit)* self-sufficiency; independence

**authentisch** [au'tɛntɪʃ] **1.** *Adj. (echt)* authentic; *(zuverlässig)* reliable ⟨*report*⟩. **2.** *adv.* authentically; ⟨*prove*⟩ reliably

**Authentizität** [autɛntitsi'tɛ:t] **die;** ~ *(geh.)* authenticity

**Autismus** [au'tɪsmʊs] **der;** ~ *(Med.)* autism

**autistisch** *(Med.)* **1.** *Adj.* autistic. **2.** *adv.* autistically

**Auto** ['auto] **das;** ~s, ~s car; automobile *(Amer.)*; ~ **fahren** drive [a car]; *(mitfahren)* go in the car; **mit dem ~ fahren** go by car; **er hat wie ein Auto geguckt** *(ugs.)* his eyes popped out of his head

**Auto·atlas der** road atlas

**Auto·bahn die** motorway *(Brit.)*; expressway *(Amer.)*; *(mit Gebühren)* turnpike *(Amer.)*; *(in Germany, Austria, Switzerland also)* autobahn

**Autobahn-: ~auf·fahrt die** motorway access road *(Brit.)*; expressway entrance [ramp] *(Amer.)*; **~aus·fahrt die** motorway *(Brit.) or (Amer.)* expressway exit; **~dreieck das** motorway *(Brit.) or (Amer.)* expressway junction *or* merging point; **~gebühr die** motorway *(Brit.) or (Amer.)* expressway toll; **~kreuz das** motorway *(Brit.) or (Amer.)* expressway interchange; **~rast·stätte die** motorway *(Brit.) or (Amer.)* expressway service area; **~vignette die** *s.* **Gebührenvignette; ~zubringer der** motorway *(Brit.) or (Amer.)* expressway approach road *or* feeder [road]

**auto-, Auto-: ~biographie** [-----'-] **die** autobiography; **~biographisch** [----'--] **1.** *Adj.* autobiographical; **2.** *adv.* autobiographically; **~bus der** bus; *(Reisebus)* coach; **~car der** *(schweiz.)* coach

**Autodafé** [autoda'fe:] **das;** ~s, ~s **a)** *(hist.: Ketzerverbrennung)* auto-da-fé; **b)** *(Bücherverbrennung)* book-burning

**Auto·didakt** [-di'dakt] **der;** ~en, ~en,

**Autodidaktin die; ~, ~nen** autodidact; **~ sein** be an autodidact; be self-taught

**auto·didaktisch 1.** *Adj.* self-study *attrib.*, self-teaching *attrib.* ⟨*aids, materials*⟩; **~es Studium** self-study; self-instruction. **2.** *adv.* **sich ~ weiterbilden** continue one's education by self-study

**Autodrom das; ~s, ~e a)** *s.* **Motodrom; b)** *(österr.: für Skooter)* dodgems *pl.*; bumper cars *pl.*

**auto-, Auto-: ~elektrik die** automotive electrics *pl.*; *(Anlage)* [car] electrical system; **~erotik die** auto-eroticism *no art.*; **~fähre die** car ferry; **~fahren das** driving; motoring; **~fahrer der** [car-]driver; **~fahrer·gruß der** *(ugs.) driver's tapping of the forehead in response to stupid action by other driver, cyclist, pedestrian, etc.*; **~fahrt die** drive; **~frei** *Adj.* ⟨*day, time*⟩ when no cars are/were allowed on the road; ⟨*place*⟩ where no cars are/were allowed; **X ist ~frei** no cars are allowed in X; **~fried·hof der** *(ugs.)* car dump; **~gen** [~'ge:n] **1.** *Adj.* **a)** *(Technik)* **~genes Schneiden/Schweißen** gas *or* oxy-acetylene cutting/welding; **b)** *(Psych.)* **~genes Training** autogenic training; autogenics; **2.** *adv. (Technik)* **~gen schweißen/schneiden** weld/cut using an oxy-acetylene flame; **~gramm** [--'-] **das; ~s, ~e** autograph; **~gramm·jäger** [--'---] **der** autograph-hunter; **~hypnose** [---'--] **die** *(Psych.)* autohypnosis; **~karte die** road map; **~kino das** drive-in cinema; **~knakker der** *(ugs.)* car-burglar; **~kolonne die** line of cars; **~krat** [auto'kra:t] **der; ~en, ~en** autocrat; **~kratie** [---'-] **die; ~, ~n** autocracy; **~kratisch** [--'--] **1.** *Adj.* autocratic; **2.** *adv.* autocratically; **~marder der** car-burglar; **~marke die** make of car

**Automat** [auto'ma:t] **der; ~en, ~en a)** *(Verkaufs~)* [slot-]machine; vending-machine; *(Spiel~)* slot-machine; fruit-machine; *(Musik~)* juke-box; **b)** *(in der Produktion, auch fig.: Mensch)* robot; automaton; **ich bin doch kein ~:** I'm not a machine; **c)** *(Math., DV)* automaton

**Automaten-: ~knacker der** *(ugs.)* thief who breaks into slot-machines; **~restaurant das** vending-machine restaurant; automat *(Amer.)*

**Automatik die; ~, ~en** *(Technik)* **a)** *(Vorrichtung)* automatic control mechanism; *(Getriebe~)* automatic transmission; **eine ~ haben** ⟨*car*⟩ have automatic transmission; ⟨*camera*⟩ have automatic exposure control; **b)** *(Vorgang)* automatic process

**Automatik·gurt der** *(Kfz-W.)* inertia-reel belt

**Automation die; ~:** automation

**automatisch** *(auch fig.)* **1.** *Adj.* automatic. **2.** *adv.* automatically

**automatisieren** *tr. V.* automate

**Automatisierung die; ~, ~en** automation

**Automatismus der; ~, Automatismen a)** *(Technik, fig.)* automatic mechanism; **b)** *(Med., Biol., Psych.)* automatism *no art.*

**Auto-: ~mechaniker der** motor mechanic; **~minute die: zehn ~minuten entfernt sein** be ten minutes [away] by car; be ten minutes' drive [away]; **~mobil** [---'-] **das; ~s, ~e** *(geh.)* motor car; automobile *(Amer.)*

**Automobil-: ~aus·stellung die** motor show *(Brit.)*; automobile show *(Amer.)*; **~bau der** car manufacture; **~industrie die** motor industry

**auto-, Auto-: ~mobilist** [----'-] **der; ~en, ~en** *(bes. schweiz.)* motorist; car-driver; **~mobil·klub** [---'--] **der** motoring organization; **~nom** [--'-] **1.** *Adj.* autonomous; autonomic ⟨*nervous system*⟩; **2.** *adv.* autonomously; **~nomie** [---'-] **die; ~, ~n** autonomy; **~nummer die** [car] registration number; **~papiere** *Pl.* car documents; **~pilot der** *(Flugw.)* autopilot

**Autopsie** [autɔ'psi:] **die; ~, ~n** *(Med.)* autopsy; post-mortem [examination]

**Autor** ['autɔr] **der; ~s, ~en** [-'to:rən] author

**Auto-: ~radio das** car radio; **~reifen der** car tyre; **~reise·zug der** Motorail train *(Brit.)*; auto train *(Amer.)*

**Autoren·kollektiv das** authors' collective

**Auto-: ~rennen das** *(Sportart)* motor *(Brit.) or (Amer.)* auto racing; *(Veranstaltung)* motor *(Brit.) or (Amer.)* auto race; **~reparatur die** car repair; repair to the/a car

**Autorin die; ~, ~nen** authoress; author

**Autorisation** [autoriza'tsio:n] **die; ~, ~en** authorization

**autorisieren** *tr. V.* authorize

**autoritär** [autori'tɛ:ɐ̯] **1.** *Adj.* authoritarian. **2.** *adv.* in an authoritarian manner

**Autorität** [autori'tɛ:t] **die; ~, ~en** authority; **als ~ auf einem Gebiet gelten** be regarded as an authority in a field

**autoritativ** [autorita'ti:f] **1.** *Adj. (geh.)* authoritative. **2.** *adv.* authoritatively

**autoritäts·gläubig** *Adj.* trusting in authority *pred.*

**Autoritäts·gläubigkeit die** trust in authority

**Autor·korrektur die** *(Buchw.)* author's correction; *(Fahne)* author's proof; *(Korrekturlesen)* author's reading of the proofs

**Autorschaft die; ~:** authorship

**auto-, Auto-: ~schalter der** drive-in counter; **~schlange die** queue *or* line of cars; **~schlosser der** *s.* **~mechaniker; ~schlüssel der** car key; **~skooter der** dodgem; bumper car; **~stopp der** hitch-hiking; hitching *(coll.)*; **per** *od.* **mit ~stopp fahren, ~stopp machen** hitch-hike; hitch *(coll.)*; **~strich der** *(ugs.) area where prostitutes wait to be picked up by kerb-crawlers;* **~stunde die: zwei ~stunden entfernt sein** be two hours [away] by car; be two hours' drive [away]; **~suggestion** [----'-] **die** *(Psych.)* auto-suggestion; **~telefon das** car telephone; **~test der** car test; **~tür die** car door; **~typie** [---'-] **die; ~, ~n** *(Druckw.)* half-tone photoengraving; **~unfall der** car accident; **~verkehr der** [motor] traffic; **~verleih der, ~vermietung die** car hire *(Brit.)* or rental firm *or* service; **~werkstatt die** garage; car repair shop; **~zubehör das** car accessories *pl.*

**autsch** [autʃ] *Interj.* ouch; ow

**Au·wald der** *s.* **Auenwald**

**auweh** [au've:] *Interj.* oh dear; *(Ausruf des Schmerzes)* ouch

**auwei[a]** [au'vai(a)] *Interj. (ugs.)* oh dear

**Avance** [a'vã:sə] **die; ~, ~n** *in* **jmdm. ~n machen** make approaches to sb.; *(geh.: einen Flirt beginnen)* make advances to sb.

**avancieren** [avã'si:rən] *itr. V.; mit sein (geh.)* **zu etw. ~:** be promoted to sth. *(also iron.)*; rise to sth.; **zum Bestseller ~** *(fig.)* become a best seller

**Avantgarde** [avã'gardə] **die; ~, ~n** avant-garde; *(Politik)* vanguard *(fig.)*

**Avantgardismus der; ~:** avant-gardism

**Avantgardist der; ~en, ~en** member of the avant-garde; avant-gardist

**avantgardistisch 1.** *Adj.* avant-garde. **2.** *adv.* ⟨*paint etc.*⟩ in an avant-garde style

**AvD** [a:fau'de:] **der; ~** *Abk.:* **Automobilclub von Deutschland** Automobile Club of Germany

**Ave-Maria** ['a:vema'ri:a] **das; ~[s], ~[s]** *(kath. Kirche)* Ave Maria; Hail Mary

**Avers** [a'vɛrs] **der; ~es, ~e** *(Münzk.)* obverse

**Aversion** [avɛr'zio:n] **die; ~, ~en** aversion; **eine ~** *od.* **~en gegen jmdn./etw. haben** have an aversion to sb./sth.

**Avis** [a'vi:] **der** *od.* **das; ~** *(Kaufmannsspr., Bankw.)* advice; *(schriftlich)* advice note

**avisieren** [avi'zi:rən] *tr. V. (bes. Wirtsch.)* send notification of; advise *or* notify of

**Aviso** [a'vi:zo] **das; ~s, ~s** *(österr.) s.* **Avis**

**Avocado** [avo'ka:do] **die; ~, ~s** avocado [pear]

**Axel** ['aksl̩] **der; ~s, ~** *(Eis-, Rollkunstlauf)* axel

**axial** [a'ksia:l] *Adj. (Technik)* axial

**Axiom** [a'ksio:m] **das; ~s, ~e** axiom

**Axiomatik** [aksio'ma:tɪk] **die; ~ a)** *(Lehre)* axiomatics *sing.; no art.*; study of axioms; **b)** *(Verfahren)* axiomatization

**axiomatisch 1.** *Adj.* axiomatic. **2.** *adv.* axiomatically

**Axt** [akst] **die; ~, Äxte** ['ɛkstə] axe; **die ~ im Haus erspart den Zimmermann** *(Spr.)* it saves trouble if you don't have to get someone in; **sich benehmen wie die ~ im Walde** behave like a boor

**Axt·hieb der** blow of the/an axe

**Azalee** [atsa'le:ə], **Azalie** [a'tsa:li̯ə] **die; ~, ~n** azalea

**Azetat** *s.* **Acetat**

**Azimut** [atsi'mu:t] **das** *od.* **der; ~s** *(Astron.)* azimuth

**Azoren** [a'tso:rən] *Pl.* **die ~:** the Azores

**Azteke** [ats'te:kə] **der; ~n, ~n** Aztec

**Azteken·reich das** Aztec empire

**Azubi** ['a:tsubi] **der; ~s, ~s/die; ~, ~s** *(ugs.) s.* **Auszubildende**

**Azur** [a'tsu:ɐ̯] **der; ~s** *(dichter.)* **a)** *(Farbe)* azure; **b)** *(Himmel)* azure *(literary)*

**azur·blau, azurn** *Adj. (geh.)* azure[-blue]

**azyklisch** ['atsy:klɪʃ] *Adj.* **a)** *(unregelmäßig)* irregular; **b)** *(Bot., Chemie)* acyclic

# B

**b, B** [be:] **das; ~, ~ a)** *(Buchstabe)* b/B; **b)** *(Musik)* [key of] B flat; *s. auch* **a, A**

**B die; ~** *Abk.* **Bundesstraße** ≈ A *(Brit.)*

**BA** [be:'|a:] **die; ~** *Abk.* **Bundesanstalt für Arbeit**

**BAB** [be:|a:'be:] **die; ~** *Abk.* **Bundesautobahn** ≈ M *(Brit.)*

**babbeln** ['babl̩n] *(landsch. ugs.) itr., tr. V. (auch abwertend)* babble

**Babel** ['ba:bl̩] **1. (das); ~s** Babel; **der Turm zu ~:** the Tower of Babel. **2. das; ~s, ~ a)** *(Sünden~)* hotbed of vice; sink of iniquity; **b)** *(vielsprachiger Ort)* babel

**Baby** ['be:bi] **das; ~s, ~s** *od.* **Babies** baby

**Baby-: ~artikel** *Pl.* baby goods; **~ausstattung die** layette

**Babylon** ['ba:bylɔn] **1. (das); ~s** Babylon. **2. das; ~s, ~s** *s.* **Babel 2**

**Babylonien** [baby'lo:ni̯ən] **(das); ~s** Babylonia

**Babylonier der; ~s, ~:** Babylonian

**babylonisch** *Adj.* Babylonian; **ein ~es Sprachgewirr** a babel of languages; **der Babylonische Turm** the Tower of Babel

**baby-, Baby-: ~sitten** [-sɪtn̩] *itr. V.; nur im Inf. (ugs.)* babysit; **~sitter** [-sɪtɐ] **der; ~s, ~, ~sitterin die; ~, ~nen** baby-sitter; **~sitting** [-sɪtɪŋ] **das; ~s** baby-sitting; **~speck der** *(ugs.)* puppy fat *(Brit.)*; baby fat *(Amer.)*; **~strich der** *(ugs.)* child prostitution; **~waage die** baby scales; **~wäsche die** baby clothes

**bacchantisch** [ba'xantɪʃ] *(geh.)* **1.** *Adj.* Bacchanalian. **2.** *adv.* in a Bacchanalian manner *or* fashion

**Bach** [bax] **der; ~[e]s, Bäche** ['bɛçə] **a)** stream; brook; **den ~ runtergehen** *(ugs.)* get pushed into the background; **b)** *(Rinnsal)* stream [of water]; *s. auch* **Bächlein**

**bach·ạb** *Adv.* downstream

**Bache** ['baxə] *(Jägerspr.)* **die; ~, ~n** wild sow

**Bächelchen** ['bɛçl̩çən] **das; ~s, ~:** rivulet

**Bạch·forelle die** brown trout

**Bächlein** ['bɛçlain] **das; ~s, ~:** rivulet; **ein ~ machen** *(Kinderspr.)* do a wee-wee *(child lang.)*

**Bạch·stelze die** *(Motacilla alba alba)* white wagtail; *(M.a. yarrellii)* pied wagtail

**Back** [bak] **die; ~, ~en** *(Seemannsspr.)* **a)** *(Decksaufbau)* forecastle; fo'c's'le; **b)** *(Schüssel)* wooden serving bowl *(in which sailors' food is served)*; **c)** *(Tisch)* mess-table; **d)** *(Tischgemeinschaft)* mess

**Bạck·blech das** baking-sheet

**Bạck·bord das** *(Seew., Luftf.)* port [side]; **über ~:** over the port side

**backbord[s]** ['bakbɔrt(s)] *Adv.* *(Seew., Luftf.)* on the port side

**Bäckchen** ['bɛkçən] **das; ~s, ~:** [little] cheek

**Backe** ['bakə] **die; ~, ~n a)** *(Wange)* cheek; **au ~!** *(ugs.)* oh heck *(coll.)*; *s. auch* **voll 1 a; b)** *(ugs.: Gesäß~)* buttock; cheek *(sl.)*; *s. auch* **abreißen c; c)** *(Seitenteil) (eines Schraubstocks)* jaw; cheek; *(eines Gewehrs)* cheek-piece; *(Brems~) (eines Autos)* shoe; *(eines Fahrrads)* block

**[1]backen** ['bakn̩] **1.** *unr. itr. V.* **a)** bake; do the baking; **ich backe immer selbst** I do all my own baking; **b)** *(garen)* ⟨*cake etc.*⟩ bake; **der Kuchen muß noch 10 Minuten ~:** the cake has to stay in the oven for another 10 minutes; **c)** ⟨*oven*⟩ bake. **2.** *unr. tr. V.* **a)** bake ⟨*cakes, bread, etc.*⟩; **ich backe vieles selbst** I do a lot of my own baking; *(fig.)* **das frisch gebackene Ehepaar** *(ugs.)* the newly-weds *pl. (coll.)*; **eine frisch gebackene Ärztin** *(ugs.)* a newly-fledged doctor; **b)** *(bes. südd.: braten)* roast; *(in der Bratpfanne)* fry; **c)** *(trocknen)* dry ⟨*fruit, mushrooms, etc.*⟩; bake ⟨*brick*⟩

**[2]bạcken** *(bes. nordd.)* **1.** *itr. V.* ⟨*snow, earth*⟩ stick (**an** + *Dat.* to). **2.** *tr. V.* stick (**an** + *Akk.* on to)

**Bạcken-: ~bart der** side-whiskers *pl.*; sideboards *pl. (sl.)*; **~bremse die** *(Technik) (eines Autos)* shoe brake; *(eines Fahrrads)* block brake; **~knochen der** cheek-bone; **~streich der** *(veralt.)* slap in the face; **~tasche die** [cheek] pouch; **~zahn der** molar; **kleiner** *od.* **vorderer/großer** *od.* **hinterer ~zahn** premolar/back molar

**Bäcker** ['bɛkɐ] **der; ~s, ~ a)** baker; **~ lernen** learn the baker's trade; learn to be a baker; **er will ~ werden/ist ~:** he wants to be/is a baker; **b)** *(Geschäft)* baker's [shop]; **zum ~ gehen** go to the baker's; **beim ~:** at the baker's

**Bạck·erbsen** *Pl. (Kochk.) small crisp round noodles added to soup*

**Bäckerei die; ~, ~en a)** *(Bäckerladen)* baker's [shop]; *(Backstube)* bakery; **b)** *o. Pl. (das Backen)* baking; **c)** *(Handwerk)* bakery trade; **d)** *(südd., österr.) s.* **Backwerk**

**Bäcker-: ~geselle der** journeyman baker; **~hand·werk das** bakery trade

**Bạckerin die; ~, ~nen** baker

**Bạcker-: ~innung die** bakers' guild; **~junge der** *(Gehilfe)* baker's boy *or* lad; *(Lehrling)* baker's apprentice; **~laden der** baker's shop; **~lehre die** baker's apprenticeship; **~lehrling der** baker's apprentice; **~meister der** master baker

**Bạckers·frau die** baker's wife

**bạck-, Bạck-: ~fertig** *Adj.* oven-ready; **~fisch der a)** *(Kochk.)* fried fish *(in breadcrumbs)*; **b)** *(veralt.: Mädchen)* teenager; teenage girl; **~form die** baking-tin *(Brit.)*; baking-pan *(Amer.)*; *(für Kuchen)* cake-tin *(Brit.)*; cake-pan *(Amer.)*; *(aus Ton)* earthenware baking-mould

**Background** ['bɛkgraunt] **der; ~s, ~s** background

**Bạckhähnchen das** fried chicken *(in breadcrumbs)*

**Bạck-: ~hendl das** *(österr.)*, **~huhn das** fried chicken *(in breadcrumbs)*; **~mulde die** *s.* **~trog; ~obst das** dried fruit; **~ofen der** oven; *(beim Bäcker)* [baker's] oven; **~pfeife die** *(bes. nordd.)* slap in the face; **~pfeifen·gesicht das** *(salopp abwertend) s.* **Ohrfeigengesicht; ~pflaume die** prune; **~pulver das** baking-powder; **~rohr das** *(südd., österr.)*, **~röhre die** oven; **~stein der** brick; **~stein·bau der;** *Pl.* **-bauten** brick building; **~stein·gotik die** *(Kunstwiss.)* brick Gothic [architecture]; **~stube die** bakery; bakehouse; **~trog der** kneading trough; dough tray *or* trough; **~waren** *Pl.* bread, cakes, and pastries; **~werk das;** *o. Pl.* biscuits *or (Amer.)* cookies and pastries

**Bad** [ba:t] **das; ~[e]s, Bäder** ['bɛ:dɐ] **a)** *(Wasser)* bath; **[sich** *(Dat.)***] ein ~ einlaufen lassen** run [oneself] a bath; **b)** *(das Baden)* bath; *(das Schwimmen)* swim; *(im Meer o.ä.)* bathe; **ein ~ nehmen** *(geh.)* have *or* take a bath; *(schwimmen)* go for a swim; *(im Meer o.ä.)* bathe; **nach dem ~** after bathing; **beim ~ im Meer/***(fig.)* **in der Sonne** when bathing in the sea/sun-bathing; **jmdm. Bäder verordnen** *(Med.)* prescribe a course of baths for sb.; **c)** *(Badezimmer)* bathroom; **ein Zimmer mit ~:** a room with [private] bath; **d)** *(Schwimm~)* [swimming-]pool; swimming-bath; **e)** *(Heil~)* spa; *(See~)* [seaside] resort; **f)** *(Technik, Chemie)* bath

**Bade-: ~anstalt die** swimming baths *pl. (Brit.)*; public pool *(Amer.)*; **~an·zug der** swimming *or* bathing costume; swimsuit; **~arzt der** spa doctor; **~gast der a)** *(im Schwimmbad)* bather; swimmer; **b)** *(im Kurort)* visitor to a/the spa; **~hose die** swimming *or* bathing trunks *pl*; **~kabine die** changing-cubicle *(Brit.)*; locker *(Amer.)*; **~kappe die** swimming *or* bathing cap; **~kur die** course of treatment at a spa; **~mantel der** dressing-gown; bathrobe; *(Strandkleidung)* beach robe; **~matte die** bath-mat; **~meister der** swimming-pool attendant; **~mütze die** swimming *or* bathing cap

**baden 1.** *itr. V.* **a)** *(in der Wanne)* have *or* take a bath; bath; **warm/kalt ~:** have *or* take a hot/cold bath; **b)** *(schwimmen)* bathe; swim; **~ gehen** go for a bathe *or* a swim; go bathing *or* swimming; **[bei** *od.* **mit etw.] ~ gehen** *(ugs.)* come a cropper *(coll.)* [over sth.]. **2.** *tr. V.* bath ⟨*child, patient, etc.*⟩; bathe ⟨*wound, face, eye, etc.*⟩; **in Schweiß gebadet** *(fig.)* bathed in sweat; **du bist wohl als Kind zu heiß gebadet worden!** *(ugs. scherzh.)* you must have been dropped on your head as a baby

**Baden** ['ba:dn̩] **(das); ~s** Baden

**Badener** ['ba:dənɐ], *(ugs.)* **Badenser** [ba'dɛnzɐ] **der; ~s, ~:** inhabitant of Baden; *(von Geburt)* native of Baden; *s. auch* **Kölner**

**Bade-: ~ofen der** bath-water heater; **~ort der a)** *(Seebad)* [seaside] resort; **b)** *(Kurort)* spa; **~platz der** bathing-place

**Bader der; ~s, ~** *(hist.)* barber[-surgeon]

**Bäder** *s.* **Bad**

**Bade-: ~sachen** *Pl.* bathing *or* swimming things; **~saison die** bathing *or* swimming season; *(im Kurort)* spa season; **~salz das** bath salts *pl.*; **~schwamm der** [bath] sponge; **~strand der** bathing-beach; **~tuch das** bath towel; **~wanne die** bath[-tub]; **~wasser das** bath water; **~wetter das** bathing weather; weather warm enough *or* suitable for bathing *or* swimming; **~zeit die a)** *(bei Heilbehandlungen)* immersion time; **b)** *(in ~anstalten)* swimming time; **die ~zeit ist beendet** the pool is now closing; **c)** *s.***~saison; ~zeug das** *(ugs.)* bathing *or* swimming things *pl.*; **~zimmer das** bathroom; **~zu·satz der** *(~salz)* bath salts; *(Schaumbad)* bubble bath

**badisch** *Adj.* of Baden *postpos.*; ⟨*wine, produce, etc.*⟩ from Baden; **die ~e Mundart** the Baden dialect; **das Badische** *(Sprachw.)* the Baden dialect; *(Region)* Baden

**Badminton** ['bɛtmɪntən] **das; ~:** badminton

**baff** [baf] *in* **~ sein** *(ugs.)* be flabbergasted

**BAföG** ['ba:fœk] **das; ~** *Abk.* **Bundesausbildungsförderungsgesetz; [300 DM] ~ bekommen** get a [state] grant [of 300 marks]

**Bagage** [ba'ga:ʒə] **die; ~, ~n** *(abwertend) (Familie)* tribe *(derog.)*; *(Gesindel)* rabble; crowd *(coll.)*; **die ganze ~:** the whole lot of them

**Bagatẹll-: ~betrag der** trifling amount; **~delikt das** *(Rechtsw.)* petty *or* minor offence

**Bagatelle** [baga'tɛlə] **die; ~, ~n a)** *(Kleinigkeit)* trifle; bagatelle; **das ist keine ~:** it's no mere trifle; **b)** *(Musik)* bagatelle

**bagatellisieren 1.** *tr. V.* trivialize; minimize. **2.** *itr. V.* trivialize matters

**Bagatẹll-: ~sache die** petty *or* minor case; **~schaden der** minor damage *no indef. art.*; **~schäden** minor damage *sing.*

**Bagger** ['bagɐ] **der; ~s, ~:** excavator; digger; *(Schwimmbagger)* dredger

**Bạgger·führer der** excavator driver; *(eines Schwimmbaggers)* dredger master

**bạggern 1.** *itr. V.* **a)** excavate; *(mit dem Schwimmbagger)* dredge; **b)** *(Volleyball)* dig the ball. **2.** *tr. V.* **a)** excavate; *(mit dem Schwimmbagger)* dredge; **b)** *(Volleyball)* dig ⟨*ball*⟩

**Bạgger·see der** flooded gravel-pit

**Baguette** [ba'gɛt] **die; ~, ~n** baguette

**bah** [ba:] *Interj.* ugh

**bäh** [bɛ:] *Interj.* **a)** *(bei Ekel)* ugh; *(schadenfroh)* hee-hee; tee-hee; **b)** *(von Schafen)* baa

**Bahama·inseln** [ba'ha:ma-], **Bahamas** *Pl.* **die ~:** the Bahamas

**bähen** ['bɛ:ən] *tr. V. (südd., österr., schweiz.)* toast ⟨*bread, roll, etc.*⟩

**Bahn** [ba:n] **die; ~, ~en a)** *(Weg)* path; way; *(von Wasser)* course; **sich** *(Dat.)* **~ brechen** ⟨*invention, idea*⟩ establish itself; **einer Sache ~ brechen** pave *or* prepare the way for sth.; **jmdn. aus der ~ werfen** *od.* **bringen** *od.* **schleudern** *(fig.)* knock sb. sideways *(fig.)*; **auf die schiefe ~ geraten** *(fig.)* go astray; *s. auch* **ebnen; tüchtig 1 a; b)** *(Strecke)* path; *(Umlaufbahn)* orbit; *(einer Rakete)* [flight-]path; *(eines Geschosses)* trajectory; **sich in neuen ~en bewegen** *(fig.)* break new *or* fresh ground *(fig.)*; **etw. [wieder] in die richtige ~ lenken** *(fig.)* get sth. [back] on the right track *(fig.)*; **c)** *(Sport)* track; *(für Pferderennen)* course *(Brit.)*; track *(Amer.)*; *(für einzelne Teilnehmer)* lane; *(Kegel~)* alley; *(Schlitten~, Bob~)* run; *(Bowling~)* lane; **~ frei!** make way!; get out of the way!; **d)** *(Fahr~)* lane; **e)** *(Eisen~)* train; *(~netz)* railways *pl.*; railroad *pl. (Amer.)*; **jmdn. zur ~ bringen/an der ~ abholen** take sb. to/pick sb. up from the station; **mit der** *od.* **per ~:** by train; **~ fahren** go by train; **f)** *(Straßen~)* tram; streetcar *(Amer.)*; **g)** *(Schienenweg)* railway [track]; **h)** *(Streifen) (Stoff~)* length; *(Tapeten~)* strip; length; *(eines Rocks)* panel

**bahn-, Bahn-: ~amtlich** *Adj. (Amtsspr.)* official railway; **~arbeiter der** railway *or (Amer.)* railroad worker; **~beamte der** railway *or (Amer.)* railroad official; **~bre-**

**chend** *Adj.* pioneering; **~brechend für etw. sein** pave *or* prepare the way for sth.; **Bahnbrechendes geleistet haben** have done pioneering work; **~brecher der, ~brecherin die** pioneer; **~bus der** railway bus

**Bähnchen** ['bɛ:nçən] **das; ~s, ~:** narrow-gauge railway; *(in Vergnügungsparks usw.)* miniature railway

**Bahn·damm der** railway *or (Amer.)* railroad embankment

**bahnen** *tr. V.* clear ⟨*way, path*⟩; ⟨*river etc.*⟩ carve out ⟨*channel, bed*⟩; **jmdm./einer Sache einen Weg ~:** clear the *or* a way for sb./sth.; *(fig.)* pave *or* prepare the way for sb./sth.; **sich** *(Dat.)* **einen Weg durch etw. ~:** force a *or* one's way through sth.

**bahnen·weise** *Adv.* in lengths; *(bei Tapeten)* in strips *or* lengths

**bahn-, Bahn-: ~fahrt die** train *or* rail journey; **~frei** *(Kaufmannsspr.) Adj., adv.* free on rail; **~gleis das** railway *or (Amer.)* railroad track *or* line

**Bahn·hof der** [railway *or (Amer.)* railroad] station; **~ Käfertal** Käfertal station; **sich im/am ~ treffen** meet at the station; **ich verstehe nur ~** *(ugs.)* it's [all] double Dutch to me; **[ein] großer ~** *(ugs.)* the red-carpet treatment; **jmdm. einen großen ~ bereiten** *(ugs.)* roll *or* put out the red carpet for sb.

**Bahnhofs-: ~buch·handlung die** station bookshop; *(Bücherstand)* station bookstall; **~gast·stätte die** station restaurant; **~halle die** station concourse; **~hotel das** station hotel; **~mission die** ≈ Travellers' Aid *(charitable organization for helping rail travellers in need of care or assistance);* **~platz der** square in front of the station; **~restaurant das** station restaurant; **~vor·platz der** station forecourt; **~vorstand der, ~vorsteher der** station-master; **~wirtschaft die** station buffet

**bahn-, Bahn-: ~körper der** permanent way; **~lagernd 1.** *Adj.* to be collected from the station *postpos.;* **2.** *adv.* **Waren ~lagernd schicken** send goods to await collection at the station; **~linie die** railway *or (Amer.)* railroad line; **~meisterei die; ~, ~en** permanent way *(Brit.) or (Amer.)* railroad maintenance department; **~polizei die** railway *or (Amer.)* railroad police; **~post die** travelling *or* railway post office *(Brit.);* **~reise die** train *or* rail journey; *(Pauschalreise)* package holiday *(Brit.) or (Amer.)* vacation trip by train; **~reisende der/die** [rail] passenger; **~schranke die** level-crossing *(Brit.) or (Amer.)* grade crossing barrier/gate; **~station die** [railway *or (Amer.)* railroad] halt *(Brit.) or (Amer.)* stop; **~steig** [~ʃtaik] **der; ~[e]s, ~e** [station] platform; **~steig·karte die** platform ticket; **~über·führung die a)** underbridge; underline bridge; **b)** *(ugs.: Brücke über die Bahnlinie)* bridge over the/a railway *or (Amer.)* railroad; **~über·gang der** level-crossing *(Brit.);* grade *or* railroad crossing *(Amer.);* **~unter·führung die a)** overbridge; overline bridge; **b)** *(ugs.: Brücke für die Eisenbahn)* railway *or (Amer.)* railroad bridge; **~verbindung die** rail *(Brit.) or* train connection; **~wärter der** level-crossing keeper *(Brit.); (Streckenwärter)* linesman *(Brit.);* trackman *(Amer.);* **~wärter·häuschen das** level-crossing keeper's hut *(Brit.)*

**Bahre** ['ba:rə] **die; ~, ~n a)** *(Kranken~)* stretcher; **b)** *(Toten~)* bier

**Bahr·tuch das;** *Pl.* **Bahrtücher** pall

**Bai** [bai] **die; ~, ~en** bay

**bairisch** ['bairɪʃ] *Adj.* Bavarian

**Baiser** [bɛ'ze:] **das; ~s, ~s** meringue

**Baisse** ['bɛ:sə] **die; ~, ~n** *(Börsenw.)* fall; **auf ~ spekulieren** speculate for a fall; bear

**Baisse·spekulant der, Baissier** [bɛ'sie:] **der; ~s, ~s** *(Börsenw.)* bear

**Bajonett** [bajo'nɛt] **das; ~[e]s, ~e** bayonet

**Bajonett-: ~fassung die** *(Elektrot.)* bayonet socket; **~verschluß der** bayonet connection

**Bajuware** [baju'va:rə] **der; ~n, ~n** *(scherzh.)* Bavarian

**bajuwarisch** *Adj. (scherzh.)* Bavarian

**Bake** ['ba:kə] **die; ~, ~n a)** *(vor Eisenbahnübergängen, an Autobahnen)* countdown marker; **b)** *(zur Absperrung)* [movable] barrier; **c)** *(für Schiffe, Flugzeuge)* beacon; **d)** *(Vermessungsw.)* ranging-pole; range-pole

**Bakelit** Ⓦ [bakə'li:t] **das; ~s** bakelite **(P)**

**Baken·tonne die** *(Seew.)* marker buoy

**Bakkarat** ['bakara(t)] **das; ~s** baccarat

**Bakken** ['bakn̩] **der; ~s, ~** *(Skispringen)* [jumping-]hill

**Bakschisch** ['bakʃɪʃ] **das; ~[e]s, ~e** baksheesh

**Bakterie** [bak'te:riə] **die; ~, ~n** bacterium; **voller ~n** full of germs

**bakteriell** [bakte'riɛl] *(Med., Biol.)* **1.** *Adj.* bacterial. **2.** *adv.* **~ verursacht** caused by bacteria

**Bakterien-: ~kultur die** bacterial culture; **~träger der** carrier

**Bakteriologe** [bakterio'lo:gə] **der; ~n, ~n, Bakteriologin die; ~, ~nen** bacteriologist

**Bakteriologie die; ~:** bacteriology *no art.*

**bakteriologisch 1.** *Adj.* bacteriological. **2.** *adv.* ⟨*investigate, detect*⟩ using bacteriological methods

**bakterizid** [bakteri'tsi:t] *(Med.)* **1.** *Adj.* bactericidal. **2.** *adv.* **~ wirken** act as a bactericide; have a bactericidal effect

**Bakterizid das; ~s, ~e** bactericide

**Balalaika** [bala'laika] **die; ~, ~s** *od.* **Balalaiken** balalaika

**Balance** [ba'laŋsə] **die; ~, ~n** balance; **die ~ halten/verlieren** keep/lose one's balance; **die ~ zwischen ... und ... halten** *(fig.)* keep a balance between ... and ...

**Balance·akt der** *(auch fig.)* balancing act

**balancieren** [balaŋ'si:rən] **1.** *itr. V.; mit sein (auch fig.)* balance; **über etw.** *(Akk.)* **~:** pick one's way precariously across sth. **2.** *tr. V.* balance

**Balancier·stange die** balancing pole

**balbieren** [bal'bi:rən] *tr. V. s.* **Löffel a**

**bald** [balt] *Adv.* **a) eher** ['e:ɐ], **am ehesten** [-'e:əstn̩] *(in kurzer Zeit)* soon; *(leicht, rasch)* quickly; easily; **~ danach** *od.* **darauf** soon afterwards; **so ~ als** *od.* **wie möglich** as soon as possible; **möglichst ~:** as soon as possible; **so etwas kommt so ~ nicht wieder vor** something like that won't happen again in a long while *or (coll.)* in a hurry; **bist du ~ still?** will you just be quiet; **wird's ~?** how much longer are you going to be?; get a move on, will you; **bis** *od.* **auf ~:** see you soon; **seit ~ zwei Jahren** for nearly two years; **b)** *(ugs.: fast)* almost; nearly; **das ist ~ nicht mehr schön** that's getting beyond a joke *(Brit.);* that's not funny any more *(Amer.);* **c)** *(veralt.) in* **~ ..., ~ ...:** now ..., now ...; **~ so, ~ so** now this way, now that

**Baldachin** ['baldaxi:n] **der; ~s, ~e** baldachin; *(über dem Bett)* canopy

**Bälde** ['bɛldə] *in* **in ~** *(Papierdt.)* in the near future

**baldig** *Adj.; nicht präd.* speedy; quick; **auf ~es Wiedersehen** *(geh.)* see you again soon

**baldigst** *Adv.* as soon as possible

**bald·möglichst** *(Papierdt.) adv.* as soon as possible

**baldowern** [bal'do:vɐn] *(ugs.)* **1.** *tr. V.* check out. **2.** *itr. V.* check everything out

**Baldrian** ['baldria:n] **der; ~s, ~e** valerian

**Baldrian·tropfen** *Pl.* valerian drops

**Balearen** [bale'a:rən] *Pl.* **die ~:** the Balearic Islands

[1]**Balg** [balk] **der; ~[e]s, Bälge** ['bɛlgə] **a)** *(von Tieren)* pelt; skin; *(eines Vogels)* skin; **einem Tier den ~ abziehen** skin an animal; **b)** *(salopp) (Bauch)* belly; *(Leib)* body; *s. auch* **rücken 2 a; c)** *(Bot. od. südd.) (Haut)* skin; *(Hülle, Schote)* pod; **d)** *(Blase~; bei einer Kamera)* bellows *pl.*

[2]**Balg das; ~[e]s, Bälger** ['bɛlgɐ] *od.* **Bälge** ['bɛlgə] *(ugs., oft abwertend)* kid *(sl.);* brat *(derog.)*

**balgen** *refl. V. (ugs.)* scrap *(coll.);* **sich um etw. ~:** scrap *(coll.)* over sth.; *(fig.)* fight over sth.

**Balgen der; ~s, ~** *(Fot.)* bellows *pl.*

**Balgerei die; ~, ~en** *(ugs.)* scrap *(coll.)*

**Balg·geschwulst die** sebaceous cyst

**Balkan** ['balka:n] **der; ~s a)** *(~halbinsel)* **der ~:** the Balkans; **auf dem ~:** in the Balkans; **b)** *(Gebirge)* Balkan Mountains

**Balkan·halb·insel die** Balkan Peninsula

**balkanisieren** *tr. V. (auch fig.)* Balkanize

**Balkanisierung die; ~, ~en** *(auch fig.)* Balkanization

**Balkan·staat der** Balkan State

**Balken** ['balkn̩] **der; ~s, ~ a)** *(Holz~)* beam; *(aus Stahl)* beam; girder; *(Stütz~)* prop; shore; **lügen, daß sich die ~ biegen** tell a [complete] pack of lies; *s. auch* **Splitter, Wasser a; b)** *(Her.)* fess; **c)** *(Schwebe~)* beam; **d)** *(Musik)* cross-stroke; **e)** *(Waage~)* beam; **f)** *(Leichtathletik) (beim Weitsprung)* take-off board; *(beim Kugelstoßen)* stop-board; toe-board; **g)** *(dicker Strich)* thick stroke; *(fette Linie)* thick line

**Balken-: ~decke die** ceiling with wooden beams; **~konstruktion die** timber-frame structure; **~über·schrift die** *(Zeitungsw.)* banner headline; **~waage die** beam-balance

**Balkon** [bal'kɔŋ, bal'ko:n] **der; ~s, ~s** [bal'kɔŋs] *od.* **~e** [bal'ko:nə] **a)** balcony; **b)** *(Theater)* [dress] circle; *(im Kino)* circle; **~ sitzen** sit in the [dress] circle; **c)** *(ugs.: Busen)* big boobs *pl. (sl.);* big bust

**Balkonien** [bal'ko:niən] **(das); ~s** *(ugs. scherzh.)* **nach ~ fahren** stay at home and relax on one's own balcony

**Balkon-: ~pflanze die** balcony plant; **~tür die** balcony door; **~zimmer das** room with a balcony

**Ball** [bal] **der; ~[e]s, Bälle** ['bɛlə] **a)** ball; **~ spielen** play ball; **am ~ sein** have the ball; *(fig. ugs.)* be in touch; be on the ball *(coll.);* **am ~ bleiben** keep [possession of] the ball; *(fig.)* stick *(coll.) or* keep at it; **hart am ~ bleiben** *(fig. ugs.)* stay right with it *(coll.);* **jmdm./einander/sich [gegenseitig] die Bälle zuspielen** *od.* **zuwerfen** *(fig.)* feed sb./each other lines; **b)** *(Sportjargon: Schuß, Wurf)* ball; *(aufs Tor)* shot; **c)** *(Fest)* ball; **d)** *(Punkt) (Tennis)* point; *(Baseball)* ball; **e)** *(fig.: Kugel)* ball; **der glühende ~ der Sonne** *(geh.)* the fiery orb of the sun

**ballaballa** [bala'bala] *Adj.; nicht attr. (salopp)* crackers *(sl.);* daft

**Ballade** [ba'la:də] **die; ~, ~n** ballad

**balladenhaft, balladesk** [bala'dɛsk] *Adj.* ballad-like

**Ballast** [ba'last] **der; ~[e]s, ~e** ballast; *(fig.: in Buch, Artikel usw.)* padding; **~ abwerfen** *od.* **über Bord werfen** shed *or* jettison ballast; *(fig.)* rid oneself of unnecessary burdens; **jmdn./etw. als ~ empfinden** *(fig.)* find sb./sth. a burden *or* an encumbrance

**Ballast·stoffe** *Pl. (Med.)* roughage *sing.*

**Bällchen** ['bɛlçən] **das; ~s, ~:** [little] ball

**ballen 1.** *tr. V.* clench ⟨*fist*⟩; crumple ⟨*paper*⟩ into a ball; press ⟨*snow etc.*⟩ into a ball; *s. auch* **Faust; geballt 2. 2.** *refl. V.* ⟨*clouds*⟩ gather, build up; ⟨*crowd*⟩ gather; ⟨*traffic*⟩ build up; ⟨*fist*⟩ clench; *(fig.)* ⟨*problems, difficulties, etc.*⟩ accumulate, mount up

**Ballen der; ~s, ~ a)** *(Packen)* bale; **ein ~ Stroh/Stoff** a bale of straw/cloth; **b)** *(Hand~, Fuß~)* ball; *(bei Tieren)* pad; **c)** *(Med.)* bunion; **d)** *(Wurzel~)* [root-]ball

**ballen·weise** *Adv.* by the bale

**Ballerei die; ~, ~en** *(ugs.)* shoot-out

**Ballerina** [balə'ri:na] **die; ~, Ballerinen** ballerina; ballet-dancer

**Bạller·mann der;** *Pl.* **-männer** *(ugs.)* shooting-iron *(sl.)*; shooter *(coll.)*

**bạllern** *(ugs.)* **1.** *itr. V.* **a)** *(schießen)* fire [away]; bang away; **b)** *(schlagen)* bang, hammer (**gegen** on). **2.** *tr. V.* **a)** *(werfen)* hurl; **b) jmdm. eine ~:** sock sb. one *(sl.)*; **c)** *(Sportjargon)* fire ⟨*ball*⟩

**Ballett** [ba'lɛt] **das; ~[e]s, ~e** ballet; **beim ~ sein** *(ugs.)* be a dancer with the ballet; be a ballet-dancer

**Ballẹtt·abend der** evening ballet programme *or* performance

**Ballẹttänzer der, Ballettänzerin die** ballet-dancer

**Balletteuse** [balɛ'tø:zə] **die; ~, ~n** dancer

**Ballẹtt-: ~meister der** ballet-master; **~musik die** ballet music; **~ratte die** *(ugs. scherzh.)* ballet-pupil; **~röckchen das** tutu; **~schuh der** ballet shoe; **~schule die** ballet school; **~tänzer** *s.* **Ballettänzer; ~truppe die** ballet company; *(im Gegensatz zu den Solotänzern)* corps de ballet

**Bạll-: ~führung die** *(Ballspiele)* ball control; **~haus das** real-tennis court; *(hist.)* tennis court

**Ballịstik die; ~:** ballistics *sing., no art.*

**Ballịstiker der; ~s, ~:** ballistics expert

**ballịstisch 1.** *Adj.; nicht präd.* ballistic. **2.** *adv.* ballistically

**Bạll-: ~junge der** ballboy; **~kleid das** ball dress *or* gown; **~königin die** belle of the ball; **~künstler der** *(Fußballjargon)* artist with the ball

**Ballon** [ba'lɔŋ] **der; ~s, ~s a)** balloon; **b)** *(salopp: Kopf)* nut *(sl.)*; **eins auf** *od.* **an den ~ kriegen** get hit on the nut *(sl.)*; **[so] einen ~ kriegen** *od.* **bekommen** go as red as a beetroot; **c)** *(Flasche)* demijohn; **d)** *(Chemie)* carboy

**Ballọn-: ~mütze die** Mao cap; **~reifen der** balloon tyre

**Bạll-: ~saal der** ballroom; **~spiel das** ball game; **~spielen das; ~s** playing ball *no art.*; **~spielen verboten** no ball games; **~technik die** ball control

**Ballung** ['balʊŋ] **die; ~, ~en** build-up; concentration; *(fig.: von Problemen, Schwierigkeiten)* accumulation

**Ballungs-: ~gebiet das, ~raum der** conurbation; **~zentrum das** centre of population; **ein ~zentrum der chemischen Industrie** a centre of the chemical industry

**Bạll·wechsel der** *(Tennis, Tischtennis, Badminton)* rally

**Balsam** ['balza:m] **der; ~s, ~e** balsam; balm; *(fig.)* balm; **~ auf jmds. Wunden gießen** *(fig.)* pour balm on sb.'s wounds

**balsamịeren** *s.* **einbalsamieren**

**balsạmisch 1.** *Adj.* **a)** *(wohlriechend)* balmy; fragrant; *(lindernd)* soothing ⟨*cream, ointment, etc.*⟩; **b)** *(Balsam enthaltend)* balsamic. **2.** *adv.* fragrantly ⟨*scented*⟩; soothingly ⟨*cooling*⟩

**Balte** ['baltə] **der; ~n, ~n, Bạltin die; ~, ~nen** person *or* man/woman from the Baltic; Balt; **er ist ~:** he comes from the Baltic

**Baltikum** ['baltikʊm] **das; ~s** Baltic States *pl.*

**bạltisch** *Adj.* Baltic

**Balustrade** [balʊs'tra:də] **die; ~, ~n** balustrade

**Balz** [balts] **die; ~, ~en a)** *(Liebesspiel)* courtship display; **b)** *(Zeit)* mating season

**bạlzen** *itr. V.* perform its/their courtship display

**Bạlz·zeit die** mating season

**Bambi** ['bambi] **das; ~s, ~s** *(Kinderspr.)* little deer

**Bambule** [bam'bu:lə] **die; ~, ~n** *(salopp)* shindy; **~ machen** go on the rampage

**Bambus** ['bambʊs] **der; ~** *od.* **~ses, ~se** bamboo

**Bạmbus-: ~rohr das** bamboo [cane]; **~sprossen** *Pl.* bamboo shoots; **~vorhang der** *(Politik)* bamboo curtain

**Bammel** ['baml̩] **der; ~s** *(ugs.)* **~ vor jmdm./etw. haben** be scared stiff of sb./sth. *(coll.)*

**bạmmeln** *(bes. nordd.)* *s.* **baumeln**

**banal** [ba'na:l] **1.** *Adj.* **a)** *(abwertend: platt)* banal; trite, banal ⟨*speech, reply, response, excuse*⟩; **b)** *(gewöhnlich)* commonplace; ordinary. **2.** *adv.* **a)** *(abwertend: platt)* banally; tritely; **b)** *(gewöhnlich)* **~ gesagt** to put it plainly and simply

**banalisịeren** *tr. V.* make ⟨*idea*⟩ seem trite; trivialize ⟨*idea, feeling*⟩

**Banalitạ̈t die; ~, ~en a)** *o. Pl. (das Banalsein) s.* **banal 1a, b:** banality; triteness; commonplaceness; ordinariness; **b)** *(Äußerung)* banality

**Banane** [ba'na:nə] **die; ~, ~n** banana

**Banạnen-: ~dampfer der** banana boat; **~flanke die** *(Fußballjargon)* curving cross; **~republik die** *(abwertend)* banana republic; **~schale die** banana-skin; **~split, das; ~, ~s** banana split; **~stecker der** *(Elektrot.)* banana plug

**Banause** [ba'nauzə] **der; ~n, ~n** *(abwertend)* philistine

**banausenhaft** *(abwertend)* **1.** *Adj.* philistine. **2.** *adv.* in a philistine way

**Banausentum das; ~s** *(abwertend)* philistinism *no indef. art.*

**banausisch** *s.* **banausenhaft**

**band** [bant] *1. u. 3. Pers. Sg. Prät. v.* **binden**

**[1]Bạnd das; ~[e]s, Bänder** ['bɛndɐ] **a)** *(Schmuck~; auch fig.)* ribbon; *(Haar~, Hut~)* band; *(Schürzen~)* string; *(zum Zusammenhalten, Kleben)* tape; *(für Sicherheitsgurte usw.)* webbing; **das Blaue ~:** the Blue Ribband *or* Ribbon; **das Bundesverdienstkreuz am ~e** the Federal Service Cross on a ribbon; **b)** *(Meß~)* tape-measure; measuring-tape; *(Farb~)* ribbon; *(Ziel~, Isolier~)* tape; **c)** *(Ton~)* [magnetic] tape; **etw. auf ~** *(Akk.)* **aufnehmen** tape[-record] sth.; **etw. auf ~** *(Akk.)* **sprechen/diktieren** record/dictate sth. on to tape; **d)** *(Förder~)* conveyor belt; *(Fließ~)* production line; **am ~ stehen** work on the production line; **vom ~ laufen** come off the production line; **etw. auf ~** *(Akk.)* **legen** put sth. into production; **am laufenden ~** *(ugs.)* nonstop; continuously; **e)** *(Anat.)* ligament; **f)** *(Säge~)* band; **g)** *(Beschlag)* hinge; **h)** *(Metall~ um Ballen usw.)* band; *(Faß~)* hoop; **i)** *(Nachrichtenw.)* [frequency] band

**[2]Bạnd der; ~[e]s, Bände** ['bɛndə] volume; **etw. spricht Bände** *(ugs.)* sth. speaks volumes

**[3]Band** [bɛnt] **die; ~, ~s** band; *(Beat~, Rock~ usw.)* band; group

**[4]Bạnd das; ~[e]s, ~e a)** *(dichter. veralt.: Fessel)* bond; fetter; shackle; **jmdn. in ~e schlagen** clap sb. in irons; **in ~en liegen** lie in chains; **b)** *(fig.: Unfreiheit)* **~e** shackles; **frei von allen ~en** free from all ties; **c)** *(fig.: Bindung)* **ein ~ der Liebe/Freundschaft** a bond of love/friendship; **die ~e des Bluts** the ties of blood; **verwandtschaftliche ~e** family ties; **zarte ~e knüpfen** *(geh., scherzh.)* start a romance

**Bandage** [ban'da:ʒə] **die; ~, ~n** bandage; **mit harten ~n kämpfen** *(fig.)* fight with the gloves off *(fig.)*

**bandagieren** [banda'ʒi:rən] *tr. V.* bandage

**Bạnd-: ~aufnahme die** tape recording; **~breite die a)** *(Nachrichtenw.)* bandwidth; **b)** *(fig.: Bereich, Umfang)* range

**[1]Bändchen** ['bɛntçən] **das; ~s, ~:** little ribbon

**[2]Bạ̈ndchen das; ~s, ~** *(kleines Buch)* little volume

**[1]Bande** ['bandə] **die; ~, ~n a)** *(Verbrecher~)* gang; **b)** *(ugs.: Gruppe)* mob *(sl.)*; crew

**[2]Bạnde die; ~, ~n a)** *(Sport)* [perimeter] barrier; *(mit Reklame)* billboards *pl.*; *(Billard)* cushion; *(der Reitbahn)* rail; *(der Kegelbahn)* side; edge; *(im Zirkus)* ring fence; *(der Eisbahn)* boards *pl.*; **b)** *(Physik)* band

**Bạnd·eisen das** strip iron

**Bandel** ['bandl̩] **das; ~s, ~** *(bayr., österr. ugs.)*, **Bändel** ['bɛndl̩] **der; ~s, ~** *(schweiz. ugs.)* *s.* **Bendel**

**Bạnden-: ~bildung die** formation of an armed gang; **~chef der** *(ugs.)*, **~führer der** gang leader; **~krieg der** gang war; **~spektrum das** *(Physik)* band spectrum; **~unwesen das** *s.* **~wesen; ~werbung die** *advertising on hoardings around the perimeter of a football pitch etc.*; **~wesen das** gangsterism; activities of the criminal gangs

**Bạ̈nder** *s.* **[1]Band**

**Banderole** [bandə'ro:lə] **die; ~, ~n a)** *(Steuer~)* revenue stamp *or* seal; **b)** *(Kunstwiss.)* banderole

**Bạ̈nder-: ~riß der** *(Med.)* torn ligament; **~zerrung die** *(Med.)* pulled ligament

**Bạnd-: ~förderer der** *(Technik)* conveyor belt; **~geschwindigkeit die** tape speed

**-bändig** [-bɛndɪç] *adj. (Buchw.)* -volume; **viel~/acht~:** multi-volume/eight-volume ⟨*encyclopaedia etc.*⟩; ⟨*encyclopaedia etc.*⟩ in many/eight volumes

**bändigen** ['bɛndɪgn̩] *tr. V.* tame ⟨*animal*⟩; control ⟨*person, anger, child, thoughts, voice*⟩; *(fig.)* control, master, overcome ⟨*desire, urge, etc.*⟩; bring ⟨*fire*⟩ under control; keep ⟨*floods, river, natural forces*⟩ in check; overcome ⟨*tiredness*⟩

**Bạ̈ndigung die; ~:** *s.* **bändigen:** taming; controlling; mastering; overcoming; **die ~ von Naturgewalten** keeping natural forces in check

**Bandit** [ban'di:t] **der; ~en, ~en** bandit; brigand; *(fam. scherzh.)* rascal; *(fig. abwertend)* robber; **einarmiger ~** *(ugs.)* one-armed bandit *(sl.)*

**Bạnd·keramik die** *(Archäol.)* **a)** Bandkeramik; band ceramics; **~en** Bandkeramik pieces; **b)** *o. Pl. (Epoche)* Danubian I stage

**Bandleader** ['bɛntli:dɐ] **der; ~s, ~:** bandleader

**Bạnd-: ~maß das** tape-measure; measuring-tape; **~nudeln** *Pl.* tagliatelle *sing.*; **~säge die** band-saw; **~scheibe die** [intervertebral] disc; **~scheiben·schaden der** slipped disc; **~scheiben·vorfall der** *(Med.)* prolapsed intervertebral disc *(Med.)*; slipped disc; **~stahl der** strip steel; steel strip; **~wurm der** tapeworm; **~wurm·satz der** *(ugs.)* interminable sentence

**bang** [baŋ] *s.* **bange**

**Bạng·büx[e] die** *(nordd. ugs.)* scaredy-cat *(coll.)*; chicken *(coll.)*

**bạnge; bạnger, bạngst...** *od.* **bänger** [bɛŋɐ], **bängst...** [bɛŋst...] **1.** *Adj.* afraid; scared; *(besorgt)* anxious; worried; **mir ist/wurde ~ [zumute]** I am *or* feel/became scared *or* frightened; **das wirst du schon schaffen, da ist mir gar nicht ~:** you'll manage that all right, I'm sure of it; **jmdm.** *od.* **jmdn. ~ machen** scare *or* frighten sb.; **ihm wurde ~ und bänger** he became more and more afraid *or* scared; **mir ist ~ vor ihm/davor** I'm afraid *or* frightened *or* scared of him/it; **~ machen** *od.* **Bangemachen gilt nicht** *(ugs.)*; *(gekniffen wird nicht)* you can't chicken out now *(sl.)*; *(ich lasse mich nicht ängstigen)* you can't put the wind up *(sl.) or* scare me. **2.** *adv.* anxiously

**Bạnge die; ~** *(bes. nordd.)* fear; **[nur] keine ~!** don't be afraid; *(sei nicht besorgt)* don't worry; **da habe ich keine ~:** I've no fears about that; **[große] ~ vor jmdm./etw. haben** be [very] scared *or* frightened of sb./sth.

**bạngen** *itr. V.* be anxious *or* worried; **um jmdn./etw. ~:** be anxious *or* worried about sb./sth.; worry about sb./sth.; **ihm bangt [es] vor dir/der Operation** he's afraid *or* frightened of you/the operation

**Bạngigkeit die; ~** *(Furcht)* fear; *(Beklemmung)* apprehension; *(Besorgnis)* anxiety

**Bangladesch** [baŋgla'dɛʃ] **(das); ~s** Bangladesh
**bänglich** ['bɛŋlɪç] **1.** *Adj.* nervous; timid. **2.** *adv.* nervously; timidly
**Bangnis die; ~, ~se** *(geh.) (Furcht)* fear; *(Besorgnis)* anxiety; *(Beklommenheit)* trepidation
**Banjo** ['banjo] **das; ~s, ~s** banjo
**[1]Bank** [baŋk] **die; ~, Bänke** ['bɛŋkə] **a)** *(Sitz~, Parlaments~, Schul~; Sport: Ersatz~, Turngerät)* bench; *(mit Lehne)* bench seat; *(Kirchen~)* pew; *(Anklage~)* dock; **setz dich in deine ~!** *(Schul~)* sit at your desk; **etw. auf die lange ~ schieben** *(ugs.)* put sth. off; **vor leeren Bänken spielen** play to an empty house; **durch die ~** *(ugs.)* every single one; the whole lot of them; **b)** *(Werk~)* work-bench; *(Dreh~)* lathe; **c)** *(Sand~)* sandbank; **d)** *(Austern~)* bed; *(Korallen~)* [coral] reef; **e)** *(Nebel~, Wolken~)* bank; **f)** *(Geol.)* layer; bed; **g)** *(Ringen)* crouch [position]
**[2]Bank die; ~, ~en a)** bank; **Geld auf der ~ [liegen] haben** have money in the bank; **ein Konto bei einer ~ eröffnen** open an account with a bank; **bei einer ~ arbeiten** *od.* **sein** work in a bank; **Geld bei der ~ abheben** withdraw money from the bank; **b)** *(Glücksspiel)* bank; **die ~ sprengen** break the bank; **die ~ halten** be [the] banker; have the bank
**Bank-: ~angestellte der/die;** *adj. Dekl., (veralt.)* **~beamte der** bank employee
**Bänkchen** ['bɛŋkçən] **das; ~s, ~:** little *or* small bench; *(mit Lehne)* little *or* small seat
**Bank-: ~direktor der** director of a/the bank; **~ein·bruch der** bank raid
**Bänkel-** ['bɛŋkl-]: **~lied das** street ballad; **~sang der** performance of street ballads; **~sänger der** singer of street ballads
**Banker der; ~s, ~** *(ugs.)* banker
**bankerott** [baŋkə'rɔt] *s.* **bankrott**
**Bankert** ['baŋkɐt] **der; ~s, ~e** *(veralt. abwertend)* bastard
**[1]Bankett** [baŋ'kɛt] **das; ~[e]s, ~e** banquet
**[2]Bankett das; ~[e]s, ~e, Bankette die; ~, ~n a)** *(an Straßen)* shoulder; *(unbefestigt)* verge; **„~[e] nicht befahrbar"** 'soft verges'; **b)** *(an Häusern)* footing
**Bank-: ~fach das a)** *o. Pl. (Berufsgebiet)* banking *no art.;* banking profession; **b)** *(Schließfach)* safe-deposit box; **~filiale die** branch of a/the bank; **~gebäude das** bank; **~geheimnis das** *(Wirtsch.)* bankers' duty to maintain confidentiality; **~gut·haben das** bank balance; **~halter der** *(Glücksspiel)* banker; **~haus das** banking house
**Bankier** [baŋ'kie:] **der; ~s, ~s** banker
**Bank-: ~kauf·mann der** [qualified] bank/building society/stock market clerk; **~konto das** bank account; **~kredit der** bank loan; **~lehre die;** *o. Pl.* training as a bank clerk; **~leit·zahl die** bank sorting code; sort code; **~nachbar der** *(Schulw.)* **er war mein ~:** he sat next to me [at school]; **~note die** banknote; bill *(Amer.);* **~raub der** bank robbery; **~räuber der** bank robber
**bankrott** [baŋ'krɔt] *Adj.* **a)** bankrupt; **jmdn./etw. ~ machen** bankrupt sb./sth.; **~ gehen** go bankrupt; **b)** *(fig.) (moralisch)* bankrupt; *(politisch)* discredited
**Bankrott der; ~[e]s, ~e a)** bankruptcy; **seinen ~ anmelden** *od.* **ansagen** *od.* **erklären** declare oneself bankrupt; **~ machen** go bankrupt; **b)** *(fig.)* downfall; *(moralisch)* bankruptcy
**Bankrott·erklärung die** declaration of bankruptcy; *(fig.)* declaration of [one's own] failure
**Bankrotteur** [baŋkrɔ'tø:ɐ̯] **der; ~s, ~e** bankrupt
**Bank-: ~überfall der** bank raid; **~üblich** *Adj.* **das ist ~üblich** that is normal banking practice; **~übliche Zinssätze** normal bank interest rates; **~verbindung die** particulars of one's bank account; **~verkehr der** bank transactions *pl.;* **~vollmacht die** third-party mandate; *(given by firm)* signing powers *pl.;* **~wesen das;** *o. Pl.* banking system
**Bann** [ban] **der; ~[e]s a)** *(hist.)* excommunication; **den ~ über jmdn. aussprechen** *od.* **verhängen, jmdn. mit dem ~ belegen, jmdn. in den ~ tun** excommunicate sb.; **b)** *(geh.: Wirkung)* spell; **in jmds. ~/im ~e einer Sache stehen** be under sb.'s spell/under the spell of sth.; **jmdn. in seinen ~ schlagen** *od.* **ziehen** cast one's/its spell over sb.
**Bann·bulle die** *(hist.)* bull of excommunication
**bannen** *tr. V.* **a)** *(festhalten)* entrance; captivate; **[wie] gebannt** ⟨*watch, listen, etc.*⟩ spellbound; **ein Geschehen auf die Leinwand/auf Zelluloid ~** *(fig.)* capture an event on canvas/film; *s. auch* **Platte a; b)** *(vertreiben)* exorcize ⟨*spirit*⟩; avert, ward off ⟨*danger*⟩; banish ⟨*worries, poverty*⟩; *(geh.)* banish ⟨*disease*⟩; **c)** *(hist.: exkommunizieren)* excommunicate
**Banner das; ~s, ~:** banner; **das ~ der Freiheit/des Fortschritts hochhalten** *(fig.)* hold high the banner of freedom/progress
**Banner·träger der** *(auch fig.)* standard-bearer
**Bann·fluch der** *(hist.)* excommunication; anathema; **den ~ gegen jmdn. schleudern** excommunicate *or* anathematize sb.
**bannig** *Adv. (nordd. ugs.)* extremely; terribly *(coll.)*
**Bann-: ~kreis der** *(geh.)* influence; **in jmds. ~kreis/in den ~kreis einer Sache geraten** fall under sb.'s influence/the influence of sth.; **~meile die** *restricted area surrounding government buildings, where no public meetings or marches may be held;* **~spruch der** *(hist.)* excommunication; anathema
**Bantam-** ['bantam-]: **~gewicht das** *(Schwerathletik)* **a)** *o. Pl.* bantamweight; *s. auch* **Fliegengewicht; b)** *(Sportler) s.* **~gewichtler; ~gewichtler** [~gəvɪçtlɐ] **der; ~s, ~:** bantamweight; **~huhn das** bantam
**Bantu** ['bantu] **der; ~[s], ~[s]** Bantu
**Bantu-: ~frau die** Bantu woman; **~sprache die** Bantu language
**Baptismus** [bap'tɪsmʊs] **der; ~:** Baptist faith
**Baptist der; ~en, ~en** Baptist
**Baptisterium** [baptɪs'te:ri̯ʊm] **das; ~s, Baptisterien** *(christl. Rel., Kunstwiss.)* **a)** *(Gebäude)* baptistery; **b)** *(Taufbecken)* [baptismal] font; *(in einer Baptistenkapelle)* baptistery
**Baptistin die; ~, ~nen** Baptist
**baptistisch** *Adj.* Baptist
**bar** [ba:ɐ̯] **1.** *Adj.* **a)** *nicht präd.* cash; **~es Geld** cash; **in ~:** in cash; **etw. [in] ~ bezahlen** pay for sth. in cash; pay cash for sth.; **Verkauf/Reparaturen nur gegen ~:** cash sales only/repairs must be prepaid in cash; **gegen ~ verkauft/gekauft** sold/bought for cash; *s. auch* **Münze a; b)** *nicht präd. (pur)* pure; sheer; utter, pure, sheer ⟨*nonsense*⟩; absolute ⟨*reality*⟩; **c)** *(veralt.: nackt)* bare; **~en Hauptes** bareheaded; **einer Sache** *(Gen.)* **~ [sein]** *(geh.)* [be] devoid of *or* without sth. **2.** *adv.* in cash; **~ auf die Hand** *(ugs.) od. (salopp)* **Kralle** cash on the nail
**[1]Bar die; ~, ~s a)** *(Nachtlokal)* night-club; bar; **b)** *(Theke)* bar
**[2]Bar das; ~s, ~s;** *bei Maßangaben ungebeugt (Physik, Met.)* bar
**[1]Bär** [bɛ:ɐ̯] **der; ~en, ~en** bear; **ein richtiger ~** *(ugs.)* a hulking great brute of a man *(fig. coll.);* **ich bin hungrig wie ein ~** *(ugs.)* I'm so hungry I could eat a horse *(coll.);* **er ist stark/schläft wie ein ~** *(ugs.)* he is as strong as an ox/sleeps like a log; **der Große/Kleine ~** *(Astron.)* the Great/Little Bear; Ursa Major/Minor; **jmdm. einen ~en aufbinden** have sb. on *(coll.);* pull sb.'s leg
**[2]Bär der; ~s, ~en** *(Technik)* ram
**Baracke** [ba'rakə] **die; ~, ~n** hut; **eine elende ~:** a miserable shack
**Baracken-: ~lager das** hutted camp; **~siedlung die** shanty town
**Barbar** [bar'ba:ɐ̯] **der; ~en, ~en** *(auch hist.)* barbarian
**Barbarei die; ~, ~en a)** *(Roheit)* barbarity; **b)** *(Kulturlosigkeit)* barbarism *no indef. art.*
**Barbarin die; ~, ~nen** *(auch hist.)* barbarian
**barbarisch 1.** *Adj.* **a)** *(roh)* barbarous; savage; barbarous, brutal ⟨*torture*⟩; **b)** *(unzivilisiert)* barbaric, barbaric, uncivilized ⟨*person*⟩; **c)** *(furchtbar)* dreadful *(coll.),* terrible *(coll.)* ⟨*noise, cold, etc.*⟩; **d)** *(hist.)* barbarian. **2.** *adv.* **a)** *(roh)* barbarously; ⟨*torture*⟩ barbarously, brutally; **b)** *(unzivilisiert)* barbarically; in an uncivilized manner; **c)** *(sehr)* dreadfully *(coll.);* terribly *(coll.)*
**Barbarismus der; ~, Barbarismen** *(Sprachw.)* barbarism
**Barbe** ['barbə] **die; ~, ~n** *(Zool.)* barbel
**bärbeißig** [-baisɪç] **1.** *Adj.* gruff. **2.** *adv.* gruffly
**Bar-: ~bestand der** *(Buchf.)* cash in hand; *(Finanzw.)* cash reserve; **~betrag der** cash sum; **ein ~betrag von 800 DM** a sum of 800 marks in cash
**Barbier** [bar'bi:ɐ̯] **der; ~s, ~e** *(veralt., noch scherzh.)* barber
**barbieren** *tr. V. (veralt.)* **jmdn. ~:** shave sb.; *(den Bart beschneiden)* trim sb.'s beard
**Barbiturat** [barbitu'ra:t] **das; ~s, ~e** *(Pharm.)* barbiturate
**Barbitur·säure** [barbi'tu:ɐ̯-] **die** *(Chemie)* barbituric acid
**bar-: ~brüstig** [-brʏstɪç] *Adj.;* bare-breasted; **~busig** [-bu:zɪç] *Adj.* topless ⟨*pin-up, waitress, etc.*⟩
**Barchent** ['barçn̩t] **der; ~[e]s, ~e** barchent
**Bar·dame die** barmaid; *(verhüll.: Prostituierte)* hostess
**Barde** ['bardə] **der; ~n, ~n** bard
**bären-, Bären-: ~dienst der** *in* **jmdm. einen ~dienst erweisen** do sb. a disservice; **~dreck der** *(südd., österr.)* liquorice; **~fell das** bearskin; **~fell·mütze die** bearskin; **~führer der a)** *(veralt.)* bear-trainer; **b)** *(ugs. scherzh.: Fremdenführer)* guide; **für jmdn. den ~führer abgeben/spielen** show *or* shepherd sb. around; **~haut die** *in* **auf der ~haut liegen** *(ugs.)* lounge *or* laze about; **~hunger der** *(ugs.)* **einen ~hunger haben/kriegen** be famished *(coll.) or* starving *(coll.)*/get famished *(coll.) or* ravenous *(coll.);* **~kräfte** *Pl. (ugs.)* the strength *sing.* of an ox; **~kräfte haben** be as strong as an ox; **~natur die** *(ugs.)* very tough constitution; **eine ~natur haben** be very tough; **~ruhe die** *(ugs.)* complete unflappability *(coll.);* **eine ~ruhe haben** be completely unflappable *(coll.);* **~stark** *Adj.* as strong as an ox *postpos.*
**Barett** [ba'rɛt] **das; ~[e]s, ~e** *(eines Geistlichen)* biretta; *(eines Richters, Professors)* cap; *(Baskenmütze)* beret
**bar-, Bar-: ~fuß** *indekl. Adj.* barefooted; **~fuß herumlaufen/gehen** run about/go barefoot; **~fuß·arzt der** barefoot doctor; **~füßer der; ~s, ~:** discalced *or* barefoot monk; **~füßerin die; ~, ~nen** discalced nun; **~füßig** [~fy:sɪç] *Adj. (geh.)* barefooted
**barg** [bark] *1. u. 3. Pers. Sg. Prät. v.* **bergen**
**bar-, Bar-: ~geld das** cash; **~geld·los 1.** *Adj.* cashless; **2.** *adv.* without using cash; **~geschäft das** *(Kaufmannsspr.)* cash transaction; **~häuptig** [~hɔyptɪç] *Adj. (geh.)* bareheaded; **~hocker der** bar stool
**Bärin** ['bɛ:rɪn] **die; ~, ~nen** she-bear
**Bariton** ['ba(:)rɪtɔn] **der; ~s, ~e a)** baritone [voice]; **b)** *o. Pl. (im Chor)* baritones *pl.;* **c)**

*o. Pl. (Partie)* baritone part; **d)** *(Sänger)* baritone
**Bariton·schlüssel der** *(Musik)* baritone clef
**Barium** ['ba:riʊm] **das; ~s** *(Chemie)* barium
**Bark** [bark] **die; ~, ~en** barque
**Barkarole** [barka'ro:lə] **die; ~, ~n** *(Musik)* barcarole
**Barkasse** [bar'kasə] **die; ~, ~n** launch
**Bar·kauf der** *(Kaufmannsspr.)* cash purchase; **3% Skonto bei ~ geben** give a 3% discount on cash purchases
**Barke** ['barkə] **die; ~, ~n** [small] rowing-boat
**Bar·keeper** ['ba:ɐ̯ki:pɐ] **der; ~s, ~:** barman; barkeeper *(Amer.)*
**Bärlapp** ['bɛ:ɐ̯lap] **der; ~s, ~e** *(Bot.)* lycopod
**Bar-: ~mädchen das** bar hostess; **~mann der;** *Pl.* **~männer** barman; barkeeper *(Amer.)*
**barmen** ['barmən] *itr. V. (nordd.)* lament *(literary)*
**barmherzig** [barm'hɛrt͜sɪç] *(geh.)* **1.** *Adj.* merciful; compassionate; *(mildtätig)* charitable; **selig sind die Barmherzigen** *(bibl.)* blessed are the merciful; **~er Gott/Himmel!** merciful God/Heaven!; **die Barmherzigen Brüder/Schwestern** the hospitallers/the Sisters of Mercy; *s. auch* **Samariter. 2.** *adv.* mercifully; compassionately; *(mildtätig)* charitably
**Barmherzigkeit die; ~** *(geh.)* mercy; compassion; *(Mildtätigkeit)* charity; **gegen jmdn. ~ üben** show compassion/charity towards sb.
**Bar·mittel** *Pl.* cash resources
**Bar·mixer der** barman; barkeeper *(Amer.)*
**barock** [ba'rɔk] **1.** *Adj.* **a)** baroque; **b)** *(schwülstig)* baroque, florid ‹*style etc.*›; *(üppig)* voluptuous ‹*figure*›. **2.** *adv.* **a)** ‹*conceived, designed, etc.*› in the baroque style; **b)** *(schwülstig)* floridly
**Barock das** *od.* **der; ~[s] a)** *(Stil)* baroque; **das Zeitalter des ~:** the baroque period *or* age; **b)** *(Zeit)* baroque period *or* age
**Barock-: ~dichtung die** baroque poetry; **~engel der** baroque angel; **~kirche die** baroque church; **~musik die** baroque music; **~zeit die** baroque period *or* age
**Barometer** [baro'me:tɐ] **das** barometer; **das ~ steht auf Sturm** the barometer is pointing to 'Storm'; *(fig.)* the atmosphere is very strained
**Barometer·stand der** barometer reading
**baro·metrisch** *Adj.* barometric
**Baron** [ba'ro:n] **der; ~s, ~e** baron; *(als Anrede)* **[Herr] ~:** ≈ my lord
**Baroneß, Baronesse** [baro'nɛs(ə)] **die; ~, Baronessen** baroness *(baron's daughter); (als Anrede)* **[verehrte] ~:** ≈ my lady
**Baronin die; ~, ~nen** baroness *(baron's wife); (als Anrede)* **[Frau] ~:** ≈ my lady
**Barrakuda** [bara'ku:da] **der; ~s, ~s** *(Zool.)* barracuda
**Barras** ['baras] **der; ~** *(Soldatenspr.)* army; **beim ~:** in the army; **zum ~ müssen** have to go into the army
**Barrel** ['bɛrəl] **das; ~s, ~s** barrel; **10 ~[s] Öl** ten barrels of oil
**Barren** ['barən] **der; ~s, ~ a)** *(Gold~, Silber~ usw.)* bar; **b)** *(Sport)* parallel bars *pl.*; **c)** *(südd., österr.: Trog)* trough
**Barriere** [ba'ri̯e:rə] **die; ~, ~n** *(auch fig.)* barrier
**Barrikade** [bari'ka:də] **die; ~, ~n** barricade; **auf die ~n gehen** *od.* **steigen** *(ugs.)* go on the warpath
**Barrikaden·kampf der** fight on the barricades; **Barrikadenkämpfe** fighting *sing.* on the barricades
**barsch** [barʃ] **1.** *Adj.* curt. **2.** *adv.* curtly; **jmdn. ~ anfahren** snap at sb.
**Barsch der; ~[e]s, ~e** *(Zool.)* perch
**Barschaft die; ~, ~en** [ready] cash; **seine ganze ~ bestand aus 20 Mark** all he had was 20 marks
**Bar·scheck der** open *or* uncrossed cheque
**Barschheit die; ~:** curtness
**Barsoi** [bar'zɔy] **der; ~s, ~s** borzoi
**Bar·sortiment das** *(Buchhandel)* book wholesaler's; book distribution centre
**barst** [barst] *1. u. 3. Pers. Sg. Prät. v.* **bersten**
**Bart** [ba:ɐ̯t] **der; ~[e]s, Bärte** ['bɛ:ɐ̯tə] **a)** *(Kinn~)* beard; *(Oberlippen~, Schnurr~)* moustache; **er bekommt jetzt einen ~:** his beard is starting to grow; **sich** *(Dat.)* **einen ~ wachsen** *od.* **stehen lassen** grow a beard; **einen acht Tage alten ~ haben** have a week's growth on one's chin; *(fig.)* **der ~ ist ab** *(ugs.)* that's quite enough; **wenn er das noch mal macht, dann ist der ~ aber ab** if he does it once more, that'll be it *(coll.)*; **der Witz hat [so] einen ~** *(ugs.)* that joke is as old as the hills; **beim ~e des Propheten** *(scherzh.)* cross my heart; **etw. in seinen ~ brummen** *od.* **murmeln** mumble sth.; **jmdm. um den ~ gehen** *(abwertend)* butter sb. up; **b)** *(von Ziegen, Vögeln, Getreide, Muscheln)* beard; *(von Katzen, Mäusen, Robben)* whiskers *pl.*; **c)** *(am Schlüssel)* bit
**Bart·binde die** moustache-trainer
**Bärtchen** ['bɛ:ɐ̯tçən] **das; ~s, ~:** [small] beard; *(Schnurr~)* [thin] moustache
**Barteln** ['bartl̩n] *Pl. (Zool.)* barbels
**Barten·wal der** *(Zool.)* whalebone whale
**Bart-: ~faden der** *(Zool.)* barbel; **~flaum der** down; **~flechte die a)** *(an Bäumen)* *lichen of the family Usneaceae; (Usnea)* old man's beard; **b)** *(beim Menschen)* sycosis; **~geier der** *(Zool.)* bearded vulture; **~haar das** beard; *(von Robben)* whiskers *pl.*
**Bar·theke die** bar
**Barthel** ['bartl̩] *in* **wissen, wo ~ [den] Most holt** *(ugs.)* know every trick in the book
**bärtig** ['bɛ:ɐ̯tɪç] *Adj.* bearded; **Bärtige** men with beards
**bart-, Bart-: ~los** *Adj.* beardless; **~nelke die** sweet william; **~stoppel die** piece of stubble; **~stoppeln** stubble *sing.*; **~tracht die** style of beard; **~träger der** man with a beard; **~wuchs der** growth of beard; **starken ~wuchs haben** have a strong growth of beard; **~wuchs bei Frauen** women's facial hair
**Bar·vermögen das** cash resources *pl.*
**Baryt** [ba'ry:t] **der; ~[e]s, ~e** *(Mineral.)* barytes
**Bar-: ~zahlung die** cash payment; **bei ~zahlung** for cash payment; if payment is made in cash; **~zahlungs·rabatt der** cash discount
**Basalt** [ba'zalt] **der; ~[e]s, ~e** basalt
**Basal·temperatur** [ba'za:l-] **die** *(Med.)* basal body temperature
**Basar** [ba'za:ɐ̯] **der; ~s, ~e a)** *(im Orient, Wohltätigkeits~)* bazaar; **b)** *(DDR) (Warenhaus)* department store; *(Ladenstraße)* shopping precinct *or (Amer.)* mall
**¹Base** ['ba:zə] **die; ~, ~n a)** *(veralt.: Cousine)* cousin; **b)** *(schweiz.: Tante)* aunt
**²Base die; ~, ~n** *(Chemie)* base
**Baseball** ['beɪsbɔ:l] **der; ~s** baseball
**Basedow-** ['ba:zədo-]: **~-Augen** *Pl.* bulging eyes; **~-Krankheit, Basedowsche Krankheit die** *(Med.)* exophthalmic goitre; Graves' disease
**Basel** ['ba:zl̩] **(das); ~s** Basle
**Basen** *s.* **Basis, Base**
**basieren** *itr. V.* **auf etw.** *(Dat.)* **~:** be based on sth.
**Basilika** [ba'zi:lika] **die; ~, Basiliken** *(Kunstwiss.)* basilica
**Basilikum** [ba'zi:likʊm] **das; ~s** basil
**Basilisk** [bazi'lɪsk] **der; ~en, ~en** *(Fabeltier, Leguan)* basilisk
**Basilisken·blick der** basilisk stare
**Basis** ['ba:zɪs] **die; ~, Basen a)** *(Grundlage)* basis; **auf einer festen ~ ruhen** have a firm basis; **etw. auf eine feste ~ stellen** put sth. on a firm foundation *(fig.)*; **b)** *(Math., Archit., Fläche, Zahl, Milit.)* base; **c)** *(marx.)* base; **~ und Überbau** base and superstructure; **d)** *(Politik)* grass roots *pl.*; **an der ~ arbeiten** work at grass-roots level
**Basis·arbeit die;** *o. Pl. (Politik)* work at grass-roots level
**basisch** *(Chemie)* **1.** *Adj.* basic. **2.** *adv.* ‹*react*› as a base
**Basis-: ~demokratie die** *(Politik)* grass-roots democracy; **~gruppe die** *(Politik)* action group *(usually left-wing)*; **~lager das** base camp
**Baske** ['baskə] **der; ~n, ~n** Basque
**Basken-: ~land das** Basque region; **~mütze die** beret
**Basket·ball** ['ba(:)skətbal] **der** basketball
**Baskin die; ~, ~nen** Basque
**baskisch** *Adj.* Basque
**Basler** ['ba:zlɐ] **1.** *Adj.; nicht präd.* of Basle *postpos.* **2. der; ~s, ~:** native of Basle; *(Einwohner)* inhabitant of Basle; *s. auch* **Kölner**
**Bas·relief** ['ba-] **das** *(Kunstwiss.)* bas-relief
**baß** [bas] *Adv. in* **~ erstaunt sein** *(veralt.)* be quite taken aback
**Baß der; Basses, Bässe** ['bɛsə] *(Musik)* **a)** *(Stimmlage)* bass [voice]; **b)** *o. Pl. (im Chor)* basses *pl.*; bass section; **c)** *o. Pl. (Partie)* bass part; **d)** *(Sänger)* bass; **e)** *(Instrument)* double-bass; bass *(coll.)*; **f)** *(Lautsprecher)* bass speaker; woofer
**Baß·bariton der** bass-baritone
**Basset** ['bæsɪt] **der; ~s, ~s** basset[-hound]
**Bassett·horn** [ba'sɛt-] **das** basset-horn
**Baß·geige die** *(volkst.)* double-bass
**Bassin** [ba'sɛ̃:] **das; ~s, ~s** *(Schwimm~)* pool; *(im Garten)* pond
**Bassist der; ~en, ~en** *(Musik)* **a)** *(Sänger)* bass; **b)** *(Instrumentalist)* double-bass player; bassist; *(in einer Rockband)* bass guitarist
**Baß-: ~klarinette die** bass clarinet; **~lautsprecher der** bass loudspeaker; woofer; **~saite die** bass string; **~schlüssel der** *(Musik)* bass clef; **~stimme die** bass voice
**Bast** [bast] **der; ~[e]s, ~e a)** bast; *(Raffia~)* raffia; **b)** *(Jägerspr.)* velvet
**basta** ['basta] *Interj. (ugs.)* that's enough; **und damit ~!** and that's that
**Bastard** ['bastart] **der; ~s, ~e a)** *(veralt.: uneheliches Kind)* bastard; **b)** *(Biol.)* hybrid; **c)** *(salopp)* bastard
**Bastard·schrift die** *(Druckw.)* bastard type
**Bastel-: ~arbeit die a)** *(Gegenstand)* piece of handicraft work; **~arbeiten** handicraft work *sing.*; **b)** *o. Pl.* handicraft work; **~ecke die** *(in einer Zeitung, Zeitschrift)* handicraft corner *or* column
**Bastelei die; ~, ~en; a)** *(Gegenstand)* piece of handicraft work; **~en** handicraft work *sing.*; **b)** *(ugs.: das Basteln)* handicraft work
**basteln** ['bastl̩n] **1.** *tr. V.* make; make, build ‹*model, device*›. **2.** *itr. V. (Bastelarbeiten herstellen)* make things [with one's hands]; do handicraft work; **an etw.** *(Dat.)* **~:** be working on sth.; *(etw. herstellen)* be making sth.; *(etw. laienhaft bearbeiten)* tinker with sth.; **sein Hobby ist Basteln** his hobby is making things [with his hands]; his hobby is handicraft work
**Bast·faser die** bast fibre
**Bastille** [bas'ti:jə] **die; ~:** Bastille
**Bastion** [bas'ti̯o:n] **die; ~, ~en** bastion
**Bastler** ['bastlɐ] **der; ~s, ~, Bastlerin die; ~, ~nen** handicraft enthusiast; **ein guter/leidenschaftlicher ~ sein** be good *or* clever with one's hands/love making [and repairing] things
**Bastonade** [basto'na:də] **die; ~, ~n** bastinado
**Bast·rock der** bast skirt; *(aus Raffia)* raffia skirt
**bat** [ba:t] *1. u. 3. Pers. Sg. Prät. v.* **bitten**

**BAT** [be:|a:'te:] *Abk.* **Bundesangestelltentarif**
**Bataille** [ba'taljə] **die; ~, ~n** *(veralt.)* battle
**Bataillon** [batal'jo:n] **das; ~s, ~e** *(Milit.)* battalion
**Bataillons-: ~führer der, ~kommandeur der** *(Milit.)* battalion commander
**Bathy·sphäre** [baty-] **die** *(Meereskunde)* abyssal zone
**Batik** ['ba:tık] **der; ~s, ~en** *od.* **die; ~, ~en** batik
**batiken 1.** *tr. V.* **etw. ~:** decorate sth. with batik work. **2.** *itr. V.* do batik work
**Batist** [ba'tıst] **der; ~[e]s, ~e** batiste
**batisten** *Adj.; nicht präd.* batiste
**Batterie** [batə'ri:] **die; ~, ~n; a)** *(Milit., Elektrot., Technik)* battery; **b)** *(ugs.: große Anzahl)* battery; *(von Flaschen)* rows *pl.*
**batterie-, Batterie-: ~betrieb der;** *o. Pl.* battery operation; **auf ~betrieb laufen** run on batteries; **~betrieben** *Adj.* battery-operated; **~gerät das** battery[-operated] device; *(Radio)* battery-set
**Batzen** ['batsn̩] **der; ~s, ~ a)** *(ugs.: Klumpen)* lump; **b)** *(ugs.: Menge)* pile *(coll.)*; **ein [schöner** *od.* **ganzer] ~ Geld** a pile *(coll.)* [of money]; **c)** *(MA.: Münze)* batz
[1]**Bau** [bau̯] **der; ~[e]s, ~ten a)** *o. Pl. (Errichtung)* building; construction; **im ~ sein, sich im ~ befinden** be under construction; **mit dem ~ [von etw.] beginnen** start construction [of sth.]; start building [sth.]; **b)** *(Gebäude)* building; **c)** *o. Pl. (~stelle)* building site; **auf dem ~ arbeiten** *(Bauarbeiter sein)* be in the building trade; **auf den** *od.* **zum ~ gehen** *(Bauarbeiter werden)* go into the building trade; **vom ~ sein** *(fig. ugs.)* be an expert; **d)** *o. Pl. (Struktur)* structure; **e)** *o. Pl. (Körper~)* build; **von schmalem ~ sein** be slenderly built; have a slender physique; **f)** *o. Pl. (Landw.: An~)* growing
[2]**Bau** [bau̯] **der; ~[e]s, ~e a)** *(Höhle) (Kaninchen~)* burrow; hole; *(Fuchs~)* earth; *(Wolfs~)* lair; *(Dachs~)* sett; earth; *(Biber~)* lodge; **b)** *o. Pl. (ugs.: Wohnung)* **nicht aus dem ~ gehen/kommen** not stick *or* put one's nose outside the door *(coll.)*; **c)** *o. Pl. (Soldatenspr.: Strafe)* glasshouse *(Mil. sl.)*; **er bekam sieben Tage ~:** he got seven days in the glasshouse; **d)** *o. Pl. (Bergmannsspr.: Stollen)* workings *pl.*
**-bau der; ~s** *(Landw.)* -growing
**Bau-: ~ab·schnitt der** phase *or* stage of building; **~amt das** department of planning and building inspection; **~arbeiten** *Pl.* building *or* construction work *sing.*; *(Straßenarbeiten)* road-works; **~arbeiter der** building *or* construction worker; **~art die** type of construction; **ein Haus in italienischer ~art** a house built in the Italian style; **~auf·sicht die** supervision of building *or* construction [work]; **~beginn der** start of building *or* construction; **~boom der** building boom; **~bude die** site hut; **~büro das** site office
**Bauch** [baux] **der; ~[e]s, Bäuche** ['bɔyçə] **a)** stomach; belly; abdomen *(Anat.)*; tummy *(coll.)*; *(fig.: von Schiffen, Flugzeugen)* belly; **mir tut der ~ weh** I have [a] stomach-ache *or* *(coll.)* tummy-ache; **sich** *(Dat.)* **den ~ vollschlagen** *(ugs.)* stuff oneself *(coll.)*; **jmdm. den ~ aufschneiden** *(salopp)* cut sb. open; **ein Kind im ~ haben** *(ugs.)* have a baby on the way; **er hat ihr einen dicken ~ gemacht** *(salopp)* he put her in the club *(sl.)*; **ein voller ~ studiert nicht gern** *(Spr.)* you can't work hard on a full stomach; **ich habe nichts im ~** *(ugs.)* I haven't had anything to eat; **sich** *(Dat.)* **[vor Lachen] den ~ halten** *(ugs.)* split one's sides [with laughing]; *(fig.)* **auf den ~ fallen** *(ugs.)* come a cropper *(sl.)* (mit with); **vor jmdm. auf dem ~ liegen** *od.* **kriechen** *(ugs. abwertend)* crawl *or* grovel to sb.; **aus dem hohlen ~** *(salopp)* off the top of one's head *(sl.)*; **b)** *(Wölbung)* paunch; corporation *(coll.)*; *(fig.: eines Kruges usw.)* belly; **c)** *(Kochk.) (beim Schwein)* belly; *(beim Kalb)* flank
**Bauch-: ~an·satz der** beginnings *pl.* of a paunch; **~atmung die;** *o. Pl.* abdominal respiration; **~binde die a)** woollen body-belt; **b)** *(ugs.: bei Zigarren, Büchern)* band; **~decke die** *(Med.)* abdominal wall; **~fell das** *(Anat.)* peritoneum; **~fleisch das** *(Kochk.) (vom Schwein)* belly pork; *(vom Rind)* flank; **~flosse die** *(Zool.)* ventral fin; **~gegend die;** *o. Pl.* stomach region; region of the stomach; **~grimmen das** *(veralt.)* stomach ache *or* pains *pl.*; **~höhle die** *(Anat.)* abdominal cavity; **~höhlenschwangerschaft die** *(Med.)* abdominal pregnancy
**bauchig** *Adj.* bulbous
**Bauch-: ~klatscher** [~klatʃɐ] **der; ~s, ~** *(ugs.)* belly-flop *(coll.)*; **~kneifen das; ~s** stomach-ache *or* pains *pl.*; **~laden der** vendor's tray; **~lage die;** *o. Pl.* prone position; **in der ~lage schlafen** sleep on one's front; **~landung die** *(ugs.)* belly-landing
**Bäuchlein** ['bɔyçlai̯n] **das; ~s, ~:** stomach; tummy *(coll.)*
**bäuchlings** ['bɔyçlıŋs] *Adv.* on one's stomach
**bauch-, Bauch-: ~muskel der;** *meist Pl.* stomach muscle; **~nabel der** *(ugs.)* belly-button *(coll.)*; tummy-button *(coll.)*; **~pinseln** *tr. V.: s.* **gebauchpinselt; ~reden** *itr. V.; nur Inf. gebr.* ventriloquize; **~redner der** ventriloquist; **~schmerz der;** *meist Pl.* stomach pain; **~schmerzen** stomach-ache *sing.*; stomach pains; **~schuß der** shot in the stomach; *(Verwundung)* stomach wound; **~speck der a)** *(Kochk.)* belly of pork; **b)** *(ugs.: Fettansatz)* spare tyre *(coll.)*; **~speichel·drüse die** pancreas; **~tanz der** belly-dance; **~tanzen** *itr. V.; nur Inf. gebr.* belly-dance; **~tänzerin die** belly-dancer
**Bauchung die; ~, ~en** bulge
**Bauch-: ~weh das** *(ugs.)* tummy-ache *(coll.)*; stomach-ache; **~welle die** *(Turnen)* hip-circle
**Baude** ['bau̯də] **die; ~, ~n** *(ostmd.)* mountain hut; *(Berggasthof)* mountain inn
**Bau-: ~denkmal das** architectural monument; **~element das** component
**bauen 1.** *tr. V.* **a)** build, construct ‹*house, road, bridge, etc.*›; build ‹*nest, lair*›; make ‹*burrow*›; **sich** *(Dat.)* **ein Haus ~:** have a house built; **sich** *(Dat.)* **sein Haus selbst ~:** build one's own house; *s. auch* **Bett a; b)** *(entwickeln, herstellen)* build ‹*model, vehicle, aircraft, organ*›; make ‹*violin, piano*›; **sich** *(Dat.)* **einen Anzug ~ lassen** *(ugs. scherzh.)* have a suit made; **einen Satz ~** *(Sprachw.)* construct a sentence; **c)** *(ugs.)* **das Abitur/seinen Doktor ~:** do one's Abitur/Ph.D.; **d)** *(ugs.: verursachen)* **einen Unfall ~:** have an accident; **e)** *(Landw.: an~)* grow; **f)** *(veralt.: bestellen)* cultivate. **2.** *itr. V.* **a)** build; **wir wollen ~:** we want to build a house; *(bauen lassen)* we want to have a house built; **zur Zeit wird nicht viel gebaut** there's not much building going on at the moment; **solide/großzügig ~:** build solidly/on a lavish scale; **modern ~:** build in a modern style; **hoch ~:** put up high-rise buildings; **an etw.** *(Dat.)* **~:** do building work on sth.; **b)** *(vertrauen)* **auf jmdn./etw. ~:** rely on sb./sth.
[1]**Bauer** ['bau̯ɐ] **der; ~n, ~n a)** *(Landwirt)* farmer; *(als Vertreter einer ärmlichen Klasse)* peasant; *(ugs. abwertend)* peasant; **die dümmsten ~n haben die dicksten Kartoffeln** *(abwertend)* fortune favours fools *(prov.)*; **was der ~ nicht kennt, das frißt er nicht** *(abwertend)* some people won't eat anything they've never seen before; **b)** *(beim Schach)* pawn; **c)** *(in Kartenspielen)* jack; **d)** *(beim Kegeln)* corner; copper
[2]**Bauer das** *od.* **der; ~s, ~:** [bird-]cage
**-bauer der; ~s, ~** *(Bauw.)* -constructor
**Bäuerchen** ['bɔyɐçən] **das; ~s, ~ a) [ein] ~ machen** *(Kinderspr.)* burp; **b)** *s.* **Bäuerlein**
**Bäuerin** ['bɔyərın] **die; ~, ~nen** *(Landwirtin)* [lady] farmer; *(Frau eines Landwirts)* farmer's wife; *(als Vertreterin einer ärmlichen Klasse)* peasant [woman]
**Bäuerlein** ['bɔyɐlai̯n] **das; ~s, ~:** [simple] peasant
**bäuerlich** ['bɔyɐlıç] **1.** *Adj. (landwirtschaftlich)* farming *attrib.*; *(ländlich)* rural; **kleine ~e Betriebe** small farms. **2.** *adv.* rurally
**Bauern-: ~auf·stand der** peasants' revolt; **~brot das** *s.* **Landbrot; ~bub der** *(südd., österr., schweiz.) s.* **~junge; ~bursche der** *s.* **~junge; ~dorf das** farming village; **~fang der** *in* **auf ~fang ausgehen** *(ugs. abwertend)* set out to con people out of their money *(coll.)*; **~fänger der** *(ugs. abwertend)* con man *(coll.)*; **~fängerei die; ~** *(ugs. abwertend)* con tricks *pl. (coll.)*; **das ist ~fängerei** it's a con *(coll.)*; **~frühstück das** *fried potatoes mixed with scrambled egg and bacon;* **~gut das** farm; **~haus das** farmhouse; **~hoch·zeit die** country wedding; **~hof der** farm; **~junge der** country lad; *(~sohn)* farmer's son; **~kalender der** farming calendar; **~krieg der** *(hist.)* peasants' revolt; **der Große ~krieg, die ~kriege** the Peasant[s'] War; **~legen das; ~s** driving out small farmers; **~lümmel der** *(abwertend)* loutish yokel; **~mädchen das** country girl; *(~tochter)* farmer's daughter; **~möbel** *Pl.* rustic-style furniture *sing.*; **~partei die a)** Agrarian Party; **b)** *(DDR)* Peasants' Party; **~regel die** country saying
**Bauernschaft die; ~:** farmers *pl.*; farming community; *(als ärmliche Klasse)* peasantry; peasants *pl.*
**bauern-, Bauern-: ~schlau 1.** *Adj.* cunning; sly; crafty; **2.** *adv.* cunningly; slyly; craftily; **~schläue die** peasant cunning *or* slyness *or* craftiness; **~sohn der** farmer's son; **~stand der** farming community; **~stube die** room furnished in rustic style; **~tochter die** farmer's daughter; **~tölpel der** *(abwertend)* yokel; country bumpkin
**Bauerntum das; ~s** *(Bauernstand)* farming community; *(bäuerliches Wesen)* character of the farming community
**Bauers-: ~frau die** farmer's wife; *(Landwirtin)* [lady] farmer; *(Frau vom Lande)* countrywoman; **~leute** *Pl.* **a)** *(veralt.)* country folk; **b)** *(Bauer und Bäuerin)* **die [beiden] ~leute** the farmer and his wife; **~mann der;** *Pl.* **~leute** *(veralt.)* countryman
**bau-, Bau-: ~erwartungs·land das;** *o. Pl.* land shortly to be made available for building; **~fach das** building trade; **~fällig** *Adj.* ramshackle; badly dilapidated; unsafe ‹*roof, ceiling*›; **~fälligkeit die;** *o. Pl.* bad state of dilapidation; badly dilapidated state; **~firma die** building *or* construction firm; **~flucht die, ~flucht·linie die** building line; **~gelände das** *(~stelle)* building site; *(~land)* building land; **~genehmigung die** planning permission and building regulations clearance; **~genossenschaft die** *co-operative housing association which builds and maintains houses or flats for its members;* **~gerüst das** scaffolding; **~gewerbe das** building trade; **~grube die** excavation; **~handwerk das** building trade; **~handwerker der** skilled building worker; building craftsman; **~helfer der** builder's mate; **~herr der** client *(for whom a house etc. is being built)*; **„~herr: Stadt Mannheim"** 'under construction for the city of Mannheim'; **er ist ~herr** he is having a house built; **~holz das** building timber; **~hütte die a)** site hut; **b)** *(MA.)* stonemasons' lodge; **~ingenieur der** building engineer; **~jahr das** year of con-

struction; *(bei Autos)* year of manufacture; **für Modelle dieses ~jahres** for models manufactured in that year; **das ~jahr des Hauses** the year in which the house was built; **welches ~jahr ist dein Wagen?** what year is your car?; **mein Auto ist ~jahr 75** my car is a 1975 model; **~kasten der** construction set *or* kit; *(mit Holzklötzen)* box of bricks; **~kasten·system das;** *o. Pl.* unit construction system; **~klotz der** building-brick; **~klötze[r] staunen** *(salopp)* be staggered *(coll.) or* flabbergasted; **~klötzchen das** building-brick; **~kolonne die** construction gang; **~kosten** *Pl.* building *or* construction costs; **~kosten·zuschuß der** *contribution to cost of building, rebuilding, or renovation paid by tenant to landlord;* **~kran der** construction crane; **~kunst die;** *o. Pl. (geh.)* architecture; **~land das;** *o. Pl.* building land; **~leiter der** clerk of the works; **~leitung die;** *o. Pl.* engineers supervising the building *or* construction work; *(~büro)* site office

**baulich 1.** *Adj.; nicht präd.* structural ‹*alteration, condition, defect, etc.*›; architectural ‹*character, value*›; **~e Anlagen** buildings. **2.** *adv.* **ein Gebäude ~ verbessern/verändern** carry out structural improvements/alterations to a building; **den Stadtkern ~ neugestalten** redevelop the town centre

**Baulichkeit die; ~, ~en** building

**Bau-: ~los das** section; **~löwe der** *(ugs. abwertend)* building speculator; **~lücke die** vacant lot

**Baum** [baum] **der; ~[e]s, Bäume** ['bɔymə] **a)** tree; **auf einen ~ klettern** climb up [into] a tree; **er ist stark wie ein ~:** he's as strong as an ox; *(fig.)* **es ist dafür gesorgt, daß die Bäume nicht in den Himmel wachsen** nobody has everything his own way all of the time; **alte Bäume soll man nicht verpflanzen** old people are happiest left in their familiar surroundings; **Bäume ausreißen können** *(ugs.)* be *or* feel ready to tackle anything; **der ~ der Erkenntnis** *(bibl.)* the Tree of Knowledge; **vom ~ der Erkenntnis essen** learn by experience; find out for oneself; **zwischen ~ und Borke sitzen** *od.* **stecken** be on the horns of a dilemma; *s. auch* **Wald; b)** *(ugs.: Weihnachtsbaum)* [Christmas] tree; **den ~ anzünden** light the candles on the tree; **c)** *(Seemannsspr.)* boom

**Bau·markt der a)** building *or* construction market; **b)** *(Kaufhaus)* DIY hypermarket

**baum·arm** *Adj.* very thinly wooded; **relativ ~:** relatively thinly wooded

**Bau-: ~maschine die** piece of construction plant *or* machinery; **~maschinen** construction plant *sing. or* machinery; **~maßnahme die** *(Amtsspr.)* building project; **~material das** building material; *(~materialien)* building materials *pl.*

**Baum-: ~bestand der** tree stock; **~blüte die a)** blossoming of the trees; **b)** *(Zeitraum)* **zur ~blüte/während der ~blüte** when/while the trees are in blossom

**Bäumchen** ['bɔymçən] **das; ~s, ~:** small tree; *(junger Baum)* sapling; young tree; **~, wechsle dich** *(Kinderspiel)* puss in the corner; *(ugs. scherzh.: Partnerwechsel)* partner-swapping

**Bau·meister der a)** *(hist.)* [architect and] master builder; **b)** *(Bautechniker, Bauhandwerker)* master builder; *(Bauunternehmer)* building contractor *(with professional qualifications)*

**baumeln** ['bauml̩n] *itr. V.* **a)** *(ugs.)* dangle **(an +** *Dat.* from); **die Beine ~ lassen** dangle one's legs; **b)** *(derb: gehängt werden)* swing *(sl.)*

**bäumen** ['bɔymən] *refl. V.: s.* **aufbäumen**

**baum-, Baum-: ~farn der** tree-fern; **~frevel der** unlawful and malicious damaging of trees; **~grenze die** tree-line; timber-line; **~gruppe die** clump of trees; **~krone die** treetop; crown [of the/a tree]; **~kuchen der** *tall cylindrical cake, hollow in the centre;* **~lang** *Adj. (ugs.)* tremendously tall *(coll.);* **~läufer der** *(Zool.)* tree-creeper; **~los** *Adj.* treeless; **~reich** *Adj.* wooded; **~riese der** *(geh.)* giant tree; **~rinde die** bark [of trees]; **~schere die** tree-pruner; **~schule die** tree nursery; **~stamm der** tree-trunk; **~stark** *Adj.* as strong as an ox *postpos.;* **~sterben das** dying-off of trees; **~strunk der** dead tree-stump; **~stumpf der** tree-stump; **~wachs das** grafting-wax

**Baum·wolle die** cotton

**baum·wollen** *Adj.; nicht präd.* cotton

**Baumwoll-: ~ernte die** cotton harvest; **~pflücker der** cotton-picker; **~plantage die** cotton plantation; **~spinnerei die a)** cotton-spinning; **b)** *(Betrieb)* cotton-mill

**Baum·wurzel die** tree-root

**bau-, Bau-: ~ordnung die** building regulations *pl.;* **~plan der** *(Entwurf, Zeichnung)* building plans *pl.; (für eine Maschine)* designs *pl.; (fig.)* structure; **~planung die** building design; **~platz der** site for building *or* construction; **~polizei die;** *o. Pl.* building inspectorate; **~polizeilich 1.** *Adj.; nicht präd.* building ‹*regulations*›; **eine ~polizeiliche Kontrolle** a visit from the building inspector/inspectors; **2.** *adv.* ‹*detected, approved, etc.*› by the building inspectorate; **~preis der** building costs *pl.;* **~rat der** chief architect; **~recht das** planning laws and building regulations *pl.;* **~reif** *Adj.* **ein ~reifes Grundstück** a cleared building plot; **~reihe die** series; *(bei Lokomotiven)* class

**bäurisch** ['bɔyrɪʃ] *(abwertend)* **1.** *Adj.* boorish; oafish. **2.** *adv.* boorishly; oafishly

**Bau-: ~ruine die** *(ugs.)* building abandoned only half-finished; **~satz der** kit

**Bausch** [bauʃ] **der; ~[e]s, ~e** *od.* **Bäusche** ['bɔyʃə] **a)** *(am Kleid, Ärmel)* puff; **einen ~ machen** *(ugs.)*‹*dress*› bulge; **b) ein ~ Watte** a wad of cotton wool; **c) etw. in ~ und Bogen verwerfen/verdammen** reject/condemn sth. wholesale

**Bau·schaffende** [-ʃafn̩də] **der/die;** *adj. Dekl. (DDR)* building *or* construction worker

**Bäuschchen** ['bɔyʃçən] **das; ~s, ~:** [small] wad

**bauschen 1.** *tr. V.* billow, fill ‹*sail, curtains, etc.*›; **gebauschte Ärmel** puffed *or* puff sleeves. **2.** *refl. V.* ‹*dress, sleeve*› puff out; *(ungewollt)* bunch up; become bunched up; *(im Wind)* ‹*curtain, flag, etc.*› billow [out]

**bauschig 1.** *Adj.* puffed ‹*dress*›; baggy ‹*trousers*›. **2.** *adv.* **~ fallen** ‹*skirt*› be full

**Bau-: ~schlosser der** fitter [in the building trade]; **~schutt der** building-rubble; **~soldat der** *(DDR) conscript allowed to do non-military (esp. building) work*

**bau·sparen** *itr. V.; nur Inf. gebr.* save with a building society

**Bau·sparer der** building-society investor

**Bauspar-: ~kasse die** ≈ building society; **~vertrag der** savings contract with a building society *(to save a specified sum which earns interest and is later used to pay for the building of a house)*

**Bau-: ~stahl der** structural steel; **~stein der a)** building stone; **b)** *(Bestandteil)* element; component; *(Elektronik, DV)* module; **die ~steine der Materie** the constituents of matter; **c)** *(~klötzchen)* building-brick; **~stelle die** building site; *(beim Straßenbau)* road-works *pl.; (bei der Eisenbahn)* site of engineering works; **„Betreten der ~stelle verboten"** 'no entry *or* access for unauthorized persons'; **die Strecke war wegen einer ~stelle gesperrt** the road was closed because of road-works/the line was closed because of engineering works; **~stil der** architectural style; **im italienischen ~stil** in the Italian style; **~stoff der a)** building material; **b)** *(Biol.)* nutrient; **~stopp der** suspension of building work **(für** on); **~substanz die** *o. Pl.* fabric [of the building/buildings]; *(Bestand an Gebäuden)* building stock; **~summe die** building costs *pl.;* **~tätigkeit die;** *o. Pl.* building activity; **~teil das** component

**Bauten** *Pl.: s.* **Bau**

**Bau-: ~tischler der** [building] joiner; **~unternehmen das** building firm; **~unternehmer der** building contractor; builder; **~vorhaben das** building project; **~weise die a)** method of building *or* construction; **b)** *(~art)* type of construction; **in geschlossener/offener ~weise errichtet** built as terrace houses/detached houses; **~werk das** building; *(Brücke, Staudamm)* structure; **~wirtschaft die;** *o. Pl.* building *or* construction industry

**Bauxit** [bau'ksi:t] **der; ~s, ~e** bauxite

**bauz** [bauts] *Interj.* flop

**Bau-: ~zaun der** site fence; **~zeichnung die** construction drawing; **~zeit die** construction time

**Bayer** ['baiɐ] **der; ~n, ~n, Bayerin die; ~, ~nen** Bavarian

**bay[e]risch 1.** *Adj.* Bavarian; **der Bayerische Wald** the Bayerischer Wald; the Bavarian Forest. **2.** *adv.* **~ sprechen** speak Bavarian dialect; *(mit bayerischem Akzent)* speak with a Bavarian accent; **~ gekleidet** dressed in Bavarian costume; *s. auch* **deutsch, badisch**

**Bayern** ['baiən] **(das); ~s** Bavaria

**Bazi** ['ba:tsi] **der; ~, ~** *(südd., österr. abwertend)* **a)** *(Faulpelz)* lazy good-for-nothing; **b)** *(Wichtigtuer)* big-head *(coll.)*

**Bazille** [ba'tsɪlə] **die; ~, ~n** *(ugs.) s.* **Bazillus**

**Bazillen·träger der** carrier

**Bazillus** [ba'tsɪlʊs] **der; ~, Bazillen a)** bacillus; **b)** *(fig.)* cancer; **der ~ der Korruption** the cancer of corruption

**Bazooka** [ba'zu:ka] **die; ~, ~s** bazooka

**Bd.** *Abk.* **Band** Vol.

**Bde.** *Abk.* **Bände** Vols.

**BDM** [be:de:'|ɛm] **der; ~** *Abk.* **Bund Deutscher Mädel** *(ns.) National Socialist organization for girls*

**B-Dur** ['be:-] **das; ~** *(Musik)* B flat major; *s. auch* **A-Dur**

**BE** *Abk.* **Broteinheit**

**beabsichtigen** [bə'lapzɪçtɪgn̩] *tr. V.* intend; **~, etw. zu tun** intend *or* mean to do sth.; **das war nicht beabsichtigt** it wasn't intentional *or* deliberate; **was hast du mit dieser Frage beabsichtigt?** what did you mean by your question?; **die beabsichtigte Wirkung** the intended *or* desired effect

**beachten** *tr. V.* **a)** observe, follow ‹*rule, regulations*›; follow ‹*instruction*›; heed, follow ‹*advice*›; obey ‹*traffic signs*›; observe ‹*formalities*›; **b)** *(berücksichtigen)* **etw. ~:** take account of sth.; *(Aufmerksamkeit schenken)* pay attention to *or* take notice of sth.; **es ist zu ~, daß ...:** please note that ...; **c)** *(beobachten)* notice; **jmdn. nicht ~:** ignore sb.

**beachtens·wert** *Adj.* remarkable; *(erwähnenswert)* noteworthy

**beachtlich 1.** *Adj.* **a)** *(erheblich)* considerable; marked, considerable ‹*improvement, increase, change, etc.*›; notable, considerable ‹*success*›; **er verdient jetzt ~e zehntausend Mark im Monat** he is now earning as much as ten thousand marks a month; **b)** *(anerkennenswert)* important ‹*job, post*›; **Beachtliches leisten** make one's mark; **c)** *(Amtsspr.: zu berücksichtigen)* **~ sein** have to be given due consideration. **2.** *adv.* considerably; ‹*improve, increase, change*› markedly, considerably

**Beachtung die a)** *(Einhaltung) s.* **beachten a:** observance; following; heeding; obeying; **bei ~ der Regeln** if one observes *or* follows the rules; **b)** *(Berücksichtigung)* consideration; **unter ~ aller Umstände** taking all the circumstances into account; **c)** *(Aufmerksamkeit)* attention; **~/keinerlei ~ finden** receive attention/be ignored completely; **jmdm./einer Sache ~/keine ~ schenken** pay attention/no attention to sb./sth.; take notice/no notice of sb./sth.

**beackern** *tr. V.* **a)** *(ugs.: bearbeiten)* go over ⟨*subject*⟩; plough through ⟨*literature, regulations*⟩; **b)** *(ugs.: überreden)* **jmdn. ~:** work on sb. *(coll.)*; **c)** *(bebauen)* cultivate

**Beamte** [bəˈǀamtə] **der;** *adj. Dekl.* official; *(Staats~)* [permanent] civil servant; *(Kommunal~)* [established] local government officer *or* official; *(Polizei~)* [police] officer; *(Zoll~)* [customs] officer *or* official; **ein typischer ~r** a typical civil servant; **ein kleiner ~r** *(meist abwertend)* a minor *or (derog.)* petty official

**Beamten-: ~apparat der** bureaucracy; **~beleidigung die** insulting a public servant; **~bestechung die** bribery of a public servant/public servants; **~deutsch das** *(abwertend)* officialese *(derog.)*; **~laufbahn die** career in the civil service *or* as a civil servant; **die ~laufbahn einschlagen** join *or* enter the civil service; become a civil servant; **~recht das;** *o. Pl.* administrative law; **~seele die** *(abwertend)* petty official *or* bureaucrat; **~silo der** *(ugs. scherzh.)* huge impersonal office-block full of bureaucrats

**Beamtentum das; ~s a)** civil service mentality; **b)** *(Beamtenschaft)* civil servants *pl.*; civil service; *(in den Gemeinden)* local government officers *or* officials *pl.*

**Beamten·verhältnis das: im ~ stehen** be a [permanent] civil servant; **ins ~ übernommen werden** attain permanent status

**beamtet** *Adj.* **~ sein** have permanent civil-servant status; **ein ~er Lehrer** a teacher with permanent civil-servant status

**Beamtete der/die;** *adj. Dekl. (Amtsspr.) s.* **Beamte, Beamtin**

**Beamtin die; ~, ~nen** *s.* **Beamte;** *(Polizei~)* [woman] police officer

**beängstigen** *tr. V. (veralt.)* alarm

**beängstigend 1.** *Adj.* worrying ⟨*feeling*⟩; unsettling ⟨*sign*⟩; eerie ⟨*silence*⟩; alarming ⟨*speed*⟩; **ein ~es Gedränge** a frightening crush of people; **sein Zustand ist ~:** his condition is giving cause for anxiety. **2.** *adv.* alarmingly; **~ schnell** at an alarming speed

**beanspruchen** *tr. V.* **a)** claim; **etw. ~ können** be entitled to expect sth.; **b)** *(ausnutzen)* make use of ⟨*person, equipment*⟩; take advantage of ⟨*hospitality, offer of help, services*⟩; **jmds. Geduld übermäßig ~:** try *or* strain sb.'s patience; **c)** *(abverlangen)* demand ⟨*energy, attention, stamina*⟩; **das beansprucht ihn sehr/wenig** that demands a lot/doesn't demand much of him; **sein Beruf beansprucht ihn sehr/völlig** his job is very demanding/takes up all his time and energy; **d)** *(benötigen)* take up ⟨*time, space, etc.*⟩

**Beanspruchung die; ~, ~en a)** demands *pl.* (*Gen.* on); **b)** *(Inanspruchnahme)* **die ~ durch den Beruf** the demands of his/her job; **~en** *(Dat.)* **ausgesetzt werden** ⟨*material, machine*⟩ be subjected to stresses *or* strains

**beanstanden,** *(österr. auch)* **beanständen** *tr. V.* object to; take exception to; *(sich beklagen über)* complain about; **an der Arbeit ist nichts/allerlei zu ~:** there is nothing/there are all sorts of things wrong with the work; **die Waren wurden beanstandet** there were complaints about the goods; **~, daß ...:** complain that ...

**Beanstandung die; ~, ~en** complaint; **Anlaß zu ~en geben** give cause for complaint *sing.*

**beantragen** *tr. V.* **a)** apply for; **~, versetzt zu werden** apply to be transferred; apply for a transfer; **etw. bei den Behörden ~:** apply to the authorities for sth.; **b)** *(fordern)* call for; demand; **c)** *(vorschlagen)* propose; **~, etw. zu tun** propose doing sth.; **Schluß der Debatte ~:** move the closure

**beantworten** *tr. V.* answer; reply to, answer ⟨*letter*⟩; respond to ⟨*insult*⟩; return ⟨*greeting*⟩; **jmdm. eine Frage ~:** answer a question for sb.; **bitte ~ Sie meine Frage mit Ja oder Nein** please answer yes or no to my question

**Beantwortung die; ~, ~en a) die ~ einer Frage/eines Briefes** an answer to a question/a reply *or* an answer to a letter; **in ~** *(Amtsspr.)* in reply (*Gen.* to); **zur ~ Ihrer Frage** in order to answer your question; **b)** *(Reaktion)* response; **die ~ seiner Beleidigung** the response to his insult

**bearbeiten** *tr. V.* **a)** deal with; work on, handle ⟨*case*⟩; **b)** *(adaptieren)* adapt **(für** for); **ein Buch völlig neu ~:** revise a book completely; **ein Stück für Klavier ~:** arrange a piece for the piano; **c)** *(behandeln)* treat **(mit** with); work ⟨*wood, metal, leather, etc.*⟩; **etw. mit Politur/einem Hammer/einer Feile** *usw.* **~:** polish/hammer/file *etc.* sth.; **etw. mit einer Drahtbürste ~:** work on sth. with a wire brush; **d)** cultivate ⟨*field, land*⟩; *(fig. ugs.)* hammer away on ⟨*piano, organ*⟩; **den Boden ~:** work the soil; **e)** *(ugs.: schlagen)* beat [repeatedly]; **jmdn. mit den Fäusten ~:** pummel sb.; **f)** *(untersuchen)* treat, examine ⟨*subject, aspect*⟩; **g)** *(ugs.: überreden)* work on; **jmdn. ~, daß er etw. macht** work on sb. to get him to do sth.

**Bearbeiter der, Bearbeiterin die a) der zuständige Bearbeiter** the person who is dealing/who dealt with the matter; **sie war nicht die Bearbeiterin des Antrags** she did not deal with the application; **b)** *(eines Romans, Schauspiels)* adapter; *(eines Textes)* reviser; *(Herausgeber)* editor; *(eines Musikstücks)* arranger

**Bearbeitung die; ~, ~en a) die ~ eines Antrags/eines Falles** *usw.* dealing with an application/working on *or* handling a case *etc.*; **die ~ der Post ist ...:** dealing with the mail is...; **b)** *(Fassung, Veränderung)* adaptation; *(eines Musikstücks)* arrangement; **die englische ~:** the English version; **c)** *(Behandlung)* treatment; *(von Holz, Metall, Leder usw.)* working; **die ~ des Metalls ist schwer** it is difficult to work the metal; **zur weiteren ~:** in order to be worked further/ for further treatment; **d)** *(Untersuchung)* examination; *(eines Themas)* treatment

**Bearbeitungs-: ~gebühr die** administrative charge; *(Bankw.)* handling charge; **~methode die: ~methoden für Stahl** *usw.* methods of working steel *etc.*; **~zeit die: die ~zeit für etw.** the time required to deal with sth.

**beargwöhnen** *tr. V.* **jmdn./etw. ~:** be suspicious of sb./sth.; regard sb./sth. with suspicion; **beargwöhnt werden** be regarded with suspicion

**Beat** [biːt] **der; ~[s] a)** beat; **b)** *(Musikrichtung)* beat [music]

**Beat-: ~band die** beat group; **~club der:** *s.* **~lokal; ~fan der** beat fan; **~lokal das** beat club

**beatmen** *tr. V. (Med.)* **jmdn. [künstlich] ~:** administer artificial respiration to sb.; *(während einer Operation)* ventilate sb.

**Beatmung die; ~, ~en: [künstliche] ~:** artificial respiration; *(während einer Operation)* ventilation

**Beatmungs·gerät das** respirator

**Beat·musik die** beat music

**Beatnik** [ˈbiːtnɪk] **der; ~s, ~s** beatnik

**Beat·schuppen der** *(ugs.)* beat club

**Beau** [boː] **der; ~s, ~s** dandy

**Beaufort·skala** [ˈboːfɐt-] **die;** *o. Pl. (Met.)* Beaufort scale

**beaufsichtigen** *tr. V.* supervise; mind, look after ⟨*child*⟩; **jmdn. bei der Arbeit ~:** supervise sb. while he/she is working

**Beaufsichtigung die; ~, ~en** supervision; **unter ~ stehen** be kept under supervision

**beauftragen** *tr. V.* **a) jmdn./einen Ausschuß** *usw.* **mit etw. ~:** entrust sb./a committee *etc.* with sth.; charge sb./a committee *etc.* with sth.; **jmdn./einen Ausschuß** *usw.* **~, etw. zu tun** give sb./a committee *etc.* the job *or* task of doing sth.; **jmdn. ~, die Urkunden zu unterschreiben** authorize sb. to sign the documents; **man hat mich beauftragt, Sie darüber zu informieren** I have been asked to tell you about this; **einen Künstler/Architekten ~, etw. zu tun** commission an artist/architect to do sth.; **b)** *(beordern)* **jmdn. ~, etw. zu tun** order sb. to do sth.

**Beauftragte der/die;** *adj. Dekl.* representative; **der ~ der DDR für Kirchenfragen** the GDR official responsible for church affairs

**beaugapfeln** *tr. V. (scherzh.)* **jmdn./etw. ~:** give sb./sth. the once-over *(coll.)*

**beäugen** *tr. V.* eye ⟨*person*⟩; inspect ⟨*thing*⟩

**beaugenscheinigen** [bəˈǀaugn̩ʃainɪgn̩] *tr. V. (Amtsspr., scherzh.)* inspect

**Beauté** [boˈteː] **die; ~, ~s** *(geh.)* beauty

**bebändert** [bəˈbɛndɐt] *Adj.* decorated with ribbons; beribboned

**bebauen** *tr. V.* **a)** build on; develop; **ein Gelände mit Häusern ~:** build houses on a site; **mit etw. bebaut werden** have sth. built on it; **b)** cultivate ⟨*land*⟩; **einen Acker mit Kartoffeln ~:** grow potatoes in a field

**Bebauung die; ~, ~en a)** *(mit Gebäuden)* development; **b)** *(Gebäude)* buildings *pl.*; **das Gebiet hat eine völlig uneinheitliche ~:** the buildings in this area lack any unity of style; **c)** *(eines Ackers)* cultivation

**Bebauungs·plan der** development plan

**Bébé** [beˈbeː] **das; ~s, ~s** *(schweiz.)* baby

**beben** [ˈbeːbn̩] *itr. V.* **a)** shake; tremble; **b)** *(geh.: zittern)* tremble, shake **(vor** + *Dat.* with); ⟨*lips*⟩ tremble; ⟨*knees*⟩ shake

**Beben das; ~s, ~ a)** shaking; trembling; **b)** *(Erd~)* quake *(coll.)*; earthquake; **c)** *(geh.: Zittern)* shaking; trembling; **das ~ seiner Stimme** the tremble in his voice

**bebildern** *tr. V.* illustrate

**Bebilderung die; ~, ~en** illustrations *pl.*

**bebrillt** [bəˈbrɪlt] *Adj.* bespectacled

**bebrüten** *tr. V.* **a)** brood; incubate; **b)** *(Biol.)* incubate

**Béchamel·soße** [beʃaˈmɛl-] **die** *(Kochk.)* béchamel [sauce]

**Becher** [ˈbɛçɐ] **der; ~s, ~ a)** *(Glas~, Porzellan~)* glass; tumbler; *(Plastik~)* beaker; cup; *(Eis~) (aus Glas, Metall)* sundae dish; *(aus Pappe)* tub; *(Joghurt~)* carton; **ein ~ Eis** a tub of ice cream; **b)** *(bei Pflanzen)* cupule; cup

**Becher·glas das** *(Chemie)* beaker

**bechern** *tr., itr. V. (ugs. scherzh.)* **[einen] ~:** have a few *(coll.)*; **bis zum frühen Morgen ~:** booze into the small hours

**Becher·werk das** *(Technik)* bucket elevator

**becircen** [bəˈtsɪrtsn̩] *tr. V. (ugs.)* **a)** bewitch ⟨*man*⟩; **b)** *(überreden)* **jmdn. ~[, daß er etw. tut]** wrap sb. round one's little finger [and get him to do sth.]

**Becken** [ˈbɛkn̩] **das; ~s, ~ a)** *(Wasch~)* basin; *(Abwasch~)* sink; *(Toiletten~)* pan; bowl; **b)** *(Anat.)* pelvis; **c)** *Pl. (Musik)* cymbals; **d)** *(Schwimm~)* pool; *(Plansch~)* paddling-pool; *(eines Brunnens, einer Schleuse)* basin; *(Fisch~)* pond; **e)** *(Geol.)* basin

**Becken-: ~bruch der** *(Med.)* pelvic fracture; fractured pelvis; **~end·lage die** *(Med.)* breech position; **~knochen der** hip-bone; pelvic bone

**Beckmesser** [ˈbɛkmɛsɐ] **der; ~s, ~** *(abwertend)* caviller; carper

**Beckmesserei die; ~, ~en** *(abwertend)* cavilling; carping

**bẹckmessern** *itr. V. (abwertend)* cavil; carp
**bedachen** [bəˈdaxn̩] *tr. V.* put the roof on ⟨*house*⟩; **bedacht** roofed; covered ⟨*bridge*⟩
**bedạcht 1.** *2. Part. v.* **bedenken; bedachen. 2.** *Adj.* **a)** carefully considered; *(umsichtig)* circumspect; **b) auf etw.** *(Akk.)* **~ sein** be intent on sth.; **auf seinen eigenen Vorteil ~ sein** have an eye to one's own advantage; **darauf ~/sehr ~ sein, etw. zu tun** be intent on doing sth./be [most] anxious to do sth.; **[ängstlich] darauf ~ sein, daß etw. nicht geschieht** be [extremely] anxious to prevent sth. from happening; **er ist stets auf korrekte Kleidung ~:** he makes a point of being correctly dressed. **3.** *adv.* in a carefully considered way; *(umsichtig)* circumspectly
**Bedạcht der** *in* **ohne ~:** rashly; without thinking *or* forethought; **mit ~:** in a carefully considered way; *(umsichtig)* circumspectly; **voll ~:** very carefully; **auf etw.** *(Akk.)* **~ nehmen** *(geh.)* pay regard to sth.
**Bedạchte der/die;** *adj. Dekl. (Rechtsw.)* beneficiary; *(eines Legats)* legatee
**bedächtig** [bəˈdɛçtɪç] **1.** *Adj.* **a)** deliberate; measured ⟨*steps, stride, speech*⟩; **b)** *(besonnen)* thoughtful; well-considered ⟨*words*⟩; *(vorsichtig)* careful. **2.** *adv.* **a)** deliberately; **~ reden** speak in measured tones; **b)** *(besonnen)* thoughtfully; *(vorsichtig)* carefully
**Bedạ̈chtigkeit die; ~ a)** deliberateness; **b)** *(Besonnenheit)* thoughtfulness; *(Vorsichtigkeit)* carefulness
**bedạchtsam** *(geh.)* **1.** *Adj.* thoughtful; *(vorsichtig)* careful. **2.** *adv.* thoughtfully; *(vorsichtig)* carefully
**Bedạchung die; ~, ~en a)** *o. Pl.* roofing; **b)** *(Dach)* roof
**bedang** [bəˈdaŋ] *1. u. 3. Pers. Sg. Prät. v.* **²bedingen**
**bedạnken 1.** *refl. V.* say thank you; express one's thanks; **ich bedanke mich** thank you; *(ugs. iron.: nein danke!)* thank you 'very much; **sich bei jmdm. [für etw.] ~:** thank sb. *or* say thank you to sb. [for sth.]; **sich bei jmdm. ~, daß er/sie etw. getan hat** thank sb. for doing sth.; **dafür kannst du dich bei ihm ~** *(ugs. iron.)* you've got him to thank for that *(iron.)*. **2.** *tr. V. (geh.)* **etw. ~:** express one's thanks for sth.; **Seien Sie herzlich bedankt** please accept my/our warmest thanks
**Bedarf** [bəˈdarf] **der; ~[e]s a)** need **(an +** *Dat.* of); requirement **(an +** *Dat.* for); *(Bedarfsmenge)* needs *pl.;* requirements *pl.;* **Dinge des täglichen ~s** everyday necessities; **der persönliche ~:** one's personal needs *pl.;* **bei ~:** if and when the need arises; if required; **bei dringendem ~:** in cases of urgent need; **~ an etw.** *(Dat.)* **haben** *(Kaufmannsspr.)* require sth.; **je nach ~:** as required; **kein ~!** *(salopp)* I don't feel like it; **b)** *(Nachfrage)* demand **(an +** *Dat.* for); **dafür besteht kein ~:** there is no demand for it/them; **mein ~ an Überraschungen ist für heute gedeckt** *(fig.)* I've had enough surprises for 'one day
**-bedạrf der; ~[e]s ...** requirement
**bedạrfs-, Bedạrfs-: ~ampel die** *(Verkehrsw.)* pedestrian-controlled *or* -operated lights; **~deckung die** satisfaction of its/one's needs *or* requirements; **~fall der** *in* **im ~fall[e]** if required; if the need arises/arose; **~gerecht 1.** *Adj.* designed to meet requirements; tailor-made; **eine ~gerechte Versorgung der Bevölkerung** a supply system tailored to the needs of the people; **2.** *adv.* in line with demand; **~güter** *Pl.* consumer goods; **~halte·stelle die** request stop; **~weckung die; ~:** stimulation of demand
**bedauerlich** *Adj.* regrettable; unfortunate
**bedauerlicher·weise** *Adv.* regrettably; unfortunately
**bedauern** *tr., itr. V.* **a)** feel sorry for; **sie hat es gern, bedauert zu werden** she likes people to feel sorry for her; **sie läßt sich gerne ~:** she likes being pitied; **b)** *(schade finden)* regret; **ich bedaure sehr, daß ...:** I am very sorry that ...; **wir ~, Ihnen mitteilen zu müssen** we regret to [have to] inform you; **bedaure!** sorry!
**Bedauern das; ~s a)** sympathy; **jmdm. sein ~ ausdrücken** offer one's sympathy to sb.; **b)** *(Betrübnis)* regret; **zu meinem ~:** to my regret; **ich habe zu meinem ~ gehört, daß ...:** I was sorry to hear that ...; **zu unserem ~ müssen wir Ihnen mitteilen, daß ...:** we regret to [have to] inform you that ...; it is with regret that we must inform you that ...; **mit ~:** with regret; **mit ~ habe ich festgestellt, daß ...:** I have discovered to my regret that ...
**bedauerns-: ~wert** *(geh.)*, **~würdig** *Adj.* unfortunate ⟨*person, coincidence*⟩; regrettable, unfortunate ⟨*incident*⟩
**bedẹcken 1.** *tr. V.* **a)** cover **(mit** with); **mit etw. bedeckt sein** be covered with sth.; **von Schlamm/Schmutz bedeckt sein** be covered in mud/dirt; **b)** *(österr.: ausgleichen)* meet ⟨*costs*⟩. **2.** *refl. V.* cover oneself up
**bedẹckt** *Adj.* overcast ⟨*sky*⟩; **bei ~em Himmel** when the sky is overcast; **sich ~ halten** *(fig.)* keep a low profile
**Bedẹcktsamer** [-za:mɐ] **der; ~s, ~** *(Bot.)* angiosperm
**bedẹcktsamig** [-za:mɪç] *Adj. (Bot.)* angiospermous
**Bedẹckung die;** *o. Pl.* **a)** covering; **b)** *(Schutz)* guard; **zehn Mann ~:** a ten-man bodyguard *sing.;* **c)** *(das Bedeckende)* covering; **d)** *(österr.: Deckung)* meeting
**bedẹnken 1.** *unr. tr. V.* **a)** consider; think about; **wenn ich es recht bedenke/wenn man es recht bedenkt** when I/you stop and think about it; **~, daß ...:** consider *or* think that ...; **b)** *(beachten)* take into consideration; **du mußt ~, daß ...:** you should bear in mind that *or* take into consideration the fact that ...; **ich gebe [dir]/er gab [uns] zu ~, daß ...:** I would ask you/he asked us to bear in mind that *or* take into consideration the fact that ...; **c)** *(geh.: beschenken)* **jmdn. reich ~:** shower sb. with gifts; **jmdn. mit etw. ~:** present sb. with sth.; **jmdn. großzügig mit Lob ~:** lavish praise on sb. **2.** *refl. V.* reflect; think; **ohne sich lange zu ~:** without stopping to reflect
**Bedẹnken das; ~s, ~ a)** *o. Pl.* reflection; **nach kurzem/langem ~:** after a moment's/after much reflection *or* consideration; **ohne ~:** without hesitation; **b)** *(Zweifel)* doubt; reservation; **~ haben** *od.* **hegen** *od. (geh.)* **tragen** have doubts *or* reservations **(gegen** about); **aber jetzt kommen mir ~:** but now I'm having second thoughts
**bedẹnken·los 1.** *Adj.* unconsidered; *(ohne Zögern)* unhesitating; prompt ⟨*intervention*⟩; *(skrupellos)* unscrupulous. **2.** *adv.* without a moment's hesitation; without stopping to think; *(ohne Zögern)* without hesitation; ⟨*intervene*⟩ promptly; *(skrupellos)* unscrupulously
**Bedẹnkenlosigkeit die; ~:** lack of consideration; *(mangelndes Zögern)* absence of any hesitation; *(Skrupellosigkeit)* unscrupulousness; lack of scruples
**bedẹnkens·wert** *Adj.* ⟨*argument, suggestion*⟩ worthy of consideration; **~ sein** be worth considering *or* worthy of consideration
**bedẹnklich 1.** *Adj.* **a)** dubious, questionable ⟨*methods, transactions, etc.*⟩; **b)** *(bedrohlich)* alarming; disturbing; **~ sein/werden** be giving/be starting to give cause for concern; **c)** *(besorgt)* concerned; apprehensive; anxious; **ein ~es Gesicht machen** look concerned *etc.;* **das machte** *od.* **stimmte mich ~** *(ließ mich nachdenken)* that gave me food for thought; *(machte mich ängstlich)* that gave me cause for concern. **2.** *adv.* **a)** alarmingly; disturbingly; **b)** *(besorgt)* apprehensively; anxiously
**Bedẹnklichkeit die; ~ a)** dubiousness; questionableness; **b)** *(Bedrohlichkeit)* alarming *or* disturbing nature
**Bedẹnk·zeit die;** *o. Pl.* time for reflection; **um ~/einige Tage ~ bitten** ask for some time/a few days to think about it; **nach einer kurzen ~:** after a pause for thought; **ich gebe Ihnen vierundzwanzig Stunden ~:** I'll give you twenty-four hours to think about it
**bedeppert** [bəˈdɛpɐt] *(salopp) Adj. (ratlos)* confused and embarrassed; *(töricht, dümmlich)* gormless *(coll.); (niedergeschlagen)* crestfallen
**bedeuten** *tr. V.* **a)** *(bezeichnen, heißen)* mean; **was bedeutet dieses Wort?** what does that word mean?; what is the meaning of that word?; **was soll das ~?** what does that mean?; **er weiß, was es bedeutet, krank zu sein** he knows what it means to be ill; **„Ph. D." bedeutet Doktor der Philosophie** 'Ph.D.' stands for Doctor of Philosophy; **was bedeutet diese Zeremonie?** what's the significance of this ceremony?; **b)** *(sein)* represent; **das bedeutet ein Wagnis** that is being really daring; **einen Eingriff in die Pressefreiheit ~:** amount to *or* represent an attack on press freedom; **c)** *(hindeuten auf)* mean; **das bedeutet nichts Gutes** that bodes ill; that's a bad sign; **schönes Wetter ~:** mean good weather; be a sign of good weather to come; **d)** *(wichtig sein)* mean; **Geld bedeutet ihm nichts** money means nothing to him; **das hat nichts zu ~:** that doesn't mean anything; **e)** *(geh.: anraten)* **jmdm. ~, etw. zu tun** intimate *or* indicate to sb. that he/she should do sth.; **f)** *(veralt.: belehren)* inform
**bedeutend 1.** *Adj.* **a)** *(wichtig)* significant, important ⟨*step, event, role, measure, etc.*⟩; important ⟨*city, port, artist, writer, etc.*⟩; **b)** *(groß)* considerable; substantial; considerable ⟨*success*⟩; substantial ⟨*pension*⟩. **2.** *adv.* considerably
**bedeutsam 1.** *Adj.* **a)** *s.* **bedeutend; b)** *(vielsagend)* meaningful; significant. **2.** *adv.* meaningfully; significantly
**Bedeutung die; ~, ~en a)** *o. Pl.* meaning; significance; **einer Sache** *(Dat.)* **zu große ~ beimessen** attach too much significance to sth.; **b)** *(Wort~)* meaning; **c)** *o. Pl. (Tragweite)* significance; importance; **[an] ~ gewinnen** become more significant; **nichts von ~:** nothing important *or* significant; nothing of [any] importance *or* significance; **d)** *(Berühmtheit)* importance; **ein Mann von ~:** an important figure
**bedeutungs-, Bedeutungs-: ~erweiterung die** *(Sprachw.)* extension of meaning; **~gehalt der** semantic content *(Ling.);* meaning; **~lehre die** *(Sprachw.)* semantics; **~los** *Adj.* insignificant; unimportant; **~losigkeit die; ~:** insignificance; unimportance; **~schwer** *Adj. (geh.)* loaded with meaning; *(folgenschwer)* critical; momentous; **~unterschied der** *(Sprachw.)* difference in meaning; **~verengung die** *(Sprachw.)* restriction of meaning; **~voll 1.** *Adj.* **a)** significant; **b)** *(vielsagend)* meaningful; meaning ⟨*look*⟩; **2.** *adv.* meaningfully; significantly; **~wandel der** *(Sprachw.)* change in *or* of meaning; semantic change *(Ling.);* **~wörter·buch das** defining dictionary
**bedienen 1.** *tr. V.* **a)** wait on; ⟨*waiter, waitress*⟩ wait on, serve; ⟨*sales assistant*⟩ serve; *(salopp: sexuell)* satisfy; **jmdn. vorn und hinten ~** *(ugs.)* wait on sb. hand and foot; **werden Sie schon bedient?** are you being served?; **aufmerksam bedient werden** receive attentive service; **b)** *(handhaben)* operate ⟨*machine*⟩; **c)** *in* **[mit etw.] gut/schlecht bedient sein** *(ugs.)* be well-served/

ill-served [by sth.]; **mit diesem Artikel sind Sie gut bedient** this article will give you good value for money; **bedient sein** *(salopp)* have had enough; have had all one can take; **d)** *(Kartenspiel)* play; **Kreuz/Trumpf ~:** play a club/trump; **eine Farbe ~:** follow suit; **e)** *(Fußball)* **jmdn. ~:** pass to sb.; **die Stürmer mit hervorragenden Pässen ~:** provide the forwards with excellent service; **f)** ⟨*means of transport*⟩ serve; operate on ⟨*route*⟩; maintain ⟨*network of routes*⟩. **2.** *itr. V.* **a)** *(im Restaurant, Geschäft)* serve; **wer bedient hier?** who is serving here?; **b)** *(Kartenspiel)* follow suit; **falsch ~:** revoke. **3.** *refl. V.* **a)** help oneself; **sich selbst ~** *(im Geschäft, Restaurant usw.)* serve oneself; **b)** *(geh.)* **sich einer Sache** *(Gen.)* **~:** make use of *or* use sth.

**Bedienerin die; ~, ~nen** *(österr.)* cleaning woman

**bedienstet** [bə'di:nstət] *Adj.* **in ~ sein** *(österr.)* be employed (**bei** by)

**Bedienstete der/die;** *adj. Dekl.* **a)** *(Amtsspr.)* employee; **b)** *(veralt.: Diener)* servant

**Bediente** [bə'di:ntə] **der/die;** *adj. Dekl. (veralt.)* servant

**Bedienung die; ~, ~en a)** *o. Pl. (das Bedienen)* service; **~ inbegriffen** service included; **b)** *o. Pl. (das Handhaben)* operation; **für die ~ dieser Maschine bekommt er ...:** for operating this machine he receives ...; **c)** *(Person) (in einem Lokal)* waiter/waitress; *(in einem Geschäft)* [sales] assistant; *(gesamtes Personal)* staff; **hallo, ~!** waiter/waitress!; **d)** *(österr.)* cleaning woman

**Bedienungs-: ~an·leitung die** operating instructions *pl.; (Heft)* instruction book; **~auf·schlag der, ~geld das:** *s.* **~zuschlag; ~fehler der** operator's error; **~mannschaft die** operating crew; *(am Geschütz)* gun crew; **~zu·schlag der** service charge

**¹bedingen** [bə'dɪŋən] *tr. V.* **a)** cause; **b)** *(erfordern)* require; demand; *(voraussetzen)* presuppose; **c)** *(abhängig sein von)* **einander ~:** be interdependent *or* mutually dependent

**²bedingen** *unr. refl. V. (veralt.)* **sich** *(Dat.)* **etw. ~:** stipulate sth.; make sth. a condition

**bedingt** [bə'dɪŋt] **1.** *Adj.* **a)** qualified ⟨*praise, acceptance, approval*⟩; **b)** *(von etw. abhängig)* conditional; **~er Reflex** *(Physiol.)* conditioned reflex; **psychologisch ~ sein** have psychological causes. **2.** *adv.* **~ richtig/gelten** partly/be partly true; **nur ~ tauglich** fit for certain duties only

**-bedingt** *Adj.* associated with *postpos.;* due to *postpos.;* **alters~:** associated with old age *postpos.;* **berufsbedingte Krankheiten** occupational illnesses; **witterungsbedingte Schäden** damage caused by the weather

**Bedingtheit die; ~, ~en a)** *(Abhängigkeit)* relative nature; *(Begrenztheit)* limited *or* restricted nature; **b)** *(Bestimmtheit)* **wechselseitige ~:** interdependence; mutual dependence

**Bedingung die; ~, ~en** condition; **etw. zur ~ machen** make sth. a condition; **zu annehmbaren ~en** on acceptable terms; **unter diesen ~en** on these conditions; **unter keiner ~:** under no circumstances; **unter der ~, daß ...:** on condition that ...; **~ ist, daß ...:** it is a condition that ...

**bedingungs-, Bedingungs-: ~form die** *(Sprachw.)* conditional; **~los 1.** *Adj.* unconditional ⟨*surrender, acceptance, etc.*⟩; absolute, unquestioning ⟨*obedience, loyalty, devotion*⟩; **2.** *adv.* ⟨*surrender, accept, etc.*⟩ unconditionally; ⟨*subordinate oneself*⟩ unquestioningly; **sich ~los für jmdn. einsetzen** give sb. one's unqualified support; **~satz der** *(Sprachw.)* conditional clause

**bedrängen** *tr. V.* **a)** besiege ⟨*town, fortress, person*⟩; put ⟨*opposing player*⟩ under pressure; **vom Feind bedrängt sein** be hard pressed by the enemy; **mit Fragen bedrängt werden** be assailed with questions; **b)** *(belästigen)* pester; **c)** *(belasten)* distress; **von Zweifeln bedrängt** beset with doubts; **in einer bedrängten/sehr bedrängten Lage sein** be hard-pressed/be in a difficult/desperate situation *or* in dire straits *pl.*

**Bedrängnis die; ~, ~se** *(geh.) (innere Not)* distress; *(wirtschaftliche Not)* [great] difficulties *pl.;* **in ~ geraten/sein** get into/be in great difficulties *pl.;* **in arger ~:** in dire straits *pl.;* **jmdn. in ~ bringen** cause sb. great difficulties/distress

**bedripst** [bə'drɪpst] *Adj. (nordd. ugs.) (ratlos)* confused and embarrassed; *(niedergeschlagen)* crestfallen

**bedrohen** *tr. V.* **a)** threaten; **b)** *(gefährden)* threaten; endanger; **den Frieden ~:** be a threat *or* danger to peace; **vom Feuer bedroht sein** be in danger of catching fire; **vom Aussterben bedroht sein** be threatened with extinction

**bedrohlich 1.** *Adj. (drohend)* threatening, menacing ⟨*gesture*⟩; *(unheilverkündend)* ominous; *(gefährlich)* dangerous. **2.** *adv. (drohend)* threateningly; menacingly; *(unheilverkündend)* ominously; *(gefährlich)* dangerously; **~ nahe kommen** come ominously/dangerously near

**Bedrohlichkeit die; ~:** dangerousness; *(einer Krankheit usw.)* dangerous nature

**Bedrohung die** threat *(Gen.* to); **in ständiger ~:** under a constant threat

**bedrucken** *tr. V.* print; **etw. mit einer Adresse ~:** print an address on sth.; **ein mit Blumen bedrucktes Kleid** a flower-print dress

**bedrücken** *tr. V.* **a)** depress; **es bedrückt mich, daß ...:** I feel depressed that ...; **bedrückt dich was?** is something weighing on your mind?; **b)** *(veralt.: unterdrücken)* oppress

**bedrückend** *Adj.* oppressive; depressing ⟨*sight, thought, news*⟩

**bedruckt** *Adj.* printed; print *attrib.* ⟨*dress etc.*⟩

**bedrückt** *Adj.* depressed; oppressed ⟨*people*⟩

**Bedrückung die; ~, ~en** depression; *(eines Volkes)* oppression

**Beduine** [bedu'i:nə] **der; ~n, ~n** Bed[o]uin

**bedungen** [bə'dʊŋən] *2. Part. v.* **²bedingen**

**bedürfen** *unr. itr. V. (geh.)* **jmds./einer Sache ~:** require *or* need sb./sth.; **es bedarf einer Sache** there is need for sth.; **es bedarf nur eines Wortes von Ihnen** you need only say so; **es bedarf keines weiteren Wortes** no more need be said; **es bedarf einiger Mühe** *(geh.)* some effort is needed *or* required

**Bedürfnis das; ~ses, ~se** need (**nach** for); **dafür besteht kein ~:** there is no necessity for that; **das ~ haben, etw. zu tun** feel a need to do sth.; **ein ~ nach etw. haben** be in need of sth.; **es war mir ein ~, das zu tun** I felt the need to do it

**bedürfnis-, Bedürfnis-: ~anstalt die** *(Amtsspr.)* public convenience; **~befriedigung die** satisfaction of one's needs; *(polit. Ökonomie)* satisfaction of needs; **~los 1.** *Adj.* ⟨*person*⟩ with few [material] needs; modest, simple ⟨*life*⟩; **~los sein** have few [material] needs; **2.** *adv.* **~los leben** have a [very] modest life-style; **~losigkeit die; ~:** lack of [material] needs

**bedürftig** *Adj.* **a)** needy; **die Bedürftigen** the needy; those in need; **b)** *in* **jmds./einer Sache ~ sein** *(geh.)* be in need of sb./sth.

**Bedürftigkeit die; ~:** neediness; **die ~ einer Familie feststellen** means-test a family

**beduseln** *refl. V. (ugs.)* get merry *(coll.);* **ich war beduselt** *(fig.)* my head was spinning

**Beef·steak** ['bi:fste:k] **das** [beef]steak; **deutsches ~:** ≈ beefburger

**beehren** *(geh.)* **1.** *tr. V.* **a) jmdn. mit seinem Besuch/seiner Anwesenheit ~** *(auch iron.)* honour sb. with a visit/one's presence; **b)** *(gespreizt: besuchen)* **~ Sie uns bald wieder** *(im Geschäft/privat)* we hope to have the pleasure of your custom/company again. **2.** *refl. V.* **sich ~, etw. zu tun** have the honour to do sth.

**beeiden** [bə'|aɪdn̩] *tr. V.* **~, daß ...:** swear [on oath] that ...; **eine Aussage ~:** swear to the truth of a statement

**beeidigen** [bə'|aɪdɪgn̩] **a)** *(geh.) s.* **beeiden; b)** *(veralt.: vereidigen)* swear in; **ein beeidigter Zeuge** a sworn witness

**beeilen** *refl. V.* **a)** hurry [up *(coll.)*]; **beeil dich!** hurry [up]; **sich bei einer Arbeit ~:** hurry over a task; **du mußt dich aber mächtig beeilt haben** *(ugs.)* you must have really got a move on *(coll.);* **b)** *(nicht zögern)* **sich ~, etw. zu tun** hasten to do sth.

**Beeilung** *Interj.* **[los], ~!** *(ugs.),* **~ bitte!** *(ugs.)* get a move on! *(coll.);* hurry up! *(coll.)*

**beeindrucken** *tr. V.* impress; **sich von etw. ~ lassen** be impressed by sth.; **~d** impressive

**beeinflußbar** *Adj.* **leicht/schwer ~ sein** ⟨*person*⟩ be easily influenced/hard *or* difficult to influence; **das ist nicht ~:** it cannot be influenced

**beeinflussen** [bə'|aɪnflʊsn̩] *tr. V.* influence; influence, affect ⟨*result, process, etc.*⟩; **jmdn./etw. positiv/nachhaltig ~:** have a positive/lasting influence on sb./sth.; **sich leicht ~ lassen** be easily influenced

**Beeinflussung die; ~, ~en a)** *(das Einflußnehmen)* influencing; **seine ~ durch die Schule** the influence of the school on him; **b)** *(Einfluß)* influence

**beeinträchtigen** [bə'|aɪntrɛçtɪgn̩] *tr. V.* restrict ⟨*sights, freedom*⟩; detract from, spoil ⟨*pleasure, enjoyment*⟩; spoil ⟨*appetite, good humour*⟩; detract from, diminish ⟨*value*⟩; diminish, impair ⟨*quality*⟩; impair ⟨*reactions, efficiency, vision, hearing*⟩; damage, harm ⟨*sales, reputation*⟩; reduce ⟨*production*⟩; **jmdn. in seiner Freiheit ~:** restrict sb.'s freedom; **sich beeinträchtigt fühlen** feel hampered

**Beeinträchtigung die; ~, ~en:** *s.* **beeinträchtigen:** restriction; detracting (+ *Gen.* from); spoiling; diminution; impairment; damage *(Gen.* to); harm *(Gen.* to); reduction; **eine ~ der Freiheit** a restriction on one's freedom

**beelenden** *tr. V. (schweiz.)* sadden

**Beelzebub** ['be:lʦə-] **(der)** Beelzebub; **den Teufel mit** *od.* **durch ~ austreiben** *(fig.)* replace one evil by *or* with another

**beenden, beendigen** *tr. V.* end; finish ⟨*piece of work, dissertation, etc.*⟩; end, conclude ⟨*negotiations, letter, lecture*⟩; complete, finish ⟨*studies*⟩; end, bring to an end ⟨*meeting, relationship, dispute, strike*⟩; **das Fest wurde mit einem Feuerwerk beendet** the celebration ended with a firework display; **damit ~ wir unser heutiges Programm** that brings to an end our programmes for today

**Beendigung die; ~, Beendung die; ~** *(Ende)* end; *(Fertigstellung)* completion; **nach/vor ~ des Unterrichts** after/before school is/was over

**beengen** *tr. V.* hinder, restrict ⟨*movements*⟩; *(fig.)* restrict ⟨*freedom [of action]*⟩; **das Kleid/dieses Zimmer beengt mich** the dress hinders *or* restricts my movements/ this room is too cramped for me; **beengt wohnen** live in cramped surroundings *or* conditions; **sich beengt fühlen** feel cramped; *(fig.: durch Regeln usw.)* feel constricted; **diese kleinbürgerliche Atmosphäre beengte ihn** *(fig.)* he found this petit-bourgeois atmosphere stifling *or* restricting

**Beengtheit die; ~** *(von Räumen)* crampedness; **ein Gefühl der ~:** a feeling of being cramped

**beerben** *tr. V.* **jmdn. ~:** inherit sb's estate
**beerdigen** [bəˈ|eːɐ̯dɪgn̩] *tr. V.* bury; **jmdn. kirchlich ~:** give sb. a Christian burial
**Beerdigung die; ~, ~en** *(Bestattung)* burial; *(Trauerfeier)* funeral; **auf der falschen ~ sein** *(salopp, scherzh.)* have come to the wrong place
**Beerdigungs·institut das** [firm *sing.* of] undertakers *pl. or* funeral directors *pl.*
**Beere** [ˈbeːrə] **die; ~, ~n** berry
**Beeren-: ~auslese die** *wine made from selected overripe grapes;* **~obst das** soft fruit
**Beet** [beːt] **das; ~[e]s, ~e** *(Blumen~)* bed; *(Gemüse~)* plot
**Beete** *s.* **Bete**
**befähigen** [bəˈfɛːɪgn̩] *tr. V.* **jmdn. ~, etw. zu tun** enable sb. to do sth.; ⟨*qualifications, training, etc.*⟩ qualify sb. to do sth.
**befähigt 1.** *2. Part. v.* **befähigen. 2.** *Adj.* **a)** *(qualifiziert)* qualified; **b)** *(begabt)* gifted
**Befähigung die; ~ a)** *(Qualifikation)* qualification; **die ~ zum Internisten/Hochschulstudium/Richteramt** the qualifications *pl.* for becoming an internist/studying at university/being a judge; **b)** *(Können)* ability; *(Talent)* talent; **seine ~ zum Schriftsteller** his talent as a writer *or* for writing
**Befähigungs·nachweis der** *(Amtsspr.)* proof of one's qualifications
**befahl** [bəˈfaːl] *1. u. 3. Pers. Sg. Prät. v.* **befehlen**
**befahrbar** *Adj.* passable; navigable ⟨*canal, river*⟩; **nicht ~:** impassable/unnavigable
[1]**befahren** *unr. tr. V.* **a)** drive on, use ⟨*road*⟩; drive across, use ⟨*bridge, pass*⟩; use ⟨*railway line*⟩; **die Straße kann nur im Sommer ~ werden** this road is passable only in summer; **die Straße ist nur in einer Richtung zu ~:** traffic can only use the road in one direction; **„Seitenstreifen nicht ~!"** 'keep off verges'; **die Straße ist stark/wenig ~:** the road is heavily/little used; **eine stark ~e Straße** a busy road; **b)** sail ⟨*sea*⟩; navigate, sail up/down ⟨*river, canal*⟩; **eine stark ~e Wasserstraße** a busy waterway; **die Weltmeere ~:** sail the oceans; **c)** *(Bergmannsspr.)* **eine Grube ~:** go down a mine
[2]**befahren** *Adj.* **a)** *(Seemannsspr.)* seasoned; experienced; **b)** *(Jägerspr.)* inhabited ⟨*earth etc.*⟩
**Befall der; ~[e]s: ~** *(Landw.)* attack (*Gen.* on; **durch, von** by)
**befallen** *unr. tr. V.* **a)** *(überkommen)* overcome; ⟨*misfortune*⟩ befall; **Fieber/eine Grippe befiel ihn** *(geh.)* he was stricken by fever/influenza; **von Panik/Angst/Heimweh** *usw.* **~ werden** be seized *or* overcome with *or* by panic/fear/homesickness *etc.*; **von einer Ohnmacht/Schwäche/von Resignation ~ werden** faint/feel faint/be overcome with a feeling of resignation; **b)** ⟨*pests*⟩ attack
**befangen 1.** *Adj.* **a)** *(gehemmt)* self-conscious, awkward ⟨*person*⟩; **jmdn. ~ machen** make sb. self-conscious *or* awkward; **b)** *(bes. Rechtsw.: voreingenommen)* biased; **einen Richter als ~ ablehnen** challenge a judge on grounds of bias; **c) in einem Glauben/Irrtum ~ sein** *(geh.)* labour under a belief/misapprehension; **in Vorurteilen ~ sein** be prejudiced. **2.** *adv.* self-consciously; awkwardly
**Befangenheit die; ~ a)** self-consciousness; awkwardness; **b)** *(bes. Rechtsw.: Voreingenommenheit)* bias
**Befangenheits·antrag der** *(Rechtsw.)* challenge on grounds of bias
**befassen 1.** *refl. V.* **sich mit etw. ~:** occupy oneself with sth.; *(studieren)* study sth.; ⟨*article, book*⟩ deal with sth.; **sich nicht mit Kleinigkeiten ~:** not concern *or* bother oneself with trivial details; **mit diesem Thema haben wir uns lange genug befaßt** we've spent enough time on this subject; **sich mit jmdm./einem Fall/einer Angelegenheit ~:** deal with *or* attend to sb./a case/matter; **ich habe mich schon mit dieser Sache befaßt** I've already been into this matter; **sich viel mit jmdm. ~:** give sb. a great deal of attention; spend a great deal of time with sb.; **sich mit jedem Kind einzeln ~:** ⟨*teacher*⟩ give each child individual attention. **2.** *tr. V. (bes. Amtsspr.)* **jmdn. mit etw. ~:** get *or* instruct sb. to deal with sth.; **die mit diesem Fall befaßte Behörde** the authorities dealing *or* involved with this case
**befehden** [bəˈfeːdn̩] *tr. V.* **a)** *(hist.)* feud with; **b)** *(geh.)* attack ⟨*plan, proposal, etc.*⟩; **sich/einander ~:** feud [with each other]; attack each other
**Befehl** [bəˈfeːl] **der; ~[e]s, ~e a)** order; command; **jmdm. den ~ geben, etw. zu tun** order *or* command sb. to do sth.; **den ~ haben, etw. zu tun** be under orders *or* have been ordered to do sth.; **auf jmds. ~** *(Akk.)* on sb.'s orders; **auf ~ handeln** act under orders; **~ ist ~:** orders are orders; **zu ~ [Herr Leutnant/Oberst/General/Kapitän]!** yes, sir!; aye, aye, sir! *(Navy)*; **dein Wunsch ist** *od.* **sei mir ~** *(ugs. scherzh.)* your wish is my command; **b)** *(Befehlsgewalt)* command; **den ~ über jmdn./etw. haben** have command of *or* be in command of sb./sth.; **unter jmds. ~** *(Dat.)* **stehen** be under sb.'s command; **den ~ übernehmen** take command; **c)** *(DV)* instruction; command
**befehlen 1.** *unr. tr., itr. V.* **a)** order; *(Milit.)* order; command; *(heißen)* tell; **jmdm. Stillschweigen ~:** order sb. to keep silent; **man befahl ihm zu warten** he was told to wait; **er befahl die Räumung des Dorfes** he ordered the village to be cleared; **er befiehlt gern** he likes to order people about; **von Ihnen lasse ich mir nichts ~:** I don't take orders from you; **[ganz] wie Sie ~** *(veralt.)* [just] as you wish; **~ gnädige Frau sonst noch etwas?** *(veralt.)* is there anything else, ma'am?; **b)** *(beordern)* order; *(zu sich)* summon; **jmdn. zum Rapport ~:** order/summon sb. to report; **c)** *(geh. veralt.)* commend; **seine Seele Gott/in Gottes Hände ~** *(bibl.)* commend one's soul to God; **befiehl dem Herrn deine Wege!** *(bibl.)* commit thy ways unto the Lord. **2.** *unr. itr. V.* have command; be in command; **über eine Armee ~:** have command of *or* be in command of an army
**befehligen** *tr. V.* have command of; be in command of; **von ... befehligt werden** be commanded by ...; be under the command of ...
**befehls-, Befehls-: ~aus·gabe die** *(Milit.)* issuing of orders; briefing; **~bereich der** [area of] command; **~empfänger der** recipient of an order/orders; **bloße ~empfänger [der Zentrale] sein** just follow *or* take orders [from headquarters]; **~form die** *(Sprachw.)* imperative [form]; **~gemäß 1.** *Adj.* **die ~gemäße Durchführung des Plans** *usw.* carrying out the plan *etc.* in accordance with orders *or* as ordered; **2.** *adv.* in accordance with orders; as ordered; **~gewalt die;** *o. Pl.* command (**über** + *Akk.* of); **jmds. ~gewalt** *(Dat.)* **unterstehen** be under sb.'s command; **~haber** [~haːbɐ] **der; ~s, ~** *(Milit.)* commander; **~notstand der** *(Rechtsw.)* **unter ~notstand handeln** be acting under orders; **in einem ~notstand sein/sich in einem ~notstand befinden** have to obey orders; **~satz der** *(Sprachw.)* imperative sentence; **~stab der** *(Eisenb.)* station-official's rod and signalling-disc; ≈ guard's flag; **~ton der;** *o. Pl.* peremptory tone; **~verweigerung die** refusal to obey an order/orders; **~widrig 1.** *Adj.* contrary to orders *postpos.*; **2.** *adv.* contrary to orders
**befeinden** *tr. V.* be hostile to; **die Juden wurden dort befeindet** there was hostility to the Jews there
**befestigen** *tr. V.* **a)** fix (**mit** with); **etw. mit Stecknadeln/Bindfaden ~:** fasten sth. with pins/string; **etw. mit Schrauben/Leim ~:** fasten *or* fix sth. with screws/fix *or* stick sth. with glue; **etw. an der Wand ~:** fix sth. to the wall; **einen Anhänger an einem Koffer ~:** attach *or* fasten a label to a case; **ein Boot an einem Pfosten ~:** tie up *or* moor a boat to a post; **b)** *(haltbar machen)* stabilize ⟨*bank, embankment*⟩; make up ⟨*road, path, etc.*⟩; **c)** *(sichern)* fortify ⟨*town etc.*⟩; strengthen ⟨*border*⟩; **d)** *(festigen)* consolidate ⟨*reputation, authority*⟩; enhance ⟨*standing*⟩; strengthen ⟨*friendship, confidence*⟩
**Befestigung die; ~, ~en a)** *(Milit.)* fortification; **b)** *s.* **befestigen a:** fixing; fastening; attachment; tying up; mooring; **c)** *(Haltbarmachung) (eines Ufers)* stabilization; *(eines Weges)* making up; **d)** *(Stärkung) s.* **befestigen d:** consolidation; enhancement; strengthening
**Befestigungs-: ~an·lage die** fortifications *pl.*; **~linie die** line of fortifications
**befeuchten** [bəˈfɔy̯çtn̩] *tr. V.* moisten; damp ⟨*hair, cloth*⟩; **von Tränen/Tau befeuchtet** moist *or* wet with tears/dew
**befeuern** *tr. V.* **a)** *(beheizen)* fuel; **b)** *(beschießen)* shoot at; fire on; **c)** *(ugs.: bewerfen)* pelt (**mit** with); **d)** *(geh.: anfeuern)* inspire; **e)** *(Schiffahrt, Flugw.)* mark ⟨*coastline, runway, etc.*⟩ with lights *or* beacons
**Befeuerung die** lights *pl.*; beacons *pl.*
**Beffchen** [ˈbɛfçən] **das; ~s, ~:** [collar *sing.* with] bands *pl. (worn esp. by Protestant clergymen)*
**befiehlst** [bəˈfiːlst], **befiehlt** [bəˈfiːlt] *2., 3. Pers. Sg. Präsens v.* **befehlen**
**befinden 1.** *unr. refl. V.* be; **sich im Urlaub/auf Reisen ~:** be on holiday/be away on a trip; **unter ihnen befand sich jemand, der ...:** among them there was somebody who ...; **sich wohl ~** *(geh.)* be well. **2.** *unr. tr. V. (geh.)* **a) etw. für gut/richtig ~:** find *or* consider sth. [to be] good/right; **jmdn. für tauglich ~:** declare sb. [to be] fit; **jmdn. für** *od.* **als schuldig ~:** find sb. guilty; **b)** *(äußern)* declare; assert. **3.** *unr. itr. V.* **über etw.** *(Akk.)* **~:** decide [on] sth.; make a decision on sth.; **darüber habe ich nicht zu ~:** that's not for me to decide
**Befinden das; ~s a)** health; *(eines Patienten)* condition; **sich nach jmds. ~ erkundigen** enquire after *or* about sb.'s health; **wie ist Ihr ~ heute?** *(geh.)* how are you today?; **b)** *(geh.: Urteil)* judgement; **etw. nach eigenem ~ entscheiden** use one's own judgement in deciding sth.; **nach seinem/ihrem [eigenen] ~:** in his/her [own] judgement *or* estimation
**befindlich** *Adj.* **a)** *nicht präd. (liegend)* to be found *postpos.*; **das in der Kasse ~e Geld** the money in the till; **eine am Stadtrand ~e Siedlung** an estate [situated] on the edge of town; **b)** *(in einem Zustand)* **die im Bau ~en Häuser** the houses [which are/were] under construction
**Befindlichkeit die; ~, ~en** *(geh.)* state
**befingern** *tr. V. (salopp)* finger
**beflaggen** *tr. V.* **etw. ~:** decorate *or* [be]deck sth. with flags; **ein Schiff ~:** dress a ship
**Beflaggung die; ~:** decoration with flags; *(eines Schiffes)* dressing
**beflecken** *tr. V.* **a)** stain; **sich mit Blut ~** *(verhüll. geh.)* stain one's hand with blood; **b)** *(fig.)* besmirch; stain; defile ⟨*sanctity*⟩
**Befleckung die; ~** *(fig.)* besmirching; staining; *(eines Heiligtums)* defilement
**befleißigen** *refl. V. (geh.)* **sich eines klaren Stils/höflicheren Tons** *usw.* **~:** make a great effort to cultivate a clear style/to adopt a more polite tone of voice *etc.*; **sich größter Zurückhaltung ~:** endeavour to exercise the greatest restraint
**befliegen** *unr. tr. V.* fly ⟨*route*⟩; **eine stark beflogene Route** a route with heavy [air] traffic

**beflissen** [bəˈflɪsn̩] *(geh.)* **1.** *Adj.* keen; eager; *(emsig)* assiduous; zealous; **~ sein/ängstlich ~ sein, etw. zu tun** be keen *or* eager/anxious to do sth. **2.** *adv.* keenly; eagerly; *(emsig)* assiduously; zealously

**Beflissenheit die; ~:** keenness; eagerness; *(Emsigkeit)* assiduousness; zeal

**beflissentlich** *Adj.; nicht präd.: s.* **geflissentlich**

**beflügeln** *tr. V. (geh.)* **a) jmdn. ~:** inspire sb.; ⟨*success, praise*⟩ spur sb. on, inspire sb.; **b)** *(schneller machen)* **jmds. Schritte/Gang ~:** ⟨*fear, joy*⟩ wing sb.'s steps; **jmdn. ~:** spur sb. on

**befohlen** [bəˈfoːlən] *2. Part. v.* **befehlen**

**befolgen** *tr. V.* follow, obey ⟨*instruction, grammatical rule*⟩; obey, comply with ⟨*law, regulation*⟩; follow, take ⟨*advice*⟩; follow ⟨*suggestion*⟩

**Befolgung die; ~:** *s.* **befolgen:** following; obedience (*Gen.* to); compliance (*Gen.* with); **die ~ des Gesetzes** obedience to *or* compliance with the law

**Beförderer der** carrier

**befördern** *tr. V.* **a)** carry; transport; convey; **etw. mit der Post/per Schiff/Luftfracht ~** *(schicken)* send sth. by post/sea/air; **jmdn. ins Freie** *od.* **an die Luft ~** *(ugs.)* chuck *(coll.) or* throw sb. out; *s. auch* **Jenseits; b)** *(aufrücken lassen)* promote; **zum Direktor befördert werden** be promoted to director

**Beförderung die a)** *o. Pl. (Waren~)* carriage; transport; conveyance; *(Personen~)* transport; conveyance; **Schäden, die bei der ~ entstehen** damage in transit; **die ~ per Luft/zu Lande** carriage *or* transport by air/road; **Züge zur ~ der Urlaubsreisenden** trains to carry the holiday passengers; **b)** *(das Aufrücken)* promotion (**zu** to)

**Beförderungs-: ~bedingungen** *Pl.* conditions of carriage; **~kosten** *Pl.* cost *sing.* of transport *or* transportation; transport *or* transportation costs; **~mittel das** means of transport; **~pflicht die** *obligation on bus companies, airlines, etc. to accept and convey passengers and goods*

**befrachten** *tr. V.* load (**mit** with); **mit Emotionen befrachtet** *(fig.)* ⟨*discussion etc.*⟩ charged with emotion; **mit Geschichte befrachtet** *(fig.)*⟨*castle, church, etc.*⟩ steeped in history

**Befrachter der; ~s, ~:** freighter

**befrackt** *Adj.* **ein ~er Herr** a gentleman wearing *or* in tails

**befragen** *tr. V.* **a)** *(ausfragen)* question (**über** + *Akk.* about); **einen Zeugen ~:** question *or* examine a witness; **auf Befragen** when questioned; **b)** *(fragen)* ask; consult; **jmdn. nach seiner Meinung ~:** ask sb. for his/her opinion; **ein Orakel/die Karten ~:** consult an oracle/the cards

**Befragte der/die;** *adj. Dekl.* man/woman/person questioned; **20% der ~n** 20% of those questioned

**Befragung die; ~, ~en a)** questioning; *(vor Gericht)* questioning; examination; **eine ~ aller Schüler vornehmen** question all the pupils; **b)** *(Konsultation)* consultation; **nach ~ des Arztes** after consulting the doctor; **c)** *(Umfrage)* opinion poll

**befreien 1.** *tr. V.* **a)** free ⟨*prisoner*⟩; set ⟨*animal*⟩ free; **jmdn. aus den Händen seiner Entführer ~:** rescue sb. from the hands of his/her abductors; **b)** *(frei machen)* liberate ⟨*country, people*⟩ (**von** from); **c)** *(freistellen)* exempt (**von** from); **jmdn. vom Turnunterricht/Wehrdienst/von einer Pflicht ~:** excuse sb. [from] physical education/exempt sb. from military service/release sb. from an obligation; **jmdn. von einer Aufgabe ~:** excuse sb. from *or* let sb. off a task; **d)** *(erlösen)* **jmdn. von Schmerzen ~:** free sb. of pain; **von seinen Leiden befreit werden** *(durch den Tod)* be released from one's sufferings; **jmdn. von Angst/einer Sorge ~:** remove sb.'s fear/free sb. of a worry; **ein ~des Lachen** a laugh which breaks/broke the tension; **e)** *(reinigen)* **die Straße von Schnee/Eis ~:** clear the road of snow/ice; **etw. von Läusen ~:** rid sth. of lice. **2.** *refl. V.* free oneself (**von** from); **sich von Vorurteilen/traditionellen Denkweisen ~:** rid oneself of prejudice *sing.*/break away from traditional ways of thinking

**Befreier der, Befreierin die; ~, ~nen** liberator

**befreit 1.** *Adj.* relieved; **sich ~ fühlen** feel relieved. **2.** *adv.* with relief; **~ aufatmen** heave a sigh of relief

**Befreiung die; ~ a)** freeing; **eine ~ des Kindes aus den Händen der Entführer ...:** rescuing the child from the hands of its abductors ...; **b)** *(das Freiwerden)* liberation; **die ~ der Frau** the emancipation of women; **c)** *(Erlösung)* **die ~ von Schmerzen** release from pain; **d)** *(Erleichterung)* relief; **e)** *(Freistellung)* exemption; **um ~ vom Sportunterricht/von einer Pflicht bitten** ask to be excused [from] sport/released from an obligation

**Befreiungs-: ~armee die** army of liberation; **~bewegung die** liberation movement; **~front die** liberation front; **~kampf der** liberation struggle; **~krieg der a)** war of liberation; **b)** *Pl. (hist.)* Wars of Liberation *(1813–1815)*; **~versuch der** rescue bid *or* attempt; *(Ausbruchsversuch)* escape bid *or* attempt

**befremden** [bəˈfrɛmdn̩] **1.** *tr. V.* **jmdn. ~:** put sb. off; *(erstaunen)* take sb. aback; **es befremdete ihn, daß ...:** he was taken aback [to find] that ... **2.** *itr. V.* be disturbing

**Befremden das; ~s** surprise, and displeasure

**befremdlich** *(geh.)* **1.** *Adj.* strange; odd. **2.** *adv.* strangely

**Befremdung die; ~** *s.* **Befremden**

**befreunden** [bəˈfrɔyndn̩] *refl. V.* **a)** make *or* become friends (**mit** with); **sich miteinander ~:** make *or* become friends; **b)** *(gewöhnen)* **sich mit etw. ~:** get used to sth.

**befreundet** *Adj.* **[gut** *od.* **eng] ~ sein** be [good *or* close] friends (**mit** with); **ein uns** *(Dat.)* **~es Ehepaar/~er Schauspieler** a couple with whom we are friends/an actor who is a friend of ours; **~e Familien/Kinder** families which are friendly with each other/children who are friends; **das ~e Ausland** friendly [foreign] countries

**befrieden** *tr. V. (geh.)* bring peace to ⟨*country*⟩; **das Land ist jetzt befriedet** *(oft verhüll.)* the country is now at peace

**befriedigen** [bəˈfriːdɪgn̩] *tr. (auch itr.) V.* **a)** satisfy; satisfy, meet ⟨*demand, need*⟩; satisfy, fulfil ⟨*wish*⟩; satisfy, gratify ⟨*lust*⟩; **seine Gläubiger ~:** satisfy one's creditors; **das Ergebnis befriedigte mich** the result satisfied me *or* was satisfactory to me; **seine Leistung befriedigte [nicht]** his performance was [un]satisfactory; **leicht/schwer zu ~ sein** be easy/hard to satisfy; be easily/not easily satisfied; **b)** *(ausfüllen)* ⟨*job, occupation, etc.*⟩ fulfil; **c)** *(sexuell)* satisfy; **sich [selbst] ~:** masturbate

**befriedigend 1.** *Adj.* **a)** satisfactory; satisfactory, adequate ⟨*reply, performance*⟩; **nicht ~ sein** be unsatisfactory/inadequate; **in Latein hat er „~" bekommen** ≈ he got a C in Latin; **b)** *(erfüllend)* ⟨*job, occupation, etc.*⟩ fulfilling. **2.** *adv.* satisfactorily; ⟨*answer*⟩ satisfactorily, adequately

**befriedigt 1.** *Adj.* satisfied. **2.** *adv.* with satisfaction

**Befriedigung die; ~ a)** *s.* **befriedigen a:** satisfaction; meeting; fulfilment; gratification; **sexuelle ~:** sexual satisfaction; **zur ~ deiner Neugier** to satisfy your curiosity; **b)** *(Genugtuung)* satisfaction; **~ darin finden, etw. zu tun** get satisfaction from doing sth.

**Befriedung die; ~: ein Plan zur ~ des Landes** a plan to bring peace to the country

**befristen** *tr. V.* **etw. ~:** limit the duration of sth. (**auf** + *Akk.* to)

**befristet** *Adj.* temporary ⟨*visa*⟩; fixed-term ⟨*ban, contract*⟩; **ein auf zwei Jahre ~er Vertrag** a two-year fixed-term contract; **~ sein** ⟨*visa, permit*⟩ be valid for a limited period [only]; **auf ein Jahr ~ sein** ⟨*visa, permit*⟩ be valid for one year; **ein auf zwei Jahre ~es Abkommen** an agreement running for *or* lasting two years

**Befristung die; ~, ~en** setting of a time limit/time limits; **mit einer ~ auf fünf Jahre gelten** have a time-limit of five years

**befruchten** *tr. V.* **a)** fertilize ⟨*egg*⟩; pollinate ⟨*flower*⟩; impregnate ⟨*female*⟩; *(fig. geh.)* make ⟨*fields, land*⟩ fertile; **ein Tier künstlich ~:** artificially inseminate an animal; **b)** *(geh.)* **jmdn./etw. ~, einen ~den Einfluß auf jmdn./etw. haben** have *or* be a stimulating *or* inspiring influence [up]on sb./sth.

**Befruchtung die; ~, ~en a)** *s.* **befruchten a:** fertilization; pollination; impregnation; **künstliche ~:** artificial insemination; **b)** *(geh.: Anregung)* stimulation; inspiration

**befugen** *tr. V.* authorize; **dazu befugt sein, etw. zu tun** be authorized to do sth.; **befugte/nicht befugte Personen** authorized/unauthorized persons

**Befugnis die; ~, ~se** authority; **seine ~se überschreiten** exceed one's authority *sing.*; **die ~ haben, etw. zu tun** have the authority to do sth.; be authorized to do sth.

**befühlen** *tr. V.* feel; *(streicheln)* run one's fingers over; fondle

**befummeln** *tr. V. (ugs.)* **a)** paw *(coll.)*; **b)** *(sexuell berühren)* grope *(sl.)*; feel up *(sl.)*; **c)** *(regeln, erledigen)* fix; take care of

**Befund der** *(bes. Med.)* result[s *pl.*]; **ohne ~:** negative

**befürchten** *tr. V.* fear; **ich befürchte, daß ...:** I am afraid that ...; **das Schlimmste ~:** fear the worst; **das ist nicht zu ~:** there is no fear of that; **eine militärische Auseinandersetzung ~:** fear that there may be a military conflict

**Befürchtung die; ~, ~en** fear; **die ~ haben** *od. (geh.)* **hegen, daß ...:** be afraid that ...

**befürworten** [bəˈfyːɐ̯vɔrtn̩] *tr. V.* support; *(genehmigen)* approve

**Befürworter der; ~s, ~, Befürworterin die; ~, ~nen** supporter

**Befürwortung die; ~, ~en** support; *(Genehmigung)* approval

**begaben** *tr. V. (geh.)* endow

**begabt** [bəˈgaːpt] *Adj.* talented; gifted; **vielseitig ~ sein** be many-talented; have many talents; **für etw. ~ sein** have a gift *or* talent for sth.

**Begabte der/die;** *adj. Dekl.* gifted *or* talented person/man/woman *etc.*

**Begabten·förderung die** assistance to gifted pupils/students

**Begabung die; ~, ~en a)** *(Talent)* talent; gift; **eine ~ [für etw.] haben** have a gift *or* talent [for sth.]; **die ~ haben, etw. zu tun** *(iron.)* have a talent for *or* the knack of doing sth. *(iron.)*; **b)** *(begabter Mensch)* talented person/man/woman *etc.*; talent; **er war eine musikalische ~:** he had a talent for music

**begaffen** *tr. V. (ugs. abwertend)* gawp at *(coll.)*; stare at

**begann** [bəˈgan] *1. u. 3. Pers. Sg. Prät. v.* **beginnen**

**begasen** [bəˈgaːzn̩] *tr. V. (Landw.)* gas

**begatten** [bəˈgatn̩] **1.** *tr. V.* mate with; ⟨*man, husband*⟩ copulate with; ⟨*stallion, bull*⟩ cover. **2.** *refl. V.* mate; ⟨*persons*⟩ copulate

**Begattung die** mating; *(bei Menschen)* copulation

**Begattungs·organe** *Pl.* reproductive organs

**begaunern** *tr. V. (ugs. abwertend)* **jmdn. ~:** rip sb. off *(sl.)*; swindle sb.
**begeben** *unr. refl. V. (geh.)* **a)** proceed; make one's way; go; **sich nach Hause/ins Hotel ~:** proceed *or* make one's way *or* go home/into the hotel; **sich auf den Heimweg ~:** start for home; **sich zu Bett ~:** retire to bed; **sich in ärztliche Behandlung ~:** get medical treatment; go to a doctor for treatment; *s. auch* **Gefahr; b)** *(beginnen)* commence; **sich daran ~, etw. zu tun** commence doing sth.; **sich an die Arbeit ~:** commence work; **c)** *(unpers.: geschehen)* happen; occur; **es begab sich aber zu der Zeit, daß ...** *(bibl.)* and it came to pass in those days that ...; **d)** *(verzichten auf)* **sich einer Möglichkeit/eines Rechts** *usw.* **~:** forgo an opportunity/a right *etc.*
**Begebenheit die; ~, ~en** *(geh.)* event; occurrence
**begegnen** [bə'ge:gnən] *itr. V.; mit sein* **a) jmdm. ~:** meet sb.; **sich** *(Dat.) od.* **einander ~:** meet [each other]; **ihre Blicke begegneten sich** *(Dat.) (geh.)* their eyes met; **b)** *(antreffen)* **einer Sache** *(Dat.)* **~:** encounter sth.; come across sth.; **solche Ausdrücke ~ einem** one encounters such expressions; **c)** *(geh.: widerfahren)* **etw. begegnet jmdm.** sth. happens to sb.; **d)** *(geh.: behandeln)* **jmdm. freundlich/höflich** *usw.* **~:** behave in a friendly/polite *etc.* way towards sb.; treat sb. in a friendly/polite *etc.* way; **einem Vorschlag kühl ~:** treat a suggestion with coolness; **e)** *(geh.: entgegentreten)* counter ‹*accusation, attack*›; combat ‹*illness, disease; misuse of drugs, alcohol, etc.*›; meet ‹*difficulty, danger*›; deal with ‹*emergency*›
**Begegnung die; ~, ~en a)** meeting; *(das Antreffen)* encounter; **eine Stätte internationaler ~en** an international meeting-place; **b)** *(Sport)* match; **die ~ Schweden gegen Italien** the match between Sweden and Italy
**Begegnungs·stätte die** *(Amtsspr.)* community centre
**begehbar** *Adj.* **der Weg ist nicht ~:** the path cannot be used *or* is impassable; **ein ~es Dach** a roof that is safe to walk on; **etw. besser ~ machen** make sth. easier to walk along
**begehen** *unr. tr. V.* **a)** commit ‹*crime, adultery, indiscretion, sin, suicide, faux-pas, etc.*›; make ‹*mistake*›; **eine [furchtbare] Dummheit/Taktlosigkeit ~:** do something [really] stupid/tactless; **einen Mord an jmdm. ~:** murder sb.; **ein oft begangener Fehler** a frequent *or* common mistake; *s. auch* **Verrat; b)** *(geh.: feiern)* celebrate; **ein Fest würdig ~:** celebrate an occasion fittingly; **c)** *(abgehen)* inspect [on foot]; **d)** *(gehen)* walk along ‹*path*›; walk across ‹*bridge*›; *(benutzen)* use
**Begehr** [bə'ge:ɐ̯] **der** *od.* **das; ~s** *(veralt.)* wish; desire; **was ist euer ~?** what is it that you require?
**begehren** *tr. V.* **a)** *(haben wollen)* desire; wish for; desire ‹*woman*›; **ein Mädchen zur Frau ~** *(veralt.)* ask for a girl's hand in marriage; **du sollst nicht ~ ...** *(bibl.)* thou shalt not covet ...; *s. auch* **Herz b; b)** *(veralt.: wollen)* desire; **c)** *(bitten um)* ask for
**Begehren das; ~s** *(geh.)* desire, wish **(nach** for); **jmdn. nach seinem ~ fragen** inquire *or* ask what sb. desires; **einem ~ entsprechen** grant sb.'s request
**begehrens·wert** *Adj.* desirable
**begehrlich 1.** *Adj. (gierig)* greedy; *(verlangend)* longing. **2.** *adv. (gierig)* greedily; *(verlangend)* longingly
**Begehrlichkeit die; ~, ~en** *(Gier)* greed; *(Verlangen)* desire
**begehrt** *Adj.* much sought-after; **~ bei den Damen sein** be much in demand with the ladies
**Begehung die; ~, ~en a)** *o. Pl. (Ausführung)* **die ~ eines Verbrechens/eines Fehlers** committing a crime/making a mistake; **b)** *(Feier)* celebration; **c)** *(das Abgehen)* inspection [on foot]
**begeifern** *tr. V. (abwertend: schmähen)* run down; vilify
**begeistern 1.** *tr. V.* **jmdn. [für etw.] ~:** fill *or* fire sb. with enthusiasm [for sth.]; **das Publikum ~:** fire the audience; **das kann mich nicht ~:** that leaves me cold. **2.** *refl. V.* get *or* be enthusiastic **(für** about); **sich an der schönen Landschaft/für die Oper ~:** be very fond of the beautiful scenery/be keen on opera
**begeisternd** *Adj.* rousing
**begeistert 1.** *Adj.* enthusiastic; **von jmdm./etw. ~ sein** be taken by *or* with sb./be enthusiastic about sth. **2.** *adv.* enthusiastically
**Begeisterung die; ~:** enthusiasm; **etw. aus ~ tun** do sth. out of enthusiasm; **in ~ geraten** become *or* get enthusiastic
**begeisterungs-, Begeisterungs-: ~fähig** *Adj.* ‹*children, people, etc.*› who are able to get enthusiastic *or* are capable of enthusiasm; **~fähig sein** be able to get enthusiastic; **er ist sehr ~fähig** his enthusiasm is easily aroused; **~fähigkeit die;** *o. Pl.* capacity for enthusiasm; **~sturm der** storm of enthusiastic applause
**Begier die** *(geh.)*, **Begierde** [bə'gi:ɐ̯də] **die; ~, ~n** desire **(nach** for); **fleischliche ~n** *(veralt.)* desires of the flesh; carnal desires
**begierig 1.** *Adj.* eager; *(gierig)* greedy; hungry; **ganz ~ auf jmds. Besuch** *(Akk.)* **sein** be eagerly looking forward to sb.'s visit; **~ sein, etw. zu tun** be [desperately] eager to do sth.; **mit ~en Blicken** with hungry *or* greedy glances. **2.** *adv.* eagerly; *(gierig)* greedily; hungrily
**begießen** *unr. tr. V.* **a)** water ‹*plants*›; baste ‹*meat*›; **jmdn./etw. mit Wasser ~:** pour water over sb./sth.; **b)** *(ugs.)* **etw. ~:** celebrate sth. with a drink; **das muß begossen werden** that calls for a drink; *s. auch* **Nase**
**Beginn** [bə'gɪn] **der; ~[e]s** start; beginning; **[gleich] zu** *od.* **am ~:** [right] at the start *or* beginning; **mit ~ des Semesters** at the start of the semester
**beginnen 1.** *unr. itr. V.* start; begin; **mit einer Arbeit/dem Studium ~:** start *or* begin a piece of work/one's studies; **mit dem Bau ~:** start *or* begin building; **dort beginnt der Wald** the forest starts there. **2.** *unr. tr. V.* **a)** start; begin; start ‹*argument*›; **b)** *(unternehmen)* go *or* set about; **~, etw. zu tun** go *or* set about doing sth.; **was hättet ihr nur ohne mich begonnen?** what would you have done without me?; **nichts mit sich zu ~ wissen** not know what to do with oneself
**Beginnen das; ~s** *(geh.)* enterprise
**beginnend** *Adj.; nicht präd.* incipient; **mit der ~en Morgendämmerung** as dawn began/began to break; **im ~en 19. Jahrhundert** at the beginning of the 19th century
**beglaubigen** [bə'glaubɪgn̩] *tr. V.* **a)** certify; authenticate ‹*account, report, etc.*›; **eine beglaubigte Kopie** a certified copy; *s. auch* **notariell; b)** *(akkreditieren)* accredit *(Dat.,* **bei** to)
**Beglaubigung die; ~, ~en a)** certification; *(eines Berichts)* authentication; **zur ~:** for certification; to be certified; **b)** *(Akkreditierung)* accreditation
**Beglaubigungs·schreiben das** letter of accreditation
**begleichen** *unr. tr. V.* settle, pay ‹*bill, debt*›; pay ‹*sum*›; **mit jmdm. eine Rechnung zu ~ haben** *(fig.)* have a score to settle with sb.
**Begleichung die; ~** *(einer Rechnung, einer Schuld)* settlement; payment; *(einer Summe)* payment; **ein Scheck zur ~ meiner Schulden** a cheque in payment of my debts
**Begleit·brief der** covering *or* accompanying letter
**begleiten** *tr. V.* **a)** accompany; escort ‹*ship*›; **jmdn. zur Tür ~:** show sb. to the door; **jmdn. nach Hause ~:** see sb. home; **b)** *(Musik)* accompany **(an, auf +** *Dat.* on); **c)** *(fig.)* accompany; **von Erfolg begleitet werden** be attended by success; **etw. mit einem Kommentar ~:** add a commentary to sth.
**Begleiter der; ~s, ~, Begleiterin die; ~, ~nen a)** companion; *(zum Schutz)* escort; *(Führer[in])* guide; **ihr ständiger ~/seine ständige Begleiterin** *(verhüll.)* his/her constant companion; **b)** *(Musik)* accompanist
**Begleit-: ~erscheinung die** concomitant; *(einer Krankheit)* accompanying symptom; **das Alter und seine unangenehmen ~erscheinungen** old age and its attendant ills; **~instrument das** accompanying instrument; **~musik die** background music; *(fig.)* accompaniment; **~papiere** *Pl.* accompanying documents; **~person die** escort; **Kinder haben nur mit einer ~person Zutritt** children must be accompanied by an adult; **~schein der** *(Zollw.)* [customs] bond note; **~schiff das** escort [vessel]; **~schreiben das** *s.* **~brief; ~text der** accompanying text; **~um·stand der** attendant circumstance
**Begleitung die; ~, ~en a)** *o. Pl.* **er bot uns seine ~ an** he offered to accompany us; **in ~ einer Frau/eines Erwachsenen** in the company of *or* accompanied by a woman/an adult; **er ist in ~ hier** he's here with someone; **b)** *(Musik)* accompaniment; **ohne ~ singen/spielen** sing/play unaccompanied *or* without accompaniment; **die ~ übernehmen** take over as accompanist; **c)** *(Person[en])* companion[s]; *(zum Schutz)* escort
**beglotzen** *tr. V. (ugs.)* gawp at *(coll.)*
**beglücken** *tr. V. (geh.)* **jmdn. ~:** make sb. happy; delight sb.; **jmdn. mit etw. ~** *(oft iron.)* favour sb. with sth.; **die Frauen/Männer ~:** gratify women/men; **ein ~des Erlebnis** a gladdening experience
**Beglücker der; ~s, ~:** bringer of happiness *(Gen.* to)
**beglückt 1.** *Adj.* happy; delighted. **2.** *adv.* happily; delightedly
**Beglückung die; ~, ~en a) zur ~ der Menschheit beitragen** contribute to the sum of human happiness; **die ~ des Volkes** bringing Utopia to the people; **b)** *(Glück)* happiness; delight
**beglück·wünschen** *tr. V.* congratulate **(zu** on); **sich zu etw. ~:** congratulate oneself on sth.
**begnaden** [bə'gna:dn̩] *tr. V. (geh.)* bless
**begnadet** *Adj. (geh.)* divinely gifted
**begnadigen** *tr. V.* pardon; reprieve; **einen zum Tode Verurteilten zu „lebenslänglich" ~:** commute the convicted prisoner's death sentence to life imprisonment
**Begnadigung die; ~, ~en** reprieving; *(Straferlaß)* pardon; reprieve
**Begnadigungs-: ~gesuch das** application for reprieve; **~recht das;** *o. Pl.* right to grant reprieve
**begnügen** [bə'gny:gn̩] *refl. V.* **sich mit etw. ~:** content oneself *or* make do with sth.; **sich damit ~, etw. zu tun** content oneself with doing sth.
**Begonie** [be'go:ni̯ə] **die; ~, ~n** begonia
**begonnen** [bə'gɔnən] *2. Part. v.* **beginnen**
**begraben** *unr. tr. V.* **a)** bury; **dort möchte ich nicht ~ sein** *(ugs.)* I wouldn't live there if you paid me *(coll.)*; **b)** *(fig.: aufgeben)* abandon ‹*hope, plan, etc.*›; **du kannst dich ~ lassen** *(ugs.)* you may as well give up; **du kannst dich mit diesem Plan ~ lassen** *(ugs.)* that plan won't get you anywhere
**Begräbnis** [bə'grɛ:pnɪs] **das; ~ses, ~se** burial; *(~feier)* funeral
**Begräbnis-: ~feier die** funeral; **~kosten** *Pl.* funeral expenses; **~stätte die** *(geh.)* burial-place
**begradigen** [bə'gra:dɪgn̩] *tr. V.* straighten
**Begradigung die; ~, ~en** straightening
**begrast** [bə'gra:st] *Adj.* grass-covered

**begreifbar** *Adj.* comprehensible; understandable; **schwer ~ sein** be difficult to comprehend *or* understand

**begreifen 1.** *unr. tr. V.* **a)** understand; understand, grasp, comprehend ⟨*connection, problem, meaning, necessity of sth., concept*⟩; **er konnte nicht ~, was geschehen war** he could not grasp what had happened; **kaum zu ~ sein** be almost incomprehensible; **hast du mich begriffen?** you understand?; **b)** *(Verständnis zeigen für)* understand; **das begreife, wer will** it's beyond me; **c)** *(geh.: betrachten)* regard, see (**als** as); **d) etw. in sich ~** *(veralt.)* include sth.; **e)** *(ugs.: befühlen)* feel; *(betasten)* touch. **2.** *itr. V.* understand; **schnell** *od.* **leicht/langsam** *od.* **schwer ~:** be quick/slow on the uptake; be quick/slow to grasp things

**begreiflich** *Adj.* understandable; **das ist mir nicht ~:** I can't understand it; **jmdm. etw. ~ machen** make sb. understand sth.

**begreiflicher·weise** *Adv.* understandably; **~ hat er das abgelehnt** understandably enough, he refused

**begrenzen** *tr. V.* **a)** limit, restrict (**auf** + *Akk.* to); **b)** *(die Grenze bilden von)* mark the boundary of; **durch etw. begrenzt sein** be bounded by sth.

**begrenzt** *Adj.* limited; restricted

**Begrenztheit die; ~:** limitedness

**Begrenzung die; ~, ~en a)** *(Grenze)* boundary; *(Zaun)* boundary fence; **b)** *(das Begrenzen)* limiting; restriction; *(der Geschwindigkeit)* restriction

**Begriff der a)** concept; *(Terminus)* term; **in ~en denken** think abstractly; **b)** *(Auffassung)* idea; **einen/keinen ~ von etw. haben** have an idea/no idea of sth.; **keinen ~ davon haben, wie ...:** have no idea how ...; **sich** *(Dat.)* **keinen ~ von etw. machen können** not be able to imagine sth.; **nach menschlichen ~en** in human terms; **für meine ~e** in my estimation; **ein/kein ~ sein** be/not be well known; **jmdm. ein/kein ~ sein** mean something/nothing to sb.; **der ganzen Welt ein ~ sein** be known all over the world; **c) im ~ sein** *od.* **stehen, etw. zu tun** be about to do sth.; **d)** *(Begreifen)* **schwer** *od.* **langsam von ~ sein** *(ugs. abwertend)* be slow on the uptake

**begriffen** [bə'grɪfn̩] **1.** *2. Part. v.* **begreifen. 2.** *Adj. in* **im Aufbruch/Fallen ~ sein** be leaving/falling; **in der Entwicklung/im Bau ~ sein** be in [the] process of development/construction

**begrifflich 1.** *Adj.* conceptual. **2.** *adv.* conceptually; **~ denken** think abstractly

**begriffs-, Begriffs-: ~bestimmung die** definition [of the/a concept]; **~mäßig** *Adj., adv.: s.* **begrifflich; ~stutzig,** *(österr.:)* **~stützig** *(abwertend)* **1.** *Adj.* obtuse; slow-witted; gormless *(coll.)*; **2.** *adv.* obtusely; slow-wittedly; gormlessly *(coll.)*; **~stutzigkeit,** *(österr.:)* **~stützigkeit die; ~** *(abwertend)* obtuseness; slowwittedness; gormlessness *(coll.)*; **~vermögen das;** *o. Pl.* comprehension; **über jmds. ~vermögen** *(Akk.)* **hinausgehen** be beyond sb.'s comprehension *or* grasp; **~verwirrung die** conceptual confusion

**begründen 1.** *tr. V.* **a)** substantiate ⟨*statement, charge, claim*⟩; give reasons for ⟨*decision, refusal, opinion*⟩; **womit** *od.* **wie begründet sie ihren Entschluß/ihr Verhalten?** what reasons does she give for her decision?/how does she account for her behaviour?; **etw. sachlich ~:** give objective reasons for sth.; **~, warum man etw. tut** give one's reason[s] for doing sth.; **er begründete seinen Meinungswechsel damit, daß ...:** he gave as the reason for his change of opinion the fact that ...; **ein Urteil ~:** give the grounds for a judgement; *s. auch* **begründet; b)** *(gründen)* found; establish ⟨*fame, reputation*⟩; start ⟨*family*⟩; **einen Hausstand ~:** set up house. **2.** *refl. V.* be based; **wie begründet sich das?** what is that based on?

**Begründer der** founder

**begründet** *Adj.* well-founded; reasonable ⟨*demand, objection, complaint*⟩; **sachlich ~:** objectively based; **nicht ~:** unfounded; **in etw.** *(Dat.)* **~ sein** be the result of sth.

**Begründung die; ~, ~en a)** reason[s]; **mit der ~, daß ...:** on the grounds that ...; **seine ~ war ...:** the reason/reasons he gave was/were ...; **für diese These fehlt eine ~:** there is no evidence to support this thesis; **etw. zur ~ einer Sache** *(Gen.)* **sagen** give sth. as the reason for sth.; **ohne jede ~:** without giving any reasons; **b)** *(Gründung)* founding; establishment; *(eines Hausstands)* setting up; *(einer Familie)* starting

**begrünen** *tr. V.* **etw. ~:** plant greenery in/on sth.; *(mit Rasen)* grass sth.; **etw. [mit Rasen/Bäumen/Sträuchern** *usw.*] **~:** plant sth. with grass/trees/shrubs *etc.*

**begrüßen** *tr. V.* **a)** greet; ⟨*host, hostess*⟩ greet, welcome; **ich freue mich, Sie in meinem Hause ~ zu dürfen** *(geh.)* it's a pleasure to welcome you into my home; **ich begrüße Sie** how do you do?; **es würde uns freuen, wenn wir Sie Freitag abend bei uns ~ dürften** *(geh.)* we should be delighted to have the pleasure of your company on Friday evening; **b)** *(gutheißen)* welcome ⟨*suggestion, proposal*⟩; **ich begrüße es, daß ...:** I am glad that ...; **es wäre zu ~, wenn ...:** it would be a welcome development if ...; **c)** *(schweiz.)* consult

**begrüßens·wert** *Adj.* welcome

**Begrüßung die; ~, ~en** greeting; *(von Gästen)* welcoming; *(Zeremonie)* welcome (*Gen.* for); **jmdm. zur ~ einen Strauß Blumen überreichen** welcome sb. with a bouquet of flowers; **sich** *od.* *(geh.)* **einander zur ~ die Hand schütteln** shake hands by way of greeting

**Begrüßungs-: ~an·sprache die** speech of welcome; welcoming speech; **~geld das** *(hist.) money paid to GDR citizens when visiting West Berlin or the FRG;* **~kuß der** welcoming kiss; **~rede die** *s.* **~ansprache; ~wort das;** *Pl.* **~worte** word of welcome

**begucken** *tr. V. (ugs.)* look at; have *or* take a look at; **laß dich mal ~:** let's have *or* take a look at you

**begünstigen** [bə'gʏnstɪgn̩] *tr. V.* **a)** favour; encourage ⟨*exports, trade, growth*⟩; further ⟨*plan*⟩; **vom Rückenwind begünstigt** assisted *or* helped by a following wind; **vom Schicksal begünstigt werden** be blessed by fate; **b)** *(bevorzugen)* favour; show favour to; **c)** *(Rechtsw.)* **jmdn. ~:** be an accessory of sb. after the fact

**Begünstigung die; ~, ~en a)** *s.* **begünstigen a:** favouring; encouragement; furthering; **b)** *(Bevorzugung)* preferential treatment; **c)** *(Rechtsw.)* being an accessory after the fact

**begutachten** *tr. V.* **a)** examine and report on; **ein Gemälde/das Flugzeugwrack ~, um etw. festzustellen** examine a painting/the [aircraft] wreckage in order to establish sth.; **ein Gebäude ~:** carry out a survey of a building; **b)** *(ugs.)* look at; have *or* take a look at; **laß dich mal ~!** let's have *or* take a look at you

**Begutachter der; ~s, ~:** *s.* **Gutachter**

**Begutachtung die; ~, ~en** examination; *(von Gebäuden)* survey; **eine schriftliche ~:** a written report

**begütert** [bə'gy:tɐt] *Adj.* **a)** wealthy; affluent; **b)** *(veralt.)* landed *attrib.* ⟨*gentry, nobility, etc.*⟩; **~ sein** own land

**begütigen** [bə'gy:tɪgn̩] *tr. V.* placate; mollify; pacify; **~d auf jmdn. einreden** speak soothingly to sb.

**Begütigung die; ~, ~en** placating; mollifying; pacifying

**behaart** [bə'ha:ɐ̯t] *Adj.* hairy; **grau/schwarz/stark ~ sein** be covered with grey/black hair/covered with hair; **stark ~e Beine** very hairy legs

**Behaarung die; ~, ~en** covering of hair; *(Haar)* hair *no indef. art.*; **seine starke ~ auf dem Rücken** the thick hair on his back

**behäbig** [bə'hɛ:bɪç] **1.** *Adj.* **a)** stolid and portly; **b)** *(langsam und schwerfällig)* slow and ponderous; **c)** *(geruhsam und gemütlich)* placid and easy-going; **d)** *(ausladend)* large and solid ⟨*furniture, house*⟩. **2.** *adv.* slowly and ponderously

**Behäbigkeit die; ~ a)** portliness; stoutness; **b)** *(Langsamkeit)* slowness and ponderousness; **c)** *(ausladende Form)* size and solidity

**behacken** *tr. V.* **a)** hoe ⟨*plants*⟩; **b)** *(hacken an)* hack at

**behaftet** *Adj. (geh.)* **mit einem Makel/einer Krankheit ~ sein** be marked with a blemish/afflicted with a disease; **mit einem schlechten Ruf/einem Fehler/Laster ~ sein** have a bad name/a defect/be tainted with a vice; **mit Fehlern ~ sein** contain defects

**behagen** [bə'ha:gn̩] *itr. V.* please; **das behagt mir/behagt mir nicht** that pleases/does not please me; I like/do not like that; **er behagt mir gar nicht** I don't like him at all

**Behagen das; ~s** *(Zufriedenheit)* contentment; *(Vergnügen)* pleasure; **mit [sichtlichem] ~:** with [obvious] contentment/pleasure; **etw. mit ~ essen** eat sth. with relish

**behaglich 1.** *Adj.* **a)** comfortable; comfortable, cosy ⟨*atmosphere, room, home, etc.*⟩; **es jmdm./sich ~ machen** make sb./oneself comfortable; **b)** *(genießerisch, zufrieden)* contented. **2.** *adv.* **a)** comfortably, cosily ⟨*warm, furnished*⟩; **b)** *(genießerisch, zufrieden)* contentedly

**Behaglichkeit die; ~:** *s.* **behaglich 1: a)** comfortableness; cosiness; **b)** contentment

**behalten** *unr. tr. V.* **a)** keep; keep on ⟨*workers, employees*⟩; keep, retain ⟨*value, expressive power, etc.*⟩; **den Hut auf dem Kopf ~:** keep one's hat on; **Nahrung bei sich ~:** keep food down; **jmdn. als Gast bei sich ~:** have sb. stay on as one's guest; **etw. für sich ~:** keep sth. to oneself; **die Nerven/die Ruhe ~:** keep one's nerve/keep calm; **ob wir das gute Wetter ~?** will the good weather hold?; **b)** *(zurück~)* be left with; **einen Herzschaden** *usw.* **~:** be left with a weak heart *etc.*; **sie behielt von dem Unfall ein steifes Knie** the accident left her with a stiff knee; **c)** *(sich merken)* remember ⟨*number, date*⟩; **ich habe die Adresse nicht ~:** I've forgotten the address; **er kann Geschichtszahlen schlecht ~:** he has no memory for historical dates; **jmdn. in freundlicher Erinnerung ~:** have fond memories of sb.; *s. auch* **Recht d**

**Behälter** [bə'hɛltɐ] **der; ~s, ~ a)** container; *(für Abfälle)* receptacle; **b)** *(Container)* container

**Behälter-: ~schiff das** container ship; **~verkehr der** container traffic

**Behältnis das; ~ses, ~se** *(geh.)* container

**behämmern** *tr. V.* hammer

**behämmert** *Adj. (salopp) s.* **bekloppt**

**behandeln** *tr. V.* **a)** *(umgehen mit)* treat ⟨*person*⟩; handle ⟨*matter, machine, device*⟩; **jmdn. freundlich/herablassend/schlecht ~:** treat sb. in a friendly way/condescendingly/badly; **eine Maschine sachgemäß ~:** handle *or* use a machine correctly; **sie weiß, wie man Kinder/den Chef ~ muß** she knows how to handle children/the manager; **b)** *(bearbeiten)* treat (**mit** with); **c)** *(darstellen, analysieren)* deal with, treat ⟨*subject, question; theme*⟩; **d)** *(ärztlich)* treat ⟨*patient, illness, symptom*⟩ (**mit** with; **auf** + *Akk.*, **wegen** for); **jmdn. ambulant/stationär ~:** give sb. treatment as an out-patient/in-patient; **der ~de Arzt** the doctor treating the patient

**Behandlung die;** ~, ~**en a)** treatment; **eine solche ~ lasse ich mir nicht gefallen** I won't stand for being treated like that; **bessere ~ verdienen** deserve better treatment *or* to be treated better; **bei einem/diesem Arzt in ~ sein** be under medical treatment/this doctor; **b)** *(Besprechung)* discussion; *(Analyse)* treatment

**behandlungs-, Behandlungs-: ~bedürftig** *Adj.* **~bedürftig sein** require treatment; **~kosten** *Pl.* cost *sing.* of treatment; **~methode die** method of treatment; **~pflicht die** *obligation on a doctor to respond to a call for medical assistance;* **~raum der** treatment room; **~stuhl der** chair for the patient; *(beim Zahnarzt)* [dentist's] chair; **~weise die** *s.* **~methode**

**behandschuht** *Adj.* gloved

**Behang der;** ~**[e]s, Behänge a)** *(Wand~)* hanging; **b)** *(am Baum)* decoration; *(Ertrag)* crop; **c)** *(Jägerspr.) (Ohr)* lop-ear; *(Ohren)* lop-ears *pl.*

**behangen** *Adj.* **ein mit Äpfeln ~er Baum** a tree laden with apples; **mit Schmuck ~:** festooned with jewellery

**behängen** *tr. V.* **a) etw. mit etw. ~:** hang *or* decorate sth. with sth.; **b)** *(ugs. abwertend)* **jmdn./sich mit etw. ~:** festoon sb./oneself with sth.

**beharken** *tr. V.* **a)** *(Soldatenspr.)* rake with gunfire; **b)** *(salopp)* pitch into *(coll.)*; set about *(coll.)*

**beharren** *itr. V.* **a) auf etw.** *(Dat.)* **~** *(etw. nicht aufgeben)* persist in sth.; *(auf etw. bestehen)* insist on sth.; **darauf ~, etw. zu tun** insist on doing sth.; **b)** *(beharrlich behaupten)* insist; **c)** *(geh: bleiben) (an einem Ort)* remain; *(in einem Zustand)* persist

**Beharren das;** ~**s** insistence

**beharrlich 1.** *Adj.* dogged; persistent. **2.** *adv.* doggedly; persistently; **~ bei seiner Meinung bleiben** stick doggedly to one's opinion

**Beharrlichkeit die;** ~: doggedness; persistence

**Beharrung die;** ~: persistence

**Beharrungs·vermögen das** *(Physik)* inertia

**behauchen** *tr. V.* **a)** breathe on; **b)** *(Phon.)* aspirate; **behauchte Konsonanten** aspirates

**behauen** *unr. tr. V.* hew; **roh ~e Steine** rough-hewn stone blocks

**behaupten** [bəˈhauptn̩] **1.** *tr. V.* **a)** maintain; assert; **~, jmd. zu sein/etw. zu wissen** claim to be sb./know sth.; **das kann man nicht ~:** you cannot say that; **man behauptet** *od.* **es wird behauptet, daß ...:** it is said *or* claimed that ...; *s. auch* **steif 2c; b)** *(verteidigen)* maintain ⟨*position*⟩; retain ⟨*record*⟩; *s. auch* **Feld f. 2.** *refl. V.* **a)** assert oneself; *(nicht untergehen)* hold one's ground; *(dableiben)* survive; **die Kirche/der Dollar konnte sich ~:** the church/the dollar was able to maintain its position; **b)** *(Sport)* win through

**Behauptung die;** ~, ~**en a)** claim; assertion; **b)** *(Verteidigung)* **für die ~ seiner Stellung kämpfen** fight to maintain one's position; **c)** *(Durchsetzung)* assertion

**behausen** *tr. V. (geh.)* house; accommodate; accommodate, put up ⟨*guest*⟩

**Behausung die;** ~, ~**en a)** *(geh.: das Behausen)* housing; accommodation; **b)** *(oft abwertend: Wohnung)* dwelling

**Behaviorismus** [bihevi̯əˈrɪsmʊs] **der;** ~ *(Verhaltensf.)* behaviourism *no art.*

**behavioristisch** *(Biol., Psych.)* **1.** *Adj.* behaviourist. **2.** *adv.* behaviouristically

**beheben** *unr. tr. V.* **a)** remove ⟨*doubt, danger, difficulty*⟩; repair ⟨*damage*⟩; remedy ⟨*abuse, defect*⟩; clear ⟨*disturbance*⟩; **b)** *(österr.: abheben)* withdraw ⟨*money*⟩

**Behebung die;** ~, ~**en a)** *o. Pl.: s.* **beheben a:** removal; repair; remedying; clearing; **b)** *(österr.: Abhebung)* withdrawal

**beheimaten** *tr. V.* provide a home for ⟨*person*⟩; **Tiere/Pflanzen in einer Gegend ~:** introduce animals/plants into an area

**beheimatet** *Adj.* **a)** *(heimisch)* **an einem Ort/in einem Land ~ sein** ⟨*plant, animal, tribe, race*⟩ be native *or* indigenous to a place/country; ⟨*person*⟩ come from a place/country; **wo ist er ~?** where does he come from?; **b)** *(ansässig)* resident **(in** + *Dat.* in)

**beheizbar** *Adj.* heatable; **eine ~e Heckscheibe** a heated rear window

**beheizen** *tr. V.* heat

**Beheizung die;** ~: heating

**Behelf** [bəˈhɛlf] **der;** ~**[e]s,** ~**e** *(Notlösung)* stopgap; makeshift; *(Ersatz)* substitute

**behelfen** *unr. refl. V.* **a) sich mit etw. ~:** make do *or* manage with sth.; **b)** *(zurechtkommen)* get by; manage; **sich allein ~:** get by *or* manage on one's own

**behelfs-, Behelfs-: ~aus·fahrt die** *(Verkehrsw.)* temporary exit *(from a motorway);* **~heim das** makeshift *or* temporary home; **~mäßig 1.** *Adj.* makeshift; temporary; **2.** *adv.* in a makeshift way *or* fashion; **~unterkunft die** temporary dwelling; **~weise** *Adv.* *(vorübergehend)* temporarily; *(ersatzweise)* as a substitute

**behelligen** [bəˈhɛlɪgn̩] *tr. V.* *(lästig werden für)* bother; *(zudringlich werden gegenüber)* pester

**Behelligung die;** ~, ~**en: ich verbitte mir solche ~en** stop bothering *or* pestering me

**behelmt** [bəˈhɛlmt] *Adj.* helmeted

**behend** [bəˈhɛnt], **behende 1.** *Adj.* *(geschickt)* deft; adroit; *(flink)* nimble; agile. **2.** *adv.*; *s. Adj.:* deftly; adroitly; nimbly; agilely

**Behendigkeit die;** ~: *s.* **behende 1:** deftness; adroitness; nimbleness; agilety

**beherbergen** *tr. V.* **a)** accommodate, put up ⟨*guest*⟩; **b)** *(Raum bieten für)* accommodate; **c)** *(enthalten)* contain

**Beherbergung die;** ~: accommodation

**Beherbergungs·gewerbe das** hotel trade

**beherrschen 1.** *tr. V.* **a)** rule; **den Markt ~:** dominate *or* control the market; **von Haßgefühlen/Leidenschaften beherrscht sein** *(geh.)* be ruled by feelings of hatred/by passions; **b)** *(meistern)* control ⟨*vehicle, animal*⟩; be in control of ⟨*situation*⟩; **c)** *(bestimmen, dominieren)* dominate ⟨*townscape, landscape, discussions, relationship*⟩; **d)** *(zügeln)* control ⟨*feelings*⟩; control, curb ⟨*impatience*⟩; **seine Zunge ~** *(geh.)* curb one's tongue; **e)** *(gut können)* have mastered ⟨*instrument, trade*⟩; have a good command of ⟨*language*⟩; **es kostet viele Jahre ständiger Übung, ein Instrument zu ~:** it takes many years of constant practice to master an instrument; **Englisch fast so gut wie Deutsch ~:** speak English almost as well as German. **2.** *refl. V.* control oneself; **ich kann mich ~** *(iron.)* I can resist the temptation *(iron.)*; **kannst du dich so wenig ~, daß ...?** have you got so little self-control that ...?

**Beherrscher der;** ~**s,** ~: ruler

**beherrscht 1.** *Adj.* self-controlled. **2.** with self-control; **völlig ~:** with complete self-control

**Beherrschtheit die;** ~: self-control

**Beherrschung die;** ~ **a)** control; *(Verwaltung)* rule; *(eines Markts)* domination; control; **b)** *(das Meistern)* control; **c)** *(Beherrschtheit)* self-control; **seine** *od.* **die ~ verlieren** lose one's self-control; **d)** *(das Können)* mastery

**beherzigen** [bəˈhɛrtsɪgn̩] *tr. V.* **etw. ~:** take sth. to heart; heed sth.

**beherzigens·wert** *Adj.* worth taking to heart *or* heeding *postpos.*

**Beherzigung die;** ~: heeding; **dies zur ~!** I want you to heed *or* take good heed of this

**beherzt 1.** *Adj.* spirited; **einige Beherzte** a few brave souls. **2.** *adv.* spiritedly

**Beherztheit die;** ~: spirit

**behexen** *tr. V.* bewitch

**behilflich** [bəˈhɪlflɪç] *Adj.* **jmdm. [beim Aufräumen** *usw.*] **~ sein** help sb. [clear up *or* with the clearing-up *etc.*]; **kann ich [Ihnen] ~ sein?** can I help [you]?

**behindern** *tr. V.* **a)** hinder; hamper, impede ⟨*movement*⟩; hold up ⟨*traffic*⟩; impede ⟨*view*⟩; **jmdn. in etw.** *(Dat.)* **~:** hinder sb. in sth.; **ein behindertes Kind** a handicapped child; **b)** *(Sport, Verkehrsw.)* obstruct

**Behinderte der/die;** *adj. Dekl.* handicapped person; **die ~n** the handicapped; **WC für ~:** toilet for disabled persons

**Behinderung die;** ~, ~**en a) um ~en bei der Zollabfertigung zu vermeiden** to avoid holdups at customs; **zur ~ des Flugverkehrs beitragen** help to cause delays to air traffic; **~ der Sicht** obstruction to the view; **b)** *(Sport, Verkehrsw.)* obstruction; **Falschparken mit ~:** parking illegally and causing an obstruction; **c)** *(Hindernis)* hindrance; **d)** *(Gebrechen)* handicap

**behobeln** *tr. V.* plane

**behorchen** *tr. V.* **a)** *(ugs.)* listen to; **b)** *(belauschen)* eavesdrop on

**Behörde** [bəˈhøːɐ̯də] **die;** ~, ~**n a)** authority; *(Amt, Abteilung)* department; **die ~n** the authorities; **b)** *(Gebäude)* government offices *pl.*/[local] council offices *pl.*

**Behörden-: ~apparat der** administrative apparatus; *(abwertend: Bürokratie)* bureaucracy; **~deutsch das** *(abwertend)* officialese

**behördlich 1.** *Adj.; nicht präd.* official; **~e Genehmigung** permission from the authorities; official permission; **auf ~e Anordnung** by order of the authorities. **2.** *adv.* officially; **das ist ~ genehmigt worden** it has been approved by the authorities

**behördlicher·seits** *Adv.* *(durch die Behörde)* by the authorities; *(seitens der Behörde)* on the part of the authorities

**behost** [bəˈhoːst] *Adj.* *(ugs.)* in trousers *postpos.*

**Behuf der;** ~**[e]s,** ~**e** *in* **zu diesem ~[e]** *(veralt.)* to this end

**behufs** *Präp. mit Gen.* *(veralt.)* with a view to

**behuft** [bəˈhuːft] *Adj.* hooved

**behum[p]sen** [bəˈhʊmpsn̩, bəˈhʊmzn̩] *tr. V.* *(ugs., bes. ostmd.)* diddle *(sl.)*

**behüten** *tr. V.* *(bewahren, beschützen)* protect **(vor** + *Dat.* from); *(sorgen für)* take care of; *(bewachen)* guard; **ein Geheimnis ~:** keep a secret; **jmdn. vor einer Gefahr ~:** keep *or* safeguard sb. from a danger; **[Gott] behüte!** God *or* Heaven forbid!

**Behüter der;** ~**s,** ~ *(geh.)* protector

**behütet** *Adj.* sheltered ⟨*upbringing, life*⟩

**behutsam** [bəˈhuːtzaːm] **1.** *Adj.* careful; cautious; cautious, discreet ⟨*question*⟩; *(zartfühlend)* gentle. **2.** *adv.* carefully; cautiously; *(zartfühlend)* gently

**Behutsamkeit die;** ~: care; caution; *(Zartgefühl)* gentleness

**bei** [bai] *Präp. mit Dat.* **a)** *(nahe)* near; *(dicht an, neben)* by; **die Schlacht ~ Leipzig** the battle of Leipzig; **irgendwo ~ Stuttgart** somewhere near Stuttgart; **nahe ~m Bahnhof** near the station; **~m Gepäck/Auto** *usw.* **bleiben** stay with the luggage/car; **wer steht da ~ ihm?** who is standing there with him?; **sich ~ jmdm. entschuldigen/beklagen/erkundigen** apologize/complain to sb./ask sb.; **wir haben Physik ~ Herrn Meyer** we do physics with Mr Meyer; **der Wert liegt ~ 10 000 Mark** the value is around *or* about ten thousand marks; **~m Fenster herausschauen** *(österr.)* look out of the window; **b)** *(unter)* among; **war heute ein Brief für mich ~ der Post?** was there a letter for me in the post today?; **c)** *(an)* by; **jmdn. ~ der Hand nehmen** take sb. by the hand; **jmdn. ~ der Schulter packen** seize sb. by the shoulder; *s.*

*auch* **beim b; d)** *(im Wohnbereich) (längerfristig)* with; *(kurzfristig)* at; **~ uns tut man das nicht** we don't do that; **~ mir [zu Hause]** at my house; **~ uns um die Ecke/gegenüber** round the corner from us/opposite us; **~ seinen Eltern leben** live with one's parents; **wir sind ~ ihr eingeladen** we have been invited to her house; **wir treffen uns ~ uns/Peter** we'll meet at our/Peter's place; **morgen schlafe ich ~ meinen Großeltern** I'm sleeping at my grandparents' tomorrow; **~ uns in Österreich** in Austria [where I/we come from/live]; **[hier/damals] ~ uns in Österreich** here in Austria/in Austria in those days; **wir haben ~ [den] Clarks gefeiert** we went to a party at the Clarks'; *(im Geschäft)* **beim Bäcker/Fleischer** *usw.* at the baker's/butcher's *etc.;* **~ uns in der Firma** in our company; **~ Schmidt** *(auf Briefen)* c/o Schmidt; **e)** *(im geistigen Bereich)* with; **~ jmdm. Verständnis finden** get sympathy and understanding from sb.; **die Verantwortung liegt ~ Ihnen** responsibility lies with you; **f)** *(im Arbeitsbereich)* **~ einer Firma sein** be with a company; **~ jmdm./einem Verlag arbeiten** work for sb./a publishing house; **~ der Bundeswehr/Luftwaffe sein** be in the forces/air force; *s. auch* **bei a; g)** *(im Bereich eines Vorgangs)* at; **~ einer Hochzeit/einem Empfang** *usw.* **sein** be at a wedding/reception *etc.;* **~ der Organisation von etw./~ einer Aufführung mitwirken** be involved in the organization of sth./appear in a production; **h)** *(im Werk von)* **~ Goethe** in Goethe; **~ Schiller heißt es ...:** Schiller says *or* writes that ...; **i)** *(im Falle von)* in the case of; **wie ~ den Römern** as with the Romans; **hoffentlich geht es nicht wie ~ mir** I hope the same thing doesn't happen as happened in my case; **j)** *(im eigenen Bereich)* with; **etw. ~ sich haben** have sth. with *or* on one; **~ sich [selbst] anfangen** start with oneself; **nicht [ganz] ~ sich sein** be not quite with it; **~ mir ist es zehn Uhr** I make it ten o'clock; **k)** *(Zeitpunkt)* at ⟨*beginning, end*⟩; **~ seiner Ankunft/seinem Eintritt** on his arrival/entry; **~ diesen Worten errötete er** at this he blushed; **l)** *(Zeitspanne)* **~ Tag/Nacht** by day/night; **~ Sonnenaufgang/-untergang** at sunrise/sunset; **~ unserer Begegnung** at our meeting; **~ einem Unfall** in an accident; **~ einer Schlägerei** in a brawl; **~ Tisch sein** be at table; **~ der Arbeit** at work; *s. auch* **beim b; m)** *(gleichzeitig mit)* with; **~ zunehmendem Alter** with advancing age; **n)** *(modal)* **~ Tag und Nacht** day and night; **~ Tageslicht** by daylight; **~ Nebel** in fog; **~ Kälte** when it's cold; **~ einem Glas Wein** over a glass of wine; **~ offenem Fenster schlafen** sleep with the window open; **o)** *(betreffs)* with; **das gilt auch ~ ...:** this applies to ... also; **~ so etwas ist er geschickt** he is skilled at things like that; **p)** *(im Falle von)* **„~ Feuer Scheibe einschlagen"** 'in case of fire, break glass'; **„~ Regen Schleudergefahr"** 'slippery when wet'; **~ hohem Fieber** when sb. has a high temperature; **q)** *(auf Grund von)* with; **~ dieser Hitze** in this heat; **~ diesem Sturm/Lärm** with this storm blowing/noise going on; **~ deinen guten Augen/ihrem Talent** with your good eyesight/her talent; **er erblaßte ~ der Nachricht** he turned pale at the news; **r)** *(trotz)* **~ all seinem Engagement/seinen Bemühungen** in spite of *or* despite *or* for all his commitment/efforts; **~ allem Verständnis, aber ich kann das nicht** much as I sympathize, I cannot do that; **s)** *(in Beteuerungsformeln)* by; **~ Gott!** by God!; **~ meiner Ehre!** *(veralt.)* upon my honour!

**bei|behalten** *unr. tr. V.* keep, retain ⟨*distinction, wording, penalty, measure, practice, laws*⟩; keep up ⟨*custom, habit*⟩; continue, maintain ⟨*way of life*⟩; keep to ⟨*course, method*⟩; preserve, maintain ⟨*attitude*⟩

**Beibehaltung die; ~:** *s.* **beibehalten:** keeping; retention; keeping up; continuance; maintenance; preservation

**bei|biegen** *unr. tr. V. (ugs.)* **jmdm. etw. ~:** get sb. to understand sth.

**Bei·blatt das** insert

**Bei·boot das** ship's boat

**bei|bringen** *unr. tr. V.* **a) jmdm. etw. ~:** teach sb. sth.; **jmdm. Gehorsam ~:** teach sb. obedience; **ich werde dir ~, mich zu betrügen!** *(ugs.)* I'll teach you to cheat me! *(coll.);* **b)** *(ugs.: mitteilen)* **jmdm. ~, daß ...:** break it to sb. that ...; **c)** *(zufügen)* **jmdm./sich etw. ~:** inflict sth. on sb./oneself; **d)** *(beschaffen)* produce ⟨*witness, evidence*⟩; provide, supply ⟨*reference, proof*⟩; produce, furnish ⟨*money*⟩

**Beichte** ['baiçtə] **die; ~, ~n** confession *no def. art.;* **zur ~ gehen** go to confession; **jmdm. die ~ abnehmen** hear sb.'s confession

**beichten 1.** *itr. V.* go to confession; **~ gehen** go to confession. **2.** *tr. V. (fig.)* confess

**Beicht-: ~formel die** form of confession; **~geheimnis das** seal of confession; **~gespräch das** *(kath. Rel.)* talk with the priest before confession; **~stuhl der** confessional; **~vater der** father confessor

**beid-: ~armig 1.** *Adj.* two-handed; *(mit beiden Armen gleich geschickt)* ambidextrous; **2.** *adv.* with both hands; **~beinig 1.** *Adj.* two-legged; **2.** *adv.* with both feet

**beide** ['baidə] *Indefinitpron. u. Zahlw.* **a)** *mit Art. od. Pron.* **die/seine ~n Brüder** the/his two brothers; *(mit Nachdruck)* both the/his brothers; **die ~n ersten Strophen** the first two verses; **kennst du die ~n?** do you know those two?; **alle ~:** both of us/you/them; **sie sind alle ~ sehr schön** they're both very nice; both of them are very nice; **sie sind ~ nicht hübsch** neither of them is pretty; **ihr/euch ~:** you two; **Ihr/euch ~ nicht** neither of you; **wir/uns ~:** the two of us/both of us; **b)** *o. Art.* both; **er hat ~ Eltern verloren** he has lost both [his] parents; **mit ~n Händen** with both hands; **~ Male** both times; **ich habe ~ gekannt** I knew both of them; **~ haben hier gearbeitet** both [of them] worked here; **einer/eins von ~n** one of the two; **keiner/keins von ~n** neither [of them]; **c)** *Neutr. Sg.* both *pl.;* **~s ist möglich** either is possible; **ich glaube ~s/~s nicht** I believe both things/neither thing; **das ist ~s nicht richtig** neither of those is correct; **er hat sich in ~m geirrt** he was wrong on both counts; **er hatte von ~m wenig Ahnung** he had little idea of either

**beide·mal** *Adv.* both times

**beiderlei** ['baidɐ'lai] *Gattungsz., indekl.* **~ Geschlechts** of both sexes; **von ~ Art** of both kinds; **das Abendmahl in** *od.* **unter ~ Gestalt** *(ev. Rel.)* communion in both kinds

**beider·seitig 1.** *Adj.* mutual ⟨*decision, agreement*⟩; **~e Freude** joy on both sides; **zur ~en Überraschung** to the surprise of both of us/them; **in ~em Einverständnis** by mutual agreement. **2.** *adv.* by both sides; **eine ~ interessierende Frage** a question of interest to both sides. **3.** *Adv.* on both sides

**beider·seits 1.** *Präp. mit Gen.* on both sides of. **2.** *Adv.* on both sides

**beid-: ~füßig** *Adj., adv.* with both feet; **~händig 1.** *Adj.* **a)** *(mit beiden Händen gleich geschickt)* ambidextrous; **b)** *(mit beiden Händen)* two-handed; **2.** *adv.* with two hands; **eine ~händig geschlagene Rückhand** a two-handed backhand

**bei|drehen** *itr. V. (Seemannsspr.)* heave to

**beid·seitig 1.** *Adj.* mutual. **2.** *adv.* **a)** *(auf beiden Seiten)* ⟨*be printed etc.*⟩ on both sides; **~ gelähmt sein** be paralysed down both sides; **b)** *(gegenseitig) s.* **beiderseitig 2**

**beidseits** *(bes. schweiz.) s.* **beiderseits**

**bei·einander** *Adv.* together; **~ Trost suchen** seek comfort from each other

**beieinander-, Beieinander-: ~|haben** *unr. tr. V.* **etw. ~haben** have got sth. together; **du hast/er hat** *usw.* **nicht alle** *od.* **sie nicht richtig ~** *(ugs.)* he's/you're *etc.* not all there *(coll.);* **~|halten** *unr. tr. V.* keep together; **~|liegen** *unr. itr. V.* lie together; **~|sein** *unr. itr. V.; mit sein (nur im Inf. und Part. zusammengeschrieben) (ordentlich sein)* be neat and tidy; **gut/schlecht ~sein** *(ugs.)* be in good/bad shape; **nicht ganz ~sein** *(ugs.)* be not quite all there *(coll.);* **~sein das** get-together; **~|sitzen** *unr. itr. V.* sit together; **~|stehen** *unr. itr. V.* stand together

**Bei·fahrer der, Bei·fahrerin die a)** *(im Kfz)* [front-seat] passenger; *(auf dem Motorrad)* pillion passenger; *(im Beiwagen)* sidecar passenger; **b)** *(berufsmäßig)* co-driver; *(auf einem LKW)* driver's mate

**Beifahrer·sitz der** *(im Kfz)* passenger seat; *(eines Motorrads)* pillion

**Bei·fall der;** *o. Pl.* **a)** applause; *(Zurufe)* cheers *pl.;* cheering; *(Händeklatschen)* applause; clapping; **stürmischer** *od.* **tosender ~:** a storm of applause; **~ klatschen/spenden** applaud; **b)** *(Zustimmung)* approval; **~ finden** meet with approval

**beifall·heischend** *Adj. (geh.) s.* **Beifall:** looking for applause/approval; **jmdn. ~ ansehen** look at sb. in the hope of getting applause/approval

**bei·fällig 1.** *Adj.* approving; favourable ⟨*judgement*⟩; **~es Gemurmel** murmurs *pl.* of approval. **2.** *adv.* approvingly; **~ nicken** nod approvingly *or* in approval; **~ aufgenommen werden** be received favourably *or* with approval

**Beifall·klatschen das** clapping; applause

**Beifalls-: ~äußerung die** expression of approval; **~bekundung die, ~bezeigung die; ~, ~en** demonstration of approval; **~kundgebung die** ovation; **~kundgebungen** ovation *sing.;* **~ruf der** shout of approval; cheer; **~sturm der** storm of applause

**bei|fügen** *tr. V.* **a)** *(dazulegen)* **einer Bewerbung etw. ~:** enclose sth. with an application; **einem Paket eine Zollerklärung ~:** attach a customs declaration to a parcel; **einem Blumenstrauß eine Grußkarte ~:** put a greetings card in with a bouquet; **b)** *(hinzufügen)* add; **dem Teig Zucker/Mehl ~:** add sugar/flour to the mixture

**Bei·fügung die a)** *(Sprachw.)* attribute; **b)** *o. Pl. (Amtsspr.: das Beifügen)* **unter ~ eines Lebenslaufs/Schecks** enclosing a curriculum vitae/cheque

**Bei·fuß der;** *o. Pl. (Bot.)* artemisia; *(Artemisia vulgaris)* mugwort

**Bei·gabe die a)** *o. Pl. (das Beigeben)* **unter ~** *(Dat.)* **von etw.** adding sth.; **b)** *(Hinzugefügtes)* addition; *(Beilage)* side-dish

**beige** [be:ʃ] *Adj.* beige; **ein ~** *od. (ugs.)* **~s Kleid** a ~ dress

**Beige das; ~, ~** *od. (ugs.)* **~s** beige

**bei|geben 1.** *unr. tr. V.* **a)** *(hinzufügen)* add *(Dat.* to); **b)** *(mitgeben)* assign *(Dat.* to). **2.** *unr. itr. V.* in **klein ~** *(ugs.)* give in

**beige·farben** *Adj.* beige[-coloured]

**bei|gehen** *unr. itr. V.; mit sein (nordd.) s.* **darangehen**

**Beigeordnete der/die;** *adj. Dekl.* ≈ town council official

**Bei·geschmack der;** *o. Pl.* **einen bitteren** *usw.* **~ haben** have a slightly bitter *etc.* taste [to it]; taste slightly bitter *etc.;* **dieses Wort hat einen negativen ~** *(fig.)* this word has slightly negative overtones *pl.;* **einen ~ von Petroleum haben** have a slight taste of paraffin *(Brit.)* or *(Amer.)* kerosene; taste slightly of petrol

**bei|gesellen** *(geh.)* **1.** *tr. V.* **jmdm. jmdn. ~:** put sb. with sb. **2.** *refl. V.* **sich jmdm. ~:** attach oneself to sb.

**Bei·heft das** *(zum Lehrbuch)* supplement; *(einer Zeitschrift)* supplementary number

**bei|heften** *tr. V.* **einer Sache** *(Dat.)* **etw. ~:** attach sth. to sth.

**Bei·hilfe die a)** *(materielle Hilfe)* aid; assistance; *(Geldunterstützung)* [financial] aid *or* assistance; *(Zuschuß für Kleidung, Heizung, Miete, Kinderreiche, Studenten usw.)* allowance; *(Subvention)* subsidy; **b)** *o. Pl. (Rechtsw.: Mithilfe)* aiding and abetting; **jmdn. wegen ~ zum Mord anklagen** charge sb. with aiding and abetting a murder *or* with acting as accessory to a murder

**Bei·klang der** *(geh.)* [accompanying] sound; *(fig.)* overtone[s *pl.* ]; underlying note

**Bei·koch der** assistant chef

**bei|kommen** *unr. itr. V.; mit sein* **a)** *(gewachsen sein)* **jmdm. ~:** get the better of sb.; **b)** *(bewältigen)* **den Schwierigkeiten/der Unruhe/jmds. Sturheit ~:** overcome the difficulties/deal with the unrest/cope with sb.'s obstinacy; **c)** *(ugs.: herbeikommen)* come; **d)** *(ugs. heranreichen)* reach; **e)** *unpers. (geh.)* **es kommt jmdm. bei, etw. zu tun** sb. has the idea of doing sth.

**Bei·kost die** diet supplement; **vitaminreiche/nahrhafte ~ bekommen** have a vitamin-rich/nutritious supplementary diet

**Beil** [bail] **das; ~[e]s, ~e a)** axe; *(kleiner)* hatchet; *(Fleischer~)* cleaver; **b)** *(Fall~)* guillotine

**bei|laden** *unr. tr. V.* **a)** *(zuladen)* add; **b)** *(Rechtsw.)* summon ‹*third party interested in the outcome of a case*›

**Bei·ladung die** additional load

**Bei·lage die a)** *(Zeitungs~)* supplement; **b)** *(zu Speisen)* side-dish; *(Gemüse~)* vegetables *pl.; (Salat~)* side-salad; **ein Fleischgericht mit diversen ~n** a meat dish with a selection of trimmings; **c)** *(das Beilegen)* enclosure; **unter ~ von ...:** enclosing ...; **gegen ~ von Rückporto** if return postage is enclosed; **d)** *(österr.: Anlage)* enclosure **(zu** with)

**Bei·lager das a)** *(geh. veralt.: Beischlaf)* sexual intercourse; **b)** *(hist.: Akt der Eheschließung)* consummation of the marriage

**bei·läufig 1.** *Adj.* **a)** *(nebensächlich)* casual; casual, passing ‹*remark, mention*›; **b)** *(österr.: ungefähr)* approximate; rough. **2.** *adv.* **a)** *(nebenbei)* casually; **etw. ~ erwähnen** *od.* **bemerken** mention sth. casually *or* in passing; **~ bemerkt, ...:** incidentally, ...; **etw. ~ erfahren** learn sth. by chance; **jmdn. ~ ausfragen** get information unobtrusively from sb.; **b)** *(österr.: ungefähr)* approximately; roughly

**Beiläufigkeit die; ~, ~en a)** *o. Pl. (Nonchalance)* casualness; **b)** *(Nebensächlichkeit)* triviality; **~en** trivia

**bei|legen** *tr. V.* **a)** *(dazulegen)* enclose; *(einem Buch, einer Zeitschrift)* insert (*Dat.* in); **einem Brief** *usw.* **etw. ~:** enclose sth. with a letter *etc.*; **b)** *(schlichten)* settle ‹*dispute, controversy, etc.*›; **c)** *(beimessen)* attach; **einer Sache** *(Dat.)* **Gewicht/Bedeutung** *usw.* **~:** attach weight/importance *etc.* to sth.; **d)** *(geben, verleihen)* **jmdm. einen Titel/Namen ~:** bestow *or* confer a title/bestow a name on sb.; **sich** *(Dat.)* **einen Titel/Namen ~:** assume *or* adopt a title/name

**Beilegung die; ~, ~en** settlement

**beileibe** [bai'laibə] *Adv.* **~ nicht** certainly not; **er ist ~ kein Genie** he is by no means a genius

**Bei·leid das** sympathy; **[mein] herzliches** *od.* **aufrichtiges ~!** please accept my sincere condolences; **jmdm. sein [aufrichtiges] ~ [zu etw.] aussprechen** offer one's [sincere] condolences *pl.* to sb. [on sth.]

**Beileids-: ~besuch der** visit of condolence; visit to offer one's condolences; **~bezeigung die; ~, ~en, ~bezeugung die** expression of sympathy; **~karte die** condolence *or* sympathy card

**Beil·hieb der** blow with an/the axe

**bei|liegen** *unr. itr. V.* **a)** *(beigefügt sein)* **einem Brief ~:** be enclosed with a letter; **dem Buch liegt ein Prospekt bei** the book contains a catalogue as an insert; **b)** *(geh. veralt.: Geschlechtsverkehr haben mit)* **jmdm. ~:** lie with sb. *(arch.)*; **c)** *(Seemannsspr.)* lie to

**bei·liegend** *(Amtsspr.) Adj.* enclosed; **~ senden wir ...:** please find enclosed ...

**beim** [baim] *Präp. + Art.* **a) = bei dem; b) jmdn. ~ Ärmel zupfen** tug at sb.'s sleeve; **~ Film sein** be in films; **c)** *(zeitlich)* **er will ~ Arbeiten nicht gestört werden** he doesn't want to be disturbed when *or* while [he's] working; **~ Essen spricht man nicht** you shouldn't talk while [you're] eating; **den Hund darf man ~ Fressen nicht stören** you mustn't disturb the dog while it's eating; **~ Verlassen des Gebäudes** when *or* on leaving the building; **~ Fasching** at carnival time; **~ Lesen/Essen/Duschen sein** be reading/be having breakfast/dinner *etc.*/be taking a shower

**bei|mengen** *tr. V.* add (*Dat.* to)

**Beimengung die; ~, ~en a)** *o. Pl. (das Beimengen)* addition; **b)** *(Zusatz)* admixture

**bei|messen** *unr. tr. V.* attach; **jmdm./einer Sache Bedeutung/Wert** *usw.* **~:** attach importance/value *etc.* to sb./sth.

**bei|mischen** *tr. V. (geh.)* add (*Dat.* to); **meiner Bewunderung war Grauen beigemischt** *(fig.)* my admiration was tinged with horror

**Bei·mischung die a)** *o. Pl. (das Beimischen)* addition; **b)** *(Zusatz)* admixture

**Bein** [bain] **das; ~[e]s, ~e a)** leg; **jmdm. ~e machen** *(ugs.)* make sb. get a move on *(coll.)*; **du hast jüngere ~e** *(ugs.)* your legs are younger than mine; **ein langes ~ machen** *(Fußballjargon)* make a sliding tackle; **ein ~ stehen lassen** *(Fußballjargon)* put *or (coll.)* stick one's foot out; **sich** *(Dat.)* **die ~e nach etw. ablaufen** *(fig.)* chase round everywhere for sth.; **er hat sich** *(Dat.)* **kein ~ ausgerissen** *(ugs.)* he didn't over-exert himself; **jmdm. ein ~ stellen** *(zum Stolpern bringen)* trip sb.; *(fig.: hereinlegen)* put *or* throw a spanner *or (Amer.)* a monkey-wrench in sb.'s works; **jmdm. [einen] Knüppel** *od.* **Prügel zwischen die ~e werfen** *(fig.)* put *or* throw a spanner *or (Amer.)* a monkey-wrench in sb.'s works; **das hat ~e gekriegt** *(fig. ugs.)* it seems to have [grown legs and] walked *(coll.)*; **die ~e in die Hand** *od.* **unter die Arme nehmen** *(fig. ugs.) (sich beeilen)* step on it *(coll.)*; *(weglaufen)* take to one's heels; **die ~e unter jmds. Tisch strecken** *(fig. ugs.)* live at sb.'s expense; **sich** *(Dat.)* **die ~e in den Bauch stehen** *(fig. ugs.)* cool one's heels; **alles, was ~e hat** *(fig. ugs.)* everyone who possibly can; **wieder auf den ~en sein** be back on one's feet again; **[wieder] auf die ~e kommen** *(ugs.)* get back on one's/its feet [again]; **jmdn./etw. [wieder] auf die ~e bringen** *(ugs.)* put sb./sth. back on his/her/its feet again; **eine Firma/Expedition/ein Programm auf die ~e stellen** *(ugs.)* start a business/mount an expedition/put together a programme; **jmdm. auf die ~e helfen** help sb. to his/her feet; *(fig. ugs.)* help to get *or* put sb. back on his/her feet again; **ich kann mich nicht mehr/kaum noch auf den ~en halten** I can't/can hardly stand up; **auf eigenen ~en stehen** *(fig.)* stand on one's own two feet; support oneself; **auf schwachen ~en stehen** *(fig.)*‹*argument*› rest on shaky foundations; ‹*firm*› be in a precarious position; **das geht in die ~e** *(Alkohol)* it makes you unsteady on your feet; *(Musik)* it makes you want to get up and dance; **mit beiden ~en im Leben** *od.* **[fest] auf der Erde stehen** have both feet [firmly] on the ground; **mit dem linken ~ zuerst aufgestanden sein** *(ugs.)* have got out of bed on the wrong side; **mit einem ~ im Gefängnis/Grab[e] stehen** *(fig.)* stand a good chance of ending up in prison/have one foot in the grave; **von einem ~ aufs andere treten** *(ugs.)* shift from one foot to the other; **auf einem ~ kann man nicht stehen** *(scherzh.)* one drink isn't enough to wet one's whistle; *s. auch* **Klotz a; Kopf e; vertreten 2; b)** *(Hosen~, Teil eines Möbelstükkes, Stativ)* leg; **c)** *(nordd.: Fuß)* foot; **d)** *(südd., österr., schweiz.: Knochen)* bone; **jmdm. in die ~e fahren** go right through sb.; *s. auch* ²**Mark a**

**bei·nah[e]** ['baina:(ə)] *Adv.* almost; nearly; **wir wären ~ zu spät gekommen** we were nearly too late; **ich möchte ~ sagen, daß ...:** I would almost say that ...

**Beinahe·zusammenstoß der** *(Flugw.)* airmiss

**Bei·name der** epithet

**bein-, Bein-: ~amputation die** leg amputation; **~amputiert** *Adj.* ‹*person*› with a *or* one leg/both [his/her] legs amputated; **sie ist ~:** she has had a leg/both [her] legs amputated; **~arbeit die** *(beim Boxen, Ringen, Tanzen)* footwork; *(beim Schwimmen)* leg action; **~bruch der** broken leg; **das ist [doch] kein ~bruch!** *(ugs.)* it's not the end of the world *(coll.)*

**beinern** ['bainɐn] *Adj.* **a)** *(knöchern)* bone *attrib.*; made of bone *postpos.*; **b)** *(aus Elfenbein)* ivory *attrib.*; made of ivory *postpos.*

**Bein-: ~fleisch das** *(österr.)* beef cooked and served on the bone; **~freiheit die** legroom

**beinhalten** [bə'|ınhaltn̩] *tr. V. (Papierdt.)* involve

**bein·hart** *(österr., südd.)* **1.** *Adj.* rock-hard; tough ‹*movie*›; ‹*person*› as hard as nails. **2.** *adv.* **~ gefroren** frozen hard; **~ spielen** *(Sportjargon)* be hard and physical

**Bein·haus das** *(hist.)* charnel-house

**-beinig** *Adj.* -legged; **drei~/lang~:** three-legged/long-legged; **ein zwölf~es Insekt** an insect with twelve legs

**Bein-: ~kleid das;** *meist Pl. (veralt.)* trousers *pl.*; **~leiden das** *(Med.)* leg condition

**Beinling** ['bainlıŋ] **der; ~s, ~e** *(veralt.)* leg

**Bein-: ~prothese die** artificial leg; **~schere die** *(Ringen)* leg scissors *sing.*; **~schiene die a)** *(Sport)* [long] shin pad; *(Cricket, Hockey)* pad; **b)** *(Teil der Rüstung)* greave *usu. in pl.*; **~stumpf der** stump [of the leg]

**bei|ordnen** *tr. V.* **a) jmdm. jmdn. ~:** assign sb. to assist sb.; **b)** *(Rechtsw.)* **als Pflichtverteidiger beigeordnet werden** be called in as duty solicitor *(Brit.) or (Amer.)* court-appointed lawyer; **c)** *(Sprachw.) s.* **nebenordnen**

**Bei·ordnung die a)** *(Sprachw.)* co-ordination; **b)** *(Rechtsw.)* assignment

**Bei·pack der** extra item [ordered]

**bei|packen** *tr. V.* **einer Warensendung etw. ~:** pack sth. in with a consignment of goods

**Beipack·zettel der** instruction leaflet

**bei|pflichten** ['baipflıçtn̩] *itr. V.* **jmdm. [in einer Sache] ~:** agree with sb. [on sth.]; **einem Vorschlag** *usw.* **~:** agree with a proposal *etc.*; **Sie werden mir darin ~, daß ...:** you will agree with me that ...

**Bei·programm das** supporting programme

**Bei·rat der a)** *(Gremium)* advisory committee *or* board; **b)** *(veralt.: Berater)* adviser

**beirren** *tr. V.* **sich durch nichts/von niemandem ~ lassen** not be put off *or* deterred by anything/anybody; not let anything/anybody put one off *or* deter one; **nichts konnte ihn in seinen Ansichten ~:** nothing could shake him in his views

**Beirut** [bai'ru:t] **(das); ~s** Beirut

**beisammen** [bai'zamən] *Adv.* together

**beisammen-, Beisammen-: ~|haben** *unr. tr. V.* **a)** *(gesammelt haben)* have got together; **b) er hat nicht alle ~** *(ugs.)* he's not all there *(coll.);* he's a bit soft in the head *(coll.);* **~|halten** *unr. tr. V.* keep together; hold on to ⟨*money*⟩; **~|sein** *unr. itr. V.; mit sein; nur im Inf. und 2. Part. zusammengeschr. (ugs.)* **[gut] ~sein** be in good health *or* shape; **~sein das** get-together; **~|sitzen** *unr. itr. V.* sit together

**Bei·satz der** *(Sprachw.)* appositive

**Bei·schlaf der** *(geh., Rechtsw.)* sexual intercourse

**bei|schließen** *unr. tr. V. (österr.)* **einem Brief** *usw.* **etw. ~:** enclose sth. with a letter *etc.*

**Bei·schluß der** *(österr.: Anlage)* enclosure

**Bei·segel das** *(Segeln)* additional sail

**Bei·sein das** *in* **im ~ von jmdm., in jmds. ~:** in the presence of sb. *or* in sb.'s presence; **ohne ~ von jmdm., ohne jmds. ~:** in the absence of sb. *or* in sb.'s absence

**bei·seite** *Adv.* **a)** *(auf die Seite)* aside; **jmdn. ~ ziehen/schieben** draw/push sb. to one side *or* aside; **etw. ~ bringen** get sth. hidden away; hide sth. away; **etw. ~ lassen** *(fig.)* leave sth. aside; **etw. ~ legen** *(sparen)* put sth. by *or* aside; *(Angefangenes weglegen)* put *or* lay sth. aside; **jmdn./die Leiche ~ schaffen** *(ugs.)* get rid of sb./the body; **die Beute/das Geld ~ schaffen** *(ugs.)* stash *(sl.)* *or* hide the loot/money away; **jmdn./etw. ~ schieben** *(fig.)* push sb./sth. aside; **b)** *(auf der Seite)* on *or* to one side; **~ stehen** *(fig.)* take second place

**Beis[e]l** ['baizl] **das; ~s, ~** *od.* **~n** *(österr.)* pub *(Brit. coll.);* bar *(Amer.)*

**bei|setzen** *tr. V.* **a)** *(geh.: beerdigen)* bury; inter; lay to rest; inter ⟨*ashes*⟩; **b)** *(Seemannsspr.)* set, hoist ⟨*sail*⟩

**Bei·setzung die; ~, ~en** *(geh.)* funeral; burial

**Beisetzungs·feierlichkeiten** *Pl.* funeral [ceremony] *sing.*

**Bei·sitz der** assessorship; **den ~ haben** act as assessor

**Bei·sitzer der; ~s, ~, Bei·sitzerin die; ~, ~nen** assessor; *(bei Ausschüssen)* committee member

**Bei·spiel das a)** example **(für** of); **zum ~:** for example *or* instance; **wie zum ~:** as for example; such as; **ohne ~ sein** be without parallel *or* unparalleled; *(unerhört sein)* be outrageous; **b)** *(Vorbild)* example; **ein warnendes ~:** a warning; **jmdm. ein ~ geben** set an example to sb.; **sich** *(Dat.)* **an jmdm./etw. ein ~ nehmen** follow sb.'s example/take sth. as one's example; **mit gutem ~ vorangehen** set a good example

**beispiel·gebend** *Adj.* exemplary; **~ für jmdn. sein** be an example to sb.

**beispielhaft 1.** *Adj.* exemplary. **2.** *adv.* in an exemplary fashion

**beispiel-, Beispiel-: ~halber** *Adv.: s.* **beispielshalber; ~los 1.** *Adj.* unparalleled; *(unerhört)* outrageous; **2.** *adv.* incomparably ⟨*well, badly, etc.*⟩; **~ erfolgreich/grausam** with unparalleled success/cruelty; **~satz der** *(Sprachw.)* example sentence; illustrative sentence

**beispiels-: ~halber** *Adv.* for example *or* instance; **etw. ~halber anführen** offer *or* give sth. by way of example; **~weise** *Adv.* for example *or* instance

**bei|springen** *unr. itr. V.; mit sein* **jmdm. [in der Not] ~:** leap *or* rush to sb.'s aid *or* assistance [in an emergency]; **jmdm. mit Geld ~:** help sb. out with money

**beißen** ['baisn̩] **1.** *unr. tr., itr. V.* **a)** bite; **in etw.** *(Akk.)* **~:** bite into sth.; **auf etw.** *(Akk.)* **~:** bite on sth.; **an den Nägeln ~:** bite one's nails; **sich** *(Dat.)* **die Lippen wund ~:** bite one's lips till they bleed; **ich habe mich** *od.* **mir auf die Zunge/in die Lippe gebissen** I've bitten my tongue/lip; **der Hund hat mir** *od.* **mich ins Bein gebissen** the dog bit me in the leg; **nach jmdm./etw. ~:** snap at sb./sth.; **der Hund biß [wild] um sich** the dog snapped [wildly] in all directions; **b)** *(bissig sein; auch fig.)* bite; **c)** *(ätzen)* sting; **in die** *od.* **in den Augen ~:** sting one's eyes; make one's eyes sting; **auf der Zunge ~:** burn the tongue; **d)** *(Angelsport: an~)* bite; **e)** *(kauen)* **nicht mehr [richtig] ~ können** no longer be able to chew things [properly]; **nichts/nicht viel zu ~ haben** *(fig.)* have nothing/not have much to eat; **sich in den Arsch** *(derb)* *od.* **Hintern** *(salopp)* **~** *(fig.)* kick oneself. **2.** *unr. refl. V.* *(ugs.)* ⟨*colours, clothes*⟩ clash

**beißend** *Adj.; nicht präd.* biting ⟨*cold*⟩; acrid ⟨*smoke, fumes*⟩; sharp ⟨*frost*⟩; biting, cutting ⟨*wind*⟩; pungent, sharp ⟨*smell, taste*⟩; *(fig.)* biting ⟨*ridicule*⟩; cutting ⟨*irony*⟩

**Beißerchen das; ~s, ~** *(fam.)* toothy-peg *(child lang.)*

**Beißerei die; ~, ~en** fight

**Beiß-: ~ring der** teething-ring; **~zange die** *s.* **Kneifzange**

**Bei·stand der a)** *o. Pl. (geh.: Hilfe)* aid; assistance; help; **jmdm. ~ leisten** give sb. aid *or* assistance; come to sb.'s aid *or* assistance; **b)** *(Rechtsw.: Rechtshelfer) lay person acting in support of a defendant*

**Beistands-: ~abkommen das** *(Politik)* treaty of mutual assistance; **~pakt der** *(Politik)* mutual assistance pact; **~vertrag der** *(Politik)* treaty of mutual assistance

**bei|stehen** *unr. itr. V.* **jmdm. ~:** aid *or* assist *or* help sb.; *(zur Seite stehen)* stand by sb.

**bei|stellen** *itr. V. (österr.: bereitstellen)* make available; provide

**Beistell-: ~möbel** *Pl.* occasional furniture *sing.;* **~tisch der, ~tischchen das** occasional table; *(im Restaurant)* side-table

**Bei·steuer die;** *o. Pl. (südd.)* contribution

**bei|steuern** *tr. V.* contribute; make ⟨*contribution*⟩

**bei|stimmen** *itr. V.: s.* **zustimmen**

**Bei·strich der** *(veralt.)* comma

**Beitel** ['baitl̩] **der; ~s, ~:** chisel

**Beitrag** ['baitra:k] **der; ~[e]s, Beiträge** ['baitrε:gə] **a)** *(Zahlung, Mitwirkung)* contribution; *(Versicherungs~)* premium; *(Mitglieds~)* subscription; **einen ~ zu etw. leisten** make a contribution to sth.; **b)** *(Aufsatz, Kommentar)* article **(zu** on); *(in einer Zeitschrift, einem Sammelband)* article, contribution **(zu** on)

**bei|tragen** *unr. tr., itr. V.* contribute **(zu** to); **das Seine/viel zu etw. ~:** contribute one's share/a great deal to sth.

**beitrags-, Beitrags-: ~frei** *Adj.* non-contributory; ⟨*person*⟩ not liable to pay contributions; **~gruppe, ~klasse die** *(Sozialw.)* contribution class *(Brit.);* insurance group *(Amer.);* **~marke die** stamp; **~pflicht die** *(Sozialw.)* liability to pay contributions; **~pflichtig** *Adj. (Sozialw.)* ⟨*employee*⟩ liable to pay contributions; ⟨*earnings*⟩ on which contributions are payable; **~satz der** contribution rate; **~zahlung die** contribution

**bei|treiben** *unr. tr. V. (Rechtsw.)* enforce payment of

**Beitreibung die; ~, ~en** *(Rechtsw.)* enforcement of payment

**bei|treten** *unr. itr. V.; mit sein* **a)** *(Mitglied werden bei)* join; **einem Verein** *usw.* **~:** join a club *etc.;* **b)** *(sich anschließen an)* **einem Abkommen/Pakt ~:** accede to an agreement/a pact; **c)** *(Rechtsw.)* **einem Verfahren/einer Verhandlung ~:** attend proceedings *pl.*/a hearing

**Bei·tritt der a)** *(Eintritt)* joining; **seinen ~ erklären** affirm one's wish to become a member; **b)** *(Rechtsw.)* **jmds. ~ anordnen** *od.* **verfügen** order sb. to attend [the proceedings]

**Beitritts·erklärung die** declaration *(affirming one's wish to become a member)*

**Bei·wagen der a)** *(Seitenwagen)* side-car; **b)** *(veralt.: Anhänger) (einer U-Bahn)* car; *(einer Straßenbahn)* trailer

**Beiwagen-: ~fahrer der** side-car passenger; **~maschine die** motor-cycle combination *(Brit.);* side-car motor cycle *(Amer.)*

**Bei·werk das;** *o. Pl.* accessories *pl.;* **in Opern ist die Handlung oft nur ~:** in opera the plot is often of only secondary importance

**bei|willigen** *itr. V. (schweiz.) s.* **zustimmen**

**bei|wohnen** *itr. V.* **a)** *(geh.: anwesend sein)* **einer Sache** *(Dat.)* **~:** be present at *or* attend sth.; **b)** *(veralt. verhüll.)* **jmdm. ~:** lie with sb. *(arch.)*

**Bei·wort das; ~[e]s, Beiwörter a)** *s.* **Adjektiv; b)** *(Epitheton)* epithet

**Beiz** [baits] **die; ~, ~en** *(schweiz.) s.* **³Beize**

**¹Beize** ['baitsə] **die; ~, ~n a)** *(Holzbearb.)* [wood-]stain; **b)** *(Gerberei)* bate; **c)** *(Textilbearb.)* mordant; **d)** *(Metallbearb.)* pickle; **e)** *(Landw.)* disinfectant; seed-dressing; **f)** *(Tabakind.)* sauce; **g)** *(Kochk.)* marinade; **h)** *(das Beizen) s.* **beizen:** staining; bating; mordanting; pickling; disinfecting; sauce casing; marinading

**²Beize die; ~, ~n** *(Jagdw.)* hawking

**³Beize die; ~, ~n** *(schweiz.)* pub *(Brit. coll.);* bar *(Amer.)*

**beizeiten** [bai'tsaitn̩] *Adv.* in good time

**¹beizen** ['baitsn̩] *tr. V. (mit Beize behandeln)* **a)** *(Holzbearb.)* stain; **b)** *(Gerberei)* bate; **c)** *(Textilbearb.)* mordant; **d)** *(Landw.)* disinfect, dress ⟨*seed*⟩; **e)** *(Metallbearb., Tabakind.)* pickle; **f)** *(Kochk.)* marinade

**²beizen** *tr., itr. V. (Jägerspr.)* hawk

**Beizer der; ~s, ~:** stainer

**bei|ziehen** *unr. tr. V. (südd., österr., schweiz.)* call in ⟨*lawyer, psychologist, expert, etc.*⟩; bring in, enlist ⟨*helpers*⟩; consult, make use of ⟨*reference book etc.*⟩

**Bei·ziehung die** *(südd., österr., schweiz.)* calling in

**Beiz-: ~jagd die** *s.* **²Beize; ~vogel der** falcon; hawk

**bejahen** [bə'ja:ən] **1.** *tr. V.* **a)** *(mit Ja beantworten)* **etw. ~:** give an affirmative answer to sth.; answer sth. in the affirmative; **b)** *(gutheißen, befürworten)* approve of; **das Leben ~:** have a positive *or* an affirmative attitude to life. **2.** *itr. V.* answer in the affirmative; give an affirmative answer; **sie bejahte lebhaft** she replied with an animated 'yes'

**bejahend 1.** *Adj.* affirmative; affirmative, positive ⟨*attitude*⟩. **2.** *adv.* ⟨*answer*⟩ in the affirmative; ⟨*nod*⟩ affirmatively

**bejahrt** [bə'ja:ɐ̯t] *Adj. (geh.)* advanced in years

**Bejahrtheit die; ~:** advanced age

**Bejahung die; ~, ~en a)** affirmative answer *or* reply; **ein Zeichen der ~:** an affirmative sign; **b)** *(das Gutheißen)* approval

**bejammern** *tr. V.* lament; **die Toten ~:** lament for the dead; **dazu neigen, sich selbst zu ~:** tend towards self-pity

**bejammerns·wert** *Adj.* pitiable ⟨*person*⟩; wretched ⟨*situation*⟩; lamentable, pitiable ⟨*condition, state*⟩; pitiful ⟨*sight*⟩

**bejubeln** *tr. V.* cheer; acclaim; **jmdn. als Helden** *usw.* **~:** acclaim sb. as a hero *etc.*

**bekacken** *(vulg.)* **1.** *tr. V.* shit *(vulg.)* in ⟨*nappy etc.*⟩; **bekackte Windeln** shitty nappies *(Brit.)* *or (Amer.)* diapers *(vulg.).* **2.** *refl. V.* shit oneself *(vulg.)*

**bekakeln** *tr. V. (ugs.)* talk over; discuss

**bekämpfen** *tr. V.* **a)** fight against; **sich [gegenseitig] ~:** fight [one another *or* each other]; **b)** *(einzudämmen versuchen)* combat, fight ⟨*disease, epidemic, pest*⟩; combat ⟨*unemployment, crime, alcoholism*⟩; curb ⟨*curiosity, prejudice*⟩

**Bekämpfung die; ~ a)** fight (+ *Gen.* against); **zur ~ des Feindes aufrufen** call for battle against the enemy; **b)** *s.* **bekämpfen**

**b:** combating; fighting; curbing; **zur ~ einer Krankheit beitragen** contribute to combating *or* fighting a disease; **unsere Aufgabe ist die ~ der Kriminalität/Arbeitslosigkeit** our task is to combat crime/unemployment

**bekannt** [bə'kant] **1.** *2. Part. v.* **bekennen. 2.** *Adj.* **a)** *(von vielen gewußt)* well-known; **es wurde ~, daß ...:** it became known that ...; **für etw. ~ sein** be well known for sth.; **es ist nichts davon ~:** nothing is known concerning it; **wegen etw. ~ sein** be well-known on account of sth.; **b)** *(berühmt)* well-known; famous; **~er sein** be better known; **international ~ sein** be internationally known *or* famous; **c)** *(vertraut, bewußt)* **die Aufgaben sind ihm ~:** he knows what his duties are; **sie ist mir ~:** I know her; **davon ist mir nichts ~:** I know nothing about that; **mit jmdm. ~ sein/werden** know *or* be acquainted with sb./get to know *or* become acquainted with sb.; **mit etw. ~ sein/werden** be/become familiar *or* acquainted with sth.; **jmdn./sich mit jmdm. ~ machen** introduce sb./oneself to sb.; **Darf ich ~ machen? Meine Eltern** may I introduce my parents?; **jmdn./sich mit etw. ~ machen** acquaint sb./oneself with sth.; **jmdm. ~ vorkommen** seem familiar to sb.; **der Witz kommt mir ~ vor** I think I've heard that joke somewhere before

**Bekạnnte der/die** *adj. Dekl.* **a)** acquaintance; **b)** *(verhüll.: Freund/Freundin)* boyfriend/girl[-friend]

**Bekạnnten·kreis der** circle of acquaintances; **jmds. engerer** *od.* **näherer ~:** sb.'s circle of close acquaintances

**bekạnnter·maßen** *Adv. (Papierdt.) s.* **bekanntlich**

**Bekạnnt·gabe die; ~:** announcement

**bekạnnt|geben** *unr. tr. V.* announce

**Bekạnntheit die; ~ a)** *(Kenntnis)* acquaintance, familiarity (*Gen.* with); **b)** *(Berühmtheit)* fame

**Bekạnntheits·grad der; ~es: einen großen ~ haben** be very well known

**bekạnntlich** *Adv.* as is well known; **etw. ist ~ der Fall** it is known that sth. is the case; sth. is known to be the case; **der Walfisch ist ~ ein Säugetier** it is well known that the whale is a mammal; **~ sind Steuererhöhungen sehr unbeliebt** we all know that tax increases are highly unpopular

**bekạnnt|machen** *tr. V.* announce; *(der Öffentlichkeit)* make public; *(veröffentlichen)* publish

**Bekạnnt·machung die; ~, ~en a)** *o. Pl. (das ~machen)* announcement; *(das Veröffentlichen)* publication; **b)** *(Mitteilung)* announcement; notice

**Bekạnntschaft die; ~; ~en a)** *o. Pl. (Bekanntsein)* acquaintance; **bei näherer ~:** on closer acquaintance; **jmds. ~ machen** make sb.'s acquaintance; **du wirst bald mit der Polizei ~ machen** *(ugs.)* you're going to get into trouble with the police soon; **dein Hosenboden wird gleich mit meiner Hand ~ machen** *(ugs.)* you'll feel my hand across your backside any minute; **b)** *(Mensch, den man kennt)* acquaintance; *(Bekanntenkreis)* circle of acquaintances

**bekạnnt|werden** *unr. itr. V.; mit sein; nur im Inf. und 2. Part. zusammengeschr.* become known; become public knowledge

**bekaufen** *refl. V.* make a bad buy

**bekẹhren 1.** *tr. V.* convert **(zu** to); **jmdn. zum Anhänger des Buddhismus/Nacktbadens/Monetarismus ~:** convert sb. to Buddhism/nude bathing/monetarism; **vom Alkohol bekehrt sein** have turned one's back on alcohol. **2.** *refl. V.* become converted **(zu** to)

**Bekẹhrer der; ~s, ~, Bekẹhrerin die; ~, ~nen** converter; *(Missionar)* missionary

**Bekẹhrte der/die;** *adj. Dekl.* convert

**Bekẹhrung die; ~, ~en** *(auch fig.)* conversion **(zu** to)

**bekẹnnen 1.** *unr. tr. V.* **a)** *(eingestehen)* admit ⟨*mistake, defeat*⟩; confess ⟨*sin*⟩; admit, confess ⟨*guilt, truth*⟩; **b)** *(Rel.)* profess; **die Bekennende Kirche** *(hist.)* the Confessional Church. **2.** *refl. V.* **sich zu Buddha/Mohammed ~:** profess *or* declare one's faith in Buddha/Muhammad; **nur wenige seiner früheren Freunde bekannten sich zu ihm** only a few of his former friends stood by him; **sich zu seiner Vergangenheit ~:** acknowledge one's past; **sich zu seiner Schuld ~:** admit *or* confess one's guilt; **sich zum Sozialismus ~:** declare one's belief in socialism; **sich schuldig/nicht schuldig ~:** admit *or* confess/not admit *or* not confess one's guilt; *(vor Gericht)* plead guilty/not guilty; **sich zu einem Bombenanschlag ~:** claim responsibility for a bomb attack; **sich als jmd[n]. ~:** admit *or* confess that one is sb.; admit *or* confess to being sb.

**Bekẹnner der** confessor

**Bekẹnner-: ~brief, der** letter (*Gen.* from) claiming responsibility; **~geist der, ~mut der;** *o. Pl.* courage of one's convictions

**Bekẹnntnis das; ~ses, ~se a)** *(Eingeständnis)* confession; **ein ~ ablegen** make a confession; **b)** *(Eintreten)* **ein ~ für die Sache des Friedens/zum Frieden** a declaration of belief in the cause of peace/a declaration for peace; **ein ~ zum Christentum/zur Demokratie ablegen** profess one's faith in Christianity/declare one's belief in democracy; **c)** *(Konfession)* denomination; **d)** *(formulierter Inhalt)* confession; **das Augsburger ~:** the Confession of Augsburg

**bekẹnntnis-, Bekẹnntnis-: ~freiheit die;** *o. Pl.* religious freedom; freedom of worship; **~kirche die;** *o. Pl.* Confessional Church; **~los** *Adj.* not belonging to any denomination *postpos., not pred.*; **~los sein** not belong to any denomination; **~schule die** denominational school

**bekieken** *tr. V. (nordd. ugs.)* look at; have a look at

**bekifft** [bə'kıft] *Adj. (ugs.)* stoned *(sl.)*

**beklagen 1.** *tr. V. (geh.)* **a)** *(betrauern)* mourn; **Menschenleben waren nicht zu ~:** there were no fatalities; there was no loss of life; **b)** *(bedauern)* lament; **sein/jmds. Los ~:** lament *or* bewail one's fate/deplore sb.'s fate; **wir haben einen großen Umsatzrückgang zu ~:** we have to note with regret a large drop in sales. **2.** *refl. V.* complain; **sich über jmdn./etw. ~:** complain about sb./sth.; **ich kann mich nicht ~:** I can't complain; **du kannst dich nicht ~:** you've got nothing to complain about *or* no reason to complain

**beklagens-: ~wert, ~würdig** *(geh.)* **1.** *Adj.* pitiful ⟨*sight, impression*⟩; pitiable ⟨*person*⟩; lamentable, pitiable, deplorable ⟨*condition, state*⟩; wretched ⟨*situation*⟩; **2.** *adv.* lamentably; deplorably

**beklagt** [bə'kla:kt] *Adj.; nicht präd.* **die ~e Partei** the defendant; *(bei Ehescheidungen)* the respondent; **die ~en Personen** the defendants

**Beklagte der/die;** *adj. Dekl.* defendant; *(bei Ehescheidungen)* respondent

**beklạtschen** *tr. V.* **a)** clap; applaud; **b)** *(ugs.: klatschen über)* gossip about

**beklauen** *tr. V. (salopp)* rob; do *(sl.)*

**bekleben** *tr. V.* **eine Wand** *usw.* **mit etw. ~:** stick sth. all over a wall *etc.*; **mit etw. beklebt sein** have sth. stuck all over it

**beklẹckern** *(ugs.)* **1.** *tr. V.* **seinen Schlips** *usw.* **mit Soße** *usw.* **~:** drop *or* spill sauce *etc.* down one's tie *etc.*; **mit Senf bekleckerte Teller** plates smeared with mustard. **2.** *refl. V.* **ich habe mich bekleckert** I've dropped *or* spilled sth. down myself; **sich mit Soße** *usw.* **~:** drop *or* spill sauce *etc.* down oneself; *s. auch* **Ruhm**

**beklẹcksen** *tr. V.* spatter; **etw. mit Tinte** *usw.* **~:** spatter ink *etc.* on sth.

**bekleiden** *tr. V.* **a)** clothe; **mit etw. bekleidet sein** be dressed in *or* be wearing sth.; **b)** *(geh.: innehaben)* occupy, hold ⟨*office, position*⟩; **c)** *(geh. veralt.: versehen)* **jmdn. mit etw. ~:** bestow sth. on sb.

**Bekleidung die** clothing; clothes *pl.*; garments *pl.*; *(Aufmachung)* dress; attire

**Bekleidungs-: ~gewerbe das, ~handwerk das** clothing trade; **~industrie die** clothing industry; **~stück das** *s.* **Kleidungsstück; ~vorschriften** *Pl.* dress regulations; regulations governing dress

**bekleistern** *tr. V. (ugs.)* **a)** *(mit Kleister bestreichen)* apply paste to; **b)** *(bekleben)* **etw. mit Aufklebern** *usw.* **~:** plaster stickers *etc.* all over sth.

**beklẹmmen** *tr. V.* oppress; **jmdm. das Herz** *od.* **jmds. Herz ~** *(geh.)* weigh upon sb.'s heart

**beklẹmmend 1.** *Adj.* oppressive. **2.** *adv.* oppressively

**Beklẹmmung die; ~, ~en** oppressive feeling; *(Angst)* [feeling of] unease; *(stärker)* [feeling of] apprehension; **ich bekomme** *od.* **kriege ~en** I feel as if I'm being stifled

**beklommen** [bə'klɔmən] **1.** *Adj.* uneasy; shaky ⟨*voice*⟩; *(stärker)* apprehensive. **2.** *adv.* uneasily; *(stärker)* apprehensively

**Beklọmmenheit die; ~:** uneasiness; *(stärker)* apprehensiveness

**beklönen** *tr. V. (nordd. ugs.)* talk over

**beklọpfen** *tr. V.* tap

**bekloppt** [bə'klɔpt] *Adj. (salopp)* barmy *(Brit. sl.)*; loony *(sl.)*; **dieser ~e Fahrer** this nut-case of a driver *(Brit. sl.)*; this nutty driver *(sl.)*; **ein Bekloppter** a nut-case *(Brit. sl.)*; a nut *(sl.)*

**beknạckt** *Adj. (salopp)* lousy *(sl.)*; **ein ~er Typ** a berk *(Brit. sl.)*; a jerk *(sl.)*; **so was Beknacktes** what a load of rubbish! *(coll.)*

**beknien** *tr. V. (ugs.)* beg

**bekọchen** *tr. V. (ugs.)* cook for

**beködern** *tr. V. (Angeln)* bait ⟨*hook*⟩

**bekọmmen 1.** *unr. tr. V.* **a)** *(erhalten)* get; get, receive ⟨*money, letter, reply, news, orders*⟩; **ich habe seit Monaten keinen Brief mehr von ihm ~:** I haven't had a letter from him for months; **Anschluß/eine Verbindung [zu einem Ort] ~:** get through [to a place]; **fünf Tage Urlaub ~:** get five days' holiday *(Brit.)* *or* *(Amer.)* vacation; **drei Monate Gefängnis ~:** get *or* receive three months in prison; **eine Flasche** *usw.* **an den Kopf ~:** get hit on the head with a bottle *etc.*; **was ~ Sie?** *(im Geschäft)* can I help you?; *(im Lokal, Restaurant)* what would you like?; *(wieviel Geld?)* how much is that?; *(bei mehreren Sachen)* how much does that come to?; **wir ~ Regen/besseres Wetter** we're going to get some rain/some better weather; there's rain/better weather on the way; **sie bekommt ein Kind** she's expecting a baby; **wann bekommt sie ihr Kind?** when is the baby due?; **b)** *(finden, erlangen)* get; obtain; catch ⟨*train, bus, flight*⟩; **eine Vorstellung/einen Eindruck von etw. ~:** get some *or* an idea/impression of sth.; **seinen Willen ~:** get one's way; **c)** *(ein bestimmtes Ziel erreichen)* get; **etw. durch die Tür/in den Kofferraum ~:** get sth. through the door/into the boot *(Brit.)* *or* *(Amer.)* trunk; **etw. zu Papier ~:** get sth. down on paper; **jmdn. nicht aus dem Bett ~:** be unable to get sb. out of bed *or* up; **jmdn. zum Reden ~:** get sb. to talk; **jmdn. dazu ~, die Wahrheit zu sagen** get sb. to tell the truth; **etw. sauber/wohnlich ~:** get sth. clean/make sth. homely *or* comfortable; **d)** *(entwickeln, erleiden)* get ⟨*goose-pimples, measles, spots, diarrhoea, practice, experience, etc.*⟩; **Hunger/Durst ~:** get hungry/thirsty; **einen roten Kopf/eine Glatze ~:** go red/bald; **Mut/Angst ~:** take heart/become frightened; **Gestalt/Form ~:** take shape; **er bekommt einen Bart** he's growing a beard; **sie bekommt eine Brust** her breasts are developing; **Zähne ~:**

⟨*baby*⟩ teethe; **er bekommt seine Weisheitszähne** his wisdom teeth are coming through; **e)** (+ *Inf.*) **etw. zu essen/trinken ~:** have sth. to eat/drink; **wo bekomme ich etwas zu essen/trinken?** where can I get something to eat/drink?; **etw./jmdn. zu fassen ~:** get hold of sth./lay one's hands on sb.; *s. auch* **hören, spüren; f)** + *2. Part.* get; **etw. geschenkt ~:** get [given] sth. *or* be given sth. as a present; **etw. direkt vom Verlag geschickt ~:** get sth. direct from the publisher; **seine Arbeit von anderen gemacht ~:** get one's work done by other people; **g)** *in* **es nicht über sich** *(Akk.)* **~, etw. zu tun** be unable to bring oneself to do sth. **2.** *unr. itr. V.; mit sein* **jmdm. gut ~:** do sb. good; be good for sb.; **jmdm. [gut] ~:** ⟨*food, medicine*⟩ agree with sb.; **jmdm. schlecht** *od.* **nicht ~:** not be good for sb.; not do sb. any good; ⟨*food, medicine*⟩ not agree with sb.; **wohl bekomm's!** your [very good] health!

**bekömmlich** [bəˈkœmlɪç] *Adj.* easily digestible; **leicht/schwer ~ sein** be easily digestible/difficult to digest

**Bekömmlichkeit die; ~:** easy digestibility

**beköstigen** [bəˈkœstɪgn̩] *tr. V.* cater for; **er wird von seiner Tante beköstigt** he gets his meals provided by his aunt

**Beköstigung die; ~: a)** catering *no indef. art.;* **b)** *(Kost)* food *no indef. art.*

**bekotzen** *tr. V. (derb)* puke over *(coarse)*

**bekräftigen** *tr. V.* reinforce ⟨*statement*⟩; reaffirm ⟨*promise*⟩; confirm, strengthen ⟨*suspicion, conviction*⟩; **eine Vereinbarung durch Handschlag ~:** seal an agreement with a handshake

**Bekräftigung die** confirmation

**bekränzen** [bəˈkrɛntsn̩] *tr. V.* **jmdn./etw. ~:** crown sb. with a wreath/garland sth.

**bekreuzen 1.** *tr. V. (kath. Kirche)* make the sign of the cross over. **2.** *refl. V. s.* **bekreuzigen**

**bekreuzigen** *refl. V. (kath. Kirche)* cross oneself

**bekriegen** *tr. V.* wage war on; *(fig.)* fight; **bekriegt werden** be attacked; **sich ~:** be at war; *(fig.)* fight [each other *or* one another]

**bekritteln** *tr. V. (abwertend)* find fault with *(in a petty way)*

**bekritzeln** *tr. V.* scribble on; **die Wände waren von oben bis unten bekritzelt** the walls were covered with graffiti; **die Buchränder mit Anmerkungen ~:** scribble comments in the margins of the book

**bekrönen** *tr. V. (auch fig., Archit.)* crown

**begucken** *(nordd.) s.* **begucken**

**bekümmern** *tr. V.* **jmdn. ~:** cause sb. worry; **das braucht dich nicht zu ~:** you needn't worry about that

**Bekümmernis die** *(geh.)* worry; trouble; *(stärker)* distress

**bekümmert** [bəˈkʏmɐt] **1.** *Adj.* worried; troubled; *(stärker)* distressed. **2.** *adv.* **~ schweigen** maintain a worried silence

**bekunden** [bəˈkʊndn̩] **1.** *tr. V.* **a)** *(geh.: zeigen)* express; **b)** *(Rechtsw.: bezeugen)* make ⟨*statement*⟩; **er bekundete, daß ...:** he testified that ... **2.** *refl. V. (geh.: sich zeigen)* manifest itself

**Bekunden das** *in* **nach seinem/ihrem** *usw.* **eigenen ~:** according to his/her *etc.* own statement[s]

**Bekundung die; ~, ~en** expression; *(Aussage)* statement

**belabern** *tr. V. (salopp abwertend)* keep on [and on] at

**belächeln** *tr. V.* smile [pityingly/tolerantly *etc.*] at; **belächelt werden** meet with a pitying smile

**belachen** *tr. V.* laugh at

**¹beladen** *unr. tr. V.* **a)** *(mit einer Ladung versehen)* load ⟨*ship*⟩; load [up] ⟨*car, wagon*⟩; **Be- und Entladen gestattet/verboten** loading and unloading permitted/no loading or unloading; **b)** *(zu tragen geben)* load up ⟨*horse, donkey*⟩; **c)** *(reich bedecken)* load ⟨*table*⟩

**²beladen** *Adj.* loaded, laden (**mit** with); **mit etw. ~ sein** be laden with sth.; **sie war schwer mit Paketen ~:** she was loaded *or* laden down with parcels; **mit Sorgen/Schuld ~ sein** *(fig.)* ⟨*person*⟩ be burdened with cares/guilt; **mit einem Fluch ~ sein** be under a curse

**Belag** [bəˈlaːk] **der; ~[e]s, Beläge** [bəˈlɛːgə] **a)** *(Schicht)* coating; film; *(Zungen~)* fur *no indef. art.;* coating; *(Zahn~)* film; **Sie haben einen ~ auf der Zunge** your tongue is coated; **b)** *(Fußboden~)* covering; *(Straßen~)* surface; *(Brems~)* lining; **c)** *(von Kuchen, Pizza, halben Brötchen)* topping; *(von Sandwiches)* filling

**Belagerer** [bəˈlaːgərɐ] **der; ~s, ~:** besieger

**belagern** *tr. V.* **a)** *(Milit.)* besiege; lay siege to; **b)** *(fig.: bedrängen)* besiege

**Belagerung die; ~, ~en a)** *(Milit.)* siege; **b)** *o. Pl. (fig.: Bedrängung)* besieging

**Belagerungs-: ~maschine die** siege-machine; **~zu·stand der;** *o. Pl.* state of siege; *(Ausnahmezustand)* state of emergency; **den ~zustand ausrufen** declare a state of siege/emergency; **über die Stadt wurde der ~zustand verhängt** the town was declared under siege/a state of emergency was declared in the town

**Belang** [bəˈlaŋ] **der; ~[e]s, ~e a)** *o. Pl. (Bedeutung)* **[für etw.] von/ohne ~ sein** be of importance/of no importance [for sth.]; **für jmdn. von/ohne ~ sein** be important/not be important to sb.; **b)** *Pl. (Interessen)* interests; **jmds. ~e wahrnehmen/vertreten** look after/represent sb.'s interests

**belangen** *tr. V.* **a)** *(Rechtsw.)* sue; *(strafrechtlich)* prosecute; **jmdn. wegen etw. ~:** sue/prosecute sb. for sth.; **b)** *(veralt. unpers.: betreffen)* **was mich/ihn** *usw.* **belangt, so ...:** as far as I am/he *etc.* is concerned, ...

**belang-, Belang-: ~los** *Adj. (trivial)* trivial; *(unerheblich)* of no importance (**für** for); **~losigkeit die; ~, ~en a)** *o. Pl. (Trivialität)* triviality; *(Unerheblichkeit)* unimportance; **b)** *(triviale Äußerung)* triviality; **~voll** *Adj. (geh.)* important (**für** for)

**belassen** *unr. tr. V.* **a)** *(unverändert lassen)* leave; **jmdn. in seinem Amt ~:** keep sb. in his/her post; **~ wir es dabei** let's leave it at that; **b)** *(überlassen)* **jmdm. etw. ~:** let sb. keep sth.

**belastbar** *Adj.* **a)** *(mit Last, Gewicht)* tough, resilient ⟨*material*⟩; ⟨*material*⟩ able to withstand stress *pred.;* **[nur] mit 3,5 t ~ sein** be able to take a load of [only] 3.5 t; **b)** *(beanspruchbar)* tough, resilient ⟨*person*⟩; **seelisch/körperlich ~ sein** be emotionally/physically tough *or* resilient; be able to stand emotional/physical stress; **ein ~er Mitarbeiter** an employee who can work under pressure; **die Umwelt ist nicht weiter ~:** the pressures on the environment have become intolerable

**Belastbarkeit die; ~, ~n a)** *(von Material)* ability to withstand stress; *(von Konstruktionen)* load-bearing capacity; **b)** *(von Menschen)* toughness; resilience; *(von Mitarbeitern)* ability to work under pressure

**belasten** *tr. V.* **a)** *(beschweren)* load ⟨*vehicle etc.*⟩; put weight on ⟨*ski*⟩; **der Fahrstuhl darf nur mit vier Personen belastet werden** the lift *(Brit.) or (Amer.)* elevator must not carry more than four persons; **b)** *(beeinträchtigen)* pollute ⟨*atmosphere*⟩; put pressure on ⟨*environment*⟩; **c)** *(in Anspruch nehmen)* burden (**mit** with); **d)** *(zu schaffen machen)* **jmdn. ~:** ⟨*responsibility, guilt*⟩ weigh upon sb.; ⟨*thought*⟩ weigh upon sb.'s mind; **Fett belastet den Magen** fat puts a strain on the stomach; **es belastet ihn seelisch schwer, daß ihn seine Frau verlassen hat** the fact that his wife has left him is causing him great emotional strain and distress; **e)** *(Rechtsw.: schuldig erscheinen lassen)* incriminate; **~des Material** incriminating evidence; **f)** *(Geldw.)* **jmds. Konto mit 100 DM ~:** debit sb.'s account with 100 DM; **jmdn. mit zusätzlichen Steuern ~:** increase the tax burden on sb.; **den Staatshaushalt ~:** place a burden on the national budget; **das Haus ist mit einer Hypothek belastet** the house is encumbered with a mortgage

**belästigen** [bəˈlɛstɪgn̩] *tr. V.* bother; *(sehr aufdringlich)* pester; *(sexuell)* molest; **sich von etw. belästigt fühlen** regard sth. as a nuisance

**Belästigung die; ~, ~en: am schlimmsten empfanden wir die ~ durch die Reporter/Insekten** we found the worst thing was being pestered by reporters/bothered by insects; **etw. als ~ empfinden** regard sth. as a nuisance

**Belastung** [bəˈlastʊŋ] **die; ~, ~en a) die ~ der Atmosphäre/Umwelt durch Schadstoffe** the pollution of the atmosphere by harmful substances/the pressure on the environment caused by harmful substances; **b)** *(Inanspruchnahme)* strain; **für jmdn. eine ~ sein** put a strain on sb.; **c)** *(Bürde, Sorge)* burden; **das stellte eine schwere seelische ~ für sie dar** it was causing her great strain and distress; **d)** *(Rechtsw.: Beschuldigung)* incrimination; **e)** *(Geldw.)* charge; *(steuerlich)* burden; **außergewöhnliche ~en** extraordinary expenses *(partly deductible as a charge on one's income);* **eine weitere ~ meines Kontos kann ich mir nicht erlauben** I can't afford to draw any more money from my account; **f)** *(Beschwerung)* loading; **die maximale ~ der Brückenpfeiler** the safe maximum load for the bridge piers

**belastungs-, Belastungs-: ~-EKG das** *(Med.)* electrocardiogram after effort; **~fähig** *Adj. s.* **belastbar; ~grenze die** limit; *(der Atmosphäre, des Wasserhaushalts)* maximum tolerable level of pollution; **~material das** *(Rechtsw.)* incriminating evidence; **~probe die** *(bei Menschen)* endurance test; *(bei Materialien)* stress test; *(bei Konstruktionen)* load test; **~spitze die** *(Elektrot.)* peak load; **~zeuge der** *(Rechtsw.)* witness for the prosecution

**belatschern** [bəˈlaːtʃɐn] *tr. V. (berlin. salopp)* **a) jmdn. ~, daß er etw. macht** talk sb. into doing sth.; **er hat mich belatschert** he talked me into it; **b)** *(ansprechen)* accost

**belauben** *refl. V.* come into leaf; **belaubte Pappeln** poplars in leaf

**Belaubung die; ~ a)** coming into leaf; **b)** *(Laubwerk)* foliage; leaves *pl.*

**belauern** *tr. V.* **jmdn. ~:** *(versteckt beobachten)* watch sb. from hiding; *(mit lauerndem Blick beobachten)* eye *or* watch sb. carefully; keep a watchful eye on sb.

**belaufen** *unr. refl. V.* **sich auf ...** *(Akk.)* **~:** amount *or* come to ...; ⟨*rent, price*⟩ come to ..., be ...

**belauschen** *tr. V.* **a)** eavesdrop on; **b)** *(geh.: beobachten)* observe

**Belcanto** [bɛlˈkanto] **der; ~s** *(Musik)* bel canto

**beleben 1.** *tr. V.* **a)** *(in Schwung bringen)* enliven; liven up *(coll.); (wieder~)* put new life into; stimulate ⟨*demand*⟩; **b)** *(lebendig gestalten)* enliven; brighten up; **c)** *(lebendig machen)* give life to; **d)** *(bevölkern)* inhabit; populate. **2.** *refl. V.* **a)** *(lebhafter werden)* ⟨*eyes*⟩ light up; ⟨*face*⟩ brighten [up]; ⟨*market, economic activity*⟩ revive, pick up; **b)** *(lebendig, bevölkert werden)* come to life; **sich neu belebt fühlen** feel revived

**belebend 1.** *Adj.* stimulating; invigorating. **2.** *adv.* **~ wirken** have a stimulating *or* invigorating effect

**belebt** *Adj.* **a)** *(lebhaft, bevölkert)* busy ⟨*street, crossing, town, etc.*⟩; **b)** *(lebendig, auch fig.)* living; **die ~e Natur** the living world of nature

**Belebtheit die; ~:** bustle; bustling activity

**Belebung die; ~, ~en** revival; **eine ~ der Wirtschaft** a revival in the economy; **eine ~ des Absatzes** a stimulation of demand; **ein Getränk** *usw.* **zur ~:** a drink *etc.* to revive oneself

**belecken** *tr. V.* lick; **von Kultur/Geschichte nicht/wenig beleckt sein** *(fig. ugs.)* have no/not much trace of culture/knowledge of history

**Beleg** [bə'le:k] **der; ~[e]s, ~e a)** *(Beweisstück)* piece of [supporting] documentary evidence; *(Quittung)* receipt; **~e** [supporting] documentary proof *sing. or* evidence *sing. no indef. art./*receipts; **b)** *(Beispiel)* instance, example (**für** of); *(Quellennachweis)* reference; **als ~ für etw.** as evidence for sth.; **ein ~ für ein Wort** an example of the use of a word; **c)** *(Archäol.: Fundstück)* find

**Beleg·arzt der** doctor on duty *(who shares responsibility for hospital in-patients)*

**belegbar** *Adj.* verifiable

**belegen 1.** *tr. V.* **a)** *(Milit.: beschießen)* bombard; *(mit Bomben)* attack; **b)** *(mit Belag versehen)* cover ⟨*floor*⟩ (**mit** with); fill ⟨*flan base, sandwich*⟩; top ⟨*open sandwich*⟩; **eine Scheibe Brot mit Schinken/Käse ~:** put some ham/cheese on a slice of bread; **c)** *(reservieren)* reserve, book ⟨*seat, table, room*⟩; *(nutzen)* occupy ⟨*seat, room, etc.*⟩; *(Hochschulw.)* enrol for, register for ⟨*seminar, lecture-course*⟩; **d)** *(Sport)* **den ersten/letzten Platz ~:** come first *or* take first place/come last; **e)** *(nachweisen)* prove; give a reference for ⟨*quotation*⟩; *(fig.)* substantiate ⟨*demand*⟩; **etw. mit** *od.* **durch Quittungen ~:** support sth. with receipts; **f)** *(versehen)* **jmdn./etw. mit etw. ~:** impose sth. on sb./sth.; **jmdn. mit einem Spitznamen ~:** give sb. a nickname; **g) eine Schule mit Flüchtlingen ~:** accommodate refugees in a school. **2.** *itr. V. (Hochschulw.)* enrol *or* register [for seminars/lectures] for the coming semester

**Beleg-: ~exemplar das** voucher copy; *(für Autoren)* author's copy; **~frist die** *(Hochschulw.)* enrolment period; **~leser der** *(DV)* document-reader; **~material das** documentary evidence

**Belegschaft die; ~, ~en** staff; employees *pl.*

**Belegschafts-: ~aktie die** employees' share; **~mitglied das** employee; **~versammlung die** meeting of the staff

**Beleg-: ~stelle die** reference; **~stück das** *s.* **~exemplar**

**belegt 1.** *2. Part. v.* **belegen. 2.** *Adj.* **a) ein ~es Brot** *(offen)* an open *or (Amer.)* open-face sandwich; *(zugeklappt)* a sandwich; **ein ~es Brötchen** *(offen)* a roll with topping; an open-face roll *(Amer.)*; *(zugeklappt)* a filled roll; a sandwich roll *(Amer.)*; **b)** *(mit Belag bedeckt)* coated, furred ⟨*tongue, tonsils*⟩; **c)** *(heiser)* husky ⟨*voice*⟩; **eine ~e Stimme haben** be hoarse; **d)** *(nicht mehr frei)* ⟨*room, flat*⟩ occupied; ⟨*hotel, hospital*⟩ full

**Belegung die; ~, ~en** *(Reservierung)* reservation; booking; *(Nutzung)* occupying

**belehnen** *tr. V.* **a)** *(hist.)* **jmdn. mit Land/einem Amt ~:** enfeoff sb. with land/in an office; **b)** *(schweiz.) s.* **beleihen**

**belehrbar** *Adj.* teachable

**belehren** *tr. V.* **a)** *(lehren)* teach; instruct; *(aufklären)* enlighten; *(informieren)* inform; advise; **jmdn. über etw.** *(Akk.)* **~:** inform sb. about sth.; **jmdn. über seine Rechte ~/die Bedeutung des Eides ~** *(Rechtsw.)* inform *or* advise sb. of his/her rights/caution *or* warn sb. about the meaning of the oath; **b)** *(von einer irrigen Meinung abbringen)* **sich ~ lassen** [be willing to] listen *or* take advice *or* be told; **ich bin belehrt** I've learnt something; **sich eines anderen ~ lassen müssen** learn otherwise; *s. auch* **besser**

**belehrend** *Adj.* didactic

**Belehrung die; ~, ~en a)** *(das Belehrtwerden)* instruction; **b)** *(Zurechtweisung)* lecture; **c)** *(Rechtsw.)* caution; warning

**beleibt** [bə'laipt] *Adj. (geh.)* stout; portly; corpulent

**Beleibtheit die; ~:** *(geh.)* stoutness; portliness; corpulence

**beleidigen** [bə'laidɪgn̩] *tr. V.* insult; offend; **jmds. Ehre ~:** offend sb.'s honour; **~d** offensive; **~de Äußerungen** *(Rechtsw.) (schriftlich)* libellous statements; *(mündlich)* slanderous statements; **das beleidigt mein Ohr/mein Auge** *(fig.)* it offends my ear/eye

**beleidigt** *Adj.* insulted; offended; *(gekränkt)* offended; **ein ~es Gesicht machen** put on a hurt expression; **er ist schnell ~:** he easily takes offence; **jmdn. ~ ansehen** give sb. an offended look

**Beleidigung die; ~, ~en** insult; *(Rechtsw.) (schriftlich)* libel; *(mündlich)* slander; **etw. als ~ empfinden** regard sth. as an insult; **eine ~ für das Auge/Ohr** *(fig.)* an offence to the eye/ear

**Beleidigungs-: ~klage die** *(Rechtsw.) (wegen schriftlicher Beleidigung)* action for libel; libel action; *(wegen mündlicher Beleidigung)* action for slander; slander action; **eine ~klage gegen jmdn. erheben** sue sb. for libel/slander; bring an action for libel/slander against sb.; **~prozeß der** *(Rechtsw.) (wegen schriftlicher Beleidigung)* libel suit; *(wegen mündlicher Beleidigung)* slander suit

**beleihen** *unr. tr. V.* **a)** *(als Pfand nehmen)* grant a loan on the security of; grant a mortgage on ⟨*home, property*⟩; raise money on ⟨*insurance, policy*⟩; **etw. ~ lassen** raise a loan/mortgage on sth.; **ihr Schmuck wurde mit 15 000 DM beliehen** she raised a loan of 15,000 DM on her jewellery; **b)** *(hist.) s.* **belehnen a**

**Beleihung die; ~, ~en: die ~ von etw.** raising a loan on sth.

**belemmern** [bə'lɛmɐn] *tr. V. (nordd. ugs.)* bother; *(sehr aufdringlich)* pester

**belemmert** *Adj. (ugs.)* **a)** *(niedergedrückt)* miserable; **er stand [wie] ~ da** he stood there miserably; **b)** *(scheußlich)* awful *(coll.)*; terrible *(coll.)*; dreadful *(coll.)*

**belesen** *Adj.* well-read

**Belesenheit die; ~: [große] ~:** [very] wide reading

**Beletage** [bɛle'ta:ʒə] **die; ~, ~n** *(veralt.)* first floor *(Brit.)*; second floor *(Amer.)*

**beleuchten** *tr. V.* **a)** illuminate; light up; light ⟨*stairs, room, street, etc.*⟩; **festlich beleuchtet** festively lit; **b)** *(fig.: untersuchen)* examine ⟨*topic, problem*⟩

**Beleuchter der; ~s, ~** *(Theater, Film)* lighting technician

**Beleuchter·brücke die** *(Theater, Film)* lighting bridge

**Beleuchterin die; ~, ~nen** *(Theater, Film)* lighting technician

**Beleuchtung die; ~, ~en a)** *(Licht)* light; **die ~ in der Stadt fiel aus** all the lights *pl.* of the town went out; **b)** *(das Beleuchten)* lighting; *(Anstrahlung)* illumination; **c)** *(fig.: Untersuchung)* examination

**Beleuchtungs-: ~an·lage die** lighting installation; **~effekt der** lighting effect; **~technik die** lighting engineering

**beleumdet** [bə'lɔymdət], **beleumundet** [bə'lɔymʊndət] *Adj.* **übel/gut ~ sein** have a bad/good reputation

**belfern** ['bɛlfɐn] **1.** *itr. V. (ugs.)* bark; *(fig.)* ⟨*cannon*⟩ boom; ⟨*rifle*⟩ crack. **2.** *tr. V.* bark; bark [out] ⟨*order*⟩

**Belgien** ['bɛlgiən] **(das); ~s** Belgium

**Belgier** ['bɛlgiɐ] **der; ~s, ~, Belgierin die; ~, ~nen** Belgian; *s. auch* **-in**

**belgisch** *Adj.* Belgian; *s. auch* **deutsch; ²Deutsche**

**Belgrad** ['bɛlgra:t] **(das); ~s** Belgrade

**belichten 1.** *tr. V.* **a)** *(Fot.)* expose; **eine Aufnahme richtig/falsch ~:** give a shot the right/wrong exposure; **b)** *(fachspr.: beleuchten)* light. **2.** *itr. V. (Fot.)* **richtig/falsch/kurz ~:** use the right/wrong exposure/a short exposure time

**Belichtung die a)** *(Fot.)* exposure; **b)** *(fachspr.: Licht)* light

**Belichtungs-: ~automatik die** *(Fot.)* automatic exposure control; **~dauer die** *(Fot.) s.* **~zeit; ~messer der** *(Fot.)* exposure meter; **~tabelle die** *(Fot.)* exposure table; **~zeit die** *(Fot.)* exposure time

**belieben** *(geh.) itr. V. (unpers.)* **[ganz] wie es dir beliebt** [just] as you like; **was beliebt?** *(veralt.)* what can I do for you?; **wie beliebt?** *(veralt.)* I beg your pardon?; **~, etw. zu tun** like doing sth.; **Sie ~ zu scherzen** *(iron.)* you are joking, of course; **ihr könnt tun, was euch** *(Dat.)* **beliebt** you can do what you like

**Belieben das; ~s: es steht in deinem ~/es bleibt Ihrem ~ überlassen** it is up to you; **nach ~:** just as you/they *etc.* like

**beliebig 1.** *Adj.* any; **du kannst ein ~es Beispiel/einen ~en Tag wählen** you can choose any example/day you like; **fünf ~e Personen** any five people; **in ~er Reihenfolge** in any order; **eine ~e Reihe von Beispielen** an arbitrary series of examples; **die Reihenfolge/Farbe ist ~:** any order/colour will do. **2.** *adv.* as you like/he likes *etc.*; **~ lange/viele** as long/many as you like/he likes *etc.*; **wähle eine ~ große Zahl** choose any number[, as high as] you like; **wir konnten ~ lange wegbleiben** we could stay out [for] as long as we liked; **diese beiden Begriffe sind nicht ~ austauschbar** these two terms are not interchangeable at will

**beliebt** *Adj.* popular; favourite *attrib.*; **sich [bei jmdm.] ~ machen** make oneself popular [with sb.]

**Beliebtheit die; ~:** popularity; **sich großer ~** *(Gen.)* **erfreuen** *(geh.)* enjoy great popularity

**beliefern** *tr. V.* supply; **jmdn. mit etw. ~:** supply sb. with sth.

**Belieferung die** supply; **die ~ von jmdm. mit etw.** supplying sb. with sth.

**Belladonna** [bɛla'dɔna] **die; ~, Belladonnen** *(Bot., Pharm.)* belladonna

**bellen** ['bɛlən] **1.** *itr. V.* **a)** ⟨*dog, fox*⟩ bark; ⟨*hound*⟩ bay; *(fig.)* ⟨*cannon*⟩ boom; **b)** *(laut husten)* have a hacking cough; **ein ~der Husten** a hacking cough. **2.** *tr. V. (abwertend)* bark out ⟨*orders*⟩

**Belletristik** [bɛle'trɪstɪk] **die; ~:** belles-lettres *pl.*

**belletristisch 1.** *Adj.* belletristic ⟨*literature*⟩; **ein ~er Verlag** a publishing house specializing in belletristic literature. **2.** *adv.* **er hat seine Darstellung ~ aufgelockert** he made his account lighter and more entertaining

**belobigen** [bə'lo:bɪgn̩] *tr. V.* commend

**Belobigung die; ~, ~en** commendation; **jmdm. eine ~ aussprechen** commend sb.

**Belobigungs·schreiben das** letter of commendation

**belohnen** *tr. V.* **a)** *(beschenken)* reward; **jmdn. mit/für etw. ~:** reward sb. with/for sth.; **b)** *(vergelten)* repay, reward ⟨*patience, loyalty, trust*⟩

**Belohnung die; ~, ~en a)** *(Lohn)* reward; **eine ~ für etw. aussetzen** offer a reward for sth.; **b)** *o. Pl. (das Belohnen)* rewarding

**Belt** [bɛlt] **der; ~s** *(Geogr.)* **der Kleine/Große ~:** The Little/Great Belt

**belüften** *tr. V.* ventilate; *(auslüften)* air; **das Zimmer wurde nur durch eine kleine Luke in der Decke belüftet** the only means of ventilation in the room was a small skylight

**Belüftung die** ventilation

**Belüftungs·anlage die** ventilation system

**¹Beluga** [be'lu:ga] **die; ~, ~s** *(Zool.)* beluga [sturgeon]; *(Wal)* white whale

**²Beluga der; ~s** beluga caviare

**belügen** *unr. tr. V.* **jmdn. ~:** lie to *or* tell lies to sb.; **sich selbst ~:** deceive oneself; *s. auch* **Strich**

**belustigen 1.** *tr. V.* **jmdn. ~:** amuse sb.; *(zum Lachen bringen)* make sb. laugh. **2.** *refl. V.* **a)** *(geh.)* **sich über jmdn./etw. ~:** make fun of *or* laugh at sb./sth.; **b)** *(veralt.: sich vergnügen)* amuse oneself

**belustigt 1.** *Adj.* amused. **2.** *adv.* in amusement

**Belustigung die; ~, ~en a)** *(Fest, Vergnügen)* entertainment; **b)** *o. Pl. (Belustigtsein, Belustigtwerden)* amusement; **der allgemeinen ~ dienen** serve to amuse everybody

**bemächtigen** [bəˈmɛçtɪgn̩] *refl. V. (geh.)* **a)** *(in seine Gewalt bringen)* **sich einer Sache/eines Menschen ~:** seize sth./a person; **sich der Regierungsgewalt/des Thrones ~:** seize power/the throne; **b)** *(überkommen)* **Angst bemächtigte sich seiner** he was seized by fear; **Unruhe/Unsicherheit bemächtigte sich seiner** a feeling of unease/uncertainty came over him; **Entsetzen bemächtigte sich eines jeden** everyone was horrified

**bemäkeln** *tr. V. (ugs.)* find fault with

**bemalen 1.** *tr. V.* **a)** *(bunt streichen)* paint; *(verzieren)* decorate ‹*porcelain etc.*›; **mit etw. bemalt sein** be painted/decorated with sth.; **b)** *(ugs.: stark schminken)* paint. **2.** *refl. V. (ugs.)* paint one's face; put on one's war-paint *(coll.)*; **warum hast du dich so bemalt?** why have you put so much war-paint on? *(coll.)*

**Bemalung die; ~, ~en a)** *o. Pl. (Bemalen)* painting; *(Verzierung)* decorating; **b)** *(Farbschicht)* painting

**bemängeln** [bəˈmɛŋl̩n] *tr. V.* find fault with; **Bremsen/Reifen ~:** find the brakes/tyres to be faulty; **etw. an jmdm./etw. ~:** criticize sth. about sb./sth.

**Bemäng[e]lung die; ~, ~en** criticism; **die häufige ~ von Fabrikationsfehlern** the frequent complaints about *or* of manufacturing defects

**bemannen** *tr. V.* man

**Bemannung die; ~, ~en a)** *(das Bemannen)* manning; **b)** *(Mannschaft)* crew

**bemänteln** [bəˈmɛntl̩n] *tr. V.* cover up

**Bemänt[e]lung die; ~, ~en** covering up

**Bembel** [ˈbɛmbl̩] **der; ~s, ~** *(hess.: Krug)* mug; *(zum Servieren)* jug; pitcher

**bemeistern** *(geh. veralt.)* **1.** *tr. V.* master; control ‹*rage, excitement, etc.*›. **2.** *refl. V.* control oneself

**bemerkbar** *Adj.* noticeable; perceptible; **sich ~ machen** *(auf sich aufmerksam machen)* attract attention [to oneself]; *(eine Wirkung ausüben, sich zeigen)* ‹*disadvantage*› become apparent; ‹*tiredness*› make itself felt; **mach dich ~, wenn du etwas brauchst** if you need anything, let me know

**bemerken** *tr. V.* **a)** *(wahrnehmen)* notice; **ich wurde nicht bemerkt** I was unobserved; **sie bemerkte zu spät, daß ...:** she realized too late that ...; **b)** *(äußern)* remark; **nebenbei bemerkt** by the way; incidentally

**Bemerken das; ~s** *(Amtsspr.)* in **mit dem ~ ...:** with the comment ...

**bemerkenswert 1.** *Adj. (beachtlich, bedeutend)* remarkable; notable; *(Aufmerksamkeit verdienend, auffallend)* remarkable. **2.** *adv.* remarkably

**Bemerkung die; ~, ~en a)** *(Äußerung)* remark; comment; **b)** *(Notiz)* note; *(Anmerkung)* comment

**bemessen 1.** *unr. tr. V.* **etw. nach etw. ~:** measure sth. according to sth.; **die Zeit ist kurz/sehr knapp ~:** time is short *or* limited/very limited; **das Trinkgeld war reichlich ~:** the tips were generous. **2.** *unr. refl. V. (Amtsspr.)* **sich ~ nach** be measured on the basis of; **die Vergütung bemißt sich nach ...:** payment is calculated on the basis of ...

**Bemessung die** calculation; **die ~ der Strafe richtet sich nach der Schwere des Deliktes** the penalty is fixed in accordance with the seriousness of the offence

**Bemessungs·grundlage die** *(Amtsspr.)* basis for assessment

**bemitleiden** *tr. V.* pity; feel sorry for; **er ist zu ~:** he is to be pitied; **sich selbst ~:** feel sorry for oneself

**bemitleidens·wert** *Adj.* pitiable

**Bemitleidung die; ~:** pity *no indef. art.* (+ *Gen.* for)

**bemittelt** *Adj. (veralt.)* well-to-do; well off

**Bemme** [ˈbɛmə] **die; ~, ~n** *(ostmd.)* open *or (Amer.)* open-face sandwich; *(mit Butter bestrichen)* slice of bread and butter; *(zusammengeklappt)* sandwich

**bemogeln** *tr. V. (ugs.)* cheat; diddle *(Brit. sl.)*; con *(sl.)*

**bemoost** *Adj.* mossy; covered in moss *postpos.*; **ein ~es Haupt** *(ugs., bes. Studentenspr.)* a perpetual student

**bemühen 1.** *refl. V.* **a)** *(sich anstrengen)* try; make an effort; **sich sehr ~:** try hard; make a great effort; **sich ~, etw. zu tun** try *or* endeavour to do sth.; **bemüht sein, etw. zu tun** endeavour to do sth.; **bitte, ~ Sie sich nicht [weiter]!** please do not trouble yourself [any further]; **b)** *(sich kümmern)* **sich um jmdn./etw. ~:** seek to help sb./endeavour *or* strive to achieve sth.; **um das Wohl der Hotelgäste bemüht sein** make every effort to ensure the comfort and enjoyment of the hotel patrons; **c)** *(zu erlangen suchen)* **sich um etw. ~:** try *or* endeavour to obtain sth.; **sich um eine Stelle/Wohnung ~:** try to get a job/a flat *(Brit.) or (Amer.)* apartment; **sich um eine Dame ~:** pay every attention to a lady; **sich um einen Regisseur/Trainer/Wissenschaftler ~:** try *or* endeavour to obtain the services of a director/manager/scientist; **d)** *(geh.: sich begeben)* proceed *(formal)*; **er hat sich sogar in meine Wohnung bemüht** he even took the trouble to go/come to my flat. **2.** *tr. V. (geh.)* **a)** *(in Anspruch nehmen)* trouble; call in, call upon the services of ‹*lawyer, architect, etc.*›; *(als Beweis heranziehen)* bring in a quotation/quotations from ‹*author, philosopher, etc.*›; **b)** *(bitten, zu kommen)* trouble sb. to come; **jmdn. ins oberste Stockwerk ~:** trouble sb. to come/go up to the top floor

**Bemühen das; ~s** *(geh.)* effort; endeavour; **unser ~ um eine Sanierung dieses Stadtteils** our efforts *pl. or* endeavours *pl.* to redevelop this part of the town; **trotz jahrelangen ~s** despite years of effort

**bemühend** *Adj. (schweiz.)* [painfully] embarrassing; *(unerfreulich)* unpleasant

**bemüht 1.** *2. Part. v.* **bemühen. 2.** *Adj.* forced; forced, constrained ‹*cheerfulness*›; constrained ‹*person*›

**Bemühung die; ~, ~en a)** *(Anstrengung)* effort; endeavour; **alle ~en waren vergeblich** all efforts were in vain; **trotz aller ~en, allen ~en zum Trotz** in spite of *or* despite all our/his *etc.* efforts; **vielen Dank für Ihre ~en** thank you very much for your efforts *or* trouble; **niemand wollte ihn in seinen ~en unterstützen** no one wanted to support him in his endeavours; **b)** *Pl. (Dienstleistung)* services

**bemüßigen** *refl. V. (geh.)* **sich einer Sache** *(Gen.)* **~:** make use of sth.

**bemüßigt** [bəˈmyːsɪçt] *(geh. iron.)* in **sich ~ sehen** *od.* **fühlen** *od.* **finden, etw. zu tun** feel obliged to do sth.; feel it incumbent on oneself to do sth.

**bemuttern** *tr. V.* mother

**Bemutterung die; ~, ~en** mothering

**benachbart** *Adj.* neighbouring *attrib.*; **~e Fachgebiete** related fields of study; **ihre Häuser sind ~:** their houses are next door to each other

**benachrichtigen** [bəˈnaːxrɪçtɪgn̩] *tr. V.* inform; notify; **jmdn. von etw. ~:** inform *or* notify sb. of *or* about sth.

**Benachrichtigung die; ~, ~en** notification; **ich bitte um sofortige ~:** I wish to be informed *or* notified immediately; **warum habt ihr uns denn keine ~ geschickt?** why didn't you contact us *or* let us know?

**benachteiligen** *tr. V.* put at a disadvantage; ‹*disability*› handicap; *(diskriminieren)* discriminate against; **sich benachteiligt fühlen** feel at a disadvantage/feel discriminated against; **er fühlte sich von seinen Lehrern benachteiligt** he felt unfairly treated by his teachers; **ein wirtschaftlich benachteiligtes Gebiet** an economically deprived area; **die sozial benachteiligten Schichten** the underprivileged classes

**Benachteiligte der/die;** *adj. Dekl.* disadvantaged person; **die ~n** the disadvantaged; those at a disadvantage; **die sozial ~n** the underprivileged; the socially deprived

**Benachteiligung die; ~, ~en** *(Vorgang)* discrimination (*Gen.* against); *(Zustand)* disadvantage (*Gen.* to); **der Firma wurde eine ~ der Frauen vorgeworfen** the firm was accused of discriminating against women

**benagen** *tr. V.* gnaw *or* nibble [at] ‹*bread, cheese, etc.*›; gnaw [at] ‹*tree, bark, etc.*›

**benähen** *tr. V.* **einen Rock** *usw.* **mit etw. ~:** sew sth. on to a skirt *etc.*

**benässen** *tr. V. (geh.)* wet

**Bendel** [ˈbɛndl̩] **der** *od.* **das; ~s, ~** *(landsch.)* ribbon; *(Schuh~)* shoe-lace; **jmdn. am ~ haben** *(ugs.)* have got sb. on a string

**benebeln** *tr. V.* befuddle; **mit benebeltem Kopf aufwachen** wake up with a muzzy head

**Benediktiner** [benedɪkˈtiːnɐ] **der; ~s, ~ a)** *(Mönch)* Benedictine [monk]; **b)** *(Kräuterlikör)* benedictine

**Benediktinerin die; ~, ~nen** Benedictine [nun]

**Benediktiner·orden der** Benedictine order; order of St. Benedict

**Benefiz** [beneˈfiːts] **das; ~es, ~e a)** *(veralt.: Vorstellung)* benefit performance; **b)** *(Wohltätigkeitsveranstaltung)* charity performance/match, *etc.*

**Benefiz·spiel das** charity game *or* match

**benehmen 1.** *unr. refl. V.* behave (**wie** like); *(in bezug auf Umgangsformen)* behave [oneself]; **sich schlecht ~:** behave badly; misbehave; **sie kann sich einfach nicht ~:** she simply does not know how to behave; **wenn du dich nicht ~ kannst, ...:** if you can't behave yourself, ... **2.** *unr. tr. V. (geh.: wegnehmen)* **es benahm mir den Atem** it took my breath away

**Benehmen das; ~s a)** behaviour; **kein ~ haben** have no manners *pl.*; **b)** *(Amtsspr.)* in **sich mit jmdm. ins ~ setzen** make contact with sb.

**beneiden** *tr. V.* envy; be envious of; **jmdn. um etw. ~:** envy sb. sth.; **du bist [nicht] zu ~:** I [don't] envy you

**beneidens·wert 1.** *Adj.* enviable. **2.** *adv.* enviably

**Benelux** [ˈbeːnelʊks] *Abk.* Benelux

**Benelux·staaten** *Pl.* Benelux countries

**benennen** *unr. tr. V.* **a)** *(mit einem Namen versehen)* name; **etw./jmdn. nach jmdm. ~:** name sth./name *or* call sb. after *or (Amer.)* for sb.; **b)** *(namhaft machen)* call ‹*witness*›; **jmdn. als Kandidaten ~:** nominate sb. as a candidate; **jmdn. als** *od.* **zum Zeugen ~:** call sb. as a witness

**Benennung die a)** *o. Pl. (Namengebung)* naming; **b)** *(das Namhaftmachen)* **durch ~ zweier weiterer Zeugen** by calling two more witnesses; **c)** *(Name)* name; *(Bezeichnung)* designation

**benetzen** *tr. V. (geh.)* moisten; ‹*dew*› cover; **mit Tau/von Schweiß benetzt** covered *or* wet with dew/damp with perspiration

**Bengale** [bɛŋˈgaːlə] **der; ~n, ~n, Bengalin die; ~, ~nen** Bengali; Bengalese

**Bengalen (das); ~s** Bengal

**Bengali** [bɛŋ'ga:li] **das; ~[s]** Bengali

**bengạlisch** *Adj.* Bengalese; Bengali, Bengalese ⟨*people, language*⟩; **~e Beleuchtung, ~es Feuer** Bengal light *or* fire

**Bengel** ['bɛŋl] **der; ~s, ~** *od. (nordd.)* **~s a)** *(abwertend: junger Bursche)* young rascal; **b)** *(fam.: kleiner Junge)* little lad *or* boy; **ein süßer ~:** a dear little lad *or* boy; **c)** *(veralt.: Knüppel)* stick

**Benimm** [bə'nɪm] **der; ~s** *(ugs.)* manners *pl.*; **jmdm. ~ beibringen** teach sb. some manners

**Benjamin** ['bɛnjami:n] **der; ~s, ~e** *(scherzh.)* youngest boy; **er ist der ~ der Familie** he's the baby of the family

**benommen** [be'nɔmən] **1.** *2. Part. v.* **benehmen. 2.** *Adj.* bemused; dazed; *(durch Fieber, Medikamente, Alkohol)* muzzy **(von** from)

**Benọmmenheit die; ~:** bemused *or* dazed state; *(durch Fieber, Medikamente, Alkohol)* muzziness

**beno̲ten** *tr. V.* mark *(Brit.)*; grade *(Amer.)*; **einen Test mit „gut" ~:** mark a test 'good' *(Brit.)*; assign a grade of 'good' to a test *(Amer.)*

**benö̲tigen** *tr. V.* need; require; **das benötigte Geld** the necessary money

**Beno̲tung die; ~, ~en a)** *o. Pl. (das Benoten)* marking *(Brit.)*; grading *(Amer.)*; **sich um eine gerechte ~ bemühen** try *or* endeavour to mark *(Brit.) or (Amer.)* grade fairly; **b)** *(Note)* mark *(Brit.)*; grade *(Amer.)*

**benụtzbar** *Adj.* usable; **„Aufzug vorübergehend nicht ~"** 'lift temporarily out of service'; **schwer ~:** difficult to use

**benụtzen,** *(bes. südd.)* **benụ̈tzen** *tr. V.* use **(für** for); take, use ⟨*car, lift*⟩; take ⟨*train, taxi*⟩; use, consult ⟨*reference book*⟩; **das benutzte Geschirr** the dirty dishes; **etw. als Vorwand/Alibi ~:** use sth. as an excuse/alibi; **wir benutzten den freien Tag zu einem Ausflug** we made use of *or* took advantage of the free day to go on an excursion

**Benụtzer,** *(bes. südd.)* **Benụ̈tzer der; ~s, ~:** user; *(eines entliehenen Buchs)* borrower

**benụtzer·freundlich** *Adj.* user-friendly

**Benụtzer·kreis der** users *pl.*; *(von Büchereien)* borrowers *pl.*; **ein großer ~:** a large number of users/borrowers

**Benụtzung,** *(bes. südd.)* **Benụ̈tzung die; ~:** use; **jmdm. etw. zur ~ überlassen** give sb. the use of sth.; allow sb. to use sth.; **in ~** *(Dat.)* **sein** be in use; **etw. in ~** *(Akk.)* **nehmen** bring sth. into use; **etw. zur ~ freigeben** open sth.; **unter ~ einer Sache** *(Gen.)* making use of sth.

**Benụtzungs-: ~gebühr die** charge; *(in Büchereien)* borrowing charge; **die ~gebühr für etw.** the charge for using/borrowing sth.; **~ordnung die: die ~ordnung der Badeanstalt/Bibliothek** *usw.* the rules and conditions *pl.* for the use of the pool/library *etc.*

**Benzin** [bɛn'tsi:n] **das; ~s** petrol *(Brit.)*; gasoline *(Amer.)*; gas *(Amer. coll.)*; *(Wasch~)* benzine; *(Feuerzeug~)* petrol *(Brit.)*; gasoline *(Amer.)*; *lighter fuel*

**Benzi̲n-: ~dunst der** petrol *(Brit.) or (Amer.)* gasoline fumes *pl.*; **~einspritzung die;** ~ *(Kfz-W.)* fuel injection

**Benzi̲ner der; ~s, ~** *(ugs.)* car that runs on petrol *(Brit.) or (Amer.)* gasoline; car with a petrol *(Brit.) or (Amer.)* gasoline engine; petrol-driven *(Brit.) or (Amer.)* gasoline-powered car

**Benzi̲n-: ~feuerzeug das** petrol *(Brit.) or (Amer.)* gasoline lighter; **~gut·schein der** petrol (Brit.) or (Amer.) gasoline coupon; **~hahn der** *(Kfz-W.)* fuel *or* petrol *(Brit.) or (Amer.)* gasoline tap; *s. auch* **Ölhahn; ~kanister der** petrol *(Brit.) or (Amer.)* gasoline can; **~leitung die** fuel pipe; **~motor der** petrol *(Brit.) or (Amer.)* gasoline engine; **~preis der** price of petrol *(Brit.) or (Amer.)* gasoline; **~pumpe die** petrol *(Brit.) or (Amer.)* gasoline pump; **~tank der** petrol *(Brit.) or (Amer.)* gasoline tank; **~uhr die** *(Kfz-W.)* fuel gauge; **~verbrauch der** fuel consumption

**Benzoe** ['bɛntsoe] **die; ~** *(Chemie)* [gum] benzoin

**Bẹnzoe·säure die;** *o. Pl. (Chemie)* benzoic acid

**Benzol** [bɛn'tso:l] **das; ~s, ~e** *(Chemie)* benzene

**beo̲bachtbar** *Adj.* observable

**beobachten** [bə'|o:baxtn̩] *tr. V.* **a)** observe; watch; *(als Zeuge)* see; **er hat beobachtet, wie sie das Radio stahl** he watched her steal the radio; **jmdn. ~ lassen** put sb. under surveillance; have sb. watched; **b)** *(bemerken)* notice; observe; **etw. an jmdm. ~:** notice sth. about sb.; **eine Veränderung an jmdm. ~:** notice a change in sb.; **c)** *(geh.: beachten)* observe

**Beo̲bachter der; ~s, ~:** observer

**Beo̲bachtung die; ~, ~en a)** *(das Beobachten, die Feststellung)* observation; **~en anstellen** keep a watch; **zur ~:** for observation; **unter ~ stehen** be kept under surveillance; **b)** *(geh.: Beachtung)* observation

**Beo̲bachtungs-: ~ballon der** observation ballon; **~gabe die;** *o. Pl.* powers *pl.* of observation; **~posten der** observation post; **auf ~posten stehen** be on look-out duty; **~station die a)** *(im Krankenhaus)* observation ward; **b)** *s.* **Wetterstation**

**beö̲len** *refl. V. (Jugendspr.)* kill *or (coarse)* piss oneself laughing

**beọrdern** *tr. V.* order; **jmdn. nach Hause/ins Ausland ~:** order *or* summon sb. home/order sb. [to go] abroad

**bepạcken** *tr. V.* load; **etw./jmdn./sich mit etw. ~:** load sth. up with/load sb./oneself with sth.

**bepflạnzen** *tr. V.* plant **(mit** with)

**Bepflạnzung die a)** *(das Bepflanzen)* planting **(mit** with); **b)** *(Pflanzen)* plants *pl.* (*Gen.* in)

**bepflạstern** *tr. V.* **a)** *(ugs.)* put a plaster on ⟨*wound etc.*⟩; **b)** *(mit Pflasterung versehen)* pave; *(fig.: mit Orden, Aufklebern usw.)* plaster; **c)** *(Soldatenspr.: bombardieren)* plaster *(sl.)*; bombard

**bepịnkeln** *(ugs.)* **1.** *tr. V.* pee on *(coll.)*. **2.** *refl. V.* wet oneself

**bepịnseln** *tr. V.* **a)** *(ugs.: einpinseln)* paint ⟨*gums*⟩; brush ⟨*dough, cake-mixture*⟩; **b)** *(ugs. abwertend: anstreichen)* paint; **etw. mit Farbe ~:** paint sth.

**bepịssen** *tr. V. (derb)* piss on *(coarse)*

**Beplankung** [bə'plaŋkʊŋ] **die; ~, ~en** *(Boots~)* planking; *(Flugzeug~)* skin

**bepu̲dern** *tr. V.* powder

**bequạsseln** *tr. V. (salopp) s.* **bequatschen a**

**bequạtschen** *tr. V. (salopp)* **a)** *(bereden)* **etw. [ausführlich] ~:** have a [long] jaw about sth. *(coll.)*; **b)** *(überreden)* persuade; **jmdn. ~, daß er mitkommt** talk sb. into coming along

**bequem** [bə'kve:m] **1.** *Adj.* **a)** *(angenehm)* comfortable; **es sich** *(Dat.)* **~ machen** make oneself comfortable; **machen Sie es sich ~:** make yourself at home; **b)** *(mühelos)* easy; **ein ~es Leben führen** have an easy *or* comfortable life; **c)** *(abwertend: träge)* lazy; idle. **2.** *adv.* **a)** *(angenehm)* comfortably; **liegen/sitzen Sie ~ so?** are you comfortable like that?; **b)** *(leicht)* easily; comfortably

**beque̲men** *refl. V. (geh.)* **a)** *(abwertend)* **sich dazu ~, etw. zu tun** *(sich herablassen)* condescend *or* deign to do sth.; *(sich endlich entschließen)* bring oneself to do sth; **b)** *(veralt.: sich fügen)* become adapted (*Dat.* to)

**beque̲mlich** *Adj. (veralt.) s.* **bequem**

**Beque̲mlichkeit die; ~, ~en a)** *(Annehmlichkeit, Komfort)* comfort; **b)** *o. Pl. (Trägheit)* laziness; idleness; **aus [reiner] ~:** out of [sheer] laziness *or* idleness

**berạppen** [bə'rapn̩] *tr., itr. V. (ugs.)* cough up *(sl.)*, shell out *(sl.)*, fork over *(sl.)* ⟨*money*⟩

**bera̲ten 1.** *unr. tr. V.* **a)** advise; **jmdn. gut/schlecht ~:** give sb. good/bad advice; **sich ~ lassen** take *or* get advice **(von** from); **du bist gut ~, wenn du ...:** you'd be well advised to ...; **b)** *(besprechen)* discuss ⟨*plan, matter*⟩. **2.** *unr. itr. V.* **über etw.** *(Akk.)* **~:** discuss sth.; **sie berieten lange** they were a long time in discussion. **3.** *unr. refl. V.* **sich mit jmdm. ~, ob ...:** discuss with sb. whether ...; **sich mit seinem Anwalt ~:** consult one's lawyer

**bera̲tend** *Adj.* advisory, consultative ⟨*function, role, etc.*⟩

**Bera̲ter der; ~s, ~, Bera̲terin die; ~, ~nen** adviser

**Bera̲ter-: ~stab der** team of advisers; **~vertrag der** consultancy contract

**beratschlagen** [bə'ra:tʃla:gn̩] **1.** *tr. V.* discuss. **2.** *itr. V.* **über etw.** *(Akk.)* **~:** discuss sth.

**Bera̲tschlagung die; ~, ~en** discussion

**Bera̲tung die; ~, ~en a)** advice *no indef. art.*; *(durch Arzt, Rechtsanwalt)* consultation; **ohne juristische ~:** without [taking] legal advice; **b)** *(Besprechung)* discussion; **Gegenstand der ~ war ...:** the subject under discussion was ...; **sich zur ~ zurückziehen** withdraw for discussions *pl.*; **c)** *s.* **Beratungsstelle**

**Bera̲tungs-: ~kosten** *Pl.* consultation fees; **~stelle die** advice centre *(Brit.)*; counseling center *(Amer.)*; **~zimmer das** conference room

**bera̲uben** *tr. V. (auch fig.)* rob; **jmdn. einer Sache** *(Gen.)* **~** *(geh.)* rob sb. of sth.; **jmdn. seiner Freiheit/Hoffnungen ~** *(fig.)* deprive sb. of his/her freedom/hopes

**Bera̲ubung die; ~, ~en** robbing *no indef. art.*

**bera̲uschen** *(geh.)* **1.** *tr. V. (auch fig.)* intoxicate; ⟨*alcohol*⟩ intoxicate, inebriate; ⟨*drug*⟩ make euphoric; ⟨*speed*⟩ exhilarate; **der Erfolg/die Macht berauschte ihn** he was intoxicated *or* drunk with success/drunk with power. **2.** *refl. V.* become intoxicated; **sich an etw.** *(Dat.)* **~:** become intoxicated with sth.; **sich an seinen eigenen Worten ~:** become carried away by one's own words

**bera̲uschend 1.** *Adj.* intoxicating; **~ auf jmdn. wirken** have an intoxicating effect on sb.; heady, intoxicating ⟨*perfume, scent*⟩; **das ist nicht ~** *(ugs.)* it's nothing very special *or (coll.)* nothing to write home about. **2.** *adv.* **~ schön** enchantingly beautiful; **der Abend war ~ schön** *(iron.)* the evening was just great *(iron.)*

**Berber** ['bɛrbɐ] **der; ~s, ~ a)** Berber; **b)** *(Teppich)* Berber carpet/rug; **c)** *(Pferderasse)* Barbary horse; **d)** *(Nichtseßhafter)* tramp

**Berberitze** [bɛrbə'rɪtsə] **die; ~, ~n** *(Bot.)* common barberry

**Bẹrber·teppich der** Berber carpet/rug

**berechenbar** [bə'rɛçn̩ba:ɐ̯] *Adj.* calculable; predictable ⟨*behaviour*⟩

**Berẹchenbarkeit die; ~:** calculability; *(des Verhaltens)* predictability

**berẹchnen** *tr. V.* **a)** *(ermitteln)* calculate ⟨*quantity, cost, price, risk, etc.*⟩; predict ⟨*behaviour, consequences*⟩; *(fig.)* calculate ⟨*effect*⟩; **b)** *(anrechnen)* charge; **jmdm. etw. mit 10 Mark ~:** charge sb. 10 marks for sth.; **jmdm. etw. nicht ~:** not charge sb. for sth.; **für etw. nichts ~:** not charge for sth.; make no charge for sth.; **jmdm. zuviel ~:** overcharge sb.; charge sb. too much; **c)** *(kalkulieren)* calculate; *(vorsehen)* intend ; **der Architekt berechnete die Bauzeit auf sieben Monate** the architect estimated that the construction time would be seven months; **für sechs Personen berechnet sein** ⟨*recipe, buffet*⟩ be for six people

**berẹchnend** *Adj.* calculating

**Berẹchnung die a)** *(das Berechnen)* calculation; **nach meiner ~, meiner ~ nach** according to my calculations *pl.*; **b)** *o. Pl. (abwertend: Eigennutz)* [calculating] self-interest; **etw. aus ~ tun** do sth. from motives of self-interest; **c)** *o. Pl. (Überlegung)* deliberation; calculation; **mit kühler ~ vorgehen** act with cool deliberation

**berechtigen** [bəˈrɛçtɪgn̩] **1.** *tr. V.* entitle; **jmdn. ~, etw. zu tun** entitle sb. *or* give sb. the right to do sth.; **das berechtigt ihn zu dieser Kritik** it entitles him *or* gives him the right to criticize [in this way]. **2.** *itr. V.* **die Karte berechtigt zum Eintritt** the ticket entitles the bearer to admission; **sein Talent berechtigt zu den schönsten Hoffnungen** his talent gives grounds for very great hopes indeed; **das berechtigt zu der Annahme, daß ...:** it justifies the assumption that ...

**berẹchtigt** *Adj.* justified, legitimate ⟨*demand, criticism, objection, doubt, complaint, hope*⟩; just ⟨*accusation*⟩; **jmd. ist ~, etw. zu tun** sb. is authorized to do sth.

**berẹchtigterweise** *Adv. (Papierdt.)* legitimately; with justification

**Berẹchtigung die; ~, ~en a)** *(Befugnis)* entitlement; *(Recht)* right; **mit welcher ~ kritisiert er mich?** what right has he to criticize me?; **b)** *(Rechtmäßigkeit)* legitimacy; **seine/ihre ~ haben** be justified *or* legitimate

**Berẹchtigungs·schein der** authorization; *(zum Zutritt, Einlaß usw.)* pass

**berẹden 1.** *tr. V.* **a)** *(besprechen)* talk over; discuss; **b)** *(überreden)* **jmdn. ~, etw. zu tun** talk sb. into doing sth.; **sich ~ lassen, etw. zu tun** let oneself be talked into doing sth. **2.** *refl. V.* **sich [mit jmdm.] über etw.** *(Akk.)* **~:** talk sth. over *or* discuss sth. [with sb.]

**beredsam** [bəˈre:tza:m] **1.** *Adj. (beredt)* eloquent; *(iron.: redefreudig)* **~ sein** have the gift of the gab *(coll.)*. **2.** *adv. (beredt)* eloquently; *(iron.: redefreudig)* **~ für etw. werben** use one's gift of the gab to promote sth. *(coll.)*

**Berẹdsamkeit die; ~** *s.* **beredsam:** eloquence; gift of the gab *(coll.)*

**beredt** [bəˈre:t] **1.** *Adj. (auch fig.)* eloquent; **~es Zeugnis von etw. ablegen** bear eloquent witness to sth.; **es herrschte ein ~es Schweigen** there was a meaningful silence. **2.** *adv.* eloquently

**berẹgnen** *tr. V.* water ⟨*field*⟩ using an overhead sprinkling system; water ⟨*lawn*⟩ using a sprinkler

**Berẹgnung die; ~** *s.* **beregnen:** watering using an overhead sprinkling system/a sprinkler

**Berẹgnungs·anlage die** overhead sprinkling system

**Bereich der; ~[e]s, ~e a)** *(Gebiet)* area; **im ~/außerhalb des ~s der Stadt** within/outside the town; **im nördlichen ~:** in northern areas *pl.*; **b)** *(Sphäre)* sphere; area; *(Fachgebiet)* field; area; **in jmds. ~** *(Akk.)* **fallen** be [within] sb.'s province; **im ~ des Möglichen liegen** be within the bounds *pl.* of possibility; **aus dem ~ der Kunst/Politik** from the sphere of art/politics; **c)** *(Wirkungsfeld)* **im privaten/staatlichen ~:** in the private/public sector; **sich im ~ eines Tiefs befinden** be under the influence of a low-pressure area

**bereichern** [bəˈraiçɐn] **1.** *refl. V.* get rich; **sich an jmdm./etw. ~:** make a great deal of money at sb.'s expense/out of sth. **2.** *tr. V.* enrich; enlarge, increase ⟨*collection, knowledge*⟩; **diese Erfahrung hat mich bereichert** I gained a lot from the experience

**Bereicherung die; ~, ~en a)** *(das Sichbereichern)* money-making; **b)** *(Nutzen)* valuable acquisition; **eine wertvolle ~ der koreanischen Literatur** a valuable addition to Korean literature

**¹bereifen** *tr. V.* put tyres on ⟨*car*⟩; put a tyre on ⟨*wheel*⟩; **neu ~:** put a new tyre/new tyres on; **gut bereift sein** ⟨*car*⟩ have good tyres

**²bereifen 1.** *tr. V.* cover with hoar-frost *or* rime. **2.** *itr. V.* become covered with hoar-frost *or* rime

**Bereifung die; ~, ~en** [set *sing.* of] tyres *pl.*

**bereinigen 1.** *tr. V.* **a)** *(klären)* clear up ⟨*misunderstanding*⟩; settle, resolve ⟨*dispute*⟩; **mit jmdm. etw. zu ~ haben** have sth. to sort out with sb.; **b)** *(verbessern)* correct ⟨*text*⟩; adjust, correct ⟨*statistics*⟩ **(um** for). **2.** *refl. V.* resolve itself; sort itself out

**Bereinigung die** *(eines Mißverständnisses)* clearing up; *(eines Streites)* settlement; resolution; *(eines Textes)* correction; *(einer Statistik)* adjustment; correction

**bereisen** *tr. V.* travel around *or* about; travel through ⟨*towns*⟩; *(beruflich)* ⟨*representative etc.*⟩ cover ⟨*area*⟩; **fremde Länder ~:** travel in foreign countries; **ganz Afrika ~:** travel throughout Africa

**bereit** [bəˈrait] *Adj.* **a)** *(fertig, gerüstet)* **in ~ sein** be ready; **sich ~ halten** be ready; **der Arzt mußte sich auf Abruf ~ halten** the doctor was on call; **etw. ~ haben** have sth. ready; **b)** *(gewillt)* **in ~ sein, etw. zu tun** be willing *or* ready *or* prepared to do sth.; **sich ~ zeigen/finden, etw. zu tun** show oneself/be willing *or* ready *or* prepared to do sth.; **sich ~ erklären, etw. zu tun** declare oneself willing *or* ready to do sth.

**bereiten 1.** *tr. V.* **a)** *(zu~)* prepare; make ⟨*tea, coffee*⟩; run ⟨*bath*⟩; **jmdm.** *od.* **für jmdn. etw. ~:** prepare/make/run sth. for sb.; **b)** *(zufügen)* cause ⟨*trouble, sorrow, frustration, difficulty, etc.*⟩; **jmdm. Freude/einen begeisterten Empfang ~:** give sb. great pleasure/an enthusiastic reception; **einer Sache** *(Dat.)* **ein Ende ~:** put an end to sth. **2.** *refl. V. (geh.: sich vorbereiten)* prepare oneself; **sich zum Sterben ~:** prepare to die

**bereit-: ~|halten** *unr. tr. V.* have ready; *(für Notfälle)* keep ready; **~|legen** *tr. V.* lay out ready; **jmdm.** *od.* **für jmdn. etw. ~legen** lay sth. out ready for sb.; **~|liegen** *unr. itr. V.* be ready; ⟨*surgical instruments, tools, papers*⟩ be laid out ready; **~|machen** *tr. V.* get ready; make up ⟨*bed*⟩

**bereits** *Adv.* already; **sie sind ~ gestern angekommen** they [in fact] arrived yesterday; **~ seit fünf Jahren** for [as long as] five years; **~ vor drei Stunden** three 'hours ago; **~ damals** even then *or* at that time; **~ im 17. Jh.** as early as the 17th century; **~ am nächsten Tag** by the very next day; **~ in zwei Wochen** in only two weeks' time

**Bereitschaft die; ~; ~en a)** *o. Pl.* willingness; readiness; preparedness; **etw. in ~ haben** have sth. ready; **b)** *o. Pl. (ugs.: ~sdienst)* **~ haben** ⟨*doctor, nurse*⟩ be on call; ⟨*policeman, fireman*⟩ be on stand-by duty; ⟨*chemist's*⟩ be on rota duty *(for dispensing outside normal hours)*; **c)** *(Einheit)* unit

**Bereitschafts-: ~arzt der** doctor on call; **~dienst der: ~dienst haben** ⟨*doctor, nurse*⟩ be on call; ⟨*policeman, fireman*⟩ be on stand-by duty; ⟨*chemist's*⟩ be on rota duty *(for dispensing outside normal hours)*; **~polizei die** police; *(bei Demonstrationen usw.)* riot police

**bereit-: ~|stehen** *unr. itr. V.* be ready; ⟨*car, train, aircraft*⟩ be waiting; ⟨*troops*⟩ be standing by; **für uns steht ein Auto ~:** a car is/will be waiting for us; **etw. ~stehen haben** have sth. ready; **~|stellen** *tr. V.* place ready; get ready ⟨*food, drinks*⟩; provide, make available ⟨*money, funds*⟩; **die Getränke sind nebenan ~gestellt** the drinks are ready next door

**Bereitung die; ~:** *(Papierdt.)* preparation; *(von Tee, Kaffee)* making

**bereit·willig 1.** *Adj.; nicht präd.* willing. **2.** *adv.* readily

**Bereitwilligkeit die; ~:** willingness

**berennen** *unr. tr. V.* storm, attack ⟨*castle, fortress*⟩; *(Sport)* storm, *(Amer.)* rush ⟨*goal*⟩

**berẹnten** *tr. V. (Amtsspr.)* **jmdn. ~:** retire sb. on a pension; **sich ~ lassen** retire on a pension

**bereuen 1.** *tr. V.* regret; **seine Sünden ~:** repent [of] one's sins; **ich bereue, daß ...:** I'm sorry *or* I regret that ...; **nichts zu ~ haben** have no regrets. **2.** *itr. V.* be sorry; *(Rel.)* repent

**Berg** [bɛrk] **der; ~[e]s, ~e a)** hill; *(im Hochgebirge)* mountain; **über ~ und Tal** up hill and down dale; **~ Heil!** *greeting between mountaineers;* **wenn der ~ nicht zum Propheten kommt, muß der Prophet zum ~e kommen** *(Spr.)* if the mountain won't come to Muhammad, then Muhammad must go to the mountain *(prov.)*; **jmdm. goldene ~e versprechen** *(fig.)* promise sb. the moon; **mit etw. hinter dem** *od.* **hinterm ~ halten** *(fig.)* keep sth. to oneself; keep quiet about sth.; **mit seiner Meinung nicht hinter dem** *od.* **hinterm ~ halten** *(fig.)* not keep one's views *pl.* to oneself; not hesitate to speak one's mind; **~e versetzen [können]** *(fig.)* [be able to] move mountains *(fig.)*; **über den ~ sein** *(ugs.)* be out of the wood *(Brit.)* *or* *(Amer.)* woods; ⟨*patient*⟩ be on the mend, have turned the corner; **[längst] über alle ~e sein** *(ugs.)* be miles away; **b)** *Pl. (Gebirge)* mountains; **in die ~e fahren** go up into the mountains; **c)** *(Haufen)* enormous *or* huge pile; *(von Akten, Abfall auch)* mountain

**bẹrg-, Bẹrg-: ~ab** [-ˈ-] *Adv.* downhill; **einen steilen Weg ~ab fahren** go down a steep path; **mit dem Patienten/der Firma geht es ~ab** *(fig. ugs)* the patient's getting worse/the firm's going downhill; **~abwärts** [-ˈ--] *Adv.* downhill; **~ahorn der** sycamore [maple]; **~akademie die** school of mining

**Bergamotte** [bɛrgaˈmɔtə] **die; ~, ~n a)** *(Pomeranze)* bergamot [orange]; **b)** *(Birne)* bergamot [pear]

**bẹrg-, Bẹrg-: ~amt das** [local] mining authority; **~an** [-ˈ-] *s.* **~auf; ~arbeiter der** miner; mineworker; **~auf** [-ˈ-] *Adv.* uphill; **es geht ~auf mit der Firma** *(fig. ugs.)* things are looking up for the firm; **mit dem Patienten geht's ~auf** the patient's on the mend; **~aufwärts** [-ˈ--] *Adv.* uphill; **~bahn die** mountain railway; *(Seilbahn)* mountain cableway; **~bau der;** *o. Pl.* mining; **~bauer der** mountain farmer; **~dorf das** mountain village

**bẹrge·hoch** *s.* **berghoch**

**Bẹrge·lohn der** salvage payment

**bẹrgen** *unr. tr. V.* **a)** *(retten)* rescue, save ⟨*person*⟩; salvage ⟨*ship*⟩; salvage, recover ⟨*cargo, belongings*⟩; *(einbringen)* gather *or* get in ⟨*harvest*⟩; **jmdn. tot/lebend ~:** recover sb.'s body/rescue sb. alive; **sich geborgen fühlen** feel safe; **die Segel ~** *(Seemannsspr.)* take in *or* furl the sails; **b)** *(geh.: enthalten)* hold; **Gefahren/Vorteile in sich** *(Dat.)* **~** *(fig.)* hold dangers/have advantages; **c)** *(geh.: ver~)* hide; *(vor Regen)* shelter; *(vor Sonne)* protect; **den Kopf in den Händen ~:** bury one's head in one's hands

**bẹrg-, Bẹrg-: ~fach das** mining *no art.*; **~fahrt die a)** *(Schiffahrt)* passage upstream; **b)** *(Hochgebirgstour)* mountaineering expedition; **auf ~fahrt gehen** go mountaineering; **~fest das** *(ugs.)* party to celebrate reaching the half-way stage; **~fex** [~fɛks] **der; ~es, ~e** *(ugs.)* enthusiastic climber; mountaineering freak *(coll.)*; **~fried** [-fri:t] **der; ~[e]s, ~e** keep; **~führer der** mountain guide; **~geist der;** *Pl.* **~geister** *legendary sorcerer, kobold, gnome, or giant living inside a mountain;* **~gipfel der** mountain peak *or* top; summit; **~grat der** mountain ridge; **~hoch 1.** *Adj.* as high as a mountain/as mountains; mountainous ⟨*waves, seas*⟩; **2.** *adv.* **~hoch aufsteigende Wellen** mountainous waves *or* seas; **~hütte die** mountain hut

**bẹrgig** *Adj.* hilly; *(mit hohen Bergen)* mountainous

**Bẹrg-: ~ingenieur der** [qualified] mining engineer; **~kessel der** corrie; cirque; **~kette die** range *or* chain of mountains; mountain range *or* chain; **~krankheit die** mountain sickness; **~kristall der** rock crystal; **~kuppe die** [rounded] peak *or* mountain-top; **~land das** hilly country *no indef. art.; (mit hohen Bergen)* mountainous country *no indef. art.;* **das spanische ~land** the hill country of Spain; **das Schottische ~land** the Highlands of Scotland

**Bergler** ['bɛrklɐ] **der; ~s, ~:** mountain-dweller

**Bẹrg·mann der;** *Pl.* **Bergleute** miner; mineworker

**bẹrg·männisch** [-mɛnɪʃ] **1.** *Adj.* miner's *attrib.* **2.** *adv.* by miners

**Bẹrgmanns-: ~gruß der** miner's greeting; **~sprache die** mining terminology

**bẹrg-, Bẹrg-: ~massiv das** massif; **~not die: in ~not sein/geraten** ⟨*climber*⟩ be/get into difficulties while climbing [in the mountains]; **jmdn. aus ~not retten** rescue sb. who has got into difficulties while climbing [in the mountains]; **~predigt die;** *o. Pl.* Sermon on the Mount; **~recht das;** *o. Pl.* laws relating to mining; **~rennen das** *(Motorsport)* hill-climbing; **ein ~rennen** a hill-climb; **~rettungs·dienst der** *s.* **~wacht; ~riese der** giant of a mountain; **~rücken der** mountain ridge; **~rutsch der** landslide; landslip; **~sattel der** saddle; col; **~schuh der** mountaineering boot; **~see der** mountain lake; **~spitze die** [mountain] peak; mountain top; **~sport der** mountaineering; mountain-climbing; **~station die** top station; **~steigen** *unr. itr. V.; mit haben od. sein; nur im Inf. und Part.* go mountaineering *or* mountain-climbing; **~steigen das; ~s** mountaineering *no art.;* mountain-climbing *no art.;* **~steiger der, ~steigerin die; ~, ~nen** mountaineer; mountain-climber; **~steigerisch 1.** *Adj.; nicht präd.* mountaineering; **2.** *adv.* **~steigerisch [gesehen]** from a mountaineering point of view; **~stock der a)** *(Spazierstock)* alpenstock; **b)** *s.* **Gebirgsstock; ~straße die a)** mountain road; **b)** *(Geogr.)* **die ~straße** the Bergstraße *(hilly wine-growing and orchard district between Darmstadt and Heidelberg);* **~sturz der** rock fall; **~tour die** trip up into the mountains; *(zu Fuß)* mountain climb; *(Wanderung)* hike in the mountains; **~-und-Tal-Bahn die** roller-coaster; switch back *(Brit.);* big dipper *(Brit.);* **~-und-Tal-Fahrt die** journey full of steep climbs and descents; **das war die reinste ~-und-Tal-Fahrt** it was just like going up and down on a roller-coaster *or (Brit.)* switchback

**Bẹrgung die; ~, ~en a)** *(Erste Hilfe)* rescue; saving; **b)** *(von Schiffen, Gut)* salvaging; salvage; **c)** *(der Ernte)* gathering in

**Bẹrgungs-: ~arbeiten** *Pl.* rescue work *sing.;* **~kommando das** rescue team; **~schiff das** salvage vessel; **~versuch der** rescue attempt; *(Versuch, ein Schiff zu bergen)* salvage attempt

**Bẹrg-: ~volk das** mountain people; **~vor·sprung der** spur; *(Absatz)* ledge; **~wacht die;** *o. Pl.* mountain rescue service; **~wand die** mountain face; **~wanderung die** hike in the mountains; **~welt die** *(geh.)* mountain landscape

**Bẹrg·werk das** mine; **im ~ arbeiten** work down the mine

**Bẹrgwerks·gesellschaft die** mining company

**Bẹrg-: ~wesen das;** *o. Pl.* mining *no art.;* **~wiese die** mountain pasture

**Beriberi** [beri'be:ri] **die; ~** *(Med.)* beriberi

**Bericht** [bə'rɪçt] **der; ~[e]s, ~e** report; **einen ~ von etw.** *od.* **über etw.** *(Akk.)* **geben** give a report on sth.; **[jmdm.] [von etw.] ~ erstatten** report *or* give a report [to sb.] [on sth.]

**berichten** *tr., itr. V.* report; **jmdm. etw. ~:** report sth. to sb.; **über etw.** *(Akk.) od.* **von etw. ~:** report on sth.; **es wird berichtet, daß ...:** it is reported that ...; **es wird soeben berichtet, daß ...:** reports are coming in that ...; **mir ist berichtet worden, daß ...:** I have heard a report/reports that ...; **wie uns berichtet wurde** according to reports reaching us

**Bericht-: ~erstatter** [-ɛɐ̯ʃtatɐ] **der; ~s, ~:** reporter; *(Referent)* rapporteur; **unser ~erstatter aus Paris** our Paris correspondent; **~erstattung die** reporting *no indef. art.;* **zur ~erstattung zurückgerufen werden** ⟨*ambassador etc.*⟩ be recalled to make a report; **die ~erstattung durch Presse und Rundfunk über diese Ereignisse** press and radio coverage of these events; **~haus das** *(schweiz.)* information centre

**berichtigen** *tr. V.* correct

**Berichtigung die; ~, ~en** correction; *(berichtigte Fassung)* corrected version; **der Lehrer gab uns die Arbeiten zur ~ zurück** the teacher gave the work back to us for the corrections to be done

**Berichts-: ~heft das** *(Schulw.) (apprentice's/trainee's)* record book; **~jahr das** *(bes. Wirtsch.)* year [covered by the report]

**beriechen** *unr. tr. V.* **a)** *(riechen an)* smell; sniff [at]; **b)** *(ugs.: vorsichtig Kontakt aufnehmen mit)* **sich [gegenseitig] ~:** size each other *or* one another up

**berieseln** *tr. V.* **a)** *(besprühen)* water ⟨*field*⟩ using an overhead sprinkling system; water ⟨*lawn*⟩ using a sprinkler; **b)** *(ugs. abwertend)* **mit Werbung/Musik berieselt werden** be subjected to a constant [unobtrusive] stream of advertisements/to constant background music

**Berieselung die a)** *s.* **berieseln:** watering using an overhead sprinkling system/a sprinkler; **b)** *(ugs. abwertend)* **die ständige ~ mit Musik** subjection to constant background music

**Berieselungs·anlage die** sprinkler system

**beringen** *tr. V.* put a ring on; ring ⟨*bird*⟩

**Bering·straße** ['be:rɪŋ-] **die** *(Geogr.)* Bering Strait

**beringt** *Adj.* beringed ⟨*finger, hand*⟩; ⟨*hand*⟩ covered with rings

**beritten a)** *(reitend)* mounted; on horseback *postpos.;* **b)** *(mit Pferden ausgerüstet)* mounted; **gut ~ sein** have good mounts *or* horses

**Berittene der/die;** *adj. Dekl.* rider; horseman/horsewoman

**Berlin** [bɛr'li:n] **(das); ~s** Berlin

**¹Berliner 1.** *Adj.; nicht präd.* Berlin; **~ Weiße [mit Schuß]** *light, very fizzy beer flavoured with a dash of raspberry juice or woodruff.* **2. der; ~s, ~:** Berliner; *s. auch* **Kölner**

**²Berliner der; ~s, ~:** *(~ Pfannkuchen)* [jam *(Brit.) or (Amer.)* jelly] doughnut

**Berlinerin die; ~, ~nen** Berliner; *s. auch* **-in**

**berlinerisch** *Adj. (ugs.) s.* **berlinisch**

**berlinern** *itr. V. (ugs.)* speak [in] Berlin dialect

**berlinisch** *Adj.* Berlin *attrib.;* **im Berlinischen** *(Sprachw.)* in Berlin dialect; **„Schrippe" ist ~:** 'Schrippe' is Berlin dialect

**Bermuda·inseln** [bɛr'mu:da-] *Pl.* Bermuda *sing., no art.;* Bermudas

**Bermudas** *Pl.* **a)** Bermudas; Bermuda *sing., no art.;* **b)** *s.* **Bermudashorts**

**Bermuda·shorts** *Pl.* Bermuda shorts

**Bern** [bɛrn] **(das); ~s** Bern[e]

**Bẹrner 1.** *Adj.; nicht präd.* Bernese; **eine ~ Zeitung** a Bern[e] newspaper; **die ~ Konvention** the Berne Convention; **das ~ Oberland** the Bernese Oberland. **2. der; ~s, ~:** Bernese

**Bernhardiner** [bɛrnhar'di:nɐ] **der; ~s, ~:** St. Bernard [dog]

**Bẹrn·stein** ['bɛrn-] **der;** *o. Pl.* amber

**bẹrnstein·farben** *Adj.* amber[-coloured]

**Berserker** [bɛr'zɛrkɐ] **der; ~s, ~ a)** *(hist.)* berserker; berserk; **b) wie ein ~ arbeiten** work like mad; **wie ein ~ auf jmdn. einschlagen** go berserk and attack sb.

**bersten** ['bɛrstn̩] *unr. itr. V.; mit sein (geh.)* ⟨*ice*⟩ break *or* crack up; ⟨*glass*⟩ shatter [into pieces]; ⟨*wall*⟩ crack up; **[bis] zum Bersten voll** *od.* **gefüllt sein** be full to bursting-point; **vor Neugier/Ungeduld/Freude/Zorn ~** *(fig.)* be bursting with curiosity/impatience/joy/rage

**berüchtigt** [bə'rʏçtɪçt] *Adj.* notorious (**wegen** for); *(verrufen)* disreputable; **als Raufbold ~ sein** be a notorious ruffian

**berụcken** *tr. V. (geh.)* captivate; charm; enchant; **ein ~der Anblick** an enchanting *or* a bewitching sight

**berücksichtigen** [bə'rʏkzɪçtɪgn̩] *tr. V.* **a)** *(einbeziehen)* take into account *or* consideration; **jmds. Alter ~:** make allowances for sb.'s age; **b)** *(beachten)* consider ⟨*applicant, application, suggestion*⟩

**Berụ̈cksichtigung die; ~ a)** *(das Einbeziehen)* **bei ~ aller Umstände** taking all the circumstances into account; **in** *od.* **unter ~ der Vor- und Nachteile** taking account of all the advantages and disadvantages; **b)** *(Beachtung)* consideration; **eine ~ Ihres Auftrags ist nicht möglich** we cannot consider your application

**Beruf der; ~[e]s, ~e a)** occupation; *(akademischer, wissenschaftlicher, medizinischer ~)* profession; *(handwerklicher ~)* trade; *(Stellung)* job; *(Laufbahn)* career; **was sind Sie von ~?** what do you do for a living?; what is your occupation?; **er ist von ~ Bäcker/Lehrer** *od.* **Bäcker/Lehrer von ~:** he's a baker by trade/a teacher by profession; **20 Jahre im ~ stehen** have been in the profession/trade for 20 years; **von ~s wegen** because of one's job; **den ~ verfehlt haben** *(scherzh.)* have missed one's vocation; *s. auch* **ergreifen, frei; b)** *(geh. veralt.) s.* **Berufung b**

**¹berufen 1.** *unr. tr. V.* **a)** *(einsetzen)* appoint; **jmdn. auf einen Lehrstuhl/in ein Amt ~:** appoint sb. to a chair/an office; **b)** *(ugs.: beschreien)* **berufe es nicht!** don't speak too soon!; **ich will es nicht ~, aber bisher hat die Sache immer geklappt** I don't want to tempt fate *or* providence, but until now it's worked every time; **c)** *(veralt.: zusammenrufen)* call, summon ⟨*person*⟩ (**zu** to); call a meeting of ⟨*council, cabinet, etc.*⟩. **2.** *unr. refl. V.* **sich auf etw.** *(Akk.)* **~:** refer to sth.; quote *or* cite sth.; **sich auf jmdn. als Zeugen ~:** appeal to sb. as a witness; **wenn Sie sich vorstellen, können Sie sich auf mich ~:** when you introduce yourself, you can mention my name

**²berufen** *Adj.* **a)** competent; **aus ~em Munde** from somebody *or* one competent *or* qualified to speak; **b)** *(prädestiniert)* **sich dazu ~ fühlen, etw. zu tun** feel called to do sth.; feel one has a mission to do sth.; **sich zu großen Taten ~ fühlen** feel called to great things; **zum Dichter/zu Höherem ~ sein** have a vocation as a poet/be destined for greater things

**beruflich 1.** *Adj.; nicht präd.* occupational, vocational ⟨*training etc.*⟩; *(bei akademischen Berufen)* professional ⟨*training etc.*⟩; **seine ~e Tätigkeit** his occupation; **er hat ~e Probleme** he has problems at work *or* in his job; **aus ~en Gründen** because of one's job; *(bei akademischen Berufen)* for professional reasons. **2.** *adv.* **meine Reise war ~ bedingt** my trip was business-related; **~ erfolgreich sein** be successful in one's career; **~ viel unterwegs sein** be away a lot on business; **sich ~ weiterbilden** undertake further job training; **~ verhindert sein** be detained by one's work

**berufs-, Berufs-: ~armee die** *s.* **~heer;**

**~aus·bildung die** occupational *or* vocational training; *(als Lehrer, Wissenschaftler, Arzt)* professional training; **eine [solide] ~ausbildung [als etw.] bekommen** receive [a thorough] training [as sth.]; **~aussichten** *Pl.* job prospects *(in a particular profession etc.)*; **~beamte der** ≈ established civil servant; *s. auch* **Beamte; ~beamtentum das** civil service with life-long job security; **~bedingt** *Adj.* occupational ‹*disease*›; ‹*expenses, difficulties*› connected with one's job; **~berater der** vocational adviser; **~beratung die** vocational guidance; **~bezeichnung die** job title; **~bezogen** *Adj.* vocationally orientated; **~bild das** outline of a/the profession/trade as a career; **~bildend** *Adj.* **~bildende Schule** vocational training school; **~boxer der** professional boxer; **~erfahren** *Adj.* [professionally] experienced; with considerable [professional] experience *postpos., not pred.*; **~erfahrung die;** *o. Pl.* [professional] experience; **~ethos das** *(geh.)* professional code of ethics; **~fach·schule die** vocational college *(providing full-time vocational training)*; **~fahrer der** [professional] driver; **~feuerwehr die** [professional] fire service; **~fremd** *Adj.* ‹*task, work, job*› unconnected with the profession/trade for which one has been trained; **„Berufsfremde werden eingearbeitet"** '[on-the-job] training will be given where necessary'; **~geheimnis das** professional secret; *(Schweigepflicht)* professional secrecy; **~genossenschaft die** *professional/trade association having liability for industrial safety and insurance;* **~gruppe die** occupational group; **~heer das** regular *or* professional army; **~kleidung die** [prescribed] work[ing] clothes *pl.*; **~krankheit die** occupational disease; **~leben das** working life; **im ~leben stehen** be working; **ins ~leben treten** start one's working life; start in one's first job; **~mäßig 1.** *Adj.; nicht präd.* professional; **2.** *adv.* professionally; **~offizier der** regular officer; **~politiker der** professional politician; **~richter der** full-time salaried judge; **~risiko das** occupational risk; **~schule die** vocational school; **~schüler der** student at a vocational school; **~soldat der** regular *or* professional soldier; **~sportler der** professional sportsman; **~stand der** profession; *(Gewerbe)* trade; **~ständisch** *Adj.* professional; **~tätig** *Adj.* working *attrib.*; **es gibt mehr ~tätige Männer als Frauen** more men than women have a job *or* are in paid employment; **[halbtags] ~tätig sein** work [part-time]; **~tätige der/die;** *adj. Dekl.* working person; **~tätige** *Pl.* working people; **~unfähigkeit die** incapacity *(to follow one's profession/trade)*; **~verband der** professional/trade association; **~verbot das** *debarment from practising a particular profession or trade; (für den öffentlichen Dienst) official debarment, on political grounds, from all civil service professions;* **~verbrecher der** professional criminal; **~verkehr der** rush-hour traffic; **~wahl die;** *o. Pl.* choice of career; **~wechsel der** change of career; **~wunsch der** preferred choice of career; **~zweig der** branch of the profession/trade

**Berufung die;** ~, ~en **a)** *(für ein Amt)* offer of an appointment (**auf, in, an** + *Akk.* to); **seit seiner ~ nach ...:** since he took up the appointment in ...; **b)** *(innerer Auftrag)* vocation; **die ~ zum Künstler in sich** *(Dat.)* **verspüren** feel one has a vocation as an artist; **c)** *(das Sichberufen)* **unter ~** *(Dat.)* **auf jmdn./etw.** referring *or* with reference to sb./sth.; **d)** *(Rechtsw.: Einspruch)* appeal; **~ einlegen** lodge an appeal; appeal; **in die ~ gehen** appeal; **e)** *(veralt.: Einberufung)* summoning

**Berufungs-: ~frist die** *(Rechtsw.)* period within which an appeal must be lodged; period allowed for an appeal; **~instanz die** *(Rechtsw.)* court of appeal; **~verfahren das** *(Rechtsw.)* appeal proceedings *pl.*

**beruhen** *itr. V.* **auf etw.** *(Dat.)* **~:** be based on sth.; **etw. auf sich** *(Dat.)* **~ lassen** let sth. rest; *s. auch* **Gegenseitigkeit**

**beruhigen** [bəˈruːɪɡn̩] **1.** *tr. V.* calm [down]; quieten, pacify ‹*child, baby*›; *(trösten)* soothe; *(die Befürchtung nehmen)* reassure; salve, soothe ‹*conscience*›; **die Nerven/den Magen ~:** calm one's nerves/settle the stomach; **beruhigt schlafen/nach Hause gehen können** be able to sleep/go home with one's mind set at ease. **2.** *refl. V.* ‹*person*› calm down; ‹*wind*› drop, die down; ‹*sea*› become calm; ‹*storm*› abate, die down; ‹*struggle, traffic*› lessen; ‹*rush of people*› subside; ‹*prices, stock exchange, stomach*› settle down; **die Lage beruhigt sich** the situation is becoming more stable; **meine Nerven haben sich beruhigt** my nerves have steadied

**Beruhigung die;** ~ **a)** *s.* **beruhigen 1:** calming [down]; quietening; pacifying; soothing; salving; reassurance; **jmdm. etw. zur ~ geben** give sb. sth. to calm him/her [down]; **b)** *(das Ruhigwerden);* **eine ~ des Wetters ist vorauszusehen** the weather can be expected to become more settled; **zu Ihrer ~ kann ich sagen, ...:** you'll be reassured to know that ...; **jmdm. ein Gefühl der ~ geben** reassure sb.; **eine ~ der politischen Lage ist nicht zu erwarten** we should not expect that the political situation will become more stable

**Beruhigungs-: ~mittel das** sedative; tranquillizer; **~pille die** sedative [pill]; tranquillizer; *(fig.)* sop; **~spritze die** sedative injection; **~zelle die** cooling-off cell; holding cell; **~zigarette die** calming cigarette; cigarette to calm one's nerves

**berühmt** [bəˈryːmt] *Adj.* famous; **durch diesen Roman wurde er ~:** the novel made him famous; **wegen** *od.* **für etw. ~ sein** be famous for sth.; **das ist nicht gerade ~** *(ugs. iron.)* it's nothing to write home about *(coll.)* *or* no big deal *(coll.)*

**berühmt-berüchtigt** *Adj.* notorious

**Berühmtheit die;** ~, ~en **a)** *o. Pl.* *(Ruhm)* fame; **~ erlangen/gewinnen** become famous/win fame; **zu trauriger ~ gelangen** become notorious; **b)** *(Mensch)* celebrity

**berühren** *tr. V.* **a)** *(anrühren)* touch; **sich** *od. (geh.)* **einander ~:** touch; **„Bitte Waren nicht ~!"** 'please do not touch the merchandise'; **b)** *(kurz erwähnen)* touch on ‹*topic, issue, question*›; **c)** *(beeindrucken)* affect; **das berührte ihn seltsam/schmerzlich** he was strangely affected/painfully moved by it; **wir fühlten uns davon unangenehm/peinlich berührt** it made an unpleasant impression on us/made us feel embarrassed; **das berührt mich [überhaupt] nicht** it's a matter of [complete] indifference to me

**Berührung die;** ~, ~en **a)** *(das Berühren)* touch; **mit etw. in ~** *(Akk.)* **kommen** come into contact with sth.; **jede ~ mit jmdm. vermeiden** avoid all physical contact with sb.; **bei der geringsten ~:** at the slightest touch; **b)** *(Kontakt)* contact; **mit jmdm./etw. in ~** *(Akk.)* **kommen** come into contact with sb./sth.; **jmdn. in ~** *(Akk.)* **mit jmdm./etw. bringen** bring sb. into contact with sb./sth.; **c)** *o. Pl.* *(Erwähnung)* mention

**berührungs-, Berührungs-: ~angst die** *(Psych.)* fear of contact; haptephobia *(Psych.)*; **~los** *(Physik, Technik)* **1.** *Adj.* contactless; non-contact; **2.** *adv.* without direct contact; **~punkt der a)** *(Math.)* point of contact *or* tangency; **b)** *(Gemeinsamkeit)* point of contact; **politische ~punkte mit jmdm. besitzen** have the same views as sb. on a number of political issues

**Beryll** [beˈrʏl] **der;** ~s, ~e *(Mineral.)* beryl

**Beryllium** [beˈrʏli̯ʊm] **das;** ~s *(Chemie)* beryllium

**besabbern** *tr. V.* *(salopp)* slobber [on *or* over]

**besäen** *tr. V.* sow

**besagen** *tr. V.* say; *(bedeuten)* mean; **das besagt noch gar nichts/sehr viel** that doesn't mean anything/means a great deal

**besagt** *Adj.; nicht präd.* *(Amtsspr.)* aforementioned

**besamen** [bəˈzaːmən] *tr. V.* fertilize; *(künstlich)* inseminate

**besammeln** *refl. V.* *(schweiz.)* *s.* **versammeln**

**Besammlung die;** ~, ~en *(schweiz.)* *s.* **Versammlung**

**Besamung die;** ~, ~en fertilization; *(künstlich)* insemination

**Besan** [beˈzaːn] **der;** ~s, ~e **a)** *(Segel)* mizen[-sail]; **b)** *(~mast)* mizen-mast

**besänftigen** [bəˈzɛnftɪɡn̩] **1.** *tr. V.* calm [down]; pacify; calm, soothe ‹*temper*›. **2.** *refl. V.* calm down; ‹*sea*› become calm

**Besänftigung die;** ~: calming [down]; pacifying; *(von jmds. Zorn)* calming; soothing

**Besan·mast der** mizen-mast

**besät** [bəˈzɛːt] *Adj.* sown (**mit** with); *(fig.)* covered (**mit, von** with); **mit Blütenblättern/Sternen ~:** strewn with petals/studded with stars

**Besatz der a)** *(Mode: Borte)* trimming *no indef. art.*; **b)** *(Jagdw., Landw., Fischereiw.)* stock

**Besatzer** [bəˈzat͜sɐ] **der;** ~s, ~: member of the occupying forces; **die ~:** the occupying forces

**Besatzung die a)** *(Mannschaft)* crew; **b)** *(Milit.: Verteidigungstruppe)* garrison; **c)** *(Milit.: Okkupationstruppen)* occupying troops *pl.* *or* forces *pl.*

**Besatzungs-: ~armee die** occupying army; army of occupation; **~kind das** *child of a [coloured] member of the occupying forces and a local woman;* **~macht die** occupying power; **~truppen** *Pl.* occupying troops *or* forces; **~zone die** occupied zone

**besaufen** *unr. refl. V.* *(salopp)* get boozed up *(Brit. sl.)* *or* canned *(Brit. sl.)* *or* bombed *(Amer. sl.)*; *s. auch* **sinnlos 2c**

**Besäufnis** [bəˈzɔyfnɪs] **die;** ~, ~se *od.* **das;** ~ses, ~se *(salopp)* booze-up *(Brit. sl.)*: blast *(Amer. sl.)*

**besäuseln** *refl. V.* *(ugs.)* get merry *(Brit. coll.)* *or* tipsy; **besäuselt** merry *(coll.)*; tipsy

**beschädigen** *tr. V.* damage

**Beschädigte der/die;** *adj. Dekl.* *(veralt.)* disabled person

**Beschädigung die a)** *o. Pl.* *(das Beschädigen)* damaging; **b)** *(Schaden)* damage; **zahlreiche/mehrere ~en** a lot of/quite a lot of damage *sing.*

**beschaffbar** *Adj.* obtainable; **schwer/leicht ~:** difficult/easy to obtain

[1]**beschaffen** *tr. V.* obtain; get; get ‹*job*›; **ein Quartier ~:** find accommodation; **jmdm. etw. ~:** obtain/get sb. sth. *or* sth. for sb.; **sich** *(Dat.)* **Geld/die Genehmigung ~:** get [hold of] money/get *or* obtain the permit/licence

[2]**beschaffen** *Adj.* **so ~ sein, daß ...:** ‹*goods, materials*› be made in such a way that ...; ‹*substance*› be such that ...

**Beschaffenheit die;** ~: composition; *(von Menschen)* make-up; **rauhe/glatte ~:** roughness/smoothness

**Beschaffung die** *s.* **beschaffen:** obtaining; getting; finding

**Beschaffungs-: ~amt das;** *o. Pl.* *(Milit.)* ≈ Procurement Executive *(Brit.)* *or* *(Amer.)* Office; **~kosten** *Pl.* procurement cost *sing.*; cost *sing.* of acquisition; **~kriminalität die** crime in the pursuit of drug acquisition

**beschäftigen** [bəˈʃɛftɪɡn̩] **1.** *refl. V.* **sich mit etw. ~:** occupy *or* busy oneself with sth.;

**sich viel mit Musik/den Kindern ~:** devote a great deal of one's time to music/the children; **sich mit den Schriften Hegels ~:** be engaged in a study of the writings of Hegel; **sich mit einem Fall ~:** deal with a case; **mit etw. beschäftigt sein** be [busy] working on sth.; **sehr beschäftigt sein** be very busy. **2.** *tr. V.* **a)** *(geistig in Anspruch nehmen)* **jmdn. ~:** be on sb.'s mind; preoccupy sb.; **was beschäftigt dich so?** what's on your mind?; **Märchen ~ die Phantasie der Kinder** fairy stories engage children's imaginations; **b)** *(angestellt haben)* employ ⟨*workers, staff*⟩; **bei einer Firma beschäftigt sein** work for a firm; **c)** *(zu tun geben)* occupy; **jmdn. mit etw. ~:** give sb. sth. to occupy him/her; **du mußt die Kinder ~:** you must keep the children occupied

**Beschäftigte der/die;** *adj. Dekl.* employee; **die Fabrik/das Kaufhaus hat 500 ~:** the factory has a workforce/the department store has a staff of 500

**Beschäftigung die; ~, ~en a)** *(Tätigkeit)* activity; occupation; **bei dieser ~ solltest du ihn nicht stören** you shouldn't disturb him while he's occupied with that; **einer ~ nachgehen** pursue an activity; **b)** *(berufliche Tätigkeit)* job; **seiner ~ nachgehen** go about one's business; **er geht wieder seiner ~ nach** he's now back at work; **ohne ~ sein** not be working; *(unfreiwillig)* be unemployed; **c)** *(mit einer Frage, einem Problem)* consideration **(mit** of); *(Untersuchung, Studium)* study **(mit** of); **d)** *o. Pl. (das Angestelltwerden)* employment; **e)** *o. Pl. (das Beschäftigtsein)* **die ~ in diesem Betrieb/im Staatsdienst** working for this firm/in the Civil Service

**beschäftigungs-, Beschäftigungs-: ~grad der** *(Wirtsch.)* level of employment; **~los** *Adj.* **a)** *(untätig)* **~ sein** have nothing to do; **b)** *(ohne Arbeit)* **~ sein** not be working; *(unfreiwillig)* be unemployed; **~therapie die** *(Med.)* occupational therapy

**beschälen** *tr. V.* cover, serve ⟨*mare*⟩

**Beschäler der; ~s, ~:** breeding stallion; stud-horse

**beschallen** *tr. V.* **a)** fill with sound; **b)** *(Med.)* treat with ultrasonic waves *or* ultrasound

**beschämen** *tr. V.* shame; **jmdn. durch seine Großmütigkeit ~:** make sb. ashamed by one's generosity

**beschämend 1.** *Adj.* **a)** *(schändlich)* shameful; **b)** *(demütigend)* humiliating; **für jmdn. ~ sein** be humiliating for sb.; bring humiliation upon sb. **2.** *adv.* shamefully

**beschämt** *Adj.* ashamed; abashed; **ein ~es Gesicht** a shamefaced expression; **sich ~ fühlen** be ashamed *or* abashed

**Beschämung die; ~:** shame; **zu meiner ~ muß ich gestehen, daß ...:** to my shame I must confess that ...

**beschatten** *tr. V.* **a)** *(geh.)* shade; *(fig.)* overshadow, cast a cloud over ⟨*event*⟩; cloud ⟨*face*⟩; **b)** *(heimlich überwachen)* shadow; **jmdn. ~ lassen** have sb. shadowed; **c)** *(Fußball, Hockey)* mark closely

**Beschatter der; ~s, ~:** shadow

**Beschattung die; ~** *(eines Verdächtigen)* shadowing

**Beschau die** inspection

**beschauen** *tr. V. (bes. md.) s.* **betrachten**

**Beschauer der; ~s, ~:** viewer

**beschaulich** [bəˈʃaulɪç] **1.** *Adj.* **a)** *(behaglich)* peaceful, tranquil ⟨*life, manner, etc.*⟩; meditative, contemplative ⟨*person, character*⟩; **b)** *(kath. Rel.)* **~e Orden** contemplative orders. **2.** *adv.* peacefully; tranquilly

**Beschaulichkeit die; ~:** peacefulness; tranquillity

**Bescheid** [bəˈʃait] **der; ~[e]s, ~e a)** *(Auskunft)* information; *(Antwort)* answer; reply; **jmdm. ~ geben** *od.* **sagen[, ob ...]** let sb. know or tell sb. [whether ...]; **sage bitte im Restaurant ~, daß ...:** please let the restaurant know *or* let them know in the restaurant that ...; **jmdm. ~ sagen** *(ugs.: sich beschweren)* give sb. a piece of one's mind *(coll.)*; **[über etw.** *(Akk.)***] ~ wissen** know [about sth.]; **in einer Stadt/mit Autos ~ wissen** know one's way around a town/know about cars; **jmdm. ~ stoßen** *(ugs.)* give sb. a dressing-down *(coll.)*; **Entschuldigung, wissen Sie hier ~?** excuse me, do you know your way around here?; **b)** *(Entscheidung)* decision; **ein abschlägiger/günstiger ~:** a refusal/a positive reply

**¹bescheiden 1.** *unr. tr. V.* **a)** *(Amtsspr.: Mitteilung machen an)* **jmdn./etw. abschlägig ~:** turn sb./sth. down; refuse sb./sth.; **jmdn. ~[, daß ...]** inform *or* notify sb. [that ...]; **b)** *(geh.: zuteil werden lassen)* **jmdm. etw. ~:** grant sb. sth.; **es war ihm nicht beschieden, den Erfolg seines Romans zu erleben** it was not granted to him to live to see the success of his novel. **2.** *unr. refl. V. (geh.)* be content; **man muß sich ~ können** one has to be able to make do with less *or* moderate one's needs

**²bescheiden 1.** *Adj.* **a)** *(unaufdringlich)* modest; modest, unassuming ⟨*person, behaviour*⟩; **b)** *(einfach)* modest; simple ⟨*meal*⟩; **darf ich die ~e Frage stellen, wie ...?** *(auch iron.)* may I venture to ask how ...?; **aus ~en Anfängen** from modest *or* humble beginnings; **in ~en Verhältnissen aufwachsen** grow up in humble circumstances; **c)** *(dürftig)* modest ⟨*salary, results, pension, etc.*⟩; **d)** *(ugs. verhüll.: sehr schlecht)* lousy *(sl.)*; bloody awful *(Brit. coll.)*. **2.** *adv.* modestly; **darf ich mal ganz ~ anfragen, wie ...?** *(auch iron.)* may I venture to ask how ...?

**Bescheidenheit die; ~:** modesty; **keine falsche ~!** don't be shy!; **~ ist eine Zier, doch weiter kommt man ohne ihr** *(scherzh.)* modesty is a virtue, but it doesn't get you very far; **aus falscher ~:** out of false modesty

**Bescheidung die;** *o. Pl. (geh.)* moderation in one's needs

**bescheinen** *unr. tr. V.* shine [up]on; **vom Mond/von der Sonne beschienen** moonlit/sunlit

**bescheinigen** [bəˈʃainɪgn̩] *tr. V.* **etw. ~:** confirm sth. in writing; **den Tod [auf dem Totenschein] ~:** sign the death certificate; **jmdm. den Empfang des Geldes ~:** acknowledge receipt of the money; *(durch Quittung)* give sb. a receipt for the money; **sich** *(Dat.)* **~ lassen, daß man arbeitsunfähig ist/die Rechnung bezahlt hat** get oneself certified as unfit for work/get a receipt for the bill; **du wirst deinen Fehler noch bereuen, das kann ich dir ~** *(fig.)* you'll regret your mistake, I can guarantee you that

**Bescheinigung die; ~, ~en a)** *(Schriftstück)* written confirmation *no indef. art.*; *(Schein)* certificate; *(Quittung)* receipt; **eine ~ des Arztes** a doctor's certificate; a certificate from the doctor; a medical certificate; **b)** *o. Pl. (das Bescheinigen)* confirmation in writing

**bescheißen** *unr. tr. V. (derb)* **jmdn. ~:** rip sb. off *(sl.)*; screw sb. *(coarse)*; **jmdn. um etw. ~:** do sb. out of sth. *(sl.)*

**beschenken** *tr. V.* **jmdn. ~:** give sb. a present/presents; **jmdn. reich ~:** shower sb. with presents; **jmdn. mit etw. ~:** give sb. sth. as a present; **sich [gegenseitig] ~:** give each other presents

**bescheren 1.** *tr. V.* **a)** *(schenken)* **jmdn. [mit etw.] ~:** give sb. [sth. as] a Christmas present/Christmas presents; **jmdm. etw. ~:** give sb. sth. for Christmas; **b)** *(zuteil werden lassen)* **ihnen waren keine Kinder beschert** they were not blessed with children; **ich bin gespannt, was uns dieser Tag ~ wird** I wonder what today will bring; **ihm waren noch viele Jahre des Glücks beschert** he was granted many more happy years. **2.** *itr. V.* **nach dem Abendessen wird beschert** the presents are given out after supper

**Bescherung die; ~, ~en a)** *(zu Weihnachten)* giving out of the Christmas presents; **die Kinder konnten die ~ kaum erwarten** the children could hardly wait for the presents to be given out; **b)** *(ugs. iron.: unangenehme Überraschung)* **das ist ja eine schöne ~:** this is a pretty kettle of fish; **jetzt haben wir die ~:** that's done it, I told you so; **nun guck dir die ~ an** just look at this mess

**bescheuert** *Adj. (salopp)* **a)** *(verrückt)* barmy *(Brit. sl.)*; nuts *(sl.)*; **b)** *(unangenehm)* stupid ⟨*task, party, etc.*⟩; **jmdn./etw. ~ finden** find sb./sth. a real pain [in the neck] *(coll.)*

**beschichten** *tr. V. (Technik)* coat; **mit Kunststoff beschichtet** plastic-coated

**Beschichtung die; ~, ~en** *(Technik)* coating

**beschicken** *tr. V.* **a)** supply ⟨*market, shop*⟩; send representatives to ⟨*meeting, congress, etc.*⟩; send exhibits to ⟨*art exhibition*⟩; **b)** *(Technik: füllen)* charge ⟨*furnace*⟩

**beschickert** [bəˈʃɪkɐt] *Adj. (ugs.: angetrunken)* tipsy; merry *(Brit. coll.)*

**Beschickung die; ~, ~en** *(Technik: eines Hochofens) (das Beschicken)* charging; *(Füllung)* charge

**beschießen** *unr. tr. V.* **a)** fire *or* shoot at; *(mit Artillerie)* bombard; **b)** *(Kernphysik)* bombard

**Beschießung die; ~, ~en** *s.* **beschießen: a) die ~ der feindlichen Flugzeuge** firing *or* shooting at the enemy aircraft; **hält diese ~ weiter an, ...:** if this firing *or* shooting/bombardment continues ...; **b) die ~ mit Neutronen/Alphateilchen** bombardment with neutrons/alpha particles

**beschildern** *tr. V.* label ⟨*jar etc.*⟩; put up direction-signs along ⟨*road, path*⟩

**Beschilderung die a)** labelling; **die ~ der Straße/des Wanderwegs** putting up direction-signs along the road/footpath; **b)** *(Schilder)* direction signs

**beschimpfen** *tr. V.* abuse; swear at; **ich lasse mich von Ihnen nicht ~!** I won't stand for being sworn at *or* abused by you

**Beschimpfung die; ~, ~en a)** *(das Beschimpfen)* abuse *no indef. art.*; **die öffentliche ~ des Staatsoberhaupts** publicly insulting the head of state; **b)** *(Äußerung)* insult; **~en** abuse *sing.*; insults

**beschirmen** *tr. V. (geh.)* **a)** *(beschützen)* protect **(vor** + *Dat.* from); **b)** *(vor Licht)* shade

**beschirmt** *Adj. (scherzh.)* **~ sein** have an *or* one's umbrella [with one]

**Beschiß der; Beschisses** *(derb)* rip-off *(sl.)*; **das ist doch alles ~!** it's a rip-off *(sl.) or* swindle

**beschissen** [bəˈʃɪsn̩] *(derb)* **1.** *Adj.* lousy *(sl.)*; shitty *(vulg.)*. **2.** *adv.* ⟨*behave*⟩ in a bloody awful manner *(Brit. coll.)*, shittily *(vulg.)*; **ihm geht es ~:** he's having a lousy *or (Brit.)* bloody awful time of it *(sl.)*

**beschlafen** *unr. tr. V. (ugs.)* **a)** *(den Beischlaf ausüben mit)* lay *(sl.)*; sleep with; **b)** *(überdenken)* sleep on

**Beschlag der a)** *(an Truhen)* metal fitting; *(an Fenstern, Türen, Möbelstücken, Sätteln)* metal mount; *(Scharnier)* hinge; *(Schließe)* clasp; **b)** *in* **jmdn./etw. mit ~ belegen** *od.* **in ~ nehmen, jmdn./etw. in ~ halten** monopolize sb./sth.; **c)** *(Hufeisen)* horseshoe

**¹beschlagen 1.** *unr. tr. V.* shoe ⟨*horse*⟩; **ein Faß mit Reifen ~:** hoop a barrel; **Schuhsohlen mit Nägeln ~:** stud the soles of shoes with [hob]nails. **2.** *unr. itr. V.*; *mit sein* ⟨*window*⟩ mist up *(Brit.)*, fog up *(Amer.)*; *(durch Dampf)* steam up; **~e Scheiben** misted-up/fogged-up/steamed-up windows. **3.** *unr. refl. V.* mist up *(Brit.)*; fog up *(Amer.)*; *(durch Dampf)* steam up

**²beschlagen** *Adj.* knowledgeable; **in etw.** *(Dat.)* **[gut] ~ sein** be knowledgeable about sth.; **auf einem Gebiet ~ sein** be knowledgeable about *or* well-versed in a subject
**Beschlagenheit die; ~:** thorough *or* sound knowledge (**auf** + *Dat.* of)
**Beschlag·nahme** [-na:mə] **die; ~, ~n** seizure; confiscation
**beschlagnahmen** *tr. V.* **a)** *(konfiszieren)* seize; confiscate; **b)** *(scherzh.: in Anspruch nehmen)* **jmdn. ~:** monopolize sb.
**Beschlagnahmung die; ~, ~en** *s.* **Beschlagnahme**
**beschleichen** *unr. tr. V.* **a)** *(heranschleichen an)* creep up on *or* to; steal up to; ⟨*hunter*⟩ stalk ⟨*game, prey*⟩; **b)** *(geh.: überkommen)* creep over
**beschleunigen** [bə'ʃlɔynɪgn̩] **1.** *tr. V.* speed up; increase ⟨*speed*⟩; quicken ⟨*pace, step[s], pulse*⟩; accelerate ⟨*atomic particle*⟩; speed up, expedite ⟨*work, delivery*⟩; hasten ⟨*departure, collapse*⟩; accelerate, speed up, expedite ⟨*process*⟩; **etw. beschleunigt erledigen** deal with sth. as a matter of priority. **2.** *refl. V.* ⟨*speed, heart-rate*⟩ increase; ⟨*pulse*⟩ quicken. **3.** *itr. V.* ⟨*car*⟩ accelerate; ⟨*engine*⟩ speed up
**Beschleuniger der; ~s, ~** *(Kernphysik)* accelerator
**Beschleunigung die; ~, ~en a)** *s.* **beschleunigen 1:** speeding up; increasing; quickening; acceleration; expedition; hastening; **eine ~ der Arbeit erreichen** speed up the work; **eine weitere ~ des Tempos** a further increase in speed; **b)** *(ugs.: ~svermögen)* acceleration; **eine gute ~ haben** have good acceleration; **c)** *(Physik)* acceleration
**Beschleunigungs-: ~anlage die** *s.* **Beschleuniger; ~vermögen das;** *o. Pl. (Technik) (eines Kfz)* acceleration; *(eines Motors)* throttle response; **~wert der** *(Technik)* acceleration figure
**beschließen 1.** *unr. tr. V.* **a)** *(entscheiden)* **~, etw. zu tun** decide *or* resolve to do sth.; **das ist beschlossene Sache** it's settled; **b)** *(einen Mehrheitsbeschluß fassen über)* pass ⟨*law*⟩; **~, etw. zu tun** resolve to do sth.; **c)** *(beenden)* end; end, conclude ⟨*lecture*⟩; end, close ⟨*letter*⟩; **seine Tage ~** *(geh.)* end one's days. **2.** *unr. itr. V.* **über etw.** *(Akk.)* **~:** decide concerning sth.
**beschlossen** [bə'ʃlɔsn̩] **1.** *2. Part. v.* **beschließen. 2.** *in* **in etw.** *(Dat.)* **~ sein** *od.* **liegen** *(geh.)* be summed up in sth.
**Beschluß der a)** *(Entscheidung)* decision; *(gemeinsam festgelegt)* resolution; **einen ~ fassen** come to a decision/pass a resolution; **laut ~ des Gerichtes/der Direktion** in accordance with the decision of the court/management; **b)** *o. Pl. (veralt.: Ende)* end; **zum ~:** to end *or* conclude
**beschluß-, Beschluß-: ~fähig** *Adj.* quorate; **~fähig sein** have a quorum; be quorate; **~fähigkeit die;** *o. Pl.* presence of a quorum; **die ~fähigkeit herstellen** make a quorum; **~fassung die** *(Amtsspr.)* **einen Entwurf zur ~fassung vorlegen** submit a draft resolution; **~organ das** decision-making body; **~unfähig** *Adj.* inquorate; **~unfähig sein** not have a quorum; be inquorate
**beschmeißen** *unr. tr. V. (salopp)* **jmdn./sich [gegenseitig] mit etw. ~:** pelt sb./each other with sth.; **jmdn./etw. mit Schmutz** *od.* **Dreck ~** *(fig.)* fling mud at sb./sth.
**beschmieren** *tr. V.* **a) etw./sich ~:** get sth./oneself in a mess; **sich** *(Dat.)* **die Kleidung/Hände mit etw. ~:** smear *or* get sth. [smeared] all over one's clothes/hands; **b)** *(abwertend) (bemalen)* daub paint all over; *(bekritzeln)* scrawl *or* scribble all over; **c)** *(bestreichen)* **sein Brot mit etw. ~:** spread sth. on one's bread; **das Brot mit Butter ~:** butter the bread; **etw. mit Fett/Salbe ~:** grease sth./smear ointment on sth.; **d)** *(abwertend: vollschreiben)* cover ⟨*paper*⟩
**beschmunzeln** *tr. V.* smile at
**beschmutzen** *tr. V.* **etw. ~:** make sth. dirty; **ganz beschmutzt sein** be covered in dirt; **jmds. Namen/Gedenken ~** *(fig.)* besmirch sb.'s name/memory; **sich ~** *(verhüll.)* dirty oneself
**beschneiden** *unr. tr. V.* **a)** *(stutzen)* cut, trim, clip ⟨*hedge*⟩; prune, cut back ⟨*bush*⟩; cut back ⟨*tree*⟩; trim ⟨*book block*⟩; **einem Vogel die Flügel ~:** clip a bird's wings; **b)** *(Med., Rel.)* circumcise; **ein Beschnittener** a circumcised boy/man; **c)** *(einschränken)* cut ⟨*salary, income, wages*⟩; restrict ⟨*rights*⟩; **jmdn. in seinen Rechten ~:** restrict sb.'s rights
**Beschneidung die; ~, ~en a)** *(das Stutzen) s.* **beschneiden a:** trimming; cutting; clipping; pruning; cutting back; **b)** *(Einschränkung) s.* **beschneiden c:** cutting; restriction; **die ~ seines Einkommens in Kauf nehmen** accept a cut in [one's] income; **c)** *(Med., Rel.)* circumcision
**beschneit** *Adj.* snow-covered
**beschnüffeln** *tr. V.* **a)** *(beriechen)* sniff at; **b)** *(ugs.: prüfen)* **jmdn./sich ~:** size sb./each other up; **c)** *(ugs. abwertend: bespitzeln)* spy on
**beschnuppern** *tr. V.: s.* **beschnüffeln a, b**
**beschönigen** [bə'ʃø:nɪgn̩] *tr. V.* gloss over
**Beschönigung die; ~, ~en** glossing over; **das wäre eine ~:** that would be to gloss over the true situation
**beschränken** [bə'ʃrɛŋkn̩] **1.** *tr. V.* restrict; limit; **etw. auf etw.** *(Akk.)* **~:** restrict *or* limit sth. to sth.; **jmdn. in seinen Rechten ~:** restrict sb.'s rights; **die Mittel sind beschränkt** my/our *etc.* resources are limited; **beschränkte Verhältnisse** straitened circumstances. **2.** *refl. V.* tighten one's belt *(fig.)*; **sich auf etw.** *(Akk.)* **~:** restrict *or* confine oneself to sth.
**beschrankt** *Adj.* ⟨*level crossing*⟩ with barriers; **~ sein** have barriers
**beschränkt 1.** *Adj.* **a)** *(abwertend: dumm)* dull-witted; **b)** *(engstirnig)* ⟨*person*⟩ of restricted *or* limited outlook; narrow-minded ⟨*person*⟩; narrow[-minded] ⟨*views, outlook*⟩; **~ sein** have a restricted *or* limited outlook; be narrow-minded; **einen ~en Horizont haben** have limited horizons *pl.* **2.** *adv.* narrow-mindedly; in a narrow-minded way
**Beschränktheit die; ~: a)** *(Dummheit)* lack of intelligence; **in ihrer ~:** with her limited intelligence; **b)** *(das Begrenztsein)* limitedness; restrictedness
**Beschränkung die; ~, ~en a)** *o. Pl. (das Beschränken)* limitation; restriction; **b)** *(das, was beschränkt)* restriction; **jmdm./einer Sache ~en auferlegen** impose restrictions on sb./sth.
**beschreiben** *unr. tr. V.* **a)** write on; *(vollschreiben)* write ⟨*page, side, etc.*⟩; **eng beschriebene Seiten** closely written pages; **b)** *(darstellen)* describe; **ich kann dir [gar] nicht ~, wie ..., es ist [gar] nicht zu ~, wie ...:** I [simply] can't tell you how ...; **ihre Leiden waren nicht zu ~:** her sufferings were indescribable *or* beyond description; **wer beschreibt seine Freude, als ...:** who could describe his joy when ...; **c)** *(durch Kreisbewegung herstellen)* describe ⟨*circle, orbit, curve, etc.*⟩
**Beschreibung die; ~, ~en a)** description; **jeder ~ spotten** defy *or* be beyond description; **b)** *(Gebrauchsanweisung)* instructions *pl.*
**beschreien** *unr. tr. V.: s.* **¹berufen 1 b**
**beschreiten** *unr. tr. V. (geh.)* walk along ⟨*path etc.*⟩; **neue Wege ~** *(fig.)* tread new paths; ⟨*medicine, technology, etc.*⟩ pursue new methods; **den Rechtsweg ~:** have recourse to litigation
**Beschrieb der** *(schweiz.)* description
**beschriften** [bə'ʃrɪftn̩] *tr. V.* label; address ⟨*envelope, letter*⟩; inscribe ⟨*stone*⟩; letter ⟨*sign*⟩
**Beschriftung die; ~, ~en a)** *o. Pl.* labelling; *(eines Briefes)* addressing; *(eines Steines)* inscribing; *(eines Schildes)* lettering; **b)** *(Aufschrift)* label; *(eines Briefes)* address; *(eines Steines)* inscription; *(eines Schildes)* lettering
**beschuhen** [bə'ʃu:ən] *tr. V. (Technik)* shoe; tip [with metal]
**beschuht** *Adj.* shod; **ein weiß ~er Fuß** a foot [shod] in a white shoe
**beschuldigen** [bə'ʃʊldɪgn̩] *tr. V.* accuse (+ *Gen.* of); **jmdn. des Mordes/des Mordes an seiner Frau ~:** accuse sb. of murder/of the murder of his wife; **jmdn. ~, etw. getan zu haben/etw. zu sein** accuse sb. of doing/being sth.
**Beschuldigte der/die;** *adj. Dekl.* accused
**Beschuldigung die; ~, ~en** accusation; **~en gegen jmdn. erheben** make accusations against sb.
**beschummeln** *tr. V. (ugs.),* **beschupsen** *tr. V. (salopp)* cheat; diddle *(Brit. coll.)*; burn *(Amer. sl.)*; **jmdn. um etw. ~:** diddle *(Brit. sl.) or (coll.)* do sb. out of sth.
**Beschuß der a)** fire; *(aus Kanonen)* shelling; *(mit Pfeilen)* shooting; **unter ~ nehmen** fire at/shell/shoot at; *(fig.: kritisieren)* attack; **[heftig** *od.* **stark] unter ~ geraten/stehen** *od.* **liegen** *(auch fig.)* come/be under [heavy] fire; **b)** *(Physik)* **~ mit Neutronen** *usw.* bombardment with neutrons *etc.*
**beschützen** *tr. V.* protect (**vor** + *Dat.* from); **~d den Arm um jmdn. legen** put a protective arm around sb.; **~de Werkstätte** sheltered workshop
**Beschützer der; ~s, ~, Beschützerin die; ~, ~nen** protector (**vor** from)
**beschwatzen,** *(bes. südd.)* **beschwätzen** *tr. V. (ugs.)* **a) jmdn. ~:** talk sb. round; **jmdn. zu etw. ~:** talk sb. into sth.; **jmdn. ~, etw. zu tun** talk sb. into doing sth.; **b)** *(bereden)* chat about *or* over
**Beschwerde** [bə'ʃve:ɐ̯də] **die; ~, ~n a)** complaint (**gegen, über** + *Akk.* about); **~ führen** *(Amtsspr.) od.* **einlegen** *(Rechtsw.)* lodge a complaint; *(gegen einen Entscheid)* lodge an appeal; **b)** *Pl. (Schmerz)* pain *sing.*; *(Leiden)* trouble *sing.*; **er fragte mich nach meinen ~n** he asked me what the trouble was; **jmdm. [ziemliche/große] ~n machen** give sb. [quite a lot of/considerable] pain; **~n [mit der Verdauung** *usw.* **] haben** have trouble [with one's digestion *etc.*]; **die ~n des Alters** the aches and pains *or* infirmities of old age
**beschwerde-, Beschwerde-: ~ausschuß der** *(DDR)* appeal tribunal *(against actions of official bodies)*; **~buch das** complaints book; **~frei 1.** *Adj.* trouble-free; *(ohne Schmerzen)* free from pain *postpos.*; **2.** *adv.* without pain; **relativ ~frei leben** live a life relatively free from pain; **~frist die** *(Rechtsw.)* time-limit for lodging an appeal; **~führer der** complainant; *(gegen einen Entscheid)* appellant; **~weg der;** *o. Pl.* **auf dem ~weg** by appealing; by means of an appeal
**beschweren** [bə'ʃve:rən] **1.** *refl. V.* complain (**über** + *Akk.*, **wegen** *about*); **sich bei jmdm. ~:** complain to sb. **2.** *tr. V.* weight; *(etw. Schweres auflegen)* weight down; *(fig.: belasten)* burden ⟨*person, memory*⟩
**beschwerlich 1.** *Adj.* arduous; *(ermüdend)* exhausting; **jmdm. ~ fallen** *(veralt., geh.)* ⟨*person, children*⟩ be a burden to sb.; **jmdm. fällt etw. ~** *(veralt. geh.)* sb. finds sth. troublesome. **2.** *adv.* laboriously; with an effort
**Beschwerlichkeit die; ~, ~en a)** *o. Pl.* arduousness; **b)** *Pl. (Anstrengungen)* tribulations

**Beschwẹrnis die;** ~, ~se *(geh.)* tribulation
**Beschwẹrung die;** ~, ~en **a)** *o. Pl.* weighting; **zur** ~: in order to weight it [down]; **b)** *(Gegenstand)* weight; **etw. als** ~ **benutzen** use sth. as ballast
**beschwịchtigen** [bəˈʃvɪçtɪgn̩] *tr. V.* pacify; calm ⟨*excitement*⟩; placate, mollify ⟨*anger etc.*⟩; **sein Gewissen** ~: ease one's conscience; **er versucht [uns] zu** ~, **wenn wir in Streit geraten** he tries to conciliate *or* placate us when we quarrel; **~de Worte** soothing words
**Beschwịchtigung die;** ~, ~en pacification; *(des Zorns, Hasses)* mollification
**Beschwịchtigungs·politik die** policy of appeasement
**beschwịndeln** *tr. V. (ugs.)* **jmdn.** ~: tell sb. a fib/fibs; *(betrügen)* hoodwink sb.
**beschwịngt** [bəˈʃvɪŋt] **1.** *Adj.* elated, lively ⟨*mood*⟩; lively, lilting ⟨*tune, melody*⟩; ~ **sein/sich** ~ **fühlen** ⟨*person*⟩ be/feel elated; **~en Schrittes/Fußes** *(geh.)* with a spring in one's step. **2.** *adv.* ~ **gehen** walk with a spring in one's step; ~ **tanzen** dance with great élan
**Beschwịngtheit die;** ~: elation; *(einer Melodie)* liveliness; *(des Ganges)* springiness
**beschwịpst** [bəˈʃvɪpst] *Adj.* tipsy
**beschwo̲ren** *unr. tr. V.* **a)** ~, **daß ...**: swear that ...; **etw.** ~: swear to sth.; **eine Aussage** ~: swear a statement on *or* under oath; **b)** charm ⟨*snake*⟩; **c)** *(erscheinen lassen)* invoke, conjure up ⟨*spirit*⟩; *(fig.)* evoke, conjure up ⟨*pictures, memories, etc.*⟩; **ein Unheil** ~: make a disaster happen *(by thinking/talking about it)*; **die Vergangenheit** ~: revive memories of the past; **d)** *(bitten)* beg; implore; **in ~dem Ton** in a beseeching *or* imploring tone; **mit ~dem Blick** with an imploring glance; **sie sah ihn ~d an** she looked at him imploringly; **e)** *(veralt.: bannen)* exorcize ⟨*evil spirit*⟩
**Beschwo̲rung die;** ~, ~en **a)** *(Zauberspruch)* spell; incantation; **b)** *(Bitte)* entreaty; **c)** *(das Erscheinenlassen)* invoking; conjuring up
**Beschwo̲rungs·formel die** incantation
**beseelen** [bəˈzeːlən] *tr. V.* animate; **ein fester Glaube beseelte ihn** a steadfast faith was his inspiration
**bese̲hen** *unr. tr. V.* have a look at; **sich** *(Dat.)* **etw. [genau]** ~: have a [close] look at sth.; inspect sth. [closely]; **er besah sich im Spiegel** he looked at himself in the mirror
**beseitigen** [bəˈza̲itɪgn̩] *tr. V.* **a)** *(entfernen)* remove; get rid of; eliminate ⟨*error, difficulty*⟩; dispose of ⟨*rubbish*⟩; clear ⟨*snow*⟩; eradicate ⟨*injustice, abuse*⟩; **b)** *(verhüll.: ermorden)* dispose of; eliminate
**Bese̲i̲tigung die;** ~ **a)** removal; *(eines Fehlers, einer Schwierigkeit)* elimination; *(des Mülls)* disposal; *(eines Mißstands)* eradication; **b)** *(verhüll.: Ermordung)* elimination
**beseligen** [bəˈzeːlɪgn̩] *tr. V.* fill with delight *or* joy; **ein ~des Gefühl/ein ~der Gedanke** a delightful *or* blissful feeling/thought
**Besen** [ˈbeːzn̩] **der;** ~s, ~ **a)** broom; *(Reisig~)* besom; *(Hand~)* brush; ~ **und Schaufel** dustpan and brush; **die Hexe auf ihrem** ~: the witch on her broomstick; **ich fress' einen** ~, **wenn das stimmt** *(salopp)* I'll eat my hat if that's right *(coll.)*; **neue** ~ **kehren gut** *(Spr.)* a new broom sweeps clean *(prov.)*; **mit eisernem** ~ **[aus]kehren** *(fig.)* apply drastic remedies; **b)** *(salopp abwertend: Frau)* battleaxe *(coll.)*
**be̲sen-, Be̲sen-: ~binder der** broom-maker; *(von Reisig~)* besom-maker; **~ginster der** *(Bot.)* broom; **~kammer die** broom-cupboard; broom-closet *(Amer.)*; **~macher der** broom-maker; **~rein** *Adj.* swept clean *postpos.*; **~schrank der** *s.* **~kammer; ~stiel der** broom-handle; *(eines Reisigbesens)* broomstick; **er läuft herum, als habe er einen ~stiel verschluckt** *(ugs.)* he runs around as stiff as a ramrod
**besessen** [bəˈzɛsn̩] **1.** *2. Part. v.* **besitzen. 2.** *Adj.* **a)** possessed; **vom Teufel** ~ **sein** be possessed by *or (dated)* of the Devil; **wie** ~: like one possessed; **b)** *(heftig ergriffen)* obsessive ⟨*gambler*⟩; fanatical ⟨*racing driver, footballer, etc.*⟩; **von einer Idee** *usw.* ~ **sein** be obsessed with an idea *etc.*
**Besẹssene der/die;** *adj. Dekl.* **ein ~r/eine** ~: one possessed; **zum/zur ~n werden** become like one possessed; become fanatical
**Besẹssenheit die;** ~ **a)** *(durch einen Dämon, Teufel)* possession; **b)** *(Ergriffenheit)* obsessiveness; **mit wahrer** ~: in a truly obsessive manner; **zur** ~ **werden** become obsessive *or* an obsession
**besẹtzen** *tr. V.* **a)** *(mit Pelz, Spitzen)* edge; trim; **mit Perlen/Edelsteinen besetzt** set with pearls/precious stones; **b)** *(belegen; auch Milit.: erobern)* occupy; *(füllen)* fill **(mit** with); *(Jagdw., Fischereiw.)* stock ⟨*shoot, pond, etc.*⟩; *(reservieren)* keep, reserve ⟨*seat, table, etc.*⟩; **der Bus kann mit 50 Personen besetzt werden** the bus can carry 50 people; **c)** *(vergeben)* fill ⟨*post, position, role, etc.*⟩; cast ⟨*role, play, etc.*⟩; **einen Ausschuß** ~: fill [the places on] a committee; **die frei werdenden Stellungen werden nicht mehr neu besetzt** no new appointments are being made to positions which become vacant
**besẹtzt** *Adj.* occupied; ⟨*table, seat*⟩ taken *pred.*; ⟨*washing-machine, drier, etc.*⟩ in use *pred.*; *(gefüllt)* full; filled to capacity; **es** *od.* **die Leitung/die Nummer ist** ~: the line/number is engaged *or (Amer.)* busy; **er ist im Moment** ~: he is occupied *or* busy at the moment; **die amerikanisch ~e Zone** the American zone of occupation
**Besẹtzt·zeichen das** *(Fernspr.)* engaged tone *(Brit.)*; busy signal *(Amer.)*
**Besẹtzung die;** ~, ~en **a)** *(einer Stellung)* filling; *(einer Rolle)* casting; *(eines Ausschusses)* composition; *(Jagdw., Fischereiw.)* stocking *no indef. art.*; **b)** *(Mitwirkende) (Film, Theater usw.)* cast; *(einer Popgruppe)* line-up; **das Stück in hervorragender** ~ **sehen** see the play with an outstanding cast; **in der besten/der neuen** ~ **antreten** *(Sport)* ⟨*team*⟩ field its best side/new line-up; **die erste/zweite** ~ *(Theater)* the first/second cast; **c)** *(Eroberung)* occupation; **die** ~ **des Brückenkopfes** the taking of the bridgehead
**besichtigen** [bəˈzɪçtɪgn̩] *tr. V.* see ⟨*sights*⟩; see the sights of ⟨*town*⟩; look round ⟨*building*⟩; view ⟨*house, flat*⟩; *(prüfend)* inspect ⟨*troops, joc.: baby, girl-friend*⟩
**Besịchtigung die;** ~, ~en viewing; *(Führung)* tour; *(Prüfung von Truppen)* inspection; **etw. zur** ~ **freigeben** open sth. to visitors *or* to the public; **die** ~ **der Kirche ist zwischen 10 und 16 Uhr möglich** the church is open to visitors between 10 a.m. and 4 p.m.
**Besịchtigungs-: ~reise die** sightseeing trip; **~zeit die** opening time
**besi̲e̲deln** *tr. V.* **a)** settle (**mit** with); **neu** ~: resettle; **ein dicht/dünn besiedeltes Land** a densely/thinly populated country; **b)** *(heimisch sein in)* ⟨*animal, plant*⟩ inhabit, be found in
**Besi̲e̲dlung die** settlement
**Besi̲e̲dlungs·dichte die** population density
**besiegeln** *tr. V.* set the seal on; **sein Schicksal ist besiegelt** his fate is sealed
**Besi̲e̲g[e]lung die;** ~, ~en sealing; **die** ~ **von etw. sein** seal sth.; **zur** ~ **des Geschäftes/unserer Freundschaft** to seal the transaction/our friendship
**besi̲e̲gen** *tr. V.* **a)** defeat; **sich besiegt geben** admit defeat; **b)** *(überwinden)* overcome ⟨*doubts, difficulties, curiosity, etc.*⟩
**Besi̲e̲gte der/die;** *adj. Dekl.* loser
**besi̲ngen** *unr. tr. V.* **a)** *(geh.)* celebrate in verse; *(durch ein Lied)* celebrate in song; **b) eine Platte** ~: make a record [of songs]
**besịnnen 1.** *unr. refl. V.* **a)** think it *or* things over; **sich anders/eines Besseren** ~: change one's mind/think better of it; **b)** *(sich erinnern)* **sich [auf jmdn./etw.]** ~: remember *or* recall [sb./sth.]; **sich darauf** ~, **wann ...**: recall when ...; **wenn ich mich recht besinne** if I remember correctly; **c)** *(sich bewußt werden)* **sich auf die Bedeutung von etw.** ~: become aware of the significance of sth. **2.** *unr. tr. V.* reflect on
**besịnnlich** *Adj.* contemplative; thoughtful ⟨*person*⟩; reflective ⟨*story*⟩; **in einer ~en Stunde** in a quiet moment; when one has time to think; **ein ~er Abend** an evening of reflection
**Besịnnlichkeit die;** ~: contemplation; **Stunden der** ~: moments of reflection
**Besịnnung die;** ~ **a)** consciousness; **die** ~ **verlieren** *(das Bewußtsein verlieren)* lose consciousness; *(ohnmächtig werden)* faint; **ohne** *od.* **nicht bei** ~: unconscious; **[wieder] zur** ~ **kommen** come to; regain consciousness; **b)** *(Nachdenken)* reflection; **zur** ~ **kommen** stop and think things over; **ehe ich recht zur** ~ **kommen konnte** before I had time to think; **jmdn. zur** ~ **bringen** bring sb. to his/her senses
**Besịnnungs·aufsatz der** reflective essay
**besịnnungs·los 1.** *Adj.* **a)** *(bewußtlos)* unconscious; **b)** *(fig.)* mindless, blind ⟨*rage, hatred*⟩; ~ **vor Angst** out of one's mind with fear. **2.** *adv.* mindlessly; ~ **auf jmdn. einschlagen** hit out at sb. in a blind *or* uncontrollable rage
**Besịnnungslosigkeit die;** ~: unconsciousness *no art.*; **er betrank sich bis zur** ~: he drank himself into oblivion
**Besịtz der a)** property; **nur wenig** ~ **haben** have only a few possessions *pl.*; **jmdm. den rechtmäßigen** ~ **[einer Sache** *(Gen.)***] streitig machen** dispute sb.'s legal title to his/her property [in sth.]; **b)** *(das Besitzen)* possession; **sich in jmds.** ~ *(Dat.)* **befinden, in jmds.** ~ *(Dat.)* **sein** be in sb.'s possession; **es befindet sich seit mehreren Generationen im** ~ **unserer Familie** it has been in our family for several generations; **sich in privatem** ~ **befinden** be privately owned; be in private ownership *or* hands; **in amerikanischem** ~: in American ownership; **in jmds.** ~ *(Akk.)* **übergehen** *od.* **kommen** pass *or* come into sb.'s possession; **in den** ~ **eines Hauses** *usw.* **kommen** become the owner of a house *etc.*; *(durch eigene Bemühungen)* gain possession of a house *etc.*; **im** ~ **einer Sache** *(Gen.)* **/von etw. sein, etw. in** ~ **haben** be in possession of sth.; possess sth.; **im vollen** ~ **seiner geistigen Kräfte sein** be in full possession of one's faculties; **etw. in [seinen]** ~ **nehmen, von etw.** ~ **ergreifen** take possession of sth.; **von jmdm.** ~ **ergreifen** *(geh.)* take hold of sb.; **c)** *(Land~)* estate
**besịtz-, Besịtz-: ~anspruch der** claim to ownership; **einen ~anspruch auf etw.** *(Akk.)* **anmelden** file a claim to ownership of sth.; **~anzeigend** *Adj. (Sprachw.)* possessive; **~bürgertum das** property-owning bourgeoisie
**besịtzen** *unr. tr. V.* **a)** own; have ⟨*quality, talent, etc.*⟩; *(nachdrücklicher)* possess; **seit wann besitzt er ein Auto?** since when does he own a car?; how long has he had a car?; **alles, was er besaß** all he possessed; **keinen Pfennig** ~ *(ugs.)* not have a penny to one's name; **er besaß die Frechheit/Unverschämtheit, zu ...**: he had the cheek *or* nerve/impertinence to ...; **die ~de Klasse** the propertied class; **das Recht** ~, **zu ...**: have the right to ...; **b)** *(geh. verhüll.)* **eine Frau** ~: possess a woman
**Besịtzer der;** ~s, ~ **a)** owner; *(eines Be-*

*triebs usw.)* proprietor *(formal)*; **den ~ wechseln** change hands *pl.*; **b)** *(österr.)* property-owner

**besịtz·ergreifend** *Adj.* ⟨*troops etc.*⟩ taking possession

**Besịtz·ergreifung die** seizure

**Besịtzerin die**; ~, ~nen *s.* **Besitzer**

**Besịtzer-: ~stolz der** pride of ownership; **voller ~stolz** very much the proud owner; **~wechsel der** change of ownership

**besịtz-, Besịtz-: ~gier die** cupidity; acquisitiveness; **~los** *Adj.* destitute; **die ~lose Klasse** the propertyless class; **~nahme die** appropriation; *(mit Gewalt)* seizure; **~stand der** standard of living; **den ~stand wahren** maintain living standards

**Besịtztum das**; ~s, **Besịtztümer** [-ty:mɐ] **a)** possession; **b)** *(Gut)* estate

**Besịtzung die**; ~, ~en *(geh.)* estate

**Besịtz·verhältnisse** *Pl.* matters relating to ownership; *(marxistische Theorie)* conditions of ownership

**besoffen** [bə'zɔfn̩] **1.** *2. Part. v.* **besaufen. 2.** *Adj. (salopp)* boozed [up] *(sl.)*; plastered *(sl.)*; pissed *pred. (sl.)*; **völlig ~**: completely stoned *(sl.)*; blind drunk

**Besọffene der/die**; *adj. Dekl. (salopp)* drunk

**besohlen** *tr. V.* sole; **neu ~**: resole

**Besohlung die**; ~ **a)** soling; **eine neue ~ der Schuhe** resoling the shoes; **b)** *(Sohle)* sole

**besọlden** *tr. V.* pay ⟨*soldier*⟩; pay ⟨*civil servant*⟩ his/her salary; **eine gut besoldete Stelle** a well-paid job

**Besoldung** [bə'zɔldʊŋ] **die**; ~, ~en pay; *(Gehalt)* salary

**Besọldungs-: ~gruppe die** salary bracket; **~ordnung die** [tables of] pay scales *pl. (for civil servants)*

**besonder...** [bə'zɔndɐ...] *Adj.*; *nicht präd.* special; *(mehr als gewohnt)* particular ⟨*pleasure, enthusiasm, effort, etc.*⟩; *(hervorragend)* exceptional ⟨*quality, beauty, etc.*⟩; **im ~en** in particular; **im allgemeinen und im ~en** in general and in particular; **ein ~es Ereignis** an unusual *or* a special event; **keine ~en Vorkommnisse wurden gemeldet** no incidents of any particular note were reported; **~e Merkmale** *(im Paß usw.)* distinguishing marks; **~en Wert auf etw.** *(Akk.)* **legen** lay particular emphasis on sth.; **keine ~e Leistung** no great achievement; **einen ~en Geschmack haben** ⟨*person*⟩ have exceptional taste; ⟨*dish*⟩ have an unusual taste; **es ist mir eine [ganz] ~e Freude/Ehre** it is a particular pleasure/honour for me

**Besọndere das**; *adj. Dekl.* **a) etwas [ganz] ~s** something [really] special; **nichts ~s** nothing special; *(nichts Interessantes)* nothing of note *or* worth mentioning; **das ist doch nichts ~s** there's nothing special *or* unusual about that; **das ~ daran** the special thing about it; **b)** *(Einzelerscheinung)* **vom ~n zum Allgemeinen kommen** proceed from the particular to the general

**Besọnderheit die**; ~, ~en special *or* distinctive feature; *(Eigenart)* peculiarity; **dieser Fall stellt eine ~ dar** this is a special case

**besọnders** *Adv.* **a)** particularly; **~ du solltest das wissen** you of all people should know that; **~ bei schönem Wetter** especially in fine weather; **das hat ihn ~ gefreut** that gave him particular pleasure; **das braucht man wohl nicht ~ zu erwähnen** presumably one does not have to mention this specifically; **nicht ~ viel Geld haben** not be particularly well off; **b) nicht ~ sein** be nothing special; be nothing to write home about; **ich fand den Film nicht ~**: I didn't think the film was anything special *or* was up to much; **es geht ihm nicht ~**: he doesn't feel too well; **c)** *(getrennt)* separately

**besonnen** [bə'zɔnən] **1.** *2. Part. v.* **besinnen. 2.** *Adj.* prudent; *(umsichtig)* circumspect; **ruhig und ~**: calm and collected; **~es Urteil** considered judgement. **3.** *adv.* prudently; *(umsichtig)* circumspectly

**Besọnnenheit die**; ~: *s.* **besonnen 2**: prudence; circumspection

**besonnt** [bə'zɔnt] *Adj.* sunlit

**besọrgen** *tr. V.* **a)** get; *(kaufen)* buy; **jmdm. etw. ~**: get/buy sb. sth. *or* sth. for sb.; **ich will mir das Buch ~**: I want to get the book [for myself]; **b)** *(ugs. verhüll.: stehlen)* **sich** *(Dat.)* **etw. ~**: help oneself to sth.; **c)** *(erledigen)* take care of; deal with; prepare ⟨*edition*⟩; **einen Brief ~**: post a letter; **er besorgte die Auswahl der Gedichte** he was responsible for the selection of poems; **was du heute kannst ~, das verschiebe nicht auf morgen** *(Spr.)* never put off to tomorrow what you can do today *(prov.)*; **d)** *(betreuen)* look after ⟨*children, flowers, etc.*⟩; **jmdm. den Haushalt/die Wäsche ~**: keep house/do the washing for sb.; **e) es jmdm. ~**: *(ugs.: heimzahlen)* get back at sb. *(coll.)*; get one's own back on sb. *(Brit. coll.)*; *(derb: geschlechtlich befriedigen)* give it to sb. *(sl.)*

**Besọrgnis die**; ~, ~se concern; **echte ~ [um jmdn./über etw.** *(Akk.)*] **empfinden** be genuinely concerned [about sb./sth.]; **jmds. ~ erregen** cause sb. concern; **jmds. ~se zerstreuen** put an end to sb.'s worries

**besọrgnis·erregend** *Adj.* serious; **~ sein** give cause for concern

**besọrgt 1.** *Adj.* worried (**über** + *Akk.*, **um** about); concerned *usu. pred.* (**über** + *Akk.*, **um** about); **er macht einen sehr ~en Eindruck** he appears to be very concerned; **sie war rührend um das Wohl ihrer Gäste ~**: she showed a touching concern for the well-being of her guests; **er war ~, es könnte etwas passieren** he was concerned lest something should happen *or* worried that something might happen. **2.** *adv.* with concern; *(ängstlich)* anxiously; **sich sehr ~ äußern** express one's great concern

**Besọrgtheit die**; ~: concern

**Besọrgung die**; ~, ~en **a)** purchase; **[einige] ~en machen** do some shopping; **kleinere ~en machen** do odd bits of shopping; **b)** *o. Pl. (das Beschaffen)* getting; *(das Kaufen)* buying; **c)** *o. Pl. (das Betreuen)* **die ~ des Haushalts** *usw.* looking after the household *etc.*

**bespạnnen** *tr. V.* **a)** cover ⟨*wall, chair, car, etc.*⟩; string ⟨*racket, instrument*⟩; **b)** *(mit Zugtieren)* **einen Wagen mit einem Pferd ~**: harness a horse to a cart; **mit zwei Schimmeln bespannt** harnessed to *or* pulled by two white horses

**Bespạnnung die**; ~, ~en covering; *(eines Schlägers, eines Instruments)* stringing

**bespeien** *unr. tr. V. (geh.)* spit at

**bespiegeln** *tr. V.* **a) sein eigenes Ich** *od.* **sich selbst ~**: contemplate one's own ego; **b)** *(darstellen)* mirror; portray

**bespielbar** *Adj.* **a) das Band ist nicht mehr ~**: one can no longer record on this tape; **b)** *(Sport)* playable ⟨*ground, tennis-court*⟩

**bespielen** *tr. V.* **a)** make a recording on ⟨*tape, cassette*⟩; **ein Band mit Liedern ~**: record songs on a tape; **die Kassette ist schon bespielt** the cassette already has a recording on it; **b)** *(Theaterw.)* **eine Bühne ~**: play a theatre

**bespịtzeln** *tr. V.* spy on

**Bespịtz[e]lung die**; ~, ~en spying

**bespötteln** *tr. V.* mock; make fun of

**besprẹchen 1.** *unr. tr. V.* **a)** discuss; talk over; *(rezensieren)* review; **gut/schlecht besprochen werden** get a good/bad review; *(mehrfach)* get good/bad reviews; **b)** *(aufnehmen)* **eine Kassette ~**: make a [voice] recording on a cassette; *(statt eines Briefes)* record a message on a cassette; **eine Platte mit Gedichten ~**: make a record of poems; **c)** *(beschwören)* **etw. ~**: utter a magic incantation *or* spell over sth. **2.** *unr. refl. V.* confer (**über** + *Akk.* about); **sich [ausführlich] über etw.** *(Akk.)* **~**: discuss sth. [in detail]; **sich mit jmdm. ~**: have a talk with sb.; confer with sb. *(formal)*

**Besprẹchung die**; ~, ~en **a)** discussion; *(Konferenz)* meeting; **in einer ~ sein, [gerade] eine ~ haben** be in a meeting; **b)** *(Rezension)* review (*Gen.*, **von** of); **c)** *(das Beschwören)* incantation

**Besprẹchungs·exemplar das** *(Buchw.)* review copy

**besprẹngen** *tr. V.* sprinkle

**besprẹnkeln** *tr. V.* spatter

**besprịngen** *unr. tr. V.* ⟨*stallion, bull, etc.*⟩ cover, mount ⟨*mare, cow, etc.*⟩

**besprịtzen** *tr. V.* **a)** splash; *(mit einem Wasserstrahl)* spray; **b)** *(beschmutzen)* bespatter

**besprühen** *tr. V.* spray

**bespụcken** *tr. V.* **jmdn. [mit etw.] ~**: spit [sth.] at sb.

**Bessemer·birne** ['bɛsəmɐ-] **die** *(Metallbearb.)* Bessemer converter

**besser** ['bɛsɐ] **1.** *s.* **gut; wohl 1 f. 2.** *Adj.* **a)** better; **~ dran sein** be better off; **[auch] schon [mal] ~e Zeiten gesehen haben** *(ugs.)* have seen better days; **es wäre ~, du hieltest deinen Mund** it would be better if you kept your mouth shut; **~ werden** get better; ⟨*work etc.*⟩ improve; **um so ~**: so much the better; all the better; **es wurde noch ~** *(iron.)* there was more *or* better to come *(iron.)*; that wasn't the best of it *(iron.)*; **das wäre ja noch ~!** *(iron.)* that really is the limit!; **ich habe Besseres zu tun** I've got better things to do; **~ ist ~**: better safe than sorry; just to be on the safe side; **jmdn. eines Besseren belehren** *(geh.)* put sb. right; **schließlich hat er sich doch eines Besseren belehren lassen** in the end he accepted that he was wrong; *s. auch* **besinnen; b)** *(sozial höher gestellt)* superior; upper-class; **~e** *od.* **die ~en Kreise** more elevated circles; **es verkehren hier die ~en Leute** you get a better *or* superior class of people here; **eine ~e Gegend/Adresse** a smart[er] *or* [more] respectable area/address; **c)** *(abwertend)* glorified; **wir arbeiten in einer ~en Baracke** we work in a glorified hut. **3.** *adv.* **a) [immer] alles ~ wissen** always know better; **es ~ haben** be better off; *(es leichter haben)* have an easier time of it; **es kommt noch ~** *(iron.)* it gets even better *(iron.)*; **~ gesagt** to be [more] precise; **sie war nicht ganz offen, oder ~ gesagt, sie hat uns belogen** she was not quite frank, or to put it bluntly, she lied to us; **b)** *(lieber)* **das läßt du ~ sein** *od. (ugs.)* **bleiben** you'd better not do that; **er ließe es ~ bleiben, sich einzumischen** he would be better advised not to interfere; **er täte ~ daran, zu ...**: he would do better to ...; **geh ~ zum Arzt** you'd better go to the doctor

**bẹsser|gehen** *unr. itr. V.*; *mit sein* **jmdm. geht es besser** sb. feels better; **kurze Zeit später ging es ihr schon wieder besser** a short time later, she had already recovered

**Bẹssergestellte** [-gəʃtɛltə] *Pl.*; *adj. Dekl.* **die ~n** the better off; the well-to-do

**bẹssern 1.** *refl. V.* improve; ⟨*person*⟩ mend one's ways. **2.** *tr. V.* improve; reform ⟨*criminal*⟩

**bẹsser|stellen** *tr. V.* **jmdn. [finanziell] ~**: improve sb.'s [financial] position

**Bẹsserung die**; ~: **a)** *(Genesung)* recovery; **[ich wünsche dir] gute ~**: [I hope you] get well soon; **sich auf dem Wege der ~ befinden** be on the road to recovery *or* on the mend; **b)** *(Verbesserung)* improvement (+ *Gen.* in); *(eines Kriminellen)* reform; **~ geloben** promise to mend one's ways

**Bẹsserungs·anstalt die** *(ugs. veralt.)* reform school; reformatory *(esp. Amer.)*

**bẹsser-, Bẹsser-: ~wissen das** *s.* **~wisserei; ~wisser der**; ~s, ~ *(abwertend)* know-all; smart aleck; **~wisserei** [----'-] **die**; ~ *(abwertend)* superior attitude; **~wisserisch** *Adj. (abwertend)* superior;

know-all; **sei nicht so ~wisserisch!** don't always pretend you know better

**bẹst...** ['bɛst...] **1.** *s.* **gut. 2.** *Adj.* **a)** *attr.* best; **aus ~em Hause sein** *od.* **stammen** come from one of the very best families; **bei ~er Gesundheit/Laune sein** be in the best of health/spirits *pl.;* **im ~en Falle** at best; **er wird im ~en Falle mit einer Geldstrafe davonkommen** the best he can hope for is to get off with a fine; **in den ~en Jahren, im ~en Alter** in one's prime; **~e** *od.* **die ~en Grüße an ...** *(Akk.)* best wishes to ...; **mit den ~en Grüßen** *od.* **Wünschen** with best wishes; *(als Briefschluß)* ≈ yours sincerely; **~en Dank** many thanks *pl.; s. auch* **Dank, Familie, Weg, Wille; b) es ist** *od.* **wäre das ~e, wenn ...:** it would be best if ...; **es wäre das ~e, zu ...:** it would be best to ...; **er hielt es für das ~e, sofort abzureisen** he thought it best to leave immediately; **am ~en** best; **am ~en fährst du mit dem Zug** it would be best for you to go by train; **du bleibst am ~en zu Hause** you had best stay at home; **alles aufs ~e regeln** *od.* **richten** arrange everything in the best way possible; **es steht nicht zum ~en mit etw.** things are not going too well for sth.; **mit seiner Gesundheit steht es nicht zum ~en** his health is none too good; **der/die/das nächste ~e ...:** the first ... one comes across; **sie hat den ersten ~en Mann geheiratet, der ihr über den Weg lief** she married the first man who happened to cross her path; **eine Geschichte/einen Witz zum ~en geben** entertain [those present] with a story/a joke; **jmdn. zum ~en halten** *od.* **haben** pull sb.'s leg; **c)** *subst.* best; **der Beste in unserer Gruppe** the best person in our group; **der/die Beste der Klasse** the best [pupil/student] in the class; **das Beste vom Besten** the very best; **das Beste ist gerade gut genug** only the best is good enough; **sein Bestes tun** do one's best; **das Beste aus etw./daraus machen** make the best of sth./of it; **aufs** *od.* **auf das Beste hoffen** hope for the best; **ich will nur dein Bestes** I am doing this for your own good; **zu deinem Besten** for your benefit; in your best interests *pl.*

**bestallen** [bə'ʃtalən] *tr. V. (Amtsspr.)* appoint (**zu, als** as)

**Bestạllung die** *(Amtsspr.)* appointment (**zu, als** as)

**Bestạllungs·urkunde die** *(Amtsspr.)* certificate of appointment

**Bestạnd der a)** *o. Pl.* continued existence; survival; **keinen ~ haben, nicht von ~ sein** not last; not last long; **b)** *(Vorrat)* stock (**an** + *Dat.* of); *s. auch* **eisern 1 d; c)** *(Forstw.)* **~ von Eichen und Buchen** [mixed] stand of oaks and beeches; **Bestände durchforsten** thin out standing timber; **d)** *(österr.: Dauer des Bestehens)* **nach 15jährigem ~:** after 15 years of existence; after existing for 15 years; **e)** *(südd., österr.: Pacht)* **etw. in ~ haben/geben** lease sth./lease sth. out

**bestanden** [bə'ʃtandn̩] **1.** *2. Part. v.* **bestehen. 2.** *Adj.* **a) von** *od.* **mit etw. ~ sein** have sth. growing on it; **mit Blumen ~e Wiesen** flower-covered meadows; meadows full of flowers; **mit Tannen ~e Hügel** fir-covered hills; **b) nach ~er Prüfung** after passing one's examination; **c)** *(schweiz.: alt)* elderly

**bestạndig 1.** *Adj.* **a)** *nicht präd. (dauernd)* constant; **b)** *(gleichbleibend)* constant; steadfast ⟨*person*⟩; *(zuverlässig)* reliable; settled ⟨*weather*⟩; *(Chemie)* stable ⟨*compound*⟩; **seine Leistungen sind ~:** his work is consistent; **c)** *(widerstandsfähig)* resistant (**gegen, gegenüber** to). **2.** *adv.* **a)** constantly; **sie klagt ~:** she is constantly *or* for ever complaining; **b)** *(gleichbleibend)* consistently

**-beständig** *adj.* **hitze~/wetter~/säure~:** heat-/weather-/acid-resistant

**Bestạndigkeit die; ~ a)** constancy; steadfastness; *(bei der Arbeit)* consistency; *(Zuverlässigkeit)* reliability; **b)** *(Widerstandsfähigkeit)* resistance (**gegen, gegenüber** to)

**Bestạnds·aufnahme die** stock-taking; **[eine] ~ machen** do a stock-taking; take inventory *(Amer.); (fig.)* take stock

**Bestạnd·teil der** component; **ein notwendiger ~ unserer Nahrung** an essential part *or* element of our diet; **sich in seine ~e auflösen** fall apart; fall to pieces; **etw. in seine [sämtlichen] ~e zerlegen** dismantle sth. [completely]

**Bẹst·arbeiter der** *(DDR)* best worker *(worker receiving an award as being the most efficient in his department, factory, etc.)*

**bestärken 1.** *tr. V.* confirm; **jmdn. in seinem Plan** *od.* **Vorsatz** *od.* **darin ~, etw. zu tun** strengthen sb.'s resolve *or* confirm sb. in his/her resolve to do sth. **2.** *refl. V.* grow

**Bestärkung die** confirmation

**bestätigen** [bə'ʃtɛ:tɪgn̩] **1.** *tr. V.* confirm; endorse ⟨*document*⟩; acknowledge ⟨*receipt*⟩; **ein Urteil ~** *(Rechtsw.)* uphold a judgement; **jmdn. [in seinem Amt] als Schulleiter** *usw.* **~:** confirm sb.'s appointment as headmaster *(Brit.) or (Amer.)* principal *etc.;* **hiermit wird bestätigt, daß ...** *(in Urkunden)* this is to confirm *or* certify that ...; **jmdm. [schriftlich] ~, daß er ...:** give sb. [written] confirmation that he ...; certify that sb. ...; **sich in seiner Meinung/in seinen Vorurteilen bestätigt fühlen** have one's opinion/prejudices reinforced; **einen Brief/eine Bestellung ~** *(Kaufmannsspr.)* acknowledge [receipt of] a letter/an order. **2.** *refl. V.* be confirmed; ⟨*rumour*⟩ prove to be true; **damit hat sich meine Vermutung bestätigt** this confirmed my supposition

**Bestätigung die; ~, ~en** confirmation; *(des Empfangs)* acknowledgement; *(schriftlich)* letter of confirmation; **zur ~ seiner Aussage erbrachte er Beweise** he produced evidence to support *or* back up his statement; **die ~ [in seinem Amt] als ...:** the confirmation of his appointment as ...

**bestatten** [bə'ʃtatn̩] *tr. V. (geh.)* inter *(formal);* bury; **bestattet werden** be laid to rest

**Bestạtter der; ~s, ~:** undertaker; mortician *(Amer.); (bei Firmennamen)* funeral director

**Bestạttung die; ~, ~en** *(geh.)* interment *(formal);* burial; *(Feierlichkeit)* funeral; „Meier und Schulze, ~en" 'Meier und Schulze, Funeral Directors *or (Amer.)* Morticians'

**Bestạttungs-: ~institut das, ~unternehmen das** [firm of] undertakers *pl. or* funeral directors *pl.;* funeral parlor *(Amer.)*

**bestäuben** [bə'ʃtɔybn̩] *tr. V.* **a)** dust; **b)** *(Biol.)* pollinate

**Bestäubung die; ~, ~en** *(Biol.)* pollination

**bestaunen** *tr. V.* marvel at; *(bewundernd anstarren)* gaze in wonder at; *(bewundernd anerkennen)* be lost in admiration for

**bẹst·bezahlt** *Adj.; nicht präd.* best-paid

**bẹste** *s.* **best...**

**Bẹste das; ~n** *s.* **best... c**

**bestẹchen 1.** *unr. tr. V.* **a)** bribe; **b)** *(für sich einnehmen)* win over, captivate ⟨*audience etc.*⟩. **2.** *unr. itr. V.* win people over

**bestẹchend** *Adj.* attractive; captivating, winning ⟨*smile, charm*⟩; persuasive ⟨*argument, logic*⟩; tempting ⟨*offer*⟩; **von ~er Logik** irresistibly logical; **in ~er Form** *(Sport)* in irresistible form

**bestẹchlich** *Adj.* corruptible; open to bribery *postpos.*

**Bestẹchlichkeit die; ~:** corruptibility

**Bestẹchung die; ~, ~en** bribery *no indef. art.;* **eine ~:** a case of bribery; **der ~ eines Beamten/der ~ schuldig sein** be guilty of bribing of an official/of bribery; **aktive ~** *(Rechtsw.)* giving bribes; **passive ~** *(Rechtsw.)* accepting bribes

**Bestẹchungs-: ~geld das** bribe; **~skandal der** bribery scandal; **~summe die** bribe; **~versuch der** attempted bribery

**Besteck** [bə'ʃtɛk] **das; ~[e]s, ~e a)** cutlery setting; **noch ein ~ auflegen** lay another place; **~e putzen** polish cutlery; **b)** *o. Pl. (ugs.: Gesamtheit der Bestecke)* cutlery; **c)** *(Med.)* [set *sing.* of] instruments *pl.;* **d)** *(Seemannsspr.)* fix; *(aus Kurs und Geschwindigkeit bestimmt)* dead reckoning [position]

**bestẹcken** *tr. V.* **A mit B ~:** stick B in/on A; **der Adventskranz war mit Tannenzapfen besteckt** the Advent wreath had fir-cones stuck in it

**Bestẹck-: ~kasten der** cutlery-box; *(größer)* canteen; **~schublade die** cutlery-drawer

**bestehen 1.** *unr. itr. V.* **a)** exist; **die Schule besteht noch nicht sehr lange** the school has not been in existence *or* has not been going for very long; **es besteht [die] Aussicht/Gefahr, daß ...:** there is a prospect/danger that ...; **darüber bestand noch immer keine Klarheit** it was still unclear; **es besteht noch** *od.* **noch besteht die Hoffnung, daß ...:** there is still hope that ...; **b)** *(fortdauern)* survive; last; *(standhalten)* hold one's own; **gegen diese Konkurrenz werden wir kaum ~ können** we shall hardly be able to survive *or* keep going in the face of this competition; **seine Arbeit kann vor jeder Kritik ~:** his work can stand up to any criticism; **in einer Gefahr** *usw.* **~:** prove oneself in a dangerous situation *etc.;* **c)** *(zusammengesetzt sein)* **aus etw. ~:** consist of sth.; *(aus einem Material)* be made of sth.; **in etw.** *(Dat.)* **~:** consist of *or* in sth.; **ihre Aufgabe besteht in der Aufstellung der Liste** her task is to draw up the list; **der Unterschied besteht darin, daß ...:** the difference is that ...; **eine Möglichkeit besteht darin, zu beweisen ...:** one possibility would be to prove ...; **d)** *(beharren)* **auf etw.** *(Dat.)* **~:** insist on sth.; **er bestand darauf, den Chef zu sprechen** he insisted on seeing the boss; **ich bestehe darauf, daß man mich darüber informiert** I insist that I be *or* on being informed about it; **e)** *(die Prüfung ~)* pass [the examination]. **2.** *unr. tr. V.* **a)** pass ⟨*test, examination*⟩; **b)** *(ertragen)* withstand ⟨*blows of fate*⟩; face up to ⟨*difficulties*⟩

**Bestehen das; ~s a)** existence; **die Firma feiert ihr 10jähriges ~:** the firm is celebrating its tenth anniversary; **seit ~ der Bundesrepublik** since the Federal Republic came into existence; since the founding of the Federal Republic; **b)** *(einer Prüfung)* passing; **mit ~ der Prüfung** on passing the examination; **c)** *(Beharren)* insistence (**auf** + *Dat.* on)

**bestehen|bleiben** *unr. itr. V.; mit sein* remain; ⟨*doubt*⟩ persist; ⟨*regulation*⟩ remain in force

**bestehend** *Adj.* existing; current ⟨*conditions*⟩; **das seit 5 Jahren ~e Gesetz** the law which has been in existence for five years

**bestehen|lassen** *unr. tr. V.* retain; allow ⟨*objection etc.*⟩ to stand

**bestehlen** *unr. tr. V.* **jmdn. [um etw.] ~:** rob sb. [of sth.]

**besteigen** *unr. tr. V.* **a)** climb; mount ⟨*horse, bicycle*⟩; climb into ⟨*pulpit*⟩; ascend ⟨*throne*⟩; **b)** *(betreten)* board ⟨*ship, aircraft*⟩; get on ⟨*bus, train*⟩; **c)** *s.* **bespringen**

**Besteigung die** ascent

**Bestẹll-: ~block der** *(Kaufmannsspr.)* order-pad; **~buch das** *(Buchhandel)* order-book

**bestẹllen 1.** *tr. V.* **a)** order (**bei** from); **sich** *(Dat.)* **etw. ~:** order sth. [for oneself]; **würden Sie mir bitte ein Taxi ~?** would you order me a taxi?; **b)** *(reservieren lassen)* reserve ⟨*table, tickets*⟩; **c)** *(kommen lassen)* **jmdn. [für 10 Uhr] zu sich ~:** ask sb. to go/come to see one [at 10 o'clock]; **jmdn. in ein Café ~:** ask sb. to meet one in a café; **beim**

*od.* **zum Arzt bestellt sein** have an appointment with the doctor; **dastehen wie bestellt und nicht abgeholt** *(ugs. scherzh.)* stand there like a little boy/girl lost; **d)** *(ausrichten)* **jmdm. etw.** ~: pass on sth. to sb.; tell sb. sth.; **bestell deinem Mann schöne Grüße von mir** give your husband my regards; **würden Sie Ihrer Kollegin etwas von mir ~?** would you give your colleague a message from me?; **er läßt dir ~, daß ...:** he left a message [for you] that ...; **nichts/nicht viel zu ~ haben** have no say/little *or* not much say; **e)** *(ernennen)* appoint **(zu, als** as); **f)** *(bearbeiten)* cultivate, till ⟨*field*⟩; keep, look after ⟨*garden*⟩; **g) es ist um jmdn./etw.** *od.* **mit jmdm./etw. schlecht bestellt** sb./sth. is in a bad way; **mit seiner Gesundheit ist es schlecht bestellt** he is in poor health. **2.** *itr. V.* order

**Bestẹller der; ~s, ~:** customer *(who has ordered sth.)*

**Bestẹlliste die** check-list *(of goods for ordering)*

**Bestẹll-: ~nummer die** order number; **~schein der** order form

**Bestẹllung die a)** order **(über, auf +** *Akk.* for); *(das Bestellen)* ordering *no indef. art.*; **bei ~ von/bei ~en über mehr als 1 000 Stück** if more than 1,000 are ordered/for orders of more than 1,000; **auf ~:** to order; *(im Lokal)* **eine ~ aufgeben** give one's order; **jmds. ~/die ~en aufnehmen** take sb.'s/the orders; **b)** *(Reservierung)* reservation; **c)** *(Nachricht)* **eine ~ übermitteln** *od.* **ausrichten** pass on a message; **d)** *(das Ernennen)* appointment; *(Wahl)* selection; **e)** *(das Bearbeiten)* cultivation; tilling; **~ des Gartens** gardening; work on the garden

**Bestẹll·zettel der** order-form

**bẹsten·falls** *Adv.* at best

**Bẹsten·liste die** *(Sport)* list of top athletes/sportsmen

**bẹstens** *Adv.* **a)** excellently; extremely well; **sich ~ verstehen** get on splendidly; **sich ~ unterhalten** have a splendid time; **b)** *(vielmals)* **jmdn. ~ grüßen** give sb. one's best wishes; **wir danken Ihnen/bedanken uns ~:** we thank you very much

**besteuern** *tr. V.* tax; **besteuert sein** be subject to tax; **höher besteuert werden** be more heavily taxed; **etw. höher ~:** increase the tax on sth.

**Besteuerung die** taxation; **bei einer ~ des Einkommens von 45%** where income is taxed at [a rate of] 45%

**bẹst-, Bẹst-: ~form die;** *o. Pl. (Sport)* best form; **in ~form** in top form; **~gehaßt** *Adj.; nicht präd. (ugs. iron.)* most heartily disliked; **~gekleidet** *Adj.; nicht präd.* best-dressed

**bestialisch** [bɛsˈti̯aːlɪʃ] **1.** *Adj.* **a)** *(abwertend)* bestial; **b)** *nicht präd. (ugs.: schrecklich)* ghastly *(coll.)*; awful *(coll.)*. **2.** *adv.* **a)** *(abwertend)* in a bestial manner; **~ schreien** scream like a wild beast; **b)** *(ugs.: schrecklich)* awfully *(coll.)*; unbearably; **~ kalt** beastly cold

**Bestialität** [bɛsti̯aliˈtɛːt] **die; ~, ~en a)** *o. Pl.* bestiality; **ein Verbrechen von solcher ~:** a crime of such a bestial nature *or* of such brutality; **b)** *(Tat)* brutality; atrocity

**Bestiarium** [bɛsˈti̯aːri̯ʊm] **das; ~s, Bestiarien** bestiary

**bestịcken** *tr. V.* embroider; **ein mit Perlen besticktes Kleid** a dress sewn with pearls

**Bestie** [ˈbɛsti̯ə] **die; ~, ~n** *(auch fig. abwertend)* beast

**bestịmmbar** *Adj.* ascertainable; *(identifizierbar)* identifiable; **nicht [genau] ~ sein** be impossible to ascertain/identify [precisely]

**bestịmmen 1.** *tr. V.* **a)** *(festsetzen)* decide on; fix ⟨*price, time, etc.*⟩; **das Gesetz bestimmt, daß ...:** the law provides that ...; **nichts zu ~ haben** have no say; **jmdn. zum** *od.* **als Nachfolger ~:** decide on sb. as one's successor; *(nennen)* name sb. as one's successor; **b)** *(vorsehen)* destine; intend; set aside ⟨*money*⟩; **das ist für dich bestimmt** that is meant for you; **er ist zu Höherem bestimmt** he is destined for higher things; **füreinander bestimmt sein** be meant for each other; **c)** *(ermitteln, definieren)* identify ⟨*part of speech, find, plant, etc.*⟩; determine ⟨*age, position*⟩; define ⟨*meaning*⟩; **d)** *(prägen)* determine the character of; give ⟨*landscape, townscape*⟩ its character; **unser Leben ~:** play a dominant *or* decisive role in our lives; **e)** *(veranlassen)* **jmdn. zum Nachgeben/Bleiben ~:** induce sb. to give in /stay; **sich von jmdm. zu etw. ~ lassen** allow sb. to talk one into sth. **2.** *itr. V.* **a)** make the decisions; **hier bestimme ich** I'm in charge *or* the boss here; my word goes around here; **b)** *(verfügen)* **über jmdn. ~:** tell sb. what to do; **[frei] über etw.** *(Akk.)* **~:** do as one wishes with sth.

**bestịmmend 1.** *Adj.* decisive; determining. **2.** *adv.* decisively

**bestịmmt 1.** *Adj.* **a)** *nicht präd. (speziell)* particular; *(gewiß)* certain; *(genau)* definite; **soll es ein ~es Buch sein?** have you a particular book in mind?; **es sind immer ganz ~e Leute, die so was tun** it is always a particular type of person who does something like that; **ich habe schon eine ~e Vorstellung davon, wie ...:** I already have a clear *or* definite idea of how ...; **ich kann noch nichts Bestimmtes sagen** I can say nothing definite *or* I cannot say anything definite yet; **ich habe nichts Bestimmtes vor** I am not doing anything in particular; **b)** *(festgelegt)* fixed; given ⟨*quantity*⟩; **c)** *(Sprachw.)* definite ⟨*article etc.*⟩; **d)** *(entschieden)* firm; **in sehr ~em Ton** very firmly; in a very firm voice; **~es Auftreten** resolute manner. **2.** *adv.* **a)** *(deutlich)* clearly; *(genau)* precisely; **b)** *(entschieden)* firmly; **sich ~ gegen etw. aussprechen** express one's firm opposition to sth. **3.** *Adv.* for certain; **du weißt es doch [ganz] ~ noch** I'm sure you must remember it; **ganz ~, ich komme** I'll definitely come; yes, certainly, I'll come; **Vergiß sie nicht wieder. – Nein, ~ nicht** Don't forget them again – Don't worry, I won't; **sie wird das ~ schaffen** she is certain *or* bound to manage it; **er hat es ~ vergessen** he is bound to have forgotten; **ich habe das ~ liegengelassen** I must have left it behind; **das ist ~ nicht richtig** that can't be right

**Bestịmmtheit die; ~ a)** firmness; *(im Auftreten)* decisiveness; **etw. mit aller ~ sagen/ablehnen** say sth. very firmly/reject sth. categorically; **b)** *(Gewißheit)* **mit ~:** for certain

**Bestịmmung die a)** *o. Pl. (das Festsetzen)* fixing; **b)** *(Vorschrift)* regulation; **gesetzliche ~en** legal requirements; **c)** *o. Pl. (Zweck)* purpose; **eine Brücke** *usw.* **ihrer ~ übergeben** [officially] open a bridge *etc.*; **d)** *(das Ermitteln)* identification; *(eines Begriffs)* definition; *(des Alters, der Position)* determination; *(der Bedeutung)* definition; **~ der Satzteile** distinguishing the parts of a sentence; parsing; **e)** *(Sprachw.)* modifier; **adverbiale ~:** adverbial qualification; **f)** *o. Pl. (Schicksal)* **das ist ~:** that is destiny *or* fate; **göttliche ~:** Divine Providence; **es war höhere ~, daß wir uns begegneten** it was ordained [by fate] that we should meet; **g)** *(veralt.: Bestimmungsort)* destination

**bestịmmungs-, Bestịmmungs-: ~bahnhof der** *(Eisenb.)* destination; **~gemäß** *Adv.* in accordance with the regulations *or* requirements [of the law]; **~hafen der** [port of] destination; **~ort der;** *Pl.* **~orte** destination; **~wort das;** *Pl.* **~wörter** *(Sprachw.)* qualifying element *(of a compound)*; modifier

**bẹst-, Bẹst-: ~leistung die** best performance; *(absolute ~leistung)* record; **persönliche ~leistung** personal best; **~mann der;** *Pl.* **~männer** *(Seew.)* mate *(of a coaster)*; **~marke die** *(Sport)* record; **~möglich 1.** *Adj.* best possible; **das Bestmögliche tun/getan haben** do the best one can/have done the best one could; **2.** *adv.* as well as possible *or* as one possibly can

**Best.-Nr.** *Abk.* **Bestellnummer** order no.

**bestochen** [bəˈʃtɔxn̩] *2. Part. v.* **bestechen**

**bestrafen** *tr. V.* punish **(für, wegen** for); **es wird mit Gefängnis bestraft** it is punishable by imprisonment

**Bestrafung die; ~, ~en** punishment; *(Rechtsw.)* penalty; *(Geldstrafe)* fine

**bestrahlen** *tr. V.* **a)** *(beleuchten)* illuminate; floodlight ⟨*building*⟩; *(scheinen auf)* ⟨*sun etc.*⟩ shine on; *(erhellen)* light up; **b)** *(Med.)* treat ⟨*tumour, part of body*⟩ using radiotherapy; *(mit Höhensonne)* use sun-ray *or* sun-lamp treatment on ⟨*part of body*⟩

**Bestrahlung die; ~, ~en a)** *(Med.)* radiation [treatment] *no indef. art.; (bes. mit Röntgenstrahlen)* radiotherapy *no art.; (mit Höhensonne)* sun-ray *or* sun-lamp treatment; **b)** *(das Beleuchten)* illumination; *(eines Gebäudes)* floodlighting; *(der Bühne)* lighting; **eine intensive ~ durch die Sonne** concentrated exposure to the sun's rays

**Bestrahlungs·lampe die** radiation lamp; *(Höhensonne)* sun[-ray] lamp

**Bestreben das** endeavour[s *pl.* ]; **in seinem** *od.* **im ~, keine Schwächen zu zeigen** in his efforts *or* endeavours to show no weakness

**bestrebt** *Adj.* **~/sehr ~ sein, etw. zu tun** endeavour/take great pains *or* go to great trouble to do sth.

**Bestrebung die; ~, ~en** effort; *(Versuch)* attempt

**bestreichen** *unr. tr. V.* **A mit B ~:** spread B on A; **sein Brot mit Butter ~:** spread butter on one's bread; butter one's bread; **den Braten/das Hähnchen mit Öl** *usw.* **~:** baste the roast/chicken with oil *etc.*; **die Plätzchen mit Eigelb ~:** brush *or* coat the biscuits *(Brit.) or (Amer.)* cookies with egg yolk

**bestreiken** *tr. V.* take strike action against; **diese Firma wird bestreikt** there is a strike [on] at this firm

**bestreitbar** *Adj.* disputable; questionable, dubious ⟨*argument*⟩; **es ist nicht ~[, daß ...]:** it is indisputable *or* cannot be denied [that ...]

**bestreiten** *unr. tr. V.* **a)** dispute; contest; *(leugnen)* deny; **er bestreitet, daß ...:** he denies that ...; **es läßt sich nicht/wohl kaum ~, daß ...:** it cannot/can hardly be denied that ...; there is no disputing/it can hardly be disputed that ...; **jmdm. ein Recht auf etw.** *(Akk.)* **~:** dispute *or* challenge sb.'s right to sth.; **b)** *(finanzieren)* finance ⟨*studies*⟩; pay for ⟨*studies, sb.'s keep, etc.*⟩; meet ⟨*costs, expenses*⟩; **c)** *(gestalten)* carry ⟨*programme, conversation, etc.*⟩; **d)** *(Sport)* take part in ⟨*game*⟩

**Bestreitung die; ~ a)** financing; **b) eine ~ seiner Aussage liegt mir fern** I have no intention of disputing *or* challenging his statement

**bestreuen** *tr. V.* **etw. mit Zucker ~:** sprinkle sth. with sugar; **einen Weg mit Sand/Salz ~:** scatter sand on a path/salt a path

**bestrịcken** *tr. V.* **a)** ensnare; captivate; **b)** *(für andere stricken)* knit things for

**bestrumpft** [bəˈʃtrʊmpft] *Adj.* stockinged; **lila ~:** in mauve stockings

**Bestseller** [ˈbɛstzɛlɐ] **der; ~s, ~:** best seller

**Bẹstseller-: ~autor der** best-selling author; **~liste die** best-seller list

**bestụcken** *tr. V.* fit; equip; *(mit Waffen)* arm; *(mit Waren)* stock [up]

**Bestụckung die; ~, ~en** equipment; *(mit Waffen)* armament; *(mit Waren)* stocking; **eine ordnungsgemäße ~ des Lagers garantieren** ensure that the correct stock level is maintained at the warehouse

**bestuhlen** [bəˈʃtu:lən] *tr. V.* provide with seats

**Bestuhlung die;** ~, ~**en a)** fitting of [the] seats (*Gen.* in); **b)** *(Stühle)* seating

**bestürmen** *tr. V.* **a)** storm; *(Fußball)* besiege ⟨*goal*⟩; **b)** *(bedrängen)* besiege **(mit** with)

**Bestürmung die** storming; *(Angriff)* assault

**bestürzen** *tr. V.* dismay; *(erschüttern)* shake; *(erschrecken)* alarm; **es hat ihn sehr bestürzt zu hören, daß ...:** he was deeply dismayed to hear that ...

**bestürzend** *Adj.* disturbing; *(erschreckend)* alarming

**bestürzt 1.** *Adj.* dismayed **(über** + *Akk.* about); *(erschrocken)* alarmed **(über** + *Akk.* about); **sie machte ein [sehr]** ~**es Gesicht** her face fell [a mile *(coll.)*]; she looked [deeply] dismayed. **2.** *adv.* with dismay *or* consternation; **jmdn. [ganz** *od.* **sehr]** ~ **ansehen** look at sb. in *or* with [great] consternation

**Bestürzung die;** ~: dismay; consternation; **mit** ~ **feststellen, daß ...:** find to one's consternation that ...

**bestußt** [bəˈʃtʊst] *Adj. (salopp)* barmy *(Brit. sl.)*; loopy *(sl.)*

**Best-:** ~**wert der;** *meist Pl.* optimum result; *(Bestleistung)* maximum performance figure; *(beim Wettbewerb)* maximum mark; ~**zeit die** *(Sport)* best time; **[persönliche]** ~**zeit** personal best [time]; ~**zeit laufen/schwimmen** run/swim a best time/one's personal best *or* one's best time

**Besuch** [bəˈzu:x] **der;** ~**[e]s,** ~**e a)** visit; **ein** ~ **bei jmdm.** a visit to sb.; *(kurz)* a call on sb.; ~ **eines Museums** *usw.* visit to a museum *etc.*; **bei seinem letzten** ~: on his last visit; **wir erwarten den** ~ **alter Freunde** we are expecting a visit from some old friends; ~ **von jmdm. bekommen** receive a visit from sb.; **auf** *od.* **zu** ~ **kommen** come for a visit; *(auf länger)* come to stay; **er ist bei uns auf** ~: he is staying with us; **jmdm. einen** ~ **abstatten** pay sb. a visit; **b)** *(das Besuchen)* visiting; *(Teilnahme)* attendance; **der** ~ **der Schule/Vorlesungen/Gottesdienste** attendance at school/lectures/services; **die Konzerte erfreuen sich eines regen** ~**s** the concerts are well attended; **c)** *(Gast)* visitor; *(Gäste)* visitors *pl.*; ~ **bekommen/erwarten** have/expect visitors/a visitor; **ich bekomme gleich** ~: I've got visitors/a visitor coming any minute

**-besuch der: Deutschland**~**/England**~**/USA-Besuch** visit to Germany/England/the USA; **Messe**~: visit to the/a fair

**besuchen** *tr. V.* **a)** visit ⟨*person*⟩; *(weniger formell)* go to see ⟨*person*⟩; **gestern hat mich ein alter Bekannter besucht** yesterday an old friend came to see me *or* called on me; **b)** visit ⟨*place*⟩; go to ⟨*exhibition, theatre, museum, etc.*⟩; *(zur Besichtigung)* go to see ⟨*church, exhibition, etc.*⟩; **die Schule/Universität** ~: go to *or (formal)* attend school/university; **hast du diese Ausstellung schon besucht?** have you been to [see] this exhibition yet?; **er hat sämtliche Lokale der Umgebung besucht** he patronized all the pubs *(Brit. coll.) or (Amer.)* bars in the neighbourhood; *s. auch* **besucht**

**Besucher der** visitor; ~ **eines Museums** *usw.* visitor to a museum *etc.*; **die** ~ **des Theaters** the theatre audience; the theatregoers; **er ist ständiger** ~ **der Oper/von Konzerten** he is a regular opera-goer/concert-goer; **alle** ~ **des Kurses/der Vorstellung/des Vortrags** all those attending the course/performance/lecture

**-besucher der: Berlin**~: visitor to Berlin; **Messe**~: visitor to the/a fair

**Besucherin die;** ~, ~**nen** *s.* **Besucher**

**Besucher-:** ~**strom der** stream of visitors; ~**zahl die** number of visitors

**Besuchs-:** ~**erlaubnis die** visiting permit; ~**ritze die** *(ugs. scherzh.)* join between the [twin] beds; ~**tag der** visiting day; ~**zeit die** visiting time *or* hours *pl.*; **es ist keine** ~**zeit** it is not visiting time

**besucht** *Adj.* **gut/schlecht** ~: well/poorly attended ⟨*lecture, performance, etc.*⟩; much/little frequented ⟨*restaurant etc.*⟩

**besudeln** *tr. V. (geh. abwertend)* besmirch; **jmds. Andenken/Namen** ~ *(fig.)* cast a slur on sb.'s memory/name

**Beta** [ˈbe:ta] **das;** ~**[s],** ~**s** beta

**Beta·blocker** [-blɔkɐ] **der;** ~**s,** ~ *(Med.)* betablocker

**betagt** [bəˈta:kt] *Adj. (geh.)* elderly; *(scherzh.)* ancient ⟨*car etc.*⟩; **noch als** ~**er Mann** even in his old age

**Betagtheit die;** ~ *(geh.)* old age

**betanken** *tr. V.* refuel

**betasten** *tr. V.* feel [with one's fingers]

**Beta-:** ~**strahlen** *Pl. (Physik)* beta rays; ~**teilchen das** *(Physik)* beta particle

**betätigen 1.** *refl. V.* busy *or* occupy oneself; **sich politisch/literarisch/körperlich** ~: engage in political/literary/physical activity; **sich als etw.** ~: act as sth.; **wenn du dich** ~ **willst, kannst du mir beim Spülen helfen** if you want to do something [useful], you can help me with the washing-up. **2.** *tr. V.* operate ⟨*lever, switch, flush, etc.*⟩; press ⟨*button*⟩; apply ⟨*brake*⟩

**Betätigung die;** ~, ~**en a)** activity; **ich werde schon eine** ~ **für dich finden** I'll find you something to do; **b)** *o. Pl. (das Bedienen)* operation; *(einer Bremse)* application; *(eines Knopfes)* pressing

**Betätigungs-:** ~**drang der** [compulsive] urge to be up and doing [something]; ~**feld das** sphere of activity

**betatschen** *tr. V. (salopp abwertend)* finger; *(sexuell)* paw *(coll.)*

**betäuben** [bəˈtɔybn̩] *tr. V.* **a)** *(Med.)* anaesthetize; make numb, deaden ⟨*nerve*⟩; **einen Patienten örtlich** ~: give a patient a local anaesthetic; **b)** *(unterdrücken)* ease, deaden ⟨*pain*⟩; quell, still ⟨*unease, fear*⟩; **seinen Kummer mit Alkohol** ~ *(fig.)* drown one's sorrows [in drink]; **c)** *(benommen machen)* daze; *(mit einem Schlag)* stun; **ein** ~**der Duft** a heady *or* intoxicating scent; **ein** ~**der Lärm** a deafening noise

**Betäubung die;** ~, ~**en a)** *(Med.)* anaesthetization; *(Narkose)* anaesthesia; **eine örtliche** ~ **vornehmen** administer a local anaesthetic; **zur** ~ **der Schmerzen** to deaden the pain; **b)** *(Benommenheit)* daze

**Betäubungs·mittel das** narcotic; *(Med.)* anaesthetic

**Betäubungsmittel·gesetz das** narcotics law *(regulating the use of cocaine, morphine, cannabis, etc.)*

**betaut** [bəˈtaut] *Adj. (geh.)* covered in dew *postpos.*; bedewed *(literary)*

**Bet·bruder** [ˈbe:t-] **der** *(abwertend)* overpious type *(coll.)*

**Bete** [ˈbe:tə] **die;** ~, ~**n** *in* **rote** ~: beetroot *(Brit.)*; [red] beet *(Amer.)*

**beteilen** *tr. V. (österr.)* provide **(mit** with)

**beteiligen 1.** *refl. V.* **sich an etw.** *(Dat.)* ~: participate *or* take part in sth.; **er hat sich kaum an der Diskussion beteiligt** he took hardly any part in the discussion; **sich an einem Geschäft** ~: take a share in *or* come in on a deal; **sich an etw. mit einer Million** ~: contribute a million to sth. **2.** *tr. V.* **jmdn. [mit 10%] an etw.** *(Dat.)* ~: give sb. a [10%] share of sth.

**beteiligt** *Adj.* **a)** involved **(an** + *Dat.* in); **b)** *(finanziell)* **an einem Unternehmen/am Gewinn** ~ **sein** have a share in a business/in the profit; **er ist mit 20000 DM** ~: he has a 20,000 mark share

**Beteiligte der/die;** *adj. Dekl.* person involved **(an** + *Dat.* in); *(an einem Spiel, einer Sitzung usw.)* participant **(an** + *Dat.* in); **die [meisten] an dem Unfall/der Affäre** ~**n** [most of] those involved in the accident/affair

**Beteiligung die;** ~, ~**en a)** *(Teilnahme)* participation **(an** + *Dat.* in); *(Zahl der Beteiligten)* number of participants **(an** + *Dat.* in); *(an einem Verbrechen)* involvement **(an** + *Dat.* in); **unter** ~ **von** with the participation of; **b)** *(Anteil)* share **(an** + *Dat.* in); **eine** ~ **am Gewinn/Umsatz** a share in the profits/turnover

**Betel** [ˈbe:tl̩] **der;** ~**s** betel

**Betel·nuß die** betel-nut

**beten** [ˈbe:tn̩] **1.** *itr. V.* pray **(für, um** for); **zu Gott** ~, **daß etw. geschehen möge** pray to God that sth. should happen; **es wird gebetet** prayers are said. **2.** *tr. V.* say ⟨*prayer*⟩

**Beter der;** ~**s,** ~, **Beterin die;** ~, ~**nen** prayer (= *one who prays*)

**beteuern** [bəˈtɔyɐn] *tr. V.* affirm; assert, protest ⟨*one's innocence*⟩; **jmdm. seine Liebe** ~: avow one's love to sb.; **sie beteuerte, daß sie mit dieser Sache nichts zu tun habe** she protested that she had nothing to do with this business

**Beteuerung die;** ~, ~**en** *s.* **beteuern:** affirmation; assertion; protestation

**Bet·haus das** synagogue

**betiteln** [bəˈti:tl̩n] *tr. V.* **a)** *(ugs. abwertend)* **jmdn. [mit] X/mit einem Schimpfnamen** ~: call sb. X/a rude name; **b)** *(mit Titel anreden)* **jmdn. [mit] Doktor/Professor** ~: address sb. as *or* call sb. 'Doctor'/'Professor'; **c)** *(mit Titel versehen)* give ⟨*book etc.*⟩ a title

**Beton** [beˈtɔŋ, *bes. österr.:* beˈto:n] **der;** ~**s,** ~**s** [-ɔŋs] *od.* ~**e** [-o:nə] concrete

**Beton-:** ~**bau der;** *Pl.* ~**bauten a)** concrete building; **b)** *o. Pl. (Bauweise)* concrete construction *no art.*; ~**bunker der a)** concrete bunker; *(Luftschutzbunker)* concrete shelter; **b)** *(abwertend:* ~*bau)* concrete box

**betonen** [bəˈto:nən] *tr. V.* **a)** stress ⟨*word, syllable*⟩; accent ⟨*syllable, beat*⟩; **ein Wort falsch** ~: put the wrong stress on a word; **b)** *(hervorheben)* emphasize; **ich möchte** ~, **daß ...:** I should like to emphasize *or* stress that ...; **warum betont er seine Herkunft so?** why does he lay such stress on his origins?; **die Taille** ~: accentuate the waist

**betonieren** [betoˈni:rən] *tr. V.* **a)** concrete; surface ⟨*road etc.*⟩ with concrete; lay a concrete floor in ⟨*cellar etc.*⟩; **frisch betonierte Fläche** recently laid concrete; **b)** *(festlegen)* harden ⟨*attitude*⟩; reinforce ⟨*prejudice*⟩

**Betonierung die;** ~, ~**en a)** concreting; **b)** *(Betondecke)* concrete surface

**Beton-:** ~**klotz der a)** concrete block; **b)** *(abwertend: massiver* ~*bau)* concrete monolith; ~**kopf der** *(abwertend)* hardliner; ~**mischer der,** ~**misch·maschine die** concrete-mixer

**betont** [bəˈto:nt] **1.** *Adj.* **a)** stressed; accented; **b)** *(bewußt)* pointed, studied; deliberate, studied ⟨*simplicity, elegance*⟩. **2.** *adv.* pointedly; deliberately; **sich** ~ **sportlich kleiden** wear clothes with a strong *or* pronounced sporting character; **sich** ~ **zurückhaltend verhalten** behave with studied reserve

**Beton·träger der** concrete beam

**Betonung die;** ~, ~**en a)** stressing; accenting; **b)** *(Akzent)* stress; accent *(esp. Mus.)*; *(Intonation)* intonation; **c)** *(das Hervorheben)* emphasis *(Gen.* on); *(von Formen, Farben)* accentuation; **ein Lernprogramm mit** ~ **des Musisch-Kreativen** a syllabus with the emphasis on artistic creativity

**Betonungs·zeichen das** stress-mark

**Beton·wüste die** *(ugs. abwertend)* concrete desert

**betören** [bəˈtø:rən] *tr. V. (geh.)* **a)** captivate; bewitch; **b)** *(verblenden)* beguile, entice ⟨*purchaser, consumer*⟩

**Betörung die;** ~, ~**en** *(geh.)* captivation; bewitching

**betr.** *Abk.* betreffs, betrifft re
**Betr.** *Abk.* Betreff re
**Betracht** [bə'traxt] *in* jmdn./etw. in ~ ziehen consider sb./sth.; jmdn./etw. außer ~ lassen discount *or* disregard sb./sth.; eine Frage außer ~ lassen pass over a question; *(zeitweilig)* leave a question on one side; er/sie kommt/kommt nicht in ~: he/she can/cannot be considered; das kommt nicht in ~: that is not worth considering; that is out of the question; außer ~ bleiben be passed over; *(zeitweilig)* be left on one side
**betrachten** *tr. V.* a) look at; *(bei einer Tätigkeit)* watch; observe; *(fig.: studieren)* observe, study ⟨*history, development, etc.*⟩; sich *(Dat.)* etw. [genau] ~: take a [close] look at sth.; watch *or* observe sth. [closely]; sich im Spiegel ~: look at oneself in the mirror; *(längere Zeit)* contemplate oneself in the mirror; jmdn. von oben bis unten ~: look sb. up and down; genau/bei Licht betrachtet *(fig.)* upon closer consideration/seen in the light of day; b) *(für etw. halten)* jmdn./etw. als ... ~: regard sb./sth. as ...; sich als jmds. Freund ~: regard oneself as *or* consider oneself sb.'s friend; c) *(beurteilen)* consider; view; objektiv betrachtet viewed objectively; from an objective point of view; so betrachtet seen in this light *or* from this point of view
**Betrachter** der; ~s, ~: observer
**beträchtlich** [bə'trɛçtlıç] 1. *Adj.* considerable; um ein ~es to a considerable degree. 2. *adv.* considerably
**Betrachtung** die; ~, ~en a) *o. Pl.* contemplation; *(Untersuchung)* examination; bei genauer[er] ~: upon close[r] examination; *(fig.)* upon close[r] consideration; bei nachträglicher ~: [viewed] in retrospect; b) *(Überlegung)* observation; ~en über etw. *(Akk.)* anstellen make observations *or* comments about sth.
**Betrachtungs·weise** die way of looking at things; *(Standpunkt)* point of view
**Betrag** [be'tra:k] der; ~[e]s, Beträge [bə'trɛ:gə] sum; amount; ein Scheck über einen ~ von 1 000 DM a cheque for 1,000 marks; ~ dankend erhalten *(auf Quittungen)* received *or* paid with thanks
**betragen** 1. *unr. itr. V.* be; *(bei Geldsummen)* come to; amount to; die Zeitdifferenz beträgt 3 Stunden the time difference is three hours. 2. *unr. refl. V.* behave (gegenüber, gegen towards)
**Betragen** das; ~s behaviour; *(in der Schule)* conduct; in ~ eine gute Note bekommen get a good mark for conduct
**Betragens·note** die mark for conduct
**betrauen** *tr. V.* jmdn. mit etw. ~: entrust sb. with sth.; jmdn. damit ~, etw. zu tun entrust sb. with the task of doing sth.
**betrauern** *tr. V.* mourn ⟨*death, loss*⟩; jmdn. ~: mourn for sb.
**beträufeln** *tr. V.* sprinkle (mit with drops of)
**Betrauung** die; ~: entrusting
**Betreff** [bə'trɛf] der; ~[e]s, ~e *(Amtsspr., Kaufmannsspr.)* subject; matter; *(~zeile)* heading; reference line; den ~ angeben state the subject [of the letter]; *(im Brief)* ~: Ihr Schreiben vom 26. d. M. re: your letter of the 26th inst.
**betreffen** *unr. tr. V.* a) concern; ⟨*new rule, change, etc.*⟩ affect; was mich betrifft, ...: as far as I'm concerned ...; was mich betrifft, bin ich *od.* ich bin einverstanden for my part I am in agreement; was das betrifft, ...: as regards that; as far as that goes; b) *(geh.: widerfahren)* befall; c) *(geh. veralt.: bestürzt machen)* hurt; es hat mich schmerzhaft betroffen zu hören, daß ...: it saddened me to hear that ...; d) *(geh. veralt.: ertappen)* apprehend
**betreffend** *Adj.* concerning; der ~e Sachbearbeiter the person concerned with *or* dealing with this matter; in dem ~en Fall in the case concerned *or* in question
**Betreffende** der/die; *adj. Dekl.* person concerned; die ~n the people concerned
**betreffs** *Präp. mit Gen. (Amtsspr., Kaufmannsspr.)* concerning
**betreiben** *unr. tr. V.* a) tackle ⟨*task*⟩; proceed with, *(energisch)* press ahead with ⟨*task, case, etc.*⟩; pursue ⟨*policy, studies*⟩; carry on ⟨*trade*⟩; auf jmds./sein Betreiben *(Akk.)* [hin] at the instigation of sb./at his instigation; das Tischlerhandwerk ~: ply the carpenter's trade; b) *(führen)* run ⟨*business, shop*⟩; Radsport ~: go in for cycling as a sport; c) *(antreiben)* drive (mit by); etw. elektrisch ~: drive sth. by electricity *or* electrically; ein atomar/mit Dampf betriebenes Schiff a nuclear-powered/steam-powered ship; d) *(schweiz.: Rechtsw.)* sue *(for payment of a debt)*
**Betreibung** die; ~, ~en: die ~ eines Geschäfts/einer Anlage running a business/driving a plant
**betreßt** [bə'trɛst] *Adj.* braided
**¹betreten** *unr. tr. V. (hineintreten in)* enter; *(treten auf)* walk *or* step on to; *(begehen)* walk on ⟨*carpet, grass, etc.*⟩; er hat das Haus nicht mehr *od.* nie wieder ~: he never set foot in the house again; „Betreten verboten" 'Keep off'; *(kein Eintritt)* 'Keep out'; „Betreten der Baustelle verboten" 'Building site. No entry *or* Keep out'; den Rasen nicht ~: keep off the grass; *s. auch* Neuland
**²betreten** 1. *Adj.* embarrassed; ein ~es Gesicht machen look embarrassed. 2. *adv.* with embarrassment; man schwieg ~: there was an embarrassed silence
**Betretenheit** die; ~: embarrassment
**betreuen** [bə'trɔyən] *tr. V.* look after; care for ⟨*invalid*⟩; supervise ⟨*youth group*⟩; see to the needs of ⟨*tourists, sportsmen*⟩; look after, be in charge of ⟨*department etc.*⟩
**Betreuer** der; ~s, ~ *(für Alte, Kranke, Behinderte)* social worker; *(für Kinder)* minder; *(für Entlassene aus Krankenhaus/Gefängnis)* after-care worker; *(für Sportler, Künstler)* manager; *(für Touristen)* courier; travel guide; *(einer Delegation)* secretary
**Betreuerin** die; ~, ~nen a) *(Kinder~)* child-minder; *(ganztägig)* nanny *(Brit.)*; nursemaid *(Amer.)*; *(Krankenpflegerin)* nurse; b) *s.* Betreuer
**Betreuung** die; ~ a) care *no indef. art.*; die ~ der Gäste taking care of the guests; jmdn. zur ~ des Großvaters einstellen take on sb. to look after *or* care for grandfather; zwei Reiseleiter waren zu unserer ~ vorhanden there were two couriers *or* travel guides to see to our needs; b) *(Person)* minder; *(Krankenpfleger)* nurse
**Betrieb** der; ~[e]s, ~e a) business; *(Firma)* firm; ein staatlicher ~: a state-owned *or* nationalized concern; ein landwirtschaftlicher ~: an agricultural holding; im ~ sein/bleiben/essen be/stay/eat at work; *s. auch* volkseigen; b) *o. Pl. (das In-Funktion-Sein)* operation; *(Arbeitsprozeß)* working process; operations *pl., no art.*; in ~ sein be running; be in operation; außer ~ sein be out of order; in/außer ~ setzen start up/stop ⟨*machine etc.*⟩; *(ein-/ausschalten)* switch on/off; in ~ nehmen put into operation; put ⟨*bus, train*⟩ into service; ein Kraftwerk wird in ~ genommen a power-plant is commissioned; den ~ einstellen close down *or* cease operations; *(in einer Fabrik)* stop work; *(einer Buslinie o. ä.)* withdraw the service; den [ganzen] ~ aufhalten *(ugs.)* hold everybody up; c) *o. Pl. (ugs.: Treiben)* bustle; commotion; *(Verkehr)* traffic; es herrscht großer ~, es ist viel ~: it's very busy; bei dem ~ kann man nicht arbeiten one cannot work with all that [commotion] going on
**betrieblich** *Adj.; nicht präd.* firm's; company; *(inner~)* internal; within the company *postpos.*; aus ~en Gründen for reasons to do with the state of the company
**betriebsam** 1. *Adj.* busy; *(ständig ~)* constantly on the go *postpos.*; ~e Naturen hyperactive types; eager beavers *(coll.)*; *(Frauen)* busy bees *(coll.)*. 2. *adv.* busily
**Betriebsamkeit** die; ~: [bustling] activity; eine hektische ~ an den Tag legen become frantically busy
**betriebs-, Betriebs-:** ~angehörige der/die employee; *Pl.* company staff; ~an·leitung die, ~an·weisung die operating instructions *pl.*; *(Heft)* instruction manual; ~arzt der company doctor; ~aus·flug der staff outing; ~begehung die *(DDR)* factory *etc.* inspection tour; ~bereit *Adj.* ready to be put into operation *postpos.*; ~bereit sein be operational; ~besichtigung die visit to a firm; *(Fabrikbesichtigung)* factory visit; *(eines landwirtschaftlichen Betriebs)* farm visit; ~blind *Adj.* inured to the shortcomings of working methods *postpos.*; professionally blinkered; ~blind werden get into a rut *or* become blinkered in one's work; ~blindheit die blinkered attitude to one's work; ~eigen *Adj.* company-owned; *(DDR)* for employees *postpos.*; company ⟨*flat, sports ground*⟩; ~erlaubnis die operating permit; ~ferien *Pl.* firm's annual close-down *sing.*; das Geschäft hat ~ferien the shop is closed for its annual holidays; „Wegen ~ferien geschlossen" 'closed for annual holidays'; ~ferien·lager das *(DDR)* holiday camp for employees' children and apprentices; ~fertig *Adj.*: *s.* ~bereit; ~fest das firm's party; ~fremd *Adj.* who are not company employees *postpos., not pred.*; outside; „Zutritt Betriebsfremden nicht gestattet" 'Staff Only'; ~frieden der harmonious relationship between employer and employed *(which all parties are obliged to uphold)*; industrial peace; ~führer der *s.* ~leiter; ~führung die *s.* ~leitung; ~geheimnis das company secret; trade secret *(also fig.)*; das ~geheimnis verletzen infringe the confidentiality of company matters; ~gewerkschafts·leitung die *(DDR)* trade union committee *(of an enterprise)*; ~gruppe die trade union membership *(within one company)*; ~intern 1. *Adj.* internal; internal company *attrib.*; 2. *adv.* internally; within the company; ~kampf·gruppe die *(DDR veralt.)* [reservist] workers' militia *(within an enterprise)*; ~kapital das a) working capital; b) *(Anfangskapital)* initial capital; ~kinder·garten der play school for employees' children; ~klima das working atmosphere; ~kosten *Pl.* running costs; *(einer Firma)* operating costs; ~kranken·kasse die company sickness insurance scheme; ~leiter der manager; *(einer Fabrik)* works manager; ~leitung die management [of the firm]; ~nudel die *(ugs.)* a) live wire in the office; *(Komiker)* office comedian; b) *(übergeschäftige Person)* eager beaver *(coll.)*; *(Frau)* busy bee *(coll.)*; ~obmann der workers' representative *(in a small firm)*; ~prüfung die audit of a/the firm's accounts *(by the taxation authorities)*; ~rat der; *Pl.*: ~räte a) works committee; b) *(Person)* member of a/the works committee; ~rats·mitglied das member of a/the works committee; ~rats·vorsitzende der/die chairman of a/the works committee; ~rente die company pension; ~ruhe die: ~ruhe haben ⟨*business, factory*⟩ be closed; ~schließung die closure [of a/the firm]; ~schluß der *(im Geschäft)* end of business hours; *(in der Fabrik)* end of working hours; kurz vor ~schluß shortly before it was time to go home *or (coll.)* knocking-off time; nach ~schluß geht er gleich nach

**Hause** after work he goes straight home; **~sicher** *Adj.* [operationally] safe; **~sicher sein** be safe to operate *or* run; **~sicherheit die** [operational] safety; *(in der Fabrik)* safety at work; **~stillegung die** closure [of a/the firm]; *(eines Werks)* works closure; **~störung die** malfunction; **~treue die** loyalty to a/the company; **10jährige ~treue** 10 years' service with a/the company; **~unfall der a)** *(veralt.)* industrial accident; **b)** *(ugs.: Ungeschicklichkeit)* slip-up; little mishap; **~vereinbarung die** *agreement between 'Betriebsrat' and management;* **~verfassung die** code of industrial relations *(covering worker participation and representation);* **~verfassungs·gesetz das** industrial realtions law *(for the private sector);* **~versammlung die** meeting of the work-force; **~wirt der** graduate in business management; **~wirtschaft die;** *o. Pl.* business management; **~wirtschaftlich 1.** *Adj.* business management *attrib.;* **2.** *adv.* from the business management standpoint; **~wirtschafts·lehre die;** *o. Pl.* [theory of] business management; *(Fach)* management studies *sing., no art.;* **~wissenschaft die;** *o. Pl.: s.* **~wirtschaftslehre; ~zeitung die** company newspaper

**betrinken** *unr. refl. V.* get drunk; **sich fürchterlich/sinnlos ~:** get terribly/blind drunk

**betroffen** [bəˈtrɔfn̩] **1.** *2. Part. v.* **betreffen. 2.** *Adj.* upset; *(bestürzt)* dismayed; **zutiefst** *od.* **im Innersten ~:** extremely upset; *(gekränkt)* deeply hurt. **3.** *adv.* in dismay *or* consternation; **~ schweigen** be too upset/dismayed to say anything

**Betroffene der/die;** *adj. Dekl.* person affected; **die von ... ~n** those affected by ...

**Betroffenheit die;** **~:** dismay; consternation

**betrog** [bəˈtroːk] *1. u. 3. Pers. Sg. Prät. v.* **betrügen**

**betrogen** *2. Part. v.* **betrügen**

**betrüben 1.** *tr. V.* sadden; **seine Eltern durch sein Verhalten ~:** cause one's parents distress through one's behaviour. **2.** *refl. V. (geh. veralt.)* **sich über etw.** *(Akk.)* **~:** become dejected *or* depressed about sth.

**betrüblich** *Adj.* gloomy; *(deprimierend)* depressing; **ich muß Ihnen die ~e Mitteilung machen, daß ...:** unfortunately I have to inform you that ...

**betrüblicher·weise** *Adv.* unfortunately; *(traurigerweise)* sadly

**Betrübnis** [bəˈtryːpnɪs] **die;** **~, ~se** *(geh.)* sadness

**betrübt** [bəˈtryːpt] **1.** *Adj. (traurig)* sad **(über** + *Akk.* about); *(deprimiert)* dismayed, depressed **(über** + *Akk.* about); gloomy ⟨*face etc.*⟩; **~ aussehen** look gloomy; *s. auch* **Tod. 2.** sadly; *(schwermütig)* gloomily

**betrug** [bəˈtruːk] *1. u. 3. Pers. Sg. Prät. v.* **betragen**

**Betrug der;** **~[e]s;** *Pl. schweiz.:* **Betrüge** deception; *(Mogelei)* cheating *no indef. art.;* *(Delikt)* fraud; **das ist [glatter] ~:** that's [plain] fraud/cheating; **mehrfacher** *od.* *(Rechtsw.)* **fortgesetzter ~:** repeated fraud; **ein frommer ~:** a well-meaning deception; *(Selbsttäuschung)* [a case of] self-deception

**betrügen 1.** *unr. tr. V.* **a)** deceive; be unfaithful to ⟨*husband, wife*⟩; *(Rechtsw.)* defraud ⟨*firm, customer, etc.*⟩; *(beim Spielen)* cheat; **sich [in etw.** *(Dat.)***] betrogen sehen** be deceived [in sth.]; *(in seinem Vertrauen)* be betrayed [in sth.]; *(enttäuscht)* be let down [in sth.]; **er sah sich in all seinen Hoffnungen betrogen** all his hopes were dashed; he was disappointed in all his hopes; **sich selbst ~:** deceive oneself; **b)** *(um etw. bringen)* **jmdn. um 100 DM ~:** cheat *or (coll.)* do sb. out of 100 marks; *(arglistig)* swindle sb. out of 100 marks; **um sein Recht betrogen werden** be cheated of one's rights. **2.** *unr. itr. V.* cheat; *(bei Geschäften)* swindle people

**Betrüger der;** **~s, ~:** swindler; *(Hochstapler)* con man *(coll.);* *(beim Spielen)* cheat; *(der Ehefrau)* deceiver

**Betrügerei die;** **~, ~en** deception; *(beim Spielen usw.)* cheating; *(bei Geschäften)* swindling; **eine kleine ~:** a bit of a swindle *or* of swindling; a bit of cheating; **deine ~en** your swindling *sing.*/cheating *sing.*

**Betrügerin die;** **~, ~nen** swindler; *(beim Spielen)* cheat; *(des Ehemanns)* deceiver

**betrügerisch** *Adj.* deceitful; *(Rechtsw.)* fraudulent; **in ~er Absicht** with intent to deceive

**betrunken** [bəˈtrʊŋkn̩] **1.** *2. Part. v.* **betrinken. 2.** *Adj.* drunken *attrib.;* drunk *pred.;* **ein total ~er Fahrer** a completely drunk and incapable driver. **3.** *adv.* drunkenly

**Betrunkene der/die;** *adj. Dekl.* drunk; **eine ~:** a drunken woman

**Bet-: ~saal der** meeting-hall; [primitive] chapel; **~schwester die** *(abwertend)* over-pious type *(coll.);* **~stuhl der** prayer-stool

**Bett** [bɛt] **das;** **~[e]s, ~en a)** bed; **das ~ machen** make the bed; **die ~en bauen** *(ugs. scherzh.)* make the beds; **jmdm. das Frühstück ans ~ bringen** bring sb. breakfast in bed; **sie ging an sein ~/saß an seinem ~:** she went to/sat at his bedside; **jmdn. aus dem ~ holen** *(ugs.)* get sb. out of bed; **er kommt nur schwer aus dem ~:** he doesn't like getting up; **im ~:** in bed; **[mit Fieber] im ~ liegen** be in bed [with a temperature]; **ins** *od.* **zu ~ gehen, sich ins** *od.* **zu ~ legen** go to bed; **ins ~ fallen** *(ugs.)* fall into bed; **die Kinder ins ~ bringen** put the children to bed; **das ~ hüten [müssen]** *(fig.)* [have to] stay in bed; **er hütet seit einer Woche das ~** *(fig.)* he has been in bed for a week; **das ~ mit jmdm. teilen** *(fig. geh.)* share bed and board with sb.; live together with sb.; **mit jmdm. ins ~ gehen** *od.* **steigen** *(fig. ugs.)* go to bed with sb.; **sich ins gemachte ~ legen** *(fig.)* have everything handed to one on a plate *(fig.); s. auch* **fesseln, klingeln; b)** *(Feder~)* duvet; **c)** *(Fluß~)* bed; **der Fluß hat sich ein neues ~ gesucht** the river has formed a new bed; **d)** *(Technik)* bed

**Bet·tag der** *s.* **Buß- und Bettag**

**Bett-: ~an·zug der** *(schweiz.),* **~bezug der** duvet cover; **~couch die** bed-settee; studio couch; **~decke die a)** blanket; *(gesteppt)* quilt; **b)** *(Tagesdecke)* bedspread

**Bettel** [ˈbɛtl̩] **der;** **~s a)** *(ugs.)* junk *(coll.);* **b)** *(veralt.: Betteln)* begging *no art.*

**bettel-, Bettel-: ~arm** *Adj.* destitute; penniless; **~brief der** begging letter

**Bettelei die;** **~, ~en** begging *no art.*

**Bettel-: ~mann der;** *Pl.:* **~leute** *(veralt.)* beggar; **~mönch der** mendicant friar

**betteln** [ˈbɛtl̩n] *itr. V.* beg **(um** for); **~ gehen** go begging; **„Betteln verboten!"** 'No begging'; **bei jmdm. um etw. ~:** beg sb. for sth.; **darum ~, aufbleiben zu dürfen** beg to be allowed to stay up

**Bettel-: ~orden der** mendicant order; **~stab der** *in* **jmdn. an den ~stab bringen** reduce sb. to penury; **~weib das** *(veralt.)* beggar woman

**betten** *(geh.)* **1.** *tr. V.* **a)** lay; **jmdn. flach ~:** lay sb. [down] flat; **jmdn. weich ~:** make a soft bed for sb. to lie on; **weich gebettet sein** *(fig.)* have an easy time of it; be featherbedded; **b)** *(einbetten)* **etw. in etw.** *(Akk.)* **~:** embed sth. in sth. **2.** *refl. V. (fig.)* **wie man sich bettet, so liegt man** as you make your bed, so you must lie on it; **sich weich ~:** feather one's nest

**Betten-: ~berg der** surplus of beds; **~burg die a)** *(Hotel)* giant hotel; **b)** *(Urlaubsort)* over-developed resort; **~machen das** making the beds *no art.;* *(allgemein)* making beds *no art.;* **das tägliche ~machen** the daily making of beds; **~mangel der** shortage of beds

**bett-, Bett-: ~feder die a)** bedspring; **b)** *Pl. (Füllung)* [pillow/bed-]feathers; **~flasche die** hot-water bottle; **~genosse der, ~genossin die** bedfellow; **~geschichte die** *(abwertend)* **a)** *(Verhältnis)* purely physical relationship; **seine ~geschichten schildern** describe one's bedroom experiences; **b)** *(Klatschgeschichte)* bedroom saga; **~geschichten der Filmstars** gossip about film stars' love-lives; **~gestell das** bedstead; **~häschen das, ~hase der** *(ugs. scherzh.)* sex kitten; **~himmel der** bed canopy; **~hupferl** [~huːpfɐl] **das;** **~s, ~:** bedtime treat; **~jäckchen das, ~jacke die** bed-jacket; **~kante die** edge of the bed; **~kasten der** bedding box *(under a bed);* **~lade die** *(südd., österr.) s.* **~gestell; ~lägerig** [~lɛːgərɪç] *Adj.* bedridden; **~laken das** sheet; **~lektüre die** bedtime reading *no indef. art.*

**Bettler** [ˈbɛtlɐ] **der;** **~s, ~:** beggar

**Bettlerin die;** **~, ~nen** beggar [woman]

**bett-, Bett-: ~nässen das;** **~s** bedwetting *no art.;* **~nässer der** bed-wetter; **~pfanne die** bedpan; **~reif** *Adj. (ugs.)* ready for bed *pred.;* **~ruhe die** bed-rest; **zwei Wochen [absolute] ~ruhe** two weeks of [complete] bed-rest; **~schwere die;** *o. Pl. in* **die nötige** *od.* **notwendige ~schwere haben** *(ugs.)* be ready for one's bed; **~statt die; ~statt, ~stätten** [~ʃtɛtn̩] *(südd., österr.),* **~stelle die** *s.* **~gestell; ~szene die** *(Film)* bedroom scene; **~tuch** *s.* **Bettuch; ~über·zug der** duvet cover

**Bettuch das** sheet

**Bett·umrandung die** bedside carpeting *(on three sides of the bed)*

**Bettung die;** **~, ~en** *(Eisenb., Straßenbau)* road-bed

**Bett-: ~vorlage die, ~vorleger der** bedside rug; **~wäsche die** bed-linen; **~zeug das;** *o. Pl. (ugs.)* bedclothes *pl.*

**betucht** [bəˈtuːxt] *Adj. (ugs.)* **[gut] ~:** well-heeled *(coll.);* well-off

**betulich** [bəˈtuːlɪç] **1.** *Adj.* **a)** fussy; *(besorgt)* worried; agitated; **b)** *(gemächlich)* leisurely; unhurried. **2.** *adv.* **a)** fussily; **b)** *(gemächlich)* in a calm unhurried way

**Betulichkeit die;** **~ a)** fussiness; *(Besorgtheit)* agitation; **b)** *(Gemächlichkeit)* calm unhurried manner

**betun** *unr. refl. V. (ugs.)* fuss around

**betupfen** *tr. V.* dab

**betuppen** [bəˈtʊpn̩] *(nordwestd. ugs.) tr. V.* diddle *(Brit. coll.);* do *(coll.)*

**betütern** [bəˈtyːtɐn] *(nordd. ugs.)* **1.** *tr. V.* mollycoddle. **2.** *refl. V.* get merry *or* tipsy

**betütert** *Adj. (nordd. ugs.)* **a)** *(beschwipst)* merry; tipsy; **b)** *(verwirrt)* not quite with it *pred. (coll.)*

**beugbar** *Adj. (Sprachw.)* declinable ⟨*noun, adjective*⟩; conjugable ⟨*verb*⟩

**Beuge** [ˈbɔygə] **die;** **~, ~n a)** *(Turnen)* bend; **eine ~ machen** bend over; *(Knie~)* **in die ~ gehen** do a knees-bend; **b)** *(Biegung)* bend; **c)** *(Arm~/Bein~)* crook of one's arm *or* elbow/knee

**Beuge·haft die** *(Rechtsw.)* coercive detention

**Beugel** [ˈbɔygl̩] **das;** **~s, ~** *(österr.)* filled croissant

**Beuge·muskel der** *(Anat.)* flexor

**beugen 1.** *tr. V.* **a)** bend; bow ⟨*head*⟩; **den Rumpf ~:** bend from the waist; **gebeugt gehen** walk with a stoop; **vom Alter/vom Kummer gebeugt** *(geh.)* bent *or* bowed with age *postpos.*/bowed down with grief *postpos.;* **b)** *(geh.: brechen)* **jmdn. ~:** break sb.'s resistance; **jmds. Starrsinn/Stolz ~:** break sb.'s stubborn/proud nature; **c)** *(Sprachw.: flektieren)* inflect ⟨*word*⟩; decline ⟨*noun, adjective*⟩; conjugate ⟨*verb*⟩; **stark/schwach gebeugt werden** be strong/weak; have strong/weak endings; **ein stark/schwach gebeugtes Adjektiv** an adjective with strong/weak endings; **d)** *(Rechtsw.)* bend ‹*law*›; **das Recht ~:** pervert the course of justice; **e)** *(Physik)* diffract ‹*light ray etc.*›. **2.** *refl. V.* **a)** bend over; *(sich bücken)* stoop; **sich nach vorn/hinten ~:** bend forwards/bend over backwards; **sich aus dem Fenster ~:** lean out of the window; **sich über den Tisch/das Geländer** *usw.* **~:** lean over the table/the banisters *etc.*; **er beugte sich über ihre Hand** he bowed his head over her hand; **b)** *(sich fügen)* give way; give in; **sich dem Druck ~:** yield *or* give way to pressure; **sich der Mehrheit ~:** bow to the will of the majority

**Beugung die; ~, ~en a)** *(das Biegen)* bending; *(Biegung)* bend; **b)** *(Sprachw.)* inflexion; *(eines Substantivs)* declension; *(eines Verbs)* conjugation; **ein Adjektiv mit starker/schwacher ~:** an adjective with strong/weak endings *or* inflexion; **c)** *(Rechtsw.: des Gesetzes)* bending; **~ des Rechts** perversion of justice; **d)** *(Physik)* diffraction

**Beugungs·endung die** *s.* **Flexionsendung**

**Beule** ['bɔylə] **die; ~, ~n a)** bump; swelling; *(Furunkel)* boil; **b)** *(Vertiefung)* dent (**an** + *Dat.* in); *(Vorwölbung)* bump; bulge

**beulen** *itr. V.* bulge; ‹*trousers*› be baggy

**Beulen·pest die** bubonic plague

**beunruhigen** [bə'|ʊnru:ɪgn̩] **1.** *tr. V.* worry; **es beunruhigte ihn sehr** it made him very worried; **über etw.** *(Akk.)* **beunruhigt sein** be worried about sth.; **bist du nicht beunruhigt darüber, daß ...?** aren't you worried that ...? **2.** *refl. V.* worry (**um, wegen** about)

**Beunruhigung die; ~, ~en** worry; concern; **eine deutliche ~:** an obvious sense of concern

**beurkunden** [bə'|u:ɐ̯kʊndn̩] *tr. V.* record; *(belegen)* document, provide a record of

**beurlauben** [bə'|u:ɐ̯laubn̩] **1.** *tr. V.* **a) jmdn. [für zwei Tage] ~:** give sb. [two days'] leave of absence; **sich ~ lassen** obtain leave of absence; **beurlaubt sein** be on leave [of absence]; **Professor X ist in diesem Semester beurlaubt** Professor X is on sabbatical leave this term; **b)** *(suspendieren)* suspend. **2.** *refl. V. (veralt.)* take one's leave

**Beurlaubung die; ~, ~en a)** leave of absence *no indef. art.*; **eine [einjährige] ~ beantragen** apply for [one year's] leave of absence; ‹*professor*› apply for a [one-year] sabbatical; **b)** *(Suspendierung)* suspension

**beurteilen** *tr. V.* judge; assess; **etw. falsch ~:** misjudge sth.; assess sth. wrongly; **sie ~ die Lage als kritisch** they judge the situation to be critical *or* see the situation as critical; **er kann doch nicht ~, was wirklich passiert ist** he cannot possibly tell *or* is in no position to say what really happened

**Beurteilung die; ~, ~en a)** judgement; *(einer Lage usw.)* assessment; **bei nüchterner ~ der Ereignisse muß man ...:** if one views the events dispassionately, one has to ...; **b)** *(Gutachten)* assessment; *(für eine Bewerbung)* reference

**Beurteilungs·maßstab der** criterion of judgement/assessment

**Beuschel** ['bɔyʃl̩] **das; ~s, ~ a)** *(österr., bayr.) dish made of finely chopped lights usu. with heart and other offal;* **b)** *(österr. salopp: Lunge)* lung; **c)** *(österr. salopp: Eingeweide)* guts *pl. (coll.)*

[1]**Beute** ['bɔytə] **die; ~, ~n a)** *(Gestohlenes)* haul; loot *no indef. art.*; *(Kriegs~)* booty; spoils *pl.*; **eine ~ in Millionenhöhe machen** make a haul worth millions; **fette ~ machen** get rich pickings *pl.*; **b)** *(von Raubtieren)* prey; *(eines Jägers)* bag; **[seine] ~ schlagen** catch one's prey; **leichte ~:** easy prey; **c)** *(geh.: Opfer)* prey (+ *Gen.* to); **eine ~ der Flammen werden** be consumed by the flames

[2]**Beute die; ~, ~n** *(Imkerspr.)* hive

**beute·gierig** *Adj.* **a)** rapacious; on the prowl *postpos.*; ravening ‹*wolf*›; **b)** *(auf Raub aus)* greedy for loot *postpos.*

**Beutel** ['bɔytl̩] **der; ~s, ~ a)** bag; *(kleiner, für Tabak usw.)* pouch; **b)** *(ugs.: Geld~)* purse; **jmds. ~ ist leer** sb. is broke *(coll.)*; **tief in den ~ greifen müssen** have to dig deep into one's pocket; **etw. reißt ein großes Loch in jmds. ~:** sth. makes a big hole in sb.'s pocket; **c)** *(Zool.)* pouch

**beuteln 1.** *tr. V.* **a)** *(südd., österr.: schütteln)* shake; **b)** *(fig.: hart bedrängen)* batter; **das Leben hat ihn gebeutelt** life has given him some hard knocks; **c)** *(übervorteilen)* **jmdn. ~:** take sb. for a ride *(sl.)*. **2.** *itr. V.* bulge; ‹*trousers*› be baggy

**Beutel-: ~ratte die** opossum; **~schneider der** *(veralt.)* **a)** cutpurse *(arch.)*; *(Gauner)* crook; **b)** *(geh.: Nepper)* shark; racketeer; **~tier das** marsupial

**Beute·zug der** thieving spree; raid

**Beutler** ['bɔytlɐ] **der; ~s, ~** *(Zool.)* marsupial

**bevölkern** [bə'fœlkɐn] **1.** *tr. V.* populate; inhabit; *(besiedeln)* settle; *(fig.)* fill; invade; **ein stark/dünn** *od.* **wenig bevölkertes Land** a densely/thinly *or* sparsely populated country; **von Touristen bevölkert** *(fig.)* full of tourists. **2.** *refl. V.* become populated; ‹*bar, restaurant, etc.*› fill up

**Bevölkerung die; ~, ~en a)** population; *(Volk)* people; **b)** *o. Pl. (Besiedlung)* settling

**Bevölkerungs-: ~abnahme die** decline in population; **~dichte die** population density; **~explosion die** population explosion; **~gruppe die** section of the population; **~schicht die** section *or* stratum of society; **~schwund der** *s.* **~abnahme; ~statistik die** demography *no art.*; **~zahl die** population; **~zunahme die, ~zuwachs der** increase in population

**bevollmächtigen** [bə'fɔlmɛçtɪgn̩] *tr. V.* **jmdn. [dazu] ~, etw. zu tun** authorize sb. to do sth.; *(in Rechtshandlungen)* give sb. power of attorney to do sth.

**Bevollmächtigte der/die;** *adj. Dekl.* authorized representative

**Bevollmächtigung die; ~, ~en** authorization; *(Rechtsw.)* power of attorney

**bevor** [bə'fo:ɐ̯] *Konj.* before; **noch ~ ich antworten konnte** before I could [even] reply; **~ du nicht unterschreibst/unterschrieben hast** until you sign/have signed

**bevor·munden** *tr. V.* **jmdn. ~:** impose one's will on sb.; **sie wollen sich nicht länger ~ lassen** they do not want to be dictated to any longer

**Bevormundung die; ~, ~en** imposing one's will (+ *Gen.* on); **wie kann sie sich diese ~ durch ihre Eltern gefallen lassen?** how can she put up with her parents telling her what to do?

**bevor·raten** *tr. V. (Amtsspr.)* lay in stocks of ‹*goods, materials*›; **gut bevorratet werden/sein** be kept/be well stocked *or* supplied

**bevor|stehen** *unr. itr. V.* be near; be about to happen; **[unmittelbar] ~:** be imminent; **jmdm. steht etw. bevor** sth. is in store for sb.; **mir steht etwas Schlimmes bevor** there's something unpleasant in store for me; **die schwerste Prüfung steht ihm noch bevor** he has still to face his severest test; his severest test is still to come

**bevorstehend** *Adj.* forthcoming; coming ‹*winter*›; **[unmittelbar] ~:** imminent; **die [dir/uns] ~en Probleme** the problems facing you/us

**bevorzugen** [bə'fo:ɐ̯tsu:gn̩] *tr. V.* **a)** prefer (**vor** + *Dat.* to); **b)** *(begünstigen)* favour; give preference *or* preferential treatment to (**vor** + *Dat.* over)

**bevorzugt 1.** *Adj.* favoured; *(privilegiert)* privileged; preferential ‹*treatment*›. **2.** *adv.* **jmdn. ~ behandeln** give sb. preferential treatment; **jmdn. ~ abfertigen/bedienen** give sb. priority *or* precedence/serve sb. first; **etw. ~ erledigen/bearbeiten** give sth. priority

**Bevorzugung die; ~, ~en** preferential treatment; preference (*Gen.*, **von** for)

**bewachen** *tr. V.* guard; *(Ballspiele)* mark; **die Gefangenen werden streng bewacht** a close watch is kept on the prisoners; the prisoners are closely guarded; **ihr Mann bewacht sie wie ein Schießhund** her husband watches over her like a guard dog; **bewachter Parkplatz** car park with an attendant

**Bewacher der; ~s, ~:** guard; *(Ballspiele)* marker

**bewachsen** *unr. tr. V.* grow over; cover; **eine mit Efeu ~e Laube** a summerhouse overgrown with ivy; an ivy-covered summerhouse; **ein dicht ~es Tal/Blumenbeet** a valley full of dense vegetation/a border packed with flowers

**Bewachung die; ~, ~en a)** guarding; *(Ballspiele)* marking; **zur ~ des Geländes** to guard the site; **unter scharfer ~:** closely guarded; **jmdn. unter ~ stellen** put sb. under guard; **sich der ~ entziehen** *(Ballspiele)* escape one's marker/markers; **b)** *(Wachmannschaft)* guard

**bewaffnen** [bə'vafnən] **1.** *tr. V.* arm; **ein Heer [neu] ~:** supply an army with [new] weapons. **2.** *refl. V. (auch fig.)* arm oneself (**mit** with)

**bewaffnet** *Adj.* armed; **bis an die Zähne ~:** armed to the teeth; **~er Raubüberfall/Widerstand** armed robbery/resistance; **mit Fotoapparaten ~** *(fig.)* armed with cameras

**Bewaffnete der/die;** *adj. Dekl.* armed man/woman/person; **~:** people bearing arms; armed men/women

**Bewaffnung die; ~, ~en a)** arming; **b)** *(Waffen)* weapons *pl.*

**bewahren** *tr. V.* **a) jmdn. vor etw.** *(Dat.)* **~:** protect *or* preserve sb. from sth.; **vor einer Enttäuschung bewahrt bleiben** be saved *or* spared a disappointment; **[Gott** *od.* **i] bewahre!** good Lord, no!; *(Gott behüte)* God forbid!; **b)** *(erhalten)* **seine Fassung** *od.* **Haltung ~:** keep *or* retain one's composure; **Stillschweigen/Treue ~:** remain silent/faithful; **sich** *(Dat.)* **etw. ~:** retain *or* preserve sth.; **c)** *(geh.: auf~)* keep; **etw. im Gedächtnis ~** *(fig.)* preserve the memory of sth.; **etw. im Herzen ~** *(fig.)* treasure sth. in one's heart

**bewähren 1.** *refl. V.* prove oneself/itself; prove one's/its worth; **sich als [guter] Freund ~:** prove to be a [good] friend; **sich im Leben ~:** prove oneself in life; make something of one's life; **das Gerät hat sich doch noch bewährt** this apparatus has turned out to be useful after all; **sich gut/schlecht ~:** prove/not prove to be worth while *or* a success; **sich am besten ~:** prove to be best; **unsere Freundschaft hat sich über all die Jahre bewährt** our friendship has stood the test of time over all these years. **2.** *tr. V. (veralt.)* prove

**bewahrheiten** [bə'va:ɐ̯haitn̩] *refl. V.* prove to be true; **an ihm bewahrheitet sich der Spruch, daß ...:** he demonstrates the truth of the saying that ...

**bewährt** *Adj.* proven ‹*method, design, etc.*›; well-tried, tried and tested ‹*recipe, cure*›; reliable ‹*worker*›

**Bewahrung die; ~ a)** protection *no indef. art.* (**vor** + *Dat.* from); **b)** *(geh.: Auf~)* keeping; **c)** *(Beibehaltung)* **zur ~ seines Andenkens** to preserve his memory

**Bewährung die; ~, ~en a)** *(Rechtsw.)* probation; **3 Monate Gefängnis mit ~:** three months suspended sentence [with probation]; **eine Strafe zur ~ aussetzen** [conditionally] suspend a sentence on probation; **b)** *(das Sichbewähren)* proving; *(das Testen)* testing

**Bewährungs-: ~auf·lage die** *(Rechtsw.,*

*obligation imposed as a condition of sentence being suspended;* **~frist die** *(Rechtsw.)* period of probation; **~helfer der** probation officer; **~hilfe die** *(Rechtsw.)* probation supervision; *(Dienst)* probation service; **~probe die** [crucial] test; trial [of one's/its worth]; **jmdn./jmds. Nerven auf eine [harte] ~probe stellen** subject sb. to a [severe] test/be a severe test of sb.'s nerves; **~zeit die** *(Rechtsw.)* probation period

**bewaldet** [bəˈvaldət] *Adj.* wooded

**Bewạldung die; ~, ~en a)** tree cover; *(Wälder)* woodlands *pl.*; **eine spärliche ~:** a few trees *pl.*; **b)** *(Aufforstung)* afforestation *no indef. art.*

**bewältigen** [bəˈvɛltɪgn̩] *tr. V.* deal with; cope with; overcome ⟨*difficulty, problem*⟩; cover ⟨*distance*⟩; *(innerlich verarbeiten)* get over ⟨*experience*⟩; **die Vergangenheit ~:** come to terms with the past

**Bewạ̈ltigung die; ~, ~en** *s.* **bewältigen:** coping with; overcoming; covering; getting over, coming to terms with; **zur ~ der Arbeit** *usw.* to deal *or* cope with the work *etc.*

**bewandert** [bəˈvandɐt] *Adj.* well-versed; knowledgeable; **auf einem Gebiet/in etw.** *(Dat.)* **~ sein** be well-versed *or* well up in a subject/in sth.

**Bewandtnis** [bəˈvantnɪs] **die; ~, ~se: mit etw. hat es [s]eine eigene/besondere ~:** there's a particular explanation for sth. *or* a [special] story behind sth.; **mit jmdm. hat es seine eigene/besondere ~:** there's a special story about sb.; sb. is a special case; **damit hat es folgende ~:** the story behind *or* reason for it is this

**bewạ̈ssern** *tr. V.* irrigate; *(begießen)* water

**Bewạ̈sserung die; ~, ~en** irrigation; *(das Begießen)* watering

**Bewạ̈sserungs-: ~an·lage die** irrigation system; *(für Grünflächen usw.)* watering system; **~graben der** irrigation ditch; **~kanal der** irrigation channel; **~system das** irrigation system

**bewegbar** *Adj.* movable

**[1]bewegen** [bəˈveːgn̩] **1.** *tr. V.* **a)** move; **den Koffer von der Stelle ~:** move *or* shift the suitcase [from the spot]; **die Pferde/den Hund ~:** exercise the horses/the dog; **Erde ~:** shift *or* remove earth; **b)** *(ergreifen)* move; **eine ~de Rede** a moving speech; **niemand wußte, was ihn so bewegte** nobody knew what was affecting him so deeply; **c)** *(innerlich beschäftigen)* preoccupy; **das bewegt mich schon lange** I have been preoccupied with this *or* this has exercised my mind for a long time. **2.** *refl. V.* **a)** move; **die Blätter bewegten sich sanft** the leaves stirred gently; **der Hund bewegte sich nicht** the dog did not stir *or* was quite still; **b)** *(ugs.: sich Bewegung verschaffen)* **ich muß mich ein bißchen ~:** I must get some exercise; **du solltest/mußt dich mehr ~:** you ought to/must take more exercise; **c)** *(fig.)* **seine Ausführungen ~ sich in der gleichen Richtung** his comments have the same drift *or* are on the same lines; **d)** *(schwanken)* vary; fluctuate; **der Preis bewegt sich zwischen 10 DM und 20 DM** the price varies *or* fluctuates between 10 and 20 marks; **e)** *(sich verhalten)* behave; **sich mit großer Sicherheit ~:** bear oneself with great confidence

**[2]bewegen** *unr. tr. V.* **jmdn. dazu ~, etw. zu tun** ⟨*thing*⟩ make sb. do sth., induce sb. to do sth.; *(überreden)* ⟨*person*⟩ prevail upon *or* persuade sb. to do sth.; **jmdn. zu etw. ~:** talk sb. into sth.; **jmdn. zum Einlenken ~:** persuade sb. to give way

**Beweg·grund der** motive

**beweglich 1.** *Adj.* **a)** movable; mobile ⟨*troops etc.*⟩; moving ⟨*target*⟩; **die ~en Teile einer Maschine** the moving parts of a machine; **seine ~e Habe** one's goods and chattels *pl.*; one's personal effects *pl.*; **~e Feste** movable feasts; **etw. ist leicht/schwer ~:** sth. is easy/difficult to move; **b)** *(rege)* agile, active ⟨*mind*⟩; *(wendig)* flexible ⟨*policy*⟩; **geistig ~ sein** be nimble-minded; have an agile mind; **c)** *(veralt.: rührend)* moving. **2.** *adv. (veralt.)* movingly

**Beweglichkeit die; ~ a)** mobility; **b)** *(Wendigkeit)* agility; **taktische ~:** tactical flexibility

**bewegt** [bəˈveːkt] **1.** *2. Part. v.* **[1]bewegen. 2.** *Adj.* **a)** eventful; *(unruhig)* turbulent; **ein ~es Leben** an eventful/turbulent life; **sie hat eine ~e Vergangenheit** she has a colourful past; **b)** *(gerührt)* moved *pred.*; emotional ⟨*words, voice*⟩; **mit tief ~en Worten/~er Stimme** in words/a voice heavy with emotion; **c)** *(unruhig)* **leicht/stark ~:** ⟨*sea*⟩ slightly choppy/very rough

**Bewegung die; ~, ~ a)** movement; *(bes. Technik, Physik)* motion; *(von Erdmassen)* moving; **in ~ sein** ⟨*person*⟩ be on the move; ⟨*thing*⟩ be in motion; **sie ist immer in ~:** she is never still; **jmdn. in ~ bringen/halten** get sb. moving *or* going/keep sb. on the go; **eine Maschine** *usw.* **in ~ setzen** start [up] a machine *etc.*; **sich in ~ setzen** ⟨*train etc.*⟩ start to move; ⟨*procession*⟩ move off; ⟨*person*⟩ get moving; *s. auch* **Hebel; b)** *(körperliche ~)* exercise; **c)** *(Ergriffenheit)* emotion; **große ~ auslösen** arouse strong emotions *pl. or* feelings *pl.*; **d)** *(Bestreben, Gruppe)* movement

**bewegungs-, Bewegungs-: ~ab·lauf der** sequence of movements; **~drang der** urge to be on the move; **~energie die;** *o. Pl. (Physik)* kinetic energy; **~freiheit die;** *o. Pl.* freedom of movement; **~krieg der** mobile warfare; **~los 1.** *Adj.* motionless; **vor Schreck ~los** paralysed with fright; **2.** *adv.* without moving; **~los liegen/sitzen/stehen** lie/sit/stand motionless; **~losig·keit die; ~:** motionlessness; immobility; **~studie die** time and motion study; **~therapie die** physical *or* exercise therapy; **~unfähig** *Adj.* unable to move *postpos.*; *(gelähmt)* paralysed; ⟨*vehicle*⟩ immobilized

**bewehren** *tr. V. (veralt.)* arm ⟨*person*⟩; fortify ⟨*castle*⟩

**beweih·räuchern** [bəˈvairɔyçan] *tr. V.* surround with incense; *(fig. abwertend)* idolize; **sich selbst ~:** sing one's own praises; blow one's own trumpet

**Beweih·räucherung die** *(fig. abwertend)* idolization; adulation

**beweinen** *tr. V.* lament; *(weinend)* weep over; **jmdn./jmds. Tod ~:** mourn sb./sb.'s passing

**Beweinung die; ~: die ~ Christi** the mourning of Christ

**Beweis** [bəˈvais] **der; ~es, ~e** proof (*Gen.*, **für** of); *(Zeugnis)* evidence; **belastende ~e** incriminating evidence; **einen ~/~e für etw. haben** have proof/evidence of sth.; **haben Sie einen ~ dafür, daß ...?** have you any proof/evidence that ...?; **als** *od.* **zum ~ seiner Aussage/Theorie** to substantiate *or* in support of his statement/theory; **bis zum ~ des Gegenteils** until there is proof/evidence to the contrary; **den ~ für etw. antreten** *od.* **erbringen** produce proof [in support] of sth.; **aus Mangel an ~en** owing to lack of evidence; **etw. unter ~ stellen** *(Amtsspr.)* provide proof of sth.; **sie lassen sich kaum unter ~ stellen** they are hardly susceptible of proof; **jmdm. einen ~ seines Vertrauens/seiner Hochachtung geben** give sb. a token of one's trust/esteem; **zahlreiche ~e der Anteilnahme** numerous expressions of sympathy

**Beweis-: ~antrag der** *(Rechtsw.)* application to produce evidence; **~aufnahme die** *(Rechtsw.)* hearing of [the] evidence

**beweisbar** *Adj.* provable; susceptible of proof *postpos.*; **das ist nicht ~:** it cannot be proved

**beweisen 1.** *unr. tr. V.* **a)** prove; **jmdm. seine Beteiligung an etw.** *(Dat.)* **~:** prove sb.'s participation in sth.; **dem Angeklagten konnte die Tat nicht bewiesen werden** it could not be proved that the accused committed the deed; **was [noch] zu ~ wäre** which has yet to be proved; **was zu ~ war** which was the point at issue *or* which needed clarifying; **b)** *(zeigen)* show; **damit beweist er seine mangelnde Einsicht** that shows his lack of understanding. **2.** *unr. refl. V.* prove oneself *or* one's worth (**vor** + *Dat.* to)

**beweis-, Beweis-: ~erhebung die** *s.* **~aufnahme; ~führung die a)** *(Rechtsw.)* presentation of the evidence *or* case; **b)** *(Argumentation)* reasoning; argumentation; **~gegen·stand der** *(Rechtsw.)* issue; **~kraft die;** *o. Pl.* value as evidence; *(einer Argumentation)* cogency; **~kräftig** *Adj.* of value as evidence *postpos.*; *(Rechtsw.)* of probative value *postpos.*; cogent ⟨*reasoning*⟩; conclusive ⟨*test result*⟩; **~last die;** *o. Pl. (Rechtsw.)* **a)** *(~pflicht)* burden of proof; **b)** *(Nachteil) disadvantage due to one's inability to prove a fact material to one's case;* **~material das** evidence; *(~stück)* piece of evidence; **~mittel das** *(Rechtsw.)* form of evidence; **~not die;** *o. Pl.* want of proof; lack of evidence; **sich in ~not befinden** lack evidence; be short of evidence; **~pflichtig** *Adj. (Rechtsw.)* **für etw. ~pflichtig sein** be obliged to furnish proof of sth.; **~stück das** piece of evidence; **~stücke [für etw.]** evidence *sing.* [of sth.]

**bewenden** *unr. V. in* **es bei** *od.* **mit etw. ~ lassen** [have to] content oneself with sth.

**Bewenden das; ~s: damit hat es sein ~:** that is the end of the matter; **damit, daß sie entlassen wird, wird es keineswegs sein ~ haben** even if she is dismissed, the matter won't end there

**bewerben** *unr. refl. V.* apply (**um** for); **sich bei einer Firma** *usw.* **~:** apply to a company *etc.* [for a job]; **sich als Buchhalter** *usw.* **~:** apply for a job as a bookkeeper *etc.*; **die Firma bewarb sich um den Auftrag** the firm competed for the contract

**Bewẹrber der, Bewẹrberin die a)** applicant; *(Sport: Titel~)* contender; **b)** *(veralt.: Freier)* suitor; *s. auch* **-in**

**Bewẹrbung die** application (**um** for)

**Bewẹrbungs-: ~bogen der** application form; **~schreiben das** letter of application; **~unterlagen** *Pl.* documents in support of an/the application

**bewẹrfen** *unr. tr. V.* **a) jmdn./etw. mit etw. ~:** throw sth. at sb./sth.; **jmdn. mit [faulen] Eiern ~:** pelt sb. with [rotten] eggs; **jmds. Namen mit Schmutz ~** *(fig.)* sling mud at sb. *(fig.)*; drag sb.'s good name through the mud; **b)** *(Bauw.)* render ⟨*wall*⟩; **mit Lehm beworfen** covered *or* faced with clay

**bewerkstelligen** [bəˈvɛrkʃtɛlɪgn̩] *tr. V.* pull off, manage ⟨*deal, sale, etc.*⟩; **es ~, etw. zu tun** contrive *or* manage to do sth.

**Bewẹrkstelligung die** managing

**bewertbar** *Adj.* assessable

**bewerten** *tr. V.* assess; rate; *(dem Geldwert nach)* value (**mit** at); *(beurteilen)* judge ⟨*person*⟩; *(Schulw., Sport)* mark; grade *(Amer.)*; **etw. als Heldentat ~:** rate sth. as a heroic deed; **etw. zu hoch/niedrig ~:** overrate/underrate sth.; *(dem Geldwert nach)* overvalue/undervalue sth.; **Arbeiten schlecht ~** *(Schulw.)* give work low marks *or (Amer.)* grades; **einen Aufsatz mit [der Note] „gut" ~:** mark *or (Amer.)* grade an essay 'good'; **eine Kür mit Noten zwischen 5,6 und 5,9 ~** *(Eiskunstlauf, Turnen)* give a programme marks between 5.6 and 5.9

**Bewertung die a)** *(das Bewerten)* assessment; *(des Geldwerts)* valuation; *(eines Menschen)* judgement; *(das Benoten einer Schularbeit)* marking; grading *(Amer.)*; **b)** *(Äußerung)* assessment; *(Note)* mark; grade *(Amer.)*

**Bewertungs·maß·stab der** criterion of assessment

**bewies** [bə'vi:s] *1. u. 3. Pers. Sg. Prät. v.* **beweisen**

**bewiesen** [bə'vi:zn̩] *1. u. 3. Pers. Pl. Prät. u. 2. Part. v.* **beweisen**

**bewiesenermaßen** *Adv.* demonstrably; as can be proved

**bewilligen** [bə'vɪlɪgn̩] *tr. V.* grant; award ⟨*salary, grant*⟩; *(im Parlament usw.)* approve ⟨*sum, tax increase, etc.*⟩; **jmdm. eine Stundung/zwei Mitarbeiter** *usw.* **~:** allow sb. deferment/two assistants *etc.*

**Bewilligung die; ~, ~en** granting; *(Zustimmung)* approval; *(eines Gehalts, Stipendiums)* award

**bewimpert** [bə'vɪmpɐt] *Adj.* lashed; *(Zool.)* ciliate

**bewirken** *tr. V.* bring about; cause; **~, daß etw. geschieht** cause sth. to happen; **damit/dadurch hast du nur bewirkt, daß ...:** all you have achieved by this *or* the only effect of this is that ...; **nichts/das Gegenteil bei jmdm. ~:** have *or* produce no effect/the opposite effect on sb.; **durch gutes Zureden bewirkt man bei ihm nichts** you don't get anywhere with him by talking to him nicely

**bewirten** [bə'vɪrtn̩] *tr. V.* feed; **jmdn. mit etw. ~:** serve sth. to sb.; serve sb. sth.

**bewirtschaften** *tr. V.* **a)** run, manage ⟨*estate, farm, restaurant, business, etc.*⟩; **b)** *(bestellen)* farm ⟨*fields, land*⟩; cultivate ⟨*field*⟩; **c)** *(staatlich lenken)* ration; **den Wohnraum ~:** make living accommodation subject to government control; **Devisen ~:** operate currency controls

**Bewirtschaftung die; ~, ~en a)** running; management; **b)** *(Bestellung)* farming; cultivation; **c)** *(staatliche Lenkung)* government control

**Bewirtung die; ~, ~en** provision of food and drink; *(Gastfreundschaft)* hospitality; **die ~ der Gäste** catering for the guests

**bewitzeln** *tr. V.* joke about; poke fun at

**bewog** [bə'vo:k] *1. u. 3. Pers. Sg. Prät. v.* [2]**bewegen**

**bewogen** *2. Part. v.* [2]**bewegen**

**bewohnbar** *Adj.* habitable

**Bewohnbarkeit die; ~:** suitability *or* fitness for habitation

**bewohnen** *tr. V.* inhabit, live in ⟨*house, area*⟩; live in ⟨*room, flat*⟩; live on ⟨*4th storey etc.*⟩; ⟨*animal, plant*⟩ be found in

**Bewohner der; ~s, ~, Bewohnerin die; ~, ~nen** *(eines Hauses, einer Wohnung)* occupant; *(einer Stadt, eines Gebietes)* inhabitant; **ein ~ der Steppe** *(Mensch)* a steppe-dweller; *(Tier, Pflanze)* a native of the steppes; **ein ~ des Waldes** a forest-dweller; *(Tier)* a woodland creature

**Bewohnerschaft die; ~, ~en** inhabitants *pl.*; *(eines Wohnblocks)* occupants *pl.*

**bewohnt** *Adj.* occupied ⟨*house etc.*⟩; inhabited ⟨*area*⟩; **ist das Haus noch ~?** is the house still lived in *or* occupied?

**bewölken** [bə'vœlkn̩] *refl. V.* cloud over; become overcast; **seine Stirn bewölkte sich** *(fig.)* his face darkened

**bewölkt** *Adj.* cloudy; overcast; **dicht** *od.* **stark ~:** heavily overcast; **der Himmel ist nur leicht ~:** there is only a light cloud cover

**Bewölkung die; ~, ~en a)** *o. Pl.* clouding over; **b)** *(Wolkendecke)* cloud [cover]; **wechselnde ~:** variable amounts *pl.* of cloud

**Bewölkungs-: ~auf·lockerung die** breaking up of the cloud cover; **~zunahme die** increase in the cloud cover

**Bewuchs der** plant cover; vegetation *no indef. art.*

**Bewunderer der; ~s, ~, Bewunderin die; ~, ~nen** admirer

**bewundern** *tr. V.* admire **(wegen, für** for); **ich kann sie nur ~:** I really admire her

**bewunderns-: ~wert, ~würdig 1.** *Adj.* admirable; worthy of admiration *postpos.*; **2.** *adv.* admirably; in an admirable fashion

**Bewunderung die; ~, ~en** admiration

**bewunderungs·würdig** *s.* **bewundernswert**

**Bewurf der** *(Bauw.)* rendering

**bewußt** [bə'vʊst] **1.** *Adj.* **a)** *(im Bewußtsein vorhanden)* conscious ⟨*reaction, behaviour, etc.*⟩; *(absichtlich)* deliberate ⟨*lie, deception, attack, etc.*⟩; **~e Ablehnung** conscious *or* deliberate rejection; **ein ~er Sozialist** a convinced socialist; **etw. ist/wird jmdm. ~:** sb. is/becomes aware of sth.; sb. realizes sth.; **mir war nicht recht ~, was ich tat** I was not really conscious of what I was doing; **b)** *(klar erkennend)* **ein ~er Mensch** a thinking person; **sich** *(Dat.)* **einer Sache** *(Gen.)* **~ sein/werden** be/become aware *or* conscious of something; **c)** *nicht präd. (bekannt)* particular; *(fraglich)* in question *postpos.* **2.** *adv.* **a)** *(absichtlich)* deliberately; **b)** *(klar erkennend)* consciously; **~er leben** live with greater awareness

**Bewußtheit die; ~:** deliberateness

**bewußt·los** *Adj.* unconscious; **~ zusammenbrechen** collapse unconscious; **der/die Bewußtlose** the unconscious man/woman

**Bewußtlosigkeit die; ~:** unconsciousness; **aus der ~ erwachen** regain consciousness; **bis zur ~** *(ugs.)* ad nauseam

**bewußt|machen** *tr. V.* **jmdm. etw. ~:** make sb. realize sth.; **sich** *(Dat.)* **etw. ~:** realize sth.

**Bewußt·sein das a)** *(deutliches Wissen)* awareness; **im ~ seiner Kraft** [secure] in the knowledge *or* awareness of one's strength; **im ~, seine Pflicht getan zu haben** conscious of having done one's duty; **sich** *(Dat.)* **etw. ins ~ rufen** remember *or* recall sth.; **jmdm. etw. ins ~ bringen** remind sb. of sth.; **gewisse Themen in das allgemeine ~ bringen** make the general public aware of certain issues; bring certain issues to the notice of the general public; **etw. mit ~ erleben** be fully aware of sth. [one is experiencing]; **jmdm. zu[m] ~ kommen** become clear to sb.; **jetzt erst kam ihr zu ~, daß ...:** only now did she realize that ...; **b)** *(Psych., Politik, Philos. usw.)* consciousness; **ein historisches ~:** a consciousness *or* awareness of history; **c)** *(geistige Klarheit)* consciousness; **das ~ verlieren** lose consciousness; **wieder zu ~ kommen, das ~ wiedererlangen** regain consciousness; **bei vollem ~ sein** be fully conscious; **bei vollem ~ operiert werden** be operated on while fully conscious

**bewußtseins-, Bewußtseins-: ~bildung die;** *o. Pl.* creation of [greater] awareness; **eine politische ~bildung** the creation of political consciousness *or* awareness; **~erweiternd 1.** *Adj.* mind-expanding; psychedelic; **2.** *adv.* **~erweiternd wirken** have a mind-expanding effect; **~erweiterung die** expansion of consciousness; **~spaltung die** *(Med., Psych.)* split consciousness; schizophrenia; **~störung die** disturbance of consciousness; **~trübung die** clouding *or* dimming of consciousness; **~verändernd 1.** *Adj.* mind-bending ⟨*drug*⟩; **dieses Erlebnis war ~verändernd** this experience changed sb.'s outlook; **2.** *adv.* **auf jmdn. ~verändernd wirken** change sb.'s awareness; **~veränderung die** change of awareness *or* outlook

**Bewußtwerdung die; ~:** development of awareness

**bez.** *Abk.* **bezahlt** pd.

**bezahlbar** *Adj.* affordable; *(wirtschaftlich vernünftig)* economic; **diese Miete ist für ihn kaum ~:** he can hardly afford this rent

**bezahlen 1.** *tr. V.* pay ⟨*person, bill, taxes, rent, amount*⟩; pay for ⟨*goods etc.*⟩; **etw. [in] bar ~:** pay [in] cash for sth.; **etw. mit [einem] Scheck ~:** pay for sth. by cheque; **jmdm. etw. ~:** pay for sth. for sb.; **bekommst du das Essen bezahlt?** do you get your meals paid for?; **[jmdm.] für etw. 10 DM ~:** pay [sb.] 10 marks for sth.; **bezahlter Urlaub** paid leave; holiday[s] with pay; **er mußte seinen Leichtsinn teuer ~** *(fig.)* he had to pay dearly for his carelessness; **das macht sich bezahlt** it pays off; **als ob er's bezahlt bekäme** *od.* **kriegte** *(ugs.)* for all he's worth *(coll.)*; like a mad thing. **2.** *itr. V.* pay; **Herr Ober, ich möchte ~** *od.* **bitte ~:** waiter, the bill *or (Amer.)* check please; **heute bezahle ich** it's on me today *(coll.)*

**Bezahlung die** payment; *(Lohn, Gehalt)* pay; **die ~ der Waren** the payment for the goods; **gegen ~ arbeiten** work for payment *or* money

**bezähmen 1.** *tr. V.* **a)** contain, control ⟨*wrath, curiosity, impatience*⟩; restrain ⟨*desire*⟩; **b)** *(veralt.: zähmen)* tame. **2.** *refl. V.* restrain oneself

**bezaubern 1.** *tr. V.* enchant; **von etw. bezaubert** enchanted with *or* by sth. **2.** *itr. V.* enchant; be enchanting

**bezaubernd 1.** *Adj.* enchanting; **es war ~ von euch, das Fest zu geben** it was wonderfully kind of you to give the party. **2.** *adv.* enchantingly

**bezecht** [bə'tsɛçt] *Adj.* drunken *attrib.*; drunk *pred.*

**bezeichnen** *tr. V.* **a) jmdn./sich/etw. als etw. ~:** call sb./oneself/sth. sth.; describe sb./oneself/sth. as sth.; **das muß man schon als anmaßend ~:** that can only be described as arrogant; **wie bezeichnet man das?** what is it called?; **mit dem Wort bezeichnet man eine Art Jacke** this word is used to denote *or* describe a kind of jacket; **jmdn. als Halunken** *od.* **mit dem Wort Halunke ~:** describe sb. as a scoundrel; call sb. a scoundrel; **jmdn. als Feigling ~:** call sb. a coward; **etw. als Verrat ~:** call sth. treachery; **so kann man das auch ~:** that's one way of describing it; **b)** *(Name sein für)* denote; **c)** *(markieren)* mark; *(durch Zeichen angeben)* indicate

**bezeichnend** *Adj.* characteristic, typical *(für* of); *(bedeutsam)* significant; **das ist ~ für ihn** that is typical *or* characteristic of him

**bezeichnender·weise** *Adv.* characteristically; typically; *(als Zeichen dafür)* significantly

**Bezeichnung die a)** *o. Pl.* marking; *(Angabe durch Zeichen)* indication; **b)** *(Name)* name; **mir fällt die richtige ~ dafür nicht ein** I can't think of the right word for it/them

**bezeigen** *(geh.)* **1.** *tr. V.* show; give proof of ⟨*courage*⟩; **jmdm. Ehrfurcht** *od.* **Respekt ~:** show sb. respect. **2.** *refl. V.* **sich dankbar/erkenntlich ~:** show one's gratitude/appreciation

**bezeugen** *tr. V.* **a)** testify to; **er/sie bezeugte, daß ...:** he/she testified that ...; **der Ort ist schon im 8. Jh. [dokumentarisch] bezeugt** [the existence of] this place is documented as early as the 8th century; **b)** *(bezeigen)* show; **jmdm. sein Wohlwollen ~:** give sb. proof of one's goodwill

**Bezeugung die a)** attestation; *(das Bezeugen)* testifying (*Gen.* to); **b)** *(das Bezeigen)* showing; demonstration

**bezichtigen** [bə'tsɪçtɪgn̩] *tr. V.* accuse; **jmdn. des Verrats ~:** accuse sb. of treachery; **jmdn. ~, etw. getan zu haben** *od.* **er/sie habe etw. getan** accuse sb. of having done sth.

**Bezichtigung die; ~, ~en** accusation

**beziehbar** *Adj.* **a)** ready for occupation *postpos.*; **b)** *(anwendbar)* applicable **(auf +** *Akk.* to)

**beziehen 1.** *unr. tr. V.* **a)** cover, put a cover/covers on ⟨*seat, cushion, umbrella, etc.*⟩; **die Betten frisch ~:** put clean sheets on the beds; **einen Schirm neu ~:** re-cover an umbrella; **das Sofa ist mit Leder bezogen** the sofa is upholstered in leather; **b)** *(einziehen in)* move into ‹*house, office*›; **c)** *(Milit.)* take up ‹*position, post*›; **einen klaren Standpunkt ~** *(fig.)* adopt a clear position; take a definite stand; *s. auch* **Stellung; d)** *(regelmäßig erhalten)* receive, obtain [one's supply of] ‹*goods*›; take ‹*newspaper*›; draw, receive ‹*pension, salary*›; **Prügel ~** *(ugs.)* get a hiding *(coll.)*; **e)** *(in Beziehung setzen)* apply **(auf +** *Akk.* to); **etw. auf sich ~:** take sth. personally; **seine Kritik auf etw.** *(Akk.)* **~:** direct one's criticism at sth. **2.** *unr. refl. V.* **a) es/der Himmel bezieht sich** it/the sky is clouding over *or* becoming overcast; **b) sich auf jmdn./etw. ~** *(sich berufen auf)* ‹*person, letter, etc.*› refer to sb./sth.; *(betreffen)* ‹*question, statement, etc.*› relate to sb./sth.; **wir ~ uns auf Ihr Schreiben vom 28. 8./unser Telefongespräch** with reference to your letter of 28 August/our telephone conversation; **diese Kritik bezieht sich nicht auf dich** this criticism is not aimed at you

**Bezieher der; ~s, ~, Bezieherin die; ~, ~nen** *(einer Zeitung)* reader; subscriber (*Gen.*, **von** to); *(einer Rente, eines Gehalts)* recipient; *s. auch* **-in**

**Beziehung die a)** *(Verbindung)* relations *pl.* **(zu** with); **gute ~en** *od.* **eine gute ~ zu jmdm./einer Firma haben** have good relations with sb./a firm; be on good terms with sb./a firm; **intime ~en zu jmdm. haben** have intimate relations with sb.; **diplomatische ~en aufnehmen/unterhalten/abbrechen** establish/maintain/break off diplomatic relations; **b)** *Pl. (Verbindungen, die Vorteile verschaffen)* connections **(zu** with); **etw. durch ~en bekommen** get sth. through connections; **seine ~en spielen lassen** pull some strings; **c)** *(Verhältnis)* relationship **(zwischen** between, **zu** with); *(Verständnis)* affinity **(zu** for); **zu jmdm. keine ~ haben** be unable to relate to sb.; **er hat keine ~ zur Kunst** he has a blind spot where the arts are concerned; the arts are a closed book to him; **d)** *(Zusammenhang)* connection **(zu** with); **zwischen A und B besteht keine/eine ~:** there is no/a connection between A and B; **A zu B in ~ setzen** relate A to B; see A in relation to B; **A und B in ~ zueinander setzen** relate A and B to each other; connect *or* link A and B; **das steht in keiner ~ dazu** that is not connected with *or* related to it; **in dieser/jeder ~:** in this/every respect; **in mancher ~:** in many respects; **mit ~ auf etw.** *(Akk.)* with reference to sth.

**beziehungs-, Beziehungs-: ~kiste die** *(ugs.)* relationship; **~los 1.** *Adj.* unconnected; unrelated; **2.** *adv.* without any connection; **~reich** *Adj.* evocative; rich in associations *postpos.*; *(vielseitig)* many-faceted; **~weise** *Konj.* **a)** *(oder vielmehr)* that is; or to be precise; **b)** *(und im anderen Fall)* and ... respectively; *(oder)* or; **die beiden Münzen waren aus Kupfer ~ aus Nickel** the two coins were made of copper and of nickel respectively; **sie sind in Schwarz ~ in Weiß lieferbar** they are available in black or in white

**beziffern** [bəˈtsɪfɐn] **1.** *tr. V.* **a)** *(numerieren)* number; **bezifferter Baß** *(Musik)* figured bass; **b)** *(angeben)* estimate **(auf +** *Akk.* at); **den Schaden auf 3 000 DM ~:** estimate the damage at 3,000 marks. **2.** *refl. V.* **sich auf 10 Millionen** *(Akk.)* **DM ~:** come *or* amount to 10 million marks

**Bezifferung die; ~, ~en a)** numbering; **b)** *(Zahlen)* numbers *pl.*

**Bezirk** [bəˈtsɪrk] **der; ~[e]s, ~e a)** district; **Vertreter für den ~ Südhessen** representative for the South Hessen area; **b)** *(Verwaltungs~)* [administrative] district; *(DDR)* [administrative] area; *(in West-Berlin)* borough; **c)** *(DDR: Behörde)* local *or* area authority; **auf dem ~:** at the local *or* area authority offices *pl.*

**bezirklich** *Adj.* district *attrib.*; *(DDR)* area *attrib.*

**Bezirks-: ~amt das** district *or (DDR)* area authority; **~bürger·meister der** Borough Mayor *(in West Berlin)*; **~gericht das** district *or (DDR)* area court; **~haupt·mann der;** *Pl.* **~hauptleute** *(österr.) chief officer of an administrative district;* **~haupt·mannschaft die** *(österr.)* district authority; **auf der ~hauptmannschaft** at the district authority offices; **~klasse die** *(Sport)* district *or (DDR)* area league; **~leiter der a)** *(DDR)* head of the area administration; **b)** *(Kaufmannsspr.)* area manager; **~regierung die** *(BRD)* district authority; **~stadt die** *(DDR)* chief town of the area; area capital; **~tag der** *(DDR)* area assembly; **~verordneten·versammlung die** borough assembly *(in West Berlin)*

**bezirzen** [bəˈtsɪrtsn̩] *s.* **becircen**

**bezog** [bəˈtso:k] *1. u. 3. Pers. Sg. Prät. v.* **beziehen**

**bezogen 1.** *2. Part. v.* **beziehen. 2.** *Adj.* **~ auf jmdn./etw.** [seen] in relation to sb./sth.

**-bezogen** *Adj.* -related

**Bezogene der/die;** *adj. Dekl.* drawee *(of cheque)*

**bezug** [bəˈtsu:k] **in ~ auf jmdn./etw.** concerning *or* regarding sb./sth.

**Bezug der a)** *(für Kissen usw.)* cover; *(für Polstermöbel)* loose cover; slip-cover *(Amer.)*; *(für Betten)* duvet cover; *(für Kopfkissen)* pillowcase; **b)** *o. Pl. (Erwerb)* obtaining; *(Kauf)* purchase; **~ einer Zeitung** taking a newspaper; **bei ~ von mehr als 100 Stück** if more than 100 are ordered; **c)** *Pl. (österr. auch Sg.) (Gehalt)* salary *sing.*; **die Bezüge der Beamten** the salaries of the civil servants; **d)** *(Verbindung)* connection, link **(zu** with); **der Film vermeidet jeden ~ zur Gegenwart** this film avoids all allusion to the present; **mit** *od.* **unter ~ auf etw.** *(Akk.) (Amtsspr., Kaufmannsspr.)* with reference to sth.; **auf etw.** *(Akk.)* **~ nehmen** *(Amtsspr., Kaufmannspr.)* refer to sth.; **~ nehmend auf unser Telex** with reference to our telex

**Bezüger** [bəˈtsy:gɐ] **der; ~s, ~** *(schweiz.)* **a)** *s.* **Bezieher; b)** *(von Steuern)* collector

**bezüglich** [bəˈtsy:klɪç] **1.** *Präp. mit Gen.* concerning; regarding. **2.** *Adj.* **auf etw.** *(Akk.)* **~:** relating to sth.; **die darauf ~en Paragraphen** the relevant paragraphs; **~es Fürwort** *(Sprachw.)* relative pronoun

**Bezugnahme** [bəˈtsu:kna:mə] **die; ~, ~n** *(Amtsspr.)* reference; **unter ~ auf etw.** *(Akk.)* with reference to sth.

**bezugs-, Bezugs-: ~aktie die** *(Wirtsch.)* new share; **~berechtigt** *Adj.* entitled to receive goods/payment *postpos.*; **~berechtigt sind folgende** the following are entitled to benefit; **~fertig** *Adj.* ready to move into *pred.*; **eine ~fertige Wohnung** a flat *(Brit.) or (Amer.)* apartment that is ready to move into; **~person die** *(Psych., Soziol.)* **jedes Kind braucht eine ~person** every child needs someone it can relate to and take as an example; **~preis der** [subscription] price; **~punkt der** point of reference; **~quelle die** source of supply; *(Firma)* supplier; **~recht das** *(Wirtsch.)* preemptive *or* subscription right; **~satz der** *(Sprachw.)* relative clause; **~schein der** [ration] coupon; **auf ~schein** on coupons *pl.*; **~system das a)** *(Koordinatensystem)* reference frame; **b)** *(System des Denkens usw.)* terms *pl.* of reference

**bezuschussen** [bəˈtsu:ʃʊsn̩] *tr. V. (Amtsspr.)* subsidize

**Bezuschussung die; ~, ~en a)** subsidization; **b)** *(Betrag)* subsidy

**bezwecken** [bəˈtsvɛkn̩] *tr. V.* aim to achieve; aim at; **was willst du damit ~?** what do you expect to achieve by [doing] that?; **was soll das ~?** what is the point of that?; what is that supposed to achieve?

**bezweifeln** *tr. V.* doubt; question; **sie bezweifelt, daß** *od.* **ob ...:** she doubts whether ...; **ich bezweifle nicht, daß ...:** I do not doubt that ...; **das ist nicht zu ~:** there is no doubt about that; **das möchte ich doch ~:** I have my doubts about that

**bezwingbar** *Adj.* **a)** *(zu besiegen)* conquerable; *(fig.)* controllable; **er/sie/es ist ~:** he/she/it can be beaten *or* overcome; **b)** *(zu bewältigen)* manageable; negotiable ‹*course, slope*›

**bezwingen 1.** *unr. tr. V.* conquer ‹*enemy, mountain, pain, etc.*›; defeat ‹*opponent*›; take, capture ‹*fortress*›; master ‹*pain, hunger*›; **seinen Zorn/seine Neugier ~:** keep one's anger/curiosity under control; **er konnte diese Piste/diesen Paß nicht ~:** he was unable to negotiate this course/pass. **2.** *unr. refl. V.* control *or* restrain oneself

**bezwingend** *Adj.* compelling; irresistible ‹*smile*›

**Bezwinger der, Bezwingerin die; ~, ~nen** conqueror

**Bezwingung die; ~, ~en a)** defeat; *(Sieg)* victory (+ *Gen.* over); *(fig.)* control; **b)** *(Bewältigung)* conquest

**BfA** [be:|ɛf|a:] **die; ~** *Abk.:* **a) Bundesanstalt für Arbeit; b) Bundesversicherungsanstalt für Angestellte**

**BGB** [be:ge:ˈbe:] *Abk.:* **Bürgerliches Gesetzbuch**

**BGH** [be:ge:ˈha:] **der; ~** *Abk.:* **Bundesgerichtshof**

**BGS** [be:ge:ˈ|ɛs] **der; ~** *Abk.:* **Bundesgrenzschutz**

**BH** [be:ˈha:] **der; ~[s], ~[s]** *Abk.:* **Büstenhalter** bra

**bi** [bi:] *Adj.; nicht attr. (salopp)* bi *(sl.)*

**Biathlon** [ˈbi:atlɔn] **das; ~s, ~s** *(Sport)* biathlon

**bibbern** [ˈbɪbɐn] *itr. V. (ugs.) (vor Kälte)* shiver **(vor** with); *(vor Angst)* shake, tremble **(vor** with); **um jmdn./etw. ~:** fear *or* tremble for sb./sth.

**Bibel** [ˈbi:bl̩] **die; ~, ~n** *(auch fig.)* Bible

**bibel-, Bibel-: ~fest** *Adj.* well versed in the Bible *postpos.*; who knows his/her *etc.* Bible *postpos., not pred.*; **du bist ziemlich ~fest** you know your Bible pretty well; **~forscher der** *(veralt.)* Jehovah's Witness; **~spruch der** biblical saying; **~stunde die** *Bible reading with discussion and prayer;* **~vers der** verse from the Bible; **~wort das;** *Pl.* **~worte** biblical saying

**[1]Biber** [ˈbi:bɐ] **der; ~s, ~:** beaver; **Mantel aus ~:** beaver coat

**[2]Biber der** *od.* **das; ~s** *(Stoff)* flannelette

**Biber-: ~geil das; ~[e]s** castor; **~pelz der** beaver [fur]; *(einzelner Pelz)* beaver pelt; **ein Mantel** *usw.* **aus ~pelz** a beaver coat *etc.*; **~schwanz a)** beaver's tail; **b)** *(Ziegel)* plain *or* plane tile *(with curved lower edge)*

**Bibliograph** [biblioˈgra:f] **der; ~en, ~en** bibliographer

**Bibliographie die; ~, ~n** bibliography

**bibliographieren** *tr. V.* **a) Bücher/Titel ~:** list books/titles in a bibliography; **b)** *(Daten feststellen)* establish the bibliographical details of ‹*book, essay*›; identify ‹*book*›; identify the source of ‹*essay etc.*›

**Bibliographin die; ~, ~nen** *s.* **Bibliograph**

**bibliographisch 1.** *Adj.* bibliographical. **2.** *adv.* bibliographically; as a bibliography

**Bibliomane** [biblioˈma:nə] **der; ~n, ~n** bibliomaniac

**Bibliomanie die; ~:** bibliomania

**bibliophil** [biblioˈfi:l] *Adj.* **a)** bibliophilic ‹*interests etc.*›; bibliophile ‹*collector*›; **b)** *(wertvoll)* for the bibliophile *postpos.*; **~e Ausgabe** collector's edition

**Bibliophile der/die;** *adj. Dekl.* bibliophile; book-lover

**Bibliophilie die; ~:** bibliophily *(formal)*; love of books

**Bibliothek** [biblioˈte:k] **die; ~, ~en** library;

bei *od.* an einer ~ angestellt sein have a job in a library

**Bibliothekar** [bibliote'ka:ɐ̯] **der; ~s, ~e, Bibliothekarin die; ~, ~nen** librarian

**Bibliotheks-: ~benutzer der** library-user; **„die ~benutzer werden gebeten, ...“:** ‘readers are requested ...’; **~katalog der** library catalogue; **~wesen das;** *o. Pl.* library system

**biblisch** ['bi:blɪʃ] *Adj.* biblical; **ein ~es Alter** a grand old age

**Bick·beere** ['bɪk-] **die** *(nordd.) s.* **Heidelbeere**

**Bidet** [bi'de:] **das; ~s, ~s** bidet

**bieder** ['bi:dɐ] **1.** *Adj.* **a)** unsophisticated; *(langweilig)* stolid; *(treuherzig)* trusting; **b)** *(veralt.: rechtschaffen)* upright. **2.** *adv.* in an unsophisticated manner; **etw. brav und ~ ausführen** carry sth. out faithfully and unquestioningly

**Biederkeit die; ~ a)** *(Rechtschaffenheit)* [bourgeois] probity; [stolid] uprightness; **b)** *(Rückständigkeit)* conventional attitudes *pl.*; *(Einfältigkeit)* lack of sophistication

**Bieder·mann der;** *Pl.* **Biedermänner a)** *(veralt.)* man of integrity *or* probity; **b)** *(Spießer)* petty bourgeois

**biedermännisch** ['bi:dɐmɛnɪʃ] *Adj.* **a)** *(veralt.)* stolidly upright; **b)** *(spießig)* stuffily correct; petty bourgeois

**Biedermeier das;** ~s Biedermeier [period/style]

**Biedermeier-: ~stil der;** *o. Pl.* Biedermeier style; **~sträußchen das** *small bouquet wrapped in white lace-paper;* **~zeit die;** *o. Pl.* Biedermeier period

**Bieder·sinn der;** *o. Pl. (geh.)* [stolid] uprightness; moral rectitude

**biegbar** *Adj.* flexible; pliable ⟨*material*⟩; **leicht ~:** easily bent

**Biege** ['bi:gə] **die; ~, ~n** bend; **eine ~ drehen** *(salopp)* stretch one's legs; **eine ~ fahren/fliegen** *(salopp)* go for a spin [in the car/aircraft]

**biegen** ['bi:gn̩] **1.** *unr. tr. V.* **a)** bend; incline ⟨*head*⟩; **das Recht ~** *(fig. veralt.)* bend the law; **mit gebogenem Rücken sitzen** sit with one's back hunched; **b)** *(österr., Sprachw.) s.* **beugen 1 c. 2.** *unr. refl. V.* bend; *(nachgeben)* give; sag; **der Tisch bog sich unter der Last der Speisen** the table sagged *or* groaned under the weight of the food; **sich vor Lachen ~** *(ugs.)* double up with laughter; **ihre Augenbrauen ~/ihre Nase biegt sich nach oben** her eyebrows curve upward/her nose is turned up. **3.** *unr. itr. V.; mit sein* **a)** turn; **um die Ecke ~:** turn the corner; ⟨*car*⟩ take the corner; **b) auf Biegen oder** *od.* **und Brechen** *(ugs.)* at all costs; by hook or by crook; **es geht auf Biegen oder** *od.* **und Brechen** *(ugs.)* it has come to the crunch *or (Amer.)* showdown

**biegsam** *Adj.* flexible; pliable ⟨*material*⟩; supple ⟨*joints, person*⟩; **ein ~er Charakter** *(fig.)* a malleable personality

**Biegsamkeit die; ~** *s.* **biegsam:** flexibility; pliability; suppleness; *(fig.)* malleability

**Biegung die; ~, ~en a)** bend; **eine [enge] ~ nach rechts machen** bend [sharply] to the right; **b)** *(österr. Sprachw.) s.* **Beugung b**

**Biene** ['bi:nə] **die; ~, ~n a)** bee; **b)** *(ugs. veralt.: Mädchen)* bird *(Brit. sl.)*; dame *(Amer. sl.)*; **eine flotte ~:** a smashing bird *(Brit. sl.)*; a luscious piece *(sl.)*

**Bienen-: ~fleiß der** unflagging industry; **mit wahrem ~fleiß ging er daran** he set about it industriously; **~haus das** apiary; **~honig der** bees' honey; **~kasten der** beehive; *(as tech. term)* frame hive; **~königin die** queen bee; **~korb der** straw hive; **~schwarm der** swarm of bees; **~sprache die** language of bees; **~staat der** bee-colony; **~stich der a)** bee-sting; **b)** *(Kuchen) cake with a topping of sugar and almonds (and sometimes a cream filling);* **~stock der** beehive; **~wachs das** beeswax; **~zucht die** beekeeping; **~züchter der** beekeeper

**Biennale** [biɛ'na:lə] **die; ~, ~n** biennial

**Bier** [bi:ɐ̯] **das; ~[e]s,** *(Sorten:)* **~e** beer; **ein kleines/großes ~:** a small/large [glass of] beer; **zwei ~:** two beers; two glasses of beer; **10 verschiedene ~e** ten different beers *or* types of beer; **das ist [nicht] mein ~** *(ugs.)* that is [not] my affair *or* business; **etw. wie sauer** *od.* **saures ~ anpreisen** praise sth. to the skies in an effort to get rid of it/them

**Bier-: ~bar die** beer-bar; **~bauch der** *(ugs. spött.)* beer belly; **~brauer der** [beer-]brewer; **~brauerei die a)** *o. Pl.* **die ~brauerei** the brewing of beer; brewing beer; **b)** *(Betrieb)* brewery

**Bierchen das; ~s, ~** *(ugs.)* **a)** *(gute Sorte)* **so ein ~:** such a beer; a beer like that; **das ist ein ~!** that's quite some beer! *(Brit.)*; great beer! *(Amer.)*; **b)** *(Glas Bier)* little [glass of] beer

**bier-, Bier-: ~deckel der** beer-mat; **~dose die** beer can; **~durst der: [schrecklichen] ~durst haben** be [badly] in need of a beer; **~ernst** *(ugs.)* **1.** *Adj.* deadly serious; solemn; **2.** *adv.* solemnly; **so ~ernst** with such deadly seriousness; **~ernst der** deadly seriousness; **~faß das** beer-barrel; **~filz der** beer-mat; **~flasche die** beer-bottle; *(voll)* bottle of beer; **~garten der** beer garden; **~glas das** beer-glass; **~kasten der** beer-crate; **~keller der** beer cellar; **~kneipe die** ≈ pub *(Brit. coll.)*; beer-house *(Amer.)*; **~krug der** beer-mug; *(aus Glas, Zinn)* tankard; **~kutscher der** *(ugs.)* brewery delivery driver; **~laune die** *(ugs.)* **in einer ~laune, aus einer ~laune heraus** in an exuberant mood; **~leiche die** *(ugs. scherzh.)* drunk lying dead to the world; **~lokal das** pub *(Brit. coll.)*; beerhouse *(Amer.)*; **~ruhe die** *(ugs.)* unruffled calm; unflappability *(coll.)*; **~schinken der** *slicing sausage containing pieces of ham;* **~schwemme die** beer hall; **~seidel das** beer-mug; *(aus Glas, Zinn)* tankard; **~selig** *(scherzh.)* **1.** *Adj.* beery ⟨*mood*⟩; **~selig, wie er war** in his beerily happy state; **2.** *adv.* in a beerily happy state; ⟨*laugh*⟩ in beery merriment; **~stube die** ≈ small pub *(Brit. coll.)*; beer bar *(Amer.)*; **~suppe die** *soup containing beer, sugar, and eggs or rye bread;* **~tisch der: am ~tisch** over a glass of beer; in the pub *(Brit. coll.) or (Amer.)* bar; **~trinker der, ~trinkerin die** beer-drinker; **~verlag der, ~vertrieb der** beer wholesaler's; **~wärmer der** beer-warmer; **~wurst die** *smoked slicing sausage containing beef, pork, bacon, and spices;* **~zeitung die** joke newspaper *(made up for a closed group);* **~zelt das** beer tent; **~zipfel der** *tag worn by member of a student corporation, bearing its colours*

**Biese** ['bi:zə] **die; ~, ~n a)** *(bes. Milit.)* trouser-stripe; *(Paspel)* piping; **b)** *(Fältchen)* tuck

**Biest** [bi:st] **das; ~[e]s, ~er** *(ugs. abwertend)* **a)** *(Tier, Gegenstand)* wretched thing; *(Bestie)* creature; **ein riesiges ~ von einem Elefanten** a huge elephant; **b)** *(Mensch)* beast *(derog.)*; wretch; **das freche ~:** the cheeky devil *(coll.)*

**Biesterei die; ~, ~en** *(ugs. abwertend) (Gemeinheit)* beastly trick *(coll.)*; *(etw. Ärgerliches)* blasted nuisance *(coll.)*

**biestig** *(ugs. abwertend)* **1.** *Adj.* **a)** beastly *(coll.)* **(zu** to); **ganz schön ~ werden** turn really nasty; **b)** *(unangenehm)* filthy, beastly *(coll.)* ⟨*weather*⟩; frightful *(coll.)* ⟨*cold*⟩. **2.** *adv.* **a)** *(gemein)* nastily; in a beastly way *(coll.)*; **b)** *(sehr)* horribly *(coll.)*

**Biet** [bi:t] **das; ~[e]s, ~e** *(schweiz.)* area

**bieten** ['bi:tn̩] **1.** *unr. tr. V.* **a)** offer; put on ⟨*programme etc.*⟩; provide ⟨*shelter, guarantee, etc.*⟩; *(bei Auktionen, Kartenspielen)* bid **(für, auf +** *Akk.* for); **jmdm. Geld/eine Chance ~:** offer sb. money/a chance; **wir ~ beim Pokern bis zu 5 DM** we play poker for stakes of up to five marks; **was** *od.* **wieviel bietest du mir dafür?** what will you give me for it?; **jmdm. den Arm ~** *(geh.)* offer sb. one's arm; **jmdm. die Hand zur Versöhnung ~** *(fig. geh.)* hold out the olive-branch to sb.; **für Jugendliche wird nichts geboten** there is nothing for young people to do; **eine hervorragende Leistung ~:** put up an outstanding performance; **das bietet keine Schwierigkeiten** that presents no difficulties; **das Stadion bietet Platz für 40 000 Personen** the stadium has room for *or* can hold 40,000 people; **b) ein schreckliches/gespenstisches** *usw.* **Bild ~:** present a terrible/eerie *etc.* picture; be a terrible/eerie *etc.* sight; **einen prächtigen Anblick ~:** look splendid; be a splendid sight; **c)** *(zumuten)* **das lasse ich mir nicht ~:** I won't put up with *or* stand for that. **2.** *unr. refl. V.* **sich jmdm. ~:** present itself to sb.; **es bietet sich ...:** there is ...; **hier bietet sich dir eine Chance** this is an opportunity for you; this offers you an opportunity; **ihnen bot sich ein Bild des Grauens** a horrific sight confronted them. **3.** *unr. itr. V.* bid **(auf +** *Akk.* for); **jeder kann auf einer Auktion ~:** anyone can make a bid at an auction

**Bieter der; ~s, ~, Bieterin die; ~, ~nen** bidder

**Bifokal·brille** [bifo'ka:l-] **die** bifocal spectacles *pl.*; bifocals *pl.*

**Bigamie** [biga'mi:] **die; ~, ~n** bigamy *no def. art.*

**Bigamist der; ~en, ~en** bigamist

**Big Band** ['bɪg 'bænd] **die; ~ ~, ~ ~s** big band

**Big Business** ['bɪg 'bɪznɪs] **das; ~ ~:** big business *no art.*; **zum ~ ~ gehören** belong to the world of big business

**bigott** [bi'gɔt] *(abwertend)* **1.** *Adj.* **a)** religiose; over-devout; **b)** *(scheinheilig)* sanctimonious; holier-than-thou; *(heuchlerisch)* hypocritical; **~e Heuchler** sanctimonious hypocrites. **2.** *adv.* sanctimoniously; *(heuchlerisch)* hypocritically

**Bigotterie** [bigɔtə'ri:] **die; ~** *(abwertend)* religious bigotry; religiosity; *(Scheinheiligkeit)* sanctimoniousness

**Bijou** [bi'ʒu:] **das; ~s, ~s** *(veralt., schweiz.)* piece of jewellery; **~s** jewellery *sing.*

**Bijouterie** [biʒutə'ri:] **die; ~, ~n** *(veralt., schweiz.)* jeweller's shop

**Bikini** [bi'ki:ni] **der; ~s, ~s** bikini; **im ~:** in a bikini/in bikinis

**bi·konkav** *Adj. (Optik)* biconcave

**bi·konvex** *Adj. (Optik)* biconvex

**bi·labial** *Adj. (Phon.)* bilabial

**Bilanz** [bi'lants] **die; ~, ~en a)** *(Kaufmannsspr., Wirtsch.)* balance sheet; **die ~ des Jahres** the year's results *pl.*; **eine ~ aufstellen** make up the accounts *pl.*; draw up a balance sheet; **b)** *(Ergebnis)* outcome; *(Endeffekt)* net result; **erfreuliche ~:** happy outcome; **~ ziehen** take stock; sum things up; **[die] ~ aus etw. ziehen** draw conclusions *pl.* about sth.; *(rückblickend)* take stock of sth.

**Bilanz-: ~analyse die** *(Wirtsch., Kaufmannsspr.)* balance sheet analysis; **~buchhalter der** *(Wirtsch., Kaufmannsspr.)* [stewardship] accountant

**bilanzieren** *(Wirtsch., Kaufmannsspr.)* **1.** *itr. V.* balance; **mit ... DM ~:** show a balance of ... marks. **2.** *tr. V.* balance ⟨*account*⟩; show ⟨*turnover*⟩ in the balance sheet; *(fig.)* sum up

**Bilanz-: ~prüfer der** *(Wirtsch., Kaufmannsspr.)* auditor; **~summe die** *(Wirtsch., Kaufmannsspr.)* balance-sheet total

**bi·lateral** *(Politik)* **1.** *Adj.* bilateral. **2.** *adv.* bilaterally

**Bild** [bɪlt] **das; ~[e]s, ~er a)** picture; *(in einem Buch usw.)* illustration; *(Spielkarte)* picture *or* court card; **ein ~ [von jmdm./etw.] machen** take a picture [of sb./sth.]; **wieviele ~er hast du noch auf dem Film?** how many photos *or* exposures have you left on the film?; **ein ~ von einem Mann/einer Frau sein** be a fine specimen of a man/woman; be a fine-looking man/woman; **ein lebendes ~:** a tableau vivant; **b)** *(Aussehen)* appearance; *(Anblick)* sight; **das ~ der Stadt** the appearance of the town; the townscape; **ein ~ des Jammers sein** *od.* **bieten** be a pathetic sight; **ein ~ für [die] Götter [sein]** *(scherzh.)* [be] a sight for sore eyes; **c)** *(Metapher)* image; metaphor; **im ~ bleiben** extend *or* continue the metaphor; **d)** *(Abbild)* image; *(Spiegel~)* reflection; **er ist [ganz] das ~ seines Vaters** he is the [very] image of his father; **e)** *(Vorstellung)* image; **ein falsches/merkwürdiges ~ von etw. haben** have a wrong impression/curious idea of sth.; **sich** *(Dat.)* **ein ~ von jmdm./etw. machen** form an impression of sb./sth.; **jmdn. [über etw.** *(Akk.)***] ins ~ setzen** put sb. in the picture [about sth.]; **[über etw.** *(Akk.)***] im ~e sein** be in the picture [about sth.]; **ich bin im ~e** *(als Reaktion: ich verstehe)* I'm with you; **f)** *(Theater)* scene

**Bịld-: ~archiv das** picture library; **~aus·fall der** loss of picture *or* vision; **~aus·schnitt der** section of a/the picture; *(bes. Kunst)* detail; **~autor der** photographer *(who takes the photographs for a book)*; **~band der** copiously illustrated book

**bịldbar** *Adj.* formable **(aus** from); malleable ‹*personality, mind*›; **schwer ~e Laute** sounds which are difficult to form

**Bịld-: ~bei·lage die** pictorial *or* illustrated supplement; **~bericht der** photo-reportage; **~beschreibung die** picture description; **~dokument das** pictorial document; *(Film)* pictorial record

**bilden 1.** *tr. V.* **a)** form **(aus** from); *(modellieren)* mould **(aus** from); **den Charakter ~:** form *or* mould sb.'s personality; **eine Gasse ~:** make a path *or* passage; **sich** *(Dat.)* **ein Urteil [über jmdn./etw.] ~:** form an opinion [of sb./sth.]; **b)** *(ansammeln)* build up ‹*fund, capital*›; **c)** *(darstellen)* be, represent ‹*exception etc.*›; constitute ‹*rule etc.*›; **den Höhepunkt des Abends bildete sein Auftritt** his appearance was the high spot of the evening; **d)** *(erziehen)* educate; **Reisen bildet den Geist** travel broadens the mind. **2.** *refl. V.* **a)** *(entstehen)* form; **eine starke Opposition bildete sich** a strong opposition developed *or* came into being; **b)** *(lernen)* educate oneself. **3.** *itr. V.* **Lesen bildet** reading educates *or* cultivates the mind; **Reisen bildet** travel broadens the mind

**bịldend** *Adj.* **a) die ~e Kunst, die ~en Künste** the plastic arts *pl. (including painting and architecture)*; **b)** *(belehrend)* educational

**Bilder·bogen der** pictorial broadsheet

**Bịlder·buch das** picture-book *(for children)*; **aussehen wie im** *od.* **aus dem ~:** look a picture

**Bịlderbuch-:** perfect ‹*landing, weather*›; picture-book ‹*weather, village*›; story-book ‹*marriage, career*›; archetypal ‹*Catholic, proletarian, capitalist*›

**Bịlder-: ~geschichte die** picture story; *(Comic)* strip cartoon; **~kult der** idolatry; **~rahmen der** picture-frame; **~rätsel das** picture puzzle; *(Rebus)* rebus; **~schrift die** pictographic [system of] writing; *(Hieroglyphen)* hieroglyphics *pl.*; **~sturm der** *(hist.)* iconoclasm; **~stürmer der** *(hist.; auch fig.)* iconoclast

**bịld-, Bịld-: ~fläche die: auf der ~fläche erscheinen** *(ugs.)* appear on the scene; *(auftauchen)* turn up; **von der ~fläche verschwinden** *(ugs.) (rasch weggehen)* make oneself scarce *(coll.)*; *(aus der Öffentlichkeit verschwinden)* disappear from the scene; **~folge die a)** *o. Pl. (im Film)* sequence of shots; **b)** [picture] sequence; **~frequenz die** *(Film, Ferns.)* picture frequency; **~geschichte die** *s.* **Bildergeschichte; ~haft 1.** *Adj.* graphic; pictorial, illustrative ‹*language, sense, etc.*›; vivid ‹*imagination, clarity, etc.*›; **2.** *adv.* graphically; *(lebhaft)* vividly; **~haftigkeit die; ~:** vividness; graphic quality; *(der Sprache)* pictorial *or* illustrative quality; **~hauer der** sculptor; **~hauerei** [---'-] **die** sculpture *no def. art.*; **~hauerin die; ~, ~nen** sculptress; **~hauerisch** [~hau̯ərɪʃ] *Adj.; nicht präd.* sculptural; **~hauer·kunst die** *s.* **Bildhauerei; ~hübsch** *Adj.* really lovely; stunningly beautiful ‹*girl*›

**bịldlich 1.** *Adj.* pictorial; *(übertragen)* figurative; **~er Ausdruck, ~e Wendung** figure of speech; image. **2.** *adv.* **a)** pictorially; **sich etw. ~ vorstellen** picture sth. to oneself; **b)** figuratively; **~ gesprochen** metaphorically speaking

**Bịld-: ~material das** pictures *pl.* **(über +** *Akk.* of); *(Fotos/Film)* photographic/film material **(über +** *Akk.* of); **~mischer der, ~mischerin die** *(Ferns.)* vision-mixer

**bịldnerisch 1.** *Adj.* artistic; creative ‹*abilities*›. **2.** *adv.* artistically

**Bildnis** ['bɪltnɪs] **das; ~ses, ~se** portrait; *(Plastik)* sculpture

**Bịld-: ~platte die** video disc; **~plattenspieler der** video disc player; **~qualität die** picture quality; **~reportage die** photo-reportage; **~reporter der** photojournalist; **~röhre die** *(Ferns.)* picture tube

**bịldsam** *Adj. (geh.)* malleable; impressionable

**Bịld·schärfe die** *(Fot., Ferns.)* definition

**Bịld·schirm der** *(Ferns., Informationst.)* screen; **am ~ arbeiten** work at *or* with a VDU; **einen Text am ~ korrigieren** correct a text on screen

**bịldschirm-, Bịldschirm-: ~arbeit die** VDU work *no art., no pl.*; **~gerät das** VDU; visual display unit; **~gerecht** *Adj.* in screen format *postpos.*; **~text der** viewdata; **~zeitung die** teletext

**bịld-, Bịld-: ~schnitzer der** wood-carver; wood-sculptor; **~schön** *Adj.* really lovely; stunningly beautiful ‹*girl, woman*›; **~seite die a)** *(einer Münze)* obverse; *(beim Werfen)* **die ~seite ist oben** it's heads; **b)** *(bei Büchern, Zeitungen)* picture page; **zwei ~seiten** two pages of pictures; **~serie die** series *or* sequence of pictures; **~stelle die** picture and film library; **~stock der** wayside shrine; **~störung die** interference *no def. art.* on vision; **~synchron** *Adj. (Film, Ferns.)* synchronized [with the picture]; **~telefon das** video telephone; **~teppich der** tapestry

**Bịldung die; ~, ~en a)** *(Erziehung)* education; *(Kultur)* culture; **eine umfassende ~:** a broad educational and cultural background; **das gehört zur allgemeinen ~:** that is something every educated person should know; **[keine] ~ haben** be [un]educated; *([un]kultiviert sein)* be [un]cultivated *or* [un]cultured; **b)** *(das Formen, Schaffung)* formation; **die ~ einer Untersuchungskommission** setting up a committee of investigation; **c)** *(Form, Gestalt)* form; shape; **die seltsamen ~en der Wolken/Eiskristalle** the strange formations of the clouds/ice crystals

**bịldungs-, Bịldungs-: ~anstalt die** *(Amtsspr.)* educational establishment; **~arbeit die;** *o. Pl.* educational work *no art.*; **~beflissen** *Adj.* keen on education *postpos.*; *(sich bilden wollend)* keen on self-improvement *postpos.*; **~bürger der** [traditionally educated] middle-class intellectual; **~chancen** *Pl.* educational opportunities; **~dünkel der** intellectual arrogance *or* snobbery; **~einrichtung die** *s.* **~anstalt; ~erlebnis das** formative experience; **~fähig** *Adj.* fast-learning; receptive to teaching *postpos.*; **~feindlich** *Adj.* hostile to education *postpos.*; anti-education; **~gang der** educational career; **~grad der** level of education; **~gut das** material for one's general education; *(Kulturgut)* cultural heritage; **~hunger der** thirst for education; **~hungrig** *Adj.* eager to be educated *postpos.*; **~ideal das** educational ideal; **~lücke die** gap in one's education; **das ist eine ~lücke!** that's culpable ignorance!; **~monopol das** monopoly of education; **~not·stand der** state of emergency in education; **~politik die** educational policy; **~politisch** *Adj.* educational-policy *attrib.* ‹*measure, strategy*›; ‹*discussion*› concerning educational policy; **~reform die** educational reform; **~reise die** educational tour; **~roman der** *(Literaturw.)* novel of character development; Bildungsroman; **~stätte die** *(geh.)* educational establishment; *(Universität)* seat of learning; **~urlaub der** educational leave; **~weg der** educational course; **der zweite ~weg** the second chance to study; the alternative way of studying *(in adult classes)*; **auf dem zweiten ~weg** using the second chance to study *(in adult classes)*; **~wesen das;** *o. Pl.* education system; **das ~wesen** education

**Bịld-: ~unter·schrift die** caption; **~wand die** [projection] screen; **~werfer der** epidiascope; **~werk das** *(geh.)* sculpture; **~wörter·buch das** pictorial dictionary; *(für Kinder)* picture dictionary; **~zuschrift die** reply enclosing a photograph

**Bilge** ['bɪlgə] **die; ~, ~n** *(Seemannsspr.)* bilge

**bilingual** [bilɪŋ'gu̯a:l] **1.** *Adj.* bilingual. **2.** *adv.* bilingually

**Billard** ['bɪljart, *österr.:* bi'ja:ɐ̯] **das; ~s, ~e,** *österr.:* **~s** billiards

**Bịllard-: ~kugel die** billiard-ball; **~stock der** billiard-cue; **~tisch der** billiard-table

**Billet** *(schweiz.)*, **Billett** [bɪl'jɛt] **das; ~[e]s, ~e** *od.* **~s a)** *(schweiz., sonst veralt.)* [entrance] ticket; **b)** *(schweiz., sonst veralt.)* [train/tram/bus-]ticket; **c)** *(österr., sonst veralt.)* note; **d)** *(österr.: Glückwunschkarte)* greetings card *(Brit.)*; greeting card *(Amer.)*

**Billiarde** [bɪ'li̯ardə] **die; ~, ~n** thousand million million; quadrillion *(Amer.)*

**billig** ['bɪlɪç] **1.** *Adj.* **a)** cheap; **ein ~er Preis** *(ugs.)* a low price; **b)** *(abwertend: primitiv)* shabby, cheap ‹*trick*›; feeble ‹*excuse*›; **ist dir das nicht zu ~?** isn't that beneath you?; **ein ~er Trost** cold comfort; **c)** *(veralt.: angemessen)* reasonable; proper. **2.** *adv.* **a)** cheaply; **~ einkaufen** shop cheaply; **~ abzugeben** *(in Anzeigen)* for sale cheap; **~ davonkommen** *(fig. ugs.)* get off lightly; **b)** *(veralt.: angemessen)* **nicht mehr als ~:** no more than is reasonable *or* proper; **jeder ~ denkende Mensch** any fair-minded person; *s. auch* **recht**

**Bịllig·angebot das** special *or* cut-price offer

**bịlligen** *tr. V.* approve; **~, daß jmd. etw. tut** approve of sb.'s doing sth.; **ich kann nicht ~, daß du dich daran beteiligst** I cannot approve of *or* condone your taking part; **etw. stillschweigend ~:** give sth. one's tacit approval

**bịlligermaßen, bịlligerweise** *Adv.* rightly; justifiably

**Bịllig-: ~flagge die** flag of convenience; **~flug der** cheap flight

**Bịlligkeit die; ~ a)** cheapness; low cost; **b)** *(Rechtsw. od. geh.)* fairness; equitableness

**Bịllig-: ~laden der** cut-price shop; **~lohn der** low wages *pl.*; **~lohn·land das** low-

wage country; **~preis der** low price; *(verbilligter Preis)* cut price
**Billigung die; ~:** approval; **jmds. ~ finden** meet with *or* receive sb.'s approval
**Billig·ware die** cheap goods *pl.*
**Billion** [bɪ'li̯o:n] **die; ~, ~en** million million; trillion *(Amer.)*
**Bilsen·kraut** ['bɪlzn̩-] **das;** *o. Pl.* henbane
**Bilux·lampe** ['bi:lʊks-] **die** twin-filament bulb
**bim** [bɪm] *Interj.* ding; **~, bam** ding dong
**Bimbam** *in* **[ach du] heiliger ~!** *(ugs.)* [oh] my sainted aunt! *(sl.)*; glory be! *(sl.)*
**Bi·metall das** *(Technik)* bimetallic strip; **aus ~:** bimetallic
**Bimmel** ['bɪml] **die; ~, ~n** *(ugs.)* [ting-a-ling] bell
**Bimmel·bahn die** *(ugs. scherzh.)* narrow-gauge railway *(with a warning bell)*
**Bimmelei die; ~** *(ugs. abwertend)* constant ringing; *(lautmalend)* ting-a-ling-a-ling
**bimmeln** *itr. V. (ugs.)* ring
**Bimse** ['bɪmzə] *Pl. (ugs.)* **~ kriegen** get a walloping *(sl.) or* thrashing
**bimsen** *tr. V. (ugs.)* **a)** *(drillen)* drill; **b)** *(einexerzieren)* practise; **c)** *(Schülerspr.: pauken)* mug up *(sl.)*
**Bims·stein** ['bɪms-] **der a)** pumice-stone; **b)** *o. Pl. (Gestein)* pumice; **c)** *(Baustein)* pumice block
**bin** [bɪn] *1. Pers. Sg. Präsens v.* ¹**sein**
**binar** [bi'na:ɐ̯], **binär** [bi'nɛ:ɐ̯], **binarisch** [bi'na:rɪʃ] *Adj. (fachspr.)* binary
**binaural** [binau̯'ra:l] *Adj. (Med., Technik)* binaural
**Binde** ['bɪndə] **die; ~, ~n a)** *(Verband)* bandage; *(Augen~)* blindfold; **b)** *(Arm~)* armband; **c)** *(ugs.: Damen~)* [sanitary] towel *(Brit.) or (Amer.)* napkin; **d)** *(veralt.: Krawatte)* tie; **sich** *(Dat.)* **einen hinter die ~ gießen** *od.* **kippen** *(ugs.)* have a drink or two
**Binde-: ~gewebe das** *(Anat.)* connective tissue; **~glied das** [connecting] link; **~haut die** *(Anat.)* conjunctiva; **~hautentzündung die** *(Med.)* conjunctivitis *no art.*; **~mittel das** binder
**binden 1.** *unr. tr. V.* **a)** *(bündeln)* tie; **etw. zu etw. ~:** tie sth. into sth.; **b)** *(herstellen)* make up ⟨*wreath, bouquet*⟩; make ⟨*broom*⟩; **c)** *(fesseln)* bind; **jmdn. an Händen und Füßen ~:** bind sb. hand and foot; *s. auch* **gebunden, Hand; d)** *(verpflichten)* bind; **ich bin zu jung, um mich schon zu ~:** I am too young to be tied down; **nicht mehr gebunden sein** be free of any ties; **e)** *(befestigen, auch fig.)* tie **(an +** *Dat.* to); **nicht an einen Ort gebunden sein** *(fig.)* not be tied to one place; **jmdn. an sich** *(Akk.)* **~** *(fig.)* make sb. dependent on one; **f)** *(knüpfen)* tie ⟨*knot, bow, etc.*⟩; knot ⟨*tie*⟩; **g)** *(festhalten)* bind ⟨*soil, mixture, etc.*⟩; thicken ⟨*sauce*⟩; **der Regen bindet den Staub** the rain lays the dust; **h)** *(Buchw.)* bind; **i)** *(Musik)* slur; **j)** *(Verslehre)* **Wörter durch Reime ~:** link words in rhyme; **in gebundener Rede/Sprache** in verse. **2.** *unr. itr. V. (fest machen)* bind
**bindend** *Adj.* binding **(für** on); definite ⟨*answer*⟩
**Binder der; ~s, ~ a)** *(Krawatte)* tie; **b)** *(Bindemittel)* binder; **c)** *(Landw.)* [reaper-] binder; **d)** *(Bauw.: Stein)* header; **e)** *(Bauw.: Dachbalken)* [roof] truss
**Binderei die; ~, ~en a)** *(Blumen~)* wreath and bouquet department; **b)** *(Buch~)* bindery
**Binde-: ~strich der** hyphen; **~wort das** *(Sprachw.)* conjunction
**Bind·faden der** string; **ein [Stück] ~:** a piece of string; **es regnet Bindfäden** *(ugs.)* it's raining cats and dogs *(coll.)*
**Bindung die; ~, ~en a)** *(Beziehung)* relationship **(an +** *Akk.* to); **seine politische ~ an die Sozialdemokraten** his political commitment to *or* ties with the Social Democrats; **b)** *(Verbundenheit)* attachment **(an +** *Akk.* to); **c)** *(Ski~)* binding; **d)** *(Chemie)* bond; **e)** *(Weberei)* weave
**Bingo** ['bɪŋgo] **das; ~[s]** bingo
**binnen** ['bɪnən] *Präp. mit Dat. od. (geh.) Gen.* within; **~ Jahresfrist** within a year; **~ kurzem** soon
**binnen-, Binnen-: ~bords** *Adv. (Seemannsspr.)* inboard; **~deich der** inner dike; **~deutsch 1.** *Adj.* ⟨*dialect*⟩ spoken in Germany; ⟨*word, expression, etc.*⟩ used in Germany; **2.** *adv.* in Germany; **~fischerei die** freshwater fishing; **~gewässer das** inland water; **~hafen der** inland port; **~handel der** domestic *or* home trade; **~land das** *o. Pl.* interior; **im ~land** inland; **~ländisch** *Adj.; nicht präd.* inland; **~markt der** *(Wirtsch.)* domestic *or* home market; **europäischer ~markt** internal European market; **~meer das** inland sea; **~reim der** *(Literaturw.)* internal rhyme; **~schiffahrt die** inland navigation; **~schiffer der** member of an inland ship's crew; *(auf Schlepp-, Schubkahn)* bargee *(Brit.)*; bargeman *(Amer.)*; **~see der** lake; **~staat der** land locked country *or* state; **~zoll der** internal duty *or* tariff
**binokular** [binoku'la:ɐ̯] *Adj.* binocular
**Binom** [bi'no:m] **das; ~s, ~e** *(Math.)* binomial
**binomisch** *Adj. (Math.)* binomial
**Binse** ['bɪnzə] **die; ~, ~n** *(Bot.)* rush; **in die ~n gehen** *(ugs.) (mißlingen)* fall through; *(verlorengehen, entzweigehen)* go for a burton *(Brit. sl.)*; come to grief *(Amer.)*; ⟨*money*⟩ go down the drain *(coll.)*; ⟨*vehicle, machine*⟩ pack up *(sl.)*; **die Prüfung ist in die ~n gegangen** the exam was a disaster
**Binsen·weisheit die** truism
**Bio** ['bi:o] *o. Art. (Schülerspr.)* biol *(school sl.)*; biology
**bio-, Bio: ~aktiv 1.** *Adj.* biological ⟨*washing powder*⟩; **2.** *adv.* biologically; **~chemie die** biochemistry; **~chemisch** *Adj.* biochemical; **~dynamisch 1.** *Adj.* organic; **2.** *adv.* organically; **~gas** ['---] **das** *(Ökologie)* biogas; **~genese die** biogenesis; **~genetisch** *Adj.* biogenetic; **~graph der; ~en, ~en** biographer; **~graphie die; ~, ~n a)** *(Beschreibung)* biography; **b)** *(Lebenslauf)* life [history]; **~graphin die; ~, ~nen** biographer; **~graphisch** *Adj.* biographical; **~laden** ['----] **der** *(ugs.)* health-food shop; **~loge der; ~n, ~n** biologist; **~logie die; ~:** biology *no art.*; **~login die; ~, ~nen** biologist; *s. auch* **-in; ~logisch 1.** *Adj.* **a)** biological; **ein ~logisches Standardwerk** a standard work of biology; **b)** *(natürlich)* natural ⟨*medicine, cosmetic, etc.*⟩; **2.** *adv.* **a)** biologically; **b)** *(natürlich)* naturally; **~masse** *die* biomass
**Bionik** [bi'o:nɪk] **die; ~:** bionics *sing., no art.*
**Bio·physik die** biophysics *sing., no art.*
**bio·physikalisch** *Adj.* biophysical
**Biopsie** [biɔ'psi:] **die; ~, ~n** *(Med.)* biopsy
**Bio-: ~rhythmus der** biorhythm; **~sphäre** [--'--] **die** biosphere
**Biotop** [bio'to:p] **der** *od.* **das; ~s, ~e** *(Biol.)* biotope
**Bio·wissenschaften** *Pl.* life sciences
**bi·polar** *Adj. (bes. Math., Physik)* bipolar
**bi·quadratisch** *Adj. (Math.)* biquadratic
**Bircher·mü[e]sli** ['bɪrçɐmy:(ə)sli] **das** muesli *(made with fresh fruit)*
**Birke** ['bɪrkə] **die; ~, ~n a)** *(Baum)* birch[-tree]; **b)** *o. Pl. (Holz)* birch[wood]
**Birken-: ~holz das;** *o. Pl.* birch[wood]; **~wald der** birch-wood; *(größer)* birch forest; **~wasser das;** *Pl.* **~wässer** hair lotion made from birch sap
**Birk-: ~hahn der** blackcock; **~huhn das** black grouse
**Birma** ['bɪrma] **(das); ~s** Burma
**Birmane** [bɪr'ma:nə] **der; ~n, ~n, Birmanin die; ~, ~nen** Burmese; *s. auch* **-in**
**Birn·baum der a)** pear-tree; **b)** *(o. Pl.: Holz)* pear-wood
**Birne** ['bɪrnə] **die; ~, ~n a)** pear; **b)** *(Glüh~)* [light-]bulb; **c)** *(salopp: Kopf)* nut *(sl.)*; **eine weiche ~ haben** *(salopp)* be soft in the head
**Birnen·geist der** pear brandy
**bis** [bɪs] **1.** *Präp. mit Akk.* **a)** *(zeitlich)* until; till; *(die ganze Zeit über und bis zu einem bestimmten Zeitpunkt)* up to; up until; up till; *(nicht später als)* by; **ich muß bis fünf Uhr warten** I have to wait until *or* till five o'clock; **~ [einschließlich] Freitag** by Friday; **von Dienstag ~ Donnerstag** from Tuesday to Thursday; Tuesday through Thursday *(Amer.)*; **von sechs ~ sieben [Uhr]** from six until *or* till seven [o'clock]; **~ Ende März ist er zurück/verreist** he'll be back by/away until the end of March; **~ dann** *od.* **dahin will ich Ergebnisse sehen/muß ich mich noch gedulden** I want to see results by then/I must be patient until then; **~ wann dauert das Konzert?** till *or* until when does the concert go on?; how long does the concert last?; **~ jetzt ist nichts geschehen** up to now *or* so far nothing has happened; **~ dann/gleich/später/morgen/nachher!** see you then/in a while/later/tomorrow/later!; **~ spätestens Montag** *od.* **Montag spätestens** by Monday at the latest; **er ist [nur] ~ 17 Uhr hier** he is [only] here until *or* till 5 o'clock; **er ist [spätestens] ~ 17 Uhr hier** he will be here by 5 o'clock [at the latest]; *s. auch* **dato; b)** *(räumlich)* to; **dieser Zug fährt nur ~ Offenburg** this train only goes to *or* as far as Offenburg; **~ wohin fährt der Bus?** how far does the bus go?; **nur ~ Seite 100** only up to *or* as far as page 100; **~ 5 000 Mark** up to 5,000 marks; **von Anfang ~ Ende** from beginning to end; **~ dahin sind es 2 km** it's 2 km to there; **c)** *in* **~ auf** *(einschließlich)* down to; *(mit Ausnahme von)* except for; **~ auf weiteres** for the time being; **d)** *in* **~ zu** up to; **Städte ~ zu 50 000 Einwohnern** towns of up to 50,000 inhabitants. **2.** *Adv.* **~ zu 6 Personen** up to six people; **Kinder ~ 6 Jahre** children up to the age of six *or* up to six years of age; **die Feier dauerte ~ gegen 10 Uhr** the party went on until *or* till about 10 o'clock; **~ gegen 10 Uhr ist es fertig** it will be ready by about 10 o'clock; **~ nach Köln** to Cologne; **~ an die Decke** up to the ceiling; **~ ins kleinste** *od.* **letzte** down to the smallest *or* last detail. **3.** *Konj.* **a)** *(nebenordnend)* to; **vier ~ fünf** four to five; **heiter ~ wolkig** fair or cloudy; **b)** *(bevor nicht)* until; till; **~ daß der Tod euch scheidet** *(geh.)* until *or* till death do you part; **c)** *(österr.: sobald)* when; **gleich ~ er aufgewacht ist** as soon as he's woken up
**Bisam** ['bi:zam] **der; ~s, ~e** *od.* **~s a)** *s.* **Moschus; b)** *(Pelz)* musquash
**Bisam·ratte die** musk-rat
**Bischof** ['bɪʃɔf] **der; ~s, Bischöfe** ['bɪʃœfə] bishop
**bischöflich** *Adj.* episcopal
**Bischofs-: ~amt das** episcopate; office of bishop; **~hut der** bishop's hat; **~konferenz die** conference of bishops; **~mütze die** [bishop's] mitre; **~sitz der** seat of a/the bishopric; **~stab der** [bishop's] crosier *or* crook; **~stadt die** *s.* **~sitz**
**Bise** ['bi:zə] **die; ~, ~n** *(schweiz.) north[-east] wind to the north of the Alps;* bise
**Bi·sexualität die** bisexuality
**bi·sexuell 1.** *Adj.* bisexual. **2.** *adv.* bisexually
**bis·her** *Adv.* up to now; *(aber jetzt nicht mehr)* until now; till now; **~ war alles in Ordnung** everything has been all right up to now/everything was all right until *or* till now; **er hat sich ~ nicht gemeldet** he hasn't been in touch up to now *or* as yet; **das wußte ich ~ nicht** I didn't know that till now *or* before; **ein ~ unbekanntes Buch** a hitherto *or* previously unknown book

**bisherig** *Adj.; nicht präd.* *(vorherig)* previous; *(momentan)* present; **sie ziehen um, ihre ~e Wohnung wird zu klein** they are moving – their present flat is getting too small; **sie sind umgezogen, ihre ~e Wohnung wurde zu klein** they have moved – their previous flat became too small

**Biskaya** [bɪs'ka:ja] **die; ~: die ~/der Golf von ~:** the Bay of Biscay

**Biskuit** [bɪs'kvi:t] **das** *od.* **der; ~[e]s, ~s** *od.* **~e a)** sponge biscuit; **b)** *(~teig)* sponge

**Biskuit-: ~rolle die** Swiss roll; **~teig der** sponge mixture

**bis·lang** *Adv.: s.* **bisher**

**Bismarck·hering** ['bɪsmark-] **der** Bismarck herring

**Bison** ['bi:zɔn] **der; ~s, ~s** bison

**Biß** [bɪs] **der; Bisses, Bisse; a)** bite; **b)** *(ugs.: Engagement)* punch

**bißchen** *indekl. Indefinitpron.* **a)** *(in der Funktion eines Adjektivs)* **ein ~ Geld/Brot/Milch/Wasser** a bit of *or* a little money/bread/a drop of *or* a little milk/water; **ich würde ihm kein ~ Geld mehr leihen** I wouldn't lend him any more money at all; **das ~ Geld/Farbe** that [little] bit of money/[little] drop of paint; **ein/kein ~ Angst haben** be a bit/not a bit frightened; **b)** *(in der Funktion eines Adverbs)* **ein/kein ~:** a bit *or* a little/not a *or* one bit; **ich werde mich ein ~ aufs Ohr legen** I'm going to lie down for a bit; **er hat mir kein ~ geholfen** he didn't help me one [little] bit; **ein klein ~:** a little bit; **ein ~ zuviel/mehr** a bit too much/a bit more; **ein ~ sehr teuer sein** be getting rather expensive; **c)** *(in der Funktion eines Substantivs)* **ein ~:** a bit; a little; *(bei Flüssigkeiten)* a drop; a little; **von dem ~ werde ich nicht satt** that little bit/drop won't fill me up; **das/kein ~:** the little [bit]/not a *or* one bit; *s. auch* **lieb 1 d**

**bissel** ['bɪsl̩] *(südd., österr. ugs.) s.* **bißchen**

**Bissen der; ~s, ~:** mouthful; **laß mich mal einen kleinen ~ davon probieren** let me try a small piece *or* a little bit; **sie brachte keinen ~ herunter** she couldn't eat a thing; **ich muß erst mal einen ~ essen** I must have a bite to eat first; **ein fetter ~** *(fig.)* a really good deal; **jmdm. die ~ in den Mund zählen** *(fig.)* watch how much sb. eats; **ihm blieb der ~ im Hals[e] stecken** *(ugs.)* the food stuck in his throat; **sich** *(Dat.)* **jeden** *od.* **den letzten ~ vom Munde absparen** scrimp [and save]

**bisserl** ['bɪsɐl] *s.* **bissel**

**bissig 1.** *Adj.* **a) ~ sein** ⟨*dog*⟩ bite; **ein ~er Hund** a dog that bites; **„Vorsicht, ~er Hund"** 'beware of the dog'; **b)** cutting, caustic ⟨*remark, tone, etc.*⟩; **du brauchst doch nicht gleich so ~ zu werden** there's no need to bite my/his *etc.* head off; **c)** *(Sportjargon)* **ein ~er Spieler** a sharp, attacking player. **2.** *adv.* *(boshaft)* ⟨*say*⟩ cuttingly, caustically; ⟨*grin*⟩ maliciously

**Bissigkeit die; ~, ~en a)** *o. Pl.* *(von Hunden)*; **Kettenhunde neigen zur ~:** dogs that are chained up tend to bite; **b)** *o. Pl.* *(Schärfe)* **die ~ seiner Antwort zeigte nur, wie wütend er war** his cutting *or* caustic answer just showed how angry he was; **c)** *(Bemerkung)* cutting *or* caustic remark

**Biß·wunde die** bite

**bist** [bɪst] *2. Pers. Sg. Präsens v.* **sein**

**biste** *(ugs.)* **= bist du;** *s. auch* **haste**

**Bistro** ['bɪstro] **das; ~s, ~s** bistro

**Bistum** ['bɪstu:m] **das; ~s, Bistümer** ['bɪsty:mɐ] bishopric; diocese; **das ~ Limburg** the diocese of Limburg

**bis·weilen** *Adv.* *(geh.)* from time to time; now and then

**Bit** [bɪt] **das; ~[s], ~[s]** *(DV)* bit

**Bitt·brief der** letter of request; *(Bittgesuch)* petition

**bitte** ['bɪtə] *Höflichkeitsformel* **a)** *(bittend)* please; **können Sie mir ~ sagen ...?** could you please tell me ...?; **~ nicht!** no, please don't!; *(ich möchte nicht)* I'd rather not; **~ nach Ihnen** after you; **~, ~ machen** *(Kinderspr.)* clap hands [to mean 'please']; **b)** *(auffordernd)* please; **der Nächste ~!** next please!; **ja, ~?** *(am Telefon)* hello?; yes?; **nehmen Sie ~ Platz** please sit down; **~[, treten Sie ein]!** *(geh.)* come in!; **~ hier, hier ~!** over here, please!; **~ [schön]?** *(im Laden)* can I help you?; *(im Lokal)* what would you like?; **Hast du mal ein Tempotuch für mich? – Bitte [schön** *od.* **sehr]!** Could you let me have a tissue? – There you are; **~, gern/selbstverständlich** certainly/of course; **Entschuldigung! – Bitte!** I'm sorry – That's all right; **~, nur zu** [go on,] help yourself; **c)** *(bejahend)* please; **aber ~!** yes, do; **~ ja!, ja ~!** yes please!; **d)** *(Dank erwidernd)* **~ [schön** *od.* **sehr]** not at all; you're welcome; **e)** *(nachfragend)* **[wie] ~?** sorry?; *(iron.)* what?; **f)** *(mißbilligend)* all right; **aber ~, macht, was ihr wollt** just [go ahead and] do what you want; **na ~!** there you are!

**Bitte die; ~, ~n** request; *(inständig)* plea; **eine große ~ [an jmdn.]/nur die eine ~ haben** have a [great] favour to ask [of sb.]/have [just] one request *or* just one thing to ask; **auf seine ~ hin** at his request; **jmdm. keine ~ abschlagen** *od.* **ausschlagen können** not be able to refuse sb. anything

**bitten 1.** *unr. itr. V.* **a) um etw. ~:** ask for *or* request sth.; *(inständig)* beg for sth.; **der Blinde bat um eine milde Gabe** the blind man begged for alms; **ich bitte einen Moment um Geduld/Ihre Aufmerksamkeit** I must ask you to be patient for a moment/may I ask for your attention for a moment; **darf ich [um den nächsten Tanz] ~?** may I have the pleasure [of the next dance]?; **[ich] bitte gehorsamst, gehen zu dürfen** *(veralt., scherzh.)* [I] respectfully beg permission to leave; **es half ihm kein Bitten** pleading was *or* pleas were of no avail; **~ und betteln** beg and plead; **b)** *(einladen)* ask; **ich lasse ~:** [please] ask him/her/them to come in; **der Herr Konsul läßt ~:** the consul will see you now; **darf ich zu Tisch ~?** may I ask you to come and sit down at the table?; **c)** *(geh.: Fürsprache einlegen)* plead; **bei jmdm. für jmdn. ~:** plead with sb. on sb.'s behalf. **2.** *unr. tr. V.* **a)** *(sich höflich wenden an)* **jmdn. um etw. ~:** ask sb. for sth.; **darf ich Sie um Feuer/ein Glas Wasser ~?** could I ask you for a light/a glass of water, please?; **darf ich die Herrschaften um Geduld/Ruhe ~?** could I ask you to be patient/silent?; **es wird gebeten, die Tiere nicht zu füttern** please do not feed the animals; **allmächtiger Gott, wir ~ Dich, erhöre uns!** almighty God, we beseech Thee to hear us; **ich bitte dich um alles in der Welt** I beg [of] you; **[aber] ich bitte dich/Sie!** [please] don't mention it; **so, jetzt geht ihr ins Bett, aber ein bißchen plötzlich, wenn ich ~ darf** into bed with you, at once if you please; **darum möchte ich doch sehr gebeten haben!** *(ugs.)* I should hope so *(coll.)*; **ich muß doch [sehr] ~!** really!; **er ließ sich nicht lange** *od.* **erst ~:** he didn't have to be asked twice; **er läßt sich gern ~:** he likes to be asked; **jmdn. zu sich ~:** ask sb. to come and see one; **b)** *(einladen)* ask, invite; **jmdn. zum Tee [zu sich] ~:** ask *or* invite sb. to tea; **jmdn. ins Haus/Zimmer ~:** ask *or* invite sb. [to come] in; **jmdn. zum Tanz ~:** ask sb. to dance; **er wurde für neun Uhr zur Direktion gebeten** he was asked to be at the manager's office at 9 o'clock; **jmdn. zu Tisch ~:** ask sb. to come and sit down at the table

**bitter 1.** *Adj.* **a)** bitter; plain ⟨*chocolate*⟩; **b)** *(schmerzlich)* bitter ⟨*experience, irony, contempt, disappointment, etc.*⟩; painful, hard ⟨*loss*⟩; painful, bitter, hard ⟨*truth*⟩; hard ⟨*time, fate, etc.*⟩; **eine ~e Lehre** a hard lesson; **bis zum ~en Ende** to the bitter end; **das ist mein ~ster Ernst** I am deadly serious; **eine solche Erfahrung ist ~:** an experience like that is a bitter one; **c)** *(verbittert)* bitter; **ein ~es Gefühl** a feeling of bitterness; **er hatte einen ~en Zug um den Mund** he had a look of bitterness on his face; **jmdn. ~ machen** embitter sb.; make sb. bitter; **d)** *(groß, schwer)* bitter ⟨*cold, tears, grief, remorse, regret*⟩; dire ⟨*need*⟩; desperate ⟨*poverty*⟩; grievous ⟨*injustice, harm*⟩; **es herrschte [eine] ~e Kälte** it was bitterly cold; **e)** *(verbittert)* bitter ⟨*enemy*⟩. **2.** *adv.* **a)** *(verbittert)* bitterly; **b)** *(sehr stark)* desperately; ⟨*regret*⟩ bitterly; **etw. ~ nötig haben** be in dire need of sth.; **das wird sich ~ rächen** you'll/he'll *etc.* pay dearly for that

**bitter-: ~arm** *Adj.; präd. getrennt geschr.* wretchedly poor; **~böse 1.** *Adj.* furious; **2.** *adv.* furiously; **~ernst 1.** *Adj.* deadly serious; **damit ist es mir ~ernst!** I am deadly serious; **2.** *adv.* **ich meine das ~ernst** I mean it deadly seriously; **~kalt** *Adj.; präd. getrennt geschr.* bitterly cold

**Bitterkeit die; ~ a)** *(auch fig.)* bitterness; **b)** *(Verbitterung)* bitterness

**bitterlich 1.** *Adj.* slightly bitter ⟨*taste*⟩; **etwas ~:** slightly bitter. **2.** *adv.* *(heftig)* ⟨*cry, complain, etc.*⟩ bitterly

**Bitter-: ~mandel die** bitter almond; **~mandel·öl das** bitter almond oil; oil of bitter almonds

**Bitternis die; ~, ~se** *(geh.)* **a)** *(Geschmack)* bitterness; **b)** *(Gefühl)* bitterness; *(Leiden)* suffering

**Bitter·salz das** Epsom salts *pl.*

**bitter·süß** *Adj.* *(auch fig.)* bitter-sweet

**Bitte·schön das; ~s: mit einem höflichen ~ überreichte er das Geschenk** he said politely 'this is for you' as he presented the gift

**Bitt-: ~gang der a)** *(zu jmdm.)* **ein ~gang [nach einem Ort]** going [to a place] with a request; **einen ~gang zu jmdm. machen** go to sb. with a request; **b)** *(kath. Rel.: ~prozession)* Rogation procession; **~gebet das** *(Rel.)* prayer of supplication; **~gesuch das** petition; **~gottes·dienst der** *(Rel.)* Rogation service; **~prozession die** *(kath. Rel.)* Rogation procession

**bitt·schön** *(ugs. Höflichkeitsformel)* **~, der Herr** there we are, sir; **Vielen Dank. – Bittschön, gern geschehen** Thank you very much – My pleasure; *s. auch* **bitte b**

**Bitt-: ~schreiben das** petition; **~schrift die** petition; **~steller** [~ʃtɛlɐ] **der; ~s, ~, ~stellerin die; ~, ~nen** petitioner

**Bitumen** [bi'tu:mən] **das; ~s, ~** *(auch:)* **Bitumina** [-mina] *(Chemie)* bitumen

**bitzeln** ['bɪtsl̩n] *itr. V.* *(südd., westd.)* tingle; ⟨*fabric, itching-powder, etc.*⟩ prickle

**bivalent** [bivɐ'lɛnt] *Adj.* *(Chemie, Sprachw.)* bivalent

**Biwak** ['bi:vak] **das; ~s, ~s** *(bes. Milit., Bergsteigen)* bivouac

**biwakieren** *itr. V.* *(bes. Milit., Bergsteigen)* bivouac

**bizarr** [bi'tsar] **1.** *Adj.* bizarre; fantastic, grotesque ⟨*coral reef, tree, formation, etc.*⟩. **2.** *adv.* bizarrely

**Bizarrerie** [bitsarə'ri:] **die; ~, ~n** bizarreness; *(Handlung)* bizarre action

**Bizeps** ['bi:tsɛps] **der; ~[es], ~e** biceps

**BKA** [be:ka:'|a:] **das; ~[s]** *Abk.:* **Bundeskriminalamt**

**B-Klarinette** ['be:-] **die** B-flat clarinet

**Blabla** [bla'bla:] **das; ~[s]** *(ugs.)* blah[-blah] *(coll.)*

**Blach·feld** ['blax-] **das** *(dichter. veralt.)* plain; champaign *(literary)*

**Black-box-Methode** ['blɛkbɔks-] **die** *(Kybernetik)* black-box method

**Blackout** ['blɛkaut] **das** *od.* **der; ~[s], ~s** black-out

**blaffen** ['blafn̩], **bläffen** ['blɛfn̩] *itr. V.* **a)** bark; give a short bark; *(kläffen)* yap; **b)** *(schimpfen)* snap

**Bläh·bauch der** *(ugs.)* bloated belly; **einen ~ kriegen/haben** get/be bloated

**blähen** ['blɛ:ən] **1.** *tr. V.* **a)** swell, distend ⟨*stomach*⟩; billow, fill, belly [out] ⟨*sail*⟩; billow ⟨*sheet, curtain, clothing*⟩; **b)** *(aufblasen)* flare ⟨*nostrils*⟩; **mit vor Stolz geblähter Brust schritt er ...**: his chest swollen with pride, he strode ... **2.** *refl. V.* **a)** *(rund werden)* ⟨*sail*⟩ billow *or* belly out; ⟨*nostrils*⟩ dilate; **b)** *(angeben)* puff oneself up. **3.** *itr. V. (Blähungen verursachen)* cause flatulence *or* wind; **~de Speisen** flatulent foods; **das bläht fürchterlich** it causes terrible flatulence

**Blähung die; ~, ~en** flatulence *no art., no pl.*; wind *no art., no pl.*; **~en** flatulence *sing.*; wind *sing.*; **eine ~ abgehen lassen** break wind

**blaken** ['bla:kn̩] *itr. V. (nordd.)* smoke

**bläken** ['blɛ:kn̩] *itr. V. (ugs. abwertend)* ⟨*child*⟩ yell; bawl; ⟨*animal*⟩ bellow

**blakig** *Adj. (nordd.)* smoky *pred.*

**blamabel** [bla'ma:bl̩] **1.** *Adj.* shameful, disgraceful ⟨*behaviour etc.*⟩; embarrassing ⟨*situation*⟩. **2.** *adv.* shamefully; disgracefully

**Blamage** [bla'ma:ʒə] **die; ~, ~n** disgrace

**blamieren** [bla'mi:rən] **1.** *tr. V. (bloßstellen)* disgrace; *(in Verlegenheit bringen)* embarrass. **2.** *refl. V. (sich bloßstellen)* disgrace oneself; *(sich lächerlich machen)* make a fool of oneself

**blanchieren** [blã'ʃi:rən] *tr. V. (Kochk.)* blanch

**blank** [blaŋk] *Adj.* **a)** *(glänzend)* shiny; **etw. ~ reiben/polieren** rub/polish sth. till it shines; **die Gläser werden nicht ~**: the glasses won't polish to a shine; **b)** *(ugs.: abgewetzt)* shiny; **c)** *(unbekleidet)* bare; naked; **mit ~en Beinen kannst du nicht gehen** you can't go without any tights/stockings/socks on; **d)** *(ugs.: mittellos)* **~ sein** be broke *(coll.)*; **e)** *(bloß)* bare ⟨*wood, plaster, earth, etc.*⟩; **er ist mit dem ~en Messer auf mich losgegangen** he came at me with his knife drawn; **f)** *(rein)* pure; sheer; utter ⟨*mockery*⟩; **g)** *(dichter.: hell)* bright; **der ~e Hans** *(dichter. nordd.)* the stormy North Sea; **h)** *(österr.: ohne Mantel)* coatless; without a coat

**Blankett** [blaŋ'kɛt] **das; ~s, ~e a)** *(Wirtsch.)* blank [form]; *(mit Blankounterschrift)* signed blank [form]; **b)** *(Technik)* blank

**blanko** ['blaŋko] *Adv.* **a)** *(bei Schriftstücken)* blank; **ich schreibe dir mal ~ einen Scheck aus** I'll write you a blank cheque; **b)** *(bei Papier)* plain

**Blanko-: ~scheck der** *(Wirtsch., fig.)* blank cheque; **~unter·schrift die** blank signature; **~vollmacht die** *(Wirtsch., fig.)* carte blanche

**blank·poliert** *Adj.; präd. getrennt geschr.* brightly polished

**Blank·vers der** blank verse

**Bläschen** ['blɛ:sçən] **das; ~s, ~ a)** [small] bubble; **b)** *(in der Haut)* [small] blister

**Bläschen·aus·schlag der** *(Med.)* herpes simplex

**Blase** ['bla:zə] **die; ~, ~n a)** bubble; *(im Farbenanstrich)* blister; **~n werfen** *od.* **ziehen** ⟨*paint*⟩ blister; ⟨*wallpaper*⟩ bubble; **es regnet ~n** it's pelting [down]; **b)** *(in der Haut)* blister; **sich** *(Dat.)* **~n laufen** get blisters [from walking/running]; **c)** *(Harn~)* bladder; **eine erkältete ~ haben/sich** *(Dat.)* **die ~ erkälten** have/get a chill in the bladder; **eine schwache ~ haben** *(ugs.)* have a weak bladder; **d)** *(salopp abwertend: Leute)* mob *(sl.)*

**Blase·balg der** bellows *pl.*; pair of bellows

**blasen 1.** *unr. itr. V.* **a)** blow; **b)** *(ein Blasinstrument spielen)* play; **auf dem Kamm ~**: play the comb; **c) zum Angriff/Rückzug/Aufbruch ~**: sound the charge/retreat/departure; **d)** *(wehen)* ⟨*wind*⟩ blow; **e)** *(bes. südd., österr.: kühlen)* **in die Suppe/auf eine Brandwunde ~**: blow on one's soup/a burn. **2.** *unr. tr. V.* **a)** blow; **b)** *(spielen)* play ⟨*musical instrument, tune, melody, etc.*⟩; **c)** *(wehen)* ⟨*wind*⟩ blow; **d)** *(formen)* blow ⟨*bottle, glass, etc.*⟩; **e)** *(derb)* suck off *(sl.)*; **jmdm. einen ~**: suck sb. off *(sl.)*; give sb. a blow job *(sl.)*. **3.** *unr. unpers. V.* **es bläst** it's windy *or* blowy

**Blasen-: ~bildung die** blistering; **sonst kommt es zur ~bildung** or blisters will form; **~katarrh der** *(Med.)* cystitis *no indef. art.*; **~leiden das** bladder complaint; **ein ~leiden haben** have bladder trouble *or* a bladder complaint; **~stein der** *(Med.)* bladder-stone; vesical calculus *(Med.)*; **~tee der** *herbal tea taken for bladder complaints*

**Bläser** ['blɛ:zɐ] **der; ~s, ~ a)** *(Musik)* wind player; **die ~**: the wind section *sing.*; **b)** *(Bergmannsspr.)* blower

**Bläser·ensemble das** wind ensemble

**Bläserin die; ~, ~nen** *(Musik)* wind player

**Bläser·quartett das** wind quartet

**blasiert** [bla'zi:ɐ̯t] *(abwertend)* **1.** *Adj.* blasé. **2.** *adv.* in a blasé way

**Blasiertheit die; ~**: blasé attitude

**blasig** *Adj.* blistered ⟨*paint, skin*⟩; bubbly ⟨*liquid*⟩; [light and] frothy ⟨*dough*⟩

**Blas-: ~instrument das** wind instrument; **~kapelle die** brass band; **~musik die** brass-band music; *(~kapelle)* brass band; **~orchester das** brass band

**Blasphemie** [blasfe'mi:] **die; ~, ~n** blasphemy

**blasphemisch 1.** *Adj.* blasphemous. **2.** *adv.* blasphemously

**Blas·rohr das a)** *(Waffe)* blowpipe; **b)** *(Technik)* blast pipe

**blaß** [blas] **1.** *Adj.* **a)** pale ⟨*face, skin, colour, complexion*⟩; pale, wan ⟨*light, glow*⟩; faint ⟨*writing*⟩; *(fig.)* colourless ⟨*account, portrayal, etc.*⟩; **~ werden** turn *or* go pale; *(vor Angst, Schreck)* pale; turn *or* go pale; **Rot macht dich ~**: red makes you look pale [in the face]; **~ wie eine Wand/wie der Tod** white as a sheet/deathly pale; **~ vor Neid sein/werden** *(fig.)* be/turn *or* go green with envy; **b)** *(schwach)* faint, dim ⟨*recollection, suspicion*⟩; faint ⟨*hope, similarity*⟩; only slight ⟨*effect*⟩; **c) der ~e Neid** sheer *or* pure envy. **2.** *adv. (matt)* palely

**blaß·blau** *Adj.* pale blue

**Blässe** ['blɛsə] **die; ~** *(der Haut)* paleness; pallor; *(der Farbe)* paleness; *(des Lichts)* paleness; wanness

**Bläß·huhn** ['blɛs-] **das** coot

**bläßlich 1.** *Adj.* **a)** rather pale; palish; **b)** *(unscheinbar, nichtssagend)* colourless ⟨*person, account, portrayal, etc.*⟩. **2.** *adv. (nichtssagend)* colourlessly

**blaß·rosa** *indekl. Adj.* pale pink

**Blatt** [blat] **das; ~[e]s, Blätter** ['blɛtɐ] **a)** *(von Pflanzen)* leaf; **kein ~ vor den Mund nehmen** not mince one's words; **b)** *(Papier)* sheet; **ein ~ Papier** a sheet of paper; **fliegende Blätter** loose leaves *or* sheets; **[noch] ein unbeschriebenes ~ sein** *(ugs.) (unerfahren sein)* be inexperienced; *(unbekannt sein)* be an unknown quantity; **c)** *(Buchseite usw.)* page; leaf; **etw. vom ~ spielen** sight-read sth.; **auf einem anderen ~ stehen** *(fig.)* be [quite] another *or* a different matter; **d)** *(Zeitung)* paper; **e)** *(Spielkarten)* hand; **das ~ hat sich gewendet** *(ugs.)* things have changed; **f)** *(am Werkzeug, Ruder)* blade; **g)** *(Graphik)* print; **h)** *(Jägerspr.)* shoulder

**Blatt·ader die** leaf vein

**Blättchen** ['blɛtçən] **das; ~s, ~ a)** *(von Pflanzen)* [small] leaf; **b)** *(Papier)* [small] sheet; **c)** *(abwertend: Zeitung)* rag *(derog.)*

**Blätter·dach das** leafy canopy

**blätterig** *s.* **blattrig**

**blätterig** *s.* **blättrig**

**-blätterig** *s.* **-blättrig**

**Blattern** *Pl.* smallpox *sing.*

**blättern** ['blɛtɐn] **1.** *itr. V.* **a) in einem Buch ~**: leaf through a book; **b)** *mit sein (zerfallen)* flake; **c)** *mit sein (sich ablösen)* ⟨*paint, plaster, etc.*⟩ flake off. **2.** *tr. V.* put down [one by one]; **er blätterte mir 50 Mark auf den Tisch** he counted me out fifty marks in notes on the table

**Blatter·narbe die** pock-mark

**blatternarbig** *Adj.* pock-marked

**Blätter-: ~pilz der** agaric; **~schmuck der** *(geh.)* foliage; **~teig der** puff pastry; **~teig·gebäck das** puff pastries *pl.*; **~wald der** *(scherzh.)* press; **es rauscht im ~**: there are murmurings *or* rumblings in the press; **~werk das**; *o. Pl.* foliage

**blatt, Blatt-: ~feder die** *(Technik)* leaf spring; **~gewächs das** *(Bot.)* foliage plant; **~gold das**; *o. Pl.* gold leaf; **~grün das** *o. Pl.* chlorophyll; **~knospe die** leaf-bud; **~laus die** aphid; greenfly; **~los** *Adj.* leafless; **~metall das** foil; **~pflanze die** foliage plant

**blattrig** *Adj.* pock-marked

**blättrig** *Adj.* **a)** *(von Pflanzen)* leafy; **b)** *(abblätternd)* flaky

**-blättrig** *adj.* -leaved

**blatt-, Blatt-: ~säge die** wide-bladed [hand]saw; **~salat der** green salad; **~silber das** silver leaf; **~wanze die** lygus bug; **~weise** *Adv.* **a)** *(bei Pflanzen)* leaf by leaf; **b)** *(bei Papier)* sheet by sheet; **~werk das**; *o. Pl. (geh.)* foliage

**blau** [blau̯] *Adj.* blue; **ein ~es Auge [haben/** *(ugs.)* **kriegen]** [have/get] a black eye; **mit einem ~en Auge davonkommen** *(fig. ugs.)* get off fairly lightly; **jmdm. ein ~es Auge hauen** *od.* **schlagen** give sb. a black eye; **etw. nicht nur wegen jds. schöner ~er Augen tun** not do sth. just out of the goodness of one's heart; **ein ~er Fleck** a bruise; **die ~en Jungs** *(ugs.: die Marine)* the boys in blue; **der ~e Planet** Earth; **die ~e Stunde** *(dichter.)* the twilight hour; **die ~e Blume [der Romantik]** the Blue Flower [of the Romantics]; **ein ~er Brief** *(ugs.) (Kündigung)* one's cards *pl.*; *(Schulw.) letter informing parents that their child is in danger of having to repeat a year;* **Forelle ~** *(Kochk.)* blue trout; **einen ~en Montag einlegen** *od.* **machen** *(ugs.)* skip work on Monday; **sein ~es Wunder erleben** *(ugs.)* get a nasty surprise; **jmdm. ~en Dunst vormachen** *(ugs.)* pull the wool over sb.'s eyes; **~ sein** *(fig. ugs.)* be tight *(coll.)* or canned *(sl.)*; **~ sein wie ein Veilchen** *od.* **wie eine [Strand]haubitze** *od.* **wie [zehn]tausend Mann** *(salopp)* be [completely] canned *(sl.)*

**Blau das; ~s, ~** *od. (ugs.:)* **~s** blue

**blau-, Blau-: ~alge die** blue-green alga; **~äugig** *Adj.* **a)** blue-eyed; **b)** *(naiv)* naive; **~äugigkeit** [~lɔygɪçkai̯t] **die; ~** *(fig.)* naïvety; **~bart der** Bluebeard; **~beere die** bilberry; whortleberry; **~blütig** *Adj. (meist iron.)* blue-blooded

**[1]Blaue** ['blau̯ə] **das; ~n** blue; **das ~ vom Himmel [herunter]lügen** *(ugs.)* lie like anything; tell a pack of lies; **jmdm. das ~ vom Himmel [herunter] versprechen** *(ugs.)* promise sb. the earth *or* the moon; **wir wollen einfach ins ~ fahren** we'll just set off and see where we end up; *s. auch* **Fahrt c**

**[2]Blaue der; ~n, ~n** *(ugs.)* **a)** *(Hundertmarkschein)* hundred-mark note; **acht ~ kosten** cost eight hundred marks; **b)** *(veralt.: Polizist)* cop *(sl.)*; copper *(sl.)*

**Bläue** ['blɔyə] **die; ~** *(geh.)* blue; blueness; *(des Himmels)* blue

**bläuen** *tr. V.* **a)** *(färben)* dye ⟨*material, clothes, etc.*⟩ blue; turn ⟨*litmus-paper*⟩ blue; **b)** *(aufhellen)* blue

**blau-, Blau-: ~färbung die** blue colour; blueness; **~felchen das** Blaufelchen; whitefish; **~filter der** *od.* **das** *(Fot.)* blue filter; **~fuchs der a)** *(Tier)* Arctic fox; blue fox; **b)** *(Fell)* blue fox [fur]; **~grau** *Adj.* blue-grey; bluish grey; **~grün** *Adj.* blue-green; bluish green; **~hemd das** *(DDR)* **a)** *(Hemd)* blue shirt [of the Free German Youth]; **b)** *(ugs.: Mitglied)* member of the Free German Youth; **~holz das** logwood;

**~kabis der** *(schweiz.)*, **~kohl der** *(bes. nordd.)*, **~kraut das** *(südd., österr.) s.* **Rotkohl**

**bläulich** *Adj.* bluish

**Blau·licht das** flashing blue light; **ein Krankenwagen raste mit ~ vorbei** an ambulance raced past with [its] blue light flashing

**blau-, Blau-: ~|machen** *(ugs.)* **1.** *itr. V.* skip work; **2.** *tr. V.* **den Freitag ~machen** skip work on Friday; **~mann der;** *Pl.* **~männer** *(ugs.)* boiler suit; **~meise die** blue tit; **~papier das** [blue] carbon paper; **~pause die** blueprint; **~rot** *Adj.* purple; **~säure die;** *o. Pl. (Chemie)* prussic acid; hydrocyanic acid; **~schimmel der** blue mould; **~schwarz** *Adj.* blue-black; **~stichig** [~ʃtɪçɪç] *Adj. (Fot.)* with a blue cast *postpos., not pred.;* **~stichig sein** have a blue cast; **~stift der** blue pencil; **~strumpf der** *(abwertend)* bluestocking; **~tanne die** blue spruce; Colorado spruce; **~wal der** blue whale

**Blazer** ['ble:zɐ] **der; ~s, ~:** blazer

**Blech** [blɛç] **das; ~[e]s, ~e a)** *o. Pl. (Metall)* sheet metal; **b)** *(Platte)* metal sheet; *(Grob~)* metal plate; **c)** *(Back~)* [baking] tray; **d)** *o. Pl. (ugs.: Unsinn)* rubbish; nonsense; tripe *(sl.)*; **e)** *o. Pl. (ugs. abwertend: Orden)* medals *pl.*; gongs *pl. (sl.)*; **f)** *(Musik: ~bläser)* brass

**Blech-: ~bläser der** brass-player; **die ~bläser** *(im Orchester)* the brass [section] *sing;* **~blas·instrument das** brass instrument; **~büchse die, ~dose die** tin; **~eimer der** metal bucket

**blechen** *tr., itr. V. (ugs.)* cough up *(sl.)*; fork out *(sl.)*

**blechern** ['blɛçɐn] *Adj.* **1. a)** *nicht präd. (aus Blech)* metal; **b)** *(metallisch klingend)* tinny ⟨*sound, voice*⟩. **2.** *adv. (metallisch)* tinnily

**Blech-: ~instrument das** brass instrument; **~kiste die** *(ugs. abwertend)* crate *(sl.)*; **~lawine die** *(ugs. scherzh.)* solid line of cars; **~musik die** *(abwertend)* brass-band music; **~napf der** metal bowl

**Blechner der; ~s, ~** *(südd.) s.* **Klempner**

**Blech-: ~schaden der** *(Kfz-W.)* damage *no indef. art.* to the bodywork; **~schere die** metal-shears *pl.;* **~schmied der** *(nordwestd.) s.* **Klempner; ~trommel die** tin drum

**blecken** ['blɛkn̩] *tr. V.* **die Zähne ~:** bare one's/its teeth

[1]**Blei** [blai̯] **das; ~[e]s, ~e a)** lead; **~ gießen** *pour lead into cold water to tell one's fortune for the coming year;* **jmdm. wie ~ in den Gliedern** *od.* **Knochen liegen** ⟨*tiredness, exhaustion, shock, etc.*⟩ make sb.'s limbs feel like lead; **jmdm. wie ~ im Magen liegen** *(schwer verdaulich sein)* weigh heavily on sb.'s stomach; *(jmdn. bedrücken)* prey on sb.'s mind; **b)** *(Lot)* plumb[-bob]; **c)** *(veralt.) (Gewehrkugeln)* lead

[2]**Blei der** *od.* **das; ~[e]s, ~e** *(~stift)* pencil

**Bleibe die; ~, ~n** place to stay; **keine ~ haben** have nowhere to stay

**bleiben** ['blai̯bn̩] *unr. itr. V.; mit sein* **a)** *(an einem Ort)* stay; remain; **~ Sie bitte am Apparat** hold the line please; **wo bleibt er so lange?** where has he got to?; **wo bleibst du denn so lange?** where have you been *or* what's been keeping you all this time?; **wo bleibt der Kaffee?** where has the coffee got to?; what has happened to the coffee?; **wo sind die Blumen geblieben?** what's happened to the flowers?; **wo ~ nur die Jahre?** how the years have flown!; **zum Abendessen ~:** stay for supper; **auf dem Weg ~:** keep to *or* stay on the path; **da ~ wir ganz unter** *(Dat.) od.* **für uns** there will just be us; **jmdm. in Erinnerung** *od.* **im Gedächtnis ~:** stay in sb.'s mind *or* memory; **von etw. ~** *(ugs.)* stay *or* keep away from sth.; **das bleibt unter uns** *(Dat.)* that's [just] between ourselves; **zusehen, wo man bleibt** *(ugs.)* have to fend for oneself; **ich kann sehen, wo ich bleibe** I'm left to shift for myself; **jmdn. zum Bleiben auffordern** ask sb. to stay; **hier ist meines Bleibens nicht länger** *(veralt., scherzh.)* I shall not stay here any longer; **bleibe im Lande, und nähre dich redlich** there's a good living to be had in your own country; *s. auch* **Rahmen b; Sache b; b)** *(Zustand, Eigenschaft beibehalten)* stay; remain; **der Kuchen bleibt mehrere Tage frisch** the cake will keep for several days; **bleib ruhig!** keep calm!; **das Geschäft bleibt heute geschlossen** the shop is closed today; **der Brief blieb unbeantwortet** the letter went *or* remained unanswered; **unbestraft/unbeachtet ~:** go unpunished/go unnoticed *or* escape notice; **dieser Tag wird uns** *(Dat.)* **immer unvergessen ~:** we shall always remember this day; **sitzen ~:** stay *or* remain sitting down *or* seated; **~ Sie doch bitte sitzen** please don't get up; **ich bleibe lieber stehen** I would rather stand; **Freunde ~:** remain friends; go on being friends; **c)** *(übrigbleiben)* be left; remain; **uns** *(Dat.)* **bleibt noch Zeit** we still have time; **bis zur Abreise bleibt uns weniger als eine Stunde** there is less than an hour before we leave; **es blieb ihm keine Hoffnung mehr** he had no hope left; **was bleibt mir dann noch?** what shall I have left?; *s. auch* **Wahl; d)** *(für die Zukunft);* **es bleibt abzuwarten, ob ...:** it remains to be seen whether ...; **es bleibt zu hoffen, daß ...:** we can only hope that ...; **bei dem Wein ~ wir** we'll stick to *or* with *or* keep to this wine; **e)** *(nicht ändern)* **bei etw. ~:** keep *or* stick to sth.; **ich bleibe dabei, daß ...:** I still say that ...; **dabei bleibt es!** that's that; that's the end of it; **f)** *(verhüll.: sterben)* **im Feld/im Krieg/auf See ~:** die *or* fall in action/die in the war/at sea

**bleibend** *Adj.* lasting; permanent ⟨*damage*⟩

**bleiben|lassen** *unr. tr. V.* **a)** *(nicht tun)* **etw. ~:** give sth. a miss; forget sth.; **das wirst du mal schön ~:** you can forget about that; **b)** *(aufhören)* **das Rauchen ~:** give up *or* stop smoking

**bleich** [blai̯ç] *Adj.* **a)** pale; **~ vor Angst/Wut sein** be white with fear/rage; **~ wie eine Wand/wie der Tod** white as a sheet/deathly pale; **~ werden** turn *or* go pale; *(vor Angst, Schreck)* pale; turn *or* go pale; **b)** *(geh.: fahl)* pale ⟨*light, gleam*⟩

**Bleiche die; ~, ~n a)** *(veralt.: für Wäsche)* bleaching field; bleaching-ground; **b)** *o. Pl. (geh.: Blässe)* paleness; *(des Gesichts, der Haut)* pallor; paleness

[1]**bleichen** *tr. V.* bleach

[2]**bleichen** *regelm. (veralt. auch unr.) itr. V.* become bleached; bleach; **in der Sonne ~:** be bleached by the sun

**bleich, Bleich-: ~gesicht das** *Pl.* **~gesichter a)** pale face; *(ugs.: blasser Mensch)* pale-faced *or* pasty-faced type *(coll.)*; **b)** *(scherzh.: Weißer)* pale-face; **~gesichtig** *Adj. (ugs.)* pale-faced; pasty-faced; **~mittel das** bleach; bleaching agent; **~sucht die** *o. Pl. (veralt.)* chlorosis; greensickness; **~süchtig** *Adj. (veralt.)* chlorotic; greensick

**bleiern** ['blai̯ɐn] **1.** *Adj.* **a)** *nicht präd. (aus Blei)* lead; **er schwimmt wie eine ~e Ente** *(ugs. scherzh.)* he can't swim for toffee *(Brit. sl.) or* swim a stroke; **b)** *(geh.: bleifarben)* leaden ⟨*sky, grey*⟩; **c)** *(schwer)* heavy ⟨*sleep, tiredness, etc.*⟩; leaden ⟨*heaviness*⟩; **seine Füße waren ~:** his feet were like lead. **2.** *adv. (fig.: schwer)* heavily; **es lag ihr ~ in den Gliedern** her limbs felt like lead *or* as heavy as lead

**blei-, Blei-: ~erz das** lead ore; **~farben, ~farbig** *Adj.* lead-coloured; lead-grey; leaden ⟨*sky*⟩*;* **~frei 1.** *Adj.* unleaded ⟨*fuel*⟩; **2.** *adv.* **~ fahren/tanken** drive on/use unleaded fuel; **~fuß der** *in* **mit ~fuß fahren** *(ugs. scherzh.)* drive with one's foot down to the floor; **~gehalt der** lead content; **~gewicht das** *(auch fig.)* lead weight; **~gießen das** *pouring lead into cold water to tell one's fortune for the coming year;* **~glanz der** *(Mineral.)* galena; **~glas das** lead glass; **~haltig** *Adj.* ⟨*petrol, paint, etc.*⟩ containing lead; plumbiferous, lead-bearing ⟨*ore*⟩*;* **~haltig sein** ⟨*petrol, paint, etc.*⟩ contain lead; **die Luft hier ist ziemlich ~haltig** *(salopp scherzh.)* there's plenty of lead flying around; **~hütte die** lead works *sing.;* **~kristall das** lead crystal; **~kugel die a)** *(Geschoß)* lead bullet; **b)** *(Kugel)* lead ball; **~oxyd das** *(Chemie)* lead oxide; **~satz der;** *o. Pl. (Druckw.)* hot-metal composition; **~schürze die** lead apron; **~schwer 1.** *Adj.* heavy as lead *postpos.;* **2.** *adv.* heavily; like a heavy *or* lead weight; **~soldat der** lead soldier

**Blei·stift der** pencil; **mit ~:** in pencil

**Bleistift-: ~absatz der** stiletto heel; **~mine die** [pencil] lead; **~spitzer der** pencil-sharpener; **~zeichnung die** pencil drawing

**Blei·vergiftung die** lead-poisoning

**Blende die; ~, ~n a)** *(Lichtschutz)* shade; *(am Fenster)* blind; *(im Auto)* [sun-]visor; **b)** *(Optik, Film, Fot.: Vorrichtung)* diaphragm; **die ~ öffnen/schließen** open up the aperture/stop down; **c)** *(Film, Fot.: Blendenzahl)* aperture setting; f-number; **mit** *od.* **bei ~ 8** at [an aperture setting of] f/8; **~ 11 einstellen** set the aperture to *or* at f/11; **d)** *(Film: Einstellung)* fade; **einen Film mit einer ~ anfangen/enden lassen** start a film with a fade-in/end a film with a fade-out; **e)** *(Stoffstreifen)* trimming; **f)** *(Archit.)* blind window/arch/niche *etc.;* **g)** *(Chemie)* blende

**blenden 1.** *tr. V.* **a)** *(auch beeindrucken, täuschen)* dazzle; **b)** *(blind machen)* blind; **c)** *(Kürschnerei)* blend. **2.** *itr. V.* **a)** ⟨*light*⟩ be dazzling; **b)** *(täuschen)* dazzle people

**Blenden·automatik die** *(Fot.)* automatic aperture control

**blendend 1.** *Adj.* splendid; brilliant ⟨*musician, dancer, speech, achievement, etc.*⟩; **es geht mir ~:** I feel wonderfully well *or* wonderful. **2.** *adv.* **wir haben uns ~ amüsiert** we had a wonderful *or* marvellous time

**Blender der; ~s, ~** *(ugs.)* fraud; phoney *(sl.)*

**blend·frei** *Adj.* **a)** *(nicht blendend)* non-dazzle; **b)** *(nicht spiegelnd)* non-dazzle; non-reflective

**Blend·laterne die** dark lantern

**Blendung die; ~, ~en a)** dazzling; **b)** *(Täuschung)* deception; **c)** *(Strafe)* blinding; **d)** *(Kürschnerei)* blending

**Blend·werk das** *(geh. abwertend)* deception; **ein ~ des Teufels** a trap set by the devil

**Blesse** ['blɛsə] **die; ~, ~n a)** *(Fleck)* blaze; **b)** *(Tier)* horse/cow *etc.* with a/the blaze

**Bleß·huhn das** *s.* **Bläßhuhn**

**blessiert** [blɛsi:ɐ̯t] *Adj. (geh., scherzh.) (verletzt)* injured; *(verwundet)* wounded

**Blessur** [blɛ'su:ɐ̯] **die; ~, ~en** *(veralt., scherzh.) (Verletzung)* injury; *(Wunde)* wound

**bleu** [blø:] *indekl. Adj., nicht attr.* light *or* pale blue

**Bleu das; ~s, ~** *od. (ugs.)* **~s** light *or* pale blue

**blich** [blɪç] *1. u. 3. Pers. Sg. Prät. v.* [2]**bleichen**

**Blick** [blɪk] **der; ~[e]s, ~e a)** *(das Anschauen)* look; *(flüchtig)* glance; **jmdm. einen ~/sich ~e zuwerfen** give sb. a look/exchange glances; **einen kurzen ~ auf etw.** *(Akk.)* **werfen** take a quick look at *or* glance [briefly] at sth.; **einen ~ riskieren** *(ugs.)* venture a glance; **jmds. ~** *(Dat.)* **ausweichen** avoid sb.'s glance *or* eye; **jmds. ~** *(Akk.)* **erwidern** return sb.'s look *or* gaze; **ein ~ in die Vergangenheit/Zukunft** a look back [into the past]/a look into the future; **auf den ersten ~:** at first glance; **auf den zweiten ~:** look ing at it again *or* a second time; **etw. mit einem ~ sehen** see sth. at a glance; **keinen ~ für jmdn./etw. haben** take no notice of sb./sth.; **jmdn./etw. im ~ haben** be looking at sb./sth.; **wenn ~e töten könnten!** if looks could kill; **einen ~ hinter die Kulissen werfen** *od.* **tun** take a look behind the scenes; **den ~ heben** *(geh.)* raise one's eyes; look up; **den ~ senken** *(geh.)* lower one's eyes; look down; **mein ~ fiel auf den Brief** my eye fell on the letter; the letter caught my eye; **er wendete keinen ~ von der attraktiven Frau** his eyes never left the attractive woman; **jmdn. mit seinen ~en verschlingen** devour sb. with one's eyes; **jmdn. mit ~en durchbohren** look piercingly at sb.; *s. auch* **Liebe a; würdigen b; b)** *o. Pl. (Ausdruck)* look in one's eyes; **mit mißtrauischem ~:** with a suspicious look in one's eye; **mit zärtlichem ~:** with a tender look in one's eyes; *s. auch* **böse; c)** *(Aussicht)* view; **ein Zimmer mit ~ aufs Meer** a room with a sea view; **jmdn./etw. aus dem ~ verlieren** lose sight of sb./sth.; **etw. im ~ haben** be able to see sth.; **d)** *o. Pl. (Urteil[skraft])* eye; **einen sicheren/geschulten ~ für etw. haben** have a sure/trained eye for sth.; **keinen ~ für etw. haben** have no eye for sth.; **seinen ~ für etw. schärfen** sharpen one's awareness of sth.

**blicken 1.** *itr. V.* look; *(flüchtig)* glance; **jmdm. gerade in die Augen ~:** look sb. straight in the eye; **zur Seite ~:** look away; **auf das vergangene Jahr ~** *(fig.)* look back on the past year; **das läßt tief ~** *(ugs.)* that's very revealing; **2.** *tr. V.* **sich ~ lassen** put in an appearance; **laß dich mal wieder ~:** come again some time; **er hat sich lange nicht mehr ~ lassen** he hasn't been seen for a long time; **sie wagt es nicht, sich ~ zu lassen** she dare not show her face; **er läßt sich ja nie ~:** he's never around *(coll.)*

**Blick-: ~fang der** eye-catcher; **als ~fang dienen** serve to catch the eye; **~feld das** field of vision *or* view; **er hat ein recht enges ~feld** *(fig.)* he has really narrow horizons *pl.*; **jmdn./etw. ins ~feld der Öffentlichkeit rücken** make sb./sth. the focus of public attention; **~kontakt der** eye-contact; **~punkt der** view; field of vision; **im ~punkt der Öffentlichkeit stehen** *(fig.)* be in the public eye; **jmdn. in den ~punkt rücken** *(fig.)* single sb. out; **in den ~punkt treten** *(fig.)* become the focus of attention; enter the limelight; **~richtung die a)** line of sight *or* vision; **in ~richtung [nach] rechts** to the *or* on your right; looking to your right; **b)** *(fig.)* perspective; **~winkel der a)** angle of vision; **b)** *(fig.)* point of view; viewpoint; perspective

**blieb** [bli:p] *1. u. 3. Pers. Sg. Prät. v.* **bleiben**

**blies** [bli:s] *1. u. 3. Pers. Sg. Prät. v.* **blasen**

**blind** [blɪnt] **1.** *Adj.* **a)** blind; **~ werden** go blind; **auf einem Auge ~ sein** be blind in one eye; **auf dem Auge ist sie ~** *(fig. ugs.)* she refuses to see that; **~ für etw. sein** be blind to sth.; **~ vor Tränen** *(geh.)* blinded by tears; *s. auch* **Huhn; b)** *(maßlos)* blind ⟨*rage, hatred, fear, etc.*⟩; indiscriminate ⟨*violence*⟩; **c)** *(kritiklos)* blind ⟨*obedience, enthusiasm, belief, etc.* ⟩; **~er Eifer schadet nur** *(Spr.)* haste makes waste *(prov.)*; **d)** *(trübe)* clouded ⟨*glass*⟩; dull, tarnished ⟨*metal*⟩; **e)** *(verdeckt)* concealed; invisible ⟨*seam*⟩; **ein ~er Passagier** a stowaway; **f) ~er Alarm** a false alarm; **g)** *(undurchschaubar)* **der ~e Zufall** pure *or* sheer chance; **das ~e Walten des Schicksals** *(geh.)* the unfathomable workings *pl.* of fate; **h)** *(vorgetäuscht)* false ⟨*pocket, buttonhole, etc.*⟩; blind ⟨*window, arch, etc.*⟩. **2.** *adv.* **a)** *(ohne hinzusehen)* without looking; *(wahllos)* blindly; wildly; **b)** *(unkritisch)* ⟨*trust*⟩ implicitly; ⟨*obey*⟩ blindly; **c)** *(verdeckt)* **der Mantel wird ~ geknöpft** the coat has concealed buttons

**Blind·band der;** *Pl.* **~bände** *(Buchw.)* dummy

**Blind·darm der a)** *(Anat.: Teil des Dickdarms)* caecum; **b)** *(volkst.: Wurmfortsatz)* appendix

**Blind·darm-: ~entzündung die** *(volkst.)* appendicitis; **~operation die** *(volkst.)* appendix operation; **~reizung die** *(volkst.)* grumbling appendix

**Blinde der/die;** *adj. Dekl.* blind person; blind man/woman; **die ~n** the blind; **das sieht doch ein ~r [mit dem Krückstock]** *(ugs.)* anyone *or* any fool can see that; *s. auch* **einäugig**

**Blinde·kuh** *o. Art.* blind man's buff

**Blinden-: ~anstalt die** *s.* **~heim; ~führer der** blind person's guide; **~heim das** home for the blind; **~hund der** guide-dog; **~schrift die** Braille; **~stock der** white stick

**blind-, Blind-: ~fenster das** *(Bauw.)* blind window; **~|fliegen** *unr. itr. V.; mit sein* fly blind; **~flug der** blind flight; *(das Blindfliegen)* blind flying; **im ~flug** ⟨*land, take off, etc.*⟩ blind; **~gänger der a)** *(Geschoß)* unexploded shell; dud *(sl.)*; **b)** *(salopp: Versager)* dead loss *(coll.)*

**Blindheit die; ~** *(auch fig.)* blindness; **[wie] mit ~ geschlagen sein** be [as if struck] blind

**Blind·landung die** *(Flugw.)* blind landing

**blindlings** ['blɪntlɪŋs] *Adv.* blindly; ⟨*trust*⟩ implicitly

**blind-, Blind-: ~material das** *(Druckw.)* spacing material; **~schleiche** [~ʃlaiçə] **die; ~, ~n** slowworm; blindworm; **~|schreiben** *unr. tr., itr. V.* touch-type; **~spiel das** *(Schach)* blindfold game; **~wütig 1.** *Adj.* raging ⟨*anger, hatred, fury, etc.*⟩; wild ⟨*rage*⟩; **~wütige Schläge** furious blows; **2.** *adv.* in a blind rage *or* fury; **~wütigkeit die; ~:** blind rage *or* fury

**blinken** ['blɪŋkn̩] **1.** *itr. V.* **a)** *(Verkehrsw.)* indicate; **b)** *(Signal geben)* **mit Lampen ~:** flash lamps; **c)** *(leuchten)* ⟨*light, glass, crystal*⟩ flash; ⟨*star*⟩ twinkle; ⟨*metal, fish*⟩ gleam; ⟨*water, wine*⟩ sparkle; **das ganze Haus blinkte vor Sauberkeit** the whole house was sparkling clean. **2.** *tr. V. (Signal geben)* flash; **SOS ~:** flash an SOS [signal]

**Blinker der; ~s, ~ a)** *(am Auto)* indicator [light]; winker; **b)** *(Angeln)* spoon[-bait]

**Blink-: ~feuer das** *(Seew.)* flashing light; **~gerät das** *(Milit.)* signalling apparatus; signal lamp; **~leuchte die** *(Kfz-W.)* indicator [light]; winker; **~licht das** *(Verkehrsw.)* flashing light; **~licht·anlage die** *(Verkehrsw.)* flashing lights *pl.*; **~signal das, ~zeichen das** flashlight signal

**blinzeln** ['blɪntsl̩n] *itr. V.* blink; *(mit einem Auge, um ein Zeichen zu geben)* wink

**Blitz** [blɪts] **der; ~es, ~e a)** *(bei Gewitter)* lightning *no indef. art.*; **ein ~:** a flash of lightning; **der ~ hat eingeschlagen** lightning has struck; **war das ein ~?** was that [a flash of] lightning?; **seine Augen schossen ~e** *(fig.)* his eyes flashed; **potz ~!** *(veralt.)* upon my soul!; good heavens!; **[schnell] wie der ~:** like lightning; as fast as lightning; **wie ein geölter ~** *(ugs.)* like greased lightning; **wie ein ~ aus heiterem Himmel** like a bolt from the blue; **wie ein ~ einschlagen** be a bombshell; **wie vom ~ getroffen** thunderstruck; **b)** *(~licht)* flash

**blitz-, Blitz-: ~ab·leiter der** lightning-conductor; **~aktion die** lightning operation; **~angriff der** *(Milit.)* lightning attack; **~artig 1.** *Adj.; nicht präd.* lightning; **2.** *adv.* like lightning; ⟨*disappear*⟩ in a flash; **~blank** *Adj. (ugs.)* **~blank [geputzt]** sparkling clean; brightly polished ⟨*shoes*⟩

**blitzeblank** *s.* **blitzblank**

**blitzen 1.** *itr. V.* **a)** *unpers. (bei Gewitter)* **es blitzte** *(einmal)* there was a flash of lightning; *(mehrmals)* there was lightning; there were flashes of lightning; **bei dir blitzt es** *(ugs. scherzh.)* your slip is showing; Charlie's dead *(Brit. coll.)*; it's snowing down south *(Brit. coll.)*; **b)** *(glänzen)* ⟨*light, glass, crystal*⟩ flash; ⟨*metal*⟩ gleam; **sie hatte weiße, ~de Zähne** she had sparkling white teeth; **das Haus blitzte vor Sauberkeit** the house was sparkling clean; **Zorn blitzte aus ihren Augen** *(fig.)* her eyes flashed with anger; **c)** *(nackt laufen)* streak *(coll.)*; **d)** *(ugs.: mit Blitzlicht)* use [a] flash; **er fing wie wild an zu ~:** he started to flash away like mad *(coll.)*. **2.** *tr. V. (ugs.: mit Blitzlicht)* take a flash photo of

**Blitzer der; ~s, ~, Blitzerin die; ~, ~nen** *(ugs.)* streaker *(coll.)*

**Blitzes·schnelle die** *in* **in** *od.* **mit ~:** at lightning speed; ⟨*disappear*⟩ in a flash

**blitz-, Blitz-: ~gerät das** *(Fot.)* flash [unit]; flash-gun; **~gescheit** *Adj.* very bright; **~gespräch das** priority call *(with tenfold call charge)*; **~krieg der** *(Milit.)* blitzkrieg; **~licht das;** *Pl.* **~lichter** flash[light]; **mit ~licht** by flash[light]; **~licht·aufnahme die** flash[light] photograph; **~licht·foto das** flash photo[graph]; **~reise die** flying visit; **~sauber** *Adj.* **~sauber [geputzt]** sparkling clean; **~schlag der** flash of lightning; **von einem ~schlag getroffen werden** be struck *or* hit by lightning; **~schnell 1.** *Adj.* lightning *attrib.*; **~schnell sein** be like lightning; **2.** *adv.* like lightning; ⟨*disappear*⟩ in a flash; **das alles geschah so ~schnell, daß ...:** it all happened so quickly that ...; **~sieg der** *(Milit.)* lightning victory; **~start der** lightning start; **~telegramm das** priority telegram *(with tenfold charge)*; **~um·frage die** lightning poll; **~würfel der** *(Fot.)* flash-cube

**Blizzard** ['blɪzɐt] **der; ~s, ~s** blizzard

**blochen** ['blɔxn̩] *tr., itr. V. (bes. schweiz.)* polish

**Blocher der; ~s, ~** *(schweiz.)* floor-polisher

**Block** [blɔk] **der; ~[e]s, Blöcke** ['blœkə] *od.* **~s a)** *Pl.* **Blöcke** *(Brocken)* block; *(Fels~)* boulder; **b)** *(Wohn~)* block; **c)** *Pl.* **Blöcke** *(Gruppierung von politischen Kräften, Staaten)* bloc; **d)** *(Schreib~)* pad; **e)** *(Basketball)* screen; *(Volleyball)* block; **f)** *Pl.* **~s** *(Eisenb.)* block; **g)** *(Philat.)* block; **h)** *(ns.: Organisationseinheit)* block [of houses]

**Blockade** [blɔ'ka:də] **die; ~, ~n a)** *(Absperrung)* blockade; **eine ~ brechen** run a blockade; **b)** *(Druckw.)* [space marked by] turned letter[s] *(indicating missing or illegible material)*

**Blockade·brecher der** blockade-runner

**Block-: ~bildung die** formation *or* creation of a bloc/blocs; **~buchstabe der** block capital *or* letter

**blocken 1.** *tr. V.* **a)** *(südd.: bohnern)* polish; **b)** *(bes. Boxen: abfangen; Ballspiele: sperren)* block. **2.** *itr. V.* **a)** *(südd.: bohnern)* polish; **b)** *(bes. Boxen: abfangen; Ballspiele: sperren)* block; **c)** *(Jägerspr.)* perch

**block-, Block-: ~flöte die** recorder; **~frei** *Adj.* non-aligned ⟨*country, state*⟩; **~freie der;** *adj. Dekl.* non-aligned country *or* state; **~haus das, ~hütte die** log cabin

**blockieren 1.** *tr. V.* **a)** *(sperren)* blockade ⟨*country, port*⟩; block ⟨*access road, border crossing-point, etc.*⟩; **b)** *(verstopfen)* block; jam ⟨*telephone line*⟩; **c)** *(unterbrechen)* block ⟨*supply*⟩; stop, halt ⟨*traffic*⟩; **d)** *(anhalten)* lock ⟨*wheel, machine, etc.*⟩; **e)** *(unterbinden)* block ⟨*negotiations, proposal, etc.*⟩; **f)** *(Druckw.)* mark with turned letter[s] *etc. (to indicate missing or illegible material)*. **2.** *itr. V. (stehen bleiben)* ⟨*wheels*⟩ lock; ⟨*gears*⟩ jam

**Blockierung die; ~, ~en** *s.* **blockieren:** blockade; blocking; locking; jamming; stopping; halting

**Block-: ~partei die** *(bes. DDR)* bloc party; **~politik die** *(bes. DDR)* bloc policy; **~schokolade die** cooking chocolate; **~schrift die** block capitals *pl. or* letters *pl.*; **~staaten** *Pl.* aligned countries *or* states;

**die ~staaten des Westens und des Ostens** the countries of the Western and Eastern blocs; **~stunde die** *(Schulw.)* double period; **~unterricht der** theme-work teaching *no art.;* teaching using the theme method *or* approach *no art.;* **~wart der** *(ns.)* block warden

**blöd[e]** ['blø:t, 'blø:də] **1.** *Adj.* **a)** *(schwachsinnig)* mentally deficient; imbecilic; **b)** *(unsinnig, ugs.: dumm)* stupid; idiotic *(coll.);* **c)** *(ugs.: unangenehm)* stupid; **das Blöde ist nur, daß ...:** the stupid thing is that ... **2.** *adv.* **a)** *(schwachsinnig)* imbecilically; **b)** *(unsinnig, ugs.: dumm)* stupidly; idiotically *(coll.);* **er hat vielleicht ~ geguckt** a really stupid look came across his face; **frag doch nicht so ~:** don't ask such stupid *or (coll.)* idiotic questions; **c)** *(ärgerlich)* stupidly

**Blödel** ['blø:dl̩] **der; ~s, ~** *s.* **Blödian**

**Blödelei die; ~, ~en a)** *o. Pl.* messing *or* fooling about *no indef. art.;* **b)** *(Äußerung)* silly joke

**blödeln** *itr. V.* **a)** mess *or* fool about; **b)** *(sich äußern)* make silly jokes

**blöder·weise** *Adv. (ugs.)* stupidly

**Blöd·hammel der** *(salopp abwertend)* stupid fool *or (coll.)* idiot *or (Brit. sl.)* twit *or (Amer. sl.)* jerk

**Blödheit die; ~, ~en a)** *o. Pl. (Dummsein)* stupidity; **b)** *(dumme Äußerung)* stupid remark; *(dumme Tat)* stupidity; **c)** *o. Pl. (Schwachsinnigkeit)* mental deficiency; imbecility

**Blödian** ['blø:dia:n] **der; ~s, ~e** *(ugs. abwertend)* idiot *(coll.);* fool

**Blödler der; ~s, ~** *(ugs.)* silly joker

**Blödling der; ~s, ~e** *s.* **Blödian**

**blöd-, Blöd-: ~mann der;** *Pl.* **~männer** *(salopp)* stupid idiot *(coll.) or* fool; **~sinn der;** *o. Pl. (ugs. abwertend)* nonsense; **jetzt habe ich ~sinn gemacht** now I've [gone and] messed it up; **mach doch keinen ~sinn!** don't be stupid; **was machst du denn da für einen ~sinn?** what are you messing about at?; **hör jetzt auf mit dem ~sinn** stop that nonsense; stop fooling *or* messing around; **höherer ~sinn** *(iron.)* high-flown nonsense; **~sinnig 1.** *Adj.* **a)** *(ugs.: unsinnig)* stupid; idiotic *(coll.);* **b)** *(schwachsinnig)* mentally deficient; imbecilic; **2.** *adv. (ugs.)* stupidly; idiotically *(coll.);* **frag doch nicht so ~sinnig** don't ask such stupid *or (coll.)* idiotic questions; **~sinnigkeit die; ~** *(ugs.)* stupidity; idiocy *(coll.)*

**blöken** ['blø:kn̩] *itr. V.* ⟨*sheep*⟩ bleat; ⟨*cattle*⟩ low

**blond** [blɔnt] *Adj.* fair-haired, blond ⟨*man, race*⟩; blonde, fair-haired ⟨*woman*⟩; blond/blonde, fair ⟨*hair*⟩; **ein ~es Gift** *(ugs. scherzh.)* a blonde bombshell

**Blond das; ~s** blond; *(von Frauenhaar)* blonde; **ihr ~ ist aus der Tube** her blonde hair comes from a bottle

**[1]Blonde der/die;** *adj. Dekl. (blonder Mann)* fair-haired *or* blond man; *(blonde Frau)* blonde

**[2]Blonde das** *od.* **die;** *adj. Dekl. (ugs.: Bier)* light beer; ≈ lager

**blond-: ~gefärbt** *Adj.; präd. getrennt geschr.* dyed blond/blonde; **~gelockt** *Adj.; präd. getrennt geschr.* fair curly *attrib.* ⟨*hair*⟩; ⟨*girl, child, etc.*⟩ with fair curly hair

**blondieren** *tr. V.* bleach; *(mit Färbemittel)* dye blond/blonde; **sich ~ lassen** have one's hair bleached/dyed blond/blonde

**Blondierung die; ~, ~en a)** *o. Pl.; s.* **blondieren:** bleaching; dyeing blond/blonde; **b)** *(blonde Farbe)* blond colour

**Blondine** [blɔn'di:nə] **die; ~, ~n** blonde

**Blond·kopf der a)** *(Kopf)* blond/blonde hair; fair hair; **b)** *(Kind)* blond/blonde child; fair-haired child

**bloß** [blo:s] **1.** *Adj.* **a)** *(nackt)* bare; naked; **du kannst nicht mit ~en Beinen gehen** you can't go without tights/stockings/socks; **mit ~em Oberkörper** stripped to the waist; **den Pullover kann man nicht auf der ~en Haut tragen** you can't wear this pullover next to the skin *or* with nothing on underneath; **mit ~em Kopf** bare-headed; **mit ~en Füßen** barefoot; **mit ~en Händen** with one's bare hands; **auf der ~en Erde** on the ground; **b)** *(nichts als)* mere ⟨*words, promises, triviality, suspicion, etc.*⟩; **der ~e Gedanke daran** the mere *or* very thought of it; **er kam mit dem ~en Schrecken davon** he escaped with no more than a fright; **nach dem ~en Augenschein beurteilen** judge simply by appearances; **ein ~er Zufall** mere *or* pure chance; **~es Gerede** mere gossip. **2.** *Adv. (ugs.: nur)* only; **ich habe ~ noch zehn Mark** I only have ten marks left; **das ist alles ~ deine Schuld** it's all your fault; **ich habe das Buch, ~ weiß ich nicht mehr, wo ich es hingelegt habe** I've got the book, but *or* only I don't know where I've put it. **3.** *in* **nicht ~ ..., sondern auch ...:** not only ..., but also ...; **er sagt das nicht ~, er glaubt es auch** he doesn't just say it, he believes it as well. **4.** *Partikel (verstärkend)* **was hast du dir ~ dabei gedacht?** what on earth *or* whatever were you thinking of?; **sieh ~ zu, daß ...:** just make sure that ...; **wie konnte das ~ geschehen?** how on earth did it happen?

**Blöße** ['blø:sə] **die; ~, ~n a)** *(geh.: Nacktheit)* nakedness; **b) sich** *(Dat.)* **eine/keine ~ geben** show a/not show any weakness; **er wollte sich** *(Dat.)* **nicht die ~ geben, das einzugestehen** he didn't want to show a weakness by admitting it; **jmdm. eine ~ bieten** reveal a weakness to sb.; **c)** *(Gerberei)* skin prepared for tanning; **d)** *(im Wald)* clearing; **e)** *(Fechten)* target; **eine ~ freigeben** *od.* **öffnen** present a target

**bloß-, Bloß-: ~|legen** *tr. V.* uncover; expose; *(fig.) (herausfinden)* uncover; reveal; *(enthüllen)* expose; reveal ⟨*error, defect, etc.*⟩; **~|liegen** *unr. itr. V.; mit sein* be uncovered *or* exposed; **~|stellen** *tr. V.* show up; unmask, expose ⟨*swindler, criminal, etc.*⟩; **sich ~stellen** show oneself up; **~stellung die** *s.* **~stellen:** showing up; unmasking; exposure; **~|strampeln** *refl. V.* kick the *or* one's covers off

**Blouson** [blu'zõ:] **das** *od.* **der; ~[s], ~s** blouson; bomber jacket

**blubbern** ['blʊbɐn] *itr. V. (ugs.)* **a)** *(Blasen bilden)* bubble; **b)** *(undeutlich reden)* mutter; mumble

**Blücher** ['blʏçɐ] *in* **er/sie geht ran wie ~** *(ugs.)* he/she really goes hard at it

**Bluejeans, Blue jeans** ['blu:dʒi:ns] *Pl. od.* **die; ~, ~:** [blue] jeans *pl.;* denims *pl.;* **er trug eine ~:** he wore [a pair of] jeans *or* denims

**Blues** [blu:s] **der; ~, ~** *(Musik, Tanz)* blues *pl.*

**Bluff** [blʊf] **der; ~s, ~s** bluff

**bluffen** *tr., itr. V.* bluff

**blühen** ['bly:ən] *itr. V.* **a)** ⟨*plant*⟩ flower, bloom, be in flower *or* bloom; ⟨*flower*⟩ bloom, be in bloom, be out; ⟨*tree*⟩ be in blossom; **~de Gärten/Wiesen** gardens/meadows full of flowers; **es blüht** there are flowers in bloom; **diese Rosensorte blüht rot** this type of rose has red flowers; **Azaleen zum Blühen bringen** get azaleas to flower; **b)** *(florieren)* flourish; thrive; **c)** *(ugs.: bevorstehen)* **jmdm. ~:** be in store for sb.; **das gleiche blüht mir nächste Woche** I've got the same thing coming [to me] next week; **da blüht dir ja was Nettes** *(iron.)* that'll be nice for you *(iron.);* **das kann dir auch noch ~:** the same may *or* could happen to you; **sonst blüht dir was!** otherwise you'll catch it!

**blühend** *Adj.* **a)** *(frisch, gesund)* glowing ⟨*colour, complexion, etc.*⟩; radiant ⟨*health*⟩; **ein ~es Geschäft** a flourishing trade; **er sieht ~ aus** he looks marvellous *or* the picture of health; **aussehen wie das ~e Leben** look the very picture of health; **sie starb im ~en Alter von 20 Jahren** she died at 20, in the full bloom of youth; **b)** *(übertrieben)* vivid, lively ⟨*imagination*⟩; absolute, utter ⟨*nonsense*⟩

**Blühet die; ~** *(schweiz.)* blossom

**Blümchen** ['bly:mçən] **das; ~s, ~:** [little] flower

**Blümchen·kaffee der** *(ugs. scherzh.)* **a)** weak coffee; **b)** *(Kaffee-Ersatz)* coffee substitute

**Blume** ['blu:mə] **die; ~, ~n a)** *(auch fig. dichter.)* flower; **vielen Dank für die ~n** *(iron.)* thank you very much *(iron.);* thanks for nothing; **etw. durch die ~ sagen** say sth. in a roundabout way; **jmdm. etw. durch die ~ sagen** *od.* **zu verstehen geben** tell sb. sth. in a roundabout way; **b)** *(des Weines)* bouquet; **c)** *(des Biers)* head; **d)** *(Jägerspr.: des Hasen, Kaninchens)* tail; scut

**blumen-, Blumen-: ~beet das** flowerbed; **~bukett das** *(geh.)* bouquet [of flowers]; **~draht der** florist's wire; **~erde die** potting compost; **~fenster das** window full of flowers; *(spezielles Fenster)* flower window; **~flor der** *(geh.)* abundance of flowers; **~frau die** flower-woman; **~fülle die** *o. Pl.* abundance of flowers; **~garten der** flower-garden; **~geschäft das** florist's; flower-shop; **~geschmückt** *Adj.* flower-bedecked; adorned with flowers *postpos.;* **~gruß der** bouquet of flowers; **~händler der** florist; **~kasten der** flower-box; *(vor einem Fenster)* window box; **~kind das** flower child; **~kohl der** cauliflower; **~korb der** *(für Blumen)* flower-basket; *(mit Blumen)* basket of flowers; **~kranz der** floral wreath; garland of flowers; **~laden der** *s.* **~geschäft; ~mädchen das** flower-girl; **~markt der** flower-market; **~muster das** floral pattern; **~pracht die** magnificent display of flowers; **~rabatte die** flower-border; herbaceous border; **~reich 1.** *Adj.* **a)** *(voller Blumen)* full of flowers *postpos.;* flowery; **b)** flowery ⟨*language, style, etc.*⟩; **2.** *adv.* ⟨*speak*⟩ in a flowery way; ⟨*write*⟩ in a flowery style; **~schale die** *(Schale für Blumen)* plant-bowl; *(Schale mit Blumen)* bowl of plants; **~schmuck der** floral decoration; **~stand der** flower-stall; **~stock der** [flowering] pot plant; **~strauß der** bunch of flowers; *(Bukett)* bouquet of flowers; **~teppich der** carpet of flowers; **~topf der a)** *(Topf für Pflanzen)* flowerpot; **b)** *(ugs.: Topfpflanze)* [flowering] pot plant; **damit kannst du keinen ~topf gewinnen** *(ugs.)* that won't get you anywhere; **~uhr die** floral clock; **~vase die** *(Vase für Blumen)* [flower] vase; *(Vase mit Blumen)* vase of flowers; **~zwiebel die** bulb

**blümerant** [blymə'rant] *Adj.* queasy; **mir ist ~:** I feel queasy

**blumig 1.** *Adj.* flowery ⟨*language, style, perfume, wine, etc.*⟩. **2.** *adv.* ⟨*speak*⟩ in a flowery way; ⟨*write*⟩ in a flowery style

**Blunze** ['blʊntsə] **die; ~, ~n, Blunzen die; ~, ~** *(bayr., österr.)* **a)** black pudding; **b)** *(ugs. abwertend: Frau)* fat cow *(sl. derog.)*

**Bluse** ['blu:zə] **die; ~, ~n** blouse; **ganz schön etwas in** *od.* **unter der ~ haben** *(salopp)* be well stacked *(sl. joc.) or* well endowed *(joc.);* **jmdm. an die ~ gehen** *(salopp)* try to grope sb.'s boobs *pl. (sl.)*

**Blüse** ['bly:zə] **die; ~, ~n** *(Seemannsspr.)* light

**blusig 1.** *Adj.* bloused. **2.** *adv.* **~ geschnitten/fallend** bloused

**Blust** [blu:st] **der** *od.* **das** *(veralt., schweiz.)* blossom

**Blut** [blu:t] **das; ~[e]s** blood; **deine Stirn ist ja voller ~:** your forehead is covered in blood; **~ abgenommen bekommen** have a blood sample taken; **gleich ins ~ gehen** pass straight into the bloodstream; **jmdm. steigt das ~ in den Kopf** the blood rushes to sb.'s head; **es wurde viel ~ vergossen** there was a great deal of bloodshed; **er kann kein ~ sehen** he can't stand the sight of blood; **er lag in seinem ~:** he lay in a pool of blood; **~ und Boden** *(ns.)* blood and soil; **wenn sie so was sieht, kocht ihr das ~ in den Adern** *(fig.)* when she sees something like that, it makes her blood boil; **den Zuschauern gefror** *od.* **stockte** *od.* **gerann das ~ in den Adern** *(fig.)* the spectators' blood ran cold; **heißes/feuriges ~ haben** *(fig.)* be hot-blooded; **französisches/russisches ~ in den Adern haben** *(fig.)* have French/Russian blood in one *or* in one's veins *(fig.)*; **~ ist dicker als Wasser** *(fig.)* blood is thicker than water *(fig.)*; **ein junges Blut** *(fig. dichter.)* a young thing *(fig.)*; **an jmds. Händen klebt ~** *(fig. geh.)* there is blood on sb.'s hands *(fig.)*; **blaues ~ in den Adern haben** *(fig.)* have blue blood in one's veins *(fig.)*; **kaltes ~ bewahren** *(fig.)* remain cold and unmoved; **böses ~ machen** *od.* **schaffen** *(fig.)* cause *or* create bad blood; **~ und Wasser schwitzen** *(fig. ugs.)* sweat blood *(fig. coll.)*; **~ geleckt haben** *(fig. ugs.)* have got a taste for it; **[nur/immer] ruhig ~!** *(ugs.)* keep your hair on! *(Brit. sl.)*; keep your cool! *(coll.)*; **jmdn. bis aufs ~ quälen** *od.* **peinigen** *(fig.)* torment sb. mercilessly; **jmdm. im ~ liegen** *(fig.)* be in sb.'s blood *(fig.)*; **ins ~ gehen** get into one's blood; really get one going; **etw. mit seinem ~ besiegeln** *(dichter.)* lay down one's life for sth.; **nach [jmds.] ~ lechzen** *od.* **dürsten** *(geh.)* thirst for [sb.'s] blood *(fig.)*

**blut-, Blut-: ~ader die** *(Anat.)* vein; **~alkohol der** blood alcohol level; **~andrang der** *(Med.)* congestion; hyperaemia *(Med.)*; **~apfelsine die** *s.* **~orange**; **~arm** *Adj. (Med.)* anaemic; **~armut die** *(Med.)* anaemia; **~auffrischung die** *(fig.)* **die Firma braucht eine ~auffrischung** the company needs some new blood; **~aus·strich der** *(Med.)* blood smear; **~aus·tausch der** *(Med.)* exchange transfusion; **~bad das** blood-bath; **~bahn die** bloodstream; **~bank die**; *Pl.* **~banken** *(Med.)* blood bank; **~befleckt** *Adj.* bloodstained; **seine Hände sind ~befleckt** *(fig.)* he has blood on his hands *(fig.)*; **~beschmiert** *Adj.* smeared with blood *postpos.*; **~bild das** *(Med.)* blood picture; **~bildend** *Adj. (Med.)* haematinic; **~bildung die** *(Med.)* blood-formation; **~blase die** blood blister; **~buche die** copper beech; **~druck der**; *o. Pl.* blood pressure; **~druck·messung die** blood-pressure test; **~drucksenkend** *Adj. (Med.)* anti-hypertensive; **~dürstig** *Adj. (geh.)* bloodthirsty

**Blüte** ['bly:tə] **die; ~, ~n a)** flower; bloom; *(eines Baums)* blossom; **die ~ der Jugend** *(dichter.)* the flower of the young men; **~n treiben** flower; bloom; ⟨*tree*⟩ blossom; **seltsame** *od.* **wunderliche ~n treiben** *(fig.)* produce strange effects; ⟨*custom, fashion*⟩ take strange forms; **seine Phantasie trieb üppige/die seltsamsten ~n** *(fig.)* his imagination produced extravagant/the strangest fancies; **b)** *(das Blühen)* flowering; blooming; *(Baum~)* blossoming; **die ~ der Tulpen/Obstbäume hat schon begonnen** the tulips have started to flower *or* bloom/the fruit-trees have started to blossom; **in [voller] ~ stehen** be in [full] flower *or* bloom/blossom; **in der ~ seiner Jahre** *(fig. geh.)* in his prime; in the prime of his life; **c)** *(geh.: Entwicklungsstand)* **seine/ihre ~ erreichen** ⟨*culture*⟩ reach its full flowering; **die Renaissance war für die Kunst eine Zeit der ~:** art flourished during the Renaissance; **d)** *(ugs.: falsche Banknote)* dud note *(sl.)*; **e)** *(ugs. abwertend: unfähiger Mensch)* duffer

**Blut·egel der** leech

**bluten** *itr. V.* **a)** *(Blut verlieren)* bleed **(aus** from); **mir blutet das Herz** *(iron.)* it makes my heart bleed *(iron.)*; **~den Herzens, mit ~dem Herzen** with a heavy heart; **wie ein Schwein ~** *(derb)* bleed like a stuck pig; **b)** *(ugs.: viel bezahlen)* **[ganz schön] ~:** cough up *(sl.) or* fork out *(sl.)* a[n awful] lot of money **(für** for)

**Blüten-: ~blatt das** petal; **~flor der** *(dichter.)* abundance of flowers; **~honig der** blossom honey; **~hülle die** *(Bot.)* perianth; **~kelch der** *(Bot.)* calyx; **~knospe die** flower-bud; **~lese die** *(veralt.)* florilegium *(arch.)*; **~meer das** *(geh.)* sea of flowers; **~pflanze die** *(Bot.)* flowering plant; **~stand der** *(Bot.)* inflorescence; **~staub der** *(Bot.)* pollen

**Blut·entnahme die** taking of a blood sample; **zur ~entnahme zum Arzt gehen** go to the doctor to have a blood sample taken

**blüten·weiß** *Adj.* sparkling white

**Blüten·zweig der** flowering branch; *(kleiner)* flowering twig

**Bluter** ['blu:tɐ] **der; ~s, ~** *(Med.)* haemophiliac

**Blut·erguß der** haematoma; *(blauer Fleck)* bruise

**Bluter·krankheit die** haemophilia *no art.*

**Blüte·zeit die a) die ~ der Geranien ist von Mai bis Oktober** geraniums flower *or* are in flower from May to October; **während der ~ der Obstbäume** when the fruit-trees are/were in blossom; **b)** *(fig.)* heyday; **seine ~ erleben** ⟨*culture, empire*⟩ be in its heyday; **das frühe 17. Jahrhundert war eine ~ des Dramas** drama flourished in the early 17th century

**blut-, Blut-: ~farb·stoff der** *(Physiol.)* haemoglobin; **~fleck[en] der** bloodstain; **~flüssigkeit die** *s.* **~plasma**; **~gefäß das** *(Anat.)* blood-vessel; **~geld das** *(veralt.)* blood money; **~gerinnsel das** blood-clot; **~gerinnung die** *(Physiol.)* clotting of the blood; **~gerüst das** *(geh.)* scaffold; **~getränkt** *Adj.* blood-soaked; **~gier die** *(auch fig.)* blood-lust; **~gierig** *Adj. (auch fig.)* bloodthirsty; **~gruppe die** *(Med.)* blood group; blood type; **jmds. ~gruppe bestimmen** *od.* **feststellen** blood-type sb.; type sb.'s blood; **er hatte ~gruppe 0** he was blood group 0; **~gruppen·bestimmung die** *(Med.)* blood-typing; **~gruppen·untersuchung die** *(Med.)* blood test; **~hoch·druck der** *(Med.)* high blood pressure; **~hund der** bloodhound; *(fig.)* bloodthirsty murderer

**blutig 1.** *Adj.* **a)** bloody; **jmdn. ~ schlagen** beat sb. to a pulp; **~ geschlagen werden** be left battered and bleeding; **b)** *nicht präd. (fig. ugs.: total, völlig)* absolute, complete ⟨*beginner, layman, etc.*⟩; **das ist mein ~er Ernst!** I am deadly serious. **2.** *adv.* bloodily; **sich ~ rächen** take bloody revenge

**blut-, Blut-: ~jung** *Adj.* very young; **~konserve die** *(Med.)* container of stored blood; **~konserven** stored blood; **~körperchen das** *(Anat.)* blood corpuscle; **rote/weiße ~körperchen** red/white corpuscles; **~krebs der** *(Med.)* leukaemia; **~kreis·lauf der** *(Physiol.)* blood circulation; **~kuchen der** *(Med.)* blood clot; clot of blood; **~lache die** pool of blood; **~leer** *Adj.* bloodless; **ihr Gesicht wurde ganz ~leer** the blood drained from her face; **~leere die** restricted blood supply; ischaemia *(Med.)*; **~mangel der a)** lack of blood; **b)** *(Anämie)* anaemia; **~orange die** blood orange; **~pfropf der** *(Physiol.)* blood clot; clot of blood; **~plasma das** *(Physiol.)* blood plasma; **~plättchen das** *(Physiol.)* blood platelet; **~probe die** *(Med.)* **a)** *(~entnahme, ~untersuchung)* blood test; **b)** *(kleine ~menge)* blood sample; **~rache die** blood revenge; blood vengeance; **~rausch der** *(geh.)* murderous frenzy; **~reinigend** blood-cleansing; **~reinigung die** purification of the blood; **~reinigungs·tee der** blood-cleansing tea; **~rot** *Adj.* blood-red; **~rünstig** [-rʏnstɪç] **1.** *Adj.* bloodthirsty; **2.** *adv.* bloodthirstily; **~sauger der** *(auch fig. abwertend)* bloodsucker

**Bluts-: ~bande** *Pl.* blood ties; **~brüderschaft die** blood brotherhood; **~brüderschaft schließen** become blood brothers

**blut-, Blut-: ~schande die** incest; **~schänder der, ~schänderin die** incestuous person; **~schänderisch** *Adj.* incestuous; **~schuld die** *(geh.)* blood-guilt; **~schwamm der** *(Med.)* strawberry mark; **~senkung die** *(Med.)* erythrocyte sedimentation test; **zur ~senkung gehen** *(ugs.)* go to have a sedimentation test; **~serum das** *(Physiol.)* blood serum; **~spende die** *(das Spenden)* giving *no indef. art.* of blood; donation of blood; *(~menge)* blood-donation; **~spender der** blood-donor; **~spende·zentrale die** blood-donor centre; **~spucken das** spitting of blood; haemoptysis *(Med.)*; **~spur die a)** trail of blood; **b)** *Pl. (auf Kleidung o. ä.)* traces of blood; **~stillend** *Adj.* styptic; **~stillende Mittel** styptics; **~strom der** bloodstream

**Bluts·tropfen der** drop of blood

**Blut·sturz der a)** *(ugs.: aus Mund und Nase)* **er erlitt einen ~sturz** he was bleeding from [his] nose and mouth; **b)** *(Med.)* haemorrhage

**bluts-, Bluts-: ~verwandt** *Adj.* related by blood *postpos.*; **sie ist nicht ~verwandt mit ihm** she is not related to him by blood; **sie sind nicht ~verwandt** they are not blood relations; **~verwandte der/die** blood relation; **~verwandtschaft die** blood relationship

**blut-, Blut-: ~tat die** *(geh.)* bloody deed; **~transfusion die** blood-transfusion; **~triefend** *Adj.; nicht präd.* dripping with blood *pred.*; **~überströmt** *Adj.* streaming with blood *pred.*; covered in blood *pred.*; **~übertragung die** blood-transfusion

**Blut-und-Boden-Dichtung die; ~** *(abwertend)* blood-and-soil literature

**Blutung die; ~, ~en a)** bleeding *no indef. art., no pl.*; haemorrhage; **innere/äußere ~en** internal/external bleeding *sing.*; **eine ~ im Gehirn** a brain haemorrhage; **b)** *(Regel~)* period

**blut-, Blut-: ~unterlaufen** *Adj.* suffused with blood *postpos.*; bloodshot ⟨*eyes*⟩; **~untersuchung die** *(Med.)* blood test; **~vergießen das; ~s** bloodshed; **~vergiftung die** blood-poisoning *no indef. art., no pl.*; **~verlust der** loss of blood; **~verschmiert** *Adj.* blood-stained, smeared with blood *pred.*; **~wäsche die** *(Med.)* purification of the blood; **~wurst die** black pudding; **~zirkulation die** blood circulation; **~zoll der** *(geh.)* toll of lives; **~zucker der** *(Physiol.)* blood sugar; **~zucker·spiegel der** *(Physiol.)* blood-sugar level; **~zufuhr die** blood supply

**b-Moll** ['be:mɔl] **das; ~:** B flat minor; *s. auch* **a-Moll**

**BMX-Fahrrad das** BMX bike

**BND** [be:|ɛn'de:] **der; ~** *Abk.* **Bundesnachrichtendienst**

**Bö** [bø:] **die; ~, ~en** gust [of wind]; *(mit Niederschlag)* squall; **in ~en orkanartig** gusting to hurricane force

**Boa** ['bo:a] **die; ~, ~s** *(Schlange, Feder~)* boa

**Bob** [bɔp] **der; ~, ~s** bob[-sleigh]

**Bob-: ~bahn die** bob[-sleigh] run; **~fahrer der** bobber; **~mannschaft die** bob [-sleigh] team; **~rennen das** bob[-sleigh] racing; *(einzelne Veranstaltung)* bob [-sleigh] race; **~sport der** bob-sleighing; **~tail** [~teɪl] **der** [Old English] sheep-dog

**Boccia** ['bɔtʃa] **das; ~[s]** *od.* **die; ~:** boccie; boccia

**¹Bock** [bɔk] **der; ~[e]s, Böcke** ['bœkə] **a)** *(Reh~, Kaninchen~)* buck; *(Ziegen~)* billy-goat; he-goat; *(Schafs~)* ram; **ein steifer ~** *od.* **steif wie ein ~ sein** *(ugs.)* be as stiff as a board; **stur wie ein ~ sein** *(ugs.)* be as stubborn as a mule; **stinken wie ein ~** *(salopp)* stink to high heaven *(coll.)*; **jmdn. stößt der ~** *(ugs.)* sb. is being contrary *(coll.)*; **etw. aus ~ tun** *(ugs.)* do sth. just for the fun of it; **einen ~ schießen** *(fig. ugs.)* boob *(Brit. sl.)*; make a boo-boo *(Amer. coll.)*; *(einen Fauxpas begehen)* drop a clanger *(sl.)*; **den ~ zum Gärtner machen** *(ugs.)* be asking for trouble; **die Böcke von den Schafen trennen** *(fig.)* separate the sheep from the goats; **einen/keinen ~ auf etw.** *(Akk.)* **haben** *(ugs.)* fancy/not fancy sth.; **einen/keinen ~ haben, etw. zu tun** *(ugs.)* fancy/not fancy doing sth.; **b)** *(ugs.: Schimpfwort)* **der geile alte ~:** the randy old goat; **sturer ~!** you stubborn git *(sl. derog.)*; **c)** *(Gestell)* trestle; **d)** *(Turnen)* buck; **e)** *(Kutsch~)* box

**²Bọck das; ~s** *(Bier)* bock [beer]

**bọck-, Bọck-: ~beinig** *(ugs.)* **1.** *Adj.* contrary *(coll.)*; stubborn and awkward; **2.** *adv.* contrarily *(coll.)*; **~bier das** bock [beer]

**bọcken** *itr. V.* **a)** *(nicht weitergehen)* refuse to go on; *(vor einer Hürde)* refuse; *(sich aufbäumen)* buck; rear; **die alte Karre bockt mal wieder** *(salopp)* the old heap is playing up again *(coll.)*; **b)** *(fam.: trotzig sein)* be stubborn and awkward; play up *(coll.)*; **c)** *(Landw.: brünstig sein)* be on heat; **d)** *(derb: koitieren)* have it away *or* off *(sl.)*; have a screw *(vulg.)*

**bọckig 1.** *Adj.* stubborn and awkward; contrary *(coll.)*. **2.** *adv.* stubbornly [and awkwardly]; contrarily *(coll.)*

**Bọck-: ~kitz das** *(Jägerspr.)* young buck; **~mist der** *(salopp)* bilge *no indef. art. (sl.)*; bullshit *no indef. art. (coarse)*; **einen ziemlichen ~mist verzapfen** come out with a load of bilge; **einen schönen ~mist machen** make a real cock-up *(Brit. sl.) or* a holy mess

**Bọcks-: ~bart der a)** *(bei der Ziege)* [goat's] beard; *(beim Mann)* goatee [beard]; **b)** *(Bot.)* goat's-beard; **~beutel der a)** *(Flasche)* bocksbeutel; *wide, bulbous bottle for fine Franconian wines;* **b)** *(Wein) o. Pl.* bocksbeutel wine; *Franconian wine sold in a bocksbeutel*

**Bọck·schein der** *(salopp) (prostitute's)* certificate of health

**Bọcks-: ~fuß der** goat's foot; **~horn das: sich [nicht] [von jmdm.] ins ~horn jagen lassen** *(ugs.) (sich [nicht] einschüchtern lassen)* [not] let oneself be browbeaten [by sb.]; *(sich [nicht] erschrecken und verwirren lassen)* [not] let oneself get worked up into a state [by sb.]

**Bọck-: ~springen das** *(Turnen)* vaulting [over the buck]; *(ohne Gerät)* leapfrog; **~sprung der a)** *(Turnen) (Disziplin)* vaulting [over the buck]; *(einzelner Sprung)* vault [over the buck]; **b)** *(ungelenker Sprung)* [ungainly] jump *or* leap; **~sprünge machen** jump *or* leap about; **vor Freude ~sprünge machen** jump for joy; **~wurst die** bockwurst

**Boden** ['bo:dn̩] **der; ~s, Böden** ['bø:dn̩] **a)** *(Erde)* ground; soil; **er wäre am liebsten im ~ versunken** he wished the ground would open and swallow him up; **den ~ für jmdn./etw. [vor]bereiten** prepare the ground for sb./sth.; **[bei jmdm.] auf fruchtbaren ~ fallen** ⟨*advice, warning*⟩ have some effect [on sb.]; **etw. [nicht] aus dem ~ stampfen können** [not] be able to conjure sth. up [out of thin air]; **wie aus dem ~ gestampft** *od.* **gewachsen** as if by magic; **b)** *(Fuß~)* floor; **bei ihr kann man vom ~ essen** her floors are so clean that you could eat off them; **zu ~ fallen/sich zu ~ fallen lassen** fall/drop to the ground; **der Boxer ging zu ~:** the boxer went down; **die Augen zu ~ schlagen** look down; **jmdn. zu ~ schlagen** *od. (geh.)* **strecken** knock sb. down; floor sb.; *(fig.)* **sich auf unsicherem ~ bewegen** be on shaky ground *(fig.)*; **sich auf schwankenden ~ begeben** get into a risky area *(fig.)*; **jmdm. wird der ~ unter den Füßen zu heiß** *od.* **brennt der ~ unter den Füßen** *(ugs.)* things are getting too hot for sb. *(fig.)*; **festen ~ unter den Füßen haben** be back on terra firma; *(Tatsachen behaupten)* be on firm ground; *(wirtschaftlich gesichert sein)* be firmly on one's feet; **jmdm. den ~ unter den Füßen wegziehen** cut the ground from under sb.'s feet; **einem Gerücht/einer Theorie den ~ entziehen** scotch a rumour/explode a theory; **sie hatte das Gefühl, den ~ unter den Füßen zu verlieren** she felt the ground fall from beneath her feet; **er scheint völlig den ~ unter den Füßen verloren zu haben** the bottom seems to have dropped out of his world; **am ~ liegen** be bankrupt; **am ~ zerstört [sein]** *(ugs.)* [be] shattered *(coll.)*; **jmdn. zu ~ drücken** ⟨*cares, worries*⟩ get on top of sb.; **c)** *o. Pl. (Grundlage)* **bleiben wir doch auf dem ~ der Tatsachen** let's stick to the facts; **hart auf den ~ der Wirklichkeit zurückgeholt werden** be brought back down to earth with a bump *(fig.)*; **auf dem ~ der Verfassung/des Gesetzes stehen** ⟨*person*⟩ be within the constitution/law; **d)** *o. Pl. (Terrain)* **heiliger ~:** holy ground; **feindlicher ~:** enemy territory; **auf französischem ~:** on French soil; **~ gutmachen** *od.* **wettmachen** *(ugs.)* make up ground; **[an] ~ gewinnen/verlieren** gain/lose ground; **e)** *(unterste Fläche)* bottom; *(Hosen~)* seat; *(Torten~)* base; **auf dem ~ des Meeres** at the bottom of the sea; on the sea-bed; *s. auch* **doppelt**; **f)** *(Dach~, Heu~)* loft; *(Wäsche~)* drying-room; **auf dem ~:** in the loft/drying-room

**bọden-, Bọden-: ~abwehr die** *(Milit.)* ground defence; **~bearbeitung die** cultivation of the land; tillage; **~belag der** *(Teppich, Linoleum)* floor-covering; *(Fliesen, Parkett)* flooring; **~beschaffenheit die a)** *(der Erde)* condition of the soil; **b)** *(des Fußbodens)* condition of the ground; conditions *pl.* underfoot; **~biologie die** soil biology; **~-Bọden-Rakete die** *(Milit.)* surface-to-surface missile; **~erosion die** soil erosion; **~ertrag der** crop yield; **~feuchtigkeit die** soil moisture; **~fräse die** *(Landw.)* rotary cultivator; **~freiheit die** *(Technik)* ground clearance; **~frost der** ground frost; **~gefecht das** *(Milit.)* ground battle; **~haftung die** *(Kfz-W.)* road-holding *no indef. art.*; **~heizung die** underfloor heating; **~kammer die** attic; **~kampf der a)** *(Judo, Ringen)* groundwork; **b)** *(Milit.)* ground battle; **~kunde die** soil science; **~lang** *Adj.* full-length ⟨*skirt, dress, etc.*⟩; **~los** *Adj.* **a)** *(tief)* bottomless; **ins Bodenlose fallen** fall into a bottomless abyss; **b)** *(ugs.: unerhört)* incredible, unbelievable ⟨*foolishness, meanness, etc.*⟩; **~-Luft-Rakete die** *(Milit.)* surface-to-air missile; **~nähe die** *(Flugw.)* **in ~nähe** at a low level; **~nebel der** ground mist; *(dichter)* ground fog; **~nutzung die** agricultural land use; **~personal das** *(Flugw.)* ground staff; **~raum der** loft; **~recht das** *(Rechtsw.)* land law; **~reform die** land reform; **~rente die** ground rent; **~satz der** sediment; *(von Kaffee)* grounds *pl.*; *(fig.) (Rest)* residue; *(Grundbestandteil)* basic component *or* ingredient; **~schätze** *Pl.* mineral resources

**Bọden·see der;** *o. Pl.* Lake Constance

**bọden-, Bọden-: ~sicht die** *(Flugw.)* ground visibility; **~spekulation die** land speculation; **~ständig** *Adj.* indigenous, native ⟨*culture, population, etc.*⟩; local ⟨*custom, craft, cuisine, tradition*⟩; ⟨*novel*⟩ rooted in the soil; **~ständigkeit die; ~: die ~ständigkeit des echten Kölners geht so weit, daß ...:** the roots of the genuine native of Cologne go so deep that ...; **die Schwarzwaldbauern verlieren ihre ~ständigkeit** the farmers of the Black Forest are losing the close links with their native soil; **~station die** *(Raumf.)* ground station; **~streitkräfte** *Pl.: s.* **~truppen**; **~treppe die** attic stairs *pl.*; **~truppen** *Pl.* ground forces *or* troops; **~turnen das** floor exercises *pl.*; **~vase die** large vase *(standing on the floor)*; **~verhältnisse** *Pl.* ground conditions; **~welle die a)** *(Unebenheit)* bump; **b)** *(Funkw.)* ground wave; **~wichse die** *(schweiz.)* floor-polish

**bodigen** ['bo:dɪgn̩] *tr. V. (schweiz.: besiegen)* beat; defeat

**Bodmerei** [bo:dmə'rai̯] **die; ~, ~en** *(Seew.)* bottomry

**Bodybuilder** ['bɔdibɪldɐ] **der; ~s, ~:** bodybuilder

**Bodybuilding** [bɔdibɪldɪŋ] **das; ~s** bodybuilding *no art.*; **~ betreiben** do bodybuilding exercises

**Bodycheck** ['bɔditʃɛk] **der; ~s, ~s** *(Eishockey)* body-check

**Böe** ['bø:ə] **die; ~, ~n** *s.* **Bö**

**Bofist** ['bo:fɪst] **der; ~[e]s, ~e** puff-ball

**bog** [bo:k] *1. u. 3. Pers. Sg. Prät. v.* **biegen**

**Bogen** ['bo:gn̩] **der; ~s, ~,** *(südd., österr.:)* **Bögen** ['bø:gn̩] **a)** *(gebogene Linie)* curve; *(Math.)* arc; *(Skifahren)* turn; *(Schlittschuhlaufen)* curve; **einen ~ schlagen** move in a curve; **der Weg macht/beschreibt einen ~:** the path bends/the path describes a curve; **immer, wenn ich sie auf der Straße sehe, mache ich einen großen ~** *(fig. ugs.)* whenever I see her in the street I make a detour [round her]; **einen großen ~ um jmdn./etw. machen** *(fig. ugs.)* give sb./sth. a wide berth; **das Wasser spritzte in hohem ~ heraus** the water spurted out in a great arc; **in hohem ~ hinausfliegen** *(fig. ugs.)* be chucked out *(sl.)*; **große ~ spucken** *(ugs.)* talk big; *s. auch* **heraushaben**; **b)** *(Archit.)* arch; **c)** *(Waffe)* bow; **den ~ überspannen** *(fig.)* go too far; **d)** *(Musik: Geigen~ usw.)* bow; **e)** *(Papier~)* sheet; **ein ~ Schreibpapier/Packpapier** a sheet of writing-paper/wrapping-paper; **ein A4-~:** a sheet of A4 paper; **f)** *(Musik: Zeichen)* slur; *(bei gleicher Notenhöhe)* tie

**bọgen-, Bọgen-: ~brücke die** arch bridge; **~fenster das** arched window; **~förmig** *Adj.* arched; **~führung die** *(Musik)* bowing *no indef. art.*; **~gang der a)** *(Arkaden)* arcade; **b)** *(Anat.)* semicircular canal; **~lampe die** *(Elektrot.)* arc lamp; **~pfeiler der** pillar *or* column of the/an arch; **~säge die** coping saw; **~schießen das** *(Sport)* archery *no art.*; **~schütze der** *(Sport)* archer

**Boheme** [bo'e:m] **die; ~:** bohemian world *or* society

**Bohemien** [boe'mi̯ɛ̃:] **der; ~s, ~s** bohemian

**Bohle** ['bo:lə] **die; ~, ~n** [thick] plank

**Bọhlen·belag der** planking *no indef. art.*

**böhmakeln** ['bø:makl̩n] *itr. V. (österr. ugs. abwertend)* speak with a dreadful Czech accent

**Böhme** ['bø:mə] **der; ~n, ~n** Bohemian

**Böhmen** ['bø:mən] *(das)*; **~s** Bohemia

**Bȫhmer·wald der** Bohemian Forest

**Bȫhmin die; ~, ~nen** Bohemian; *s. auch* **-in**

**bȫhmisch** *Adj.* Bohemian

**Böhnchen** ['bø:nçən] **das; ~s, ~:** [small] bean

**Bohne** ['bo:nə] **die; ~, ~n** bean; **grüne ~n** green beans; French beans *(Brit.)*; **dicke/weiße ~n** broad/haricot beans; **gebackene ~n** casserole *sing.* of beans with pork; **blaue ~n** *(Soldatenspr. veralt., noch scherzh.)* bullets; **nicht die ~** *(ugs.)* not one little bit

**Bọhnen-:** ~**ein·topf der** bean stew; ~**kaffee der a)** *(Bohnen)* real coffee; **gemahlener ~kaffee** ground coffee; **b)** *(Getränk)* real coffee; ~**kraut das** savory; ~**salat der** bean salad; ~**stange die** *(auch ugs.: Mensch)* beanpole; ~**stroh das: dumm wie ~stroh** *(ugs.)* as thick as two short planks *(coll.)*; ~**suppe die** bean soup

**Bohner der;** ~s, ~ *s.* **Bohnerbesen**

**Bọhner-:** ~**besen der** floor-polisher; floor-polishing brush; ~**maschine die** floor-polisher; floor-polishing machine

**bọhnern** *tr., itr. V.* polish; **hier ist frisch gebohnert** this floor has/these stairs have *etc.* been freshly polished; **„Vorsicht, frisch gebohnert!"** 'freshly polished floor/stairs *etc.*'

**Bọhner·wachs das** floor-polish

**bohren** ['bo:rən] **1.** *tr. V.* **a)** bore; *(mit Bohrer, Bohrmaschine)* drill, bore ⟨*hole*⟩; sink ⟨*well, shaft*⟩; bore, drive ⟨*tunnel*⟩; sink ⟨*pole, post etc.*⟩ **(in** + *Akk.* into); **b)** *(bearbeiten)* drill ⟨*wood, concrete, etc.*⟩; **c)** *(drücken in)* poke **(in** + *Akk.* in[to]). **2.** *itr. V.* **a)** *(eine Bohrung vornehmen)* drill; **in einem Zahn ~:** drill a tooth; **in der Nase ~:** pick one's nose; **nach Öl/Wasser** *usw.* **~:** drill for oil/water *etc.*; **b)** *(fig.: nagen)* gnaw; **Zweifel bohrten in ihm** he had nagging doubts; **c)** *(ugs.: drängen, fragen)* keep on; **jetzt hört auf zu ~:** now, don't keep on; **ich habe so lange gebohrt, bis ...:** I kept on and on until ... **3.** *refl. V.* *(eindringen)* bore its way; **das Flugzeug hatte sich tief in die Erde gebohrt** the aircraft had buried itself deep in the ground

**bọhrend** *Adj.* **a)** gnawing ⟨*pain, hunger, remorse*⟩; **b)** *(hartnäckig)* piercing ⟨*look etc.*⟩; probing ⟨*question*⟩

**Bọhrer der;** ~s, ~ **a)** *(Gerät)* drill; *(zum Vorbohren)* gimlet; **b)** *(Arbeiter)* driller

**Bọhr-:** ~**insel die** drilling rig; *(für Öl)* drilling rig; oil rig; ~**loch das** borehole; *(in Metall, Holz)* drill-hole; *(einer Ölquelle)* well; ~**maschine die** drill; ~**meißel der** bit; ~**probe die** core [sample]; ~**turm der** derrick

**Bọhrung die;** ~, ~en **a)** *s.* **bohren 1 a:** drilling; boring; sinking; driving; **b)** *(Bohrloch)* borehole; *(in Holz, Metall)* drill-hole; **c)** *(lichte Weite)* **die ~ des Zylinders** the bore of the cylinder

**bö̤ig** *Adj.* gusty; *(mit Niederschlag)* squally; **~ auffrischend** freshening in gusts/squalls

**Boiler** ['bɔylɐ] **der;** ~s, ~: boiler; *(im Haushalt)* water-heater

**Boje** ['bo:jə] **die;** ~, ~n buoy

**Bolero** [bo'le:ro] **der;** ~s, ~s **a)** *(Tanz, Jacke)* bolero; **b)** *(Hut)* bolero hat

**Bolid** [bo'li:t] **der;** ~s *od.* ~en, ~e *od.* ~en *(Astron.)* bolide

**Bolivianer** [boli'vi̯a:nɐ] **der;** ~s, ~, **Bolivianerin die;** ~, ~nen Bolivian; *s. auch* **-in**

**bolivianisch** *Adj.* Bolivian

**Bolivien** [bo'li:vi̯ən] **(das);** ~s Bolivia

**bölken** ['bœlkn̩] *itr. V.* *(nordd., westd.)* ⟨*cow*⟩ moo; ⟨*sheep*⟩ bleat; ⟨*person*⟩ bawl, shout

[1]**Bolle** ['bɔlə] **die;** ~, ~n *(berlin.)* **a)** *(Zwiebel)* onion; **b)** *(Loch in der Socke)* hole

[2]**Bọlle** *o. Art.; in* **sich wie ~ [auf dem Milchwagen] amüsieren** *(berlin.)* have a marvellous *or (coll.)* great time

**Böller** ['bœlɐ] **der;** ~s, ~ **a)** *(Geschütz)* [small] cannon *(used on ceremonial occasions)*; **b)** *(Feuerwerkskörper)* banger

**bollern** ['bɔlɐn] *itr. V.; mit sein (bes. nordd.)* thud; **die Kinder bollerten die Treppe hinunter** the children clattered down the stairs

**bö̤llern** *itr. V.* **es wurde 21mal geböllert** there was a 21-gun salute

**Bö̤ller·schuß der** gun salute; **der Admiral wurde mit fünf Böllerschüssen begrüßt** the admiral was greeted with a five-gun salute

**Bọller·wagen der** *(nordd.)* handcart

**Bollette** [bɔ'lɛtə] **die;** ~, ~n *(österr. Amtsspr.)* customs declaration

**Bọll·werk das a)** *(Befestigung)* bulwark; *(fig.)* bulwark; bastion; stronghold; **b)** *(Kai)* quay

**Bolschewik** [bɔlʃe'vɪk] **der;** ~en, ~i, *(abwertend:)* ~en **a)** *(hist.)* Bolshevik; **b)** *(abwertend: Kommunist)* Bolshevik; Commie *(sl.)*

**bolschewisieren** [bɔlʃevi'zi:rən] *tr. V.* Bolshevize

**Bolschewismus** [bɔlʃe'vɪsmʊs] **der;** ~: Bolshevism *no art.*

**Bolschewịst der;** ~en, ~en Bolshevist

**bolschewịstisch 1.** *Adj.* **a)** Bolshevik; Bolshevist; **b)** *(abwertend)* Bolshevik; bolshy *(sl)*. **2.** *adv.* **a) ~ geführt** Bolshevik-led; led by the Bolsheviks; **b)** *(abwertend)* **~ unterwandert sein** be Bolshevik-infiltrated; be infiltrated by the Bolsheviks

**bolzen** ['bɔltsn̩] *(ugs.)* **1.** *itr. V.* *(Fußball spielen)* kick the ball about. **2.** *tr. V.* *(treten)* slam, *(coll.)* belt ⟨*ball*⟩; kick ⟨*stone*⟩

**Bọlzen der;** ~s, ~ **a)** *(Stift)* pin; bolt; *(mit Gewinde)* bolt; **b)** *(Geschoß)* bolt

**bọlzen·gerạde 1.** *Adj.* perfectly *or* absolutely straight ⟨*back*⟩. **2.** *adv.* ⟨*sit, stand*⟩ bolt upright

**Bọlzen·schneider der** bolt-cutters *pl.*

**Bolzerẹi die;** ~, ~en *(ugs.)* [aimless] kick-about

**Bọlz·platz der** [children's] football area; **hier war in meiner Jugend der ~:** this is where we used to have kick-abouts *(Brit.)* when I was young

**bö̤makeln** *s.* **böhmakeln**

**Bombardement** [bɔmbardə'mã:] **das;** ~s, ~s **a)** *(Milit. veralt.: Artilleriebeschuß)* bombardment; **b)** *(Milit.: Bombenabwurf)* bombing; **c)** *(ugs.: Überhäufung)* **ein ~ mit Briefen/von Fragen** a flood of letters/deluge of questions

**bombardieren** [bɔmbar'di:rən] *tr. V.* **a)** *(Milit. veralt.: beschießen)* bombard; **b)** *(Milit.: Bomben abwerfen auf)* bomb; **c)** *(ugs.: bewerfen, überhäufen)* bombard

**Bombardi̤erung die;** ~, ~en **a)** *(Milit. veralt.: Beschuß)* bombardment; **b)** *(Milit.: Bombenabwurf)* bombing; **c)** *(ugs.: das Bewerfen)* bombardment; **d)** *(ugs.: Überhäufung)* **die ~ mit Fragen/Bitten** the rush of questions/requests

**Bombast** [bɔm'bast] **der;** ~[e]s *(abwertend)* bombast *no indef. art.*

**bombạstisch** *(abwertend)* **1.** *Adj.* bombastic ⟨*speech, language, style, etc.*⟩; ostentatious ⟨*architecture, production*⟩. **2.** *adv.* ⟨*speak, write*⟩ bombastically; ostentatiously ⟨*dressed*⟩

**Bombe** ['bɔmbə] **die;** ~, ~n **a)** *(Sprengkörper)* bomb; **die Nachricht schlug ein wie eine ~:** the news came as a bombshell; **die ~ ist geplatzt** *(fig. ugs.)* the balloon has gone up *(fig.)*; **b)** *o. Pl.* *(ugs.: Atom~)* **die ~:** the bomb *(coll.)*; **c)** *(Sportjargon: Schuß)* thunderbolt; tremendous shot *(coll.)*; **d)** *(Geol.)* bomb; **e)** *(ugs.: Hut)* bowler [hat]

**bọmben 1.** *tr. V.* *(ugs.: bombardieren)* bomb. **2.** *itr. V.* *(Sportjargon: schießen)* slam; blast *(coll.)*

**bọmben-, Bọmben-:** ~**angriff der** bomb attack; bombing raid; **einen ~angriff fliegen** fly a bombing raid; ~**an·schlag der** bomb attack; ~**attentat das** bomb attack; ~**drohung die** bomb threat; ~**erfọlg der** *(ugs.)* smash hit *(sl.)*; ~**fest** *Adj.* **a)** *(unzerstörbar)* bomb-proof; **b)** ['-'-] *(ugs.: unveränderbar)* dead certain; **~fest stehen** be dead certain; be a dead cert *(Brit. sl.)*; **mein Entschluß steht ~fest** my mind is completely made up; ~**flug·zeug das** bomber; ~**fọrm die** *(ugs.)* top form; ~**gehạlt das** *(ugs.)* tremendous salary *(coll.)*; **er kriegt doch sicher ein ~gehalt** he must earn a fortune *or (sl.)* bomb; ~**geschạ̈ft das** *(ugs.)* **ein ~geschäft machen** do a roaring trade; **ein/kein ~geschäft sein** be/not be a gold mine *(fig.)*; ~**geschwader das** bomber wing; bomber group *(Amer.)*; ~**krater der** bomb crater; ~**nacht die** night of bombing; ~**rọlle die** *(ugs.)* tremendous *or* terrific part *(coll.)*; ~**schaden der** bomb damage *no indef. art.*; ~**schụß der** *(Sportjargon)* thunderbolt; tremendous shot *(coll.)*; ~**sicher 1.** *Adj.* **a)** *(unzerstörbar)* bomb-proof; **b)** ['-'-] *(ugs.: gewiß)* dead certain; **das ist eine ~sichere Sache** that's dead certain; that's a dead cert *(Brit. sl.)* or a sure thing *(Amer.)*; **ein ~sicherer Tip** a dead cert [tip] *(Brit. sl.)*; a sure thing *(Amer.)*; **2.** *adv.* *(ugs.: gewiß)* as sure as eggs are eggs *(coll.)*; ~**splitter der** bomb fragment *or* splinter; ~**stịmmung die** *(ugs.)* tremendous *or* fantastic atmosphere *(coll.)*; ~**teppich der: das Gebiet wurde mit einem ~teppich belegt** the area was carpet-bombed; ~**terror der** terrorist bombing; ~**trichter der** bomb crater

**Bọmber der;** ~s, ~ **a)** *(ugs.: Flugzeug)* bomber; **b)** *(Sportjargon)* **der ~ der Nation** the player with the fiercest shot in the country

**Bọmber·verband der** bomber wing; bomber group *(Amer.)*

**bọmbig** *(ugs.)* **1.** *Adj.* super *(coll.)*; smashing *(coll.)*; terrific *(coll.)*; fantastic *(coll.)*. **2.** *adv.* **sich ~ schlagen** make a terrific *or* fantastic showing *(coll.)*

**Bommel** ['bɔml̩] **die;** ~, ~n *od.* **der;** ~s, ~ *(bes. nordd.)* bobble; pompom

**Bon** [bɔŋ] **der;** ~s, ~s **a)** voucher; coupon; **b)** *(Kassenzettel)* receipt; sales slip

**Bonbon** [bɔŋ'bɔŋ] **der** *od.* *(österr. nur)* **das;** ~s, ~s **a)** sweet; candy *(Amer.)*; *(fig.)* treat; **b)** *(ugs. scherzh.; bes. ns.: Parteiabzeichen)* [party] badge

**bonbọn·farben, bonbọn·farbig** *Adj.* *(abwertend)* candy-coloured

**Bonbonniere** [bɔŋbɔ'ni̯e:rə] **die;** ~, ~n **a)** *(Behälter)* sweet-jar *(Brit.)*; candy jar *(Amer.)*; **b)** *(Schachtel)* box of chocolates

**bonbọn-, Bonbọn-:** ~**papier das** sweet-wrapper; sweet-paper; ~**rosa** *indekl. Adj.* candy pink; bright pink

**bongen** ['bɔŋən] *(ugs.)* **1.** *tr. V.* ring up; **gebongt sein** *(ugs.)* be fine; **ist gebongt!** *(ugs.)* fine! **2.** *itr. V.* **ich habe falsch gebongt** I've rung up the wrong amount

**Bongo** ['bɔŋgo] **das;** ~[s], ~s *od.* **die;** ~, ~s bongo [drum]

**Bonhomie** [bɔno'mi:] **die;** ~, ~n *(geh.)* bonhomie

**Bonifatius** [boni'fa:tsi̯ʊs], **Bonifaz** [boni'fa:ts] **(der)** Boniface

**Bonität** [boni'tɛ:t] **die;** ~ *(Kaufmannsspr.)* creditworthiness; [good] credit rating *(Amer.)*

**Bonmot** [bõ'mo:] **das;** ~s, ~s bon mot

**Bọnn (das);** ~s Bonn

**Bọnner 1.** *indekl. Adj.; nicht präd.* Bonn; **die ~ Regierung** the FRG Government. **2. der;** ~s, ~: inhabitant of Bonn; *(von Geburt)* native of Bonn; **die ~** *(Politik ugs.)* the Government; *s. auch* **Kölner**

**Bọnsai der;** ~s, ~s bonsai [tree]

**Bonus** ['bo:nʊs] **der;** ~ *od.* **Bọnusses,** ~ *od.* **Bọnusse,** *(auch:)* **Boni** ['bo:ni] **a)** *(Kaufmannsspr.)* *(Rabatt)* discount; *(Dividende)* extra dividend; *(Versicherungsw.)* bonus; **b)** *(Schadenfreiheitsrabatt)* [no-claims] bonus; **c)** *(Punktvorteil)* bonus points *pl.*

**Bon·vivant** [bõvi'vã:] **der;** ~s, ~s *(geh.)* bon vivant

**Bonze** ['bɔntsə] **der;** ~n, ~n **a)** *(abwertend: Funktionär)* bigwig *(coll.)*; big noise *(sl.)*; big wheel *(Amer. sl.)*; **b)** *(Mönch)* bonze

**Boogie-Woogie** ['bʊgi'vʊgi] **der;** ~[s], ~s boogie-woogie

**Boom** [bu:m] **der;** ~s, ~s boom

**Boot** [bo:t] **das;** ~[e]s, ~e boat; **wir sitzen alle in einem** *od.* **im selben ~** *(fig. ugs.)* we're all in the same boat

**Boots-:** ~**bau der** *o. Pl.* boat-building *no art.*; ~**fahrt die** boat trip; ~**haken der** boat-hook; ~**haus das** boathouse; ~**länge die** [boat's] length; ~**mann der** *Pl.* ~**leute a)** *(Handelsmarine)* ≈ boatswain, bosun; **b)** *(Bundesmarine)* ≈ petty officer; ~**steg der** landing stage; ~**verleih der a)** *(das Verleihen)* boat-hire; hiring of boats; **b)** *(Unternehmen)* boat-hire [business]

**Bor** [bo:ɐ̯] **das;** ~**s** *(Chemie)* boron

**Borax** ['bo:raks] **der;** ~**[es]** *(Chemie)* borax

**¹Bord** [bɔrt] **das;** ~**[e]s,** ~**e a)** *(Wandbrett)* shelf; **b)** *(veralt., noch schweiz.: Abhang)* bank

**²Bord der;** ~**[e]s,** ~**e** *(eines Schiffes)* side; **an** ~: on board; **an** ~ **eines Schiffes/der „Baltic"** on board *or* aboard a ship/the 'Baltic'; **alle Mann an** ~! all aboard!; **über** ~: overboard; **über** ~ **gehen** go overboard; **Mann über** ~! man overboard!; **etw. über** ~ **werfen** *(auch fig.)* throw sth. overboard; **von** ~ **gehen** leave the ship; ⟨*passengers at destination*⟩ disembark, leave the ship; *(aus dem Flugzeug)* leave the aircraft

**Bord-:** ~**buch das** log[-book]; ~**case** [-keɪs] **das** *od.* **der;** ~, ~ *od.* ~**s** flight case; ~**computer der** on-board computer

**bordeaux** *indekl. Adj. s.* **bordeauxrot**

**Bordeaux** [bɔr'do:] **der;** ~, ~ [bɔr'do:s] *s.* **Bordeauxwein**

**bordeaux·rot** *Adj.* bordeaux-red; claret

**Bordeaux·wein der** Bordeaux [wine]; **roter** ~: claret

**bord·eigen** *Adj.* ships/plane's [own] *attrib.*

**Bordell** [bɔr'dɛl] **das;** ~**s,** ~**e** brothel; **in ein** ~ **gehen** visit a brothel

**Bordell-:** ~**besucher der** patron of a/the brothel; ~**gegend die** red-light district

**Bord-:** ~**flugzeug das** ship's aircraft; ~**funk der** [ship's/aircraft] radio; ~**funker der** radio operator; ~**kamera die** on-board camera; ~**personal das** *(Flugw.)* cabin crew; ~**rechner der** *s.* ~**computer;** ~**stein der** kerb; ~**stein·kante die** [edge of the] kerb

**Bordüre** [bɔr'dy:rə] **die;** ~, ~**n** edging

**Bord-:** ~**waffen** *Pl.* armament *sing.*; ~**wand die** [ship's] side/side [of the/an aircraft]

**Boreas** ['bo:reas] **der;** ~: north wind

**Borg** [bɔrk] *in* **auf** ~ *(veralt.)* on credit; on tick *(Brit. coll.)*; on the cuff *(Amer. coll.)*

**borgen** ['bɔrgn̩] *tr., itr. V.* **a)** *(geben)* lend; **jmdm. etw.** ~: lend sb. sth.; lend sth. to sb.; **b)** *(erhalten)* borrow; **[sich** *(Dat.)*] **etw. von jmdm.** ~: borrow sth. from sb.

**Borgis** ['bɔrgɪs] **die;** ~ *(Druckw.)* 9-point type; bourgeois *(Hist.)*

**Borke** ['bɔrkə] **die;** ~, ~**n a)** *(Rinde)* bark; **b)** *(ugs.: auf Wunden)* scab

**Borken-:** ~**flechte die** *([Tier]med.)* ringworm; ~**käfer der** bark beetle; ~**krepp der** bark crêpe; crêpon; ~**schokolade die** *thin-sheet chocolate made into rough-surfaced rolls*; chocolate bark

**borkig** *Adj.* **a)** *(rissig)* cracked ⟨*earth*⟩; chapped, cracked ⟨*skin*⟩; **b)** *(ugs.)* ⟨*knee, arm, etc.*⟩ covered in scabs

**Born** [bɔrn] **der;** ~**[e]s,** ~**e** *(dichter.)* spring; fount *(poet./rhet.)*

**borniert** [bɔr'ni:ɐ̯t] *(abwertend)* **1.** *Adj.* narrow-minded; bigoted. **2.** *adv.* in a narrow-minded *or* bigoted way

**Borniertheit die;** ~, ~**en a)** *o. Pl. (Eigenschaft)* narrow-mindedness; bigotry; **b)** *(Äußerung, Handlung)* piece of narrow-mindedness *or* bigotry

**Borretsch** ['bɔrɛtʃ] **der;** ~**[e]s** borage

**Bor-:** ~**salbe die** boric acid ointment; ~**säure die** *(Chemie)* boric acid *(Chem.)*; boracic acid

**Börse** ['bœrzə] **die;** ~, ~**n a)** *(Aktien~)* stock market; **an der** ~: on the stock market; **b)** *(Gebäude)* stock exchange; **c)** *(geh. veralt.: Geld~)* purse; **d)** *(Boxen)* purse

**Börsen-:** ~**beginn der** opening of the [stock] market; **bei** ~**beginn** when the [stock] market opens/opened; ~**bericht der** stock-market report; ~**fähig,** ~**gängig** *Adj. (Wirtsch.)* ⟨*commodity, security, etc.*⟩ negotiable on the stock market; ~**geschäft das** stock-market transaction; ~**krach der** stock-market crash; collapse of the [stock] market; ~**kurs der** [stock-]market price; ~**makler der** stockbroker; ~**notierung die** [stock-exchange] quotation; ~**schluß der** close of the [stock] market; **bei** ~**schluß** when the [stock] market closes/closed; ~**spekulation die** speculation on the stock market; ~**sturz der** *s.* ~**krach;** ~**tendenz die** [stock-]market trend; ~**tip der** market tip

**Börsianer der;** ~**s,** ~ *(ugs.)* **a)** *(Makler)* stockbroker; **b)** *(Spekulant)* stock-market speculator

**Borste** ['bɔrstə] **die;** ~, ~**n a)** bristle; **b)** *Pl. (ugs.: beim Menschen)* hair *sing.*; **seine** ~**n aufstellen** *(fig.)* bristle

**Borsten·vieh das** *(ugs.) (Schwein)* pig; *(Schweine)* pigs *pl.*

**borstig 1.** *Adj.* **a)** *(struppig)* bristly; **b)** *(grob)* crusty ⟨*person, manner, etc.*⟩. **2.** *adv.* *(grob)* crustily

**Borte** ['bɔrtə] **die;** ~, ~**n** braiding *no indef. art.*; trimming *no indef. art.*; edging *no indef. art.*

**Bor·wasser das** boric acid [eye-]lotion

**bös** [bø:s] *s.* **böse 1 c, d, 2**

**bös·artig 1.** *Adj.* **a)** *(heimtückisch)* malicious ⟨*person, remark, etc.*⟩; vicious ⟨*animal*⟩; **b)** *(Med.)* malignant; **2.** *adv.* *(heimtückisch)* maliciously

**Bös·artigkeit die a)** maliciousness; *(von Tieren)* viciousness; **b)** *(Med.)* malignancy

**Böschung** ['bœʃʊŋ] **die;** ~, ~**en** *(an der Straße)* bank; embankment; *(am Bahndamm)* embankment; *(am Fluß)* bank

**Böschungs·winkel der** gradient

**böse** ['bø:zə] **1.** *Adj.* **a)** *(verwerflich)* wicked; evil; **eine** ~ **Zunge haben** have a wicked *or* malicious tongue; **Schneewittchen hatte eine** ~ **Stiefmutter** Snow White had a wicked stepmother; **etw. aus** ~**r Absicht/**~**m Willen tun** do sth. with evil intent; **Böses mit Gutem vergelten** repay evil with good; **jmdm. Böses tun** *(geh.)* do sb. harm; **ich will dir doch nichts Böses** I don't mean you any harm; *(bei Rat, Bemerkung)* I don't mean it nastily; **b)** *nicht präd. (übel)* bad ⟨*times, illness, dream, etc.*⟩; nasty ⟨*experience, affair, situation, trick, surprise, etc.*⟩; **ein** ~**s Ende nehmen** end in disaster; **eine** ~ **Geschichte** a bad *or* nasty business; **nichts Böses ahnen** be unsuspecting; **nichts Böses ahnend** unsuspectingly; not suspecting anything is/was wrong; **den** ~**n Blick haben** have the evil eye; **die** ~ **Sieben** *(fig.)* the unlucky seven; **c)** *(ugs.) (wütend)* mad *(coll.)*; *(verärgert)* cross *(coll.)*; ~ **mit jmdm.** *od.* **auf jmdn. werden** get mad at/cross with sb. *(coll.)*; ~ **auf jmdn.** *od.* **mit jmdm. sein** be mad at/cross with sb. *(coll.)*; ~ **über etw.** *(Akk.)* **sein** be mad at/cross about sth. *(coll.)*; **im** ~**n auseinandergehen** part on bad terms; *s. auch* **Blut; d)** *(fam.: ungezogen)* naughty; **e)** *nicht präd. (ugs.: entzündet)* bad, sore ⟨*knee, finger, etc.*⟩; **f)** *nicht präd. (ugs.: arg)* terrible *(coll.)* ⟨*pain, fall, shock, disappointment, storm, etc.*⟩. **2.** *adv.* **a)** *(übel)* ⟨*end*⟩ badly; **mit ihm wird es noch** ~ **enden** he'll come to a bad end; **das wird** ~ **enden** it is bound to end in disaster; **es war doch nicht** ~ **gemeint** I didn't mean it nastily; **b)** *(ugs.) (wütend)* angrily; *(verärgert)* crossly *(coll.)*; **c)** *(ugs.: arg)* terribly *(coll.)*; ⟨*hurt*⟩ badly; **er hat sich** ~ **geirrt** he was badly wrong; **er ist** ~ **gefallen** he had a nasty fall *(coll.)*

**¹Böse der/die;** *adj. Dekl.* evil *or* wicked person; **er spielt den** ~**n** he plays the villain *or* *(coll.)* baddy; **die** ~**n kommen in die Hölle** the wicked go to hell

**²Böse der;** *adj. Dekl., o. Pl. (veralt.: Teufel)* the Evil One; the Devil

**Böse·wicht der** *Pl.* ~**wichter a)** *(ugs. scherzh.: Schlingel)* rascal; **b)** *(veralt., noch fig.: Schuft)* villain; **jedesmal bin ich der** ~ *(fig.)* I'm always the villain of the piece

**boshaft** ['bo:shaft] **1.** *Adj.* malicious. **2.** *adv.* maliciously

**Boshaftigkeit die;** ~, ~**en a)** *o. Pl.* maliciousness; **b)** *(Bemerkung)* malicious remark; *(Handlung)* piece of maliciousness

**Bosheit die;** ~, ~**en a)** *o. Pl. (Art)* malice; **mit konstanter** ~: out of sheer spite; **b)** *(Bemerkung)* malicious remark; *(Handlung)* piece of maliciousness

**Boskop** ['bɔskɔp], **Boskoop** ['bɔsko:p] **der;** ~**s,** ~: russet

**Bosporus** ['bɔsporʊs] **der;** ~: Bosporus

**Boß** [bɔs] **der; Bosses, Bosse** *(ugs.)* boss *(coll.)*

**Bossa Nova** ['bɔsa'no:va] **der;** ~~, ~~**s** bossa nova

**bosseln** ['bɔsl̩n] *tr., itr. V. (ugs.)* **etw./an etw.** *(Dat.)* ~: beaver away *(Brit.) or* slave away making sth.; **er braucht immer was zu** ~: he always needs to be working on *or* making something

**bös-, Bös-:** ~**willig 1.** *Adj.* malicious; wilful ⟨*desertion*⟩; **2.** *adv.* maliciously; wilfully ⟨*desert*⟩; ~**willigkeit die;** ~: malice; maliciousness

**bot** [bo:t] *1. u. 3. Pers. Sg. Prät. v.* **bieten**

**Botanik** [bo'ta:nɪk] **die;** ~ **a)** botany *no art.*; **b)** *(ugs.: Natur)* nature

**Botaniker der;** ~**s,** ~, **Botanikerin die;** ~, ~**nen** botanist; *s. auch* **-in**

**botanisch 1.** *Adj.* botanical. **2.** *adv.* botanically

**botanisieren** *itr. V.* botanize

**Botanisier·trommel die** *(veralt.)* [botanist's] vasculum

**Bötchen** ['bø:tçən] **das;** ~**s,** ~ little boat

**Bote** ['bo:tə] **der;** ~**n,** ~**n a)** *(Überbringer)* messenger; *(fig.)* herald; harbinger; **b)** *(Laufbursche)* errand-boy; messenger[-boy]

**Boten-:** ~**dienst der** job as a messenger/errand-boy; **sie verdient sich ein Taschengeld durch** ~**dienste** she earns pocket money as a messenger *or* by carrying messages/running errands; ~**gang der** errand; ~**gänge erledigen** run errands; ~**lohn der** [messenger's/errand-boy's] payment *or* tip

**Botin die;** ~, ~**nen** *s.* **Bote a, b:** messenger; errand-girl

**bot·mäßig** *(geh. veralt.)* **1.** *Adj. (gehorsam)* obedient; *(untertänig)* submissive. **2.** *adv.* *(gehorsam)* obediently; *(untertänig)* submissively

**Botmäßigkeit die;** ~ *(geh. veralt.)* **a)** *(Herrschaft)* dominion; sway; **b)** *(Gehorsam)* obedience; *(Untertänigkeit)* submissiveness

**Botschaft die;** ~, ~**en a)** *(geh.: Nachricht)* message; **die freudige** ~: the good *or* happy news; **die Frohe** ~ *(christl. Rel.)* the Gospel; **b)** *(Verlautbarung)* message; **c)** *(diplomatische Vertretung, auch Gebäude)* embassy

**-botschaft die: Friedens-/Kriegs-/Sieges~:** news of peace/war/victory

**Botschafter der;** ~**s,** ~, **Botschafterin die;** ~, ~**nen** ambassador

**Botschafts-:** ~**rat der** counsellor; ~**sekretär der** [embassy] secretary

**Böttcher** ['bœtçɐ] **der;** ~**s,** ~: cooper

**Böttcherei die;** ~, ~**en a)** *o. Pl. (Handwerk)* cooper's trade; cooperage *no art.*; **b)** *(Werkstatt)* cooper's workshop; cooperage

**Bottich** ['bɔtɪç] **der;** ~**s,** ~**e** tub

**Bottnische Meer·busen** ['bɔtnɪʃə -] **der** Gulf of Bothnia

**¹Bouclé** [bu'kle:] **das;** ~**s,** ~**s** bouclé [yarn]

**²Bouclé der;** ~**s,** ~**s a)** *(Stoff)* bouclé; **b)** *(Teppich)* bouclé carpet

**Boudoir** [bu'dọa:ɐ̯] **das; ~s, ~s** *(veralt.)* boudoir

**Bouillabaisse** [buja'bɛ:s] **die; ~, ~s** [-'bɛ:s] *(Kochk.)* bouillabaisse

**Bouillon** [bul'jɔŋ] **die; ~, ~s a)** *(Brühe)* bouillon; consommé; **b)** *(Med.)* bouillon; broth

**Bouillọn·würfel der** bouillon cube

**Boule** [bu:l] **das; ~[s], ~s** *od.* **die; ~, ~s** boule[s *pl.*]

**Boulette** *s.* **Bulette**

**Boulevard** [bulə'va:ɐ̯] **der; ~s, ~s** boulevard

**Boulevard-: ~blatt das** *s.* **~zeitung; ~presse die** *(abwertend)* popular press; **~stück das** *(Theater)* boulevard drama; **~theater das** light theatre; **~zeitung die** *(abwertend)* popular rag *(derog.)*; tabloid

**Bouquet** [bu'ke:] **das; ~s, ~s** *s.* **Bukett**

**Bourbone** [bʊr'bo:nə] **der; ~n, ~n** *(hist.)* Bourbon

**bourgeois** [bʊr'ʒọa] *Adj. (abwertend, auch Soziol.)* bourgeois

**Bourgeois der; ~, ~** *(abwertend, auch Soziol.)* bourgeois

**Bourgeoisie** [bʊrʒọa'zi:] **die; ~, ~n** *(abwertend, auch Soziol.)* bourgeoisie

**Boutique** [bu'ti:k] **die; ~, ~s** *od.* **~n** boutique

**Bovist** *s.* **Bofist**

**Bowden·zug** ['baʊdn̩-] **der** *(Technik)* Bowden cable

**Bowle** ['bo:lə] **die; ~, ~n a)** punch *(made of wine, champagne, sugar, and fruit or spices)*; **b)** *(Gefäß)* punch-bowl

**bowlen** ['boʊlən] *itr. V. (Sport) (auf der Bahn)* bowl; *(auf dem Rasen)* play bowls

**Bọwlen·glas das;** *Pl.* **~gläser** punch-glass

**Bowler** ['boʊlɐ] **der; ~s, ~:** bowler [hat]

**Bowling** ['boʊlɪŋ] **das; ~s, ~s** *(auf der Bahn)* [ten-pin] bowling; *(auf dem Rasen)* bowls; **~ spielen gehen** go [ten-pin] bowling/go to play bowls

**Bọwling·bahn die** [ten-pin] bowling-alley

**Box** [bɔks] **die; ~, ~en a)** *(Lautsprecher)* speaker; **b)** *(Pferde-)* [loose] box; **c)** *(für Autos)* [partitioned off] [parking-]space; **d)** *(Kamera)* box camera; **e)** *(Behälter)* box; **f)** *(Montageplatz)* pit; **an den ~en** in the pits

**Boxcalf** *s.* **Boxkalf**

**bọxen 1.** *itr. V.* box; **gegen jmdn. ~:** fight sb.; box [against] sb.; **um die Weltmeisterschaft** *usw.* **~:** fight for the world championship *etc.*; **jmdm. in den Magen ~:** punch sb. in the stomach. **2.** *tr. V.* **a)** *(schlagen)* punch; **b)** *(Sportjargon: kämpfen gegen)* fight. **3.** *refl. V.* **a)** *(ugs.: Weg bahnen)* fight one's way; **b)** *(ugs.: sich prügeln)* have a punch-up *(coll.) or* fight; **hört auf, euch zu ~:** stop fighting

**Bọxer der; ~s, ~ a)** *(Sportler, Hund)* boxer; **b)** *(ugs.: Schlag)* punch

**Bọxer·aufstand der;** *o. Pl. (hist.)* Boxer Rebellion

**bọxerisch** *Adj.; nicht präd.* boxing ⟨*skill, know-how, etc.*⟩

**Bọxer-: ~motor der** *(Technik)* horizontally opposed engine; **~nase die** boxer's nose

**Bọx·hand·schuh der** boxing-glove

**Bọx·kalf** [-kalf] **das; ~s, ~s** boxcalf

**Bọx-: ~kampf der a)** *(Kampf)* boxing match; *(im Streit)* fist-fight; **er hat 200 ~kämpfe ausgetragen** he's had 200 fights *or* bouts; **b)** *o. Pl. (Disziplin)* boxing *no art.*; **~ring der** boxing ring; **~sport der;** *o. Pl.* boxing *no art.*; **~staffel die** boxing team

**Boy** [bɔy] **der; ~s, ~s a)** *(Diener)* servant; *(im Hotel)* page-boy; **b)** *(Jugendspr.) (junger Mann)* boy; *(Freund)* boy-friend

**Boykott** [bɔy'kɔt] **der; ~[e]s, ~s** boycott; **einem Land den ~ erklären** declare a boycott of a country

**Boykọtt·hetze die** *(DDR Amtspr., Rechtsw.)* anti-state agitation

**boykottieren** *tr. V.* boycott

**Boykọtt·maßnahme die** boycott [action]; **sich zu weiteren ~n gegen ein Land entschließen** decide to tighten the boycott of a country

**Bozen** ['bo:tsn̩] **(das); ~s** Bolzano

**BR** [be:|'ɛr] **der; ~** *Abk.:* **Bayrischer Rundfunk** Bavarian Radio

**brabbeln** ['brabl̩n] *tr., itr. V. (ugs.)* mutter; mumble; ⟨*baby*⟩ babble

**Brạbbel·wasser das** *(ugs. scherzh.)* **a)** schnapps; **b) ~ getrunken haben** *(ugs. scherzh.)* have verbal diarrhoea *(sl.)*

[1]**brach** [bra:x] *1. u. 3. Pers. Sg. Prät. v.* **brechen**

[2]**brach** *Adj. (veralt.)* fallow; *(auf Dauer)* uncultivated; waste

**Brache die; ~, ~n a)** *(Feld)* [piece of] fallow land; *(auf Dauer)* [piece of] uncultivated *or* waste land; **b)** *(Zeit)* fallow period

**brachial** [bra'xi̯a:l] *Adj.* **a)** violent; **~e Gewalt** brute force; **b)** *(Med.)* brachial

**Brachial·gewalt die;** *o. Pl.* brute force

**Brachiosaurus** [braxi̯o'zaurʊs] **der; ~, Brachiosaurier** [...zauri̯ɐ] brachiosaurus

**Brach·land das** fallow [land]; *(auf Dauer)* uncultivated *or* waste land

**brach|liegen** *unr. itr. V. (auch fig.)* lie fallow; *(auf Dauer)* lie waste

**brachte** ['braxtə] *1. u. 3. Pers. Sg. Prät. v.* **bringen**

**Brach·vogel der** curlew

**brạckig** *Adj. (niederd.)* brackish

**Brạck·wasser das** brackish water

**Brahmane** [bra'ma:nə] **der; ~n, ~n, Brahmanin die; ~, ~en** Brahmin

**brahmanisch** *Adj.* Brahminical

**Brainstorming** ['breɪnstɔ:mɪŋ] **das; ~s** brainstorming; **ein ~:** a brainstorming session

**bramarbasieren** [bramarba'zi:rən] *itr. V. (geh. abwertend)* brag, boast **(von** about)

**Bram·segel** ['bra:m-] **das** topgallant sail

**Branche** ['brã:ʃə] **die; ~, ~n a)** [branch of] industry; **alle ~n der Bekleidungsindustrie** all branches of the clothing industry; **er kennt sich in der ~ am besten aus** he has the most knowledge of the industry; **b)** *(Fachgebiet)* field; **die ~ wechseln** move into a different field

**brạnche[n]-, Brạnche[n]-: ~fremd** *Adj.* new to the industry *postpos.*; ⟨*person*⟩ who knows nothing of the industry *postpos., not pred.*; **~kenntnisse** *Pl.* knowledge *sing.* of the industry; **~kundig** *Adj.* experienced in the industry *postpos.*; with knowledge of the industry *postpos., not pred.*; **~üblich** *Adj.* usual in the industry *postpos.*; **im Baugewerbe ~üblich** usual in the building industry

**Brạnchen·verzeichnis das** classified directory; *(Telefonbuch)* yellow pages *pl.*

**Brand** [brant] **der; ~[e]s, Brände** ['brɛndə] **a)** fire; **b)** *(Brennen)* **beim ~ der Scheune** when the barn caught fire; **in ~ geraten** catch fire; **etw. in ~ setzen** *od.* **stecken** set fire to sth.; set sth. on fire; **c)** *(ugs.: Durst)* raging thirst; **einen fürchterlichen ~ haben** have a terrible thirst; **d)** *o. Pl. (Med.)* **[trockener/feuchter] ~:** [dry/moist] gangrene; **e)** *o. Pl. (Bot.)* blight

**brạnd-, Brạnd-: ~aktuẹll** *Adj.* very latest ⟨*news*⟩; up-to-the-minute ⟨*report*⟩; red-hot ⟨*news item, issue*⟩; highly topical ⟨*book*⟩; **~an·schlag der** arson attack (**auf** + *Akk.* on); **~bekämpfung die** fire-fighting *no art.*; **~binde die** dressing [for burns]; **~blase die** [burn] blister; **~bombe die** fire-bomb; incendiary bomb; **~direktor der** chief fire officer; fire chief *(Amer.)*; **~eilig** *Adj. (ugs.)* extremely urgent

**brạnden** *itr. V. (geh.)* break; **~der Beifall** *(fig.)* thunderous applause

**Brạnden·burg (das); ~s** Brandenburg

**Brạndenburger** *indekl. Adj.; nicht präd.* **das ~ Tor** the Brandenburg Gate

**brạnd-, Brạnd-: ~fackel die** firebrand; flaming torch; **~fleck der** burn mark; **~gefahr die** danger of fire; **bei ~gefahr** when there is danger of fire; **~gefährlich** *Adj.* perilous; highly dangerous; **~geruch der** smell of burning; **~herd der** source of the fire

**brạndig** *Adj.* **a)** ⟨*smell*⟩ of burning; burnt ⟨*taste*⟩; **es riecht ~:** there is a smell of burning; **b)** *(Med.)* gangrenous; **c)** *(Bot.)* suffering from blight *postpos.*

**brạnd-, Brạnd-: ~kasse die** fire insurance company; **katastrophe die** disastrous fire; **~leger** [~le:gɐ] **der; ~s, ~** *(österr.) s.* **~stifter; ~legung die; ~, ~en** *(österr.) s.* **~stiftung; ~mal das** *(geh.)* burn mark; *(fig.: Stigma)* stigma; **~marken** *tr. V.* brand ⟨*person*⟩; denounce ⟨*thing*⟩; **jmdn. [als Verräter] ~marken** brand sb. [as a traitor]; **~mauer die** fire wall; **~meister der** chief fire officer; fire chief *(Amer.)*; **~neu** *Adj. (ugs.)* brand-new; **~opfer das a)** *(Rel.)* burnt offering; **b)** *(Opfer eines Brandes)* fire victim; victim of the/a fire; **~rede die** fiery tirade; **~salbe die** ointment for burns; **~satz der** incendiary mixture; **~schaden der** fire damage *no pl., no indef. art.*; **die ~schäden in den Wäldern** the damage to forests caused by fire; **~schatzen** *tr. V. (hist.)* pillage and threaten to burn; **~schatzung die; ~, ~en** *(hist.)* pillaging and threat of burning; **~schutz der;** *o. Pl.* fire safety *no art.*; **~sohle die** insole; **~stelle die a)** scene of the fire; **b)** *(verbrannte Stelle)* burn; *(größer)* burnt patch; **~stifter der** arsonist; **~stiftung die** arson; **eine ~stiftung** a case of arson; **~teig der** *(Kochk.)* choux pastry

**Brạndung die; ~, ~en** surf; breakers *pl.*; **die ~ donnerte gegen die Felsen** the breakers crashed against the rocks; **bei starker ~:** when the surf is high

**Brạndungs-: ~boot das** surf-boat; **~welle die** breaker

**Brạnd-: ~versicherung die** fire insurance; *(Gesellschaft)* fire-insurance company; **~wache die a)** fire-watcher; *(Mannschaft)* fire-watchers *pl.*; **b)** *(Dienst)* fire-watch; **~wunde die** burn; *(Verbrühung)* scald; **~zeichen das** brand

**brannte** ['brantə] *1. u. 3. Pers. Sg. Prät. v.* **brennen**

**Brạnnt·wein der** spirits *pl.*; **Wodka ist ein ~:** vodka is a type of spirit

**Brạnntwein-: ~brenner der** distiller; **~monopol das** monopoly of spirits; liquor monopoly *(Amer.)*; **~steuer die** tax on spirits; liquor tax *(Amer.)*

[1]**Brasil** [bra'zi:l] **der; ~s, ~e** *od.* **~s** Brazil[ian] tobacco

[2]**Brasil die; ~, ~[s]** Brazil cigar

**Brasil·holz das** Brazil-wood

**Brasilianer** [brazi'li̯a:nɐ] **der; ~s, ~, Brasilianerin die; ~, ~nen** Brazilian; *s. auch* **-in**

**brasilianisch** *Adj.* Brazilian

**Brasilien** [bra'zi:li̯ən] **(das); ~s** Brazil

**Brasil-: ~tabak der** Brazil[ian] tobacco; **~zigarre die** Brazil cigar

**Brasse** ['brasə] **die; ~, ~n** *(Seemannsspr.)* brace

**brät** [brɛ:t] *3. Pers. Sg. Präsens v.* **braten**

**Brät das; ~s** *lean minced pork used esp. as filling for sausages*

**Brat·apfel der** baked apple

**braten** ['bra:tn̩] **1.** *unr. tr. V. (auf dem Herd)* fry; *(im Backofen) (mit Fett, im eigenen Saft)* roast; *(ohne Fett)* bake; **etw. braun ~:** fry sth. until it is brown; **etw. am Spieß ~:** roast sth. on a spit. **2.** *unr. itr. V. (auf dem Herd)* fry; *(im Backofen) (mit Fett, im eigenen Saft)* roast; *(ohne Fett)* bake; **in der Sonne ~** *(fig.)* roast in the sun

**Braten der; ~s, ~** joint; *(gebratene Portion)* roast [meat] *no indef. art.*; **sonntags gab es bei uns immer ~:** we always had a roast *or* a joint on Sundays; **kalter ~:** cold meat; **den fetten ~ konnte er sich nicht entgehen lassen** *(fig. ugs.)* he couldn't miss the chance of making such a big killing *(coll.)*; **den ~ riechen** *(fig. ugs.)* smell a rat

**Braten-: ~fett das** [meat] fat; [meat] juices *pl.*; **~rock der** *(veralt. scherzh.)* frock-coat; **~saft der** meat juice[s *pl.*]; **~soße die** gravy; **~wender der** slice; turner

**Brat-: ~fett das** [cooking] fat; **~fisch der** fried fish; **~hähnchen das,** *(südd., österr.)* **~hendl das a)** roast chicken; *(gegrillt)* broiled chicken; **b)** *(Hähnchen zum Braten)* roasting chicken; *(zum Grillen)* broiling chicken; **~hering der** fried herring; **~huhn das, ~hühnchen das** *s.* **~hähnchen; ~kartoffeln** *Pl.* fried potatoes; home fries *(Amer.)*; *s. auch* **daher b; ~kartoffel·verhältnis das** *(ugs. veralt.)* **er hat ein ~kartoffelverhältnis mit ihr** he treats her as his meal-ticket; **~ofen der** oven; **~pfanne die** frying-pan; **~röhre die** *s.* **~ofen; ~rost der** grill

**Bratsche** ['bra:tʃə] **die; ~, ~n** *(Musik)* viola

**Bratschen·schlüssel der** *(Musik) s.* **Altschlüssel**

**Bratschist der; ~en, ~en, Bratschistin die; ~, ~nen** violist; viola-player

**Brat-: ~spieß der a)** spit; **b)** *(Gericht)* kebab; **~wurst die a)** [fried/grilled] sausage; **b)** *(Wurst zum Braten)* sausage [for frying/grilling]

**Brauch** [braux] **der; ~[e]s, Bräuche** ['brɔyçə] custom; **so ist es ~, so will es der ~:** that's the custom; **das ist bei ihnen so ~:** that's their custom; **nach altem ~:** in accordance with an old custom

**brauchbar 1.** *Adj.* useful; *(benutzbar)* usable; wearable ⟨*clothes*⟩; *(ordentlich)* decent ⟨*worker, pupil*⟩; **er ist ganz ~:** he is a decent worker/pupil *etc.* **2.** *adv.* **er schreibt/arbeitet ganz ~:** he's a useful writer/he does useful work

**Brauchbarkeit die; ~** usefulness; *(Benutzbarkeit)* usability

**brauchen 1.** *tr. V.* **a)** *(benötigen)* need; **alles, was man zum Leben braucht** everything one needs in order to live reasonably; **ich kann dich jetzt nicht ~** *(fam.)* I don't want you around just now; **deine guten Ratschläge kann ich nicht ~:** I can well do without your advice; **b)** *(aufwenden müssen)* **mit dem Fahrrad/Auto braucht er nur zehn Minuten** it only takes him ten minutes on his bicycle/by car; **er hat für die Arbeit Jahre gebraucht** the work took him years; **wie lange brauchst du dafür?** how long will it take you?; *(im allgemeinen)* how long does it take you?; **c)** *(benutzen, verwenden, verbrauchen)* use; **ich könnte es gut ~:** I could do with it. **2.** *itr. V. (geh. veralt.: bedürfen)* **es braucht keines weiteren Beweises** no further proof is needed *or* necessary. **3.** *mit Inf. mit „zu", verneintes od. eingeschränktes Modalverb* need; **du brauchst nicht zu helfen** there is no need [for you] to help; you don't need to help; **du brauchst doch nicht gleich zu weinen** there's no need to start crying; **das hättest du nicht zu tun ~:** there was no need to do it; you needn't have done that; **das hätte nicht zu sein ~:** that needn't have happened; **es braucht nicht sofort zu sein** it doesn't need *or* have to be done immediately; **du brauchst es [mir] nur zu sagen** you only have to tell me; **du brauchst es nur zu sagen** you only have to say so

**Brauchtum das; ~s, Brauchtümer** [-ty:mɐ] custom; **zum ~ dieser Region gehört ...:** one of the customs in this area is ...

**Braue** ['brauə] **die; ~, ~n** [eye]brow

**brauen 1.** *tr. V.* **a)** brew; **b)** *(ugs.: aufbrühen, zubereiten)* brew [up] ⟨*tea, coffee*⟩; concoct ⟨*potion etc.*⟩; mix ⟨*cocktail*⟩. **2.** *itr. V.* **a)** *(Bier ~)* brew [beer]; **b)** *(dichter.: wallen)* ⟨*mist, fog*⟩ gather

**Brauer der; ~s, ~:** brewer

**Brauerei die; ~, ~en a)** *o. Pl.* brewing; **b)** *(Betrieb)* brewery

**Brau-: ~haus das** brewery; **~meister der** master brewer

**braun** [braun] *Adj.* **a)** brown; **~werden** *(sonnengebräunt)* get brown; get a tan; **sich von der Sonne ~ brennen lassen** sit/lie in the sun and get a tan; **b)** *(abwertend: nationalsozialistisch)* Nazi; **er war ~:** he was a Nazi

**Braun das; ~s, ~,** *(ugs.)* **~s** brown

**braun·äugig** *Adj.* brown-eyed; **~ sein** have brown eyes

**Braun·bär der** brown bear

**Braune der;** *adj. Dekl.* **a)** bay [horse]; **b)** *(österr.: Kaffee)* [cup of] white coffee *(Brit.)*; [cup of] coffee with milk/cream

**Bräune** ['brɔynə] **die; ~:** [sun-]tan

**bräunen 1.** *tr. V.* **a)** tan; **die Sonne hat sein Gesicht stark gebräunt** the sun has tanned his face a deep brown; **b)** *(Kochk.)* brown. **2.** *itr. V.* **a) die südliche Sonne bräunt stark** the Southern sun gives you a good tan; **b)** *(Kochk.)* ⟨*meat*⟩ brown; ⟨*cake*⟩ go golden brown; ⟨*butter*⟩ go brown

**braun-, Braun-: ~gebrannt** *Adj.* [sun-]tanned; **~hemd das** *(ns.)* **a)** brown shirt; **b)** *(Träger des ~hemds)* Brown-shirt; **~kohl der** *s.* **Grünkohl; ~kohle die** brown coal; lignite

**bräunlich** *Adj.* brownish

**Braunschweig** ['braunʃvaik] **(das); -s** Braunschweig; Brunswick *(Hist.)*

**braunschweigisch** *Adj.* Braunschweig *attrib.*; *s. auch* **hannoversch**

**Bräunung die; ~, ~en** browning; *(durch die Sonne)* [sun-]tan

**Bräunungs·studio das** solarium

**Braus** [braus] *s.* **Saus**

**Brause** ['brauzə] **die; ~, ~n a)** fizzy drink; *(~pulver)* sherbet; **b)** *(veralt.: Dusche)* shower; **sich unter die ~ stellen** take *or* have a shower; **c)** *(Sprühteil) (einer Gießkanne)* rose; *(einer Dusche)* shower head

**Brause-: ~bad das** *(veralt.)* **a)** shower[-bath]; **b)** *(Duschbad)* shower; **ein ~bad nehmen** take *or* have a shower; **~kopf der** *(veralt.)* hothead; **~limonade die** fizzy lemonade

**brausen 1.** *itr. V.* **a)** ⟨*wind, water, etc.*⟩ roar; *(fig.)* ⟨*organ, applause, etc.*⟩ thunder; **hier braust der Verkehr bei Tag und Nacht** there is a constant roar of traffic here day and night; **b)** *(duschen)* [take *or* have a] shower; **c)** *(sich schnell bewegen)* race. **2.** *tr. V.* put ⟨*children etc.*⟩ under the shower. **3.** *refl. V.* [take *or* have a] shower

**Brausen das; ~s** roar; **das ~ in meinen Ohren** the ringing *or* buzzing in my ears

**Brause-: ~pulver das** sherbet; **~tablette die** effervescent tablet

**Braut** [braut] **die; ~, Bräute** ['brɔytə] **a)** bride; **b)** *(Verlobte)* fiancée; bride-to-be; **c)** *(ugs.: Freundin)* girl[-friend]

**-braut die** *(ugs.)* **Fußball~:** football player's/fan's girl-friend/wife; **Rocker~:** rocker's girl; *(Mitglied der Bande)* girl rocker

**Braut-: ~bett das** *(hist.)* bridal bed; **~eltern** *Pl.* bride's parents

**Bräutigam** ['brɔytɪgam] **der; ~s, ~e a)** [bride]groom; **b)** *(veralt.: Verlobter)* fiancé; husband-to-be

**Braut-: ~jungfer die** bridesmaid; **~kleid das** wedding dress; **~kranz der** bridal wreath; **~leute** *Pl.: s.* **~paar; ~mutter die** bride's mother; **~nacht die** wedding night; **~paar das** bridal couple; bride and groom; **~schau die;** *o. Pl.* **in auf ~schau gehen, ~schau halten** *(ugs. scherzh.)* go *or* be looking for a wife; **~schleier der** bridal veil; **~vater der** bride's father

**brav** [bra:f] **1.** *Adj.* **a)** *(artig)* good; **sei [schön] ~:** be good; **sei ein ~es Kind** be a good boy/girl; **b)** *(redlich)* honest; upright; **er soll ein ~es Mädchen heiraten** he should marry a good honest girl; **c)** *(hausbacken)* plain and conservative ⟨*clothes*⟩; **d)** *(veralt.: tapfer)* brave. **2.** *adv.* **a) nun iß schön ~ deine Suppe** be a good boy/girl and eat up your soup; eat up your soup like a good boy/girl; **die Kinder spielten ~ in ihrem Zimmer** the children were being good and playing quietly in their room; **b)** *(redlich)* honestly; **c)** *(bieder)* **[recht] ~ spielen/schreiben** play/write quite nicely; **d)** *(veralt.: tapfer)* bravely

**bravo** ['bra:vo] *Interj.* bravo

**Bravo das; ~s, ~s** cheer; **das laute ~ der Zuschauer** the loud cheers *or* cheering of the audience; **ein ~ für ...:** three cheers for ...

**Bravo·ruf der** cheer

**Bravour** [bra'vu:ɐ̯] **die; ~ a)** stylishness; **mit ~:** with style and élan; **b)** *(Tapferkeit)* daring and bravery

**Bravour·leistung die** brilliant performance

**bravourös** [bravu'rø:s] **1.** *Adj.* **a)** *(rasant)* **mit ~em Tempo** at magnificent speed; **b)** *(meisterhaft)* brilliant. **2.** *adv.* **a)** *(rasant)* with great dash; **b)** *(meisterhaft)* brilliantly

**Bravour·stück das** piece of bravura; brilliant performance

**BRD** [be:|ɛr'de:] **die; ~** *(nicht amtlich) Abk.* **Bundesrepublik Deutschland** FRG

**Break** [breɪk] **das; ~s, ~s** *(Sport, Musik)* break

**Breakdance** [breɪkdæns] **der; ~[s]** break-dancing

**brechbar** *Adj.* **a)** breakable; **nicht ~:** unbreakable; **b)** *(ablenkbar)* refrangible

**Brech-: ~bohne die** French bean *(Brit.)*; green bean; **~durch·fall der** diarrhoea and vomiting *no indef. art.*; **~eisen das** *s.* **~stange**

**brechen** ['brɛçn̩] **1.** *unr. tr. V.* **a)** break; cut ⟨*marble, slate, etc.*⟩; **Blumen ~** *(dichter.)* pluck flowers; **sich** *(Dat.)* **den Arm/das Genick ~:** break one's arm/neck; **nichts zu ~ und zu beißen haben** *(geh.)* not have anything at all to eat; **b)** *(ablenken)* break ⟨*water etc.*⟩; refract ⟨*light*⟩; **c)** *(bezwingen)* overcome ⟨*resistance*⟩; break ⟨*will, silence, record, blockade, etc.*⟩; **d)** *(nicht einhalten)* break ⟨*agreement, contract, promise, the law, etc.*⟩; **e)** *(ugs.: erbrechen)* bring up. **2.** *unr. itr. V.* **a)** *mit sein* break; ⟨*leather*⟩ crack; **mir bricht das Herz** *(fig.)* it breaks my heart; **brechend voll sein** be full to bursting; **b)** *(Beziehungen aufgeben)* break; **er brach mit der Familientradition** he broke [away from] the family tradition; **mit einer Gewohnheit ~:** break a habit; **c)** *mit sein (hervorkommen)* break **(durch** through); **d)** *(ugs.: sich erbrechen)* throw up. **3.** *unr. refl. V.* ⟨*waves etc.*⟩ break **(an + *Dat.*** on); ⟨*rays etc.*⟩ be refracted

**Brecher der; ~s, ~ a)** *(Welle)* breaker; **b)** *(Maschine)* crusher

**Brech-: ~mittel das** emetic; **der Mann ist ein echtes ~mittel** *(fig. ugs. abwertend)* that man makes me sick *(coll.) or (coarse)* want to puke; **~reiz der** nausea; **~stange die** crowbar; **mit der ~stange vorgehen** *(fig.)* go about it with a sledgehammer; **ein Sieg mit der ~stange** *(Sport)* a victory by sheer force

**brecht[i]sch** ['brɛçt(ɪ)ʃ] *Adj.* Brechtian

**Brechung die; ~, ~en a)** *(Physik)* refraction; **b)** *(Sprachw.)* breaking

**Brechungs·winkel der** *(Physik)* angle of refraction

**Bredouille** [bre'dʊljə] **die; ~, ~n** *(ugs.)* **in der ~ sein** *od.* **sitzen** be in real trouble; **in die ~ kommen** get into real trouble

**Bregen** ['bre:gn̩] **der; ~s, ~** *(nordd.)* brains *pl.*

**Brei** [brai] **der; ~[e]s, ~e** *(Hafer~)* porridge *(Brit.)*, oatmeal *(Amer.) no indef. art.*; *(Reis~)* rice pudding; *(Grieß~)* semolina *no indef. art.*; **etw. zu einem ~ verrühren**

make sth. into a mash *or* purée; **um den [heißen] ~ herumreden** *(ugs.)* beat about the bush

**breiig** *Adj.* mushy; **eine ~e Masse** a thick paste

**breit** [brait] **1.** *Adj.* **a)** wide ⟨*street, river, bridge, window, margin, etc.*⟩; broad, wide ⟨*hips, face, shoulders, forehead, etc.*⟩; **etw. ~er machen** widen sth.; **einen ~en Buckel** *od.* **Rücken haben** *(fig. ugs.)* have broad shoulders *(fig.)*; **die Beine ~ machen** *(auch fig.)* open one's legs; **die Schuhe ~ treten** stretch one's shoes out of shape; **ein ~es Lachen** a guffaw; **eine ~e Aussprache** a broad accent; **b)** *(bei Maßangaben)* wide; **ein 5 cm ~er Saum** a hem 5 cm wide; **einen Finger ~ sein** be the width of a finger *or* a finger's breadth; **c)** *(groß)* **die ~e Masse** the general public; most people *pl.*; **die ~e Öffentlichkeit** the general public; **~e Bevölkerungsschichten** large sections of the population; **ein ~es Interesse finden** arouse a great deal of interest; **d)** *(ugs.: im Rausch)* high *(coll.)*; stoned *(sl.)*. **2.** *adv.* **a) ~ gebaut** sturdily *or* well built; **~ lachen** guffaw; **etw. ~ darstellen** *(fig.)* describe sth. in great detail; **b) der Stoff liegt doppelt ~:** the material is double width

**breit·beinig** **1.** *Adj.; nicht präd.* rolling ⟨*gait*⟩. **2.** *adv.* with one's legs apart; **er stand ~ vor uns** he stood squarely in front of us

**Breite die; ~, ~n a)** width; breadth; *(bei Maßangaben)* width; **etw. der ~ nach durchsägen** saw through sth. widthways *or* widthwise; **etw. in epischer ~ schildern** *(fig.)* describe sth. in great detail *or* down to the last detail; **in die ~ gehen** *(ugs.)* put on weight; **b)** *(Geogr.)* latitude; **auf/unter 50° nördlicher ~:** at/below latitude 50° north; **c)** *Pl.* *(Gebiet)* **in diesen ~n** in these latitudes

**breiten** *(geh.) tr., refl. V.* spread

**Breiten-: ~grad der** degree of latitude; **New York und Mailand liegen auf demselben ~:** New York and Milan have the same latitude; **der 30. ~grad** the 30th parallel; **~kreis der** [line of] latitude; parallel; **~sport der** popular sport; **~wirkung die** widespread effect

**breit-, Breit-: ~flächig** *Adj.* wide; **~flächig gebaut** built over a wide area *postpos.*; **~gefächert** *Adj.; nicht präd.* wide ⟨*range, choice*⟩; **~krempig** *Adj.* broad-brimmed; **~|machen** *refl. V. (ugs.)* **a)** take up room; **mach dich nicht so ~:** don't take up so much room; **b)** *(sich ausbreiten)* be spreading; **c)** *(sich niederlassen)* make oneself at home; **~randig** *Adj.* broad-brimmed; **~|schlagen** *unr. tr. V. (ugs.)* **sich zu etw. ~schlagen lassen** let oneself be talked into sth.; **er ließ sich ~schlagen** he let himself be persuaded; **~schult[e]rig** *Adj.* broad-shouldered; **~schwanz der** caracul; broadtail; **~seite die a)** *(eines Tisches, Gebäudes, Zimmers usw.)* long side; *(eines Schiffes)* side; **b)** *([Abfeuern der] Geschütze)* broadside; **~spur die** *(Eisenb.)* broad gauge; **~spurig** *Adj.* broad-gauge ⟨*railway etc.*⟩; ⟨*car etc.*⟩ with a wide track; **~|treten** *unr. tr. V. (ugs. abwertend)* go on about; **das Thema ist breitgetreten** this subject has been flogged to death; **~wand die** *(Kino)* wide *or* big screen; **~wand·film der** wide-screen *or* big-screen film

**Bremer 1.** *indekl. Adj.; nicht präd.* Bremen; **der ~ Hafen** the Port of Bremen. **2. der; ~s, ~:** native/inhabitant of Bremen; *s. auch* **Kölner**

**bremisch** *Adj.* Bremen *attrib.*

**Brems-: ~backe die** *(Kfz-W.)* brake-shoe; **~belag der** *(Kfz-W.)* brake lining

**¹Bremse** ['brɛmzə] **die; ~, ~n** brake; **auf die ~ treten** put on the brakes

**²Bremse die; ~, ~n** *(Insekt)* horse-fly

**bremsen 1.** *itr. V.* brake; **der Dynamo bremst ganz erheblich** the dynamo has quite a considerable braking effect. **2.** *tr. V.* **a)** brake; *(um zu halten)* stop; **b)** *(fig.)* slow down ⟨*rate, development, production, etc.*⟩; restrict ⟨*imports etc.*⟩; **jmdn. ~** *(ugs.)* stop sb.; **er ist nicht [mehr] zu ~** *(ugs.)* there's no stopping him. **3.** *refl. V. (ugs.)* stop oneself; hold oneself back

**Bremser der; ~s, ~** *(Eisenb., Bobsport)* brakeman

**Brems-: ~flüssigkeit die** *(Kfz-W.)* brake fluid; **~hebel der** brake arm; **~klotz der a)** *(am Fahrrad)* brake-block; *(am Wagen)* brake-pad; **b)** *(Klotz, der vor das Rad geschoben wird)* [wheel] chock; **c)** *(fig.)* obstacle to progress; **~kraft·verstärker der** *(Kfz-W.)* brake servo; **~leitung die** *(Kfz-W.)* brake-pipe; **~leuchte die, ~licht das;** *Pl.* **~lichter** brake-light; **~pedal das** brake-pedal; **~probe die** brake test; **~scheibe die** *(Kfz-W.)* brake-disc; **~spur die** skid-mark; **~trommel die** *(Kfz-W.)* brake-drum

**Bremsung die; ~, ~en** braking

**Brems-: ~weg der** braking distance; **~zylinder der** *(Kfz-W.)* brake-cylinder

**brenn-, Brenn-: ~bar** *Adj.* [in]flammable; combustible; **leicht ~bar** highly [in]flammable *or* combustible; **~dauer die;** *o. Pl.* **a)** *(einer Glühlampe)* life; **b)** *(im Brennofen)* firing time; **~eisen das a)** *s.* **~schere; b)** *(für Brandzeichen)* branding-iron

**brennen** ['brɛnən] **1.** *unr. itr. V.* **a)** ⟨*wood etc.*⟩ burn; ⟨*house etc.*⟩ burn, be on fire; **schnell/leicht ~:** catch fire quickly/easily; **es brennt!** fire!; **in der Hotelbar hat es gebrannt** there was a fire in the hotel bar; **wo brennt's denn?** *(fig. ugs.)* what's the panic?; **b)** *(glühen)* be alight; **c)** *(leuchten)* be on; **in ihrem Zimmer brennt Licht** there is a light on in her room; **das Licht ~ lassen** leave the light on; **die Birne/Kerze brennt ganz schwach** the bulb is glowing very dimly/the candle is burning very low; **d)** *(scheinen)* **die Sonne brannte so stark** the sun was so strong; **die Sonne brannte** the sun was burning down; **e)** *(schmerzen)* ⟨*wound etc.*⟩ burn, sting; ⟨*feet etc.*⟩ hurt, be sore; **mir ~ die Augen** my eyes are stinging *or* smarting; **Pfeffer brennt auf der Zunge** pepper burns the tongue; **f)** *(trachten)* **darauf ~, etw. zu tun** be dying *or* longing to do sth.; **auf Rache ~:** be bent on *or* dying for revenge; **g)** *(ungeduldig sein)* **vor Neugier ~:** be dying to know; **er brannte vor Ehrgeiz** he was burning with ambition. **2.** *unr. tr. V.* **a)** burn ⟨*hole, pattern, etc.*⟩; **einem Tier ein Zeichen ins Fell ~:** brand an animal; **gebranntes Kind scheut das Feuer** *(Spr.)* once bitten, twice shy *(prov.)*; **b)** *(mit Hitze behandeln)* fire ⟨*porcelain etc.*⟩; distil ⟨*spirits*⟩; **gebrannter Kalk** quicklime; **c)** *(rösten)* roast ⟨*coffee-beans, almonds, etc.*⟩; brown ⟨*flour, sugar, etc.*⟩

**brennend 1.** *Adj. (auch fig.)* burning; urgent ⟨*topic, subject*⟩; lighted ⟨*cigarette*⟩; raging ⟨*thirst*⟩; violent ⟨*homesickness*⟩. **2.** *adv.* **ich würde ~ gern mal ein Wochenende dort verbringen** I should absolutely love to spend a weekend there; **ich wüßte ~ gern, ob ...:** I'm dying to know whether ...; **es scheint dich ja ~ zu interessieren, was besprochen wurde** you seem to be dying to know what was discussed

**Brenner der; ~s, ~:** burner

**Brennerei die; ~, ~en a)** *o. Pl.* distilling; **b)** *(Betrieb)* distillery

**Brennessel** ['brɛnnɛsl] **die; ~, ~n** stinging nettle

**Brenn-: ~glas das** burning-glass; **~holz das;** *o. Pl.* firewood; **~material das** fuel; **wir benutzen alte Zeitungen als ~material** we use old newspapers to burn on the fire; **~nessel die** *s.* **Brennessel; ~ofen der** kiln; **~punkt der** *(auch Mathematik, Optik)* focus; **im ~punkt des Interesses stehen** be the focus of attention *or* interest; **in den ~punkt der Diskussion rücken** become the focal point of discussion; **~schere die** curling-tongs *pl.* *(Brit.)*; curling iron *(Amer.)*; **~spiegel der** *(Optik)* burning-mirror; **~spiritus der** methylated spirits; **~stab der** *(Kerntechnik)* fuel rod; **~stoff der** fuel; **~weite die** *(Optik)* focal length

**brenzlig** ['brɛntslɪç] *Adj.* **a)** ⟨*smell, taste, etc.*⟩ of burning *not pred.*; **~ riechen/schmecken** smell of burning/taste burnt; **b)** *(ugs.: bedenklich)* dicey *(sl.)*; **mir wird die Sache zu ~:** things are getting too hot for me

**Bresche** ['brɛʃə] **die; ~, ~n** gap; breach; **[für jmdn.] in die ~ springen** stand in [for sb.]; **für jmdn./etw. eine ~ schlagen** give one's backing to sb./sth.

**Bretagne** [bre'tanjə] **die; ~:** Brittany

**Bretone** [bre'to:nə] **der; ~n, ~n, Bretonin die; ~, ~nen** Breton

**Brett** [brɛt] **das; ~[e]s, ~er a)** board; *(lang und dick)* plank; *(Diele)* floorboard; **hier ist die Welt [wie] mit ~ern vernagelt** *(ugs.)* this place is like the end of the earth; **das Schwarze ~:** the notice-board; **ein ~ vor dem Kopf haben** *(fig. ugs.)* be thick; **ich habe heute einfach ein ~ vor dem Kopf** *(fig. ugs.)* I just can't think straight today; **das ~ bohren, wo es am dünnsten ist** *(fig. ugs.)* take the easy way out; **b)** *(für Spiele)* board; **c)** *Pl.* *(Skisport)* skis; **d)** *Pl.* *(Bühne)* stage *sing.*; boards; **auf den ~ern stehen** be on [the] stage *or* on the boards; **die ~er, die die Welt bedeuten** *(geh.)* the stage *sing.*; the boards; **e)** *Pl.* *(Boxen)* floor *sing.*; canvas *sing.*; **er schickte seinen Gegner auf die ~er** he put his opponent on the canvas; he floored his opponent

**Brettchen das; ~s, ~ a)** *wooden board used for breakfast*; **b)** *(zum Schneiden)* board

**Brettel** ['brɛtl̩] **das; ~s, ~[n]** *(südd., österr.)* **a)** board; **b)** *Pl.* *(Skisport)* skis

**Bretter-: ~boden der** wooden floor; **~bude die** [wooden] hut, shack; **~verschlag der** [wooden] shed; **~wand die** wooden wall *or* partition; **~zaun der** wooden fence

**Brett·spiel das** board game

**Brevier** [bre'vi:ɐ̯] **das; ~s, ~e a)** *(kath. Rel.)* breviary; **b)** *(Leitfaden)* guide **(für** to)

**Brezel** ['bre:tsl̩] **die; ~, ~n, Brezen** ['bre:tsn̩] **der; ~s, ~** *od.* **die; ~, ~** *(österr.)* pretzel

**Bridge** [brɪtʃ] **das; ~:** bridge

**Brief** [bri:f] **der; ~[e]s, ~e a)** letter; **blauer ~** *(ugs.)* warning letter; **offener ~** *(fig.)* open letter; **jmdm. ~ und Siegel [auf etw. (Akk.)] geben** *(fig.)* promise sb. faithfully *or* give sb. one's word [on sth.]; **b)** *(Rauschgiftpäckchen)* deck

**Brief-: ~beschwerer der; ~s, ~:** paper-weight; **~block der;** *Pl.* **~blocks** writing-pad; letter-pad; **~bogen der** sheet of writing-paper *or* notepaper; **~bögen mit Kopf** letter-headed writing-paper *sing.* *or* notepaper *sing.*; **~bombe die** letter-bomb

**Briefchen das; ~s, ~ a) ein ~ Nähnadeln/Streichhölzer** a packet of needles/book of matches; **b)** *(kurzer Brief)* note

**Brief-: ~druck·sache die** *(Postw.)* printed paper *(sent as a letter)*; **eine ~drucksache** a piece of printed matter; **die Gebühren für ~drucksachen** the rates for printed matter *sing.*; **~freund der, ~freundin die** pen-friend; pen-pal *(coll.)*; **~geheimnis das** privacy of the post; secrecy of correspondence; **~karte die** correspondence card; **~kasten der a)** post-box; pillar-box *(Brit.)*; **b)** *(privat)* letter-box; **lebender/toter ~kasten** *(Geheimdienstjargon)* [live] letter-box/letter-box; **c)** *(in der Zeitung)* agony column *(coll.)*

**Briefkasten-: ~firma die** accommodation address; **~tante die** *(ugs. scherzh.)* agony aunt *(coll.)*

**Brief-: ~kopf der a)** letter-heading; **b)** *(aufgedruckt)* letter-head; **~kuvert das** *(veralt.) s.* **~umschlag**
**brieflich 1.** *Adj.; nicht präd.* written. **2.** *adv.* by letter
**Brief·marke die** [postage] stamp
**Briefmarken-: ~album das** stamp-album; **~sammler der** stamp-collector; philatelist; **~sammlung die** stamp-collection; **wollen Sie sich meine ~sammlung ansehen?** *(fig. verhüll.)* come up and see my etchings *(joc.)*
**Brief-: ~öffner der** letter-opener; **~papier das** writing-paper; notepaper; **~partner der, ~partnerin die** pen-friend; **~porto das** [letter] rate; **~post die** letter post; **~roman der** epistolary novel; **~schreiber der** [letter-]writer; **~sendung die** item sent by letter post; **~tasche die** wallet; **~taube die** carrier pigeon; **~träger der** postman; letter-carrier *(Amer.)*; **~trägerin die** postwoman; female letter-carrier *(Amer.)*; **~um·schlag der** envelope; **~waage die** letter-scales *pl.*; **~wahl die** postal vote; **~wechsel der a)** correspondence; **einen ~wechsel führen** have a *or* be in correspondence; **mit jmdm. in ~wechsel stehen** be in correspondence *or* correspond with sb.; **b)** *(gesammelte Briefe)* correspondence
**Brie·käse** ['bri:-] **der** Brie
**Bries** [bri:s] **das; ~es, ~e** thymus [gland] *(esp. of calf)*; *(Kochk.)* sweetbreads *pl.*
**briet** [bri:t] *1. u. 3. Pers. Sg. Prät. v.* **braten**
**Brigade** [bri'ga:də] **die; ~, ~n a)** *(Milit.)* brigade; **b)** *(DDR)* work team; [work] brigade
**Brigade-: ~führer der** *s.* **Brigadier; ~general der** *(Milit.)* brigadier
**Brigadier a)** [briga'di̯e:] **der; ~s, ~s** *(Milit.)* brigadier; **b)** [briga'di̯e: *od.* briga'di:ɐ] **der; ~s, ~s** *od.* **~e** *(DDR)* [work] team leader; brigade leader
**Brigadierin die; ~, ~nen** *(DDR)* [work] team leader; brigade leader; *s. auch* **-in**
**Brigg** [brɪk] **die; ~, ~s** *(Seew.)* brig
**Brikett** [bri'kɛt] **das; ~s, ~s** briquette
**brillant** [brɪl'jant] **1.** *Adj.* brilliant. **2.** *adv.* brilliantly
[1]**Brillant** [brɪl'jant] **der; ~en, ~en** brilliant
[2]**Brillant die;** ~ *(Druckw.)* 3-point type
**Brillantine** [brɪljan'ti:nə] **die; ~, ~n** *(veralt.)* brilliantine
**Brillant-: ~kollier das** *(brilliant-cut)* diamond necklace; **~ring der** *(brilliant-cut)* diamond ring; **~schliff der** brilliant cut; **~schmuck der;** *o. Pl. (brilliant-cut)* diamond jewellery
**Brillanz** [brɪl'jants] **die; ~ a)** brilliance; **b)** *(Akustik)* clarity; sound quality
**Brille** ['brɪlə] **die; ~, ~n a)** glasses *pl.*; spectacles *pl.*; specs *(coll.) pl.*; **eine ~:** a pair of glasses *or* spectacles; **eine ~ tragen** wear glasses *or* spectacles; **etw. durch eine gefärbte ~ sehen** *(fig.)* look at sth. subjectively *or* from one's own point of view; **etw. durch eine rosa[rote] ~ sehen** *od.* **betrachten** *(fig.)* see sth. through rose-coloured *or* rose-tinted spectacles; **b)** *(ugs.: Klosett~)* [lavatory *or* toilet] seat
**Brillen-: ~etui das, ~futteral das** glasses-case; spectacle-case; **~gestell das** spectacle-frame; [glasses-]frame; **~glas das** [spectacle-]lens; **~schlange die a)** *(Zool.)* spectacled cobra; **b)** *(ugs. scherzh.)* **in der Schule wurde ich oft ~schlange genannt** I was often called 'four-eyes' at school; **~träger der** person who wears glasses; person with glasses
**brillieren** [brɪl'ji:rən] *itr. V. (geh.)* be brilliant
**Brimborium** [brɪm'bo:ri̯ʊm] **das; ~s** *(ugs. abwertend)* hoo-ha *(coll.)*
**bringen** ['brɪŋən] *unr. tr. V.* **a)** *(her~)* bring; *(hin~)* take; **sie brachte mir/ich brachte ihr ein Geschenk** she brought me/I took her a present; **Unglück/Unheil [über jmdn.] ~:** bring misfortune/disaster [upon sb.]; **jmdm. Glück/Unglück ~:** bring sb. [good] luck/bad luck; **jmdm. eine Nachricht ~:** bring sb. news; **der letzte Winter brachte uns viel Schnee** *(fig.)* we had a lot of snow last winter; **b)** *(begleiten)* take; **jmdn. nach Hause/zum Bahnhof ~:** take sb. home/to the station; **das Auto in die Garage ~:** put the car in the garage; **die Kinder ins Bett** *od.* **zu Bett ~:** put the children to bed; **c) es zu etwas/nichts ~:** get somewhere/get nowhere *or* not get anywhere; **er hat es zu nichts weiter gebracht als zum Redaktionsassistenten** he didn't get further than assistant editor; **es bis zum Direktor ~:** make it to director; **es zu hohem Ansehen ~:** acquire standing *or* a high reputation; **es weit ~:** get on *or* do very well; **es im Leben weit ~:** go far in life; **d) jmdn. ins Gefängnis ~** ⟨*crime, misdeed*⟩ land sb. in prison *or* gaol; **eine Sache vor Gericht ~:** take a matter to court; **das Gespräch auf etw./ein anderes Thema ~:** bring the conversation round to sth./change the topic of conversation; **jmdn. wieder auf den rechten Weg ~** *(fig.)* get sb. back on the straight and narrow; **jmdn. zum Lachen/zur Verzweiflung ~:** make sb. laugh/drive sb. to despair; **jmdn. dazu ~, etw. zu tun** get sb. to do sth.; **du hast mich auf eine gute Idee gebracht** you have given me a good idea; **etw. hinter sich ~** *(ugs.)* get sth. over and done with; **es nicht über sich** *(Akk.)* **~ [können], etw. zu tun** not be able to bring oneself to do sth.; **etw. an sich** *(Akk.)* **~** *(ugs.)* collar sth. *(sl.)*; **e)** *(mit Präp.* **um***)* **jmdn. um seinen Besitz ~:** do sb. out of his property; **jmdn. um den Schlaf/Verstand ~:** rob sb. of his/her sleep/drive sb. mad; **f)** *(veröffentlichen)* publish; **die Zeitschrift bringt jetzt eine Artikelserie über ...:** the magazine is running a series of articles about ...; **was bringt denn die Zeitung heute darüber?** what does it say about it in today's paper?; **alle Zeitungen brachten Berichte über das Massaker** all the papers carried reports of the massacre; **g)** *(senden)* broadcast; **um 23.00 Uhr ~ wir die letzten Nachrichten** the late-night news will be at 11 o'clock; **das Fernsehen bringt eine Sondersendung** there is a special programme on television; **einen Film im Fernsehen ~:** show a film on television; **das Fernsehen hat nichts darüber gebracht** there was nothing about it on television; **h)** *(darbringen)* **das/ein Opfer ~:** make the/a sacrifice; **eine Nummer/ein Ständchen ~:** perform a number/a serenade; **i)** *(erbringen)* **einen großen Gewinn/hohe Zinsen ~:** make a large profit/earn high interest; **das Gemälde brachte 50 000 DM** the painting fetched 50,000 marks; **das bringt nichts** *(ugs.)* it's pointless; **j) das bringt es mit sich, daß ...:** that means that ...; **seine Krankheit bringt es mit sich, daß ...:** it's because of *or* to do with his illness that ...; **k)** *(verursachen)* cause ⟨*trouble, confusion*⟩; **es kann dir doch nur Vorteile ~:** it can only be to your advantage; **l)** *(salopp: schaffen, erreichen)* **das bringst du doch nicht** you'll never do it; **der Wagen/diese Kneipe bringt's doch nicht** the car/this pub is no good; **der Wagen bringt 210 km/h** the car can *or* will do 210 km/h; **m)** *(hinein~, heraus~, bewegen)* get (**in** + *Akk.* into, **aus** out of); **der Schrank ist viel zu groß, als daß ich ihn allein von der Stelle ~ könnte** the cupboard is far too big for me to shift on my own; **den Wagen zum Laufen ~:** get the car to go; **ich bringe den Schlüssel nicht ins Schloß** *(bes. südd.)* I can't get the key into the lock
**Bring·schuld die** *(Rechtsw.) debt to be paid at the creditor's domicile*
**brisant** [bri'zant] *Adj.* explosive; **ein recht ~es Unternehmen** a highly risky undertaking; **~e Sprengstoffe** highly explosive materials
**Brisanz** [bri'zants] **die; ~, ~en a)** *o. Pl.* explosiveness; explosive nature; **ein Thema von hoher politischer ~:** a highly explosive political subject; **b)** *(Waffenkunde)* explosive force
**Brise** ['bri:zə] **die; ~, ~n** breeze
**Britannien** [bri'tani̯ən] **(das); ~s** Britain; *(hist.)* Britannia
**Brite** ['brɪtə] **der; ~n, ~n** Briton; **die ~n** the British; **er ist [kein] ~:** he is [not] British; **der ~ gewann eine Medaille** the British athlete/scholar *etc.* won a medal
**Britin die; ~, ~nen** Briton; British girl/woman; **die ~nen** the British [girls/women]; **sie ist [keine] ~:** she is [not] British; *s. auch* **-in**
**britisch** *Adj.* British; **die Britischen Inseln** the British Isles
**Bröckchen** ['brœkçən] **das; ~s, ~:** bit; small piece
**bröckchen·weise** *Adv. s.* **brockenweise**
**bröckelig** *Adj.* crumbly
**bröckeln** ['brœkl̩n] *tr., itr. V.* **a)** crumble; **b)** *mit sein* **von der Decke/Wand ~:** crumble away from the ceiling/wall
**Brocken** ['brɔkn̩] **der; ~s, ~ a)** *(von Brot)* hunk, chunk; *(von Fleisch)* chunk; *(von Lehm, Kohle, Erde)* lump; **b)** *(fig.)* **ein paar ~ Englisch** a smattering of English; **ein paar ~ eines Gesprächs auffangen** catch a few snatches of a conversation; **jmdm. einen fetten ~ wegschnappen** *(ugs.)* snap up a real opportunity from under sb.'s nose; **das war ein harter ~** *(ugs.)* that was a tough *or* a hard nut to crack; **c)** *(ugs.: dicke Person)* lump; **ist das ein ~!** what a big fat lump he/she is!
**brocken·weise** *Adv. (auch fig.)* bit by bit
**bröcklig** *s.* **bröckelig**
**brodeln** ['bro:dl̩n] *itr. V.* bubble; **es brodelt in der Masse/Bevölkerung** *(fig.)* there is seething unrest among the masses/in the population
**Brodem** ['bro:dəm] *(geh.)* vapour *(literary)*
**Broiler** ['brɔy̯lɐ] **der; ~s, ~** *(DDR) s.* **Brathähnchen**
**Brokat** [bro'ka:t] **der; ~[e]s, ~e** brocade
**Brokat·kleid das** brocade dress
**Brokkoli** ['brɔkoli] *Pl.* broccoli *sing.*
**Brom** [bro:m] **das; ~s** *(Chemie)* bromine
**Brom·beere** ['brɔm-] **die a)** bramble; blackberry-bush; b) *(Frucht)* blackberry; **~n pflücken gehen** go blackberrying
**Brombeer-: ~konfitüre die, ~marmelade die** blackberry jam; **~strauch der** bramble; blackberry-bush
**Bronchial-: ~asthma das** *(Med.)* bronchial asthma; **~katarrh der** *(Med.) s.* **Bronchitis; ~tee der** bronchial tea
**Bronchie** ['brɔnçi̯ə] **die; ~, ~n** *(Med.)* bronchial tube; bronchus
**Bronchitis** ['brɔnçi:tɪs] **die; ~, Bronchitiden** *(Med.)* bronchitis
**Bronze** ['brõ:sə] **die; ~:** bronze; **diese Leistung reichte gerade noch für ~** *(Sportjargon)* this performance was just enough to get a bronze; *s. auch* **Gold**
**Bronze·medaille die** bronze medal
**bronzen** ['brõ:sn̩] *Adj.* bronze ⟨*object*⟩; bronzed ⟨*skin*⟩; **~ schimmern** glint like bronze
**Bronze·zeit die** Bronze Age
**Brosame** ['bro:za:mə] **die; ~, ~n** *(geh. veralt., auch fig.)* crumb
**Brosche** ['brɔʃə] **die; ~, ~n** brooch
**broschiert** [brɔ'ʃi:rt] *Adj.* paperback; **eine ~e Ausgabe** a paperback *or* soft-cover edition; **~e Heftchen** booklets
**Broschüre** [brɔ'ʃy:rə] **die; ~, ~n** booklet; pamphlet; *(Reiseprospekt)* brochure
**Brösel** ['brø:zl̩] **der; ~s, ~,** *(österr.)* **das; ~s, ~:** breadcrumb
**bröselig** *Adj.* crumbly

**bröseln 1.** *itr. V.* crumble. **2.** *tr. V.* crumble

**Brot** [bro:t] **das; ~[e]s, ~e a)** bread *no pl., no indef. art.; (Laib ~)* loaf [of bread]; **wes ~ ich ess', des Lied ich sing'** *(Spr.)* he/she is not going to bite the hand that feeds him/her; **Bier ist flüssiges ~** *(scherzh.)* beer is full of nourishment; **der Mensch lebt nicht vom ~ allein** *(Spr.)* man shall not live by bread alone *(bibl.)*; **~ und Arbeit finden** find a paid job; **b)** *(Scheibe Brot)* slice [of bread]; **c)** *s.* **Butterbrot; d)** *(Lebensunterhalt)* daily bread *(fig.)*; **das ist ein hartes ~:** it's a hard way to earn a *or* your living

**Brot-: ~aufstrich der** spread; **~belag der** topping; *(im zusammengeklappten Brot)* filling; **~beruf der** occupation that enables one to make a living; **~beutel der** satchel

**Brötchen** ['brø:tçən] **das; ~s, ~:** roll; **kleinere ~ backen [müssen]** *(fig. ugs.)* [have to] lower one's sights; **seine/die ~ verdienen** *(ugs.)* earn one's/the daily bread

**Brötchen·geber der; ~s, ~** *(scherzh.)* employer

**brot-, Brot-: ~einheit die** carbohydrate unit; **~erwerb der** way to earn a living; **~fabrik die** bakery *(producing bread on a large scale)*; **~frucht·baum der** breadfruit tree; **~kanten der** [bread] crust; **~kasten der** bread-bin; **~korb der** bread-basket; **jmdm. den ~korb höher hängen** *(ugs.)* put sb. on short rations; *(fig.)* put the squeeze on sb. *(sl.)*; **~krume die, ~krümel der** breadcrumb; **~kruste die** [bread] crust; **~laib der** loaf [of bread]; **~los** *Adj.* unemployed; **jmdn. ~los machen** put sb. out of work; **das ist eine ~lose Kunst** there's no money in that; **~maschine die** bread-slicer; **~messer das** bread-knife; **~neid der** jealousy of sb.'s position/salary; **~rinde die** [bread] crust; **~scheibe die** slice of bread; **~schneide·maschine die** *s.* **~maschine; ~studium das;** *o. Pl.* **für einen großen Teil der Studenten heute ist die Medizin ein reines ~studium** a lot of today's students choose medicine because it will get them a well-paid job; **~teig der** bread dough; **~zeit die** *(südd.)* **a)** *(Pause)* [tea-/coffee-/lunch-]break; **b)** *o. Pl. (Vesper)* snack; *(Vesperbrot)* sandwiches *pl.*

**brr** [br̩] *Interj.* **a)** *(bei Kälte)* brr; *(vor Ekel)* ugh; **b)** *(Zuruf an Zugtier)* whoa

**BRT** *Abk.* **Bruttoregistertonne** grt

**¹Bruch** [brʊx] **der; ~[e]s, Brüche** ['brʏçə] **a)** *(das Brechen)* break; **der ~ des Deiches/Dammes** the breaching *(Brit.) or (Amer.)* breaking of the dike/dam; **das hätte ~ geben können** *(ugs.)* there could have been a crash; **~ machen** *(ugs.)* break things; *(Fliegerspr.)* crash; **in die Brüche gehen** *(zerbrechen)* break; get broken; *(enden)* break up; **zu ~ gehen** break; get broken; **etw. zu ~ fahren** smash sth. up; **b)** *(~stelle)* break; **die Brüche im Deich** the breaches *(Brit.) or (Amer.)* breaks in the dike; **c)** *(Med.: Knochen~)* fracture; break; **d)** *(Med.: Eingeweide~)* hernia; rupture; **sich** *(Dat.)* **einen ~ heben** rupture oneself *or* give oneself a hernia [by lifting sth.]; **e)** *(fig.) (eines Versprechens)* breaking; *(eines Abkommens, Gesetzes, einer Verfassung)* break; violation; *(mit der Vergangenheit, Tradition, Partei)* break **(mit** with); *(einer Freundschaft)* break; *(einer Ehe)* break-up; **ein ~ des Waffenstillstandes** a violation of the cease-fire; **der ~ mit dem Elternhaus** the break with home; **es kam zum ~ zwischen ihnen** they broke up; **f)** *(Math.)* fraction; **g)** *(Kaufmannsspr.: beschädigte Ware)* **diese Schokolade ist ~:** this chocolate is broken; **h)** *(Falte)* crease; **nach dem ~ falten** fold along the crease/creases; **i)** *(salopp: Einbruch)* break-in; **einen ~ machen** do a break-in

**²Bruch der** *od.* **das; ~[e]s, Brüche** *(Sumpfland)* marsh

**bruch-, Bruch-: ~band das;** *Pl.* **~bänder** *(Med.)* truss; **~bude die** *(ugs. abwertend)* hovel; dump *(coll.)*; **~fest** *Adj.* unbreakable

**brüchig** ['brʏçɪç] *Adj.* **a)** brittle, crumbly ⟨*rock, brickwork*⟩; **das Leder mit Creme einreiben, damit es nicht ~ wird** rub cream into the leather to keep it from cracking; **der Stoff ist ziemlich ~:** the material is splitting quite a bit; **b)** *(fig.)* crumbling ⟨*relationship, marriage, etc.*⟩; **c)** *(rauh)* rough; cracked

**Brüchigkeit die; ~ a)** brittleness; crumbliness; **b) die ~ ihrer Beziehung/Ehe ist für alle offenbar** it is obvious to everyone that their relationship/marriage is breaking up; **c)** *(Rauheit)* roughness

**bruch-, Bruch-: ~landen** *itr. V.; mit sein; nur im Inf. u. 2. Part.* crash-land; make a crash-landing; **~landung die** crash-landing; **~los** *Adj.* without a break *postpos.*; **~operation die** hernia operation; **~pilot der** *(ugs.)* crash-happy pilot; **~rechnen** *itr. V.; nur im Inf.* do fractions; **~rechnen das** fractions *pl.*; **jmdm. [das] ~rechnen beibringen** teach sb. how to do fractions; **beim ~rechnen ...:** when doing fractions ...; **~rechnung die** fractions *pl.*; **~schaden der** breakage; **~schokolade die** broken chocolate; **~sicher** *Adj.* unbreakable; **~stein der** undressed stone; **~stelle die** break; *(von Knochen auch)* fracture; **die ~stelle mit Klebstoff bestreichen** apply adhesive to the broken area; **~strich der** fraction line; **~stück das** fragment; *(großes Stück)* piece; *(fig.)* snatch; **~stückhaft 1.** *Adj.* fragmentary; **2.** *adv.* in a fragmentary way; **~teil der** fraction; **im ~teil einer Sekunde** in a fraction of a second; in a split second; **er kam um den ~teil einer Sekunde zu spät** he came a split second too late; **~zahl die** fraction

**Brücke** ['brʏkə] **die; ~, ~n a)** *(auch: Schiffs~, Zahnmed., Bodenturnen, Ringen)* bridge; **die** *od.* **alle ~n hinter sich** *(Dat.)* **abbrechen** *(fig.)*; burn one's bridges *(fig.)*; **jmdm. eine [goldene] ~** *od.* **[goldene] ~n bauen** *(fig.)* make things easier for sb.; **b)** *(Landungs~)* gangway; gangplank; **c)** *(Teppich)* rug; **d)** *(Anat.)* pons [Varolii]

**Brücken-: ~bau der;** *Pl.* **~bauten a)** *o. Pl.* building *or* construction of a/the bridge; *(allgemein)* bridge-building; bridge construction; **b)** *(Brücke)* bridge [structure]; **~bogen der** arch [of a/the bridge]; **~geländer das** parapet; railing; **~heilige der/die** sculptured saint [on a/the bridge]; **~kopf der** *(Milit., auch fig.)* bridgehead; **~pfeiler der** pier [of a/the bridge]; **~waage die** weighbridge; **~zoll der** [bridge] toll; **~zoll bezahlen** pay a [bridge] toll

**Bruder** ['bru:dɐ] **der; ~s, Brüder** ['bry:dɐ] **a)** *(auch: Mitmensch, Mönch)* brother; **die Brüder Müller** the Müller brothers; the brothers Müller; **~ Peter** Brother Peter; **und willst du nicht mein ~ sein, so schlag' ich dir den Schädel ein** if you're not my friend, then I'll treat you as an enemy; **der große ~** *(fig.)* Big Brother; **der große/kleine ~** *(fig. scherzh.)* the larger/smaller edition; **unter Brüdern** *(fig. ugs. scherzh.)* between *or* amongst friends; **b)** *(ugs. abwertend: Mann)* guy *(sl.)*; **ein ziemlich windiger ~:** a bit of a dodgy *(Brit.) or* shady character *(coll.)*; **~ Lustig** *od.* **Leichtfuß** *(veralt. scherzh.)* light-hearted fellow; *s. auch* **warm 1c**

**Bruder·bund der** *(geh., bes. DDR)* comradeship; fraternal links *pl.*

**Brüderchen** ['bry:dɐçən] **das; ~s, ~:** little brother; **ein kleines ~:** a little brother

**Bruder-: ~herz das;** *o. Pl. (veralt., noch scherzh.)* dear brother; **hör mal, ~herz** listen, brother dear; **~krieg der** fratricidal war; **~kuß der** brotherly kiss; **~land das** *(geh., bes. DDR)* fraternal country

**brüderlich 1.** *Adj.* brotherly; *(im politischen Bereich)* fraternal. **2.** *adv.* in a brotherly way; *(im politischen Bereich)* fraternally; **etw. ~ [mit jmdm.] teilen** share sth. [with sb.] in a fair and generous way

**Brüderlichkeit die; ~:** brotherliness; *(im politischen Bereich)* fraternity

**Bruder-: ~liebe die** brotherly love; **~mord der** fratricide; **~mörder der, ~mörderin die** fratricide

**Bruder·partei die** *(bes. DDR)* fraternal party

**Bruderschaft die; ~, Brüderschaft die; ~, ~en a)** *o. Pl.* **[mit jmdm.] ~ trinken** drink to close friendship [with sb.] *(agreeing to use the familiar 'du' form)*; **b)** *(Rel.)* brotherhood

**Bruder-: ~volk das a)** *(bes. DDR)* sister people; **b)** *(veralt. geh.)* kindred people; **~zwist der** feud between brothers; *(im politischen Bereich)* fraternal feud

**Brühe** ['bry:ə] **die; ~, ~n a)** stock; *(als Suppe)* clear soup; broth; **b)** *(ugs. abwertend: Getränk)* muck; **eine abscheuliche ~** *(fig.)* a revolting concoction; **c)** *(abwertend: verschmutztes Wasser)* dirty *or* filthy water; **d)** *(Kochk.: Kochwasser)* water; **e)** *(ugs.: Schweiß)* sweat

**brühen** *tr. V.* **a)** blanch; **b)** *(auf~)* brew, make ⟨*tea*⟩; make ⟨*coffee, soup*⟩

**brüh-, Brüh-: ~warm** *(ugs.)* **1.** *Adj.* hot ⟨*news*⟩; very latest ⟨*gossip etc.*⟩; **2.** *adv.* **etw. ~warm weitererzählen** pass sth. on *or* spread sth. around straight away; **~würfel der** stock cube; **~wurst die** sausage *(which is heated in boiling water)*

**Brüll·affe der** *(Zool.)* howler [monkey]; howling monkey

**brüllen** ['brʏlən] **1.** *itr. V.* **a)** ⟨*bull, cow, etc.*⟩ bellow; ⟨*lion, tiger, etc.*⟩ roar; ⟨*elephant*⟩ trumpet; **b)** *(ugs.: schreien)* roar; shout; **vor Schmerzen/Lachen ~:** roar with pain/laughter; **brüll nicht so!** there's no need to shout like that; **nach jmdm. ~:** shout to *or* for sb.; **~des Gelächter** roars *pl.* of laughter; **das ist [ja] zum Brüllen** *(ugs.)* it's a [real] scream; what a scream; **c)** *(ugs.: weinen)* howl; bawl; **er brüllte wie am Spieß** he bawled his head off. **2.** *tr. V.* yell; shout

**Brumm-: ~bär der** *(ugs.)* grouch *(coll.)*; **~baß der a)** *(ugs.)* deep *or* bass voice; **b)** *s.* **Kontrabaß**

**brummeln** ['brʊml̩n] *tr., itr. V. (ugs.)* mumble; mutter

**brummen** ['brʊmən] *tr., itr. V.* **a)** ⟨*insect*⟩ buzz; ⟨*bear*⟩ growl; ⟨*engine etc.*⟩ drone; **mir brummt der Schädel** *od.* **Kopf** *(ugs.)* my head is buzzing; **b)** *(sich ~d bewegen)* ⟨*fly etc.*⟩ buzz; ⟨*lorry etc.*⟩ thunder; ⟨*moped*⟩ buzz; **c)** *(unmelodisch singen)* drone; **d)** *(mürrisch sprechen)* mumble; mutter; **e)** *(ugs. veralt.: in Haft sein)* do time; **zwei Jahre ~:** do two years; **f)** *(ugs.: nachsitzen)* stay behind

**Brummer der; ~s, ~** *(ugs.)* **a)** *(Fliege)* bluebottle; **b)** *(Lkw)* heavy lorry *(Brit.) or* truck

**Brummi der; ~s, ~s** *(ugs.)* lorry *(Brit.)*; truck

**brummig** *(ugs.)* **1.** *Adj.* grumpy. **2.** *adv.* grumpily

**Brumm-: ~kreisel der** humming top; **~schädel der** *(ugs.)* thick head; **~ton der** humming noise

**brünett** [bry'nɛt] *Adj.* dark-haired ⟨*person*⟩; dark ⟨*hair*⟩; **sie ist ~:** she's [a] brunette

**Brünette die; ~, ~n** brunette

**Brunft** [brʊnft] **die; ~, Brünfte** ['brʏnftə] *(Jägerspr.) s.* **Brunst**

**brunften** *itr. V. (Jägerspr.) s.* **brunsten**

**Brunft·hirsch der** *(Jägerspr.)* rutting stag

**brunftig** *Adj. (Jägerspr.)* rutting ⟨*male animal*⟩; ⟨*female animal*⟩ in *or* on heat

**Brunft-: ~schrei der** *(Jägerspr.)* bell; **~zeit** *(Jägerspr.) s.* **Brunstzeit**

**Brunnen** ['brʊnən] **der; ~s, ~ a)** well, *(fig. geh.)* fountain *(literary)*; **den ~ [erst] zu-**

**decken, wenn das Kind hineingefallen ist** lock the stable door after the horse has bolted *(fig.)*; **b)** *(Spring~)* fountain; **c)** *(Wasser einer Heilquelle)* spring water; **~ trinken** take the waters *pl.*

**Brunnen-: ~becken das** basin [of a/the fountain]; **~figur die** figure on a/the fountain; **~haus das** pump-room; **~kresse die** watercress; **~kur die** [spa] cure; **eine ~kur machen** take a cure/a course of treatment at a spa; **~putzer der** *in* **schaffen wie ein ~putzer** *(ugs., bes. südwestd.)* slave away; work like a horse; **~vergifter der; ~s, ~:** water-poisoner; *(fig. abwertend)* trouble-maker; **~vergiftung die** water-poisoning; *(fig. abwertend)* trouble-making

**Brünnlein** ['brʏnlain] **das; ~s, ~ a)** [little] well; **b)** *(Springbrunnen)* [little] fountain

**Brunst** [brʊnst] **die; ~, Brünste** ['brʏnstə] *(von männlichen Tieren)* rut; *(von weiblichen Tieren)* heat; **Männchen/Weibchen in der ~:** rutting males/females in *or* on heat

**brunsten** *itr. V.* ⟨*male animal*⟩ rut; ⟨*female animal*⟩ be in *or* on heat

**brünstig** ['brʏnstɪç] **1.** *Adj.* rutting ⟨*male animal*⟩; ⟨*female animal*⟩ in *or* on heat. **2.** *adv.* **~ röhren** bell

**Brunst-: ~schrei der** bell; **~zeit die** *(bei männlichen Tieren)* rut; rutting season; *(bei weiblichen Tieren)* [season of] heat

**brunzen** ['brʊntsn̩] *itr. V. (landsch. derb)* [have a] piss *(coarse)*; take a leak *(sl.)*

**brüsk** [brʏsk] **1.** *Adj.* brusque; abrupt. **2.** *adv.* brusquely; abruptly

**brüskieren** *tr. V.* offend; *(stärker)* insult; *(schneiden)* snub

**Brüskierung die; ~, ~en** *s.* **brüskieren:** piece of offensive behaviour; insult; snub

**Brüssel** ['brʏsl̩] **(das); ~s** Brussels

**Brüsseler 1.** *indekl. Adj.; nicht präd.* Brussels; **~ Spitzen** Brussels lace *sing.* **2. der; ~s, ~:** inhabitant of Brussels; *(von Geburt)* native of Brussels; *s. auch* **Kölner**

**Brust** [brʊst] **die; ~, Brüste** ['brʏstə] **a)** *o. Pl.* chest; *(fig. geh.)* breast; heart; **~ an ~:** face to face; **sich in die ~ werfen** puff oneself up; **mit geschwellter ~:** proudly; as proud as a peacock; **er sang aus voller ~:** he sang lustily; **einen zur ~ nehmen** *(ugs.)* have a drink or two; **schwach auf der ~ sein** *(ugs.: anfällig sein)* have a weak chest; *(ugs.: wenig Geld haben)* be short [of money]; **b)** *(der Frau)* breast; **einem Kind die ~ geben** breast-feed a baby; **c)** *o. Pl. (Hähnchen~)* breast; *(Rinder~)* brisket; **d)** *o. Pl. (Sport)* breast-stroke

**Brust-: ~bein das** breastbone; **~beutel der** purse *(worn around the neck)*; **~drüse die** *(Anat.)* mammary gland

**brüsten** ['brʏstn̩] *refl. V. (abwertend)* **sich mit etw. ~:** boast *or* brag about sth.

**brust-, Brust-: ~fell·entzündung die** *(Med.)* pleurisy; **~flosse die** *(Zool.) (bei Fischen)* pectoral fin; *(beim Wal)* flipper; **~haar das** hair on the chest; chest hair; **~harnisch der** *(hist.)* breastplate; **~hoch** *Adj.* chest-high; **~höhe die**; *o. Pl.* **in ~höhe** at chest height; **~höhle die** *(Anat.)* thoracic cavity; **~kasten** *(ugs.)* chest; **~kind das** *(ugs.)* breast-fed baby; **~korb der** *(Anat.)* thorax *(Anat.)*; **~krebs der** breast cancer; cancer of the breast; **~schutz der** *(Fechten)* plastron; **~schwimmen** *itr. unr. V.; nur im Inf.* do [the] breast-stroke; **~schwimmen das** breast-stroke; **~stimme die** *(Musik)* chest-voice; **~stück das** *(Kochk.)* breast; *(vom Rind)* brisket; **~tasche die** breast pocket; *(Innentasche)* inside breast pocket; *(an der Latzhose)* front pocket; **~tee der** pectoral tea; **~ton der** *(Musik)* chest tone; **im ~ton der Überzeugung** *(fig.)* with utter conviction; **~tuch das** neckerchief *(worn with traditional costume)*; **~umfang der** chest measurement; *(bei Frauen)* bust measurement

**Brüstung die; ~, ~en a)** parapet; *(Balkon~)* balustrade; *(Logen~)* ledge; **b)** *(Fenster~)* breast

**Brust-: ~warze die** nipple; **~wickel der** *(Med.)* chest compress; **~wirbel der** *(Anat.)* thoracic vertebra

**Brut** [bru:t] **die; ~, ~en a)** *(das Brüten)* brooding; **b)** *(Jungtiere, auch fig. scherzh.: Kinder)* brood; **c)** *o. Pl. (abwertend: Gesindel)* mob

**brutal** [bru'ta:l] **1.** *Adj.* brutal; violent ⟨*attack, programme, etc.*⟩; brute ⟨*force, strength*⟩. **2.** *adv.* brutally

**brutalisieren** *tr. V.* brutalize

**Brutalisierung die; ~:** brutalization

**Brutalität** [brutali'tɛ:t] **die; ~, ~en a)** *o. Pl.* brutality; **b)** *(Handlung)* act of brutality *or* violence

**Brut·apparat der** incubator

**brüten** ['bry:tn̩] **1.** *itr. V.* **a)** brood; **b)** *(geh.: lasten)* hang heavily; **~de Hitze** stifling heat; **c)** *(grübeln)* ponder **(über +** *Dat.* over); **über einem Plan ~:** work on a plan; **in dumpfes Brüten versinken** *od.* **verfallen** fall to brooding. **2.** *tr. V. (Kernphysik)* breed

**brütend·heiß** *Adj.; nicht präd. (ugs.)* boiling *or* stifling hot

**Brüter der; ~s, ~** *(Kernphysik)* breeder; **schneller ~:** fast breeder

**Brut-: ~henne die** sitting hen; **~hitze die** *(ugs.)* stifling *or* sweltering heat; **~kasten der** incubator; **in ihrem Haus ist eine Hitze wie in einem ~kasten** it's like an oven in her house; **~pflege die** *(Zool.)* care of the brood; **~reaktor der** *(Kernphysik)* breeder reactor; **~stätte die** breeding-ground; *(fig.)* breeding-ground **(***Gen.***, für** for); hotbed **(***Gen.***, für** for)

**brutto** ['brʊto] *Adv.* gross; **~ 4 000 DM, 4 000 DM ~:** 4,000 marks gross; **~ 800 kg** 800 kilos gross

**Brutto-: ~einkommen das** gross income; **~ertrag der** gross return; **~gehalt das** gross salary; **~gewicht das** gross weight; **~inlands·produkt das** *(Wirtsch.)* gross domestic product; **~preis der** full price; **~raum·zahl die** gross register tonnage; **~register·tonne die** *(Seew.)* gross register[ed]ton; **~sozial·produkt das** *(Wirtsch.)* gross national product

**brutzeln** ['brʊtsl̩n] **1.** *itr. V.* sizzle; **die Kartoffeln müssen noch 10 Minuten ~:** the potatoes have to fry [gently] for another ten minutes. **2.** *tr. V. (ugs.)* fry [up]; **sich** *(Dat.)* **etw. ~:** fry oneself sth.

**Bruyère·holz** [bry'jɛ:r-] **das** brierwood

**Btx** [be:te:'ɪks] *Abk.* **Bildschirmtext**

**Bub** [bu:p] **der; ~en, ~en** *(südd., österr., schweiz.)* boy; lad

**Bübchen** ['by:pçən] **das; ~s, ~** *(südd., österr., schweiz.)* [little] boy; [little] lad

**Bube** ['bu:bə] **der; ~n, ~n a)** *(Kartenspiele)* jack; knave; **b)** *(veralt. abwertend)* rogue; knave; **der böse ~:** the bad boy

**Buben-: ~streich der a)** childish prank; **b)** *(veralt.: Übeltat)* knavish trick; **~stück das** *(veralt.)* knavish trick

**Bubi** ['bu:bi] **der; ~s, ~s a)** [little] boy *or* lad *or* fellow; **b)** *(salopp abwertend: Schnösel)* young lad

**Bubi-: ~kopf der** bobbed hair[cut]; bob; **sie hat sich** *(Dat.)* **einen ~kopf schneiden lassen** she had her hair bobbed; **~kragen der** *(veralt.)* Peter Pan collar

**bübisch** ['by:bɪʃ] **1.** *Adj.* **a)** mischievous; **b)** *(veralt. abwertend: schurkisch)* villainous. **2.** *adv.; see* **Adj.:** mischievously; villainously

**Buch** [bu:x] **das; ~[e]s, Bücher** ['by:çɐ] **a)** book; **über seinen Büchern sitzen** pore over one's books; **das Goldene ~ der Stadt** the visitors' book of the town; **sie ist ein aufgeschlagenes** *od.* **offenes ~ für mich** I can read her like an open book; **das ~ der Bücher** the Book of Books; **wie ein ~ reden** *(ugs.)* talk nineteen to the dozen; **ein Detektiv/ein Faulpelz, wie er im ~e steht** a classic [example of a] detective/a complete lazybones; **ein ~ mit sieben Siegeln** a closed book; a complete mystery; **sich [mit etw.] ins ~ der Geschichte eintragen** *(geh.)* go down in the annals *pl.* of history [for sth.]; **ein schlaues ~** *(ugs.)* a reference book/textbook; **die fünf Bücher Mose** the Pentateuch; **das erste/zweite/dritte/vierte/fünfte ~ Mose** Genesis/Exodus/Leviticus/Numbers/Deuteronomy; **b)** *(Dreh~)* script; **c)** *(Geschäfts~)* book; **er führt selbst die Bücher** he keeps his own books *or* accounts; **über etw.** *(Akk.)* **~ führen/genau ~ führen** keep a record of sth./keep an exact record of sth.; **zu ~[e] schlagen** *(den Etat beeinflussen)* be reflected in the budget; *(ins Gewicht fallen)* have a big influence; **es schlägt mit ca. 200 DM zu ~[e]** it makes a difference of about 200 marks; **d)** *(Wettliste)* book; **~ machen** make a book

**Buch-: ~besprechung die** book-review; **~binder der** bookbinder; **~binderei die a)** *o. Pl.* bookbinding; **b)** *(Betrieb)* bindery; **~block der;** *Pl.* **~blocks** book block; **~deckel der** [book] cover *(front or back)*; **~druck der;** *o. Pl.* letterpress printing; **im ~druck** in letterpress; **~drucker der** printer; **~druckerei die a)** *o. Pl.* letterpress printing; **b)** *(Betrieb)* printing works; **~drucker·kunst die;** *o. Pl.* art of printing

**Buche die; ~, ~n a)** beech[-tree]; **b)** *o. Pl. (Holz)* beech[wood]

**Buch-: ~ecker die** beech-nut; **~einband der** binding; [book] cover

[1]**buchen** *tr. V.* **a)** enter; **etw. auf ein Konto ~:** enter sth. into an account; **etw. als Erfolg ~** *(fig.)* count sth. as a success; **einen Sieg für sich ~** *(fig.)* chalk up a victory; **b)** *(vorbestellen)* book ⟨*holiday, trip, flight*⟩; book, reserve ⟨*seat, berth, room*⟩

[2]**buchen** *Adj.; nicht präd.* beech; of beech[wood] *postpos.*

**Buchen-: ~hain der** beech-grove; **~holz das** beechwood; **~wald der** beech-wood

**Bücher-: ~bord das a)** *s.* **~brett; b)** *s.* **~regal; ~brett das** bookshelf

**Bücherei die; ~, ~en** library

**Bücher-: ~freund der** book-lover; **~gestell das** bookshelves *pl.*; **~kiste die** book-crate; *(Kiste mit Büchern)* crate of books; **~narr der** book-fiend; **sie ist ein wahrer ~narr** she's really mad on books; **~regal das** bookshelves *pl.*; **~schrank der** bookcase; **~sendung die: etw. als ~sendung aufgeben/schicken** send sth. at printed paper rate; **das ist eine ~sendung** this can be/has been sent at printed paper rate; **~stube die** bookshop; **~stütze die** book-end; **~verbot das** *(kath. Kirche)* ban on books; **~verbrennung die** burning of books; **~wand die a)** bookshelf unit; **b)** *(Wand mit ~regal)* wall of bookshelves; **~weisheit die** *(abwertend)* book-learning; **~wurm der** *(scherzh.)* bookworm

**Buch-: ~fink der** chaffinch; **~form die** *in* **in ~form** in book form; **~führung die** bookkeeping; **einfache/doppelte ~führung** single/double-entry bookkeeping; **~gemeinschaft die** book club; **~halter der, ~halterin die** bookkeeper

**buchhalterisch 1.** *Adj.* bookkeeping *attrib.* **2.** *adv.* **~ gesehen** from a bookkeeping point of view

**Buch-: ~haltung die a)** accountancy; **b)** *(Abteilung)* accounts department; **~handel der;** *o. Pl.* book trade; **im ~handel erhältlich** available from bookshops; **~händler der, ~händlerin die** bookseller; **~handlung die** bookshop; **„~handlung Franz Maier"** 'Franz Maier's Bookshop'; **~hülle die** [book-]cover; **~illustration die** book illustration; **~klub der** book club; **~kritik die** book-review; **~laden der** *s.* **~handlung**

**Büchlein das; ~s, ~:** little book

**Buch-: ~macher der** bookmaker; bookie *(coll.)*; **~malerei die;** *o. Pl.* illumination; **~messe die** book fair; **~prüfer der** auditor; **~rücken der** spine

**Buchs·baum** ['bʊks-] **der** box[-tree]

**Buchse** ['bʊksə] **die; ~, ~n a)** *(Elektrot.)* socket; **b)** *(Technik)* bush; liner

**Büchse** ['bʏksə] **die; ~, ~n a)** tin; **die ~ der Pandora** Pandora's box; **b)** *(ugs.: Sammel~)* [collecting-]box; **c)** *(Gewehr)* rifle; *(Schrot~)* shotgun; **jmdm. vor die ~ kommen** come into sb.'s sights *pl.*

**Büchsen-: ~fleisch das** tinned *(Brit.) or (Amer.)* canned meat; **~gemüse das** tinned *(Brit.) or (Amer.)* canned vegetables *pl.*; **~macher der** gunsmith; **~milch die** tinned *(Brit.) or (Amer.)* canned milk; **~öffner der** tin-opener *(Brit.)*; can opener *(Amer.)*

**Buchstabe** ['bu:xʃta:bə] **der; ~ns, ~n** letter; *(Druckw.)* character; **ein großer/kleiner ~:** a capital [letter]/small letter; **nach dem ~n des Gesetzes** *(fig.)* according to the letter of the law; **sich auf seine vier ~n setzen** *(ugs. scherzh.)* sit [oneself] down

**buchstaben-, Buchstaben-: ~getreu 1.** *Adj.* literal; **2.** *adv.* to the letter; **~rätsel das** word-puzzle; **~rechnung die;** *o. Pl.* simple algebra; **~schloß das** letter-lock; **~schrift die** alphabetic script; **~wort das;** *Pl.* **~wörter** acronym

**buchstabieren** *tr. V.* **a)** spell; **b)** *(mühsam lesen)* spell out

**buchstäblich** ['bu:xʃtɛ:plɪç] **1.** *Adv.* literally. **2.** *Adj.* literal

**Buch·stütze die** *s.* **Bücherstütze**

**Bucht** [bʊxt] **die; ~, ~en a)** bay; **b)** *(für Schweine)* sty; *(für Pferde)* stall

**Buchtel** ['bʊxtl̩] **die; ~, ~n** *(österr.)* yeast pastry with jam or poppy-seed filling

**Buch·titel der** title

**Buchung die; ~, ~en a)** entry; **b)** *s.* **[1]buchen b:** booking; reservation

**Buchungs·maschine die** accounting machine

**Buch-: ~weizen der** buckwheat; **~wesen das;** *o. Pl.* book trade; *(Studienfach)* the book trade; **~wissen das** *(abwertend)* book-learning; **das ist nur ~wissen** that is only knowledge gained from books; **~zeichen das** bookmark[er]

**Bücke** ['bʏkə] **die; ~, ~n** *(Turnen)* stoop vault

**Buckel** ['bʊkl̩] **der; ~s, ~ a)** *(ugs.: Rücken)* back; **den ~ voll kriegen** get a good hiding *(coll.)*; **einen ~ machen** ⟨*cat*⟩ arch its back; ⟨*person*⟩ hunch one's shoulders; **rutsch mir den ~ runter!** *(salopp)* get lost! *(sl.)*; **der kann** *od.* **soll mir mal den ~ runterrutschen** *(salopp)* he can get lost *or* take a running jump *(sl.)*; **den ~ voll Schulden haben** be up to one's neck *or* ears in debt; **den ~ hinhalten** *(fig.)* take the blame; carry the can *(sl.)*; **einen krummen ~ machen, den ~ krumm machen** *(fig.)* bow and scrape; kowtow; **genug/viel auf dem ~ haben** *(fig.)* have enough/a lot on one's plate *(fig.)*; **schon 40 Jahre** *od.* **Jährchen auf dem ~ haben** be 40 already; **wenn du so viele Jahre auf dem ~ hast wie ich** when you are as old as I am; *s. auch* **breit 1 a; b)** *(Rückenverkrümmung)* hunchback; hump; **c)** *(ugs.: Hügel)* hillock; **d)** *(ugs.: gewölbte Stelle)* bump

**buckelig** *s.* **bucklig**

**buckeln** *itr. V. (ugs.)* **a)** *(abwertend)* bow and scrape; kowtow; **vor jmdm. ~:** kowtow to sb.; **nach oben ~ und nach unten treten** bow to superiors and kick underlings; **b)** ⟨*cat*⟩ arch its back

**Buckel·rind das** zebu

**bücken** ['bʏkn̩] *refl. V.* bend down; **sich nach etw. ~:** bend down to pick sth. up

**bucklig** *Adj.* **a)** hunchbacked; humpbacked; **b)** *(ugs.: uneben)* bumpy

**Bucklige der/die;** *adj. Dekl.* hunchback; humpback

**[1]Bückling** ['bʏklɪŋ] **der; ~s, ~e** *(ugs. scherzh.: Verbeugung)* bow

**[2]Bückling der; ~s, ~e** *(Hering)* smoked herring; bloater

**Büdchen** ['by:tçən] **das; ~s, ~:** little hut

**Buddel** ['bʊdl̩] **die; ~, ~n** *(nordd.)* bottle

**Buddelei** ['bʊdə'lai] **die; ~, ~en** *(ugs. abwertend)* digging *no pl.*; **eine ~** a piece fo digging

**Buddel·kasten der** sand-pit

**buddeln** *(ugs.)* **1.** *itr. V.* dig; **die Kinder ~ im Garten/im Sand** the children are digging about in the garden/sand. **2.** *tr. V.* **a)** dig ⟨*hole, tunnel*⟩; **b)** *(ausgraben)* dig up; **etw. aus der Erde ~:** dig sth. up out of the ground

**Buddha** ['bʊda] **der; ~s, ~s** Buddha

**Buddhismus der; ~:** Buddhism *no art.*

**Buddhist der; ~en, ~en, Buddhistin die; ~, ~nen** Buddhist

**buddhistisch 1.** *Adj.* Buddhist *attrib.* **2.** *adv.* **~ beeinflußt** influenced by Buddhism

**Bude** ['bu:də] **die; ~, ~n a)** kiosk; *(Markt~)* stall; *(Jahrmarkts~)* booth; **b)** *(Bau~)* hut; **c)** *(ugs.: Haus)* dump *(coll.)*; **d)** *(ugs.: Zimmer)* room; digs *pl. (Brit. coll.)*; **Leben in die ~ bringen** liven the place up; **mir fällt die ~ auf den Kopf** I'm feeling *or* getting claustrophobic; **[jmdm.] die ~ auf den Kopf stellen** turn the *or* sb.'s place upside down; **jmdm. die ~ einrennen** pester *or* badger sb.; **jmdm. auf die ~ rücken** *(mit einem Anliegen)* go/come round to sb.'s place; *(als Besuch)* drop in on sb.; **e)** *(ugs. abwertend: Laden, Lokal)* outfit *(coll.)*

**Budel** ['bu:dl̩] **die; ~, ~n** *(bayr., österr.)* counter

**Buden-: ~besitzer der** stall-holder; stall-keeper; **~zauber der** *(ugs. veralt.)* **~zauber machen** have a rave-up *(sl.)*

**Budget** [bʏ'dʒe:] **das; ~s, ~s** budget

**budgetär** [bʏdʒe'tɛ:ɐ̯] *Adj.* budgetary

**Budget-: ~beratung die** budget discussion; **~entwurf der** draft budget

**Budike** [bu'di:kə] **die; ~, ~n** *(berl.)* **a)** little shop; **b)** *(Lokal)* pub *(Brit. coll.)*; bar

**Budiker der; ~s, ~** *(berl.)* landlord

**Budo** ['bu:do] **das; ~s** budo

**Büfett** [by'fɛt] **das; ~[e]s, ~s** *od.* **~e a)** sideboard; **b)** *(Schanktisch)* bar; **c)** *(Verkaufstisch)* counter; **d) kaltes ~:** cold buffet; **e)** *(schweiz.: Bahnhofsrestaurant)* station restaurant

**Büfett·fräulein das** barmaid *(Brit.)*

**Büfettier** [byfɛ'tie:] **der; ~s, ~s** barman

**Büffel** ['bʏfl̩] **der; ~s, ~:** buffalo

**Büffelei die** *(ugs.)* swotting *no pl. (Brit. sl.)*

**Büffel-: ~herde die** herd of buffalo; **~leder das** buffalo-hide

**büffeln** *(ugs.)* **1.** *itr. V.* swot *(Brit. sl.)*; cram. **2.** *tr. V.* swot up *(Brit. sl.)*; cram

**Buffet,** *(österr. auch:)* **Büffet** [by'fɛt] **das; ~s, ~s** *s.* **Büfett**

**Buffo** ['bʊfo] **der; ~s, ~s** *od.* **Buffi** buffo

**Bug** [bʊ:k] **der; ~[e]s, ~e** *u.* **Büge** ['by:gə] **a)** *Pl.:* **Buge** *(Schiffs~)* bow; *(Flugzeug~)* nose; **jmdm. eine vor den ~ knallen** *(salopp) (einen Schlag versetzen)* sock *(sl.) or* give sb. one; *(einschüchtern)* sock *(sl.) or* give it to sb.; *s. auch* **Schuß a; b)** *(Schulterstück)* shoulder; **c)** *Pl.:* **Büge** *(Technik)* brace; strut

**Bügel** ['by:gl̩] **der; ~s, ~ a)** hanger; **über einen/einem ~:** on a hanger; **b)** *(Steig~)* stirrup; **c)** *(Brillen~)* ear-piece; **d)** *(an einer Tasche, Geldbörse)* frame; **e)** *(Griff einer Handtasche)* handle; **f)** *(Stromabnehmer)* bow; pantograph; **g)** *(Säge~)* frame; **h)** *(Gewehr~)* trigger-guard

**bügel-, Bügel-: ~automat der** *s.* **~maschine; ~brett das** ironing-board; **~eisen das** iron; **~falte die** [trouser] crease; **~frei** *Adj.* non-iron; **~maschine die** ironing-machine

**bügeln** *tr., itr. V.* iron ⟨*clothes*⟩; *s. auch* **gebügelt**

**Bügel·säge die** hack-saw

**Buggy** ['bagi] **der; ~s, ~s** buggy

**Bügler der; ~s, ~, Büglerin die; ~, ~nen** ironer

**Bug-: ~rad das** *(Flugw.)* nose-wheel; **~see die** *(Seemannsspr.) s.* **~welle**

**Bugsier·dampfer der** *(Seemannsspr.)* tug [boat]

**bugsieren** [bʊ'ksi:rən] *tr. V.* **a)** *(ugs.)* shift; manœuvre; steer ⟨*person*⟩; **b)** *(Seemannsspr.)* tow

**Bug-: ~spriet das** *od.* **der** *(Seemannsspr.)* bowsprit; **~welle die** *(Seemannsspr.)* bow wave

**buh** [bu:] *Interj.* boo; **~ rufen** boo

**Buh das; ~s, ~s** *(ugs.)* boo; **die ~s** the boos *or* booing *sing.*

**Buhei** [bu'hai] **das; ~s** *(bes. westd.)* fuss

**buhen** *itr. V. (ugs.)* boo

**Bühl** [by:l] **der; ~[e]s, ~e** *(südd., schweiz., österr.)* hill

**[1]Buhle** ['bu:lə] **der; ~n, ~n** *(dichter. veralt.)* paramour

**[2]Buhle die; ~, ~n** *(dichter. veralt.)* paramour; mistress

**buhlen** ['bu:lən] *itr. V.* **a)** *(abwertend)* **um jmds. Gunst ~:** court sb.'s favour; **um jmds. Anerkennung ~:** strive for recognition by sb.; **um jmdn. ~** *(veralt.)* court *or* woo sb.; **b)** *(veralt.: eine Liebschaft haben)* **mit jmdm. ~:** have a liaison with sb.

**Buhler der; ~s, ~ a)** *s.* **[1]Buhle; b)** *(geh. abwertend: Werber)* wooer

**buhlerisch** *(veralt. abwertend)* **1.** *Adj.* **a)** amorous; **b)** *(werbend)* ingratiating. **2.** *adv.* **a)** amorously; **b)** *(werbend)* ingratiatingly

**Buh·mann der;** *Pl.* **Buhmänner** *(ugs.)* **a)** whipping-boy; scapegoat; **b)** *(Schreckgestalt)* bogyman

**Buhne** ['bu:nə] **die; ~, ~n** groyne

**Bühne** ['by:nə] **die; ~, ~n a)** stage; **es gab mehrmals Beifall auf offener ~:** there were several rounds of applause during the play; **ein Stück auf die ~ bringen** put on *or* stage a play; **seit Monaten steht er jeden Abend als Faust auf der ~:** he has been playing Faust [on the stage] every evening for months; **auf der politischen ~** *(fig.)* on the political scene; **über die ~ bringen** *(ugs.)* finish ⟨*process*⟩; get ⟨*event*⟩ over; **über die ~ gehen** *(ugs.)* go off; **von der ~ des Lebens abtreten** *(geh. verhüll.)* depart this life; **von der ~ abtreten** disappear from *or* leave the scene; **b)** *(Theater)* theatre; **die Städtischen ~n Köln** the Cologne municipal theatres; **das Stück ging über alle ~n** the play was put on *or* staged in all the theatres; **an** *od.* **bei der ~ sein** be on the stage *or* in the theatre; **zur ~ gehen** go on the stage *or* into the theatre; **c)** *(landsch.: Dachboden)* attic; loft; **d)** *(landsch.: Heuboden)* [hay] loft; **e)** *(Hebe~)* lift; ramp

**bühnen-, Bühnen-: ~anweisung die** stage direction; **~arbeiter der** stage-hand; **~aus·sprache die** standard *or* received pronunciation; **~ausstattung die** stage set; **~autor der** playwright; **~bearbeitung die** stage adaptation; **~beleuchtung die** stage lighting; **~bild das** [stage] set; **~bildner der; ~s, ~, ~bildnerin die; ~, ~nen** stage *or* set designer; **~dekoration die** [stage] setting; stage decoration; **~dichtung die** drama; theatre; **~effekt der** stage effect; **~eingang der** stage door; **~erfahrung die** stage experience; **~erfolg der a)** stage success; **das Stück hatte einen großen ~erfolg** the play was a big success; **b)** *(Theaterstück)* stage hit; **ein großer ~erfolg am Broadway** a big Broadway hit; **~fassung die** *s.* **~bearbeitung; ~gerecht** *Adj.* ⟨*form*⟩ suitable for the stage; stage ⟨*adaptation*⟩; **etw. ~gerecht bearbeiten** adapt sth. for the stage; **~himmel der** cyclorama; **~kunst die** *s.* **Schauspielkunst; ~maler der** scene-painter; **~manuskript das** script; **~musik die** incidental music; **~raum der** stage [and backstage]; **~reif** *Adj.* ‹*play etc.*› ready for the stage; ‹*imitation etc.*› worthy of the stage; dramatic ‹*entrance etc.*›; **~schaffende der/die;** *adj. Dekl.* dramatic artist; **~stück das** stage play; **~technik die;** *o. Pl.* stage equipment *or* machinery; **~werk das** work for the stage; *(im engeren Sinne: dramatisches Werk)* dramatic work; **~wirksam** *Adj.* effective on the stage *pred.;* **~wirkung die** dramatic effectiveness

**Buh·ruf der** boo

**buk** [bu:k] *1. u. 3. Pers. Sg. Prät. v.* **backen**

**Bukarest** ['bu:karɛst] **(das); ~s** Bucharest

**Bukett** [bu'kɛt] **das; ~s, ~s** *od.* **~e a)** *(geh.)* bouquet; **ein ~ Rosen** a bouquet of roses; **b)** *(bei Wein)* bouquet

**Bukolik** [bu'ko:lɪk] **die;** ~ *(Literaturw.)* bucolic *or* pastoral poetry

**bukolisch** *Adj.* **a)** *(Literaturw.)* bucolic; pastoral; **b** *(geh.: idyllisch)* idyllic

**Bulette** [bu'lɛtə] **die; ~, ~n** *(bes. berl.)* rissole; **ran an die ~n!** *(ugs.)* go to it! *(coll.)*

**Bulgare** [bʊl'ga:rə] **der; ~n, ~n** Bulgarian

**Bulgarien** [bʊl'ga:ri̯ən] **(das); ~s** Bulgaria

**Bulgarin die; ~, ~nen** Bulgarian; *s. auch* **-in**

**bulgarisch** *Adj.* Bulgarian; *s. auch* **deutsch, Deutsch**

**Bulk·ladung** ['bʌlk-] **die** *(Seemannsspr.)* bulk cargo

**Bull-** [bʊl-]: **~auge das** circular porthole; **~dogge die** bulldog

**Bulldozer** ['bʊldo:zɐ] **der; ~s, ~:** bulldozer

[1]**Bulle** ['bʊlə] **der; ~n, ~n a)** bull; **b)** *(ugs. abwertend: Mann)* great ox; big bull; **d)** *(salopp abwertend: Polizist)* cop *(sl.);* **die ~n kommen!** here come the fuzz *(sl.) or* the cops *(sl.)!*

[2]**Bulle die; ~, ~n a)** *(päpstlicher Erlaß)* bull; *s. auch* **golden; b)** *(Urkundensiegel)* bulla

**bullen-, Bullen-: ~beißer der a)** *s.* **Bulldogge; b)** *(ugs. abwertend: Mensch)* aggressive fellow; **~hitze die** *(ugs.)* sweltering *or* boiling heat; **~kalb das** bull-calf; **~stark** *Adj. (ugs.)* as strong as an ox *pred.*

**bullern** ['bʊlɐn] *itr. V. (ugs.)* ‹*water*› bubble [away]; ‹*fire etc.*› roar [away]

**Bulletin** [byl'tɛ̃:] **das; ~s, ~s** bulletin

**bullig 1.** *Adj.* **a)** beefy, stocky ‹*person, appearance, etc.*›; chunky, hefty ‹*car*›; **b)** *(drückend)* sweltering, boiling ‹*heat*›. **2.** *adv.* swelteringly; **~ heiß** boiling hot

**Bull·terrier der** bull-terrier

**Bully** ['bʊli] **das; ~s, ~s** *(Sport)* bully; **das ~ ausführen** take a bully

**bum** [bʊm] *Interj.* bang

**Bumerang** ['bʊməraŋ] **der; ~s, ~e** *od.* **~s** boomerang; **es erwies sich als ~** *(fig.)* it boomeranged [on him/her/them]

**Bumerang·effekt der** boomerang effect

**Bummel** ['bʊml] **der; ~s, ~ a)** stroll **(durch** around); **einen ~ [durch den Park] machen** go for *or* take a stroll [in the park]; **b)** *(durch Lokale)* pub-crawl *(coll.)*

**Bummelant** [bʊmə'lant] **der; ~en, ~en** *(ugs. abwertend)* **a)** slowcoach *(Brit.);* slowpoke *(Amer.);* dawdler; **b)** *(Faulenzer)* idler; loafer

**Bummelei die; ~, ~en** *(ugs. abwertend)* **a)** dawdling; **b)** *(Faulenzerei)* idling *or* loafing about

**bummelig** *(ugs. abwertend)* **1.** *Adj.* **a)** slow; **b)** *(nachlässig)* slovenly; slipshod. **2.** *adv.* **a)** slowly; **b)** *(nachlässig)* in a slovenly *or* slipshod way

**Bummel·liese die** *(ugs. abwertend)* slowcoach; dawdler

**bummeln** *itr. V.* **a)** *mit sein (ugs.)* stroll **(durch** around); **[im Park] ~ gehen** go for *or* take a stroll [in the park]; **b)** *mit sein (ugs.: durch Lokale)* go round the pubs *(Brit. coll.);* go on a pub-crawl *(Brit. coll.);* **c)** *(ugs. abwertend: trödeln)* dawdle; **bei den Schulaufgaben ~:** dawdle over one's homework; **d)** *(ugs. abwertend: faulenzen)* laze about; do nothing

**Bummel-: ~streik der** go-slow; *(bei Beamten usw.)* work to rule; **in einen ~streik treten** go on a go-slow; **~zug der** *(ugs.)* slow *or* stopping train

**bummern** ['bʊmɐn] *itr. V. (landsch.)* bang; **gegen die Tür ~:** bang on the door

**Bummler der; -s, ~** *(ugs.)* **a)** *(Spaziergänger)* stroller; **b)** *s.* **Bummelant**

**bummlig** *s.* **bummelig**

**bums** [bʊms] *Interj.* bang!; **es machte laut ~:** there was a loud bang *or* thud

**Bums der; ~es, ~e a)** *(ugs.)* bang; *(dumpfer)* thud; thump; **b)** *(salopp abwertend: Lokal)* dive *(coll.);* **c)** *(salopp abwertend: Tanzvergnügen)* hop *(coll.);* **d)** *(Fußballjargon)* **einen unerhörten ~ haben** have a tremendous shot

**bumsen 1.** *itr. V. (ugs.)* **a)** *unpers.* **es bumste ganz furchtbar** there was a terrible bang/thud *or* thump; **es bumste an der Tür** there was a bang/thump on the door; **an dieser Kreuzung bumst es mindestens einmal am Tag** *(fig.)* there's at least one smash *or* crash a day at this junction; **hör auf, oder es bumst [gleich]!** *(fig.)* stop it, or you'll catch it [in a minute]! *(coll.);* **b)** *(schlagen)* bang; *(dumpfer)* thump; **gegen die Tür ~:** bang/thump on the door; **c)** *mit sein (stoßen)* bang; bash; **er ist mit dem Kopf gegen die Wand gebumst** he banged *or* bashed his head on the wall; **d)** *(salopp: koitieren)* have it off *(sl.);* screw *(vulg.).* **2.** *tr. V.* **a)** *(Fußballjargon)* thump; **b)** *(salopp: koitieren mit)* have it off with *(sl.);* screw *(vulg.);* **gebumst werden** get laid *(sl.);* be screwed *(vulg.)*

**bums-, Bums-: ~lokal das** *(ugs. abwertend)* dive *(coll.);* **~musik die** *(ugs. abwertend)* oompah music *(coll.);* **~voll** *Adj. (salopp)* full to bursting *pred.*

[1]**Bund** [bʊnt] **der; ~[e]s, Bünde** ['bʏndə] **a)** *(Verband, Vereinigung)* association; society; *(Bündnis, Pakt)* alliance; **der Dritte im ~e** *(fig.)* the third in the trio; **der Alte ~/der Neue ~** *(Rel.)* the Old/New Testament; **den ~ der Ehe eingehen, den ~ fürs Leben schließen** *(geh.)* enter into the bond of marriage; **mit jmdm. im ~e sein** *od.* **stehen** be in league with sb.; **b)** *(föderativer Staat)* federation; **der ~ und die Länder** the Federation *or* Federal Government and the Länder *or* States; *(in Austria)* the Federation *or* Federal Government and the provinces; **c)** *(ugs.: Bundeswehr)* forces *pl;* **beim ~:** in the forces *pl.;* **zum ~ gehen** do one's military service; **er hat sich freiwillig zum ~ gemeldet** he joined up voluntarily; **d)** *(an Röcken od. Hosen)* waistband; **e)** *(an Instrumenten)* fret

[2]**Bund das; ~[e]s, ~e** bunch; **ein ~ Petersilie/Mohrrüben/Spargel** a bunch of parsley/carrots/asparagus

**Bündchen** ['bʏntçən] **das; ~s, ~** *(am Hals)* [neck-]band; *(am Ärmel)* [sleeve-]band; *(an der Taille)* [waist]band; *(am Knöchel)* [ankle-]band

**Bündel** ['bʏndl] **das; ~s, ~ a)** bundle; **ein ~ von Fragen** *(fig.)* a set *or* cluster of questions; **ein hilfloses/schreiendes ~** *(ugs.)* a helpless/howling little bundle; **jeder hat sein ~ zu tragen** *(fig.)* everybody has his cross to bear; **sein ~ packen** *od.* **schnüren** pack one's bags *pl.;* **b)** *(Zusammengebundenes)* bundle; sheaf; **c)** *(Geom.)* sheaf

**bündeln** *tr. V.* bundle up ‹*newspapers, old clothes, rags, etc.*›; tie ‹*banknotes etc.*› into bundles/a bundle; tie ‹*flowers, radishes, carrots, etc.*› into bunches/a bunch; sheave ‹*straw, hay, etc.*›

**bündel·weise** *Adv.* by the bundle; in bundles; *(bei Blumen, Möhren, Radieschen usw.)* by the bunch; in bunches

**bundes-, Bundes-: ~amt das** federal department **(für** of); *(schweiz.)* federal office **(für** of); **~angestellten·tarif* der;** *o. Pl.* [civil servants'] statutory salary scale; **~anleihe die** government bond; **~anstalt die** federal institute **(für** of); **~anwalt der a)*** Federal Prosecutor; **b)** *(*; beim Bundesverwaltungsgericht)* prosecutor in the Supreme Administrative Court ; **c)** *(schweiz.)* public prosecutor; **~anwaltschaft* die a)** Federal Supreme Court prosecutors *pl.;* **b)** *(beim ~verwaltungsgericht)* Supreme Administrative Court prosecutors *pl.;* **~anzeiger* der** federal gazette; **~arbeitsgericht* das** Federal Labour Court; **~ausbildungs·förderungsgesetz* das** Federal Education and Training Assistance Act; **~autobahn die** *(*, österr.)* federal motorway; **~bahn die** Federal Railway; **~bank die** federal bank; **die Deutsche ~bank*** the German Federal Bank; **~beamte der** federal civil servant; **~behörde die** federal authority; **~bruder der** fellow member [of a/the students' association]; **~bürger* der** West German citizen; **~deutsch*** *Adj.* West German; **der ~deutsche Alltag** everyday life in West Germany; **~deutsche* der/die;** *adj. Dekl.* West German; **~ebene die: auf ~ebene** at federal *or* national level; **~eigen** *Adj.* federal-owned; nationalized; **~gebiet* das** federal territory; **das ~gebiet** West Germany; **~genosse der** ally; **~gericht das** Federal Court; **~gerichts·hof* der;** *o. Pl.* Federal Supreme Court; **~gesetzblatt das** Federal Law Gazette; **~grenzschutz* der** Federal Border Police; **~haupt·stadt die** federal capital; **~haus das;** *o. Pl.* Federal Parliament; *(Gebäude)* federal parliament [building]; **~haushalt der** *(*, österr.)* federal *or* national budget; **~heer das** *(österr., schweiz.)* [federal] armed forces *pl.;* **~kabinett* das** Federal Cabinet; **~kanzlei die** *(*, schweiz.)* Federal Chancellery; **~kanzler der a)** *(*, österr.)* Federal Chancellor; **b)** *(schweiz.)* Chancellor of the Confederation; **~kanzler·amt das** *(*, österr.)* Federal Chancellery; **~kriminal·amt* das** Federal Criminal Investigation Agency; **~lade die** *(jüd. Rel.)* Ark of the Covenant; **~land das** [federal] state; *(österr.)* province; **~liga die** national *or* federal division; **~ligist** [~lɪgɪst] **der; ~en, ~en** team in the national *or* federal division; **~marine* die** Federal Navy; West German Navy; **~minister der** *(*, österr.)* Federal Minister; **~ministerium das** *(*, österr.)* Federal Ministry; **~mittel** *Pl.* federal funds; **~nachrichten·dienst* der** Federal Intelligence Agency; **~post die** Federal Post Office; **die Deutsche ~post*** the West German [Federal] Post Office; **~präsident der a)** *(*, österr.)* [Federal] President; **b)** *(schweiz.)* President of the Confederation; **~rat der a)** (*) [Federal] Upper House of Parliament; Bundesrat; **b)** *(österr., schweiz.)* Federal Council; **~rechnungs·hof* der** Federal Audit Office; **~recht das** federal law; **~regierung die** Federal Government; **~republik die** federal republic; **die ~republik Deutschland** The Federal Republic of Germany; **~republikanisch*** *Adj.; nicht präd.* West German; **~richter der** federal judge; **~sieger der** national winner; **~staat der** federal state; **~straße die** *(*, österr.)* federal highway; ≈ A road *(Brit.)*

**Bundes·tag* der** [Federal] Lower House of Parliament; Bundestag

**Bundestags-: ~abgeordnete* der/die** member of parliament; member of the Bundestag; **~fraktion* die** parliamentary group; group in the Bundestag; **~präsi-**

* *(Bundesrepublik Deutschland)*

**dent*** der President of the Bundestag; **~wahl*** die parliamentary *or* general election
**bundes-, Bundes-: ~trainer** der national team manager; national coach; **~treue** die federal allegiance; **~verband** der federal association; **~verband der Deutschen Industrie*** Federation of German Industries; **~verdienst·kreuz*** das Order of Merit of the Federal Republic; **~verfassung** die federal constitution; **~verfassungs·gericht*** das Federal Constitutional Court; **~versammlung** die *(*, schweiz.)* Federal Assembly; **~versicherungs·anstalt*** die federal insurance institution; **die ~versicherungsanstalt für Angestellte** the Federal Insurance Institution [for salaried employees]; **~verwaltungs·gericht*** das Supreme Administrative Court; **~wehr*** die; *o. Pl.* [Federal] Armed Forces *pl.*; **~weit** 1. *Adj.; nicht präd.* nation-wide; national; 2. *adv.* nation-wide; nationally; **~zwang*** der federal obligation
**Bund-: ~falten** *Pl.* pleats; **~falten·hose** die pleat[ed]-front trousers *pl.*; **~hose** die knee-breeches
**bündig** ['bʏndɪç] 1. *Adj.* a) concise; succinct; b) *(schlüssig)* conclusive; *s. auch* **kurz** 1b; c) *(Bauw.)* flush; level. 2. *adv.* a) concisely; succinctly; *s. auch* **kurz** 2b; b) *(schlüssig)* conclusively; c) *(Bauw.)* flush
**Bündigkeit** die; ~ a) conciseness; succinctness; b) *(Schlüssigkeit)* conclusiveness
**Bündnis** ['bʏntnɪs] das; ~ses, ~se alliance
**bündnis-, Bündnis-: ~frei** *Adj.* non-aligned; **~partner** der ally; **~politik** die a) alliance policy; b) *(um Bündnisse zu schließen)* policy of alliance; **~system** das system of alliance; **das atlantische ~system** the Atlantic alliances *pl.*; **~treue** die loyalty to the alliance
**Bund·weite** die waist; *(Maß)* waist measurement
**Bungalow** ['bʊŋgalo] der; ~s, ~s bungalow
**Bunker** ['bʊŋkɐ] der; ~s, ~ a) *(auch Behälter)* bunker; *(für Getreide)* silo; *(für Raketen)* silo; bunker; b) *(Luftschutz~)* air-raid shelter; c) *(salopp: Gefängnis)* clink *(sl.)*
**bunkern** 1. *tr. V.* a) bunker ‹*coal*›; store ‹*grain etc.*›; b) *(salopp: verstecken)* stash away *(sl.)*. 2. *itr. V. (Seemannsspr.)* refuel
**Bunsen·brenner** ['bʊnzn̩-] der Bunsen burner
**bunt** [bʊnt] 1. *Adj.* a) *(farbig)* coloured; *(vielfarbig)* colourful; **~e Farben/Kleidung** bright colours/brightly coloured *or* colourful clothes; **~e Luftballons** different coloured balloons; **zu ~e Kleidung** garish clothing; b) *(fig.)* colourful ‹*sight*›; varied ‹*programme etc.*›; **ein ~er Abend** a social [evening]; **ein ~er Teller [mit Äpfeln, Nüssen und Süßigkeiten]** a plate of assorted fruit, nuts, and sweets *(Brit.) or (Amer.)* candy; **Männer und Frauen bilden eine ~e Reihe** men and women alternate; **Buntes** *(DDR ugs.)* West German currency; *s. auch* **Hund** a; c) *(ungeordnet)* confused ‹*muddle etc.*›; **ein ~es Treiben** a real hustle and bustle; **jetzt wird es mir zu ~** *(ugs.)* that's *or* it's too much. 2. *adv.* a) colourfully; **die Vorhänge waren ~ geblümt** the curtains had a colourful floral pattern; **etw. ~ bemalen/streichen** paint sth. a bright colour/in bright colours; **~ gekleidet sein** be colourfully dressed; have colourful clothes; b) *(fig.)* **ein ~ gemischtes Programm** a varied programme; **ein ~ gemischtes Publikum** a very mixed audience/*(im Restaurant)* clientele; c) *(ungeordnet)* **~ durcheinander liegen** be in a complete muddle; **es zu ~ treiben** *(ugs.)* go too far; overdo it
**bunt-, Bunt-: ~bemalt** *Adj.; präd. getrennt geschrieben* brightly *or* colourfully painted; **~druck** der; ~es, ~e a) *o. Pl. (Verfahren)* colour printing; b) *(Gedrucktes)* colour print; **~film** der *s.* **Farbfilm**; **~geblümt** *Adj.; präd. getrennt geschrieben* with a colourful floral pattern *or* design *postpos., not pred.*; **~gefärbt** *Adj.; präd. getrennt geschrieben* multicoloured; **~gefiedert** *Adj.; präd. getrennt geschrieben* with colourful *or* brightly coloured feathers *postpos., not pred.*; **~metall** das non-ferrous metal; **~papier** das coloured paper; **~sand·stein** der a) red sandstone; b) *o. Pl. (Geol.)* Bunter; **~scheckig** *Adj.* spotted; **~schillernd** *Adj.* iridescent; **~specht** der spotted woodpecker; **~stift** der coloured pencil/crayon; **~wäsche** die coloureds *pl.*
**Bürde** ['bʏrdə] die; ~, ~n *(geh.)* weight; load; *(fig.)* burden; **jmdm. zur ~ werden** *(fig.)* become a burden to sb.
**bürden** *tr. V. (geh. veralt.)* **die Verantwortung für etw. auf jmds. Schultern** *(Akk.)* ~: burden sb. with the responsibility for sth.
**Bure** ['bu:rə] der; ~n, ~n Boer
**Buren·krieg** der Boer War
**Bürette** [bʏ'rɛtə] die; ~, ~n *(Chemie)* burette
**Burg** die; ~, ~en a) castle; b) *(Strand~)* wall of sand; c) *(Sand~)* [sand-]castle; d) *(Jägerspr.)* lodge
**Burg-: ~anlage** die castle buildings *pl.*; castle complex; **~berg** der castle hill; *(aufgeschüttet)* castle mound; **~bewohner** der inhabitant of a/the castle; **die ~bewohner** those living in the castle
**Bürge** ['bʏrgə] der; ~n, ~n a) guarantor; **einen ~n stellen** offer surety *or* a guarantor; **er muß zwei ~n stellen** he has to give the names of two guarantors; b) *(fig.)* guarantee
**bürgen** *itr. V.* a) **für jmdn./etw.** ~: vouch for *or* act as guarantor for sb./vouch for or guarantee sth.; **wer bürgt mir dafür, daß ich das Geld zurückbekomme?** who can guarantee *or* what guarantee do I have that I'll get the money back?; b) *(fig.)* guarantee; **der Name bürgt für Qualität** the name is a guarantee of quality
**Bürger** der; ~s, ~ a) *(Staats~)* citizen; **akademischer ~** *(veralt.)* [university] student; *s. auch* **Uniform**; b) *(einer Gemeinde)* citizen; resident; **die Bremer ~**: the citizens *or* people of Bremen; **die ~ von Calais** the burghers of Calais; c) *(Bourgeois)* bourgeois
**Bürger-: ~aktion** die public campaign; **~beauftragte** der/die ombudsman; **~begehren** das public petition; **~beteiligung** die public participation *or* involvement; **~entscheid** der local referendum; **~forum** das open forum; public debate; **~haus** das [bourgeois] town house
**Bürgerin** die; ~, ~nen a) *(Staats~)* citizen; b) *(einer Gemeinde)* citizen; resident; c) *(zur Bourgeoisie gehörend)* bourgeois[e]
**Bürger-: ~initiative** die citizens' action group; **~krieg** der civil war; **der Spanische ~krieg** the Spanish Civil War
**bürgerlich** 1. *Adj.* a) *nicht präd. (staats~)* civil ‹*rights, marriage, etc.*›; civic ‹*duties*›; **das Bürgerliche Gesetzbuch** the [German] Civil Code; **sein ~er Name** his real name; b) *(dem Bürgertum zugehörig)* middle-class; **die ~e Küche** good plain cooking; good home cooking; **das ~e Trauerspiel** domestic tragedy; c) *(Polit.)* non-socialist; *(nicht marxistisch)* non-Marxist; d) *(abwertend: spießerhaft)* bourgeois. 2. *adv.* a) ‹*think, etc.*› in a middle-class way; **~ leben** live a middle-class life; **gut ~ essen** have a good plain meal; *(gewohnheitsmäßig)* eat good plain food; b) *(abwertend: spießerhaft)* in a bourgeois way; **dieses ~ engstirnige Denken** this bourgeois, narrow-minded way of thinking
**Bürgerliche** der/die; *adj. Dekl.* a) *(Nichtadlige)* commoner; b) *(Polit.)* non-socialist
**Bürgerlichkeit** die; ~: middle-class *or* bourgeois way of life; **eine erdrückende Atmosphäre der ~**: a stifling middle-class *or* bourgeois atmosphere
**bürger-, Bürger-: ~meister** der mayor; **~meister·amt** das a) *(Gemeindeverwaltung)* local authority; b) *(Amt des ~meisters)* office of mayor; c) *(Gebäude)* local council offices *pl.*; **~meisterin** die mayor; **~mut** der *s.* **Zivilcourage**; **~nah** *Adj.* which/who reflects the general public's interests *postpos., not pred.*; **~nahe Politik** politics for the people; **~nähe** die: **~nähe in der Politik** politics for the people; **~nähe bewahren** keep a close relationship with the people; **~pflicht** die civic duty; duty as a citizen; *s. auch* **Ruhe** f; **~recht** das one of the civil rights; **~rechte** civil rights; **~rechtler** der; ~s, ~, **~rechtlerin** die; ~, ~nen civil-rights campaigner; **~rechts·bewegung** die civil-rights movement; **~rechts·kämpfer** der *s.* **~rechtler**
**Bürgerschaft** die; ~, ~en a) citizens *pl.*; **die ganze ~**: all the citizens; b) *(in Hamburg u. Bremen)* city parliament
**Bürger·schreck** der bogey of the middle classes
**Bürgers-: ~frau** die *(veralt.)* a) middle-class woman; b) *(zur Bourgeoisie gehörend)* bourgeoise; **~mann** der; *Pl.:* **~leute** *(veralt.)* a) middle-class man; b) *(zur Bourgeoisie gehörend)* bourgeois
**Bürger-: ~sohn** der a) son of a middle-class family; b) *(zur Bourgeoisie gehörend)* son of a bourgeois family; **~stand** der *o. Pl. (veralt.)* a) middle class; b) *(Großbürgertum)* bourgeoisie; **~steig** der pavement *(Brit.)*; sidewalk *(Amer.)*
**Bürgertum** das; ~s a) middle class; b) *(wohlhabender Bürgerstand)* bourgeoisie
**Bürger·wehr** die vigilante group
**Burg-: ~fräulein** das *(hist.)* daughter of the lord of the/a castle; **~fried** der; ~[e]s, ~e *s.* **Bergfried**; **~friede** der a) truce; b) *(hist.: Schutz)* castle precincts *pl.*; **~graben** der [castle] moat; **~graf** der *(hist.)* burgrave; **~gräfin** die *(hist.)* chatelaine; **~herr** der *(hist.)* lord of the/a castle; **~herrin** die *(hist.)* lady of the/a castle
**Bürgin** ['bʏrgɪn] die; ~, ~nen *s.* **Bürge**
**Burg·ruine** die castle ruins *pl.*; ruined castle
**Bürgschaft** die; ~, ~en a) *(Rechtsw.)* guarantee; security; **die ~ für jmdn./etw. übernehmen** agree to act as sb.'s guarantor/to guarantee sth.; b) *(Garantie)* guarantee; **~ für etw. leisten** vouch for *or* guarantee sth.; c) *(Betrag)* penalty
**Bürgschafts-: ~erklärung** die guarantee; **~nehmer** der creditor
**Burgund** [bʊr'gʊnt] (das); ~s Burgundy
**Burgunder** der; ~s, ~ a) *(Einwohner, auch hist.)* Burgundian; b) *(Wein)* burgundy
**Burgunder·wein** der burgundy
**Burg-: ~verlies** das [castle] dungeon; **~vogt** der *s.* **~graf**
**Burin** die; ~, ~nen Boer; *s. auch* **-in**
**Burkina Faso** [bʊr'ki:na 'fa:zo] (das) Burkina
**Burkiner** der; ~s, ~, **Burkinerin** die; ~, ~nen Burkinan; *s. auch* **-in**
**burkinisch** *Adj.* Burkinan
**burlesk** [bʊr'lɛsk] *Adj.* burlesque
**Burleske** die; ~, ~n *(Theater, Musik)* burlesque
**Burma** ['bʊrma] *s.* **Birma**
**Burnus** ['bʊrnʊs] der; ~ses, ~se burnous
**Büro** [bʏ'ro] das; ~s, ~s office
**Büro-: ~angestellte** der/die office-worker; **~arbeit** die office work *no pl.*; **alle ~arbeiten** all types of office work; **~artikel** der item of office equipment; **~artikel**

* *(Bundesrepublik Deutschland)*

*Pl.* office supplies *or* equipment; ~**bedarf der** office supplies *pl.*; ~**gehilfe der** office-boy; ~**gehilfin die** office-girl; ~**haus das** office-block; ~**hengst der** *(ugs. abwertend)* office-clerk; pen-pusher *(coll.)*; ~**kaufmann der** [qualified] office executive; ~**klammer die** paper-clip; ~**kraft die** clerical worker

**Bürokrat** [byro'kra:t] **der; ~en, ~en** *(abwertend)* bureaucrat

**Bürokratie** [byrokra'ti:] **die; ~, ~n** bureaucracy

**Bürokratin die; ~, ~nen** bureaucrat

**bürokratisch 1.** *Adj.* bureaucratic. **2.** *adv.* bureaucratically

**bürokratisieren** *tr. V.* bureaucratize

**Bürokratismus der; ~** *(abwertend)* bureaucracy

**Büro-: ~maschine die** office machine; ~**material das** *s.* ~**bedarf**; ~**mensch der** *(ugs.)* office-clerk; ~**schluß der** [office] closing-time; **bei uns ist um 17 h ~schluß** our office closes at 5 o'clock; **nach ~schluß** after the office closes/the offices close; after office hours; ~**tätigkeit die;** *o. Pl.* **eine ~tätigkeit** office work; an office job; **Mädchen für leichte ~tätigkeit gesucht** girl required to carry out basic clerical duties; ~**vorsteher der** *(veralt.)* office manager *or* supervisor; ~**zeit die** office hours *pl.*; **während der ~zeit** during office hours

**Bursch** [bʊrʃ] **der; ~en, ~en a)** *member of a student fraternity*; **b)** *s.* **Bursche**

**Bürschchen** ['bʏrʃçən] **das; ~s, ~:** little fellow; little chap; **ein freches ~:** a cheeky little devil; **sei vorsichtig, mein ~:** be careful, sonny *or* laddie

**Bursche** ['bʊrʃə] **der; ~n, ~n a)** boy; lad; **b)** *(junger Mann)* young man; **die jungen ~n aus dem Dorf** the village youths; **er hält sich für einen ganz tollen ~n** *(ugs.)* he thinks he's really something; **er ist ein toller ~** *(ugs.)* he's a reckless devil; **c)** *(abwertend: Kerl)* guy *(sl.)*; character; **ein übler ~:** a nasty piece of work *(coll.)*; **d)** *(ugs.: Prachtexemplar)* specimen; **der Hecht, den er gefangen hat, ist ein prächtiger ~:** the pike he caught is a real whopper *(sl.)*; **e)** *(Milit. hist.)* batman; orderly; **f)** *s.* **Bursch a**

**Burschenschaft die; ~, ~en** students' duelling society

**Burschenschafter der; ~s, ~:** member of a/the students' duelling society

**burschikos** [bʊrʃi'ko:s] **1.** *Adj.* **a)** sporty ‹*clothes, look*›; [tom]boyish ‹*behaviour, girl, haircut*›; **b)** *(ungezwungen)* casual ‹*comment, behaviour, etc.*›. **2.** *adv.* **a)** [tom]boyishly; **sich ~ benehmen** behave like a [tom]boy; **b)** *(ungezwungen)* in a colloquial way

**Burschikosität** [bʊrʃikozi'tɛ:t] **die; ~, ~en** *s.* **burschikos 1:** sportiness; [tom]boyishness; casualness

**Burse** ['bʊrzə] **die; ~, ~n** *(hist.)* hostel *(for students and journeymen)*

**Bürste** ['bʏrstə] **die; ~, ~n a)** brush; **b)** *(Haarschnitt)* crew cut; **c)** *(Elektrot.)* brush

**bürsten** *tr. V.* **a)** brush; **b)** *(vulg.: koitieren)* screw *(vulg.)*

**Bürsten-: ~abzug der** *(Druckw.)* brush proof; ~**binder der a)** *(veralt.) s.* ~**macher**; **b) trinken** *(ugs.)* **od. saufen** *(salopp)* **wie ein ~binder** drink like a fish; ~**macher der** broom- and brushmaker; ~**schnitt der** crew cut

**Bürzel** ['bʏrtsl̩] **der; ~s, ~ a)** *(Zool.)* rump; **b)** *(Jägerspr.)* tail

**Bus** [bʊs] **der; ~ses, ~se** bus; *(Privat- und Reisebus auch)* coach

**Bus·bahn·hof der** bus station; *(für Reisebusse auch)* coach station

**Busch** [bʊʃ] **der; ~[e]s, Büsche** ['bʏʃə] **a)** bush; *(fig.)* **auf den ~ klopfen** *(ugs.)* sound things out; **bei jmdm. auf den ~ klopfen** *(ugs.)* sound sb. out; **mit etw. hinterm ~ halten** *(ugs.)* keep sth. to oneself; **es ist etw. im ~** *(ugs.)* something's up; **sich [seitwärts] in die Büsche schlagen** *(ugs.)* slip away; **b)** *(Geogr.)* bush; **c)** *(ugs.: Urwald)* jungle; **aus dem ~ kommen** have come from the backwoods *pl.*; **d)** *(Strauß)* bunch; **e)** *(Büschel)* tuft; **ein ~ Haare/Federn** a tuft of hair/feathers

**Busch·bohne die** dwarf bean

**Büschel** ['bʏʃl̩] **das; ~s, ~** *(von Haaren, Federn, Gras usw.)* tuft; *(von Heu, Stroh)* handful; **ein ~ Federn** a tuft of feathers

**büschel·weise** *Adv. s.* **Büschel:** in tufts/in handfuls; **~ Unkraut** whole clumps of weeds

**Buschen der; ~s, ~** *(südd., österr. ugs.)* **ein ~ [Blumen/Zweige]** a bunch [of flowers]/bundle [of twigs]; **einen ~ über die Tür hängen** hang a bundle of twigs above the door

**Buschen·schenke die** *(österr.) s.* **Straußwirtschaft**

**buschig** *Adj.* bushy; **~e Rosen** rose-bushes

**Busch·klepper der** *(veralt.)* highwayman *(Hist.)*

**Busch-: ~mann der** Bushman; ~**messer das** machete; ~**werk das;** *o. Pl.* bushes *pl.*; ~**wind·röschen das** wood anemone

**Busen** ['bu:zn̩] **der; ~s, ~ a)** bust; **sie hat wenig ~** *(ugs.)* she has very little bosom; **in dem Film wurde viel ~ gezeigt** *(ugs.)* in this film there was plenty of bosom on display; **eine Schlange od. Natter an seinem ~ nähren** *(veralt.)* nourish a viper in one's bosom *(literary)*; **b)** *(dichter. veralt.: Brust)* bosom; breast; **am ~ der Natur** *(fig. scherzh.)* in the bosom of nature; **c)** *(dichter. veralt.: Inneres)* bosom; heart; **d)** *(dichter. veralt.: Mieder)* bodice; bosom

**busen-, Busen-: ~frei** *Adj.* topless; ~**freund der,** ~**freundin die** *(oft iron.)* bosom friend; ~**star der** *(ugs.)* sex symbol

**Bus-: ~fahrer der** bus-driver; *(von Reisebussen auch)* coach-driver; ~**halte·stelle die** bus-stop; *(von Reisebussen auch)* coach-stop; ~**linie die** bus-route; **mein Haus liegt an der ~linie 7** my house is on the number 7 bus-route

**Bussard** ['bʊsart] **der; ~s, ~e** *(Zool.)* buzzard

**Buße** ['bu:sə] **die; ~, ~n a)** *(Rel.)* penance *no art.*; **~ tun** *(veralt.)* do penance; **b)** *o. Pl.* *(Reue)* repentance; **c)** *(Rechtsw.)* damages *pl.*; **d)** *(schweiz. Rechtsspr.: Geldstrafe)* fine

**Bussel** ['bʊsl̩] **das; ~s, ~[n]** *s.* **Busserl**

**busseln** *s.* **busserln**

**büßen** ['by:sn̩] **1.** *tr. V.* **a)** *(Rel.: sühnen)* atone for; expiate; **b)** *(bestraft werden für)* atone for; **das sollst du mir ~:** you'll pay for that; **c)** *(fig.: bezahlen)* pay for. **2.** *itr. V.* **a)** *(Rel.)* **für etw. ~:** atone for *or* expiate sth.; **b)** *(bestraft werden)* suffer; **c)** *(fig.: bezahlen)* pay

**Büßer der; ~s, ~** *(Rel.)* penitent

**Büßer-: ~gewand das,** ~**hemd das** penitential robe; **sich im ~hemd zeigen, im ~hemd erscheinen** *(fig.)* show repentance

**Büßerin die; ~, ~nen** *(Rel.)* penitent

**Busserl** ['bʊsɐl] **das; ~s, ~[n]** *(südd., österr. ugs.)* kiss

**busserln** *tr., itr. V. (südd., österr. ugs.)* kiss

**buß-, Buß-: ~feier die** *(kath. Rel.) s.* ~**gottesdienst**; ~**fertig** *(Rel.)* **1.** *Adj.* penitent; *(fig.)* repentant; **2.** *adv.* penitently; ~**fertigkeit die** *o. Pl. (Rel.)* penitence; *(fig.)* repentance; ~**gang der** *(geh.)* **einen ~gang antreten od. machen** go to beg for forgiveness; ~**gebet das** *(Rel.)* prayer of repentance *or* penitence; ~**geld das** *(Rechtsw.)* fine; ~**geld·bescheid der** official demand for payment of a fine; **einen ~geldbescheid bekommen** be fined **(von** by); ~**gesang der** *(Rel.)* hymn of repentance; ~**gottes·dienst der** *(kath. Rel.)* service of confession and general absolution

**Bussi** ['bʊsi] **das; ~s, ~s** *(ugs.)* kiss

**Bussole** [bʊ'so:lə] **die; ~, ~n** compass; *(Elektrot.)* galvanometer

**Buß-: ~prediger der** repentance-preacher; ~**predigt die** sermon calling to repentance; ~**sakrament das** *(Rel.)* sacrament of penance; ~**tag der a)** *(kath. Rel.)* day of repentance; **b)** *s.* **~- und Bettag; ~- und Bettag der** *(ev. Kirche)* Wednesday eleven days before Advent *(as day of penance)*

**Büsten·halter der** bra; brassière *(formal)*

**Bus-: ~verbindung die a)** *(Linie)* bus service; **b)** *(Anschluß)* bus connection; *(für Reisebusse auch)* coach connection; ~**verkehr der** bus service; *(von Fernreisebussen auch)* coach service

**Butan** [bu'ta:n] **das; ~s, ~e** *(Chemie)* butane

**Butan·gas das** butane gas

**Butt** [bʊt] **der; ~[e]s, ~e** flounder; butt

**Bütt** [bʏt] **die; ~, ~en** speaker's platform; [carnival] soap-box; **in der ~ stehen** stand on the platform *or* soap-box; **in die ~ steigen** take the platform; get up on the soap-box

**Butte die; ~, ~n a)** *(südd., österr., schweiz.) s.* **Bütte**; **b)** *(Winzerspr.)* dosser; pannier

**Bütte die; ~, ~n a)** tub; **b)** *(Papierherstellung)* vat

**Büttel** ['bʏtl̩] **der; ~s, ~ a)** *(abwertend)* lackey; **b)** *(veralt.: Häscher)* bailiff; **c)** *(geh. abwertend: Polizist)* minion of the law

**Bütten das; ~s** *s.* ~**papier**

**Bütten-: ~papier das** handmade paper *(with deckle-edge)*; ~**rand der** deckle-edge; ~**rede die** carnival speech; ~**redner der** carnival speaker

**Butter** ['bʊtɐ] **die; ~:** butter; **gute ~** *(veralt.)* butter; **[es ist] alles in ~** *(ugs.)* everything's fine; **sie läßt sich** *(Dat.)* **nicht die ~ vom Brot nehmen** *(ugs.)* she doesn't let anyone put one over on her; **jmdm. die ~ aufs od. auf dem Brot nicht gönnen** *(ugs.)* begrudge sb. everything

**Butter-: ~bemme die** *(ostmd.) s.* ~**brot**; ~**berg der;** *o. Pl. (ugs.)* butter mountain; ~**blume die** *(Löwenzahn)* dandelion; *(Sumpfdotterblume)* marsh marigold; *(Hahnenfuß)* buttercup; ~**brot das** piece *or* slice of bread and butter; *(zugeklappt)* sandwich; **ein ~brot mit Schinken** a slice of bread and butter with ham on it/a ham sandwich; **für ein ~brot** *(ugs.)* for next to nothing; ‹*buy, sell*› for a song; **mußt du mir ständig aufs ~brot streichen od. schmieren, daß ...?** *(ugs.)* do you have to keep rubbing it in that ...?; ~**brot·papier das** greaseproof paper; ~**creme die** butter-cream; ~**creme·torte die** butter-cream cake; ~**dose die** butter-dish; ~**fahrt die** *(ugs.)* sea trip to buy duty-free goods; ~**faß das** [butter-]churn; ~**fett das** butter-fat; ~**flöckchen das** flake of butter

**Butterfly** ['bʌtəflai] **der; ~s a)** *(Schwimmen)* butterfly [stroke]; **b)** *(Eiskunstlauf)* split jump

**butter·gelb** *Adj.* butter yellow

**butterig** *Adj.* buttery

**Butter-: ~käse der** rich creamy cheese; ~**keks der** butter biscuit; ~**krem die** *(ugs. auch:) der s.* ~**creme;** ~**messer das** butter-knife; ~**milch die** buttermilk

**buttern 1.** *itr. V.* make butter. **2.** *tr. V.* **a)** butter; grease ‹*baking tray*› with butter; **b)** *(ugs.: aufwenden)* put **(in + Akk.** into)

**butter-, Butter-: ~pilz der** boletus lutens; ~**säure die** *(Chemie)* butyric acid; ~**schmalz das** clarified butter; ~**stulle die** *(nordd., bes. berlin.) s.* ~**brot;** ~**teig der** short pastry [made with butter]; ~**weich 1.** *Adj.* **a)** beautifully soft; **eine ~weiche Landung** *(fig.)* a [really] soft landing; **b)** *(ohne Festigkeit)* vague ‹*agreement, promise*›; **wenn man ihm schmeichelt, wird er ~weich** if you flatter him, he's like putty in your hands; **c)** *(Sportjargon)* gentle ‹*shot, pass*›;

2\. *adv.* **a)** gently; **die Maschine landete ~weich** the machine landed gently; **b)** *(Sportjargon)* gently

**Buttje** ['bʊtjə], **Buttjer** ['bʊtjɐ] **der; ~s, ~s** *(nordd.)* kid *(coll.)*

**Büttner** ['bʏtnɐ] **der; ~s, ~** *s.* **Böttcher**

**Button** [bʌtn] **der; ~s, ~s** badge

**buttrig** *s.* **butterig**

**Butze·mann** **der;** *Pl.* **~männer** *(fam.)* bogyman

**bützen** ['bʏtsn̩] *tr., itr. V. (rhein.)* kiss

**Butzen·scheibe die** bull's-eye pane

**Büx** [bʏks] **die; ~, ~en, Buxe** ['bʊksə] **die; ~, ~n** *(nordd.)* trousers *pl.;* pants *pl. (Amer.);* **zwei Büxen** *od.* **Buxen** two pairs of trousers *or (Amer.)* pants

**Buxtehude** [bʊkstə'hu:də] *in* **in/aus/nach ~** *(fig. ugs.)* at/from/to the back of beyond

**BV die;** ~ *Abk. (schweiz.)* **Bundesversammlung**

**BVG das; ~s** *Abk.* **a) Bundesverwaltungsgericht; b) Bundesverfassungsgericht; c) Betriebsverfassungsgesetz**

**b.w.** *Abk.* **bitte wenden** p.t.o.

**Bypass** ['baipɑs] **der; ~es, Bypässe** *(Med.)* bypass

**Byte** [bait] **das; ~[s], ~[s]** *(DV)* byte

**Byzantiner** [bʏtsan'ti:nɐ] **der; ~s, ~** Byzantine

**byzantinisch** *Adj.* Byzantine; **das Byzantinische Reich** the Byzantine Empire

**Byzantinismus der;** ~ *(geh. abwertend)* obsequiousness; sycophancy

**Byzantinistik die;** ~: Byzantine studies *pl., no art.*

**Byzanz** [bʏ'tsants] **(das); Byzanz'** Byzantium

**bzgl.** *Abk.* **bezüglich**

**bzw.** *Abk.* **beziehungsweise**

# C

**c, C** [tse:] **das; ~, ~: a)** *(Buchstabe)* c/C; **b)** *(Musik)* [key of] C; *s. auch* **a, A**

**C** *Abk.* **Celsius** C

**ca.** *Abk.* **cirka** c.

**Cabaret** [kaba're:] *s.* **Kabarett**

**Cabrio** *s.* **Kabrio**

**Cabriolet** [kabrio'le:] *s.* **Kabriolett**

**cachieren** *s.* **kaschieren**

**Café** [ka'fe:] **das; ~s, ~s** café; **ins ~ gehen** go to a/the café

**Cafeteria** [kafetə'ri:a] **die; ~, ~s** cafeteria

**cal** *Abk.* **[Gramm]kalorie** cal.

**Calcium** *s.* **Kalzium**

**Callgirl** ['kɔ:lgə:l] **das; ~s, ~s** call-girl

**Callgirl·ring der** call-girl ring

**Calvados** [kalva'do:s] **der; ~, ~** calvados

**calvinistisch** *s.* **kalvinistisch**

**Calypso** [ka'lɪpso] **der; ~[s], ~s** calypso

**Camembert** ['kamɑ̃mbe:ɐ̯] **der; ~s, ~s** Camembert

**Camion** ['kamiõ] **der; ~s, ~s** *(schweiz.)* lorry *(Brit.);* truck *(Amer.)*

**Camouflage** [kamu'fla:ʒə] **die; ~, ~n** *(bes. Milit.; veralt.)* camouflage

**camouflieren** *tr. V. (veralt.)* camouflage

**Camp** [kɛmp] **das; ~s, ~s** camp

**campen** ['kɛmpn̩] *itr. V.* camp

**Camper der; ~s, ~, Camperin die; ~, ~nen** camper

**Camping** ['kɛmpɪŋ] **das; ~s** camping; **zum ~ [nach X] fahren** go camping [in X]

**Camping-: ~aus·rüstung die** camping equipment; **~beutel der** duffle-bag; **~bus der** motor caravan; camper; **~führer der** camping guide[book]; **~platz der** campsite; campground *(Amer.);* **~stuhl der** [folding] camp-chair; **~tisch der** [folding] camp-table

**Campus** ['kampʊs] **der;** ~ *(Hochschulw.)* campus

**Canaille** *s.* **Kanaille**

**Canasta** [ka'nasta] **das; ~s** canasta

**Cancan** [kɑ̃'kɑ̃:] **der; ~s, ~s** cancan

**Candela** [kan'de:la] **die; ~, ~** *(Physik)* candela

**Cannabis** ['kanabɪs] **der;** ~: cannabis

**Cannelloni** [kanɛ'lo:ni] *Pl.* cannelloni

**Cañon** ['kanjɔn] **der; ~s, ~s** canyon

**Canossa** *s.* **Kanossa**

**Canto** ['kanto] **der; ~s, ~s** *(Literaturw.)* canto

**Cantus** ['kantʊs] **der; ~, ~** *(Musik)* cantus; principal *or* melody voice

**Cape** [ke:p] **das; ~s, ~s** cape

**Cappuccino** [kapʊ'tʃi:no] **der; ~[s], ~[s]** cappuccino

**Capriccio** [ka'prɪtʃo] **das; ~s, ~s** *(Musik)* capriccio

**Car** [ka:ɐ̯] **der; ~s, ~s** *(schweiz.)* coach

**Caravan** ['ka(:)ravan] **der; ~s, ~s a)** *(Kombi)* estate car; station wagon *(Amer.);* **b)** *(Wohnwagen)* caravan; trailer *(Amer.)*

**Carbid** *s.* **Karbid**

**Caritas** ['ka:ritas] **die;** ~ Caritas *(Catholic welfare organization);* **ich bin doch nicht von der ~!** *(ugs.)* I'm not a charitable institution!

**Carnet [de passages]** [kar'nɛ (də pa'sa:ʒə)] **das; ~ [~], ~s [~]** [kar'nɛ (~)] *(Verkehrsw.)* carnet

**cartesianisch** [karte'zia:nɪʃ] *Adj.* Cartesian

**Cartoon** [kar'tu:n] **der** *od.* **das; ~[s], ~s** cartoon

**Casanova** [kaza'no:va] **der; ~[s], ~s** Casanova

**Cäsar** ['tsɛ:zar] **(der)** Caesar

**Cäsaren-** [tsɛ'za:rən-]: **~herrschaft die** dictatorship; **~wahn·sinn der** [dictatorial] megalomania

**Cäsarismus** [tsɛza'rɪsmʊs] **der;** ~ Caesarism; absolutism

**Cäsaropapismus** [tsɛzaropa'pɪsmʊs] **der;** ~: Caesaropapism *no art.*

**Cashew·nuß** ['kɛʃu-] **die** cashew-nut

**Cash-flow** [kæʃ'floʊ] **der; ~s** *(Wirtsch.)* [gross] cash flow

**Casino** *s.* **Kasino**

**Cassata** [ka'sa:ta] **die** *od.* **das; ~, ~s** cassata

**Cassette** *s.* **Kassette**

**Catch-as-catch-can** ['kætʃəz'kætʃ'kæn] **das;** ~: catch-as-catch-can; all-in wrestling

**catchen** ['kɛtʃn̩] *itr. V.* do all-in wrestling; **das Catchen** all-in wrestling

**Catcher** ['kɛtʃɐ] **der; ~s, ~:** all-in wrestler

**Cayenne·pfeffer** [ka'jɛn-] **der** cayenne [pepper]

**CB-Funk** [tse:'be:-] **der; ~s** *(Nachrichtent.)* CB radio

**cbm** *Abk. (veralt.)* **Kubikmeter** $m^3$

**ccm** *Abk. (veralt.)* **Kubikzentimeter** c.c.

**CD-Platte** [tse:'de:-] **die** compact disc

**CD-ROM die; ~, ~[s]** CD-ROM

**CD-Spieler** [tse:'de:-] **der** compact-disc player

**CDU** [tse:de:'|u:] **die;** ~ *Abk.* **Christlich-Demokratische Union [Deutschlands]** [German] Christian Democratic Party

**C-Dur** ['tse:-] **das;** ~: C major; *s. auch* **A-Dur**

**C-Dur-Dreiklang der** C major triad

**Cedille** [se'di:j(ə)] **die; ~, ~n** *(Sprachw.)* cedilla

**Cellist** [tʃɛ'lɪst] **der; ~en, ~en, Cellistin die; ~, ~nen** cellist; *s. auch* **-in**

**Cello** ['tʃɛlo] **das; ~s, ~s** *od.* **Celli** cello

**Cello·konzert das** cello concerto

**Cellophan** Ⓦⓩ **das; ~s, Cellophane** Ⓦⓩ [tsɛlo'fa:n(ə)] **die;** ~ Cellophane **(P)**

**Celsius** ['tsɛlzi̯ʊs] *o. Art.* centigrade; Celsius *(Phys.)*

**Celsius·skala die** Celsius *or* centigrade scale

**Cembalo** ['tʃɛmbalo] **das; ~s, ~s** *od.* **Cembali** harpsichord

**Cent** [tsɛnt] **der; ~[s], ~[s]** cent

**Center** ['sɛntɐ] **das; ~s, ~ a)** *(Großmarkt)* centre; **b)** *(Einkaufszentrum)* shopping centre *or (Amer.)* mall

**Centime** [sɑ̃'ti:m] **der; ~[s], ~s** centime

**Cercle** ['sɛrkl] **der; ~s, ~s a) ~ halten** *(veralt.)* hold court; **b)** *(österr.: im Theater)* front stalls *pl.*

**Cervelat** ['sɛrvəla] **der; ~s, ~s** *(schweiz.)* cervelat [sausage]

**ces, Ces** [tsɛs] **das;** ~ *(Musik)* C flat

**Ces-Dur das; ~[s]** C flat major; *s. auch* **A-Dur**

**Čevapčići** [tʃe'vaptʃɪtʃi] *Pl.: Serbian spiced and grilled mince fingers*

**Ceylon** ['tsailɔn] **(das);** ~**s** *(hist.)* Ceylon *(Hist.)*

**Ceylonese der; ~n, ~n, Ceylonesin die; ~, ~nen** *(hist.)* Ceylonese

**cf.** *Abk.* **confer atur** cf.

**C-Flöte** ['tse:-] **die** soprano recorder

**Cha-Cha-Cha** ['tʃa 'tʃa 'tʃa] **der; ~[s], ~s** cha-cha-cha

**Chaise** ['ʃɛ:zə] **die; ~, ~n a)** *(veralt.: Kutsche)* [closed] chaise; **b)** *(ugs. abwertend: Auto)* jalopy; banger *(Brit. sl.)*

**Chaise-longue** [ʃɛzə'lõ:k] **die; ~, ~n** *od.* **~s** chaise longue

**Chalet** [ʃa'le:] **das; ~s, ~s a)** Alpine [cowherd's] hut; **b)** *(Landhaus)* [Swiss] chalet

**Chamäleon** [ka'mɛ:leɔn] **das; ~s, ~s** *(auch fig.)* chameleon

**Chamois** [ʃa'mo̯a] **das; ~ a)** *(Farbe)* chamois; parchment [colour]; **b)** *s.* **~leder**

**Chamois·leder das** chamois[-leather]

**Champagner** [ʃam'panjɐ] **der; ~s, ~** champagne *(from Champagne)*

**champagner·farben** *Adj.* champagne-coloured

**Champignon** ['ʃampɪnjɔn] **der; ~s, ~s** mushroom

**Champion** ['tʃɛmpi̯ən] **der; ~s, ~s** *(Sport)* champion; *(Mannschaft)* champions *pl.*

**Chance** ['ʃɑ̃:sə] **die; ~, ~n a)** *(Gelegenheit)* chance; **eine ~/keine ~/mehr ~n haben, etw. zu tun** have a chance/no chance/more chance of doing sth.; **die ~n [zu gewinnen] stehen eins zu hundert** the chances [of winning] are one in a hundred; *(bes. beim Wetten)* the odds [against winning] are 100:1 *or* a hundred to one; **ich gebe dir eine letzte ~:** I'll give you one last chance; **eine/keine ~ sehen, zu ...:** see a/no chance *or* hope of ...; **sie rechnen sich** *(Dat.)* **eine ~ aus, 2 Punkte zu machen** they reckon they have a chance of scoring 2 points; **~n/eine ~ vergeben** *(Sport)* give away chances/a chance; **b)** *Pl. (Aussichten)* prospects; **seine ~n stehen gut/schlecht** his prospects are good/poor; **[bei jmdm] ~n haben** stand a chance [with sb.]

**Chancen·gleichheit die;** *o. Pl. (Päd., Soziol.)* equality of opportunity *no art.*

**changieren** [ʃɑ̃'ʒi:rən] *itr. V.* shimmer *(in different colours);* iridesce; **~d** iridescent; **~de Seide** shot silk

**Chanson** [ʃɑ̃'sõ:] **das; ~s, ~s** chanson; cabaret-style song

**Chansonette, Chansonnette** [ʃãso'nɛtə] **die; ~, ~n** chanteuse; *(im Kabarett)* cabaret singer

**Chansonnier** [ʃãsɔ'nie:] **der; ~s, ~s** singer/composer of chansons; chansonnier

**Chaos** ['ka:ɔs] **das;** ~ chaos *no art.;* **in der Wohnung herrschte ein einziges ~:** the flat *(Brit.) or (Amer.)* apartment was in total chaos

**Chaot** [ka'o:t] **der; ~en, ~en a)** *(Politik)* anarchist *(trying to undermine society); (bei Demonstrationen)* violent demonstrator; **b)** *(salopp: unordentlicher Mensch)* **ein [furchtbarer] ~ sein** be [terribly] disorganized

**chaotisch 1.** *Adj.* chaotic. **2.** *adv.* chaotically; **es geht ~ zu** there is chaos

**Chapeau claque** [ʃapo'klak] **der; ~ ~, ~x ~s** [ʃapo'klak] opera-hat

**Charade** *s.* **Scharade**

**Charakter** [ka'raktɐ] **der; ~s, ~e** [...'te:rə] **a)** character; personality; **etw. prägt** *od.* **formt den ~:** sth. moulds one's character *or* is character-forming; **die seinen ~ prägenden** *od.* **formenden Jahre** his formative years; **Geld verdirbt den ~:** money spoils people; **sie hat einen schwierigen/ist ein schwieriger ~:** she has/is a complex personality; **gegensätzliche ~e haben/sein** have entirely different personalities/be quite different in personality *or* character; **er ist ein mieser ~** *(ugs.)* he's a lousy so-and-so *(sl.);* **b)** *o. Pl.* *(~stärke)* [strength of] character; **keinen ~ haben** lack [strength of] character; be spineless; **c)** *o. Pl. (Eigenart)* character; **die Mitteilung hat vertraulichen ~:** the communication is of a confidential nature

**charạkter-, Charạkter-: ~an·lage die;** *meist Pl.* trait; **gute/schlechte ~anlagen haben** have good/bad qualities *or* a good/bad disposition; **~bild das** profile; **~bildend** *Adj.* character-forming; **~bildung die;** *o. Pl.* formation of character; **jmds. ~bildung** the formation of sb.'s character; **~darsteller der** actor of complex parts; **~darstellerin die** actress of complex parts; **~eigenschaft die** characteristic; trait; **~fehler der** fault [of character]; **~fest** *Adj.* steadfast; **~festigkeit die** firmness *or* strength of character

**charakterisieren** *tr. V.* characterize

**Charakterisierung die; ~, ~en** characterization; *(Schilderung)* portrayal

**Charakterịstik die; ~, ~en** characterization

**Charakterịstikum das; ~s, Charakterịstika** *(geh.)* characteristic (+ *Gen. od.* **für** of)

**charakterịstisch 1.** *Adj.* characteristic, typical **(für** of). **2.** *adv.* characteristically; in a typical manner

**charakterịstischerweise** *Adv.* characteristically [for him/her]

**Charạkter·kopf der** striking head; **ein ~ sein** have a magnificent *or* striking head

**charạkterlich 1.** *Adj.* character *attrib.* ⟨*defect, development, training*⟩; personal ⟨*qualities*⟩; **~e Veränderungen** personality changes. **2.** *adv.* in [respect of] character; **jmdn. ~ formen** mould sb.'s character; *(schulen)* give sb. character-training

**charạkter·los 1.** *Adj.* unprincipled; characterless, colourless ⟨*style, playing, townscape*⟩; *(niederträchtig)* despicable; *(labil)* spineless. **2.** *adv.* in an unprincipled fashion; *(ohne Ausdruck)* colourlessly; drearily; *(niederträchtig)* despicably; *(labil)* spinelessly

**Charạkterlosigkeit die; ~, ~en a)** *o. Pl.* lack of principle; *(Niederträchtigkeit)* despicableness; *(Labilität)* weakness of character; spinelessness; **b)** *(Handlung)* unprincipled/despicable action; *(Äußerung)* unprincipled/despicable remark

**Charakterologie** [karakterolo'gi:] **die; ~:** characterology *no art.*

**charạkter-, Charạkter-: ~rolle die** *(Theater)* complex part *or* character; **~schwach** *Adj.* of weak character *postpos.;* spineless; **~schwäche die** weakness of character; spinelessness *no pl.;* **~schwein das** *(ugs. abwertend)* unprincipled bastard *(coll.);* **~stärke die;** *o. Pl.* strength of character; *(Entschlossenheit)* strength of mind; **~studie die** character study; **~voll** *Adj.* **a)** *(~fest)* steadfast; showing strength of character *postpos., not pred.;* **b)** *(ausdrucksvoll)* distinctive; ⟨*house etc.*⟩ of character; strongly characterized, individual ⟨*features*⟩; **~zug der** characteristic

**Charge** ['ʃarʒə] **die; ~, ~n a)** *(bes. Milit.: Dienstgrad, Person)* rank; **die unteren ~n** the lower ranks *(Mil.)*/orders; **die oberen ~n** the upper ranks *(Mil.)*/echelons; **b)** *(Theater: Nebenrolle)* small character part

**Charisma** ['ça:rɪsma] **das; ~s, Charịsmen** charisma

**charismatisch** [çarɪs'ma:tɪʃ] *Adj.* charismatic

**Charleston** ['tʃarlstn̩] **der; ~, ~s** Charleston

**charmant** [ʃar'mant] **1.** *Adj.* charming; **sich von seiner ~esten Seite zeigen** show one's most attractive side. **2.** *adv.* charmingly; with much charm

**Charme** [ʃarm] **der; ~s** charm; **seinen ganzen ~ spielen lassen** *od.* **aufbieten** turn on all one's charm

**Charmeur** [ʃar'mø:ɐ̯] **der; ~s, ~s** *od.* **~e** charmer

**Charmeuse** [ʃar'mø:z] **die; ~** *(Textilw.)* charmeuse

**Charta** ['karta] **die; ~, ~s** *(Politik)* charter

**Charter** ['tʃartɐ] **der; ~s, ~s** charter agreement

**Chạrter-: ~flug der** charter flight; **~maschine die** chartered aircraft

**chạrtern** *tr. V.* charter ⟨*aircraft, boat*⟩; hire [the services of] ⟨*guide, firm*⟩

**Charts** [tʃarts] *Pl.* charts

**chassidisch** [xa'si:dɪʃ] *Adj. (jüd. Rel.)* Hasidic

**Chassidịsmus der; ~** *(jüd. Rel.)* Hasidism *no art.*

**Chassis** [ʃa'si:] **das; ~** [ʃa'si:(s)], **~** [ʃa'si:s] *(Kfz-W., Elektrot.)* chassis

**Chateaubriand** [ʃatobri'ã:] **das; ~[s], ~s** *(Kochk.)* Chateaubriand [steak]

**Chauffeur** [ʃɔ'fø:ɐ̯] **der; ~s, ~e** driver; *(privat angestellt)* chauffeur

**chauffieren** *(veralt.) tr., itr. V.* drive

**Chaussee** [ʃo'se:] **die; ~, ~n** *(veralt.) (surfaced)* [high] road; highway *(Amer.)*

**Chauvi** ['ʃo:vi] **der; ~s, ~s** *(ugs. abwertend)* male chauvinist *(coll. derog.)*

**Chauvinismus** [ʃovi'nɪsmʊs] **der; ~:** chauvinism; **männlicher ~:** male chauvinism

**Chauvinịst der; ~en, ~en** *(abwertend)* chauvinist; *(männlicher ~)* male chauvinist

**Chauvinịstin die; ~, ~nen** chauvinist

**chauvinịstisch** *(abwertend)* **1.** *Adj.* chauvinistic; *(männlich-~)* male chauvinist. **2.** *adv.* chauvinistically; *(männlich-~)* in a male chauvinist way

**Check** *(schweiz.) s.* **Scheck**

**checken** ['tʃɛkn̩] *tr. V.* **a)** *(bes. Technik: kontrollieren)* check; examine; **sich [vom Arzt] ~ lassen** *(ugs.)* have a check-up [from the doctor]; **b)** *(salopp: begreifen)* twig *(coll.);* *(bemerken)* spot; **ich habe das noch nicht gecheckt** I haven't got it yet; **c)** *(Eishockey: stoppen)* check ⟨*player*⟩

**Chẹck·liste die** check-list; *(Passagierliste)* passenger list

**Chef** [ʃɛf] **der; ~s, ~s a)** *(Leiter) (einer Firma, Abteilung, Regierung)* head; *(der Polizei, des Generalstabs)* chief; *(einer Partei, Bande)* leader; *(Vorgesetzter)* superior; boss *(coll.);* **wer ist denn hier der ~?** who's in charge here?; **b)** *(salopp: Anrede)* **hallo, ~:** hey, chief *or* squire *(Brit. coll.);* hey mister *(Amer. coll.)*

**Chef-** *in Zus.* chief

**Chef-: ~arzt der** *head of one or more specialist departments in a hospital; (Direktor)* superintendent *(of small hospital);* **~dramaturg der** *(Theater)* [chief] literary adviser; **~etage die** management floor; **Unruhe in den ~etagen auslösen** cause a flutter in the boardrooms; **~ideologe der** leading ideologist

**Chẹfin die; ~, ~nen a)** *(Leiterin) (einer Firma, Abteilung, Regierung)* head; *(einer Partei, Bande)* leader; *(Vorgesetzte)* superior; boss *(coll.);* **b)** *(ugs.: Frau des Chefs)* boss's wife *(coll.);* **c)** *(salopp: Anrede)* missis *(sl.);* ma'am *(Amer.)*

**Chẹf-: ~koch der** chef; head cook; **~redakteur der** chief editor; *(Verlagsw. auch)* managing editor; **~sekretärin die** director's secretary; **~visite die** senior consultant's round *(in the wards)*

**Chemie** [çe'mi:] **die; ~ a)** *(Wissenschaft)* chemistry *no art.;* **b)** *(ugs.: Chemikalien)* chemicals *pl.;* **der Pudding ist reine ~:** the pudding is nothing but chemicals *or* is purely synthetic

**Chemie-: ~arbeiter der** chemical worker; **~betrieb der** chemical firm; **~faser die** synthetic *or* man-made fibre; **~ingenieur der** chemical engineer; **~laborant der, ~laborantin die** chemical laboratory assistant; **~werker der** *(ugs.)* chemical worker

**Chemikalie** [çemi'ka:li̯ə] **die; ~, ~n** chemical

**Chemiker** ['çe:mikɐ] **der; ~s, ~, Chemikerin die; ~, ~nen** *(graduate)* chemist; *s. auch* **-in**

**Cheminée** ['ʃmɪne] **das; ~s, ~s** *(schweiz.)* open fireplace

**chemisch 1.** *Adj.* chemical; **~er Versuch** chemistry experiment; **eine/die ~e Reinigung** a/the dry cleaner's; *(Vorgang)* dry cleaning; **die ~e Keule** Chemical Mace **(P). 2.** *adv.* chemically; **~ bleichen** bleach with chemicals

**chemisieren** *tr. V. (DDR)* chemicalize; make increased use of chemicals in ⟨*agriculture*⟩

**chemo-, Chemo-: ~tẹchniker der** industrial chemist; *(Chemieingenieur)* chemical engineer; **~therapeutisch** *Adj.* *(Med.)* chemotherapeutic; **~therapie die** *(Med.)* chemotherapy; **mit einer ~therapie beginnen** start a course of chemotherapy

**Chenille** [ʃə'nɪljə] **die; ~, ~n** chenille

**Cherry Brandy** ['tʃɛri 'brɛndi] **der; ~ ~s, ~ ~s** cherry brandy

**Cherub** ['çe:rʊp] **der; ~s, Cherubim** ['çe:rubi:m] *od.* **Cherubinen** [çeru'bi:nən] *(Rel.)* cherub

**cherubịnisch** *Adj.* cherubic

**Chester·käse** ['tʃɛstɐ-] **der** *(usu. processed)* Cheddar cheese

**chevaleresk** [ʃəvalə'rɛsk] *(geh.)* **1.** *Adj.* chivalrous; gentlemanly. **2.** *adv.* chivalrously

**Chevreau·leder** [ʃə'vro:-] **das** kid

**Chianti** ['ki̯anti] **der; ~[s]** Chianti

**Chiasmus** ['çi̯asmʊs] **der; ~** *(Rhet.)* chiasmus *no art.*

**chic** *usw. s.* **schick** *usw.*

**Chicorée** ['ʃikore] **der; ~s** *od.* **die; ~:** chicory

**Chiffon** ['ʃɪfõ] **der; ~s, ~s** chiffon

**Chiffre** ['ʃɪfrə] **die; ~, ~n a)** *(Zeichen)* symbol; **b)** *(Geheimzeichen)* cipher; **~n** cipher *sing.;* **in ~n** *(Dat.)* **schreiben** write in code; **c)** *(in Annoncen)* box number; **Zuschriften unter ~ ...:** reply quoting box no. ...; **d)** *(Rhet.)* cipher

**Chịffre·schrift die** code

**chiffrieren** *tr. V.* [en]code; **chiffriert** coded; in [a secret] code *postpos.*

**Chignon** [ʃɪn'jõ:] **der; ~s, ~s** chignon

**Chihuahua** [tʃi'u̯au̯a] **der; ~s, ~s** chihuahua

**Chile** ['tʃi:le, 'çi:lə] **(das); ~s** Chile

**Chilene** [tʃi'le:nə, çi'le:nə] **der; ~n, ~n, Chilenin die; ~, ~nen** Chilean; *s. auch* **-in**
**chilenisch** *Adj.* Chilean
**Chile·salpeter der** Chile salpeter *or* nitre
**Chili** ['tʃi:li] **der; ~s, ~es a)** *Pl. (Schoten)* chillies; **b)** *o. Pl. (Gewürz)* chilli [powder]
**Chiliasmus** [çi'li̯asmʊs] **der; ~** *(christl. Rel.)* chiliasm *no art.*
**Chili·soße die** chilli sauce
**Chimäre** [çi:mɛ:rə] **die; ~, ~n a)** *s.* **Schimäre; b)** *(Biol.)* chimera
**China** ['çi:na] **(das); ~s** China
**China-: ~kracher der** Chinese cracker; **~kohl der** Chinese cabbage; *(im Handel)* Chinese leaves *pl.*; **~papier das** rice paper
[1]**Chinchilla** [tʃɪn'tʃɪla] **das; ~s, ~s a)** *(Pelz)* chinchilla; **b)** *(Kaninchen)* chinchilla [rabbit]
[2]**Chinchilla die; ~, ~s** *(Zool.)* chinchilla
**Chinese** [çi'ne:zə] **der; ~n, ~n** Chinese; **zum ~n essen gehen** *(ugs.)* eat Chinese *(coll.)*
**Chinesin die; ~, ~nen** Chinese; *s. auch* **-in**
**chinesisch 1.** *Adj.* Chinese; **~er Tee** China tea; **die Chinesische Mauer** the Great Wall of China. **2.** *adv.* in the Chinese manner *or* style; **~ essen** have a Chinese meal; eat Chinese *(coll.)*
**-chinesisch das; ~[s]** ... jargon
**Chinin** [çi'ni:n] **das; ~s** quinine
**chinin·haltig** *Adj.* containing quinine *postpos., not pred.*; **~ sein** contain quinine
**Chintz** [tʃɪnts] **der; ~** chintz
**Chip** [tʃɪp] **der; ~s, ~s a)** *(Spielmarke)* chip; **b)** *(Kartoffel~)* [potato] crisp *(Brit.) or (Amer.)* chip; **c)** *(Elektronik)* [micro]chip
**Chip·karte die** smart card
**Chippendale** ['tʃɪpəndeɪl] **das; ~[s]** Chippendale
**Chiromant** [çiro'mant] **der; ~en, ~en** palmist
**Chiromantie die; ~** chiromancy *no art.*; palmistry *no art.*
**Chiropraktik die; ~** *(Med.)* chiropractic *no art.*
**Chiropraktiker der; ~s, ~** *(Med.)* chiropractor
**Chirurg** [çi'rʊrk] **der; ~en, ~en** surgeon
**Chirurgie** [çirʊr'gi] **die; ~, ~n a)** *o. Pl. (Disziplin)* surgery *no art.*; **b)** *(Abteilung)* surgical department; *(Station)* surgical ward; **auf der ~ liegen** be in the surgical ward
**Chirurgin die; ~, ~nen** surgeon; *s. auch* **-in**
**chirurgisch 1.** *Adj., nicht präd.* surgical. **2.** *adv. (operativ)* surgically; by surgery
**Chitin** [çi'ti:n] **das; ~s** chitin
**Chitin·panzer der** *(Zool.)* chitinous exoskeleton
**Chlor** [klo:ɐ̯] **das; ~s** chlorine
**Chloral** [klo'ra:l] **das; ~s** *(Chemie)* chloral
**Chlorat** [klo'ra:t] **das; ~s, ~e** *(Chemie)* chlorate
**chloren** *tr. V.* chlorinate
**chlor·haltig** *Adj.* containing chlorine *postpos., not pred.*; **~/stark ~ sein** contain chlorine/have a high chlorine content
**Chlorid** [klo'ri:t] **das; ~s, ~e** *(Chemie)* chloride
**chlorieren** *tr. V. (Chemie)* chlorinate
**chlorig** *Adj.* **~e Säure** *(Chemie)* chlorous acid
**Chloroform** [kloro'fɔrm] **das; ~s** chloroform
**chloroformieren** *tr. V.* chloroform
**Chlorophyll** [kloro'fʏl] **das; ~s** *(Bot.)* chlorophyll
**Chlor-: ~säure die** *(Chemie)* chloric acid; **~wasser das a)** *(ugs.: gechlortes Wasser)* chlorinated water; **b)** *(Chemie)* chlorine water; **~wasser·stoff der** *(Chemie)* hydrogen chloride
**Choke** [tʃoʊk] **der; ~s, ~s, Choker** [tʃoʊkɐ] **der; ~s, ~** *(Kfz-W.)* [manual] choke
**Cholera** ['ko:lera] **die; ~** *(Med.)* cholera
**Choleriker** [ko'le:rikɐ] **der; ~s, ~ a)** choleric type *or (Psych.)* subject; **ein klassischer ~**: a textbook example of the choleric temperament; **b)** *(ugs.: jähzorniger Mensch)* irascible person; **ein ~ sein** have a short fuse
**cholerisch 1.** *Adj.* irascible; choleric ⟨*temperament*⟩. **2.** *adv.* irascibly
**Cholesterin** [çolɛste'ri:n] **das; ~s** *(Med.)* cholesterol
**Cholesterin·spiegel der** *(Physiol.)* cholesterol level
[1]**Chor** [ko:ɐ̯] **der; ~[e]s, Chöre** ['kø:rə] **a)** choir; *(in Oper, Sinfonie)* chorus; **im ~ rufen/brüllen** shout/roar in chorus; **b)** *(Komposition; im Theater)* chorus
[2]**Chor der** *od. (selten:)* **das; ~[e]s, ~e** *od.* **Chöre a)** *(Altarraum)* choir; **b)** *(Empore)* choir loft; *(mit der Orgel)* organ loft
**Choral** [ko'ra:l] **der; ~s, Choräle** [ko'rɛ:lə] **a)** *(Kirchenlied)* chorale; **b)** *(Gregorianischer ~)* [Gregorian] chant
**Choral-: ~bearbeitung die** *(Musik)* arrangement of a chorale; **~vor·spiel das** *(Musik)* chorale prelude
**Choreograph** [koreo'gra:f] **der; ~en, ~en** choreographer
**Choreographie die; ~, ~n** choreography
**choreographieren** *tr., itr. V.* choreograph
**Choreographin die; ~, ~nen** choreographer; *s. auch* **-in**
**choreographisch** *Adj.* choreographic
**Chor-: ~frau die** *(kath. Rel.)* canoness; **~führer der** *(Theater)* leader of the chorus; **~gebet das** *(kath. Rel.)* canonical hour *(as part of divine office)*; **~gestühl das** choirstalls *pl.*; **~herr der** *(kath. Rel.)* canon [regular]
**Chorist der; ~en, ~en** *s.* **Chorsänger**
**Choristin die; ~, ~nen** *s.* **Chorsängerin**
**Chor-: ~knabe der** choirboy; chorister; **~konzert das** choral concert; **~leiter der** chorus-master; *(des Kirchenchors)* choirmaster; **~musik die** choral music; **~rock der** surplice; **~sänger der, ~sängerin die** member of the chorus
**Chorus** ['ko:rʊs] **der; ~, ~se** *(Jazz)* theme
**Chose** ['ʃo:zə] **die; ~, ~n** *(ugs.)* **a)** *(Angelegenheit)* business *(derog.)*; **b)** *(Gegenstände)* stuff; **die ganze ~**: the whole lot *(coll.) or (sl.)* shoot *or (sl.)* caboodle
**Chow-Chow** [tʃau 'tʃau] **der; ~s, ~s** chow
[1]**Christ** [krɪst] **der; ~en, ~en** Christian
[2]**Christ (der)** *(Christus)* Christ
**christ-, Christ-: ~baum der a)** *(bes. südd.)* Christmas tree; **nicht alle auf dem ~baum haben** *(ugs.)* be dotty *(Brit. coll.)*; be not quite all there *(Brit. coll.)*; be missing some marbles *(sl.)*; **b)** *(milit. Jargon: Leuchtsignale)* target marker [flare]; **~baum-** *s.* **Weihnachtsbaum-; ~demokrat der** *(Politik)* Christian Democrat; **~demokratisch** *(Politik)* **1.** *Adj.* Christian-Democrat; **2.** *adv.* in a Christian-Democrat manner *or* spirit; **~demokratisch regiert** governed by Christian Democrats
**Christen-: ~gemeinde die** Christian community; **~glaube[n] der** Christian faith
**Christenheit die; ~** Christendom *no art.*; **die ganze ~**: the whole Christian community; all Christians *pl.*
**Christen·lehre die;** *o. Pl.* **a)** *(christl. Kirchen)* [Church] teaching of Christian doctrine; **b)** *(DDR Schulw.)* Christian religious instruction
**Christentum das; ~s** Christianity *no art.*; *(Glaube)* Christian faith; **sich zum ~ bekennen** profess the Christian faith; declare oneself a Christian
**Christen·verfolgung die** persecution of Christians
**Christ·fest das** *(veralt., noch südd., österr.) s.* **Weihnachtsfest**
**christianisieren** [krɪstiani'zi:rən] **1.** *tr. V.* Christianize; convert to Christianity. **2.** *itr. V.* make conversions to Christianity
**Christianisierung die; ~** Christianization
**Christin die; ~, ~nen** Christian; *s. auch* **-in**
**christ-, Christ-: ~katholisch** *Adj. (schweiz.) s.* **altkatholisch; ~kind das;** *o. Pl.* **a)** *(Jesus)* infant Jesus; Christ-child; **b)** *(weihnachtliche Gestalt)* Christ-child *(as bringer of Christmas gifts)*; **er glaubt noch ans ~kind** *(fig. iron.)* he still believes in Father Christmas; **c)** *(bes. südd., österr.: Geschenk)* Christmas present; **~kindchen das** *s.* **~kind a, b; ~kindl das** *(südd., österr.) s.* **~kind a, b, c; ~königs·fest das** *(kath. Rel.)* feast of Christ the King
**christlich 1.** *Adj.* Christian; **die ~e Seefahrt** *(scherzh.)* seafaring; **wir stehen um halb neun auf – eine halbwegs ~e Zeit** *(ugs. scherzh.)* we get up at half-past eight – a more or less civilized time. **2.** *adv.* in a [truly] Christian spirit; **~ leben** live a Christian life; **Kinder ~ erziehen** give children a Christian upbringing; **~ geprägt** imbued with Christian principles
**Christlichkeit die; ~**: Christian spirit
**Christ-: ~messe die** *(kath. Rel.)* Christmas Mass; **~mette die** *(kath. Rel.)* Christmas Mass; *(ev. Rel.)* midnight service [on Christmas Eve]; **~nacht die** Christmas night
**Christoph** ['krɪstɔf] **(der)** Christopher
**Christophorus** [krɪs'to:forʊs] **(der): der heilige ~**: St Christopher
**Christ-: ~rose die** Christmas rose; **~stollen der** [German] Christmas loaf *(with candied fruit, almonds, etc.)*
**Christus** ['krɪstʊs] **(der); ~** *od.* **Christi** Christ; **1000 vor/nach Christi Geburt** 1000 BC/AD 1000
**Christus-: ~dorn der** *(Bot.)* crown of thorns; **~kopf der** *(Kunst)* head of Christ; **~monogramm das** Christogram; chi-rho
**Christ·vesper die** *(kath. u. ev. Rel.)* Christmas Eve vespers *(with music)*
**Chrom** [kro:m] **das; ~s** chromium
**Chromatik** [kro'ma:tɪk] **die; ~ a)** *(Musik)* chromaticism; **b)** *(Physik)* chromatics *pl.*
**chromatisch** *Adj.* chromatic
**chrom-, Chrom-: ~blitzend** *Adj.* gleaming with chrome *postpos.*; **~dioxyd·kassette die** chrome[-dioxide] cassette; **~gelb das** chrome yellow; **~leder das** chrome leather; **~nickel·stahl der** chrome-nickel steel
**Chromosom** [kromo'zo:m] **das; ~s, ~en** *(Biol.)* chromosome
**Chromosomen·satz der** *(Biol.)* chromosome set
**Chromosphäre** [kromo'sfɛ:rə] **die** *(Astron.)* chromosphere
**Chrom·stahl der** chrome steel
**Chronik** ['kro:nɪk] **die; ~, ~en** chronicle
**chronisch 1.** *Adj.* *(Med., auch ugs.)* chronic; **an ~em Geldmangel leiden** *(ugs.)* suffer from a chronic shortage of money. **2.** *adv. (Med., auch ugs.)* chronically
**Chronist** [kro'nɪst] **der; ~en, ~en** chronicler
**Chronistik die; ~**: historiography *no art.*
**Chronologie die; ~**: chronology; **die ~ der Ereignisse** *od.* **des Geschehens** the sequence of events; **[nach] unserer/jüdischer ~**: according to our/the Jewish calendar
**chronologisch 1.** *Adj.* chronological; **~er Fehler** mistake regarding the date. **2.** *adv.* chronologically; in chronological order
**Chronometer** [krono'me:tɐ] **das; ~s, ~**: chronometer
**chronometrisch 1.** *Adj.* chronometric. **2.** *adv.* chronometrically
**Chrysantheme** [krʏzan'te:mə] **die; ~, ~n** chrysanthemum
**Chuzpe** ['xʊtspə] **die; ~** *(salopp abwertend)* chutzpah; **die ~ haben, etw. zu tun** have the nerve to do sth. *(coll.)*
**CIA** ['si:aɪ'eɪ] **der** *od.* **die; ~**: CIA
**Cicero die** *od. (schweiz.)* **der; ~, ~** *(Druckw.)* pica; 12-point type

**Cidre** [si:dʀ] **der; ~s** [Normandy/Brittany] cider
**Cimbal** *s.* **Zimbal**
**Cineast** [sine'ast] **der; ~en, ~en a)** *(Filmschaffender)* film-maker; **b)** *(Kenner)* film expert; *(Filmfan)* film fan
**circa** *s.* **zirka**
**Circe** ['tsɪrtsə] **die; ~, ~n** Circe; enchantress
**Circulus vitiosus** ['tsɪrkulʊs vi'tsio:zʊs] **der; ~ ~, Circuli vitiosi** *(geh.)* vicious circle
**Circus** *s.* **Zirkus**
**cis, Cis** [tsɪs] **das; ~, ~** *(Musik)* C sharp
**Cis-Dur das; ~[s]** *(Musik)* C sharp major; *s. auch* **A-Dur**
**cis-Moll das; ~[s]** *(Musik)* C sharp minor; *s. auch* **a-Moll**
**Citoyen** [sitoa'jɛ̃:] **der; ~s, ~s** *(politically aware)* citizen
**City** ['sɪti] **die; ~, ~s** city centre
**Clair-obscur** [klɛrɔps'ky:ʀ] **das; ~[s]** *(Kunst)* chiaroscuro
**Clan** [kla:n] **der; ~s, ~e** *od.* **~s a)** *(salopp: Interessengemeinschaft)* clique; **b)** *(in Schottland; auch salopp: Familie)* clan
**Claque** ['klakə] **die; ~** claque; hired applauders *pl.*
**Claqueur** [kla'kø:ʀ] **der; ~s, ~e** claqueur; hired applauder
**Clavicembalo** [klavi'tʃɛmbalo] **das; ~s, ~s** *(Musik)* harpsichord
**clean** [kli:n] *indekl. Adj.; nicht attr. (ugs.)* clean *(coll.)*; **~ werden** come off drugs
**Clearing** ['kli:rɪŋ] **das; ~s, ~s** *(Wirtsch.)* clearing
**clever** ['klɛvɐ] **1.** *Adj. (raffiniert)* shrewd; *(intelligent, geschickt)* clever; smart. **2.** *adv.: s. Adj.:* shrewdly; cleverly; smartly
**Cleverneß** ['klɛvɐnɛs] **die; ~** *s.* **clever 1:** shrewdness; cleverness; smartness *(Amer.)*
**Cliché** *s.* **Klischee**
**Clinch** [klɪntʃ] **der; ~[e]s a)** *(Boxen)* clinch; **in den ~ gehen** go into a clinch; **b)** *(ugs.: Auseinandersetzung)* conflict; **mit jmdm. im ~ liegen** be locked in dispute with sb.; **[mit jmdm.] in den ~ gehen** start quarrelling *or* wrangling [with sb.]
**clinchen** *itr. V. (Boxen)* go into a clinch
**Clip** *s.* **Ohrklipp**
**Clipper** Ⓦ ['klɪpɐ] **der; ~s, ~** *(veralt.)* [long-haul] airliner *(on overseas routes)*
**Clique** ['klɪkə] **die; ~, ~n a)** *(abwertend: Interessengemeinschaft)* clique; **b)** *(Freundeskreis)* set; lot *(coll.)*; *(größere Gruppe)* crowd *(coll.)*; *(Jugendliche)* gang *(coll.)*; **er gehört mit zur unserer ~:** he's one of our crowd *(coll.) or* lot *(coll.)*
**Cliquen-: ~[un]wesen das;** *o. Pl.*, **~wirtschaft die** *(ugs. abwertend)* clique system
**Clivia** ['kli:via] **die; ~, Clivien** *(Bot.)* clivia
**Clochard** [klɔ'ʃa:r] **der; ~[s], ~s** down-and-out; tramp
**Clog** [klɔk] **der; ~s, ~s** clog
**Clou** [klu:] **der; ~s, ~s** *(ugs.)* main point; *(Glanzpunkt)* highlight; **der besondere ~:** the really special thing [about it]; **das ist doch gerade der ~:** but that's the great thing about it
**Clown** [klaun] **der; ~s, ~s** clown; **sich zum ~ machen** make oneself look a fool *or* look ridiculous; **jmdn. zum ~ machen** make a clown of sb.; treat sb. as a clown
**Clownerie** [klaunə'ri:] **die; ~, ~n: ~[n]** clowning *no pl.*
**Club** *s.* **Klub**
**Cluster** ['klastɐ] **der; ~s, ~[s]** *(Kernphysik, Musik, Sprachw.)* cluster
**cm** *Abk.:* **Zentimeter** cm.
**c-Moll** [tse:-] **das; ~** C minor; *s. auch* **a-Moll**
**Co.** *Abk.:* **Compagnie** Co.
**Coach** [koʊtʃ] **der; ~[s], ~s** *(Sport)* coach; *(bes. Fußball: Trainer)* manager
**coachen** ['koʊtʃn̩] *tr., itr. V. (Sport)* coach; *(Trainer sein)* manage

**Coca** ['ko:ka] **das; ~[s], ~s** *od.* **die; ~, ~s** *(ugs.)* Coke **(P)**
**Cockerspaniel** ['kɔkɐ-] **der; ~s, ~s** cocker spaniel
**Cockpit** ['kɔkpɪt] **das; ~s, ~s** cockpit; *(bei großen Linienflugzeugen)* flight deck
**Cocktail** ['kɔkteɪl] **der; ~s, ~s a)** *(Getränk; auch Salat usw.)* cocktail; **b)** *(Party)* cocktail party; *(DDR: Empfang)* reception
**Cocktail-: ~empfang der** [cocktail] reception; **~kleid das** cocktail dress; **~party die** cocktail party; **~schürze die** hostess apron
**Code** *s.* **Kode**
**Codein** *s.* **Kodein**
**Codex** *s.* **Kodex**
**Cœur** [kø:ʀ] **das; ~[s], ~[s]** *(Kartenspiel)* hearts *pl.*; *(einzelne Karte)* heart; *s. auch* [2]**Pik**
**cognac** ['kɔnjak] *indekl. Adj.; nicht attr.* cognac[-coloured]
**Cognac** Ⓦ **der; ~s, ~s** Cognac
**cognac·farben** *Adj.* cognac[-coloured]
**Coiffeur** [koa'fø:ʀ] **der; ~s, ~e, Coiffeuse** [koa'fø:zə] **die; ~, ~n** *(schweiz., sonst geh.: Friseur/Friseuse)* hairdresser; *(Schöpfer/Schöpferin von Haarmoden)* hair-stylist
**Coiffure** [koa'fy:ʀ] **die; ~, ~n a)** *o. Pl. (geh.: Frisierkunst)* hairdressing; *(Schöpfung von Haarmoden)* hair-styling; **b)** *(schweiz.: Frisiersalon)* hairdresser's [salon]
**Cola** ['ko:la] **das; ~[s], ~s** *od.* **die; ~, ~s** *(ugs.)* Coke **(P)**
**Collage** [kɔ'la:ʒə] **die; ~, ~n** collage; *(als Form/Technik)* **die ~:** collage
**Collie** ['kɔli] **der; ~s, ~s** collie
**Colloquium** *s.* **Kolloquium**
**Colonia·kübel** [ko'lo:nia-] **der** *(österr.)* dustbin; garbage *or* trash can *(Amer.)*
**Color-** [ko'lɔ:ʀ-] *(Fot.)* **~film/~dia/~negativ** colour film/slide/negative
**Colt** Ⓦ [kɔlt] **der; ~s, ~s** Colt **(P)** [revolver]
**Combo** ['kɔmbo] **die; ~, ~s** small (jazz *or* dance) band; combo *(sl.)*
**Comeback** [kam'bɛk] **das; ~[s], ~s** come-back; **ein ~ feiern** stage a come-back
**COMECON, Comecon** ['kɔmekɔn] **der** *od.* **das; ~:** Comecon
**Comic** ['kɔmɪk] **der; ~s, ~s a)** comic strip; *(Heft)* comic; **b)** *(Film)* cartoon film
**Comic-: ~heft das** comic; **~held der** comic-strip hero
**Comic strip** ['kɔmɪk 'strɪp] **der; ~ ~[s], ~ ~s** comic strip
**Composer** [kɔm'po:zɐ] **der; ~s, ~** *(Druckw.)* composer
**Computer** [kɔm'pju:tɐ] **der; ~s, ~:** computer; **über ~** *(Akk.)* **gehen** *od.* **laufen** be computerized; be done by computer; **auf ~** *(Akk.)* **umstellen** computerize
**computer-, Computer-: ~an·lage** computer system; **~blitz der** *(Fot.)* computerized [electronic] flash; **~diagnostik die** *(Med.)* computer[-aided] diagnosis; **~gerecht 1.** *Adj.* computer-compatible; **2.** *adv.* in computer-compatible form; **~gesteuert** *Adj.* computer-controlled; **~gestützt** *Adj.* computer-assisted
**computerisieren** *tr. V.* computerize ‹*data, system*›; *(aufbereiten)* make ‹*data*› computer-compatible
**Computer-: ~kunst die;** *o. Pl.* computerized art; **~satz der;** *o. Pl. (Druckw.)* computer setting
**Comte** [kõ:t] **der; ~, ~s** *(French)* count
**Comtesse** [kõ'tɛs] **die; ~, ~n** *s.* **Komteß**
**Concept-art** ['kɔnsɛptla:ɐt] **die; ~** *(Kunstwiss.)* concept[ual] art
**Concerto grosso** [kɔn'tʃɛrto 'grɔso] **das; ~ ~, Concerti grossi** *(Musik)* concerto grosso
**Concierge** [kõ'siɛrʃ] **der/die; ~, ~s** concierge
**Conditio sine qua non** [kɔn'di:tsio 'zi:nə 'kva: 'no:n] **die; ~ ~ ~ ~** *(Philos.)* sine qua non

**Conférencier** [kõferã'sie:] **der; ~s, ~s** compère *(Brit.)*; master of ceremonies
**Confiserie** *s.* **Konfiserie**
**Confiteor** [kɔn'fi:teɔr] **das; ~** *(kath. Rel.)* Confiteor; general confession
**Connaisseur** [kɔnɛ'sø:ʀ] **der; ~s, ~s** *(geh.)* connoisseur
**Consommé** [kõsɔ'me:] **die; ~, ~s** *od.* **das; ~s, ~s** *(Kochk.)* consommé
**Container** [kɔn'te:nɐ] **der; ~s, ~:** container; *(für Müll)* [refuse] skip; *(für Altglas)* bottle-bank
**Container-: ~bahn·hof der** container station; **~hafen der** container port *or* terminal; **~schiff das** container ship; **~verkehr der;** *o. Pl.* container traffic *no art.*
**Contenance** [kõtə'nã:s(ə)] **die; ~** *(geh.)* composure; **die ~ [be]wahren/verlieren** keep/lose one's composure *or* countenance
**Contergan** Ⓦ [kɔntɛr'ga:n] **das; ~s** thalidomide
**Contergan·kind das** thalidomide child
**cool** [ku:l] *(ugs.)* **1.** *Adj.* **a)** *(gelassen)* cool; **~ bleiben** keep one's cool *(sl.)*; **b)** *(gut)* fabulous *(coll.)*; **c)** *(reell)* reliable; *(anständig)* decent; reasonable. **2.** *adv.* **a)** *(gelassen)* coolly; **b)** *(gut)* fabulously *(coll.)*; **c)** *(anständig)* decently; reasonably
**Cool Jazz** ['ku:l 'dʒæz] **der; ~ ~:** cool jazz
**Copilot** *s.* **Kopilot**
**Copyright** ['kɔpirait] **das; ~s, ~s** copyright
**coram publico** ['ko:ram] *(geh.)* in public
**Cord** [kɔrt] **der; ~[e]s, ~e** *od.* **~s** cord; *(~samt)* corduroy
**Cord-: ~an·zug der** cord/corduroy suit; **~hose die** [pair *sing.* of] corduroy trousers *pl. or* cords *pl.*; **~jeans** *Pl.* corduroy jeans; cords
**Cordon bleu** [kɔrdõ'blø] **das; ~ ~, ~s ~s** [kɔrdõ'blø] *(Kochk.)* veal escalope cordon bleu
**Cord-: ~rock der** corduroy skirt; **~samt der** corduroy
**Core** [kɔ:] **das; ~[s], ~s** *(Kernphysik)* core
**Corned beef** ['kɔ:nd 'bi:f] **das; ~ ~:** corned beef
**Corner** ['kɔ:nə] **der; ~s, ~** *(österr. Fußball)* corner [kick]
**Corn-flakes** ['kɔ:nfleɪks] *Pl.* cornflakes
**Cornichon** [kɔrni'ʃõ:] **das; ~s, ~s** [fine-quality] gherkin
**Corona** *s.* **Korona**
**Corps** *s.* **Korps**
**Corpus** *s.* **Korpus**
**Corpus delicti** ['kɔrpʊs de'lɪkti] **das; ~ ~, Corpora** ['kɔrpora] **delicti a)** *(Rechtsspr.)* weapon [used]; **b)** *(meist scherzh.: Beweisstück)* piece of incriminating evidence
**Corso** *s.* **Korso**
**Cortison** *s.* **Kortison**
**Costa Rica** ['kɔsta 'ri:ka] **(das); ~s** Costa Rica
**Costaricaner der; ~s, ~** Costa Rican
**costaricanisch** *Adj.* Costa Rican
**CO-Test** [tse'|o:-] **der** *(Kfz-W.)* exhaust emission test *(for carbon monoxide content)*
**Couch** [kautʃ] **die,** *(schweiz. auch:)* **der; ~, ~es** sofa; **auf die ~ müssen** *(fig.)* need to see a psychiatrist
**Couch-: ~garnitur die** three-piece suite; **~tisch der** coffee-table
**Couleur** [ku'lø:ʀ] **die; ~, ~s a)** *o. Pl. (Richtung)* shade [of opinion]; persuasion; **Politiker jeglicher ~:** politicians of every shade of opinion *or* of every hue; **b)** *(Studentenspr.: Band u. Mütze)* fraternity colours *pl.*; **~ tragen** wear one's fraternity's colours
**Coulomb** [ku'lõ:] **das; ~s, ~** *(Physik)* coulomb
**Countdown** ['kaunt'daun] **der** *od.* **das; ~[s], ~s** *(Raumf., auch fig.)* countdown
**Country-music** ['kʌntrɪmju:zɪk] **die; ~:** country music
**Coup** [ku:] **der; ~s, ~s** coup; **einen ~ landen** *(ugs.)* pull off a coup

**Coupé** [ku'pe:] **das; ~s, ~s a)** coupé; **b)** *(österr., sonst veralt.: Abteil)* compartment
**Couplet** [ku'ple:] **das; ~s, ~s** satirical song *(with refrain)*
**Coupon** [ku'põ:] **der; ~s, ~s a)** *(Gutschein)* coupon; voucher; *(im Café)* ticket; *(zum Abreißen)* counterfoil; **auf** *od.* **für** *od.* **gegen diesen ~ bekommen Sie ...:** for this voucher you will receive ...; **b)** *(Finanzw.)* [interest] coupon; **c)** *(Stoff)* piece; length
**Cour** [ku:ɐ̯] *in* **einer Frau/Dame die ~ machen** *od.* **schneiden** *(veralt.)* pay court to a woman/lady
**Courage** [ku'ra:ʒə] **die; ~** *(ugs.)* courage; **im letzten Moment verließ sie die ~:** at the last moment she lost her nerve; *s. auch* **Angst**
**couragiert** [kura'ʒi:ɐ̯t] **1.** *Adj. (mutig)* courageous; *(beherzt)* spirited. **2.** *adv. s.* **1:** courageously; spiritedly
**Courtage** [kʊr'ta:ʒə] **die; ~, ~n** brokerage; broker's commission
**Courtoisie** [kʊrtoa'zi:] **die; ~, ~n** *(veralt.)* courtesy
**Cousin** [ku'zɛ̃:] **der; ~s, ~s** *(male)* cousin; *s. auch* **Grad a**
**Cousine** [ku'zi:nə] **die; ~, ~n** *(female)* cousin
**Couturier** [kuty'rie:] **der; ~, ~s** couturier
**Couvert** [ku've:ɐ̯] **das; ~s, ~s a)** *s.* **Kuvert; b)** *(für Bettdecken)* [quilt] cover
**Cover** ['kavɐ] **das; ~s, ~s a)** *(von Illustrierten)* cover; **b)** *(von Schallplatten)* sleeve
**Cover·girl das** cover girl
**Cowboy** ['kaubɔy] **der; ~s, ~s** cowboy
**Cowboy-: ~hut der** cowboy hat; stetson; **~stiefel der** cowboy boot
**Cox Orange** ['kɔksorã:ʒə] **der; ~ ~, ~ ~** Cox's orange pippin
**Crack** [krɛk] **der; ~s, ~s** ace; crack player; *(Athlet)* crack athlete; **ein ~ im Schwimmen/Radfahren** a crack swimmer/cyclist
**Cracker** ['krɛkɐ] **der; ~s, ~[s]** cracker
**Credo** *s.* **Kredo**
**creme** [kre:m] *indekl. Adj.; nicht attr.* cream
**Creme** [kre:m] **die; ~, ~s,** *(schweiz.:)* **~n a)** *(Kosmetik, Kochk.)* cream; **b)** *o. Pl. (oft iron.: Oberschicht)* cream; top people; **die ~ der Gesellschaft** the cream of society
**creme·farben** *Adj.* cream[-coloured]
**cremen** *tr. V. s.* **eincremen**
**Creme-: ~schnitte die** cream slice; **~törtchen das** cream tart[let]; **~torte die** cream cake *or* gateau
**cremig 1.** *Adj.* creamy; **etw. ~ schlagen** beat sth. into a cream. **2.** *adv.* like cream
[1]**Crêpe** [krɛp] **die; ~, ~s** *(Kochk.)* crêpe
[2]**Crêpe der; ~, ~s** *s.* **Krepp**
**Crescendo** [krɛ'ʃɛndo] **das; ~s, ~s** *(Musik)* crescendo
**Crew** [kru:] **die; ~, ~s a)** *(eines Schiffs/Flugzeugs)* crew; **b)** *(Gruppe)* team; **c)** *(Marine: Kadetten)* group of cadets *(in the same year);* class
**Croissant** [kroa'sã:] **das; ~[s], ~s** croissant
**Cromargan**Ⓦⓩ [kromar'ga:n] **das; ~s** stainless [chrome-nickel] steel
**Croquette** *s.* **Krokette**
**Cross-country** [krɔs'kantri] **das; ~[s], ~s** *(Sport)* cross-country [race]
**Croupier** [kru'pie:] **der; ~s, ~s** croupier
**Crux** [krʊks] **die; ~ a)** *(Schwierigkeit)* trouble (+ *Gen.,* **bei** with); **b)** *(Sorgen)* **man hat seine ~ mit ihnen** they are a real trial; *(sie sind eine Last)* they are a real burden
**Csárdás** ['tʃardas] **der; ~, ~:** csardas
**C-Schlüssel** ['tse:-] **der** *(Musik)* C clef
**ČSFR** [tʃe:|ɛs|ɛf'|ɛr] **die; ~** *Abk.:* **Tschechoslowakei**
**ČSSR** [tʃe:|ɛs|ɛs'|ɛr] *(hist.) s.* **ČSFR**
**CSU** [tse:|ɛs'|u:] **die; ~** *Abk.:* **Christlich-Soziale Union** CSU
**c.t.** [tse:'te:] *Abk.:* **cum tempore; Beginn: 20 Uhr ~:** 8.15 start
**cum grano salis** [kʊm 'gra:no 'za:lɪs] *(geh.)* taken with a pinch of salt
**cum laude** [kʊm 'laudə] *(Hochschulw.)* with distinction; *third of four grades of successful doctoral examination*
**cum tempore** [kʊm 'tɛmpore] *(Hochschulw.)* 15 minutes after the time indicated; observing
**Cunnilingus** [kʊni'lɪŋgʊs] **der; ~, Cunnilingi** *(Sexualk.)* cunnilingus
**Cup** [kap] **der; ~s, ~s** cup
**Cup·finale das** *(Fußball)* Cup Final; *(andere Sportarten)* final of the Cup
**Cupido** [ku'pi:do] **(der); ~s** *(Myth.)* Cupid
**Curettage** *s.* **Kürettage**
**Curie** [ky'ri:] **das; ~, ~** *(Physik)* curie
**Curling** ['kə:lɪŋ] **das; ~s** *(Sport)* curling
**curricular** [kʊriku'la:ɐ̯] *Adj.; nicht präd. (Päd.)* curricular
**Curriculum** [kʊ'ri:kulʊm] **das; ~s, Curricula** *(Päd.)* curriculum; *(genauer festgelegt)* syllabus
**Curriculum·forschung die** curricular research
**Curry** ['kœri] **das; ~s, ~s a)** *(auch:* **der)** curry-powder; **b)** *(Gericht)* curry
**Curry-: ~sauce, ~soße die** curry sauce; **~wurst die** *sliced fried sausage sprinkled with curry powder and served with ketchup*
**Cut** [kœt, kat] **der; ~s, ~s a)** *(Sakko)* morning coat; **b)** *(Boxen)* cut *(esp. above the eye)*
**Cutaway** ['kœtəve] **der; ~s, ~s** *s.* **Cut a**
**cutten** ['katn̩] *tr., itr. V. (Film, Rundf., Ferns.)* cut; edit
**Cutter** ['katɐ] **der; ~s, ~, Cutterin die; ~, ~nen** *(Film, Ferns., Rundf.)* editor
**cuttern** *s.* **cutten**
**CVJM** [tse:faujɔt'|ɛm] **der; ~** *Abk.:* **a) Christlicher Verein Junger Männer** YMCA; **b) Christlicher Verein Junger Menschen;** *combined form of YMCA and YWCA*
**CVP** [tse:fau'pe:] **die; ~** *(schweiz.) Abk.:* **Christlich-demokratische Volkspartei** Christian-Democratic People's Party
**$c_w$-Wert der** *(Technik)* $c_d$ [value]
**Cyan** [tsya:n] **das; ~s** *(Chem.)* cyanogen
**Cyanid** [tsya'ni:t] **das; ~s, ~e** *(Chemie)* cyanide
**Cymbal** *s.* **Zimbal**

# D

**d, D** [de:] **das; ~, ~ a)** *(Buchstabe)* d/D; **b)** *(Musik)* [key of] D; *s. auch* **a, A**
**D** *Abk.* **Damen**
**da** [da:] **1.** *Adv.* **a)** *(dort)* there; **da draußen/drinnen/drüben/unten** out/in/over/down there; **da hinten/vorn[e]** [there] at the back/front; **da hinab/hinauf/hinüber** down/up/over that way; **geh da herum** go round that way; **he, Sie da!** hey, you there!; **der Kerl da** that fellow [over there]; **ich möchte von dem da** I'd like some of that one; **halt, wer da?** *(Milit.)* halt, who goes there?; **hallo, wer ist denn da?** *(am Telefon)* hello, who's that [speaking]?; **gleich sind wir da** we're almost there; we'll be there in a minute; **ach, da ist meine Brille!** so 'that's where my glasses are!; oh, 'there are my glasses!; **da bist du ja!** there you are [at last]!; **da, ein Reh!** look, [there's] a deer!; **da, wo die Straße nach X abzweigt** where the road to X turns off; at the turning for X; **da und da** at such-and-such a place; **da und dort** here and there; *(manchmal)* now and again *or* then; **b)** *(hier)* here; **da bin ich** here I am; **da hast du das Buch** here's the book; **da, nimm schon!** here [you are], take it!; *s. auch* **dasein, dahaben; c)** *(zeitlich)* then; *(in dem Augenblick)* at that moment; **ich hatte mich gerade ins Bett gelegt, da klingelte das Telefon** I had just got into bed when the telephone rang; **von da an** from then on; **in meiner Jugend, da war alles besser** back in my young days, everything was better [then]; **d)** *(deshalb)* **der Zug war schon weg, da habe ich den Bus genommen** the train had already gone, so I took the bus; **e)** *(ugs.: in diesem Fall)* **da kann man nichts machen** there's nothing one can do about it *or* that; **was gibt's denn da zu lachen?** what's there to laugh about [there]?; what's funny about that?; **da kann ich [ja] nur lachen!** that's plain ridiculous!; that just makes me laugh!; **was tut man da?** what does one do in a case like this?; **f)** *(altertümelnd: nach Relativpronomen; wird nicht übersetzt)* **..., der da sagt ...,** who says; **g)** *(hervorhebend; wird meist nicht übersetzt)* **ich habe da einen Kollegen, der ...:** I have a colleague who ...; **da fällt mir noch was ein** [oh yes] another thought strikes me; **h)** *(Note: in North German colloquial usage pronominal adverbs are often divided so that* **da** *appears on its own with the remainder of the adverb at the end of the clause; see footnotes under* **dabei, dafür, dagegen, daher, damit, danach, davon, davor, dazu, dazwischen***).* **2.** *Konj.* **a)** *(weil)* as; since; **da ich ein Feigling bin, wagte ich es nicht** being a coward *or* since I'm a coward I didn't dare to; **da es [gerade] regnet** as *or* seeing that it's raining; **b)** *(geh.: als)* when; **jetzt, da es feststand, daß ...:** now that it was definite that ...
**da-: 1.** *Bei den aus* **da-** *od.* **dar-** *und einer Präposition gebildeten Adverbien* **(dabei, dafür, damit, daran** *usw.) wird* **da[r]-** *im allgemeinen durch* it *oder, wenn es sich auf einen Plural bezieht, durch* them *übersetzt; z. B.* **es gibt nur eine Tür, jeder muß dadurch** there is only one door and everyone has to pass through it; **die Tulpen sind schön; wieviel verlangen Sie dafür?** the tulips are nice; how much are you asking for them? *Wenn jedoch der Bestandteil* **da[r]-** *besonders betont ist, dann ist* that *bzw.* those *die angemessenere Übersetzung:* **also darauf willst du hinaus!** so that's what you're getting at! **Haben die Spritzen nicht geholfen? – Nein, dadurch ist ihm nur noch schlechter geworden** Didn't the injections help? – No, those only made him worse. *Wenn auf das Adverb ein* **daß** *mit Nebensatz folgt, bietet sich häufig die Formulierung* the fact that *an:* **dadurch gekennzeichnet, daß ...** characterized by the fact that ... *Wenn Haupt- u. Nebensatz dasselbe Subjekt haben oder wenn ein Infinitivsatz angeschlossen ist, kommt man durch die Verbindung von Präposition und Verbalsubstantiv zu einer eleganten Übersetzung:* **wir sind dafür, daß wir weitermachen** *od.* **weiterzumachen** we are in favour of continuing. *Das ist manchmal sogar bei verschiedenen Subjekten möglich, wenn man ein Possessivpronomen* (his, our *usw.*) *hinzusetzt:* **er ist dafür, daß wir weitermachen** he is in favour of our continuing. **2.** *Die Einträge für diese Adverbien berücksichtigen nur einen Teil der möglichen Kontextbeispiele mit Verben oder Substantiven. Es empfiehlt sich deshalb, auch unter den jeweiligen Verben oder Substantiven nachzuschlagen; so kann man z. B. die Übersetzung für* **danach fragen** (ask about it/them) *über* **nach etw.**

**fragen** *unter dem Stichwort* **fragen** *erschließen*
**d. Ä.** *Abk.:* **der Ältere**
**da|behalten** *unr. tr. V.* keep [there]; *(hier behalten)* keep here; **sie hat die Kinder gleich ~:** she simply kept the children at her place; **kann ich das Buch ~?** can I keep the book [here]?
**da·bei** *Adv.* **a)** *(bei etw.)* with it/them; *(bei jmdm.)* with him/her/them; *(beigeschlossen)* enclosed; **eine Tankstelle mit einer Werkstatt ~:** a filling station with its own workshop [attached]; **nahe ~** *(in der Nähe)* near it; close by; **wir wollen es ~ lassen** *(fig.)* we'll leave it at that; **b)** *(währenddessen)* at the same time; *(bei diesem Anlaß)* then; on that occasion; **er aß weiter und redete ~:** he went on eating and talked as he did so; **die ~ entstehenden Kosten** the expense involved; **er ist ~ gesehen worden, wie er das Geld nahm** he was seen [in the act of] taking the money; **eine unangenehme Reparatur – man muß ~ unterm Auto liegen** an unpleasant job – you have to lie under the car to do it; **ich hoffe, Sie haben alle ~ etwas gelernt** I hope you have all learned something from it *or* in the process; **eine Massenkarambolage – ~ gab es zwei Tote** a big pile-up – two people were killed [in it]; **~ kam es zu erbitterten Kämpfen** this gave rise to bitter fighting; **c)** *(außerdem)* **~ [auch]** what is more; **es war eiskalt und [auch] naß ~:** it was freezing cold and damp into the bargain; **er ist sehr beschäftigt, aber ~ immer freundlich** he is very busy but even so always friendly; **d)** *(hinsichtlich des Erwähnten)* about it/them; **was hast du dir denn ~ gedacht?** what were you thinking of?; what came over you?; **er hat sich nichts ~ gedacht** he saw no harm in it; **ich fühle mich ganz und gar nicht wohl ~:** I am not at all happy about it; **da ist doch nichts ~!** there's really no harm in it!; *(es ist nicht schwierig)* there's nothing to it!; *s. auch* **bleiben e; da-; e)** *(obwohl)* but; **er suchte nach dem Brief, ~ hatte er ihn in der Hand** he was looking for the letter and all the time he had it in his hand; *NB In senses* **a, b,** *and* **d** *the word can occur in two parts in North German coll. usage, e.g.* **da ist eine Karte bei** there is a card with it
**dabei-: ~|bleiben** *unr. itr. V.; mit sein (dort)* stay there; be there; *(bei einer Tätigkeit)* stick to it; *(bei einer Firma, der Armee)* stay on; **~|haben** *unr. tr. V.* have with one; **ich habe kein Geld ~:** I haven't got any money with me *or* on me; **sie wollte die Kinder nicht ~haben** *(ugs.)* she didn't want to have the children there *or* around; **~|sein** *unr. itr. V.; mit sein (Zusschr. nur im Inf. u. 2. Part.)* **a)** *(anwesend sein)* be there; be present **(bei** at); *(teilnehmen)* take part **(bei** in); **bei der Sitzung ~sein** be at *or* attend the meeting; **~sein ist alles!** it's taking part that counts; **Wer kommt mit? – Ich bin ~!** Who's coming? – Count me in!; **ein wenig Angst ist immer ~:** there is always an element of fear; **b)** *(gerade tun)* **[gerade] ~sein, etw. zu tun** be just doing sth.; **Spülst du das Geschirr? – Ich bin schon ~:** Will you wash up? – I'm already in the middle of it; **~|sitzen** *unr. itr. V.* sit there; **~|stehen** *unr. itr. V.* stand by; stand there
**da|bleiben** *unr. itr. V.; mit sein* stay there; *(hier bleiben)* stay here; **[noch] ~:** stay on
**da capo** [da'ka:po] **a)** *(Musik)* da capo; **b)** *(Beifallsruf)* **~!** encore!
**d'accord** [da'ko:ɐ̯] *(bes. österr.)* **mit jmdm. ~ gehen** *od.* **sein** agree with sb.
**Dach** [dax] **das; ~[e]s, Dächer** ['dɛçɐ] **a)** roof; **[ganz oben] unterm ~** *od. (ugs. scherzh.)* **unterm ~ juchhe** [right up] in the attic; **ein/kein ~ über dem Kopf haben** *(ugs.)* have a/no roof over one's head; **[mit jmdm.] unter einem ~ leben** live under the same roof [with *or* as sb.]; **etw. unter ~ und Fach bringen** get sth. [safely] under cover; bring in sth.; *(fig.: erfolgreich beenden)* get sth. all wrapped up; **unter ~ und Fach sein** be under cover; ⟨*harvest*⟩ be safely [gathered] in; *(fig.: erfolgreich beendet)* wrapped up; ⟨*contract etc.*⟩ be signed and sealed; **das ~ der Welt** *(fig.)* the roof of the world; **b)** *(fig. ugs.)* **jmdm. aufs ~ steigen** give sb. a piece of one's mind; ⟨*superior officer etc.*⟩ haul sb. over the coals; **jmdm. eins aufs ~ geben** bash sb. over the head; *(tadeln)* give sb. a dressing down; tear a strip off sb. *(sl.)*; **eins aufs ~ bekommen** *od.* **kriegen** get a bash on the head; *(eine Rüge erhalten)* get it in the neck *(coll.)*
**dach-, Dach-: ~antenne die** roof-aerial; roof antenna *(Amer.)*; **~balken der** roof-beam; **~boden der** loft; **auf dem ~boden** in the loft; **~decker** [~dɛkɐ] **der; ~s, ~:** roofer; *(für Reetdächer)* thatcher; **das kannst du halten wie ein ~decker** *(ugs.)* it's all the same to me; **~decker·arbeiten** *Pl.* roofing work *sing.*; *(mit Reet)* thatching work *sing.*; **~fenster das** skylight; *(Dachgaube)* dormer window; **~first der** [roof-]ridge; **~förmig** *Adj.* roof-shaped; **~förmiger Vorsprung** rooflike projection; **~garten der a)** roof-garden; **b)** *s.* **~terrasse; ~gaube die** *(bes. Bauw.)* dormer window; **~gebälk das** roof-timbers *pl.*; **~gepäck·träger der** *(Kfz-W.)* roof-rack; **~geschoß das** attic [storey]; **~gesellschaft die** *(Wirtsch.)* holding company; **~gesims das** eaves *pl.*; **~gestühl das** *s.* **~stuhl; ~giebel der** gable; **~gleiche** [~glaiçə] **die; ~, ~n** *(österr.) s.* **Richtfest; ~hase der** *(scherzh.)* cat; moggie *(sl.)*; **~kammer die** attic [room]; *(ärmlich)* garret; **~konstruktion die a)** roof-structure; *(Entwurf)* roof-design; **b)** *(das Konstruieren)* construction of the roof; **~lawine die** *mass of snow sliding from a roof*
**Dächlein** ['dɛçlain] **das; ~s, ~:** little roof
**Dach-: ~luke die** skylight; **~organisation die** umbrella organization; **~pappe die** roofing-felt; **~pfanne die** pantile; **~platte die** flat tile; *(Schindel)* shingle; *(aus Schiefer)* slate; **~reiter der** ridge turret; **~rinne die** gutter
**Dachs** [daks] **der; ~es, ~e a)** *(Tier)* badger; **b)** *(ugs.: unerfahrener Bursche)* greenhorn; **er ist noch ein ganz junger ~:** he's still wet behind the ears; **c)** *(ugs.: Kind)* **vorlauter** *od.* **frecher kleiner ~:** little rascal; young whipper- snapper
**Dachs-: ~bär der** *(Jägerspr.)* [male] badger; **~bau der;** *Pl.* **~e** badger's earth *or* set
**Dach: ~schaden der a)** *o. Pl. (ugs.)* **einen ~schaden haben** be not quite right in the head; be slightly screwy *(sl.)*; **b)** *(Schaden am Dach)* roof-damage; **~schiefer der** roofing-slate; **~schindel die** [roof-]shingle; **~schräge die** roof angle; pitch of the roof
**Dachs·hund der** *(fachspr.) s.* **Dackel a**
**Dächsin** ['dɛksɪn] **die; ~, ~nen** [female] badger; badger sow
**Dach-: ~sparren der** rafter; **~stroh das** straw thatch; **~stübchen das** *(veralt.)* little attic room; *(ärmlich)* garret; **~stube die** *(veralt.) s.* **~kammer; ~stuhl der** roof-truss
**dachte** ['daxtə] *1. u. 3. Pers. Sg. Prät. v.* **denken**
**Dach-: ~terrasse die** roof-terrace; **~traufe die** eaves *pl.*; **~verband der** *s.* **~organisation; ~wohnung die** attic flat *(Brit.) or (Amer.)* apartment; **~ziegel der** roof-tile; **~ziegel·verband der** *(Med.)* [rib-]strapping; **~zimmer das** attic room
**Dackel** ['dakl̩] **der; ~s, ~ a)** *(Hund)* dachshund; **b)** *(Schimpfwort)* clot *(sl.)*
**Dackel·beine** *Pl. (ugs. scherzh.)* [stumpy] bow legs
**Dada** ['dada] **der; ~[s] a)** Dada; **b)** *(Gruppe)* Dada[ist group]
**Dada-Bewegung die** Dadaist movement; Dadaism
**Dadaismus der; ~:** Dadaism *no art.*
**Dadaist der; ~en, ~en, Dadaistin die; ~, ~nen** Dadaist
**dadaistisch** *Adj.* Dadaist
**da·dran** *(ugs.) s.* **daran**
**da·drauf** *(ugs.) s.* **darauf**
**da·draus** *(ugs.) s.* **daraus**
**da·drin** *(ugs.) s.* **darin**
**da·drinnen** *(ugs.) s.* **darinnen**
**da·drüber** *(ugs.) s.* **darüber**
**da·drum** *(ugs.) s.* **darum**
**da·drunter** *(ugs.) s.* **darunter**
**da·durch** *Adv.* **a)** *(durch diese Öffnung hindurch)* through it/them; *(geh.: wodurch)* through which; **soll ich dadurch gehen oder dadurch?** should I go through this one or that one *or* through here or through there?; **b)** *(durch diesen Umstand)* as a result; *(durch dieses Mittel)* in this way; by this [means]; **ich nehme den D-Zug, ~ bin ich zwanzig Minuten eher da** I'll take the express, that way I'll get there twenty minutes earlier; **er hat sich ~ selbst geschadet** by doing this he has damaged his own interests; **c) ~, daß er es [nicht] tat, konnte er ...:** as a result of [not] doing it *or* by [not] doing it he was able to ...; **~, daß er älter ist, hat er einige Vorteile** he has several advantages by virtue of being older *or* because he is older; *s. auch* **da-**
**da·für** *Adv.* **a)** *(für diese Sache, diesen Zweck)* for it/them; **~ gebe ich gern etwas [Geld]** I'll gladly give some money for that; **~ haben wir Sie schließlich eingestellt!** after all, that's what we took you on for!; **Magenschmerzen? Pfefferminztee ist sehr gut ~** *(ugs.)* Stomach ache? Peppermint tea is very good for that; **~, daß ...:** considering that ...; *(damit)* so that ...; **~ sorgen [, daß ...]** see to it [that ...]; **der Grund ~, daß ...** the reason why ...; **b)** *(zugunsten dieser Sache)* for it; **~ sein** be in favour [of it]; **ich bin ganz ~:** I'm all for it; **er ist nicht ~, daß sie allein fährt** he's against her going alone; **das ist ein/kein Beweis ~, daß ...:** this is proof/no proof that ... *or* proves/does not prove that ...; **ein Beispiel ~ ist ...:** an example of this is ...; **alles spricht ~, daß ...:** all the evidence *or* everything suggests that ...; **c)** *(als Gegenleistung)* in return [for it]; *(beim Tausch)* in exchange; *(statt dessen)* instead; **heute hat er keine Zeit, ~ will er morgen kommen** he has no time today, so he wants to come tomorrow instead; **in Mathematik ist er zwar eine Niete, aber ~ kann er sehr gut zeichnen** he is useless at maths, but then *or* on the other hand he can draw very well; **d)** *(als etw. [geltend])* **der Stein ist kein Rubin, aber man könnte ihn ~ halten** the stone is not a ruby, but one might think it was *or* take it for one; **er ist schon 60, aber ~ hält ihn niemand** he is 60 but nobody would think so; **sie ist ihre Mutter, nicht ihre Schwester, aber sie könnte ~ gelten** she is her mother, not her sister, though she could pass for it; *s. auch* **da-;** NB *In senses* **a, b,** *and* **d** *the word can occur in two parts in North German coll. usage, e.g.* **da kriege ich nichts für** I'm getting nothing for it
**dafür-: ~|halten** *unr. itr. V. (geh.)* consider; be of the opinion; **nach meinem Dafürhalten** in my opinion; **~|können** *unr. tr. V. in* **etwas/nichts ~können** be/not be responsible; **~ kann er nichts** *od. (nordd. ugs.)* **da kann er nichts für [, daß ...]:** it's not his fault [that ...]; he can't help it [that ...]; **die können sehr wohl etwas ~, daß es so ist** they are very much responsible for things being the way they are; **~|stehen** *unr. itr. V.* **a)** *(veralt.: bürgen)* **~stehen, daß ...:** guarantee that ...; **~stehen, wie sich die Kinder beneh-**

**men** be responsible for the way the children behave; **b)** *(österr.: sich lohnen)* **das** *od.* **es steht [nicht] ~:** it is [not] worth it

**DAG** [de:/a:'ge:] **die;** ~ *Abk. (Bundesrepublik Deutschland):* **Deutsche Angestellten-Gewerkschaft** German Employees' Union

**dagegen** *Adv.* **a)** *(gegen das Genannte)* against it/them; **der Wagen raste auf den Pfeiler zu und prallte ~:** the car careered towards the pillar and crashed into it; **er stieß aus Versehen ~:** he knocked into it by mistake; **ich protestiere energisch ~, daß Sie mich verleumden** I must protest strongly against this slander; **etwas ~ haben** have sth. against it; object [to it]; **ich habe nichts ~:** I've no objection; I don't mind; **haben Sie etwas** *od. (ugs.)* **was ~, wenn ...?** do you mind if ...?; **was hat er ~, daß wir Freunde sind?** why does he object to our being friends?; **~ sein** be opposed to it *or* against it; **die Mehrheit war ~, das Angebot anzunehmen** the majority was against *or* opposed to accepting the offer; **wir kennen kein Mittel ~:** we know of no cure for it; **~ kann man nichts machen** there is nothing one can do about it; **b)** *konjunktional (im Vergleich dazu)* by *or* in comparison; compared with that; *(jedoch)* on the other hand; **sein Sohn ist dunkelhaarig, seine Tochter ~ blond** his son has dark hair, but his daughter on the other hand is blonde; **c)** *(als Gegenwert)* in exchange; **er hat ein anderes Gerät ~ eingetauscht** he got another machine in exchange [for it]; *s. auch* **da-;** NB *In senses* **a, c** *the word can occur in two parts in North German coll. usage, e.g.* **da kann niemand gegen sein** nobody can have any objection [to that]

**dagegen-:** **~|halten** *unr. tr. V.* **a)** *(entgegnen)* counter; *(einwenden)* object; **er hielt ~, daß ...:** his rejoinder *or* answer was that ...; **b)** *(ugs.: vergleichen)* hold it/them against; compare it/them with; **halte das Original ~:** compare it with the original; **~|setzen** *tr. V.* put forward [in opposition]; **„Das stimmt doch gar nicht", setzte er ~:** 'That's quite untrue,' he objected; **nichts ~zusetzen haben** offer no counter-argument; *(nichts einwenden)* make no objection; *(es nicht leugnen)* not deny it; **~|sprechen** *unr. itr. V.* be against it/them; **zahlreiche Gründe sprechen/nichts spricht ~, daß du ein paar Tage freinimmst** there are numerous reasons/there is no reason why you should not take a couple of days off; **was spricht ~?** what is the objection?; **~|stellen** *refl. V.* oppose it; **~|stemmen** *refl. V.* oppose it vigorously; fight it

**da|haben** *unr. tr. V. (Zusschr. nur im Inf. u. 2. Part.) (ugs.)* have [here]; *(im Hause)* have in the house; **mal sehen, ob ich noch eins da habe** I'll see whether I've got one left

**da·heim** *Adv. (bes. südd., österr., schweiz.)* **a)** *(zu Hause)* at home; *(nach Präp.)* home; **ich bin für niemanden ~:** I'm not at home to anybody; **~ anrufen** phone *or* ring home; **wie geht es ~?** how are things at home?; **sind Sie hier ~?** do you live here?; **bei mir ~:** at my place; **~ ist ~!** there's no place like home! *(prov.);* east, west, home's best *(prov.);* **b)** *(in der Heimat)* [back] home; **bei uns ~:** back home where I/we come from; **nach ~ schreiben** write home; **wo bist du ~?** where do you come from?

**Daheim** **das;** **~s** *(bes. südd., österr., schweiz.)* home

**Daheim·gebliebene** **der/die;** *adj. Dekl.* one who stayed at home; **die ~gebliebenen** those who stayed at home; those back home

**da·her** *Adv.* **a)** *(von dort)* from there; **~ habe ich meine neuen Stiefel** that's where I got my new boots from; **von ~ droht keine Gefahr** there is no danger from 'that quarter; **~ weht also der Wind!** *(ugs.)* so 'that's the way the wind blows! *(fig.);* **b)** *(durch diesen Umstand)* hence; **~ kommt seine gute Laune** that's why he's in a good mood; that's the reason for his good mood; **das/die Krankheit kommt ~, daß ...:** the reason for this/ the illness is that ...; **~ der Name Bratkartoffel!** *(scherzh.)* that explains it; so that's why!; **~ wußte er das** *od.* **hat er das** that's how he knew; that's where he got it from; **c)** *konjunktional (deshalb)* therefore; so; **d)** *(bes. südd.: hierhin)* here; NB *In senses* **a, b,** *and* **d** *the word can occur in two parts in coll. usage, e.g.* **da hast du die Klamotten her** that's where you got those clothes from

**daher-, Daher-:** **~|bringen** *unr. tr. V. (südd., österr.)* **a)** *(mitbringen)* bring [with one]; *(nach Hause)* bring home; **b)** *(abwertend: sagen)* come out with *(coll.);* **~|fliegen** *unr. itr. V.; mit sein* **a)** *(umherfliegen)* fly around; **b)** *(heranfliegen)* fly up; **~geflogen kommen** come flying along; *(auf jmdn. zu)* come flying up; **~gelaufen** *Adj.; nicht präd. (abwertend)* that nobody's heard of *postpos.;* **jeder ~gelaufene Kerl** any guy who comes along; any Tom, Dick, or Harry; **~gelaufene der/die;** *adj. Dekl. (abwertend)* nonentity; **jeder ~gelaufene** absolutely anybody [who comes along]; **~|kommen** *unr. itr. V.* come along; *(gemütlich)* stroll along; *(auf jmdn. zu)* come/ stroll up; *(auftreten)* turn up; **wie kann man nur in so einem Aufzug ~kommen?** how can one go around dressed like that?; **~reden** *(abwertend)* **1.** *itr. V.* **a)** talk off the cuff; **b)** *(viel reden)* blather on; **[so] dumm ~reden** talk [such] rubbish; **2.** *tr. V.* **a)** say off the cuff; **b)** *(wortreich sagen)* prattle; **was er so ~redet** his blathering on; the things he comes out with

**da·hier** *Adv. (österr., schweiz., sonst veralt.)* here

**da|hin** **a)** *(nach dort)* there; **~ und dorthin** this way and that; **b)** *(fig.)* **~ mußte es kommen** it had to come to that; **~ hat ihn seine Wettleidenschaft gebracht** that's where his betting mania has got him; **du wirst es ~ bringen, daß ...:** you'll carry things *or* matters so far that ...; **c) bis ~:** to there; *(zeitlich)* until then; **bis ~ sind es 75 km** it's 75 km from here; **bis ~ sind es noch zehn Minuten** there are another ten minutes to go until then; **es steht mir bis ~** *(ugs.)* I am sick and tired of it *or* fed up to the back teeth with it *(coll.);* **d)** [-'-] *(verloren, vorbei)* **~ sein** be *or* have gone; **mein neuer Mantel ist ~:** my new coat is ruined *or (coll.)* has had it; **e)** *(in diesem Sinne)* **~ [gehend], daß ...:** to the effect that ...; **man kann dieses Schreiben auch ~ [gehend] auslegen/verstehen, daß ...:** one can also interpret/take this letter as meaning that ...

**da·hinab** *Adv.* down there; down that way

**da·hinauf** *Adv.* up there; up that way

**da·hinaus** *Adv.* out there; *(in die Richtung)* out that way

**dahin-:** **~|bewegen** *refl. V.* move on one's way; **~|dämmern** *itr. V.; mit sein* be semiconscious; **~|eilen** *itr. V.; mit sein (geh.)* hurry along *or* on one's way; ⟨*time*⟩ fly [past]

**da·hinein** *Adv.* in there; *(hier hinein)* in here

**dahin-:** **~|fahren** *unr. itr. V.; mit sein* **a)** *(dichter.: wegfahren)* depart; **b)** *(dichter.: vorbeifahren)* go *or* pass on one's/its way; **c)** *(veralt.: sterben)* pass away; depart this life *(literary);* **~|fliegen** *unr. itr. V.; mit sein (dichter.)* **a)** *(wegfliegen)* fly on its way; ⟨*person*⟩ fly away; **b)** *(vergehen)* fly past; **~|fließen** *unr. itr. V.; mit sein (geh.)* flow along *or* on its way

**da·hingegen** *Adv.* on the other hand

**dahin-:** **~|gehen** *unr. itr. V.; mit sein* **a)** *(geh.: vergehen)* pass; ⟨*years*⟩ go by; **b)** *(geh.: vorbeigehen)* go *or* pass on one's way; **c)** *(verhüll.: sterben)* pass away; **~gestellt** *in* **es ist** *od.* **bleibt ~gestellt** it remains to be seen; **ob etwas Vernünftiges dabei herauskommt, sei ~gestellt** we must wait and see whether this produces any useful result; **etw. ~gestellt sein lassen** leave sth. open [for the moment]; **~|jagen** *itr. V.; mit sein (geh.)* tear *or* race along; **~|kümmern** *itr. V.; mit sein (geh.)* fade away; *(im Gefängnis usw.)* languish; **~|leben** *itr. V.* live one's life; **~|plätschern** *itr. V.; mit sein* **das Gespräch plätscherte an der Oberfläche dahin** the conversation was very superficial *or* remained at the level of small talk; **~|raffen** *tr. V. (geh. verhüll.)* carry off; **~|sagen** *tr. V.* say without thinking; **das war nur so ~gesagt** that was just a casual *or* off-the-cuff remark; **~|scheiden** *unr. itr. V.; mit sein (geh. verhüll.)* pass away; depart this life *(literary);* **~|schwinden** *unr. itr. V.; mit sein (geh.)* **a)** *(abnehmen)* dwindle; ⟨*courage, interest, hope*⟩ fade; **b)** *(vergehen)* pass; **~|siechen** *itr. V.; mit sein (geh.)* waste away; **~|stehen** *unr. itr. V.* **[es] steht [noch] ~:** [it] remains to be seen

**da·hinten** *Adv.* over there

**da·hinter** *Adv.* behind it/them; *(folgend)* after it/them; **ein Haus mit einem Garten ~:** a house with a garden behind *or* at the back; **was sich wohl ~ verbirgt?** *(fig.)* what can be behind it?; *s. auch* **da-**

**dahinter·her** *Adj.; nur präd. (ugs.)* **~ sein** make a big effort; put oneself out; **nie macht ihr eure Aufgaben von euch aus, ich muß immer ~ sein** you never do your homework without being reminded, I've always got to keep on at you

**dahinter-:** **~|klemmen** *refl. V.,* **~|knien** *refl. V. (ugs.)* buckle down to it; pull one's finger out *(sl.);* **~|kommen** *unr. itr. V.; mit sein (ugs.)* find out; **~|machen** *refl. V. (ugs.)* get down to it; **mach dich ~!** get on with it!; **~|setzen** *refl. V. (ugs.) s.* **~klemmen;** **~|stecken** *itr. V. (ugs.)* **a)** *(als Grund, Urheber)* be behind it/them; **b)** *(Sinn haben)* **es steckt nichts/nicht viel ~:** there is nothing/not much to it/them; **~|stehen** *unr. itr. V.* **a)** *(dafür eintreten)* be behind it/ them; [fully] support it/them; *(bei eigenen Erklärungen, Entscheidungen)* stand by it/ them; **b)** *(zugrunde liegen)* be behind it/ them; be at the root of it/them

**da|hinüber** *Adv.* over/across there

**da|hinunter** *Adv.* down there; *(in diese Richtung)* down that way

**dahin-:** **~|vegetieren** *itr. V.* **[elend] ~vegetieren** drag out a miserable existence; **~|ziehen** **1.** *unr. itr. V.; mit sein* go *or* move on one's/its way; ⟨*clouds*⟩ drift by; **2.** *unr. refl. V.* ⟨*path*⟩ pass along

**Dahlie** ['da:li̯ə] **die;** **~, ~n** dahlia

**Dakapo** [da'ka:po] **das;** **~s, ~s** *(Musik)* encore

**daktylisch** [dak'ty:lɪʃ] *Adj. (Verslehre)* dactylic

**Daktylo-** ['daktylo]: **~graphin** [~'gra:fɪn] **die;** **~, ~nen** *(schweiz.)* typist; **~skopie** [~sko'pi:] **die;** **~, ~n** dactyloscopy *no art.;* fingerprint identification *no art.*

**Daktylus** ['daktylʊs] **der;** **~, Daktylen** *(Verslehre)* dactyl

**da-:** **~|lassen** *unr. tr. V. (ugs.)* leave [here]; *(dort lassen)* leave there; **[jmdm.] keine Nachricht ~lassen** leave [sb.] no message; **~|liegen** *unr. itr. V.* lie there; ⟨*building etc.*⟩ stand there

**Dalk** [dalk] **der;** **~[e]s, ~e** *(südd., österr. ugs.)* [clumsy] clot *(Brit. sl.);* jerk *(sl.)*

**Dalken** *Pl. (österr.)* [yeast-dough] fritters

**dalkert** ['dalkɐt] *(südd., österr. ugs.)* **1.** *Adj.* daft; **~e Kuh** silly woman *(derog.).* **2.** *adv.* stupidly

**Dalle** ['dalə] **die;** **~, ~n** *(bes. südd.)* dent

**Dalles** ['daləs] **der;** **~** *(ugs.)* **im ~ sein** be broke *(coll.)*

**dalli** ['dali] *Adv. (ugs.)* **aber [ein bißchen] ~!** and make it snappy *(coll.)*; **[~] ~!** get a move on!; *(beim Laufen)* come on, at the double!
**Dalmatien** [dal'ma:tsi̯ən] **(das); ~s** Dalmatia
**Dalmatiner** [dalma'ti:nɐ] **der; ~s, ~** Dalmatian
**dalmatinisch** *Adj.* Dalmatian
**damalig** ['da:ma:lɪç] *Adj.; nicht präd.* at that *or* the time *postpos.*; **der ~e Bundeskanzler** the then Federal Chancellor; the Federal Chancellor at that *or* the time; **das ~e Leben** life in those days; **die ~e Regierung** the government of the day; **unter den ~en Umständen** in the circumstances obtaining at the time; **im ~en Gallien** in what was then Gaul
**damals** ['da:ma:ls] *Adv.* then; at that time; **~, als ...:** at the time *or* in the days when ...; **von ~:** of that time *or* those days; *(aus dieser Zeit)* from that time *or* those days; **seit ~:** since then; **wie es ~war** what it was like in those days
**Damast** [da'mast] **der; ~[e]s, ~e** damask
**damasten** *Adj. (geh.)* damask
**Damaszener·klinge** [damas'tse:nɐ-] **die** Damascus blade
**damaszieren** [damas'tsi:rən] *tr. V.* damascene ⟨*blade, sword*⟩
**Dämchen** ['dɛ:mçən] **das; ~s, ~ a)** little lady; **b)** *(Kind)* [proper] little lady; little madam; **c)** *(abwertend: Prostituierte)* lady of the night
**Dame** ['da:mə] **die; ~, ~n a)** *(Frau)* lady; **sehr verehrte** *od.* **meine ~n und Herren!** ladies and gentlemen; **was wünschen Sie, meine ~?** may I help you, madam?; **ein Abend mit ~n** a ladies' night; **die Abfahrt/die 200 Meter der ~n** *(Sport)* the women's downhill/200 metres; **bei den ~n siegte die deutsche Staffel** *(Sport)* the German team won in the women's event; **die ~ des Hauses** the lady of the house; **meine Alte ~** *(veralt. scherzh.)* my mater *(dated sl.)*; **ganz ~ sein** be the complete lady; *s. auch* **Welt f; b)** *(Schach, Kartenspiele)* queen; **c)** *o. Pl. (Spiel)* draughts *(Brit.)*; checkers *(Amer.)*; **d)** *(Doppelstein)* king
**Dame·brett das** draught-board *(Brit.)*; checkerboard *(Amer.)*
**Dämel** ['dɛ:ml̩] **der; ~s, ~** *(salopp)* fool; **du ~!** you clot! *(Brit. sl.)*; you jerk! *(sl.)*
**Damen-: ~bart der** [unwanted] facial hair; **~begleitung die: in/ohne ~begleitung** in the company of a lady/unaccompanied; with/without a female companion; **~bekanntschaft die** lady friend; **eine ~bekanntschaft machen** *(ugs.)* meet *or* get to know someone of the opposite sex; **~besuch der** lady visitor/visitors; **~besuch ist ab 20[00] untersagt** no female visitors after 8 p.m.; **~binde die** sanitary towel *(Brit.) or (Amer.)* napkin; **~doppel das** *(Sport)* women's doubles *pl.*; **~einzel das** *(Sport)* women's singles *pl.*; **~fahr·rad das** lady's bicycle; **~friseur der** ladies' hairdresser; **~fußball der;** *o. Pl.* women's football; **~garnitur die** set of women's underwear; **~gesellschaft die a)** ladies' party; **b)** *o. Pl. (Begleitung von Damen)* female company; **in ~gesellschaft** in the company of a lady/of ladies
**damenhaft 1.** *Adj.* ladylike; **~e Kleidung** clothes fit for a lady. **2.** *adv.* like a lady; in a ladylike manner
**Damen-: ~kapelle die** women's band; **~konfektion die** ladies' wear; **~kränzchen das** *(veralt.)* ladies' circle; **~mannschaft die** women's team; **~rad das** lady's bicycle; **~salon der** ladies' hairdressing salon *(Brit.)*; beauty salon *(Amer.)*; **~sattel der** side-saddle; **im ~sattel reiten** ride side-saddle; **~schuh der** lady's shoe; **~schuhe** ladies' shoes; **~sitz der** *(Reiten)* **im ~sitz reiten** ride side-saddle; **~stift das** *(veralt.)* home for elderly gentlewomen *(esp. members of the aristocracy)*; **~toilette die a)** *(WC)* ladies' toilet; ladies' rest-room *(Amer.)*; **b)** *(Kleidung)* ladies' [formal] wear; **~unter·wäsche die** ladies' underwear; **~wahl die;** *o. Pl.* ladies' choice; **jetzt ist ~wahl** now it's the ladies' turn to choose their partners; **~welt die;** *o. Pl. (scherzh.)* **die ~welt** the ladies *pl.*; the fair sex
**Dame-: ~spiel das a) das ~spiel** draughts *(Brit.)*; checkers *(Amer.)*; **b)** *(Partie)* game of draught *or (Amer.)* checkers; **~stein der** draughtsman *(Brit.)*; checker *(Amer.)*
**Dam·hirsch** ['dam-] **der** fallow deer; *(männliches Tier)* fallow buck
**damisch** ['da:mɪʃ] *(südd., österr. ugs.)* **1.** *Adj.* **a)** *(dumm)* stupid; **b)** *nicht attr. (schwindlig)* dizzy. **2.** *adv. (dumm)* stupidly
**da·mit 1.** *Adv.* **a)** *(mit dieser Sache)* with it/them; **was will er ~ [machen]?** what's he going to do with it/them?; **meint er mich ~?** does he mean me?; **ich bin gleich ~ fertig** I'll be finished in a moment; **du hast recht ~ gehabt** you were right there *or* about that; **er hatte nicht ~ gerechnet** he had not expected that *or* reckoned with that; **~ habe ich nichts zu tun** I have nothing to do with it/them; **er kommt immer wieder ~ an** he's for ever harping on it; **was ist denn ~?** what's the matter with it/them?; what about it/them?; **wie wäre es ~?** how about it?; **~ hat es noch Zeit** there's no hurry about that/those; **Schluß** *od.* **genug ~!** that's enough [of that]; **hör auf ~!** stop it!; **her ~!** let's have it/them!; hand it/them over!; **b)** *(gleichzeitig)* with that; thereupon; **c)** *(daher)* thus; as a result; **er hatte kein Alibi, und gehörte ~ zu den Verdächtigen** he had no alibi and was therefore one of the suspects; *s. auch* **da-;** *NB In sense a the word can occur in two parts in North German coll. usage, e.g.* **da habe ich nicht mit gerechnet** I didn't expect that. **2.** *Konj.* so that; **er kam früher, ~ sie mehr Zeit hatten** *od. (geh.)* **hätten** he came earlier so that they would have more time
**Dämlack** ['dɛ:mlak] **der; ~s, ~e** *od.* **~s** *(salopp)* clot *(Brit. sl.)*; twerp *(sl.)*; jerk *(sl.)*
**dämlich** ['dɛ:mlɪç] *(ugs. abwertend)* **1.** *Adj.* stupid. **2.** *adv.* stupidly; **~ fragen** ask stupid questions
**Dämlichkeit die; ~, ~en** *(ugs. abwertend)* **a)** *o. Pl. (Art)* stupidity; **b)** *(Handlung)* piece of stupidity
**Damm** [dam] **der; ~[e]s, Dämme** ['dɛmə] **a)** *(Schutzwall)* embankment; levee *(Amer.)*; *(Deich)* dike; *(Stau~)* dam; *(durch Wasser, Watt, Sumpf)* causeway; *(fig.)* bulwark **(gegen** against); **einen ~ gegen etw. errichten** *(fig.)* form a barrier *or* defence against sth.; **b)** *(Straßen~, Bahn~)* embankment; **c)** *(nord[ost]d.: Straße)* road[way]; **d)** *(fig.)* **wieder/nicht auf dem ~ sein** *(ugs.)* be fit *or* in good shape again/not be fit *or* in good shape; **jmdn. wieder auf den ~ bringen** *(ugs.)* put sb. back on his/her feet; **e)** *(Anat.)* perineum
**Dämm-** insulating
**Damm·bruch der** *s.* **Damm:** breach in a dam/dike; collapse of an embankment/a causeway
**dämmen** ['dɛmən] *tr. V.* **a)** *(geh.: aufhalten)* hold back; dam ⟨*river, stream*⟩; stem ⟨*flood*⟩; **b)** *(Technik: nicht durchlassen)* retain, keep in ⟨*heat*⟩; *(ausschließen)* keep out ⟨*noise, heat*⟩
**Dämmer der; ~s** *(dichter.)* twilight; *(Halbdunkel)* half-light; **der ~ des Halbschlafs** *(fig.)* stupefied half-sleep
**dämmerig** *s.* **dämmrig**
**Dämmer·licht das;** *o. Pl.* twilight; *(trübes Licht)* dim light
**dämmern** ['dɛmɐn] *itr. V.* **a) es dämmert** *(morgens)* it is getting light; *(abends)* it is getting dark; *(mit Zeitangabe)* it gets light/dark; **der Morgen dämmert** the day is dawning *or* breaking; **der Abend dämmert** dusk is falling; **b)** *(ugs.: klarwerden)* **jmdm. ~:** dawn upon sb.; **mir dämmert da etwas** the penny is beginning to drop; *(ich habe einen Verdacht)* I am beginning to smell a rat; **jetzt dämmert's [bei] mir** now I'm beginning to understand; **c)** *(im Halbschlaf)* doze; **vor sich hin ~:** doze; *(nicht klar bei Bewußtsein)* be semi-conscious
**Dämmer-: ~schlaf der a)** *(Halbschlaf)* half-sleep; doze; **b)** *(Med.)* twilight sleep; **~schoppen der** [early] evening drink; **~stündchen das** early evening get-together; **~stunde die** *(geh.)* twilight hour; **in der ~stunde** at twilight *or* dusk
**Dämmerung die; ~, ~en a)** *(Abend~)* twilight; dusk; **in der [abendlichen] ~:** in the twilight *or* gloaming; **bei** *od.* **mit/vor Einbruch der ~:** at/before dusk *or* nightfall; **die Stunden der ~:** the twilight hours; **b)** *(Morgen~)* dawn; daybreak; **die ~ bricht an** dawn *or* day is breaking; **bei** *od.* **mit/vor Anbruch der ~:** at/before dawn *or* daybreak; **c)** *o. Pl. (Halbdunkel)* semi-darkness; half-light; **der Raum lag in tiefer ~:** the room was in deep shadow *or* gloom
**Dämmer·zustand der a)** *(Halbschlaf)* half-sleep; doze; **b)** *(Bewußtseinstrübung)* semi-conscious state; coma
**dämmrig** *Adj.* **a) es ist** *od.* **wird schon ~** *(morgens)* it is beginning to get light; day is breaking; *(abends)* it is beginning to get dark; night is falling; **draußen ist es noch ~:** it is still quite dark outside; **b)** *(halbdunkel)* gloomy; dim ⟨*light*⟩
**Damm-: ~riß der** *(Med.)* perineal tear; **~schnitt der** *(Med.)* episiotomy
**Dämmung die; ~, ~en** *(Technik)* insulation
**Damm·weg der** embankment/dike path; *(Verbindung durch Wasser, Watt, Sumpf)* causeway
**Damokles·schwert** ['da:moklɛs-] **das; ~[e]s** *(geh.)* sword of Damocles
**Dämon** ['dɛ:mɔn] **der; ~s, ~en** [dɛ'mo:nən] **a)** *(böser Geist)* demon; **gute und böse ~en** good and evil spirits; **b)** *(geh.: im Menschen)* daemon; daemonic inner force
**dämonenhaft** *Adj.* demoniac
**Dämonie** [dɛmo'ni:] **die; ~, ~n** *(geh.)* daemonic power; *(eines Künstlers)* daemonic genius; **eine** *od.* **die ~ des Schicksals** a cruel stroke of fate
**dämonisch 1.** *Adj.* daemonic; *(teuflisch)* diabolical. **2.** *adv.* daemonically; **~ grinsen** grin like a demon
**dämonisieren** *tr. V.* demonize; portray as a demon/demons
**Dämonisierung die; ~, ~en** demonization; portrayal as a demon/demons
**Dämonismus der; ~** demonism *no art.*
**Dampf** [dampf] **der; ~[e]s, Dämpfe** ['dɛmpfə] **a)** steam *no pl., no indef. art.*; *(Rauch)* smoke *no pl., no indef. art.*; *(Physik)* [water] vapour *as tech. term, no pl., no indef. art.*; **wallende Dämpfe** clouds of steam; **giftige Dämpfe einatmen** breathe in toxic vapour *or* fumes; **etw. mit ~ behandeln** steam sth.; **mit ~ betrieben [werden]** [be] steam-powered *or* steam-driven; **unter ~** *(Dat.)* **stehen** *od.* **sein** have steam up; **~ aufmachen** *(veralt.: stärker feuern)* get up [more] steam; *(ugs.: energischer spielen)* put on an effort; **da ist/aus etw. ist der ~ raus** *(ugs.)* it/sth. has lost its momentum; **~ ablassen** *(auch ugs.: Ärger abreagieren)* let off steam; **jmdm. ~ [unterm Hintern] machen** *(ugs.)* make sb. get on with it; put pressure on sb.; **~ drauf haben** *(ugs.)* be really shifting *(sl.) or* moving; *(vital sein)* be full of beans; **~ dahinter/hinter etw.** *(Akk.)* **machen** *od.* **setzen** *(ugs.) (sich beeilen)* get a move on/get a move on with sth.; *(andere zur Eile treiben)* get things *pl.*/sth. moving; **dieser**

**Boxer hat ~ in den Fäusten** this boxer packs quite a punch; **b)** *(ugs.: Angst)* **vor jmdm./etw. [mächtigen** *od.* **unheimlichen] ~ haben** be [absolutely] terrified of sb./in a [blue] funk about sth. *(sl.)*; **c)** *(bayr.: Alkoholrausch)* **einen ~ haben** be drunk

**Dampf-: ~antrieb der** steam drive; *(Eisenb.)* steam traction; **mit ~antrieb** steam-driven; **~bad das** steam *or* Turkish bath; *(Raum)* steam *or* Turkish baths *pl.*; **~boot das** steamboat; **~bügel·eisen das** steam iron; **~druck der**; *Pl.* **~drücke** steam pressure

**dampfen** *itr. V.* **a)** *(Dampf abgeben)* steam (**vor** + *Dat.* with, due to); **b)** *mit sein (fahren)* steam; **c)** *mit sein (ugs.: mit Zug, Schiff reisen)* chug; *(wegfahren)* chug off

**dämpfen** ['dɛmpfn̩] *tr. V.* **a)** *(mit Dampf garen)* steam ⟨*fish, vegetables, potatoes*⟩; **b)** *(glätten)* press with a damp cloth; *(mit Dampfbügeleisen)* steam-iron; **c)** *(mildern)* muffle, deaden ⟨*sound*⟩; attenuate ⟨*high notes*⟩; dim, turn down ⟨*lights*⟩; **die** *od.* **seine Stimme ~:** lower one's voice; **den Ton einer Trompete ~:** mute a trumpet; *s. auch* **gedämpft; d)** *(abschwächen)* cushion, absorb ⟨*blow, impact, shock*⟩; damp ⟨*vibrations*⟩; *(fig.)* temper, diminish ⟨*joy*⟩; dampen ⟨*enthusiasm*⟩; assuage ⟨*sb.'s wrath*⟩; calm ⟨*anger, excitement*⟩; *(Wirtsch.)* curb ⟨*price rises*⟩; slow down ⟨*inflation*⟩

**Dampfer der; ~s, ~** steamer; **mit dem ~ fahren** go by steamer; **auf dem falschen ~ sein** *od.* **sitzen** *(fig. ugs.)* be barking up the wrong tree; have got it wrong

**Dämpfer der; ~s, ~ a)** *(beim Klavier)* damper; *(bei Streich- u. Blasinstrumenten)* mute; **b)** *(fig.)* **einen ~ bekommen** *(ugs.)* have one's enthusiasm dampened; *(gerügt werden)* be taken down a peg or two; **jmdm. einen ~ aufsetzen** dampen sb.'s enthusiasm; **c)** *(Technik)* damper; *(Stoß~)* shock absorber

**Dampfer·linie die** steamer service; *(Gesellschaft)* steamship line

**dampf-, Dampf-: ~förmig** *Adj.* vaporous; vapour *attrib.* ⟨*state*⟩; **~hammer der** steam-hammer; **~heizung die** steam heating

**dampfig** *Adj.* steamy; *(dunstig)* misty

**Dampf-: ~kessel der** boiler; **~kochtopf der** pressure-cooker; **~kraft die;** *o. Pl.* steam power; **~kraft·werk das** steam[-driven] power station; **~lok[omotive] die** steam locomotive *or* engine; **~maschine die** steam engine; **~nudel die** *(südd., Kochk.)* steamed yeast dumpling; **aufgehen wie eine ~nudel** *(ugs.)* fill out like a balloon; **~pfeife die** steam whistle; *(mit Druckluft betrieben)* compressed-air whistle; **~schiff das** steamer; *(bes. hist.)* steamship; **~schiffahrt die** steam navigation; **~turbine die** steam turbine

**Dämpfung die; ~, ~en** a) *(der Stimme)* lowering; *(von hohen Tönen)* attenuation; *(von Licht)* dimming; **~ des Schalls/der Töne** deadening of sound/sounds; **b)** *(Stoß~)* cushioning; absorption; *(von Schwingungen)* damping; *(fig.) (von Freude, Leidenschaft)* tempering; diminishing; *(von Begeisterung)* dampening; *(von Wut, Aufregung)* calming; *(Wirtsch.: des Preisauftriebs)* curbing; *(der Konjunktur)* slowing down

**Dampf·walze die a)** steamroller; **b)** *(ugs. scherzh.: Frau)* mountain of flesh

**Dam·wild das;** *o. Pl.* fallow deer *pl.*

**da·nach** *Adv.* **a)** *(zeitlich)* after it/that; then; **noch tagelang ~:** for days after[wards]; **eine Stunde ~:** an hour later; **ich dusche gern kalt, ~ fühlt man sich gleich viel frischer** I like cold shower, you feel really refreshed afterwards; **b)** *(räumlich: dahinter)* after it/them; **voran gingen die Eltern, ~ kamen die Kinder** the parents went in front, the children following after *or* behind; **Kommt Mainz vor oder nach Wiesbaden? - Danach** Is Mainz before or after Wiesbaden? - After; **c)** *(ein Ziel angebend)* towards it/them; **er sprang/griff ~:** he jumped/made a grab for it/them; **~ laßt uns alle streben** let us all strive for that; **d)** *(entsprechend)* in accordance with it/them; **ein Brief ist gekommen; ~ ist sie schon unterwegs** a letter has arrived, according to which she is already on her way; **~ zu urteilen** to judge by that; **ihr kennt die Regeln, nun richtet euch ~!** you know the rules, so stick to *or* abide by them; **~ steht mir nicht der Sinn,** *(ugs.)* **mir ist nicht ~:** I'm not in the mood; I don't feel like it; **es sieht ~ aus/~ aus, als ob ...:** it looks like it/looks as though ...; **~ siehst du [gerade] aus!** *(ugs. iron.)* tell that to the Marines!; **es ist billig, aber es ist auch ~** *(ugs.)* it's cheap and looks it; **es ist nur ein kleiner Schnellimbiß, und das Essen ist auch ~:** it's only a small snack bar and the food's what you might expect; *s. auch* **da-;** NB *In sense* **d** *the word can occur in two parts in North German coll. usage, e.g.* **es ist billig, da ist es aber auch nach** it's cheap and looks it

**Danaer·geschenk** ['da:naɐ-] **das** *(geh.)* Greek gift

**Dancing** ['da:nsɪŋ] **das; ~s, ~s** *(bes. österr.)* **a)** *(Lokal)* dance hall; **b)** *(Veranstaltung)* dance

**Dandy** ['dɛndi] **der; ~s, ~s** dandy

**dandyhaft 1.** *Adj.* dandyish; foppish ⟨*manner*⟩. **2.** *adv.* like a dandy/dandies

**Dandytum das; ~s a)** *(Art)* dandyish nature; **b)** *(Schicht)* **das ~:** the dandies *pl.* *(as a group)*

**Däne** ['dɛ:nə] **der; ~n, ~n** Dane; **er ist ~:** he is Danish *or* a Dane

**da·neben** *Adv.* **a)** *(an der/die Seite davon)* next to *or* beside him/her/it/them *etc.*; **b)** *(im Vergleich dazu)* in comparison; **c)** *(außerdem)* in addition [to that]; besides [that]; **man muß ~ auch berücksichtigen, wie schwer es ist** one must consider at the same time *or* as well how difficult it is

**daneben-: ~|benehmen** *unr. refl. V.* *(ugs.)* blot one's copybook *(coll.)*; spoil one's record; *(sich aufführen)* make an exhibition of oneself; **~|fallen** *unr. itr. V.; mit sein* miss; **~|gehen** *unr. itr. V.; mit sein* **a)** *(das Ziel verfehlen)* miss [the target]; **b)** *(ugs.: fehlschlagen)* misfire; be a flop *(sl.)*; **das geht sowieso ~:** it won't be any good; **~|geraten** *unr. itr. V.; mit sein (ugs.)* **[jmdm.] ~geraten** go wrong [on sb.]; **~|greifen** *unr. itr. V.* **a)** *(vorbeigreifen)* miss [one's aim] *(when reaching for sth.)*; **beim Klavierspielen ~greifen** play a wrong note/some wrong notes on the piano; **b)** *(ugs.)* **im Ausdruck ~greifen** *(aus Unkenntnis)* say the wrong thing; *(aus Taktlosigkeit)* put one's foot in it; **mit seiner Prognose ~greifen** be wide of the mark with one's prognosis; **~|halten** *unr. tr. V. (ugs.: vergleichen)* **wenn man X ~hält** when compared with X; **~|hauen** *unr. tr. V.;* **a)** *(nicht treffen)* miss; **b)** *(ugs.: sich irren)* be wide of the mark; **mit der Antwort hat er ziemlich ~gehauen** his answer was well wide of the mark *or (coll.)* way out; **~|liegen** *unr. itr. V. (ugs.)* be wide of the mark; **mit dieser Meinung liegst du aber sehr ~:** your estimation is quite wrong *or (coll.)* way out; **~|schießen** *unr. itr. V.* **a)** *(Ziel verfehlen)* miss [the target]; **mit Absicht ~:** shoot to miss; **b)** *s.* **~hauen b; ~|sein** *unr. itr. V.; Zusschr. nur im Inf. u. 2. Part. (ugs.) (verwirrt sein)* be in a complete daze; *(sich unwohl fühlen)* not be oneself; be under the weather *(coll.)*; **~|tippen** *itr. V. (ugs.)* guess wrong; **~getippt!** wrong!; **~|treffen** *unr. itr. V.* miss [the target]; **danebengetroffen!** missed!

**Dänemark** ['dɛ:nəmark] **(das); ~s** Denmark

**dang** [daŋ] *1. u. 3. Pers. Sg. Prät. v.* **dingen**

**da·nieden** *Adv. (dichter. veralt.)* here below [on earth]

**danieder|liegen** *unr. itr. V. (geh.)* **a)** *(krank sein)* be laid low; **schwer [krank]/sterbend ~:** lie seriously ill/dying; **b)** *(Wirtsch.)* ⟨*trade, economy*⟩ be depressed

**Dänin die; ~, ~nen** Dane; Danish woman/girl; *s. auch* **-in**

**dänisch** ['dɛ:nɪʃ] *Adj.* Danish; *s. auch* **deutsch, Deutsch**

**dank** [daŋk] *Präp. mit Dat. u. Gen. im Sg. u. meist mit Gen. im Pl.* thanks to; **~ einem Zufall** *od.* **eines Zufalls** by chance; owing to a coincidence

**Dank der; ~[e]s a)** thanks *pl.*; **jmdm. seinen ~ abstatten** offer one's thanks to sb.; **jmdm. seinen [herzlichen/allerherzlichsten] ~ aussprechen** express one's/sincere/most sincere/thanks *or* gratitude to sb.; **jmdm. ~ sagen** thank sb.; offer one's thanks to sb.; **jmdm. [großen] ~ schulden** *od.* **schuldig sein** *(geh.),* **jmdm. zu [großem] ~ verpflichtet sein** owe sb. a [great] debt of gratitude; **kein Wort des ~es sagen** not say *or* offer a word of thanks; **als** *od.* **zum ~ dafür, daß ich seinen Hund in Pflege genommen hatte** as a way of saying 'thank you' to me for looking after his dog; **zum ~ dafür hat sie mir noch ins Gesicht gespuckt** *(iron.)* all the thanks I got was that she spat in my face; **und das ist nun der ~ dafür** *(iron.)* so that's all the thanks I get!; **zum ~ für seine Verdienste** in grateful recognition of his services; **mit vielem** *od.* **bestem ~ zurück** thanks for the loan; *(bes. geschrieben)* returned with thanks!; **etw. mit ~ annehmen** accept sth. with thanks; **von [tiefem] ~ erfüllt sein** *(geh.)* be filled with a [deep] sense of gratitude; **damit wird er [bei mir] wenig/keinen ~ ernten** he won't get much/any thanks [from me] for that; **b)** *(in Dankesformeln)* **haben Sie ~!** please accept my thanks; **vielen/besten/herzlichen ~!** thank you very much; many thanks; **vielen ~, daß du mir beim Umzug geholfen hast** thank you very much for helping me with the move; **[nein,] vielen ~!** *(iron.)* no, thank you!; **tausend ~!** *(ugs.)* very many thanks [indeed]; *s. auch* **heiß**

**Dank·adresse die** [official] letter of thanks

**dankbar 1.** *Adj.* **a)** *(voller Dank)* grateful; *(anerkennend)* appreciative ⟨*child, audience, etc.*⟩; **in ~er Anerkennung** *(+ Gen.)*/**Erinnerung an** *(+ Akk.)* in grateful recognition/memory of; **[jmdm.] für etw. ~ sein** be grateful [to sb.] for sth.; **sich ~ zeigen** show one's gratitude *or* appreciation; **sie sind für jede Abwechslung ~:** they are thankful for any diversion; **für eine baldige Antwort wären wir ~:** we should be grateful for an early reply; **ich wäre Ihnen sehr ~, wenn Sie ... könnten** I should be very grateful if you could ...; **b)** *(lohnend)* rewarding ⟨*job, part, task, etc.*⟩; **c)** *(ugs.: haltbar)* hard-wearing ⟨*material, clothes*⟩; *(unempfindlich)* easy-care ⟨*garment, plant, etc.*⟩. **2.** *adv.* gratefully; **etw. ~ annehmen** *od.* **entgegennehmen** accept sth. gratefully *or* with thanks; **jmdn. ~ anblicken** give sb. a look of gratitude

**Dankbarkeit die; ~:** gratitude; **etw. aus ~ tun** do sth. out of gratitude; **in/mit [aufrichtiger/tiefer] ~:** in/with [sincere/deep] gratitude

**Dank·brief der** letter of thanks; thank-you letter

**danke** ['daŋkə] *Höflichkeitsformel* thank you; *(ablehnend)* no, thank you; **Darf ich Ihnen noch Tee nachgießen? – Ja ~[, gern]** May I pour you some more tea? – Yes, please[, I'd like some]; **Gefällt es Ihnen hier bei uns? – Ja ~, sehr sogar** Do you like it here? – Yes, thank you, very much; **nein ~, ~ nein** no, thank you; **Soll ich Ihnen helfen? – Danke, es geht schon** Shall I help you? – No thank you *or* No thanks, it's all right; ~ **schön/sehr/vielmals** thank you very much; ~ **schön sagen** say 'thank you'; **Wie geht's? – Mir geht's ~** *(ugs.)* How are you? – I'm OK [thanks] *(coll.)*; **sonst geht's dir [wohl] ~!** *(ugs.)* what do you think you're doing?; have you taken leave of your senses?

**danken 1.** *itr. V. (Dank aussprechen)* thank; **jmdm. für etw. [vielmals] ~:** thank sb. [very much] for sth.; **ich danke Ihnen vielmals** thank you very much; **er dankte kurz und verließ das Zimmer** he said a quick 'thank you' and left the room; **danke der [gütigen] Nachfrage!** *(meist scherzh. od. iron.)* thanks for asking; kind of you to ask; **Betrag ~d erhalten** [payment] received with thanks; **~d ablehnen** decline with thanks; **dafür danke ich bestens** *(iron.)* thanks a lot *(coll.)*; **na, ich danke!** *(ugs.)* no, 'thank you!; **ich danke für Obst und Südfrüchte** *(ugs.)* no, thanks; *s. auch* **Knie. 2.** *tr. V.* **a) [aber bitte,] nichts zu ~:** don't mention it; not at all; **es wird einem noch nicht einmal gedankt** you don't even get any thanks [for it]; **sie hat ihm seine Hilfe schlecht gedankt** she gave him a poor reward for his help; **er dankte ihnen ihre Güte mit Ungehorsam** *(iron.)* the only reward they got [from him] for their kindness was disobedience; **b)** *(geh.: verdanken)* **jmdm. etw. ~:** owe sb. sth.; owe sth. to sb.; **nur diesem Umstand ist es zu ~, daß ...:** it was only thanks to this that ...

**dankens·wert** *Adj.* commendable ‹*effort etc.*›; **es ist ~, daß er uns hilft** it is kind *or* very good of him to help [us]

**dankenswerter·weise** *Adv.* kindly; generously; **~ haben sich viele freiwillig gemeldet** commendably many have volunteered

**Danke·schön das; ~s** thank-you; **ein [herzliches] ~ sagen** express one's [sincere] thanks; **nicht einmal ein ~ bekommen** not get so much as a thank-you

**Dankes·wort das** word of thanks

**Dank-: ~gebet das** prayer of thanksgiving; **~gottes·dienst der** thanksgiving service; **~sagung die; ~, ~en** *(Text)* expression of thanks; *(Karte)* note of thanks; *(Brief)* letter of thanks; **~schreiben das** letter of thanks

**dann** [dan] *Adv.* **a)** then; **was machen wir ~?** what shall we do then *or* after that?; **was ~?** what happens then?; **noch drei Tage, ~ ist Ostern** another three days and it will be Easter; **was soll ~ werden?** what will happen then?; **bis ~:** see you then; **~ und ~:** at such and such a time; *(an dem und dem Tag)* on such and such a date; **von ~ bis ~:** from such and such a date/time to such and such a date/time; **~ und wann** now and then; **b)** *(räumlich: dahinter)* **zuerst kam die Kapelle, ~ folgten die Pfadfinder** first came the band, then *or* followed by the Scouts; **an die Gärten schließt sich ~ Ödland an** then at the end of the gardens there is a piece of wasteland; **c)** *(rangmäßig danach)* **er ist der Klassenbeste, ~ kommt sein Bruder** he is top of the class, followed by his brother *or* then comes his brother; **d)** *(unter diesen Umständen)* **~ will ich nicht weiter stören** then *or* in that case I won't disturb you any further; **na ~!** well, that's different!; **[na,] ~ eben nicht!** in that case, forget it!; **~ bis morgen** see you tomorrow, then; **wenn er selbst nicht hinfahren kann, wer ~?** if he can't go there himself, who can?; **nur ~, wenn ...:** only if ...; **lehnt er ab, ~ werden wir klagen** if he refuses, [then] we shall complain; **e)** *(außerdem)* **~ noch ...:** then ... as well; **und ~ kommt noch die Mehrwertsteuer hinzu** and then there's VAT *(Brit.) or (Amer.)* tax to add on top of that; **zuletzt fiel ~ noch der Strom aus** finally to top it all there was a power failure; **f)** *(demnach)* **~ hast du also die ganze Zeit mit zugehört** so you've been listening the whole time; **g)** *(schließlich)* **es hat ~ doch noch geklappt** it was all right in the end

**dannen** ['danən] *Adv. in* **von ~** *(veralt.)* from thence *(arch./literary)*; **von ~ eilen/gehen** hasten away/depart

**dantesk** [dan'tɛsk] *Adj. (geh.)* Dantesque

**dantisch** ['dantɪʃ] *Adj.* Dantean

**Danzig** ['dantsɪç] **(das); ~s** Gdansk; *(vor 1945)* Danzig

**daran** [da'ran] *Adv.* **a)** *(an dieser/diese Stelle, an diesem/diesen Gegenstand)* on it/them; **es klebt etwas ~:** something is sticking to it/them; **es hängt etwas ~:** something is hanging from it/them; **er klammert sich ~** *(auch fig.)* he clings to it; **~ riechen** take a sniff at it/them; **~ vorbei** past it/them; **kommen wir noch einmal ~ vorbei?** shall we be passing it/them again?; **dicht ~:** close to it/them; **nahe ~ sein, etw. zu tun** be on the point of doing sth.; **b)** *(hinsichtlich dieser Sache)* about it/them; **denken Sie ~:** think about it/them; **das Beste/Schlimmste ~:** the best/worst part of *or* about it/them; **~ ist nichts zu machen** there's nothing one can do about it; **~ wird sich nichts ändern** nothing will alter this fact; **kein Wort ~ ist wahr** not a word of it is true; **er arbeitet schon lange ~:** he has been working on it/them for a long time; **wir haben keinen Bedarf mehr ~:** we no longer have any need of it/them; **mir liegt viel ~:** it means a lot to me; **mir liegt ~, zu erfahren, wie er zu der Sache steht** I'd really like *or* I'd be interested to know his view of this matter; **Sie werden viel Freude ~ haben** you will get a lot of pleasure from it; **c)** *(auf Grund dieser Sache)* **ich wäre beinahe ~ erstickt** I almost choked on it; it almost made me choke; **er ist ~ gestorben** he died of it; **d)** *(an diesen Vorgang)* **~ anschließend** *od.* **im Anschluß ~ fand eine Diskussion statt** after that there was a discussion; *s. auch* **da-; dran**

**daran-** *(s. auch* **dran-**): **~|geben** *unr. tr. V. (geh.)* sacrifice; **~|gehen** *unr. itr. V.; mit sein* set about it; **~gehen, etw. zu tun** set about doing sth.; **~|machen** *refl. V. (ugs.)* set about it; *(ernstlich)* get down to it; **sich ~machen, etw. zu tun** get down to/set about doing sth.; **~|setzen 1.** *tr. V.* devote ‹*energy etc.*› to it; summon up ‹*ambition*› for it; *(aufs Spiel setzen)* risk ‹*one's life, one's honour*› for it; **er hat alles** *od.* **alle seine Kräfte ~gesetzt, um dieses Ziel zu erreichen** he spared no effort to achieve *or* devoted all his energy to achieving this aim; **2.** *refl. V. (ugs.: in Angriff nehmen)* get down to it; **sich ~setzen, etw. zu tun** get down to doing sth.; **~|wenden** *unr. od. regelm. tr. V. (geh.)* devote ‹*time, effort*› to it

**darauf** [da'rauf] *Adv.* **a)** *(auf dieser/diese Stelle)* on it/them; *(oben ~)* on top of it/them; **er ißt gern Frikadellen mit Senf ~:** he likes eating rissoles with mustard on top; **er goß Wasser ~:** he poured water on [to] it/them; **b)** *(auf ein Ziel hin)* **er hat ~ geschossen** he shot at it/them ; **~ müßt ihr zugehen** that's what you must head towards *or* make for; **ich muß ~ dringen** I must insist on it; **er ist ganz versessen ~:** he is mad [keen] on it *(sl.)*; **also darauf willst du hinaus** so 'that's what you're getting at; **~ wollen wir anstoßen!** let's drink to that!; **c)** *(auf diese Angelegenheit)* about it; **wir kamen nur kurz ~ zu sprechen** we only talked about it briefly *or* touched on it; **wie kommt du nur ~?** what makes you think that?; **wie kommst du ~, so etwas anzunehmen?** how do you come to assume such a thing?; **d)** *(danach)* after that; **erst ein Blitz, unmittelbar ~ ein Donnerschlag** first there was lightning, immediately followed by a clap of thunder; **ein Jahr ~ / kurz ~ starb er** he died a year later/shortly afterwards; **zuerst kamen die Kinder, ~ folgten die Festwagen** first came the children, then followed *or* followed by the floats; **e)** *(infolgedessen, daraufhin)* because of that; as a result; **f) der Gutschein ist verfallen, ~ bekommen Sie nichts mehr** the voucher is out of date, you won't get anything on *or* for that; **~ fußen alle unsere Überlegungen** all our deliberations are based on it *or* this; *s. auch* **da-; drauf; tags**

**darauf-** *(s. auch* **drauf-**): **~folgend** *Adj.; nicht präd.* following; **dieser und der ~folgende Wagen** this car and the one behind *or* following it; **am ~folgenden Tag** the following day; next day; **~hin** [--'-] *Adv.* **a)** *(infolgedessen)* as a result [of this/that]; consequently; *(zeitlich)* thereupon; **b)** *(unter diesem Gesichtspunkt)* with a view to this/that; **etw. ~hin prüfen, ob es geeignet ist** examine sth. to see whether it is suitable

**daraus** [da'raus] *Adv.* **a)** *(aus diesem Raum, Behälter o. ä. heraus)* from it/them; out of it/them; **er holte eine Flasche und goß ~ ein** he fetched a bottle and poured out drinks from it; **sie öffnete den Koffer und holte ein Kleid ~ hervor** she opened the suitcase and took out a dress *or* took a dress out of it; **b)** *(aus dieser Angelegenheit, Sache)* from it/them; out of it/them; **wir alle wissen das und sollten ~ lernen** we all know that and should learn from it; **sie hat ihm nie einen Vorwurf ~ gemacht** she never reproached him for it *or* made an issue out of it; **mach dir nichts ~** don't worry about it; **dieser Stoff ist hübsch, ~ nähe ich mir ein Kleid** this material is pretty, I'm going to make myself a dress out of it; **Kartoffeln sind nicht nur zum Essen da, viele machen Schnaps ~:** potatoes are not only for eating – a lot of people make schnapps from them; **~ ist eine große Firma geworden** it has become *or* turned into a large business; **was ist ~ geworden?** what has become of it?; **~ wird nichts** nothing will come of it; **c)** *(aus dieser Quelle, Unterlage)* from it/them; **~ geht eindeutig hervor, daß ...:** from this it is clear that ...

**darben** ['darbn̩] *itr. V. (geh.)* **a)** *(in Not leben)* live in want; *(sich sehr einschränken)* go short; pinch and scrape; **die ~den Massen** the indigent *or* destitute masses; **wir haben sehr gedarbt** we suffered great want; **b)** *(Hunger leiden)* go hungry

**dar|bieten** *(geh.)* **1.** *unr. tr. V.* **a)** *(anbieten)* offer; serve ‹*drinks, food*›; **die dargebotene Hand ausschlagen** *(fig.)* reject the proffered hand [of friendship] *(fig.)*; **b)** *(aufführen, vortragen)* perform; **es wurden Gedichte und Lieder dargeboten** a recital of poems and songs was presented. **2.** *unr. refl. V.* **sich jmds. Blicken ~:** expose oneself to sb.'s gaze; **eine herrliche Aussicht bot sich uns dar** a marvellous view met our eyes

**Darbietung die; ~, ~en** *(geh.)* **a)** presentation; **b)** *(Aufführung)* performance; *(beim Varieté usw.)* act

**dar|bringen** *unr. tr. V.* offer; **jmdm. ein Ständchen ~:** serenade sb.

**darein** [da'rain] *Adv. (geh.)* in it/them; *s. auch* **da-**

**darein-: ~|finden** *unr. refl. V. (geh.)* come to terms with it; *(sich daran gewöhnen)* become accustomed to it; **~|fügen** *refl. V. (geh.)* resign oneself to it; **~|reden** *itr. V.* **jmdm. ~:** meddle *or* interfere in sb.'s affairs/decisions *etc.*; *(unterbrechen)* interrupt sb.; **niemand hat ihm ~zureden** nobody has any right to [try to] tell him what to do; **~|setzen** *tr. V.* devote to it; **alles** *od.* **seine ganze Energie ~setzen, etw. zu tun** concentrate all one's efforts on doing sth.; **er setzt seinen ganzen Ehrgeiz ~, als erster fertig zu sein** he has made it his great ambition to finish first

**darf** [darf] *1. u. 3. Pers. Sg. Präsens v.* **dürfen**

**darfst** [darfst] *2. Pers. Sg. Präsens v.* **dürfen**

**darin** [da'rın] *Adv.* **a)** *(in dieser Sache o. ä.)* in it/them; *(drinnen)* inside [it/them]; **die ~ enthaltenen Briefe** the letters contained in it/them *or (formal)* therein; **b)** *(in dieser Hinsicht)* in that respect; **~ stimme ich völlig mit Ihnen überein** I entirely agree with you there; *s. auch* **da-**
**darinnen** [da'rınən] *Adv. (geh.)* in it/them; therein *(formal)*
**dar|legen** *tr. V.* explain; set forth ‹*reasons, facts*›; expound ‹*theory*›; **jmdm. etw. ~:** explain sth. to sb.; **etw. schriftlich ~:** set sth. out in writing
**Darlegung die; ~, ~en** explanation
**Darlehen** ['da:gle:ən] **das; ~s, ~:** loan; **ein ~ aufnehmen** get *or* raise a loan; **jmdm. ein ~ gewähren** give *or* grant sb. a loan
**Darlehens-: ~kasse die** credit bank; **~nehmer der** *(Bankw.)* borrower; **~summe die** amount of the loan; **eine ~summe von ...:** a loan amounting to ...; **~vertrag der** loan agreement
**Darm** [darm] **der; ~[e]s, Därme** ['dɛrmə] **a)** intestines *pl.*; bowels *pl.*; **[jmdm.] auf den ~ schlagen** give sb. diarrhoea; **den ~ entleeren** evacuate *or* empty one's bowels; **Erkrankungen des ~es** intestinal diseases; **b)** *(als Saiten)* gut; **c)** *(als Wursthaut)* skin
**Darm-: ~aus·gang der** *(Anat.)* anus; **~blutung die** *(Med.)* intestinal haemorrhage; **~bruch der** *(Med.)* enterocele; **~entleerung die** evacuation of the bowels; **~grippe die** gastric influenza; **~katarrh der** *(Med.)* enteritis; **~krebs der;** *o. Pl.* cancer of the intestine *or* bowels; **~saite die** gut string; **~spülung die** *(Med.)* enema; **~tätigkeit die;** *o. Pl. (Med.)* functioning of the bowels; **~trägheit die** *(Med.)* constipation; **~trakt der** *(Anat.)* intestinal tract; **~verschlingung die** *(Med.)* volvulus; **~verschluß der** *(Med.)* intestinal obstruction
**darnach** *(veralt.) s.* **danach**
**darneben** *(veralt.) s.* **daneben**
**darnieder-** *s.* **danieder-**
**darob** [da'rɔp] *Adv. (veralt.)* **a)** *(darüber)* about it/them; **er wunderte sich ~, daß ...:** he was surprised that ...; **b)** *(deswegen)* because of it; *s. auch* **da-**
**Darre** ['darə] **die; ~, ~n a)** *(Vorrichtung)* [drying] kiln; **b)** *(das Darren)* drying
**dar|reichen** *tr. V. (geh.)* **a)** *(anbieten)* proffer; **b)** *(überreichen)* **jmdm. ein Geschenk** *usw.* **~:** present sb. with a gift *etc.*
**darren** *tr. V.* dry
**Darr-: ~gewicht das** [kiln-]dry weight *(of wood)*; **~malz das** [kiln-]dried malt
**darstellbar** *Adj.* **a)** *(abbildbar)* depictable; portrayable; **ist das graphisch ~?** can that be represented graphically?; **graphisch ~e Entwicklungen** developments which can be shown on a graph *or* diagram; **b)** *(spielbar)* playable ‹*part*›; **c)** *(Chemie)* **ein leicht ~er Stoff** a material which can easily be produced
**dar|stellen 1.** *tr. V.* **a)** *(abbilden)* depict; portray; **etw. graphisch ~:** present sth. graphically; *(als Graph)* show sth. on a graph; **wen/was stellt dieses Bild dar?** whom does this picture portray/what does this picture represent?; **die ~de Geometrie** descriptive geometry; **die ~de Kunst** the performing arts *pl.*; **ein ~der Künstler** a performer; **b)** *(verkörpern)* play; act; **den Othello ~:** play *or* act [the part of] Othello; **etwas/mehr/nichts ~:** make [a bit of] an impression/more of an impression/not make any sort of an impression; ‹*gift etc.*› look good/look better/not look anything special; **c)** *(schildern)* describe ‹*person, incident, etc.*›; present ‹*matter, argument*›; **falsch/verzerrt ~:** misrepresent/distort ‹*facts*›; **es wurde dann so dargestellt, als sei das unser Wunsch gewesen** it was then put in such a way as to suggest that we had wanted it; **so schlimm, wie du ihn darstellst, ist er auch nicht** he is not as bad as you make him out to be; **d)** *(sein, bedeuten)* represent; constitute; **das zweite Kind stellt eine große Belastung für sie dar** the second child means a heavy load for her; **e)** *(Chemie)* produce. **2.** *refl. V.* **a)** *(sich erweisen, sich zeigen)* prove [to be]; turn out to be; **sich jmdm. als ... ~:** appear to sb. as ...; **nach dem Bericht stellt sich die Sache ungefähr so dar** according to the report the situation appears to be roughly this; **b)** *(sich selbst schildern)* portray oneself (**als** + *Akk.* as); **sie lieben es, sich als Wohltäter darzustellen** they like to present themselves in the role of benefactors
**Darsteller der; ~s, ~** actor; **der ~ des Hamlet** the actor playing Hamlet; **berühmt als ~ des Hamlet** famous for his portrayal of Hamlet *or* as an interpreter of Hamlet
**Darstellerin die; ~, ~nen** actress; *s. auch* **Darsteller**
**darstellerisch 1.** *Adj.; nicht präd.* acting *attrib.*; **das Darstellerische** the interpretative aspect; **eine einmalige ~e Leistung** a marvellow piece of acting; **ihre ~en Fähigkeiten** her abilities as an actress. **2.** *adv.* from an acting point of view
**Darstellung die a)** representation; *(Schilderung)* portrayal ; *(Bild)* picture; **graphische/schematische ~:** diagram; *(Graph)* graph; **b)** *(Beschreibung, Bericht)* description; account; **bei seiner ~ der geschichtlichen Tatsachen** in his account *or* rendering of the historical facts; **c)** *(einer Theaterrolle)* interpretation; performance; *(einer Szene usw.)* performance; **seine ~ des Mephisto** his portrayal *or* interpretation of Mephisto; **etw. zur ~ bringen** portray sth.; *(aufführen)* perform sth.; **d)** *(Chemie)* production
**Darstellungs-: ~form die** form of representation; **~mittel das** representational technique; *(eines Schauspielers)* acting technique
**dar|tun** *unr. tr. V. (geh.) (darlegen)* state ‹*fact, one's reasons*›; *(erklären)* explain; *(demonstrieren)* demonstrate; **er hat zur Genüge dargetan, wie ...:** he gave a sufficient account of how ...
**darüber** *Adv.* **a)** *(über dem Genannten)* over *or* above it/them; **wir wohnen im zweiten Stock und er ~:** we live on the second floor and he lives above us; **b)** *(über das Genannte [hinweg])* over it/them; **~ führen zu wenige Brücken** too few bridges go across it/them; **~ hinaus** in additon [to that]; *(noch obendrein)* what is more; **~ hinaussein** *(zu alt/erfahren genug für etw. sein)* be beyond that stage [now]; *(etw. überwunden haben)* have got over it; **c)** *(über dieser/diese Angelegenheit)* about it/them; **~ kann kein Zweifel bestehen** there can be no doubt about it; **ich habe fast den ganzen Tag ~ gesessen** I spent almost the whole day over *or* on it; **~ wollen wir hinwegsehen** we will overlook it; **d)** *(über diese Grenze, dieses Maß hinaus)* above [that]; over [that]; **Kinder im Alter von 5 Jahren und ~:** children of 5 and over; **der Preis beträgt 50 Mark oder etwas ~:** the price is 50 marks or a bit more; **Ist es schon 12 Uhr? – Aber ja, es ist schon 10 Minuten ~:** Is it twelve o'clock yet? – Oh yes, it's already ten past; **man braucht 4 Wochen, manchmal auch etwas ~:** it takes four weeks, sometimes rather longer *or* more; **e)** *(währenddessen)* in the process; **es war ~ Abend geworden** meanwhile it had become evening; **f)** *(währenddessen und deshalb)* because of it/them; as a result; **der Film war so spannend, daß er ~ seine Sorgen vergaß** the film was so exciting that it made him forget his worries; *s. auch* **da-**
**darüber-: ~|fahren** *unr. itr. V.; mit sein* run over it/them; **sie fuhr rasch mit der Hand/mit einem Tuch ~:** she quickly ran her hand over it/wiped it with a cloth; **~|liegen** *unr. itr. V.* be higher; **sie liegen mit ihrem Angebot weit ~:** their offer is much higher; **~|machen** *refl. V. (ugs.)* get down to it/them; *(essen)* get stuck into it *(sl.)*; *(trinken)* get to work on it; **~|stehen** *unr. itr. V.* be above such things; **~|steigen** *unr. itr. V.; mit sein* climb over it/them
**darum** [da'rʊm] *Adv.* **a)** *(um diese Stelle herum)* [a]round it/them; **ein Häuschen mit einem Garten ~ [herum]** a little house surrounded by a garden; **b)** *(hinsichtlich dieser Angelegenheit)* **ich werde mich ~ bemühen** I will try to deal with it; *(versuchen, es zu bekommen)* I'll try to get it; **sie wird nicht ~ herumkommen, es zu tun** she won't get out of *or* avoid doing it; **~ ist es mir nicht zu tun, ~ geht es mir nicht** that's not the point as far as I'm concerned; that's not what I'm after; **es geht mir ~, eine Einigung zu erzielen** my concern *or* aim is to reach an agreement; **c)** ['--] *(deswegen)* because of that; for that reason; **ach, ~ ist er so schlecht gelaunt!** so that's why he's in such a bad mood!; **er ist zwar klein, aber ~ nicht schwach** he is small but that doesn't mean that he's weak; **Warum weinst du? – Darum!** Why are you crying? – Because!; *s. auch* **da-**
**darum-: ~|binden** *unr. tr. V.* tie [a]round it/them; **~|kommen** *unr. itr. V.; mit sein* lose it/them; **~kommen, etw. zu tun** miss the opportunity of doing sth.; miss out on [doing] sth. *(coll.)*; **~|legen** *tr. V.* put around it/them
**darunter** [da'rʊntɐ] *Adv.* **a)** *(unter dem Genannten/das Genannte)* under *or* beneath it/them; **wir wohnen im 2. Stock und er ~:** we live on the second floor and he lives under us *or* on the floor below; **sie hatte nichts ~ an** she was wearing nothing underneath; **b)** *(unter dieser Grenze, diesem Maß)* less; **10° oder etwas ~:** 10° or a bit less; **~ kann ich die Vase nicht verkaufen** I can't sell the vase for less; **Bewerber im Alter von 40 Jahren und ~:** applicants aged 40 and under; **~ tut er es nicht** *(ugs.)* he's not satisfied with anything less; **c)** *(unter dieser Sache)* **was verstehen Sie ~?** what do you understand by that?; **was hat man ~ zu verstehen?** what is one to make of it/that?; what is it/that supposed to mean?; **sie hat sehr ~ gelitten** she suffered a great deal from *or* because of it/that; **d)** *(unter dieser/diese Menge, dazwischen)* amongst them; **in vielen Ländern, ~ der Schweiz** in many countries, including Switzerland; *s. auch* **da-**
**darunter-: ~|bleiben** *unr. itr. V.; mit sein* remain lower; *(niedriger sein)* be lower; **viele forderten 20%, wir blieben aber ~:** many demanded 20%, but we kept below this; **~|fallen** *unr. itr. V.; mit sein* be included; be amongst them; *(in diese Kategorie)* come under it; **~|gehen** *unr. itr. V.; mit sein* **a)** *(ugs.) (unter diese Sache passen)* fit *or* go underneath; **b)** *(diese Grenze unterschreiten)* go below that; **~|liegen** *unr. itr. V.* be lower; *(weniger bekommen)* get less; **die Parallelklasse liegt mit ihren Leistungen ~:** the parallel class's performance is not as good; **~|mischen 1.** *tr. V.* mix in; mix with it/them; **2.** *refl. V.* mingle with it/them; **~|schreiben** *unr. tr. V.* write underneath *or* at the bottom; *(als Unterschrift)* sign underneath *or* at the bottom; *(mit der Schreibmaschine)* type underneath *or* at the bottom; **~|setzen** *tr. V.* put ‹*signature, name*› to it
**Darwinismus** [darvi'nısmʊs] **der; ~:** Darwinism *no art.*
**darwinistisch 1.** *Adj.* Darwinian; Darwinist. **2.** *adv.* in Darwinian terms

**das** [das] **1.** *best. Art.* the; **das Leben im Dschungel** life in the jungle; **das Weihnachtsfest** Christmas; **das Frankreich/London des 19. Jahrhunderts** nineteenth-century France/London; **das Laufen/Sprechen fällt ihm schwer** walking/talking is difficult for him; **das Gute/Schöne** what is good/beautiful. **2.** *Demonstrativpron.* **a)** *attr.* **das Kind/Buch/Auto war es** it was 'that child/book/car; **b)** *selbständig* **das [da]** that one; **das [hier]** this one [here]; **das mit dem blonden Haar/roten Umschlag** the one with the fair hair/red cover; **das Schwein, das!** the dirty pig!; **mein Auto, das ist kaputt** *(ugs.)* oh, my car – it's conked out *(coll.)*. **3.** *Relativpron. (Mensch)* who; that; *(Sache, Tier)* which; that; **das Mädchen, das da drüben entlanggeht** the girl walking along over there; **ich sah ein Mädchen/Hündchen, das aus dem Fenster schaute** I saw a girl/little dog looking out of the window

**da|sein** *unr. itr. V.; mit sein; Zusschr. nur im Inf. u. Part.* **a)** be there; *(hier sein)* be here; *(übrig sein)* be left; **ist Herr X da?** is Mr X about *or* available?; **er ist schon da** he has already arrived; **der neue Katalog ist da** the new catalogue is in; **ist ein Brief für mich da?** is there a letter for me?; **es ist niemand da** there is nobody there/here; **es muß noch Brot ~:** there must be some bread left; **du mußt essen, was da ist** you must eat what there is; **der Schlüssel ist wieder da** the key is back again; *(ist gefunden worden)* the key has turned up [again]; **ich bin gleich wieder da** I'll be right *or* straight back; **ich melde mich, wenn ich wieder da bin** I'll get in touch when I get back; **es/sie sind nur dazu da, zu ...:** it only exists/they only exist to ...; its/their only purpose is to ...; **dafür** *od.* **dazu ist es ja da!** that's what it's [there] for!; **b)** *(sich ereignen)* occur; ‹*moment*› have arrived; ‹*situation*› have arisen; **ein solcher Fall ist noch nie dagewesen** such a case has never occurred before *or* is unprecedented; **er überbot alles bisher Dagewesene** he surpassed all previous achievements; **c)** *(existieren, leben)* be left; be still alive; **da warst du noch gar nicht da** *(ugs.)* you weren't around then; that was before your time; **sie war nur noch für ihn da** he had her to himself; **d)** *(ugs.: klar bei Bewußtsein sein)* **ganz** *od.* **voll ~:** be completely with it *(coll.)*; **ich bin noch nicht ganz da** I'm not quite with it yet *(coll.)*; I haven't quite come round yet; **er ist [geistig] wieder voll da** he is in full possession of his faculties again

**Da·sein das;** *o. Pl.* **a)** *(Vorhandensein)* existence; **etw. ins ~ rufen** create sth.; *(gründen)* found sth.; **b)** *(menschliche Existenz)* life; **sich/jmdm. das ~ erleichtern** make life easier for oneself/sb.; **ein trauriges ~ führen** lead a miserable existence; *s. auch* **fristen, Kampf; c)** *(Zugegensein)* presence

**Daseins-: ~berechtigung die** right to exist; **das findet darin** *od.* **dadurch seine ~berechtigung** this justifies its existence; **~form die** form *or* mode of existence; **~freude die** *s.* **Lebensfreude; ~kampf der** struggle for existence

**da·selbst** *Adv. (geh. veralt.)* there

**da|sitzen** *unr. itr. V.* **a)** sit there; **b)** *(ugs.: ohne etw. auskommen müssen)* be left [there]; **ich saß ohne Geld da** I was stuck there without any money

**dasjenige** *s.* **derjenige**

**daß** [das] *Konj.* **a)** that; **entschuldigen Sie bitte, ~ ich mich verspätet habe** please forgive me for being late; please forgive my being late; **ich weiß, ~ du recht hast** I know [that] you are right; **ich verstehe nicht, ~ sie ihn geheiratet hat** I don't understand why she married him; **es ist schon 3 Jahre her, ~ wir zum letzten Mal im Theater waren** it is three years since *or* it was three years ago when we last went to the theatre; **b)** *(nach Pronominaladverbien o. ä.)* [the fact] that; *(bei gleichen Subjekten)* **er leidet darunter, ~ er kleiner ist** he suffers from the fact that he is smaller *or* from being smaller; **Wissen erwirbt man dadurch, ~ man viel liest** one acquires knowledge by reading a great deal; *(bei verschiedenen Subjekten)* **das liegt daran, ~ du nicht aufgepaßt hast** that is due to the fact that you did not pay attention; that comes from your not paying attention; **ich bin dagegen, ~ er geht** I am against his going; **c)** *(mit Konsekutivsatz)* that; **[so] ~:** so that; in such a way that; **ich bin so müde, ~ ich kaum gehen kann** I am so tired [that] I can hardly walk; **er lachte so [sehr], ~ ihm die Tränen in die Augen traten** he laughed so much that he almost cried; **d)** *(mit Finalsatz)* so that; **hilf ihm doch, ~ er endlich fertig wird** do help him so that he'll finally be ready/finished; **e)** *(mit Wunschsatz)* if only; **~ er doch käme!** if only he would come!; **~ ihn doch der Teufel hole!** to hell with him!; **~ mir das nicht noch einmal passiert!** see that it doesn't happen again!; **o ~ ich dich bald wiedersehe!** *(poet.)* oh that I may see you again soon!; **f)** *(bedauernder Ausruf)* **~ er so jung sterben mußte!** how terrible *or* it's so sad that he had to die so young!; **~ mir das passieren mußte!** why did it have to [go and] happen to me!; *s. auch* **als, [an]statt, auf, außer, nur, ohne, kaum**

**dasselbe** *s.* **derselbe**

**dasselbige** *s.* **derselbige**

**Dassel·fliege die** bot-fly

**da|stehen** *unr. itr. V.* **a)** *([untätig] stehen)* [just] stand there; **wie stehst du denn da!** what a way to stand!; **krumm ~:** slouch; **~ wie die Kuh** *od.* **der Ochs vorm neuen Tor** *od.* **Scheunentor** *od.* **vorm Berg** *(salopp)* be completely baffled; **b)** *(in einer bestimmten Lage sein)* find oneself; **gut/schlecht/[ganz] anders ~:** be in a good/bad/[quite] different position; **[ganz] allein ~:** be [all] alone in the world; **nun, wie stehe ich jetzt da?** *(ugs.)* just look at me now!; *(bei einer bestimmten Leistung)* how about that?; *(verzweifelt)* now I'm sunk! *(coll.)*; **wie stehen wir denn jetzt vor den Nachbarn da?** what will the neighbours think of us now?; **mit leeren Händen/als Lügner** *usw.* **~:** be left empty-handed/looking like a liar *etc.*

**Datei** [da'tai] **die; ~, ~en** data file

**Daten** ['da:tn̩] *Pl. (Angaben)* data; *(persönliche ~)* particulars; **die technischen ~ eines Typs** the technical specification *sing.* of a model; *s. auch* **Datum a, c**

**Daten-: ~autobahn die** *(DV)* data highway; **~bank die;** *Pl.* **~banken** data bank; **~bestand der** data base; **~erfassung die;** *o. Pl.* data collection *or* capture; **~schutz der** data protection; **~schutzbeauftragte der/die** data protection officer; **~technik die** data systems [engineering]; **~träger der** data carrier; **~typist der; ~en, ~en, ~typistin die; ~, ~en** data processing keyboarder; **~verarbeitung die** data processing *no def. art.*; **~verarbeitungs·anlage die** data processor; *(größeres System)* data processing system

**datieren** [da'ti:rən] **1.** *tr. V.* date; **vom 1. Mai datiert** dated 1 May; **archäologische Funde [ins 3. Jh.] ~:** date archaeological finds [to the third century AD]. **2.** *itr. V. (stammen)* date **(aus** from); **der Brief datierte vom 4. Mai** the letter was dated 4 May

**Dativ** ['da:ti:f] **der; ~s, ~e** *(Sprachw.)* dative [case]; *(Wort im ~)* dative [form]; **im/mit dem ~ stehen** be in/take the dative [case]

**Dativ·objekt das** *(Sprachw.)* indirect object

**dato** ['da:to] **bis ~** *(Kaufmannsspr., sonst ugs.)* to date

**Dato·wechsel der** *(Bankw.)* time-bill

**Datscha** ['datʃa] **die; ~, ~s** *od.* **Datschen, Datsche** ['datʃə] **die; ~, ~n** *(DDR)* dacha

**Dattel** ['datl̩] **die; ~, ~n** date

**Dattel-: ~palme die** date-palm; **~traube die** *popular name for various large, elongated black grapes*

**Datterich** ['datərıç] *s.* **Tatterich**

**Datum** ['da:tʊm] **das; ~s, Daten** ['da:tn̩] **a)** *(Zeitangabe, Zeitpunkt)* date; **das heutige ~:** the date today; today's date; **was für ein/welches ~ haben wir heute?** what is the date today?; **der Brief trägt das ~ vom 6. Mai** the letter is dated 6 May; **unter dem heutigen/gestrigen ~ übersandten wir Ihnen ...:** in today's/yesterday's mail we sent you ...; **ein Schriftstück mit dem ~ versehen** date a document; **eine Entdeckung neueren ~s** a recent discovery; **b)** *(Faktum)* fact

**Datums-: ~grenze die** date-line; **~stempel der** date-stamp

**Daube** ['daubə] **die; ~, ~n a)** *(am Faß)* stave; **b)** *(beim Eisschießen)* tee

**Dauer** ['dauɐ] **die; ~, ~n a)** *(Zeitraum)* length; duration; **die ~ eines Vertrags** the term of a contract; **die ~ des Besuchs** the length of the visit; **von kurzer** *od.* **nicht von [langer] ~ sein** not last long; be short-lived; **für die ~ eines Jahres** *od.* **von einem Jahr** for a period of one year; **während der ~ unseres Aufenthalts** for the duration of our stay; *(die ganze Zeit)* throughout our whole stay; **b)** *(Fortbestehen)* **von ~ sein** last [long]; **ihr Glück hatte keine ~** *od.* **war nicht von ~:** her happiness was short-lived *or* did not last [long]; **auf die ~:** in the long run; **der Lärm ist auf die ~ nicht zu ertragen** the noise is not tolerable for any length of time; **auf die ~ möchte ich hier nicht wohnen** I wouldn't want to live here permanently *or* indefinitely; **auf ~:** permanently; for good; **er hat die Stelle jetzt auf ~:** his job is now permanent; he now has tenure *(Amer. Sch./Univ.)*

**dauer-, Dauer-: ~arbeitslose der/die** long-term unemployed person; **~auftrag der** *(Finanzw.)* standing order; **per** *od.* **durch ~auftrag** by standing order; **~ausweis der** long-term pass; **~belastung die** continual *or* constant strain; *(Technik)* permanent load; **~beschäftigung die** permanent job *or (formal)* position; **~brenner der a)** *(Ofen)* slow-burning stove; **b)** *(ugs.: Theaterstück usw.)* long-running success; *(Schlager)* evergreen; **~einrichtung die** permanent institution; **~erfolg der** long-running success; **~erscheinung die** permanent feature **(bei, in** of); **~frost der** long period of frost; **es herrschte ~frost** there was a long period of frost; **~gast der a)** *(im Hotel usw.)* long-stay guest *or* resident; *(scherzh.: Besucher)* long-term visitor *(who outstays his/her welcome)*; **b)** *(im Lokal)* regular; **~geschwindigkeit die** cruising speed; **~haft 1.** *Adj.* **a)** *(von langer Dauer)* [long-]lasting, enduring ‹*peace, friendship, etc.*›; **b)** *(haltbar)* durable; hard-wearing; **2.** *adv.* lastingly; with long-lasting effect; **~karte die** season ticket; **~lauf der** jogging *no art.*; **ein ~lauf** a jog; **einen ~lauf machen** go for a jog; go jogging; **im ~lauf** at a jog; **~lösung die** permanent solution; **~lutscher der** large lollipop; all-day sucker *(Amer.)*; **~mieter der** long-term tenant

**[1]dauern** *itr. V.* last; ‹*job etc.*› take; **der Film dauert zwei Stunden** the film lasts [for] *or* goes on for two hours; **bei ihm dauert alles furchtbar lange** everything takes him a terribly long time; **einen Moment, es dauert nicht lange** just a minute, it won't take long; **etw. dauert seine Zeit** sth. takes time; **ein Weilchen wird es schon noch ~:** it will be *or* take a little while longer; **es dauert mir zu lange** it takes too long for me; **das dauert** *(ugs.)* that will take [some] time; **diese Freundschaft wird ~** *(geh.)* this friendship will last *or* endure

**²dauern** *tr. V. (geh.)* **die Waisen dauerten ihn** he felt sorry for the orphans; **es dauert mich, daß ...:** I regret *or* I am sorry that ...
**dauernd 1.** *Adj.; nicht präd.* constant, perpetual ⟨*noise, interruptions, etc.*⟩; permanent ⟨*institution*⟩; **~er Wohnsitz** permanent residence. **2.** *adv.* constantly; *(immer)* always; the whole time; **er kommt ~ zu spät** he is for ever *or* keeps on arriving late
**Dauer-: ~obst das** fruit which keeps well; **~parker der; ~s, ~:** resident with a parking permit; *(im Parkhaus)* holder of a reserved parking-space; **~redner der** *(abwertend)* voluble speaker; **~regelung die** permanent arrangement; **~regen der** continuous rain; **~schach das** perpetual check; **~schaden der** *(Med.)* **ein ~schaden/~schäden** permanent damage *no indef. art.; (Verletzung)* permanent injury; **~stellung die** permanent position; **~strom der** *(Elektrot.)* constant current; **~test der** long-term test; **~ton der** continuous tone; **~welle die** perm; permanent wave; **sie will sich** *(Dat.)* **~wellen legen lassen** *od. (ugs.)* **machen lassen** she wants to have her hair permed; **~wurst die** smoked sausage *(with good keeping properties, esp. salami)*; **~zustand der** permanent state [of affairs]; **zum ~zustand werden** become permanent *or* a permanent state
**Däumchen** ['dɔymçən] **das; ~s, ~:** little thumb; **~ drehen** *(ugs.)* twiddle one's thumbs
**Daumen** ['daumən] **der; ~s, ~:** thumb; **am ~ lutschen** suck one's thumb; *(fig. ugs.)* [sit there and] starve; **jmdm.** *od.* **für jmdn. den** *od.* **die ~ drücken** *od.* **halten** keep one's fingers crossed for sb.; **auf etw.** *(Dat.)* **den ~ haben, auf etw.** *(Akk.)* **den ~ halten** *(ugs.)* keep a careful eye *or* check on sth.; **jmdm. den ~ aufs Auge drücken** *(ugs.)* put the screws *pl.* on sb.; **[etw.] über den ~ peilen** *(ugs.)* make a guesstimate [of sth.] *(coll.)*; **über den ~ gepeilt** at a rough estimate
**daumen-, Daumen-: ~ab·druck der** thumb-print; **~breit** *Adj.* as wide as your thumb *postpos.;* ≈ an inch across *postpos.;* **~lutscher der** *(oft abwertend)* thumb-sucker; **~nagel der** thumb-nail; **~register das** thumb-index; **~schrauben** *Pl. (hist.)* thumbscrews; **jmdm. die ~schrauben anlegen** *(fig.)* put the screws on sb.
**Däumling** ['dɔymlɪŋ] **der; ~s, ~e a)** *o. Pl. (Märchengestalt)* Tom Thumb; **b)** *(Schutzkappe)* thumb-stall
**Daune** ['daunə] **die; ~, ~n** down [feather]; **~n** down *sing.;* **man geht weich wie auf ~n** it's like walking on thistledown
**daunen-, Daunen-: ~bett das** down-filled quilt; **~kissen das** down[-filled] cushion; *(für das Bett)* down[-filled] pillow; **~weich** *Adj.* downy soft; as soft as down *postpos.*
**Daus** [daus] *(veralt.) in* **ei der ~!, was der ~!** what the deuce *or* dickens! *(coll.)*
**David** ['da:fɪt] **(der)** David
**David[s]·stern der** star of David
**davon** [da'fɔn] *Adv.* **a)** *(von dieser Stelle entfernt)* from it/them; *(von dort)* from there; *(mit Entfernungsangabe)* away [from it/them]; **nur einige Meter ~ [entfernt] ist eine Mauer** there is a wall only a few metres away [from it]; **wir sind noch weit ~ entfernt** *(fig.)* we are still a long way from that; we still have a long way to go; **b)** *(von dieser Stelle weg)* from it/them; **sie konnte die Augen nicht ~ abwenden** she could not take her eyes off it *or* away from it; **dies ist die Hauptstraße, und ~ zweigen einige Nebenstraßen ab** this is the main road and a few side-roads branch off it; **c)** *(hinsichtlich dieser Sache, darüber)* about it/them; **er redet nur davon** he talks only of this; he talks of *or* about nothing else; **d)** *(durch diese Angelegenheit verursacht, dadurch)* by it/them; thereby; **~ betroffen sein** be affected by it/them; **~ wirst du krank** it will make you ill; **~ kriegt man Durchfall** you get diarrhoea from [eating] that/those; that gives/those give you diarrhoea; **das kommt ~!** *(ugs.)* [there you are,] that's what happens; *(es geschieht dir usw. recht)* it serves you/him/her/them right; **das kommt ~, daß du nicht genug schläfst** that's the result of [your] not getting enough sleep; **das hast du nun ~!** that's what comes of it!; **~ hast du doch nichts** you won't *or* don't get anything out of it; there's nothing in it for you; **e)** *(als Teil eines Ganzen; dessen, deren)* of it/them; **das Gegenteil ~ ist wahr** the opposite [of this] is true; **ich hätte gern ein halbes Pfund ~:** I would like half a pound of that/those; **geben Sie mir vier ~:** give me four of them; **hast du schon ~ gegessen/genommen?** have you had/taken some of that/those?; **f)** *(aus diesem Material, auf dieser Grundlage)* from *or* out of it/them; **hier ist Wolle, du kannst dir einen Schal ~ stricken** here is some wool, you can knit yourself a scarf with it; **~ kann man nicht leben** you can't live on that; *s. auch* **da-;** *NB The word can occur in two parts in North German coll. usage, e.g.* **da weiß ich nichts von** I don't know anything about it
**davon-: ~|bleiben** *unr. itr. V.; mit sein* keep away; **du sollst ~bleiben!** don't touch it/them!; leave it/them alone!; **~|fahren** *unr. itr. V.; mit sein* leave; *(mit dem Auto)* drive away *or* off; *(mit dem Fahrrad, Motorrad)* ride away *or* off; **dem ~fahrenden Zug nachschauen** look after the departing train; *(aus dem Bahnhof)* watch the train as it pulls out; **jmdm. ~fahren** leave sb. behind; **ich muß mich beeilen, sonst fährt mir der Bus ~:** I must hurry or the bus will leave without me *or* I'll miss the bus; **er fährt allen ~** *(ist schneller als alle)* he leaves the rest standing; **~|fliegen** *unr. itr. V.; mit sein* fly away *or* off; **~|gehen** *unr. itr. V.; mit sein* walk away *or* off; **~|kommen** *unr. itr. V.; mit sein* get away; escape; **mit dem Leben ~kommen** escape with one's life; **mit dem Schrecken/einer Geldstrafe ~kommen** get off with a fright/a fine; **~|lassen** *unr. tr. V. in* **die Finger ~lassen** *s.* **Finger a; ~|laufen** *unr. itr. V.; mit sein* **a)** *(weglaufen)* run away; **er ist mir ~gelaufen** he's made off; **es ist zum Davonlaufen** *(ugs.)* it really turns you off *(coll.)*; it makes you want to run a mile; **b)** *(ugs.: überraschend verlassen)* **jmdm. ~laufen** walk out on sb.; **dieser Partei laufen die Wähler ~:** the voters are deserting this party; **c)** *(unkontrollierbar steigen)* spiral; **die Kosten des Projekts sind uns ~gelaufen** the costs of the project have got out of control; **die Preise laufen den Einkommen ~:** prices are outstripping incomes; **~|machen** *refl. V.* make off **(mit** with); **~|schleichen** *unr. itr. V mit sein; auch refl. V.* slink off *or* away; **~|sein** *unr. itr. V.; mit sein; Zusschr. nur im Inf. u. im 2. Part. (ugs.)* **seine Frau ist mit einem andern ~:** his wife has run off with another man; **~|stehlen** *unr. refl. V. (geh.)* steal away; **~|tragen** *unr. tr. V.* **a)** *(wegtragen)* carry away; take away ⟨*rubbish*⟩; **b)** *(geh.: erringen)* win, gain ⟨*a victory, fame*⟩; **den Sieg ~tragen** win; be victorious; *(Sport)* be the winner/winners; **c)** *(geh.: sich zuziehen)* receive, suffer ⟨*injuries*⟩; **~|ziehen** *unr. itr. V.; mit sein* **a)** *(Sport)* pull away; **b)** *(weggehen)* go on one's way
**davor** [da'fo:ɐ̯] *Adv.* **a)** *(vor dieser/diese Stelle)* in front of it/them; **ein Haus mit einem Garten ~:** a house with a garden at the front *or* in front; **Kommt Mainz vor oder nach Wiesbaden? – Davor** Is Mainz before or after Wiesbaden? – Before; **b)** *(zeitlich)* before [it/them]; **~ macht er einen Dauerlauf von 30 Minuten** he goes jogging for 30 minutes beforehand *or* first; **c)** *(in Verbindung mit bestimmten Verben und Substantiven)* **wir haben ihn ~ gewarnt** we warned him of *or* about it/them; **er hat Angst ~, erwischt zu werden** he is afraid of being caught; **wir sind ~ geschützt** we are protected from it/them; *s. auch* **da-;** *NB In some uses under* **a** *and* **c** *the word occurs in North German colloquial usage in two parts, e.g.* **da habe ich keine Angst vor** I'm not afraid of it/them
**davor-: ~|legen 1.** *tr. V.* put in front of it/them; **2.** *refl. V.* lie down in front of it/them; **~|liegen** *unr. itr. V.* lie in front of it/them; **die ~liegende Matte** the mat [lying] in front of it; *(vor der Längsseite)* the mat [lying] beside it; **~|schieben 1.** *unr. tr. V.* push in front of it/them; **2.** *unr. refl. V.* move in front of it/them; *(bedecken)* cover it/them; **~|stehen** *unr. itr. V.* **a)** *(vor dieser Sache)* stand in front of it/them; *(vor einem Haus usw.)* stand outside; **b)** *(vor diesem Ereignis usw.)* **kurz ~stehen** be close to it; *(vor einer Tat)* be about to do it; **~|stellen 1.** *tr. V.* put in front of it/them; **2.** *refl. V.* plant oneself in front of it/them
**dazu** [da'tsu:] *Adv.* **a)** *(zusätzlich zu dieser Sache)* with it/them; *(gleichzeitig)* at the same time; *(außerdem)* what is more; **~ reicht man am besten Salat** it's/they're best served with lettuce/salad; **er ist dumm und ~ auch noch frech** he is stupid and insolent into the bargain; **b)** *(darüber)* about *or* on it/them; **was meinen Sie ~?** what do you think about it?; what is your opinion on this?; **c)** *(zu diesem Zweck)* for it; *(es zu tun)* to do it; **d)** *(zu diesem Ergebnis)* to it; **ich kann nichts ~ tun** I can't do anything to help; **er ist zu alt ~:** he is too old for it; **~ reicht das Geld nicht** we haven't enough money for that; **~ sind sie ja da!** that's what they are there for!; **~ kann ich dir nur raten** I would strongly advise you to do it; **im Widerspruch** *od.* **Gegensatz ~:** contrary to this/that; **~ war sie nicht in der Lage** she was not in a position to do it *or* do so; **er hatte ~ keine Lust** he didn't want to *or* didn't feel like it; **ich komme nie ~/nie ~, es zu tun** I never get round to it/to doing it; **wie komme ich ~?** *(ugs.)* it would never occur to me; why on earth should I?; *s. auch* **da-;** *NB In senses b and d the word occurs in North German colloquial usage in two parts, e.g.* **da habe ich keine Lust zu** I don't feel like it
**dazu-: ~|geben** *unr. tr. V.* **a)** *(beisteuern)* give towards it; **b)** *(zusätzlich geben)* add; give as well; **c)** *(Kochk.)* add; *s. auch* **Senf; ~|gehören** *tr. V.* **a)** *(zu dieser Sache, Kategorie gehören)* belong to it/them; *(als Zusatz)* go with it/them; **der Wein gehört ~:** *(ist nicht wegzudenken)* the wine belongs with it; you have to have wine, it's all part of it; *(ist im Preis inbegriffen)* the wine is included [in the price]; **das gehört [mit] ~:** it's all part of it; *(es ist Sitte)* it's the done thing *(coll.)*; **alles, was ~gehört** everything that goes with it/them; **b)** *(erforderlich sein)* **sie hat alles, was ~gehört, um Karriere zu machen** she has what it takes to make a successful career; **es gehört Mut/schon einiges ~:** it takes courage/quite something; **~gehörig** *Adj.; nicht präd.* **a)** appropriate; which goes/go with it/them *postpos.; (farblich usw. passend)* matching; **ein Schloß und die ~gehörigen Schlüssel** a lock and the keys that fit it; **b)** *(erforderlich)* necessary; **~|gesellen** *refl. V.* join in; *(als Zuschauer)* gather round; **~|kommen** *unr. itr. V.; mit sein* **a)** *(hinkommen)* arrive [on the scene]; turn up; **b)** *(außerdem kommen)* **es kommen noch einige Gäste ~:** there are still some guests to come; **kommt noch etwas ~?** *(fig.)* is there anything else [you would like]?; **~ kommt, daß ...** *(fig.)* what's more, ...; on top

of that, ...; *s. auch* **kommen m; ~|lernen** *tr., itr. V.* **[etwas] ~ lernen** learn [something new]; **man kann immer noch [etwas] ~lernen** there's always something [new] to learn

**da·zu·mal** *Adv. (veralt., noch scherzh. altertümelnd)* in those days; *s. auch* **Anno**

**dazu-: ~|rechnen** *tr. V.* add on; **wenn man noch ~rechnet ...** *(fig.)* when you also consider ...; **~|setzen** *refl. V.* sit down next to him/her/you/them; **darf ich mich ~setzen?** may I join you *or* sit here?; **~|tun** *unr. tr. V. (ugs.)* add; **das Seine ~tun** do one's bit; *(mit Geld)* chip in *(coll.)*; **ohne jmds. Dazutun** without sb.'s help; *(ohne jmds. Beteiligung)* without involving sb.; **~|verdienen** *tr., itr. V.* earn ‹*sth.*› extra; *(als Nebenbeschäftigung)* earn ‹*sth.*› on the side; **seine Frau verdient noch [etwas] ~:** his wife earns something as well

**dazwischen** [da'tsvɪʃn̩] *Adv.* **a)** in between; between them; *(darunter)* among them; **b)** *(unterwegs)* on the way; *(währenddessen)* during this

**dazwischen-: ~|fahren** *unr. itr. V.; mit sein* **a)** *(eingreifen)* step in [and sort things out]; **b)** *(unterbrechen)* break in; **~|funken** *itr. V. (ugs.)* put a spanner in the works; *(sich einmischen)* put one's oar in; **jmdm. ~funken** put a spoke in sb.'s wheel; mess it up for sb.; **~|kommen** *unr. itr. V.; mit sein* **a)** *(zwischen diese Dinge kommen)* **mit dem Hemd/Finger ~kommen** get one's shirt/finger caught [in it]; **b)** *(als Störung auftreten)* **[jmdm.] ~kommen** complicate matters [for sb.]; *(es verhindern)* prevent it; **mir ist etwas ~gekommen** I had problems; *(immer noch)* I've got problems; **wenn nur nichts ~kommt** as long as there are no hitches *or* complications; **c)** *(dazwischen an der Reihe sein)* **[noch] ~kommen** come in between; **~|liegen** *unr. itr. V.;* lie in between; **Jahre lagen ~:** years had passed; **da liegen doch schon Tage ~:** that was days ago; **die ~liegende Zeit/Strecke** the intervening period/distance; **die ~liegenden Ereignisse** the events which have/had occurred in the mean while; **~|reden** *itr. V.* **a)** *(unterbrechen)* interrupt; **b)** *(umzustimmen versuchen)* **jmdm. ~reden** try to make sb. change his/her mind; **~|rufen 1.** *unr. itr. V.* interrupt [by shouting]; **2.** *unr. tr. V.* interrupt [loudly] with; interject; **~|schalten** *tr. V.* **a)** *(Elektrot.)* insert; **b)** *(fig.)* interpose; *(vorteilhaft)* use as an intermediary; **~|stehen** *unr. itr. V.* **a)** *(Einigung verhindern)* be obstructive; stand in the way; **b)** *(zwischen diesen Gegensätzen stehen)* be [somewhere] in the middle; **c)** *(zwischen den Erwähnten stehen)* stand amongst them; **~|treten** *unr. itr. V.; mit sein* **a)** *(eingreifen)* intervene; **sein Dazwischentreten** his intervention; **b)** *(Uneinigkeit verursachen)* come between them

**DB** *Abk.* **Deutsche Bundesbahn** German Federal Railways

**DBP** *Abk.* **Deutsche Bundespost** German Federal Post Office

**DDR** [de:de:'ɛr] **die; ~** *Abk.* **Deutsche Demokratische Republik** GDR; East Germany *(in popular use)*

**DDR-Bürger der** GDR citizen; East German *(in popular use)*

**D-Dur** ['de:du:ɐ̯] **das; ~|s]** D major; *s. auch* **C-Dur**

**Deal** [di:l] **der** *od.* **das; ~s, ~s** *(salopp)* deal

**dealen** ['di:lən] *itr. V. (ugs.)* push drugs; **mit LSD ~:** push LSD

**Dealer der; ~s, ~, Dealerin die; ~, ~nen** *(ugs.)* pusher

**Debakel** [de'ba:kl̩] **das; ~s, ~:** debacle; fiasco; *(schwere Niederlage)* rout

**Debatte** [de'batə] **die; ~, ~n** debate **(über + Akk.** on); *(Streit)* argument **(über + Akk.** about); **etw. in die ~ werfen** introduce *or* bring sth. into the debate; **[nicht] zur ~ stehen** [not] be under discussion; *(auf der Tagesordnung)* [not] be on the agenda; **etw. zur ~ stellen** put sth. up for discussion

**debattieren** *tr., itr. V.* debate; *(weniger formell)* discuss; **[mit jmdm.] über etw. ~:** discuss sth. [with sb.]

**Debattier·klub der** debating society

**Debet** ['de:bɛt] **das; ~s, ~s** *(Finanzw.)* debit [side]

**debil** [de'bi:l] *Adj.* **a)** *(Med.)* mentally subnormal; **b)** *(abwertend)* feeble-minded

**Debilität** [debili'tɛ:t] **die; ~ a)** *(Med.)* mental subnormality; **b)** *(abwertend)* feeble-mindedness

**Debitor** ['de:bitɔr] **der; ~s, ~en** [debi'to:rən] *(Finanzw.)* debtor

**Debüt** [de'by:] **das; ~s, ~s** debut; **sein ~ [als Autor** *usw.***] geben** make one's debut [as an author *etc.*]

**Debütant** [deby'tant] **der; ~en, ~en** newcomer [making his debut]; *(in einer Mannschaft, Truppe, usw.)* new face

**Debütantin die; ~, ~nen a)** *s.* **Debütant; b)** *(in der Gesellschaft)* debutante

**Debütantinnen·ball der** debutantes' ball

**debütieren** [deby'ti:rən] *itr. V.* make one's debut

**Dechant** [dɛ'çant] **der; ~en, ~en** *(kath. Kirche)* dean

**dechiffrieren** *tr. V.* decipher ‹*code, message*›; decode ‹*message, (fig.) conventions*›

**Deck** [dɛk] **das; ~[e]s, ~s a)** *(eines Schiffes)* deck; **alle Mann an ~!** all hands on deck!; **auf ~ sein** be on deck; **unter ~ gehen** go below [decks]; **auf dem obersten/im mittleren/unteren ~:** on the top/middle/lower deck; **b)** *(Park~)* storey; level; **auf ~ 6 fahren** drive up to level 6; **c)** *(im Autobus)* deck

**Deck-: ~adresse die** accommodation *or (Amer.)* cover address; **~an·strich der** top coat; **~auf·bauten** *Pl.* superstructure *sing.*; **~bett das** *s.* **Oberbett; ~blatt das a)** *(Bot.)* bract; **b)** *(von Zigarre)* wrapper; **c)** *(Titelblatt)* title-page

**Deckchen das; ~s, ~ a)** small tablecloth; **b)** *(Zier~, Häkel~)* [small] crocheted mat *or* cover

**Decke** ['dɛkə] **die; ~, ~n a)** *(Tisch~)* tablecloth; **eine neue ~ auflegen** put a clean cloth on [the table]; **b)** *(Woll~, Pferde~, auch fig.)* blanket; *(Reise~)* rug; *(Deckbett, Stepp~)* quilt; *(Tages~)* bedspread; **sich** *(Dat.)* **die ~ über den Kopf ziehen** pull the covers *pl.* over one's head; **unter die ~ kriechen** slip under the covers; **sich nach der ~ strecken [müssen]** *(ugs.)* [have to] cut one's coat according to one's cloth; **mit jmdm. unter einer ~ stecken** *(ugs.)* be hand in glove with sb.; be in cahoots with sb. *(sl.)*; **c)** *(Zimmer~)* ceiling; **mir fällt die ~ auf den Kopf** *(ugs.) (ich bekomme Platzangst)* I feel claustrophobic *or* shut in; *(ich langweile mich)* I get sick of [the sight of] these four walls; **an die ~ gehen** *(ugs.)* hit the roof *(coll.)*; **[vor Freude] [bis] an die ~ springen** jump for joy; **d)** *(Radmantel)* [outer] cover; **e)** *(Fahrbahn~)* surface; **f)** *(Buchw.: Bucheinband)* cover; **g)** *(Jägerspr.: Haut, Fell)* skin

**Deckel** ['dɛkl̩] **der; ~s, ~ a)** lid; *(auf Flaschen, Gläsern usw.)* top; *(Schacht~, Uhr~, Buch~ usw.)* cover; **b)** *(Bier~)* beer-mat; **c)** *(salopp: Kopfbedeckung)* headgear *no pl.*; **jmdm. eins auf den ~ geben** *(ugs.)* haul sb. over the coals; take sb. to task

**Deckel·krug der** tankard *(with a lid)*

**deckeln** *tr. V. (ugs.)* take to task; tell off

**decken 1.** *tr. V.* **a)** *(breiten, legen)* spread; **b)** *(mit einem Dach o. ä. versehen)* roof ‹*house*›; cover ‹*roof*›; **ein Dach/Haus mit Ziegeln/Stroh ~:** tile/thatch a roof/house; **c) den Tisch ~:** lay *or* set the table; **es ist [für fünf Personen] gedeckt** the table is set [for five]; **d)** *(schützen)* cover; *(bes. Fußball: abschirmen)* mark ‹*player*›; *(vor Gericht usw.)* cover up for ‹*accomplice, crime, etc.*›; **e)** *(befriedigen)* satisfy, meet ‹*need, demand*›; **mein Bedarf ist gedeckt** *(ugs.)* I've had enough; **f)** *(Finanzw., Versicherungsw.)* cover; **g)** *(genau beschreiben)* describe accurately; cover; **h)** *(begatten)* cover; ‹*stallion*› serve ‹*mare*›. **2.** *itr. V.* **a)** *(Fußball)* mark; *(Boxen)* keep up one's guard; **besser ~:** improve one's marking/guard; **b)** *(den Tisch ~)* lay or set the table; **c)** ‹*colour*› cover. **3.** *refl. V.* **a)** *(Geom.)* be congruent; **b)** *(gleich sein)* coincide; tally; **ihre Aussage deckt sich nicht mit seiner** her statement does not agree with his

**Decken-: ~balken der** ceiling beam; **~beleuchtung die** ceiling light; **~gemälde das** ceiling painting; **~malerei die** ceiling painting; **~träger der** [iron] ceiling joist

**Deck-: ~farbe die** paint *(which covers well)*; body-colour; *(für Gouachen)* gouache colour; **~feder die** cover; tectrix *(Ornith.)*; **~flügel der** elytron; **~haar das a)** *(bei Tieren)* guard hair; **b)** *(bei Menschen)* top hair; **~hengst der** stud-horse; breeding stallion; **~mantel der, ~mäntelchen das;** *o. Pl. (abwertend)* cover; **unter dem ~mantel der Entwicklungshilfe** *usw.* using development aid *etc.* as a blind *or* cover; under the guise of development aid *etc.*; **~name der** alias; assumed name; *(eines Spions, milit. Programms)* code name; *(einer Organisation)* cover name; **~plane die** waterproof cover; *(bes. geteert)* tarpaulin; **~platte die** cover; **~station die** stud

**Deckung die; ~, ~en a)** *o. Pl. (das Schützen)* covering *(esp. Mil.)*; *(Feuerschutz)* covering fire; *(Boxen, Fechten)* guard; *(bes. Fußball)* marking; *(Schach)* protection; **b)** *(Schutz; auch fig.)* cover *(esp. Mil.)*; *(Schach)* defence; *(Boxen)* guard; *(bes. Fußball: die deckenden Spieler)* defence; **~ nehmen, in ~ gehen** take cover; **~ suchen/in ~ bleiben** look for/stay under cover; **[volle] ~!** take cover!; **c)** *(Finanzw.: das Begleichen) o. Pl.* meeting; **zur ~ seiner Schulden** to meet his debts; **d)** *(Finanzw.: Sicherheit)* cover[ing]; **der Scheck ist ohne ~:** the cheque is not covered; **als ~ für seine Schulden** as security for his debts; **e)** *(Befriedigung)* satisfaction; **f)** *(Übereinstimmung)* **Pläne** *usw.* **zur ~ bringen** make plans *etc.* agree; bring plans *etc.* into line; **g)** *(von Tieren: Begatten)* covering; *(einer Stute)* service

**deckungs-, Deckungs-: ~auf·lage die** *(Verlagsw.)* break-even quantity; **~fehler der** *(bes. Fußball)* marking error; **~gleich** *Adj. (Geom.)* congruent; **unsere Meinungen sind ~gleich** *(fig.)* our opinions coincide *or* are the same

**Deck-: ~weiß das** opaque white; **~wort das** code word

**decodieren** *s.* **dekodieren**

**Decrescendo** [dekrɛ'ʃɛndo] **das; ~s, ~s** *od.* **Decrescendi** *(Musik)* decrescendo

**Dedikation** [dedika'tsio:n] **die; ~, ~en** dedication

**Dedikations·exemplar das** presentation copy *(containing dedication)*

**dedizieren** [dedi'tsi:rən] *tr. V.* dedicate; **jmdm. ein Exemplar ~:** inscribe a copy to sb.

**Deduktion** [dedʊk'tsio:n] **die; ~, ~en** *(Philos., Kybernetik)* deduction

**deduktiv** [dedʊk'ti:f] *(Philos.)* **1.** *Adj.* deductive. **2.** *adv.* deductively; **~ folgern** conclude by deduction

**deduzieren** [dedu'tsi:rən] *tr. V. (bes. Philos.)* deduce

**Deern** [de:ɐ̯n] **die; ~, ~s** *(nordd.)* lass

**Deez** *s.* **Dez**

**DEFA** ['de:fa] **die; ~** *(DDR) Abk.* **Deutsche Film-Aktiengesellschaft** *(nationalized East German film company)*

**de facto** [de: 'fakto] *Adv.* de facto *(esp. Polit., Law)*; in reality

**De-facto-Anerkennung** die de facto recognition

**Defaitismus** *usw. (schweiz.) s.* **Defätismus** *usw.*

**Defäkation** [defɛka'tsio:n] **die; ~, ~en** *(Med.)* defecation

**Defätismus** [defɛ'tɪsmʊs] **der;** ~ *(oft abwertend)* defeatism

**Defätist der; ~en, ~en** *(abwertend)* defeatist

**defätistisch** *(oft abwertend)* **1.** *Adj.* defeatist. **2.** *adv.* in a defeatist manner

**defekt** [de'fɛkt] *Adj.* **a)** defective; faulty; **~ sein** have a defect; be faulty; *(nicht funktionieren)* not be working; **b)** *(fig.)* deficient ⟨*mind, understanding*⟩

**Defekt der; ~[e]s, ~e a)** defect, fault (**an** + *Dat.* in); **b)** *(Psych., Med.)* defect (**an** + *Dat.* in); **Heilung mit bleibendem ~:** cure leaving a permanent handicap

**defektiv** [defɛk'ti:f] *Adj. (Sprachw.)* defective

**Defektivum** [defɛk'ti:vʊm] **das; ~s, Defektiva** *(Sprachw.)* defective

**defensiv** [defɛn'zi:f] **1.** *Adj.* **a)** *(verteidigend; auch Sport)* defensive; **b)** *(sicherheitsbewußt)* safety-conscious. **2.** *adv.* **a)** *(verteidigend; auch Sport)* defensively; **b)** *(sicherheitsbewußt)* in a safety-conscious manner

**Defensive die; ~, ~n a)** defensive; **in der ~:** on the defensive; **jmdn. in die ~ drängen** force sb. on [to] the defensive; **in die ~ geraten** go on [to] the defensive; **b)** *(Sport)* **die ~:** defensive play; **aus der ~ heraus** from defensive positions *pl.*

**Defensiv-: ~krieg der** defensive war; **~spiel das** *(Sport)* defensive play

**Defilee** [defi'le:] **das; ~s, ~s,** *(auch:)* **~n** parade; march past

**defilieren** [defi'li:rən] *itr. V.; mit haben od. sein* **vor jmdm./etw. ~:** parade before *or* march past sb./sth.

**definierbar** *Adj.* definable; *(identifizierbar)* identifiable; **nicht [näher] ~:** indefinable; *(nicht zu identifizieren)* unidentifiable

**definieren** [defi'ni:rən] **1.** *tr. V.* define; *(identifizieren)* identify. **2.** *refl. V. (sich als etw. verstehen)* describe oneself (**durch** in terms of)

**Definition** [defini'tsio:n] **die; ~, ~en** definition

**definitiv** [defini'ti:f] **1.** *Adj.* definitive; final ⟨*answer, decision*⟩; *(sicher)* definite. **2.** *adv.* finally; *(sicher)* definitely

**definitorisch** [defini'to:rɪʃ] **1.** *Adj.* ⟨*problem*⟩ of definition; ⟨*skill*⟩ at defining. **2.** *adv.* with regard to definition

**defizient** [defi'tsiɛnt] *Adj.* deficient

**Defizit** ['de:fitsɪt] **das; ~s, ~e a)** *(Fehlbetrag)* deficit; **b)** *(Mangel)* deficiency; **~ an etw.** *(Dat.)* lack of sth.

**defizitär** [defitsi'tɛ:ɐ̯] **1.** *Adj.* **a)** *(Defizit aufweisend)* ⟨*trade etc.*⟩ which shows/showed a deficit *not pred.*; ⟨*firm etc.*⟩ which runs/ran at a loss *not pred.*; **b)** *(Defizit verursachend)* which leads/led to a deficit *postpos., not pred.* **2.** *adv.* **~[er] arbeiten** *od.* **wirtschaften** show a [bigger] deficit; run at a [bigger] loss

**Deflation** [defla'tsio:n] **die; ~, ~en** *(Wirtsch.)* deflation

**deflationär** [deflatsio'nɛ:ɐ̯], **deflationistisch** *Adj. (Wirtsch.)* deflationary

**Deflations·politik die** *(Wirtsch.)* deflationary policy

**Deflektor** [de'flɛktɔr] **der; ~s, ~en** [-'to:rən] *(Technik)* deflector

**Defloration** [deflora'tsio:n] **die; ~, ~en** *(Med.)* defloration

**deflorieren** [deflo'ri:rən] *tr. V.* deflower

**Deformation die a)** *(Physik)* deformation; **b)** *(Med.)* deformation; *(Mißbildung)* deformity

**deformieren** *tr. V.* **a)** *(verformen)* distort; put out of shape; **deformiert** out of shape *pred.*; distorted; **b)** *(entstellen)* deform *(also fig.)*; *(verunstalten)* disfigure ⟨*face etc.*⟩; *(verstümmeln)* mutilate

**Deformierung die a)** *o. Pl. (Verformung)* deformation; distortion; **b)** *(Entstellung)* deformation; *(Verunstaltung)* disfigurement; *(Verstümmelung)* mutilation; *(Mißbildung)* deformity

**Deformität** [defɔrmi'tɛ:t] **die; ~, ~en** *(Med.)* deformity

**Defraudant** [defrau'dant] **der; ~en, ~en** *(veralt.)* defrauder; swindler; *(bei Unterschlagung)* embezzler

**Defroster** [de'frɔstɐ] **der; ~s, ~ a)** *(Gerät)* defroster; **b)** *(Spray)* de-icer

**deftig** ['dɛftɪç] *(ugs.)* **1.** *Adj.* **a)** [good] solid *attrib.*, good and solid *pred.* ⟨*meal etc.*⟩; [nice] big, [nice] fat ⟨*sausage etc.*⟩; *(tüchtig)* [really] big ⟨*surprise*⟩; sound ⟨*hiding*⟩; *(hoch)* tremendous, *(coll.)* terrific ⟨*price, bill, etc.*⟩; **b)** *(derb)* crude, coarse ⟨*joke, speech, etc.*⟩. **2.** *adv.* good and proper *(coll.)*

**[1]Degen der; ~s, ~** *(hist.)* [doughty] warrior

**[2]Degen** ['de:gn̩] **der; ~s, ~ a)** *(Waffe)* [light] sword *(esp. for duelling)*; *(Rapier)* rapier; **b)** *(Sportgerät)* épée

**Degeneration** [degenera'tsio:n] **die; ~, ~en** degeneration (**zu** into)

**Degenerations·erscheinung die** sign of degeneration

**degenerativ** [degenera'ti:f] **1.** *Adj.* degenerative. **2.** *adv.* **es ist ~ verändert** it has degenerated

**degenerieren** [degene'ri:rən] *itr. V.; mit sein* degenerate (**zu** into)

**degeneriert** *Adj.* degenerate; *(überzüchtet)* overbred

**Degen-: ~fechten das** épée [fencing] *no art.*; **~klinge die** sword-blade; **~korb der** [sword-]guard; **~scheide die** scabbard

**degoutant** [degu'tant] *(geh.)* **1.** *Adj.* disgusting. **2.** *adv.* in a disgusting manner

**degoutieren** [degu'ti:rən] *tr. V. (geh.)* disgust

**degradieren** [degra'di:rən] *tr. V.* **a)** *(im Rang o. ä.)* demote; **vom Feldwebel zum einfachen Schützen degradiert werden** be demoted from [the rank of] sergeant to [a] mere private; **b)** *(herabwürdigen)* **jmdn./etw. zu etw. ~:** reduce sb./sth. to [the level of] sth.

**Degradierung die; ~, ~en a)** *(im Rang)* demotion; **b)** *(Herabwürdigung)* degradation; reduction (**zu** to the level of)

**Degression** [degrɛ'sio:n] **die; ~, ~en a)** *(Wirtsch.)* progressive reduction [of unit cost]; **b)** *(Steuerw.)* degression

**degressiv** [degrɛ'si:f] *Adj. (Wirtsch., Steuerw.)* degressive

**degustieren** [degʊs'ti:rən] *tr. V. (bes. schweiz.)* taste; sample

**dehnbar** *Adj.* **a)** *(elastisch)* ⟨*material etc.*⟩ that stretches *not pred.*; elastic ⟨*waistband etc.*⟩; stretch ⟨*fabric*⟩; **etw. ist ~:** sth. can be stretched; **b)** *(fig.: vage)* elastic; **das ist ein ~er Begriff** it's a loose concept; that can mean what you want it to mean

**Dehnbarkeit die; ~** *(auch fig.)* elasticity

**dehnen** ['de:nən] **1.** *tr. V.* **a)** stretch; **b)** *(lang aussprechen)* lengthen, draw out ⟨*vowel, word*⟩; **etw. gedehnt sagen/aussprechen** say/pronounce sth. slowly; *(lässig)* drawl sth. **2.** *refl. V.* **a)** stretch; **er dehnte sich wohlig** he stretched [himself] luxuriantly; **b)** *(lange dauern)* **sich endlos ~:** go on for ever *(coll.)*; go on and on; **die Minuten ~ sich zu Stunden** the minutes seem like hours

**Dehnung die; ~, ~en a)** *o. Pl. (das Dehnen)* stretching; *(eines Vokals)* lengthening; **b)** *(Dehnbarkeit)* elasticity

**Dehnungs-: ~fuge die** *(Bauw.)* expansion joint; **~-h das; ~, ~** *(Phon.)* 'h' lengthening the preceding vowel; **~zeichen das** *(Phon.)* length-mark

**dehydrieren** *tr. V. (Chemie)* dehydrogenate

**Deibel** ['daibl̩] *s.* **Deiwel**

**Deich** [daiç] **der; ~[e]s, ~e** dike; **mit etw. über den ~ gehen** *(nordd.)* make off with sth.

**Deich-: ~bau der;** *o. Pl.* building of a/the dike; *(allgemein)* dike-building; **~bruch der** breach *(Brit.) or (Amer.)* break in the dike; *(Brechen des Deiches)* breaching *(Brit.) or (Amer.)* breaking of the dike; **~genossenschaft die** *s.* **~verband; ~graf der** *(veralt.) s.* **~vorsteher; ~krone die** top of the dike

**Deichsel** ['daiksl̩] **die; ~, ~n** shaft; *(in der Mitte)* pole; *(aus zwei Stangen)* shafts *pl.*

**Deichsel·kreuz das a)** *(Griff)* shaft-handle; **b)** *(Symbol)* Y[-shaped] cross

**deichseln** *tr. V. (ugs.)* fix; *(durch eine List)* wangle *(sl.)*

**Deich-: ~verband der** association of owners of diked land; **~vorland das** *land above mean high-water mark on the seaward side of a dike*; **~vorsteher der** chairman of a 'Deichverband'

**deifizieren** [deifi'tsi:rən] *tr. V. (geh.)* deify

**[1]dein,** *(in Briefen)* **Dein** [dain] *Possessivpron.* your; *(Rel., auch altertümelnd)* thy; **viele Grüße von Deinem Emil/Deiner Karin/Deinen Müllers** with best wishes, yours Emil/Karin/the Müllers; **~ Wille geschehe** *(Rel.: im Vaterunser)* Thy will be done; **heute abend kannst du ~en Humphrey Bogart im Fernsehen sehen** you can watch your beloved Humphrey Bogart *or* that Humphrey Bogart of yours on television tonight; **das Buch dort, ist das ~[e]s?** that book over there, is it yours?; **sind das ihre Schuhe oder ~e?** are those her shoes or yours?; **das war nicht mein Wunsch, sondern ~er** *od. (geh.)* **der ~e** it was not my wish but yours; **ewig/stets der Deine** *(geh.)* yours ever; **du und die Deinen** *(geh.)* you and yours *or* your family; **der/die Deine** *(geh.)* your husband/wife; **das Deine** *(geh.)* your possessions *pl. or* property; **du mußt das Deine tun** *(was du kannst)* you must do what you can; *(deinen Teil)* you must do your bit *or* share; *s. auch* **[1]mein**

**[2]dein** *(geh. veralt.)*, **deiner** *Gen. des Personalpronomens* **du** *(geh.)* of you; **ich gedenke ~ auf ewig** I will always remember you; **man lachte ~:** they laughed at you

**deiner·seits** ['dainɐ'zaits] *Adv. (von deiner Seite)* on your part; *(auf deiner Seite)* for your part

**deines·gleichen** *indekl. Pron.* people *pl.* like you; *(abwertend)* the likes *pl.* of you; your sort *or* kind; **unter ~:** amongst your own sort *or* kind; **für dich und ~** *(abwertend)* for your sort; for the likes of you

**deines·teils** *Adv.* for your part

**deinet·halben** *(veralt.) s.* **deinetwegen a**

**deinet·wegen** *Adv.* **a)** because of you; on your account; *(für dich)* on your behalf; *(dir zuliebe)* for your sake; **ich habe mir ~ große Sorgen gemacht** I have been very worried about you *or* on your account; **b)** *(du hast nichts dagegen)* **du hast gesagt, ~ könnten wir gehen** you said we could go as far as you were concerned

**deinet·willen** *Adv. in* **um ~:** for your sake

**deinige** ['dainɪgə] *Possessivpron. (geh. veralt.)* **der/die/das ~:** yours; **die Deinigen** your family *sing.*; **das Deinige** what is yours; your property; **du mußt das Deinige tun** *(was du kannst)* you must do what you can; *(deinen Teil)* you must do your bit *or* share

**Deismus** [de'ɪsmʊs] **der; ~:** deism *no art.*

**deistisch** *Adj.* deistic

**Deiwel** ['daivl̩] *(nordd.)*, **Deixel** ['daiksl̩] *(südd.)* **der; ~s** devil; *s. auch* **Teufel**

**de jure** [de: 'ju:rə] *Adv.* de jure; legally

**De-jure-Anerkennung die** de jure recognition

**Deka** ['dɛka] **das; ~[s], ~** *(österr.)* decagram
**Dekade** [de'ka:də] **die; ~, ~n a)** *(zehn Tage)* ten days *pl.;* **b)** *(zehn Jahre)* decade
**dekadent** [deka'dɛnt] *Adj.* decadent
**Dekadenz** [deka'dɛnts] **die; ~:** decadence
**dekadisch** *Adj.* **~es Zahlensystem** decimal system; **~er Logarithmus** *(Math.)* common logarithm
**Deka-: ~eder das** *(Geom.)* decahedron; **~gramm das** decagram; **~liter der** decalitre
**Dekalog** [deka'lo:k] **der; ~[e]s** *(Rel.)* decalogue
**Dekan** [de'ka:n] **der; ~s, ~e a)** *(Universität)* dean; **b)** *(kath. Kirche)* dean; **c)** *(ev. Kirche)* superintendent
**Dekanat** [deka'na:t] **das; ~s, ~e a)** *(Universität)* dean's office; **b)** *(kath. Kirche)* deanery; **c)** *(Amt eines Dekans)* office of dean
**dekartellisieren** [dekartɛli'zi:rən] *tr. V. (Wirtsch.)* decartelize
**dekatieren** [deka'ti:rən] *tr. V. (Textilw.)* decatise
**Deklamation** [deklama'tsi̯o:n] **die; ~, ~en a)** *(Vortrag)* recitation; **b)** *(abwertend: hohles Gerede)* [empty] rhetoric *no pl.*
**deklamatorisch** [deklama'to:rɪʃ] **1.** *Adj.* **a)** *(ausdrucksvoll)* declamatory; **b)** *(abwertend: hohl)* rhetorical. **2.** *adv.* **a)** *(ausdrucksvoll)* expressively; **b)** *(abwertend: hohl klingend)* rhetorically; in expansive terms
**deklamieren** [dekla'mi:rən] *tr., itr. V.* recite
**Deklaration** [deklara'tsi̯o:n] **die; ~, ~en** *(Politik, Zoll-, Steuer-, Postwesen)* declaration
**deklarieren** [dekla'ri:rən] *tr. V.* declare; **etw. als etw. ~:** declare sth. to be sth.; **zur atomwaffenfreien Zone deklariert werden** be declared a nuclear-free zone
**deklassieren** *tr. V.* **a)** *(Soziol.)* disadvantage; **b)** *(herabsetzen)* reduce; downgrade; **c)** *(Sport)* outclass; *(beim Rennen)* leave standing
**Deklassierung die; ~, ~en a)** *(Soziol.)* disadvantaging; reduction in circumstances; **b)** *o. Pl. (Herabsetzung)* downgrading; **c)** *o. Pl. (Sport)* outclassing
**deklinabel** [dekli'na:bl̩] *Adj. (Sprachw.)* declinable
**Deklination** [deklina'tsi̯o:n] **die; ~, ~en a)** *(Sprachw.)* declension; **die starke/schwache ~:** the strong/weak declension; **b)** *(Astron., Physik)* declination
**deklinierbar** *Adj. (Sprachw.)* declinable
**deklinieren** [dekli'ni:rən] *tr. V. (Sprachw.)* decline; **ein Wort schwach/stark ~:** decline a word as weak/strong
**dekodieren** *tr. V. (fachspr.)* decode
**Dekolleté** [dekɔl'te:] **das; ~s, ~s** low[-cut] neckline; décolletage; **Kleid mit tiefem ~:** very low-cut dress; dress with a plunging neckline
**dekolletieren** [dekɔl'ti:rən] *tr. V.* make *or* cut with a low neckline
**dekolletiert** *Adj.* **a)** *(ausgeschnitten)* décolleté; low-cut ‹*back, neckline*›; **b)** *(Dekolleté tragend)* **~e Damen** ladies in low-cut dresses; **[tief] ~ sein** *od.* **gehen** wear a [very] low-cut dress/[very] low-cut dresses
**Dekolonisation die** decolonization
**dekolonisieren** *tr. V.* decolonize
**Dekompression die** decompression
**Dekompressions·kammer die** decompression chamber
**Dekontamination die** decontamination
**Dekonzentration die** *(der Verwaltung)* decentralization; *(der Industrie usw.)* deconcentration
**Dekor** [de'ko:ɐ̯] **das; ~s, ~s** *od.* **~e a)** *(Verzierung)* decoration; *(Muster)* pattern; **ein Zimmer im ~ der dreißiger Jahre** a room in the 1930s style; **b)** *(Theater, Film)* décor; setting
**Dekorateur** [dekora'tø:ɐ̯] **der; ~s, ~e, Dekorateurin die; ~, ~nen** *(Schaufenster~)* window-dresser; *(von Innenräumen)* interior decorator *or* designer; *(Dekorationsmaler)* scene-painter
**Dekoration** [dekora'tsi̯o:n] **die; ~, ~en a)** *o. Pl. (das Dekorieren)* decoration; *(von Schaufenstern)* window-dressing; **zur ~:** for decoration; **b)** *(Schmuck, Ausstattung)* decorations *pl.; (Schaufenster~)* window display; *(Theater, Film)* set; scenery *no pl.;* **bloße ~ sein** be purely for decoration purposes; **c)** *(Orden[verleihung])* decoration
**Dekorations-: ~maler der** interior decorator; *(Theater)* [stage] decorator; scene-painter; **~stoff der** furnishing fabric; **~stück das** part of the décor; *(Theater)* piece of scenery
**dekorativ** [dekora'ti:f] **1.** *Adj.* decorative. **2.** *adv.* decoratively
**dekorieren** [deko'ri:rən] *tr. V.* **a)** *(ausschmücken)* decorate ‹*room etc.*›; dress ‹*shop-window*›; **b)** *(mit Orden auszeichnen)* decorate **(mit** with)
**Dekorierung die; ~, ~en** *s.* **Dekoration a, c**
**Dekorum** [de'ko:rʊm] **das; ~s** *(veralt.)* decorum *no art.;* **das ~ verletzen/wahren** offend against/observe the proprieties *pl.*
**Dekostoff** ['de:ko-] **der** furnishing fabric
**Dekrescendo** *s.* **Decrescendo**
**Dekret** [de'kre:t] **das; ~[e]s, ~e** decree
**dekretieren** *tr. V.* decree
**dekuvrieren** [deku'vri:rən] **1.** *tr. V. (entlarven)* expose. **2.** *refl. V. (schlechte Züge zeigen)* reveal oneself; **sich als etw. ~:** reveal oneself to be sth.
**Deleatur** [dele'a:tʊr] **das; ~s, ~, Deleatur·zeichen das** *(Druckw.)* deletion mark
**Delegation** [delega'tsi̯o:n] **die; ~, ~en** delegation **(an** + *Akk.* to; **bei** at)
**Delegations·chef der** head of a/the delegation
**delegieren** [dele'gi:rən] *tr. V.* **a)** *(abordnen)* send as a delegate/as delegates **(zu** to); **jmdn. ins Komitee ~:** select sb. as one's representative on the committee; **b)** *(übertragen)* delegate ‹*task etc.*› **(an** + *Akk.* to)
**Delegierte der/die;** *adj. Dekl.* delegate; *(Sport)* representative **(bei** at)
**Delegierten-: ~konferenz die** delegates' *or* delegate conference; **~versammlung die** delegates' *or* delegate assembly
**delektieren** [delɛk'ti:rən] **1.** *tr. V.* **jmdn. mit etw. ~:** entertain *or* regale sb. with sth. **2.** *refl. V.* **sich an etw.** *(Dat.)* **~:** regale oneself with sth.; *(fig.)* take delight in sth.
**delikat** [deli'ka:t] **1.** *Adj.* **a)** *(wohlschmeckend)* delicious; *(fein)* subtle, delicate ‹*bouquet, aroma*›; **~ riechen** have a delicate bouquet/aroma; **b)** *(Diskretion erfordernd, heikel)* delicate; *(geh.: empfindlich)* **in so persönlichen Dingen ist sie sehr ~:** she is very sensitive about such personal matters; **c)** *(geh.: behutsam)* discreet; *(taktvoll)* tactful; **~e Andeutung** subtle *or* discreet reference. **2.** *adv.* **a)** *(lecker)* deliciously; **b)** *(geh.: behutsam)* delicately; **etw. ~ behandeln** handle sth. tactfully *or* discreetly
**Delikatesse** [delika'tɛsə] **die; ~, ~n a)** *(Leckerbissen)* delicacy; *(fig.)* treat; **als besondere ~:** as a special delicacy/treat; **b)** *o. Pl. (geh.: Feingefühl)* delicacy; *(Takt)* tact; discretion; **eine Angelegenheit mit ~ behandeln** handle a matter discreetly
**Delikatessen·geschäft, Delikateß·geschäft das** delicatessen
**Delikateß·gurke die** [fine-quality] gherkin
**Delikt** [de'lɪkt] **das; ~[e]s, ~e** offence
**delinquent** [delɪŋ'kvɛnt] *Adj. (bes. Rechtw.)* delinquent; criminal ‹*conduct*›
**Delinquent der; ~en, ~en** offender
**Delinquenz die; ~** *(bes. Rechtsw.)* delinquency
**delirieren** [deli'ri:rən] *itr. V.* be delirious
**Delirium** [de'li:ri̯ʊm] **das; ~s, Delirien** delirium; **im ~ liegen/sein** lie/be in a delirium; **im ~ reden** speak in one's delirium
**Delirium tremens** [~ 'tre:mɛns] **das; ~ ~** *(Med.)* delirium tremens; **im ~ sterben** die in a state of delirium [tremens]
**deliziös** [deli'tsi̯ø:s] *(geh.)* **1.** *Adj.* delicious; delectable; **~ schmecken** taste delicious. **2.** *adv.* deliciously
**Delle** ['dɛlə] **die; ~, ~n a)** *(ugs.)* dent; **eine ~ in die Stoßstange fahren** drive into something and dent one's bumper; **b)** *(Geogr.)* hollow
**delogieren** *tr. V. (bes. österr.)* evict
[1]**Delphin** [dɛl'fi:n] **der; ~s, ~e** dolphin
[2]**Delphin das; ~s** *(Schwimmen)* butterfly [stroke]
**Delphinarium** [dɛlfi'na:ri̯ʊm] **das; ~s, Delphinarien** dolphinarium
**Delphin·schwimmen das** butterfly
**delphisch** ['dɛlfɪʃ] **1.** *Adj.* Delphic ‹*oracle*›; enigmatic ‹*remark etc.*›. **2.** *adv.* enigmatically
[1]**Delta** ['dɛlta] **das; ~[s], ~[s]** *(Buchstabe)* delta
[2]**Delta das; ~s, ~s** *od.* **Delten** *(Fluß~)* delta
**delta-, Delta-: ~förmig** *Adj.* delta-shaped; triangular; deltaic ‹*estuary*›; **~mündung die** delta [estuary]; **~strahlen** *Pl. (Kernphysik)* delta rays
**De-Luxe-Ausstattung** [də'lyks-] **die: eine ~ haben** be fitted with de luxe equipment; ‹*car etc.*› be a de luxe model; ‹*room*› have de luxe fittings
**dem** [de:m] **1.** *best. Art., Dat. Sg. v.* [1]**der 1** *u.* **das 1: ich gab dem Mann/dem Kind das Buch** I gave the man/the child the book; I gave the book to the man/to the child; **hast du dem Peter das Geld gegeben?** *(ugs.)* have you given Peter the money?; **ich half dem Mann/dem Kind** I helped the man/the child; **er hat sich dem Okkultismus zugewandt** he turned to occultism; **aus dem Libanon/Baltikum kommen** come from Lebanon/the Baltic area; **dem Theater/Kino seinen Ruhm verdanken** owe one's fame to the stage/films. **2.** *Demonstrativpron., Dat. Sg. v.* [1]**der 2** *u.* **das 2: a)** *attr.* **gib es dem Mann/Kind** give it to 'that man/child; **mit dem Messer kann man fast alles schneiden** you can cut almost anything with 'that knife; **b)** *selbständig* **gib es nicht dem, sondern dem da!** don't give it to him, give it to that man/child *etc.;* **Zwiebeln schneide ich nicht mit dem [hier], sondern mit dem da** I chop onions with 'that knife, not with this one. **3.** *Relativpron., Dat. Sg. v.* [1]**der 3** *u.* **das 3** *(Mensch)* **der Mann/das Kind, dem ich das Geld gab** the man/the child to whom I gave the money *or (coll.)* that I gave the money to; **der Mann, dem ich geholfen habe** the man whom *or* that I helped; *(Sache)* **das Messer, mit dem ich Zwiebeln schneide** the knife with which I chop onions *or (coll.)* that I chop onions with
**Demagoge** [dema'go:gə] **der; ~n, ~n** *(abwertend)* demagogue
**Demagogie** [demago'gi:] **die; ~, ~n** *(abwertend)* demagogy
**demagogisch** *(abwertend)* **1.** *Adj.* demagogic. **2.** *adv.* by demagogic means; *(zu ~en Zwecken)* for demagogic purposes; **~ reden** talk like a demagogue
**Demarche** [de'marʃ(ə)] **die; ~, ~n** *(Dipl.)* diplomatic move
**Demarkation** [demarka'tsi̯o:n] **die; ~, ~en** demarcation; *(Staatsgrenze)* frontier
**Demarkations·linie die** demarcation line
**demarkieren** *tr. V.* demarcate
**demaskieren 1.** *refl. V.* **a)** *(Maske ablegen)* unmask; take one's mask off; **b)** *(sich offenbaren)* reveal oneself [as what one is]; appear in one's true colours; **sich als etw. ~:** reveal *or* show oneself to be sth. **2.** *tr. V.*

*(entlarven)* unmask; expose; **jmdn. als etw. ~:** reveal sb. as sth.
**Dementi** [de'mɛnti] **das; ~s, ~s** denial
**dementieren 1.** *tr. V.* deny. **2.** *itr. V.* deny it
**Dementierung die; ~, ~en** denial
**dem·entsprechend 1.** *Adj.* appropriate; **das Wetter war schlecht und die Stimmung ~:** the weather was bad and the general mood was correspondingly bad *or* bad too; **Er hat eine Villa in Cannes und eine Luxusjacht. Sein Einkommen ist auch ~:** He has a villa in Cannes and a luxury yacht. And he has an income to match *or* to go with it. **2.** *adv.* accordingly; *(vor Adjektiven)* correspondingly; **~ wird er bezahlt** he is paid accordingly
**dem-: ~gegenüber** *Adv.* in contrast; *(jedoch)* on the other hand; **~gemäß 1.** *adv.* **a)** *(infolgedessen)* consequently; **b)** *(entsprechend)* accordingly; **2.** *Adj.* in accordance with it/them *postpos.; (angemessen)* appropriate; **ein Zimmer mit Vollpension kostet nur 18 Mark – das Essen ist ~:** a room with full board only costs 18 marks – the food is what you'd expect [at that price]
**Demimonde** [dəmi'mõ:d] **die; ~** *(abwertend)* demi-monde
**Demission die; ~, ~en** *(Politik)* resignation; **jmdn. zur ~ zwingen** force sb. to resign; **um seine ~ bitten** ask to be relieved of one's duties
**demissionieren** *itr. V.* **a)** *(Politik: zurücktreten)* resign; **b)** *(schweiz.: kündigen)* hand in one's notice (**auf** + *Akk.* for)
**dem-: ~jenigen** *s.* **derjenige; ~nach** *Adv.* therefore; *(laut dessen)* according to that; **~nächst** *Adv.* in the near future; shortly; **~nächst in diesem Theater** coming soon [to this theatre]; *(ugs. scherzh.)* some time soon
**Demo** ['dɛmo] **die; ~, ~s** *(ugs.)* demo; **auf der ~:** at the demo
**demobilisieren** *tr. V.* **a)** demobilize ‹*army, industry*›; **b)** *(veralt.: entlassen)* discharge ‹*soldier*›
**Demobilisierung die; ~, ~en** demobilization
**Demodulation die; ~, ~en** *(Nachrichtent.)* demodulation
**Demo·graphie die** demography *no art.*
**demo·graphisch 1.** *Adj.* demographic. **2.** *adv.* demographically
**Demokrat** [demo'kra:t] **der; ~en, ~en a)** democrat; **b)** *(Parteimitglied)* Democrat
**Demokratie** [demokra'ti:] **die; ~, ~n a)** *o. Pl. (Prinzip)* democracy *no art.;* **zur ~ zurückkehren** return to democracy *or* democratic government; **b)** *(Staat)* democracy
**Demokratie·verständnis das** understanding *or* conception of democracy
**demokratisch 1.** *Adj.* **a)** democratic ‹*principle, process, etc.*›; **b)** *(zur Demokratischen Partei gehörend)* Democratic. **2.** *adv.* democratically; **es wurde ~ gewählt** democratic elections were held; **bei uns geht es ~ zu** we run things on democratic lines; **~ eingestellt sein** have democratic attitudes
**demokratisieren** *tr. V.* **a)** democratize; make democratic; **b)** *(allgemein zugänglich machen)* make generally available; make ‹*art*› generally accessible; bring ‹*art, fashion*› to the people
**Demokratisierung die; ~ a)** *(eines Staates, einer Institution)* democratization; **b)** *(das Zugänglichmachen);* **die ~ der Mode/des Reisens** making fashion/travel generally available *or* accessible
**demolieren** [demo'li:rən] *tr. V.* **a)** *(zerstören)* wreck; smash up ‹*furniture*›; **b)** *(österr.: abreißen)* demolish
**Demolierung die; ~, ~en a)** *(Zerstörung)* wrecking; *(von Möbeln)* smashing up; **b)** *(österr.: Abriß)* demolition
**Demonstrant** [demɔn'strant] **der; ~en, ~en** demonstrator
**Demonstrantin die; ~, ~nen** demonstrator; *s. auch* **~in**
**Demonstration** [demɔnstra'tsio:n] **die; ~, ~en a)** *(Protestkundgebung)* demonstration (**für** in support of, **gegen** against); **b)** *(Bekundung, Veranschaulichung)* demonstration; **zur ~ seines guten Willens** as a demonstration of *or* to demonstrate his good will
**Demonstrations-: ~marsch der** demonstration; *(gegen etw.)* protest march; **~objekt das** exhibit *(used to demonstrate a point);* **~recht das** right to demonstrate; **~verbot das** ban on demonstrations; **~zug der** column *or* procession of demonstrators
**demonstrativ** [demɔnstra'ti:f] **1.** *Adj.* **a)** *(betont)* demonstrative; pointed; **ein ~es Nein** an emphatic no; **b)** *(Sprachw.)* demonstrative; **c)** *(anschaulich)* graphic ‹*example etc.*›. **2.** *adv.* pointedly; *(aus Protest)* in protest; **ich sah ~ weg** I intentionally looked the other way; **sie blieben ~ sitzen** they remained seated in protest *or* to make their point
**Demonstrativ·pronomen das** *(Sprachwissenschaft)* demonstrative pronoun
**demonstrieren** [demɔn'stri:rən] **1.** *itr. V.* demonstrate (**für** in support of, **gegen** against). **2.** *tr. V.* demonstrate; **jmdm. etw. ~:** demonstrate sth. to sb.
**Demontage** [demɔn'ta:ʒə] **die; ~, ~n** *(auch fig.)* dismantling; *(eines Schiffes)* breaking-up; **soziale ~** *(Politik)* dismantling of the welfare state
**demontieren** *tr. V.* **a)** *(abbrechen)* dismantle; *(zerlegen)* break up ‹*ship, aircraft*›; **b)** *(abmontieren)* take off; **c)** *(fig.)* eradicate ‹*prejudices*›; damage ‹*reputation*›
**Demontierung die; ~, ~en** *s.* **Demontage**
**Demoralisation** [demoraliza'tsio:n] **die; ~, ~en** *s.* **Demoralisierung**
**demoralisieren** *tr. V.* **a)** *(Moral untergraben)* corrupt; **b)** *(entmutigen)* demoralize
**Demoralisierung die; ~, ~en** demoralization; *(Sittenverfall)* moral decline
**Demoskop** [demo'sko:p] **der; ~en, ~en** opinion pollster
**Demoskopie** [demosko'pi:] **die; ~, ~n a)** *o. Pl. (Meinungsforschung)* [public] opinion research *no art.;* **b)** *(Umfrage)* opinion poll
**Demoskopin die; ~, ~nen** opinion pollster
**demoskopisch 1.** *Adj.; nicht präd.* opinion research ‹*institute, methods, data, etc.*›; ‹*data etc.*› from opinion polls *or* opinion research; **das ~e Ergebnis** the result of the opinion poll; **~e Umfrage** [public] opinion poll. **2.** *adv.* through opinion polls *or* research; **etw. ~ untersuchen** conduct an opinion poll on sth.
**dem·selben** *s.* **derselbe**
**Demut** ['de:mu:t] **die; ~:** humility; **in** *od.* **mit ~:** with humility
**demütig** ['de:my:tɪç] **1.** *Adj.* humble; *(respektvoll)* respectful. **2.** *adv.* humbly; *(respektvoll)* respectfully
**demütigen 1.** *tr. V.* humiliate; humble ‹*sb.'s pride*›. **2.** *refl. V.* humble oneself; **sich vor jmdm. ~:** humble oneself before sb.
**Demütigung die; ~, ~en** humiliation
**Demuts·gebärde die** *(Verhaltensf.)* attitude of submission
**dem·zufolge** *Adv.* consequently; therefore
[1]**den** [de:n] **1.** *best. Art., Akk. Sg. v.* [1]**der 1: ich sah den Mann/den Hund/den Stein** I saw the man/the dog/the stone; **wir haben den „Faust" gelesen** we read 'Faust'; **hast du den Peter gesehen?** *(ugs.)* have you seen Peter?; **in den Libanon reisen** travel to Lebanon; **den Sozialismus/Kapitalismus ablehnen** reject socialism/capitalism. **2.** *Demonstrativpron., Akk. Sg. v.* [1]**der 2: a)** *attr.* **ich meine den Mann/den Hund/den Stein, nicht den anderen** I mean 'that man/'that dog/'that stone, not the other; **b)** *selbständig* **ich meine den [da]** I mean 'that one. **3.** *Relativpron., Akk. Sg. v.* [1]**der 3: der Mann/Hund/Stein, den ich gesehen habe** the man/dog/stone that I saw
[2]**den 1.** *best. Art., Dat. Pl. v.* [1]**der 1,** [1]**die 1, das 1: ich gab es den Männern/Frauen/Kindern** I gave it to the men/women/children; **ich habe mich mit den Berichten/Theorien/Büchern befaßt** I dealt with the reports/theories/books; **er war bei den Müllers zu Besuch** *(ugs.)* he visited the Müllers. **2.** *Demonstrativpron., Dat. Pl. v.* [1]**der 2 a,** [1]**die 2 a, das 2 a: ich gab es den Männern/den Frauen/den Kindern** I gave it to 'those men/'those women/'those children
**Denaturalisation die; ~, ~en** denaturalization
**denaturalisieren** *tr. V.* denaturalize
**denaturieren** [denatu'ri:rən] **1.** *tr. V.* **a)** *(geh.: verändern)* warp the personality of; *(entmenschen)* dehumanize; **b)** *(bes. Chemie)* denature ‹*alcohol, foodstuffs, protein, fissile material, etc.*›. **2.** *itr. V.; mit sein (geh.)* **zu etw. ~:** degenerate into sth.
**Dendrit** [dɛn'dri:t] **der; ~en, ~en** *(Geol., Anat.)* dendrite
**denen** ['de:nən] **1.** *Demonstrativpron., Dat. Pl. v.* [1]**der 2 b,** [1]**die 2 b, das 2 b: gib es ~, nicht den anderen** give it to 'them, not to the others; **~ gehört das Buch** the book belongs to 'them; **~, die uns geholfen haben, helfen wir auch** we help those who have helped us. **2.** *Relativpron., Dat. Pl. v.* [1]**der 3,** [1]**die 3, das 3: die Menschen, ~ wir Geld gegeben haben** the people to whom we gave money; **die Tiere, ~ er geholfen hat** the animals that he helped; **die Bücher, mit ~ sie aufgewachsen ist** the books she grew up with
**dengeln** ['dɛŋl̩n] *tr. V. (Landw.)* sharpen *(by hammering out irregularities)*
**Den Haag** [de:n 'ha:k] **(das); ~ ~s** The Hague
**denjenigen** *s.* derjenige
**Denk-: ~an·satz der** intellectual approach; **~an·stoß der** something to think about; **jmdm. einen ~anstoß geben** give sb. food for thought; **~art die** way of thinking; **~auf·gabe die** brain-teaser
**denkbar 1.** *Adj.* conceivable; **in einem Zustand, wie er schlimmer nicht ~ ist** in the worst state imaginable. **2.** *adv. (sehr, äußerst)* extremely; **die Lösung ist ~ leicht** the solution could not be easier *or* is as easy as could be; **die ~ beste Methode** the best method imaginable
**denken** ['dɛŋkn̩] **1.** *unr. itr. V.* think (**an** *od. [südd., österr.]* **auf** + *Akk.* of, **über** + *Akk.* about); **kleinlich/liberal/edel ~:** be petty-minded / liberal-minded / noble-minded; **spießig/reaktionär ~:** have a bourgeois/reactionary mind *or* bourgeois/reactionary views; **wie denkst du darüber?** what do you think about it?; what's your opinion of it?; **ich weiß nicht, wie ich darüber ~ soll** I don't know what to think *or* make of it; **erst ~, dann handeln** think before you act; **der Mensch denkt, [und] Gott lenkt** *(Spr.)* man proposes, God disposes; **Denken ist Glückssache** you/he/she *etc.* thought wrong; **~de Menschen** thinking people; **so darfst du nicht ~:** you mustn't think that; **schlecht von jmdm. ~:** think badly of sb.; **jmdm. zu ~ geben** make sb. think; *(stutzig machen)* make sb. suspicious; **denk mal, Eva hat sich verlobt!** just think, Eva has got engaged!; **denk mal an!** *(spött.)* just imagine!; imagine that!; **denk daran, daß .../zu ...:** don't forget that .../to ...; **ich darf gar nicht an die Kosten ~:** I daren't think of the cost; the cost doesn't bear thinking about; **der wird noch an mich ~:** I'll give him something to remember; **das geschieht schon, solange ich ~ kann** this has been going on as long as I can remember; **ich muß an meine Familie ~:** I have to think

of *or* consider my family; **an was für einen Schuh haben Sie denn gedacht?** what sort of shoe did you have in mind?; **ich komme nach Hause, denke an nichts Böses** I came home, quite unsuspecting; **ich denke nicht daran!** no way!; not on your life!; **ich denke nicht daran, das zu tun** I've no intention *or* I wouldn't dream of doing that. **2.** *unr. tr. V.* think; **was sollen bloß die Nachbarn ~?** what will the neighbours think?; **einen Gedanken zu Ende ~:** think an idea through; **er dachte den gleichen Gedanken** the same thought occurred to him; **ich habe nichts Böses dabei gedacht** I didn't mean any harm [by it]; **das denke ich auch** I think so too; **ich denke schon** I think so; **was od. wieviel haben Sie denn gedacht?** how much did you have in mind?; **wer hätte das gedacht?** who would have thought it?; **[typischer Fall von] denkste!** *(ugs.)* how wrong can one be!; *(da irrst du dich)* that's what 'you think!; **da weiß man nicht, was man ~ soll** one doesn't know what to think; **das hätte ich nie von dir gedacht** I would never have thought it of you; **eine gedachte Linie** an imaginary line; **ein gedachter Punkt** an imaginary point. **3.** *unr. refl. V.* **a)** *(sich vorstellen)* think; imagine; **ich habe mir gedacht, daß wir ein paar Tage in Urlaub fahren** I was thinking *or* thought that we could go on holiday for a few days; **du kannst dir ~, daß ...:** you can imagine that ...; as you can imagine, ...; **das kann ich mir ~/nicht ~:** I can well believe/cannot believe that; **das habe ich mir so gedacht** I imagined it like this; this is what I had in mind; **das hast du dir so gedacht!** that's what you thought; **das hättest du dir doch ~ können, daß ...:** you should have realized that ...; **das habe ich mir [gleich] gedacht** that's [just] what I thought; *(bei Verdacht)* I thought *or* suspected as much; **das hätte ich mir ~ können!** I might have known it!; **ich denke mir mein[en] Teil** I can put two and two together *or* work things out for myself; **b) sich** *(Dat.)* **etw. bei etw. ~** *(beabsichtigen)* mean sth. by sth.; **ich habe mir nichts [Böses] dabei gedacht** I didn't mean any harm [by it]; **er denkt sich nichts dabei** he doesn't think anything of it; *s. auch* **gedacht**

**Denken das;** ~s thinking; *(Denkweise)* thought; **logisches/abstraktes ~:** logical/abstract thought

**Denker der;** ~s, ~: thinker

**denkerisch 1.** *Adj.* intellectual. **2.** *adv.* intellectually

**Denker·stirn die** *(oft scherzh.)* intellectual's high brow

**denk-, Denk-: ~fähig** *Adj.* capable of thinking *postpos.*; intellectually able; **~fähigkeit die;** *o. Pl.* ability to think; intellectual capacity; **~faul** *Adj.* mentally lazy; **sei nicht so ~faul** use your brains; **~fehler der** flaw in one's reasoning; **das war ein ~fehler** that was poor thinking

**Denk·mal das;** ~s, **Denkmäler** *od. (geh.)* **Denkmale a)** *(Monument)* monument; memorial; **jmdm. ein ~ errichten** *od.* **setzen** erect *or* put up a memorial to sb.; **mit der Klinik hat er sich ein ~ gesetzt** *(fig.)* by building the clinic he has ensured that his name will live on; **b)** *(Zeugnis)* monument

**Denkmal[s]-: ~pflege die** preservation of historic monuments; **~schutz der** protection of historic monuments; **unter ~schutz stehen/stellen** be/put under a preservation order

**Denk-: ~modell das** hypothesis; **~pause die** pause for thought; **eine ~pause machen** *od.* **einlegen** pause for thought; *(bei Verhandlungen usw.)* have a break [to think things over]; **~schrift die** memorandum; **~sport·auf·gabe die** brain-teaser; **~spruch der** maxim; motto; **~übung die** intellectual exercise

**Denkungs·art die** way of thinking

**denk-, Denk-: ~vermögen das: [kreatives]** ~vermögen ability to think [creatively]; **~weise die** way of thinking; [mental] attitude; **eine solch niedrige ~weise** such low-mindedness; **~würdig** *Adj.* memorable; **~würdigkeit die a)** *o. Pl.* memorable nature; **der ~würdigkeit eines Ereignisses bewußt** aware how memorable an event is; **b)** *Pl. (Ereignisse)* memorable events; **~zettel der** warning; lesson; **jmdm. einen ~zettel verpassen** teach sb. a lesson

**denn** [dɛn] **1.** *Konj.* **a)** *(kausal)* for; because; **b)** *(geh.: als)* than; **schöner/besser/größer ~ je [zuvor]** more beautiful/better/greater than ever; **c)** *(konzessiv)* **es sei ~, ...:** unless ...; **ich spreche nicht mehr mit ihm, er müßte sich ~ geändert haben** *(veralt.)* I'm not speaking to him again unless he changes his ways; *s. auch* **geschweige. 2.** *Partikel* **a)** *(in Fragesätzen: oft nicht übersetzt)* **Die Kirschen sind wahnsinnig teuer! – Wieviel kosten sie ~?** The cherries are frightfully expensive! – How much are they then?; **was ist ~ da los?** what 'is going on there?; **ist er ~ krank gewesen?** has he been ill, then?; **wie geht es dir ~?** tell me, how are you?; **wer will ~ aufgeben?** who is talking of giving up?; **ist das ~ so wichtig?** is that really so important?; **was muß ich ~ machen?** what am I to do, then?; **wie hieß sie ~ noch?** now what was her name?; **wie heißt du ~?** tell me your name; **wieso ~?** why is that?; *(stärker)* what ever for?; **warum ~ nicht?** why ever not?; **was soll das ~?** what's all this about?; *(wozu ist das gut?)* what's this in aid of?; **was ~ [sonst]?** well, what [else] then?; **wohin [fahrt ihr] ~?** where [are you going] then?; **b)** *(in Aussagesätzen verstärkend, oft folgernd)* **so wollen wir ~ zur Abstimmung kommen** let's get on with the voting now; **das ist ~ doch die Höhe!** that really is the limit!; **er starb ~ auch bald** and so he soon died. **3.** *Adv. (nordd.: dann)* then **na, ~ man los!** right then, let's get going!

**dennoch** ['dɛnɔx] *Adv.* nevertheless; even so; **ein höfliches und ~ eisiges Lächeln** a polite yet frosty smile

**Denotat** [deno'ta:t] **das;** ~s, ~e *(Sprachw.)* denotation

**Denotation** [denota'tsio:n] **die;** ~, ~en *(Logik, Sprachw.)* denotation

**denselben** *s.* **derselbe**

**dental** [dɛn'ta:l] **1.** *Adj. (Anat., Med., Sprachw.)* dental; **~e Laute** dentals. **2.** *adv. (Sprachw.)* dentally

**Dental der;** ~s, ~e *(Sprachw.)* dental

**Dentist** [dɛn'tɪst] **der;** ~en, ~en, **Dentistin die;** ~, ~nen *(veralt.)* dentist

**Denunziant** [denʊn'tsiant] **der;** ~en, ~en *(abwertend)* informer; grass *(sl.)*

**Denunziation** [denʊntsia'tsio:n] **die;** ~, ~en *(abwertend)* denunciation *(by an informer)*

**denunziatorisch** [denʊntsia'to:rɪʃ] *Adj. (abwertend)* **a)** *(denunzierend)* **ein ~es Klima** a climate which favours informing; **~e Äußerungen seines eigenen Vaters** statements informing against him made by his own father; **b)** *(öffentlich verurteilend)* denunciatory; condemnatory

**denunzieren** [denʊn'tsi:rən] *tr. V. (abwertend)* **a)** *(anzeigen)* denounce; *(bei der Polizei)* inform against; grass on *(sl.)* **(bei** to); **b)** *(als negativ hinstellen)* denounce

**Deo** ['de:o] **das;** ~s, ~s, **Deodorant** [de|odo'rant] **das;** ~s, ~s *(auch:)* ~e deodorant

**deodorierend** [de|odo'ri:rənt] *Adj.* deodorant

**Deo·spray das** deodorant spray

**Departement** [departə'mã:, *schweiz.:* departə'mɛnt] **das;** ~s, ~s *od. (schweiz.:)* ~e department

**Dependance** [depã'dã:s] **die;** ~, ~n **a)** *(Hotelw.)* annexe; **b)** *(Zweigstelle)* branch

**Dependenz** [depɛn'dɛnts] **die;** ~, ~en **a)** *(Philos.)* dependence **(von** on); **b)** *(Sprachw.)* dependency

**Dependenz·grammatik die** *(Sprachw.)* dependency grammar

**Depesche** [de'pɛʃə] **die;** ~, ~n *(veralt.)* telegram **(an** + *Akk.* to)

**depeschieren** *(veralt.)* **1.** *tr. V.* send a telegram giving ‹*time of arrival etc.*›; **~, daß ...:** wire that ... *(coll.)*. **2.** *itr. V.* send a telegram **(an** + *Akk.* to)

**deplaciert, deplaziert** [depla'tsi:ɐt] *Adj.* out of place *pred.*; misplaced ‹*remark etc.*›

**Depolarisation die** *(Physik)* depolarization

**Deponie** [depo'ni:] **die;** ~, ~n tip *(Brit.)*; dump; **geordnete ~:** controlled tip *(Brit.)*, sanitary landfill *(Amer.)* *(subsequently covered and planted with trees etc.)*

**deponieren** *tr. V.* **a)** *(im Safe o. ä.)* deposit **(bei** with); **b)** *(an einem bestimmten Platz)* put

**Deponierung die;** ~: depositing

**Deportation** [deporta'tsio:n] **die;** ~, ~en transportation **(in** + *Akk.*, **nach** to); *(ins Ausland)* deportation **(in** + *Akk.*, **nach** to)

**deportieren** [depɔr'ti:rən] *tr. V.* transport **(in** + *Akk.*, **nach** to); *(ins Ausland)* deport **(in** + *Akk.*, **nach** to)

**Deportierte der/die;** *adj. Dekl.* transportee; *(ins Ausland)* deportee

**Depositar** [depozi'ta:ɐ], **Depositär** [depozi'tɛ:ɐ] **der;** ~s, ~e *(Finanzw.)* depositary

**Depositen** [depo'zi:tn̩] *Pl. (Finanzw.)* deposits

**Depot** [de'po:] **das;** ~s, ~s **a)** *(Aufbewahrungsort)* depot; *(Lagerhaus)* warehouse; *(für Möbel usw.)* depository; *(im Freien, für Munition o. ä.)* dump; *(für Straßenbahnen, Omnibusse)* depot; garage; *(in einer Bank)* strong-room; safe deposit; **b)** *(hinterlegte Wertgegenstände)* deposits *pl.*; **c)** *(Med.)* deposit

**Depot-: ~fett das** *(Biol., Med.)* adipose; **~fund der** *(Archäol.)* cache [find]; **~geschäft das** *(Finanzw.)* safe-deposit business; **~präparat das** *(Med.)* depot preparation

**Depp** [dɛp] **der;** ~en *(auch:)* ~s, ~en *(auch:)* ~e *(bes. südd., österr., schweiz. abwertend)* **a)** *(Dummkopf)* twit *(sl.)*; nitwit *(coll.)*; **und ich ~ bin darauf reingefallen** and like a fool I fell for it; **b)** *(Schwachsinniger)* cretin

**deppert** ['dɛpɐt] *(südd., österr. abwertend)* **1.** *Adj.* stupid; *(begriffsstutzig)* thick. **2.** *adv.* **stell dich doch nicht so ~ an** don't act so stupid

**Depression** [deprɛ'sio:n] **die;** ~, ~en *(Wirtsch., Psych., Met.)* depression; **an ~en leiden** suffer from [fits *pl.* of] depression *sing.*

**depressiv** [deprɛ'si:f] **1.** *Adj.* **a)** depressive; **b)** *(Wirtsch.)* depressive ‹*effect*›; depressed ‹*phase*›. **2.** *adv.* **a) ~ veranlagt sein** have a tendency towards depression; **b)** *(Wirtsch.)* **den Markt ~ beeinflussen** have a depressive influence on *or* depress the market

**Depressivität** [depresivi'tɛ:t] **die;** ~ *(Psych.)* depression

**deprimieren** [depri:mi:rən] *tr. V.* depress

**deprimierend** *Adj.* depressing

**deprimiert 1.** *Adj.* depressed. **2.** *adv.* dejectedly

**Deputat** [depu'ta:t] **das,** ~[e]s, ~e **a)** *(Schulw.)* teaching load; **mit einem halben ~ unterrichten** have half the normal teaching load; **b)** *(Sachleistung)* payment in kind; **ein ~ Kohlen/Milch** *usw.* **erhalten** receive free coal/milk *etc.*

**Deputation** [deputa'tsio:n] **die;** ~, ~en deputation; *(bei Konferenzen)* delegation

**deputieren** [depu'ti:rən] *tr. V.* depute; delegate; **jmdn. zu einer Konferenz ~:** depute *or* delegate sb. to attend a conference

**Deputierte der/die**; *adj. Dekl. (Mitglied einer Deputation)* delegate; *(Abgeordnete[r])* deputy

**[1]der** [deːɐ̯] **1.** *best. Art. Nom.* the; **der Kleine** the little boy; **der Tod** death; **der Montag/April/Winter** Monday/April/winter; **der „Faust"**/*(ugs.)* **der Dieter** 'Faust'/Dieter; **der Kapitalismus/Sozialismus/Buddhismus/Islam** capitalism/socialism/Buddhism/Islam; **der 1. FC Köln** Cologne FC; **er ist dẹr Fußballer/Komponist** he's 'the footballer/composer; **der Washingtonplatz** Washington Square; **der Bodensee/Mount Everest** Lake Constance/Mount Everest; **der Iran/Sudan** Iran/the Sudan; **der Mensch/Mann ist ...:** man is .../men are ... **2.** *Demonstrativpron.* **a)** *attr.* **dẹr Mann war es** it was 'that man; **b)** *selbständig* he; **dẹr war es** it was 'him; **dẹr und arbeiten!** *(ugs.)* [what,] him work! *(coll.)*; **der mit der Glatze** *(ugs.)* him with the bald head *(coll.)*; **dẹr [da]** *(Mann/Junge)* that man/boy; *(Gegenstand, Tier)* that one; **dẹr [hier]** *(Mann/Junge)* this man/boy; *(Gegenstand, Tier)* this one; **der Idiot, der!** *(salopp)* what an idiot!. **3.** *Relativpron. (Mensch)* who; that; *(Sache, Tier)* which; that; **der Mann, der da drüben entlanggeht** the man walking along over there; **ich sah einen Mann/Hund, der aus dem Fenster schaute** I saw a man/dog looking out of the window. **4.** *Relativ- u. Demonstrativpron.* the one who; **der das getan hat** the man *etc.* who did it

**[2]der 1.** *best. Art.* **a)** *Gen. Sg. v.* **[1]die 1: der Hut der Frau** the woman's hat; **der Henkel der Tasse** the handle of the cup; **das Wiehern der Stute** the neighing of the mare; the mare's neighing; **die Freuden der Liebe** the joys of love; **der Untergang der „Titanic"** the sinking of the Titanic; **am Ende der Hauptstraße** at the end of the High Street; **der Einfluß der NATO/UNO** the influence of NATO/the UN; **b)** *Dat. Sg. v.* **[1]die 1: sein schwarzes Haar hat er von der Mutter** he got his black hair from his mother; **der Henkel an der Tasse** the handle of the cup; **sein Buch ist der Callas gewidmet** his book is dedicated to Callas; **in der Türkei** in Turkey; **seit der Aufklärung** since the Enlightenment; **c)** *Gen. Pl. v.* **[1]der 1, [1]die 1, [1]das 1: das Haus der Freunde** our/their *etc.* friends' house; **das Zimmer der Schwestern** our/their *etc.* sisters' room; **das Bellen der Hunde** the barking of the dogs. **2.** *Demonstrativpron.* **a)** *Gen. Sg. v.* **[1]die 2: es ist das Kind dẹr Frau, die gestern hier war** he's/she's the child of the woman who was here yesterday; **b)** *Dat. Sg. v.* **[1]die 2** *attr.* **dẹr Frau [da/hier] gehört es** it belongs to that woman there/this woman here; *selbständig* **gib es dẹr da!** *(ugs.)* give it to 'her; **alles nur wegen dẹr** *(ugs.)* all because of her; **c)** *Gen. Pl. v.* **[1]die 2: die Ansichten dẹr Leute lehne ich ab** I reject the views of those people. **3.** *Relativpron.; Dat. Sg. v.* **[1]die 3** *(Mensch)* **die Frau, der ich es gegeben habe** the woman to whom I gave it; the woman I gave it to; *(Tier, Sache)* **die Katze, der er einen Tritt gab** the cat [that] he kicked; **die Lawine, unter der er begraben wurde** the avalanche under which he was buried

**derangiert** [derãˈʒiːɐ̯t] *Adj.* dishevelled

**dẹr·art** *Adv.* **jmdn. ~ schlecht/unfreundlich behandeln, daß ...;** treat sb. so badly/in such an unfriendly way that ...; **~ gute Vorbereitungen** such good preparations; **eine ~ schöne Frau** such a beautiful woman; **es hat lange nicht mehr ~ geregnet** it hasn't rained as hard as that for a long time; **sie hat ~ geschrien, daß ...:** she screamed so much that ...

**dẹr·artig 1.** *Adj.; nicht präd.* such; **ein ~er Wutausbruch** such a fit of fury; **~es** things *pl.* like that; **etwas Derartiges** a thing like that; such a thing. **2.** *adv. s.* **derart**

**derb** [dɛrp] **1.** *Adj.* **a)** strong, tough ⟨*material*⟩; stout, strong, sturdy ⟨*shoes*⟩; **b)** *(kräftig)* solid, substantial ⟨*food*⟩; **c)** *(kraftvoll, deftig)* earthy ⟨*scenes, humour*⟩; **d)** *(unverblümt)* crude, coarse ⟨*expression, language*⟩; **e)** *(unfreundlich)* gruff. **2.** *adv.* **a)** strongly ⟨*made, woven, etc.*⟩; **b)** *(heftig)* roughly; **c)** *(kraftvoll, deftig)* earthily; **um es einmal ~ zu sagen** to put it crudely; **d)** *(unverblümt)* crudely; coarsely; **e)** *(unfreundlich)* gruffly

**Dẹrbheit die; ~, ~en a)** *o. Pl. s.* **derb c, d:** earthiness; crudity; coarseness; **b)** *(Äußerung)* crudity

**dẹrb·knochig** *Adj.* big-boned

**Derby** [ˈdɛrbi] **das; ~s, ~s a)** *(Pferdesport)* Derby; **b)** *(Fußball)* derby

**Deregulierung** [ˈderegu̯liːrʊŋ] **die; ~, ~en** deregulation

**der·einst** *Adv.* **a)** *(geh.)* one *or* some day; **b)** *(veralt.)* once; at one time; **der·einstig** *Adj.; nicht präd. (geh.)* future

**deren** [ˈdeːrən] **1.** *Relativpron.* **a)** *Gen. Sg. v.* **[1]die 3** *attr. (Menschen)* whose; *(Sachen, Tiere)* of which; **die Katastrophe, ~ Folgen furchtbar waren** the disaster, the consequences of which were frightful; *selbständig* **die Großmutter, ~ wir uns gerne erinnern** our grandmother, of whom we have fond memories; **eine Anrede, ~ er sich gern bediente** a form of address which *or* that he liked to use; **b)** *Gen., Pl. v.* **[1]der 3, [1]die 3, das 3** *attr. (Menschen)* whose; *(Sachen, Tiere)* **Maßnahmen, ~ Folgen wir noch nicht absehen können** measures, the consequences of which we cannot yet foresee. **2.** *Demonstrativpron.* **a)** *Gen. Sg. v.* **[1]die 2** *attr.* **meine Tante, ihre Freundin und ~ Hund** my aunt, her friend and 'her dog; **die Universität und ~ Abteilungen** the university and its departments; *selbständig* **Tante Frieda? Deren erinnere ich mich nicht mehr** Aunt Frieda? I don't remember 'her; **b)** *Gen. Pl. v.* **[1]der 2, [1]die 2, das 2** *attr.* **meine Verwandten und ~ Kinder** my relatives and their children; **die Schulen und ~ Lehrpersonal** the schools and their teaching staff; *selbständig* **Bücher/Kinder? Deren hat er genug** *(geh.)* Books/Children? He's got enough of those

**dẹrent-: ~halben** *Adv. (veralt.)*, **~wegen** *Adv.* **1.** *relativ* on whose account; on account of whom; because of whom; *(von Sachen)* on account of which; because of which; **die Frau, ~wegen er seine Familie verlassen hat** the woman on whose account *or* for whom he left his family; **die Tasche, ~wegen du das ganze Haus abgesucht hast** the purse for which you searched the entire house; **2.** *demonstrativ* because of them; **~willen** *Adv.* **1.** *relativ* **um ~willen** for whose sake; for the sake of whom; *(von Sachen)* for the sake of which; **die Erbstücke, um ~willen sich die Kinder zerstritten** the heirlooms over which the children fell out; **die Parkplätze, um ~willen es so heiße Diskussionen gab** the car parks about which there were such impassioned debates; **2.** *demonstrativ* **um ~willen** for her/their sake

**derer** [ˈdeːrɐ] *Demonstrativpron.; Gen. Pl. v.* **[1]der 2, [1]die 2, das 2;** *vorausweisend* **das Schicksal ~, die verschollen sind** the fate of those who are missing; **die Zahl ~, die das glauben** the number of people who believe that; **das Schloß ~ von Fleckenstein** *(geh.)* the castle of the family Fleckenstein

**dẹret-:** *s.* **derent-**

**dẹr·gestalt** *Adv. (geh.)* **~, daß ...:** in such a way that ...; **Widrigkeiten, die uns ~ belasten[, daß ...]** adversities which weigh so heavily upon us [that ...]; **~ ausgerüstet/vorbereitet** thus equipped/prepared

**dẹr·gleichen** *indekl. Demonstrativpron.* **a)** *attr.* such; like that *postpos., not pred.;* **b)** *alleinstehend* that sort of thing; such things *pl.;* things *pl.* like that; **nichts ~:** nothing of the sort; **es gibt ~ mehr** there's more of that sort of thing; **und ~ [mehr]** and suchlike; **nichts ~ tun** do nothing of the sort

**Derivat** [deriˈvaːt] **das; ~[e]s, ~e** *(Chemie, Sprachw., Biol.)* derivative

**Derivativ** [derivaˈtiːf] **das; ~s, ~e** *(Sprachw.)* derivative

**dẹr·jenige** [-jeːnɪgə], **die·jenige, dạs·jenige** *Demonstrativpron.* **a)** *mit Relativsatz* **derjenige, der ...:** *(Mensch)* the one who ...; *(Sache)* the one which ...; **die Kinder derjenigen, die ...:** the children of those who ...; **er ist immer derjenige, welcher** *(ugs.)* it's always him *(coll.)*; **ach, du bist diejenige, welche** *(ugs.)* oh, so you're the one; **b)** *mit nachfolgendem Gen.* that; **diejenigen** those; **seine Frau ist charmanter als diejenige seines Bruders** *(geh.)* his wife is more charming than his brother's

**derlei** [ˈdeːɐ̯lai] *indekl. Demonstrativpron.* **a)** *attr.* such; like that *postpos., not pred.;* **b)** *selbständig* that sort of thing; such things *pl.;* things *pl.* like that

**dẹr·maßen** *Adv.* **~ schön** *usw.*, **daß ...:** so beautiful *etc.* that ...; **ein ~ intelligenter Mensch** such an intelligent person; **er hat mich ~ belogen, daß ...:** he has lied to me so much that ...

**Dermatologe** [dɛrmatoˈloːgə] **der; ~n, ~n** dermatologist

**Dermatologie** [dɛrmatoloˈgiː] **die; ~:** dermatology *no art.*

**Dermatologin die; ~, ~nen** dermatologist

**Dermato·plạstik die** *(Med.)* dermatoplasty *(Med.)*; plastic surgery

**Dero** [ˈdeːro] *indekl. Pron. (veralt.)* Your

**ders.** *Abk.* **derselbe**

**derselbe** [deːɐ̯ˈzɛlbə], **dieselbe, dassẹlbe,** *Pl.* **dieselben** *Demonstrativpron.* **a)** *attr.* the same; **derselbe Mann/dieselbe Frau/dasselbe Dorf** the same man/woman/village; **b)** *selbständig* the same one; **er sagt immer dasselbe** he always says the same thing; **sie ist immer noch [ganz] dieselbe** she is still [exactly] the same; **es sind immer dieselben, die ...:** it's always the same people *or* ones who ...; **noch einmal dasselbe, bitte** *(ugs.)* [the] same again please; **c)** *selbständig (Amtsspr. veralt.)* the same; **derselben/desselben** of same; **... des Angeklagten. Derselbe hatte ...:** ... of the defendant. He had ...

**derselbige** [deːɐ̯ˈzɛlbɪgə], **dieselbige, dassẹlbige,** *Pl.* **dieselbigen** *(veralt.) s.* **derselbe**

**dẹr·weil[en] 1.** *Adv.* meanwhile; in the meantime. **2.** *Konj.* while

**Derwisch** [ˈdɛrvɪʃ] **der; ~[e]s, ~e** dervish

**dẹr·zeit** *Adv.* **a)** *(zur Zeit)* at present; at the moment; **b)** *(veralt.: damals)* at that time; then

**dẹr·zeitig** *Adj.; nicht präd.* **a)** *(jetzig)* present; current; **b)** *(veralt.: damalig)* at that time *postpos.*

**[1]des** [dɛs] **1.** *best. Art.; Gen. Sg. v.* **[1]der 1, das 1: die Mütze des Jungen** the boy's cap; **das Wiehern des Pferdes** the neighing of the horse; the horse's neighing; **das Klingeln des Telefons** the ringing of the telephone; **er hat das schwarze Haar des Vaters** he has his father's black hair; **nördlich des Schillerplatzes** to the north of Schiller Square. **2.** *Demonstrativpron.; Gen. Sg. v.* **[1]der 2, das 2: er ist der Sohn dẹs Mannes, der gestern hier war** he's the son of the man who was here yesterday

**[2]dẹs** *(veralt.)* **a)** *s.* **dessen; b)** *s.* **wes**

**[3]dẹs, Dẹs das; ~, ~** *(Musik)* D flat

**Desaster** [deˈzastɐ] **das; ~s, ~:** disaster

**desavouieren** [dɛs|avuˈiːrən] *tr. V. (geh.)* **a)** *(bloßstellen)* expose; **b)** *(nicht anerkennen)* repudiate

**Desavouierung die; ~, ~en** *s.* **desavouieren:** exposure; repudiation

**Dẹs-Dur** [*auch* ˈ-ˈ-] **das** D flat major; *s. auch* **C-Dur**

**desensibilisieren** *tr. V. (Fot., Med., fig.)* desensitize
**Deserteur** [dezɛr'tø:ɐ̯] **der; ~s, ~e** *(Milit.)* deserter
**desertieren** *itr. V.; mit sein (Milit., fig.)* desert
**Desertion** [dezɛr'tsi̯o:n] **die; ~, ~en** *(Milit.)* desertion
**des·gleichen** *Adv.* likewise; **er ist Antialkoholiker, ~ seine Frau** he is a teetotaller, as is *or* and so is his wife; **es fehlt an Papier, ~ an Schreibmaschinen** there's a shortage of paper and also [of] typewriters
**des·halb** *Adv.* for that reason; because of that; **~ bin ich zu dir gekommen** that is why I came to you; **aber ~ ist sie nicht dumm** but that doesn't mean she is stupid; **~ also!** so that's why *or* the reason!; **er war krank, [und] ~ konnte er nicht kommen** he was ill, [and] so he couldn't come; **..., aber ~ könnt ihr gerne noch bleiben** ..., but you're still welcome so stay
**Desiderat** [dezidɛ'ra:t] **das; ~[e]s, ~e, Desideratum** [dezide'ra:tʊm] **das; ~s, Desiderata a)** *(Buchw.)* suggestion; **dieses Buch ist schon seit langem ein ~ in unserer Bibliothek** it was suggested a long time ago that our library should acquire this book; **b)** *(geh.: Erwünschtes)* desideratum
**Design** [di'zai̯n] **das; ~s, ~s** design
**Designat** [dezɪ'gna:t] **das; ~[e]s, ~e** *(Sprachw., Logik)* designatum
**Designation** [dezɪgna'tsi̯o:n] **die; ~, ~en** designation
**Designer** [di'zai̯nɐ] **der; ~s, ~, Designerin die; ~, ~nen** designer
**designieren** [dezɪ'gni:rən] *tr. V. (geh.)* designate **(zu** as)
**desillusionieren** [dɛs|iluzi̯o'ni:rən] *tr. V.* disillusion
**Desillusionierung die; ~, ~en** disillusionment
**Des·infektion** [dɛs|-] **die** disinfection; **zur ~:** to disinfect it/them
**Desinfektions·mittel das** disinfectant
**des·infizieren** *tr. V.* disinfect
**Des·infizierung die** disinfection
**Des·information die** disinformation *no indef. art.;* **~en** disinformation *sing.*
**Des·integration die** *(Soziol., Psych.)* disintegration
**Des·interesse das** lack of interest **(an** + *Dat.* in)
**des·interessiert 1.** *Adj.* uninterested. **2.** *adv.* uninterestedly
**Deskription** [deskrɪp'tsi̯o:n] **die; ~, ~en** *(geh.)* description
**deskriptiv** [deskrɪp'ti:f] **1.** *Adj.* descriptive. **2.** *adv.* descriptively
**Desodorant** [dɛs|odo'rant] *s.* **Deodorant**
**desolat** [dezo'la:t] *Adj. (geh.)* wretched
**Des·organisation die** *(geh.)* **a)** disintegration; **b)** *(fehlende Planung)* disorganization *no indef. art.;* lack of organization
**des·orientieren** *tr. V.* disorientate
**Des·orientiertheit, Des·orientierung die; ~:** confusion
**Des·oxidation** *(fachspr.),* **Des·oxydation die** deoxidation
**Desoxyribo[se]nuklein·säure** [dɛs|ɔksyri'bo(:zə)nukle'i:n-] **die** *(Biochemie)* deoxyribonucleic acid
**despektierlich** [despɛk'ti:ɐ̯lɪç] *(geh.)* **1.** *Adj. (abfällig, geringschätzig)* disparaging; *(respektlos)* disrespectful. **2.** *adv.; s.* **1:** disparagingly; disrespectfully
**Desperado** [dɛspe'ra:do] **der; ~s, ~s** desperado
**desperat** [dɛspe'ra:t] *Adj. (geh.)* desperate; **eine ~e Stimmung** a mood of desperation
**Despot** [dɛs'po:t] **der; ~en, ~en** despot; *(fig. abwertend)* tyrant
**Despotie** [dɛspo'ti:] **die, ~, ~n** despotism
**despotisch 1.** *Adj.* despotic. **2.** *adv.* despotically
**Despotismus der; ~:** despotism
**des·selben** *s.* **derselbe**
**dessen** ['dɛsn̩] **1.** *Relativpron.; Gen. Sg. v.* **'der 3, das 3** *attr. (Mensch)* whose; **der Onkel, ~ Besuch wir erwarten** the uncle from whom we are expecting a visit; *(Sache, Tier)* **der Garten, ~ Fläche 2 000 m² beträgt** the garden, the area of which is 2,000 m²; *selbständig* **der Großvater, ~ wir uns gern erinnern** our grandfather, of whom we have fond memories; **ein Sprichwort, ~ er sich gern bedient** a proverb which *or* that he likes to use. **2.** *Demonstrativpron.; Gen. Sg. v.* **'der 2, das 2** *attr.* **mein Onkel, sein Sohn und ~ Hund** my uncle, his son, and 'his dog; **das Waldsterben und ~ Folgen** the death of the forests and its consequences; *selbständig* **Onkel August? Dessen erinnere ich mich noch sehr gut** Uncle August? I remember 'him well
**dessent-: ~halben** *(veralt.),* **~wegen** *Adv.* **1.** *relativ* on whose account; on account of whom; because of whom; *(von Sachen)* on account of which; because of which; **das Verbrechen, ~wegen er verurteilt wurde** the crime of which he was convicted; **2.** *demonstrativ* because of him; *(von Sachen)* because of this; **~willen** *Adv.* **1.** *relativ* **um ~willen** for whose sake; for the sake of whom; *(von Sachen)* for the sake of which; **das Treffen, um ~willen wir dorthin reisten** the meeting for which we travelled there; **2.** *demonstrativ* **um ~willen** for his sake
**dessen·ungeachtet** *Adv.* nevertheless; notwithstanding [this]
**Dessert** [dɛ'se:ɐ̯] **das; ~s, ~s** dessert
**Dessert-: ~teller der** dessert plate; **~wein der** dessert wine
**Dessin** [dɛ'sɛ̃:] **das; ~s, ~s a)** design; pattern; **b)** *(Entwurf)* design; **c)** *(Billard)* path [of the ball]
**Dessous** [dɛ'su:] **das; ~** [dɛ'su:(s)], **~** [dɛ'su:s] *(geh.) (ladies')* underwear *no indef. art.*
**destabilisieren** *tr. V. (Politik)* destabilize
**Destabilisierung die; ~, ~en** *(Politik)* destabilization
**Destillat** [dɛstɪ'la:t] **das; ~[e]s, ~e** distillate
**Destillateur** [dɛstɪla'tø:ɐ̯] **der; ~s, ~e** distiller
**Destillation** [dɛstɪla'tsi̯o:n] **die; ~, ~en a)** *(Chemie)* distillation; **b)** *(von Weinbrand)* distilling; *(Anlage)* distillery
**Destillator** [dɛstɪ'la:tɔr] **der; ~s, ~en** [-la'to:rən] still
**Destille** [dɛs'tɪlə] **die; ~, ~n a)** bar; **b)** *(Branntweinbrennerei)* distillery
**destillieren** *tr. V.* **a)** *(Chemie)* distil; **destilliertes Wasser** distilled water; **b)** *(fig.)* condense **(zu** into); **aus einer Dokumentation eine Reportage ~:** condense records into a report
**Destillier·kolben der** distillation flask
**desto** *Konj., nur vor Komp.* **je eher, ~ besser** the sooner the better; **~ ängstlicher** the more anxious/anxiously; **ich schätzte ihn ~ mehr** I appreciated him all the more; **~ schlimmer für ihn** so much the worse for him; **~ besser für uns** all the better for us
**Destruktion** [destrʊk'tsi̯o:n] **die; ~, ~en** destruction
**Destruktions·trieb der** *(Psych.)* destructive urge
**destruktiv** [destrʊk'ti:f] **1.** *Adj.* destructive. **2.** *adv.* destructively; **~ auf etw.** *(Akk.)* **wirken** have a destructive effect on sth.
**Destruktivität** [destrʃktivi'tɛ:t] **die; ~:** destructiveness
**des·wegen** *Adv. s.* **deshalb**
**Deszendent** [dɛstsɛn'dɛnt] **der; ~en, ~en** *(Genealogie, Astrol.)* descendant
**Deszendenz·theorie die** theory of evolution
**Detail** [de'tai̯] **das; ~s, ~s** detail; **ins ~ gehen** go into detail; **in allen ~s** in the fullest detail; **bis ins [kleinste] ~:** down to the smallest detail
**detail-, Detail-: ~frage die** question of detail; **~getreu 1.** *Adj.* accurate in every detail *postpos.;* **2.** *adv.* accurately in every detail; **~kenntnisse** *Pl.* detailed knowledge *sing.*
**detaillieren** [deta'ji:rən] *tr. V.* explain ⟨*plan, suggestion, etc.*⟩ in detail; **etw. genauer ~:** explain sth. in more *or* greater detail
**detailliert 1.** *Adj.* detailed. **2.** *adv.* in detail; **sehr ~:** in great detail
**Detail·schilderung die** detailed account; *(Beschreibung)* detailed description
**Detektei** [detɛk'tai̯] **die; ~, ~en** [private] detective agency
**Detektiv** [detɛk'ti:f] **der; ~s, ~e** [private] detective; **die ~e von Scotland Yard** the detectives from Scotland Yard
**Detektiv-: ~büro das** *s.* **Detektei; ~geschichte die** detective story
**Detektivin die; ~, ~nen** [private] detective
**detektivisch 1.** *Adj.* **mit ~em Scharfsinn** with the keen perception of a detective; **in ~er Kleinarbeit** by detailed detective work. **2.** *adv.* like a detective
**Detektiv·roman der** detective novel
**Detektor** [de'tɛktɔr] **der; ~s, ~en** [-'to:rən] *(Technik, Funkw.)* detector
**Detergens** [de'tɛrgɛns] **das; ~, Detergenzien** *(Chemie)* detergent
**Determinante** [detɛrmi'nantə] **die; ~, ~n** *(Math., Biol.)* determinant
**Determination** [detɛrmina'tsi̯o:n] **die; ~, ~en** *(Philos., Biol., Psych.)* determination
**determinieren** *tr. V.* determine
**Determiniertheit die; ~** *(Philos.)* determined nature; **die gesellschaftliche ~ der Sprache** the socially determined nature of language
**Determinismus der; ~** *(Philos.)* determinism *no art.*
**deterministisch 1.** *Adj.* deterministic. **2.** *adv.* deterministically
**Detonation** [detona'tsi̯o:n] **die; ~, ~en** detonation; explosion; **eine Bombe zur ~ bringen** detonate a bomb
**detonieren** [deto'ni:rən] *itr. V.; mit sein* detonate; explode
**Deubel** ['dɔybl̩] **der; ~s, ~** *(nordd.) s.* **Teufel**
**deucht** ['dɔyçt] *3. Pers. Sg. Präsens v.* **dünken**
**deuchte** *3. Pers. Sg. Prät. v.* **dünken**
**Deut** [dɔyt] **keinen ~:** not one bit; **du bist keinen ~ besser als er** you're not one bit *or* whit better than he is
**deutbar** *Adj.* interpretable
**Deutelei die; ~, ~en** *(abwertend)* speculation
**deuteln** ['dɔytl̩n] *itr. V.* quibble **(an** + *Dat.* about); **daran gibt es nichts zu ~:** there are no ifs and buts about it
**deuten** ['dɔytn̩] **1.** *itr. V.* **a)** point; **[mit dem Finger] auf jmdn./etw. ~:** point [one's finger] at sb./sth.; **b)** *(hinweisen)* **auf etw.** *(Akk.)* **~:** point to *or* indicate sth.; **sein Verhalten deutet darauf hin, daß ...:** his behaviour indicates that .... **2.** *tr. V.* interpret; **die Zukunft ~:** read the future; **etw. falsch ~:** misinterpret sth.
**Deuter der; ~s, ~ a)** interpreter; **b)** *(österr.: Tip)* hint; clue
**deutlich 1.** *Adj.* **a)** clear; **daraus wird ~, daß/wie ...:** this makes it clear that/how ...; **b)** *(eindeutig)* clear; plain; clear, distinct ⟨*recollection, feeling*⟩; clear ⟨*victory*⟩; **das ist ~:** that is [quite] plain *or* clear; **das war ~ [genug]** that was clear *or* plain enough; **~ werden** make oneself plain *or* clear; **muß ich noch ~er werden?** do I have to speak more plainly?. **2.** *adv.* **a)** clearly; **~ sichtbar/erkennbar/hörbar sein** be clearly *or* plainly visible/recognizable/audible; **b)** *(eindeutig)* clearly; plainly; **[klar und] ~ sagen, daß ...:**

make it [perfectly *or* quite] clear that ...; **jmdm. etw. ~ zu verstehen geben** make sth. clear *or* plain to sb.

**Deutlichkeit die; ~, ~en a)** *o. Pl.* clarity; **b)** *o. Pl. (Eindeutigkeit)* clearness; plainness; *(von Erinnerungen)* clearness; distinctness; **in** *od.* **mit aller ~ sagen, daß ...:** make it perfectly clear *or* plain that ...; **seine Antwort ließ an ~ nichts zu wünschen übrig** his answer could not have been clearer; **c)** *Pl. (Grobheiten)* rude remarks

**deutlichkeits·halber** *Adv.* for the sake of clarity

**deutsch** [dɔytʃ] **1.** *Adj.* **a)** German; **die ~e Schrift** German script; **~er Schäferhund** Alsatian; German shepherd [dog]; **mit typisch ~er Gründlichkeit** with typical Teutonic *or* German thoroughness; **Deutsche Mark** Deutschmark; German mark; **der Deutsche Orden** the Teutonic Order; **Deutsche Bundesbahn** German Federal Railway; **Deutsche Bundespost** German Federal Post Office; **Deutsche Demokratische Republik** German Democratic Republic; **Deutscher Fußball-Bund** German Football Association; **Deutscher Gewerkschaftsbund** German Trade Union Federation; **das Deutsche Reich** the German Reich *or* Empire; **Deutsche Presse-Agentur** German Press Agency; **Deutsches Rotes Kreuz** German Red Cross; **b)** *(die Sprache betreffend)* German; **etw. auf ~ sagen** say sth. in German; **auf** *od.* **in ~ geschrieben sein** be written in German; **was heißt das Wort auf ~?** what is the word in German?; what is the German for that word?; **auf [gut] ~** *(ugs.)* in plain English; **die ~e Schweiz** German-speaking Switzerland. **2.** *adv.*; **~ sprechen/schreiben** speak/write German; **~ geschrieben sein** be written in German; **~ fühlen** feel German; **etw. ~ aussprechen** pronounce sth. in a German way; **mit jmdm. ~ reden** *od.* **sprechen** *(fig. ugs.)* be blunt with *or* speak bluntly to sb.; **dieses Gebiet war damals ~ besetzt/verwaltet** this area was under German occupation/administration at that time

**Deutsch das; ~[s] a)** German; **gutes/fließend ~ sprechen** speak good/fluent German; **ein perfektes ~:** faultless *or* perfect German; **kein ~ [mehr] verstehen** *(ugs.)* not understand plain English; **b)** *o. Art. (Unterrichtsfach)* German *no art.*; **er ist gut in ~:** he's good at German; **wen habt ihr in ~?** who do you have for German?

**Deutsch·amerikaner der** German-American

**deutsch-amerikanisch** *Adj.; nicht präd.* German-American

**Deutsch·arbeit die** *(Schulw.)* German test

**deutsch-deutsch** *Adj.; nicht präd.* intra-German

[1]**Deutsche** [ˈdɔytʃə] **der/die;** *adj. Dekl.* German; **~[r] sein** be German; **er ist kein ~r** he's not German; **als ~r** as a German; **er hat eine ~ geheiratet** he married a German girl/woman

[2]**Deutsche das; ~ a)** *mit best. Art.* German; **das ~ ist ...:** German is ...; **aus dem ~n/ins ~ übersetzen** translate from/into German; **b)** *(deutsche Eigenart)* **alles ~:** all things *pl. or* everything German; **das typische ~ daran** what is/was typically German about it

**Deutschen·feind der** anti-German; Germanophobe

**deutsch-englisch** *Adj.* Anglo-German ⟨*relations, co-operation, etc.*⟩; German-English ⟨*dictionary, anthology, etc.*⟩

**Deutschen·haß der** the hatred of the Germans; Germanophobia *no indef. art.*

**deutsch-, Deutsch-: ~feindlich** *Adj.* anti-German; Germanophobe; **~feindlichkeit die** Germanophobia *no indef. art.*; anti-German feeling; **~-französisch** *Adj.* Franco-German ⟨*relations, border, etc.*⟩; German-French ⟨*dictionary, anthology, etc.*⟩; **der Deutsch-Französische Krieg** the Franco-Prussian War; **~freundlich** *Adj.* pro-German; Germanophile; **~herren** *Pl. (hist.)* Teutonic Knights; **~herrenorden der** *(hist.)* Teutonic Order of Knights; **~kanadier der** German-Canadian

**Deutschland (das); ~s** Germany; **die beiden ~:** the two Germanies

**Deutschland-: ~fahrt die** trip through Germany; **~frage die** *(Politik)* German question; **~lied das** the song 'Deutschland, Deutschland über alles'; **~politik die** *(innerdeutsche Politik)* intra-German policy; *(gegenüber ~)* policy towards Germany; **~politisch 1.** *Adj.* ⟨*speaker*⟩ for intra-German affairs; ⟨*committee*⟩ on intra-German affairs; **2.** *adv.* ⟨*interested*⟩ in intra-German affairs; **~politisch gesehen** from the point of view of intra-German affairs; **~reise die** trip to Germany; *(Rundreise)* tour of Germany

**deutsch-, Deutsch-: ~lehrer der** German teacher; **~schweiz die** *(schweiz.)* German-speaking Switzerland; **~schweizer der** German-Swiss; **~schweizerisch** *Adj.* German-Swiss; **~sowjetisch** *Adj., nicht präd.* German-Soviet; **~sprachig** *Adj.* **a)** German-speaking; **Deutschsprachige** *Pl.* German speakers; **b)** *(in deutscher Sprache)* German-language *attrib.* ⟨*newspaper, edition, broadcast*⟩; ⟨*teaching*⟩ in German; German ⟨*literature*⟩; **~sprachlich** *Adj.* German[-language *attrib.*]; **~sprechend** *Adj.; nicht präd.* German-speaking; **~stämmig** *Adj.* of German origin *postpos.*; **Deutschstämmige** *Pl.* ethnic Germans; **~stunde die** German lesson

**Deutschtum das; ~s a)** *(deutsche Wesensart)* Germanness; **b)** *(Volkszugehörigkeit)* German nationality; **c)** *(die Deutschen)* Germans *pl.*

**Deutschtümelei** [-tyːməˈlai] **die; ~, ~en** *(abwertend)* jingoistic emphasis on things German

**Deutsch·unterricht der** German teaching; *(Unterrichtsstunde)* German lesson; **~ erteilen** *or* **geben** teach German; *s. auch* **Englischunterricht; Unterricht**

**Deutung die; ~, ~en** interpretation

**Deutungs·versuch der** attempt at interpretation; **ein ~ dieser Parabel** an attempt to interpret this parable

**Devalvation** [devalvaˈtsi̯oːn] **die; ~, ~en** *(Finanzw.)* devaluation

**Devise** [deˈviːzə] **die; ~, ~n** motto; **sich** *(Dat.)* **etw. zur ~ machen** make sth. one's motto

**Devisen** *Pl.* foreign exchange *sing.*; *(Sorten)* foreign currency *sing. or* exchange *sing.*

**Devisen-: ~abkommen das** *(Politik)* foreign exchange agreement; **~bewirtschaftung die** foreign exchange control; **~börse die** foreign exchange market; **~bringer der** foreign exchange earner; **~geschäft das** foreign exchange business *or* dealings *pl.*; *(einzelne Transaktion)* foreign exchange transaction; **~kurs der** exchange rate; rate of exchange; **~markt der** foreign exchange market; **~schmuggel der** [foreign] currency smuggling; **~sperre die** exchange embargo; **~vergehen das** currency offence; breach of exchange control regulations

**devot** [deˈvoːt] *(geh.)* **1.** *Adj.* **a)** *(abwertend)* obsequious; **b)** *(veralt.: demütig)* humble. **2.** *adv.* **a)** *(abwertend)* obsequiously; **b)** *(veralt.: demütig)* humbly

**Devotionalien** [devotsi̯oˈnaːli̯ən] *Pl. (Rel.)* devotional objects

**Dextrose** [dɛksˈtroːzə] **die; ~:** dextrose

**Dez** [deːts] **der; ~es, ~e** *(salopp)* nut *(sl.)*; bonce *(sl.)*

**Dez.** *Abk.* **Dezember** Dec.

**Dezember** [deˈtsɛmbɐ] **der; ~s, ~:** December; *s. auch* **April**

**Dezennium** [deˈtsɛni̯ʊm] **das; ~s, Dezennien** *(geh.)* decennium; decade

**dezent** [deˈtsɛnt] **1.** *Adj.* quiet ⟨*colour, pattern, suit*⟩; subdued ⟨*lighting, music*⟩; discreet ⟨*smile, behaviour*⟩; gentle ⟨*irony*⟩. **2.** *adv.* discreetly; ⟨*dress*⟩ unostentatiously

**dezentral 1.** *Adj.* **a)** non-central ⟨*location*⟩; **b)** *(von verschiedenen Stellen ausgehend)* decentralized. **2.** *adv.* **a)** outside the centre; **b)** *s.* **1 b:** decentrally

**Dezentralisation die; ~, ~en** decentralization

**dezentralisieren** *tr. V.* decentralize

**Dezentralisierung die; ~, ~en** decentralization

**Dezenz** [deˈtsɛnts] **die; ~ a)** discreetness; **b)** *(Eleganz)* unostentatious elegance

**Dezernat** [detsɛrˈnaːt] **das; ~[e]s, ~e** department

**Dezernent** [detsɛrˈnɛnt] **der; ~en, ~en** head of department

**dezi-, Dezi-** [ˈdeːtsi-]: deci

**Dezibel** [detsiˈbɛl] **das; ~s, ~:** decibel

**dezidiert** [detsiˈdiːɐ̯t] *(geh.)* **1.** *Adj.* firm ⟨*demand, view*⟩; **mit einigen ~en Fragen** with some determined questioning. **2.** *adv.* ⟨*support, demand*⟩ firmly; ⟨*question*⟩ determinedly

**Dezi-: ~gramm das** decigram; **~liter der** *od.* **das** decilitre

**dezimal** [detsiˈmaːl] *Adj.* decimal

**Dezimal-: ~bruch der** decimal [fraction]; **~klassifikation die;** *o. Pl.* decimal *or* Dewey classification; **~rechnung die** decimal arithmetic *no art.*; **~stelle die** decimal place; **~system das** decimal system; **~waage die** decimal balance; **~zahl die** decimal [number]

**Dezime** [deˈtsiːmə] **die; ~, ~n** *(Musik)* tenth

**Dezi·meter der** *od.* **das** decimetre

**dezimieren** [detsiˈmiːrən] **1.** *tr. V.* decimate. **2.** *refl. V.* be drastically reduced

**Dezimierung die; ~, ~en a)** decimation; **b)** *(starker Rückgang)* drastic reduction (*Gen.* in)

**DFB** [deːǀɛfˈbeː] **der; ~** *Abk.* **Deutscher Fußball-Bund**

**DGB** [deːgeːˈbeː] **der; ~** *Abk.* **Deutscher Gewerkschaftsbund** West German Trade Union Federation

**dgl.** *Abk.* **dergleichen, desgleichen**

**d. Gr.** *Abk.* **der/die Große**

**d. h.** *Abk.* **das heißt** i. e.

**Di.** *Abk.* **Dienstag** Tue[s].

**Dia** [ˈdiːa] **das; ~s, ~s** slide; transparency

**Diabetes** [diaˈbeːtɛs] **der; ~:** diabetes

**Diabetiker** [diaˈbeːtikɐ] **der; ~s, ~, Diabetikerin, die; ~, ~nen** diabetic

**diabetisch** *Adj.* diabetic

**Dia·betrachter der** [slide-]viewer

**Diabolik** [diaˈboːlɪk] **die; ~** *(geh.)* diabolic malevolence

**diabolisch** *(geh.)* **1.** *Adj.* diabolic; diabolically malevolent. **2.** *adv.* with diabolic malevolence

**diachron** [diaˈkroːn] **1.** *Adj.* diachronic. **2.** *adv.* diachronically

**Diachronie** [diakroˈniː] **die; ~** *(Sprachw.)* diachrony *no art.*

**diachronisch** *Adj. s.* **diachron**

**Diadem** [diaˈdeːm] **das; ~s, ~e** diadem

**Diadochen** [diaˈdɔxn̩] *Pl. (geh.)* rivals for the succession

**Diadochen·kämpfe** *Pl. (geh.)* power struggle *sing.*

**Diagnose** [diaˈgnoːzə] **die; ~, ~n** diagnosis; **eine ~ stellen** make a diagnosis

**Diagnose·zentrum das** diagnostic clinic

**Diagnostik** [diaˈgnɔstɪk] **die; ~** *(Med., Psych.)* diagnostics *sing., no art.*

**Diagnostiker der; ~s, ~, Diagnostikerin die; ~, ~nen** *(Med., Psych.)* diagnostician

**diagnostisch** **1.** *Adj.* diagnostic. **2.** *adv.* diagnostically
**diagnostizieren** [diagnɔsti'tsi:rən] **1.** *tr. V.* diagnose. **2.** *itr. V.* **auf etw.** *(Akk.)* ~: diagnose sth.
**diagonal** [diago'na:l] **1.** *Adj.* diagonal. **2.** *adv.* diagonally; **etw. ~ lesen** *(ugs.)* skim through sth.
**Diagonale die;** ~, ~**n** diagonal
**Diagramm das** graph; *(von Gegenständen)* diagram
**Diakon** [dia'ko:n] **der;** ~**s** *od.* ~**en,** ~**e[n]** *(christl. Kirche)* deacon
**Diakonie** [diako'ni:] **die;** ~ *(ev. Kirche)* welfare and social work
**diakonisch** *Adj.; nicht präd.* *(ev. Kirche)* welfare and social ⟨*work, facilities, etc.*⟩
**Diakonisse** [diako'nɪsə] **die;** ~, ~**n** *(ev. Kirche)* deaconess
**dia·kritisch** *Adj.* **in ~es Zeichen** *(Sprachw.)* diacritical mark *or* sign; diacritic
**Dialekt** [dia'lɛkt] **der;** ~**[e]s,** ~**e** dialect; ~ **sprechen** speak in dialect
**dialektal** [dialɛk'ta:l] *Adj.* dialectal
**dialekt-, Dialekt-:** ~**ausdruck der;** *Pl.* ~**ausdrücke** dialect expression; ~**forschung die** dialect research; ~**frei 1.** *Adj.* ~**freies Deutsch sprechen** speak German without a trace of [any] dialect; **2.** *adv.* ~**frei sprechen** speak without a trace of [any] dialect
**Dialektik** [dia'lɛktɪk] **die;** ~ **a)** *(Philos.)* dialectics *pl.; (Diamat)* dialectic; **b)** *(Gegensätzlichkeit)* conflicting nature
**Dialektiker der;** ~**s,** ~, **Dialektikerin die;** ~, ~**nen** *(Philos.)* dialectician
**dialektisch 1.** *Adj.* **a)** *(Philos.)* dialectical; **b)** *s.* **dialektal. 2.** *adv.* dialectically
**Dialog** [dia'lo:k] **der;** ~**[e]s,** ~**e** dialogue
**dialogisch** *Adj.* dialogic; ⟨*story*⟩ in dialogue form
**Dialyse** [dia'ly:zə] **die;** ~, ~**n** *(Physik, Chemie, Med.)* dialysis
**Dialyse·zentrum das** dialysis centre
**¹Diamant** [dia'mant] **der;** ~**en,** ~**en** diamond
**²Diamant die;** ~ *(Druckw.)* diamond *(4½ points Pica)*; brilliant *(4 points Pica)*
**diamanten** *Adj.; nicht präd.* diamond
**Diamant[en]-:** ~**schleifer der** diamond cutter; ~**schmuck der** diamond jewellery; diamonds *pl.;* ~**staub der** diamond dust
**Diamat, DIAMAT** [dia'ma(:)t] **der;** ~ *Abk.* **dialektischer Materialismus**
**diametral** [diame'tra:l] **1.** *Adj.* **a)** *(Geom.)* diametral; **b)** *(fig. geh.);* diametrical ⟨*opposition*⟩; diametrically opposed ⟨*views*⟩; **im ~en Gegensatz zu etw. stehen** be diametrically opposed to sth. **2.** *adv. (geh.)* diametrically; ~ **entgegengesetzt sein** be diametrically opposed
**Dia-:** ~**positiv das** slide; transparency; ~**projektor der** slide projector; ~**rahmen der** slide mount
**Diärese** [diɛ're:zə] **die;** ~, ~**n** *(Sprachw., Metrik, Rhet., Philos.)* diaeresis
**Diarrhö, Diarrhöe** [dia'rø:] **die;** ~, **Diarrhöen** *(Med.)* diarrhoea
**Diaspora** [di'aspora] **die;** ~: Diaspora
**Diastole** [di'astole] **die;** ~, ~**n** [dia'sto:lən] *(Med.)* diastole
**diät** [di'ɛ:t] *adv.* ~ **kochen** cook according to a/one's diet; ~ **essen** be on a diet; **[strikt] ~ leben** keep to a [strict] diet
**Diät die;** ~, ~**en** diet; **eine ~ einhalten** keep to a diet; **nach einer ~ leben** live on a diet; **jmdn. auf ~ setzen** put sb. on a diet
**Diät-:** ~**assistent der,** ~**assistentin die** dietician; ~**bier das** diabetic beer
**Diäten** *Pl.* [parliamentary] allowance *sing.*
**Diätetik** [diɛ'te:tɪk] **die;** ~, ~**en** dietetics *sing., no art.*
**diätetisch** *Adj.* dietetic; dietary; **eine ~e Lebensweise** living on a diet
**Diät·fahrplan der** *(ugs.)* diet
**Diätist der;** ~**en,** ~**en, Diätistin die;** ~, ~**nen** dietician
**Diät-:** ~**koch der,** ~**köchin die** dietary cook; ~**kost die** dietary food; ~**küche die a)** dietary kitchen; **b)** *o. Pl. (Schonkost)* dietary food; ~**kur die** diet cure
**Diatonik** [dia'to:nɪk] **die;** ~ *(Musik)* diatonicism; diatonic system
**diatonisch** *Adj. (Musik)* diatonic
**Diät·plan der** dietary plan; diet plan; diet
**dich** [dɪç] **1.** *Akk. des Personalpron.* **du** you. **2.** *Akk. des Reflexivpron. der 2. Pers. Sg.* yourself; **wäschst du dich?** are you washing [yourself]?; **entschuldige dich!** apologize!
**Dichotomie** [dɪçoto'mi:] **die;** ~, ~**n** *(Bot., Philos., Sprachw.)* dichotomy
**dicht** [dɪçt] **1.** *Adj.* **a)** thick ⟨*hair, fur, plumage, moss*⟩; thick, dense ⟨*foliage, fog, cloud*⟩; dense ⟨*forest, thicket, hedge, crowd*⟩; heavy, dense ⟨*traffic*⟩; densely ranked, close-ranked ⟨*rows of houses*⟩; heavy ⟨*snowstorm*⟩; *(fig.)* dense ⟨*prose, dialogue, etc.*⟩; full, packed ⟨*programme*⟩; **in ~er Folge** in rapid *or* quick succession; **b)** *(undurchlässig) (für Luft)* airtight; *(für Wasser)* watertight ⟨*shoes*⟩; *(für Licht)* heavy ⟨*curtains, shutters*⟩; ~ **machen** seal ⟨*crack*⟩; make airtight/watertight; seal the crack[s]/leak[s] in ⟨*roof, window, etc.*⟩; waterproof ⟨*material, umbrella, etc.*⟩; **nicht ganz ~ sein** *(salopp)* have a screw loose *(coll.)*; **c)** *(ugs.: geschlossen)* shut; closed. **2.** *adv.* **a)** densely ⟨*populated*⟩; thickly, densely ⟨*wooded*⟩; tightly ⟨*packed*⟩; heavily ⟨*built up*⟩; ~ **verschneit** thick with snow; ~ **besetzt** full; packed; ~ **behaart** [very] hairy; ~ **an ~** *od.* ~ **gedrängt stehen/sitzen** stand/sit close together; **das Dorf war ~ verschneit** the village was covered in a thick blanket of snow *or* was deep in snow; **b)** *(undurchlässig)* tightly; **c)** *mit Präp. (nahe)* ~ **neben** right next to; **sich ~ bei jmdn. halten** keep close to sb.; ~ **daran** hard by; ~ **nebeneinander** close together; ~ **vor/hinter ihm** right *or* just in front of/behind him; **die Polizei ist ihm ~ auf den Fersen** the police are hard *or* close on his heels; **d)** *(zeitlich: unmittelbar)* **ich war ~ daran, es zu tun** I was just about to do it; ~ **bevorstehen** be imminent; **das Fest steht ~ bevor** the party is almost upon us/them *etc.*
**dicht-:** ~**auf** *Adv.* close behind; ~**bebaut** *Adj. (präd. getrennt geschrieben)* heavily built-up; ~**behaart** *Adj. (präd. getrennt geschrieben)* [very] hairy; ~**belaubt** *Adj. (präd. getrennt geschrieben)* densely foliated; ~**besetzt** *Adj. (präd. getrennt geschrieben)* full; packed; ~**besiedelt** *Adj. (präd. getrennt geschrieben)* densely populated; ~**bevölkert** *Adj. (präd. getrennt geschrieben)* densely populated; ~**bewachsen** *Adj. (präd. getrennt geschrieben)* covered with dense vegetation *postpos.*
**Dichte** ['dɪçtə] **die;** ~ **a)** *(Physik, fig.)* density; **b)** *(Undurchdringlichkeit)* **ein Nebel von solcher ~:** such [a] dense *or* thick fog
**¹dichten** ['dɪçtn̩] **1.** *itr. V.* **[gut] ~:** make a good seal. **2.** *tr. V.* make airtight/watertight; seal ⟨*joint etc.*⟩; seal the crack[s]/leak[s] in ⟨*window, roof, etc.*⟩
**²dichten 1.** *itr. V.* **a)** write poetry; **b)** **sein ganzes Dichten und Trachten** all his thoughts and endeavours. **2.** *tr. V. (verfassen)* write; compose
**Dichter der;** ~**s,** ~: poet; *(Schriftsteller)* writer; author
**Dichter·fürst der** *(veralt.)* prince among poets; *(Schriftsteller)* prince among writers
**Dichterin die;** ~, ~**nen** poet[ess]; *(Schriftstellerin)* writer; author[ess]
**dichterisch 1.** *Adj.* poetic; *(schriftstellerisch)* literary. **2.** *adv.; s.* **1:** poetically; literarily
**Dichter-:** ~**komponist der** poet/writer and composer; ~**kreis der** circle of poets; *(von Schriftstellern)* circle of writers; ~**lesung die** reading *(by a poet or writer from his own works)*
**Dichterling der;** ~**s,** ~**e** *(abwertend)* poetaster *(derog.)*; rhymester *(derog.)*
**Dichter-:** ~**schule die** school of poets; *(von Schriftstellern)* school of writers; ~**sprache die** poetic language
**dicht-:** ~**gedrängt** *Adj. (präd. getrennt geschrieben)* tightly *or* closely packed; ~**|halten** *unr. itr. V. (ugs.)* keep one's mouth shut *(coll.)*
**Dicht·kunst die a)** art of poetry; **b)** *(Fähigkeit, Talent)* poetic talent; **c)** *(Poesie)* poetry *no art.*
**dicht|machen** *(ugs.)* **1.** *tr. V.* shut; close; *(endgültig)* shut *or* close down; **die Polizei hat ihm die Bar dichtgemacht** the police shut *or* closed down his bar. **2.** *itr. V.* **a)** shut; close; *(endgültig)* shut *or* close down; **b)** *(Sportjargon)* **hinten ~:** close the game down at the back
**¹Dichtung die;** ~, ~**en a)** *o. Pl.* sealing; **zur ~ der Fugen** to seal the joints; **b)** *(Vorrichtung)* seal; *(am Hahn usw.)* washer; *(am Vergaser, Zylinder usw.)* gasket
**²Dichtung die;** ~, ~**en a)** literary work; work of literature; *(in Versform)* poetic work; poem; *(fig. ugs.)* fiction; ~ **und Wahrheit** fact and fiction; truth and fantasy; **Goethes „~ und Wahrheit"** Goethe's 'Poetry and Truth'; **b)** *o. Pl. (Dichtkunst)* literature; *(in Versform)* poetry
**Dichtungs-:** ~**masse die** sealing compound; sealant; ~**mittel das** integral waterproofing agent *or* waterproofer; ~**ring der,** ~**scheibe die** sealing ring; *(am Hahn)* washer
**dick** [dɪk] **1.** *Adj.* **a)** thick; thick, chunky ⟨*pullover*⟩; stout ⟨*tree*⟩; fat ⟨*person, arms, legs, behind, etc.*⟩; big ⟨*bust*⟩; ~ **und rund** *od.* **fett sein** *(ugs.)* be round and fat; ~ **werden** get fat; **das Kleid macht ~:** the dress makes you look fat; **Kuchen macht ~:** cakes are fattening *or* make you fat; **ein ~es Auto fahren** *(fig. ugs.)* drive a great big car *(coll.)*; **ein Mädchen ~ machen** *(salopp)* put a girl in the club *(sl.)*; **b)** *(mit Maßangaben)* thick; **5 cm ~ sein** be 5 cm thick; **5 cm ~e Bretter** planks 5 cm thick; 5 cm thick planks; **c)** *(stark)* thick ⟨*carpet, wall, layer*⟩; **mit jmdm. durch ~ und dünn gehen** stay *or* stick with sb. through thick and thin; **es nicht so ~ haben** *(ugs.)* not be very well off; **d)** *(ugs.: angeschwollen)* swollen ⟨*cheek, ankle, tonsils, etc.*⟩; **e)** *(dicht, ~flüssig)* thick ⟨*hair, fog, soup, sauce, etc.*⟩; **im ~sten Verkehr** *(fig. ugs.)* in the heaviest traffic; **mitten in der ~sten Arbeit** *(fig. ugs.)* just when we're/they're *etc.* right up to our/their *etc.* necks in work *(coll.)*; **f)** *(ugs.: außergewöhnlich groß)* big ⟨*mistake, order*⟩; hefty, *(coll.)* fat ⟨*fee, premium, salary*⟩; **einen ~en Tadel verdienen** deserve heavy criticism; **jmdm. ein ~es Lob aussprechen** give sb. a great deal of praise *or* high praise; **das ~e Ende kommt noch** *(ugs.)* the worst is yet to come; **g)** *(ugs.: eng)* close ⟨*friends, friendship, etc.*⟩. **2.** *adv.* **a) etw. ~ unterstreichen** underline sth. heavily; **sich ~ anziehen** wrap up warm[ly]; **b)** *(mit Maßangabe)* **etw. 5 cm ~ schneiden/auftragen** *usw.* cut/apply sth. 5 cm. thick; **c)** *(stark)* thickly; ~ **geschminkt/bemalt** heavily made up; ~ **auftragen** *(ugs. abwertend)* lay it on thick *(sl.)*; **d)** ~ **geschwollen** *(ugs.)* badly swollen; **e)** ~ **befreundet sein** *(ugs.)* be close friends
**dick-, Dick-:** ~**bauch der** *(scherzh.)* fatty; *(mit Spitzbauch)* pot-belly: ~**bauchig** *Adj.* large-bellied, big-bellied ⟨*vase, pot, etc.*⟩; ~**bäuchig** *Adj.* corpulent; portly; *(mit Spitzbauch)* pot-bellied ⟨*person*⟩; ~**darm der** *(Anat.)* large intestine
**dicke** *Adv. (ugs.)* easily; **wir haben noch ~**

Zeit we've got plenty of time; **von etw. ~ genug haben** have had quite enough of sth.; **jmdn./etw. ~ haben** *(salopp)* have had a bellyful of sb./sth.

[1]**Dicke** die; ~: thickness; *(von Menschen, Körperteilen)* fatness

[2]**Dicke** der/die; *adj. Dekl.* **a)** *(ugs.)* fatty *(coll.)*; fat man/woman; **die ~n** *(im allgemeinen)* fatties *(coll.)*; fat people; **b)** *(Kosename)* podge *(coll.)*

**dicken 1.** *tr. V.* thicken. **2.** *itr. V.; auch mit sein* thicken

**Dickerchen das; ~s, ~** *(ugs. scherzh.)* podge *(coll.)*

**dicke|tun** *unr. refl. V. (ugs. abwertend)* show off; *(durch Reden)* boast; brag; **sich mit etw. ~:** boast *or* brag about sth.; **sich mit seiner Kraft ~:** show off one's strength

**dick-, Dick-: ~fellig** *(ugs. abwertend)* **1.** *Adj.* thick-skinned; **~fellig sein** have a thick skin; be thick-skinned; **2.** *adv.* in a thick-skinned way; **~felligkeit die; ~** *(ugs. abwertend)* insensitivity; **~flüssig** *Adj.* thick; viscous *(as tech. term)*; **~flüssigkeit die;** *o. Pl.* thickness; viscosity *(as tech. term)*; **~häuter der; ~s, ~:** pachyderm; *(fig.)* thick-skinned person

**Dickicht** ['dɪkɪçt] **das; ~[e]s, ~e** thicket; *(im Wald)* dense undergrowth *no indef. art.*; *(fig.)* jungle

**dick-, Dick-: ~kopf der** *(ugs.)* mule *(coll.)*; **du bist ein ~kopf** you're as stubborn as a mule; **einen ~kopf haben** be stubborn *or* pigheaded; **~köpfig** *(ugs.)* **1.** *Adj.* stubborn; pigheaded; **2.** *adv.* stubbornly; pigheadedly; **~leibig** *Adj. (geh.)* corpulent; fat; *(fig.)* thick, fat ⟨*document, book*⟩; **~leibigkeit die; ~** *(geh.)* corpulence; fatness

**dicklich** *Adj.* **a)** plumpish; chubby; **b)** *(dickflüssig)* thick

**dick-, Dick-: ~macher der** *(ugs.)* fattening food; **~milch die** sour milk; **~schädel der** *s.* **~kopf; ~schalig** *Adj.* thick-skinned ⟨*orange, tomato, etc.*⟩; **~|tun** *unr. refl. V. s.* **dicketun; ~wandig** *Adj.* thick-walled, thick-sided ⟨*vessel, container*⟩; **~wanst der** *(salopp abwertend)* fatso *(sl.)*

**Didaktik** [di'daktɪk] **die; ~, ~en a)** *o. Pl.* didactics *sing., no art.*; theory of teaching and methodology; **b)** *(Unterrichtsmethode)* teaching method

**Didaktiker der; ~s, ~, Didaktikerin die; ~, ~nen a)** educationalist; **b)** *(jmd. mit didaktischen Fähigkeiten)* teacher

**didaktisch 1.** *Adj.* didactic. **2.** *adv.* didactically

[1]**die 1.** *best. Art. Nom.* the; **die Kleine** the little girl; **die Liebe/Freundschaft** love/ friendship; **die „Iphigenie"/***(ugs.)* **Helga** 'Iphigenia'/Helga; **die Demokratie/Diktatur/Monarchie** democracy/dictatorship/ monarchy; **die Bardot** *(ugs.)* Bardot; **die [Frankfurter] Eintracht** *(ugs.)* Eintracht Frankfurt; **sie ist die Sängerin/Schauspielerin** she's 'the singer/actress; **die Marktstraße** Market Street; **die Schweiz/Türkei** Switzerland/Turkey; **die Frau/Menschheit** women *pl.*/mankind; **die „Concorde"/ „Klaus Störtebeker"** 'Concorde'/the 'Klaus Störtebeker'; **die Kunst/Oper** art/ opera. **2.** *Demonstrativpron.* **a)** *attr.* **die Frau war es** it was 'that woman; **b)** *selbständig* she; **die war es** it was 'her; **die und arbeiten!** *(ugs.)* [what,] her work!; **die mit dem Hund/den lila Haaren** *(ugs.)* her with the dog/purple hair; **die [da]** *(Frau, Mädchen)* that woman/girl; *(Gegenstand, Tier)* that one; **die blöde Kuh, die!** *(fig. salopp)* what a silly cow! *(sl.)*. **3.** *Relativpron. Nom. (Mensch)* who; that; *(Sache, Tier)* which; that; **die Frau, die da drüben entlanggeht** the woman walking along over there; **ich sah eine Frau/Katze, die aus dem Fenster schaute** I saw a women/cat looking out of the window. **4.** *Relativ- u. Demonstrativpron.* the one who; **die das getan hat** the woman *etc.* who did it

[2]**die 1.** *best. Art.* **a)** *Akk. Sg. v.* [1]**die 1: ich sah die Frau/Ratte** I saw the women/rat; **wir sahen die „Zauberflöte"** we saw the 'Magic Flute'; **hast du die Ute gesehen?** *(ugs.)* have you seen Ute?; **er hat die Callas geheiratet** *(ugs.)* he married Callas; **ich fuhr durch die Marktstraße** I drove through Market Street; **b)** *Nom. u. Akk. Pl. v.* [1]**der 1,** [1]**die 1, das 1: [er fragte] die Männer/Frauen/Kinder** [he asked] the men/women/children. **2.** *Demonstrativpron. Nom. u. Akk. Pl. v.* [1]**der 1,** [1]**die 1, das 1:** *attr.* **ich meine die Männer/ Frauen/Kinder, die gestern hier waren** I mean those men/women/children who were here yesterday; *selbständig* **ich meine die [da]** I mean 'them. **3.** *Relativpron.* **a)** *Akk. Sg. v.* [1]**die 3:** *(bei Menschen)* **die Frau, die ich gesehen habe** the woman who *or* that I saw; *(bei Sachen, Tieren)* **die Straße, die ich entlangging** the street [that *or* which] I walked along; **die Maus, die die Katze fing** the mouse which *or* that the cat caught; **b)** *Nom. u. Akk. Pl. v.* [1]**der 3,** [1]**die 3, das 3:** *(bei Menschen)* **die Männer/Frauen/Kinder, die ich gesehen habe/die dort gehen** the men/ women/children I saw/walking along over there; *(bei Sachen, Tieren)* **die Nägel/Birnen/Bücher, die da liegen/die jemand da hingelegt hat** the nails/pears/books lying there/which somebody put there

**Dieb** [di:p] **der; ~[e]s, ~e** thief; **haltet den ~!** stop thief!

**Dieberei die; ~, ~en a)** *o. Pl. (das Stehlen)* thieving; **b)** *(Diebstahl)* theft

**Diebes-: ~bande die** *(abwertend)* gang of thieves; **~beute die** stolen goods *pl. or* property; **~gut das** stolen goods *pl. or* property; **~nest das** thieves' hide-out; **~tour die auf ~tour gehen/sein** go/have gone [out] thieving *or* stealing; **auf ~touren sein** have been [out] thieving *or* stealing on a number of occasions

**Diebin die; ~, ~nen** [woman] thief; *s. auch* **-in**

**diebisch 1.** *Adj.* **a)** *nicht präd.* thieving; **b)** *(verstohlen)* mischievous. **2.** *adv.* mischievously; **sich ~ über etw.** *(Akk.)* **freuen** take a mischievous pleasure in sth.

**Diebstahl** ['di:p-ʃta:l] **der; ~[e]s, Diebstähle** ['di:p-ʃtɛ:lə] theft; **einfacher ~:** theft; **schwerer ~:** burglary and theft; **räuberischer ~:** *robbery accompanied by use of violence to keep possession of the stolen property;* **[ein] geistiger ~:** plagiarism *no indef. art*

**Diebstahl·versicherung die** insurance against theft

**die·jenige, diejenigen** *s.* **derjenige**

**Diele** ['di:lə] **die; ~, ~n a)** hall[way]; **b)** *(Fußbodenbrett)* floor-board

**dielektrisch** [die'lɛktrɪʃ] *Adj. (Physik, Elektrot.)* dielectric

**dielen** *tr. V.* lay floor-boards in ⟨*room*⟩; board ⟨*floor*⟩

**Dielen·brett das** floor-board

**dienen** ['di:nən] *itr. V.* **a)** be in service; **jmdm. ~:** serve sb.; **als Magd ~:** serve as a maid; **der Gerechtigkeit ~** *(geh.)* serve the cause of justice; **bei Hof ~:** wait *or* serve at court; *s. auch* **Herr; b)** *(veralt.: Militärdienst tun)* do military service; **beim Heer ~:** serve in the army; **acht Jahre ~:** do eight years' military service; *s. auch* **gedient 2; c)** *(nützlich sein)* serve; **das dient einer guten Sache** it is in a good cause; **diese Maßnahmen ~ der Sicherheit am Arbeitsplatz** these measures help towards safety at work; **d)** *(helfen)* help (in + *Dat.* in); **womit kann ich ~?** what can I do for you?; can I help you?; **mit 20 DM wäre mir schon gedient** 20 marks would do; **damit ist mir wenig gedient** it's not much help *or* use to me; **damit kann ich leider nicht ~:** I'm afraid I can't help you there; **e)** *(verwendet werden)* serve; **als Museum ~:** serve *or* be used as a museum; **als Ersatz/Vorwand ~:** serve as a substitute/ pretext; **das soll dir als Warnung ~:** let that serve as *or* be a warning to you; **zur Unterstützung einer Theorie ~:** serve to support a theory

**Diener der; ~s, ~** servant; **einen ~ machen** *(ugs.)*; bow; make a bow; *s. auch* **stumm**

**Dienerin** ['di:nərɪn] **die; ~, ~nen** maid; servant

**dienern** *itr. V. (abwertend)* bow; *(fig.)* bow and scrape

**Dienerschaft die; ~:** servants *pl.*; domestic staff

**dienlich** *Adj.* helpful; useful; **jmdm./einer Sache ~ sein** be helpful *or* of help to sb./ sth.; **kann ich Ihnen mit etwas ~ sein?** *(geh.)* can I be of any assistance to you?

**Dienst** [di:nst] **der; ~[e]s, ~e a)** *o. Pl. (Tätigkeit)* work; *(von Soldaten, Polizeibeamten, Krankenhauspersonal usw.)* duty; **seinen ~ antreten** start work/go on duty; **zum ~ gehen** go to work/go on duty; **~ haben** be at work/on duty; ⟨*doctor*⟩ be on call; ⟨*chemist*⟩ be open; **außerhalb des ~es** outside work/ when off duty; **im ~ sein** be at work/on duty; **nicht im ~ sein** not be at work/be off duty; **der Unteroffizier vom ~:** *(Milit.)* the duty NCO; **der Chef vom ~** *(Zeitungsw.)* the duty editor; **~ ist ~, und Schnaps ist Schnaps** *(ugs.)* you shouldn't mix business and pleasure; **b)** *(Arbeitsverhältnis)* post; **den** *od.* **seinen ~ quittieren** resign one's post; *(Milit.)* leave the service; ⟨*officer*⟩ resign one's commission; **jmdn. aus dem ~/seinen ~en entlassen** dismiss sb.; **jmdn. in ~ nehmen** *(veralt.)* employ *or* engage sb.; **in jmds. ~[en] sein** *od.* **stehen** *(veralt.)* be in sb.'s employ; **Major** *usw.* **außer ~ [sein]** [be a] retired major *etc.*; **im ~ einer guten Sache** *(Gen.)* **stehen** be in a good cause; **sich in den ~ einer guten Sache** *(Gen.)* **stellen** devote oneself to a good cause; **etw. in ~ stellen** put sth. into service *or* commission; **c)** *o. Pl. (Tätigkeitsbereich)* service; **der höhere ~ der Beamtenlaufbahn** the senior civil service; *s. auch* **öffentlich; d)** *(Hilfe)* **seine ~e [anbieten]** [offer] one's services; **jmdm. einen ~ tun** help sb.; **~ am Kunden** *(ugs.)* customer service; **seinen ~ tun** ⟨*machine, appliance*⟩ serve its purpose; **jmdm. gute ~e tun** serve sb. well; give sb. good service; **jmdm. mit etw. einen schlechten ~ erweisen** do sb. a disservice *or* a bad turn with sth.; **zu jmds. ~en** *od.* **jmdm. zu ~en sein** *od.* **stehen** *(geh.)* be at sb.'s disposal *or* service; **jmdm. den ~ versagen** fail sb.; **e)** *(Hilfs~)* service; *(Nachrichten~, Spionage~)* [intelligence] service; **f)** *(Kunstwiss.)* respond

**-dienst der** service; **Schicht~** shift work

**Dienst-: ~abteil das** *(Eisenb.)* guard's compartment; **~adel der** *(hist.) nobility whose titles derive from being in the king's service*

**Diens·tag** [di:ns-] **der** Tuesday; **am ~:** on Tuesday; *(jeden ~)* on Tuesday; **~, der 1. Juni** Tuesday the first of June; Tuesday, 1 June; **am ~, dem 1. Juni** *od.* **den 1. Juni** on Tuesday 1 June *or* June 1st; **er kommt ~:** he is coming on Tuesday; **die letzten ~e** the last few Tuesdays; **eines ~s** one Tuesday; **den ganzen ~ über** all day Tuesday; the whole of Tuesday; **~ morgen/nachmittag/ abend** Tuesday morning/afternoon/evening; **~ morgens/abends** on Tuesday mornings/evenings; **~ mittags** Tuesday lunchtimes; **ab nächsten** *od.* **nächstem ~:** from next Tuesday [onwards]; **die Nacht von ~ auf** *od.* **zum Mittwoch** Tuesday night; **~ in einer Woche** *od.* **in acht Tagen** Tuesday week; a week on Tuesday; **~ vor einer Woche** a week last Tuesday

**Dienstag·abend der** Tuesday evening

**dienstägig** ['di:nstɛ:gɪç] *Adj.; nicht präd.* **die/unsere ~e Sendung** *usw.* Tuesday's programme *etc.;* the/our programme *etc.* on Tuesday

**dienstäglich 1.** *Adj.; nicht präd.* [regular] Tuesday. **2.** *adv.* on Tuesday

**Dienstag-: ~mittag der** Tuesday lunchtime; **~morgen der** Tuesday morning; **~nachmittag der** Tuesday afternoon

**diens·tags** *Adv.* on Tuesday[s]; **~ abends/morgens** on Tuesday evening[s]/morning[s]; on a Tuesday evening/morning

**Dienstag·vormittag der** Tuesday morning

**dienst-, Dienst-: ~alter das** length of service; **er hat ein ~alter von 6 Jahren** he has 6 years of service; **~älteste der/die** longest-serving person; **~an·tritt der** commencement of one's duties; **~an·weisung die** instruction; **laut ~anweisung** according to instructions *pl.;* **~auf·fassung die** conception of duty; **~auf·sicht die;** *o. Pl.* supervision; **die ~aufsicht liegt bei ...:** ... has supervisory responsibility; **~auf·sichts·beschwerde die** complaint to the supervising authority *(about a public servant or government department);* **~aus·weis der** [official] identity card; **~bar** *Adj.* **sich jmdm. ~bar erzeigen** *(veralt.)* show one's willingness to serve sb.; **ein ~barer Geist** *(ugs. scherzh.)* a ministering angel; **sich** *(Dat.)* **jmdn./etw. ~bar machen** get good service from sb./utilize sth.; **einer Sache** *(Dat.)* **jmdn./etw. ~bar machen** make sb./sth. serve sth.; **sich** *(Dat.)* **die Kräfte der Natur/die Atomenergie ~bar machen** harness the power of nature/atomic energy; **~barkeit die; ~, ~en a)** *o. Pl. (geh.)* **jmdn. in seine ~barkeit bringen** bring sb. under one's power; **in jmds. ~barkeit geraten** come under sb.'s power; **b)** *o. Pl. (hist.)* bondage; servitude; **c)** *(jur.)* easement; **~beflissen 1.** *Adj.* zealous; eager; **2.** *adv.* zealously; eagerly; **~beflissenheit die** zeal; eagerness; **~beginn der** start of work; **vor/nach/bei ~beginn** before/after/at the start of work; **~bereich der** area of responsibility; **~bereit** *Adj.* ‹*chemist*› open *pred.;* ‹*doctor*› on call *or* duty; ‹*dentist*› on duty; **die nächste ~bereite Apotheke** the nearest chemist that is/was open; **~bereitschaft die ~bereitschaft haben** ‹*chemist*› be open; ‹*doctor*› be on call *or* duty; ‹*dentist*› be on duty; **~bezüge** *Pl.* salary *sing.;* **~bote der** servant; **~boten·eingang der** tradesmen's entrance; **~bezeichnung die** title; **~eid der** official oath; **~eifer der** zeal; eagerness; **~eifrig 1.** *Adj.* zealous; eager; **2.** *adv.* zealously; eagerly; **~enthebung die** suspension from duty; **~fähig** *Adj.* fit for work *postpos.; (Milit.)* fit for service *postpos.;* **~fahrt die** *s.* **~reise; ~frei** *Adj.* free ‹*time*›; **an ~freien Tagen** on days off; **~frei haben/bekommen** have/get time off; **am Montag ~frei haben** have Monday off; **Heiligabend ist ~frei** Christmas Eve is a holiday; **~gebrauch der** *in* **nur für den ~gebrauch bestimmt** for official use only; **~geheimnis das a)** professional secret; *(im Staatsdienst)* official secret; **b)** *o. Pl.* professional secrecy; *(im Staatsdienst)* official secrecy; **unter das ~geheimnis fallen** be a professional/official secret; **~geschäfte** *Pl.* business *sing.;* **in ~geschäften** on business; *(von Beamten)* on official business; **~gespräch das a)** business meeting; *(von Beamten)* official meeting; **b)** *(Telefongespräch)* business call; *(von Beamten)* official call; **~grad der** *(Milit.)* rank; **~gradabzeichen das** *(Milit.)* insignia [of rank]; **~habend** *Adj.; nicht präd.* duty ‹*officer*›; ‹*official, doctor*› on duty; **~habende der/die;** *adj. Dekl. (Offizier)* duty officer; *(Beamter/Arzt)* official/doctor on duty; **~herr der** employer; **~hund der** dog used for police/security work; **ein Polizist mit seinem ~hund** a policeman with his dog; **~jahr das** year of service; **~jubiläum das** anniversary; **anläßlich seines 25jährigen ~jubiläums** to mark his completion of 25 years' service; **~kleidung die** uniform; **~kleidung tragen** wear a uniform; **~leistung die** *(auch Wirtsch.)* service

**Dienstleistungs-: ~abend der** late opening evening; **~betrieb der** *(Wirtsch.)* business in the service sector; **~gewerbe das** *(Wirtsch.)* service industries *pl.;* **~sektor der** *(Wirtsch.)* service sector

**dienstlich 1.** *Adj.* **a)** business ‹*call*›; *(im Staatsdienst)* official ‹*letter, call, etc.*›; **b)** *(offiziell)* official; **~ werden** *(ugs.)* get businesslike and formal. **2.** *adv.* on business; *(im Staatsdienst)* on official business

**dienst-, Dienst-: ~mädchen das** *(veralt.)* maid; **~magd die** *(veralt.)* maid; **~mann der;** *Pl.:* **~männer** *od.* **~leute** *(veralt.)* porter; **~marke die** [police] identification badge; ≈ warrant card *(Brit.) or (Amer.)* ID card; **~mütze die** regulation cap; **~nehmer der, ~nehmerin die** *(österr.) s.* **Arbeitnehmer; ~ordnung die** official regulations *pl.;* **~personal das** servants *pl.; (in einem Hotel)* domestic staff; **~pflicht die a)** *o. Pl.* compulsory service; **b)** *(bei Beamten)* duty; **~pflichtig** *Adj.* liable for compulsory service *postpos.;* **~pistole die** service pistol; **~plan der** duty roster; **~rang der** *(Milit.)* rank; **~recht das** ≈ civil service law; **~rechtlich 1.** *Adj.* ≈ under civil service law *postpos.;* **2.** *adv.* ≈ under civil service law; ≈ ‹*regulated*› by civil service law; **~reise die** business trip; **auf ~reise sein** be on a business trip *or* away on business; **~sache die a)** official matter; **b)** *(Schreiben)* official letter; **c)** *(Postw.)* item of official mail; *(Brief)* official letter; **~schluß der;** *o. Pl.* end of work; **um 17 Uhr ist ~schluß** work finishes at 5 o'clock; **nach ~schluß** after work; **~schluß haben** finish work/have finished work; **~schreiben das** official letter; **~stelle die** office; *(Abteilung)* department; **~stellen·leiter der** office head; *(einer Abteilung)* department head; **~stempel der** official stamp; **~stunden** *Pl.* **a)** working hours; **während der ~stunden** during working hours; **b)** *(Öffnungszeiten)* **~stunden haben** be open; **~tauglich** *Adj. (Milit.)* fit for service *postpos.;* **~tuend** *Adj.; nicht präd. s.* **~habend; ~tuende der/die;** *adj. Dekl. s.* **~habende; ~unfähig** *Adj.* unfit for work *postpos.; (Milit.)* unfit for service *postpos.;* **~untauglich** *Adj. (Milit.)* unfit for service *postpos.;* **~vergehen das** offence against [official] regulations; **~verhältnis das** *contractual relationship between employee and employer in the public service;* **ein ~verhältnis eingehen** become a public employee; **~verpflichten** *tr. V. (nur im Inf. u. 2. Part.)* conscript; **~vertrag der** contract of employment; **~vorschrift die** regulations *pl.; (Milit.)* service regulations; **~wagen der** official car; *(Geschäftswagen)* company car; **~weg der** proper *or* official channels *pl.;* **den ~weg gehen** *od.* **einhalten** go through the proper *or* official channels; **auf dem ~weg** through the proper *or* official channels; **~wohnung die** *(von Firmen)* company flat *(Brit.) or (Amer.)* apartment; *(von staatlichen Stellen)* government flat *(Brit.) or (Amer.)* apartment; *(vom Militär)* army/navy/air force flat *(Brit.) or (Amer.)* apartment; **~zeit die a)** period of service; **eine ~zeit von 40 Jahren** 40 years' service; **b)** *(tägliche Arbeitszeit)* working hours *pl.;* **außerhalb der ~zeit** outside working hours; **~zeugnis das** testimonial; **~zimmer das** office

**dies** [di:s] *s.* **dieser**

**dies·bezüglich 1.** *Adj.; nicht präd.* relating to *or* regarding this *postpos., not pred.* **2.** *adv.* regarding this; on this matter

**diese** ['di:zə] *s.* **dieser**

**Diesel** ['di:zl] **der; ~[s], ~** diesel

**die·selbe** *s.* **derselbe**

**die·selbige** *s.* **derselbige**

**Diesel-: ~kraft·stoff der** diesel fuel; **~lokomotive die** diesel locomotive; **~motor der** diesel engine; **~öl das** diesel oil

**dieser** ['di:zɐ], **diese, dieses, dies** *Demonstrativpron.* **a)** *attr.* this; *Pl.* these; **dieses Buch/diese Bücher [da]** that book/those books [there]; **diesen Sommer/diese Weihnachten** this summer/this Christmas; **[zu] Anfang dieses Jahres/dieser Woche** at the beginning of this year/this week; **in dieser Nacht wird es noch schneien/begann es zu schneien** it will snow tonight/it started to snow that night; **er hat dieser Tage Geburtstag** it's his birthday within the next few days; **ich habe ihn dieser Tage noch gesehen** I saw him the other day; **diese Inge ist doch ein Goldschatz/Idiot** that Inge is a treasure/an idiot, isn't she?; **wer ist denn diese Inge?** who is this Inge?; **diese Russen** these *or* those Russians; **b)** *selbständig* **diese[r] [hier/da]** this one [here]/that one [there]; **diese** *Pl.* **[hier/da]** these [here]/those [there]; **dies alles** all this; **diese ..., jene ...** *(geh.)* the latter ..., the former ...; **dies und das,** *(geh.)* **dieses und jenes** this and that; **dieser und jener** *(geh.) (einige)* some [people] *pl.; (ein paar)* a few [people] *pl.;* **dieser oder jener** *(geh.) (der eine oder andere)* someone or other; *(mancher)* some people *pl.*

**dieser·art** *(geh.)* **1.** *indekl. Demonstrativpron.* of this/that kind *postpos..* **2.** *Adv.* in this/that way

**dieses** *s.* **dieser**

**diesig** *Adj.* hazy

**dies-: ~jährig** *Adj.; nicht präd.* this year's; **unser ~jähriges Treffen** our meeting this year; **~mal** *Adv.* this time; **~seitig** *Adj.; nicht präd.* **a) das ~seitige Rheinufer** this side of the Rhine; **die ~seitigen Grenzdörfer** the villages on this side of the border; **b)** *(geh.)* worldly; secular ‹*world*›; **~seits 1.** *Präp. mit Gen.* on this side of; **2.** *Adv.* **~seits von** on this side of

**Diesseits das; ~: im ~:** in this world; **das ~:** this world

**Dietrich** ['di:trɪç] **der; ~s, ~e** picklock; *(Nachschlüssel)* skeleton key

**die·weil** *(veralt.)* **1.** *Konj.* **a)** *(zeitl.)* while; **b)** *(kausal)* because. **2.** *adv.* in the mean time *or* the mean while

**diffamatorisch** [dɪfama'to:rɪʃ] *Adj. (geh.)* defamatory

**diffamieren** [dɪfa'mi:rən] *tr. V.* defame; **~de Äußerungen** defamatory utterances

**Diffamierung die; ~, ~en** defamation; *(Bemerkung)* defamatory statement; **eine ~ des Gegners** defamation of one's opponent's character

**Differential** [dɪfərɛn'tsia:l] **das; ~s, ~e a)** *(Math.)* differential; **b)** *(Technik)* differential [gear]

**Differential-: ~getriebe das** *(Technik)* differential [gear]; **~gleichung die** *(Math.)* differential equation; **~rechnung die** *(Math.)* differential calculus

**Differenz** [dɪfə'rɛnts] **die; ~, ~en a)** *(auch Math.)* difference; **b)** *(Meinungsverschiedenheit)* difference [of opinion]

**Differenz·betrag der** difference

**differenzier·bar** *Adj.* **a)** distinguishable; **b)** *(Math.)* differentiable

**differenzieren 1.** *tr. V.* **a)** be discriminating in ‹*judgement, opinion*›; *(unterscheiden)* differentiate; **b)** *(Math.)* differentiate; **c)** *(DDR Landw.)* grade. **2.** *itr. V.* differentiate; make a distinction/distinctions (**zwischen** between); *(bei einem Urteil, einer Behauptung)* be discriminating; **genau ~:** make a precise distinction/precise distinctions. **3.** *refl. V.* ‹*methods*› become more subtly differentiated; ‹*life, language*›

become more complex; ⟨*taste*⟩ become more sophisticated
**differenziert** **1.** *Adj.* subtly differentiated ⟨*methods, colours*⟩; complex ⟨*life, language, person, emotional life*⟩; sophisticated ⟨*taste*⟩; diverse ⟨*range*⟩; **ein sehr ~er Bericht** a precise and subtle analysis. **2.** *adv.* **~ urteilen** be discriminating in one's judgement; **etw. ~ darlegen** give a precise and subtle analysis of sth.
**Differenziertheit die; ~** *s.* **differenziert 1:** differentiation; complexity; sophistication; diversity
**Differenzierung die; ~, ~en** *(von Methoden)* greater differentiation; *(des Lebens, der Sprache)* greater complexity; *(des Geschmacks)* greater sophistication
**Differenz·menge die** *(Math.)* **die ~ A\B** the complement of the set B relative to A
**differieren** [dɪfə'ri:rən] *itr. V. (geh.)* differ **(um** by)
**diffizil** [dɪfi'tsi:l] *Adj. (geh.)* difficult; *(kompliziert)* complex; *(peinlich genau)* meticulous
**diffus** [dɪ'fu:s] **1.** *Adj.* **a)** *(Physik, Chemie)* diffuse; **b)** *(geh.)* vague; vague and confused ⟨*idea, statement, etc.*⟩. **2.** *adv.* in a vague and confused way
**Diffusion** [dɪfu'zio:n] **die; ~, ~en** *(Physik, Chemie)* diffusion
**Digestivum** [diges'ti:vʊm] **das; ~s, Digestiva a)** digestive; digestant; **b)** *(Chemie)* digestive
**digital** [digi'ta:l] *(DV)* **1.** *Adj.* digital. **2.** *adv.* digitally
**Digital·anzeige die** digital display
**digitalisieren** *tr. V. (DV)* digitalize
**Digital-: ~rechner der** *(DV)* digital computer; *(Taschenrechner)* digital calculator; **~uhr die** digital clock; *(Armbanduhr)* digital watch
**Dikta** *s.* **Diktum**
**Diktaphon** [dɪkta'fo:n] **das; ~s, ~e** Dictaphone **(P)**
**Diktat** [dɪk'ta:t] **das; ~[e]s, ~e a)** dictation; **nach ~ schreiben** take dictation; **etw. nach ~ schreiben** write/type sth. from dictation; **b)** *(das Diktierte)* dictation; **ein ~ aufnehmen** take dictation; **c)** *(Schulw.)* dictation; **d)** *(geh.: Befehl)* dictate; *(Politik)* diktat; **das ~ der Mode** the dictates *pl.* of fashion
**Diktator** [dɪk'ta:tɔr] **der; ~s, ~en** [-'to:rən] *(auch fig.)* dictator
**diktatorisch 1.** *Adj. (auch fig.)* dictatorial. **2.** *adv. (auch fig.)* dictatorially
**Diktatur** [dɪkta'tu:ɐ̯] **die; ~, ~en** *(auch fig.)* dictatorship
**diktieren** [dɪk'tieren] *tr. V.* dictate
**Diktier·gerät das** dictating machine
**Diktion** [dɪk'tsio:n] **die; ~, ~en** *(geh.)* style and diction
**Diktionär** [dɪktsio'nɛ:ɐ̯] **das** *od.* **der; ~s, ~e** *(veralt.)* dictionary
**Diktum** ['dɪktʊm] **das; ~s, Dikta** *(geh.)* **a)** dictum; **b)** *(veralt.: Entscheid)* dictum; pronouncement
**dilatorisch** [dila'to:rɪʃ] *(geh.)* **1.** *Adj.* dilatory. **2.** *adv.* dilatorily; in a dilatory manner
**Dilemma** [di'lɛma] **das; ~s, ~s** *od.* **Dilemmata** dilemma
**Dilettant** [dilɛ'tant] **der; ~en, ~en, Dilettantin die; ~, ~nen** *(auch abwertend)* dilettante
**dilettantisch** *(abwertend)* **1.** *Adj.* dilettante; amateurish. **2.** *adv.* amateurishly
**Dilettantismus der; ~** *(meist abwertend)* dilettantism; amateurism
**dilettieren** [dilɛ'ti:rən] *itr. V. (geh.)* dabble
**Dill** [dɪl] **der; ~[e]s, ~e,** *österr. auch:* **Dille die; ~, ~n** *(Gattung)* Anethum; **Echter Dill** dill
**Diluvium** [di'lu:viʊm] **das; ~s** *(Geol. veralt.)* **das ~:** the Pleistocene
**Dimension** [dimɛn'zio:n] **die; ~, ~en** *(Physik, fig.)* dimension
**-dimensional** [dimɛnzio'na:l] *Adj.* -dimensional; **mehr~/drei~** multi-/three-dimensional
**dimensionieren** *tr. V. (Technik)* dimension
**Diminuendo** [dimi'nuɛndo] **das; ~s, ~s** *od.* **Diminuendi** *(Musik)* diminuendo
**diminutiv** [diminu'ti:f] *Adj.; nicht präd. (Sprachw.)* diminutive
**Diminutiv das; ~s, ~e** *(Sprachw.)* diminutive
**Dimmer** ['dɪmɐ] **der; ~s, ~** *(Elektrot.)* dimmer
**DIN** [di:n] *Abk.* **Deutsche Industrie-Norm[en]** *German Industrial Standard[s];* DIN; **DIN-Format** DIN size; **DIN-A4-Format** A4
**dinarisch** [di'na:rɪʃ] *Adj.* Dinaric
**Diner** [di'ne:] **das; ~s, ~s a)** *(geh.)* [formal] dinner; **b)** *(Abendessen)* dinner
**[1]Ding** [dɪŋ] **das; ~[e]s, ~e a)** *(Gegenstand, Objekt)* thing; **das ~ an sich** *(Philos.)* the thing-in-itself; **die Welt der ~e** *(Philos.)* the world of material objects; **jedes ~ hat zwei Seiten** there are two sides to everything; *s. auch* **Namen; b)** *Pl. (Ereignisse)* things; **nach Lage der ~e** the way things are; **wie die ~ stehen** as things stand; **über den ~en stehen** be above such things; *s. auch* **harren; c)** *Pl. (Angelegenheiten)* matters; **persönliche/private ~e** personal/private matters; **in ~en des Geschmacks** in matters of taste; **wie ich die ~e sehe** as I see things *or* matters; **reden wir von anderen ~en** let's talk about something else; **gut ~ will Weile haben** it takes time to do a thing well; **die Letzten ~e** the last things; **ein ~ der Unmöglichkeit sein** be quite impossible; **das geht nicht mit rechten ~en zu** there's something funny about it; **vor allen ~en** above all; **d) guter ~e sein** *(geh.)* be in good spirits; **e)** *(Hist.) s.* **Thing**
**[2]Ding das; [e]s, ~er a)** *(ugs.: Gegenstand, Sache)* thing; **das ist ja ein ~!** that's really something; **ein ~ drehen** ⟨*criminal*⟩ pull a job *(sl.)*; **jmdm. ein ~ verpassen** *(salopp)* clout sb. one *(coll.)*; **mach keine ~er!** stop having me on *(Brit. coll.)*; stop putting me on *(Amer. coll.)*; **b)** *(ugs.: Mädchen)* thing; creature; **c)** *(salopp: Penis)* thing *(coll.)*; tool *(sl.)*
**dingen** *unr. tr. V.* **a)** *(geh.)* hire; **ein gedungener Schreiberling** a mercenary hack; **ein gedungener Mörder** a hired killer; **b)** *(veralt.: anstellen)* hire; take on
**ding·fest** *in* **jmdn. ~ machen** arrest *or* apprehend sb.
**Dinghi, Dingi** ['dɪŋgi] **das; ~s, ~s** dinghy
**dinglich** *Adj.* **a)** real; **die ~e Welt** the material world; the world of objects; **b)** *(Rechtsspr.)* real ⟨*right, security, etc.*⟩
**[1]Dings** [dɪŋs] **der/die; ~** *(ugs.: Mensch)* thingamy *(coll.)*; thingumajig *(coll.)*; what's-his-name/-her-name
**[2]Dings das; ~** *(ugs.)* **a)** *(Gegenstand)* thingamy *(coll.)*; thingumajig *(coll.)* what-d'you-call-it; **b)** *o. Art. (Ort)* what's-its-name; what's-it-called
**Dings·bums** [-bʊms] **der/die/das** *s.* **[1]Dings, [2]Dings**
**Ding·wort das** naming word
**dinieren** [di'ni:rən] *itr. V. (geh.)* dine
**Dinkel** ['dɪŋkl̩] **der; ~s, ~** *(Landw.)* spelt
**Dinner** ['dɪnɐ] **das; ~s, ~[s]** dinner
**Dinosaurier** [dino'zauriɐ] dinosaur
**Diode** [di'o:də] **die; ~, ~n** *(Elektrot.)* diode
**Diolen** ⓦ [dio'le:n] **das; ~s** *(Textilind.)* Terylene **(P)**
**dionysisch** [dio'ny:zɪʃ] **1.** *Adj.* Dionysiac; Dionysian. **2.** *adv.* Dionysiacally
**Diopter** [di'ɔptɐ] **das; ~s, ~** *(am Gewehr)* [optical] sight; *(an einer Kamera)* [direct-vision] frame finder
**Dioptrie** [diɔp'tri:] **die; ~, ~n** *(Optik)* dioptre
**Dioskuren** [diɔs'ku:rən] *Pl. (geh.)* heavenly twins; inseparable friends
**Dioxid** ['di:|ɔksi:t] *(fachspr.),* **Dioxyd** ['di:|ɔksy:t] **das; ~s, ~e** *(Chemie)* dioxide
**Dioxin** ['di:|ɔksi:n] **das; ~s** *(Chemie)* dioxin
**Diözesan der; ~en, ~en** member of the/a diocese
**Diözese** [diø'tse:zə] **die; ~, ~n** diocese
**Diphtherie** [dɪfte'ri:] **die; ~, ~n** *(Med.)* diphtheria
**diphtherisch** *Adj. (Med.)* diphtherial
**Diphthong** [dɪf'tɔŋ] **der; ~s, ~e** *(Sprachw.)* diphthong
**diphthongieren** [dɪftɔŋ'gi:rən] *tr. V. (Sprachw.)* diphthongize
**Diphthongierung die; ~, ~en** *(Sprachw.)* diphthongization
**diphthongisch** *(Sprachw.)* **1.** *Adj.* diphthongal. **2.** *adv.* **etw. ~ aussprechen** pronounce sth. as a diphthong
**Dipl.-Ing.** *Abk.* **Diplomingenieur** *academically qualified engineer*
**Dipl.-Kfm.** *Abk.* **Diplomkaufmann** *holder of a diploma in commerce*
**Dipl.-Landw.** *Abk.* **Diplomlandwirt** *holder of a diploma in agriculture*
**diploid** [diplo'i:t] *Adj. (Biol.)* diploid
**Diplom** [di'plo:m] **das; ~s, ~e a)** ≈ [first] degree *(in a scientific or technical subject); (für einen Handwerksberuf)* diploma; **sein ~ machen** do one's *or* a degree/diploma; **b)** *(Urkunde)* ≈ degree certificate *(in a scientific or technical subject); (für einen Handwerksberuf)* diploma
**Diplom-:** qualified
**Diplom·arbeit die** ≈ degree dissertation *(for a first degree in a scientific or technical subject); (für einen Handwerksberuf)* dissertation [submitted for a/the diploma]
**Diplomat** [diplo'ma:t] **der; ~en, ~en** *(auch fig.)* diplomat
**Diplomaten-: ~gepäck das** diplomatic bags *pl. or* baggage; **~koffer der** attaché case; executive case; **~viertel das** embassy district
**Diplomatie** [diploma'ti:] **die; ~ a)** diplomacy; **b)** *(die Diplomaten)* diplomatic corps
**Diplomatin die; ~, ~nen** *(auch fig.)* diplomat
**diplomatisch** *(auch fig.)* **1.** *Adj.* diplomatic. **2.** *adv.* diplomatically
**diplomieren** *tr. V. (Hochschulw.)* **jmdn. ~:** award sb. a degree/diploma
**diplomiert** *Adj.* qualified
**Diplom·prüfung die** ≈ degree examination *(in a scientific or technical subject); (für einen Handwerksberuf)* diploma examination
**Dipol** ['di:po:l] **der; ~s, ~e** *(Physik, Antenne)* dipole
**Dipol·antenne die** dipole antenna
**dippen** ['dɪpn̩] *tr. V. (Seemannsspr.)* dip ⟨*flag*⟩
**dir** [di:ɐ̯] **1.** *Dat. des Personalpron.* **du** to you; *(nach Präpositionen)* you; **ich gab es ~:** I gave it to you; **ich gab ~ das Buch** I gave you the book; **Freunde von ~:** friends of yours; **gehen wir zu ~:** let's go to your place; *s. auch* **mir 1 a, b. 2.** *Dat. des Reflexivpron. der 2. Pers. Sg.* yourself; **hast du ~ seine Vorschläge genau überlegt?** have you given careful thought to his suggestions?; **hast du ~ gedacht, daß ...:** did you think that ...; **du willst ~ ein neues Kleid kaufen** you want to buy yourself a new dress; **nimm ~ noch von dem Braten** help yourself to some more roast
**direkt** [di'rɛkt] **1.** *Adj.* direct. **2.** *adv.* **a)** *(geradewegs)* straight; directly; **b)** *(sofort)* directly; straight; **etw. ~ übertragen** broadcast sth. live; **c)** *(nahe)* directly; **~ am Marktplatz** right by the market square; **d)** *(unmittelbar)* direct; **sich ~ mit jmdm. verbinden lassen** get a direct line to sb.; **e)** *(unverblümt)* directly; **f)** *(ugs.: geradezu)* really; really, positively ⟨*dangerous, witty*⟩
**Direkt·flug der** direct flight

**Direktheit die;** ~: directness

**Direktion** [dirɛk'tsi̯o:n] **die;** ~, ~**en a)** *o. Pl.* management; *(von gemeinnützigen, staatlichen Einrichtungen)* administration; **b)** *(die Geschäftsleiter)* management; **c)** *(Büroräume)* managers' offices *pl.*

**Direktions-:** ~**assistent der** management trainee; ~**sekretärin die** manager's secretary

**Direktive** [dirɛk'ti:və] **die;** ~, ~**n** *(geh.)* directive

**Direkt·mandat das** *(Politik)* **[über]** ~: [by] direct mandate

**Direktor** [di'rɛktɔr] **der;** ~**s,** ~**en** [...'to:rən] **a)** *(Schulw.)* headmaster; *(von Hochschulinstituten)* director; *(von Fachschulen usw.)* principal; **b)** *(einer gemeinnützigen Einrichtung)* director; *(einer Strafanstalt)* governor; **c)** *(Wirtsch.)* director; manager; *(einer bestimmten Abteilung)* manager

**Direktorat** [dirɛkto'ra:t] **das;** ~**[e]s,** ~**e a)** *(Amt, Amtszeit) (einer Schule)* headship; *(gemeinnütziger Einrichtungen)* directorship; **b)** *(Dienstzimmer)* headmaster's/headmistress's office

**Direktoren·sessel der** *(ugs.)* directorship; managership

**direktorial** [dirɛkto'ri̯a:l] *Adj.* directorial

**Direktorin** [dirɛk'to:rɪn] **die;** ~, ~**nen a)** *(Schulw.)* headmistress; *(von Hochschulinstituten)* director; *(von Fachschulen usw.)* principal; **b)** *s.* **Direktor b, c;** *s. auch* **-in**

**Direktorium** [dirɛk'to:ri̯ʊm] **das;** ~**s, Direktorien** board of directors

**Direktrice** [dirɛk'tri:sə] **die;** ~, ~**n** head designer; *(in einem Einzelhandelsgeschäft)* manageress

**Direkt-:** ~**sendung die** *s.* ~**übertragung;** ~**student der** *(DDR)* campus student; ~**studium das** *(DDR)* campus course; ~**übertragung die** live transmission *or* broadcast; ~**verbindung die a)** *(Eisenb.)* direct connection; through train; *(Flugw.)* direct flight; **b)** *(Fernspr.)* direct [telephone] connection; ~**wahl die a) in** *od.* **durch** ~**wahl** by direct election; **b)** *o. Pl.* direct dialling

**Direx** ['di:rɛks] **der;** ~, ~**e,/die;** ~, ~**en** *(Schülerspr.)* head

**Dirigent** [diri'gɛnt] **der;** ~**en,** ~**en** conductor

**Dirigenten-:** ~**pult das** conductor's rostrum; ~**stab der,** ~**stock der** [conductor's] baton

**dirigieren** [diri'gi:rən] *tr. V.* **a)** *auch itr.* conduct; **b)** *(führen)* steer ⟨*person*⟩; **jmdn. an einen Ort** ~: send sb. to a place; **c)** run ⟨*business, company*⟩; **d)** *(lenken)* steer ⟨*vehicle*⟩; *(fahren)* drive

**Dirigismus** [diri'gɪsmʊs] **der;** ~ *(Wirtsch.)* dirigisme

**dirigistisch** *(Wirtsch.)* **1.** *Adj.* dirigiste. **2.** *adv.* in a dirigiste manner

**Dirn** [dɪrn] **die;** ~, ~**en a)** *(bayr., österr.)* maid; **b)** *(nordd.)* girl; lass *(esp. Scot.)*

**Dirndl** ['dɪrndl] **das;** ~**s,** ~: dirndl

**Dirndl·kleid das** dirndl

**Dirne** ['dɪrnə] **die;** ~, ~**n a)** prostitute; **b)** *(veralt.: Mädchen)* girl; lass *(esp. Scot.)*

**Dirnen·viertel das** red-light district

**Dis** [dɪs] **das;** ~, ~ *(Musik)* D sharp

**Disagio** [dɪs'|a:dʒo] **das;** ~**s** *(Finanzw.)* disagio

**Discjockey** ['dɪskdʒɔke] **der** *s.* **Diskjockey**

**Disco** ['dɪsko:] **die;** ~, ~**s** disco

**Discount-:** [dɪs'kaunt] discount; ~**geschäft/**~**preis** discount shop/price

**Dis-Dur** [*auch* '-'-] **das;** ~ *(Musik)* D sharp major; *s. auch* **A-Dur**

**Disengagement** [dɪsɪn'geɪdʒmənt] **das;** ~**s** *(Politik)* disengagement

**Disharmonie** [*auch:* '----] **die a)** *(Musik)* disharmony; discord; dissonance; **b)** *(von Farben)* clash; **c)** *(geh.: Uneinigkeit)* disagreement; disharmony *no indef. art.;* **solche** ~**n** such disharmony *sing. or* disagreements

**disharmonieren** *itr. V.* **a)** *(Musik)* be discordant *or* dissonant; **b)** ⟨*colours*⟩ clash; **c)** *(geh.: uneinig sein)* disagree

**disharmonisch** *Adj.* **a)** *(Musik)* disharmonious; discordant; dissonant; **b)** *(nicht zusammenstimmend)* clashing ⟨*colours*⟩; **c)** *(geh.: uneinig)* disharmonious

**Disjunktion** [dɪsjʊŋk'tsi̯o:n] **die;** ~, ~**en** *(Logik)* disjunction

**disjunktiv** [dɪsjʊŋk'ti:f] *Adj. (Sprachw.)* disjunctive

**Diskant** [dɪs'kant] **der;** ~**s,** ~**e a) in einen schneidenden** ~ **umschlagen** ⟨*voice*⟩ become gratingly shrill; **b)** *(einer Singstimme, beim Klavier)* treble; **c)** *(beim Cantus firmus)* descant

**Diskette** [dɪs'kɛtə] **die;** ~, ~**n** *(DV)* floppy disc

**Disketten·lauf·werk** *das (DV)* [floppy-] disc drive

**Disk·jockey** ['dɪskdʒɔke] **der** disc jockey

**Disko** *s.* **Disco**

**Diskont** [dɪs'kɔnt] **der;** ~**s,** ~**e** *(Finanzw.)* **a)** discount; **b)** discount rate

**Diskonten** *Pl. (Finanzw.)* inland *or* domestic bills of exchange

**Diskont·erhöhung die** *(Finanzw.)* raising of the discount rate

**diskontieren** *tr. V. (Finanzw.)* discount

**Diskontinuität die;** ~, ~**en a)** discontinuity; **b)** *(Politik) principle that bills not passed before the end of a legislative period must be reintroduced in the next parliament*

**Diskont·satz der** *(Finanzw.)* discount rate

**Diskothek** [dɪsko'te:k] **die;** ~, ~**en a)** *(Tanzlokal)* discothèque; **b)** *(Schallplatten)* record collection; **c)** *(Raum für Schallplatten)* record library

**diskreditieren** [dɪskredi'ti:rən] *tr. V.* discredit

**Diskrepanz** [dɪskre'pants] **die;** ~, ~**en** discrepancy **(zwischen** between)

**diskret** [dɪs'kre:t] **1.** *Adj.* **a)** *(vertraulich)* confidential ⟨*discussion, report*⟩; *(unauffällig)* discreet ⟨*action*⟩; **b)** *(taktvoll)* tactful ⟨*behaviour, reserve*⟩; **sie ist sehr** ~: she is very discreet; **c)** *(dezent)* quiet ⟨*colour, elegance*⟩; subtle ⟨*perfume*⟩; **d)** *(Technik, Physik, Math.)* discrete. **2.** *adv.* **a)** *(vertraulich)* confidentially; **etw.** ~ **behandeln** treat sth. in confidence; **b)** *(taktvoll)* tactfully; **sich** ~ **zurückziehen** retire discreetly; **c)** *(dezent)* discreetly; ~ **gemustert sein** have a subdued pattern

**Diskretion** [dɪskre'tsi̯o:n] **die;** ~ **a)** *(Verschwiegenheit, Takt)* discretion; **in einer Angelegenheit äußerste/strengste** ~ **wahren** treat a matter in the strictest confidence; ~ **[ist] Ehrensache** you can rely on my discretion; **b)** *(Unaufdringlichkeit)* discreetness

**diskriminieren** [dɪskrimi'ni:rən] *tr. V.* **a)** *(herabwürdigen)* disparage; **b)** *(benachteiligen)* discriminate against

**Diskriminierung die;** ~, ~**en a)** discrimination **(von** against); **b)** *(Handlung)* act of discrimination; *(Äußerung)* discriminatory remark

**Diskurs** [dɪs'kʊrs] **der;** ~**es,** ~**e a)** *(Abhandlung)* discourse; **b)** *(geh.: Unterhaltung)* discourse *no indef. art. (literary);* conversation; **einen** ~ **[mit jmdm.] haben/führen** have *or* hold a conversation [with sb.]; **c)** *(Wortwechsel)* exchange [of words]; altercation; **d)** *(Sprachw.)* discourse

**diskursiv** [dɪskʊr'zi:f] *(Philos.)* **1.** *Adj.* discursive. **2.** *adv.* discursively

**Diskus** ['dɪskʊs] **der;** ~ *od.* ~**ses, Disken** *od.* ~**se** *(Leichtathletik)* discus

**Diskussion** [dɪskʊ'si̯o:n] **die;** ~, ~**en** discussion; *(Gesprächsrunde, Tagesgespräch)* discussion; debate; **etw. zur** ~ **stellen** put sth. up for discussion; **[nicht] zur** ~ **stehen** [not] be under discussion

**Diskussions-:** ~**abend der** discussion [evening]; ~**beitrag der** contribution to a/the discussion; ~**grund·lage die** basis of a/the discussion; **als** ~**grundlage dienen** serve as a basis for [a/the] discussion; ~**leiter der** chairman [of the discussion]; ~**teilnehmer der** participant [in a/the discussion]

**Diskus-:** ~**werfen das** *(Leichtathletik)* [throwing the] discus; **das** ~**werfen ist ...:** [throwing] the discus is ...; **die Meisterschaften im** ~**werfen** the discus championships; ~**werfer der,** ~**werferin die** discus thrower; ~**wurf der** *(Leichtathletik)* **a)** *o. Pl. (Disziplin)* throwing the discus; **beim** ~**wurf** in the discus; **b)** *(einzelner Wurf)* [discus] throw

**diskutabel** [dɪsku'ta:bl] *Adj.,* **diskutierbar** *Adj.* **[äußerst]** ~: [very well] worth considering *or* discussing *postpos.*

**diskutieren** [dɪsku'ti:rən] **1.** *itr. V.* **a) über etw.** *(Akk.)* ~: discuss sth.; **darüber wird viel zu viel diskutiert** there's much too much discussion about that; **darüber läßt sich** ~: that's debatable; **wir haben stundenlang diskutiert** our discussion went on for hours. **2.** *tr. V.* discuss

**dis-Moll** ['dɪs-] **das;** ~ *(Musik)* D sharp minor; *s. auch* **a-Moll**

**disparat** *Adj.* disparate

**Dispatcher** [dɪs'pɛtʃɐ] **der;** ~**s,** ~ *(DDR Technik)* controller

**Dispens** [dɪs'pɛns] **der;** ~**es,** ~**e** *(österr. u. kath. Kirche nur:)* **die;** ~, ~**en** *(bes. kath. Kirche)* dispensation **(von** from)

**dispensieren** *tr. V. (auch fig.)* dispense *(form., Eccl.),* excuse **(von** from)

**Dispensierung die;** ~, ~**en a)** *(Befreiung)* dispensation *(form., Eccl.),* exemption **(von** from); **b)** *(Pharm.)* dispensing; **Wartezeit bei** ~**en** waiting period for dispensed *or* made-up prescriptions

**Dispersion** [dɪspɛr'zi̯o:n] **die;** ~, ~**en** *(Physik, Chemie)* dispersion

**Dispersions·farbe die** emulsion paint

**Disponent** [dɪspo'nɛnt] **der;** ~**en,** ~**en a)** *(Wirtsch.)* junior departmental manager; **b)** *(am Theater)* manager

**Disponentin die;** ~, ~**nen a)** *(Wirtsch.)* junior departmental manager; **b)** *(am Theater)* manageress

**disponibel** [dɪspo'ni:bl] *Adj.* *(verfügbar)* available; *(vielseitig einsetzbar)* versatile

**disponieren 1.** *itr. V.* **a)** *(verfügen)* **über jmdn./etw.** ~ *(zur Verfügung haben)* have sb./sth. at one's disposal; **nach Belieben über jmdn./etw.** ~: do just as one wishes *or* likes with sb./sth.; **b)** *(vorausplanen)* plan ahead

**disponiert** *Adj.* **a) gut/schlecht** ~ **sein** be in good form *or* on form/be in bad form *or* off form; **b)** *(Med.)* **für** *od.* **zu etw.** ~ **sein** be disposed to sth.

**Disposition** [dɪspozi'tsi̯o:n] **die;** ~, ~**en a)** *(Verfügungsgewalt)* right of disposal; **jmdm. zur** *od.* **zu jmds.** ~ **stehen** be at sb.'s disposal; **jmdm. etw. zur** ~ **stellen** place sth. at sb.'s disposal; **jmdn. zur** ~ **stellen** *(Amtsspr.)* suspend sb.; **b)** *(Planung)* arrangement; ~**en treffen** make arrangements; **c)** *(Gliederung)* plan; **d)** *(Med.: Anlage)* disposition **(zu, für** to)

**Dispositions·kredit der** *(Finanzw.)* overdraft facility

**Disput** [dɪs'pu:t] **der;** ~**[e]s,** ~**e** *(geh.)* dispute, argument **(über** + *Akk.* about)

**disputabel** [dɪspu'ta:bl] *Adj. (geh.)* disputable

**Disputation** [dɪsputa'tsi̯o:n] **die;** ~, ~**en** *(Hochschulw., geh.: Streit)* disputation

**disputieren** *itr. V. (geh.)* discuss; *(streiten)* dispute; **über etw.** *(Akk.)* ~: discuss/dispute sth.

**Disqualifikation die** *(auch Sport)* disqualification

**disqualifizieren** *tr. V. (auch Sport)* disqualify

**Disqualifizierung die;** ~, ~en *(auch Sport)* disqualification
**Diss.** *Abk.* **Dissertation** diss.
**Dissens** [dɪ'sɛns] **der;** ~es, ~e *(geh.)* dissent *no indef. art.*: disagreement **(über** + *Akk.* over)
**Dissertation** [dɪsɛrta'tsi̯o:n] **die;** ~, ~en [doctoral] dissertation *or* thesis
**Dissident** [dɪsi'dɛnt] **der;** ~en, ~en, **Dissidentin, die;** ~, ~nen dissident; *(Rel.)* non-believer
**Dissimilation** [dɪsimila'tsi̯o:n] **die;** ~, ~en *(Sprachw., Biol.)* dissimilation
**dissimilieren** *tr. V. (Sprachw., Biol.)* dissimilate
**dissonant** [dɪso'nant] *Adj. (Musik)* dissonant
**Dissonanz** [dɪso'nants] **die;** ~, ~en *(Musik)* dissonance
**Distanz** [dɪs'tants] **die;** ~, ~en **a)** *(Abstand)* distance; **in einiger** ~: some distance away; ~ **zu etw. gewinnen** *(fig.)* distance oneself from sth.; **b)** *o. Pl. (Rangunterschied, Zurückhaltung)* ~ **wahren** *od.* **halten** keep one's distance; **die soziale** ~: the social gap; **auf** ~ **bleiben** *od.* **gehen** keep one's distance; **c)** *(Leichtathletik, Rennsport)* distance; **gegen Ende der** ~: towards the end of the race; **d)** *(Boxen: Abstand, Rundenzahl)* distance; **jmdn. auf** ~ **halten** keep sb. at long range
**distanzieren 1.** *refl. V.* **sich von jmdm./etw.** ~: dissociate oneself from sb./sth. **2.** *tr. V. (Sport: überrunden)* outdistance, outpace **(um** by); *(schlagen)* beat **(um** by)
**distanziert 1.** *Adj.* distant; reserved; reserved ⟨*politeness*⟩. **2.** *adv.* in a distant *or* reserved manner; with reserve
**Distel** ['dɪstl̩] **die;** ~, ~n thistle
**Distel·fink der** goldfinch
**Distichon** ['dɪstɪçɔn] **das;** ~s, **Distichen** *(Verslehre)* distich
**distinguiert** [dɪstɪŋ'gi:ɐ̯t] *(geh.)* **1.** *Adj.* distinguished. **2.** *adv.* in a distinguished manner
**Distribution** [dɪstribu'tsi̯o:n] **die;** ~, ~en *(auch Wirtsch., Math., Sprachw.)* distribution
**distributiv** [dɪstribu'ti:f] *Adj. (Sprachw., Math.)* distributive
**Distrikt** [dɪs'trɪkt] **der;** ~[e]s, ~e district; area; *(Bezirk)* district
**Disziplin** [dɪstsi'pli:n] **die;** ~, ~en **a)** *o. Pl. (Ordnung)* discipline; ~ **halten** keep discipline; *(sich diszipliniert verhalten)* behave in a disciplined way; **b)** *o. Pl. (Selbstbeherrschung)* [self-]discipline; **c)** *(Wissenschaftszweig, Sport)* discipline
**disziplinär** [dɪstsipli'nɛ:ɐ̯] *(bes. österr.)* **1.** *Adj.* disciplinary. **2.** *adv.* **gegen jmdn.** ~ **vorgehen** take disciplinary action against sb.
**disziplinarisch 1.** *Adj.* **a)** disciplinary; **b)** *(streng)* severe. **2.** *adv.* **a) gegen jmdn.** ~ **vorgehen** take disciplinary action against sb.; **jmdm.** ~ **unterstellt sein** be answerable to sb. in matters of discipline; **b)** *(streng)* **jmdn.** ~ **bestrafen** punish sb. severely
**Disziplinar-:** ~**maßnahme die;** *meist Pl.* disciplinary measure; ~**strafe die a)** *(Sport)* disciplinary penalty; **mit einer ~strafe rechnen müssen** have to expect disciplinary action; **eine hohe ~strafe** a heavy fine; **er erhielt eine ~strafe von 100 DM** he was fined 100 marks; **b)** *(Eishockey)* misconduct penalty; **c)** *(veralt.)* disciplinary measure; ~**verfahren das** disciplinary proceedings *pl.*
**disziplinieren 1.** *tr. V.* discipline. **2.** *refl. V.* discipline oneself
**diszipliniert 1.** *Adj.* **a)** *(geordnet)* well-disciplined; **b)** *(beherrscht)* disciplined. **2.** *adv.* **a)** *(geordnet)* in a well-disciplined way; **b)** *(beherrscht)* in a disciplined way
**Disziplinierung die;** ~, ~en disciplining *no indef. art.*
**disziplin-, Disziplin-:** ~**los 1.** *Adj.* undisciplined; **2.** *adv.* in an undisciplined way; ~**losigkeit die;** ~: lack of discipline; ~**schwierigkeiten** *Pl.* discipline problems; problems in maintaining discipline
**dithyrambisch** *Adj. (Literaturw.)* dithyrambic
**Dithyrambus** [dity'rambʊs] **der;** ~, **Dithyramben a)** *(Literaturw.)* dithyramb
**dito** ['di:to] *Adv. (Kaufmannsspr., auch ugs.)* ditto
**Diuretikum** [diu're:tikʊm] **das;** ~s, **Diuretika** *(Med.)* diuretic
**diuretisch** *(Med.) Adj.* diuretic
**Diva** ['di:va] **die;** ~, ~s *u.* **Diven a)** *(Künstlerin)* prima donna; diva; *(Film~)* great [film] star; **b)** *(eingebildeter Mensch)* prima donna
**divergent** [divɛr'gɛnt] **1.** *Adj. (auch fig., Math.)* divergent. **2.** *adv. (auch fig., Math.)* divergently; ~ **verlaufen** diverge
**Divergenz** [divɛr'gɛnts] **die;** ~, ~en *(auch Math.)* divergence; *(Meinungsverschiedenheit)* divergence of opinion
**divergieren** *itr. V. (auch Math.)* diverge
**divers...** [di'vɛrs...] *Adj.; nicht präd.* various; *(von derselben Sorte)* several; **die ~esten ...**: the most diverse ...
**Diversifikation** [divɛrzifika'tsi̯o:n] **die;** ~, ~en *(Wirtsch.)* diversification
**diversifizieren** [divɛrzifi'tsi:rən] *tr., itr. V. (Wirtsch.)* diversify
**Diversion** [divɛr'zi̯o:n] **die;** ~, ~en *(bes. DDR)* subversion
**Divertimento** [divɛrti'mɛnto] **das;** ~s, ~s *u.* **Divertimenti** *(Musik)* divertimento
**Divertissement** [divɛrtɪsə'mã:] **das;** ~s, ~s *(Musik)* divertissement
**Dividend** [divi'dɛnt] **der;** ~en, ~en *(Math.)* dividend
**Dividende** [divi'dɛndə] **die;** ~, ~n *(Börsenw., Wirtsch.)* dividend
**Dividenden·ausschüttung die** *(Börsenw., Wirtsch.)* payment of the dividend/of dividends
**dividieren** [divi'di:rən] *tr. V. (Math.)* divide
**Divis** [di'vi:s] **das;** ~es, ~e *(Druckw.)* hyphen
**Division** [divi'zi̯o:n] **die;** ~, ~en *(Math., Milit.)* division
**Divisions·kommandeur der** *(Milit.)* divisional commander
**Divisor** [di'vi:zɔr] **der;** ~s, ~en [-vi'zo:rən] *(Math.)* divisor
**Diwan** ['di:va:n] **der;** ~s, ~e *(veralt.: Sofa, Literaturw.: Gedichte)* divan
**Dixieland** ['dɪksɪlænd] **der;** ~[s] Dixieland
**d. J.** *Abk.* **a) dieses Jahres; b) der/die Jüngere**
**DJH** [de:jɔt'ha:] **der;** ~ *Abk.* **Deutscher Jugendherbergsverband** German Youth Hostel Association
**DKP** [de:ka:'pe:] **die;** ~ *Abk.* **Deutsche Kommunistische Partei** Communist Party of Germany
**DLRG** [de:|ɛl|ɛr'ge:] **die;** ~ *Abk.* **Deutsche Lebens-Rettungs-Gesellschaft** German Life Saving Society
**dm** *Abk.* **Dezimeter** dm
**DM** *Abk.* **Deutsche Mark** DM
**d. M.** *Abk.* **dieses Monats** inst.; **am 13. d. M.** on the thirteenth inst.
**d-Moll** ['de:mɔl] **das;** ~ *(Musik)* D minor; *s. auch* **a-Moll**
**DNS** [de:|ɛn'|ɛs] **die;** ~ *Abk. (Chemie)* **Desoxyribonukleinsäure** DNA
**do.** *Abk.* **dito** do.
**Do.** *Abk.* **Donnerstag** Thur[s].
**Dobermann** ['do:bɐman] **der;** ~s, **Dobermänner** Dobermann [pinscher]
**doch** [dɔx] **1.** *Konj.* but. **2.** *Adv.* **a)** *(jedoch)* but; **b)** *(dennoch)* all the same; still; *(trotzdem)* nevertheless; all the same; *(wider Erwarten)* after all; **aber ich habe ihn ~ erkannt** but I recognized him all the same; but I still recognized him; **und** ~: and yet; **aber die Ausstellung war ~ ganz interessant** but the exhibition was actually quite interesting; **c)** *(geh.: weil)* **wußte er ~, daß ...**: because he knew that ...; **d)** *(als Antwort)* **Das kannst du nicht! – Doch!** You can't do that! – [Oh] yes I can!; **Das stimmt nicht! – Doch!** That's not right! – [Oh] yes it is!; **Hast du keinen Hunger? – Doch!** Aren't you hungry? – Yes [I am]!; **doch schon, aber ...**: yes, I do/he does *etc.*, but ...; **e)** *(Angezweifeltes richtigstellend: tatsächlich)* **er war also ~ der Mörder!** so he 'was the murderer!; **sie hat es also ~ gesagt** so she 'did say it; **f)** *(etw. für unnütz erklärend)* in any case; **du kannst mir ~ nicht helfen** there's nothing you can do to help me. **3.** *Partikel* **a)** *(auffordernd, Ungeduld, Empörung ausdrückend) oft nicht übersetzt* **das hättest du ~ wissen müssen** you [really] should have known that; **du hast ~ selbst gesagt, daß ...** *(rechtfertigend)* you did say yourself that ...; **gib mir ~ bitte mal die Zeitung** pass me the paper, please; **Kinder, seid ~ nicht so laut!** don't make so much noise, children!; **reg dich ~ nicht so auf!** don't get so worked up!; **paß ~ auf!** [oh,] do be careful!; **das ist ~ nicht zu glauben** that's just incredible; **b)** *(Zweifel ausdrückend)* **du hast ~ meinen Brief erhalten?** you did get my letter, didn't you?; **es wird ihm ~ nichts passiert sein?** you don't think something has happened to him[, do you]?; **c)** *(Bestätigung erwartend)* **Sie kommen ~ morgen?** you will be coming tomorrow, won't you?; **d)** *(Überraschung ausdrückend) nicht übersetzt;* **das ist ~ Karl!** there's Karl! **e)** *(an Bekanntes erinnernd)* **er ist ~ nicht mehr der jüngste** he's not as young as he used to be[, you know]; **ich bin ~ deine Schwester** I 'am your sister[, you know]; **g)** *(nach Vergessenem fragend)* **wie war ~ sein Name?** now what was his name?; **h)** *(verstärkt Bejahung/Verneinung ausdrückend)* **gewiß/sicher** ~: [why] certainly; of course; **ja** ~: [yes,] all right *or (coll.)* OK; **nein** ~: [no,] of course not; **nicht ~!** *(abwehrend)* [no,] don't!; **sollen sie ~!** let them, then!; well, let them!; **i)** *(Wunsch verstärkend)* **wäre es ~ ...**: if only it were ...
**Docht** [dɔxt] **der;** ~[e]s, ~ wick
**Docht·schere die** snuffers *pl.*
**Dock** [dɔk] **das;** ~s, ~s dock
**Dock·arbeiter der** dock-worker; docker
**Docke die;** ~, ~n **a)** *(Garnbündel)* skein; **b)** *(Getreidebündel)* shock; stook; **c)** *(südd.: Puppe)* doll
[1]**docken** *tr. V.* shock, stook ⟨*corn*⟩; wind ⟨*thread*⟩ into a skein/skeins
[2]**docken 1.** *itr. V. (Seew., Raumf.)* dock. **2.** *tr. V. (Seew.)* dock ⟨*ship*⟩; put ⟨*ship*⟩ in dock
**Docker der;** ~s, ~: docker
**Dock·hafen der** dock
**Dodekaeder** [dodeka'|e:dɐ] **das;** ~s, ~ *(Geom.)* dodecahedron
**Dodekaphonie** [dodekafo'ni:] **die;** ~ *(Musik)* twelve-tone technique
**Doge** ['do:ʒə] **der;** ~n, ~n doge
**Dogge** ['dɔgə] **die;** ~, ~n **a) deutsche ~:** Great Dane; **b) englische ~:** mastiff
**Dogma** ['dɔgma] **das;** ~s, **Dogmen** *(bes. kath. Kirche, auch fig.)* dogma
**Dogmatik** [dɔ'gma:tɪk] **die;** ~, ~en **a)** *(Theol.)* dogmatics *sing., no art.*; **b)** *(fig. abwertend)* dogmatism
**Dogmatiker der;** ~s, ~, **Dogmatikerin die;** ~, ~nen *(Theol., auch fig.)* dogmatist
**dogmatisch** *(Theol., auch fig.)* **1.** *Adj.* dogmatic. **2.** *adv.* dogmatically
**dogmatisieren** *tr. V. (Theol., auch fig.)* dogmatize
**Dogmatismus der;** ~ *(oft abwertend)* dogmatism
**Dogmen·geschichte die;** *o. Pl. (Theol.)* history of dogma
**Dohle** ['do:lə] **die;** ~, ~n jackdaw
**Dohne** ['do:nə] **die;** ~, ~n springe

**Döhnkes** ['dø:nkəs] *Pl. (nordd.)* stories; yarns

**Doktor** ['dɔktɔr] **der; ~s, ~en** [-'to:rən] **a)** *o. Pl. (Titel)* doctorate; doctor's degree; **den/seinen ~ machen** do a/one's doctorate; **den ~ haben** have a doctorate *or* doctor's degree; **zum ~ promoviert werden** be awarded one's doctorate *or* doctor's degree; **b)** *(Träger)* doctor; **er ist ~ der Philosophie** he is a doctor of philosophy; **guten Tag, Frau ~!** hello, Doctor; *(Frau eines ~s)* hello, Mrs X; **Herr ~ Krause** Doctor Krause; **c)** *(ugs.: Arzt)* doctor; **der Onkel ~** *(Kinderspr.)* the nice doctor; **~ spielen** play doctors and nurses

**Doktorand** [dɔkto'rant] **der; ~en, ~en** student taking his/her doctorate; **er ist ~ bei Professor Meier** he is studying for his doctorate under Professor Meier

**Doktorạnden·kolloquium das** research students' colloquium

**Doktorạndin die; ~, ~nen** *s.* **Doktorand**

**Dọktor·arbeit die** doctoral thesis *or* dissertation (**über** + *Akk.* on)

**Doktorat** [dɔkto'ra:t] **das; ~[e]s, ~e a)** *(veralt.: Doktorwürde)* doctorate; **b)** *(österr.) s.* **Doktorprüfung**

**Dọktor-: ~diplom das** Ph. D. certificate; doctoral diploma *(Amer.)*; **~examen das** *s.* **~prüfung; ~grad der** doctorate; doctor's degree; **den ~grad erwerben** gain *or* get one's doctorate *or* doctor's degree; **~hut der a)** *(Hut)* doctor's cap; **b)** *(ugs.) s.* **~grad**

**Doktọrin die; ~, ~nen** doctor; *s. auch* **-in**

**Dọktor-: ~ingenieur der** doctor of engineering science; **~prüfung die** examination for a/one's doctorate; **~titel der** title of doctor; **den ~titel führen** *(sich ~ nennen)* call oneself doctor; *(den ~grad haben)* have a doctorate *or* doctor's degree; **~vater der** *(ugs.)* [thesis] supervisor; **~würde die** doctorate; doctor's degree

**Doktrin** [dɔk'tri:n] **die; ~, ~en** doctrine

**doktrinär** [dɔktri'nɛ:ɐ̯] **1.** *Adj.* doctrinal; *(abwertend: starr, einseitig)* doctrinaire. **2.** *adv.* doctrinally; *(abwertend: starr, einseitig)* in a doctrinaire way

**Doktrinär der; ~, ~e a)** *(Verfechter einer Doktrin)* advocate of a/the doctrine; **b)** *(abwertend)* doctrinaire

**Dokument** [doku'mɛnt] **das; ~[e]s, ~e a)** *(Urkunde)* document; **b)** *(Zeugnis)* document; record; **c)** *(DDR: Parteibuch)* party membership book

**Dokumentalist** [dɔkumɛnta'lɪst] **der; ~en, ~en** *(DDR),* **Dokumentar** [dɔkumɛn'ta:r] **der; ~s, ~e** documentalist

**Dokumentar-: ~bericht der** documentary report; **~film der** documentary [film]

**dokumentarisch 1.** *Adj.* documentary. **2.** *adv.* **etw. ~ belegen** provide documentary evidence of *or* for sth.; **etw. ~ festhalten** make a documentary record of sth.

**Dokumentar-: ~literatur die** documentary literature; **~theater das** documentary drama

**Dokumentation** [dɔkumɛnta'tsio:n] **die; ~, ~en a)** *o. Pl. (das Dokumentieren)* documentation; **b)** *(Material)* documentary account; *(Bericht)* documentary report; **c)** *o. Pl. (das Beweisen)* demonstration; **d)** *(Beweis, Ausdruck)* evidence

**dokumentieren 1.** *tr. V.* **a)** *(bekunden)* demonstrate ‹*readiness, cast of mind, sympathy, interest*›; express, register ‹*protest*›; **b)** *(belegen)* document; **c)** *(darstellen)* record ‹*behaviour, event*›. **2.** *refl. V. (offenbar werden)* **sich in** *od.* **an etw.** *(Dat.)* **~:** be demonstrated by sth.

**Dolby** Ⓦⓩ ['dɔlbi] **das; ~s** Dolby system **(P)**

**Dolce vita** ['dɔltʃə 'vi:ta] **das** *od.* **die; ~ ~:** dolce vita; **~ ~ machen** *(ugs.)* live a life of luxury and pleasure

**Dolch** [dɔlç] **der; ~[e]s, ~e** dagger

**Dọlch-: ~stich der** stab [with a dagger]; **~stoß der a)** *(Stoß)* dagger-thrust; **b)** *(fig.: Hinterhalt)* stab in the back; **~stoß·legende die** myth of the stab in the back

**Dolde** ['dɔldə] **die; ~, ~n** *(Bot.)* umbel

**Dọlden-: ~blütler der** *(Bot.)* **a)** *(aus der Ordnung ~blütler) plant of the order Umbelliflorae;* **b)** *s.* **~gewächs; ~gewächs das** *(Bot.)* umbellifer

**Dole** ['do:lə] **die; ~, ~n** *(südd.)* drain

**doll** [dɔl] *(bes. nordd., salopp)* **1.** *Adj.* **a)** *(ungewöhnlich)* incredible; amazing; **b)** *(verrückt)* batty *(sl.)*; *s. auch* **oll; c)** *(großartig)* fantastic *(coll.)*; great *(coll.)*; *(iron.)* great *(coll.)*; **d)** *(schlimm)* dreadful *(coll.)*. **2.** *adv.* **a)** *(verrückt)* like a madman; **b)** *(großartig)* fantastically [well] *(coll.)*; **c)** *(sehr)* ‹*hurt*› dreadfully *(coll.)*, like mad; ‹*shake, rain*› good and hard *(coll.)*; **es regnet immer ~er** it's chucking it down harder than ever *(coll.)*; **sich ~ freuen** be terribly pleased *(coll.)*

**Dollar** ['dɔla:ɐ̯] **der; ~[s], ~s** dollar; **zwei ~:** two dollars

**Dọllar-: ~kurs der** dollar rate; **~zeichen das** dollar sign

**Dọlle die; ~, ~n** rowlock

**Dọll·punkt der** *(ugs.)* bone of contention

**Dolly** ['dɔli] **der; ~[s], ~s** *(Film)* dolly

**Dolmetsch** ['dɔlmɛtʃ] **der; ~[e]s, ~e a)** *(bes. österr.: Dolmetscher)* interpreter; **b)** *(geh.: Fürsprecher, Verkünder)* spokesman (*Gen.* for)

**dọlmetschen 1.** *itr. V. (übersetzen)* act as interpreter (**bei** at); *(als Dolmetscher arbeiten)* work as *or* be an interpreter. **2.** *tr. V.* act as interpreter at ‹*discussion etc.*›

**Dọlmetscher der; ~s, ~** interpreter; **sich über einen** *od.* **mit Hilfe eines ~ unterhalten** talk through an interpreter

**Dọlmetscherin die; ~, ~nen** *s.* **Dolmetscher;** *s. auch* **-in**

**Dọlmetscher-: ~institut das, ~schule die** institute *or* school of interpreting

**Dolomit** [dolo'mi:t] **der; ~s, ~e** *(Geol.)* dolomite

**Dolomiten** *Pl.* **die ~:** the Dolomites

**Dom** [do:m] **der; ~[e]s, ~e a)** cathedral; *(fig.)* dome; **der Kölner ~, der ~ zu Köln** Cologne Cathedral; **b)** *(Geol.)* dome

**Domäne** [do'mɛ:nə] **die; ~, ~n a)** *(Spezialgebiet)* domain; **b)** *(Staatsgut)* demesne

**Domestik** [domɛs'ti:k] **der; ~en, ~en** *(veralt. abwertend)* domestic

**Domestikation** [domɛstika'tsio:n] **die; ~, ~en** domestication

**Domestike der; ~n, ~n** *s.* **Domestik**

**Domestikin die; ~, ~nen** *(verhüll.)* sub girl *(coll.)*

**domestizieren** [domɛsti'tsi:rən] *tr. V.* domesticate; *(fig.)* tame; subdue

**Dọm-: ~freiheit die** *(hist.) area of a city, usually around the cathedral, under the jurisdiction of the Church;* **~herr der** *(kath. Rel.)* canon

**¹Domina** ['do:mina] **die; ~, Dominä** abbess; mother superior

**²Dọmina die; ~, ~s** *(verhüll.)* mistress; dominatrix

**dominant** [domi'nant] **1.** *Adj. (auch Biol.)* dominant. **2.** *adv.* dominantly

**Dominạnt·akkord der** *(Musik)* dominant chord

**Dominạnte die; ~, ~n a)** *(Hauptmerkmal)* dominant feature; **b)** *(Musik)* *(Quint)* dominant; *(Dreiklang) s.* **Dominantakkord**

**Dominant·sẹpt·akkord der** *(Musik)* dominant seventh chord

**Dominanz** [domi'nants] **die; ~, ~en** *(auch Biol.)* dominance

**dominieren** [domi'ni:rən] **1.** *itr. V.* dominate; ‹*aspect*› predominate, dominate; **~d** dominant. **2.** *tr. V.* dominate

**Dominikaner** [domini'ka:nɐ] **der; ~s, ~, Dominikanerin die; ~, ~nen a)** *(Mönch/Nonne)* Dominican; **b)** *(Einwohner/Einwohnerin der Dominikanischen Republik)* Dominican

**Dominikaner·orden der** *o. Pl.* Dominican order

**dominikanisch** *Adj.* Dominican; **die Dominikanische Republik** the Dominican Republic

**¹Domino** ['do:mino] **der; ~s, ~s** *(Mantel, Person)* domino

**²Dọmino das; ~s, ~s** *(Spiel)* dominoes *sing.*

**³Dọmino der; ~s, ~s** *(österr.: ~stein)* domino

**Dọmino-: ~spiel das a)** dominoes *sing.*; **b)** *(~steine)* [set *sing.* of] dominoes *pl.*; **c)** *(~partie)* game of dominoes; **~stein der a)** *(Spielstein)* domino; **b)** *(Gebäck) small chocolate-covered cake with layers of marzipan, jam, and gingerbread*

**Domizil** [domi'tsi:l] **das; ~s, ~e a)** *(geh.)* domicile; residence; **bei jmdm./in einer Stadt** *usw.* **~ nehmen** take up residence with sb./in a town *etc.*; **b)** *(Finanzw.)* place of payment

**domizilieren** *tr. V. (Finanzw.)* domicile

**Dọm-: ~kapitel das** *(kath. Kirche)* cathedral chapter; **~kapitular der** *(kath. Kirche)* canon; **~pfaff der; ~en** *od.* **~s, ~en** *(Zool.)* bullfinch; **~prediger der** *(ev. Kirche)* cathedral preacher; **~probst der** *(kath. Kirche)* dean; provost

**Dompteur** [dɔmp'tø:ɐ̯] **der; ~s, ~e, Dompteuse** [dɔmp'tø:zə] **die; ~, ~n** tamer

**Donau** ['do:nau] **die; ~:** Danube

**Dọnau-: ~monarchie die; ~** *(hist.)* Austro-Hungarian Empire; **~schwaben** *Pl. German settlers on the middle Danube*

**Dönkes** ['dœnkəs] *Pl. (nordd.) s.* **Döhnkes**

**Donner** ['dɔnɐ] **der; ~s, ~** *(auch fig.)* thunder; **der erste ~:** the first clap *or* peal of thunder; **wie vom ~ gerührt dastehen** *od.* **sein** be thunderstruck; **~ und Blitz** *od.* **Doria!** *(veralt.)* by Jove! *(dated coll.)*

**Dọnner-: ~balken der** *(salopp)* bog *(Brit. sl.)*; latrine; *(Sitzstange)* latrine seat; **~getöse das;** *o. Pl.* thunderous din; **~gott der;** *o. Pl.* god of thunder; **~keil der a)** *o. Art. (ugs.: Ausruf des Erstaunens)* my word; **b)** *(Werkzeug, Belemnit)* thunderstone; **~littchen** [~lɪtçən], **~lüttchen** ['~lʏtçən] *o. Art. (nordd.: Ausruf des Erstaunens)* my word; wow

**dọnnern 1.** *itr. V.* **a)** *(unpers.)* thunder; **es hat gedonnert und geblitzt** there was thunder and lightning; **b)** *(fig.)* ‹*gun*› thunder, boom [out]; ‹*engine*› roar; ‹*hooves*› thunder; **~der Applaus** thunderous applause; **c)** *mit sein (sich laut fortbewegen)* ‹*train, avalanche, etc.*› thunder; **d)** *(ugs.: schlagen)* thump, hammer (**an** + *Akk.*, **gegen** on); **e)** *mit sein (ugs.: prallen)* **gegen etw. ~:** smash into sth.; **der Ball donnerte an die Latte** the ball slammed against the bar; **f)** *(ugs.: schimpfen)* **gegen etw. ~:** rage against sth. **2.** *tr. V.* **a)** *(ugs.: schleudern)* sling *(coll.)*; hurl; **b)** *(ugs.: schlagen)* slam; **jmdm. eine** *od.* **ein paar ~:** thump sb.; give sb. a good thumping; **c)** *(ugs.: schimpfen)* thunder

**Dọnner·schlag der** clap *or* peal of thunder; **die Nachricht traf uns wie ein ~:** the news completely stunned us

**Dọnners·tag der** Thursday; *s. auch* **Dienstag**

**dọnnerstags** *Adv.* on Thursday[s]; *s. auch* **dienstags**

**Dọnner-: ~stimme die** thundering voice; **~wetter das a)** *(ugs.: Krach)* row; **das wird ein [schönes] ~wetter geben** *od.* **setzen** that will cause a hell of a row *(coll.)*; **ein ~wetter über sich ergehen lassen müssen** be given what for *(sl.)*; **b)** ['--'--] *o. Art. (ugs.: Ausruf der Verärgerung)* **zum ~wetter [noch einmal]!** damn it!; **warum, zum ~wetter, ...?** why, for Heaven's sake, ...?; **c)** ['--'--] *o. Art.*

*(ugs.: Ausruf der Bewunderung)* my word; wow

**Don Quichotte** [dɔnki'ʃɔt] **(der)** Don Quixote

**Donquichotterie** [dɔnkiʃɔtə'ri:] **die; ~, ~n** quixotism; quixotry

**doof** [do:f] *(ugs. abwertend)* **1.** *Adj.* **a)** *(einfältig)* stupid; dumb *(coll.)*; dopey *(sl.)*; **~ bleibt ~[, da helfen keine Pillen]** once a fool, always a fool; **b)** *(langweilig)* boring; **c)** *nicht präd. (ärgerlich)* stupid. **2.** *adv. (beschränkt)* stupidly; **da hat er vielleicht ~ geguckt** he didn't half make *(Brit.)* *or* really made a stupid face

**Doofheit die; ~, ~en** *(ugs. abwertend)* **a)** *o. Pl.* stupidity; dumbness *(coll.)*; **b)** *(Äußerung)* stupid *or (coll.)* dumb remark

**Doofi** ['do:fi] **der; ~[s], ~s** *(ugs.)* dope *(coll.)*; dummy; [stupid] twit *(sl.)*; **steh nicht da wie Klein ~ mit Plüschohren!** stop looking so stupid!

**Doofkopp** [-kɔp] **der; ~s, Doofköppe** [-kœpə], **Doofmann der; ~[e]s, Doofmänner** *(ugs. abwertend)* dope *(coll.)*; dummy; [stupid] twit *(sl.)*

**dopen** ['dɔpn̩] *tr. V.* dope ⟨*horse etc.*⟩; **jmdn. ~:** give sb. drugs; **gedopt sein** ⟨*athlete*⟩ have taken drugs; **sich ~:** take drugs

**Doping** ['dɔpɪŋ] **das; ~s, ~s a)** *(bei Sportlern)* taking drugs; *(das Verabreichen von Drogen)* administering drugs; **b)** *(von Pferden usw.)* doping

**Doppel** ['dɔpl̩] **das, ~s, ~ a)** *(Kopie)* duplicate; copy; **b)** *(Sport)* doubles *sing. or pl.*; **im gemischten/das gemischte ~ gewinnen** win the mixed doubles; **ein ~:** a game of doubles; *(im Turnier)* a doubles match

**doppel-, Doppel-: ~adler der** double eagle; **~agent der** double agent; **~album das** double album *or* LP; **~-b das** *(Musik)* double flat; **~band der** double[-sized] volume; **~belastung die** double burden *or* load; **~belichtung die** *(Fot.)* double exposure; **~beschluß der** *(Politik)* twin-track decision; **~besteuerung die** double taxation; **~bett das** double bed; **~bock das** extra-strong bock beer; **~bödig** [~bø:dɪç] **1.** *Adj.* ambiguous; **2.** *adv.* ambiguously; **~bödigkeit die; ~, ~en** ambiguity; **~bogen der** double sheet; **~bruch der** *(Math.)* compound *or* complex fraction; **~decker der; ~s, ~ a)** *(Flugzeug)* biplane; **b)** *(Omnibus)* double-decker [bus]; **~deutig** [~dɔytɪç] **1.** *Adj.* **a)** ambiguous; **b)** *(anzüglich)* suggestive; **2.** *adv.* **a)** ambiguously; **b)** *(anzüglich)* suggestively; **~deutigkeit die; ~, ~en a)** ambiguity; **b)** *(Anzüglichkeit)* suggestiveness; *(anzügliche Äußerung)* double entendre; **~fenster das** double-glazed window; **~fenster haben** have double glazing; **~flinte die** double-barrelled shotgun; **~gänger der; ~s, ~, ~gängerin die; ~, ~nen** double; **~gleisig 1.** *Adj.* **a)** *(mit zwei Gleisen)* double-tracked; **b)** *(zwielichtig)* dubious; **2.** *adv.* **a)** *(mit zwei Gleisen)* **diese Strecke ist ~gleisig ausgebaut** this section is double-tracked *or* has two tracks; **~gleisig fahren** *(fig.)* adopt a two-pronged strategy; **b)** *(zwielichtig)* dubiously; **~griff der** *(Musik)* double-stop; **~haus das** pair of semi-detached houses; **~haus·hälfte die** semi[-detached house]; **~heft das** double issue; **~hoch·zeit die** double wedding; **~kinn das** double chin; **~klick der; ~s, ~s** *(DV)* double click; **~knoten der** double knot; **~konsonant der** *(Sprachw.)* double consonant; **~konzert das** double concerto; **~kopf der;** *o. Pl. (Kartenspiel)* Doppelkopf; **~lauf der** double barrel; **~laut der** *(Sprachw.)* **a)** *(Diphthong)* diphthong; **b)** *(~konsonant)* double consonant; **c)** *(~vokal)* double vowel; **~leben das** double life; **~moral die** double standards *pl.*; **~mord der** double murder

**doppeln** *tr. V.* **a)** *(südd., österr.)* resole; **b)** *(DV)* reproduce

**doppel-, Doppel-: ~naht die** French seam; **~name der** double-barrelled name *(Brit.)*; hyphenated name; **~paß der** *(Fußball)* one-two; **~punkt der** colon; **~reihig** *Adj. s.* **zweireihig; ~rolle die** dual role; **~schicht die** double shift; **eine ~schicht fahren** work a double shift; **~schlag der a)** *(Musik)* turn; **b)** *(Tennis, Tischtennis, Badminton)* double hit; **~seite die** *(Zeitungsw.)* double page; **~seitig 1.** *Adj.* **a)** *(Zeitungsw.)* two-page *attrib.*; double-page *attrib.*; **b)** *(Med.)* double ⟨*pleurisy, pneumonia*⟩; bilateral ⟨*paralysis*⟩; **2.** *adv.* **a)** *(Zeitungsw.)* **~seitig gedruckt** printed across two pages *or* a double page; **b)** *(Med.)* **~seitig gelähmt** paralysed on both sides; **~sieg der** first and second place; **einen ~sieg feiern** celebrate taking first and second place; **~sinnig 1.** *Adj.* ambiguous; **2.** *adv.* ambiguously; **~spiel das a)** *(Sport)* doubles *sing.* or *pl.*; **b)** *(abwertend: Unehrlichkeit)* double game; **~steck·dose die** *(Elektrot.)* double socket; **~stecker der** *(Elektrot.)* two-way plug *or* adapter; **~stöckig** *Adj.* two-storey ⟨*house*⟩; double-decker *attrib.* ⟨*bus*⟩; *(fig.)* double ⟨*whisky etc.*⟩; **ein ~stöckiges Bett** a bunk-bed; **~stunde die** double period

**doppelt 1.** *Adj.* **a)** *(zweifach)* double; dual ⟨*nationality*⟩; **die ~e Länge/Breite/Menge** double *or* twice the length/breadth/quantity; **~e Buchführung** *(Kaufmannsspr.)* double-entry bookkeeping; **ein ~er Klarer** *(ugs.)* a double schnapps; **ein ~er Boden** a false bottom; **b)** *(besonders groß, stark)* redoubled ⟨*enthusiasm, attention*⟩; **mit ~er Kraft arbeiten** work with twice as much energy; **2.** *adv.* **a)** *(zweimal)* **~ konzentriert** double concentrated; **der Stoff liegt ~:** the material is double-width; **~ genäht hält besser** *(Spr.)* it's better to be on the safe side; better safe than sorry; **das ist ~ gemoppelt** *(ugs.)* that's just saying the same thing twice over; **~ so groß/alt wie ...:** twice as large/old as ...; **~ soviel** twice as much; **das/diese Platte habe ich ~:** I have two of them/two copies of this record; **etw. ~ nehmen** double sth. up; **~ sehen** see double; **etw. ~ und dreifach bereuen/prüfen** regret sth. deeply/test and retest sth.; **b)** *(ganz besonders, noch mehr)* **~ einsam** twice as lonely; **sich ~ anstrengen** try twice as hard; **es ~ bereuen, daß ...:** be even more sorry that ...

[1]**Doppelte das;** *adj. Dekl.* **das ~ bezahlen** pay twice as much; pay double; **um/auf das ~ steigen** triple/double; **etw. um das ~ erhöhen** triple sth.; **um das ~ größer** three times as large; **das ~ leisten** do double the work *or* twice as much work

[2]**Doppelte der;** *adj. Dekl. (ugs.)* double

**doppelt·kohlen·sauer** *Adj.* *(Chemie)* **...saures Natron** sodium bicarbonate; bicarbonate of soda; **...saurer Kalk** calcium bicarbonate

**Doppelt·sehen das; ~s** *(Med.)* double vision; diplopia *(Med.)*

**Doppel·tür die** double door

**Doppelung die; ~, ~en** doubling

**doppel-, Doppel-: ~verdiener der a)** *Pl. (Eheleute)* married couple who are both earning; **b)** *(mit zwei Einkommen)* person with an income from two jobs; **~verdiener sein** have an income from two jobs; **~vokal der** *(Sprachw.)* double vowel; **~zentner der** 100 kilograms; quintal; **~zimmer das** double room; **~züngig** [-tsʏnɪç] *(abwertend)* **1.** *Adj.* two-faced; **2.** *adv.* **~züngig reden** be two-faced; **~züngigkeit die; ~** *(abwertend) s.* **~züngig:** double-facedness; two-facedness

**Doppler·effekt der; ~[e]s** *(Physik)* Doppler effect

**Dorado** [do'ra:do] *s.* **Eldorado**

**Dorf** [dɔrf] **das; ~[e]s, Dörfer** ['dœrfɐ] *(auch ugs.: die Einwohner)* village; **auf dem ~:** in the country; **vom ~ kommen** *od.* **stammen** come from the country; **aufs ~ ziehen** move to the country; **über die Dörfer** from village to village; **über die Dörfer fahren** drive on country roads; **das olympische ~:** the Olympic village; **das sind mir/für mich böhmische Dörfer** *(ugs.)* it's all Greek to me; **auf/über die Dörfer gehen** *(Skat)* lead the side suits; **aus** *od.* **in jedem ~ einen Hund haben** *(Skat)* have a more or less even distribution; *s. auch* **potemkinsch**

**Dorf-: ~akademie die** *(DDR)* village adult education centre; **~älteste der** village elder; **~anger der** village green; **~bewohner der** villager

**Dörfchen** ['dœrfçən] **das; ~s, ~:** small village; hamlet

**Dorf·depp der** *(bes. südd., österr.)* village idiot

**dörfisch 1.** *Adj.* rustic. **2.** *adv.* rustically

**Dorf-: ~jugend die** young people *pl.* of the village; village youth; **~krug der** *(nordd.)* village inn *or (Brit. coll.)* pub

**Dörfler** ['dœrflɐ] **der; ~s, ~, Dörflerin die; ~, ~nen** villager

**dörflich** *Adj.* village *attrib.* ⟨*life, traditions, etc.*⟩; *(ländlich)* rural ⟨*character*⟩

**Dorf-: ~polizist der** village policeman; **~schenke die** village inn *or (Brit. coll.)* pub; **~schönheit die** village beauty; **~schulze der** *(veralt.)* mayor of the/a village; **~trottel der** village idiot

**dorisch** ['do:rɪʃ] *Adj.* **a)** *(Archit.)* Doric; **b)** *(Musik)* Dorian ⟨*mode*⟩

[1]**Dorn** [dɔrn] **der; ~[e]s, ~en** *(ugs. auch:)* **Dörner** ['dœrnɐ] **a)** *(an Rosen o. ä.)* thorn; **jmdm. ein ~ im Auge sein** annoy sb. intensely; **sein Weg war voller ~en** *(fig. geh.)* his life was no bed of roses; **b)** *(Bot.)* thorn; spine; **c)** *(dichter.: ~busch)* thorn-bush

[2]**Dorn der; ~[e]s, ~e a)** *(Metallstift)* spike; *(an der Gürtelschnalle)* tongue; **b)** *(Technik)* *(zum Weiten von Löchern o. ä.)* punch; *(zum Biegen von Blechen o. ä.)* mandrel

**Dorn·busch der** thorn-bush; **der brennende ~** *(bibl.)* the burning bush

**dornen-, Dornen-: ~gestrüpp das** tangle of thorn-bushes; **~krone die** crown of thorns; **~reich** *Adj. (fig. geh.)* hard ⟨*life, fate*⟩; thorny ⟨*path*⟩; **~strauch der** thorn-bush; **~voll** *Adj. (fig. geh.) s.* **~reich**

**Dorn·fort·satz der** *(Anat.)* spinous process

**dornig** *Adj.* **a)** *(mit Dornen)* thorny; **b)** *(geh.: schwierig)* hard ⟨*life, fate*⟩; thorny ⟨*path, subject, question*⟩

**Dorn-: ~röschen (das)** the Sleeping Beauty; **~röschen·schlaf der** *(iron.)* long sleep

**dorren** ['dɔrən] *itr. V.; mit sein (geh.)* dry up

**dörren** ['dœrən] **1.** *tr. V. (trocken machen)* dry. **2.** *itr. V.; mit sein* dry

**Dörr-: ~fleisch das** *(südd.)* lean bacon; **~obst das** dried fruit; **~pflaume die** prune

**dorsal** [dɔr'za:l] *Adj.* **a)** *(Med.)* dorsal ⟨*artery, nerve*⟩; spinal ⟨*curvature*⟩; **b)** *(Phon.)* dorsal

**Dorsch** [dɔrʃ] **der; ~[e]s, ~e** cod; *(junger Kabeljau)* codling

**dort** [dɔrt] *Adv.* there; *s. auch* **da 1 a**

**dort-: ~|behalten** *unr. tr. V.* **jmdn./etw. ~behalten** keep sb./sth. there; **~|bleiben** *unr. itr. V.; mit sein* stay there; **~her** *Adv.* **[von] ~her** from there; **~hin** *Adv.* there; **bis ~hin** as far as there; **ich ging ~hin, wo der Wagen wartete** I went to where the car was waiting; **~hinab** *Adv.* down there; down that way; **~hinauf** *Adv.* up there; up that way; **bis ~hinauf** up to there; **~hinaus** *Adv.* out there; *(in diese Richtung)* out that way; **frech bis ~hinaus** *(ugs.)* [as] cheeky as anything; **das ärgert mich bis ~hinaus** *(ugs.)*

that really gets me *or* my goat *(sl.)*; **~hinein** *Adv.* in there; **~hinunter** *Adv.* down there

**dortig** *Adj.; nicht präd.* there *postpos.*

**dort·zu·lande** *Adv. (geh.)* in that country; there

**Döschen** ['dø:sçən] **das; ~s, ~** *s.* **Dose a:** small tin/box

**Dose** ['do:zə] **die; ~, ~n a)** *(Blech~)* tin; *(Pillen~)* box; *(Zucker~)* bowl; **b)** *(Konserven~)* can; tin *(Brit.)*; *(Bier~)* can; **Bier aus der ~:** canned beer; beer in cans; **c)** *(Steck~)* socket

**dösen** ['dø:zn̩] *itr. V. (ugs.)* doze; **vor sich hin ~:** doze

**dosen-, Dosen-: ~bier das** canned beer; **~fertig** *Adj.* ready in the can *or (Brit.)* tin *postpos.*; **~fleisch das** canned *or (Brit.)* tinned meat; **~milch die** canned *or (Brit.)* tinned milk; **~öffner der** can opener; tin-opener *(Brit.)*

**dosierbar** *Adj.* **etw. ist genau** *od.* **exakt ~:** sth. can be measured out in precise *or* exact doses

**dosieren** *tr. V.* **etw. ~:** measure out the required dose of sth.; *(zuführen)* administer the required dose of sth.; **ein Medikament genau/niedriger ~:** measure out/administer an exact/a smaller dose of a medicine; **sorgfältig dosierte Mengen** carefully measured doses; **seine Zuneigung sehr dosiert verteilen** *(fig.)* dispense one's affection in very small doses

**Dosierung die; ~, ~en a)** *o. Pl.* measuring out; *(das Zuführen)* administering; *(fig.)* dispensing; **b)** *s.* **Dosis**

**dösig** ['dø:zɪç] *(ugs.)* **1.** *Adj.* **a)** *(schläfrig)* drowsy; dozy; **b)** *(benommen)* dopey *(sl.)*; **ich habe einen ganz ~en Kopf** my head is all muzzy; **c)** *(unaufmerksam)* dozy *(coll.)*. **2.** *adv.* **a)** *(schläfrig)* drowsily; **b)** *(benommen)* dopily *(sl.)*; **c)** *(unaufmerksam)* dozily *(coll.)*

**Dosimeter** [dozi'me:tɐ] **das; ~s, ~** *(Physik)* dosimeter

**Dosis** ['do:zɪs] **die; ~, Dosen** *(auch fig.)* dose; **die tägliche ~:** the daily dosage

**Döskopp** ['dø:skɔp] **der; ~s, Dösköppe** ['dø:skœpə] *(salopp)* dozy twit *(Brit. sl.)*; dim-wit

**Dossier** [dɔ'sie:] **das,** *(veraltet:)* **der; ~s, ~s** dossier

**Dotation** [dota'tsio:n] **die; ~, ~en** endowment

**dotieren** [do'ti:rən] *tr. V.* **a) eine Position gut/mit 5000 DM ~:** offer a good salary/a salary of 5,000 marks with a position; **b)** *(Physik)* dope

**dotiert 1.** *2. Part. v.* **dotieren. 2.** *Adj.* **eine gut/mit 5000 DM im Monat ~e Stellung** a well-paid position/a position with a monthly salary of 5,000 marks; **das Rennen ist gut ~:** good prize-money is being put up for the race

**Dotierung die; ~, ~en a)** *o. Pl. (das Dotieren)* **die ~ des Wettbewerbs/Rennens** putting up the prize-money for the competition/race; **b)** *(Entgelt)* remuneration; salary; *(Preis, Gewinn)* prize

**Dotter** ['dɔtɐ] **der** *od.* **das; ~s, ~ a)** *(Eigelb)* yolk; **b)** *(Zool.: Nährsubstanz)* vitellus; yolk

**dotter-, Dotter-: ~blume die** marsh marigold; **~gelb** *Adj.* bright yellow; **~sack der** *(Zool.)* yolk-sac

**doubeln** ['du:bl̩n] **1.** *tr. V.* stand in for ⟨*actor*⟩; use a stand-in for ⟨*scene*⟩; **sich ~ lassen** use *or* have a stand-in. **2.** *itr. V.* **für jmdn. ~:** stand in for sb.

**Double** ['du:bl̩] **das; ~s, ~s a)** *(Ersatzdarsteller[in])* stand-in; **b)** *(Doppelgänger, Sport: doppelter Gewinn)* double; **c)** *(Musik: Variation)* double

**Doublé** [du'ble:] **das; ~s, ~s a)** *(Schmuck)* rolled gold; **b)** *(Fechten)* double hit

**doublieren** *s.* **dublieren**

**Douglasie** [du'gla:ziə] **die; ~, ~n, Douglas·fichte** ['du:glas-], **Douglas·tanne die** Douglas fir *or* spruce

**down** [daʊn] *Adj.; nicht attr. (salopp)* down

**Doyen** [dɔa'jɛ̃:] **der; ~s, ~s** doyen

**Doyenne** [dɔa'jɛn] **die; ~, ~n** doyenne

**Dozent** [do'tsɛnt] **der; ~en, ~en, Dozentin die; ~, ~nen** lecturer **(für** in); s. auch **-in**

**Dozentur** [dotsɛn'tu:ɐ̯] **die; ~, ~en** lectureship **(für** in)

**dozieren** [do'tsi:rən] **1.** *itr. V.* **a)** *(lehren)* lecture **(über** + *Akk.* on, **an** + *Dat.* at); **b)** *(belehrend reden)* lecture. **2.** *tr. V.* **„...", dozierte sie** '...,' she said in a lecturing tone

**dpa** [de:pe:'|a:] **die; ~** *Abk.* **Deutsche Presse-Agentur** West German Press Agency

**Dr.** *Abk.:* **Doktor** Dr; *s. auch* **Dr. phil.**

**Drache** ['draxə] **der; ~n, ~n** *(Myth.)* dragon

**Drachen der; ~s, ~ a)** *(Papier~)* kite; **einen ~ steigen lassen** fly a kite; **b)** *(salopp: zänkische Frau)* dragon; **c)** *(Fluggerät)* hang-glider; **d)** *(Segelboot)* dragon

**Drachen-: ~blut das** *(Myth.; Chemie)* dragon's blood; **~fliegen das; ~s** *(Sport)* hang-gliding; **~saat die** *(geh.)* seeds *pl.* of discord

**Dragée, Dragee** [dra'ʒe:] **das; ~s, ~s** dragée

**Dragoner** [dra'go:nɐ] **der; ~s, ~ a)** *(salopp: resolute Frau)* battleaxe *(coll.)*; **b)** *(hist.: Soldat)* dragoon

**Draht** [dra:t] **der; ~[e]s, Drähte** ['drɛ:tə] **a)** *(dünnes Metall)* wire; **b)** *(Leitung)* wire; cable; *(Telefonleitung)* line; wire; **c)** *(Telefonverbindung)* line; **per** *od.* **über ~:** by wire *or* cable; **hast du einen ~ zur Polizei?** *(fig.)* have you got a direct line to the police?; **heißer ~:** hot line; **auf ~ sein** *(ugs.)* be on the ball *(coll.)*; **jmdn. auf ~ bringen** *(ugs.)* make sb. get a move on

**Draht-: ~aus·löser der** *(Fot.)* cable release; **~bürste die** wire brush

**Drähtchen** ['drɛ:tçən] **das; ~s, ~:** little wire

**drahten** *tr. V. (veralt.)* wire *(coll.)*; *(ins Ausland)* cable; **an jmdn./nach Paris ~, daß ...:** wire/cable sb./Paris to say that ...

**Draht-: ~esel der** *(ugs. scherzh.)* bike *(coll.)*; **~funk der** wired radio; **~geflecht das** wire mesh; **~gitter das** wire netting *no indef. art.*; **~glas das** wire glass

**drahtig** *Adj.* wiry ⟨*person, hair*⟩

**draht-, Draht-: ~los** *(Nachrichtenw.)* **1.** *Adj.* wireless; **2.** *adv.* **etw. ~los telegrafieren/übermitteln** radio sth.; **~schere die** wire-cutters *pl.*; **~seil das** [steel] cable; **~seil·bahn die** cable railway; **~seil·künstler der** tightrope walker; **~verhau der** *od.* **das** *(Barriere)* wire entanglement; *(Käfig)* wire enclosure; **~zange die** cutting pliers *pl.*; **~zaun der** wire fence; **~zieher** [-tsi:ɐ] **der a)** *(Beruf)* wire-drawer; **b)** *(Hintermann)* wire puller; **~zieherei die; ~, ~en** wire works

**Drainage** [drɛ'na:ʒə] **die; ~, ~n** *(Med., Landw., Kfz-W.)* drainage

**drainieren** [drɛ'ni:rən] *tr. V. (Med., Landw.)* drain

**Draisine** [drai'zi:nə] **die; ~, ~n a)** *(Laufrad)* dandy-horse; **b)** *(Schienenfahrzeug)* trolley

**drakonisch** [dra'ko:nɪʃ] **1.** *Adj.* Draconian. **2.** *adv.* in a Draconian way

**drall** [dral] *Adj.* strapping ⟨*girl*⟩; full, rounded ⟨*cheeks, face, bottom*⟩

**Drall der; ~[e]s, ~e a)** *(bei Feuerwaffen)* rifling; **b)** *(eines Geschosses, Balls)* spin; **er hat einen ~ nach rechts** *(fig.)* he leans to the right *or* has right-wing tendencies; **c)** *(Physik) (Verdrehung)* torsion; *(Rotation)* rotation; *(Drehimpuls)* angular momentum

**Dralon** Ⓦⓩ ['dra:lɔn] **das; ~[s]** Dralon **(P)**

**Drama** ['dra:ma] **das; ~s, Dramen** drama; **ein einziges/furchtbares ~** *(fig.)* an absolute/a terrible disaster; **das ~ um die Entführung** *(fig.)* the drama of *or* surrounding the hijack

**Dramatik** [dra'ma:tɪk] **die; ~:** drama

**Dramatiker der; ~s, ~:** dramatist

**dramatisch 1.** *Adj.* dramatic. **2.** *adv.* dramatically; **der Autor hat den Stoff ~ bearbeitet** the author adapted the material as a drama *or* for the stage

**dramatisieren** *tr. V.* dramatize

**Dramaturg** [drama'tʊrk] **der; ~en, ~en** *(Theater)* literary and artistic director *(who also plans the programme of performances and advises on choice of costumes, scenery, etc.)*; *(Rundf., Ferns.)* script editor

**Dramaturgie** [dramatʊr'gi:] **die; ~, ~n a)** *(Dramenlehre)* dramaturgy; **b)** *(Gestaltung)* dramatization; **c)** *(Abteilung) (Theater)* literary and artistic director's department; *(Rundf., Ferns.)* script department

**Dramaturgin die; ~, ~nen** *s.* **Dramaturg**

**dramaturgisch 1.** *Adj.* dramaturgical; *(gestalterisch)* dramaturgical; dramatic; **die ~e Abteilung** *(Theater)* the literary and artistic director's department; *(Rundfunk, Fernsehen)* the script department. **2.** *adv.* **~ wirkungsvoll in Szene gesetzt** staged effectively; **~ gerechtfertigt** justified on dramaturgical grounds

**dran** [dran] *Adv. (ugs.)* **a)** *(an einer/eine Sache)* **das Schild bleibt ~:** the sign stays up; **gib noch etwas Mehl ~:** add some more flour; **halt deine Hand mal hier ~:** put your hand on this; **häng das Schild ~!** put the sign up!; **ich komme/kann nicht ~:** I can't reach; **mach doch ein Schild ~:** put a sign up; **b) arm ~ sein** be in a bad way; **gut/schlecht ~ sein** be well off/badly off; *(sich gut/schlecht fühlen)* be well/not very well; **früh/spät ~ sein** be early/late; **an dem Gerücht ist was ~:** there is something in the rumour; **an ihm ist doch nichts ~:** he's got nothing going for him *(coll.)*; *(er ist sehr mager)* there's nothing of him; **ich bin ~** *od. (scherzh.)* **am ~sten** *(ich bin an der Reihe)* it's my turn; I'm next; *(ich werde zur Verantwortung gezogen)* I'll be for the high jump *or (sl.)* for it *(Brit.)*; I'll be under the gun *(Amer.)*; **nicht wissen wie** *od.* **wo man ~ ist** not know where one stands; **nicht wissen wie** *od.* **wo man mit jmdm. ~ ist** not know where one is with sb.; *s. auch:* **daran; dranbleiben; drangeben; dranhängen** *usw.*; **glauben**

**Dränage** [drɛ'na:ʒə] **die; ~, ~n** *(auch Med.)* drainage

**dran|bleiben** *unr. itr. V.; mit sein (ugs.) (am Telefon)* hold *or (coll.)* hang on; *(an der Arbeit)* stick at it *(coll.)*; **am Gegner/an der Arbeit ~:** stick to one's opponent *(coll.)*/stick at one's work *(coll.)*; *s. auch* **dran a**

**drang** [draŋ] *1. u. 3. Pers. Sg. Prät. v.* **dringen**

**Drang der; ~[e]s, Dränge** ['drɛŋə] **a)** *(Antrieb)* urge; **ein ~ nach Bewegung/Freiheit** an urge to move/be free; **b)** *o. Pl. (Bedrängnis)* pressure

**dränge** ['drɛŋə] *1. u. 3. Pers. Sg. Konjunktiv II v.* **dringen**

**dran-: ~|geben** *unr. tr. V.* give up ⟨*time*⟩; give, sacrifice ⟨*one's life*⟩; *s. auch* **dran a**; **~|gehen** *unr. itr. V.; mit sein (ugs.)* **a)** *(berühren)* touch; **b)** *(in Angriff nehmen)* **~gehen, etw. zu tun** get down to doing sth.

**Drängelei die; ~, ~en** *(abwertend)* **a)** pushing [and shoving]; **hören Sie doch mit Ihrer ~ auf** stop pushing [and shoving]; **b)** *(mit Wünschen, Bitten)* pestering

**drängeln** ['drɛŋl̩n] *(ugs.)* **1.** *itr. V.* **a)** *(schieben)* push [and shove]; **b)** *(auf jmdn. einreden)* go on *(coll.)*; **zum Aufbruch ~:** go on about it being time to leave *(coll.)*. **2.** *tr. V.* **a)** *(schieben)* push; shove; **b)** *(einreden auf)* pester; go on at *(coll.)*. **3.** *refl. V.* **sich nach vorn/durch die Menge** *usw.* **~:** push one's way to the front/through the crowd *etc.*; **sich danach ~, etw. zu tun** *(fig.)* fall over oneself to do sth. *(coll.)*

**drängen** ['drɛŋən] **1.** *itr. V.* **a)** *(schieben)*

push; **die Menge drängte zum Ausgang** the crowd pressed towards the exit; **b)** *(fordern)* demand; **auf etw.** *(Akk.)* **~:** press for sth.; **zum Aufbruch ~:** insist that it is/was time to leave; **zur Eile ~:** hurry us/them *etc.* up; **darauf ~, daß ...:** insist that ...; **c) die Zeit drängt** time is pressing; **~de Fragen/Probleme** pressing *or* urgent questions/problems; **d)** *(Sport)* press *or* push forward. **2.** *tr. V.* **a)** *(schieben)* push; **b)** *(antreiben)* press; urge; **jmdn. zur Bezahlung ~:** press sb. to pay; **es drängt mich, Ihnen zu sagen, daß ...:** I feel I have to *or* must tell you that ... **3.** *refl. V.* ⟨*visitors, spectators, etc.*⟩ crowd, throng; ⟨*crowd*⟩ throng; **sich nach vorn/durch die Menge ~:** push one's way to the front/through the crowd; **sich in den Vordergrund ~** *(fig.)* make oneself the centre of attention

**Dränger der; ~s, ~** *s.* **Stürmer b**

**Drängerei die; ~, ~en** *(abwertend)* pushing [and shoving]

**Drangsal** ['draŋza:l] **die; ~, ~e** *(geh.)* *(Not)* hardship; *(Qual)* suffering

**drangsalieren** *tr. V. (abwertend)* *(quälen)* torment; *(plagen)* plague

**drạn-: ~|halten** *unr. refl. V. (ugs.)* get a move on *(coll.); s. auch* **dran a; ¹~|hängen** *(ugs.)* **1.** *tr. V.* **a)** *(aufwenden)* **viel Zeit/Geld ~hängen** put a lot of time/money into it; **b)** *(anschließen)* **ein paar Tage an seinen Urlaub ~:** add a few days on to one's holiday *(Brit.) or (Amer.)* vacation; **2.** *refl. V.* *(verfolgen)* stay *or (coll.)* stick close behind; *s. auch* **dran a; ²~|hängen** *unr. itr. V.* **da hängt noch viel Arbeit dran** it still needs a lot of work

**dränieren** [drɛ'ni:rən] *tr. V. (auch Med.)* drain

**drạn-: ~|kommen** *unr. itr. V.; mit sein (ugs.)* have one's turn; *(beim Spielen)* have one's turn *or* go; **ich kam als erste/erster ~:** it was my turn first; *(beim Arzt, Zahnarzt usw.)* I was the first one; **wer kommt jetzt ~?** who's next?; **jeder von uns kommt mal ~** *(verhüll.)* we've all got to go some time; **ich bin heute in Latein ~gekommen** *(aufgerufen worden)* I got picked on to answer in Latin today *(coll.); s. auch* **dran a; ~|kriegen** *tr. V. (ugs.)* **jmdn. ~kriegen** get sb.; *(zum Arbeiten bringen)* get sb. at it *(coll.);* **~|machen** *refl. V. (ugs.)* **sich ~machen, etw. zu tun** get down to doing sth.; **wenn sich die Kinder ~machen, ist der Kuchen gleich weg** once the children get started on it the cake won't last long; *s. auch* **dran a; ~|nehmen** *unr. tr. V. (ugs.)* *(beim Friseur usw.)* see to; *(beim Arzt)* see; **jmdn. ~nehmen** *(in der Schule)* pick on sb. [to answer]; **~|setzen** *(ugs.)* **1.** *tr. V.* *(einsetzen)* **seine ganze Kraft ~setzen, etw. zu erreichen** put all one's energy into achieving sth.; **alles ~setzen** put everything into it; make every effort; **2.** *refl. V.* *(beginnen)* get down to it

**dransten** ['dranstn̩] *s.* **dran b**

**drạn|wollen** *unr. itr. V. (ugs.)* want [to have] a turn; *(beim Spielen)* want [to have] a turn *or* go

**Draperie** [drapə'ri:] **die; ~, ~n** *(veralt.)* drapery

**drapieren** [dra'pi:rən] *tr. V.* drape

**Dräsine** *s.* **Draisine**

**Drastik** ['drastɪk] **die; ~** *(eines Witzes, Schwanks)* crude explicitness; *(eines Berichts usw.)* graphicness

**drạstisch 1.** *Adj.* **a)** crudely explicit ⟨*joke, story, etc.*⟩; graphic ⟨*report, account*⟩; **b)** *(empfindlich spürbar)* drastic ⟨*measure, means*⟩. **2.** *adv.* **a)** *(grob)* with crude explicitness; *(deutlich)* graphically; **b)** *(einschneidend)* drastically; ⟨*punish*⟩ severely

**drauf** [drauf] *Adv. (ugs.)* on it; **da wäre ich nie ~ gekommen** I would never have thought of that; **da lege ich keinen Wert ~:** it's not important to me; **da zeigt sich, wer was ~ hat** that'll show who can and who can't; **da kannst du mal zeigen, was du ~ hast** here's your chance to show what you can do; **die Rolle/die dollsten Sprüche/90 Sachen ~ haben** have *or* know the part off pat *(Brit.) or (Amer.)* have the part down pat/have the most amazing patter/be doing 90; **~ und dran sein, etw. zu tun** be just about to do *or* be on the verge of doing sth.; **halt mal den Finger hier ~:** put your finger on here; **ich kriege den Deckel nicht ~:** I can't get the lid on; **der Deckel geht nicht ~:** the lid won't go on; **mach einen neuen Deckel ~:** put a new lid on [it]; *s. auch* **darauf a–e; draufgehen; draufhalten** *usw.;* **scheißen**

**drauf-, Drauf-: ~|bekommen** *unr. tr. V. (ugs.)* **in eins ~bekommen** *(gescholten werden)* get it in the neck *(coll.); (geschlagen werden)* get a smack; **~gänger der** daredevil; *(veralt.: Frauenheld)* lady-killer; **~gängerisch** *Adj.* daring; audacious; **~gängertum das; ~s** daredevilry; **~|geben** *unr. tr. V. (ugs.)* **a)** *(dazugeben)* **etw./was ~geben** add sth./add a bit on; **b)** *in* **jmdm. eins ~geben** *(schlagen)* give sb. a smack; *(zurechtweisen)* put sb. in his/her place; **c)** *(österr.: als Zugabe)* **etw. ~geben** play/sing/dance *etc.* sth. as an encore; **~|gehen** *unr. itr. V.; mit sein (ugs.)* **a)** *(umkommen)* kick the bucket *(sl.);* **b)** *(verbraucht werden)* go; **für etw. ~gehen** ⟨*money*⟩ go on sth.; **für diese Sitzungen geht immer viel Zeit drauf** these meetings always take up a lot of time; **c)** *(entzweigehen)* get busted *(coll.) or* broken; **~|halten** *unr. itr. V. (ugs.)* shoot; **~halten und abdrücken** aim and fire; **~|hauen** *unr. itr. V. (ugs.)* **mein Arm tut noch weh, da darfst du nicht ~hauen** my arm still hurts, you're not to bash it; **einen ~hauen** have a booze-up *(Brit. coll.);* go on a binge *(sl.);* **~|kommen** *unr. itr. V.; mit sein (ugs.)* **jmdm. ~kommen** get on to sb.; **jmdm. ~kommen, daß er etw. tut** catch sb. doing sth.; *s. auch* **drauf; ~kriegen** *tr. V. (ugs.)* **eins ~kriegen** *(zu einem Kind: geschlagen werden)* get smacked; *(besiegt werden)* get a thrashing; **~|legen** *(ugs.)* **1.** *tr. V.* **150 DM/noch etwas ~legen** fork out *(sl.)* an extra 150 marks/a bit more; **2.** *itr. V.* lay out *(sl.);* **ich lege dabei noch ~:** it's costing me money; *s. auch* **drauf**

**drauf·los** *Adv.* **nichts wie ~!** go on!

**drauflos-: ~|arbeiten** *itr. V.* work away; *(anfangen zu arbeiten)* get straight down to work; **~|gehen** *unr. itr. V.; mit sein (ugs.)* get going; **~|reden** *itr. V.* talk away; *(anfangen zu reden)* start talking away; **~|schimpfen** *itr. V. (ugs.)* curse away; *(anfangen zu schimpfen)* start cursing away; **~|wirtschaften** *itr. V. (ugs. abwertend)* splash out money right, left, and centre *(Brit. coll.);* throw one's money around

**drauf-: ~|machen** *tr. V.* **einen ~machen** *(ugs.)* paint the town red; **~|stehen** *unr. itr. V. (ugs.)* be on it; **~|zahlen** *(ugs.)* **1.** *tr. V.* **noch etwas/1250 DM ~zahlen** fork out *(sl.) or* pay a bit more/an extra 1,250 marks; **2.** *itr. V. (Unkosten haben)* **ich zahle dabei noch ~:** it's costing me money; **diejenige sein, die immer nur ~zahlt** *(fig.)* be the one who makes all the sacrifices

**draus** [draus] *Adv. (ugs.) s.* **daraus**

**draußen** ['drausn̩] *Adv.* **a)** *(außerhalb)* outside; **hier/da ~:** out here/there; **~ vor der Tür** at the door; **nach/von ~:** outside/from outside; **„Hunde müssen ~ bleiben"** 'no dogs[, please]'; **bleib ~:** stay outside; **~ auf dem Land** *(fig.)* out in the country; **b)** *(irgendwo)* out there; **da/hier ~:** out there/here; **weit/weiter ~:** far/further out; **~ in der Welt** *(fig.)* in the world outside

**drechseln** ['drɛksl̩n] *tr. V.* turn; *(fig. iron.)* compose ⟨*statement*⟩; turn ⟨*phrase, verse*⟩

**Drẹchsler der; ~s, ~:** turner

**Drẹchsler-: ~arbeit die** piece of turned work; **~arbeiten** [pieces *pl.* of] turned work *sing.;* **~bank die** lathe

**Drechslerei die; ~, ~en** turner's workshop; turnery

**Drẹchslerin die; ~, ~nen** *s.* **Drechsler**

**Dreck** [drɛk] **der; ~[e]s a)** *(ugs.)* dirt; *(sehr viel/ekelerregend)* filth; *(Schlamm)* mud; *(Kot)* mess; muck; **in den ~ fallen** fall in the dirt/mud/muck; **deine Hände sind schwarz vor ~:** your hands are filthy [dirty]; **vor ~ starren** be covered in dirt; be filthy [dirty]; **~ machen** make a mess; **~ am Stecken haben** have a skeleton in the cupboard *(Brit.) or (Amer.)* closet; **aus dem [gröbsten] ~ [heraus] sein** *(ugs.)* be over the worst; **jmdn. aus dem ~ ziehen** *(ugs.)* take sb. out of the gutter; **etw. in den ~ ziehen** *od.* **treten** drag sth. through the mud *or* mire; **im ~ stecken/sitzen** *(ugs.)* be in a [real] mess *or* in the mire; **mit ~ und Speck** *(ugs.)* unwashed; **jmdn./etw. mit ~ bewerfen** throw *or (coll.)* sling mud at sb./sth.; **b)** *(salopp abwertend: Angelegenheit)* **bei/wegen jedem ~ regt er sich auf** he gets worked up about every piddling little thing *(coll.);* **mach deinen ~ allein** do it yourself; **kümmere dich um deinen eigenen ~:** mind your own damn business; **ein ~** *od.* **der letzte ~ sein** *(salopp abwertend)* be the lowest of the low; **das geht dich einen ~ an** *(salopp)* none of your damned business *(sl.);* **er kümmert sich einen ~ darum** *(salopp)* he doesn't give a damn about it; **er hat uns einen ~ zu befehlen** *(salopp)* he's got no damn right to order us around; **jmdn. wie [den letzten] ~ behandeln** *(ugs.)* treat sb. like dirt; **c)** *(salopp abwertend: Zeug)* rubbish *no indef. art.;* junk *no indef. art.; (Nahrungsmittel)* junk *no indef. art.*

**Drẹck-: ~arbeit die** *(salopp)* **a)** *(schmutzige Arbeit)* dirty *or* messy work *no indef. art., no pl.;* dirty *or* messy job; **b)** *(minderwertige Arbeit)* dirty *or* menial work *no indef. art., no pl.;* dirty *or* menial job; **~ding das** *(salopp)* **a)** *(schmutziges Ding)* dirty *or* filthy thing; **b)** *(minderwertiges Ding)* damn thing *(coll.);* **~eimer der** *(südd. ugs.)* rubbish bin; **~fink der** *(salopp)* filthy pig *(coll.); (Kind, das etw. schmutzig macht)* mucky pup *(Brit. coll.);* **~fleck der** *(ugs.)* stain; dirty mark

**drẹckig 1.** *Adj.* **a)** *(ugs.: schmutzig, ungepflegt, auch fig.)* dirty; *(sehr/ekelerregend schmutzig, auch fig.)* filthy; **mach dich nicht ~:** don't get yourself dirty; **b)** *(salopp abwertend: unverschämt)* cheeky; **c)** *nicht präd. (salopp abwertend: gemein)* dirty, filthy ⟨*swine etc.*⟩; foul ⟨*crime*⟩. **2.** *adv.* **a) es geht ihm ~** *(ugs.)* he's in a bad way; **b)** *(salopp abwertend: unverschämt)* cheekily; **~ grinsen** have a cheeky grin on one's face

**Drẹck-: ~loch** *(salopp abwertend)* *(Zimmer)* dump *(coll.); (Wohnung)* dump *(coll.);* hole *(coll.);* **~nest das** *(salopp abwertend)* hole *(coll.);* dump *(coll.);* **~sack der** *(derb)* bastard *(coll.);* **der ~sack von Torhüter** that dirty bastard of a goalkeeper; **~sau die** *(derb)* dirty *or* filthy swine; **~schaufel die** *(ugs.)* dustpan; **~schleuder die** *(derb abwertend)* **a)** *(Mundwerk)* foul mouth; **halt deine ~schleuder!** keep your filthy trap shut *(sl.);* **b)** *(Mensch)* foul-mouth; **~schwein das** *(derb)* dirty *or* filthy swine

**Drecks·kerl der** *(derb)* dirty *or* filthy swine

**Drẹck-: ~spatz der a)** *(fam.: Kind)* grubby little so-and-so *(coll.); (Kind, das etw. schmutzig macht)* mucky pup *(Brit. coll.);* **b)** *(ugs.: Ärger erregender Mensch)* filthy so-and-so *(coll.);* **~wetter das** *(ugs. abwertend)* lousy *(sl.) or* filthy weather; **~zeug das** *(ugs. abwertend)* rubbish *no indef. art.;* junk *no indef. art.; (Nahrungsmittel)* junk *no indef. art.*

**Dreh** [dre:] **der; ~s, ~s** *(ugs.)* **a)** *(Einfall, Kunstgriff)* **den ~ heraushaben[, wie man es**

**macht]** have [got] the knack [of doing it]; **auf/hinter den richtigen ~ kommen** get the knack *or* the hang of it *(coll.)*; **b)** *in* **um den ~**: about that

**Dreh-: ~achse die** axis [of rotation]; **~arbeiten** *Pl. (Film)* shooting *sing.* **(zu of)**; **die ~arbeiten fanden in ... statt** the film was shot in ...; **~bank die** lathe

**drehbar 1.** *Adj.* revolving *attrib.* ⟨*stand, stage*⟩; swivel *attrib.* ⟨*chair*⟩; **~ sein** revolve/swivel. **2.** *adv.* **~ gelagert** pivoted

**Dreh-: ~bewegung die** rotary motion; rotation; **sie machte eine rasche ~bewegung** she turned *or* spun round quickly; **~bleistift der** propelling pencil *(Brit.)*; mechanical pencil *(Amer.)*; **~brücke die** swing bridge; **~buch das** screenplay; [film] script; **~buch·autor der** script-writer; *(als Berufsbez.)* screen-writer; script-writer; **~bühne die** revolving stage

**drehen 1.** *tr. V.* **a)** turn; **du kannst es ~ und wenden, wie du willst** *(fig.)* whichever way you look at it; **b)** *(ugs.: einstellen)* **das Radio laut/leise ~**: turn the radio up/down; **die Flamme klein/die Heizung auf klein ~**: turn the heat/heating down; **c)** *(formen)* twist ⟨*rope, thread*⟩; roll ⟨*cigarette*⟩; make ⟨*pill*⟩ by rolling; **sich** *(Dat.)* **eine [Zigarette] ~**: roll a cigarette; **d)** *(Film)* shoot ⟨*scene*⟩; film ⟨*report*⟩; make, shoot ⟨*film*⟩; ⟨*star*⟩ make ⟨*film*⟩; **e)** *(ugs. abwertend: beeinflussen)* **es so ~, daß ...**: work it so that ... *(sl.)*; **daran ist nichts zu ~ und zu deuteln** there are no two ways about it; **f)** *(ugs. abwertend: anstellen)* **etwas ~**: get up to sth.; *s. auch* **²Ding a, krumm, Mangel, Nase, Runde, Strick, Wolf. 2.** *itr. V.* **a)** *(Richtung ändern)* ⟨*car*⟩ turn; ⟨*wind*⟩ change, shift; **b) an etw.** *(Dat.)* **~**: turn sth.; *(spielend, aus Langeweile)* twiddle sth.; **am Radio ~**: turn/twiddle a knob/knobs on the radio; **da muß einer dran gedreht haben** *(salopp)* somebody must have fiddled about *or* messed around with it; **c)** *(Film)* shoot [a/the film]; film. **3.** *refl. V.* **a)** turn; ⟨*wind*⟩ change, shift; *(um eine Achse)* turn; rotate; revolve; *(um einen Mittelpunkt)* revolve **(um** around); *(sehr schnell)* spin; **sie drehten sich im Tanz** they spun around; **mir dreht sich alles** *(ugs.)* everything's going round and round; **sich auf den Bauch ~**: turn over on to one's stomach; **b)** *(ugs.: zum Gegenstand haben)* **sich um etw. ~**: be about sth.; **es dreht sich darum, daß ...**: it's about the fact that ...; **alles dreht sich um ihn** everything revolves around him; *(er steht im Mittelpunkt des Interesses)* he is the centre of attention; **c)** *(österr. ugs.: aufbrechen)* push off *(sl.)*

**Dreher der; ~s, ~ a)** *(Beruf)* lathe-operator; **b)** *(Tanz) Austrian folk dance, similar to the Ländler*

**Dreherin die; ~, ~nen** *s.* **Dreher a**

**Dreh-: ~feld das** *(Elektrot.)* rotating field; **~impuls der** *(Physik)* angular momentum; **~kolben·motor der** rotary engine; **~kran der** revolving *or* slewing crane; **~kreuz das** turnstile; **~maschine die** lathe; **~moment das** *(Physik)* torque; **~orgel die** barrel-organ; **~ort der** *(Film)* location; **~pause die** *(Film)* break in shooting; **~punkt der** pivot; *(eines Sturms)* centre; **der ~- und Angelpunkt einer Sache** *(fig.)* the key element in sth.; **~restaurant das** revolving restaurant; **~schalter der** rotary switch; **~scheibe die** *(Eisenb.)* turntable; *(fig.)* hub; **~strom der** *(Elektrot.)* three-phase current; **~stuhl der** swivel chair; **~tag der** *(Film)* day of shooting; **~tür die** revolving door

**Drehung die; ~, ~en a)** turn; *(um eine Achse)* turn; rotation; revolution; *(um einen Mittelpunkt)* revolution; *(sehr schnell)* spin; *(beim Motor)* revolution; **eine halbe/ganze ~**: a half/complete turn; **eine ~ um 180° [machen]** [do] a 180° turn; *(fig.)* [do] a complete about-face; **b)** *(das Drehen)* turning; *(sehr schnell)* spinning

**Dreh-: ~wurm der a)** *in* **einen** *od.* **den ~wurm kriegen/haben** *(salopp)* get/feel giddy; **b)** *(Finne)* coenurus; **~zahl die** revolutions *or (coll.)* revs *(esp. per minute)*; **bei einer bestimmten ~zahl** at a particular number of revolutions *or (coll.)* revs per minute; **~zahl·bereich der: im unteren/oberen ~zahlbereich** at lower/higher revs *(coll.)*; **~zahl·messer der** revolution counter; rev counter *(coll.)*; tachometer

**drei** *Kardinalz.* three; **er ißt/arbeitet für ~**: he eats enough for three/does the work of three people; **aller guten Dinge sind ~!** all good things come in threes; *(nach zwei mißglückten Versuchen)* third time lucky!; **nicht bis ~ zählen können** *(ugs.)* be as thick as two [short] planks *(Brit. coll.)*; be dead from the neck up *(coll.)*; *s. auch* **¹acht; heilig a**

**Drei die; ~, ~en** three; **eine ~ schreiben/bekommen** *(Schulw.)* get a C; *s. auch* **¹Acht a, b, d, e; Zwei b**

**drei-, Drei-: ~achser der** *(ugs.)* three-axled vehicle; **~achtel·takt der** *(Musik)* three-eight time; **~ad[e]rig** *Adj. (Elektrot.)* three-core; **~akter der** three-act play; **~bändig** *Adj.* three-volume; **~bein das** *(ugs.)* three-legged stool; **~beinig** *Adj.* three-legged; **~bett·zimmer das** room with three beds; **~blättrig** *Adj. (Bot.)* three-leaved; trifoliate *(Bot.)*

**3-D-Brille** [drai'de:-] **die** 3-D glasses *pl.*

**3-D-Effekt der** 3-D effect

**drei-, Drei-: ~dimensional 1.** *Adj.* three-dimensional; **2.** *adv.* three-dimensionally; in three dimensions; **einen Film ~dimensional sehen** watch a film in 3-D; **~eck das; ~s, ~e a)** *(Geom.)* triangle; **das Goldene ~eck** the Golden Triangle; **b)** *(bes. Fußball)* top corner; **~eckig** *Adj.* triangular; three-cornered; **~ecks·verhältnis das** eternal triangle; **~ein·halb** *Bruchz.* three and a half; **~einig** *Adj. in* **der ~einige Gott** *(christl. Rel.)* the triune God[head]; **~einigkeit die** *(christl. Rel.)* trinity; **die Heilige ~einigkeit** the [Holy] Trinity

**Dreier der; ~s, ~ a)** *(ugs.) s.* **Drei; b)** *(ugs.: im Lotto)* three winning numbers; **c)** *(hist.: Münze)* three-pfennig piece; **d)** *(Golf)* threesome; **e)** *(ugs.: Sprungbrett)* three-metre board; *s. auch* **Achter c, d**

**Dreier-: ~kombination die** *(Ski)* Alpine combined event; **~reihe die** row of three; **~takt der** *(Musik)* triple time

**dreierlei** *Gattungsz.; indekl.* **a)** *attr.* three kinds *or* sorts of; three different ⟨*sorts, kinds, sizes, possibilities*⟩; **b)** *subst.* three [different] things

**drei-, Drei-: ~fach** *Vervielfältigungsz.* triple; **die ~fache Menge** three times *or* triple the amount; three times as much; **ein ~fach[es] Hoch!** three cheers!; **ein ~fach verschnürtes Paket** a parcel tied three times; **~fach verstärkt** triple reinforced; *s. auch* **achtfach; ~fache das;** *adj. Dekl.* **das ~fache essen/kosten** eat/cost three times as much; **das ~fache von 3 ist 9** three times three is nine; **auf ein ~faches** *od.* **auf das ~fache steigen** treble; triple; *s. auch* **Achtfache; ~faltigkeit** [-'---] **die; ~** *(christl. Rel.)* Trinity; **~farben·druck** [-'---] **der a)** *o. Pl. (Verfahren)* three-colour process; **im ~farbendruck [gedruckt]** printed by the three-colour process; **b)** *(einzelner Druck)* three-colour print; **~felder·wirtschaft** [-'----] **die;** *o. Pl.* three-field *or* three-course system; **~fuß der a)** *(für Kessel usw.)* trivet; tripod; **b)** *(Schemel)* three-legged stool; **c)** *(zum Besohlen)* three-way last; **~gang·schaltung die** three-speed gearbox *or* gears *pl. or (Amer.)* gear-shift; **~gespann das** team of three horses; *(fig.: von Direktoren o. ä.)* triumvirate; **eine Kutsche mit ~gespann** a three-horse carriage; **das unzertrennliche ~gespann** *(fig.)* the inseparable trio *or* threesome; **~gestrichen** *Adj. (Musik)* **das ~gestrichene C** the C two octaves above middle C; **~gestrichene Oktave** three-line octave; **~groschen·heft** [-'---] **das** *(abwertend)* cheap novelette; dime novel *(Amer.)*

**Dreiheit die; ~**: trinity

**drei-, Drei-: ~hundert** *Kardinalz.* three hundred; **~jährig** *Adj. (3 Jahre alt)* three-year-old *attrib.*; *(3 Jahre dauernd)* three-year *attrib.*; *s. auch* **achtjährig; ~jährlich 1.** *Adj.* three-yearly; triennial; **2.** *adv.* every three years; triennially; *s. auch* **achtjährlich; ~kampf der** *(Sport)* triathlon; **~kantig** *Adj.* three-sided; triangular; **~kantstahl der** *(Technik)* triangular section steel [rod]; **~käse·hoch** [-'---] **der; ~s, ~s** *(ugs. scherzh.)* [little] nipper *(Brit. sl.)*; little kid *(sl.)*; **~klang der** triad; **~klassen·wahlrecht** [-'----] **das** *(hist.)* three-class franchise; **~könige** [-'---] *Pl.; o. Art.* Epiphany *sing.*; **an** *od.* **zu/nach ~könige** at/after Epiphany; **~köpfig** *Adj.* ⟨*family, crew*⟩ of three; three-headed ⟨*monster*⟩; **~ländereck** [-'---] **das; ~s, ~e** *region where three countries meet*; **~mal** *Adv.* three times; *s. auch* **achtmal; ~malig** *Adj.; nicht präd.* **eine ~malige Warnung/Wiederholung** three warnings/repeats; *s. auch* **achtmalig; ~meilen·zone** [-'----] **die** three-mile zone; **~meter·brett** [-'---] **das** three-metre board

**drein** *(ugs.) s.* **darein**

**drein-: ~|blicken** *itr. V.* **mürrisch** *usw.* **~blicken** look morose *etc.*; **~|finden** *unr. refl. V. (ugs.)* get used to things; **~|reden** *itr. V. (ugs.)* **jmdm. ~reden** *(sich einmischen)* interfere in sb.'s affairs; *(jmdm. Vorschriften machen)* tell sb. what to do; **~|schauen** *itr. V. s.* **~blicken; ~|schlagen** *unr. itr. V. (ugs.)* lay into him/her/them *etc. (coll.)*

**drei-, Drei-: ~phasen·strom** [-'---] **der** *(Elektrot.)* three-phase current; **~polig** *Adj. (Elektrot.)* three-core ⟨*cable*⟩; three-pin ⟨*adapter*⟩; **~punkt·gurt der** lap and diagonal belt; **~rad das a)** *(Kinderfahrrad)* tricycle; **b)** *(Kleintransporter)* three-wheeled van; **~räd[e]rig** *Adj.* three-wheeled; **~satz der, ~satz·rechnung die;** *o. Pl.* rule of three; **~schiffig** *Adj. (Archit.)* with a nave and two aisles *postpos.*; **~seitig** *Adj.* three-sided ⟨*figure*⟩; three-page ⟨*letter, leaflet, etc.*⟩; **~sekunden·regel** [--'----] **die** *(Sport)* three-second rule; **~silbig** *Adj.* trisyllabic; three-syllable *attrib.*; **~spaltig** *(Druckw.)* **1.** *Adj.* three-column; *s. auch* **achtspaltig; 2.** *adv.* ⟨*printed, set*⟩ in three columns; **~spänner der; ~s, ~**: three-horse carriage; **~spitz der** *(hist.)* tricorn; three-cornered hat; **~sprachig 1.** *Adj.* trilingual; **2.** *adv.* **a) ~sprachig erzogen werden** be brought up speaking three languages; **b)** ⟨*written*⟩ in three languages; *s. auch* **zweisprachig; ~sprung der** triple jump

**dreißig** ['draisɪç] *Kardinalz.* thirty; *s. auch* **achtzig**

**Dreißig die; ~**: thirty

**dreißiger** *indekl. Adj.; nicht präd.* **ein ~ Jahrgang** a '3'30 vintage; **die ~ Jahre** the thirties

**¹Dreißiger der; ~s, ~** *(30jähriger)* thirty-year-old; *s. auch* **¹Achtziger b, c**

**²Dreißiger die; ~, ~** *(ugs.)* **a)** *(Briefmarke)* thirty-pfennig/schilling *etc.* stamp; **b)** *(Zigarre)* thirty-pfennig cigar

**³Dreißiger** *Pl.* thirties; **eine Frau in den ~n** a woman in her thirties

**dreißig-, Dreißig-: ~jährig** *Adj. (30 Jahre alt)* thirty-year-old *attrib.*; *(30 Jahre dauernd)* thirty-year *attrib.*; **der Dreißigjährige Krieg** the Thirty Years' War; *s. auch* **achtjährig; ~jährige der/die;** *adj. Dekl.* thirty-year-old; **~pfennig·marke** [--'----] **die** thirty-pfennig stamp

**dreißigst...** ['draisiçst...] *Ordinalz.* thirtieth; *s. auch* **acht...; achtzigst...**

**Dreißigstel das;** ~s, ~: thirtieth

**dreist** [draist] **1.** *Adj.* brazen; barefaced ⟨*lie*⟩. **2.** *adv.* brazenly

**drei·stellig** *Adj.* three-figure *attrib.* ⟨*number, sum*⟩; *s. auch* **achtstellig**

**Dreistigkeit die;** ~, ~en **a)** *o. Pl. (Art)* brazenness; **er besaß die ~, zu ...:** he had the audacity *or* cheek to ...; **b)** *(Handlung)* brazen act; *(Bemerkung)* brazen remark

**drei-, Drei-:** **~stimmig 1.** *Adj.* ⟨*song*⟩ for three voices; three-voice ⟨*choir*⟩; three-part ⟨*singing*⟩; **2.** *adv.* ⟨*sing*⟩ in three voices; ⟨*play*⟩ in three parts; **~stöckig 1.** *Adj.* three-storey *attrib.*; *s. auch* **achtstöckig; 2.** *adv.* ⟨*build*⟩ three storeys high; **~stufen·rakete** [-'-----] **die** three-stage rocket; **~stündig** *Adj.* three-hour *attrib.*; *s. auch* **achtstündig; ~stündlich 1.** *Adj.* three-hourly; **2.** *adv.* every three hours; **~tägig** *Adj. (3 Tage alt)* three-day-old *attrib.*; *(3 Tage dauernd)* three-day *attrib.*; *s. auch* **achttägig; ~täglich 1.** *Adj.* **in ~täglichem Wechsel** on a three-day rota; **2.** *adv.* every three days; **~tausend** *Kardinalz.* three thousand; **~tausender der** mountain more than three thousand metres high; **~teilig** *Adj.* three-part *attrib.* ⟨*documentary, novel, etc.*⟩; three-piece *attrib.* ⟨*suit*⟩; **~teilig sein** be in three parts/consist of three pieces; **~viertel** *Bruchz.* three-quarters; **~viertel Liter/eine ~viertel Stunde** three-quarters of a litre/of an hour; **die Flasche ist ~viertel leer** the bottle is three-quarters empty; *s. auch* **¹acht; Viertel a; ~viertel·lang** [-'---] *Adj.* three-quarter-length; **~viertel·liter·flasche** [---'----] **die** three-quarter-litre bottle; **~viertel·mehrheit** [-'----] **die** three-quarters majority; **~viertel·stunde** [---'--] **die** three-quarters of an hour; **~viertel·takt** [-'---] **der** three-four time; **im ~vierteltakt** in three-four time; **~wege·katalysator der** *(Kfz-W.)* three-way catalytic converter; **~wertig** *Adj.* **a)** *(Chemie)* trivalent; **b)** *(Sprachw.)* three-place *attrib.*; **~wöchentlich 1.** *Adj.* three-weekly; **2.** *adv.* every three weeks; *s. auch* **achtwöchentlich; ~wöchig** *Adj. (3 Wochen alt)* three-week-old *attrib.*; *(3 Wochen dauernd)* three-week *attrib.*; **~zack der;** ~s, ~e trident; **~zackig** *Adj.* three-pointed; **~zehn** *Kardinalz.* thirteen; **jetzt schlägt's aber ~!** *(ugs.)* that's going too far; *s. auch* **achtzehn; ~zehntel das** thirteenth; **~zeilig** *Adj.* three-line *attrib.*; **~zeilig sein** have three lines; **~zimmer·wohnung die** three-room flat *(Brit.) or (Amer.)* apartment

**Dresche** ['drɛʃə] **die;** ~ *(salopp)* walloping *(sl.)*; thrashing; **~ kriegen** get a walloping *(sl.) or* thrashing

**dreschen 1.** *unr. tr. V.* **a)** thresh; **b)** *(salopp: prügeln)* wallop *(sl.)*; thrash; **c)** *(salopp: schießen)* wallop *(sl.)* ⟨*ball*⟩; **den Ball ins Netz ~:** slam the ball into the net *(coll.)*; *s. auch* **Skat. 2.** *unr. itr. V.* **a)** thresh; **b)** *(salopp: schlagen)* thump; bang; **mit der Faust auf den Tisch ~:** bang one's fist on the table; pound *or* bang the table with one's fist

**Drescher der;** ~s, ~: thresher

**Dresch-:** **~flegel der** flail; **~maschine die** threshing-machine

**Dresden** ['dre:sdn̩] **(das);** ~s Dresden

**Dresd[e]ner** ['dre:sd(ə)nɐ] **1.** *Adj.; nicht präd.* Dresden. **2. der;** ~s, ~: native of Dresden; *(Einwohner)* inhabitant of Dresden; *s. auch* **Kölner**

**Dreß** [drɛs] **der;** ~ *od.* **Dresses, Dresse;** *(österr. auch* **die;** ~, **Dressen) a)** *(Sportkleidung)* kit *(Brit.)*; *(Fußball, Hockey usw.)* kit *(Brit.)*; strip *(Brit. coll.)*; **b)** *(ugs.: Kleidung)* outfit

**Dresseur** [drɛ'sø:ɐ̯] **der;** ~s, ~e [animal-]trainer

**dressierbar** *Adj.* trainable; **nicht/gut ~:** untrainable/easy to train

**dressieren** *tr. V.* **a)** train ⟨*animal*⟩; **darauf dressiert sein, etw. zu tun** be trained to do sth.; **der Hund ist auf den Mann dressiert** the dog is trained to attack people; **b)** *(Kochk.)* dress ⟨*poultry, fish, game*⟩; decorate ⟨*cake etc.*⟩; pipe ⟨*icing, marzipan, etc.*⟩

**Dressing** ['drɛsɪŋ] **das;** ~s, ~s dressing

**Dressman** ['drɛsmən] **der;** ~s, **Dressmen** male model

**Dressur** [drɛ'su:ɐ̯] **die;** ~, ~en **a)** training; *(fig. abwertend)* conditioning; **b)** *(Kunststück)* trick; **c)** *(Dressurreiten)* dressage

**Dressur-:** **~pferd das** dressage horse; **~prüfung die** *(Reiten)* dressage [test]; **~reiten das** dressage

**dribbeln** ['drɪbl̩n] *itr. V. (Ballspiele)* dribble [the ball]

**Dribbling** ['drɪblɪŋ] **das;** ~s, ~s *(Ballspiele)* piece of dribbling; **seine Stärken sind Kopfball und ~:** his strengths are heading and dribbling

**Drift** [drɪft] *s.* **Trift a**

**driften** *itr. V.; mit sein (auch fig.)* drift

**¹Drill** [drɪl] **der;** ~[e]s drilling; *(Milit.)* drill

**²Drill der;** ~s, ~e *s.* **Drillich**

**Drill·bohrer der** drill

**drillen** *tr. V.* **a)** *(auch Milit.)* drill; **auf etw.** *(Akk.)* **gedrillt sein** be well-drilled in sth.; **jmdn. auf Angriff ~:** train sb. to attack; **b)** *(Landw.)* drill; **c)** *(bohren)* drill ⟨*hole*⟩

**Drillich** ['drɪlɪç] **der;** ~s, ~e drill

**Drillich·zeug das** [heavy cotton twill] overalls *pl.*

**Drilling** ['drɪlɪŋ] **der;** ~s, ~e **a)** *(Geschwister)* triplet; **b)** *(Gewehr)* triple-barrelled shotgun

**Drill·maschine die** *(Landw.)* drill

**drin** [drɪn] *Adv.* **a)** *(ugs.: darin)* in it; **da könnte für mich was ~ sein** something might come out of it [for me]; **das/mehr als 2 000 DM ist nicht ~:** that/any more than 2,000 marks is not on *(Brit. coll.) or (Amer. coll.)* is no go; **es ist noch alles ~** *(bei einem Fußballspiel usw.)* there's still everything to play for; **nach drei Tagen ist man wieder ~** *(wieder eingearbeitet)* after three days you're back in the swing of things; *s. auch* **darin; b)** *(ugs.: drinnen)* inside; **hier/da ~:** in here/there; *s. auch* **drinnen**

**dringen** ['drɪŋən] *unr. itr. V.* **a)** *mit sein (gelangen)* ⟨*water, smell, etc.*⟩ penetrate, come through; ⟨*news*⟩ get through; **in etw.** *(Akk.)* **~:** get into *or* penetrate sth.; **durch etw. ~:** come through *or* penetrate sth.; ⟨*person*⟩ push one's way through sth.; **die Nachricht ist nicht bis zu mir gedrungen** the news did not get through to me; **in** *od.* **an die Öffentlichkeit ~:** get out; become public knowledge; **b)** *mit sein (geh.: einwirken)* **in jmdn. ~:** press *or* urge sb.; **mit Fragen/Ermahnungen in jmdn. ~:** ply sb. with questions/press warnings on sb.; **sich gedrungen fühlen, etw. zu tun** *(veralt.)* feel obliged *or* compelled to do sth.; **c)** *(fordern)* **auf etw.** *(Akk.)* **~:** insist upon sth.

**dringend 1.** *Adj.* **a)** *(eilig)* urgent; **b)** *(eindringlich, stark)* urgent ⟨*appeal*⟩; strong ⟨*suspicion, advice*⟩; compelling ⟨*need*⟩. **2.** *adv.* **a)** *(sofort)* urgently; **b)** *(zwingend)* ⟨*recommend, advise, suspect*⟩ strongly; **jmdn. ~ bitten, etw. zu tun** insist that sb. does sth.; **~ erforderlich sein** be imperative *or* essential

**dringlich** ['drɪŋlɪç] **1.** *Adj.* urgent. **2.** *adv.* urgently; **jmdn. ~ bitten, etw. zu tun** plead hard with sb. to do sth.

**Dringlichkeit die;** ~: urgency

**Dringlichkeits·antrag der** *(Parl.)* emergency motion

**Drink** [drɪŋk] **der;** ~[s], ~s drink

**drinnen** ['drɪnən] *Adv.* inside; *(im Haus)* indoors; inside; **von ~:** from inside/indoors; **nach ~ gehen** go in[side]/indoors; **~ im Haus** indoors; **hier/da ~:** in here/there

**drin-:** **~|sitzen** *unr. itr. V. (ugs.)* be right in it *(coll.)*; **~|stecken** *itr. V. (ugs.)* **a)** *(beschäftigt sein)* **[bis über beide Ohren] in etw.** *(Dat.)* **~stecken** be up to one's ears in sth. *(coll.)*; **b)** *(vorhanden sein)* **ich bin überzeugt, daß viel in ihm ~steckt** I am convinced he has a lot in him; **da steckt nichts für dich ~:** there's nothing in it for you; **da steckt viel Arbeit ~:** there's a lot of work in that; **c)** *(voraussehen können)* **da steckt man nicht ~:** there's no [way of] telling; **~|stehen** *unr. itr. V.; südd. auch mit sein* **in etw.** *(Dat.)* **~stehen** be in sth.

**dritt** [drɪt] *in* **wir waren zu ~:** there were three of us; **eine Ehe zu ~:** a ménage à trois; *s. auch* **²acht**

**dritt...** *Ordinalz.* third; **wer ist der Dritte im Bunde?** who is the third person?; **in Gegenwart Dritter** in the presence of other people; **ein Drittes wäre noch zu erwägen** there is a third point that ought to be considered; **wenn zwei sich streiten, freut sich der Dritte** *(Spr.)* when two people argue, somebody else benefits; **der lachende Dritte** the one to benefit *(from a dispute between two others)*; *s. auch* **acht...**

**dritt·best...** *Adj.* third-best

**Dritteil das;** ~s, ~e *(veralt.)*, **Drittel das,** *(schweiz. meist* **der)**; ~s, ~: third

**dritteln** *tr. V.* split *or* divide ⟨*cost, profit*⟩ three ways; divide ⟨*number*⟩ by three

**drittens** *Adv.* thirdly

**dritt-, Dritt-:** **~größt...** *Adj.* third-largest; **~höchst...** *Adj.* third-highest; **~klassig** *Adj. (meist abwertend)* third-class ⟨*hotel, railway carriage*⟩; third-rate ⟨*actor, novel, artist*⟩; **~kläßler der;** ~s ~: third-former; **~letzt...** *Adj.* antepenultimate; **~schuldner der** *(Rechtsw.)* garnishee

**Drive** [draif] **der;** ~s, ~s *(auch Jazz, Golf, Tennis)* drive

**Dr. jur.** *Abk.* **doctor juris** LL D; *s. auch* **Dr. phil.**

**DRK** [de:|ɛr'ka:] **das;** ~ *Abk.* **Deutsches Rotes Kreuz** German Red Cross

**Dr. med.** *Abk.* **doctor medicinae** MD; *s. auch* **Dr. phil.**

**Dr. med. dent.** *Abk.* **doctor medicinae dentoriae** DMD; *s. auch* **Dr. phil.**

**drob** [drɔp] *s.* **darob**

**droben** ['dro:bn̩] *Adv. (südd., österr., sonst geh.)* up there; **da/hier ~:** up there/here

**Droge** ['dro:gə] **die;** ~, ~n drug; **unter ~n stehen** be on drugs

**dröge** ['drø:gə] *(nordd.)* **1.** *Adj. (auch fig.)* dry. **2.** *adv.* drily

**drogen-, Drogen-:** **~abhängig** *Adj.* addicted to drugs *postpos.*; **~abhängig sein/werden** be/become a drug addict; **~abhängige der/die;** *adj. Dekl.* drug addict; **~abhängigkeit die** drug addiction; **~handel der** drug trafficking; **~süchtig** *Adj. s.* **~abhängig; ~szene die** drug scene; **~tote der/die** drug-related death

**Drogerie** [drogə'ri:] **die;** ~, ~n chemist's [shop] *(Brit.)*; drugstore *(Amer.)*

**Drogist der;** ~en, ~en, **Drogistin die;** ~, ~nen chemist *(Brit.)*; druggist *(Amer.)*

**Droh·brief der** threatening letter

**drohen** ['dro:ən] *itr. V.* threaten; **er drohte ihm mit erhobenem Zeigefinger** he raised a warning finger to him; **jmdm. mit etw. ~:** threaten sb. with sth.; **die Regierung hat mit dem Abbruch der diplomatischen Beziehungen gedroht** the government threatened to break off diplomatic relations; **den Angeklagten droht die Todesstrafe** the accused are threatened with the death penalty; **ein Gewitter drohte** a storm was threatening

**drohend 1.** *Adj.* impending ⟨*danger, strike, disaster*⟩; threatening ⟨*gesture, clouds*⟩. **2.** *adv.* threateningly

**Droh·gebärde die** threatening gesture

**Drohn** [dro:n] **der;** ~en, ~en, **Drohne die;** ~, ~n drone

**dröhnen** ['drø:nən] *itr. V.* **a)** ⟨*voice, music*⟩ boom; ⟨*machine*⟩ roar; ⟨*room etc.*⟩ resound (**von** with); **~er Applaus** thunderous applause; **er brach in ~des Gelächter aus** he roared with laughter; **mir dröhnt der Schädel** *(ugs.)* my head's ringing; **b)** *(Drogenjargon: Rausch verursachen)* **das dröhnt** it gives you a high *(sl.)*

**Dröhnung die;** ~, ~en *(Drogenjargon)* **a)** *(Dosis)* fix *(sl.)*; **b)** *(Rausch)* high *(sl.)*

**Drohung die;** ~, ~en threat; **eine ~ wahr machen** carry out a threat

**drollig** ['drɔlɪç] **1.** *Adj.* **a)** *(spaßig)* funny; comical; *(niedlich)* sweet; cute *(Amer.)*; **b)** *(seltsam)* odd; peculiar; **werde nicht ~:** don't get funny. **2.** *adv.* **a)** *(spaßig)* comically; *(niedlich)* sweetly; cutely *(Amer.)*; **b)** *(seltsam)* oddly; peculiarly

**Dromedar** ['dro:meda:ɐ̯] **das;** ~s, ~e dromedary

**Drops** [drɔps] **der** *od.* **das;** ~, ~: fruit *or* *(Brit.)* acid drop; **saurer** *od.* **saures ~:** acid drop *(Brit.)*; sour ball *(Amer.)*

**drosch** [drɔʃ] *1. u. 3. Pers. Sg. Prät. v.* **dreschen**

**Droschke** ['drɔʃkə] **die;** ~, ~n **a)** hackney carriage; **b)** *(veralt.: Taxi)* [taxi-]cab

**Droschken-:** **~kutscher der** hackney coachman; **~platz der** *(Amtsspr.)* taxi-rank

**¹Drossel** ['drɔsl̩] **die;** ~, ~n thrush

**²Drossel die;** ~, ~n *(Technik) s.* **~spule, ~ventil**

**Drossel·klappe die** *(Technik)* throttle *or* butterfly valve

**drosseln** *tr. V.* **a)** turn down ⟨*heating, air-conditioning*⟩; throttle back ⟨*engine*⟩; reduce *or* restrict the flow of ⟨*steam, air*⟩; check ⟨*flow*⟩; **b)** *(herabsetzen)* reduce; cut back *or* down; reduce ⟨*speed*⟩

**Drossel·spule die** *(Elektrot.)* choking coil

**Drosselung die;** ~, ~en *s.* **drosseln:** turning down; throttling back; reduction *or* restriction of the flow; checking; reduction; cutback

**Drossel·ventil das** *(Technik)* throttle valve

**Dr. phil.** *Abk.* **doctor philosophiae** Dr; **~ ~ Hans Schulz** Dr Hans Schulz; Hans Schulz, Ph. D.; **sie ist ~ ~, nicht Dr. med.** she is a Ph. D. *or* a Doctor of Philosophy, not a Doctor of Medicine

**Dr. rer. nat.** *Abk.* **doctor rerum naturalium** Doctor of Natural Science

**Dr. rer. pol.** *Abk.* **doctor rerum politicarum** Doctor of Political Science

**Dr. theol.** *Abk.* **doctor theologiae** DD

**drüben** ['dry:bn̩] *Adv.* **a) dort** *od.* **da ~:** over there; **~ auf der anderen Seite** over on the other side; **b)** *(in der DDR)* in the East; *(in der Bundesrepublik, in West-Berlin)* in the West; **von ~ kommen** come from across the border/sea *etc.*

**drüber** ['dry:bɐ] *(ugs.) s.* **darüber**

**drüber-** *(ugs.) s.* **darüber-**

**¹Druck** [drʊk] **der;** ~[e]s, **Drücke** ['drʏkə] **a)** *(Physik)* pressure; **einen ~ im Kopf/Magen haben** *(fig.)* have a feeling of pressure in one's head/stomach; **b)** *o. Pl. (das Drücken)* **ein ~ auf den Knopf** a touch of *or* on the button; **c)** *o. Pl. (Zwang)* pressure; **auf jmdn. ~ ausüben** put pressure on sb.; **unter ~ stehen/handeln** be/act under pressure; **jmdn. unter ~ setzen** put pressure on sb.; **~ dahinter machen** *(ugs.)* put some pressure on; **in** *od.* **im ~ sein** *(ugs.)* be under pressure of time; **d)** *Pl.* ~s *(Drogenjargon: Injektion)* fix *(sl.)*; **sich** *(Dat.)* **einen ~ setzen** give oneself a fix *(sl.)*

**²Druck der;** ~[e]s, ~e **a)** *o. Pl. (das Drucken)* printing; *(Art des Drucks)* print; **in ~ gehen** go to press; **etw. in ~ geben** send sth. to press; **~ und Verlag Meier & Sohn** printed and published by Meier and son; **im ~ erscheinen** appear in print; **im ~ sein** be being printed; **b)** *(Bild, Graphik usw.)* print; **c)** *Pl.* ~s *(Textilw.)* print; **d)** *(~schrift)* printed work; **frühe persische ~e** early printed works from Persia

**Druck-:** **~ab·fall der** *(Physik)* drop *or* fall in pressure; **~an·zug der** pressure suit; **~anstieg der** *(Physik)* rise *or* increase in pressure; **~ausgleich der** *(Physik, Med.) (Vorgang)* equalization of pressure; *(Zustand)* balance of pressure; **~blei·stift der** propelling pencil; **~bogen der** printed sheet; **~buchstabe der** block letter *or* capital

**Drückeberger** ['drʏkəbɛrgɐ] **der;** ~s, ~ *(ugs. abwertend)* shirker

**Drückebergerei die;** ~ *(ugs. abwertend)* shirking

**druck·empfindlich** *Adj.* pressure-sensitive ⟨*material*⟩; easily bruised ⟨*fruit*⟩; ⟨*area of the body*⟩ sensitive to pressure

**drucken** *tr., itr. V.* print

**drücken** ['drʏkn̩] **1.** *tr. V.* **a)** *(pressen)* press; press, push ⟨*button*⟩; **jmdm. die Hand ~:** squeeze sb.'s hand; **jmdn. zur Seite/an die Wand ~:** push sb. aside/against the wall; **jmdn. ans Herz** *od.* **an sich** *(Akk.)* **~:** clasp sb. to one's breast; **jmdm. etw. in die Hand ~:** press sth. into sb.'s hand; **b)** *(heraus~)* squeeze ⟨*juice, pus*⟩ **(aus** out of); **c)** *(liebkosen)* **jmdn. ~:** hug [and squeeze] sb.; **d)** *(Druck verursachen, quetschen)* ⟨*shoe, corset, bandage, etc.*⟩ pinch; **e)** *(geh.: be~)* ⟨*conscience*⟩ weigh heavily [up]on sb.; **jmds. Stimmung ~:** depress sb.'s spirits; **f)** *(herabsetzen)* push *or* force down ⟨*price, rate*⟩; depress ⟨*sales*⟩; bring down ⟨*standard*⟩; **den Rekord ~:** beat *or* break the record; **den Rekord um zwei Sekunden ~:** take two seconds off the record; **g)** *(Kartenspiel)* discard; **h)** *(Gewichtheben)* press; **i)** *(Drogenjargon: injizieren)* **sich** *(Dat.)* **einen Schuß ~:** give oneself a fix *(sl.)*. **2.** *itr. V.* **a)** press; **auf den Knopf ~:** press *or* push the button; **„bitte ~"**: 'push'; **die Hitze drückt** *od.* **ist drückend** *(fig.)* the heat is oppressive; **das drückte auf die Stimmung/unsere gute Laune** *(fig.)* it spoilt the atmosphere/dampened our spirits; *s. auch* **Tränendrüse; b)** *(Druck verursachen)* ⟨*shoe, corset, bandage*⟩ pinch; **der Rucksack drückt** the rucksack is pressing *or* digging into me; **c)** *(herabsetzen)* **auf etw.** *(Akk.)* **~:** push *or* force sth. down; **d)** *(Drogenjargon)* fix *(sl.)*. **3.** *refl. V.* **a) sich in die Ecke ~:** squeeze [oneself] into the corner; **die Kinder drückten sich ängstlich in die Ecke** the children huddled frightened in the corner; **sich aus dem Saal ~:** slip out of the hall; **b)** *(ugs.)* shirk; **sich vor etw.** *(Dat.)* **~:** get out of *or* dodge sth.; **sich vor einer Pflicht/Verantwortung/Aussprache ~:** shirk a duty/responsibility/avoid a frank discussion; **sich vor der Arbeit/ums Bezahlen ~:** get out of *or* avoid doing any work/paying

**drückend** *Adj.* **a)** burdensome ⟨*responsibility*⟩; grinding ⟨*poverty*⟩; heavy ⟨*debt, taxes*⟩; serious ⟨*worries*⟩; **b)** *(schwül)* oppressive

**Drucker der;** ~s, ~: printer

**Drücker der;** ~s, ~ **a)** *(Tür~)* handle; *(eines Schnappschlosses)* latch; *(Abzug am Gewehr)* trigger; **auf den letzten ~** *(ugs.)* at the very last minute; **b)** *(Knopf)* [push-]button; *(Klingelknopf)* [bell] push; **am ~ sitzen** *od.* **sein** *(fig. ugs.)* be in charge; **c)** *(ugs.: Werber)* hawker of magazine subscriptions; **d)** *(ugs.: Unterton, Nuance)* touch

**Druckerei die;** ~, ~en printing-works; *(Firma)* printing-house; printer's

**Druckerei·arbeiter der** print worker

**Drucker·farbe die** *s.* **Druckfarbe**

**Druck·erlaubnis die** permission to print; **die ~ verweigern** refuse to allow the book/article *etc.* to be printed

**Drucker-:** **~presse die** *s.* **Druckmaschine; ~schwärze die** printer's *or* printing ink; **~sprache die** printers' terminology; **~zeichen das** printer's mark

**druck-, Druck-:** **~erzeugnis das** piece of printed matter; **~erzeugnisse** printed matter *sing.*; **~fahne die** galley proof; **~farbe die** printer's *or* printing ink; **~fehler der** misprint; printer's error; **~fehler·teufel der** *(scherzh.)* misprint gremlin; **~fertig** *Adj.* ready for press *pred.*; **~fest** *Adj.* pressure-resistant; **~form die** [type]-forme; **~frisch** *Adj.* hot off the press *post-pos.*; **~graphik die** *(Kunstwiss.)* graphic reproduction; **~kabine die** pressurized cabin; **~knopf der a)** press-stud *(Brit.)*; snap-fastener; **b)** *(an Geräten)* push-button; **~kosten** *Pl.* printing costs

**Drucklegung die;** ~, ~en printing; **die ~** *od.* **mit der ~ beginnen** go to press

**druck-, Druck-:** **~luft die** *(Physik)* compressed air; **~luft·bremse die** air brake; **~maschine die** printing-press; **~messer der** *(Physik)* pressure gauge; **~mittel das** means of bringing pressure to bear **(gegenüber** on); **~papier das** printing paper; **~platte die** [printing] plate; **~posten der** *(ugs.)* cushy job *(coll.)*; **~pumpe die** *(Technik)* pressure pump; **~punkt der a)** *(bei Waffen)* first trigger pressure; **b)** *(bei Flugzeugen)* centre of pressure; **~reif 1.** *Adj.* ready for publication; *(~fertig)* ready for press; *(fig.)* polished, perfectly formulated ⟨*phrase, reply*⟩; **2.** *adv.* ⟨*speak*⟩ in a polished manner; **~sache die a)** *(Postw.)* printed matter; **b)** *(Druckw.)* printed stationery; **~schrift die a)** block letters *pl.*; **b)** *(Schriftart)* type[-face]; **c)** *(Schriftwerk)* pamphlet

**drucksen** ['drʊksn̩] *itr. V. (ugs.)* hum and haw *(coll.)*

**druck-, Druck-:** **~stelle die** mark *(where pressure has been applied)*; *(an Obst)* bruise; **die ~stelle von der Zahnklammer** the tender spot where the brace has/had been pressing; **~stock der** block; **~taste die** push-button; **~technisch 1.** *Adj.* printing *attrib.* ⟨*process*⟩; **ein ~technisches Problem** a problem from the point of view of printing. **2.** *adv.* from the point of view of printing; **~type die** type; **~verband der** pressure bandage; **~verfahren das** printing process; **~vorlage die** printer's copy; **~wasser·reaktor der** pressurized-water reactor; **~welle die** *(Physik)* shock wave; **~werk das** publication; printed work; **~wesen das;** *o. Pl.* printing; **~zylinder der** *(Fotoreproduktion)* printing cylinder; *(Offsetdruck)* impression cylinder

**Drude** ['dru:də] **die;** ~, ~n *(Myth.) nocturnal female spirit that causes nightmares*

**Druden·fuß der** pentagram

**druff** [drʊf] *(ugs. landsch.) s.* **drauf**

**Druide** [dru'i:də] **der;** ~n, ~n *(hist.)* druid

**drum** [drʊm] *Adv. (ugs.)* **a)** *s.* **darum; b)** [a]round; **um etw. ~ herum** [all] [a]round sth.; **ein Haus mit einem Garten ~:** a house with a garden [a]round it; **~ rumreden** beat about *or (Amer.)* around the bush; **eben ~:** that's precisely why; **sei's ~:** never mind; [that's] too bad; **alles, was ~ und dran ist** *od.* **hängt** all the things that go with it; *(bei einer Sachlage)* all the circumstances; **alles** *od.* **das [ganze] Drum und Dran** *(bei einer Mahlzeit)* all the trimmings; *(bei einer Feierlichkeit)* all the palaver that goes with it *(coll.)*

**drum-:** *(ugs.) s.* **darum-**

**Drum·herum das;** ~s everything that goes/went with it

**Drummer** ['dramɐ] **der;** ~s, ~ *(Musik)* drummer

**Drums** [drams] *Pl. (Musik)* drums; **an den ~:** on [the] drums

**drunten** ['drʊntn̩] *Adv. (südd., österr.)* down there

**drunter** ['drʊntɐ] *Adv. (ugs.)* underneath; **es** *od.* **alles geht ~ und drüber** everything is topsy-turvy; things are completely chaotic; **das Drunter und Drüber** the confusion

**drụnter-** *(ugs.) s.* **darunter-**
**Drusch** [drʊʃ] **der; ~[e]s, ~e a)** threshing; **b)** *(Ertrag)* threshed corn; grain
**¹Druse** ['dru:zə] **der; ~n, ~n** Druze
**²Dru̲se die; ~, ~n a)** *(Geol.)* geode; druse; **b)** *(Pferdekrankheit)* strangles *sing.*
**Drüse** ['dry:zə] **die; ~, ~n** gland
**Drü̲sen-: ~funktion die** glandular function; **~schwellung die** glandular swelling
**dru̲sisch** *Adj.* Druse
**DSB** [de:|ɛs'be:] **der;** ~ *Abk.* **Deutscher Sportbund**
**Dschingis-Khan** ['dʒɪŋgɪs'ka:n] **(der)** Genghis Khan
**Dschungel** ['dʒʊŋl̩] **der; ~s, ~** *(auch fig.)* jungle; *(von Konflikten, Leidenschaften)* tangle
**Dschụngel-: ~fieber das** jungle yellow fever; **~krieg der** jungle war; *(Kriegsführung)* jungle warfare
**Dschunke** ['dʒʊŋkə] **die; ~, ~n** junk
**DSF** [de:|ɛs'ɛf] **die; ~:** *Abk. (DDR)* **Gesellschaft für Deutsch-Sowjetische Freundschaft**
**DSG** [de:|ɛs'ge:] **die;** ~ *Abk.* **Deutsche Schlafwagen- und Speisewagen-Gesellschaft**
**dt.** *Abk.* **deutsch** G.
**Dtzd.** *Abk.* **Dutzend** doz.
**du** [du:] *Personalpron.; 2. Pers. Sg. Nom.* you; thou *(arch.); (in Briefen)* **Du** you; **du zueinander sagen** use the familiar form in addressing one another; say 'du' to each other; **[mit jmdm.] per du sein** be on familiar terms *or* use the familiar form of address [with sb.]; **mit jmdm. auf du und du stehen** be on familiar terms with sb.; **du Glücklicher/Idiot!** you lucky thing/you idiot!; **unser Vater, der du bist im Himmel** *(bibl.)* our Father which art in heaven; **du, ich kann nicht länger warten** [listen,] I can't wait any longer; **du̲ bist es** it's 'you; **mach du̲ das doch** 'you do it; *s. auch (Gen.)* **deiner,** *(Dat.)* **dir,** *(Akk.)* **dich**
**Du̲ das; ~[s], ~[s]** 'du' *no art.;* the familiar form 'du'; **jmdm. das ~ anbieten** suggest to sb. that he/she use [the familiar form] 'du' *or* the familiar form of address
**dual** [du'a:l] *Adj.* dual
**Dua̲l der; ~s, ~e, Dualis** [du'a:lɪs] **der; ~, Dua̲le** *(Sprachw.)* dual
**Dualịsmus der;** ~ *(Philos., geh.)* dualism
**dualịstisch** *Adj. (Philos., geh.)* dualistic
**Dualität** [duali'tɛ:t] **die; ~:** duality
**Dua̲l·system das** *(Math.)* binary system
**Dübel** ['dy:bl̩] **der; ~s, ~:** plug; *(Holz~)* dowel
**dü̲beln** *tr. V.* **etw. ~:** fix sth. using a plug/plugs
**dubios** [du'bi̯o:s], **dubiös** [du'bi̯ø:s] *Adj. (geh.)* dubious; **ich finde es ~, daß ...:** I find it suspicious that ...
**Dublee** [du'ble:] **das; ~s, ~s** rolled gold [plate]
**Dublette** [du'blɛtə] **die; ~, ~n a)** duplicate; **b)** *(bei Edelsteinen)* doublet; **c)** *(Boxen)* one-two
**dublieren** [du'bli:rən] *tr. V.* **a)** plate with gold; **b)** *(Spinnerei)* double; ply; **c)** *(Kunstwiss.)* reline
**ducken** ['dʊkn̩] **1.** *refl. V.* duck; *(fig. abwertend)* humble oneself **(vor** + *Dat.* before); *(vor Angst)* cower; **sich vor jmds. Fäusten ~:** duck to avoid sb.'s fists. **2.** *tr. V.* **a)** duck ⟨*head [and shoulders]*⟩; **b)** *(abwertend) (einschüchtern)* intimidate; *(demütigen)* humiliate. **3.** *itr. V.* humble oneself **(vor** + *Dat.* before)
**Duckmäuser** ['dʊkmɔyzɐ] **der; ~s, ~** *(abwertend)* moral coward
**dụckmäuserisch** *(abwertend)* **1.** *Adj.* ⟨*behaviour etc.*⟩ showing moral cowardice. **2.** *adv.* ⟨*behave*⟩ in a way that shows moral cowardice
**Dụckmäusertum das; ~s** *(abwertend)* moral cowardice
**Dudele̲i die; ~, ~en** *(ugs. abwertend) (auf einem Blasinstrument)* tootling; *(aus dem Radio, Fernsehen usw.)* drone; droning
**Du̲del·kasten der** *(salopp abwertend) (Radio)* radio; *(Plattenspieler)* record-player
**dudeln** ['du:dl̩n] **1.** *tr. V. (auf Blasinstrument)* tootle; *(singen)* sing tunelessly. **2.** *itr. V.* ⟨*radio, television, etc.*⟩ drone on; ⟨*barrel organ*⟩ grind away
**Du̲del·sack der** bagpipes *pl.*
**Du̲delsack·pfeifer der; ~s, ~:** piper; bagpipe-player
**Duell** [du'ɛl] **das; ~s, ~e a)** duel; **jmdn. zum ~ [heraus]fordern** challenge sb. to a duel; **ein ~ auf Pistolen** a duel with pistols; **b)** *(Sport)* contest *(Gen.* between); **c)** *(Wortgefecht)* duel of words
**Duellant** [duɛ'lant] **der; ~en, ~en** duellist
**duellieren** *refl. V.* fight a duel **(um** over)
**Duett** [du'ɛt] **das; ~[e]s, ~e a)** *(Musik)* duet; **im ~ singen** sing a duet; **etw. im ~ singen** sing sth. as a duet; **im ~ schreien/heulen** *(fig. ugs.)* scream/weep in unison; **b)** *(Duo, Paar)* duo; pair
**Dufflecoat** ['dʌfəlkoʊt] **der; ~s, ~s** duffle-coat
**Duft** [dʊft] **der; ~[e]s, Düfte** ['dʏftə] **a)** pleasant smell; scent; *(Zool.)* scent; *(von Parfüm, Blumen)* scent; fragrance; *(von Kaffee, frischem Brot, Tabak)* aroma; *(iron.)* beautiful smell *(iron.);* **den ~ der großen, weiten Welt schnuppern** *(fig.)* get a taste of the big, wide world; **b)** *(schweiz.: Rauhreif)* hoar-frost
**-duft der: Flieder~/Veilchen~/Jasmin~** *usw.* scent of lilac/violets/jasmine *etc.*
**Düftchen** ['dʏftçən] **das; ~s, ~:** pleasant aroma *or* smell; *(iron.)* beautiful whiff *or* smell
**Dụft·drüse die** *(Zool.)* scent gland
**dufte** ['dʊftə] *(ugs.)* **1.** *Adj.* great *(coll.).* **2.** *adv.* ⟨*dressed, behave*⟩ smashingly *(coll.);* ⟨*taste*⟩ great *(coll.)*
**duften** ['dʊftn̩] *itr. V.* smell **(nach** of); **nicht ~:** not smell; have no smell; **die Rosen ~ gut** the roses smell lovely *or* have a lovely scent; **es duftet nach Kaffee** it smells of coffee; there's a smell of coffee
**dụftend** *Adj.* sweet-smelling; fragrant; **angenehm/stark ~:** pleasant-/strong-smelling
**dụftig** *Adj.* **a)** gossamer-fine ⟨*dress, material*⟩; soft and fine ⟨*hair*⟩; **b)** *(dichter.)* hazy
**Dụft-: ~marke die** *(Zool.)* scent mark; **~note die** fragrance; **~stoff der a)** *(Biol.)* scent; **b)** *(bei Kosmetika)* aromatic substance *or* essence; **~wasser das;** *Pl.* **~wässer a)** *(scherzh.: Parfüm)* perfume; scent; **b)** *(Eau de Toilette)* toilet water; **~wolke die** cloud of perfume
**duhn** [du:n] *s.* **dun**
**Dukaten** [du'ka:tn̩] **der; ~s, ~** *(hist.)* ducat
**Duka̲ten-: ~esel der** *(ugs. scherzh.)* **ein ~esel sein** be made of money; **~gold das** fine gold; **~scheißer der** *(salopp) s.* **~esel**
**Duktus** ['dʊktʊs] **der; ~** *(geh.)* characteristic style; *(eines Gemäldes)* characteristic lines *pl. or* style; *(einer Handschrift)* characteristic shape *or* appearance
**dulden** ['dʊldn̩] **1.** *tr. V.* **a)** tolerate; put up with; **keinen Widerspruch ~:** tolerate *or (literary)* brook no contradiction; **die Arbeit duldet keinen Aufschub** the work will admit no delay; **b)** *(Aufenthalt gestatten)* **jmdn. ~:** tolerate *or* put up with sb.'s presence; **er war nur geduldet** his presence was only tolerated; he was here/there only on sufferance; **c)** *(geh.: er~)* endure. **2.** *itr. V. (geh.)* suffer
**Du̲lder der; ~s, ~, Du̲lderin die; ~, ~nen** patient sufferer
**Du̲lder·miene die** *(iron.)* martyred expression; **mit ~:** with a martyred expression
**duldsam** ['dʊltza:m] **1.** *Adj.* tolerant **(gegen** towards); *(geduldig)* patient. **2.** *adv.* tolerantly; *(geduldig)* patiently
**Dụldsamkeit die; ~:** tolerance; *(Geduld)* patience
**Dụldung die; ~:** toleration; **stillschweigende ~:** tacit permission; connivance
**Dumdum** [dʊm'dʊm] **das; ~[s], ~[s], Dumdụm·geschoß das** dumdum [bullet]
**dumm** [dʊm], **dümmer** ['dʏmɐ], **dümmst...** ['dʏmst...] **1.** *Adj.* **a)** *(nicht intelligent)* stupid; stupid, thick, dense ⟨*person*⟩; **jmdn. wie einen ~en Jungen behandeln** treat sb. like a stupid child; **[nicht] so ~ sein, wie man aussieht** [not] be as stupid as one looks; **sich ~ stellen** act stupid; **~ geboren, nichts dazugelernt** *(salopp)* stupid idiot! *(coll.);* **sich nicht für ~ verkaufen lassen** *(ugs.)* not be taken in; **du willst mich wohl für ~ verkaufen!** you're trying to have me on *(Brit. coll.) or (Amer.coll.)* put me on; **sich ~ und dämlich** *od.* **dusselig reden/verdienen/essen** *(ugs.)* talk till one is blue in the face/earn a fortune/eat oneself silly; **b)** *(unvernünftig)* foolish; stupid; daft; **so etwas Dummes!** how stupid!; **c)** *(ugs.: töricht, albern)* idiotic; silly; stupid; **eine ~e Gans** a silly goose; **das ist mir [einfach] zu ~** *(ugs.)* I've had enough of it; **d)** *(ugs.: unangenehm)* nasty ⟨*feeling, suspicion*⟩; annoying ⟨*habit*⟩; awful *(coll.)* ⟨*experience, business, coincidence*⟩; **so etwas Dummes!** how annoying!; **mir ist etwas Dummes passiert** something awful happened to me *(coll.);* **e)** *(ugs.: benommen)* **mir ist ganz ~ im Kopf** my head is swimming. **2.** *adv.* **a)** *(ugs.: töricht)* foolishly; stupidly; **frag nicht so ~:** don't ask such silly *or* stupid questions; **b)** *(ugs.: unangenehm)* ⟨*end*⟩ badly *or* unpleasantly; **jmdn. ~ kommen** be cheeky *or* insolent to sb.
**Dummchen** ['dʊmçən] **das; ~s, ~** *s.* **Dummerchen**
**dụmm·dreist 1.** *Adj.* brashly impertinent. **2.** *adv.* in a brashly impertinent manner
**Dụmme der/die;** *adj. Dekl.* fool; **einen ~n finden, der etw. macht** find somebody stupid enough to do sth.; **die ~n werden nicht alle** there's one born every minute; **der ~ sein** *(ugs.)* be the loser
**Dumme·jụngen·streich der** *(ugs.)* silly prank
**Dụmmen·fang der;** *o. Pl. (abwertend)* duping of unsuspecting people; **auf ~ gehen/aussein** go looking/be out looking for unsuspecting people to dupe
**Dummerchen** ['dʊmɐçən] **das; ~s, ~** *(fam.)* nitwit *(coll.);* ninny; silly little boy/girl
**dummer·we̲ise** *Adv.* **a)** *(leider)* unfortunately; *(ärgerlicherweise)* annoyingly; irritatingly; **b)** *(törichterweise)* foolishly; like a fool; stupidly
**Dụmmheit die; ~, ~en a)** *o. Pl.* stupidity; **wenn ~ weh täte, müßte er den ganzen Tag schreien** *(salopp)* he's as thick as two short planks *(Brit. coll.) or (Amer.)* as dumb as an ox; **b)** *(unkluge Handlung)* stupid *or* foolish thing; **es war eine große ~, deine Warnung nicht ernst zu nehmen** it was extremely stupid not to heed your warning; **[mach] keine ~en!** don't do anything stupid *or* foolish; **lauter** *od.* **nur ~en im Kopf haben** have a head full of silly ideas
**Dụmm·kopf der** *(ugs.)* nitwit *(coll.);* [silly] fool *or* idiot; blockhead
**dümmlich** ['dʏmlɪç] **1.** *Adj.* simple-minded. **2.** *adv.* ⟨*grin, smile*⟩ [rather] foolishly *or* stupidly
**Dümmling** ['dʏmlɪŋ] **der; ~s, ~e** *(ugs.)* dimwit *(coll.)*
**Dụmms·dorf (das)** *(scherzh.)* **ich bin doch nicht aus ~!** I wasn't born yesterday!; **du bist wohl aus ~!** you must be stupid!
**dümpeln** ['dʏmpl̩n] *itr. V. (Seemannsspr.)* roll [gently]
**dumpf** [dʊmpf] **1.** *Adj.* **a)** dull ⟨*thud, rumble of thunder*⟩; muffled ⟨*sound, thump*⟩; **b)** *(muffig)* musty; **c)** *(stumpfsinnig)* dull; dull

and expressionless ⟨*look*⟩; numb ⟨*indifference*⟩; stifling ⟨*small-town atmosphere*⟩; **d)** *(undeutlich)* dull ⟨*pain, anger*⟩; dim ⟨*memory, recollection*⟩; vague, hazy ⟨*conception, idea*⟩; **e)** *(veralt.: benommen)* dazed; stupefied ⟨*half-sleep*⟩. **2.** *adv.* **a)** ⟨*echo*⟩ hollowly; **~ auf etw.** *(Akk.)* **aufschlagen** land with a dull thud on sth.; **b)** *(stumpfsinnig)* apathetically; numbly; **~ vor sich hin blicken** gaze dully *or* apathetically into space; **c)** *(undeutlich)* vaguely ⟨*remember*⟩
**Dumpfheit die; ~ a)** *(Stumpfsinn)* torpor; apathy; **b)** *(Benommenheit)* numbness
**dumpfig** *Adj. (muffig)* musty; *(moderig)* fusty; mouldy; *(stickig)* stuffy ⟨*atmosphere*⟩
**Dumping** ['dampɪŋ] **das; ~s** *(Wirtsch.)* dumping
**Dumping·preis der** dumping price
**dun** [du:n] *Adj.; nicht attr. (nordd. salopp)* plastered *(sl.)*; well oiled *(sl.)*
**Düne** ['dy:nə] **die; ~, ~n** [sand-]dune
**Dung** [dʊŋ] **der; ~[e]s** dung; manure
**Dünge·mittel das** fertilizer
**düngen** ['dʏŋən] **1.** *tr. V.* fertilize ⟨*soil, lawn, etc.*⟩; spread fertilizer on ⟨*field*⟩; scatter fertilizer around ⟨*plants*⟩. **2.** *itr. V.* ⟨*person*⟩ put on fertilizer; **gut ~** ⟨*substance*⟩ be a good fertilizer
**Dünger der; ~s, ~:** fertilizer
**Dung·haufen der** dunghill; dung *or* manure heap
**Düngung die; ~, ~en a)** use of fertilizers; **die ~ mit Chemikalien** the use of chemical fertilizers; **b)** *(Dünger)* fertilizer
**dunkel** ['dʊŋkl̩] **1.** *Adj.* **a)** dark; **es wird ~:** it's getting dark; **es wird um 22 h ~:** it gets dark about 10 o'clock; **im Dunkeln** in the dark; **im ~n bleiben** *(fig.)* ⟨*person*⟩ remain unidentified; ⟨*sb.'s identity etc.*⟩ remain a mystery; ⟨*future events*⟩ remain uncertain; **im ~n tappen** *(fig.)* grope around *or* about in the dark; **b)** *(unerfreulich)* dark ⟨*chapter in one's life*⟩; black ⟨*day*⟩; darker ⟨*side of life*⟩; **c)** *(fast schwarz)* dark; **dunkles Brot** brown bread; **dunkles Bier** dark beer *(darker than bitter)*; **eine dunkle Brille** dark glasses *pl.*; **d)** *(tief)* deep ⟨*voice, note*⟩; **e)** *(unbestimmt)* vague; dim, faint, vague ⟨*recollection*⟩; dark ⟨*hint, foreboding, suspicion*⟩; **in dunkler Vorzeit** in the dim and distant past; **jmdn. [über etw.** *(Akk.)***] im ~n lassen** *(fig.)* leave sb. in the dark [about sth.]; **f)** *(abwertend: zweifelhaft)* dubious; shady; **dunkle Geschäfte machen** be involved in shady transactions *or* deals. **2.** *adv.* **a)** *(tief)* ⟨*speak*⟩ in a deep voice; **b)** *(unbestimmt)* vaguely; ⟨*remember*⟩ vaguely, dimly
**Dunkel das; ~s a)** *(geh.)* darkness; **im ~ der Nacht** *(geh.)* in the darkness of the night; **b)** *(Rätselhaftigkeit)* obscurity, mystery **(um** surrounding); **in ~ gehüllt sein** be shrouded in mystery
**Dünkel** ['dʏŋkl̩] **der; ~s** *(geh. abwertend) (Überheblichkeit)* arrogance; haughtiness; *(Einbildung)* conceit[edness]; **einen ungeheuren ~ haben** be immensely arrogant *or* conceited
**dunkel-: ~äugig** *Adj.* dark-eyed; **~blau** *Adj.* dark blue; **~blond** *Adj.* light brown ⟨*hair*⟩; ⟨*person*⟩ with light brown hair; **~blond sein** have light brown hair; **~braun** *Adj.* dark brown; **~grau** *Adj.* dark grey; **~grün** *Adj.* dark green; **~haarig** *Adj.* dark-haired
**Dunkel·haft die** confinement in a darkened cell
**dünkelhaft 1.** *Adj. (überheblich)* arrogant; haughty; *(eingebildet)* conceited. **2.** *adv. (hochmütig)* arrogantly; haughtily; *(eingebildet)* conceitedly
**dunkel·häutig** *Adj.* dark-skinned
**Dunkelheit die; ~ a)** darkness; **bei ~:** during the hours of darkness; **bei Einbruch der ~:** at nightfall; *s. auch* **Einbruch; b)** *(geh.: dunkle Tönung)* darkness

**Dunkel-: ~kammer die** dark-room; **~mann der;** *Pl.* **~männer** *(abwertend)* **a)** shady character; **b)** *(veralt.: Obskurant)* obscurantist
**dunkeln 1.** *itr. V.* **a)** *(unpers.)* **es dunkelt** *(geh.)* it is growing dark; **b)** *mit sein* grow *or* go darker; darken; **c)** *(dichter.)* ⟨*evening, night*⟩ fall. **2.** *tr. V.* make darker; darken
**dunkel-, Dunkel-: ~rot** *Adj.* dark red; *(tiefrot)* deep red; **~werden das; ~s** nightfall; **vor dem ~werden** before nightfall; **~ziffer die** number of unrecorded cases
**dünken** ['dʏŋkn̩] *(geh. veralt.)* **1.** *unr. tr. V.* **mich dünkt, er hat recht** methinks he is right *(arch.)*. **2.** *refl. V.* **er dünkt sich etwas Besseres/ein Held [zu sein]** he regards himself as superior/a hero; he thinks that he is superior/a hero
**Dünkirchen** ['dy:nkɪrçn̩] **(das); ~s** Dunkirk
**dünn** [dʏn] **1.** *Adj.* **a)** thin ⟨*slice, layer, etc.*⟩; slim ⟨*book*⟩; **b)** *(mager)* thin ⟨*person*⟩; **sich ~ machen** *(scherzh.)* squash *or (Amer.)* scrunch up [a bit]; **c)** *(leicht)* thin, light ⟨*clothing, fabric*⟩; fine ⟨*stocking*⟩; *(fig.)* thin, rarefied ⟨*air*⟩; fine ⟨*mist, rain*⟩; **d)** *(spärlich)* thin ⟨*hair*⟩; sparse ⟨*tree, cover, vegetation*⟩; **e)** *(wenig gehaltvoll)* thin ⟨*soup*⟩; weak, watery ⟨*coffee, tea*⟩; watery ⟨*beer*⟩; **f)** *(~flüssig)* thin ⟨*paint, lubricating oil*⟩; runny ⟨*batter*⟩; **g)** *(schwach)* thin ⟨*voice*⟩; weak, faint ⟨*smile*⟩; faint ⟨*scent*⟩. **2.** *adv.* **a) ~ geschnittene Wurst/~ geschnittener Käse** thinly sliced sausage/cheese; **etw. ~ auftragen** apply sth. thinly; **b)** *(leicht)* lightly ⟨*dressed*⟩; **c)** *(spärlich)* **~ besiedelt sein** be thinly *or* sparsely populated *or* inhabited; *s. auch* **säen; d)** *(schwach)* ⟨*smile*⟩ weakly, faintly
**dünn-, Dünn-: ~besiedelt, ~bevölkert** *Adj. (präd. getrennt geschrieben)* thinly *or* sparsely populated *or* inhabited; **~bier das** *(veralt.)* small beer; **~brett·bohrer der** *(salopp abwertend)* **er ist ein ~brettbohrer** he likes to take the easy way out; **~darm der** *(Anat.)* small intestine; **~druck der** *Pl.* **~drucke** thin-paper *or* India paper edition; **~druck·aus·gabe die** thin-paper *or* India paper edition; **~druck·papier das** India paper
**[1]Dünne die; ~** *(Technik)* thinness
**[2]Dünne der/die;** *adj. Dekl. (ugs.)* thin man/woman; **die ~n** thin people
**dünne|machen** *s.* **dünnmachen**
**dunnemals** ['dʊnəma:ls] *s.* **Anno**
**dünn-, Dünn-: ~flüssig** *Adj.* thin; runny ⟨*batter etc.*⟩; **~gesät** *Adj. (präd. getrennt geschrieben) (ugs.)* rare; **~häutig** *Adj. (auch fig.)* thin-skinned; **~|machen** *refl. V. (ugs.)* make oneself scarce *(coll.)*; **~pfiff der;** *o. Pl. (salopp)*, **~schiß der** *(derb)* the runs *pl. (coll.)*; the shits *pl. (vulg.)*; **~wandig** *Adj.* thin-walled
**Dunst** [dʊnst] **der; ~[e]s, Dünste** ['dʏnstə] **a)** *o. Pl.* haze; *(Nebel)* mist; **b)** *(Geruch)* smell; *(Ausdünstung)* fumes *pl.*; *(stickige, dumpfe Luft)* fug *(coll.)*; **jmdm. blauen ~ vormachen** *(ugs.)* pull the wool over sb.'s eyes; **keinen [blassen] ~ von etw. haben** *(ugs.)* have not the foggiest *or* faintest idea about sth.
**Dunst·abzugs·haube die** extractor hood
**dunsten** *itr. V. (geh.)* **a)** smell, give off a smell **(nach** of); **b)** *(dampfen)* steam
**dünsten** ['dʏnstn̩] *tr. V.* steam ⟨*fish, vegetables*⟩; braise ⟨*meat*⟩; stew ⟨*fruit*⟩
**Dunst·glocke die** pall of haze
**dunstig** *Adj.* **a)** hazy; *(neblig)* misty; **b)** *(verräuchert)* smoky; *(stickig)* stuffy
**Dunst·kreis der** *(fig.)* orbit
**Dunst·obst** *(österr.)*, **Dünst·obst das** stewed fruit
**Dunst-: ~schicht die** layer of haze; *(Nebelschicht)* layer of mist; **~schleier der** veil of haze; *(Nebelschleier)* veil of mist; **~wolke die** cloud of smog; *(stickige, dumpfe Luft)* fug *(coll.)*

**Dünung die; ~, ~en** swell
**Duo** ['du:o] **das; ~s, ~s** *(Musik)* **a)** *(Stück)* duet; **b)** *(Ausführende)* ⟨*piano etc.*⟩ duet; *(fig. scherzh.)* duo; pair
**Duodez-** [duo'de:ts]: **~band der** duodecimo *or* twelvemo edition; **~fürst der** *(abwertend)* princeling; petty *or* minor prince; **~fürstentum das** *(abwertend)* petty *or* minor princedom; **~staat der** *(abwertend)* minor state
**Duo·dezimal·system das** duodecimal system
**düpieren** [dy'pi:rən] *tr. V. (geh.)* dupe
**Duplikat** [dupli'ka:t] **das; ~[e]s, ~e** duplicate
**Duplikation** [duplika'tsi̯o:n] **die; ~, ~en** *(geh., Genetik)* duplication
**Duplizität** [duplitsi'tɛ:t] **die; ~, ~en** *(geh.)* duplication
**Dur** [du:ɐ̯] **das; ~** *(Musik)* major [key]; **in ~ enden** finish in a major key
**Dur·akkord der** *(Musik)* major chord
**durativ** ['du:rati:f] *Adj. (Sprachw.)* durative
**durch** [dʊrç] **1.** *Präp. mit Akk.* **a)** *(räumlich)* through; **~ die Straßen/die Stadt bummeln** stroll through the streets/the town; **~ ganz Europa reisen** travel all over *or* throughout Europe; **~ einen Fluß waten** wade across a river; *s. auch* **Kopf; b)** *(modal)* by; **etw. ~ Boten/die Post schicken** send sth. by courier/post *(Brit.) or* mail; **etw. ~ Lautsprecher/das Fernsehen bekanntgeben** announce sth. over the loudspeakers/on television; **sie ist ~ das Fernsehen bekannt geworden** she became famous through television; **etw. ~ jmdn. bekommen** get *or* obtain sth. through sb.; **zehn [geteilt] ~ zwei** ten divided by two; **c)** *(österr.: zeitlich)* **~ Wochen/Jahre** for weeks/years; **~ sein ganzes Leben** throughout *or* all his life. **2.** *Adv.* **a)** *(hin~)* **das ganze Jahr ~:** throughout the whole year; all year; **die ganze Zeit ~:** the whole time; all the time; **b)** *(ugs.: vorbei)* **es war 3 Uhr ~:** it was past *or* gone 3 o'clock; **c) ~ und ~ naß/überzeugt** wet through [and through]/completely *or* totally convinced; **jmdm. ~ und ~ gehen** go right through sb.; **er ist ein Lügner ~ und ~:** he's an out and out liar; *s. auch* **durchsein**
**durch|ackern** *(ugs.)* **1.** *tr. V.* plough through. **2.** *refl. V.* **sich durch etw. ~:** plough [one's way] through sth.
**durch|arbeiten 1.** *tr. V.* **a) die Nacht/Pause** *usw.* **~:** work through the night/break *etc.*; **b)** *(lesen und auswerten)* work *or* go through ⟨*book, article*⟩; **c)** *(ausarbeiten)* work out ⟨*speech, essay*⟩; **d)** *(durchkneten)* work *or* knead thoroughly ⟨*dough*⟩; massage *or* knead thoroughly ⟨*muscles*⟩. **2.** *itr. V.* work through. **3.** *refl. V. (auch fig.)* work one's way through
**durch|atmen** *itr. V.* take a deep breath/deep breaths; breathe deeply
**durch·aus** *Adv.* **a) ~ mitkommen wollen** [absolutely] insist on coming too; **das ist ~ nötig/ zu empfehlen** it is absolutely necessary/definitely to be recommended; **Muß das sein? ~ Ja, ~:** Is that necessary? – Yes, absolutely; **wenn du ~ willst** if you really insist; **b)** *(völlig)* perfectly, quite ⟨*correct, possible, understandable*⟩; **das ist ~ richtig** that is entirely right; **ich bin ~ Ihrer Meinung** I am entirely of your opinion; **man kann ~ vermuten, daß ...:** one can quite reasonably suppose *or* assume that ...; **ein ~ annehmbarer Vorschlag/gelungener Abend** an eminently acceptable suggestion/thoroughly successful evening; **c)** *(verneint)* **das hat ~ nichts damit zu tun** that's got nothing at all *or* whatsoever to do with it; **~ nicht ins Wasser/darüber sprechen wollen** absolutely refuse to go into the water/talk about it; **es ist ~ nicht so einfach wie ...:** it is by no means as easy as ...; **das ist ~ kein Scherz** it is certainly no joke; **für so etwas habe ich ~**

kein Verständnis I have absolutely no time for that sort of thing

**durch|backen** 1. *itr. V.* bake through. 2. *tr. V.* **etw. richtig ~:** bake sth. right the way through

[1]**durch|beißen** 1. *unr. tr. V.* bite through. 2. *unr. refl. V. (ugs.)* [manage to] struggle through

[2]**durch·beißen** *unr. tr. V.* bite through; **jmdm. die Kehle ~:** tear *or* rip sb.'s throat open

**durch|bekommen** *unr. tr. V.* **etw. ~:** get sth. through; *(zerlegen)* get *or* cut through sth.

**durch|betteln** *refl. V.* **sich überall ~:** beg one's way through life

**durch|biegen** 1. *unr. tr. V.* **etw. ~:** bend sth. as far as possible; **seinen Rücken/sein Kreuz ~:** straighten one's back. 2. *unr. refl. V.* sag

**durch|blasen** 1. *unr. tr. V.* **a)** *(durch Hindurchblasen reinigen)* **etw. ~:** clear sth. by blowing through it; **b)** *(treiben)* **etw. durch etw. ~:** blow sth. through sth.; **c)** *(durchdringen)* ⟨*wind*⟩ blow right through ⟨*person*⟩. 2. *unr. itr. V.* **~ durch** ⟨*wind*⟩ blow through ⟨*cracks, thin coat, etc.*⟩

[1]**durch|blättern,** [2]**durch·blättern** *tr. V.* leaf through ⟨*book, file, etc.*⟩

**durch|bleuen** *tr. V. (ugs.)* **jmdn. ~:** give sb. a good hiding *(coll.) or* thrashing

**Durch·blick der a)** *(ugs.)* **den [absoluten] ~ haben** know [exactly] what's going on; **den ~ verlieren** no longer know what's going on; lose track of what's going on; **b)** *(Ausblick)* view (**auf** + *Akk.* of)

**durch|blicken** *itr. V.* **a)** look through; **durch etw. ~:** look through sth.; **b)** *(ugs.)* **ich blicke da nicht durch** I can't make head or tail of it; **blickst du bei dieser Aufgabe durch?** can you make head or tail of this exercise?; **c) ~ lassen, daß .../wie ...:** hint that .../at how ...; **etw. ~ lassen** hint at sth.

[1]**durch|bluten** *itr. V.* **a) die Wunde blutete durch** blood from the wound soaked through [the bandage/dressing *etc.*]; **b)** *mit sein* ⟨*bandage etc.*⟩ become soaked with blood

[2]**durch·bluten** *tr. V.* **a)** supply ⟨*body, limb, etc.*⟩ with blood; **seine Beine sind schlecht durchblutet** the circulation in his legs is poor; **b)** *(mit Blut tränken)* **etw. ~:** soak sth. with blood

**Durch·blutung die;** *o. Pl.* flow *or* supply of blood (+ *Gen.* to); [blood-]circulation

**durchblutungs·fördernd** *Adj.* ⟨*substance*⟩ which stimulates the [blood-]circulation; **~ fördernd sein** stimulate the [blood-]circulation

**Durchblutungs·störung die** disturbance of the blood supply

[1]**durch|bohren** 1. *tr. V.* drill *or* bore through ⟨*wall, plank*⟩; drill, bore ⟨*hole*⟩. 2. *itr. V.* **durch etw. ~:** drill *or* bore through sth. 3. *refl. V.* **sich durch etw. ~** ⟨*woodworm etc.*⟩ bore its way through sth.; ⟨*spear, iron paling*⟩ go right through sth.

[2]**durch·bohren** *tr. V.* pierce; **jmdn. mit ~den Blicken ansehen** *(fig.)* look piercingly *or* penetratingly at sb.

**durch|boxen** *(ugs.)* 1. *refl. V.* fight one's way through; *(fig.)* battle through. 2. *tr. V.* force *or* push through ⟨*law, measure, bill, etc.*⟩; **einen Kandidaten ~:** bring pressure to bear to get a candidate appointed

**durch|braten** *unr. tr. V.* **etw. ~:** cook *or* roast sth. till it is well done; **ich möchte mein Steak durchgebraten** I'd like my steak well done

[1]**durch|brechen** 1. *unr. tr. V.* **a)** *(zerbrechen)* **etw. ~:** break sth. in two; **b)** *(eine Öffnung brechen)* **eine Tür/ein Fenster ~:** make a door/window. 2. *unr. itr. V.; mit sein* **a)** break in two; **der Blinddarm/das Magengeschwür ist durchgebrochen** *(Med.)* the appendix has burst/the gastric ulcer has perforated; **b)** *(hervorkommen)* ⟨*sun*⟩ break through; ⟨*new tooth*⟩ come through; ⟨*bud*⟩ appear; *(fig.)* ⟨*rage, hatred*⟩ erupt; **c)** *(einbrechen)* fall through ⟨*ice, floor, etc.*⟩; **durch etw. ~:** fall through sth.; **d)** *(Milit.: sich einen Weg bahnen)* break through

[2]**durch·brechen** *unr. tr. V.* break through ⟨*sound barrier*⟩; break *or* burst through ⟨*crowd barrier*⟩; ⟨*car*⟩ crash through ⟨*railings etc.*⟩; *(fig.)* break ⟨*law, convention*⟩

**durch|brennen** *unr. itr. V.; mit sein* **a)** ⟨*heating coil, light bulb*⟩ burn out; ⟨*fuse*⟩ blow; **da ist ihm die Sicherung durchgebrannt** *(fig. salopp)* he blew a fuse *(sl.) or* his top *(coll.)*; **b)** *(ugs.: weglaufen) (von zu Hause)* run away; *(mit der Kasse)* run off; abscond; *(mit dem Geliebten/der Geliebten)* run off; **c)** *(glühen)* ⟨*coals, logs*⟩ glow

**durch|bringen** *unr. tr. V.* **a)** *s.* **durchbekommen; b)** *(durch eine Kontrolle, über eine Grenze)* **etw. ~:** get sth. through; **c)** *(bei Wahlen)* **jmdn. ~:** get sb. elected; **d)** *(durchsetzen)* get ⟨*bill*⟩ through; get ⟨*motion*⟩ passed; get ⟨*proposal*⟩ accepted; **e)** *(versorgen)* **seine Familie/sich ~:** support one's family/oneself; **f)** *(verschwenden)* get through

**durch·brochen** 1. *2. Part. v.* [2]**durchbrechen.** 2. *Adj.* open-work *attrib.* ⟨*stockings, shoes, etc.*⟩

**Durch·bruch der a)** *(Milit., Geol., fig.)* breakthrough; **einer Idee** *(Dat.)* **zum ~ verhelfen** get an idea generally accepted; **b)** *(Öffnung)* opening; *(durch Gewalteinwirkung)* breach

**durch|buchstabieren** *tr. V.* spell out

[1]**durch|bummeln** *(ugs.) itr. V.* **a) bis zum Morgen ~:** live it up till morning *(coll.)*; **b)** *mit sein* **~ durch** wander through ⟨*park, exhibition, etc.*⟩

[2]**durch·bummeln** *tr. V.* **die Nacht ~:** be on the spree all night *(coll.)*; **eine durchbummelte Nacht** a night on the spree *(coll.)*

**durch|bürsten** *tr. V.* brush ⟨*hair*⟩ thoroughly

**durch|checken** *tr. V.* check ⟨*list, documents*⟩ thoroughly; check ⟨*car*⟩ over thoroughly

**durch·dacht** 1. *2. Part. v.* **durchdenken.** 2. *Adj.* **ein wenig/gut ~er Plan** a badly/well thought-out plan; **nicht [genügend] ~ sein** not be sufficiently well thought-out

**durch·denken** *unr. tr. V.* think over *or* through

**durch|diskutieren** *tr. V.* discuss thoroughly

**durch|drängen** *refl. V.* **sich [durch etw.] ~:** push *or* force one's way through [sth.]

**durch|drehen** 1. *tr. V.* put ⟨*meat etc.*⟩ through the mincer *or (Amer.)* grinder; chop ⟨*nuts etc.*⟩ in the blender. 2. *itr. V.* **a)** *auch mit sein (ugs.)* crack up *(coll.)*; go to pieces; **b)** ⟨*wheels*⟩ spin

[1]**durch|dringen** *unr. itr. V.; mit sein* **a)** ⟨*rain, sun*⟩ come through; **durch etw. ~:** penetrate sth.; come through sth.; **bis zu jmdm. ~** *(fig.)* ⟨*rumour, story*⟩ get through to sb.; **b)** *(sich durchsetzen)* **mit einem Vorschlag bei der Geschäftsleitung ~:** succeed in getting the management to accept one's suggestion; **der Redner drang mit seiner Stimme nicht durch** the speaker couldn't make himself heard

[2]**durch·dringen** *unr. tr. V.* **a)** penetrate; **kaum zu ~ sein** be almost impenetrable; **b)** *(erfüllen)* **jmdn. ~** ⟨*idea*⟩ take hold of sb. [completely]; **von der Wahrheit einer Behauptung durchdrungen sein** be totally convinced of the truth of a statement; **seine Schriften sind von diesen Ideen durchdrungen** his writings are imbued with these ideas

**durch·dringend** 1. *Adj.* **a)** *(intensiv)* piercing, penetrating ⟨*voice, look, scream, sound*⟩; **mit ~em Blick** with a piercing *or* penetrating look; **b)** *(penetrant)* pungent, penetrating ⟨*smell*⟩. 2. *adv.* **a) jmdn. ~ ansehen** look at a person piercingly *or* penetratingly; give sb. a piercing *or* penetrating look; **b)** *(penetrant)* **~ riechen/stinken** have a pungent *or* penetrating smell/stench

**Durchdringung die; ~ a)** penetration; *(Verschmelzung)* fusion; **b)** *(Erfassung)* comprehension

**durch|drücken** *tr. V.* **a) Püree** *usw.* **[durch ein Sieb/Tuch] ~:** press *or* pass purée *etc.* through a sieve/cloth; **b)** *(strecken)* straighten ⟨*limb, back*⟩; **die Knie ~:** straighten one's legs; **c)** *(ugs.: durchsetzen)* manage to get ⟨*extra holiday etc.*⟩; **seinen Antrag ~:** manage to force one's application through; **ein Gesetz im Parlament ~:** force a bill through Parliament

**durch|dürfen** *unr. itr. V. (ugs.)* be allowed through; **darf ich mal [hier] durch?** can I get through here?

**durch·einander** *Adv.* **~ sein** ⟨*papers, desk, etc.*⟩ be in a mess *or* a muddle; *(verwirrt sein)* be confused *or* in a state of confusion; *(aufgeregt sein)* be flustered *or (coll.)* in a state; **alles ~ essen/trinken** eat/drink everything indiscriminately

**Durcheinander das; ~s a)** muddle; mess; **in wirrem ~** *(fig.)* in wild confusion; **b)** *(Wirrwarr)* confusion

**durcheinander-: ~|bringen** *unr. tr. V.* **a)** *(in Unordnung bringen)* get ⟨*room, flat*⟩ into a mess; get ⟨*papers, file*⟩ into a muddle; muddle up ⟨*papers, file*⟩; **b)** *(verwirren)* confuse; **c)** *(verwechseln)* confuse ⟨*names etc.*⟩; get ⟨*names etc.*⟩ mixed up *or* muddled; **~|gehen** *unr. itr. V.; mit sein (ugs.)* **im Betrieb/Hause geht alles ~:** everything's in a real muddle at work/the whole house is in a muddle; **mir geht alles ~** *(fig.)* I'm getting everything muddled up; **~|geraten** *unr. itr. V.; mit sein* ⟨*collection, letters*⟩ get in a muddle; **~|kommen** *unr. itr. V.; mit sein* ⟨*pictures, papers, etc.*⟩ get into a muddle; ⟨*person*⟩ get into a muddle, get confused; **~|laufen** *unr. itr. V.; mit sein* run [around] in all directions; **~|reden** *itr. V.* all talk at once *or* at the same time; **~|rennen** *itr. V.; mit sein s.* **~laufen; ~|werfen** *unr. tr. V.* **a)** turn ⟨*desk, cupboard, etc.*⟩ upside down; muddle *or* jumble up ⟨*papers*⟩; **b)** *(verwechseln)* mix *or* muddle up; get mixed *or* muddled up

**durch|essen** *unr. refl. V.* **a) sich bei jmdm. ~:** live on sb.'s hospitality; **b)** *(scherzh.)* **sich durch etw. ~:** eat one's way through sth.

**durch|exerzieren** *tr. V. (ugs.)* go through, practise ⟨*rules, multiplication tables*⟩; rehearse ⟨*situation*⟩

[1]**durch|fahren** *unr. itr. V.; mit sein* **a) [durch etw.] ~:** drive through [sth.]; **b)** *(nicht anhalten)* go straight through; *(mit dem Auto)* drive straight through; *(fahren, ohne umsteigen zu müssen)* travel direct; go straight through; **durch eine Stadt ~:** go/drive straight through a town; go/drive through a town without stopping; **der Zug fährt [in H.] durch** the train doesn't stop [at H.]; **der Zug fährt bis München durch** the train is non-stop to Munich; **die [ganze] Nacht ~:** travel/drive [right] through the night

[2]**durch·fahren** *unr. tr. V.* **a)** travel through; ⟨*train*⟩ pass through; *(mit dem Auto)* drive through; **b)** *(zurücklegen)* cover ⟨*distance*⟩; complete ⟨*course, lap*⟩; **c)** *(durchzucken)* **plötzlich durchfuhr ihn ein Schreck** he was seized with sudden fright; **auf einmal durchfuhr mich [der Gedanke], daß ...:** suddenly the thought *or* it flashed through my mind that ...

**Durch·fahrt die a)** *o. Pl. (das Durchfahren)* **„~ verboten"** 'no entry except for access'; **die ~ durch den Kanal** the passage through the canal; **bei der ~ durch den Tunnel** when passing through the tunnel; **b)** *o. Pl. (Durchreise)* **auf der ~ sein** be passing through; be on the way through; **c)** *o. Pl. (Weiterfahrt)* **die ~ freigeben** allow vehicles through; **freie ~ haben** have right of way; **d)** *(Weg)* thoroughfare; **„bitte [die] ~ freihalten"** 'please do not obstruct'

**Durchfahrts·straße die** main road through

**Durch·fall der a)** diarrhoea *no art.;* **b)** *(ugs.: Versagen)* failure; **in der Prüfung einen ~ erleben** fail the exam *(coll.)*

**durch|fallen** *unr. itr. V.; mit sein* **a)** fall through; **durch etw. ~:** fall through sth.; **b)** *(ugs.: nicht bestehen)* fail; flunk *(Amer. coll.);* **bei etw./in etw.** *(Dat.)***/durch etw.** *(Akk.)* **~:** fail *or* flunk sth.; **c)** *(ugs.: erfolglos sein)* ⟨*play, performance*⟩ flop *(sl.);* be a flop *(sl.) or* failure; **bei der Kritik ~:** be a flop with *(sl.) or* fail to please the critics; **d)** *(ugs.: verlieren)* lose; not get in; be defeated; **bei der Wahl ~:** lose the election; be defeated in the election

**durch|faulen** *itr. V.; mit sein* rot through

**durch|fechten 1.** *unr. tr. V.* **seine Ansprüche/Forderungen ~:** fight successfully to establish one's claims/get one's demands accepted. **2.** *refl. V.* **sich [im Leben] ~:** battle one's way through [life]

**durch|fegen** *tr. V.* sweep [out] ⟨*room*⟩ thoroughly

**[1]durch|feiern** *itr. V.* **[die ganze Nacht] ~:** celebrate all night

**[2]durch·feiern** *tr. V.* **die [ganze] Nacht ~:** spend all night celebrating; celebrate all night; **nach durchfeierter Nacht** after celebrating all night

**durch|feilen** *tr. V.* **a)** file through; **b)** *(bearbeiten)* polish ⟨*essay, speech, etc.*⟩

**durch|finden** *unr. refl. V.* find one's way through; **sich durch etw. ~:** find one's way through sth.; **sich durch das U-Bahn-System/in der Stadt ~:** find one's way around the underground *(Brit.) or (Amer.)* subway system/the town; **ich finde mich in diesem Kuddelmuddel nicht mehr durch** I can't make head or tail of this muddle

**[1]durch|fliegen** *unr. itr. V.; mit sein* **a)** **[durch etw.] ~:** fly through [sth.]; **unter der Brücke ~:** fly under the bridge; **b)** *(nicht zwischenlanden)* fly non-stop; **c)** *(ugs.: nicht bestehen)* **[in einem Examen/bei einer Prüfung] ~:** fail [an exam *(coll.)*]

**[2]durch·fliegen** *unr. tr. V.* **a)** fly through; fly over ⟨*country*⟩; fly along ⟨*air corridor*⟩; **b)** *(zurücklegen)* fly, cover ⟨*distance*⟩; **c)** *(lesen)* glance through ⟨*newspaper, post*⟩; skim through ⟨*novel*⟩

**[1]durch|fließen** *unr. itr. V.; mit sein* **[durch etw.] ~:** flow through [sth.]

**[2]durch·fließen** *unr. tr. V.* flow through

**Durch·flug der** flight through; **der ~ durch den Luftkorridor/das Gebiet** the flight along the air corridor/over the area; **Passagiere auf dem ~** transit passengers; **auf dem ~ [nach Kanada] sein** be in transit [to Canada]

**Durch·fluß der a)** *o. Pl. (das Durchfließen)* flow; **b)** *(Öffnung in einem Damm)* [discharge] opening; outlet; *(zwischen Becken)* connection channel

**durch·fluten** *tr. V. (geh.)* ⟨*river*⟩ flow through ⟨*country*⟩; ⟨*warmth, pleasant feeling*⟩ flood through ⟨*person*⟩; **Licht durchflutete den Raum** light flooded the room; the room was flooded with light

**durch|formen** *tr. V.* **etw. ~:** get sth. into its final shape; **etw. bis ins einzelne ~:** work sth. out down to the last detail

**durch|formulieren** *tr. V.* finalize the [exact] wording of ⟨*essay, thesis*⟩; **eine Rede ~:** prepare the wording of a speech in detail

**durch·forschen** *tr. V.* **a)** search ⟨*pocket, room, area, etc.*⟩ thoroughly; **b)** *(untersuchen)* make a thorough investigation *or* examination of ⟨*sources, literature on a subject*⟩; carry out research into ⟨*subject*⟩

**[1]durch|forsten, [2]durch·forsten** *tr. V.* **a)** *(Forstw.)* thin; **b)** *(durchsehen)* sift through ⟨*archives, regulations, etc.*⟩

**durch|fragen** *refl. V.* **sich [nach dem Bahnhof/zum Museum] ~:** find one's way [to the station/museum] by asking

**[1]durch|fressen 1.** *unr. tr. V.* **a)** **ein Loch durch etw. ~:** eat a hole through *or* in sth.; **b)** *(zerstören, zersetzen)* eat through; ⟨*moths*⟩ eat holes in ⟨*pullover etc.*⟩. **2.** *unr. refl. V.* **a)** ⟨*maggot, woodworm*⟩ eat [its way] through; ⟨*rust*⟩ eat through; **b)** *(ugs. abwertend)* **sich bei jmdm. ~:** live on sb.'s hospitality; **c)** *(durcharbeiten)* plough through ⟨*book, statistics, etc.*⟩

**[2]durch·fressen** *Adj.* **von Motten ~ sein** be moth-eaten *or* full of moth-holes; **ein von Säure ~er Kittel** a coat full of acid holes

**durch|frieren** *unr. itr. V.; mit sein* **a)** get frozen stiff; get *or* become chilled to the marrow *or* bone; **durchgefroren sein** be frozen stiff *or* chilled to the bone; **b)** *(gefrieren)* ⟨*water, lake*⟩ freeze solid

**durchfroren** *Adj.* frozen ⟨*face, hands*⟩; **~ sein** ⟨*person*⟩ be frozen stiff

**durch|fühlen** *tr. V.* **etw. durch etw. ~:** feel sth. through sth.; **jmds. Bitterkeit ~** *(fig.)* sense sb.'s bitterness

**durchführbar** *Adj.* practicable; feasible; workable; **ein leicht/schwer ~er Plan** a plan that is easy/difficult to carry out

**Durchführbarkeit die;** **~:** practicability; feasibility; workability

**durch|führen 1.** *tr. V.* **a)** *(verwirklichen)* carry out ⟨*intention*⟩; put into effect, implement ⟨*decision, programme*⟩; carry out, put into effect, implement ⟨*plan*⟩; put into practice ⟨*idea*⟩; **b)** *(ausführen)* carry out ⟨*work, installation, investigation*⟩; perform, carry out ⟨*operation*⟩; take ⟨*measurement*⟩; **c)** *(veranstalten)* make ⟨*charity collection*⟩; hold ⟨*meeting, election, examination*⟩; carry out ⟨*census*⟩; **d)** *(zu Ende führen)* complete, finish ⟨*task*⟩; carry through ⟨*method, system*⟩; maintain, keep up ⟨*role*⟩. **2.** *itr. V.* **durch etw./unter etw.** *(Dat.)* **~** ⟨*track, road*⟩ go *or* run *or* pass through/under sth.

**Durchfuhr-: ~handel der** *(Wirtsch.)* transit trade; **~land das** *(Wirtsch.)* country of transit

**Durch·führung die a)** *(Verwirklichung) (einer Absicht)* carrying out; *(eines Plans, Programms)* carrying out, implementation; **zur ~ kommen** *od.* **gelangen** *(Papierdt.)* ⟨*decision, regulation*⟩ be implemented; **zur ~ bringen** *(Papierdt.)* enforce ⟨*regulation, law*⟩; **b)** *(Ausführung) (einer Arbeit)* carrying out; *(einer Operation)* performing; *(einer Messung)* taking; **c)** *(Einhaltung) (einer Idee)* carrying through; *(von Richtlinien)* putting into practice; **d)** *(Veranstaltung) (eines Kongresses usw.)* holding; *(eines Wettbewerbs)* staging

**Durchführungs·verordnung die** implementing order

**durch|füttern** *tr. V. (ugs.)* feed; support; **sich von jmdm. ~ lassen** live off sb.

**Durch·gabe die** *(von Nachrichten, Meldungen)* announcement; *(von Gewinnzahlen)* reading; **bei der ~ des Telegramms** when telephoning the telegram through

**Durch·gang der a)** **„kein ~", „~ verboten"** 'no thoroughfare'; **b)** *(Weg)* passage[way]; **c)** *(Phase)* stage; *(einer Versuchsreihe)* run; *(Sport, bei Wahlen, Wettbewerb)* round; **d)** *(Astron.)* transit

**durch·gängig 1.** *Adj.* general; *(universell)* universal; constant ⟨*feature*⟩; general ⟨*principle*⟩; continual, constant ⟨*use*⟩. **2.** *adv.* generally, universally ⟨*accepted*⟩; **~ mit Maschine geschrieben sein** be typed throughout

**Durchgangs-: ~bahn·hof der** through station; **~lager das** transit camp; **~station die** *(fig.)* transitional stage; **~straße die** through road; thoroughfare; **~verkehr der a)** through traffic; **b)** *(Transitverkehr)* transit traffic

**durch|geben** *unr. tr. V.* announce ⟨*news*⟩; give ⟨*results, weather report, winning numbers*⟩; **eine Meldung im Radio/Fernsehen ~:** make an announcement on the radio/on television; **etw. in den Nachrichten ~:** announce sth. on the news; **telefonisch** *od.* **per Telefon ~:** telephone ⟨*telegram*⟩ through; give ⟨*traffic information*⟩ over the telephone; pass on ⟨*report, results*⟩ by telephone

**durch|gehen 1.** *unr. itr. V.; mit sein* **a)** **[durch etw.] ~:** go *or* walk through [sth.]; **„bitte weiter ~!"** 'pass *or* move right down, please'; **b)** *(hindurchdringen)* **[durch etw.] ~:** ⟨*rain, water*⟩ come through [sth.]; ⟨*wind*⟩ go through [sth.]; **c)** *(direkt zum Ziel führen)* ⟨*train, bus, flight*⟩ go [right] through (**bis** to); go direct; **d)** *(andauern)* ⟨*meeting, party, etc.*⟩ go on (**bis zu** until); **e)** *(verlaufen)* ⟨*path etc.*⟩ go *or* run through (**bis zu** to); ⟨*stripe*⟩ go *or* run right through; **f)** *(angenommen werden)* ⟨*application, claim*⟩ be accepted; ⟨*law*⟩ be passed; ⟨*motion*⟩ be carried; ⟨*bill*⟩ be passed, get through; **g)** *(hingenommen werden)* ⟨*discrepancy*⟩ be tolerated; ⟨*mistake, discourtesy*⟩ be allowed to *or* let pass, be overlooked; **[jmdm.] etw. ~ lassen** let sb. get away with sth.; **h)** *(davonstürmen)* ⟨*horse*⟩ bolt; **i)** *(ugs.: davonlaufen)* **mit etw./jmdm. ~:** run off with sth./sb.; **sie ist ihrem Mann durchgegangen** she ran off and left her husband; **j)** *(außer Kontrolle geraten)* **die Nerven gehen mit ihm durch** he loses his temper; **ihr Temperament/ihre Begeisterung geht mit ihr durch** her temperament/enthusiasm gets the better of her; **k)** *(ugs.: durchgebracht werden können)* **[durch etw.] ~:** go through [sth.]; **hinter etw.** *(Dat.)* **~:** go through behind sth.; **l)** *(ohne Unterbrechung zu Fuß gehen)* walk without a break; **m)** *(gehalten werden für)* **für neu/30 Jahre** *usw.* **~:** be taken to be *or* pass for new/thirty *etc.*. **2.** *unr. tr. V.; mit sein* go through ⟨*newspaper, text*⟩; **etw. Punkt für Punkt/Wort für Wort ~:** go through sth. point by point/word by word

**durch·gehend 1.** *Adj.* **a)** continuous ⟨*line, pattern, etc.*⟩; constantly recurring ⟨*motif*⟩; **b)** *(direkt)* through *attrib.* ⟨*train, carriage*⟩; direct ⟨*flight, connection*⟩. **2.** *adv.* **a)** **~ geöffnet haben/bleiben** be/stay open all day; *(Tag und Nacht)* be/stay open 24 hours a day; **b)** *(in einer Linie)* **~ geknöpft werden/gefüttert sein** button all the way down/be lined throughout *or* fully lined

**durch·geistigt** *Adj.* spiritual ⟨*person, appearance*⟩

**durch·geschwitzt 1.** *2. Part. v.* **durchschwitzen. 2.** *Adj.* ⟨*person*⟩ soaked *or* bathed in sweat; ⟨*clothes*⟩ soaked with sweat; sweat-soaked *attrib.* ⟨*clothes*⟩

**durch|gestalten** *tr. V.* work ⟨*theme, motif*⟩ out in detail; portray ⟨*experience*⟩ in detail

**durch|gießen** *unr. tr. V.;* **etw. [durch etw.] ~:** pour sth. through [sth.]; **etw. durch ein Tuch ~:** strain sth. through a cloth

**durch|gliedern** *tr. V.* structure

**[1]durch|glühen 1.** *itr. V.; mit sein* **a)** *(entzweigehen)* ⟨*heating coil, light bulb*⟩ burn out; ⟨*fuse*⟩ blow; **b)** *(vollständig glühen)* ⟨*coals, log*⟩ glow right through. **2.** *tr. V.* **etw. ~:** heat sth. until it glows right through

**[2]durch·glühen** *tr. V. (dichter.)* **von etw. durchglüht sein** be aglow with sth.

**durch|graben 1.** *unr. tr. V.* **einen Tunnel/Gang** *usw.* **[durch etw.] ~:** dig a tunnel/passage through [sth.]. **2.** *unr. refl. V.* **sich [durch etw.] ~** ⟨*miner*⟩ dig his way through [sth.]; ⟨*mole*⟩ tunnel its way through [sth.]

**dụrch|greifen** *unr. itr. V.* **a)** **[hart] ~:** take drastic measures *or* steps; **rücksichtslos/strenger ~:** take ruthless/more drastic measures *or* steps; **gegen die Demonstranten hart ~:** take drastic action against the demonstrators; **b) ~ durch** reach through

**dụrch|gucken** *itr. V. (ugs.)* **[durch etw.] ~:** peep *or* look through [sth.]; **durch jmds. Fernglas~:** have a look through sb.'s binoculars

**dụrch|haben** *unr. tr. V. (ugs.)* **a)** have finished with ⟨*book, newspaper*⟩; have got through ⟨*song, discussion point*⟩; **b)** *(zerteilt haben)* have got through; **c)** *(hindurchbewegt haben)* **etw. [durch etw.] ~:** have got sth. through [sth.]

**dụrch|hacken** *tr. V.* hack *or* chop through; *(mit einem Schlag)* chop through

**Dụrchhalte·appell der** *(bei einem Kampf)* appeal to hold out; *(bei einer schwierigen Aufgabe)* appeal to see it through

**dụrch|halten 1.** *unr. itr. V. (bei einem Kampf)* hold out; *(bei einer schwierigen Aufgabe)* see it through; *(beim Rennen)* stay the course. **2.** *unr. tr. V.* stand ⟨*strain, difficult working conditions*⟩; stand, keep up ⟨*pace*⟩; **eine Diät ~:** keep to a diet

**Dụrchhalte-: ~parole die** *(abwertend)* exhortation to hold out; **~vermögen das** staying-power; stamina; [power of] endurance

**dụrch|hängen** *unr. itr. V.* **a)** sag; **b)** *(ugs.)* be washed out *or* drained

**dụrch|hauen 1.** *regelm. (auch unr.) tr. V.* **a) etw. ~:** chop *or* split sth. in half; **b)** *(bahnen)* **sich** *(Dat.)* **einen Weg durch etw. ~:** hack one's *or* a way through sth. **2.** *tr. V. (ugs.)* **a)** *(verprügeln)* **jmdn. ~:** give sb. a good hiding *(coll.) or (sl.)* walloping; **b)** *(zerstören)* blow ⟨*fuse*⟩; wreck ⟨*power line*⟩. **3.** *unr. refl. V.* **sich [durch etw.] ~:** hack one's way through [sth.]

**dụrch|hecheln** *tr. V. (ugs. abwertend)* gossip about ⟨*person, behaviour*⟩

**dụrch|heizen 1.** *tr. V.* **a)** heat ⟨*house, offices, etc.*⟩ through; **b)** *(ohne Pause heizen)* heat ⟨*house, offices, etc.*⟩ continuously *or* day and night. **2.** *itr. V.* have *or* keep the heating on

**dụrch|helfen** *unr. itr. V.* **jmdm. [durch etw.] ~:** help a person through [sth.]; **ich werde mir schon ~:** I'll manage *or* get by

**dụrch|hören** *tr. V.* **a) etw. [durch etw.] ~:** hear sth. [through sth.]; **b)** *(heraushören)* sense, detect ⟨*bitterness, envy, etc.*⟩

**dụrch|hungern** *refl. V.* get by *or* struggle along on very little to eat

**durch·ịrren** *tr. V.* wander *or* roam [aimlessly] through

**dụrch|ixen** *tr. V. (ugs.)* x out ⟨*typing error*⟩

[1]**dụrch|kämmen** *tr. V.* **a)** comb ⟨*hair*⟩ through; **b)** *(durchsuchen)* comb ⟨*area etc.*⟩

[2]**durch·kạ̈mmen** *tr. V.* comb ⟨*area etc.*⟩

**dụrch|kämpfen 1.** *tr. V.* **a)** fight ⟨*case*⟩ [right] to the end; fight one's way through ⟨*adversity*⟩; **b)** *(durchsetzen)* force through. **2.** *refl. V.* **a) sich [durch etw.] ~:** fight *or* battle one's way through [sth.]; **b)** *(durchstehen)* battle *or* struggle through; **c)** *(sich überwinden)* **sich dazu ~, etw. zu tun** bring oneself to do sth.

**dụrch|kauen** *tr. V.* **a) etw. [gut] ~:** chew sth. thoroughly *or* well; **b)** *(ugs.: besprechen)* go over and over

**dụrch|klettern** *itr. V.; mit sein* **[durch etw.] ~:** climb *or* clamber through [sth.]

**dụrch|kneten** *tr. V.* **a)** knead ⟨*dough etc.*⟩ thoroughly; **b)** *(ugs.: massieren)* knead ⟨*muscles etc.*⟩ thoroughly; **jmdn. ~:** give sb. a good hard massage

**dụrch|knöpfen** *tr. V.* button ⟨*dress, coat*⟩ all the way down; **das Kleid wird hinten durchgeknöpft** the dress buttons all the way up the back; **ein durchgeknöpftes Kleid** a button-through dress

**dụrch|kochen** *tr. V.* boil ⟨*stock, jam*⟩ thoroughly

**dụrch|kommen** *unr. itr. V.; mit sein* **a)** come through; *(mit Mühe hindurchgelangen)* get through; **durch etw. ~:** come/get through sth.; **es gab kein Durchkommen** there was no way through; **b)** *(ugs.: beim Telefonieren)* get through; **c)** *(durchgehen, -fahren usw.)* **durch etw. ~:** come *or* pass through sth.; **um fünf Uhr kommt der Zug [hier] durch** the train comes through [here] at five o'clock; **wenn du hier durchkommst, ...:** when you're passing through ...; **d)** *(sich zeigen)* ⟨*sun*⟩ come out; ⟨*character trait, upbringing*⟩ come through, become apparent; **manchmal kommt sein Dialekt durch** *(fig.)* sometimes his dialect becomes noticeable; **bei ihm kommt der Lehrer durch** *(fig.)* the teacher in him comes through; **e)** *(erfolgreich sein)* **mit dieser Einstellung wird er [im Leben] nicht ~:** he won't get anywhere *or* far [in life] with an attitude like that; **mit Freundlichkeit und Verbindlichkeit kann man überall besser ~:** you'll get a lot further by being friendly and obliging; **damit kommst du bei mir nicht durch** you won't get anywhere with me like that; **mit so einer Entschuldigung kommt man bei ihm nicht durch** you won't get away with an excuse like that with him; **f)** *(ugs.: überleben)* pull through; **g)** *(ugs.: durchdringen)* **[durch etw.] ~** ⟨*water, sand, etc.*⟩ come through [sth.]; **h)** *(durchgesagt werden)* be announced; **die Nachricht kam im Fernsehen/Radio durch** the news was announced on television/the radio; **i)** *(bestehen)* get through; pass; **in einer Prüfung ~:** get through *or* pass an examination; **j)** *(auskommen)* manage; get by; **mit seiner Rente ~:** get by *or* manage on one's pension

**dụrch|komponieren** *tr. V.* **a)** work ⟨*story, play*⟩ out in detail; **b)** *(Musik)* compose ⟨*song*⟩ with an individual setting for each verse; set ⟨*poem*⟩ to music with an individual setting for each stanza; **die Ballade ist durchkomponiert** the ballad is through-composed *or* durchkomponiert

**dụrch|können** *unr. itr. V. (ugs.)* **a)** *(durchgehen, -kommen dürfen)* **[durch etw.] ~:** be able to go/come through [sth.]; **Sie können hier nicht durch** you can't go/come through here; **kann ich mal durch, bitte?** can I get by, please?; excuse me, please; **b)** *(durchkommen)* **[durch etw.] ~:** be able to get through [sth.]

**dụrch|konstruieren** *tr. V.* **etw. ~:** design and construct sth. with great attention to detail

[1]**dụrch|kreuzen** *tr. V.* cross through *or* out ⟨*mistake, irrelevant information*⟩

[2]**durch·kreuzen** *tr. V.* **a)** *(vereiteln)* thwart, frustrate ⟨*plan, intention, ambition, policy*⟩; **b)** *(geh.: durchfahren)* cross ⟨*continent, sea, etc.*⟩

**dụrch|kriechen** *unr. itr. V.; mit sein* **[durch etw.] ~:** crawl through [sth.]; **unter etw.** *(Dat.)* **~:** crawl [through] under sth.

**dụrch|kriegen** *tr. V. (ugs.) s.* **durchbekommen**

**dụrch|laden 1.** *unr. tr. V.* cock ⟨*pistol etc.*⟩ and rotate the cylinder. **2.** *unr. itr. V.* cock the trigger and rotate the cylinder

**Dụrchlaß** ['dʊrçlas] **der; Dụrchlasses, Durchlässe** ['dʊrçlɛsə] **a)** *(geh.)* permission to pass; *(Einlaß)* admittance; **sich** *(Dat.)* **~ verschaffen** obtain permission to pass/gain admittance; **b)** *(Öffnung)* gap; opening; *(für Wasser)* duct; conduit

**dụrch|lassen** *unr. tr. V.* **a) jmdn. [durch etw.] ~:** let *or* allow sb. through [sth.]; **den Ball ~** *(Sport)* ⟨*goalkeeper*⟩ let a goal in; **b)** *(durchlässig sein)* let ⟨*light, water, etc.*⟩ through; *(eindringen lassen)* let ⟨*light, water, etc.*⟩ in; **c)** *(ugs.: dulden)* **jmdm. etw. ~:** let sb. get away with sth.

**durchlässig** ['dʊrçlɛsɪç] *Adj.* **a)** permeable; *(porös)* porous; *(undicht)* leaky; ⟨*raincoat, shoe*⟩ that lets in water; **b)** *(offen)* open ⟨*system, border*⟩; **die Grenzen müssen durchlässiger werden** the borders must be opened up further; **im Verteidigungsministerium gab es eine ~e Stelle** *(fig.)* there had been a leak/leaks at the defence ministry

**-durchlässig** *Adj.* **gas-/luft-/wasser~** *usw.* **sein** be permeable to gas/air/water *etc.*

**Dụrchlässigkeit die; ~ a)** permeability; *(Porosität)* porosity; *(Undichte)* leakiness; **b)** *(Offenheit)* free interchange (+ *Gen.*, **zwischen** between)

**Durchlaucht** ['dʊrçlauxt] **die; ~, ~en Ihre/Seine ~:** Her/His [Serene] Highness; **[Euer] ~:** Your [Serene] Highness

**Dụrch·lauf der a)** *(Sport, DV)* run; **b)** *(von Wasser)* flow; **während des ~s des Wassers** while the water is flowing through; **c)** *(Ferns.)* preview *(of programme to gain approval for broadcast)*; *(Rundf.)* scrutiny

[1]**dụrch|laufen 1.** *unr. itr. V.; mit sein* **a) [durch etw.] ~:** run through [sth.]; **b)** *(durchrinnen)* **[durch etw.] ~:** trickle through [sth.]; **der Kaffee ist durchgelaufen** the coffee is filtered; **c)** *(passieren)* ⟨*runners*⟩ run *or* pass through; **d)** *(ohne Pause laufen)* run without stopping; **e)** *(fortlaufen)* ⟨*balcony, frieze*⟩ run all the way along. **2.** *unr. tr. V.* go through ⟨*socks, soles of shoes*⟩

[2]**durch·laufen** *unr. tr. V.* **a)** go *or* pass through ⟨*phase, stage*⟩; **b)** *(geh.: hindurchgehen durch)* ⟨*shudder, feeling, etc.*⟩ run through; **c)** *(zurücklegen)* run, cover ⟨*distance*⟩

**dụrchlaufend 1.** *Adj.* continuous. **2.** *adv.* ⟨*numbered, marked*⟩ in sequence

**Dụrchlauf-: ~erhitzer der; ~s, ~:** geyser; instantaneous water-heater; **~zeit die** processing time; *(DV)* run duration

**dụrch|lavieren** *refl. V. (ugs. abwertend)* get along by dint of some smart manœuvring

**durch·lẹben** *tr. V.* live through; experience; experience ⟨*moments of bliss, terror, fright*⟩; **etw. wieder ~:** relive sth.

**dụrch|legen** *tr. V. (ugs.)* **die Straße/Leitung wird hier durchgelegt** the road/pipe will be laid through here

**durch·leiden** *unr. tr. V. (geh.)* endure; suffer

**dụrch|leiten** *tr. V.* **den Verkehr durch die Stadt ~:** direct the traffic through the town; **den Strom [durch das Gebiet] ~:** run electricity cables through [the area]

**dụrch|lesen** *unr. tr. V.* **etw. [ganz] ~:** read sth. [all the way] through; **wenn du das Buch durchgelesen hast** when you've finished reading the book; **sich** *(Dat.)* **etw. ~:** read sth. through; **etw. auf Fehler hin ~:** read sth. for errors

**durch·leuchten** *tr. V.* **a)** x-ray ⟨*patient, part of body*⟩; **sich ~ lassen** have an x-ray; **jmdm. den Magen ~:** x-ray sb.'s stomach; **b)** *(fig.: analysieren)* investigate ⟨*case, matter, problem, etc.*⟩ thoroughly *or* in depth; **jmds. Vergangenheit ~:** probe into *or* investigate sb.'s past; **jmdn. ~:** vet sb.

**Durchleuchtung die; ~, ~en a)** *(das Röntgen)* x-ray examination; **jmdn. zur ~ ins Krankenhaus schicken** send sb. to hospital for an x-ray; **b)** *(fig.: Analyse)* [thorough] investigation; *(von Bewerbern usw.)* vetting

**dụrch|liegen 1.** *unr. tr. V.* wear out ⟨*mattress, bed*⟩ [so that it sags in the middle]; **eine durchgelegene Matratze** a worn-out mattress. **2.** *refl. V.* ⟨*patient*⟩ develop *or* get bedsores

**durch·lọ̈chern** *tr. V.* **a)** make holes in; wear holes in ⟨*socks, shoes*⟩; ⟨*rust*⟩ eat holes in; **jmdn./etw. mit Schüssen ~:** riddle sb./sth. with bullets; **völlig durchlöchert sein** be full of holes; **b)** *(fig.: schwächen)* undermine ⟨*system*⟩ completely; render ⟨*principle*⟩ meaningless

**durch|lotsen** *tr. V. (ugs.)* **ein Schiff [durch etw.] ~:** pilot a ship through [sth.]; **jmdn. [durch die Stadt] ~:** guide sb. through [the town]
**¹durch|lüften 1.** *tr. V.* air ‹*room, flat, etc.*› thoroughly. **2.** *itr. V.* air the place
**²durch·lüften** *tr. V. (fachspr.)* aerate ‹*soil*›; ventilate ‹*grain, woodpile*›
**durch|machen** *(ugs.)* **1.** *tr. V.* **a)** undergo ‹*change*›; complete ‹*training course*›; go through ‹*stage, phase*›; serve ‹*apprenticeship*›; **b)** *(erleiden)* go through; **sie hat schlimme Zeiten/viel durchgemacht** she's been through some bad times/a lot; **eine schwere Krankheit ~:** suffer *or* have a serious illness; **c)** *(durcharbeiten)* work through ‹*lunch-break, weekend, etc.*›. **2.** *itr. V. (durcharbeiten)* work [right] through; *(durchfeiern)* celebrate all night/day *etc.*; keep going all night/day *etc.*
**durch|manövrieren** *tr. V.* **etw. [durch etw.] ~:** manœuvre sth. through [sth.]; **jmdn. sicher durch alle Schwierigkeiten ~** *(fig.)* bring *or* lead sb. safely through all the difficulties
**Durch·marsch der a) der ~ zur Grenze** the march through to the frontier; **auf dem ~ sein** be marching through; **b)** *o. Pl. (salopp: Durchfall)* **~ haben/bekommen** have/get the runs *(coll.)*; **c)** *(Skat)* **einen ~ machen** *take all the tricks when ramsch is called*
**durch|marschieren** *itr. V.; mit sein* **[durch etw.] ~:** march through [sth.]
**durch|mengen** *tr. V.* **[gut] ~:** mix ‹*ingredients etc.*› thoroughly
**durch·messen** *unr. tr. V. (geh.)* cross ‹*room*›; traverse ‹*time and space*›; **das Zimmer mit großen Schritten ~:** stride across the room; cross the room with long strides
**Durchmesser der; ~s, ~:** diameter; **das mißt 3 m im ~:** it measures 3 m in diameter
**¹durch|mischen** *tr. V.* **[gut/gründlich] ~:** mix ‹*ingredients etc.*› thoroughly
**²durch·mischen** *tr. V.* **etw. mit etw. ~:** mix sth. with sth.
**durch|mogeln** *refl. V. (ugs. abwertend)* cheat one's way through; *(sich hineinmogeln)* wangle one's way in *(sl.)*; **sich bei einer Prüfung** *usw.* **~:** get through an examination *etc.* by cheating
**durch|müssen** *unr. itr. V. (ugs.)* **[durch etw.] ~:** have to go through [sth.]; **da werden wir ~** *(fig.)* we'll have to see it *or* the thing through
**durch·mustern** *tr. V. (geh.)* examine closely; scrutinize
**durch|nagen** *tr. V.* gnaw through
**Durchnahme** ['dʊrçna:mə] **die; ~: bei ~ des Stoffes** while we/they *etc.* are/were going through the material
**durch·nässen** *tr. V.* soak; drench; **[völlig] durchnäßt sein** be soaking wet *or* wet through; **mit durchnäßten Kleidern** with soaking-wet clothes
**durch|nehmen** *unr. tr. V.* deal with, do ‹*subject, topic*›; go through ‹*material*›
**durch|numerieren** *tr. V.* number ‹*pages, seats, etc.*› consecutively from beginning to end
**durch|organisieren** *tr. V.* organize sth. well; **etw. perfekt ~:** organize sth. down to the last detail
**durch|pauken** *tr. V. (ugs.)* **a)** force through ‹*law, regulation, etc.*›; **b)** *(lernen)* swot up *(Brit.)*; bone up on *(Amer.)*
**durch|pausen** *tr. V.* trace
**durch|peitschen** *tr. V.* **a) jmdn. ~:** give sb. a flogging; flog sb.; **b)** *(ugs. abwertend)* railroad ‹*law, application, etc.*› through
**durch|pennen** *itr. V. (salopp)* sleep through; **ich habe bis 11 Uhr durchgepennt** I kipped till 11 o'clock *(sl.)*
**durch·pflügen** *tr. V.* plough through
**durch|planen** *tr. V.* **etw. ~:** plan sth. well
**durch|plumpsen** *itr. V.; mit sein (ugs.)* **a) [durch etw.] ~** ‹*person*› fall through [sth.]; ‹*small object*› drop *or* fall through [sth.]; **b)** *(bei einer Prüfung)* fail; flunk *(Amer. coll.)*; **bei/in etw.** *(Dat.)* **~:** fail *or* flunk sth.
**durch|pressen** *tr. V.* mash ‹*potatoes*›; purée ‹*fruit*› *(by pressing through a sieve)*; crush ‹*garlic*› *(in a press)*; **Kartoffeln/Obst durch ein Sieb ~:** press *or* pass potatoes/fruit through a sieve
**durch|proben** *tr. V.* **etw. ~:** run through *or* rehearse sth. from beginning to end
**durch|probieren** *tr. V.* taste *or* try ‹*wines, cakes, etc.*› one after another; try on ‹*dresses, suits, etc.*› one after another
**durch|prügeln** *tr. V. (ugs.)* give sb. a real beating *or (sl.)* walloping; give ‹*naughty child*› a good hiding *or (sl.)* walloping
**durch·pulsen** *tr. V. (geh.)* ‹*blood*› pulse through; **buntes Leben durchpulste die Straßen** *(fig.)* the streets pulsated with life
**durch|pusten** *tr. V. (ugs.)* **etw. ~:** clear sth. by blowing through it
**durch·queren** *tr. V.* cross; travel across ‹*country*›; ‹*train*› pass *or* go through ‹*country*›
**durch|quetschen** *refl. V. (ugs.)* **sich [durch etw.] ~:** squeeze one's way through [sth.]
**durch|rasen** *itr. V.; mit sein* **[durch etw.] ~:** tear through [sth.]
**durch|rasseln** *itr. V.; mit sein (salopp)*, **durch|rauschen** *itr. V.; mit sein (ugs.) s.* **durchfallen b**
**durch|rechnen** *tr. V.* calculate ‹*costs etc.*› [down to the last penny]; check ‹*bill*› thoroughly
**durch|regnen** *itr. V. (unpers.)* **in der Küche** *usw.* **regnet es durch** the rain is coming through in the kitchen *etc.*; **es regnet durchs Dach durch** the rain is coming [in] through the roof; **die ganze Nacht ~:** rain all [through the] night; *s. auch* **durchgeregnet**
**Durchreiche die; ~, ~n** [serving-]hatch
**durch|reichen** *tr. V.* **etw. [durch etw.] ~:** pass *or* hand sth. through [sth.]
**Durch·reise die** journey through; **auf der ~ sein** be on the way through *or* passing through
**¹durch|reisen** *itr. V.; mit sein* travel *or* pass through
**²durch·reisen** *tr. V.* travel through *or* across ‹*area, continent*›
**Durch·reisende der/die** person travelling through; **~ auf dem Weiterflug nach Rom** passengers travelling through *or* on to Rome
**Durchreise·visum das** transit visa
**durch|reißen 1.** *unr. tr. V.* **etw. ~:** tear sth. in two *or* in half. **2.** *unr. itr. V.; mit sein* ‹*fabric, garment*› rip, tear; ‹*thread, rope*› snap *or* break [in two]
**durch|reiten** *unr. itr. V.; mit sein* **[durch etw.] ~:** ride through [sth.]; **die ganze Nacht ~:** ride all night without stopping
**durch|rennen** *unr. itr. V.; mit sein* **[durch etw.] ~:** run through [sth.]
**¹durch|rieseln** *itr. V.; mit sein* **[durch etw.] ~:** trickle through [sth.]
**²durch·rieseln** *tr. V.* ‹*feeling of horror or pleasure*› run through; **es durchrieselte sie kalt/heiß** a cold shiver ran through her/she felt a hot flush come over her
**durch|ringen** *unr. refl. V.* **sie hat sich endlich [zu einem Entschluß] durchgerungen** finally she managed to come to a decision; **wann wirst du dich dazu ~, es zu tun?** when are you going to bring yourself to do it?
**durch|rinnen** *unr. itr. V.; mit sein* **[durch etw.] ~:** run through [sth.]; **das Geld rinnt ihm zwischen den Fingern durch** *(fig.)* money burns a hole in his pocket
**durch|rosten** *itr. V.; mit sein* rust through
**durch|rufen** *unr. itr. V. (ugs.)* **[bei jmdm.] ~:** ring [sb.] up *(Brit.)*
**durch|rühren** *tr. V.* **etw. [gut] ~:** stir sth. [well]
**durch|rutschen** *itr. V.; mit sein* **a) [durch etw.] ~** ‹*object*› slip through [sth.]; ‹*person*› slide through [sth.]; **b)** *(ugs.: durchkommen)* manage to get through without doing any work
**durch|rütteln** *tr. V.* **jmdn. ~:** shake sb. about badly
**durchs** [dʊrçs] *Präp. + Art.* = **durch das**
**durch|sacken** *itr. V.; mit sein* ‹*aeroplane*› drop suddenly; *(bei zu geringer Geschwindigkeit)* stall
**Durch·sage die** announcement; *(an eine bestimmte Person)* message; **eine ~ machen** make an announcement
**durch|sagen** *tr. V. s.* **durchgeben**
**¹durch|sägen, ²durch·sägen** *tr. V.* saw through
**durch|saufen** *unr. itr. V. (derb)* **die ganze Nacht ~:** booze all night *(sl.)*
**durch|sausen** *itr. V.; mit sein (ugs.)* **a) [durch etw.] ~:** shoot through [sth.]; **b)** *(ugs.: durchfallen)* **[durch eine Prüfung] ~:** fail *or (Amer. coll.)* flunk [an examination]
**durch|schalten 1.** *tr. V. (Technik)* connect ‹*telephone line*› through; put ‹*telephone call*› through; switch ‹*signal, current, etc.*› through. **2.** *itr. V. (beim Autofahren)* ‹*car driver*› change up [quickly]
**durchschaubar** *Adj.* transparent; **leicht/schwer ~ sein** be easy/difficult to see through; *(verständlich)* be easy/difficult to understand; **leicht ~** ‹*lie, plan, intention*› that is easy to see through *or* is easily seen through; **ein leicht/schwer ~er Mensch** a person who is easy/difficult to see through; **etw. ~ machen** make sth. easy to understand
**¹durch|schauen** *itr. V. s.* **durchsehen**
**²durch·schauen** *tr. V.* **a)** see through ‹*lie, plan, intention, person, etc.*›; see ‹*situation*› clearly; **du bist durchschaut** I've/we've seen through you; I/we know what you're up to; **~, worum es wirklich geht** see what it's really all about; **b)** *(verstehen)* understand
**¹durch|scheinen** *unr. itr. V.* **[durch etw.] ~** ‹*sun, light*› shine through [sth.]; ‹*colour, pattern*› show through [sth.]
**²durch·scheinen** *unr. tr. V. (geh.)* ‹*sun*› fill ‹*room*› with light; **von Sonnenlicht durchschienen** filled with sunlight
**durchscheinend** *Adj. (lichtdurchlässig)* translucent; *(durchsichtig)* transparent; diaphanous ‹*fabric*›; translucent ‹*skin etc.*›
**durch|scheuern 1.** *tr. V.* wear through; **ein durchgescheuertes Kabel** a worn cable. **2.** *refl. V.* wear through
**durch|schieben** *unr. tr. V.* **etw. [durch etw.] ~:** push sth. through [sth.]; **einen Brief unter der Tür ~:** push a letter under the door
**¹durch|schießen** *unr. tr. V.* **durch etw. ~:** shoot through sth.; **den Ball zwischen den Bäumen ~:** shoot the ball [through] between the trees
**²durch·schießen** *unr. tr. V.* **a) etw. ~:** shoot sth. through; **b)** *(Buchbinderei)* interleave; **c)** *(Druckw.)* space out; **d)** *(Textilind.)* interweave (**mit** with)
**durch|schimmern** *itr. V.* **a) [durch etw.] ~** ‹*light*› shimmer through [sth.]; ‹*colour*› gleam through [sth.]; **b)** *(fig.)* ‹*qualities, emotions*› show through
**durch|schlafen** *unr. itr. V.* sleep [right] through; **die ganze Nacht ~:** sleep all night [without waking]
**Durch·schlag der a)** *(Kopie)* carbon [copy]; **b)** *(Küchengerät)* colander; strainer; **c)** *(Kfz-W.)* puncture; **d)** *(Werkzeug)* punch; **e)** *(Elektrot.)* disruptive discharge
**¹durch|schlagen 1.** *unr. tr. V.* **a) etw. ~:** chop *or* split sth. in two; **b)** *(schlagen)* **ein Loch/einen Nagel [durch etw.] ~:** knock a hole through [sth.]/knock *or* drive a nail through [sth.]. **2.** *unr. itr. V.* **a)** *mit sein* **[durch etw.] ~** ‹*dampness, water*› come through [sth.]; **das schlägt auf die Preise durch** *(fig.)* it has an effect on prices; **bei**

**ihm schlägt die Mutter durch** *(fig.)* he takes after his mother; **der Aristokrat in ihm schlägt durch** the aristocrat in him comes out; **b)** *mit sein* ⟨*fuse*⟩ blow; **c)** *(abführen)* have a strong laxative effect; **bei jmdm. ~:** go straight through sb. **3.** *refl. V.* **a)** struggle along; **b)** *(ein Ziel erreichen) (mit Gewalt)* fight one's way through; *(mit List)* make one's way through

**²durch·schlagen** *unr. tr. V.* smash

**durchschlagend** *Adj.* resounding ⟨*success*⟩; decisive ⟨*effect, measures*⟩; conclusive ⟨*evidence*⟩

**Durchschlag·papier das** copy paper

**Durchschlags·kraft die a)** *(Ballistik)* penetrating power; **b)** *(fig.: Wirkung)* power; force

**durch|schlängeln** *refl. V.* **sich [durch etw.] ~** *(auch fig.)* thread one's way through [sth.]

**durch|schleichen** *unr. refl. V.* **sich [durch etw.] ~:** slip *or* creep through [sth.]

**durch|schleppen** *tr. V. (ugs.)* carry ⟨*loss-making concern, non-productive worker*⟩; keep ⟨*needy relation etc.*⟩

**durch|schleusen** *tr. V.* **a)** *(ugs.)* **jmdn./etw. [durch etw.] ~:** guide sb./sth. through [sth.]; *(durchschmuggeln)* get sb./sth. through [sth.]; **b)** *(Schiffahrt)* **ein Schiff ~:** pass a ship through a lock

**Durchschlupf** ['dʊrçʃlʊpf] **der; ~[e]s, ~e** gap; *(Loch)* hole

**durch|schlüpfen** *itr. V.; mit sein* **[durch etw.] ~:** slip through [sth.]

**durch|schmecken 1.** *tr. V.* be able to taste (**bei** in). **2.** *itr. V.* come through [too strongly]

**durch|schmoren** *itr. V.; mit sein (ugs.)* ⟨*cable*⟩ burn through; ⟨*element*⟩ burn out

**durch|schmuggeln** *tr. V.* **etw. [durch etw.] ~:** smuggle sth. through [sth.]

**¹durch|schneiden** *unr. tr. V.* cut through ⟨*thread, cable*⟩; cut ⟨*ribbon, sheet of paper*⟩ in two; cut ⟨*throat, umbilical cord*⟩; **etw. in der Mitte ~:** cut sth. in half

**²durch·schneiden** *unr. tr. V.* **a)** *s.* **¹durchschneiden; b)** *(geh.)* ⟨*road, river, valley*⟩ cut through; ⟨*bow of boat*⟩ slice through ⟨*waves*⟩; **das Land ist von Kanälen durchschnitten** the country is criss-crossed by canals

**Durch·schnitt der;** *o. Pl.* **a)** average; **im ~:** on average; **im ~ 110 km/h fahren** average 110 k.p.h.; do 110 k.p.h. on average; **b)** *(Mittelmaß)* **über/unter dem ~ liegen, guter/unterer ~ sein** be above/below average; **vom ~ abweichen** deviate from the norm; **c)** *(ugs.: Mehrheit)* majority; **der ~ ist ...:** the majority [of people] *or* people in general are ...; **d)** *(Math.)* mean; **e)** *(fachspr.)* [cross-]section

**durchschnittlich 1.** *Adj.* **a)** *nicht präd.* average ⟨*growth, performance, output*⟩; **b)** *(ugs.: mehrheitlich)* ordinary ⟨*life, person, etc.*⟩; **c)** *(mittelmäßig)* modest ⟨*intelligence, talent, performance, achievements*⟩; ordinary ⟨*appearance*⟩. **2.** *adv.* ⟨*produce, spend, earn, etc.*⟩ on [an] average; **~ groß sein** be of average height; **~ begabt sein** be moderately talented

**Durchschnitts-: ~alter das** average age; **~bürger der** average citizen; **~ehe die** ordinary marriage; *(Statistik)* average marriage; **~einkommen das** average income; **~geschwindigkeit die** average speed; **~gesicht das** ordinary face; **~leser der** average reader; **~lohn der** average wage; **~mensch der** average person; *(Alltagsmensch)* ordinary person; **für uns ~menschen** for ordinary people like ourselves; **~note die** *(Schulw.)* average grade; **~temperatur die** average temperature; **~wert der** average *or* mean value; **~zensur die** *s.* **~note**

**¹durch|schnüffeln, ²durch·schnüffeln** *tr. V. (abwertend)* poke *or* nose around in

**Durchschreibe·block der** duplicate pad

**durch|schreiben** *unr. tr. V.* make a carbon copy of

**durch·schreiten** *unr. tr. V. (geh.)* stride across ⟨*room*⟩; stride through ⟨*door, hall*⟩

**Durch·schrift die** carbon [copy]

**Durch·schuß der a)** bullet *or* gunshot wound *(where the bullet has passed right through);* **b)** *(Schuß) shot in which the bullet passes through and emerges on the other side;* **c)** *(Druckw.) (Zwischenraum)* space; *(Blindmaterial)* lead; **d)** *(Textilw.)* weft; woof

**durch|schütteln** *tr. V.* **jmdn. ~:** give sb. a good shaking; **wir wurden im Bus tüchtig durchgeschüttelt** we were shaken about all over the place in the bus

**durch·schweifen** *tr. V. (dichter.)* roam *or* wander through; *(fig.)* ⟨*gaze*⟩ rove *or* wander

**¹durch|schwimmen** *unr. itr. V.; mit sein* **[durch etw.] ~:** swim through [sth.]; **unter etw.** *(Dat.)* **~:** swim through under sth.

**²durch·schwimmen** *unr. tr. V.* swim ⟨*the Channel, course, etc.*⟩

**durch|schwindeln** *refl. V.* get along by cheating and lying

**durch|schwitzen, durch·schwitzen** *tr. V.* **ich habe mein Hemd** *usw.* **durchgeschwitzt** *od.* **durchschwitzt** my shirt *etc.* is soaked in sweat; *s. auch* **durchgeschwitzt**

**durch|segeln** *itr. V.; mit sein* **a) [durch etw.] ~:** sail through [sth.]; **zwischen den Felsen ~:** sail [through] between the rocks; **b)** *(Schülerspr.: durchfallen)* **[durch etw.] ~:** fail *or (Amer. coll.)* flunk sth.; **bei/in etw.** *(Dat.)* **~:** fail *or* flunk sth.

**durch|sehen 1.** *unr. itr. V.* **a) [durch etw.] ~:** look through [sth.]; **durch dieses Glas kann man nicht ~:** you can't see through this type of glass; **b)** *s.* **durchblicken b. 2.** *unr. tr. V.* **a)** look *or* check through *or* over ⟨*essay, homework, etc.*⟩; **etw. auf Fehler ~:** look *or* check through sth. for mistakes; **b)** *(lesen)* look through ⟨*newspaper, magazine*⟩

**durch|seihen** *tr. V. (Kochk.)* strain; pass ⟨*sauce, gravy*⟩ through a sieve

**durch|sein** *unr. itr. V., mit sein; nur im Inf. u. Part. zusammengeschrieben (ugs.)* **a) [durch etw.] ~:** be through *or* have got through [sth.]; **durch den Fluß ~:** be across *or* have got across the river; **ist die Post/der Briefträger schon durch?** has the mail arrived/has the postman *(Brit.) or (Amer.)* mailman been?; **b)** *(vorbeigefahren sein)* ⟨*train, cyclist*⟩ have gone through; *(abgefahren sein)* ⟨*train, bus, etc.*⟩ have gone; **c)** *(fertig sein)* have finished; **durch etw. ~:** have got through sth.; **mit etw. ~:** have got through sth.; **d)** *(durchgescheuert sein)* have worn through; **e)** *(reif sein)* ⟨*cheese*⟩ be ripe; **f)** *(durchgebraten sein)* ⟨*meat*⟩ be well done; **g)** *(angenommen sein)* ⟨*law, regulation*⟩ have gone through; ⟨*35-hour week etc.*⟩ have been adopted; **h)** *(gerettet sein)* ⟨*sick or injured person*⟩ be out of danger; **i) bei jmdm. unten ~:** be in sb.'s bad books; **j)** *(bestanden haben)* have got through

**durchsetzbar** *Adj.* enforceable ⟨*demand, claim*⟩; **diese Rentenerhöhung/Reform ist nicht ~:** it will be impossible to get this pension increase approved/to carry this reform through

**¹durch|setzen 1.** *tr. V.* carry *or* put through ⟨*programme, reform*⟩; carry through ⟨*intention, plan*⟩; accomplish, achieve ⟨*objective*⟩; enforce ⟨*demand, claim*⟩; get ⟨*resolution*⟩ accepted; **~, daß etw. geschieht** succeed in getting sth. done; **seinen Willen ~:** have one's [own] way. **2.** *refl. V.* assert oneself; ⟨*idea*⟩ find *or* gain acceptance, become generally accepted *or* established; ⟨*fashion*⟩ catch on *(coll.),* find *or* gain acceptance; **sich gegen jmdn. ~:** assert oneself against sb.; **sich den Schülern gegenüber ~** ⟨*teacher*⟩ assert one's authority over the pupils

**²durch·setzen** *tr. V.* **eine Gruppe mit Spitzeln/ein Land mit Spionen ~:** infiltrate informers into a group/spies into a country; **mit Nadelbäumen durchsetzt sein** be interspersed with conifers

**Durchsetzung die; ~** *s.* **¹durchsetzen:** carrying through; putting through; accomplishment; achievement; enforcement; **zur ~ unserer Forderungen** to enforce our demands

**Durchsetzungs-: ~kraft die, ~vermögen das** ability to assert oneself

**Durch·sicht die** look *or* check through; **nach [einer] ~ der Unterlagen** after looking *or* checking through the documents; **jmdm. etw. zur ~ geben** give sb. sth. to look *or* check through

**durchsichtig** *Adj.* **a)** transparent; see-through, transparent ⟨*night-dress, blouse*⟩; clear ⟨*air, water*⟩; **b)** *(durchschaubar)* transparent; **etw. ~ machen** make sth. comprehensible

**durch|sickern** *itr. V.; mit sein* **a)** seep through; **b)** *(bekannt werden)* ⟨*news*⟩ leak out; **es ist durchgesickert, daß ...:** news has leaked out that ...

**¹durch|sieben** *tr. V.* sift, sieve ⟨*flour etc.*⟩; strain ⟨*tea etc.*⟩; *(fig.)* sift [through] ⟨*applicants etc.*⟩

**²durch·sieben** *tr. V.* ⟨*bullets*⟩ riddle; **von Kugeln durchsiebt** riddled with bullets

**durch|sitzen 1.** *unr. tr. V.* wear out ⟨*chair, seat*⟩; **seine Hose ~:** wear through *or* out the seat of one's trousers. **2.** *unr. refl. V.* ⟨*chair, seat*⟩ wear out, become worn out

**durchsoffen** *Adj. (derb)* **eine ~e Nacht** a night on the booze *(sl.)*

**durch|sollen** *itr. V. (ugs.)* **[durch etw.] ~:** ⟨*cupboard, cable*⟩ be supposed to go through [sth.]; **soll der Schrank hier durch?** is the cupboard to go through here?

**durchsonnt** [dʊrç'zɔnt] *Adj. (dichter.)* sun-drenched; sunny; sunny, sun-filled ⟨*room, clearing*⟩

**durch|spielen** *tr. V.* **a)** act ⟨*scene*⟩ through; play ⟨*piece of music*⟩ through; **b)** *(fig.: durchgehen)* go through ⟨*alternatives, options*⟩; play ⟨*part, role*⟩ to the end; ⟨*footballer*⟩ play right through; **die ganze Nacht ~** ⟨*card players etc.*⟩ play all night [long]

**durch|sprechen** *unr. tr. V.* talk ⟨*matter etc.*⟩ over; discuss ⟨*matter etc.*⟩ thoroughly

**durch|springen** *unr. itr. V.; mit sein* **[durch etw.] ~:** jump *or* leap through [sth.]

**durch|spülen** *tr. V.* **etw. [gut/gründlich] ~:** rinse sth. thoroughly

**durch|starten** *itr. V.; mit sein* **a)** *(Flugw.)* begin climbing again *(instead of landing);* **b)** *(Kfz-W.)* accelerate away again

**¹durch|stechen** *unr. itr. V.* **mit einer Nadel** *usw.* **[durch etw.] ~:** stick a needle *etc.* through [sth.]

**²durch·stechen** *unr. tr. V.* pierce; cut through ⟨*isthmus*⟩; **sich** *(Dat.)* **die Ohrläppchen ~ lassen** have one's ears pierced

**durch|stecken** *tr. V.* **etw. [durch etw.] ~:** put *or (coll.)* stick sth. through [sth.]

**durch|stehen** *unr. tr. V.* **a)** stand ⟨*pace, boring job, living with sb.*⟩; come through ⟨*adventure, difficult situation*⟩; pass ⟨*test*⟩; get over ⟨*illness*⟩; **b)** *(Ski)* complete ⟨*jump, run*⟩ without falling

**Durchsteh·vermögen das** staying power; stamina; [power of] endurance

**durch|steigen** *unr. itr. V.; mit sein* **a) [durch etw.] ~:** climb through [sth.]; **b)** *(salopp: verstehen)* get it *(coll.)*; **da steige ich nicht durch** I don't get it *(coll.)*

**durch|stellen** *tr. V.* put ⟨*call*⟩ through (**in** + *Akk.*, **auf** + *Akk.* to)

**durch|stemmen** *tr. V.* chisel through, chisel a hole in ⟨*wall*⟩

**Durch·stich der a)** *o. Pl. (Vorgang)* cutting

through; **der ~ der Landenge** *usw.* cutting through the isthmus *etc.*; **b)** *(Verbindung)* cut; cutting

**Durchstieg** ['dʊrçʃti:k] **der; ~[e]s, ~e: einen ~ in den Zaun schneiden** cut a hole in the fence [through which one can/could climb]

**[1]durch|stöbern** *tr. V. (ugs.)* search all through ⟨*house*⟩; rummage through ⟨*cupboard, case, etc.*⟩; scour ⟨*wood, area*⟩

**[2]durch·stöbern** *tr. V. (ugs.)* **a)** *s.* **durch|stöbern; b)** *(durchsuchen)* rummage around ⟨*shop*⟩ (**nach** in search of); rummage through ⟨*archives*⟩ (**nach** in search of)

**Durch·stoß der** *(Milit.)* breakthrough

**[1]durch|stoßen** *unr. itr. V.* **a) durch etw. ~:** knock a hole through sth.; break through sth.; **b)** *mit sein (Milit.)* break through (**bis zu** to)

**[2]durch·stoßen** *unr. tr. V.* break through; go through ⟨*cloud layer*⟩; rupture ⟨*hymen*⟩; smash ⟨*pane of glass*⟩; **die feindlichen Linien ~** *(Milit.)* break through the enemy lines

**[1]durch|streichen** *unr. tr. V.* **a)** cross through *or* out; delete; *(in Formularen)* delete; **b)** *(passieren)* **Gemüse/die Sauce [durch ein Sieb] ~:** pass vegetables through a sieve/strain the sauce [through a sieve]

**[2]durch·streichen** *unr. tr. V. (geh.)* roam ⟨*area*⟩; rove, roam ⟨*foreign parts*⟩

**durch·streifen** *tr. V.* **a)** *(geh.)* roam, wander through ⟨*fields, countryside*⟩; **b)** *(kontrollieren)* patrol

**[1]durch|strömen** *itr. V.; mit sein* **[durch etw.] ~:** flow through [sth.]; *(fig.)* ⟨*people, crowd*⟩ stream *or* pour through [sth.]

**[2]durch·strömen** *tr. V.* flow through

**durch|strukturieren** *tr. V.* **etw. ~:** structure sth. well; **ein gut durchstrukturierter Artikel** a well-structured article

**[1]durch|suchen** *tr. V.* search through

**[2]durch·suchen** *tr. V.* search ⟨*house, car*⟩ (**nach** for); frisk, search ⟨*person*⟩ (**nach** for); search, scour ⟨*area*⟩ (**nach** for)

**Durchsuchung die; ~, ~en** search; **zur ~ einer Wohnung** in order to search a flat

**Durchsuchungs·befehl der** search warrant

**[1]durch|tanzen 1.** *itr. V.* **die ganze Nacht ~:** dance all night; dance the night away; **bis zum Morgen ~:** dance until morning. **2.** *tr. V.* wear out ⟨*shoes*⟩ [by] dancing

**[2]durch·tanzen** *tr. V.* **die Nacht ~:** spend the night dancing; dance all night; **nach einer durchtanzten Nacht** after a night of *or* spent dancing

**durch|testen** *tr. V.* **a) jedes einzelne Gerät ~:** test each device individually; **b)** *(gründlich testen)* **etw. ~:** test sth. thoroughly

**durch·toben** *tr. V. (geh.)* rage through

**durch|trainieren** *tr. V.* get ⟨*athlete, team, body*⟩ into condition; **ein gut durchtrainierter Körper** a body in peak condition

**durch·tränken** *tr. V. (geh.)* soak *or* saturate [completely]; soak, steep ⟨*fruit*⟩

**durch|treiben** *unr. tr. V.* **a) Menschen/Tiere [durch etw.] ~:** drive people/animals through [sth.]; **b)** *(durchschlagen)* **einen Nagel** *usw.* **[durch etw.] ~:** drive a nail *etc.* through [sth.]

**[1]durch|trennen, [2]durch·trennen** *tr. V.* cut [through] ⟨*wire, rope*⟩; sever ⟨*nerve, umbilical cord*⟩

**durch|treten 1.** *unr. tr. V.* press ⟨*clutch-, brake-pedal*⟩ right down; depress ⟨*clutch-, brake-pedal*⟩ completely. **2.** *unr. itr. V.* **a)** *mit sein* **[durch etw.] ~** ⟨*liquid, gas*⟩ come through [sth.]; **b)** *mit sein (ugs.: weitergehen)* ⟨*passenger*⟩ move along down *(in bus, train)*

**durchtrieben** *(abwertend)* **1.** *Adj.* crafty; sly. **2.** *adv.* craftily; slyly

**Durchtriebenheit die; ~:** craftiness; slyness

**durch|trinken** *unr. itr. V.* **die ganze Nacht ~:** drink all night; **bis zum Morgen ~:** drink right through till morning

**durch|tropfen** *itr. V.; mit sein* **[durch etw.] ~** ⟨*water*⟩ drip through [sth.]

**[1]durch|wachen** *itr. V.* stay awake; **die ganze Nacht ~:** stay awake all night

**[2]durch·wachen** *tr. V.* **die Nacht/mehrere Nächte ~:** stay awake all night/[for] several nights running; **die Nacht am Bett des Kranken ~:** keep watch through the night at the patient's bedside

**[1]durch|wachsen** *unr. itr. V.; mit sein* **[durch etw.] ~** ⟨*plant*⟩ grow through sth.

**[2]durch·wachsen 1.** *Adj.* **a) mit Unkraut ~ sein** ⟨*lawn*⟩ have weeds growing in it; **~er Speck** streaky bacon; **b)** *nicht attr. (ugs. scherzh.)* so-so. **2.** *adv.* **ihr geht es ~:** she has her ups and downs

**durch|wagen** *refl. V. (ugs.)* **sich [durch etw.] ~:** dare to go through sth.; venture through sth.

**Durchwahl die;** *o. Pl.* **a)** direct dialling; **b) mein Apparat ist mit/hat keine ~:** I have/don't have an outside line; **c)** *s.* **Durchwahlnummer**

**durch|wählen** *itr. V.* **a)** dial direct; **direkt nach Nairobi ~:** dial Nairobi direct; **in ein Land ~:** dial a country direct; **b)** *(bei Nebenstellenanlagen)* dial straight through

**Durchwahl·nummer die** number of the/one's direct line

**durch|walken** *tr. V.* **a)** *(durchkneten)* **jmdn. ~** ⟨*masseur*⟩ give sb. a good, hard massage; **die Wäsche ~:** use a vigorous kneading action to get the washing clean; **b)** *(ugs.: verprügeln)* **jmdn. ~:** give sb. a good belting; *(als Strafe)* give sb. a good hiding

**[1]durch|wandern** *itr. V.; mit sein* walk *or* hike without a break; **den ganzen Tag ~:** walk *or* hike all day

**[2]durch·wandern** *tr. V.* walk *or* hike through

**[1]durch|wärmen, [2]durch·wärmen** *tr. V.* **jmdn. ~:** warm sb. up

**durch|waschen** *unr. tr. V. (ugs.)* **etw. ~:** wash sth. through

**[1]durch|waten** *itr. V.; mit sein* **[durch etw.] ~:** wade through [sth.]

**[2]durch·waten** *tr. V.* wade across

**durch·weben** *regelm. (dichter. auch unr.) tr. V.* interweave (**mit** with)

**durchweg** ['dʊrçvɛk], *(österr. ugs.)* **durchwegs** ['dʊrçve:ks] *Adv.* without exception; **er umgibt sich ~ mit Leuten, die ...:** he surrounds himself exclusively with people who ...; **die Vegetation ist ~ öde** the vegetation is uniformly dreary

**[1]durch|wehen** *itr. V.* **durch etw. ~** ⟨*wind*⟩ blow through sth.

**[2]durch·wehen** *tr. V. (geh.)* ⟨*breeze*⟩ waft through; *(fig.)* pervade

**[1]durch|weichen** *itr. V.; mit sein* ⟨*cardboard, paper*⟩ become *or* go [soft and] soggy

**[2]durch·weichen** *tr. V.* make ⟨*earth, path, etc.*⟩ sodden; **völlig durchweicht sein** *(fig.)* be drenched; be sopping wet

**durch|werfen** *unr. tr. V.* **etw. [durch etw.] ~:** throw sth. through [sth.]

**durch|wetzen** wear out ⟨*clothes*⟩; wear through ⟨*sleeves*⟩; **eine durchgewetzte Hose** a worn-out pair of trousers

**durch|winden** *unr. refl. V.* **sich [durch etw.] ~** ⟨*river*⟩ wind its way through [sth.]; ⟨*person*⟩ thread one's way through [sth.]

**durch·wirken** *tr. V. s.* **durchweben**

**durch|witschen** *itr. V. (ugs.)* **[durch etw.] ~:** slip through [sth.]; **jmdm. ~** ⟨*word*⟩ escape sb.

**durch|wollen** *unr. itr. V. (ugs.)* **a) [durch etw.] ~** *(durchgehen wollen)* want to go through [sth.]; *(durchkommen wollen)* want to come through [sth.]; **unter etw.** *(Dat.)* **~:** want to go through under sth.; **b)** *(ein Hindernis durchqueren)* **[durch etw.] ~:** want to get through [sth.]

**[1]durch|wühlen 1.** *tr. V.* rummage through, ransack ⟨*drawers, cupboard, case*⟩ (**nach** in search of, looking for); turn ⟨*room, house*⟩ upside down (**nach** in search of, looking for). **2.** *refl. V. (ugs.)* **sich durch das Blumenbeet/die Erde ~** ⟨*mole*⟩ dig up the flowerbed/burrow through the earth; **sich durch einen Aktenstoß ~** *(fig.)* plough through a pile of documents

**[2]durch·wühlen** *tr. V.* **a)** *s.* **[1]durchwühlen 1; b)** *(aufwühlen)* churn up

**durch|wurschteln, durch|wursteln** *refl. V. (salopp)* muddle through

**durch|zählen** *tr. V.* count; count up ⟨*money, people*⟩

**[1]durch|zechen** *itr. V.* **bis zum Morgen ~:** drink until morning

**[2]durch·zechen** *tr. V.* **die Nacht ~:** spend all night drinking; **eine durchzechte Nacht** a night of drinking

**durch|zeichnen** *tr. V. s.* **durchpausen**

**[1]durch|ziehen 1.** *unr. tr. V.* **a) jmdn./etw. [durch etw.] ~:** pull sb./sth. through [sth.]; **ein Gummiband [durch etw.] ~:** draw an elastic through [sth.]; **b)** *(ugs.: durchführen)* get through ⟨*syllabus, programme*⟩; **wir müssen die Sache ~:** we must see the matter through; **c)** *(bis zum Anschlag ziehen)* pull ⟨*oar, saw-blade*⟩ right through; **d)** *(salopp: rauchen)* smoke; **einen [Joint] ~:** smoke a joint *(sl.)*; **e)** *(erstellen)* dig ⟨*ditch*⟩ through; **eine Mauer [durch den Saal] ~:** build a wall across [the room]. **2.** *unr. itr. V.; mit sein* **a) [durch ein Gebiet** *usw.*] **~:** pass through [an area *etc.*]; ⟨*soldiers*⟩ march through [an area *etc.*]; **b)** *(Kochk.)* ⟨*fruit, meat, etc.*⟩ soak; **gut durchgezogen sein** be well soaked

**[2]durch·ziehen** *unr. tr. V.* **a)** pass through ⟨*land, area*⟩; **b)** *(durchsetzen)* ⟨*river, road, ravine*⟩ run through, traverse ⟨*landscape*⟩; **von blauen Adern durchzogener Marmor** marble veined with blue; **c)** *(enthalten sein in)* ⟨*theme, motif, etc.*⟩ run through ⟨*book etc.*⟩; **d)** *(durchdringen)* ⟨*pain*⟩ shoot through ⟨*person*⟩; ⟨*smell, scent*⟩ suddenly fill ⟨*room*⟩; *(fig.)* ⟨*feeling, awareness*⟩ come over ⟨*person*⟩

**durch·zucken** *tr. V.* ⟨*lightning, beam of light*⟩ flash across; **jmdn. ~** *(fig.)* ⟨*thought*⟩ flash through *or* cross sb.'s mind

**Durch·zug der a)** *o. Pl.* draught; **~ machen** create a draught; **auf ~ schalten** *(ugs.)*, **die Ohren auf ~ stellen** *(ugs.)* let it go in one ear and out the other; **b)** *(das Durchziehen)* passage through; *(von Truppen)* march through; **nach dem ~ des Schlechtwettergebietes** *(Met.)* once the area of bad weather has moved through

**Durchzügler** [-tsy:klɐ] **der; ~s, ~** *(Zool.)* bird of passage

**Durchzugs·recht das** *(Völkerr.)* right to march troops through

**durch|zwängen 1.** *tr. V.* **etw. [durch etw.] ~:** force *or* squeeze [sth.] through [sth.]. **2.** *refl. V.* **sich [durch etw.] ~:** force *or* squeeze one's way through [sth.]

**Dur·drei·klang der** *(Musik)* major triad

**dürfen** ['dʏrfn̩] **1.** *unr. Modalverb; 2. Part.* **~ a)** *(Erlaubnis haben zu)* **etw. tun ~:** be allowed *or* permitted to do sth.; **darf ich [das tun]?** may I [do that]?; **hier darf man nicht rauchen** smoking is prohibited here; **b)** *(in Höflichkeitsformeln)* **darf ich rauchen?** may I smoke?; **darf ich Sie bitten, das zu tun?** could I ask you to do that?; **darf** *od.* **dürfte ich mal Ihre Papiere sehen?** may I see your papers?; **darf ich um diesen Tanz bitten?** may I have [the pleasure of] this dance?; **was darf es sein?** can I help you?; **was möchten Sie trinken, was darf es sein?** what can I get you to drink?; **darf ich bitten?** *(um einen Tanz)* may I have the pleasure?; *(einzutreten)* won't you come in?; **Ruhe, wenn ich bitten darf!** will you please be quiet!; **c)** *(verneint)* **das darf man nicht tun** *(ist einem nicht erlaubt)* that is not allowed *or* permitted; *(sollte man nicht)* one shouldn't do that; **er hat es nicht tun ~:** he was not allowed *or* permitted to do it; **nein, das darfst du nicht** no, you may not; **ich darf morgen nicht verschlafen** I mustn't oversleep tomorrow; **du darfst nicht lügen!/jetzt nicht aufgeben!** *(solltest nicht)* you shouldn't tell lies!/give up now!; *(mußt nicht)* you mustn't tell lies!/give up now!; **ihm darf nichts geschehen** nothing must happen to him; **das darf nicht wahr sein** *(ugs.)* that's incredible; **das hätte nicht kommen ~!** *(ugs.)* he/you *etc.* shouldn't have said that; **d)** *(Grund haben zu)* **ich darf Ihnen mitteilen, daß ...:** I am able to inform you that...; **darf ich annehmen, daß ...?** can I assume that...?; **sie darf sich nicht beklagen** she can't complain; she has no reason to complain; **da darf sie sich nicht wundern** that shouldn't surprise her; **das darfst du mir glauben** you can take my word for it; **e)** *Konjunktiv II + Inf.* **das dürfte der Grund sein** that is probably the reason; *(ich nehme an, daß das der Grund ist)* that must be the reason; **es dürfte einfach sein, das zu tun** it should be *or* ought to be easy to do it; **das dürfte reichen** that should be enough. **2.** *unr. tr., itr. V.* **er hat es nicht gedurft** he was not allowed *or* permitted to; **darf ich ins Theater?** may I go to the theatre?; **darfst du das?** are you allowed to?; **Darf ich? – Ja, Sie ~:** May I? – Yes, you may

**durfte** ['dʊrftə], *1. u. 3. Pers. Sg. Prät. v.* **dürfen**

**dürfte** ['dʏrftə] *1. u. 3. Pers. Sg. Konjunktiv II v.* **dürfen**

**dürftig** ['dʏrftɪç] **1.** *Adj.* **a)** *(ärmlich)* poor; scanty, meagre ⟨*meal*⟩; scanty, poor ⟨*clothing*⟩; **b)** *(abwertend: unzulänglich)* poor ⟨*substitute, performance, light*⟩; feeble, poor ⟨*explanation*⟩; lame, feeble ⟨*excuse*⟩; scanty ⟨*knowledge, evidence, results*⟩; sparse ⟨*growth of hair*⟩; paltry, meagre ⟨*income*⟩; **c)** *(kümmerlich, unansehnlich)* puny ⟨*tree, person*⟩. **2.** *adv.* **a)** ⟨*live*⟩ poorly; scantily ⟨*dressed*⟩; **b)** *(abwertend: unzulänglich)* skimpily, scantily ⟨*furnished*⟩; poorly ⟨*attended*⟩; ⟨*report, formulate*⟩ sketchily; thinly ⟨*concealed*⟩

**Dürftigkeit die; ~** *s.* **dürftig: a)** *(Ärmlichkeit)* poorness; scantiness; meagreness; **b)** *(abwertend: Unzulänglichkeit)* poorness; feebleness; lameness; scantiness; sparseness; paltriness; meagreness

**dürr** [dʏr] *Adj.* **a)** withered ⟨*branch*⟩; dry, dried up, withered ⟨*grass, leaves*⟩; arid, barren ⟨*ground, earth*⟩; **b)** *(mager)* skinny, scraggy, scrawny ⟨*legs, arms, body, person*⟩; **c)** *(unergiebig)* lean ⟨*years*⟩; bare ⟨*words, description*⟩

**Dürre die; ~, ~n a)** *(Trockenheit)* drought; **b)** *o. Pl. (Dürrheit)* aridity; barrenness; *(fig.: der Sprache)* dryness

**Dürre-: ~jahr das** year of drought; **~katastrophe die** catastrophic drought; **~periode die** period of drought

**Durst** [dʊrst] **der; ~[e]s** thirst; **~ haben** be thirsty; **~ bekommen** get *or* become thirsty; **seinen ~ löschen** *od.* **stillen** quench *or* slake one's thirst; **ich habe ~ auf ein Bier** *od.* **nach einem Bier** I could just drink a beer; **~ nach Ruhm/Wissen** *(fig. geh.)* a thirst for fame/knowledge; **ein Glas** *od.* **einen/etliche über den ~ trinken** *(ugs. scherzh.)* have one/a few too many; **Fisch macht ~:** fish makes one thirsty

**dursten** *(geh.) itr. V.* **a)** thirst; **~ müssen** have to go thirsty; **b)** *s.* **dürsten**

**dürsten** ['dʏrstn̩] *(dichter.)* **1.** *tr. V. (unpers.)* **mich dürstet** *od.* **es dürstet mich** I am thirsty; **ihn dürstete nach Rache** *(fig.)* he thirsted *or* was thirsty for revenge. **2.** *itr. V.* **nach Rache/Gerechtigkeit** *usw.* **~:** thirst for revenge/justice *etc.*

**durstig** *Adj.* thirsty; **das macht ~:** it makes you thirsty; it gives you a thirst

**durst-, Durst-: ~löschend, ~stillend** *Adj.* thirst-quenching; **~strecke die** lean period *or* time; **~streik der** refusal of fluids *(as a means of protest)*; **in einen ~streik treten** refuse fluids

**Dur-: ~ton·art die** *(Musik)* major key; **~ton·leiter die** *(Musik)* major scale

**Dusch·bad das** shower[-bath]

**Dusche** ['dʊʃə] **die; ~, ~n** shower; **unter die ~ gehen** take *or* have a shower; **unter der ~ sein** be in the shower; **eine heiße/kalte ~ nehmen** take *or* have a hot/cold shower; **eine kalte ~ [für jmdn.] sein, wie eine kalte ~ [auf jmdn.] wirken** *(ugs.)* be like a cold douche *or* a douche of cold water [on sb.]

**duschen 1.** *itr., refl. V.* take *or* have a shower; **[sich] warm/kalt ~:** take *or* have a warm/cold shower. **2.** *tr. V.* **jmdn. ~:** give sb. a shower

**Düse** ['dy:zə] **die; ~, ~n** *(Technik)* nozzle; *(eines Vergasers)* jet

**Dusel** ['du:zl̩] **der; ~s a)** *(ugs.)* luck; **~ haben** be jammy *(Brit. coll.) or* lucky; **sie hat [einen] ~ gehabt** her luck was in *(coll.)*; she was jammy *(Brit. coll.) or* lucky; **so ein ~:** that was lucky; **b)** *(nordd.: Schwindelgefühl)* daze; **einen ~ haben** feel dizzy; **c)** *(nordd.: Rausch)* fuddle; **im ~ sein** be in a fuddle

**duselig** *Adj. (ugs.) (angetrunken)* fuddled; tipsy; muzzy; *(benommen)* muzzy; *(schlaftrunken)* drowsy

**duseln** *itr. V. (ugs.)* doze

**düsen** *itr. V.; mit sein (ugs.)* dash

**Düsen-: ~an·trieb der** jet propulsion; **mit ~antrieb** jet-propelled; **~bomber der** jet bomber; **~clipper der** jet airliner; **~flugzeug das** jet aeroplane *or* aircraft *or* plane; **~jäger der** jet fighter; **~maschine die** jet [aeroplane *or* aircraft *or* plane]; **~motor der** jet engine; **~trieb·werk das** jet power plant; jet engine

**Dussel** ['dʊsl̩] **der; ~s, ~** *(ugs.)* dope *(coll.)*; idiot; clot *(Brit. sl.)*

**Dusselei die; ~** *(ugs.)* stupidity

**dusselig, dußlig** *(ugs.)* **1.** *Adj.* **a)** gormless *(Brit. coll.)*; stupid; idiotic; **b)** *(nordd.: benommen)* dopey *(sl.)*; muzzy. **2.** *adv.* gormlessly *(Brit. coll.)*; stupidly

**duster** ['du:stɐ] *Adj. (nordd.)* dark

**düster** ['dy:stɐ] **1.** *Adj.* **a)** dark; gloomy; dim ⟨*light*⟩; dark ⟨*background*⟩; **b)** *(bedrückend)* gloomy, dismal ⟨*day, weather, surroundings*⟩; sombre ⟨*colour, music*⟩; gloomy, sombre ⟨*atmosphere, picture*⟩; **c)** *(unheilvoll)* gloomy ⟨*forecast, conception, etc.*⟩; dark ⟨*foreboding*⟩; **d)** *(schwermütig)* gloomy ⟨*expression, look, person*⟩; gloomy, depressing ⟨*atmosphere*⟩; gloomy, dark ⟨*thoughts*⟩; **e)** *(obskur)* shady ⟨*business, affair*⟩; **f)** *(unklar)* hazy ⟨*idea*⟩; dim, hazy ⟨*conception*⟩. **2.** *adv. (schwermütig)* gloomily

**Düsterheit, Düsterkeit die; ~, Düsternis die; ~** *(geh.)* **a)** *s.* **düster a:** darkness; gloom; dimness; **b)** *s.* **düster b:** gloominess; dismalness; sombreness; **c)** *s.* **düster d:** gloominess; depressingness; darkness

**Dutt** [dʊt] **der; ~[e]s, ~e** *od.* **~s** bun

**Dutte die; ~, ~n** *(österr. ugs.)* teat

**Duty-free-Shop** ['dju:tɪ'fri:ʃɔp] **der; ~[s], ~s** duty-free shop

**Dutzend** ['dʊtsn̩t] **das; ~s, ~e a) Pl.: ~:** dozen; **ein [ganzes]/halbes ~:** a dozen/half a dozen; **zwei ~:** two dozen; **ein ~ Eier** a dozen eggs; **das ~ Schnecken kostet** *od.* **kosten 16 Mark** snails cost 16 marks a dozen; **davon gehen 12 auf ein ~** *(ugs.)* there is nothing special about it; **b) ~e** *(eine Menge)* dozens; **sie kamen in** *od.* **zu ~en** they came in [their] dozens *(coll.)*

**dutzend-, Dutzend-: ~fach 1.** *Adj.; nicht präd.* dozens of *attrib.*; **2.** *adv.* a dozen times; dozens of times; **~gesicht das** *(abwertend)* nondescript face; **~mal** *Adv.* a dozen times; dozens of times; **~mensch der** *(abwertend)* nondescript *or* run-of-the-mill person; **~typ der** *(abwertend)* nondescript *or* run-of-the-mill type; **~ware die** *(abwertend)* cheap mass-produced item; **~ware sein** be a cheap mass-produced item; **~weise** *Adv.* ⟨*arrive, leave*⟩ in [their] dozens *(coll.)*; **Artikel ~weise kaufen/verkaufen** buy/sell articles by the dozen

**Duz·bruder der** *(veralt.) s.* **Duzfreund**

**duzen** ['du:tsn̩] *tr. V.* call 'du' *(the familiar form of address)*; **sich ~:** call each other 'du'; **sich mit jmdm. ~:** call sb. 'du'

**Duz-: ~freund der** good friend *(whom one addresses with 'du')*; **~fuß der** *in* **mit jmdm. auf [dem] ~fuß stehen** *(ugs. veralt.)* use [the familiar form] 'du' *or* the familiar form of address with sb.

**DVP** [de:vau'pe:] **die; ~** *Abk. (DDR)* **Deutsche Volkspolizei**

**dwars** [dvars] *Adv. (Seemannsspr.)* abeam

**Dynamik** [dy'na:mɪk] **die; ~ a)** *(Physik)* dynamics *sing., no art.*; **b)** *(Triebkraft)* dynamism; **c)** *(Musik)* dynamics; **d)** *(Versicherungsw.)* **eine Lebensversicherung mit ~:** ≈ index-linked life insurance *(linked to changes in the national product)*

**dynamisch** [dy'na:mɪʃ] **1.** *Adj.* **a)** *(auch fig.)* dynamic; **~e Renten** ≈ index-linked pensions *(linked to changes in the national product)*; **eine ~e Lebensversicherung** ≈ index-linked life insurance *(linked to changes in the national product)*; **b)** *(Physik)* dynamic; **~e Gesetze** laws of dynamics; **d)** *(Musik)* dynamic. **2.** *adv.* dynamically

**dynamisieren** *tr. V.* **a) etw. ~:** make sth. dynamic; give sth. dynamism; **b)** *(anpassen)* adjust ⟨*pension*⟩

**Dynamisierung die; ~, ~en a) eine ~ der Agrarpolitik** making the agricultural policy more dynamic; **die ~ einer Bewegung auslösen** give a movement dynamism; **b)** *(Anpassung)* adjustment *(of pension)*

**Dynamismus der; ~:** dynamism

**Dynamit** [dyna'mi:t] **das; ~s** dynamite; **~ in den Fäusten/Beinen haben** *(fig.)* pack a powerful punch/have a powerful shot

**Dynamo** [dy'na:mo] **der; ~s, ~s** dynamo

**Dynast** [dy'nast] **der; ~en, ~en** *(hist.)* dynast

**Dynastie die; ~, ~n** dynasty

**dynastisch** *Adj.; nicht präd.* dynastic

**Dys·funktion** [dys-] **die** *(Med., Psych., Soziol.)* dysfunction

**Dystonie** [dysto'ni:] **die; ~, ~n** *(Med.)* dystonia; **vegetative ~:** neurodystonia

**D-Zug** ['de:-] **der** fast *or* express train; **ein alter Mann/eine alte Frau ist doch kein ~!** *(salopp)* I'm too old to hurry

**D-Zug-: ~-Tempo das** *(ugs.)* **im ~-Tempo:** in double-quick time; **~-Zuschlag der** fast train supplement

# E

**e, E** [e:] **das; ~, ~ a)** *(Buchstabe)* e/E; **b)** *(Musik)* [key of] E; *s. auch* **a, A**

**E** *Abk.* Europastraße

**Eau de Cologne** ['o: də ko'lɔnjə] das *od.* die; ~ ~ ~, Eaux de Cologne ['o:--] eau-de-Cologne

**Ẹbbe** ['ɛbə] die; ~, ~n a) *(Bewegung)* ebb tide; nach Eintritt der ~: once the tide starts/had started to go out; ~ und Flut ebb and flow; b) *(Zustand)* low tide; es ist ~: the tide is out; bei ~: at low tide; when the tide is/was out; es herrschte ~ in seinem Geldbeutel *od.* in seiner Kasse *(fig. ugs.)* he was short of cash *(coll.)*

**Ẹbbe-und-Flut-Kraftwerk** das tidal power-station

**ebd.** *Akk.* ebenda, ebendort ibid

**eben** ['e:bn̩] 1. *Adj.* a) *(flach)* flat; b) *(glatt)* level ⟨*ground, path, stretch*⟩; c) *nicht präd. (veralt.: gleichmäßig)* even, smooth ⟨*gait*⟩. 2. *adv.* a) *(gerade jetzt)* just; hast du ~ etwas gesagt? did you just say something?; b) *(kurz)* [for] a moment; kann ich Sie ~ sprechen? can I speak to you [for] a moment *or* minute?; c) *(gerade noch)* just [about]; etw. ~ noch schaffen only just manage sth.; d) *(genau)* precisely; aus ~ diesem Grunde for this very reason; for precisely this reason; aus ~ diesem Grunde brauchen wir das Geld that is exactly *or* precisely why we need the money; ja, ~: yes, exactly *or* precisely; ja, ~ das meine ich auch yes, that's just *or* exactly what I think. 3. *Partikel* a) nicht ~: not exactly; b) *(nun einmal)* simply; das ist ~ so that's just the way it is; so gut ich ~ kann as well as I can in the circumstances

**ẹben-, Ẹben-:** ~bild das image; ganz jmds. ~bild sein be the spitting image of sb.; ~bürtig [~bʏrtɪç] *Adj.* equal; jmdm. ein ~bürtiger Gegner sein be sb.'s equal; be a match for sb.; jmdm. ~bürtig sein be equal to sb.; be sb.'s equal; die beiden waren sich ~bürtig they were [both] equal; ~da *Adv.* ibid *abbr.*; ibidem; ~der, ~die, ~das *Demonstrativpron.* ~das meine ich that's exactly what I mean; ~die, von der wir sprachen the very one we were talking about; ~der war krank he was the very one who was ill; ~derselbe, ~dieselbe, ~dasselbe *Demonstrativpron.* the very same ⟨*person, thing*⟩; ~dieselbe meine ich she's just the one I mean; ~dasselbe wollte ich auch kaufen I wanted to buy the very same thing; ~deshalb, ~deswegen *Adv.* that is/was precisely [the reason] why; ~dieser, ~diese, ~dieses *Demonstrativpron.* ~dieses Thema wurde behandelt this very topic was discussed; ~diese Regeln gelten in allen Abteilungen these same rules apply in all departments; ~dieser wurde genannt he was the very one who was mentioned

**Ẹbene** die, ~, ~n a) *(flaches Land)* plain; in der ~: on the plain; b) *(Geom., Physik)* plane; zwei sich schneidende ~n two intersecting planes; c) *(Stufe)* level; auf einer rein wissenschaftlichen ~: on a purely scientific plane *or* level; auf höchster ~: at the highest level; *s. auch* schief

**ẹben-:** ~erdig 1. *Adj.* ground-level; *(in Gebäuden)* ground-floor; one-storey ⟨*house*⟩; ~erdig sein be on ground level/on the ground floor *or (Amer.)* first floor; 2. *adv.* at ground level; *(in Gebäuden)* on the ground floor *or (Amer.)* first floor; ~falls *Adv.* likewise; as well; der Botschafter war ~falls eingeladen the ambassador was likewise invited; the ambassador was invited as well; danke, ~falls thank you, [and] [the] same to you

**Ẹben·holz** das ebony

**ẹbenholz·farben** *Adj.* ebony

**ẹben-, Ẹben-:** ~maß, das; *o. Pl. (der Gesichtszüge)* regularity; *(des Körperbaus)* symmetry; even proportions *pl.*; *(von Versen)* regularity; harmony; ~mäßig 1. *Adj.* regular ⟨*features*⟩; well-proportioned ⟨*figure*⟩; regular, harmonious ⟨*verse*⟩; von ~mäßigem Wuchs of even proportions; 2. *adv.* ~mäßig geformt *od.* gestaltet regularly shaped; ~mäßigkeit die; ~ *s.* Ebenmaß

**ẹben·so** *Adv.* a) *mit Adjektiven* just as; ~ groß/schön/gut wie ... sein be just as big/beautiful/good as ...; ein ~ frecher wie dummer Kerl a fellow who is/was as impudent as he is/was stupid; er ist/arbeitet ~ fleißig wie geschickt he is as diligent as he is skilful/works as diligently as he does skilfully; b) *mit Verben* in exactly the same way; *(in demselben Maße)* just as much; ich glaube, er wird es ~ machen wie wir I think he'll do exactly the same as we [do]; bei Tag ~ wie bei Nacht in the daytime as well as by night; er ist dagegen, und ich denke ~: he's against it, and so am I; mir geht es ~: its just the same for me

**ẹbenso-:** ~gern *Adv.* ~gern mag ich Erdbeeren [wie ...] I like strawberries just as much [as ...]; ~gern würde ich an den Strand gehen I would just as soon go to the beach; ~gut *Adv.* just as well; ~gut hätte er zu Hause bleiben können he might just as well have stayed at home; ich kann ~gut ein Taxi nehmen I can just as easily take a taxi; ~häufig *Adv. s.* ~oft; ~lange *Adv.* for the same length of time; ~oft *Adv.* just as often; just as frequently

**ẹben·solch...** *Demonstrativpron.* the same; ich habe ebensolche Angst/Kopfschmerzen wie du I am just as afraid as you are/I have a headache too

**ẹbenso-:** ~sehr *Adv.* a) *mit Adjektiven* just as; b) *mit Verben* just as much; ~viel *Indefinitpron., Adv.* just as much; ~weit *Adv.* as far; ~wenig *Indefinitpron., Adv.* just as little; man kann dieses ~wenig wie jenes tun one cannot do this, any more than that; er aß kein Gemüse, ~wenig mochte er Obst he didn't eat vegetables and he didn't like fruit either; he didn't eat vegetables, nor did he like fruit

**Eber** ['e:bɐ] der; ~s, ~: boar; wie ein angestochener ~ *(salopp)* like a [raving] maniac

**Ẹber·esche** die rowan; mountain ash

**ẹbnen** *tr. V.* level ⟨*ground*⟩; jmdm. den Weg *od.* die Bahn ~ *(fig.)* smooth the way for sb.; das Geld seines Vaters ebnete ihm alle Wege *(fig.)* his father's money opened [up] all doors for him

**echauffieren** [eʃɔ'fi:rən] *tr. V. (geh.)* a) make hot; sich ~: get hot; b) *(aufregen)* excite; sich ~: get excited

**echauffiert** *Adj. (geh.)* a) hot; b) *(aufgeregt)* excited

**Echo** ['ɛço] das; ~s, ~s echo; das ~ auf die Ankündigung/den Vorschlag *(fig.)* the response to the announcement/the suggestion; das ~ in der Presse *(fig.)* the press reaction; the reaction in the press; ein breites ~ finden meet with a wide response

**Ẹcho·effekt** der echo effect

**echoen** ['ɛçoən] 1. *itr. V. (unpers.)* es echot there is an echo. 2. *tr. V. (gedankenlos wiederholen)* echo

**Ẹcho-:** ~lot das a) *(Seew.)* echo-sounder; sonic depth finder; b) *(Flugw.)* sonic altimeter; ~lotung die *(Seew.)* echo-sounding

**Echse** ['ɛksə] die; ~, ~n *(Zool.)* a) saurian; b) *(Eid~)* lizard

**echt** [ɛçt] 1. *Adj.* a) *(nicht nachgemacht)* genuine ⟨*gold, fur, coin, Scotch whisky, Persian carpet*⟩; authentic, genuine ⟨*signature, document*⟩; ist das ~? is that real gold/fur *etc.?*; ein ~er Picasso a genuine Picasso; b) *(wahr)* true, real ⟨*love, friendship*⟩; real, genuine ⟨*concern, sorrow, emergency, need*⟩; sind seine Gefühle ~? is he sincere?; sie hat noch ~e Gefühle her emotions are still natural ones; c) *nicht präd. (typisch)* real, typical ⟨*Bavarian, American, etc.*⟩; d) *(Math.)* proper ⟨*fraction*⟩; e) *(Textilw., Chemie)* fast ⟨*dye*⟩; f) *meist attr. (reinrassig)* thoroughbred ⟨*horse*⟩; pedigree ⟨*dog, cattle*⟩. 2. *adv.* a) *(ugs. verstärkend)* really; ich habe mich ~ gefreut I was really pleased; das ist ~ wahr/blöd that's absolutely true/stupid; das war eine Frechheit, aber ~: it was a piece of downright cheek; b) *(typisch)* typically; das ist ~ amerikanisch/Frau/Klaus that's typically American/just like a woman/Klaus all over; c) *(unverfälscht)* das Armband ist ~ golden the bracelet is real gold

**ẹcht-, Ẹcht-:** ~gold das real *or* genuine gold; ~golden *Adj.* real *or* genuine gold; ~haar·perücke die [real] hair wig

**Ẹchtheit** die; ~ a) genuineness; *(einer Unterschrift, eines Dokuments)* authenticity; genuineness; b) *(Textilw., Chemie)* fastness

**Ẹcht·silber** das real silver; genuine silver

**ẹcht·silbern** *Adj.* real silver; genuine silver

**Eck** [ɛk] das; ~s, ~e a) *(südd., österr.: Ecke)* corner; über(s) ~: diagonally; b) *(Sport: Torecke)* das lange/kurze ~: the far/near corner [of the goal]

**Eckart** ['ɛkart] der *in* der getreue ~ *(fig.)* a faithful supporter

**Ẹck-:** ~ball der *(Sport)* corner[-kick/-hit/-throw]; einen ~ball treten take a corner; einen ~ball verwandeln score from a corner; ~bank die corner seat; ~daten *Pl.* basic information *sing.*

**Ecke** ['ɛkə] die; ~, ~n a) corner; am liebsten hätte ich mich in eine ~ verkrochen I felt like creeping off into a corner; an der ~: on *or* at the corner; Nietzschestr., ~ Goethestr. on the corner of Nietzschestrasse and Goethestrasse; Nietzschestrasse at Goethestrasse *(Amer.)*; um die ~: round the corner; um die ~ biegen turn the corner; go/come round the corner; jmdn. in die ~ drängen *(fig.)* get sb. in a corner *(fig.)*; es brennt an allen ~n [und Enden *od.* Kanten] *(fig.)* there's a terrible commotion everywhere *(coll.)*; das Auto klapperte an allen ~n [und Enden *od.* Kanten] every nut and bolt in the car rattled; jmdn. um die ~ bringen *(salopp)* bump sb. off *(sl.)*; mit jmdm. um *od.* über sieben ~n verwandt sein *(ugs.)* be distantly related to sb.; *s. auch* fehlen f; b) *(Ballspiele)* corner; eine ~ treten take a corner; den Ball zur ~ schlagen put the ball over for a corner; in die lange/kurze ~: in[to] the far/near corner; eine lange/kurze ~ treten take a long/short corner; c) *(Boxen)* corner; d) *(ugs.: Gegend)* corner; ihr wohnt in einer schönen ~: you live in a lovely spot; e) *(ugs., bes. nordd.: Strecke)* ich komme noch eine ~ mit I'll come a little way/a bit further with you; bis dahin ist es noch eine ganze ~: it's still quite some way there; er ist eine ganze ~ besser als du *(fig.)* he is a whole lot better than you are; f) *(keilförmiges Stück)* wedge; eine ~ Käse a wedge of cheese

**Ẹcken·steher** der *(ugs.)* street loafer

**Ecker** ['ɛkɐ] die; ~, ~n a) *(Buch~)* beechnut; b) *(selten: Eichel)* acorn

**Ẹck-:** ~fahne die *(Sport)* corner flag; ~fenster das corner window; ~grundstück das corner site; ~haus das corner house; house on the/a corner; *(einer Häuserreihe)* end house

**ẹckig** 1. *Adj.* a) square; angular ⟨*features*⟩; b) *(ruckartig)* jerky ⟨*movement, walk, gait*⟩. 2. *adv.* sich ~ bewegen move jerkily

**Ẹck-:** ~kneipe die *small friendly pub on a street-corner*; ~laden der corner shop; ~lohn der *(Wirtsch.)* basic *or* minimum wage; ~pfeiler der corner pillar; *(fig.)* corner-stone; ~platz der end seat; ~schrank der corner cupboard; ~sitz der *s.* ~platz; ~sofa das corner sofa; ~stein der a) corner-stone; head stone; *(fig.)* corner-stone; b) *(Kartenspiel) s.* Karo; ~stoß der *(Fußball)* corner-kick; ~tisch der corner table; ~turm der angle tower; ~wert der

*(Wirtsch.)* standard [of value]; **~zahn der** canine tooth; **~zimmer das** corner room; **~zins der** *(Finanzw.) official minimum interest rate on savings*
**Eclair** [e'klɛ:ɐ̯] **das; ~s, ~s** éclair
**Economy·klasse** [ɪ'kɔnəmɪ-] **die** economy class; tourist class; **in der ~ fliegen** fly economy [class]
**Ecuador** [eku̯a'do:ɐ̯] **(das); ~s** Ecuador
**Ecuadorianer** [ekuado'ri̯a:nɐ] **der; ~s, ~:** Ecuadorean
**Edamer Käse** ['e:damɐ -] **der** Edam cheese
**Edda** ['ɛda] **die; ~:** [Elder] Edda; **die jüngere ~:** the Younger Edda
**edel** ['e:dl̩] **1.** *Adj.* **a)** *nicht präd. (reinrassig)* thoroughbred ⟨*horse*⟩; species ⟨*rose*⟩; **b)** *(großmütig)* noble[-minded], high-minded ⟨*person*⟩; noble ⟨*thought, gesture, feelings, deed*⟩; honourable ⟨*motive*⟩; **seine edle Gesinnung** his nobility of mind *or* noble-mindedness; **c)** *(geh.: wohlgeformt)* finely-shaped; **von edlem Wuchs** of noble stature; **d)** *(geh.: vortrefflich)* fine ⟨*wine*⟩; high-grade ⟨*wood, timber*⟩; **die edlen Teile** *(scherzh.)* the vital parts [of the body]; **e)** *nicht präd. (veralt.: adlig)* noble; **aus edlem Geschlecht** of noble stock. **2.** *adv.* **~ handeln** act nobly; **~ geformt** finely-fashioned
**Ẹdel-: ~fäule die** *(Winzerspr.)* noble rot; **~fräulein das** *(hist.)* [unmarried] noblewoman; **~gas das** *(Chemie)* noble *or* inert *or* rare gas; **~hirsch der** *s.* **Rothirsch; ~holz das** high-grade wood; high-grade timber
**Edeling** ['e:dəlɪŋ] **der; ~s, ~e** *(hist.) s.* **Edelmann**
**ẹdel-, Ẹdel-: ~kastanie die** sweet chestnut; Spanish chestnut; **~kitsch der** grandly pretentious kitsch; **~mann der;** *Pl.* **~leute** *od.* **~männer** *(hist.)* nobleman; noble; **~metall das a)** precious metal; **b)** *(Chem.)* noble metal; **~mut der** *(geh.)* nobility of mind; noble-mindedness; magnanimity; **~mütig** *Adj. (geh.)* noble-minded; magnanimous; **~nutte die** *(salopp)* high-class tart *(sl.)*; **~pilz·käse der** blue[-veined] cheese; **~reis das** scion; **~rost der** patina; **~schnulze die** *(abwertend)* example of pretentious schmaltz; **der Film/Roman war eine ~schnulze** the film/novel was pretentious schmaltz; **~stahl der** *(rostfreier Stahl)* stainless steel; *(Sonderstahl)* special steel
**Ẹdel·stein der** precious stone; gem[stone]; **mit ~en besetzt** set with precious stones; **ein synthetischer ~:** a synthetic stone; an artificial stone
**Edelstein·schleifer der** gem-cutter
**Ẹdel-: ~tanne die** silver fir; **~weiß das; ~[es], ~e** edelweiss; **~wild das** *s.* **Rotwild; ~zwicker der** Edelzwicker *(fine Alsatian wine)*
**Eden** ['e:dn̩] **a)** *in* **der Garten ~** *(bibl.)* the Garden of Eden; **b) das; ~[s]** *(Paradies)* earthly paradise
**edieren** [e'di:rən] *tr. V.* edit
**Edikt** [e'dɪkt] **das; ~[e]s, ~e** *(hist.)* edict
**Edition** [edi'tsi̯o:n] **die; ~, ~en** *(das Herausgeben)* editing; *(Ausgabe)* edition
**E-Dur** ['e:du:ɐ̯] **das; ~** *(Musik)* E major; *s. auch* **A-Dur**
**EDV** *Abk.* **elektronische Datenverarbeitung** EDP
**EEG** [e:e:'ge:] **das; ~[s], ~[s]** *Abk.* **Elektroenzephalogramm** EEG; *s. auch* **EKG**
**Efeu** ['e:fɔy] **der; ~s** ivy
**ẹfeu·bewachsen** *Adj.* ivy-covered; ivy-clad
**Ẹfeu·ranke die** ivy-twine; ivy-bind
**Effeff** [ɛf'|ɛf] *in* **etw. aus dem ~ beherrschen** *od.* **verstehen** know sth. inside out; **etw. aus dem ~ machen/können** do/be able to do sth. just like that *(coll.)*
**Effekt** [ɛ'fɛkt] **der; ~[e]s, ~e** effect; **im ~:** in the end; **im ~ läuft beides auf das gleiche hinaus** in effect the two *or* both come to the same thing
**Effekten** [ɛ'fɛktn̩] *Pl. (Finanzw.)* securities
**Effẹkten-: ~bank die** investment bank *(also acting as an issuing house)*; **~börse die** stock exchange; **~geschäft das** dealing in securities; **~makler der** stockbroker
**Effẹkt·hascherei** [-haʃə'rai̯] **die; ~, ~en** *(abwertend)* straining for effect; showiness; **ohne jede ~:** without any showiness; **billige ~:** cheap straining for effect
**effektiv** [ɛfɛk'ti:f] **1.** *Adj.* **a)** *(wirksam)* effective; **ein ~er Schutz** an effective form of protection; **b)** *nicht präd. (tatsächlich)* effective ⟨*profit, price, benefit*⟩. **2.** *adv.* **a)** effectively; **b)** *(ugs.: ganz bestimmt)* really; **ich weiß ~ nichts** I really haven't a clue *(coll.)*; **da ist ~ nichts zu machen** there's really nothing that can be done about it
**Effektivität** [ɛfɛktivi'tɛ:t] **die; ~:** effectiveness
**Effektịv·lohn der** real wage[s]
**effẹkt·voll 1.** *Adj.* effective ⟨*speech, poem, contrast, pattern*⟩; dramatic ⟨*pause, gesture, entrance*⟩. **2.** *adv.* effectively
**Effet** [ɛ'fe:] **der; ~s, ~s** spin; *(Billard)* side; **den Ball mit ~ schlagen** put spin/side on the ball
**effizient** [ɛfi'tsi̯ɛnt] **1.** *Adj. (geh.)* efficient. **2.** *adv.* efficiently
**Effizienz** [ɛfi'tsi̯ɛnts] **die; ~, ~en** *(geh.)* efficiency; *(Wirksamkeit)* effectiveness
**EFTA** ['ɛfta] **die; ~** *Abk.* **Europäische Freihandelsassoziation** Efta; European Free Trade Association
**EG** [e:'ge:] **die; ~:** *Abk.* **a) Europäische Gemeinschaft[en]; die ~-Länder** the countries of the European Communities; **b) Erdgeschoß**
**egal** [e'ga:l] **1.** *Adj.* **a)** *nicht attr. (ugs.: einerlei)* **es ist jmdm. ~:** it makes no difference to sb.; it's all the same to sb.; *(es kümmert ihn nicht)* sb. couldn't care less; it's all the same to sb.; **das ist ~:** that doesn't make any difference; **das kann dir doch ~ sein** that's none of your business; that's no concern of yours; **[ganz] ~, wie/wer/warum/wo/ob …:** no matter how/who/why/where/whether …; **b)** *(ugs.: gleich[artig])* identical; **~ sein** be the same *or* identical; **sie hat nicht zwei ~e Stühle** *(ugs.)* she hasn't got two chairs the same. **2.** *adv.* **a) Bretter ~ schneiden** cut planks to the same size; **b)** *(bes. ostm.: fortwährend)* constantly
**egalis̲ieren** *tr. V.* **a)** *(Sport)* equal ⟨*record*⟩; **den Vorsprung des Gegners ~:** wipe out the opponent's lead; **den Punktvorsprung ~:** level the scores; **b)** *(Textilw.)* level ⟨*colour*⟩; **c)** *(Technik, Handw.)* smooth; dress ⟨*leather*⟩
**egalitär** [egali'tɛ:ɐ̯] *Adj.* egalitarian. **2.** *adv.* in an egalitarian way
**Egalitạ̈t die; ~:** equality
**Egel** ['e:gl̩] **der; ~s, ~:** leech
**Egge** ['ɛgə] **die; ~, ~n** *(Landw.)* harrow
**ẹggen** *tr. V. (Landw.)* harrow
**Ego** ['e:go] **das; ~, ~s** *(Psych.)* ego
**Egoismus** [ego'ɪsmʊs] **der; ~, Egoịsmen a)** *o. Pl. (Selbstsucht)* egoism; **gesunder ~:** healthy self-esteem; **b)** *Pl. (egoistische Eigenschaften)* egoistic traits; **wo persönliche Egoismen aufeinanderstoßen** where individual egos clash
**Egoist** [ego'ɪst] **der; ~en, ~en, Egoịstin die; ~, ~nen** egoist
**egoịstisch 1.** *Adj.* egoistic[al]. **2.** *adv.* egoistically
**Ego·trip** ['e:go-] **der** *(ugs.)* ego trip
**Egozentrik** [ego'tsɛntrɪk] **die; ~:** egocentric attitude
**Egozẹntriker der; ~s, ~, Egozẹntrikerin, die; ~, ~nen** egocentric
**egozẹntrisch 1.** *Adj.* egocentric. **2.** *adv.* egocentrically; **~ denken** be egocentric in the way one thinks
**¹eh** [e:] *Interj. (ugs.)* **a)** hey; **b)** *(was?)* **das hast du nicht erwartet, ~?** you didn't expect that, did you [,eh]?
**²e̲h** *Adv.* **a)** *(bes. südd., österr.: sowieso)* anyway; in any case; **es ist ~ alles zu spät** it's too late anyway *or* in any case; **b) seit ~ und je** for as long as anyone can remember; for donkey's years *(coll.)*; **wie ~ und je** just as before; **es sieht aus wie ~ und je** it looks the same as ever *or* the same as it always has done
**ehe** ['e:ə] *Konj.* before; **~ ihr nicht still seid, kann ich euch das Märchen nicht vorlesen** I can't read you the fairy story until you're quiet; **~ ich das tue, gehe ich lieber ins Gefängnis** I would rather go to prison than do it
**Ehe** ['e:ə] **die; ~, ~n** marriage; **eine glückliche ~ führen** be happily married; lead a happy married life; **die ~ brechen** commit adultery *(geh. veralt.)*; **jmdm. die ~ versprechen** promise to marry sb.; **mit jmdm. eine ~ eingehen** marry sb.; **ihre ~ wurde vor dem Standesamt/in der Kirche geschlossen** they were married in a registry office/in church; **Geld/Kinder in die ~ mitbringen** bring money/children into the marriage; **in erster ~ war sie mit einem Arzt verheiratet** her first husband was a doctor; **aus erster ~:** from his/her first marriage; **in wilder ~ leben** *(veralt.)* live in sin *(dated)*; **eine ~ zur linken Hand** *(hist.)* a morganatic *or* left-handed marriage; *s. auch* **¹Hafen f; Stand; wild 1 b**
**e̲he-, E̲he-: ~ähnlich** *Adj.* **ein ~ähnliches Verhältnis** a common-law marriage; **in einem ~ähnlichen Verhältnis leben** live [together] as man and wife; cohabit; **~anbahnung die** *s.* **~vermittlung; ~berater der, ~beraterin die** marriage guidance counsellor; **~beratung die a)** marriage guidance *(Brit.)*; marriage counselling; **b)** *s.* **~beratungsstelle; ~beratungs·stelle die** marriage guidance *or (Amer.)* counseling centre *(Brit.)*; **~bett das** marriage-bed; *(Doppelbett)* double bed; **~brechen** *unr. itr. V.; nur im Inf. u. 1. Part. gebr. (geh. veralt.)* commit adultery; **du sollst nicht ~brechen** *(bibl.)* thou shalt not commit adultery; **~brecher der; ~s, ~:** adulterer; **~brecherin die; ~, ~nen** adulteress; **~brecherisch** *Adj.* adulterous; **~bruch der** adultery
**ehe·de̲m** *Adv. (geh.)* formerly; in former times; **wie ~:** as in former times; **von ~:** of former times
**e̲he-, E̲he-: ~feindlich** *Adj.* **a)** *(der ~ abgeneigt)* misogamic ⟨*attitude, tendencies*⟩; **b)** *(die ~ erschwerend)* **ein ~feindlicher Beruf** an occupation which is difficult to combine with marriage; **~frau die** *(im Verhältnis zum ~mann)* wife; *(im Verhältnis zu anderen)* married woman; **~freuden** *Pl. (scherzh.)* joys of married life; **~gatte der** *(geh.)* husband; spouse; **beide ~gatten** both husband and wife; **~gattin die** *(geh.)* wife; spouse; **~gelübde das** *(geh.)* marriage vows *pl.*; **~gemeinschaft die** marriage partnership; **~glück das** wedded *or* married bliss; **~hälfte die** *(scherzh.)* better half *(joc.)*; **~hindernis das** *(Rechtsw.)* impediment to marriage; **~joch das;** *o. Pl. (scherzh.)* yoke of marriage *or* matrimony; **sich ins ~joch begeben** get hitched *(sl.)*; **~kandidat der** *(scherzh.)* marriage candidate; **~krach der** *(ugs.)* row; quarrel; **er hat immer ~krach zu Hause** he is always having rows at home with his wife; **sie hatten ihren ersten ~krach** they had the first row of their married life; **~krise die** marital crisis; **~leben das** maried life; **~leute** *Pl.* married couple; **die beiden ~leute** the husband and wife
**e̲helich 1.** *Adj.* **a)** *nicht präd. (die Ehe betreffend)* marital; matrimonial; conjugal ⟨*rights, duties*⟩; **~e Gemeinschaft** marriage

partnership; ~**es Zusammenleben** married life; **b)** *(aus einer Ehe stammend)* legitimate ⟨*child*⟩; **ein Kind für ~ erklären** declare a child legitimate; legitimate a child. **2.** *adv.* **sich ~ verbinden** *(geh.)* enter into [holy] wedlock

**ehelichen** *tr. V. (veralt., scherzh.)* wed

**ehe·los** *Adj.* celibate

**Ehelosigkeit die; ~:** celibacy

**ehemalig** ['e:əmalıç] *Adj.* former; **ein ~er Offizier** a former *or* one-time officer; **meine ~e Wohnung** my old flat *(Brit.) or (Amer.)* apartment; **seine ~e Frau** his ex-wife; **seine Ehemalige/ihr Ehemaliger** *(ugs.)* his/her ex *(coll.)*

**ehemals** ['e:əmals] *Adv. (geh., veralt.)* formerly; in former times

**ehe-, Ehe-: ~mann der;** *Pl.* **~männer** husband; **als ~mann** as a married man; **~müde** *Adj.* tired of married life *postpos.;* **~mündig** *Adj. (Rechtsspr.)* of marriageable age *postpos.;* **~mündig sein** be of marriageable age *or* of an age to marry; **~mündigkeit die** *(Rechtsspr.)* being of marriageable age; **vor Eintritt der ~mündigkeit** before attaining marriageable age; **~paar das** married couple; **ein älteres ~paar** an elderly [married] couple; **~partner der** marriage partner

**eher** ['e:ɐ] *Adv.* **a)** *(früher)* earlier; sooner; **ich war ~ da als er** I was there earlier *or* sooner than he was; **je ~, desto lieber** *od.* **besser** the sooner the better; **b)** *(lieber)* rather; sooner; **~ will ich sterben als mit ihr zusammenwohnen** I'd rather *or* sooner die than live with her; **alles ~ als das** anything but that; **c)** *(wahrscheinlicher)* more likely; *(leichter)* more easily; **das ist schon ~ möglich** that's more likely; **er ist schon ~ mein Typ** he's more my type; **um so ~, als ...** [all] the more so as *or* because ...; **d)** *(mehr)* **er ist ~ faul als dumm** he is lazy rather than stupid; he's more lazy than stupid *(coll.);* **~ wie ein Beamter als wie ein Künstler aussehen** look more like a civil servant than an artist; **seine Wohnung ist ~ klein** his flat *(Brit.) or (Amer.)* apartment is rather on the small side; **es geht ihm ~ besser** he's rather better; **alles ~ sein als ...:** be anything but ...

**Ehe-: ~recht das;** *o. Pl. (Rechtsw.)* marriage law; laws governing marriage; **~ring der** wedding-ring

**ehern** ['e:ɐn] *Adj.; nicht präd. (dichter.)* bronze; *(eisern)* iron; *(fig.: unbeugsam)* iron ⟨*will, law*⟩; **mit ~er Stirn** brazenly

**Ehe-: ~sakrament das;** *o. Pl. (kath. Rel.)* sacrament of marriage; **~scheidung die** divorce; **~schließung die** wedding *or* marriage ceremony; **standesamtliche ~schließung** registry office wedding

**ehest...** ['e:əst] **1.** *Adj.; nicht präd.* **zum ~en Termin** at the earliest possible date; **bei ~er Gelegenheit** at the earliest opportunity. **2.** *adv.* **a)** *(noch am liebsten)* best of all; **am ~en wäre er nach Peru gefahren** best of all he'd have liked to go to Peru; **b)** *(noch am wahrscheinlichsten)* most likely; **am ~en möglich sein** be most likely *or* the most likely possibility; **mit diesem Werkzeug wirst du es noch am ~en schaffen** you'll manage it easiest with this tool; **am ~en könnte man ihn/es mit ... vergleichen** he/it could be most nearly compared to ...

**Ehe·stand der;** *o. Pl.* marriage *no art.;* matrimony *no art.;* **in den ~ treten** *(geh.)* enter into matrimony

**Ehestands·darlehen das** *low-interest government-backed loan available to young married couples*

**ehestens** ['e:əstn̩s] *Adv.* **a)** *(frühestens)* at the earliest; **~ [am] Dienstag** [on] Tuesday at the earliest; **~ in drei Wochen** in three weeks at the earliest; **b)** *(österr.: baldmöglichst)* as soon as possible

**ehe-, Ehe-: ~stifter der** matchmaker; **~streit der** marital *or* matrimonial dispute; **~vermittlung die a)** arrangement of introductions between people wishing to marry; **~vermittlung durch Computer** matching prospective marriage partners by computer; **b)** *(Institut)* marriage bureau; **~vermittlungs·institut das** marriage bureau; **~versprechen das** promise of marriage; **~vertrag der** *(Rechtsw.)* marriage contract; **~weib das** *(veralt., scherzh.)* spouse *(arch., joc.);* **~widrig** *(Rechtsspr.)* **1.** *Adj.* extramarital ⟨*relations*⟩; **~widriges Verhalten** behaviour constituting a matrimonial offence; **2.** *adv.* **sich ~widrig verhalten** commit a matrimonial offence; **~zwist der** *s.* **~streit**

**Ehr-: ~ab·schneider der** calumniator; vilifier; **~auf·fassung die** conception of honour

**ehrbar 1.** *Adj. (geh.)* respectable, worthy ⟨*person, occupation*⟩; honourable ⟨*intentions*⟩; **~e Leute** respectable *or* worthy people. **2.** *adv.* respectably

**Ehrbarkeit die; ~:** respectability; worthiness

**Ehr·begriff der** conception of honour

**Ehre** ['e:rə] **die; ~, ~n a)** *(Ansehen)* honour; **seine ~ verlieren/bewahren** lose/preserve one's self-respect; **jmdm./einer Sache [alle] ~ machen** do sb./sth. [great] credit; **in ~n alt werden** *(geh.)* grow old without dishonour; **jmds. Andenken** *(Akk.)* **in ~n halten** honour sb.'s memory; **etw. um der ~ willen tun** do sth. for the honour of it; **zu ihrer ~ sei gesagt, ...:** in fairness to her *or* to do her justice it should be said ...; **[ich] hab'** *od.* **habe die ~** *(österr., südd.)* pleased to meet you; **auf ~ und Gewissen** in all truthfulness *or* honesty; **er fragte mich auf ~ und Gewissen, ob ich ...:** he asked me whether in all truthfulness *or* honesty I ...; **auf ~!, bei meiner ~!** upon my [word of] honour!; **dein Eifer in [allen] ~n, aber ...:** your enthusiasm is not in doubt *or* in question, but ...; **deine Meinung in [allen] ~n, aber ich halte das nicht für richtig** with [all] due respect to your opinion, I still think that it is wrong; **~ verloren, alles verloren** *(Spr.)* take away my good name and take away my life *(prov.);* **b)** *(Zeichen der Wertschätzung)* **jmdm./einer Sache ~ antun** pay tribute to sb./sth.; **jmdm./einer Sache zuviel ~ antun** overvalue sb./sth.; **die ~ haben, etw. zu tun** *(geh.)* have the honour of doing sth.; **wir geben uns die ~, die Vermählung unserer Tochter bekanntzugeben** *(geh.)* we have much pleasure in announcing *or* are very pleased to announce the marriage of our daughter; **wir geben uns die ~, Sie zu einem Gartenfest einzuladen** *(geh.)* we request the pleasure of your company at a garden-party; we have the honour of inviting you to a garden-party; **sich** *(Dat.)* **etw. zur ~ anrechnen** give oneself credit for sth.; regard sth. as being to one's credit; **jmdm. zur ~ gereichen** *(geh.)* bring honour to sb.; **etw. zur ~ Gottes tun** do sth. to the glory of God; **~, wem ~ gebührt** [give] credit where credit is due; **jmdm. die letzte ~ erweisen** pay one's last respects to sb.; **mit ihr kannst du ~/keine ~ einlegen** she's a/no credit to you; **damit kannst du [keine] ~ einlegen** that does you [no] credit; **mit diesen Manieren legst du keine ~ ein** you won't get very far with manners like that; **der Wahrheit** *(Dat.)* **die ~ geben** tell the truth; **um der Wahrheit die ~ zu geben** to tell the truth; to be [perfectly] honest; **mit ~n** with honour; **mit ~n überhäuft** loaded with honours; **er wurde in ~n entlassen** he went into an honourable retirement; **zu ~n des Staatsbesuchs/des Königs** in honour of the state visit/of the king; **wieder zu ~n kommen** come back into favour; **c)** *o. Pl. (Ehrgefühl)* sense of honour; *(Selbstachtung)* self-esteem; pride; **jmdm. gegen die ~ gehen** offend sb.'s sense of honour; **ein Mann von ~** *(geh.)* a man of honour; **er hat keine ~ im Leib[e]** he doesn't have an ounce of integrity in him; **jmdn. bei seiner ~ packen** *od.* **fassen** appeal to sb.'s sense of honour; **d)** *(veralt.: Jungfräulichkeit)* honour; **e)** *(Golf)* honour

**ehren** *tr. V.* **a)** *(Ehre erweisen)* honour; **ihre Einladung ehrt uns sehr** we are greatly honoured by her invitation; **für seine Verdienste wurde er mit einem Orden geehrt** he was awarded a medal in recognition of his services; **man ehrte den ausländischen Gast mit einem Empfang** a reception was held in honour of the foreign guest; **sehr geehrter Herr Müller!/sehr geehrte Frau Müller!** Dear Herr Müller/Dear Frau Müller; **b)** *(Ehre machen)* **deine Hilfsbereitschaft ehrt dich** your willingness to help does you credit; **sein Vertrauen ehrt mich** I'm honoured by his confidence in me; **c)** *(veralt.: achten)* respect; **du sollst Vater und Mutter ~** *(bibl.)* honour thy father and thy mother

**ehren-, Ehren-: ~ab·zeichen das** medal; **~amt das** honorary position *or* post; **~amtlich 1.** *Adj.* honorary ⟨*position, membership*⟩; voluntary ⟨*help, worker*⟩; **2.** *adv.* in an honorary capacity; *(freiwillig)* on a voluntary basis; **~bezeigung die** salute

**Ehren·bürger der, Ehren·bürgerin die** honorary citizen; **ein Ehrenbürger/eine Ehrenbürgerin der Stadt** a freeman of the town/city; **jmdn. zum ~bürger der Stadt ernennen** give sb. the freedom of the town/city

**Ehren·bürger-: ~recht das, ~würde die: jmdm. das ~recht** *od.* **die ~würde verleihen** admit sb. as a freeman

**Ehren-: ~dame die** lady-in-waiting; **~dienst der** *(geh.)* **seinen ~dienst leisten** have the privilege of serving; **~doktor der a)** honorary doctor; **b)** *(Titel)* honorary doctorate; **~doktor·würde die** honorary doctorate; **~erklärung die: eine ~erklärung [für jmdn.]** a statement that aspersions cast on sb. are without foundation; **~formation die** *(Milit.)* guard of honour; **~fried·hof der** war cemetery; **~garde die** guard of honour; **~gast der** guest of honour; **~geleit das** official escort; **~gericht das** disciplinary tribunal *or* court; *(Standesgericht)* professional tribunal

**ehrenhaft 1.** *Adj.* honourable ⟨*intentions, person*⟩; **ein ~er Mann** an honourable man; a man of honour. **2.** *adv.* ⟨*act*⟩ honourably

**Ehrenhaftigkeit die; ~:** sense of honour; **die ~ seiner Absichten** the honourableness of his intentions

**ehren-, Ehren-: ~halber** *Adv.* **jmdm. den Doktortitel ~halber verleihen** confer an honorary doctorate on sb.; **Doktor ~halber** honorary doctor; **~handel der;** *Pl.* **~händel** *(veralt.)* affair of honour; **~karte die** complimentary ticket; **~kodex der** code of honour; **~kompanie die** guard of honour; **~kränkung die** *(Rechtsspr.)* affront; insult; **~legion die** Legion of Honour; **~loge die** VIP box; box reserved for VIPs; **~mal das** monument; **~mann der;** *Pl.* **~männer** man of honour; **~mit·glied das** honorary member; **~nadel die** badge of honour *(in the form of a lapel-pin);* **~name der: den ~namen ... erhalten/tragen** be honoured by being given/by bearing the name ...; **~pflicht die** bounden duty; **es ist meine ~pflicht, diese Aufgabe zu erfüllen** I'm honour bound to perform this task; **~platz der** place of honour; **die ~plätze** the seats of honour; **~präsident der** honorary president; **~preis der** special prize; special award; **~rechte** *Pl.* **die bürgerlichen ~rechte** civil rights *or* liberties; *s. auch* **Aberkennung; ~rettung die: zu jmds. ~rettung etw. sagen** say sth. to clear sb.'s name; **zu ihrer ~rettung muß ich sagen, daß ...:** it must be said in her defence that ...; **~rührig** *Adj.* defamatory ⟨*allegations*⟩; insulting ⟨*behaviour*⟩; **etw. ist ~rührig** sth. is an insult to sb.'s honour; **~runde die** lap of honour; **eine ~runde laufen/fahren** *usw.* do a lap of honour; **eine ~runde drehen** *(Schülerspr.)* repeat *or (Brit.)* stay down a year [at school]; **~sache die a)** *(~pflicht)* **das ist ~sache** that is a point of honour; **Verschwiegenheit ist ~sache** I/we feel honour bound to stay silent; **~sache!** you can count on me!; **b)** *(Angelegenheit der Ehre)* **es handelt sich um eine ~sache** my/our *etc.* reputation *or* good name is at stake; **~salut der** salute; **man begrüßte ihn mit einem ~salut** a salute was fired to welcome him; **~schuld die** debt of honour; **~senator der** honorary member of the/a university senate; **~spalier das** guard of honour; **~tag der** *(geh.)* special day; **~titel der a)** *(für besondere Dienste)* [honorary] title; **b)** *(ehrende Anrede, Bezeichnung)* title; **~tor das, ~treffer der** *(Sport)* consolation goal; **~tribüne die** VIP stand; **~urkunde die** certificate; **~voll 1.** *Adj.* honourable ⟨*peace, death, compromise, occupation*⟩; creditable, gallant ⟨*attempt, conduct*⟩; **2.** *adv.* ⟨*act*⟩ honourably; **~vorsitzende der/die** honorary chairman; **~wache die a)** *(Wachtposten)* guard of honour; **b)** *(Dienst)* **Soldaten zur ~wache abkommandieren** detail soldiers to form a guard of honour; **~wache halten** keep vigil; **~wert** *Adj. (geh.)* worthy, honourable ⟨*person, occupation*⟩; **die Ehrenwerte Gesellschaft** the Mafia; **~wort das;** *pl.* **~worte: ~wort [!/?]** word of honour [!/?]; **sein ~wort brechen** break one's word; **auf [mein] ~wort [I]** promise; **großes ~wort!** *(scherzh.)* scout's honour! *(joc.)*; **Urlaub auf ~wort** *(Milit.)* parole; **~wörtlich 1.** *Adj.; nicht präd.* solemn ⟨*agreement, promise*⟩; ⟨*agreement, promise*⟩ on one's honour; **2.** *adv.* **es war ~wörtlich ausgemacht, daß ...:** he/they *etc.* had promised faithfully *or* made a solemn promise that ...; **~zeichen das** decoration

**ehrerbietig** ['e:ɐ̯|ɛɐ̯bi:tɪç] **1.** *Adj. (geh.)* respectful; **sein ~es Gehabe** his deferential manner. **2.** *adv.* ⟨*greet*⟩ respectfully

**Ehrerbietung die;** ~ *(geh.)* respect

**Ehr·furcht die** reverence (**vor** + *Dat.* for); **[große] ~ vor jmdm./etw. haben** have [a great] respect for sb./sth.; **~ vor dem Leben** reverence for life; **jmdm. ~ einflößen** fill sb. with awe; **er hat vor nichts ~:** he has no respect for anything; nothing is sacred to him

**ehrfurcht·gebietend 1.** *Adj.* awe-inspiring ⟨*personality, cathedral*⟩; awesome ⟨*silence*⟩; authoritative ⟨*voice*⟩. **2.** *adv.* **~ auftreten** have an imposing presence

**ehrfürchtig 1.** *Adj.* reverent. **2.** *adv.* reverently

**ehrfurchts-: ~los 1.** *Adj.* irreverent; **2.** *adv.* irreverently; **~voll** *(geh.)* **1.** *Adj.* reverent; **mit ~voller Miene** with a reverential expression; **2.** *adv.* reverently

**ehr-, Ehr-: ~gefühl das;** *o. Pl.* sense of honour; *(Selbstachtung)* self-esteem; pride; **falsches ~gefühl** a misplaced sense of honour; **~geiz der** ambition; **sie hatte den ~geiz, Pilotin zu werden** her ambition was *or* it was her ambition to become a pilot; **seinen ~geiz dareinsetzen, etw. zu tun** make it one's ambition to do sth.; **~geizig 1.** *Adj.* ambitious; **wenig ~geizig sein** be lacking in ambition; **2.** *adv.* ambitiously; **~geizling** [~gaitslɪŋ] **der; ~s, ~e** *(ugs. abwertend)* pushy individual *(coll.)*; pusher

**ehrlich 1.** *Adj.* **a)** honest ⟨*person, face, answer, deal*⟩; genuine ⟨*concern, desire, admiration*⟩; upright ⟨*character*⟩; honourable ⟨*intentions*⟩; *(wahrheitsgetreu)* truthful ⟨*answer, statement*⟩, **wenn ich ~ bin** if you want my honest opinion; **der ~e Finder gab die Brieftasche beim Fundbüro ab** the person who found the wallet handed it in *(Brit.) or (Amer.)* turned it in at the lost-property office; **dem ~en Finder winkt eine Belohnung von 10% der Gesamtsumme** a reward of 10% is offered [for the return of the money]; **~ währt am längsten** *(Spr.)* honesty is the best policy *(prov.)*; **b)** *(veralt.: anständig)* **seinen Namen wieder ~ machen** restore one's good name; **ein ~es Handwerk** an honest trade. **2.** *adv.* honestly; **etw. ~ teilen** share sth.; **~ spielen** play fairly; **es ~ mit jmdm. meinen** play straight with sb.; **~ gesagt** quite honestly; to be honest

**ehrlicherweise** *Adv.* **a)** in all honesty; **etw. ~ zugeben** own up and admit sth.; **b)** *(selten: ehrlich)* honestly

**Ehrlichkeit die;** ~ *s.* **ehrlich 1a:** honesty; genuineness; uprightness; honourableness; truthfulness

**ehr-, Ehr-: ~los 1.** *Adj.* dishonourable; **2.** *adv.* dishonourably; **~los aus dem Leben scheiden** depart this life in dishonour; **~losigkeit die;** ~: dishonourableness; **~pusselig, ~pußlig** *Adj. (ugs.)* ⟨*person*⟩ who is pompously concerned about his/her reputation

**ehrsam** *Adj. (geh. veralt.)* respectable, worthy ⟨*people, occupation*⟩

**Ehrsamkeit die;** ~: respectability

**ehr-, Ehr-: ~sucht die;** *o. Pl. (veralt.)* inordinate ambition; **~süchtig** *Adj. (veralt.)* inordinately ambitious; over-ambitious

**Ehrung die;** ~, **~en a)** *(das Ehren)* **die ~ der Preisträger** the prize-giving *(Brit.) or (Amer.)* awards ceremony; **bei der ~ der Sieger** when the winners were awarded their medals/trophies; **für jmdn. die höchste ~ sein** be the supreme accolade for sb.; **b)** *(Ehrenerweisung)* honour

**ehr-, Ehr-: ~verlust der;** *o. Pl. (Rechtsw.)* loss of civil rights; *(hist.)* attainder; **~würden (der); ~[s]** *(kath. Kirche, veralt.)* **Euer ~würden** Reverend Father; **~würden Bruder Martin/Schwester Notburga** brother Martin/sister Notburga; **~würdig** *Adj.* **a)** *(ehrfurchtgebietend)* venerable ⟨*person*⟩; **ein ~würdiges Alter haben** ⟨*person*⟩ have reached a grand old age; ⟨*building*⟩ be of great age; **b)** *(kath. Kirche)* **~würdiger Vater/~würdige Mutter** Reverend Father/Mother

**ei** [ai] *Interj.* **a)** hey; *(abschätzig)* oho; *s. auch* **Daus; b)** *(Kinderspr.)* **ei [ei] machen** stroke sb. [affectionately]; **mach mal ei!** stroke me!

**Ei** [ai] **das; ~[e]s, ~er a)** egg; *(Physiol., Zool.)* ovum; **aus dem ~ schlüpfen** hatch [out]; **verlorene** *od.* **pochierte ~er** poached eggs; **russische ~er** egg mayonnaise; Russian eggs; **sie geht wie auf [rohen] ~ern** *(fig.)* she is walking very carefully; **das ist ein [dickes] ~!** *(ugs.)* that's terrible; **ach, du dickes ~!** *(ugs.)* dash it! *(Brit. coll.)*; darn it! *(Amer. coll.)*; **das ~ des Kolumbus** *(fig.)* an inspired discovery; **wie aus dem ~ gepellt sein** *(fig.)* be dressed to the nines; **sich gleichen wie ein ~ dem anderen** be as like as two peas in a pod; **das ~ will klüger sein als die Henne** *(fig.)* stop trying to teach your grandmother to suck eggs; **ein ~ legen** lay an egg; *(ugs.: einen Plan ausbrüten)* hatch [out] a plan; *(derb: seine große Notdurft verrichten)* have *(Brit.) or (Amer.)* take a shit *(coarse)*; *s. auch* **Apfel; bewerfen; Pfanne; roh; ungelegt; b)** *(derb: Hode) meist Pl.* **~er** balls *(coarse)*; nuts *(Amer. coarse)*; **c)** *(salopp)* **zwölf ~er** twelve marks; *(zwölf Pfund)* twelve quid *(coll.)*; *(zwölf Dollar)* twelve bucks *(coll.)*; **d)** *(Sportjargon: Ball)* ball

**eia** ['aia] *s.* **ei b**

**eiapopeia** [aiapo'paia] *Interj. (Kinderspr.)* hushaby[e]; **~ machen** lull the baby to sleep

**Eibe** ['aibə] **die; ~, ~n** yew[-tree]

**Eibisch** ['aibɪʃ] **der; ~[e]s, ~e** *(Bot.)* marsh mallow

**Eich-: ~amt das** local weights and measures office *(Brit.)*; local bureau of standards *(Amer.)*; **~baum der** oak-tree; **~behörde die** ≈ Weights and Measures Inspectorate *(Brit.)*; ≈ National Bureau of Standards *(Amer.)*

**Eiche** ['aiçə] **die; ~, ~n** oak[-tree]; *(Holz)* oak[-wood]

**Eichel** ['aiçl̩] **die; ~, ~n a)** *(Frucht)* acorn; **b)** *(Anat.)* glans; **c)** *Pl.; o. Art. (Spielkartenfarbe)* acorns *pl.*; *s. auch* [2]**Pik**

**Eichel·häher der** jay

[1]**eichen** *tr. V.* calibrate ⟨*measuring instrument, thermometer*⟩; standardize ⟨*weights, measures, containers, products*⟩; adjust ⟨*weighing-scales*⟩; **darauf bin ich geeicht** *(ugs.)* that's in my line *(coll.)*

[2]**eichen** *Adj.; nicht präd.* oak[en] ⟨*furniture*⟩

**Eichen-: ~baum der** oak-tree; **~blatt das** oak-leaf; **~holz das** oak[-wood]; **ein Schreibtisch aus ~holz** an oak writing-desk; **~laub das a)** oak leaves *pl.*; **b)** *(Auszeichnung)* garland of oak [leaves]; **~sarg der** oak[en] coffin *or (Amer.)* casket; **~wald der** oak-wood; *(größer)* oak forest

**Eich·gewicht das** standard weight

**Eich·hörnchen das, Eich·kätzchen das** *(landsch.)*, **Eich·katze die** *(landsch.)* squirrel

**Eich-: ~maß das** standard measure; **~stempel der** verification stamp; **~strich der** [engraved] line showing the correct measure; **ein Glas bis zum ~strich füllen** fill a glass up to the line

**Eid** [ait] **der; ~[e]s, ~e** oath; **einen ~ leisten** *od.* **ablegen** swear *or* take an oath; **einen ~ auf die Bibel schwören** swear an oath on the [Holy] Bible; **einen ~ auf die Verfassung schwören** solemnly swear to preserve, protect, and defend the constitution; **unter ~ [stehen]** [be] under *or* on oath; **etw. auf seinen ~ nehmen** swear to sth.; **ich nehme es auf meinen ~, daß ...:** I swear that ...; **der ~ des Hippokrates** the Hippocratic oath; **an ~es Statt erklären, daß ...** *(Rechtsspr.)* attest in an statutory declaration that ...

**Eidam** ['aidam] **der; ~s, ~e** *(veralt.)* son-in-law

**Eid·bruch der** breach of one's oath; *(Rechtsw.)* perjury *no indef. art.*; **einen ~bruch begehen** break one's oath

**eid·brüchig** *Adj.* treacherous ⟨*allies*⟩; **~brüchig werden** break one's oath; *(Rechtsw.)* perjure oneself

**Eidechse** ['aidɛksə] **die; ~, ~n** lizard

**Eider-** ['aidɐ-]: **~daune die** eider-down; **~ente die** eider [duck]

**eides-, Eides-: ~belehrung die** *(Rechtsw.) caution to those about to take the oath;* **~formel die** *(jur.)* wording of the oath; **die ~formel nachsprechen** repeat the [words of the] oath; **~stattlich 1.** *Adj.* *(Rechtsw.)* **eine ~stattliche Erklärung** a statutory declaration; **2.** *adv.* **~stattlich erklären** *od.* **versichern, daß ...:** attest in a statutory declaration that ...

**Eidetik** [ai'de:tɪk] **die;** ~ *(Psych.)* eidetic ability

**eidetisch** *Adj. (Psych.)* eidetic

**eid-, Eid-: ~genosse der** Swiss; *(Verbündeter)* confederate; **~genossenschaft die;** *o. Pl.* **die Schweizerische ~genossenschaft** the Swiss Confederation; **~genössisch** *Adj.* Swiss

**eidlich 1.** *Adj.* made under oath *postpos.* **2.** *adv.* on oath

**Ei·dotter der** *od.* **das** egg yolk

**eier-, Eier-: ~becher der** egg-cup; **~brikett das** ovoid; **~farbe die** *paint for decorating eggs as Easter gifts;* **~frucht die** egg-plant; aubergine; **~hand·granate die** Mills bomb *or* grenade; **~kohle die** egg-coal; **~kopf der a)** *(salopp)* egg-shaped head; **b)** *(ugs.: Intellektueller)* egghead *(coll.)*; **~kuchen der** pancake; *(Omelett)* omelette; ~**laufen** das egg-and-spoon race; ~**legend** *Adj. (Biol.)* oviparous; egg-laying; ~**likör** der egg-liqueur; ~**löffel** der egg-spoon

**eiern** *itr. V.* a) *(ugs.: ungleichmäßig rotieren)* wobble; b) *mit sein (salopp: sich wackelnd fortbewegen)* roll

**eier-, Eier-:** ~**nudel** die; *meist Pl.* egg noodle; ~**pfann·kuchen** der *s.* ~kuchen; ~**pflaume** die egg-plum; ~**punsch** der egg-flip; egg-nog; ~**salat** der egg salad; ~**schale** die eggshell; **er hat noch die ~schalen hinter den Ohren** *(fig.)* he's still wet behind the ears *(fig.)*; ~**schalen·farben** *Adj.* off-white

**Eier-:** ~**schwamm** der *(bes. österr.)* chanterelle; ~**speise** die a) egg dish; b) *(österr.)* scrambled egg; ~**stich** der; *o. Pl. (Kochk.)* cooked-egg garnish; royale; ~**stock** der *(Physiol., Zool.)* ovary; ~**stock·entzündung** die *(Med.)* ovaritis; ~**tanz** der *(ugs.) (um eine heikle Angelegenheit)* intricate manœuvring *no indef. art.*; *(zwischen unangenehmen Alternativen)* treading carefully *no art.*; **einen [richtigen] ~tanz aufführen** *od.* **vollführen** engage in [really] intricate manœuvring/tread [very] carefully; ~**uhr** die egg-timer; ~**wärmer** der egg-cosy

**Eifer** ['aifɐ] der; ~s enthusiasm; *(Eifrigkeit)* eagerness; *(Emsigkeit)* zeal; **etw. voller ~ tun** do sth. with great enthusiasm; **in ~ geraten** become excited *or* heated; **etw. im ~ [des Gefechts] vergessen** forget sth. in the excitement; *s. auch* **blind 1c**

**Eiferer** der; ~s, ~ *(geh.)* zealot

**eifern** *itr. V.* a) *(abwertend)* **für etw. ~:** agitate for sth.; **gegen etw. ~:** rail *or* agitate against sth.; b) *(geh.: heftig streben)* strive; **nach Macht ~:** strive for power

**Eifer·sucht** die jealousy (**auf** + *Akk.* of); **etw. aus ~ tun** do sth. out of jealousy

**Eifersüchtelei** [-zʏçtə'lai] die; ~, ~en; *meist Pl.* petty jealousy

**eifer·süchtig** 1. *Adj.* jealous (**auf** + *Akk.* of). 2. *adv.* jealously

**Eifersuchts-:** ~**szene** die display of jealousy; **sie machte ihm eine ~szene** in a fit of jealousy she made a scene; ~**tragödie** die tragedy due to jealousy; **es handelte sich um eine ~tragödie** the tragedy was the result of jealousy

**Eiffel·turm** ['aifl-] der Eiffel Tower

**ei·förmig** *Adj.* egg-shaped

**eifrig** 1. *Adj.* eager; constant ⟨*reader*⟩; enthusiastic ⟨*supporter, collector*⟩; *(fleißig)* assiduous; **die ganz Eifrigen** the really keen ones; **~ bei einer Sache sein** show keen interest in doing sth. 2. *adv.* eagerly; **~ dabei sein, etw. zu tun** be busy doing sth.; **sich ~ um etw. bemühen** set about sth. eagerly; **sich ~ bemühen, etw. zu tun** set about doing sth. eagerly; **~ bemüht sein, etw. zu tun** be eager to do sth.

**Ei·gelb** das; ~[e]s, ~e egg yolk; **drei ~:** the yolks of three eggs; three [egg] yolks

**eigen** ['aign̩] *Adj.* a) *nicht präd. (jmdm. selbst gehörend)* own; *(selbständig)* separate; **mein ~er Bruder** my own brother; **eine ~e Wohnung haben** have one's own flat *(Brit.) or (Amer.)* apartment; **ein Zimmer mit ~em Eingang** a room with a separate entrance; **etw. mit ~en Augen sehen** see sth. with one's [very] own eyes; **seine ~e Meinung** his own opinion; **auf ~en Füßen** *od.* **Beinen stehen** stand on one's own two feet; **sich** *(Dat.)* **etw. zu ~ machen** adopt sth.; **etw. sein ~ nennen** *(geh., iron.)* call sth. one's own; **meinem Lehrer zu ~** *(geh.)* [dedicated] to my teacher; b) *(kennzeichnend)* characteristic; **mit einer ihr ~en Gebärde** with a gesture characteristic of her; with a characteristic gesture; **mit allem ihr ~en Charme** with all her characteristic charm; c) *(landsch.: gewissenhaft)* particular; **mit etw. ~ sein** be particular about sth.; d) *(veralt.: seltsam)* peculiar; strange; odd; **mir ist so ~ zumute** I feel so strange; I have the strangest feeling

**-eigen** *Adj.* a) *(im Besitz von)* belonging to the ⟨*school, company, community*⟩; b) *(zugehörig)* intrinsic to the ⟨*body, language*⟩; inherent in the ⟨*system, period*⟩

**eigen-, Eigen-:** ~**art** die *(Wesensart)* particular nature; *(Zug)* peculiarity; **eine ~art dieser Stadt** one of the characteristic features of this city; **ihre merkwürdigen ~arten** her strange peculiarities; ~**artig** *Adj.* peculiar; strange; odd; ~**artigerweise** *Adv.* strangely [enough]; oddly [enough]; ~**artigkeit** die a) *o. Pl.* peculiarity; strangeness; oddness; b) *(~artige Verhaltensweise)* peculiarity; eccentricity; oddity; ~**bedarf** der own requirements *pl.*; *(eines Landes)* domestic requirements *pl.*; ~**bericht** der: „~bericht" 'report from our own correspondent'; **nur die Lokalberichte sind ~berichte** only the local news reports are by staff reporters; ~**besitz** der *(Rechtsspr.)* personal property; ~**brötelei** [~brø:tə'lai] die; ~, ~en taking an [unduly] independent line; ~**brötler** [~brø:tlɐ] der; ~s, ~: loner; lone wolf; ~**brötlerisch** 1. *Adj.* solitary; 2. *adv.* **sich ~brötlerisch verhalten** behave like a loner *or* a lone wolf; ~**dynamik** die inherent dynamism; **eine ~dynamik entwikkeln** develop a momentum of its own; ~**finanzierung** die self-financing *no art.*; **etw. in ~finanzierung tun** finance sth. oneself; ~**funktion** die *(Math., Phys.)* eigenfunction; ~**gesetzlich** 1. *Adj.* **die ~gesetzliche Entwicklung der Wirtschaft** the development of the economy according to its own laws; 2. *adv.* according to its/their own laws; ~**gesetzlichkeit** die inherent laws *pl.*; ~**gewicht** das a) own weight; b) *(Wirtsch.: Nettogewicht)* net weight; ~**goal** das *(österr.) s.* ~tor; ~**händig** 1. *Adj.* personal ⟨*signature*⟩; personally inscribed ⟨*dedication*⟩; holographic ⟨*will, document*⟩; 2. *adv.* **etw. ~händig unterschreiben/übergeben** sign/present sth. personally; „**~händig abzugeben**" 'to be delivered to the addressee in person'; ~**heim** das house of one's own; **der Trend zum ~heim** the trend towards owning a house of one's own

**Eigenheit** die; ~, ~en peculiarity

**eigen-, Eigen-:** ~**initiative** die initiative of one's own; **auf ~initiative** on one's own initiative; ~**interesse** das personal interest; ~**kapital** das *(Wirtsch.)* equity capital; ~**leben** das; *o. Pl.* life of one's own; **ein ~leben haben** *od.* **führen** live one's own life; **sein ~leben bewahren** continue to live a life of one's own; ~**liebe** die amour propre; ~**lob** das self-praise; **~lob stinkt!** *(ugs.)* self-praise is no recommendation; ~**mächtig** 1. *Adj.* unauthorized ⟨*decision*⟩; *(selbstherrlich)* high-handed; 2. *adv.* **~mächtig handeln** act on one's own authority; *(selbstherrlich)* act high-handedly; **er ist ~mächtig mit meinem Auto gefahren** he took my car without permission; **etw. ~mächtig tun** do sth. without asking; ~**mächtiger·weise** *Adv. s.* ~mächtig 2; ~**mächtigkeit** die; ~, ~en a) *o. Pl.* high-handedness; b) *(~mächtige Handlung)* unauthorized action; ~**mittel** *Pl.* own resources; **aus ~mitteln** out of *or* from one's own resources; ~**name** der proper name; *(Ling.)* proper noun; ~**nutz** der; ~es self-interest; ~**nützig** [~nʏtsɪç] 1. *Adj.* self-interested, self-seeking ⟨*person*⟩; selfish ⟨*motive*⟩; 2. *adv.* selfishly; ~**produktion** die: **aus ~produktion** home-made; home-grown ⟨*fruit, vegetables, etc.*⟩; **das ist eine ~produktion** I/they *etc.* made it myself/themselves *etc*; ~**regie** die: **etw. in ~regie tun** undertake sth. oneself

**eigens** *Adv.* specially; **~ für diesen Zweck** specifically for this purpose; **~ aus diesen Gründen** just *or* solely for these reasons

**Eigenschaft** die; ~, ~en *(von Menschen, Tieren, Pflanzen)* quality; characteristic; *(von Sachen, Stoffen)* property; **in seiner ~ als Mann/Vorsitzender** as a man/in his capacity as chairman

**Eigenschafts·wort** das adjective

**eigen-, Eigen-:** ~**sinn** der; *o. Pl.* obstinacy; stubbornness; ~**sinnig** 1. *Adj.* obstinate; stubborn; 2. *adv.* obstinately; stubbornly; ~**sinnigkeit** die; ~: obstinacy; stubbornness; **~sinnigkeiten** obstinate *or* stubborn behaviour *sing.*; ~**staatlich** *Adj.* a) *(souverän)* sovereign; b) *(den ~en Staat betreffend)* national; ~**staatlichkeit** die; ~: sovereignty; *(von Bundesstaaten)* statehood; ~**ständig** 1. *Adj.* independent; 2. *adv.* independently; ~**ständigkeit** die; ~: independence; ~**sucht** die; ~: selfishness; ~**süchtig** 1. *Adj.* selfish; 2. *adv.* selfishly

**eigentlich** ['aign̩tlɪç] 1. *Adj.; nicht präd. (wirklich)* actual; real; *(wahr)* true; *(ursprünglich)* original; **die ~e Bedeutung eines Wortes** the original meaning of a word; **das Eigentliche** the essential thing. 2. *Partikel* a) *(tatsächlich, genaugenommen)* actually; really; **~ nicht** not really; b) *(Verstärkung)* **wann erscheint ~ der letzte Band?/warum kommst du ~ nicht mehr zu uns?** tell me, when will the last volume come out/why have you stopped coming to see us?; **~ müßte ich ja jetzt gehen, aber ...:** really, I ought to go now, but ...; **es ist ~ schade, daß ...:** actually, it's a pity that ...; **sind sie ~ verheiratet?** are they in fact married?; **wohnen Sie ~ in Köln oder in Bonn?** is it in Cologne or Bonn that you live?; **wußten Sie ~ schon, daß ...?** were you actually aware that ...?; **warst du ~ schon [ein]mal da?** have you in fact ever been there?; **ist daraus ~ was geworden?** *(ugs.)* did it ever come to anything?; **was soll das ~?** what's it all about?; **wer sind Sie ~?** who do you think you are?; **wissen Sie ~, wer ich bin?** do you know who 'I am?; **rauchen Sie ~ viel?** do you actually smoke a lot?; **was muß ~ noch alles passieren, bevor ...?** what else has got to happen before ...?; **was denkst du dir ~?** what do you think you're doing?; **was willst du ~?** what exactly do you want?

**Eigentlichkeit** die; ~ *(geh.)* authenticity

**Eigen·tor** das *(Ballspiele, fig.)* own goal; **ein ~ schießen** score an own goal; **zum ~ für jmdn. werden** *(fig.)* backfire on sb.

**Eigentum** das; ~s a) property; *(einschließlich Geld usw.)* assets *pl.*; **geistiges ~:** [one's own] intellectual creation; **sie haben sein geistiges ~ verwendet** they used his idea/ideas; **sich an fremdem ~ vergreifen** steal; b) *(Recht des Eigentümers)* ownership (**an** + *Dat.* of); c) *(veralt.: Grundbesitz)* property

**Eigentümer** ['aign̩ty:mɐ] der; ~s, ~: owner; *(Hotel~, Geschäfts~)* proprietor; owner

**Eigentümerin** die owner; *(Hotel~, Geschäfts~)* proprietress; proprietor; owner

**eigentümlich** ['aign̩ty:mlɪç] 1. *Adj.* a) *(typisch)* peculiar; characteristic; **eine ihm ~e Geste** a gesture peculiar to him *or* characteristic of him; b) *(eigenartig)* peculiar; strange; odd. 2. *adv.* peculiarly; strangely; oddly

**eigentümlicherweise** *Adv.* strangely enough; oddly enough

**Eigentümlichkeit** die; ~, ~en a) *o. Pl. (Eigenartigkeit)* peculiarity; strangeness; b) *(typischer Zug)* peculiarity

**Eigentums-:** ~**bildung** die acquisition of assets; ~**delikt** das offence against property; ~**recht** das right of ownership; **~rechte geltend machen** claim one's proprietary rights; ~**streuung** die distribution of assets; ~**vorbehalt** der *(Rechtsw.)* reservation of proprietary rights; ~**wohnung**

**die** owner-occupied flat *(Brit.)*; condominium *or* co-op apartment *(Amer.)*; **eine ~wohnung kaufen** buy a flat *(Brit.) or (Amer.)* an apartment

**eigen-, Eigen-: ~verantwortlich 1.** *Adj.* responsible; **eine ~verantwortliche Tätigkeit** a job with responsibility; a responsible job; **2.** *adv.* **~verantwortlich handeln** act on one's own authority; **etw. ~verantwortlich bestimmen/entscheiden** decide sth. on one's own responsibility; **~wärme die** *(Biol.)* body temperature; **~wert der** intrinsic value; *(Math., Phys.)* eigenvalue; **~willig** *Adj.* **a)** self-willed ⟨*person*⟩; individual ⟨*style, idea*⟩; **b)** *(~sinnig)* obstinate; stubborn; **~willigkeit die; ~, ~en a)** *o. Pl. (von Menschen)* individualism; independence of mind; *(einer Behauptung, eines Kunstwerks, eines Stils usw.)* originality; unconventionality; **b)** *(Handlung)* display of self-will

**eignen 1.** *refl. V.* be suitable; **sich als** *od.* **zum Lehrer ~:** be suitable as a teacher; **er würde sich gut als** *od.* **zum Handwerker ~:** he would make a good craftsman; **das Buch eignet sich gut als Geschenk** this book makes a good present; **für solche Arbeiten eignet er sich besonders** he is particularly well suited for that kind of work; *s. auch* **geeignet. 2.** *itr. V. (geh., veralt.: eigen sein)* **jmdm. eignet etw.** sb. possesses sth.

**eigne, eigner** *s.* eigen

**Eigner der; ~s, ~:** owner

**Eignung die; ~:** suitability; aptitude; **seine ~ für diesen Beruf/als Lehrer** his suitability for this profession/as a teacher; **seine ~ zum Fliegen** his aptitude for flying

**Eignungs-: ~prüfung die, ~test der** aptitude test

**Ei·klar, das; ~s, ~** *(österr.) s.* **Eiweiß a**

**Ei·land das; ~[e]s, ~e** *(veralt., dichter.)* isle *(poet.)*

**Eil-** [ail-]: **~bote der** special messenger; **etw. durch einen ~boten zustellen lassen** send sth. by special delivery *or* express; **„durch** *od.* **per ~boten"** *(veralt.)* 'express'; **~brief der** express letter

**Eile** ['ailə] **die; ~:** hurry; **ich habe [große] ~:** I'm in a [great] hurry; **ich habe keine ~:** I'm not in a *or* any hurry; **die Sache hat ~:** it's urgent *or* a matter of urgency; **die Sache hat keine ~:** there's no hurry; it's not urgent; **[immer] in ~ sein** [always] be in a hurry; **in der ~:** in her/our *etc.* hurry; **in aller ~:** in great haste; **jmdn. zur ~ antreiben** hurry sb. up

**Ei·leiter der** *(Anat.)* Fallopian tube

**Eileiter-:** *(Med.)* **~entzündung die** salpingitis; **~schwangerschaft die** tubal pregnancy

**eilen 1.** *itr. V.* **a)** *mit sein* hurry; hasten; *(besonders schnell)* rush; **nach Hause ~:** hurry/rush home; **jmdm. zu Hilfe ~:** rush to sb.'s aid; **eile mit Weile** *(Spr.)* more haste, less speed *(prov.)*; **b)** *(dringend sein)* ⟨*matter*⟩ be urgent; **„eilt!"** 'urgent'; **„eilt sehr!"** 'immediate'; **es eilt mir damit** it's urgent; I'm in a hurry; **es eilt ihm mit dem Umzug** he is in a hurry to move. **2.** *refl. V.* hurry; make haste

**eilends** *Adv. (unverzüglich)* immediately; without delay; *(geh.: geschwind)* hastily

**eil-, Eil-: ~fertig** *(geh.)* **1.** *Adj.* **a)** *(vorschnell)* rash; **b)** *(dienstbeflissen)* zealous; **2.** *adv.: s. Adj.* rashly; zealously; **~fertigkeit die;** *o. Pl.: s.* **~fertig:** rashness; zeal; **~fracht die** express freight; express goods *pl.*; **etw. per** *od.* **als ~fracht senden** send sth. express freight; **~gut das** fast freight; express goods *pl.*; **etw. als ~gut schicken** send sth. by fast freight

**eilig 1.** *Adj.* **a)** *(schnell)* hurried; **mit ~en Schritten** hurriedly; **es ~ haben** be in a hurry; **es weniger ~ haben** be in less of a hurry; **b)** *(dringend)* urgent ⟨*news*⟩; **~ sein** be urgent; **es [sehr] ~ mit etw. haben** be in a [great] hurry about sth.; **etw. Eiliges** sth. urgent; an urgent matter; **nichts Eiligeres zu tun haben, als ...** *(iron)* have nothing better to do than...; **er hatte nichts Eiligeres zu tun, als allen davon zu erzählen** he couldn't wait to tell everybody about it. **2.** *adv.* hurriedly; **~ laufen** run hurriedly; hurry

**Eil-: ~marsch der** *(Milit.)* forced march; **~paket das** express parcel; **~schritt der: im ~schritt laufen** walk with short, quick steps; **~sendung die** express consignment; *(Brief)* express letter; *(Paket)* express parcel; **~tempo das** *(ugs.)* **im ~tempo** in a rush; **im ~tempo ging es zum Bahnhof** we/they *etc.* rushed to the station; **~verfahren das** *(jur.)* summary proceedings *pl.*; **etw. im ~verfahren erledigen** *(fig. ugs.)* do sth. in a rush; **~zug der** semi-fast train; stopping train *(Brit.)*; **~zustellung die** *(Postw.)* express delivery

**Eimer** ['aimɐ] **der; ~s, ~ a)** bucket; *(Milch~)* pail; *(Abfall~)* bin; **ein ~ [voll] Wasser** a bucket of water; **es gießt wie aus ~n** *(ugs.)* it's raining cats and dogs *(coll.)*; it's coming down in buckets *(coll.)*; **im ~ sein** *(salopp)* be up the spout *(sl.)*; **mein Wagen ist im ~** *(salopp)* my car is a total wreck; **unsere Stimmung war im ~** *(salopp)* the atmosphere was totally ruined; **seine Gesundheit ist im ~** *(salopp)* he's a physical wreck; **b)** *(ugs. abwertend: altes Schiff)* tub

**Eimer·bagger der** bucket dredger

**eimer·weise** *Adv.* by the bucketful; in bucketfuls

**¹ein** [ain] **1.** *Kardinalz. (betont)* one; **~ Dollar/~e Mark/~ Jahr** one dollar/mark/year; **in ~em Tag** in one day; in a single day; **~ einziger Tag/Mensch** one single day/person; **ich will dir noch ~[e]s sagen** there's one more thing I'd like to tell you; **~[e]s gefällt mir daran/an ihr nicht** there's one thing I don't like about it/her; **das ~e Gute daran ist ...:** the only good thing about it is ...; **das ~e, das ich brauche** the one thing I need; **~er von beiden** one of the two; one or the other; **~er für alle, alle für ~en** one for all and all for one; **~ für allemal** once and for all; **~ und derselbe** one and the same; **er war ihr ~ und alles** he was everything to her; **das Buch bietet alles in ~em** the book has everything in one volume; **in ~em fort** *(geh.)* continuously; all the time. **2.** *unbest. Art. (unbetont)* a/an; **~ Kleid/Apfel/Mensch/Hotel** a dress/an apple/a human being/a[n] hotel; **~ Held/~ ehrlicher Mensch** a hero/an honest man/woman; **~ bißchen** *od.* **wenig** a little [bit]; **~ anderer** somebody else; **~ jeder** *(geh.)* each and every one; **~e Kälte ist das hier!** it's freezing here!; **~e Frechheit ist das!** what absolute cheek!; **was für ~ Wein!** what superb wine!; **was für ~e Unordnung!** what a mess!; **was für ~ Kleid hast du gekauft?** what sort of dress did you buy?; **das konnte nur ~ Beethoven schaffen** only a Beethoven could do that; **er besaß ~en Klee und ~en Picasso** he owned a Klee and a Picasso. **3.** *Indefinitpron. (betont)* **a)** *(irgendeiner)* one; **b)** *(man)* one; *(jemand)* someone; somebody; **wie soll das ~er wissen?** how is one supposed to know that?; **das mach mal ~em verständlich** try explaining that to anybody; **~e/~er/~[e]s der besten** one of the best [people/things]; **~s war offen und ~s zu** one was open and one shut; **kaum ~er** hardly anybody; **~er von uns/euch** one of us/you; **~er namens Mayer** *(meist abwertend)* a certain Mayer; **ist ~er bereit, mir zu helfen?** is anyone willing to help me?; **~er nach dem anderen** one after the other; one by one; **der ~e kommt, der andere geht** one comes, the other goes; **die ~en ..., die anderen ...:** some ..., the others ...; **er trinkt ganz gerne ~en** *(ugs.)* he likes [to have] a drink; **sieh [mal] ~er an!** *(ugs.)* [now just] look at that!; **du bist [mir] ~e/~er!** *(iron.)* you are a [right] one *(coll.)*; **das ist ~e/~er!** *(ugs.)* she's/he's quite a one *(coll.)*; **er ist belesen wie selten ~er** he's uncommonly well read; **c)** *(der-/die-/dasselbe)* **~er Meinung sein** be of the same opinion; **es kommt alles auf ~[e]s heraus** it all comes to the same thing [in the end]

**²ein** *(elliptisch)* **~ – aus** *(an Schaltern)* on – off; **~ und aus gehen** go in and out; **bei jmdm. ~ und aus gehen** be a regular visitor at sb.'s house; **ich wußte nicht ~ noch aus** I didn't know where to turn *or* what to do

**ein·achsig** *Adj.* single-axle

**ein·adrig** *Adj. (Elektrot.)* single-core

**Einakter** ['ain|aktɐ] **der; ~s, ~:** one-act play

**einander** [ai'nandɐ] *reziprokes Pron. (geh.)* each other; one another; **sie grüßten ~:** they greeted each other *or* one another; **liebet ~** *(bes. bibl.)* love one another; **~ widersprechende Behauptungen** mutually contradictory statements

**ein|arbeiten** *tr. V.* **a)** *(ausbilden)* train ⟨*employee*⟩; **er arbeitet sich gerade ein** he is training at present; **sich in etw.** *(Akk.)* **~:** become familiar *or* familiarize oneself with sth.; **b)** *(einfügen)* incorporate ⟨*quotation etc.*⟩ **(in +** *Akk.* into); **sie arbeitete einige Verzierungen in die Decke ein** she worked some patterns into the cover

**Einarbeitung die; ~, ~en** training; **die ~ in das neue Sachgebiet fiel ihm schwer** he found it difficult to familiarize himself with the new subject

**Einarbeitungs·zeit die** training period

**ein·armig 1.** *Adj.* one-armed; **ein Einarmiger** a one-armed man. **2.** *adv.* **~ Gewichte stemmen** lift weights with one hand

**ein|äschern** ['ain|ɛʃɐn] *tr. V.* **a)** *(niederbrennen)* **ein Gebäude ~:** burn a building to the ground *or* down; reduce a building to ashes; **eine Stadt ~:** reduce a town to ashes; **b)** cremate ⟨*corpse*⟩; **ich werde mich ~ lassen** I am going to be cremated

**Einäscherung die; ~, ~en a)** *(das Niederbrennen)* **die ~ des Gebäudes** the burning down of the building; **die ~ der Stadt** the destruction of the town by fire; **b)** *(Leichenverbrennung)* cremation

**Einäscherungs·halle die** crematorium

**ein|atmen** *tr., itr. V.* breathe in

**einatomig** ['ain|ato:mɪç] *Adj. (Chemie, Physik)* monatomic

**ein·äugig** *Adj.* one-eyed; single-lens ⟨*camera*⟩; **unter Blinden ist der Einäugige König** *(Spr.)* in the kingdom of the blind the one-eyed man is king *(prov.)*

**Ein·bahn·straße die** one-way street; **eine ~, aus der es kein Zurück mehr gab** *(fig.)* a path from which there could be no turning back *(fig.)*; **das Verhältnis darf keine ~ sein** there must be give and take on both sides

**ein|balsamieren** *tr. V.* embalm ⟨*corpse*⟩; **du kannst dich ~ lassen** *(fig. ugs.)* you might as well give up

**Ein·band der;** *Pl.* **-bände** binding; [book-] cover

**Einband-: ~deckel der** *(Buchw.)* board; **~entwurf der** cover design

**ein·bändig** *Adj.* one-volume

**ein·basisch** *Adj. (Chemie)* monobasic

**Ein·bau der; ~s, ~ten a)** *o. Pl. (das Einbauen)* fitting; *(eines Motors)* installation; **b)** *o. Pl. (Einfügung)* incorporation; insertion; **c)** *Pl. (Eingebautes)* fitted shelves/cupboards

**ein|bauen** *tr. V.* **a)** build in, fit ⟨*cupboard, kitchen*⟩; **b)** *(Technik)* install ⟨*engine, motor*⟩; **c)** *(einfügen)* insert, incorporate ⟨*chapter*⟩

**Einbau·küche die** fitted kitchen

**Ein·baum der** dug-out

**Einbau-: ~möbel** *Pl.* built-in furniture *sing.*; *(Schränke)* built-in cupboards; *(Regale)* fitted shelves; **~schrank der** built-in cupboard; *(für Kleidung)* built-in wardrobe

**ein|begreifen** *unr. tr. V. (geh.)* include; **MWSt einbegriffen** including VAT

**ein|behalten** *unr. tr. V.* **a)** *(zurückbehalten)* withhold; **b)** *(Amtsspr.: festsetzen)* detain

**ein·beinig** *Adj.* one-legged

**ein|bekennen** *unr. tr. V. (geh., bes. österr.) s.* **eingestehen**

**Ein·bekenntnis das** *(geh., bes. österr.) s.* **Eingeständnis**

**ein|berechnen** *tr. V. s.* **einkalkulieren**

**ein|berufen** *unr. tr. V.* **a)** summon; call; **eine Versammlung/Sitzung ~:** call *or* convene a meeting; **den Bundestag ~:** summon the Bundestag; **eine Versammlung nach Berlin/eine Sitzung für den 30. Mai ~:** call a meeting in Berlin/for 30 May; **b)** *(zur Wehrpflicht)* call up; conscript; draft *(Amer.)*; **~ werden** be called up *or* conscripted; be drafted *(Amer.)*

**Ein·berufene der/die;** *adj. Dekl.* conscript; draftee *(Amer.)*

**Ein·berufung die a)** *(das Einberufen)* calling; **die ~ des Parlaments** the summoning of Parliament; **b)** *(zur Wehrpflicht)* call-up; conscription; draft *(Amer.)*

**Einberufungs-: ~befehl der, ~bescheid der** call-up papers *pl.*; draft card *(Amer.)*

**ein|beschreiben** *unr. tr. V. (Geom.)* inscribe ⟨*circle*⟩; **einem Dreieck einen Kreis ~:** inscribe a circle in a triangle

**ein|bestellen** *tr. V. (Amtsspr.)* summon

**ein|betonieren** *tr. V.* concrete in; **etw. in etw.** *(Akk.)* **~:** concrete sth. into sth.

**ein|betten** *tr. V.* **a)** embed (**in** + *Akk.* in); **das Haus liegt eingebettet in ein Tal** the house nestles in a valley; **b)** *(Sprachw.)* **eingebettete Sätze** embedded sentences

**Einbett-: ~kabine die** single-berth cabin; **~zimmer das** single room

**ein|beulen 1.** *tr. V.* **etw. ~:** dent sth.; make a dent in sth.; **ein eingebeulter Kotflügel** a dented mudguard. **2.** *refl. V.* become dented

**ein|beziehen** *unr. tr. V.* include; **etw. in etw.** *(Akk.)* **~:** include sth. in sth.; **jmdn. in eine Diskussion ~:** involve sb. *or* get sb. involved in a discussion

**Ein·beziehung die, Ein·bezug der** *(schweiz.) o. Pl.* inclusion; **unter ~ aller Faktoren** taking all factors into account

**ein|biegen 1.** *unr. itr. V.; mit sein* turn; **in eine Straße ~:** turn into a street; **[nach] links/rechts ~:** turn left/right. **2.** *unr. tr. V.* bend. **3.** *unr. refl. V.* bend inwards

**ein|bilden** *refl. V.* **a) sich** *(Dat.)* **etw. ~:** imagine sth.; **sich** *(Dat.)* **~, daß ...:** imagine that ...; **ich bilde mir ein, daß ich ihn in der Stadt gesehen habe** *(ugs.)* I think I saw him in town; **eine eingebildete Krankheit** an imaginary illness; **was bildest du dir eigentlich ein?** *(ugs.)* what do you think you are doing?; **b)** *(ugs.: übermäßig stolz sein)* **er bildet sich** *(Dat.)* **ganz schön viel ein** he thinks no end of himself *(coll.)*; he fancies himself no end *(coll.)*; **sich** *(Dat.)* **ziemlich viel auf etw. ~:** be terribly conceited about sth. *(coll.)*; **darauf brauchst du dir nichts einzubilden** there's no need to be stuck-up about it

**Ein·bildung die; ~, ~en a)** *o. Pl. (Phantasie)* imagination; **b)** *(falsche Vorstellung)* fantasy; **das ist alles nur ~:** it's all in the mind; **c)** *o. Pl. (Hochmut)* conceitedness; **~ ist auch eine Bildung** *(ugs.)* you're letting your imagination run away with you

**Einbildungs-: ~kraft die, ~vermögen das** [powers *pl.* of] imagination; imaginative powers *pl.*

**ein|bimsen** *tr. V. (ugs.)* **jmdm. etw. ~:** drum sth. into sb.

**ein|binden** *unr. tr. V.* **a)** bind ⟨*book*⟩; **etw. neu ~:** rebind sth.; **b)** *(einfügen)* **er war in bestimmte Konventionen/Wertvorstellungen eingebunden** *(fig.)* he was bound by certain conventions/subject to certain values; **in die Verantwortung eingebunden** constrained by responsibility; **c)** *(integrieren)* **das Dorf muß in das Verkehrsnetz eingebunden werden** the village must be linked into the transport system; **den einzelnen in ein Kollektiv ~:** make the individual part of a group; **in ein System eingebunden bleiben** remain part of a system; **d)** *(einhüllen)* wrap; bandage ⟨*limb*⟩

**Ein·bindung die a)** *(Integration)* integration; **die ~ der Bundesrepublik in die EG** the fact that the Federal Republic forms part of the European Community; **b)** *(Bindung, Festgelegtsein)* **gegen die zu starke ~ durch den Vertrag setzte er sich zur Wehr** he fought against being bound *or* tied too closely by the contract

**ein·blätt[e]rig** *Adj. (Bot.)* monophyllous

**ein|blenden** *(Rundf., Ferns., Film)* **1.** *tr. V.* insert; **eine Nachricht in eine Sendung ~:** interrupt a programme with a news flash; **Geräusche/Musik/Szenen nachträglich ~:** dub in sounds/music/scenes. **2.** *refl. V.* **sich in ein Fußballspiel ~:** go over to a football match; **sich in eine Direktübertragung ~:** link up with a live transmission

**Ein·blendung die** *(Rundf., Ferns., Film)* insertion; *(Rückblende)* flashback (**in** + *Akk.* to)

**ein|bleuen** *tr. V.* **jmdm. etw. ~:** drum *or* hammer sth. into sb.

**Ein·blick der a)** *(Sicht)* **den ~ in den Garten verhindern** obstruct the view of the garden; **~ in etw.** *(Akk.)* **haben** be able to see into sth.; **b)** *(Durchsicht)* **~ in etw. nehmen** take a look at *or* examine sth.; **jmdm. ~ in etw.** *(Akk.)* **gewähren** allow *or* permit sb. to look at *or* examine sth.; **keinen ~ in etw.** *(Akk.)* **haben** not be permitted to look at *or* examine sth.; **c)** *(Kenntnis)* insight; **[einen] ~ in etw. haben/gewinnen** have/gain an insight into sth.

**ein|bohnern** *tr. V.* wax ⟨*floor, stairs*⟩

**ein|bohren 1.** *tr. V.* drill; bore. **2.** *refl. V.* **sich in etw.** *(Akk.)* **~:** bore into sth.

**ein|brechen 1.** *unr. itr. V.* **a)** *mit haben od. sein* break in; **in eine Bank/ein Geschäft ~:** break into a bank/shop; **bei jmdm. ~:** burgle sb.; **bei uns wurde eingebrochen** we were burgled; we had a break-in; **b)** *mit sein (einstürzen)* ⟨*roof, ceiling*⟩ fall in, cave in; **c)** *mit sein (durchbrechen)* fall through; **beim Eislaufen ~:** fall *or* go through the ice while skating; **d)** *mit sein (eindringen)* **in ein Land ~:** invade a country; **in die Verteidigungslinie ~:** break through the line of defences; **e)** *mit sein (geh.: beginnen)* ⟨*night, darkness*⟩ fall; ⟨*winter*⟩ set in; **f)** *mit sein (salopp: scheitern)* **[ganz schön] ~:** come [badly] unstuck *(coll.)*; come a [fearful] cropper *(coll.)*; **g)** *mit sein (hineinstürzen)* burst in; **in etw.** *(Akk.)* **~:** burst into sth. **2.** *unr. tr. V.* break down ⟨*door, wall*⟩; demolish ⟨*chimney*⟩

**Einbrecher der; ~s, ~:** burglar

**Einbrecher·bande die** gang of burglars

**Einbrecherin die; ~, ~nen** burglar

**Einbrenne** ['ai̯nbrɛnə] **die; ~, ~n** *(Kochk.: bes. südd., österr.)* roux

**ein|brennen 1.** *unr. tr. V.* **ein Zeichen in Holz/auf eine Platte ~:** burn a design into wood/bake a design on to a plate; **einem Tier das Brandzeichen ~:** brand an animal. **2.** *unr. refl. V. (geh.)* **das Erlebnis hatte sich tief in sein** *od.* **seinem Gedächtnis eingebrannt** the experience had engraved itself on his memory

**ein|bringen 1.** *unr. tr. V.* **a)** *(hineinschaffen)* bring *or* gather in ⟨*harvest*⟩; **ein Schiff in den Hafen ~:** bring a ship into port; **das Werkstück in die Maschine ~:** put the workpiece into the machine; **b)** *(verschaffen)* **jmdm. viel Geld ~:** bring sb. [in] a lot of money; **Gewinn/Zinsen ~:** yield a profit/bring in interest; **jmdm. Ruhm/Ehre ~:** bring sb. fame/honour; **das hat nichts als Ärger eingebracht** that's caused nothing but trouble; **das bringt nichts ein** it isn't worth it; **c)** *(Parl.: vorlegen)* introduce ⟨*bill*⟩; **einen Antrag im Parlament ~:** introduce a bill into parliament; bring a bill before parliament; **d)** *(in eine Gemeinschaft, Gesellschaft usw.)* invest ⟨*capital, money*⟩; **etw. in eine Ehe ~:** bring sth. into a marriage; **etw. [in eine Situation] ~:** contribute sth. [to a situation]; **e)** *(festsetzen)* catch, capture ⟨*escaped prisoners*⟩; **f)** *(Druckw.)* take in ⟨*lines*⟩. **2.** *unr. refl. V.* **sich in eine Beziehung ~:** make one's own contribution to a relationship

**Einbringung die; ~ a)** *(Festsetzung)* capture; **b)** *(Parl.: von Gesetzen)* introduction

**ein|brocken** *tr. V. (ugs.)* **sich/jmdm. etw. [Schönes] ~, sich/jmdm. eine schöne Suppe ~:** land oneself/sb. in the soup *or* in it *(coll.)*; **das hast du dir selbst eingebrockt** you've only yourself to thank for that *(coll.)*

**Ein·bruch der a)** burglary; break-in; **ein ~ in eine Bank** a break-in at a bank; **einen ~ verüben** commit a burglary; **b)** *(das Einstürzen)* collapse; **ein ~ der Börsenkurse** *(fig.)* a slump in stock-market prices; **c)** *(Vorstoß)* breakthrough; **der ~ des Feindes in ein Land** the enemy invasion of a country; **der ~ einer Kälte-/Hitzewelle** *(fig.)* the onset of a cold wave *or* spell/a heat wave; **d)** *(Beginn)* **vor ~ der Dunkelheit** before it gets dark; **der ~ des Winters** the onset of winter; **bei ~ der Nacht** at nightfall; when night closes/closed in; **bei ~ des Winters** when winter sets/set in; **e)** *(salopp: das Scheitern)* **einen ~ erleiden** take a drubbing *or* hiding *(coll.)*; **f)** *(Geol.)* area of subsidence

**einbruch[s]-, Einbruch[s]-: ~diebstahl der** burglary; breaking and entering; **~gefahr die:** „**~gefahr**" 'danger – thin ice'; **~sicher** *Adj.* burglar-proof

**ein|buchten** *tr. V. (salopp)* **jmdn. ~:** lock sb. up *(coll.)*; put sb. away *(coll.)*; *s. auch* **eingebuchtet**

**Einbuchtung die; ~, ~en a) eine ~ der Straße** a bend in the road; **eine ~ der Küste** a bay; an inlet; **b)** *(Delle)* dent; **die ~ der Autotür** the dent in the car door

**ein|buddeln** *tr. V. (ugs.)* bury; **sich ~:** dig oneself in

**einbürgern 1.** *tr. V.* naturalize ⟨*person, plant, animal*⟩; introduce ⟨*custom, practice*⟩. **2.** *refl. V.* ⟨*custom, practice*⟩ become established; ⟨*person, plant, animal*⟩ become naturalized; **sich in einer Sprache ~:** become established as part of a language; **das hat sich hier so eingebürgert** it has become the practice here

**Einbürgerung die; ~, ~en** naturalization

**Ein·buße die** loss; **schwere ~n erleiden** suffer heavy losses; **eine ~ an etw.** *(Dat.)* a loss of sth.; **das bedeutet eine [finanzielle] ~ für mich** I shall be worse off financially

**ein|büßen 1.** *tr. V.* lose; *(durch eigene Schuld)* forfeit; **sein Geld/seine Freiheit/sein Leben ~:** lose/forfeit one's money/one's freedom/one's life. **2.** *itr. V.* **sie büßte an Ansehen ein** her reputation suffered

**ein|checken** *tr., itr. V. (Flugw.)* check in

**ein|cremen** *tr. V.* put cream on ⟨*hands, back*⟩; **sich ~:** put cream on; **jmdm./sich die Hände/den Rücken ~:** put cream on sb.'s/one's hands/back

**ein|dämmen** *tr. V.* **a)** dam ⟨*river*⟩; embank, dike ⟨*land*⟩; **b)** *(aufhalten)* check; stem

**ein|dämmern** *itr. V.; mit sein* doze off

**Eindämmung die; ~, ~en** *s.* **eindämmen:** damming; diking; checking, stemming; **eine ~ des Drogenhandels scheint unmöglich** it seems impossible to stem the flow of drugs

**ein|dampfen** *tr. V. (Chemie)* evaporate

**ein|decken 1.** *refl. V.* stock up; **sich [für den Winter] mit etw. ~:** stock up with sth. [for the winter]. **2.** *tr. V. (ugs.: überhäufen)* **jmdn. mit Arbeit/Fragen ~:** swamp sb. with work/questions; **mit etw. eingedeckt sein** be swamped with sth.

**Eindecker der; ~s, ~** *(Flugw.)* monoplane

**ein|deichen** *tr. V.* dike ⟨*land*⟩; dike, embank ⟨*river*⟩

**ein|dellen** *tr. V. (ugs.)* dent [in]

**eindeutig** ['aindɔytɪç] **1.** *Adj.* **a)** *(klar)* clear; clear, definite ⟨*proof*⟩; **b)** *(nur eine Deutung zulassend)* unambiguous ⟨*concept*⟩. **2.** *adv. s. Adj.* clearly; unambiguously

**Eindeutigkeit die; ~, ~en a)** *o. Pl. s.* **eindeutig:** clarity; unambiguity; **b)** *meist Pl. (scherzh.: unanständiger Witz)* crudity

**ein|deutschen** *tr. V.* Germanize

**Eindeutschung die; ~, ~en a)** *o. Pl.* Germanization; **b)** *(eingedeutschtes Wort)* Germanized word

**ein|dicken** *tr., itr. V.* thicken

**ein·dimensional** *Adj.* one-dimensional; unidimensional; *(fig.)* one-dimensional ⟨*personality*⟩

**ein|docken** *tr. V. (Schiffbau)* dock

**ein|dosen** *tr. V.* can; tin *(Brit.)*

**ein|dösen** *itr. V. (ugs.) mit sein* doze off

**ein|drängen 1.** *itr. V.; mit sein* **auf jmdn. ~:** crowd around sb.; **Eindrücke/Erinnerungen drängten auf ihn ein** *(fig.)* impressions/memories crowded in [up]on him. **2.** *refl. V.* push one's way in; force one's way in

**ein|drecken** ['aindrɛkn̩] *tr. V. (ugs.)* **etw./sich ~:** get sth./oneself filthy; *(mit Schlamm usw.)* get sth./oneself covered in *or* with muck *(coll.)*

**ein|drehen** *tr. V.* **a)** *(hineindrehen)* screw in ⟨*light bulb*⟩ **(in +** *Akk.* into); **b) sich** *(Dat.)* **die Haare ~:** put one's hair in curlers *or* rollers; **sich** *(Dat.)* **die Haare ~ lassen** have one's hair curled

**ein|dreschen** *unr. itr. V. (ugs.)* **auf jmdn. ~:** lay into sb. *(coll.)*

**ein|dringen** *unr. itr. V.; mit sein* **a) in etw.** *(Akk.)* **~:** penetrate into sth.; ⟨*vermin*⟩ get into sth.; ⟨*bullet*⟩ pierce sth.; *(allmählich)* ⟨*water, sand, etc.*⟩ seep into sth.; **er drang in sie ein** he penetrated her *(sexually)*; **die ~de Kaltluft** the cold air that blows in; **b)** *(einbrechen)* **in ein Gebäude ~:** force an entry *or* one's way into a building; **Feinde sind in das Land eingedrungen** *(geh.)* enemies invaded the country; **in eine Gesellschaft ~** *(fig.)* be an uninvited guest; **c)** *(bedrängen)* set upon, attack ⟨*person*⟩; **mit Fragen auf jmdn. ~:** besiege *or* ply sb. with questions; **auf jmdn. ~[, etw. zu tun]** *(fig.)* press *or* urge sb. [to do sth.]

**ein·dringlich 1.** *Adj.* urgent ⟨*warning, entreaty*⟩; impressive ⟨*voice*⟩; forceful, powerful ⟨*speech, words*⟩. **2.** *adv.* ⟨*urge*⟩ strongly; ⟨*talk*⟩ insistently; **jmdn. auf das ~ste warnen** warn sb. most urgently

**Ein·dringlichkeit die; ~** *s.* **eindringlich:** urgency; impressiveness; forcefulness

**Eindringling** ['aindrɪŋlɪŋ] **der; ~s, ~e** intruder

**Ein·druck der; ~[e]s, Eindrücke a)** *(Vorstellung, Wirkung)* impression; **einen ~ haben/gewinnen** have/get *or* gain an impression; **jmdn. nach dem ersten ~ beurteilen** judge sb. by first impressions; **einen guten ~ machen** make a good impression; **~ auf jmdn. machen** make an impression on sb.; **Eindrücke gewinnen** receive impressions; **er macht den ~ eines sehr gewissenhaften Menschen** he gives the impression of being a very conscientious person; **er konnte sich des ~s nicht erwehren, daß ...** *(geh.)* he had the strong impression that ...; he could not help thinking *or* feeling that ...; **sie stand noch unter dem ~ dieses schrecklichen Erlebnisses** she was still haunted by this terrible experience; **er stand noch ganz unter dem ~ seiner Indienreise** he was still under the spell of his journey to India; **er tat es nur, um [bei ihr] ~ zu schinden** *(ugs.)* he only did it to impress [her]; **b)** *(Spur)* impression

**ein|drücken** *tr. V.* **a)** *(verbiegen, zerbrechen)* smash in ⟨*mudguard, bumper*⟩; stave in ⟨*side of ship*⟩; smash ⟨*pier, column, support*⟩; break ⟨*window*⟩; crush ⟨*ribs*⟩; flatten ⟨*nose*⟩; **der Wind drückte alle Fenster ein** the wind blew all the windows in; **b)** *(hineindrücken)* **etw. [in etw.** *(Akk.)*] **~:** press *or* push sth. in[to sth.]

**eindrucks-: ~los 1.** *Adj.* unimpressive; **2.** *adv.* unimpressively; **~voll 1.** *Adj.* impressive; **2.** *adv.* impressively

**ein|dübeln** *tr. V.* **etw. in die Wand ~:** fix sth. into the wall with a plug/dowel

**eine** *s.* **¹ein**

**ein|ebnen** *tr. V.* level; **der Unterschied ist eingeebnet worden** *(fig.)* the difference has been eliminated

**Einebnung die; ~, ~en** levelling; *(fig.)* elimination; **bei der ~ des Grundstücks** during the levelling of the site

**Ein·ehe die** monogamy *no art.*

**eineiig** ['ain|aiɪç] *Adj.* identical ⟨*twins*⟩

**ein·eindeutig** *Adj.* one-to-one ⟨*correspondence, relationship*⟩; **eine ~e Abbildung** a representation having a one-to-one correspondence with its original

**ein·ein·halb** *Bruchz.* one and a half; **~ Stunden/Jahre** an hour/a year and a half; one and a half hours/years

**ein·ein·halb·fach** *Vervielfältigungsz.* one and a half times; **die ~e Anzahl/Menge** one and a half times the number/amount

**einen** *tr. V. (geh.)* unite

**ein|engen** *tr. V.* **a) jmdn. ~:** restrict sb.'s movement[s]; **sich eingeengt fühlen** feel hemmed in *or* shut in; **b)** *(fig.: einschränken)* restrict; restrict, narrow down ⟨*concept*⟩; **jmdn. in seiner Freiheit ~:** restrict *or* curb sb.'s freedom

**einer** *s.* **¹ein**

**Einer der; ~s, ~ a)** *(Math.)* unit; **b)** *(Sport)* single sculler; **im ~:** in the single sculls

**einerlei** ['ainɐlai] **1.** *Adj.; nicht attr. (unwichtig)* **~, ob/wo/wer** *usw.* no matter whether/where/who *etc.*; **es ist ~:** it makes no difference; **es ist ihm ~:** it is all the same *or* all one to him; *(es kümmert ihn nicht)* he does not care at all. **2.** *Gattungsz.; indekl.; nicht präd.* **von ~ Sorte** of one *or* of the same kind; **mit ~ Maß gemessen werden** be assessed according to one *or* the same standard

**Einerlei das; ~s** monotony; **das tägliche ~:** the monotony of everyday life; the daily grind *(coll.)*

**einerseits** ['ainɐ'zaits] *Adv.* on the one hand; **~ ..., andererseits ...:** on the one hand ..., on the other hand ...

**Einer·stelle die** *(Math.)* units place

**eines** *s.* **¹ein**

**eines·teils** *Adv.* on the one hand; **~ ..., ander[e]nteils ...:** on the one hand ..., on the other hand ...

**ein|exerzieren** *tr. V.* drill, train ⟨*soldier, pupil, etc.*⟩; **jmdm. etw. ~:** drill *or* train sb. in sth.

**ein·fach 1.** *Adj.* **a)** *(nicht mehrfach)* single ⟨*knot, ticket, journey*⟩; **zweimal ~ [nach] Köln** two singles to Cologne; **b)** *(nicht schwierig)* simple, easy ⟨*task*⟩; **das ist ~:** that is simple *or* easy; **sich** *(Dat.)* **etw. [zu] ~ machen** make sth. [too] easy for oneself; **warum ~, wenn es auch kompliziert geht!** *(scherzh.)* the other way would be too simple, I suppose!; **c)** *(einleuchtend)* simple ⟨*explanation, reason*⟩; **aus dem ~en Grund, weil ...:** for the simple reason that ...; **d)** *(bescheiden)* simple ⟨*person, manner, life, dress, etc.*⟩; plain, simple ⟨*food*⟩; **er war nur ein ~er Mann** he was just an ordinary man; *s. auch* **Verhältnis. 2.** *adv.* **a)** *(bescheiden, einleuchtend)* simply; **sich betont ~ kleiden** dress very simply; **b)** *(nicht mehrfach)* **etw. ~ falten** fold sth. once. **3.** *Partikel (verstärkend)* simply; just; **das ist ~ unmöglich** that is simply *or* just impossible; **ich begreife es ~ nicht** I simply *or* just cannot understand it; **es ist ~ nicht zu begreifen, daß ...:** it's simply incomprehensible that ...

**Einfachheit die; ~ a)** *(einfache Gestaltung)* simplicity; **von verblüffender ~ sein** be of astonishing simplicity; **der ~ halber** for the sake of simplicity; for simplicity's sake; **b)** *(Bescheidenheit)* simplicity; *(der Nahrung)* plainness; simplicity

**ein|fädeln 1.** *tr. V.* **a)** thread ⟨*needle, tape*⟩ **(in +** *Akk.* into); thread up ⟨*sewing-machine*⟩; **einen [neuen] Faden ~:** [re]thread the needle; **b)** *(ugs.: geschickt einleiten)* engineer ⟨*scheme, plot*⟩; **das hat sie fein/schlau eingefädelt** she worked that nicely/craftily *(coll.)*. **2.** *refl. V. (Verkehrsw.)* filter in; **sich in den fließenden Verkehr ~:** filter into the flow of traffic. **3.** *itr. V. (Skisport)* become entangled in the gate

**ein|fahren 1.** *unr. itr. V.; mit sein* come in; ⟨*train*⟩ come *or* pull in; **in den Bahnhof ~:** come *or* pull into the station; **der Zug nach Hamburg ist soeben auf Gleis 5 eingefahren** the Hamburg train has just arrived at platform 5. **2.** *unr. tr. V.* **a)** bring in ⟨*harvest*⟩; **b)** *(beschädigen)* knock down ⟨*wall*⟩; smash in ⟨*mudguard*⟩; **c)** *(Kfz-W.)* run in ⟨*car*⟩; **d)** *(Technik)* retract ⟨*undercarriage, antenna*⟩; **e)** *(Wirtsch.)* make ⟨*profit, loss*⟩; set up ⟨*record*⟩. **3.** *unr. refl. V.* **a) sich mit einem Fahrzeug ~:** get used to a vehicle; **b)** *(sich einspielen)* **der neue Produktionsprozeß hat sich eingefahren** the new production process is now running smoothly; *s. auch* **eingefahren**

**Einfahr·signal das** *(Eisenb.)* home signal

**Ein·fahrt die a)** *o. Pl. (das Hineinfahren)* entry; **Vorsicht bei der ~ des Zuges!** stand clear [of the edge of the platform], the train is approaching; **b)** *(Zufahrt)* entrance; *(Autobahn~)* slip road; **„keine ~"** 'no entry'; **der Zug hat noch keine ~/hat ~ auf Gleis 5** the train is not yet able to pull in/is now approaching platform 5

**Ein·fall der a)** *(Idee)* idea; **ein sonderbarer ~:** a strange notion *or* idea; **auf den ~ kommen, etw. zu tun** have *or* get the idea of doing sth.; **sie hat Einfälle wie ein altes Haus** *(scherzh.)* she gets some strange ideas; **b)** *o. Pl. (Licht~)* incidence *(Optics)*; **c)** *(in ein Land usw.)* invasion **(in +** *Akk.* of); **d)** *(geh.: plötzliches Einsetzen) (des Winters)* onset; **bei ~ der Nacht** at nightfall

**ein|fallen** *unr. itr. V.; mit sein* **a) jmdm. fällt etw. ein** sb. thinks of sth.; sth. occurs to sb.; **fällt dir etwas ein, was wir tun könnten?** can you think of anything we can do?; **ihm fallen immer wieder neue Ausreden ein** he can always think of *or (coll.)* come up with new excuses; **was fällt dir denn ein!** what do you think you're doing?; how dare you?; **laß dir das ja nicht ~!** don't you dare!; **sich** *(Dat.)* **etw. ~ lassen [müssen]** [have to] think of sth.; **das fällt mir nicht im Schlaf** *od.* **im Traum[e] ein** I wouldn't dream of it *or* such a thing; **b)** *(in Erinnerung kommen)* **ihr Name fällt mir nicht ein** I cannot think of her name; **plötzlich fiel ihm seine Frau ein** suddenly he thought of his wife; **es wird dir schon [wieder] ~:** it will come [back] to you; **plötzlich fiel ihr ein, daß ...** *(merkte sie)* suddenly she realized that ...; *(erinnerte sie sich daran)* suddenly she remembered that ...; **c)** *(von Licht)* come in; **d)** *(gewaltsam eindringen)* **in ein Land ~:** invade a country; **e)** *(einstimmen, mitreden usw.)* join in; **in den Gesang ~:** join in the singing; **in ein Gespräch ~:** break into a conversation; **„Ja, natürlich", fiel er ein** 'Yes, of course,' he put in; **f)** *(geh.: plötzlich beginnen)* ⟨*winter*⟩ set in; ⟨*night*⟩ fall; ⟨*storm*⟩ break

**einfalls-, Einfalls-: ~los 1.** *Adj.* unimaginative; lacking in ideas; **2.** *adv.* unimaginatively; without imagination; **~losigkeit die; ~:** unimaginativeness; lack of ideas; **~reich 1.** *Adj.* imaginative; full of ideas; **2.** *adv.* imaginatively; with imagination; **~reichtum der;** *o. Pl.* imaginativeness; wealth of ideas; **~tor das** gateway

**Einfall·straße die** *(Verkehrsw.)* access road

**Einfall[s]·winkel der** *(Physik)* angle of incidence

**Einfalt** ['ainfalt] **die; ~ a)** *(Beschränktheit)* simpleness; simple-mindedness; **b)** *(geh.: Reinheit)* simplicity; innocence; **~ des Herzens** simplicity of heart

**einfältig** ['ainfɛltɪç] *Adj.* **a)** *(arglos)* simple; naïve; artless; naïve ⟨*remarks*⟩; **sei nicht so ~!** don't be so naïve!; **b)** *(beschränkt)* simple; simple-minded

**Einfältigkeit die; ~ a)** *(Arglosigkeit)* simplicity; naïvety; artlessness; **b)** *(Beschränktheit)* simpleness; simple-mindedness

**Einfalts·pinsel der** *(ugs. abwertend)* nincompoop

**Ein·familien·haus das** house *(as opposed to block of flats etc.)*

**ein|fangen 1.** *unr. tr. V.* **a)** catch, capture ⟨*fugitive, animal*⟩; **b)** *(geh.: wiedergeben)* capture ⟨*atmosphere, aura, etc.*⟩. **2.** *unr. refl. V. (ugs.: bekommen)* **sich** *(Dat.)* **eine Erkältung** *usw.* **~:** catch *or* get a cold *etc.*; **sich** *(Dat.)* **eine Tracht Prügel ~:** get a beating

**ein|färben** *tr. V.* **a)** dye ⟨*material, hair*⟩; **eine kommunistisch eingefärbte Zeitung** *(fig.)* a newspaper with a communist slant; **b)** *(Druckw.)* ink

**ein·farbig,** *(österr.)* **ein·färbig 1.** *Adj.* ⟨*material, dress*⟩ of one colour; plain ⟨*material, dress*⟩. **2.** *adv.* **das Sofa ~ beziehen** cover the sofa in material of one colour; **die Wände ~ streichen** paint the walls all one colour

**ein|fassen** *tr. V.* border, hem, edge ⟨*material, dress, tablecloth*⟩; frame ⟨*picture*⟩; set ⟨*gem*⟩; edge ⟨*lawn, flower-bed, grave*⟩; curb ⟨*source, spring*⟩

**Ein·fassung die** *s.* **einfassen:** border; hem; edging; frame; setting; *(von Brunnen, Quellen)* enclosure

**ein|fetten** *tr. V.* grease; dubbin ⟨*leather*⟩; **sich** *(Dat.)* **die Haut/Hände ~:** rub cream into one's skin/hands

**ein|finden** *unr. refl. V. (eintreffen)* arrive; *(sich treffen)* meet; *(zusammenkommen)* gather; *(sich melden)* be present; *(fig.)* ⟨*opportunity etc.*⟩ occur; **sich bei jmdm. ~:** report to sb.

**ein|flechten** *unr. tr. V.* **sich** *(Dat.)* **Bänder ins Haar ~:** plait *or* braid ribbons into one's hair; **ein Muster in einen Korb ~:** weave a pattern into a basket; **in eine Rede ein paar Scherze ~:** work a couple of jokes into a speech; **Episoden in einen Roman ~:** weave episodes into a novel; **wenn ich das kurz ~ darf** if I could turn to this for a moment

**ein|flicken** *tr. V. (ugs.)* stitch on; *(fig.)* shove in *(coll.)*

**ein|fliegen 1.** *unr. tr. V.* **a)** fly in ⟨*supplies, troops*⟩; **b)** flight-test, test-fly ⟨*aircraft*⟩; **c)** *(Wirtsch.)* make ⟨*profit, loss*⟩. **2.** *unr. itr. V.; mit sein* **a)** fly in; **eingeflogen kommen** come over by air; **in ein Gebiet ~:** fly into *or* enter a territory; **b)** *(in einen geschlossenen Raum)* ⟨*bees, doves, etc.*⟩ fly in; **in etw.** *(Akk.)* **~:** fly into sth.

**ein|fließen** *unr. itr. V.; mit sein* flow in; **von Norden fließt Kaltluft nach Westeuropa ein** *(fig.)* a cold northerly airstream is moving into Western Europe; **etw. in ein Gespräch ~ lassen** *(fig.)* slip sth. into a conversation; **~de Kalt-/Warmluft** *(Met.)* an inflow of cold/warm air

**ein|flößen** *tr. V.* **a) jmdm. Tee/Medizin ~:** pour tea/medicine into sb.'s mouth; **jmdm. mit Gewalt Alkohol ~:** force alcohol *or* drink down sb.['s throat]; **b)** *(fig.)* **jmdm. Angst ~:** put fear into sb.; arouse fear in sb.; **jmdm. Vertrauen ~:** inspire sb. with confidence; **jmdm. Ehrfurcht/Mut ~:** fill sb. with awe/courage; inspire awe/courage in sb.

**Ein·flug der: ~ einer feindlichen Maschine** an incursion by an enemy aircraft; **beim ~ in feindliches Hoheitsgebiet** while flying into enemy territory

**Einflug-: ~loch das** *(Zool.)* entrance [hole]; **~schneise die** *(Flugw.)* approach path

**Ein·fluß der a)** influence; **~ auf jmdn./etw. haben/ausüben** have/exert an influence on sb./sth.; **das entzieht sich meinem ~:** I have no influence over that; that is beyond my control; **unter jmds. ~** *(Dat.)* **stehen** be under sb.'s influence; **unter dem ~ von Alkohol** under the influence of alcohol; **~ auf etw.** *(Akk.)* **nehmen** influence sth.; **[einen] großen ~ besitzen** have a great deal of influence *or* sway; **b)** *(Met.)* inflow; **c)** *(fig.: von Kapital usw.)* influx

**einfluß-, Einfluß-: ~bereich der, ~gebiet das** sphere of influence; **~los** *Adj.* uninfluential; lacking in influence *postpos.*; **~nahme die; ~:** exertion of influence **(auf** + *Akk.* on); *(Versuch)* **~nahme auf jmdn.** attempt to influence sb.; **~reich** *Adj.* influential; **~sphäre die** sphere of influence

**ein|flüstern 1.** *tr. V. (oft abwertend)* **wer hat dir denn diesen Unsinn eingeflüstert?** who has put this nonsense into your head?; **laß dir nicht solche albernen Gerüchte ~:** don't be taken in by such silly gossip. **2.** *itr. V. (flüsternd sprechen)* whisper

**Einflüsterung die; ~, ~en** *(geh. abwertend)* blandishment

**ein|fordern** *tr. V.* demand ⟨*payment*⟩; demand payment of ⟨*money, outstanding debts*⟩; **ein Gutachten ~:** ask for a report

**ein·förmig 1.** *Adj.* monotonous. **2.** *adv.* monotonously

**Ein·förmigkeit die; ~, ~en** monotony

**ein|fressen** *unr. refl. V.* **sich in etw.** *(Akk.)* **~:** eat into sth.

**ein|frieden, ein|friedigen** *tr. V. (geh.)* enclose ⟨*plot of land*⟩

**Einfriedung, Einfriedigung die; ~, ~en** means of enclosure; *(Zaun)* fence; *(Hecke)* hedge; *(Mauer)* wall

**ein|frieren 1.** *unr. itr. V.; mit sein* **a)** ⟨*water*⟩ freeze, turn to ice; ⟨*pond*⟩ freeze over; ⟨*pipes*⟩ freeze up; ⟨*ship*⟩ be frozen in; **ihr Lächeln war eingefroren** *(fig.)* her smile had frozen *(fig.)*; **b)** *(fig.)* ⟨*wages, credit*⟩ be frozen; ⟨*negotiations*⟩ break down. **2.** *unr. tr. V.* **a)** deep-freeze ⟨*food*⟩; **b)** *(beenden)* freeze ⟨*credit, project, plan*⟩; break off, suspend ⟨*negotiations*⟩; suspend ⟨*inquiry*⟩

**ein|frosten** *tr. V. s.* **einfrieren 2a**

**ein|fuchsen** *tr. V. (ugs.)* **jmdn. auf etw.** *(Akk.)* **~:** drill sb. in sth.; **ein eingefuchster Spezialist/Trainer** an experienced specialist/trainer; **auf etw.** *(Akk.)* **eingefuchst sein** be well practised in sth.

**ein|fügen 1.** *tr. V.* fit in; **etw. in etw.** *(Akk.)* **~:** fit sth. into sth.; **etw. in einen Text ~:** insert sth. into a text; **ich möchte noch einfügen, daß ...** *(fig.)* I would like to add that .... **2.** *refl. V.* adapt; **sich in etw.** *(Akk.)* **~:** adapt oneself to sth.; **sich überall gut ~:** fit in well anywhere

**Ein·fügung die** insertion

**ein|fühlen** *refl. V.* **sich in jmdn. ~:** empathize with sb.; **ich kann mich gut in deine Lage ~:** I know exactly how you feel; I can well understand how you feel; **er kann sich gut in eine Rolle/in einen anderen ~:** he is good at getting into a part/putting himself in another person's place; **sich in die Atmosphäre des alten Moskau ~:** get the feel of the atmosphere in old Moscow

**einfühlsam** *Adj.* understanding; sensitive ⟨*interpretation, performance*⟩

**Einfühlsamkeit die; ~:** sensitivity

**Ein·fühlung die; ~:** empathy **(in** + *Akk.* with)

**Einfühlungs·vermögen das** ability to empathize; **mit ausgesprochenem ~ spielen/übersetzen** play/translate with great sensitivity for the work

**Ein·fuhr die; ~, ~en a)** *o. Pl. (das Einführen)* import; importing; **b)** *(das Eingeführte)* import

**ein|führen 1.** *tr. V.* **a)** *(importieren)* import ⟨*goods, technology*⟩; **b)** *(als Neuerung)* introduce ⟨*fashion, method, technology*⟩; **c)** *(ein-, unterweisen)* introduce; initiate; **jmdn. in etw.** *(Akk.)* **~:** introduce sb. to sth.; initiate sb. into sth.; **jmdn. in sein Amt ~:** install sb. in office; **der neue Kollege wurde eingeführt** our *etc.* new colleague was introduced to *or* initiated into his new job; **d)** *(hineinschieben)* introduce, insert ⟨*catheter etc.*⟩ **(in** + *Akk.* into); **e)** *(vorstellen)* introduce; **jmdn. bei seinen Eltern ~:** introduce sb. to one's parents; **eine junge Dame in die Gesellschaft ~:** bring a young lady out; **jmdn. bei Hofe ~:** present sb. at court. **2.** *refl. V.* **a)** *(sich vorstellen)* introduce oneself; **du hast dich nicht sehr gut eingeführt** you didn't make a very good first impression; **b)** *(Kaufmannsspr.)* ⟨*shop, company*⟩ become established

**Einfuhr-: ~erlaubnis, ~genehmigung die** import licence; **~hafen der** port of entry; **~kontingent das** import quota; **~land das** importing country; importer; **~lizenz die** import licence; **~sperre die, ~stopp der** embargo *or* ban on imports

**Ein·führung die a)** introduction; **eine ~ in die Naturwissenschaften** an introduction to the natural sciences; **ihre ~ in die Gesellschaft/bei Hof** her introduction to society/her presentation at court; **die ~ in sein Amt** his installation in office; **b)** *(Einarbeitung)* introduction; initiation; induction; **c)** *(das Hineinschieben)* introduction; insertion

**Einführungs-: ~kurs[us] der** *(Schulw.)* introductory course; **~preis der** *(Kaufmannsspr.)* introductory price

**Einfuhr-: ~verbot das** *s.* **~sperre; ~zoll der** import duty

**ein|füllen** *tr. V.* **etw. in etw.** *(Akk.)* **~:** pour *or* put sth. into sth.; **Wasser in eine Flasche ~:** fill a bottle with water

**Einfüll·stutzen der** *(an Tanks)* filler pipe; *(an Haushaltsgeräten)* filling spout

**ein|füttern** *tr. V. (DV)* feed in; **einem Computer Daten ~:** feed data into a computer

**Ein·gabe die a)** *(Gesuch)* petition; *(Beschwerde)* complaint; **b)** *o. Pl. (das Verabreichen)* administration; **die ~ der Tabletten sollte alle zwei Stunden erfolgen** the tablets are to be taken every two hours; **c)** *(DV)* input

**Eingabe·gerät das** *(DV)* input device

**Ein·gang der a)** *(Tür, Pforte, Portal usw.)* entrance; **der ~ eines Hauses/eines Parks** the entrance of *or* to a house/a park; **„kein ~"** 'no entry'; **in etw.** *(Akk.)* **~ finden** *(fig.)* become established in sth.; **b)** *o. Pl. (von Post, Geld)* receipt; **c)** *meist Pl. (eingetroffene Post)* incoming mail

**ein·gängig 1.** *Adj.* catchy ⟨*song, melody*⟩; **ihr war das [nicht] ~** *(geh.)* it was [in]comprehensible to her. **2.** *adv.* **etw. ~ erklären** explain sth. simply and clearly

**eingangs 1.** *Adv.* at the beginning; at the start. **2.** *Präp.* + *Gen.* **~ der Kurve/Fußgängerzone** where the bend/pedestrian precinct begins *or* starts; **~ des Jahres** at the beginning *or* start of the year

**Eingangs-: ~buch das** *(Buchf.)* 'goods inward' book; **~datum das** *(Bürow.)* date of receipt; **~formel die** preamble; **~halle die** entrance hall; *(eines Hotels, Theaters)*

foyer; ~pforte die gateway; ~stempel der *(Bürow.)* date-stamp; ~tür die *(von Kaufhaus, Hotel usw.)* [entrance] door; *(von Wohnung, Haus usw.)* front door

**ein|geben** *unr. tr. V.* a) *(verabreichen)* give; jmdm. Medizin ~: give *or* administer medicine to sb.; b) *(DV)* feed in; etw. in den Computer ~: feed sth. into the computer; c) *(geh.: zu denken veranlassen)* jmdm. eine Idee ~: inspire sb. with an idea; jmdm. den Wunsch ~, etw. zu tun prompt sb. to do sth.

**ein·gebildet** 1. *2. Part. v.* einbilden. 2. *Adj.* a) *(imaginär)* imaginary ⟨*illness*⟩; ein ~er Kranker a malade imaginaire; ~e Schwangerschaft false pregnancy; b) *(arrogant)* conceited; auf etw. *(Akk.)* ~ sein be conceited about sth.; *s. auch* Affe

**ein·geboren** *Adj.* a) *nicht präd.* native ⟨*population etc.*⟩; b) *(geh.: angeboren)* inborn; innate; c) *(Rel.)* Gottes ~er Sohn the only begotten Son of God

**Eingeborene** der/die; *adj. Dekl. (veralt.)* native

**eingebuchtet** 1. *2. Part. v.* einbuchten. 2. *Adj.* indented ⟨*coastline*⟩

**Eingebung** die; ~, ~en inspiration; es muß eine glückliche ~ gewesen sein the idea was an inspiration; einer ~ folgend acting on a sudden impulse

**eingedenk** ['aingədɛŋk] *Adj.; nicht attr.* einer Sache *(Gen.)* ~ sein/bleiben *(geh.)* be mindful of sth.; ~ dieser Sache ...: bearing this in mind ...; ~ der Tatsache, daß ...: bearing in mind that ...

**ein·gefahren** 1. *2. Part. v.* einfahren. 2. *Adj.* long-established; deep-rooted ⟨*prejudice*⟩; sich auf *od.* in ~en Bahnen *od.* Gleisen bewegen go on in the same old way

**ein·gefallen** 1. *2. Part. v.* einfallen. 2. *Adj.* gaunt ⟨*face*⟩; sunken, hollow ⟨*cheeks*⟩

**eingefleischt** ['aingəflaiʃt] *Adj., nicht präd.* confirmed ⟨*bachelor*⟩; inveterate ⟨*smoker*⟩; deep-rooted, ingrained ⟨*habit, prejudice*⟩

**ein|gehen** 1. *unr. itr. V.; mit sein* a) *(eintreffen)* arrive; be received; der Brief ist nicht bei uns eingegangen we have not received the letter; b) *(aufgenommen werden)* in die Geschichte ~: go down in history; in die Weltliteratur ~: find one's/its place in world literature; in die ewige Ruhe ~ *(dichter.)* pass away; in das Reich Gottes ~: enter the kingdom of Heaven; c) *(schrumpfen)* shrink; d) *(Bezug nehmen)* auf eine Frage/ein Problem ~/nicht ~: go into *or* deal with/ignore a question/problem; e) *(entgegenkommen, sich widmen)* auf jmdn. ~: be responsive to sb.; auf jmdn. nicht ~: ignore sb.'s wishes; f) auf ein Angebot ~/nicht ~: accept/reject an offer; g) *(sterben)* ⟨*animal, plant*⟩ die; ihm war die Kuh eingegangen the cow had died on him *(coll.)*; die Blumen gehen eine nach der anderen ein the flowers are dying off; h) *(bankrott gehen)* ⟨*shop*⟩ close down; ⟨*newspaper, business*⟩ close down, fold [up]; i) *(einleuchten)* ihm geht alles leicht ein he's quick on the uptake *(coll.)*; he cottons on to things quickly *(coll.)*; es will ihr nicht ~, daß ...: she can't grasp the fact that ... 2. *unr. tr. V.* enter into ⟨*contract, matrimony*⟩; take ⟨*risk*⟩; accept ⟨*obligation*⟩; darauf gehe ich jede Wette ein *(ugs.)* I'll bet you anything on that *(coll.)*

**eingehend** 1. *Adj.* detailed ⟨*discussion, explanation, report*⟩; ~e Verhandlungen negotiations on every detail. 2. *adv.* in detail; ~er in more detail

**ein·gekeilt** 1. *2. Part. v.* einkeilen. 2. *Adj.* *(von beiden Seiten)* wedged in (in, zwischen + *Dat.* between); *(von allen Seiten)* hemmed in (in among); mein Auto war ~: my car was boxed in

**Ein·gekochte** das; ~n *s.* Eingemachte a

**Ein·gemachte** das; ~n a) preserved fruit/vegetables; b) *(fig.: Substanz)* ans ~ gehen *(ugs.)* draw on one's reserves; jetzt geht's ans ~ *(ugs.)* now comes the crunch

**ein|gemeinden** *tr. V.* incorporate ⟨*village*⟩ (in + *Akk.*, nach into)

**Eingemeindung** die; ~, ~en incorporation

**ein·genommen** 1. *2. Part. v.* einnehmen. 2. a) *(eingebildet)* von sich ~ sein be conceited; von etw. ~ sein be conceited about sth.; b) *(begeistert)* von jmdm./etw. ~ sein be taken with sb./sth.; *(dauerhaft)* like sb. very much/be very fond of sth.

**ein·geschlechtig** *Adj. (Bot.)* unisexual

**ein·geschnappt** 1. *2. Part. v.* einschnappen. 2. *Adj. (ugs.: beleidigt)* huffy

**ein·geschossig** *Adj.* single-storey; one-storey; *s. auch* achtstöckig; einstöckig

**ein·geschränkt** 1. *2. Part. v.* einschränken. 2. *Adj.* ~es Haltverbot prohibition of stopping except for certain purposes; in ~en Verhältnissen leben live in reduced circumstances. 3. *adv.* ~ leben live in reduced circumstances

**ein·geschrieben** 1. *2. Part. v.* einschreiben. 2. *Adj.* registered ⟨*letter, member*⟩; enrolled ⟨*student*⟩

**ein·geschworen** 1. *2. Part. v.* einschwören. 2. *Adj.* dedicated (auf + *Akk.* to); ein ~er Freund/Gegner a sworn friend/enemy; die beiden waren darauf ~: the two had agreed on it

**ein·gesessen** 1. *2. Part. v.* einsitzen. 2. *Adj.* established

**Ein·gesessene** der/die; *adj. Dekl.* established resident

**ein·gespannt** 1. *2. Part. v.* einspannen. 2. *Adj.* stark ~: very busy

**ein·gespielt** 1. *2. Part. v.* einspielen. 2. *Adj.* in practice; aufeinander ~: playing well together

**ein·gesprengt** 1. *2. Part. v.* einsprengen. 2. *Adj.* mit ~en Kiefern/Heideflächen/Fremdwörtern with a sprinkling of conifers/a few areas of heathland/occasional foreign words

**eingestandenermaßen** *Adv.* admittedly

**Ein·geständnis** das confession; admission

**ein|gestehen** *unr. tr. V.* admit, confess ⟨*guilt*⟩; admit, confess to ⟨*mistake, theft*⟩; [sich] ~, daß ...: admit [to oneself] that ...

**ein·gestellt** 1. *2. Part. v.* einstellen. 2. *Adj.* fortschrittlich/modern ~: progressively minded/not at all old-fashioned in one's views; ich weiß nicht, wie er [politisch] ~ ist I don't know what his [political] views are

**ein·gestrichen** 1. *2. Part. v.* einstreichen. 2. *Adj.; nicht präd. (Musik)* das ~e A the A above middle C; das ~e C middle C

**Eingeweide** ['aingəvaidə] das; ~s, ~; *meist Pl.* entrails *pl.*; innards *pl.*; der Hunger wühlte in seinen Eingeweiden *(geh.)* raging hunger gnawed his insides

**Eingeweide·bruch** der *(Med.)* hernia

**Ein·geweihte** der/die; *adj. Dekl.* initiate

**ein|gewöhnen** 1. *refl. V.* get used *or* accustomed to one's new surroundings; accustom oneself to one's new surroundings; er hat sich hier gut eingewöhnt he's settled down here very well; sich an seinem neuen Arbeitsplatz/in eine neue Tätigkeit ~: settle in at one's new place of work/get used to a new job. 2. *tr. V.* jmdn. in etw. *(Akk.)* ~: get sb. used *or* accustomed to sth.

**Ein·gewöhnung** die; *o. Pl. (am Arbeitsplatz usw.)* settling in *no art.*; die ~ in seiner neuen Umgebung/an seinem neuen Arbeitsplatz fiel ihm schwer he found it difficult to get used to his new surroundings/job

**ein·gewurzelt** 1. *2. Part. v.* einwurzeln. 2. *Adj.* ingrained; ein tief ~es Mißtrauen a deeply rooted *or* deep-seated mistrust

**ein|gießen** *unr. tr. (auch itr.) V.* pour in; etw. in etw. *(Akk.)* ~: pour sth. into sth.; den Kaffee/die Limonade ~: pour [out] the coffee/lemonade

**ein|gipsen** *tr. V.* a) *(Handw.)* einen Nagel/Haken ~: fix a nail/hook in with plaster; b) *(Med.)* ein Bein/einen Arm ~: put *or* set a leg/arm in plaster

**Ein·glas** das *(veralt.)* monocle

**eingleisig** ['ainglaizɪç] 1. *Adj.* single-track ⟨*railway line*⟩. 2. *adv.* eine ~ befahrene Strecke a single-track line; ~ denken/ausgerichtet sein *(fig.)* be narrow in one's outlook; be narrow-minded

**Eingleisigkeit** die ~: *(fig.)* narrowness

**ein|gliedern** 1. *tr. V.* integrate (in + *Akk.* into); incorporate ⟨*village, company*⟩ (in + *Akk.* into); *(einordnen)* include (in + *Akk.* in). 2. *refl. V.* sich in etw. *(Akk.)* ~: fit into sth.

**Ein·gliederung** die *s.* eingliedern: integration; incorporation; inclusion

**ein|graben** *unr. tr. V.* a) bury ⟨*box, treasure*⟩ (in + *Akk.* in); sink ⟨*pile, pipe*⟩ (in + *Akk.* into); sich in etw. *(Akk.)* ~: ⟨*claws*⟩ dig into sth.; der Krebs grub sich in den Sand ein the crab buried itself in the sand; b) *(einpflanzen)* plant ⟨*tree, bush*⟩ (in + *Akk.* in); c) *(eindrücken)* make, leave ⟨*imprint, hole*⟩ (in + *Akk.* in); d) *(geh.: einmeißeln)* engrave ⟨*inscription, epitaph, etc.*⟩ (in + *Akk.* on); der Fluß hatte sich tief ins Tal eingegraben *(fig.)* the river had carved a deep channel in the valley

**ein|gravieren** *tr. V.* engrave (in + *Akk.* on)

**ein|greifen** *unr. itr. V.* a) *(Einfluß nehmen)* intervene (in + *Akk.* in); entschieden ~: take decisive action; das Eingreifen intervention; b) *(Technik)* in etw. *(Akk.)* ~: mesh with sth.

**eingreifend** *Adj.* drastic, radical ⟨*change*⟩; far-reaching ⟨*consequences*⟩

**Eingreif·truppe** die *(Milit.)* strike force

**ein|grenzen** *tr. V.* a) enclose; von *od.* mit etw. eingegrenzt werden be enclosed by sth.; b) *(fig.: beschränken)* limit, restrict ⟨*topic, discussion, etc.*⟩ (auf + *Akk.* to); restrict, circumscribe ⟨*freedom, rights, etc.*⟩

**Ein·griff** der a) intervention (in + *Akk.* in); ein staatlicher ~ in die Wirtschaft state intervention in the economy; ein ~ in jmds. Intimsphäre *(Akk.)* an intrusion upon sb.'s privacy; ein ~ in jmds. Rechte an infringement of sb.'s rights; b) *(Med.)* operation; c) *(Schlitz)* fly

**ein|gruppieren** *tr. V.* jmdn. in eine Gehaltsstufe ~: place sb. on a step on the salary scale

**Ein·gruppierung** die grading

**ein|hacken** *itr. V.* auf jmdn./aufeinander/etw. ~: peck at sb./each other/sth.; auf jmdn. ~ *(fig. ugs.)* pick on sb.

**ein|haken** 1. *tr. V.* a) *(mit Haken befestigen)* fasten; b) jmdn. ~: take sb.'s arm; link arms with sb.; die Demonstranten hakten sich ein the demonstrators linked arms; sie gingen eingehakt they walked arm in arm. 2. *refl. V.* sich bei jmdm. ~: link arms with sb.; take sb.'s arm. 3. *itr. V. (ugs.)* butt in; bei einem Punkt ~: [butt in and] take up a point

**ein·halb·mal** *Wiederholungsz., Adv.* half; ~ so viel/groß/teuer half as much/big/expensive

**Ein·halt** der *in* jmdm./einer Sache ~ gebieten *od.* tun *(geh.)* stop *or* halt sb./sth.

**ein|halten** 1. *unr. tr. V.* keep ⟨*appointment*⟩; meet ⟨*deadline, commitments*⟩; keep to ⟨*diet, speed-limit, agreement*⟩; observe ⟨*regulation*⟩; die Gesetze ~: obey the laws; den Kurs ~: stay on course. 2. *unr. itr. V. (geh.)* stop; *(vorübergehend)* pause; stop; mit/in etw. *(Dat.)* ~: stop doing sth.

**Ein·haltung** die; *o. Pl. (einer Verabredung)* keeping; *(einer Vorschrift)* observance; die ~ der Diät/Geschwindigkeitsbegrenzung/Vereinbarung keeping to the diet/speed-limit/agreement; die ~ eines Termins meeting a deadline; die ~ des Kurses staying on course

**ein|hämmern 1.** *itr. V.* **auf etw.** *(Akk.)* **~:** hammer on sth.; **auf jmdn. ~** *(fig.)* pummel *or* pound sb. **2.** *tr. V.* **jmdm. etw. ~:** hammer *or* drum sth. into sb. *or* sb.'s head

**ein|handeln 1.** *tr. V.* **etw. für/gegen etw. ~:** barter sth. for sth. **2.** *refl. V.* **a)** *(ugs.: hinnehmen müssen)* **sich** *(Dat.)* **etw. ~:** let oneself in for sth. *(coll.)*; **b)** *(ugs.: sich zuziehen)* catch, get ⟨*disease*⟩

**einhändig** ['ainhɛndɪç] **1.** *Adj.* one-handed. **2.** *adv.* with [only] one hand

**ein|händigen** *tr. V.* **jmdm. etw. ~:** hand sth. over to sb.

**Ein·hand·segler der** single-handed yachtsman; *(Boot)* single-hander; single-handed dinghy/yacht

**ein|hängen 1.** *tr. V.* hang ⟨*door*⟩; fit ⟨*window*⟩; put down ⟨*receiver*⟩. **2.** *itr. V. (Fernspr.: auflegen)* hang up. **3.** *refl. V.* **sich bei jmdm. ~:** take sb.'s arm; link arms with sb.; **sie gingen eingehängt** they walked arm in arm

**ein|hauchen** *tr. V. (dichter.)* **jmdm./einer Sache etw. ~:** breathe sth. into sb./sth.

**ein|hauen 1.** *unr. tr. V.* **a)** *(zertrümmern)* smash [in] ⟨*window*⟩; break down ⟨*door*⟩; **jmdm. den Schädel ~** *(ugs.)* bash sb.'s head in *(coll.)*; **b)** *(hineinschlagen)* drive in, knock in ⟨*nail*⟩; **c)** *(einmeißeln)* carve. **2.** *unr. itr. V.* **a)** *(einschlagen)* **auf jmdn. ~:** lay into sb.; **b)** *(ugs.: essen)* stuff oneself *(coll.)*

**ein|heben** *unr. tr. V.* **a)** hang, fit ⟨*door*⟩; fit ⟨*window*⟩; put *or* lift ⟨*wagon, train*⟩ back on the rails; **b)** *(südd., österr.)* levy ⟨*tax, fine*⟩; charge ⟨*sum, fee*⟩

**Einhebung die; ~, ~en** *(südd., österr.) s.* **einheben b:** levying; charging

**ein|heften** *tr. V.* file

**ein|heilen** *itr. V. (Med.)* ⟨*graft*⟩ take

**ein·heimisch** *Adj.* native, indigenous ⟨*population, plant*⟩; native ⟨*culture, traditions*⟩; home *attrib.* ⟨*team*⟩

**Einheimische der/die;** *adj. Dekl.* local

**ein|heimsen** ['ainhaimzn̩] *tr. V. (ugs.)* collect ⟨*medals, good marks*⟩; rake in *(coll.)* ⟨*money, profits*⟩

**Ein·heirat die** marriage (**in** + *Akk.* into); **durch ~ in die Familie** by marrying into the family

**ein|heiraten** *itr. V.* **in eine Familie ~:** marry into a family

**Einheit die; ~, ~en a)** unity; **b)** *(Maß~, Milit.)* unit

**einheitlich 1.** *Adj.* **a)** *(in sich geschlossen)* unified; integrated; **der Film hatte keine ~e Handlung** there was no unity of action in the film; **b)** *(unterschiedslos)* uniform ⟨*dress*⟩; standardized ⟨*education*⟩; standard ⟨*procedure, practice*⟩. **2.** *adv.* **~ gekleidet sein** be dressed the same; **die Prüfungsbestimmungen ~ regeln** standardize the examination regulations; **~ gestaltet sein** be designed along the same lines; **alle waren ~ ausgebildet** they had all had the same training

**Einheitlichkeit die; ~** *(der Kleidung)* uniformity; *(der Ausbildung, des Verfahrens)* standard nature

**Einheits-: ~essen das** institutional food; **~format das** standard size; **~front die** united front; **~gewerkschaft die** general trade union; **~kleidung die** uniform; **~kurz·schrift die** unified shorthand [system]; **~liste die** *(Politik)* unified list [of candidates]; single list [of candidates]; **~partei die** united party; **Sozialistische Einheitspartei Deutschlands** *(DDR)* Socialist Unity Party of Germany; **~preis der** standard *or* fixed price; **~staat der** centralized state; **~tarif der** standard tariff; **~wert der** *(Steuerw.)* rateable value

**ein|heizen 1.** *tr. V.* put on ⟨*stove, boiler*⟩; heat ⟨*room*⟩. **2.** *itr. V.* **a)** *(ugs.: zur Eile antreiben)* **jmdm. ~:** chivvy sb. along *(coll.)*; **b)** *(ugs.: bedrängen)* **jmdm. ~:** give sb. a kick up the backside *(coll.)*

**einhellig** ['ainhɛlɪç] **1.** *Adj.* unanimous. **2.** *adv.* unanimously

**Einhelligkeit die; ~:** unanimity

**ein·her|gehen** *unr. itr. V.; mit sein* **a)** *(geh.: gemächlich gehen)* walk about *or* around; **b)** *(fig.: begleitet sein)* **mit etw. ~:** be accompanied by sth.

**einhöck[e]rig** *Adj.* one-humped

**ein|holen 1.** *tr. V.* **a)** *(erreichen)* **jmdn./ein Fahrzeug ~:** catch up with sb./a vehicle; **b)** make up ⟨*arrears, time*⟩; pull back ⟨*lead*⟩; **c)** *(einziehen)* haul in, pull in ⟨*nets*⟩; lower ⟨*flag*⟩; **d)** *(ugs.: einkaufen)* buy, get ⟨*groceries*⟩; **e)** *(erbitten)* ask for, seek ⟨*reference, advice*⟩; make ⟨*enquiries*⟩. **2.** *itr. V. (ugs.)* **~ gehen** go shopping

**Einhol-: ~netz das** *(ugs.)* string bag; **~tasche die** *(ugs.)* shopping bag

**Ein·horn das** unicorn

**Einhufer** ['ainhu:fɐ] **der; ~s, ~** *(Zool.)* soliped; solidungulate

**ein|hüllen** *tr. V.* **sich/jmdn. in etw.** *(Akk.)* **~:** wrap oneself/sb. up in sth.; **der Schnee/Nebel hatte die Gipfel eingehüllt** snow blanketed the peaks/the peaks were shrouded in mist

**ein·hundert** *Kardinalz.* a *or* one hundred; *s. auch* **hundert; Hundert**

**einig** ['ainɪç] *Adj.* **a)** *(einmütig)* **sich** *(Dat.)* **~ sein** be agreed *or* in agreement; **sich** *(Dat.)* **~ werden** reach agreement; **mit jmdm. über etw.** *(Akk.)* **~ sein** be in agreement *or* agree with sb. about *or* on sth.; **mit jmdm. über etw.** *(Akk.)* **~ werden** reach agreement *or* agree with sb. about *or* on sth.; **b)** *(geeint)* united ⟨*nation*⟩

**einig...** ['ainɪg...] *Indefinitpron. u. unbest. Zahlwort* **a)** *Sg. (etwas)* some ⟨*effort, hope, courage*⟩; **bei ~em guten Willen** with a measure of good will; **in ~er Entfernung** some distance away; **b)** *Pl. (mehrere)* some; **~e wenige** a few; **~e hundert** several hundred; **~e dreißig** thirty or so; **c)** *Sg. u. Pl. (beträchtlich)* **~er Ärger** quite a bit *or* quite a lot of trouble; **ich könnte dir über ihn ~es erzählen** I could tell you a thing *or* two about him; **dazu gehört schon ~es** it takes something to do that

**ein|igeln** ['ain|i:gl̩n] *refl. V.* **a)** *(sich einrollen)* curl up into a ball; **b)** *(sich zurückziehen)* hide oneself away; **c)** *(Milit.)* take up a position of all-round defence

**einige·mal** *Adv.* a few times; on a few occasions

**einigen 1.** *tr. V.* unite. **2.** *refl. V.* come to an agreement; reach an agreement; **sich auf jmdn./etw. ~:** agree on sb./sth.; **sich mit jmdm. [über etw.]** *(Akk.)* **~:** come to *or* reach an agreement with sb. [about sth.]

**einigermaßen** *Adv.* rather; somewhat; **~ zufrieden** fairly *or* reasonably satisfied; **Wie geht's dir? – ~:** How are you? – Not too bad; **das Essen war ~** *(ugs.)* the meal was OK *(coll.) or* all right

**einig|gehen** *unr. itr. V.; mit sein* agree; be agreed; **in einer Sache ~:** agree *or* be agreed about *or* on a matter

**Einigkeit die; ~ a)** *(Einheit, Eintracht)* unity; **b)** *(Übereinstimmung)* agreement

**Einigung die; ~, ~en a)** *(Übereinkunft)* agreement; **[über etw.** *(Akk.)***] eine ~ erzielen** come to *or* reach [an] agreement [on sth.]; **b)** *(Vereinigung)* unification

**Einigungs-: ~vertrag der** *(Politik)* unification treaty; **~versuch der** attempt to reach [an] agreement

**ein|impfen** *tr. V.* **a)** *(ugs.)* **jmdm. etw. [immer wieder] ~:** drum sth. into sb. [over and over again]; **b)** *(Med.: einspritzen)* **jmdm./einem Tier etw. ~:** inject sb./an animal with sth.

**ein|jagen** *tr. V.* **jmdm. Angst/einen Schrecken ~:** give sb. a fright

**ein·jährig** *Adj.* **a)** *(ein Jahr alt)* one-year-old *attrib.*; one year old *pred.*; *(ein Jahr dauernd)* **eine ~e Strafe** a one-year sentence; **eine ~e Abwesenheit** an absence of a *or* one year; a year's absence; **eine ~e Frist** a period of a *or* one year; **b)** *(Bot.)* annual

[1]**Einjährige das;** *adj. Dekl. (Schulw. veralt.) school-leaving examination taken after six years at secondary school*

[2]**Einjährige der/die;** *adj. Dekl.* one-year-old

**ein|kalkulieren** *tr. V.* **a)** *(einplanen)* take into account; **b)** *(mitberechnen)* take into account; include

**Ein·kammer·system das** *(Politik)* unicameral system

**ein|kapseln 1.** *tr. V.* encapsulate. **2.** *refl. V.* encapsulate oneself; *(fig.)* withdraw into one's shell

**Einkaräter** ['ainkarɛ:tɐ] **der; ~s, ~:** one-carat gem

**einkarätig** ['ainkarɛ:tɪç] *Adj.* one-carat

**ein|kassieren** *tr. V.* **a)** *(einnehmen)* collect; **b)** *(ugs.: entwenden)* pinch *(sl.)*; nick *(Brit. sl.)*; **c)** *(salopp: festnehmen)* pinch *(sl.)*; nab

**Ein·kauf der a)** *(Besorgung)* buying; **[einige] Einkäufe machen** *od.* **erledigen** do some shopping; **b)** *(eingekaufte Ware)* purchase; **ein guter/schlechter ~:** a good/bad buy; **c)** *(für ein Unternehmen)* buying; purchasing; **einen ~ tätigen** make a purchase; **d)** *o. Pl. (Kaufmannsspr.)* buying *or* purchasing department; **die Abteilung ~:** the buying *or* purchasing department; **e)** *(Sport) (von Spielern)* purchase; *(eingekaufter Spieler)* new signing; **der Verein tätigte einige Einkäufe** the club bought some players; **f)** *(einer Teilhaberschaft)* **der ~ in eine Firma** buying oneself into a firm

**ein|kaufen 1.** *itr. V.* **a)** *(Einkäufe machen)* shop; **~ gehen** go shopping; do the *or* some shopping; **beim Bäcker/im Supermarkt ~:** shop at the baker's/the supermarket; **da hast du aber teuer eingekauft** you paid high prices there; **b)** *(Kaufmannsspr.)* do the buying *or* purchasing. **2.** *tr. V.* **a)** buy; purchase; buy in ⟨*stores, provisions*⟩; **etw. billig/günstig ~:** buy sth. cheaply/at a favourable price; **b)** *(Sport)* buy ⟨*player*⟩. **3.** *refl. V.* **sich in ein Seniorenheim ~:** buy a place in an old people's home; **sich in eine Firma ~:** buy oneself into a firm

**Ein·käufer der, Ein·käuferin die** *(Berufsbez.)* buyer; purchaser

**Einkaufs-: ~abteilung die** *s.* **Einkauf d; ~bummel der** [leisurely] shopping expedition; **einen ~bummel machen** go on a shopping expedition; **~genossenschaft die** purchasing co-operative; **~korb der** shopping basket; *(im Geschäft)* [wire-]basket; **~netz das** string bag; **~passage die** shopping arcade *or (Amer.)* mall; **~preis der** *(Kaufmannsspr.)* wholesale price; **~quelle die: eine gute ~quelle für etw. sein** a good place to buy sth.; **~tasche die** shopping bag; **~wagen der** [shopping] trolley *(Brit.) or (Amer.)* cart; **~zentrum das** shopping centre; *(Großmarkt)* hypermarket; **~zettel der** shopping-list

**Einkehr** ['ainke:ɐ̯] **die; ~ a)** *(geh. veralt.)* stop; **~ halten** stop; make a stop; **b)** *(geh.: Sammlung)* **~ halten** take stock of oneself and one's attitudes; **eine Stunde der ~:** time for reflection and taking stock

**ein|kehren** *itr. V.; mit sein* **a)** stop; **in einem Wirtshaus ~:** stop at an inn; **b)** *(geh.: sich einstellen)* come

**ein|keilen** *tr. V.* **mein Auto ist eingekeilt** my car is boxed in; **die Fans keilten die Spieler ein** the fans mobbed the players; *s. auch* **eingekeilt**

**ein·keim·blättrig** *Adj. (Bot.)* monocotyledonous

**ein|kellern** *tr. V.* store in the/a cellar

**ein|kerben** *tr. V.* cut *or* carve a notch/notches in; notch; **Zeichen in etw.** *(Akk.)* **~:** carve signs on sth.

**Einkerbung die; ~, ~en** *(Kerbe)* notch
**ein|kerkern** *tr. V. (geh.)* incarcerate
**Einkerkerung die; ~, ~en** incarceration
**ein|kesseln** *tr. V. (bes. Milit.)* surround; encircle
**Einkesselung die; ~, ~en** *(bes. Milit.)* encirclement
**ein|kitten** *tr. V.* fix in with putty
**einklagbar** *Adj.* legally recoverable ⟨*debts*⟩; **nicht alle Rechte sind ~:** not all rights can be obtained through legal action
**ein|klagen** *tr. V.* sue for ⟨*damages, compensation, etc.*⟩; **etw. ~:** take legal action in order to gain *or* obtain sth.; **Schulden ~:** sue for the recovery of debts
**ein|klammern** *tr. V.* **etw. ~:** put sth. in brackets; bracket sth.
**Ein·klang der a)** *(Übereinstimmung)* harmony; **im ~ mit jmdm. sein** be in accord *or* agreement with sb.; **im** *od.* **in ~ mit etw. stehen** accord with sth.; **zwei Dinge in ~ [miteinander] bringen** harmonize two things; **die Hausarbeit mit einem Beruf in ~ bringen** combine housework and a career; **b)** *(Musik)* unison
**ein|klappen** *tr. V.* fold up; shut, close ⟨*knife*⟩
**ein|klarieren** *tr. V. (Zollw., Seew.)* clear
**Ein·klassen·schule die** one-room school
**ein·klassig** *Adj. (Schulw.)* one-room ⟨*school*⟩; **der ~e Unterricht** the teaching of children of different age-groups in one class
**ein|kleben** *tr. V.* stick in; **Fotos ins Album ~:** stick photos into the album
**ein|kleiden** *tr. V.* **a) sich/jmdn. ~:** clothe oneself/sb.; **sich/jmdn. neu ~:** fit oneself/ sb. out with a new set of clothes; **sich/jmdn. völlig neu ~:** buy oneself/sb. a complete new wardrobe; **b)** *(mit einer Uniform versehen)* kit out ⟨*soldier*⟩; clothe ⟨*priest, nun*⟩; **c)** *(fig.: umschreiben)* couch; **Ermahnungen in Fabeln ~:** couch warnings in the form of fables
**ein|klemmen** *tr. V.* **a)** *(quetschen)* catch; **jmdm./sich die Hand [in etw.** *(Dat.)***] ~:** catch *or* trap sb.'s/one's hand [in sth.]; *s. auch* **Schwanz a; b)** *(fest einfügen)* clamp
**ein|klinken 1.** *tr. V.* latch ⟨*door*⟩; engage ⟨*latch*⟩. **2.** *itr. V.; mit sein* ⟨*door*⟩ click to *or* shut
**ein|klopfen** *tr. V.* knock in ⟨*nail*⟩; pat in ⟨*cream*⟩
**ein|kneifen** *unr. tr. V. s.* **Schwanz a**
**ein|knicken 1.** *tr. V.* bend; crease over ⟨*paper*⟩; *(brechen)* snap; **mit eingeknickten Knien** with knees bent. **2.** *itr. V.; mit sein* bend; *(brechen)* snap; **sie knickte beim Gehen ein** she went over on her ankle while walking along
**ein|knöpfen** *tr. V.* **etw. in etw.** *(Akk.)* **~:** button sth. into sth.
**ein|kochen 1.** *tr. V.* preserve ⟨*fruit, vegetables*⟩. **2.** *itr. V.* thicken; **eine eingekochte Soße** a thickened sauce
**ein|kommen** *unr. itr. V.; mit sein* **a)** *(geh.: nachsuchen)* **[bei jmdm.] um etw. ~** *(geh.)* apply [to sb.] for sth.; **b)** *(veralt.: eingehen)* ⟨*money*⟩ come in; **c)** *(Sport, Seemannsspr.)* come in; **als erster/letzter ~:** come in first/ last
**Einkommen das; ~s, ~:** income; **~ aus Grundbesitz/unselbständiger Arbeit** income from property/from employment
**einkommens-, Einkommens-: ~grenze die** income limit; **~los** *Adj.* without an income *postpos.*; **~los sein** have no income; be without an income; **~schwach** *Adj.* low-income *attrib.*; **~stark** *Adj.* high-income *attrib.*
**Einkommen·steuer die** income tax
**Einkommensteuer·erklärung die** income tax return
**einkommensteuerpflichtig** [-pflıçtıç] *Adj.* liable for income tax *postpos.*

**ein|köpfen** *tr., itr. V. (Fußball)* head in; **er köpfte zum 1:0 ein** he headed in to make it *or* the score 1-0
**ein|kreisen** *tr. V.* **a)** *(durch einen Kreis markieren)* **etw. ~:** put a circle round sth.; **b)** *(umzingeln)* surround ⟨*person*⟩; surround, encircle ⟨*house, town, troops*⟩; **c)** *(fig.: eingrenzen)* circumscribe ⟨*problem*⟩
**Einkreisung die; ~, ~en** encirclement
**ein|kriegen** *(ugs.)* **1.** *tr. V. s.* **einholen 1a. 2.** *refl. V.* control oneself; **sie konnte sich vor Lachen nicht ~:** she couldn't stop laughing
**Einkünfte** ['ainkʏnftə] *Pl.* income *sing.* **(aus** from); **feste ~:** a regular income
**ein|kuppeln** *itr. V. (Kfz-W.)* engage the clutch
**¹ein|laden** *unr. tr. V.* load **(in +** *Akk.* into) ⟨*goods*⟩
**²ein|laden** *unr. tr. V.* invite; **jmdn. zum Essen ~:** invite sb. for a meal; *(im Restaurant)* invite sb. out for a meal; **jmdn. in sein Landhaus/auf sein Boot ~:** invite sb. to one's country house/on to one's boat; **ich lade euch alle ein** this is on me; **sich einladen** *(scherzh.)* invite oneself; **jmdn. auf ein Bier/ einen Kaffee ~:** invite sb. for a beer/a coffee; **jmdn. zu sich nach Hause ~:** invite sb. over
**einladend 1.** *Adj.* inviting ⟨*impression, atmosphere*⟩; tempting, appetizing ⟨*meal*⟩; **~e Worte** words of invitation. **2.** *adv.* invitingly
**Ein·ladung die** invitation; **einer ~** *(Dat.)* **folgen** accept an invitation
**Einladungs-: ~karte die** invitation [card]; **~schreiben das** [written] invitation
**Ein·lage die a)** *(in einem Brief)* enclosure; **b)** *(Kochk.) vegetables, meat balls, dumplings, etc. added to a clear soup;* **eine Brühe mit ~:** a clear soup with meat balls/dumpling *etc.*; **c)** *(Schuh~)* arch-support; **d)** *(Einschiebsel)* **eine witzige ~:** a witty *or* humorous aside; **eine musikalische ~:** a musical interlude; **e)** *(eingelegte Verzierung)* inlay; **f)** *(Zahnmed.)* temporary filling; **g)** *(Finanzw.) (Guthaben)* deposit; *(Beteiligung)* investment; **die ~n bei den Banken** bank deposits; **h)** *(Schneiderei)* padding; *(Versteifung)* interfacing
**ein|lagern 1.** *tr. V.* store; lay in ⟨*stores*⟩. **2.** *refl. V.* **sich [in etw.** *(Akk.)***] ~:** be deposited [in sth.]
**Ein·lagerung die a)** *(Aufbewahren)* storage; **b)** *(das Abgelagerte)* deposit
**ein|langen** *itr. V.; mit sein (österr.)* arrive
**Einlaß** ['ainlas] **der; Einlasses, Einlässe** ['ainlɛsə] **a)** *o. Pl.* admission, admittance **(in +** *Akk.* to); **sich** *(Dat.)* **~ verschaffen** gain admission *or* admittance; **~ fordern** demand entry *or* admission; **jmdm. ~ gewähren** grant sb. admission *or* admittance; **b)** *(veralt.: Eingang)* entrance
**ein|lassen 1.** *unr. tr. V.* **a)** *(hereinlassen)* admit; let in; **b)** *(einfüllen)* run ⟨*water*⟩; **c)** *(einpassen)* **etw. in etw.** *(Akk.)* **~:** set sth. into sth. **2.** *unr. refl. V.* **a)** *(meist abwertend)* **sich mit jmdm. ~:** get mixed up *or* involved with sb.; **sie läßt sich mit vielen Männern ein** she goes with lots of different men *(coll.)*; **b) sich auf etw.** *(Akk.)* **~:** get involved in sth.; **sich auf einen Streit ~:** be drawn into *or* get involved in an argument; **auf dein Vorhaben lasse ich mich nicht ein** I don't want anything to do with your plan; **c)** *(Rechtsw.)* testify; **sich dahin gehend ~, daß ...:** testify that ...; make a statement to the effect that ...
**Einlaß·karte die** admission ticket
**Einlassung die; ~, ~en** *(Rechtsw.)* testimony; statement; **nach eigenen ~en** according to his/her *etc.* own testimony
**Ein·lauf der a)** *(Med.)* enema; **jmdm. einen ~ machen** give sb. an enema; **b)** *o. Pl. (Sport: Passieren der Ziellinie)* finish; **beim ~:** at the finish; **c)** *o. Pl. (Sport: Beginn einer Rennphase)* **beim ~ in die Gerade/das Stadion** entering the straight/the stadium; **d)** *(Sport: Reihenfolge)* placings *pl.*; **es gab folgenden ~:** the placings were as follows
**ein|laufen 1.** *unr. itr. V.; mit sein* **a)** *(Sport)* **ins Stadion ~:** run into *or* enter the stadium; **in die letzte Runde ~:** start the last lap; **b)** *(ankommen)* **der Zug/das Schiff läuft ein** the train/ship is coming in; **das Schiff läuft in den Hafen ein** the ship is coming into *or* entering port; **c)** *(kleiner werden)* ⟨*clothes*⟩ shrink; **d)** *(hineinfließen)* run in; **e)** *(eingehen)* ⟨*news, information*⟩ come in. **2.** *unr. tr. V.* **a)** wear in ⟨*shoes*⟩; **b) jmdm. das Haus** *od.* **die Tür** *od.* **die Bude ~** *(ugs.)* pester sb. all the time. **3.** *unr. refl. V. (Sport)* warm up
**Einlauf·wette die** *(Pferdesport)* place-bet
**ein|läuten** *tr. V.* ring in ⟨*Sunday, New Year*⟩; **die letzte Runde ~** *(Sport)* ring the bell to signal *or* for the start of the last lap; *(Boxen)* ring the bell for the [start of the] last round
**ein|leben** *refl. V.* settle down; **sich an einem Ort ~:** settle down in a place; **sich in einem Haus ~:** settle in in a house; **sich gut ~:** settle down well
**Einlege·arbeit die** *(Kunsthandwerk)* inlaid work; *(Gegenstand)* piece of inlaid work
**ein|legen** *tr. V.* **a) etw. in etw.** *(Akk.)* **~:** put sth. in sth.; **einen Film in eine Kamera ~:** put *or* load a film into a camera; **den ersten Gang ~:** engage first gear; **einen schnelleren Gang** *od.* **ein schnelleres Tempo einlegen** *(fig.)* get a move on *(coll.)*; **b)** *(Kochk.)* pickle; **eingelegte Zwiebeln/Heringe** pickled onions/herrings; **c)** *(Kunsthandwerk)* **in die Truhe waren Blumenmuster eingelegt** the chest had been inlaid with flower patterns; **d)** *(Friseurhandwerk)* set ⟨*hair*⟩; **sich/jmdm. die Haare ~:** set one's/sb.'s hair; **e)** *(einschieben)* put in, insert ⟨*film extracts etc.*⟩; put on ⟨*trains, buses*⟩; **eine Pause ~:** take a break; **f)** *(geltend machen)* lodge ⟨*protest*⟩; **sein Veto gegen etw. ~:** use one's veto against sth.; veto sth.; **ein gutes Wort für jmdn. ~:** put in a good word for sb.; *s. auch* **Ehre b**
**Einleger der; ~s, ~** *(Bankw.)* depositor
**Einlege·sohle die** insole
**ein|leiten** *tr. V.* **a)** *(beginnen)* institute, start ⟨*search*⟩; introduce, take ⟨*measures, steps*⟩; open ⟨*negotiations, investigation, inquest*⟩; induce ⟨*birth*⟩; launch, open ⟨*campaign*⟩; **b)** *(eröffnen)* introduce ⟨*chapter*⟩; **der Roman leitete eine neue Epoche ein** the novel ushered in a new epoch; **einige ~de Worte sprechen** say a few words of introduction; make a few introductory remarks; **c)** *(hineinleiten)* lead ⟨*water*⟩ **(in +** *Akk.* into); discharge ⟨*effluent*⟩
**Ein·leitung die a)** *(einleitender Teil)* introduction; **die ~ eines Aufsatzes/Buches** the introduction to an essay/book; **b)** *(einer Suche)* institution; *(von Maßnahmen)* introduction; *(einer Untersuchung, von Verhandlungen)* opening; *(einer Geburt)* induction; ⟨*einer Kampagne*⟩ launching; opening; **c)** *(Eröffnung)* **als** *od.* **zur ~ des Empfanges** to open *or* start the reception; **ein Feuerwerk bildete die ~:** the opening event was a firework display; **d) die ~ giftiger Abwässer in etw.** *(Akk.)* the discharge of poisonous effluents into sth.
**ein|lenken 1.** *itr. V.* **a)** *(nachgeben)* give way; make concessions; **sein Einlenken führte zu einem Kompromiß** by giving way *or* making concessions he enabled a compromise to be reached; **b)** *mit sein (einbiegen)* **in eine Straße ~:** turn into a street. **2.** *tr. V.* steer ⟨*boat, rocket, etc.*⟩
**ein|lesen 1.** *unr. refl. V.* **sich in ein Buch ~:** get into a book. **2.** *unr. tr. V. (DV)* feed in; input; **etw. in den Speicher ~:** read sth. into the memory

**ein|leuchten** *tr. V.* **jmdm. ~:** be clear to sb.; **es leuchtet ihr nicht ein, daß sie es allein machen soll** she doesn't see why she should do it by herself; **das will mir nicht ~:** I don't see that
**ein·leuchtend 1.** *Adj.* plausible. **2.** *adv.* plausibly
**ein|liefern** *tr. V.* **einen Brief bei der Post ~:** take a letter to the post office; **jmdn. ins Krankenhaus/Gefängnis ~:** take sb. to hospital/jail; **wir mußten unsere Großmutter ins Krankenhaus ~ [lassen]** we had to have our grandmother admitted to hospital
**Ein·lieferung die** admission (**in** + *Akk.* to); **die ~ eines Verurteilten [ins Gefängnis]** taking a convicted prisoner to jail; **er wehrte sich gegen seine ~ ins Krankenhaus** he fought against being admitted to hospital
**Einlieferungs·schein der a)** receipt; **b)** *(Postw.)* certificate of posting
**ein·liegend** *(Papierdt.) Adj.* enclosed; **~ übersenden wir Ihnen ...:** please find enclosed ...
**Einlieger·wohnung die** ≈ granny flat
**ein|lochen 1.** *tr. V. (salopp)* **jmdn. ~:** put sb. away *(coll.)*; put sb. behind bars *(coll.)*. **2.** *tr., itr. V. (Golf)* hole; *(Billard)* pot ⟨*ball*⟩
**einlösbar** *Adj.* redeemable; **das Versprechen ist nicht ~:** the promise can't be kept
**ein|lösen** *tr. V.* **a)** cash ⟨*cheque*⟩; cash [in] ⟨*token, voucher, bill of exchange*⟩; redeem ⟨*pledge, pawned article*⟩; **man wollte [mir] den Scheck nicht ~:** they wouldn't cash the cheque [for me]; **b)** *(geh.: erfüllen)* redeem ⟨*pledge*⟩; **sein Wort ~:** keep one's word
**Ein·lösung die** *(von Schecks)* cashing; *(von Pfändern, Versprechen)* redemption
**ein|lullen** *tr. V. (ugs.)* **jmdn. ~:** lull sb. to sleep; *(fig.)* lull sb.'s suspicions
**ein|machen** *tr. V.* preserve ⟨*fruit, vegetables*⟩; *(in Gläser)* bottle
**Einmach·glas das** preserving jar
**einmal 1.** *Adv.* **a)** *(ein Mal)* once; **noch ~ so groß [wie]** twice as big [as]; **etw. noch ~ tun** do sth. again; **~ mehr** once more *or* again; **~ sagt er dies, ein andermal das** first he says one thing, then another; **~ ist keinmal** *(Spr.)* just once won't matter; it won't matter just this once; **auf ~:** all at once; suddenly; *(zugleich)* at once; **b)** ['-'-] *(später)* some day; one day; *(früher)* once; **es war ~ ein König, der ...:** once upon a time there was a king who ... **2.** *Partikel* **a) daran ist nun ~ nichts mehr zu ändern** there's nothing more that can be done about it; **nicht ~:** not even; **wieder ~:** yet again; **wir wollen die Sache erst ~ in Ruhe besprechen** let's discuss the matter quietly first; **b) alle ~ zuhören!** listen everybody!; **hör ~ auf zu reden!** stop talking, will you!
**Einmal·eins das; ~:** [multiplication] tables *pl.*; **das kleine/große ~:** tables from 1 to 10/11 to 20; **das ~ der Kochkunst/Politik** *(fig.)* the fundamentals *pl.* of cookery/politics
**Einmal·hand·tuch das** disposable towel
**einmalig 1.** *Adj.* **a)** unique ⟨*opportunity, chance*⟩; one-off, single ⟨*payment, purchase*⟩; **b)** *(hervorragend)* superb ⟨*film, book, play, etc.*⟩; *(ugs.)* fantastic *(coll.)* ⟨*girl, woman*⟩. **2.** *adv. (ugs.)* really fantastic *or* superb *(coll.)*; **das Fest war ~ schön** the party was really superb *or* really fantastic *(coll.)*
**Einmaligkeit die; ~:** uniqueness
**Ein·mann-: ~betrieb der a)** *(Firma)* one-man business; **b)** *(Arbeitsweise)* one-man operation; **~bus der** one-man bus; **~wagen der** one-man bus/tram *(Brit.) or (Amer.)* trolley
**Ein·mark·stück das** one-mark piece
**Ein·marsch der a)** entry; **der ~ ins Stadion** the march into the stadium; **b)** *(Besetzung)* invasion (**in** + *Akk.* of)
**ein|marschieren** *itr. V.; mit sein* **a)** march in; **ins Stadion ~:** march into the stadium; **b)** *(gewaltsam besetzen)* **in ein Land ~:** march into *or* invade a country
**ein|massieren** *tr. V.* massage *or* rub in
**Einmaster** ['ainmastɐ] **der; ~s, ~** *(Seemannsspr.)* single-master
**ein|mauern** *tr. V.* **a)** immure ⟨*prisoner, traitor*⟩; wall in ⟨*relic, treasure*⟩; **b)** *(ins Mauerwerk einfügen)* **etw. in die Wand** *usw.* **~:** set sth. into the wall *etc.*
**ein|meißeln** *tr. V.* **etw. in etw.** *(Akk.)* **~:** carve sth. into *or* on sth. [with a chisel]
**Ein·meter·brett das** one-metre board
**ein|mieten** *refl. V.* **sich in einer Villa ~:** rent a villa; **sich in einer Pension ~:** rent a room in a boarding-house
**ein|mischen 1.** *refl. V.* interfere (**in** + *Akk.* in); **wenn ich mich kurz ~ darf** if I may butt in for a moment. **2.** *tr. V.* mix in
**Ein·mischung die** interference (**in** + *Akk.* in); **verzeihen Sie meine ~:** excuse my butting in
**einmonatig** *Adj.; nicht präd.* **a)** *(einen Monat alt)* one-month-old *attrib.*; **b)** *(einen Monat dauernd)* one-month *attrib.*; *s. auch* **achtmonatig**
**ein·monatlich 1.** *Adj.* monthly; *s. auch* **achtmonatlich 1. 2.** *adv.* monthly; once a month
**ein·motorig** *Adj.* single-engined
**ein|motten** *tr. V.* **etw. ~:** put sth. into mothballs; *(fig.)* mothball
**ein|mumme[l]n** *tr. V. (ugs.)* wrap up; **sich [warm] ~:** wrap up *or* wrap oneself up [warmly]
**ein|münden** *itr. V.; auch mit sein* **a)** flow in; enter; **in einen Fluß ~:** flow into *or* enter a river; **b)** *(enden)* **in etw.** *(Akk.)* **~:** lead into sth.
**Ein·mündung die a) die ~ der Mosel in den Rhein** the confluence of the Rhine and the Moselle; **die ~ des Kanals in den Fluß** the point where the canal flows into the river; **b)** *(von Straßen)* **die ~ der Straße in die Hauptstraße/den Platz** the junction of the street and the main road/the point where the road comes out into the square
**einmütig** ['ainmy:tɪç] **1.** *Adj.* unanimous. **2.** *adv.* unanimously
**Einmütigkeit die; ~:** unanimity (**über** + *Akk.* on)
**ein|nachten** *itr. V. (unpers.) (schweiz.)* get dark
**ein|nähen** *tr. V.* **a)** *(festnähen)* sew in; **etw. in etw.** *(Akk.)* **~:** sew sth. into sth.; **b)** *(enger nähen)* take in
**Einnahme die; ~, ~en a)** *meist Pl.* income; *(Staats~)* revenue; *(Kassen~)* takings *pl.*; **b)** *o. Pl. (von Arzneimitteln)* taking; **wir empfehlen die ~ einer leichten Mahlzeit** it is advisable to take a light meal; **die ~ der Tabletten muß regelmäßig erfolgen** the tablets must be taken regularly; **c)** *o. Pl. (einer Stadt, Burg)* capture; taking; **die ~ Berlins** the capture *or* taking of Berlin
**Einnahme·quelle die** source of income; *(des Staates)* source of revenue
**ein|nässen** *tr., itr. V.* wet ⟨*bed*⟩; **er näßt noch ein** he's still wetting the bed
**ein|nebeln 1.** *tr. V.* shroud; blanket. **2.** *refl. V.* **a)** *(Milit.)* put up a smokescreen; **b)** *(unpers.)* **es hat sich eingenebelt** a mist has come down
**ein|nehmen** *unr. tr. V.* **a)** *(kassieren)* take; *(verdienen)* earn; **er hat nicht viel an Trinkgeld eingenommen** he didn't make much by way of tips; **b)** *(zu sich nehmen)* take ⟨*medicine, tablets*⟩; **eine Mahlzeit ~** *(geh.)* take a meal; partake of a meal *(literary)*; **c)** *(besetzen)* capture, take ⟨*town, fortress*⟩; **d) seinen Platz ~:** take one's place; *(sich setzen)* take one's seat *or* place; **eine Haltung/einen Standpunkt ~** *(fig.)* take up *or* adopt an attitude/a position; **eine wichtige Stellung in der Kunst/Literatur ~** *(fig.)* occupy an important place in the artistic/literary world; **e)** *(ausfüllen)* take up ⟨*amount of room*⟩; **f)** *(beeinflussen)* **jmdn. für sich ~:** win sb. over; **jmdn. gegen sich ~:** turn sb. against one; **gegen jmdn. eingenommen sein** be prejudiced against sb.; **von sich eingenommen sein** think a lot of oneself *(coll.)*; be very taken with oneself
**einnehmend** *Adj.* winning ⟨*manner*⟩; **ein ~es Wesen haben** *(scherzh.)* take everything one can get
**ein|nicken** *itr. V.; mit sein (ugs.)* nod off *(coll.)*
**ein|nisten** *refl. V.* **a)** *(meist abwertend: sich niederlassen)* **sich bei jmdm. ~:** park oneself on sb. *(coll.)*; **b)** *(ein Nest bauen)* build a nest/their nests; nest; **c)** *(Med.)* **das befruchtete Ei nistet sich im Uterus ein** the fertilized ovum is implanted in the uterus
**Ein·öde die** barren *or* featureless waste; *(Einsamkeit)* isolation; **die weißen ~n Alaskas** the white wastes of Alaska
**Einöd·hof der** *(südd., österr.)* isolated farm
**ein|ölen** *tr. V.* **a)** *(mit Öl einreiben)* **sich/jmdn. ~:** put *or* rub oil on oneself/sb.; **b)** *(ölen)* oil
**ein|ordnen 1.** *tr. V.* **a)** *(einfügen)* arrange; put in order; **etw. in Aktenordner ~:** sort sth. into files; file sth.; **Briefe in Fächer ~:** sort letters and place them in their correct pigeon-holes; **b)** *(klassifizieren)* classify; categorize, classify ⟨*writer, thinker, artist*⟩. **2.** *refl. V.* **a)** *(Verkehrsw.)* get into the correct lane; **sich nach rechts/links ~:** get into the right-hand/left-hand lane; „~" 'get in lane'; **b)** *(sich einfügen)* **sich [in die Gemeinschaft] ~:** fit in[to the community]
**Ein·ordnung die;** *o. Pl. (in Karteien usw.)* arranging; *(Klassifizierung)* classification
**ein|packen 1.** *tr. V.* **a)** pack (**in** + *Akk.* in); *(einwickeln)* wrap [up]; **b)** *(ugs.: warm anziehen)* wrap up; **jmdn./sich warm/gut ~:** wrap sb./oneself up warmly. **2.** *itr. V. (ugs.)* **er kann ~:** he's had it *(coll.)*; **pack ein!** *(hör auf!)* pack it in! *(coll.)*; give it a rest! *(coll.)*; *(verschwinde!)* get lost! *(coll.)*
**ein|parken** *tr., itr. V.* park
**Ein·parteien-:** one-party
**ein|passen 1.** *tr. V.* fit; install; **etw. in etw.** *(Akk.)* **~:** fit sth. into sth. **2.** *refl. V.* fit in
**ein|pauken** *tr. V.* **etw. ~:** mug up *(Brit.) or (Amer.)* bone up on sth. *(coll.)*; **jmdm. etw. ~:** drum *or* hammer sth. into sb.
**Einpeitscher** ['ainpaitʃɐ] **der; ~s, ~ a)** *(Agitator)* rabble-rouser; **b)** *(Parl.)* whip
**ein|pendeln** *refl. V.* settle down; cease to fluctuate
**ein|pennen** *itr. V.; mit sein (salopp)* drop *or* doze off
**Ein·personen-: ~haushalt der** single-person household; **~stück das** *(Theater)* monodrama
**Ein·pfennig·stück das** one-pfennig piece
**ein|pferchen** *tr. V.* **a)** *(zusammendrängen)* **eingepfercht stehen/sein** stand/be crammed *or* crushed together; **b)** pen in ⟨*animals*⟩
**ein|pflanzen** *tr. V.* **a)** plant ⟨*flowers, shrubs, etc.*⟩; **jmdm. einen Sinn für Gerechtigkeit ~** *(fig.)* implant in sb. a sense of justice; **b)** *(Med.)* implant; **jmdm. ein Organ ~:** implant an organ in[to] sb.
**ein|pfropfen** *tr. V.* graft (**in** + *Akk.* on)
**Ein·phasen-Wechselstrom der** *(Physik, Elektrot.)* single-phase current
**einphasig** *Adj. (Physik, Elektrot.)* single-phase
**ein|pinseln** *tr. V.* brush; paint ⟨*wound*⟩
**ein|planen** *tr. V.* **etw. ~:** include sth. in one's plans; **diese Verzögerung war nicht eingeplant** we/they *etc.* didn't plan on this delay
**ein|pökeln** *tr. V. (Kochk.)* salt
**ein·polig** *Adj. (Physik, Elektrot.)* single-pole
**ein|prägen 1.** *tr. V.* **a)** stamp (**in** + *Akk.* into, on); **b)** *(fig.)* **sich** *(Dat.)* **etw. ~:** mem-

orize sth.; commit sth. to memory; **jmdm. ~, pünktlich zu sein** impress on sb. the importance of being punctual. **2.** *refl. V.* **das prägte sich ihm [für immer] ein** it made an [indelible] impression on him; **Werbetexte prägen sich einem leicht ein** advertising slogans are catchy

**einprägsam 1.** *Adj.* easily remembered; catchy, easily remembered ⟨*tune, melody, slogan*⟩. **2.** *adv.* **er hat das sehr ~ dargelegt** he expounded it in a way that made it easy to remember

**ein|prasseln** *itr. V.; mit sein* **auf jmdn./etw. ~:** rain down on sb./sth.; **die Fragen der Zuhörer prasselten auf ihn ein** the audience showered him with questions

**ein|pressen** *tr. V.* press in; **etw. in etw.** *(Akk.)* **~:** press sth. into sth.

**ein|programmieren** *tr. V. (DV)* input ⟨*data, figures, etc.*⟩; programme in ⟨*function, property*⟩

**ein·prozentig** *Adj.* one per cent *attrib.*; of one per cent *postpos.*

**ein|prügeln 1.** *itr. V.* **auf jmdn./ein Tier ~:** beat sb./an animal. **2.** *tr. V.* **jmdm. etw. ~** *(fig.)* drub *or* beat sth. into sb.

**ein|pudern** *tr. V.* powder; **sich** *(Dat.)* **das Gesicht ~:** powder one's face

**ein|quartieren 1.** *tr. V.* quarter, billet ⟨*troops*⟩; **die Opfer wurden vorläufig in Hotels einquartiert** the victims were given temporary accommodation in hotels; **sie quartierten ihre Freunde bei ihren Eltern ein** they put their friends up with their parents. **2.** *refl. V.* **sich bei jmdm. ~** *(Milit.)* be quartered with *or* billeted on sb.; **sich auf einem Bauernhof/bei seinen Eltern ~:** stay on a farm/with one's parents

**Einquartierung die; ~, ~en a)** *(Milit.)* quartering; billeting; **b) [sechs Mann] ~ haben** have [six] soldiers billeted on one

**ein|quetschen** *tr. V. s.* **einklemmen**

**Ein·rad das** unicycle

**einräd[e]rig** *Adj.* one-wheeled

**ein|rahmen** *tr. V.* frame; **sich** *(Dat.)* **etw. ~ lassen** have sth. framed; **er saß da, von zwei Damen eingerahmt** *(fig.)* he sat flanked by two ladies; **den Brief solltest du dir ~ lassen** *(iron.)* you ought to *or* should get that letter framed

**ein|rammen** *tr. V.* **a)** ram in; **etw. in den Boden ~:** ram sth. into the ground; **b)** *(zertrümmern)* smash up ⟨*car*⟩; break *or* batter down ⟨*door*⟩

**ein|rasten** *itr. V.; mit sein (Technik)* engage

**ein|räuchern** *tr. V.* envelope in smoke; **ein Zimmer ~:** fill a room with smoke; **die Gardinen ~:** get *or* make the curtains smoky; **jmdn. mit Tränengas ~:** use tear gas against sb.

**ein|räumen** *tr. V.* **a)** *(einordnen)* put away; **etw. in etw.** *(Akk.)* **~:** put sth. away in sth.; **Bücher wieder [ins Regal] ~:** put books back [on the shelf]; **b)** *(füllen)* **er mußte seinen Schrank ~:** he had to put his things away in his cupboard; **das Zimmer wieder ~:** put everything *or* all the furniture back into the room; **c)** *(zugestehen)* admit; concede; **jmdm. etw. ~:** admit sth. to sb.; **jmdm. einen Platz ~:** reserve sb. a seat; **jmdm. ein Recht/einen Kredit ~:** give *or* grant sb. a right/loan; **jmdm. das Recht ~, etw. zu tun** give *or* grant sb. the right to do sth.; **d)** *(Sprachw.)* **~de Konjunktion** concessive conjunction

**ein|rechnen** *tr. V.* include, take account of ⟨*costs etc.*⟩; **nicht eingerechnet die Trinkgelder** not including the tips

**ein|reden 1.** *tr. V.* **jmdm. etw. ~:** talk sb. into believing sth.; **er redete ihr ein, es zu kaufen** he persuaded her to buy it; he talked her into buying it; **sich** *(Dat.)* **~, daß ...:** persuade oneself that...; **das redest du dir bloß ein** you're just imagining it. **2.** *itr. V.* **auf jmdn. ~:** talk insistently to sb.; **laut/beruhigend auf jmdn. ~:** keep talking to sb. loudly/soothingly

**ein|regnen 1.** *refl. V. (unpers.)* **es hat sich eingeregnet** it's begun to rain steadily. **2.** *itr. V.; mit sein* get soaked [to the skin]

**ein|regulieren** *tr. V. (Technik)* set ⟨*temperature*⟩ **(auf +** *Akk.* at); **ein falsch einreguliertes Hörgerät** a wrongly adjusted hearing-aid

**ein|reiben** *unr. tr. V.* **Salbe [in die Haut] ~:** rub ointment in[to one's skin]; **jmdm. den Rücken ~:** rub lotion/ointment *etc.* into sb.'s back; **sich** *(Dat.)* **den Nacken/das Gesicht mit etw. ~:** rub sth. into one's neck/face

**ein|reichen** *tr. V.* **a)** submit ⟨*application*⟩; hand in, submit ⟨*piece of work, dissertation, thesis*⟩; lodge, make ⟨*complaint*⟩; tender ⟨*resignation*⟩; **b)** *(jur.)* file ⟨*suit, petition for divorce*⟩

**ein|reihen 1.** *refl. V.* **sich in etw.** *(Akk.)* **~:** join sth. **2.** *tr. V.* **jmdn. in eine Kategorie/Gruppe ~:** place sb. in a category/group; **sich in eine Gruppe** *usw.* **~:** become part of a group *etc.*

**Einreiher der; ~s, ~:** single-breasted suit/jacket

**einreihig** ['ainraiıç] **1.** *Adj.* single-breasted ⟨*suit*⟩. **2.** *adv.* in a single row *or* line; **ein ~ geknöpfter Mantel** a single-breasted overcoat

**Ein·reise die** entry; **bei der ~ nach Frankreich/in die ČSSR** on entry into France/Czechoslovakia; **jmdm. die ~ verweigern** refuse sb. entry

**Einreise·erlaubnis die** entry permit

**ein|reisen** *itr. V.; mit sein* enter; **nach Schweden ~:** enter Sweden

**Einreise-: ~verbot das: jmdm. ~verbot erteilen** refuse sb. entry; **~visum das** entry visa

**ein|reißen 1.** *unr. tr. V.* **a)** *(abreißen)* pull *or* tear down ⟨*building*⟩; **b)** *(einen Riß machen in)* tear; rip; **c) sich** *(Dat.)* **einen Dorn ~:** prick oneself on a thorn; **sich** *(Dat.)* **einen Splitter ~:** get a splinter in one's hand/foot *etc.*. **2.** *unr. itr. V.; mit sein* **a)** *(einen Riß bekommen)* tear; rip; **b)** *(ugs.: sich verbreiten)* become a habit; **etw. ~ lassen** allow sth. to *or* let sth. become a habit; **eine Gewohnheit ~ lassen** allow a habit to catch on *(coll.) or* spread

**Einreiß·haken der** ceiling hook

**ein|reiten 1.** *unr. itr. V.; mit sein* ride in; **in etw.** *(Akk.)* **~:** ride into sth.. **2.** *unr. refl. V.* warm up; **sich mit einem Pferd ~:** get used to riding a horse

**ein|renken** *tr. V.* **a)** *(Med.)* set; reduce *(Med.)*; **jmdm. den Fuß/Arm [wieder] ~:** [re]set sb.'s foot/arm; **b)** *(ugs.: bereinigen)* **etw. ~:** sort *or* straighten sth. out; **das renkt sich ein** that will sort *or* straighten itself out

**ein|rennen 1.** *unr. tr. V. (aufbrechen)* break down ⟨*door*⟩; **jmdm. [wegen etw.] das Haus** *od.* **die Bude ~** *(ugs.)* pester sb. all the time [for sth.]; *s. auch* **offen. 2.** *unr. refl. V. (ugs.: sich verletzen)* **sich** *(Dat.)* **den Kopf an etw.** *(Dat.)* **~:** bash *or* bang one's head on *or* against sth.

**ein|richten 1.** *refl. V.* **a) sich gemütlich/schön ~:** furnish one's home comfortably/beautifully; **sich an einem Ort häuslich ~:** make oneself at home in a place; **b)** *(auskommen)* **sich [mit seinem Gehalt] ~:** get by *or* make ends meet [on one's salary]; **c)** *(sich vorbereiten)* **sich auf jmdn./etw. ~:** prepare for sb./sth.; **darauf war sie nicht eingerichtet** she was not prepared for that. **2.** *tr. V.* **a)** furnish ⟨*flat, house*⟩; fit out ⟨*shop, restaurant, hobbies room*⟩; equip ⟨*laboratory*⟩; **b)** *(ermöglichen)* arrange; **das läßt sich ~:** that can be arranged; **es so ~, daß ...:** arrange things so that ...; **c)** *(eröffnen)* open ⟨*branch, shop*⟩; set up ⟨*advisory centre*⟩; start, set up ⟨*business*⟩; **sich** *(Dat.)* **ein Geschäft/eine Modeboutique ~:** start a business/open a fashion boutique; **d)** *(Med.)* set; reduce *(Med.)*; **e)** *(umformen)* arrange ⟨*piece of music*⟩; adapt ⟨*play, novel, etc.*⟩; **f)** *(Math.)* **eine gemischte Zahl ~:** reduce a mixed number

**Ein·richter der** fitter

**Ein·richtung die a)** *o. Pl. (das Einrichten) (einer Wohnung)* furnishing; *(eines Musikstücks)* arrangement; *(eines Theaterstücks)* adaptation; *(Med.)* setting; reducing *(Med.)*; **b)** *(Mobiliar)* furnishings *pl.*; **c)** *(Geräte)* **~en** *(Geschäfts~)* fittings; *(Labor~)* equipment *sing.*; **sanitäre ~en** sanitary facilities; sanitation *sing.*; **d)** *(Institution, Gewohnheit)* institution; **öffentliche/staatliche ~en** public/state institutions

**Einrichtungs-: ~gegen·stand der** piece of furniture; **~haus das** [large] furniture store

**ein|ritzen** *tr. V.* carve; **seinen Namen in einen Stamm ~:** carve one's name on a tree trunk

**ein|rollen 1.** *tr. V.* roll up ⟨*carpet etc.*⟩; **sich/jmdm. die Haare ~:** put one's/sb.'s hair in curlers *or* rollers; **sich ~:** ⟨*hedgehog, cat*⟩ curl up. **2.** *itr. V.; mit sein* **a)** roll in; **der Zug rollt ein** the train is coming in

**ein|rosten** *itr. V.; mit sein* go rusty; rust up; **er ist/seine Knochen sind eingerostet** *(fig.)* his joints have stiffened up

**ein|rücken 1.** *itr. V.; mit sein* **a)** *(Milit.: einmarschieren)* move in; **in ein Land ~:** march into a country; **wieder in die Kaserne ~:** return to barracks; **b)** *(Milit. veralt.: eingezogen werden)* report for duty. **2.** *tr. V.* **a)** *(Schriftw.)* indent ⟨*line, heading, etc.*⟩; **b)** *(Zeitungsw.)* insert ⟨*advertisement, article*⟩

**ein|rühren** *tr. V.* stir in; **etw. in etw.** *(Akk.)* **~:** stir sth. into sth.

**ein|rüsten** *tr. V. (Bauw.)* put up *or* erect scaffolding around ⟨*building*⟩

**eins** [ains] **1.** *Kardinalz.* one; **es ist ~:** it is one o'clock; **Punkt ~:** on the stroke of one; at one o'clock precisely; **halb ~:** half past twelve; **Viertel nach/vor ~:** [a] quarter past/to one; **gegen/vor ~:** around/before one; **~ zu null** one-nil; **~ zu ~:** one all; **~ zu null für dich!** *(ugs.)* that's one up to you!; **die Nummer ~ sein** *(fig.)* be number one; **„~, zwei, drei!"** 'ready, steady, go'; **... und ~, zwei, drei, weg war er** and in a jiffy *(coll.) or* in no time he was gone; **~ a,** *(Kaufmannsspr. meist)* **I a** top-quality; **seine Arbeit ~ a erledigen** *(ugs.)* do a first-class job; *s. auch* ¹**acht. 2.** *Adj.; nicht attr.* **mir ist alles ~:** it's all the same *or* all one to me; **den Schrei hören und zu Hilfe eilen war für sie ~:** the moment she heard the cry, she was hurrying to help; **mit jmdm. über etw.** *(Akk.)* **~ sein/werden** be in/reach agreement with sb. about *or* on sth.; **sich mit jmdm. ~ wissen/fühlen** be/feel at one with sb. **3.** *Indefinitpron. s.* ¹**ein 3 b, c**

**Eins die; ~, ~en a)** one; **wie eine ~ stehen** *(ugs.)* stand as straight as a ramrod; **sie kocht/spielt Klavier wie eine ~** *(ugs.)* she's a fantastic cook/piano-player *(coll.)*; *s. auch* ¹**Acht a, e, g; b)** *(Schulnote)* one; A; *s. auch* **Zwei b**

**Ein·saat die** sowing

¹**ein|sacken** *tr. V.* **a)** *(in Säcke füllen)* **etw. ~:** put sth. into sacks; **b)** *(ugs.: einstecken)* grab; pocket ⟨*money*⟩

²**ein|sacken** *itr. V.; mit sein* sink in; ⟨*building, pavement*⟩ subside

**ein|sagen** *itr. V. (südd., österr.)* **er sagte ihr ein** he whispered the answer to her

**ein|sägen** *tr. V.* **etw. ~:** saw into sth.

**ein|salben** *tr. V.* **den Arm ~:** rub ointment on *or* into one's arm; **sich/jmdn. ~:** rub ointment on [oneself]/rub ointment on sb.

**ein|salzen** *tr. V.* salt ⟨*fish, meat*⟩

**einsam** *Adj.* **a)** *(verlassen)* lonely ⟨*person, decision*⟩; **~ leben** live a lonely *or* solitary life; **sich ~ fühlen** feel lonely; **b)** *(einzeln)* solitary ⟨*rock, tree, wanderer*⟩; **~e Spitzenklasse sein** *(ugs.)* be in a class of its/his/her own; **c)** *(abgelegen)* isolated; **~ liegen** be situated miles from anywhere; **d)** *(menschenleer)* empty; deserted; **~ und verlassen [da]liegen** lie [there] lonely and deserted

**Einsamkeit die; ~, ~en a)** *(Verlassenheit)* loneliness; **b)** *(Alleinsein)* solitude; **c)** *(Abgeschiedenheit)* isolation

**ein|sammeln** *tr. V.* **a)** *(auflesen)* pick up; gather up; **die Kinder ~** *(ugs.)* pick up *or* collect the children; **b)** *(sich aushändigen lassen)* collect in; collect ⟨*tickets*⟩

**ein|sargen** *tr. V.* **einen Toten ~:** put the body of a dead person into a coffin; **laß dich doch ~!** *(salopp)* [go and] get stuffed *(Brit. sl.)*; go to hell *(sl.)*

**Ein·satz der a)** *(eingesetztes Teil) (in Tischdecke, Kopfkissen usw.)* inset; *(in Kochtopf, Nähkasten usw.)* compartment; **b)** *(eingesetzter Betrag)* stake; **den ~ erhöhen** raise the stakes *pl.*; **c)** *o. Pl. (das Einsetzen) (von Maschinen, Gewehren, Wasserwerfern, Schlagstöcken)* use; *(von Truppen)* deployment; **unter ~ seines Lebens** at the risk of his life; **zum ~ kommen** *od.* **gelangen** *(Papierdt.)* ⟨*machine*⟩ come into operation; ⟨*police, troops*⟩ be brought into action, be used; ⟨*reserve player*⟩ be brought on *or* used; **jmdn./etw. zum ~ bringen** use sb./sth.; **d)** *(Engagement)* commitment; dedication; **~ zeigen** show commitment *or* dedication; **der ~ hat sich gelohnt** the effort was worthwhile; **e)** *(Milit.)* **im ~ sein/fallen** be in action *or* on active service/die in action; **einen ~ fliegen** *(Luftwaffe)* fly a mission; **f)** *(Musik)* **der ~ der Instrumente** the entry of the instruments; **der ~ der Violinen kam zu spät** the violins came in too late

**einsatz-, Einsatz-: ~befehl der a)** *(Befehl zum Einsatz)* order to go into action; **b)** *(Verantwortung)* **den ~befehl haben** have operational command; **~bereit** *Adj.* **a)** *(bereit, sich einzusetzen)* ⟨*worker*⟩ ready to work; ⟨*athlete*⟩ fit to compete; **b)** *(bereit, eingesetzt zu werden)* ready for use; **c)** *(Milit.)* combat-ready *attrib.*; ready for action *postpos.*; **~bereitschaft die** *s.* **einsatzbereit:** readiness to work; fitness to compete; readiness for use; combat-readiness; readiness for action; **~fähig** *Adj.* **a)** *(fähig, sich einzusetzen)* ⟨*athlete*⟩ fit to compete; **b)** *(verfügbar)* fit ⟨*player*⟩; ⟨*washing machine etc.*⟩ in working order; **~freudig** *Adj.* enthusiastic; **~gruppe die, ~kommando das** task force; **~leiter der a)** *(des Einsatzkommandos)* head of operations; **b)** *(des Einsatzes)* leader of the task force; **~plan der** plan of action; **~wagen der** *(der Polizei)* police car; *(der Feuerwehr)* fire-engine; *(Notarztwagen)* ambulance; *(der Straßenbahn)* relief; **~zentrale die** operations centre

**ein|sauen** *tr. V. (derb)* **sich/etw. ~:** get oneself/sth. covered in muck *(coll.)*

**ein|saugen** *unr. (auch regelm.) tr. V.* suck in ⟨*air, liquid*⟩; breathe [in] ⟨*fresh air*⟩; **die Bienen saugen den Nektar ein** the bees suck the nectar

**ein|säumen** *tr. V.* **a)** *(Schneiderei)* hem; **b)** *(einfassen)* edge ⟨*flower-bed, vegetable-patch*⟩; surround ⟨*property*⟩

**ein|scannen** *tr. V.* scan in

**ein|schalten 1.** *tr. V.* **a)** switch *or* turn on ⟨*radio, TV, electricity, etc.*⟩; **einen anderen Sender ~:** switch *or* tune to another station; **b)** *(fig.: beteiligen)* call in ⟨*press, police, expert, etc.*⟩; **jmdn. in die Verhandlungen ~:** bring sb. into the negotiations; **c)** *(einfügen)* take ⟨*break*⟩. **2.** *refl. V.* **a)** switch [itself] on; come on; **b)** *(eingreifen)* intervene **(in +** *Akk.* in)

**Einschalt·quote die** *(Rundf.)* listening figures *pl.*; *(Ferns.)* viewing figures *pl.*

**Ein·schaltung die a)** *(Einschalten)* switching *or* turning on; **b)** *(Beteiligung)* calling in; **c)** *(Sprachw.)* parenthesis

**ein|schärfen** *tr. V.* **jmdm. etw. ~:** impress sth. [up]on sb.; **jmdm. ~, etw. zu tun** impress upon sb. that he/she must do sth.

**ein|scharren** *tr. V. (vergraben)* bury; *(lieblos begraben)* **jmdn. ~:** bury sb. hurriedly

**ein|schätzen** *tr. V.* **a)** judge ⟨*person*⟩; assess ⟨*situation, income, damages*⟩; *(schätzen)* estimate; **jmdn./eine Situation falsch ~:** misjudge sb./a situation; **jmdn./eine Leistung hoch/niedrig ~:** think highly/not think highly of sb./an achievement; **wie ich die Lage einschätze** as I see the situation; **b)** *(Steuerw.)* assess

**Ein·schätzung die a)** *s.* **einschätzen:** judging; assessment; estimation; **nach seiner/meiner ~:** in my estimation *or* judgement; **b)** *(Steuerw.)* assessment

**ein|schäumen** *tr. V.* **a)** *(mit Schaum bedecken)* lather; **sich/jmdm. die Haare ~:** lather one's/sb.'s hair; **b)** *(mit Schaumstoff umhüllen)* **etw. ~:** wrap sth. in foam [material]

**ein|schenken** *tr., itr. V.* **a)** *(eingießen)* pour [out]; **jmdm. etw. ~:** pour out sth. for sb.; **b)** *(füllen)* fill [up] ⟨*glass, cup*⟩; **er schenkte immer wieder ein** he kept on filling up my glass/cup/our/their *etc.* glasses/cups

**ein|scheren** *itr. V.; mit sein (Verkehrsw.)* **in** *od.* **auf eine Fahrspur ~:** get *or* move into a lane; **nach links/rechts ~:** get *or* move into the left-hand/right-hand lane; **in eine Lücke ~:** move into a space; **er scherte vor mir ein** he cut in in front of me

**ein|schicken** *tr. V.* send in; **etw. zur Reparatur ~:** send sth. [in] to be repaired

**ein|schieben** *unr. tr. V.* **a)** *(hineinschieben)* push in; **den Ball zum 1:0 ~** *(Fußballjargon)* put the ball away to make it *or* the score 1-0; **b)** *(einfügen)* put in; insert; put on ⟨*trains, buses*⟩; fit in ⟨*client, patient*⟩; **etw. in etw.** *(Akk.)* **~:** put *or* insert sth. into sth.

**Ein·schienen·bahn die** monorail

**ein|schießen 1.** *unr. tr. V.* **a)** *(zerstören)* demolish ⟨*wall, building*⟩ by gunfire; **das Fenster [mit einem Ball] ~** *(fig.)* smash the window [with a ball]; **b)** *(treffsicher machen)* try out, test ⟨*gun etc.*⟩; **c)** *(hineinschießen)* insert ⟨*dowel, plug*⟩; **d)** *(Sport)* kick in ⟨*ball*⟩; **den Ball zum 1:1 ~:** shoot a goal to make it *or* the score 1-1; **e)** *(einzahlen)* inject ⟨*capital, cash, etc.*⟩ **(in +** *Akk.* into); **f)** *(Druckw.)* interleave; insert; **g)** *(Weberei)* **den Faden ~:** shoot the weft; pick. **2.** *unr. refl. V.* **a)** *(treffsicher werden)* **sich [auf etw. Akk.)] ~:** find *or* get the range [of sth.]; **b)** *(Sport)* find *or* get the range; **c)** *(angreifen)* **sich [immer mehr] auf jmdn./etw. ~:** make sb./sth. the target of [increasingly frequent] attacks

**ein|schiffen 1.** *tr. V.* embark ⟨*passengers*⟩; load ⟨*cargo*⟩. **2.** *refl. V.* embark **(nach** for)

**Einschiffung die; ~, ~en** *s.* **einschiffen:** embarkation; loading

**Einschiffungs·hafen der** port of embarkation

**ein|schlafen** *unr. itr. V.; mit sein* **a)** fall asleep; go to sleep; **über der Zeitung ~:** fall asleep over the paper; **beim Fernsehen ~:** fall asleep while watching television *or* in front of the television; **ich kann nicht ~:** I can't get to sleep; **b)** *(verhüll.: sterben)* pass away *(euphem.)*; **c)** *(gefühllos werden)* go to sleep; **mein Bein ist eingeschlafen, mir ist das Bein eingeschlafen** my leg has gone to sleep; **d)** *(aufhören)* peter out

**ein|schläfern** *tr. V.* **a)** *(in Schlaf versetzen)* **jmdn. ~:** send sb. to sleep; **b)** *(betäuben)* **jmdn. ~:** put sb. to sleep; **c)** *(schmerzlos töten)* **ein Tier ~:** put an animal to sleep; **d)** *(beruhigen)* soothe, salve ⟨*conscience*⟩; dull ⟨*critical faculties*⟩

**einschläfernd 1.** *Adj.* soporific. **2.** *adv.* **~ wirken** have a soporific effect

**Einschläferung die; ~, ~en a)** *(Betäubung)* anaesthesia *no art.*; **b)** *(Tötung)* **der Tierarzt empfahl die ~:** the vet recommended putting the animal to sleep; **c)** *o. Pl. (Beruhigung) s.* **einschläfern d:** soothing; salving; dulling

**Ein·schlag der a)** *(Einschlagen)* **wir sahen den ~ des Blitzes/der Bomben** we saw the lightning strike/the bombs land; **b)** *(Stelle)* **wir sahen die Einschläge der Kugeln/der Bomben** we saw the bullet-holes/where the bombs had fallen *or* landed; **c)** *(Anteil)* element; **eine Familie mit südländischem ~:** a family with southern blood in it; **mit nihilistischem ~:** with an element of nihilism; **d)** *(Kfz-W.) (des Lenkrads)* turning; *(der Räder)* lock; **e)** *(Forstw.)* felling

**ein|schlagen 1.** *unr. tr. V.* **a)** *(hineinschlagen)* knock in; hammer in; **etw. in etw.** *(Akk.)* **~:** knock *or* hammer sth. into sth.; **b)** *(zertrümmern)* smash [in]; **c)** *(einwickeln)* wrap up ⟨*present*⟩; cover ⟨*book*⟩; **ein Kind in eine warme Decke ~:** wrap a child up in a warm blanket; **d)** *(wählen)* take ⟨*route, direction*⟩; take up ⟨*career*⟩; adopt ⟨*policy*⟩; **einen Kurs ~:** follow a course; *(fig.)* follow *or* pursue a course; **einen anderen Kurs ~** *(auch fig.)* change *or* alter course; **e)** *(Kfz-W.)* turn ⟨*[steering-]wheel*⟩; **f)** *(Schneiderei: umlegen)* take in; take up ⟨*trousers*⟩; **g)** *(Forstw.)* fell ⟨*trees*⟩. **2.** *unr. itr. V.* **a)** *(auftreffen)* ⟨*bomb*⟩ land; ⟨*lightning*⟩ strike; **bei uns hat es eingeschlagen** our house was struck by lightning; **b)** *(einprügeln)* **auf jmdn./etw. ~:** rain blows on *or* beat sb./sth.; **c)** *(durch Händedruck)* shake [hands] on it; *(fig.)* accept; **schlag ein!** shake on it!; **d)** *(Kfz-W.)* **nach links/rechts ~:** steer to the left/right; **e)** *(sich erfolgreich entwickeln)* come along *or* on well; come on well; **f)** *(Erfolg haben)* be a success

**einschlägig** ['ainʃlɛːgɪç] **1.** *Adj.; nicht präd.* specialist ⟨*journal, shop*⟩; relevant ⟨*literature, passage*⟩. **2.** *adv.* **er ist ~ vorbestraft** he has previous convictions for a similar offence/similar offences; **der ~ vorbestrafte Angeklagte** the accused, who has/had previous convictions for a similar offence/similar offences

**ein|schleichen** *unr. refl. V.* steal *or* sneak *or* creep in; *(fig.)* creep in; **sich in etw.** *(Akk.)* **~:** steal *or* sneak *or* creep into sth.; **der Verdacht schleicht sich ein, daß ...:** one has a sneaking suspicion that ...

**ein|schleifen 1.** *unr. tr. V.* **a)** *(eingraben)* cut in; **etw. in etw.** *(Akk.)* **~:** cut sth. into sth.; **b)** *(Technik: einpassen)* grind in. **2.** *unr. refl. V. (bes. Psych.)* become established

**ein|schleppen** *tr. V.* tow in ⟨*ship, yacht, etc.*⟩; bring in, introduce ⟨*disease, pest*⟩; **Typhus in ein Land ~:** bring *or* introduce typhus into a country

**ein|schleusen** *tr. V.* smuggle in; **Agenten in ein Land/eine Terroristengruppe ~:** infiltrate agents into a country/a terrorist group

**ein|schließen** *unr. tr. V.* **a) etw. in etw.** *(Dat.)* **~:** lock sth. up [in sth.]; **jmdn./sich ~:** lock sb./oneself in; **jmdn. in ein[em] Zimmer ~:** lock sb. [up] in a room; **sich in ein[em] Zimmer ~:** lock oneself in a room; **b)** *(umgeben)* ⟨*wall*⟩ surround, enclose; ⟨*people*⟩ surround, encircle; **c)** *(einbegreifen)* **etw. in etw.** *(Akk.)* **~:** include sth. in sth.

**einschließlich 1.** *Präp. mit Gen. (stark dekl. Substantiv im Sg. ohne Artikel od. Attribut bleibt ungebeugt)* including; inclusive of; **~ der Unkosten** including expenses; **die Kosten ~ Porto** costs including *or* inclusive of postage; **sie verlor ihre Handtasche ~ aller Papiere** she lost her handbag and all the papers which were in it. **2.** *adv.* **bis ~ 30. Juni** up to and including 30 June; **bis Montag ~:** up to and including Monday

**ein|schlummern** *itr. V.; mit sein* **a)** *(geh.: einschlafen)* fall asleep; **b)** *(verhüll.: sterben)* pass away *(euphem.)*

**Ein·schluß der a)** *(Einbeziehung)* inclusion; **alle Staaten unter** *od.* **mit ~ dieses Landes** all states, including this country; **b)** *(Geol.)* inclusion

**ein|schmeicheln** *refl. V.* **sich bei jmdm. ~:** ingratiate oneself with sb.

**einschmeichelnd** *Adj.* beguiling ⟨*music, voice*⟩*;* ingratiating ⟨*manner*⟩

**ein·schmeißen** *unr. tr. V. (salopp)* smash [in] ⟨*window*⟩

**ein|schmelzen** *unr. tr. V.* melt down

**ein|schmieren** *tr. V. (ugs.)* **a)** *(einfetten) (mit Creme)* cream ⟨*face, hands, etc.*⟩*; (mit Fett)* grease; *(mit Öl)* oil; **die Kinder schmierten meine Schuhe mit Zahncreme ein** the children smeared toothpaste on my shoes *or* smeared my shoes with toothpaste; **b)** *(schmutzig machen)* **sich/etw. ~:** make *or* get oneself/sth. mucky *(coll.) or* dirty; **sich mit Eis ~:** get oneself covered in ice-cream

**ein|schmuggeln** *tr. V.* **a)** *(unerlaubt einführen)* smuggle in; **etw. in ein Land** *(Akk.)* **~:** smuggle sth. into a country; **b)** *(ugs.: unerlaubt Zutritt verschaffen)* **sich in etw.** *(Akk.)* **~:** sneak into sth.; **jmdn. in etw.** *(Akk.)* **~:** smuggle *or* sneak sb. into sth.

**ein|schnappen** *itr. V.; mit sein* **a)** ⟨*door, lock*⟩ click to; **b)** *(ugs.: schmollen)* go into a huff; *s. auch* **eingeschnappt 2**

**ein|schneiden 1.** *unr. tr. V.* **a)** *(hineinschneiden)* make a cut in; cut; ⟨*rope*⟩ cut into ⟨*wrists*⟩*;* **das Papier an den Ecken ~:** make a cut at each of the corners of the paper; **b)** *(einritzen)* carve; **ein tief eingeschnittenes Tal** a deeply carved valley. **2.** *unr. itr. V.* **das Kleid schneidet an den Schultern ein** the dress cuts into my shoulders

**einschneidend** *Adj.* drastic, radical ⟨*measure, change*⟩*;* drastic, far-reaching ⟨*effect*⟩

**ein|schneien** *itr. V.; mit sein* ⟨*person, car*⟩ get snowed in; become snowbound; ⟨*village, farm*⟩ get snowed in, be cut off by snow; ⟨*mountain pass*⟩ be closed by snow; **eingeschneit sein** be snowed in

**Ein·schnitt der a)** *(Schnitt)* cut; incision *(Med.);* **einen ~ machen** make a cut *or (Med.)* incision; **b)** *(eingeschnittene Stelle)* cut; *(Med.)* incision; *(im Gebirge)* cleft; **c)** *(Zäsur)* break; **d)** *(einschneidendes Ereignis)* [decisive] turning-point; decisive event

**ein|schnüren** *tr. V.* **a) sich/jmdm. die Taille ~:** lace one's/sb.'s waist; **sich ~:** lace oneself up [in one's corset]; **b)** *(einengen)* cut in; **es schnürt mich ein** it cuts into me

**ein|schränken 1.** *tr. V.* **a)** *(verringern)* reduce, curb ⟨*expenditure, consumption, power*⟩*;* **das Trinken/Rauchen/Essen ~:** cut down on the amount one drinks/smokes/eats; **b)** *(einengen)* limit; restrict; **jmdn. in seinen Rechten/seiner Bewegungsfreiheit ~:** limit *or* restrict sb.'s rights/freedom of movement; **c)** *(relativieren)* qualify, modify ⟨*remark*⟩. **2.** *refl. V.* economize; cut back on spending; **sich finanziell ~ müssen** have to cut back on one's spending; **sich im Rauchen/Trinken sehr ~:** cut down drastically on the amount one smokes/drinks; *s. auch* **eingeschränkt**

**Einschränkung die; ~, ~en a)** restriction; limitation; **jmdm. ~en auferlegen** impose restrictions on sb.; **sich** *(Dat.)* **erhebliche finanzielle ~en auferlegen müssen** have to make considerable economies; **b)** *(Vorbehalt)* reservation; **nur mit ~[en]** only with reservations *pl.;* **ohne ~[en]** without reservation; **mit der ~, daß ...:** with the [one] reservation that ...

**ein|schrauben** *tr. V.* screw in

**Einschreibe-: ~brief der** registered letter; **~gebühr die a)** *(Postw., Hochschulw.)* registration fee; **b)** *(in Vereinen usw.)* membership fee

**ein|schreiben** *unr. tr. V.* **a)** *(hineinschreiben)* write up; **b)** *(Postw.)* register ⟨*letter*⟩; **einen Brief ~ lassen** register a letter; send a letter by registered mail; *s. auch* **eingeschrieben 2; c)** *(eintragen)* **sich/jmdn. [in eine Liste] ~:** write sb.'s/one's name down [on a list]; enter sb.'s/one's name [on a list]; **sich an einer Universität ~:** register at a university; **sich für einen Abendkurs ~:** enrol for an evening class; *s. auch* **eingeschrieben; d)** *(DV)* input

**Ein·schreiben das** *(Postw.)* registered letter; **per ~:** by registered mail

**Ein·schreibung die** *(Hochschulw.)* registration; *(für einen Abendkurs)* enrolment

**ein|schreien** *unr. itr. V.* **auf jmdn. ~:** shout at sb.

**ein|schreiten** *unr. itr. V.* intervene; **gegen jmdn./etw. ~:** take action against sb./sth.; **das Einschreiten der Polizei** intervention by the police

**ein|schrumpfen** *itr. V.; mit sein* shrivel up; *(fig.)* dwindle

**Ein·schub der** *(Schrift- u. Druckw.)* insertion

**ein|schüchtern** *tr. V.* intimidate; **sich ~ lassen** let oneself be intimidated; **wir lassen uns nicht ~:** we won't be intimidated

**Einschüchterungs·versuch der** attempt at intimidation

**ein|schulen** *tr. V.* **eingeschult werden** start school; **Sie müssen Ihr Kind mit 6 Jahren ~ lassen** you must ensure that your child starts school when he or she reaches the age of 6

**Ein·schulung die: die Anforderungen für die ~ erfüllen** meet the requirements for starting school; **wir müssen die ~ verlegen** we must postpone the date on which he/she starts school

**Einschulungs·alter das** age at which children start school

**Ein·schuß der a)** bullet wound; wound at point of entry; **b)** *(Raumf.)* **nach dem ~ in die Mondumlaufbahn** after the rocket has/had been put into orbit around the moon *or* into moon orbit; **c)** *(Weberei)* weft; woof; **d)** *(Sport)* **zum ~ kommen** shoot a goal

**Einschuß-: ~loch das** bullet-hole; **~stelle die** wound at point of entry; bullet wound

**ein|schütten** *tr. V.* pour in; **etw. in etw.** *(Akk.)* **~:** pour sth. into sth.; **den Schweinen das Futter ~:** pour the pigs their feed

**ein|schweben** *itr. V.; mit sein* glide in

**ein|schweißen** *tr. V.* **a)** weld in; **etw. in etw.** *(Akk.)* **~:** weld sth. into sth.; **b)** *(in Klarsichtfolien)* **etw. ~:** seal sth. in transparent film

**ein|schwenken** *itr. V.; mit sein* **a)** turn in; **in die Toreinfahrt ~:** turn into the gateway; **nach links ~:** wheel left; **b)** *(fig.)* fall into line; **er schwenkte auf einen neuen politischen Kurs ein** he changed course politically

**ein|schwören** *unr. tr. V.* **a)** *(durch Treueschwur binden)* **jmdn. ~:** swear sb. in; **b)** *(verpflichten)* **jmdn. auf etw.** *(Akk.)* **~:** swear sb. to sth.; *s.* **eingeschworen**

**ein|segnen** *tr. V.* **a)** *(ev. Religion landsch.: konfirmieren)* confirm; **b)** *(kath. Religion: weihen)* consecrate

**Ein·segnung die** *s.* **einsegnen:** confirmation; consecration

**ein|sehen** *unr. tr. V.* **a)** *(überblicken)* see into ⟨*building, garden, etc.*⟩*;* **b)** *(prüfend lesen)* look at, see ⟨*files*⟩*;* **c)** *(erkennen)* see; realize; **d)** *(begreifen)* understand, see

**Einsehen das; ~s: ein ~ haben** have *or* show [some] understanding; **kein ~ haben** have *or* show no understanding

**ein|seifen** *tr. V.* **a) jmdn./sich/etw. ~:** lather sb./oneself/sth.; **jmdn. mit Schnee ~** *(ugs.)* rub snow in sb's face; **b)** *(ugs.: betrügen)* **jmdn. ~:** con sb. *(coll.);* put one over on sb. *(coll.)*

**ein·seitig 1.** *Adj.* **a)** on one side *postpos.;* unrequited ⟨*love*⟩; one-sided ⟨*friendship*⟩*;* **er hat eine ~e Lähmung** he's paralysed down one side; **b)** *(tendenziös)* one-sided, biased ⟨*view, statement, etc.*⟩*;* one-sided ⟨*person*⟩*;* **c)** *(nicht abwechslungsreich)* unbalanced ⟨*diet*⟩*;* one-sided ⟨*education*⟩*;* **ein sehr ~er Mensch** a person with narrow interests. **2.** *adv.* **a) etw. ~ bedrucken** print sth. on one side; **b)** *(tendenziös)* one-sidedly; **c)** *(nicht abwechslungsreich)* **sich ~ ernähren** have an unbalanced diet; **sehr ~ ausgebildet sein** have had a very one-sided education

**Einseitigkeit die; ~, ~en** *(Voreingenommenheit)* one-sidedness; bias

**ein|senden** *unr. (auch regelm.) tr. V.* send [in]; **etw. einem Verlag** *od.* **an einen Verlag ~:** send sth. to a publisher

**Ein·sender der** sender; *(bei einem Preisausschreiben)* entrant; **die ~ von Fotos werden gebeten ...:** we [would] ask all those who send in photographs ...

**Einsende·schluß der** closing date

**Ein·sendung die** letter/card/contribution/article *etc.; (bei einem Preisausschreiben)* entry

**ein|senken** *tr. V.* sink ⟨*pile etc.*⟩*;* **etw. in etw.** *(Akk.)* **~:** sink sth. into sth.

**Einser der; ~s, ~** *(ugs.)* **a)** *(Schulnote)* one; A; *s. auch* **Zweier a; b)** *(Buslinie)* number one [bus]

**ein|setzen 1.** *tr. V.* **a)** *(hineinsetzen)* put in; put in, fit ⟨*window*⟩*;* insert, put in ⟨*tooth, piece of fabric, value, word*⟩*;* **etw. in etw.** *(Akk.)* **~:** put/fit/insert sth. into sth.; **Karpfen in einen Teich ~:** stock a pond with carp; **b)** *(Verkehrsw.)* put on ⟨*special train etc.*⟩*;* **c)** *(ernennen, in eine Position setzen)* appoint; **jmdn. zum** *od.* **als Erben ~:** appoint *or* name sb. one's heir; **jmdn. in ein Amt ~:** appoint sb. to an office; **der Monarch glaubte sich von Gott eingesetzt** the monarch believed he held his office by divine right; **d)** *(in Aktion treten lassen)* use ⟨*weapon, machine*⟩*;* bring into action, use ⟨*troops, police*⟩*;* bring on, use ⟨*reserve player*⟩*;* **seine ganze Kraft ~:** use all one's strength; **e)** *(aufs Spiel setzen)* stake ⟨*money*⟩*;* **f)** *(riskieren)* risk; put at risk; **sein Leben/seinen Ruf ~:** risk one's life/reputation; put one's life/reputation at risk. **2.** *itr. V.* start; begin; ⟨*storm*⟩ break; **mit etw. ~:** start *or* begin sth.; **dann setzte Regen ein** then it started *or* began to rain; **wenn [die] Ebbe/Flut einsetzt** when the tide begins to ebb/flow. **3.** *refl. V.* **a)** *(sich engagieren)* **ich werde mich dafür ~, daß Sie mehr Geld bekommen** I shall do what I can to see that you get more money; **sich für die Annahme des Gesetzes/die Rettung der Flüchtlinge ~:** do what one can to see that the law is passed/the refugees are saved; **sich selbstlos für die Armen ~:** lend aid unselfishly to the poor; **der Schüler/Minister setzt sich nicht genug ein** the pupil is lacking application/the minister is lacking in commitment; **b)** *(Fürsprache einlegen)* **sich für jmdn. ~:** support sb.'s cause

**Einsetzung die, ~, ~en** appointment **(in +** *Akk.* to)

**Ein·sicht die a)** *(das Einsehen)* view **(in +** *Akk.* into); **b)** *o. Pl. (Einblick)* **~ in die Akten nehmen** take *or* have a look at the files; **jmdm. ~ in etw.** *(Akk.)* **gewähren** allow sb. to look at *or* see sth.; **c)** *(Erkenntnis)* insight; **zu der ~ kommen, daß ...:** come to realize that ...; come to the realization that ...; **d)** *o. Pl. (Vernunft)* sense; reason; *(Verständnis)* understanding; **~ mit jmdm. haben** show [some] understanding for sb.; **zur ~ kommen** come to one's senses

**einsichtig** **1.** *Adj.* **a)** *(verständnisvoll)* understanding; **jeder Einsichtige muß zugeben, daß ...:** anyone with any understanding of the situation must concede that ...; **b)** *(verständlich)* comprehensible, understandable, clear; **ihm war nicht ~, warum ...:** it was not clear to him why ...; he was not clear why ... **2.** *adv.* **sehr ~ vorgehen** show a great deal of understanding

**Einsichtnahme die; ~, ~n** *(Papierdt.)* **nach ~ in die Akten** after studying the files; **die Baupläne liegen zur ~ aus** the building plans are available for inspection

**einsichts-: ~los** *Adj.* **a)** *(verständnislos)* lacking in understanding *postpos.*; **b)** *(reuelos)* without remorse *postpos.*; **~voll** *Adj.* understanding

**ein|sickern** *itr. V.; mit sein* seep in; *(fig.)* trickle in

**Einsiedelei** [ainzi:də'lai] **die; ~, ~en** hermitage; *(fig.)* [country] retreat

**Ein·siedler der** hermit; *(fig.)* recluse

**einsiedlerisch** *Adj.* hermit-like; solitary

**Einsiedler-: ~klause die** hermitage; **~krebs der** hermit-crab

**ein·silbig 1.** *Adj.* **a)** monosyllabic ⟨*word*⟩; **b)** *(fig.)* taciturn ⟨*person*⟩; monosyllabic ⟨*answer*⟩. **2.** *adv. (fig.)* ⟨*answer*⟩ in monosyllables

**Einsilbigkeit die; ~** *(fig.)* taciturnity

**ein|singen** *unr. refl. V.* get oneself into voice; ⟨*choir*⟩ get itself into voice

**ein|sinken** *unr. itr. V.* **a)** sink in; **in etw.** *(Dat.)* **~:** sink into sth.; **b)** *(zusammenfallen)* ⟨*roof*⟩ sag; **eingesunkene Wangen** sunken cheeks

**ein|sitzen** *unr. itr. V. (Rechtsw.)* serve a prison sentence; **er sitzt für drei Jahre ein** he is serving three years *or* a three-year sentence

**Einsitzer der; ~s, ~:** single-seater

**einsitzig** *Adj.* single-seater *attrib.*

**ein|sortieren** *tr. V.* sort ⟨*books, papers, etc.*⟩ and put them away; **Briefmarken/Fotos in ein Album ~:** put stamps/photos into an album; **Karteikarten ~:** file cards; **Briefe in Fächer ~:** sort letters into pigeonholes

**ein·spaltig** *(Druckw.)* **1.** *Adj.* single-column *attrib.* **2.** *adv.* ⟨*print, set*⟩ in one column

**ein|spannen** *tr. V.* **a)** harness ⟨*horse*⟩; **b)** *(in etw. spannen)*; **den Bogen [in die Schreibmaschine] ~:** put the sheet of paper in[to the typewriter]; **Stoff in einen Stickrahmen ~:** fix cloth into an embroidery frame; **das Werkstück [in den Schraubstock] ~:** clamp the work [in the vice]; **c)** *(ugs.: heranziehen)* rope in *(coll.)*; **er wollte uns für seine Zwecke ~:** he wanted to use us for his own ends; *s. auch* **eingespannt 2**

**Einspänner** ['ainʃpɛnɐ] **der; ~s, ~ a)** one-horse carriage; **b)** *(österr. Gastr.)* black coffee with whipped cream *(served in a glass)*

**einspännig 1.** *Adj.* one-horse *attrib.* ⟨*carriage*⟩. **2.** *adv.* **~ fahren** drive a one-horse carriage

**ein|sparen** *tr. V.* save, cut down on ⟨*costs, expenditure*⟩; save ⟨*time*⟩; save, economize on ⟨*energy, electricity, gas, materials*⟩; **Stellen/Arbeitsplätze ~:** cut down on the number of posts/cut down on staff

**Einsparung die; ~, ~en** saving **(an +** *Dat.* in); **~en an Kosten/Energie/Material** savings *or* economies in costs/energy/materials; **durch ~ an** *od.* **von Material** by economizing on *or* saving materials

**Einsparungs·maßnahme die** economy measure

**ein|speicheln** *tr. V.* insalivate

**ein|speichern** *tr. V. (DV)* feed in; input; **einem Computer etw. ~:** feed sth. into a computer

**ein|speisen** *tr. V. (Technik, DV)* feed in; **etw. in etw.** *(Akk.)* **~:** feed sth. into sth.

**ein|sperren** *tr. V.* **jmdn. ~:** lock sb. up

**ein|spielen 1.** *refl. V.* **a)** ⟨*musician, athlete, team, etc.*⟩ warm up; *(zum Saisonbeginn)* ⟨*athlete, team*⟩ get into practice; **sich aufeinander ~** *(fig.)* get used to each other's ways *or* one another; *s. auch* **eingespielt 1; b)** *(funktionieren)* get going [properly]. **2.** *tr. V.* **a)** *(einbringen)* make; bring in; **der Film hat seine Unkosten eingespielt** the film has covered its costs; **b)** play *or* break in ⟨*musical instrument*⟩; **c)** *(aufnehmen)* record

**Einspiel·ergebnis das** *(Film, Theater)* box-office takings *pl.*

**ein|spinnen** *unr. refl. V. (Zool.)* ⟨*insect*⟩ spin a cocoon around itself

**einsprachig** ['ainʃpra:xɪç] **1.** *Adj.* monolingual. **2.** *adv.* **~ aufwachsen** grow up speaking only one language; *s. auch* **zweisprachig**

**ein|sprechen** *unr. itr. V. s.* **einreden 2**

**ein|sprengen** *tr. V.* **etw. ~:** sprinkle sth. with water; damp sth.; *s. auch* **eingesprengt**

**Einsprengsel** ['ainʃprɛŋsl̩] **das; ~s, ~:** embedded particles *pl.*; **mit einigen philosophischen** *usw.* **~n** *(fig.)* with a sprinkling of philosophy *etc.*

**ein|springen 1.** *unr. itr. V.; mit sein* **a)** *(als Stellvertreter)* stand in; *(fig.: aushelfen)* step in and help out; **für jmdn. ~:** stand in for sb./step in and help sb. out; **b)** *(Turnen)* **in den Handstand ~:** perform a dive to handstand. **2.** *unr. refl. V. (Ski)* do practice jumps

**Einspritz|düse die** injection nozzle

**ein|spritzen** *tr. V. (auch Kfz-W.)* inject; **jmdm. etw. ~:** inject sb. with sth.

**Einspritz-: ~motor der** fuel-injection engine; **~pumpe die** injection pump

**Ein·spruch der a)** *(Einwand)* objection (**gegen** to); **~ gegen etw. erheben** raise an objection to sth.; **b)** *(Rechtsw.)* objection; *(gegen Urteil, Entscheidung)* appeal; **[gegen etw.] ~ einlegen** raise an objection [to sth.]; *(gegen Urteil, Entscheidung)* lodge an appeal [against sth.]

**ein|sprühen** *tr. V.* **die Windschutzscheibe mit einem Entfroster ~:** spray de-icer on [to] the windscreen *(Brit.) or (Amer.)* windshield; **sich** *(Dat.)* **das Haar ~:** put hairspray on one's hair

**einspurig** ['ainʃpu:rɪç] **1.** *Adj.* single-track ⟨*road*⟩. **2.** *adv.* **die Autobahn ist nur ~ befahrbar** only one lane of the motorway is open

**Eins·sein das** *(geh.)* oneness

**einst** [ainst] *Adv. (geh.)* **a)** *(früher)* once; **b)** *(der~)* some *or* one day; **~ wird kommen der Tag, da ...** *(dichter., veralt.)* the day will come when ...

**ein|stampfen** *tr. V.* pulp ⟨*books*⟩

**Ein·stand der a)** *(zum Dienstantritt)* **seinen ~ geben** celebrate starting a new job; **b)** *o. Pl. (Sport: erstes Spiel)* début; **seinen ~ geben** make one's début; play one's first match; **c)** *o. Pl. (Tennis)* deuce

**ein|stanzen** *tr. V. (Technik)* stamp in; **etw. auf etw.** *(Akk.)***/in etw.** *(Akk.)* **~:** stamp sth. into *or* on sth.

**ein|stauben** *itr. V.; mit sein* get dusty; get covered in dust; **eingestaubt sein** be dusty; be covered in dust

**ein|stäuben** *tr. V. (mit Mehl)* dust

**ein|stechen 1.** *unr. itr. V.* **a)** *(mit einer Stichwaffe)* **auf jmdn. ~:** stab sb.; **b)** *(Kartenspiel)* trump; play a trump. **2.** *unr. tr. V.* pierce, make ⟨*hole*⟩; **eine Nadel in etw.** *(Akk.)* **~:** stick *or* push a needle into sth.; **den Teig mit einer Gabel ~:** prick the dough with a fork

**ein|stecken** *tr. V.* **a)** *(in etw. stecken)* put in; **etw. in etw.** *(Akk.)* **~:** put sth. into sth.; **das Bügeleisen ~:** plug in the iron; **er steckte die Pistole/das Messer wieder ein** he put the pistol back in the holster/the knife back in the sheath; **b)** *(mitnehmen)* **[sich** *(Dat.)***] etw. ~:** take sth. with one; put sth. in one's pocket/case *etc.*; **c)** mail ⟨*letter*⟩; **d)** *(abwertend: für sich behalten)* pocket ⟨*money, profits*⟩; **e)** *(hinnehmen)* take ⟨*criticism, defeat, etc.*⟩; take, swallow ⟨*insult*⟩; **f)** *(ugs.: übertreffen)* outclass ⟨*competitors, opponents*⟩

**Einsteck-: ~kamm der** comb; **~tuch das** dress handkerchief

**ein|stehen** *unr. itr. V.* **a)** *(garantieren)* **für jmdn. ~:** vouch for sb.; **dafür ~, daß ...:** vouch [for the fact] that ...; **b)** *(verantwortlich gemacht werden)* **für etw. ~:** take responsibility for *or* assume liability for sth.; **für jmdn. ~:** take responsibility for *or* assume liability for sb.'s debts/misdeeds *etc.*; *(jmdm. treu bleiben)* stand by sb.

**Einsteige·diebstahl der** *(Rechtsw.) burglary involving entering, but not breaking into, a property*

**ein|steigen** *unr. itr. V.; mit sein* **a)** *(in ein Fahrzeug)* get in; **in ein Auto ~:** get into a car; **in den Bus ~:** get on the bus; **vorn/hinten ~** *(ins Auto)* get into the front/back; *(in den Bus)* get on at the front/back; **b)** *(eindringen)* **durch ein Fenster/über den Balkon ~:** climb in *or* get in through a window/over the balcony; **c)** *(ugs.: sich engagieren)* **in ein Geschäft/die Politik ~:** go into a business/into politics; **in die Frauenbewegung ~:** get involved in the women's movement; **[mit zwei Millionen] in ein Unternehmen ~:** take a [two million pound *etc.*] stake in a company; **d)** *(Bergsteigen)* **in eine Felswand ~:** tackle a rock-face; **e)** *(Sport)* tackle; **hart ~:** go in hard

**einstellbar** *Adj.* adjustable; **das ist genau ~:** it can be adjusted *or* set exactly

**ein|stellen 1.** *tr. V.* **a)** *(einordnen)* put away ⟨*books etc.*⟩; **b)** *(unterstellen)* put in ⟨*car, bicycle*⟩; **das Auto [in die Garage] ~:** put the car in [the garage]; **c)** *(auch itr.) (beschäftigen)* take on, employ ⟨*workers*⟩; **„VW stellt wieder ein"** 'VW is taking on new workers again'; **„wir stellen ein: Schweißer"** 'we have vacancies for welders'; **d)** *(regulieren)* adjust; set; focus ⟨*camera, telescope, binoculars*⟩; adjust ⟨*headlights*⟩; **die Kamera auf die richtige Entfernung ~:** set the camera to the correct distance; **das Radio laut/leiser ~:** put the radio on loud/turn the radio down; **ein Radio auf einen Sender ~:** tune a radio to a station; tune in to a station; **ein Programm [an der Waschmaschine] ~:** select a programme [on the washing-machine]; **e)** *(beenden)* stop; call off ⟨*search, strike*⟩; **das Feuer ~:** cease fire; **die Zeitung hat ihr Erscheinen eingestellt** the newspaper has ceased publication; **ein Gerichtsverfahren ~:** abandon court proceedings; **die Arbeit ~** ⟨*factory*⟩ close; ⟨*workers*⟩ stop work; **f)** *(Sport)* equal ⟨*record*⟩; **g)** *(Sport: vorbereiten)* **eine Mannschaft defensiv/offensiv ~:** train a team to play defensive/attacking football. **2.** *refl. V.* **a)** *(ankommen, auch fig.)* arrive; **b)** *(eintreten)* ⟨*pain, worry*⟩ begin; ⟨*success*⟩ come; ⟨*symptoms, consequences*⟩ appear; **starkes Erbrechen stellte sich ein** he/she began to vomit violently; **c)** *(einrichten)* **sich auf etw.** *(Akk.)* **~:** prepare oneself *or* get ready for sth.; **sich schnell auf neue Situationen ~:** adjust quickly to new situations; **sie war nicht auf Gäste eingestellt** she was not prepared for guests; **sich auf jmdn. ~:** adapt to sb.

**Einstell·hebel der** adjusting lever

**ein·stellig** *Adj.* single-figure *attrib.* ⟨*number*⟩

**Einstell·platz der** parking space; *(auf eigenem Grundstück)* carport

**Ein·stellung die a)** *(von Arbeitskräften)* employment; taking on; **b)** *(Regulierung)* adjustment; setting; *(eines Fernglases, einer Kamera)* focusing; *(von Scheinwerfern)* adjustment; **c)** *(Beendigung)* stopping; *(einer Suchaktion, eines Streiks)* calling off; **die ~**

**der Produktion veranlassen** order that production be stopped; **er drohte mit der ~ der Zahlungen** he threatened to stop the payments; **d)** *(Sport)* **die ~ eines Rekordes** the equalling of a record; **e)** *(Ansicht)* attitude; **ihre politische/religiöse ~:** her political/religious views *pl.;* **f)** *(Film)* take

**Einstellungs-: ~bedingung die;** *meist Pl.* requirement [for appointment]; **~gespräch das** interview; **~sperre die, ~stopp der** freeze on recruitment; **~termin der** starting date

**einstens** ['ainstn̩s] *(geh., veralt.) s.* **einst**

**Ein·stich der a)** insertion; **b)** *(~stelle)* puncture; prick

**ein|sticken** *tr. V.* embroider **(in +** *Akk.* on)

**Ein·stieg der; ~[e]s, ~e a)** *(Eingang)* entrance; *(Tür)* door/doors; **b)** *o. Pl. (das Einsteigen)* entry; **„kein ~"** 'exit only'; **c)** *(Bergsteigen)* **der ~ in die Nordwand** the start of the assault on the north face; **beim ~ in den Kamin** at the start of the climb up the chimney; **ein guter ~:** a good point to start the climb; **d)** *(fig.)* **der ~ in diese Problematik ist schwierig** these are difficult problems to approach

**Einstieg·luke die** hatch

**Einstiegs·droge die** come-on drug

**einstig** *Adj.; nicht präd.* former

**ein|stimmen 1.** *itr. V.* join in; *(veralt.: zustimmen)* agree; **in den Gesang ~:** join in the singing; **in das [allgemeine] Lachen ~** *(fig.)* join in the [general] laughter. **2.** *tr. V.* **jmdn. auf etw.** *(Akk.)* **~:** get sb. in the [right] mood for sth.

**einstimmig 1.** *Adj.* **a)** *(Musik)* **ein ~es Lied** a song for one voice; **b)** *(einmütig)* unanimous ‹*decision, vote*›. **2.** *adv.* **a)** *(Musik)* **~ singen** sing in unison; **b)** *(einmütig)* unanimously

**Einstimmigkeit die; ~:** unanimity; **~ erzielen** achieve unanimity; reach unanimous agreement

**Ein·stimmung die: zur** *od.* **als ~ auf etw.** to get in the [right] mood for sth.

**ein|stippen** *tr. V. (bes. nordd.)* dip; dunk

**einst·mals** *Adv. (geh., veralt.)* formerly; in former times

**ein·stöckig 1.** *Adj.* single-storey *attrib.;* one-storey *attrib.;* **hier sind die meisten Häuser ~:** most of the houses here have one storey. **2.** *adv.* **hier darf nur ~ gebaut werden** single-storey *or* one-storey buildings only may be built here

**ein|stöpseln** *tr. V.* **a)** plug in ‹*telephone, electrical device*›; **b)** put in, push in ‹*cork etc.*›

**ein|stoßen** *unr. tr. V.* **a)** *(gewaltsam öffnen)* break down ‹*door, wall*›; smash [in] ‹*window*›; smash ‹*mirror*›; **b)** *(durch Anstoßen verletzen)* break ‹*nose, ribs*›; **sich** *(Dat.)* **den Kopf ~:** bang one's head

**ein|strahlen 1.** *itr. V.* **a)** *(hineinscheinen)* shine in; **das ~de Licht** the light shining in; **b) auf etw.** *(Akk.)* **~** ‹*sun*› irradiate sth. **2.** *tr. V. (Physik, Technik)* direct ‹*beam etc.*›

**Ein·strahlung die** irradiation; *(Sonnen~)* insolation

**ein|streichen** *unr. tr. V.* **a) Brot mit Butter** *usw.* **~:** spread butter *etc.* on bread; **b)** *(ugs.: für sich behalten)* pocket ‹*money, winnings, etc.*›; *(ugs. abwertend)* rake in *(coll.)* ‹*money, profits, etc.*›; **c)** *(Theater)* cut ‹*script, play*›

**ein·streifig** *(Verkehrsw.)* **1.** *Adj.* single-lane. **2.** *adv.* in a single-lane

**ein|streuen** *tr. V.* **a) etw. mit Sand ~:** strew *or* scatter sand on sth.; **b)** *(einfügen)* **er streute witzige Bemerkungen in seinen Vortrag ein** he sprinkled his lecture with witty remarks

**ein|strömen** *itr. V.* ‹*water*› pour *or* flood *or* stream in; ‹*air, light*› stream in; *(fig.)* ‹*crowd, supporters*› stream *or* pour in

**ein·strophig** *Adj.* one-verse *attrib.* ‹*poem, song*›; ‹*poem, song*› consisting of one verse; **das Gedicht ist ~:** the poem consists of *or* has one verse *or* stanza

**ein|studieren** *tr. V.* rehearse

**ein·studiert** *Adj. (abwertend)* studied

**Einstudierung die; ~, ~en a)** *o. Pl.* rehearsal; **b)** *(Inszenierung)* production

**ein|stufen** *tr. V.* classify; categorize; **jmdn. in eine Kategorie/eine höhere Steuerklasse ~:** put sb. in a category/a higher income-tax bracket

**ein·stufig** *Adj.* single-stage ‹*rocket*›

**Einstufung** ['ainʃtu:fʊŋ] **die, ~, ~en** classification; categorization

**ein|stülpen** *tr. V.* push in

**ein·stündig** *Adj.* one-hour *attrib.* ‹*wait, delay*›; **nach ~em Warten** after a wait of one hour; after an hour's wait; *s. auch* **achtstündig**

**ein|stürmen** *itr. V.* **mit Fragen/Bitten auf jmdn. ~:** besiege sb. with questions/requests

**Ein·sturz der** collapse

**ein|stürzen** *itr. V.; mit sein* **a)** collapse; **eine Welt stürzte für sie ein** *(fig.)* her whole world collapsed *or* fell apart; **b)** *(fig.)* **auf jmdn. ~** ‹*worries, problems*› crowd in [up]on sb.

**Einsturz·gefahr die;** *o. Pl.* danger of collapse; **„Achtung, ~!"** 'danger – building unsafe'

**einst·weilen** *Adv.* **a)** *(vorläufig)* for the time being; temporarily; **b)** *(inzwischen)* in the mean time; meanwhile

**einstweilig** *Adj.; nicht präd. (Amtsspr.)* temporary; **eine ~e Verfügung/Anordnung** *(Rechtsw.)* a temporary injunction/order; **in den ~en Ruhestand versetzt werden** be suspended from duty

**ein|suggerieren** *itr. V.* **jmdm. etw. ~:** instil sth. into sb. by suggestion

**Eins·werden das** *(geh.)* becoming one *no art.;* **das ~ der Liebenden** the union of the lovers

**ein·tägig** *Adj.* one-day *attrib.;* **ein ~er Ausflug** a day tour; *s. auch* **achttägig**

**Eintags·fliege die** *(Zool.)* mayfly; *(fig. ugs.)* seven-day wonder; *(kein Dauerzustand)* passing phase

**ein|tanzen** *refl. V.* warm up

**Ein·tänzer der** *(veralt.)* gigolo

**ein|tasten** *tr. V. (Technik)* key in

**ein|tauchen 1.** *tr. V.* immerse; **den Pinsel in die Farbe ~:** dip the brush in the paint; **den Zwieback in den Tee ~:** dunk *or* dip the rusk in the tea. **2.** *itr. V.; mit sein* dive in; ‹*submarine*› dive

**Ein·tausch der** exchange; **im ~ gegen etw.** in exchange for sth.

**ein|tauschen** *tr. V.* exchange **(gegen** for)

**ein·tausend** *Kardinalz.* a *or* one thousand; *s. auch* **[1]acht**

**ein|teilen** *tr. V.* **a)** divide up; classify ‹*plants, species*›; **den Kuchen in zwölf Stücke ~:** divide *or* cut the cake [up] into twelve pieces; **b)** *(disponieren, verplanen)* organize; plan [out]; **sein Geld [besser] ~:** plan *or* organize one's finances [better]; **sich** *(Dat.)* **seine Arbeit ~:** organize *or* plan [out] one's work; **sich seine Vorräte ~:** plan out how to make one's provisions last; **c)** *(delegieren, abkommandieren)* **jmdn. für etw.** *od.* **zu etw. ~:** assign sb. to sth.

**Einteiler der; ~s, ~** *(Mode)* one-piece bathing-suit

**einteilig** ['aintailɪç] *Adj.* one-piece ‹*dress, bathing-suit*›

**Ein·teilung die a)** *(Gliederung)* division; dividing up; *(Biol.)* classification; **b)** *(planvolles Disponieren)* organization; planning; **bei besserer ~ seines Gehalts würde er ...:** if he planned out better how to spend his salary, he would...; **c)** *(Delegierung, Abkommandierung)* assignment

**Eintel** ['aintl̩] **das** *(schweiz. meist* **der); ~s, ~:** whole

**ein|tippen** *tr. V. (in die Kasse)* register; *(in einen Rechner)* key in

**eintönig** ['aintø:nɪç] **1.** *Adj.* monotonous ‹*landscape, work, life*›. **2.** *adv.* monotonously; ‹*read*› in a monotone

**Eintönigkeit die; ~:** monotony

**Ein·topf der, Eintopf·gericht das** *(Kochk.)* stew

**Ein·tracht die;** *o. Pl.* harmony; concord; **in ~ leben** live in harmony

**ein·trächtig 1.** *Adj.* harmonious. **2.** *adv.* harmoniously; **~ zusammenleben** live together in harmony

**Eintrag** ['aintra:k] **der; ~[e]s, Einträge** ['aintrɛ:gə] **a)** *o. Pl. (das Eintragen)* entering; **b)** *(Aktennotiz)* entry; **ein ~ ins Register** an entry in the register

**ein|tragen** *unr. tr. V.* **a)** *(einschreiben)* enter; copy out ‹*essay*›; **einen Aufsatz in sein Heft ~:** copy an essay into one's exercise-book; *(einzeichnen)* mark in; enter; **seinen Namen** *od.* **sich [in eine Liste] ~:** enter one's name [on a list]; **b)** *(Amtsspr.)* register; **sich ~ lassen** register; **etw. auf seinen Namen ~ lassen** have sth. registered in one's name; **ein eingetragenes Warenzeichen** a registered trade mark; *s. auch* **Verein; c)** *(einbringen)* bring in ‹*money*›; bring ‹*criticism*›; win ‹*goodwill*›; **das Geschäft trägt [einen] Gewinn ein** the business makes a profit; **das hat ihm nur Undank eingetragen** that only brought him ingratitude

**einträglich** ['aintrɛ:klɪç] *Adj.* profitable, lucrative ‹*business, sideline*›; lucrative ‹*work, job*›

**Eintragung die; ~, ~en a)** *(das Eintragen)* entering; **die ~ der Zinsen vornehmen lassen** have the interest entered [in one's account book]; **eine ~ ins Grundbuch bezahlen** pay to have a property *etc.* entered in the land register; **b)** *(Eingetragenes)* entry

**ein|träufeln** *tr. V.* **sich/jmdm. Augentropfen ~:** put drops in one's/sb.'s eyes; **jmdm. ein Medikament ~:** administer *or* give a medicine to sb. in drops

**ein|treffen** *unr. itr. V.; mit sein* **a)** *(ankommen)* arrive; **b)** *(verwirklicht werden)* ‹*prophecy*› come true

**Ein·treffen das;** *o. Pl.* arrival; **ich glaube nicht an das ~ dieser Prophezeiung** I don't believe that this prophecy will come true

**ein|treiben** *unr. tr. V.* **a)** *(kassieren)* collect ‹*taxes, debts*›; *(durch Gerichtsverfahren)* recover ‹*debts, money*›; **das Geld ~ lassen** take action to obtain the money; **b)** *(hineintreiben)* drive in ‹*nail, stake*›

**Eintreibung die; ~, ~en** *(von Steuern, Schulden)* collection; *(durch Gerichtsverfahren)* recovery

**ein|treten 1.** *unr. itr. V.* **a)** *mit sein (einen Raum betreten)* enter; **in ein Zimmer ~:** enter a room; **bitte, treten Sie ein!** please come in; **die Eintretenden** those entering; **b)** *mit sein (Mitglied werden)* **in einen Verein/einen Orden ~:** join a club/enter a religious order; **c)** *mit sein (Raumfahrt)* **in die Erdumlaufbahn/Erdatmosphäre ~:** enter Earth orbit/the Earth's atmosphere; **d)** *mit sein* **in eine neue/schwierige Phase ~:** be entering a new/difficult phase; **in Verhandlungen ~:** enter into negotiations; **in die Beweisaufnahme ~** *(Rechtsw.)* proceed to hearing the evidence; **e)** *mit sein (sich ereignen)* occur; ‹*silence*› descend; ‹*thaw*› set in; ‹*darkness, night*› set in, fall; **bald trat eine Besserung ein** there was soon an improvement; **bei Eintreten der Dunkelheit** at nightfall; when darkness sets/set in; **das Unerwartete war eingetreten** the unexpected had occurred *or* happened; **f)** *mit sein (sich einsetzen)* **für jmdn./etw. ~:** stand up for sb./sth.; *(vor Gericht)* speak in sb.'s defence; **g) auf jmdn./etw. ~:** kick sb./sth. **2.** *unr. tr. V.* kick in *(door, window, etc.)*. **3.** *unr. refl. V.* **sich** *(Dat.)* **etw. ~:** get sth. in one's foot

**ein|trichtern** *tr. V. (salopp)* **jmdm. etw. ~:** drum sth. into sb.; **jmdm. ~, daß ...:** drum into sb. that ...

**Ein·tritt der a)** entry; entrance; **sich** *(Dat.)* **[in etw.** *(Akk.)***] ~ verschaffen** gain entry [to sth.]; **beim ~ in die Adoleszenz** *(fig.)* when entering adolescence; **vor dem ~ in die Verhandlungen** *(fig.)* before entering into negotiations; **b)** *(Beitritt)* **der ~ in einen Verein/einen Orden** joining a club/entering a religious order; **c)** *(von Raketen)* entry; **beim ~ [in die Erdatmosphäre]** on entry [into the Earth's atmosphere]; **d)** *(Zugang, Eintrittsgeld)* admission; **[der] ~ [ist] frei** admission [is] free; **jmdm. den ~ [in etw.** *(Akk.)***] verwehren** refuse sb. admission [to sth.]; **e)** *(Beginn) (des Winters)* onset; **vor/nach ~ der Dunkelheit** before/after nightfall *or* dusk; **f)** *(eines Ereignisses)* occurrence; *(der Menstruation, Wehen)* onset; **bei ~ des Todes** when death occurs

**Eintritts-: ~geld das** admission charge *or* fee; entrance charge *or* fee; **~karte die** admission *or* entrance ticket; **~preis der** admission *or* entrance charge

**ein|trocknen** *itr. V.; mit sein* **a)** *(paint, blood)* dry; *(water, toothpaste)* dry up; **b)** *(verdorren) (leather)* dry out; *(berry, fruit)* shrivel

**ein|trüben** *refl. V. (Met.)* cloud over; become overcast; **es trübt sich ein** it's clouding over

**Ein·trübung die** cloudy spell

**ein|trudeln** *itr. V.; mit sein (ugs.)* drift in *(coll.)*

**ein|tunken** *tr. V. (landsch.)* **etw. in etw.** *(Akk.)* **~:** dip *or* dunk sth. in sth.

**ein|tüten** *tr. V.* bag

**ein|üben** *tr. V.* **a)** *(sich aneignen)* practise; **jede einzelne seiner Gesten wirkt sorgfältig eingeübt** all of his gestures seem carefully rehearsed; **b)** *(proben, trainieren)* **mit jmdm. etw. ~:** practise sth. with sb.

**Ein·übung die a)** *(Aneignung)* acquisition; **b)** *(Proben, Trainieren)* practising

**Ein·uhr-:** one o'clock *(news, train)*

**ein·und·ein·halb** *s.* **anderthalb**

**Einung die; ~, ~en** *(dichter.) s.* **Einigung b**

**ein|verleiben** [-fɛɐ̯laibn̩] **1.** *tr. V.* annex *(land, country)*. **2.** *refl. V. (sich zu eigen machen)* assimilate, absorb *(knowledge, experience)*; *(scherzh.: zu sich nehmen)* put away *(coll.)*

**Einvernahme die; ~, ~n** *(Rechtsw., bes. österr. u. schweiz.)* examination

**ein|vernehmen** *unr. tr. V. (Rechtsw., bes. österr. u. schweiz.)* examine

**Ein·vernehmen das; ~s** harmony; *(Übereinstimmung)* agreement; **in freundschaftlichem/gutem ~ [mit jmdm.]** on friendly/good terms [with sb.]; *s. auch* **setzen 1 c**

**ein·vernehmlich** *(Amtsspr.)* **1.** *Adv.* conjointly. **2.** *adj.* conjoint

**einverstanden** *Adj.; nicht attr.* **mit jmdm. ~ sein** *(einer Meinung)* be in agreement with sb.; agree with sb.; **mit jmdm./etw. ~ sein** *(zufrieden)* approve of sb./sth.; **sich [mit etw.] ~ erklären** agree [to sth.]; express one's agreement [to sth.]; **~!** *(ugs.)* okay! *(coll.)*; agreed!

**ein·verständlich** *(geh.)* **1.** *Adj.* mutually agreed; *(divorce)* by mutual consent. **2.** *adv.* by mutual consent

**Ein·verständnis das a)** *(Billigung)* consent **(zu** to); approval **(zu** of); **im ~ mit jmdm. handeln** act with sb.'s consent; **Ihr ~ vorausgesetzt** with your approval; if you are agreed; **b)** *(Übereinstimmung)* agreement; **zwischen ihnen herrscht ~:** there is agreement between them

**Ein·waage die** *(Kaufmannsspr.)* contents *pl.*

[1]**ein|wachsen** *unr. itr. V.; mit sein* grow into the flesh; **eingewachsen** ingrown *(toenail)*

[2]**ein|wachsen** *tr. V.* wax

**Einwand der; ~[e]s, Einwände** ['ainvɛndə] objection **(gegen** to)

**Ein·wanderer der** immigrant

**ein|wandern** *itr. V.; mit sein* immigrate **(in** *+ Akk.* into)

**Ein·wanderung die** immigration; **eine Zunahme der ~en** an increase in the number of immigrants

**Einwanderungs-: ~behörde die** immigration authorities *pl.*; **~land das** immigration country; **~quote die** immigration quota; **~welle die** wave of immigrants

**einwand·frei 1.** *Adj.* **a)** *(ohne Fehler)* flawless; perfect; impeccable *(behaviour)*; **das Fleisch ist noch ~:** the meat is still perfectly fresh; **b)** *(eindeutig)* indisputable, definite *(proof)*; watertight *(alibi)*. **2.** *adv.* **a)** perfectly; flawlessly; *(behave)* impeccably; **b)** beyond question *or* doubt; **es ist ~ erwiesen, daß ...:** it has been proved beyond question *or* doubt that ...

**einwärts** ['ainvɛrts] *Adv.* inwards

**einwärts·gebogen** *Adj.* concave

**ein|weben** *tr. V.* weave *or* work in; **etw. in etw.** *(Akk.)* **~:** weave *or* work sth. into sth.

**ein|wechseln** *tr. V.* **a)** *(wechseln, umtauschen)* change *(money)*; **b)** *(Sport)* substitute *(player)*

**ein|wecken** *tr. V.* preserve; preserve, bottle *(fruit, vegetables)*

**Einweck-: ~glas das** preserving-jar; **~gummi der, ~ring der** rubber seal *(for preserving jar)*; **~topf der** preserving-pan

**Ein·weg-: ~flasche die** non-returnable bottle; **~packung die** disposable pack; **~spiegel der** one-way mirror; **~spritze die** disposable [hypodermic] syringe

**ein|weichen** *tr. V.* soak

**ein|weihen** *tr. V.* **a)** open [officially] *(bridge, road)*; dedicate *(monument)*; consecrate *(church)*; **b)** *(ugs. scherzh.: zum erstenmal benutzen)* christen *(coll.)*; **c)** *(vertraut machen)* **jmdn. in etw.** *(Akk.)* **~:** let sb. in on sth.; **jmdn. in die Kunst des Strickens/in das Schachspiel ~:** initiate sb. into the art of knitting/the mysteries of chess

**Einweihung die; ~, ~en** [official] opening

**ein|weisen** *unr. tr. V.* **a) jmdn. in ein Krankenhaus ~:** have sb. admitted to hospital; **die Flüchtlinge wurden in eine Wohnung/ein Lager eingewiesen** the refugees were assigned a flat *(Brit.) or (Amer.)* apartment/sent to a camp; **b)** *(in eine Tätigkeit)* **jmdn. [in eine/die Arbeit] ~:** introduce sb. to a/the job; show sb. what a/the job involves; **c)** *(in ein Amt)* install; **jmdn. in sein Amt ~:** install sb.; **d)** *(Verkehrsw.)* direct

**Ein·weisung die a)** *(Unterbringung)* **~ in ein Krankenhaus** admission to a hospital; **sich gegen die ~ in ein Lager wehren** fight against being sent to a camp; **b)** introduction; **er wurde mit der ~ der neuen Mitarbeiter betraut** he was given the task of introducing the new members of staff to their jobs; **c)** *(Amtseinführung)* installation

**ein|wenden** *unr. (auch regelm.) tr. V.* **dagegen läßt sich manches/vieles ~:** there are a number of things/is a lot to be said against that; **dagegen ist nichts einzuwenden** there can be no objection to that; **„...", wandte er ein** '...,' he objected; **gegen etw. nichts einzuwenden haben** have no objection to sth.; have nothing against sth.

**Ein·wendung die** objection **[gegen** to]

**ein|werfen 1.** *unr. tr. V.* **a)** mail *(letter, mail)*; put in, insert *(coin)*; **b)** *(zertrümmern)* smash, break *(window)*; **c)** *(Ballspiele)* throw in *(ball)*; **d)** *(bemerken, sagen)* throw in *(remark)*; **„...", warf sie ein** '...,' she interjected. **2.** *unr. itr. V. (Ballspiele) (vom Rand)* take the throw-in; *(ins Tor)* score

**ein·wertig** *Adj.* **a)** *(Chemie)* monovalent *(atom)*; **b)** *(Sprachw.)* one-place *(verb)*

**ein|wickeln** *tr. V.* **a)** wrap [up] *(article, present)*; **jmdn./sich in etw.** *(Akk.)* **~:** wrap sb./oneself [up] in sth.; **b)** *(ugs.)* **jmdn. ~** *(überreden)* get round sb.; *(überlisten)* take sb. in

**Einwickel·papier das** wrapping paper

[1]**ein|wiegen** *tr. V.* **jmdn. ~:** lull sb. to sleep; *(in der Wiege)* **ein Kind ~:** rock a child to sleep

[2]**ein|wiegen** *unr. tr. V. (Kaufmannsspr.)* weigh out

**ein|willigen** *itr. V.* agree, consent **(in** *+ Akk.* to); **in ein Angebot ~:** accept an offer

**Einwilligung die; ~, ~en** agreement; consent; **seine ~ zu etw. geben** give one's consent to sth.; **ihre ~ in das Angebot** her acceptance of the offer

**ein|winken** *tr. V. (Verkehrsw.)* guide in *(aircraft)*; guide *or* direct in *(car)*; **ein Auto in eine Parklücke ~:** guide *or* direct a car into a parking space

**ein|wirken 1.** *itr. V.* **a)** *(beeinflussen)* **auf jmdn. ~:** influence sb.; exert *or* have an influence on sb.; **beruhigend auf jmdn. ~:** exert a soothing *or* calming influence on sb.; **b)** *(eine Wirkung ausüben)* have an effect **(auf** *+ Akk.* on); **man lasse die Creme ~:** let the cream work in. **2.** *tr. V. (Handarb., Textilw.)* work in; **etw. in etw.** *(Akk.)* **~:** work sth. into sth.

**Ein·wirkung die** *(Einfluß)* influence; *(Wirkung)* effect; **unter ~ von Drogen stehen** be under the influence of drugs

**ein·wöchig** *Adj.* one-week *attrib.*; week-old *(baby)*; week-long *(conference)*

**Einwohner der; ~s, ~, Einwohnerin die; ~, ~nen** inhabitant; **die Stadt hat 3 Millionen ~:** the town has 3 million inhabitants *or* a population of 3 million

**Einwohner·meldeamt das** *local government office for registration of residents*

**Einwohnerschaft die; ~:** population; inhabitants *pl.*

**Einwohner·zahl die** population

**Ein·wurf der a)** *(Einwerfen)* insertion; *(von Briefen)* mailing; **b)** *(Ballspiele)* throw-in; **ein falscher ~:** a foul throw; **c)** *(Öffnung) (eines Briefkastens)* slit; *(einer Tür)* letter-box; **d)** *(Zwischenbemerkung)* interjection; *(kritisch)* objection; **einen kritischen ~ machen** raise an objection

**ein|wurzeln** *itr. (auch refl.) V.* root; *(fig.)* take root

**Ein·zahl die;** *o. Pl. (Sprachw.)* singular

**ein|zahlen** *tr. V.* pay in; deposit; **Geld auf sein Konto ~:** pay *or* deposit money into one's account; **die Miete ~:** pay in the rent

**Ein·zahlung die** payment; deposit; *(Überweisung)* payment

**Einzahlungs-: ~beleg der** counterfoil; **~schalter der** paying-in counter *(Brit.)*; deposit counter *(Amer.)*; **~schein der** pay[ing]-in slip *(Brit.)*; deposit slip

**ein|zäunen** *tr. V.* fence in; enclose; **ein Grundstück [mit etw.] ~:** fence a property in [with sth.]

**Einzäunung die; ~, ~en a)** *(das Einzäunen)* fencing-in; enclosure; **b)** *(Zaun)* fence; enclosure

**ein|zeichnen** *tr. V.* draw *or* mark in; **etw. in eine Karte ~:** draw *or* mark sth. in on a map

**ein·zeilig** *Adj.* **a)** one-line *attrib.*; *s. auch* **achtzeilig; b) eine ~e Küche** a fitted kitchen arranged along one wall

**Einzel** ['aintsl̩] **das; ~s, ~** *(Sport)* singles *pl.*; **der Sieger im ~:** the winner in the singles; **~ spielen** to play a singles match

**Einzel-: ~aktion die** independent action; **~an·fertigung die** custom-made article; *(Fahrzeug)* custom-built model; **~ausgabe die** separate edition; **~band der** individual *or* single volume; **~bett das** single bed; **~buchstabe der** *(Druckw.)* single [piece of] type; single sort; **~darstellung die** *(eines Themas)* individual treatment; *(Abhandlung)* monograph; **~disziplin die** *(bes. Leichtathletik)* single event; **~erscheinung die** isolated occurrence; **~fahrer der** *(Motorsport)* solo rider; **~fahr·schein der** single; **~fall der a)** particular case; **im ~fall** in particular cases; **b)** *(Ausnahme)* isolated case; exception; **~feuer das** *(Milit.)* independent fire; **~frage die** individual question

**Einzelgänger** [-gɛŋɐ] **der; ~s, ~ a)** solitary person; loner; **b)** *(Tier)* lone animal

**Einzelgängerin die; ~, ~nen** solitary person; loner

**Einzelgängertum das; ~s** solitariness

**Einzel-: ~gehöft das** solitary farm; **~gewerkschaft die** member union; **~grab das** separate *or* individual grave; **~haft die** solitary confinement

**Einzel·handel der** retail trade; **das kostet im ~ 200 DM** it retails at 200 marks; **etw. im ~ kaufen** buy sth. retail

**Einzelhandels-: ~geschäft das** retail shop; retail store *(Amer.)*; **~kaufmann der** retail salesman; **~preis der** retail price

**Einzel-: ~händler der** retailer; retail trader; **~haus das** detached house

**Einzelheit die; ~, ~en a)** detail; **b)** *(einzelner Umstand)* particular; **bis in alle ~en** down to the last detail; **in ~en gehen** go into detail

**Einzel-: ~interesse das** individual interest; **~kind das** only child

**Einzeller** ['aintsɛlɐ] **der; ~s, ~** *(Biol.)* unicellular organism

**einzellig** ['aintsɛlɪç] *Adj. (Biol.)* unicellular; single-cell *attrib.*

**einzeln** *Adj.* **a)** *(für sich allein)* individual; **die ~en Bände eines Werkes** the individual *or* separate volumes of a work; **jede ~e Insel** each individual island; **ein ~er Schuh/Handschuh** an odd shoe/glove; **jede ~e ist ein Kunstwerk** each individual one is a work of art; **schon ein ~es von diesen Gläsern** just one of these glasses on its own; **„bitte ~ eintreten"** 'please enter one [person] at a time'; **alle Teile ~ verpacken** pack each piece individually; **~ reisen** travel alone *or* on one's own; **wir sind alle ~ gekommen** we all came separately; **sich um jeden ~en Gast kümmern** look after each guest individually; **b)** *(alleinstehend)* solitary ‹*building, tree*›; **eine ~e Dame/ein ~er Herr** a single lady/gentleman; **c)** *(wenige)* a few; *(einige)* some; **~e Regenschauer** scattered *or* isolated showers; **d)** *substantivisch (~er Mensch)* **der/jeder ~e** the/each individual; **als ~er** as an individual; **jeder ~e der Betroffenen wurde angehört** every [single] one of those concerned was given a hearing; **ein ~er** one individual; **für einen ~en geeignet** suitable for one person; **e)** *substantivisch* **~es** *(manches)* some things *pl.*; **das Einzelne** the particular; **vom Einzelnen zum Allgemeinen** from the particular to the general; **etw. im ~en besprechen** discuss sth. in detail; **ins ~e gehen** go into detail[s *pl.*]; **bis ins ~e** right down to the last detail

**einzeln·stehend** *Adj.* solitary

**Einzel-: ~person die** one person; individual; **als ~person** as an individual; **~preis der** individual price; **~rad·aufhängung die** *(Kfz-W.)* independent suspension; **~richter der** judge sitting singly; **~schicksal das** individual fate *or* destiny; **~staat der** individual state; **~stück das** individual piece *or* item; **~stunde die** private lesson; **~teil das** individual *or* separate part; **etw. in [seine] ~teile zerlegen** take sth. to pieces; **~therapie die** *(Med.)* individual therapy; **~unterricht der** individual tuition; **~wertung die** *(Sport)* individual placings *pl.*; **~wesen das** individual [being]; **der Mensch als ~wesen** man as an individual; **~wettbewerb der** *(Sport)* individual event; **~zelle die a)** *(für ~haft)* single cell; **b)** *(Biol.)* single cell; **~zimmer das** single room

**ein|zementieren** *tr. V.* cement in

**einziehbar** *Adj.* **a)** *(Technik)* retractable; **b)** *(Finanzw.)* recoverable

**Einzieh·decke die** duvet *(Brit.)*; continental quilt *(Brit.)*; stuffed quilt *(Amer.)*

**ein|ziehen 1.** *unr. tr. V.* **a)** put in ‹*duvet*›; thread in ‹*tape, elastic*›; **b)** *(einbauen)* put in ‹*wall, ceiling*›; **c)** *(einholen)* haul in, pull in ‹*net*›; retract, draw in ‹*feelers, claws*›; **den Kopf ~:** duck; **der Hund zog den Schwanz ein** the dog put its tail between its legs; *s. auch* **Schwanz a; d)** *(einatmen)* breathe in ‹*scent, fresh air*›; inhale ‹*smoke*›; **e)** *(einberufen)* call up, conscript ‹*recruits*›; **f)** *(beitreiben)* collect; **er läßt die Miete vom Konto ~:** he pays his rent by direct debit; **g)** *(beschlagnahmen)* confiscate; seize; **h)** *(aus dem Verkehr ziehen)* withdraw, call in ‹*coins, banknotes*›; **i)** *(Amtsspr.: einholen)* **Informationen/Erkundigungen ~:** gather information/make enquiries; **j)** *(Druckw.)* indent ‹*paragraph*›. **2.** *unr. itr. V.; mit sein* **a)** *(eindringen)* ‹*liquid*› soak in; **b)** *(einkehren)* enter; **der Frühling zieht ein** *(geh.)* spring comes *or* arrives; **dann zog bei uns wieder Ruhe ein** then we had peace and quiet again; **ins Parlament ~:** enter parliament; **c)** *(in eine Wohnung)* move in

**Ein·ziehung die a)** *(Einberufung)* call-up; conscription; drafting *(Amer.)*; **b)** *(Beitreibung)* collection; **c)** *(von Eigentum)* confiscation, seizure; *(von Münzen, Banknoten usw.)* withdrawal

**einzig** ['aintsɪç] **1.** *Adj.; o. Komp.; Sup. (ugs.:)* **~ste a)** *(alleinig)* only; single; *(intensivierend nach „ein" od. „kein")* single; **der ~e Sohn** the only son; **unser Einziger/unsere Einzige** our only son/daughter; **nur ein ~er** only one; **nicht ein ~es Stück** not one single piece; **es blieb nur ein ~er Ausweg** there was only one way out; **ihre ~e Freude war ihre Tochter** her daughter was her one and only joy; **das ~e, was er sah, war ...:** the only thing he saw was ...; **b)** *nicht präd. (völlig)* complete; absolute; one long ‹*torment*›; **c)** *(geh.: unvergleichlich)* unique; unparalleled; **~ in ihrer/seiner Art** unique in her/his/its [own] way. **2.** *adv.* **a)** *(intensivierend bei Adj.)* singularly; extraordinarily; **ein ~ schöner Tag** an extraordinarily beautiful day; **b)** *(ausschließlich)* only; **das ~ Wahre** the only thing; **das ~ Vernünftige/Richtige** the only sensible/right thing [to do]; **~ und allein** nobody/nothing but; solely; **~ ihm wollte sie sich anvertrauen** he was the only one she would confide in

**einzig·artig 1.** *Adj.* unique. **2.** *adv.* uniquely; **~ schön** extraordinarily beautiful

**Einzigartigkeit die, Einzigkeit die** uniqueness

**Ein·zimmer-: ~apartment das, ~appartement das, ~wohnung die** one-room flat *or (Amer.)* apartment

**ein|zuckern** *tr. V.* sprinkle with sugar

**Ein·zug der a)** entry (**in** + *Akk.* into); **der ~ des Winters** *(geh.)* the advent of winter; **[seinen] ~ halten** make one's entrance; **mit strahlendem Sonnenschein hielt der Frühling [seinen] ~:** glorious sunshine marked the beginning of spring; **der ~ ins Parlament** entry into parliament; **b)** *(in eine Wohnung)* move; **c)** *(Druckw.)* indentation

**Einzugs-: ~bereich der, ~gebiet das** catchment area

**ein|zwängen** *tr. V.* squeeze *or* hem in; ‹*corset*› constrict

**Ein·zylinder·motor der** single-cylinder engine

**Eis** [ais] **das; ~es a)** ice; **eine Flasche auf ~ legen** put a bottle on ice; **ein Whisky mit ~:** a whisky with ice *or* on the rocks; **etw. auf ~ legen** *(fig. ugs.)* put sth. on ice; shelve sth.; **jmdn. auf ~ legen** *(fig. salopp)* put sb. out of harm's way; **b)** *(Speise~)* ice-cream; **ein ~ am Stiel** an ice-lolly *(Brit.) or (Amer.)* ice pop

**Eis-: ~bahn die** ice-rink; **~bär der** polar bear; **~behälter der** ice bucket; **~becher der a)** *(~portion)* ice-cream sundae; **b)** *(Gefäß)* [ice-cream] sundae dish; **~bein das a)** *(Kochk.)* knuckle of pork; **b) ich habe ~beine** *(ugs. scherzh.)* my feet are like ice; **~berg der** iceberg; **die Spitze eines ~bergs** the tip of an iceberg; **~beutel der** ice-bag; ice-pack; **~blume die** frost flower; **~bombe die** *(Gastr.)* bombe glacée; **~brecher der** ice-breaker; **~café das** ice-cream parlour

**Ei·schnee der** stiffly beaten egg-white

**Eis-: ~creme die** ice-cream; **~diele die** ice-cream parlour

**Eisen** ['aizn̩] **das; ~s, ~: a)** *o. Pl.* iron; **aus ~ sein** be made of iron; **man muß das ~ schmieden, solange es heiß ist** *(Spr.)* strike while the iron is hot *(prov.)*; **b)** *(Werkzeug, Golf~)* iron; *(Jägerspr.)* trap; **jmdn. in ~ legen** *(veralt.)* put sb. in irons; *(fig.)* **ein heißes ~ anfassen** *od.* **anpacken** grasp the nettle; **das ist ein heißes ~:** that is a hot potato; **noch ein/mehrere ~ im Feuer haben** have another iron/several irons in the fire; **jmdn./etw. zum alten ~ werfen** *(ugs.)* throw sb./sth. on [to] the scrap-heap; **zum alten ~ gehören** belong on the scrap heap; **jmdn. zum alten ~ zählen** write sb. off [as too old]

**Eisen·bahn die a)** railway; railroad *(Amer.)*; **mit der ~ fahren** go *or* travel by train *or* rail; **es ist [die] [aller]höchste ~** *(ugs.)* it's high time; its' getting late; **b)** *(Bahnstrecke)* railway line; railroad track *(Amer.)*; **c)** *(Verwaltung)* railway[s]; railroad *(Amer.)*; **d)** *(Spielbahn)* train *or* railway set

**Eisenbahn-: ~abteil das** railway *or (Amer.)* railroad compartment; **~bau der** railway *or (Amer.)* railroad construction

**Eisenbahner der; ~s, ~:** railwayman; railroader *(Amer.)*

**Eisenbahner-: ~gewerkschaft die** railwaymen's union; **~streik der** railway *or (Amer.)* railroad strike

**Eisenbahn-: ~fähre die** train ferry; **~gesellschaft die** railway *or (Amer.)* railroad company; **~knotenpunkt der** railway *or (Amer.)* railroad junction; **~netz das** railway *or (Amer.)* railroad network; **~schaffner der** railway guard; railroad conductor *(Amer.)*; **~tunnel der** railway *or (Amer.)* railroad tunnel; **~unglück das** train crash; **~wagen der** railway carriage; railroad car *(Amer.)*; *(Güterwagen)* railway wagon; railroad car *(Amer.)*; **~waggon der** *(veralt.) s.* **~wagen**

**eisen-, Eisen-: ~berg·werk das** iron mine; **~beschlag der** piece of ironwork; **~beschläge** ironwork *sing.*; **~erz das** iron ore; **~farbe die** ferric oxide paint; **~feil·späne** *Pl.* iron filings; **~fresser der** *(ugs. abwertend)* big mouth *(coll.)*; **~gerüst das** iron scaffolding *no indef. art.*; **~gießerei die** *(Verfahren)* iron-smelting; *(Betrieb)* iron-foundry; **~guß der;** *o. Pl. (das Gießen)* iron-casting; *(Guß~)* cast iron; **~haltig** *Adj.* iron-bearing ‹*stone*›; ‹*food*› containing iron; **~hammer der a)** steam hammer; **b)** *(bild. Kunst)* trimming hammer; **~hart** *Adj.* as hard as iron *or* as a rock; *(fig.)* ‹*person*› as hard as nails; iron ‹*will*›; **~hut der a)** *(Bot.)* monks-hood; wolfs-bane; **b)** *(Hist.)* iron hat

**Eisen·hütte die** ironworks *sing. or pl.*; iron foundry

**Eisenhütten-: ~industrie die** iron industry; **~werk das** *s.* **Eisenhütte**

**eisen-, Eisen-: ~industrie die** iron industry; **~kern der** *(Elektrot.)* ferrite core; **~kette die** iron chain; **~kitt der** iron cement; ~**kraut das** *(Bot.)* vervain; ~**kur die** course of iron treatment; ~**legierung die** iron alloy; ~**mangel der** *(Med.)* iron deficiency; ~**nagel der** iron nail; ~**oxid** *(fachspr.)*, ~**oxyd das** iron oxide; ~**präparat das** iron preparation; ~**ring der** iron ring; ~**säge die** hack-saw; ~**schaffend** *Adj. in* ~**schaffende Industrie** iron-and-steel-producing industry; ~**schwamm der** *(Metall.)* sponge iron; ~**span der;** *meist Pl.* iron filing; ~**spat der** *(Mineral.)* siderite; ~**stange die** iron bar; ~**staub der** iron filings *pl.;* ~**sulfat das** ferrous sulphate; ~**teil das** iron part; ~**träger der** iron girder; ~**verarbeitend** *Adj.; nicht präd.* iron-processing ‹*industry, firm, etc.*›; ~**verhüttung die** iron smelting; ~**vitriol das** *(Chemie)* green vitriol; copperas; ferrous sulphate; ~**waren** *Pl.* ironmongery *sing.;* ~**waren·händler der** ironmonger; ~**zeit die** Iron Age

**eisern** ['aizɐn] **1.** *Adj.* **a)** *nicht präd. (aus Eisen)* iron; ~**e Lunge** *(Med.)* iron lung; **der ~e Vorhang** *(Theater)* the safety curtain; **der Eiserne Vorhang** *(Pol.)* the Iron Curtain; **das Eiserne Kreuz** the Iron Cross; **die Eiserne Jungfrau** the Iron Maiden; **b)** *(unerschütterlich)* iron ‹*discipline*›; unflagging ‹*energy*›; **mit ~em Willen** with a will of iron; **Eiserne Hochzeit** 65th wedding anniversary; **c)** *(unerbittlich)* iron; unyielding; iron ‹*discipline*›; **mit ~em Besen [aus]kehren** *od.* **[aus]fegen** make a ruthlessly clean sweep; **der Eiserne Kanzler** the Iron Chancellor; **d)** *(bleibend)* ~**er Bestand** emergency stock; **eine ~e Reserve** emergency reserves *pl.;* **die ~e Ration** the iron rations *pl.; (fig.)* one's last reserves *pl. or* standby. **2.** *adv.* **a)** *(unerschütterlich)* resolutely; ~ **bei etw. bleiben** stick tenaciously to sth.; ~ **schweigen** remain resolutely silent; **sich ~ an etw.** *(Akk.)* **halten** keep resolutely to sth.; ~ **sparen/trainieren** save/train with iron determination; **b)** *(unerbittlich)* ~ **Widerstand leisten** put up steadfast resistance; ~ **durchgreifen** take drastic measures *or* action; ~ **auf Disziplin bedacht sein** insist on iron discipline

**Eises·kälte die** icy cold

**eis-, Eis-:** ~**fach das** freezing compartment; ~**fischerei die** ice fishing; ~**fläche die** sheet *or* surface of ice; ~**frei** *Adj.* ice-free; free of ice *postpos.;* ~**gang der** drift ice; ~**gekühlt** *Adj.* iced ‹*drink*›; ~**glatt** *Adj.* **a)** icy ‹*road*›; **b)** ['-'-] *(ugs.)* ‹*floor, steps*› as slippery as ice; ~**glätte die** black ice; ~**grau** *Adj.* steely grey; **eine ~graue Alte** a hoary old woman; ~**heilige** *in* **die ~heiligen** *[feast days of] Three Saints (12, 13, 14 May);* ~**hockey das** ice hockey

**eisig 1.** *Adj.* **a)** *(kalt wie Eis)* icy ‹*wind, cold*›; icy [cold] ‹*water*›; **es ist ~:** it's icy cold; it's freezing; **b)** *(kalt ablehnend)* frosty, icy ‹*atmosphere*›; frosty ‹*smile*›. **2.** *adv.* **a)** ~ **kalt sein** be icy cold; **b)** *(ablehnend)* ‹*smile*› frostily; ~ **schweigen** maintain an icy silence; **jmdn. ~ empfangen** give sb. a frosty *or* icy reception

**eisig·kalt** *Adj. präd. getrennt geschrieben* ice-cold ‹*water*›; freezing cold ‹*weather*›

**eis-, Eis-:** ~**kaffee der** iced coffee; ~**kalt 1.** *Adj.* **a)** ice-cold ‹*drink*›; freezing cold ‹*weather*›; **sich ~kalt anfühlen** feel freezing cold; **b)** *(völlig gefühllos)* icy; ice-cold ‹*technocrat, businessman*›; **ein ~kalter Blick** a cold look. **2.** *adv.* **a) es lief mir ~kalt über den Rücken** a cold shiver went down my spine; **b) etw. ~kalt tun** *(kaltblütig)* do sth. in cold blood; *(lässig)* do sth. without turning a hair; **jmdn. ~kalt ansehen/abweisen** give sb. an icy *or* frosty look/coldly reject sb.'s request; **er ging ~kalt hin und sagte ...:** he went over there, cool as you like, and said ...; ~**kanal der** *(Sportjargon)* toboggan run; ~**karte die** *(Gastron.)* ice-cream menu; ~**kraut das** *(Bot.)* ice plant; ~**kristall das** ice crystal; ~**kübel der** ice bucket

**Eis·kunst-:** ~**lauf der** figure skating; ~**laufen das** figure skating; ~**läufer der** figure skater

**eis-, Eis-:** ~**lauf der** ice-skating; ~**|laufen** *unr. itr. V.; mit sein* ice-skate; ~**laufen das** ice-skating; ~**läufer der** ice-skater; ~**mann der;** *Pl.* ~**männer** *(ugs.)* ice-cream man; ~**maschine die** ice-cream maker; freezer *(Amer.);* ~**meer das: das Nördliche/Südliche ~meer** the Arctic/Antarctic Ocean; ~**pickel der** *(Bergsteigen)* ice-pick

**Ei·sprung der** *(Physiol.)* ovulation

**eis-, Eis-:** ~**regen der** sleet; ~**revue die** ice show; ~**schicht die** layer of ice; ~**schießen das** *(Sport) s.* ~**stockschießen;** ~**schnellauf der,** ~**schnellaufen das** speed skating; ~**schnelläufer der** *(Sport)* speed skater; ~**scholle die** ice-floe; ~**schrank der** refrigerator; ~**spalte die** crevasse; ~**sport der** ice sports *pl.;* ~**stadion das** ice rink; ~**stock der** *(Sport)* ice-stick; ~**stock·schießen das** *(Sport)* ice-stick shooting; Bavarian curling; ~**tanz der** *(Sport)* ice-dancing; ~**vogel der a)** kingfisher; **b)** *(Falter)* white admiral; ~**waffel die** [ice-cream] wafer; ~**wasser das;** *o. Pl.* **a)** *(~kaltes Wasser)* ice-cold water; **b)** *(Wasser mit ~stücken)* iced water; **c)** *(Schmelzwasser)* melt-water; ~**wein der** *wine made from grapes frozen on the vine;* ~**würfel der** ice cube; ~**zapfen der** icicle; ~**zeit die** ice age; ~**zeitlich** *Adj.* ice-age *attrib.*, of the ice age *postpos.*

**eitel** ['aitl] *Adj.* **a)** *(abwertend)* vain; ~ **wie ein Pfau [sein]** [be] as proud as a peacock; **b)** *(veralt.: nichtig)* vain ‹*hope*›; futile, vain ‹*endeavour*›; empty, idle ‹*talk*›; **c)** *indekl., nicht präd. (veralt.: rein)* pure; ~ **Freude** pure joy

**Eitelkeit die;** ~, ~**en** vanity

**Eiter** ['aitɐ] **der;** ~**s** pus

**Eiter-:** ~**beule die** boil; abscess; ~**herd der** pus focus; suppurative focus; ~**pickel der** spot; pimple

**eitern** *itr. V.* suppurate

**eitrig** *Adj.* suppurating; festering

**Ei·weiß das a)** *(des Hühnereis)* egg-white; albumen; ~ **und Dotter trennen** separate the egg-white and the yolk; **drei ~:** the whites of three eggs; **b)** *(Chemie, Biol.)* protein

**eiweiß-, Eiweiß-:** ~**arm** *Adj.* low-protein *attrib.;* low in protein *postpos.;* ~**bedarf der** protein requirement; ~**haltig** *Adj.* ‹*food*› containing protein; ~**mangel der** protein deficiency; ~**reich** *Adj.* high-protein *attrib.;* rich in protein *postpos.*

**Ejakulation** [ejakula'tsio:n] **die;** ~, ~**en** *(Physiol.)* ejaculation

**EK** [e:'ka:] **das;** ~**[s]** ~**[s]** Iron Cross

**EKD** [e:ka:'de:] **die;** ~ *Abk.* **Evangelische Kirche in Deutschland**

**ekel** ['e:kl] *Adj.; nicht präd. (veralt.)* **a)** nauseating; disgusting; vile; **b)** *(verwerflich)* nasty; odious

[1]**Ekel der;** ~**s a)** *(Abscheu)* disgust; loathing; revulsion; **[einen] ~ vor etw.** *(Dat.)* **haben** have a loathing *or* revulsion for sth.; **[ein] ~ packte/erfüllte ihn** he was seized by/filled with disgust *etc.;* **ein ~ stieg in ihr hoch** she was overcome by a feeling of disgust *etc.;* **b)** *(Überdruß)* loathing; **einen ~ vor etw.** *(Dat.)* **entwickeln** come to loathe sth.

[2]**Ekel das;** ~**s,** ~ *(ugs. abwertend)* horror; **er ist ein [altes] ~:** he is a perfect horror *or* quite obnoxious

**ekel·erregend** *Adj.* disgusting; nauseating; revolting; ~**e Krankheiten** diseases which could cause offence

**ekelhaft 1.** *Adj.* disgusting, revolting, nauseating ‹*sight*›; nasty, *(coll.)* horrible ‹*weather, person*›; ~ **riechen/schmecken** smell/taste disgusting *or* revolting. **2.** *adv.* **a)** in a disgusting *or* revolting *or* nauseating way; **b)** *(ugs.: sehr)* terribly *(coll.)*, dreadfully *(coll.)* ‹*cold, hot*›

**ekeln** ['e:kln] **1.** *refl. V.* be *or* feel disgusted *or* sickened; **sie ekelt sich vor Schlangen/Spinnen** *usw.* she finds snakes/spiders *etc.* repulsive; **sich vor jmdm./etw. ~:** find sb./sth. disgusting *or* revolting. **2.** *tr., itr. V.* *(unpers.)* **es ekelt mich** *od.* **mir ekelt davor** I find it disgusting *or* revolting. **3.** *tr. V.* **a) Hunde ~ ihn** he finds dogs repulsive; **b)** *(vertreiben)* **jmdn. aus dem Haus ~:** hound sb. out of the house

**EKG** [e:ka:'ge:] **das;** ~**[s],** ~**[s]** *Abk.* **Elektrokardiogramm** ECG; **ein ~ machen lassen** have an ECG

**Eklat** [e'kla(:)] **der;** ~**s,** ~**s** *(geh.) (Aufsehen, Skandal)* sensation; stir; *(Konfrontation)* row; altercation; **es kam zum ~:** it came to a row *or* [major] confrontation

**eklatant** [ekla'tant] *(geh.)* **1.** *Adj.* **a)** *(offensichtlich)* striking ‹*difference*›; flagrant, scandalous ‹*offence*›; **b)** *(sensationell)* sensational; spectacular. **2.** *adv.* flagrantly; ~ **gegen etw. verstoßen** be in flagrant breach of sth.

**Eklektiker** [e'klɛktikɐ] **der;** ~**s,** ~, **Eklektikerin die;** ~, ~**nen** eclectic

**eklektisch 1.** *Adj.* eclectic. **2.** *adv.* eclectically

**Eklektizismus** [eklɛkti'tsɪsmʊs] **der;** ~**:** eclecticism

**eklig** ['e:klɪç] **1.** *Adj.* **a)** disgusting, revolting, nauseating ‹*sight*›; nasty *(coll.)*, horrible ‹*weather, person*›; ~ **riechen/schmecken** smell/taste disgusting *or* revolting; **b)** *(ugs.: gemein)* mean; nasty; **sich ~ benehmen** be mean *or* nasty. **2.** *adv.* **a)** in a disgusting *or* revolting *or* nauseating way; **b)** *(ugs.: sehr)* terribly *(coll.)*, dreadfully *(coll.)* ‹*hot, cold*›

**Eklipse** [e'klɪpsə] **die;** ~, ~**n** *(Astron.)* eclipse

**Ekliptik** [e'klɪptɪk] **die;** ~, ~**en** *(Astron.)* ecliptic

**Ekstase** [ɛk'sta:zə] **die;** ~, ~**n** ecstasy; **in ~ geraten** go into ecstasies; become ecstatic; **jmdn. in ~ versetzen** send sb. into ecstasies; make sb. ecstatic

**ekstatisch** [ɛk'sta:tɪʃ] **1.** *Adj.* ecstatic. **2.** *adv.* ecstatically

**Ektoderm** ['ɛktodɛrm] **das;** ~**s,** ~**e** *(Zool.)* ectoderm

**Ekto·plasma** [ɛkto-] **das** *(Biol.; Parapsychologie)* ectoplasm

**Ekzem das;** ~**s,** ~**e** *(Med.)* eczema

**ekzematös** [ɛktsema'tø:s] *Adj. (Med.)* eczematous

**Elaborat** [elabo'ra:t] **das;** ~**[e]s,** ~**e** *(geh. abwertend)* pathetic concoction

**elaboriert** *Adj. (geh.)* elaborate ‹*style*›; elaborated; **ein ~er Code** *(Sprachw.)* an elaborated code

**Elan** [e'la:n] **der;** ~**s** zest; vigour

**elan·voll 1.** *Adj.* zestful; vigorous. **2.** *adv.* zestfully; vigorously

**Elaste** [e'lastə] *Pl. (Chemie)* elastomers

**Elastik** [e'lastɪk] **das;** ~**s,** ~**s** *od.* **die;** ~, ~**en** elasticated material; stretch fabric

**elastisch 1.** *Adj.* **a)** *(dehnbar)* elasticated ‹*material*›; springy, resilient ‹*surface*›; **b)** *(geschmeidig)* supple, lithe ‹*person, body*›; **c)** *(flexibel)* flexible ‹*tactics, rules*›. **2.** *adv.* **a)** *(geschmeidig)* supply; lithely; **sein ~ federnder Gang** his supple *or* lithe walk; **b)** *(flexibel)* flexibly

**Elastizität** [elastitsi'tɛ:t] **die;** ~**: a)** *(Dehnbarkeit)* elasticity; *(Federkraft)* springiness; **b)** *(Geschmeidigkeit)* suppleness; **c)** *(Flexibilität)* flexibility

**Elativ** ['e:lati:f] **der;** ~**s,** ~**e** *(Sprachw.)* absolute superlative; elative

**Elb-Florenz** ['ɛlp-] **das** Dresden

**Elb·kähne** *Pl. (nordd. scherzh.)* clodhoppers *(coll.)*

**Elch** [ɛlç] **der;** ~**[e]s,** ~**e** elk; *(in Nordamerika)* moose

**Elch-: ~bulle der** bull elk; **~kuh die** cow elk
**Eldorado** [ɛldo'ra:do] **das; ~s, ~s** eldorado; **ein ~ der** *od.* **für Taucher** *(fig.)* a divers' paradise
**Elefant** [ele'fant] **der; ~en, ~en** elephant; **wie ein ~ im Porzellanladen** *(ugs.)* like a bull in a china shop; *s. auch* **Mücke**
**Elefanten-: ~baby das** baby elephant; *s. auch* **~küken; ~bulle der** bull elephant; **~haut die** elephant skin; **eine ~haut haben** *(fig. ugs.)* be thick-skinned; **~herde die** elephant herd; **~hochzeit die** *(Wirtsch. scherzh.)* giant merger; **~kuh die** cow elephant; **~küken das: er ist ein richtiges ~küken** *(ugs. scherzh.)* he looks just like a baby elephant; **~rennen das** *(ugs. scherzh.)* race between two juggernauts
**Elefantiasis** [elefan'ti:azɪs] **die; ~** *(Med.)* elephantiasis
**elegant** [ele'gant] **1.** *Adj.* **a)** *(geschmackvoll)* elegant, stylish ‹*dress, appearance*›; elegant ‹*society*›; **die ~e Welt** elegant society; **b)** *(harmonisch)* elegant, graceful ‹*movement*›; neat ‹*solution*›; **c)** *(kultiviert)* elegant, civilized ‹*taste*›; elegant ‹*style*›; civilized ‹*manner*›. **2.** *adv.* elegantly, stylishly ‹*dressed*›; **sich ~ aus der Affäre ziehen** get oneself gracefully out of it
**Eleganz** [ele'gants] **die; ~** elegance; stylishness; **zeitlose/sportliche/lässige ~:** timeless/sporty/casual elegance
**Elegie** [ele'gi:] **die; ~, ~n** elegy
**elegisch** [e'le:gɪʃ] **1.** *Adj.* **a)** *(Dichtk.)* elegiac; **b)** *(fig.: wehmütig)* elegiac; mournful; plaintive. **2.** *adv.* **~ gestimmt sein** feel in a mournful mood
**elektrifizieren** [elɛktrifi'tsi:rən] *tr. V.* electrify
**Elektrifizierung die; ~, ~en** electrification
**Elektrik** [e'lɛktrɪk] **die; ~, ~en** electrics *pl.*
**Elektriker der; ~s, ~:** electrician
**elektrisch 1.** *Adj.* electric ‹*current, light, heating, shock*›; electrical ‹*resistance, wiring, system*›; **der ~e Stuhl** the electric chair. **2.** *adv.* **~ kochen** cook with electricity; **~ geladen sein** be electrically charged; be charged with electricity; **sich ~ rasieren** use an electric shaver
**Elektrische die; ~n, ~n** *(veralt.)* tram *(Brit.)*; streetcar *(Amer.)*
**elektrisieren 1.** *tr. V.* **a)** *(Med.)* treat using electricity; **b)** *(fig.: entflammen)* electrify. **2.** *refl. V.* give oneself *or* get an electric shock
**Elektrizität** [elɛktritsi'tɛ:t] **die; ~** *(Physik)* electricity; *(elektrische Energie)* electricity; [electric] power
**Elektrizitäts-: ~erzeugung die** generation of electricity; **~gesellschaft die** electricity company; **~versorgung die** [electric] power supply; **~werk das** power station; **~zähler der** electricity meter
**elektro-, Elektro-: ~antrieb der** electric drive; **~artikel der** electrical appliance; **~auto das** electric car; **~chemie die** electrochemistry *no art.*; **~chemisch 1.** *Adj.* electrochemical; **2.** *adv.* electrochemically; **~chirurgie die** electrosurgery *no art.*
**Elektrode** [elɛk'tro:də] **die; ~, ~n** electrode
**elektro-, Elektro-: ~dynamik die** *(Physik)* electrodynamics *sing., no art.*; **~dynamisch** *(Physik)* **1.** *Adj.* electrodynamic; **2.** *adv.* electrodynamically; **~enzephalogramm das** *(Med.)* electroencephalogram; **~fahrzeug das** electric vehicle; **~gerät das** electrical appliance; **~geschäft das** electrical shop *or (Amer.)* store; **~handwerk das** electrical trade; **~herd der** electric cooker; **~industrie die** electrical goods industry; **~ingenieur der** electrical engineer; **~installateur der** electrical fitter; electrician; **~kardiogramm das** *(Med.)* electrocardiogram; **~karren der** electric trolley; **~konzern der** electrical company
**Elektrolyse** [elɛktro'ly:zə] **die; ~, ~n** *(Chemie, Physik)* electrolysis
**elektrolysieren** *tr. V. (Chemie)* electrolyse
**Elektrolyt** [elɛktro'ly:t] **der; ~en** *od.* **~s, ~en** *od.* **~e** electrolyte
**elektrolytisch** *Adj.* electrolytic
**elektro-, Elektro-: ~magnet der** electromagnet; **~magnetisch 1.** *Adj.* electromagnetic; **2.** *adv.* electromagnetically; **~magnetismus der** electromagnetism *no art.*; **~mechanik die** electrical engineering *no art.*; **~mechanisch 1.** *Adj.* electromechanical; **2.** *adv.* electromechanically; **~meter der** electrometer; **~mobil das** electric car; **~monteur der** *s.* **~installateur; ~motor der** electric motor
**Elektron** [e'lɛktrɔn] **das; ~s, ~en** [-'tro:nən] *(Kernphysik)* electron
**Elektronen-: ~blitz der** electronic flash; **~blitz·gerät das** *(Fot.)* electronic flash; **~[ge]hirn das** *(ugs.)* electronic brain *(coll.)*; **~hülle die** electron shell; **~mikroskop das** electron microscope; **~optik die** electron optics *sing., no art.*; **~rechner der** electronic computer; **~röhre die** electron tube *or* valve; **~strahl der** *(Physik)* electron beam; **~theorie die** electron theory; **~volt das** electron volt
**Elektronik** [elɛk'tro:nɪk] **die; ~ a)** *o. Pl.* electronics *sing., no art.*; **b)** *(Bestandteile)* electronic parts *pl.*; electronics *pl.*
**Elektroniker der; ~s, ~:** electronics engineer
**elektronisch 1.** *Adj.* electronic. **2.** *adv.* electronically
**Elektro-: ~ofen der** *(Technik)* electric furnace; **~rasierer der** electric shaver *or* razor; **~rasur die** shaving *no art.* with an electric shaver *or* razor; **~schock der** *(Med.)* electric shock; **~schweißer der** arc welder
**Elektroskop** [elɛktro'sko:p] **das; ~s, ~e** electroscope
**elektro-, Elektro-: ~smog der** electronic smog; **~statisch 1.** *Adj.* electrostatic; **2.** *adv.* electrostatically; **~technik die** electrical engineering *no art.*; **~techniker der a)** electronics engineer; **b)** *(Elektriker)* electrician; **~technisch 1.** *Adj.* electrotechnical; **~technische Industrie** electrical *or* electrotechnical industry; **2.** *adv.* electrotechnically; **~therapie die** *(Med.)* electrotherapy; **~wagen der** electric vehicle
**Element** [ele'mɛnt] **das; ~[e]s, ~e a)** element; **die vier ~e** the four elements; **die entfesselten ~e** *(geh.)* the raging elements; **er war/fühlte sich in seinem ~:** he was/felt in his element; **zwielichtige/kriminelle ~e** shady/criminal elements; **die ~e der Mathematik/Grammatik/Chemie** *usw.* the elements *or* rudiments of mathematics/grammar/chemistry *etc.*; **b)** *(Bauteil)* element; *(einer Schrankwand)* unit; **c)** *(Elektrot.)* cell; battery
**elementar** [elemɛn'ta:ɐ̯] **1.** *Adj.* **a)** *(grundlegend)* fundamental ‹*requirement, right, condition, insight, significance*›; **b)** *(einfach)* elementary, rudimentary ‹*knowledge*›; **ihm fehlen die ~sten Kenntnisse** he lacks the most elementary *or* rudimentary knowledge; **c)** *(naturhaft)* elemental ‹*force, forces*›. **2.** *adv.* with elemental force
**Elementar-: ~begriff der** elementary *or* basic concept; **~gewalt die** elemental force; **~kenntnisse** *Pl.* elementary *or* rudimentary knowledge *sing.*; **~mathematik die** elementary mathematics *sing., no art.*; **~stufe die** *(Schulw.)* pre-school level; **~teilchen das** *(Physik)* elementary particle; **~unterricht a)** *(Einführungsunterricht)* elementary instruction; **b)** *(Unterricht in der ~stufe)* pre-school teaching
**Elen** ['e:lɛn] **das** *od.* **der; ~s, ~:** *s.* **Elch**
**elend** ['e:lɛnt] **1.** *Adj.* **a)** wretched, miserable ‹*existence, life conditions, environment*›; **eines ~en Todes sterben** die a miserable death; **b)** *(krank)* **sich ~ fühlen** feel wretched *or (coll.)* awful; **mir ist/wird ~:** I feel/I am beginning to feel awful *or* terrible *(coll.)*; **c)** *(gemein)* despicable ‹*person, coward, allegation*›; **d)** *nicht präd. (ugs.: besonders groß)* dreadful *(coll.)* ‹*hunger, pain*›. **2.** *adv.* **a)** *(jämmerlich)* wretchedly; miserably; **~ zugrunde gehen** come to a miserable *or* wretched end; **b)** *(ugs.: intensivierend)* dreadfully *(coll.)*
**Elend das; ~s a)** *(Leid)* misery; wretchedness; **das ganze Leben ist ein ~:** life is just a complete misery; **es ist ein ~ mit ihm** *(ugs.)* he's enough to drive you to despair; **das heulende ~ kriegen** *(ugs.)* start blubbering hysterically; **..., da kann man das heulende ~ kriegen** it's enough to make you weep; **wie das leibhaftige ~ aussehen** *(ugs.)* look like death warmed up *(coll.)*; **ein langes ~** *(ugs. scherzh.)* a beanpole; *s. auch* **Häufchen; b)** *(Armut)* misery; destitution; **jmdn. ins ~ stürzen** plunge sb. into misery
**elendig, elendiglich** *Adv. (geh.)* miserably; wretchedly; **~ zugrunde gehen** perish miserably; come to a wretched *or* miserable end
**Elends-: ~gestalt die** [poor] wretch; wretched figure; **~quartier das** slum [dwelling]; **~viertel das** slum area
**Eleve** [e'le:və] **der; ~n, ~n a)** *(Theater, Ballett)* student; **b)** *(Land- und Forstwirtsch.)* trainee; **c)** *(veralt. geh.: Schüler, Jünger)* acolyte; disciple
**elf** [ɛlf] *Kardinalz.* eleven; *s. auch* **[1]acht**
**[1]Elf die; ~, ~en a)** eleven; *s. auch* **[1]Acht a, e, g; b)** *(Sport)* team; side
**[2]Elf der; ~en, ~en** elf
**Elfe** ['ɛlfə] **die; ~, ~n** fairy
**Elfen·bein das** ivory; **schwarzes ~** *(fig.)* black ivory
**Elfenbein·arbeit die** ivory piece
**elfen·beinern** *Adj.* ivory
**elfenbein-, Elfenbein-: ~farben** *Adj.* ivory-coloured; **~küste die** Ivory Coast; **~schnitzerei die a)** *o. Pl.* ivory-carving; **b)** *(Gegenstand)* ivory carving; **~turm der** *(fig.)* ivory tower
**elfenhaft** *Adj.* elfish; elfin
**Elfen-: ~königin die** elfin queen; fairy queen; **~reigen der** fairy dance
**Elfer der; ~s, ~ a)** *(Fußballjargon)* penalty; **b)** *(landsch.: Zahl Elf)* eleven; **c)** *(Buslinie)* number eleven
**Elfer-: ~rat der** *carnival committee consisting of eleven members;* **~wette die** *(Sport) football pools [entry] requiring eleven selections;* **er hat sieben Richtige in der ~wette** he's got seven out of eleven on the pools
**elf-: ~fach** *Vervielfältigungsz.* elevenfold; **die ~fache Menge** eleven times the amount; *s. auch* **achtfach; ~mal** *Wiederholungsz.* eleven times; *s. auch* **achtmal**
**Elf·meter der** *(Fußball)* penalty; **einen ~ schießen** take a penalty
**Elfmeter-: ~punkt der** *(Fußball)* penalty spot; **~schießen das** *(Fußball)* **durch ~schießen** by *or* on penalties; **es gab ein ~schießen** it was decided on penalties; **~schütze der** *(Fußball)* penalty taker; **~tor das** *(Fußball)* penalty
**elft** *in* **wir waren zu ~:** there were eleven of us; *s. auch* **[2]acht**
**elft...** *Ordinalz.* eleventh; *s. auch* **acht...**
**elf·tausend** *Kardinalz.* eleven thousand
**Elftel** ['ɛlftl̩] **das; ~s, ~:** eleventh
**elftens** *Adv.* eleventh
**elidieren** [eli'di:rən] *tr. V.* **a)** *(geh.: streichen)* delete; **b)** *(Sprachwiss.)* elide
**Elimination** [elimina'tsio:n] **die; ~, ~en** elimination
**eliminieren** [elimi'ni:rən] *tr. V.* eliminate
**Eliminierung die; ~, ~en** elimination
**Elisabeth** [e'li:zabɛt] **(die)** Elizabeth
**elisabethanisch** *Adj.* Elizabethan

**Elision** [eli'zio:n] **die; ~, ~en** elision

**elitär** [eli'tɛ:ɐ̯] **1.** *Adj.* **a)** élitist; **ein ~es Bewußtsein** an élite-awareness; **b)** *(zu einer Elite gehörend)* élite *attrib.* **2.** *adv.* **er denkt/verhält sich ~:** he thinks/behaves in an élitist fashion

**Elite** [e'li:tə] **die; ~, ~n** élite; **die ~ der Sportler** the sporting élite

**Elite-: ~denken das** élitist thinking; élitism; **~truppe die** *(Milit.)* élite *or* crack force

**Elixier** [elɪ'ksi:ɐ̯] **das; ~s, ~e** elixir

**Ell·bogen der; ~s, ~:** elbow; **er/sie hat keine ~** *(fig. ugs.)* he/she isn't pushy enough *(coll.)*

**Ellbogen-: ~freiheit die** elbow-room; **~gesellschaft die** *(abwertend)* society where the weakest go to the wall; **~mensch der** *(abwertend)* pushy individual *(ugs.)*

**Elle** ['ɛlə] **die; ~, ~n a)** *(Anat.)* ulna; **b)** *(frühere Längeneinheit)* cubit; **c)** *(veralt.: Maßstock)* ≈ *yardstick;* **alles mit einer ~ messen** *(fig.)* measure everything by the same yardstick

**Ellen·bogen** *s.* **Ellbogen**

**ellen·lang** *Adj. (ugs.)* ‹*list*› as long as your arm; interminable ‹*lecture, sermon*›; terribly long *(coll.)* ‹*letter*›

**Ellipse** [ɛ'lɪpsə] **die; ~, ~n** ellipse; *(Sprachw., Rhet.)* ellipsis

**Ellipsen·bahn die** elliptical orbit

**ellipsen·förmig 1.** *Adj.* elliptical. **2.** *adv.* elliptically

**elliptisch** [ɛ'lɪptɪʃ] **1.** *Adj.* elliptical. **2.** *adv.* elliptically

**Elms·feuer** ['ɛlms-] **das** *(Met.)* St. Elmo's fire

**Eloge** [e'lo:ʒə] **die; ~, ~n** *(geh.)* eulogy

**E-Lok die** *(veralt.)* electric locomotive *or* engine

**eloquent** [elo'kvɛnt] *(geh.)* **1.** *Adj.* eloquent. **2.** *adv.* eloquently

**Eloquenz die; ~** *(geh.)* eloquence

**Elritze** ['ɛlrɪtsə] **die; ~, ~n** *(Zool.)* minnow

**Elsaß** ['ɛlzas] **das; ~** *od.* **Elsasses** Alsace; **im/aus dem ~:** in/from Alsace

**Elsässer** ['ɛlzɛsɐ] **1.** *indekl. Adj.; nicht präd.* Alsatian. **2. der; ~s, ~:** Alsatian

**Elsässerin die; ~, ~nen** Alsatian; *s. auch* **-in**

**elsässisch** *Adj.* Alsatian

**Elsaß-Lothringen (das)** *(hist.)* Alsace-Lorraine

**Elster** ['ɛlstɐ] **die; ~, ~n** *(Zool.)* magpie; **wie eine ~ stehlen** be light-fingered; **eine diebische ~** *(fig.)* a pilferer

**Elter** ['ɛltɐ] **das** *od.* **der; ~s, ~n** *(Biol.)* parent

**elterlich** *Adj.; nicht präd.* parental

**Eltern** *Pl.* parents; **nicht von schlechten ~ sein** *(fig. ugs.)* be quite something

**eltern-, Eltern-: ~abend der** *(Schulw.)* parents' evening; **~aktiv das** *(DDR: Schulw.)* parents' committee; **~bei·rat der** *(Schulw.)* parents' association; **~haus das** parental home; **aus einem armen/katholischen ~haus kommen** come from a poor/Catholic home; **~liebe die** parental love; **~los 1.** *Adj.* parentless; orphaned; **ein ~loses Kind** a child without parents; an orphan; **2.** *adv.* **~los aufwachsen** grow up an orphan *or* without parents

**Elternschaft die; ~ a)** *(Schulw.)* parents' association; **b)** *(Elternsein)* parenthood; **geplante ~:** planned parenthood

**Eltern-: ~sprech·tag der** parents' day; **~teil der** parent; **~versammlung die** parents' meeting

**elysäisch** [ely'zɛ:ɪʃ], **elysisch** [e'ly:zɪʃ] *Adj., adv. (dichter.)* Elysian

**Elysium** [e'ly:zi̯ʊm] **das; ~s, Elysien** [e'ly:zi̯ən] *(dichter.)* Elysium

**EM** *Abk.* **Europameisterschaft[en]**

**Email** [e'mai̯] **das; ~s, ~s, Emaille** [e'malјə] **die; ~, ~n** enamel

**Email[le]-: ~arbeit die** *(Kunst)* **a)** enamel; **b)** *(~malerei)* enamel painting; **~geschirr das** enamelware; **~waren** *Pl.* enamelware *sing.*

**emaillieren** *tr. V.* enamel

**Emanation** [emana'tsio:n] **die; ~, ~en** *(Philos.)* emanation

**Emanze** [e'mantsə] **die; ~, ~n** *(ugs., auch abwertend)* women's libber *(coll.)*

**Emanzipation** [emantsipa'tsio:n] **die; ~, ~en** emancipation; **die ~ der Frau** the emancipation *or* liberation of women

**Emanzipations·bewegung die** liberation movement

**emanzipatorisch** [emantsipa'to:rɪʃ] *Adj. (geh.)* emancipatory ‹*education*›

**emanzipieren** [emantsi'pi:rən] **1.** *refl. V.* **sich [von jmdm./etw.] ~:** emancipate oneself [from sb./sth.]. **2.** *tr. V.* emancipate

**emanzipiert** *Adj.* emancipated; emancipated, liberated ‹*woman*›

**Embargo** [ɛm'bargo] **das; ~s, ~s** embargo

**Emblem** [ɛm'ble:m] **das; ~s, ~e** *od.* **~ata** emblem

**Embolie** [ɛmbo'li:] **die; ~, ~n** *(Med.)* embolism

**Embonpoint** [ãbõ'poɛ̃:] **der** *od.* **das; ~s** *(geh. scherzh.)* embonpoint

**Embryo** ['ɛmbryo] **der; ~s, ~nen** [-y'o:nən] *od.* **~s** embryo

**Embryoblast der; ~en, ~en** *(Biol.)* cyst

**embryonal** *Adj.; nicht präd. (Med., Biol., fig.)* embryonic

**Emendation** [emɛnda'tsio:n] **die; ~** *(Literaturw.)* emendation

**emeritieren** [emeri'ti:rən] *tr. V.* confer emeritus status on; **ein emeritierter Professor** an emeritus professor; a professor emeritus

**Emeritierung die; ~, ~en: seit seiner ~:** since he has been an emeritus professor

**Emeritus** [e'me:ritʊs] **der; ~, Emeriti** *(geh.)* emeritus professor

**Emigrant** [emi'grant] **der; ~en, ~en** emigrant; *(Flüchtling)* emigré

**Emigranten·presse die** emigré press

**Emigrantin die; ~, ~nen** *s.* **Emigrant**

**Emigration** [emigra'tsio:n] **die; ~, ~en a)** *(das Emigrieren)* emigration; **die innere ~:** inner emigration *(particularly during the Nazi period in Germany);* **b)** *o. Pl. (die Fremde)* exile; **in der ~ leben** live in exile; **c)** *o. Pl. (die Emigranten)* emigrés *pl.*

**emigrieren** [emi'gri:rən] *itr. V.; mit sein* emigrate

**eminent** [emi'nɛnt] **1.** *(geh.) Adj.* eminent; **von ~er Bedeutung sein** be of the utmost significance. **2.** *adv.* eminently; **das ist ~ wichtig** that is of the utmost importance

**Eminenz** [emi'nɛnts] **die; ~, ~en** *(kath. Kirche)* eminence; **Eure/Seine ~:** Your/His Eminence; **eine graue ~:** an éminence grise; a grey eminence

**Emir** ['e:mɪr] **der; ~s, ~e** emir

**Emirat das; ~[e]s, ~e** emirate

**Emissär** [emɪ'sɛ:ɐ̯] **der; ~s, ~e** emissary

**Emission** [emɪ'sio:n] **a)** *(Physik, Ökologie)* emission; **b)** *(Ausgabe [von Briefmarken, Wertpapieren])* issue

**Emissions·schutz·gesetz das** anti-pollution law

**Emitter** [e'mɪtɐ] **der; ~s, ~** *(Technik)* emitter

**emittieren** *tr. V.* **a)** *(Finanzw.)* issue; **b)** *(in die Luft abblasen)* emit

**Emmchen** ['ɛmçən] *Pl. (ugs. veralt.)* marks

**Emmentaler** ['ɛmənta:lɐ] **der; ~s, ~:** Emmenthal [cheese]

**e-Moll das** E minor; *s. auch* **a-Moll**

**Emotion** [emo'tsio:n] **die; ~, ~en** emotion

**emotional 1.** *Adj.* emotional ‹*person, reaction, etc.*›; emotive ‹*topic, question*›. **2.** *adv.* emotionally

**emotionalisieren** *tr. V. (geh.)* arouse emotions in, emotionalize ‹*person*›; emotionalize ‹*issue*›

**Emotionalität die; ~:** emotionalism; emotionality

**emotionell** *Adj. s.* **emotional**

**emotions·geladen** *Adj.* emotionally charged

**E-Motor der** electric motor

**Empathie** [ɛmpa'ti:] **die; ~** *(Psych.)* empathy

**empfahl** [ɛm'pfa:l] *1. u. 3. Pers. Sg. Prät. v.* **empfehlen**

**empfand** [ɛm'pfant] *1. u. 3. Pers. Sg. Prät. v.* **empfinden**

**Empfang** [ɛm'pfaŋ] **der; ~[e]s, Empfänge a)** *(Entgegennahme)* receipt; **bei ~:** on receipt; **etw. in ~ nehmen** accept sth.; **mit einer Strafpredigt in ~ genommen werden** *(iron.)* be welcomed *or* greeted with a dressing-down; **zahlbar bei ~:** payable on receipt; **b)** *(Funkw., Rundf., Ferns.)* reception; **auf ~ gehen/bleiben** *(Funkw.)* switch over to 'receive'/stay on 'receive'; **c)** *o. Pl. (geh.: Begrüßung)* reception; **d)** *(festliche Veranstaltung)* reception; **e)** *(Rezeption)* reception [desk]

**empfangen 1.** *unr. tr. V.* **a)** *(geh.)* receive; **einen Gast bei sich ~:** receive a guest at home; **die Sakramente ~** *(Rel.)* receive the sacraments; **b)** *(Funkw., Rundf., Ferns.)* receive; **c)** *(begrüßen)* receive, greet ‹*person*›; **jmdn. mit Blumen ~:** greet sb. with flowers; **d)** *(geh.: angeregt werden zu)* conceive ‹*idea*›; **eine Anregung [von jmdm.] ~:** receive a stimulus from sb.; **e)** *(geh.)* **ein Kind ~:** conceive a child. **2.** *unr. itr. V. (geh.: schwanger werden)* conceive

**Empfänger** [ɛm'pfɛŋɐ] **der; ~s, ~ a)** recipient; *(eines Briefs)* addressee; **~ unbekannt/verzogen/unbekannt verzogen** not known at this address/gone away/gone away, address unknown; **b)** *(Empfangsgerät)* receiver

**-empfänger der** *(Renten~ usw.)* recipient of ...

**Empfängerin die; ~, ~nen** *s.* **Empfänger a**

**empfänglich** *Adj.* **a)** *(leicht zugänglich)* receptive **(für** to); **b)** *(beeinflußbar)* susceptible; **für jmds. Charme/Schönheit ~ sein** be susceptible to sb.'s charm/beauty

**Empfänglichkeit die; ~ a)** *(Zugänglichkeit)* receptivity, receptiveness **(für** to); **b)** *(Beeinflußbarkeit)* susceptibility **(für** to)

**Empfängnis die; ~:** conception

**empfängnis·verhütend** *Adj.* **ein ~es Mittel** a contraceptive; **~ wirken** act as a contraceptive

**Empfängnis·verhütung die** contraception

**Empfängnisverhütungs·mittel das** contraceptive

**Empfängnis·zeit** *(Rechtsw.)* time of conception

**empfangs-, Empfangs-: ~antenne die** *(Rundf., Ferns.)* [receiving] aerial *(Brit.) or (Amer.)* antenna; **~berechtigt** *Adj.* authorized to receive payment/goods *postpos.;* **eine ~berechtigte Person** an authorized recipient; **~bereich der** *(Rundf., Ferns.)* reception area; **~bestätigung die** receipt; **~chef der** head receptionist; **~dame die** receptionist; **~gerät das** *(Funkw., Rundf., Ferns.)* receiver; **~halle die** reception lobby; **~saal der** reception hall; **~station die** *(Funkw., Rundf., Ferns.)* receiving station; *(Raumfahrt)* tracking station; **~zimmer das** reception room

**empfehlen** [ɛm'pfe:lən] **1.** *unr. tr. V.* **a) jmdm. etw./jmdn. ~:** recommend sth./sb. to sb.; **der empfohlene Richtpreis** *(Wirtsch.)* the recommended price; **~ Sie mich Ihrer Gattin** *(geh.)* convey my respects to your wife; **dieser Arzt/dies ist sehr zu ~:** this doctor/this is to be highly recommended; **b)** *(veralt.: anvertrauen)* commend **(***Dat.* to). **2.** *unr. refl. V.* **a)** *(geh.: sich verabschieden und gehen)* take one's leave; **darf ich**

**mich ~?** may I take my leave?; **b)** *(unpers.)* **es empfiehlt sich, ... zu ...:** it's advisable to ...; **c)** *(geh.: sich als geeignet erweisen)* **sich [durch/wegen etw.] ~:** commend oneself/itself [because of sth.]

**empfe̲hlens·wert** *Adj.* **a)** to be recommended *postpos.*; recommendable; **b)** *(ratsam)* advisable

**Empfe̲hlung die; ~, ~en a)** recommendation; **sie kam auf ~:** she came on somebody's recommendation; **b)** *(Empfehlungsschreiben)* letter of recommendation; testimonial; **c)** *(höflicher Gruß)* **„eine ~ an Ihre Frau Mutter"** '[kind] regards to your mother'; **„mit freundlicher ~"** 'with kindest regards'

**Empfe̲hlungs·schreiben das** letter of recommendation; testimonial

**empfiehl** [ɛm'pfi:l] *Imperativ Sg. v.* **empfehlen**

**empfi̲ehlst** *2. Pers. Sg. Präsens v.* **empfehlen**

**empfi̲ehlt** *3. Pers. Sg. Präsens v.* **empfehlen**

**empfinden** [ɛm'pfɪndn̩] *unr. tr. V.* **a)** *(wahrnehmen)* feel ⟨*pain, pleasure, bitterness, etc.*⟩; **etwas/nichts für jmdn. ~:** feel something/nothing for sb.; **b)** *(auffassen)* **etw. als Beleidigung ~:** feel sth. to be an insult; **jmdn. als Eindringling ~:** feel sb. to be an impostor; **das empfinde ich nicht so** I feel differently about it

**Empfịnden das; ~s** feeling; **für mein** *od.* **nach meinem ~:** to my mind

**empfịndlich 1.** *Adj.* **a)** *(sensibel, feinfühlig, auch fig.)* sensitive; fast ⟨*film*⟩; **eine ~e Stelle** a tender spot; **b)** *(leicht beleidigt)* sensitive, touchy ⟨*person*⟩; **c)** *(anfällig)* **zart und ~:** delicate; **~ gegen Viruserkrankungen** prone to virus infections; **d)** *(spürbar)* severe ⟨*punishment, shortage*⟩; harsh ⟨*punishment, measure*⟩; sharp ⟨*increase*⟩. **2.** *adv.* **a) ~ auf etw.** *(Akk.)* **reagieren** *(sensibel)* be susceptible to sth.; *(beleidigt)* react oversensitively to sth.; **b)** *(spürbar)* ⟨*punish*⟩ severely, harshly; ⟨*increase*⟩ sharply; **c)** *(intensivierend)* ⟨*hurt*⟩ badly; bitterly ⟨*cold*⟩; **der Streik machte sich für die Verbraucher sofort ~ bemerkbar** the strike had an immediate effect on the consumers

**Empfịndlichkeit die; ~, ~en** *s.* **empfindlich:** sensitivity; touchiness; severity; harshness; *(eines Films)* speed; **ihre ~ gegen Infektionen** her proneness *or* susceptibility to infections

**empfịndsam 1.** *Adj.* sensitive ⟨*nature*⟩; *(gefühlvoll)* sentimental. **2.** *adv.* sensitively; *(gefühlvoll)* sentimentally

**Empfịndsamkeit die; ~:** sensitivity; *(Literaturw.)* sentimentality

**Empfịndung die; ~, ~en a)** *(sinnliche Wahrnehmung)* sensation; sensory perception; **b)** *(Gefühl)* feeling; emotion

**empfịndungs-, Empfịndungs-: ~los** *Adj.* **a)** *(körperlich)* numb; without sensation *pred.*; **b)** *(seelisch)* insensitive; unfeeling; **~losigkeit die; ~ a)** *(körperlich)* numbness; lack of sensation; **b)** *(Gefühlskälte)* insensitivity; lack of feeling; **~nerv der** sensory nerve; **~vermögen das a)** *(physisch)* sensory perception; **b)** *(seelisch)* sensitivity

**empfing** [ɛm'pfɪŋ] *1. u. 3. Pers. Sg. Prät. v.* **empfangen**

**empfohlen** [ɛm'pfo:lən] **1.** *2. Part. v.* **empfehlen. 2.** *Adj.* recommended

**empfu̲nden** [ɛm'pfʊndn̩] *2. Part. v.* **empfinden**

**Emphase** [ɛm'fa:zə] **die; ~, ~n** *(geh.)* emphasis

**emphatisch** [ɛm'fa:tɪʃ] **1.** *Adj. (geh.)* emphatic. **2.** *adv.* emphatically

[1]**Empire** [ã'pi:ɐ̯] **das; ~[s]** Empire

[2]**Empire** ['ɛmpaɪə] **das; ~[s]** *(Hist.)* Empire

**Empire·stil** [ã'pi:ɐ̯-] **der** Empire style

**Empirie** [ɛmpi'ri:] **die; ~ a)** *(Methode)* empirical method; **b)** *(Erfahrungswissen)* empirical knowledge

**Empi̲riker der; ~s, ~:** empiricist

**empi̲risch 1.** *Adj.* empirical. **2.** *adv.* empirically

**Empirịsmus der; ~:** empiricism

**empor** [ɛm'po:ɐ̯] *Adv. (geh.)* upwards; up

**empo̲r-: ~|arbeiten** *refl. V. (geh.)* work one's way up; **~|blicken** *itr. V. (geh.)* look upwards *or (literary)* heavenwards; **zum Himmel ~blicken** raise one's eyes heavenwards *(literary)*

**Empo̲re die; ~, ~n** gallery

**empören** [ɛm'pø:rən] **1.** *tr. V.* fill with indignation; incense; outrage. **2.** *refl. V.* **a)** *(zornig werden)* **sich über jmdn./etw. ~:** become indignant *or* incensed *or* outraged about sb./sth.; **b)** *(geh.: sich auflehnen)* **sich gegen jmdn./etw. ~:** rebel *or* rise against sb./sth.

**empö̲rend 1.** *Adj.* outrageous. **2.** *adv.* outrageously

**Empö̲rer der; ~s, ~** *(geh.)* rebel

**empö̲rerisch** *Adj. (geh.)* rebellious

**empo̲r-: ~|heben** *unr. tr. V. (geh.)* raise; **~|kommen** *unr. itr. V.; mit sein (geh.)* **a)** *(nach oben kommen)* come up; **b)** *(fig.: aufsteigen)* rise

**Empo̲rkömmling** [-kœmlɪŋ] **der; ~s, ~e** *(abwertend)* upstart; parvenu

**empo̲r-: ~|ragen** *itr. V. (geh.)* rise [up]; **über etw.** *(Akk.)* **~ragen** tower above sth.; **~|recken 1.** *tr. V. (geh.)* raise; **2.** *refl. V.* rise; **~|schauen** *itr. V. (geh.)* raise one's eyes; **~|schwingen** *unr. refl. V. (geh.)* **sich ~schwingen** swing oneself aloft; **sich zu großen Taten ~schwingen** *(fig.)* rise to great deeds; **~|steigen** *unr. itr. V.; mit sein (geh.)* **a)** climb up; **an etw.** *(Dat.)* **~steigen** climb [up] sth.; **einen Berg/die Treppe ~steigen** climb a mountain/the stairs; **b)** ⟨*balloon, kite*⟩ rise aloft; **~|streben** *itr. V.; mit sein (geh.)* soar upwards; **ein ~strebender Künstler** an aspiring artist

**empö̲rt 1.** *Adj.* outraged ⟨*letter, look*⟩; **über jmdn./etw. ~ sein** be outraged at sth./about sb. **2.** *adv.* **jmdn./etw. ~ zurückweisen** reject sb./sth. indignantly *or* angrily

**Empö̲rung die; ~, ~en a)** *o. Pl.* outrage; **b)** *(geh.: Aufstand)* rebellion; uprising

**empo̲r|züngeln** *itr. V.; mit sein (geh.)* ⟨*flames*⟩ leap up

**emsig** ['ɛmzɪç] **1.** *Adj. (fleißig)* industrious, busy ⟨*person*⟩; *(geschäftig)* bustling ⟨*activity*⟩; *(übereifrig)* sedulous; **ein ~es Treiben** bustling activity; a hustle and bustle; **~ wie die Ameisen** *od.* **Bienen sein** be busy as bees. **2.** *adv. (fleißig)* industriously; busily; *(übereifrig)* sedulously

**Ẹmsigkeit die; ~** *(Fleiß)* industriousness; business; *(Übereifer)* sedulousness

**Emu** ['e:mu] **der; ~s, ~s** *(Zool.)* emu

**Emulgator** [emʊl'ga:tɔr] **der; ~s, ~en** [-ga'to:rən] *(Chemie)* emulsifying agent; emulsifier

**Emulsion** [emʊl'zi̯o:n] **die; ~, ~en** *(Chemie, Fot., Kosmetik)* emulsion

**E̲-Musik die; ~:** serious music

**en bloc** [ã'blɔk] *Adv.* en bloc

**ẹnd-, Ẹnd-: ~abnehmer der** *(Wirtsch.)* ultimate buyer; **~ab·rechnung die** final account; **~bahn·hof der** terminus; **~betont** *Adj. (Sprachw.)* ⟨*word*⟩ with final stress; **das Wort „Berlin" ist ~betont** the word 'Berlin' is stressed on the final syllable; **~betonung die** *(Sprachw.)* final stress; **~betrag der** final amount

**Ẹndchen das; ~s, ~:** little bit; small piece

**Ẹnd·darm der** *(Anat.) (Dickdarm)* large intestine; colon; *(Afterdarm)* rectum

**Ẹnd·dreißiger der** man in his late thirties

**Ende** ['ɛndə] **das; ~s, ~n a)** end; **am ~ der Straße/Stadt** at the end of the road/town; **am ~ der Welt** *(scherzh.)* at the back of beyond; **etw. am richtigen/falschen ~ anfassen** *(fig.)* go about sth. the right/wrong way; **am/bis/gegen ~ des Monats/der Woche/des Jahres/des Jahrhunderts** at/by/towards the end of the month/week/year/century; **~ April** at the end of April; **bis ~ der Woche** by the end of the week; **am ~ des Buchs/Films** at the end of the book/film; **das ~ des Films hat mir nicht gefallen** I didn't like the ending of the film; **~ zwanzig** *od.* **der Zwanziger/fünfzig** *od.* **der Fünfziger sein** be in one's late twenties/fifties; **wenn die beiden sich zanken, finden sie kein ~:** once those two start quarrelling they never stop; **zu ~ sein** ⟨*patience, hostility, war*⟩ be at an end; **die Schule/das Kino/das Spiel ist zu ~:** school is over/the film/game has finished; **zu ~ gehen** ⟨*period of time*⟩ come to an end; ⟨*supplies, savings*⟩ run out; ⟨*contract*⟩ expire; **etw. zu ~ führen** *od.* **bringen** finish sth.; **ein Buch zu ~ lesen** read a book to the end; **alles hat ein ~** *od.* **muß ein ~ haben** everything has to [come to an] end sometime; **~ gut, alles gut** all's well that ends well *(prov.)*; **ein/kein ~ nehmen** come to an end/never come to an end; **einer Sache/seinem Leben ein ~ machen** *od.* **setzen** *(geh.)* put an end to sth./take one's life; **am ~ sein** *(ugs.)* be at the end of one's tether; **ich bin mit meiner Geduld am ~:** my patience is at an end; **mit etw. am ~ sein** be at *or* have reached the end of sth.; **mit ihm geht es zu ~** *(verhüll.)* he is nearing his end; **das ~ vom Lied** *(ugs.)* the end of the story; **am ~** *(schließlich)* when all is said and done; **am ~ wird er der Täter sein** *(nordd.)* he's probably the culprit; **das ~ der Wurst** the end [piece] of the sausage; **b)** *(ugs.: kleines Stück)* bit; piece; **ein ~ Schnur** a bit *or* piece of string; **c)** *(ugs.: Strecke)* **ein ganzes ~:** a pretty long way; **d)** *(Jägerspr.)* point; **e)** *(Seemannsspr.)* rope

**Ẹnd·effekt der: im ~:** in the end; in the final analysis

**endemisch** [ɛn'de:mɪʃ] **1.** *Adj. (Biol., Med.)* endemic. **2.** *adv.* endemically

**endeln** ['ɛndl̩n] *tr. V. (bayr., österr.)* turn in [and oversew] ⟨*hem, seam*⟩

**ẹnden** *itr. V.* **a)** end; ⟨*programme*⟩ end, finish; **der Zug endet in Berlin/hier** this train terminates in Berlin/here; **gut ~:** end well; **das wird nicht gut ~:** it's bound to end in disaster; **nicht ~ wollender Beifall** unending applause; **b)** *(sterben) mit sein* **in der Gosse/im Gefängnis ~:** end up in the gutter/in prison; *(dort sterben)* die in the gutter/end one's days in prison

**Ẹnd·ergebnis das** final result

**en détail** [ãde'taj] *Adv.* **a)** *(im einzelnen)* in detail; **b)** *(Kaufmannsspr. veralt.)* retail

**ẹnd-, Ẹnd-: ~fünfziger der** man in his late fifties; **~geschwindigkeit die** *s.* **Höchstgeschwindigkeit; ~gültig 1.** *Adj.* final ⟨*consent, answer, decision*⟩; conclusive ⟨*evidence*⟩; **etwas/nichts Endgültiges sagen/hören** say/hear something/nothing definite; **2.** *adv.* **das ist ~gültig vorbei** that's all over and done with; **sich ~gültig trennen** separate for good; **das ist jetzt ~gültig entschieden** it's been decided once and for all; **~gültigkeit die** finality; *(von Beweisen)* conclusiveness; **~halte·stelle die** terminus

**endigen** ['ɛndɪgn̩] *itr. V. (veralt.) s.* **enden**

**Endivie** [ɛn'di:vi̯ə] **die; ~, ~n** endive

**Ẹnd-: ~kampf der** *(Sport)* final; *(Milit.)* final battle; **~lagerung die** permanent disposal *(of nuclear waste)*; **~lauf der** *(Sport)* final; **~lauf·teilnehmer der** finalist

**ẹndlich 1.** *Adv.* **a)** *(nach langer Zeit)* at last; **na ~ [kommst du]!** [so you've arrived] at [long] last; **bist du ~ soweit?** are you ready at last?; **siehst du ~ ein, daß du unrecht hattest?** do you see now that you were wrong?; **halt ~ den Mund!** why don't you shut up?; **laß mich ~ in Ruhe mit deinem Geschwätz!**

stop your babbling and leave me in peace; **b)** *(schließlich)* in the end; eventually; **wir kamen ~ doch zu einer Einigung** we did reach an agreement in the end *or* eventually. **2.** *Adj.* finite ‹*size, number*›
**Endlichkeit die; ~:** finiteness
**end·los 1.** *Adj.* **a)** *(ohne Ende)* infinite; *(ringförmig)* endless, continuous ‹*belt, chain*›; **b)** *(nicht enden wollend)* endless ‹*road, desert, expanse, etc.*›; endless, infinite ‹*patience*›; interminable ‹*speech*›. **2.** *adv.* **~ lange dauern** be interminably long; go on and on; **~ lange reden** talk interminably; **~ warten** wait for ages
**Endlos·formular das: ein ~:** continuous stationery; form paper *(Amer.)*
**Endlosigkeit die; ~:** infinity; endlessness
**End-: ~lösung die a)** *(selten: endgültige Lösung)* final solution; **b)** *(ns. verhüll.)* Final Solution *(to the Jewish question)*; **~moräne die** terminal moraine
**Endogamie** [ɛndoga'mi:] **die; ~** *(Völkerk.)* endogamy *no art.*
**endogen** [ɛndo'ge:n] *Adj. (Med., Psych., Bot.)* endogenous
**Endoskop** [ɛndo'sko:p] **das; ~s, ~e** *(Med.)* endoscope
**endotherm** [ɛndo'tɛrm] *Adj. (Physik, Chemie)* endothermic
**End-: ~phase die** final stages *pl.*; **~produkt das** final *or* end product; **~punkt der** end; *(einer Reise)* last stop; **~reim der** end rhyme; **~resultat das** final result; **~runde die** *(Sport)* final; **~runden·teilnehmer der** *(Sport)* finalist; **~sechziger der** man in his late sixties; **~siebziger der** man in his late seventies; **~sieg der** *(bes. ns.)* final *or* ultimate victory; **~silbe die** [word-]final syllable; **~spiel das a)** *(Sport)* final; **b)** *(Schach)* end-game; **~spurt der** *(bes. Leichtathletik)* final spurt; **einen guten ~spurt haben** have a good finish; be good in the final spurt; **~stadium das** final stage; *(Med.)* terminal stage; **Krebs im ~stadium** terminal cancer; **~stand der** *(Sport)* final result; **~station die** terminus; **~station Krankenhaus** *(fig.)* finishing up in hospital; **~stück das** end; *(eines Brotes)* crust; **~summe die** [sum] total
**Endung die; ~, ~en** *(Sprachw.)* ending
**endungs·los** *Adj. (Sprachw.)* without an ending *postpos., not pred.*; uninflected
**end-, End-: ~verbraucher der** *(Wirtsch.)* consumer; **~verbraucher·preis der** retail price; **~vierziger der** man in his late forties; **~zeit die** *(Rel.)* last days [of the world]; **~zeitlich** *Adj. (Rel.)* apocalyptic; **~ziel das** *(einer Reise)* final destination; *(Zweck)* ultimate aim *or* goal; **~ziffer die** final number; **das Los mit der ~ziffer 4** the coupon with a number ending in 4; **~zustand der** final state; **~zwanziger der** man in his late twenties; **~zweck der** ultimate purpose *or* object
**Energie** [enɛr'gi:] **die; ~, ~n a)** *(Physik)* energy; **b)** *o. Pl. (Tatkraft)* energy; vigour
**energie-, Energie-: ~arm** *Adj.* ‹*country*› lacking in energy resources; **~bedarf der** energy requirement; **~bewußt** *Adj.* energy-conscious; **~bündel das** *(ugs.)* bundle of energy; **~form die** form of energy; **~geladen** *Adj.* energetic, dynamic ‹*person*›; **~gewinnung die** energy production; **~haushalt der** *(Physiol.)* energy balance; *(Wirtsch.)* control of the use of energy; **~intensiv** *Adj.* energy-intensive; **~krise die** energy crisis; **~los** *Adj.* lacking [in] energy *postpos.*; sluggish; **~politik die** energy policy; **~politisch 1.** *Adj.* **~politische Maßnahmen/Programme** energy measures/programmes; **2.** *adv.* in terms of energy policy; **~quelle die** energy source; source of energy; **neuzeitliche ~quellen** modern sources of energy; **~reich** *Adj.* energy-rich; **~reichtum der** energy wealth; **~satz der** *(Physik)* principle of the conservation of energy; **~sparer der** energy-saver; **~spender der** energy-giving substance; **~träger der** energy source; **~verbrauch der** energy consumption; **~verschwendung die a)** wasting of energy; **b)** *(Verschwendung von Tatkraft)* waste of energy; **~versorgung die** energy supply; **der ~versorgung** *(Dat.)* **dienen** serve to supply energy; **~wirtschaft die** energy sector; **~zufuhr die** supply of energy
**energisch** [e'nɛrgɪʃ] **1.** *Adj.* **a)** *(tatkräftig)* energetic, vigorous ‹*person*›; firm ‹*action*›; **~ werden** put one's foot down; **b)** *(von starkem Willen zeugend)* determined; forceful; **ein ~es Kinn** a strong chin; **c)** *(entschlossen)* forceful, firm ‹*voice, words*›. **2.** *adv.* **a)** *(tatkräftig)* **~ durchgreifen** take drastic action; **etw. ~ verteidigen** defend sth. vigorously; **b)** *(entschlossen)* ‹*reject, say*› forcefully, firmly; ‹*stress*› emphatically; ‹*deny*› strenuously
**enervieren** [enɛr'vi:rən] *tr. V. (geh.)* enervate
**Enfant terrible** [ãfãtɛ'ribl] **das; ~ ~, ~s ~s** *(geh.)* enfant terrible
**eng** [ɛŋ] **1.** *Adj.* **a)** *(schmal)* narrow ‹*valley, road, bed*›; **einen ~en Horizont** *od.* **Gesichtskreis haben** *(fig.)* have a narrow *or* limited outlook; **b)** *(dicht)* close ‹*writing*›; **c)** *(fest anliegend)* close-fitting, tight; **ein ~es Kleid** a close-fitting dress; **der Anzug/Rock ist zu ~:** the suit/skirt is too tight; **d)** *(beschränkt)* narrow, restricted ‹*interpretation, concept*›; cramped, constricted ‹*room, space*›; **e)** *im Komp. u. Sup. (begrenzt)* **in die ~ere Wahl kommen** be short-listed *(Brit.)*; **in der ~eren Wahl sein** be on the short list *(Brit.)*; **im ~eren Sinne** in the stricter sense; **f)** *(nahe)* close ‹*friend*›; **im ~sten Freundeskreis** among close friends; **die Hochzeit fand im ~sten Kreis der Familie statt** the wedding was attended by close relatives [only]; **die ~ere Verwandtschaft/Heimat** one's immediate relatives/home [area]. **2.** *adv.* **a)** *(dicht)* **~ schreiben** write closely together; **~ [zusammen] sitzen/stehen** sit/stand close together; **b)** *(fest anliegend)* **~ anliegen/sitzen** fit closely; **c)** *(beschränkt)* **etw. zu ~ auslegen** interpret sth. too narrowly; **das siehst du zu ~** *(ugs.)* there's more to it than that; **d)** *(nahe)* closely; **mit jmdm. ~ befreundet sein** be a close friend of sb.
**Engadin** ['ɛŋgadi:n] **das; ~s** Engadine
**Engagement** [ãgaʒə'mã:] **das; ~s, ~s a)** *o. Pl. (Einsatz)* involvement; **sein ~ für etw.** his commitment to sth.; **sein ~ gegen etw.** his committed stand against sth.; **b)** *(eines Künstlers)* engagement
**engagieren** [ãga'ʒi:rən] **1.** *refl. V.* commit oneself, become committed **(für** to); **sich politisch ~:** become politically involved; **sich in einer Organisation ~:** be active in an organization; **sich in einem Land/Geschäft ~** *(verhüllend)* become involved in a country/business. **2.** *tr. V. (unter Vertrag nehmen)* engage ‹*artist, actor, etc.*›
**engagiert** *Adj.* **a)** *(entschieden für etw. eintretend)* committed ‹*literature, film, director*›; **politisch/sozial ~ sein** be politically/socially committed *or* involved; **b)** *(angestellt)* engaged ‹*artist, actor, etc.*›
**Engagiertheit die; ~:** commitment; involvement
**eng-: ~anliegend** *Adj. (präd. getrennt geschrieben)* tight-fitting; close-fitting; **~bedruckt** *Adj. (präd. getrennt geschrieben)* closely-printed ‹*page*›; **~befreundet** *Adj. (präd. getrennt geschrieben)* **die beiden ~befreundeten Professoren/Ehepaare** the two professors/[married] couples, who are/were close friends; **~begrenzt** *Adj. (präd. getrennt geschrieben)* limited; restricted; **~beschrieben** *Adj. (präd. getrennt geschrieben)* closely-written
**Enge** ['ɛŋə] **die; ~, ~n a)** *o. Pl.* confinement; restriction; **b)** *(veralt.: Engpaß) (Meeres~)* strait; *(Kanal~)* narrows *pl.*; **jmdn. in die ~ treiben** *(fig.)* drive sb. into a corner
**Engel** ['ɛŋl] **der; ~s, ~:** angel; **ich habe die ~ [im Himmel] singen** *od.* **pfeifen hören** *(ugs.)* it hurt like hell; **sie ist mein guter/ein rettender/ein wahrer ~:** she is my good/a guardian/a real angel; **er ist [auch] nicht gerade ein ~:** he's not exactly an angel
**Engelchen das; ~s, ~, Engelein das; ~s, ~:** little angel
**engel-, Engel-: ~haft** *Adj.* angelic; **~macher der, ~macherin die; ~, ~nen** backstreet abortionist; **~schar die** heavenly host; host of angels
**Engels-: ~geduld die** patience of a saint; **~gesicht das** angelic face
**engel[s]·gleich** *Adj.* angelic
**Engels·haar das** angel's hair
**Engel[s]·kopf der** cherub
**Engels-: ~miene die** innocent look; **~musik die** heavenly music; **~zungen** *Pl. in* **mit ~zungen auf jmdn. einreden** use all one's powers of persuasion on sb.
**Engerling** ['ɛŋəlɪŋ] **der; ~s, ~e** grub
**eng·herzig 1.** *Adj.* petty. **2.** *adv.* in a petty way
**Eng·herzigkeit die; ~:** pettiness
**England (das); ~s a)** England; **b)** *(ugs.: Großbritannien)* Britain
**Engländer** ['ɛŋlɛndɐ] **der; ~s, ~ a)** Englishman/English boy; **er ist ~:** he is English *or* an Englishman; **die ~:** the English; **b)** *(ugs.: Brite)* British person/man; Britisher *(Amer.)*; **die ~:** the British; **c)** *(Schraubenschlüssel)* monkey wrench
**Engländerin die; ~, ~nen a)** Englishwoman/English girl; **sie ist ~:** she is English *or* an Englishwoman; **b)** *(ugs.: Britin)* British person/woman; **die ~nen sind ...:** British women are ...
**england·freundlich** *Adj.* anglophile
[1]**englisch 1.** *Adj.* English; **~-deutsch** Anglo-German; English-German ‹*dictionary*›; ‹*book*› in English and German; **die ~e Sprache/Literatur** the English language/English literature; **die ~e Krankheit** *(veralt.)* rickets; **Englisch Horn** *(fachspr.)* *s.* **Englischhorn; Englische Bulldogge** bulldog. **2.** *adv.* **~ sprechen** speak English; **~ [gebraten]** rare; underdone; **ein ~ abgefaßter Artikel** an article in English; *s. auch* **deutsch,** [2]**Deutsche**
[2]**englisch** *Adj.* **der Englische Gruß** the Angelic Salutation; the Ave Maria; the Hail Mary; **die Englischen Fräulein** *Institute of the Blessed Virgin Mary*; the 'English Ladies'; the 'English Virgins'
**Englisch das; ~[s]** English; **ein gutes/fehlerfreies ~ sprechen** speak good/perfect English; **das moderne ~/~ Chaucers** present day/Chaucerian English; *s. auch* **Deutsch**
**englisch-, Englisch-: ~horn das** *(Musik)* cor anglais; **~lehrer der** 'English teacher; **~sprachig** *Adj.* **a)** *(in ~er Sprache)* English-language ‹*book, magazine*›; **die ~sprachige Literatur** English literature; **b)** *(~ sprechend)* English-speaking ‹*population, country*›; **~unterricht der** English teaching; *(Unterrichtsstunde)* English lesson; **er gibt ~unterricht** he teaches English; **sie arbeitet im ~unterricht gut mit** she always pays attention in English lessons; **das habe ich im ~unterricht gelernt** I learnt that in English
**English-Waltz** ['ɪŋglɪʃ 'wɔ(:)l(t)s] **der; ~, ~:** slow waltz
**eng·maschig 1.** *Adj.* **a)** close-meshed ‹*fabric*›; **b)** *(Sport)* tight. **2.** *adv.* **a) ~ stricken/gestrickt sein** knit/be knitted tightly; **b)** *(Sport)* **~ spielen** play tightly
**Eng·paß der a)** [narrow] pass; defile; **b)** *(fig.: in der Versorgung usw.)* bottle-neck

**en gros** [ã'gro] *(Kaufmannsspr.)* wholesale
**ẹng-, Ẹng-: ~stirnig 1.** *Adj. (abwertend)* narrow-minded 〈*person*〉; **2.** *adv.* **~stirnig denken/handeln** be narrow-minded in the way one thinks/acts; **~stirnigkeit die; ~:** narrow-mindedness; **~verwandt** *Adj. (präd. getrennt geschrieben)* closely related; **~zeilig** *Adv.* with the lines closely spaced
**Enjambement** [ãʒãbə'mã:] **das; ~s, ~s** *(Verslehre)* enjambment
**¹Enkel** ['ɛŋkl̩] **der; ~s, ~** *(nordd.)* ankle
**²Ẹnkel der; ~s, ~ a)** grandson; **b)** *(Nachfahr)* grandchild; **selbst unsere ~ werden sich daran erinnern** even our grandchildren and great-grandchildren will remember it
**Ẹnkelin die; ~, ~nen** granddaughter
**Ẹnkel-: ~kind das** grandchild; **~sohn der** grandson; **~tochter die** granddaughter
**Enklave** [ɛn'kla:və] **die; ~, ~en** enclave
**enkodieren** [ɛnko'di:rən] *tr. V.* encode
**en masse** [ã'mas] *(ugs.)* en masse
**en miniature** [ãminja'ty:r] in miniature; **der Eiffelturm ~ ~:** the Eiffel Tower in miniature; a miniature Eiffel Tower
**enorm** [e'nɔrm] **1.** *Adj.* enormous 〈*sum, costs*〉; tremendous *(coll.)* 〈*effort*〉; immense 〈*strain*〉; vast 〈*knowledge, sum*〉. **2.** *adv.* tremendously *(coll.)* 〈*expensive, practical*〉; **~ verdienen** earn an enormous amount *or* vast sums [of money]; **~ viel/viele** a tremendous *(coll.) or* an enormous amount/a tremendous *(coll.) or* an enormous number; **sich ~ freuen** *(ugs.)* be tremendously *(coll.)* pleased
**en passant** [ãpa'sã] **a)** *(beiläufig)* en passant; in passing; **b)** *(Schach)* en passant
**Enquete** [ã'kɛ:t(ə)] **die; ~, ~n a)** survey; **b)** *(österr.: Arbeitstagung)* meeting for discussion
**Ensemble** [ã'sã:bl̩] **das a)** *(Gruppe)* ensemble; **das ~ eines Theaters** the company of a theatre; **b)** *(Auftritt)* ensemble; **c)** *(Kleidungsstück)* outfit; ensemble; **d)** *(geh.: Gesamtheit)* ensemble
**Ensẹmble-: ~mitglied das** member of the ensemble/company; **~musik die** light music
**entạrten** *itr. V.; mit sein* degenerate; **entartet** degenerate; **zu** *od.* **in** *(Akk.)* **etw. ~:** degenerate into sth.
**Entạrtung die; ~, ~en** degeneration
**Entạrtungs·erscheinung die** sign of degeneration; **das führte zu ~en** this led to degeneracy
**entạsten, entạ̈sten** *tr. V. (Forstw.)* disbranch
**entäußern** *refl. V. (geh.)* **a) sich einer Sache** *(Gen.)* **~** *(entsagen)* renounce sth.; *(weggeben)* relinquish *or* give up sth.; **b)** *(Philos.)* be realized
**Entäußerung die a)** *(geh.: Verzicht)* renunciation; **b)** *(Weggabe)* giving up; **c)** *(Philos.)* realization
**entbehren** [ɛnt'be:rən] **1.** *tr. V.* **a)** *(geh.: vermissen)* miss 〈*person*〉; **b)** *(verzichten)* do without; spare; **etw./jmdn. nicht ~ können** not be able to spare sth./sb.; not be able to do without sth./sb.; **viel[es] ~ müssen** have to go without [a lot of things]. **2.** *itr. V. (geh.: ermangeln)* **einer Sache** *(Gen.)* **~:** lack *or* be without sth.
**entbẹhrlich** *Adj.* dispensable; unnecessary 〈*action*〉
**Entbẹhrlichkeit die; ~:** superfluousness; dispensability
**Entbẹhrung die; ~, ~en** privation; **große ~en auf sich** *(Akk.)* **nehmen** make great sacrifices
**entbẹhrungs-: ~reich, ~voll** *Adj.* 〈*life, years*〉 of privation
**entbeinen** *tr. V.* bone
**entbieten** *unr. tr. V. (geh.)* **a)** offer 〈*best wishes, greetings*〉; **jmdm. seine Grüße ~:** present one's compliments to sb.; **b)** *(veralt.: kommen lassen)* summon
**entbịnden 1.** *unr. tr. V.* **a)** *(befreien)* **jmdn. von einem Versprechen ~:** release sb. from a promise; **seines Amtes** *od.* **von seinem Amt entbunden werden** be relieved of [one's] office; **b)** *(Geburtshilfe leisten)* **jmdn. ~:** deliver sb.; deliver sb.'s baby; **von einem Jungen/Mädchen entbunden werden** give birth to a boy/girl. **2.** *unr. itr. V. (gebären)* give birth; **zu Hause ~:** have one's baby at home
**Entbịndung die a)** *(das Gebären)* **eine schwere/schmerzfreie ~:** a difficult/painless delivery *or* birth; **zur ~ in die Klinik müssen** have to go to hospital for the delivery *or* to have the baby; **bei der ~ anwesend sein** be present at the birth; **b)** *(Befreiung)* release; **um die ~ von seinem Amt bitten** ask to be relieved of one's duties
**Entbịndungs-: ~saal der** delivery room; **~station die** maternity ward
**entblạ̈ttern 1.** *refl. V.* **a)** 〈*trees, shrubs*〉 shed its/their leaves; **b)** *(scherzh.: sich ausziehen)* strip; take one's clothes off. **2.** *tr. V.* strip 〈*trees*〉 [of leaves]
**entblọ̈den** *refl. V.* **sich nicht ~, etw. zu tun** *(geh. abwertend)* have the effrontery to do sth.
**entblößen 1.** *refl. V.* take one's clothes off; 〈*exhibitionist*〉 expose oneself; *(sein wahres Gesicht zeigen)* show oneself as one really is/was. **2.** *tr. V.* **a) den Arm ~:** uncover one's arm; **entblößt** bare; **mit entblößtem Kopf** without a hat; **sein Schwert ~** *(dichter.)* unsheathe one's sword; **b)** *(fig.)* reveal 〈*feelings, thoughts*〉
**entbrẹnnen** *unr. itr. V.; mit sein (geh.)* **a)** *(beginnen)* 〈*battle*〉 break out; 〈*quarrel*〉 flare up; **b)** *(ergriffen werden)* **in Liebe entbrannt sein** be passionately in love; **in Zorn entbrannt sein** be inflamed with anger
**Entchen** ['ɛntçən] **das; ~s, ~:** duckling
**entdẹcken 1.** *tr. V.* **a)** *(finden)* discover; **eine Insel/ein chemisches Element ~:** discover an island/a chemical element; **b)** *(ausfindig machen)* **jmdn. ~:** find *or* spot sb.; **wir konnten ihn in dem Gewühl·nicht ~:** we couldn't find him in the crowd; **etw. ~:** find *or* discover sth.; **c)** *(überraschend bemerken)* discover 〈*theft*〉; come across 〈*acquaintance*〉; **d)** *(veralt.: offenbaren)* **jmdm. etw. ~:** reveal *or (arch.)* discover sth. to sb. **2.** *refl. V. (veralt.: anvertrauen)* **sich jmdm. ~:** confide in sb.
**Entdẹcker der; ~s, ~:** discoverer; *(Forschungsreisender)* explorer
**Entdẹcker·freude die** joy of discovery
**Entdẹckerin die; ~, ~nen** *s.* **Entdecker**
**Entdẹckung die; ~, ~en** discovery
**Entdẹckungs·reise die** voyage of discovery; *(zu Lande)* expedition; **auf ~/~n gehen** *(fig. scherzh.)* go exploring
**Ente** ['ɛntə] **die; ~, ~n a)** *(Vogel, Fleisch)* duck; **eine lahme ~** *(ugs.)* a slow-coach *(coll.)*; **sein Wagen ist eine richtige lahme ~** *(ugs.)* his car totally lacks oomph *(sl.) or* has no pick-up *(Amer. sl.)*; **b)** *(ugs.: Falschmeldung)* canard; spoof *(coll.)*; **c) kalte ~:** [cold] punch; **d)** *(ugs.: Auto)* Citroën 2 CV car; **e)** *(ugs.: Uringefäß)* [bed-]bottle
**entehren** *tr. V.* dishonour; **~d** degrading
**Entehrung die** dishonouring
**enteignen** *tr. V.* expropriate
**Enteignung die** expropriation
**enteilen** *itr. V.; mit sein (geh.)* hasten away; *(fig.)* 〈*hours, years, etc.*〉 fly by
**enteisen** *tr. V.* de-ice
**enteisenen** *tr. V.* remove the iron from; **stark/schwach enteisent** with very low/slightly reduced iron content
**Entelechie** [ɛntelɛ'çi:] **die; ~, ~n** *(Philos.)* entelechy
**Ẹnten-: ~braten der** roast duck; **~ei das** duck's egg; **~feder die** duck's feather; **~flott das** *(nordd.) s.* **~grütze; ~gericht das** duck dish; **~grütze die** duckweed; **~jagd die** duck shooting; **eine ~jagd** a duck shoot; **~junge das** duckling; **~klein das; ~s** *(Kochk.)* duck's giblets *pl.*; **~küken das** duckling; **~schnabel der a)** duck's bill; **b)** *(Schuh)* duck-bill
**Entente** [ã'tã:t(ə)] **die; ~, ~n** *(Politik)* entente
**Ẹnten-: ~teich der** duck pond; **~wal der** bottle-nosed whale
**Ẹnter·beil das** boarding pike
**entẹrben** *tr. V.* disinherit
**Ẹnter·brücke die** boarding bridge
**Entẹrbung die; ~, ~en** disinheritance
**Ẹnter·haken der** grapnel; grappling iron
**Ẹnterich** ['ɛntərɪç] **der; ~s, ~e** drake
**entern** ['ɛntɐn] **1.** *tr., itr. V.* board 〈*ship*〉. **2.** *itr. V.; mit sein* **in die Masten ~** *(Seemannsspr.)* climb the rigging. **3.** *tr. V. (ugs.: erklettern)* climb 〈*fence, wall, etc.*〉; climb on to 〈*lorry, etc.*〉
**Ẹnter·säbel der** *(hist.)* cutlass
**Entertainer** ['ɛntɐteːnɐ] **der; ~s, ~:** entertainer
**entfạchen** *tr. V. (geh.)* **a)** kindle, light 〈*fire*〉; **einen Brand ~:** start a fire; **b)** *(fig.: hervorrufen)* provoke, start 〈*quarrel, argument*〉; arouse 〈*passion, enthusiasm*〉
**entfạhren** *unr. itr. V.; mit sein* **ihm entfuhr ein Fluch/ein Seufzer** he swore inadvertently/he let out a sigh
**entfạllen** *unr. itr. V.; mit sein* **a)** *(aus dem Gedächtnis)* **der Name/das Wort ist mir ~:** the name/word escapes me *or* has slipped my mind; **das ist mir ~:** I have forgotten; **b)** *(zugeteilt werden)* **auf jmdn./etw. ~:** be allotted to sb./sth.; **auf jeden Erben entfielen 10 000 Mark** each heir received 10,000 marks; **auf jeden Miteigentümer ~ 50 000 Mark** *(müssen bezahlt werden)* each of the joint owners has to pay 50,000 marks; **c)** *(wegfallen)* lapse; **für Kinder ~ diese Gebühren** these charges do not apply *or* are not applicable to children; **aus Zeitmangel ~:** be omitted for lack of time; **d)** *(geh.)* **jmds. Händen ~:** slip *or* fall from sb.'s hands
**entfạlten 1.** *tr. V.* **a)** *(auseinanderfalten)* open [up]; unfold, spread out 〈*map etc.*〉; 〈*plant*〉 open 〈*leaves*〉; **b)** *(zeigen)* show, display 〈*ability, talent*〉; **c)** *(darlegen)* expound 〈*ideas, thoughts*〉; present 〈*plan*〉; **d)** *(entwickeln)* begin to show *or* display 〈*interest, enthusiasm, etc.*〉. **2.** *refl. V.* **a)** *(sich entwickeln)* 〈*personality, talent*〉 develop; **sich frei ~:** develop one's own personality to the full; **b)** *(sich öffnen)* 〈*flower, parachute*〉 open [up]
**Entfạltung die; ~, ~en a)** *(Entwicklung)* development; **die ~ der Persönlichkeit** the development of one's personality; **zur ~ kommen** *od.* **gelangen** develop; **b)** *(Darstellung)* display; *(eines Plans)* exposition; presentation
**entfạ̈rben 1.** *tr. V.* take the colour out of 〈*material, clothing*〉. **2.** *refl. V.* 〈*material, clothing, etc.*〉 fade
**Entfạ̈rber der** colour *or* dye remover
**entfẹrnen 1.** *tr. V.* **a)** remove 〈*stain, wart, etc.*〉; take out 〈*tonsils etc.*〉; **jmdn. von** *od.* **aus der Schule ~:** expel sb. [from school]; **jmdn. aus seinem Amt ~:** dismiss sb. from his office; **b)** *(geh.: fortbringen)* remove. **2.** *refl. V.* go away; **sich vom Weg ~:** go off *or* leave the path; **sich unerlaubt von der Truppe ~:** go absent without leave; **sich aus der Stadt/dem Büro ~:** leave [the] town/the office; **langsam entfernten sich die Schritte** the footsteps slowly receded
**entfẹrnt 1.** *Adj.* **a)** *(fern)* remote; **das ist** *od.* **liegt weit ~ von der Stadt** it is a long way from the town *or* out of town; **er ist weit davon ~, das zu tun** *(fig.)* he does not have the slightest intention of doing that; **10 km/zwei Stunden [von einem Punkt] ~:** 10 km/two hours away [from a place]; **b)** *nicht präd. (weitläufig)* slight 〈*acquaintance*〉; dis-

tant ⟨*relation*⟩; **c)** *(schwach)* slight, vague ⟨*resemblance*⟩. **2.** *adv.* **a)** *(fern)* remotely; **das stört mich nicht im ~esten** that does not bother me in the slightest *or* in the least; **er dachte nicht ~** *od.* **im ~esten daran, das zu tun** he did not have the slightest intention of doing that; **b)** *(weitläufig)* slightly ⟨*acquainted*⟩; distantly ⟨*related*⟩; **mit jmdm. ~ verwandt sein** be distantly related to sb.; **c)** *(schwach)* slightly, vaguely; **sich ~ an etw.** *(Akk.)* **erinnern** remember sth. vaguely; have a vague recollection of sth.

**Entfẹrnung die; ~, ~en a)** *(Abstand)* distance; *(beim Schießen)* range; **in einer ~ von 100 m** at a distance/range of 100 m.; 100 m. away; **auf eine ~ von 100 m** from a distance of 100 m.; **aus der ~:** from a distance; **b)** *(das Beseitigen)* removal; **c)** *(das Weggehen)* **unerlaubte ~ von der Truppe** absence without leave

**Entfẹrnungs·messer der** *(Gerät)* rangefinder

**entfẹsseln** *tr. V.* unleash ⟨*war, riot, etc.*⟩; raise ⟨*laughter etc.*⟩; **die entfesselten Elemente** *od.* **Naturgewalten** the raging elements; **entfesselte Leidenschaften** *(geh.)* unbridled passions

**Entfẹsselungs·künstler der** escapologist

**entfẹtten** *tr. V.* skim ⟨*milk*⟩; scour ⟨*wool*⟩; dry ⟨*skin*⟩

**Entfẹttungs·kur die** diet to remove one's excess fat

**entflạmmbar** *Adj.* **a)** inflammable; **b)** *(begeisterungsfähig)* easily roused

**entflạmmen 1.** *tr. V.* arouse ⟨*enthusiasm etc*⟩; **jmdn. für etw. ~:** arouse sb.'s enthusiasm for sth. **2.** *itr. V.; mit sein* **a)** ⟨*hatred etc.*⟩ flare up; ⟨*battle, strike*⟩ break out; **er ist [in Liebe] für sie entflammt** he became enraptured with her; *(Zustand)* he is passionately in love with her

**entflẹchten** *unr. (auch regelm.) tr. V.* **a)** *(entwirren)* disentangle; **b)** *(Wirtsch.)* break up ⟨*cartel etc.*⟩

**Entflẹchtung die; ~, ~en** *(Wirtsch.)* breaking-up; break-up

**entfleuchen** *itr. V.; mit sein (altertümelnd scherzh.)* get *or* run away

**entfliegen** *unr. itr. V.; mit sein* fly away; **gestern ist uns** *(Dat.)* **unser Kanarienvogel entflogen** yesterday our canary got away; **„Wellensittich entflogen"** 'budgerigar lost'

**entfliehen** *unr. itr. V.; mit sein* **a)** escape; **jmdm. ~:** escape from sb.; **dem Alltag ~** *(geh.)* escape from the daily routine; **b)** *(geh.: entschwinden)* ⟨*time*⟩ fly by

**entfrẹmden 1.** *tr. V.* **a)** *(fremd machen)* **jmdn. einer Sache** *(Dat.)* **~:** alienate *or* estrange sb. from sth.; **etw. seinem Zweck ~:** use sth. for a different purpose; **b)** *(Philos., Soziol.)* **entfremdet** alienated ⟨*person, work, etc.*⟩. **2.** *refl. V.* **sich jmdm./einer Sache ~:** become estranged from sb./unfamiliar with sth.

**Entfrẹmdung die; ~, ~en a)** alienation; estrangement; **die ~ von jmdm./etw.** alienation *or* estrangement from sb./sth.; **die ~ zwischen Regierung und Volk** the government's alienation from the people; **b)** *(Philos., Soziol.)* alienation

**entfrọsten** *tr. V.* defrost ⟨*refrigerator etc.*⟩; defrost, de-ice ⟨*windscreen etc.*⟩

**Entfrọster der; ~s, ~:** defroster; de-icer

**entführen** *tr. V.* **a)** kidnap, abduct ⟨*child etc.*⟩; hijack ⟨*plane, lorry, etc.*⟩; **b)** *(scherzh.: mitnehmen)* steal; make off with

**Entführer der** *s.* **entführen a:** kidnapper; abducter; hijacker

**Entführung die** *s.* **entführen a:** kidnap; kidnapping; abduction; hijack; hijacking; **„Die ~ aus dem Serail"** 'Il Seraglio'

**entgegen 1.** *Adv.* **a)** *(auf ... zu)* towards; **der Sonne ~!** on towards the sun!; **b)** *(zuwider)* **alles, was ihnen ~ war** everything they did not like. **2.** *Präp. mit Dat.* **~ meinem Wunsch** against my wishes; **~ dem Befehl** contrary to orders

**entgegen-, Entgegen-: ~|arbeiten** *itr. V.* **jmdm./einer Sache** *(Dat.)* **~arbeiten** work against sb./sth.; **~|blicken** *itr. V. (geh.)* **a) jmdm. freudig/böse ~blicken** happily/angrily watch sb. coming; **b)** *(fig.: ~sehen)* **der Zukunft froh/mit Bangen ~blicken** look towards the future with joy/fear; **~|branden** *itr. V.; mit sein (geh.)* **dem Künstler brandete Beifall ~:** the artist received *or* was greeted with a great wave of applause; **~|bringen** *unr. tr. V. (fig.)* **jmdm. Liebe/Verständnis ~bringen** show sb. love/understanding; **~|eilen** *itr. V.; mit sein* **a) jmdm. ~eilen** hurry to meet sb.; **b)** *(fig.: ~gehen)* **einer Sache** *(Dat.)* **~eilen** rush towards sth.; **~|fahren** *unr. itr. V.; mit sein* **jmdm. ~fahren** come/go to meet sb.; **~|fiebern** *itr. V.* **einem Ereignis ~fiebern** look forward to an event with nervous anticipation; **~|gehen** *unr. itr. V.; mit sein* **a) jmdm. [ein Stück] ~gehen** go [a little way] to meet sb.; **b)** *(fig.)* **einer Katastrophe/schweren Zeiten ~gehen** be heading for *or* towards a catastrophe/hard times; **der Vollendung/dem Ende ~gehen** be approaching completion/its end; **~gesetzt 1.** *Adj.* **a)** *(umgekehrt)* opposite ⟨*end, direction*⟩; **sie gingen in ~gesetzter Richtung davon** they went off in opposite directions; **b)** *(gegensätzlich)* opposing; **~gesetzter Meinung sein** hold opposing views; **das Entgegengesetzte tun** do the opposite; **2.** *adv.* **genau ~gesetzt handeln/denken** do/think exactly the opposite; **~|halten** *unr. tr. V.* **a) jmdm. etw. ~halten** offer sth. to sb.; **b)** *(fig.: einwenden)* **einem Argument ein anderes ~halten** counter an argument with another; **~halten, daß ...:** counter that ...; **~|kommen** *unr. itr. V.; mit sein* **a)** *(zukommen auf)* **jmdm. ~kommen** come to meet sb.; **der ~kommende Verkehr** oncoming traffic; **b)** *(Zugeständnisse machen)* **jmdm. ~kommen** be accommodating towards sb.; **dem Verhandlungspartner ~kommen** make concessions to one's opposite number in the negotiations; **sie/das kam unseren Wünschen ~:** she complied with our wishes/it was what we wanted; **c)** *(entsprechen)* **einer Sache** *(Dat.)* **~kommen** comply with *or* fit in with sth.; **~kommen das a)** *(Konzilianz)* cooperation; **wenn er etwas mehr ~kommen gezeigt hätte** if he had shown a little more willingness to co-operate; **b)** *(Zugeständnis)* concession; **zu keinem ~kommen bereit sein** be unwilling to make any concessions; **~kommend** *Adj.* obliging; **~kommenderweise** *Adv.* obligingly; **~|laufen** *unr. itr. V.; mit sein* **a) jmdm. ~laufen** run to meet sb.; **b)** *(sich widersprechen)* **einander ~laufen** conflict with each other; **~nahme die** *(Amtsdt.)* receipt; **bei ~nahme** on receipt; **~|nehmen** *unr. itr. V.* receive; **ein Paket ~nehmen** accept a parcel; **~|schlagen** *unr. itr. V.* **a)** *mit sein* **eine Rauchwolke/ein übler Geruch schlug mir ~:** I encountered a cloud of smoke/a foul smell; **ihm schlug eine Welle der Entrüstung ~:** he was met by a wave of indignation; **b)** *(geh.)* **die Herzen schlugen ihm ~:** their/our *etc.* hearts went out to him; **~|sehen** *unr. itr. V.* **a) einer Sache** *(Dat.)* **~sehen** look forward to sth.; **einem Ereignis freudig ~sehen** look forward eagerly to an event; **b)** *(~blicken)* **den eintreffenden Gästen ~sehen** watch the guests arriving; **~|setzen** *tr. V.* **a) einer Sache** *(Dat.)* **etw. ~setzen** oppose sth. with sth.; **einer Sache** *(Dat.)* **Widerstand ~setzen** resist sth.; **b)** *(gegenüberstellen)* **einer Behauptung/einem Argument etw. ~setzen** counter a claim/an argument with sth.; **~|stehen** *unr. itr. V.* **a)** *(hinderlich sein)* **einer Sache** *(Dat.)* **~stehen** stand in the way of sth.; **dem steht nichts ~:** there's no reason why not; **b)** *(im Gegensatz stehen zu)* **einer Sache** *(Dat.)* **~stehen** conflict with sth.; **~|stellen** *tr. V.: s.* **~setzen b; ~|strecken** *tr. V.* **jmdm. etw. ~strecken** hold sth. out towards sb.; **~|treten** *unr. itr. V.; mit sein* **a)** *(in den Weg treten)* go/come up to; **einem Angreifer ~treten** go into action against an attacker; **Schwierigkeiten** *(Dat.)* **~treten** stand up to difficulties; **einem Angriff ~treten** answer an attack; **b)** *(sich wehren gegen)* **Vorwürfen/Anschuldigungen ~treten** answer reproaches/accusations; **~|wirken** *itr. V.* **einer Sache** *(Dat.)* **~wirken** [actively] oppose sth.; **die Regierung sollte diesem Mißbrauch ~wirken** the Government should do something to halt this abuse

**entgegnen** [ɛnt'ge:gnən] *tr. V.* retort; reply; **einer Sache** *(Dat.)* **etw. ~:** say sth. in reply to sth.; **jmdm. ~, daß ...:** reply that ...

**Entgegnung die; ~, ~en** retort; reply; **als ~ darauf** in reply

**entgehen** *unr. itr. V.; mit sein* **a)** *(entkommen)* escape; **einer Gefahr/Strafe** *(Dat.)* **~:** escape *or* avoid danger/punishment; **b)** *(versäumt, ausgelassen werden)* miss; **das darf man sich** *(Dat.)* **nicht ~ lassen** that is not to be missed; **c)** *(nicht bemerkt werden)* **jmdm. entgeht etw.** sb. misses sth.; sb. fails to see sth.; **ihm ist nicht entgangen, daß ...:** it has not escaped his notice that ...

**entgeistert** [ɛnt'gaistɐt] *Adj.* dumbfounded; **jmdn. ~ anstarren** stare at sb. in amazement *or* astonishment

**Entgelt** [ɛnt'gɛlt] **das; ~[e]s, ~e** payment; fee; **gegen** *od.* **für ein geringes ~:** for a small fee; **ohne ~:** free of charge

**entgẹlten** *unr. tr. V. (geh.)* pay for *(also fig.)*; **jmdm. eine Arbeit ~:** pay sb. a job; **jmdn. etw. ~ lassen** make sb. pay for sth.

**entgẹltlich** *(Papierdt.)* **1.** *Adj.* payable. **2.** *adv.* on payment of a fee

**entgiften** *tr. V.* decontaminate ⟨*substance etc.*⟩; detoxicate ⟨*body etc.*⟩

**Entgiftung die; ~, ~en** decontamination; detoxication

**entgleisen** *itr. V.; mit sein* **a)** be derailed; **der Zug ist entgleist** the train was derailed; **das Entgleisen** the derailment; **b)** *(in Gesellschaft)* make *or* commit a/some faux pas

**Entgleisung die; ~, ~en** *s.* **entgleisen: a)** derailment; **b)** faux pas

**entgleiten** *unr. itr. V.; mit sein (geh.)* **a)** slip; **jmds. Händen ~:** slip from sb.'s hands; **b)** *(fig.)* **jmdm. entgleitet etw.** sb. loses his/her grip on sth.

**entgräten** *tr. V.* fillet; bone; **entgräteter Fisch** filleted fish

**enthaaren** *tr. V.* remove hair from; depilate *(formal)*

**Enthaarungs·mittel das** hair remover; depilatory

**¹enthạlten 1.** *unr. tr. V.* contain. **2.** *unr. refl. V.* **sich einer Sache** *(Gen.)* **~:** abstain from sth.; **sich der Stimme ~:** abstain; **sich jeder Meinung/Äußerung ~:** refrain from giving any opinion/making any comment

**²enthạlten** *Adj.* **in etw.** *(Dat.)* **~ sein** be contained in sth.; **die im Wasser ~en Stoffe** the substances contained in water; **wie oft ist 4 in 12 ~?** how many times does 4 go into 12?; **das ist im Preis ~:** that is included in the price

**enthạltsam 1.** *Adj.* abstemious; *(sexuell)* abstinent. **2.** *adv.* **in bezug auf etw.** *(Akk.)* **~ sein** be moderate regarding sth.; **~ leben** live in abstinence

**Enthạltsamkeit die; ~:** abstinence

**Enthạltung die** abstention; **mit 20 Stimmen bei 3 ~en gewählt werden** be elected by 20 votes with 3 abstentions

**enthärten** *tr. V.* soften ⟨*water*⟩

**Enthärtungs·mittel das** [water] softener

**enthaupten** *tr. V. (geh.)* behead

**Enthauptung die;** ~, ~en *(geh.)* beheading

**enthäuten** *tr. V.* skin

**entheben** *unr. tr. V. (geh.)* relieve; **jmdn. seines Amtes ~:** relieve sb. of his/her office; **aller Sorgen enthoben sein** be relieved of all one's cares; **einer Verpflichtung enthoben werden** be released from an obligation

**entheiligen** *tr. V.* desecrate, profane ⟨*sabbath*⟩

**enthẹmmen** *tr., itr. V.* **jmdn. ~:** make sb. lose his/her inhibitions; free sb. from his/her inhibitions; **Alkohol enthemmt** alcohol takes away one's inhibitions

**enthẹmmend 1.** *Adj.* disinhibitory ⟨*effect, etc.*⟩. **2.** *adv.* **~ wirken** take away sb.'s inhibitions

**enthẹmmt 1.** *s.* **enthemmen. 2.** *Adj.* uninhibited

**Enthẹmmtheit die;** ~, **Enthẹmmung die** loss of inhibition[s]; disinhibition *(Psych.)*

**enthụ̈llen 1.** *tr. V.* **a)** unveil ⟨*monument etc.*⟩; reveal ⟨*face, etc.*⟩; **b)** *(offenbaren)* reveal ⟨*truth, secret*⟩; disclose ⟨*secret*⟩; *(Zeitungsw.)* expose ⟨*scandal*⟩. **2.** *refl. V. (sich offenbaren)* **sich [jmdm.] ~:** be revealed [to sb.]; **sich als etw. ~:** be revealed as *or* turn out to be sth.

**Enthụ̈llung die;** ~, ~en *s.* **enthüllen: a)** *(das Enthüllen)* unveiling; revelation; disclosure; exposé; **b)** *(das Enthüllte)* revelation; disclosure

**enthụ̈lsen** *tr. V.* shell; pod

**Enthusiasmus** [ɛntuˈzi̯asmʊs] **der;** ~: enthusiasm

**Enthusiạst der;** ~en, ~en, **Enthusiạstin die;** ~, ~nen enthusiast

**enthusiạstisch 1.** *Adj.* enthusiastic. **2.** *adv.* enthusiastically

**Entität** [ɛntiˈtɛːt] **die;** ~, ~en *(Philos.)* entity

**entjụngfern** *tr. V.* deflower

**Entjụngferung die;** ~, ~en defloration

**entkạlken** *tr. V.* decalcify

**entkeimen** *tr. V.* **a)** *(keimfrei machen)* sterilize ⟨*water etc.*⟩; **b)** *(Triebe entfernen von)* remove the shoots from ⟨*potatoes etc.*⟩

**entkẹrnen** *tr. V.* **a)** core ⟨*apple etc.*⟩; stone, remove stone from ⟨*plum etc.*⟩; remove pips from ⟨*grape etc.*⟩; **b)** *(Städtebau)* reduce the density of ⟨*town*⟩

**entkleiden** *tr. V. (geh.)* **a) jmdn./sich ~:** undress sb./undress; **die entkleidete Leiche einer Unbekannten** the unclothed body of an unknown woman; **b)** *(berauben)* strip; **jmdn. einer Sache** *(Gen.)* **~:** strip sb. of sth.

**Entkleidung die** undressing

**entknoten 1.** *tr. V.* untie, undo ⟨*string etc.*⟩; unravel ⟨*wool etc.*⟩. **2.** *refl. V. (fig.)* ⟨*plot etc.*⟩ unravel itself

**entkoffeiniert** [ɛntkɔfeiˈniːɐt] *Adj.* decaffeinated

**Entkolon[ial]isierung die** decolonization

**entkọmmen** *unr. itr. V.; mit sein* escape; **jmdm./einer Sache ~:** escape *or* get away from sb./sth.; **es gibt kein Entkommen** there is no escape

**entkọrken** *tr. V.* uncork ⟨*bottle*⟩

**entkräften** [ɛntˈkrɛftn̩] *tr. V.* **a)** weaken; **völlig ~:** exhaust; **von etw. [völlig] entkräftet sein** be [utterly] exhausted by sth.; **b)** *(widerlegen)* refute, invalidate ⟨*argument etc.*⟩; remove ⟨*suspicion etc.*⟩

**Entkrạ̈ftung die;** ~, ~en **a)** debility; **völlige ~:** exhaustion; **an** *od.* **vor ~** *(Dat.)* **sterben** die of exhaustion; **b)** *(Widerlegung)* refutation; invalidation

**entkrạmpfen 1.** *tr. V.* **a)** relax ⟨*body etc.*⟩; loosen, relax ⟨*muscles etc.*⟩; **b)** *(fig.)* ease ⟨*situation, tension*⟩; **2.** *refl. V.* **a)** relax; **b)** *(fig.)* ⟨*atmosphere etc.*⟩ become relaxed

**Entkrạmpfung die;** ~, ~en *s.* **entkrampfen:** relaxation; loosening; easing

**entkriminalisieren** *tr. V.* legalize; make legal

**entladen 1.** *unr. tr. V.* unload ⟨*vehicle, ship, luggage, gun*⟩; discharge ⟨*battery*⟩; *s. auch* **¹beladen a. 2.** *unr. refl. V.* **a)** ⟨*storm*⟩ break; **b)** *(fig.: hervorbrechen)* ⟨*anger etc.*⟩ erupt; ⟨*aggression etc.*⟩ be released; **sich in etw.** *(Dat.)* **~:** release itself in sth.; **c)** *(Elektrot.)* ⟨*battery*⟩ run down; **d)** ⟨*gun*⟩ go off

**Entladung die** *s.* **entladen 1, 2b:** unloading; discharge; eruption; release; **etw. zur ~ bringen** *(fig.)* cause sth. to erupt

**entlạng 1.** *Präp. mit Akk. u. Dat.* along; **den Weg ~, ~ dem Weg** along the path. **2.** *Adv.* along; **hier/dort ~, bitte!** this/that way please!

**entlạng-:** **~|fahren** *unr. itr. V.; mit sein* **a)** drive along; **die Straße/den** *od.* **am Fluß ~fahren** drive *or* go down the street/along the river; **b)** *(streichen)* go along; **er fuhr mit dem Finger die** *od.* **an der Tischkante ~:** he ran his finger along the edge of the table; **~|führen 1.** *tr. V.* lead along; **jmdn. die Straße ~führen** lead sb. along *or* down the street; **2.** *itr. V. (verlaufen)* run *or* go along; **die Straße führt am** *od.* **den Fluß ~:** the road runs *or* goes along the river; **~|gehen** *unr. itr. V.; mit sein* ⟨*person*⟩ go *or* walk along; **bitte gehen Sie hier ~:** [go] this way please; **~|kommen** *unr. itr. V.; mit sein* come along; **~|laufen** *unr. itr. V.; mit sein* **a)** go *or* walk/run along; **b)** *(verlaufen)* go *or* run along

**entlạrven** *tr. V.* expose; **jmdn. als Schwindler ~:** expose sb. as *or* show sb. to be a swindler

**Entlạrvung die;** ~, ~en exposure

**Entlạß-** *(südd.) s.* **Entlassungs-**

**entlạssen** *unr. tr. V.* **a)** *(aus dem Gefängnis)* release; *(aus dem Krankenhaus, der Armee)* discharge; **jmd. wird aus der Schule ~:** sb. leaves school; **jmdn. aus der** *od.* **seiner Staatsbürgerschaft ~:** release sb. from citizenship; **b)** *(aus einem Arbeitsverhältnis)* dismiss; *(wegen Arbeitsmangels)* make redundant *(Brit.)*; lay off; **bei einer Firma ~ werden** be dismissed from/be made redundant *(Brit.) or* laid off by a company; **c)** *(geh.: gehen lassen)* release

**Entlạssung die;** ~, ~en **a)** *(aus dem Gefängnis)* release; *(aus dem Krankenhaus, der Armee)* discharge; *(aus der Schule)* leaving; **~ aus der Staatsbürgerschaft** release from citizenship; **b)** *(aus einem Arbeitsverhältnis)* dismissal; *(wegen Arbeitsmangels)* redundancy *(Brit.)*; laying off; **c)** *(Entlassungsschreiben)* notice of dismissal; *(wegen Arbeitsmangels)* redundancy notice *(Brit.)*; pink slip *(Amer.)*

**Entlạssungs-:** **~feier die** *(Schulw.)* school-leaving *or (Amer.)* graduation ceremony; **~gesuch das** resignation; **~papiere** *Pl.* *(eines Soldaten)* discharge papers; *(eines Häftlings)* release papers; **~schreiben das** *(Arbeitsw.)* notice of dismissal; *(wegen Arbeitsmangels)* redundancy notice *(Brit.)*; pink slip *(Amer.)*

**entlạsten** *tr. V.* **a)** *(Rechtsspr.)* exonerate ⟨*defendant*⟩; **b)** *(Beanspruchung mindern)* **jmdn. ~:** relieve *or* take the load off sb.; **den Verkehr ~:** ease the traffic; **den Kreislauf ~:** relieve the strain on the circulation; **c)** *(erleichtern)* **sein Gewissen ~:** ease *or* relieve one's conscience; **d)** *(Finanzw.)* **sein Konto ~:** pay off the amount owed on one's account; **e)** *(Kaufmannsspr.)* approve the actions of ⟨*chairman, board, etc.*⟩

**Entlạstung die;** ~, ~en **a)** *(Rechtsw.)* exoneration; defence; **zu jmds. ~:** in sb.'s defence; **b)** *(Minderung der Belastung)* relief; **die ~ eines Menschen/des Körpers/der Straßen** relief of the burden on a person/the body/the roads; **c)** *(Person od. Sache)* **eine große ~ für seinen Vater** a great help to his father; **eine ungeheure ~ für den Ortsverkehr** an enormous relief for local traffic; **d)** *(Erleichterung)* easing; relief; **wir senden Ihnen Ihre Unterlagen zu unserer ~ zurück** we are returning your documents for safe keeping; **e)** *(Finanzw.)* **die ~ eines Kontos** paying off the amount owed on an account; **f)** *(Kaufmannsspr.)* approval of the actions of ⟨*chairman, board, etc.*⟩

**Entlạstungs-:** **~material das** *(Rechtsw.)* evidence for the defence; **~zeuge der** *(Rechtsw.)* witness for the defence; defence witness; **~zug der** *(Eisenb.)* relief train

**entlauben 1.** *tr. V.* strip ⟨*branch*⟩; defoliate ⟨*forest, area*⟩. **2.** *refl. V.* ⟨*tree*⟩ shed its leaves; **entlaubte Äste** bare branches

**Entlaubung die;** ~, ~en defoliation

**Entlaubungs·mittel das** defoliant

**entlaufen** *unr. itr. V.; mit sein* run away; **jmdm. ~:** run away from sb.; **ein ~er Sträfling/Sklave** an escaped convict/a runaway slave; **„Hund ~"** 'dog missing *or* lost'

**entlausen** *tr. V.* delouse

**Entlausung die;** ~, ~en delousing

**entledigen** *refl. V. (geh.)* **a) sich jmds./einer Sache** *(Gen.)* **~:** dispose of *or* rid oneself of sb./sth.; **b) sich eines Kleidungsstücks ~:** remove an item of clothing; **c)** *(erledigen)* **sich einer Aufgabe/einer Schuld/seiner Pflichten ~:** carry out a task/discharge a debt/one's duty

**entleeren 1.** *tr. V.* **a)** empty ⟨*ashtray etc.*⟩; evacuate ⟨*bowels, bladder*⟩. **2.** *refl. V.* **a)** *(leer werden)* empty; become empty; **b)** *(fig.: seinen Sinn verlieren)* ⟨*concept, tradition*⟩ lose its meaning

**Entleerung die a)** *(das Leermachen)* emptying; **b)** *(fig.: von Werten, Begriffen)* erosion; **c)** *(Med.)* evacuation

**entlegen** *Adj.* **a)** *(entfernt)* remote, out-of-the-way ⟨*place*⟩; **b)** *(abwegig)* remote, little-known ⟨*word, expression*⟩; out-of-the-way, odd ⟨*theory etc.*⟩

**entlehnen** *tr. V.* borrow *(Dat.,* **aus** from)

**Entlehnung die;** ~, ~en borrowing; **das Wort ist eine ~ aus dem Lateinischen** the word is borrowed *or* a borrowing from the Latin

**entleiben** *refl. V. (geh. veralt.)* take one's own life

**entleihen** *unr. tr. V.* borrow; **entliehene Bücher** borrowed books

**Entleiher der;** ~s, ~: borrower

**Entlein** [ˈɛntlain] **das;** ~s, ~: duckling; **ein häßliches ~** *(ugs. scherzh.)* an ugly duckling

**entlọben** *refl. V.* break off one's *or* the engagement

**Entlọbung die;** ~, ~en breaking off [of] one's *or* the engagement

**entlọcken** *tr. V. (geh.)* **jmdm. etw. ~:** elicit sth. from sb.; **jmdm. Begeisterung ~:** arouse enthusiasm in sb.; **jmdm. ein Geheimnis ~:** worm a secret out of sb.; **jmdm. ein Lächeln ~:** draw a smile from sb.

**entlohnen,** *(bes. schweiz.)* **entlöhnen** *tr. V.* pay; **jmdn. [für etw.] ~:** pay sb. [for sth.]

**Entlohnung die;** ~, ~en payment; *(Lohn)* pay

**entlụ̈ften** *tr. V.* **a)** ventilate; **b)** *(Technik)* bleed ⟨*brakes, radiator, etc.*⟩

**Entlụ̈fter der;** ~s, ~ **a)** ventilator; **b)** *(Technik)* bleeder

**Entlụ̈ftung die** ventilation; *(Anlage)* ventilation [system]

**Entlụ̈ftungs-:** **~an·lage die** ventilation system; **~ventil das** air-release valve

**entmạchten** *tr. V.* deprive of power

**Entmạchtung die;** ~, ~en deprivation of power

**entmạnnen** *tr. V.* castrate; *(fig.)* emasculate

**Entmạnnung die;** ~, ~en castration; *(fig.)* emasculation

**entmaterialisieren** *tr. V. (bes. Philos.)* dematerialize

**entmẹnschen, entmẹnschlichen** *tr. V.* **a)** dehumanize; **b)** *(verrohen)* brutalize

**entmẹnscht** *Adj.* brutalized

**entmieten** *tr. V. (Amtsspr.)* drive out the tenants of

**entmilitarisieren** *tr. V.* demilitarize; **eine entmilitarisierte Zone** a demilitarized zone
**Entmilitarisierung die** demilitarization
**entminen** *tr. V.* clear of mines
**entmisten** *tr. V.* muck out
**entmotten** *tr. V. (Technik)* de-mothball
**entmündigen** *tr. V. (Rechtsw.)* incapacitate; *(fig.)* deprive of the right of decision
**Entmündigung die; ~, ~en** *(jur.)* incapacitation; *(fig.)* deprivation of the right of decision
**entmutigen** *tr. V.* discourage; dishearten; **laß dich nicht ~:** don't be discouraged
**Entmutigung die; ~, ~en** discouragement
**Entmythologisierung die** demythologization
**Entnahme die; ~, ~n** *(von Wasser)* drawing; *(von Geld, Blutprobe)* taking; *(von Blut)* extraction; *(von Organen)* removal
**entnazifizieren** [ɛntnatsifi'tsi:rən] *tr. V.* denazify
**Entnazifizierung die; ~, ~en** denazification
**entnehmen** *unr. tr. V.* **a)** *(herausnehmen aus)* **etw. [einer Sache** *(Dat.)***] ~:** take sth. [from sth.]; **der Kasse Geld ~:** take money out of the till; **jmdm. Blut/eine Blutprobe ~:** take a blood sample from sb.; **Organe ~:** remove organs; **b)** *(ersehen aus)* gather; **einer Sache** *(Dat.)* **etw. ~ können** be able to gather sth. from sth.; **wie wir Ihrem Schreiben ~, ...:** we gather from your letter that ...
**entnerven** *tr. V.* **jmdn. ~:** be nerve-racking for sb.
**entnervend** *Adj.* nerve-racking
**entölen** *tr. V.* remove fat from ⟨*cocoa*⟩; **stark/schwach entölt** with very low/slightly reduced fat content *postpos., not pred.*
**Entomologie** [ɛntomolo'gi:] **die; ~:** entomology *no art.*
**entpflichten** *tr. V.* release
**entprivatisieren** *tr. V.* nationalize; take out of the private sector
**entpuppen** *refl. V.* **sich als etw./jmd. ~:** turn out to be sth./sb.
**entquellen** *unr. itr. V.; mit sein (geh.)* **einer Sache** *(Dat.)* **~:** pour from sth.; **Tränen entquollen ihren Augen** tears streamed from her eyes
**entrahmen** *tr. V.* skim ⟨*milk*⟩
**entraten** *unr. itr. V. (geh.)* **jmds./einer Sache ~:** dispense with sb./sth.; **einer Sache** *(Gen.)* **~ müssen** have to do without sth.
**enträtseln 1.** *tr. V.* decipher ⟨*code etc.*⟩; understand, fathom ⟨*behaviour etc.*⟩. **2.** *refl. V.* ⟨*mystery, secret, etc.*⟩ be solved
**entrechten** *tr. V.* **jmdn. ~:** deprive sb. of his/her rights
**Entrechtete der/die;** *adj. Dekl.* person deprived of his/her rights
**Entrecote** [ãtrə'ko:t] **das; ~[s], ~s** *(Kochk.)* entrecôte
**Entree** [ã'tre:] **das; ~s, ~s a)** *(Kochk.)* entrée; **b)** *(Eingang)* [entrance] hall; **c)** *(Erscheinen)* entrance; **d)** *(bes. österr.: Eintrittsgeld)* entrance *or* admission fee
**entreißen** *unr. tr. V.* **a)** *(wegnehmen)* **jmdm. etw. ~:** snatch sth. from sb.; **b)** *(retten vor)* **jmdn. dem Tod ~:** save sb. from imminent death; **c)** *(geh.: befreien von)* **jmdn./etw. dem Vergessen ~:** rescue sb./sth. from oblivion
**entrichten** *tr. V. (Amtsspr.)* pay ⟨*fee*⟩; **jede Familie mußte dem Krieg ihren Tribut ~** *(fig.)* the war took its toll of every family
**entriegeln** *tr. V.* unbolt
**entrinden** *tr. V.* strip the bark off; decorticate
**entringen** *(geh.)* **1.** *unr. tr. V. (wegnehmen)* **jmdm. etw. ~:** wrest sth. from sb. **2.** *unr. refl. V.* **sich [einer Sache** *(Dat.)***] ~:** escape [from sth.]; **ein Seufzer entrang sich ihrer Brust** she heaved a sigh
**entrinnen** *unr. itr. V.; mit sein (geh.)* **a)** *(entgehen)* **einer Sache** *(Dat.)* **~:** escape sth.; **b)** *(dichter.)* ⟨*time*⟩ fly by
**entrollen 1.** *tr. V. (geh.)* unroll. **2.** *refl. V. (fig.)* unfold
**Entropie** [ɛntro'pi:] **die; ~, ~n** *(fachspr.)* entropy
**entrosten** *tr. V.* derust
**entrücken** *tr. V. (geh.)* **jmdn. ~:** carry sb. [far] away *(fig.)* (*Dat.* from); **entrückt** carried away; transported; *(gedankenverloren)* lost in reverie; **jmdm./einer Sache entrückt sein** be far away from sb./sth.; **in eine bessere Welt entrückt** transported to a better world
**Entrücktheit die; ~, ~en** *(geh.)* reverie; **in völliger ~:** completely lost in reverie
**entrümpeln** [ɛnt'rʏmpl̩n] *tr. V.* clear out
**Entrümpelung die; ~, ~en** clear-out; clearing out
**entrußen** *tr. V.* clear of soot
**entrüsten 1.** *refl. V.* **sich [über etw.** *(Akk.)***] ~:** be indignant [at *or* about sth.]. **2.** *tr. V. (empören)* **jmdn. ~:** make sb. indignant; **über etw.** *(Akk.)* **entrüstet/aufs höchste entrüstet sein** be indignant/outraged at sth.; **etw. entrüstet tun** do sth. indignantly
**Entrüstung die** indignation **(über +** *Akk.* at, about)
**entsaften** *tr. V.* extract the juice from
**Entsafter der; ~s, ~:** juice-extractor
**entsagen** *itr. V. (geh.)* **einem Genuß ~:** renounce *or* forgo a pleasure; **der Welt ~:** renounce the world; **sie mußte lernen zu ~:** she had to learn self-denial
**Entsagung die; ~, ~en** *(geh.)* renunciation; **viele ~en auf sich** *(Akk.)* **nehmen** renounce many things
**entsagungs·voll** *Adj.* **a)** full of self-denial *postpos.*; **b)** *(Entsagungen verlangend)* full of privation *postpos.*
**entsalzen** *tr. V.* desalinate
**Entsalzung die; ~, ~en** desalination
**Entsalzungs·anlage die** desalination plant; *(bei Erdölgewinnung)* brine separator
**Entsatz der;** *o. Pl. (Milit.)* **a)** relief; **b)** *(~truppe)* relief troops *pl.*
**entsäuern** *tr. V.* deacidify; disacidify
**entschädigen** *tr. V.* compensate **(für** for); **jmdn. für etw. ~** *(fig.)* make up for sth.
**Entschädigung die** compensation *no indef. art.*
**entschädigungs-, Entschädigungs-: ~los** *Adj., adv.* without compensation; **~summe die** compensation *no indef. art.*
**entschärfen** *tr. V.* **a)** defuse, deactivate ⟨*bomb etc.*⟩; control ⟨*avalanche*⟩; blunt ⟨*edge etc.*⟩; make ⟨*hill, slope*⟩ less steep; alleviate ⟨*disaster, crisis*⟩; **b)** *(fig.)* defuse ⟨*situation*⟩; tone down ⟨*discussion, criticism*⟩
**Entschärfung die; ~, ~en a)** *(von Bomben usw.)* defusing; deactivation; **b)** *(fig.)* defusing; toning down
**Entscheid** [ɛnt'ʃait] **der; ~[e]s, ~e** decision
**entscheiden 1.** *unr. refl. V.* **a)** decide; **sich für/gegen jmdn./etw. ~:** decide on *or* in favour of/against sb./sth.; **sich nicht ~ können** be unable to make up one's mind; **b)** *(unpers.)* **morgen entscheidet es sich, ob ...:** I/we/you will know tomorrow wether ... **2.** *unr. itr. V.* **über etw.** *(Akk.)* **~:** decide on *or* settle sth. **3.** *unr. tr. V.* **a)** *(bestimmen)* decide on ⟨*dispute*⟩; **der Richter entschied, daß ...:** the judge decided *or* ruled that ...; **b)** *(den Ausschlag geben für)* decide ⟨*outcome, result*⟩
**entscheidend 1.** *Adj.* crucial ⟨*problem, question, significance*⟩; decisive ⟨*action*⟩; **die ~e Stimme** the deciding vote; **etwas/nichts Entscheidendes** something/nothing crucial *or* decisive. **2.** *adv.* **jmdn./etw. ~ beeinflussen** have a crucial *or* decisive influence on sb./sth.; **sich/etw. ~ verändern** change/change sth. decisively
**Entscheidung die** decision; *(Gerichts~)* ruling; *(Schwurgerichts~)* verdict; **etw. steht vor der ~:** sth. is just about to be decided; **einer ~** *(Dat.)* **ausweichen** avoid making a decision; **jmdn. vor die ~ stellen, etw. zu tun** leave the decision to sb. to do sth.
**entscheidungs-, Entscheidungs-: ~befugnis die** decision-making powers *pl.*; **~frage die** *(Sprachw.)* yes-no *or* polar question; **~gewalt die** power of decision; **~hilfe die** help *or* assistance in reaching a decision; **~kampf der** decisive struggle; *(Milit.)* decisive battle; **~schlacht die** decisive battle; **~spiel das** *(Sport)* deciding match; *(bei gleichem Rang)* play-off; **~träger der** decision-maker
**entschieden 1.** *2. Part. v.* **entscheiden. 2.** *Adj.* **a)** *(entschlossen)* determined; resolute; **b)** *(eindeutig)* definite. **3.** *adv.* resolutely; **etw. ~** *od.* **auf das ~ste ablehnen** reject sth. emphatically *or* categorically; **jmdm. sehr ~ antworten** give sb. a very definite answer; **das geht ~ zu weit** that is going much too far
**Entschiedenheit die; ~:** decisiveness; **etw. mit ~ behaupten/verneinen** state/deny sth. categorically; **etw. mit ~ fordern** demand sth. emphatically
**entschlacken** *tr. V.* cleanse
**Entschlackung die; ~, ~en** cleansing
**entschlafen** *unr. itr. V.; mit sein* **a)** *(verhüll.: sterben)* pass away; fall asleep *(euphem.)*; **sanft ~:** pass away peacefully; **b)** *(geh.: einschlafen)* fall asleep
**entschleiern** *tr. V. (geh.)* **a)** *(fig.)* reveal; uncover; **ein Geheimnis ~:** reveal a secret; **b)** unveil ⟨*face*⟩
**entschließen** *unr. refl. V.* decide; make up one's mind; **sich ~, etw. zu tun** decide *or* resolve to do sth.; **sich dazu ~:** decide to do it; **sich zu einer Reise/zur Heirat ~:** decide to make a journey/to marry; **ich kann mich zu nichts ~:** I can't make up my mind; **sich anders ~:** change one's mind
**Entschließung die** resolution
**entschlossen 1.** *2. Part. v.* **entschließen. 2.** *Adj.* determined, resolute ⟨*person*⟩; determined ⟨*look etc.*⟩; **fest ~ [sein], etw. zu tun** [be] absolutely determined to do sth. **3.** *adv.* **~ handeln/durchgreifen** act resolutely *or* with determination/take determined action; **kurz ~:** on the spur of the moment; *(als Reaktion)* immediately
**Entschlossenheit die; ~:** determination; resolution; **in wilder ~:** fiercely determined; with fierce determination
**entschlummern** *itr. V.; mit sein* **a)** *(dichter.: einschlafen)* fall asleep; **b)** *s.* **entschlafen a**
**entschlüpfen** *itr. V.; mit sein* **a)** escape; slip away; **b)** ⟨*remarks, words*⟩ slip out
**Entschluß der** decision; **seinen ~ ändern** change one's mind; **aus eigenem ~:** on one's own initiative; of one's own volition
**entschlüsseln** *tr. V.* decipher; decode
**Entschlüsselung die; ~, ~en** deciphering; decoding
**entschluß-, Entschluß-: ~freudig** *Adj.* decisive; **~kraft die** decisiveness; **~los 1.** *Adj.* indecisive; **2.** *adv.* indecisively
**entschuldbar** *Adj.* excusable; pardonable
**entschulden** *tr. V.* free of debts; **einen Betrieb ~:** write off a business's debts
**entschuldigen 1.** *refl. V.* apologize; **sich bei jmdm. wegen** *od.* **für etw. ~:** apologize to sb. for sth.; **sich in aller Form ~:** apologize formally; make a formal apology. **2.** *tr. (auch itr.) V.* excuse ⟨*person*⟩; **die Mutter entschuldigte ihren Sohn in der Schule** the mother had her son excused from school; **sich ~ lassen** ask to be excused; **sein Verhalten ist durch nichts zu ~:** his behaviour is inexcusable; **~ Sie [bitte]!** *(bei Fragen, Bitten)* excuse me; *(bedauernd)* excuse me; I'm sorry; **Sie müssen ~, daß ...:** I'm sorry, but ...
**entschuldigend 1.** *Adj.* apologetic; **~e Worte** words of apology. **2.** *adv.* apologetically

**Entschuldigung die;** ~, ~en **a)** *(Rechtfertigung)* excuse; **etw. zu seiner ~ sagen/anführen** say sth. in one's defence; **b)** *(schriftliche Mitteilung)* [excuse] note; letter of excuse; **c)** *(Höflichkeitsformel)* **~!** *(bei Fragen, Bitten)* excuse me; *(bedauernd)* excuse me; [I'm] sorry; **jmdn. für** *od.* **wegen etw. um ~ bitten** apologize to sb. for sth.; **d)** *(entschuldigende Äußerung)* apology

**Entschuldigungs-:** **~grund der** excuse; **~schreiben das** letter of apology

**entschweben** *itr. V.; mit sein (geh., häufig iron.)* waft away

**entschwefeln** *tr. V. (Chemie)* desulphurize

**entschwinden** *unr. itr. V.; mit sein (geh.)* **a)** disappear; vanish; **jmds. Blicken ~:** disappear *or* vanish from sb.'s view *or* sight; **b)** *(vergehen)* ⟨*time*⟩ fly by

**entseelt** [ɛnt'ze:lt] *Adj. (geh.)* lifeless, dead *(also fig.)*

**entsenden** *unr. (auch regelm.) tr. V.* dispatch

**Entsendung die;** *o. Pl. (geh.)* dispatch

**entsetzen 1.** *refl. V.* be horrified; **sich vor** *od.* **bei dem Anblick von etw. ~:** be horrified at the sight of sth. **2.** *tr. V.* **a)** *(erschrecken)* horrify; **über etw.** *(Akk.)* **entsetzt sein** be horrified by sth.; **entsetzt starren** stare in horror; **b)** *(Milit.)* relieve

**Entsetzen das;** ~s horror; **vor ~ stumm** speechless with horror; **mit ~ bemerken** notice to one's horror; **ihn befiel lähmendes ~:** he was paralysed with horror

**Entsetzens·schrei der** cry of horror

**entsetzlich 1.** *Adj.* **a)** horrible, dreadful ⟨*accident, crime, etc.*⟩; **b)** *nicht präd. (ugs.: stark)* terrible ⟨*thirst, hunger*⟩; **einen ~en Durst haben** have a terrible thirst; be terribly thirsty. **2.** *adv.* terribly *(coll.)*; awfully; **es ist ~ kalt/warm/dunkel** it is terribly *(coll.) or* awfully cold/warm/dark

**Entsetzlichkeit die;** ~, ~en horribleness; dreadfulness

**entseuchen** *tr. V.* decontaminate

**entsichern** *tr. V.* **eine Pistole ~:** release the safety catch of a pistol; **das Gewehr war entsichert/nicht entsichert** the rifle had the safety catch off/on

**entsinnen** *unr. refl. V.* **sich jmds./einer Sache ~:** remember sb./sth.; **sich an jmdn./etw. ~:** remember sb./sth.

**entsorgen** *tr. V. (Amtsspr., Wirtsch.)* dispose of ⟨*waste etc.*⟩; **eine Stadt/ein Kernkraftwerk ~:** dispose of a town's/a nuclear power station's waste

**Entsorgung die;** ~, ~en *(Amtsspr., Wirtsch.)* waste disposal

**entspannen 1.** *tr. V.* **a)** *(lockern)* relax ⟨*body etc.*⟩; relax, loosen ⟨*muscles*⟩; **b)** *(von Spannung befreien)* relax the tension of ⟨*spring*⟩; reduce the surface tension of ⟨*water*⟩. **2.** *refl. V.* **a)** ⟨*person*⟩ relax; **b)** *(fig.)* ⟨*situation, tension*⟩ ease

**Entspannung die;** *o. Pl.* **a)** relaxation; **b)** *(politisch)* easing of tension; détente

**Entspannungs-:** **~politik die** policy of détente; **~übung die** relaxation exercise

**entspiegeln** *tr. V.* bloom; **entspiegeltes Glas** coated glass

**entspinnen** *unr. refl. V.* develop; arise

**entsprechen** *unr. itr. V.* **a)** *(übereinstimmen mit)* **einer Sache** *(Dat.)* **~:** correspond to sth.; **der Wahrheit/den Tatsachen ~:** be in accordance with the truth/the facts; **den Erwartungen ~:** live up to one's expectations; **sich** *(Dat.) od. (geh.)* **einander ~:** correspond; **b)** *(nachkommen)* **einem Wunsch/einer Bitte ~:** comply with a wish/request; **den Anforderungen ~:** meet the requirements; **dem Anlaß ~:** be appropriate for the occasion; **dem Zweck ~:** suit the purpose

**entsprechend 1.** *Adj.* **a)** corresponding; *(angemessen)* appropriate ⟨*payment, reply, etc.*⟩; **b)** *nicht attr. (dem~)* in accordance *postpos.*; **das Wetter war schlecht und die Stimmung ~:** the weather was bad and the mood was the same; **c)** *nicht präd. (zuständig)* relevant ⟨*department etc.*⟩; ⟨*person*⟩ concerned. **2.** *adv.* **a)** *(angemessen)* appropriately; **b)** *(dem~)* accordingly. **3.** *Präp. mit Dativ:* **~ einer Sache** in accordance with sth.; **der Anweisung ~ handeln** act in accordance with *or* according to instructions; **es geht ihm den Umständen ~:** he is as well as can be expected [in the circumstances]

**Entsprechung die;** ~, ~en **a)** *(Übereinstimmung)* correspondence; **b)** *(Analogie)* parallel; **in einer Sache seine ~ haben** *od.* **finden** have its counterpart in sth.; **für dieses Wort gibt es keine deutsche ~:** there is no German equivalent for this word

**entsprießen** *unr. itr. V.; mit sein (geh.)* **einer Sache** *(Dat.)* **~:** spring from sth.; *(fig.: hervorgehen aus)* come from sth.

**entspringen** *unr. itr. V.; mit sein* **a)** ⟨*river*⟩ rise, have its source; **b)** *(entstehen aus)* **einer Sache** *(Dat.)* **~:** spring from sth.; **c)** *(entweichen aus)* escape; **ein entsprungener Häftling** an escaped prisoner; **dem Irrenhaus entsprungen sein** *(scherzh.)* be crazy

**entstaatlichen** *tr. V.* denationalize

**Entstalinisierung** [ɛntʃtalini'zi:rʊŋ] **die;** ~: destalinization

**entstammen** *itr. V.; mit sein* come from; *(herrühren von)* derive from; **einer Sache** *(Dat.)* **~:** come/derive from sth.

**entstauben** *tr. V.* dust; remove the dust from; *(fig.)* bring up to date

**entstehen** *unr. itr. V.; mit sein* **a)** originate; ⟨*quarrel, friendship, etc.*⟩ arise; ⟨*work of art*⟩ be created; ⟨*building, town, etc.*⟩ be built; ⟨*industry*⟩ emerge; ⟨*novel etc.*⟩ be written; **im Entstehen [begriffen] sein** be being created/built/written/be emerging; **b)** *(gebildet werden)* be formed (**aus** from, **durch** by); **c)** *(sich ergeben)* occur; *(als Folge)* result; **jmdm. ~ Kosten** sb. incurs costs; **hoffentlich ist nicht der Eindruck entstanden, daß ...:** I/we hope I/we have not given the impression that ...

**Entstehung die;** ~: origin; **die ~ des Lebens/der Arten** the origin of life/species; **die ~ dieser Stadt/Industrie** the building of this town/the emergence of this industry

**Entstehungs-:** **~geschichte die** history of the origin[s]; **~ort der** place of origin; **~ursache die** [original] cause; **~zeit die** time of origin; *(Datum)* date of origin

**entsteigen** *unr. V.; mit sein (geh.)* **einer Kutsche** *(Dat.) usw.* **~** alight from a coach *etc.*

**entsteinen** *tr. V.* stone

**entstellen** *tr. V.* **a)** disfigure ⟨*person*⟩; distort ⟨*face*⟩; **b)** *(verfälschen)* distort ⟨*text, facts*⟩

**Entstellung die a)** *(Entstelltsein)* disfigurement; **b)** *(Verfälschung)* distortion

**entstielen** *tr. V.* remove the stalks from

**entstören** *tr. V. (Elektrot.)* suppress ⟨*engine, distributor, electrical appliance*⟩

**Entstörungs·stelle die** fault repair service

**entströmen** *tr. V.; mit sein (geh.)* pour out; ⟨*gas*⟩ escape; *(fig.)* ⟨*crowd*⟩ pour *or* stream out

**enttabuisieren** *tr. V. (geh.)* free from taboos

**enttarnen** *tr. V.* uncover; *(fig.)* discover; **etw. als etw. ~:** reveal sth. as sth.

**Enttarnung die** uncovering

**enttäuschen 1.** *tr. V.* disappoint; **unsere Hoffnungen wurden enttäuscht** our hopes were dashed; **jmdn. angenehm ~:** come as a pleasant surprise to sb. **2.** *itr. V.* **etw./jmd. enttäuscht** sth./sb. is disappointing *or* a disappointment

**enttäuscht** *Adj.* disappointed; dashed ⟨*hopes*⟩; **von jmdm. ~ sein** be disappointed in sb.; **von** *od.* **über etw. ~ sein** be disappointed by *or* at sth.

**Enttäuschung die** disappointment (**für** to); **jmdm. eine ~ bereiten** be a disappointment to sb.

**entthronen** *tr. V.* **a)** *(geh.)* dethrone ⟨*monarch*⟩; **b)** *(fig.: verdrängen)* take the title away from ⟨*champion etc.*⟩; remove ⟨*magnate*⟩ from power

**Entthronung die;** ~, ~en *(auch fig.)* dethronement

**entvölkern** [ɛnt'fœlkɐn] **1.** *tr. V.* depopulate. **2.** *refl. V.* become depopulated *or* deserted

**Entvölkerung die;** ~, ~en depopulation

**ent·wachsen** *unr. itr. V.; mit sein* **einer Sache** *(Dat.)* **~:** grow out of *or* outgrow sth.; *s. auch* **Kinderschuh**

**entwaffnen** *tr. V. (auch fig.)* disarm

**entwaffnend 1.** *Adj.* disarming. **2.** *adv.* disarmingly

**Entwaffnung die;** ~: disarming; *(der Bevölkerung, eines Landes)* disarmament

**entwalden** *tr. V.* deforest

**entwarnen** *itr. V.* sound *or* give the all-clear

**Entwarnung die** [sounding of the] all-clear

**entwässern 1.** *tr. V.* **a)** drain ⟨*meadow, area*⟩; **b)** *(Med.)* dehydrate. **2.** *itr. V. (abfließen)* flow

**Entwässerung die;** ~, ~en **a)** drainage; **b)** *(Kanalisation)* drainage [system]

**Entwässerungs-:** **~an·lage die** drainage system; **~graben der** drainage ditch; **~netz das** drainage network

**entweder** *Konj.* **~ ... oder** either ... or

**Entweder-Oder das;** ~, ~: **es gibt kein ~:** there is no alternative *or* are no alternatives; **es gibt nur ein ~:** a choise has to be made

**entweichen** *unr. itr. V.; mit sein* **a)** *(ausströmen)* escape; **ihrem Gesicht entwich alles Blut** *(geh.)* the blood drained from her face; **b)** *(geh.: entfliehen)* escape

**entweihen** *tr. V.* desecrate; profane

**Entweihung die;** ~: desecration; profanation

**entwenden** *tr. V. (geh.)* purloin (*Dat.* **from**)

**entwerfen** *unr. tr. V.* **a)** design ⟨*furniture, dress*⟩; *(fig.)* draw ⟨*picture*⟩; **b)** *(ausarbeiten)* draft ⟨*novel etc.*⟩; draw up ⟨*plans etc.*⟩

**entwerten** *tr. V.* **a)** cancel ⟨*ticket, postage stamp*⟩; **b)** *(Finanzw.)* devalue ⟨*currency*⟩

**Entwerter der;** ~s, ~: ticket-cancelling machine

**Entwertung die** *s.* **entwerten:** cancellation; cancelling; devaluation

**entwesen** *tr. V. (Amtsspr.)* disinfest

**Entwesung die;** ~, ~en *(Amtsspr.)* disinfestation

**entwickeln 1.** *refl. V.* develop (**aus** from, **zu** into); **sie ist körperlich voll entwickelt** she is [physically] fully developed. **2.** *tr. V.* give off, produce ⟨*vapour, smell*⟩; show, display ⟨*ability, characteristic*⟩; develop ⟨*weapons, equipment, process, photograph, film*⟩; elaborate ⟨*theory, ideas*⟩

**Entwickler der;** ~s, ~ *(Fot.)* developer

**Entwickler·bad das** *(Fot.)* developing bath

**Entwicklung die;** ~, ~en **a)** development; *(von Dämpfen usw.)* production; **in der ~ sein** ⟨*young person*⟩ be adolescent *or* in one's adolescence; **in seiner [körperlichen] ~ zurückbleiben** be physically underdeveloped; **eine bestimmte ~ nehmen** show certain developments; **eine positive ~ zeichnet sich ab** positive developments *pl.* can be seen; **die ~ geht dahin, daß ...:** the trend is that ...; **etw. befindet sich in der ~:** sth. is [still] in the development stage; **b)** *(Darlegung)* elaboration; **c)** *(Fot.)* development; developing

**entwicklungs-, Entwicklungs-:** **~abschnitt der** stage of development; **~alter**

das adolescence; **~dienst der** development aid service; **~fähig** *Adj.* capable of development; **~geschichte die** history of the development; **die ~geschichte der Menschheit/der Meerestiere** the evolution of man/of marine animals; **~geschichtlich 1.** *Adj.* historical; *(stammesgeschichtlich)* evolutionary. **2.** *adv.* **~geschichtlich bedeutsam** important historically/as regards evolution; **sich ~geschichtlich verändert haben** have evolved; **~helfer der** development aid worker; **~hilfe die** [development] aid; **~jahre** *Pl.* adolescence *sing.*; **in die ~jahre kommen** reach adolescence; **~kosten** *Pl.* development costs; **~land das;** *Pl.* **~länder** developing country; **~ministerium das** ministry of development aid; **~phase die** stage of development; **~politik die** development aid policy; **~roman der** *(Literaturw.)* novel showing the development of an individual's character; **~stand der** level of development; **~störung die** developmental disturbance; **~stufe die** stage of development; **~zeit die a)** *s.* **~alter; b)** *(~zeitraum)* period of development

**entwinden** *(geh.)* **1.** *unr. tr. V.* **jmdm. etw. ~:** wrest sth. from sb.. **2.** *unr. refl. V.* **sich jmdm./einer Sache ~:** wrest *or* free oneself from sb./sth.

**entwirrbar** *Adj.* **das Garnknäuel war kaum ~:** the ball of thread could scarcely be unravelled; **die vielen Handlungsstränge waren kaum ~:** the strands of the plot could scarcely be untangled

**entwirren 1.** *tr. V.* **a)** unravel, disentangle ⟨*wool etc.*⟩; **b)** *(fig.)* unravel, sort out ⟨*situation etc.*⟩. **2.** *refl. V.* sort itself out

**entwischen** *itr. V.; mit sein (ugs.)* get away; **aus dem Gefängnis ~:** get out of jail; **jmdm. ~:** give sb. the slip *(coll.)*

**entwöhnen** [ɛnt'vøːnən] *tr. V.* **a)** wean ⟨*baby*⟩; **b)** *(geh.)* **jmdn. einer Sache** *(Dat.)* **~:** break sb. of the habit of [doing] sth.; **jmdn. [von einer Sucht] ~:** cure sb. [of an addiction]

**entwürdigen** *tr. V.* degrade

**entwürdigend 1.** *Adj.* degrading. **2.** *adv.* ⟨*treat sb.*⟩ in a degrading manner; degradingly ⟨*low*⟩

**Entwürdigung die** degradation

**Entwurf der a)** design; **b)** *(Konzept)* draft; **der ~ zu einem Roman** the outline *or* draft of a novel

**entwurmen** *tr. V.* worm

**entwurzeln** *tr. V.* uproot ⟨*tree etc., person*⟩; **ein entwurzelter Mensch** a rootless person

**Entwurzelung die; ~, ~en** uprooting

**entzaubern** *tr. V. (geh.)* **a)** free ⟨*person*⟩ from the spell; break the spell on ⟨*person*⟩; **b) entzaubert werden** *(die Poesie, den Zauber verlieren)* lose its magic

**entzerren** *tr. V.* **a)** *(Technik)* correct; rectify; **b)** *(Fot.)* rectify

**Entzerrer der; ~s, ~ a)** *(Technik)* equalizer; **b)** *(Fot.)* rectifier;

**entziehen 1.** *unr. tr. V.* **a)** take away; **etw. jmdm./einer Sache ~:** take sth. away from sb./sth.; **jmdm. den Führerschein ~:** take sb.'s driving licence away; **jmdm. das Wort ~:** ask sb. to stop [speaking]; **b)** *(nicht zugestehen)* withdraw; **jmdm. das Vertrauen ~:** withdraw one's confidence in sb.; **c)** *(entfernen von, aus)* **etw. einer Sache** *(Dat.)* **~:** remove sth. from sth.; **d)** *(herausziehen aus)* **etw. einer Sache** *(Dat.)* **~:** extract sth. from sth.; **e)** *(ugs.: entwöhnen)* get ⟨*addict*⟩ off drugs; dry ⟨*alcoholic*⟩ out *(coll.)*. **2.** *unr. refl. V.* **sich jmds. Armen/Umklammerung ~:** free oneself from sb.'s arms/embrace; **ihrem Reiz konnte ich mich nicht ~:** I could not resist her/their charms; **sich der Gesellschaft** *(Dat.)* **~** *(geh.)* withdraw from society; **sich seinen Pflichten** *(Dat.)* **~:** shirk *or* evade one's duty; **sich einer Untersuchung** *(Dat.)* **~** *(geh.)* elude an investigation; **das entzieht sich meiner Kontrolle/Kenntnis** that is beyond my control/knowledge

**Entziehung die a)** withdrawal; loss; **b)** *(Entziehungskur)* withdrawal treatment *no indef. art.*; **eine ~ machen** take withdrawal treatment

**Entziehungs-: ~anstalt die** treatment centre; clinic; **~kur die** course of withdrawal treatment; withdrawal programme

**entzifferbar** *Adj.* decipherable

**entziffern** *tr. V.* **a)** decipher ⟨*writing*⟩; **b)** *(entschlüsseln)* decipher, decode ⟨*message*⟩

**Entzifferung die; ~, ~en** *s.* **entziffern:** deciphering; decoding

**entzücken 1.** *tr. V.* delight; **etw. entzückt jmdn.** sth. delights sb. *or* fills sb. with delight. **2.** *refl. V. (geh.)* **sich an etw.** *(Dat.)* **~:** be enraptured by sth.

**Entzücken das; ~s** *(geh.)* delight, joy (**an** + *Dat.* in)

**entzückend 1.** *Adj.* delightful; **das ist ja ~!** *(iron.)* [that's] charming! **2.** *adv.* delightfully

**entzückt** *Adj.* delighted; **von/über etw.** *(Akk.)* **~ sein** be delighted by/at sth.

**Entzückung die; ~, ~en** *(geh.)* joy; rapture

**Entzug der; ~[e]s a)** withdrawal; *(das Herausziehen)* extraction; **b)** *s.* **Entziehung b**

**Entzugs·erscheinung die** withdrawal symptom

**entzündbar** *Adj.* **a)** *(brennbar)* [in]flammable; **b)** *(fig.: erregbar)* easily roused

**entzünden 1.** *tr. V.* **a)** *(geh.: anzünden)* light ⟨*fire*⟩; strike, light ⟨*match*⟩; **b)** *(geh.: erregen)* kindle, arouse ⟨*passion*⟩; arouse ⟨*hatred*⟩. **2.** *refl. V.* **a)** catch fire; ignite; **b)** *(anschwellen)* become inflamed; **entzündete Augen haben** have inflamed eyes; **c)** *(geh.: entstehen)* **sich an etw.** *(Dat.)* **~:** ⟨*quarrel*⟩ be sparked off by sth.; ⟨*temper*⟩ flare at sth.

**entzündlich** *Adj.* **a)** [in]flammable ⟨*substance*⟩; **b)** *(Med.)* inflammatory

**Entzündlichkeit die; ~:** [in]flammability

**Entzündung die; ~, ~en** inflammation

**entzündungs·hemmend** *Adj.* anti-inflammatory; antiphlogistic *(Med.)*

**Entzündungs·herd der** focus of inflammation

**entzwei** *Adj.; nicht attr. (geh.)* in pieces

**entzwei|brechen** *(geh.)* **1.** *unr. tr. V.* break into pieces. **2.** *unr. itr. V.; mit sein* break into pieces

**entzweien 1.** *refl. V.* **sich [mit jmdm.] ~:** fall out [with sb.]. **2.** *tr. V.* cause ⟨*persons*⟩ to fall out

**entzwei-** *(geh.)*: **~|gehen** *unr. itr. V.; mit sein (zerbrechen)* break; *(nicht mehr funktionieren)* cease to function; **~|machen** *tr. V.* break; **~|schlagen** *unr. tr. V.* smash to pieces

**Entzweiung die; ~, ~en: eine ~ herbeiführen** cause the two friends/countries *etc.* to fall out

**en vogue** [ã'voːk] *(geh.)* **~ ~ sein** be fashionable *or* in vogue

**Enzephalogramm** [ɛntsefalo'gram] **das; ~s, ~e** *(Med.)* encephalogram

**Enzian** ['ɛntsi̯aːn] **der; ~s, ~e a)** *(Bot.)* gentian; **b)** *(Schnaps)* enzian liqueur

**enzian·blau** *Adj.* gentian-blue

**Enzyklika** [ɛn'tsyːklika] **die; ~, Enzykliken** encyclical

**Enzyklopädie** [ɛntsyklopɛ'diː] **die; ~, ~n** encyclopaedia

**enzyklopädisch 1.** *Adj.* encyclopaedic. **2.** *adv.* encyclopaedically

**Enzyklopädist der; ~en, ~en** encyclopaedist

**Enzym** [ɛn'tsyːm] **das; ~s, ~e** *(Chemie)* enzyme

**eo ipso** ['eːo 'ɪpso] *(geh.)* ipso facto

**Eolithikum** [eo'liːtikʊm] **das; ~s** eolithic period

**Epaulett** [epo'lɛt] **das; ~s, ~s, Epaulette die; ~, ~n** epaulette

**Epen** *s.* **Epos**

**ephemer** [efe'meːɐ̯] *Adj. (geh.)* ephemeral

**Epidemie** [epide'miː] **die; ~, ~n** *(auch fig.)* epidemic

**epidemisch 1.** *Adj.* epidemic. **2.** *adv.* as/like an epidemic

**Epidermis** [epi'dɛrmɪs] **die; ~, Epidermen** *(Biol.)* epidermis

**Epidiaskop** [epidia'skoːp] **das; ~s, ~e** epidiascope

**epigonal** [epigo'naːl] *Adj. (geh.) s.* **epigonenhaft**

**Epigone** [epi'goːnə] **der; ~n, ~n** *(geh.)* imitator

**epigonenhaft** *Adj. (geh.)* imitative; unoriginal

**Epigonentum das; ~s** *(geh.)* imitativeness; unoriginality

**Epigramm** [epi'gram] **das; ~s, ~e** *(Literaturw.)* epigram

**Epigrammatik die; ~** *(Literaturw.)* epigrammatism

**epigrammatisch** *Adj.* epigrammatic

**Epik** ['eːpɪk] **die; ~** *(Literaturw.)* epic poetry

**Epiker der; ~s, ~:** epic poet

**Epikureer** [epiku're:ɐ] **der; ~s, ~ a)** *(Philos.)* Epicurean; **b)** *(geh.)* epicurean

**epikureisch** *Adj.* **a)** *(Philos.)* Epicurean; **b)** *(geh.)* epicurean

**Epilepsie** [epilɛ'psiː] **die; ~, ~n** *(Med.)* epilepsy *no art.*

**Epileptiker** [epi'lɛptikɐ] **der; ~s, ~, Epileptikerin die; ~, ~nen** epileptic

**epileptisch** *Adj.* epileptic

**Epilog** [epi'loːk] **der; ~s, ~e** epilogue

**Epiphanias** [epi'faːni̯as] **das; ~:** Epiphany *no art.*

**Epiphanie** [epifa'niː] **die; ~** *(Rel.)* epiphany

**episch** ['eːpɪʃ] **1.** *Adj.* epic. **2.** *adv.* in epic terms

**Episkop** [epi'skoːp] **das; ~s, ~e** episcope

**Episkopal·kirche die a)** episcopal church; **b)** *(ev. Kirche)* protestant church

**Episkopat** [epɪsko'paːt] **das** *od.* **der; ~[e]s, ~e** *(Theol.)* **a)** *o. Pl. (Amt)* episcopate; **b)** *(Gesamtheit der Bischöfe)* episcopate; episcopacy

**Episode** [epi'zoːdə] **die; ~, ~n** episode

**episodenhaft, episodisch 1.** *Adj.* episodic. **2.** *adv.* episodically

**Epistel** [e'pɪstl̩] **die; ~, ~n a)** *(bibl.)* epistle; **b)** *(kath. Kirche)* epistle; lesson; **jmdm. die ~ lesen** *(fig. veralt.)* read sb. a lesson

**Epitaph** [epi'taːf] **das; ~s, ~e** *(geh.)* **a)** epitaph; **b)** *(Gedenktafel)* memorial plaque

**Epithel** [epi'teːl] **das; ~s, ~e** *(Biol.)* epithelium

**Epitheton** [e'piːtetɔn] **das; ~s, Epitheta** *(Sprachw.)* epithet

**Epizentrum das** *(Geol.)* epicentre

**epochal** [epɔ'xaːl] *Adj.* epochal; epochmaking; epoch-making ⟨*invention*⟩; *(fig. iron.)* world-shattering; monumental

**Epoche** [e'pɔxə] **die; ~, ~n** epoch; **~ machen** be epoch-making

**epoche·machend** *Adj.* epoch-making

**Epos** ['eːpɔs] **das; ~, Epen** epic [poem]; epos

**Eprouvette** [epru'vɛt] **die; ~, ~n** *(österr.)* test-tube

**Equipage** [ekvi'paːʒə] **die; ~, ~n** *(veralt.)* equipage

**Equipe** [e'kɪp] **die; ~, ~n** team

**er** [eːɐ̯] *Personalpron. 3. Pers. Sg. Nom. Mask.* he; *(betont)* him; *(bei Dingen/Tieren)* it; *(bei männlichen Tieren)* he/him; it; **„Er"** *(auf Handtüchern, an Türen)* 'His'; **er war es, nicht sie** it was him, not her; **ich weiß mehr als er** I know more than he does; I know more than him *(coll.)*; **„Er, 42, Witwer ..."** 'widower, 42 ...'; **bring Er den Wein!** *(veralt.)* fetch the wine!; *s. auch* **ihm; ihn; seiner**

**Er der; ~, ~s** *(ugs.)* he; **ist es ein Er oder eine Sie?** is it a he or a she?

**erachten** *tr. V. (geh.)* consider; **etw. als** *od.* **für seine Pflicht ~:** consider sth. [to be] one's duty; **etw. als** *od.* **für notwendig ~:** consider *or* think sth. necessary
**Erachten das** *in* **meinem ~ nach, meines ~s** in my opinion
**erahnen** *tr. V.* imagine; guess
**erarbeiten** *tr. V.* **a)** *(erwerben)* work for; **[sich** *(Dat.)***] ein Vermögen ~:** make [oneself] a fortune; **b)** *(zu eigen machen)* work on; study; **[sich** *(Dat.)***] einen Text ~:** understand a text by working on it; **c)** *(erstellen)* work out ⟨*plan, programme, etc.*⟩
**Erb-** [ˈɛrp-]: **~adel der** hereditary nobility; *(Titel)* hereditary title; **~an·lage die** *(Biol.)* hereditary disposition; **~an·spruch der** claim to an/the inheritance; **~an·teil der** share of an/the inheritance
**erbarmen** [ɛɐ̯ˈbarmən] **1.** *refl. V. (geh.)* **sich jmds./einer Sache ~:** take pity on sb./sth.; **Herr, erbarme dich unser!** Lord, have mercy upon us. **2.** *tr. V.* **jmdn. ~:** arouse sb.'s pity; move sb. to pity
**Erbarmen das; ~s** pity; **mit jmdm. ~ haben** take pity on *or* feel pity for sb.; **er kennt kein ~:** he knows no pity *or* mercy; **zum ~:** pitifully; pathetically; **zum ~ sein** be pitiful *or* pathetic
**erbarmens·wert** *Adj.* pitiful
**erbärmlich** [ɛɐ̯ˈbɛrmlɪç] **1.** *Adj.* **a)** *(elend)* wretched; **b)** *(unzulänglich)* pathetic; **c)** *(abwertend: gemein)* mean; wretched; **d)** *nicht präd. (sehr groß)* terrible ⟨*hunger, thirst, fear, etc.*⟩. **2.** *adv. (intensivierend)* terribly ⟨*cold, hot, thirsty, hungry, etc.*⟩
**Erbärmlichkeit die; ~: a)** *(Elend)* wretchedness; **b)** *(abwertend: Gemeinheit)* meanness; wretchedness
**erbarmungs-, Erbarmungs-: ~los 1.** *Adj.* merciless; **2.** *adv.* mercilessly; **~losigkeit die; ~:** mercilessness; **~würdig** *Adj.* pitiful
**erbauen 1.** *tr. V.* **a)** build; **b)** *(geh.: erheben)* uplift; edify; **wir waren von seinen Plänen wenig erbaut** we were not exactly delighted about his plans. **2.** *refl. V. (geh.: sich erfreuen)* **sich an etw.** *(Dat.)* **~:** be uplifted *or* edified by sth.
**Erbauer der; ~s, ~:** architect
**erbaulich** *Adj.* edifying
**Erbauung die; ~** *(Freude)* edification
**Erbauungs·literatur die** devotional literature
**erb-, Erb-: ~bauer der a)** *farmer owning property by hereditary right;* **b)** *(in ~pacht) farmer with hereditary right of tenure;* **~begräbnis das a)** *right to be buried in the family grave;* **b)** *s.* **Familiengrab; ~berechtigt** *Adj.* entitled to inherit; entitled to an/the inheritance; **die Erbberechtigten** the heirs; **~biologisch** *Adj.* genetic; **ein ~biologisches Gutachten** the opinion of an expert in genetics
**¹Erbe** [ˈɛrbə] **das; ~s a)** *(Vermögen)* inheritance; **das väterliche/mütterliche ~:** patrimony/maternal inheritance; **sein ~ antreten** come into one's inheritance; **b)** *(Vermächtnis)* heritage; legacy
**²Erbe der; ~n ~n** heir; **der rechtmäßige/mutmaßliche ~:** the rightful heir/heir presumptive; **jmdn. zum** *od.* **als ~n einsetzen** appoint sb. as one's heir; **am Ende war alles nur für die lachenden ~n** *(ugs.)* in the end it was all just for others to inherit; **die ~n** *(fig.)* future generations
**Erbe·aneignung, Erbe·rezeption die** *(DDR)* acquainting oneself with the nation's cultural heritage
**erbeben** *itr. V.; mit sein (geh.)* **a)** shake; tremble; **b)** *(fig.: erregt werden)* shake; quiver
**erb-, Erb-: ~eigen** *Adj.* inherited; **~eigenschaft die** *(Biol.)* hereditary characteristic; **~einsetzung die** *(Rechtsw.)* appointment of an/one's heir

**erben** *tr. (auch itr.) V.* inherit; **bei mir ist nichts zu ~** *(ugs.)* you won't get anything out of me
**Erben·gemeinschaft die** [community of] joint heirs
**erbetteln** *tr. V.* get by begging; **um eine Mahlzeit zu ~:** to beg for a meal
**erbeuten** [ɛɐ̯ˈbɔytn̩] *tr. V.* carry off, get away with ⟨*valuables, prey, etc.*⟩; capture ⟨*enemy plane, tank, etc.*⟩
**erb-, Erb-: ~fähig** *Adj. (Rechtsspr.)* heritable; **~faktor der** hereditary factor; **~fall der** *(Rechtsw.)* inheritance; **~fehler der** hereditary defect; **~feind der a)** traditional enemy; **b)** *(verhüll.: Teufel)* arch fiend
**Erb·folge die a)** succession; **die gesetzliche ~:** intestate succession; **b)** *(Thronfolge)* succession
**Erbfolge-: ~krieg der** war of succession; **~recht das** law of succession
**Erb-: ~forschung die** genetics *sing., no art.;* **~gut das** *(Biol.)* genotype; genetic make-up; **~hof der** ancestral estate; *(fig. Pol.)* perquisite
**erbieten** *unr. refl. V. (geh.)* **sich ~, etw. zu tun** offer to do sth.
**Erbin die; ~, ~nen** heiress
**erbitten 1.** *unr. tr. V. (geh.)* request; **„baldige Antwort erbeten"** 'early reply appreciated'. **2.** *unr. refl. V. (veralt.)* **sich ~ lassen, etw. zu tun** be prevailed upon to do sth.
**erbittern** *tr. V.* enrage; incense
**erbittert 1.** *Adj.* bitter ⟨*resistance, struggle*⟩. **2.** *adv.* **~ kämpfen** wage a bitter struggle
**Erbitterung die; ~:** bitterness
**Erb·krankheit die** hereditary disease
**erblassen** [ɛɐ̯ˈblasn̩] *itr. V.; mit sein (geh.)* go *or* turn pale; blanch *(literary); s. auch* **Neid**
**Erblasser** [ˈɛrplasɐ] **der; ~s, ~** *(Rechtsw.)* testator
**Erblasserin die; ~, ~nen** *(Rechtsw.)* testatrix
**Erb-: ~lehen das** *(hist.)* hereditary fief; **~lehre die** *(Biol.)* genetics *sing.*
**erbleichen** *itr. V.; mit sein (geh.)* go *or* turn pale; blanch *(literary)*
**erblich 1.** *Adj.* hereditary ⟨*title, disease*⟩. **2.** *adv.* **er ist ~ belastet** he suffers from a hereditary condition; *(scherzh.)* it runs in his family
**Erblichkeit die; ~** *(auch Biol.)* heritability
**erblicken** *tr. V. (geh.)* **a)** catch sight of; see; **b)** *(fig.)* see; **sie erblickte in mir eine Konkurrentin** she saw me as a rival; she saw a rival in me
**erblinden** *itr. V.; mit sein* **a)** go blind; lose one's sight; **b)** *(matt werden)* go *or* become dull
**Erblindung die; ~:** loss of sight
**erblonden** *itr. V.; mit sein (scherzh.)* go blonde
**erblühen** *itr. V.; mit sein (geh.)* **a)** bloom; blossom; **b)** *(sich entfalten)* blossom
**Erb-: ~masse die a)** *(Biol.)* genotype; genetic make-up; **b)** *(Rechtsspr.)* estate; **~monarchie die** hereditary monarchy; **~onkel der** *(ugs. scherzh.)* rich uncle
**erbosen** [ɛɐ̯ˈboːzn̩] *(geh.)* **1.** *tr. V.* infuriate. **2.** *refl. V.* **sich über etw.** *(Akk.)* **~:** become furious about sth.
**erbost** *Adj.* angry, furious (**über** + *Akk.* at)
**erbötig** [ɛɐ̯ˈbøːtɪç] *Adj. (veralt.)* **sich ~ machen, etw. zu tun** offer to do sth.
**Erb-: ~pacht die a)** *(Rechtsw.)* hereditary lease; **b)** *(hist.)* fee simple; **~prinz der** heir to the throne
**erbrechen 1.** *unr. tr. V.* **a)** bring up ⟨*food*⟩; **b)** *(geh.: aufbrechen)* break open ⟨*safe etc.*⟩; **c)** *(veralt.: öffnen)* open ⟨*letter, seal*⟩. **2.** *unr. itr., refl. V. (geh.: sich übergeben)* **[sich] ~:** vomit; be sick
**Erbrechen das; ~s** vomiting; **bis zum ~** *(ugs.)* ad nauseam
**Erb·recht das** *(Rechtsw.)* **a)** *o. Pl.* law of inheritance; **b)** *(Anspruch)* right of inheritance
**erbringen** *unr. tr. V.* **a)** produce ⟨*proof evidence*⟩; **b)** *(liefern)* produce ⟨*result etc.*⟩ yield ⟨*amount*⟩; result in ⟨*savings etc.*⟩; **die vorgesehene Leistung ~:** do the required work; **c)** *(aufbringen)* raise ⟨*funds etc.*⟩; put up ⟨*money etc.*⟩
**Erbrochene** [ɛɐ̯ˈbrɔxənə] **das;** *adj. Dekl* vomit
**Erb·schaden der** *(Genetik)* hereditary defect
**Erbschaft die; ~, ~en** inheritance; **eine ~ machen** come into an inheritance; **die ~ des Kolonialismus** *(fig.)* the legacy of colonialism
**Erbschafts·anspruch der** claim to an/the inheritance
**Erbschaft[s]·steuer die** estate *or* death duties *pl.*
**Erb-: ~schein der** certificate of inheritance; **~schleicher der; ~s, ~** *(abwertend)* legacy-hunter; **~schleicherei die; ~, ~en** *(abwertend)* legacy-hunting; **~schuld die** *(Rechtsw.)* inherited debt
**Erbse** [ˈɛrpsə] **die; ~, ~n** pea; **grüne/getrocknete** *od.* **gelbe ~n** green/dried peas
**erbsen·groß** *Adj.* pea-size; the size of a pea *postpos.*
**Erbs[en]·püree das** pease pudding
**Erbsen·suppe die a)** pea soup; **b)** *(ugs. Nebel)* pea souper
**Erb-: ~stück das** heirloom; **~sünde die** original sin; **~tante die** *(ugs. scherzh.)* rich aunt; **~teil das a)** share of an/the inheritance; **b)** *(fig.: Anlage)* inherited trait; **~träger der** *(Biol.)* gene; **~vertrag der** testamentary contract; **~verzicht der** renunciation of the/an inheritance
**Erd-: ~achse die** earth's axis; **~altertum das** *(Geol.)* Palaeozoic [era]; **~anziehung die** earth's gravitational pull; **~apfel der** *(bes. österr.) s.* **Kartoffel; ~arbeiten** *Pl. (Bauw.)* earth-moving *sing.;* **~arbeiter der** *(Bauw.)* labourer; navvy *(Brit.);* **~atmosphäre die** earth's atmosphere; **~bahn die** earth's orbit; **~ball der** *(geh.)* globe; earth; **~beben das** earthquake
**erdbeben-, Erdbeben-: ~gebiet das** earthquake area; **~herd der** seismic focus; hypocentre; **~messer der; ~s, ~:** seismograph; **~sicher** *Adj.* earthquake-proof ⟨*building, construction*⟩; ⟨*region etc.*⟩ free from earthquakes; **~warte die** seismological station; **~welle die** seismic wave
**Erdbeer·bowle die** strawberry punch
**Erd·beere die** strawberry
**erdbeer·farben** *Adj.* strawberry-coloured
**Erd-: ~beschleunigung die** acceleration of gravity; **~bestattung die** burial; interment; **~bevölkerung die** earth's population; **~bewegung die a)** *(in der Erdkruste)* tremor; **b)** *(Bauw.)* excavation; earthwork; **~bewohner der** inhabitant of the earth; *(Science Fiction)* earthling; **~boden der** ground; earth; **etw. dem ~boden gleichmachen** raze sth. to the ground; **sie ist wie vom ~boden verschluckt** it's as if the earth *or* ground had swallowed her up; **er wäre am liebsten in den ~boden versunken** he wished the earth *or* ground could have swallowed him up; **vom ~boden verschwinden** disappear from *or* off the face of the earth; **~bohrer der** *(Technik)* drill
**Erde** [ˈeːɐ̯də] **die; ~, ~n a)** *(Erdreich)* soil; earth; **ein Klumpen ~:** a lump of earth; **etw. in die ~ rammen** ram sth. into the ground; **zu ~ werden** *(geh. verhüll.)* turn to dust; **b)** *o. Pl. (fester Boden)* ground; **etw. auf die ~ legen/stellen** put sth. down [on the ground]; **zu ebener ~:** on the ground floor *or (Amer.)* the first floor; **auf der ~ bleiben** *(fig.)* keep one's feet on the ground *(fig.);* **mit beiden Beinen** *od.* **Füßen fest auf der ~ stehen** *(fig.)* have one's feet firmly on the ground *(fig.);*

**unter der ~ liegen** *(geh. verhüll.)* be in one's grave; **jmdn. unter die ~ bringen** *(ugs.)* bury sb.; *(fig.: töten)* be the death of sb. *(coll.)*; **c)** *o. Pl. (Gebiet)* **ein ruhiges/idyllisches Fleckchen ~:** a peaceful/idyllic spot; **in heimatlicher/fremder ~ begraben werden** be buried in one's native soil/in foreign soil; *s. auch* **Taktik; d)** *o. Pl. (Welt)* earth; world; **auf ~n** *(bibl.)*, **auf der ~:** on earth; **die fernsten Winkel der ~:** the farthest corners of the globe; **auf der ganzen ~:** throughout the world; **e)** *o. Pl. (Planet)* Earth; **der Mars, der Jupiter und die ~:** Mars, Jupiter, and [the] Earth; **f)** *(Elektrot.)* earth

**ẹrden** *tr. V. (Elektrot.)* earth

**Erden-: ~bürger der** earth-dweller; **ein neuer/kleiner ~bürger** *(scherzh.)* a new arrival; **~da·sein das** *(geh.)* earthly existence; **~jammer der** *(dichter.)* earthly misery; misery of the world

**erdẹnkbar** *Adj. s.* erdenklich

**erdẹnken** *unr. tr. V.* think *or* make up; **eine erdachte Geschichte** a made-up story

**Erden·kind das** *(geh.)* child of the earth *(literary)*; mortal

**erdẹnklich** *Adj.* conceivable; imaginable; **alle** *od.* **jede ~e Mühe** every conceivable *or* the greatest possible trouble

**Erden-: ~kloß der** *(veralt.: Mensch)* lump of clay; **~leben das** *(geh.)* earthly existence; **~wurm der** *(dichter. veralt.)* earthly being; mortal

**erd-, Erd-: ~fern** *Adj.* **a)** *(Astron.)* remote, distant ‹*planet*›; distant ‹*orbit*›; **b)** *(dichter.)* spiritual ‹*world etc.*›; **~ferne die a)** *(Astron.)* apogee; **b)** *(dichter.)* remoteness [from the world]; **~gas das** natural gas; **~gebunden** *Adj. (geh.)* close to nature *postpos.*; **~geist der** earth spirit; **~geruch der** earthy smell; **~geschichte die;** *o. Pl.* history of the earth; **~geschichtlich 1.** *Adj.* relating to the earth's history *postpos., not pred.*; **2.** *adv.* in relation to the earth's history; **~geschoß das** ground floor; first floor *(Amer.)*; **im ~geschoß** on the ground floor; **~gravitation die** [earth's] gravitation; **~haufen der** mound of earth; **~hörnchen das; ~s, ~** *(Zool.)* chipmunk; ground-squirrel

**erdịchten** *tr. V.* manufacture; **das ist alles erdichtet** it's all a pure fabrication

**ẹrdig** *Adj.* **a)** earthy ‹*mass, smell, taste*›; **b)** *(geh.: mit Erde beschmutzt)* muddy

**erd-, Erd-: ~innere das** interior of the earth; **~kabel das** underground cable; **~karte die** map of the earth; **~kern der** earth's core; **~klumpen der** lump of earth; clod [of earth]; **~kreis der** *(dichter.)* world; **~kröte die** toad; **~kruste die** earth's crust; **~kugel die a)** *(Planet)* terrestrial globe; earth; **b)** *(Globus)* globe; **~kunde die** geography; **~kundlich 1.** *Adj.* geographical; **2.** *adv.* geographically; **~leitung die** *(Elektrot.)* earth [connection]

**Erdling** ['e:ɐ̯dlɪŋ] **der; ~s, ~e** *(Science-fiction)* earthling

**erd-, Erd-: ~loch das** hole in the ground; *(Milit.)* foxhole; **~magnetismus der** terrestrial magnetism; **~massen** *Pl.* masses of earth; **~metall das** *(Chemie)* group III metal; **~mittel·alter das** *(Geol.)* Mesozoic [era]; **~mittel·punkt der** centre of the earth; **~nah** *Adj.* **a)** *(Astron.)* close to the earth *postpos.*; **b)** *(geh.)* down to earth; **~nuß die** peanut; ground-nut; **~nuß·butter die** peanut butter; **~nuß·öl das** ground-nut oil; **~ober·fläche die** earth's surface; **~öl das** oil; petroleum *(as tech. term)*

**erdọlchen** *tr. V. (geh.)* stab to death

**erdöl-, Erdöl-: ~exportierend** *Adj.* oil-exporting ‹*country*›; **~feld das** oilfield; **~förder·land das** oil-producing country; **~gewinnung die** oil production; **~leitung die** oil pipeline; **~produkt das** oil product; **~produzent der** oil-producing country; **~produzierend** *Adj.* oil-producing; **~raffinerie die** oil refinery

**Erd-: ~pol der** terrestrial pole; **~reich das** soil

**erdreisten** *refl. V.* **sich ~, etw. zu tun** have the audacity to do sth.

**erdröhnen** *itr. V.; mit sein* **a)** *(ertönen)* roar; **b)** *(beben)* shake

**erdrọsseln** *tr. V.* strangle

**Erdrọsselung die; ~, ~en** strangling

**Erd·rotation die** rotation of the earth

**erdrücken** *tr. V.* **a)** crush; **b)** *(fig.: belasten)* overwhelm; **die ständigen Geldsorgen erdrückten ihn** he was oppressed by the continual worries about money; **c)** *(fig.: nicht gelten lassen)* overshadow; **die Schrankwand erdrückt den kleinen Raum** these wall units are too overpowering in the small room

**erdrückend 1.** *Adj.* overwhelming ‹*evidence, superiority*›; oppressive ‹*heat, silence*›. **2.** *adv.* overwhelmingly

**Erd-: ~rutsch der** landslide; landslip; **ein politischer ~rutsch** a political landslide; **~rutsch·sieg der** *(Politik)* landslide victory; **~satellit der** earth satellite; **~schatten der** shadow of the earth; **~schicht die a)** layer of earth; **b)** *(Geol.)* stratum; **~schluß der** *(Elektrot.)* accidental earth contact; **~scholle die** lump of earth; clod [of earth]; **~spalte die** fissure [in the ground]; **~stoß der** earth tremor; **~teil der** continent; **~trabant der** *(geh.)* earth satellite

**erdụlden** *tr. V.* endure ‹*sorrow, misfortune*›; tolerate ‹*insults*›; *(über sich ergehen lassen)* undergo

**Erd-: ~um·drehung die** rotation of the earth; **eine ~umdrehung** one revolution of the earth; **~um·fang der** circumference of the earth; **~umkreisung die** orbit of the earth; **~ụm·lauf·bahn die** orbit [of the earth]; **in die ~umlaufbahn eintreten** enter into orbit; **~um·rundung die** *(eines Schiffs)* circumnavigation of the earth; *(eines Raumschiffs)* orbit of the earth; **~um·seg[e]lung die** circumnavigation of the earth

**Erdung die; ~, ~en** *(Elektrot.)* **a)** *(das Erden)* earthing; **b)** *(Leitung)* earth [connection]

**erd-, Erd-: ~verbunden, ~verhaftet, ~verwachsen** *Adj. (geh.)* close to nature *postpos.*; **~wall der** wall of earth; *(Milit., Straßenbau)* earthwork; **~wärts** *Adv. (geh.)* earthward[s]; **~zeit·alter das** geological era

**ereifern** *refl. V.* **sich über etw.** *(Akk.)* **~:** get excited about sth.; **sich schnell/unnötig ~:** quickly get worked up/get worked up about nothing

**Ereiferung die; ~:** excitement

**ereignen** *refl. V.* happen; ‹*accident, mishap*› occur

**Ereignis** [ɛɐ̯'laiɡnɪs] **das; ~ses, ~se** event; occurrence; **ein aufregendes/historisches ~:** an exciting/historical event; **das fröhliche ~ Eurer Hochzeit** the happy occasion of your marriage; **die ~se überstürzten sich** everything seemed to happen at once; **ein freudiges ~:** a happy event; **große ~se werfen ihren Schatten voraus** coming events cast their shadows before

**ereignis-: ~los 1.** *Adj.* uneventful; **2.** *adv.* uneventfully; **~reich 1.** *Adj.* eventful; **2.** *adv.* eventfully

**ereilen** *tr. V. (geh.)* **der Tod ereilte ihn** he died suddenly; **das gleiche Schicksal ereilte ihn** he met the same fate

**Erektion** [erɛk'tsi̯o:n] **die; ~, ~en** erection

**Eremit** [ere'mi:t] **der; ~en, ~en** hermit

**Eremitage** [eremi'ta:ʒə] **die; ~, ~n** hermitage

**Eremiten·leben das** hermit's life

**erẹrben** *tr. V. (veralt.)* inherit ‹*money, characteristics*›

**erẹrbt** *Adj.* inherited ‹*fortune, ability*›; inherited, hereditary ‹*characteristic etc.*›

**erfahrbar** *Adj.* **~ sein** be able to be experienced; **einem Kind etw. ~ machen** bring sth. within a child's experience

**¹erfahren** *unr. tr. V.* **a)** find out; learn; *(hören)* hear; **etw. Wichtiges/Neues/Einzelheiten ~:** find out something important/new/some details; **etw. von jmdm. ~:** find sth. out from sb.; **etw. über jmdn./etw. ~:** find out *or* hear sth. about sb./sth.; **etw. von etw. ~:** find out *or* learn/hear sth. about sth.; **etw. durch jmdn./etw. ~:** learn of sth. from sb./sth.; **b)** *(geh.: erleben)* experience; **viel Leid/Kummer ~:** suffer much sorrow/anxiety; *s. auch* **Leib a; c)** *(mitmachen)* undergo ‹*change, experience, development, etc.*›; suffer ‹*set-back*›

**²erfahren** *Adj.* experienced

**Erfahrung die; ~, ~en** experience; **über reiche/langjährige ~en verfügen** have extensive/years of experience; **eine Frau mit ~:** a woman of experience; **~en sammeln** gain experience *sing.*; **~en austauschen** share one's experiences; **bittere ~en sammeln müssen** have bitter experiences; **die ~ machen, daß ...:** learn by experience that ...; **durch ~ lernen** learn through experience; **aus ~ sprechen** speak from experience; **wir haben schlechte ~en mit ihm/damit gemacht** our experience of him/it has not been very good; **etw. in ~ bringen** discover sth.

**erfahrungs-, Erfahrungs-: ~austausch der** exchange of experiences; **~bericht der** report; **~gemäß** *Adv.* in our/my experience; **~gemäß ist es so, daß ...:** experience shows that ...; **~mäßig 1.** *Adj.* empirical; **2.** *adv.* empirically; **~tat·sache die** empirical fact; **~wert der** figure drawn from past experience; **~wissenschaft die** empirical science

**erfaßbar** *Adj.* ascertainable

**erfạssen** *tr. V.* **a)** *(mitreißen)* catch; **b)** *(begreifen)* grasp ‹*situation, implications, etc.*›; **etw. intuitiv ~:** have an intuitive grasp of sth.; **du hast es erfaßt!** *(meist iron.)* you've got it!; **c)** *(registrieren)* register; record; **einen repräsentativen Bevölkerungsdurchschnitt ~:** record information on *or* from a representative cross-section of the population; **d)** *(einbeziehen)* cover; **e)** *(packen)* seize; **Angst/Freude erfaßte ihn** he was seized by fear/overcome with joy

**Erfạssung die** registration; **eine ~ der gesamten Bevölkerung/des Wohnraums** a survey of the whole population/living space

**erfịnden** *unr. tr. V.* **a)** invent; **b)** *(ausdenken)* make up ‹*story, words*›; make up, invent ‹*excuse*›; **sie hat die Arbeit [auch] nicht erfunden** *(iron.)* she is a lazy so-and-so *(coll.)*; **das ist alles erfunden** it is pure fabrication; *s. auch* **Pulver b**

**Erfịnder der; ~s, ~, Erfịnderin die; ~, ~nen a)** inventor; **b)** *(Urheber)* creator; **das ist nicht im Sinne des ~s** *(ugs.)* that's not what it was meant for

**Erfịnder·geist der;** *o. Pl.* inventive genius

**erfịnderisch** *Adj.* inventive; *(schlau)* resourceful

**Erfịnder·schutz der** *protection of inventors*; ≈ patent law

**erfịndlich** *Adj.* **nicht ~ sein** be unclear; **mir ist nicht ~, warum ...:** I do not see why ...

**Erfịndung die; ~, ~en a)** invention; **die ~en der Raumfahrttechnik** inventions in the field of space technology; **eine ~ machen** invent something; **er hat viele ~en gemacht** he has many inventions to his credit; **b)** *(Ausgedachtes)* invention; fabrication

**erfịndungs-, Erfịndungs-: ~gabe die** inventiveness; **~reich 1.** *Adj.* imaginative; **2.** *adv.* imaginatively; **~reichtum der** capacity for invention

**erflehen** *tr. V. (geh.)* beg; **jmds. Hilfe/Hilfe von jmdm. ~:** beg sb.'s help/beg help from sb.; **Vergebung ~:** beg for forgiveness
**Erfolg** [ɛɐ̯'fɔlk] **der; ~[e]s, ~e** success; **viel/keinen ~ haben** be very successful/be unsuccessful; **etw. mit/ohne ~ tun** do something successfully/without success; **ohne ~ bleiben** remain unsuccessful; **der ~ blieb aus** success was not forthcoming; **einen ~ erzielen** *od.* **erringen** achieve success; **von ~ begleitet/gekrönt sein** be accompanied by/crowned with success; **der ~ war, daß ...** *(ugs.)* the upshot was that ...
**erfolgen** *itr. V.; mit sein* take place; occur; **nach erfolgtem Umbau** when reconstruction has/had been completed; **auf seine Beschwerden erfolgte keine Reaktion** there was no reaction to his complaints; **es erfolgte keine weitere Stellungnahme** no further statement was forthcoming
**erfolg-, Erfolg-: ~gekrönt** *Adj. (geh.)* crowned with success; **~los 1.** *Adj.* unsuccessful; **2.** *adv.* unsuccessfully; **~losigkeit die; ~:** lack of success; **~reich 1.** *Adj.* successful; **2.** *adv.* successfully
**Erfolgs-: ~aus·sicht die;** *meist Pl.* prospect of success; **~autor der** successful author; **~beteiligung die** profit-sharing; **~chance die** chance of success; **~denken das: das rücksichtslose ~denken** the thoughtless worship of success; **~erlebnis das** feeling of achievement; **dieses ~erlebnis tat ihm gut** this experience of success did him good; **~film der** successful film; **~honorar das** contingent fee; **~kurve die** path of success; *(eines Produkts)* sales graph; **~meldung die** report of success; **~mensch der** successful individual; **~prämie die** *(eines Vertreters)* commission; *(eines Arbeiters)* bonus; **~quote die** success rate; *(bei Prüfungen)* pass rate; **~rezept das** recipe for success; **~roman der** successful novel; **~stück das** *(Theater)* successful play; **~zahl die, ~ziffer die;** *meist Pl.* high success figure; *(Wirtsch.)* profit figure; **~zwang der** pressure to succeed
**erfolg·versprechend** *Adj.* promising
**erforderlich** *Adj.* required; necessary
**erforderlichenfalls** *Adv. (Amtsspr.)* should it be necessary
**erfordern** *tr. V.* require; demand; **wenn es die Umstände ~:** if circumstances require
**Erfordernis das; ~ses, ~se** requirement
**erforschen** *tr. V.* discover ⟨*facts, causes, etc.*⟩; explore ⟨*country*⟩; find out ⟨*truth*⟩; **sein Gewissen ~:** search one's conscience
**Erforscher der** researcher; *(Forschungsreisender)* explorer
**Erforschung die** research (+ *Gen.* into); *(der Erde, des Weltalls usw.)* exploration
**erfragen** *tr. V.* ascertain; **Einzelheiten zu ~ bei ...:** further details can be obtained from ...
**erfrechen** *refl. V. (veralt., scherzh.)* **sich ~, etw. zu tun** have the audacity to do sth.
**erfreuen 1.** *tr. V.* please; **wir möchten Sie mit einem kleinen Geschenk ~:** we should like to give you a small present; **diese gute Nachricht hat uns sehr erfreut** we were very pleased to hear the good news; **sehr erfreut!** pleased to meet you. **2.** *refl. V.* **a) sich an etw.** *(Dat.)* **~:** take pleasure in sth.; **b)** *(geh.: genießen)* **sich einer Sache** *(Gen.)* **~:** enjoy sth.; **sich bester Gesundheit ~:** enjoy the best of health
**erfreulich** *Adj.* pleasant; **eine ~e Mitteilung** a piece of good news; **es ist sehr ~ zu hören, daß es Ihnen besser geht** its very good to hear that you're better; **etwas/wenig/nichts Erfreuliches** something/hardly anything/nothing pleasant
**erfreulicherweise** *Adv.* happily
**erfrieren 1.** *unr. itr. V.; mit sein* **a)** ⟨*person, animal*⟩ freeze to death; ⟨*plant, harvest, etc.*⟩ be damaged by frost; suffer frost-damage; **er ist ganz erfroren** *(ugs.)* he's absolutely frozen; **b)** *(fig.: erstarren)* freeze; ⟨*feelings*⟩ cool. **2.** *unr. refl. V.* **sich** *(Dat.)* **die Finger/Ohren ~:** get frostbite in one's fingers/ears
**Erfrierung die; ~, ~en** frostbite *no pl.;* **~en an den Händen/Füßen** frostbitten hands/feet
**Erfrierungs·tod der** death from exposure
**erfrischen 1.** *tr. (auch itr.) V.* **a)** *(beleben)* refresh; **ein Abendspaziergang erfrischt sehr** an evening walk is very refreshing; **b)** *(anregen)* stimulate. **2.** *refl. V.* freshen oneself up
**erfrischend** *(auch fig.)* **1.** *Adj.* refreshing. **2.** *adv.* refreshingly
**Erfrischung die; ~, ~en** *(auch fig.)* refreshment
**Erfrischungs-: ~getränk das** soft drink; **eisgekühlter Tee ist ein herrliches ~getränk** iced tea is a wonderfully refreshing drink; **~raum der** refreshment room; **~stand der** refreshment stand; **~trunk der** *(geh.)* refreshing drink; **~tuch das;** *Pl.* **~tücher** tissue wipe; towelette
**erfühlen** *tr. V. (geh.)* sense
**erfüllbar** *Adj.* **~e Wünsche/Bedingungen** wishes which can be granted/conditions which can be met; **Ihre Wünsche/Bedingungen sind nicht ~:** your wishes cannot be granted/your conditions cannot be met
**erfüllen 1.** *tr. V.* **a)** grant ⟨*wish, request*⟩; fulfil ⟨*contract*⟩; carry out ⟨*duty*⟩; meet ⟨*condition*⟩; **seinen Zweck ~:** serve its purpose; **der Tatbestand des Totschlags ist erfüllt** this constitutes a case of manslaughter; **b)** *(füllen)* fill; **die Luft war von süßem Duft erfüllt** a sweet perfume filled the air; **ein erfülltes Leben** *(geh.)* a full life; **c)** *(stark beschäftigen)* overcome; **eine Sehnsucht erfüllte sein Herz** a longing came over him; **jmdn. mit etw. ~** *(geh.)* fill sb. with sth.; **d)** *(Math.)* satisfy. **2.** *refl. V.* ⟨*wish*⟩ come true
**Erfüllung die: die ~ von Pflichten** the performance of duties; **sie glaubte nicht mehr an die ~ ihrer Wünsche** she no longer believed that her wishes would be granted; **in ~ gehen** come true; **in etw.** *(Dat.)* **~ finden** find fulfilment in sth.
**Erfüllungs-: ~gehilfe der** *(Rechtsw.)* agent of vicarious liability; **~ort der;** *Pl.* **~e** *(Rechtsw.)* place of performance; **~politik die** *(bes. ns.) policy of unconditional fulfilment of the reparations and disarmament clauses of the Treaty of Versailles;* **~tag der** *(Rechtsw.)* day for settlement *(of debts)*
**erfunden 1.** *2. Part. v.* **erfinden. 2.** *Adj.* **eine ~e Geschichte** a fictional story; **das Abenteuer ist doch nur ~:** the adventure is just made up; **frei ~:** completely fictitious
**Erg** [ɛrk] **das; ~s, ~** *(Physik)* erg
**ergänzen** [ɛɐ̯'gɛntsn̩] **1.** *tr. V.* **a)** *(vervollständigen)* complete; *(erweitern)* add to; replenish ⟨*supply*⟩; amplify ⟨*remark, statement, etc.*⟩; amend ⟨*statute*⟩; **etw. wieder ~:** make sth. up; **er ergänzte seine Sammlung durch** *od.* **um einige wertvolle Stücke** he added some valuable pieces to his collection; **b)** *(hinzufügen)* **~[d hinzufügen]** add ⟨*remark*⟩; **c)** *(hinzukommen zu)* **eine Jacke ergänzte das Sommerkleid** a jacket complemented the summer dress; **der neue Mitarbeiter ergänzt das Team hervorragend** the new employee makes up the team admirably; **d) sie ~ einander** *od.* **sich** they complement each other. **2.** *refl. V.* **sich durch etw. ~:** be augmented by sth.
**Ergänzung die; ~, ~en a)** *(Vervollständigung)* completion; *(Erweiterung)* enlargement; **die ~ der Arbeitsgruppen** making up the working groups; **zur ~ des Gesagten/einer Sammlung** to amplify what has been said/in order to enlarge a collection; **die ~ eines Gesetzes** the amendment of a statute; **die ~ der Vorräte** the replenishment of supplies; **b)** *(Zusatz)* addition; *(zu einem Gesetz)* amendment; **c)** *(zusätzliche Bemerkung)* further remark; **d)** *(Sprachw.: Objekt)* object
**Ergänzungs-: ~ab·gabe die** *(Steuerw.)* surtax; **~band der;** *Pl.* **~bände** supplementary volume; supplement; **~bindestrich der** *(Sprachw.)* hyphen; **~frage die a)** *(Sprachw.)* wh-question; **b)** *(Zusatzfrage)* supplementary question
**ergattern** *tr. V. (ugs.)* manage to grab
**ergaunern** *tr. V.* get by underhand means; **wo hast du [dir] das Fahrrad ergaunert?** *(ugs.)* where did you pinch *or* swipe that bike? *(coll.)*
[1]**ergeben 1.** *unr. refl. V.* **a)** *(sich fügen)* **sich in etw.** *(Akk.)* **~:** submit to sth.; **sich in sein Schicksal ~:** resign oneself *or* become resigned to one's fate; **b)** *(kapitulieren)* surrender **(jmdm.** to sb.); **sich [der Polizei** *(Dat.)***] ~:** give oneself up [to the police]; **c)** *(folgen, entstehen)* ⟨*opportunity, difficulty, problem*⟩ arise **(aus** from); **bald ergab sich ein angeregtes Gespräch** soon a lively discussion was taking place; **es ergab sich so** it just turned out that way; **d)** *(sich hingeben)* **sich jmdm. ~:** give oneself to someone; **sich einer Sache** *(Dat.)* **~:** abandon oneself to sth.; **sich dem Alkohol/***(ugs.)* **Suff ~:** take to alcohol/drink *or* the bottle. **2.** *unr. tr. V.* result in; **die Ernte ergab rund 400 Zentner Kartoffeln** the harvest produced about 400 hundredweight of potatoes; **eins und eins ergibt zwei** one and one makes two
[2]**ergeben 1.** *Adj.* **a)** *(zugeneigt)* devoted; **b)** *(resignierend)* **mit ~er Miene** with an expression of resignation; **c)** *(geh.: devot)* obsequious; **~sten Dank** *(veralt.)* humblest thanks; **Ihr sehr ~er ...** *(geh.)* yours most obediently, ...; **Ihr ~ster** *od.* **sehr ~er Diener** *(veralt.)* your most obedient servant *(arch.).* **2.** *adv.* **a)** devotedly; **b)** with resignation; **c)** *(geh.)* obsequiously; **jmdm. ~st danken** *(veralt.)* thank sb. most humbly
**Ergebenheit die; ~ a)** *(Treue)* devotion; **b)** *(Sichfügen)* resignation
**Ergebenheits·adresse die** declaration of loyalty; *(an Monarchen)* loyal address
**Ergebnis das; ~ses, ~se** result; **zu einem ~ kommen** reach a conclusion; **zu einem ~ führen** produce a result; **ohne ~ bleiben** lead to nothing
**ergebnis·los 1.** *Adj.* fruitless ⟨*discussion*⟩; **die Verhandlungen blieben/verliefen ~/wurden ~ abgebrochen** negotiations remained inconclusive/proceeded unprofitably/were broken off without a conclusion having been reached. **2.** *adv.* fruitlessly
**ergebnis·reich** *Adj.* fruitful
**Ergebung die; ~:** resignation
**ergebungs·voll 1.** *Adj.* humble. **2.** *adv.* humbly
**ergehen 1.** *unr. refl. V.* **a)** *(äußern)* **sich in etw.** *(Dat.)* **~:** indulge in sth.; **sich in endlosen Reden ~:** get carried away in endless speeches; **b)** *(geh.: lustwandeln)* take a turn. **2.** *unr. itr. V.; mit sein* **a)** *(geh.: erlassen werden)* ⟨*law*⟩ be enacted; **an ihn erging der Ruf einer bekannten Universität** he was offered a chair at a well-known university; **die Einladungen ergingen an alle Mitglieder** the invitations went to all members; **b)** *unpers. (widerfahren)* **jmdm. ergeht es gut/schlecht** things go well/badly for someone; **c) etw. über sich** *(Akk.)* **~ lassen** let sth. wash over one
**ergiebig** [ɛɐ̯'gi:bɪç] *Adj.* rich ⟨*deposits, resources*⟩; productive ⟨*mine*⟩; fertile ⟨*fisheries, topic*⟩; **der neue Kaffee ist nicht so ~/ist ~er** the new coffee does not go as far/goes further
**Ergiebigkeit die; ~:** *s.* **ergiebig:** richness; productivity; fertility; **wegen der ~ des Kaffees/Tees** because the coffee/tea goes a long way

**ergießen** *unr. refl. V.* pour; **die Abwässer ~ sich in den Fluß** the effluent pours out into the river; **eine Menschenmasse ergoß sich in das Stadion** a mass of people poured into the stadium
**erglänzen** *itr. V.; mit sein (geh.)* ⟨*sun, light*⟩ appear; ⟨*sea, diamonds*⟩ begin to sparkle
**erglühen** *itr. V.; mit sein (geh.)* **a)** glow; **in Liebe [zu jmdm.] erglüht sein** be passionately in love [with sb.]; **b)** *(rot werden)* redden
**ergo** ['ɛrgo] *Adv.* ergo
**Ergo·meter das;** **~s, ~** *(Med.)* ergometer
**Ergonomie** [ɛrgono'mi:] **die, ~, Ergonomik** [ɛrgo'no:mɪk] **die; ~:** ergonomics *sing., no art.*
**ergötzen** *(geh.)* **1.** *tr. V.* enthrall; captivate. **2.** *refl. V.* **sich an etw.** *(Dat.)* **~:** be delighted by sth.
**Ergötzen das;** **~s** *(geh.)* delight
**ergötzlich** *(geh.)* **1.** *Adj.* delightful. **2.** *adv.* delightfully
**ergrauen** *itr. V.; mit sein* go *or* turn grey; **in Ehren ergraut sein** *(fig.)* have grown old with honour; **ein im Dienst ergrauter Beamter** *(fig.)* an official of long standing
**ergreifen** *unr. tr. V.* **a)** *(greifen)* grab; **jmds. Hand ~:** grasp sb.'s hand; **b)** *(festnehmen)* catch ⟨*thief etc.*⟩; **c)** *(fig.: erfassen)* seize; **von blindem Zorn ergriffen** *(geh.)* in the grip of blind anger; **d)** *(fig.: aufnehmen)* **einen Beruf ~:** take up a career; **die Initiative/eine Gelegenheit ~:** take the initiative/an opportunity; **e)** *(fig.: bewegen)* move
**ergreifend 1.** *Adj.* moving; **das ist ja ~** *(iron.)* how moving. **2.** *adv.* movingly
**Ergreifung die;** **~ a)** *(des Schuldigen)* capture; **b)** *(der Macht)* seizure
**ergriffen** *Adj.* moved
**Ergriffenheit die;** **~: vor ~ schweigen** be too moved to speak; **vor ~ weinen** be moved to tears; **voller ~:** deeply moved
**ergrimmen** *(geh.)* **1.** *itr. V.; mit sein* be angry; **über etw.** *(Akk.)* **ergrimmt sein** be angry about something. **2.** *tr. V.* infuriate
**ergründbar** *Adj. s.* **ergründen:** ascertainable; discoverable; graspable; fathomable
**ergründen** *tr. V.* ascertain; discover ⟨*cause*⟩; grasp ⟨*concept*⟩; fathom ⟨*mystery*⟩
**Ergründung die** *s.* **ergründen:** ascertainment; discovery; grasping; fathoming
**Erguß der a)** *(Med.) (Blut~)* bruise; contusion; *(Samen~)* ejaculation; **b)** *(geh. abwertend)* outburst; **ein poetischer ~:** a poetic outpouring; **c)** *(Geol.)* eruption
**erhaben** *Adj.* **a)** *(weihevoll)* solemn ⟨*moment*⟩; awe-inspiring ⟨*sight*⟩; sublime ⟨*beauty*⟩; **b)** *(überlegen)* **über etw.** *(Akk.)* **~ sein** be above sth.; **über jeden Zweifel ~:** beyond all criticism; **c)** *(hervortretend)* uneven ⟨*surface*⟩; embossed ⟨*pattern*⟩
**Erhabenheit die;** **~:** grandeur; **eine Landschaft von solcher ~:** a landscape of such awe-inspiring grandeur; **die ~ des Augenblicks** the solemn grandeur of the moment
**Erhalt der;** **~[e]s** *(Amtsdt.)* **a)** receipt; **den ~ eines Briefes bestätigen** acknowledge receipt of a letter; **bei ~ zahlen** pay on receipt; **b)** *s.* **Erhaltung**
**erhalten 1.** *unr. tr. V.* **a)** *(empfangen, bekommen)* receive ⟨*letter, news, gift*⟩; be given ⟨*order*⟩; get ⟨*good mark, impression*⟩; **eine hohe Geldstrafe ~:** be fined heavily; **er erhielt 3 Jahre Gefängnis** he was sentenced to 3 years in prison; **b)** *(bewahren)* preserve ⟨*town, building*⟩; conserve ⟨*energy*⟩; **diese Kleider sind noch gut ~:** these clothes are still in good condition; **jmdn. am Leben ~:** keep sb. alive; **er ist noch gut ~** *(scherzh.)* he is well preserved; **c)** *(unterhalten)* support; **d)** *(als Endprodukt gewinnen)* obtain ⟨*sugar, oil, etc.*⟩. **2.** *unr. refl. V.* *(überdauern)* survive
**Erhalter der** *(Bewahrer)* preserver; *(der Familie)* bread-winner
**erhältlich** [ɛɐ̯'hɛltlɪç] *Adj.* obtainable
**Erhaltung die;** **~** *(des Friedens)* maintenance; *(der Arten, von Kunstschätzen)* preservation; *(der Energie)* conservation
**Erhaltungs·satz der** *(Physik)* principle of conservation
**erhängen** *tr. V.* **jmdn./sich ~:** hang sb./oneself; **Tod durch Erhängen** death by hanging
**erhärten** *tr. V.* **a)** strengthen ⟨*suspicion, assumption*⟩; substantiate ⟨*claim*⟩; **b)** *s.* **härten 1**
**Erhärtung die;** **~, ~en a)** *(Bekräftigung)* substantiation; **b)** *s.* **Härtung**
**erhaschen** *tr. V. (geh., auch fig.)* catch
**erheben 1.** *unr. tr. V.* **a)** *(emporheben)* raise ⟨*one's arm/hand*⟩; **das Glas ~:** raise one's glass; **erhobenen Hauptes** with head held high; **die Stimme ~:** raise one's voice; **b)** *(verlangen)* levy ⟨*tax*⟩; charge ⟨*fee*⟩; **c)** *(befördern)* **jmdn. in den Adelsstand ~:** elevate sb. to the nobility; **d)** *(sammeln)* gather, collect ⟨*data, material*⟩; **e)** *(vorbringen)* **Anklage ~:** bring *or* prefer charges; **Protest ~:** make a protest; *s. auch* **Einspruch a; f)** *auch itr. (geh.: erbauen)* ⟨*art*⟩ edify; ⟨*music*⟩ uplift; **g)** *(bes. südd., österr.: feststellen)* ascertain ⟨*cause etc.*⟩. **2.** *unr. refl. V.* **a)** *(aufstehen)* rise; **sich von seinem Platz ~:** rise from one's seat; **b)** *(rebellieren)* rise up **(gegen** against); **c)** *(aufsteigen)* ⟨*bird, balloon*⟩ rise; **d)** *(hinauswachsen)* **sich über etw.** *(Akk.)* **~:** rise above sth.; **e)** *(emporragen)* ⟨*tower, mountain*⟩ rise; **f)** *(geh.: sich besser dünken)* **sich über jmdn. ~:** feel superior to sb.; **g)** *(geh.: beginnen)* ⟨*cry*⟩ ring out; ⟨*storm*⟩ rise
**erhebend** *Adj.* uplifting
**erheblich** [ɛɐ̯'he:plɪç] **1.** *Adj.* considerable. **2.** *adv.* considerably
**Erhebung die;** **~, ~en a)** *(Anhöhe)* elevation; **b)** *(Aufstand)* uprising; **c)** *(Umfrage)* survey; **d)** *(Einziehen) (von Steuern)* levying; *(von Gebühren)* charging; **e)** *(Beförderung)* elevation; **seine ~ in den Adelsstand** his elevation to the nobility; **f)** *(seelische Erbauung)* uplift
**Erhebungs·zeitraum der** *(Statistik)* period during which information is/was collected
**erheischen** *tr. V. (geh.)* demand; command ⟨*admiration*⟩
**erheitern 1.** *tr. V.* **jmdn. ~:** cheer sb. up. **2.** *refl. V. (geh.)* be amused; **seine Züge erheiterten sich** his face brightened up
**Erheiterung die;** **~, ~en** amusement
**erhellen 1.** *tr. V.* **a)** *(beleuchten)* light up, illuminate ⟨*room, sky*⟩; **b)** *(erklären)* shed light on, illuminate ⟨*reason, relationship*⟩. **2.** *refl. V. (geh.: sich aufheitern)* ⟨*eyes, face*⟩ brighten. **3.** *itr. V. (veralt.: hervorgehen)* **daraus erhellt, daß ...:** it follows *or* is evident from this that ...
**Erhellung die;** **~** *(Erklärung)* illumination
**erhitzen 1.** *tr. V.* **a)** *(heiß machen)* heat ⟨*liquid*⟩; **jmdn. ~:** make sb. hot; **b)** *(fig.: erregen)* **die Gemüter ~:** make feelings run high. **2.** *refl. V.* **a)** heat up; ⟨*person*⟩ become hot; **b)** *(fig.: sich erregen)* ⟨*feelings*⟩ become heated
**erhitzt** *Adj.* heated
**Erhitzung die;** **~, ~en** heating; *(Hitze)* heat
**erhoffen** *tr. V.* **sich** *(Dat.)* **viel/wenig von etw. ~:** expect a lot/little from sth.; **die erhoffte Änderung/Lohnerhöhung** the change/pay rise we/they had expected
**erhöhen 1.** *tr. V.* **a) eine Mauer [um einen Meter] ~:** make a wall [one metre] higher; **b)** *(steigern)* increase, raise ⟨*prices, productivity, etc.*⟩; **erhöhte/leicht erhöhte Temperatur haben** have a [high]/slight temperature; **erhöhter Blutdruck** somewhat high blood pressure; **erhöhte Gefahr** increased danger; **erhöhte Vorsicht** extra care; **c)** *(Musik)* raise ⟨*note*⟩. **2.** *refl. V.* ⟨*rent, prices*⟩ rise
**Erhöhung die;** **~, ~en a)** *(Höhermachen)* raising; **die ~ der Schornsteine/Deiche** increasing the height of the chimneys/dikes; **b) eine ~ der Preise/Steuern** an increase in prices/taxes; **eine Erhöhung des Blutdrucks** a rise in blood pressure; **die ~ einer Dosis** the increasing of a dose; **c)** *(Musik)* raising [of a note]; **d)** *(Anhöhe)* hill
**Erhöhungs-: ~winkel der** *(Waffent.)* angle of elevation; **~zeichen das** *(Musik)* sharp [sign]
**erholen** *refl. V.* **a)** *(sich ausruhen)* **sich [gut] ~:** have a [good] rest; *(entspannen)* relax [thoroughly]; **die Kurse haben/die Wirtschaft hat sich erholt** *(fig.)* the rates of exchange have/the economy has recovered; **b)** *(genesen)* **sich von etw. ~:** recover from something
**erholsam** *Adj.* restful ⟨*weekend, holiday*⟩; **wandern ist sehr ~:** walking is very refreshing
**Erholung die;** **~ a) ~ brauchen** *od.* **nötig haben** need a rest; **nach der langen Krankheit hat er ~ nötig** he needs to recuperate after his long illness; **zur ~ fahren** go on holiday to rest/relax; *(nach einer Krankheit)* go on holiday to convalesce; **eine ~ sein** be relaxing; **b)** *(fig.)* refreshing change
**erholungs-, Erholungs-: ~aufenthalt der** holiday; **~bedürftig** *Adj.* in need of a rest *postpos.;* **~bedürftig sein** need a rest; **~gebiet das** holiday area; **~heim das** holiday home; **~ort der;** *Pl.* **~e** resort; **~pause die** break; **~reif** *Adj. (ugs.) s.* **~bedürftig; ~reise die** holiday trip; **~suchend** *Adj.* seeking relaxation *postpos.;* **~suchende der/die;** *adj. Dekl.* holiday-maker; **~urlaub der** holiday for convalescence; **~wert der** recreational value; **~zentrum das** leisure centre
**erhören** *tr. V. (geh.)* hear ⟨*plea, prayer*⟩; **einen Liebhaber ~** *(veralt.)* yield to a lover
**erigieren** [eri'gi:rən] *itr. V.; mit sein* become erect; **erigiert** erect
**Erika** ['e:rika] **die;** **~, ~s** *od.* **Eriken** [-kən] *(Bot.)* erica
**erinnerlich** *Adj.; nicht attr.* **wie ~:** as will be recalled; **soviel mir ~ ist** as I recall; **das ist mir nicht mehr ~:** I cannot remember that any more
**erinnern** [ɛɐ̯'lɪnɐn] **1.** *refl. V.* **sich an jmdn./etw. [gut/genau] ~:** remember sb./sth. [well/clearly]; **sich [daran] ~, daß ...:** remember *or* recall that ...; **wenn ich mich recht erinnere** if I remember rightly; **sich jmds./einer Sache ~** *(geh.)* remember *or* recall sb./sth. **2.** *tr. V.* **a)** *(ins Bewußtsein rufen)* **jmdn. an etw./jmdn. ~:** remind sb. of sth./sb.; **jmdn. daran ~, etw. zu tun** remind sb. to do sth.; **b)** *(ugs., bes. nordd.)* **jmdn./etw. ~:** remember sb./sth. **3.** *itr. V.* **a) jmd./etw. erinnert an jmdn./etw.** sb./sth. reminds one of sb./sth.; **b)** *(zu bedenken geben)* **an etw.** *(Akk.)* **~:** remind sb. of sth.; **ich möchte daran ~, daß ...:** let us not forget *or* overlook that ...
**Erinnerung die;** **~, ~en a)** memory **(an +** *Akk.* of); **etw. [noch gut] in ~ haben** [still] remember sth. [well]; **etw. aus der ~ aufschreiben/sagen** write/say sth. from memory; **wenn mich die ~ nicht täuscht** if my memory does not deceive me; **sich** *(Dat.)* **etw. in die ~ zurückrufen** call something to mind again; **nach meiner ~, meiner ~ nach** as far as I remember; **seinen ~en nachhängen** lose oneself in one's memories; **jmdn./etw. in guter ~ behalten** have pleasant memories of sb./sth.; **zur ~ an jmdn./etw.** in memory of sb./sth.; **zur ~ an die Gefallenen wurde ein Denkmal errichtet** a monument was erected to the memory of those who had fallen; **b)** *(Erinnerungsstück)* remembrance; souvenir; **c)** *Pl. (Autobiographie)* memoirs; **d)** *(Zahlungsaufforderung)* reminder
**Erinnerungs-: ~bild das** memory; **~foto das** souvenir snapshot; **~lücke die** gap in one's memory; **da habe ich eine ~lücke** my

mind is a blank about that; ~**medaille die** commemorative coin; ~**schreiben das** reminder; ~**stück das** keepsake; *(von einer Reise)* souvenir; ~**vermögen das** memory; ~**wert der** sentimental value

**Erinnye** [e'rɪnyə] **die; ~, ~n** *(Myth.)* Fury; Erinys

**erjagen** *tr. V.* **a)** *(erbeuten)* catch; **b)** *(gewinnen)* win ⟨*fame*⟩; make ⟨*money, fortune*⟩

**erkalten** *tr. V.; mit sein* cool; ⟨*limbs*⟩ grow cold; *(fig.)* ⟨*passion, feeling*⟩ cool

**erkälten** *refl. V.* catch cold; **sich** *(Dat.)* **den Magen ~:** get a chill on one's stomach; *s. auch* **Blase c**

**Erkältung die; ~, ~en** cold; **sich** *(Dat.)* **eine ~ zuziehen** *od. (ugs.)* **holen** catch a cold

**Erkältungs·krankheit die** cold

**erkämpfen** *tr. V.* win; **den Sieg ~:** gain a victory; **sich** *(Dat.)* **etw. ~ müssen** have to fight for sth.

**erkaufen** *tr. V.* **a)** *(durch Opfer)* win; **etw. teuer ~:** win something at great cost; **b)** *(durch Geld)* buy; **sich** *(Dat.)* **etw. ~:** buy oneself sth.

**erkennbar 1.** *Adj.* recognizable; *(sichtbar)* visible; *(schwach sichtbar)* discernible. **2.** *adv.* recognizably; *(sichtbar)* visibly

**erkennen 1.** *unr. tr. V.* **a)** *(deutlich sehen)* make out; **die Fingerabdrücke waren deutlich zu ~:** the fingerprints were clearly visible; **b)** *(identifizieren)* recognize (**an** + *Dat.* by); **der Täter wurde nicht erkannt** the culprit was not identified; **sich zu ~ geben** reveal one's identity; **sich als etw. zu erkennen geben** reveal oneself to be sth.; **c)** *(einschätzen)* recognize; perceive; acknowledge ⟨*error, mistake*⟩; **„erkenne dich selbst!"** 'know thyself!'; **d)** *(geh. veralt: begatten)* know *(arch.)*. **2.** *unr. itr. V.* **a)** *(Rechtsspr.)* **auf Freispruch ~:** grant an acquittal; **das Gericht erkannte auf 6 Jahre Gefängnis** the court passed a sentence of six years' imprisonment; **b)** *(Sport)* **auf Elfmeter/Freistoß ~:** award a penalty/free kick

**erkenntlich** *Adj.* **a) sich [für etw.] ~ zeigen** show one's appreciation for sth.; **b)** *s.* **erkennbar**

**Erkenntlichkeit die; ~, ~en a)** *o. Pl.* *(Dankbarkeit)* gratitude; **b)** *(Geschenk)* token of gratitude

**Erkenntnis die; ~, ~se a)** *(Einsicht)* discovery; **wissenschaftliche/wichtige/gesicherte ~se** scientific findings/important discoveries/firm insights; **zu der ~ kommen, daß ...:** come to the realization that ...; **b)** *o. Pl. (das Erkennen)* cognition; **der Baum der ~** *(bibl.)* the tree of knowledge

**erkenntnis-, Erkenntnis-: ~drang der** thirst for knowledge; **~kritik die** *(Philos.)* critique of knowledge; **~prozeß der** cognitive process; **~theoretisch** *(Philos.)* **1.** *Adj.* epistemological; **2.** *adv.* epistemologically; **~theorie die** *(Philos.)* theory of knowledge; epistemology *no art.*; **~vermögen das** powers *pl.* of cognition

**erkennungs-, Erkennungs-: ~dienst der** police records department; **~dienstlich 1.** *Adj.* **~dienstliche Behandlung** fingerprinting and photographing; **2.** *adv.* **Personen ~dienstlich erfassen** investigate persons through the police records department; **jmdn. ~dienstlich behandeln** take sb.'s fingerprints and photograph; **~marke die** identification disc; **~melodie die** *(einer Sendung)* theme music; *(eines Senders)* signature tune; **~zeichen das** sign [to recognize sb. by]

**Erker** ['ɛrkɐ] **der; ~s, ~:** bay window

**Erker-: ~fenster das** bay window; **~zimmer das** room with a bay window

**erkiesen** *unr. tr. V. (veralt. geh.)* choose

**erklärbar** *Adj.* explicable; **etw. ist ~:** sth. can be explained; **aus ~en Gründen** for reasons which can easily be explained

**erklären 1.** *tr. V.* **a)** explain; **jmdm. etw. ~:** explain sth. to sb.; **etw. an einem Beispiel ~:** explain sth. with an example; **b)** *(begründen)* explain (**durch** by); **c)** *(mitteilen)* state; declare; announce ⟨*one's resignation*⟩; **jmdm. den Krieg ~:** declare war on sb.; **d)** *(bezeichnen)* **jmdn. für tot ~:** pronounce someone dead; **etw. für ungültig/verbindlich ~:** declare something to be invalid/binding; **die Ehe wurde für ungültig erklärt** the marriage was declared void; **jmdn. zu etw. ~:** name sb. as sth. **2.** *refl. V.* **a) sich einverstanden/bereit ~:** declare oneself [to be] in agreement/willing; **sich zu einer Sache ~:** make a statement on sth.; **sich für jmdn./etw. ~** *(geh.)* declare one's support for sb./sth.; **sich gegen jmdn./etw. ~:** declare one's opposition to sb./sth.; **sich jmdm. ~** *(geh. veralt.)* declare one's love to someone; **b)** *(seine Begründung finden)* be explained; **das erklärt sich einfach/von selbst** that is easily explained/self-evident

**erklärend 1.** *Adj.* explanatory; **mit einigen ~en Worten** with a few words of explanation. **2.** *adv.* by way of explanation

**erklärlich** *Adj.* understandable; **es ist mir einfach nicht ~, wie ...:** I just can't understand how ...

**erklärlicherweise** *Adv.* understandably

**erklärt** *Adj.; nicht präd.* declared ⟨*opponent, intention*⟩; **er war der ~e Mittelpunkt** he was regarded by all as the centre of attraction

**erklärtermaßen** *Adv.* on one's own admission

**Erklärung die; ~, ~en a)** *(Darlegung)* explanation; **b)** *(Mitteilung)* statement; **eine ~ abgeben** make a statement

**Erklärungs·versuch der** attempt at an explanation

**erklecklich** [ɛɐ̯'klɛklɪç] *Adj.* considerable ⟨*sum, profit*⟩

**erklettern** *tr. V.* climb to the top of ⟨*rock, wall, mountain*⟩; climb to ⟨*summit*⟩

**erklimmen** *unr. tr. V. (geh.)* climb ⟨*wall, tree*⟩; **die oberste Stufe der Erfolgsleiter ~** *(fig.)* reach the top of the ladder to success

**erklingen** *unr. itr. V.; mit sein* ring out; **Musik ~ hören** hear the sound of music; **es erklang die Nationalhymne** the national anthem was played

**erkoren** [ɛɐ̯'ko:rən] *2. Part. v.* **erkiesen**

**erkranken** *itr. V.; mit sein* become ill (**an** + *Dat.* with); **er ist an einer Lungenentzündung erkrankt** he's got an inflammation of the lungs; **schwer erkrankt sein** be seriously ill; **ein erkrankter Kollege** a sick colleague

**Erkrankung die; ~, ~en** *(eines Menschen, Tieres)* illness; *(eines Körperteils)* disease

**Erkrankungs·fall der: im ~:** in event of illness; **die Versicherung schließt Erkrankungsfälle nicht ein** the insurance does not cover illness

**erkühnen** *refl. V. (geh.)* **sich ~, etw. zu tun** dare to do sth.

**erkunden** *tr. V.* reconnoitre ⟨*terrain*⟩; **die Situation ~:** find out what the situation is

**erkundigen** *refl. V.* **sich nach jmdm./etw. ~:** ask after sb./enquire about sth.; **sich ~, ob/wann ...:** enquire whether/when ...; *s. auch* **Befinden**

**Erkundigung die; ~, ~en** enquiry; **~en einholen** *od.* **einziehen** make enquiries

**Erkundung die; ~, ~en** *(meist Milit.)* reconnaissance; **auf ~ gehen** go out on reconnaissance

**Erkundungs-: ~fahrt die** exploratory trip; **eine ~fahrt machen** go exploring; **eine ~fahrt durch die Umgebung machen** explore the area; **~flug der** reconnaissance flight; **~trupp der** reconnaissance party

**erkünstelt** [ɛɐ̯'kʏnst[ə]t] *Adj. (abwertend) s.* **gekünstelt 1**

**Erlag·schein** [ɛɐ̯'la:k-] **der** *(österr.) s.* **Zahlkarte**

**erlahmen** *itr. V.; mit sein* **a)** tire; become tired; ⟨*strength*⟩ flag; **b)** *(nachlassen)* ⟨*enthusiasm etc.*⟩ wane

**erlangen** *tr. V.* gain; obtain ⟨*credit, visa*⟩; reach ⟨*age*⟩

**Erlangung die; ~:** attainment; *(eines Kredits, Visums)* obtaining; *(von Stimmen)* gaining; **zur ~ der Doktorwürde** for the degree of doctor

**Erlaß** [ɛɐ̯'las] **der; Erlasses, Erlasse a)** *(Anordnung)* decree; **der ~ eines Ministers** a decree by a minister; a ministerial decree; **b)** *(Straf~, Schulden~ usw.)* remission; **c)** *o. Pl. (Verfügung) (eines Gesetzes, einer Bestimmung)* enactment; *(eines Dekrets)* issue; *(eines Verbots)* imposition

**erlassen** *unr. tr. V.* **a)** *(verkünden)* enact ⟨*law*⟩; declare ⟨*amnesty*⟩; issue ⟨*warrant*⟩; **b)** *(verzichten auf)* remit ⟨*sentence*⟩; **~ Sie es mir, das zu schildern** *(geh.)* excuse me from having to describe it

**erlauben 1.** *tr. V.* **a)** allow; **jmdm. ~, etw. zu tun** allow sb. to do sth.; **~ Sie mir, das Fenster zu öffnen?** *(geh.)* would you mind if I opened the window?; **es ist nicht erlaubt, den Rasen zu betreten** it is forbidden to walk on the grass; **[na], ~ Sie mal!** *(ugs.)* do you mind! *(coll.)*; **was ~ Sie sich!** how dare you!; **erlaubt ist, was gefällt** do what you feel like doing; **was nicht verboten ist, das ist erlaubt** if something's not forbidden then it's allowed; **b)** *(ermöglichen)* permit; **meine Gesundheit erlaubt es mir nicht** my health does not permit me to do it; **meine Zeit erlaubt es mir nicht** time does not allow. **2.** *refl. V.* **a)** *(sich die Freiheit nehmen)* **sich** *(Dat.)* **etw. ~:** permit oneself sth.; **du hast dir in letzter Zeit ziemlich viele Freiheiten erlaubt** you have been taking a lot of liberties recently; **sie erlaubt sich** *(Dat.)* **in letzter Zeit grobe Nachlässigkeiten** she's allowed herself to become extremely negligent recently; **über seine berufliche Leistung kann ich mir kein Urteil ~:** I do not feel free to comment on his professional competence; **sich** *(Dat.)* **alles ~:** do just as one pleases; **sich** *(Dat.)* **einen Scherz [mit jmdm.] ~:** play a trick [on someone]; **b)** *(sich leisten)* **sich** *(Dat.)* **etw. ~:** treat oneself to sth.; **das/solche teuren Geschenke kannst du dir nicht ~:** you cannot afford it/such expensive presents

**Erlaubnis die; ~, ~se** permission; *(Schriftstück)* permit; **jmdn. um ~ bitten, etw. zu tun** ask sb.'s permission *or* sb. for permission to do sth.; **jmdm. die ~ erteilen/verweigern, etw. zu tun** give/refuse sb. permission to do sth.

**Erlaubnis·schein der** permit

**erlaucht** [ɛɐ̯'lauxt] *Adj. (geh.)* illustrious

**Erlaucht die; ~, ~en** *(veralt.)* **Ihre/Seine ~:** Her Ladyship/His Lordship; **Euer ~:** Your Ladyship/Lordship

**erläutern** *tr. V.* explain; comment on ⟨*picture etc.*⟩; annotate ⟨*text*⟩; **näher ~:** clarify; **~de Anmerkungen** explanatory notes

**Erläuterung die** explanation; *(zu einem Bild usw.)* commentary; *(zu einem Text)* [explanatory] note

**Erle** ['ɛrlə] **die; ~, ~n** alder

**erleben** *tr. V.* experience; **etwas Schönes/Schreckliches ~:** have a pleasant/terrible experience; **das habe ich noch nie erlebt!** I've never heard of such a thing!; **er hat viel erlebt** he has seen a lot of life; **große Abenteuer ~:** have great adventures; **er wollte erst etwas ~:** he wanted to live it up a bit first; **so ängstlich hatte er sie noch nie erlebt** he had never seen her so afraid before; **etw. bewußt/intensiv ~:** be fully aware of sth./experience sth. to the full; **sie wünschte sich nur, die Hochzeit ihrer Tochter noch zu ~:** her only remaining wish was to be at her daughter's wedding; **er wird das nächste Jahr nicht mehr ~:** he won't see next year;

**dieser Film erlebte einen völligen Reinfall** this film was a complete flop *(coll.)*; **du kannst was ~!** *(ugs.)* you won't know what's hit you!; **sich als etw. ~:** feel oneself to be sth.; *s. auch* **erlebt**

**Erleben das** experience; **etw. aus eigenem ~ kennen** know something from one's own experience

**Erlebens·fall der** *(Versicherungsw.)* **im ~:** in the event of survival; **eine Versicherung auf den ~:** endowment assurance

**Erlebnis das; ~ses, ~se** experience; **das war ein ~:** what an experience!

**Erlebnis-: ~auf·satz der** *(Schulw.)* essay based on personal experience; **~fähigkeit die;** *o. Pl. (Psych.)* capacity for experience; **~hunger der** the thirst for experience

**erlebt** *Adj.* **~e Rede** inner monologue; **~e Geschichte** a first-hand account

**erledigen 1.** *tr. V.* **a)** *(ausführen)* **einen Auftrag ~:** deal with a task; **ich muß noch einige Dinge erledigen** I must see to a few things; **so, damit wäre die Angelegenheit endlich erledigt** so now the matter is finally settled; **sie hat alles pünktlich erledigt** she got everything done on time; **schon erledigt!** that's already done; **b)** *(erschöpfen)* finish *(coll.)* ⟨*person*⟩; **der Umzug hat ihn völlig erledigt** the move finished him off completely *(coll.)*; *(ugs.: töten)* knock off *(sl.)*; *(fig.: zerstören)* destroy. **2.** *refl. V.* ⟨*matter, problem*⟩ resolve itself; **damit hat sich die Sache erledigt** that's that; **vieles erledigt sich von selbst** a lot of things sort them'selves out

**erledigt** *Adj.* closed ⟨*case*⟩; *(ugs.)* worn out ⟨*person*⟩

**Erledigung die; ~, ~en a)** *o. Pl. (Durchführung)* carrying out; *(Beendigung)* completion; *(einer Angelegenheit)* settling; **um baldige ~ wird gebeten** please give this matter your prompt attention; **b)** *(Besorgung)* **er hat noch einige ~en zu machen** he's got one or two more things to see to

**erlegen** *tr. V.* **a)** shoot ⟨*animal*⟩; **b)** *(österr.: entrichten)* pay ⟨*fee, charge*⟩

**erleichtern 1.** *tr. V.* **a)** *(einfacher machen)* make easier; **jmdm./sich die Arbeit ~:** make sb.'s/one's work easier; **b)** *(befreien)* relieve; **das hat ihn [sehr] erleichtert** that came as a [great] relief to him; **erleichtert aufatmen** breathe a sigh of relief; **c)** *(Gewicht verringern, fig.)* lighten; **sein Herz/sein Gewissen ~:** open one's heart/unburden one's conscience; **jmdn. um etw. ~** *(ugs. scherzh.)* relieve sb. of sth. **2.** *refl. V. (verhüll.: seine Notdurft verrichten)* relieve oneself

**Erleichterung die; ~, ~en a)** *o. Pl. (Vereinfachung)* **zur ~ der Arbeit** to make the work easier; **b)** *o. Pl. (Befreiung)* relief; **mit ~:** with relief; **voller ~:** with great relief; **~ empfinden** feel relieved; **c)** *(Verbesserung, Milderung)* alleviation; **es gab weitere ~en im Reiseverkehr** there was a further easing of travel restrictions

**erleiden** *unr. tr. V.* suffer

**erlernbar** *Adj.* learnable; **es ist leicht ~:** it can be easily learnt *or* is easy to learn; **eine ~e Fähigkeit** a faculty which can be acquired

**erlernen** *tr. V.* learn

[1]**erlesen** *unr. tr. V. (geh. veralt.)* choose

[2]**erlesen** *Adj.* superior ⟨*wine*⟩; choice ⟨*dish*⟩; **ein ~er Geschmack** a discriminating taste

**Erlesenheit die; ~:** exquisiteness

**erleuchten** *tr. V.* **a)** light; **Blitze erleuchteten den Himmel** the sky was lit up by flashes of lightning; **hell erleuchtete Fenster** brightly lit windows; **b)** *(geh.: mit Klarheit erfüllen)* inspire

**Erleuchtung die; ~, ~en** inspiration; **ihm kam eine ~:** he had a flash of inspiration

**erliegen** *unr. itr. V.; mit sein* **a)** succumb (*Dat.* to); **einem Irrtum ~:** be misled; **im Kampf ~** *(veralt.)* be vanquished in battle; **zum Erliegen kommen** come to a standstill; **etw. zum Erliegen bringen** bring sth. to a standstill; **b)** *(zum Opfer fallen)* **einer Krankheit** *(Dat.)* **~:** die from an illness

**Erl·könig** ['ɛrl-] **der a) „Der ~"** 'The erlking'; **b)** *(Kfz-Jargon)* test model

**erlogen** *Adj.* made up; untruthful ⟨*story*⟩

**Erlös** [ɛɐ̯'lø:s] **der; ~es, ~e** proceeds *pl.*; **vom ~ seiner Bilder leben** live on the income from the sale of one's paintings

**erlöschen** *unr. itr. V.; mit sein* **a)** ⟨*fire*⟩ go out; **ein erloschener Vulkan** an extinct volcano; **die Lichter waren schon erloschen** the lights were already out; **b)** *(nachlassen)* ⟨*hope, feelings*⟩ wane; **c)** *(aussterben)* ⟨*family, clan*⟩ die out; **d)** *(zu bestehen aufhören)* ⟨*claim, obligation*⟩ cease; ⟨*firm, membership*⟩ cease to exist

**erlösen** *tr. V.* save, rescue (**von** from); **jmdn. von seinen Schmerzen ~:** release sb. from pain; **von einer Sorge erlöst sein** be relieved of a worry; **von einer Krankheit erlöst werden** *(verhüll.)* be released from an illness; **jmdn. ~** *(ugs. scherzh.)* take over from sb.; **und erlöse uns von dem Übel** *od.* **Bösen** *(bibl.)* and deliver us from evil

**erlösend** *Adj.* **das ~e Wort sprechen** say the magic word; **~ wirken** come as a relief

**Erlöser der; ~s, ~ a)** saviour; **b)** *(christl. Rel.)* redeemer

**Erlösung die** release (**von** from); *(christl. Rel.)* redemption; **es war eine ~ zu wissen, daß ...:** it was a relief to know that ...

**ermächtigen** *tr. V.* authorize; **[dazu] ermächtigt sein, etw. zu tun** be authorized to do sth.

**Ermächtigung die; ~, ~en** authorization

**Ermächtigungs·gesetz das** *(Politik, bes. ns.)* Enabling Act

**ermahnen** *tr. V.* admonish; tell *(coll.)*; *(warnen)* warn

**Ermahnung die** admonition; *(Warnung)* warning

**ermangeln** *itr. V. (geh.)* **einer Sache** *(Gen.)* **~:** lack sth.

**Ermang[e]lung die; ~** *in* **in ~** (+ *Gen.*) *(geh.)* in the absence of; **in ~ eines Besseren** for lack of anything better

**ermannen** *refl. V. (geh.)* **sich ~, etw. zu tun** pluck up courage to do sth.

**ermäßigen 1.** *tr. V.* reduce. **2.** *refl. V.* be reduced

**Ermäßigung die** reduction

**ermatten** *(geh.)* **1.** *itr. V.; mit sein* ⟨*person*⟩ become exhausted; *(fig.)* ⟨*enthusiasm*⟩ wane. **2.** *tr. V. (matt machen)* exhaust, tire ⟨*person*⟩

**ermattet** *Adj.* exhausted

**Ermattung die; ~:** weariness; fatigue

**ermessen** *unr. tr. V.* estimate, gauge ⟨*consequences, implications*⟩; **daran können Sie ~, wie/ob ...:** that will give you some idea of how/whether ...; **die Bedeutung von etw. ~:** appreciate the significance of sth.

**Ermessen das; ~s** estimation; **nach eigenem ~:** in one's own estimation; **in jmds. ~** *(Dat.)* **liegen** be at sb.'s discretion; **nach menschlichem ~:** as far as anyone can judge; **etw. in jmds.** *(Akk.)* **~ stellen** leave sth. to sb.'s discretion

**Ermessens-: ~entscheidung die** discretionary decision; **~frage die** matter of discretion; **~mißbrauch der** abuse of one's powers of discretion; **~spiel·raum der** powers *pl.* of discretion; discretionary powers *pl.*

**ermitteln 1.** *tr. V.* **a)** *(herausfinden)* ascertain, determine ⟨*facts*⟩; discover ⟨*culprit, hideout, address*⟩; establish, determine ⟨*identity, origin*⟩; decide ⟨*winner*⟩; **b)** *(errechnen)* calculate ⟨*quota, rates, data*⟩. **2.** *itr. V. (Rechtsw.)* investigate; **gegen jmdn. ~:** investigate sb.; **in einer Sache ~:** investigate sth.

**Ermittlung die; ~, ~en a)** *(das Ermitteln) s.* **ermitteln a:** ascertainment; determination; discovery; establishment; **die ~ eines Gewinners** deciding a winner; **b)** *(Untersuchung) meist Pl.* investigation

**Ermittlungs-: ~arbeit die** investigatory work; **~aus·schuß der** committee of inquiry; **~beamte der** investigating officer; **~richter der** examining magistrate; **~verfahren das** *(Rechtsw.)* preliminary inquiry

**ermöglichen** *tr. V.* enable; **jmdm. etw. ~:** make sth. possible for sb.; **um einen besseren Gedankenaustausch zu ~:** to facilitate a better exchange of ideas

**ermorden** *tr. V.* murder; *(aus politischen Gründen)* assassinate

**Ermordung die; ~, ~en** murder; *(aus politischen Gründen)* assassination

**ermüden 1.** *itr. V.; mit sein* **a)** *(müde werden)* tire; become tired; **b)** *(Technik)* ⟨*metal*⟩ fatigue. **2.** *tr. V. (müde machen)* tire; make tired

**ermüdend** *Adj.* tiring

**Ermüdung die; ~, ~en a)** tiredness; **vor ~:** from tiredness; **b)** *(Technik)* metal fatigue

**Ermüdungs-: ~erscheinung die** sign of fatigue; **~zustand der** state of fatigue

**ermuntern** *tr. V.* **a) jmdn. [dazu] ~, etw. zu tun** encourage sb. to do sth.; **jmdn. zum Reden/zu einem Verbrechen ~:** encourage sb. to talk/to commit a crime; **b)** *(veralt.: wach machen)* liven up ⟨*person*⟩

**ermunternd 1.** *Adj.* encouraging. **2.** *adv.* encouragingly

**Ermunterung die; ~, ~en a)** *(Aufheiterung)* enlivenment; **zur ~ der Anwesenden** to the amusement of those present; **b)** *(Ermutigung)* encouragement; **c)** *(ermunternde Worte)* words *pl.* of encouragement

**ermutigen** *tr. V.* **a)** encourage; **b)** *s.* **ermuntern a**

**ermutigend 1.** *Adj.* encouraging. **2.** *adv.* encouragingly

**Ermutigung die; ~, ~en a)** encouragement; **zur ~:** to encourage; **b)** *(ermutigende Worte)* words *pl.* of encouragement

**ernähren 1.** *tr. V.* **a)** feed ⟨*young, child*⟩; **mit der Flasche ernährt werden** be bottle-fed; **b)** *(unterhalten)* keep ⟨*family, wife*⟩; **das ernährt seinen Mann** it provides a good living. **2.** *refl. V.* feed oneself; **sich von etw. ~:** live on sth.; ⟨*animal*⟩ feed on sth.; **sich vegetarisch ~:** live on a vegetarian diet

**Ernährer der; ~s, ~, Ernährerin die; ~, ~nen** breadwinner; provider

**Ernährung die; ~: a)** *(das Ernähren)* feeding; **b)** *(Nahrung)* diet; **gesunde/ungesunde ~:** a healthy/an unhealthy diet; **c)** *(Versorgung)* feeding; **zur ~ der Familie beitragen** contribute to feeding the family

**Ernährungs-: ~lage die** state of nutrition; **~lehre die** *(Med.)* dietetics *sing., no art.*; **~ministerium das** Ministry of Food; **~störung die** *(Med.)* nutritional disorder; **~weise die** diet; **~wissenschaft die** dietetics *sing., no art.*

**ernennen** *unr. tr. V.* **a) jmdn. zu etw. ~:** make sb. sth.; **b)** *(bestimmen)* appoint ⟨*deputy, ambassador*⟩

**Ernennung die** appointment (**zu** as)

**Ernennungs·urkunde die** certificate of appointment

**Erneu[e]rer der; ~s, ~, Erneuerin die; ~, ~nen** reviver

**erneuern 1.** *tr. V.* **a)** *(auswechseln)* replace; **b)** *(wiederherstellen)* renovate ⟨*roof, building*⟩; *(fig.)* thoroughly reform ⟨*system*⟩; **c)** *(beleben)* resume ⟨*relations*⟩; **d)** *(verlängern lassen)* extend, renew ⟨*permit, licence, contract*⟩. **2.** *refl. V.* ⟨*nature, growth*⟩ renew itself

**Erneuerung die a)** *(Auswechslung)* replacement; **b)** *(Wiederherstellung)* renovation; *(fig.)* thorough reform; **demokratische/religiöse ~:** democratic/religious revival; **c)** *(von Beziehungen)* resumption; **d)** *(Verlänge-*

*rung eines Vertrages usw.)* renewal; extension

**erneuerungs·bedürftig** *Adj.* in need of replacement *postpos.*

**Erneuerungs·schein** **der** *(Börsenw.)* talon

**erneut** **1.** *Adj.; nicht präd.* renewed. **2.** *adv.* once again

**erniedrigen** *tr. V.* **a)** *(demütigen)* humiliate; **sich [selbst] ~:** lower oneself; **wer sich selbst erniedrigt, wird erhöht werden** *(bibl.)* he that shall humble himself shall be exalted; **b)** *(heruntersetzen)* lower, reduce ‹*price, pressure*›; **c)** *(Musik)* lower ‹*note*›

**erniedrigend** *Adj.* humiliating

**Erniedrigung** **die; ~, ~en** **a)** *(Demütigung)* humiliation; **b)** *(Senkung)* lowering; reduction (+ *Gen.* in); **c)** *(Musik)* lowering

**Erniedrigungs·zeichen** **das** *(Musik)* flat sign

**ernst** [ɛrnst] **1.** *Adj.* **a)** serious ‹*face, expression, music, doubts*›; **~ bleiben** remain serious; keep a straight face *(coll.)*; **b)** *(aufrichtig)* genuine ‹*intention, offer*›; **c)** *(gefahrvoll)* serious ‹*injury*›; grave ‹*situation*›; **etwas Ernstes** something serious. **2.** *adv.* seriously; **jmdn./etw. ~nehmen** take sb./sth. seriously; **es ~ mit etw. meinen** be serious about sth.

**[1]Ernst** **der; ~[e]s** **a)** *(ernster Wille)* seriousness; **das ist mein [voller] ~:** I mean that [quite] seriously; **es ist mir [bitterer] ~ damit** I'm [deadly] serious about it; **etw. im ~ sagen** say something in all seriousness; **etw. im ~ meinen** mean sth. seriously; **allen ~es** in all seriousness; **etw. mit ~ betreiben** apply oneself seriously to sth.; **[mit etw.] ~ machen** be serious [about sth.]; **er will jetzt ~ machen und morgen nach Peru fliegen** now he wants to turn words into action and fly to Peru tomorrow; **b)** *(Wirklichkeit)* **daraus wurde [blutiger/bitterer] ~:** it became [deadly] serious; **der ~ des Lebens** the serious side of life; **dann beginnt der ~ des Lebens** then life begins in earnest; **c)** *(Gefährlichkeit)* **der ~ der Lage** the seriousness of the situation; **d)** *(gemessene Haltung)* gravity

**[2]Ernst (der); ~s** Ernest

**Ernst·fall** **der:** **eine Übung für den ~:** a practice for the real thing; **im ~:** when the real thing happens

**ernst·gemeint** *Adj.* *(präd. getrennt geschrieben)* serious ‹*offer, reply*›; sincere ‹*wish*›

**ernsthaft** **1.** *Adj.* serious; **etwas/nichts Ernsthaftes** something/nothing serious. **2.** *adv.* seriously; **jmdn. ~ an etw.** *(Akk.)* **erinnern** give sb. a stern reminder about sth.

**Ernsthaftigkeit** **die; ~:** seriousness

**ernstlich** **1.** *Adj.* **a)** *(nachdrücklich)* serious ‹*doubt, attempt, intention*›; **b)** *(aufrichtig)* genuine ‹*wish*›; **c)** *(gefährlich)* serious ‹*threat, danger, risk*›. **2.** *adv.* **a)** *(nachdrücklich)* seriously; **er hat ~ gefordert, daß ...:** he has demanded in all seriousness that ...; **b)** *(aufrichtig)* genuinely ‹*sorry, repentant*›; **jmdm. ~ böse sein** be seriously annoyed with sb.; **c)** *(gefährlich)* seriously ‹*ill, threatened*›; **~ gefährdet sein** be in serious danger

**Ernte** ['ɛrntə] **die; ~, ~n** **a)** *(das Ernten)* harvest; **bei der ~ sein** be bringing in the harvest; **während der ~:** at harvest time; **reiche/furchtbare ~ halten** *(fig. geh.)* take a heavy/terrible toll; **b)** *(Ertrag)* crop; **die ~ einbringen** bring in the harvest; **die ~ an Getreide/Kartoffeln/Tabak** the grain/potato/tobacco crop; **ihm ist die ganze ~ verhagelt** *(fig.)* he's had a bad blow

**-ernte** **die; ~, ~n** ... harvest; *(Ertrag)* ... crop

**Ernte-:** **~arbeit** **die** harvest work; **~arbeiter** **der** harvester; **~aus·fall** **der** crop failure; **~dank·fest** **das** harvest festival; **~ein·satz** **der** assistance with the harvest; **jmdn. zum ~einsatz aufrufen** call upon sb. to help with the harvest; **~ertrag** **der** yield; **~maschine** **die** harvester; **~monat** **der** month of the harvest

**ernten** *tr. V.* harvest ‹*cereal, fruit*›; *(fig.)* get ‹*mockery, ingratitude*›; win ‹*fame, praise*›

**Ernte-:** **~wagen** **der** harvest wagon; **~wetter** **das:** **gutes/schlechtes ~wetter haben** have good/bad weather for the harvest; **~zeit** **die** harvest time; **in der ~zeit** at harvest time

**ernüchtern** *tr. V.* **a)** *(nüchtern machen)* sober up; **b)** *(fig.)* **jmdn. [völlig] ~:** bring sb. down to earth [with a bang]; **~d** sobering

**Ernüchterung** **die; ~, ~en** *(fig.)* disillusionment

**Eroberer** [ɛɐ̯'|o:bərɐ] **der; ~s, ~, Eroberin** **die; ~, ~nen** conqueror

**erobern** *tr. V.* **a)** conquer ‹*country*›; take ‹*town, fortress*›; **b)** *(fig.)* conquer ‹*woman, market*›; seize ‹*power*›; **[sich** *(Dat.)***] die Herzen ~:** win hearts; **eine Stadt/ein Land ~** *(scherzh.)* take a town/country by storm; *s. auch* **Sturm b**

**Eroberung** **die; ~, ~en** *(auch fig. scherzh.)* conquest; *(einer Stadt, Festung)* taking; **die ~ der Macht** the seizing of power; **~en machen** make conquests; *s. auch* **ausgehen h**

**Eroberungs-:** **~drang** **der;** *o. Pl.* thirst for conquest; **~feld·zug** **der** campaign of conquest; **~krieg** **der** war of conquest

**eröffnen** **1.** *tr. V.* **a)** open ‹*shop, gallery, account*›; start ‹*business, practice*›; **b)** *(beginnen)* open ‹*meeting, conference*›; **das Feuer ~:** open fire; **eine Veranstaltung mit Musik ~:** begin an event with music; **c)** *(mitteilen)* **jmdm. etw. ~:** reveal sth. to sb.; **d) ein Testament ~:** read a will; **e)** *(Rechtsw., Wirtsch.)* **den Konkurs ~:** institute bankruptcy proceedings; **das Verfahren ~:** begin proceedings; **f) jmdm. neue Möglichkeiten ~:** open up new possibilities to sb.; **g)** *(Börsenw.)* ‹*stock exchange*› open. **2.** *refl. V.* *(sich bieten)* **sich jmdm. ~** ‹*opportunity, possibility*› present itself

**Eröffnung** **die** **a)** opening; *(einer Sitzung)* start; *(einer Schachpartie)* opening [move]; **b)** *(Mitteilung)* revelation; **ich muß dir eine ~ machen** I have something to tell you; **c)** *(Testaments~)* reading; **d)** *(Wirtsch.)* **die ~ des Konkurses** the institution of bankruptcy proceedings

**Eröffnungs-:** **~an·sprache** **die** opening speech; **~beschluß** **der** *(Rechtsw.)* decision to begin court proceedings; **~bilanz** **die** *(Wirtsch.)* opening balance; **~feier** **die** opening ceremony; **~kurs** **der** *(Börsenw.)* opening price; **~spiel** **das** *(Sport)* opening game; **~tag** **der** *(einer Ausstellung, eines Kongresses usw.)* first day; *(eines Geschäftes usw.)* first day of opening; **~variante** **die** *(Schach)* opening variation; **~wehen** *Pl.* *(Med.)* dilation pains

**erogen** [ero'ge:n] *Adj.* erogenous ‹*zone*›

**erörtern** [ɛɐ̯'|œrtɐn] *tr. V.* discuss

**Erörterung** **die; ~, ~en** discussion

**Eros** ['e:rɔs] **der; ~:** **a)** *(Gott)* Eros; **b)** *(sinnliche Liebe)* erotic love

**Eros-Center** **das** [licensed] brothel; eros centre

**Erosion** [ero'zio:n] **die; ~, ~en** erosion

**Erosions·schutz** **der** protection against erosion

**Erotik** [e'ro:tɪk] **die; ~:** eroticism

**Erotika** [e'ro:tika] *s.* **Erotikon**

**Erotiker** **der; ~s, ~** **a)** eroticist; **b)** *(Autor)* erotic writer

**Erotikon** [e'ro:tikɔn] **das; ~s, Erotika** **a)** erotic work; **Erotika** erotica; **b)** *Pl.* *(Mittel)* aphrodisiacs

**erotisch** **1.** *Adj.* erotic. **2.** *adv.* erotically

**erotisieren** *tr. V.* arouse sexual desire in; **~d wirken** have an erotic effect

**Erotomane** [eroto'ma:nə] **der; ~n, ~n** erotomaniac

**Erotomanie** **die; ~:** erotomania

**Erotomanin** **die; ~, ~nen** erotomaniac

**Erpel** ['ɛrpl̩] **der; ~s, ~:** drake

**erpicht** [ɛɐ̯'pɪçt] *Adj.* *in* **auf etw.** *(Akk.)* **~ sein** be keen on sth.

**erpressen** *tr. V.* **a)** *(nötigen)* blackmail; **jmdn. mit etw. ~:** blackmail sb. with sth.; **b)** *(erlangen)* extort ‹*money, confession*› **(von** from)

**Erpresser** **der; ~s, ~:** blackmailer

**Erpresser·brief** **der** blackmail letter

**Erpresserin** **die; ~, ~nen** blackmailer

**erpresserisch** **1.** *Adj.* blackmailing *attrib.*; **diese Maßnahme ist ~:** this action amounts to blackmail; **in ~er Absicht** for the purpose of blackmail. **2.** *adv.* **~ vorgehen** use blackmail

**Erpresser·methoden** *Pl.* blackmail *sing.*

**Erpressung** **die** blackmail *no indef. art.*; *(von Geld, Geständnis)* extortion; *s. auch* **räuberisch 1 a**

**Erpressungs·versuch** **der** blackmail attempt

**erproben** *tr. V.* test ‹*medicine*› **(an +** *Akk.* on); **jmds. Zuverlässigkeit ~:** put sb.'s reliability to the test; **ein erprobter Soldat** an experienced soldier; **das ist seit langem erprobt** it is tried and tested

**Erprobung** **die; ~, ~en** testing

**Erprobungs·flug** **der** test *or* proving flight

**erquicken** [ɛɐ̯'kvɪkn̩] *tr. V.* *(geh.)* refresh; **das Herz ~:** gladden one's heart; **ich will euch ~** *(bibl.)* and I will give you rest

**erquickend** *Adj.* *(geh.)* refreshing

**erquicklich** *(geh.)* **1.** *Adj.* pleasant. **2.** *adv.* pleasantly

**Erquickung** **die; ~, ~en** *(geh.)* refreshment; **der Schlaf brachte ihm keine ~:** the sleep did not refresh him

**Errata** *s.* **Erratum**

**erraten** *unr. tr. V.* guess; **du hast es ~!** *(iron.)* you've guessed it!

**erratisch** [ɛ'ra:tɪʃ] *Adj.* *(Geol.)* erratic

**Erratum** [ɛ'ra:tʊm] **das; ~s, Errata** *(Druckw. u. Schriftw.)* erratum

**errechenbar** *Adj.* calculable; **leicht/genau ~ sein** be easily/accurately calculated

**errechnen** **1.** *tr. (auch itr.) V.* **a)** *(ausrechnen)* calculate ‹*sum*›; **wie er errechnete** according to his calculations; **b)** *(erwarten)* count on ‹*chance, advantage*›. **2.** *refl. V.* *(Papierdt.)* **sich aus etw. ~:** be calculated from sth.

**erregbar** *Adj.* excitable

**Erregbarkeit** **die; ~:** excitability

**erregen** **1.** *tr. V.* **a)** annoy; **b)** *(sexuell)* arouse; **c)** *(verursachen)* arouse; **Aufsehen/Ärgernis ~:** cause a stir/annoyance; *s. auch* **öffentlich. 2.** *refl. V.* **sich über etw.** *(Akk.)* **~:** get excited about sth.

**erregend** *Adj.* exciting; *(sexuell)* arousing

**Erreger** **der; ~s, ~** *(Med.)* pathogen

**erregt** **1.** *Adj.* excited; *(sexuell)* aroused; **die ~en Gemüter** the hot tempers. **2.** *adv.* excitedly

**Erregung** **die** **a)** excitement; *(sexuell)* arousal; **in starke ~ geraten** become extremely excited; **vor ~:** with excitement; **b)** *(Verursachung)* **~ öffentlichen Ärgernisses** *(Rechtsspr.)* causing a public nuisance; **~ von Mißfallen** incurring displeasure

**Erregungs·zustand** **der** the state of excitement; *(sexuell)* [state of] arousal

**erreichbar** *Adj.* **a)** within reach *postpos.*; **in ~er Höhe** at a reachable height; **b) der Ort ist mit dem Auto/Zug ~:** the place can be reached by car/train; **leicht ~ sein** be easy to reach; be easily reachable; **c) er ist [telefonisch] ~:** he can be contacted [by telephone]

**erreichen** *tr. V.* **a)** reach; **den Zug ~:** catch the train; **etw. ist zu Fuß/mit dem Bus/schnell zu ~:** sth. can be reached on foot/by bus/quickly; **b)** *(in Verbindung treten mit, ansprechen)* reach ‹*viewers*›; **er ist telefo-**

nisch/um 10 Uhr/zu Hause zu ~: he can be contacted by telephone/at 10 o'clock/at home; c) *(durchsetzen)* achieve ‹goal, aim›; **bei jmdm. etwas/nichts ~:** get somewhere/not get anywhere with sb.

**Erreichung die;** ~: reaching *no art.;* **bei** *od.* **mit ~ der Altersgrenze/Volljährigkeit** on reaching the age limit/one's majority

**erretten** *tr. V. (geh.)* save

**Erretter der** *(geh.)* saviour

**errichten** *tr. V.* **a)** build ‹house, bridge, etc.›; **b)** *(aufstellen)* erect, put up ‹rostrum, barrier, etc.›; **c)** *(einrichten)* found ‹company›; set up ‹fund›

**erringen** *unr. tr. V.* gain ‹victory›; reach ‹first etc. place›; win ‹majority›; gain, win ‹sb.'s trust›

**erröten** *itr. V.; mit sein* blush **(vor** with); **jmdn. zum Erröten bringen** make sb. blush

**Errungenschaft** [ɛɐ̯ˈrʊŋənʃaft] **die;** ~, ~en achievement; **meine neueste ~** *(ugs. scherzh.)* my latest acquisition

**Ersatz der;** ~es **a)** replacement; **als ~ für jmdn.** in place of sb.; **b)** *(Entschädigung)* compensation; **c)** *(Milit.)* reserve

**ersatz-, Ersatz-:** **~an·spruch der** claim for damages; **~ansprüche stellen** claim damages; **~ball der** *(Sport)* new ball; **~bank die** *(Sport)* substitutes' bench; **~befriedigung die** *(Psych.)* vicarious satisfaction; **~dienst der** *community service as an alternative to military service;* **~dienst·leistende der;** *adj. Dekl.: person carrying out alternative service;* **~heer das** reserve army; **~kasse die** private health insurance company; **~los 1.** *Adj.* without replacement *postpos.;* **2.** *adv.* **etw. ~los streichen** cancel sth.; **ein Gesetz ~los streichen** strike a law from the statute books; **~mann der;** *Pl.* ~männer, ~leute replacement; *(Sport)* substitute; **~mine die** refill; **~mittel das** substitute; **~pflichtig** *Adj.* liable to pay compensation *postpos.;* **~rad das** spare wheel; **~reifen der** spare tyre; **~religion die** substitute religion; **~spieler der** *(Sport)* substitute [player]

**Ersatz·teil das** *(bes. Technik)* spare part; spare *(Brit.)*

**Ersatzteil-:** **~lager das** [spares] store; **~medizin die** spare-part surgery

**Ersatz-:** **~truppe die** *(Milit.)* reserve troops *pl.;* **~weise** *Adv.* as an alternative

**ersaufen** *unr. itr. V.; mit sein* **a)** *(salopp)* drown; **b)** *(überflutet werden)* flood

**ersäufen** [ɛɐ̯ˈzɔyfn̩] *tr. V.* drown; **seinen Kummer im Alkohol ~** *(fig.)* drown one's sorrows [in drink]

**erschaffen** *unr. tr. V.* create; **wie Gott ihn ~ hat** *(scherzh. verhüll.)* in his birthday suit

**Erschaffer der;** ~s, ~ *(Rel.)* Creator

**Erschaffung die** creation

**erschallen** *unr. od. regelm. itr. V.; mit sein* ‹song, call› ring out; ‹music› sound

**erschaudern** *itr. V.; mit sein (geh.)* shudder **(bei** at)

**erschauern** *itr. V.; mit sein (geh.)* tremble **(vor** + *Dat.* with)

**erscheinen** *unr. itr. V.; mit sein* **a)** *(sichtbar werden, sich zeigen, auftreten)* appear; **jmdm. ~:** appear to sb.; **in der Schule/am Arbeitsplatz ~:** put in an appearance at school/at work; **vor Gericht ~:** appear in court; **um frühzeitiges/rechtzeitiges/zahlreiches Erscheinen wird gebeten** an early/a punctual arrival/a full turn-out is requested; **b)** *(herausgegeben werden)* ‹newspaper, periodical› appear; ‹book› be published; **c)** *(sich darstellen)* **jmdm. ratsam/unverständlich ~:** seem advisable/incomprehensible to sb.; *s. auch* **Licht a**

**Erscheinung die;** ~, ~en **a)** *(Vorgang)* phenomenon; *(Alters~, Krankheits~ usw.)* symptom; **in ~ treten** become evident; **das Fest der ~ des Herrn** *(christl. Rel.)* [the Feast of] the Epiphany; **b)** *(äußere Gestalt)* appearance; **eine stattliche/elegante ~ sein** be an imposing/elegant figure; **c)** *(Vision)* apparition; **eine ~/~en haben** see a vision/visions

**Erscheinungs-:** **~bild das** appearance; **vom ~bild her** judging by appearance; **~fest das** Epiphany *no art.;* **~form die** manifestation; **~jahr das** year of publication; **~ort der** place of publication; **~tag der** day of publication; publication day; **~weise die a)** *s.* **~form; b) die ~weise einer Zeitung** the frequency of publication of a newspaper; **wöchentliche/monatliche ~weise** weekly/monthly publication; **„~weise: vierteljährlich"** 'published quarterly'; **~welt die** world perceived through the senses

**erschießen** *unr. tr. V.* shoot dead; **Tod durch Erschießen** death by firing squad; **erschossen sein** *(fig. ugs.)* be completely whacked *(Brit. coll.);* **dann kann ich mich ~** *(ugs.)* I might as well end it all *(coll.); s. auch* **Flucht a, standrechtlich 2**

**Erschießung die;** ~, ~en shooting; **eine sofortige/standrechtliche ~:** a summary execution [by firing squad]; **zur ~ abgeführt werden** be led away to be shot

**Erschießungs·kommando das** firing squad

**erschlaffen** *itr. V.; mit sein* **a)** *(kraftlos werden)* ‹muscle, limb› become limp; *(fig.)* ‹resistance, will› weaken; **seine Spannkraft war erschlafft** he had lost his vigour; **b)** *(welk werden)* ‹skin› grow slack

**Erschlaffung die;** ~ **a)** *(das Müdewerden)* weakening; **b)** *(das Welkwerden)* **bei ~ der Haut** when the skin grows slack

**¹erschlagen** *unr. tr. V.* strike dead; kill; *(ugs.: erschöpfen)* wear out; **vom Blitz ~ werden** be struck dead by lightning; **jmdn. mit Argumenten ~** *(fig.)* defeat sb. with arguments

**²erschlagen** *Adj. (ugs.)* **a)** *(erschöpft)* worn out; **b)** *(verblüfft)* **wie ~ sein** be flabbergasted *(coll.) or* thunderstruck

**erschleichen** *unr. refl. V. (abwertend)* **sich** *(Dat.)* **etw. ~:** get sth. by devious means; **sich** *(Dat.)* **jmds. Gunst/Vertrauen ~:** worm oneself into sb.'s favour/confidence

**erschließbar** *Adj.* ascertainable ‹facts›; **~e Rohstoffquellen** sources of raw materials which can be tapped; **~e Absatzmärkte** markets which can be opened up

**erschließen 1.** *unr. tr. V.* **a)** *(zugänglich machen)* develop ‹area, building land›; open up ‹market›; **jmdm. etw. ~** *(fig.)* make sth. accessible to sb.; **er hat mir ganz neue Welten erschlossen** he opened up a whole new world to me; **b)** *(nutzbar machen)* tap ‹resources, energy sources›; **c)** *(ermitteln)* deduce ‹meaning, wording›. **2.** *unr. refl. V.* **a)** *(verständlich werden)* **sich jmdm. ~:** become accessible to sb.; **b)** *(geh.: sich offenbaren)* **sich jmdm. ~:** confide in sb.

**Erschließung die a)** *(von Bauland)* development; *(von Märkten)* opening up; **b)** *(von Rohstoffen)* tapping; **c) zur ~ des Textes** in order to grasp the meaning of the text

**Erschließungs·kosten** *Pl. (Bauw.)* development costs *pl.*

**erschöpfen 1.** *tr. V. (auch fig.)* exhaust; **seine Kräfte ~:** drain one's strength. **2.** *refl. V.* **a)** *(sich beschränken)* **darin ~ sich ihre Kenntnisse** her knowledge does not go beyond that; **b)** *(zu Ende gehen)* ‹supplies, stores› run out; **seine Ideen haben sich erschöpft** he has run out of ideas

**erschöpfend 1.** *Adj.* exhaustive. **2.** *adv.* exhaustively

**erschöpft** *Adj.* exhausted

**Erschöpfung die** exhaustion; **bis zur ~:** to the point of exhaustion; **vor ~ einschlafen/umfallen** fall asleep from exhaustion/drop with exhaustion

**Erschöpfungs-:** **~tod der** death from exhaustion; **den ~tod sterben** die from exhaustion; **~zu·stand der** state of exhaustion; **Müdigkeit und ~zustände** tiredness and exhaustion

**¹erschrecken** *unr. itr. V.; mit sein* be startled; **vor etw.** *(Dat.)* *od.* **über etw.** *(Akk.)* **~:** be startled by sth.; **erschrick nicht!** don't be startled; **er war zutiefst/zu Tode erschrocken** he was frightened out of his wits/frightened to death

**²erschrecken** *tr. V.* frighten; scare; **du hast mich aber erschreckt!** you really gave me a scare

**³erschrecken** *unr. od. regelm. refl. V.* get a fright; **erschrick dich nicht!** don't be frightened

**erschreckend** *Adj.* **1.** alarming. **2.** *adv.* alarmingly

**erschrocken 1.** *2. Part. v.* **¹erschrecken. 2.** *Adj.* frightened; **sie wandte sich ~ ab** she turned away in fright

**erschüttern** *tr. V. (auch fig.)* shake; **die Nachricht hat uns erschüttert** we were shaken by the news; **über etw.** *(Akk.)* **erschüttert sein** be shaken by sth.; **das kann mich nicht ~** *(ugs.)* that doesn't worry me

**erschütternd** *Adj.* deeply distressing ‹account, picture, news›; deeply shocking ‹conditions›

**Erschütterung die;** ~, ~en **a)** *(Bewegung) (durch Lkws usw.)* vibration; *(der Erde)* tremor; **wirtschaftliche ~en** *(fig.)* economic upheavals; **b)** *(Ergriffenheit)* shock; *(Trauer)* distress; **c) das trug zur ~ meines Glaubens/Vertrauens bei** that helped to shake my faith/confidence

**erschütterungs-:** **~fest** *Adj.* shockproof; **~frei 1.** *Adj.* vibrationless; free from *or* without vibration *postpos.;* **ein ~freier Transport von etw.** transporting sth. without jolting; **2.** *adv.* without vibration

**erschweren 1.** *tr. V.* **etw. ~:** make sth. more difficult; **etw. durch etw. ~:** impede *or* hinder sth. by sth. **2.** *refl. V.* **sich [durch etw.] ~:** be hindered [by sth.]

**erschwerend 1.** *Adj.* complicating ‹factor›; **~e Umstände** *(Rechtsw.)* aggravating circumstances. **2.** *adv.* **es kommt ~ hinzu, daß er ...:** to make matters worse he ...; **das kommt ~ hinzu** that is an added problem

**Erschwernis die;** ~, ~se difficulty

**Erschwernis·zulage die** *bonus for particularly hard work or shift work*

**Erschwerung die;** ~, ~en: **eine ~ für etw.** an impediment to sth.; **das ist eine ~ seiner Tätigkeit** that makes his job more difficult

**erschwindeln** *refl. V.* get by swindling; **sich** *(Dat.)* **etw. von jmdm. ~:** swindle sb. out of sth.

**erschwinglich** *Adj.* reasonable ‹price›; **für jmdn. nicht ~ sein** not be within sb.'s reach; **dort sind die Mieten noch ~:** the rents there are still affordable

**ersehen** *unr. tr. V.* see; **aus etw. zu ~ sein** be evident from sth.

**ersehnen** *tr. V. (geh.)* long for

**ersetzbar** *Adj.* replaceable

**ersetzen** *tr. V.* **a)** replace; **etw./jmdn. durch etw./jmdn. ~:** replace sth./sb. by sth./sb.; **Talent durch Fleiß ~:** substitute hard work for talent; **ihn wird niemand ~ können** nobody will be able to take his place; **b)** *(erstatten)* **jmdm. einen Schaden ~:** compensate sb. for damages; **die Fahrtkosten ~:** reimburse travel expenses

**Ersetzung die;** ~, ~en *(von Kosten usw.)* reimbursement; **die ~ von Schäden** compensation for damage

**ersichtlich** *Adj.* apparent; **ohne ~en Grund** for no apparent reason; **etw. ist klar/nicht ~:** sth. is quite obvious/not clear; **hieraus ist ~, daß ...:** it is apparent from this that ...; **die Lieferbedingungen sind aus dem Kaufvertrag ~:** the conditions of delivery are contained in the contract of sale

**ersinnen** *unr. tr. V. (geh.)* devise

**ersitzen 1.** *unr. refl. V. (abwertend)* **als Beamter ersitzt man sich eine ansehnliche Pension** as a civil servant you get a considerable pension just by staying in your job long enough. **2.** *unr. tr. V. (Rechtsspr.)* obtain by prescription

**erspähen** *tr. V. (geh.)* espy *(literary);* catch sight of; **einen Vorteil ~** *(fig.)* see an advantage

**ersparen** *tr. V.* **a)** *(erwerben)* save ‹*money*›; **sein/ihr erspartes Geld** *od.* **Erspartes** his/her savings; **b)** *(fernhalten von)* save, spare ‹*trouble, bother*›; save ‹*work*›; **er konnte ihr diese peinlichen Fragen nicht ~:** he could not spare her these awkward questions; **es bleibt einem nichts erspart** *(ugs.)* at least I/you *etc.* could have been spared that

**Ersparnis die; ~, ~se a)** (*österr. auch* **das; ~ses, ~se**) *(ersparte Summe)* savings *pl.;* **b)** *(Einsparung)* saving

**Ersparnis·kasse die** *(schweiz.)* savings bank

**ersprießlich** *Adj. (geh.)* profitable, fruitful ‹*contacts, collaboration*›; **das ist nicht sehr ~:** that is not very pleasant

**erst** [eːɐ̯st] **1.** *Adv.* **a)** *(zu~)* first; **~ einmal** first [of all]; **wenn er ~ einmal in Wut gerät** once he becomes angry; **~ noch** first; **eine solche Frau muß ~ noch geboren werden** such a woman has not yet been born; **b)** *(nicht eher als)* **eben ~:** only just; **er will ~ in vierzehn Tagen/einer Stunde zurückkommen** he won't be back for a fortnight *(Brit.) or* for two weeks/for an hour; **~ nächste Woche/um 12 Uhr** not until next week/12 o'clock; **er war ~ zufrieden, als ...:** he was not satisfied until ...; **~ im 19. Jh. ...:** it was not until the nineteenth century that ...; **c)** *(nicht mehr als)* only; **~ eine Stunde/halb soviel** only an hour/half as much; **sie ist mit ihrer Arbeit ~ am Anfang** she is only just beginning her work. **2.** *Partikel* **so was lese ich gar nicht ~:** I dont even start reading that sort of stuff; **jetzt tue ich es ~ recht!** that makes me even more determined to do it; **er ist schon ziemlich arrogant, aber ~ seine Frau** he is quite arrogant but his wife is even worse

**erst...** *Ordinalz.* **a)** first; **der ~e Stock** the first *or (Amer.)* second floor; **etw. das ~e Mal tun** do sth. for the first time; **am Ersten [des Monats]** on the first [of the month]; **am nächsten Ersten** on the first [day] of next month; **als erstes** first of all; **der/die ~e** the first person; **als ~er/~e etw. tun** be the first to do sth.; **Karl der Erste** Charles the First; **fürs ~e** for the moment; **der/die/das ~e beste** the first suitable; **sie kaufte das ~e beste Kleid, das sie sah** she bought the first dress she saw; *s. auch* **zum h; b)** *(best...)* **das ~e Hotel** the best hotel; **der/die Erste [der Klasse]** the top boy/girl [of the class]; **sie kam als ~e ins Ziel** she was the first to reach the finish; **die Erste** *(Sportjargon: erste Mannschaft)* the first team

**erstarken** *itr. V.; mit sein (geh.)* regain one's strength; *(fig.)* grow stronger

**Erstarkung die; ~** *(geh.)* strengthening

**erstarren** *itr. V.; mit sein* **a)** *(starr werden)* ‹*jelly, plaster*› set; **ihm erstarrte das Blut in den Adern** *(fig.)* the blood ran cold in his veins; **b)** *(steif werden)* ‹*limbs, fingers*› grow stiff; **c) vor Schreck/Entsetzen ~:** be paralysed by fear/with horror; **d)** *(geh.: leblos werden)* ossify

**Erstarrung die; ~ a)** *(Starrheit)* numbness; **b)** *(von Lava)* solidification; *(von Eisen)* hardening; **c)** *(von Gliedern)* stiffening; **d)** *(fig.: Absterben)* ossification

**erstatten** *tr. V.* **a)** reimburse ‹*expenses*›; **b) Anzeige gegen jmdn. ~:** report sb. [to the police]; **jmdm. Bericht über etw.** *(Akk.)* **~:** report on sth. to sb.; **[über etw.** *(Akk.)***] Meldung ~:** report [sth.]

**Erstattung die; ~, ~en a)** *(von Kosten)* reimbursement; **b) die ~ einer Anzeige** the reporting of sth. [to the police]; **er sah von der ~ einer Anzeige ab** he refrained from reporting it/us *etc.* to the police; **die ~ einer Meldung** the making of a report

**Erst-: ~auf·führung die** première; **~auflage die** first impression

**erstaunen** *tr. V.* astonish; amaze; **es erstaunte ihn nicht sonderlich** he wasn't particularly surprised

**Erstaunen das; ~s** astonishment; amazement; **jmdn. in ~ versetzen** astonish *or* amaze sb.

**erstaunlich 1.** *Adj.* astonishing, amazing ‹*achievement, number, amount*›; **das ~e ist, daß ...:** the astonishing *or* amazing thing is that ...; **das Erstaunliche an diesem Vorfall** the astonishing *or* amazing thing about this incident. **2.** *adv.* astonishingly; amazingly

**erstaunlicher·weise** *Adv.* astonishingly *or* amazingly [enough]

**erstaunt** *Adj.* astonished; amazed

**erst-, Erst-: ~aus·gabe die** first edition; **~aus·rüstung die** *(Kfz-W.)* original fittings *pl.;* **~ausstattung die** original furnishings *pl.;* **~best... Adj. der ~beste Wagen, der ihr angeboten wurde** the first car she was offered; **die ~beste Frau, die ihm über den Weg lief** the first woman he met; **bei ~bester Gelegenheit** at the first opportunity; **~beste der/die/das** *s.* **Nächstbeste; ~besteigung die** first ascent; **Hillary gelang die ~besteigung des Mount Everest** Hillary made the first successful ascent of Mount Everest; **~druck der** *s.* **~ausgabe**

**erstechen** *unr. tr. V.* stab [to death]

**erstehen 1.** *unr. tr. V. (geh.: kaufen)* purchase. **2.** *unr. itr. V.; mit sein (geh.)* **a)** *(entstehen)* ‹*difficulties, problems*› arise; **b)** *(auferstehen)* rise; **„Christ ist erstanden“** 'Christ is risen'

**Erste-Hilfe-Ausrüstung die** first-aid kit

**Erste-Hilfe-Leistung die** administering of first aid; **zur ~ verpflichtet sein** be obliged to give first aid

**ersteigen** *unr. tr. V.* climb

**ersteigern** *tr. V.* buy [at an auction]

**Ersteigung die** ascent

**erstellen** *tr. V. (Papierdt.)* **a)** *(bauen)* build; **b)** *(anfertigen)* make ‹*assessment*›; draw up ‹*plan, report, list*›

**Erstellung die a)** *(Bau)* construction; building; **b)** *(Anfertigung) s.* **erstellen b:** making; drawing up

**erste·mal** *Adv.* **das ~:** for the first time

**ersten·mal** *Adv.* **zum ~:** for the first time; **beim ~:** the first time

**erstens** ['eːɐ̯stn̩s] *Adv.* firstly; in the first place

**erster...** ['eːɐ̯stɐ...] *Adj.* the former

**Erste[r]-Klasse-Abteil das** first-class compartment

**ersterben** *unr. itr. V.; mit sein (geh.)* ‹*flame*› die down; ‹*singing, murmuring*› die away; ‹*smile*› fade

**erst-, Erst-: ~geboren** *Adj.; nicht präd.* first-born; **der/die Erstgeborene** the first-born child; **~gebot das** first *or* opening bid; **~geburt die a)** first-born child; **b)** *o. Pl.* **[das Recht der] ~geburt** *(Rechtsw.)* [right of] primogeniture; **~geburts·recht das** right of primogeniture; **~genannt** *Adj.; nicht präd.* mentioned first *postpos.;* **der Erstgenannte** the one mentioned first

**ersticken 1.** *itr. V.; mit sein* suffocate; *(sich verschlucken)* choke; **an einem Knochen ~:** choke on a bone; **vor Lachen ~** *(ugs.)* choke with laughter; **zum Ersticken sein** ‹*heat*› be stifling; **in Arbeit ~** *(ugs.)* be swamped with work; **in Geld ~** *(ugs.)* be rolling in money. **2.** *tr. V.* **a)** *(töten)* suffocate; **die Tränen erstickten ihre Stimme** *(fig.)* she was choked by tears; **der Widerstand wurde erstickt** *(fig.)* resistance was suppressed; **etw. sofort** *od.* **im Keim ~** *(fig.)* nip sth. in the bud; **b)** *(löschen)* smother ‹*flames*›

**Erstickung die; ~ a)** *(Sterben)* suffocation; asphyxiation; **b)** *(Löschen)* smothering; **zur ~ der Flammen** to smother the flames

**Erstickungs-: ~gefahr die** danger of suffocation; **~tod der** death from suffocation; **den ~tod sterben** die from suffocation

**erst-, Erst-: ~instanz die** *(Rechtsw.)* court of first instance; **~klassig 1.** *Adj.* first-class; **~klassige Bedingungen** excellent conditions; **2.** *adv.* superbly; **da kann man ~klassig essen** you can get a first-class meal there; **da wird man ~klassig bedient** the service there is first-class; **~kläßler der; ~s, ~** *(südd., schweiz.) pupil in first class of primary school;* first-year pupil; **~kommunion die** *(kath. Rel.)* first communion

**Erstling der; ~s, ~e** first work

**Erstlings-: ~ausstattung die** first layette; **~film der** first film; **~roman der** first novel; **~werk das** first work

**erstmalig 1.** *Adj.* first. **2.** *adv.* for the first time

**erstmals** *Adv.* for the first time

**Erst·plazierte der/die** *(Sport) person gaining one of the first [three] places*

**erstrahlen** *itr. V.; mit sein* shine; **der ganze Park erstrahlte im Lichterglanz** the whole park was aglow with light

**erstrangig** *Adj.* **a)** *(vordringlich)* of top priority *postpos.;* **von ~er Bedeutung** of the utmost importance; **b)** *s.* **erstklassig 1**

**erstreben** *tr. V.* strive for

**erstrebens·wert** *Adj.* ‹*ideals etc.*› worth striving for; desirable ‹*situation*›

**erstrecken** *refl. V.* **a)** *(sich ausdehnen)* stretch; **sich bis an etw.** *(Akk.)* **~:** extend as far as sth.; **sich über ein Gebiet ~:** extend over *or* cover an area; **b)** *(dauern)* **sich über 10 Jahre ~:** carry on for 10 years; **c)** *(betreffen)* **sich auf jmdn./etw. ~:** affect sb./sth.; ‹*laws, regulations*› apply to sb./sth.

**erstreiten** *unr. tr. V. (geh.)* gain; **sich** *(Dat.)* **etw. ~ müssen** have to fight to get sth.; **sich ein Recht ~ müssen** have to fight for a right

**Erst-: ~schlag der** first strike; **~schlag·waffe die** first-strike weapon; **~sendung die** first broadcast; **~stimme die** first vote

**Ersttags-: ~brief der** *(Philat.)* first-day cover; **~stempel der** *(Philat.)* first-day stamp

**Erst·täter der** *(Rechtsw.)* first offender

**erstunken** [ɛɐ̯'ʃtʊŋkn̩] *in* **~ und erlogen sein** *(salopp)* be a pack of lies

**erstürmen** *tr. V.* take ‹*fortress, town*› by storm; **den Gipfel ~** *(geh.)* conquer the summit

**Erstürmung die; ~, ~en** storming

**Erst-: ~wagen der** main car; **~wähler der** first-time voter

**ersuchen** *tr. V. (geh.)* ask; **jmdn. um etw. ~:** request sth. of sb.; **jmdn. ~, etw. zu tun** request sb. to do sth.

**Ersuchen das; ~s, ~:** request **(an +** *Akk.* to); **auf ~ von .../des ...:** at the request of ...

**ertappen** *tr. V.* catch ‹*thief, burglar*›; **jmdn. dabei ~, wie er etw. tut** catch sb. in the act of doing sth.; **jmdn. beim Mogeln ~:** catch sb. cheating; **sich bei etw. ~:** catch oneself doing sth.; *s. auch* **frisch 1 a**

**ertasten** *tr. V.* **etw. ~:** make out sth. by touch; **sich** *(Dat.)* **seinen Weg ~:** feel one's way

**erteilen** *tr. V.* give ‹*advice, information*›; give, grant ‹*permission*›; **Unterricht ~:** teach; **Klavier-/Deutschunterricht ~:** give piano/German lessons; *s. auch* **Auftrag a; Lektion; Wort b**

**Erteilung die** giving; **die ~ der Arbeitsgenehmigung** granting of a work permit

**ertönen** *itr. V.; mit sein* **a)** *(laut werden)* sound; **er ließ seine tiefe Stimme ~:** his deep voice rang out; **b)** *(geh.)* **von etw. ~:** resound with sth.

**Ertrag** [ɛɐ̯'tra:k] **der; ~[e]s, Erträge** [ɛɐ̯'trɛ:gə] **a)** *(landwirtschaftliche Produkte)* yield; **b)** *(Gewinn)* return

**ertragen** *unr. tr. V.* bear ‹*pain, shame, uncertainty*›; **etw. mit Geduld/Fassung ~:** bear sth. patiently/take sth. calmly; **es ist nicht mehr zu ~:** I can't stand it any longer; **Frauen können mehr Schmerz ~ als Männer** women can stand *or* tolerate more pain than men; **er mußte große Schmerzen ~:** he had to endure great pain

**ertrag·fähig** *Adj.* **a)** *(gewinnbringend)* profitable ‹*investment etc.*›; **b)** *(fruchtbar)* fertile ‹*soil*›

**Ertrag·fähigkeit die;** *o. Pl.: s.* **ertragfähig:** profitability; fertility

**erträglich** [ɛɐ̯'trɛ:klɪç] **1.** *Adj.* **a)** bearable ‹*pain*›; tolerable ‹*conditions, climate*›; **die Grenze des Erträglichen erreichen** be as much as one can endure; **b)** *(ugs.: annehmbar)* tolerable. **2.** *adv. (ugs.: annehmbar)* tolerably

**ertrag-: ~los** *Adj.* unprofitable ‹*business*›; unproductive ‹*land, soil*›; **~reich** *Adj.* lucrative ‹*business*›; productive ‹*land, soil*›

**ertrags-, Ertrags-: ~arm** *Adj.* unprofitable ‹*year*›; poor ‹*soil*›; **~ein·buße die** decrease in profits; **~lage die** profit situation; profits; **~minderung die** decrease in profits

**Ertrag[s]-: ~steigerung die** increase in profits; **~steuer die** *(Wirtsch.)* tax on profits

**ertränken** *tr. V.* drown; **seinen Kummer/seine Sorgen im Alkohol ~** *(fig.)* drown one's sorrows [in drink]

**erträumen** *refl. V.* dream of; **sie ist die Frau, die er sich** *(Dat.)* **erträumt hat** she's the woman of his dreams; **erträumte Welten** imaginary worlds

**ertrinken** *unr. itr. V.; mit sein* be drowned; drown; *(fig.)* be inundated; **in einer Flut von Anfragen ~** *(fig.)* be inundated with inquiries

**Ertrinkende der/die;** *adj. Dekl.* drowning person

**ertrotzen** *tr. V.* **sich** *(Dat.)* **etw. ~:** obtain sth. by sheer defiance

**Ertrunkene der/die;** *adj. Dekl.* drowned person

**ertüchtigen 1.** *tr. V.* toughen up ‹*body*›. **2.** *refl. V.* **sich körperlich ~:** get/keep oneself fit

**Ertüchtigung die; ~, ~en** fitness; **jmdn. zur körperlichen ~ anhalten** encourage sb. to keep [himself/herself] physically fit

**erübrigen 1.** *tr. V.* spare ‹*money, time*›; **etw. Geld/Zeit ~ können** have some money/time to spare. **2.** *refl. V.* be unnecessary; **es erübrigt sich, noch länger darüber zu sprechen** there's no point in talking about it any longer

**eruieren** [eru'i:rən] *tr. V.* find out; **jmdn. ~** *(österr.)* trace sb.

**Eruierung die; ~, ~en** investigation; **die ~ des Täters** *(österr.)* the tracing of the culprit

**Eruption** [erʊp'tsio:n] **die; ~, ~en** *(Geol., Med.)* eruption

**Eruptiv·gestein** [erʊp'ti:f-] **das** *(Geol.)* eruptive rock

**erwachen** *itr. V.; mit sein (geh.)* awake; wake up; *(fig.)* awake; **aus tiefem Schlaf ~:** awake from a deep sleep; **aus der Narkose ~:** come round; **aus seinen Tagträumen ~:** snap out of one's day-dreams; **ein neuer Tag erwacht** *(geh.)* a new day dawns

**Erwachen das; ~s** *(auch fig.)* awakening; **es wird ein böses ~ [für ihn] geben** *(fig.)* it'll be a rude awakening [for him]

[1]**erwachsen** *unr. itr. V.; mit sein* **a)** grow **(aus** out of); ‹*rumour*› spread; **b)** *(sich ergeben)* ‹*difficulties, tasks*› arise

[2]**erwachsen 1.** *Adj.* grown-up *attrib.*; **~ sein** be grown up; **~ werden** reach adulthood. **2.** *adv.* ‹*behave*› in an adult way

**Erwachsene der/die;** *adj. Dekl.* adult; grown-up

**Erwachsenen-: ~alter das** adulthood; **~bildung die;** *o. Pl.* adult education *no art.*

**Erwachsen·sein das** being an adult/adults *no art.*

**erwägen** *unr. tr. V.* consider

**erwägens·wert** *Adj.* worth considering *postpos.*; worthy of consideration *postpos.*

**Erwägung die; ~, ~en** consideration; **etw. in ~ ziehen** consider sth.; take sth. into consideration

**erwählen** *tr. V. (geh.)* choose

**Erwählte der/die;** *adj. Dekl. (Freund[in])* sweetheart; *(Bevorrechtigte)* **er gehört zu den wenigen ~n** he belongs to the select few

**erwähnen** *tr. V.* mention; **etw. mit keinem Wort ~:** make no mention of sth.; **jmdn. lobend ~:** speak in praise of sb.; **es muß lobend erwähnt werden, daß ...:** it must be said in his/her *etc.* praise that ...; **bereits erwähnt** aforementioned *attrib.*; **oben erwähnt** above mentioned *attrib.*

**erwähnens·wert** *Adj.* worth mentioning *postpos.*

**Erwähnung die; ~, ~en** mention; **das verdient [keine] ~:** that is [not] worth mentioning

**erwandern** *tr., refl. V.* **er hat [sich** *(Dat.)*] **ganz Frankreich erwandert** he's walked all round France

**erwärmen 1.** *tr. V.* **a)** *(warm machen)* heat; **das erwärmte uns** *(Dat.)* **das Herz** *(fig.)* that warmed our hearts; **b)** *(fig.: gewinnen)* **jmdn. für etw. ~:** win sb. over to sth. **2.** *refl. V. (warm werden)* ‹*air, water*› warm up; **sich für jmdn./etw. ~** *(fig.)* warm to sb./sth.; **für diese Idee kann ich mich nicht ~:** I cannot work up any enthusiasm for this idea

**Erwärmung die; ~: eine ~ der Luft/des Wassers** an increase in air/water temperature; **bei ~ der Flüssigkeit** when the liquid is heated

**erwarten** *tr. V.* **a)** expect ‹*guests, phone call, post*›; **etw. ungeduldig/sehnlich ~:** wait impatiently/eagerly for sth; **jmdn. am Bahnhof ~:** wait for sb. at the station; **wir ~ ihn um 7 Uhr** we are expecting him at 7 o'clock; **ein Kind ~:** be expecting a baby; be expecting *(coll.)*; **ich kann meinen Urlaub kaum ~:** I can hardly wait for my holiday; **b)** *(rechnen mit)* **etw. von jmdm. ~:** expect sth. of sb.; **von jmdm. ~, daß er etw. tut** expect sb. to do sth.; **es ist** *od. (geh.)* **steht zu ~, daß ...:** it is to be expected that ...; **wider Erwarten** contrary to expectation; **[sich** *(Dat.)*] **von etw. viel/wenig/nichts ~:** expect a lot/little/nothing from sth.

**Erwartung die; ~, ~en** expectation; **~en in etw.** *(Akk.)* **setzen** have expectations of sth.; **die in ihn gesetzten ~en erfüllten sich nicht** the hopes placed in him were not fulfilled; **in freudiger ~:** in joyful anticipation; **die ~en [nicht] erfüllen** [not] come up to one's expectations

**erwartungs-, Erwartungs-: ~gemäß** *Adv.* as expected; **~horizont der** level of expectations; **~voll 1.** *Adj.* expectant; **2.** *adv.* expectantly

**erwecken** *tr. V.* **a)** *(auf~)* wake; **jmdn. vom Tode ~:** bring sb. back to life; **b)** *(erregen)* arouse ‹*longing, mistrust, pity*›; **den Eindruck ~, als ...:** give the impression that ...

**Erweckung die; ~, ~en a)** *(Auf~)* resurrection; **b)** *(Erregung)* arousal; **c)** *(Mystik)* religious awakening; **d)** *(ev. Theol.)* religious revival

**Erweckungs·bewegung die** revivalist movement

**erwehren** *refl. V. (geh.)* **sich jmds./einer Sache ~:** fend *or* ward sb./sth. off; **sie konnte sich des Gefühls/des Eindrucks nicht ~, daß ...:** she could not help feeling/thinking that ...

**erweichen 1.** *tr. V.* soften; **jmdn./jmds. Herz ~** *(fig.)* soften sb.'s heart; **sich ~ lassen** *(fig.)* yield. **2.** *itr. V.; mit sein (aufweichen)* become soft

**Erweichung die; ~, ~en** softening

**erweisen 1.** *unr. tr. V.* **a)** prove; **es ist erwiesen, daß ...:** it has been proved that ...; **b)** *(bezeigen)* **jmdm. Achtung ~:** show respect to sb.; **jmdm. einen Gefallen ~:** do sb. a favour; **~ Sie mir die Ehre** *(geh.)* do me the honour. **2.** *unr. refl. V.* **sich als etw. ~:** prove to be sth.; **seine Behauptungen haben sich als falsch erwiesen** his assertions have proved false

**erweislich** *Adv. (geh.)* demonstrably

**erweitern 1.** *tr. V.* widen ‹*river, road*›; expand ‹*library, business*›; enlarge ‹*collection*›; dilate ‹*pupil, blood vessel*›; extend ‹*power*›; **seinen Horizont/seine Kenntnisse ~:** broaden one's horizons/knowledge; **einen Bruch ~** *(Math.)* reduce a fraction to higher terms; **eine erweiterte Neuauflage** a new, expanded edition; **erweiterte Oberschule** *(DDR) (Stufe)* ≈ sixth form; *(Schule)* ≈ sixth-form college. **2.** *refl. V.* ‹*road, river*› widen; ‹*pupil, blood vessel*› dilate; **sich zu etw. ~:** widen into sth.

**Erweiterung die; ~, ~en** *s.* **erweitern:** widening; expansion; enlargement; dilation; extension; **die ~ eines Bruchs** the reduction of a fraction; **zur ~ seiner Fremdsprachkenntnisse ...:** to increase his knowledge of foreign languages ...

**Erweiterungs·bau der;** *Pl.* **~ten** extension

**Erwerb** [ɛɐ̯'vɛrp] **der; ~[e]s a) der ~ des Lebensunterhaltes** earning a living; **b)** *(Arbeit)* occupation; **ohne ~ sein** be unemployed; **c)** *(Aneignung)* acquisition; **d)** *(Kauf)* purchase; **e)** *(das Erworbene)* earnings *pl.*

**erwerben** *unr. tr. V.* **a)** *(verdienen)* earn; *(fig.)* win ‹*fame*›; **sich** *(Dat.)* **großen Ruhm ~:** win great fame; **jmds. Vertrauen ~:** win *or* earn sb.'s trust; **b)** *(sich aneignen)* gain ‹*experience, influence*›; acquire, gain ‹*knowledge*›; **c)** acquire ‹*property, works of art, etc.*›; **etw. käuflich ~** *(Papierdt.)* purchase sth.; **d)** *(Biol., Psych.)* acquire

**erwerbs-, Erwerbs-: ~fähig** *Adj.* capable of gainful employment *postpos.*; able to work *postpos.*; **~fähigkeit die;** *o. Pl.* ability to work; **~leben das** working life; **im ~leben stehen** be working; **~los** *Adj.: s.* **arbeitslos; ~lose der/die;** *adj. Dekl.: s.* **Arbeitslose; ~minderung die: eine ~minderung** a reduction in one's/sb.'s capacity for work; **~mittel das** means of livelihood; **~quelle die** source of income; **~sinn der;** *o. Pl.* business sense; **~tätig** *Adj.* gainfully employed; **~tätige der/die;** *adj. Dekl.* person in work; **die ~tätigen** those in work; **~unfähig** *Adj.* incapable of gainful employment *postpos.*; unable to work *postpos.*; **~unfähigkeit die** inability to work; **~zweig der** source of employment

**Erwerbung die a)** *(Aneignung)* acquisition; **b)** *(Erworbenes)* acquisition; *(Gekauftes)* purchase

**erwidern** [ɛɐ̯'vi:dɐn] *tr. V.* **a)** reply; **etw. auf etw.** *(Akk.)* **~:** say sth. in reply to sth.; **auf diese Beleidigung wußte sie nichts zu ~:** she could not think of a reply to this insult; **b)** *(reagieren auf)* return ‹*greeting, visit*›; reciprocate ‹*sb.'s feelings*›

**Erwiderung die; ~, ~en a)** *(Antwort)* reply **(auf + Akk.** to); **b)** *s.* **erwidern b:** return; reciprocation

**erwiesen 1.** *2. Part. v.* **erweisen. 2.** *Adj.* proved; **eine ~e Tatsache** a proven fact; **das ist doch längst ~:** that has long since been proved

**erwiesener·maßen** *Adv.* as has been proved; **er hat ~ die Unwahrheit gesagt** it has been proved that he didn't tell the truth

**erwirken** *tr. V.* obtain ⟨*permit, release*⟩
**erwirtschaften** *tr. V.* **etw. ~:** obtain sth. by careful management
**erwischen** *tr. V. (ugs.)* **a)** *(fassen, ertappen, erreichen)* catch ⟨*culprit, train, bus*⟩; **jmdn. beim Abschreiben ~:** catch sb. copying; **b)** *(greifen)* grab; **jmdn. am Ärmel ~:** grab sb. by the sleeve; **c)** *(bekommen)* manage to catch *or* get; **d)** *(unpers.)* **es hat ihn erwischt** *(ugs.) (er ist tot)* he has bought it *(sl.)*; *(er ist krank)* he has got it; *(er ist verletzt)* he's been hurt; *(scherzh.: er ist verliebt)* he's got it bad *(coll.)*
**erwünscht** [ɛɐ̯'vʏnʃt] *Adj.* wanted; **das ~e Resultat** the desired result; **deine Anwesenheit ist dringend ~:** your presence is urgently required
**erwürgen** *tr. V.* strangle
**Erz** [ɛrts *od.* e:ɐ̯ts] **das; ~es, ~e** ore
**Erz-: ~abbau der** mining of ore; **~ader die** vein of ore
**erzählen** *tr. (auch itr.) V.* tell ⟨*joke, story*⟩; **jmdm. etw. ~:** tell sb. sth.; **erzähl keine Märchen!** *(ugs.)* don't tell stories!; **dem werde ich was ~!** *(ugs.) (zurechtweisend)* I'll have something to say to him!; *(ablehnend)* I'll tell him where to get off! *(coll.)*; **einen Traum/ein Erlebnis ~:** recount a dream/an experience; **jmdm. von etw. ~:** tell sb. about sth.; **von etw. ~:** talk about sth.; **etw. von jmdm.** *od.* **über jmdn. ~:** tell sth. about sb.; **das kannst du einem anderen** *od.* *(ugs.)* **deiner Großmutter ~!** tell that to the [horse] marines *(Brit. coll.)*; pull the other leg *or* one *(coll.)*; **du kannst mir viel ~** *(ugs.)* you can say what you like
**erzählens·wert** *Adj.* ⟨*things, stories*⟩ worth telling
**Erzähler der a)** story-teller; **der ~ eines Romans** the narrator of a novel; **b)** *(Autor)* writer [of stories]; narrative writer; **„Deutsche ~"** 'Stories by German Authors'; 'German Narrative Writers'
**erzählerisch** *Adj.* narrative *attrib.*
**Erzähl-: ~gut das** narrative [writing]; **~kunst die** narrative art; **~technik die** narrative technique
**Erzählung die; ~, ~en a)** account; **ich kenne sie nur aus ~en** I only know her from what other people have said about her; **b)** *(literarischer Text)* story; *(märchenhafte, phantastische Geschichte)* tale; **die in die ~ eingebetteten Dialoge** the dialogue embedded in the narrative
**Erzähl-: ~weise die a)** narrative style; **b)** *(Literaturw.)* narrative form; **~zeit die;** *o. Pl. (Literaturw.)* narrative time
**erz-, Erz-: ~bergbau der** ore-mining *no art.*; **~bergwerk das** ore mine; **~bischof der** archbishop; **~bischöflich** *Adj.* archiepiscopal; **~bistum das, ~diözese die** archbishopric; archdiocese
**erzen** *Adj.; nicht präd. (geh.)* bronze
**Erz·engel der** archangel
**erzeugen** *tr. V.* **a)** produce; generate ⟨*electricity*⟩; **b)** *(österr.: anfertigen)* manufacture; produce
**Erzeuger der; ~s, ~ a)** *(Vater)* father; **er ist zwar mein ~, aber ich betrachte ihn nicht als Vater** I may be his child, but I do not regard him as a father; **b)** *(Produzent)* producer; **vom ~ zum Verbraucher** from producer to consumer; **c)** *(österr.: Hersteller)* manufacturer
**Erzeuger-: ~land das** country of origin; **~preis der** manufacturer's price
**Erzeugnis das** *(auch fig.)* product; **landwirtschaftliche ~se** agricultural products *or* produce
**Erzeugung die a)** *(das Bewirken)* creation; **b)** *(das Produzieren) (von Lebensmitteln usw.)* production; *(von Industriewaren)* manufacture; *(Strom~)* generation; **c)** *(österr.: Herstellung)* manufacture
**erz-, Erz-: ~feind der** arch enemy; **~gang der** lode of ore; **~gauner der** *(ugs.)* arch villain; **~gehalt der** ore content; **~grube die** ore mine; **~haltig** *Adj.* ore-bearing; **~herzog der** archduke; **~herzogin die** archduchess; **~hütte die** ore-smelting works *sing.*
**erziehbar** *Adj.* educable; **der Junge ist sehr schwer ~:** the boy is a very difficult child
**erziehen** *unr. tr. V.* **a)** *(bilden u. fördern)* bring up; *(in der Schule)* educate; **ein Kind streng/sehr frei ~:** give a child a strict/very liberal upbringing/education; **b)** *(anleiten)* **jmdn. zum Verbrecher ~:** bring sb. up to criminal ways; **ein Kind zu Sauberkeit und Ordnung ~:** bring a child up to be clean and tidy; **jmdn./sich dazu ~, etw. zu tun** train sb./oneself to do sth.; *s. auch* **erzogen 2**
**Erzieher der; ~s, ~, Erzieherin die; ~, ~nen** educator; *(Pädagoge)* educationalist; *(Lehrer)* teacher
**erzieherisch** *s.* **pädagogisch 1 a, 2 a**
**erziehlich** *Adj. (bes. österr.)* educational
**Erziehung die;** *o. Pl.* **a)** *(das Erziehen)* upbringing; *(Schul~)* education; **eine gute ~ genießen** enjoy a good education; **b)** *(Manieren)* upbringing; breeding; **seine gute ~ vergessen** forget oneself
**erziehungs-, Erziehungs-: ~anstalt die** *(veralt.)* approved school; Borstal *(Brit.)*; **~berater der** *(Berufsbez.)* child guidance counsellor; **~beratung die a)** *(Beraten)* child guidance; **b)** *(Beratungsstelle)* child guidance clinic; **~berechtigt** *Adj.* having parental authority *postpos., not pred.*; **sein Großvater wurde ~berechtigt** his grandfather became his [legal] guardian; **~berechtigte der/die;** *adj. Dekl.* parent or [legal] guardian; **~frage die** question of upbringing; **~heim das** community home; **~maßnahme die** measure used in bringing up a child; **~methode die** educational method; teaching method; **~roman der** *(Literaturw.)* novel describing the development of an individual's character; **~wesen das** educational system; education; **~wissenschaft die** education; **~wissenschaften studieren** study education *sing.*; **~wissenschaftler der** educationalist
**erzielen** *tr. V.* reach ⟨*agreement, compromise, speed*⟩; achieve ⟨*result, effect*⟩; make ⟨*profit*⟩; obtain ⟨*price*⟩; score ⟨*goal*⟩
**erzittern** *itr. V.; mit sein* **a)** [begin to] shake *or* tremble; **etw. ~ lassen** shake sth.; **b)** *(geh.)* quiver; tremble
**erz-, Erz-: ~konservativ** *Adj.* ultra-conservative; **~lager·stätte die** ore deposit; **~lügner der** inveterate liar; **~lump der** *(abwertend)* [low-down] scoundrel
**erzogen 1.** *2. Part. v.* **erziehen. 2.** *Adj.* **gut/schlecht ~ sein** have been brought up/not have been brought up properly
**erz-, Erz-: ~reaktionär** *Adj.* ultra-reactionary; **~reaktionär der** ultra-reactionary; **~schurke der** *(abwertend) s.* **Erzlump**
**erzürnen** *(geh.)* **1.** *tr. V.* anger; *(stärker)* incense; **erzürne ihn nicht** don't make him angry. **2.** *refl. V.* **sich über jmdn./etw. ~:** become *or* grow angry with sb./about sth.
**Erz~: ~vater der** *(Rel.)* patriarch; **~verhüttung die** ore smelting; **~vorkommen das** ore deposit
**erzwingen** *unr. tr. V.* force; **sich** *(Dat.)* **den Zutritt ~:** force an entry; **etw. von jmdm. ~:** force sth. out of sb.
**erzwungenermaßen** *Adv.* under duress
**¹es** [ɛs] *Personalpron.; 3. Pers. Sg. Nom. u. Akk. Neutr.* **a)** (*s. auch Gen.* **seiner;** *Dat.* **ihm**) *(bei Dingen)* it; *(bei weiblichen Personen)* she/her; *(bei männlichen Personen)* he/him; **b)** *bezieht sich auf ein Nomen mit beliebigem Genus* **Wer ist der Mann? – Es muß der Bruder des Gastgebers sein** Who is that man? – He/It must be the host's brother; **es waren Studenten** they were students; **keiner will es gewesen sein** no one will admit to it; **ich bin es** it's me; it is I *(formal)*; **er/sie ist es** it's him/her; it is he/she *(formal)*; **wir sind es** it's us; it is we *(formal)*; **ich bin/wir sind es, der/die ...:** I am the one/we are the ones who ...; *(förmlicher)* it is I/it is we who ...; **c)** *bezieht sich auf ein Adj.* **wir sind traurig, ihr seid es auch** we are sad, and you are too *or* so are you; **d)** *bezieht sich auf ein Prädikat* it; **er hat gelogen, will es aber nicht zugeben** he lied, but won't admit it; **er hatte es nicht anders erwartet** he hadn't expected anything else; **Wird man ihn dafür bestrafen? – Ich befürchte es** Will he be punished for it? – I fear so; **e)** *kündigt Subjekt od. Subjekt- und Objektsatz an* **es war einmal ein König** once upon a time there was a king; there was once a king; **es gibt keinen anderen Weg** there is no other way; **es war Karl, der ...:** it was Karl who ...; **es ist schön, daß ...:** it is nice that ...; **es wundert mich, daß ...:** I'm surprised that ...; **es sei denn, [daß] ...:** unless ...; **f)** *bezieht sich auf einen Sachverhalt* **es ist genug!** that's enough; **wir schaffen es** we'll manage it; **g)** *bei unpersönlicher Witterungsangabe* **es regnet/schneit/donnert** it rains/snows/thunders; *(jetzt)* it is raining/snowing/thundering; **es blitzt** there is lightning; **es stürmt** it is blowing a gale; **h)** *bei unpersönlicher Darstellung* **es hat geklopft** there was a knock; **es klingelte** there was a ring; **es klingelt** someone is ringing; **es knistert** there is something rustling; **in diesem Haus spukt es** this house is haunted; **es friert mich** I am cold; **i)** *bei Zustands- u. Artsätzen* **es ist 9 Uhr/spät/Nacht** it is 9 o'clock/late/night-time; **es wird schöner** the weather is improving; **es wird kälter** it's getting colder; **es wird Frühling** spring is on the way; **es geht ihm gut/schlecht** he is well/unwell; **j)** *bei passivischer Konstruktion* **es wird gelacht** there is laughter; **es wird um 6 Uhr angefangen** we/they *etc.* start at 6 o'clock; **es wurde uns befohlen, das Gebäude zu verlassen** we were ordered to leave the building; **k)** *bei reflexiver Konstruktion* **es läßt sich aushalten** it is bearable; **es lebt sich gut hier** it's a good life here; **l)** *als formales Objekt* **er hat es gut** he has it good; it's all right for him; **er meinte es gut** he meant well; **sie hat es mit dem Herzen** *(ugs.)* she has got heart trouble *or* something wrong with her heart; **er hat es mit seiner Sekretärin** *(salopp)* he's making it with his secretary *(sl.)*; *s. auch* **haben 1 n**
**²es, ¹Es das; ~, ~** *(Musik)* E flat
**²Es das; ~, ~** *(Psych.)* id
**³Es der; ~, ~** *(österr., ugs.)* schilling
**E-Saite die** E-string
**Eschatologie** [ɛsçatolo'gi:] **die; ~, ~n** [-ən] *(Theol.)* eschatology *no art.*
**eschatologisch** *Adj.* eschatological
**Esche** ['ɛʃə] **die; ~, ~n** *(Bot.)* ash
**Es-Dur das** E flat major; *s. auch* **A-Dur**
**Esel** ['e:zl̩] **der; ~s, ~ a)** donkey; ass; **bepackt** *od.* **beladen wie ein ~ sein** be loaded down like a pack-horse; **den hat der ~ im Galopp verloren** *(salopp)* he just appeared from nowhere *(coll.)*; **wenn es dem ~ zu wohl wird, geht er aufs Eis** *(Spr.)* you'll/he'll *etc.* come unstuck one of these days; **b)** *(ugs. Dummkopf)* ass *(coll.)*; idiot *(coll.)*; **so ein alter ~:** what a stupid ass *or* idiot *(coll.)*; **du ~:** you ass!; *s. auch* **ich**
**Eselei die; ~, ~en** *(ugs.)* stupidity; **das war aber eine ~!** *(Handlung)* that was a stupid *or* silly thing to do; *(Bemerkung)* that was a stupid *or* silly thing to say
**Eselein das; ~s, ~:** little donkey
**Esel-: ~füllen das** ass-foal; **~hengst der** he-donkey; jackass
**Eselin die; ~, ~nen** she-donkey; jenny-ass
**Esels-: ~brücke die** *(ugs.)* mnemonic; **~milch die** ass's milk; **~ohr das** *(ugs.)* **a)** **~ohren haben** *(fig.)* have donkey's ears; **b)**

*(umgeknickte Stelle)* dog-ear; **ein Buch voller ~ohren** a dog-eared book; **~stute die** she-donkey; jenny[-ass]
**Esel·treiber der** donkey-driver
**Eskalation** [ɛskala'tsio:n] **die; ~, ~en** escalation
**eskalieren** *tr., itr. V.* escalate
**eskamotieren** [ɛskamo'ti:rən] *tr. V.* conjure away; **Fakten ~:** explain facts away by sleight of hand
**Eskapade** [ɛska'pa:də] **die; ~, ~n** escapade; *(Seitensprung)* amorous adventure
**Eskapismus** [ɛska'pɪsmʊs] **der; ~** *(Psych.)* escapism *no art.*
**eskapistisch** *Adj.* escapist
**Eskimo** ['ɛskimo] **der; ~[s], ~[s]** Eskimo
**eskimoisch** *Adj.* Eskimo
**Eskorte** [ɛs'kɔrtə] **die; ~, ~n** escort; *(fig.)* entourage; **eine ~ der Polizei** a police escort
**eskortieren** *tr. V.* escort
**es-Moll das; ~:** E flat minor; *s. auch* **a-Moll**
**esoterisch** [ezo'te:rɪʃ] **1.** *Adj.* esoteric. **2.** *adv.* esoterically
**Espe** ['ɛspə] **die; ~, ~n** aspen
**Espen·laub das** *in* **wie ~ zittern** shake like a leaf
**Esperanto** [ɛspe'ranto] **das; ~[s]** Esperanto
**Esplanade** [ɛspla'na:də] **die; ~, ~n** esplanade
[1]**Espresso** [ɛs'prɛso] **der; ~[s], ~s** *od.* **Espressi a)** *o. Pl.: dark blend of roasted coffee;* **b)** *(Getränk)* espresso [coffee]
[2]**Espresso das; ~[s], ~[s]** *(Lokal)* espresso [bar]
**Espresso·maschine die** espresso [machine]
**Esprit** [ɛs'pri:] **der; ~s** esprit
**Essai** ['ɛse, ɛ'se:] *s.* **Essay**
**Eß·apfel der** eating apple; eater *(Brit.)*
**Essay** ['ɛse] **der** *od.* **das; ~s, ~s** essay
**Essayist der; ~en, ~en, Essayistin die; ~, ~nen** essayist
**essayistisch** *Adj.* essayistic; **seine ~e Begabung** his talent as an essayist
**eßbar** *Adj.* edible; **ist etwas Eßbares im Haus?** *(ugs.)* is there anything to eat in the house?; **nicht ~ sein** be inedible
**Eß·besteck das** knife, fork, and spoon; **unser ~:** our cutlery; **zwei ~e** two sets of knife, fork, and spoon
**Esse** ['ɛsə] **die; ~, ~n a)** *(bes. ostmd.)* chimney; **b)** *(Herd)* hearth; forge
**Eß·ecke die** dining area
**essen** ['ɛsn̩] *unr. tr., itr. V.* eat; eat, drink ⟨*soup*⟩; **mittags ißt er meist im Restaurant** he usually lunches *or* has lunch in a restaurant; **etw. gern ~:** like sth.; **möchten Sie ein Stück Kuchen ~?** would you like a piece of cake?; **was gibt es zu ~?** what's for lunch/dinner/supper?; **von etw. ~:** eat some of sth.; **jmdm. etwas zu ~ machen** get sb. something to eat; **sich satt ~:** eat one's fill; **den Teller leer ~:** clear one's plate; **er ißt mich noch arm!** he'll eat me out of house and home!; **gut ~:** have a good meal; *(immer)* eat well; **warm/kalt ~:** have a hot/cold meal; **das Kind ißt schlecht** the child doesn't eat very much *or* has a poor appetite; **Kranke müssen gut ~:** you must eat properly when you're ill; **~ gehen** got out for a meal; **er ißt bei seiner Tante** he has his meals with his aunt; **es wird nichts so heiß gegessen, wie es gekocht wird** *(Spr.)* nothing is ever as bad as it seems; **selber ~ macht fett** *(ugs.)* I'm all right, Jack *(coll.)*; *s. auch* **Abend a;** [1]**Mittag a;** [2]**Mittag**
**Essen das; ~s, ~ a)** *o. Pl.* **beim ~ sein** be having lunch/dinner/supper; **laßt euch nicht beim ~ stören** don't let me/us disturb your meal; **zum ~ gehen** go to lunch; **jmdn. zum ~ einladen** invite sb. for a meal; **b)** *(Mahlzeit)* meal; *(Fest~)* banquet; **zehn ~:** ten meals; **ein ~ [für jmdn.] geben** give a banquet [in sb.'s honour]; **c)** *(Speise)* food; **[das] ~ machen/kochen** get/cook the meal; **das ~ warm stellen** keep the lunch/dinner/supper hot; **das ~ wird kalt** lunch/dinner/supper is getting cold; the food is getting cold; **~ fassen!** *(Soldatenspr.)* come and get it!; **~ auf Rädern** meals on wheels; **d)** *(Verpflegung) o. Pl.* food; **~ und Trinken** food and drink
**Essen·fassen das** *(Soldatenspr.)* **zum ~!** come and get it!; **beim ~:** at mess-time
**Essen[s]-: ~ausgabe die a)** *(das Ausgeben)* serving of meals; **die ~ausgabe ist zwischen 12 und 14 Uhr** meals are *or* lunch is served between 12 [o'clock] and 2 o'clock; **b)** *(Stelle)* serving-hatch; **~marke die** meal-ticket; **~zeit die** mealtime; **während der ~zeit** during *or* at mealtimes
**essentiell** [ɛsɛn'tsiɛl] **1.** *Adj. (geh., auch Chemie, Biol.)* essential. **2.** *adv. (geh.)* essentially
**Essenz** [ɛ'sɛnts] **die; ~, ~en** essence
**Esser der; ~s, ~: er ist ein guter/schlechter ~:** he has a healthy/poor appetite; **ein zusätzlicher ~, den es zu ernähren gilt** an extra mouth to feed
**Eß·geschirr das a)** pots and pans; **b)** *(Milit.)* mess-kit
**Eß·gewohnheiten** *Pl.* eating habits
**Essig** ['ɛsɪç] **der; ~s, ~e** vinegar; **~ und Öl** oil and vinegar; **es ist mit etw. ~** *(ugs.)* sth. has fallen through completely *(coll.)*
**essig-, Essig-: ~baum der** staghorn sumac; **~essenz die** vinegar essence; **~flasche die** vinegar bottle; **~gurke die** pickled gherkin; **~sauce die** vinaigrette; French dressing; **~sauer** *Adj.* acetic; **~saure Tonerde** basic aluminium acetate; **~säure die** *(Chemie)* acetic acid; **~soße die:** *s.* **~sauce; ~-und-Öl-Ständer der** cruet-stand; **~wasser das** water with a little vinegar added
**eß-, Eß-: ~kastanie die** sweet chestnut; **~kohle die** dry steam coal; **~kultur die** gastronomy; **~löffel der** *(Suppenlöffel)* soup-spoon; *(für Nach-, Vorspeise)* dessert-spoon; **~löffel·weise** *Adv. (abmessend)* in dessert-spoonfuls; *(steigernd)* by the spoonful; **~lokal das** restaurant; **~lust die;** *o. Pl.* desire for something to eat; **~napf der** bowl; **~paket das** food parcel; **~platz der** dining area; **~stäbchen das** chopstick; **~teller der** dinner plate; **~tisch der** dining-table; **~waren** *Pl.* food *sing.*; **~zimmer das** dining-room; *(Möbel)* dining-room suite
**Establishment** [ɪs'tɛblɪʃmənt] **das; ~s, ~s** Establishment
**Este** ['e:stə] **der; ~n, ~n** Estonian
**Ester** ['ɛstɐ] **der; ~s, ~** *(Chemie)* ester
**Estin die; ~, ~nen** Estonian
**Est·land (das); ~s** Estonia
**Estländer der; ~s, ~:** *s.* **Este**
**estländisch, estnisch** *Adj.* Estonian; *s. auch* **deutsch; Deutsch**
**Estrade** [ɛs'tra:də] **die; ~, ~n a)** *(veralt.)* estrade; dais; platform; **b)** *(DDR)* open-air show
**Estragon** ['ɛstragɔn] **der; ~s** tarragon
**Estrich** ['ɛstrɪç] **der; ~s, ~e a)** composition *or* jointless floor; **b)** *(schweiz.)* attic; loft
**Eszett** [ɛs'tsɛt] **das; ~, ~:** [the letter] ß
**Eta** ['e:ta] **das; ~[s], ~s** eta
**etablieren** [eta'bli:rən] **1.** *tr. V. (gründen)* establish; set up. **2.** *refl. V.* **a)** *(sich niederlassen)* ⟨*shop*⟩ open up; ⟨*chain store*⟩ open up *or* set up branches; **sich als Juwelier ~:** set up as a jeweller; open up a jeweller's shop; **b)** *(sich einrichten)* settle in; **c)** *(gesellschaftlich)* become established
**etabliert** *Adj.* established; **er ist jetzt so entsetzlich ~** *(abwertend)* he is now so terribly conservative; **die Etablierten** the Establishment
**Etablissement** [etablɪs(ə)'mã:] **das; ~s, ~s** establishment
**Etage** [e'ta:ʒə] **die; ~, ~n** floor; storey; **in** *od.* **auf der dritten ~ wohnen** live on the third *or (Amer.)* fourth floor
**Etagen-: ~bett das** bunk-bed; **~haus das** block of flats *(Brit.) or (Amer.)* apartments; **~heizung die** *central heating serving one floor of a building;* **~kellner der** waiter [serving one floor of a hotel]; **~wohnung die** *flat (Brit.) or (Amer.) apartment occupying an entire floor*
**Etagere** [eta'ʒe:rə] **die; ~, ~n** *(veralt.)* étagère; whatnot
**Etappe** [e'tapə] **die; ~, ~n a)** *(Teilstrecke)* stage; leg; *(Rennsport)* stage; **b)** *(Stadium)* stage; **c)** *(Milit.)* back area; base; **jmdn. in die ~ versetzen** move sb. back behind the lines
**etappen-, Etappen-: ~hase der, ~hengst der** *(Soldatenspr. salopp)* base wallah *(Mil. sl.)*; **~sieg der** *(Rennsport)* stage-win; **der heutige ~sieg ging an ...:** the winner of today's stage was ...; **~weise** *Adv.* by *or* in stages; **~wertung die** *(Rennsport)* daily points classification; **~ziel das** *(Sport)* finish of the stage
**Etat** [e'ta:] **der; ~s, ~s** budget
**etat-, Etat-: ~ausgleich der** balancing of the budget; **~defizit das** budgetary deficit; **~kürzung die** cut in the budget; **die ~kürzungen im Bildungswesen** the cuts in the education budget; the education cuts; **~mäßig 1.** *Adj.* **a)** *(im Etat)* budgetary ⟨*expenditure*⟩; **b)** *(eingeplant)* budgeted ⟨*post, position*⟩; **der ~mäßige Mittelstürmer** *(Fußballjargon)* the regular centre-forward; **2.** *adv.* in the budget; **~stärke die** *(Milit.)* planned strength
**etc.** *Abk.* **et cetera** etc.
**et cetera** [ɛt'tse:tera] et cetera; **~ ~ pp.** [-'--- pe'pe:] *(ugs., scherzh.)* and so on and so forth *(coll.)*
**etepetete** [e:təpe'te:tə] *Adj. (ugs.)* fussy; finicky; pernickety *(coll.)*
**Eternit** Ⓦz [etɛr'ni:t] **das** *od.* **der; ~s** asbestos cement
**ETH** *Abk.* **Eidgenössische Technische Hochschule** Swiss Federal Institute of Technology
**Ethik** ['e:tɪk] **die; ~, ~en a)** *(Sittenlehre)* ethics *sing.*; **b)** *o. Pl. (sittliche Normen)* ethics *pl.*; **c)** *(Werk über Ethik)* ethical work
**Ethiker der; ~s, ~ a)** *(Philos.)* moral philosopher; **b)** *(Moralist)* moralist
**ethisch 1.** *Adj.* ethical. **2.** *adv.* ethically
**Ethnie** [ɛt'ni:] **die; ~, ~n** *(Völkerk.)* ethnos
**ethnisch** ['ɛtnɪʃ] **1.** *Adj.* ethnic; **~e Säuberung** ethnic cleansing. **2.** *adv.* ethnically
**Ethnograph** [ɛtno'gra:f] **der; ~en, ~en** ethnographer
**Ethnographie die; ~, ~n** ethnography *no art.*
**Ethnographin die; ~, ~nen** ethnographer
**Ethnologe** [ɛtno'lo:gə] **der; ~n, ~n** ethnologist
**Ethnologie die; ~, ~n** ethnology *no art.*
**Ethnologin die; ~, ~nen** ethnologist
**ethnologisch 1.** *Adj.* ethnological. **2.** *adv.* ethnologically
**Ethologie** [etolo'gi:] **die; ~, ~n** ethology *no art.*
**Ethos** ['e:tɔs] **das; ~:** ethos; **das berufliche ~ der Ärzteschaft** doctors' professional ethics *pl.*
**Etikett** [eti'kɛt] **das; ~[e]s, ~en** *od.* **~e** *od.* **~s** label; **jmdn./etw. mit einem ~ versehen** *(fig.)* pin a label on sb./sth.
[1]**Etikette die; ~, ~n** *(schweiz., österr.) s.* **Etikett**
[2]**Etikette die; ~, ~n** etiquette; **die ~ wahren** observe the proprieties; **gegen die ~ verstoßen** commit a breach of etiquette
**Etiketten·schwindel der** *(abwertend)* playing with names
**etikettieren** [etikɛ'ti:rən] *tr. V.* label
**etlich...** ['ɛtlɪç...] *Indefinitpron. u. unbest.*

*Zahlwort* **a)** *(ugs., verstärkend) Sg.* quite a lot of; *Pl.* quite a few; a number of; **vor ~en Wochen** several *or* some weeks ago; **b)** *Sg. (veralt.: wenig)* a little; **~es bemerken** make a few remarks *or* comments; **~es sagen** say a few things; **c)** *Pl. (veralt.: einige)* a few; some; **~e der Gefangenen** a few *or* some of the prisoners

**etliche·mal** *Adv. (veralt.)* several times; a number of times

**Etrusker** [e'trʊskɐ] **der; ~s, ~:** Etruscan

**etruskisch** *Adj.* Etruscan; *s. auch* **deutsch**

**Etsch die; ~:** Adige

**Etüde** [e'ty:də] **die; ~, ~n** *(Musik)* étude

**Etui** [ɛt'vi:] **das; ~s, ~s** case

**etwa** ['ɛtva] **1.** *Adv.* **a)** *(ungefähr)* about; approximately; **~ 50 m/2 Wochen** about 50 m/2 weeks; **~ so groß wie ...:** about as large as ...; **wie lange wird die Fahrt ~ dauern?** roughly how long will the journey take?; **~ so** roughly like this; **das läßt sich ~ so erklären:** you could perhaps explain it like this; **in ~:** to some *or* a certain extent *or* degree; **können Sie mir in ~ sagen, wann ...?** can you give me any idea when ...?; **b)** *(beispielsweise)* for example; for instance; **vergleicht man ~ ...:** for example, if one compares ...; **wie ~ ...:** as, for example ...; **c)** *(schweiz.: bisweilen)* from time to time; now and then. **2.** *Part. (womöglich)* **hast du das ~ vergessen?** you haven't forgotten that, have you?; **störe ich ~?** am I disturbing you at all?; **falls sie ~ doch mitgeht, ...:** if she does happen to go ...; **du glaubst doch nicht ~, daß ...?** surely you don't think that ...?; **sie darf nicht ~ glauben, daß ...:** she mustn't think that ...

**etwaig...** ['ɛtva(:)ɪg...] *(Papierdt.) Adj.* possible ‹*delays*›; **~e Mängel/Beschwerden** any faults/complaints [which might arise]; **bei ~en Beschwerden** in the event of any complaints

**etwas** ['ɛtvas] *Indefinitpron.* **a)** something; *(fragend, verneinend)* anything; **~ sagen/hören/sehen** say/hear/see something; **hast du ~ gesagt?** did you say something?; **irgend ~:** something; **erzähl ihm einfach irgend ~:** just tell him anything!; **es muß ~ geschehen** something has to *or* must be done; **wenn sie es wagt, dir ~ zu tun** if she dares to do anything to you; **~ gegen jmdn. haben** have something against sb.; **sie haben ~ miteinander** *(ugs.)* there is something going on between them; **~ für sich haben** *(ugs.)* have sth. in it; **dein Argument hat ~ für sich** *(ugs.)* there's something in your argument; **so ~:** a thing like that; **[so] ~ wie ...:** something like ...; **so ~ habe ich noch nie gesehen** I've never seen anything like it; **nein, so ~:** would you believe it!; **b)** *attr.* something; *(fragend, verneinend)* anything; **~ Schönes/Neues/Unangenehmes** something beautiful/new/unpleasant; **so ~ Schönes habe ich noch nie gesehen** I've never seen anything so beautiful before; **~ anderes** something else; *(fragend, verneinend)* anything else; **das ist ~ anderes** *(ugs.)* that's different; **c)** *(Bedeutsames)* **aus ihm wird ~:** he'll make something of himself *or* his life; **es zu ~ bringen** get somewhere; **~ gelten** count for something; **das will ~ heißen** that really is something; **d)** *(ein Teil)* some; *(fragend, verneinend)* any; **~ von dem Geld** some of the money; **kann ich auch ~ davon haben?** can I have some of it too?; **er weiß ~ von dieser Sache** he knows something about this matter; **sie hat ~ von einer Künstlerin an sich** *(Dat.)* she has *or* there is something of the artist about her; **e)** *(ein wenig)* a little; **noch ~ Milch** a little more *or* some more milk; **kannst du mir ~ Geld leihen?** can you lend me some money?; **~ lauter/besser** a little louder/better; **[noch] ~ spielen/lesen** play/read for a little while [longer]; **~ Englisch** a little *or* some English

**Etwas das; ~, ~:** something; **ein hilfloses ~:** a helpless little thing; **das gewisse ~:** that certain something

**etwelch...** ['ɛtvɛlç...] *Indefinitpron. (schweiz., österr.)* some

**Etymologe** [etymo'lo:gə] **der; ~n, ~n** etymologist

**Etymologie die; ~, ~n** etymology

**Etymologin die; ~, ~nen** etymologist

**etymologisch 1.** *Adj.* etymological. **2.** *adv.* etymologically

**etymologisieren** *tr. V.* etymologize

**Et-Zeichen** ['ɛt-] **das** ampersand

**Etzel** ['ɛtsl̩] **(der)** Attila the Hun

**EU** *Abk.* **Europäische Union** EU

**euch,** *(in Briefen)* **Euch** [ɔyç] **1.** *Dat. u. Akk. Pl. des Personalpron.* **ihr, Ihr** you; ye *(Bibl./arch.);* **ich gebe ~ das** I'll give you it; I'll give it to you. **2.** *Dat. u. Akk. Pl. des Reflexivpron. der 2. Pers. Pl.* yourselves

**Eucharistie** [ɔyçarɪs'ti:] **die; ~, ~n** *(kath. Rel.)* Eucharist

**eucharistisch** *Adj. (kath. Rel.)* Eucharistic

[1]**euer,** *(in Briefen)* **Euer** ['ɔyɐ] *Possessivpron.* your; **Grüße von Eu[e]rer Helga/Eu[e]rem Hans** Best wishes, Yours, Helga/Hans; **Eu[e]re** *od.* **Euer Exzellenz** Your Excellency; **ist das/sind das eure?** is that/are they yours?; **es ist der Eu[e]re** *(geh.)* it is yours; **die Eu[e]ren** *od.* **Euern** *(geh.)* your family; **nehmt Euch das Eu[e]re** *(geh.)* take what is yours; **ihr müßt das Eu[e]re dazu tun** you must do your share; **ich verbleibe auf immer die Eu[e]re ...** *(veralt.)* I remain, yours for ever, ...; *s. auch* [1]**dein**

[2]**euer,** *(in Briefen)* **Euer** *Gen. des Personalpron.* **ihr** *(geh.)* **wir werden ~ gedenken** we will remember you

**euerseits** *s.* **eurerseits**

**euersgleichen** *s.* **euresgleichen**

**euert-: ~halben** *s.* **eurethalben; ~wegen** *s.* **euretwegen; ~willen** *s.* **euretwillen**

**Eugenik** [ɔy'ge:nɪk] **die; ~** *(Med.)* eugenics *sing.*

**eugenisch** *Adj. (Med.)* eugenic

**Eukalyptus** [ɔyka'lʏptʊs] **der; ~, Eukalypten** *od.* **~:** eucalyptus

**Eukalyptus·bonbon das** eucalyptus cough-sweet *(Brit.);* cough-drop

**Euklid** [ɔy'kli:t] **(der)** Euclid

**euklidisch** *Adj. (Math.)* Euclidean

**Eule** ['ɔylə] **die; ~, ~n a)** owl; **~n nach Athen tragen** carry coals to Newcastle; send owls to Athens; **b)** *(salopp abwertend: Frau)* old boot *(sl.)*

**eulen-, Eulen-: ~haft** *Adj.* owlish; owllike; **~spiegel der** joker; *s. auch* **Till; ~spiegelei die; ~, ~en** caper; **~vogel der** *(Zool.)* owl

**Eumel** ['ɔyml̩] **der; ~s, ~** *(Jugendspr.)* twerp *(sl. derog.)*

**Eunuch** [ɔy'nu:x] **der; ~en, ~en, Eunuche der; ~n, ~n** eunuch

**Eunuchen·stimme die** *(ugs.)* squeaky, high-pitched voice

**Euphemismus** [ɔyfe'mɪsmʊs] **der; ~, Euphemismen** *(geh., Sprachw.)* euphemism

**euphemistisch** *(geh., Sprachw.)* **1.** *Adj.* euphemistic. **2.** *adv.* euphemistically

**euphonisch** [ɔy'fo:nɪʃ] *Adj. (Sprachw., Musik)* euphonic

**Euphorie** [ɔyfo'ri:] **die; ~, ~n** *(bes. Med., Psych.)* euphoria; **in [eine] ~ verfallen** go into a state of euphoria

**euphorisch** *(bes. Med., Psych.)* **1.** *Adj.* euphoric. **2.** *adv.* euphorically

**Euphrat** ['ɔyfrat] **der; ~[s]** Euphrates

**Eurasien** [ɔy'ra:zi̯ən] **(das); ~s** Eurasia

**Eurasier der; ~s, ~, Eurasierin die; ~, ~nen** Eurasian

**eurasisch** *Adj.* Eurasian

**Euratom** [ɔyra'to:m] **die; ~:** Euratom

**eure, Eure** ['ɔyrə] *s.* [1]**euer**

**eurer·seits** *Adv. (von eurer Seite)* on your part; *(auf eurer Seite)* for your part

**eures·gleichen** *indekl. Pron.* people *pl.* like you; *(abwertend)* the likes *pl.* of you; your sort *or* kind; *s. auch* **deinesgleichen**

**euret-: ~halben** [-halbn̩] *(veralt.),* **~wegen** *Adv. (wegen euch)* because of you; on your account; *(für euch)* on your behalf; *(euch zuliebe)* for your sake; **ich mache mir ~wegen keine Sorgen** I don't worry about you; **~willen** *Adv.* **um ~willen** for your sake

**Eurhythmie** [ɔyrʏt'mi:] **die; ~ a)** *(bes. Tanz, Gymnastik)* eurhythmics *sing., no art.;* **b)** *(Med.)* eurhythmia

**eurige** ['ɔyrɪgə] *Possessivpron. (geh., veralt.)* **der/die/das ~:** yours; **das Eurige** *(Angelegenheit)* your affairs; *(Besitz)* what is yours

**Eurocheque** ['ɔyroʃɛk] **der; ~s, ~s** Eurocheque

**Eurocheque·karte die** Eurocheque card

**Euro~: ~dollar der** *(Wirtsch.)* Eurodollar; **~kommunismus der** Eurocommunism; **~krat** [~'kra:t] **der; ~en, ~en, ~kratin die; ~, ~nen** Eurocrat

**Europa** [ɔy'ro:pa] **(das); ~s** Europe

**Europa·cup der** *(Sport)* European cup

**Europäer** [ɔyro'pɛ:ɐ] **der; ~s, ~, Europäerin die; ~, ~nen** European

**Europa·flagge die** flag of the Council of Europe

**europäisch** [ɔyro'pɛ:ɪʃ] *Adj.* European; **die Europäische Gemeinschaft/Europäischen Gemeinschaften** the European Community/European Communities; **Europäische Wirtschaftsgemeinschaft** European Economic Community

**europäisieren** *tr. V.* Europeanize

**Europäisierung die; ~, ~en** Europeanization

**europa-, Europa-: ~meister der** *(Sport)* European champion; **~meisterschaft die** *(Sport)* **a)** *(Wettbewerb)* European Championship; **b)** *(Sieg)* championship of Europe, European title; **~minister der** minister for Europe; **~müde** *Adj.* disillusioned with the Common Market *postpos.;* **~parlament das;** *o. Pl.* European Parliament *or* Assembly; **~pokal der** *(Sport) s.* **Europacup; ~politik die** policy towards the EEC; **~rat der;** *o. Pl.* Council of Europe; **~rekord der** *(Sport)* European record; **~straße die** European long-distance road; **~wahlen** *Pl.* European elections

**Euro·scheck der** *s.* **Eurocheque**

**Euro·vision die** Eurovision

**Eurythmie** *s.* **Eurhythmie a**

**Eustachische Röhre** [ɔys'taxɪʃə -] **die; ~n ~, ~n ~n** *(Med., Zool.)* Eustachian tube

**Euter** ['ɔytɐ] **das** *od.* **der; ~s, ~:** udder

**Euthanasie** [ɔytana'zi:] **die; ~:** euthanasia *no art.*

**e. V., E. V.** *Abk.* **eingetragener Verein**

**ev.** *Abk.* **evangelisch** ev.

[1]**Eva** ['e:fa *od.* 'e:va] **(die)** Eve; *s. auch* [1]**Adam**

[2]**Eva die; ~, ~s** *(ugs. scherzh.: Frau)* **sie ist eine richtige ~:** she's a real little Eve

**evakuieren** [evaku'i:rən] *tr. V.* evacuate

**Evakuierte der/die;** *adj. Dekl.* evacuee

**Evakuierung die; ~, ~en** evacuation

**Evaluation** [evalu̯a'tsi̯o:n] **die; ~, ~en a)** *(geh.)* valuation; **b)** *(Päd.)* evaluation

**Evangelien·buch das** Gospel

**evangelikal** [evaŋgeli'ka:l] *Adj. (christl. Kirche)* evangelical

**evangelisch** [evaŋ'ge:lɪʃ] *Adj.* **a)** Protestant; **die ~e Kirche** the Protestant Church; **b)** *(des Evangeliums)* evangelical

**evangelisch-lutherisch** *Adj.* Lutheran

**evangelisch-reformiert** *Adj.* Reformed

**evangelisieren** *tr. V.* evangelize

**Evangelist der; ~en, ~en** evangelist

**Evangelium** [evaŋ'ge:li̯ʊm] **das; ~s, Evangelien a)** *o. Pl. (auch fig.)* gospel; **alles, was ihr Mann sagte, war [ein] ~ für sie** she took everything her husband said as gospel; **b)**

*(christl. Rel.)* Gospel; **das ~ des Johannes** St. John's Gospel

**Evas-** ['e:fas- *od.* 'e:vas-]: **~kostüm das** *in* **im ~kostüm** *(ugs. scherzh.)* in her birthday suit/their birthday suits *(coll. joc.)*; in the altogether *(coll. joc.)*; **~tochter die** *(scherzh.)* **eine echte ~tochter** a real little Eve

**Eventual-** [evɛn'tu̯a:l-]: **~fall der** eventuality; contingency; **für den ~fall** should the eventuality arise; **~haushalt der** *(Politik)* contingency reserve

**Eventualität** [evɛntu̯ali'tɛ:t] **die; ~, ~n** eventuality; contingency

**eventuell** [evɛn'tu̯ɛl] **1.** *Adj.; nicht präd.* possible ⟨*objections, difficulties, applicants*⟩; ⟨*objections, difficulties*⟩ which might occur; **bei ~en Schäden** in the event *or* case of damage. **2.** *adv.* possibly; perhaps; **wir werden ~ morgen kommen** we may [possibly] come tomorrow; **können wir ~ bei euch übernachten?** can we stay the night at your house, if necessary?

**Evergreen** ['ɛvəgri:n] **der; ~s, ~s** old favourite

**evident** [evi'dɛnt] *Adj. (geh.)* **a)** *(einleuchtend)* convincing ⟨*argument, proof*⟩; evident, self-evident ⟨*truth*⟩; **b)** *(offenkundig)* evident, obvious ⟨*disadvantage*⟩

**Evidenz** [evi'dɛnts] **die; ~, ~en** *(geh.) (einer Behauptung, eines Beweises)* convincingness; *(eines Satzes, einer Wahrheit)* self-evidence

**Evolution** [evolu'tsi̯o:n] **die; ~, ~en** evolution

**evolutionär** [evolutsi̯o'nɛ:ɐ̯] **1.** *Adj.* evolutionary. **2.** *adv.* by evolution

**Evolutions·theorie die** theory of evolution

**evozieren** [evo'tsi:rən] *tr. V. (geh.)* evoke

**evtl.** *Abk.* **eventuell**

**EW** *Abk.* **Elektrizitätswerk**

**Ewer** ['e:vɐ] **der; ~s, ~** *(nordd.)* ketch-rigged sailing barge

**E-Werk das** *s.* **Elektrizitätswerk**

**EWG** [e:ve:'ge:] **die; ~:** EEC

**ewig** ['e:vɪç] **1.** *Adj.* eternal, everlasting ⟨*life, peace*⟩; eternal, undying ⟨*love*⟩; *(abwertend)* never-ending; **die Ewige Stadt** the Eternal City; **der Ewige Jude** the Wandering Jew; **ein ~er Student** *(scherzh.)* an eternal student; **das ~e Einerlei** the unending *or* never-ending monotony; **seit ~en Zeiten** for ages *(coll.)*; for donkey's years *(coll.)*; **das Ewige Licht** *(kath. Rel.)* the Sanctuary Lamp. **2.** *adv.* eternally; for ever; **~ warten** wait for ever; **~ dauern** take ages; **~ halten** last for ever *or* indefinitely; **auf ~:** for ever; **sein Name wird ~ leben** his name will live forever; **~ und drei Tage** *(ugs.)* for ever and a day; *s. auch* **immer a**

**Ewig·gestrige der/die;** *adj. Dekl. (abwertend)* **ein ~r sein** be an old reactionary

**Ewigkeit die; ~, ~en a)** eternity; **in ~:** for ever and ever; **in die ~ eingehen** *(geh. verhüll.)* find eternal rest; **b)** *(ugs.)* **es dauert eine [ganze] ~:** it takes [absolutely] ages *(coll.)*; **es ist eine [kleine] ~ her** it was ages ago *(coll.)*; **es muß ~en hersein, daß ...:** it must be ages since ... *(coll.)*; **seit ~en** for ages *(coll.)*; **in alle ~:** for ever

**Ewigkeits-: ~sonntag, der** *s.* **Totensonntag; ~wert der** *(geh.)* **es besitzt ~:** it will last for ever

**ewiglich** *Adv. (dichter. veralt.)* for ever; till the end of time

**Ewig·weibliche das; ~n** *(geh.)* **das ~:** the essential Feminine

**EWS** *Abk.* **europäisches Währungssystem** EMS

**ex** [ɛks] *Adv. (ugs.)* **a) etw. ex trinken** drink sth. down in one *(coll.)*; knock sth. back in one *(sl.)*; ex! down in one! *(sl.)*; **b)** *(salopp: tot)* **der ist ex** he's snuffed it *(sl.)*

**Ex-** *(vor Personenbez.: vormalig)* ex-

**exakt** [ɛ'ksakt] **1.** *Adj.* exact; precise; **eine ~e Beschreibung** a precise description. **2.** *adv.* ⟨*work etc.*⟩ accurately; **~ [um] 12 Uhr** at 12 o'clock precisely; **~!** exactly!; precisely!

**Exaktheit die; ~:** precision; exactness

**exaltieren** [ɛksal'ti:rən] *refl. V.* get over-excited *or* worked up

**exaltiert 1.** *Adj. (hysterisch)* over-excited; *(überspannt)* exaggerated ⟨*behaviour, gestures*⟩; *(überschwenglich)* effusive. **2.** *adv. (hysterisch)* over-excitedly; *(überschwenglich)* effusively

**Exaltiertheit die; ~, ~en:** *s.* **exaltiert:** over-excitedness; exaggeratedness; effusiveness

**Examen** [ɛ'ksa:mən] **das; ~s, ~** *od.* **Examina** [ɛ'ksa:mina] examination; exam *(coll.)*; **ein ~ machen** *od.* **ablegen** sit *or* take an examination; **~ haben** *(ugs.)* have examinations; **im ~ sein** *od.* **stehen** be in the middle of one's examinations; **im ~ durchfallen** fail the examination

**Examens-: ~angst die** examination nerves *pl.*; **~arbeit die** *written work presented for an examination;* **~kandidat der** examination candidate

**examinieren** *tr. V.* **a)** examine; **eine examinierte Krankenschwester** a qualified nurse; **b)** *(ausfragen)* question; **c)** *(veralt. geh.: prüfend untersuchen)* scrutinize ⟨*appearance*⟩; investigate ⟨*affair, matter*⟩

**ex cathedra** [ɛks'ka(:)tedra] *(kath. Rel.)* ex cathedra

**Exegese** [ɛkse'ge:zə] **die; ~, ~n** *(Theol.)* exegesis

**Exeget** [ɛkse'ge:t] **der; ~en, ~en** *(Theol.)* exegete

**exekutieren** [ɛkseku'ti:rən] *tr. V.* **a)** execute; **b)** *(österr.) s.* **pfänden**

**Exekution** [ɛkseku'tsi̯o:n] **die; ~, ~en a)** execution; **b)** *(österr.) s.* **Pfändung**

**Exekutions·kommando das** firing squad

**exekutiv** [ɛkseku'ti:f] *Adj. (bes. Politik, Rechtsw.)* executive

**Exekutiv·ausschuß der** executive committee

**Exekutive** [ɛkseku'ti:və] **die; ~, ~n** *(Rechtsw., Politik)* executive

**Exekutiv-: ~gewalt die** *(Politik)* executive power; **~organ das** *(Politik)* executive body

**Exekutor** [ɛkse'ku:tɔr] **der; ~s, ~en** *(österr.)* bailiff

**Exempel** [ɛ'ksɛmpl̩] **das; ~s, ~:** example; **ein ~ [an jmdm.] statuieren** make an example [of sb.]; **zum ~** *(veralt.)* for example; *s. auch* **Probe a**

**Exemplar** [ɛksɛm'pla:ɐ̯] **das; ~s, ~e** specimen; *(Buch, Zeitung, Zeitschrift)* copy

**exemplarisch** [ɛksɛm'pla:rɪʃ] **1.** *Adj.* exemplary; **eine ~e Strafe** an exemplary punishment; a deterrent sentence; **~ für etw. sein** be typical of sth. **2.** *adv.* by means of an example/examples; **jmdn. ~ bestrafen** punish sb. as an example to others

**exemplifizieren** [ɛksɛmplifi'tsi:rən] *tr. V. (geh.)* exemplify; **etw. an einem Beispiel ~:** illustrate sth. by an example

**Exequien** [ɛ'kse:kvi̯ən] *Pl. (kath. Kirche)* exequies

**exerzieren** [ɛksɛr'tsi:rən] **1.** *itr. V. (Milit.: Übungen machen)* drill. **2.** *tr. V.* **a)** *(Milit.: ausbilden)* drill ⟨*soldiers*⟩; **b)** *(ugs.: üben)* practise; **c)** *(ausführen)* employ ⟨*technique, method*⟩; follow ⟨*procedure*⟩

**Exerzier-: ~munition die** *(Milit.)* dummy ammunition; **~platz der** *(Milit.)* parade ground; **~reglement das** *(Milit.)* drill regulations *pl.*

**Exerzitien** [ɛksɛr'tsi:tsi̯ən] *Pl. (kath. Rel.)* religious *or* spiritual exercises

**Exhaustor** [ɛks'hau̯stɔr] **der; ~s, ~en** *(Technik)* extractor fan

**exhibitionieren** [ɛkshibitsi̯o'ni:rən] *itr., refl. V. (Psych.)* expose oneself

**Exhibitionismus der; ~** *(Psych., fig.)* exhibitionism

**Exhibitionist der; ~en, ~en, Exhibitionistin die; ~, ~nen** *(Psych., fig.)* exhibitionist

**exhibitionistisch** *(Psych.)* **1.** *Adj.* exhibitionist. **2.** *adv.* **er ist ~ veranlagt** he has exhibitionist tendencies

**exhumieren** [ɛkshu'mi:rən] *tr. V.* exhume

**Exhumierung die; ~, ~en** exhumation

**Exil** [ɛ'ksi:l] **das; ~s, ~e** exile; **ins ~ gehen** go into exile

**Exilant** [ɛksi'lant] **der; ~en, ~en** exile

**Exil·heimat die** home in exile

**exiliert** [ɛksi'li:ɐ̯t] *Adj.* exiled

**Exilierte der/die;** *adj. Dekl.* exile

**Exil-: ~literatur die** literature written in exile; **~regierung die** government in exile

**existent** [ɛksɪs'tɛnt] *Adj.* existing; existent; **jmdn./etw. als nicht ~ betrachten** treat sb./sth. as if he/she/it did not exist

**Existentialismus** [ɛksɪstɛntsi̯a'lɪsmʊs] **der; ~** *(Philos.)* existentialism *no art.*

**Existentialist der; ~en, ~en, Existentialistin die; ~, ~nen** existentialist

**existentialistisch 1.** *Adj.* existentialist. **2.** *adv.* **~ beeinflußt** influenced by existentialism

**existentiell** [ɛksɪstɛn'tsi̯ɛl] *Adj. (Philos.)* existential; **in etw.** *(Dat.)* **eine ~e Bedrohung sehen** see in sth. a threat to one's existence

**Existenz** [ɛksɪs'tɛnts] **die; ~, ~en a)** *(Dasein)* existence; **die nackte ~ retten** to escape with one's life; **b)** *(Lebensgrundlage)* livelihood; **sich** *(Dat.)* **eine ~ aufbauen** build a life for oneself; **jmdm. eine gesicherte ~ bieten** offer sb. a secure livelihood *or* living; **c)** *(Mensch)* **zweifelhafte ~en** dubious characters; **eine verkrachte ~** *(ugs.)* a dead-beat

**existenz-, Existenz-: ~angst die** angst; existential fear; **~bedingungen** *Pl.* living conditions; conditions of life; **~berechtigung die** the right to exist; **diese Institution hat keine ~berechtigung mehr** there is no longer any justification for the existence of this institution; **~fähig** *Adj.* able to exist *or* to survive *postpos.*; **~frage die** matter of life and death; **~grund·lage die** the basis of one's livelihood; **~kampf der** struggle for existence; **~minimum das** subsistence level; **am Rande des ~minimums leben** live at subsistence level; **die Löhne der Teepflükker liegen unter dem ~minimum** the tea-pickers earn less than a living wage; **~philosophie die** existential philosophy *no art.*

**existieren** [ɛksɪs'ti:rən] *itr. V.* exist

**Exitus** ['ɛksitʊs] **der; ~** *(Med.)* death; **„~", konstatierte der Arzt** 'she's/he's dead,' confirmed the doctor

**exkl.** *Abk.* **exklusiv[e]** excl.

**Exklave** [ɛks'kla:və] **die; ~, ~n** exclave

**exklusiv** [ɛksklu'zi:f] **1.** *Adj.* exclusive. **2.** *adv.* exclusively; **[über etw.** *(Akk.)***] ~ berichten** run an exclusive report [on sth.]

**Exklusiv·bericht der** exclusive [report]

**exklusive** [ɛksklu'zi:və] *Präp. + Gen. (Kaufmannsspr.)* exclusive of; excluding

**Exklusiv·interview das** exclusive interview

**Exklusivität** [ɛkskluzivi'tɛ:t] **die; ~:** exclusiveness; exclusivity

**Exklusiv·vertrag der** exclusive contract

**Ex·kommunikation die** *(kath. Kirche)* excommunication

**ex·kommunizieren** *tr. V. (kath. Kirche)* excommunicate

**Ex·könig der** ex-king

**Exkrement** [ɛkskre'mɛnt] **das; ~[e]s, ~e;** *meist Pl. (bes. Med., Zool.)* excrement; **menschliche ~e** human excrement *sing.*

**Exkret** [ɛks'kre:t] **das; ~[e]s, ~e** *(Med., Zool.)* excretion; **~e** excreta; excretions

**Exkulpation** [ɛkskʊlpa'tsi̯o:n] **die; ~, ~en** *(Rechtsw.)* exculpation

**exkulpieren** [ɛkskʊl'pi:rən] *tr. V. (Rechtsw.)* exculpate

**Exkurs** [ɛks'kʊrs] **der; ~es, ~e** digression; *(in einem Buch)* excursus

**Exkursion** [ɛkskʊr'zi̯o:n] **die; ~, ~en** study trip *or* tour

**Exlibris** [ɛks'li:bri:s] **das; ~, ~** *(Buchw., Graphik)* ex-libris; book-plate

**Exmatrikulation** [ɛksmatrikula'tsi̯o:n] **die; ~, ~en** *(Hochschulw.) removal of a student's name from the register on leaving a university*

**exmatrikulieren** [ɛksmatriku'li:rən] *tr. V. (Hochschulw.)* **jmdn./sich ~:** remove sb.'s name/have one's name removed from the university register

**Ex·meister der** *(Sport)* ex-champion

**exmittieren** [ɛksmɪ'ti:rən] *tr. V. (Rechtsw.)* evict

**Exmittierung die; ~, ~en** *(Rechtsw.)* eviction

**Exodus** ['ɛksodʊs] **der; ~, ~se** *(geh.)* exodus

**exogen** [ɛkso'ge:n] *Adj. (Med., Psych., Bot.)* exogenous

**exorbitant** [ɛksɔrbi'tant] **1.** *Adj. (geh.)* exorbitant ⟨*price*⟩. **2.** *adv.* exorbitantly

**Exorzismus** [ɛksɔr'tsɪsmʊs] **der; ~, Exorzismen** *(Rel.)* exorcism

**Exorzist der** *(Rel.)* exorcist

**Exot** [ɛ'kso:t] **der; ~en, ~en a)** *(Mensch)* strange foreigner; **b)** *(Tier, Pflanze)* exotic

**Exotin die; ~, ~nen** *s.* **Exot a**

**exotisch 1.** *Adj.* exotic. **2.** *adv.* exotically

**Expander** [ɛks'pandɐ] **der; ~s, ~** *(Sport)* chest-expander

**expandieren** [ɛkspan'di:rən] *tr., itr. V.* expand

**Expansion** [ɛkspan'zi̯o:n] **die; ~, ~en** expansion

**expansionistisch** *Adj. (Politik)* expansionist

**expansions-, Expansions-: ~freudig** *Adj.* **a)** *(Politik)* expansionist; **b)** *(Wirtsch.)* **~freudige Unternehmen** businesses which are eager to expand; **~kraft die** *(Physik, Technik)* expansive force; **~krieg der** expansionist war; **~politik die a)** expansionism; expansionist policy; **b)** *(Wirtsch.)* policy of expansion

**expansiv** [ɛkspan'zi:f] **1.** *Adj.* **a)** *(Politik)* expansionist; **b)** *(Wirtsch.)* expansionary. **2.** *adv.* in an expansionary manner

**expatriieren** [ɛkspatri'i:rən] *tr. V. (Politik, Rechtsw.)* expatriate

**Expedient** [ɛkspe'di̯ɛnt] **der; ~en, ~en a)** dispatch clerk; **b)** *(im Reisebüro)* travel agency clerk

**expedieren** [ɛkspe'di:rən] *tr. V.* dispatch; send; **jmdn. an einen anderen Ort ~** *(ugs.)* pack sb. off somewhere else *(coll.)*

**Expedition** [ɛkspedi'tsi̯o:n] **die; ~, ~en a)** expedition; **b)** *(Versandabteilung)* dispatch department

**Expeditions-: ~korps das** *(Milit.)* expeditionary force; **~leiter der** leader of the/an expedition

**Experiment** [ɛksperi'mɛnt] **das; ~[e]s, ~e** experiment; **mach keine ~e!** *(ugs.) (sei vorsichtig)* don't take any unnecessary risks!; *(bleib bei dem, was du kennst)* why experiment unnecessarily?; **ein filmisches ~:** an experimental film

**Experimental-** [ɛksperimɛn'ta:l-]: **~film der** experimental film; *(o. Pl.: Filmschaffen)* experimental cinema; **~physik die** experimental physics

**experimentell** [ɛksperimɛn'tɛl] **1.** *Adj.; nicht präd.* experimental. **2.** *adv.* experimentally; **etw. ~ beweisen/bestätigen** prove/confirm sth. experimentally *or* by experiment

**experimentieren** *itr. V.* experiment; **mit etw. ~:** experiment on *or* with sth.

**experimentier-, Experimentier-: ~freudig** *Adj.* keen to experiment; **~stadium das** experimental stage; **~theater das** experimental theatre

**Experte** [ɛks'pɛrtə] **der; ~n, ~n, Expertin die; ~, ~nen** expert **(für in)**

**Expertise** [ɛkspɛr'ti:zə] **die; ~, ~n** expert's report; **eine ~ [über etw.] einholen** obtain an expert opinion [on sth.]

**explizieren** [ɛkspli'tsi:rən] *tr. V. (geh.)* explicate

**explizit** [ɛkspli'tsi:t] **1.** *Adj.* explicit. **2.** *adv.* ⟨*describe, define*⟩ explicitly

**explizite** [ɛks'pli:tsɪte] *Adv. (geh.)* explicitly

**explodieren** [ɛksplo'di:rən] *itr. V.; mit sein (auch fig.)* explode; ⟨*costs*⟩ rocket

**Explosion** [ɛksplo'zi̯o:n] **die; ~, ~en** explosion; **etw. zur ~ bringen** detonate sth.; **eine ~ der Rohstoffpreise** *(fig.)* an explosion in the price of raw materials

**explosions-, Explosions-: ~artig 1.** *Adj.* explosive, astronomical ⟨*growth, increase*⟩; **2.** *adv.* ⟨*rise*⟩ astronomically; **~gefahr die;** *o. Pl.* danger of explosion; „**~gefahr!**" '[Danger,] Explosives!'; **~herd der a)** centre of the explosion; **b)** *(Unruheherd)* trouble-spot; **~krater der** crater; *(Bombenkrater)* bomb crater; **~motor der** internal combustion engine; **~welle die** shock wave

**explosiv** [ɛksplo'zi:f] **1.** *Adj.* **a)** *(auch fig.)* explosive; **b)** *(Sprachw.)* explosive; plosive; **~e Laute** plosives. **2.** *adv.* explosively; **~ reagieren** *(fig.)* react violently

**Explosiv-: ~geschoß das** explosive device; **~laut der** *(Sprachw.)* explosive; plosive; **~stoff der** *s.* **Sprengstoff**

**Explosivität** [ɛksplozivi'tɛ:t] **die** explosiveness

**Exponat** [ɛkspo'na:t] **das; ~[e]s, ~e** exhibit

**Exponent** [ɛkspo'nɛnt] **der; ~en, ~en** *(Math.)* exponent; *(fig.)* leading exponent

**Exponential-** [ɛksponɛn'tsi̯a:l-] *(Math.)* exponential ⟨*function, equation, curve*⟩

**exponieren** [ɛkspo'ni:rən] *tr. V. (geh.) (der Aufmerksamkeit aussetzen)* **jmdn./sich ~:** draw attention to sb./oneself; *(der Gefahr aussetzen)* lay sb./oneself open to attack

**exponiert** *Adj.* exposed

**Export** [ɛks'pɔrt] **der; ~[e]s, ~e a)** *o. Pl. (das Exportieren)* export; exporting; **der ~ nach Afrika** exports to Africa; **b)** *(das Exportierte)* export; **c)** *Pl.* **~** *(~bier)* export

**Export-: ~ab·teilung die** export department; **~artikel der** export; **~bier das** export beer

**Exporteur** [ɛkspɔr'tø:ɐ̯] **der; ~s, ~e** *(Wirtsch.)* exporter

**Export-: ~firma die** exporter; **~geschäft das a)** export business; **b)** *(geschäftlicher Abschluß)* export deal; **~handel der** export trade; **~händler der** exporter

**exportieren** *tr., itr. V.* export

**Export-: ~kaufmann der** export salesman; **~quote die** *ratio of the value of exports to that of the national product*

**Exposé** [ɛkspo'ze:] **das; ~s, ~s a)** exposé; report; **b)** *(eines Drehbuchs, Romans usw.)* outline

**Exposition** [ɛkspozi'tsi̯o:n] **die; ~, ~en** exposition

**expreß** [ɛks'prɛs] *Adv.* **a)** *(schnell)* express; **b)** *(veralt.: absichtlich)* on purpose; deliberately

**Expreß der; Expresses** *(bes. österr.)* express [train]

**Expreß-: ~brief der** *(veralt.)* express letter; **~gut das** express freight; express goods *pl.*; **etw. als ~gut schicken** send sth. by express goods

**Expressionismus** [ɛksprɛsi̯o'nɪsmʊs] **der** expressionism *no art.*

**Expressionist der; ~en, ~en, Expressionistin die; ~, ~nen** expressionist

**expressionistisch 1.** *Adj.* expressionist. **2.** *adv.* expressionistically; ⟨*influenced*⟩ by expressionism

**expressis verbis** [ɛks'prɛsi:s -] *(geh.)* explicitly

**expressiv** [ɛksprɛ'si:f] *Adj.* expressive; creative ⟨*dance*⟩

**Expreß-: ~reinigung die** express [dry] cleaning service; **~zug der** *(bes. schweiz.)* express [train]

**Expropriation** [ɛkspropria'tsi̯o:n] **die; ~, ~en** *(geh., Soziol.)* expropriation

**exquisit** [ɛkskvi'zi:t] **1.** *Adj.* exquisite. **2.** *adv.* exquisitely

**Exquisit·geschäft das** *(DDR)* shop selling foreign and luxury goods *(for GDR currency)*

**ex tempore** [ɛks'tɛmpore] *Adv. (Theater)* extempore

**Extempore das; ~s, ~s** *(Theater)* improvisation; extemporization

**extemporieren** *itr. V. (Theater)* improvise; extemporize

**extensiv** [ɛkstɛn'zi:f] **1.** *Adj. (auch Landw.)* extensive. **2.** *adv.* **a)** *(auch Landw.)* extensively; **b)** *(Rechtsw.)* **ein Gesetz ~ auslegen** give an extensive interpretation to a law

**Exterieur** [ɛkste'ri̯ø:ɐ̯] **das; ~s, ~s** *u.* **~e** *(geh.) (von Menschen)* appearance; *(von Gebäuden)* exterior

**extern** [ɛks'tɛrn] *(Schulw.)* **1.** *Adj.* external; **ein ~er Schüler** a day boy/girl. **2.** *adv.* **eine Prüfung ~ ablegen** take an examination as an external candidate

**Externe der/die;** *adj. Dekl. (Schulw.)* day boy/girl; *(Prüfling)* external candidate

**exterritorial** [ɛkstɛrito'ri̯a:l] *Adj. (Völkerr.)* extraterritorial

**Exterritorialität** [ɛkstɛritori̯ali'tɛ:t] **die** *(Völkerr.)* extraterritoriality

**extra** ['ɛkstra] **1.** *Adv.* **a)** *(gesondert)* ⟨*pay*⟩ separately; **Getränke werden ~ berechnet** drinks are extra; *(ugs. auch attr.)* **ein ~ Bett** a spare bed; **b)** *(zusätzlich, besonders)* extra; **~ fein gemahlener Kaffee** extra-fine ground coffee; **dafür brauche ich aber noch 10 DM ~:** but I need another 10 marks for that; **etwas ~ Schönes** something particularly nice; **c)** *(eigens)* especially; **etw. ~ für jmdn. tun** do sth. especially *or* just for sb.; **~ deinetwegen** just because of you; **d)** *(ugs.: absichtlich)* **etw. ~ tun** do sth. on purpose. **2.** *Adj.; nicht attr. (bayr., österr.)* fussy; hard to please

**Extra das; ~s, ~s;** *meist Pl.* extra

**extra-, Extra-: ~aus·gabe die a)** *(Zeitung)* special edition; extra; **b)** *(Geldausgabe)* extra *or* additional expense; **~blatt das** special edition; extra; **~fahrt die** *(bes. schweiz.)* special excursion; **~fein** *Adj. (ugs.)* really good; superb; **~galaktisch** *Adj. (Astron.)* extragalactic

**extrahieren** [ɛkstra'hi:rən] *tr. V. (Med., Chem.)* extract

**Extrakt** [ɛks'trakt] **der; ~[e]s, ~e a)** *fachspr. auch* **das** extract; **b)** *(Zusammenfassung)* summary; synopsis

**Extraktion** [ɛkstrak'tsi̯o:n] **die; ~, ~en** *(Med., Chem.)* extraction

**extra-, Extra-: ~ordinarius der** *(Hochschulw.)* extraordinary professor; **~polation** [~polatsi̯o:n] *(Math.)* extrapolation; **~polieren** *tr., itr. V. (Math.)* extrapolate; **~post die** *(hist.)* postchaise; **mit ~post** *(veralt.)* by express post; **~ration die** extra ration; **~terrestrisch** [~tɛrɛstrɪʃ] *Adj. (Astron.)* extraterrestrial; **~tour die** *(ugs. abwertend)* **sich** *(Dat.)* **ständig irgendwelche ~touren leisten** keep doing things off one's own bat *(Brit.) or* on one's own initiative

**extravagant** [-va'gant] **1.** *Adj.* flamboyant; flamboyantly furnished ⟨*flat*⟩. **2.** *adv.* flamboyantly

**Extravaganz** [-va'gants] **die; ~, ~en a)** *o. Pl.* flamboyance; **b)** *(Sache)* **~en** flamboyance *sing.*

**extravertiert** [-vɛr'ti:ɐ̯t] *Adj. (Psych.)* extrovert[ed]

**Extravertiertheit die; ~** *(Psych.)* extroversion

**Ẹxtra·wurst die a)** *(fig. ugs.)* **eine ~ bekommen** get special treatment *or* special favours; **sie will immer eine ~ [gebraten] haben** she always expects to get special treatment; **b)** *(österr.) s.* **Lyoner**

**extrem** [ɛks'tre:m] **1.** *Adj.* extreme. **2.** *adv.* extremely; **das Unternehmen hat sich ~ vergrößert** the business has expanded enormously; **~ reagieren** react in an extreme manner

**Extrẹm das; ~s, ~e** extreme; **von einem ~ ins andere fallen** go from one extreme to another

**Extrẹm·fall der** extreme case

**Extremịsmus der; ~, Extremịsmen** extremism; **alle Extremismen** all forms of extremism

**Extremịst der; ~en, ~en, Extremịstin die; ~, ~nen** extremist

**extremịstisch** *Adj.* extremist

**Extremität** [ɛkstremi'tɛ:t] **die; ~, ~en a)** extremity; **b)** *(das Extremsein)* extremeness

**Extrẹm-: ~punkt der** *(Math.)* extremum; **~situation die** extreme situation; extremity; **~wert der** *(Math.)* extremum

**extrovertiert** [ɛkstrovɛr'ti:ɐ̯t] *s.* **extravertiert**

**exzellent** [ɛkstsɛ'lɛnt] *(geh.)* **1.** *Adj.* excellent. **2.** *adv.* excellently

**Exzellenz** [ɛkstsɛ'lɛnts] **die; ~, ~en** Excellency; **Eure/Seine ~:** Your/His Excellency

**Exzenter** [ɛks'tsɛntɐ] **der; ~s, ~** *(Technik)* tappet

**Exzẹnter·welle die** *(Technik)* camshaft; tappet shaft

**Exzentriker** [ɛks'tsɛntrikɐ] **der; ~s, ~:** eccentric

**exzẹntrisch 1.** *Adj.* eccentric. **2.** *adv.* eccentrically

**Exzentrizität** [ɛkstsɛntritsi'tɛ:t] **die; ~, ~en** eccentricity

**exzeptionell** [ɛkstsɛptsio'nɛl] *Adj. (geh.)* unusual; exceptional ‹*case, cirumstances*›; *(hervorragend)* exceptional

**exzerpieren** [ɛkstsɛr'pi:rən] *tr. V. (geh.)* extract ‹*reference*›; excerpt ‹*book*›

**Exzerpt** [ɛks'tsɛrpt] **das; ~[e]s, ~e** excerpt

**Exzeß** [ɛks'tsɛs] **der; Exzẹsses, Exzẹsse** excess; **etw. bis zum ~ treiben** carry sth. to excess

**exzessiv** [ɛkstsɛ'si:f] **1.** *Adj.* excessive. **2.** *adv.* excessively

**Eyeliner** ['ailainɐ] **der; ~s, ~:** eye-liner

**Ẹ-Zug der** semi-fast train; stopping train *(Brit.)*

# F

**f, F** [ɛf] **das; ~, ~ a)** *(Buchstabe)* f/F; **nach Schema F** according to a set pattern *or* routine; **b)** *(Musik)* [key of] F; *s. auch* **a/A**

**f.** *Abk.* **folgend** f.

**F** *Abk.* **Fahrenheit** F

**Fa.** *Abk.* **Firma**

**Fabel** ['fa:bl̩] **die; ~, ~n a)** *(Literaturw.) (Gattung)* fable; *(Kern einer Handlung)* plot; **b)** *(Erfundenes)* story; tale; fable; **[jmdm.] eine ~ auftischen** spin [sb.] a yarn; **ins Reich der ~ gehören** belong in the realm of fantasy

**Fabel-: ~buch das** book of fables; **~dichter der** writer of fables

**fabelhaft 1.** *Adj.* **a)** *(ugs.: großartig)* fantastic *(coll.)*; **das ist ja ~:** that's [just] fantastic; **b)** *nicht präd. (unglaublich)* fabulous ‹*riches*›. **2.** *adv. (ugs.)* fantastically *(coll.)*; fabulously *(coll.)*

**Fabel-: ~tier das** mythological *or* fabulous creature; **~welt die** fairy-tale world; fabulous world

**Fabrik** [fa'bri:k] **die; ~, ~en** factory; *(Papier~, Baumwollspinnerei)* mill; **eine chemische ~:** a chemical works; **in die ~ gehen** *(ugs.)* work in a factory

**Fabrịk·anlage die** factory; *(Maschinen)* factory plant

**Fabrikant** [fabri'kant] **der; ~en, ~en** manufacturer

**Fabrịk·arbeiter der** factory-worker

**Fabrikat** [fabri'ka:t] **das; ~[e]s, ~e** product; *(Marke)* make

**Fabrikation** [fabrika'tsio:n] **die; ~:** production; **die ~ einstellen** stop production

**Fabrikatiọns-: ~fehler der** manufacturing fault; factory fault; **~prozeß der, ~verfahren das** manufacturing process

**fabrịk-, Fabrịk-: ~besitzer der** factory-owner; **~direktor der** works *or* production manager; **~gebäude das** factory building; **~gelände das** factory site; **~neu** *Adj.* brand-new

**fabrịks-, Fabrịks-** *(bes. österr.) s.* **fabrik-, Fabrik-**

**Fabrịk-: ~schiff das** factory ship; **~schorn·stein der** factory chimney; **~tor das** factory gate

**fabrizieren** [fabri'tsi:rən] *tr. V.* **a)** *(ugs. abwertend)* knock together *(coll.)*; **Unsinn ~:** make a mess of things; **b)** *(veralt.: herstellen)* manufacture; produce

**fabulieren** [fabu'li:rən] *itr. V.* invent stories; spin yarns

**Fabulier·lust die** delight in making up stories

**Facette** [fa'sɛtə] **die; ~, ~n** facet

**Facẹtten-: ~auge das** compound eye; **~schliff der** faceting; **ein Schmuckstein mit ~schliff** a faceted gem

**Fach** [fax] **das; ~[e]s, Fächer** ['fɛçɐ] **a)** compartment; *(für Post)* pigeon-hole; **ein ~ für Wäsche** a shelf for linen; *s. auch* **Dach a; b)** *(Studienrichtung, Unterrichts~)* subject; *(Wissensgebiet)* field; *(Berufszweig)* trade; **ein Meister seines ~es** a master of his trade; **das schlägt [nicht] in mein ~:** that is [not] my province; **vom ~ sein** be an expert; **ein Mann vom ~:** an expert

**fạch-, Fạch-: ~arbeiter der** skilled worker; craftsman; **~arzt der** specialist **(für in)**; **~ausdruck der, ~begriff, der** technical *or* specialist term; **~bereich der** *(Hochschulw.)* faculty; school; *(in der Schule)* department; **~bezogen** *Adj.* specialized ‹*training*›; **~blatt das** specialist journal; **~buch das** *(Abhandlung)* specialist book; *(Nachschlagewerk)* reference book; *(Lehrbuch)* textbook

**fächeln** ['fɛçl̩n] **1.** *tr. V.* fan. **2.** *itr. V.* ‹*breeze*› blow gently

**Fächer** ['fɛçɐ] **der; ~s, ~:** fan; *(fig.)* range

**fächer-, Fạ̈cher-: ~artig 1.** *Adj.* fan-like; **2.** *adv.* like a fan; **~besen der** *(Gartenbau)* wire-tooth rake; **~gewölbe das** fan vault

**fächern 1.** *refl. V.* fan out. **2.** *tr. V. (fig.)* diversify; **das Angebot ist breit gefächert** there is a wide range to choose from

**Fächer·palme die** fan palm

**Fächerung die; ~, ~en** *(fig.)* diversity

**fạch-, Fạch-: ~fremd** *Adj.* **~fremde Methoden** methods alien to the subject; **~fremde Ausdrücke/Vorstellungen** layman's terms/ideas; **~gebiet das** field; **~gelehrte der/die** specialist **(für in)**; **~gerecht 1.** *Adj.* correct; **2.** *adv.* correctly; **~geschäft das** specialist shop; **ein ~geschäft für Sportartikel/Eisenwaren** *usw.* a specialist sports shop/ironmonger's; **~gespräch das** technical discussion; **~gruppe die** section; **~handel der** specialist shops *pl.*; **~hoch·schule die** college *(offering courses in a special subject)*; **~hochschule für Musik** academy of music; **~idiot der** *(abwertend) person who has no interests outside his/her subject;* **~jargon der** *(abwertend)* technical jargon; **~kenntnis die** specialized *or* specialist knowledge; **~kraft die** skilled worker; **~kreise** *Pl.* **in ~kreisen** in specialist circles; **~kundig 1.** *Adj.* knowledgeable; **2.** *adv.* **jmdn. ~kundig beraten** give sb. informed *or* expert advice; **~lehrer der** subject teacher

**fạchlich 1.** *Adj.* specialist ‹*knowledge, work*›; technical ‹*problem, explanation, experience*›; **~e Ausbildung/Qualifikation** training/qualification in the subject. **2.** *adv.* **etw. ~ beurteilen** give a professional opinion on sth.; **~ qualifiziert** qualified in the subject

**fạch-, Fạch-: ~literatur die** specialist literature; *(bes. naturwissenschaftlich auch)* technical literature; **in der medizinischen ~literatur** in the specialist medical literature; **~mann der** expert; **~männisch 1.** *Adj.* expert; **2.** *adv.* **jmdn. ~männisch beraten** give sb. expert advice; **~ober·schule die** *college specializing in particular subjects;* **~presse die** specialist/technical publications *pl.*; *s. auch* **~literatur; ~richtung die** *s.* **Fach b**

**Fạchschaft die; ~, ~en a)** *(einer Berufsgruppe)* professional association; **b)** *(von Studenten)* student body of the/a faculty

**fạch-, Fạch-: ~schule die** technical college; **~simpelei** [~zɪmpə'lai] **die; ~, ~en** *(ugs. abwertend)* shop-talk; **~simpeleien** shop-talk *sing.*; **~simpeln** [~zɪmpl̩n] *itr. V. (ugs. abwertend)* talk shop; **~sprache die** technical terminology *or* language; **~sprachlich** *Adj.* technical; **~tagung die** [specialist] conference; **~terminus der** specialist/technical term; *s. auch* **~literatur; ~text der** specialist text; **~übergreifend 1.** *Adj.* inter-disciplinary ‹*teaching*›; **2.** *adv.* ‹*think, argue*› along interdisciplinary lines; ‹*teach*› using interdisciplinary methods; **~verband der** trade association; **~welt die;** *o. Pl.* experts *pl.*; **in der ~welt** among experts

**Fạch·werk das a)** *o. Pl. (Bauweise)* half-timbered construction; **b)** *(Balkengerippe)* half-timbering

**Fạchwerk·haus das** half-timbered house

**Fạch-: ~wissenschaftler der** specialist; **~wort das;** *Pl.* **~wörter** technical *or* specialist term; **~wörter·buch das** specialist/technical dictionary; *s. auch* **~literatur; ~zeit·schrift die** specialist/technical journal; *s. auch* **~literatur**

**Fackel** ['fakl̩] **die; ~, ~n** torch; **die ~ des Krieges** *(fig.)* the flames of war; **die ~ der Revolution/der Hoffnung** *(fig.)* the flame of revolution/hope; **von ~n erleuchtet sein** be torchlit *or* lit by torches; **wie lebende ~n** like human torches

**fạckeln** *itr. V. (ugs.)* shilly-shally *(coll.)*; dither; **nicht lange gefackelt!** no shilly-shallying! *(coll.)*; don't dither about!

**Fạckel-: ~schein der** torchlight; **im ~schein** by torchlight; **~träger der** torchbearer; **~zug der** torchlight procession

**fad** [fa:t] *(bes. südd., österr.) s.* **fade**

**Fädchen** ['fɛ:tçən] **das; ~s, ~:** short, thin thread

**fade** ['fa:də] *Adj.* **a)** *(schal)* insipid; **ein ~r Beigeschmack** *(fig.)* a flat after-taste; **b)** *(bes. südd., österr.: langweilig)* dull; **c)** *(südd., österr.: zimperlich)* **sei nicht ~!** don't be such a sissy!

**fädeln** ['fɛ:dl̩n] *tr. V.* thread; **etw. auf eine Schnur ~:** thread sth. on to a string
[1]**Faden** ['fa:dn̩] **der; ~s, Fäden** ['fɛ:dn̩] **a)** *(Garn)* thread; **ein ~:** a piece of thread; **sich wie ein roter ~ durch etw. ziehen** run like a thread through sth.; **der rote ~** *(fig.)* the central theme; **den ~ verlieren** *(fig.)* lose the thread; **er hat** *od.* **hält alle Fäden in der Hand** *(fig.)* he holds the reins; **er hält alle Fäden fest in der Hand** *(fig.)* he keeps a tight rein on everything; **an einem dünnen** *od.* **seidenen ~ hängen** *(fig.)* hang by a single thread; **seine Fäden spinnen** *(fig.)* spin a web of intrigue; **keinen trockenen ~ mehr am Leibe haben** *(ugs.)* be wet through *or* soaked to the skin; *s. auch* **Strich h; b)** *(fig.)* **ein schmaler ~ Blut** a thin trickle of blood; **graue Fäden im Haar haben** have a grey hair here and there; **Fäden ziehen** *(cheese etc.)* be soft and stringy; **c)** *(Med.)* suture; **die Fäden ziehen** remove the stitches
[2]**Faden der; ~s, ~** *(Seemannsspr.)* fathom
**faden-, Faden-: ~kreuz das** cross-hairs *pl.;* **~lauf der** grain [of the cloth]; **~molekül das** linear molecule; **~nudeln** *Pl. (Kochk.)* vermicelli *sing.;* **~scheinig** [~ʃainɪç] *Adj.* **a)** *(fig. abwertend: nicht glaubhaft)* threadbare ⟨*morality*⟩; flimsy ⟨*argument, reason, excuse*⟩; **b)** *(abgewetzt)* threadbare ⟨*clothes*⟩; **~spiel das** cat's cradle; **~stärke die** thickness *(of wool);* **~wurm der** *(Zool.)* threadworm
**Fadheit die; ~, ~en** *s.* **fade a, b:** insipidness; dullness
**Fagott** [fa'gɔt] **das; ~[e]s, ~e** bassoon
**Fagottist der; ~en, ~en, Fagottistin die; ~, ~nen** bassoonist
**Fähe** ['fɛ:ə] **die; ~, ~n** *(Jägerspr.) (Fuchs~)* vixen; bitch; *(Dachs~)* sow; bitch
**fähig** ['fɛ:ɪç] *Adj.* **a)** *(begabt)* able; capable; **ich halte ihn für einen ~en Kopf** I think he has an able mind; **b)** *(bereit, in der Lage)* **zu etw. ~ sein** be capable of sth.; **er ist zu allem ~:** he is capable of anything; **~ sein, etw. zu tun** be capable of doing sth.
**Fähigkeit die; ~, ~en a)** *meist Pl. (Tüchtigkeit)* ability; capability; **menschliche ~en** human faculties; **geistige ~en** intellectual faculties *or* abilities; **praktische ~en** practical skills; **jmds. ~en wecken** awaken sb.'s talents; **seine ~en für etw. einsetzen** use one's abilities for sth.; **b)** *o. Pl. (Imstandesein)* ability **(zu** to)
**Fähigkeits·nachweis der** certificate of proficiency
**fahl** [fa:l] *Adj.* pale; pallid; wan ⟨*light, smile*⟩; **~ schien der Mond ins Zimmer** the moon shone wanly into the room
**fahl-: ~blau** *Adj.* pale-blue; **~blond** *Adj.* ash-blond; **~gelb** pale-yellow
**Fahlheit die; ~:** paleness; pallor
**Fähnchen** ['fɛ:nçən] **das; ~s, ~ a)** little flag; **~ schwenken** wave flags; **b)** *(ugs. abwertend: Kleid)* **ein billiges ~:** a cheap frock *(Brit.) or* dress
**fahnden** ['fa:ndn̩] *itr. V.* search **(nach** for)
**Fahndung die; ~, ~en** search
**Fahndungs-: ~aktion die** search operation; **~apparat der: der gesamte ~apparat der Polizei ist eingesetzt worden** the police have committed all their available resources to the search; **~blatt das, ~liste die** wanted list
**Fahne** ['fa:nə] **die; ~, ~n a)** flag; **b)** *(fig.)* **etw. auf seine ~n schreiben** espouse the cause of sth.; **seine ~ nach dem Wind[e] hängen** trim one's sails to the wind; **mit fliegenden ~n zu jmdm./etw. übergehen** *od. (abwertend)* **überlaufen** openly and suddenly turn one's coat; **zu den ~n eilen** *(veralt.)* join the colours; **jmdn. zu den ~n rufen** *(veralt.)* call sb. to the colours; **c)** *o. Pl. (ugs.: Alkoholgeruch)* smell of alcohol on sb.'s breath; **eine ~ haben** reek of alcohol; **d)** *(Druckw.)* galley
**fahnen-, Fahnen-: ~eid der** oath of allegiance; **~flucht die** desertion; **~flucht begehen** desert; **~flüchtig** *Adj.* **~flüchtig werden/sein** desert/be a deserter; **~geschmückt** *Adj.* decorated with flags *postpos.;* **~korrektur** *(Druckw.) (Fahne)* galley-proof; *(Korrekturlesen)* **die ~korrektur muß bald erfolgen** the galley-proofs will have to be read soon; **~mast der, ~stange die** flagpole; **das Ende der ~stange ist erreicht** *(fig.)* that's as far as we/they *etc.* can go; **~träger der** standard-bearer; **~weihe die** consecration of the flag
**Fähnlein** ['fɛ:nlain] **das; ~s, ~** *(hist.)* small troop
**Fähnrich** ['fɛ:nrɪç] **der; ~s, ~e** *(Milit.)* ~, *(Marine)* **~ zur See** ensign
**Fahr·ausweis der a)** *(Amtsspr.: Fahrschein)* ticket; **b)** *(schweiz.: Führerschein)* driving licence
**Fahr·bahn die** carriageway; **die linke/rechte ~:** the left-hand/right-hand side of the road; **beim Überqueren der ~:** when crossing the road *or (formeller)* carriageway
**Fahrbahn-: ~belag der** road surface; **~breite die** road width; **~markierung die** road-marking
**fahrbar** *Adj.* ⟨*table, bed*⟩ on castors; mobile ⟨*crane, kitchen, etc.*⟩; **ein ~er Untersatz** *(ugs.)* wheels *pl. (joc.)*
**fahr·bereit** *Adj.* ⟨*car etc.*⟩ in running order; **wir sind ~:** we're ready to go
**Fahr·bereitschaft die** motor pool
**Fähr·betrieb der** ferry service; *(von mehreren Fähren)* ferry services *pl.*
**Fahr-: ~damm der** *(bes. berlin.) s.* **~bahn; ~bücherei die** mobile library; **~dienst·leiter der** *(Eisenb.)* train controller; **~draht der** overhead contact wire
**Fähre** ['fɛ:rə] **die; ~, ~n** ferry
**Fahr·eigenschaft die** *(Kfz-W.)* handling characteristic; **~en** handling
**fahren** ['fa:rən] **1.** *unr. itr. V.; mit sein* **a)** *(als Fahrzeuglenker)* drive; *(mit dem Fahrrad, Motorrad usw.)* ride; *(mit dem Kinderroller)* scooter; *(auf Skiern)* ski; *(mit Rollschuhen)* [roller-]skate; *(mit Schlittschuhen)* [ice-]skate; *(mit dem Rodelschlitten)* toboggan; **mit dem Auto ~:** drive; *(her~ auch)* come by car; *(hin~ auch)* go by car; **mit dem Fahrrad/Motorrad ~:** cycle/motor cycle; come/go by bicycle/motor cycle; **mit 80 km/h ~:** drive/ride at 80 k.p.h.; **links/rechts ~:** drive on the left/right; *(abbiegen)* bear *or* turn left/right; **langsam ~:** drive/ride slowly; **langsamer ~:** slow down; **gegen etw. ~:** go into sth.; **wie fährt man am schnellsten zum Bahnhof?** what is the quickest route to the station [by car/motor cycle *etc.*]?; **b)** *(mit dem Auto usw. als Mitfahrer; mit dem Bus, der Straßenbahn, U-Bahn, dem Taxi, Zug, Schiff, Luftschiff, Schlitten usw., ugs. mit dem Flugzeug)* go; *(mit dem Aufzug/der Rolltreppe/der Seilbahn/dem Skilift)* take the lift *(Brit.) or (Amer.)* elevator/escalator/cable-car/ski-lift; *(mit der Achterbahn, dem Karussell usw.)* ride **(auf** + *Dat.* on); *(per Anhalter)* hitch-hike; **mit dem Auto/Bus/Zug** *usw.* **~:** go by car/bus/train *etc.;* **erster/zweiter Klasse/zum halben Preis ~:** travel *or* go first/second class/at half-price; **ich fahre nicht gern [im] Auto/Bus** I don't like travelling in cars/buses; **fährst du mit mir?** are you coming with me?; **sollen wir ~ oder zu Fuß gehen?** shall we go by car/bus *etc.* or walk?; **mit Chauffeur ~:** be driven round by a chauffeur; **ich will noch mal ~!** *(auf der Achterbahn usw.)* I want to have another ride!; **c)** *(reisen)* go; **in Urlaub ~:** go on holiday; **ins Wochenende ge~ sein** *(vom Arbeitsplatz aus gesehen)* have left for the weekend; *(von zu Hause)* have gone away for the weekend; *s. auch* **Himmel b; Hölle a; d)** *(los~)* go; leave; **e)** ⟨*motor vehicle, train, lift, cable-car*⟩ go; ⟨*ship*⟩ sail; **mein Auto fährt nicht** my car won't go; **der Wagen fährt sehr ruhig** the car is very quiet *or* runs very quietly; **der Aufzug fährt heute nicht** the lift *(Brit.) or (Amer.)* elevator is out of service today; **f)** *(verkehren)* run; **der Bus fährt alle fünf Minuten/bis Goetheplatz** the bus runs *or* goes every five minutes/goes to Goetheplatz; **hier fährt dreimal täglich eine Fähre** there are three ferries a day from here; **von München nach Passau fährt ein D-Zug** there's a fast train from Munich to Passau; **g)** *(mit bestimmtem Treibstoff)* **mit Diesel/Benzin ~:** run on diesel/petrol *(Brit.) or (Amer.)* gasoline; **mit Dampf/Atomkraft ~:** be steam-powered/atomic-powered; **h)** *(schnelle Bewegungen ausführen)* **in die Kleider ~:** leap into one's clothes; **in die Höhe ~:** jump up [with a start]; **der Blitz ist in einen Baum ge~:** the lightning struck a tree; **jmdm. an die Kehle ~:** leap at sb.'s throat; **sich** *(Dat.)* **mit der Hand durch das Haar ~:** run one's fingers through one's hair; **was ist denn in dich ge~?** *(fig.)* what's got into you?; **der Schreck fuhr ihm in die Glieder** *(fig.)* the shock went right through him; **ein Gedanke fuhr ihm durch den Kopf** *(fig.)* an idea flashed through his mind; **jmdm. über den Mund ~** *(fig.)* shut sb. up; **aus der Haut ~** *(ugs.)* blow one's top *(coll.);* **i)** *(Erfahrungen machen)* **gut/schlecht mit jmdm./einer Sache ~:** get on well/badly with sb./sth.; **er ist schlecht damit ge~, den Arbeitsplatz zu wechseln** his change of job turned out badly for him. **2.** *unr. tr. V.* **a)** *(fortbewegen)* drive ⟨*car, lorry, train, etc.*⟩; ride ⟨*bicycle, motor cycle*⟩; **ein Boot ~:** sail a boat; **Auto/Motorrad/Roller ~:** drive [a car]/ride a motor cycle/scooter; **Kahn** *od.* **Boot/Kanu ~:** go boating/canoeing; **Ski ~:** ski; **Schlitten ~:** toboggan; **Rollschuh ~:** [roller-]skate; **Schlittschuh ~:** [ice-]skate; **Aufzug/Rolltreppe ~:** ride up and down in the lift *(Brit.) or (Amer.)* elevator/on the escalator; **Sessellift ~:** ride in a/the chair-lift; **U-Bahn ~:** ride on the underground *(Brit.) or (Amer.)* subway; **b)** *mit sein ([als Strecke] zurücklegen)* drive; *(mit dem Motorrad, Fahrrad)* ride; take ⟨*curve*⟩; **einen Umweg/eine Umleitung ~:** make a detour/follow a diversion; **der Zug fährt jetzt eine andere Strecke** the train takes a different route now; **er fährt seine 26. Runde** he is on his twenty-sixth lap; **c)** *(befördern)* drive, take ⟨*person*⟩; take ⟨*thing*⟩; ⟨*vehicle*⟩ take; ⟨*ship, lorry, etc.*⟩ carry ⟨*goods*⟩; *(zum Sprecher)* drive, bring ⟨*person*⟩; bring ⟨*thing*⟩; ⟨*vehicle*⟩ bring; **jmdn. über den Fluß ~:** ferry sb. across the river; **d)** *mit sein (mit einer bestimmten Geschwindigkeit)* **50/80 km/h ~:** do 50/80 k.p.h.; **hier muß man 50 km/h ~:** you've got to keep to 50 k.p.h. here; **e)** *meist mit sein (als Teilnehmer mitfahren bei)* **ein Rennen ~:** take part in a race; **f)** *meist mit sein (erzielen)* **einen Rekord ~:** set a record; **1:23:45/eine gute Zeit ~:** do *or* clock 1.23.45/a good time; **g)** *mit sein (leisten)* **der Wagen fährt 210 km/h** the car will do 210 k.p.h.; **h)** *(in einen schlechten Zustand bringen)* **ein Auto schrottreif** *od.* **zu Schrott ~:** write off a car; *(durch lange Beanspruchung)* run *or* drive a car into the ground; **eine Beule in den Kotflügel ~:** dent the wing; **jmdm. eine Schramme in den Kotflügel ~:** scratch sb.'s wing; **i)** *(als Treibstoff benutzen)* use ⟨*diesel, regular*⟩; **j)** *(auf Roll-, Schlittschuhen ausführen)* skate; **k)** *(Technik: bedienen)* operate; **einen Hochofen ~:** control a blast-furnace; **l)** *(Rundf.: senden)* broadcast ⟨*programme*⟩; **m)** *(arbeiten)* **eine Sonderschicht ~:** do *or* work an extra shift. **3.** *unr. refl. V.* **a) sich gut ~** ⟨*car*⟩ handle well, be easy to drive; **wie fährt sich so ein Rennboot?** how does a power-boat like that handle?; **b)** *mit sein (unpers.)* **in dem Wagen**

**fährt es sich bequem** the car gives a comfortable ride; **auf dieser Straße/mit dem Zug fährt es sich angenehm** this road is pleasant to drive on/it's pleasant travelling by train

**fahrend** *Adj.* itinerant; **~er Sänger** wandering minstrel; **~es Volk** travelling people *pl.*

**Fahrenheit** *s.* **Grad c**

**fahren|lassen** *unr. tr. V.* **a)** *(loslassen)* let go; **b)** *(aufgeben)* abandon ‹*hope*›

**Fahrens·mann der;** *Pl.* **Fahrensmänner** *od.* **Fahrensleute** *(Seemannsspr.)* sailor

**Fahrer der; ~s, ~:** driver; **„Nicht mit dem ~ sprechen!"** 'Passengers must not talk to the driver'

**Fahrerei die; ~, ~en** *(Fahrweise)* driving; *(dauerndes Fahren)* driving/riding around

**Fahrer-: ~flucht die: wegen ~flucht** for failing to stop after [being involved in] an accident; **~flucht begehen** fail to stop after [being involved in] an accident; **~haus das** [driver's] cab

**Fahrerin die; ~, ~nen** driver; *s. auch* **-in**

**fahrerisch 1.** *Adj.; nicht präd.* **~es Können** driving skill; skill as a driver. **2.** *adv.* **jmdm. ~ überlegen sein** be a better driver than sb.

**Fahrer·kabine die** [driver's] cab

**Fahr-: ~erlaubnis die** *(Amtsspr.)* driving licence; **jmdm. die ~ entziehen** disqualify sb. from driving; **~gast der** passenger; **~geld das** fare; **~geld·erstattung die** reimbursement of travelling expenses; **~gelegenheit die** means of transport; **~gemeinschaft die** car pool; **~geschwindigkeit die** speed; **~gestell das a)** *(Kfz-W.)* chassis; **b)** *(bei Kränen, Eisenbahnwagen, Maschinen)* bogie *(Brit.)*; *(Lafette)* gun-carriage; *(beim Flugzeug)* undercarriage; **c)** *(scherzh.: Beine)* legs *pl.*

**Fähr·hafen der** ferry terminal

**fahrig** ['fa:rıç] *Adj.* nervous, agitated ‹*movements*›; nervous and fidgety ‹*student, pupil*›

**Fahrigkeit die; ~:** nervousness and fidgetiness

**Fahr·karte die** ticket; **eine ~ schießen** *(ugs.)* miss completely

**Fahrkarten-: ~ausgabe die** ticket office; **~automat der** ticket machine; **~kontrolleur der** *(im Bus)* inspector; *(im Zug)* ticket inspector; **~schalter der** ticket window; **~verkäufer der** ticket-office clerk

**fahr-, Fahr-: ~kilometer der** *(im Bus)* kilometre [travelled]; *(eines Autos)* kilometre [covered]; **~komfort der** [passenger] comfort; **~kunst die** driving skills *pl.*; **~lässig 1.** *Adj.* negligent ‹*behaviour*›; **~e Tötung/Körperverletzung** *(Rechtsw.)* causing death/injury through *or* by [culpable] negligence; **2.** *adv.* negligently; **er hat den Tod des Fußgängers ~lässig verschuldet** he was responsible for *or* guilty of causing the death of the pedestrian through *or* by culpable negligence; **~lässigkeit die** negligence; **~lehrer der** driving instructor; **~leistung die** performance

**Fähr·mann der** ferryman

**Fahrnis die; ~, ~se** *(Rechtsw.)* chattels *pl.*; movables *pl.*

**Fährnis die; ~, ~se** *(veralt.)* peril

**Fahr·personal das** crew

**Fahr·plan der a)** timetable; schedule *(Amer.)*; **den ~ einhalten** run to schedule *or* on time; **b)** *(ugs.: Vorhaben)* plans *pl.*; **den ~ durcheinanderbringen** upset the entire schedule *or* all the arrangements

**fahrplan·mäßig 1.** *Adj.* scheduled ‹*departure, arrival*›; **der verspätete Schnellzug nach Köln, ~e Abfahrt 16.30 ...:** the delayed fast train to Cologne, due to depart at 16.30,... **2.** *adv.* ‹*depart, arrive*› according to schedule, on time

**Fahr·praxis die** driving experience

**Fahr·preis der** fare

**Fahrpreis-: ~anzeiger der** taximeter; **~erhöhung die** fare increase; increase in fares; **~ermäßigung die** reduction in fares; **eine ~ermäßigung erhalten** be given concessionary fares

**Fahr·prüfung die** driving test

**Fahr·rad das** bicycle; cycle; **mit dem ~ fahren** cycle; ride a bicycle

**Fahrrad-: ~fahrer der** cyclist; **~händler der** bicycle dealer; **etw. beim ~händler kaufen** buy sth. from a/the bicycle shop; **~handlung die** bicycle shop; **~kette die** bicycle chain; **~lampe die** bicycle lamp; **~pumpe die** bicycle pump; **~schlüssel der a)** *(für das Schloß)* bicycle-lock key; **b)** *(Schraubenschlüssel)* bicycle spanner; **~ständer der** bicycle rack *or* stand; **~weg der** cycle path

**Fahr·rinne die** shipping channel; fairway

**Fahr·schein der** ticket

**Fahrschein-: ~automat der** ticket machine; **~entwerter der** ticket cancelling machine; **~heft das** book of tickets

**Fähr·schiff das** ferry

**Fahr-: ~schule die a)** *(Unternehmen)* driving school; **b)** *(ugs.: Unterricht)* driving lessons *pl*; **~schüler der a)** learner driver; **b)** *pupil who must use transport to get to school*; **~sicherheit die** safe driving *no art.*; **die ~sicherheit erhöhen** make driving safer; **~spur die** traffic-lane; **die ~spur wechseln/beibehalten** change lanes/stay in one's lane

**fährst** [fɛ:ɐst] *2. Pers. Sg. Präsens v.* **fahren**

**Fahr-: ~stil der** style of driving; *(mit dem Rad)* style of riding; *(auf Skiern)* style of skiing; **~streifen der** *s.* **~spur**

**Fahr·stuhl der** lift *(Brit.)*; elevator *(Amer.)*; *(für Lasten)* hoist; **mit dem ~ fahren** take the lift/elevator

**Fahrstuhl-: ~führer der** lift attendant *(Brit.)*; elevator operator *(Amer.)*; **~schacht der** lift shaft *(Brit.)*; elevator shaft *(Amer.)*

**Fahr·stunde die** driving lesson

**Fahrt** [fa:ɐt] **die; ~, ~en a)** *o. Pl. (das Fahren)* journey; **„während der ~ nicht hinauslehnen!"** 'do not lean out of the window while the train is in motion'; **freie ~ haben** have a clear run; *(fig.)* have been given the green light; **b)** *(Reise)* journey; *(Schiffsreise)* voyage; **auf der ~:** on the journey; **c)** *(kurze Reise, Ausflug)* trip; *(Wanderung)* hike; **eine ~ [nach/zu X] machen** go on *or* take a trip [to X]; **eine ~ ins Blaue machen** *(mit dem Auto)* go for a drive; *(Veranstaltung)* go on a mystery tour; **auf ~ gehen** *(veralt.)* go hiking; **d)** *o. Pl. (Geschwindigkeit)* **in voller ~:** at full speed; **die ~ verlangsamen** slow down; decelerate; **die ~ beschleunigen** speed up; accelerate; **die ~ aufnehmen** gather speed; pick up speed; **kleine ~ machen** *(Seemannsspr.)* sail slowly; **in ~ kommen** *od.* **geraten** *(ugs.)* get going; *(böse werden)* get worked up; **jmdn. in ~ bringen** *(ugs.)* get sb. going; *(böse machen)* get sb. worked up; **e)** *(Seemannspr.)* **Kapitän auf großer ~:** foreign trade master; **das Patent für kleine ~:** master's certificate for coastal trade *or* home trade

**-fahrt die; ~, ~en: Frankreich~/Ostasien~:** trip to France/East Asia

**fährt** [fɛ:ɐt] *3. Pers. Sg. Präsens v.* **fahren**

**fahr·tauglich** *Adj.* fit to drive *postpos.*

**Fahr·tauglichkeit die** fitness to drive

**fahrt-, Fahrt-: ~ausweis der** *s.* **Fahrausweis**; **~bereit** *s.* **fahrbereit**; **~dauer die** travelling-time

**Fährte** ['fɛ:ɐtə] **die** tracks *pl.*; trail; **die ~ aufnehmen** pick up the trail *or* scent; **Hunde auf die ~ setzen** put hounds on the track; **jmds. ~ verfolgen** track sb.; **die richtige ~ finden** *(fig.)* get on the right track; **die falsche ~ verfolgen** *(fig.)* be on the wrong track; **jmdn. auf eine falsche ~ locken** *(fig.)* put sb. on the wrong track

**Fahrten-: ~buch das a)** *(Kontrollbuch)* logbook; **b)** *(Tagebuch)* [rambler's] diary; **~messer das** sheath-knife; **~schreiber der** tachograph; **~schwimmer der** advanced swimmer; **den ~schwimmer machen** *(ugs.)* take the advanced swimmer's test

**Fahrt·kosten** *Pl. (für öffentliche Verkehrsmittel)* fare/fares; *(für Autoreisen)* travel costs; **die ~ erstatten** pay travelling expenses

**Fahr·treppe die** escalator

**Fahrt·richtung die** direction; **in ~ Innenstadt** in the direction of the town centre; **die Autobahn ist in ~ Norden gesperrt** the northbound carriageway of the motorway is closed; **in ~ parken** park in the direction of the traffic; **die ~ ändern** change direction; **gegen die ~ sitzen** *(im Zug)* sit with one's back to the engine; *(im Bus)* facing backwards; **in ~ sitzen** *(im Zug)* sit facing the engine; *(im Bus)* facing forwards

**Fahrtrichtungs·anzeiger der** *(Kfz-W.)* **a)** *(Blinklicht)* [direction] indicator; **b)** *(Hinweistafel)* destination board

**Fahrt·schreiber der** *s.* **Fahrtenschreiber**

**fahr·tüchtig** *Adj.* ‹*driver*› fit to drive; ‹*vehicle*› roadworthy

**Fahr·tüchtigkeit die** *(des Fahrers)* fitness to drive; *(des Fahrzeugs)* roadworthiness

**Fahrt-: ~unterbrechung die** break [in the journey]; stop; **eine ~unterbrechung ist [nicht] möglich** passengers may [not] break their journey; **~wind der** airflow; **~ziel das** destination

**fahr·untüchtig** *Adj.* ‹*driver*› unfit to drive; ‹*vehicle*› unroadworthy

**Fähr·verbindung die** ferry link

**Fahr-: ~verbot das** disqualification from driving; driving ban; **jmdm. [ein] ~verbot erteilen** ban *or* disqualify sb. from driving; **~verhalten das a)** *(des Fahrers)* behaviour as a driver; **b)** *(des Fahrzeuges)* performance

**Fähr·verkehr der** ferry traffic

**Fahr-: ~wasser das** shipping channel; fairway; **in ein gefährliches ~wasser geraten** *(fig.)* get on to dangerous ground; **in ein politisches ~wasser geraten** *(fig.)* stumble into a political minefield; **in jmds. ~wasser schwimmen** *od.* **segeln** *(fig.)* follow [along] in sb.'s wake; **~weise die** way of driving; **seine ~weise** the way he drives; **~werk das a)** *(Flugw.)* undercarriage; **b)** *(Kfz-W.)* *s.* **~gestell**; **~wind der a)** *(Segelfliegen)* wind; **b)** *s.* **Fahrtwind**; **~zeit die** travelling time; **eine ~zeit von wenigen Minuten/Stunden** a few minutes'/hours' travelling time; **nach einer ~zeit von zwei Stunden** after travelling for two hours

**Fahr·zeug das** vehicle; *(Luft~)* aircraft; *(Wasser~)* vessel

**Fahrzeug-: ~bau der** motor manufacturing industry; **~brief der** *s.* **Kraftfahrzeugbrief**; **~führer der** driver of a/the motor vehicle; **~halter der** registered keeper [of a/the vehicle]; **~kolonne die** convoy of vehicles; **~papiere** *Pl.* vehicle documents *pl.*; **~verkehr der** traffic

**Faible** ['fɛ:bl] **das; ~s, ~s** liking; *(Schwäche)* weakness; **ein ~ für etw. haben** have a weakness for sth.

**fair** [fɛ:ɐ] **1.** *Adj.* fair **(gegen** to). **2.** *adv.* fairly; **~ spielen** play fairly *or (coll.)* fair

**Fairneß** ['fɛ:ɐnɛs] **die; ~:** fairness

**Fairneß·pokal der** *(Sport) cup for the most sporting competitor*

**Fair play** ['fɛə'pleı] **das; ~ ~:** fair play

**Fait accompli** [fɛtakõ'pli] **das; ~ ~, ~s ~s** *(geh.)* fait accompli

**Fäkalien** [fɛ'ka:li̯ən] *Pl.* faeces *pl.*

**Fakir** ['fa:ki:ɐ, *österr.:* fa'ki:ɐ] **der; ~s, ~e** fakir

**Faksimile** [fak'zi:mile] **das; ~s, ~s** facsimile

**Faksimile-: ~aus·gabe die** facsimile edition; **~druck der** printed facsimile

**Fakt** [fakt] **das** *od.* **der; ~[e]s, ~en** *od.* **~s** fact

**Fakten** *s.* **Faktum**
**Fạkten-: ~material das** facts *pl.;* **~wissen das** factual knowledge
**Faktion** [fak'tsio:n] **die; ~, ~en** *(veralt., schweiz.)* faction
**fạktisch 1.** *Adj.; nicht präd.* real; actual; **der ~e Nachteil/Nutzen** the practical disadvantage/usefulness. **2.** *adv.* **a) das bedeutet ~ ...:** it means in effect ...; **es ist ~ möglich/unmöglich** it is in actual fact possible/impossible; **b)** *(bes. österr. ugs.: praktisch, eigentlich)* more or less; virtually
**Faktor** ['faktɔr] **der; ~s, ~en** [-'to:rən] **a)** *(auch Math.)* factor; **der auslösende ~:** the immediate cause; **ein konstanter ~** *(Math.)* a constant; **b)** *(Berufsbez.) (in einer Setzerei)* composing-room foreman *or* supervisor; *(in einer Druckerei)* [printing-room] foreman *or* supervisor
**Faktorei die; ~, ~en** *(hist.)* foreign trading post; factory *(Hist.)*
**Faktotum** [fak'to:tʊm] **das; ~s, ~s** *od.* **Faktoten** *(scherzh.)* factotum
**Faktum** ['faktʊm] **das; ~s, Fạkten** fact
**Faktur** [fak'tu:ɐ̯] **die; ~, ~en** *(Kaufmannsspr. veralt.)* invoice
**fakturieren** *itr. V.* do invoicing
**Fakturier·maschine die** invoicing machine
**Fakturịst der; ~en, ~en, Fakturịstin die; ~, ~nen** invoice clerk
**Fakultas** [fa'kʊltas] **die; ~, Fakultäten** [fakʊl'tɛ:tn̩] *(Schulw.)* qualification to teach; **die ~ für etw. haben** be qualified to teach sth.
**Fakultät** [fakʊl'tɛ:t] **die; ~, ~en** *(Hochschulw.)* **a)** *(Abteilung)* faculty; **die philosophische/medizinische/juristische ~:** the faculty of arts/medicine/law; **die ~ wechseln** change faculty; **b)** *(Lehrer und Studenten)* staff and students *(of a faculty);* **c)** *(Räumlichkeiten)* faculty building; **d)** *(Math.)* factorial; **5 ~:** factorial 5
**fakultativ** [fakʊlta'ti:f] **1.** *Adj.* optional ⟨*subject, participation*⟩. **2.** *adv.* optionally
**Falange** [fa'laŋge] **die; ~:** Falange
**Falangist der; ~en, ~en** Falangist
**falb** [falp] *Adj. (geh.)* dun-coloured
**Falbe** ['falbə] **der; ~n, ~n** dun [horse]
**Falbel** ['falbl̩] **die; ~, ~n** *(Textilw.)* furbelow, flounce
**Falke** ['falkə] **der; ~n, ~n** *(auch Politik fig.)* hawk
**Fạlken·beize** die falconry
**Falkenier** [falkə'ni:ɐ̯] **der; ~s, ~e:** *s.* **Falkner**
**Falkländer** ['falklɛndɐ] **der, ~s, ~, Fạlkländerin die; ~, ~nen** Falklander
**Fạlkland·inseln** *Pl.* Falkland Islands; Falklands
**Fạlkner der; ~s, ~:** falconer
**Falknerei die; ~, ~en a)** *o. Pl. (Falkenbeize)* falconry; **b)** *(Anlage)* hawk-house
**¹Fall** [fal] **der; ~[e]s, Fälle** ['fɛlə] **a)** *(Sturz)* fall; **zu ~ kommen** have a fall; **durch** *od.* **über etw.** *(Akk.)* **zu ~ kommen** *(fig.)* come to grief because of sth.; **jmdn. zu ~ bringen** *(fig.)* bring about sb.'s downfall; **der ~ einer Stadt** *(fig.)* the fall of a town; *s. auch* **Hochmut; b)** *(das Fallen)* descent; **der freie ~:** free fall; **c)** *(Ereignis, Vorkommnis)* case; *(zu erwartender Umstand)* eventuality; **für den äußersten** *od.* **schlimmsten ~, im schlimmsten ~:** if the worst comes to the worst; **im besten ~:** at best; **es ist [nicht] der ~:** it is [not] the case; **gesetzt den ~:** assuming; supposing; **für den ~, daß es morgen schön ist** in case it's fine tomorrow; **im ~e einer Veränderung** in the event of a change; **auf jeden ~:** in any case; **auf alle Fälle** in any case; **auf keinen ~:** on no account; **das ist doch ein ganz klarer ~:** it's perfectly clear; **jmds. ~ sein** *(fig. ugs.)* be sb.'s cup of tea; **klarer ~** *(ugs.)* it goes without saying; **in jedem ~:** in any case; **der ~ ist [für mich] erledigt** [as far as I'm concerned] that's the end of it; **d)** *(Rechtsw., Med., Grammatik)* case; **der 1./2./3./4. ~** *(Grammatik)* the nominative/genitive/dative/accusative case
**²Fạll das; ~[e]s, ~en** *(Seemannsspr.)* halyard
**Fạll-: ~beil das** guillotine; **~beschleunigung die** *(Physik)* gravitational acceleration
**Falle** ['falə] **die; ~, ~n a)** *(auch fig.)* trap; **in die ~ gehen** walk into the trap; **jmdm. eine ~ stellen** *(fig.)* set a trap for sb.; **jmdn. in eine ~ locken** *(fig.)* lure sb. into a trap; **jmdm. in die ~ gehen** *(fig.)* fall into sb.'s trap; **in der ~ sitzen** *(fig.)* be in a spot; **b)** *(salopp: Bett)* **in die ~ gehen** turn in *(coll.);* **sich in die ~ hauen** hit the sack *or* hay *(sl.);* **c)** *(Riegel am Türschloß)* catch; latch
**fạllen** *unr. itr. V.; mit sein* **a)** fall; **etw. ~ lassen** drop sth.; **immer [wieder] auf die Füße ~** *(fig. ugs.)* always land on one's feet; **sich ins Gras/Bett/Heu ~ lassen** fall on to the grass/ into bed/into the hay; *s. auch* **Decke c; Gewicht; Groschen b; Rahmen b; Schoß a; Schuppe a; stehen; Stein b; Stuhl a; Tür; Wasser a; Wolke; Würfel b; b)** *(hin~, stürzen)* fall [over]; **auf die Knie/in den Schmutz ~:** fall to one's knees/in the dirt; **über einen Stein ~:** trip over a stone; **im Fallen hat er den Schirmständer umgerissen** he pulled the umbrella stand over as he fell; *s. auch* **gefallen 2; Kopf a; Mund; Nase a; c)** *(sinken)* ⟨*prices*⟩ fall; ⟨*temperature, water level*⟩ fall, drop; ⟨*fever*⟩ subside; **im Preis ~:** go down *or* fall in price; *s. auch* **Arm a; Hals a; Knie a; Rücken a; Schloß a; Zügel a; d)** *(an einen bestimmten Ort gelangen, dringen)* ⟨*light, shadow, glance, choice, suspicion*⟩ fall; **die Wahl fiel auf ihn** the choice fell on him; **e)** *(abgegeben, erzielt werden)* ⟨*shot*⟩ be fired; *(Sport)* ⟨*goal*⟩ be scored; **f)** *(nach unten hängen)* ⟨*hair*⟩ fall; **die Haare ~ ihr ins Gesicht/auf die Schulter** her hair falls over her face/ to her shoulders; **g)** *(im Kampf sterben)* die; fall *(literary);* **im Krieg ~:** die in the war; **er ist bei Verdun ge~:** he died *or* fell at Verdun; **h)** *(aufgehoben, beseitigt werden)* ⟨*ban*⟩ be lifted; ⟨*tax*⟩ be abolished; ⟨*obstacle*⟩ be removed; ⟨*limitation*⟩ be overcome; *s. auch* **Opfer b; Tisch; i)** *(zu einer bestimmten Zeit stattfinden)* **in eine Zeit ~:** occur at a time; **mein Geburtstag fällt auf einen Samstag** my birthday falls on a Saturday; **in diese Zeit fällt der Höhepunkt der romantischen Dichtung** that time saw the heyday of Romantic poetry; **j)** *(zu einem Bereich gehören)* **in/unter eine Kategorie ~:** fall into *or* within a category; **unter ein Gesetz/eine Bestimmung ~:** come under a law/a regulation; **k)** *(zu~, zuteil werden)* **eine Erbschaft/ein Gebiet fällt an jmdn.** an inheritance/a piece of territory falls to sb.; **er ist seinen Feinden in die Hände ge~:** he has fallen into the hands of his enemies; **l)** *(geäußert werden)* ⟨*decision*⟩ be taken *or* made; **scharfe Worte/Bemerkungen fielen** harsh words were spoken/ harsh remarks were made; **m)** *(ver~)* **in Trümmer ~:** collapse in ruins; **in Schwermut ~:** be overcome by melancholy; **in einen Dialekt ~:** lapse into a dialect; **in Trab ~:** break into a trot; *s. auch* **Last c; Rolle f; Ungnade; n)** *(erobert werden)* ⟨*town, stronghold*⟩ fall; **o)** *(geh.: ab~)* slope; fall
**fällen** ['fɛlən] *tr. V.* **a)** fell ⟨*tree, timber*⟩; **b)** *(verkünden)* **ein Urteil ~** ⟨*judge*⟩ pass sentence; ⟨*jury*⟩ return a verdict; **einen Schiedsspruch ~:** make a ruling; **c)** *(Milit.: zum Angriff senken)* lower ⟨*bayonet*⟩; **d)** *(Chemie)* precipitate
**fạllen|lassen** *unr. tr. V.; 2. Part. ~ od. (seltener)* **fallengelassen a)** *(aufgeben)* abandon ⟨*plan, aim, project*⟩; **b)** *(sich lossagen von)* drop ⟨*friend, colleague*⟩; **c)** *(äußern)* let fall ⟨*remark*⟩; drop ⟨*hint*⟩
**Fạllen·steller der; ~s, ~:** trapper
**Fạll-: ~geschwindigkeit die** *(Physik)* velocity of fall; **~gesetz das** *(Physik)* law of gravity; **~gitter das** portcullis; **~grube die** pitfall; **~höhe die a)** *(Physik)* height of fall; **b)** *(Literaturw.)* extent of a/the dramatic hero's fall
**fallieren** *itr. V. (Finanzw.)* go bankrupt
**fällig** ['fɛlɪç] *Adj.* **a)** due; **eine ~e Reform** an overdue reform; **der Kerl ist ~** *(ugs.)* he's in for it *(sl.);* **b)** *(zu bezahlen)* ⟨*sum of money*⟩ payable, due; **ein ~er Wechsel/~e Zinsen** a bill to mature/interest payable
**Fälligkeit die; ~, ~en** *(Wirtsch.),* **Fälligkeits·termin der** settlement date; date of payment
**Fạll·obst das** windfalls *pl.*
**Fallout** [fɔ:l'|aʊt] **der; ~s, ~s** *(Kernphysik)* fall-out
**Fạll-: ~reep das** *(Seemannsspr.)* jack-ladder; **~rückzieher der** *(Fußball)* bicycle kick
**falls** [fals] *(Konj.)* **a)** *(wenn)* if; **~ es regnet/schneit** if it rains/snows; **b)** *(für den Fall, daß)* in case; **~ es regnen sollte** in case it should rain
**Fạll·schirm der** parachute; **mit dem ~ abspringen** *(im Notfall)* parachute out; *(als Sport)* make a [parachute] jump; **mit dem ~ über Belgien abspringen** parachute out over Belgium; *(als Soldat, Spion)* parachute into Belgium
**Fạllschirm-: ~jäger der** *(Luftwaffe)* paratrooper; **~springen das** parachuting *no art.;* **~springer der** parachutist
**Fạll-: ~strick der** trap; snare; **jmdm. ~stricke legen** *(fig.)* set traps for sb.; **~studie die** case-study; **~sucht die;** *o. Pl. (veralt.)* falling sickness *(arch.);* **~tür die** trap-door
**Fällungs·mittel das** *(Chemie)* precipitant
**fạll-, Fạll-: ~weise** *Adv. (österr.) s.* **gelegentlich 2a; ~wind der** katabatic wind; **~wurf der** *(Handball)* falling throw
**falsch** [falʃ] **1.** *Adj.* **a)** *(unecht, imitiert)* false ⟨*teeth, plait*⟩; imitation ⟨*jewellery*⟩; **Falsche Akazie** *(Bot.)* false acacia; **~er Hase** *(Kochk.)* meat loaf; **b)** *(gefälscht)* counterfeit, forged ⟨*banknote*⟩; false, forged ⟨*passport*⟩; assumed ⟨*name*⟩; **c)** *(irrig, fehlerhaft)* wrong ⟨*impression, track, pronunciation*⟩; wrong, incorrect ⟨*answer*⟩; **auf der ~en Fährte sein** be on the wrong track; **logisch ~ sein** be logically false; **an den Falschen geraten** come to the wrong man; **alle Aufgaben ~ [gelöst] haben** have got all one's exercises wrong; **etw. in die ~e Kehle** *od.* **den ~en Hals bekommen** *(fig. ugs.)* take sth. the wrong way; *s. auch* **Licht a, Pferd a; d)** *(unangebracht)* false ⟨*shame, modesty*⟩; **e)** *(irreführend)* false ⟨*statement, promise*⟩; **unter Vorspiegelung ~er Tatsachen** under false pretences; **f)** *(abwertend: hinterhältig)* false ⟨*friend*⟩; **ein ~er Hund** *(salopp)* a two-faced so-and-so *(sl.);* **eine ~e Schlange** *(fig.)* a snake in the grass; **ein ~es Spiel [mit jmdm.] treiben** play false with sb.; *s. auch* **Fuffziger; g)** *(bes. nordd.: erzürnt)* angry. **2.** *adv.* **a)** *(fehlerhaft)* wrongly; incorrectly; **~ singen** sing wrongly; **~ gehen/fahren** go the wrong way; **etw. ~ verstehen** misunderstand sth.; **die Uhr geht ~:** the clock is wrong; **~ informiert** *od.* **unterrichtet sein** be misinformed; **~ herum** *(verkehrt)* back to front; the wrong way round; *(auf dem Kopf)* upside down; *(links)* inside-out; *s. auch* **herum a, verbinden 1h; b)** *(irreführend)* **~ schwören** lie on oath
**Fạlsch der; ~s** *(geh., veralt.) in* **an jmdm. ist kein ~:** sb. is guileless; **ohne ~ sein** be completely guileless
**Fạlsch-: ~aus·sage die** *(Rechtsspr.)* **[eidliche] ~aussage** false testimony *or* evidence; **uneidliche ~aussage** false statement [not on oath]; **~eid der** *(Rechtsspr.)* unintentional false statement under oath

**fälschen** ['fɛlʃn̩] *tr. V.* forge, fake ‹*signature, document, passport*›; forge ‹*painting*›; forge, counterfeit ‹*coin, banknote*›; falsify ‹*history*›

**Fälscher der;** ~s, ~, **Fälscherin die;** ~, ~nen forger; counterfeiter

**Falsch-:** ~**fahrer der** *s.* **Geisterfahrer;** ~**geld das** counterfeit money

**Falschheit die;** ~ **a)** *(Hinterhältigkeit)* duplicity; deceitfulness; **b)** *(Unechtheit)* falseness; *(Fehlerhaftigkeit)* wrongness

**fälschlich 1.** *Adj.; nicht präd.* false ‹*claim, accusation*›; *(irrtümlich)* mistaken, false ‹*assumption, suspicion*›. **2.** *adv.* falsely, wrongly ‹*claim, accuse*›; mistakenly, falsely ‹*assume, suspect*›

**fälschlicher·weise** *Adv.* by mistake; mistakenly

**falsch-, Falsch-:** ~|**liegen** *unr. itr. V. (ugs.)* be mistaken; ~**meldung die** false report; ~**münzer** ['~mʏntsɐ] **der** forger; counterfeiter; ~**münzerei** [~mʏntsə'rai] **die;** ~, ~**en** forgery; counterfeiting; ~|**spielen** *itr. V.* cheat; ~**spieler der** cheat; *(erwerbsmäßig)* card-sharp[er]

**Fälschung die;** ~, ~**en a)** fake; counterfeit; **b)** *(das Fälschen)* forging; counterfeiting

**Falsett** [fal'zɛt] **das;** ~[e]s, ~e *(Musik)* falsetto [voice]

**Falsifikat** [falzifi'ka:t] **das;** ~[e]s, ~e forgery; fake

**Falsifikation** [falzifika'tsio:n] **die;** ~, ~**en** falsification

**falsifizieren** [falzifi'tsi:rən] *tr. V.* falsify

**faltbar** *Adj.* collapsible ‹*box, boat*›

**Falt-:** ~**blatt das** leaflet; *(in Zeitungen, Zeitschriften, Büchern)* insert; ~**boot das** collapsible boat

**Fältchen** ['fɛltçən] **das;** ~s, ~: wrinkle

**Falte** ['faltə] **die;** ~, ~**n a)** crease; ~**n schlagen** crease; **b)** *(im Stoff)* fold; *(mit scharfer Kante)* pleat; **c)** *(Haut~)* wrinkle; line; **die Stirn in ~n legen** *od.* **ziehen** *(nachdenklich)* knit one's brow; *(verärgert)* frown; **d)** *(Geol.)* fold

**fälteln** ['fɛltl̩n] *tr. V.* pleat

**falten 1.** *tr. V.* fold; **die Hände ~:** fold one's hands. **2.** *refl. V. (auch Geol.)* fold; ‹*skin*› wrinkle, become wrinkled

**falten-, Falten-:** ~**bildung die** *(auch Geol.)* folding; *(der Haut)* wrinkling; ~**frei** *Adj.* creaseless ‹*fit*›; ~**gebirge das** [range of] fold mountains; ~**los** *Adj.* uncreased ‹*garment*›; unwrinkled ‹*skin*›; ~**reich** *Adj.* heavily pleated ‹*robe*›; heavily lined ‹*face*›; ~**rock der** pleated skirt; ~**wurf der** arrangement of the folds

**Falter der;** ~s, ~ *(Nacht~)* moth; *(Tag~)* butterfly

**faltig a)** *Adj.* ‹*clothes*› gathered [in folds]; wrinkled ‹*skin, hands*›; **b)** *(zerknittert)* creased

**-fältig** [-fɛltɪç] *Adj., adv.* -fold; **hundert~/tausend~:** hundredfold/thousandfold

**Falt-:** ~**karte die** folding map; ~**karton der** collapsible cardboard box; ~**tür die** folding door

**Faltung die;** ~, ~**en** *(Geol.)* fold

**Falz** [falts] **der;** ~es, ~e **a)** *(Buchbinderei) (scharfe Faltlinie)* fold; *(Übergang zwischen Buchdeckel und -rücken)* groove; *(angehefteter Leinenstreifen)* guard; stub; **b)** *(bei Briefmarken)* hinge; **c)** *(Bauw., Holzverarb.)* rebate; rabbet; **d)** *(Technik)* lock seam; double seam

**falzen** *tr. V. (Buchbinderei)* fold; *(Technik)* seam

**Falz·maschine die a)** *(Buchbinderei)* folding machine; **b)** *(Technik)* seaming machine

**Fama** ['fa:ma] **die;** ~ *(geh.)* rumour; **es geht die ~, daß ...:** there is a rumour that ...

**familial** [fami'lia:l] *Adj. (Soziol.)* familial

**familiär** [fami'liɛ:ɐ] **1.** *Adj.* **a)** family ‹*problems, worries*›; **aus ~en Gründen** for family reasons; **b)** *(zwanglos)* familiar; informal; informal ‹*tone, relationship*›. **2.** *adv. (zwanglos)* **sich ~ ausdrücken** to talk in a familiar way

**Familiarität** [familiari'tɛ:t] **die;** ~, ~**en** familiarity

**Familie** [fa'mi:liə] **die;** ~, ~**n a)** family; ~ **Meyer** the Meyer family; ~ **haben** have a family; **eine ~ gründen** *(heiraten)* marry; *(Kinder bekommen)* start a family; **das bleibt in der ~:** it will stay in the family; it will go no further; **das kommt in den besten ~n vor** it happens in the best families; **das liegt in der ~:** it runs in the family; **b)** *(Biol.)* family

**familien-, Familien-:** ~**album das** family album; ~**angehörige der/die;** *adj. Dekl.* member of the family; ~**angelegenheit die** family affair *or* matter; **in dringenden ~angelegenheiten** on urgent family business; ~**anschluß der** personal contact [with a/the family]; ~**anzeigen** *Pl.* births, deaths, and marriages; ~**besitz der** family property; **im ~besitz** in the family's possession; **dieses Stück ist aus altem ~besitz** this piece is a family heirloom; ~**betrieb der** family business *or* firm; ~**bibel die** family bible; ~**bild das** *(Foto)* family photograph; *(Gemälde)* family picture; ~**chronik die** family history; ~**ehre die** family honour; ~**feier die** family party; ~**feindlich** *Adj.* ‹*policy etc.*› hostile to the family; ~**flasche die** family-sized bottle; ~**forschung die** genealogy; ~**für·sorge die** family welfare service; ~**gerecht** *Adj.* ‹*accommodation etc.*› suiting the needs of families; ~**grab das** family grave; ~**gruft die** family vault; ~**krach der** *(ugs.)* family row; **bei uns gibt es oft ~krach** we often have family rows; ~**kreis der** family circle; **im engsten ~kreis** in the immediate family; ~**leben das;** *o. Pl.* family life; ~**minister der** *minister responsible for family matters;* ~**mit·glied das** member of the family; ~**name der** surname; family name; ~**ober·haupt das** head of the family; ~**paß der** family passport; ~**planung die;** *o. Pl.* family planning *no art.;* ~**politik die;** *o. Pl.* policy/policies relating to the family; ~**recht das** family law; ~**roman der** family saga; ~**schmuck der** family jewels *pl.;* family jewellery; ~**sinn der** sense of commitment to the family; ~**stand der** marital status; ~**stück das** family heirloom; ~**treffen das** family meeting; ~**vater der: ~vater sein** be the father of a family; **ein guter ~vater** a good husband and father; ~**verhältnisse** *Pl.* family circumstances; family background; **aus geordneten ~verhältnissen kommen** have a stable family background; ~**vorstand der** *(Amtsspr.)* head of the family; ~**wappen das** family coat of arms; ~**zusammen·führung die** re-uniting of families; ~**zuwachs der** addition[s] to the family; **~zuwachs bekommen/erwarten** have/expect an addition to the family

**famos** [fa'mo:s] *(veralt.)* **1.** *Adj.* splendid. **2.** *adv.* splendidly

**famulieren** [famu'li:rən] *itr. V. (Med.)* do one's clinical training

**Famulus** ['fa:mulʊs] **der;** ~, ~**se** *od.* **Famuli** ['fa:muli] **a)** *(Med.) medical student doing his/her clinical training;* intern *(Amer.);* **b)** *(veralt., scherzh.: Assistent)* famulus

**Fan** [fɛn] **der;** ~s, ~s fan

**Fanal** [fa'na:l] **das;** ~s, ~e *(geh.)* torch; **ein ~ für etw. setzen** light a torch for sth.

**Fanatiker** [fa'na:tikɐ] **der;** ~s, ~, **Fanatikerin die;** ~, ~**nen** fanatic; *(religiös)* fanatic; zealot

**-fanatiker der: Frischluft~/Fußball~:** fresh air/football fanatic

**fanatisch 1.** *Adj.* fanatical. **2.** *adv.* fanatically

**fanatisieren** *tr. V.* rouse to fanaticism; **der fanatisierte Mob** the fanatically excited mob

**Fanatismus der;** ~: fanaticism

**fand** [fant] *1. u. 3. Pers. Sg. Prät. v.* **finden**

**Fandango** [fan'daŋgo] **der;** ~s, ~s fandango

**Fanfare** [fan'fa:rə] **die;** ~, ~**n a)** herald's trumpet; **die ~ blasen** play the ceremonial trumpet; **b)** *(Signal)* fanfare; flourish; ~**n erklingen** fanfares are sounded; **c)** *(Musikstück)* fanfare; **d)** *(am Auto)* musical [air] horn

**Fanfaren-:** ~**klang der** sound of the fanfare; ~**zug der** parade of trumpeters

**Fang** [faŋ] **der;** ~[e]s, **Fänge** ['fɛŋə] **a)** *o. Pl. (Tier~)* trapping; *(von Fischen)* catching; **zum ~ auslaufen** put to sea [to fish]; **b)** *o. Pl. (Beute)* bag; *(von Fischen)* catch; haul; **einen guten ~ machen** *od.* **tun** *(fig.)* make a good catch; **c)** *(Jägerspr.: Fuß eines Raubvogels) Pl.* talons *pl.;* claws *pl.;* **was er einmal in den Fängen hat, rückt er nicht wieder heraus** *(fig. ugs.)* once something gets into his clutches, he doesn't let go; **d)** *Pl. (Jägerspr.: Fangzähne)* fangs *pl.*

**Fang-:** ~**arm der** *(Zool.)* tentacle; ~**ball der** catch; ~**eisen das** *(Jagdw.)* trap

**fangen 1.** *unr. tr. V.* **a)** *(ergreifen, fassen)* catch, trap ‹*bird, animal*›; catch ‹*fish*›; **die Katze fängt eine Maus** the cat catches a mouse; **eine ~** *(südd., österr. ugs.)* get a clip round the ear *(coll.);* **b)** *(gefangennehmen)* catch, capture ‹*fugitive etc.*›; **gefangene Soldaten** captured soldiers; **in Frankreich/Rußland gefangen sein** be a prisoner of war in France/Russia; **von etw. [ganz] gefangen sein** *(fig.)* be [quite] enthralled by sth.; **sich gefangen geben** give oneself up; surrender; **c)** *auch itr. (auffangen)* catch ‹*ball*›; **er kann gut/nicht ~:** he's good/not good at catching. **2.** *unr. refl. V.* **a)** *(in eine Falle geraten, nicht mehr frei kommen)* get *or* be caught; **der Wind fängt sich in etw.** sth. catches the wind; *s. auch* **Schlinge b; b)** *(wieder in die normale Lage kommen)* **sich [gerade] noch ~:** [just] manage to steady oneself; **sich wieder ~** *(fig.)* recover

**Fangen das;** ~s: ~ **spielen** play tag *or* catch

**Fänger** ['fɛŋɐ] **der;** ~s, ~: catcher; *(von Großwild)* hunter

**fang-, Fang-:** ~**flotte die** fishing leet; ~**frage die** catch question; trick question; ~**frisch** *Adj.* fresh; freshly caught ‹*fish*›; ~**gebiet das** fishing ground; ~**leine die a)** *(Seemannsspr.) (eines Schiffs)* hawser; *(eines Bootes)* mooring rope; **b)** *(Fallschirmspringen)* shroud line; ~**netz das a)** *(Fischereiw.)* [fishing] net; **b)** *(Flugw.)* arrester gear; **c)** *(Artistik)* safety net

**Fango·packung** ['faŋgo-] **die** *(Med.)* fango pack

**Fang-:** ~**prämie die** bounty; ~**riemen der** [binding] strap; ~**schaltung die** *(Fernspr.)* tracing device; interception circuit; ~**schuß der** *(Jagdw.)* coup de grâce; ~**zeit die** season

**Fan-** [fɛn-]: ~**klub der** fan club; ~**post die** fan mail

**Fantasie** [fanta'zi:] **die;** ~, ~**n** *(Musik)* fantasia

**Faraday·käfig** ['færədɪ-] **der** *(Physik)* Faraday cage

**Farb-:** ~**ab·stimmung die** colour balance; colour harmony; ~**band das** [typewriter] ribbon; ~**beutel der** paint bomb; ~**bild das a)** *(Aufnahme)* colour photo; **b)** *(Illustration)* colour picture; ~**dia das** colour slide; colour transparency; ~**druck der** colour print *or* reproduction

**Farbe** ['farbə] **die;** ~, ~**n a)** colour; ~ **bekommen/verlieren** get some colour/lose one's colour; **an ~ gewinnen/verlieren** *(fig.)* become more/less colourful; **die ~ wechseln** ‹*person*› blanch; **b)** *(Farbstoff) (für Texti-*

*lien)* dye; *(für Holz, Metall, Stein usw.)* paint; **~n mischen/auftragen** mix/apply paint; **die ~n laufen ineinander/verblassen** the colours are running together/are fading; **etw. in den schwärzesten/glühendsten ~n malen** *od.* **schildern** *(fig.)* paint the gloomiest possible picture/a rosy picture of sth.; **c)** *o. Pl. (Buntheit)* colour; **der Film ist in ~**: the film is in colour; **d)** *meist Pl. (Symbol eines Landes, einer Vereinigung)* **~n** colours; **die ~n seines Landes vertreten** represent one's country; **die ~ wechseln** *(fig.)* change sides; **e)** *(Spielkarten)* suit; **eine ~ bedienen** follow suit; **~ bekennen** *(fig. ugs.)* come clean *(coll.)*

**fạrb-, Fạrb-: ~echt** *Adj.* colour-fast; **~effekt der** colour effect; **~empfindlich** *Adj.* **a)** colour-sensitive ‹*film*›; **b)** *(nicht ~echt)* non-colour-fast

**Färbe·mittel das** dye

**färben** ['fɛrbn̩] **1.** *tr. V.* **a)** dye ‹*wool, material, hair*›; **etw. grün/schwarz/beige ~**: dye sth. green/black/beige; **sich** *(Dat.)* **das Haar blond ~ lassen** have one's hair dyed blond; **b)** *meist im 2. Part. (verändert darstellen)* **eine politisch gefärbte Rede** a speech with a political slant; **ein gefärbter Bericht** a biased report. **2.** *refl. V.* change colour; **sich schwarz/rot** *usw.* **~**: turn black/red *etc.* **3.** *itr. V. (ugs.: ab~)* **der Stoff/die Bluse färbt** the material/the blouse runs

**-farben** *Adj., adv.* **erd~/erdbeer~/creme~/haut~**: earth-/strawberry-/cream-/skin-coloured; **creme~ angestrichen** painted cream

**fạrben-, Fạrben-: ~blind** *Adj.* colour-blind; **~freudig** *Adj.*, **~froh** *Adj.* colourful; **~industrie die** paint industry; **~lehre die** theory of colour; **~pracht die** colourful splendour; **~prächtig** *Adj.* vibrant with colour *postpos.*; **~sinn der**; *o. Pl.* colour-sense; sense of colour; **~spiel das** play of colours; **~test der** *(Psych.)* colour test; **~tragend** *Adj.* ‹*student fraternity*› using traditional colours

**Färber der; ~s, ~**: dyer

**Färberei die; ~, ~en a)** *(Betrieb)* dye-works *sing.*; **b)** *o. Pl. (Verfahren)* dyeing

**Färberin die; ~, ~nen** dyer

**Fạrb-: ~fernsehen das** colour television; **~fernseher der** *(ugs.)* colour telly *(coll.)* *or* television; **~fernseh·gerät das** colour television [set]; **~film der** colour film; **~filter, der,** *fachspr. meist:* **das** colour filter; **~fleck der** paint spot; **~foto das** colour photo; **~fotografie die a)** *o. Pl. (Verfahren)* colour photography; **b)** *(Foto)* colour photograph; **~gebung, ~gestaltung die** colouring; choice of colours

**fạrbig 1.** *Adj.* **a)** coloured; **b)** *(bunt, fig.: anschaulich, lebhaft)* colourful ‹*dress, picture, description, tale*›; **~e [Kirchen]fenster** stained-glass [church-]windows. **2.** *adv.* colourfully

**-farbig** *Adj., adv. s.* **-farben**

**Fạrbige der/die;** *adj. Dekl.* coloured man/woman; coloured; **die ~n in Amerika/Südafrika** the coloured people in America/the Coloureds in South Africa

**Fạrbigkeit die;** ~ *(auch fig.)* colourfulness

**Fạrb-: ~karte die** colour chart *or* guide; **~klecks der** paint spot *or* splash; *(nicht aufgesogen)* blob of paint; paint spot; **~kombination die** colour combination; **~komposition die** colour composition

**fạrblich 1.** *Adj.* in colour *postpos.*; as regards colour *postpos.* **2.** *adv.* **etw. ~ aufeinander abstimmen** match sth. in colour

**fạrb-, Fạrb-: ~los** *Adj. (auch fig.)* colourless; clear ‹*varnish*›; neutral ‹*shoe polish*›; **~losigkeit die;** ~ *(auch fig.)* colourlessness; **~negativ das** *(Fot.)* colour negative; **~schicht die** layer of paint; *(beim Auftragen)* coat of paint; **~skala die** colour range; **~stift der a)** *(Buntstift)* coloured pencil; **b)** *(Filzstift)* coloured felt-tip *or* pen; **~stoff der a)** *(Med., Biol.)* pigment; **b)** *(für Textilien)* dye; **c)** *(für Lebensmittel)* colouring; **~ton der** shade; **~tupfen, ~tupfer der** spot of colour

**Fạ̈rbung die; ~, ~en a)** *(Farbgebung)* colouring; colour; **b)** *(das Färben)* dyeing; **c)** *(fig.: Tendenz)* slant

**Fạrb-: ~walze die** *(Druckw.)* ink[ing] roller; **~wechsel der a)** *(wechselndes Auftreten von Farben)* variation in colour; **b)** *(Zool.)* ability to change skin-colour

**Farce** ['farsə] **die; ~, ~n a)** *(auch fig.)* farce; **b)** *(Kochk.)* stuffing; *(mit Fleisch)* forcemeat

**farcieren** *tr. V. (Kochk.)* fill; stuff

**Farm** [farm] **die; ~, ~en** farm

**Fạrmer der; ~s, ~**: farmer

**Farn** [farn] **der; ~[e]s, ~e** fern

**Fạrn-: ~kraut das** fern; **~wedel der** fern frond

**Färse** ['fɛrzə] **die; ~, ~n** heifer

**Fasan** [fa'za:n] **der; ~[e]s, ~e[n]** pheasant

**Fasanerie** [fazanə'ri:] **die; ~, ~n** pheasantry

**faschieren** *tr. V. (österr.)* mince

**Faschierte das;** *adj. Dekl. (österr.)* minced meat; mince

**Faschine** [fa'ʃi:nə] **die; ~, ~n** *(Straßenbau)* fascine; faggot

**Fasching** ['faʃɪŋ] **der; ~s, ~e** *od.* **~s** [pre-Lent] carnival; **im ~**: at carnival time

**Fạschings-: ~ball der** carnival ball; **~kostüm das** fancy-dress costume [for carnival]; **~zug der** carnival procession

**Faschismus** [fa'ʃɪsmʊs] **der; ~**: fascism *no art.*; **Opfer des ~**: victim of fascism

**Faschịst der; ~en, ~en, Faschịstin die; ~, ~nen** fascist

**faschịstisch** *Adj.* fascist

**faschistoid** [faʃɪsto'i:d] *Adj.* fascistic

**Fase** ['fa:zə] **die; ~, ~n** *(Technik)* bevel [edge]; chamfer [edge]

**Faselei die; ~, ~en** *(ugs. abwertend)* drivel; twaddle

**faseln** ['fa:zl̩n] *itr. V. (ugs. abwertend)* drivel; blather

**fasen** ['fa:zn̩] *tr. V. (Technik)* bevel; chamfer

**Faser** ['fa:zɐ] **die; ~, ~n** fibre; **mit jeder ~ seines Herzens an etw.** *(Dat.)* **hängen** *(fig. geh.)* love sth. with every fibre of one's being

**Faser·glas das;** *o. Pl. (Technik)* fibreglass

**faserig** *Adj.* fibrous ‹*paper*›; stringy ‹*meat*›

**fasern** *itr. V.* fray

**faser-, Faser-: ~pflanze die** fibre-plant; **~schonend** *Adj.* gentle [to fabrics]; **~stoff der** fibrous material

**Fas·nacht** ['fas-] **die;** *o. Pl. (bes. südd.) s.* **Fastnacht**

**Faß** [fas] **das; Fạsses, Fässer** ['fɛsɐ] barrel; *(Öl~, Benzin~ usw.)* drum; *(kleines Bier~)* keg; *(kleines Sherry~, Portwein~ usw.)* cask; *(Butter~)* churn; **Bier vom ~**: draught beer; **Wein vom ~**: wine from the wood; **er ist [so] dick wie ein ~** *(ugs.)* he's as fat as a barrel; **er säuft wie ein ~** *(ugs.)* he drinks like a fish; **das schlägt dem ~ den Boden aus** *(ugs.)* that takes the biscuit *(Brit. coll.) or (coll.)* cake; **das bringt das ~ zum Überlaufen** that's the last straw; **ein ~ ohne Boden sein** be an endless drain on sb.'s resources; **ein ~ aufmachen** *(ugs.)* paint the town red

**Fassade** [fa'sa:də] **die; ~, ~n a)** façade; frontage; **b)** *(abwertend: äußere Erscheinung)* façade; front; **das ist nur [noch] ~**: it is just a façade *or* front; **sie hat eine hübsche ~**: she is pretty on the outside

**Fassaden-: ~kletterer der; ~s, ~**: cat-burglar; **~lift der** [workmen's/window-cleaners'] cradle; **~reiniger der** *workman who cleans the exteriors of buildings*

**faßbar** *Adj.* **a)** *(greifbar, konkret)* tangible, concrete ‹*results*›; **b)** *(verständlich)* comprehensible

**Fạß-: ~bier das** draught beer; beer on draught; **~binder der; ~s, ~** *(bes. südd., österr.)* cooper

**Fäßchen** ['fɛsçən] **das; ~s, ~**: small barrel; [small] cask

**fassen** ['fasn̩] **1.** *tr. V.* **a)** *(greifen)* grasp; take hold of; **jmdn. am Arm ~**: take hold of sb.'s arm; **jmdn. bei der Hand ~**: take hold of sb.'s hand; take sb. by the hand; **etw. zu ~ bekommen** get a hold on sth.; **faß!** get *or* grab it/him!; *s. auch* **Ehre c; Fuß b; Kopf a; Nase a; Schopf a; Stier a; Wurzel a; b)** *(festnehmen)* catch ‹*thief, culprit*›; **c)** *(aufnehmen können)* ‹*hall, tank*› hold; **d)** *(begreifen)* **ich kann es nicht ~**: I cannot take it in; **das ist [doch] nicht zu fassen!** it's incredible; **e)** *(in verblaßter Bedeutung)* make, take ‹*decision*›; **Vertrauen** *od.* **Zutrauen zu jmdm. ~**: begin to feel confidence in *or* to trust sb.; **Mut ~**: take courage; **er konnte keinen klaren Gedanken ~**: he could not think clearly; *s. auch* **Auge a; Herz b; f)** *(in eine Fassung bringen)* set, mount ‹*jewel*›; curb ‹*spring, well*›; **g)** *(formulieren, gestalten)* **etw. in Worte/Verse ~**: put sth. into words/verse; **einen Begriff eng/weit ~**: define a concept narrowly/widely; **h)** *(geistig er~)* grasp; **i)** *(als Ladung aufnehmen)* take on ‹*load, goods*›; **j)** *(Soldatenspr.)* draw ‹*rations, supplies, ammunition*›. **2.** *itr. V.* **a)** *(greifen)* **nach etw. ~**: reach for sth.; **in etw.** *(Akk.)* **~**: put one's hand in sth.; **an etw.** *(Akk.)* **~**: touch sth.; **ins Leere ~**: grasp thin air; **b)** *(einrasten)* ‹*screw*› bite; ‹*cog*› mesh. **3.** *refl. V.* **a)** pull oneself together; recover [oneself]; **sich [schnell/allmählich] wieder ~**: recover [quickly/gradually]; **b) sich kurz ~**: be brief; *s. auch* **Geduld**

**fässer·weise** *Adv.* by the barrel

**faßlich** *Adj.* comprehensible; intelligible; **etw. in [leicht] ~er Form schreiben** write sth. in an easily comprehensible way

**Fasson** [fa'sõ:] **die; ~, ~s** style; shape; **keine ~ mehr haben** have become shapeless; **jeder muß nach seiner [eigenen]** *od.* **auf seine [eigene] ~ selig werden** everyone has to work out his own salvation

**Fassọn·schnitt der** short back and sides

**Fạssung die; ~, ~en a)** *(sprachliche, künstlerische Form)* version; **b)** *o. Pl. (Selbstbeherrschung, Haltung)* composure; self-control; **die ~ bewahren** keep one's composure; **die ~ verlieren** lose one's self-control; **jmdn. aus der ~ bringen** upset *or* ruffle sb.; **etw. mit ~ tragen** bear sth. calmly; **nach ~ ringen** struggle to retain one's composure; **c)** *(für Glühlampen)* holder; **d)** *(von Juwelen)* setting; *(Bilder~, Brillen~)* frame

**fạssungs-, Fạssungs-: ~kraft die** *s.* **Auffassungsgabe; ~los** *Adj.* stunned; **ich war einfach ~los** *(ugs.)* I was completely bewildered; **~los vor Schmerz sein** be beside oneself with grief; **jmdn. ~los anstarren** gaze at sb. in bewilderment; **~losigkeit die** the state of bewilderment; **~vermögen das;** *o. Pl.* capacity

**fast** [fast] *Adv.* almost; nearly; **~ nie** almost never; hardly ever; **~ nirgends** hardly anywhere; **~ nichts** almost nothing; hardly anything

**fạsten** *itr. V.* fast; **das lange/kurze Fasten** the long/short fast

**Fạsten** *Pl.* **a)** *(~zeit vor Ostern)* Lent *sing.*; **b)** *(Bußübungen)* Lenten works of penance

**Fạsten-: ~kur die** drastic reducing diet; **eine ~kur machen** be/go on a drastic reducing diet; **~predigt die** *(kath. Rel.)* Lent[en] sermon; **~zeit die a)** *(Rel.)* time of fasting; **b)** *(kath. Rel.)* Lent

**Fạst·nacht die a)** *(Faschingsdienstag)* Shrove Tuesday; **b)** *(Karneval)* carnival; Shrovetide; **während der ~**: at Shrovetide; at carnival time; **~ feiern** celebrate Shrovetide *or* the carnival

**fạst·nächtlich** *Adj.; nicht präd.* Shrovetide; carnival

**Fastnachts-: ~brauch der** Shrovetide custom; **~dienstag der** Shrove Tuesday; **~kostüm das** [carnival] fancy dress; **~spiel das** *(Literaturw.)* Shrovetide play; **~treiben das** [carnival] hustle and bustle; **~zeit die** Shrovetide; **~zug der** carnival procession
**Faszikel** [fas'tsi:kl] **der; ~s, ~:** fascicle
**Faszination** [fastsina'tsio:n] **die; ~:** fascination; **eine ~ auf jmdn. ausüben** fascinate sb.
**faszinieren** [fastsi'ni:rən] *tr. V.* fascinate
**fatal** [fa'ta:l] *Adj.* **a)** *(peinlich, mißlich)* awkward; embarrassing; **~e Folgen haben** have unfortunate consequences; **sich als ~ erweisen** prove [to be] rather unfortunate; **b)** *(verhängnisvoll)* fatal
**fataler·weise** *Adv.* unfortunately
**Fatalismus der; ~:** fatalism
**Fatalist der; ~en, ~en** fatalist
**fatalistisch 1.** *Adj.* fatalistic. **2.** *adv.* fatalistically
**Fata Morgana** ['fa:ta mɔr'ga:na] **die; ~ ~, ~ Morganen** *od.* **~ ~s** fata morgana; mirage; *(fig.)* illusion
**Fatum** ['fa:tʊm] **das; ~s, Fata** *(geh.)* fate; destiny
**Fatzke** ['fatskə] **der; ~n** *od.* **~s, ~n** *od.* **~s** *(ugs. abwertend)* twit *(Brit. sl.)*; jerk *(sl.)*
**fauchen** ['fauxn̩] *itr. V.* **a)** ⟨*cat*⟩ hiss; ⟨*tiger*⟩ snarl; *(fig.)* ⟨*engine*⟩ hiss; **b)** *(sich gereizt äußern)* snarl
**faul** [faul] **1.** *Adj.* **a)** *(verdorben)* rotten, bad ⟨*food*⟩; bad ⟨*tooth*⟩; rotten ⟨*wood*⟩; foul, stale ⟨*air*⟩; foul ⟨*water*⟩; **b)** *(träge)* lazy; idle; **zu ~ zu etw. sein/zu ~ sein, etw. zu tun** be too lazy *or* idle for sth./to do sth.; **er hat heute seinen ~en Tag** *(ugs.)* he's having a lazy day today; **er, nicht ~, übernahm die Leitung** he was not slow in taking over; **auf der ~en Haut liegen/sich auf die ~e Haut legen** take it easy; **c)** *(ugs.: nicht einwandfrei)* bad ⟨*joke*⟩; dud ⟨*cheque*⟩; false ⟨*peace*⟩; lame ⟨*excuse*⟩; shabby ⟨*compromise*⟩; shady ⟨*business, customer*⟩; **das ist doch [alles] ~er Zauber** it's [all] quite bogus; **etwas ist ~ im Staate Dänemark** something is rotten in the state of Denmark; **d)** *(säumig)* bad ⟨*debtor*⟩. **2.** *adv. (träge)* lazily; idly
**Faul·baum der** alder buckthorn; alder dogwood
**Fäule** ['fɔylə] **die; ~:** foulness
**faulen** *itr. V.; meist mit sein* ⟨*vegetables, fruit, straw, leaves, wood*⟩ rot; ⟨*water*⟩ go foul, stagnate; ⟨*meat*⟩ go off, putrefy; ⟨*fish*⟩ go off, go bad
**faulenzen** ['faulɛntsn̩] *itr. V.* laze about; loaf about *(derog.)*
**Faulenzer der; ~s, ~:** idler; lazy-bones *sing. (coll.)*
**Faulenzerei die; ~, ~en** *(abwertend)* idleness; laziness
**Faulenzer·leben das** life of idleness
**Faul·gas das** sludge *or* sewage gas
**Faulheit die; ~:** laziness; idleness; **vor ~ stinken** *(ugs.)* be bone-idle
**faulig** *Adj.* stagnating ⟨*water*⟩; putrefying ⟨*meat*⟩; ⟨*meat*⟩ which is going bad; rotting ⟨*vegetables, fruit*⟩; foul, putrid ⟨*smell*⟩; **~ schmecken/riechen** taste/smell bad *or* off
**Fäulnis** ['fɔylnɪs] **die; ~:** rottenness; *(fig.)* decadence; degeneracy; **in ~ übergehen** begin to rot
**Fäulnis-: ~bakterie die** putrefactive bacterium; **~erreger der** putrefactive agent; organism causing putrefaction
**Faul-: ~pelz der** *(fam.)* lazy-bones *sing. (coll.)*; **~schlamm der** sludge; **~tier das a)** *(Zool.)* sloth; **b)** *(ugs.: Faulenzer) s.* **~pelz**
**Faun** [faun] **der; ~[e]s, ~e** faun
**Fauna** ['fauna] **die; ~, Faunen** *(Zool.)* fauna
**faunisch 1.** *Adj. (geh.)* **a)** *(naturhaft)* faunlike; **b)** *(sinnesfroh)* lascivious. **2.** *adv.* lasciviously
**Faust** [faust] **die; ~, Fäuste** ['fɔystə] fist; **eine ~ machen, die Hand zur ~ ballen** clench one's fist; **die ~ ballen/öffnen** clench/unclench one's fist; **mit den Fäusten auf jmdn. losgehen** fly at sb. with one's fists; **jmdm. mit der ~ ins Gesicht schlagen** punch sb. in the face; **das paßt wie die ~ aufs Auge** *(ugs.) (paßt nicht)* that clashes horribly; *(paßt)* that matches perfectly; **er paßt zu ihr wie die ~ aufs Auge** *(ugs.)* they are like chalk and cheese *or* like night and day; **die ~ im Nacken spüren** *(fig.)* begin to feel the pressure; **die ~/Fäuste in der Tasche ballen** *(fig.)* be seething inwardly; **auf eigene ~:** on one's own initiative; off one's own bat *(coll.)*; **mit der ~ auf den Tisch schlagen** *od.* **hauen** *(fig.)* put one's foot down
**Faust-: ~abwehr die** *(Ballspiele)* save with the fists; **~ball der** faustball
**Fäustchen** ['fɔystçən] **das; ~s, ~:** fist; **sich** *(Dat.)* **ins ~ lachen** laugh up one's sleeve
**faust·dick 1.** *Adj.* as thick as a man's fist *postpos.*; **eine ~e Lüge** *(fig.)* a bare-faced lie. **2.** *adv.* **er hat es ~ hinter den Ohren** *(ugs.)* he's a crafty *or* sly one
**Fäustel** ['fɔystl̩] **der; ~s, ~:** club hammer; stonemason's hammer
**fausten** *tr. V.* fist, punch ⟨*ball*⟩
**faust-, Faust-: ~groß** *Adj.* as big as a fist *postpos.*; **~hand·schuh der** mitten; **~hieb der** punch
**faustisch** *Adj. (geh.)* Faustian
**Faust-: ~kampf der** *(geh.)* pugilism; boxing; *(Wettkampf)* boxing contest; **~kämpfer der** *(geh.)* pugilist; boxer; **~keil der** *(Archäol.)* hand-axe
**Fäustling** ['fɔystlɪŋ] **der; ~s, ~e** mitten
**Faust-: ~pfand das** security; *(fig.)* bargaining-counter; **ein ~pfand verlangen** demand security; **~recht das;** *o. Pl.* rule of force; **~regel die** rule of thumb; **~schlag der** punch; **jmdm. einen ~schlag versetzen** punch sb.
**Fauteuil** [fo'tø:j] **der; ~s, ~s** *(bes. österr., sonst veralt.)* armchair
**Fauvismus** [fo'vɪsmʊs] **der; ~** *(bild. Kunst)* fauvism *no art.*
**Fauxpas** [fo'pa] **der; ~, ~:** faux pas
**favorisieren** [favori'zi:rən] *tr. V.* **a)** *(geh.: bevorzugen)* favour; **b)** *(Sport)* **er ist klar favorisiert** he is the clear favourite
**Favorit** [favo'ri:t] **der; ~en, ~en** favourite
**Favoriten·rolle die** position as favourite
**Favoritin die; ~, ~nen** favourite
**Fax** [faks] **das; ~, ~[e]** fax
**faxen** *tr. V.* fax
**Faxen** *Pl. (ugs.)* **a)** *(dumme Späße)* fooling around; **nur ~ im Sinn** *od.* **Kopf haben** do nothing but fool around *or* play the fool; **laß die ~!** stop fooling around *or* playing the fool!; **b)** *(Grimassen)* **~ machen** *od.* **schneiden** make *or* pull faces
**Fax: ~gerät das** fax machine; **~nummer die** fax number
**Fayence** [fa'jã:s] **die; ~, ~n** faience
**Fazialis** [fa'tsia:lɪs] **der; ~** *(Anat.)* facial nerve
**Fazit** ['fa:tsɪt] **das; ~s, ~s** *od.* **~e** result; **das ~ [aus etw.] ziehen** sum [sth.] up
**FCKW** *Abk.* **Fluorchlorkohlenwasserstoff** CFC
**FDGB** [ɛfde:ge:'be:] **der; ~[s]** *Abk. (DDR)* **Freier Deutscher Gewerkschaftsbund**
**FDJ** [ɛfde:'jɔt] **die; ~** *Abk. (DDR)* **Freie Deutsche Jugend** Free German Youth
**FDJler** [ɛfde:'jɔtlɐ] **der; ~s, ~, FDJlerin die; ~, ~nen** *(DDR)* Free German Youth member
**F.D.P.** [ɛfde:'pe:] **die; ~** *Abk.* **Freie Demokratische Partei**
**F-Dur** ['ɛf-] **das; ~** *(Musik)* [key of] F major; *s. auch* **A-Dur**
**Feature** ['fi:tʃɐ] **das; ~s, ~s** *od.* **die; ~, ~s** *(Rundf., Ferns., Zeitungsw.)* feature
**Feber** ['fe:bɐ] **der; ~[s], ~** *(österr.)* February
**Febr.** *Abk.* **Februar** Feb.
**Februar** ['fe:brua:ɐ̯] **der; ~[s], ~e** February; *s. auch* **April**
**Fecht-: ~bahn die** [fencing] piste; **~boden der** *(Studentenspr.)* fencing room
**fechten** ['fɛçtn̩] *unr. itr., tr. V.* **a)** fence; **für etw. ~** *(fig. geh.)* fight for sth.; **b)** *(geh.: im Krieg kämpfen)* fight
**Fechter der; ~s, ~:** fencer
**Fechter·flanke die** *(Turnen)* flank vault
**Fechterin die; ~, ~nen** fencer; *s. auch* **-in**
**Fecht-: ~hand·schuh der** fencing glove; **~hieb der** cut; **~kampf der** rapier fight; *(Sport)* fencing bout; **~maske die** fencing mask; **~meister der** fencing master; **~sport der** fencing; **~stellung die** fencing stance; **~waffe die** fencing weapon
**Fedajin** [feda'ji:n] **der; ~[s], ~:** fedayin
**Feder** ['fe:dɐ] **die; ~, ~n a)** *(Vogel~)* feather; *(Gänse~)* quill; *(lange Hut~)* plume; **leicht wie eine ~ sein** be as light as a feather; **in die ~n kriechen** *(ugs.)* turn in *(coll.)*; **[noch] in den ~n liegen** *(ugs.)* [still] be in one's bed; **er ließ ~n** *od.* **mußte ~n lassen** *(ugs.)* he did not come out [of it] unscathed; **sich mit fremden ~n schmücken** strut in borrowed plumes; **b)** *(zum Schreiben)* nib; *(mit Halter)* pen; *(Gänse~)* quill[-pen]; **ein Mann der ~** *(geh.)* a man of letters; **eine spitze ~ führen** *(geh.)* wield a sharp pen; **aus berufener ~ stammen** *(geh.)* come from an authoritative source; **jmdm. etw. in die ~ diktieren** dictate sth. to sb.; **zur ~ greifen** *(geh.)* take up one's pen; **c)** *(Technik)* spring; **d)** *(Tischlerei)* tongue
**Feder·antrieb der** *(Technik)* clockwork
**Feder·ball der a)** *o. Pl. (Spiel)* badminton; **b)** *(Ball)* shuttlecock
**Federball-: ~schläger der** badminton racket; **~spiel das a)** *(Zubehör)* badminton rackets and shuttlecock; **b)** *o. Pl.* badminton
**feder-, Feder-: ~bein das** *(Technik) (am Auto)* suspension strut; *(am Motorrad)* telescopic arm; **~bett das** duvet *(Brit.)*; continental quilt *(Brit.)*; stuffed quilt *(Amer.)*; **~blume die** artificial flower [made of feathers]; **~boa die** feather boa; **~busch der a)** *(Hutzierde)* plume; **b)** *(eines Vogels)* crest; **~fuchser** [~fʊksɐ] **der; ~s, ~** *(abwertend)* pen-pusher; **~führend** *Adj.* in charge *postpos.*; **der ~führende Redakteur** the chief editor; **~führung die: unter der ~führung des Ministers** under the overall control of the minister; **die ~führung haben** have overall control; be in overall charge; **~gewicht** *(Schwerathletik)* **a)** *o. Pl. (Gewichtsklasse)* featherweight; *s. auch* **Fliegengewicht a; b)** *(Sportler)* featherweight; **~gewichtler der; ~s, ~:** featherweight; **~halter der** fountain-pen; **~kiel der** quill; **~kissen das** feather cushion; *(im Bett)* feather pillow; **~kleid das** *(geh.)* plumage; **~kraft die a)** tension [of a/the spring]; **b)** *(Elastizität)* springiness; **~leicht 1.** *Adj.* ⟨*person*⟩ as light as a feather; featherweight ⟨*object*⟩; **2.** *adv.* as lightly as a feather; **~lesen das: nicht viel ~lesen[s] mit jmdm./etw. machen** give sb./sth. short shrift; make short work of sb./sth.; **ohne viel ~lesen[s], ohne langes ~lesen** without much ado; **viel zu viel ~lesen[s] machen** make far too much fuss; **~mappe die** pen and pencil case; **~messer das** penknife
**federn 1.** *itr. V.* ⟨*springboard, floor, etc.*⟩ be springy; **in den Knien ~:** bend at the knees; **ein ~der Gang** a springy *or* bouncy walk; **mit ~den Schritten** with a spring in one's step. **2.** *tr. V.* **a)** *(mit einer Federung versehen)* spring; **das Auto ist gut/schlecht gefedert** the car has good/poor suspension; **das Bett ist gut gefedert** the bed is well-sprung; **b)** *s. auch* **teeren**
**Feder-: ~ohr das** ear-tuft; plumicorn; **~schaft der** shaft of a/the feather; **~schmuck der a)** *(Kopfschmuck)* feather

head-dress; **b)** *(geh.: Gefieder)* plumage; **~spiel das** *(Jägerspr.)* lure; **~skizze die** pen-and-ink sketch; **~strich der** stroke of the pen; **du hast noch keinen ~strich getan** *(fig. ugs.)* you have not yet put pen to paper

**Federung die;** ~, ~en *(in Möbeln)* springs *pl.; (Kfz-W.)* suspension

**Feder-:** **~vieh das** *(ugs.)* poultry; **~waage die** spring balance; **~weiße der;** *adj. Dekl.* new wine; **~werk das** spring mechanism; **~wild das** game birds *pl.;* **~wisch der** feather-duster; **~wolke die** wispy *or* fleecy cloud; **~zeichnung die** pen-and-ink drawing

**Fee** [fe:] **die;** ~, ~n fairy

**Feedback** ['fi:dbæk] **das;** ~s, ~s feedback

**Feeling** ['fi:lɪŋ] **das;** ~s, ~s feeling; *(Geschicklichkeit)* feel

**feenhaft** *Adj.* fairy-like

**Feen-:** **~königin die** fairy queen; queen of the fairies; **~reich das** Fairyland; **ins ~reich** to Fairyland

**Fege·feuer das** purgatory

**fegen** ['fe:gn̩] **1.** *tr. V.* **a)** *(bes. nordd.: säubern)* sweep; **b)** *(schnell entfernen)* brush; **etwas vom Tisch ~:** brush sth. off the table; *(fig.)* brush sth. aside; **den Gegner vom Platz ~** *(Sportjargon)* wipe the floor with one's opponent/opponents; **c)** *(schnell treiben)* sweep; drive; **d)** *(bes. südd.: blank reiben)* scour ⟨*pots, pans*⟩; **e)** *auch itr. (Jägerspr.)* fray; **die Hirsche ~ [ihr Geweih]** the stags fray [their heads]. **2.** *itr. V.* **a)** sweep up; **b)** *mit sein (rasen, stürmen)* sweep; tear *(coll.)*

**Feger der;** ~s, ~ *(ugs.)* live-wire

**Fehde** ['fe:də] **die;** ~, ~n feud; **mit jmdm. in ~ liegen** be at feud with sb.; **literarische/politische ~n [mit jmdm.] austragen/ausfechten** *(fig. geh.)* carry on/fight out literary/political controversies [with sb.]

**Fehde·hand·schuh der** *(geh.)* **jmdm. den ~ hinwerfen** *od.* **vor die Füße werfen** throw down the gauntlet to sb.; **den ~ aufnehmen** *od.* **aufheben** take up the gauntlet

**fehl** [fe:l] *Adv.* **~ am Platz[e] sein** be out of place

**Fehl** *in* **ohne Fehl [und Tadel] sein** *(geh.)* be faultless *or* beyond reproach

**Fehl·anzeige die a)** *(ugs.: Ausdruck der Verneinung)* no chance *(coll.);* **b)** *(Milit.)* nil return

**fehlbar** *Adj.* fallible

**Fehlbarkeit die;** ~: fallibility

**Fehl-:** **~bedienung die** incorrect operation; **~besetzung die: so viele ~besetzungen** so many examples of miscasting; **[als Ophelia] eine ~besetzung sein** be miscast [in the role of Ophelia]; **~bestand der** shortage; deficiency; **~betrag der** *(bes. Kaufmannsspr.)* deficit; **~bildung die** *(Med.)* deformity; malformation; **~diagnose die** incorrect diagnosis; **~druck der;** *Pl.* **~drucke** *(Philat.)* misprint; **~ein·schätzung die** false assessment; *(einer Entwicklung)* misjudgement

**fehlen** *itr. V.* **a)** *(nicht vorhanden sein)* **ihm fehlt der Vater/das Geld** he has no father/no money; **ihr fehlt der Sinn dafür** she lacks a *or* has no feeling for it; **b)** *(ausbleiben)* be missing; be absent; **[un]entschuldigt ~:** be absent with[out] permission; **du darfst bei dieser Party nicht ~:** you mustn't miss this party; **diese Zutat darf bei dieser Soße nicht ~:** this ingredient is a must in this sauce; **c)** *(verschwunden sein)* be missing; be gone; **in der Kasse fehlt Geld** money is missing *or* has gone from the till; **d)** *(vermißt werden)* **er/das wird mir ~:** I shall miss him/that; **e)** *(erforderlich sein)* be needed; **zwei Punkte ~ nur noch** only two points are still needed; **ihm ~ noch zwei Punkte zum Sieg** he needs only two points to win; **es fehlte nicht viel, und ich wäre eingeschlafen** I all but fell asleep; **das fehlte mir gerade noch [zu meinem Glück], das hat mir gerade noch gefehlt** *(ugs.)* that's all I needed; **f)** *unpers. (mangeln)* **es fehlt an Lehrern** there is a lack of teachers; **es fehlt am Nötigsten** what is most needed is lacking; **bei ihnen fehlt es am Nötigsten** they lack what is most needed; **es an nichts ~ lassen** provide everything that is needed; **an mir soll es nicht ~:** I shall do my part; **es fehlt an allen Ecken und Enden** *od.* **Kanten [bei jmdm.]** sb. is short of everything; **g)** *(krank sein)* **was fehlt Ihnen?** what seems to be the matter?; **fehlt dir etwas?** is there something wrong?; are you all right?; **mir fehlt nichts** I'm all right; there is nothing wrong with me; **h) weit gefehlt!** *(geh.)* far from it!; **i)** *(geh.: sündigen)* do wrong; sin

**Fehl-:** **~entscheidung die** wrong decision; **~entwicklung die** abortive development

**Fehler der;** ~s, ~ **a)** *(Unrichtigkeit, Irrtum)* mistake; error; *(Sport)* fault; **der Schiedsrichter entschied** *od.* **erkannte auf ~:** the referee called a fault; **b)** *(schlechte Eigenschaft)* fault; shortcoming; *(Gebrechen)* [physical] defect; **sein ~ ist, daß er ...:** it is a fault of his that ...; **c)** *(schadhafte Stelle)* flaw; blemish; **Textilien/Porzellan mit kleinen ~n** textiles/porcelain with small flaws *or* imperfections

**fehler·frei 1.** *Adj.* faultless, perfect ⟨*piece of work, dictation, etc.*⟩; correct ⟨*measurement*⟩; **ein ~es Deutsch sprechen/schreiben** speak/write faultless *or* perfect German; *(Reiten)* **ein ~er Durchgang** a clear round. **2.** *adv.* without any mistakes; *(Reiten)* without any faults; **ich spreche französisch, aber nicht ~:** I can speak French, but not perfectly

**Fehler·grenze die** margin of error; tolerance; **die ~ liegt bei 30 %** there's a 30 % margin of error

**fehlerhaft** *Adj.* faulty; defective; imperfect ⟨*pronunciation*⟩; incorrect ⟨*measurement*⟩; **eine ~e Stelle im Material** a defect in the material

**fehler-, Fehler-:** **~los 1.** *Adj.* flawless; **2.** *adv.* flawlessly; without a mistake; **etw. ~los schreiben/aufsagen** write/recite sth. without a mistake; **~quelle die** source of error; **~quote die** *(Statistik, Schulw.)* error rate; **~rechnung die;** *o. Pl.* calculus of accidental error; **~suche die a)** *(bei der Reparatur)* **ein Gerät zur ~suche** a device for detecting faults; **b)** *(zur Kontrolle)* **bei der ~suche** when checking for faults; *(DV: im Programm)* when checking for errors; **~zahl die** number of mistakes *or* errors

**fehl-, Fehl-:** **~farbe die** *(Kartenspiel) (Farbe, die einem Spieler fehlt)* void suit; *(Farbe, die nicht Trumpf ist)* plain suit; **mit einer ~farbe bedienen** follow with a non-trump card; **~geburt die** miscarriage; **~|gehen** *unr. itr. V.; mit sein (geh.)* **a)** *(sich irren)* go *or* be wrong; **in einer Annahme ~gehen** be wrong in an assumption; **b)** *(sich verlaufen)* lose one's way; **Sie können nicht ~gehen** you cannot go [far] wrong; **c)** *(nicht treffen)* ⟨*shot*⟩ miss [the mark]; **~griff der** mistake; wrong choice; **einen ~griff tun** make a mistake *or* the wrong choice; **~information die** piece of wrong information; **einer ~information aufsitzen** *(ugs.)* have been given wrong information; **auf einer ~information beruhen** be based on [a piece of] incorrect information; **~interpretation die** misinterpretation; **~investition die** *(bes. Wirtsch.)* **a)** bad investment; **b)** *(ugs.: Gegenstand)* **eine [glatte] ~investition sein** be a [total] waste of money; **~kalkulation die** miscalculation; **~kauf der** *(ugs.)* bad buy; **~konstruktion die: eine ~konstruktion sein** be badly designed; **~leistung die** *(Psych.)* slip; mistake; **eine Freudsche ~leistung** a Freudian slip; **~|leiten** *tr. V. (geh.)* misdirect; misdirect, misroute ⟨*transport, convoy*⟩; **~paß der** *(Ballspiele)* bad pass; **~planung die** [piece of] bad planning *no art.;* **~schlag der** failure; **~|schlagen** *unr. itr. V.; mit sein* fail; ⟨*hopes*⟩ come to nothing; **~schluß der** wrong conclusion; **~sichtig** [~zɪçtɪç] *Adj.* ⟨*person*⟩ with defective vision; **~sichtigkeit die** defective vision; **~start der a)** *(Leichtathletik)* false start; **b)** *(Flugw.)* faulty start; **c)** *(Raumf.)* abortive launch; **~tritt der a)** *(falscher Tritt)* false step; **b)** *(geh.: Verfehlung)* slip; indiscretion; *(veralt.: gesellschaftlich verpönte Liebesbeziehung)* indiscretion; **einen ~tritt begehen, sich eines ~tritts schuldig machen** commit an indiscretion; **~urteil das a)** *(Rechtsw.)* **ein ~urteil fällen** ⟨*jury*⟩ return a wrong verdict; ⟨*judge*⟩ pass a wrong judgement; **b)** *(falsche Beurteilung)* error of judgement; **ein ~urteil über etw.** *(Akk.)* **abgeben** make an incorrect assessment of sth.; **~verhalten das a)** *(fehlerhaftes Verhalten)* incorrect conduct; **~verhalten beim Überholen** incorrect action when overtaking; **b)** *(anormales Verhalten)* aberrant behaviour; **~versuch der** *(Gewichtheben, Hochsprung)* unsuccessful attempt; failure; *(Weitsprung)* foul jump; **~zündung die** *(Technik)* misfire

**Fehn** [fe:n] **das;** ~[e]s, ~e fen; marsh

**Fehn·kultur die** *(Landw.) method of cultivation which puts marshland to agricultural use*

**feien** ['faiən] *tr. V.; meist im 2. Part. (geh.)* protect (**gegen** against); **gegen Tropenkrankheiten gefeit sein** be immune to tropical diseases

**Feier** ['faiɐ] **die;** ~, ~n **a)** *(Veranstaltung)* party; *(aus festlichem Anlaß)* celebration; **zu** *od.* **anläßlich einer Begebenheit eine ~ veranstalten** celebrate an occasion with a party; **eine ~ in kleinem Rahmen/im Familienkreis** a small/family celebration/party; **keine ~ ohne Meier** *(scherzh.)* he/she *etc.* never misses a party; **b)** *(Zeremonie)* ceremony; **die ~ des heiligen Abendmahls** the celebration of Holy Communion; **zur ~ des Tages** *(oft scherzh.)* to mark the day; in honour of the occasion

**Feier·abend der a)** *(Zeit nach der Arbeit)* evening; **den ~ genießen** enjoy one's evening; **schönen ~!** have a nice evening; **b)** *(Arbeitsschluß)* finishing time; **nach ~:** after work; **~ machen** finish work; knock off; **für mich ist ~, dann ist** *od.* **mache ich ~** *(fig. ugs.)* I'm finished; I've had enough *(coll.)*

**Feierabend-:** **~beschäftigung die** leisure pursuit; spare-time interest; **~heim das** *(DDR)* old people's home; **~lektüre die** leisure-time reading

**Feierei die;** ~, ~en *(ugs. abwertend)* **diese ständige ~:** these endless parties

**feierlich 1.** *Adj.* **a)** ceremonial; solemn; **eine ~e Handlung** a ceremonial act; **eine ~e Stille** a solemn silence; **das ist ja [schon] nicht mehr ~** *(ugs.)* it's got beyond a joke; **b)** *(emphatisch)* solemn ⟨*declaration*⟩. **2.** *adv.* **a)** solemnly; ceremoniously; **jmdm. ist ~ zumute** sb. is in a solemn mood *or* frame of mind; **~ verabschiedet werden** be given a ceremonious farewell; **b)** *(emphatisch)* solemnly ⟨*declare, swear, etc.*⟩

**Feierlichkeit die;** ~, ~en **a)** *o. Pl. (Würde, Ernst)* solemnity; **b)** *meist Pl. (feierliche Veranstaltung)* celebration; festivity

**feiern 1.** *tr. V.* **a)** *(festlich begehen)* celebrate ⟨*birthday, wedding, etc.*⟩; **man muß die Feste ~, wie sie fallen** you have to enjoy yourself while you can; **b)** *(ehren, umjubeln)* acclaim ⟨*artist, sportsman, etc.*⟩; **ein gefeierter Sportler/Dichter** a celebrated sportsman/poet; **Triumphe ~:** win the highest acclaim. **2.** *itr. V. (lustig beisammen sein)* celebrate; have a party

**feier-, Feier-: ~schicht die** *(Arbeitswelt)* cancelled shift; **eine ~schicht einlegen müssen** have one's shift cancelled; **~stunde die** ceremony; **jmdn. in/mit einer ~stunde ehren** hold a ceremony in sb.'s honour; **~tag der** holiday; **ein gesetzlicher/kirchlicher ~tag** a public holiday/religious festival; **an Sonn- und ~tagen** on Sundays and public holidays; **jmdm. schöne ~tage wünschen** wish sb. a good holiday; **für mich ist heute ein ~tag** *(fig.)* today is a very special *or* a red letter day for me; **~täglich** *Adj.* solemn ⟨*silence, mood*⟩; **~tags** *Adv.* **sonn- und ~tags** on Sundays and public holidays; **~tags·stimmung die** Sunday mood

**feig, feige** [faik, 'faigə] **1.** *Adj.* cowardly. **2.** *adv.* like a coward/like cowards; in a cowardly way

**Feige die; ~, ~n** fig

**Feigen-: ~baum der** fig tree; **~blatt das a)** *(Blatt)* fig-leaf; **b)** *(fig.: Verhüllung)* front; cover; **~kaktus der** Indian fig; prickly pear

**Feigheit die; ~:** cowardice; cowardliness; **~ vor dem Feind** *(Milit.)* cowardice in the face of the enemy

**Feigling der; ~s, ~e** coward

**feil** [fail] *Adj. (veralt.)* for sale *postpos.*; *(fig.)* venal; **eine ~e Dirne** *(veralt.)* a harlot; **für Geld ist nicht alles ~:** money can't buy everything

**feil|bieten** *unr. tr. V. (geh.)* offer ⟨*goods*⟩ for sale

**Feile die; ~, ~n** file; **etw. mit einer ~ bearbeiten** file sth.

**feilen** *tr., itr. V.* file; **etw. passend/rund ~:** file sth. to fit/into a round shape; **sich** *(Dat.)* **die Fingernägel ~:** file one's [finger-]nails

**feil|halten** *unr. tr. V. (veralt.)* offer ⟨*goods*⟩ for sale

**feilschen** ['failʃn̩] *itr. V.* haggle (**um** over); **nach langem/hartem Feilschen** after a long/hard bout of haggling

**Feil-: ~span der** filing; **~staub der** filings *pl.*

**fein** [fain] **1.** *Adj.* **a)** *(zart)* fine ⟨*material, line, mesh, etc.*⟩; **b)** *(aus kleinsten Teilchen bestehend)* fine ⟨*sand, powder*⟩; finely-ground ⟨*flour*⟩; finely-granulated ⟨*sugar*⟩; **etw. ~ mahlen** grind sth. fine; **c)** *(hochwertig)* high-quality ⟨*fruit, soap, etc.*⟩; fine ⟨*silver, gold, etc.*⟩; fancy ⟨*cakes, pastries, etc.*⟩; **nur das Feinste vom Feinen kaufen** buy only the best; **d)** *(ugs.: erfreulich)* great *(coll.)*; marvellous; **e)** *(~geschnitten)* finely shaped, delicate ⟨*hands, features, etc.*⟩; **f)** *(scharf, exakt)* keen, sensitive ⟨*hearing*⟩; keen ⟨*sense of smell*⟩; **eine ~e Nase für etw. haben** *(fig.)* have a good nose for sth.; **g)** *(listig, gerissen)* cunning ⟨*move, scheme*⟩; **h)** *(ugs.: anständig, nett)* great *(coll.)*, splendid ⟨*person*⟩; **eine ~e Verwandtschaft/Gesellschaft** *(iron.)* a fine *or* nice family/crowd; **i)** *(einfühlsam)* delicate ⟨*sense of humour*⟩; keen ⟨*sense, understanding*⟩; **ein ~es Gespür für etw. haben** have a good feeling for sth.; **j)** *(gediegen, vornehm)* refined ⟨*gentleman, lady*⟩; **du bist dir wohl zu ~ dafür!** *(ugs.)* I suppose you think it's beneath you; *s. auch* **Herr a. 2.** *adv.* **a)** *(gut, günstig)* **~ [he]raus sein** *(ugs.)* be sitting pretty *(coll.)*; **Unterschiede ~ herausarbeiten** bring out subtle differences; **b)** *(listig, gerissen)* **~ ausgeklügelt** cleverly thought out; **c)** *(ugs.: bekräftigend)* **etw. ~ säuberlich aufschreiben** write sth. down nice and neatly; **~ brav sein** be a good boy/girl

**Fein-: ~ab·stimmung die** *(Technik)* fine tuning; **~arbeit die** detailed work; *(Technik)* precision work; **~bäckerei die** patisserie; **~bearbeitung die** *(Technik)* finishing; **~blech das** thin sheet metal

**feind** [faint] *Adj. (geh.)* *in* **jmdm./einer Sache ~ sein** be hostile towards sb./sth.

**-feind der** ...hater; **ein Hunde~/Fernseh~ sein** be anti dogs/television

**Feind der; ~[e]s, ~e a)** enemy; **er ist ein ~ des Alkohols** he is opposed to alcohol; **sich** *(Dat.)* **~e machen** make enemies; **sich** *(Dat.)* **jmdn. zum ~ machen** make an enemy of sb.; **liebet eure ~e** *(bibl.)* love thine enemy; **„~ hört mit"** 'careless talk costs lives'; **b)** *o. Pl. (feindliche Truppen)* enemy *constr. as pl.*; **[nichts wie] ran an den ~** *(fig. ugs.)* get/let's get going *or (sl.)* stuck in

**Feind-: ~berührung die** *(Milit.)* contact with the enemy; **~bild das** concept of the enemy

**Feindes-: ~hand die** *(veralt.)* **in ~hand geraten** *od.* **fallen** fall into the hands of the enemy; **von ~hand fallen** fall at the hands of the enemy; **~land das** *(veralt.)* enemy territory

**Feind·flug der** *(Luftwaffe)* operational flight [over enemy territory]

**Feindin die; ~, ~nen** *s.* **Feind a**

**feindlich 1.** *Adj.* **a)** hostile; **b)** *nicht präd. (Milit.)* enemy ⟨*attack, broadcast, activity*⟩. **2.** *adv.* in a hostile manner; with hostility

**-feindlich** *adj.* anti-⟨*Soviet, American, EEC, government, etc.*⟩; **familienfeindliche/kinderfeindliche Gesetze** laws which are hostile towards families/children

**Feind·mächte** *Pl.* enemy powers *pl.*

**Feindschaft die; ~, ~en** enmity; **zwischen ihnen herrscht bittere ~:** they are bitter enemies; **sich** *(Dat.)* **jmds. ~ zuziehen** make an enemy of sb.

**feind·selig 1.** *Adj.* hostile; **sich ~ gegen jmdn. zeigen** show hostility towards sb. **2.** *adv.* **sich ~ ansehen** look at each other in a hostile manner *or* with hostility

**Feind·seligkeit die; ~, ~en** hostility; **~en** *(Milit.)* hostilities

**fein-, Fein-: ~einstellung die** fine adjustment; **~frost der;** *o. Pl. (DDR)* deep-frozen foods *pl.*; **~fühlig 1.** *Adj.* sensitive; **2.** *adv.* sensitively; **~fühligkeit die; ~:** sensitivity; **~gebäck das** [fancy] cakes and pastries *pl.*; **~gefühl das** sensitivity; **~gehalt der** fineness; **~gemahlen** *Adj. (präd. getrennt geschrieben)* finely-ground; **~geschnitten** *Adj. (präd. getrennt geschrieben)* **a)** finely-chopped ⟨*herbs, vegetables, etc.*⟩; **b)** *(fig.: schön geformt)* delicate, finely shaped ⟨*face, hands, etc.*⟩; **~gewicht das** fineness; **~glied[e]rig** *Adj.* delicate; slender; **~gold das** fine gold; **~guß der** *(Metall)* precision casting

**Feinheit die; ~, ~en a)** *o. Pl. (zarte Beschaffenheit)* fineness; delicacy; **b)** *(Nuance, Andeutung)* subtlety; **die stilistischen ~en** the stylistic subtleties *or* nuances; **c)** *o. Pl. (Vornehmheit)* refinement

**fein-, Fein-: ~körnig** *Adj.* **a)** fine-grained, fine ⟨*sand, gravel, etc.*⟩; finely-granulated ⟨*sugar*⟩; **b)** *(Fot.)* fine-grain ⟨*film*⟩; **~kost die** delicatessen *pl.*; **~kost·geschäft das** delicatessen; **~|machen** *refl. V. (ugs.)* dress up; **~maschig** *Adj.* finely meshed, fine-mesh *attrib.* ⟨*net etc.*⟩; **~mechanik die** precision engineering *no art.*; **~mechaniker der** precision engineer; **~mechanisch** *Adj.*; *nicht präd.* precision ⟨*instrument*⟩; **~meß·gerät das** precision measuring-instrument; **~nervig** *Adj.* sensitive; **~säuberlich** *Adj. (österr.) s.* **säuberlich; ~|schleifen** *tr. V.* fine-grind; **~schmecker der; ~s, ~, ~schmeckerin die; ~, ~nen** gourmet; **~schmecker·lokal das** gourmet restaurant; **~schnitt der a)** *(Tabak)* fine cut; **b)** *(Film)* final editing; **~silber das** fine silver; **~sinnig 1.** *Adj.* sensitive and subtle; **2.** *adv.* in a sensitive and subtle manner; **~sinnigkeit die; ~:** sensitivity and subtlety

**Feins·liebchen das** *(dichter. veralt.)* sweetheart

**Fein-: ~struktur die** *(Physik, Med.)* fine structure; **~strumpf·hose die** sheer tights *pl. or* pantihose; **~unze die: eine ~unze Gold/Silber** an ounce of fine gold/silver; **~wäsche die** delicates *pl.*; **~wasch·mittel das** mild detergent

**feist** *Adj. (meist abwertend)* fat ⟨*face, fingers, etc.*⟩; **mit einem ~en Grinsen** *(fig.)* with a leer

**feixen** ['faiksn̩] *itr. V. (ugs.)* smirk

**Felchen** ['fɛlçn̩] **der; ~s, ~:** whitefish

**Feld** [fɛlt] **das; ~[e]s, ~er a)** *o. Pl. (geh.: unbebaute Bodenfläche)* country[side]; **freies ~:** open country[side]; **b)** *(bebaute Bodenfläche)* field; **auf dem ~ arbeiten** work in the field; **das ~ bestellen** till the field; **c)** *(Sport: Spiel~)* pitch; field [of play]; **d)** *(auf Formularen)* box; space; *(auf Brettspielen)* space; *(auf dem Schachbrett)* square; *(in Kassettendecken)* panel; **e)** *o. Pl. (Tätigkeitsbereich)* field; sphere; **das ~ der Wissenschaften** the field of science; **ein weites ~ [sein]** *(fig.)* [be] a wide sphere; **f)** *o. Pl. (veralt.: Schlacht~)* field [of battle]; **ins ~ rücken** *od.* **ziehen** *(veralt.)* go into battle; **gegen/für jmdn./etw. ins ~ ziehen** *(fig.)* crusade against/for sb./sth.; **das ~ behaupten** stand one's ground; **in der Politik behaupten nach wie vor Männer das ~:** politics is still dominated by men; **das ~ räumen** leave; get out; **jmdm. das ~ überlassen** hand over to sb.; leave sb. a clear field; **jmdn. aus dem ~[e] schlagen** eliminate sb.; get rid of sb.; **jmdm. das ~ streitig machen** compete with sb.; **etw. gegen jmdn./etw. ins ~ führen** bring up sth. against sb./sth.; **g)** *(Sport: geschlossene Gruppe)* field; **h)** *(Physik, Sprachw.)* field

**feld-, Feld-: ~ahorn der** field maple; **~arbeit die a)** work in the field; **b)** *(Wissensch.)* field-work; **~bahn die** narrow-gauge railway; light railway; **~bau der** agriculture; **~bett das** camp-bed; **~blume die** field flower; wild flower; **~ein[wärts]** [-'-(-)] *Adv.* across the field/fields; **~flasche die** *(Milit.)* canteen; water-bottle; **~forschung die** *(Wissensch.)* field-work; **~frucht die** arable crop; **~geistliche der** *(Milit. veralt.)* army chaplain; **~gottes·dienst der** field-service; **~grau** *Adj.* field-grey; **~hand·ball der** field handball; fieldball; **~hase der** common hare; European hare

**Feld·herr der** *(veralt.)* commander

**Feldherrn-: ~kunst die** *(veralt.)* strategy; **~stab der** *(veralt.)* field marshal's baton

**feld-, Feld-: ~hockey das** *(Sport)* [field] hockey; **~huhn das** partridge; **~hüter der** *guard protecting crops from birds, thieves, etc.*; **~jäger der** *(Polizist)* military policeman; *(Polizei)* military police; **~küche die** *(bes. Milit.)* field kitchen; **~lager das** *(veralt.)* encampment; **~lazarett das** field hospital; **~linien** *Pl. (Physik)* field lines; **~marschall der** Field Marshal; **~marsch·mäßig 1.** *Adj.*; *nicht präd.* in full marching order *postpos.*; **2.** *adv.* **~marschmäßig angetreten/ausgerüstet sein** be lined up/be in full marching order; **~maus die** [European] common vole

**Feld·post die** forces' *(Brit.) or (Amer.)* military postal service

**Feldpost-: ~brief der** forces' *(Brit.) or (Amer.)* military letter; **~nummer die** forces' *(Brit.) or (Amer.)* military postal code

**Feld-: ~prediger der** *(veralt.)* army chaplain; **~rain der** balk; baulk; **~salat der** corn salad; lamb's lettuce

**Feldscher** ['fɛltʃe:ɐ̯] **der; ~s, ~e** *(Milit.)* **a)** *(hist.: Wundarzt)* [unqualified] army doctor; **b)** *(DDR)* medical orderly

**Feld-: ~schlacht die** *(veralt.)* battle [in the field]; **~schütz der; ~en, ~en** field-guard; **~spat** [~ʃpa:t] **der; ~[e]s, ~späte** [~ʃpɛ:tə] *od.* **~spate** feldspar; **~spieler der** player *(excluding goalkeeper);* **~stärke die** *(Physik)* field strength; **~stecher der** binoculars *pl.;* field glasses *pl.;* **~stein der** stone; boulder; **~studie die** *(Wissensch.)* field study; **~theorie die** *(Sprachw.)* field theory; **~überlegenheit die** *(Sport)* superiority; **~versuch der** *(Wissensch.)* field experiment; **~verweis der** *(Sport)* sending-off; **einen ~verweis gegen jmdn. aussprechen** send sb. off [the field]

**Feld-Wald-und-Wiesen-** *(ugs.)* run-of-the-mill; common-or-garden

**Feld·webel** [-ve:bl] **der; ~s, ~** *(Milit.)* sergeant

**Feld·weg der** path; track

**Feld·weibel** [-vaibl] **der; ~s, ~** *(schweiz. Milit.)* sergeant

**Feld-: ~zeichen das** *(hist.)* standard; flag; **~zug der** *(Milit., fig.)* campaign

**Felg·auf·schwung der** *(Turnen)* upward circle forwards

**Felge** ['fɛlgə] **die; ~, ~n a)** *(Radkranz)* [wheel] rim; **die Reifen auf die ~n montieren** put the tyres on the wheels; **b)** *(Turnen)* circle

**Felgen·bremse die** *(Technik)* rim brake

**Felg·um·schwung der** *(Turnen)* circle

**Fell** [fɛl] **das; ~[e]s, ~e a)** *(Haarkleid)* fur; *(Pferde~, Hunde~, Katzen~)* coat; *(Schaf~)* fleece; skin; **ein weiches/glänzendes ~:** a soft/shiny coat; **einem Tier das ~ abziehen** skin an animal; **jmdm. das ~ über die Ohren ziehen** *(fig. salopp)* take sb. for a ride *(sl.);* **b)** *o. Pl. (Material)* fur; furskin; **ein Mantel aus [braunem] ~:** a [brown] fur coat; **c)** *(abgezogene behaarte Haut)* skin; hide; **ihm sind die** *od.* **alle ~e weg-** *od.* **davongeschwommen** *(fig.)* he has had all his hopes dashed; **d)** *(salopp: Haut des Menschen)* skin; *(fig.)* **ihm** *od.* **ihn juckt das ~** *(ugs.)* he is asking for a good hiding *(coll.);* **sich** *(Dat.)* **ein dickes ~ anschaffen** *(ugs.)* become thick-skinned; **ein dickes ~ haben** *(ugs.)* be thick-skinned *or* have a thick skin; **jmdm. das ~ versohlen** *(ugs.)* tan sb.'s hide; give sb. a good hiding *(coll.);* **das ~ versaufen** *(ugs.)* have a good drink to sb.'s memory

**Fellache** [fɛ'laxə] **der; ~n, ~n, Fellachin die; ~, ~nen** fellah

**Fellatio** [fɛ'la:tsio] **die; ~:** fellatio *no art.*

**Fell·eisen das** *(veralt.)* knapsack

**Fell-: ~handel der** skin trade; **~jacke die** fur jacket; **~mütze die** fur cap

**Fels** [fɛls] **der; ~en, ~en a)** *o. Pl. (Gestein)* rock; **b)** *(geh.: Felsen)* rock; **wie ein ~ in der Brandung stehen** stand as firm as a rock; *s. auch* [1]**wachsen a**

**Fels-: ~bild das** rock painting; **~block der;** *Pl.* **~blöcke** rock; boulder

**Felsen** ['fɛlzn] **der; ~s, ~:** rock; *(an der Steilküste)* cliff

**felsen-, Felsen-: ~bucht die** bay lined by cliffs; cliff-lined bay; **~fest 1.** *Adj.* firm; unshakeable ⟨*opinion, belief*⟩; **2.** *adv.* ⟨*believe, be convinced*⟩ firmly; **~grab das** rock tomb; **~grotte die** grotto; cave; **~höhle die** rock cave; **~klippe die** rocky cliff; **an einer ~klippe zerschellen** be dashed to pieces on a rock; **~küste die** rocky coast *or* coastline; **~riff das** rocky reef; **~tor das** *(Geogr.)* rock arch

**Fels-: ~geröll das** rocks *pl.;* boulders *pl.;* **~haken der** *(Bergsteigen)* piton

**felsig** *Adj.* rocky

**Fels-: ~massiv das** [rock] massif; **~nase die** ledge; **~schlucht die** gorge; ravine; **~spalte die** crevice [in the rock]; **~vorsprung der** ledge; **~wand die** rock face; **in der ~wand** on the rock face

**fem.** *Abk.* **feminin** fem.

**Feme** ['fe:mə] **die; ~, ~n a)** *(hist.)* vehmgericht; **b)** *(Geheimgericht)* kangaroo court

**Feme-: ~gericht das** *s.* **Feme; ~mord der** lynching

**feminin** [femi'ni:n] *Adj.* **a)** *(geh.: weiblich)* feminine ⟨*characteristic, behaviour*⟩; **b)** *(abwertend: unmännlich)* effeminate ⟨*man, type*⟩; **c)** *(Sprachw.)* feminine

**Femininum** ['fe:mini:nʊm] **das; ~s, Feminina** feminine noun

**Feminismus der; ~, Feminismen a)** *o. Pl. (Frauenbewegung)* feminism *no art.;* **b)** *(Med., Zool.)* feminism *no art.*

**Feminist der; ~en, ~en, Feministin die; ~, ~nen** feminist

**feministisch** *Adj.* feminist

**Femme fatale** [famfa'tal] **die; ~ ~, ~s ~s** *(geh.)* femme fatale

**Fenchel** ['fɛnçl] **der; ~s** fennel

**Fenchel-: ~knolle die** fennel; **~öl das** fennel oil; **~tee der** fennel tea

**Fender** ['fɛndɐ] **der; ~s, ~** *(Seew.)* fender

**Fenn** [fɛn] **das; ~[e]s, ~e** *(bes. nordd.)* fen

**Fennek** ['fɛnɛk] **der; ~s, ~s** *od.* **~e** fennec

**Fenster** ['fɛnstɐ] **das; ~s, ~** *(auch DV)* window; **im ~ liegen** be leaning out of the window; **[sein] Geld zum ~ hinauswerfen** *(fig.)* throw [one's] money down the drain; **weg vom ~ sein** *(ugs.)* be right out of it

**Fenster-: ~bank die** window-sill; window-ledge; **~bogen der** *(Archit.)* window arch; **~brett das** *s.* **~bank; ~brief[umschlag] der** window envelope; **~brüstung die** window breast; **~flügel der** [side of a/the] window; **~front die** window frontage; **~gips der** *(Med.)* fenstrated plaster; **~gitter das** window grille *or* grating; **~glas das a)** *o. Pl.* window glass; **b)** *Pl.* **~gläser** *(ungeschliffenes Glas)* plain glass; **eine Brille aus ~glas** glasses with plain glass lenses; **~griff der** window catch; **~kitt der** window putty; **~klappe die** shutter opening; **~kreuz das** mullion and transom; **~kurbel die** window handle; **~laden der** [window] shutter; **~leder das** wash-leather

**fensterln** ['fɛnstɐln] *itr. V. (bes. südd., österr.)* climb through one's sweetheart's window

**fenster-, Fenster-: ~los** *Adj.* windowless; **~nische die** window recess; **~öffnung die** window opening; **~platz der** window-seat; seat by the window; **~putzer der** window-cleaner; **~rahmen der** window-frame; **~ritze die** gap between window-pane and frame; **~rose die** *(Archit.)* rose window; **~scheibe die** window-pane; **~sims der** *od.* **das** *s.* **~bank; ~sturz der a) der Prager ~sturz** *(Hist.)* the Defenestration of Prague; **b)** *(~abschluß)* [window] lintel; **~verband der** *(Med.)* fenestrated dressing

**Ferial·tag** [fe'ria:l-] **der** *(österr.) s.* **Ferientag**

**Ferien** ['fe:riən] *Pl.* **a)** *(Arbeitspause)* holiday *(Brit.);* vacation *(Amer.); (Werks~)* shut-down; holiday *(Brit.); (Parlaments~)* recess; *(Hochschul~)* vacation; **in den großen/während der großen ~:** in/during the summer holidays/vacation; **~ haben** have a *or* be on holiday/vacation; **das Parlament geht in die ~:** parliament goes into recess; **b)** *(Urlaub)* holiday[s *pl.*] *(Brit.);* vacation *(Amer.);* **in die ~ fahren** go on holiday/vacation

**Ferien-:** holiday... *(Brit.);* vacation... *(Amer.); s. auch* **Urlaubs-**

**Ferien-: ~arbeit die** vacation work; **eine ~arbeit** a vacation job; **~aufenthalt der** holiday *(Brit.);* vacation *(Amer.);* **~beginn der** start of the school holidays/vacation; **~dorf das** holiday/vacation village; **~erlebnis das** holiday/vacation experience; **~gast der** holiday/vacation guest; **~haus das** holiday/vacation house; **~heim das** holiday/vacation home; **~kind das** *child on a state-subsidized holiday/vacation in the country or at the seaside;* **~kolonie die** [children's] holiday/vacation camp; **~kurs der** vacation course; **~lager das** holiday/vacation camp; **~ordnung die** holiday/vacation dates *pl.;* **~ort der** holiday/vacation resort; **ein idyllischer ~ort** an idyllic holiday/vacation spot *or* spot for a holiday/vacation; **~paradies das** holiday[-maker's]/vacation[er's] paradise; **~reise die** holiday/vacation trip; **~sonder·zug der** special holiday/vacation train; holiday/vacation special; **~tag der** day [of one's holiday *(Brit.) or (Amer.)* vacation]; **~zeit die** holiday *(Brit.);* vacation *(Amer.);* **zu Beginn der ~zeit** at the beginning of the holidays/vacation; **~zentrum das** holiday/vacation centre *or* resort

**Ferkel** ['fɛrkl] **das; ~s, ~ a)** *(junges Schwein)* piglet; **b)** *(ugs. abwertend)* pig; **du [altes] ~!** you [dirty] pig!

**Ferkelei die; ~, ~en** *(ugs. abwertend) (Benehmen)* filthy behaviour; *(Bemerkung)* dirty remark; **seine ~en** his filth *sing. or* smut *sing.*

**ferkeln** *itr. V.* **a)** *(Ferkel werfen)* farrow; **b)** *(ugs. abwertend)* be filthy

**Fermate** [fɛr'ma:tə] **die; ~, ~n** *(Musik)* pause

**Ferment** [fɛr'mɛnt] **das; ~[e]s, ~e** *(veralt.)* ferment *(arch.);* enzyme

**Fermentation** [fɛrmɛnta'tsio:n] **die; ~, ~en** fermentation

**fermentieren** *tr. V.* ferment

**fern** [fɛrn] **1.** *Adj.* **a)** *(räumlich)* distant, far-off, faraway ⟨*country, region, etc.*⟩; **b)** *(zeitlich)* distant ⟨*past, future*⟩; **eine Geschichte aus ~en Tagen** a story from far-off days; **in [nicht allzu] ~er Zukunft** in the [not too] distant future; **der Tag ist nicht mehr ~:** the day is not far off; **der Frieden ist ~er denn je** peace is farther away than ever. **2.** *adv.* **~ von der Heimat [sein/leben]** [be/live] far from home; **etw. von ~ betrachten** look at sth. from a distance; **von ~ betrachtet** *(fig.)* looked at from a distance; **so von ~ betrachtet würde ich ...:** looking at it from a distance, I should ...; **das sei ~ von mir, daß ich dich jemals verraten werde** *(geh.)* heaven forbid that I should ever betray you; *s. auch* **Osten c; nahe 2a. 3.** *Präp. mit Dat. (geh.)* far [away] from; a long way from; **~ der Heimat [leben]** [live] far from home *or* a long way from home

**fern-, Fern-: ~ab** [-'-] *(geh.)* **1.** *Adv.* far away; **~ab von aller Zivilisation** far [away] from all civilization; **2.** *Präp. mit Dat.* **~ab aller Zivilisation** far [away] from all civilization; **~amt das** *(veralt.)* telephone exchange; **~auslöser der** *(Fot.)* remote shutter release; **~bahn die** main-line railway; **~bahn·hof der** main-line station; **~beben das** *(Geol.)* distant earthquake; **~bedienung die** remote control; **~bereich der** *(bes. Fot.)* distance; **~|bleiben** *unr. itr. V.; mit sein (geh.)* stay away; **dem Unterricht ~bleiben** stay away from lessons; **~blick der** view

**ferne** *in* **von ~** *(geh.)* from far off *or* away

**Ferne die; ~, ~n a)** *(räumlich)* distance; **etw. in weiter ~ erblicken** see sth. in the far distance; **ein Gruß aus der ~:** greetings from afar *or* far away; **in die ~ ziehen** *(geh.)* travel to far-off parts [of the world]; **b)** *(Zukunft)* future; *(Vergangenheit)* past; **das liegt noch/schon in weiter ~:** that is still far off *or* a long time away/that was a long time ago

**ferner** *Adv.* **a)** in addition; furthermore; **er rangiert unter „~ liefen"** *(fig.)* he is an also-ran; **b)** *(geh.: künftig)* in [the] future; **auch ~ etw. tun** continue to do sth.

**ferner...** *Adj. (Papierdt.)* further

**ferner·hin** *Adv.* **a)** in [the] future; **wir werden ihn auch ~ unterstützen** we shall continue to support him. **b)** *s.* **ferner a**

**fern-, Fern-: ~fahrer der** long-distance lorry-driver *(Brit.) or (Amer.)* trucker; **~fahrer·lokal das** transport café; **~fahrt**

die long run *or* trip; ~**flug** der long-distance *or* long-haul flight; ~**gelenkt** *Adj.* remote-controlled; *(fig.: durch Geheimdienste usw.)* controlled; **eine ~gelenkte Rakete** a guided missile; ~**geschoß** das *(Milit.)* long-range missile; ~**gespräch** das long-distance call; trunk call; **ein ~gespräch mit jmdm./London führen** speak to *or* with sb./London long-distance; ~**gesteuert** *Adj. s.* **~gelenkt;** ~**glas** das; *Pl.* ~gläser binoculars *pl.;* **etw. mit dem ~glas erkennen** make sth. out with binoculars; ~|**gucken** *itr. V. (ugs.)* watch telly *(coll.) or* the box *(coll.);* ~|**halten 1.** *unr. tr. V.* **jmdn./etw. von jmdm./etw. ~halten** keep sb./sth. away from sb./sth.; **2.** *unr. refl. V.* **sich von jmdm./etw. ~halten** keep away from sb./sth.; ~**heizung** die district heating system; ~**hẹr** *Adv. (geh.)* **[von] ~her** from afar; ~**hịn** *Adv. (geh.)* far off; ~**kopierer** der fax machine; ~**kurs[us]** der correspondence course; ~**laster** der *(ugs.)* long-distance lorry *(Brit.) or (Amer.)* truck; ~**last·fahrer** der long-distance lorry-driver *(Brit.) or (Amer.)* trucker; ~**last·zug** der [long-distance] articulated lorry; ~**lehr·gang** der correspondence course; ~**leihe** die **a)** *(Dienststelle)* inter-library loans department; **b)** *(Leihverkehr)* inter-library loan system; **ein Buch über [die] ~leihe bestellen** order a book through inter-library loans; ~**leitung** die **a)** *(Postw.)* long-distance line; **b)** *(Energiewirtsch.)* long-distance cable; ~|**lenken** *tr. V.* operate by remote control; ~**lenkung** die remote control; ~**lenk·waffen** *Pl.* guided missiles; ~**licht** das *(Kfz-W.)* full beam; **das ~licht anhaben** drive on full beam; ~|**liegen** *unr. itr. V.* **das liegt mir ~:** that is the last thing I want to do; **es liegt mir ~, das zu tun** I shouldn't dream of doing that

**Fẹrn·melde-:** ~**amt** das telephone exchange; ~**gebühren** *Pl.* telephone charges; ~**netz** das telecommunications network; ~**satellit** der communications satellite; ~**technik** die; *o. Pl.* telecommunications *sing., no art.;* ~**truppe** die *(Milit.)* signal corps; ~**turm** der telecommunications tower; ~**verkehr** der telecommunication; ~**wesen** das telecommunications *pl.*

**fẹrn-, Fẹrn-:** ~**mündlich 1.** *Adj.; nicht präd.* telephone ⟨*communication*⟩; **2.** *adv.* by telephone; ~**ọst** *o. Art.* Far East; **in/nach ~ost** in/to the Far East; ~**östlich** *Adj.; nicht präd.* Far Eastern; **eine ~östliche Schönheit** an oriental beauty; ~**rohr** das telescope; ~**ruf** der telephone number; **~ruf: 45678** telephone *or* tel.: 45678; ~**schach** das correspondence chess; ~**schaltung** die remote control system; **durch ~schaltung** by remote control; ~**schreiben** das telex [message]; ~**schreiber** der telex [machine]; teleprinter; ~**schriftlich 1.** *Adj.; nicht präd.* telex ⟨*message*⟩; **2.** *adv.* by telex; ~**schuß** der *(Ballspiele)* long-range shot

**Fẹrnseh-:** ~**ansager** der, ~**ansagerin** die television announcer; ~**anstalt** die television organization; ~**antenne** die television aerial *(Brit.) or (Amer.)* antenna; ~**apparat** der television [set]; ~**aufzeichnung** die telerecording; ~**diskussion** die [television] discussion programme; ~**empfang** der television reception

**fẹrn|sehen** *unr. itr. V.* watch television

**Fẹrn·sehen** das; ~s television; **im ~:** on television; **vom** *od.* **im ~ übertragen werden** be televised; be shown on television; **das ~ brachte eine Sendung über ...** *(Akk.)* they showed a programme about ... on television

**Fẹrn·seher** der; ~s, ~ *(ugs.)* **a)** *(Gerät)* telly *(Brit. coll.);* TV; television; **b)** *(Zuschauer)* [television] viewer

**Fẹrnseh-:** ~**fassung** die television version; ~**film** der television film; ~**gebühren** *Pl.* television licence fee; ~**gerät** das television [set]; ~**journalist** der television reporter; ~**kamera** die television camera; ~**lotterie** die television lottery; ~**programm** das **a)** *(Sendungen)* television programmes *pl.;* **b)** *(Kanal)* television channel; **c)** *(Blatt, Programmheft)* television [programme] guide; ~**publikum** das viewing public; ~**reporter** der television reporter; ~**satellit** der television satellite; ~**schirm** der television screen; ~**sender** der television transmitter; ~**sendung** die television programme; ~**serie** die television series; ~**sessel** der television chair; ~**spiel** das television play; ~**spot** der television commercial; ~**sprecher** der *s.* **~ansager;** ~**studio** das television studio; ~**team** das television crew; ~**techniker** der television engineer; ~**truhe** die cabinet television; ~**turm** der television tower; ~**übertragung** die television broadcast; ~**zuschauer** der television viewer

**Fẹrn·sicht** die *(Aussicht)* view; *(gute Sicht)* visibility

**fern·sichtig** *Adj. s.* **weitsichtig**

**Fẹrn·sprech-** *(bes. Amtsspr.) s.* **Telefon-**

**Fẹrnsprech-:** ~**amt** das telephone [area] office; ~**ansage·dienst** der telephone information service; ~**an·schluß** der telephone; line; **noch keinen ~anschluß haben** not yet be connected to the telephone network; ~**apparat** der telephone; ~**auftrags·dienst** der telephone services *pl.;* **ich möchte mich vom ~auftragsdienst wecken lassen** I'd like to book an alarm call; ~**auskunft** die directory enquiries *sing., no art.;* **eine Telefonnummer über die** *od.* **von der ~auskunft bekommen** get a [telephone] number from *or* through directory enquiries; ~**automat** der coinbox telephone; pay phone; ~**buch** das telephone book *or* directory

**Fẹrn·sprecher** der telephone

**Fẹrnsprech-:** ~**gebühren** *Pl.* telephone charges; ~**nummer** die telephone number; ~**säule** die roadside telephone; ~**teilnehmer** der telephone subscriber; telephone customer *(Amer.);* ~**verbindung** die telephone connection *or* link; ~**verkehr** der telephone communication; ~**zelle** die telephone-booth *or (Brit.)* -box; call-box *(Brit.)*

**fẹrn-, Fẹrn-:** ~|**stehen** *unr. itr. V. (geh.)* **jmdm. ~stehen** not be on close terms with sb.; ~|**steuern** *tr. V. s.* **~lenken;** ~**steuerung** die *(Technik)* remote control; *(fig.: durch Geheimdienste usw.)* control; ~**straße** die [principal] trunk road; major road; ~**studium** das **a)** *(Studium ohne personale Medien)* correspondence course; ≈ Open University course *(Brit.);* **b)** *(DDR)* extramural studies *pl.;* ~**trauung** die marriage by proxy; ~**universität** die ≈ Open University *(Brit.);* ~**unterricht** der correspondence courses *pl.;* ~**verkehr** der long-distance traffic; ~**verkehrs·mittel** das form of long-distance transport; ~**verkehrs·straße** die *s.* **~straße;** ~**wahl** die *(Postw.)* [automatic] trunk dialling; long-distance dialling; ~**wärme** die district heating; ~**weh** das *(geh.)* wanderlust; ~**ziel** das **a)** *(zeitlich)* long-term aim; **etw. als ~ziel anstreben** aim for sth. in the long term; **b)** *(räumlich)* distant destination; ~**zug** der long-distance train

**Ferrit** [fɔ'ri:t] der; ~s, ~e ferrite

**Ferrịt·antenne** die ferrite-rod aerial *or (Amer.)* antenna

**Ferro-** [fɛro-] ferro-

**Fẹrro·magnetismus** der ferromagnetism

**Ferse** ['fɛrzə] die; ~, ~n heel; **jmdm. in die ~n treten** kick sb. in the heel; *(fig.)* **sich an jmds. ~n** *(Akk.)*/**sich jmdm. an die ~n heften** stick [hard] on sb.'s heels; **jmdm. [dicht] auf den ~n sitzen** *od.* **sein** *(ugs.)* be [hard *or* close] on sb.'s heels; **jmdm. auf den ~n bleiben** stick on sb.'s heels; stay on sb.'s tail; **ich habe die Polizei auf den ~n** *(ugs.)* the police are on my tail; **er hatte Löcher in den ~n** he had holes in the heels of his socks

**Fẹrsen-:** ~**bein** das *(Anat.)* heel bone; calcaneum; ~**geld** *in* **~geld geben** *(ugs. scherzh.)* take to one's heels

**fertig** ['fɛrtɪç] *Adj.* **a)** *(völlig hergestellt)* finished ⟨*manuscript, picture, etc.*⟩; **das Essen ist ~:** lunch/dinner *etc.* is ready; **und ~ ist der Lack** *od.* **die Laube** *(ugs.)* and there you are; and bob's your uncle *(Brit. coll.);* **b)** *nicht attr. (zu Ende)* finished; **[mit etw.] ~ sein/werden** have finished/finish [sth.]; **bist du ~?** have you finished?; **mit jmdm. ~ sein** *(ugs.)* be finished *or* through with sb.; **mit etw. ~ werden** *(fig.)* cope with sth.; **sie wird mit dem Jungen einfach nicht mehr ~** *(ugs.)* she cannot cope with the boy any more; **c)** *nicht attr. (bereit, verfügbar)* ready **(zu, für** for); **zum Abmarsch/Start ~ sein** be ready to march/ready for take-off; **auf die Plätze – ~ – los!** on your marks, get set, go! *(Sport); (bei Kindern auch:)* ready, steady, go!; **d)** *nicht attr. (ugs.: erschöpft)* shattered *(coll.);* **mit den Nerven ~ sein** be at the end of one's tether; **e)** *meist attr. (reif)* mature ⟨*person, artist, etc.*⟩

**fẹrtig-, Fẹrtig-:** ~**bau** der; *Pl.* ~ten **a)** *(Gebäude)* prefabricated building; **b)** *o. Pl. (Herstellung)* prefabricated building; prefabrication; ~**bau·weise** die prefabricated construction; prefabrication; **etw. in ~bauweise errichten** build sth. by the prefabricated method; ~|**bekommen** *unr. tr. V.,* ~|**bringen** *unr. tr. V.* **a)** *(imstande sein zu)* manage; **so etwas bringst auch nur du ~!** *(iron.)* only you could manage to do a thing like that!; **ich brächte es nicht ~, jmdn. zu erschießen** I couldn't bring myself to shoot anybody; **der bringt das ~!** *(iron.)* I wouldn't put it past him; **sie bringt es ~ und sagt ihr das** she is capable of saying that to her; **b)** *(zu Ende bringen)* finish

**fẹrtigen** *tr. V.* make; **von Hand/maschinell gefertigte Waren** hand-made/machine-produced goods

**Fẹrtig-:** ~**erzeugnis** das, ~**fabrikat** das finished product; ~**gericht** das ready-to-serve meal; **ein ~gericht aus der Dose** a meal out of *or* from a tin *(Brit.) or (Amer.)* can; ~**haus** das prefabricated house; prefab *(coll.)*

**Fẹrtigkeit** die; ~, ~en skill; **eine ~ in etw.** *(Dat.)* **haben** be skilled in *or* at sth.; **~ im Zeichnen/Nähen** skill in *or* at drawing/sewing

**fẹrtig-, Fẹrtig-:** ~|**kriegen** *tr. V. (ugs.) s.* **~bringen;** ~|**machen** *tr. V.* **a)** *(ugs.: beenden)* finish ⟨*task, job, etc.*⟩; **b)** *(ugs.: bereitmachen)* get ⟨*meals, beds*⟩ ready; **sich für etw. ~machen** get ready for sth.; **c)** *(erschöpfen)* **jmdn. ~machen** wear sb. out; *(durch Schikanen)* wear sb. down; **der Lärm macht mich [ganz] ~:** that noise is getting me down; **d)** *(deprimieren)* **jmdn. ~machen** get sb. down; **e)** *(salopp: zusammenschlagen, töten)* **jmdn. ~machen** do sb. in *(sl.);* **f)** *(ugs.: zurechtweisen)* **jmdn. ~machen** tear sb. off a strip *(sl.);* ~**produkt** das finished product; ~|**stellen** *tr. V.* complete; finish; ~**stellung** die completion; ~**teil** das prefabricated part

**Fẹrtigung** die; ~: production; manufacture

**Fẹrtigungs-** production

**Fẹrtigungs-:** ~**kosten** *Pl.* production *or* manufacturing costs; ~**verfahren** das production *or* manufacturing process

**Fẹrtig·ware** die finished product

**Fertilität** [fɛrtili'tɛ:t] die; ~ *(Biol., Med.)* fertility

**¹Fes** [fe:s] **der; ~[e]s, ~[e]** fez
**fes, ²Fes** [fɛs] **das; ~, ~** *(Musik)* F flat
**fesch** [fɛʃ] *Adj.* **a)** *(bes. österr.: hübsch)* smart ⟨*woman, suit, etc.*⟩; **b)** *(österr.: nett)* good; **sei ~ und komm mit!** be a sport and come too!
**¹Fẹssel** ['fɛsl̩] **die; ~, ~n** *meist Pl. (auch fig.)* fetter; shackle; *(Kette)* chain; **jmdm. ~n anlegen,** *(geh.)* **jmdn. in ~n legen** fetter sb./put sb. in chains
**²Fẹssel die; ~, ~n** *(Anat.)* **a)** *(bei Huftieren)* pastern; **b)** *(bei Menschen)* ankle
**Fẹssel-: ~ballon der** captive balloon; **~gelenk das** *(Zool.)* pastern-joint
**fẹsseln** *tr. V.* **a)** tie up; *(mit Ketten)* chain up; **jmdn. an etw.** *(Akk.)* **~:** tie/chain sb. to sth.; **jmdn. an Händen und Füßen ~:** tie sb. hand and foot; **jmdm. die Hände auf den Rücken ~:** tie sb.'s hands behind his/her back; **ans Bett/Haus/an den Rollstuhl gefesselt sein** *(fig.)* be confined to [one's] bed/tied to the house/confined to a wheelchair; **jmdn. an sich** *(Akk.)* **~** *(fig.)* bind sb. to oneself; **b)** *(faszinieren)* ⟨*book*⟩ grip; ⟨*work, person*⟩ fascinate; ⟨*personality*⟩ captivate; ⟨*idea*⟩ possess; **das Buch hat mich so gefesselt** I was so gripped by the book; **jmdn. durch etw. ~:** captivate sb. with sth.
**Fẹsselung, Fẹßlung die; ~, ~en** *(Schach)* block
**fest** [fɛst] **1.** *Adj.* **a)** *(nicht flüssig od. gasförmig)* solid; **~e Nahrung** solid food; **~e Gestalt** *od.* **Form[en] annehmen** take on a definite shape; **b)** *(straff)* firm, tight ⟨*bandage*⟩; **c)** *(kräftig)* firm ⟨*handshake*⟩; *(tief)* sound ⟨*sleep*⟩; **d)** *(haltbar, solide)* sturdy ⟨*shoes*⟩; tough, strong ⟨*fabric*⟩; solid ⟨*house, shell*⟩; **e)** *(energisch)* firm ⟨*tread*⟩; steady ⟨*voice*⟩; **eine ~e Hand brauchen** *(fig.)* need a firm hand; **f)** *(unbeirrbar)* **der ~en Überzeugung** *od.* **Meinung sein, daß ...:** be firmly convinced *or* of the firm opinion that ...; **g)** *(endgültig)* firm ⟨*appointment, date*⟩; **eine ~e Zusage machen** make a firm *or* definite commitment; *s. auch* **Fuß b**; **h)** *nicht präd. (konstant)* fixed, permanent ⟨*address*⟩; fixed ⟨*income*⟩; **einen ~en Freund/eine ~e Freundin haben** have a steady boyfriend/girlfriend; **in ~en Händen sein** *(fig.)* be spoken for; **einen ~en Platz in etw.** *(Dat.)* **haben** *(fig.)* be firmly established in sth.; **i)** *(Milit. veralt.)* fortified ⟨*position*⟩. **2.** *adv.* **a)** *(straff)* ⟨*tie, grip*⟩ tight[ly]; **b)** *(ugs. auch ~e) (tüchtig)* ⟨*work*⟩ with a will; ⟨*eat*⟩ heartily; ⟨*sleep*⟩ soundly; **~ zuschlagen** plant a solid punch; **er schläft [gerade] ~:** he is fast asleep; **~ zulangen** tuck in; **~ feiern** have a real celebration; **immer ~[e] drauf** *od.* **druff!** *(salopp)* get stuck in! *(sl.)*; let him/them have it!; **c)** *(unbeirrbar)* ⟨*believe, be convinced*⟩ firmly; **sich auf jmdn./etw. ~ verlassen** rely one hundred per cent on sb./sth.; **d)** *(endgültig)* firmly; definitely; **etw. ~ vereinbaren** come to a firm *or* definite arrangement about sth.; **e)** *(auf Dauer)* permanently; **~ angestellt sein** be permanently employed *or* a permanent member of staff; **~ befreundet sein** be close friends; *(als Paar)* be going steady; **jmdn. ~ einstellen** give sb. a permanent job; employ sb. as a permanent member of staff
**Fẹst das; ~[e]s, ~e a)** *(Veranstaltung)* celebration; *(Party)* party; **man muß die ~e feiern, wie sie fallen** you don't get a chance for a celebration every day of the week; **es ist mir ein ~** *(scherzh.)* [it's] my pleasure; **b)** *(Feiertag)* festival; *(Kirchen~)* feast; festival; **bewegliches/unbewegliches ~:** movable/immovable feast; **frohes ~!** happy Christmas/Easter!
**fẹst-, Fẹst-: ~akt der** ceremony; **~angestellt** *Adj. (präd. getrennt geschrieben)* permanent; **~angestellte der/die;** *adj. Dekl.* permanent employee; **~ansprache die** address; **~|backen** *itr. V. (landsch.)* stick; **~|beißen** *unr. refl. V.* **sich in etw.** *(Dat.)* **~beißen** ⟨*dog etc.*⟩ sink its teeth firmly into sth.; **sich an einem Problem ~beißen** *(fig.)* get bogged down in a problem; **~beleuchtung die** festive lighting; **in ~beleuchtung erstrahlen** be ablaze with festive illuminations; **~besoldet** *Adj. (präd. getrennt geschrieben)* full-time [and] salaried; **~besoldete der/die;** *adj. Dekl.* full-time member of staff; **~|binden** *unr. tr. V.* tie [up]; **etw. an einem Baum/Pfosten ~binden** tie sth. to a tree/post; **~|bleiben** *unr. itr. V.; mit sein* stand firm; **~|drehen** *tr. V.* screw [up] tight
**fẹste** *Adv. (ugs.) s.* **fest 2 b**
**Fẹste die; ~, ~n** *(veralt.)* fortress; castle
**fẹst-, Fẹst-: ~essen das** banquet; **~|fahren** *unr. itr., refl. V. (itr. V. mit sein)* get stuck; *(fig.)* get bogged down; **der Wagen hat sich** *od.* **ist ~gefahren** the car got stuck; **~|fressen** *unr. refl. V.* **a)** *(sich verklemmen)* ⟨*engine*⟩ seize up; ⟨*saw*⟩ get stuck; **b)** *(fig.: sich einprägen)* **sich in jmdm. ~fressen** become fixed in sb.'s mind; **~|frieren** *unr. itr. V.; mit sein* freeze up; freeze solid; **~gabe die** *(geh.)* gift; **~gefügt** *Adj.* firmly established; **~gelage das** *s.* **Gelage; ~geld das** *(Bankw.)* time deposit; **~gottes·dienst der** festival service; **~|haken 1.** *tr. V. (befestigen)* hook up; **etw. an etw.** *(Dat.)* **~haken** hook sth. to sth.; **2.** *refl. V.* get caught (**an** + *Dat.* on); **~halle die** festival hall; **~|halten 1.** *unr. tr. V.* **a)** *(halten, packen)* hold on to; **jmdn. am Arm ~halten** hold on to sb.'s arm; **etw. mit den Händen ~halten** hold sth. in one's hands; **b)** *(nicht weiterleiten)* withhold ⟨*letter, parcel, etc.*⟩; **c)** *(verhaftet haben)* hold, detain ⟨*suspect*⟩; **d)** *(aufzeichnen, fixieren)* record; capture; **etw. in Bild und Ton ~halten** record *or* capture sth. in sound and vision; **etw. mit der Kamera ~halten** capture sth. with the camera; **e)** *(konstatieren)* record; **~halten, daß ...:** record the fact that ...; **2.** *unr. refl. V. (sich anklammern)* **sich an jmdm./etw. ~halten** hold on to sb./sth.; **halt dich ~!** hold tight!; *(fig. ugs.)* brace yourself!; **3.** *unr. itr. V.* **an jmdm./etw. ~halten** stand by sb./sth.; **~|hängen** *unr. itr. V.* get caught; **[mit etw.] an/in etw.** *(Dat.)* **~hängen** get [sth.] caught on/in sth.
**festigen** ['fɛstɪgn̩] **1.** *tr. V.* strengthen ⟨*friendship, alliance, marriage, etc.*⟩; consolidate ⟨*position*⟩; **in sich** *(Dat.)* **gefestigt sein** be strong. **2.** *refl. V.* ⟨*friendship, ties*⟩ become stronger
**Fẹstigkeit die; ~ a)** *(Entschlossenheit)* firmness; **b)** *(Standhaftigkeit)* steadfastness; resolution; **sein Ziel mit ~ verfolgen** pursue one's aim with [great] resolution; **c)** *(von Stoffen)* strength
**Fẹstigkeits·lehre die;** *o. Pl.* [theory of] strength of materials
**Fẹstigung die; ~:** strengthening; *(einer Stellung)* consolidation
**Festival** ['fɛstivəl] **das; ~s, ~s** festival
**Fẹstival·besucher der** visitor to a/the festival
**Festivität** [fɛstivi'tɛ:t] **die; ~, ~en** *(veralt., scherzh.)* festivity; celebration
**fẹst-, Fẹst-: ~|klammern 1.** *tr. V.* **etw. [an etw.** *(Dat.)***] ~klammern** clip sth. on [to sth.]; **Wäsche an der Leine ~klammern** peg washing [up] on the line; **2.** *refl. V.* **sich an jmdm./etw. ~klammern** cling [on] to sb./sth.; **~|kleben 1.** *itr. V.; mit sein* stick (**an** + *Dat.* to); **2.** *tr. V.* stick; **etw. an etw.** *(Dat.)* **~kleben** stick sth. to sth.; **~kleid das** evening dress; **die Stadt legte ihr ~kleid an** *(fig. geh.)* the town took on a festive look; **~kleidung die** formal dress; **~|klemmen 1.** *itr. V.; mit sein* **~geklemmt sein** be stuck *or* jammed; **2.** *tr. V.* wedge; jam; **~|klopfen** *tr. V.* bang ⟨*nail*⟩ in *or* home; bang ⟨*floor-board*⟩ down; *(fig.)* finalize ⟨*agreement*⟩; **~|knoten** *tr. V.* **etw. an etw.** *(Dat.)* **~knoten** tie sth. to sth.; **~komitee das** festival committee; **~komma das** *(DV)* fixed point; **~körper der** *(Physik)* solid; **~körper·physik die** solid-state physics *sing., no art.*; **~|krallen** *refl. V.* **sich in etw.** *(Dat.)* **~krallen** dig its claws into sth.; **sich an jmdm. ~krallen** cling to sb. with its claws; ⟨*person*⟩ cling [on] to sb.; **~land das;** *o. Pl.* **a)** *(Kontinent)* continent; *(im Gegensatz zu den Inseln)* mainland; **das europäische ~land** the continent of Europe/the European mainland; **b)** *(fester Boden)* land; **auf dem ~land** on dry land; **~ländisch** *Adj.; nicht präd.* **a)** *(kontinental)* continental ⟨*climate, shelf, etc.*⟩; **b)** *(im Gegensatz zu den Inseln)* mainland *attrib.*; **~land[s]·sockel der** *(Geogr.)* continental shelf; **~|laufen 1.** *unr. itr., refl. V. (itr. V. mit sein)* ⟨*ship*⟩ run aground, get stuck; ⟨*wheels*⟩ jam, get jammed; *(fig.)* ⟨*negotiations*⟩ reach a deadlock; ⟨*policy*⟩ get bogged down; **das Schiff hat sich** *od.* **ist im Packeis ~gelaufen** the ship has got stuck in the pack-ice; **2.** *refl. V. (Sport)* **die Stürmer liefen sich immer wieder ~:** the forwards could not find a way through [the defence]; **~legbar** *Adj.* **das ist [nicht] eindeutig ~legbar** it can[not] definitely be established; **~|legen** *tr. V.* **a)** *(verbindlich regeln)* fix ⟨*time, deadline, price*⟩; arrange ⟨*programme*⟩; **etw. gesetzlich ~legen** prescribe sth. by law; **b)** *(verpflichten)* **sich [auf etw.** *(Akk.)***] ~legen [lassen]** commit oneself [to sth.]; **jmdn. [auf etw.** *(Akk.)***] ~legen** tie sb. down [to sth.]; **c)** *(Bankw.)* tie up ⟨*money*⟩; **~legung die; ~, ~en** *s.* **~legen: a)** fixing; arrangement; **b)** commitment
**fẹstlich 1.** *Adj.* **a)** festive ⟨*atmosphere*⟩; **b)** *(einem Fest gemäß)* formal ⟨*dress*⟩. **2.** *adv.* **a)** festively; **b)** *(einem Fest gemäß)* formally; **etw. ~ begehen** celebrate sth.
**Fẹstlichkeit die; ~, ~en a)** *(Feier)* celebration; **b)** *(der Stimmung, Atmosphäre)* festiveness; *(Feierlichkeit, Würde)* solemnity
**fẹst-, Fẹst-: ~|liegen** *unr. itr. V.* **a)** *(nicht weiterkommen)* be stuck; **b)** *(~stehen)* have been fixed; ⟨*programme*⟩ have been arranged; **c)** *(Bankw.)* ⟨*money*⟩ be tied up; **~|machen 1.** *tr. V.* **a)** *(befestigen)* fix; *(fig.)* demonstrate ⟨*characteristic, fault*⟩; **b)** *(fest vereinbaren)* arrange ⟨*meeting etc.*⟩; **c)** *(Seemannsspr.)* moor ⟨*boat*⟩; **2.** *itr. V. (Seemannsspr.) s.* **anlegen 2 a; ~mahl das** *(geh.)* banquet; **~meter der** *od.* **das** cubic metre *(of solid timber)*; **~|nageln** *tr. V.* **a)** *(befestigen)* nail (**an** + *Dat.* to); **wie ~genagelt dastehen** *(ugs.)* stand there as though rooted to the spot; **b)** *(ugs.: festlegen)* **jmdn. [auf etw.** *(Akk.)***] ~nageln** tie sb. down [to sth.]; **sich auf etw.** *(Akk.)* **~nageln lassen** let oneself be tied [down] to sth.; **~nahme die; ~, ~n** arrest; **bei seiner ~nahme** when he was/is arrested; **~|nehmen** *unr. tr. V.* arrest; **jmdn. vorläufig ~nehmen** take sb. into custody
**Feston** [fɛs'tõ:] **das; ~s, ~s** festoon
**fẹst-, Fẹst-: ~platte die** *(DV)* fixed disc; **~platz der** fairground; **~preis der** *(Wirtsch.)* fixed price; **~programm das** festival programme; **~rede die** speech; **~redner der** speaker; **~|rennen** *unr. refl. V.* **a)** *(ugs.)* get tangled up; **b)** *(Sport) s.* **~laufen 2; ~saal der** banqueting hall; *(Ballsaal)* ballroom; **~|saugen** *regelm. (auch unr.) refl. V.* attach itself (**an** + *Dat.* to); **~schmaus der** *(veralt.)* banquet; feast; **~schmuck der** festive decorations *pl.*; **im ~schmuck erstrahlen** be festively decorated; **~|schnallen** *tr. V.* tie (**an** + *Dat.* to); **der Pilot schnallte sich am Sitz ~:** the pilot strapped *or* fastened himself in; **~|schrauben** *tr. V.* screw [up] tight; **~|schreiben** *unr. tr. V.* establish; **~schrift die** commemorative volume; *(für Gelehrten)* Festschrift; **~|setzen 1.** *tr. V.* **a)**

(~*legen*) fix ⟨*time, deadline, price*⟩; lay down ⟨*duties*⟩; **b)** *(in Haft nehmen)* detain; **2.** *refl. V.* **a)** ⟨*dust*⟩ collect, settle; ⟨*idea*⟩ take root; **diese Idee hat sich bei ihm ~gesetzt** this idea has become fixed in his mind; **b)** *(ugs.: sich niederlassen)* establish oneself; **~setzung die; ~, ~en** *s.* **~setzen 1: a)** fixing; laying down; **b)** *(selten)* detention; **~|sitzen** *unr. itr. V.* **a)** *(haften)* be stuck; **b)** *(nicht mehr weiterkommen)* be stuck; **~spiel das a)** *Pl.* festival; **die Bayreuther/Edinburger ~spiele** the Bayreuth/Edinburgh Festival *sing.*; **b)** *(Bühnenstück)* festival production; **~spiel·haus das** festival theatre; **~|stecken 1.** *tr. V. (befestigen)* pin up; **2.** *regelm. (auch unr.) itr. V. (nicht weiterkommen)* be stuck; **~|stehen** *unr. itr. V.* **a)** *(~gelegt sein)* ⟨*order, appointment, etc.*⟩ have been fixed; **b)** *(unumstößlich sein)* ⟨*decision*⟩ be definite; ⟨*fact*⟩ be certain; **~ steht** *od.* **es steht ~, daß ...:** it is certain *or* definite that ...; **es steht ~, daß sie keine Chance haben** they certainly have no chance; **~stellbar** *Adj.* **a)** *(zu ermitteln)* ascertainable; **die Ursache ist nicht mehr ~stellbar** the cause can no longer be ascertained *or* established; **b)** *(wahrnehmbar)* detectable; diagnosable ⟨*illness*⟩; **c)** *(arretierbar)* lockable; securable ⟨*lock*⟩; **~|stellen** *tr. V.* **a)** *(ermitteln)* establish ⟨*identity, age, facts*⟩; **das läßt sich [nicht] mit Sicherheit ~stellen** it can[not] be established with certainty *or* for certain; **b)** *(wahrnehmen)* detect; diagnose ⟨*illness*⟩; **er stellte ~, daß er sich geirrt hatte** he realized that he was wrong; **sie mußte ~stellen, daß ...:** she realized that ...; **die Ärzte konnten nur noch den Tod ~stellen** all the doctors could do was [to] confirm that the patient/victim *etc.* was dead; **c)** *(aussprechen)* state ⟨*fact*⟩; **ich muß ~stellen, daß ...:** I must *or* am bound to say that ...; **d)** *(arretieren)* secure, lock ⟨*moving part*⟩; secure ⟨*lock*⟩

**Feststell-: ~hebel der** locking lever; **~taste die** shift lock

**Fest·stellung die a)** *(Ermittlung)* establishment; **b)** *(Wahrnehmung)* realization; **die ~ machen, daß ...:** realize that ...; **c)** *(Erklärung)* statement; **die ~ treffen, daß ...:** observe that ...

**Fest-: ~stimmung die** festive atmosphere *or* mood; **~stoff·rakete die** solid-fuel rocket; **~tafel die** *(geh.)* banquet table

**Fest·tag der a)** holiday; *(Kirchenfest)* [religious] feast-day; *(Ehrentag)* special day; **b)** *(Festspieltag)* [day of a/the] festival; **die Berliner ~e** the Berlin Festival *sing.*

**Festtags·stimmung die** festive atmosphere *or* mood

**fest-: ~|treten** *unr. tr. V.* tread down; **das tritt sich ~:** don't worry, it's good for the carpet *(iron.)*; **~umrissen** *Adj. (präd. getrennt geschrieben)* clear-cut; definite

**Festung die; ~, ~en a)** *(Verteidigungsanlage)* fortress; **b)** *(hist.: Haft)* imprisonment [in a fortress]

**Festungs-: ~anlage die** fortification; **~graben der** moat; **~haft die** *(hist.)* imprisonment [in a fortress]; **~mauer die** wall of a/the fortress

**fest-, Fest-: ~veranstaltung die** official function; **~verwurzelt** *Adj. (präd. getrennt geschrieben) (auch fig.)* deep-rooted; **~verzinslich** *Adj. (Bankw.)* fixed-interest *attrib.*; fixed-income *attrib.*; **~vortrag der** lecture; **~|wachsen** *unr. itr. V.; mit sein* **an** *od.* **auf etw.** *(Dat.)* **~wachsen** grow on [to] sth.; **~wiese die** festival site; **~zeit die** holiday *(Brit.) or (Amer.)* vacation [period]; **~zelt das** marquee; **~|ziehen** *unr. tr. V.* pull tight; **~zug der** procession

**fetal** [fe'ta:l] *Adj. (Med.)* foetal

**Fete** ['fe:tə] **die; ~, ~n** *(ugs.)* party; **eine ~ geben** *od.* **feiern** have *or* throw a party

**Fetisch** ['fe:tɪʃ] **der; ~s, ~e** *(Völkerk., fig.)* fetish

**Fetischismus der; ~:** fetishism *no art.*

**Fetischist der; ~en, ~en** fetishist

**fett** [fɛt] **1.** *Adj.* **a)** (~*reich*) fatty ⟨*food*⟩; **~er Speck** fat bacon; **das Fleisch war zu ~:** there was too much fat on the meat; **b)** *(sehr dick)* fat; **c)** *(ugs.: üppig, reich)* fat ⟨*inheritance, wallet*⟩; **~e Jahre/Zeiten** rich years/good times; **~e Beute machen** make a rich haul; **d)** *(ertragreich)* rich ⟨*soil*⟩; luxuriant ⟨*vegetation*⟩; **e)** *(Druckw.)* bold; *(breiter, größer)* extra bold; **etw. ~ drucken** print sth. in bold/extra bold [type]. **2.** *adv.* **~ essen** eat fatty foods; **~ kochen** use a lot of fat [in cooking]; **~ lachen** guffaw

**Fett das; ~[e]s, ~e a)** fat; **pflanzliche/tierische ~e** vegetable/animal fats; *(fig.)* **das ~ abschöpfen** *(ugs.)* cream off the best; **sein ~ [ab]bekommen** *od.* **[ab]kriegen** *(ugs.)* get one's come-uppance *(Amer.)*; **sein ~ [weg]haben** *(ugs.)* have been put in one's place *or* taught a lesson; **im ~ schwimmen** *(ugs.)* be rolling in it *(coll.)*; **b)** *o. Pl.* (~*gewebe*) fat; **~ ansetzen** ⟨*animal*⟩ fatten up; ⟨*person*⟩ put on weight; **die Gans hat viel ~:** the goose has a lot of fat on it; **~ schwimmt oben** *(Spr.)* fat people never drown!; *(fig.)* the rich never suffer

**fett-, Fett-: ~ansatz der** fat; **er neigt zu ~ansatz** he tends to get fat *or* to put on weight easily; **~arm 1.** *Adj.* low-fat ⟨*food*⟩; low in fat *pred.*; **2.** *adv.* **~arm essen** eat low-fat foods; **~auge das** speck of fat; **~bauch der** *(ugs.)* paunch; fat stomach; **~bedarf der** fat requirement; **~creme die** enriched [skim] cream; **~depot das** *(Physiol.)* fat depot; **~druck der** bold type; **in ~druck** in bold [type]

**fetten 1.** *tr. V. (mit Fett einreiben)* grease. **2.** *itr. V. (Fett absondern)* be greasy

**fett-, Fett-: ~film der** greasy film; **~fleck[en] der** grease mark *or* spot; **~frei** *Adj.* non-fat; **~gebäck das, ~gebackene das;** *adj. Dekl.* cakes *pl.* fried in fat; **~gedruckt** *Adj. (präd. getrennt geschrieben)* bold; **~gehalt der** fat content; **~geschwulst die** fatty tumour; **~gewebe das** fatty tissue; **~haltig** *Adj.* fatty; **[sehr] ~haltig sein** contain [a lot of] fat; **~henne die** *(Bot.)* stonecrop; **Große ~henne** orpine; **~herz das** fatty heart; fat heart

**fettig** *Adj.* greasy; oily; greasy ⟨*skin, saucepan, etc.*⟩

**fett-, Fett-: ~kloß der** *(ugs. abwertend)* fatty; fatso *(sl.)*; **~leber die** *(Med.)* fatty liver; **~leibig** *Adj.* obese; **~leibigkeit die; ~:** obesity; **~löslich** *Adj.* fat-soluble; **~näpfchen das** *in* **[bei jmdm.] ins ~näpfchen treten** *(scherzh.)* put one's foot in it [with sb.]; **~polster das** subcutaneous fat *no indef. art.*; fat pad; **~reich 1.** *Adj.* high-fat ⟨*food*⟩; **2.** *adv.* **~reich essen** eat high-fat foods; **~sack der** *(salopp abwertend)* fatso *(sl.)*; **~säure die** *(Chemie)* fatty acid; **~schicht die** layer of fat; **~stift der a)** *(Schreibgerät)* grease pencil; lithographic pencil; **b)** *(Lippenstift)* lip salve; **~stoffwechsel der** fat metabolism; **~sucht die** *(Med.)* obesity; **~triefend** *Adj.* dripping with fat *postpos.*; **~wanst der** *(salopp abwertend)* fatso *(sl.)*; **~wulst der** *od.* **die** roll of fat

**Fetus** ['fe:tʊs] **der; ~** *od.* **~ses, ~se** *od.* **Feten** *(Med.)* foetus

**fetzen** ['fɛtsn̩] *tr. V. (ugs.)* tear; **die Musik/Platte fetzt unheimlich** *(Jugendspr.)* the music/record is really mind-blowing *(sl.)*

**Fetzen der; ~s, ~ a)** scrap; **die Tapete hängt in ~ von der Wand** the wallpaper is hanging [off the wall] in shreds; **das Kleid ist in ~:** the dress is in tatters; **etw. in ~ [zer]reißen** tear sth. to pieces *or* shreds; **in ~ gehen** *(ugs.)* fall apart *or* to pieces; **daß die ~ fliegen** *(ugs.)* like mad; **b)** *(abwertend: billiges Kleid)* **ein billiger ~:** cheap rags *pl.*

**feucht** [fɔy̯çt] *Adj.* damp ⟨*cloth, wall, hair*⟩; tacky ⟨*paint*⟩; humid ⟨*climate*⟩; sweaty, clammy ⟨*hands*⟩; moist ⟨*lips*⟩; lubricated ⟨*condom*⟩; **die ~e Schnauze des Hundes** the dog's wet nose; **Oberhemden müssen ~ gebügelt werden** shirts must be ironed damp; **Gardinen ~ aufhängen** hang curtains while [they are] still damp; **etw. ~ abwischen** wipe sth. with a damp cloth; **eine ~e Aussprache haben** *(scherzh.)* spit when one speaks; **ein ~er Abend** *(fig. ugs.)* a boozy evening *(coll.)*; **~e Augen bekommen** be close to tears; **das geht dich einen ~en Schmutz** *od.* **Kehricht an** *(ugs.)* that's none of your business

**Feucht·biotop das** *(Ökol.)* wetland

**Feuchte die; ~:** humidity

**feucht-, Feucht-: ~fröhlich** *Adj. (ugs. scherzh.)* merry ⟨*company*⟩; boozy *(coll.)* ⟨*evening*⟩; **~gebiet das** wet area; **~heiß** *Adj.* hot and humid

**Feuchtigkeit die a)** *(leichte Nässe)* moisture; **b)** *(das Feuchtsein)* dampness; **die ~ des Bodens/der Luft** the wetness of the soil/humidity of the air

**Feuchtigkeits-: ~creme die** *(Kosmetik)* moisturizing cream; moisturizer; **~gehalt der** moisture content; *(der Luft)* humidity; **~grad der** moisture level; *(der Luft)* humidity; **~messer der** hygrometer; **~schutz der** *(Bauw.)* damp protection; protection against damp

**feucht-: ~kalt** *Adj.* cold and damp; **~warm** *Adj.* muggy; humid

**feudal** [fɔy̯'da:l] **1.** *Adj.* **a)** feudal ⟨*system*⟩; **b)** *(aristokratisch)* aristocratic ⟨*regiment etc.*⟩; **c)** *(ugs.: vornehm)* plush ⟨*hotel etc.*⟩. **2.** *adv. (ugs.: vornehm)* **~ essen** have a slap-up meal *(coll.)*; **~ Urlaub machen** have a plush holiday

**Feudal-: ~gesellschaft die** feudal society; **~herr der** feudal lord; **~herrschaft die** feudalism

**Feudalismus der; ~:** feudalism *no art.*

**feudalistisch** *Adj.* feudalistic

**Feudal·staat der** feudal state

**Feuer** ['fɔy̯ɐ] **das; ~s, ~ a)** fire; **[ein Gegensatz] wie ~ und Wasser sein** be as different as chalk and cheese; **das Essen aufs ~ stellen/vom ~ nehmen** put the food on to cook/take the food off the heat; **jmdn. um ~ bitten** ask sb. for a light; **jmdm. ~ geben** give sb. a light; **das olympische ~:** the Olympic flame *or* torch; **mit dem ~ spielen** play with fire; **er ist ganz ehrlich, für ihn** *od.* **dafür lege ich die Hand ins ~:** he is totally honest, I'd swear to it; *s. auch* **brennen 2 a; b)** *(Brand)* fire; blaze; **~!** fire!; **[für etw.] ~ und Flamme sein** be full of enthusiasm [for sth.]; **~ fangen** catch fire; *(fig.: sich verlieben)* be smitten; *(fig.: sich schnell begeistern)* be fired with enthusiasm; **für jmdn. durchs ~ gehen** go through hell and high water for sb.; **zwischen zwei ~ geraten** be caught between the devil and the deep blue sea; **jmdm. ~ unter dem Hintern machen** *(salopp)* put a squib under sb.; **c)** *o. Pl. (Milit.)* fire; **unter feindliches ~ geraten** come under enemy fire; **das ~ einstellen** cease fire; **jmdn./etw. unter ~ nehmen** fire on sb./sth.; **[gebt] ~!** fire!; **~ frei!** open fire!; **d)** *o. Pl. (Leuchten, Funkeln)* sparkle; blaze; **ihre Augen sprühten ~:** her eyes blazed [with fire]; **e)** *o. Pl. (innerer Schwung)* fire; passion; **das ~ der Jugend** the fire *or* passion of youth; **das Pferd/der Wein hat [viel] ~:** the horse has [a lot of] spirit/the wine is strong and full-bodied

**feuer-, Feuer-: ~alarm der** fire alarm; **~alarm geben** raise the [fire] alarm; **~anbeter der; ~s, ~** *(Rel.)* fire-worshipper; **~anzünder der; ~s, ~:** fire-lighter; **~befehl der** *(Milit.)* order to fire; **~bekämpfung die** fire-fighting; **~bereit** *Adj. (Milit.)* ready to fire *postpos.*; **~beständig** *Adj.* fire-resistant; **~bestattung die** cremation; ~**bock der** fire-dog; andiron; ~**bohne die** *(Bot.)* scarlet runner [bean]; ~**büchse die a)** *(Technik)* firebox; **b)** *(veralt.: Gewehr)* musket; ~**eifer der** enthusiasm; zest; ~**einstellung die** cessation of fire; *(Waffenstillstand)* cease-fire; ~**fest** *Adj.* heat-resistant ‹*dish, plate*›; fire-proof ‹*material*›; ~**flüssig** *Adj.* molten ‹*rock, lava*›; ~**gefahr die** fire hazard *or* risk; **bei ~gefahr** when there is a risk of fire; ~**gefährlich** *Adj.* [in]flammable; ~**gefecht das** gun battle; ~**haken der** poker; ~**holz das;** *o. Pl.* firewood; ~**kult der** fire cult

**Feuer·land (das);** ~**s** Tierra del Fuego

**Feuerländer der;** ~**s,** ~**:** Fuegian

**Feuer-:** ~**leiter die** *(bei Häusern)* fire escape; *(beim ~wehrauto)* [fireman's] ladder; *(fahrbar)* turntable ladder; ~**lösch·boot das** fireboat; ~**löscher der;** ~**s,** ~**:** fire extinguisher; ~**mal das** port-wine mark *or* stain; ~**melder der** fire alarm

**feuern 1.** *tr. V.* **a)** *(ugs.: entlassen)* fire *(coll.)*; sack *(coll.)*; **b)** *(ugs.: schleudern, werfen)* fling; **jmdm. eine ~** *(salopp)* belt sb. one; **c)** *(heizen)* fire ‹*stove*›; **mit Holz ~:** have wood fires. **2.** *itr. V. (Milit.)* fire **(auf + Akk.** at)

**feuer-, Feuer-:** ~**patsche die** fire-beater; ~**pause die** *(Milit.)* lull in the fighting; ~**polizei die** *authorities responsible for fire precautions and fire-fighting;* ~**probe die a)** *(Prüfung)* test; **die ~probe bestehen** pass the [acid] test; **b)** *(Gottesurteil)* ordeal by fire; ~**qualle die** stinging jellyfish; ~**rad das a)** *(~werkskörper)* Catherine wheel; **b)** *(Wagenrad)* fire wheel; ~**rot** *Adj.* fiery red; flaming red; **~rot werden** *(fig.)* turn crimson *or* scarlet; ~**salamander der** fire salamander; ~**säule die** column of fire

**Feuers·brunst die** *(geh.)* great fire; conflagration

**feuer-, Feuer-:** ~**schein der** fiery glow; glow of the/a fire; ~**schiff das** lightship; ~**schlucker der** fire-eater; ~**schutz der a)** *(Brandschutz)* fire prevention *or* protection; **b)** *(Milit.)* covering fire; **jmdm. ~schutz geben** cover sb.; ~**sicher 1.** *Adj.* fire-proof; **2.** *adv.* **etw. ~sicher in einem Safe deponieren** deposit sth. in a fire-proof safe; ~**sirene die** fire siren; ~**speiend** *Adj.; nicht präd.* fire-breathing ‹*dragon*›; ‹*volcano*› spewing fire; ~**spritze die** fire hose; ~**stätte die** hearth; ~**stein der** flint; ~**stelle die** [camp]fire; ~**stellung die** *(Milit.)* firing position; ~**stuhl der** *(ugs. scherzh.)* [motor]bike *(coll.)*; machine; ~**taufe die** baptism of fire; ~**teufel der** *(Pressejargon)* arsonist; ~**tod der** *(geh.)* [death at] the stake; **den ~tod erleiden** be burnt at the stake; ~**treppe die** fire escape; ~**über·fall der** armed attack

**Feuerung die;** ~, ~**en a)** *(Verbrennungsvorrichtung)* firing [system]; **b)** *o. Pl. (das Heizen)* heating; **c)** *o. Pl. (Brennstoff)* fuel

**Feuer-:** ~**versicherung die** fire insurance; ~**wache die** fire station; ~**waffe die** firearm; ~**wasser das;** *o. Pl. (ugs.)* firewater *(coll.)*

**Feuer·wehr die;** ~, ~**en** fire service; **das ging ja wie die ~** *(ugs.)* that was quick; **der fährt ja wie die ~** *(ugs.)* he drives like a maniac

**Feuerwehr-:** ~**auto das** fire engine; ~**beil das** fireman's axe; ~**mann der;** *Pl.* ~**männer** *od.* ~**leute** fireman; ~**übung die** fire service drill; fire-fighting exercise

**Feuer-:** ~**werk das** firework display; *(~werkskörper)* fireworks *pl.*; *(fig.)* barrage; ~**werks·körper der** firework; ~**zangen·bowle die** *burnt rum and red wine punch;* ~**zeug das** lighter; ~**zone die** *(Milit.)* firing zone

**Feuilleton** [fœjəˈtõ:] **das;** ~**s,** ~**s a)** *(Teil einer Zeitung)* arts section; **b)** *(literarischer Beitrag)* [literary] article

**Feuilletonismus der;** ~ *(oft abwertend)* literary journalese

**Feuilletonist der;** ~**en,** ~**en, Feuilletonistin die;** ~, ~**nen** arts writer *or* correspondent

**feuilletonistisch 1.** *Adj. (unterhaltend)* literary journalistic ‹*style*›; *(abwertend)* glib, facile ‹*essay etc.*›. **2.** *adv.* in a literary journalistic style; *(abwertend)* glibly

**Feuilleton·teil der** arts section

**feurig** *Adj.* **a)** fiery ‹*horse, spice, wine*›; passionate ‹*speech*›; **b)** *(geh.: feuerrot)* flaming ‹*sky, red, etc.*›; **c)** *(geh.: funkelnd)* blazing ‹*precious stone*›

**Fez** [fe:ts] **der;** ~**es** *(ugs.)* lark *(coll.)*; **~ machen** lark about *(coll.)*; **hört mit dem ~ auf!** stop larking about *(coll.)*

**ff** [ɛfˈɛf] *Abk.* **sehr fein** superior-quality ‹*sweets, cakes and pastries, etc.*›

**ff.** *Abk.* **folgende [Seiten]** ff.

**Ffm.** *Abk.* **Frankfurt am Main**

**Fiaker** [ˈfi̯akɐ] **der;** ~**s,** ~ *(österr.)* hackney carriage; cab

**Fiale** [ˈfi̯a:lə] **die;** ~, ~**n** *(Archit.)* pinnacle

**Fiasko** [ˈfi̯asko] **das;** ~**s,** ~**s** fiasco; **unser Urlaub war ein einziges ~:** our holiday was a total disaster *(coll.)*

**Fibel** [ˈfi:bl̩] **die;** ~, ~**n a)** *(Lesebuch)* reader; primer; **b)** *(Lehrbuch)* handbook; guide

**Fiber** [ˈfi:bɐ] **die;** ~, ~**n** fibre

**Fibrille** [fiˈbrɪlə] **die;** ~, ~**n** *(Med.)* fibril

**Fibrin** [fiˈbri:n] **das;** ~**s** *(Med.)* fibrin

**Fibrom** [fiˈbro:m] **das;** ~**s,** ~**e** *(Med.)* fibroma

**Fiche** [fi:ʃ] **der** *od.* **das;** ~**s,** ~**s** *(Informationst.)* [micro]fiche

**ficht** [fɪçt] *Imperativ Sg. u. 3. Pers. Sg. Präsens v.* **fechten**

**Fichte die;** ~, ~**n a)** spruce; **b)** *(Rottanne)* Norway spruce

**Fichten-:** ~**brett das** spruce board; ~**holz das** spruce [wood]; ~**nadel die** spruce needle; ~**nadel·öl das** spruce oil; pine-needle oil; ~**wald der** spruce forest

**Fick** [fɪk] **der;** ~**s,** ~**s** *(vulg.)* fuck *(coarse)*

**ficken** *tr., itr. V. (vulg.)* fuck *(coarse)*; **mit jmdm. ~:** fuck sb.; **sie ließ sich von ihm ~:** she let him fuck her

**Fickerei die;** ~, ~**en** *(vulg.)* **a)** *o. Pl. (das Ficken)* fucking *(coarse)*; **b)** *(sexuelles Abenteuer)* fuck *(coarse)*

**fick[e]rig** [ˈfɪk(ə)rɪç] *Adj. (landsch.: nervös)* nervous

**Fideikommiß** [fideikoˈmɪs] **das; Fideikommisses, Fideikommisse** *(Rechtsspr.)* entail; entailed estate

**fidel** [fiˈde:l] *Adj. (ugs.)* jolly, merry ‹*company, person*›; **ein ~es Haus sein** be a *or* the cheerful type

**Fidibus** [ˈfi:dibʊs] **der;** ~ *od.* ~**ses,** ~ *od.* ~**se** *(scherzh.)* spill

**Fidschianer** [fiˈdʒi̯a:nɐ] **der;** ~**s,** ~**:** Fijian

**Fidschi·inseln** [ˈfɪdʒi-] *Pl.* **die ~:** Fiji; the Fiji Islands

**Fieber** [ˈfi:bɐ] **das;** ~**s a)** [high] temperature; *(über 38 °C)* fever; **~ haben** have a [high] temperature/a fever; **hohes/ansteigendes ~ haben** have a high/rising temperature; **~ messen/bei jmdm. ~ messen** take one's/sb.'s temperature; **im ~:** in one's fever; **b)** *(geh.: Besessenheit)* fever; **vom ~ des Ehrgeizes gepackt sein** be consumed with ambition; **das ~ der Ungeduld hatte ihn ergriffen** he was in a fever of impatience; **im ~ der Erwartung** in a fever of anticipation; **im ~ des Wahlkampfs** in the heat of the election campaign

**fieber-, Fieber-:** ~**anfall der** attack *or* bout of fever; ~**flecke[n]** *Pl.* fever spots; fever rash *sing.*; ~**frei** *Adj.* ‹*person*› free from fever; **er ist wieder ~frei** his temperature is back to normal; ~**glänzend** *Adj.* *(geh.)* feverish ‹*eyes*›

**fieber·haft 1.** *Adj.* **a)** feverish, febrile ‹*infection, state, condition*›; **b)** *(angestrengt, hektisch)* feverish ‹*activity*›; **eine ~e Tätigkeit entfalten** become feverishly active. **2.** *adv.* feverishly; **~ überlegen** think desperately hard

**fieberig** *Adj. s.* **fiebrig**

**Fieber-:** ~**kurve die** temperature chart; ~**messer der** *s.* **~thermometer;** ~**mücke die** *(Zool.)* malaria mosquito

**fiebern** *itr. V.* **a)** *(Fieber haben)* have *or* run a temperature; **b)** *(sehr aufgeregt sein)* **vor Aufregung/Erwartung** *(Dat.)* **~:** be in a fever of excitement/anticipation; **c)** *(heftig verlangen)* **nach etw. ~:** long desperately for sth.

**fieber-, Fieber-:** ~**phantasie die;** *meist Pl.* [feverish] delirium; ~**senkend** *Adj.* antipyretic; **~senkende Mittel** antipyretics; ~**thermometer das** [clinical] thermometer; ~**wahn der** *(geh.)* [feverish] delirium; **im ~wahn** in his/her delirium

**fiebrig** *Adj. (auch fig.)* feverish

**Fiedel** [ˈfi:dl̩] **die;** ~, ~**n** *(veralt., scherzh.)* fiddle

**fiedeln** *tr., itr. V. (scherzh., abwertend)* fiddle; **eine Melodie ~:** play a tune on the fiddle

**Fiedler** [ˈfi:dlɐ] **der;** ~**s,** ~ *(scherzh., abwertend)* fiddler

**fiel** [fi:l] *1. u. 3. Pers. Sg. Prät. v.* **fallen**

**fiepen** [ˈfi:pn̩] *itr. V.* **a)** ‹*dog*› whimper; ‹*bird*› cheep; **b)** *(Jägerspr.)* ‹*deer*› call

**fies** [fi:s] **1.** *Adj. (ugs.)* **a)** *(charakterlich)* nasty ‹*person, character*›; **das finde ich ~:** I think that's mean; **b)** *(geschmacklich)* horrid *(coll.)*; awful *(coll.)*. **2.** *adv.* in a nasty way

**Fiesling** [ˈfi:slɪŋ] **der;** ~**s,** ~**e** *(salopp abwertend)* creep *(sl.)*

**Fifa, FIFA** [ˈfi:fa] **die;** ~**:** FIFA; International Football Federation

**fifty-fifty** [ˈfɪftɪˈfɪftɪ] *Adv. (ugs.) in* **~ machen** go fifty-fifty; **die Sache wird am Ende wohl ~ ausgehen** things will no doubt work out even in the end

**Figaro** [ˈfigaro] **der;** ~**s,** ~**s** *(scherzh.)* hairdresser

**Fight** [fait] **der;** ~**s,** ~**s** *(Sport)* fight

**fighten** [ˈfaitn̩] *itr. V. (Sport)* fight

**Fighter** [ˈfaitɐ] **der;** ~**s,** ~**:** fighter

**Figur** [fiˈgu:ɐ̯] **die;** ~, ~**en a)** *(Wuchs, Gestalt) (einer Frau)* figure; *(eines Mannes)* physique; **eine gute/schlechte ~ machen** cut a good/poor *or* sorry figure; **b)** *(Bildwerk)* figure; **c)** *(geometrisches Gebilde)* shape; **d)** *(Spielstein)* piece; **e)** *(Persönlichkeit)* figure; **f)** *(literarische Gestalt)* character; **die komische ~** *(Theater)* the comic character *or* figure; **eine komische ~:** a figure of fun; **g)** *(Tanzen, Eissport usw.)* figure; **~en laufen** skate figures; **h)** *meist Pl. (salopp: Mensch)* character *(coll.)*; **i)** *(Musik, Sprachw.)* figure

**figural** [figuˈra:l] *Adj.* figured

**Figural·musik die** figurate *or* florid music

**Figuration** [figuraˈtsi̯o:n] **die;** ~, ~**en** *(Musik, Kunstwiss.)* figuration

**figurativ** [figuraˈti:f] *(Sprachw., Kunstw.)* **1.** *Adj.* figurative. **2.** *adv.* figuratively

**figurieren** *itr. V. (geh.)* figure

**Figurine** [figuˈri:nə] **die;** ~, ~**n a)** *(Kunstwiss.)* figurine; **b)** *(bes. Theater)* costume design

**figürlich** [fiˈgy:ɐ̯lɪç] **1.** *Adj. (Kunstwiss.)* figured. **2.** *adv. (in bezug auf die Figur)* as far as her figure/his physique is concerned

**Figur·problem das;** *meist Pl. (ugs.)* weight problem

**Fiktion** [fɪkˈtsi̯o:n] **die;** ~, ~**en** fiction

**fiktional** [fɪktsi̯oˈna:l] *Adj. (geh.)* fictional ‹*significance*›; ‹*work*› of fiction

**fiktiv** [fɪkˈti:f] *Adj. (geh.)* fictitious

**Filament** [filaˈmɛnt] **das;** ~**s,** ~**e** *(Bot., Astron.)* filament

[1]**Filet** [fiˈle:] **das;** ~**s,** ~**s** *(Textilw.)* filet; netting

[2]**Filet das;** ~**s,** ~**s** fillet; *(Rinder~, Schweine~)* fillet; filet

**Filet·arbeit die** *(Handarb.)* filet; netting
**filetieren** [file'ti:rən] *tr. V. (Kochk.)* fillet
**Filet-: ~nadel die** netting needle; **~steak das** fillet steak
**Filial·betrieb der** branch
**Filiale** [fi'li̯a:lə] **die; ~, ~n** branch
**Filial·generation die** *(Genetik)* filial generation
**Filialist der; ~en, ~en** *(Wirtsch.)* chain-store owner
**Filial-: ~kirche die** daughter church; subsidiary church; **~leiter der** branch manager
**Filibuster** [fili'bastɐ] **das; ~[s], ~** *(Parl.)* filibuster
**filigran** [fili'gra:n] *Adj.; nicht präd.* filigreed
**Filigran das; ~s, ~e** filigree
**Filigran-: ~arbeit die** [piece of] filigree work; **~schmuck der** filigree [jewellery]
**Filipina** [fili'pi:na] **die; ~, ~s** Filipina
**Filipino der; ~s, ~s** Filipino
**Filius** ['fi:li̯ʊs] **der; ~, ~se** *(scherzh.)* son
**Film** [fɪlm] **der; ~[e]s, ~e a)** *(Fot.)* film; **b)** *(Kino~)* film; movie *(Amer. coll.)*; **da ist bei ihm der ~ gerissen** *(fig. ugs.)* he's had a mental blackout; **der deutsche/brasilianische ~:** the German/Brazilian cinema; **c)** *o. Pl. (Filmbranche)* films *pl.*; **beim ~ sein** be in films; **d)** *(dünne Schicht)* film
**Film-: ~amateur der** amateur film-maker; **~archiv das** film library *or* archive; **~atelier das** film studio; **~aufnahme die** shot; **mit den ~aufnahmen beginnen** start filming *or* shooting; **~aus·rüstung die** filming equipment; **~bar die** [porno] film club; **~bericht der** film report; **~branche die** films *pl., no art.*; **~bühne die a)** *(Bildbühne)* film window; **b)** *s.* **Filmtheater; ~cutter der, ~cutterin die** film editor; **~diva die** *(veralt.)* screen goddess
**Filme·macher der** film-maker
**filmen 1.** *tr. V.* **a)** film; **b)** *(ugs.: hereinlegen)* **jmdn. ~:** take sb. for a ride *(sl.)*. **2.** *itr. V.* film; make a film/films
**Film-: ~festival das** film festival; **~festspiele** *Pl.* film festival *sing.*; **~fritze der** *(salopp)* film guy *(sl.)*; **~geschäft das;** *o. Pl.* film business *or* industry; **~groteske die** film grotesquerie; **~held der** screen hero; **~industrie die** film industry
**filmisch 1.** *Adj.* cinematic ⟨*art etc.*⟩. **2.** *adv.* cinematically
**Film-: ~kamera die** film camera; *(Schmalfilmkamera)* cine-camera; **~kassette die** *(Fot.)* film cassette *or* cartridge; **~klub der** film club *or* society; **~komödie die** film comedy; comedy film; **~kopie die** [film] print; copy of a/the film; **~kritik die a)** *(Besprechung)* film review; **b)** *(~kritiker)* film critics *pl.*; **~kritiker der** film critic; **~kulisse die** film set; **das wäre eine ideale ~kulisse** that would be an ideal setting for a film; **~kunst die;** *o. Pl.* cinematic art; **~kunst·theater das** film theatre; **~lein·wand die** cinema screen; **~material das a)** *(Fot., Film: Aufnahmematerial)* film; **b)** *(Filme zu einem Thema)* film material; **~musik die** film music; *(eines einzelnen Films)* theme music
**Filmographie** [fɪlmogra'fi:] **die; ~, ~n** filmography *no art.*
**Film-: ~palast der** picture palace *(dated)*; cinema; **~preis der** film award; **~produzent der** film producer; **~projektor der** film projector; **~regisseur der** film director; **~riß der** *in* **einen ~riß haben** *(ugs.)* have a mental blackout; **~rolle die a)** *(schauspielerische Rolle)* film part *or* role; **jmdm. eine ~rolle anbieten** offer sb. a part in a film; **b)** *(Spule)* reel of film; **~schaffende der/die;** *adj. Dekl.* film-maker; **~schau·spieler der** film actor; **~schauspielerin die** film actress; **~spule die** film reel; **~stadt die a)** *(Studiokomplex)* film studios *pl.*; **b)** *(Zentrum)* centre of the film industry; **~star der** film star; **~studio das** film studio; **~technik die** film technology *no art.*; **~theater das** cinema; **~titel der** film title; **~verleih der** film distributor[s]; **~vor·führer der; ~s, ~:** film projectionist; **~vor·stellung die** film show; **~wirtschaft die;** *o. Pl.* film business *or* industry; **~zensur die** film censorship; *(Gremium)* film censors *pl.*; censor *(coll.)*
**Filou** [fi'lu:] **der** *(abwertend)* **a)** *(Spitzbube)* dog *(derog.)*; rogue; **b)** *(Verführer)* devil *(derog.)*
**Filter** ['fɪltɐ] **der,** *(fachspr. meist)* **das; ~s, ~:** filter; **Zigaretten ohne/mit ~:** plain/[filter-]tipped cigarettes
**filter-, Filter-: ~fein** *Adj.* finely-ground *attrib.*, filter-fine *attrib.* ⟨*coffee*⟩; **Kaffee ~fein mahlen** grind coffee fine[ly]; **~kaffee der** filter coffee; **~mund·stück das** filter-tip
**filtern** *tr. V.* filter
**Filter-: ~papier das** filter paper; **~presse die** *(Technik)* filter press; **~tüte die** filter; **~zigarette die** [filter-]tipped cigarette
**Filtrat** [fɪl'tra:t] **das; ~[e]s, ~e** *(Technik)* filtrate
**Filtration** [fɪltra'tsi̯o:n] **die; ~, ~en** *(Technik)* filtration
**filtrieren** *tr. V.* filter
**Filz** [fɪlts] **der; ~es, ~e a)** *(Material)* felt; **b)** *(filzartig Verschlungenes)* mass; mat; **c)** *(ugs. abwertend: geiziger Mensch)* miser; skinflint; **d)** *(Bierdeckel)* beer-mat; **e)** *(~hut)* felt hat; **f)** *(ugs. abwertend: Korruption)* corruption; graft *(coll.)*
**filzen 1.** *itr. V.* felt. **2.** *tr. V.* **a)** *(ugs.: durchsuchen)* search ⟨*room, car, etc.*⟩; frisk ⟨*person*⟩; **b)** *(salopp: berauben)* do over *(sl.)*; **c)** *(salopp: schlafen)* kip *(Brit. sl.)*
**Filz·hut der** felt hat
**filzig** *Adj.* **a)** *(verfilzt)* felted ⟨*wool*⟩; matted ⟨*hair*⟩; **b)** *(ugs.: geizig)* mean; tight-fisted
**Filz-: ~latschen der** *(ugs.)* slipper; **~laus die** *(Zool.)* crab louse
**Filzokratie** [fɪltsokra'ti:] **die; ~, ~n** *(abwertend)* corruption; graft *(coll.)*
**Filz-: ~pantoffel der** slipper; **~schreiber der** felt-tip pen; **~stiefel der** felt boot; **~stift der** felt-tip pen
**Fimmel** ['fɪml̩] **der; ~s, ~** *(ugs. abwertend)* **einen ~ für etw. haben** have a thing about sth. *(coll.)*; **du hast wohl einen ~!** there must be something the matter with you; you must be dotty *(Brit.)*; **das ist ein ~ von ihm** it's a strange habit of his; *(Idee)* it's a funny idea he has *(coll.)*
**final** [fi'na:l] *Adj. (Philos., Sprachw.)* final
**Finale** [fi'na:lə] **das; ~s, ~[s] a)** *(Sport: Endkampf)* final; **im ~ stehen** be in the final; **b)** *(spektakulärer Abschluß; Musik: Schlußsatz, -szene)* finale
**Final·gegner der** *(Sport)* opponent in the final
**Finalist der; ~en, ~en** *(Sport)* finalist
**Finalität** [finali'tɛ:t] **die, ~, ~en** *(bes. Philos.)* finality
**Final·satz der** *(Sprachw.)* final clause
**Finanz** [fi'nants] **die; ~ a)** *(Geldwesen)* finance *no art.*; **b)** *(~leute)* financial world
**Finanz-: ~amt das a)** *(Behörde)* ≈ Inland Revenue; **Ärger mit dem ~amt** trouble with the taxman; **b)** *(Gebäude)* tax office; **~aristokratie die** financial aristocracy; **~ausgleich der** *equalization of revenue and costs between government and local authorities;* **~beamte der** tax officer; **~buch·halter der** financial accountant; **~buch·haltung die** financial accountancy; **~dinge** *Pl.* financial matters
**Finanzen** *Pl.* **a)** *(ugs.: finanzielle Verhältnisse)* finances; **b)** *(Finanz- und Geldwesen)* finance *sing.*; **die Abteilung ~:** the finance department; **c)** *(Einkünfte des Staates)* [government] finances
**Finanz-: ~genie das** financial wizard; **~gericht das** *court dealing with tax disputes;* **~gruppe die** [financial] syndicate; **~hilfe die** financial aid; **~hoheit die** fiscal prerogative
**finanziell** [finan'tsi̯ɛl] **1.** *Adj.* financial. **2.** *adv.* financially; **jmdn. ~ unterstützen** give sb. financial support; **~ gesichert sein** be financially secure
**Finanzier** [finan'tsi̯e:] **der; ~s, ~s** financier
**finanzieren** *tr. V.* **a)** finance; *(fig.: bezahlen)* pay for; **frei/staatlich finanziert sein** be privately financed/financed by the state; **b)** *(Kaufmannsspr.: auf Kredit kaufen)* buy on credit; **etw. langfristig ~:** obtain long-term credit for sth.
**Finanzierung die; ~, ~en a)** financing; **b)** *(Gewährung eines Kredits)* credit *no indef. art.*; **eine langfristige ~:** long-term credit
**Finanzierungs·plan der** financial plan
**finanz-, Finanz-: ~kapital das;** *o. Pl.* financial capital; **~kontrolle die** *(Wirtsch.)* financial control; **~kraft die;** *o. Pl.* financial strength; **~kräftig** *Adj.* financially powerful; **~lage die** financial situation; **~minister der** minister of finance; ≈ Chancellor of the Exchequer *(Brit.)*; ≈ Secretary of the Treasury *(Amer.)*; **~ministerium das** Ministry of Finance; *(in GB u. USA)* ≈ Treasury; **~not die** financial difficulties *pl.*; **~planung die** financial planning; **~politik die** *(des Staates, eines Unternehmens)* financial policy; *(allgemeine)* politics of finance; **~politisch 1.** *Adj.* ⟨*questions etc.*⟩ relating to financial policy; **2.** *adv.* from the point of view of financial policy; **~reform die** financial reform; **~schwach** *Adj.* financially weak; **~spritze die** *(ugs.)* cash injection; **~stark** *Adj.* financially strong; **~verwaltung die** *regional department with responsibility for settling fiscal matters;* ≈ Board of Inland Revenue *(Brit.)*; ≈ Internal Revenue Service *(Amer.)*; **~wesen das;** *o. Pl.* **a)** system of public finances; **ein Ausdruck aus dem ~wesen** a financial expression; **b)** *s.* **~verwaltung; ~wirtschaft die** public finances *pl.*; **~wissenschaft die** public finance
**finassieren** [fina'si:rən] *itr. V. (abwertend)* use trickery
**Findel·kind** ['fɪndl̩-] **das** foundling
**finden** ['fɪndn̩] **1.** *unr. tr. V.* **a)** *(entdecken)* find; **eine Spur von jmdm. ~:** get a lead on sb.; **keine Spur von jmdm. ~:** find no trace of sb.; **er/das ist nicht zu ~:** he/it is not to be found; **ich weiß nicht, was er an ihr findet** I don't know what he sees in her; **b)** *(erlangen, erwerben)* find ⟨*work, flat, wife, etc.*⟩; **Freunde ~:** make friends; **die Kraft/den Mut dazu ~, etw. zu tun** find the strength/the courage to do sth.; **c)** *(heraus~)* find ⟨*solution, mistake, pretext, excuse, answer*⟩; **einen Ausweg ~:** see a way out; **d)** *(einschätzen, beurteilen)* **etw. gut/richtig ~:** think sth. is good/right; **wie ~ Sie dieses Bild?** what do you think of this painting?; **nichts bei etw. ~:** not mind sth.; **ich finde nichts dabei** I don't mind; **wie finde ich denn das?** *(ugs.)* well, really!; **e)** *(erhalten)* **Hilfe [bei jmdm.] ~:** get help [from sb.]; *s. auch* **Anklang a; Beifall b; ²Gefallen; Gehör; Verwendung a; f)** *(vorfinden)* find; **er fand das Haus verlassen** he found the house deserted. **2.** *unr. refl. V.* **sich ~:** turn up; **es fand sich niemand/jemand, der das tun wollte** nobody wanted to do that/there was somebody who wanted to do that; **das/es wird sich alles ~** *(das wird sich aufklären)* it will all work out all right; **sich in sein Schicksal/seine Lage/seine neue Rolle ~** *(geh.)* come to terms with one's fate/situation/new role. **3.** *unr. itr. V.* **zu jmdm. ~:** find sb.; **nach einem Ort ~:** find the way to a place; **nach Hause ~:** find the way home; **zu sich selbst ~** *(fig.)* come to terms with oneself; **er gehört zu diesen Nachtmenschen,**

**die nicht ins Bett ~ können** he is one of these night-owls who just will not go to bed; **das Kind findet schon allein zur Schule** the child knows the way to school by himself/herself

**Finder** der; ~s, ~: finder; *s. auch* **ehrlich 1 a**

**Finder·lohn** der reward [for finding sth.]

**Fin de siècle** [fɛ̃d'sjɛkl] **das;** ~ ~ ~: fin de siècle; **die Kunst/Literatur des ~ ~ ~:** fin de siècle art/literature

**findig** *Adj.* resourceful; **ein ~er Kopf** a resourceful person; **er ist ~ im Aufspüren von Antiquitäten** he ist good at finding antiques

**Findling** ['fɪntlɪŋ] **der; ~s, ~e a)** *(Findelkind)* foundling; **b)** *(Geol.)* erratic block

**Findlings·block der** *(Geol.)* erratic block

**Finesse** [fi'nɛsə] **die;** ~, **~n a)** *meist Pl. (Kunstgriff)* trick; **alle ~n von etw. beherrschen** know all the tricks of sth.; **b)** *meist Pl. (in der Ausstattung)* refinement; **mit allen ~n ausgestattet** equipped with every refinement; **c)** *(Schlauheit)* flair

**fing** [fɪŋ] *1. u. 3. Pers. Sg. Prät. v.* **fangen**

**Finger** ['fɪŋɐ] **der; ~s, ~ a)** finger; **mit dem ~ auf jmdn./etw. zeigen** *(auch fig.)* point one's finger at sb./sth.; **den ~ an die Lippen legen** put one's finger to one's lips; **einen Ring am ~ tragen** have a ring on one's finger; **den ~ am Abzug haben** have one's finger on the trigger; **mit den ~n schnippen** snap one's fingers; **sich** *(Dat.)* **die ~ wund schreiben** write one's fingers to the bone; **b)** *(fig.)* **das Geld zerrinnt ihm unter** *od.* **zwischen den ~n** money just runs through his fingers; **wenn man ihm den kleinen ~ reicht, nimmt er gleich die ganze Hand** if you give him an inch he takes a mile; **die ~ davonlassen/von etw. lassen** *(ugs.)* steer clear of it/of sth.; **sie macht keinen ~ krumm** *(ugs.)* she never lifts a finger; **lange ~ machen** *(ugs.)* get itchy fingers; **er rührte keinen ~:** he wouldn't lift a finger; **ich würde mir alle [zehn] ~ danach lecken** *(ugs.)* I'd give my eye-teeth for it; **die ~ in etw.** *(Dat.)***/im Spiel haben** *(ugs.)* have a hand in sth./have one's finger in the pie; **sich** *(Dat.)* **die ~ schmutzig machen** get one's hands dirty; **sich** *(Dat.)* **die ~ verbrennen** *(ugs.)* burn one's fingers *(fig.)*; **etw. an den ~n abzählen können** be able to count sth. on the fingers of one hand; **sich** *(Dat.)* **etw. an den [fünf** *od.* **zehn] ~n abzählen können** be able to see sth. straight away; **eine[n] an jedem ~ haben** *(ugs. scherz.)* have one for every day of the week; **jmdm. auf die ~ sehen** *od.* **gucken** *(ugs.)* keep a sharp eye on sb.; **jmdm. auf die ~ klopfen** *(ugs.)* rap sb. across the knuckles; **sich** *(Dat.)* **etw. aus den ~n saugen** *(ugs.)* make sth. up; **ihm** *od.* **ihn juckt es in den ~n [, etw. zu tun]** *(ugs.)* he is itching [to do sth.]; **dann juckt's mir in den ~n** *(ugs.)* then I get restless; **jmdm. in die ~ fallen** *od.* **geraten** *(ugs.)* fall into sb.'s hands; **etw. in die ~ bekommen** *od.* **kriegen** *(ugs.)* get hold of sth.; **wenn ich den in die ~ kriege!** *(ugs.)* wait till I get my hands on him *(coll.)*; **sich** *(Dat.)* **in den ~ geschnitten haben** *(ugs.)* have another think coming *(coll.)*; **etw. mit spitzen ~n anfassen** hold sth. at arm's length; **etw. mit dem kleinen ~ machen** *(ugs.)* do sth. with one's eyes shut; **jmdn. um den [kleinen] ~ wickeln** *(ugs.)* wrap sb. round one's little finger; **jmdm. unter die ~ kommen** *od.* **geraten** *(ugs.)* fall into sb.'s hands; **der elfte ~** *(salopp scherzh.)* one's third leg *(coll. joc.)*; **c)** *(Teil des Handschuhs)* finger

**finger-, Finger-: ~abdruck der** fingerprint; **jmdm. ~abdrücke abnehmen** take sb.'s fingerprints; **~beere die** *(Anat.)* finger pad; **~breit** *Adj.* as wide as a finger *postpos.*; half an inch wide *postpos.*; **~breit der; ~, ~** *(Maßeinheit)* finger's width; *(fig.)* inch; **sie war nicht bereit, einen ~breit abzuweichen** *(fig.)* she was not prepared to budge an inch; **~dick** *Adj.* as thick as a finger *postpos.*; **Brot ~dick mit etw. bestreichen** spread bread thickly with sth.; **~druck der;** *o. Pl.* touch of a finger; **~fertig** *Adj.* nimble-fingered; **~fertigkeit die;** *o. Pl.* dexterity; **~gelenk das** finger joint; **~glied das** phalanx; **~hakeln** [~ha:kl̩n] **das;** ~s finger-wrestling; **~hand·schuh der** glove [with fingers]; **~hut der a)** thimble; **ein ~hut [voll]** *(fig.)* a thimbleful; **b)** *(Bot.)* foxglove; **~knochen der, ~knöchel der** knuckle; **~kuppe die** fingertip

**fingern 1.** *itr. V.* fiddle; **an etw.** *(Dat.)* **~:** fiddle with sth.; **nach etw. ~:** fumble [around] for sth. **2.** *tr. V.* **etw. aus der Tasche ~:** fish sth. out of one's pocket

**Finger-: ~nagel der** fingernail; **an den ~nägeln kauen** bite one's nails; **er gönnt ihr nicht das Schwarze unterm ~nagel** *(fig.)* he grudges her everything; **~rechnen das** counting on one's fingers *no art.*; **er beherrscht schon das ~rechnen** he can already count on his fingers; **~ring der** ring; **~satz der** *(Musik)* fingering; **~schale die** finger-bowl; **~schnippen das;** ~s snapping one's fingers; **sich mit ~schnippen melden** attract attention by snapping one's fingers

**Finger·spitze die** fingertip; **Künstler/musikalisch bis in die ~n sein** *(fig.)* be an artist/be musical to the tips of one's fingers; **das muß man in den ~n haben** *(fig.)* you have to have a feel for it

**Fingerspitzen·gefühl das;** *o. Pl.* feeling; **ein [besonderes] ~ für etw. haben** have a [special] feeling for sth.

**Finger-: ~sprache die** deaf-and-dumb language; *(alphabetische Zeichen)* deaf-and-dumb alphabet; **~übung die** *(Musik)* finger exercise; **~zeig** [~tsaik] **der; ~s, ~e** tip-off; **einen ~zeig erhalten** be given a hint; ⟨*police*⟩ be tipped off, get a tip-off; **für sie war es ein ~zeig des Schicksals** she took it as a sign

**fingieren** [fɪn'gi:rən] *tr. V.* fake ⟨*accident, break-in*⟩; **ein fingierter Name** a false name; **ein fingierter Briefwechsel** *(in der Literatur)* an imaginary correspondence

**Finish** ['fɪnɪʃ] **das; ~s, ~s** finish

**finit** [fi'ni:t] *Adj. (Sprachw.)* finite

**Fink** [fɪŋk] **der; ~en, ~en** finch

**Finken-: ~schlag der;** *o. Pl.* finch's song; **~vogel der** finch

**Finn-Ding[h]i** ['fɪndɪŋgi] **das; ~s, ~s** Finn dinghy

**[1]Finne** ['fɪnə] **der; ~n, ~n** Finn

**[2]Finne die; ~, ~n a)** *(Zool.)* fin; **b)** *(am Hammer)* peen

**Finnen·dolch der** [short, wide-bladed] dagger

**Finnin die; ~, ~nen** Finn

**finnisch** *Adj.* Finnish; **der Finnische Meerbusen** the Gulf of Finland; *s. auch* **deutsch, Deutsch, [2]Deutsche**

**Finnland** ['fɪnlant] **(das); ~s** Finland

**Finnlandisierung** [fɪnlandi'zi:rʊŋ] **die; ~** *(Pol.)* Finlandization

**Finn·wal der** *(Zool.)* fin whale; common rorqual

**finster** ['fɪnstɐ] **1.** *Adj.* **a)** dark; **im Finstern** in the dark; **b)** *(düster)* dark ⟨*house, forest, alleyway*⟩; dimly-lit ⟨*pub, district*⟩; **c)** *(dubios)* shady ⟨*plan, affair*⟩; **eine ~e Gestalt** a sinister figure; **d)** *(verdüstert, feindselig)* **eine ~e Miene [aufsetzen]** [assume] a black expression; **~e Gedanken gegen jmdn. hegen** have evil intentions against sb.; **e)** *(fig.)* **in diesen ~en Zeiten** in these dark times; **aus dem ~en Mittelalter** from the Dark Ages; **im ~n tappen** be groping in the dark. **2.** *adv.* **jmdn. ~ ansehen** give sb. a black look; **~ entschlossen sein, etw. zu tun** be grimly determined to do sth.

**Finsternis die; ~, ~se a)** darkness; *(auch bibl., fig.)* dark; **rabenschwarze ~:** pitch darkness; **in tiefer ~ liegen** be shrouded in darkness; **die Mächte/das Reich der ~:** the powers of darkness/the Kingdom of Darkness; **eine ägyptische ~:** stygian gloom; **b)** *(Astron.)* eclipse

**Finte** ['fɪntə] **die; ~, ~n a)** trick; **jmdn. durch eine ~ täuschen** deceive sb. by trickery; **alle ~n nützen Ihnen nichts** no trickery will help you; **b)** *(Fechten)* feint

**finten·reich** *Adj. (geh.)* skilful, tricky ⟨*opponent*⟩

**finzelig, finzlig** ['fɪnts(ə)lɪç] *Adj. (ugs.)* **~e Arbeit** fiddly work *(coll.)*; **~e Schrift** tiny writing

**fipsig** ['fɪpsɪç] *Adj. (ugs.)* undersized

**Firlefanz** ['fɪrləfants] **der; ~es** *(ugs. abwertend)* **a)** *(Tand, Flitter)* frippery; trumpery; **b)** *(Unsinn)* nonsense; **~ machen** fool around

**firm** [fɪrm] *Adj.* **in etw.** *(Dat.)* **~ sein** be well up in sth.; know sth. thoroughly

**Firma** ['fɪrma] **die; ~, Firmen a)** firm; company; **in einer ~ arbeiten** work for a firm *or* company; **die ~ ist erloschen** the company has been struck from the register; **„Fa. W. Bert & Söhne"** 'W. Bert & Sons'; **b)** *(ugs. abwertend: Sippschaft)* bunch *(sl.)*

**Firmament** [fɪrma'mɛnt] **das; ~[e]s** *(dichter.)* firmament

**firmen** *tr. V. (kath. Rel.)* confirm

**firmen-, Firmen-: ~aufdruck der** company letter heading; **~chef der** *s.* **~inhaber**; **~eigen** *Adj.* company *attrib.*; belonging to the company *postpos.*; **~eigen sein** belong to the company; **ein ~eigener LKW/eine ~eigene Kantine** a company lorry *(Brit.)* *or* truck/canteen; **~inhaber der** owner of the/a company; **~intern 1.** *Adj.* internal; internal company *attrib.*; **2.** *adv.* internally; within the company; **~name der** name of a/the company *or* firm; **~schild das** company's name plate; **~stempel der** company stamp; firm's stamp; **~wagen der** company car; **~zeichen das** trademark

**firmieren** *itr. V.* trade

**Firmling** ['fɪrmlɪŋ] **der; ~s, ~e** *(kath. Rel.)* confirmation candidate

**Firm·pate der** sponsor

**Firmung die; ~, ~en** confirmation; **jmdm. die ~ erteilen** confirm sb.

**firn** [fɪrn] *Adj.* mature ⟨*wine*⟩

**Firn der; ~[e]s** firn

**Firn·feld das** firn field

**Firnis** ['fɪrnɪs] **der; ~ses, ~se** varnish

**Firn·schnee der** firn snow

**First** [fɪrst] **der; ~[e]s, ~e** ridge

**First-: ~höhe die** height [to the ridge of the roof]; **eine ~höhe von 8,50 m aufweisen** be 8.50 m high; **~ziegel der** ridge tile

**Fis** [fɪs] **das; ~, ~** *(Musik)* [key of] F sharp

**Fisch** [fɪʃ] **der; ~[e]s, ~e a)** fish; **[fünf] ~e fangen** catch [five] fish; **sie hatten viele ~e im Netz** they had a good catch; **fliegende ~e** flying fish; **gesund und munter wie ein ~ im Wasser** as fit as a fiddle; **stumm wie ein ~ sein** keep a stony silence; *(fig.)* **kleine ~e** *(ugs.)* small fry; **faule ~e** *(ugs.)* lame excuses; **die ~e füttern** *(ugs. scherzh.)* be seasick; **b)** *o. Pl. (Nahrungsmittel)* fish; **das ist weder ~ noch Fleisch** *(fig.)* that's neither fish nor fowl; **c)** *(Astrol.)* **die ~e** Pisces; the Fishes; **er ist [ein] ~:** he is a Piscean; **im Zeichen der ~e geboren sein** be born under [the sign of] Pisces; **d)** *(Druckerspr.) letter from the wrong fount*

**fisch-, Fisch-: ~abfälle** *Pl.* fish scraps; **~adler der** *(Zool.)* osprey; **~arm** *Adj.* poor as regards fish; **~auge das a)** fish eye; **er hat große, hervorquellende ~augen** *(fig.)* he's got big, protruding fish-like eyes; **b)** *(Fot.)* fisheye lens; **~becken das** fish-pond; **~bein das;** *o. Pl.* whalebone; **~bestand der** fish population; **~besteck das** fish knife and fork; **~blase die a)** *(Schwimmblase)* fish-sound; **b)** *(Archit.)* vesica piscis; **~blut das** fish blood; **~blut**

**in den Adern haben** *(fig.)* be a cold fish; **~braterei die, ~brat·küche die** fried-fish shop; **~brötchen das** fish roll; **~bude die** *stall selling pickled and smoked fish;* **~bulette die** fishcake; **~dampfer der** steam trawler; **~ei das** fish egg

**fischen 1.** *tr. V.* **a)** fish for; **Forellen/Aale ~:** fish for trout/eels; **b)** *(ugs.)* **etw. aus etw. ~:** fish sth. out of sth. **2.** *itr. V.* fish; **~ gehen** go fishing; **nach etw. ~:** fish for sth.; **nach Komplimenten ~** *(fig.)* fish for compliments; *s. auch* **trüb 1 a**

**Fischer der; ~s, ~ a)** fisherman; **b)** *(ugs.: Angler)* angler

**Fischer-: ~boot das** fishing boat; **~dorf das** fishing village

**Fischerei die; ~:** fishing; **von der ~ leben** make a/one's living from fishing

**Fischerei-: ~fahrzeug das** fishing vessel; **~flotte die** fishing fleet; **~grenze die** fishing limit; **~hafen der** fish dock; *(Hafenort)* fishing port; **~recht das a)** fishing rights *pl.;* right of fishery *(Law);* **b)** *o. Pl. (Rechtsvorschriften)* fishing laws *pl.;* **~schiff das** fishing vessel; **~schutzboot das** fishery protection vessel; **~wesen das** fisheries *pl.*

**Fischer-: ~hütte die, ~kate die** fisherman's hut; **~netz das** fishing net; **~ring der** *(kath. Rel.)* Fisherman's Ring

**Fisch-: ~fabrik die** fish cannery; **~fabrik·schiff das** factory ship

**Fisch·fang der;** *o. Pl.* **vom ~ leben** make a/one's living by fishing; **auf ~ gehen** go fishing

**Fischfang-: ~flotte die** fishing fleet; **~gebiet das** fishing grounds *pl.;* fishery

**fisch-, Fisch-: ~filet das** fish fillet; **~frau die** fishwife; **~frikadelle die** fishcake; **~futter das** fish food; **~gabel die** fish fork; **~gang der** *(Gastr.)* fish course; **~gericht das** fish dish; **~geruch der** smell of fish; **~geschäft das** fishmonger's [shop] *(Brit.);* fish store *(Amer.);* **~gräte die** fish bone; **~grät[en]·muster das** *(Textilw.)* herringbone pattern; **ein Mantel/ein Anzug mit ~grätenmuster** a herringbone coat/suit; **~gräten·stich der** herringbone stitch; **~gründe** *Pl.* fishing grounds; **~guano der** fish guano; **~handel der** fish trade; **~händler der** fishmonger *(Brit.);* fish dealer *(Amer.); (Großhändler)* fish wholesaler; **~konserve die** canned fish; **~kutter der** fishing trawler; **~laden der** *s.* **~geschäft; ~laich der** *(Zool.)* fish spawn; **~lokal das** *s.* **~restaurant; ~markt der** fish market; **~mehl das** fish-meal; **~messer das** fish knife; **~milch die** *(Zool.)* milt; **~otter der** otter; **~paß der** fish ladder; **~reich** *Adj.* rich in fish *postpos.;* **~reiher der** *(Zool.)* common heron; **~restaurant das** fish restaurant; seafood restaurant; **~reuse die** fish trap; **~schuppe die** fish scale; **~schwanz der** fish's tail; **~schwarm der** shoal of fish; **~stäbchen das** *(Kochk.)* fish finger; **~sterben das** death of the fish; **~suppe die** fish soup; **~teich der** fish-pond; **~vergiftung die** fish poisoning; **~wanderung die** *(Zool.)* fish migration; **~weib das** *(meist abwertend)* fishwife; **~werker der** *(Berufsbez.)* fish-worker; **~wilderei die** illicit fishing; **~wirt der** *(Berufsbez.)* fish-farmer; **~wirtschaft die** fishing industry; **~zaun der** fish weir; fishgarth; **~zucht die** fish farming; **~zug der a)** *(ugs.: gewinnbringendes Unternehmen)* killing; **b)** *(Fischereiw.)* draught

**Fis-Dur** [auch: '-'-] **das; ~** *(Musik)* F sharp major; *s. auch* **A-Dur**

**Fisimatenten** [fizima'tɛntn̩] *Pl.* *(ugs.)* messing about *sing.;* **mach keine ~!** stop messing about; **es ist besser, Sie machen keine ~:** it will be better if you don't try anything silly

**fiskalisch** [fɪs'ka:lɪʃ] *Adj.* fiscal

**Fiskus** ['fɪskʊs] **der; ~, Fisken** *od.* **~se** Government *(as managing the State finances);* **das Erbe fällt dem ~ zu** the estate falls to the Crown *(Brit.)*/the Government *(Amer.)*

**fis-Moll** [auch: '-'-] **das; ~** *(Musik)* F sharp minor; *s. auch* **a-Moll**

**fisselig** ['fɪsəlɪç] *Adj. (bes. nordd.)* **a)** *(dünn, fein)* fine ⟨*wool, material*⟩; **b)** *(umständlich)* fiddly ⟨*work*⟩

**fisseln** ['fɪsl̩n] *itr. V. (unpers.) (bes. nordd.)* drizzle; **es fisselt** it is drizzling

**Fissur** [fɪ'su:ɐ̯] **die; ~, ~en** *(Med.)* fissure

**Fistel** ['fɪstl̩] **die; ~, ~n** *(Med.)* fistula

**fisteln** ['fɪstl̩n] *itr. V.* speak in a thin high-pitched voice

**Fistel·stimme die a)** *(hohe Stimme bei Männern)* thin high-pitched voice; **b)** *(Musik)* falsetto [voice]

**fit** [fɪt] *Adj.; nicht attr.* fit; **jmdn. ~ machen** get sb. fit; **sich ~ halten** keep fit; **das hält ~:** it keeps you fit

**Fitness, Fitneß** ['fɪtnɛs] **die; ~:** fitness

**Fitness-, Fitneß-: ~raum der** fitness room; **~training das** fitness training; **~zentrum das** fitness centre

**Fittich** ['fɪtɪç] **der; ~[e]s, ~e** *(dichter.)* wing; pinion; **jmdn. unter seine ~e nehmen** *(ugs. scherzh.)* take sb. under one's wing

**Fitting** ['fɪtɪŋ] **das; ~s, ~s** *(Technik)* fitting

**Fitzel** ['fɪtsl̩] **der** *od.* **das; ~s, ~** *(bes. nordd.)* morsel

**Fitzelchen das; ~s, ~** *(ugs.)* scrap; **nicht ein ~ war von seinem Reichtum übriggeblieben** he did not have a penny of his fortune left

**fix** [fɪks] **1.** *Adj.* **a)** *(ugs.: flink, wendig)* quick; **ein ~er Bursche** a bright lad; **b)** *(ugs.)* **~ und fertig** *(fertig vorbereitet)* quite finished; *(völlig erschöpft)* completely shattered *(coll.);* **c)** *(festgelegt)* fixed ⟨*cost, salary*⟩; **eine ~e Idee** an idée fixe. **2.** *adv. (ugs.)* quickly; **das geht ganz ~:** it won't take a jiffy *(coll.);* **mach ~!** hurry up!

**Fixativ** [fɪksa'ti:f] **das; ~s, ~e** fixative

**Fixe** ['fɪksə] **die; ~, ~n** *(Drogenjargon)* needle

**fixen** ['fɪksn̩] *itr. V.* **a)** *(Drogenjargon: spritzen)* fix *(sl.);* **b)** *(Börsenw.)* bear

**Fixer der; ~s, ~ a)** *(Drogenjargon)* fixer; **b)** *(Börsenw.)* bear

**Fix·geschäft das** *(Wirtsch.)* purchase for delivery at a fixed time

**Fixier·bad das** *(Fot.)* fixer

**fixierbar** *Adj.* definable

**fixieren** [fɪ'ksi:rən] *tr. V.* **a)** *(scharf ansehen)* fix one's gaze on; **jmdn./etw. scharf/kühl ~:** gaze sharply/coldly at sb./sth.; **b)** *(geh.: schriftlich niederlegen)* take down ⟨*interview, report, statement*⟩; **c)** *(geh.: verbindlich bestimmen)* fix ⟨*date*⟩; **der Zeitpunkt ist auf den 12. Mai fixiert worden** the date has been fixed as the twelfth of May; **d)** *(Fot.)* fix; **e)** *(Med.: festmachen)* set; **f)** *(Psych.)* **er ist stark auf seine Mutter fixiert** he has a strong mother-fixation; **sich auf** *(Akk.)*/**an** *(Dat.)* **etw. ~:** devote oneself *or* give oneself up entirely to sth.

**Fixier·salz das** *(Fot.)* hypo

**Fixierung die; ~, ~en a)** *(starres Festlegen, -halten)* **die ~ auf eine Frage** concentration on a question; **die ~ auf seine Mutter** his mother-fixation; **b)** *(Festlegung)* determination

**Fixigkeit die; ~** *(ugs.)* speed

**Fix-: ~punkt der** fixed point; **~stern der** *(Astron.)* fixed star

**Fixum** ['fɪksʊm] **das; ~s, Fixa** basic salary

**Fix·zeit die** core time

**Fjord** [fjɔrt] **der; ~[e]s, ~e** fiord

**FKK** [ɛf ka: 'ka:] *Abk.* **Freikörperkultur** nudism *no art.;* naturism *no art.*

**FKK-: ~-Anhänger der** nudist; naturist; **~-Strand der** nudist beach

**Fla** [fla:] **die; ~:** anti-aircraft defense; AA defence

**flach** [flax] *Adj.* **a)** *(eben)* flat ⟨*countryside, region, roof*⟩; **das ~e Land** the flat country; **sich ~ hinlegen** lay oneself [down] flat; **mit der ~en Hand** with the flat of one's hand; **b)** *(niedrig)* low ⟨*heels, building*⟩; flat ⟨*shoe*⟩; **c)** *(nicht tief)* shallow ⟨*water, river, etc., dish*⟩; **d)** *(abwertend: nichtssagend, unwesentlich)* shallow

**flach-, Flach-: ~bau der;** *Pl.* **~bauten** low building; **~bogen der** *(Archit.)* segmental arch; **~brüstig** *Adj.* flat-chested; **~dach das** flat roof; **~druck·verfahren das** planographic printing method

**Fläche** ['flɛçə] **die; ~, ~n a)** *(ebenes Gebiet)* area; **auf einer ~ von x m²** over an area of x square metres; **b)** *(Ober~, Außenseite)* surface; **c)** *(Math.)* area; *(einer dreidimensionalen Figur)* side; face; **d)** *(weite Land~, Wasser~)* expanse; **e)** *(von Kristallen)* facet

**Flach·eisen das a)** *(gewalztes Eisen)* flat bar; **b)** *(Werkzeug)* scorper

**flächen-, Flächen-: ~ausdehnung die** area; **~blitz der** sheet lightning; **~brand der** extensive blaze; **sich zu einem ~brand ausweiten** *(fig.)* spread like wildfire; **~gleich** *Adj.* of equal area *postpos.;* equal in area *postpos.;* **~haft 1.** *Adj.* extensive; **2.** *adv.* extensively; **~inhalt der** *(Math.)* area; **~maß das** *(Math.)* unit of square measure; **~nutzungs·plan der** land development plan; **~staat der** territorial state; **~wirkung die** surface effect

**flach-, Flach-: ~|fallen** *itr. V.; mit sein (ugs.)* ⟨*trip*⟩ fall through; ⟨*event*⟩ be cancelled; **das Kino fällt für dich heute ~:** you won't be going to the cinema today; **diese Subventionen sollen ~fallen** these subsidies will not be continued; **~feile die** flat file; **~glas das** sheet glass; **~hang der** slip-off slope

**Flachheit die; ~, ~en a)** *o. Pl. (abwertend)* shallowness; **b)** *(Bemerkung)* platitude

**flächig 1.** *Adj.* **a)** *(abgeflacht)* flat ⟨*features, shape*⟩; **b)** *(ausgedehnt)* extensive ⟨*area*⟩; **c)** *(Kunstw.)* two-dimensional ⟨*style, representation*⟩. **2.** *adv.* extensively

**flach-, Flach-: ~kopf der** *(abwertend)* numskull; **~küste die** *(Geogr.)* beach; **~land das;** *o. Pl.* lowland; **~länder der; ~s, ~:** lowlander; **~|legen 1.** *refl. V. (ugs.)* lie down; **2.** *tr. V. (zu Boden strecken)* floor ⟨*opponent*⟩; **~|liegen** *unr. itr. V. (ugs.)* be flat on one's back; **~mann der;** *Pl.* **~männer** *(ugs. scherzh.)* hip-flask; **~meißel der** flat chisel; **~moor das** *(Geog.)* low-moor bog; **~paß der** *(Fußball)* low pass; **einen ~paß [auf jmdn.] spielen** make a low pass [to sb.]; **~relief das** low relief; **~rennen das** *(Sport)* flat race

**Flachs** [flaks] **der; ~es a)** flax; **b)** *(ugs.: Ulk)* **das war doch nur ~:** I/he *etc.* was just having you on *(Brit. coll.) or (Amer. coll.)* putting you on; **ganz ohne ~:** no kidding *(coll.)*

**flachs·blond** *Adj.* flaxen ⟨*hair*⟩

**Flach·schuß der** *(Fußball)* low shot

**flachsen** ['flaksn̩] *itr. V.* **mit jmdm. ~** *(ugs.)* joke with sb.; **gerne ~:** like a joke

**Flachserei die; ~, ~en** *(ugs.)* joking; **das war doch nur ~:** it was just a joke

**Flachs·kopf der** flaxen-haired person; **beide Kinder waren ~köpfe** both of the children were flaxen-haired

**Flach-: ~strecke die** *(Leichtathletik)* flat race; **~zange die** flat tongs *pl.;* **~ziegel der** flat tile

**flackern** ['flakɐn] *itr. V.* flicker; **~des Kaminfeuer/Licht/~de Augen** flickering fire/light/eyes; **Erregung flackerte in seinem Blick** his eyes glinted with excitement

**Flacker·schein der** flickering light

**Fladen** ['fla:dn̩] **der; ~s, ~ a)** *flat, round unleavened cake made with oat or barley flour;* ≈ [large] oatcake *(Scot.);* **b)** *(Kuh~)* cowpat

**Fladen·brot das** unleavened bread

**Flagellant** [flagɛ'lant] **der; ~en, ~en** flagellant

**Flagellantismus der;** ~ *(Med., Psych.)* flagellantism *no art.*

**Flagellation** [flagɛla'tsi̯o:n] **die,** ~ *(Med., Psych.)* flagellation

**Flagellum** [fla'gɛlʊm] **das; ~s, Flagellen** *(Biol.)* flagellum; *(Peitsche)* scourge

**Flagge** ['flagə] **die; ~, ~n** flag; **unter neutraler ~ fahren** sail under a neutral flag; **die ~ streichen** *(fig.)* strike the flag *(fig.)*; **~ zeigen** *(fig.)* show one's colours; **unter falscher ~ segeln** *(fig.)* sail under false colours

**flạggen 1.** *itr. V.* put out the flags; **überall war geflaggt** the flags were flying everywhere. **2.** *tr. V.* **die Straßen sind geflaggt** the flags have been put out in the streets

**Flạggen-: ~alphabet das** international code of signals; **~ehrung die** *s.* **~parade; ~gala die** flag dressing; **~gruß der** flag salute; **~leine die** halyard; **~mast der** flagstaff; **~parade die** flag-raising/flag-lowering ceremony; **~signal das** code flag signal; **~tuch das;** *Pl.* **~tuche** bunting

**Flạgg-: ~leine die** halyard; **~offizier der** flag officer; **~schiff das** flagship

**flagrant** [fla'grant] *Adj.* flagrant

**Flair** [flɛ:ɐ̯] **das** *od.* **der; ~s a)** *(Fluidum, Aura)* air; **ein ~ von etw. haben** have an air of sth.; **b)** *(Talent)* flair; **ein ~ für etw. haben** have a flair for sth.

**Flak** [flak] **die; ~, ~** *(Milit.)* anti-aircraft gun; AA gun

**Flạk-: ~feuer das** anti-aircraft fire; flak; **wir wurden unter ~feuer genommen** we came under anti-aircraft fire *or* flak; **~geschütz das** anti-aircraft gun; AA gun; **~helfer der** anti-aircraft auxiliary; **~soldat der** anti-aircraft soldier; **~stellung die** anti-aircraft position; AA position

**Flakon** [fla'kõ:] **das** *od.* **der; ~s, ~s** bottle

**flambieren** [flam'bi:rən] *tr. V.* flambé; **flambiert** flambé; flambéed

**Flamboyant** [flãbo̯a'jã:] **der; ~s, ~s** *(Bot.)* flamboyant tree; royal poinciana tree

**Flamboyant·stil der** *(Archit.)* Flamboyant style

**Flame** ['fla:mə] **der; ~n, ~n** Fleming

**Flamenco** [fla'mɛŋko] **der; ~[s], ~s** flamenco

**Flạmin, Flämin** ['flɛ:mɪn] **die; ~, ~nen** Fleming; *s. auch* **-in**

**Flamingo** [fla'mɪŋgo] **der; ~s, ~s** flamingo

**flämisch** ['flɛ:mɪʃ] *Adj.* Flemish

**Flämmchen** ['flɛmçən] **das; ~s, ~:** [small] flame

**Flamme** ['flamə] **die; ~, ~n a)** flame; **etw. auf kleiner/großer ~ kochen** cook sth. on a low/high flame *or* gas; **in [hellen] ~n stehen** be in flames; **in ~n aufgehen** go up in flames; **b)** *(Brennstelle)* burner; **ein Gasherd mit drei ~n** a gas stove with three burners; **c)** *(ugs. veralt.: Freundin)* flame

**flammen** ['flamən] *itr. V. (geh.)* blaze

**Flạmmen·blume die** *(Bot.)* phlox

**flạmmend** *Adj.* **a)** flaming; **~es Haar** flaming red hair; **b)** *(fig.)* fiery ⟨*speech*⟩; **~e Anklagen und Protestaktionen** fervent accusations and protests

**Flạmmen-: ~meer das** *(geh.)* sea of flame[s]; **~tod der** *(geh.)* death by burning; **er konnte sie vor dem ~tod retten** he was able to save them from burning to death; **sie erlitt den ~tod** she was burnt to death; **~werfer der** *(Milit.)* flame-thrower

**Flammeri** ['flaməri] **der; ~[s], ~s** *(Kochk.)* flummery

**Flandern** ['flandɐn] **(das); ~s** Flanders

**Flanell** [fla'nɛl] **der; ~s, ~e** flannel; **ein Anzug aus ~:** a flannel suit

**Flanẹll-: ~anzug der** flannel suit; **~hose die** flannel trousers *pl.*

**Flaneur** [fla'nø:ɐ̯] **der; ~s, ~e** *(geh.)* flâneur

**flanieren** [fla'ni:rən] *itr. V.; mit Richtungsangabe mit sein* stroll

**Flanke** ['flaŋkə] **die; ~, ~n a)** *(Weiche)* flank; **b)** *(Ballspiele)* centre; **eine ~ geben** *od.* **schlagen** centre the ball; **eine ~ direkt aufnehmen** pick up a centre; **c)** *(Teil des Spielfeldes)* wing; **über die [rechte/linke] ~ spielen** play on the [right/left] wing; **d)** *(Turnen)* flank vault; **e)** *(Milit.)* flank; **f)** *(Fechten)* lower outside target

**flạnken** *itr. V.* **a)** *(Ballspiele)* **[in die Mitte] ~:** centre the ball; **b)** *(Turnen)* flank vault; **über etw.** *(Akk.)* **~:** flank vault over sth.

**Flạnken-: ~ball der** *(Ballspiele)* centre; **~deckung die** *(Milit.)* flank defence; **~schutz der** *(Milit.)* flank protection

**flankieren** *tr. V.* flank; **von jmdm./etw. flankiert werden** be flanked by sb./sth.; **~de Maßnahmen** *(fig.)* additional measures

**Flansch** [flanʃ] **der; ~[e]s, ~e** *(Technik)* flange

**Flappe** ['flapə] **die; ~, ~n** *(bes. nordd.; ugs.)* **eine ~ ziehen** sulk; **halt die ~!** shut up! *(coll.)*

**Flaps** [flaps] **der; ~es, ~e** *(ugs.)* lout

**flapsig** ['flapsɪç] *(ugs.)* **1.** *Adj.* rude. **2.** *adv.* rudely

**Flasche** ['flaʃə] **die; ~, ~n a)** bottle; **eine ~ Wein/Bier/Milch** a bottle of wine/beer/milk; **etw. auf ~n abfüllen** *od.* **ziehen** bottle sth.; **gibst du deinem Kind immer noch die ~?** are you still bottle-feeding your child?; **ich muß dem Kind noch die ~ geben** I must just feed the baby; **ein Tier mit der ~ großziehen** rear an animal by bottle; **zur ~ greifen** *(fig.)* take to the bottle; **b)** *(ugs. abwertend) (Feigling)* wet *(sl.)*; *(unfähiger Mensch)* **eine [richtige] ~ sein** be [completely] useless; **du ~!** you useless item! *(coll.)*

**flạschen-, Flạschen-: ~batterie die** *(ugs.)* hoard of bottles; **~baum der** *(Bot.)* custard-apple tree; sweet-sop tree; **~bier das** bottled beer; **~bofist, ~bovist der** *(Bot.)* devil's tobacco pouch; **~bürste die** bottle brush; **~etikett das** label [on a/the bottle]; **~gärung die** fermentation in the bottle; **~gas das** bottled gas; **~gestell das** bottle rack; **~grün** *Adj.* bottle-green; **~hals der** *(auch fig.)* bottleneck; **~kind das** bottle-fed baby; **waren Sie ein Brustkind oder ein ~kind?** were you breast-fed or bottle-fed?; **~korken der** cork; **~kürbis der** *(Bot.)* bottle-gourd; **~milch die a)** *(abgefüllte Milch)* bottled milk; **b)** *(Nahrung)* [liquid] baby food; baby milk; **~öffner der** bottle-opener; **~pfand das** deposit [on a/the bottle]; **~post die** message in a/the bottle; **~regal das** bottle-rack; **~wein der** wine by the bottle; **offene und ~weine** wine by the bottle or by the glass; **~weise** *Adv.* by the bottleful; **~zug der** block and tackle

**Flaschner** ['flaʃnɐ] **der; ~s, ~** *(südd., schweiz.)* plumber

**Flatschen** ['fla(:)tʃn̩] **der; ~s, ~** *(ugs.)* *(Lehm~)* lump; *(Tapeten~)* strip

**Flatter** ['flatɐ] *in* **die ~ machen** *(salopp)* beat it *(coll.)*

**Flạtter-: ~geist der** fickle person; **~gras das** millet grass

**flạtterhaft** *Adj.* fickle

**Flạtterhaftigkeit die; ~:** fickleness

**Flạtter·mann der;** *Pl.* **~männer** *(salopp)* **a)** *o. Pl. (nervöse Unruhe)* jitters *pl. (coll.)*; **einen ~ haben** have the jitters; *(zitternde Hände)* be shaking all the time; **b)** *(scherzh.: Brathuhn)* roast chicken

**flạttern** *itr. V.* **a)** *mit Richtungsangabe mit sein* flutter; **der Vogel flatterte in seinem Käfig** the bird fluttered its wings in its cage; **b)** *(zittern)* ⟨*hands*⟩ shake; ⟨*eyelids*⟩ flutter; **seine Nerven flatterten** *(fig.)* he got in a flap *(coll.)*; **c)** *mit sein (vom Wind weitergetragen werden)* flutter; **zu Boden** *od.* **auf den Boden ~:** flutter to the ground; **plötzlich flattert mir eine Postkarte auf den Tisch** *(fig.)* suddenly a postcard appears on the table; **d)** *(die Haftung verlieren)* ⟨*ski, wheel*⟩ lose its grip

**Flạtter-: ~satz der** *(Druckw.)* unjustified setting; **~tier das** *(Zool.)* flying mammal; **~zunge die** *(Musik)* tonguing

**flau** [flau̯] **1.** *Adj.* **a)** *(schwach, matt)* slack ⟨*breeze*⟩; flat ⟨*atmosphere*⟩; **b)** *(leicht übel)* queasy ⟨*feeling*⟩; **mir ist ~ [vor Hunger]** I feel queasy [with hunger]. **2.** *adv. (Kaufmannsspr.)* **das Geschäft geht ~:** business is slack; **die Börse eröffnete ~:** the market got off to a slow start

**Flaum** [flau̯m] **der; ~[e]s a)** fuzz; **b)** *(~feder)* down

**Flaum·bart der** downy beard

**Flaumer der; ~s, ~** *(schweiz.)* mop

**Flaum-: ~feder die** down feather; **~haar das** down

**flaumig** *Adj.* **a)** downy ; **b)** *(österr.: schaumig, porös)* fluffy

**Flausch** [flau̯ʃ] **der; ~[e]s, ~e** brushed wool

**flauschig** *Adj.* fluffy

**Flausch·jacke die** brushed-wool jacket

**Flause** ['flau̯zə] **die; ~, ~n;** *meist Pl. (ugs.)* **a)** *(Unsinn)* **er hat nur ~n im Kopf** he can never think of anything sensible; **jmdm. die ~n austreiben** knock some sense into sb.; **laß doch die albernen ~n** stop messing about *(coll.)*; **b)** *(Ausflucht)* excuse; **~n machen** make excuses

**Flaute** ['flau̯tə] **die; ~, ~n a)** *(Seemannsspr.)* calm; **b)** *(Kaufmannsspr.)* fall[-off] in trade; **in der ~:** in the doldrums; **es herrscht eine [allgemeine] ~:** trade is [generally] slack; **c)** *(Sport: Tiefpunkt)* **sie überwanden die ~:** they got over the bad patch [in the game]

**Fläz** [flɛ:ts] **der; ~es, ~e** *(ugs. abwertend)* lout

**flạ̈zen** *refl. V. (ugs. abwertend)* **sich in den/im Sessel ~:** flop into/lounge in the armchair

**Flebbe** ['flɛbə] **die; ~, ~n** *(salopp)* identity card

**Flechse** ['flɛksə] **die; ~, ~n** sinew

**Flẹcht·arbeit die** piece of wickerwork; **~en** wickerwork *sing.*

**Flechte** ['flɛçtə] **die; ~, ~n a)** *(Bot.)* lichen; **b)** *(Med.)* eczema; **c)** *(geh.: Zopf)* plait

**flẹchten** *unr. tr. V.* plait ⟨*hair*⟩; weave ⟨*basket, mat*⟩; **etw. zu einem Korb ~:** weave sth. into a basket; weave a basket out of sth.; **jmdn. aufs Rad ~** *(hist.)* break sb. on the wheel

**Flẹchter der; ~s, ~, Flẹchterin die; ~, ~nen** basket-weaver

**Flẹcht-: ~werk das a)** *(Geflecht)* wickerwork; **b)** *(Archit.)* wattle and daub; **~zaun der** wicker fence

**Fleck** [flɛk] **der; ~[e]s, ~e a)** *(verschmutzte Stelle)* stain; **voller ~e sein** be covered in stains; **~e machen** leave stains; **das macht keine ~e** that does not leave stains *or* does not stain; **einen ~ auf der [weißen] Weste haben** *(fig. ugs.)* have blotted one's copybook; **b)** *(andersfarbige Stelle)* patch; **ein weißer ~ auf der Landkarte** a piece of uncharted territory; an uncharted region; *s. auch* **blau; c)** *(Stelle, Punkt)* spot; **er rührte sich nicht vom ~:** he didn't move an inch; **auf demselben ~ stehen** stand in the same place; **wir brachten den Stein nicht vom ~:** we couldn't budge the stone; **ich bin nicht vom ~ gekommen** *(fig.)* I didn't get anywhere; **am falschen ~ sparen** *(fig.)* save on the wrong things; **vom ~ weg** *(fig.)* on the spot; *s. auch* **Herz a**

**Flẹckchen das; ~s, ~:** spot; **ein schönes ~ Erde** a lovely little spot

**flẹcken** *itr. V.* stain

**Flẹcken der; ~s, ~ a)** *s.* **Fleck a, b; b)** *(Ortschaft)* little place

**flẹcken-, Flẹcken-: ~entfernungsmittel das** stain *or* spot remover; **~los 1.** *Adj.* **a)** spotless; **b)** *(einwandrei, tadellos)* without blemish *postpos.*; **2.** *adv.* spotlessly

**Flẹck·entferner der, Flẹck·entfernungs·mittel das, Flẹcken·wasser** das stain *or* spot remover
**Flẹckerl·teppich der** *(bayr., österr.)* patchwork rug
**Flẹck·fieber das** *(Med.)* typhus
**fleckig** ['flɛkɪç] *Adj.* **a)** *(verschmutzt)* stained; **ganz ~:** full of stains; **b)** *(gepunktet)* speckled ⟨*apple*⟩; blotchy ⟨*face, skin*⟩
**fleddern** ['flɛdɐn] *tr. V.* plunder, rob ⟨*person*⟩; *(salopp)* ransack ⟨*desk etc.*⟩
**Fleder·maus** ['fle:dɐ-] **die** bat
**Fledermaus·ärmel der** *(Textilw.)* batwing sleeve
**Fleder·wisch der** feather duster
**Fleet** [fle:t] **das; ~s, ~e** *(nordd.)* canal
**Flegel** ['fle:gl] **der; ~s, ~** *(abwertend)* lout
**Flegel·alter das** *s.* **Flegeljahre**
**Flegelei die; ~, ~en** *(abwertend)* loutish behaviour; **eine solche ~/solche ~en** such loutish behaviour
**flegelhaft 1.** *Adj. (abwertend)* loutish; boorish ⟨*tone of voice*⟩. **2.** *adv.* loutishly
**Flegel·jahre** *Pl.* uncouth adolescence *sing.*; **in die ~ kommen/aus den ~n heraussein** reach/be past the awkward age *sing.*
**flegeln** *refl. V. (abwertend)* **sich auf ein Sofa/in einen Sessel ~:** flop on to a sofa/into an armchair
**flehen** ['fle:ən] *itr. V.* plead; **[bei jmdm.] um etw. ~:** plead [with sb.] for sth.; **mit ~der Stimme** with a pleading voice; **zu Gott/zum Himmel [um etw.] ~:** beg God/Heaven [for sth.]
**flehentlich** *Adv. (geh.)* pleadingly
**Fleisch** [flaiʃ] **das; ~[e]s a)** *(Muskelgewebe)* flesh; **das nackte ~:** one's bare flesh; **das rohe ~:** one's raw flesh; **viel ~ zeigen** *(ugs.)* show a lot of flesh; *(fig.)* **sein eigen[es] ~ und Blut** *(geh.)* his own flesh and blood; **jmdm. in ~ und Blut übergehen** become second nature to sb.; **sich** *(Dat.)* **ins eigene ~ schneiden** cut off one's nose to spite one's face; **vom ~ fallen** *(ugs.)* waste away; **b)** *(Nahrungsmittel)* meat; **c)** *(Frucht~)* flesh; **d) den Weg allen ~es gehen** *(geh.)* go the way of all flesh
**fleisch-, Fleisch-: ~abfälle** *Pl.* meat scraps; **~arm 1.** *Adj.* ⟨*diet*⟩ low in meat; **2.** *adv.* **ich esse sehr ~arm** I eat very little meat; **~beschau die** meat inspection; *(ugs. scherzh.)* cattle-market; **~beschauer der** meat inspector; **~brocken der** chunk of meat; **~brühe die** *(mit Einlage)* meat soup; *(klar)* bouillon; consommé; **~einlage die** added meat; **mit ~einlage** with meat added; **~einwaage die** meat content
**Fleischer** ['flaiʃɐ] **der; ~s, ~:** butcher; *s. auch* **Bäcker**
**Fleischerei die; ~, ~en** butcher's shop; **in der ~:** at the butcher's; *s. auch* **Bäckerei**
**Fleischer-: ~geselle der** butcher; **~haken der** meat hook; **~handwerk das** butchery trade; **~hund der** large fierce dog; **ein Gemüt wie ein ~hund haben** *(ugs.)* be a cold-blooded sort *(coll.)*; **~laden der** *s.* **Fleischerei; ~meister der** master butcher; **~messer das** butcher's knife
**Fleisches·lust die** *(geh.)* carnal lust
**fleisch-, Fleisch-: ~esser der** meat-eater; **~extrakt der** meat extract; **~farben, ~farbig** *Adj.* flesh-coloured; **~fliege die** meat-fly; **~fondue das** *(Kochk.)* meat fondue; **~fressend** *Adj.; nicht präd. (Biol.)* carnivorous; **~fresser der; ~s, ~** *(Biol.)* carnivore; **~füllung die** *(Kochk.)* meat stuffing; *(in Pasteten)* meat filling; **~gang der** *(Gastr.)* meat course; **~gericht das** meat dish; **~geworden** *Adj.; nicht präd. (dichter.)* incarnate *(Theol.)*; ⟨*innocence, virtue, etc.*⟩ personified; **~haken der** meat hook; **~hauer der** *(österr.)* butcher
**fleischig** *Adj.* plump ⟨*hands, face*⟩; fleshy ⟨*leaf, fruit*⟩
**Fleisch-: ~käse der** meat loaf; **~kloß der a)** *(Kochk.)* meat ball; **b)** *s.* **~klumpen; ~klößchen das** small meat ball; **~klumpen der** *(ugs.)* **a)** *(großes Stück ~)* chunk of meat; **b)** *(abwertend: Mensch)* mound of flesh; **~konserve die** tin of meat *(Brit.)*; can of meat *(Amer.)*; **~konserven** tinned meat *(Brit.)*; canned meat *(Amer.)*
**fleischlich** *Adj.* **a)** *nicht präd. (veralt.)* **~e Kost** *od.* **Nahrung** meat; **b)** *(geh. veralt.)* carnal; **allem Fleischlichen entsagen** renounce the flesh
**fleisch-, Fleisch-: ~los 1.** *Adj.* **a)** ⟨*meal*⟩ without meat; **b)** *(hager, mager)* bony ⟨*hands, face*⟩; **2.** *adv.* ⟨*cook*⟩ without meat; **~maschine die** *(südd., österr.) s.* **~wolf; ~messer das** carving knife; **~pastete die** *(Kochk.)* pâté; **~preis der** price of meat; **die ~preise** the meat prices; **~ration die** meat ration; **~salat der** *(Kochk.)* meat salad; **~seite die** *(Gerberei)* flesh side; **~stück das** piece of meat; **~topf der** meat pot; **sich nach den ~töpfen Ägyptens sehnen/zurücksehnen** long for/long to return to the good life; **~vergiftung die** food poisoning [from meat]; **~waren** *Pl.* meat products; **~- und Wurstwaren** meat and sausages; **~werdung die; ~** *(selten, dicht.)* incarnation; **~wolf der** mincer; **etw. durch den ~wolf drehen** put sth. through the mincer; mince sth.; **~wunde die** flesh-wound; **~wurst die** pork sausage
**Fleiß** [flais] **der; ~es a)** *(eifriges Streben)* hard work; *(Eigenschaft)* diligence; **mit großem ~:** diligently; **mit ihrem beharrlichen ~:** with her unceasing application; **viel ~ auf etw.** *(Akk.)* **verwenden** put a lot of effort into sth.; **durch ~ etw. erreichen** achieve sth. by hard work; **im ~ nachlassen** become slack; **ohne ~ kein Preis** *(Spr.)* success never comes easily; **b)** *(veralt., südd.: Absicht)* **mit ~:** on purpose
**Fleiß·arbeit die** task requiring great diligence; **eine reine ~** *(abwertend)* a [diligent but] routine piece of work
**fleißig** ['flaisɪç] **1.** *Adj.* **a)** *(arbeitsam)* hard-working; **~e Hände** willing hands; **sie sind ~ wie die Bienen** *od.* **Ameisen** they work like beavers; **b)** *nicht präd. (von Fleiß zeugend)* **eine ~e Arbeit** a diligent piece of work; **c)** *(regelmäßig, häufig)* **ein ~er Besucher** a frequent visitor (*Gen.* to); **d)** *(unermüdlich)* indefatigable ⟨*collector*⟩; great ⟨*walker*⟩. **2.** *adv.* **a)** ⟨*work, study*⟩ hard; **~ lernen** learn as much as one can; **b)** *(unermüdlich)* ⟨*drink, spend*⟩ steadily; ⟨*collect*⟩ regularly; **immer ~ hauen** keep on hitting; **c)** *(regelmäßig)* frequently; **geh nur ~ spazieren** do as much walking as you can
**Fleiß·prüfung die** *examination to assess application*
**flektierbar** *Adj. (Sprachw.)* inflectional
**flektieren** [flɛk'ti:rən] *(Sprachw.)* **1.** *tr. V.* inflect. **2.** *itr. V.* be inflected
**flennen** ['flɛnən] *itr. V. (ugs. abwertend)* blubber
**fletschen** ['flɛtʃn̩] *tr., itr. V.* **die Zähne** *od.* **mit den Zähnen ~:** bare one's teeth; **mit gefletschten Zähnen** with bared teeth
**fleucht** [flɔyçt] *s.* **kreucht**
**Fleurop** Ⓦᶻ ['flɔyrɔp] **die** Interflora **(P)**
**flexibel** [flɛ'ksi:bl] **1.** *Adj.* flexible. **2.** *adv.* flexibly
**Flexibilität** [flɛksibili'tɛ:t] **die; ~:** flexibility
**Flexion** [flɛ'ksio:n] **die; ~, ~en a)** *(Sprachw.)* inflexion; *(von Adjektiven, Substantiven)* declension; *(von Verben)* conjugation; **b)** *(Med.)* flexion
**flexions-, Flexions-: ~endung die** *(Sprachw.)* inflectional suffix *or* ending; **~los** *Adj. (Sprachw.)* uninflected
**Flexo·druck** ['flɛkso-] **der** *(Druckw.)* flexographic printing
**flicht** *Imperativ Sg. u. 3. Pers. Sg. Präsens v.* **flechten**
**Flick·arbeit die** repair; **mit einer ~ beschäftigt sein** be repairing *or* mending something
**flicken** ['flɪkn̩] *tr. V.* mend ⟨*trousers, dress*⟩; repair ⟨*engine, cable*⟩; mend, repair ⟨*wall, roof*⟩; **etw. notdürftig ~:** patch sth. up
**Flicken der; ~s, ~:** patch
**Flicken-: ~decke die** patchwork quilt; **~teppich der** patchwork rug
**Flickflack** ['flɪkflak] **der; ~s, ~s** *(Turnen)* flik-flak
**Flick-: ~korb der** sewing basket; **~schneider der** *(veralt.)* mending tailor; **~schuster der a)** *(veralt. abwertend)* mending shoemaker; cobbler; **b)** *(fig.: Nichtskönner)* bungler; **~schusterei die** *(fig. abwertend)* bungling; **~werk das;** *o. Pl. (abwertend)* botched-up job; **~wort das;** *Pl.* **~wörter** filler; **~zeug das** repair kit
**Flieder** ['fli:dɐ] **der; ~s, ~:** lilac
**flieder-, Flieder-: ~duft der** scent of lilac; **~farben, ~farbig** *Adj.* lilac; **~strauch der** lilac bush; **~tee der** elder-berry tea
**Fliege** ['fli:gə] **die; ~, ~n a)** fly; **die Menschen starben wie die ~n** people were dying like flies; **er tut keiner ~ etwas zuleide/könnte keiner ~ etwas zuleide tun** he wouldn't/couldn't hurt a fly; *(fig.)* **ihn stört die ~ an der Wand** the least little thing annoys him; **zwei ~n mit einer Klappe schlagen** kill two birds with one stone; **die** *od.* **'ne ~ machen** *(salopp)* beat it *(sl.)*; **b)** *(Schleife)* bow-tie; **c)** *(Bärtchen)* shadow
**fliegen 1.** *unr. itr. V.* **a)** *mit sein* fly; **das ~de Personal** the air-crew; **im Wind ~:** be flying in the wind; **mit ~den Rockschößen** with flapping coat-tails; **die Funken flogen** sparks flew about; **in die Luft ~:** blow up; *s. auch* **Fahne b; b)** *mit sein (ugs.: geworfen werden)* **aus der Kurve ~:** skid off a/the bend; **vom Pferd/Fahrrad ~:** fall off a/the horse/bicycle; **c)** *mit sein (ugs.: entlassen werden)* be sacked *(coll.)*; get the sack *(coll.)*; **auf die Straße/aus einer Stellung ~:** get the sack *(coll.)*; be thrown out; **von der Schule ~:** be chucked out [of the school] *(coll.)*; **d)** *mit sein (ugs.: hinfallen, stürzen)* fall; **in einen Graben ~:** fall into a ditch; **über etw.** *(Akk.)* **~:** trip over sth.; **durch das Examen/eine Prüfung ~** *(fig.)* fail the exam/a test; **e)** *mit sein* **auf jmdn./etw. ~** *(ugs.)* go for sb./sth.; **er fliegt auf Blondinen** he makes a beeline for blondes; **f)** *meist mit sein (flattern, zittern)* ⟨*pulse*⟩ race; **sein Atem fliegt** he is gasping for breath; **er flog am ganzen Körper** he was trembling all over; **g)** *mit sein (eilen, rasen)* fly; race; **das Pferd flog wie ein Pfeil über die Bahn** the horse raced *or* flew over the track like a shot from a gun; **ihre Hand flog über das Papier** her hand flew over the paper; **in ~der Eile** *od.* **Hast** in a mad rush. **2.** *unr. tr. V.* **a)** *(steuern, fliegend befördern)* fly ⟨*aircraft, passengers, goods*⟩; **b)** *auch mit sein (fliegend ausführen)* **einen Einsatz ~:** fly a mission; **einen Umweg ~:** make a detour; **eine Kurve ~:** describe a curve; **einen Looping ~:** loop the loop; **einen Angriff ~** *(Milit.)* make an attack. **3.** *refl. V.* **die Maschine fliegt sich gut/schlecht** the plane flies well/badly; **es fliegt sich gut/schlecht hier/heute** the flying is good/bad here/today
**fliegend** *Adj.; nicht präd.* flying; **ein ~er Händler** a pedlar; **~e Bauten** mobile buildings; **der Fliegende Holländer** the Flying Dutchman
**Fliegen-: ~draht der** fly screen; **~dreck der** fly droppings *pl.*; **~fänger der** fly-paper; **~fenster das** wire-mesh window; **~gewicht das** *(Schwerathletik)* **a)** *o. Pl.* flyweight; **die Meisterschaften im ~gewicht** the flyweight championships; **im ~gewicht starten** compete at flyweight; **b)** *s.* **~gewichtler; ~gewichtler** [~gəvɪçtlɐ]

**der; ~s, ~:** flyweight; **~klatsche die** fly swat; **~kopf der** *(Druckw.) piece of type turned over to print as black oblong;* **~pilz der** fly agaric; **~schnäpper der** *(Zool.)* flycatcher; **~schrank der** meat-safe

**Flieger der; ~s, ~ a)** pilot; **er ist bei den ~n** *(Milit.)* he's in the air force; **b)** *(Radsport)* sprinter; **c)** *(Artistik)* trapeze artist; **d)** *(Zool.)* flyer

**Flieger-: ~abwehr die** *s.* **Flugabwehr; ~abzeichen das** *(Milit.)* flying badge; **~alarm der** air-raid warning; **~angriff der** air raid

**Fliegerei die; ~:** flying *no art.*

**Flieger·horst der** *(Milit.)* military airfield

**Fliegerin die; ~, ~nen** [woman] pilot

**fliegerisch** *Adj.; nicht präd.* aeronautical; **~e Eigenschaften** handling characteristics; handling *sing.*

**Flieger-: ~jacke die** flying jacket; **~krankheit die** altitude sickness; **~rennen das** *(Radsport)* sprint; **~schule die** flying school; **~sprache die** airmen's jargon; **~staffel die** *(Milit.)* [flying] squadron

**Flieh·burg die** refuge

**fliehen** ['fli:ən] **1.** *unr. itr. V.; mit sein (flüchten)* flee (**vor** + *Dat.* from); *(aus dem Gefängnis usw.)* escape (**aus** from); **ins Ausland/über die Grenze ~:** flee the country/escape over the border. **2.** *unr. tr. V. (geh.: meiden)* shun

**fliehend** *Adj.; nicht präd.* sloping ⟨*forehead*⟩; receding ⟨*chin*⟩

**Flieh·kraft die** *(Physik)* centrifugal force

**Fliese** ['fli:zə] **die; ~, ~n** tile; **etw. mit ~n auslegen** tile sth.

**fliesen** *tr. V.* tile

**Fliesenleger** [-le:gɐ] **der; ~s, ~:** tiler

**Fließ-: ~arbeit die;** *o. Pl.* assembly line production; **~band das** conveyor belt; **am ~band arbeiten** *od. (ugs.)* **stehen** work on the assembly line; **am ~band gefertigt werden** be produced on the assembly line; **~band·arbeit die** assembly-line work; **~band·arbeiter der** assembly-line worker; **~band·fertigung die** assembly-line production

**fließen** ['fli:sn̩] *unr. itr. V.; mit sein* **a)** flow; **ein Bach ist ein ~des Gewässer** a stream is a body of running water; **ein Zimmer mit ~dem [warmem und kaltem] Wasser** a room with [hot and cold] running water; **„Alles fließt", sagte Heraklit** 'All is flux', said Heraclitus; *(unpers.)* **es floß Blut** blood was shed; **b)** *(fig.)* **viele Devisen flossen ins Land** a great deal of foreign currency flowed into the country; **die Gaben flossen reichlich** donations were pouring in; **die Nachrichten aus diesem Gebiet flossen nur spärlich** news from this area came in very infrequently; **der Verkehr war ~d** the traffic kept moving; **die Grenzen [zwischen zwei Gebieten] sind ~d** the dividing-line [between two areas] is blurred; **~de Übergänge** fluid transitions; **die Verse flossen ihm aus der Feder** the verses flowed from his pen; **eine Sprache ~d sprechen** speak a language fluently

**Fließ-: ~grenze die** *(Technik)* yield point; **~heck das** *(Kfz-W.)* fastback; **~komma das** *(DV)* floating point; **~satz der** *(Druckw.)* undisplay; **~wasser das** *(Touristik)* running water

**Flimmer-: ~epithel das** *(Biol.)* ciliated epithelium; **~kasten der, ~kiste die** *(ugs.)* telly *(coll.)*; box *(coll.)*

**flimmern** ['flɪmɐn] *itr. V.; mit Richtungsangabe mit sein* ⟨*water, air, surface*⟩ shimmer; ⟨*film*⟩ flicker; **ihm flimmerte es vor den Augen** everything was swimming in front of his eyes; **über den Bildschirm ~** *(ugs.)* be served up on the box *(coll.)*

**flink** [flɪŋk] **1.** *Adj.* nimble ⟨*fingers*⟩; sharp ⟨*eyes*⟩; quick ⟨*hands*⟩; **~ wie ein Wiesel** as quick as a flash; **er hat noch ~e Beine** *od.* **ist noch ~ auf den Beinen** *(ugs.)* he's still nippy on his pins *(coll.)*. **2.** *adv.* quickly; **mit etw. ~ bei der Hand sein** be very ready to do sth.; **aber ein bißchen ~!** *(ugs.)* and be quick about it!

**Flinkheit die; ~** *s.* **flink 1:** nimbleness; sharpness; quickness

**flink·züngig** [-tsʏŋɪç] **1.** *Adj.* eloquent. **2.** *adv.* eloquently

**Flinte** ['flɪntə] **die; ~, ~n** shotgun; **alles, was ihm vor die ~ kommt** everything he gets in his sights; **der soll mir nur vor die ~ kommen!** *(fig. salopp)* if I can just get my hands on him; **die ~ ins Korn werfen** *(fig.)* throw in the towel

**Flinten-: ~knall der** gun-fire; **ein ~knall** a gunshot; **~kugel die** shotgun pellet; **~lauf der** shotgun barrel; **~weib das** *(abwertend)* soldier in skirts

**Flip** [flɪp] **der; ~s, ~s** flip

**Flipflop·schaltung** ['flɪpflɔp-] **die** *(Elektrot.)* flip-flop circuit

**Flipper** ['flɪpɐ] **der; ~s, ~, Flipper·automat der** pinball machine; **Flipper spielen** play pinball

**flippern** ['flɪpɐn] *itr. V. (ugs.)* play pinball

**flirren** ['flɪrən] *itr. V. (geh.)* ⟨*heat, light, dust, etc.*⟩ shimmer

**Flirt** [flɪrt] **der; ~s, ~s** flirtation; **einen ~ mit jmdm. anfangen/haben** start flirting with sb./flirt with sb.

**flirten** *itr. V.* flirt

**Flittchen** ['flɪtçən] **das; ~s, ~** *(ugs. abwertend)* floozie

**Flitter** ['flɪtɐ] **der; ~s, ~ a)** *o. Pl. (täuschender Glanz)* frippery; trumpery; **b)** *(Metallplättchen)* sequin

**Flitter-: ~gold das** Dutch metal; **~kram der** *(ugs. abwertend)* frippery; trumpery

**flittern** *itr. V. (ugs. scherzh.)* honeymoon

**Flitter-: ~wochen** *Pl.* honeymoon *sing.*; **in die ~wochen fahren** go on one's honeymoon; **~wöchner der** *(ugs. scherzh.)* honeymooner

**Flitz[e]·bogen** ['flɪts(ə)-] **der** bow; *(fig.)* **gespannt sein wie ein ~:** be on tenterhooks; **ich bin gespannt wie ein ~, ob er kommen wird** I'm dying to see if he will come; **auf etw.** *(Akk.)* **gespannt sein wie ein ~:** be on tenterhooks waiting for sth.

**flitzen** ['flɪtsn̩] *itr. V.; mit sein (ugs.)* shoot; dart; **ich flitze mal gerade zum Fleischer** I'll just dash to the butcher's; **nach rechts und links ~:** dart to either side

**Flitzer der; ~s, ~** *(ugs.)* sporty job *(coll.)*

**floaten** ['floʊtn̩] *tr., itr. V. (Wirtsch.)* float

**Floating** ['floʊtɪŋ] **das; ~s, ~s** *(Wirtsch.)* floating

**F-Loch** ['ɛf-] **das** *(Musik)* F-hole

**flocht** [flɔxt] *1. u. 3. Pers. Sg. Prät. v.* **flechten**

**Flöckchen** ['flœkçən] **das; ~s, ~** *(Schnee~)* flake; *(Staub~)* bit of fluff

**Flocke** ['flɔkə] **die; ~, ~n a)** **eine ~ Watte/Wolle** a bit of cottonwool/tuft of wool; **b)** *(Schnee~)* flake; **es schneit in dicken ~n** it's snowing large flakes; **c)** *(Schaum~)* blob; *(Staub~)* piece of fluff

**Flocken-: ~blume die** *(Bot.)* centaury; **~wirbel der** *(geh.)* whirl of snowflakes

**flockig** *Adj.* fluffy; **~er Schaum** blobs *pl.* of foam; **Butter ~ rühren** cream butter

**Flock-: ~print der; ~[s]** *(Textilw.)* flock printing; **~seide die** floss

**flog** [flo:k] *1. u. 3. Pers. Sg. Prät. v.* **fliegen**

**floh** [flo:] *1. u. 3. Pers. Sg. Prät. v.* **fliehen**

**Floh** [flo:] **der; ~[e]s, Flöhe** ['flø:ə] **a)** flea; *(fig.)* **lieber einen Sack [voll] Flöhe hüten, als ...:** even if you paid me a million pounds I wouldn't ...; **jmdm. einen ~ ins Ohr setzen** *(ugs.)* put an idea into sb.'s head; **die Flöhe husten** *od.* **niesen hören** *(ugs.)* know it all before it happens; **b)** *Pl (salopp: Geld)* dough *sing. (sl.)*; bread *sing. (sl.)*

**Floh·biß der** flea-bite

**flöhen** ['flø:ən] *tr. V.* flea

**Floh-: ~hüpfen das** *(Kinderspiel)* tiddlywinks; **~kino das** *(ugs.)* flea-pit *(sl.)*; **~kraut das** *(Bot.)* fleabane; **~markt der** flea market; **~zirkus der** flea-circus

**Flom[en]** ['flo:m(ən)] **der; ~s** *(nordd.)* leaf fat

**Flop** [flɔp] **der; ~s, ~s** *(ugs.)* flop *(coll.)*

**¹Flor** [flo:ɐ̯] **der; ~s, ~e** *(geh.)* **a)** *(Blütenpracht)* **im ~ stehen** be in full bloom; **einen zweiten ~ entfalten** have a second flush; **b)** *(Blumenfülle)* display

**²Flor der; ~s, ~e,** *selten:* **Flöre** ['flø:rə] **a)** *(zartes Gewebe)* gauze; **b)** *(Faserenden)* pile; **c)** *s.* **Trauerflor**

**Flora** ['flo:ra] **die; ~, Floren** flora

**Flor·band das** black band; mourning band

**¹Florentiner** [florɛn'ti:nɐ] **der; ~s, ~:** Florentine

**²Florentiner der; ~s, ~ a)** *(Hut)* picture hat; **b)** *(Gebäck)* florentine

**Florentinerin die; ~, ~nen** Florentine

**florentinisch** *Adj.* Florentine

**Florenz** [flo'rɛnts] **(das); Florenz'** Florence

**Florett** [flo'rɛt] **das; ~[e]s, ~e a)** *(Stoßwaffe)* foil; **mit dem ~ fechten** fence with a foil; **b)** *o. Pl. (~fechten)* foils *sing.*; foil fencing *no art.*

**Florett-: ~fechten das** foil fencing *no art.*; **~fechter der** foil fencer

**Flor·fliege die** *(Zool.)* green lacewing

**florieren** [flo'ri:rən] *itr. V.* ⟨*business*⟩ flourish; **ein [gut] ~der Laden** a flourishing shop

**Florist** [flo'rɪst] **der; ~en, ~en, Floristin die; ~, ~nen a)** *(Blumenbinder)* [qualified] flower-arranger; **b)** *(Kenner einer Flora)* botanist; **c)** *(Blumenhändler)* florist

**Flor·teppich der** pile carpet

**Floskel** ['flɔskl̩] **die; ~, ~n** cliché; **der Brief enthält nichts außer abgedroschenen ~n** the letter is full of clichés *or* hackneyed phrases

**floskelhaft 1.** *Adj.* cliché-ridden; clichéd. **2.** *adv.* **sich ~ ausdrücken** talk in clichés

**floß** [flɔs] *1. u. 3. Pers. Sg. Prät. v.* **fließen**

**Floß** [flo:s] **das; ~es, Flöße** ['flø:sə] **a)** raft; **b)** *(an der Angel)* float

**flöß·bar** *Adj.* navigable by raft *postpos.*

**Flosse** ['flɔsə] **die; ~, ~n a)** *(Zool., Flugw.)* fin; **b)** *(zum Tauchen)* flipper; **c)** *(ugs. scherzh. od. abwertend: Hand)* paw

**flößen** ['flø:sn̩] *tr., itr. V.* float; **Baumstämme [auf dem Fluß] ~:** raft tree trunks [on the river]

**Flossen·füß[l]er der** *(Zool.)* pinniped

**Flößer** ['flø:sɐ] **der; ~s, ~:** raftsman

**Flößerei** [flø:sə'rai] **die; ~:** rafting

**Floß-: ~fahrt die** voyage by raft; **~gasse die** channel for rafts; **~holz das** rafted wood

**Flotation** [flota'tsio:n] **die; ~, ~en** *(bes. Hüttenw.)* flotation

**Flöte** ['flø:tə] **die; ~, ~n a)** *(Musik)* flute; *(Block~)* recorder; **~ spielen** play the flute/recorder; **die ~ des Pan** the pipes of Pan; **b)** *(Skat)* **die [ganze] ~ herunterspielen** play a [straight] flush; **c)** *(hohes Glas)* flute

**flöten** ['flø:tn̩] **1.** *itr. V.* **a)** ⟨*bird*⟩ flute; **b)** *(ugs.: affektiert sprechen)* pipe; **in den sanftesten Tönen ~:** speak in wheedling tones. **2.** *tr. V.* whistle ⟨*song, tune*⟩

**flöten-, Flöten-: ~|gehen** *unr. itr. V.; mit sein (ugs.)* **a)** *(verlorengehen)* ⟨*money*⟩ go down the drain; ⟨*time*⟩ be wasted; **seine Illusionen gingen ~:** his illusions went for a burton *(Brit. sl.)*; **b)** *(entzweigehen)* get smashed; **~kessel der** whistling kettle; **~konzert das a)** *(Musikstück)* flute concerto; **b)** *(Veranstaltung)* flute concert; **~musik die** flute music; **~register das** *(Musik)* flute stop; **~spiel das** flute-playing; **~spieler der** flute-player; **~ton der** sound of a flute; **jmdm. die ~töne beibringen** *(fig. ugs.)* teach sb. a thing or two *(coll.)*

**Flötist** [flø'tɪst] **der; ~en, ~en, Flötistin die; ~, ~nen** flautist

**flott** [flɔt] **1.** *Adj.* **a)** *(ugs.: schwungvoll)* lively ‹*music, dance, pace, style*›; snappy ‹*dialogue*›; **den ~en Otto haben** *(salopp)* have the runs *(coll.)*; **b)** *(ugs.: schick, modisch)* smart ‹*hat, suit, car*›; **c)** *(munter, hübsch)* stylish; smart; **~ aussehen** look attractive; **d)** *(leichtlebig)* **ein ~es Leben führen** be fast-living; **e)** *nicht attr.* *(fahrbereit, wiederhergestellt)* seaworthy ‹*vessel*›; *(ugs.)* roadworthy ‹*vehicle*›; airworthy ‹*aircraft*›; **mein Auto ist wieder ~:** my car ist back on the road again. **2.** *adv.* ‹*work*› quickly; ‹*dance, write*› in a lively manner; ‹*be dressed*› smartly

**flott|bekommen** *unr. tr. V.: s.* **flottkriegen**

**Flotte** ['flɔtə] **die; ~, ~n** fleet

**Flotten-: ~abkommen das** naval treaty; **~chef der** commander-in-chief of the/a fleet; **~kommando das** fleet command; **~parade die** naval parade; **~stützpunkt der** naval base; **~verband der** naval unit

**Flottille** [flɔ'tɪl(j)ə] **die; ~, ~n** flotilla

**Flottillen·admiral der** rear-admiral

**flott-: ~|kommen** *unr. itr. V.* get afloat; **~|kriegen** *tr. V.* get ‹*boat*› afloat; get ‹*car*› going; **~|machen** *tr. V.* refloat ‹*ship*›; get ‹*car*› back on the road; **~weg** *Adv. (ugs.)* **~weg arbeiten** keep at it

**Flöz** [flø:ts] **das; ~es, ~e** *(Bergbau)* seam

**Fluch** [flu:x] **der; ~[e]s, Flüche** ['fly:çə] **a)** *(Kraftwort)* curse; oath; **ein derber/lästerlicher ~:** a vulgar/blasphemous oath; **einen ~ ausstoßen/unterdrücken** utter/suppress an oath; **b)** *(Verwünschung)* curse; **einen ~ gegen jmdn. ausstoßen** utter a curse against sb.; **c)** *o. Pl. (Unheil, Verderben)* curse; **ein ~ liegt über/lastet auf jmdm.** there's a curse on sb.; **das ist der ~ der bösen Tat** that's the wages of sin

**fluch·beladen** *Adj. (geh.)* accursed

**fluchen** *itr. V.* **a)** *(Flüche ausstoßen)* curse; swear; **auf/über jmdn./etw. ~:** swear at *or* curse sb./sth.; **b)** *(verwünschen) (geh.)* curse; **jmdm./einer Sache ~:** curse sb./sth.

**[1]Flucht** [flʊxt] **die; ~ a)** *(Fliehen, Flüchten)* flight; **auf/während der ~:** while fleeing; *(von Gefangenen)* on the run; **jmdn. auf der ~ erschießen** shoot sb. while he/she is trying to escape; **auf** *od.* **während der ~ erschossen werden** be shot while trying to escape; **in wilder ~ davonjagen** run away in mad panic; **die ~ aus dem Gefängnis/aus einem Land** the escape from prison/from a country; **den Bankräubern/Gefangenen gelang die ~:** the bank robbers/prisoners succeeded in escaping; **die ~ ergreifen** ‹*prisoner*› make a dash for freedom; *(fig.)* make a dash for it; **jmdn. in die ~ schlagen** put sb. to flight; *s. auch* **Ägypten; b)** *(Ausweichen)* refuge; **ihr blieb nur noch die ~ in den Alkohol/das Rauschgift** the only thing left to her was to take refuge in alcohol/drugs; **die ~ in die Krankheit/Anonymität** taking refuge in illness/anonymity; **die ~ in die Krankheit antreten** take refuge in illness; **die ~ aus der Wirklichkeit/Verantwortung** escape from reality/responsibility; **die ~ nach vorn antreten** take the bull by the horns; **die ~ in die Öffentlichkeit antreten** make a public statement

**[2]Flucht die; ~, ~en a)** *(Bauw.: Häuser~, Arkaden~)* row; **die ~ der Fenster** the line of the windows; **b)** *(Zimmer~)* suite

**flucht-, Flucht-: ~artig 1.** *Adj.* hurried; hasty; **2.** *adv.* hurriedly; hastily; **~auto das** getaway car; **~burg die** refuge

**flüchten** ['flʏçtn̩] **1.** *itr. V.; mit sein* **vor jmdm./etw. ~:** flee from sb./sth.; **vor der Polizei ~:** run away from the police; *(mit Erfolg)* escape from the police; **zu jmdm. ~:** take refuge with sb.; **ins Ausland ~:** escape abroad; **unter ein schützendes Dach ~:** take shelter under a protective roof. **2.** *refl. V.* **sich in ein Bauernhaus ~:** take refuge in a farmhouse; **sich aufs Dach ~:** escape on to the roof

**Flucht-: ~fahrzeug das** getaway vehicle; **~gefahr die** risk of an escape attempt; **es besteht ~gefahr/keine ~gefahr** there's a/no risk of an escape attempt; **~helfer der** person who aids/aided an/the escape; **~hilfe die** aiding an escape

**flüchtig** ['flʏçtɪç] **1.** *Adj.* **a)** *(flüchtend)* fugitive; **er ist noch ~:** he ist still at large; **ein ~er Dieb/Verbrecher** a wanted thief/criminal; **b)** *(oberflächlich)* cursory; superficial ‹*insight*›; **eine ~e Arbeit** a hurried piece of work; **c)** *(eilig, schnell)* quick; short ‹*visit, greeting*›; fleeting ‹*glance*›; **d)** *(vergänglich)* fleeting ‹*moment*›; quickly changing ‹*moods*›; sudden ‹*temper, whim*›; **e)** *(Chemie)* volatile. **2.** *adv.* **a)** *(oberflächlich)* cursorily; **b)** *(eilig)* hurriedly

**Flüchtigkeit die; ~, ~en a)** *(Oberflächlichkeit)* cursoriness; **b)** *s.* **Flüchtigkeitsfehler; c)** *(Vergänglichkeit)* fleetingness; **d)** *(Chemie)* volatility

**Flüchtigkeits·fehler der** slip; *(tadelnswert)* careless mistake

**Flucht·kapital das** *(Wirtsch.) capital which has been sent out of the country to evade tax*

**Flüchtling** ['flʏçtlɪŋ] **der; ~s, ~e** refugee

**Flüchtlings-: ~ausweis der** refugee's identity card; **~elend das** hardship among refugees; **~lager das** refugee camp; **~treck der** long stream of refugees

**Flucht-: ~linie die** vanishing-line; **~plan der** escape plan; **~punkt der** *(Kunstwiss.)* vanishing-point; **~reaktion die** *(Verhaltensf.)* escape reaction; **~verdacht der: es besteht [kein] ~verdacht** he/she is [not] likely to try to escape; **~versuch der** escape attempt; **einen ~versuch unternehmen** *od.* **machen** attempt to escape; **~weg der** escape route; **sich** *(Dat.)* **den ~weg offenhalten** keep a way out open; **sich** *(Dat.)* **den ~weg freischießen** shoot one's way out

**fluch·würdig** *Adj. (geh.)* monstrous

**Flug** [flu:k] **der; ~[e]s, Flüge** ['fly:gə] **a)** *o. Pl.* flight; **im ~:** in flight; **die Urlaubstage/Stunden vergingen [wie] im ~e** the holiday/hours flew by; **b)** *(Flugreise)* flight; **c)** *(Skispringen)* jump; **einen ~ [sicher] stehen** land safely; **d)** *(Jägerspr.)* flock

**flug-, Flug-: ~abwehr die** *(Milit.)* anti-aircraft defence; **~abwehr·rakete die** *(Milit.)* anti-aircraft missile; **~angst die** fear of flying; **~asche die** fly ash; **~bahn die** trajectory; **~ball der** *(Tennis)* volley; **~begleiter der** steward; **~begleiterin die** stewardess; **~benzin das** aviation fuel; **~bereit** *Adj.* ready for take-off *postpos.*; **~betrieb der** air traffic; **~bild das** *(Zool.)* flight silhouette; **~blatt das** pamphlet; leaflet; **~boot das** flying boat; **~daten·schreiber der** flight-recorder; **~dauer die** flight time; **~dienst der a)** *(Flugverkehr)* air service; **b)** *(Überwachungsdienst)* air traffic control; **~dienst·leiter der** air traffic controller; **~drache der** *(Zool.)* flying dragon; **~echse die** *(Zool.)* pterosaurian; **~eigenschaft die;** *meist Pl.* flying characteristic

**Flügel** ['fly:gl̩] **der; ~s, ~ a)** wing; **mit den ~n schlagen** flap its/their wings; **die ~ hängen lassen** *(fig. ugs.)* become disheartened; **jmdm. die ~ stutzen** *od.* **beschneiden** *(fig.)* clip sb.'s wings; **das verlieh ihm ~** *(fig. geh.)* that gave *or* lent him wings *(literary)*; **b)** *(Altar~)* wing; *(Fenster~)* casement; *(Nasen~)* nostril; **der linke/rechte ~ der Lunge** the left/right lung; **c)** *(Klavier)* grand piano; **jmdn. auf dem ~ begleiten** accompany sb. on the piano; **d)** *(Milit., Ballspiele)* wing; **über die ~ spielen/angreifen** play/attack on the wings; **e)** *(Tragfläche, Partei~, Gebäude~)* wing; **f)** *(Schrauben~)* vane; *(Windmühlen~)* sail

**flügel-, Flügel-: ~altar der** winged altar; **~decke die** *(Zool.)* elytron; wing-case; **~fenster das** casement window; **~horn das** *(Musik)* flugelhorn; **~lahm** *Adj.* **a)** ‹*bird*› with an injured wing; **einen Vogel ~lahm schießen** wing a bird; **b)** *(fig.: mutlos, kraftlos)* lacking energy *postpos.*; limping ‹*organization*›; **~mutter die** wing nut; **~pumpe die** rotary pump; **~rad das a)** impeller wheel; **b)** *(als Symbol)* winged wheel; **~roß das** *(Myth.)* winged horse; **~schlag der** beat of [its/their] wings; **~schlagend** *Adj.; nicht präd.* beating its/their wings; **~spann·weite die** *(Flugw., Zool.)* wing span; **~stürmer der** *(Ballspiele)* wing forward; winger; **~tür die** double door

**flug-, Flug-: ~entfernung die** distance by air; **~erfahrung die** flying experience; **~fähig** *Adj.* airworthy; **~feld das** airfield; **~gast der** [air] passenger

**flügge** ['flʏgə] *Adj.* fully-fledged; *(fig.: selbständig)* independent

**Flug-: ~geschwindigkeit die** *(eines Flugzeugs)* flying speed; *(eines Vogels)* speed of flight; **~gesellschaft die** airline; **~hafen der** airport; **~hafen Frankfurt** Frankfurt airport; **~hafen·restaurant das** airport restaurant; **~hafer der** *(Bot.)* wild oat; **~höhe die** altitude; **in einer ~höhe von ...:** at an altitude of ...; **~hund der** *(Zool.)* flying fox; **~ingenieur der** flight engineer; **~kapitän der** captain; **~kilometer der** [air] kilometre; **~körper der** space vehicle; **~lärm der** aircraft noise; **~lehrer der** flying instructor; **~leiter der** flight controller; **~linie die a)** *(Strecke)* air route; **b)** *(Gesellschaft)* airline; **~loch** *s.* **Einflugloch; ~lotse der** air traffic controller; **~motor der** aircraft engine; **~objekt das** flying object; **ein unbekanntes ~objekt** an unidentified flying object; **~personal das** flight personnel; **~plan der** flight schedule; **~platz der** airfield; aerodrome; **~preis der** air fare; **~reise die** air journey; **~route die** air route

**flugs** [flʊks] *Adv. (veralt.)* swiftly

**flug-, Flug-: ~sand der** wind-borne sand; **~saurier der** *(Zool.)* pterosaurian; **~schanze die** *(Skifliegen)* ski-jump *(used for ski-flying)*; **~schein a)** pilot's licence; **b)** *(Flugticket)* air ticket; **~schneise die** air corridor; **~schreiber der** flight-recorder; **~schrift die** pamphlet; **~schüler der** trainee pilot; **~sicherung die** air traffic control; **~simulator der** flight simulator; **~sport der** aerial sports; **~steig der** pier; *(Ausgang)* **~steig 5** gate 5; **~stunde die** hour's flying time; **zwei ~stunden entfernt** two hours away by air; **~tauglich** *Adj.* ‹*pilot*› fit to fly; **~technik die a)** *(Technologie)* aeronautical engineering; **b)** *(fliegerisches Können)* flying technique; **~technisch 1.** *Adj.; nicht präd.* aeronautical; **2.** *adv.* aeronautically; **~ticket das** air ticket; **~touristik die** tourism by air; **~tüchtig** *Adj. s.* **~fähig; ~unfähig** *Adj.* flightless ‹*bird*›; *(vorübergehend)* ‹*bird*› unable to fly; ‹*aircraft*› not airworthy; **~verbindung die** air connection; **~verkehr der** air traffic; **der ~verkehr nimmt ständig zu** the volume of air traffic is continually increasing; **~wetter das** flying weather; **~wetter·dienst der** meteorological service [for aviation]; **~zeit die** flight time

**Flug·zeug das; ~[e]s, ~e** aeroplane *(Brit.)*; airplane *(Amer.)*; aircraft; **mit dem ~ reisen** travel by plane *or* air

**Flugzeug-: ~absturz der** plane crash; **~bau der;** *o. Pl.* aircraft construction; **~besatzung die** crew; **~entführer der** [aircraft] hijacker; **~entführung die** [aircraft] hijack[ing]; **~halle die** hangar; **~industrie die** aircraft industry; **~katastrophe die** air disaster; **~konstrukteur der** aircraft designer; **~modell das** model aeroplane; ~**mutterschiff das** seaplane carrier; ~**träger der** aircraft carrier; ~**typ der** model of aircraft; ~**unglück das** plane crash; ~**wrack das** wreckage of the/a plane **zwei ~wracks** the wreckage of two planes

**Fluidum** ['flu:idʊm] **das; ~s, Fluida** aura; atmosphere; **von ihr/davon geht ein gewisses ~ aus** she/it exudes a certain aura; **das ~ des Künstlers** the aura *or* atmosphere surrounding the artist

**Fluktuation** [flʊktu̯a'tsi̯o:n] **die; ~, ~en** *(bes. Wirtsch., Soziol.)* fluctuation (*Gen.* in)

**fluktuieren** [flʊktu'i:rən] *(bes. Wirtsch., Soziol.) itr. V.* fluctuate

**Flunder** ['flʊndɐ] **die; ~, ~n** flounder

**Flunkerei** [flʊŋkə'rai̯] **die; ~, ~en** *(ugs.)* **a)** *o. Pl. (Flunkern)* story-telling; **b)** *(Lügengeschichte)* tall story

**flunkern** ['flʊŋkɐn] *itr. V.* tell stories

**Flunsch** [flʊnʃ] **der; ~[e]s, ~e** *od.* **die; ~, ~en** *(ugs.)* pout; **eine[n] ~ ziehen** *od.* **machen** pout

**¹Fluor** ['flu:ɔr] **das; ~s** *(Chemie)* fluorine

**²Fluor der; ~s** *(Med.)* vaginal discharge

**Fluor·chlor·kohlen·wasserstoff der** *(Chemie)* chlorofluorocarbon

**Fluoreszenz** [fluorɛs'tsɛnts] **die; ~:** fluorescence

**fluoreszieren** *itr. V.* fluoresce; be fluorescent; **das Wasser fluoresziert** the water is fluorescent; **eine fluoreszierende Flüssigkeit** a fluorescent liquid

**Fluor·gehalt der** *(Chemie)* fluorine content

**Fluorid** [fluo'ri:t] **das; ~[e]s, ~e** *(Chemie)* fluoride

**Fluor·test der** *(Paläont.)* fluorine test

**¹Flur** [flu:ɐ̯] **der; ~[e]s, ~e** *(Korridor)* corridor; *(Diele)* [entrance] hall; **im/auf dem ~:** in the corridor/hall

**²Flur die; ~, ~en a)** *(landwirtschaftliche Nutzfläche)* farmland *no indef. art.*; **die ~ bereinigen** reallocate land; **die ~en** the fields; **b)** *(geh.: offenes Kulturland)* fields *pl.*; **allein auf weiter ~ sein** *od.* **stehen** *(fig.)* be all alone in the world; **er stand mit seiner Ansicht allein auf weiter ~:** he was a lone voice in the wilderness

**Flur-: ~begehung die** inspection of fields; **~bereinigung die** reallocation of land; **~fenster das** hall window/window in a/the corridor; **~form die** layout of fields; **~garderobe die** hall-stand; **~hüter der** field guard; **~name der** *name of a feature of the local landscape*; **~schaden der** damage *no pl., no indef. art.* to farmland; **~tür die** front door

**Fluse** ['flu:zə] **die; ~, ~n** *(bes. nordd.)* bit of fluff

**flusen** *itr. V.* shed fluff

**Fluß** [flʊs] **der; Flusses, Flüsse** ['flʏsə] **a)** river; **die Stadt liegt am ~:** the town stands on the river; **am ~ sitzen** sit by the river; **b)** *o. Pl. (fließende Bewegung)* flow; **der ~ des Verkehrs** the flow of traffic; **die Dinge sind noch im ~:** things are in a state of flux; **in ~ kommen** *od.* **geraten** get going; get under way; **etw. in ~ bringen** get sth. going

**fluß-, Fluß-: ~aal der** *(Zool.)* freshwater eel; **~ab[wärts]** *Adv.* downstream; **~arm der** river branch; river arm; **~auf[wärts]** *Adv.* upstream; **~barsch der** *(Zool.)* perch; **~bett das** river bed

**Flüßchen** ['flʏsçən] **das; ~s, ~:** small river

**Fluß-: ~dampfer der** river steamer; **~diagramm das** *(DV, Arbeitswiss.)* flow chart; **~ebene die** flood plain; **~fisch der** freshwater fish; **~gott der** *(Myth.)* river god; **~hafen der** river port

**flüssig** ['flʏsɪç] **1.** *Adj.* **a)** liquid ⟨*nourishment, fuel*⟩; molten ⟨*ore, glass*⟩; melted ⟨*butter*⟩; runny ⟨*honey*⟩; **sie konnte nur ~e Nahrung zu sich nehmen** she could only take liquids; **etw. ~ machen** melt sth.; **~es Brot** *(scherzh.)* beer; **b)** *(fließend, geläufig)* fluent; **~er Verkehr** free-flowing traffic; **c)** *(verfügbar, solvent)* **~es Kapital/Geld** ready capital/money; **~es Vermögen** liquid assets; **wieder ~ sein** *(ugs.)* have got some cash to play with again *(coll.)*; **nicht ~ sein** *(ugs.)* be skint *(Brit. coll.) or (coll.)* [flat]broke. **2.** *adv.* ⟨*write, speak*⟩ fluently; **der Verkehr lief ~:** the traffic was flowing freely; **~ ernährt werden müssen** be only able to take liquids

**Flüssig·gas das** liquid gas

**Flüssigkeit die; ~, ~en a)** liquid; *(auch Gas)* fluid; **b)** *(Geläufigkeit)* fluency

**Flüssigkeits-: ~aufnahme die** intake of fluids; **~maß das** liquid measure

**Flüssig·kristall·anzeige die** *(Technik)* liquid crystal display

**flüssig|machen** *tr. V.* make available ⟨*money, funds*⟩

**Flüssigseife die** liquid soap

**Fluß-: ~krebs, der** *(Zool.)* crayfish; **~landschaft die a)** *(Geogr.)* fluvial topography; **b)** *(Gemälde)* river landscape; **~lauf der** course of a/the river; **~mittel das** *(Technik)* flux; **~mündung die** river mouth; *(mit Gezeiten)* estuary; **~name der** river name; **~niederung die** flood plain; **~pferd das** hippopotamus; **~regulierung die** river control; **~schiffahrt die** river traffic; *(Navigation)* river navigation; **~spat der** fluorite; fluorspar; **~tal das** river valley; **~ufer das** river bank; **das diesseitige/jenseitige ~ufer** the near/opposite bank [of the river]; **~wasser das** river water

**Flüster-: ~gewölbe das** whispering gallery; **~laut der** whisper; **~laute von sich geben** whisper

**flüstern** ['flʏstɐn] **1.** *itr. V.* whisper; **sich ~d unterhalten/verständigen** speak/communicate in whispers; **leises, beschwörendes Flüstern** quiet, pleading whispers. **2.** *tr. V.* whisper; **jmdm. etw. ins Ohr ~:** whisper sth. in sb.'s ear; **jmdm. [et]was ~** *(ugs.)* give sb. something to think about; **das kann ich dir ~** *(ugs.)* I can promise you that

**Flüster-: ~parole die** rumour; **~propaganda die** underground propaganda; **~ton der** whisper; **im ~ton sprechen** speak in whispers; **~tüte die** *(ugs.)* megaphone; **~witz der** underground joke

**Flut** [flu:t] **die; ~, ~en a)** *o. Pl.* tide; **die ~ steigt/ebbt ab** the tide is coming in/going out; **die steigende ~:** the incoming *or* rising tide; **mit der ~ aus-/einlaufen** sail with the tide/come in on the tide; **b)** *meist Pl. (geh.: Wassermasse)* flood; **aufgewühlte/schmutzige ~en** turbulent/dirty waters; **in den ~en umkommen** die in the floods; **eine ~ von Protesten** *(fig.)* a flood of protests

**fluten 1.** *itr. V.; mit sein (geh.)* flood; **in etw.** *(Akk.)* **~:** flood sth.; **Sonnenlicht flutete in den Raum** sunlight streamed into the room. **2.** *tr. V. (Seemannsspr.: unter Wasser setzen)* flood

**Flut-: ~höhe die** height of the tide; **~katastrophe die** flood disaster; **~licht das;** *o. Pl.* floodlight; **~licht·anlage die** floodlight installation; floodlights *pl.*

**flutschen** ['flʊtʃn̩] *itr. V. (ugs., bes. nordd.)* **a)** *mit sein (gleiten)* slip; **jmdm. aus den Fingern/Händen ~:** slip out of sb.'s fingers/hands; **b)** *(glatt vonstatten gehen)* go smoothly; **es flutscht nur so** it's going extremely well

**Flut-: ~warnung die** flood warning; **~welle die** tidal wave

**fluvial** [flu'vi̯a:l] *Adj. (Geol.)* fluvial

**fm** *Abk.* **Festmeter** solid $m^3$

**f-Moll** ['ɛf-] F minor; *s. auch* **a-Moll**

**focht** [fɔxt] *1. u. 3. Pers. Sg. Prät. v.* **fechten**

**Fock** [fɔk] **die; ~, ~en** *(Seew.)* foresail; *(auf einer Jacht)* jib

**Fock·mast der** foremast

**föderal** [føde'ra:l] *Adj. s.* **föderativ**

**Föderalismus der; ~:** federalism *no art.*

**föderalistisch** *Adj.* federalist

**Föderation** [følera'tsi̯o:n] **die; ~, ~en** federation

**föderativ** [følera'ti:f] **1.** *Adj.* federal. **2.** *adv.* federally

**fohlen** ['fo:lən] *itr. V.* foal

**Fohlen das; ~s, ~:** foal

**Föhn** [fø:n] **der; ~[e]s, ~e** föhn; **es war ~:** the föhn was blowing; **bei ~:** when the föhn is/was blowing

**Föhn·krankheit die** illness caused by föhn conditions

**Föhre** ['fø:rə] **die; ~, ~n** *(landsch.) s.* **²Kiefer**

**Fokus** ['fo:kʊs] **der; ~, ~se** *(Optik, Med.)* focus

**fokussieren** *tr., itr. V. (Optik)* focus

**Folge** ['fɔlgə] **die; ~, ~n a)** *(Auswirkung)* consequence; *(Ergebnis)* consequence; result; **das kann böse ~n nach sich ziehen** that could have dire consequences; **die ~n tragen müssen** have to take the consequences; **an den ~n eines Unfalls/eines Herzleidens sterben** die as a result of an accident/a heart condition; **etw. zur ~ haben** result in sth.; lead to sth.; **b)** *(Aufeinander~)* succession; *(zusammengehörend)* sequence; *(einer Sendung)* episode; *(eines Romans)* instalment; *(einer Zeitschrift)* issue; **in rascher ~:** in quick succession; **eine ~ von Bildern/Tönen** a sequence of pictures/notes; **eine Fortsetzung in 10 ~n** a serialization in ten episodes; **c) einem Aufruf/einem Befehl/einer Einladung ~ leisten** *(Amtsspr.)* respond to an appeal/obey *or* follow an order/accept an invitation

**Folge-: ~ein·richtung die** community facility; **~erscheinung die** consequence; **~kosten** *Pl.* resulting costs; **~kriminalität die** *crime arising from the need to acquire drugs etc.*; **~lasten** *s.* **~kosten**

**folgen** ['fɔlgn̩] *itr. V.* **a)** *mit sein* follow; **jmdm./einer Sache ~:** follow sb./sth.; **jmdm. im Amt/in der Regierung ~:** succeed sb. in office/in government; **auf etw.** *(Akk.)* **~:** follow sth.; come after sth.; **einer Rede/einem Vortrag ~ [können]** [be able to] follow a speech/a lecture; **kannst du mir ~?** *(oft scherzh.)* do you follow me?; **jmds. Beispiel** *(Dat.)* **~:** follow sb.'s example; **aus etw. ~:** follow from sth.; **daraus folgt, daß ...:** it follows from this that ...; **b)** *(gehorchen) auch mit sein* **jmds. Anordnungen/Befehlen ~:** follow *or* obey sb.'s orders; **seiner inneren Stimme/seinem Gefühl ~:** listen to one's inner voice/be ruled by one's feelings

**folgend** *Adj.* **der/die/das ~e** the next in order; **er sagte das ~e ...:** he said this ...; **~es** *od.* **das Folgende** the following [words *pl.*/passage *etc.*]; **aus ~em** *od.* **dem Folgenden geht hervor, daß ...:** it will be seen from what follows that ...; **alle ~en** all those who come/came after; **im ~en** *od.* **in ~em** in [the course of] the following discussion/passage *etc.*; **der/die Folgende** the one who follows/followed; **die Folgenden** those following

**folgendermaßen** *Adv.* as follows; *(so)* in the following way

**folgen-: ~los** *Adj.* without consequences *postpos.*; **das ist nicht ~los geblieben** that hasn't been without its consequences; **~reich** *Adj.* ⟨*decision, event*⟩ fraught with consequences; *(bedeutsam)* momentous; **~schwer** *Adj.* fateful ⟨*error, omission*⟩; ⟨*error, omission, accident*⟩ with serious consequences

**folge·richtig 1.** *Adj.* logical ⟨*decision, conclusion*⟩; consistent ⟨*behaviour, action*⟩. **2.** *adv.* ⟨*think, develop, conclude*⟩ logically; ⟨*act, behave*⟩ consistently

**Folge·richtigkeit die** *(einer Entscheidung, Schlußfolgerung)* logicality; *(eines Verhaltens, einer Handlung)* consistency

**folgern** ['fɔlgɐn] **1.** *tr. V.* **~, daß ...:** conclude that ...; **etw. aus etw. ~:** deduce *or* infer sth. from sth. **2.** *itr. V.* **richtig ~:** draw a/the correct conclusion; **voreilig ~:** jump to conclusions

**Folgerung die; ~, ~en** conclusion

**Folge-: ~satz der** *(Sprachw.)* consecutive clause; **~schaden der a)** *meist Pl.* damaging after-effects; **b)** *(Versicherungsw.)* consequential damage

**Folge·ton·horn das** *s.* **Martinshorn**

**folge·widrig 1.** *Adj.* illogical ⟨*conclusion*⟩; inconsistent ⟨*behaviour*⟩. **2.** *adv.* ⟨*conclude*⟩ illogically; ⟨*behave*⟩ inconsistently

**Folge·zeit die** ensuing *or* following weeks/months/years *pl.*

**folglich** ['fɔlklɪç] *Adv.* consequently; as a result; *(ugs.: deshalb)* consequently; therefore

**folgsam 1.** *Adj.* obedient. **2.** *adv.* obediently

**Folgsamkeit die; ~:** obedience

**Foliant** [fo'li̯ant] **der; ~en, ~en** folio

**Folie** ['fo:li̯ə] **die; ~, ~n a)** *(Metall~)* foil; *(Plastik~)* film; **b)** *(Druckw.: Farbschicht)* [blocking] foil

**Folio** ['fo:li̯o] **das; ~s, Folien** *od.* **~s** folio

**Folio·band der;** *Pl.* **~bände** folio volume

**Folklore** [fɔlk'lo:rə] **die; ~ a)** *(Überlieferung)* folklore; **b)** *(Musik)* folk-music

**Folklore·bluse die** peasant blouse

**Folkloristik die; ~:** [study of] folklore

**folkloristisch 1.** *Adj.* folkloric. **2.** *adv.* in a folkloric way

**Folk·song** ['foʊk-] **der** folk-song

**Follikel** [fɔ'li:kl̩] **der; ~s, ~** *(Med., Bot.)* follicle

**Follikel·sprung der** *(Med.)* ovulation

**Folter** ['fɔltɐ] **die; ~, ~n a)** torture; **bei jmdm. die ~ anwenden** use torture on sb.; **die ~ abschaffen** abolish the use of torture; **b)** *(~bank)* rack; **jmdn. auf die ~ legen** put sb. on the rack; **jmdn. auf die ~ spannen** *(fig.)* keep sb. in an agony of suspense; **c)** *(geh.: peinigende Qual)* torment

**Folter·bank die;** *Pl.* **~bänke** rack

**Folterer der; ~s, ~:** torturer

**Folter-: ~kammer die, ~keller der** torture-chamber; **~knecht der** torturer

**foltern 1.** *tr. V.* **a)** torture; **b)** *(fig. geh.)* torment. **2.** *itr. V.* use torture

**Folter·qual die a)** agony of torture; **b)** *(fig. geh.)* torment; **~en erdulden** suffer torment; **jmdm. wahre ~en bereiten** be sheer torment to sb.

**Folterung die; ~, ~en** torture; **nach tagelangen ~en** after days of torture

**Folter·werkzeug das** instrument of torture

**Fön** Ⓦⓩ [fø:n] **der; ~[e]s, ~e** hair-drier; **sich** *(Dat.)* **die Haare mit dem ~ trocknen** blow-dry one's hair

**¹Fond** [fõ:] **der; ~s, ~s** *(geh.)* rear compartment; back; **im ~ sitzen** sit in the back [seat]

**²Fond der; ~s, ~s** *(Kochk.)* juices *pl.*

**Fondant** [fõ'dã:] **der** *od.* **das; ~s, ~s** fondant

**Fonds** [fõ:] **der; ~** [fõ:(s)], **~** [fõ:s] **a)** *(Vermögensreserve)* fund; **einen ~ bilden** set up a fund; **b)** *Pl. (Finanzw.)* government stocks; government bonds

**Fondue** [fõ'dy:] **die; ~, ~s** *od.* **das; ~s, ~s** *(Kochk.)* fondue

**Fondue-: ~gabel die** fondue fork; **~gerät das** fondue set

**fönen** ['fø:nən] *tr. V.* blow-dry

**Fono-** *s.* **Phono-**

**Fontäne** [fɔn'tɛ:nə] **die; ~, ~n** jet; *(Springbrunnen)* fountain

**Fontanelle** [fɔnta'nɛlə] **die; ~, ~n** *(Anat.)* fontanelle

**foppen** ['fɔpn̩] *tr. V. (ugs.)* **jmdn. ~:** pull sb.'s leg *(coll.)*; put sb. on *(Amer. coll.)*; **jmdn. mit etw. ~:** make fun of sb. with sth.; **jmdn. mit einem Spitznamen ~:** make fun of sb. by calling him/her by his/her nickname

**forcieren** [fɔr'si:rən] *tr. V.* **a)** step up ⟨*production*⟩; redouble, intensify ⟨*efforts*⟩; speed up, push forward ⟨*developments*⟩; **das Tempo/Rennen ~** *(Sport)* force the pace; **er drängte auf eine forcierte Durchführung des Planes** he pressed for the plan to be forced through; **b)** *(Milit.)* force ⟨*pass, stronghold, etc.*⟩

**Forcierung die; ~, ~en** *s.* **forcieren:** stepping up; redoubling; intensification; speeding up; pushing forward; forcing

**Förde** ['fø:ɐ̯də] **die; ~, ~n** long narrow inlet

**Förder-: ~anlage die** *(Technik)* conveyor; **~band das** *(Technik)* conveyor belt

**Förderer** ['fœrdərɐ] **der; ~s, ~ a)** *(Gönner)* patron; **b)** *s.* **Förderanlage**

**Förder-: ~korb der** *(Bergbau)* cage; **~leistung die** *(Bergbau, Technik)* output; production

**förderlich** *Adj.* beneficial; **für jmdn./etw. ~ sein** be beneficial *or* of benefit to sb./sth.; **guten Beziehungen ~ sein** be conducive to *or* promote good relations

**Förder·maschine die** *(Bergbau)* winding engine

**fordern** ['fɔrdɐn] *tr. V.* **a)** *(verlangen)* demand; **sein Recht ~:** demand one's rights; **Rechenschaft von jmdm. ~:** call sb. to account; **das Unglück hat 200 Menschenleben gefordert** the disaster claimed 200 lives; **b)** *(in Anspruch nehmen)* make demands on; **gefordert werden** have demands made on one; **von etw. gefordert werden** be stretched by sth.; **jmdn. zu stark ~:** make excessive *or* too many demands on sb.; **von einem Gegner gefordert werden** be stretched by an opponent; **c)** *(zum Zweikampf)* **jmdn. [zum Duell] ~:** challenge sb. [to a duel]; **jmdn. auf Pistolen/Säbel ~** *(veralt.)* challenge sb. to a duel with pistols/sabres

**fördern** ['fœrdɐn] *tr. V.* **a)** promote ⟨*trade, plan, project, good relations*⟩; patronize, support ⟨*artist, art*⟩; further ⟨*investigation*⟩; foster ⟨*talent, tendency, new generation*⟩; improve ⟨*appetite*⟩; aid ⟨*digestion, sleep*⟩; **~d auf etw.** *(Akk.)* **wirken** have a beneficial effect on sth.; **b)** *(Bergbau, Technik)* mine ⟨*coal, ore*⟩; extract ⟨*oil*⟩

**Förder-: ~schacht der** *(Bergbau)* winding shaft; **~stufe die** *(Schulw.) phase of mixed-ability teaching intended to reveal the aptitudes and abilities of individual pupils;* **~turm der** *(Bergbau)* head-frame; headgear

**Forderung die; ~, ~en a)** *(Anspruch)* demand; *(in bestimmter Höhe)* claim; **eine ~ erfüllen** meet a demand/a claim; **b)** *(Kaufmannsspr.)* claim **(an** + *Akk.* against); **eine ~ einklagen** sue for payment of a debt; **c)** *(zum Duell)* challenge; **eine ~ auf Pistolen/Säbel** *(veralt.)* a challenge to a duel with pistols/sabres

**Förderung die; ~, ~en a)** *o. Pl. s.* **fördern a:** promotion; patronage; support; furthering; fostering; improvement; aiding; **b)** *(Bergbau, Technik)* output; *(das Fördern)* mining; *(von Erdöl)* extraction; **die ~ steigt** output is increasing

**-förderung die: Erdöl~/Erdgas~:** extraction of petroleum/natural gas; **Silber~/Kali~:** mining of silver/potash

**Förderungs·maßnahme die** supportive measure

**förderungs·würdig** *Adj.* worthy *or* deserving of support *postpos.*

**Förder·wagen der** *(Bergbau)* mine car

**Forelle** [fo'rɛlə] **die; ~, ~n** trout; **~ blau** *(Kochk.)* blue trout

**Forellen-: ~teich der** trout pond; **~zucht die** trout-farming

**forensisch** [fo'rɛnzɪʃ] *Adj.* **a)** forensic; **b)** *(veralt.: rhetorisch)* oratorical

**Forke** ['fɔrkə] **die; ~, ~n** *(bes. nordd.)* fork

**Form** [fɔrm] **die; ~, ~en a)** *(Gestalt)* shape; **es hat die ~ einer Kugel/eines Rechtecks** it has the form of a sphere/rectangle; **[feste] ~[en] annehmen** take definite shape; **die Demonstration nahm häßliche ~en an** the demonstration began to look ugly; **in ~ von Tabletten/Briefmarken/Lebensmitteln/Subventionen** in the form of tablets/stamps/food/subsidies; **aus der ~ gehen** *(ugs. scherzh.)* lose one's figure; **b)** *(bes. Sport: Verfassung)* form; **in ~ sein** be on form; **in guter ~ sein** be in good form; **in schlechter ~ sein** be off form; **sich in ~ bringen** get on form; **zu großer ~ auflaufen** *(Jargon)* hit peak form; **c)** *(vorgeformtes Modell)* mould; *(Back~)* baking tin; **d)** *(Gestaltungsweise, Erscheinungs~, Darstellungs~)* form; **musikalische/künstlerische ~:** musical/artistic form; **~ und Inhalt** form and content; **etw. in angemessene ~ kleiden** present sth. in an appropriate form; **e)** *(Umgangs~)* form; **ein Mensch ohne ~en** an ill-mannered person; **die ~[en] wahren** observe the proprieties; **etw. der ~ halber tun** do sth. for the sake of form *or* as a matter of form; **in aller ~:** formally

**formal** [fɔr'ma:l] **1.** *Adj.* formal; **ein ~er Fehler** a technical error; *(Rechtsw.)* procedural error. **2.** *adv.* formally; **eine ~ gute Lösung** a good solution from the point of view of form; **~ im Recht sein** be technically in the right

**Formaldehyd** ['fɔrm|aldehy:t] **der; ~s** *(Biol., Med.)* formaldehyde

**Formalie** [fɔr'ma:li̯ə] **die; ~, ~n;** *meist Pl.* formality

**Formalin** Ⓦⓩ [fɔrma'li:n] **das; ~s** formalin

**formalisieren** *tr. V.* formalize

**Formalisierung die; ~, ~en** formalization

**Formalismus der; ~, Formalismen** formalism

**Formalist der; ~en, ~en** formalist

**formalistisch 1.** *Adj.* formalistic. **2.** *adv.* formalistically

**Formalität** [fɔrmali'tɛ:t] **die; ~, ~en** formality

**formaliter** [fɔr'ma:litɐ] *Adv. (geh.)* formally

**formal·juristisch, formal·rechtlich 1.** *Adj.* technical; **ein rein ~er Standpunkt** a narrowly legalistic view. **2.** *adv.* technically

**Form·anstieg der** *(Sport)* improvement in form

**Format** [fɔr'ma:t] **das; ~[e]s, ~e a)** size; *(Buch~, Papier~, Bild~)* format; **b)** *o. Pl. (Persönlichkeit)* stature; **ihm fehlt das menschliche ~:** he lacks real personal stature; **eine Frau von ~:** a woman of stature; **c)** *o. Pl. (besonderes Niveau)* quality; **etw. hat/ist ohne ~:** sth. has/lacks class

**Formation** [fɔrma'tsi̯o:n] **die; ~, ~en a)** *(Herausbildung, Anordnung)* formation; *(einer Generation, Gesellschaft)* development; **b)** *(Gruppe)* group; **eine Hamburger ~** *(Tanzsport)* a team from Hamburg; **c)** *(Milit.) (von Flugzeugen)* formation; *(von Soldaten)* unit; **d)** *(Geol., Bot.)* formation

**Formations-: ~flug der a)** *(Flug in Formation)* formation flying; **b)** *(Raumflug)* alignment of orbits; **~tanz der** *(Tanzsport)* formation dancing

**formbar** *Adj.* malleable; soft ⟨*bone*⟩; *(fig.)* malleable, pliable ⟨*character, person*⟩

**Formbarkeit die; ~:** malleability; *(fig.)* malleability; pliability

**form·beständig** *Adj.* **~beständig sein** keep its/their shape

**Form·blatt das** form

**Formel** ['fɔrml̩] **die; ~, ~n** formula; **die ~ des Eides** the wording of the oath; **~ 1/2** *(Motorsport)* Formula One/Two; **~-1-Fahrer/-Wagen** Formula One driver/car

**formelhaft 1.** *Adj.* stereotyped ⟨*style, mode of expression*⟩; **eine ~e Wendung** a stereotyped phrase. **2.** *adv.* **sich ~ ausdrücken** talk in stereotyped phrases

**Formelhaftigkeit die; ~:** stereotyped character

**Formel·kram der** *(ugs.)* **die Chemie mit ihrem ~:** chemistry and its awful formulae *pl.*
**formell** [fɔr'mɛl] **1.** *Adj.* formal. **2.** *adv.* formally; **die Einladung wurde rein ~ ausgesprochen** the invitation was made only as a matter of form; **er ist nur ~ im Recht** he's only technically in the right
**Formel-: ~sammlung die** formulary; **~sprache die: die ~sprache der Physik** the language of formulae as used in physics; **die mathematische ~sprache** the language of mathematical formulae; **~zeichen das** symbol
**formen 1.** *tr. V.* **a)** *(gestalten)* form; shape; **etw. in Ton/Gips ~:** shape *or* form sth. in clay/plaster; **schön geformte Möbel/Hände** finely shaped furniture/hands; **Laute/Silben ~:** form sounds/syllables; **b)** *(bilden, prägen)* mould, form ⟨*character, personality*⟩; mould ⟨*person*⟩; **jmdn. zu etw. ~:** mould sb. into sth. **2.** *refl. V.* take on a shape; *(fig.)* form; take shape
**formen-, Formen-: ~lehre die a)** *(Sprachw., Biol.)* morphology; **b)** *(Musik)* theory of [musical] form; **~reich** *Adj.* with its/their great variety of forms; **~reich sein** display a great variety of forms; **~reichtum der** great variety of forms; wealth of forms
**Former der; ~s, ~** *(Berufsbez.)* moulder
**Formerei die; ~, ~en** moulding department
**form-, Form-: ~fehler der a)** *(in einem Verfahren, Dokument)* irregularity; **b)** *(Taktlosigkeit)* faux pas; breach of etiquette; **~frage die** formality; **~gebung die; ~, ~en** design; **~gerecht 1.** *Adj.* correct; proper; **2.** *adv.* correctly; properly; **~gestalter der** *s.* **Designer; ~gestaltung die** *s.* **Design**
**formidabel** [fɔrmi'da:bl̩] *Adj.* **a)** *(geh.: außergewöhnlich)* superb; **b)** *(veralt.: besorgniserregend)* formidable
**formieren 1.** *tr. V.* form ⟨*team, party, organization*⟩; **der Feldherr formierte seine Truppen auf dem Hügel** the commander drew up his troops on the hill. **2.** *refl. V.* **a)** *(sich aufstellen)* form; **wir formierten uns zu einer Gruppe** we formed ourselves into a group; **sich neben der Tribüne ~:** assemble beside the rostrum; **b)** *(sich zusammenschließen)* be formed; **die formierte Gesellschaft** *(hist.)* the aligned society
**Formierung die; ~, ~en** formation; *(von Truppen)* drawing up
**-förmig** [-fœrmɪç] -shaped; *s. auch* **ei-, gabel-, kugelförmig** *usw.*
**Form·krise die** *(Sport)* bad patch; **in einer ~ sein** *od.* **stecken** be off form
**förmlich** ['fœrmlɪç] **1.** *Adj.* **a)** formal; **warum denn so ~?** why [be] so formal?; **b)** *nicht präd. (regelrecht)* positive; **ein ~er Schreck durchfuhr ihn** he got a real fright; **einen ~en Abscheu verspüren** feel positive revulsion. **2.** *adv.* **a)** *(steif, unpersönlich, offiziell)* formally; **b)** *(geradezu)* **sich ~ fürchten** be really afraid; **~ außer sich sein** be quite beside oneself; **jmdn. ~ zwingen, etw. zu tun** positively force sb. to do sth.
**Förmlichkeit die; ~, ~en** formality; **in aller ~ um etw. bitten** *(veraltend)* formally request sth.; **die juristischen ~en** the legal formalities; **bitte keine ~en!** please don't stand on ceremony!
**form-, Form-: ~los 1.** *Adj.* **a)** informal; **einen ~losen Antrag stellen** make an application without the official form[s]; apply informally; **b)** *(gestaltlos)* shapeless; **2.** *adv.* informally; **~losigkeit die; ~ a)** informality; **b)** *(Gestaltlosigkeit)* shapelessness; **~sache die** formality; **das ist [eine] reine ~sache** that is purely a formality; **~schön** *Adj.* elegant; **~tief das** *(Sport)* bad patch; **er steckt** *od.* **befindet sich in einem ~tief** he's badly off form

**Formular** [fɔrmu'la:ɐ̯] **das; ~s, ~e** form
**formulieren** [fɔrmu'li:rən] *tr. V.* formulate; **eine Frage noch einmal ~:** reformulate *or* rephrase a question
**Formulierung die; ~, ~en a)** *o. Pl. (das Formulieren)* formulation; *(eines Entwurfes, Gesetzes)* drafting; **b)** *(formulierter Text)* formulation; **politische/wissenschaftliche ~en** political/scientific phraseology *sing.*
**Formung die; ~, ~en a)** *(Gestaltung)* design; **die strenge ~ des Sonetts** strict sonnet form; **b)** *o. Pl. (Bildung, Erziehung)* moulding; *(des Charakters)* moulding; forming
**form-, Form-: ~veränderung die** change in shape; **~verstoß der** *s.* **~widrigkeit; ~vollendet 1.** *Adj.* perfectly executed ⟨*pirouette, bow, etc.*⟩; ⟨*poem*⟩ perfect in form; **2.** *adv.* **etw. ~vollendet tun** do sth. faultlessly; **~vorschrift die** statutory form; **~widrig 1.** *Adj.* improper ⟨*behaviour, expression*⟩; **2.** *adv.* improperly; **~widrigkeit die** impropriety
**forsch** [fɔrʃ] **1.** *Adj.* self-assertive; forceful; **einen ~en Eindruck machen** seem self-assertive *or* forceful; **mit ~en Schritten** with a brisk step; briskly. **2.** *adv.* self-assertively; forcefully
**forschen** *itr. V.* **a)** *(suchen)* **nach jmdm./etw. ~:** search *or* look for sb./sth.; **jmdn. ~d** *od.* **mit ~dem Blick betrachten** look at sb. searchingly; give sb. a searching look; **b)** *(als Wissenschaftler)* research; do research; **auf einem Gebiet ~:** research *or* do research in a field; **in [alten] Quellen ~:** research into [ancient] sources
**Forscher der; ~s, ~ a)** *(Wissenschaftler)* researcher; research scientist; **b)** *(Forschungsreisender)* explorer
**Forscher-: ~drang der a)** *(Wissensdurst)* thirst for new knowledge; **b)** *(Entdeckerfreude)* urge to explore; **~geist der** inquiring mind
**Forscherin die; ~, ~nen** *s.* **Forscher**
**forscherisch 1.** *Adj.* research *attrib.*; **~e Arbeit** research work. **2.** *adv.* **~ arbeiten** do research [work]
**Forscher·team das** research team
**Forschheit die; ~:** self-assertiveness; forcefulness
**Forschung die; ~, ~en** research; **~en [auf einem Gebiet] betreiben** do research [in a field]; **~ und Lehre** teaching and research
**Forschungs-: ~anstalt die** research establishment; **~arbeit die a)** piece of research; **b)** *o. Pl. s.* **Forschung; ~auftrag der** research assignment; **~bericht der** research report; **~ergebnis das** result of the research; **~gebiet das** field of research; **~gegen·stand der** research topic; **~institut das** research institute; **~labor[atorium] das** research laboratory; **~methode die** research method; **~programm das** research programme; **~rakete die** research rocket; **~reaktor der** research reactor; **~reise die** expedition; **~reisende der/die** explorer; **~satellit der** research satellite; **~schiff das** research vessel; **~stipendium das** research grant; **~tätigkeit die** research work; **~vorhaben das** research project; **~zentrum das** research centre; **~zweck der** purpose of the research; **für ~zwecke** for research purposes
**Forst** [fɔrst] **der; ~[e]s, ~e[n]** forest
**Forst-: ~amt das** forestry office; **~beamte der** forestry official
**Förster** ['fœrstɐ] **der; ~s, ~:** forest warden; forester; ranger *(Amer.)*
**Försterei die; ~, ~en** *s.* **Forsthaus**
**forst-, Forst-: ~frevel der** offence against the forest law; **~frevel begehen** break the forest law; **~haus das** forester's house; **~ingenieur der** senior forestry official *(with academic qualifications)*; **~nutzung die** [commercial] exploitation of forests; **~recht das** forest law; **~revier das** forest district; **~schaden der** damage *no pl., no indef. art.* to the forest; **~schädling der** forest pest; **~verwaltung die** forestry commission; **~wesen das;** *o. Pl.* forestry; **~wirtschaft die** forestry; **~wirtschaftlich 1.** *Adj.* commercial; **2.** *adv.* commercially
**Forsythie** [fɔr'zy:tsi̯ə] **die; ~, ~n a)** forsythia; **b)** *Pl. (Zweige)* sprigs of forsythia
**fort** [fɔrt] *Adv.* **a)** *(weg)* **sie ist schon ~:** she has already gone *or* left; **ihre Brille war ~:** her glasses had gone *or* had vanished; **~ mit dir!** be off with you!; away with you!; **~ mit ihr/damit!** take her/it away!; away with her/it!; **[schnell] ~!** run for it!; **b)** *(weiter)* **nur immer so ~:** just carry on as you are *or* like that; **und so ~:** and so on; and so forth; **in einem ~:** continuously
**Fort** [fo:ɐ̯] **das; ~s, ~s** fort
**fort-, Fort-** *(s. auch* **weg-, Weg-): ~an** [-'-] *Adv.* from now/then on; **~bestand der;** *o. Pl.* continuation; *(eines Staates)* continued existence; **~|bestehen** *unr. itr. V.* remain; continue; ⟨*nation*⟩ remain in existence; *(beim alten bleiben)* remain the same; remain as before; **~|bewegen 1.** *tr. V.* move; shift; **2.** *refl. V.* move [along]; **~bewegung die;** *o. Pl.* locomotion; **~bewegungsmittel das** means of transport; **~|bilden** *tr. V.* **sich/jmdn. ~bilden** continue one's/sb.'s education; **die Lehrlinge wurden ~gebildet** the apprentices were given further training; **~bildung die;** *o. Pl.* further education; *(beruflich)* further training; **~bildungs·kurs der** further education course; *(beruflich)* training course; **~|bleiben** *unr. itr. V.; mit sein* fail to come; **du bist so lange ~geblieben!** you've been away so long!; **sein Fortbleiben beunruhigte mich** I was worried when he didn't turn up; **~|bringen** *unr. tr. V.: s.* **wegbringen; ~dauer die** continuation; **~|dauern** *itr. V.* continue; **~dauernder Widerstand** continuing/*(in der Vergangenheit)* continued resistance; **unter ~dauernden Beschuß geraten** come under continuous bombardment; **~|denken** *unr. itr. V.: s.* **wegdenken**
**forte** ['fɔrtə] *Adv. (Musik, Pharm.)* forte
**Forte das; ~s, ~s** *od.* **Forti** *(Mus.)* forte
**fort-, Fort-: ~|eilen** *itr. V.; mit sein (geh.)* hurry off *or* away; hasten away; **~|entwickeln 1.** *tr. V.* **etw. ~entwickeln** develop sth. further; **2.** *refl. V.* develop; **~|erben** *refl. V.* be passed on; be handed down; **sich auf jmdn. ~erben** pass to sb.; be handed down to sb.; **~|fahren 1.** *unr. itr. V.* **a)** *mit sein (abreisen)* leave; *(einen Ausflug machen)* go out; **b)** *auch mit sein (weitermachen)* **~fahren [, etw. zu tun]** continue *or* go on [doing sth.]; **in seiner Rede ~fahren** continue *or* go on with one's speech; **bitte, fahren Sie ~:** please continue; please go on; **2.** *unr. tr. V.* drive away; **jmdn. [mit dem Auto] ~fahren** drive *or* take sb. away [in a car]; **etw. [mit einem Auto] ~fahren** take sth. away [in a car]; **~fall der** ending; discontinuation; **~|fallen** *unr. itr. V.; mit sein* ⟨*obstacle, misgiving*⟩ be removed; ⟨*words*⟩ be omitted; ⟨*conditions*⟩ no longer apply; ⟨*subsidy*⟩ be discontinued; ⟨*advantage*⟩ be lost; **ein Kapitel ~fallen lassen** delete a chapter; **~|fliegen** *unr. itr. V.; mit sein: s.* **wegfliegen; ~|führen 1.** *tr. V.* **a)** lead away; **b)** *(fortsetzen)* continue, keep up ⟨*tradition, business*⟩; continue, carry on ⟨*another's work*⟩; **2.** *itr. V.* **von etw. ~führen** lead away from sth.; **~führung die** *s.* **~führen 1b;** continuation; keeping up; carrying on; **sich zur ~führung von jmds. Geschäften bereit erklären** declare one's readiness to carry on sb.'s business; **~gang der;** *o. Pl.* **a)** departure **(aus** from); **b)** *(Weiterentwicklung)* progress; **seinen ~gang nehmen** progress; **~|geben** *unr. tr. V. s.* **weggeben; ~|gehen** *unr. itr. V.; mit sein* **a)** *(weggehen)* leave;

geh ~! go away!; **geh nicht ~!** don't go away!; don't leave!; **b)** *(andauern, verlaufen)* continue; go on; **~geschritten** *Adj.* advanced; **in ~geschrittenem Alter** at an advanced age; **zu ~geschrittener Tageszeit** at a late hour; **die Krankheit befindet sich in einem ~geschrittenen Stadium** the disease has reached an advanced stage; **~geschrittene der/die;** *adj. Dekl.* advanced student/player; **ein Kurs[us] für ~geschrittene** a course for advanced students; an advanced course; **~geschrittenen·kurs[us] der** advanced course; **~gesetzt 1.** *Adj.; nicht präd.* continual; constant; **~gesetzter Betrug/~gesetzte Untreue** repeated fraud/embezzlement; **2.** *adv.* continually; constantly; **~|haben** *unr. tr. V.: s.* **weghaben a; ~hin** *Adv. (veralt.)* henceforth; henceforward

**fortissimo** [fɔr'tɪsimo] *Adv. (Musik)* fortissimo

**Fortissimo das; ~s, ~s** *od.* **Fortissimi** *(Musik)* fortissimo

**fort-, Fort-: ~|jagen** *tr. V.: s.* **wegjagen; ~|kommen** *unr. itr. V.; mit sein* **a)** *s.* **wegkommen a, b, d, f; b)** *(Erfolg haben)* get on; do well; **in der Schule/im Beruf ~kommen** get on at school/in one's job; **~kommen das; ~s a)** *(das Vorwärtskommen, auch beruflich)* progress; **das wird für mein ~kommen nützlich sein** that will help me get ahead *or* get on; **b)** *(Lebensunterhalt)* living; **sein ~kommen finden** make a living; **das Gehalt reichte gerade für sein ~kommen** the money was just enough for him to get by on; **~|können** *unr. itr. V.: s.* **wegkönnen; ~|lassen** *unr. tr. V.: s.* **weglassen; ~|laufen** *unr. itr. V.; mit sein* **a)** *s.* **weglaufen; b)** *(sich ~setzen)* continue; **~laufend 1.** *Adj.* continuous; **die ~laufende Handlung der Fernsehserie** the ongoing plot of the television series; **~laufende Hefte** consecutive issues; **2.** *adv.* continuously; **~laufend numeriert** numbered consecutively; **~|leben** *itr. V.: s.* **weiterleben; ~|legen** *tr. V.* put down *or* aside; **~|loben** *tr. V.: s.* **wegloben; ~|machen** *(ugs.)* **1.** *refl. V.* get away; **2.** *itr. V.: s.* **weitermachen 1; ~|müssen** *unr. itr. V.: s.* **wegmüssen; ~|nehmen** *unr. tr. V.* take away; **~|pflanzen** *refl. V.* **a)** *(sich vermehren)* reproduce [oneself/itself]; **b)** *(sich verbreiten)* ⟨*idea, mood*⟩ spread; ⟨*sound, light*⟩ travel, propagate; **~pflanzung die a)** *(Vermehrung)* reproduction; **b)** *(Verbreitung)* transmission; *(von Schall, Licht)* propagation; *(von Ideen)* spread; **~pflanzungs·fähig** *Adj.* capable of reproduction *postpos.;* **~pflanzungs·trieb der** reproductive instinct; **~|räumen** *tr. V.: s.* **wegräumen; ~|reisen** *itr. V.; mit sein: s.* **abreisen; ~|reißen** *unr. tr. V.* **a)** *(wegreißen)* tear away; **die Fluten rissen alles mit sich ~:** the floods swept everything away; **b)** *(begeistern)* **jmdn. ~reißen** carry *or* sweep sb. along; **jmdn. zu Beifallsstürmen ~reißen** rouse sb. to tumultuous applause; **~|rennen** *unr. itr. V.; mit sein (ugs.)* run off *or* away; **~satz der** *(Biol.)* process; **~|schaffen** *tr. V.* take *or* carry away; **~|scheren** *refl. V. (ugs.)* **scher dich ~!** clear off! *(coll.);* **~|scheuchen** *tr. V.* shoo *or* chase away; **~|schicken** *tr. V.: s.* **wegschicken; ~|schieben** *unr. tr. V.: s.* **wegschieben; ~|schleichen** *unr. itr., refl. V.: s.* **wegschleichen; ~|schleppen** *refl., tr. V.: s.* **wegschleppen; ~|schleudern** *tr. V.* fling away; **~|schreiben** *unr. tr. V.* update; *(in die Zukunft)* project forward; **~schreibung die** updating; *(in die Zukunft)* forward projection; **~|schreiten** *unr. itr. V.; mit sein* ⟨*process*⟩ progress, continue; ⟨*time*⟩ move on; **die Zeit ist [weit] ~geschritten** it is getting on *or* late; **der Sommer ist [weit] ~geschritten** we are well into summer; **das Fortschreiten** progress; **~schreitend** *Adj.* progressive; **mit ~schreitender Jahreszeit** as the year goes/went on; **mit ~schreitendem Alter** with advancing age; with the passing of the years; **~schritt der** progress; **~schritte** progress *sing.;* **ein ~schritt** a step forward; **das ist schon ein ~schritt** that is some progress at least; **große ~schritte machen** make great progress; **~schrittlich 1.** *Adj.* progressive; **2.** *adv.* progressively; **~schrittlichkeit die; ~:** progressiveness; **~schritts·feindlich** *Adj.* anti-progressive; **~schritts·gläubig** *Adj.* **~schrittsgläubig/zu ~schrittsgläubig sein** put one's/too much faith in progress; **das ~schrittsgläubige 19. Jahrhundert** the nineteenth century with its implicit faith in progress; **~schritts·gläubigkeit die** belief *or* faith in progress; **~|schwemmen** *tr. V.* sweep away; **~|sehnen** *refl. V.* long to go; **~|setzen 1.** *tr. V.* continue; carry on; **den Weg zu Fuß/mit dem Auto ~setzen** continue by foot/car; **2.** *refl. V.* continue; **~setzung die; ~, ~en a)** *(das ~setzen)* continuation; **[s]eine ~setzung finden** resume; **b)** *(anschließender Teil)* instalment; **in ~setzungen erscheinen** be published in instalments; **~setzung von S. 7** continued from p. 7; **~setzung folgt** to be continued; **~setzungs·roman der** serial; serialized novel; **~|spülen** *tr. V.: s.* **wegspülen; ~|stehlen** *unr. refl. V.* steal *or* sneak away; **~|stoßen** *unr. tr. V.: s.* **wegstoßen; ~|stürzen** *itr. V.; mit sein* rush off *or* away; **~|tragen** *unr. tr. V.: s.* **wegtragen; ~|treiben 1.** *unr. tr. V.* **a)** *(ver-, wegtreiben)* drive off *or* away; **er hat seinen Sohn ~getrieben** he made it impossible for his son to stay; **es trieb mich bald ~** I soon felt I had to leave; **b)** *(vorwärtstreiben)* sweep away; **2.** *itr. V.; mit sein* float away

**Fortuna** [fɔr'tu:na] **(die)** Fortune; **~ lachte** *od.* **lächelte ihm** *(geh.)* Fortune smiled upon him

**Fortune** [fɔr'ty:n], *eingedeutscht:* **Fortüne** [fɔr'ty:nə] **die; ~:** luck; **keine/wenig ~ haben** have no/not much luck

**fort-: ~|währen** *itr. V. (geh.) s.* **~dauern; ~|während 1.** *Adj.; nicht präd.* continual; incessant; **2.** *adv.* continually; incessantly; **~|werfen** *unr. tr. V.: s.* **wegwerfen; ~|wirken** *itr. V.* continue to have an effect; **das wirkt in uns ~:** the effect of it persists in us; **sein Vorbild wirkt in ihnen ~:** his example continues to exert an influence on them; **das Fortwirken antiker Motive** the continuing influence of ancient motifs; **~|wollen** *unr. itr. V.* **a)** *s.* **wegwollen; b)** *(vorwärts wollen)* want to move; **seine Füße wollten nicht recht ~:** his feet did not seem to be able to carry him; **~|zaubern** *tr. V.* **etw. ~zaubern** make sth. disappear; **~|zerren** *tr. V.: s.* **wegzerren; ~|ziehen** *unr. tr., itr. V.: s.* **wegziehen**

**Forum** ['fo:rʊm] **das; ~s, Foren** *od.* **Fora a)** *(Personenkreis, Plattform, röm. Marktplatz)* forum; **b)** *Pl. nur* **Foren** *(Aussprache) (über Literatur)* symposium; *(über Politik)* forum discussion

**fossil** [fɔ'si:l] *Adj.* fossilized; fossil *attrib.*

**Fossil das; ~s, ~ien** fossil

**[1]Foto** ['fo:to] **das; ~s, ~s,** *(schweiz.:)* **die; ~, ~s** photo; **~s machen** *od. (ugs.:)* **schießen** take photos; **auf einem ~:** in a photo

**[2]Foto der; ~s, ~s** *(bes. südd. ugs.)* camera

**Foto-: ~album das** photo album; **~apparat der** camera; **~atelier das** photographic studio; **~ecke die** [mounting] corner

**fotogen** [foto'ge:n] *Adj.* photogenic

**Foto·geschäft das** photographic shop

**Foto·graf der; ~en, ~en** photographer

**Fotografie die; ~, ~n a)** *o. Pl.* photography *no art.;* **b)** *(Lichtbild)* photograph

**fotografieren 1.** *tr. V.* photograph; take a photograph/photographs of; **sie läßt sich gern/ungern ~:** she likes/does not like being photographed *or* having her photograph taken; **Katzen lassen sich gut ~:** cats photograph well. **2.** *itr. V.* take photographs; **er fotografiert gut** *od.* **kann gut ~:** he is a good photographer; **[das] Fotografieren [ist] verboten!** photography prohibited

**Fotografin die; ~, ~nen** photographer

**fotografisch 1.** *Adj.* photographic. **2.** *adv.* photographically

**foto-, Foto-: ~kopie die** photocopy; **~kopieren** *tr., itr. V.* photocopy; **~kopierer der, ~kopier·gerät das** photocopier; photocopying machine

**Foto-: ~labor das** photographic laboratory; **~modell das a)** photographic model; **b)** *(verhüll.: Prostituierte)* model; **~montage die** photomontage; **~papier das** photographic paper; **~realismus der** *(bild. Kunst)* photo-realism *no art.;* **~reporter der** press photographer; newspaper photographer; **~safari die** photographic safari; **~satz der** *(Druckw.) s.* **Lichtsatz; ~tasche die** camera bag; **~wettbewerb der** photographic competition; **~zeitschrift die** photographic magazine

**Fötus** *s.* **Fetus**

**Fotze** ['fɔtsə] **die; ~, ~n a)** *(vulg.: Vulva)* cunt *(coarse);* **b)** *(vulg.: Frau)* cunt *(coarse);* **c)** *(bayr. u. österr. ugs.: Mund)* gob *(sl.)*

**foul** [faul] *Adv. (Sport)* **~ spielen** play dirty; be a dirty player; **er hat gerade ~ gespielt** he has just committed a foul

**Foul das; ~s, ~s** *(Sport)* foul **(an** + *Dat.* on)

**Foul·elf·meter der** *(Fußball)* penalty [for a foul]; **einen ~ verhängen** *od.* **geben** award *or* give a penalty

**foulen** ['faulən] *(Sport)* **1.** *tr. V.* foul. **2.** *itr. V.* commit a foul

**Fox** [fɔks] **der; ~[es], ~e a)** *s.* **Foxterrier; b)** *s.* **Foxtrott**

**Fox·terrier der** fox-terrier

**Fox·trott** [-trɔt] **der; ~s, ~e** *od.* **~s** foxtrot; **~ tanzen** foxtrot

**Foyer** [foa'je:] **das; ~s, ~s** foyer

**FPÖ** *Abk.* **Freiheitliche Partei Österreichs**

**[1]Fr.** *Abk.* **Franken** SFr.

**[2]Fr.** *Abk.* **Frau**

**[3]Fr.** *Abk.* **Freitag** Fri.

**Fracht** [fraxt] **die; ~, ~en a)** *(Schiffs~, Luft~)* cargo; freight; *(Bahn~, LKW~)* goods *pl.;* freight; **volle/halbe ~ führen** carry full/half freight; **b)** *(~kosten) (Schiffs~, Luft~)* freight; freightage; *(Bahn~, LKW~)* carriage

**Fracht-: ~brief der** consignment note; waybill; **~dampfer der** *(veralt.)* steam freighter

**Frachten·bahnhof der, Frachtenstation die** *(österr.) s.* **Güterbahnhof**

**Frachter der; ~s, ~:** freighter

**fracht-, Fracht-: ~flugzeug das** cargo *or* freight plane; **~frei 1.** *Adj.* carriage-free ⟨*delivery*⟩; **2.** *adv.* ⟨*deliver*⟩ carriage free; **~führer der** carrier; **~geld das** *s.* **Fracht b; ~gut das** slow freight; slow goods *pl.;* **etw. als ~gut schicken** send sth. by slow goods; **~kosten** *Pl.: s.* **Fracht b; ~raum der;** *o. Pl.* [cargo] hold; *(Platz)* [cargo] space; **~schiff das** cargo ship

**Frack** [frak] **der; ~[e]s, Fräcke** ['frɛkə] tails *pl.;* evening dress; **einen ~ tragen** wear tails *or* evening dress; **im ~ erscheinen** turn up in tails *or* evening dress; **jmdm. saust der ~** *(fig. ugs. scherzh.)* sb. gets the wind up *(sl.)*

**Frack-: ~hemd das** dress shirt; **~sausen das** *in* **~sausen haben** *(ugs.)* get the wind up *(sl.);* **~schoß der;** *meist Pl.* coat-tail; **~weste die** waistcoat *(worn with evening dress)*

**Frage** ['fra:gə] **die; ~, ~n a)** question; **jmdm.** *od.* **an jmdn. eine ~ stellen** put a question to sb.; **jmdm. eine ~ beantworten/auf jmds. ~** *(Akk.)* **antworten** reply to *or* answer sb.'s question; **eine ~ [zu etw.] haben** have a question [on sth.]; **sind noch ~n?** are there any questions?; **an jmdn. eine ~ richten** direct a question to sb.; **darf ich Ihnen eine ~ stellen?** may I put a question?; **eine ~ verneinen/bejahen** give a negative/positive answer to a question; **auf eine dumme ~ bekommt man eine dumme Antwort** ask a silly question [and you get a silly answer]; **b)** *(Problem)* question; *(Angelegenheit)* issue; **es erhebt sich/bleibt die ~, ob ...:** the question arises/remains whether ...; **eine soziale/politische ~:** a social/political issue; **die deutsche ~:** the German problem; **das ist [nur] eine ~ der Zeit** that is [only] a question *or* matter of time; **c)** *in* **das ist noch sehr die ~:** that is still very much the question; **das ist die große ~:** that is the big question; **das ist gar keine ~:** there's no doubt *or* question about it; **es ist** *od.* **steht außer ~, daß ...:** there is no doubt that ...; there is no question but that ...; **etw. in ~ stellen** call sth. into question; question sth.; **jmdn. in ~ stellen** cast doubt on sb.; **das stellt unsere Glaubwürdigkeit in ~:** it casts doubt on our credibility; **in ~ kommen** be possible; **für ein Stipendium kommen nur gute Schüler in ~:** only good pupils can be considered for a grant; **dieses Kleid kommt für mich nicht in ~:** I couldn't possibly wear this dress; **die für die Tat in ~ kommenden Personen** those suspected of the crime; **das kommt nicht in ~** *(ugs.)* that is out of the question; **ohne ~:** without question

**Frage-: ~bogen der** questionnaire; *(Formular)* form; **~bogen·aktion die** poll; **~für·wort das** *s.* **Interrogativpronomen**

**fragen 1.** *tr., itr. V.* **a)** ask; **er fragt immer so klug** he always asks *or* puts such astute questions; **neugierig/erstaunt ~:** ask inquisitively/in amazement; **gezielt ~:** ask *or* put well-aimed questions; **frag nicht so dumm!** *(ugs.)* don't ask such silly questions; **das fragst du noch?** *(ugs.)* need you ask?; **~ Sie lieber nicht** *(ugs.)* don't ask!; **da fragst du mich zuviel** that I don't know; I really can't say; **jmdn. ~d ansehen** look at sb. inquiringly; give sb. a questioning look; **~ kostet nichts** there is no harm in asking; **b)** *(sich erkundigen)* **nach etw. ~:** ask *or* inquire about sth.; **jmdn. nach/wegen etw. ~:** ask sb. about sth.; **nach dem Weg ~:** ask the way; **nach Einzelheiten ~:** ask for details; **nach jmds. Meinung ~:** ask [for] sb.'s opinion; **nach jmdm. ~** *(jmdn. suchen)* ask for sb.; *(über jmdn. Fragen stellen)* ask about sb.; *(nach jmds. Befinden ~)* ask after *or* about sb.; **wenn ich ~ darf** if you don't mind my asking; *(ungeduldig)* may I ask?; **c)** *(nachfragen)* ask for; **jmdn. um Rat/Erlaubnis ~:** ask sb. for advice/permission; **d)** *(verneint: sich nicht kümmern)* **nach jmdm./etw. nicht ~:** not care about sb./sth.; **ich frage den Teufel** *od.* **einen Dreck danach** *(salopp)* I couldn't care less [about it] *(coll.)*; I don't give a damn about it *(sl.)*. **2.** *refl. V.* **sich ~, ob ...:** wonder whether ...; **das frage ich mich auch** I was wondering that, too; *(unpers.)* **es fragt sich [nur], ob/wann ...:** the [only] question is whether/when ...

**Fragen·komplex der** set of problems

**Fragerei die; ~, ~en** *(abwertend)* questions *pl.*

**Frage-: ~satz der** interrogative sentence/clause; **ein direkter/indirekter ~satz** a direct/an indirect question; **~stellung die a)** *(Formulierung)* formulation of a/the question; **durch eine geschickte ~stellung** by skilled questioning; **b)** *(Problem)* problem; **~stunde die** *(Parl.)* question time; **~-und-Antwort-Spiel das** question-and-answer game; **~zeichen das** question mark; **ein ~zeichen setzen** put a question mark; **etw. mit einem [dicken/großen] ~zeichen versehen** *(fig.)* put a [big] question mark over sth. *(fig.)*; **dastehen wie ein ~zeichen** *(ugs.)* stand like a hunchback

**fragil** [fra'gi:l] *Adj. (geh.)* fragile

**fraglich** ['fra:klıç] *Adj.* **a)** *(unsicher)* doubtful; **b)** *nicht präd. (betreffend)* in question *postpos.*; relevant; **zur ~en Zeit** at the time in question; at the relevant time

**fraglos** *Adv.* without question; unquestionably

**Fragment** [fra'gmεnt] **das; ~[e]s, ~e** fragment

**fragmentarisch** [fragmεn'ta:rıʃ] **1.** *Adj.* fragmentary. **2.** *adv.* **ein ~ überlieferter Text** a text preserved only as fragments/a fragment; **es ist nur ~ erhalten** it is preserved only in fragmentary form

**frag·würdig** *Adj.* **a)** questionable; **b)** *(zwielichtig)* dubious

**Fragwürdigkeit die; ~, ~en a)** questionableness; **b)** *(Zwielichtigkeit)* dubiousness

**fraktal** [frak'ta:l] *Adj. (Math.)* fractal

**Fraktion** [frak'tsio:n] **die; ~, ~en a)** *(Parl.)* parliamentary party; *(mit zwei Parteien)* parliamentary coalition; **b)** *(Sondergruppe)* faction; **c)** *(Chemie)* fraction

**fraktionell** [fraktsio'nεl] *Adj.* within a/the party/group *postpos.*; internal ⟨*conflict, agreement*⟩

**fraktions-, Fraktions-** *(Parl.)*: **~beschluß der** party/coalition decision; **~führer der** leader of the parliamentary party/coalition; **~kollege der** fellow parliamentary party/coalition member; **~los** *Adj.* independent; **~mit·glied das** member of a/the parliamentary party/coalition; **~sitzung die** meeting of the parliamentary party/coalition; **~stärke die a)** *minimum number of elected members necessary for a party to be allowed to form a parliamentary group;* **b)** *(Größe der Fraktion)* size of the parliamentary party; **~vorsitzende der/die** *s.* **~führer; ~zwang der** obligation to vote in accordance with party policy; **den ~zwang aufheben** allow a free vote

**Fraktur** [frak'tu:ɐ̯] **die; ~, ~en a)** *(Med.)* fracture; **b)** *(Schriftart)* Fraktur; **mit jmdm. ~ reden** *(ugs.)* talk straight with sb.

**Franc** [frã:] **der; ~, ~s** franc

**Franchise** ['fræntʃaız] **das; ~** *(Wirtsch.)* franchise

**frank** [fraŋk] *Adv.* **~ und frei** frankly and openly; openly and honestly

**Franke der; ~n, ~n a)** Franconian; **b)** *(hist.)* Frank

[1]**Franken (das); ~s** Franconia

[2]**Franken der; ~s, ~:** [Swiss] franc

[1]**Frankfurter** ['fraŋkfʊrtɐ] **die; ~, ~** *(Wurst)* frankfurter

[2]**Frankfurter 1.** *indekl. Adj.; nicht präd.* Frankfurt. **2. der; ~s, ~:** Frankfurter; *s. auch* **Kölner**

**frankieren** [fraŋ'ki:rən] *tr. V.* frank

**Frankier·maschine die** franking-machine

**fränkisch** ['frεŋkıʃ] *Adj.* **a)** Franconian; **b)** *(hist.)* Frankish; *s. auch* **deutsch, Deutsch, badisch**

**franko** ['fraŋko] *Adv. (Kaufmannsspr. veralt.)* carriage paid; *(mit der Post)* post-free

**Franko·kanadier der** French Canadian

**frankophil** [-'fi:l] *Adj.* Francophile

**frankophon** [-'fo:n] *Adj.* Francophone

**Frank·reich (das); ~s** France

**Franktireur** [frãti'rø:ɐ̯] **der; ~s, ~e** *od.* **~s** *(hist.)* franc tireur

**Franse** ['franzə] **die; ~, ~n** strand [of a/the fringe]; **die ~n der Decke/des Teppichs** the fringe of the rug/the carpet

**fransen** *itr. V.: s.* **ausfransen 1**

**fransig 1.** *Adj.* frayed ⟨*shirt, trousers*⟩; straggly ⟨*hair*⟩. **2.** *adv.* **das Haar hing ihr ~ ins Gesicht** her hair hung down over her face in untidy strands

[1]**Franz** [frants] **(der)** Francis

[2]**Franz das; ~** *(Schülerspr.)* French

**Franz·branntwein der;** *o. Pl. (veralt.)* alcoholic liniment

**Franziskaner** [frantsıs'ka:nɐ] **der; ~s, ~:** Franciscan

**Franziskaner-: ~kloster das** Franciscan monastery; **~orden der** *(kath.)* Franciscan Order

**Franzose** [fran'tso:zə] **der; ~n, ~n a)** Frenchman; **er ist ~:** he is French *or* a Frenchman; **die ~n** the French; **b)** *(ugs.: Schraubenschlüssel)* screw wrench

**Franzosen·krankheit die** *(veralt.)* French disease *(dated)*; syphilis

**Französin** [fran'tsø:zın] **die; ~, ~nen** Frenchwoman

**französisch 1.** *Adj.* French; **ein ~es Bett** a double bed; **die Französische Schweiz** French-speaking Switzerland; **die Französische Revolution** the French Revolution; **die ~e Krankheit** *(veralt.) s.* **Franzosenkrankheit. 2.** *adv.* **es ~ machen** *(salopp)* have oral sex; **sich [auf] ~ empfehlen** *od.* **verabschieden** *(ugs.)* take French leave; *s. auch* **deutsch;** [2]**Deutsche**

**Französisch das; ~[s]** French; *s. auch* **Deutsch**

**frappant** [fra'pant] *Adj.* striking ⟨*similarity*⟩; remarkable ⟨*success, discovery*⟩

**frappieren** [fra'pi:rən] *tr. V. (geh.)* astonish; astound

**frappierend** *Adj.* astonishing; remarkable

**Fräse** ['frε:zə] **die; ~, ~n a)** *(für Holz)* moulding machine; *(für Metall)* milling machine; **b)** *s.* **Fräser a; c)** *(Boden~)* rotary cultivator

**fräsen** *tr. V.* **a)** shape ⟨*wood*⟩; mill ⟨*metal*⟩; form ⟨*groove, thread*⟩; **b)** *(Landw.)* hoe [with a rotary cultivator]

**Fräser der; ~s, ~ a)** *(Werkzeug)* cutter; **b)** *(Metallbearb.)* milling-machine operator; *(Holzverarb.)* moulding-machine operator

**Fräs·maschine die** *s.* **Fräse a**

**fraß** [fra:s] *1. u. 3. Pers. Sg. Prät. v.* **fressen**

**Fraß der; ~es a)** *(Tiernahrung)* food; **einem Tier etw. als** *od.* **zum ~ vorwerfen** feed an animal with sth.; **jmdm. etw. zum ~ hin-** *od.* **vorwerfen** *(fig. abwertend)* let sb. have sth.; **b)** *(derb: schlechtes Essen)* muck; swill; **ein abscheulicher/widerlicher ~:** disgusting/repulsive muck; **c) vom ~ befallen sein** have been eaten away

**Frater** ['fra:tɐ] **der; ~s, Fratres** ['fra:tre:s] *(kath. Kirche)* lay brother

**fraternisieren** [fratεrni'zi:rən] *itr. V. (geh.)* fraternize

**Fraternisierung die; ~:** fraternization

**Fratz** [frats] **der; ~es, ~e,** *(österr.:)* **~en, ~en a)** *(ugs.: niedliches Kind)* [little] rascal; **ein süßer ~:** a sweet little rascal; **b)** *(bes. südd., österr.: ungezogenes Kind)* brat

**Fratze** ['fratsə] **die; ~, ~n a)** *(häßliches Gesicht)* hideous face; hideous features *pl.*; **sein Gesicht war zu einer ~ deformiert** his face was hideously deformed; **b)** *(ugs.: Grimasse)* grimace; **jmdm. ~n schneiden** pull faces at sb.; **c)** *(abwertend: Gesicht)* mug *(sl.)*

**fratzenhaft** *Adj.* grotesque; hideous

**frau** [frau] *Indefinitpron. im Nom. (feministischer Sprachgebrauch) s.* [1]**man**

**Frau die; ~, ~en a)** woman; **zur ~ werden** *(verhüll.)* lose one's virginity; **typisch** *od.* **echt ~** *(ugs.)* typical of a woman; **die Gleichberechtigung der ~:** equal rights for women; **von ~ zu ~:** woman to woman; **b)** *(Ehe~)* wife; **wie Mann und ~ zusammenleben** live together as man *or* husband and wife; **jmdn. zur ~ nehmen** *(veralt.)* take sb. to wife *(arch.)*; **er hat eine Französin zur Frau** his wife is French; **willst du meine ~ werden?** will you be my wife?; **c)** *(Titel, Anrede)* **~ Schulze** Mrs Schulze; **~ Professor/Dr. Schulze** Professor/Dr. Schulze; **~ Ministerin/Direktorin/Studienrätin Schulze** Mrs/Miss/Ms Schulze; **~ Ministerin/Professor/Doktor** Minister/Professor/doctor; **~ Vorsitzende/Präsidentin** Madam Chairman/President; *(in Briefen)* **Sehr geehrte ~**

**Schulze** Dear Madam; *(bei persönlicher Bekanntschaft)* Dear Mrs/Miss/Ms Schulze; **[Sehr verehrte] gnädige ~:** [Dear] Madam; **gute ~** *(veralt.)* good lady; **Ihre ~ Gemahlin/Mutter** *(geh.)* your lady wife/lady mother *(dated);* your wife/mother; **d)** *(Herrin)* lady; mistress; **die ~ des Hauses** the lady of the house; **Unsere Liebe ~** *(kath. Rel.)* Our Lady

**Frauchen** ['frauçən] **das; ~s, ~ a)** *(ugs.: Ehefrau)* wifie; **b)** *(Herrin eines Hundes)* mistress

**frauen-, Frauen-: ~arbeit die a)** *o. Pl. (Erwerbstätigkeit)* women's employment; **b)** *(für ~ geeignete Arbeit)* women's work; **c)** *(gesellschaftspolitisch)* work for the women's movement; **in der ~arbeit tätig sein** work in the women's movement; **~arzt der, ~ärztin die** gynaecologist; **~beruf der** women's occupation; **~bewegung die;** *o. Pl.* women's movement; **~emanzipation die** female emancipation; women's emancipation; **~fachschule die** women's technical college; **~farn der** *(Bot.)* lady fern; **~feind der** misogynist; **~feindlich** *Adj.* anti-women; **~frage die** issue of women's rights; **~funk der** women's [radio] programmes *pl.;* **~fuß·ball der** women's football; **~gefängnis das** women's prison; **~geschichten** *Pl. (ugs.)* affairs with women; **~gestalt die** female character; **~haar das a)** woman's hair; **b)** *(Bot.)* haircap moss; **~haar·farn der** *(Bot.)* maidenhair fern; **~hand die** *in* **von zarter ~hand** from the fair hand of a lady; **von zarter ~hand gepflegt** nursed by a woman's tender care; **~haus das a)** battered wives' refuge; **b)** *(veralt.)* brothel; **c)** *(Völkerk.)* unmarried girls' dormitory; **~heil·kunde die** gynaecology; **~held der** lady-killer; **~herz das** female heart; **sich auf ~herzen verstehen** know the way to a woman's heart; **~kenner der** connoisseur of women; **~kleider** *Pl.* women's clothes; **~klinik die** gynaecological hospital *or* clinic; **~kloster das** convent; nunnery; **~krankheit die, ~leiden das** gynaecological disorder; **Facharzt für ~krankheiten** gynaecologist; **~liebling der** favourite with the ladies; **~lohn der** women's pay *no indef. art.;* **~los** *Adj.* all-male; **~mörder der** killer of women; **~orden der** *(kath. Rel.)* women's order; **~recht das;** *meist Pl.* women's right; **~rechtlerin** [-rɛçtlərın] **die; ~, ~nen** feminist; Women's Libber *(coll.);* **~sache die: das ist ~sache** that's a woman's job; **~schänder der** rapist; **~schuh der** *(Bot.)* lady's slipper; **~seite die** women's page

**Frauens·person die** *(veralt.)* female

**Frauen-: ~sport der** women's sport; **~station** *die* women's ward; **~stimme die a)** woman's voice; **b)** *(Parl.)* **die ~stimmen** the women's vote *sing.;* **~stimmrecht das** *s.* **~wahlrecht; ~tausch der** *(Völkerk.)* exchange of wives

**Frauentum das; ~s** *(geh.)* womanhood

**Frauen-: ~turnen das** ladies' *or* women's gymnastics *sing.;* **~über·schuß der** surplus of women; **~verband der** women's association; **~wahl·recht das** women's franchise; women's right to vote; **~zeitschrift die** women's magazine; **~zimmer das a)** *(abwertend)* female; **b)** *(veralt., landsch.)* woman

**Fräulein** ['frɔylain] **das; ~s, ~** *(ugs.* **~s) a)** *(junges ~)* young lady; *(ältliches ~)* spinster; **b)** *(Titel, Anrede)* **~ Mayer/Schulte** Miss Mayer/Schulte; **[sehr verehrtes] gnädiges ~ [X]** Dear Miss X; **c)** *(veralt.: Angestellte)* **~, wollen Sie ...:** Miss, would you ...; **das ~ hat uns schlecht bedient** the girl gave us bad service; **d)** *(Kellnerin)* **~, wir möchten zahlen** [Miss,] could we have the bill *(Brit.) or (Amer.)* check, pledase?; **das ~ kommt gleich** the waitress is just coming; **e) das ~ vom Amt** *(veralt.)* the operator

**fraulich 1.** *Adj.* feminine; *(reif)* womanly. **2.** *adv.* in a feminine/womanly way; **sich ~ kleiden** dress femininely/in a womanly way

**Fraulichkeit die; ~:** femininity; *(reifes Wesen)* womanliness

**frech** [frɛç] **1.** *Adj.* **a)** *(respektlos, unverschämt)* impertinent; impudent; cheeky; bare-faced ⟨*lie*⟩; **ein ~er Kerl** an impertinent chap; **~ werden/sein** become/be impertinent; **etw. mit ~er Stirn behaupten** *(fig.)* have the bare-faced cheek to say sth.; **~ wie Dreck** *od.* **Oskar sein** *(bes. berlin.)* be a cheeky devil *(coll.);* **b)** *(keck, keß)* saucy. **2.** *adv. (respektlos, unverschämt)* impertinently; impudently; cheekily; **jmdn. ~ anlügen** tell sb. bare-faced lies; **jmdm. etw. ~ ins Gesicht sagen** say sth. quite unashamedly to sb.'s face; **jmdm. ~ ins Gesicht lachen** laugh in sb.'s face

**Frech·dachs der** *(ugs., meist scherzh.)* cheeky little thing

**Frechheit die; ~, ~en a)** *o. Pl. (Benehmen)* impertinence; impudence; cheek; **die ~ haben, etw. zu tun** have the impertinence *etc.* to do sth.; **das ist der Gipfel der ~!** that is the height of impertinence!; **b)** *(Äußerung)* impertinent *or* impudent *or* cheeky remark; **sich** *(Dat.)* **~en erlauben** be impertinent; **was erlauben Sie sich für ~en?** how dare you be so impertinent?

**Frechling der; ~s, ~e** *(geh.)* impudent rascal

**Freesie** ['fre:ziə] **die; ~, ~n** freesia

**Fregatte** [fre'gatə] **die; ~, ~n a)** *(Marine)* frigate; **b)** *(abwertend: Frau)* **eine alte/aufgetakelte ~:** an old bag/overdressed old bag

**Fregatten·kapitän der** commander

**frei** [frai] **1.** *Adj.* **a)** *(unabhängig)* free ⟨*man, will, life, people, decision, etc.*⟩; **eine ~e Reichsstadt/Hansestadt** *(hist.)* a free imperial/Hanseatic city; **b)** *(nicht angestellt)* free-lance ⟨*writer, worker, etc.*⟩; **die ~en Berufe** the independent professions; **c)** *(ungezwungen)* free and easy; lax *(derog.);* **ein ~es Benehmen haben** behave in a free and easy/lax way; **es herrschte ein ~er Ton** there was an informal atmosphere; **~e Liebe** free love; **d)** *(nicht mehr in Haft)* free; at liberty *pred.;* **e)** *(offen)* open; **ein ~es Gelände/~er Platz** open ground/an open square; **unter ~em Himmel** in the open [air]; outdoors; **auf ~er Strecke** *(Straße)* on the open road; *(Eisenbahn)* between stations; **ins Freie gehen** walk out into the open; **im Freien sitzen/übernachten** sit out of doors/spend the night in the open; **ständig im Freien übernachten** sleep rough; **f)** *(unbesetzt)* vacant; unoccupied; free; **ein ~er Stuhl/Platz** a vacant *or* free chair/seat; **Entschuldigung, ist hier noch ~?** excuse me, is this anyone's seat *etc.?;* **eine ~e Stelle** a vacancy; **ein Bett ist [noch] ~:** one bed is [still] free *or* not taken; **ist der Tisch ~?** is this table free?; **sind Sie ~?** are you free?; **den Weg/die Kreuzung ~ machen** clear the path/junction; **[jmdm.] Platz ~ lassen** leave [sb.] some space; **einige Seiten ~ lassen** leave some pages blank; **Ring ~!** *(Boxen)* seconds out!; **g)** *(kostenlos)* free ⟨*food, admission*⟩; **~e Verpflegung** free board; **der Eintritt ist ~:** admission is free [of charge]; **20 kg Gepäck ~ haben** have *or* be allowed a 20 kilogram baggage allowance; **Lieferung ~ Haus** carriage free; **~e Kost und Logis** *(veralt.)* free board and lodging; **h)** *(ungenau)* **eine ~e Übersetzung** a free *or* loose translation; **~ nach einer Vorlage** based [loosely] on a source; **i)** *(ohne Vorlage)* improvised; **in ~er Improvisation** in spontaneous improvisation; **j)** *(uneingeschränkt)* free; **~e Meinungsäußerung/Religionsausübung** free expression of opinion/practice of religion; **die ~e Arzt-/Berufswahl** the free choice of doctor/profession; **der Zug hat ~e Fahrt** the train can proceed; **der ~e Fall** *(Physik)* free fall; **k)** *(nicht beeinträchtigt)* free; **~ von Schuld/Schmerzen sein** be free of guilt/pain; **~ von Fehlern** without faults; **nicht ~ von Überheblichkeit** not without arrogance; **l)** *(verfügbar)* spare; free; **jede ~e Minute/Stunde** every spare *or* free minute/hour; **ich habe heute ~:** I've got today off; **er hat seinen ~en Sonnabend/Abend** this is his Saturday/evening off; **sich** *(Dat.)* **~ nehmen** *(ugs.)* take some time off; **er ist noch/nicht mehr ~:** he is still/no longer unattached; **m)** *(ohne Hilfsmittel)* **eine ~e Rede** an extempore speech; **aus ~er Hand zeichnen** draw free-hand; **n)** *(unbekleidet)* bare; **das Kleid läßt die Schultern ~:** the dress leaves the shoulders bare; **den Oberkörper ~ machen** strip to the waist; **o)** *(bes. Fußball)* unmarked; **der ~e Mann** the sweeper; **~ stehen** be [standing] unmarked; **p)** *(Chemie, Physik)* free; **~ werden** *(bei einer Reaktion)* be given off; **Elektronen werden ~:** electrons are released; **q)** *(in festen Wendungen)* **~e Hand haben** have a free hand; **jmdm. ~e Hand lassen** give sb. a free hand; **aus ~en Stücken** *(ugs.)* of one's own accord; voluntarily; **jmdn. auf ~en Fuß setzen** set sb. free; **auf ~em Fuß** *(von Verbrechern etc.)* at large; **~ ausgehen** get away scot-free; get away with it *(coll.);* **ich bin so ~!** if I may ... **2.** *adv.* ⟨*act, speak, choose*⟩ freely; ⟨*translate*⟩ freely, loosely; **etw. ~ heraus sagen** say sth. freely; **~ herumlaufen** run around scot-free; **eine Rede ~ halten** make a speech without notes; **ein ~ praktizierender Arzt** a doctor in private practice; **die Personen sind/die Geschichte ist ~ erfunden** the characters are/the story is entirely fictional; **~ in der Luft schweben** hang in mid-air

**frei-, Frei-: ~aktie die** *(Börsenw.)* bonus share; **~bad das** open-air *or* outdoor swimming-pool; **~ballon der** free balloon; **~bank die** *place in slaughterhouse where lower-grade meat is sold;* **~|bekommen 1.** *unr. itr. V. (ugs.)* get time off; **ich habe nachmittags ~bekommen** I've got the afternoon off; **2.** *unr. tr. V.* **jmdn./etw. ~bekommen** get sb./sth. released; **~beruflich 1.** *Adj.* self-employed; free-lance ⟨*journalist, editor, architect, etc.*⟩; ⟨*doctor, lawyer*⟩ in private practice; **2.** *adv.* **~beruflich tätig sein/arbeiten** work free-lance/practise privately; **~betrag der** *(Steuerw.)* [tax] allowance; **~beuter** [-bɔytɐ] **der; ~s, ~ a)** *(hist.: Pirat)* freebooter; **b)** *(abwertend)* exploiter; **~beuterei die; ~ a)** *(hist.: Piraterie)* freebootery; **b)** *(abwertend)* exploitation; **~bier das** free beer; **~bleibend** *(Kaufmannsspr.)* **1.** *Adj.* **~bleibendes Angebot** provisional offer; **2.** *adv.* **die Preise verstehen sich ~bleibend** prices are subject to alteration; **~bord der** *(Schiffahrt)* freeboard; **~brief der a)** *in* **kein ~brief für etw. sein** be no excuse for sth.; **jmdm. einen ~brief für etw. geben** *od.* **ausstellen** give sb. a licence for sth.; **einen ~brief für etw. haben/einen ~brief haben, etw. zu tun** have authority for sth./to do sth.; *(fig.)* have a licence for sth./to do sth.; **etw. als ~brief für etw. ansehen/betrachten** regard sth. as a charter for sth.; **b)** *(hist.: Urkunde)* charter; **~demokrat der** Free Democrat; **~denker der** free thinker; **~denkertum das; ~s** free thought; free-thinking

**Freie der/die;** *adj. Dekl. (hist.)* freeman/freewoman

**freien 1.** *tr. V. (veralt.)* marry; wed; **jung gefreit hat nie gereut** *(Spr.)* marry young and you won't regret it. **2.** *itr. V.* **um ein Mädchen ~:** court *or* woo a girl

**Freier der; ~s, ~ a)** *(veralt.)* suitor; **b)** *(salopp: Kunde einer Dirne)* punter *(sl.)*

**Freiers·füße** *Pl. in* **auf ~n gehen** *(scherzh.)* be courting

**frei-, Frei-:** ~exemplar das *(Buch)* free copy; *(Zeitung)* free issue; ~fahr·schein der free ticket; ~fahrt die free trip; *(auf Karussell)* free turn *or* ride; ~fläche die open space; ~flug der free flight; ~frau die, ~fräulein das baroness; ~gabe die a) release; die ~gabe der Wechselkurse the lifting of controls on exchange rates; b) *(Übergabe)* opening [to the public]; ~|geben 1. *unr. tr. V.* a) release ‹*prisoner, footballer*›; decontrol ‹*exchange rates*›; jmdm. den Weg ~geben let sb. through; b) open ‹*motorway*›; pass ‹*film*›; etw. für den Verkehr/die Öffentlichkeit ~geben open sth. to traffic/to the public; der Film ist ab 18 freigegeben the film has been passed 18; 2. *unr. tr., itr. V.* jmdm. ~geben give sb. time off; sich *(Dat.)* zwei Tage ~geben lassen take two days off; ~gebig [-ge:bɪç] *Adj.* generous; open-handed; ~gebig gegen jmdn. sein *(veralt.)* be generous to sb.; [nicht] sehr ~gebig mit etw. sein be [not] very generous *or* open-handed with sth.; ~gebigkeit die generosity; open-handedness; ~gehege das outdoor *or* open-air enclosure; ~geist der free thinker; ~geistig *Adj.* free-thinking; ~gelände das piece of open ground; *(Film)* studio lot; ~gelassene der/die; *adj. Dekl. (hist.)* freedman/freedwoman *(Hist.)*; ~gepäck das baggage allowance; ~grenze die *(Steuerw.)* tax exemption limit; ~gut das *(Zollw.)* duty-free goods *pl.*; ~|haben *unr. tr., itr. V. (ugs.)* ich habe [am *od.* den] Montag ~: I've got Monday off; ~hafen der free port; ~|halten *unr. tr. V.* a) treat; er hielt das ganze Lokal ~: he stood drinks for everyone in the pub *(Brit.) or (Amer.)* bar; b) *(offenhalten)* keep ‹*entrance, roadway*› clear; Einfahrt ~halten! no parking in front of entrance; keep clear; c) *(reservieren)* jmdm. *od.* für jmdn. einen Platz ~halten keep a place for sb.; sich ~halten keep oneself free of engagements; ~hand·bücherei die open-access library; ~handel der free trade; ~handels·zone die free-trade zone; ~händig [-hɛndɪç] 1. *Adj.* a) free-hand ‹*drawing*›; offhand ‹*shooting*›; b) *(Amtsspr.)* private ‹*sale*›; 2. *adv.* a) ‹*cycle*› without holding on; ‹*draw*› free-hand; ‹*shoot*› offhand; b) *(Amtsspr.)* ‹*sell*› privately; ~hand·zeichnen das free-hand drawing

**Freiheit** die; ~, ~en a) freedom; ~, Gleichheit, Brüderlichkeit Liberty, Equality, Fraternity; die persönliche ~: personal freedom *or* liberty; die ~ der Presse Press freedom; the freedom of the Press; die akademische ~: academic freedom; jmdm. völlige ~ lassen give sb. a completely free hand; die ~ der Meere *(Rechtsw.)* the freedom of the seas; einem Gefangenen/Tier die ~ schenken give a prisoner his/an animal its freedom; jmdn. in ~ setzen set sb. free; b) *(Vorrecht)* freedom; privilege; [besondere] ~en genießen enjoy [special] privileges; sich *(Dat.)* gegen jmdn. ~en herausnehmen take liberties with sb.; die dichterische ~: poetic licence; sich *(Dat.)* die ~ nehmen, etw. zu tun take the liberty of doing sth.

**-freiheit** die; ~: Gebühren~/Porto~: freedom from dues/postal charges; Bewegungs~: freedom of movement; Entscheidungs~: freedom of decision *or* choice

**freiheitlich** 1. *Adj.* liberal ‹*philosophy, conscience*›; ~ und demokratisch free and democratic. 2. *adv.* liberally; ~ gesinnt sein have liberal ideas

**freiheits-, Freiheits-:** ~beraubung die *(jur.)* wrongful detention; ~bewegung die liberation movement; ~drang der; *o. Pl.* desire for freedom; ~entzug der imprisonment; jmdn. zu zwei Jahren ~entzug verurteilen sentence sb. to two years' imprisonment; ~kampf der struggle for freedom; ~kämpfer der freedom fighter; ~krieg der war of liberation; die ~kriege *(hist.)* the War of Liberation; ~liebe die; *o. Pl.* love of freedom *or* liberty; ~liebend *Adj.* freedom-loving; ~rechte *Pl.* civil rights; ~statue die Statue of Liberty; ~strafe die *(Rechtsw.)* term of imprisonment; prison sentence; er wurde zu einer ~strafe von fünf Jahren/zu einer lebenslänglichen ~strafe verurteilt he was sentenced to five years' imprisonment/given a life sentence

**frei-, Frei-:** ~heraus *Adv.* frankly; openly; ~heraus gesagt ...: to put it frankly ...; ~herr der baron; ~herrlich *Adj.; nicht präd.* baronial

**Freiin** ['fraiɪn] die; ~, ~nen baroness

**frei-, Frei-:** ~|kämpfen *tr. V.* liberate; sich ~kämpfen fight one's way out; ~karte die complimentary *or* free ticket; ~|kaufen *tr. V.* ransom ‹*hostage*›; buy the freedom of ‹*slave*›; sich von der Verantwortung/Schuld ~kaufen *(fig.)* buy off one's responsibility/guilt; ~kirche die Free Church; ~|kommen *unr. itr. V.; mit sein* aus dem Gefängnis ~kommen be released from prison; leave prison; aus jmds. Fängen ~kommen escape from sb.'s clutches; ~körper·kultur die; *o. Pl.* nudism *no art.*; naturism *no art.*; ~korps das *(hist.)* volunteer corps; ~land·gemüse das outdoor vegetables *pl.*; ~|lassen *unr. tr. V.* set free; release; ~lassung die release; ~lauf der *(Technik)* neutral gear; *(beim Fahrrad)* free-wheel; im ~lauf fahren ‹*driver*› coast in neutral; ‹*cyclist*› free-wheel; ~|laufen *unr. refl. V. (bes. Fuß- und Handball)* run into *or* find space; ~lebend *Adj.* living in the wild *postpos.*; ~|legen *tr. V.* uncover; ~leitung die *(Technik)* overhead cable

**freilich** *Adv.* a) *(einschränkend)* er arbeitet schnell, ~ nicht sehr gründlich he works quickly, though admittedly he's not very thorough; deine Theorie klingt zwar überzeugend, ~ ist eine wichtige Einschränkung zu machen your theory sounds convincing, it's true, but there is one important reservation to be made; ich werde morgen einmal bei dir vorbeischauen, lange bleiben kann ich ~ nicht I'll call in on you tomorrow, though I shan't be able to stay long; sie hat sehr viel Talent, ~ fehlt es ihr an Ausdauer she has a great deal of talent, but she does lack staying power; b) *(einräumend)* man muß ~ bedenken, daß ...: one must of course bear in mind that ...; ~ scheinen die Tatsachen gegen meine Überlegungen zu sprechen ...: admittedly the facts seem to contradict my ideas, but ...; sie war sehr wütend auf ihren Mann, wozu sie ~ auch allen Grund hatte she was furious with her husband, and of course she had every reason to be; c) *(bes. südd.: selbstverständlich)* of course; ja ~: [why] yes; of course

**Frei·licht-:** ~bühne die *s.* ~theater; ~museum das open-air *or* outdoor museum; ~theater das open-air *or* outdoor theatre

**frei-, Frei-:** ~los das a) free [lottery] ticket; b) *(Sport)* bye; durch ~los die nächste Runde erreichen get a bye into the next round; ~|machen 1. *refl. V. (ugs.: frei nehmen)* sich [für etw.] ~machen take time off [for sth.]; 2. *tr. V. (Postw.)* frank; etw. mit 0,50 DM ~machen put a 50-pfennig stamp on sth.; ~machung die; ~ *(Postw.)* franking; ~marke die postage stamp; ~maurer der Freemason; ~maurerei die; *o. Pl.* Freemasonry; ~maurer·loge die Freemasons' lodge; ~mut der candidness; frankness; mit ~mut sprechen speak candidly *or* frankly; ~mütig 1. *Adj.* candid; frank; 2. *adv.* candidly; frankly; ~mütigkeit die; ~: candidness; frankness; ~platz der a) *([Hoch]schulw.)* scholarship; b) *(Sitzplatz)* free seat; ~|pressen *tr. V.* jmdn. ~pressen obtain sb.'s release by threats; ~raum der *(Psych., Soziol.)* space *no indef. art.* to be oneself; unpolitische ~räume areas where politics is not involved; ~religiös *Adj.* non-denominational; ~saß, ~sasse der; ~sassen, ~sassen *(hist.)* yeoman; tenant farmer; ~schaffend *Adj.* free-lance; Steuervergünstigungen für Freischaffende tax concessions to self-employed persons; ~schar die *(hist.)* corps of irregulars; ~schärler [-ʃɛ:ɐ̯lɐ] der; ~s, ~: irregular [soldier]; ~|schaufeln *tr. V.* clear ‹*road*› by shovelling; dig ‹*person*› free; ~|schießen *unr. tr., refl. V.* sich *(Dat.)* den Weg ~schießen shoot one's way out; jmdn. ~schießen free sb. [in a gun battle]; ~|schwimmen *unr. refl. V.* sich ~schwimmen pass the 15-minute swimming test; inzwischen hat er sich ~geschwommen *(fig.)* he has now got over his initial difficulties; ~|setzen *tr. V.* a) *(Physik, Chemie, Med.)* release ‹*energy*›; emit ‹*rays, electrons, neutrons*›; release, give off ‹*gas*›; b) *(Arbeitsw.)* release ‹*staff*›; *(verhüll.)* make ‹*staff*› redundant; ~setzung die; ~, ~en a) *(Physik, Chemie, Med.) (von Energie, Gas)* release; *(von Strahlung usw.)* emission; b) *(Arbeitsw.)* release ‹*of staff*›; *(verhüll.)* redundancy; ~sinn der; *o. Pl. (veralt.)* liberalism; ~sinnig *Adj. (veralt.)* liberal; broad-minded; ~spiel das free turn; ~|spielen 1. *tr. V. (Ballspiele)* jmdn./sich ~spielen create space for sb./oneself; 2. *refl. V. (auf der Bühne)* settle into the performance; ~|sprechen *unr. tr. V.* a) *(Rechtsw.)* acquit; jmdn. von einer Anklage ~sprechen acquit sb. of a charge; b) *(für unschuldig erklären)* exonerate (von from); c) *(Handw.)* release ‹*apprentice*›; ~sprechung die; ~, ~en a) *(Rechtsw.)* acquitting; b) *(Handw.)* release; ~spruch der *(Rechtsw.)* acquittal; ~staat der *(veralt.)* free state; der ~staat Bayern the Free State of Bavaria; ~statt, ~stätte die; ~, ~stätten *(geh.)* sanctuary; ~|stehen *unr. itr. V.* a) es steht jmdm. ~, etw. zu tun sb. is free to do sth.; b) ‹*flat, house*› be empty *or* vacant; ‹*storeroom etc.*› be empty; ~stelle die *s.* ~platz a; ~|stellen *tr. V.* a) jmdm. etw. ~stellen leave sth. up to sb.; let sb. decide sth.; b) *(befreien)* release ‹*person*›; jmdn. vom Wehrdienst ~stellen exempt sb. from military service; ~stellung die release; *(befristet)* leave; ~stempel der *(Postw.)* postmark

**Frei·stil** der; *o. Pl. (Sport)* a) *s.* ~ringen; b) *s.* ~schwimmen

**Freistil-:** ~ringen das free-style wrestling; ~schwimmen das free-style swimming

**Frei-:** ~stoß der *(Fußball)* free kick; einen ~stoß schießen *od.* treten take a free kick; ~stunde die free hour; *(Schulstunde)* free period

**Frei·tag** der Friday; ein schwarzer ~: a black day; *s. auch* Dienstag, Dienstag-

**freitags** *Adv.* on Friday[s]; *s. auch* dienstags

**frei-, Frei-:** ~tod der *(verhüll.)* suicide *no art.*; den ~tod wählen choose to take one's own life; ~tragend *Adj. (Bauw.)* suspended ‹*floor*›; cantilever ‹*bridge*›; ~treppe die [flight of] steps; ~übung die; *meist Pl. (Sport)* keep-fit exercise; ~übungen machen do keep-fit exercises; ~umschlag der stamped addressed envelope; s.a.e.; ~verkehr der *(Bankw.)* unofficial market; kerb dealings *pl.*; ~wache die *(Seemannsspr.)* watch below; ~weg *Adv. (ugs.)* wir können ~weg reden we can talk freely *or* openly; sag es ~weg say it straight out; ~wild das fair game; zum ~wild werden become fair game; ~willig 1. *Adj.* voluntary ‹*decision*›; optional ‹*subject*›; ~willige Feuerwehr volunteer fire brigade; 2. *adv.* voluntarily; of one's own accord; **sich ~willig melden** volunteer; **~willig aus dem Leben scheiden** choose to end one's life; **~willige der/die;** *adj. Dekl.* volunteer; **~willige vor!** volunteers take one step forward!; **sich als ~williger zu etw. melden** volunteer for sth.; **~wurf der** free throw; **~zeichen das a)** *(volkst.)* dialling tone; **b)** *(Nachrichtenw.)* ringing tone; **~zeichnungs·klausel die** *(Rechtsw.)* exemption clause

**Frei·zeit die;** *o. Pl.* **a)** spare time; leisure time; *(Arbeitsw.)* time off in lieu; **in** *od.* **während der ~:** in/during one's spare time; **b)** *(Zusammenkunft)* [holiday/weekend] course; *(der Kirche)* retreat

**Freizeit-: ~anzug der** leisure suit; **~beschäftigung die** hobby; leisure pursuit; **~gestaltung die** *(Soziol., Päd.)* leisure activity; **~hemd das** sports shirt; **~industrie die** leisure industry; **~kleidung die** casual clothes *pl.*; leisure wear *(Commerc.)*; **~park der** amusement park; **~wert der: eine Stadt mit hohem ~wert** a town with many leisure amenities

**frei-, Frei-: ~zügig 1.** *Adj.* **a)** *(großzügig)* generous, liberal ⟨*dosage, spending*⟩; liberal, flexible ⟨*interpretation of rule etc.*⟩; **~zügig im Geldausgeben** generous with one's money; **b)** *(gewagt, unmoralisch)* risqué, daring ⟨*remark, film, dress*⟩; permissive ⟨*attitude*⟩; **c)** *(frei in der Wahl des Wohnsitzes)* **~zügig sein** enjoy freedom of domicile; **ein ~zügiges Leben führen** live a nomadic life; be always on the move; **2.** *adv.* **Geld ~zügig ausgeben** be generous with one's money; **ein Gesetz ~zügig auslegen** interpret a law flexibly; **~zügigkeit die; ~ a)** *(Großzügigkeit)* liberalness; *(in Geldsachen)* generosity; *(von Interpretation)* flexibility; **b)** permissiveness; **c)** *(freie Wahl des Wohnsitzes)* freedom of domicile

**fremd** [frɛmt] *Adj.* **a)** *nicht präd.* foreign ⟨*country, government, customs, language*⟩; **b)** *nicht präd. (nicht eigen)* other people's; of others *postpos.*; **~es Eigentum** other people's property; the property of others; **sich in ~e Angelegenheiten mischen** interfere in other people's business; **etw. ohne ~e Hilfe schaffen** do sth. without anyone else's help; **unter ~em Namen** under an assumed name; **unter ~em Namen schreiben** write under a nom de plume *or* pseudonym; **~e Welten** other worlds; *s. auch* **Feder a; c)** *(unbekannt)* strange; **eine ~e Umgebung** strange *or* unknown surroundings *pl.*; **Rockmusik war ihr ~:** she knew nothing about rock music; **Hinterhältigkeit ist ihm ~:** underhandedness is foreign to his nature; **er fühlte sich sehr ~:** he felt very much a stranger; **sich** *(Dat.) od.* **einander ~ werden** become estranged; grow apart; **die Anziehungskraft des Fremden** the attraction of the unfamiliar; **d)** *(andersgeartet)* strange

**fremd-, Fremd-: ~arbeiter der** *(veralt., schweiz.)* foreign worker; **~artig** *Adj.* strange; *(exotisch)* exotic; **~artigkeit die** strangeness; *(Exotik)* exoticness; **~bestimmt** *Adj. (Politik, Wirtsch., Soziol.)* heteronomous; **~bestimmung die** *(Politik, Wirtsch., Soziol.)* heteronomy

[1]**Fremde** ['frɛmdə] **der/die;** *adj. Dekl.* **a)** *(Unbekannte[r])* stranger; **b)** *(Ausländer)* foreigner; alien *(Admin. lang.)*; **c)** *(Besucher, Tourist)* visitor

[2]**Fremde die; ~** *(geh.)* foreign parts *pl.*; abroad; **in die ~ ziehen** go off to foreign parts; go abroad

**Fremd·einwirkung die** *(Rechtsspr.)* **ohne ~:** without any other person *or* vehicle being involved; **der Unfall passierte ohne ~:** no other vehicle was involved in the accident

**fremdeln,** *(schweiz.)* **fremden** *itr. V.* be afraid of strangers

**fremden-, Fremden-: ~bett das** hotel bed; **~buch das** hotel register; **~feindlich** *Adj.* hostile to strangers/foreigners *postpos.*; **~feindlichkeit die; ~:** xenophobia; **~führer der** tourist guide; **~heim das** guest-house; boarding-house; **~industrie die** tourist industry; tourist trade; **~legion die;** *o. Pl.* foreign legion; **~legionär der** legionnaire; **~paß der** alien's passport; **~polizei die;** *o. Pl. police department dealing with aliens;* **~verkehr der** tourism *no art.*; **~zimmer das a)** *(Hotelzimmer)* room; **~zimmer frei!** vacancies *(Brit.)*; vacancy *(Amer.)*; **b)** *(Gastzimmer)* guest room

**fremd-, Fremd-: ~erregung die** *(Technik)* separate excitation; **~finanzierung die** *(Finanzw.)* financing from outside sources; **~gehen** *unr. itr. V.; mit sein (ugs.)* be unfaithful

**Fremdheit die; ~:** strangeness; *(Zurückhaltung)* reserve

**fremd-, Fremd-: ~herrschaft die** foreign domination *no art. or* rule *no art.*; **~kapital das** *(Wirtsch.)* outside capital; **~körper der a)** *(Med., Biol.)* foreign body; **b)** *(fig.)* **ein ~körper sein/ sich** *(Dat.)* **wie ein ~körper vorkommen** be/feel out of place; **~ländisch** [-lɛndɪʃ] *Adj.* foreign; *(exotisch)* exotic

**Fremdling der; ~s, ~e** *(veralt.)* stranger

**Fremd·sprache die** foreign language

**Fremdsprachen-: ~korrespondentin die** bilingual/multilingual secretary; **~unterricht der** teaching of foreign languages

**fremd-, Fremd-: ~sprachig** *Adj.* bilingual/multilingual ⟨*staff, secretary*⟩; foreign ⟨*literature*⟩; foreign-language ⟨*edition, teaching*⟩; **~sprachlich** *Adj.; nicht präd.* foreign-language ⟨*teaching*⟩; foreign ⟨*word*⟩; **~stoff der;** *meist Pl. (Med.)* foreign substance; **~verschulden das** involvement of another person; **ein ~verschulden an diesem Unfall ist unwahrscheinlich** it is unlikely that anyone else was involved in the accident; **~wort das;** *Pl.* **~wörter** foreign word; **Liebe ist für ihn ein ~wort** *(fig.)* he doesn't know the meaning of the word love; **~wörter·buch das** dictionary of foreign words

**frenetisch** [fre'ne:tɪʃ] **1.** *Adj.* frenetic ⟨*applause*⟩. **2.** *adv.* ⟨*applaud*⟩ frenetically

**frequentieren** *tr. V.* frequent ⟨*pub, café*⟩; use ⟨*library*⟩; **eine stark frequentierte Straße** a heavily used road

**Frequenz** [fre'kvɛnts] **die; ~, ~en a)** *(Physik)* frequency; *(Med.: Puls~)* rate; **b)** *(Besucherzahl)* **die Schule hat eine geringe ~:** the school has low numbers; **die ~ der Touristen** *(bes. österr., schweiz.)* the number of tourists; **die ~ des Elternabends war gut** attendance at the parents' evening was good; **c)** *(Verkehrsdichte)* traffic density

**Frequenz-:** *(Technik)* **~bereich der** frequency range; **~modulation die** frequency modulation

**Fresko** ['frɛsko] **das; ~s, Fresken** *(Kunstwiss.)* fresco

**Fresko·malerei die** *(Kunstwiss.)* fresco; fresco-painting

**Fressalien** [frɛ'sa:li̯ən] *Pl. (ugs. scherzh.)* grub *(sl.)*

**Freß·beutel der a)** *(ugs.: Brotbeutel)* lunch bag; **b)** *(für Pferde)* nosebag

**Fresse** ['frɛsə] **die; ~, ~n** *(derb)* **a)** *(Mund)* gob *(sl.)*; trap *(sl.)*; **eine große ~ haben** *(fig.)* have a big mouth *(coll.)*; **die ~ weit aufreißen** *(fig.)* shoot one's mouth off *(sl.)*; **[ach] du meine ~!** bloody hell! *(sl.)*; **die ~ halten** keep one's trap *or* gob shut *(sl.)*; **b)** *(Gesicht)* mug *(sl.)*; **jmdm. die ~ polieren** smash sb.'s face in *(sl.)*; **jmdm. eins vor** *od.* **auf die ~ geben** smash sb. in the face *(sl.)*

**fressen 1.** *unr. tr. V.* **a)** ⟨*animal*⟩ eat; *(sich ernähren von)* feed on; **einem Tier zu ~ geben** feed an animal; **sich satt ~:** eat its/her/his fill; **sich dick [und rund] ~:** get fat by overeating; **b)** *(ugs.: verschlingen)* swallow up ⟨*money, time, distance*⟩; drink ⟨*petrol*⟩; **c)** *(zerstören)* eat away; **d)** *(derb: von Menschen)* guzzle; *(fig.)* **er wird dich schon nicht ~** *(salopp)* he won't eat you *(coll.)*; **etw. gefressen haben** *(ugs.)* have understood sth.; **jmdn. gefressen haben** *(ugs.)* hate sb.'s guts *(coll.)*; **jmdn. zum Fressen gern haben** like sb. so much one could eat him/her. **2.** *unr. itr. V.* **a)** *(von Tieren)* feed; **friß, Vogel, oder stirb!** *(fig.)* you've got no option; **b)** *(zerstören)* **an etw.** *(Dat.)* **~:** ⟨*rust*⟩ eat away at sth.; ⟨*fire*⟩ begin to consume sth.; **Ärger und Sorgen fraßen an ihm** irritation and worry gnawed at him; **c)** *(derb: von Menschen)* stuff oneself *or* one's face *(sl.)*; **er frißt für drei** he eats enough for three. **3.** *unr. refl. V.* **sich durch/in etw.** *(Akk.)* **~:** eat one's way through/into sth.

**Fressen das; ~s a)** *(Futter) (für Hunde, Katzen usw.)* food; *(für Vieh)* feed; **b)** *(derb, oft abwertend: Essen)* grub *(sl.)*; **das ist ein gefundenes ~ für sie** *(fig.)* that's just what she needed; that's a real gift for her; **erst kommt das ~, dann kommt die Moral** you can't moralize on an empty stomach

**Fresser der; ~s, ~ a)** *(Tier)* **ein guter/langsamer ~:** a good/slow eater; **b)** *(derb: Mensch)* hungry mouth to feed

**-fresser der; ~s, ~** *(ugs. abwertend)* **Kommunisten~:** Communist-hater

**Fresserei die; ~, ~en** *(derb abwertend)* guzzling; stuffing; **eine große ~:** a big blow-out *(sl.)*

**freß-, Freß-: ~gier die** *(abwertend) (bei Tieren)* voracity; *(bei Menschen)* greed; gluttony; **~gierig** *Adj.* voracious ⟨*animal*⟩; greedy, gluttonous ⟨*person*⟩; **~korb der** *(ugs.)* **a)** *(Verpflegungskorb)* picnic basket; **b)** *(Geschenkkorb)* hamper; **~lust die;** *o. Pl. (ugs.)* desire for food; **~napf der** feeding-bowl; **~paket das** *(ugs.)* food parcel; **~sack der** *(derb)* greedy pig *(sl.)*; **~sucht die;** *o. Pl.* [morbid] craving for food; **~trog der** [feeding-]trough; **~welle die** *(scherzh.)* wave of gluttony *or* overeating; **~werk·zeuge** *Pl. (Zool.)* trophi

**Frettchen** ['frɛtçən] **das; ~s, ~** *(Zool.)* ferret

**Freude** ['frɔydə] **die; ~, ~n a)** joy; *(Vergnügen)* pleasure; *(Wonne)* delight; **~ an etw.** *(Dat.)* **haben** take pleasure in sth.; **~ am Leben haben** enjoy life; **die ~ an der Natur** enjoyment of nature; **das war eine große ~ für uns** that was a great pleasure for us; **eine wahre/reine ~:** a real pleasure *or* joy; **das war nicht gerade eine reine ~ für mich** it was not exactly fun for me; **jmdm. eine ~ machen** *od.* **bereiten** make sb. happy; **etw. aus lauter** *od.* **reiner ~ tun** do sth. out of sheer joy; *(aus Spaß)* do sth. just for the pleasure of it; **vor ~ hüpfen/in die Hände klatschen** jump for joy/clap one's hands with joy; **zu unserer ~:** to our delight; **zu meiner ~ kann ich Ihnen mitteilen, daß ...:** I am pleased to be able to inform you that ...; **jmdm. die ~ verderben** spoil sb.'s enjoyment; **seine helle ~ an etw.** *(Dat.)* **haben** be delighted about sth.; **herrlich und in ~n leben** live happily; **geteilte ~ ist doppelte ~** *(Spr.)* a pleasure shared is a pleasure doubled; **Freud und Leid** *(geh.)* joy and sorrow; **mit ~n** with pleasure; **b)** *Pl. (Annehmlichkeit)* **die ~n des Alltags/der Liebe** the pleasures of everyday life/the joys of love

**Freuden-: ~botschaft die** glad news; **~fest das** celebration; **ein ~fest feiern** hold a celebration; **~feuer das** bonfire; **~gebrüll das, ~geheul das, ~geschrei das** cries *or* shouts of joy *pl.*; **~haus das** house of pleasure; **~mädchen das** *(verhüll.)* woman of easy virtue; **~rausch der** transport of joy; **~schrei der** cry *or* shout of joy; **einen ~schrei ausstoßen** shout for joy;

**~spender der** *(geh.)* source of pleasure; **~sprung der** joyful leap; **einen ~sprung machen** jump for joy; **~tag der** joyous *or* happy day; **~tanz der** *in* **einen [wilden** *od.* **wahren] ~tanz aufführen** *od.* **vollführen** dance for joy; **~taumel der** transport of delight *or* joy; **~träne die;** *meist Pl.* **~tränen weinen** *od.* **vergießen** cry *or* weep tears of happiness *or* joy

**freude-: ~strahlend** *Adj.* beaming with joy; radiant with joy; **mit ~strahlendem Gesicht** beaming with delight *or* joy; **~trunken** *Adj. (dichter.)* delirious with joy

**Freudianer** [frɔy'di̯a:nɐ] **der; ~s, ~:** Freudian

**freudianisch** *Adj.* Freudian

**freudig 1.** *Adj.* **a)** joyful, happy ‹*face, feeling, greeting*›; joyous ‹*heart*›; **in ~er Erwartung** in joyful anticipation; **b)** *(erfreulich)* delightful ‹*surprise*›; **ein ~es Ereignis** *(verhüll.)* a happy event; **eine ~e Nachricht** good news; glad tidings *(literary)*. **2.** *adv.* **~ erregt** happy and excited; **von etw. ~ überrascht sein** be surprised and delighted about sth.; **etw. ~ tun** do sth. gladly *or* with pleasure; **etw. ~ erwarten** look forward to sth. with pleasure; **jmd./etw. ~ begrüßen** give sb./sth. a warm welcome; **~ arbeiten/seine Pflicht tun** work cheerfully/do one's duty willingly

**-freudig** *Adj.* **a)** *(Freude an etw. zeigend)* **lese~:** fond of reading; **b)** *(schnell bereit, etw. zu tun)* **experimentier~/kauf~:** keen *or* eager to experiment/buy; **beifalls~/entscheidungs~:** very ready to applaud/take decisions

**Freudigkeit die; ~:** joyfulness; *(Begeisterung)* enthusiasm

**freud·los 1.** *Adj.* joyless ‹*days, existence*›; cheerless ‹*surroundings*›. **2.** *adv.* joylessly; **~ arbeiten** work unenthusiastically

**Freudsch** [frɔytʃ] *Adj.* Freudian

**freud·voll 1.** *Adj.* joyful; joyous; happy. **2.** *adv.* joyfully; joyously; happily

**freuen** ['frɔyən] **1.** *refl. V.* be pleased *or* glad (**über** + *Akk.* about); *(froh sein)* be happy; **ich freue mich über das Geschenk** I am pleased with the present; **sich zu früh ~:** get carried away *or* rejoice too soon; **sich an jmdm./etw. ~** *(geh.)* take pleasure in sb./sth.; **sich auf etw.** *(Akk.)* **~:** look forward to sth.; **sich auf jmdn. ~:** look forward to seeing sb.; **sich mit jmdm. ~:** rejoice with sb.; **sich für jmdn. ~:** be pleased *or* glad for sb.; **ich freue mich, Ihnen mitteilen zu können, daß ...:** I am pleased to be able to inform you that ... **2.** *tr. V.* please; **es freut mich, daß ...:** I am pleased *or* glad that ...; **freut mich!** pleased to meet you; **es hat mich aufrichtig gefreut, Ihre Bekanntschaft zu machen** I'm delighted *or* very pleased to have met you; **das hat ihn sehr gefreut** he was very pleased about it

**freund** [frɔynt] *Adj.; nicht attr. (geh. veralt.)* **jmdm. ~ sein/bleiben** be/remain friends with sb.; **jedem Menschen ~ sein** be a friend to all men

**Freund der; ~es, ~e a)** friend; **unter ~en sein** be among friends; **jmdn. zu seinen ~en rechnen** regard *or* count sb. as a friend; **~e in der Not gehen hundert** *od.* **tausend auf ein Lot** *(Spr.)* friends are hard to find when you really need them; **~ und Feind** friend and foe; **dicke ~e sein** *(ugs.)* be bosom pals *or* buddies *(coll.)*; **du bist mir ja ein feiner ~!** *(iron.)* you're a fine friend; **b)** *(Verehrer, Geliebter)* boy-friend; *(älter)* gentleman-friend; **c)** *(Anhänger, Liebhaber)* lover; **ein ~ der Musik/Kunst/des Weines** a lover of music/art/wine; **ich bin kein ~ von großen Worten** *(fig.)* I am not one for fine words; **d)** *(Anrede)* **~[e]!** my friend[s]!; **hallo, alter ~!** hello, old friend

**Freundchen das; ~s, ~** *(Anrede; [scherzh.] drohend)* my friend

**Freundes-: ~hand die** *(geh.)* hand of friendship; **~kreis der** circle of friends; **im engen ~kreis** among close friends; **~treue die** *(geh.)* loyalty as a friend

**Freund-Feind-Denken das** us-and-them attitude

**Freundin die; ~, ~nen a)** friend; **b)** *(Geliebte)* girl-friend; *(älter)* lady-friend

**freundlich 1.** *Adj.* **a)** *(liebenswürdig)* kind ‹*face*›; kind, friendly ‹*reception*›; friendly ‹*smile*›; fond ‹*farewell*›; **zu jmdm. ~ sein** be kind to sb.; **er war so ~, mir zu helfen** he was kind *or* good enough to help me; **würden Sie so ~ sein, mir den Weg zum Bahnhof zu zeigen?** would you be so kind *or* good as to show me the way to the station?; **bitte recht ~!** smile, please! ; **b)** *(angenehm)* pleasant ‹*weather, surroundings*›; pleasant, congenial ‹*atmosphere*›; pleasant, mild ‹*climate*›; **eine ~e Stimmung/Tendenz an der Börse** *(Kaufmannsspr.)* a favourable mood/trend on the Stock Exchange; **c)** *(freundschaftlich)* friendly, amiable ‹*person, manner*›; friendly ‹*disposition, attitude, warning*›. **2.** *adv.* **a)** *(freundschaftlich)* **jmdn. ~ anhören/begrüßen** listen to/greet sb. amiably; **jmdm. ~ danken** thank sb. kindly; **jmdm. ~ gesinnt sein** be well-disposed towards sb.; **b)** *(angenehm)* **die Morgensonne schien ~ in das Zimmer** the morning sun cast its friendly light into the room

**-freundlich** *adj.* **a)** *(wohlgesinnt)* pro-; **regierungs~:** pro-government; **presse~:** friendly to the press *postpos.*; **b)** *(-gerecht)* **familien~/fußgänger~:** catering for the interests of families/pedestrians *postpos., not pred.*; **haut~:** kind to the skin *postpos.*; **benutzer~:** user-oriented

**freundlicher·weise** *Adv.* kindly; **sie hat mich ~ mit dem Auto mitgenommen** she was kind enough to take me in the car

**Freundlichkeit die; ~, ~en a)** *(Liebenswürdigkeit, Gefälligkeit)* kindness; **würden Sie die ~ haben, mit uns mitzukommen?** would you be so kind as to come with us?; **jmdm. ein paar ~en sagen** to make a few kind remarks to sb.; **jmdm. ~en erweisen** show kindness to sb.; be kind to sb.; **b)** *o. Pl. (angenehme Art)* pleasantness; friendliness; *(eines Zimmers, Hauses)* cheerfulness

**freund·nachbarlich** *Adj.* good-neighbourly

**Freundschaft die; ~, ~en a)** friendship; **die ~ zwischen uns/ihnen** the friendship between us/them; **mit jmdm. ~ schließen** make *or* become friends with sb.; **jmdm. etw. in aller ~ sagen** tell sb. sth. as a friend; **b)** *o. Pl. (DDR: Gruß der FDJ)* **~!** *greeting of the Free German Youth organization;* **c)** *(DDR: Pioniergruppe) school branch of the Pioneer organization*

**freundschaftlich 1.** *Adj.* friendly; amicable; **ein ~er Hinweis** a friendly piece of advice; **mit jmdm. auf ~em Fuße stehen** be on friendly *or* amicable terms with sb. **2.** *adv.* in a friendly way; amicably; **jmdm. ~ auf die Schulter klopfen** give sb. a friendly pat on the shoulder

**Freundschafts-: ~bande** *Pl. (geh.)* bonds of friendship; **~besuch der** *(bes. Politik)* goodwill visit; **~bezeigung die; ~, ~en** *(geh.)* gesture of friendship; **~dienst der** service rendered out of friendship; **jmdm. einen ~dienst erweisen** render sb. a service out of friendship; **~pakt der** *(Politik)* pact of friendship; **~preis der: etw. zu einem ~preis verkaufen** sell sth. at a specially reduced price; **~ring der** ring given as a token of friendship; **jmdm. einen ~ring schenken** give sb. a ring as a token of friendship; **~spiel das** *(Sport)* friendly match *or* game; friendly *(coll.)*; **~treffen das** *(bes. DDR)* friendly meeting; **~vertrag der** *(Politik)* treaty of friendship

**Frevel** ['fre:fl̩] **der; ~s, ~** *(geh., veralt.)* crime; outrage; **einen ~ an jmdm./etw. begehen** commit a crime against sb./sth.; **~ gegen Gott** sacrilege

**frevelhaft** *(geh.)* **1.** *Adj.* wicked ‹*deed, rebellion, person*›; criminal ‹*stupidity*›. **2.** *adv.* wickedly

**freveln** *itr. V. (geh.)* **an jmdm./gegen etw. ~:** commit a crime against sb./sth.; **gegen das Gesetz ~:** violate the law

**Frevel·tat die** *(geh.)* wicked deed; heinous crime

**freventlich** ['fre:fn̩tlɪç] *Adj. (veralt.) s.* **frevelhaft**

**Frevler der; ~s, ~, Frevlerin die; ~, ~nen** evil-doer; wicked person; *(gegen Gott)* sacrilegious person; *(Lästerer)* blasphemer

**frevlerisch** *Adj. s.* **frevelhaft**

**friderizianisch** [frideri'tsi̯a:nɪʃ] of Frederick the Great *postpos., not pred.*

**Friede** ['fri:də] **der; ~ns, ~n a)** *(älter, geh.) s.* **Frieden; b)** *(geh.)* **~ sei mit euch** peace be with you; **~ seiner Asche** *(Dat.)* God rest his soul; **~ auf Erden** peace on earth; **ruhe in ~n** Rest in Peace

**Frieden der; ~s, ~ a)** peace; **[mit dem Feind] ~ schließen** make peace [with the enemy]; **mit jmdm. ~ schließen** make one's peace with sb.; **mitten im ~:** in the middle of peace-time; **der eheliche/häusliche ~:** marital/domestic peace; **zwischen Gegnern ~ stiften** make peace between opponents; **um des lieben ~s willen** for the sake of peace and quiet; **er kann keinen ~ finden** he can find no peace; **der ~ der Natur** the peace *or* tranquillity of nature; **laß mich in ~!** *(ugs.)* leave me in peace!; leave me alone!; **seinen ~ mit jmdm. machen** make one's peace with sb.; **ich traue dem ~ nicht** *(ugs.)* it's too good to be true; **b)** *(Friedensschluß)* peace settlement; **den ~ diktieren** dictate the terms for peace *or* the terms of the peace settlement

**friedens-, Friedens-: ~angebot das** peace offer; **~apostel der** *(spött.)* peacemaker; **~appell der, ~auf·ruf der** appeal for peace; **einen ~appell** *od.* **~aufruf an die Völker richten** call upon the nations to make peace; **~bedingungen** *Pl.* peace terms; terms for peace; **~bemühungen** *Pl.* efforts to bring about peace; **~bewegung die** peace movement; **~bruch der** violation of the peace; **~demonstration die** peace demonstration; **~diktat das** dictated peace terms *pl.*; **das ~diktat der Siegermächte** the peace terms dictated by the victorious nations; **~engel der** angel of peace *(poet.)*; messenger of peace; **~fahrt die** *(DDR)* Peace Race; **~forschung die** peace studies *pl., no art.*; **~freund der** lover of peace; **~fürst der** *(bibl.)* Prince of Peace; **~garantie die** guarantee of peace; **~gefährdend** *Adj.* representing a threat to peace *postpos., not pred.*; **~gespräche** *Pl.* peace talks; **~glocken** *Pl.* **die ~glocken läuten** the bells are ringing to proclaim the peace; **~göttin die** goddess of peace; **~grenze die** *(DDR) frontier serving as guarantee of peace, esp. Oder-Neisse-Line;* **~kämpfer der** pacifist; **~konferenz die** peace conference; **~kundgebung die** peace rally; **~kuß der** *(kath. Rel.)* kiss of peace; pax; **~lager das** *(DDR) bloc of peace-loving nations;* **~liebe die** love of peace; **~nobel·preis der** Nobel Peace Prize; **~pfeife die** pipe of peace; **mit jmdm. die ~pfeife rauchen** *(fig.)* make one's peace with sb.; **laßt uns die ~pfeife rauchen!** *(fig.)* let us make peace; **~pflicht die** *(Arbeitswelt) obligation on employers and unions to avoid conflicts resulting in industrial action while a/the wages agreement is in force;* **~politik die** policy of peace; **~richter der** *lay magistrate dealing with minor offences;* ≈ Justice of the Peace; **~schluß der** peace settlement; **nach dem ~schluß** after the peace settlement had been reached; ~**sehnsucht die** longing for peace; ~**sicherung die** peace-keeping; ~**stärke die** *(Milit.)* peace-time strength; ~**stifter der** peacemaker; ~**symbol das** symbol of peace; ~**taube die** dove of peace; ~**truppe die** peace-keeping force; ~**verhandlungen** *Pl.* peace negotiations; peace talks; ~**vertrag der** peace treaty; ~**wille der** desire for peace; ~**wirtschaft die** peace-time economy; ~**zeiten** *Pl.* peace-time *sing.*

**fried·fertig** *Adj.* peaceable ⟨*person, character*⟩; peaceful ⟨*intentions*⟩; **selig sind die Friedfertigen** *(bibl.)* blessed are the peace-makers

**Fried·fertigkeit die;** ~: peaceableness

**Fried·hof der** cemetery; *(Kirchhof)* graveyard; churchyard

**Friedhofs-:** ~**gärtner der** cemetery gardener; ~**kapelle die** cemetery chapel; ~**ruhe die,** ~**stille die** stillness *or* quiet of the graveyard; *(fig.)* deathly stillness; deathly quiet; ~**wärter der** cemetery attendant

**friedlich** ['fri:tlıç] **1.** *Adj.* **a)** *(nicht kriegerisch)* peaceful; **auf ~em Wege** by peaceful means; **b)** *(ruhig, verträglich)* peaceable, peaceful ⟨*character, person*⟩; peaceful, tranquil ⟨*life, atmosphere, valley*⟩; **sei ~!** *(ugs.)* be quiet!. **2.** *adv.* ⟨*live, sleep*⟩ peacefully; **einen Streit ~ schlichten/beilegen** settle an argument peaceably *or* peacefully

**Friedlichkeit die;** ~: peaceableness; peacefulness; *(der Atmosphäre, eines Tals)* peacefulness; tranquillity

**fried·liebend** *Adj.* peace-loving

**fried·los 1.** *Adj.* **a)** *(geh.: ruhelos)* **er entsagte der ~en Welt** he renounced the unquiet world; **b)** *(hist.: geächtet)* outlawed ⟨*person*⟩. **2.** *adv.* **a)** *(geh.: ruhelos)* **~ durchwanderte er die Welt** he wandered through the world, never finding peace; **b)** *(hist.: geächtet)* ⟨*live*⟩ as an outlaw

**Friedrich** ['fri:drıç] **(der)** Frederick; **~ der Große** Frederick the Great

**Friedrich Wilhelm der;** ~ ~s, ~ ~s *(ugs. scherzh.: Unterschrift)* monicker *(coll. joc.)*

**fried·voll** *Adj. (geh.)* peaceful; tranquil

**frieren** ['fri:rən] *unr. itr. V.* **a)** *(Kälte empfinden)* be *or* feel cold; **erbärmlich/sehr ~:** be freezing/terribly cold; **er fror an den Händen/Beinen** he had [freezing] cold hands/legs; **b)** *mit sein (ge~)* freeze; **das Wasser/der Boden ist gefroren** the water/the ground is *or* has frozen; **steif gefroren sein** be frozen stiff; **blau gefroren sein** be blue with cold; **c)** *(unpers.: Kälte empfinden)* **mich/ihn/sie friert [es]** I am/he/she is cold; **d)** *(unpers.: ge~)* **es friert/hat gefroren** it is/was freezing; *s. auch* **Stein**

**Fries** [fri:s] **der;** ~**es,** ~**e** *(Archit., Textilw.)* frieze

**Friese** ['fri:zə] **der;** ~**n,** ~**n** [East] Frisian

**friesisch** *Adj.* [East] Frisian

**frigid[e]** [fri'gi:d(ə)] *Adj.* frigid

**Frigidität** [frigidi'tɛ:t] **die;** ~: frigidity

**Frikadelle** [frika'dɛlə] **die;** ~, ~**n** rissole

**Frikandeau** [frikan'do:] **das;** ~**s,** ~**s** *(Kochk.)* fricandeau

**Frikassee** [frika'se:] **das;** ~**s,** ~**s** *(Kochk.)* fricassee; **aus jmdm. ~ machen** *(salopp, scherzh.)* make mincemeat of sb. *(coll.)*

**frikassieren** *tr. V.* fricassee

**Frikativ** [frika'ti:f] **der;** ~**s,** ~**e** *(Sprachw.)* fricative

**Friktion** [frık'tsio:n] **die;** ~, ~**en** friction

**frisch** [frıʃ] **1.** *Adj.* **a)** fresh; new-laid ⟨*egg*⟩; fresh, clean ⟨*linen*⟩; clean ⟨*underwear*⟩; wet ⟨*paint*⟩; **~e Luft schöpfen** *od.* *(ugs.)* **schnappen** get some fresh air; **mit ~en Kräften** with renewed strength; **~en Mut fassen** take heart again; **sich ~ machen** freshen oneself up; **jmdn. auf ~er Tat ertappen** catch sb. red-handed; **die Erinnerung daran ist noch ganz ~:** the memory of it is still quite fresh [in sb.'s mind]; **b)** *(munter)* fresh; **~ und munter sein** *(ugs.)* be bright and cheerful; **~, fromm, fröhlich, frei** fresh, pious, cheerful, free *(motto of 19th century physical education enthusiasts)*; **c)** *(kühl)* fresh ⟨*wind, breeze*⟩; chilly ⟨*night, air*⟩; **d)** *(leuchtend)* lively ⟨*colours*⟩. **2.** *adv.* freshly; **~ gelegte Eier** new-laid eggs; **~ gebackenes Brot/gefallener Schnee** freshly baked bread/fallen snow; **Bier, ~ vom Faß** beer straight from the barrel; **~ gewaschen sein** ⟨*person*⟩ have just had a wash; ⟨*garment*⟩ have just been washed; **~ rasiert sein** have just had a shave; **er kommt ~ von der Universität** he has come straight from the university; **er kommt ~ vom Friseur** he has just been to the hairdresser's; **~ geputzte Schuhe/ausgehobene Gräber/gestrichene Bänke** newly cleaned shoes/dug graves/painted seats; **„Vorsicht, ~ gestrichen!"** 'wet paint'; **etw. ~ verputzen lassen** have sth. replastered; **die Betten ~ beziehen** put fresh *or* clean sheets on the beds; **~ gewagt ist halb gewonnen** *(Spr.)* nothing ventured, nothing gained *(prov.)*

**frisch·auf** *Adv. (veralt.)* let us be off

**Frische die;** ~ **a)** freshness; **b)** *(Lebhaftigkeit, frisches Aussehen)* **jugendliche ~:** youthful freshness; **geistige ~:** mental alertness; **körperliche ~:** physical fitness; vigour; **in voller körperlicher und geistiger ~:** hale and hearty in mind and body; **in erstaunlicher ~:** with amazing sprightliness; **in rosiger ~:** with a rosy freshness; **bis morgen in alter ~!** *(ugs.)* see you tomorrow!; **c)** *(Kühle, Reinheit)* freshness; **~ für den ganzen Tag** all-day freshness; **d)** *(von Farben)* liveliness

**Frisch·ei das** new-laid egg

**frischen** *tr. V. (Hüttenw.)* refine

**frisch-, Frisch-:** ~**fisch der** fresh fish; ~**fleisch das** fresh meat; ~**gebacken** *Adj.; nicht präd. (ugs.)* **ein ~gebackenes Ehepaar** a newly-wed couple; newly-weds *pl.*; **ein ~gebackener Doktor** a newly-qualified doctor; *s. auch* **frisch 2;** ~**gemüse das** fresh vegetables *pl.*; ~**gewaschen** *Adj. (präd. getrennt geschrieben) s.* **frisch 2;** ~**gewicht das** weight when packed; ~**halte·beutel der** airtight bag; ~**halte·packung die** airtight pack; ~**käse der** curd cheese

**Frischling der;** ~**s,** ~**e a)** *(Jägerspr.)* young boar; **b)** *(scherzh.)* new boy *or* girl

**frisch-, Frisch-:** ~**luft die** fresh air; ~**luft·zufuhr die** fresh air supply; ~**milch die** fresh milk; ~**obst das** fresh fruit; ~**wasser das** fresh water; ~**weg** *Adv.* uninhibitedly; **~weg antworten** answer right away; ~**zelle die** *(Med.)* living cell; ~**zellen·therapie die** *(Med.)* Niehans's therapy

**Friseur** [fri'zø:ɐ̯] **der;** ~**s,** ~**e a)** hairdresser; *(Herren~)* hairdresser; barber; **b)** *(~salon) (für Frauen)* hairdresser's *(Brit.)*; beauty salon *(Amer.)*; *(für Herren)* hairdresser's; barber's; *s. auch* **Bäcker**

**Friseur·salon der** hairdressing *or* hairdresser's salon *(Brit.)*; *(für Frauen)* beauty salon *(Amer.)*; *(für Herren)* barber shop *(Amer.)*

**Friseuse** [fri'zø:zə] **die;** ~, ~**n** hairdresser

**Frisier·creme die** hair cream

**frisieren** [fri'zi:rən] *tr. V.* **a) jmdn./sich ~:** do sb.'s/one's hair; **sich ~ lassen** have one's hair done; **[sich** *(Dat.)***] die Haare ~:** do one's hair; **eine elegant frisierte Dame** an elegantly coiffured lady; **er war immer sorgfältig frisiert** he was always well-groomed; **b)** *(ugs.: verfälschen)* doctor ⟨*reports, statistics*⟩; fiddle *(coll.)* ⟨*accounts*⟩; **c)** *(Kfz-W.)* soup up *(coll.)* ⟨*engine, vehicle*⟩

**Frisier-:** ~**haube die** *(hood-type)* hair-drier; ~**kommode die** dressing-table; ~**salon der** *s.* **Friseursalon;** ~**spiegel der** dressing-table mirror; ~**stab der** curling-tongs *pl.*; ~**um·hang der** cape

**Frisör** *s.* **Friseur**

**Frisöse** *s.* **Friseuse**

**friß** [frıs] *Imperativ Sg. v.* **fressen**

**frißt** *2. u. 3. Pers. Sg. Präsens v.* **fressen**

**Frist** [frıst] **die;** ~, ~**en a)** *(Zeitspanne)* time; period; **die ~ für die Anmeldung läuft ab** the time allowed for registration is running out; **[sich** *(Dat.)***] eine ~ von 3 Wochen setzen** set [oneself] a time limit of 3 weeks; **die ~ verlängern** extend the deadline; **in kürzester ~:** within a very short time; **b)** *(begrenzter Aufschub)* extension; **jmdm. drei Tage [als] ~ geben** give sb. three days' time; **eine letzte ~ von einem Monat** a final extension of one month; **c)** *(Zeitpunkt)* date; deadline; **[bis] zu dieser ~:** by that date

**fristen** *tr. V.* **ein kümmerliches Dasein** *od.* **Leben ~:** eke out a wretched existence; barely manage to survive

**Fristen-:** ~**lösung die,** ~**regelung die** abortion limit

**frist-, Frist-:** ~**gemäß,** ~**gerecht** *Adj., adv.* within the specified time *postpos.*; *(bei Anmeldung usw.)* before the closing date *postpos.*; **wir bitten Sie um eine ~gerechte Wahrnehmung der Liefertermine** it is requested that delivery dates should be met; ~**los 1.** *Adj.* instant ⟨*dismissal*⟩; **2.** *adv.* without notice; **jmdn.** *od.* **jmdm. ~los kündigen, jmdn. ~los entlassen** dismiss sb. without notice; **jmdm. ~los die Wohnung kündigen** ask sb. to quit without notice; ~**verlängerung die** extension [of the/a time-limit]

**Frisur** [fri'zu:ɐ̯] **die;** ~, ~**en** hairstyle; hair-do *(coll.)*

**Friteuse** [fri'tø:zə] **die;** ~, ~**n** deep fryer

**fritieren** [fri'ti:rən] *tr. V.* deep-fry

**Frittate** [frı'ta:tə] **die;** ~, ~**n** *(bes. österr.)* pancake

**Fritte** ['frıtə] **die;** ~, ~**n** *(ugs.)* chip

**-fritze** ['frıtsə] **der;** ~**n,** ~**n** *(ugs., abwertend)* man

**frivol** [fri'vo:l] *Adj.* **a)** *(schamlos)* suggestive ⟨*remark, picture, etc.*⟩; risqué ⟨*joke*⟩; earthy ⟨*man*⟩; flighty ⟨*woman*⟩; **b)** *(leichtfertig)* frivolous; irresponsible

**Frivolität** [frivoli'tɛ:t] **die;** ~, ~**en a)** *o. Pl. s.* **frivol a:** suggestiveness; risqué nature; earthiness; flightiness; **b)** *(frivole Bemerkung)* risqué remark

**Frivolitäten·arbeit die** *(Handarb.)* tatting

**Frl.** *Abk.* **Fräulein**

**froh** [fro:] *Adj.* **a)** *(glücklich)* happy; cheerful ⟨*person, mood*⟩; **jmdn. ~ machen** make sb. happy; cheer sb. up; **~e Ostern** happy Easter; **~e Weihnachten** happy *or* merry Christmas; **~es Fest** happy Christmas/Easter *etc.*; **~en Herzens** with a glad heart; **b)** *(ugs.: erleichtert)* pleased, glad **(über +** *Akk.* about); **du kannst ~ sein, daß ...:** you can be thankful *or* glad that ...; **da bin ich aber ~ [, daß ...]** I am glad [that ...]; **seines Lebens nicht mehr ~ werden** not enjoy life any more; **der soll seines Lebens nicht mehr ~ werden** we'll make his life a misery; **c)** *nicht präd. (erfreulich)* good ⟨*news*⟩; happy ⟨*event*⟩

**froh-, Froh-:** ~**botschaft die;** *o. Pl. (geh.)* glad tidings *pl.*; ~**gelaunt** *Adj.* cheerful; ~**gemut 1.** *Adj.* happy; **2.** *adv.* happily; in good spirits

**fröhlich** ['frø:lıç] **1.** *Adj.* cheerful; happy; **~e Ostern** happy Easter; **~e Weihnachten** happy *or* merry Christmas; **eine ~e Gesellschaft** a happy crowd of people; **~es Treiben** merry-making; **~e Spiele** fun and games; **~e Tänze** dancing and merry-making. **2.** *adv. (unbekümmert)* blithely; cheerfully

**Fröhlichkeit die;** ~: cheerfulness; *(eines Festes, einer Feier)* gaiety

**froh·lọcken** *itr. V. (geh.)* **a)** *(Schadenfreude empfinden)* rejoice; gloat; **heimlich ~:** secretly rejoice; **b)** *(jubeln)* rejoice; exult; **frohlocket dem Herrn** sing joyfully unto the Lord

**Froh-: ~natur die a)** *o. Pl.* happy *or* cheerful nature; **b)** *(Mensch)* cheerful person; **~sinn der;** *o. Pl.* cheerfulness; gaiety

**fromm** [frɔm]; **frọmmer** *od.* **frömmer** ['frœmɐ], **frọmmst...** *od.* **frọ̈mmst... 1.** *Adj.* **a)** pious, devout ⟨*person*⟩*;* devout ⟨*Christian*⟩*;* **ein ~es Leben führen** lead a devout life; **~e Reden führen** talk piously; **b)** *(scheinheilig)* **ein ~er Augenaufschlag** a look of wide-eyed innocence; **~es Getue** pious affectation; **c)** *(wohlgemeint)* **eine ~e Lüge** a white lie; **einer ~en Täuschung unterliegen** deceive oneself; **ein ~er Wunsch** a pious hope; **d)** *(brav)* docile; **~ wie ein Lamm** meek as a lamb; **e)** *(veralt.: rechtschaffen)* worthy ⟨*person*⟩. **2.** *adv. (gläubig)* piously; *(brav)* docilely; **~ und rechtschaffen leben** *(veralt.)* live a worthy life

**Frömmel<u>ei</u> die; ~, ~en** *(abwertend)* **a)** *o. Pl.* affected piety; **b)** *(Handlung)* sanctimonious act; **~en** sanctimonious behaviour *sing.*

**frömmeln** ['frœml̩n] *itr. V. (abwertend)* affect piety; **eine ~de Betschwester** an overpious woman; **~des Geschwätz** sermonizing

**frọmmen** *itr. V. (unpers.) (veralt.)* **das frommt uns [nicht]** it will avail us [nothing]; *s. auch* **Nutz**

**frọ̈mmer** *s.* **fromm**

**Frömmigkeit** ['frœmɪçkait] **die; ~:** piety; devoutness

**Frömmler** ['frœmlɐ] **der; ~s, ~** *(abwertend)* [pious] hypocrite

**frọ̈mmst ...** *s.* **fromm**

**Fron** [fro:n] **die; ~, ~en a)** *(hist.)* corvée; **schwere ~ leisten** do hard forced labour; **b)** *(geh.: aufgezwungene Mühsal)* drudgery

**Fro̱n·arbeit die** *s.* **Fron a**

**Fronde** ['frõ:də] **die; ~, ~n** *(geh.)* [political] faction

**Fro̱n·dienst der a)** *s.* **Fron a; b)** *(schweiz.)* voluntary work

**fro̱nen** *itr. V.* **a)** *(hist.)* do forced labour; **b)** *(geh.: unter Zwang arbeiten)* slave; toil

**frönen** ['frø:nən] *itr. V. (geh.)* **einer Neigung/einem Laster ~:** indulge an inclination/in a vice; **dem Alkohol ~:** indulge one's craving for alcohol; **einem Hobby ~:** devote oneself to a hobby

**Fron·le̱ichnam** *o. Art.* [the feast of] Corpus Christi

**Fronle̱ichnams·prozession die** Corpus Christi procession

**Front** [frɔnt] **die; ~, ~en a)** *(Gebäude~)* front; façade; **b)** *(Kampfgebiet)* front [line]; **an die ~ gehen** go to the front; **er war an der ~:** he fought at the front; **c)** *(Milit.: vorderste Linie)* front line; **auf breiter ~:** on a broad front; **in vorderster ~ kämpfen** fight at the very front; **die ~en haben sich verhärtet** *(fig.)* attitudes have hardened; **zwischen die ~en geraten** *(fig.)* be caught in the crossfire; **an zwei ~en kämpfen** *(fig.)* fight on two fronts; **klare ~en schaffen** clarify one's position; **d)** *(Milit.: einer Truppe)* **die ~ abnehmen/abschreiten** inspect the troops/guard of honour *etc.;* **gegen jmdn./etw. ~ machen** *(fig.)* make a stand against sb./sth.; **e)** *(Sport)* **in ~ [liegen]** [be] in front *or* in the lead; **in ~ gehen** go in front; **die Mannschaft lag mit 5:0 in ~:** the team was leading 5-0; **f)** *(Gruppe)* front; **die Nationale ~** *(DDR)* the National Front; **g)** *(Met.)* front

**Fro̱nt·abschnitt der** *(Milit.)* sector of the front

**frontal** [frɔn'ta:l] **1.** *Adj.; nicht präd.* **a)** *(von vorn)* head-on ⟨*collision*⟩; **b)** *(nach vorn)* frontal ⟨*attack*⟩. **2.** *adv.* ⟨*collide*⟩ head-on; ⟨*attack*⟩ from the front

**Fronta̱l-: ~an·griff der** frontal attack; **zum ~angriff übergehen** go over into a frontal attack; **~unterricht der** *(Päd.)* teacher-centred teaching; **~zusammenstoß der** head-on collision

**Fro̱nt-: ~an·trieb der** *(Kfz-W.)* front-wheel drive; **~begradigung die** *(Milit.)* straightening of the front; **~bericht der** *(Milit.)* report *or* dispatch from the front; **~dienst der** *(Milit.)* front-line service; service at the front; **~ein·satz der** *(Milit.)* front-line action; **~erfahrung die** *(Milit.)* experience of the front

**Frontispiz** [frɔnti'spi:t̮s] **das; ~es, ~e a)** *(Archit.)* pediment; frontispiece; **b)** *(Buchw.)* frontispiece

**Fro̱nt-: ~kämpfer der** *(Milit.)* front-line soldier; **~linie die** *(Milit.)* front line; **~scheibe die** windscreen (Brit.); windshield *(Amer.);* **~seite die** front page; **~soldat der** *(Milit.)* front-line soldier; **~stellung die a)** *(entschiedene Gegnerschaft)* hostile stance; **b)** *(Fechten)* guard position; **~urlaub der** *(Milit.)* leave from the front; **~wechsel der** *(fig.)* U-turn; volte-face

**fror** [fro:ɐ̯] *1. u. 3. Pers. Sg. Prät. v.* **frieren**

**Frosch** [frɔʃ] **der; ~[e]s, Frösche** ['frœʃə] **a)** frog; **einen ~ in der Kehle** *od.* **im Hals haben** have a frog in one's throat; **sei kein ~** *(ugs.)* don't be a spoilsport; **b)** *(Musik)* nut; **c)** *s.* **Knallfrosch**

**Fro̱sch-: ~auge das** (frog's) eye; **[richtige] ~augen haben** *(fig.)* have [real] goggle-eyes; **~hüpfen das** leap-frog; **~klemme die** *(Technik)* stone tongs; nippers *pl.;* **~könig der** Frog Prince; **~laich der** frog-spawn; **~löffel der** *(Bot.)* water plantain; **~lurch der** *(Zool.)* anuran; salientian; **~mann der;** *Pl.* **~männer** frogman; **~perspektive die** worm's-eye view; **etw. aus der ~perspektive fotografieren** make a low-angle shot of sth.; **etw. aus der ~perspektive betrachten** *(fig.)* take a very narrow view of sth.; **~schenkel der** frog's leg; **~teich der** frog-pond; **~test der** *(Med.)* male frog test

**Frost** [frɔst] **der; ~[e]s, Fröste** ['frœstə] **a)** frost; **es herrscht** *od.* **ist [strenger] ~:** there is a [severe] frost; it is [very] frosty; **b)** *(Kälteempfindung)* fit of shivering

**fro̱st-, Fro̱st-: ~anfällig** *Adj.* sensitive *or* susceptible to frost *postpos.;* **~auf·bruch der** frost damage *no indef. art.;* **wegen der ~aufbrüche** because of the frost damage; **~beständig** *Adj.* frost-resistant; **~beule die** chilblain; **~boden der** frozen soil; *(ständig)* permafrost; **~ein·bruch der** sudden frost

**frösteln** ['frœstl̩n] *itr. V.* **a)** feel chilly; **vor Kälte/Müdigkeit ~:** shiver with cold/tiredness; **mich überkommt** *od.* **durchläuft ein Frösteln** I feel a sudden chill; **b)** *(unpers.)* **es fröstelt ihn, ihn fröstelt** he feels chilly

**fro̱sten** *tr. V. (fachspr.)* deep-freeze

**Fro̱ster der; ~s, ~:** freezing compartment

**fro̱st-, Fro̱st-: ~frei** *Adj.* **ein ~freier Winter** a winter without frost; **die Nacht war ~frei** there was no frost during the night; **~gefahr die;** *o. Pl.* danger of frost; **~grenze die** *(Met.)* 0 °C isotherm; *(Geol.)* frost line

**frostig** ['frɔstɪç] **1.** *Adj. (auch fig.)* frosty. **2.** *adv.* frostily; **sie lächelte ~:** she smiled frostily *or* icily; **jmdn. ~ empfangen** give sb. a frosty reception

**Fro̱stigkeit die; ~:** frostiness

**fro̱st-, Fro̱st-: ~klirrend** *Adj.* crisp and frosty; **~salbe die** chilblain ointment; **~schaden der** frost damage; **durch die vielen ~schäden** due to extensive frost damage; **~schutz der** frost protection; protection from frost; **~schutz·mittel das a)** frost protection agent; **b)** *(Kfz-W.)* anti-freeze; **~sicher** *Adj.* frost-proof; **~warnung die** *(Met.)* frost warning; **~wetter das** freezing weather; frost

**Frottee** [frɔ'te:] **das** u. **der; ~s, ~s** terry towelling

**Frotte̱e-: ~handtuch das** terry towel; **~kleid das** towelling dress

**Frottier-** [frɔ'ti:ɐ̯-] *s.* **Frottee-**

**frottieren** [frɔ'ti:rən] *tr. V.* rub; towel; **sich ~:** rub oneself down

**Frotzel<u>ei</u> die; ~, ~en** *(ugs.)* **a)** *o. Pl.* teasing; **b)** *(Bemerkung)* teasing remark

**frotzeln** ['frɔt̮sl̩n] **1.** *tr. V.* tease; **jmdn. wegen einer Sache ~:** tease sb. about sth.. **2.** *itr. V.* **über jmdn./etw. ~:** make fun of sb./sth.

**Frucht** [frʊxt] **die; ~, Früchte** ['frʏçtə] **a)** fruit; **Früchte tragen** *(auch fig.)* bear fruit; **Früchte ansetzen** start to fruit; **jmdm. wie eine reife ~ in den Schoß fallen** drop into sb.'s lap; **verbotene Früchte** *(fig.)* forbidden fruits; **die ~ ihres Leibes** *(fig. geh.)* the fruit of her womb; **b)** *(geh.: Ertrag)* fruit; **reiche Früchte tragen** bear rich fruit; **c)** *o. Pl. (landsch.: Getreide)* corn; crops *pl.;* **die ~ steht gut/schlecht [auf dem Halm]** the corn is coming on well/looks bad

**fru̱cht·bar** *Adj.* fertile ⟨*soil, field, man, woman*⟩; prolific ⟨*breed*⟩; fruitful ⟨*work, idea*⟩; fruitful, rewarding ⟨*conversation*⟩; **eine Idee** *usw.* **für etw. ~ machen** allow sth. to benefit from an idea *etc.*

**Fru̱chtbarkeit die; ~** *s.* **fruchtbar:** fertility; prolificness; fruitfulness

**Fru̱chtbarkeits·kult der** fertility cult

**fru̱cht-, Fru̱cht-: ~becher der a)** *(Eisbecher)* fruit sundae; **b)** *(Bot.)* cupule; **~blase die** *(Anat.)* amniotic sac; **~bonbon das** *od.* **der** fruit drop; **~bringend** *Adj.* fruitful; rewarding

**Früchtchen** ['frʏçtçən] **das; ~s, ~** *(ugs. abwertend: Tunichtgut)* good-for-nothing; **ein nettes/sauberes ~:** a right good-for-nothing

**Fru̱cht-: ~ein·waage die** net weight [of fruit]; **~eis das** fruit ice-cream

**fru̱chten** *tr. V.* **nichts ~:** be no use; be of no avail; **[bei jmdm.] nicht[s] ~:** have no effect [on sb.]

**Fru̱cht-: ~fleisch das** flesh; pulp; **~fliege die** fruit fly; **~folge die** *(Landw.)* rotation of crops

**fru̱chtig** *Adj.* fruity

**fru̱cht-, Fru̱cht-: ~joghurt der** *od.* **das** fruit yoghurt; **~kapsel die** *(Biol.)* capsule; **~knoten der** *(Bot.)* ovary; **~los** *Adj.* fruitless, vain ⟨*efforts*⟩; **alle Anstrengungen blieben ~los** all efforts proved in vain; **~losigkeit die; ~:** fruitlessness; **~presse die** fruit squeezer; **~saft der** fruit juice; **~salat der** fruit salad; **~säure die** fruit acid; **~stand der** *(Bot.)* multiple fruit; **~wasser das** *(Anat.)* amniotic fluid; waters *pl.* *(coll.);* **~zucker der** fruit sugar; fructose

**Fructose** [frʊk'to:zə] **die; ~** *(Chemie)* fructose

**frugal** [fru'ga:l] **1.** *Adj.* frugal. **2.** *adv.* frugally

**früh** [fry:] **1.** *Adj.* **a)** early; **am ~en Morgen/Abend** early in the morning/evening; **von ~er Kindheit an** from early childhood; **b)** *(vorzeitig)* premature; **ein ~es Ende finden** come to an untimely end; **einen ~en Tod sterben** die an untimely *or* premature death. **2.** *adv.* early; **~ am Tage/morgens** early in the day/morning; **~ genug kommen** arrive in [good] time; **~er oder später** sooner or later; **heute/morgen/gestern ~:** this/tomorrow/yesterday morning; **um fünf Uhr ~:** at five o'clock in the morning; **von ~ bis spät** from morning till night; from dawn to dusk; *s. auch* **aufstehen; früher**

**frü̱h-, Frü̱h-: ~auf** *in* **von ~auf** from early childhood on[wards]; **~aufsteher der; ~s, ~:** early riser; early bird *(coll.);* **~beet das** cold frame; *(geheizt)* [heated] frame; **~christlich** *Adj.* early Christian; **~diagnose die** *(Med.)* early diagnosis; **~dienst der** early duty; *(im Betrieb)* early shift; **~dienst haben** be on early duty/shift

**Frühe die; ~: in der ~:** *(geh.)* in the early morning; **in aller ~:** at the crack of dawn
**Früh·ehe die** early marriage
**früher** ['fry:ɐ] **1.** *Adj., nicht präd.* **a)** *(vergangen)* earlier; former; **in ~en Zeiten** in the past; in former times; **aus ~en Zeiten/Jahrhunderten** from the past/from past centuries; **eine ~e Auflage** an earlier edition; **b)** *(ehemalig)* former ⟨*owner, occupant, friend*⟩. **2.** *adv.* formerly; **~ war er ganz anders** he used to be quite different at one time; **meine Bekannten von ~:** my former acquaintances; **ich kenne ihn [noch] von ~ [her]** I know him from some time ago; **diese Dinge waren ihm von ~ [her] vertraut** he had adready been familiar with such things; **an ~ denken** think back
**Früh·erkennung die** *(Med.)* early recognition *or* diagnosis
**frühestens** ['fry:əstn̩s] *Adv.* at the earliest; **~ in einer Woche/morgen** in a week/tomorrow at the earliest
**frühest·möglich** ['fry:əst'mø:klɪç] *Adj.; nicht präd.* earliest possible
**früh-, Früh-: ~geburt die a)** premature birth; **b)** *(Kind)* premature baby; **~gemüse das** early vegetables *pl.;* **~geschichte die;** *o. Pl.* ancient history; **die ~geschichte Europas** the early history of Europe; early European history; **~geschichtlich** *Adj.* **~geschichtliche Funde** finds dating back to early history; **aus ~geschichtlicher Zeit** dating back to early history; **~gottes·dienst der** early service; **~herbst der** early autumn; **~invalide der/die** premature invalid
**Früh·jahr das** spring; **im ~:** in spring
**Frühjahrs-: ~kollektion die** spring collection; **~messe die** *(Wirtsch.)* spring trade fair; **~müdigkeit die** springtime tiredness; **~putz der** spring-cleaning
**früh-, Früh-: ~kapitalismus der** early capitalism *no art.;* **~kapitalistisch** *Adj.* early capitalist; **~kartoffel die** early potato; **~kindlich** *Adj. (Psych.)* in early childhood *postpos.;* **~konzert das** [early] morning concert; **~kultur die a)** *(Geschichte)* early culture; **b)** *(Gartenbau)* forcing; **bei der ~kultur wachsen die Pflanzen schneller** when forced, plants grow more quickly
**Frühling** ['fry:lɪŋ] **der; ~s, ~e** spring; **im ~:** in [the] spring; **[im] ~ vergangenen/nächsten Jahres** last/next spring; in spring last/next year; **der ~ kommt** spring is coming; **vor dem nächsten ~:** before next spring; **im ~ 1979** in the spring of 1979; **im ~ des Lebens** *(geh.)* in the springtime of one's life; **seinen zweiten ~ erleben** *(fig. iron.)* relive one's youth
**frühlings-, Frühlings-: ~anfang der** first day of spring; **~gefühl das: ~gefühle haben/bekommen** *(ugs. scherzh.)* feel/get frisky *(coll.);* **~haft** *Adj.* springlike; **~lied das** song about spring; **~punkt der** *(Astron.)* vernal equinox; **~rolle die** *(Kochk.)* spring roll; **~tag der** spring day; **~wetter das** spring weather; **~zeit die;** *o. Pl. (geh.)* spring [time]; springtide *(literary)*
**früh-, Früh-: ~messe, ~mette die** *(kath. Kirche)* early [morning] mass; **~morgens** [-'--] *Adv.* early in the morning; **~nebel der** early morning fog/mist; **~neu·hoch·deutsch das** Early New High German; **~reif** *Adj.* precocious ⟨*child*⟩; early ⟨*fruit, vegetables*⟩; **~rente die** early retirement pension; **~rentner der** *person who has retired early;* **~rentner werden/sein** retire/have retired early; **~schicht die** early shift; **~schicht haben** be on the early shift; **~schoppen der** morning drink; *(um Mittag)* lunchtime drink; **~sommer der** early summer; **~sport der** early-morning exercise; **~stadium das** early stage; **im ~stadium** at an early stage; **~start der** *(Sport)* false start

**Früh·stück das; ~s, ~e a)** breakfast; **das erste ~:** breakfast; **das zweite ~:** mid-morning snack; **b)** *(ugs.: Pause)* morning break; coffee break
**frühstücken 1.** *itr. V.* breakfast; have breakfast; **gut/ausgiebig ~:** have a good/hearty breakfast. **2.** *tr. V.* **Brot/Eier ~:** breakfast on bread/eggs; have bread/eggs for breakfast
**Frühstücks-: ~brot das** sandwiches *pl.* [for morning snack]; **~fernsehen das** breakfast television; **~fleisch das** luncheon meat; **~kartell das** *(Wirtsch. Jargon)* informal, illegal cartel; **~pause die** morning break; coffee break; **~speck der** bacon; bacon rashers *pl.;* **~teller der** tea plate
**früh-, Früh-: ~verstorben** *Adj. (präd. getrennt geschrieben)* **seine ~verstorbene Mutter** his mother, who died young; **~vollendet** *Adj. (präd. getrennt geschrieben) (geh.)* **der ~vollendete Dichter Keats** the poet Keats, whose life ended so soon; **ein Frühvollendeter** one whose genius was cut off by his/her untimely death; **~warn·system das** early warning system; **~werk das** early work; *(gesamtes)* early works *pl.;* **~zeit die** *(einer Kulturstufe)* early period; *(eines Künstlers)* early life; **~zeitig 1.** *Adj.* **a)** *(früh)* early; **b)** *(vorzeitig)* premature; untimely ⟨*death*⟩; **der ~zeitige Winter** the early onset of winter; **2.** *adv.* **a)** *(früh)* early; *(im Leben, in der Entwicklung)* at an early stage; **das Verbrechen wurde ~zeitig aufgedeckt** the crime was uncovered at an early stage; **jmdn. ~zeitig benachrichtigen** let someone know in good time; **b)** *(vorzeitig)* prematurely; **~zug der** early [morning] train; **~zündung die** *(Technik)* pre-ignition
**Fruktose** *s.* **Fructose**
**Frust** [frʊst] **der; ~[e]s** *(ugs.)* frustration; **ihre Arbeit war der absolute ~:** her work was a real drag *(coll.);* **der große ~ überkam ihn** he began to feel really browned off *(coll.)*
**Frustration** [frʊstra'tsio:n] **die; ~, ~en** *(Psych.)* frustration
**frustrieren** [frʊs'tri:rən] *tr. V.* frustrate
**frustrierend** *Adj.* frustrating
**FS** *Abk.* **Fernschreiben**
**F-Schlüssel der** *(Musik)* bass clef; F-clef
**FU[B]** ['ɛf|'u:('be:)] **die; ~** *Abk.* **Freie Universität [Berlin]**
**Fuchs** [fʊks] **der; ~es, Füchse** ['fʏksə] **a)** fox; **dort sagen sich ~ und Hase** *od.* **die Füchse gute Nacht** *(scherzh.)* it's in the middle of nowhere *or* at the back of beyond; **b)** *(ugs.: schlauer Mensch)* **ein schlauer ~:** a sly *or* cunning devil; **c)** *(Fell, Pelz)* fox[-fur]; **d)** *(Pferd)* chestnut; *(heller)* sorrel; **e)** *(ugs.: rothaariger Mensch)* carrot-top; **f)** *(Tagfalter)* tortoise-shell; **g)** *(Studentenspr.) first-year member of a student fraternity*
**Fuchs·bau der;** *Pl.* **~baue** fox-den
**Füchschen** ['fʏksçən] **das; ~s, ~:** little fox
**fuchsen 1.** *tr. V.* annoy; vex. **2.** *refl. V.* **sich [über etw.** *(Akk.)***] ~:** be annoyed [about sth.]
**Fuchs-: ~falle die** fox trap; **~fell das** fox-fur
**Fuchsie** ['fʊksiə] **die; ~, ~n** *(Bot.)* fuchsia
**fuchsig** *Adj.* **a)** *(ugs.: wütend)* mad *(coll.);* furious; **b)** ginger ⟨*hair*⟩
**Füchsin** ['fʏksɪn] **die; ~, ~nen** vixen
**fuchs-, Fuchs-: ~jagd die** fox-hunt; *(Schleppjagd)* drag-hunt; **~loch das** *s.* **Fuchsbau; ~pelz der** fox-fur; **~rot** *Adj.* ginger; **~schwanz der a)** [fox's] brush; [fox] tail; **b)** *(Bot.)* amaranth; love-lies-bleeding; **c)** *(Werkzeug)* hand saw; **~teufels·wild** *Adj. (ugs.)* livid *(coll.);* hopping mad *(coll.)*
**Fuchtel** ['fʊxtl̩] **die; ~, ~n a)** *o. Pl. (ugs.: strenge Zucht)* **jmdn. unter der/seiner ~ haben/halten** have/keep sb. under one's thumb; **b)** *(österr.: zänkische Frau)* shrew

**fuchteln** *itr. V. (ugs.)* **mit etw. ~:** wave sth. about; **mit etw. vor jmds. Gesicht/Nase ~:** wave sth. in sb.'s face
**fuchtig** ['fʊxtɪç] *Adj. (ugs.)* mad *(coll.);* furious
**Fuder** ['fu:dɐ] **das; ~s, ~ a)** *(Wagenladung)* cart-load; **b)** *(ugs.: große Menge)* load *(coll.);* **c)** *(fachspr.: Weinfaß)* tun
**fuder·weise** *Adv. (ugs.)* by the ton; **er ißt das ~:** he eats tons of it
**fuffzehn** ['fʊf-] *(ugs.) s.* **fünfzehn**
**fuffzig** ['fʊftsɪç] *(ugs.) s.* **fünfzig**
**Fuffziger der; ~s, ~** *(ugs.)* fifty-pfennig piece; **ein falscher ~** *(salopp)* a real crook
**Fug** [fu:k] **der** *in* **mit ~ [und Recht]** rightly; justifiably
**[1]Fuge** ['fu:gə] **die; ~, ~n a)** joint; *(Zwischenraum)* gap; **der Stuhl/Tisch kracht in allen ~n** *(ugs.)* every joint in the chair/table creaks; **aus den ~n gehen** *od.* **geraten/sein** *(fig.)* be turned completely upside down *(fig.);* **b)** *(Sprachw.)* juncture
**[2]Fuge die; ~, ~n** *(Musik)* fugue
**fugen** ['fu:gn̩] *tr. V.* **a)** *(verbinden)* join, joint ⟨*timber*⟩; **b)** *(ausfüllen)* point ⟨*brickwork*⟩; grout ⟨*tiles*⟩
**fügen** ['fy:gn̩] **1.** *tr. V.* **a)** *(hinzu~)* place; set; **etw. zu etw. ~** *(fig.)* add sth. to sth.; **Wort an Wort ~:** string words together; **sie fügte Masche an Masche** she joined up the stitches one by one; **b)** *(geh.: zusammen~)* put together; **aus roten Ziegeln gefügt** built with red bricks; **lose gefügte Bretter** loosely jointed boards; **Bestandteile zu einem Ganzen ~** *(fig.)* join parts together to form a whole; **c)** *(geh.: bewirken)* ⟨*fate*⟩ ordain, decree; ⟨*person*⟩ arrange; **der Zufall hat es gefügt, daß ...:** fate decreed that ... **2.** *refl. V.* **a)** *(sich ein~)* **sich in etw.** *(Akk.)* **~:** fit into sth.; **im Garten fügte sich ein Beet an das andere** in the garden one flower-bed followed the next; **b)** *(gehorchen)* **sich ~:** fall into line; **sich jmdm./einer Sache** *(Dat.)* **~:** fall into line with sb./sth.; **er muß lernen, sich zu ~:** he must learn to toe the line; **sich in sein Schicksal ~:** submit to *or* accept one's fate; **c)** *(geh.: geschehen)* **es fügt sich gut, daß ...:** it is fortunate that ...; **die Umstände scheinen sich günstig zu ~:** circumstances seem to be favourable
**fugenlos 1.** *Adj.* smooth ⟨*concrete wall*⟩; **eine ~e Trockenmauer** a dry stone wall with no gaps. **2.** *adv.* **die Tür schließt ~:** the door fits exactly
**Fugen·zeichen das** *(Sprachw.)* juncture marker
**füglich** *Adv. (veralt.)* with reason; justifiably
**fügsam 1.** *Adj.* obedient. **2.** *adv.* obediently
**Fügsamkeit die; ~:** obedience
**Fügung die; ~, ~en a) eine ~ Gottes** divine providence; **eine ~ des Schicksals** a stroke of fate; **in etw.** *(Dat.)* **eine glückliche ~ sehen** see providence at work in sth.; **b)** *(Sprachw.)* construction
**fühlbar 1.** *Adj.* **a)** noticeable ⟨*lack, improvement, change, difference*⟩; **b)** *(wahrnehmbar)* perceptible ⟨*touch, sound*⟩. **2.** *adv.* **a)** noticeably; **b)** *(wahrnehmbar)* perceptibly
**fühlen** ['fy:lən] **1.** *tr., itr. V.* feel ⟨*pain, warmth, etc.*⟩; **jmdm. den Puls ~:** feel sb.'s pulse; **einen Drang/eine Kraft in sich** *(Dat.)* **~:** feel in oneself an urge/a strength; **jmdn. seine Verachtung ~ lassen** show sb. one's contempt; **[Mitleid] mit jmdm. ~:** feel [sympathy] for sb. **2.** *refl. V.* **sich krank/matt ~:** feel sick/weary; **sich bedroht/verfolgt ~:** feel threatened/persecuted; **sich zu jmdm. hingezogen/von jmdm. abgestoßen ~:** feel drawn to/repelled by sb.; **sich schuldig/betrogen ~:** feel guilty/betrayed; **sich zu etw. berufen ~:** feel called to be sth.; **sich zu etw. verpflichtet ~:** feel obliged *or* an obligation to do sth.; **sich als Künstler ~:** feel oneself

to be an artist; feel one is an artist; **der fühlt sich aber** *(ugs.)* he's really pleased with himself. **3.** *itr. V. (tastend prüfen)* **nach etw. ~:** feel for sth.

**Fühler der; ~s, ~ a)** *(Tentakel)* feeler; antenna; **seine/die ~ ausstrecken** put out feelers; **b)** *s.* **Meß~**

**Fühl[er]·lehre die** feeler gauge

**fühl·los** *Adj. (geh. veralt.)* unfeeling

**Fühlung die; ~:** contact; **mit jmdm. ~ bekommen/[auf]nehmen** get into contact with sb.; **mit einer Organisation/Regierung ~ haben** be in contact with an organization/a government

**Fühlungnahme die; ~:** initial contact; **die diplomatische ~ ist erfolgt** diplomatic contact has been established

**fuhr** [fu:ɐ̯] *1. u. 3. Pers. Sg. Prät. v.* **fahren**

**Fuhrbetrieb der** *s.* **Fuhrunternehmen**

**Fuhre** ['fu:rə] **die; ~, ~n a)** *(Wagenladung)* load; **eine ~ Sand/Kies** a load of sand/gravel; **b)** *(Transport) (Taxi)* fare; *(Laster)* trip; journey

**führen** ['fy:rən] **1.** *tr. V.* **a)** *(geleiten, bringen)* lead; **jmdn. an der Hand ~/zum Tisch ~:** lead sb. by the hand/to the table; **ein Tier an der Leine ~:** walk an animal on a lead; **jmdn. durch ein Haus/eine Stadt ~:** show sb. around a house/town; **jmdn. ins Theater/zu einem Ball ~:** take sb. to the theatre/to a ball; **durch das Programm führt [Sie] Klaus Frank** Klaus Frank will present the programme; **jmdn. auf die richtige Spur ~:** put sb. on the right track; **eine Klasse zum Abitur ~:** take a class through to Abitur level; **ein Land ins Chaos ~:** plunge a country into chaos; **b)** *(verkaufen)* stock, sell ⟨*goods*⟩; **c)** *(durch~)* **Gespräche/Verhandlungen ~:** hold conversations/negotiations; **ein Orts-/Ferngespräch ~:** make a local/long-distance call; **ein unruhiges Leben ~:** lead a turbulent life; **eine glückliche Ehe ~:** be happily married; **einen Prozeß [gegen jmdn.] ~:** take legal action [against sb.]; **d)** *(verantwortlich leiten)* manage, run ⟨*company, business, pub, etc.*⟩; lead ⟨*party, country*⟩; command ⟨*regiment*⟩; chair ⟨*committee*⟩; **eine Reisegruppe ~:** be courier to a group of tourists; **e)** *(gelangen lassen)* take; **die Straße/Reise führte uns durch einen Wald** the road/journey took us through a forest; **was führt Sie zu mir?** what brings you to me?; **f)** *(Amtsspr.)* drive ⟨*train, motor, vehicle*⟩; navigate ⟨*ship*⟩; fly ⟨*aircraft*⟩; **g)** *(bewegen)* **die Hand an die Mütze/Stirn ~:** raise one's hand to one's cap/forehead; **h)** *(verlaufen lassen)* take; **die neue Autobahn um die Stadt ~:** take the new motorway round the city; **i)** *(als Kennzeichnung, Bezeichnung haben)* bear; **etw. in seinem Wappen ~:** have *or* bear sth. on one's coat of arms; **das Auto führt das Kennzeichen ...:** the car bears the registration number ...; **das Schiff führt die schwedische Flagge** the ship is flying the Swedish flag; **einen Titel/Künstlernamen ~:** have a title/use a stage name; **den Titel „Professor" ~:** use the title of professor; **j)** *(angelegt haben)* keep ⟨*diary, list, file*⟩; **k)** *(befördern)* carry; **die Leitung führt Gas** the pipe carries gas; **der Lkw führt Kohle** the truck *or (Brit.)* lorry is carrying coal; **der Zug führt einen Speisewagen** the train has a dining-car; **der Fluß führt Hochwasser** the river is in flood; **l)** *(registrieren)* **jmdn. in einer Liste/Kartei ~:** have sb. on a list/on file; **in einer Liste geführt werden** appear on a list; **wir ~ hier keinen Müller** there is no Müller here; **m)** *(tragen)* **etw. bei** *od.* **mit sich ~:** have sth. on one; **eine Waffe/einen Ausweis bei sich ~:** carry a weapon/a pass; **n)** *(handhaben)* wield ⟨*weapon*⟩. **2.** *itr. V.* **a)** lead; **die Straße führt nach .../durch ...:** the road leads *or* goes to .../goes through ...; **die Brücke führt über den Bach** the bridge goes over the stream; **das Rennen führt über zehn Runden** the race is over ten laps; **das führt zu weit** *(fig.)* that would be taking things too far; **b)** *(an der Spitze liegen)* lead; be ahead; **nach Punkten ~:** be ahead on points; **in der Tabelle ~:** be the league leaders; be at the top of the league; **mit 3 : 1 ~:** be leading 3–1; **c)** *(ein Ergebnis haben)* **zu etw. ~:** lead to sth.; **zum Ziel ~:** bring the desired result; **das führt zu nichts** *(ugs.)* that won't get you/us *etc.* anywhere *(coll.)*. **3.** *refl. V.* **sich gut/schlecht ~:** conduct oneself *or* behave well/badly; **er wurde frühzeitig aus dem Gefängnis entlassen, weil er sich gut geführt hatte** he got remission for good behaviour

**führend** *Adj.* leading ⟨*politician, figure, role*⟩; high-ranking ⟨*official*⟩; prominent ⟨*position*⟩; **auf einem Gebiet/in einer Sache ~ sein** be a leader in a field/in sth.

**Führer der; ~s, ~ a)** *(Leiter)* leader; **der ~** *(ns.)* the Führer; **b)** *(Fremden~)* guide; **c)** *(Handbuch)* guide[book] **(durch** to); **d)** *(Amtsspr., schweiz.: Fahrer)* driver

**Führer-: ~befehl der** *(ns.)* Führer's order; **~eigenschaft die;** *meist Pl.* quality of leadership; **~hauptquartier das** *(ns.)* Führer's headquarters *pl.*; Hitler's headquarters *pl.*; **~haus das** driver's cab

**Führerin die; ~, ~nen** *s.* **Führer a, b, d**

**führer-, Führer-: ~kult der** leader cult; **~los 1.** *Adj.* **a)** *(ohne Anführer)* leaderless; **b)** *(ohne Lenker)* driverless ⟨*car*⟩; pilotless ⟨*aircraft*⟩; unmanned ⟨*boat*⟩; **2.** *adv.* **a)** *(ohne Anführer)* without a leader; **b)** *(ohne Lenker) s.* **1 b:** without a driver; without a pilot; unmanned; **~natur die a)** leader figure; **b)** *(Wesensart)* **er hat eine starke ~natur** he is clearly a born leader; **~persönlichkeit die** *s.* **~natur a; ~prinzip das** *(bes. ns.)* leadership principle

**Führerschaft die; ~:** leadership

**Führer-: ~schein der** driving licence *(Brit.)*; driver's license *(Amer.)*; **den ~schein machen** *(ugs.)* learn to drive; **jmdm. den ~schein entziehen** take away sb.'s licence; ban *or* disqualify sb. from driving; **~schein·entzug der** disqualification from driving; driving ban; **~sitz der** driving seat; driver's seat; **~stand der** driver's cab

**Führ·hand die** *(Boxen)* leading hand

**Fuhr-: ~lohn der** *(an die Spedition)* carriage charge; *(an den Fahrer)* carriage money; **~mann der;** *Pl.* **~leute a)** carter; *(einer Kutsche)* driver; **b)** *o. Pl. (Astron.)* **der ~mann** the Charioteer; **~park der** transport fleet

**Führ·ring der** *(Pferdesport)* paddock

**Führung die; ~, ~en a)** *o. Pl. s.* **führen 1 d:** management; running; leadership; command; chairmanship; **die politische ~ übernehmen** take over political control *or* the political leadership; **b)** *(Fremden~)* guided tour; **an einer ~ teilnehmen** go on a guided tour; **c)** *o. Pl. (führende Position)* lead; **auf einem Gebiet/in etw.** *(Dat.)* **die ~ haben** be leading *or* the leader/leaders in a field/in sth.; **in ~ liegen/gehen** *(Sport)* be in/go into the lead; **d)** *o. Pl. (Erziehung)* guidance; **eine feste ~:** a firm hand; firm guidance; **e)** *o. Pl. (leitende Gruppe)* leaders *pl.*; *(einer Partei)* leadership; *(einer Firma)* directors *pl.*; *(eines Regiments)* commanders *pl.*; **f)** *o. Pl. (Betragen)* conduct; **wegen guter ~ vorzeitig entlassen werden** get remission for good behaviour; **g)** *o. Pl. (eines Registers, Protokolls usw.)* keeping; **h)** *o. Pl. (das Handhaben von Waffen)* wielding; **i)** *o. Pl. (Amtsspr.) (eines Kfz)* driving; *(eines Flugzeugs)* flying; **j)** *o. Pl. (eines Titels usw.)* use; **k)** *(Technik)* guide

**Führungs-: ~an·spruch der** claim to leadership; **einen ~anspruch erheben** lay claim to the leadership; **~auf·gabe die** *(im Betrieb)* management function; *(Politik)* leadership function; **~gremium das** executive committee; **~kraft die** manager; **~krise die** *(Politik)* leadership crisis; *(Wirtsch.)* boardroom crisis; **~rolle die** role as leader; **~schiene die** *(Technik)* guide rail; **~spitze die** *(Politik)* top leadership; *(im Betrieb)* top management; **~stab der** *(Milit.)* high command; *(im Betrieb)* top management; **~tor das, ~treffer der** *(Sport) goal which puts the/a team in the lead;* **das ~tor erzielen** score the goal which puts one's team in the lead; **~wechsel der** *(Politik)* change of leadership; *(Wirtsch.)* change of director/directors; **~zeugnis das** *document issued by police certifying that holder has no criminal record*

**fuhr-, Fuhr-: ~unternehmen das** haulage business; **~unternehmer der** haulage contractor; **~werk das** cart *(drawn by horse[s], ox[en], etc.)*; *(veralt.: Wagen) (horse-drawn)* carriage; **~werken** *itr. V. (ugs.)* **mit etw. ~werken** wave sth. about; **sie ~werkte nervös mit ihrer Handtasche** she fumbled nervously with her handbag

**Fülle** ['fʏlə] **die; ~ a)** *(große Menge)* wealth; abundance; **eine ~ von Arbeit** an enormous amount of work; **in ~:** in plenty; in abundance; **b)** *(Intensität)* **die ganze ~ des Lebens** the fullness *or* richness of life; **die ~ seines Glücks** the extent of his happiness; **c)** *(Körper~)* corpulence; *(von Wein)* full-bodiedness; *(von Haar)* fullness; **zur ~ neigen** tend to corpulence; **sie ließ sich mit ihrer ganzen ~ auf das Sofa fallen** she let her whole weight drop on to the sofa

**füllen 1.** *tr. V.* **a)** *(vollmachen, an~)* fill; **eine Flasche/ein Glas [mit etw.] ~:** fill a bottle/a glass with sth.; **bis zum Rand gefüllt sein** be full to the brim; **der Saal ist bis auf den letzten Platz/halb gefüllt** the hall is completely/half full; *s. auch* **gefüllt 2; b)** *(fig.)* fill in ⟨*gap, time*⟩; **c)** *(mit einer Füllung versehen)* stuff ⟨*fowl, tomato, apple, mattress, toy*⟩; fill ⟨*tooth*⟩; *s. auch* **gefüllt 2; d)** *(schütten)* pour; **etw. in Flaschen ~:** bottle sth.; **etw. in Säcke ~:** put sth. into sacks; **e)** *(einnehmen)* fill ⟨*space etc.*⟩. **2.** *refl. V. (voll werden)* fill [up]; **sich mit etw. ~:** fill up with sth.

**Füllen das; ~s, ~** *(geh.)* foal

**Füller der; ~s, ~ a)** *(ugs.)* [fountain-]pen; **b)** *(Zeitungsw.)* filler

**Füll-: ~feder·halter der** fountain-pen; **~gewicht das** net weight; **~horn das** horn of plenty; *(fig.)* cornucopia

**füllig** *Adj.* corpulent, portly ⟨*person*⟩; ample, portly ⟨*figure*⟩; full ⟨*face*⟩; ample ⟨*bosom*⟩

**Füll-: ~masse die** filler; **~material das** *(Druckw.)* furniture; spacing material

**Füllsel** ['fʏlzl̩] **das; ~s, ~ a)** *(Lückenfüller)* padding; **b)** *(in Lebensmitteln)* filling; *(in Geflügel)* stuffing

**Füllung die; ~, ~en a)** *(in Geflügel, Paprika)* stuffing; *(in Pasteten, Kuchen)* filling; *(in Schokolade, Pralinen)* centre; *(in Kissen, Matratzen)* stuffing; **b)** *(Zahnmed.)* filling; **c)** *(Teil der Tür)* panel; **d)** *o. Pl. (das Vollmachen)* filling

**Füll·wort das;** *Pl.* **-wörter** filler; *(Sprachw., Literaturw.)* expletive

**fulminant** [fʊlmi'nant] *Adj.* brilliant

**Fummel** [fʊml̩] **der; ~s, ~** *(salopp)* **a)** rags *pl.*; **b)** *(von Transvestiten)* drag [outfit]; **im ~:** in drag

**Fummelei die; ~, ~en** *(ugs.)* **a)** twiddling; **das ist eine furchtbare ~:** it's terribly fiddly; **b)** *(Petting)* petting; groping *(coll.)*; **c)** *(Fußballjargon)* dribbling

**fummeln 1.** *itr. V.* **a)** *(ugs.: fingern)* fiddle; **an etw.** *(Dat.)* **~:** fiddle [around] with sth.; **nach etw. ~:** grope for *or* feel for sth.; **b)** *(ugs.: erotisch)* pet; **c)** *(Fußballjargon)* dribble. **2.** *tr. V.* **etw. in etw.** *(Akk.)***/aus etw. ~** *(ugs.)* get sth. in sth./out of sth.

**Fund** [fʊnt] **der; ~[e]s, ~e** *(auch Archäol.)* find; *(wissenschaftliche Entdeckung)* discovery

**Fundament** [fʊnda'mɛnt] **das; ~[e]s, ~e a)** *(Bauw.)* foundations *pl.*; **das ~ legen** *od.* **mauern** lay the foundations; **etw. bis auf die ~e abreißen** raze sth. to the ground; **etw. in seinen ~en erschüttern** *(fig.)* strike at the very foundations of sth.; **das ~ zu etw. legen** *(fig.)* lay the foundations for sth.; **an den ~en rütteln** *(fig.)* rock the very foundations; **b)** *(Basis)* base; basis; **ein solides ~ haben** have a solid base

**fundamental** [fʊndamɛn'ta:l] *Adj.* fundamental

**Fundamentalismus der; ~:** fundamentalism

**Fundamentalist der; ~en, ~en, Fundamentalistin die; ~, ~nen** fundamentalist; *s. auch* **-in**

**Fundamental·satz der** fundamental theorem

**fundamentieren** *tr. V. (Bauw.)* **ein Gebäude ~:** lay the foundations of a building; **schlecht fundamentiert sein** *(auch fig.)* have weak foundations

**Fund-: ~amt das** *(bes. österr.)*, **~büro das** lost property office *(Brit.)*; lost and found office *(Amer.)*; **~gegenstand der a)** *s.* **~sache; b)** *(Archäol.)* find; **~grube die** treasure-house

**Fundi** ['fʊndi] **der; ~s, ~s/die; ~, ~s** *(ugs.)* fundamentalist

**fundieren** [fʊn'di:rən] *tr. V.* **a)** *(geistig begründen, untermauern)* underpin; **ein wissenschaftlich fundierter Vortrag** a scientifically sound lecture; **b)** *(geh.: festigen)* sustain; **c)** *(finanziell sichern)* strengthen [financially]; **ein gut fundiertes Unternehmen** a [financially] sound business

**fündig** ['fʏndɪç] *Adj.* **~ sein** yield something; **~ werden** make a find; *(bei Bohrungen)* make a strike

**Fund-: ~ort der** place *or* site where sth. is/was found; **~sache die** article found; **~sachen** lost property *sing.*; **~stätte die, ~stelle die** *s.* **~ort; ~unterschlagung die** *(Rechtsw.)* larceny by finding

**Fundus** ['fʊndʊs] **der; ~, ~ a)** *(Requisition)* equipment store; **b)** *(Grundstock, -lage)* **einen [reichen] ~ von/an etw.** *(Dat.)* **haben** have a [rich] fund of sth.; **kein eigentlicher geistiger ~:** no real intellectual resources *pl.*

**fünf** [fʏnf] *Kardinalz.* five; **~[e] gerade sein lassen** *(fig. ugs.)* let sth. pass; **man muß manchmal ~[e] gerade sein lassen** *(ugs.)* one has to turn a blind eye sometimes; **es ist ~ Minuten vor zwölf** it is five minutes to twelve; **~ Minuten vor zwölf** *(fig.)* at the eleventh hour; at the last minute; *s. auch* **[1]acht; Finger b; Sinn a**

**Fünf die; ~, ~en** five; **eine ~ schreiben/bekommen** *(Schulw.)* get an E; *s. auch* **[1]Acht a, d, e, g; Zwei b**

**fünf-, Fünf-** (*s. auch* **acht-, Acht-**): **~akter** [-|aktɐ] **der; ~s, ~:** five-act play; **~eck das; ~s, ~e** pentagon; **~eckig** *Adj.* pentagonal; five-cornered

**Fünfer der; ~s, ~** *(ugs.)* **a)** *(Geldschein, Münze)* five; **b)** *(ugs.: Ziffer)* five; **c)** *(Lottogewinn)* five out of six; **d)** *(ugs.: Sprungturm)* five-metre board; *s. auch* **Achter c, d**

**fünferlei** *Gattungsz.; indekl.* **a)** *attr.* five kinds *or* sorts of; five different *attrib.* ‹*sorts, kinds, sizes, possibilities*›; **b)** *subst.* five [different] things

**fünf-, Fünf-: ~fach** *Vervielfältigungsz.* fivefold; quintuple; *s. auch* **achtfach; ~fache das;** *adj. Dekl.* five times as much; quintuple; *s. auch* **Achtfache; ~fältig** *Adj. (veralt.) s.* **~fach; ~flach das; ~s, ~e, ~flächner der; ~s, ~:** pentahedron; **~franken·stück das** five-franc piece; **~füßig** *Adj. (Verslehre)* five-foot; **~füßiger Jambus/Trochäus** iambic/trochaic pentameter; **~gang·getriebe das** five-speed gearbox; **~hebig** *Adj. (Verslehre) s.* **~füßig; ~hundert** *Kardinalz.* five hundred; *s. auch* **hundert; ~hundert·jahr·feier die** quincentenary; **~jahr[es]·plan der** five-year plan; **~jährig** *Adj. (~ Jahre alt)* five-year-old; *(~ Jahre dauernd)* five-year; *s. auch* **achtjährig; ~jährlich 1.** *Adj.* five-yearly; quinquennial; **2.** *adv.* every five years; *s. auch* **achtjährlich; ~kampf der** *(Sport)* pentathlon; **der moderne ~kampf** the Modern Pentathlon; **~kämpfer der, ~kämpferin die** *(Sport)* pentathlete; **~köpfig** *Adj.* ‹*family, crew*› of five; five-headed ‹*monster*›;

**Fünfling** ['fʏnflɪŋ] **der; ~s, ~e** quintuplet; quin *(coll.)*

**fünf-, Fünf-: ~mal** *Adv.* five times; *s. auch* **achtmal; ~malig** *Adj.; nicht präd.* **eine ~malige Wiederholung** five repeats; *s. auch* **achtmalig; ~markstück das** five-mark piece; **~meterplatt·form die** *(Wasserspringen)* five-metre platform; **~meter·raum der** *(Fußball)* goal area; **~pfennig·stück das** five-pfennig piece; **~prozentig** *Adj.* five per cent; **~prozent·klausel** *constitutional clause laying down that only parties with more than five per cent of the vote may be represented in parliament;* five per cent clause; **~seitig** *Adj.* five-page ‹*letter, leaflet*›; *s. auch* **achtseitig; ~silber der; ~s, ~:** *s.* **Fünfsilbler; ~silbig** *Adj.* five-syllable; pentasyllabic; **~silbler der; ~s, ~** *(Verslehre)* five-syllable line; **~stellig** *Adj.* five-figure ‹*number, sum*›; *s. auch* **achtstellig; ~stöckig** *Adj.* five-storey *attrib.*; *s. auch* **achtstöckig; ~strophig** [-ʃtro:fɪç] *Adj.* of five stanzas *or* verses *postpos., not pred.*

**fünft** [fʏnft] *in* **wir/sie waren zu ~:** there were five of us/them; *s. auch* **[2]acht**

**fünft...** *Ordinalz.* fifth; *s. auch* **acht...**

**fünf-, Fünf-: ~tage·woche die** five-day [working] week; **~tägig** *Adj.* five-day; *s. auch* **achttägig; ~tausend** *Kardinalz.* five thousand; *s. auch* **tausend**

**Fünfte der/die;** *adj. Dekl.* fifth; **Kaiser Karl V.** *od.* **der ~:** the Emperor Charles V; *s. auch* **Achte**

**fünfteilig** *Adj.* five-part; *s. auch* **achtteilig**

**fünftel** ['fʏnftl̩] *Bruchz.* fifth; *s. auch* **achtel**

**Fünftel das** (*schweiz. meist* **der**); **~s, ~:** fifth

**fünftens** ['fʏnftn̩s] *Adv.* fifthly; in the fifth place

**fünf-, Fünf-: ~tonner der; ~s, ~:** five-tonner; **~uhr·tee der** [afternoon] tea; **~viertel·takt** [-'---] **der** five-four time; **~zehn** *Kardinalz.* fifteen; *s. auch* **achtzehn; ~zehn·jährig** *Adj. (15 Jahre alt)* fifteen-year-old *attrib.*; *(15 Jahre dauernd)* fifteen-year *attrib.*; *s. auch* **achtjährig; ~zehnt...** *Ordinalz.* fifteenth; *s. auch* **acht...**

**fünfzig** ['fʏnftsɪç] *Kardinalz.* fifty; *s. auch* **achtzig**

**Fünfzig die; ~:** fifty

**fünfziger** *indekl. Adj.; nicht präd.* **die ~ Jahre** the fifties; *s. auch* **achtziger**

**[1]Fünfziger der; ~s, ~ a)** *(ugs.)* fifty-pfennig piece; **b)** *(50jähriger)* fifty-year-old; *s. auch* **[1]Achtziger b, c**

**[2]Fünfziger die; ~, ~** *(ugs.)* **a)** *(Briefmarke)* fifty-pfennig/shilling *etc.* stamp; **b)** *(Zigarre)* fifty-pfennig cigar

**[3]Fünfziger** *Pl.* fifties; *s. auch* **[3]Achtziger**

**fünfzig-, Fünfzig-: ~jährig** *Adj. (50 Jahre alt)* fifty-year-old *attrib.*; *(50 Jahre dauernd)* fifty-year *attrib.*; *s. auch* **achtjährig; ~pfennig·stück das** fifty-pfennig piece

**fünfzigst...** ['fʏnftsɪçst...] *Ordinalz.* fiftieth; *s. auch* **acht...; achtzigst...**

**fungieren** [fʊŋ'gi:rən] *itr. V.* **als etw. ~** ‹*person*› act as sth.; ‹*word etc.*› function as sth.

**Funk** [fʊŋk] **der; ~s a)** *(drahtlose Übermittlung)* radio; **jmdn./etw. über ~** *(Akk.)* **anfordern** ask for sb./sth. by radio; **b)** *(Rund~)* radio; **beim ~ sein** *(ugs.) od.* **arbeiten** be *(coll.) or* work in radio

**Funk-: ~amateur der** radio ham; **~anlage die** radio set; **~ausstellung die** radio and television exhibition; **~bake die** radio beacon; **~bearbeitung die** radio adaptation; adaptation for radio; **~bericht der** radio report; **~bild das** radio photograph

**Fünkchen** ['fʏŋkçən] **das; ~s, ~:** *s.* **Funke b**

**Funk·dienst der** radio communication service

**Funke** ['fʊŋkə] **der; ~ns, ~n a)** *(glühendes Teilchen)* spark; **~n sprühen** send out a shower of sparks; *(fig.)* ‹*eyes*› flash; **b)** *(fig.)* **der ~ der Begeisterung/Revolution** the spark of enthusiasm/revolution; **der auslösende ~ für meinen Entschluß war ...:** what finally triggered my decision was ...; **ein/kein ~** *od.* **Fünkchen [von] Verstand/Ehrgefühl/Mitleid** a/not a glimmer of understanding/shred of honour/scrap of sympathy; **arbeiten, daß die ~n stieben** *od.* **fliegen** *(fig.)* work like mad

**funkeln** ['fʊŋkl̩n] *itr. V.* ‹*light, star*› twinkle, sparkle; ‹*gold, diamonds*› glitter, sparkle; ‹*eyes*› blaze

**funkel·nagel·neu** *Adj. (ugs.)* brand new; spanking new *(coll.)*

**funken** ['fʊŋkn̩] **1.** *tr. V.* radio; ‹*transmitter*› broadcast; **SOS ~:** send out an SOS. **2.** *itr. V.; unpers. (fig. ugs.)* **es hat gefunkt** *(es hat Streit gegeben)* the sparks flew; *(die Sache geht in Ordnung)* it's worked out OK *(coll.)*; *(man hat sich verliebt)* something clicked between them/us *(coll.)*; **es hat bei ihm gefunkt** the penny's dropped [with him] *(coll.)*

**funken-, Funken-: ~bildung die** sparking *no art.*; **~entladung die** spark discharge; **~fänger der** *(Eisenb.)* spark-arrester; **~flug der** flying sparks *pl.*; **~mariechen das; ~s, ~:** red-coat girl *(in Rhenish carnival)*; **~regen der** shower of sparks; **~sprühend 1.** *Adj.* **ein ~sprühendes Feuer** a fire sending out showers of sparks; **2.** *adv.* **~sprühend raste die Lok vorbei** the engine thundered past, giving off showers of sparks

**funk·entstören** *tr. V.* fit with a suppressor/suppressors; suppress

**Funk·entstörung die** suppression of interference

**Funker der; ~s, ~:** radio operator

**Funk-: ~fern·steuerung die** radio control; **~feuer das** *s.* **~bake; ~gerät das** radio set; *(tragbar)* walkie-talkie; **~haus das** broadcasting centre; **~kolleg das** radio-based [adult education] course; **~meldung die** radio message *or* report; **~meß·technik die** radar; **~navigation die** radio navigation; **~ortung die** radio position-finding; **~peiler der** [radio] direction-finder; **~peilung die** [radio] direction-finding; **~sprech·gerät das** radiophone; *(tragbar)* walkie-talkie; **~sprech·verkehr der** radio telephony; **~spruch der** radio signal; *(Nachricht)* radio message; **~station die, ~stelle die** radio station; **~stille die** radio silence; **bei ihm herrscht ~stille** *(fig.)* he's keeping quiet; **~störung die** [radio] interference; *(mit Absicht)* jamming; **~streife die** [police] radio patrol; **~streifen·wagen der** radio patrol car; **~taxi das** radio taxi; **~technik die** radio technology; **~telegramm das** radio telegram

**Funktion** [fʊnk'tsio:n] **die; ~, ~en a)** function; **b)** *o. Pl. (Tätigkeit, Arbeiten)* functioning, working; **außer/in ~ sein** be out of/in operation; **in ~** *(Akk.)* **treten** come into operation; **jmdn./etw. außer ~ setzen** put sb./sth. out of operation; **c)** *(Amt, Stellung)* function; **in seiner ~ als ...:** in his function as ...; **d)** *(Math., Sprachw.)* function

**funktional** [fʊŋktsio'na:l] **1.** *Adj.* functional. **2.** *adv.* functionally
**Funktionalismus der; ~:** functionalism
**Funktionär** [fʊŋktsio'nɛ:ɐ] **der; ~s, ~e, Funktionärin die; ~, ~nen** official; functionary
**funktionell** [fʊŋktsio'nɛl] **1.** *Adj.* functional. **2.** *adv.* functionally
**Funktionen·theorie die** *(Math.)* theory of functions
**funktionieren** *itr. V.* work; function; **die gut ~de Organisation** the smooth organization
**funktions-, Funktions-: ~fähig** *Adj.* able to function *or* work *pred.*; **~gerecht 1.** *Adj.* functional; **2.** *adv.* functionally; **~los** *Adj.* ⟨*person*⟩ without a job to do; functionless ⟨*equipment, object*⟩; **~los werden** become unnecessary; **~sicher 1.** *Adj.* operatively sound; **2.** *adv.* properly; **~störung die** *(Med.)* functional disorder; dysfunction; **~tüchtig** *Adj.* working ⟨*equipment, part*⟩; sound ⟨*organ*⟩; **~verb das** *(Sprachw.)* empty verb; **~wechsel der** change in function
**Funk-: ~turm der** radio tower; **~verbindung die** radio contact; **~verkehr der** radio communication; **~wagen der** radio patrol car; **~weg der: auf dem ~weg** by radio
**Funzel** ['fʊntsl̩] **die; ~, ~n** *(ugs., abwertend)* useless lamp *or* light; **bei dieser ~:** in this gloomy light
**für** [fy:ɐ] **1.** *Präp. mit Akk.* **a)** for; **~ etw. trainieren/kämpfen** train/fight for sth.; **~ jmdn. bestimmt sein** be meant for sb.; **das ist nichts ~ mich** that's not for me; **Lehrer/Professor/Minister ~ etw. sein** be a teacher/professor/minister of sth.; **zu jung/alt ~ etw. sein** be too young/old for sth.; **~ sich** by oneself; on one's own; **er ist am liebsten ganz ~ sich** he most prefers to be quite alone; **jetzt habe ich eine Küche ganz ~ mich** now I've a kitchen all to myself; **das ist gut ~ Husten** that's good for coughs; **sich ~ jmdn. freuen/schämen** be pleased/ashamed for sb.; **~ etw. verurteilt werden** be condemned for sth.; **etw. ~ 50 DM kaufen** buy sth. for 50 marks; **~ diese Jahreszeit ist es viel zu kalt** it's much too cold for this time of year; **~ 20 Minuten/drei Tage** for 20 minutes/three days; **~ morgen** for tomorrow; **~ immer** for ever; for good; **~ gewöhnlich** usually; **~ nichts und wieder nichts** for absolutely nothing; **b)** *(zugunsten)* for; **~ jmdn./etw. stimmen/sein** vote/be for *or* in favour of sb./sth.; **das hat etwas ~ sich** it has something to be said for it; **das Für und Wider** the pros and cons *pl.*; **c)** *(als)* **etw. ~ ungültig/zulässig erklären** declare sth. invalid/admissible; **jmdn. ~ tot erklären** declare sb. dead; **d)** *(an Stelle)* for; **~ jmdn. einspringen** take sb.'s place; **~ zwei arbeiten** do the work of two people; **e)** *(als Stellvertreter)* for; on behalf of; **~ jmdn. eine Erklärung abgeben** make an announcement on sb.'s behalf; **f)** *(um)* **Jahr ~ Jahr/Tag ~ Tag** year after year/day after day; **Punkt ~ Punkt/Schritt ~ Schritt** point by point/step by step; **Wort ~ Wort** word for word; *s. auch* **was 1. 2.** *adv. (veralt.)* **~ und ~:** for ever [and ever]; unto all generations *(bibl.)*
**Furage** [fu'ra:ʒə] **die; ~** *(Milit. veralt.)* **a)** *(Verpflegung)* rations *pl.*; **b)** *(Futter)* forage
**furagieren** *itr. V. (Milit. veralt.)* forage
**für·baß** *Adv. (veralt., noch scherzh.)* onwards; **~ gehen/schreiten** proceed on one's way
**Für·bitte die** intercession; **[bei jmdm.] für jmdn. ~ einlegen** intercede [with sb.] for sb.
**Furche** ['fʊrçə] **die; ~, ~n a)** furrow; **[mit dem Pflug] ~n ziehen** plough furrows; **~n im Gesicht/auf der Stirn haben** have a furrowed face/brow; **b)** *(Wagenspur)* rut; **c)** *(Rille)* groove
**furchen** *tr. V. (geh.)* **a)** *(Linien bilden)* furrow; **die Stirn/die Brauen ~:** furrow one's brow; **b)** *(Rillen ziehen)* make ⟨*ruts*⟩; make ruts in ⟨*ground, track*⟩
**Furcht** [fʊrçt] **die; ~:** fear; **~ vor jmdm./etw. haben** fear sb./sth.; **~ vor Gespenstern haben** be afraid of ghosts; **von ~ erfaßt sein** *(geh.)* be seized by fear *or* dread; **jmdm. ~ einflößen** frighten sb.; **aus ~ vor jmdm./etw.** for fear of sb./sth.; **jmdn. in ~ und Schrecken versetzen** fill sb. with terror; terrify sb.
**furchtbar 1.** *Adj.* **a)** awful; frightful; dreadful; **~ aussehen** look awful *or* frightful; **es war mir ~, das tun zu müssen** it was awful [for me] to have to do it; **b)** *(ugs.: unangenehm)* awful *(coll.)*; terrible *(coll.)*; **ein ~er Angeber/Pedant** an awful *or* frightful show-off/pedant *(coll.)*. **2.** *adv. (ugs.)* awfully *(coll.)*; terribly *(coll.)*; **~ lachen [müssen]** laugh oneself silly *(coll.)*; **das ist ~ einfach/teuer** it's awfully simple/expensive; **es dauerte ~ lange** it took an awfully long time; **jmdn. ~ beschimpfen/verprügeln** give sb. an awful talking-to/beating
**furcht·einflößend** *Adj.* frightening; fearsome; **es wirkte ~ auf uns** it frightened us
**fürchten 1.** *refl. V.* **sich [vor jmdm./etw.] ~:** be afraid *or* frightened [of sb./sth.]; **es ist/war zum Fürchten** it is/was quite frightening; **du siehst in diesem Anzug ja zum Fürchten aus** *(scherzh.)* you look quite frightful in that suit. **2.** *tr. V.* fear; be afraid of; **jmdn./etw. ~:** fear *or* be afraid of sb./sth.; **jmdn./etw. wegen etw. ~:** fear sb./sth. because of sth.; **er war als strenger Prüfer gefürchtet** he was feared as a strict examiner; **ein gefürchteter Kritiker** a feared critic; **der gefürchtete Augenblick** the moment they/we *etc.* had been fearing; **Gott ~:** fear God; **ich fürchte, [daß] ...:** I'm afraid [that] ... **3.** *itr. V.* **für** *od.* **um jmdn./etw. ~:** fear for sb./sth.
**fürchterlich** *Adj. s.* **furchtbar**
**furcht·erregend** *Adj.* frightening
**furcht·los 1.** *Adj.* fearless. **2.** *adv.* fearlessly
**Furcht·losigkeit die; ~:** fearlessness
**furchtsam** ['fʊrçtza:m] **1.** *Adj.* timid; fearful. **2.** *adv.* timidly; fearfully
**Furchtsamkeit die; ~, ~en** timidity; fearfulness
**Furchung die; ~, ~en** *(Biol.)* cleavage; segmentation
**fürder[hin]** ['fʏrdɐ(hɪn)] *Adv. (veralt.)* in future
**für·einander** *Adv.* for one another; for each other
**Furie** ['fu:riə] **die; ~, ~n** Fury; **er rannte wie von ~n gehetzt davon** he ran off as if the devil were on his tail; **sie wurde zur ~** *(fig.)* she started acting like a woman possessed; **wie ~n gingen sie aufeinander los** they went for each other like wildcats
**furios** [fu'rio:s] *Adj. (geh. veralt.)* rousing; stirring
**für·lieb|nehmen** *unr. itr. V. (veralt.) s.* **vorliebnehmen**
**fürnehm** ['fy:ɐne:m] *Adj. (veralt., scherzh.) s.* **vornehm**
**Furnier** [fʊr'ni:ɐ] **das; ~s, ~e** veneer
**furnieren** *tr. V.* veneer; **[mit] Eiche furniert sein** have an oak veneer
**Furore** [fu'ro:rə] *in* **~ machen** cause a sensation *or* stir
**fürs** [fy:ɐs] *Präp. + Art.* **a)** = **für das**; **b) ~ erste** for the time being
**Für·sorge die; ~ a)** *(umsorgende Hilfe)* care; **b)** *(veralt.: Sozialhilfe)* welfare; **c)** *(veralt.: Sozialamt)* social services *pl.*; **d)** *(ugs.: Unterstützungsgeld)* social security *(Brit.)*; welfare *(Amer.)*
**Fürsorge-: ~amt das** *(veralt.)* welfare office; **~arzt der** *(veralt.)* welfare service doctor; **~empfänger der** *(ugs.)* recipient of social security; **~empfänger sein** receive social security; **~erziehung die** upbringing in [local authority] care
**für·sorgend 1.** *Adj.* caring; thoughtful. **2.** *adv.* caringly; thoughtfully
**Fürsorge·pflicht die** *(jur.) employer's obligation to ensure the welfare of his/her employees*
**Fürsorger der; ~s, ~, Fürsorgerin die; ~, ~nen** *(veralt.)* welfare worker
**Fürsorge·unterstützung die** *(veralt.)* social security *(Brit.)*; welfare *(Amer.)*
**für·sorglich 1.** *Adj.* considerate; thoughtful. **2.** *adv.* considerately; thoughtfully
**Fürsorglichkeit die; ~:** considerateness; thoughtfulness
**Für·sprache die** support; **bei jmdm. für jmdn. ~ einlegen** put in a good word for sb. with sb.
**Fürsprech** ['fy:ɐʃprɛç] **der; ~s, ~e** *(veralt., geh.) s.* **Fürsprecher**
**Für·sprecher der, Für·sprecherin die a)** advocate; **in jmdm. einen ~ haben** have an advocate in sb.; **b)** *(schweiz.) s.* **Rechtsanwalt**
**Fürst** [fʏrst] **der; ~en, ~en** prince; **der ~ der Hölle/Finsternis** *(fig.)* the Prince of Hell/Darkness; **gehe nie zu deinem ~, wenn du nicht gerufen wirst** *(scherzh.)* do not meet trouble half way
**Fürst-: ~abt der** *(hist.)* prince-abbot; **~bischof der** *(hist.)* prince-bishop
**Fürsten-: ~geschlecht das, ~haus das** royal house; **~hof der** prince's palace; **~krone die** prince's coronet; **~spiegel der** *novel giving guidance for the conduct of princes*; **~stand der;** *o. Pl.* rank of prince
**Fürstentum das; ~s, Fürstentümer** [-ty:mɐ] principality; **das ~ Liechtenstein/Monaco** the Principality of Liechtenstein/Monaco
**Fürstin die; ~, ~nen** princess
**fürstlich 1.** *Adj.* **a)** *nicht präd.* royal; **b)** *(fig.: üppig)* handsome; lavish. **2.** *adv.* handsomely; lavishly; **~ speisen** enjoy a sumptuous meal
**Fürstlichkeit die; ~, ~en** royal personage
**Furt** [fʊrt] **die; ~, ~en** ford
**Furunkel** [fu'rʊŋkl̩] **der** *od.* **das; ~s, ~:** boil; furuncle
**Furunkulose** [furʊŋku'lo:zə] **die; ~, ~n** *(Med.)* furunculosis
**für·wahr** *Adv. (geh. veralt.)* of a truth *(arch.)*; in truth *(literary)*
**Für·witz der; ~es** *(veralt.) s.* **Vorwitz**
**Für·wort das;** *Pl.* **-wörter** pronoun
**Furz** [fʊrts] **der; ~es, Fürze** ['fʏrtsə] *(derb)* fart *(coarse)*; **einen ~ lassen** let off a fart; **jeder ~** *(fig.)* the slightest thing
**furzen** *(derb) itr. V.* fart *(coarse)*
**Fusel** ['fu:zl̩] **der; ~s, ~** *(ugs. abwertend)* rotgut *(coll. derog.)*
**Fusel-: ~geruch der** *(ugs. abwertend)* smell of cheap alcohol; **~öl das** fusel oil
**Füsilier** [fyzi'li:ɐ] **der; ~s, ~e** *(schweiz., sonst veralt.)* fusilier
**füsilieren** *tr. V. (veralt.)* execute by firing squad
**Fusion** [fu'zio:n] **die; ~, ~en a)** amalgamation; *(von Konzernen)* merger; **b)** *(Naturw.)* fusion
**fusionieren** *itr. V.* merge
**Fusions·reaktor der** *(Physik)* fusion reactor
**Fuß** [fu:s] **der; ~es, Füße** ['fy:sə] **a)** foot; *(südd., österr., schweiz.)* leg; **sich** *(Dat.)* **den ~ verstauchen/brechen** sprain one's ankle/break a bone in one's foot; **mit bloßen Füßen** barefoot; with bare feet; **jmdm. auf den ~ treten** tread on sb.'s foot; **zu ~ gehen** go on foot; walk; **über seine eigenen Füße stolpern** trip over one's own feet; **gut/schlecht zu ~ sein** be a good/bad walker; **ich habe keinen ~ vor die Tür gesetzt** I did not set foot outside the door; **sich** *(Dat.)* **gegenseitig auf die Füße treten** tread on each other's toes; **jmdm. auf dem ~e folgen** follow at

sb.'s heels; **bei ~!** heel!; **nimm die Füße weg!** *(ugs.)* move your feet!; **Gewehr bei ~ stehen** stand with ordered arms; **b)** *(fig.)* **stehenden ~es** *(veralt., geh.)* without delay; instanter *(arch.)*; **[festen] ~ fassen** find one's feet; **kalte Füße kriegen** *(ugs.)* get cold feet *(coll.)*; **sich** *(Dat.)* **die Füße nach etw. ablaufen** *od.* **wund laufen** chase round everywhere for sth.; **sich auf eigene Füße stellen** stand on one's own feet; **auf freiem ~ sein** be at large; **jmdn. auf freien ~ setzen** set sb. free; **auf großem ~ leben** live in great style; **mit jmdm. auf freundschaftlichem/gespanntem ~ stehen** *od.* **leben** be on friendly/less than friendly terms with sb.; **jmdm. auf die Füße treten** *(ugs.)* give sb. a good talking-to; **auf dem ~e folgen** follow swiftly; **jmdn. auf dem falschen ~ erwischen** *(Sportjargon)* wrong-foot sb.; **jmdn./etw. mit Füßen treten** trample on sb./sth.; **jmdm. etw. vor die Füße werfen** throw sth. in sb.'s face; **jmdm. zu Füßen liegen** *(geh.) (bewundern)* adore *or* worship sb.; *(anflehen)* go on one's bended knee to sb.; **jmdm. etw. zu Füßen legen** *(geh.)* lay sth. at sb.'s feet; *s. auch* **eigen a; Erde b; fallen a; Gefängnis a; Grab** *usw.*; **c)** *(tragender Teil) (einer Lampe)* base; *(eines Weinglases)* foot; *(eines Schranks, Sessels, Klaviers)* leg; **auf tönernen** *od.* **schwachen** *od.* **schwankenden Füßen stehen** *(fig.)* be unsoundly based; **d)** *o. Pl. (eines Berges)* foot; *(einer Säule)* base; **e)** *Pl.:* **~** *(Längenmaß)* foot; **zwei/drei ~:** two/three feet *or* foot; **f)** *(Teil des Strumpfes)* foot

**fuß-, Fuß-: ~abdruck der** footprint; **~abstreifer, ~abtreter der** shoe scraper; **~abwehr die** *(Ballspiele)* kick save; **~angel die** mantrap; *(fig.)* trap; **er hat sich in den ~angeln dieser Paragraphen verstrickt** he has got entangled in these legal clauses; **~bad das a)** foot-bath; **b)** *(ugs., scherzh.)* pool in the saucer

**Fuß·ball der a)** *o. Pl. (Ballspiel)* [Association] football; soccer *(coll.)*; **b)** *(Ball)* football; soccer ball *(coll.)*

**Fuß·ballen der** the ball of the/one's foot

**Fußballer der; ~s, ~:** footballer; soccer player *(coll.)*

**fußballerisch** *Adj.; nicht präd.* footballing

**Fußball-: ~klub der** *s.* **~verein; ~mannschaft die** football team; **~meisterschaft die** football championship; **~platz der** football ground; *(Spielfeld)* football pitch; **~schuh der** football boot; **~spiel das a)** football match; **b)** *o. Pl. (Sportart)* football *no art.*; **~spieler der** football player; **~tor das** [football] goal; **~toto das** *od.* **der** football pools *pl.*; **~verband der** football association; **~verein der** football club

**Fuß-: ~bank die** foot-stool; **~bekleidung die** footwear; **~bett das** foot-bed; **~boden der** floor

**Fußboden-: ~belag der** floor covering; **~heizung die** underfloor heating

**fuß-, Fuß-: ~breit** *Adj.* foot-wide; **~breit sein** be a foot wide; **~breit der; ~:** foot; **er wollte keinen ~breit nachgeben** *(fig.)* he would not budge an inch; **~bremse die** foot-brake; **~brett das** foot rest

**Füßchen** ['fy:sçən] **das; ~s, ~:** [little] foot

**Fussel** ['fʊsl] **die; ~, ~n** *od.* **der; ~s, ~[n]** fluff; **ein[e] ~:** a piece of fluff; some fluff

**fusselig** *Adj.* covered in fluff *postpos.*; *(ausgefranst)* frayed; **sich** *(Dat.)* **den Mund ~ reden** *(salopp)* talk till one is blue in the face *(coll.)*

**fusseln** *itr. V.* make fluff

**fußen** *itr. V.* **auf etw.** *(Dat.)* **~:** be based on sth.

**Fuß·ende das** foot

**fuß-, Fuß-: ~fall der** kowtow; **einen ~fall vor jmdm. machen** *(fig.)* kowtow to sb.; **~fällig 1.** *Adj.* humble; **2.** *adv.* **a) sie flehte den Fürsten ~fällig um Gnade an** she fell on her knees before the prince, begging him for mercy; **b)** *(fig.)* humbly; **~fehler der a)** *(bes. Hockey)* kick; **b)** *(Tennis)* foot fault; **~fesseln** *Pl.* shackles *(on the feet)*; **~frei** *Adj.* ankle-length ⟨*dress, skirt, etc.*⟩

**Fußgänger** [-gɛŋɐ] **der; ~s, ~:** pedestrian

**Fußgänger-: ~brücke die** foot-bridge; **~tunnel der** pedestrian subway; **~über·gang der, ~über·weg der** pedestrian crossing; **~unter·führung die** pedestrian subway; **~verkehr der** pedestrian traffic; **~zone die** pedestrian precinct

**fuß-, Fuß-: ~geher der** *(österr.)* pedestrian; **~gelenk das** ankle; **~gymnastik die** foot exercises *pl.*; **~hebel der** foot pedal; **~hoch 1.** *Adj.* ankle-high ⟨*grass etc.*⟩; ankle-deep ⟨*water etc.*⟩; **2.** *adv.* ⟨*rise, lie*⟩ ankle-deep

**-füßig** [-fy:sɪç] *adj.* -footed ⟨*animal*⟩; -legged ⟨*chair, stool, insect*⟩; -foot ⟨*line*⟩

**fuß-, Fuß-: ~kalt** *Adj.* **das Zimmer ist ~kalt** the room has a cold floor; **~kettchen das** anklet; **~knöchel der** ankle bone; **~krank** *Adj.* **~krank sein/werden** have/get bad feet; **~lage die** *(Med.)* footling presentation; **~lappen der** footcloth; **~leiden das** foot complaint; **~leiste die** skirting-board *(Brit.)*; baseboard *(Amer.)*

**fußlig** *s.* **fusselig**

**Füßling** ['fy:slɪŋ] **der; ~s, ~e** foot *(of sock, stocking)*

**Fuß-: ~marsch der** march; **ein ~marsch von zwei Stunden** *(fig.)* two hours' steady walk; **~matte die** doormat; **~nagel der** toe-nail; **~note die** footnote; **~pfad der** footpath; **~pflege die** foot treatment; *(beruflich)* chiropody; **zur ~pflege gehen** go to the chiropodist's; **~pfleger der** chiropodist; **~pilz der, ~pilz·erkrankung die** athlete's foot; **~puder der** foot powder; **~punkt der a)** *(Math.)* foot [of the perpendicular]; **b)** *(Astron.)* nadir; **~raste die** foot rest; **~ring der** leg ring; **~rücken der** instep; **~sack der** foot-muff; **~schalter der** foot switch; **~schaltung die** foot gear-change control; **~schemel der** foot-stool; **~schweiß der** foot perspiration; **~sohle die** sole [of the/one's foot]; **meine ~sohlen** the soles of my feet; **~soldat der** *(veralt.)* foot soldier; **~spitze die: auf den ~spitzen gehen/stehen** walk/stand on tiptoe; **~sprung der** *(ins Wasser)* feet-first jump; **einen ~sprung machen** jump feet first; **~spur die** footprint; *(Fährte)* line of footprints; tracks *pl.*; **~stapfen der; ~s, ~:** footprint; **in jmds. ~stapfen** *(Akk.)* **treten** *(fig.)* follow in sb.'s footsteps; **~steig der a)** *(veralt.)* footpath; **b)** *(Gehsteig)* pavement *(Brit.)*; sidewalk *(Amer.)*; **~stütze die** foot rest; **~tritt der a)** kick; **jmdm./einer Sache einen ~tritt geben** *od.* **versetzen** *(fig.)* give sb./sth. a kick; **einen ~tritt bekommen** *(fig.)* get a kick in the teeth *(coll.)*; **b)** *(Auftreten)* **jmdn. an seinem ~tritt erkennen** recognize sb. by his/her step; **~truppe die** *(Milit.)* infantry; **~volk das a)** *(hist.)* footmen *pl.*; **b)** *(abwertend: Untergeordnete)* lower ranks *pl.*; dogsbodies *pl. (coll.)*; **~wanderung die** ramble; **~waschung die** *(kath. Rel.)* pedilavium; foot-washing; **~weg der a)** *(Gehweg, Bürgersteig)* footpath; **b)** *(Gehen zu ~)* walk; **eine Stunde/zwei Stunden ~weg** one hour's/two hours' walk; **~zehe die** *(ugs.)* toe

**Fut** [fʊt] **die; ~, ~en** *(vulg.) s.* **Fotze a**

**Futon** ['fu:tɔn] **der; ~s, ~s** futon

**futsch** [fʊtʃ] *Adj.; nicht attr. (salopp)* **~ sein** have gone for a burton *(Brit. sl.)*

**[1]Futter** ['fʊtɐ] **das; ~s** *(Tiernahrung)* feed; *(für Pferde, Kühe)* fodder; **dem Vieh ~ geben** feed the cattle; **gut im ~ sein** *od.* **stehen** *(ugs.)* be well-fed

**[2]Futter das; ~s a)** *(von Kleidungsstücken)* lining; **b)** *(Bauw.)* casing; **c)** *(Techn.)* chuck

**Futterage** [fʊtə'ra:ʒə] **die; ~** *(ugs.)* grub *(sl.)*

**Futteral** [fʊtə'ra:l] **das; ~s, ~e** case

**Futter-: ~beutel der** nose-bag; **~getreide das** fodder cereal; forage cereal; **~klee der** red clover; **~krippe die** manger; *(fig.)* **an der ~krippe sitzen** *(ugs.)* be in clover; **an die ~krippe kommen** *(ugs.)* get on the gravy train *(coll.)*; **~mittel das** animal food

**futtern** *(ugs.)* **1.** *tr. V.* eat. **2.** *itr. V.* feed; **futtert nur ordentlich!** tuck in; have a good feed

**[1]füttern** ['fʏtɐn] *tr. V.* feed; **Vieh mit etw. ~:** feed cattle on sth.; **„bitte nicht ~!"** 'please do not feed the animals'; **etw. ~:** use sth. for feed; *(für Haustiere)* use sth. for food; **einen Computer mit etw. ~** *(fig.)* feed a computer with sth.; **jmdn. mit Bonbons/Schokolade ~:** stuff sb. with sweets/chocolate

**[2]füttern** *tr. V.* **a)** *(mit [2]Futter ausstatten)* line; **mit Taft/Seide gefüttert** lined with taffeta/silk; **b)** *(ausmauern, auskleiden)* case

**Futter-: ~napf der** bowl; **~neid der a)** *(Verhaltensf.)* jealousy [as regards food]; **b)** *(fig. ugs.: Neid)* jealousy; envy; **~pflanze die** fodder plant; forage plant; **~rübe die** mangold; mangel-wurzel; **~silo der** *od.* **das** fodder silo; **~suche die** search for food; **auf ~suche/bei der ~suche** searching for food; **~trog der** feeding trough

**[1]Fütterung die; ~, ~en** feeding

**[2]Fütterung die; ~, ~en** *(von Kleidungsstücken)* lining

**Futter·verwerter der: ein guter/schlechter ~ sein** fatten up well/badly; *(fig. salopp)* ⟨*person*⟩ get fat easily/never get fat

**Futur** [fu'tu:ɐ̯] **das; ~s, ~e** *(Sprachw.)* future [tense]; **das erste/zweite ~:** future/future perfect [tense]

**Futurismus der; ~:** Futurism *no art.*

**futuristisch a)** Futurist; **b)** *(die Futurologie betreffend)* futuristic

**Futurologe** [futuro'lo:gə] **der; ~n, ~n** futurologist

**Futurologie die; ~:** futurology

**Futurum** [fu'tu:rʊm] **das; ~s, Futura** *(veralt.) s.* **Futur**

**F-Zug** ['ɛf-] **der** [long-distance] express train

# G

**g, G** [ge:] **das; ~, ~ a)** *(Buchstabe)* g/G; **b)** *(Musik)* [key of] G; *s. auch* **a, A**

**g** *Abk.* **a) Gramm** g; **b) Groschen**

**gab** [ga:p] *1. u. 3. Pers. Sg. Prät. v.* **geben**

**Gabardine** ['gabardi:n] **der; ~s** *od.* **die; ~:** gabardine

**Gabe** ['ga:bə] **die; ~, ~n a)** *(geh.: Geschenk)* gift; present; **eine ~ Gottes** a gift of God; **b)** *(Almosen, Spende)* alms *pl.*; *(an eine Sammlung)* donation; **eine milde/fromme ~:** alms *pl.*; **um eine ~ bitten** beg for alms; **c)** *(geh.: Begabung, Talent)* gift; **die ~ haben, etw. zu tun** have the gift *or (iron.)* knack of doing sth.; **d)** *o. Pl. (Med.: Verabreichung)* administration; **e)** *(Med.: Dosis)* dose

**gäbe** ['gɛ:bə] *1. u. 3. Pers. Sg. Konjunktiv II v.* **geben**; *s. auch* **gang**

**Gabel** ['ga:bl̩] **die; ~, ~n a)** *(Eßgerät)* fork; **b)** *(Heu~, Mist~)* pitchfork; **c)** *(Telefon~)* rest; cradle; **d)** *(Fahrrad~)* fork; **e)** *(Ast~)* fork; **f)** *(Jägerspr.)* fork; **g)** *(Deichsel)* shafts *pl.*

**gabel-, Gabel-: ~bissen der a)** piece of pickled herring; **b)** *s.* **Appetithappen; ~bock der** *(Zool.)* pronghorn [antelope]; **~deichsel die** shafts *pl.*; **~förmig 1.** *Adj.* forked; **2.** *adv.* **sich ~förmig teilen** fork; **~frühstück das** cold buffet; fork lunch

**gabeln 1.** *refl. V.* fork; *(fig.: sich teilen)* divide; **ein gegabelter Ast/Stock** a forked branch/stick. **2.** *tr. V.* fork ⟨*hay, straw*⟩

**Gabel-: ~schlüssel der** flat spanner; **~stapler** [-ʃta:plɐ] **der; ~s, ~:** fork-lift truck

**Gabelung die; ~, ~en** fork

**Gabel-: ~weihe die** *(Zool.)* red kite; **~zinke die** prong

**Gaben·tisch der** gift table *(at Christmas and on birthdays)*; **ein reich gedeckter ~:** a table overflowing with gifts

**Gabun** [ga'bu:n], *(österr.)* **Gabon** [ga'bo:n] **(das); ~s** Gabon

**gack, gack** ['gak 'gak] *Interj.* cluck, cluck

**gackern** ['gakɐn] *itr. V.* **a)** cluck; **b)** *(ugs.: kichern, lachen)* cackle

**Gaffel** ['gafl̩] **die; ~, ~n** *(Seemannsspr.)* gaff

**Gaffel-: ~schoner der** *(Seemannsspr.)* fore-and-aft schooner; **~segel das** *(Seemannsspr.)* gaff-sail

**gaffen** ['gafn̩] *itr. V.* *(abwertend)* gape; gawp *(coll.)*

**Gaffer der; ~s, ~:** gaper; starer

**Gag** [gɛk] **der; ~s, ~s a)** *(Theater, Film)* gag; **b)** *(Besonderheit)* gimmick

**Gagat** [ga'ga:t] **der; ~[e]s, ~e** jet

**Gage** ['ga:ʒə] **die; ~, ~n** salary; *(für einzelnen Auftritt)* fee

**gähnen** ['gɛ:nən] *itr. V.* **a)** yawn; **im Saal herrschte ~de Leere** the hall was totally empty; **b)** *(geh.: sich auftun)* ⟨*chasm, abyss*⟩ yawn; ⟨*hole*⟩ gape; **ein ~der Abgrund** a yawning abyss

**Gala** ['ga:la, *auch* 'gala] **die; ~ a)** *(Festkleidung)* formal dress; gala dress; **sich in ~ werfen** *(ugs. scherzh.)* put on one's best bib and tucker *(coll.)*; **b)** *(~vorstellung)* gala

**Gala-: ~abend der** *s.* **~vorstellung; ~diner das** formal dinner; banquet; **~empfang der** gala reception; formal reception

**galaktisch** [ga'laktɪʃ] *Adj.* galactic; **~er Nebel** [galactic] nebula

**Galaktose** [galak'to:zə] **die; ~, ~n** *(Biol.)* galactose

**Galan** [ga'la:n] **der; ~s, ~e** *(ugs. abwertend)* lover boy *(coll. derog.)*

**galant** [ga'lant] **1.** *Adj.* **a)** *(veralt.)* gallant; **b)** *(amourös)* amorous ⟨*adventure*⟩; **~e Dichtung** galant poetry *(of the late 17th century)*. **2.** *adv.* gallantly

**Galanterie** [galantə'ri:] **die; ~, ~n** *(veralt.)* gallantry

**Galanterie·waren** *Pl.* *(veralt.)* fashion accessories *pl.*

**Gala-: ~uniform die** full-dress uniform; **~vorstellung die** gala performance

**Galaxie** [gala'ksi:] **die; ~, ~n** *(Astron.)* galaxy

**Galaxis** [ga'laksɪs] **die; ~** *(Astron.)* Galaxy

**Gäle** ['gɛ:lə] **der; ~n, ~n** Gael

**Galeere** [ga'le:rə] **die; ~, ~n** galley

**Galeeren-: ~sklave der** galley slave; **~sträfling der** galley slave

**Galeone** [gale'o:nə] **die; ~, ~n** *(hist.)* galleon

**Galerie** [galə'ri:] **die; ~, ~n a)** gallery; **b)** *(scherzh.: beträchtliche Anzahl)* **eine [ganze] ~ von etw.** a [whole] array of sth.; **c)** *(bes. österr., schweiz.: Tunnel)* tunnel; **d)** *(Teppich)* runner

**Galerist** [galə'rɪst] **der; ~en, ~en** gallery-owner

**Galgen** ['galgn̩] **der a)** gallows *sing.*; gibbet; **jmdn. zum [Tode am] ~ verurteilen** condemn sb. to [death on] the gallows; **jmdn. an den ~ bringen** *(ugs.)* bring sb. to the gallows; **am ~ enden** end up on the gallows; **b)** *(Mikrophon~)* boom

**Galgen-: ~frist die** reprieve; **~humor der** gallows humour; **~strick der, ~vogel der** *(ugs. abwertend)* rogue

**Galicien** [ga'li:tsi̯ən] **(das); ~s** Galicia *(in Spain)*

**Galiläa** [gali'lɛ:a] **(das); ~s** Galilee

**Galiläer** [gali'lɛ:ɐ] **(der); ~s, ~:** Galilean

**Galilei** [gali'le:i] **(der)** Galileo

**Galions·figur** [ga'li̯o:ns-] **die** figurehead

**gälisch** ['gɛ:lɪʃ] *Adj.* Gaelic

**Galizien** [ga'li:tsi̯ən] **(das); ~s** Galicia *(in E. Europe)*

**Gall·apfel der** oak-apple; gall

**[1]Galle** ['galə] **die; ~, ~n a)** *(Gallenblase)* gall[-bladder]; **b)** *(Sekret) (bei Tieren)* gall; *(bei Menschen)* bile; **bitter wie ~:** extremely bitter; **mir lief die ~ über** *od.* **kam die ~ hoch** *(fig.)* my blood boiled; **seine ~ verspritzen** *(fig.)* give bitter vent to one's feelings

**[2]Galle die; ~, ~n** *(Bot.)* gall

**galle·bitter** *Adj.* extremely bitter

**Gallen-: ~blase die** gall-bladder; **~gang der;** *meist Pl.* bile duct; **~kolik die** biliary colic; **~leiden das** gall-bladder complaint; **~stein der** gallstone; **~wege** *Pl.* biliary tract *sing.*; bile ducts

**Gallert** ['galɐt] **das; ~[e]s** jelly

**gallert·artig** *Adj.* jelly-like

**Gallerte** [ga'lɛrtə] **die; ~, ~n** *s.* **Gallert**

**Gallien** ['gali̯ən] **(das); ~s** Gaul

**Gallier** ['gali̯ɐ] **der; ~s, ~:** Gaul

**gallig** *Adj.* **a)** *(bitter)* **einen ~en Geschmack haben, ~ schmecken** taste of bile; **b)** *(verbittert)* caustic ⟨*remark, humour, person*⟩

**Gallions·figur die** *s.* **Galionsfigur**

**gallisch** *Adj.* Gallic

**Gallium** ['gali̯ʊm] **das; ~s** *(Chemie)* gallium

**Gallizismus** [gali'tsɪsmʊs] **der; ~, Gallizismen** Gallicism

**Gallone** [ga'lo:nə] **die; ~, ~n** gallon

**Gall·wespe die** *(Zool.)* gall-wasp

**Galopp** [ga'lɔp] **der; ~s, ~s** *od.* **~e a)** *(Gangart)* gallop; **im ~:** at a gallop; **in ~ fallen** break into a gallop; **in vollem** *od.* **gestrecktem ~:** at full gallop; **etw. im ~ machen** *(fig. ugs.)* race through sth.; **b)** *(Tanz)* galop

**Galopp·bahn die** *(Pferdesport)* race-track; racecourse

**Galopper der; ~s, ~** *(Pferd)* racehorse; *(Reiter)* jockey

**galoppieren** *itr. V.; meist mit sein* gallop; **die ~de Schwindsucht/Inflation** galloping consumption/inflation

**Galopp-: ~rennbahn die** *s.* **Galoppbahn; ~rennen das** *(Pferdesport)* race

**Galosche** [ga'lɔʃə] **die; ~, ~n** galosh

**galt** [galt] *1. u. 3. Pers. Sg. Prät. v.* **gelten**

**galvanisch** [gal'va:nɪʃ] *Adj.* galvanic

**Galvaniseur** [galvani'zø:ɐ̯] **der; ~s, ~e** electroplater

**galvanisieren** *tr. V.* electroplate

**Galvano** [gal'va:no] **das; ~s, ~s** *(graph. Technik)* electro[type]

**Galvano-: ~meter das** *(Technik)* galvanometer; **~plastik die;** *o. Pl.* **a)** electroforming; **b)** *(Druckw.)* electrotyping; **~skop das; ~s, ~e** *(Technik)* galvanoscope

**Gamasche** [ga'maʃə] **die; ~, ~n** gaiter; *(bis zum Knöchel reichend)* spat

**Gamaschen·hose die** [pair of] leggings *pl.*

**Gambe** ['gambə] **die; ~, ~n** *(Musik)* viola da gamba

**Gambia** ['gambi̯a] **(das); ~s** the Gambia

**Gambit** [gam'bɪt] **das; ~s, ~s** *(Schach)* gambit

**Gamelan** ['ga:məlan], **Gamelang** ['ga:məlaŋ] **das; ~s, ~s** *(Musik)* gamelan

**Gamet** [ga'me:t] **der; ~en, ~en** *(Biol.)* gamete

**Gamma** ['gama] **das; ~[s], ~s** gamma

**Gamma-: ~funktion die** *(Math.)* gamma function; **~strahlen** *Pl.* *(Physik, Med.)* gamma rays

**Gammel** ['gaml̩] **der; ~s** *(ugs.)* junk *(coll.)*

**Gammelei die; ~** *(ugs.)* drifting around; bumming around *(Amer. coll.)*

**gammelig** ['gam(ə)lɪç] *Adj.* *(ugs.)* **a)** *(ungenießbar)* bad; rotten; **der Fisch/das Fleisch/der Käse ist ~:** the fish/meat/cheese has gone off; **b)** *(unordentlich)* scruffy; **~ aussehen/herumlaufen** look scruffy/go round looking scruffy

**Gammel-Look der** scruffy *or* untidy look; **sie erschien im ~:** she appeared dressed as a drop-out *(coll.)*

**gammeln** ['gaml̩n] *itr. V.* **a)** *(ugs.) (verderben)* go bad; go off; **b)** *(nichts tun)* loaf around; bum around *(Amer. coll.)*

**Gammler** ['gamlɐ] **der; ~s, ~** *(ugs.)* drop-out *(coll.)*

**gammlig** *s.* **gammelig**

**Gams** [gams] **die; ~, ~en** *(Jägerspr., südd.)* *s.* **Gemse**

**Gams·bart der** *tuft of chamois hair used as a hat decoration*

**gang** [gaŋ] *in* **~ und gäbe sein** be quite usual; be the usual *or* accepted thing

**[1]Gang** [gaŋ] **der; ~[e]s, Gänge** ['gɛŋə] **a)** *(Gehweise)* walk; gait; **jmdn. am ~ erkennen** recognise sb. by the way he/she walks; **gemessenen ~es einherschreiten** *(geh.)* walk with a measured step; **b)** *(zu einem Ort)* **einen ~ in die Stadt machen** go to town; **sein erster ~ führte ihn in die Kneipe** the first place he went to was the pub; **jmdn. auf seinem letzten ~ begleiten** *(fig. geh.)* accompany sb. to his/her last *or* final resting-place; **einen schweren ~ tun** *od.* **gehen [müssen]** *(fig.)* [have to] do a difficult thing; **c)** *(Besorgung)* **ich habe noch einige Gänge zu machen** I still have some errands to do; **jmdm. einen ~ abnehmen** do an errand for sb.; **d)** *o. Pl.* *(Bewegung)* running; **die Maschine hatte einen ruhigen ~:** the machine ran quietly; **etw. in ~ bringen** *od.* **setzen** get sth. going; **etw. in ~ halten** keep sth. going; **in ~ sein** be going; **die Maschine ist in ~:** the machine is running; **in ~ kommen** get going; get off the ground; **e)** *o. Pl.* *(Verlauf)* course; **der ~ der Ereignisse/Verhandlungen** the course of events/negotiations; **seinen [gewohnten] ~ gehen** go on as usual; **im ~[e] sein** be in progress; **gegen ihn ist etwas im ~[e]** *(ugs.)* moves are being made against him; **f)** *(Technik)* gear; **den ersten ~ einlegen** engage first gear; **in den ersten ~ [zurück]schalten** change [down] into first gear; **einen ~ zulegen** *(fig. ugs.)* get a move on *(coll.)*; **einen ~ zurückschalten** *(fig. ugs.)* take things a bit easier; **g)** *(Flur) (in Zügen, Gebäuden usw.)* corridor; *(Verbindungs~)* passage[-way]; *(im Theater, Kino, Flugzeug)* aisle; **auf dem ~:** in the corridor/hall [way]; **h)** *(unterirdisch)* tunnel; passage[way]; *(im Bergwerk)* gallery; *(eines Tierbaus)* tunnel; *(von Insekten)* gallery; tunnel; **i)** *(Kochk.)* course; **j)** *(Fechten)* bout; **einen ~ ausfechten** *od.* **austragen** fight a bout; **k)** *(Geol.)* vein; seam; **l)** *(Technik)* *s.* **Gewindegang**

**[2]Gang** [gɛŋ] **die; ~, ~s** *(Bande)* gang

**Gang·art die** walk; way of walking; gait; *(eines Pferdes)* gait; **eine schnellere ~ anschlagen** step up the pace; *(Pferdesport)* increase to a faster pace *or* gait; **eine langsamere ~ einlegen** *(fig.)* take things more easily

**gangbar** *Adj.* passable; **nicht ~:** impassable; **jmdm. einen ~en Weg zeigen** *(fig.)* show sb. a feasible *or* practicable way

**Gängel·band** ['gɛŋəl-] **das** *in* **jmdn. am ~ führen** keep sb. in leading-reins; **am ~ gehen** be in leading reins

**Gängelei die; ~, ~en** *(ugs.)* spoon-feeding; **sie war seine ~ leid** she was tired of being treated like a child by him
**gängeln** ['gɛŋl̩n] *tr. V. (ugs.)* **jmdn. ~:** boss sb. around; tell sb. what to do
**gang·genau** *Adj.* accurate
**Gang·genauigkeit die** accuracy
**gängig** ['gɛŋɪç] *Adj.* **a)** *(üblich)* common; *(aktuell)* current; **b)** *(leicht verkäuflich)* popular; in demand *postpos.;* **c)** *(im Umlauf)* current; **d)** *(beweglich)* **[wieder] ~ machen** get ⟨*mechanism*⟩ working [again]; loosen [again] ⟨*lock, screw, etc.*⟩
**Ganglien·zelle** ['gaŋ(g)liən-] **die** *(Med.)* ganglion cell
**Ganglion** ['gaŋ(g)liɔn] **das; ~s, Ganglien** ['gaŋ(g)liən] *(Med.)* ganglion
**Gangrän** [gaŋ'grɛ:n] **die; ~, ~en** *od.* **das; ~s, ~e** *(Med.)* gangrene
**Gang·schaltung die** *(Technik)* gear system; *(Art)* gear-change; **hat dein Auto Automatik oder ~?** has your car got an automatic or manual gearbox?; **ein Fahrrad mit ~:** a bicycle with gears
**Gangster** ['gɛŋstɐ] **der; ~s, ~** *(abwertend)* gangster
**Gangster-: ~bande die** gang [of criminals]; **~boß der** *(ugs.)* gang boss; **~braut die** gangster's moll *(coll.);* **~methoden** *Pl. (abwertend)* gangster tactics; **~stück das** piece of villainy
**Gangstertum das; ~s** gangsterism
**Gangway** ['gæŋwei] **die; ~, ~s** gangway
**Ganove** [ga'no:və] **der; ~n, ~n** *(ugs. abwertend)* crook *(coll.)*
**Gans** [gans] **die; ~, Gänse** ['gɛnzə] **a)** goose; **b)** *(Braten)* [roast] goose; **c)** *(abwertend: weibliche Person)* **eine [dumme/alberne/blöde] ~:** a silly goose
**Gänschen** ['gɛnsçən] **das; ~s, ~ a)** *(junge Gans)* gosling; **b)** *(kleine Gans, naives Mädchen)* little goose
**Gänse-: ~blümchen das** daisy; **~braten der** roast goose; **~brust die** *(Kochk.)* breast of goose; **~ei das** goose-egg; **~feder die** goose-feather; goose-quill; **~fett das** goose-fat; **~füßchen das;** *meist Pl. (ugs.) s.* **Anführungszeichen; ~geier der** griffon vulture; **~haut die** *(fig.)* goose-flesh; goose pimples *pl.;* **eine ~haut bekommen** *od.* **kriegen** get goose-flesh *or* goose-pimples; **ihm läuft eine ~haut über den Rücken** a cold shiver runs down his spine; **~junge das** gosling; **~kiel der** goose-quill; **~klein das; ~s** *(Kochk.)* braised trimmings of goose; gänseklein; **~leber die** goose-liver; **~leber·pastete die** pâté de foie gras; **~marsch** *in* **im ~marsch** in single *or* Indian file
**Ganser** ['ganzɐ] **der; ~s, ~** *(südd., österr.),* **Gänserich** ['gɛnzərɪç] **der; ~s, ~e** gander
**Gänse-: ~schmalz das** goose dripping; **~wein der;** *o. Pl. (ugs. scherzh.)* water; Adam's ale *or* wine *(coll. joc.)*
**Ganter** ['gantɐ] **der; ~s, ~** *(nordd.) s.* **Gänserich**
**ganz** [gants] **1.** *Adj.* **a)** *nicht präd. (gesamt)* whole; entire; **den ~en Tag/das ~e Jahr** all day/year; **die ~e Welt/Stadt** the whole world/town; **~ Europa/Afrika** the whole of Europe/Africa; **wir fuhren durch ~ Frankreich** we travelled all over France; **diese Arbeit fordert den ~en Mann** this work requires all one's efforts; **~e Arbeit leisten** do a complete *or* proper job; **die ~e Geschichte** *od.* **Sache** *(ugs.)* the whole story *or* business; **b)** *nicht präd. (ugs.: alle)* **die ~en Kinder/Leute/Gläser** *usw.* all the children/people/glasses *etc.;* **die ~e Stadt/Straße** everybody in the town/street; **c)** *nicht präd. (vollständig)* whole; **~e Zahlen** whole numbers; **eine ~e Note** *(Musik)* a semibreve *(Brit.);* a whole note *(Amer.);* **im ~en sechs Tage/drei Jahre** six days/three years in all *or* altogether; **im ~en ist seine Leistung gut** on the whole *or* all in all his performance is good; **der ~e Shakespeare** *(ugs.)* the whole of Shakespeare *(coll.);* **d)** *nicht präd. (ugs.: ziemlich [viel])* **eine ~e Menge/ein ~er Haufen** quite a lot/quite a pile; **~e Nächte/Tage** whole nights/days; **e)** *(ugs.: unversehrt)* intact; **etw. wieder ~ machen** mend sth.; **f)** *nicht präd. (ugs.: nur)* all of; **~e 14 Jahre alt/10 Mark** all of fourteen [years old]/ten marks; **mit ~en drei Mann kann ich die Arbeit unmöglich schaffen** with only three men I can't possibly get the work done; **g)** *(richtig)* **ein ~er Mann** a real man; *s. auch* **groß 1k; Herz b. 2.** *adv.* **a)** *(vollkommen)* quite; **etw. ~ Blödes sagen** say sth. really stupid; **das ist mir ~ egal** it's all the same to me; I don't care; **etw. ~ vergessen** completely *or* quite forget sth.; **du bist ja ~ naß!** you're all wet!; **etwas ~ anderes** something quite different; **etw. ~ allein tun** *od.* **machen** do sth. entirely on one's own; **nicht ~:** not quite; **~ deiner Meinung!** I quite agree [with you]; **~ besonders** especially; **er hat sich ~ besonders viel Mühe gegeben** he took particular trouble; **~ wie Sie wollen** just as you like; **sie ist ~ die Mutter/der Vater** she's the image of *or* just like her mother/father; **sie ist ~ Dame** she ist quite the lady; **~ und gar** totally; utterly; **es ist ~ und gar nicht wahr** it is utterly *or* totally untrue; **etw. ~ oder gar nicht machen** do sth. properly or not at all; **ein Buch ~ lesen** read a book from cover to cover *or* all the way through; **b)** *(sehr, ziemlich)* quite; **es ist mir ~ recht** it's quite all right with me; **~ gut/nett** quite good/nice; *s. auch* **Ohr**
**Ganze das;** *adj. Dekl.* **a)** *(Einheit)* whole; **das ~ im Auge behalten** keep looking at the whole; **etw. als ~s betrachten** see sth. as a whole; **b)** *(alles)* **das ~:** the whole thing; **das ~ gefällt mir gar nicht** I don't like anything about it; **aufs ~ gehen** *(ugs.)* go the whole hog *(coll.);* **es geht ums ~:** everything's at stake
**Gänze** ['gɛntsə] *in* **in seiner/ihrer ~** *(geh.)* in its/their entirety; **zur ~** *(bes. österr.)* entirely; completely
**Ganzheit die; ~, ~en** entirety; *(Einheit)* unity; **etw. in seiner ~ erfassen** grasp sth. in its entirety
**ganzheitlich** *Adj. (Päd.)* integrated
**Ganzheits-: ~medizin die;** *o. Pl.* holistic medicine; **~methode die** *(Päd.)* 'look and say' method; **~psychologie die** 'Ganzheit' psychology; holism; **~unterricht der** *(Päd.)* integrated teaching
**ganz·jährig 1.** *Adj.; nicht präd.* **die ~e Trockenperiode** the dry period lasting all year. **2.** *adv.* **~ geöffnet** open throughout the year *or* all the year round
**Ganz·leder das** *(Buchw.)* **in ~ [gebunden]** bound in [full] leather
**Ganzleder·band der;** *Pl.* **-bände** *(Buchw.)* [full-]leather-bound volume
**ganz·leinen** *Adj.* **a)** *(Textilw.)* pure linen; **b)** *(Buchw.)* **ein ~er Einband** a cloth binding
**Ganz·leinen·band der;** *Pl.* **-bände** *(Buchw.)* cloth-bound book
**gänzlich** ['gɛntslɪç] **1.** *Adv.* completely; entirely; **~ unangebracht** quite inappropriate *or* out of place. **2.** *Adj.* complete; total
**Ganz·massage die** whole-body massage
**ganz-, Ganz-: ~sache die** *(Postw., Philat.)* entire; **~seitig 1.** *Adj.* whole-page; **2.** *adv.* **~seitig inserieren** *(einmal)* take a whole-page advertisement; *(auf Dauer)* use whole-page advertising; **~tägig 1.** *Adj.; nicht präd.* all-day; **eine ~tägige Arbeit** a full-time job; **2.** *adv.* all day
**ganz·tags** *Adv.* **~ arbeiten** work full-time
**Ganztags-: ~beschäftigung die;** *o. Pl.* full-time job; **~schule die** all-day school; *(System)* all-day schooling *no art.*
**Ganz·wort·methode die;** *o. Pl. (Päd.)* 'look and say' method
[1]**gar** [ga:ɐ̯] *Adj.* **a)** cooked; done *pred.;* **etw. ist ~/erst halb ~:** sth. is cooked *or* done/only half-cooked *or* half-done; **etw. ~ kochen** cook sth. [until it is done]; **b)** *(Landw.)* ready for cultivation *postpos.;* **der Kompost ist ~:** the compost is ready for use
[2]**gar** *Partikel* **a)** *(überhaupt)* **~ nicht [wahr]** not [true] at all; **sie konnte ~ nicht anders handeln** there was nothing else at all that she could do; **~ nicht so übel** not bad at all; **das habe ich ~ nicht gewußt** I had no idea that that was so; **~ nichts** nothing at all *or* whatsoever; **ich habe ~ keinen Hunger** I'm not at all *or* not in the least hungry; **~ niemand** *od.* **keiner** nobody at all *or* whatsoever; **~ keines** not a single one; **~ kein Geld** no money at all; **b)** *(südd., österr., schweiz.: verstärkend)* **~ zu** only too; **es waren ~ zu viele Leute da** there were just too many people there; **er wäre ~ zu gern gekommen** he would so much have liked to come; **~ so** so very; **sei doch nicht ~ so stur!** don't be so [damned] stubborn; **c)** *(geh.: sogar)* even; **die Zeitungen setzten sich ~ für den Attentäter ein** the papers even came out in support of the assassin; **ich glaube ~, sie weint** I do believe she's crying; **d)** *(geh. veralt.: erst)* **er ist unangenehm genug, und ~ sein Bruder!** he's unpleasant enough, and as for his brother!; **e)** *(veralt.: sehr)* very; **du bist ~ früh gekommen** you have indeed come early; **~ mancher** many a one *or* person; *s. auch* **ganz 2a**
**Garage** [ga'ra:ʒə] **die; ~, ~n** garage
**Garagen-: ~einfahrt die** garage entrance; **~wagen der** garaged car
**garagieren** *tr. V. (österr., schweiz.)* park
**Garant** [ga'rant] **der; ~en, ~en** guarantor
**Garantie** [garan'ti:] **die; ~, ~n a)** *(Gewähr)* guarantee; **eine ~ für etw.** a guarantee of sth.; **für etw. keine ~ übernehmen** not guarantee sth.; **wir haben unter ~ nicht genug Geld** *(ugs.)* we're dead certain not to have enough money *(coll.);* **b)** *(Kaufmannsspr.)* guarantee; warranty; **die ~ auf** *od.* **für das Auto ist abgelaufen** the guarantee on the car has run out; **eine ~ auf etw.** *(Akk.)* **geben** guarantee sth.; **für** *od.* **auf etw.** *(Akk.)* **ein Jahr ~ erhalten** get a one year guarantee on sth.; **c)** *(Sicherheit)* guarantee; surety
**Garantie-: ~anspruch der** right to claim under [the] guarantee; **~frist die** guarantee period; **~lohn der** guaranteed minimum wage
**garantieren 1.** *tr. V.* guarantee; **jmdm. etw. ~:** guarantee sb. sth. **2.** *itr. V.* **für etw. ~:** guarantee sth.; **ich kann für den Hund nicht ~:** I can't say for sure what the dog will do
**garantiert** *Adv. (ugs.)* **wir kommen ~ zu spät** we're dead certain to arrive late *(coll.)*
**Garantie·schein der** guarantee [certificate]
**Garaus** ['ga:ɐ̯laus] *in* **jmdm. den ~ machen** do sb. in *(coll.);* **dem Ungeziefer/Unkraut den ~ machen** get rid of the vermin/weeds; **einem Gerücht den ~ machen** scotch a rumour
[1]**Garbe** ['garbə] **die; ~, ~n a)** *(Getreide~)* sheaf; **b)** *(Geschoß~)* burst of fire; **eine ~ abfeuern** fire a burst
[2]**Garbe die; ~, ~n** *s.* **Schafgarbe**
**Gär·bottich der** fermenter
**Garçonnière die; ~, ~n** *(österr.)* bed-sitter
**Garde** ['gardə] **die; ~, ~n a)** *(Leib~)* guard; **b)** *(Gruppe)* team; **von der alten ~ sein** *(ugs.)* be one of the old guard; **c)** *(Milit.: Elitetruppe)* the Guards *pl.;* **bei der ~:** in the Guards
**Garde·maß das;** *o. Pl.* **a)** *(hist.) minimum height for belonging to the Prussian Guards;* **b)** *(scherzh.)* **~ haben** be as tall as a tree; **mit deinem ~ solltest du Basketballspieler werden** with your height you ought to be a basketball player
**Gardenie** [gar'de:niə] **die; ~, ~n** *(Bot.)* gardenia

**Garde·regiment das** Guards regiment

**Garderobe** [gardə'ro:bə] **die; ~, ~n a)** *o. Pl. (Oberbekleidung)* wardrobe; clothes *pl.*; **für diesen Anlaß fehlt ihm die passende ~:** he hasn't got suitable clothes for this occasion; **für ~ wird nicht gehaftet!** clothes are left at the owner's risk; **b)** *(Flur~)* coat-rack; **etw. an die ~ hängen** hang sth. up on the coat rack; **c)** *(Raum)* clothes cupboard *or (Amer.)* closet; **d)** *(im Theater o. ä.)* cloakroom; checkroom *(Amer.)*; **etw. an der ~ abgeben** hand sth. in at the cloakroom; **e)** *(Ankleideraum)* dressing-room

**Garderoben-: ~frau die** cloakroom *or (Amer.)* checkroom attendant; **~marke die** cloakroom *or (Amer.)* checkroom ticket; **~spiegel der** hall mirror; **~ständer der** coat-stand

**Garderobier** [gardəro'bi̯e:] **der; ~s, ~s** dresser

**Garderobiere** [gardəro'bi̯e:rə] **die; ~, ~n a)** dresser; **b)** *(veralt.)* *s.* **Garderobenfrau**

**Gardine** [gar'di:nə] **die; ~, ~n a)** net curtain; **b)** *(landsch., veralt.)* curtain; *s. auch* **schwedisch**

**Gardinen-: ~leiste die** curtain rail; **~predigt die** *(ugs.)* telling-off *(coll.)*; *(einer Ehefrau zu ihrem Mann)* curtain lecture; **jmdm. eine ~predigt halten** give sb. a [good] telling-off *(coll.)*/a curtain lecture; **~ring der** curtain ring; **~röllchen das** curtain runner; **~stange die** curtain rail; **~stoff der** curtain material

**Gardist der; ~en, ~en** guardsman

**garen** ['ga:rən] *tr., itr. V.* cook; **Fleisch/Gemüse ~ [lassen]** cook meat/vegetables

**gären** ['gɛ:rən] **1.** *regelm. (auch unr.) itr. V.* ferment; *(fig.)* seethe; **es gärt in ihm/der Masse** he/the crowd is seething [with anger]/afire [with hatred/passion]. **2.** *regelm. (auch unr.) tr. V.* ferment ⟨*beer, tobacco*⟩

**Gär·futter das** *(Landw.)* silage *no pl.*

**gar-, Gar-: ~gekocht** *Adj.; nicht präd.* cooked; **~küche die** snack-bar

**Gär·mittel das** ferment; fermenting agent

**Garn** [garn] **das; ~[e]s, ~e a)** *(Faden)* thread; *(zum Weben, Stricken)* yarn; *(Näh~)* cotton; **b)** *(Seew.)* yarn; **c)** *(Seemannsspr.: Geschichte) in* **[s]ein ~ spinnen** spin a yarn; **d)** *(Jagdw., Fischereiw.: Netz)* net; **jmdm. ins ~ gehen** *(fig.)* fall *or* walk into sb.'s trap

**Garnele** [gar'ne:lə] **die; ~, ~n** shrimp

**Gar·nichts der** *od.* **das; ~, ~e** *(abwertend)* [absolute] nonentity

**garnieren** [gar'ni:rən] *tr. V.* **a)** *(schmücken)* decorate (*mit* with); **b)** *(Gastr.)* garnish

**Garnierung die; ~, ~en a)** garnish; **b)** *(Vorgang)* garnishing

**Garnison** [garni'zo:n] **die; ~, ~en** garrison

**Garnison·stadt die** garrison town

**Garnitur** [garni'tu:ɐ̯] **die; ~, ~en a)** *(zusammengehörige Stücke)* set; *(Wäsche)* set of [matching] underwear; *(Schreibtisch~)* desk-set; *(Möbel)* suite; **eine zwei-/dreiteilige ~:** a two-piece/three-piece suite; **b)** *(ugs.)* **die erste/zweite ~:** the first/second-rate people *pl.*; **zur ersten/zweiten ~ gehören, erste/zweite ~ sein** be first-/second-rate; **c)** *(Gastr.)* garnishing; garniture

**Garn-: ~knäuel das** *od.* **der** ball of thread; *(zum Weben)* ball of yarn; **~rolle die** reel; bobbin; *(von Nähgarn)* cotton reel; **~spule die** spool

**Gär·prozeß der** *s.* **Gärungsprozeß**

**Garrotte** [ga'rɔtə] **die; ~, ~n** garrotte

**garstig** ['garstɪç] *Adj.* **a)** *(boshaft)* nasty (**zu** to); bad ⟨*behaviour*⟩; nasty, naughty, *(coll.)* horrid ⟨*child*⟩; **b)** *(abscheulich)* horrible; nasty

**Garstigkeit die; ~, ~en a)** *o. Pl.* nastiness; *(eines Kindes)* naughtiness, *(coll.)* horridness; **b)** *(Handlung)* piece of nastiness; **~en** nastiness *sing.*; horridness *sing. (coll.)*; **c)** *(Äußerung)* nasty *or (coll.)* horrid remark

**Gärtchen** ['gɛrtçən] **das; ~s, ~:** little garden

**Garten** ['gartn̩] **der; ~s, Gärten** ['gɛrtn̩] garden; **ein [kleines] Stück ~:** a [small] bit of garden; **der ~ Eden** the Garden of Eden; **quer durch den ~** *(ugs.: verschiedene Sorten Gemüse)* all sorts of different vegetables; *(oft spöttisch: in bunter Vielfalt)* all sorts; a real mixture; *s. auch* **botanisch; zoologisch**

**Garten-: ~anlage die** garden; *(öffentlich)* park; gardens *pl.*; **~arbeit die** gardening; **~architekt der** landscape gardener; **~bank die;** *Pl.* **~bänke** garden seat

**Garten·bau der;** *o. Pl.* horticulture

**Gartenbau-: ~betrieb der** market garden; **~ingenieur der** horticulturist

**Garten-: ~blume die** garden flower; **~erde die** garden mould; **~fest das** garden party; **~freund der** amateur gardener; **~gerät das** garden tool; **~gestaltung die** landscaping; **~haus das a)** *(Haus im ~)* summer-house; garden house; **b)** *(Hinterhaus) dwelling situated at or forming the rear of a house and having its own garden;* **wir wohnen in der Goethestr. 10, im ~haus** we live at 10, Goethestrasse, at the back; **~hecke die** garden hedge; **~land das;** *o. Pl.* gardening land; **~laube die** summer-house; garden house; **~lokal das** beer garden; *(Restaurant)* open-air café; **~mauer die** garden wall; **~möbel das** piece of garden furniture; **~möbel** *Pl.* garden furniture *sing.*; **~party die** *s.* **~fest; ~schau die** horticultural show; **~schirm der** sunshade; **~schlauch der** garden hose; **~stadt die** garden city; **~stuhl der** garden chair; **~wirtschaft die** *s.* **~lokal; ~zaun der** garden fence; **~zwerg der a)** garden gnome; **b)** *(salopp abwertend)* little runt

**Gärtner** ['gɛrtnɐ] **der; ~s, ~:** gardener

**Gärtnerei die; ~, ~en a)** nursery; **b)** *o. Pl. (Gartenarbeit)* gardening

**Gärtnerin die; ~, ~nen** gardener

**Gärtnerin·art die** *in* **Schweinefleisch** *usw.* **nach ~** *(Gastr.)* pork *etc.* jardinière

**gärtnerisch 1.** *Adj.* **der ~e Pflanzenbau** the growing of garden plants; **~er Betrieb** nursery. **2.** *adv.* **sich gern ~ betätigen** enjoy gardening

**Gärung die; ~, ~en a)** fermentation; **etw. zur ~ ansetzen** start sth. fermenting; **b)** *(Erregung)* ferment; **in ~ sein** be in [a state of] ferment

**Gärungs-: ~mittel das** *s.* **Gärmittel; ~prozeß der** fermentation process

**Gar·zeit die** *(Kochk.)* cooking time

**Gas** [ga:s] **das; ~es, ~e a)** gas; **jmdn. mit ~ vergiften** gas sb.; **mit ~ heizen** have gas heating; **mit ~ kochen** cook with gas; use gas for cooking; **jmdm. das ~ abdrehen** *(fig. salopp)* force sb. out of business; **etw. aufs ~ stellen** put sth. on the cooker *or* the gas; **b)** *(Treibstoff)* petrol *(Brit.)*; gasoline *(Amer.)*; gas *(Amer. coll.)*; **ohne ~ den Berg hinunterfahren** drive down the mountain without using any petrol *etc.*; **~ wegnehmen** decelerate; take one's foot off the accelerator; **~ geben** accelerate; put one's foot down *(coll.)*; *(ugs. fig.: schneller gehen)* step on it *(coll.)*; **c)** *(ugs.: ~pedal)* accelerator; gas pedal *(Amer.)*; **aufs ~ treten** put one's foot down *(coll.)*; **vom ~ gehen** take one's foot off the accelerator

**gas-, Gas-: ~ableser der** [gas-]meter reader; gas man; **~anschluß der** gas connection; *(~hahn)* gas tap; **~anstalt die** *s.* **~werk; ~anzünder der** gas-lighter; **~austausch der** *(Biol., Med.)* gaseous exchange; **~automat der** coin-in-the-slot gas meter; **~bade·ofen der** gas water-heater; **~behälter der** gasholder; gasometer; **~beheizt** *Adj.* gas-heated; **ein ~beheizter Backofen** a gas oven; **~beleuchtung die** gas lighting; **~beton der** *(Bauw.)* cellular *or* aerated concrete; **~bombe die** gas bomb; **~brand der** *(Med.)* gas gangrene; **~brenner der** gas burner; **~dicht** *Adj.* gas-tight; **~druck der** gas pressure; **~entladung die** *(Physik)* gas discharge; **~entwicklung die** formation of gas; **~explosion die** gas explosion; **~fabrik die** gasworks *sing.*; **~feuerung die** gas-firing; **~feuerzeug das** gas lighter; **~flamme die** gas flame; **~flasche die** gas-cylinder; *(für einen Herd, Ofen)* gas bottle; gas container; **~förmig** *Adj.* gaseous; **~fuß der** *(ugs.)* **einen nervösen ~fuß haben** rev up impatiently at the lights *(coll.)*; **~gemisch das** mixture of gases; **~gerät das** gas appliance; **~geruch der** smell of gas; **~hahn der** gas tap; **den ~hahn aufdrehen** *(ugs. verhüll.)* end it all *(coll. euphem.)*; **jmdm. den ~hahn abdrehen** *(salopp)* force sb. out of business; **~hebel der** accelerator pedal; gas pedal *(Amer.)*; **~heizung die** gas heating; **~herd der** gas cooker; **~hülle die** atmosphere; **~kammer die** gas chamber; **~kessel der** gas holder; gasometer; **~kocher der** camping stove; **~koks der** gas coke; **~krieg der** gas war; *(Kriegführung)* gas warfare; **~lampe, ~laterne die** gas lamp; **~leitung die** gas pipe; *(Hauptrohr)* gas main; **~licht das** gaslight; **~-Luft-Gemisch das** *(Kfz-W.)* fuel-and-air mixture; **~mann der** *(ugs.)* gas man; **~maske die** gas mask; **~ofen der** gas heater

**Gasolin** [gazo'li:n] **das; ~s** gasoline

**Gasometer** [gazo'me:tɐ] **der** *(veralt.)* gasometer; gasholder

**Gas-: ~pedal das** accelerator [pedal]; gas pedal *(Amer.)*; **~pistole die** pistol that fires gas cartridges; **~rechnung die** gas bill; **~rohr das** gas pipe; *(Hauptrohr)* gas main; **~schlauch der** gas hose

**Gasse** ['gasə] **die; ~, ~n a)** lane; narrow street; *(österr.)* street; **auf der ~:** in the lane *or* narrow street; **die Salzburger Altstadt ist von kleinen, engen ~n durchzogen** the old part of Salzburg is a maze of little, narrow streets and alley-ways *or* passages; **[für jmdn.] eine ~ bilden** *(fig.)* make way *or* clear a path [for sb.]; **wir machten eine ~ für das Brautpaar** *(fig.)* we lined up to make a passage for the bride and groom; **jmdm./sich eine ~ durch die Menge bahnen** *(fig.)* clear a path for sb./force one's way through the crowd; **b)** *(Fußball)* opening; **eine ~ öffnen** make an opening; **c)** *(Rugby)* line-out; **d)** *(Kegeln)* **in die rechte/linke ~ zielen/werfen** *aim/throw at the right-hand/left-hand gap between the lines of skittles*

**gassen-, Gassen-: ~hauer der** *(ugs.)* popular song; **~junge der** *(abwertend)* street urchin; **~seitig** *Adj. (österr.)* ⟨*room etc.*⟩ facing the street; **~seitig sein** face the street; **~wohnung die** *(österr.)* flat facing the street; **~wort das;** *Pl.* **~wörter** coarse word; **er benutzt die ordinärsten ~wörter** he uses the most vulgar gutter language

**Gassi** ['gasi] *in* **~ gehen** *(ugs.)* go walkies *(Brit. coll.)*

[1]**Gast** [gast] **der; ~[e]s, Gäste** ['gɛstə] **a)** *(auch zahlender ~)* guest; **ungebetene Gäste** *(auch fig.)* uninvited guests; *(bei einer Party usw. auch)* gatecrashers; **das Glück war ein seltener ~ bei ihr** *(fig.)* she hadn't known much happiness; **bei jmdm. zu ~ sein** be sb.'s guest/guests; **jmdn. zu ~ haben** have sb. as one's guest/guests; **jmdn. zu ~ laden** *od.* **bitten** *(geh.)* request the pleasure of sb.'s company; **b)** *(Besucher eines Lokals)* patron; **c)** *(Besucher)* visitor; **ein ~ in einem Land** a visitor to a country; **als ~ im Studio war X** the studio guest was X; **d)** *(Künstler[in])* guest star

[2]**Gast der; ~[e]s, ~en** *od.* **Gäste** *(Seemannsspr.)* man; *(Boots~)* crewman; *(Signal~)* signalman

**Gas·tanker der** gas tanker

**Gast-: ~arbeiter der** immigrant *or* foreign

or guest worker; **~bett das** *(im Hotel)* bed; *(im Haus)* spare bed; **~dozent der** *(Hochschulw.)* visiting lecturer
**Gäste-: ~buch das** guest book; **~handtuch das** guest-towel; **~haus das** guest-house; **~zimmer das** *(privat)* guest room; spare room; *(im Hotel)* room
**gast-, Gast-: ~frei** *Adj.* hospitable; **~freiheit die;** *o. Pl.* hospitality; **~freund der** *(veralt.)* **a)** *(~geber)* host; **b)** *(Besucher)* guest; **~freundlich** *Adj.* hospitable; **~freundschaft die** hospitality; **~gebend** *Adj.; nicht präd.* host ‹*city, nation, etc.*›; **die ~gebende Mannschaft** the home team *or* side; **~geber der a)** host; **b)** *meist Pl. (Sport)* **der/die ~geber** the home team *or* side; **~geberin die; ~, ~nen** hostess; **~geschenk das** gift [for one's host/hostess]; **~haus das, ~hof der** inn; **~hörer der** *student who with permission attends lectures and seminars at a university without working for a degree;* auditor *(Amer.)*
**gastieren** *itr. V.* appear as a guest; give a guest performance; **das Orchester gastiert in N.** the orchestra is giving a guest performance in N; **der ~de Tenor** the guest tenor
**Gast-: ~konzert das** guest concert; **~land das** host country
**gastlich 1.** *Adj.* hospitable; **~e Aufnahme finden** have a hospitable reception; be received hospitably. **2.** *adv.* hospitably
**Gastlichkeit die; ~:** hospitality
**Gast-: ~mahl das** *(geh.)* banquet; **Platons „~mahl"** Plato's 'Symposium'; **~mannschaft die** *(Sport)* visiting team
**Gas·tod der** death by gassing; **den ~ erleiden** be gassed
**Gast-: ~professor der** visiting professor; **~recht das** right to hospitality; **jmdm. ~recht gewähren/das ~recht verweigern** grant/refuse sb. hospitality; **~recht genießen** enjoy the privileges of a guest; **das ~recht mißbrauchen** abuse one's position as a guest; **~redner der** guest speaker
**Gastritis** [gas'tri:tɪs] **die; ~, Gastritiden** *(Med.)* gastritis
**Gast·rolle die** guest role *or* part; **in einer ~ auftreten** make a guest appearance; appear as a guest
**gastro-, Gastro-** [gastro:-]: **~nom** [~'no:m] **der; ~en, ~en** restaurateur; **~nomie** [~no'mi:] **die; ~ a)** *(Gaststättengewerbe)* restaurant trade; *(Versorgung, Service)* catering *no art.;* **b)** *(Kochk.)* gastronomy; **~nomisch** [~'no:mɪʃ] *Adj.* gastronomic; **~skopie** [~sko'pi:] **die** *(Med.)* gastroscopy
**Gast·spiel das** guest performance; **ein [kurzes] ~ geben** *(fig. scherzh.)* stay for a short time
**Gastspiel·reise die** tour; **eine ~ durch Japan** a tour of Japan; **auf ~:** on tour
**Gast·stätte die** public house; *(Speiselokal)* restaurant
**Gaststätten·gewerbe das** pub/restaurant trade
**Gast·stube die** bar; *(in einem Speiselokal)* restaurant
**Gas·turbine die** gas turbine
**Gast-: ~vorlesung die** guest lecture; **~vorstellung die** guest performance; **~wirt der** publican; landlord; *(eines Restaurants)* [restaurant] proprietor *or* owner; *(Pächter)* restaurant manager; **~wirtschaft die** *s.* **~stätte; ~zimmer das** *s.* **Gästezimmer**
**Gas-: ~uhr die** gas meter; **~verbrauch der** gas consumption; **~verflüssigung die** *(Technik, Physik)* liquefaction of gases; **~vergiftung die** gas-poisoning *no indef. art.;* **~versorgung die** gas supply; **~wasch·flasche die** *(Technik)* gas washer; *(Chemie)* gas-washing bottle; **~werk das** gasworks *sing.;* **~wolke die** cloud of gas; **~zähler der** gas meter

**Gatt** [gat] **das; ~[e]s, ~en** *od.* **~s** *(Seemannsspr.)* eyelet hole
**GATT** [gat] **das; ~:** GATT
**Gatte** ['gatə] **der; ~n, ~n a)** *(geh.: Ehemann)* husband; **b)** *Pl. (veralt.: Eheleute)* couple; husband and wife
**Gatten-: ~liebe die** *(geh.)* conjugal love; love of one's husband/wife; **~mord der** *(Rechtsw., sonst geh.)* murder of one's husband/wife
**Gatter** ['gatɐ] **das; ~s, ~ a)** *(Zaun)* fence; *(Lattenzaun)* fence; paling; **b)** *(Tor)* gate; **c)** *(Jägerspr.: Gehege)* [game] preserve; **d)** *(Pferdesport)* rails *pl.;* **e)** *(Textilw.)* creel; **f)** *(Elektronik)* gate
**Gatter-: ~säge die** *(Technik)* gang saw; **~tor das** gate
**Gattin** ['gatɪn] **die; ~, ~nen** *(geh.)* wife; **die besten Grüße an Ihre ~:** my regards to your lady wife
**Gattung** ['gatʊŋ] **die; ~, ~en a)** kind; sort; *(Kunst~)* genre; form; **Menschen/Dinge verschiedener ~:** all sorts of people/things of different kinds *or* sorts; **b)** *(Biol.)* genus; **c)** *(Milit.)* service
**Gattungs-: ~begriff der** generic concept; **~name der** generic name; **~zahl·wort das;** *Pl.* **...wörter** *(Sprachw.) numeral showing how many different kinds ('achterlei' etc.);* variative numeral
**Gau** [gau̯] **der; ~[e]s, ~e a)** *tribal district in Germanic times;* **b)** *(ns.: Organisationseinheit) administrative district during the Nazi period;* **c)** *(Gebiet)* region
**Gäu** [gɔy̯] **das; ~[e]s, ~e** *(österr., schweiz.) s.* **Gau a**
**Gaube** ['gau̯bə] **die; ~, ~n** dormer [window]
**Gauchheil** ['gau̯xhai̯l] **der; ~[e]s, ~e** *(Bot.)* anagallis; pimpernel
**Gaucho** ['gau̯tʃo] **der; ~[s], ~s** gaucho
**Gaudi** ['gau̯di] **das; ~s** *(bayr., österr.:* **die;** *~) (ugs.)* bit of fun; **eine große ~ haben** have a lot of *or* great fun; **eine ~ sein** be a lot of *or* great fun
**Gaudium** ['gau̯diʊm] **das; ~s** amusement; entertainment; **zum allgemeinen ~:** to everyone's amusement; to the amusement of everyone *or* all
**Gaukel·bild das** *(veralt.)* phantasm; **ein ~ deiner Phantasie** a figment of your imagination
**Gaukelei die; ~, ~en** *(geh.)* **a)** *(Vorspiegelung)* trickery *no indef. art., no pl.;* **~en** trickery *sing.; tricks;* **b)** *(Possenspiel)* trick
**gaukeln** ['gau̯kl̩n] *itr. V.; mit sein (dichter.)* ‹*glow-worm*› flicker; ‹*butterfly*› flutter; **der ~de Flug der Fledermäuse** the dancing flight of the bats
**Gaukel·spiel das** *(geh.)* deception
**Gaukler der; ~s, ~ a)** *(veralt.: Taschenspieler)* itinerant entertainer; **b)** *(geh.: Betrüger)* charlatan; mountebank; trickster; **c)** *(Zool.)* bateleur [eagle]
**Gauklerin die; ~, ~nen** *s.* **Gaukler a, b**
**Gaul** [gau̯l] **der; ~[e]s, Gäule** ['gɔy̯lə] **a)** *(abwertend)* nag *(derog.);* hack *(derog.);* **b)** *(veralt.)* horse; **einem geschenkten ~ schaut man nicht ins Maul** *(Spr.)* never look a gift-horse in the mouth
**Gau·leiter der** *(ns.)* gauleiter
**Gaullismus** [go'lɪsmʊs] **der; ~:** Gaullism
**Gaumen** ['gau̯mən] **der; ~s, ~ a)** palate; roof of the mouth; **der weiche/harte ~:** the soft/hard palate; **b)** *(geh.: Geschmacksorgan)* palate; **das ist etw. für einen verwöhnten ~:** this is sth. for the real gourmet
**Gaumen-: ~freude die;** *meist Pl. (geh.),* **~kitzel der** *(geh.)* delicacy; **~laut der** guttural; **~mandel die** *(Anat.)* [palatine] tonsil; **~platte die** upper [dental] plate; **~segel das** *(Anat.)* soft palate; velum *(Anat.);* **~spalte die** *(Med.)* cleft palate; **~zäpfchen das** uvula
**Gauner** ['gau̯nɐ] **der; ~s, ~ a)** *(abwertend)* crook *(coll.);* rogue; **ein ausgemachter/kleiner ~:** an out-and-out crook *(coll.) or* rogue/a small-time crook *(coll.);* **b)** *(ugs.: schlauer Mensch)* cunning devil *(coll.);* sly customer *(coll.)*
**Gauner·bande die** gang *or* band of crooks *(coll.)*
**Gaunerei die; ~, ~en** swindle; *(das Gaunern)* swindling
**Gauner·komödie die** comedy thriller
**gaunern 1.** *itr. V.* swindle; cheat. **2.** *refl. V.* **sich durchs Leben ~:** cheat one's way through life
**Gauner-: ~sprache die** thieves' cant *or* Latin; **~streich der, ~stück das** swindle; piece of roguery
**gautschen** ['gau̯tʃn̩] *tr. V.* **a)** *(Papierherstellung)* couch; **b)** *(Druckw.)* **jmdn. ~:** give sb. a ducking *(initiation ceremony for those finishing an apprenticeship in the printing trade)*
**Gautscher der; ~s, ~** *(Papierherstellung)* coucher
**Gaza·streifen** ['ga:za-] **der** Gaza Strip
**Gaze** ['ga:zə] **die; ~, ~n** gauze; *(Draht~)* gauze; [wire-]mesh
**Gaze-: ~bausch der** gauze swab; **~binde die** gauze bandage
**Gazelle** [ga'tsɛlə] **die; ~, ~n** gazelle
**Gaze·schleier der** gauze veil
**Gazette** [ga'tsɛtə] **die; ~, ~n** newspaper; rag *(coll. derog.)*
**Gaze·tupfer der** *s.* **Gazebausch**
**Gdańsk** [gdai̯sk] **(das); ~s** *(amtl. Form in der DDR) s.* **Danzig**
**G-Dur** ['ge:-] **das; ~** *(Musik)* G major; *s. auch* **A-Dur**
**geachtet 1.** *2. Part. v.* **achten. 2.** *Adj.* respected; **~ und respektiert** esteemed and respected; **bei jmdm. ~ sein** be respected *or* held in esteem by sb.
**Geächtete der/die;** *adj. Dekl.* outlaw
**Geächze das; ~s** groaning; groans *pl.*
**Geäder** [gə'ǀɛ:dɐ] **das; ~s** venation; veins *pl.; (beim Menschen)* veins *pl.*
**geadert, geädert** *Adj.* veined
**Geäfter** [gə'ǀɛftɐ] **das; ~s, ~** *(Jägerspr.)* dew-claws *pl.*
**Gealbere das; ~s** *(ugs. abwertend)* messing about *or* around *(coll.)*
**geartet** *Adj.* **es ist [ganz] anders ~, als ich mir vorgestellt hatte** it is [quite] different [in kind] from what I'd imagined; **wie [auch] immer die Situation ~ ist** whatever the situation may be; **kein wie auch immer ~er Reiz** no stimulus of any kind; **dieses besonders ~e Material** this special material; **sie ist so ~, daß ...:** her nature is such that ...; **gutmütig ~:** good-natured; **sie ist ganz anders ~:** she is quite different; she has quite a different nature
**Geäst** [gə'ǀɛst] **das; ~[e]s** branches *pl.;* boughs *pl.*
**geb.** *Abk.* **a) geboren; b) geborene**
**Gebäck** [gə'bɛk] **das; ~[e]s, ~e** cakes and pastries *pl.; (Kekse)* biscuits *pl.; (Törtchen)* tarts *pl.*
**gebacken** *2. Part. v.* **backen**
**Gebäck-: ~schale die** cake dish; **~zange die** cake tongs *pl.*
**Gebälk** [gə'bɛlk] **das; ~[e]s, ~e a)** *(Balkenwerk)* beams *pl.; (Dach~)* rafters *pl.;* **es knistert** *od.* **kracht im ~** *(fig.)* there are signs that things are beginning to fall apart *(fig.);* **b)** *(antike Archit.)* entablature
**Geballere das; ~s** *(ugs. abwertend)* banging
**geballt** [gə'balt] **1.** *2. Part. v.* **ballen. 2.** *Adj.; nicht präd.* concentrated; **mit ~er Kraft einen neuen Angriff starten** concentrate one's forces in a new attack; **eine ~e Ladung** *(Milit.)* a concentrated charge; **jmdm. eine ~e Ladung Sand ins Gesicht werfen** *(fig. ugs.)* chuck a load of sand in sb.'s face *(coll.)*
**gebar** *1. u. 3. Pers. Sg. Prät. v.* **gebären**
**Gebärde** [gə'bɛ:ɐ̯də] **die; ~, ~n** gesture; **mit vielen ~n** with much gesticulation

**gebärden** *refl. V.* **sich seltsam/wie ein Rasender/wie toll ~:** behave *or* act oddly/like a madman/as if one were mad

**Gebärden-: ~spiel das** gestures *pl.;* gesticulation[s *pl.*]; **~sprache die** *(Zeichensprache)* sign language; *(Taubstummensprache)* deaf-and-dumb language

**Gebaren das; ~s** *(oft abwertend)* conduct; behaviour

**gebären** [gə'bɛ:rən] *unr. tr. V.* bear; give birth to; **jmdm. ein Kind ~** *(geh.)* bear sb. a child; **wo bist du geboren?** where were you born?; **einen Gedanken/eine Idee ~** *(fig.)* generate a thought/give birth to an idea; *s. auch* **geboren**

**gebär·freudig** *Adj.* prolific

**Gebär·mutter die; ~, -mütter** womb

**Gebärmutter·krebs der** *(Med.)* cancer of the womb

**gebauchpinselt** [gə'bauxpɪnzlt] *in* **sich ~ fühlen** *(ugs. scherzh.)* feel flattered

**Gebäude** [gə'bɔydə] **das; ~s, ~ a)** *(Bauwerk)* building; **b)** *(Gefüge)* structure; **kunstvolles ~:** edifice; **das ~ einer Theorie/Wissenschaft** the structure of a theory/of a science; **ein ~ von Lügen** a tissue of lies

**Gebäude-: ~komplex der** complex of buildings; **~teil der** part of the building

**gebaut 1.** *2. Part. v.* **bauen. 2.** *Adj.* **gut ~ sein** have a good figure; **gut ~e Mannequins** models with good figures; **so wie du ~ bist ...** *(ugs.)* with a figure like yours ...; *(fig.)* you being what you are ... *(coll.)*

**gebe·freudig** *Adj.* generous; open-handed

**Gebein das; ~[e]s, ~e a)** *Pl. (geh.: Skelett)* bones *pl.; (sterbliche Reste)* [mortal] remains; **b) ihr fuhr der Schreck durchs ~** *(veralt.)* her whole body shook with fear

**Gebell das; ~[e]s** barking; *(der Jagdhunde)* baying; *(fig.: von Geschützen)* booming

**geben** ['ge:bn̩] **1.** *unr. tr. V.* **a)** give; *(reichen)* give; hand; pass; **jmdm. zu essen/trinken ~:** give sb. sth. to eat/drink; **jmdm. [zur Begrüßung] die Hand ~:** shake sb.'s hand [in greeting]; **~ Sie mir bitte Herrn N.** please put me through to Mr N.; **ich gäbe viel darum, wenn ich das machen könnte** I'd give a lot to be able to do that; **jmdm. etw. in die Hand ~:** give sb. sth.; **etw. [nicht] aus der Hand ~:** [not] let go of sth.; **ich gebe Ihnen die Vase für 130 Mark** I'll let you have the vase for 130 marks; **~ Sie mir bitte eine Schachtel Zigaretten/ein Bier** I'll have a packet of cigarettes/a beer, please; **können Sie mir zwei Plätze ~?** can you give me *or* let me have two seats?; **jmdm. seine ganze Liebe ~** *(fig.)* give sb. all one's love; **Geben ist seliger denn Nehmen** *(Spr.)* it is more blessed to give than to receive *(prov.);* **b)** *(über~)* **jmdn. zu jmdm. in die Lehre ~:** apprentice sb. to sb.; **etw. in Druck** *(Akk.) od.* **zum Druck ~:** send sth. to press *or* to be printed; **jmdm. etw. als** *od.* **zum Pfand ~:** give sb. sth. as [a] security; **etw. [bei jmdm.] in Verwahrung ~:** hand sth. in [to sb.] for safe keeping; **etw. zur Reparatur ~:** take sth. [in] to be repaired; **etw. zur Post ~:** post sth.; *s. auch* **Pflege; c)** *(gewähren)* give; **jmdm. eine Genehmigung/ein Interview ~:** give sb. permission/an interview; **einen Elfmeter/eine Ecke ~** *(Sport)* award a penalty/corner; **d)** *(bieten)* give; **es hat mir nichts ge~:** I didn't gain anything from *or* get anything out of it; **jmdm. ein gutes/schlechtes Beispiel ~:** set sb. a good/bad example; **e)** *(versetzen)* give; **jmdm. einen Klaps/Tritt ~:** give sb. a slap/kick; **es jmdm. ~** *(ugs.: jmdm. die Meinung sagen)* give sb. what for *(coll.); (jmdn. verprügeln)* let sb. have it; **gib [es] ihm!** *(ugs.)* let him have it!; **f)** *(erteilen)* give; **Unterricht ~:** teach; **eine Lektion ~:** give a lesson; **Französisch ~:** teach French; **jmdm. Antwort ~:** give sb. an answer; **jmdm. Auskunft/Aufschluß ~:** give sb. information; **g)** *(hervorbringen)* give ⟨*milk, shade, light*⟩; **etw. gibt Flecken** *(ugs.)* sth. stains; **h)** *(veranstalten)* give, throw ⟨*party*⟩; give, lay on ⟨*banquet*⟩; give ⟨*dinner-party, ball*⟩; **ein Fest ~:** give *or* hold a party *or* celebration; **i)** *(aufführen)* give ⟨*concert, performance*⟩; **das Theater gibt nächste Woche den „Faust"** the theatre is putting on 'Faust' next week; **was wird heute ge~?** what's on today?; **die Schauspielerin gibt ihr Debüt** the actress is making her debut; **j)** *(er~)* **drei mal drei gibt neun** three threes are nine; three times three is *or* makes nine; **eins plus eins gibt zwei** one and one is *or* makes two; **das gibt [k]einen Sinn** that makes [no] sense; **ein Wort gab das andere** one word led to another; **k)** *(vermitteln)* give; **jmdm./einer Sache neue Impulse/Anregungen ~:** give sb./sth. a fresh impulse/stimulus; **etw. ist jmdm. nicht ge~:** sb. just hasn't got sth.; **es ist ihm nicht ge~, eine gute Rede zu halten** he just hasn't got what it takes to be a good speaker; **l)** *(äußern)* **etw. von sich ~:** utter sth.; **Unsinn/dummes Zeug von sich ~** *(abwertend)* talk nonsense/rubbish; **keinen Laut/Ton von sich ~:** not make a sound; **m) viel/wenig auf etw.** *(Akk.)* **~:** set great/little store by sth.; **n)** *(hinzu~)* add; put in; **etw. an das Essen ~:** add sth. to *or* put sth. into the food; **o)** *(ugs.: erbrechen)* **alles wieder von sich ~:** bring *or (coll.)* sick everything up again; **p)** *(Ballspiele: ab~)* pass; **den Ball nach links ~:** pass the ball [to the] left; **q)** *(darstellen)* play ⟨*role*⟩. **2.** *unr. tr. V. (unpers.)* **a)** *(vorhanden sein)* **es gibt** there is/are; **es gibt einen/keinen Gott** God exists/does not exist; **das gibt es wohl häufiger** it happens all the time; **daß es so etwas heutzutage überhaupt noch gibt!** I'm surprised that such things still go on nowadays; **zu meiner Zeit gab es das nicht** it wasn't like that in my day; **gibt es noch etwas?** *(ugs.)* is there anything else?; **das gibt es ja gar nicht** I don't believe it; you're joking *(coll.);* **Ein Hund mit fünf Beinen? Das gibt es ja gar nicht** A dog with five legs? There's no such thing!; **was gibt es Neues?** what's new? *(coll.);* **bei mir gibt's nichts Neues** I haven't got any news; **Kommen Sie herein. Was gibt es?** Come in. What's the matter *or (coll.)* what's up?; **was gibt's denn da?** what's going on over there?; **was es nicht alles gibt!** *(ugs.)* what will they think of next?; **gibt es dich auch noch?** *(ugs.)* are you still around? *(coll.);* **da gibt's nichts** *(ugs.)* there's no denying it *or* no doubt about it; **da gibt's nichts, da würde ich sofort protestieren** there's nothing else for it, I'd protest immediately in that case; **b)** *(angeboten werden)* **was gibt es zu essen/trinken?** what is there to eat/drink?; **was gibt es denn zum Mittagessen?** what's for lunch?; **heute gibt's Schweinefleisch** we're having pork today; **im Theater/Fernsehen gibt es heute abend ...:** ... is on at the theatre/on television this evening; **c)** *(einsetzen)* **morgen gibt es Schnee/Sturm** it'll snow tomorrow/there'll be a storm tomorrow; **es gibt Scherereien/Streit** there'll be trouble/a row; **gleich/sonst gibt's was** *(ugs.)* there'll be trouble in a minute/otherwise. **3.** *unr. itr. V.* **a)** *(Karten austeilen)* deal; **wer gibt?** whose deal is it?; **b)** *(Sport: aufschlagen)* serve. **4.** *unr. refl. V.* **a) sich [natürlich/steif] ~:** act *or* behave [naturally/stiffly]; **er gab sich nach außen hin gelassen** he gave the appearance of being relaxed; **deine Art, dich zu ~:** the way you behave; **b)** *(nachlassen)* **das Fieber wird sich ~:** his/her *etc.* temperature will drop; **sein Eifer wird sich bald ~:** his enthusiasm will soon wear off *or* cool; **das gibt sich/wird sich noch ~:** it will get better

**gebenedeit** [gəbene'dait] *Adj. (christl. Rel.)* blessed; **die ~e Jungfrau** the Blessed Virgin Mary

**Geber der; ~s, ~ a)** *(veralt.: Gebender)* giver; donor; **b)** *(Technik)* transducer

**Geber·laune die;** *o. Pl.* generous mood; **in ~:** in a generous mood

**Gebet** [gə'be:t] **das; ~[e]s, ~e** prayer; **ein ~ sprechen** say a prayer; **sein ~ verrichten** say one's prayers *pl.;* **das ~ des Herrn** *(geh.)* the Lord's Prayer; **jmdn. ins ~ nehmen** *(ugs.)* give sb. a dressing down; take sb. to task

**Gebet·buch das** prayer-book

**gebeten** *2. Part. v.* **bitten**

**Gebets-: ~mühle die** prayer wheel; **~teppich der** *(islam. Rel.)* prayer mat

**gebeut** [gə'bɔyt] *(veralt.) 3. Pers. Sg. Präsens v.* **gebieten**

**gebiert** [gə'bi:ɐ̯t] *3. Pers. Sg. Präsens v.* **gebären**

**Gebiet** [gə'bi:t] **das; ~[e]s, ~e a)** *(Landstrich)* region; area; **b)** *(Staats~)* territory; **c)** *(Bereich)* field; sphere; **auf dem ~ der Wirtschaft/Politik** in the field *or* sphere of economics/politics; **d)** *(Fach)* field; **auf einem ~ führend sein** be the leader in a field

**gebieten** *(geh.)* **1.** *unr. tr. V.* **a)** *(befehlen, fordern)* command; order; **jmdm. ~, etw. zu tun** command *or* order sb. to do sth.; **eine Respekt ~de Persönlichkeit** a figure who commands/commanded respect; **b)** *(erfordern)* demand; bid; *s. auch* **Einhalt. 2.** *unr. itr. V.* **a) über etw.** *(Akk.)* **~:** command sth.; have command over sth.; **über ein Land/Volk ~:** hold sway over a country/people; **b)** *(verfügen)* **über Geld ~:** have money at one's disposal; **er gebietet über beträchtliche Körperkräfte** he is a man of considerable strength

**Gebieter der; ~s, ~** *(veralt.)* master; **~ über 400 Sklaven** master of 400 slaves

**Gebieterin die; ~, ~nen** *(veralt.)* mistress

**gebieterisch** *(geh.)* **1.** *Adj.* imperious; *(herrisch)* domineering; overbearing; peremptory ⟨*tone*⟩. **2.** *adv.* imperiously; **die Lage erfordert ~, daß ...:** the situation makes it [absolutely] imperative that ...

**gebiets-, Gebiets-: ~abtretung die** cession *or* ceding of territory; **~anspruch der** territorial claim; **~körperschaft die** *(Rechtsw.)* regional authority; **~reform die** local government reorganization; **~weise** *Adv.* locally; in some areas

**Gebilde** [gə'bɪldə] **das; ~s, ~** *(Gegenstand)* object; *(Bauwerk)* construction; structure; *(Form)* shape; **ein kompliziertes geistiges ~** *(fig.)* a complicated intellectual construct; **diese Dinge sind ~ seiner Phantasie** *(fig.)* these things are products of his imagination

**gebildet 1.** *2. Part. v.* **bilden. 2.** *Adj.* educated; *(kultiviert)* cultured; **er ist sehr ~:** he is very well educated; **vielseitig ~:** broadly educated; **er ist vielseitig ~:** he has a broad education; **akademisch ~ sein** have had an academic training. **3.** *adv.* **sich ~ unterhalten** have a cultured conversation

**Gebimmel das; ~s** *(ugs.)* ringing; *(von kleinen Glocken)* tinkling

**Gebinde das; ~s, ~** *(Blumenarrangement)* arrangement; *(Bund, Strauß)* bunch; *(von kleinen Blumen)* posy

**Gebirge** [gə'bɪrgə] **das; ~s, ~ a)** mountain range; range of mountains; **ein ~ von Schutt** *(fig.)* a mountain of rubble *(fig.);* **b)** *(Gebirgsgegend)* mountains *pl.;* **c)** *(Bergbau)* rock

**gebirgig** *Adj.* mountainous

**Gebirgs-: ~ausläufer der** foothill; **~bach der** mountain stream; **~bahn die** mountain railway; **~bewohner der** mountain dweller; **~jäger der** *(Milit.)* **a)** *(Soldat)* mountain soldier; **b)** *Pl. (Waffengattung)* mountain troops *pl.;* **~kamm der** mountain ridge *or* crest; **~kette die** mountain chain *or* range; **~klima das** mountain climate; **~landschaft die** mountainous region; *(Ausblick)* mountain scenery; *(Ge-*

*mälde)* mountain landscape; ~**massiv das** massif; ~**paß der** mountain pass; ~**stock der** massif; ~**truppe die** *(Milit.) s.* ~**jäger b**; ~**volk das** mountain people; *(Stamm)* mountain tribe; ~**zug der** mountain range

**Gebiß das; Gebisses, Gebisse a)** *(Zähne)* set of teeth; teeth *pl.*; **sein ~ zeigen/entblößen** bare one's teeth; **b)** *(Zahnersatz)* denture; plate *(coll.)*; *(für die Zähne beider Kiefer)* dentures *pl.*; set of false teeth; false teeth *pl.*; **ein [künstliches] ~ anpassen** fit a denture/dentures *or* [a set of] false teeth; **c)** *(am Pferdezaum)* bit

**gebissen** [gəˈbɪsn̩] *2. Part. v.* **beißen**

**Gebläse** [gəˈblɛːzə] **das; ~s, ~** *(Technik)* fan; *(Kfz-W.: am Vergaser)* supercharger

**Gebläse·motor der** *(Kfz-W.)* supercharged engine

**geblasen** *2. Part. v.* **blasen**

**geblichen** [gəˈblɪçn̩] *2. Part. v.* **bleichen**

**Geblödel das; ~s** *(ugs.)* silly chatter; twaddle *(coll.)*

**geblümt** [gəˈblyːmt] *Adj.* **a)** flowered; **b)** *(geziert)* flowery ⟨*style etc.*⟩

**Geblüt** [gəˈblyːt] **das; ~[e]s** *(geh.)* blood; **von königlichem ~ sein** be of royal blood; **eine Prinzessin von ~**: a princess of the blood

**gebogen 1.** *2. Part. v.* **biegen. 2.** *Adj.* bent; **eine aufwärts ~e Nase** an upturned nose

**geboren** [gəˈboːrən] **1.** *2. Part. v.* **gebären. 2.** *Adj.* **blind/taub ~ sein** be born blind/deaf; **Frau Anna Schmitz ~e Meyer** Mrs Anna Schmitz née Meyer; **sie ist eine ~e von Schiller** she is a von Schiller by birth; **der ~e Schauspieler** *usw.* **sein** be a born actor *etc.*; **zum Musiker** *usw.* **~ sein** be born to be a musician *etc.*; be a born musician *etc.*

**geborgen 1.** *2. Part. v.* **bergen. 2.** *Adj.* safe; secure; **sich bei jmdm. ~ fühlen** feel safe and secure with sb.; **sicher und ~ sein** be safe and secure

**Geborgenheit die; ~**: security

**geborsten** [gəˈbɔrstn̩] *2. Part. v.* **bersten**

**gebot** *1. u. 3. Pers. Sg. Prät. v.* **gebieten**

**Gebot das; ~[e]s, ~e a)** *(Grundsatz)* precept; **das ~ der Fairneß/Höflichkeit verlangt es, daß ...**: fairness/politeness demands that ...; **das oberste/erste ~**: the highest precept; **die Zehn ~e** *(Rel.)* the Ten Commandments; **b)** *(Vorschrift)* regulation; **c)** *(geh.: Befehl)* command; *(Verordnung)* decree; **auf jmds. ~** *(Akk.)* **[hin]** at sb.'s command; **d)** *in* **jmdm. zu ~[e] stehen** *(geh.)* be at sb.'s command/disposal; **e)** *(Erfordernis)* **ein ~ der Vernunft/Klugheit** a dictate of reason/good sense; **es ist ein ~ der Vernunft/Klugheit, etw. zu tun** reason/good sense dictates that one does sth.; **es ist das ~ der Stunde, nicht länger zu zögern** *(geh.)* our present predicament demands that we hesitate no longer; **etw. ist das ~ der Stunde** *(geh.)* sth. is the order of the day; **f)** *(Kaufmannsspr.)* bid; **verkaufe X gegen ~**: offers [are] invited for X

**geboten 1.** *2. Part. v.* **bieten, gebieten. 2.** *Adj.* *(ratsam)* advisable; *(notwendig)* necessary; *(unbedingt ~)* imperative; **mit der ~en Sorgfalt** with [all] due care; **mit dem ~en Respekt** with all due respect

**Gebots·schild das** *(Verkehrsw.)* regulatory sign

**Gebr.** *Abk.* **Gebrüder** Bros.

**gebracht** [gəˈbraxt] *2. Part. v.* **bringen**

**gebrandmarkt** *2. Part. v.* **brandmarken**

**gebrannt** [gəˈbrant] *2. Part. v.* **brennen**

**gebraten** *2. Part. v.* **braten**

**Gebräu** [gəˈbrɔy] **das; ~[e]s, ~e** *(meist abwertend)* brew; concoction *(derog.)*

**Gebrauch der a)** *o. Pl.* *(Benutzung)* use; **für den persönlichen/täglichen ~**: for personal/daily use; **vor ~ gut schütteln!** shake well before use; **von etw. ~ machen** make use of sth.; **von seinem Recht ~ machen** avail oneself of *or* exercise one's rights *pl.*; **außer ~ kommen** fall into disuse; **etw. in ~ nehmen** start using sth.; **etw. in** *od.* **im ~ haben** be using sth.; **in** *od.* **im ~ sein** be in use; **b)** *meist Pl.* *(Brauch)* custom

**gebrauchen** *tr. V.* use; **das kann ich gut ~**: I can make good use of that; I can just do with that *(coll.)*; **er ist zu nichts zu ~** *(ugs.)* he is useless; **sie ist zu allem zu ~**: she is always a useful person to have around; **den Verstand/eine List ~**: use one's common sense/a subterfuge; **er könnte einen neuen Mantel ~** *(ugs.)* he could do with *or (coll.)* use a new coat; **ich kann jetzt keine Störung ~** *(ugs.)* I don't want to be disturbed just now

**gebräuchlich** [gəˈbrɔyçlɪç] *Adj.* **a)** *(üblich)* normal; usual; customary; **b)** *(häufig)* common

**gebrauchs-, Gebrauchs-: ~an·leitung die, ~an·weisung die** the instructions *pl. or* directions *pl.* [for use]; **~artikel der** basic consumer item; **~artikel** *Pl.* basic consumer goods; **~fähig** *Adj.* usable; in working order *pred.*; **etw. ~fähig machen** make sth. usable; put sth. in working order; **~fertig** *Adj.* ready for use *pred.*; **~gegen·stand der** item of practical use; **~graphik die** commercial art; **~graphiker der** commercial artist; **~gut das;** *meist Pl.* consumer item; **~güter** consumer goods; **langlebige ~güter** consumer durables; **~muster das** *(Rechtsw.)* registered design; **~muster·schutz der** *(Rechtsw.)* protection of designs; **~wert der** utility value

**gebraucht 1.** *2. Part. v.* **brauchen, gebrauchen. 2.** *Adj.* second-hand ⟨*bicycle, clothes, etc.*⟩; used, second-hand ⟨*car*⟩; used ⟨*handkerchief*⟩; **etw. ~ kaufen** buy sth. second-hand

**Gebraucht-: ~wagen der** used *or* second-hand car; **~wagen·händler der** used-car dealer; second-hand car dealer; **~ware die;** *meist Pl.* second-hand item; **~n** second-hand goods

**Gebrause das; ~s** *(des Meeres, der Wellen)* thundering; roar[ing]; booming; *(des Sturms, Windes)* roar[ing]; *(des Verkehrs)* roar

**gebrechen** *unr. itr. V.* *(unpers.)* *(geh.)* **jmdm. gebricht etw., jmdm. gebricht es an etw.** *(Dat.)* sb. is lacking in *or* lacks sth.

**Gebrechen das; ~s, ~** *(geh.)* affliction

**gebrechlich** *Adj.* infirm; frail; **die Alten und Gebrechlichen** the aged and infirm

**Gebrechlichkeit die; ~**: infirmity; frailty

**gebrochen** [gəˈbrɔxn̩] **1.** *2. Part. v.* **brechen. 2.** *Adj.* **a)** *(fehlerhaft)* **~es Englisch/Deutsch** broken English/German; **b)** *(niedergedrückt)* broken; **er ist ein ~er Mensch** he is a broken man; **c)** *(gestört)* **ein ~es Verhältnis zu jmdm./etw. haben** have a disturbed relationship to sb./sth. **3.** *adv.* **~ Deutsch sprechen** speak broken German

**Gebrodel das; ~s** boiling; bubbling; *(fig.)* turmoil

**Gebrüder** *Pl.* **a)** *(Kaufmannsspr.)* **die ~ Meyer** Meyer Brothers; **b)** *(veralt.)* **die ~ Schulze** the brothers Schulze

**Gebrüll das; ~[e]s a)** roaring; *(von Rindern)* bellowing; **b)** *(ugs.)* *(lautes Schreien)* bellowing; yelling; *(einer Menschenmenge)* roaring; **auf sie mit ~!** *(scherzh.)* go for *or* get them!; **c)** *(ugs.: lautes Weinen)* bawling

**Gebrumm das; ~[e]s** *(von Bären)* growling; *(von Flugzeugen, Bienen)* droning; *(von Insekten)* buzz[ing]; **ein zustimmendes ~** *(fig.)* a growl of assent

**Gebrumme das; ~s** *(ugs. abwertend)* *(von Flugzeugen, Motorrädern, Bienen)* droning; *(von Insekten)* buzz[ing]

**gebückt 1.** *2. Part. v.* **bücken. 2.** *Adj.* **in ~er Haltung** bending forward; **~ gehen** walk with a stoop

**gebügelt** *2. Part. v.* **bügeln;** *s. auch* **geschniegelt**

**Gebühr** [gəˈbyːɐ̯] **die; ~, ~en a)** charge; *(Maut)* toll; *(Anwalts~)* fee; *(Fernseh~)* licence fee; *(Vermittlungs~)* commission *no pl.*; fee; *(Post~)* postage *no pl.*; **~ bezahlt Empfänger** postage will be paid by addressee; **b) jmds. Leistungen nach ~ anerkennen** give due recognition to sb.'s achievements; **ich werde dich nach ~ belohnen** I shall reward you appropriately; **über ~** *(Akk.)* unduly; excessively

**gebühren** *(geh.)* **1.** *itr. V.* **jmdm. gebührt Achtung** *usw.* **[für etw.]** sb. deserves respect *etc.* [for sth.]; respect *etc.* is due to sb. [for sth.]. **2.** *refl. V.* **wie es sich gebührt** as is fitting *or* proper; **er bewahrte die Haltung, wie es sich für einen König gebührt** he kept his composure, as befitted a king

**Gebühren·anzeiger der** *(Fernspr.)* telephone meter

**gebührend 1.** *Adj.* fitting; proper; *(angemessen)* fitting; suitable; **in ~em Abstand** at a proper distance; **mit ~er Sorgfalt** with due care; **jmdm. die ~e Achtung erweisen** show sb. due *or* proper respect; show sb. the respect due to him/her. **2.** *adv.* fittingly; in a fitting manner

**gebührender·maßen, gebührender·weise** *Adv.* fittingly; in a fitting manner

**gebühren-, Gebühren-: ~einheit die** *(Fernspr.)* [tariff] unit; **~erhöhung die** *s.* **Gebühr a:** increase in charges/fees; *(Erhöhung der Fernseh~)* licence fee increase; **~erlaß der** *s.* **Gebühr a:** remission of charges/fees; *(der Fernseh~)* remission of the licence fee; **~ermäßigung die** *s.* **Gebühr a:** reduction of charges/fees; **~frei 1.** *Adj.* free of charge *pred.*; post-free ⟨*letter, packet, etc.*⟩; **2.** *adv.* free of charge; **einen Brief ~frei schicken** send a letter post-free; **~marke die** revenue stamp; fiscal stamp; **~ordnung die** *s.* **Gebühr a:** scale of charges/fees; **~pflichtig 1.** *Adj.* **eine ~pflichtige Verwarnung** a fine and a caution; **2.** *adv.* **jmdn. ~pflichtig verwarnen** fine and caution sb.; **~vignette die** [Swiss] motorway fee sticker

**gebührlich** *Adj.* *(veralt.) s.* **gebührend**

**gebunden 1.** *2. Part. v.* **binden. 2.** *Adj.* **a)** *(verpflichtet)* bound; **an ein Versprechen/das Haus ~ sein** be bound by a promise/tied to one's home; **sich [an etw.** *(Akk.)***] ~ fühlen** feel bound by sth.; **b)** *(verlobt)* engaged; *(verheiratet)* married; **c)** *(festgesetzt)* fixed ⟨*book prices*⟩

**Gebundenheit die; ~: ein Gefühl der ~**: a feeling of being tied [down]

**Geburt** [gəˈbuːɐ̯t] **die; ~, ~en** birth; **von ~ an** from birth; **vor/nach Christi ~**: before/after the birth of Christ; **von hoher ~ sein** *(geh.)* be of noble birth; **ein Deutscher/Engländer von ~**: a German/Englishman by birth; **das war eine schwere ~** *(fig. ugs.)* it wasn't easy; it took some doing *(coll.)*

**geburten-, Geburten-: ~beschränkung die** population control; **~kontrolle die;** *o. Pl.*, **~regelung die;** *o. Pl.* birth control; **~rückgang der** decrease in the birth rate; **~schwach** *Adj.* **ein ~schwacher Jahrgang** a year with a low birth rate; **~stark** *Adj.* **ein ~starker Jahrgang** a year with a high birth rate; **~überschuß der** excess of births over deaths; **~ziffer die** birth rate

**gebürtig** [gəˈbʏrtɪç] *Adj.* **ein ~er Schwabe** a Swabian by birth; **aus Ungarn/Paris ~ sein** be Hungarian/Parisian by birth

**Geburts-: ~anzeige die** birth announcement; **~datum das** date of birth; **~fehler der** congenital defect; **~haus das: das ~haus Beethovens** the house where Beethoven was born; Beethoven's birthplace; **~helfer der** *(Arzt)* obstetrician; *(Laie)* assistant [at a/the birth]; **~helferin die** obstetrician; *(Hebamme)* midwife; **~hilfe die** *(Med.)* obstetrics *sing.*; *(von einer Heb-*

*amme)* midwifery; **~jahr das** year of birth; **1848 ist das ~jahr der Demokratie in Deutschland** *(fig.)* the year 1848 marks the birth of democracy in Germany; **~ort der** place of birth; birthplace; **~schein der** *s.* **~urkunde; ~stadt die** native town/city; **~stunde die** hour of birth; **die ~stunde des Reiches schlug, als er den Thron bestieg** *(fig.)* with his accession to the throne the empire was born

**Geburts·tag der a)** birthday; **jmdm. zum ~ gratulieren** wish sb. [a] happy birthday *or* many happy returns of the day; **sich** *(Dat.)* **etw. zum ~ wünschen** want sth. for one's birthday; **er hat morgen ~:** it's his birthday tomorrow; **b)** *(Geburtsdatum)* date of birth

**Geburtstags-: ~feier die** birthday party; **~geschenk das** birthday present; **~kind das** *(scherzh.)* birthday boy/girl; **~torte die** birthday cake; **~überraschung die** birthday surprise

**Geburts-: ~trauma das** *(Med., Psych.)* birth trauma; **~ur·kunde die** birth certificate; **~wehen** *Pl.* labour pains; *(fig.)* birth pangs; **~zange die** obstetric forceps *pl.*

**Gebüsch** [gəˈbʏʃ] **das; ~[e]s, ~e** bushes *pl.;* clump of bushes; **ein niedriges ~:** a clump of low bushes; some low bushes *pl.;* **sich im ~ verstecken** hide in the bushes

**Geck** [gɛk] **der; ~en, ~en** *(abwertend)* dandy; fop

**geckenhaft 1.** *Adj.* dandyish; foppish. **2.** *adv.* **er kleidet sich ~:** he dresses like a dandy

**Gecko** [ˈgɛko] **der; ~s, ~s** *od.* **~nen** [-ˈ--] *(Zool.)* gecko

**gedacht** [gəˈdaxt] **1.** *2. Part. v.* **denken, gedenken. 2.** *Adj.* **für jmdn./etw. ~ sein** be meant *or* intended for sb./sth.; **so war das nicht ~:** that wasn't what I intended

**Gedächtnis** [gəˈdɛçtnɪs] **das; ~ses, ~se a)** memory; **den Alten läßt sein ~ im Stich** the old man's memory fails him; **sich** *(Dat.)* **etw. ins ~ [zurück]rufen** recall sth.; **etw. aus dem ~ aufsagen** recite sth. from memory; **jmdm. etw. aus dem ~ sagen** tell sb. sth. from memory; **das ist meinem ~ entfallen** it has slipped my mind; **das ist mir noch frisch im ~:** it is still fresh in my memory; **du hast ein kurzes ~** *(ugs.)* you have a short memory; **jmds. ~** *(Dat.)* **nachhelfen** jog sb.'s memory; **ein ~ wie ein Sieb haben** *(ugs.)* have a memory like a sieve *(coll.);* **b)** *(Andenken)* memory; remembrance; **zum ~ an jmdn.** in memory *or* remembrance of sb.

**Gedächtnis-: ~feier die** *s.* **Gedenkfeier; ~gottes·dienst der** service of remembrance; memorial service; **~hilfe die** *s.* **~stütze; ~lücke die** gap in one's memory; **~rede die** *s.* **Gedenkrede; ~schwäche die;** *o. Pl.* weak *or* poor memory; *(Med., Psych.)* defective *or* weakened memory; **~schwund der** loss of memory; amnesia; **~störung die** *(bes. Med., Psych.)* defect of memory; memory defect; **~stütze die** memory aid; mnemonic

**gedämpft 1.** *2. Part. v.* **dämpfen. 2.** *Adj.* subdued ⟨*mood*⟩; subdued, soft ⟨*light*⟩; subdued, muted ⟨*colour*⟩; muffled ⟨*sound*⟩; **mit ~er Stimme** in a low *or* hushed voice; **~e Schwingungen** *(Physik)* damped vibrations

**Gedanke der; ~ns, ~n a)** thought; **ein guter/vernünftiger ~:** a good/sensible idea; **einen ~n aufgreifen** take up an idea; **einen ~n zu Ende denken** follow a thought through; **seinen ~n nachhängen** abandon oneself to one's thoughts; **jmdn. auf andere ~n bringen** take sb.'s mind off things; **in ~n verloren** *od.* **versunken [sein]** [be] lost *or* deep in thought; **er war ganz in ~n** he was lost in thought; **in ~n ganz woanders sein** have one's mind on something completely different; be miles away *(coll.);* **mit seinen ~n nicht bei der Sache sein** have one's mind on something else; **ich bin in ~n immer bei dir** I'm always with you in my thoughts; **sich mit einem ~n vertraut machen** get used to an idea; **~n sind frei** thoughts are free; **jmds. ~n lesen** read sb.'s thoughts *or* mind; **~n lesen können** be able to read people's thoughts *or* to mind-read; **sich** *(Dat.)* **[um jmdn./etw.** *od.* **wegen jmds./etw.] ~n machen** be worried [about sb./sth.]; **mach dir keine ~n** *(ugs.)* don't worry; **sich über etw.** *(Akk.)* **~n machen** *(länger nachdenken)* think about *or* ponder sth.; **b)** *o. Pl.* **der ~ an etw.** *(Akk.)* the thought of sth.; **bei dem ~n, hingehen zu müssen** at the thought of having to go; **kein ~ [daran]!** *(ugs.)* out of the question!; no way! *(coll.);* **kein ~ daran, daß ich rechtzeitig fertig werde** *(ugs.)* there's no chance that I'll be finished on time; **c)** *Pl. (Meinung)* ideas; **seine eigenen ~n über etw. haben** have one's own ideas about sth.; **seine ~n [über etw.** *(Akk.)***] austauschen** exchange views [about sth.]; **d)** *(Einfall)* idea; **das bringt mich auf einen ~n** that gives me an idea; **mir kommt ein ~:** I've had an idea; **mir kam der ~, wir könnten ...:** it occurred to me that we could ...; **auf dumme ~n kommen** *(ugs.)* get silly ideas *(coll.);* **sich mit dem ~n tragen, etw. zu tun** entertain the idea of *or* consider doing sth.; **mit dem ~n spielen[, etw. zu tun]** be toying with the idea [of doing sth.]; **e)** *(Idee)* idea; **der ~ des Friedens** the idea of peace

**gedanken-, Gedanken-: ~armut die** paucity of ideas; unoriginality; **~austausch der** exchange of ideas; **~blitz der** *(ugs. scherzh.)* brainwave *(coll.);* **~flug der** flight of intellect; **~freiheit die;** *o. Pl.* freedom of thought; **~gang der** train of thought; **~gebäude das** edifice of ideas; **~gut das** thought; **christliches ~gut** Christian thought; **staatszersetzendes ~gut** subversive ideas *pl.;* **~lesen das** mind-reading; **~los 1.** *Adj. (unüberlegt)* unconsidered; thoughtless; *(oberflächlich)* thoughtless; *(zerstreut)* absent-minded; **2.** *adv. (zerstreut)* absent-mindedly; *(unüberlegt)* without thinking; thoughtlessly; **~losigkeit die** *(Zerstreutheit)* absent-mindedness; *(Unüberlegtheit)* lack of thought; thoughtlessness; **~lyrik die** *(Literaturw.)* philosophical poetry; **~reichtum der** *(eines Menschen)* fertility of ideas; *(eines Werkes)* wealth of ideas; **~schritt der** logical step; **~spiel das** intellectual pastime *or* game; **~splitter der** *s.* **Aphorismus; ~sprung der** mental leap; jump from one idea to another; **~strich der** dash; **~übertragung die** telepathy *no indef. art.;* thought-transference *no indef. art.;* **~verloren** *Adv.* lost in thought; **~voll 1.** *Adj.* pensive; thoughtful; **2.** *adv.* pensively; thoughtfully; **~vorbehalt der** *(Rechtsw.)* mental reservation; **~welt die** intellectual world

**gedanklich** [gəˈdaŋklɪç] **1.** *Adj.; nicht präd.* intellectual; **ein ~er Fehler** an error in reasoning; **die ~e Klarheit in diesem Werk** the clarity of thought in this work. **2.** *adv.* intellectually

**Gedärm** [gəˈdɛrm] **das; ~[e]s, ~e** intestines *pl.;* bowels *pl., (eines Tieres)* entrails *pl.*

**Gedeck das; ~[e]s, ~e a)** place setting; cover; **ein ~ auflegen** lay *or* set a place; **b)** *(Menü)* set meal; **c)** *(Getränk)* drink [with a cover charge]

**gedeckt 1.** *2. Part. v.* **decken. 2.** *Adj.* subdued; muted; *s. auch* **Apfelkuchen**

**Gedeih** *in* **auf ~ und Verderb** for good or ill; for better or [for] worse; **jmdm. auf ~ und Verderb ausgeliefert sein** be entirely at sb.'s mercy

**gedeihen** [gəˈdaiən] *unr. itr. V.; mit sein* **a)** thrive; *(wirtschaftlich)* flourish; prosper; **gut/schlecht gediehen sein** have/not have thrived; **b)** *(fortschreiten)* progress; **noch nicht sehr weit gediehen sein** have not yet progressed very far

**gedeihlich 1.** *Adj. (geh.)* thriving, flourishing, successful ⟨*business*⟩; successful ⟨*development, co-operation*⟩; beneficial ⟨*effect etc.*⟩. **2.** *adv.* successfully

**ge·denken** *unr. itr. V.* **a)** *(geh.: zurückdenken, sich erinnern)* **jmds./einer Sache** *od.* *(schweiz.)* **jmdm./einer Sache** *(Dat.)* **~:** remember sb./sth.; *(erwähnen)* recall sb./sth.; *(in einer Feier)* commemorate sb./sth.; **b)** *(beabsichtigen)* intend

**Gedenken das; ~s** *(geh.)* remembrance; memory; **Worte des ~s** words of remembrance; **zum ~ an jmdn./etw.** in memory *or* remembrance of sb./sth.

**Gedenk-: ~feier die** commemoration; commemorative ceremony; **~gottesdienst der** *s.* **Gedächtnisgottesdienst; ~marke die** *(Philat.)* commemorative stamp; **~minute die** minute's silence; **eine ~minute einlegen** observe a minute's silence; **~münze die** commemorative coin; **~rede die** commemorative speech; **~stätte die** memorial; **~stein der** memorial *or* commemorative stone; **~stunde die** hour of commemoration; **~tafel die** commemorative plaque; **~tag der** day of remembrance; commemoration day

**Gedicht das; ~[e]s, ~e** poem; **Goethes ~e** Goethe's poetry *sing. or* poems; **das Steak/Kleid ist ein ~** *(fig. ugs.)* the steak is just superb/the dress is just heavenly

**Gedicht-: ~interpretation die** interpretation of a poem; **~sammlung die** collection of poems; *(von mehreren Dichtern)* anthology of poetry *or* verse; poetry anthology

**gediegen** [gəˈdi:gn̩] **1.** *Adj.* **a)** *(solide)* solid, solidly-made ⟨*furniture*⟩; sound, solid ⟨*piece of work*⟩; well-made ⟨*clothing*⟩; **~e Kenntnisse/ein ~es Wissen** sound knowledge; **ein ~er Charakter** a sterling character; **b)** *(rein)* pure ⟨*gold, silver, etc.*⟩; *(in der Natur rein vorkommend)* native ⟨*metal*⟩; **c)** *(ugs.: komisch)* hilarious; **eine ~e Marke/Type sein** be good fun *(coll.);* **d)** *(wunderlich)* odd; peculiar. **2.** *adv.* **~ gebaut/verarbeitet** solidly built/made

**Gediegenheit die; ~:** solidity; *(von Kleidung)* sound manufacture; *(von Metall)* purity

**gedieh** [gəˈdi:] *1. u. 3. Pers. Sg. Prät. v.* **gedeihen**

**gediehen** *2. Part. v.* **gedeihen**

**gedient** [gəˈdi:nt] **1.** *2. Part. v.* **dienen. 2.** *Adj.* **ein ~er Soldat** a former soldier

**Gedinge das; ~s, ~** *(Bergmannsspr.: Akkordlohn)* piece-rate pay; *(Vereinbarung)* piece-work agreement; **im ~ arbeiten** work on a piece-work basis

**Gedöns** [gəˈdø:ns] **das; ~es** *(landsch.)* fuss; **ein ~ machen** make a fuss

**Gedränge das; ~s a)** *(das Drängeln)* pushing and shoving; *(Menschenmenge)* crush; crowd; **vor der Theaterkasse herrschte ein großes ~:** there was a big crush in front of the box-office; **b)** *in* **ins ~ kommen** *od.* **geraten** get into difficulties; **mit dem Termin/der Zeit ins ~ kommen** *od.* **geraten** have problems meeting the deadline/get into difficulties through lack of time; **d)** *(Rugby)* scrum; scrummage

**gedrängt 1.** *2. Part. v.* **drängen. 2.** *Adj.* compressed, condensed ⟨*account*⟩; terse, succinct ⟨*style, description*⟩; crowded ⟨*timetable, agenda*⟩. **3.** *adv.* **~ schreiben** write succinctly or tersely; **etw. ~ behandeln** treat sth. in a condensed form

**gedroschen** [gəˈdrɔʃn̩] *2. Part. v.* **dreschen**

**gedrückt 1.** *2. Part. v.* **drücken. 2.** *Adj.* dejected, depressed ⟨*mood*⟩

**gedrungen** [gəˈdrʊŋən] **1.** *2. Part. v.* **dringen. 2.** *Adj.* stocky; thick-set

**Gedrungenheit die; ~:** stockiness
**Gedudel das;** ~s *(ugs. abwertend)* tootling; *(im Radio)* noise
**Geduld** [gə'dʊlt] **die; ~:** patience; **meine ~ ist erschöpft/am Ende** my patience is exhausted/at an end; **die ~ verlieren** lose one's patience; **keine ~ [zu etw.] haben** have no patience [with sth.]; **mit jmdm. ~ haben** be patient with sb.; **haben Sie bitte noch ein wenig ~:** please bear with me/us *etc.* a little while longer; **ihm riß die ~:** his patience snapped *or* gave way; **mir reißt die ~:** my patience is wearing thin; I'm losing all patience; **sich in ~ fassen** exercise *or* have patience; **mit ~ und Spucke** *(fig. salopp)* with a little patience [and ingenuity]
**gedulden** *refl. V.* be patient; **~ Sie sich bitte ein paar Minuten** please be so good as to wait a few minutes
**geduldig 1.** *Adj.* patient; **ein ~er Patient** a good patient; **~ wie ein Lamm** meek as a lamb. **2.** *adv.* patiently
**Gedulds-: ~faden der** *in* **mir/ihm** *etc.* **reißt der ~faden** *(ugs.)* my/his *etc.* patience is wearing thin; **~probe die** trial of one's patience; **das ist eine harte ~probe für mich** that sorely tries my patience; **auf eine harte ~probe gestellt werden** have one's patience sorely tried; **~spiel das** puzzle; *(fig.)* Chinese puzzle
**gedungen** [gə'dʊŋən] *2. Part. v.* **dingen**
**gedunsen** [gə'dʊnzn̩] *Adj. s.* **aufgedunsen**
**gedurft** [gə'dʊrft] *2. Part. v.* **dürfen**
**geeignet 1.** *2. Part. v.* **eignen. 2.** *Adj.* suitable; *(richtig)* right; **er ist der ~e Mann für diese Aufgabe** he's the right man for this job; **im ~en Augenblick** at the right moment; **ich war für diese Arbeit nicht ~:** I wasn't suited to the work
**Geest** [ge:st] **die; ~:** *sandy heathland on N. German coast*
**Gefahr die; ~, ~en a)** *(gefährliche Lage)* danger; *(Bedrohung)* danger; threat; **die ~en meines Berufs** the hazards of my job; **die ~en des Dschungels** the perils of the jungle; **eine ~ für jmdn./etw.** a danger to sb./sth.; **in ~ kommen/geraten** get into danger; **jmdn./etw. in ~ bringen** put sb./sth. in danger; **sich in ~ begeben** put oneself in danger; expose oneself to danger; **in ~ sein** be in danger; ‹*rights, plans*› be in jeopardy *or* peril; **außer ~ sein** be out of danger; **bei ~:** in case of emergency; **sie liebt die ~:** she likes living dangerously; **b)** *(Risiko)* risk; **jmdn./sich einer ~ aussetzen** run *or* take a risk; **es besteht die Gefahr, daß ...:** there is a danger *or* risk that ...; **auf die ~ hin, daß das passiert** at the risk of that happening; **~ laufen, etw. zu tun** risk *or* run the risk of doing sth.; **auf eigene ~:** at one's own risk; **wer sich in ~ begibt, kommt darin um** if you keep on taking risks, you'll come to grief eventually
**gefahr·bringend** *Adj.* dangerous
**gefährden** [gə'fɛ:ɐ̯dn̩] *tr. V.* endanger; jeopardize ‹*enterprise, success, position, etc.*›; *(aufs Spiel setzen)* put at risk; **sich ~:** put oneself in danger
**gefährdet** *Adj.* ‹*people, adolescents, etc.*› at risk *postpos.*
**Gefährdung die; ~, ~en a)** *o. Pl.* endangering; *(eines Unternehmens, einer Position usw.)* jeopardizing; **b)** *(Gefahr)* threat (+ *Gen.* to)
**gefahren** *2. Part. v.* **fahren**
**Gefahren-: ~bereich der** danger area *or* zone; **~herd der** source of danger; **~quelle die** source of danger; **~zone die** danger zone *or* area; **~zulage die** danger money *no indef. art.*
**gefährlich** [gə'fɛ:ɐ̯lɪç] **1.** *Adj.* dangerous; *(gewagt)* risky; **ein Mann im ~en Alter** *(fig.)* a man at a dangerous age; **[für jmdn./etw.] ~ sein** be dangerous [for sb./sth.]; **er könnte mir ~ werden** he could be a threat *or* a danger to me; *(fig.)* I could fall for him [in a big way]; **das ist [alles] nicht so ~:** it's not disastrous; **ein ~er Plan/~es Unternehmen** a risky plan/enterprise; **ein ~es Spiel treiben** play a dangerous game. **2.** *adv.* dangerously
**Gefährlichkeit die; ~:** dangerousness; *(Gewagtheit)* riskiness
**gefahr·los 1.** *Adj.* safe. **2.** *adv.* safely
**Gefahr·losigkeit die; ~:** safety; safeness
**Gefährt das; ~[e]s, ~e** *(geh.)* vehicle
**Gefährte der; ~n, ~n, Gefährtin die; ~, ~en** *(geh.)* companion; *(Ehemann/Ehefrau)* partner in life
**gefahr·voll** *Adj.* dangerous; perilous
**Gefälle** [gə'fɛlə] **das; ~s, ~ a)** *(Neigungsgrad)* slope; incline; *(eines Flusses)* drop; *(einer Straße)* gradient; **ein ~ von fünf Prozent** a gradient of one in twenty *or* of five per cent; **das Gelände hat ein leichtes ~:** the land slopes gently; **b)** *(Unterschied)* difference; **das geistige/soziale ~:** the difference in intellect/social class
[1]**gefallen** *unr. itr. V.* **a) das gefällt mir** I like it; **das gefällt ihm gut/gar nicht** he likes it very much *or (coll.)* a lot/doesn't like it at all; **es gefiel ihr, wie er sich bewegte** she liked the way he moved; **zu ~ wissen** know how to make oneself liked [by everyone]; **weißt du, was mir an dir/dem Bild so gut gefällt?** do you know what I like so much about you/the picture?; **mir gefällt es hier** I like it here; **er gefällt mir [ganz und gar] nicht** *(ugs.: sieht krank aus)* he looks in a bad way to me *(coll.)*; **die Sache gefällt mir nicht** *(ugs.)* I don't like [the look of] it *(coll.)*; **wenn es dem Herrn gefällt** *(geh.)* if it please God; if it is God's will; **b)** *(ugs.)* **in sich** *(Dat.)* **etw. ~ lassen** put up with sth.; **das lasse ich mir nicht länger ~:** I won't put up with it *or* stand for it any longer; **das lasse ich mir ~!** there's nothing I like better; that's just the job *(coll.)*; **c)** *(abwertend)* **sich** *(Dat.)* **in einer Rolle ~:** enjoy *or* like playing a role; fancy oneself in a role *(coll.)*; **er gefällt sich in der Rolle des Intellektuellen** he likes playing the intellectual; **er gefällt sich in Übertreibungen** he likes to exaggerate
[2]**gefallen 1.** *2. Part. v.* **fallen, gefallen. 2.** *Adj.* fallen ‹*angel etc.*›; **ein ~es Mädchen** *(veralt.)* a fallen woman
[1]**Gefallen der; ~s, ~:** favour; **jmdm. einen ~ tun** *od.* **erweisen** do sb. a favour; **tu mir den** *od.* **einen ~, und ...!** *(ugs.)* do me a favour and ...; **jmdn. um einen ~ bitten** ask a favour of sb.
[2]**Gefallen das; ~s** pleasure; **etw. mit ~ betrachten** get pleasure from *or* enjoy looking at sth.; **~ an jmdm./aneinander finden** like sb./each other; **an etw.** *(Dat.)* **~ finden** get *or* derive pleasure from sth.; enjoy sth.; **jmdm. etw. zu ~ tun** do sth. to please sb.
**Gefallene der;** *adj. Dekl.* soldier killed in action; **die ~n** the fallen; those killed *or* those who fell in action
**Gefallenen·denkmal das** war memorial
**Gefälle·strecke die** incline
**ge·fällig 1.** *Adj.* **a)** *(hilfsbereit)* obliging; helpful; **jmdm. ~ sein** oblige *or* help sb.; **sich ~ zeigen/[als] ~ erweisen** show oneself willing to oblige *or* help; **b)** *(anziehend)* pleasing; agreeable; pleasant, agreeable ‹*programme, behaviour*›; **c)** *nicht attr. (gewünscht)* **folgen Sie mir, wenn's ~ ist!** follow me, if you please; **noch ein Kaffee ~?** would you like *or* care for another coffee?. **2.** *adv.* pleasingly; agreeably
**Gefälligkeit die; ~, ~en a)** *(Hilfeleistung)* favour; **jmdm. eine [kleine] ~ erweisen** do sb. a [small] favour; **b)** *o. Pl. (Hilfsbereitschaft)* obligingness; helpfulness; **etw. aus reiner ~ tun** do sth. just to be obliging; **c)** *(ansprechende Art)* agreeableness; pleasantness
**Gefälligkeits·akzept das, Gefälligkeits·wechsel der** *(Bankw.)* accommodation bill
**gefälligst** [gə'fɛlɪçst] *Adv. (ugs.)* kindly; **laß das ~!** kindly stop that
**Gefäll·strecke die** *s.* **Gefällestrecke**
**Gefall·sucht die; ~;** *o. Pl. (veralt.)* vanity
**gefall·süchtig** *Adj. (veralt.)* vain
**gefangen** *2. Part. v.* **fangen**
**Gefangene der/die;** *adj. Dekl.* **a)** prisoner; captive; **~ machen** take prisoners; **b)** *(Häftling, Kriegs~)* prisoner
**Gefangenen-: ~austausch der** exchange of prisoners; **~befreiung die** *(Rechtsw.)* aiding and abetting the escape of a prisoner; **~haus das** *(österr.) s.* **Gefängnis; ~lager das** prisoner of war camp; prison camp
**gefangen-, Gefangen-: ~|halten** *unr. tr. V.* **a) jmdn./ein Tier ~halten** hold sb. prisoner *or* captive/keep an animal in captivity; **b)** *(geh.: begeistern)* **jmdn./jmds. Aufmerksamkeit ~halten** hold sb. enthralled/rivet sb.'s attention; **~nahme die; ~:** capture; **bei seiner ~nahme** when he was captured; **~|nehmen** *unr. tr. V.* **a) jmdn. ~nehmen** capture sb.; take sb. prisoner; **b)** *(begeistern)* captivate; enthral
**Gefangenschaft die; ~, ~en** captivity; **in ~ sein/geraten** be a prisoner/be taken prisoner; **in russischer ~ sein** be a prisoner of the Russians
**gefangen|setzen** *tr. V. (geh.)* imprison
**Gefängnis** [gə'fɛŋnɪs] **das; ~ses, ~se a)** *(Strafanstalt)* prison; gaol; **jmdn. ins ~ bringen/werfen** put/throw sb. in[to] prison; **im ~ sein** *od.* **sitzen** be in prison; **ins ~ kommen** be sent to prison; **mit einem Bein** *od.* **Fuß im ~ stehen** be only just on the right side of the law; **b)** *(Strafe)* imprisonment; **darauf steht ~:** that is punishable by imprisonment *or* a prison sentence; **ein Vergehen mit ~ bestrafen** punish an offence with imprisonment; **jmdn. zu zwei Jahren ~ verurteilen** sentence sb. to two years' imprisonment *or* two years in prison
**Gefängnis-: ~arzt der** prison doctor; **~direktor der** prison governor; **~geistliche der** prison chaplain; **~haft die** imprisonment; **~hof der** prison yard; **~kleidung die** prison uniform; **~mauer die** prison wall; **~strafe die** prison sentence; **eine ~strafe verbüßen** *od. (ugs.)* **absitzen** serve a prison sentence; **eine ~strafe von sechs Monaten** six months' imprisonment; six months in prison; **jmdn. zu einer ~strafe [von acht Monaten] verurteilen** send sb. to prison [for eight months]; **~wärter der** prison officer; [prison] warder; **~zelle die** prison cell
**Gefasel das; ~s** *(ugs. abwertend)* twaddle *(coll.)*; drivel *(derog.)*
**Gefäß** [gə'fɛ:s] **das; ~es, ~e a)** *(Behälter)* vessel; container; **b)** *(Med.)* vessel; **c)** *(Fechten)* coquille
**gefäß-, Gefäß-: ~erweiternd** *(Med.)* **1.** *Adj.* vaso-dilating; **2.** *adv.* **~erweiternd wirken** have a vaso-dilating effect; **~erweiterung die** *(Med.)* vascular dilation; **~leiden das** *(Med.)* vascular complaint
**gefaßt** [gə'fast] **1.** *2. Part. v.* **fassen. 2.** *Adj.* **a)** *(beherrscht)* calm; composed; **mit ~er Haltung** with composure; **mit ~er Stimme** in a calm voice; **b)** *in* **auf etw.** *(Akk.)* **[nicht] ~ sein** [not] be prepared for sth.; **sich auf etw.** *(Akk.)* **~ machen** prepare oneself for sth.; **der kann sich auf was ~ machen** *(ugs.)* he'll catch it *or* be for it *(coll.)*. **3.** *adv.* calmly; with composure
**Gefaßtheit die** calmness; composure
**gefäß-, Gefäß-: ~verengend** *(Med.)* **1.** *Adj.* vaso-constrictive; **2.** *adv.* **~verengend wirken** have a vaso-constrictive effect; **~verengung die** *(Med.)* vaso-constriction; vascular constriction; **~wand die** *(Med.)* vascular wall

**Gefẹcht das; ~[e]s, ~e a)** battle; engagement *(Milit.)*; **ein schweres/kurzes ~:** fierce fighting/a skirmish; **sich** *(Dat.)*/**dem Feind ein ~ liefern** engage each other/the enemy in battle; **die Truppen ins ~ führen** lead the troops into battle; **ein hitziges ~** *(fig.)* a heated exchange; **jmdn./etw. außer ~ setzen** put sb./sth. out of action; **klar zum ~!** *(Marine)* clear for action!; **b)** *(Fechten)* bout; *s. auch* **Eifer**

**gefẹchts-, Gefẹchts-: ~ausbildung die** *(Milit.)* combat training; battle training; **~bereich der** *(Milit.)* battle zone; battle area; combat zone *(Amer.)*; **~bereit** *Adj.* *(Milit.)* ready for action *or* battle *postpos.*; combat-ready; **~bereitschaft die** *(Milit.)* readiness for action; readiness for battle; **sich in ~bereitschaft befinden** be ready for action *or* battle; **~einheit die** *(Milit.)* fighting unit; **~klar** *Adj. s.* **~bereit; ~kopf der** *(Milit.)* warhead; **~mäßig** *(Milit.)* **1.** *Adj.* ⟨*equipment*⟩ for active service; combat ⟨*firing practice, formation, etc.*⟩; **2.** *adv.* **~mäßig ausgerüstet** equipped for active service *or* for battle; **~pause die** lull in the fighting; **~stand der** *(Milit.)* battle headquarters *pl.*; command post; *(Luftw.)* operations room; **~stärke die** *(Milit.)* fighting strength; **~turm der** *(Milit.)* turret; **~übung die** *(Milit.)* combat exercise; field exercise

**gefedert** *2. Part. v.* **federn**

**gefehlt 1.** *2. Part. v.* **fehlen. 2.** *Adj.* **weit ~!** wide of the mark!

**Gefeilsche das; ~s** haggling

**gefeit** *2. Part. v.* **feien**

**gefẹstigt 1.** *2. Part. v.* **festigen. 2.** *Adj.* assured ⟨*beliefs*⟩; secure ⟨*person*⟩; established ⟨*tradition*⟩

**Gefiedel das; ~s** *(abwertend)* fiddling

**Gefieder** [gəˈfi:dɐ] **das; ~s, ~:** plumage; feathers *pl.*

**gefiedert** *Adj.* **a)** *(mit Federn)* feathered; **unsere ~en Freunde** our feathered friends; **b)** *(Bot.)* pinnate; **paarig/unpaarig ~:** abruptly pinnate/odd-pinnate

**Gefilde** [gəˈfɪldə] **das; ~s, ~** *(geh.)* **anmutige/sonnige ~:** pleasant/sunny climes *(literary)*; **die ~ der Seligen** *(griech. Myth.)* the Elysian Fields; **wieder in heimatlichen ~n sein** *(scherzh.)* be back under one's native skies

**gefịngert 1.** *2. Part. v.* **fingern. 2.** *Adj.* *(Bot.)* digitate[d]; palmate

**gefinkelt** [gəˈfɪŋk|t] *Adj. (österr.)* cunning; crafty; shrewd

**geflạmmt 1.** *2. Part. v.* **flammen. 2.** *Adj.* mottled, wavy-grained ⟨*wood*⟩; mottled ⟨*tile*⟩; watered, moiré ⟨*silk, fabric*⟩

**Geflạtter das; ~s** fluttering

**Geflẹcht das; ~[e]s, ~e a)** *(Flechtwerk)* wickerwork *no art.*; **ein ~ aus Binsen** interlaced rushes *pl.*; **b)** *(fig.: dichtes Netz)* tangle; **ein wirres/dichtes ~ von Zweigen und Wurzeln** a tangled/dense network of twigs and roots

**geflẹckt 1.** *2. Part. v.* **flecken. 2.** *Adj.* spotty, blotchy ⟨*skin, face*⟩; spotted ⟨*leopard skin*⟩

**Geflẹnne das; ~s** *(ugs. abwertend)* bawling; blubbering

**Geflịmmer das; ~s** *(auf dem Bildschirm, auf der Filmleinwand)* flickering; *(von Sternen)* twinkling

**geflissentlich** [gəˈflɪsṇtlɪç] **1.** *Adj.*; *nicht präd.* **a)** *(absichtlich)* deliberate; **b)** *(Amtsspr. veralt.: freundlich)* **zu Ihrer ~en Kenntnisnahme/Beachtung** for your information/for your esteemed consideration. **2.** *adv.* deliberately; **jmdn. ~ aus dem Wege gehen** studiously avoid sb.

**geflochten** [gəˈflɔxtṇ] *2. Part. v.* **flechten**

**geflogen** [gəˈflo:gṇ] *2. Part. v.* **fliegen**

**geflohen** [gəˈflo:ən] *2. Part. v.* **fliehen**

**geflossen** [gəˈflɔsṇ] *2. Part. v.* **fließen**

**Gefluche das; ~s** *(ugs. abwertend)* swearing; cursing

**Geflügel das; ~s** *(Federvieh, Fleisch)* poultry

**Geflügel-: ~farm die** poultry farm; **~haltung die** poultry-farming; **~händler der** poulterer; **~handlung die** poulterer's [shop]; **~salat der** chicken salad/turkey salad *etc.*; **~schere die** poultry shears *pl.*

**geflügelt** *Adj.* winged ⟨*insect, seed*⟩; **ein ~es Wort** *(fig.)* a standard *or* familiar quotation

**Geflügel-: ~zucht die** poultry-breeding; **~züchter der** poultry-breeder

**Geflụnker das; ~s** *(ugs.)* fibbing *(coll.)*

**Geflüster das; ~s** whispering

**gefochten** [gəˈfɔxtṇ] *2. Part. v.* **fechten**

**Gefọlge das; ~s, ~ a)** *(Begleitung)* entourage; retinue; **etw. im ~ haben** lead to sth.; bring sth. in its wake; **b)** *(Trauergeleit)* cortège

**Gefọlgschaft die; ~, ~en a)** *o. Pl.* *(Gehorsam)* **jmdm. ~ leisten** obey *or* follow sb.; give one's allegiance to sb.; **jmdm. die ~ aufsagen** *od.* **kündigen** refuse to obey sb. any longer; renounce one's allegiance to sb.; **jmdm. die ~ verweigern** refuse to obey *or* follow sb.; refuse to give sb. one's allegiance; **b)** *(hist.) band of young nobles bound to a peer leader by an oath of fealty;* ≈ followers *pl.*

**Gefọlgs·mann der; *Pl.* -männer *od.* -leute** *member of a Gefolgschaft;* ≈ follower; *(fig.)* follower

**Gefrage das; ~s** *(abwertend)* questions *pl.*

**gefragt 1.** *2. Part. v.* **fragen. 2.** *Adj.* ⟨*artist, craftsman, product*⟩ in great demand; sought-after ⟨*artist, craftsman, product*⟩; **~ sein** *od.* **werden** be in great demand

**gefräßig** [gəˈfrɛ:sɪç] *Adj.* *(abwertend)* greedy; gluttonous; voracious ⟨*animal, insect*⟩

**Gefräßigkeit die; ~** *(abwertend)* greediness; gluttony; *(von Tieren)* voracity

**Gefreite** [gəˈfraitə] **der;** *adj. Dekl.* *(Milit.)* lance-corporal *(Brit.)*; private first class *(Amer.)*; *(Marine)* able seaman; *(Luftw.)* aircraftman first class *(Brit.)*; airman third class *(Amer.)*

**gefrẹssen** *2. Part. v.* **fressen**

**Gefrier-: ~anlage die** freezing plant; **~apparat der** freezing unit; freezer

**gefrieren 1.** *unr. itr. V.; mit sein (auch fig.)* freeze; *s. auch* **Blut. 2.** *unr. tr. V. (einfrieren)* freeze

**gefrier-, Gefrier-: ~fach das** freezing compartment; **~fleisch das** frozen meat; **~gemüse das** frozen vegetables *pl.*; **~getrocknet** *2. Part. v.* **~trocknen; ~gut das** frozen food; **~punkt der** freezing-point; **Temperaturen über/unter dem ~punkt** temperatures above/below freezing; **~raum der** freezer; deep-freeze room; **~schrank der** [upright] freezer; **~schutz·mittel das** *s.* **Frostschutzmittel; ~|trocknen** *tr. V.; meist im Inf. u. 2. Part.* freeze-dry; **~truhe die** [chest] freezer

**gefroren** [gəˈfro:rən] *2. Part. v.* **frieren, gefrieren**

**Gefror[e]ne das;** *adj. Dekl.* *(südd., österr.)* ice cream

**Gefrọtzel das; ~s** *(ugs.)* ribbing *(coll.)*

**Gefuchtel das; ~s** gesticulating

**Gefüge das; ~s, ~ a)** *(Zusammengefügtes)* structure; construction; **ein ~ aus Balken/Steinen** a construction of beams/stones; **b)** *(Aufbau, Struktur)* structure; **das syntaktische ~:** the syntactical structure; **das wirtschaftliche/soziale ~:** the economic/social fabric

**gefügig** *Adj.* submissive; compliant; docile ⟨*animal*⟩; **ein ~es Werkzeug** *(fig.)* a willing tool; **sich** *(Dat.)* **jmdn. ~ machen/jmdn. seinen Wünschen ~ machen** make sb. submit to one's will/one's wishes

**Gefügigkeit die; ~:** submissiveness; compliance; *(von Tieren)* docility

**Gefühl das; ~s, ~e a)** *(Wahrnehmung)* sensation; feeling; **ein ~ für Wärme und Kälte haben** be able to feel *or* tell the difference between hot and cold; **kein ~ im Arm haben** have no feeling in one's arm; **ein ~ des Schmerzes/der Kälte** a sensation of pain/cold; **b)** *(Gemütsverfassung)* feeling; **ein ~ der Einsamkeit/der Scham** a sense *or* feeling of loneliness/shame; **ein beglückendes/beängstigendes ~ überkam/ergriff sie** she was filled with a feeling of happiness/gripped by a feeling of anxiety; **kein ~ haben** have no feelings; **mit gemischten ~en** with mixed feelings; **drei Mark sind das höchste der Gefühle** *(ugs.)* three marks is the most I'm prepared to pay; *(was man dafür verlangen kann)* it won't fetch more than three marks; **c)** *(Ahnung)* feeling; **ein/das ~ haben, als ob ...:** have a/the feeling that ...; **etw. im ~ haben** have a feeling *or* a premonition of sth.; **d)** *(Verständnis, Gespür)* sense; instinct; **ein ~ für Rhythmus/Gut und Böse** a sense of rhythm/right and wrong; **sich auf sein ~ verlassen** trust one's feelings *or* instinct; **etw. nach ~ tun** do sth. by instinct

**gefühlig** *Adj.* *(abwertend)* mushy, mawkish ⟨*play, film, etc.*⟩; mawkish ⟨*person*⟩

**gefühl·los** *Adj.* **a)** *(ohne Wahrnehmung)* numb; **~ gegen Schmerzen** insensitive to pain; **b)** *(herzlos, kalt)* unfeeling; callous

**Gefühllosigkeit die; ~ a)** numbness; lack of sensation; **b)** *(Mangel an Mitleid)* unfeelingness; callousness

**gefühls-, Gefühls-: ~aktiv** *Adj.* supersensitive, extra sensitive ⟨*condom*⟩; **~arm** *Adj.* lacking in feeling; **~armut die** lack of feeling; **~ausbruch der** outburst [of emotion]; **~betont 1.** *Adj.* emotional ⟨*speech, argument*⟩; **2.** *adv.* **~betont handeln** be guided by one's emotions; **~dinge** *Pl.* emotional matters *pl.*; **~duselei** [-du:zəˈlai] **die; ~** *(ugs. abwertend)* mawkishness; mawkish sentimentality; **~kalt** *Adj.* **a)** cold; unfeeling; **b)** *(frigide)* frigid; **~kälte die a)** coldness; unfeelingness; **b)** *(Frigidität)* frigidity; **~leben das** emotional life; **~mäßig 1.** *Adj.* emotional ⟨*reaction*⟩; ⟨*action*⟩ based on emotion; **2.** *adv.* **es hat sich ~mäßig auf ihn stark ausgewirkt** it has affected him deeply; **rein ~mäßig würde ich sagen, daß ...:** my own, purely instinctive, feeling would be to say that ...; **~mensch der** emotionalist; person guided by his/her emotions; **~nerv der** sensory nerve; **~regung die** emotion; **~roheit die** callousness; **~sache die** matter of feel *or* instinct; **~tiefe die** *(geh.)* depth of feeling; **~überschwang der** flood of emotion; **in seinem ~überschwang** carried away by emotion; **~welt die** emotions *pl.*

**gefühl·voll 1.** *Adj.* **a)** *(empfindsam)* sensitive; **b)** *(ausdrucksvoll)* expressive. **2.** *adv.* sensitively; expressively; with feeling

**gefüllt 1.** *2. Part. v.* **füllen. 2. ~e Bonbons** sweets *(Brit.) or (Amer.)* candies with centres; **~e Tomaten/Paprikaschoten** stuffed tomatoes/peppers; **~er Flieder/~e Geranien** double lilac/geraniums; **eine [gut] ~e Brieftasche** a well-stuffed *or* bulging wallet

**Gefụmmel das; ~s** *(ugs. abwertend)* **a)** fiddling *(coll.)*; **laß doch das ~ an der Tischdecke!** stop fiddling with the table-cloth!; **b)** *(erotisch)* pawing *(coll.)*

**gefunden** [gəˈfʊndṇ] *2. Part. v.* **finden;** *s. auch* **Fressen b**

**gefurcht 1.** *2. Part. v.* **furchen. 2.** *Adj.* lined; wrinkled

**gefürchtet 1.** *2. Part. v.* **fürchten. 2.** *Adj.* dreaded; feared ⟨*despot, opponent*⟩

**gefüttert** *2. Part. v.* **füttern**

**gegabelt 1.** *2. Part. v.* **gabeln. 2.** *Adj.* forked ⟨*branch, stick, tail*⟩

**Gegạcker das; ~s a)** *(dauerndes Gackern)* cackling; **b)** *(ugs.: Kichern)* giggling

**gegạngen** *2. Part. v.* **gehen**

**gegẹben 1.** *2. Part. v.* **geben. 2.** *Adj.* **a)** *(vorhanden)* given; **etw. als ~ voraussetzen/hinnehmen** take sth. for granted; **aus ~em Anlaß** for certain reasons *(specified or not)*; **aus ~em Anlaß kann ich nicht umhin, auch einige Worte der Kritik zu äußern** [there are reasons why] I cannot refrain from offering some criticisms; **unter den ~en Umständen** in these circumstances; **eine ~e Größe/Zahl** *(Math.)* a given magnitude/number; **b)** *(passend)* right; proper; **das ist das gegebene** that's the best thing; **zu ~er Zeit** in due course; at the appropriate time

**gegẹbenen·falls** *Adv.* should the occasion arise; *(wenn nötig)* if necessary; *(auf einem Formular)* if applicable

**Gegẹbenheit die; ~, ~en;** *meist Pl.* condition; *(Tatsache)* fact; **die wirtschaftlichen und sozialen ~en** the economic and social conditions

**gegen** ['ge:gn̩] **1.** *Präp. mit Akk.* **a)** towards; *(an)* against; **das Dia ~ das Licht halten** hold the slide up to *or* against the light; **~ die Tür schlagen** bang on the door; **~ etw. stoßen** knock into *or* against sth.; **das ist [nicht] ~ Sie gerichtet** that is [not] aimed against you; **ein Mittel ~ Husten/Krebs** a cough medicine/a cure for cancer; **~ jmdn. spielen/gewinnen** play [against] sb./win against sb.; **etwas/nichts ~ jmdn. haben** have something/nothing against sb.; **~ die Abmachung** contrary to *or* against the agreement; **~ alle Vernunft/bessere Einsicht** against all reason/one's better judgement; **~ jmds. Willen/Befehl** against *or* contrary to sb.'s wishes/orders; **b)** *(ungefähr um)* **~ Abend/Morgen** towards evening/dawn; **~ 4$^{00}$ nachts** around 4 a.m. *or* 4 o'clock in the morning; **c)** *(im Vergleich zu)* compared with; in comparison with; **~ gestern** compared with yesterday; **ich wette hundert ~ eins, daß er ...:** I'll bet you a hundred to one he ...; **d)** *(im Ausgleich für)* for; **etw. ~ bar verkaufen/tauschen** sell/exchange sth. for cash; **etw. ~ Quittung erhalten** receive sth. against a receipt; **e)** *(veralt.: gegenüber)* **~ jmdn. freundlich/höflich sein** be pleasant/polite to *or* towards sb.; **~ jmdn./sich streng sein** be strict with sb./oneself. **2.** *Adv. (ungefähr)* about; around

**Gẹgen-: ~angebot das** counter-offer; **~angriff der** counter-attack; **zum ~angriff ansetzen** mount *or* launch a counter-attack; **~antrag der** *(im Parlament)* counter-motion; **~anzeige die** *(Med.)* contra-indication; **~argument das** counter-argument; **~beispiel das** example to the contrary; counter-example; **~beschuldigung die** countercharge; counter-accusation; **~besuch der** return visit; **~bewegung die a)** counter-movement; **b)** *(Musik) (bei der Melodie)* inversion; *(bei Tonleitern usw.)* contrary motion; **~beweis der** evidence to the contrary, counter-evidence *no indef. art., no pl.*; **den ~beweis antreten** *od.* **führen** produce evidence to the contrary *or* counter-evidence; **~buchung die** *(Buchf.)* cross-entry

**Gegend** ['ge:gn̩t] **die; ~, ~en a)** *(Landschaft)* landscape; *(geographisches Gebiet)* region; **die ~ ist flach/gebirgig** the region is flat/mountainous; **durch die ~ latschen/kurven** *(salopp)* traipse around *(coll.)*/drive around; **in der ~ herumbrüllen** *(salopp)* bawl one's head off *(coll.)*; **b)** *(Umgebung)* area; neighbourhood; *(Stadtviertel)* district; neighbourhood; *(Einwohnerschaft)* neighbourhood; **in der ~ von/um Hamburg** in the Hamburg area; **in der ~ des Parks** in the neighbourhood of the park; **ein Einbrecher/eine Jugendbande macht die ~ unsicher** *(ugs.)* there is a burglar about in the neighbourhood/a gang of youths are making a nuisance of themselves in this area; **c) in der ~ des Magens/der Leber** in the region of the stomach/the liver; **d)** *(Richtung)* direction

**Gẹgen-: ~darstellung die: eine ~darstellung [der Sache]** an account [of the matter] from an opposing point of view; **~demonstration die** counter-demonstration; **~dienst der** service in return; *(Gefälligkeit)* favour in return; **~druck der** counter-pressure; *(fig.)* resistance

**gegen·einạnder** *Adv.* **a)** against each other *or* one another; *(im Austausch)* **man tauschte die Geiseln ~ aus** the hostages were exchanged; **es ist schwierig, diese beiden Begriffe/Epochen ~ abzugrenzen** it is difficult to distinguish these two concepts/to divide these two periods from each other; **die beiden haben etwas ~:** those two have got something against each other; **b)** *(zueinander)* to[wards] each other *or* one another

**Gẹgen·einander das; ~s** conflict

**gegeneinạnder-: ~|halten** *unr. tr. V.* **a)** *(nebeneinanderhalten)* **zwei Dinge ~halten** hold two things up together *or* side by side; **b)** *(vergleichen)* compare; put side by side; **~|prallen** *itr. V.; mit sein* collide; **~|schlagen 1.** *unr. tr. V.* beat against each other; knock ⟨*heads*⟩ against each other; strike ⟨*flints*⟩ against each other; **2.** *unr. itr. V.; mit sein* bang against each other; **~|stellen** *itr. V.* **a) Bretter/Fahrräder ~stellen** stand planks/bicycles [up] against one another; **b)** *(vergleichen)* compare; put side by side

**gẹgen-, Gẹgen-: ~entwurf der** alternative draft; **~erklärung die** counter-statement; rebuttal; **~fahrbahn die** opposite carriageway; **~forderung die a)** counter-condition; **b)** *(Forderung eines Schuldners)* counter-claim; **~frage die** question in return; counter-question; **auf eine Frage mit einer ~frage antworten** answer a question with another question; **~gabe die** *(geh.)* present *or* gift in return; **~gerade die** *(Leichtathletik)* back straight; **~gewalt die** counter-violence; **~gewicht das** counterweight; **ein ~gewicht zu** *od.* **gegen etw. bilden** *(fig.)* counterbalance sth.; **~gift das** antidote; **~grund der** *s.* **Grund c; ~|halten** *unr. tr., itr. V. (nordd. ugs.)* **[die Hand/den Finger] ~halten** hold one's hand/finger against it; **~kandidat der** opposing candidate; rival candidate; **~klage die** *(Rechtsw.)* counter-claim; countercharge; **~klage [gegen jmdn.] erheben** bring a counter-claim *or* counter-charge/countercharges *pl.* [against sb.]; **~kläger der** *(Rechtsw.)* counterclaimant; **~könig der** *(hist.)* rival claimant to the throne; **~kraft die** opposing force; counter-force; **~kultur die** counter-culture; alternative culture; **~kurs der** *(Flugw.)* reciprocal course; **auf ~kurs gehen** set a reciprocal course; *(fig.)* steer an opposite course; **~läufig 1.** *Adj.* opposed ⟨*pistons*⟩; contra-rotating ⟨*propellers*⟩; **eine ~läufige Entwicklung/Tendenz** *(fig.)* a reverse development/trend; **2.** *adv.* **sich ~läufig bewegen** ⟨*pistons*⟩ be opposed; ⟨*propellers*⟩ contra-rotate; **~leistung die** service in return; consideration; **als ~leistung für etw.** in return for sth.; **zu einer ~leistung bereit sein** be prepared to do sth. in return; **~|lenken** *itr. V.* turn the wheel to correct the line; **~|lesen** *unr. tr. V.* read as a check

**Gẹgen·licht das;** *o. Pl. (bes. Fot.)* back-lighting

**Gẹgenlicht·aufnahme die** *(Fot.)* photograph taken/taking a picture against the light; contre-jour photograph

**gẹgen-, Gẹgen-: ~liebe die** *in* **[bei jmdm.] ~liebe finden** *od.* **auf ~liebe stoßen** find favour [with sb.]; **~maßnahme die** counter-measure; **~meinung die** opposing *or* dissenting view; **~mittel das** *(gegen Gift)* antidote; *(gegen Krankheit)* remedy; **ein ~mittel für ein Gift/gegen eine Krankheit** an antidote for *or* to a poison/a remedy for a disease; **~mutter die** *(Technik)* locking nut; lock-nut; **~offensive die** *(Milit.)* counter-offensive; **~papst der** *(hist.)* anti-pope; **~part der** *(geh.)* counterpart; *(Gegner)* opponent; **~partei die** opposing side; other side; *(Sport)* opposing side *or* team; **~plan der** *(DDR Wirtsch.)* counter-plan *(to supplement the national economic plan)*; **~pol der** *(auch fig.)* opposite pole; *(Math.)* antipole; **~probe die a)** *(einer Behauptung, These)* cross-check; **durch die ~probe** by cross-checking; **die ~probe machen** carry out a cross-check; *(bei einer Rechnung)* work the sum the other way round; **b)** *(bei Abstimmungen durch Handzeichen od. Aufstehen)* recount in which the opposite motion is put; **~propaganda die** counter-propaganda; **~rechnung die** contra account; check account; **[jmdm.] die ~rechnung aufmachen** make out a contra account for sb.; *(fig.)* reply with one's own set of figures; **~rede die a)** *(geh.: Erwiderung)* reply; rejoinder; **Rede und ~rede** dialogue; **ein amüsantes Spiel von Rede und ~rede** an amusing series of exchanges; **b)** *(Widerrede)* contradiction; *(Einspruch)* objection; **~reformation die** *(hist.)* Counter-Reformation; **~revolution die** counter-revolution; **~richtung die** opposite direction; **~ruder das** *(Flugw.)* **a)** *(zur Erleichterung des Steuerns)* servo tab; **b)** *(zur Einhaltung der Fluglage)* trim tab; **~satz der a)** *(Gegenteil)* opposite; **einen schroffen/diametralen ~satz zu etw./jmdm. bilden** contrast sharply with/be diametrically opposed to sth./sb.; **im ~satz zu** in contrast to *or* with; unlike; **~sätze ziehen sich an** opposites attract; **b)** *(Widerspruch)* conflict; **im krassen/scharfen ~satz zu etw. stehen** be in stark/sharp conflict with sth.; **c)** *Pl. (Meinungsverschiedenheiten)* **~sätze abbauen/überbrücken** reduce/reconcile differences; **~sätzlich 1.** *Adj.* conflicting ⟨*views, opinions, etc.*⟩; **~sätzliche Fronten** opposing alignments; **2.** *adv.* **etw. ~sätzlich beurteilen** judge sth. completely differently; **~schlag der** counterstroke; **zum ~schlag ausholen** prepare to counter-attack *or* strike back; **~seite die a)** *(einer Straße, eines Flusses usw.)* other side; far side; **b)** *s.* **~partei; ~seitig 1.** *Adj.* **a)** *(wechselseitig)* mutual ⟨*aid, consideration, love, consent, services*⟩; reciprocal ⟨*aid, obligation, services*⟩; **in ~seitiger Abhängigkeit stehen** be mutually dependent; be dependent on each other *or* one another; **b)** *(beide Seiten betreffend)* **eine ~seitige Abmachung** a bilateral arrangement; **in ~seitigem Einvernehmen** by mutual agreement; **2.** *adv.* **sich ~seitig helfen/überbieten** help/outdo each other *or* one another; **~seitigkeit die** reciprocity; **auf ~seitigkeit** *(Dat.)* **beruhen** be mutual; **~sinn der** *in* **im ~sinn** in the opposite direction; **~spieler der a)** *(Widersacher)* opponent; **b)** *(Sport)* opposite number; **c)** *(Theater)* antagonist; **~spionage die** counter-espionage; **~sprechanlage die** intercom [system]; *(Fernspr.)* duplex system; **~sprech·verkehr der** two-way communication

**Gẹgen·stand der a)** *(Ding, Körper)* object; **Gegenstände des täglichen Gebrauchs/Bedarfs** objects *or* articles of everyday use; **b)** *o. Pl. (Thema)* subject; topic; **etw. zum ~ haben** deal with sth.; be concerned with sth.; **c)** *(Objekt, Ziel)* **der ~ seiner Zuneigung/seines Hasses** the object of his affections/of his hatred; **zum ~ der Kritik werden** become the target *or* butt of criticism; **d)** *(österr.: Schulfach)* subject

**gegenständlich** ['ge:gn̩ʃtɛntlɪç] *Adj.* *(Kunst)* representational; *(Philos.)* objective

**gegenstands·los** *Adj.* **a)** *(hinfällig)* invalid; **das hat unsere Pläne ~los gemacht** that's made nonsense of our plans; **b)** *(grundlos, unbegründet)* unsubstantiated, unfounded ⟨*accusation, complaint*⟩; baseless ⟨*fear*⟩; unfounded ⟨*jealousy*⟩; **c)** *(abstrakt)* non-representational; abstract

**Gegenstands·wort das** *(Sprachw.)* concrete noun

**gegen-, Gegen-: ~|steuern** *itr. V.* **a)** *s.* **~lenken; b)** *(fig.)* take countermeasures; **~stimme die a)** vote against; **ohne ~stimme** unanimously; **das Gesetz passierte mit 380 Jastimmen und 80 ~stimmen das Parlament** the law was passed by Parliament by 380 votes to 80; **b)** *(gegenteilige Meinung)* dissenting voice; **c)** *(Musik)* counterpart; **~stoß der a)** *s.* **~schlag; b)** *s.* **~angriff; ~strömung die** counter-current; **~stück das a)** *(Pendant)* companion piece; *(fig.)* counterpart; **b)** *s.* **~teil; ~teil das** opposite; **im ~teil** on the contrary; **ganz im ~teil:** far from it; quite the reverse; **die Stimmung schlug ins ~teil um** the mood changed completely; **~teilig** *Adj.* opposite; contrary; **~teiliger Meinung/Ansicht sein** hold the opposite opinion *or* view; be of the opposite opinion; **~teilige Aussagen** contradictory statements; **~tor das, ~treffer der** *(Sport)* goal for the other side; **ein ~tor** *od.* **einen ~treffer hinnehmen müssen** concede a goal

**gegen·über 1.** *Präp. mit Dat.* **a)** *(auf der entgegengesetzten Seite)* opposite; **~ dem Bahnhof/Rathaus, dem Bahnhof/Rathaus ~:** opposite the station/town hall; **b)** *(in bezug auf)* **~ jmdm.** *od.* **jmdm. ~ freundlich/streng sein** be kind to/strict with sb.; **~ einer Sache** *od.* **einer Sache ~ skeptisch sein** be sceptical about sth.; **~ uns** *od.* **uns ~ brauchst du wirklich keine Hemmungen zu haben** you really needn't have any inhibitions with us; **c)** *(im Vergleich zu)* compared with; in comparison with; **~ jmdm. im Vorteil sein** have an advantage over sb. **2.** *Adv.* opposite; **er wohnt schräg ~:** he lives diagonally opposite

**Gegen·über das; ~s, ~ a)** *(gegenübersitzende/-stehende Person)* person [sitting/standing] opposite; *(Gesprächspartner)* person one is talking to; **b)** *(Bewohner eines gegenüberliegenden Gebäudes)* person living opposite; **kein ~ haben** have no one living opposite

**gegenüber-, Gegenüber-: ~|liegen** *unr. itr. V.* **sich** *(Dat.) od.* **einander ~liegen** face each other *or* one another; **auf der ~liegenden Seite/am ~liegenden Ufer** on the opposite side/bank; **~|sehen** *unr. refl. V.* **sich jmdm./etw. ~sehen** find oneself facing sb./sth.; **sich einer Sache** *(Dat.)* **~sehen** *(fig.)* be faced with sth.; **~|sitzen** *unr. itr. V.* **jmdm./sich ~sitzen** sit opposite *or* facing sb./each other; **~|stehen** *unr. itr. V.* **a)** *(zugewandt stehen)* **jmdm./einer Sache ~stehen** stand facing sb./sth.; **jmdm. Auge in Auge ~stehen** confront sb. face to face; **Schwierigkeiten/Probleme ~stehen** *(fig.)* be faced *or* confronted with difficulties/problems; **b)** *(eingestellt sein)* **jmdm./einer Sache feindlich/wohlwollend ~stehen** be ill/well disposed towards sb./sth.; **jmdm./einer Sache mißtrauisch ~stehen** be mistrustful of sb./sth.; *s. auch* **ablehnend; c)** *(Sport)* **sich ~stehen** face each other *or* one another; meet; **d)** *(im Widerstreit stehen)* **sich ~stehen** stand directly opposed to each other *or* one another; **~|stellen** *tr. V.* **a)** *(konfrontieren)* confront; **jmdn. einem Zeugen ~stellen** to confront sb. with a witness; **b)** *(in Beziehung bringen)* compare; **~stellung die a)** *(Konfrontation)* confrontation; **b)** *(Vergleich)* comparison; **~|treten** *unr. itr. V.;* *mit sein* face; **Schwierigkeiten** *(Dat.)* **~treten** face [up to] difficulties

**Gegen-: ~verkehr der** oncoming traffic; **~vorschlag der** counter-proposal

**Gegenwart** [-vart] **die; ~ a)** present; *(heutige Zeit)* present [time *or* day]; **bis in die ~ fortwirken** continue [down] to the present day; **die Literatur/Musik der ~:** contemporary literature/music; **b)** *(Anwesenheit)* presence; **in ~ von anderen** in the presence of others; **c)** *(Grammatik)* present [tense]

**gegenwärtig** [-vɛrtɪç] **1.** *Adj.* **a)** *nicht präd.* present; *(heutig)* present[-day]; current; **b)** *(geh.: erinnerlich)* **ich habe die Begebenheit nicht ~:** I cannot recall the event; **sich** *(Dat.)* **etw. ~ halten** keep sth. in mind; **c)** *(veralt.: anwesend, zugegen)* present; **bei etw. ~ sein** be present at sth.; **in dieser mittelalterlichen Stadt ist die Geschichte überall ~** *(fig.)* history is all around one in this medieval town. **2.** *adv.* at present; at the moment; *(heute)* at present; currently

**gegenwarts-, Gegenwarts-: ~bezogen** *Adj.* relevant to the present day *or* to today *postpos.*; **~fern** *Adj.* remote from the present *postpos.*; **~fremd** *Adj.* out of touch with the present *or* with today; **~kunde die** *(Schulw.)* political and social studies *sing., no art.*; **~kunst die** contemporary art *no art.*; **~literatur die** contemporary literature *no art.*; **~nah[e] 1.** *Adj.* relevant to the present day *or* to today *postpos.*; *(aktuell)* topical; **2.** *adv.* **~nah denken** be up to date in one's thinking; **~nah unterrichten** teach in accordance with contemporary ideas; **~schaffen das** *(DDR)* contemporary creative work in the arts; **~sprache die** present-day language; **die deutsche ~sprache** modern German; **~stück das** contemporary play

**gegen-, Gegen-: ~wehr die;** *o. Pl.* resistance; **[keine] ~wehr leisten** put up [no] resistance; **~wert der** equivalent; **der volle ~wert für das gestohlene Auto** the full replacement value of the stolen car; **~wind der** head wind; **~winkel der** *(Math.)* opposite angle; **~wirkung die** reaction; **~|zeichnen** *tr. V.* countersign; **~zug der a)** *(Brettspiele, fig.)* countermove; *(Polit.)* reciprocal gesture; **im ~zug** *(fig.)* in return for; **b)** *(entgegenkommender Zug)* train in the opposite direction; **c)** *s.* **~angriff**

**gegessen** [gə'gɛsn̩] *2. Part. v.* **essen**

**geglichen** [gə'glɪçn̩] *2. Part. v.* **gleichen**

**geglitten** [gə'glɪtn̩] *2. Part. v.* **gleiten**

**Geglitzer das; ~s** *(von Edelsteinen)* glitter; sparkle; *(von Sternen)* twinkling

**geglommen** [gə'glɔmən] *2. Part. v.* **glimmen**

**Geglucks[e] das; ~[e]s** chuckling; *(lauter)* chortling; **laß doch mal dein ~:** stop [that] chuckling/chortling

**Gegner** ['ge:gnɐ] **der; ~s, ~ a)** adversary; opponent; *(Rivale)* rival; **ein ~ der Todesstrafe sein** oppose *or* be an opponent of; **b)** *(Sport)* opponent; *(Mannschaft)* opposing team; **der ~ war für uns viel zu stark** the opposition was far too strong for us; **c)** *(feindliches Heer)* enemy

**Gegnerin die; ~, ~nen a)** *s.* **Gegner a; b)** *(Sport)* opponent

**gegnerisch** *Adj.; nicht präd.* **a)** opposing; **b)** *(Sport)* opposing ⟨*team, player, etc.*⟩; opponents' ⟨*goal*⟩; **c)** *(Milit.)* enemy

**Gegnerschaft die; ~ a)** *(Einstellung)* hostility; antagonism; **b)** *(Gesamtheit der Gegner)* opposition

**gegolten** [gə'gɔltn̩] *2. Part. v.* **gelten**

**gegoren** [gə'go:rən] *2. Part. v.* **gären**

**gegossen** [gə'gɔsn̩] *2. Part. v.* **gießen**

**gegriffen** [gə'grɪfn̩] *2. Part. v.* **greifen**

**Gegrinse das; ~s** *(abwertend)* grinning

**Gegröle das; ~s** *(ugs. abwertend)* [raucous] bawling and shouting; *(Gesang)* raucous singing

**Gegrunze das; ~s** *(abwertend)* grunting

**Gehabe das; ~s** *(abwertend)* affected behaviour; **ihr wichtigtuerisches ~:** her pompous behaviour

**gehaben** *refl. V.* *(veralt., noch scherzh.)* *in* **gehab dich wohl!/gehabt euch wohl!/~ Sie sich wohl!** farewell!

**Gehaben das; ~s** *(geh. veralt.)* behaviour; demeanour

**gehabt 1.** *2. Part. v.* **haben. 2.** *Adj.; nicht präd.* *(ugs.: schon dagewesen)* same old *(coll.)*; usual; **wie ~:** as before; **[es ist] alles wie ~:** everything's just the same *or* just as before

**Gehackte** [gə'hakta] **das;** *adj. Dekl.* mince[meat]; **~s vom Rind/Schwein** minced beef/pork

**¹Gehalt der; ~[e]s, ~e a)** *(gedanklicher Inhalt)* meaning; **intellektueller/religiöser ~:** intellectual/religious content; **b)** *(Anteil)* content; **ein hoher ~ an Gold/Blei** a high gold/lead content

**²Gehalt das,** *österr. auch:* **der; ~[e]s, Gehälter** [gə'hɛltɐ] salary; **ein hohes/niedriges ~ beziehen** draw a large/small salary; **1000 DM ~, ein ~ von 1000 DM** a salary of 1,000 marks

**gehalten 1.** *2. Part. v.* **halten. 2.** *Adj.* **a)** *(geh.)* **~ sein, etw. zu tun** be obliged *or* required to do sth.; **b)** *(Mus.)* held; tenuto

**gehalt·los** *Adj.* unnutritious ⟨*food*⟩; ⟨*wine*⟩ lacking in body; *(fig.)* vacuous; empty; lacking in substance *postpos., not pred.*

**Gehaltlosigkeit die; ~** *(von Nahrungsmitteln)* lack of nutritional value; *(fig.)* vacuousness; emptiness; lack of substance

**Gehalts-: ~ab·rechnung die** salary statement; payslip; **~ab·zug der** deduction from salary; **~an·spruch der** salary claim; pay claim; **~auf·besserung die** increase in salary; **zur ~aufbesserung** in order to increase one's salary; **~aus·zahlung die** payment of salary/salaries; **~empfänger der** salary earner; **~erhöhung die** salary increase; rise [in salary]; *(regelmäßig)* increment; **~forderung die** salary claim; pay claim; **~gruppe die** salary group *or* bracket; *(innerhalb einer Firma)* grade; **~konto das** *account into which the/one's salary is paid;* **~kürzung die** salary cut; cut in salary; **~liste die** payroll; **auf jmds. ~liste** *(Dat.)* **stehen** *(fig.)* be on sb.'s payroll; be in sb.'s pocket; **~pfändung die** attachment of earnings; **~streifen der** payslip; **~stufe die** salary bracket; **~vorrückung die** *(österr.)* increment; **~vor·schuß der** advance [on one's salary]; **~zahlung die** payment of salary/salaries; **~zu·lage die** salary increase; *(regelmäßig)* increment; *(zusätzlich)* bonus

**gehalt·voll** *Adj.* nutritious, nourishing ⟨*food*⟩; full-bodied ⟨*wine*⟩; ⟨*novel, speech*⟩ rich in substance *postpos.*

**Gehänge das; ~s, ~ a)** *(Girlande)* festoon; *(Kranz)* garland; *(Ohrring)* ear-pendant; **b)** *(österr.: Bergabhang)* slope; **c)** *(Jagdw., sonst veralt.)* belt *(with scabbard for hunting-knife, sword, etc.)*; **d)** *(vulg.: Hoden)* balls *(coarse)*

**gehangen** *2. Part. v.* **¹hängen**

**Gehängte** [gə'hɛŋtə] **der/die;** *adj. Dekl.* hanged man/woman; **die ~n** the hanged

**geharnischt** [gə'harnɪʃt] **1.** *Adj.* **a)** *(scharf, energisch)* sharp, sharply-worded, strongly-worded ⟨*letter, protest, reply*⟩; strongly-worded ⟨*speech, article*⟩; **b)** *(hist.: gepanzert)* **ein ~er Ritter** a knight in armour. **2.** *adv.* sharply

**gehässig** [gə'hɛsɪç] *Adj.* *(abwertend)* spiteful; **~ von jmdm. reden/sprechen** be spiteful about sb.

**Gehässigkeit die; ~, ~en a)** *o. Pl.* *(Wesen)* spitefulness; **b)** *meist Pl.* *(Äußerung)* spiteful remark

**gehauen** *2. Part. v.* **hauen**

**gehäuft** 1. *2. Part. v.* **häufen.** 2. *Adj.* **ein ~er Teelöffel/Eßlöffel** a heaped teaspoon/tablespoon. 3. *adv.* in large numbers

**Gehäuse** [gə'hɔyzə] **das; ~s, ~ a)** *(einer Maschine, Welle)* casing; housing; *(einer Kamera, Uhr)* case; casing; *(einer Lampe)* housing; *(Pistolen~, Gewehr~)* casing; **b)** *(Schnecken~ usw.)* shell; **c)** *(Kern~)* core; **d)** *(Sportjargon: Tor)* goal

**geh·behindert** *Adj.* able to walk only with difficulty *postpos.;* disabled; **sie ist stark ~behindert** she can walk only with great difficulty

**Geh·behinderung die** disability [which makes walking difficult]

**Gehege das; ~s, ~ a)** *(Jägerspr.: Revier)* preserve; **jmdm. ins ~ kommen** *(fig.)* poach on sb.'s preserve; **sich** *(Dat.)* **[gegenseitig] ins ~ kommen** *(fig.)* encroach on each other's territory; **b)** *(im Zoo)* enclosure

**geheim** 1. *Adj.* **a)** secret; **streng ~:** top *or* highly secret; **im ~en** in secret; secretly; **Geheimer Rat** *(hist.)* *(Gremium)* Privy Council; *(Mitglied)* privy councillor; **b)** *(mysteriös)* mysterious. 2. *adv.* **~ abstimmen** vote by secret ballot

**geheim-, Geheim-: ~abkommen das** secret agreement; **~agent der** secret agent; **~befehl der** secret order; **~bund der** secret society; **~bündelei die;** ~ *(veralt.)* membership of an illegal secret society; **~code der** *s.* **~kode; ~dienst der** secret service; **~diplomatie die** secret diplomacy; *(neben der offiziellen Diplomatie)* behind-the-scenes diplomacy; **~fach das** secret compartment; *(Schublade)* secret drawer; **~gang der** secret passage; **~|halten** *unr. tr. V.* keep secret; **Pläne/Entwürfe ~halten** keep plans/drawings secret

**Geheim·haltung die;** *o. Pl.* observance of secrecy; **zur ~ verpflichtet sein** be pledged to secrecy

**Geheimhaltungs·pflicht die** obligation to maintain secrecy

**Geheim-: ~kode der** secret code; **~lehre die** esoteric doctrine; **~material das** secret papers *pl. or* documents *pl.;* **militärisches ~material** secret military papers *or* documents

**Geheimnis das; ~ses, ~se a)** secret; **ein ~ lüften/enträtseln** unravel a secret; **vor jmdm. [keine] ~se haben** have [no] secrets from sb.; **jmdn. in die ~se einer Sache einweihen** initiate *or* let sb. into the secrets of sth.; **ein/kein ~ aus etw. machen** make a big/no secret of sth.; **das ist das ganze ~:** that's all there is to it; **ein offenes** *od.* **öffentliches ~:** an open secret; **b)** *(Unerforschtes)* mystery; secret; **die ~se der Natur/des Lebens** the mysteries *or* secrets of nature/life

**geheimnis-, Geheimnis-: ~krämer der** *(ugs.)* mystery-monger; **~krämerei die;** ~ *s.* **~tuerei; ~träger der** person cleared for access to secret information; **~tuerei die;** ~ *(ugs. abwertend)* secretiveness; mystery-mongering; **~tuerisch** *(ugs. abwertend)* 1. *Adj.* secretive; 2. *adv.* secretively; **~umwittert, ~umwoben** *Adj.* *(geh.)* shrouded in mystery *postpos.;* mysterious; **~verrat der** *(Rechtsspr.)* betrayal of secrets; **~voll** 1. *Adj.* mysterious; **auf ~volle Weise** in a mysterious way; mysteriously; 2. *adv.* mysteriously; **~voll tun** be mysterious; act mysteriously

**Geheim-: ~polizei die** secret police; **~polizist der** member of the secret police

**Geheim·rat der** Privy Councillor *(purely honorary title)*

**Geheimrats·ecken** *Pl.* *(ugs. scherzh.)* receding hairline *sing.;* **er hat schon ~:** he's receding *or* going bald [at the temples] already

**geheim-, Geheim-: ~rezept das** secret recipe; **~sache die** classified information *no indef. art., no pl.;* **~schrift die** secret writing *no indef. art., no pl.;* cipher; **~sender der** secret transmitter; **~sitzung die** secret session; closed meeting; **~sprache die** secret language; **~tinte die** invisible ink; **~tip der** inside tip; **~|tun** *unr. itr. V.* *(ugs. abwertend)* be secretive; **mit etw. ~tun** be secretive about sth.; **~tür die** secret door; **~vertrag der** secret treaty *or* agreement; **~waffe die** *(Milit.)* secret weapon; **~wissenschaft die** occult science; **~zeichen das** secret sign

**Geheiß das; ~es** *(geh.)* behest *(literary);* command; **auf jmds. ~:** at sb.'s behest *or* command

**gehemmt** 1. *2. Part. v.* **hemmen.** 2. *Adj.* inhibited

**gehen** ['ge:ən] 1. *unr. itr. V.; mit sein* **a)** *(sich zu Fuß fortbewegen)* walk; go; **auf und ab ~:** walk up and down; **über die Straße ~:** cross the street; **wo er geht und steht** wherever he goes *or* is; no matter where he goes *or* is; **etw. geht durch die Presse** *(fig.)* sth. is in the papers; **b)** *(sich irgendwohin begeben)* go; **schwimmen/tanzen ~:** go swimming/dancing; **schlafen ~:** go to bed; **zu jmdm. ~:** go to see sb.; go and see sb. *(coll.);* **zum Arzt ~:** go to the doctor; **nach London/Mannheim ~:** move to London/Mannheim; **aufs Amt/auf den Markt ~:** go to the office/the market; **an die Arbeit ~** *(fig.)* get down to work; **er geht auf die 60** *(fig.)* he is approaching *or (coll.)* pushing 60; **in sich** *(Akk.)* **~:** take stock of oneself; **c)** *(regelmäßig besuchen)* attend; **in die** *od.* **zur Schule ~:** be at *or* attend school; **wieviel Jahre mußt du noch in die Schule ~?** how many more years have you got at school?; **d)** *(weg~)* go; leave; **ich muß jetzt/bald ~:** I must leave now/soon; **Sie können ~:** you may go; **gegangen werden** *(ugs. scherzh.)* be sacked *(coll.);* **der Minister/Offizier mußte ~:** the Minister/officer had to resign; **er ist von uns gegangen** *(verhüll.)* he has passed away *or* passed over *(euphem.);* **jmdn. lieber ~ als kommen sehen** be always glad to see the back of sb.; **geh mir mit deinen politischen Schlagworten** spare me the political slogans; **e)** *(ugs.: [ab]fahren)* leave; **der Zug geht um zehn Uhr** the train leaves at ten o'clock; **f)** *(in Funktion sein)* work; **etw. geht wieder/nicht mehr** sth. is working again/has stopped working; **meine Uhr geht falsch/richtig** my watch is wrong/right; **das Telefon/die Klingel geht ununterbrochen** the telephone/the bell never stops ringing; **g)** *(möglich sein)* **ja, das geht** yes, I/we can manage that; **das geht nicht** that can't be done; that's impossible; *(ist nicht zulässig)* that's not on *(Brit. coll.);* no way *(coll.);* **Donnerstag geht auch** Thursday's a possibility *or* all right too; **es geht einfach nicht, daß du so spät nach Hause kommst** it simply won't do for you to come home so late; **es geht leider nicht anders** unfortunately there's nothing else for it; **das wird schwer/schlecht ~:** that will be difficult; **auf diese Weise geht es nicht/sicher** it won't/is bound to work this way; **h)** *(ugs.: gerade noch angehen)* **es geht so** it could be worse; **das Essen ging ja noch, aber der Wein war ungenießbar** the food was passable, but the wine was undrinkable; **Wie war die Feier? – Es ging so** How was the party? – [It was] all right *or* [It] could have been worse; **Hast du gut geschlafen? – Es geht** Did you sleep well? – Not too bad *or* So-so; **der Anfang ging, aber der Schluß des Films war idiotisch** the film began fairly well, but the end was absolutely stupid; **i)** *(sich entwickeln)* **der Laden/das Geschäft geht gut/gar nicht** the shop/business is doing well/not doing well at all; **es geht alles nach Wunsch/Plan** everything is going according to plan; **alles geht drunter und drüber** *(ugs.)* everything's at sixes and sevens; **die Anfangszeile geht ...** *(fig.)* the first line goes *or* runs ...; **wie geht die Melodie?** *(fig.)* how does the tune go?; what's the tune?; **vor sich ~:** go on; happen; **j)** *(sich ausdehnen bis)* **das Wasser geht mir bis an die Knie** the water comes up to *or* reaches my knees; **ich gehe ihm bis zu den Schultern** I come up to his shoulders; **in die Hunderte/Tausende ~:** run into [the] hundreds/thousands; **das geht über mein Vermögen/meinen Horizont** *(fig.)* that is beyond me; **diese Nachricht würde über ihre Kräfte ~** *(fig.)* this news would be too much for her; **es geht [doch] nichts über ...** (+ *Akk.*) *(fig.)* there is nothing like *or* nothing to beat ...; nothing beats ...; **das geht zu weit** *(fig.)* that's going too far; **k)** *(unpers.)* **jmdm. geht es gut/schlecht** *(gesundheitlich)* sb. is well/not well; *(geschäftlich)* sb. is doing well/badly; **wie geht es dir/Ihnen?** how are you?; **mir geht es ähnlich** it's the same with me; same here *(coll.);* **wie geht's, wie steht's?** *(ugs.)* how are things?; **l)** *(unpers.)* *(sich um etw. handeln)* **es geht um mehr als ...:** there is more at stake than ...; **jmdm. geht es um etw.** sth. matters to sb.; **ihr geht es nur um Geld** she only thinks about money; **worum geht es hier?** what is this all about?; **bei dieser Sache geht es um viel Geld** this involves a great deal of money; **wenn es ums Geld geht, versteht er keinen Spaß** he takes money matters very seriously; **Ich hätte eine Frage. – Worum geht es denn?** I have a question. – What [is it] about?; *s. auch* **darum b; m)** *(tätig werden)* **in den Staatsdienst/in die Industrie/die Politik ~:** join the Civil Service/go into industry/politics; **zum Film/Theater ~:** go into films/on the stage; **ins Kloster ~:** enter a monastery/convent; **als Kellner/Prostituierte ~:** work as *or* be a waiter/prostitute; **n)** *(ugs.: sich kleiden)* **gut/schlecht gekleidet ~:** be well/badly dressed; **in kurz/lang ~:** wear a short/long dress/skirt; **als Zigeuner/Matrose ~:** go as a gypsy/a sailor; **o)** *(ugs.: sich zu schaffen machen an)* **du sollst nicht an meine Sachen ~:** you must not mess around with my things; *(benutzen)* you must not take my things; **die Kinder sind an den Kuchen/das Geld gegangen** the children have been at the cake/money *(coll.);* **p)** *(ein Liebespaar sein)* **mit jmdm. ~:** go out with sb.; **q)** *(absetzbar sein)* **[gut/schlecht] ~:** sell [well/slowly]; **r)** *(passen)* go; **in den Kofferraum geht nur ein Koffer** only one case will go into the boot; **s)** *(aufgeteilt werden)* **etw. geht in zwei/drei Teile** sth. is shared out *or* divided two/three ways; **t)** *(verlaufen)* go; **die Straße geht geradeaus/nach links** the road goes *or* runs straight ahead/turns to the left; **wohin geht diese Straße?** where does this road go *or* lead to?; **u)** *(gerichtet sein auf)* **nach der Hauptstraße ~:** face the main road; **die Fenster ~ alle nach Süden** all the windows face south; **gegen jmdn./etw. gehen** *(fig.)* be aimed *or* directed at sb./sth.; **das geht gegen meine Überzeugung** that goes against my convictions; **v)** *(als Maßstab nehmen)* **nach jmdm./etw. ~:** go by sb./sth.; **wenn es nach mir geht, fangen wir jetzt an** I'd be quite happy if we began now; **w)** *s.* **aufgehen d.** 2. *unr. tr. V.* *(zurücklegen)* **eine Strecke ~:** cover *or* do a distance; **er ist eine Strecke mit uns gegangen** he walked with us for some of the way; **einen Umweg ~:** make a detour; **10 km ~:** walk 10 km.; **einen Weg in 30 Minuten ~:** do a walk in 30 minutes; **seine eigenen Wege ~** *(fig.)* go one's own way; **lerne doch, deine eigenen Wege zu ~** *(fig.)* learn to stand on your own two feet. 3. *unr. refl. V.* *(unpers.)* **in diesen Schuhen geht es sich sehr bequem** these shoes are very comfortable [to walk in]; **auf dem Weg ging es sich schlecht** the going on the track was difficult

**Gehen das; ~s a)** walking; **er hat Schmerzen**

beim ~: it hurts him to walk; b) *(Leichtathletik)* walking; **der Sieger im 50-km-~:** the winner of the 50 km walk
**Gehenkte** [gəˈhɛŋktə] **der/die;** *adj. Dekl.* hanged man/woman; **die ~n** the hanged
**gehen|lassen 1.** *unr. refl. V. (sich nicht beherrschen)* lose control of oneself; *(sich vernachlässigen)* let oneself go. **2.** *unr. tr. V. (ugs.: in Ruhe lassen)* leave alone
**Geher** [ˈgeːɐ] **der; ~s, ~ a)** *(Leichtathletik)* walker; **b)** *(Bergsteigen)* hill/mountain walker
**geheuer** [gəˈhɔyɐ] *Adj.* **a) in diesem Gebäude ist es nicht ~:** this building is eerie; this building feels as if it's haunted *(coll.);* **in der Ruine soll es nicht ganz ~ sein** there is said to be something eerie about the ruins; **b) ihr war doch nicht [ganz] ~:** she felt [a little] uneasy; **c) diese Angelegenheit ist nicht ganz ~:** there's something odd *or* suspicious about this business
**Geheul das; ~[e]s a)** *(auch fig.)* howling; **b)** *(ugs. abwertend: Weinen)* bawling; wailing
**Geheule das; ~s** *s.* **Geheul b**
**geh·fähig** *Adj.* ⟨*patient*⟩ who is able to walk *postpos., not pred.;* walking ⟨*wounded*⟩; **~ sein** be able to walk
**Geh·gips der** *plaster which allows the patient to walk*
**Gehilfe** [gəˈhɪlfə] **der; ~n, ~n, Gehilfin die; ~, ~nen a)** qualified assistant; **b)** *(veralt.: Helfer/Helferin)* helper; assistant
**Gehirn das; ~[e]s, ~e a)** brain; **b)** *(ugs.: Verstand)* mind; **sein ~ anstrengen** *od.* **sich** *(Dat.)* **das ~ zermartern** rack one's brain[s]
**Gehirn-: ~blutung die** *(Med.)* cerebral haemorrhage; encephalorrhagia *(Med.);* **~chirurgie die** brain surgery; **~erschütterung die** *(Med.)* concussion; **~erweichung die** *(Med.)* softening of the brain; encephalomalacia *(Med.);* **~haut die** *s.* **Hirnhaut; ~haut·entzündung die** *s.* **Hirnhautentzündung; ~kasten der** *(salopp scherzh.)* [thick] skull; **~schlag der** *(Med.)* stroke; [cerebral] apoplexy *no art. (Med.);* **~substanz die** brain matter; **graue/weiße ~substanz** grey/white matter; **~tätigkeit die;** *o. Pl.* brain activity; **~tumor der** *s.* **Hirntumor; ~wäsche die** brainwashing *no indef. art.;* **jmdn. einer ~wäsche unterziehen** brainwash sb.; **~zelle die** brain cell
**gehoben** [gəˈhoːbn̩] **1.** *2. Part. v.* **heben. 2.** *Adj.* **a)** higher ⟨*income*⟩; senior ⟨*position*⟩; **der ~e Dienst** the higher [levels of the] Civil Service; **die ~e Beamtenlaufbahn einschlagen** ≈ enter the Civil Service as an Administrative Trainee *(Brit.);* **der ~e Mittelstand** the upper middle class; **b)** *(anspruchsvoll)* **Kleidung für den ~en Geschmack** clothes for those with discerning taste; **Artikel für den ~en Bedarf** luxury goods; **die ~e Unterhaltungsliteratur** up-market popular literature; **c)** *(gewählt)* elevated, refined ⟨*language, expression*⟩; **d)** *(feierlich)* festive ⟨*mood*⟩; **in ~er Stimmung sein** be in high spirits. **3.** *adv.* **sich ~ ausdrücken** use elevated *or* refined language
**Gehöft** [gəˈhœft, -ˈhøːft] **das; ~[e]s, ~e** farm[stead]
**geholfen** [gəˈhɔlfn̩] *2. Part. v.* **helfen**
**Gehölz** [gəˈhœlts] **das; ~es, ~e a)** *(Wäldchen)* copse; spinney *(Brit.);* **b)** *Pl. (Holzgewächse)* woody plants
**Gehör** [gəˈhøːɐ̯] **das; ~[e]s** [sense of] hearing; **ein scharfes/gutes ~ haben** have acute/good hearing; **[etw.] nach dem ~ singen/spielen** sing/play [sth.] by ear; **das absolute ~ [haben]** *(Musik)* [have] absolute pitch; **~/kein ~ finden** meet with *or* get a/no response; **jmdm./einer Sache [kein] ~ schenken** [not] listen to sb./sth.; **sich** *(Dat.)* **~ verschaffen** make oneself heard; **um ~ bitten** ask for a hearing; **ein Lied/Gedicht/Musikstück zu ~ bringen** *(geh.)* sing a song/recite a poem/perform a piece of music

**gehorchen** [gəˈhɔrçn̩] *itr. V.* **a)** *(Gehorsam leisten)* **jmdm. ~:** obey sb.; **b)** *(sich leiten, lenken lassen)* **einer Sache** *(Dat.)* **~:** respond to sth.; **das Auto gehorchte dem Fahrer nicht mehr** the car wouldn't respond when the driver turned the wheel; **einer Laune/Stimmung** *(Dat.)* **~:** yield to a caprice/mood
**gehören 1.** *itr. V.* **a)** *(Eigentum sein)* **jmdm. ~:** belong to sb.; **das Haus gehört uns nicht** the house doesn't belong to us; we don't own the house; **der Jugend gehört die Zukunft** the future belongs to the young; **dir will ich ~** *(dichter.)* I want to be yours; **ihr Herz gehört einem anderen** *(geh.)* her heart belongs to another; **b)** *(Teil eines Ganzen sein)* **zu jmds. Freunden ~:** be one of sb.'s friends; **zu jmds. Aufgaben ~:** be part of sb.'s duties; **c)** *(passend sein)* **dein Roller gehört doch nicht in die Küche!** your scooter does not belong in the kitchen!; **das gehört nicht/durchaus hierher** that is not to the point/is very much to the point; **dieses Problem/Thema gehört nicht/durchaus hierher** this problem/topic is not relevant/certainly relevant here; **du gehörst ins Bett** you should be in bed; **d)** *(nötig sein)* **es hat viel Fleiß dazu gehört, dieses Projekt durchzuführen** it took *or* called for a lot of hard work to carry through this project; **dazu gehört sehr viel/einiges** that takes a lot/something; **dazu gehört nicht viel** that doesn't take much; **auf diese Weise sein Geld zu verdienen, dazu gehört nicht viel** earning one's living like this is nothing to be proud of; **e)** *(bes. südd.)* **er gehört geohrfeigt** he deserves *or (coll.)* needs a box round the ears; **du gehörst eingesperrt** *(ugs.)* you ought to be locked up. **2.** *refl. V. (sich schicken)* **be** fitting; **es gehört sich [nicht], ... zu ...:** it is [not] good manners to ...; **wie es sich gehört** comme il faut; **benimm dich, wie es sich gehört** behave properly
**Gehör·gang der** *(Anat.)* auditory canal
**gehörig 1.** *Adj.* **a)** *nicht präd. (gebührend)* proper; **jmdm. den ~en Respekt/die ~e Achtung erweisen** show sb. proper *or* due respect; **b)** *nicht präd. (ugs.: beträchtlich)* **ein ~er Schrecken/eine ~e Portion Mut/Ausdauer** a good fright/a good deal of courage/perseverance; **c)** *(zu~)* **zu etw. ~ sein** be part of sth.; belong to sth.; **jmdm. ~ sein** *(geh.)* belong to sb.; be owned by sb.; **[nicht] zur momentanen Fragestellung ~:** [not] relevant to the question [under discussion]. **2.** *adv.* **a)** *(gebührend)* properly; **b)** *(ugs.: beträchtlich)* **~ essen/trinken** eat/drink properly *or* heartily; **er hat ~ geschimpft** he didn't half grumble *(coll.); s. auch* **¹Marsch b; Meinung**
**Gehör·knöchelchen** *Pl. (Anat.)* auditory ossicles
**gehör·los** *Adj.* deaf
**Gehörn** [gəˈhœrn] **das; ~[e]s, ~e a)** horns *pl.;* **b)** *(Jägerspr.)* antlers *pl.*
**Gehör·nerv der** auditory nerve
**gehörnt** *Adj.* **a)** *(mit einem Gehörn)* horned; *(mit einem Geweih)* antlered; **b)** *(scherzh. verhüll.: betrogen)* cuckolded; **ein ~er Ehemann** a cuckold
**Gehör·organ das** organ of hearing
**gehorsam** [gəˈhoːɐ̯zaːm] **1.** *Adj.* **a)** *(artig, brav)* obedient; **jmdm. ~ sein** *(geh.)* be obedient to sb.; **b)** *(veralt. als Höflichkeitsformel)* humble; *(als Briefschluß)* **Ihr ~ster Diener** your most obedient servant. **2.** *adv. (veralt. als Höflichkeitsformel)* humbly
**Gehorsam der; ~s** obedience; **~ gegenüber jmdm.** obedience to sb.; **jmdm. ~ leisten/den ~ verweigern** obey/refuse to obey sb.
**Gehorsamkeit die** obedience
**Gehorsams-: ~pflicht die;** *o. Pl. (Milit.)* duty to obey orders; **~verweigerung die;** *o. Pl. (Milit.)* insubordination; refusal to obey orders

**Gehör·sinn der;** *o. Pl.* [sense of] hearing
**Geh·rock der** frock-coat
**Gehrung** [ˈgeːrʊŋ] **die; ~, ~en** *(Handw., Technik)* mitre [joint]
**Geh·steig der** pavement *(Brit.);* sidewalk *(Amer.)*
**Geht·nicht·mehr das** *in* **bis zum ~** *(salopp)* ad nauseam; **das habe ich bis zum ~ erklärt/gehört** I've explained it ad nauseam *or* till I'm blue in the face *(coll.)*/I've heard it so often I'm sick of it *(coll.)*
**Gehupe das; ~s** honking; hooting
**Geh-: ~versuch der;** *meist Pl. (eines Kindes)* attempt at walking; *(nach einem Unfall)* attempt at walking again; **~weg der** *s.* **~steig; ~werkzeuge** *Pl. (ugs. scherzh.)* legs
**Geier** [ˈgaiɐ] **der; ~s, ~:** vulture; **hol' dich/hol's der ~** *(ugs.)* to hell with you/it *(coll.);* **weiß der ~** *(salopp)* God only knows *(sl.);* Christ knows *(sl.)*
**Geifer** [ˈgaifɐ] **der; ~s a)** *(Speichel)* slaver; spittle; slobber; *(von Tieren)* slaver; slobber; *(schäumend)* foam; froth; **b)** *(geh. abwertend: Gehässigkeit)* venom; vituperation
**Geiferer der; ~s, ~** *(geh. abwertend)* vituperator; venomous speaker/writer *etc.*
**geifern** *itr. V.* **a)** slaver; slobber; **b)** *(abwertend: gehässig reden)* **gegen jmdn./über etw.** *(Akk.)* **~:** discharge one's venom at sb./sth.
**Geige** [ˈgaigə] **die; ~, ~n** violin; fiddle *(coll./derog.);* **~ spielen** play the violin; **die erste ~ spielen** *(ugs.)* play first fiddle; call the tune; **die zweite ~ spielen** *(ugs.)* play second fiddle
**geigen 1.** *itr. V.* **a)** *(ugs.: Geige spielen)* play the fiddle *(coll.) or* the violin; **b)** *(ugs.: von Insekten)* chirp; chirr. **2.** *tr. V.* **a)** *(ugs.: auf der Geige spielen)* **einen Walzer/ein Solo ~:** play a waltz/a solo on the fiddle *(coll.) or* violin; **jmdm. die Meinung ~:** give sb. a piece of one's mind; **b)** *(salopp: koitieren mit)* lay *(sl.);* shag *(sl.);* have it off with *(sl.)*
**Geigen-: ~bau der** violin-making; **~bauer der** violin-maker; **~bogen der** violin bow; **~hals der** neck of the/a violin; **~kasten der** violin case; **~musik die** violin music; **~saite die** violin string; **~spiel das** violin-playing; **~spieler der** violin-player
**Geiger der; ~s, ~:** violin-player; violinist
**Geiger·zähler der** *(Physik)* Geiger counter
**geil** [gail] **1.** *Adj.* **a)** *(oft abwertend: sexuell erregt)* randy; horny *(sl.); (lüstern)* lecherous; **auf jmdn. ~ sein** lust for *or* after sb.; **~e alte Männer** old lechers; dirty old men; **b)** *(Landw.)* rank ⟨*vegetation, growth, plant*⟩; over-rich, over-manured ⟨*soil*⟩; **c)** *(Jugendspr.)* great *(coll.);* fabulous *(coll.).* **2.** *adv.* **a)** *(oft abwertend)* lecherously; **b)** *(Landw.)* **~ wuchern/emporschießen** grow rank; **c)** *(Jugendspr.)* fabulously *(coll.)*
**Geilheit die; ~:** *s.* **geil 1: a)** randiness; horniness *(sl.);* lecherousness; **b)** *(Landw.)* rankness; over-richness
**Geisel** [ˈgaizl̩] **die; ~, ~n** hostage; **jmdn. als ~ behalten** *od.* **festhalten** hold sb. hostage; **jmdn. als** *od.* **zur ~ nehmen** take sb. hostage
**Geisel-: ~drama das** *(Pressejargon)* hostage drama; **~gangster der** *(Pressejargon) s.* **~nehmer; ~nahme die** taking of hostages; **„Bankraub mit ~nahme zweier Kunden"** 'Bank raid. Two customers taken hostage'; **~nehmer der** terrorist/guerrilla *etc.* holding the hostages
**Geisha** [ˈgeːʃa] **die; ~, ~s** geisha
**Geiß** [gais] **die; ~, ~en a)** *(südd., österr., schweiz.: Ziege)* [nanny-]goat; **b)** *(Jägerspr.)* doe
**Geiß-: ~bart der a)** *o. Pl. (Bot.)* goat's-beard; **b)** *(österr.: Spitzbart)* goatee; **~blatt das;** *o. Pl. (Bot.)* honeysuckle; woodbine
**Geißel** [ˈgaisl̩] **die; ~, ~n a)** *(hist., auch fig.)* scourge; **b)** *(Biol.)* flagellum; **c)** *(bes. südd.: Peitsche)* whip

**geißeln** *tr. V.* **a)** *(anprangern, tadeln)* castigate; **b)** *(plagen)* plague; **c)** *(hist.: züchtigen)* scourge

**Geißel·tierchen das** *(Biol.)* flagellate

**Geißelung die; ~, ~en a)** *(Anprangern)* castigation; **b)** *(hist.: Züchtigung)* scourging

**Geiß·fuß der a)** *o. Pl. (Bot.)* Aegopodium; **gewöhnlicher ~:** ground elder; goutweed; **b)** *(Handw., Technik)* V-shaped gouge

**Geißlein das; ~s, ~:** little goat

**Geißler** ['gaislɐ] **der; ~s, ~:** *s.* **Flagellant**

**Geist** [gaist] **der; ~[e]s, ~er a)** *o. Pl. (Verstand)* mind; **jmds. ~ ist verwirrt/gestört** sb. is mentally deranged/disturbed; **jmdm. mit etw. auf den ~ gehen** *(salopp)* get on sb.'s nerves with sth.; **den** *od.* **seinen ~ aufgeben** *(geh./ugs. scherzh., auch fig.)* give up the ghost; **im ~[e]** in my/his *etc.* mind's eye; **im ~ werde ich dabei sein** I shall be there in spirit; **den** *od.* **seinen ~ aushauchen** *(geh. verhüll.)* breathe one's last; pass away; **der ~ ist willig, aber das Fleisch ist schwach** *(bibl.)* the spirit is willing, but the flesh is weak; **b)** *o. Pl. (Scharfsinn)* wit; **einen sprühenden ~ haben** have a sparkling wit; **Mangel an ~:** lack of intellect *or* intelligence; **c)** *o. Pl. (innere Einstellung)* spirit; **im ~ der Zeit** in the spirit of the age; **ein schlechter ~ in der Mannschaft** poor morale in the team; **... wes ~es Kind er/sie** *usw.* **ist** the kind of person he/she *etc.* is; **d)** *(denkender Mensch)* mind; intellect; **ein großer/kleiner ~:** a great mind/a person of limited intellect; **hier** *od.* **da scheiden sich die ~er** this is where opinions differ; **große ~er stört das nicht** *(ugs. scherzh.)* it doesn't worry me/her *etc.*; not to worry *(coll.)*; **e)** *(Mensch mit bestimmten Eigenschaften)* spirit; **ein dienstbarer ~** *(ugs. scherzh.)* a servant; **f)** *(überirdisches Wesen)* spirit; **der Heilige ~** *(christl. Rel.)* the Holy Ghost *or* Spirit; **der böse ~:** the evil spirit; **g)** *(Gespenst)* ghost; **~er gehen im Schloß um/spuken im Schloß** the castle is haunted; **von allen guten ~ern verlassen sein** have taken leave of one's senses; be out of one's mind

**Geister-: ~bahn die** ghost train; **~beschwörer der** exorcist; *(der die Geister heraufbeschwört)* necromancer; **~beschwörung die** exorcism; *(das Heraufbeschwören)* necromancy; **~erscheinung die** apparition; phantom; **~fahrer der** *person driving on the wrong side of the road or the wrong carriageway;* **~geschichte die** ghost story

**geisterhaft 1.** *Adj.* ghostly; spectral; eerie ⟨*atmosphere*⟩. **2.** *adv.* eerily

**Geister·hand die** *in* **wie von** *od.* **durch ~:** as if by an invisible hand

**geistern** ['gaistɐn] *itr. V.; mit sein* ⟨*ghost*⟩ wander; *(fig.)* wander like a ghost; **Irrlichter geisterten über das Moor** will o' the wisps drifted eerily across the moor; **diese Idee geisterte immer noch durch seinen Kopf** he still had this idea in his head

**Geister-: ~seher der** ghost-seer; *(Hellseher)* visionary; **~stadt die** ghost town; **~stunde die** witching hour

**geistes-, Geistes-: ~abwesend 1.** *Adj.* absent-minded; **2.** *adv.* absent-mindedly; **~abwesenheit die** absent-mindedness; **~anlage die** intellectual ability *or* gift; **~arbeiter der** brain-worker; **~armut die** poverty of mind; **~art die** cast of mind; **~blitz der** *(ugs.)* brainwave; flash of inspiration; **~gaben** *Pl.* intellectual gifts; **~gegenwart die** presence of mind; **~gegenwärtig 1.** *Adj.* quick-witted; **2.** *adv.* with great presence of mind; **~geschichte die** history of ideas; intellectual history; **~geschichtlich 1.** *Adj.* ⟨*work, method, etc.*⟩ relating to the history of ideas, relating to intellectual history; **eine ~geschichtliche Tradition** an intellectual tradition; a tradition of ideas; **2.** *adv.* **etw. ~geschichtlich einordnen** place sth. in the history of ideas; **~gestört** mentally disturbed; **~größe die a)** *o. Pl. (Kraft des Geistes)* greatness of mind; **b)** *(Mensch)* genius; intellectual giant; **~haltung die** attitude [of mind]; **~kraft die** mental ability; **~kräfte** *Pl.* mental powers; **~krank** *Adj.* mentally ill; [mentally] deranged; **~kranke der/die** mentally ill person; *(im Krankenhaus)* mental patient; **~krankheit die** mental illness; **~leben das** intellectual life; **~richtung die** school of thought; **~riese der** *(ugs.)* great genius; **~schaffende der/die;** *adj. Dekl. (bes. DDR)* intellectual; **~schärfe die** keenness of intellect; **~schwäche die;** *o. Pl.* feeble-mindedness; mental deficiency; **~störung die** mental disturbance *or* disorder; **~strömung die** current of thought; **~tätigkeit die** mental activity; **~verfassung die** state of mind; mental state; **~verwandt** *Adj.* spiritually akin; **wir sind ~verwandt** we are kindred spirits; **~verwirrung die** mental confusion; *(~gestörtheit)* [mental] derangement; **~welt die** *(geh.)* **a)** *(Welt des ~es)* world of the mind; **b)** *(Gesamtheit der geistig Interessierten)* intelligentsia; **~wissenschaften** *Pl.* arts; humanities; **~wissenschaftler der** arts scholar; scholar in the humanities; **~wissenschaftlich 1.** *Adj.* **~wissenschaftliche Fächer** arts subjects; **2.** *adv.* ⟨*interested, be distinguished*⟩ in arts subjects; **~zustand der;** *o. Pl.* mental condition; mental state; **jmdn. auf seinen ~zustand untersuchen lassen** have sb.'s mental condition examined; **du solltest dich mal auf deinen ~zustand untersuchen lassen** *(ugs.)* you need your head examined *(coll.)*

**geistig 1.** *Adj.; nicht präd.* **a)** intellectual; *(Psych.)* mental; **~e und körperliche Arbeit** physical work and brain-work; **er verlebte seine Rentnerjahre in ~er Frische** he remained mentally alert throughout the years of his retirement; **der ~e Vater/Urheber** the spiritual father/author; **in ~er Umnachtung** *(geh.)* in a state of mental derangement; **das ~e Erbe** the spiritual legacy; **~es Eigentum** intellectual property; **~er Diebstahl** plagiarism; **ein ~es Band** *(fig. geh.)* a spiritual bond; **~-kulturell** intellectual and cultural; **das ~-kulturelle Leben** *(bes. DDR)* the intellectual and cultural scene; **ein ~-kulturelles Zentrum** *(bes. DDR)* a centre of learning and the arts; **~-schöpferische Arbeit** *(bes. DDR)* intellectual and creative work; **b)** *(alkoholisch)* **~e Getränke** alcoholic drinks *or* beverages. **2.** *adv.* **~ träge/rege sein** be mentally lazy/active; **~ überlegen** intellectually superior; **~ zurückgeblieben** mentally retarded; **~ weggetreten sein** *(ugs.)* be miles away *(coll.)*

**Geistigkeit die; ~:** intellectuality

**geistlich** *Adj.; nicht präd.* sacred ⟨*song, music*⟩; religious ⟨*order*⟩; religious, devotional ⟨*book, writings*⟩; spiritual ⟨*matter, support*⟩; spiritual, religious ⟨*leader*⟩; ecclesiastical ⟨*office, dignitary*⟩; **der ~e Stand** the clergy; **in den ~en Stand eintreten** take holy orders

**Geistliche der;** *adj. Dekl.* clergyman; priest; *(einer Freikirche)* minister; *(Militär~, Gefängnis~)* chaplain

**Geistlichkeit die; ~:** clergy

**geist-, Geist-: ~los** *Adj.* *(dumm)* dim-witted; witless; *(ohne ernsten Gehalt)* trivial; shallow ⟨*conversation*⟩; **~losigkeit die;** ~ *(Dummheit)* dim-wittedness; witlessness; *(Trivialität)* triviality; **~reich 1.** *Adj.* *(amüsant)* witty; *(elegant)* elegant; *(klug)* clever; *(unterhaltsam)* entertaining; **nicht gerade ~reich aussehen** *(ugs.)* look pretty stupid *(coll.)*; **2.** *adv.*: *s. Adj.*: wittily; elegantly; cleverly; entertainingly; **~sprühend** *Adj.* brilliantly witty; **~tötend** *Adj.* soul-destroying ⟨*work, job*⟩; stupefyingly boring ⟨*chatter, drivel*⟩; **~voll** *Adj.* brilliantly witty ⟨*joke, satire*⟩; brilliant ⟨*idea*⟩; intellectually stimulating ⟨*conversation, book*⟩

**Geiz** [gaits] **der; ~es** *(abwertend)* meanness; *(Knauserigkeit)* miserliness

**geizen** *itr. V.* **a)** *(übertrieben sparsam sein)* be mean; **mit etw. ~:** be mean *or* stingy with sth.; **mit Lob ~** *(fig.)* be sparing with one's praise; **sie geizt nicht mit ihren Reizen** *(fig. iron.)* she doesn't mind displaying her charms; **b)** *(veralt.: heftig verlangen)* **nach etw. ~:** crave [for] sth.; *(gierig)* be greedy for sth.

**Geiz·hals der** *(abwertend)* skinflint

**geizig** *Adj.* mean; *(knauserig)* miserly

**Geiz·kragen der** *(ugs. abwertend)* skinflint

**Gejammer[e] das; ~s** *(abwertend)* yammering *(coll.)*; belly-aching *(sl.)*

**Gejauchze das; ~s** rejoicing; jubilation; **ihr ~ hallte durch das ganze Haus** their joyful cheers echoed through the house

**Gejaul[e] das; ~s** *(abwertend)* howling

**Gejohl[e]** [gə'jo:l(ə)] **das; ~s** *(abwertend)* howling; **mit lautstarkem ~:** with loud howls *pl.*

**gekannt** [gə'kant] *2. Part. v.* **kennen**

**Gekeif[e]** [ge'kaif(ə)] **das; ~s** scolding; nagging

**Gekicher das; ~s** giggling

**Gekläff[e] das; ~[e]s** *(abwertend; auch fig.)* yapping

**Geklapper das; ~s** clatter[ing]

**Geklatsch[e] das; ~s** *(abwertend)* **a)** *(Beifallklatschen)* clapping; **b)** *(Tratsch)* gossiping

**gekleidet 1.** *2. Part. v.* **kleiden. 2.** *Adj.* dressed; **gut/schlecht ~ sein** be well/badly dressed

**Geklimper das; ~s** *(abwertend)* plunking

**Geklingel das; ~s** *(abwertend)* ringing

**geklungen** [gə'klʊŋən] *2. Part. v.* **klingen**

**Geknall[e] das; ~s** *(ugs. abwertend)* banging; *(von Schüssen, einer Peitsche)* cracking; *(von Korken)* popping

**Geknatter das; ~s** *(eines Autos, Motors, Motorrades)* clattering; *(eines Maschinengewehrs)* rattling; *(eines Segels)* flapping; *(eines Radios)* crackle

**geknickt 1.** *2. Part. v.* **knicken. 2.** *Adj.* *(ugs.)* dejected; downcast

**gekniffen** *2. Part. v.* **kneifen**

**Geknister das; ~s** rustling; rustle; *(von Holz, Feuer)* crackling; crackle

**gekommen** *2. Part. v.* **kommen**

**gekonnt** [gə'kɔnt] **1.** *2. Part. v.* **können. 2.** *Adj.* accomplished; *(hervorragend ausgeführt)* masterly. **3.** *adv.* in an accomplished manner; *(hervorragend)* in masterly fashion

**gekoren** [gə'ko:rən] *2. Part. v.* **küren, kiesen**

**Gekrächz[e] das; ~s** cawing; *(einer heiseren Stimme)* croaking; *(von Papageien)* squawking

**Gekrakel das; ~s** *(ugs. abwertend)* scrawl; scribble

**Gekreisch[e] das; ~s** *(von Vögeln)* screeching; *(von Menschen)* shrieking; squealing; *(von Rädern, Bremsen)* squealing

**gekrischen** [gə'krɪʃn̩] *2. Part. v.* **kreischen**

**Gekritzel[e] das; ~s** *(abwertend)* scribble; scrawl

**gekrochen** *2. Part. v.* **kriechen**

**Gekröse** [gə'krø:zə] **das; ~s, ~ a)** *(Kochk.)* *(vom Kalb)* tripe; *(vom Schwein)* chitterlings *pl.*; *(von Geflügel)* giblets *pl.*; **b)** *(Anat.)* mesentery

**gekünstelt** [gə'kʏnstl̩t] **1.** *Adj.* artificial; **ein ~es Lächeln** a forced smile; **ein ~es Benehmen** affected behaviour. **2.** *adv.* **er lächelte ~:** he gave a forced smile; **sie spricht immer so ~:** she always talks so affectedly

**Gel** [ge:l] **das; ~s, ~e** *(Chemie)* gel

**Gelaber[e] das; ~s** *(ugs. abwertend)* rabbiting *(coll.) or* babbling on

**Gelächter** [gəˈlɛçtɐ] **das; ~s, ~:** laughter; **ein lautes/schallendes ~:** loud/ringing laughter; **in ~ ausbrechen** burst out laughing; *s. auch* **homerisch**

**gelackmeiert** [gəˈlakmaiɐt] *Adj.; nicht attr. (salopp scherzh.)* had *(sl.)*; conned *(coll.)*; **ich bin/du bist** *usw.* **der Gelackmeierte** I'm/you're *etc.* the one who's been had *(sl.)*

**geladen 1.** *2. Part. v.* **laden. 2.** *in* **~ sein** be furious *or (coll.)* livid; **[auf jmdn./etw.] ~ sein** be furious *or (Brit. coll.)* livid [with sb./about sth.]

**Gelage das; ~s, ~:** feast; banquet; *(abwertend)* orgy of eating and drinking

**Gelähmte der/die;** *adj. Dekl.* paralytic

**Gelände** [gəˈlɛndə] **das; ~s, ~ a)** *(Landschaft)* ground; terrain; **das ~ steigt an/fällt ab** the ground rises/falls; **das ~ durchkämmen/erkunden** comb/reconnoitre the ground; **b)** *(Grundstück)* site; *(von Schule, Krankenhaus usw.)* grounds *pl.*; **das ~ absperren** cordon off the area; **c)** *(Milit.)* **~ gewinnen/verlieren** gain/lose ground

**gelände-, Gelände-: ~darstellung die** *(Geogr.)* relief mapping; **~fahrt die** cross-country drive; *(das Fahren)* cross-country driving; **~fahrzeug das** cross-country vehicle; **~gängig** *Adj.* cross-country *attrib.* ⟨*vehicle*⟩; ⟨*vehicle*⟩ suitable for cross-country driving; **~lauf der** *(Leichtathletik)* cross-country run; *(Wettbewerb)* cross-country race; *(das Laufen)* cross-country running

**Geländer** [gəˈlɛndɐ] **das; ~s, ~:** banisters *pl.*; handrail; *(am Balkon, an einer Brücke)* railing[s *pl.*]; *(aus Stein)* balustrades; parapet

**Gelände-: ~reifen der** cross-country tyre; **~ritt der a)** cross-country ride; **b)** *(Reitsport)* endurance competition; **~spiel das** scouting game; **~sport der** scrambling; **~übung die** *(Milit.)* field exercise; **~wagen der** *s.* **~fahrzeug**

**gelang** *3. Pers. Sg. Prät. v.* **gelingen**

**gelänge** *3. Pers. Sg. Konjunktiv II v.* **gelingen**

**gelangen** *itr. V.; mit sein* **a) an etw.** *(Akk.)***/zu etw. ~:** arrive at *or* reach sth.; **ans Ziel ~:** arrive at *or* reach one's destination; **an die Öffentlichkeit ~:** reach the public; leak out; **in jmds. Besitz ~:** come into sb.'s possession; **in den Besitz von etw. ~:** gain possession of sth.; **b)** *(fig.)* **zu Geld ~** *(durch Arbeit)* make money; *(durch Erbe)* come into money; **zu Ansehen ~:** gain esteem *or* standing; **zu Ehre ~:** attain honour; **zu Ruhm ~:** achieve fame; **an die Macht ~:** come to power; **zu der Erkenntnis ~, daß ...:** come to the realization that ...; realize that ...; **c)** *als Funktionsverb* **zur Aufführung ~:** be presented *or* performed; **zur Auszahlung/Verteilung ~:** be paid [out]/distributed

**Gelaß** [gəˈlas] **das; Gelasses, Gelasse** *(geh.)* [small, dark] room *or* chamber; *(Verlies)* dungeon

**gelassen 1.** *2. Part. v.* **lassen. 2.** *Adj.* calm; *(gefaßt)* composed; **~ bleiben** keep calm *or* cool. **3.** *adv.* calmly

**Gelassenheit die; ~:** calmness; *(Gefaßtheit)* composure

**Geläster das; ~s** *(abwertend)* making malicious remarks

**Gelatine** [ʒelaˈtiːnə] **die; ~:** gelatine

**Geläuf das; ~[e]s, ~e a)** *(Jägerspr.)* tracks *pl.*; track; spoor; **b)** *(Sport)* track, course

**gelaufen** *2. Part. v.* **laufen**

**geläufig 1.** *Adj.* **a)** *(vertraut)* familiar, common ⟨*expression, concept*⟩; **etw. ist jmdm. ~:** sb. is familiar with sth.; **b)** *(fließend, perfekt)* fluent. **2.** *adv.* fluently; **~ Englisch sprechen** speak fluent English; speak English fluently; be fluent in English

**Geläufigkeit die; ~ a)** *(Bekanntheit)* familiarity; **b)** *(Perfektion)* fluency

**gelaunt** [gəˈlaunt] **gut/schlecht ~ sein** be in a good/bad mood; **wie ist sie ~?** what sort of mood is she in?; **zu etw. ~ sein** *(veralt.)* be in the mood for sth.

**Geläut das; ~[e]s, ~e a)** *(Glocken)* chime; **b)** *s.* **Geläute**

**Geläute das; ~s** ringing; *(harmonisch)* chiming

**gelb** [gɛlp] *Adj.* yellow; **die ~e Gefahr** *(abwertend)* the yellow peril; **die ~e Karte** *(Fußball)* the yellow card; **vor Neid ~ werden** turn green with envy; **der Gelbe Fluß/das Gelbe Meer** the Yellow River/Sea; **das Gelbe vom Ei** the egg-yolk; **das ist nicht das Gelbe vom Ei** *(fig. ugs.)* that's no great shakes *(sl.)*

**Gelb das; ~s, ~** *od. (ugs.)* **~s** yellow; **bei ~ über die Ampel fahren** go through *or* crash the lights on amber; *s. auch* **Blau**

**gelb·braun** *Adj.* yellowish-brown

**Gelbe** [ˈgɛlbə] **der/die;** *adj. Dekl. (abwertend)* Oriental

**gelb-, Gelb-: ~fieber das** *(Med.)* yellow fever; **~filter der** *od. (fachspr. meist)* **das** *(Fot.)* yellow filter; **~grün** *Adj.* yellowish-green; **~körper der** *(Anat.)* corpus luteum; **~kreuz das;** *o. Pl.* mustard gas

**gelblich** *Adj.* yellowish; yellowed ⟨*paper*⟩; sallow ⟨*skin*⟩

**gelb-, Gelb-: ~licht das;** *o. Pl. (Verkehrsw.)* amber [light]; **~sucht die;** *o. Pl. (Med.)* jaundice; icterus *(Med.)*; **~süchtig** *Adj.* jaundiced; **~wurz[el] die** *(Bot.)* turmeric

**Geld** [gɛlt] **das; ~es, ~er a)** *o. Pl.* money; **großes ~:** large denominations *pl.*; **kleines/bares ~:** change/cash; **etw. bedeutet bares ~:** sth. is worth hard cash; **~ scheffeln** rake in the money; **etw. für teures ~ erwerben** pay a lot of money for sth.; **es ist für ~ nicht zu haben** money cannot buy it; **mit ~ nicht umgehen können** be hopeless about money; **das ist hinausgeworfenes ~:** that is a waste of money *or (coll.)* money down the drain; **ohne ~ dastehen** be left penniless; **ins ~ gehen** *(ugs.)* run away with the money *(coll.)*; **~ stinkt nicht** *(Spr.)* money has no smell; **~ regiert die Welt** *(Spr.)* money makes the world go round; **~ allein macht nicht glücklich [***(scherzh.)***, aber es hilft]** *(Spr.)* money isn't everything[, but it helps]; **~ und Gut** *(geh.)* all one's wealth and possessions; **hier liegt das ~ auf der Straße** *(fig.)* the streets here are paved with gold; **das große ~ machen** make a lot of money; **sein ~ unter die Leute bringen** spend one's money; **jmdm. das ~ aus der Tasche ziehen** get *or* wheedle money out of sb.; **~ wie Heu haben, im ~ schwimmen** be rolling in money *or* in it *(coll.)*; **nicht für ~ und gute Worte** *(ugs.)* not for love or money; **zu ~ kommen** get hold of [some] money; **etw. zu ~ machen** turn sth. into money *or* cash; **b)** *meist Pl. (größere Summe)* money; **öffentliche/staatliche ~er** public/state money *sing. or* funds; **c)** *(Börsenw.) s.* **Geldkurs**

**geld-, Geld-: ~adel der** financial aristocracy; **~angelegenheit die;** *meist Pl.* money *or* financial matter; **seine ~angelegenheiten regeln** settle one's affairs; **~anlage die** investment; **~automat der** cash dispenser; **~betrag der** sum *or* amount [of money]; **~beutel der** *(bes. südd.)* purse; **auf dem** *od.* **seinem ~beutel sitzen** *(ugs. abwertend)* be tight-fisted; **~bombe die** night-safe box; **~börse die** purse; **~briefträger der** *postman who delivers items containing money or on which money is payable;* **~buße die** fine; **~entwertung die** depreciation of the/a currency; **~erwerb der a) zum ~erwerb arbeiten** work [in order] to earn money; **seine Malerei dient nicht dem ~erwerb** he does not paint for the money; **b)** *(Tätigkeit)* **seinem ~erwerb nachgehen** earn one's living; **~forderung die** claim [for money]; **eine ~forderung an jmdn. haben** have a claim against sb.; **~frage die** question of money; **~geber der** financial backer; *(für Forschungen usw.)* sponsor; **~geschäft das** financial transaction; money transaction; **~geschenk das** gift of money; **~gier die** *(abwertend)* greed; avarice; **~gierig** *Adj. (abwertend)* greedy; avaricious; **~hahn der** *in* **[jmdm.] den ~hahn ab-** *od.* **zudrehen** *(ugs.)* cut off sb.'s supply of money; **~heirat die: das ist eine reine ~heirat** he just married her for her money/she just married him for his money; **~herrschaft die** plutocracy

**geldig** *Adj. (österr.)* rich; wealthy

**Geld-: ~institut das** financial institution; **~katze die** *(hist.) large leather purse worn on or as a belt;* **~klemme die** *(ugs.)* financial straits *pl. or* difficulties *pl.*; **~knappheit die** shortage of money; **~kurs der** *(Börsenw.)* bid price; **~leute** *s.* **~mann**

**geldlich** *Adj.; nicht präd.* financial

**Geld-: ~mangel der;** *o. Pl.* lack of money; **~mann der;** *Pl.* **~leute** financier; **~markt der** *(Wirtsch.)* money market; **~mittel** *Pl.* financial resources; funds; **~not die** financial straits *pl. or* difficulties *pl.*; **~politik die** monetary policy; **~prämie die** cash bonus; *(~preis)* cash prize; **~preis der** cash prize; *(bei einem Turnier)* prize money; **~quelle die** source of income; *(für den Staat)* source of revenue; **~sache die** *s.* **~angelegenheit; ~sack der a)** money-bag; **b)** *(veralt.) s.* **~beutel; c)** *(ugs. abwertend: geiziger Mensch)* money-bags *sing.*; **~schein der** banknote; bill *(Amer.)*; **~schöpfung die** *(Finanzw.)* creation of money; **~schrank der** safe; **~schrank·knacker der** *(ugs.)* safe-breaker; safe-cracker; **~schuld die** [money *or* financial] debt; **~schwemme die** *(ugs.)* glut of money; **~schwierigkeiten** *Pl.* financial difficulties *or* straits; **~sorgen** *Pl.* money troubles; financial worries; **~sorte die** (Bankw.) currency; **~spende die** donation; contribution; **~spritze die** *s.* **Finanzspritze; ~strafe die** fine; **jmdn. zu einer ~strafe verurteilen** fine sb.; **~stück das** coin; **~summe die** sum [of money]; **~tasche die** purse; **~umlauf der** circulation of money; **~umtausch der** *s.* **~wechsel; ~verlegenheit die** *(verhüll.)* financial embarrassment; **in ~verlegenheit sein** be financially embarrassed; **~verleiher der** money-lender; **~verlust der** financial loss; **~verschwendung die** waste of money; **das wäre reinste ~verschwendung** that would be a sheer waste of money; **~wasch·anlage die** *(ugs.)* money-laundering scheme; **~wechsel der** exchanging of money; **„~wechsel"** 'bureau de change'; 'change'; **~wert der a)** *(Wert eines Gegenstandes)* cash value; **b)** *(innerer ~wert)* value of money; *(äußerer ~wert)* value of the/a currency; **~wesen das;** *o. Pl.* finance *no art.*; **~zu·wendung die** allowance [of money]; *(~geschenk)* gift of money

**geleckt 1.** *2. Part. v.* **²lecken. 2.** *Adj. in* **wie ~ aussehen** *(ugs.)* look all spruced up

**Gelee** [ʒeˈleː] **der** *od.* **das; ~s, ~s** jelly; **Aale in ~:** jellied eels

**Gelege das; ~s, ~** *(von Vögeln)* clutch of eggs; *(von Reptilien, Insekten)* batch of eggs

**gelegen 1.** *2. Part. v.* **liegen. 2.** *Adj.* **a)** *(passend)* convenient; **das kommt mir ~:** that comes just at the right time for me; **b)** *(liegend)* situated

**Gelegenheit die; ~, ~en a)** *(günstiger Augenblick)* opportunity; **jmdm. [die] ~ geben, etw. zu tun** give sb. the opportunity of doing *or* to do sth.; **die ~ nutzen** make the most of the opportunity; **bei nächster ~:** at the next opportunity; **bei ~:** some time; **~ macht Diebe** opportunity makes the thief *(prov.)*;

**die ~ beim Schopf[e] fassen** *od.* **ergreifen** grab *or* seize the opportunity with both hands; **b)** *(Anlaß)* occasion; **ein Anzug für alle ~en** a suit that can be worn on any occasion
**Gelegenheits-: ~arbeit die** casual work; **~arbeiter der** casual worker; **~dieb der** opportunist thief; **~dichtung die** occasional poetry; **~kauf der** bargain
**gelegentlich 1.** *Adj.; nicht präd.* occasional. **2.** *adv.* **a)** *(manchmal)* occasionally; **b)** *(bei Gelegenheit)* some time. **3.** *Präp. + Gen. (Amtsspr.)* on the occasion of
**gelehrig** [gə'le:rıç] **1.** *Adj.* ⟨*child*⟩ who is quick to learn *or* quick at picking things up; ⟨*animal*⟩ that is quick to learn. **2.** *adv.* **sich ~ anstellen** be quick to learn
**Gelehrigkeit die; ~:** quickness to learn
**gelehrsam** *Adj.* **a)** *s.* **gelehrig; b)** *(veralt.: gelehrt)* learned; erudite
**Gelehrsamkeit die; ~:** learning; erudition
**gelehrt 1.** *2. Part. v.* **lehren. 2.** *Adj.* **a)** *(kenntnisreich)* learned; erudite; **b)** *(auf gründlichen Kenntnissen beruhend)* scholarly; **c)** *(abwertend: schwer verständlich)* highbrow. **3.** *adv.* **a)** learnedly; eruditely; **b)** *(abwertend: schwer verständlich)* in a highbrow way
**Gelehrte der/die;** *adj. Dekl.* scholar; **darüber streiten sich die ~n** *od.* **sind sich die ~n noch nicht einig** the experts disagree on that; *(fig.)* that's a moot point
**Gelehrten-: ~dasein das** scholarly life *or* existence; **~streit der** dispute among scholars
**Geleise das; ~s, ~** *(österr., sonst geh.) s.* **Gleis**
**Geleit das; ~[e]s, ~e a)** *(geh.: das Begleiten)* **sie bot uns ihr ~ an** she offered to accompany *or* escort us; **freies** *od.* **sicheres ~** *(Rechtsw.)* safe-conduct; **jmdm. das ~ geben** *(geh.)* accompany *or* escort sb.; **jmdm. das letzte ~ geben** *(geh. verhüll.)* attend sb.'s funeral; **zum ~:** as a preface; **„zum ~"** 'preface'; **b)** *(Eskorte)* escort; *(Gefolge)* entourage; retinue
**geleiten** *tr. V. (geh.)* escort; *(begleiten)* accompany; escort; **jmdn. zur Tür ~:** see sb. to the door; show sb. out
**Geleit-: ~schiff das** *(Milit.)* escort vessel; **~schutz der** *(Milit.)* escort; **jmdm. ~schutz geben** provide an escort for sb.; **~wort das** *(geh.)* preface; **~zug der** *(Milit.)* convoy
**Gelenk** [gə'lɛŋk] **das; ~[e]s, ~e a)** joint; **es kracht** *od.* **knackt in den ~en** my/your *etc.* joints creak; **b)** *(Technik)* joint; *(Scharnier~)* hinge
**Gelenk-: ~entzündung die** *(Med.)* arthritis; **~fahrzeug das** articulated vehicle
**gelenkig 1.** *Adj.* agile ⟨*person*⟩; *(geschmeidig)* supple ⟨*limb*⟩. **2.** *adv.* **a)** agilely; **b)** *(Technik)* **~ gelagert** *(mittels Scharnier)* hinge-mounted; *(mittels Drehzapfen)* swivel-mounted
**Gelenkigkeit die; ~:** agility; *(von Gliedmaßen)* suppleness
**Gelenk-: ~kapsel die** *(Anat.)* joint capsule; articular capsule; **~kopf der** *(Anat.)* head of a/the bone; **~pfanne die** *(Anat.)* socket of a/the joint; **~rheumatismus der** *(Med.)* articular rheumatism; **~schmiere die** *(Anat.)* synovial fluid; **~welle die** *(Kfz-W.)* cardan shaft
**gelernt 1.** *2. Part. v.* **lernen. 2.** *Adj.; nicht präd.* qualified
**gelesen** *2. Part. v.* **lesen**
**Gelichter das; ~s** *(veralt. abwertend)* rabble; riff-raff
**Geliebte** [gə'li:ptə] **der/die;** *adj. Dekl.* **a)** lover/mistress; **b)** *(geh. veralt.)* beloved
**geliefert 1.** *2. Part. v.* **liefern. 2.** *Adj.* **in ~ sein** *(salopp)* be sunk *(coll.)*; have had it *(coll.)*
**geliehen** [gə'li:ən] *2. Part. v.* **leihen**
**gelieren** [ʒe'li:rən] *itr. V.* set
**Gelier·zucker der** preserving sugar
**gelind[e] 1.** *Adj.* **a)** *(schonend)* mild; **b)** *(geh. veralt.: mild, sanft)* mild ⟨*climate*⟩; light ⟨*punishment*⟩; slight ⟨*pain*⟩. **2.** *adv.* mildly; **~e gesagt** to put it mildly
**gelingen** [gə'lıŋən] *unr. itr. V.; mit sein* succeed; **es gelang ihr, es zu tun** she succeeded in doing it; **es gelang ihr nicht, es zu tun** she did not succeed in doing it; she failed to do it; **möge dir dein Vorhaben gelingen** I hope you succeed with *or* accomplish your plan; **das wollte ihr nicht ~:** she couldn't seem to manage it; **eine gelungene Arbeit** a successful piece of work; *s. auch* **gelungen 2**
**Gelingen das; ~s** success; **auf ein gutes ~ hoffen** hope for success; **jmdm. gutes ~ wünschen** wish sb. every success; **gutes ~!** the best of luck!
**gelitten** [gə'lıtn̩] *2. Part. v.* **leiden**
**¹gell** [gɛl] **1.** *Adj. (geh.)* piercing; shrill. **2.** *adv.* **~ aufschreien** let out *or* give a piercing scream *or* shriek
**²gell[e]** ['gɛl(ə)] *Interj. (südd.) s.* **gelt**
**gellen** ['gɛlən] *itr. V.* **a)** *(hell schallen)* ring out; **ein Schrei gellte durch die Nacht** a scream *or* shriek pierced the night; **jmdm. in den Ohren ~:** make sb.'s ears ring; **~des Gelächter** shrill peals of laughter; **~d aufschreien** let out *or* give a piercing scream *or* shriek; **b)** *(nachhallen)* ring; **uns gellten die Ohren** our ears rang; **von etw. ~:** ring with sth.
**geloben** *tr. V. (geh.)* vow; **Besserung/Armut ~:** promise solemnly to improve/take a vow of poverty; **jmdm. Treue ~:** vow to be faithful to sb.; **sich** *(Dat.)* **~, etw. zu tun** vow to oneself *or* make a solemn resolve to do sth.; **das Gelobte Land** the Promised Land
**Gelöbnis** [gə'lø:pnıs] **das; ~ses, ~se** *(geh.)* vow; **ein ~ ablegen** *od.* **leisten** make *or* take a vow
**gelogen** *2. Part. v.* **lügen**
**gelöst** [gə'lø:st] **1.** *2. Part. v.* **lösen. 2.** *Adj.* relaxed
**Gelöstheit die; ~:** relaxed mood
**Gelse** ['gɛlzə] **die; ~, ~n** *(österr.)* mosquito, gnat
**gelt** [gɛlt] *Interj. (südd., österr. ugs.)* **~, du bist mir doch nicht böse?** you're not angry with me, are you?; **er kommt doch morgen zurück, ~?** he'll be coming back tomorrow, won't he *or (coll.)* right?
**gelten** ['gɛltn̩] **1.** *unr. itr. V.* **a)** *(gültig sein)* be valid; ⟨*banknote, coin*⟩ be legal tender; ⟨*law, regulation, agreement*⟩ be in force; ⟨*price*⟩ be effective; **etw. gilt für jmdn.** sth. applies to sb.; **das gilt auch für dich/Sie!** *(ugs.)* that includes you!; that goes for you too!; **das gilt nicht!** that doesn't count!; **~de Preise** current prices; **nach ~dem Recht** in accordance with the law as it [now] stands; **die ~de Meinung** the generally accepted opinion; **etw. [nicht] ~ lassen** [not] accept sth.; **b)** *(angesehen werden)* **als etw. ~:** be regarded as sth.; be considered [to be] sth.; **er galt als klug/Favorit** he was regarded as clever/the favourite; he was considered [to be] clever/the favourite; **c)** (+ *Dat.*) *(bestimmt sein für)* be directed at; **die Bemerkung gilt dir** the remark is aimed at you; **der Beifall galt auch dem Regisseur** the applause was also for the director. **2.** *unr. tr. V.* **a)** *(wert sein)* **sein Wort gilt viel/wenig** his word carries a lot of/little weight; **was gilt die Wette?** what do you bet?; **etw. gilt jmdm. mehr als ...:** sth. is worth *or* means more to sb. than ...; **b)** *unpers. (darauf ankommen, daß)* **es gilt, Zeit zu gewinnen/rasch zu handeln** it is essential to gain time/act swiftly; **es gilt einen Versuch** the only thing to do is to make an attempt; **c)** *unpers. (geh.: auf dem Spiel stehen)* **es gilt dein Leben** *od.* **deinen Kopf** your life is at stake
**geltend** *in* **etw. ~ machen** assert sth.; **einige Bedenken/einen Einwand ~ machen** express some doubts/raise an objection; **sich ~ machen** begin to show; begin to make itself/themselves felt; *s. auch* **gelten 1 a**
**Geltendmachung die; ~** *(Amtsspr.)* assertion
**Geltung die; ~ a)** *(Gültigkeit)* validity; **~ haben** ⟨*banknote, coin*⟩ be legal tender; ⟨*law, regulation, agreement*⟩ be in force; ⟨*price*⟩ be effective; **für jmdn. ~ haben** apply to sb.; **b)** *(Wirkung)* recognition; **jmdm./sich/einer Sache ~ verschaffen** gain *or* win recognition for sb./oneself/sth.; **an ~ verlieren** ⟨*value, principle, etc.*⟩ lose its importance, become less important; **etw. zur ~ bringen** show something to its best advantage; **zur ~ kommen** show to [its best] advantage
**Geltungs-: ~bedürfnis das** need for recognition; **~bereich der** scope; **unter den ~bereich eines Gesetzes fallen** come within the scope of a law; **~bereich dieser Verordnung ist Hessen** the area in which the regulation is in force is Hesse; **~dauer die** period of validity; **die ~dauer des Vertrags/Gesetzes** the period during which the agreement/law is in force; **~drang der** *s.* **~bedürfnis; ~sucht die** [pathological] craving for recognition; **~trieb der** *(~bedürfnis)* need for recognition; *(~sucht)* craving for recognition
**Gelump[e]** [gə'lʊmp(ə)] **das; ~s** *(ugs. abwertend)* **a)** *(Plunder)* junk; rubbish; **b)** *(Gesindel)* riff-raff; rabble
**gelungen** [gə'lʊŋən] **1.** *2. Part. v.* **gelingen. 2.** *Adj.* **a)** *(ugs.: spaßig)* priceless; **das finde ich ~:** what a laugh!; **b)** *(ansprechend)* inspired
**Gelüst das; ~[e]s, ~e, Gelüste das; ~s, ~** *(geh.)* longing; strong desire; *(zwingend, krankhaft)* craving; **ein ~ nach** *od.* **auf etw.** *(Akk.)* **haben** have a longing *or* a strong desire/a craving for sth.
**gelüsten** *tr. V. (unpers.)* **es gelüstet ihn nach ...:** he has a longing for ...; *(zwingend, krankhaft)* he has a craving for ...
**gemach** [gə'ma(:)x] *Adv. (veralt.)* **[nur/immer] ~!** not so fast!; take it easy!
**Gemach** [gə'ma(:)x] **das; ~[e]s, Gemächer** [gə'mɛ(:)çɐ] *(veralt. geh.)* apartment
**gemächlich** [gə'mɛ(:)çlıç] **1.** *Adj.* leisurely; **ein ~es Leben führen** take life easily. **2.** *adv.* in a leisurely manner; **~ wandern** stroll
**Gemächlichkeit die; ~:** leisureliness; **etw. mit ~ machen** do sth. at a leisurely pace
**gemacht 1.** *2. Part. v.* **machen. 2.** *in* **ein ~er Mann sein** *(ugs.)* be a made man; **zu** *od.* **für etw. [nicht] ~ sein** *(ugs.)* [not] be made for sth.; **ich bin nicht dazu ~, einen solchen Posten auszufüllen** I'm not cut out for a job like this
**Gemächt das; ~[e]s, Gemächte das; ~s** *(scherzh., veralt.)* privy parts *pl. (arch.)*
**Gemahl der; ~s, ~e** *(geh.)* consort; husband; **bitte grüßen Sie Ihren Herrn ~:** please give my regards to your husband
**Gemahlin die; ~, ~nen** *(geh.)* consort; wife; **eine Empfehlung an die Frau ~:** my compliments to your wife
**gemahnen** *tr., itr. V. (geh.)* **jmdn. an etw.** *(Akk.)* **~:** remind sb. of sth.; **diese Gedenktafel soll an die Opfer beider Weltkriege ~:** this memorial plaque is to commemorate the dead of two World Wars
**Gemälde** [gə'mɛ:ldə] **das; ~s, ~:** painting
**Gemälde-: ~ausstellung die** exhibition of paintings; **~galerie die** picture gallery; **~sammlung die** collection of paintings
**gemäß** [gə'mɛ:s] **1.** *Präp. + Dat.* in accordance with; **~ Paragraph 15/Artikel 12** under section 15/article 12. **2.** *Adj.* **jmdm./einer Sache ~ sein** be appropriate for sb./to sth.; **eine deinen Leistungen ~e Arbeit** a job suited to your abilities
**-gemäß** *Adj.* in accordance with ⟨*tradition etc.*⟩; **berufs~:** in accordance with the

standards of the profession; **art~:** appropriate [for the species *postpos.*]

**gemäßigt 1.** *2. Part. v.* **mäßigen. 2.** *Adj.* moderate; modest ‹*life-style*›; more restrained ‹*version*›; qualified ‹*optimism*›; temperate ‹*climate*›

**Gemäuer** [gəˈmɔyɐ] **das; ~s, ~:** walls *pl.; (Ruine)* ruin

**Gemauschel das; ~s** *(ugs. abwertend)* underhand dealing

**Gemecker[e] das; ~s a)** *(von Schafen, Ziegen)* bleating; **b)** *(abwertend: Lachen)* cackling; **c)** *(ugs. abwertend: Nörgelei)* griping *(coll.);* grousing *(sl.);* moaning

**gemein 1.** *Adj.* **a)** *(abstoßend)* coarse, vulgar ‹*joke, expression*›; nasty ‹*person*›; **b)** *(niederträchtig)* mean; base, dirty ‹*lie*›; mean, dirty ‹*trick*›; **du bist ~!/das ist ~ [von dir]!** you're mean *or* nasty!/that's mean *or* nasty [of you]!; **c)** *(ärgerlich)* infuriating; damned annoying *(coll.);* **d)** *nicht präd. (Bot., Zool., sonst veralt.: allgemein vorkommend)* common; **der ~e Mann** the ordinary man; the man in the street; **ein ~er Soldat** a common soldier; **e)** *(veralt.: allgemein)* general; **das ~e Wohl** the common good; **etw. mit jmdm./etw. ~ haben** have sth. in common with sb./sth.; **sich mit jmdm. ~ machen** associate with sb.; **das ist ihnen ~:** they have that in common; they share that. **2.** *adv.* **a)** *(niederträchtig)* **jmdn. ~ behandeln** treat sb. in a mean *or* nasty way; **b)** *(ugs.: sehr)* **sich ~ verletzen** injure oneself badly; **es hat ganz ~ weh getan** it hurt like hell *(coll.);* **~ kalt** terribly *or* hellish cold *(coll.)*

**Gemein·besitz der** common property

**Gemeinde** [gəˈmaində] **die; ~, ~n a)** *(staatliche Verwaltungseinheit)* municipality; *(ugs.: ~amt)* local authority; **die ~ X** the municipality of X; **einen Zug durch die ~ machen** *(fig. ugs.)* go an a pub crawl *(Brit. coll.);* go bar-hopping *(Amer. coll.);* **b)** *(Seelsorgebezirk) (christlich)* parish; *(nichtchristlich)* community; *(Mitglieder)* parish; parishioners *pl.;* **c)** *(Bewohner)* community; local population; **d)** *(Gottesdienstteilnehmer)* congregation; **e)** *(Anhängerschaft)* body of followers; **die ~ seiner Anhänger** his following

**gemeinde-, Gemeinde-: ~abgaben** *Pl.* rates [and local taxes] *(Brit.);* local taxes *(Amer.);* **~amt das** local authority; *(Gebäude)* municipal offices *pl.;* **~beamte der** local government official; **~behörde die** local authority; **~bezirk der a)** municipality; district; **b)** *(österr.)* ward; **~diener der** *(veralt.)* beadle; **~eigen** *Adj.* municipal ‹*swimming pool, sports centre, etc.*›; **~eigen sein** be municipally owned; **~haus das** parish hall; **~mitglied das** parishioner; **~ordnung die** [state] law governing local authorities; **~pflege die** parish welfare work; **~rat der a)** *(Gremium)* local council; **b)** *(Mitglied)* local councillor; **~schwester die** district nurse; **~steuer die** local tax

**gemein·deutsch** *Adj.* standard German

**Gemeinde-: ~verwaltung die** local administration; **~vor·stand der** local council; **~wahl die** *s.* **Kommunalwahl; ~zentrum das** community centre

**gemein-, Gemein-: ~eigentum das** *(Politik, Wirtsch.)* public property; **~gefährlich** *Adj.* dangerous to the public; **~gefährlich sein** be a danger to the public; **ein ~gefährlicher Verbrecher** a dangerous criminal; **~gültig** *Adj. s.* **allgemeingültig; ~gültigkeit die** *s.* **Allgemeingültigkeit; ~gut das;** *o. Pl. (geh.)* common property

**Gemein·heit die; ~, ~en a)** *o. Pl. (niederträchtige Gesinnung)* meanness; nastiness; **etw. aus ~ tun/sagen** do/say sth. out of meanness *or* nastiness; **b)** *(gemeine Handlung)* mean *or* nasty *or* dirty trick; **das war eine ~:** that was a mean *or* nasty thing to do/say; **c)** *(unerfreulicher Umstand)* **so eine ~!** *(ugs.)* what a damned nuisance!

**gemein-, Gemein-: ~hin** *Adv.* commonly; generally; **wie man ~hin vermutet/annimmt** as is commonly *or* generally supposed/assumed; **~kosten** *Pl. (Wirtsch.)* overheads; overhead expenses; **~nutz der; ~es** public good; **~nutz geht vor Eigennutz** the public interest comes first; **~nützig** [-nʏtsɪç] *Adj.* serving the public good *postpos., not pred.; (wohltätig)* charitable; **eine ~nützige Institution** a charitable *or* nonprofit-making institution; **~platz der** platitude; commonplace

**gemeinsam 1.** *Adj.* **a)** common ‹*interests, characteristics*›; mutual ‹*acquaintance, friend*›; joint ‹*property, account*›; shared ‹*experience*›; **der Gemeinsame Markt** the Common Market; **~e Interessen/Merkmale haben** have interests/characteristics in common; **~e Kasse machen** pool funds *or* resources; **größter ~er Teiler** *(Math.)* highest common denominator; **kleinstes ~es Vielfaches** *(Math.)* lowest common multiple; **b)** *nicht präd. (miteinander unternommen)* joint ‹*undertaking, consultations*›; joint, concerted ‹*efforts, action, measures*›; **[mit jmdm.] ~e Sache machen** join forces *or* up [with sb.]; **c)** *nicht attr. (übereinstimmend)* **ihnen ist nur das ~:** that's the only thing they have in common; **das blonde Haar ist ihnen ~:** they both have blond hair; **viel Gemeinsames haben** have a lot in common. **2.** *adv.* together; **es gehört ihnen ~:** it is owned by them jointly

**Gemeinsamkeit die; ~, ~en a)** *(gemeinsames Merkmal)* common feature; point in common; **zwischen den beiden Parteien gab es keine ~en** there was no common ground between the two parties; **b)** *o. Pl. (Einheit)* community of interest; **ein Gefühl der ~:** a sense of community

**Gemeinschaft die; ~, ~en a)** community; **die ~ der Heiligen** *(Rel.)* the communion of saints; **die Europäische ~:** the European Community; **b)** *o. Pl. (Verbundenheit)* coexistence; **in unserer Klasse herrscht keine echte ~:** there is no real sense of community in our class; **in ~ mit jmdm.** together *or* jointly with sb.

**gemeinschaftlich 1.** *Adj.; nicht präd.* common ‹*interests, characteristics*›; joint ‹*property, undertaking*›; mutual ‹*acquaintance, friend*›; joint, concerted ‹*efforts, action*›. **2.** *adv.* together; **wir führen die Firma ~:** we run the firm jointly *or* together

**Gemeinschafts-: ~an·schluß der** *(Fernspr.)* party line; **~antenne die** community aerial *(Brit.) or (Amer.)* antenna; **~arbeit die a)** *o. Pl. (gemeinschaftliches Arbeiten)* joint work; **etw. in ~arbeit tun** do sth. jointly; **sozialistische ~arbeit** *(DDR)* collective socialist work *or* efforts *pl.;* **b)** *(Ergebnis der Zusammenarbeit)* joint product *or* effort; **~auf·gabe die a)** common *or* shared task; **b)** *(Bundesrepublik Deutschland) major project for which Land and Federation are jointly responsible;* **~beichte die** *(christl. Rel.)* public confession; **~gefühl das;** *o. Pl.* community spirit; **~küche die** *(in einem Wohnheim usw.)* shared kitchen; **~kunde die;** *o. Pl.* social studies *sing.;* **~leben das;** *o. Pl.* communal life; **~produktion die** *(von einem Film, Buch usw.)* co-production; **~raum der** commonroom *(Brit.);* **~schule die** non-denominational school; **~sendung die** *(Rundf., Ferns.)* joint transmission; **~sinn der;** *o. Pl.* community spirit; **~werbung die** joint advertising; **~werbung machen** run a joint advertisement; **~wesen das** social being *or* animal; **~zelle die** shared cell

**gemein-, Gemein-: ~schuldner der** *(Rechtsw.)* [declared] bankrupt; **~sinn der;** *o. Pl.* public spirit; **~sprache die** *(Sprachw.)* standard language; ordinary language; **~verständlich 1.** *Adj.* generally comprehensible *or* intelligible; **2.** *adv.* **sich ~verständlich ausdrücken** make oneself generally comprehensible *or* intelligible; **~wesen das** community; *(staatlich)* political unit; polity; **~wohl das** public *or* common good; **etw./jmd. dient dem ~wohl** sth. is/sb. acts in the public interest

**Gemenge das; ~s, ~ a)** *(Gemisch)* mixture **(aus, von** of); **b)** *(Durcheinander)* jumble; *(von Menschen)* crowd; **c)** *(Landw.)* mixed crop

**Gemengsel** [gəˈmɛŋzl̩] **das; ~s, ~:** mixture; *(von Gerüchten, Düften)* medley

**gemessen 1.** *2. Part. v.* **messen. 2.** *Adj.* **a)** *(würdevoll)* measured ‹*steps, tones, language*›; deliberate ‹*words, manner of speaking*›; **~en Schrittes** with measured tread *or* steps *pl.;* **b)** *nicht präd. (an~)* **in ~em Abstand** *od.* **~er Entfernung** at a respectful distance; **in ~er Bescheidenheit** with due modesty; **c)** *(veralt.: zurückhaltend)* reserved. **3.** *adv.* **~ schreiten** walk with measured tread *or* steps *pl.;* **~ sprechen** speak in measured tones

**Gemessenheit die; ~ a)** *(Würde) s.* **gemessen 2a:** measuredness; deliberateness; **in aller ~:** slowly and with all due solemnity; **b)** *(An~)* respectfulness; **c)** *(veralt.: Zurückhaltung)* reserve

**Gemetzel das; ~s, ~** *(abwertend)* bloodbath; massacre

**gemieden** [gəˈmiːdn̩] *2. Part. v.* **meiden**

**Gemisch das; ~[e]s, ~e** *(auch fig.)* mixture **(aus, von** of); mix *(coll.); (Kfz-W.)* mixture

**gemischt 1.** *2. Part. v.* **mischen. 2.** *Adj.* **a)** mixed; **~e Kost** a varied diet; **eine ~e Klasse** a mixed *or* coeducational *or (coll.)* coed class; **b)** *(abwertend: anrüchig)* **eine ~e Gesellschaft** a disreputable crowd. **3.** *adv. (abwertend: anrüchig)* **es geht sehr ~ zu** there are all sorts of goings-on

**gemischt-, Gemischt-: ~rassig, ~rassisch** *Adj.* multiracial; **~rassige Badestrände** desegregated bathing-beaches; **~waren·handlung die** *(veralt.)* general store

**Gemme** [ˈgɛmə] **die; ~, ~n a)** *(Edelstein)* engraved gem; *(Intaglio)* intaglio; *(Kamee)* cameo; **b)** *meist Pl. (Biol.: Zelle)* gemma

**gemocht** [gəˈmɔxt] *2. Part. v.* **mögen**

**gemolken** *2. Part. v.* **melken**

**gemoppelt** [gəˈmɔpl̩t] *s.* **doppelt 2a**

**Gemotze das; ~s** *(salopp)* grumbling; faultfinding; crabbing *(coll.)*

**Gems-: ~bart der** *s.* **Gamsbart; ~bock der** chamois buck

**Gemse** [ˈgɛmzə] **die; ~, ~n** chamois

**Gemunkel das; ~s** rumours *pl.;* whispers *pl.*

**Gemurmel das; ~s** murmuring

**Gemüse** [gəˈmyːzə] **das; ~s, ~:** vegetables *pl.;* **ein ~:** a vegetable; **frisches/gekochtes ~:** fresh/cooked vegetables; **junges ~** *(fig. ugs.)* youngsters *pl.;* **dieses junge ~ kann man doch nicht ernst nehmen** *(fig. ugs.)* these young whippersnappers *pl.* can't be taken seriously

**Gemüse-: ~anbau der;** *o. Pl.* growing of vegetables; *(Handelsgärtnerei)* market gardening; **~beet das** vegetable patch *or* plot; **~beilage die** vegetables *pl.;* **~eintopf der** vegetable stew; **~frau die** vegetable seller; **~garten der** vegetable *or* kitchen garden; *(Teil eines Gartens)* vegetable patch *or* plot; **~händler der** greengrocer; **~konserve die** canned *or (Brit.)* tinned vegetables *pl.; (in einem Glas)* preserved vegetables *pl.;* **~laden der** greengrocer's [shop]; **~pflanze die** vegetable; **~platte die** vegetable dish; *(als Beilage)* dish of assorted vegetables; **~saft der** vegetable juice; **~suppe die** vegetable soup

**gemußt** [gəˈmʊst] *2. Part. v.* **müssen**

**Gemüt** [gəˈmy:t] **das; ~[e]s, ~er a)** *(Gefühlsleben)* nature; disposition; **ein sonniges/kindliches ~ haben** *(iron.)* be [really] naive; **b)** *(Empfindungsvermögen)* heart; soul; **viel/wenig ~ haben** be soft-hearted/hard-hearted; **das rührt ans** *od.* **ist etw. fürs ~:** that touches the heart *or* tears at one's heart-strings; **jmdm. aufs ~ schlagen** *od.* **gehen** make sb. depressed; **sich** *(Dat.)* **etw. zu ~e führen** *(beherzigen)* take sth. to heart; *(essen od. trinken)* treat oneself to sth.; **c)** *(Mensch)* soul; **einfache/romantische ~er** simple/romantic souls; **etw. erhitzt/erregt die ~er** sth. makes feelings run high; **die ~er haben sich beruhigt** feelings have cooled down

**gemütlich 1.** *Adj.* **a)** *(behaglich)* snug; cosy; gemütlich *(literary)*; *(bequem)* comfortable; **mach es dir ~!** make yourself comfortable *or* at home!; **b)** *(ungezwungen)* informal; **ein ~es Beisammensein** an informal get-together; **c)** *(umgänglich)* sociable; friendly; *(gelassen)* easygoing; **d)** *(gemächlich)* leisurely; **ein ~es Tempo** a leisurely *or* comfortable pace. **2.** *adv.* **a)** *(behaglich)* cosily; *(bequem)* comfortably; **b)** *(ungezwungen)* **~ beisammensitzen** sit pleasantly together; **sich ~ unterhalten** have a pleasant chat; **c)** *(gemächlich)* at a leisurely *or* comfortable pace; unhurriedly

**Gemütlichkeit die; ~ a)** *(Behaglichkeit)* snugness; **b)** *(Zwanglosigkeit)* informality; **die ~ stören** disturb the atmosphere *or* mood of informality; **c)** *(Gemächlichkeit)* **in aller ~:** quite unhurriedly; **da hört [sich] doch die ~ auf** *(fig. ugs.)* that's going too far

**gemüts-, Gemüts-: ~arm** *Adj.* insensitive; cold; **~art die** nature; disposition; **~bewegung die** emotion; **~krank** *Adj.* *(Med., Psych.)* emotionally disturbed; **~krankheit die** emotional disorder; **~lage die** emotional state; **~mensch der** *(ugs.)* *(gutmütiger Mensch)* good-natured *or* even-tempered person; *(etwas langsamer Mensch)* phlegmatic person; **du bist [vielleicht] ein ~mensch!** *(iron. abwertend)* you're the soul of tact, I must say!; *(du bist naiv)* you'll be lucky!; **~regung die** emotion; **~ruhe die** peace of mind; **in aller ~ruhe** *(ugs.)* *(ohne Sorge)* completely unconcerned; *(ohne Hast)* as if there were all the time in the world; **~verfassung die, ~zustand der** emotional state

**gemüt·voll** *Adj.* warm-hearted; *(empfindsam)* sentimental

**gen** [gɛn] *Präp. + Akk. (veralt., bibl., noch dichter.)* towards; toward; **~ Süden/Osten** *usw.* southwards, eastwards, *etc.*; **einen Blick ~ Himmel werfen** throw a glance heavenwards

**Gen** [ge:n] **das; ~s, ~e** *(Biol.)* gene

**genagelt** [gəˈna:glt] **1.** *2. Part. v.* **nageln. 2.** *Adj.* **~e Schuhe** hobnailed boots

**genannt** [gəˈnant] *2. Part. v.* **nennen**

**genant** [ʒeˈnant] *Adj.* **a)** *(veralt.: peinlich)* embarrassing; **b)** *(bes. südd.: schüchtern)* shy; bashful

**genas** [gəˈna:s] *1. u. 3. Pers. Sg. Prät. v.* **genesen**

**genäschig** [gəˈnɛʃɪç] *Adj. s.* **naschhaft**

**genau** [gəˈnau] **1.** *Adj.* **a)** *(exakt)* exact; precise; **eine ~e Waage** accurate scales *pl.*; **die ~e Uhrzeit** the exact *or* right time; **~e Untersuchungen** accurate *or* precise investigations; **Genaues/Genaueres wissen** know the/more exact *or* precise details; **ich weiß nichts Genaues/Genaueres** I don't know anything definite/more definite; **b)** *(sorgfältig, gründlich)* meticulous, painstaking ⟨*person*⟩; careful ⟨*study*⟩; precise ⟨*use of language*⟩; detailed, thorough ⟨*knowledge*⟩. **2.** *adv.* **a)** exactly; precisely; **~ um $8^{00}$** at 8 o'clock precisely; at exactly 8 o'clock; **die Uhr geht [auf die Minute] ~:** the watch/clock keeps perfect time; **die Schuhe paßten ihm ~:** the shoes fitted him perfectly; **b)** *(gerade, eben)* just; **~ reichen** be just enough; **c)** *(als Verstärkung)* just; exactly; precisely; **~ das habe ich gesagt** that's just *or* exactly what I said; **d)** *(als Zustimmung)* exactly; precisely; quite [so]; **e)** *(sorgfältig)* **~ arbeiten/etw. ~ durchdenken** work/think sth. out carefully *or* meticulously; **jmdn. ~ kennen** know exactly what sb. is like; **etw. ~ beachten** observe sth. meticulously *or* painstakingly; **es mit etw. [nicht so] ~ nehmen** be [not too] particular about sth.

**genau·genommen** *Adv.* strictly speaking

**Genauigkeit die; ~ a)** *(Exaktheit)* exactness; exactitude; precision; *(einer Waage)* accuracy; **b)** *(Sorgfalt)* meticulousness

**genau·so** *Adv.* **a)** *mit Adjektiven* just as; **~so schlecht wie ...:** just as bad/badly as ...; **b)** *mit Verben* in exactly the same way; *(in demselben Maße)* just as much; **ich werde es ~ machen wie du** I'll do exactly the same as you; *s. auch* **ebenso**

**genauso-:** *s.* **ebenso-**

**genaustens** *Adv.* **etw. ~ durchdenken/beachten** think sth. out/observe sth. most meticulously

**Gendarm** [ʒanˈdarm] **der; ~en, ~en** *(österr., sonst veralt.)* village *or* local policeman *or* constable

**Gendarmerie** [ʒandarməˈri:] **die; ~, ~n** *(österr., sonst veralt.)* village *or* local constabulary

**Genealoge** [geneaˈlo:gə] **der; ~n, ~n** genealogist

**Genealogie** [genealoˈgi:] **die; ~, ~n** genealogy

**genealogisch** *Adj.; nicht präd.* genealogical

**genehm** [gəˈne:m] *Adj.* **in jmdm. ~ sein** *(geh.)* *(jmdm. passen)* be convenient to *or* suit sb.; *(jmdm. angenehm sein)* be acceptable to sb.

**genehmigen** *tr. V.* approve ⟨*plan, alterations*⟩; grant, approve ⟨*application*⟩; authorize ⟨*stay*⟩; grant, agree to ⟨*request*⟩; give permission for ⟨*demonstration*⟩; **sich** *(Dat.)* **etw. ~** *(ugs.)* treat oneself to sth.; **sich** *(Dat.)* **einen ~** *(ugs.)* have a drink

**Genehmigung die; ~, ~en a)** *(eines Plans, Antrags, einer Veränderung)* approval; *(eines Aufenthalts)* authorization; *(einer Bitte)* granting; *(einer Demonstration)* permission (*Gen.* for); **jmdm. die ~ zur Eröffnung einer Gaststätte verweigern** refuse [to grant] sb. a licence to open a restaurant/pub; **b)** *(Schriftstück)* permit; *(Lizenz)* licence

**genehmigungs-, Genehmigungs-: ~pflicht die;** *o. Pl. (Rechtsspr.)* obligation to obtain official approval; **der ~pflicht unterliegen** require official approval; **~pflichtig** *Adj.* requiring official approval *postpos.*; **~pflichtig sein** require official approval; **Demonstrationen sind ~pflichtig** demonstrations require official permission

**geneigt** [gəˈnaikt] **1.** *2. Part. v.* **neigen. 2.** *Adj.* **in ~ sein** *od.* **sich ~ zeigen, etw. zu tun** be inclined to do sth.; *(bereit sein)* be ready *or* willing to do sth.; **jmdm./einer Sache ~ sein** *(geh.)* be well-disposed towards sb./sth.; **~er Leser** *(veralt.)* gentle reader

**Geneigtheit die; ~ a)** inclination; disposition; *(Bereitschaft)* readiness; willingness; **b)** *(Wohlwollen)* goodwill **(gegenüber, für** towards)

**Genera** *s.* **Genus**

**General** [genəˈra:l] **der; ~s, ~e** *od.* **Generäle** [genəˈrɛ:lə] *(auch kath. Rel.)* general; **Herr ~:** General

**General-: ~amnestie die** general amnesty; **~angriff der** general offensive; **~baß der** *(Musik)* [basso] continuo; thorough-bass; **~beichte die** *(kath. Rel.)* general confession; **~bevollmächtigte der/die** *(Rechtsw.)* general agent; universal agent [with full powers of attorney]; *(Politik)* plenipotentiary; *(in einer Firma)* general manager; **~bundes·anwalt der** Chief Federal Prosecutor; **~direktion die** top management; **~direktor der** chairman; president *(Amer.)*; **~feld·marschall** [---ˈ---] **der** *(Milit.) s.* **Feldmarschall; ~gouverneur der** Governor-General; **~inspekteur der** *(Milit.)* inspector general; **~intendant der** artistic director

**generalisieren** *tr., itr. V.* generalize

**Generalisierung die; ~, ~en** generalization

**Generalissimus** [genəraˈlɪsimʊs] **der; ~, ~se** *od.* **Generalissimi** [-ˈlɪsimi] *(Milit.)* generalissimo

**Generalist der; ~en, ~en** generalist

**Generalität** [genəraliˈtɛ:t] **die; ~, ~en** *(Milit.)* **die ~:** the generals *pl.*

**general-, General-: ~klausel die** *(Rechtsw.)* blanket *or* general clause; **~konsul der** consul general; **~konsulat das** consulate general; **~leutnant der** *(Milit.)* lieutenant-general; *(Luftw.)* air marshal *(Brit.)*; **~major der** *(Milit.)* major-general; *(Luftw.)* air vice-marshal *(Brit.)*; **~musik·direktor** [----ˈ----] **der** musical director; **~nenner der** *s.* **Hauptnenner; ~präventiv** *Adj. (Rechtsspr.)* ⟨*judgement*⟩ acting as a general deterrent; **~probe die a)** *(auch fig.)* dress *or* final rehearsal; **b)** *(Sport: letztes Testspiel)* final trial; **~sekretär der** Secretary General; *(einer Partei)* general secretary; **~staatsanwalt** [---ˈ---] **der** chief public prosecutor *(in a Higher Regional Court)*

**General·stab der** *(Milit.)* general staff

**Generalstabs-: ~chef der** chief of the general staff; **~karte die** *(hist.)* ordnance survey map *(scale 1:100,000)*; **~offizier der** general staff officer

**Generals·rang der** rank of general

**general-, General-: ~streik der** general strike; **~überholen** *tr. V.; nur im Inf. und 2. Part. gebr. (bes. Technik)* **etw. ~überholen** give sth. a general overhaul; **etw. ~überholen lassen** have sth. generally overhauled; **~überholung die** general overhaul; **~versammlung die** general meeting; **die ~versammlung der Vereinten Nationen** the General Assembly of the United Nations; **~vertreter der** general representative; **~vertretung die** *s.* **Alleinvertretung; ~vollmacht die** *(Rechtsw.)* full *or* unlimited power of attorney

**Generation** [genəraˈtsio:n] **die; ~, ~en** generation

**Generations-: ~konflikt der** generation gap; **~problem das** generation problem; **~unterschied der** generation gap; **~wechsel der a)** new generation; **ein ~wechsel ist notwendig** new blood is needed; **b)** *(Biol.)* alternation of generations

**generativ** [genəraˈti:f] *Adj.* **a)** *(Biol.)* generative ⟨*cell, nucleus, etc.*⟩; sexual ⟨*reproduction*⟩; **b)** *(Sprachw.)* generative

**Generator** [genəˈra:tɔr] **der; ~s, ~en** [---ˈ--] **a)** generator; **b)** *(Gas~)* producer

**Generator·gas das** producer gas

**generell** [genəˈrɛl] **1.** *Adj.* general. **2.** *adv.* generally; **man kann ganz ~ sagen, daß ...:** generally speaking *or* in general, it can be said that ...; **es sollte sonnabends ~ schulfrei sein** all schools should close on Saturdays

**generieren** *tr. V. (geh.; Sprachw.)* generate

**Generikum** [geˈne:rikʊm] **das; ~s, Generika** generic product

**generös** [genəˈrø:s] *(geh.)* **1.** *Adj.* generous. **2.** *adv.* generously

**Generosität** [genəroziˈtɛ:t] **die; ~** *(geh.)* generosity

**Genese** [geˈne:zə] **die; ~, ~n** genesis

**genesen** [gəˈne:zn̩] *unr. itr. V.; mit sein* **a)**

*(geh.)* recover; recuperate; *(fig.)* recover; **von einer Krankheit ~:** recover from an illness; **b)** *(veralt. dichter.)* **eines Knaben ~:** be delivered of a son

**Genesende der/die;** *adj. Dekl.* convalescent

**Genesis** ['ge:nezɪs] **die; ~:** genesis; **die ~** *(bibl.)* [the Book of] Genesis

**Genesung die; ~, ~en** *(geh.)* recovery

**Genesungs-: ~heim das** convalescent home; **~prozeß der** [process of] recovery; **~urlaub der** *(Milit.)* convalescent leave

**Genetik** [ge'ne:tɪk] **die; ~** *(Biol.)* genetics *sing., no art.*

**Genetiker der; ~s, ~:** geneticist

**genetisch** *(Biol.)* **1.** *Adj.* genetic. **2.** *adv.* genetically

**Genezareth** [ge'ne:tsarɛt] **(das); ~s** Gennesaret; **der See ~:** the Sea of Galilee

**Genf** [gɛnf] **(das); ~s** Geneva

**Genfer 1. der; ~s, ~:** Genevese. **2.** *Adj.* Genevese; **der ~ See** Lake Geneva; **die ~ Konvention** the Geneva Convention; *s. auch* **Kölner**

**Genfer·see der;** *o. Pl. (schweiz.)* Lake Geneva

**genial** [ge'nia:l] **1.** *Adj.* brillant ⟨*idea, invention, solution, etc.*⟩; **ein ~er Mensch** a [man/woman of] genius; **ein ~er Künstler/Musiker** an inspired artist/musician; an artist/musician of genius. **2.** *adv.* brilliantly

**genialisch 1.** *Adj.* **a)** brilliant; **ein ~er Musiker** a brilliant musician; a musical genius; **b)** *(exaltiert)* **ein ~er Hauch** a touch of the eccentric genius. **2.** *adv.* **a)** like a genius; **b)** *(exaltiert)* like an eccentric genius

**Genialität** [geniali'tɛ:t] **die; ~:** genius

**Genick** [gə'nɪk] **das; ~[e]s, ~e** back *or* nape of the neck; **sich das ~ brechen** *(auch fig.)* break one's neck; **jmdn. beim ~ packen** grab sb. by the scruff of the neck; **ein Schlag ins ~:** a blow to the back of the neck; **jmdm./einer Sache das ~ brechen** *(ugs.)* ruin sb./sth.; **jmdm. im ~ sitzen** *(ugs.)* haunt sb.

**Genick-: ~schlag der** blow to the back of the neck; rabbit punch; **~schuß der** shot through the base of the skull; **~starre die** stiffness of the neck

[1]**Genie** [ʒe'ni:] **das; ~s, ~s** genius; **sie ist ein ~ im Kochen** she is a brilliant cook

[2]**Genie** [-] **die; ~, ~s** *(schweiz. Milit.) s.* **Genietruppe**

**genieren** [ʒe'ni:rən] **1.** *refl. V.* be *or* feel embarrassed (**wegen** about); **sich vor jmdm. ~:** be *or* feel embarrassed *or* shy in sb.'s presence; **greifen Sie zu, ~ Sie sich nicht!** help yourself – don't be shy! **2.** *tr. V. (veralt.)* disturb

**genierlich** *Adj. (ugs.)* **a)** *(peinlich)* embarrassing; **b)** *(schüchtern)* shy

**genießbar** *Adj. (eßbar)* edible; *(trinkbar)* drinkable; **er ist heute nicht ~** *(fig. ugs.)* he is unbearable today

**genießen** [gə'ni:sn̩] *unr. tr. V.* **a)** enjoy; **er hat eine gute Ausbildung genossen** he had [the benefit of] a good education; **er genießt Vertrauen in der Partei** he has the confidence of the Party; **b)** *(geh.: essen/trinken)* eat/drink; **das Fleisch ist nicht/nicht mehr zu ~:** the meat is inedible/no longer edible; **er ist heute nicht zu ~** *(fig. ugs.)* he is unbearable today

**Genießer der; ~s, ~: er ist ein richtiger ~:** he is a regular 'bon viveur'; he really knows how to enjoy life [to the full]; **er ist ein stiller ~:** he enjoys life [to the full] in his own quiet way

**genießerisch 1.** *Adj.* appreciative ; sensuous ⟨*lips*⟩. **2.** *adv.* appreciatively; ⟨*drink, eat*⟩ with relish

**Genie-: ~streich der** *(auch iron.)* stroke of genius; **~truppe die** *(schweiz. Milit.)* engineer corps; **~zeit die** *(Literaturw.)* Storm and Stress Period

**genital** [geni'ta:l] *Adj.; nicht präd.* genital

**Genital·apparat der** *s.* **Geschlechtsapparat**

**Genitale das; ~s, Genitalien** [geni'ta:liən], **Genital·organ das** genital organ; **die männlichen/weiblichen Genitalien** the male/female genitals *or* genital organs *or* genitalia

**Genitiv** ['ge:niti:f] **der; ~s, ~e** *(Sprachw.)* genitive [case]; *(Wort im ~)* genitive; **im/mit dem ~ stehen** be in/take the genitive [case]

**Genitiv-: ~attribut das** genitive attribute; **~objekt das** genitive object

**Genius** ['ge:niʊs] **der; ~, Genien** ['ge:niən] **a)** *(Geist)* guardian spirit; genius; **~ loci** [~ 'lo:tsi] *(geh.)* genius loci; **b)** *o. Pl. (geh.: Schöpferkraft)* [creative] genius; **c)** *(Mensch, Gottheit)* genius

**Gen-: ~manipulation die** genetic manipulation; **~mutation die** gene mutation

**Genom** [ge'no:m] **das; ~s, ~e** *(Biol.)* genome

**genommen** [gə'nɔmən] *2. Part. v.* **nehmen**

**genoppt** [gə'nɔpt] **1.** *2. Part. v.* **noppen. 2.** *Adj.* knop ⟨*yarn, wool*⟩; pimpled ⟨*rubber*⟩; ⟨*suit*⟩ made of knop yarn

**Genörgel** [gə'nœrgl̩] **das; ~s** *(abwertend)* grumbling; moaning; *(Krittelei)* carping

**genoß** [gə'nɔs] *1. u. 3. Pers. Sg. Prät. v.* **genießen**

**Genosse** [gə'nɔsə] **der; ~n, ~n a)** comrade; **„~ General/Professor"** *usw.* 'Comrade General/Professor' *etc;* **er ist kein ~ der Partei** he is not a party member; **b)** *(veralt.: Kamerad)* comrade; companion; **... und ~n** *(abwertend)* ... and his/her/their ilk; **c)** *(Wirtsch. veralt.)* member of a/the co-operative

**genossen** [gə'nɔsn̩] *2. Part. v.* **genießen**

**Genossenschaft die; ~, ~en** co-operative

**Genossenschaftler der; ~s, ~:** member of a/the co-operative

**genossenschaftlich 1.** *Adj.* co-operative; collective ⟨*ownership*⟩; jointly owned ⟨*property*⟩. **2.** *adv.* on a co-operative basis

**Genossenschafts-: ~bank die** credit co-operative *or* union; **~bauer der** *(bes. DDR)* member of a/the farming co-operative; **~betrieb der** co-operative

**Genossin die; ~, ~nen a)** *s.* **Genosse a:** comrade; **b)** *(veralt.: Kameradin)* companion

**Geno·typ** [geno-], **Geno·typus der** *(Biol.)* genotype

**Genozid** [-'tsi:t] **der** *od.* **das; ~[e]s, ~e** *od.* **~ien** [-'tsi:diən] genocide; **der** *od.* **das ~ der Nazis an den Juden** the genocide perpetrated by the Nazis against the Jews

**Genre** ['ʒã:rə] **das; ~s, ~s** genre

**Genre-: ~bild das** genre-picture; genre-painting; **~malerei die;** *o. Pl.* genre-painting

[1]**Gent** [dʒɛnt] **der; ~s, ~s** *(iron.)* dandy

[2]**Gent** [gɛnt] **(das); ~s** Ghent

**Gen-: ~technik die, ~technologie die** genetic engineering *no art.*

**Genua** ['ge:nua] **(das); ~s** Genoa

**Genuese** [ge'nue:zə] **der; ~n, ~n** Genoese

**Genueser 1. der; ~s, ~:** Genoese. **2.** *Adj.* Genoese; *s. auch* **Kölner**

**Genueserin die; ~, ~nen** Genoese

**genuesisch** *Adj.* Genoese

**genug** [gə'nu:k] *Adv.* enough; **er hat ~ Geld/Geld ~:** he has enough *or* sufficient money; **das ist ~:** that's enough *or* sufficient; **er hat ~ gearbeitet** he has done enough work; **ich habe jetzt ~ [davon]** now I've had enough [of it]; **~ davon!** enough of that!; **nicht ~ damit, daß er faul ist, er ist auch frech** not only is he lazy, he is cheeky as well; **~ der Worte** *(geh.)* I/we/you have talked long enough; **er ist Manns ~, um zu ...:** he is man enough to ...; **das ist ihm nicht gut ~:** that is not good enough for him; **sich** *(Dat.)* **selbst ~ sein** be quite happy in one's own company; **er kann nicht ~ kriegen** *(ugs.)* he is very greedy; **davon kann er nicht ~ kriegen** *(ugs.)* he can't get enough of it *(fig. coll.)*; **von Bach kann ich nicht ~ kriegen** *(ugs.)* I can always listen to Bach's music

**Genüge** [gə'ny:gə] *(geh.) in* **jmdm. ~ tun** *od.* **leisten** satisfy sb.; **einer Anordnung/einer Pflicht ~ tun** *od.* **leisten** comply with an order; fulfil a duty *or* an obligation; **der Gerechtigkeit wurde ~ getan** justice was done; **zur ~** *(ausreichend)* enough; sufficiently; *(im Übermaß)* quite enough; **etw. zur ~ kennen** know sth. only too well; be only too familiar with sth.

**genügen** *itr. V.* **a)** be enough *or* sufficient; **diese Wohnung genügt für uns** this flat is adequate for us; **das genügt mir** that is enough *or* sufficient [for me]; that will do [for me]; *(das befriedigt mich)* that satisfies me; **b)** *(erfüllen)* satisfy; **den Anforderungen ~:** satisfy *or* meet *or* fulfil the requirements; **den Bestimmungen ~:** comply with the regulations; **einer Pflicht ~:** fulfil a duty *or* an obligation

**genügend 1.** *Adj.* **a)** enough; sufficient; **b)** *(befriedigend)* satisfactory. **2.** *adv.* enough; sufficiently; **~ lange** long enough; **~ Geld/Zeit haben** have enough *or* sufficient money/time

**genugsam** *Adv. (geh.)* sufficiently; **das Thema dürfte ~ diskutiert sein** the subject has probably been adequately discussed

**genügsam** [gə'ny:kza:m] **1.** *Adj.* modest ⟨*life*⟩; **ein ~er Mensch** a person who lives modestly; **Schafe sind sehr ~e Tiere** sheep can live *or* subsist on very little; **in bezug auf Kleidung ist sie sehr ~:** she does not spend a great deal on clothes. **2.** *adv.* **~ leben** live modestly

**Genügsamkeit die; ~: sie weiß, was ~ heißt** she knows what it means to live modestly; **wegen ihrer ~ sind Schafe ...:** as they can live *or* subsist on very little, sheep are ...

**genug|tun** *unr. itr. V. (veralt.) in* **er konnte sich** *(Dat.)* **nicht ~, sie/es zu loben** he couldn't praise her/it enough

**Genugtuung** [-tu:ʊŋ] **die; ~, ~en** satisfaction; **es ist mir eine ~, das zu hören** it gives me satisfaction to hear that; **~ über etw.** *(Akk.)* **empfinden** feel satisfied *or* a sense of satisfaction about sth.; **[für etw.] ~ verlangen** demand satisfaction [for sth.]

**genuin** [genu'i:n] *(geh.) Adj.* genuine

**Genus** ['gɛnʊs] **das; ~, Genera** ['gɛnera] *(Sprachw.)* gender

**Genuschel** [gə'nʊʃl] **das; ~s** *(meist abwertend)* mumbling

**Genuß** [gə'nʊs] **der; Genusses, Genüsse** [gə'nʏsə] **a)** *o. Pl.* consumption; **der ~ von schmerzstillenden Mitteln/Heroin** the use *or* taking of pain-killers/heroin; **b)** *(Wohlbehagen)* **etw. mit/ohne ~ essen/trinken** eat/drink sth. with/without relish; **etw. mit ~ lesen** enjoy reading sth.; **das Konzert/der Kuchen ist ein ~:** the concert is thoroughly enjoyable/the cake is delicious; **die Genüsse des Lebens** the pleasures *or* good things of life; **in den ~ von etw. kommen** enjoy sth.; **in den ~ einer Rente kommen** receive a pension

**genuß·freudig** *Adj.* pleasure-loving

**Genuß·gift das** *(Amtsspr.) stimulant etc. (see* **Genußmittel***) dangerous to health*

**genüßlich** [gə'nʏslɪç] **1.** *Adj.* appreciative; comfortable ⟨*feeling*⟩; *(schadenfroh)* gleeful. **2.** *adv.* appreciatively; ⟨*eat, drink*⟩ with relish; *(schadenfroh)* ⟨*smile*⟩ gleefully; **sich ~ im Sessel zurücklehnen** lie back luxuriously in the armchair

**genuß-, Genuß-: ~mensch der** hedonist; **~mittel das** *tea, coffee, alcoholic drinks, tobacco, etc.;* **~reich** *Adj.* very *or* highly enjoyable; **~sucht die;** *o. Pl. (oft abwertend)* craving for pleasure; **~süchtig**

*Adj. (oft abwertend)* pleasure-seeking; **~voll 1.** *Adj. (erfreulich)* very *or* highly enjoyable; *(genüßlich)* appreciative; **2.** *adv.* appreciatively; ⟨*eat, drink*⟩ with relish
**Geodäsie** [-dɛ'zi:] **die;** ~: geodesy *no art.*
**Geodät der;** ~en, ~en geodesist
**geodätisch** *Adj.* geodetic
**Geo·dreieck** Ⓦ **das** geometry set square
**Geograph** [-'gra:f] **der;** ~en, ~en geographer
**Geographie die;** ~: geography *no art.*
**geographisch 1.** *Adj.* geographic[al]. **2.** *adv.* geographically
**Geologe** [-'lo:gə] **der;** ~n, ~n geologist
**Geologen·hammer der** geologist's hammer
**Geologie die;** ~: geology *no art.*
**geologisch 1.** *Adj.; nicht präd.* geological; **2.** *adv.* geologically
**Geo·meter der;** ~s, ~ **a)** *s.* **Geodät; b)** *(veralt.)* geometer; geometrician
**Geometrie die;** ~: geometry *no art.*
**geometrisch 1.** *Adj.* geometric[al]. **2.** *adv.* geometrically
**Geo·morphologie die** geomorphology *no art.*
**Geo·physik die** geophysics *sing., no art.*
**Geo·politik die** geopolitics *sing., no art.*
**geo·politisch** *Adj.; nicht präd.* geopolitical
**geordnet 1.** *2. Part. v.* **ordnen. 2.** *Adj.* **in ~en Verhältnissen leben** live a settled life; **~e Verhältnisse schaffen** put things on a proper footing; **ein ~er Rückzug** *(Milit.)* an orderly retreat
**Georg** [ge'ɔrk, 'ge:ɔrk] **(der)** George
**Georgien** [ge'ɔrgiən] **(das);** ~s Georgia
**Georgier** [ge'ɔrgiɐ] **der;** ~s, ~, **Georgierin die;** ~, ~nen Georgian
**Geo·wissenschaft die** geoscience *no art.*
**Geozentrik** [geo'tsɛntrɪk] **die;** ~ *(Astron.)* geocentric system
**geozentrisch** *Adj. (Astron.)* geocentric
**Gepäck** [gə'pɛk] **das;** ~[e]s **a)** luggage *(Brit.)*; baggage *(Amer.)*; *(am Flughafen)* baggage; **mit leichtem ~ reisen** travel light; **das ~ aufgeben/einchecken** hand in *or* check in the luggage; check the baggage *(Amer.)*; **b)** *(Milit.)* kit
**Gepäck-: ~ab·fertigung die a)** *o. Pl. s.* **Gepäck a:** checking in the luggage/baggage; **b)** *(Schalter) (am Bahnhof)* luggage office *(Brit.)*; baggage office *(Amer.)*; *(am Flughafen)* baggage check-in; **~ab·lage die** luggage rack *(Brit.)*; baggage rack *(Amer.)*; **~annahme die a)** *o. Pl. s.* **Gepäck a:** checking in the luggage/baggage; **bei der ~annahme** when checking in the luggage/baggage; **b)** *(Schalter)* [in-counter of the] luggage office *(Brit.) or* baggage office *(Amer.)*; *(zur Aufbewahrung)* [in-counter of the] left-luggage office *(Brit.) or* checkroom *(Amer.)*; *(am Flughafen)* baggage check-in; **~auf·bewahrung die a)** *o. Pl.* **Schäden, die während der ~aufbewahrung entstanden sind** damage to items in left-luggage *(Brit.) or* the checkroom *(Amer.)*; **b)** *(Schalter)* left-luggage office *(Brit.)*; checkroom *(Amer.)*; *(Schließfächer)* luggage lockers *(Brit.)*; baggage lockers *(Amer.)*; **~aufbewahrungs·schein der** left-luggage ticket *(Brit.)*; baggage check *(Amer.)*; **~auf·gabe die** *s.* **~abfertigung a, b; ~aus·gabe die a)** *o. Pl. (am Bahnhof)* returning the luggage *(Brit.) or (Amer.)* baggage; *(am Flughafen)* reclaiming of baggage; **b)** *(Schalter)* [out-counter of the] luggage office *(Brit.) or (Amer.)* baggage office; *(zur Aufbewahrung)* [out-counter of the] left-luggage office *(Brit.) or (Amer.)* checkroom; *(am Flughafen)* baggage reclaim; **~beförderung die** *(mit der Bahn)* conveyance of luggage *(Brit.) or (Amer.)* baggage; *(mit einem Flugzeug)* conveyance of baggage; **~karren der** *s.* **Gepäck a:** luggage/baggage trolley; **~kontrolle die** baggage check; **~marsch der** *(Milit.)* route march with full kit; **~netz das** *s.* **~ablage; ~raum der** *s.* **Gepäck a:** luggage/baggage compartment; **~schalter der** *s.* **~annahme b; ~schein der** luggage ticket *(Brit.)*; baggage check *(Amer.)*; **~schließ·fach das** luggage locker *(Brit.)*; baggage locker *(Amer.)*; **~stück das** *s.* **Gepäck a:** piece *or* item of luggage/baggage; **~träger der a)** porter; **b)** *(am Fahrrad)* carrier; rack; **~versicherung die** *s.* **Gepäck a:** luggage/baggage insurance; **~wagen der** luggage van *(Brit.)*; baggage car *(Amer.)*
**Gepard** ['ge:part] **der;** ~s, ~e cheetah; hunting leopard
**gepfeffert 1.** *2. Part. v.* **pfeffern. 2.** *Adj. (ugs.)* **a)** *(unverschämt)* steep *(coll.)* ⟨*price, rent, etc.*⟩; **b)** *(hart)* tough ⟨*question, problem, speech*⟩; tough, harsh ⟨*words, criticism*⟩; **c)** *(derb)* crude ⟨*joke, oath, language, talk*⟩; spicy ⟨*story*⟩
**Gepfeife das;** ~s *(ugs. abwertend)* [continuous, tuneless] whistling
**gepfiffen** [gə'pfɪfn̩] *2. Part. v.* **pfeifen**
**gepflegt 1.** *2. Part. v.* **pflegen. 2.** *Adj.* **a)** well-groomed, spruce ⟨*appearance*⟩; neat ⟨*clothing*⟩; cultured ⟨*conversation*⟩; cultured, sophisticated ⟨*atmosphere, environment*⟩; stylish ⟨*living*⟩; well-kept, well-tended ⟨*garden, park*⟩; well-kept ⟨*street*⟩; well cared-for ⟨*hands, house*⟩; **b)** *(hochwertig)* choice ⟨*food, drink*⟩. **3.** *adv.* **~ essen** dine in style; **~ essen gehen** dine at a good restaurant; **sich ~ ausdrücken** express oneself in a cultured manner
**Gepflegtheit die;** ~ **a) die [äußere] ~:** a well-groomed appearance; smartness of appearance; **b)** *(Kultiviertheit)* **die ~ seines Stils** his cultured style
**gepflogen** [gə'pflo:gn̩] *2. Part. v.* **pflegen 4**
**Gepflogenheit die;** ~, ~en *(geh.) (Sitte, Brauch)* custom; tradition; *(Gewohnheit)* habit; *(Verfahrensweise)* practice
**Geplänkel** [gə'plɛŋkl̩] **das;** ~s, ~ **a)** *(Wort~)* banter *no indef. art.*; **b)** *(Milit. veralt.)* skirmish
**Geplapper das;** ~s *(ugs., oft abwertend)* prattling; **das ~ des Babys** the baby's babbling
**Geplärr[e] das;** ~s *(ugs. abwertend)* bawling
**Geplätscher das;** ~s splashing; **das seichte ~ der Unterhaltung** *(fig.)* the superficial *or* polite exchange of pleasantries
**geplättet 1.** *2. Part. v.* **plätten. 2.** *Adj. (salopp)* flabbergasted
**Geplauder das;** ~s *(geh.)* chatting
**Gepolter das;** ~s **a)** clatter; **sie rannten mit ~ die Treppe hinunter** they clattered down the stairs; **b)** *(Schimpfen)* grumbling; moaning
**Gepräge das;** ~s, ~ **a)** *(Münzk.)* strike; **b)** *(geh.: Merkmal)* [special] character; *(Aura, Ambiente)* aura; **einer Sache** *(Dat.)* **ihr ~ geben** give sth. its character
**Geprahle das;** ~s *(abwertend)* bragging; boasting
**Gepränge** [gə'prɛŋə] **das;** ~s *(geh.)* pomp; splendour; **mit festlichem/feierlichem ~:** with pomp and pageantry/in solemn splendour
**Geprassel das;** ~s *(von Kies usw.)* rattle; *(von Feuer)* crackle; crackling
**gepriesen** *2. Part. v.* **preisen**
**gepunktet 1.** *2. Part. v.* **punkten. 2.** *Adj.* spotted ⟨*tie, blouse, etc.*⟩; *(regelmäßig)* polka-dot; dotted ⟨*line*⟩
**Gequake das;** ~s *(ugs.)* croaking; *(von Enten)* quacking
**Gequäke das;** ~s *(ugs.)* bawling
**gequält 1.** *2. Part. v.* **quälen. 2.** *Adj.* forced ⟨*smile, gaiety*⟩; pained ⟨*expression*⟩
**Gequassel, Gequatsche das;** ~s *(ugs. abwertend)* jabbering
**Gequengel[e] das;** ~s *(ugs. abwertend)* whimpering; *(Drängelei)* nagging; *(Nörgelei)* carping
**Gequieke das;** ~s *(ugs.)* squealing
**Gequietsche das;** ~s *(ugs.)* squeaking; *(von Bremsen, Reifen, Kränen)* squealing; screeching; *(von Menschen)* squealing, shrieking
**gequollen** *2. Part. v.* **quellen**
**Ger** [ge:ɐ] **der;** ~[e]s, ~e *(hist.)* spear, javelin *(of ancient Germanic peoples)*
**gerade** [gə'ra:də], *(ugs.)* **grade** ['gra:də] **1.** *Adj.* **a)** straight; **~ geschnitten** cut straight; **in ~r Linie von jmdm. abstammen** *(fig.)* be descended in a direct line from sb.; **den ~n Weg verfolgen** *(fig.)* keep to the straight and narrow; **b)** *(nicht schief)* upright; **~ gewachsen sein** ⟨*plant*⟩ have grown straight; ⟨*person*⟩ have grown up straight; **~ sitzen/stehen** sit up/stand up straight; **c)** *(aufrichtig)* forthright; direct; **d)** *nicht präd. (genau)* **das ~ Gegenteil** the direct *or* exact opposite; **e)** *(Math.)* even ⟨*number*⟩. **2.** *Adv.* **a)** *(soeben, ugs.: für kurze Zeit)* just; **halt ~ [mal] fest!** just hold this [for a moment]; **haben Sie ~ Zeit?** do you have time just now?; **~ erst** only just; **wir wollten diese Sache ~ noch besprechen** we were just going to discuss the matter; **b)** *(direkt)* right; **~ gegenüber/um die Ecke** right opposite/just round the corner; **jmdm. ~ in die Augen schauen** look sb. straight in the eyes; **c)** *(knapp)* just; **~ noch** only just; **er hat das Examen ~ so bestanden** he just scraped through the examination; **~ so viel, daß ...:** just enough to ...; **~ noch rechtzeitig** only just in time; **d)** *(eben)* just; **~ diese Angelegenheit** precisely *or* just this matter; **e)** *(ausgerechnet)* **~ du/dieser Idiot** you/this idiot, of all people; **warum ~ ich/heute?** why me of all people/today of all days?; **~ seine Toleranz wurde ihm als Schwäche angerechnet** it was precisely his tolerance which was regarded as a weakness. **3.** *Partikel* **a)** *(besonders)* particularly; **nicht ~:** not exactly; **b)** *(ugs.: erst recht)* **nun** *od.* **jetzt [tue ich es] ~:** [you] just watch me; [you] just try and stop me now; **nun** *od.* **jetzt [tue ich es] ~ nicht** now I certainly shan't [do it]
**Gerade die;** ~n, ~n **a)** *(Geom.)* straight line; **b)** *(Leichtathletik)* straight; **c)** *(Boxen)* straight-arm punch; **linke/rechte ~:** straight left/right
**gerade·aus** *Adv.* straight ahead; ⟨*walk, drive*⟩ straight on, straight ahead; **immer ~ gehen/fahren** carry straight on; **er ist sehr ~** *(fig.)* he is very straightforward *or* direct
**gerade-, Gerade-: ~|biegen** *unr. tr. V.* **a)** bend straight; straighten [out]; **b)** *(ugs.: bereinigen)* straighten out; put right; **~|halten 1.** *unr. tr. V.* **etw. ~halten** hold sth. straight; **den Kopf ~halten** hold one's head up; **2.** *unr. refl. V.* hold oneself [up] straight; **sich bei Tisch ~halten** sit up straight at the table; **~halter der** shoulder brace; **~heraus** [----'-] *(ugs.)* **1.** *Adv.* **etw. ~heraus sagen** say sth. straight out; **jmdm. ~heraus sagen/jmdn. ~heraus fragen** tell/ask sb. straight; **~heraus gesagt** quite frankly; to be quite frank; **2.** *adj.; nicht präd.* straightforward; direct; **~|klopfen** *tr. V.* hammer straight; **~|legen** *tr. V.* put *or* set straight; **~|machen** *tr. V. (ugs.)* straighten [out]
**geraden·wegs** *s.* **geradewegs**
**gerade|richten** *tr. V.* straighten [out]; put *or* set straight
**gerädert 1.** *2. Part. v.* **rädern. 2.** *Adj. (ugs.)* whacked *(coll.)*; tired out; **wie ~ sein/sich wie ~ fühlen** be/feel whacked *(coll.) or* tired out
**gerade-: ~|sitzen** *unr. itr. V.* sit up straight; **~so** *Adv.* **etw. ~ machen wie jmd. anderes** do sth. just like sb. else; **~so groß/lang wie ...:** just as big/long as ...; **~so·gut**

*Adv.* just as well; equally well; ~sogut wie ...: just as well as ...; ~so·viel *Indefinitpron.* just as much; ~|stehen *unr. itr. V.* a) stand up straight; b) *(fig.: einstehen)* für etw. ~stehen accept responsibility for sth.; für jmdn. ~stehen answer for sb.; ~wegs *Adv.* a) straight; b) *(ohne Umschweife)* straight away; directly; er kam ~wegs zum Thema he came straight to the point; ~zu 1. *Adv.* a) really; perfectly; *(beinahe)* almost; das ist ~zu lächerlich that is downright ridiculous; ein ~zu ideales Beispiel an absolutely perfect example; b) *(landsch.: unverblümt)* bluntly; directly; 2. *adj., nicht attr. (landsch.: unverblümt)* blunt; direct

**Gerad·heit die;** ~: straightforwardness

**gerad-, Gerad-:** ~linig [~li:nɪç] 1. *Adj.* a) straight; direct, lineal ‹*descent, descendant*›; b) *(aufrichtig)* straightforward; 2. *adv.* a) ~linig verlaufen run in a straight line; b) *(aufrichtig)* ~linig handeln/denken be straightforward; ~linigkeit die; ~ a) straightness; b) *(Aufrichtigkeit)* straightforwardness; ~sinnig *Adj.* straightforward; honest

**gerammelt** 1. *2. Part. v.* rammeln. 2. *Adv. in* ~ voll *(ugs.)* [jam-]packed *(coll.)*; packed out *(coll.)*

**gerändert** *Adj.* rot ~e Augen red-rimmed eyes; schwarz ~es Papier black-edged paper

**Gerangel** [gəˈraŋl̩] **das;** ~s *(ugs.)* a) scrapping *(coll.)*; b) *(abwertend: Kampf)* free-for-all; scramble; ein ~ um etw. a scramble for sth.; a free-for-all for sth.

**Geranie** [geˈra:ni̯ə] **die;** ~, ~n geranium

**gerann** [gəˈran] *3. Pers. Sg. Prät. v.* gerinnen

**gerannt** [gəˈrant] *2. Part. v.* rennen

**Geraschel das;** ~s *(ugs.)* rustling

**Gerassel** [gəˈrasl̩] **das;** ~s rattling; rattle

**gerät** [gəˈrɛ:t] *3. Pers. Sg. Präsens v.* geraten

**Gerät** [gəˈrɛ:t] **das;** ~[e]s, ~e a) piece of equipment; *(Fernseher, Radio)* set; *(Garten~)* tool; *(Küchen~)* utensil; *(Meß~)* instrument; landwirtschaftliche ~e agricultural implements; elektrische ~e electrical appliances; b) *(Turnen)* piece of apparatus; an den ~en turnen do gymnastics on the apparatus; c) *o. Pl. (Ausrüstung)* equipment *no pl.*; *(des Anglers)* tackle; *(des Handwerkers)* tools *pl.*

**Geräte·haus das** *(Feuerwehr)* appliance room

**¹geraten** *unr. itr. V.; mit sein* a) get; in ein Unwetter ~: be caught in a storm; unter ein Auto ~: be run over by a car; an jmdn. ~: meet sb.; an den Richtigen/Falschen ~: come to the right/wrong person; in Panik/Wut/Ekstase ~: panic *or* get into a panic/fly into a rage/go into a state of ecstasy; *s. auch* Gesellschaft a; Verdacht; Verruf *usw.*; b) *(gelingen)* turn out well; das Essen ist [ihr] gut ~: the meal [she cooked] turned out well; sie ist zu kurz/lang ~ *(scherzh.)* she has turned out on the short/tall side; die Tapeten sind zu bunt ~: the wallpaper turned out to be too colourful; c) *(ähneln)* nach jmdm. ~: take after sb.; d) *(werden)* zu etw. ~: turn into *or* become sth.

**²geraten** 1. *2. Part. v.* raten, ¹geraten. 2. *Adj.; nicht attr.* advisable; es scheint mir ~, ...: I think it advisable ...

**Geräte-:** ~raum der a) [sports] equipment store; b) *(für Gartengeräte usw.)* tool shed; ~schuppen der tool shed; ~turnen das apparatus gymnastics *sing.*

**Geratewohl** *in* wir fuhren aufs ~ los *(ugs.)* we went for a drive just to see where we ended up; er hat sich aufs ~ einige Firmen ausgewählt *(ugs.)* he selected a few firms at random; sie ist aufs ~ in die Prüfung gegangen *(ugs.)* she took the examination on the off-chance [of passing]

**Gerätschaften** [gəˈrɛ:tʃaftn̩] *Pl. (Werkzeug)* tools; *(Küchengeräte)* utensils

**gerätst** *2. Pers. Sg. Präsens v.* geraten

**Geratter das;** ~s *(ugs.)* clatter; *(von Schüssen)* rattle

**Geräucherte** [gəˈrɔy̯çɐtə] **das;** ~n; *adj. Dekl.* smoked *or* cured meat *(usually ham or bacon)*

**geraum** *Adj.; nicht präd. (geh.)* considerable; nach ~er Zeit after some [considerable] time

**geräumig** [gəˈrɔy̯mɪç] *Adj.* spacious ‹*room*›; roomy ‹*cupboard, compartment*›

**Geräumigkeit die;** ~ *(eines Zimmers)* spaciousness; *(eines Schrankes, Kofferraums)* roominess

**Geraune das;** ~s *(geh.)* whispering; *(Gemurmel)* murmuring

**Geraunze das;** ~s *(österr., südd. abwertend)* grumbling; moaning; grousing *(coll.)*

**Geräusch** [gəˈrɔy̯ʃ] **das;** ~[e]s, ~e sound; *(unerwünscht)* noise

**geräusch-, Geräusch-:** ~arm 1. *Adj.* quiet; 2. *adv.* quietly; ~empfindlich *Adj.* sensitive to noise *pred.*; ~empfindliche Menschen people who are sensitive to noise; ~kulisse die a) background noise; b) *(akustische Untermalung)* [background] sound effects; ~los 1. *Adj.* silent; noiseless; 2. *adv.* a) silently; without a sound; noiselessly; b) *(fig. ugs.: ohne Aufsehen)* without [any] fuss; quietly; ~losigkeit die; ~: quietness; noiselessness; ~pegel der noise level; ~voll 1. *Adj.* noisy; 2. *adv.* noisily

**Geräusper** [gəˈrɔy̯spɐ] **das;** ~s noise of throat-clearing

**gerben** [ˈgɛrbn̩] *tr. V.* tan ‹*hides, skins*›; von Wind und Wetter gegerbte Haut *(fig.)* skin tanned by wind and sun

**Gerber der;** ~s, ~: tanner

**Gerbera** [ˈgɛrbəra] **die;** ~, ~[s] gerbera

**Gerberei die;** ~, ~en a) tannery; b) *(das Gerben)* tanning

**Gerber·lohe die** tanning bark

**Gerbung die;** ~, ~en tanning

**gerecht** 1. *Adj.* a) just ‹*verdict, punishment*›; *(unparteiisch)* just; fair; ein ~er Richter/Lehrer an impartial judge/a just teacher; ~ gegen jmdn. sein be fair *or* just to sb.; eine ~e Sache a just cause; ~er Zorn righteous anger; jmdm./einer Sache ~ werden do justice to sb./sth.; einer Aufgabe/der Belastung ~ werden cope with a task/the strain; b) *(bibl.)* der ~e Gott our righteous Lord; die Gerechten the righteous. 2. *adv.* justly; ‹*judge, treat*› fairly

**-gerecht** *Adj.* a) *(passend)* kind~/behinderten~: suitable for children/the disabled *postpos.*; umwelt~: harmless to the environment *postpos.*; b) *(entsprechend)* protokoll~: in accordance with protocol *postpos.*; leistungs~: productivity- *or* output-related

**gerechterweise** *Adv.* in [all] fairness; to be fair

**gerechtfertigt** 1. *2. Part. v.* rechtfertigen. 2. *Adj.* justified

**Gerechtigkeit die;** ~ a) justice; ~ üben *(geh.)* act justly; be just; jmdm. ~ widerfahren lassen *(geh.)* treat sb. justly; um der ~ willen in order that justice be done; b) *(Recht)* die ~ nimmt ihren Lauf the law takes its course; c) *(christl. Rel.)* die ~ Gottes the righteousness of God; d) *(geh.: Justiz)* jmdn. den Händen der ~ übergeben hand sb. over to be dealt with by the courts

**gerechtigkeits-, Gerechtigkeits-:** ~fanatiker der stickler for the law; ~fimmel der *(ugs. abwertend)* exaggerated concern for justice; ~gefühl das sense of justice; ~liebend *Adj.* ~liebend sein have a love of justice; ein ~liebender Mensch a person with a love of justice; ~sinn der sense of justice

**Gerede das;** ~s *(abwertend)* a) *(ugs.)* talk; das ewige ~ darüber ändert doch nichts talking about it all the time won't change anything; b) *(Klatsch)* gossip; jmdn. ins ~ bringen bring sb. into disrepute; ins ~ kommen get into disrepute

**geregelt** 1. *2. Part. v.* regeln. 2. *Adj.; nicht präd.* regular, steady ‹*job*›; orderly, well-ordered ‹*life*›; ~er Katalysator computer-controlled catalytic converter

**gereichen** *itr. V. (geh.)* jmdm. zur Ehre/zum Vorteil ~: redound to sb.'s honour *or* credit/advantage

**gereift** 1. *2. Part. v.* reifen. 2. *Adj.; nicht präd.* mature; sie ist jetzt geistig ~: she has now matured as a person

**gereizt** 1. *2. Part. v.* reizen. 2. *Adj.* irritable; touchy. 3. *adv.* irritably; ~ reagieren react angrily; ~ lächeln smile wearily

**Gereiztheit die;** ~: irritability; touchiness

**Gerenne** [gəˈrɛnə] **das;** ~s *(ugs.)* running *or* racing about

**gereuen** *tr. V. (geh. veralt.)* sein Zornesausbruch gereute ihn he regretted his angry outburst; *(unpers.)* es gereute ihn, daß ...: he regretted that ...; es gereute ihn he was sorry

**Geriater** [geˈri̯a:tɐ] **der;** ~s, ~ *(Med.)* geriatrician; geriatrist

**Geriatrie die;** ~: geriatrics *sing., no art.*

**geriatrisch** *Adj.* geriatric

**¹Gericht** [gəˈrɪçt] **das;** ~[e]s, ~e a) *(Institution)* court; jmdn. dem ~ *od.* den ~en übergeben *od.* ausliefern hand sb. over to be dealt with by the courts; jmdn. vor ~ laden *od.* zitieren summon sb. to appear in court; vor ~ erscheinen/aussagen appear/testify in court; vor ~ stehen be on *or* stand trial; mit einem Fall vor ~ gehen take a case to court; b) *(Richter)* bench; Hohes ~! Your Honour!; das ~ zieht sich zur Beratung zurück the bench retires for discussion; c) *(Gebäude)* court[-house]; d) *in* das Jüngste *od.* Letzte ~ *(Rel.)* the Last Judgement; mit jmdm. [hart *od.* scharf] ins ~ gehen *(zurechtweisen)* take sb. [severely] to task; *(bestrafen)* punish sb. [severely]; über jmdn. ~ halten *od.* zu ~ sitzen sit in judgement on sb.

**²Gericht das;** ~[e]s, ~e dish; ~e aus der Dose canned *or (Brit.)* tinned food *sing.*

**gerichtlich** 1. *Adj.; nicht präd.* judicial; forensic ‹*psychology, medicine*›; legal ‹*proceedings*›; court ‹*order*›; ~e Zuständigkeit [legal] jurisdiction; eine ~e Vorladung a summons from the court; ein ~es Nachspiel haben have legal consequences; die Sache wird ein ~es Nachspiel haben the matter will end up in court. 2. *adv.* jmdn. ~ verfolgen prosecute sb.; take sb. to court; gegen jmdn. ~ vorgehen take legal action against sb.; take sb. to court; etw. ~ bezeugen/beeiden testify/swear to sth. in court; jmdn. ~ für tot erklären pronounce sb. legally dead

**gerichts-, Gerichts-:** ~akte die court record; ~arzt der specialist in forensic medicine; ~ärztlich *Adj.; nicht präd.* forensic medical ‹*report, test, investigation*›; ~assessor der *law student appointed as judge or court official for trial period after his second state examination*

**Gerichtsbarkeit die;** ~, ~en jurisdiction; der staatlichen ~ nicht unterliegen be immune from legal proceedings by the State

**gerichts-, Gerichts-:** ~beschluß der decision of the/a court; the/a court's decision; ~bezirk der jurisdictional district; ~diener der *(veralt.)* court usher; ~dolmetscher der court interpreter; ~entscheid der, ~entscheidung die decision of the/a court; the/a court's decision; ~ferien *Pl.* recess *sing.*; vacation *sing.*; ~gebäude das court-house; ~herr der *(hist.)* [highest] judicial authority; der oberste ~herr the supreme judicial authority; ~hof der a) Court of Justice; der Oberste/Internationale/Europäische ~hof the Supreme/International/European Court of Justice; b) *(früher: Kollegialgericht)* tribunal, Court of Justice *(with more than one judge)*; **Hoher ~hof!** if it please the court; **~hoheit die** supreme legal authority; **~kosten** *Pl.* legal costs; costs of the case; **~kundig** *Adj. s.* **~notorisch; ~medizin die** forensic medicine *no art.*; **~mediziner der** specialist in forensic medicine; **~medizinisch 1.** *Adj.* forensic medical ‹*examination, report*›; **2.** *adv.* **etw. ~medizinisch feststellen** establish sth. by forensic medical tests; **~notorisch** *(Rechtsspr.) Adj.* ‹*person, event, fact*› known to the court; **~präsident der** senior judge; **~referendar der** *law student who has passed his/her first state examination;* **~reporter der** legal correspondent; **~saal der** courtroom; **Ruhe im ~saal!** silence in court!; **~schreiber der** clerk of the court; **~stand der** *(Rechtsspr.)* place of jurisdiction; **~tag der** court-day; **Mittwoch ist ~tag** the court sits on Wednesdays; **~termin der** *(strafrechtlich)* date of the/a trial; *(zivil)* date of the/a hearing; **~urteil das** judgement [of the court]; **~verfahren das** legal proceedings *pl.*; **ein ~verfahren einleiten** institute legal *or* court proceedings; **ohne ~verfahren** without trial; **~verfassung die** constitution of the courts; **~verhandlung die** *(strafrechtlich)* trial; *(zivil)* hearing; **~verwaltung die** administration of the courts; **~vollzieher der; ~s, ~:** bailiff; **~weg der: auf dem ~weg** through the courts; by taking legal proceedings; **~weibel der** *(schweiz.) s.* **~diener; ~wesen das;** *o. Pl.* judicial system

**gerieben 1.** *2. Part. v.* **reiben. 2.** *Adj. (ugs.)* artful

**Geriebenheit die;** ~ *(ugs.)* artfulness

**gerieren** [ge'ri:rən] *refl. V. (geh.)* **sich als etw. ~:** talk and act as if one were sth.

**Geriesel das;** ~s trickling; trickle; *(von Schnee)* gentle fall

**geriffelt 1.** *2. Part. v.* **riffeln. 2.** *Adj.* corrugated ‹*surface, sheet metal*›; fluted ‹*column*›; ribbed ‹*glass*›

**gering** [gə'rıŋ] **1.** *Adj.* **a)** *(nicht groß, niedrig)* low ‹*temperature, pressure, price*›; low, small ‹*income, fee*›; little ‹*value*›; small ‹*quantity, amount*›; short ‹*distance, time*›; **in ~er Entfernung** a short distance away; **von/in ~er Höhe** low/low down; **der Abstand wird ~er** the gap is closing *or* getting smaller; **um ein ~es** *(veralt.)* a little [bit]; *(um wenig Geld)* for a trifle *or* a mere bagatelle; *(fast)* nearly; almost; **b)** *(unbedeutend)* slight; minor ‹*role*›; **meine ~ste Sorge** the least of my worries; **das Geringste** the least; **nicht das ~ste** nothing at all; **nicht im ~sten** not in the slightest *or* least; **c)** *(veralt.: niedrigstehend)* humble ‹*origin, person*›; **kein Geringerer als ...:** no less a person than ...; **d)** *(geh.: schlecht)* poor, low, inferior ‹*quality, opinion*›; poor ‹*knowledge*›. **2.** *adv.* **~ von jmdm. sprechen/denken** speak badly/have a low opinion of sb.

**gering|achten** *tr. V.: s.* **geringschätzen**

**Gering·achtung die** *s.* **Geringschätzung**

**geringelt 1.** *2. Part. v.* **ringeln. 2.** *Adj.* curly; ‹*hair*› in ringlets; ‹*pattern, socks, jumper*› with horizontal stripes

**gering·fügig** [-fy:gıç] **1.** *Adj.* slight ‹*difference, deviation, improvement*›; slight, minor ‹*alteration, injury*›; small, trivial ‹*amount*›; minor, trivial ‹*detail*›. **2.** *adv.* slightly

**Geringfügigkeit die; ~, ~en a)** *o. Pl.* triviality; insignificance; **eine Beschwerde wegen ~ ablehnen** dismiss a complaint because of its trivial nature; **b)** *(Kleinigkeit)* triviality; trifle; *(Angelegenheit auch)* trivial matter

**gering|schätzen** *tr. V.* **a)** *(verachten)* have a low opinion of, think very little of ‹*person, achievement*›; set little store by ‹*success, riches*›; **b)** *(mißachten)* disregard ‹*warning*›; make light of ‹*danger*›; **sein eigenes Leben ~:** have scant regard for one's own life

**gering·schätzig** [-ʃɛtsıç] **1.** *Adj.* disdainful; contemptuous; disparaging ‹*remark*›. **2.** *adv.* disdainfully; contemptuously; **von jmdm. ~ sprechen** speak disparagingly of sb.

**Geringschätzigkeit die; ~:** disdain[fulness]; contempt[uousness]

**Gering·schätzung die;** *o. Pl.* **a)** *(Verachtung)* disdain; contempt; **b)** *(Mißachtung)* disregard; **die ~ des Lebens** a scant regard for life

**geringsten·falls** *Adv. (geh.)* at the very least

**gerinnen** *unr. itr. V.; mit sein* **a)** coagulate; ‹*blood*› coagulate, clot; ‹*milk*› curdle; *s. auch* **Blut; b)** *(fig. geh.)* **zu etw. ~:** develop into *or* become sth.

**Gerinnsel** [gə'rınz!] **das; ~s, ~ a)** *(Blut)* clot; **b)** *(veralt.: Rinnsal)* streamlet; rivulet

**Gerinnung die; ~, ~en** coagulating; *(von Blut auch)* clotting; *(von Milch)* curdling

**gerinnungs-: ~fähig** *Adj.* coagulable; **sein Blut ist nicht ~fähig** his blood does not clot properly; **~hemmend** *Adj.* anticoagulant

**Gerippe das; ~s, ~ a)** skeleton; **sie ist bis zum ~ abgemagert** *(fig.)* she has lost so much weight that she is only skin and bones; **b)** *(fig.)* framework; *(von Schiffen, Gebäuden)* skeleton; *(Grundriß, Entwurf)* outline

**gerippt** [gə'rıpt] *Adj.* ribbed ‹*fabric, garment*›; fluted ‹*glass, column*›; laid ‹*paper*›

**gerissen** [gə'rısn̩] **1.** *2. Part. v.* **reißen. 2.** *Adj. (ugs.)* crafty

**Gerissenheit die; ~:** craftiness

**geritten** *2. Part. v.* **reiten**

**geritzt 1.** *2. Part. v.* **ritzen. 2.** *Adj. (salopp) in* **etw. ist ~:** sth. is [all] settled; **ist ~!** will do! *(coll.)*

**Germ** [gɛrm] **der; ~[e]s,** *österr. auch:* **die; ~** *(südd., österr.)* yeast

**Germane** [gɛr'ma:nə] **der; ~n, ~n** *(hist.)* ancient German; Teuton; *(scherzh.)* Teutonic type; **die alten ~n** the ancient Germanic peoples *or* Teutons; **die Skandinavier sind ~n** the Scandinavians are of Germanic *or* Teutonic origin

**Germanentum das; ~s** *(Kultur)* Germanic *or* Teutonic culture; *(germanische Völker)* Germanic *or* Teutonic world

**Germania** [gɛr'ma:ni̯a] **(die)** Germania

**Germanien** [gɛr'ma:ni̯ən] **(das); ~s** *(hist.)* Germania

**Germanin die; ~, ~nen** ancient German; Teuton

**germanisch** *Adj. (auch fig.)* Germanic; Teutonic; **Germanisches Seminar** Institute of Germanic Studies

**germanisieren** *tr. V.* Germanize

**Germanisierung die; ~:** Germanization

**Germanismus der; ~, Germanismen** *(Sprachw.)* Germanism

**Germanist der; ~en, ~en** Germanist; German scholar

**Germanistik die; ~:** German studies *pl.*, *no art.*

**Germanistin die; ~, ~nen** Germanist; German scholar

**germanistisch** *Adj.; nicht präd.* **~e Studien** German studies; **eine ~e Zeitschrift** a periodical on *or* devoted to German studies; **Germanistisches Seminar** Institute of German Studies

**Germanium** [gɛr'ma:ni̯ʊm] **das; ~s** *(Chemie)* germanium

**germanophil** [gɛrmano'fi:l] *Adj.* Germanophile

**germanophob** [gɛrmano'fo:p] *Adj.* Germanophobe

**gern[e]** ['gɛrn(ə)]; **lieber** ['li:bɐ], **am liebsten** [-'li:pstn̩] *Adv.* **a)** *(mit Vergnügen)* **etw. ~ tun** like *or* enjoy *or* be fond of doing sth.; **er spielt lieber Tennis als Golf** he prefers playing tennis to golf; **etw. ~ essen/trinken** like sth.; **am liebsten trinkt er Wein** he likes wine best; **ja, ~/aber ~:** yes, of course; certainly!; **Kommst du mit? – Ja, ~!** Are you coming too? – Yes I'd like to!; **[das ist] ~ geschehen** it is *or* was a pleasure; **jmdn. ~ haben** like *or* be fond of sb.; **er hat sie lieber als dich** he likes her more than he does you; **sie hat ihn am liebsten** she likes him best; **sie hat** *od.* **sieht es lieber/am liebsten, wenn ...:** she likes it better/likes it best if ...; **~ gesehen sein/werden** be welcome; **der kann mich ~ haben!** *(ugs.)* he can go to hell! *(coll.)*; he can get stuffed *(sl.)*; **b)** *(drückt Billigung aus: durchaus)* **das glaube ich ~:** I can quite *or* well believe that; **das kannst du ~ tun/haben** you are welcome to do/have that; **c)** *(drückt Wunsch aus)* **ich hätte ~ einen Apfel** I would like an apple; **er wäre ~ mitgekommen** he would have liked to come along; **ich wäre lieber [zu Fuß] gegangen** I would rather have walked; **das hättest du lieber nicht tun sollen** it would have been better if you had not done that; **laß das lieber** better not do that; **noch ein Stück Kuchen? – Lieber nicht** Another piece of cake? – I'd rather not; *(aus Vernunftsgründen)* I'd better not; **ich bleibe heute lieber im Bett** I'd better stay in bed today; **d)** *(gewöhnlich)* **etw. ~ tun** usually do sth.; **e)** *(ugs.: leicht, oft)* soon

**Gerne·groß der; ~, ~e** *(ugs. scherzh.)* **er ist ein [kleiner] ~:** he likes to act big *(coll.)*

**Geröchel das; ~s** rattle in the throat; *(eines Sterbenden)* [death-]rattle

**gerochen** *2. Part. v.* **riechen**

**Geröll** [gə'rœl] **das; ~s, ~e** detritus; debris; *(größer)* boulders *pl.*; *(im Gebirge auch)* scree

**Geröll-: ~halde die** scree [slope]; **~schutt der** detritus; debris; **~wüste die** boulder-strewn wilderness; *(Geogr.)* rock desert

**geronnen** [gə'rɔnən] *2. Part. v.* **rinnen, gerinnen**

**Gerontokratie** [gerɔntokra'ti:] **die; ~, ~n** *(hist., Völkerk.)* gerontocracy

**Gerontologie die; ~** *(Med.)* gerontology *no art.*

**Geröstete** [gə'rø:stətə, gə'rœstətə] *Pl.; adj. Dekl. (südd., österr.)* sauté potatoes

**Gerste** ['gɛrstə] **die; ~:** barley

**Gersten-: ~grütze die a)** barley groats; **b)** *(Brei)* porridge *or* gruel made from barley; **~kaffee der** *coffee substitute produced from malted barley;* **~korn das a)** *(Frucht)* barleycorn; **b)** *(Augenentzündung)* sty; **~saft der** *(scherzh.)* beer; **~schrot der** *od.* **das** bruised *or* ground barley; **~zucker der** barley sugar

**Gerte** ['gɛrtə] **die; ~, ~n** switch

**gerten·schlank** *Adj.* slim *or* slender and willowy

**Geruch** [gə'rʊx] **der; ~[e]s, Gerüche** [gə'rʏçə] **a)** smell; odour; *(von Blumen)* scent; fragrance; *(von Brot, Kuchen)* smell; aroma; **ein ~ nach/der ~ von frischem Brot** a/the smell of freshly-baked bread; **einen unangenehmen ~ verbreiten** give off an unpleasant smell *or* odour *or* a stench; **b)** *o. Pl. (Geruchssinn)* sense of smell; **c)** *o. Pl. (geh.: Ruf)* reputation; **im ~ stehen, etw. zu sein/getan zu haben** be reputed to be sth./to have done sth.

**geruch·los** *Adj.* odourless; *(ohne Duft)* unscented, scentless ‹*flower etc.*›

**geruchs-, Geruchs-: ~belästigung die** nuisance caused by the smell *or* stench; **~bindend** *Adj.* deodorant; **~empfindlich** *Adj.* sensitive to smells *postpos.*; **~empfindung die a)** olfactory sensation; **b)** *s.* **~sinn; ~nerv der** olfactory nerve; **~organ das** olfactory organ; **~sinn der;** *o. Pl.* sense of smell; olfactory sense; **~stoff der** aromatic essence; *(von Tieren)* scent; **~verschluß der** [anti-siphon] trap

**Gerücht** [gəˈrʏçt] **das; ~[e]s, ~e** rumour; **ein ~ in die Welt** *od.* **in Umlauf setzen** start a rumour; **es geht das ~, daß ...:** there's a rumour going round that ...; **das halte ich für ein ~!** *(ugs.)* I can't believe that!
**Gerüchte-: ~küche die** *(ugs. abwertend)* hotbed of rumours; **~macher der** *(abwertend)* rumour-monger
**geruch·tilgend** *Adj.* deodorant
**gerücht·weise** *Adv.* **ich habe ~ vernommen** *od.* **gehört, daß ...:** I've heard a rumour that ...; I've heard it rumoured that ...; **~ verlautet, er sei ...:** rumour has it *or* it is rumoured that he is ...
**gerufen** *2. Part. v.* **rufen**
**geruhen** *tr. V. (geh. veralt.; sonst iron.)* **~, etw. zu tun** condescend *or* deign to do sth.
**gerührt 1.** *2. Part. v.* **rühren. 2.** *Adj.* touched *(also iron.)*; moved
**geruhsam 1.** *Adj.* peaceful; quiet; leisurely ⟨*stroll*⟩; **jmdm. eine ~e Nacht wünschen** wish sb. a restful night. **2.** *adv.* leisurely; *(ungestört)* quietly
**Geruhsamkeit die; ~:** peacefulness; quietness; *(eines Spaziergangs)* leisureliness
**Gerumpel das; ~s** bumping and banging; *(von Lastwagen usw.)* rumbling
**Gerümpel** [gəˈrʏmpl̩] **das; ~s** *(abwertend)* junk; [useless] rubbish
**Gerundium** [geˈrʊndi̯ʊm] **das; ~s, Gerundien** *(Sprachw.)* gerund
**Gerundiv** [gerʊnˈdiːf] **das; ~s, ~e** [-ˈdiːvə] *(Sprachw.)* gerundive
**gerundivisch** *Adj. (Sprachw.)* gerundival
**gerungen** [gəˈrʊŋən] *2. Part. v.* **ringen**
**Gerüst** [gəˈrʏst] **das; ~[e]s, ~e** scaffolding *no pl., no indef. art.*; *(fig.: eines Romans usw.)* framework
**Gerüst-: ~bau der;** *o. Pl.* erection of the scaffolding; **„~bau: H. Müller, Mannheim"** 'scaffolding by H. Müller, Mannheim'; **~bauer der; ~s, ~:** scaffolder
**gerüttelt 1.** *2. Part. v.* **rütteln. 2.** *Adj.* **in ~ voll** *(veralt.)* [jam-]packed; **ein ~ Maß** *(veralt.)* a good measure
**ges, Ges** [gɛs] **das; ~, ~** *(Musik)* [key of] G flat; *s. auch* **a, A**
**Gesabber** [gəˈzabɐ] **das; ~s a)** slavering; slobbering; *(eines Babys)* dribbling; **b)** *(salopp: Gerede)* rabbiting *(Brit. sl.)*; babbling
**Gesalbte** [gəˈzalptə] **der/die;** *adj. Dekl. (Rel., hist.)* **er/sie kehrte als ~r/~ von Rom zurück** he/she returned anointed from Rome; **Christus, der ~:** Christ, the Lord's Anointed
**gesalzen 1.** *2. Part. v.* **salzen. 2.** *Adj. (salopp)* **a)** *(sehr hoch)* steep *(coll.)* ⟨*price, bill*⟩; **b)** *(derb ausgedrückt)* crude ⟨*joke, language*⟩; spicy ⟨*story*⟩
**Gesalzene das;** *adj. Dekl.; o. Pl.* salt[ed] meat
**gesammelt 1.** *2. Part. v.* **sammeln. 2.** *Adj.* concentrated ⟨*attention, energy*⟩; intense ⟨*fear*⟩; **~e Werke** collected works
**gesamt** *Adj.; nicht präd.* whole; entire; **das ~e Vermögen** the entire *or* total wealth; **die ~en Werke** the complete works
**Gesamt das; ~s** *s.* **Gesamtheit**
**gesamt-, Gesamt-: ~ansicht die** general *or* overall view; **~auflage die** *(Druckw.)* total edition; *(einer Zeitung)* total circulation; **~ausgabe die** *(Druckw.)* complete edition; **~betrag der** total amount; **~bild das** general *or* overall view; *(fig.)* general *or* overall picture; **~darstellung die** general account *or* description; **~deutsch** *Adj.; nicht präd.* all-German; **~deutschland das** all Germany; **~eindruck der** general *or* overall impression; **~einkommen das** total income; **~ergebnis das** overall result; **~erscheinung die** general appearance; **~fläche die** total area; **~gesellschaftlich** *Adj.; nicht präd. (Soziol.)* of society *or* the community as a whole *postpos.*; **~gewicht das** total weight; **das zulässige ~gewicht** the permissible maximum weight
**gesamthaft** *(schweiz.)* **1.** *Adj.; nicht präd. s.* **gesamt. 2.** *adv. s.* **insgesamt**
**Gesamtheit die; ~ a) die ~ der Beamten** all civil servants; **die ~ der Bevölkerung** the whole of the *or* the entire population; **die Verleger in ihrer ~:** publishers as a whole; **b)** *s.* **Allgemeinheit**
**gesamt-, Gesamt-: ~hoch·schule die** *(Hochschulw.) institution with colleges teaching at various levels, so that students can more readily extend their courses;* **die integrierte ~hochschule** *centrally administrated, fully integrated ~hochschule;* **~kapital das** total capital; **~katalog der** complete catalogue; *(Katalog der Bestände mehrerer Bibliotheken)* union catalogue; **~lage die** general *or* overall situation; **~note die** overall mark; **~produktion die** total production *or* output; **~schaden der** total damage; **ein ~schaden von 1000 DM** total damage amounting to 1,000 marks; **~schuldner** *Pl. (Rechtsw.)* joint debtors; **~schule die** comprehensive [school]; **eine integrierte ~schule** an all-ages comprehensive [school]; **eine kooperative ~schule** *a comprehensive [school] which retains ability bands corresponding to the traditional types of school: Hauptschule, Realschule, and Gymnasium;* **~sieg der** *(Sport)* overall victory; **~sieger der** *(Sport)* overall winner; **~stärke die** total strength; **~strafe die** *(Rechtsw.)* concurrent sentence; **~summe die** *s.* **~betrag; ~um·satz der** total turnover; **~unterricht der** *(Schulw.)* interdisciplinary teaching *no art.*; **~verband der** *(Wirtsch.)* general *or* national association; **~volumen das** *(Wirtsch.)* total volume; **das ~volumen des Verteidigungsetats** the total size of the defence budget; **~werk das** œuvre; *(Bücher)* complete works *pl.*; **~wert der** total value; **~wirtschaft die** economy as a whole; national economy; **~wirtschaftlich 1.** *Adj.; nicht präd.* overall economic ⟨*development etc.*⟩; ⟨*development etc.*⟩ of the economy as a whole; **2.** *adv.* **~wirtschaftlich vertretbar** justifiable from the point of view of the economy as a whole; **~zahl die** total number; **~zusammenhang der** general *or* overall context
**gesandt** [gəˈzant] *2. Part. v.* **senden**
**Gesandte der/die;** *adj. Dekl.* envoy; **der päpstliche ~:** the papal legate *or* nuncio
**Gesandtin die; ~, ~nen** envoy
**Gesandtschaft die; ~, ~en** legation
**Gesandtschafts·rat der** counsellor at a/the legation
**Gesang** [gəˈzaŋ] **der; ~[e]s, Gesänge** [gəˈzɛŋə] **a)** *o. Pl.* singing; **b)** *(Lied)* song; *s. auch* **Gregorianisch; c)** *(Literaturw.)* canto
**Gesang·buch das** hymn-book; **das richtige/falsche ~buch haben** *(ugs. scherzh.)* belong to the right/wrong [religious] denomination; *(in der Politik)* belong to the right/wrong [political] party
**gesanglich 1.** *Adj.* vocal; **großes ~es Talent haben** have great talent as a singer. **2.** *adv.* vocally
**Gesang[s]-: ~lehrer der, ~lehrerin die** singing-teacher; **~stunde die** singing-lesson; **~unterricht der** singing instruction; **~unterricht nehmen/geben** take/give singing-lessons *pl.*
**Gesang·verein der** choral society; **mein lieber Herr ~!** *(salopp)* my godfathers!; ye gods [and little fishes]!
**Gesäß** [gəˈzɛːs] **das; ~es, ~e** backside; buttocks *pl.*
**Gesäß-: ~falte die** *(Anat.)* gluteal fold; gluteal furrow; **~muskel der** *(Anat.)* gluteal muscle; **~tasche die** back pocket
**gesättigt 1.** *2. Part. v.* **sättigen. 2.** *Adj. (Chemie)* **~e Fettsäuren** saturated fatty acids
**Gesäusel** [gəˈzɔyzl̩] **das; ~s** *(von Wind)* whispering; murmuring; *(von Blättern)* rustling; whispering; *(ugs. abwertend: Schmeichelei)* flannel *(coll.)*
**gesch.** *Abk.* **geschieden**
**Geschädigte** [gəˈʃɛːdɪçtə] **der/die;** *adj. Dekl.* injured party
**geschaffen** *2. Part. v.* **schaffen 1**
**geschafft 1.** *2. Part. v.* **schaffen 2, 3. 2.** *Adj.; nicht attr. (ugs.)* all in *(coll.)*
**Geschäft** [gəˈʃɛft] **das; ~[e]s, ~e a)** business; *(Abmachung)* [business] deal *or* transaction; **die ~e gehen gut** business is good; **mit jmdm. ~e/ein ~ machen** do business with sb.; strike a bargain *or* do a deal with sb.; **in ein ~ einsteigen** go into a business; **in ~en reisen/unterwegs sein** travel/be travelling on business; **mit jmdm. ins ~ kommen** go into business with sb.; **~ ist ~:** business is business; **das ~ mit der Angst** trading on people's fears; **b)** *o. Pl. (Absatz)* business *no art.*; **das ~ blüht** business *or* trade is booming; **c)** *o. Pl. (Profit)* profit; **mit etw. ein gutes/schlechtes ~ machen** make a good/poor profit on sth.; **diese Unternehmung war für uns [k]ein ~:** this venture was [not] a financial success for us; **d)** *(Firma)* business; **ein ~ führen** run *or* manage a business; **ins ~ gehen** *(südd.)* go to work; **e)** *(Laden)* shop; store *(Amer.)*; *(Kaufhaus)* store; **f)** *(Aufgabe)* task; duty; **seinen ~en nachgehen** go about one's business; **g) sein großes/kleines ~ erledigen** *od.* **machen** *(ugs. verhüll.)* do big jobs *or* number two/small jobs *or* number one *(child language)*
**-geschäft das a)** *(Laden)* **Schuh~/Lebensmittel~/Feinkost~:** shoe shop/food shop/delicatessen [shop]; shoe store/food store/delicatessen [store] *(Amer.)*; **b)** *(Transaktion)* **Bank~/Kompensations~:** bank/barter transaction; *(Absatz)* **Weihnachts~:** Christmas trade; **c)** *(Aufgabe)* **Amts~e/Staats~e** official/state duties
**geschäfte-, Geschäfte-: ~halber** *Adv.* *(in Geschäften)* on business; *(wegen Geschäften)* because of business; **~macher der** *(abwertend)* profit-seeker; **~macherei die** *(abwertend)* profit-seeking *no pl.*
**geschäftig 1.** *Adj.* bustling; **ein ~es Treiben** bustling activity; hustle and bustle. **2.** *adv.* **~ hin und her laufen** bustle about
**Geschäftigkeit die; ~:** bustle
**Geschaftlhuber** [gəˈʃaftl̩huːbɐ] **der; ~s, ~** *(bes. südd., österr. abwertend)* officious meddler
**geschäftlich 1.** *Adj.* **a)** business *attrib.* ⟨*conference, appointment*⟩; **das Geschäftliche besprechen** discuss business [matters]; **b)** *(sachlich, kühl)* business-like. **2.** *adv.* **a)** on business; **er hat dort ~ zu tun** he has [some] business to do there; **ich habe nächste Woche ~ in Hamburg zu tun** I have to be in Hamburg next week on business; **Wie geht es Ihnen? – Meinen Sie ~ oder privat?** How are you doing? – Do you mean how's business or how am I personally?; **b)** *(sachlich, kühl)* in a business-like way *or* manner
**geschäfts-, Geschäfts-: ~ablauf der** business *no art.*; **~abschluß der** conclusion of the/a business transaction *or* deal; **einen ~abschluß tätigen** conclude a business transaction *or* deal; **~anteil der** share in the/a business; **~aufgabe die** closure of the/a business; **zur ~aufgabe gezwungen werden** be forced to close down; **„Ausverkauf wegen ~aufgabe!"** 'closing-down sale'; 'going-out-of-business sale' *(Amer.)*; **~auto das** *s.* **~wagen; ~bedingungen** *Pl.* terms [and conditions] of trade; **~beginn der** opening-time; **eine Schlange hatte sich vor ~beginn gebildet** a queue *(Brit.)* or *(Amer.)* line had formed before the shop opened; **~bereich der** portfolio; **Minister ohne ~bereich** Minister without portfolio; **~bericht der** company

report; (jährlich) annual report; ~beziehungen Pl. business dealings; in ~beziehungen mit einer Firma stehen have business dealings with a firm; ~beziehungen zu China business contacts with China; ~brief der business letter; ~bücher Pl. books; accounts; ~eröffnung die opening of a/the shop or (Amer.) store; ~fähig Adj. (Rechtsspr.) legally competent; ~fähigkeit die (Rechtsspr.) legal competence; ~frau die businesswoman; ~freund der business associate; ~führend Adj.; nicht präd. managing ⟨director⟩; executive ⟨chairman⟩; (leitend) acting; die ~führende Regierung the caretaker government; ~führer der a) (leitender Angestellter) manager; b) (Vereinswesen) secretary; ~führung die; o. Pl. management; ~gang der a) business no art.; b) (Dienstweg) den normalen ~gang gehen go through the normal channels; c) (Besorgung) errand; ~gebaren das business no art.; business practices pl.; ~geheimnis das business secret; ~geist der; o. Pl. business acumen or sense; ~haus das a) business [house]; firm; b) (Gebäude) office-block (with or without shops); ~inhaber der owner or proprietor of the/a business; ~interesse das; meist Pl. das ~interesse/die ~interessen the interests pl. of the business; ~jahr das financial year; ~jubiläum das anniversary of the firm; die Firma feiert ihr fünfzigjähriges ~jubiläum the firm is celebrating its fiftieth anniversary; ~kapital das working capital; ~kosten Pl. in auf ~kosten [gehen] [be] on expenses; ~kundig Adj. ⟨person⟩ with business experience; ~lage die a) (wirtschaftliche Lage) die ~lage der Firma the [business] position of the firm; die allgemeine ~lage the general business situation; b) (Ort) in guter ~lage well situated [for business]; ~leben das business [life]; er steht seit vierzig Jahren im ~leben he's been active in business [life] for forty years; ~leitung die s. ~führung; ~leute s. ~mann; ~mann der; Pl. ~leute businessman; ~mäßig Adj. business-like; ~methoden Pl. business methods; ~ordnung die standing orders pl.; (im Parlament) [rules pl. of] procedure; Antrag zur ~ordnung procedural motion; Fragen zur ~ordnung questions on points of order; zur ~ordnung! point of order!; ~papiere Pl. business documents or papers; ~partner der business partner; ~politik die business or trading policy; ~räume Pl. business premises; (Büroräume) offices; ~reise die business trip; auf ~reise sein be on a business trip; ~rück·gang der decline or fall-off in business; ~schädigend Adj. bad for business; ⟨conduct⟩ damaging to the interests of the company; ~schluß der closing-time; nach ~schluß after business hours; (im Büro) after office hours; ~sinn der; o. Pl. business sense or acumen; ~sitz der place of business; eingetragener ~sitz registered office[s]; ~stelle die a) (einer Bank, Firma) branch; (einer Partei, eines Vereins) office; b) (Rechtsspr.) court office; ~straße die shopping-street; ~stunden Pl. business hours; (im Büro) office hours; ~tätigkeit die business activity no indef. art.; ~träger der (Dipl.) chargé d'affaires; ~tüchtig Adj. able, capable, efficient ⟨businessman, landlord, etc.⟩; eine ~tüchtige Frau an able or capable businesswoman; ~tüchtigkeit die business ability or efficiency; ~über·gabe die transfer of the business; ~übernahme die take-over of the business; ~unfähig Adj. (Rechtsspr.) legally incompetent; ~unfähigkeit die (Rechtsspr.) legal incompetence; ~verbindung die business connection; ~verkehr der business; business dealings pl.; ~viertel das business quarter; (Einkaufszentrum) shopping district; ~wagen der company car; ~welt die; o. Pl. a) business world or community; b) s. ~leben; ~zeit die business hours pl.; (im Büro) office hours pl.; ~zentrum das s. ~viertel; ~zimmer das office; ~zweig der branch of the/a business

**geschah** [gəˈʃaː] 3. Pers. Sg. Prät. v. geschehen

**Geschäker** [gəˈʃɛːkɐ] das; ~s flirting

**Gescharre** das; ~s (abwertend) scraping; (mit den Füßen) scraping of feet; (von Hühnern) scratching

**Geschaukel** das; ~s rocking; (auf See) rolling

**gescheckt** [gəˈʃɛkt] Adj. spotted ⟨cow, bull, rabbit, etc.⟩; skewbald ⟨horse⟩; (mit weißen Flecken auf schwarzem Fell) piebald ⟨horse⟩

**geschehen** [gəˈʃeːən] unr. itr. V.; mit sein a) (passieren) happen; occur; so tun, als wäre nichts ~: act as if nothing had happened; ~ ist ~: what's done is done; so ~ ... (veralt.) this came to pass ...; b) (ausgeführt werden) be done; die Tat/der Mord geschah aus Eifersucht the deed was done/the murder was committed out of jealousy; es muß etwas ~: something must be done; was geschieht damit? what's to be done with it?; er ließ es ~: he let it happen; c) (widerfahren) jmdm. geschieht etw. sth. happens to sb.; es geschieht dir nichts nothing will happen to you; das geschieht ihm recht it serves him right; ihm ist ein Unrecht ~: he's been wronged; e) es ist um ihn ~: it's all up with him; es ist um seine Gesundheit/Stellung ~: his health is ruined/he has lost his job; als er sie sah, war es um ihn ~: he was lost the moment he saw her

**Geschehen** das; ~s, ~ (geh.) a) (Ablauf der Ereignisse) events pl.; happenings pl.; das politische ~: political events pl.; b) (Vorgang) action

**Geschehnis** das; ~ses, ~se (geh.) event

**gescheit** [gəˈʃait] 1. Adj. a) (intelligent) clever; daraus werde ich nicht ~: I can't make head or tail of it; b) (ugs.: vernünftig) sensible; sei doch ~: be sensible; nichts/etwas Gescheites nothing/something sensible; gibt es etwas Gescheites zu essen? is there anything decent to eat?; du bist wohl nicht ganz od. nicht recht ~: you can't be quite right in the head; you must be off your head (coll.). 2. adv. cleverly

**Gescheitheit** die; ~: cleverness

**Geschenk** [gəˈʃɛŋk] das; ~[e]s, ~e present; gift; jmdm. ein ~ machen give sb. a present; jmdm. etw. zum ~ machen make sb. a present of sth.; give sth. to sb. as a present; kleine ~e erhalten die Freundschaft (Spr.) small gifts preserve friendships; ein ~ des Himmels a godsend

**Geschenk-:** ~artikel der gift; ~packung die gift pack; ~papier das gift wrapping-paper; ~sendung die (Postw.) parcel containing a gift/gifts; „~sendung" 'gift [only]'

**Gescherr** [gəˈʃɛr] s. Herr c

**geschert** [gəˈʃeːɐt] Adj. (südd., österr. salopp) stupid; idiotic

**Gescherte** der; adj. Dekl. (südd., österr. salopp) stupid git (sl.)

**Geschichte** [gəˈʃɪçtə] die; ~, ~n a) o. Pl. (auch Wissenschaft, Darstellung) history; die ~ Frankreichs the history of France; die englische ~: English history; Alte/Mittlere/Neue ~: ancient/medieval/modern history; ~ machen make history; in die ~ eingehen (geh.) go down in history; etw. gehört der ~ (Dat.) an sth. belongs to or is part of history; b) (Erzählung) story; (Fabel, Märchen) story; tale; c) (ugs.: Sache) das sind alte ~n that's old hat (coll.); das ist [wieder] die alte ~: it's the [same] old story [all over again]; das sind ja schöne ~n! (iron.) that's a fine thing or state of affairs! (iron.); die ganze ~: the whole business or thing; mach keine ~n! don't do anything silly; Du wirst doch nicht krank werden. Mach keine ~n! You won't fall ill. Don't be [so] silly!; mach keine langen ~n don't make a [great] fuss

**Geschichten-:** ~buch das story-book; ~erzähler der story-teller

**geschichtlich** 1. Adj. a) historical; b) (bedeutungsvoll) historic. 2. adv. historically; etw. ~ betrachten consider sth. from a historical point of view or perspective

**Geschichtlichkeit** die; ~ (Philos.) historicity

**geschichts-, Geschichts-:** ~atlas der historical atlas; ~auffassung die conception or view of history; ~bewußtsein das awareness of history; historical awareness; ~bild das s. ~auffassung; ~buch das history book; ~drama das (Literaturw.) historical drama; ~epoche die historical epoch; ~fälschung die falsification of history; ~forscher der historian; ~forschung die historical research; ~klitterung die deliberately biased account of history; ~lehrer der history teacher; ~los Adj. ⟨country, society, people, etc.⟩ without a history or past; (ohne Geschichtsbewußtsein) with no sense of its own history; ~philosophie die philosophy of history; ~philosophisch 1. Adj. ⟨writings⟩ on/⟨studies⟩ in/⟨interpretation⟩ according to/⟨view of the world⟩ based on the philosophy of history; 2. adv. etw. ~philosophisch interpretieren interpret sth. from the point of view of the philosophy of history; ~schreiber der historian; (Chronist) chronicler; ~schreibung die historiography; ~unterricht der history teaching; (Unterrichtsstunde) history lesson; im ~unterricht nehmen sie den Dreißigjährigen Krieg durch in history they are doing the Thirty Years War; s. auch Englischunterricht; ~werk das historical work; ~wissenschaft die [science of] history; ~wissenschaftler der [academic] historian; ~zahl die [historical] date

**[1]Geschick** [gəˈʃɪk] das; ~[e]s, ~e a) (geh.: Schicksal) fate; ihn ereilte sein ~: he met his fate; ein glückliches/gutes ~: a kindly Providence; b) Pl. (Lebensumstände) destiny sing.

**[2]Geschick** das; ~[e]s skill; ein ~ für etw. haben be skilled at sth.

**Geschicklichkeit** die; ~: skilfulness; skill; es zu großer ~ in etw. (Dat.) bringen become very skilful at sth.

**Geschicklichkeits-:** ~fahren das (Motorsport) manoeuvring tests pl.; ~spiel das game of skill

**geschickt** 1. 2. Part. v. schicken. 2. Adj. a) (gewandt) skilful; (fingerfertig) skilful; dexterous; ~ im Klettern sein be an agile climber; b) (klug) clever; adroit; c) (südd.: geeignet) suitable (für for). 3. adv. a) (gewandt) skilfully; (fingerfertig) skilfully; dexterously; b) (klug) cleverly; adroitly

**Geschicktheit** die; ~: s. Geschicklichkeit

**Geschiebe** das; ~s, ~ a) (ugs.) pushing and shoving; b) (Geol.) debris

**geschieden** 2. Part. v. scheiden

**Geschiedene** der/die; adj. Dekl. divorcee; seine ~: his ex-wife; ihr ~r her ex-husband

**geschienen** 2. Part. v. scheinen

**Geschimpfe** das; ~s (ugs.) cursing; (das Tadeln) scolding

**Geschirr** [gəˈʃɪr] das; ~[e]s, ~e a) (Riemenzeug) harness; dem Pferd das ~ anlegen harness the horse; put the harness on the horse; sich ins ~ legen (kräftig ziehen) pull hard; (angestrengt arbeiten) work like a slave; b) (Teller, Tassen usw.) crockery; (benutzt) dishes pl.; (zusammenpassend) [dinner/tea] service; (Küchen~) pots and pans pl.; kitchenware; das gute/beste ~: the good/best china; feuerfestes ~: ovenware set; das ~ abwaschen wash up or do the dishes; c) (veralt.: Gefäß) pot

**Geschirr-: ~aufzug der** dumb waiter; **~schrank der** the china cupboard; **~spülen das;** ~s washing-up; **~spüler der a)** washer-up; **b)** *s.* **~spülmaschine; ~spül·maschine die** dish-washing machine; dishwasher; **~tuch das;** *Pl.* **-tücher** tea-towel; drying-up cloth *(Brit.);* dish towel *(Amer.)*

**Geschiß** [gəˈʃɪs] **das; Geschisses** *(derb)* fuss and bother *(coll.)*

**geschissen** [gəˈʃɪsn̩] *2. Part. v.* **scheißen**

**Geschlabber das; ~s** *(ugs.)* **a)** *(das Schlabbern)* slurping *(coll.);* **b)** *(bei Kleidern)* **das ~ ihres langen Rocks** the flapping of her long skirt; **c)** *(Brei, Pudding usw.)* mush

**geschlafen** *2. Part. v.* **schlafen**

**geschlagen** *2. Part. v.* **schlagen**

**Geschlecht das; ~[e]s, ~er a)** sex; **männlichen/weiblichen ~s sein** be male/female; **Jugendliche beiderlei ~s** young people of both sexes; **das starke ~** *(ugs. scherzh.)* the stronger sex; **das schwache/schöne/zarte ~** *(ugs. scherzh.)* the weaker/fair/gentle sex; **b)** *(Generation)* generation; **die nachfolgenden ~er** future generations; **c)** *(Sippe)* family; **von altem ~:** of ancient lineage; **das ~ der Habsburger** the house of Habsburg; **ein edles ~:** a noble house; **d)** *(Sprachw.)* gender; **e)** *o. Pl. (Geschlechtsteil)* sex; **f)** *(dichter.: Gattung)* **das menschliche ~** *od.* **das ~ der Menschen** the human race; **das ~ der Götter** the gods

**Geschlechter-: ~folge die** succession of generations; **die ~folgen** the generations; **~trennung die** segregation of the sexes

**geschlechtlich 1.** *Adj.* sexual. **2.** *adv.* **mit jmdm. ~ verkehren** have sexual intercourse with sb.

**Geschlechtlichkeit die; ~:** sexuality

**geschlechts-, Geschlechts-: ~akt der** sex[ual] act; **~apparat der** *(Fachspr.)* genital organs *pl.;* genitals *pl.;* **~bestimmung die a)** *(Festlegung)* sex determination; **b)** *(Feststellung)* determination of sex; *(von Tieren auch)* sexing; **eine ~bestimmung vornehmen** determine the sex of a baby/an animal; **~chromosom das** *(Biol.)* sex chromosome; **~drüse die** *(Anat., Zool.)* gonad; **~erziehung die** sex education; **~gebunden 1.** *Adj.* sex-linked; **2.** *adv.* **~gebunden weitervererbt werden** be passed on in a way which shows sex-linkage; **~hormon das** sex hormone; **~krank** *Adj.* ‹*person*› suffering from VD *or* a venereal disease; **~krank sein** have VD; be suffering from a venereal disease; **~krankheit die** venereal disease; **~leben das** sex life; **~los** *Adj. (Biol.)* asexual; *(fig.)* sexless; **~lust die** sexual desire *or* lust; **~merkmal das** sex[ual] characteristic; **~organ das** sex[ual] organ; genital organ; **~partner der** sex partner; **~reif** *Adj.* sexually mature; **~reife die** sexual maturity; **~rolle die** *(Soziol.)* sex role; **~spezifisch** *Adj. (Soziol.)* sex-specific; **~teil das: die ~teile/das ~teil** the genitals *pl.;* **~trieb der** sex[ual] drive *or* urge; **~umwandlung die** sex change; change of sex; **~unterschied der** difference between the sexes; **~verkehr der** sexual intercourse; **~wort das** *s.* **Artikel; ~zelle die** gamete

**geschlichen** *2. Part. v.* **schleichen**

**geschliffen 1.** *2. Part. v.* **schleifen. 2.** *Adj.* polished, refined ‹*style, manners, etc.*›; polished ‹*sentence*›. **3.** *adv.* in a polished manner

**Geschliffenheit die; ~, ~en** refinement; *(des Stils)* polish

**geschlissen** [gəˈʃlɪsn̩] *2. Part. v.* **schleißen**

**geschlossen 1.** *2. Part. v.* **schließen. 2.** *Adj.* **a)** *(gemeinsam)* united ‹*action, front*›; unified ‹*procedure*›; *s. auch* **Gesellschaft; b)** *(zusammenhängend)* **eine ~e Ortschaft** a built-up area; **eine ~e Linie von Demonstranten** a solid line of demonstrators; **c)** *(abgerundet)* **eine [in sich] ~e Persönlichkeit** a well-rounded personality; **ein ~es Bild/~er Eindruck** a full *or* complete picture/impression. **3.** *adv.* **~ für etw. stimmen/sein** vote/be unanimously in favour of sth.; **wir verließen ~ unser Büro** we walked out in a body *or* en masse; **~ gegen etw. vorgehen** take concerted action against sth.; **~ hinter jmdm. stehen** be solidly behind sb.; **die ganze Gruppe stand ~ auf** the whole group rose with one accord

**Geschlossenheit die; ~ a)** *(Gemeinschaft)* unity; **b)** *(Einheitlichkeit)* unity; uniformity; **c) die ~ der Handlung** the tight construction of the plot

**Geschluchze das; ~s** *(ugs.)* sobbing; **hör mit dem ~ auf!** stop your blubbering *or (sl.)* blubbing

**Geschlürfe das; ~s** *(ugs. abwertend)* slurping

**geschlungen** [gəˈʃlʊŋən] *2. Part. v.* **schlingen**

**Geschmack** [gəˈʃmak] **der; ~[e]s, Geschmäcke** [gəˈʃmɛkə] *od. ugs. scherzh.:* **Geschmäcker** [gəˈʃmɛkɐ]) **a)** taste; **einen schlechten ~ im Munde haben** have a bad *or* nasty taste in one's mouth; **einen guten/schlechten ~ haben** have good/bad taste; **das ist [nicht] mein** *od.* **nach meinem ~:** that is [not] to my taste; **jmds. ~** *(Akk.)* **treffen** guess sb.'s taste exactly; **das verstößt gegen den guten ~:** that offends against good taste; **im ~ jener Zeit eingerichtet** furnished in the style of that period; **von erlesenem ~:** exquisitely tasteful; showing exquisite taste; **die Geschmäcker sind verschieden** *(ugs. scherzh.)* tastes differ; **über ~ läßt sich nicht streiten** there's no accounting for taste[s]; **an etw.** *(Akk.)* **~ finden** *od.* **gewinnen** acquire a taste for sth.; take a liking to sth.; **einer Sache** *(Dat.)* **~ abgewinnen** come *or* grow to like sth.; **sie kann solchen Bildern keinen ~ abgewinnen** she cannot appreciate such pictures; **auf den ~ kommen** acquire the taste for it; get to like it; **b)** *o. Pl. (Geschmackssinn)* sense of taste

**geschmacklich 1.** *Adj.; nicht präd.* as regards taste *postpos.;* **zur ~en Verfeinerung** to improve the taste *or* flavour. **2.** *adv.* as regards taste

**geschmacklos 1.** *Adj.* **a)** *(ohne Geschmack)* tasteless; insipid; **b)** *(unschön, taktlos)* tasteless; **~ sein** be in bad taste; ‹*person*› be lacking in taste. **2.** *adv.* tastelessly

**Geschmacklosigkeit die; ~, ~en a)** lack of [good] taste; bad taste; **diese Gebäude sind ~en** these buildings are examples of bad taste; **b)** *o. Pl. (Unverschämtheit)* tastelessness; bad taste; **das ist eine ~ ersten Ranges!** that is the height of bad taste!; **c)** *(Äußerung)* tasteless remark; *(Handlung)* tasteless behaviour *sing., no indef. art.*

**geschmacks-, Geschmacks-: ~empfindung die** the sense of taste; **~frage die** question *or* matter of taste; **~knospe die** *(Zool., Anat.)* taste-bud; **~neutral** *Adj.* tasteless; flavourless; **~richtung die a)** flavour; **b)** *(Geschmack, Vorliebe)* taste

**Geschmack[s]·sache die** *in* **das ist ~:** that is a question *or* matter of taste

**Geschmacks-: ~sinn der;** *o. Pl.* sense of taste; **~stoff der** flavouring; **~verirrung die** *(abwertend)* lapse of taste; **an** *od.* **unter ~verirrung** *(Dat.)* **leiden** *(ugs.)* suffer from a lapse in taste

**geschmack·voll 1.** *Adj.* tasteful; **die Bemerkung war nicht sehr ~:** the remark was not in very good taste. **2.** *adv.* tastefully

**Geschmatze das; ~s** *(ugs. abwertend)* smacking one's lips *no art.; (beim Essen)* noisy eating *no art.;* **hör mit dem ~ auf!** stop making so much noise when you're eating!

**Geschmeide** [gəˈʃmaidə] **das; ~s, ~** *(geh.)* jewellery *no pl.; (einzelnes Schmuckstück)* piece of jewellery

**geschmeidig 1.** *Adj.* **a)** *(schmiegsam)* sleek ‹*hair, fur*›; supple, soft ‹*leather, boots, skin*›; smooth ‹*dough*›; **b)** *(gelenkig)* supple ‹*fingers*›; supple, lithe ‹*body, movement, person*›; **c)** *(fig.: anpassungsfähig)* adaptable. **2.** *adv.* **a)** *(gelenkig)* agilely; **b)** *(fig.)* adaptably

**Geschmeidigkeit die; ~:** *s.* **geschmeidig 1:** sleekness; suppleness; softness; smoothness; litheness; adaptability

**Geschmeiß das; ~es a)** *(veralt., auch fig.)* vermin; **b)** *(Jägerspr.)* droppings *pl.*

**Geschmiere das; ~s** *(ugs. abwertend)* **a)** [filthy] mess; **b)** *(Geschriebenes)* scribble; scrawl; **c)** *(Machwerk)* rubbish; bilge *(sl.)*

**geschmissen** [gəˈʃmɪsn̩] *2. Part. v.* **schmeißen**

**geschmolzen** *2. Part. v.* **schmelzen**

**Geschmorte** [gəˈʃmoːɐ̯tə] **das;** *adj. Dekl. (ugs.)* braised meat

**Geschmunzel das; ~s** *(ugs.)* smiling; **allgemeines ~ auslösen** make everyone smile

**Geschmuse das; ~s** *(ugs.)* cuddling; *(eines Pärchens)* kissing and cuddling

**Geschnäbel das; ~s** *(ugs.)* **a)** *(von Vögeln)* billing; **b)** *(ugs. scherzh.: Geküsse)* billing and cooing

**Geschnatter das; ~s** *(ugs.)* **a)** *(das Schnattern)* cackling; cackle; **b)** *(abwertend: das Sprechen)* chatter[ing]; nattering *(coll.)*

**Geschnetzelte das;** *adj. Dekl. small, thin slices of meat [cooked in sauce]*

**geschniegelt 1.** *2. Part. v.* **schniegeln. 2.** *Adj. (ugs. abwertend)* nattily dressed; **~ und gebügelt** *od.* **gestriegelt** all spruced up

**geschnitten** [gəˈʃnɪtn̩] *2. Part. v.* **schneiden**

**geschnoben** *2. Part. v.* **schnauben**

**geschoben** [gəˈʃoːbn̩] *2. Part. v.* **schieben**

**geschollen** *2. Part. v.* **schallen**

**gescholten** [gəˈʃɔltn̩] *2. Part. v.* **schelten**

**Geschöpf** [gəˈʃœpf] **das; ~[e]s, ~e a)** creature; **ein ~ Gottes** one of God's creatures; **b)** *(erfundene Gestalt)* creation

**geschoren** *2. Part. v.* **scheren**

[1]**Geschoß das; Geschosses, Geschosse** projectile; *(Kugel)* bullet; *(Rakete)* rocket; missile; *(Granate)* shell; grenade

[2]**Geschoß das; Geschosses, Geschosse** *(Etage)* floor; *(Stockwerk)* storey; **im ersten ~:** on the first *(Brit.) or (Amer.)* second floor

**Geschoß·bahn die** trajectory

**geschossen** [gəˈʃɔsn̩] *2. Part. v.* **schießen**

**Geschoß·hagel der** hail of bullets

**-geschossig 1.** *Adj.* -storey; **ein~/zwei~/mehr~:** single-storey/two-storey/multi-storey; **unser Wohnhaus ist zwei~:** our house has two storeys. **2.** *adv.* **drei~ bauen** build three storeys high

**geschraubt 1.** *2. Part. v.* **schrauben. 2.** *Adj. (ugs. abwertend)* stilted ‹*language, construction*›; *(schwülstig)* affected, pretentious ‹*way of speaking, style*›. **3.** *adv.* **sich ~ ausdrücken** express oneself in an affected *or* a pretentious manner *or* way

**Geschraubtheit die; ~:** stiltedness; *(Schwulst)* affectedness; pretentiousness

**Geschrei das; ~s a)** shouting; shouts *pl.; (durchdringend)* yelling; yells *pl.; (schrill)* shrieking; shrieks *pl.; (von Verletzten, Tieren)* screaming; screams *pl.;* **hört mit dem ~ auf** stop that shouting *or* yelling; **b)** *(ugs.: das Lamentieren)* fuss; to-do; **ein großes ~ wegen etw. machen** make *or* kick up a great fuss about sth.; make a great to-do about sth.

**Geschreibsel** [gəˈʃraipsl̩] **das; ~s** *(ugs. abwertend)* rubbish; bilge *(sl.)*

**geschrieben** *2. Part. v.* **schreiben**

**geschrie[e]n** [gəˈʃriː(ə)n] *2. Part. v.* **schreien**

**geschritten** *2. Part. v.* **schreiten**

**geschunden** *2. Part. v.* **schinden**

**Geschütz das; ~es, ~e** [big] gun; piece of

artillery; **die ~e** the artillery *sing.;* the [big] guns; **grobes** *od.* **schweres ~ auffahren** *(fig. ugs.)* bring up the big guns *or* heavy artillery *(fig.)*

**Geschütz-: ~bedienung** die *(Milit.)* gun crew; **~donner** der the roar *or* booming of the [big] guns *or* the artillery; **~feuer** das artillery-fire; shell-fire; **~stand** der, **~stellung** die *(Milit.)* gun-emplacement

**geschützt** 1. *2. Part. v.* **schützen. 2.** *Adj.* **a)** sheltered; **b)** *(unter Naturschutz)* protected

**Geschwader** [gəˈʃva:dɐ] **das; ~s, ~** *(Marine)* squadron; *(Luftwaffe)* wing *(Brit.);* group *(Amer.)*

**Geschwafel das; ~s** *(ugs. abwertend)* waffle

**Geschwätz das; ~es** *(ugs. abwertend)* **a)** *(Gerede)* prattle; prattling; **b)** *(Klatsch)* gossip; tittle-tattle

**Geschwatze, Geschwätze das; ~s** *(ugs. abwertend)* chatter[ing]; nattering *(coll.)*

**geschwätzig** *Adj. (abwertend)* talkative

**Geschwätzigkeit die; ~** *(abwertend)* talkativeness; **sie neigt ein bißchen zur ~:** she tends to be rather talkative

**geschweift 1.** *2. Part. v.* **schweifen. 2.** *Adj. (gebogen)* curved; **~e Klammern** *(Druckw.)* braces

**geschweige** *Konj.* **~ [denn]** let alone; never mind

**geschwiegen** *2. Part. v.* **schweigen**

**geschwind** [gəˈʃvɪnt] *(bes. südd.)* **1.** *Adj.* swift; quick. **2.** *adv.* swiftly; quickly; **~!** be quick!; **ich laufe ~ zum Kaufmann** I'm just dashing to the grocer's

**Geschwindigkeit die; ~, ~en** speed; **mit großer/hoher ~:** at great/high speed; **mit einer ~ von 50 km/h** at a speed of 50 km/h; **überhöhte ~:** excessive speed; **die ~ erhöhen/drosseln** *od.* **verringern** increase/reduce speed; speed up/slow down

**Geschwindigkeits-: ~abfall** der loss of speed; drop in speed; **~begrenzung** die, **~beschränkung** die speed limit; **die ~beschränkung nicht beachten** exceed the speed limit; **~kontrolle** die speed check; **~messer** der speedometer; **~überschreitung** die exceeding the speed limit *no art.;* speeding; **~zunahme** die increase in speed; increase in velocity *(Phys.)*

**Geschwirr das; ~s** *(von Pfeilen)* whizzing; *(von Insekten)* buzzing

**Geschwister** [gəˈʃvɪstɐ] **das; ~s, ~ a)** *Pl.* brothers and sisters; **Hans und Maria sind ~:** Hans and Maria are brother and sister; **b)** *(bes. Biol., Psych.)* sibling

**Geschwister·kind das** *(veralt.)* **a)** *(Neffe/Nichte)* nephew/niece; **b)** *(Cousin/Cousine)* cousin

**geschwisterlich 1.** *Adj.* brotherly/sisterly ⟨*affection, love*⟩. **2.** *adv.* **das Geld ~ teilen** divide the money fairly among everybody

**Geschwister-: ~liebe** die **a)** brotherly/sisterly love *or* affection; **b)** *(Inzest)* love affair between a brother and [a] sister; **~paar** das brother and sister; **zwei ~paare** two sets of brother and sister

**geschwollen 1.** *2. Part. v.* **schwellen. 2.** *Adj.* **a)** swollen; **b)** *(fig. abwertend)* pompous; bombastic. **3.** *adv.* pompously; bombastically

**geschwommen** [gəˈʃvɔmən] *2. Part. v.* **schwimmen**

**geschworen 1.** *2. Part. v.* **schwören. 2.** *Adj. in* **ein ~er Feind** *od.* **Gegner von etw. sein** be a sworn enemy of sth.

**Geschworene,** *(österr.:)* **Geschworne der/die;** *adj. Dekl.* juror; **die ~n** the jury

**Geschworenen-: ~bank** jury-box; *(fig.)* jury; **~gericht** das *s.* **Schwurgericht**

**Geschwulst** [gəˈʃvʊlst] **die; ~, Geschwülste** [gəˈʃvʏlstə] tumour

**geschwunden** *2. Part. v.* **schwinden**

**geschwungen 1.** *2. Part. v.* **schwingen. 2.** *Adj.* curved

**Geschwür** [gəˈʃvy:ɐ̯] **das; ~s, ~e** ulcer; *(Furunkel)* boil; *(fig.)* running sore

**Ges-Dur** [auch: ˈ-ˈ-] **das; ~** *(Musik)* G major; *s. auch* **C-Dur**

**gesehen** [gəˈze:ən] *2. Part. v.* **sehen**

**Geselchte** [gəˈzɛlçtə] **das;** *adj. Dekl.; o. Pl. (südd., österr.)* smoked meat

**Gesell** [gəˈzɛl] **der; ~en, ~en** *(veralt.),* **Geselle** [gəˈzɛlə] **der; ~n, ~n a)** journeyman; **b)** *(Kerl)* fellow

**-geselle der: Tischler~/Fleischer~:** journeyman-carpenter/-butcher

**gesellen** *refl. V.* **sich zu jmdm. ~:** join sb.; *(fig.: hinzukommen)* **dazu gesellten sich noch Krankheit und finanzielle Unsicherheit** together with this came illness and financial insecurity

**Gesellen-: ~brief** der journeyman's diploma *or* certificate; **~prüfung** die examination to become a journeyman; apprentice's final examination; **~stück** das *piece of work produced by an apprentice in order to qualify as a journeyman*

**gesellig 1.** *Adj.* **a)** sociable; gregarious; **ein ~er Abend/~es Beisammensein** a convivial *or* sociable evening/a friendly get-together; **b)** *(Biol.)* gregarious. **2.** *adv.* **~ leben** live gregariously; be gregarious; **~ zusammensitzen** sit [together] and chat [sociably]

**Geselligkeit die; ~, ~en a)** *o. Pl. (Umgang)* **die ~ lieben** enjoy [good] company; **b)** *(geselliger Abend)* social gathering

**Gesellschaft die; ~, ~en a)** society; **eine geschlossene ~:** a closed community *or* society; **die ~ verändern** change society; **~ bekommen** get company; **in schlechte ~ geraten** get into bad company; **jmdm. ~ leisten** keep sb. company; **die Damen der ~:** society ladies; **zur ~ gehören** belong to society; **jmdn. in die ~ einführen** introduce sb. into society; **die ~ Jesu** *(kath. Rel.)* the Society of Jesus; **zur ~:** to be sociable; **sich in guter ~ befinden** *(fig. scherzh.)* be in good company; **b)** *(Veranstaltung)* party; **eine ~ geben** give a party; **eine geschlossene ~:** a private function *or* party; **c)** *(Kreis von Menschen)* group of people; crowd; *(abwertend)* crew; lot *(coll.);* **d)** *(Wirtschaft)* company; **~ mit beschränkter Haftung** limited liability company

**Gesellschafter der; ~s, ~ a)** *(Unterhalter)* **ein glänzender ~:** a brilliant conversationalist; **ein guter ~ sein** be good company; **b)** *(verhüll.: Callboy)* [male] escort *(euphem.);* **c)** *(Wirtsch.)* partner; *(Teilhaber)* shareholder; **stiller ~:** sleeping partner; silent partner *(Amer.)*

**Gesellschafterin die; ~, ~nen a)** [lady] companion; **b)** *(verhüll.: Callgirl)* escort *(euphem.);* **c)** *(Wirtsch.)* partner; *(Teilhaber)* shareholder

**gesellschaftlich 1.** *Adj.; nicht präd.* **a)** social; **die ~en Verhältnisse** social conditions; **b)** *(Soziol.)* society; **die ~e Produktion** production by society; **~es Eigentum an etw.** *(Dat.)* social ownership of sth.; **c)** *(DDR)* ⟨*work etc.*⟩ in the service of the community. **2.** *adv.* **a)** socially; **sich ~ unmöglich machen** put oneself beyond the pale of society; **b)** *(DDR)* **~ nützliche Tätigkeit** socially useful activity; **~ aktiv sein** *od.* **sich ~ betätigen** be actively involved in service to the community

**gesellschafts-, Gesellschafts-: ~abend** der social evening; **~anzug** der dress-suit; **~dame** die *(veralt.) s.* **Gesellschafterin a; ~fähig** *Adj. (auch fig.)* socially acceptable; **~feindlich** *Adj.* anti-social; **~form** die form of society; social system; **~formation** die *(Soziol.)* social system; **~kapital** das *(Wirtsch.)* capital of a/the company; **~klasse** die social class; **~kritik** die social criticism; **~kritiker** der critic of society; **~kritisch 1.** *Adj.* critical of society *postpos.;* **die ~kritischen Elemente bei Fontane** the elements of social criticism in Fontane; **2.** *adv.* **etw. ~kritisch interpretieren** interpret sth. from the point of view of social criticism; **~lehre** die *(veralt.)* sociology; *(Schulfach)* social studies *pl., no art.;* **~ordnung** die social order; **~politik** die social policy; **~politisch 1.** *Adj.* socio-political; **2.** *adv.* socio-politically; **~raum** der function room; *(auf Schiffen)* saloon; **~reise** die group tour; **~roman** der social novel; **~schicht** die stratum of society; **~spiel** das parlour *or* party game; **~struktur** die structure of society; **die japanische ~struktur** the structure of Japanese society; **~stück** das **a)** *(Theater)* comedy of manners; **b)** *(Malerei)* genre painting; **~system** das social system; **~tanz** der ballroom dance; *(das Tanzen)* ballroom dancing; **~vertrag** der **a)** *(Philos.)* social contract; **b)** *(Rechtsw.)* memorandum *or* articles of association; **~wissenschaften** *Pl.* social sciences; **~wissenschaftlich** *Adj.* sociological ⟨*studies, analyses*⟩; **~wissenschaftliche Fächer** social-science subjects

**gesessen** [gəˈzɛsn̩] *2. Part. v.* **sitzen**

**Gesetz** [gəˈzɛts] **das; ~es, ~e a)** law; *(geschrieben)* statute; **ein ~ verabschieden/einbringen** pass/introduce a bill; **[zum] ~ werden** become law; **vor dem ~:** in [the eyes of the] law; **das ~ der Serie** *the expectation that future events will continue the pattern of past ones;* **das ~ des Handelns** the need *or* necessity to act; **das ~ des Handelns an sich reißen** seize the initiative; **etw. hat seine eigenen ~e** *(fig.)* sth. is a law unto itself; **b)** *(Regel)* rule; law; **jmdm. höchstes ~ sein** be sb.'s golden rule; *s. auch* **aufheben c; einhalten 1**

**Gesetz-: ~blatt** das law gazette; **~buch** das statute-book; **das Bürgerliche ~buch** the Civil Code; **~entwurf** der bill

**gesetzes-, Gesetzes-: ~brecher** der law-breaker; **~hüter** der *(iron.)* guardian of the law; **~kraft** die force of law; legal force; **~kraft haben** have the force of law *or* legal force; **~kraft erlangen** become law; be placed on the statute-book; **~kundig** *Adj.* well versed in the law *postpos.*

**gesetzes-, Gesetzes-: ~lücke** die loophole in the law; **~novelle** die amendment; **~sammlung** die legal digest; **~tafel** die *(hist.)* tablet on which laws are written; **die ~tafeln** *(bibl.)* the Tables of the Law; the Two Tables; **~text** der wording of the/a law; **~treu 1.** *Adj.* law-abiding; **2.** *adv.* in accordance with the law; **~treue** die law-abidingness; **~übertretung** die violation of the law; **~vorlage** die bill; **~werk** das corpus *or* body of laws

**gesetz-, Gesetz-: ~gebend** *Adj.* legislative; **die ~gebende Versammlung/Gewalt** the legislative assembly *or* the legislature/the legislative power; **~geber** der legislator; law-maker; *(Organ)* legislature; **~gebung** die; **~:** legislation; law-making; **~gebungs·hoheit** die supreme authority to make *or* enact laws; supreme legislative power *or* authority; **~kundig** *Adj.: s.* **gesetzeskundig**

**gesetzlich 1.** *Adj.* legal ⟨*requirement, definition, respresentative, interest*⟩; legal, statutory ⟨*obligation*⟩; statutory ⟨*holiday*⟩; lawful, legitimate ⟨*heir, claim*⟩; **~es Zahlungsmittel** legal tender; **~e Kündigungsfrist** statutory period of notice. **2.** *adv.* legally; **~ verankert sein** be established in law; **~ geschützt** registered ⟨*patent, design*⟩; ⟨*symbol*⟩ registered as a trade mark; **~ geschützt/verboten sein** be protected/forbidden by law

**Gesetzlichkeit die; ~ a)** *(Gesetzmäßigkeit)* conformity to a [natural] law/[natural] laws; **einer ~ folgen** obey a law/laws; **b)** *(geregelter Zustand)* **~ wiederherstellen** restore law and order; **außerhalb der ~ liegen** be illegal

**gesetz-, Gesetz-: ~los** *Adj.* lawless; **~losigkeit die; ~:** lawlessness; **~mäßig 1.** *Adj.* **a)** law-governed ⟨*development, process*⟩; **~mäßig sein** be governed by *or* obey a [natural] law/ [natural] laws; **b)** *(gesetzlich)* legal; *(rechtmäßig)* lawful; legitimate; **2.** *adv.* in accordance with a [natural] law/ [natural] laws; **~mäßigkeit die a)** conformity to a [natural] law/[natural] laws; **~mäßigkeiten im Verhalten von Tieren entdecken** discover laws governing animal behaviour; **b)** *(Gesetzlichkeit)* legality; *(Rechtmäßigkeit)* lawfulness; legitimacy

**gesetzt 1.** *2. Part. v.* **setzen. 2.** *Adj.* staid; **eine Dame ~en Alters** a woman of mature years

**Gesetztheit die; ~:** staidness

**gesetz·widrig 1.** *Adj.* illegal; unlawful. **2.** *adv.* illegally; unlawfully

**Gesetz·widrigkeit die a)** illegality; unlawfulness; **b)** *Pl. (Handlungen)* unlawful acts

**Geseufze das; ~s** sighing

**¹Gesicht** [gəˈzɪçt] **das; ~[e]s, ~er a)** face; **das ~ abwenden** turn one's face away; **ein fröhliches ~ machen** look pleasant *or* cheerful; **über das ganze ~ strahlen** *(ugs.)* beam all over one's face; **sich** *(Dat.)* **eine Zigarette ins ~ stecken** *(ugs.)* stick a cigarette in one's mouth *(coll.)*; *(fig.)* **sein wahres ~ zeigen** show oneself in one's true colours; show one's true character; **jmdm. wie aus dem ~ geschnitten sein** be the [very *or* dead] spit [and image] of sb.; **ihm fiel das Essen aus dem ~** *(ugs. scherzh.)* he threw up *(coll.)*; **das ist ein Schlag ins ~:** that is a slap in the face; **jmdm. ins ~ lachen** laugh in sb.'s face; **jmdm. ins ~ lügen** lie to sb.'s face; **jmdm. etw. ins ~ sagen** say sth. to sb.'s face; **jmdm. nicht ins ~ sehen können** be unable to look sb. in the face; **den Tatsachen ins ~ sehen** face the facts; **jmdm. [nicht] zu ~[e] stehen** [not] become sb.: **solche Unhöflichkeit steht dir nicht zu ~[e]** such impoliteness ill becomes you; **jmdm. ins ~ springen** *(ugs.)* go for sb.; **ein bekanntes/fremdes ~:** a familiar *or* well-known/unknown *or* strange face; **ein anderes ~ aufsetzen** *od.* **machen** put on a different expression; **das ~ wahren** *od.* **retten** save one's face; **das ~ verlieren** lose face; **ein ~ machen wie drei** *od.* **acht** *od.* **vierzehn Tage Regenwetter** look as miserable as sin; **ein langes ~/lange ~er machen** pull a long face; **ein schiefes ~ machen** make a wry face; **ein ~ ziehen** *od.* **machen** make *or* pull a face; **~er schneiden** pull *or* make faces; **das stand ihm im ~ geschrieben** it was written all over his face; **b)** *(fig.: Aussehen)* **das ~ einer Stadt** the appearance of a town; **die vielen ~er Chinas** the many faces of China; **diese Pläne haben noch kein ~:** these plans still have no definite shape *or* form; **ein anderes ~ bekommen** take on a different complexion *or* character; **c)** *o. Pl. (geh., veralt.: Sehvermögen)* sight; **das Zweite ~ [haben]** [have] second sight; **jmdn./etw. aus dem ~ verlieren** lose sight of sb./sth.; **jmdn./etw. zu ~ bekommen** set eyes on *or* see sb./sth.; **jmdm. zu ~ kommen** *(Amtsspr.)* be seen by sb.

**²Gesicht das; ~[e]s, ~e** *(geh.)* vision; **ein ~/~e haben** have a vision/visions

**gesichts-, Gesichts-: ~ausdruck der** expression; look; **~creme die** face-cream; **~erker der** *(ugs. scherzh.)* conk *(sl.)*; hooter *(Brit. sl.)*; schnozzle *(Amer. sl.)*; **~farbe die** complexion; **~feld das** field of vision *or* view; **~hälfte die** side of the face; **seine rechte ~hälfte** the right side of his face; **~haut die** facial skin; **~kontrolle die** identity check *(before granting admittance to night-club etc.)*; **~kreis der** *(veralt.)* **a)** field of view; field *or* range of vision; **jmdn. aus dem ~kreis verlieren** *(fig.)* lose touch with sb.; **b)** *(Horizont)* horizon; outlook; **seinen ~kreis erweitern** broaden one's horizons *pl.*; **~lähmung die** facial paralysis; **~los** *Adj.* faceless; **~lotion die** face lotion; **~maske die a)** *(Larve)* mask; **b)** *(Med.)* face-mask; **c)** *(Kosmetik)* face-mask; face-pack; **d)** *(Sport)* face-guard; **~muskel der** facial muscle; **~nerv der** facial nerve; **~partie die** part of the face; **ihre untere ~partie** the lower part of her face; **~pflege die** care of one's face; **ihre tägliche ~pflege** her daily facial; **zur ~pflege benutzt sie nur Wasser und Seife** all she uses on her face is soap and water; **~plastik die** *(Med.)* plastic surgery *no art.* on the face; **~puder der** face-powder; **~punkt der** point of view; **etw. unter einem anderen/ neuen ~punkt betrachten** consider sth. from a different/new point of view; **~rose die** *(Med.)* facial erysipelas; **~schnitt der** [cast *sing.* of] features *pl.*; **~sinn der;** *o. Pl.* visual faculty; **~verlust der** loss of face; **~wasser das** face-lotion; **~winkel der a)** angle of vision; visual angle; **b)** *s.* **~punkt; ~züge** *Pl.* features

**Gesims das; ~es, ~e** cornice

**Gesinde** [gəˈzɪndə] **das; ~s, ~** *(veralt.)* [domestic] servants *pl.*; *(auf einem Bauernhof)* [farm-]hands *pl.*

**Gesindel** [gəˈzɪndl̩] **das; ~s** *(abwertend)* rabble; riff-raff *pl.*; **lichtscheues ~:** shady characters *pl.*

**Gesinde·stube die** *(veralt.)* servants' quarters *pl.*; *(auf einem Bauernhof)* quarters *pl.* for the farm-hands

**Gesinge das; ~s** *(ugs. abwertend)* singing

**gesinnt** [gəˈzɪnt] *Adj.* **christlich/sozial ~ [sein]** [be] Christian-minded/public-spirited; **jmdm. freundlich/übel ~ sein** be well-disposed/ill-disposed towards sb.

**Gesinnung die; ~, ~en** [basic] convictions *pl.*; [fundamental] beliefs *pl.*; **eine niedrige ~:** a low cast of mind

**gesinnungs-, Gesinnungs-: ~freund der, ~genosse der** like-minded person; **seine ~freunde** *od.* **~genossen** people of the same mind as himself; **~los** *(abwertend)* **1.** *Adj.* unprincipled; **2.** *adv.* in an unprincipled manner; **~losigkeit die; ~:** lack of principle; **~lump der** *(ugs. abwertend)* time-server; **~schnüffelei die** *(abwertend)* snooping around to find out people's political convictions; political snooping; **~täter der** law-breaker motivated by moral *or* political convictions; **~treu** *Adj.* loyal; **~treue die** loyalty; **~wandel der, ~wechsel der** change *or* shift of attitude *or* views

**gesittet** [gəˈzɪtət] **1.** *Adj.* **a)** well-behaved; well-mannered ⟨*behaviour*⟩; **b)** *(zivilisiert)* civilized. **2.** *adv.* **a) sich ~ benehmen** *od.* **aufführen** be well-behaved; **b)** *(zivilisiert)* in a civilized manner

**Gesittung die; ~** *(geh.)* cultured behaviour

**Gesocks** [gəˈzɔks] **das; ~** *(salopp abwertend)* riff-raff; rabble

**Gesöff** [gəˈzœf] **das; ~[e]s, ~e** *(salopp abwertend)* muck *(coll.)*; awful stuff *(coll.)*

**gesogen** [gəˈzo:gn̩] *2. Part. v.* **saugen**

**gesondert** [gəˈzɔndɐt] **1.** *Adj.* separate. **2.** *adv.* separately

**gesonnen** [gəˈzɔnən] **1.** *2. Part. v.* **sinnen. 2.** *Adj.* **~ sein, etw. zu tun** feel disposed to do sth.

**gesotten** [gəˈzɔtn̩] *2. Part. v.* **sieden**

**Gesottene das;** *adj. Dekl.*; *o. Pl. (landsch.)* boiled meat

**Gespann** [gəˈʃpan] **das; ~[e]s, ~e a)** *(Zugtiere)* team; **ein ~ Ochsen** a yoke *or* team of oxen; **b)** *(Wagen)* horse and carriage; *(zur Güterbeförderung)* horse and cart; **c)** *(Menschen)* couple; pair

**gespannt 1.** *2. Part. v.* **spannen. 2.** *Adj.* **a)** *(erwartungsvoll)* eager; expectant; rapt ⟨*attention*⟩; **ich bin ~, ob ...:** I'm keen *or* eager to know/see whether ...; *s. auch* **Flitz[e]bogen; b)** *(konfliktbeladen)* tense ⟨*situation, atmosphere*⟩; strained ⟨*relations, relationships*⟩. **3.** *adv.* eagerly; expectantly; **die Kinder hörten seinen Erzählungen ~ zu** the children listened with rapt attention to his stories

**Gespanntheit die a)** eager expectancy; **voller ~ die Entwicklung verfolgen** follow the developments with tense interest; **b)** *(Gereiztheit)* tenseness

**gespaßig** *(bayr., österr.) s.* **spaßig**

**Gespenst** [gəˈʃpɛnst] **das; ~[e]s, ~er a)** ghost; **~er sehen** *(fig.)* be imagining things; **b)** *(geh.: Gefahr)* spectre

**Gespenster-: ~geschichte die** ghost story; **~glaube der** belief in ghosts

**gespensterhaft** *Adj.* ghostly

**gespenstern** *itr. V.* **in etw.** *(Dat.)* **~:** haunt sth.

**Gespenster·stunde die** witching hour

**gespenstig, gespenstisch** *Adj.* ghostly; ghostly, eerie ⟨*appearance*⟩; eerie ⟨*building, atmosphere*⟩

**gespie[e]n** [gəˈʃpi:(ə)n] *2. Part. v.* **speien**

**Gespiele der; ~n, ~n, Gespielin die; ~, ~nen** *(geh. veralt.)* **a)** playmate; **b)** *(abwertend: Geliebte[r])* lover

**Gespinst** [gəˈʃpɪnst] **das; ~[e]s, ~e** gossamer-like material; **das ~ der Seidenraupe** the cocoon of the silkworm; **ein ~ von Lügen** *(fig.)* a tissue of lies

**gesplissen** [gəˈʃplɪsn̩] *2. Part. v.* **spleißen**

**gesponnen** [gəˈʃpɔnən] *2. Part. v.* **spinnen**

**¹Gespons** [gəˈʃpɔns] **der; ~es, ~e** *(veralt., noch scherzh.)* spouse; *(Bräutigam)* bridegroom

**²Gespons das; ~es, ~e** *(veralt., noch scherzh.)* spouse; *(Braut)* bride

**gespornt 1.** *2. Part. v.* **spornen. 2.** *Adj. s.* **gestiefelt**

**Gespött** [gəˈʃpœt] **das; ~[e]s** mockery; ridicule; **jmdn./sich zum ~ machen** make sb./oneself a laughing-stock

**Gespräch** [gəˈʃprɛ:ç] **das; ~[e]s, ~e a)** conversation; *(Diskussion)* discussion; **das ~ auf etw.** *(Akk.)* **bringen** bring *or* steer the conversation round to sth.; **ein ~ über etw.** *(Akk.)* a conversation *or* talk about sth.; **~e** *(Politik)* talks; discussions; **der Gegenstand des ~[e]s** the subject *or* topic under discussion; **ein ~ mit jmdm. führen** have a conversation *or* talk with sb.; **jmdn. in ein ~ verwickeln** engage sb. in conversation; **mit jmdm. ins ~ kommen** *(sich unterhalten)* get into *or* engage in conversation with sb.; *(fig.: sich annähern)* enter into a dialogue with sb.; **im ~ sein** be under discussion; **als neuer Vorsitzender ist Herr X im ~:** Mr X's name is being discussed in connection with the chairmanship; **b)** *(Telefon~)* call **(mit** to); **ein ~ anmelden** make *or* place a call; **ein ~ für Sie!** there's a call for you!; **c)** *(ugs.: Gesprächsgegenstand)* **das ~ der Stadt/der Familie** the talk of the town/the whole family; **das ~ der letzten Wochen** the talking-point for the last few weeks

**gesprächig** *Adj.* talkative; **der Alkohol machte ihn ~:** the alcohol loosened his tongue

**Gesprächigkeit die; ~:** talkativeness

**gesprächs-, Gesprächs-: ~bereit** *Adj.* ready to talk *postpos.*; *(zu Verhandlungen bereit auch)* ready for discussions *postpos.*; *(Telefon)* **sind Sie jetzt ~bereit?** are you ready to speak now?; **~bereitschaft die** readiness for discussions; **~dauer die** *(Fernspr.)* call-time; **~einheit die** *s.* **Gebühreneinheit; ~fetzen der** fragment *or* snatch of conversation; **~form die;** *o. Pl.* **in ~form** in the form of a dialogue; in dialogue form; **~gegenstand der** topic of conversation; *(Diskussionsgegenstand)* subject of the discussion; **~gegenstand war ...:**

the subject *or* topic of conversation/the subject of the discussion was ...; **~kreis der** discussion group; **~leiter der** discussion leader; chairman; **~partner der: wer war ihr ~partner?** who was she talking to?; **mein heutiger ~partner wird der Innenminister sein** today I shall be talking to the Minister of the Interior; **der Kanzler und seine ~partner** the Chancellor and his partners in the talks; **~pause die** break in the discussions *or* talks; **~stoff der** subjects *pl. or* topics *pl.* of conversation; **ihr geht nie der ~stoff aus** she never runs out of things to talk about; **~teilnehmer der** participant in the discussion; **~thema das** topic of conversation; **~therapie die** *(Psych.)* therapy by means of conversation; **~weise** *Adv.* in [the course of] conversation; **~zeit die** *(Fernspr.)* call-time; **Ihre ~zeit ist abgelaufen** the time allowed for your call has run out

**gespreizt 1.** *2. Part. v.* **spreizen. 2.** *Adj. (abwertend)* stilted; affected. **3.** *adv. (abwertend)* in a stilted *or* an affected manner

**Gespreiztheit die;** ~ *(abwertend)* stiltedness; affectedness

**gesprenkelt 1.** *2. Part. v.* **sprenkeln. 2.** *Adj.* mottled; speckled ⟨*egg*⟩

**Gespritzte der;** *adj. Dekl. (südd.)* wine with soda water

**gesprochen** [gəˈʃprɔxn̩] *2. Part. v.* **sprechen**

**gesprossen** [gəˈʃprɔsn̩] *2. Part. v.* **sprießen**

**Gesprudel das;** ~s bubbling

**gesprungen** *2. Part. v.* **springen**

**Gespür** [gəˈʃpyːɐ̯] **das;** ~s feel; **sie hat ein feines ~ für Unaufrichtigkeiten** she quickly senses when somebody is being insincere

**gest.** *Abk.* **gestorben** d.

**Gestade** [gəˈʃtaːdə] **das;** ~s, ~ *(dichter.)* shore(s)

**Gestagen** [gɛstaˈgeːn] **das;** ~s, ~e *(Med.)* gestagen

**Gestalt** [gəˈʃtalt] **die;** ~, ~en **a)** build; **von kräftiger ~, kräftig von ~:** of powerful *or* strong build; **zierlich von ~:** petite; **klein von ~:** small in stature; of small build; **b)** *(Mensch, Persönlichkeit)* figure; **eine zwielichtige ~:** a shady character; **c)** *(in der Dichtung)* character; **d)** *(Form)* form; **die ~ des neuen Hochhauses** the shape of the new tower block; **~ annehmen** *od.* **gewinnen** take shape; **einer Sache** *(Dat.)* **~ geben** *od.* **verleihen** give shape [and form] to sth.; *(etw. ausdrücken)* express sth.; **in ~ von einer Sache** *od.* **einer Sache** *(Gen.)* in the form of sth.; **sich in seiner wahren ~ zeigen** show one's true character; show [oneself in] one's true colours

**gestalten 1.** *tr. V.* fashion, shape, form ⟨*vase, figure, etc.*⟩; design ⟨*furnishings, stage-set, etc.*⟩; lay out ⟨*public gardens*⟩; dress ⟨*shop-window*⟩; mould, shape ⟨*character, personality*⟩; arrange ⟨*party, conference, etc.*⟩; frame ⟨*sentence, reply, etc.*⟩; **etw. moderner ~:** modernize sth.; **etw. künstlerisch/literarisch ~:** give artistic/literary form to sth. **2.** *refl. V.* turn out; **sich schwieriger ~ als erwartet** turn out *or* prove to be more difficult than had been expected; **er fragte sich, wie sich seine Zukunft ~ würde** he wondered what the future would hold for him

**Gestalter der;** ~s, ~, **Gestalterin die;** ~, ~nen creator

**gestalterisch** *Adj.; nicht präd.* creative; artistic; **vom ~en Standpunkt** creatively; artistically

**gestalt·los** *Adj.* shapeless; formless; **eine ~e Masse** an amorphous mass

**Gestalt·psychologie die** Gestalt psychology

**Gestaltung die;** ~, ~en **a)** *s.* **gestalten:** fashioning; shaping; forming; designing; laying out; dressing; moulding; shaping; arranging; framing; **die literarische ~ dieses historischen Ereignisses** the literary representation of this historic event; **Hochschule für ~:** academy of art and design; **die künstlerische ~ des Films** the artistic direction of the film; **b)** *(Gestaltetes)* form

**Gestaltungs-: ~form die** form; **~kraft die** creative power; **~prinzip das** formal principle

**Gestammel das;** ~s stammering; stuttering; **seine Antwort war nur ein ~:** he was only able to stammer *or* stutter out a reply

**Gestampfe das;** ~s stamping; **das ~ der Baumaschinen** the pounding *or* thumping of the construction plant

**gestand** *1. u. 3. Pers. Sg. Prät. v.* **gestehen**

**gestanden 1.** *2. Part. v.* **stehen, gestehen. 2.** *Adj.; nicht präd.* **ein ~er Mann** a grown man; **ein ~er Parlamentarier** an experienced *or* seasoned parliamentarian

**geständig** *Adj.* **~ sein** have confessed; **wenn Sie ~ wären** if you confessed; **der ~e Entführer** the self-confessed kidnapper

**Geständnis** [gəˈʃtɛntnɪs] **das;** ~ses, ~se confession; **ein ~ ablegen** make a confession; **ich muß dir ein ~ machen** I must make a confession to you

**Gestänge** [gəˈʃtɛŋə] **das;** ~s, ~ **a)** *(Stangen)* struts *pl.;* **b)** *(Technik)* linkage; *(des Kolbens)* connecting rod

**Gestank** [gəˈʃtaŋk] **der;** ~[e]s *(abwertend)* stench; stink

**Gestänker** [gəˈʃtɛŋkɐ] **das;** ~s *(ugs.)* trouble-making

**Gestapo** [geˈstaːpo] **die;** ~ *(ns.)* Gestapo

**Gestapo·methoden** *Pl. (abwertend)* Gestapo methods

**gestatten** [gəˈʃtatn̩] **1.** *tr., itr. V.* permit; allow; **jmdm. ~, etw. zu tun** permit *or* allow sb. to do sth.; **„Rauchen nicht gestattet!"** 'no smoking'; **~ Sie eine Bemerkung** allow *or* permit me to make a remark; **~ Sie, daß ich ...:** may I ...?; **wenn Sie ~:** if I may; **wenn es die Umstände ~:** if circumstances permit *or* allow; circumstances permitting. **2.** *refl. V. (geh.)* **sich** *(Dat.)* **etw. ~:** allow oneself sth.; **wenn ich mir eine Bemerkung ~ darf** if I may be so bold as to make a remark; **sich** *(Dat.)* **~, etw. zu tun** take the liberty of doing sth.; **ich gestatte mir, Sie zu diesem Fest einzuladen** I have pleasure in inviting you to this celebration

**Geste** [ˈgɛstə, ˈgeːstə] **die;** ~, ~n *(auch fig.)* gesture

**Gesteck** [gəˈʃtɛk] **das;** ~[e]s, ~e flower arrangement

**gestehen** *tr., itr. V.* confess; **die Tat** *usw.* **~:** confess to the deed *etc.*; **jmdm. seine Gefühle ~:** confess one's feelings to sb.; **ich muß ~, daß ...:** I must confess that ...; **offen gestanden ...:** frankly *or* to be honest ...

**Gestehungs·kosten** *Pl. (Wirtsch.)* production costs

**Gestein das;** ~[e]s, ~e rock

**Gesteins-: ~ader die** rock seam; **~art die** type of rock; **~brocken der** rock; **~formation die** rock formation; **~kunde die** petrology; **~masse die** rock mass; mass of rock; **~probe die** rock sample; **~schicht die** stratum *or* layer of rock

**Gestell** [gəˈʃtɛl] **das;** ~[e]s, ~e **a)** *(für Weinflaschen)* rack; *(zum Wäschetrocknen)* horse; *(für Pflanzen)* planter; **b)** *(Unterbau)* frame; *(eines Wagens)* chassis; *(fig. salopp)* legs *pl.;* **c)** *(salopp: dünne Person)* scarecrow; **sie ist ein dünnes ~:** she's as skinny as a rake

**Gestellung die;** ~, ~en **a)** *(Milit., hist.)* reporting *no art.* for military service; **b)** *(Amtsspr.)* provision; **er bat um die ~ weiterer LKWs** he requested that more trucks *or* *(Brit.)* lorries be made available

**Gestellungs·befehl der** *(Milit., hist.)* call-up papers *pl.*

**gestelzt 1.** *2. Part. v.* **stelzen. 2.** *Adj.* stilted; affected. **3.** *adv.* in a stilted *or* an affected manner

**gestern** [ˈgɛstɐn] *Adv.* **a)** yesterday; **~ morgen/abend/mittag** yesterday morning/evening/[at] midday yesterday; **seit ~:** since yesterday; **~ vor einer Woche** a week ago yesterday; **die Zeitung von ~:** yesterday's [news]paper; **die Welt/die Mode von ~:** the world of yesterday *or* yesteryear/yesterday's fashions *pl.;* **das Gestern** yesterday; the past; **im Gestern leben** live in the past; **von ~ sein** be outdated *or* outmoded; **sie ist nicht von ~** *(ugs.)* she wasn't born yesterday *(coll.)*

**Gestichel** [gəˈʃtɪçl̩] **das;** ~s *(ugs. abwertend)* snide remarks *pl. or* comments *pl. (coll.)*

**gestiefelt** *Adj.* booted; **der Gestiefelte Kater** Puss in Boots; **~ und gespornt** *(ugs. scherzh.)* ready and waiting

**gestiegen** *2. Part. v.* **steigen**

**gestielt** *Adj. (Bot.)* stemmed, petiolate ⟨*leaf*⟩; stemmed, pedunculate ⟨*flower*⟩; stalked ⟨*fruit*⟩

**Gestik** [ˈgɛstɪk] **die;** ~: gestures *pl.*

**Gestikulation** [gɛstikulaˈtsi̯oːn] **die;** ~, ~en gesticulation

**gestikulieren** [gɛstikuˈliːrən] *itr. V.* gesticulate

**gestimmt 1.** *2. Part. v.* **stimmen. 2.** *Adj.* **freudig/heiter ~:** in a joyful/cheerful mood *pred.*

**Gestimmtheit die;** ~, ~en mood

**Gestirn das;** ~[e]s, ~e heavenly body; *(Stern)* star

**gestirnt** *Adj. (geh.)* starry

**gestoben** [gəˈʃtoːbn̩] *2. Part. v.* **stieben**

**Gestöber** [gəˈʃtøːbɐ] **das;** ~s, ~: snowstorm

**gestochen** [gəˈʃtɔxn̩] **1.** *2. Part. v.* **stechen. 2.** *Adj.* **eine ~e Handschrift** extremely neat *or* careful handwriting. **3.** *adv.* **~ scharfe Bilder** crystal-clear photographs

**gestohlen** [gəˈʃtoːlən] **1.** *2. Part. v.* **stehlen. 2.** *Adj.* **der/das kann mir ~ bleiben** *(ugs.)* he can get lost *(sl.)*/you can keep it *(coll.)*

**Gestöhne das;** ~s groaning

**gestorben** [gəˈʃtɔrbn̩] *2. Part. v.* **sterben**

**gestört** [gəˈʃtøːɐ̯t] **1.** *2. Part. v.* **stören. 2.** *Adj.* disturbed; **ein ~es Verhältnis zu jmdm./etw. haben** have a disturbed relationship with sb./sth.; **geistig ~ sein** be mentally disturbed *or* unbalanced

**gestoßen** *2. Part. v.* **stoßen**

**Gestotter** [gəˈʃtɔtɐ] **das;** ~s *(ugs., meist abwertend)* stuttering; stammering; **das ~ des Motors** *(fig.)* the spluttering of the engine

**Gestrampel das;** ~s *(ugs.)* kicking about; *(beim Radfahren)* pedalling

**Gesträuch** [gəˈʃtrɔyç] **das;** ~[e]s, ~e shrubbery; bushes *pl.*

**gestreckt 1.** *2. Part. v.* **strecken. 2.** *Adj.* full ⟨*gallop*⟩; 180° ⟨*angle*⟩; flat ⟨*trajectory*⟩

**gestreift 1.** *2. Part. v.* **streifen. 2.** *Adj.* striped

**Gestreite das;** ~s *(ugs.)* quarrelling; squabbling; bickering

**gestreng** *Adj. (veralt.)* strict; severe; stern

**gestrichen 1.** *2. Part. v.* **streichen. 2.** *Adj.* level ⟨*measure*⟩; **ein ~er Teelöffel [Zucker** *usw.***]** a level teaspoon[ful] [of sugar *etc.*]. **3.** *adv.* **~ voll** full to the brim; *s. auch* **Hose b; Nase b**

**gestrig** [ˈgɛstrɪç] *Adj.; nicht präd.* yesterday's; **der ~e Abend** yesterday evening; *(spät)* last night; **der ~e Tag** yesterday; **unser ~es Gespräch** our conversation yesterday; **die ewig Gestrigen** *(fig.)* those who live in the past

**gestritten** [gəˈʃtrɪtn̩] *2. Part. v.* **streiten**

**Gestrüpp** [gəˈʃtrʏp] **das;** ~[e]s, ~e undergrowth

**gestuft 1.** *2. Part. v.* **stufen. 2.** *Adj.* stepped ⟨*gable, façade*⟩; terraced ⟨*landscape, slope*⟩; graduated ⟨*colours, shades*⟩; *(fig.: abgestuft)* staggered ⟨*working hours*⟩

**Gestühl** [gəˈʃtyːl] **das;** ~[e]s, ~e seats *pl.;* *(Kirchen~)* pews *pl.*

**Gestümper** [gəˈʃtʏmpɐ] **das; ~s** *(ugs. abwertend)* ham-fisted performance; **das ist kein literarisches Kunstwerk, das ist abgeschmacktes ~:** that's no work of literature, it's banal rubbish; **ihr ~ auf der Violine** her amateurish efforts *pl.* on the violin
**gestunken** [gəˈʃtʊŋkn̩] *2. Part. v.* **stinken**
**Gestus** [ˈgɛstʊs] **der;** ~ *(geh.)* **a)** *(Attitüde)* air; **b)** *s.* **Gestik**
**Gestüt** [gəˈʃtyːt] **das; ~[e]s, ~e** stud[-farm]
**Gesuch** [gəˈzuːx] **das; ~[e]s, ~e** request (**um** for); *(Antrag)* application (**um** for); **ein ~ einreichen/zurückziehen** submit/withdraw a request/an application
**Gesuch·steller** [-ʃtɛlɐ] **der; ~s, ~** *(Amtsspr. veralt.)* petitioner
**gesucht 1.** *2. Part. v.* **suchen. 2.** *Adj.* **a)** *(begehrt)* [much] sought-after; **einer der ~esten Dirigenten** one of the most sought-after conductors; **b)** *(gekünstelt)* affected ‹*style*›; laboured ‹*expression*›; far-fetched ‹*comparison*›. **3.** *adv.* ‹*express oneself*› affectedly
**Gesudel** [gəˈzuːdl̩] **das; ~s** *(abwertend)* scrawl; *(fig.: schlechte Literatur)* rubbish
**Gesülze** [gəˈzʏltsə] **das; ~s** *(salopp)* drivel (**von** about ‹*topic*›, from ‹*speaker*›)
**Gesumm** [gəˈzʊm] **das; ~[e]s** buzzing; humming
**Gesums** [gəˈzʊms] **das; ~es** *(ugs.)* fuss (**um** about); **dein ~:** the fuss you make
**gesund** [gəˈzʊnt]; **gesünder** [gəˈzʏndɐ], *seltener:* **gesunder, gesündest...** [gəˈzʏndəst...], *seltener:* **gesundest...** *Adj.* **a)** healthy; healthy, strong ‹*constitution*›; *(fig.)* viable, financially sound ‹*company, business*›; **wieder ~ werden** get better; recover; **~ sein** ‹*person*› be healthy; *(im Augenblick)* be in good health; **jmdn. ~ pflegen** nurse sb. back to health; **jmdn. ~ schreiben** pass sb. fit; **~ und munter** hale and hearty; **frisch und ~:** fit and well; **aber sonst bist du ~?** *(ugs. iron.)* [are] you sure you're feeling all right? *(coll.)*; **bleib ~!** look after yourself!; **das ist ~ für ihn** *(fig.)* that will do him good; **b)** *(natürlich, normal)* healthy ‹*mistrust, ambition, etc.*›; sound ‹*construction*›; healthy, sound ‹*attitude, approach*›; **der ~e Menschenverstand** common sense
**gesund-, Gesund-: ~|beten** *tr. V.* **jmdn. ~beten** heal sb. *or* restore sb. to health by prayer; **~beten das; ~s** faith-healing *no art.*; healing by prayer; **~beter der** faith-healer; **~beterei die; ~:** *s.* **~beten; ~brunnen der** *(geh.)* **die Beschäftigung mit der Jugend/dieser Urlaub ist für mich der reinste ~brunnen** working with young people keeps me young and healthy/this holiday is doing wonders to restore me to health
**Gesunde** [gəˈzʊndə] **der/die;** *adj. Dekl.* healthy person
**gesunden** *itr. V.; mit sein* ‹*person*› recover, get well, regain one's health; ‹*tissue*› heal; *(fig.)* ‹*economy etc.*› recover
**Gesundheit die; ~:** health; **von zarter ~ sein** have a delicate constitution; **bei bester ~ sein** be in the best of health; **auf jmds. ~ (Akk.) trinken/anstoßen** drink sb.'s health; **~ und ein langes Leben!** your very good health!; *(als Geburtstagswunsch)* many happy returns!; **~!** *(ugs.: Zuruf beim Niesen)* bless you!
**gesundheitlich 1.** *Adj.; nicht präd.* **~e Betreuung** health care; **sein ~er Zustand** [the state of] his health; **aus ~en Gründen** for reasons of health. **2.** *adv.* **wie geht es Ihnen ~?** how are you?; **~ geht es ihm nicht sehr gut** he is not in very good health
**gesundheits-, Gesundheits-: ~amt das** [local] public health department; **~apostel der** *(spött.)* health fanatic; **~attest das** certificate of health; health certificate; **~behörde die;** *meist Pl.* public health authority; **~fabrik die** *(abwertend) large, impersonal hospital dispensing assembly-line treatment;* **~fördernd** *Adj.* conducive to health *postpos.*; good for one's health *postpos.*; healthy ‹*food, diet, climate, etc.*›; **~fürsorge die** medical welfare services *pl.*; **~gefährdung die** risk to health; **~halber** *Adv.* for reasons of health; for health reasons; **~lehre die** *s.* **Hygiene c; ~lenker der** *(ugs. scherzh.)* 'sit up and beg' handlebars; **~pflege die** health care; **~schaden der** damage *no pl., no indef. art.* to [one's] health; **das kann ~schäden bewirken** that can damage one's health; **einen bleibenden ~schaden davontragen** suffer permanent damage to one's health as a result; **trotz eines leichten ~schadens ...:** despite a slight disability ...; **~schädlich** *Adj.* detrimental to [one's] health *postpos.*; unhealthy; **Rauchen ist ~schädlich** smoking can damage your health; **~schutz der** *(DDR)* [system of] preventive health care; **~wesen das** [public] health service; **~zeugnis das** certificate of health; health certificate; **~zustand der** state of health
**gesund-: ~|machen** *refl. V. (ugs.)* make a pile *(coll.)*; **~|schrumpfen** *itr. (auch refl.) V. (ugs.)* ‹*industry, firm*› be slimmed down; **eine Firma ~schrumpfen lassen** slim a firm down; **~|stoßen** *unr. refl. V. (salopp)* grow fat *(coll.)*
**Gesundung die; ~** *(geh., auch fig.)* recovery
**gesungen** [gəˈzʊŋən] *2. Part. v.* **singen**
**gesunken** [gəˈzʊŋkn̩] *2. Part. v.* **sinken**
**Gesurre** [gəˈzʊrə] **das; ~s** *(von Insekten)* buzzing; *(einer Filmkamera)* whirring
**Getäfel** [gəˈtɛːfl̩] **das; ~s** panelling
**getäfelt** *2. Part. v.* **täfeln**
**getan** [gəˈtaːn] *2. Part. v.* **tun**
**Getändel das; ~s** *(veralt.)* dalliance
**geteilt 1.** *2. Part. v.* **teilen. 2.** *Adj. (Bot.)* **~e Blätter** compound leaves
**Getier das; ~[e]s** *(geh.)* **a)** *(Tiere)* animals *pl.*; wildlife; **b)** *(einzelnes Tier)* animal/insect
**getigert** [gəˈtiːgɐt] *Adj.* **a)** *(mit ungleichen Flecken)* patterned like a tiger *postpos.*; **b)** *(mit Querstreifen)* striped
**Getobe das; ~s** romping *or* charging about
**Getose das; ~s** roar
**Getöse das; ~s** [thunderous] roar; *(von vielen Menschen)* din; **mit ~:** with a roar
**getragen 1.** *2. Part. v.* **tragen. 2.** *Adj.* solemn ‹*music, voice, etc.*›. **3.** *adv.* solemnly
**Geträller das; ~s** *(von Vögeln)* trilling; *(von Menschen)* warbling
**Getrampel das; ~s** *(ugs.)* tramping; *(als Zeichen des Beifalls, der Ablehnung)* stamping
**Getränk** [gəˈtrɛŋk] **das; ~[e]s, ~e** drink; beverage *(formal)*
**Getränke-: ~automat der** drinks machine *or* dispenser; **~bude die** drinks stand *or* kiosk; **~karte die** list of beverages; *(in einem Restaurant)* wine list; **~stand der** drinks stand *or* kiosk; **~steuer die** *tax on alcoholic drinks*
**Getrappel das; ~s** *(von Hufen, Pferden)* clatter; *(von Füßen)* patter; **das ~ der Tänzer** the patter of the dancers' feet
**Getratsch[e] das; ~s** *(ugs. abwertend)* gossip; gossiping
**getrauen** *refl. V.* dare; **sich [nicht]** *od. (seltener:)* **sich** *(Dat.)* **es [nicht] ~, etw. zu tun** [not] dare to do sth.; **ich getraue mich nicht über die Straße** I dare not cross the road; **ich getraue mir den doppelten Salto noch nicht** I dare not attempt the double somersault yet
**Getreide** [gəˈtraidə] **das; ~s** grain; corn; **~ anbauen** grow cereals *pl. or* grain
**Getreide-: ~anbau der** growing of cereals *or* grain; **~art die** kind of grain *or* cereal; **~börse die** corn exchange; **~ernte die** grain harvest; **~feld das** cornfield; **~halm der** corn-stalk; **~handel der** corn-trade; **~korn das** [cereal] grain; **~land das a)** corn-growing country; **b)** *o. Pl. (Ackerland)* corn-land; **~produkt das** cereal *or* grain product; **~schädling der** grain pest; **~speicher der** grain silo
**getrennt 1.** *2. Part. v.* **trennen. 2.** *Adj.* separate; **~e Kasse führen** pay separately. **3.** *adv.* ‹*pay*› separately; ‹*sleep*› in separate rooms; **[von jmdm.] ~ leben** live apart [from sb.]
**Getrennt·schreibung die** *writing a lexical item as two or more separate words;* **beachten Sie bitte die ~ von „so daß"** please remember that 'so daß' is written as two words
**getreten** *2. Part. v.* **treten**
**getreu 1.** *Adj. (geh.)* **a)** *(genau entsprechend)* exact ‹*wording*›; true, faithful ‹*image*›; **b)** *(treu)* faithful, loyal ‹*friend, servant*›; **~ bis in den Tod** faithful unto death. **2.** *adv. (geh.)* **a)** *(genau entsprechend)* ‹*report, describe*› faithfully, accurately; **b)** *(treu)* faithfully, loyally. **3.** *präpositional (geh.)* **~ einem Versprechen/einer Abmachung handeln** act in accordance with a promise/an agreement
**Getreue der/die;** *adj. Dekl.* faithful *or* loyal follower
**getreulich** *Adv. s.* **getreu 2**
**Getriebe das; ~s, ~ a)** gears *pl.*; *(in einer Maschine)* gear system; *(~kasten)* gearbox; **b)** *(Betriebsamkeit)* hustle and bustle
**Getriebe-: ~bremse die** transmission brake; **~gehäuse das** gearbox casing; **~kasten der** gearbox
**getrieben** *2. Part. v.* **treiben**
**Getriebe·schaden der** gearbox damage
**Getriller** [gəˈtrɪlɐ] **das; ~s** trilling
**getroffen** *2. Part. v.* **treffen, triefen**
**getrogen** [gəˈtroːgn̩] *2. Part. v.* **trügen**
**Getrommel das; ~s** *(ugs.)* drumming
**getrost 1.** *Adj.* confident; **sei ~!** take heart! **2.** *adv.* **a)** *(zuversichtlich)* confidently; **b)** *(ruhig)* **du kannst das Kind ~ allein lassen** you need have no qualms about leaving the child on its own; **du kannst mir ~ glauben, daß ...:** you can take my word for it that ...; **man kann ~ behaupten, daß ...:** one can safely say that ...
**getrüffelt** *Adj.* ‹*pheasant etc.*› [served *or* garnished] with truffles
**getrunken** *2. Part. v.* **trinken**
**Getto** [ˈgɛto] **das; ~s, ~s** ghetto
**Getto·bildung die** creation of a ghetto/of ghettos
**Getue** [gəˈtuːə] **das; ~s** *(ugs. abwertend)* fuss (**um** about); **ein ~ machen** kick up *or* make a fuss; *(sich wichtig machen)* put on airs
**Getümmel** [gəˈtʏml̩] **das; ~s** tumult; **das fröhliche/dichte ~:** the merry/crowded bustle; **mitten im dichtesten** *od.* **dicksten ~:** in the thick of it
**getupft 1.** *2. Part. v.* **tupfen. 2.** *Adj.* speckled ‹*garment, fabric, etc.*›
**Getuschel das; ~s** *(ugs.)* whispering
**geübt** [gəˈ|yːpt] **1.** *2. Part. v.* **üben. 2.** *Adj.* experienced, accomplished, proficient ‹*horseman, speaker, etc.*›; trained, practised ‹*eye, ear*›; **in etw.** *(Dat.)* **~ sein** be proficient at sth.
**Gevatter** [gəˈfatɐ] **der; ~s** *od. (älter:)* **~n, ~n** *(veralt.)* **a)** *(Pate)* godfather; **[bei jmdm.] zu ~ stehen** act as *or* be [sb.'s] godfather; **jmdn. zu ~ bitten** ask sb. to act as *or* be godfather; **~ Tod** *(dicht. veralt.) (im Märchen)* Godfather Death; *(fig.)* the Grim Reaper; **bei etw. ~ stehen** *(scherzh.)* be the inspiration behind sth.; **b)** *(veralt., noch scherzh.)* **Grüß Gott, ~!** greetings, friend!
**Gevatterin die; ~, ~nen a)** *(Patin)* godmother; **b)** *(veralt., noch scherzh.) s.* **Gevatter b**
**Geviert das; ~[e]s, ~e a)** *(veralt.) s.* **Quadrat; b)** *(Druckw.)* quadrat; quad
**GEW** *Abk.* **Gewerkschaft Erziehung und Wissenschaft** Educators' Union
**Gewächs** [gəˈvɛks] **das; ~es, ~e a)** *(Pflanze)*

plant; **b)** *(Weinsorte)* wine; *(Weinjahrgang)* vintage; **c)** *(Med.: Geschwulst)* growth

**gewạchsen 1.** *2. Part. v.* **wachsen. 2.** *in* **jmdm./einer Sache ~ sein** be a match for sb./be equal to sth.

**Gewạ̈chs·haus das** greenhouse; glasshouse; *(Treibhaus)* hothouse

**gewa̲gt 1.** *2. Part. v.* **wagen. 2.** *Adj.* **a)** *(kühn)* daring; *(gefährlich)* risky; **b)** *(fast anstößig)* risqué ⟨*joke, song, etc.*⟩; daring ⟨*neckline etc.*⟩

**gewä̲hlt 1.** *2. Part. v.* **wählen. 2.** *Adj.* refined, elegant ⟨*style, manner of expression, etc.*⟩; refined ⟨*taste*⟩. **3.** *adv.* in a refined manner; elegantly

**Gewä̲hltheit die;** ~ *(des Ausdrucks)* refinement; *(der Kleidung)* elegance

**gewa̲hr** [gəˈvaːɐ̯] *in* **jmdn./etw.** *od. (geh.)* **jmds./einer Sache ~ werden** catch sight of sb./sth.; **etw.** *(Akk.) od. (geh.)* **einer Sache** *(Gen.)* **~ werden** *(etw. erkennen, feststellen)* become aware of sth.

**Gewä̲hr** [gəˈvɛːɐ̯] **die; ~:** guarantee; **für etw. ~ leisten/die ~ geben** guarantee sth.; **die ~ für etw. übernehmen/bieten** guarantee sth.; **keine ~ übernehmen** be unable to guarantee sth.; **die Angaben erfolgen ohne ~:** no responsibility is accepted for the accuracy of this information; **ohne ~** *(auf Fahrplänen usw.)* subject to change

**gewa̲hren** *tr. V. (geh.)* become aware of

**gewä̲hren 1.** *tr. V.* **a)** *(zugestehen)* give; grant, give ⟨*asylum, credit, loan*⟩; **jmdm. einen Aufschub ~:** grant *or* allow sb. a period of grace; **b)** *(erfüllen)* grant; **jmdm. seinen Wunsch/seine Bitte** *usw.* **~:** grant sb.'s wish/request *etc.*; **c)** *(bieten)* offer ⟨*advantage*⟩; give ⟨*pleasure, joy*⟩. **2.** *itr. V. in* **jmdn. ~ lassen** let sb. do as he/she likes; **laß ihn nur ~:** leave him alone

**gewä̲hr·leisten** *tr. V.* guarantee; ensure ⟨*safety*⟩

**Gewä̲hr·leistung die a)** guarantee; *(von Sicherheit)* ensuring; **b)** *s.* **Mängelhaftung**

**Gewahrsam** [gəˈvaːɐ̯zaːm] **der; ~s a)** *(Obhut)* safe-keeping; **etw. in ~ nehmen/behalten** take sth. into safe-keeping/keep sth. safe; **jmdm. etw. in ~ geben** give sth. to sb. for safe-keeping; **b)** *(Haft)* custody; **jmdn. in ~ bringen** take sb. into custody; **jmdn. in polizeilichen ~ bringen** hand sb. over to the police; **sich in [polizeilichem] ~ befinden** be in [police] custody

**Gewä̲hrs-: ~mann der;** *Pl.* **~männer** *od.* **~leute, ~person die** informant; source

**Gewä̲hrung die; ~:** *s.* **gewähren 1:** granting; giving; offering

**Gewalt** [gəˈvalt] **die; ~, ~en a)** *(Macht, Befugnis)* power; **die elterliche/richterliche ~:** parental/judicial power *or* authority; **jmdn. in seiner ~ haben** have sb. in one's power; **jmdn./ein Land in seine ~ bekommen/bringen** catch sb./bring a country under one's control; **in** *od.* **unter jmds. ~** *(Dat.)* **stehen** be in sb.'s power; **die ~ über sein Fahrzeug verlieren** *(fig.)* lose control of one's vehicle; **sich/seine Beine in der ~ haben** have oneself under control/have control over one's legs; **b)** *o. Pl. (Willkür)* force; **der ~ weichen** yield to force; **etw. mit ~ zu erreichen suchen** try to achieve sth. by force; **sich** *(Dat.)* **~ antun [müssen]** [have to] force oneself; **er versuchte mit aller ~, seinen Ehrgeiz zu befriedigen** he did everything he could to achieve his ambition; **etw. mit [aller] ~ wollen** want sth. desperately; **c)** *o. Pl. (körperliche Kraft)* force; violence; **~ anwenden** use force *or* violence; **etw. mit ~ öffnen** force sth. open; **mit roher/brutaler ~:** with brute force; **einer Frau ~ antun** *(geh. verhüll.)* violate a woman; **d)** *(geh.: elementare Kraft)* force; **die ~ der Leidenschaft/Rede** *(fig.)* the power of passion/oratory; **höhere ~ [sein]** [be] an act of God; **im Falle höherer ~:** in the case of an act of God/acts of God

**Gewạlt-: ~akt der** act of violence; **~androhung die** threat of violence; **~anwendung die** use of force *or* violence; **~einwirkung die: keinerlei Spuren von ~einwirkung aufweisen** show no signs of violence; **durch ~einwirkung sterben** die as a result of violence

**Gewạlten-: ~teilung die, ~trennung die** separation of powers

**Gewạlt-: ~herrschaft die;** *o. Pl.* tyranny; despotism; **~herrscher der** tyrant; despot

**gewạltig 1.** *Adj.* **a)** *(immens)* enormous, huge ⟨*sum, amount, difference, loss*⟩; tremendous ⟨*progress*⟩; **b)** *(imponierend)* mighty, huge, massive ⟨*wall, pillar, building, rock*⟩; monumental ⟨*literary work etc.*⟩; mighty ⟨*spectacle of nature*⟩; **c)** *(mächtig; auch fig.)* powerful. **2.** *adv. (ugs.: sehr, überaus)* **sich ~ irren/täuschen** be very much mistaken; **es wundert mich/imponiert mir ~:** I'm amazed/tremendously impressed; **etw. ist ~ gestiegen/gesunken** sth. has risen/dropped sharply

**-gewaltige der/die;** *adj. Dekl.* boss; **die Zeitungs~n** the press barons

**Gewạltigkeit die; ~** *(von Mauern, Felsen, Gebäuden usw.)* mightiness; massiveness

**gewạlt-, Gewạlt-: ~kur die** *(ugs.)* drastic measures *pl. or* methods *pl.*; drastic treatment *no indef. art.*; **~los 1.** *Adj.* non-violent; **2.** *adv.* without violence; **~losigkeit die; ~:** non-violence; **~marsch der** forced march; **~maßnahme die** violent measure; **er schreckte vor ~maßnahmen nicht zurück** he was not afraid to use force; **~mensch der** brutal person; brute

**gewạltsam 1.** *Adj.* forcible ⟨*expulsion*⟩; enforced ⟨*separation*⟩; violent ⟨*death*⟩; **ein ~es Ende nehmen** meet a violent death. **2.** *adv.* forcibly; **~ die Tür öffnen** open the door by force; **sich ~ zurückhalten/wach halten** exercise the utmost restraint/force oneself to keep awake; **~ ums Leben kommen** meet a violent death

**Gewạltsamkeit die; ~:** violence

**gewạlt-, Gewạlt-: ~streich der** bold surprise action; **~tat die** *s.* **~verbrechen; ~tätig** *Adj.* violent; **~tätigkeit die a)** *o. Pl. (gewalttätige Art)* violence; **b)** *s.* **~akt; ~verbrechen das** crime of violence; **~verbrecher der** violent criminal; **~verzicht der** renunciation of the use of force; **~verzichts·abkommen das** non-aggression treaty

**Gewạnd das; ~[e]s, Gewänder** [gəˈvɛndɐ] *(geh.)* robe; gown; *(Abendkleid)* gown; **geistliche Gewänder** vestments; **im neuen ~** *(fig.)* dressed up as new; **ab nächster Woche erscheint die Zeitung in einem neuen ~** *(fig.)* from next week the newspaper will have a new look

**gewạndet** *Adj.; nicht präd. (veralt./scherzh.)* clad; apparelled *(arch.)*

**Gewạnd-: ~haus das** *(hist.)* cloth-hall; **~meister der** wardrobe master/mistress

**gewandt** [gəˈvant] **1.** *2. Part. v.* **wenden. 2.** *Adj.* skilful; *(körperlich)* agile; expert ⟨*skier*⟩; **ein ~es Auftreten/~e Umgangsformen** an easy, confident manner/easy social manners. **3.** *adv.* skilfully; *(körperlich)* agilely

**Gewạndtheit die; ~:** *s.* **gewandt 2:** skill; skilfulness; agility; expertness; easiness

**gewạnn** [gəˈvan] *1. u. 3. Pers. Sg. Prät. v.* **gewinnen**

**gewärtig** [gəˈvɛrtɪç] *in* **einer Sache** *(Gen.)* **~ sein** *(geh.)* be prepared for sth.; **~ sein, daß ...:** expect that ...

**gewạ̈rtigen** *tr. V. (geh.) (erwarten)* expect; *(gefaßt sein auf)* be prepared for

**Gewäsch** [gəˈvɛʃ] **das; ~[e]s** *(ugs. abwertend)* twaddle; garbage *(Amer. coll.)*

**gewạschen** *2. Part. v.* **waschen**

**Gewässer** [gəˈvɛsɐ] **das; ~s, ~:** stretch of water; **ein fließendes/stehendes ~:** a stretch of running/standing water; **sich in arktische ~ wagen** venture into Arctic waters

**Gewạ̈sser-: ~kunde die** hydrography *no art.*; **~schutz der** prevention of water pollution

**Gewe̲be das; ~s, ~ a)** *(Stoff)* fabric; **b)** *(Med., Biol.)* tissue

**Gewe̲bs-: ~transplantation die, ~verpflanzung die** *(Med.)* tissue graft

**Gewehr** [gəˈveːɐ̯] **das; ~[e]s, ~e** rifle; *(Schrot~)* shotgun; **mit dem ~ auf jmdn./etw. zielen** aim [one's rifle/shotgun] at sb./sth.; **~ ab!** *(Milit.)* order arms!; **das ~ über!** *(Milit.)* shoulder arms!; **präsentiert das ~!** *(Milit.)* present arms!; **~ bei Fuß stehen** be at the ready

**Gewe̲hr-: ~feuer das;** *o. Pl.* rifle fire; **~kolben der** rifle/shotgun butt; **~kugel die** rifle bullet; **~lauf der** rifle/shotgun barrel; **~riemen der** rifle/shotgun sling; **~schloß das** lock of a rifle/shotgun; **~schuß der** rifle shot

**Geweih** [gəˈvai̯] **das; ~[e]s, ~e** antlers *pl.*; **~e/ein ~:** sets of antlers/a set of antlers

**Gewe̲ih·stange die** *(Jägerspr.)* beam; main trunk

**Gewẹrbe das; ~s, ~ a)** business; *(Handel, Handwerk)* trade; **ein dunkles/schmutziges ~:** a shady/dirty business; **in einem ~ tätig sein** be in a trade/business; **das horizontale ~** *(ugs. scherzh.)*, **das älteste ~ der Welt** *(verhüll. scherzh.)* the oldest profession [in the world] *(joc.)*; **b)** *o. Pl. (kleine Betriebe)* [small and medium-sized] businesses and industries

**Gewẹrbe·aufsicht die** *enforcement of laws governing health and safety and conditions of work*

**Gewẹrbe·aufsichts·amt das** ≈ factory inspectorate (*authority with responsibility for* **Gewerbeaufsicht**)

**Gewẹrbe-: ~betrieb der** *(des Handels)* commercial enterprise; business; *(der Industrie)* industrial enterprise; business; **~freiheit die** right to carry on a business *or* trade; **~lehrer der** teacher in a trade school; **~ordnung die** laws *pl.* governing trade and industry; **~schein der** licence to carry on a business *or* trade; **~schule die** trade school; **~steuer die** trade tax; **~tätigkeit die** business activities *pl.*; **~treibende der/die;** *adj. Dekl.* tradesman/tradeswoman; **~zweig der** branch of trade

**gewẹrblich 1.** *Adj.; nicht präd.* commercial; business *attrib.*; *(industriell)* industrial; trade *attrib.* ⟨*union, apprentice*⟩; **~e Nutzung** use for commercial *or* business/industrial purposes. **2.** *adv.* **~ tätig sein** work; **etw. ~ nutzen** use sth. for commercial *or* business/industrial purposes

**gewẹrbs·mäßig 1.** *Adj.; nicht präd.* professional; **~e Unzucht** prostitution; **ein ~er Hehler** a receiver of stolen goods. **2.** *adv.* **etw. ~ betreiben** do sth. professionally *or* for gain

**Gewerkschaft** [gəˈvɛrkʃaft] **die; ~, ~en a)** trade union; **b)** *(veralt.: Bergbauunternehmen) mining company whose capital is divided into shares of no par value*

**Gewẹrkschaft[l]er der; ~s, ~, Gewẹrkschaft[l]erin die; ~, ~nen** trade unionist

**gewẹrkschaftlich 1.** *Adj.* [trade] union *attrib.*; ⟨*rights, duties*⟩ as a [trade] union member; **~er Vertrauensmann/~e Vertrauensfrau** shop steward; **der ~e Kampf** the struggle of the trade union movement. **2.** *adv.* **~ organisiert sein** belong to a [trade] union; **sich ~ engagieren** devote oneself to trade union work

**gewẹrkschafts-, Gewẹrkschafts-: ~arbeit die;** *o. Pl.* work for *or* on behalf of the/a [trade] union; **~bank die; ~, ~en** trade union bank; **~bewegung die;** *o. Pl.* [trade] union movement; **~boß der** *(ugs. abwertend)* [trade] union boss; **~bund der**

federation of trade unions; ≈ Trades Union Congress *(Brit.)*; ≈ AFL–CIO *(Amer.)*; **~eigen** *Adj.* owned by a [trade] union *postpos.*; **~führer der** [trade] union leader; **~funktionär der** [trade] union official; **~kongreß der** *s.* **~tag; ~mitglied das** member of a [trade] union; **~tag der** [trade] union conference

**Gewese das; ~s** *(ugs.)* fuss; **ein großes ~ um etw. machen** kick up *or* make a lot of fuss about sth.

**gewesen 1.** *2. Part. v.* **¹sein. 2.** *Adj.; nicht präd. (bes. österr.)* former

**gewịchen** *2. Part. v.* **weichen**

**gewichst** [gəˈvɪkst] **1.** *2. Part. v.* **wichsen. 2.** *Adj. (ugs.)* smart

**Gewịcht** [gəˈvɪçt] **das; ~[e]s, ~e** *(auch Physik, auch fig.)* weight; **ein ~ von 75 kg/ein großes ~ haben** weigh 75 kg/be very heavy; **das zulässige ~:** the maximum permitted weight; the weight limit; **das spezifische ~** *(Physik)* the specific gravity; **sein ~ halten** stay the same weight; **etw. nach ~ verkaufen** sell sth. by weight; **seine Meinung/eine adlige Abstammung hat noch großes ~:** his opinion still carries a great deal of weight/it still counts for a great deal to be of noble descent; **einer Sache** *(Dat.)* **[kein] ~ beimessen** *od.* **beilegen** attach [no] importance to sth.; **sein ganzes ~ in die Waagschale werfen** throw one's whole weight behind it; **auf etw.** *(Akk.)* **~ legen** attach importance to sth.; **[nicht] ins ~ fallen** be of [no] consequence

**gewịchten** *tr. V.* **a)** *(Statistik)* weight; **b)** *(Schwerpunkte festsetzen)* evaluate

**Gewịcht-: ~heben das; ~s** weight-lifting; **~heber der; ~s, ~:** weight-lifter

**gewịchtig** *Adj.* **a)** *(veralt.: schwer)* heavy; weighty; **jmd. ist ~** *(scherzh.)* sb. is impressively large; **b)** *(bedeutungsvoll)* weighty, important ‹*reason, question, decision, etc.*›; **eine ~e Persönlichkeit** an important person *or* figure; **~ tun** act pompously; **ein ~es Gesicht machen** *(iron.)* put on *or* assume an air of importance

**Gewịchtigkeit die; ~:** *s.* **gewichtig b:** importance; weightiness

**gewịchts-, Gewịchts-: ~abnahme die** decrease *or* reduction in weight; *(~verlust)* loss of weight; **~angabe die** indication of weight; **~klasse die a)** *(Sport)* weight [division *or* class]; **b)** *(Kaufmannsspr.)* weight class; **Eier nach ~klassen sortieren** grade eggs according to weight; **~los** *Adj.* **a)** *s.* **schwerelos 1; b)** *(bedeutungslos)* lacking in substance *postpos.*; **~verlagerung die** shift *or* transfer of weight; *(fig.)* shift in *or* of emphasis; **~verlust der** loss of weight; **~zunahme die** increase in weight

**Gewịchtung die; ~, ~en** evaluation

**gewieft** [gəˈviːft] *Adj. (ugs.)* cunning; wily

**gewiegt 1.** *2. Part. v.* **²wiegen. 2.** *Adj. s.* **gewieft**

**Gewieher** [gəˈviːɐ] **das; ~s a)** *(Wiehern)* neighing; **b)** *(salopp: Gelächter)* guffawing; braying laughter

**gewiesen** *2. Part. v.* **weisen**

**gewillt** [gəˈvɪlt] *Adj. in* **~/nicht ~ sein, etw. zu tun** be willing/unwilling to do sth.

**Gewịmmel das; ~s** throng; milling crowd; *(von Insekten)* teeming mass

**Gewịmmer das; ~s** whimpering

**Gewịnde das; ~s, ~ a)** *(Technik)* thread; **b)** *(veralt.: Girlande)* garland

**Gewịnde-: ~bohrer der** [screw] tap; **~gang der** turn [of a thread]; **~schneiden das; ~s** thread-cutting; *(innen)* tapping; **~stift der** grub-screw

**Gewinn** [gəˈvɪn] **der; ~[e]s, ~e a)** *(Reinertrag)* profit; **aus etw. ~ schlagen** *od.* **ziehen** make a profit out of sth.; **mit ~ wirtschaften** operate at a profit *or* profitably; **etw. mit ~ verkaufen** sell sth. at a profit; **b)** *(Preis einer Lotterie)* prize; *(beim Wetten, Kartenspiel usw.)* winnings *pl.*; **die ~e auslosen** draw the winners *or* winning numbers; **jedes zweite Los ist ein ~:** every other ticket is a winner; **c)** *(Nutzen)* gain; profit; **das war ein großer ~ für uns** we gained a great deal *or* profited greatly from it; **der neue Spieler ist ein [großer] ~ für unsere Mannschaft** the new player is a valuable addition to our team; **d)** *(Sieg)* win; **auf ~ stehen** *(Schach)* be in a winning position

**gewịnn-, Gewịnn-: ~anteil der** *(Wirtsch.)* share of the profits; **~beteiligung die** *(Wirtsch.)* profit-sharing; *(Betrag)* profit-sharing bonus; **gegen ~beteiligung** in return for a share of the profits; **~bringend** *Adj.* **a)** profitable; lucrative; **b)** *(nutzbringend)* profitable; valuable ‹*knowledge, information*›; **~chance die** chance of winning

**gewinnen** [gəˈvɪnən] **1.** *unr. tr. V.* **a)** *(siegen in)* win ‹*contest, race, etc.*›; **es [nicht] über sich ~, etw. zu tun** *(geh. veralt.)* [not] bring oneself to do sth.; *s. auch* **Spiel b; b)** *(erringen, erreichen, erhalten)* gain, win ‹*respect, sympathy, etc.*›; gain ‹*time, lead, influence, validity, confidence*›; win ‹*prize*›; **Klarheit über etw.** *(Akk.)* **~:** become clear in one's mind about sth.; **wie gewonnen, so zerronnen** *(Spr.)* easy come, easy go; *s. auch* **Abstand c; Oberhand; c)** *(Unterstützung erlangen)* **jmdn. für etw. ~:** win sb. over [to sth.]; **jmdn. als Kunden/Freund ~:** win sb. as a customer/friend; **d)** *(abbauen, fördern)* mine, extract ‹*coal, ore, metal*›; recover ‹*oil*›; **e)** *(erzeugen)* produce **(aus** from); *(durch Recycling)* reclaim; recover. **2.** *unr. itr. V.* **a)** win **(bei** at); **in der Lotterie ~:** win [a prize] in the lottery; **jedes zweite Los gewinnt!** every other ticket [is] a winner!; **b)** *(sich vorteilhaft verändern)* improve; **c)** *(zunehmen)* **an Höhe/Fahrt ~:** gain height/gain *or* pick up speed; **an Bedeutung ~:** gain in importance

**gewịnnend 1.** *Adj.* winning, engaging, winsome ‹*manner, smile, way*›; charming ‹*manners*›. **2.** *adv.* ‹*smile*› winningly, engagingly, winsomely

**Gewịnner der; ~s, ~ , Gewịnnerin die; ~, ~nen** winner

**Gewịnner·straße die** *(Sport, Jargon)* **auf der ~straße sein** be set *or* heading for victory

**gewịnn-, Gewịnn-: ~los das** winning ticket; **~nummer die** *s.* **Gewinnummer; ~quote die** share of prize money; **~satz der** *(Sport)* **über fünf ~sätze spielen** *(Tennis)* play the best of five sets; *(Tischtennis)* play the best of five games; **der fünfte Satz war ihr ~satz** *(Tennis)* she won in the fifth set; *(Tischtennis)* she won in the fifth game; **~spanne die** profit margin; **~streben das** pursuit of profit; **~sucht die;** *o. Pl.* greed for profit; **~süchtig** *Adj.* greedy for profits *pred.*; **in ~süchtiger Absicht** *(Rechtsspr.)* with the intention of making unreasonably high profits; **~trächtig** *Adj.* profitable; lucrative

**Gewịnnummer die** winning number

**Gewịnn-und-Verlụst-Rechnung die** *(Wirtsch.)* profit and loss account

**Gewịnnung die; ~ a)** *(von Kohle, Erz usw.)* mining; extraction; *(von Öl)* recovery; *(von Metall aus Erz)* extraction; **b)** *(Erzeugung)* production

**Gewịnn·zahl die** winning number

**Gewịnsel das; ~s** *(abwertend)* **a)** whimpering; whining; **b)** *(das Klagen, Bitten)* whining

**Gewịrr das; ~[e]s a)** *(wirres Knäuel)* tangle; **b)** *(Durcheinander)* **ein ~ von Ästen** a maze of branches; **ein ~ von Paragraphen** a maze *or* jungle of regulations; **ein ~ von Stimmen** a [confused] babble of voices

**Gewịsper das; ~s** whispering

**gewiß** [gəˈvɪs] **1.** *Adj.* **a)** *nicht präd. (nicht sehr viel/groß)* certain; **in gewisser Beziehung** in some respects; **eine gewisse Ähnlichkeit/Distanz** a certain resemblance/distance; *s. auch* **Etwas; ¹Maß d; b)** *(sicher)* certain (+ *Gen.* of); **etw. ist jmdm. ~:** sb. is certain *or* sure of sth.; **wir können seiner Hilfe ~ sein** we can be certain *or* sure of his help; we can count on his help; **man weiß nichts Gewisses** nothing certain *or* definite is known. **2.** *adv.* certainly; **ja** *od.* **aber ~ [doch]!** but of course!; **du hast ~ nichts dagegen, wenn ...:** I'm sure you won't mind if ...; **ich weiß es ganz ~:** I'm sure *or* certain of it

**Gewịssen das; ~s, ~:** conscience; **ein gutes/schlechtes ~:** a clean/guilty *or* bad conscience; **ruhigen ~s etw. tun** do sth. with a clear conscience; **mit gutem ~:** with a clear conscience; **ein gutes ~ ist ein sanftes Ruhekissen** *(Spr.)* one can sleep more easily with a clear conscience; **sich** *(Dat.)* **kein ~ daraus machen, etw. zu tun** have no scruples *or* qualms about doing sth.; **etw./jmdn. auf dem ~ haben** have sth./sb. on one's conscience; **jmdm. ins ~ reden [, etw. zu tun]** have a serious talk with sb. [and persuade him/her to do sth.]; *s. auch* **Wissen**

**gewịssenhaft 1.** *Adj.* conscientious. **2.** *adv.* conscientiously

**Gewịssenhaftigkeit die; ~:** conscientiousness

**gewịssen·los 1.** *Adj.* conscienceless; unscrupulous; **er ist vollkommen ~:** he is completely without conscience. **2.** *adv.* **~ handeln** act with a complete lack of conscience

**Gewịssenlosigkeit die; ~ a)** *(gewissenloses Wesen)* lack of conscience; **b)** *(gewissenloses Handeln)* unscrupulous act; **wie konntest du eine solche ~ begehen?** how could you show such a lack of conscience?

**Gewịssens-: ~bisse** *Pl.* pangs of conscience; **sich** *(Dat.)* **~bisse über etw.** *(Akk.)* **machen** have a guilty conscience about sth.; **~entscheidung die** decision on a matter of conscience; **~frage die** question *or* matter of conscience; matter for one's conscience; **~freiheit die;** *o. Pl.* freedom of conscience; **~gründe** *Pl.* reasons of conscience; **aus ~gründen** for reasons of conscience; **~konflikt der** moral conflict; **~not die** moral dilemma; **~qual die: ~qual[en]** agonies *pl.* of conscience

**gewịssermaßen** *Adv. (sozusagen)* as it were; *(in gewissem Sinne)* to a certain extent

**Gewịßheit die; ~, ~en** certainty; **wir haben noch keine ~, ob ...:** we still do not know for certain whether ...; **sich** *(Dat.)* **~ verschaffen** find out for certain; **zur ~ werden** turn into certainty

**gewịßlich** *Adv. (veralt.) s.* **gewiß 2**

**Gewịtter** [gəˈvɪtɐ] **das; ~s, ~:** thunderstorm; *(fig.)* storm

**Gewịtter·front die** storm front

**gewịtterig** *Adj. s.* **gewittrig**

**gewịttern** *itr. V. (unpers.)* **es gewitterte/wird bald ~:** there was/will soon be thunder and lightning

**Gewịtter-: ~neigung die;** *o. Pl.* likelihood of thunderstorms; **~regen der, ~schauer der** thundery shower; **~sturm der** thunderstorm; **~wolke die** thundercloud

**gewịttrig** [gəˈvɪtrɪç] *Adj.* thundery; **~e Schwüle** sultry heat

**gewịtzigt** [gəˈvɪtsɪçt] *Adj.* **a)** *(klüger geworden)* wiser; **durch Erfahrung/Schaden ~ sein** have learnt from experience/one's mistakes; **b)** *s.* **gewitzt**

**gewịtzt** [gəˈvɪtst] *Adj.* shrewd; **ein ~er Junge** a smart lad

**gewoben** [gəˈvoːbn̩] *2. Part. v.* **weben**

**Gewoge das; ~s** *(von einem Kornfeld usw.)* waving; *(von Gedanken)* surge; **das ~ der Menschenmenge** the surging back and forth of the crowd

**gewogen** 1. *2. Part. v.* **wiegen.** 2. *Adj. (geh.)* well disposed, favourably inclined (+ *Dat.* towards)

**Gewogenheit die;** ~ *(geh.)* favourable attitude; **bei aller ~, die ich Ihnen entgegenbringe, kann ich nicht ...:** although I'm favourably disposed towards you, I can't ...

**gewöhnen** [gə'vø:nən] 1. *tr. V.* **jmdn. an jmdn./etw. ~:** get sb. used *or* accustomed to sb./sth.; accustom sb. to sb./sth.; **Kinder an Sauberkeit ~:** get children used to being clean and tidy; **an jmdn./etw. gewöhnt sein** be used *or* accustomed to sb./sth.. 2. *refl. V.* **sich an jmdn./etw. ~:** get used *or* get *or* become accustomed to sb./sth.; accustom oneself to sb./sth.; **sich daran ~ müssen, daß ...:** have to get used to the fact that ...

**Gewohnheit** [gə'vo:nhait] **die;** ~, ~**en** habit; **die ~ haben, etw. zu tun** be in the habit of doing sth.; **das ist ihm zur ~ geworden** this has become a habit with him; **sich** *(Dat.)* **etw. zur ~ machen** make a habit of sth.; **nach alter ~:** from long-established habit; **etw. aus ~ tun** do sth. out of habit *or* from force of habit; **die Macht der ~:** the force of habit

**gewohnheits-, Gewohnheits-: ~gemäß** *Adv.* as is/was his/her *etc.* custom; **~mäßig** 1. *Adj.* habitual ⟨*drinker etc.*⟩; automatic ⟨*reaction etc.*⟩; 2. *adv.* a) *(regelmäßig)* habitually; b) *(einer Gewohnheit folgend)* as is/was my/his *etc.* habit; **~mensch der** creature of habit; **~recht das** *(Rechtsw.)* a) *o. Pl. (System)* common law; b) *(einzelnes Recht)* established right; **~sache die** matter *or* question of habit; **~tier das** *(scherzh.)* creature of habit; **der Mensch ist ein ~tier** man is a creature of habit; **~trinker der** habitual drinker; **~verbrecher der** *(Rechtsw.)* habitual criminal

**gewöhnlich** [gə'vø:nlɪç] 1. *Adj.* a) *nicht präd. (alltäglich)* normal; ordinary; **im ~en Leben** in ordinary *or* everyday life; **ein ~er Sterblicher** an ordinary mortal; b) *nicht präd. (gewohnt, üblich)* usual; normal; customary; c) *(abwertend: ordinär)* common. 2. *adv.* a) **[für] ~:** usually; normally; **wie ~:** as usual; b) *(abwertend: ordinär)* in a common way

**Gewöhnlichkeit die;** ~ *(abwertend)* commonness

**gewohnt** 1. *2. Part. v.* **wohnen.** 2. *Adj.* a) *nicht präd. (vertraut)* usual; **zur ~en Zeit/Stunde** at the usual *or* normal *or* customary time; **in ~er** *od.* **auf ~e Weise** in the/one's usual manner *or* way; b) **etw.** *(Akk.)* **~ sein** be used *or* accustomed to sth.; **es ~ sein, etw. zu tun** be used *or* accustomed to doing sth.

**gewohntermaßen** *Adv.* as usual

**Gewöhnung die;** ~ a) habituation (**an** + *Akk.* to); b) *(Sucht)* habit; addiction

**Gewölbe** [gə'vœlbə] **das;** ~**s,** ~: vault; **das blaue ~ des Himmels** *(fig.)* the blue vault of the sky; **das ~ der Burg** the vaults *pl.* of the castle

**Gewölk** [gə'vœlk] **das;** ~**[e]s** clouds *pl.*

**gewonnen** [gə'vɔnən] *2. Part. v.* **gewinnen**

**geworben** [gə'vɔrbn̩] *2. Part. v.* **werben**

**geworfen** [gə'vɔrfn̩] *2. Part. v.* **werfen**

**gewrungen** [gə'vrʊŋən] *2. Part. v.* **wringen**

**Gewühl das;** ~**[e]s** a) milling crowd; **das ~ der Menschenmassen** the milling crowd [of people]; b) *(das Wühlen)* rooting about

**gewunden** *2. Part. v.* **winden**

**gewunken** [gə'vʊŋkn̩] *2. Part. v.* **winken**

**gewürfelt** 1. *2. Part. v.* **würfeln.** 2. *Adj. (kariert)* check; checked

**Gewürm** [gə'vʏrm] **das;** ~**[e]s,** ~**e** *(oft abwertend)* worms *pl.*; *(fig. geh.)* swarm of diminutive creatures

**Gewürz das;** ~**es,** ~**e** spice; *(würzende Zutat)* seasoning; condiment; *(Kraut)* herb; **verschiedene ~e** various herbs *or* spices

**Gewürz-: ~essig der** *s.* **Kräuteressig; ~gurke die** pickled gherkin; **~mischung die** mixed spices *pl.*/herbs *pl.*; **~nelke die** clove; **~traminer der** Gewürztraminer

**Gewusel** [gə'vu:zl̩] **das;** ~**s** *(landsch.) s.* **Gewimmel**

**gewußt** *2. Part. v.* **wissen**

**Geysir** ['gaizɪr] **der;** ~**s,** ~**e** geyser

**gez.** *Abk.* **gezeichnet** sgd.

**gezähnt** [gə'tsɛ:nt] *Adj. (Bot.)* dentate

**Gezänk** [gə'tsɛŋk] **das;** ~**[e]s, Gezanke** [gə'tsaŋkə] **das;** ~**s** *(abwertend)* quarrelling

**Gezappel das;** ~**s** *(ugs., oft abwertend)* wriggling

**Gezeiten** *Pl.* tides

**Gezeiten-: ~kraft·werk das** tidal power-station; **~strom der** tidal current; **~tafel die** tide table

**Gezeter das;** ~**s** *(abwertend)* scolding; nagging

**Geziefer** [gə'tsi:fɐ] **das;** ~**s** *(veralt.) s.* **Ungeziefer**

**geziehen** [gə'tsi:ən] *2. Part. v.* **zeihen**

**gezielt** 1. *2. Part. v.* **zielen.** 2. *Adj.* specific ⟨*questions, measures, etc.*⟩; deliberate ⟨*insult, indiscretion*⟩; well-directed ⟨*advertising campaign*⟩. 3. *adv.* ⟨*proceed, act*⟩ purposefully, in a purposeful manner; **~ nach etw. forschen** search specifically for sth.

**geziemen** *(geh. veralt.)* 1. *itr. V.* **jmdm. [nicht] ~:** [ill] befit sb. 2. *refl. V.* be proper *or* right; **sich für jmdn. ~:** befit sb.; **es geziemt sich nicht, so mit deiner Mutter zu reden** it isn't proper *or* right for you to talk to your mother like that

**geziemend** *(geh.)* 1. *Adj.* fitting; proper, due ⟨*respect*⟩; **in ~er Weise** in a proper manner; **mit ~en Worten** with a few fitting remarks; **mit der ihr ~en Bescheidenheit** with fitting modesty. 2. *adv.* in a fitting manner

**geziert** 1. *2. Part. v.* **zieren.** 2. *Adj. (abwertend)* affected. 3. *adv. (abwertend)* affectedly

**Geziertheit die;** ~ *(abwertend)* affectedness

**Gezirp[e] das;** ~**s** *(oft abwertend)* chirping; chirruping

**gezogen** [gə'tso:gn̩] *2. Part. v.* **ziehen**

**Gezücht das;** ~**[e]s,** ~**e** *(geh. abwertend)* riff-raff *pl.*; rabble

**Gezüngel** [gə'tsʏŋl̩] **das;** ~**s: das ~ der Schlange/Schlangen** the flicking *or* darting of the snake's tongue/snakes' tongues; **das ~ der Flammen** *(fig.)* the flickering of the flames

**Gezweig das;** ~**[e]s** *(geh.)* branches *pl.*

**Gezwitscher das;** ~**s** twittering; chirping; chirruping

**gezwungen** [gə'tsvʊŋən] 1. *2. Part. v.* **zwingen.** 2. *Adj.* forced ⟨*laugh, smile, etc.*⟩; stiff ⟨*behaviour*⟩. 3. *adv.* ⟨*laugh*⟩ in a forced way *or* manner; ⟨*behave*⟩ stiffly

**gezwungenermaßen** *Adv.* of necessity; **etw. ~ machen** be forced to do sth.

**GG** *Abk.* **Grundgesetz**

**ggf.** *Abk.* **gegebenenfalls**

**Ghana** ['ga:na] **(das);** ~**s** Ghana

**Ghanaer der;** ~**s,** ~: Ghanaian

**Ghetto** *s.* **Getto**

**Ghostwriter** ['goʊstraitə] **der;** ~**s,** ~: ghost-writer; **von ~n geschrieben werden** be ghosted

**gib** [gi:p] *Imperativ Sg. Präsens v.* **geben**

**Gibbon** ['gɪbɔn] **der;** ~**s,** ~**s** *(Zool.)* gibbon

**gibst** [gi:pst] *2. Pers. Sg. Präsens v.* **geben**

**gibt** [gi:pt] *3. Pers. Sg. Präsens v.* **geben**

[1]**Gicht** [gɪçt] **die;** ~, ~**en** *(Metall.)* a) *(Öffnung)* throat [of the/a furnace]; b) *(Oberteil des Hochofens)* top [of the/a furnace]; c) *(Menge)* charge

[2]**Gicht die;** ~: gout

**gicht·brüchig** *Adj. (veralt.)* gouty; **die Gichtbrüchigen** *(bibl.)* those that had the palsy

**gichtig, gichtisch** *Adj.* gouty

**Gicht·knoten der** gouty concretion

**gicht·krank** *Adj.* gouty

**gicksen** ['gɪksn̩] *(bes. md.)* 1. *itr. V. (einen Schrei ausstoßen)* squeak. 2. *tr. V. (stechen, stoßen)* **jmdn. ~:** jab sb.; **jmdn.** *od.* **jmdm. in die Seite ~:** jab sb. in the side

**Giebel** ['gi:bl̩] **der;** ~**s,** ~ a) gable; b) *(von Portalen)* pediment

**Giebel-: ~dach das** gable roof; **~feld das** *(Archit.)* tympanum; **~fenster das** gable-window; **~seite die** gable end; **~wand die** gable wall

**Gier** [gi:ɐ̯] **die;** ~ a) greed (**nach** for); **mit solcher ~:** so greedily; **~ nach Macht/Ruhm** lust *or* craving for power/craving for fame; **~ nach Zigaretten** greedy desire for cigarettes; **~ nach Leben** passionate desire for life; b) *(Lüsternheit)* lust

[1]**gieren** *itr. V. (geh.)* **nach etw. ~:** crave for sth.; **nach Macht/Rache ~:** lust for power/revenge

[2]**gieren** *itr. V. (Seemannsspr.)* yaw

**gierig** 1. *Adj.* greedy; avid ⟨*reader, desire*⟩; **nach etw. ~ sein** be greedy for sth. 2. *adv.* greedily

**Gieß·bach der** [mountain] torrent; *(nach starkem Regen)* swollen [mountain] stream

**gießen** ['gi:sn̩] 1. *unr. tr. V.* a) *(rinnen lassen/schütten)* pour (**in** + *Akk.* into, **über** + *Akk.* over); b) *(verschütten)* spill (**über** + *Akk.* over); c) *(begießen)* water ⟨*plants, flowers, garden*⟩; d) cast ⟨*machine part, statue, candles, etc.*⟩; cast, found ⟨*metal*⟩; found ⟨*glass*⟩; **Blei zu Kugeln ~:** cast lead into bullets. 2. a) *unr. itr. V.* **ich muß im Garten noch ~:** I still have to water the garden; b) *(unpers., ugs.)* pour [with rain]; **es gießt in Strömen** it is coming down in buckets; it's raining cats and dogs

**Gießer der;** ~**s,** ~: caster; founder

**Gießerei die;** ~, ~**en** a) *(Betrieb)* foundry; b) *o. Pl. (Zweig der Metallindustrie)* casting; founding

**Gieß-: ~form die** *(Gießerei)* [casting-]mould; **~grube die** *(Gießerei)* casting-pit; **~harz das** *(Technik)* cast resin; **~kanne die** watering-can

**Gießkannen·prinzip das;** *o. Pl. (scherzh.)* principle of 'equal shares for all'

**Gieß-: ~kelle die** *(Gießerei)* casting ladle; **~pfanne die** *(Gießerei)* pouring *or* teeming ladle

**Gift** [gɪft] **das;** ~**[e]s,** ~**e** a) poison; *(Schlangen~)* venom; **jmdm. ~ [ein]geben** poison sb.; **~ [aus]legen** put poison down; b) *(fig.)* **~ für jmdn./etw. sein** be extremely bad for sb./sth.; **sein ~ verspritzen** *(ugs.)* spit venom *(fig.)*; **~ und Galle speien** *od.* **spucken** *(sehr wütend sein)* be in a terrible rage; *(gehässig reagieren)* give vent to one's spleen; **du kannst ~ darauf nehmen** *(ugs.)* you can bet your life on it; *s. auch* **blond**

**Gift-: ~becher der** *(hist.)* cup of poison; **~drüse die** *(Zool.)* poison gland

**giften** *(ugs.)* 1. *tr. V. (böse machen)* rile *(coll.)*; infuriate. 2. *refl. V. (sich ärgern)* be furious. 3. *itr. V. (gehässig reden)* **gegen jmdn./etw. ~:** be nasty about sb./sth.

**gift-, Gift-: ~frei** *Adj.* non-toxic; non-poisonous; **~gas das** poison gas; **~grün** *Adj.* garish green

**giftig** *Adj.* 1. a) poisonous; venomous, poisonous ⟨*snake*⟩; toxic, poisonous ⟨*substance, gas, chemical*⟩; b) *(ugs.: bösartig)* venomous, spiteful ⟨*remark, person, words, etc.*⟩; venomous ⟨*look*⟩; **~ werden** turn nasty; c) *(grell, schreiend)* garish, loud ⟨*colour*⟩. 2. *adv.* venomously

**Gift-: ~küche die** *(scherzh.)* chemical laboratory *(with its unpleasant products)*; **~mischer der** a) *(ugs. abwertend)* maker of poisons; b) *(ugs. scherzh.: Apotheker)* chemist; **~mord der** [murder by] poisoning; **~mörder der** poisoner; **~müll der**

toxic waste; **~müll·deponie die** toxic [waste] tip *or* dump; **~pfeil der** poisoned arrow; **~pflanze die** poisonous plant; **~pilz der** poisonous mushroom; [poisonous] toadstool; **~schlange die** poisonous *or* venomous snake; **~schrank der** poison cabinet *or* cupboard; **~spinne die** poisonous spider; **~stachel der** poisonous sting; **~stoff der** poisonous *or* toxic substance; **~trank der** *(geh.)* poisoned drink; **~zahn der** poison fang; **~zwerg der** *(ugs. abwertend)* [nasty] spiteful little man

**Giga-** [giga-] giga‹*hertz etc.*›

**Gigant** [gi'gant] **der; ~en, ~en a)** *(geh.: Riese)* giant; **b)** *(sehr beeindruckende Sache, Person)* giant; titan; **~en der Landstraße/des Meeres** *(fig.)* juggernauts of the road/leviathans of the ocean

**gigantisch** *Adj.* gigantic; huge ‹*success*›

**Gigantomanie** [gigantoma'ni:] **die; ~** *(geh.)* craze for the huge and spectacular

**Gigerl** ['gi:gɐl] **der** *od.* **das; ~s, ~n** *(südd., österr. ugs.)* dandy; fop

**Gigolo** ['ʒi:golo] **der; ~s, ~s** gigolo

**Gilde** ['gɪldə] **die; ~, ~n a)** *(hist.)* guild; **b)** *(Interessengruppe)* fraternity

**gilt** [gɪlt] *3. Pers. Sg. Präsens v.* **gelten**

**Gimpel** ['gɪmpl̩] **der; ~s, ~ a)** *(Vogel)* bullfinch; **b)** *(ugs. abwertend: einfältiger Mensch)* ninny; simpleton

**Gin** [dʒɪn] **der; ~s,** *(Sorten:)* **~s** gin

**Gin-Fizz** ['dʒɪnfɪs] **der; ~, ~:** gin-fizz

**ging** [gɪŋ] *1. u. 3. Pers. Sg. Prät. v.* **gehen**

**Ginseng** ['gɪnzɛŋ] **der; ~s, ~s** ginseng

**Ginster** ['gɪnstɐ] **der; ~s, ~:** broom; *(Stech~)* gorse; furze

**Gipfel** ['gɪpfl̩] **der; ~s, ~ a)** peak; *(höchster Punkt des Berges)* summit; **den ~ besteigen/bezwingen** climb the peak/conquer the peak *or* summit; **b)** *(Höhepunkt)* height; *(von Begeisterung, Glück, Ruhm, Macht auch)* peak; **auf dem ~ der Macht/des Ruhmes** at the height of one's power/fame; **der ~ der Geschmacklosigkeit/Dummheit** *(ugs.)* the height of bad taste/stupidity; **das ist [doch] der ~!** *(ugs.)* that's the limit!; **c)** *(veralt.: Wipfel)* top; **d)** *(~konferenz)* summit

**Gipfel-: ~gespräch das** summit talks *pl.*; **~konferenz die** summit conference; **~kreuz das** cross on the summit of a/the mountain

**gipfeln** *itr. V.* **in etw.** *(Dat.)* **~:** culminate in sth.

**Gipfel·punkt der** highest point; top; *(fig.)* high point; **der ~ seines künstlerischen Schaffens** the peak of his artistic powers

**Gips** [gɪps] **der; ~es,** *(Sorten:)* **~e** plaster; gypsum *(Chem.)*; *(zum Modellieren)* plaster of Paris; **einen Arm in ~ legen** put an arm in plaster; **drei Monate im ~ liegen** be laid up in plaster for three months

**Gips-: ~abdruck der, ~abguß der** plaster cast; **~bein das** *(ugs.)* **ich komme mit meinem ~bein nicht mit** I can't keep up, with this plaster on my leg; **durch ein ~bein behindert werden** be hindered by having one's leg in plaster

**gipsen** *tr. V.* **a)** plaster ‹*wall, ceiling*›; put ‹*leg, arm, etc.*› in plaster; **b)** *(ausbessern)* repair with plaster

**Gipser der; ~s, ~:** plasterer

**Gips-: ~figur die** plaster [of Paris] figure; **~korsett das** *(Med.)* plaster jacket; **~modell das** plaster model; **~verband der** plaster cast

**Giraffe** [gi'rafə] **die; ~, ~n** giraffe

**Girant** [ʒi'rant] **der; ~en, ~en** *(Finanzw.)* endorser

**girieren** [ʒi'ri:rən] *tr. V. (Finanzw.)* endorse

**Girl** [gø:ɐ̯l] **das; ~s, ~s a)** *(ugs., oft scherzh.: Mädchen)* girl; **b)** *(Tänzerin)* chorus-girl

**Girlande** [gɪr'landə] **die; ~, ~n** festoon

**Giro** ['ʒi:ro] **das; ~s, ~s,** *österr. auch* **Giri** *(Finanzw.)* **a)** *(Überweisung)* giro; **b)** *(Vermerk)* endorsement

**Giro-: ~bank die** *(Finanzw.)* clearing bank; **~konto das** *(Finanzw.)* current account

**girren** ['gɪrən] *itr. V. (auch fig.)* coo

**Gis, gis** [gɪs] **das; ~, ~** *(Musik)* G sharp

**Gischt** [gɪʃt] **der; ~[e]s, ~e** *od.* **die; ~, ~en a)** *(Schaumkronen)* foam; surf; b) *(Sprühwasser)* spray

**gischten** *itr. V. (geh.)* spray up

**Gis-Dur** [*auch:* '-'-] **das; ~** *(Musik)* G sharp major; *s. auch* **A-Dur**

**gis-Moll** [*auch:* '-'-] **das; ~** *(Musik)* G sharp minor; *s. auch* **a-Moll**

**Gitarre** [gi'tarə] **die; ~, ~n** guitar

**Gitarren·spieler der** guitar player; guitarist

**Gitarrist der; ~en, ~en** guitarist

**Gitter** ['gɪtɐ] **das; ~s, ~ a)** *(parallele Stäbe)* bars *pl.*; *(Drahtgeflecht vor Fenster-, Türöffnungen)* grille; *(in der Straßendecke, im Fußboden)* grating; *(Geländer)* railing[s *pl.*]; *(Spalier)* trellis; *(feines Draht~)* mesh; *(Kamin~)* [fire-]guard; **hinter ~n** *(ugs.)* behind bars; **b)** *(Physik, Chemie)* lattice; **c)** *(Math., Elektronik, auf Landkarten)* grid

**Gitter-: ~bett das** cot; **~fenster das** barred window; **~mast der** *(Technik)* pylon; lattice tower; **~netz das** *(Kartographie)* grid; **~rost der** grating; **~stab der** bar; **~struktur die** *(Physik)* lattice structure; **~tor das** iron-barred gate; **~werk das;** *o. Pl.* ironwork; *(kunstvoller)* wrought-iron work; **~zaun der** railing[s *pl.*]; *(mit gekreuzten Stäben)* lattice[-work] fence

**Glace** ['glasə] **die; ~, ~n** *(schweiz.)* ice cream

**Glacé-** [gla'se:]: **~hand·schuh der** kid glove; **jmdn./etw. mit ~handschuhen anfassen** *(ugs.)* handle sb./sth. with kid gloves; **~leder das** glacé leather

**glacieren** [gla'si:rən] *tr. V. (Kochk.)* glaze

**Glacis** [gla'si:] **das; ~, ~** *(Milit.)* glacis

**Gladiator** [gla'dia:tɔr] **der; ~s, ~en** [-'to:rən] gladiator

**Gladiole** [gla'dio:lə] **die; ~, ~n** gladiolus

**Glamour** ['glæmə] **der** *od.* **das; ~s** glamour

**Glamour·girl das** glamour girl

**Glanz** [glants] **der; ~es a)** *(von Licht, Sternen)* brightness; brilliance; *(von Haar, Metall, Perlen, Leder usw.)* shine; lustre; sheen; *(von Augen)* shine; brightness; lustre; **den ~ verlieren** ‹*diamonds, eyes*› lose their sparkle; ‹*metal, leather*› lose its shine; **etw. auf ~ polieren** polish sth. till it shines; **welch ~ in meiner Hütte!** *(scherzh. iron.)* to what do I owe the honour of this visit? *(iron.)*; **b)** *(der Jugend, Schönheit)* radiance; *(des Adels usw.)* splendour; **zu neuem ~ kommen** acquire new splendour; **mit ~** *(ugs.)* with flying colours; **mit ~ und Gloria** *(ugs. iron.)* in grand style

**Glanz·abzug der** *(Fot.)* glossy print

**glänzen** ['glɛntsn̩] *itr. V.* **a)** *(Glanz ausstrahlen)* shine; ‹*car, hair, metal, paintwork, etc.*› gleam; ‹*elbows, trousers, etc.*› be shiny; **vor Sauberkeit ~:** be so clean [that] it shines; **sein Gesicht glänzte vor Freude** his face shone with joy *or* pleasure; **b)** *(Bewunderung erregen)* shine **(bei** at); **durch Wissen/Können ~:** be outstanding for one's knowledge/ability; **in einer Rolle ~:** shine in a role; **durch Abwesenheit ~** *(iron.)* be conspicuous by one's absence

**glänzend** *(ugs.)* **1.** *Adj.* **a)** shining; gleaming ‹*car, hair, metal, paintwork, etc.*›; shiny ‹*elbows, trousers, etc.*›; **b)** *(bewundernswert)* brilliant ‹*idea, career, victory, pupil, prospects, etc.*›; splendid, excellent, outstanding ‹*references, marks, results, etc.*›; **in ~er Laune/Form sein** be in a splendid mood/in splendid form. **2.** *adv.* **~ mit jmdm. auskommen** get on very well with sb.; **es geht mir/uns ~:** I am/we are very well; *(finanziell)* I am/we are doing very well *or* very nicely; **eine Aufgabe ~ lösen** solve a problem brilliantly

**glanz-, Glanz-: ~kohle die** glance coal; **~leistung die** *(auch iron.)* brilliant performance; **~licht das** *(bild. Kunst)* highlight; **einer Sache** *(Dat.)* **[noch einige] ~lichter aufsetzen** give sth. [more] sparkle; **~los** *Adj.* dull; lacklustre; **~nummer die** star turn; **diese Rezitation ist seine ~nummer** this recitation is his pièce de résistance; **~papier das** glossy paper; **~parade die** *(Sport)* superb *or* outstanding save; **~politur die** high-gloss polish; **~punkt der** high spot; highlight; **~rolle die** star role; **~stück das a)** *(Meisterwerk)* pièce de résistance; **b)** *(der kostbarste Gegenstand)* show-piece; **~voll 1.** *Adj.* **a)** *(ausgezeichnet)* brilliant; sparkling ‹*variety number*›; **b)** *(prachtvoll)* magnificent; **2.** *adv.* **a)** *(ausgezeichnet)* brilliantly; **eine Prüfung ~voll bestehen** pass an examination with flying colours; do brilliantly in an examination; **b)** *(prachtvoll)* **Louis XIV pflegte ~voll Hof zu halten** Louis XIV used to hold court in glittering style; **~zeit die** heyday; **ihre ~zeit ist vorüber** she's had her day

**[1]Glas** [gla:s] **das; ~es, Gläser** ['glɛ:zɐ] **a)** *o. Pl.* glass; **unter ~:** behind glass; ‹*plants*› under glass; **„Vorsicht, ~!"** 'glass – handle with care'; **du bist nicht aus ~** *(ugs.)* you make a better door than you do window *(coll.)*; **b)** *(Trinkgefäß)* glass; **zwei ~** *od.* **Gläser Wein/Bier** two glasses of wine/beer; **ein ~ über den Durst trinken** *(ugs. scherzh.)*, **zu tief ins ~ gucken** *(ugs. scherzh.)* have one too many *or* one over the eight; **c)** *(Behälter aus ~)* jar; **ein ~ Marmelade/Honig** a jar of jam/honey; **d)** *(geh.: Brillen~)* lens; **Gläser** *(veralt.: Brille)* spectacles; glasses; **e)** *(Fern~)* binoculars *pl.*; [field-]glasses *pl.*; *(Opern~)* opera-glasses *pl.*

**[2]Glas das; ~es, ~en** *(Seemannsspr.)* bell; **es schlug acht ~en** it struck eight bells

**glas-, Glas-: ~artig** *Adj.* vitreous; glassy; **~auge das** glass eye; **~ballon der** carboy; **~baustein der** glass brick *or* block; **~bläser der** glass-blower; **~bläserei** [~blɛ:zə'rai] **die; ~, ~en a)** *o. Pl.* glass-blowing; **b)** *(Betrieb)* glass-blowing works *sing. or pl.*

**Gläschen** ['glɛ:sçən] **das; ~s, ~ a)** *(kleines Trinkglas)* [little] glass; **b)** *(kleines Gefäß aus Glas)* [little] [glass] jar

**Glas·dach das** glass roof

**Glaser der; ~s, ~:** glazier

**Glaserei die; ~, ~en a)** *(Betrieb)* glazing business; *(Werkstatt)* glazier's workshop; **b)** *o. Pl.* glazier's trade

**gläsern** ['glɛ:zɐn] *Adj.* **a)** *nicht präd. (aus Glas)* glass; **ein ~er Abgeordneter** *(fig.)* a member of parliament who has no secrets; **b)** *(dichter.: wie Glas)* glassy

**glas-, Glas-: ~fabrik die** glassworks *sing. or pl.*; **~faser die;** *meist Pl.* glass fibre; **~fenster das** [glass] window; **bemalte ~fenster** stained glass windows; **~fiber die** *s.* **~faser; ~fiber·stab der** *(Leichtathletik)* glass-fibre pole; **~flasche die** glass bottle; **~flügler der; ~s, ~** *(Zool.)* clearwing; **~fluß der** paste; **~geschirr das** glassware; **~hart 1.** *Adj.* **a)** ['--] *(hart)* solid ‹*ice*›; rigid ‹*plastic*›; *(spröde)* brittle; **b)** ['-'-] *(Sport)* cracking ‹*shot*›; solid ‹*punch*›; **2.** *adv.* **a) ~hart gefroren** frozen hard; **b)** *(Sport)* **seine Rechte ~hart schlagen** have a solid right; **~haus das** greenhouse; glass-house; **wer [selbst] im ~haus sitzt, soll nicht mit Steinen werfen** *(Spr.)* those who live in glass houses shouldn't throw stones *(prov.)*; **~hütte die** glassworks *sing. or pl.*

**glasieren** *tr. V.* **a)** *(glätten und haltbar machen)* glaze; **b)** *(Kochk.)* ice ‹*cake etc.*›; glaze ‹*meat*›

**glasig** *Adj.* **a)** *(starr)* glassy ‹*stare, eyes, etc.*›; **b)** *(Kochk.: durchsichtig)* transparent

**glas-, Glas-: ~kasten der a)** glass case; *(kleiner)* glass box; **b)** *(ugs.: Raum)* glass box; **~keramik die** devitrified glass;

**~kinn das** *(Sportjargon)* vulnerable chin; **~klar** *Adj. (auch fig.)* crystal clear; **~kolben der** glass flask; *(einer Glühbirne)* glass bulb; **~körper der** *(Anat.)* vitreous body; **~kugel die** glass ball; *(einer Wahrsagerin)* crystal ball; *(Murmel)* marble; **~malerei die** stained glass; *(Verfahren)* glass-staining; **~papier das** glass *or* sand paper; **~perle die** glass bead; **~platte die** glass plate; *(eines Tisches)* glass top; *(im Fenster)* pane of glass; **~röhrchen das** small glass tube; **~scheibe die** sheet of glass; *(im Fenster)* pane of glass; **~scherbe die** piece of broken glass; **~scherben** [pieces of] broken glass; **~schleifer der a)** glass cutter; **b)** *(Optik)* glass grinder; **~schneider der** glass-cutter; **~schrank der** glass-fronted cabinet; *(mit Wänden aus Glas)* glass cabinet; **~splitter der** splinter of glass; **~stein der** *s.* **~baustein; ~tür die** glass door

**Glasur** [gla'zu:ɐ̯] **die; ~, ~en a)** *(Schmelz)* glaze; **b)** *(Kochk.) (auf Kuchen)* icing; *(auf Fleisch)* glaze

**glas-, Glas-: ~veranda die** glassed-in veranda; **~vitrine die** glass showcase; **~ware die;** *meist Pl.* piece of glassware; **~waren** glassware *sing.;* **~watte die** *s.* **~wolle; ~weise** *Adv.* by the glass; **~wolle die** glass wool; **~ziegel der** glass tile

**glatt** [glat] **1.** *Adj.* **a)** smooth; straight 〈*hair*〉; **eine ~e Eins/Fünf** a clear A/E; **b)** *(rutschig)* slippery; **c)** *nicht präd. (komplikationslos)* smooth 〈*landing, journey*〉; clean, straightforward 〈*fracture*〉; **d)** *nicht präd. (ugs.: offensichtlich)* downright, outright 〈*lie*〉; outright 〈*deception, fraud*〉; sheer, utter 〈*nonsense, madness, etc.*〉; pure, sheer 〈*invention*〉, flat 〈*refusal*〉; complete 〈*failure*〉; **~er Mord sein** be tantamount to murder; **e)** *(allzu gewandt)* smooth. **2.** *adv.* **a) die Rechnung geht ~ auf** the calculation works out exactly; **stricken Sie die ersten zehn Reihen ~ rechts** start with ten rows of plain knitting; **b)** *(komplikationslos)* smoothly; **jmdn. ~ schlagen/besiegen** beat/defeat sb. decisively; **c)** *(ugs.: rückhaltlos)* **jmdm. etw. ~ ins Gesicht sagen** tell sb. sth. straight to his/her face; **etw. ~ ablehnen/leugnen** reject/deny sth. flatly; **etw. ~ vergessen** completely *or* clean forget sth.; **d)** *(abwertend: allzu gewandt)* smoothly

**glatt|bügeln** *tr. V.* iron smooth

**Glätte** ['glɛtə] **die; ~ a)** *(ebene Beschaffenheit)* smoothness; **b)** *(Rutschigkeit)* slipperiness; **c)** *(abwertend: allzu große Gewandtheit)* smoothness

**Glatt·eis das** glaze; ice; *(auf der Straße)* black ice; **jmdn. aufs ~ führen** *(fig.)* catch sb. out; **aufs ~ geraten** *(fig.)* get on to tricky ground

**Glatteis·bildung die** formation of black ice

**Glätt·eisen das** *(schweiz.) s.* **Bügeleisen**

**Glatteis·gefahr die;** *o. Pl.* danger of black ice

**glätten 1.** *tr. V.* smooth out 〈*piece of paper, banknote, etc.*〉; smooth [down] 〈*feathers, fur, etc.*〉; plane 〈*wood etc.*〉; **jmds. Zorn/aufgebrachte Stimmung ~** *(fig.)* calm sb.'s anger/smooth sb.'s ruffled feathers. **2.** *refl. V.* 〈*waves*〉 subside; 〈*sea*〉 become calm *or* smooth; *(fig.)* subside; die down; **ihre Stirn glättete sich** her frown vanished. **3.** *tr., itr. V. (schweiz.) s.* **bügeln**

**Glätterin die; ~, ~nen** *(schweiz.) s.* **Büglerin**

**glatt-: ~|gehen** *unr. itr. V.; mit sein (ugs.)* go smoothly; **~|hobeln** *tr. V.* plane smooth; **~|kämmen** *tr. V.* **seine Haare ~kämmen** comb one's hair straight; **~|machen** *tr. V.* **a)** *(ebnen, glätten)* smooth out; level 〈*ground*〉; **b)** *(ugs.: begleichen)* settle 〈*account etc.*〉; **~rasiert** *Adj.* clean-shaven; **~weg** *Adv. (ugs.)* **etw. ~weg ablehnen/ignorieren** turn sth. down flat/just *or* simply ignore sth.; **das ist ~weg erlogen/erfunden** that's a downright lie/that's pure invention; **~|ziehen** *unr. tr. V.* pull straight; **~züngig** [~tsʏŋɪç] *Adj. (geh. abwertend)* smooth-tongued; glib

**Glatze** ['glatsə] **die; ~, ~n** bald head; *(kahle Stelle)* bald patch; **eine ~ haben/bekommen** be/go bald; **sich eine ~ schneiden lassen** *(ugs.)* have one's hair cropped very short all over; **ein Mann mit ~:** a man with a bald head; a bald-headed man

**Glatz·kopf der a)** *(Kopf)* bald head; **b)** *(ugs.: Person)* baldhead

**glatz·köpfig** *Adj.* bald[-headed]

**Glaube** ['glaubə] **der; ~ns a)** *(gefühlsmäßige Bindung)* faith (**an** + *Akk.* in); *(Überzeugung, Meinung)* belief (**an** + *Akk.* in); **den ~n an jmdn./etw. verlieren** lose faith in sb./sth.; **jmdm./jmds. Worten ~n schenken** believe sb./what sb. says; **[bei jmdm.] ~n finden** be believed [by sb.]; **guten ~ns sein, daß ...:** be quite convinced that ...; **in dem ~n leben, daß ...:** live in the belief that ...; **laß ihn in seinem ~n** don't disillusion him; **jmdn. bei** *od.* **in dem ~n lassen, daß ...:** let sb. believe that ...; **[der] ~ versetzt Berge** *od.* **kann Berge versetzen** faith can move mountains; **sich in dem ~n wiegen, daß ...:** labour under the illusion that ...; **in gutem** *od.* **im guten ~n** in good faith; **b)** *(religiöse Überzeugung, Religion, Bekenntnis)* faith; **den ~n verlieren** lose one's [religious] faith; **den ~n an Gott verlieren** lose one's faith *or* belief in God

**glauben 1.** *tr. V.* **a)** *(annehmen, meinen)* think; believe; **ich glaube, ja** I think *or* believe so; **ich glaube, nein** *od.* **nicht** I don't think so; I think *or* believe not; **jmdn. etw. ~ machen wollen** try to make sb. believe sth.; **b)** *(für wahr halten)* believe; **jmdm. [etw.] ~:** believe sb.; **ich glaube ihm seine Geschichte** I believe his story; **das glaubst du doch selbst nicht!** [surely] you can't be serious; **sie glaubt ihm jedes Wort** she believes every word he says; **ob du es glaubst oder nicht ...:** believe it or not ...; **wer hätte das [je] geglaubt?** who would [ever] have thought it?; **wer hätte [je] geglaubt, daß ...:** who would [ever] have believed *or* thought that ...; **du glaubst [gar] nicht, wie ...:** you have no idea how ...; **wer's glaubt, wird selig** *(ugs. scherzh.)* if you believe that, you'll believe anything; **das ist doch kaum zu ~** *(ugs.)* it's incredible; **c)** *(fälschlich annehmen)* **wir glaubten ihn tot/in Sicherheit** we thought *or* believed him [to be] dead/safe; **sich allein/unbeobachtet ~:** think *or* believe oneself [to be] alone/unobserved. **2.** *itr. V.* **a)** *(vertrauen)* **an jmdn./etw./sich [selbst] ~:** believe in *or* have faith in sb./sth./oneself; **b)** *(gläubig sein)* hold religious beliefs; believe; **fest/unbeirrbar ~:** have a strong/unshakeable religious belief; **c)** *(von der Existenz von etw. überzeugt sein)* believe (**an** + *Akk.* in); **an Gott ~:** believe in God; **d) dran ~ müssen** *(salopp: getötet werden)* buy it *(sl.)*; *(salopp: sterben)* peg out *(sl.)*; kick the bucket *(sl.)*; **heute muß sie dran ~ und Küchendienst machen** *(ugs.: ist an der Reihe)* today it is her turn to be lumbered with working in the kitchen *(coll.)*

**Glauben der; ~s** *s.* **Glaube**

**glaubens-, Glaubens-: ~artikel der** article of faith; **~bekenntnis das a)** *o. Pl. (auch fig.: Überzeugung)* creed; *s. auch* **apostolisch a; b)** *(Konfessionsangehörigkeit)* religion; **~bruder der** co-religionist; fellow-believer; **~dinge** *Pl.* matters of faith; **~eifer der** religious zeal; **~frage die** question of faith *or* belief; **~freiheit die;** *o. Pl.* religious freedom; freedom of worship; **~gemeinschaft die** religious sect; denomination; **~kampf der** religious war; war of religion; **~lehre die** doctrine; *(Dogma)* dogma; *(Dogmatik)* dogmatics *sing.;* **~sache die** *(ugs.)* matter of faith *or* belief; **~satz der** doctrine; dogma; **~spaltung die** schism; **~stark** *Adj.* deeply religious; **~streit der** religious dispute; **~wahrheit die** religious truth; **~wechsel der** change of religion

**Glauber·salz** ['glaubɐ-] **das; ~es** *(Chemie)* Glauber's salt

**glaubhaft 1.** *Adj.* credible; believable. **2.** *adv.* convincingly

**Glaubhaftigkeit die; ~:** credibility

**Glaubhaft·machung die; ~** *(Rechtsspr.)* substantiation

**gläubig** ['glɔybɪç] **1.** *Adj.* **a)** *(religiös)* devout; **sehr/zutiefst ~ sein** be very/deeply religious; **b)** *(vertrauensvoll)* trusting; **~e Anhänger** faithful followers. **2.** *adv.* **a)** *(religiös)* devoutly; **b)** *(vertrauensvoll)* trustingly

**-gläubig** *Adj.* having a blind trust in 〈*authority, drugs, Hitler, the Party, etc.*〉

**Gläubige der/die;** *adj. Dekl.* believer; **die ~n** the faithful

**Gläubiger der; ~s, ~, Gläubigerin die; ~, ~nen** creditor

**Gläubigkeit die; ~ a)** *(religiöse Überzeugung)* religious faith; **b)** *(Vertrauen)* trustfulness

**glaublich** *Adj. in:* **es ist kaum ~:** it is scarcely *or* hardly credible

**glaub·würdig 1.** *Adj.* credible; believable; **von ~er Seite/aus ~er Quelle** from reliable quarters/a reliable source. **2.** *adv.* convincingly

**Glaubwürdigkeit die** credibility

**Glaukom** [glau'ko:m] **das; ~s, ~e** *(Med.)* glaucoma

**glazial** [gla'tsia:l] *Adj. (Geol.)* glacial

**Glazial das; ~s, ~e** *(Geol.)* glacial epoch

**gleich** [glaiç] **1.** *Adj.* **a)** *(identisch, von derselben Art)* same; *(~berechtigt, ~wertig, Math.)* equal; **zur ~en Zeit/im ~en Augenblick** at the same time/at the same moment; **~er Lohn für ~e Arbeit** equal pay for equal work; **~es Recht für alle** equal rights for all; **dreimal zwei [ist] ~ sechs** three times two equals *or* is six; **das ~e wollen/beabsichtigen** have the same objective[s *pl.*]/intentions *pl.;* **das ~e gilt auch für dich** the same applies to *or* goes for you too; **das kommt auf das ~e** *od.* **aufs ~e heraus** it amounts *or* comes to the same thing; **der/die ~e bleiben** remain *or* stay the same; **~es mit ~em vergelten** pay sb. back in his/her own coin *or* in kind; **~ und ~ gesellt sich gern** *(Spr.)* birds of a feather flock together *(prov.)*; **b)** *(ugs.: gleichgültig)* **es ist mir völlig** *od.* **ganz ~:** it's all the same to me; I couldn't care less *(coll.)*; **ganz ~, wer anruft, ...:** no matter who calls, ... **2.** *adv.* **a)** *(übereinstimmend)* **~ groß/alt** *usw.* **sein** be the same height/age *etc.;* **~ gut/schlecht** *usw.* equally good/bad *etc.;* **b)** *(in derselben Weise)* **~ aufgebaut/gekleidet** having the same structure/wearing identical clothes; **alle Menschen ~ behandeln** treat everyone alike; **c)** *(sofort)* at once; right *or* straight away; *(bald)* in a moment *or* minute; **ich komme ~:** I'm just coming; **es muß nicht ~ sein** there's no immediate hurry; **ich bin ~ wieder da** I'll be back in a moment *or* minute; I'll be right back; **es ist ~ zehn Uhr** it is almost *or* nearly ten o'clock; **das habe ich [euch] ~ gesagt** I told you so; what did I tell you?; **warum nicht ~ so?** why didn't you do that/say so in the first place?; **bis ~!** see you later!; **d)** *(räumlich)* right; immediately; just; **~ rechts/links** just *or* immediately on the right/left; **~ um die Ecke** just round the corner; **e)** *(geh.: schon, auch)* **wenn er ~ reich war, ...:** rich though he was, ...; **ob er ~ unschuldig war, ...:** although he was innocent, ... **3.** *Präp.* + *Dat. (geh.)* like; **einem silbernen Band ~:** like a silver ribbon. **4.** *Partikel* **a) nun wein' nicht ~/sei nicht ~ böse** don't start crying/don't get cross; **da könnte**

**man doch ~ in die Luft gehen/aus der Haut fahren** it's enough to drive you up the wall *(coll.)*; **b)** *(in Fragesätzen)* **wie hieß er ~?** what was his name [again]?; **was wollte ich ~ sagen?** what was I going to say?

**gleich-, Gleich-: ~alt[e]rig** [~alt[ə]rıç] *Adj.* of the same age (**mit** as); **die beiden sind ~alt[e]rig** they are both the same age; **Gleichalt[e]rige** *Pl.* people/children of the same age; **~artig 1.** *Adj.* of the same kind *postpos.* (+ *Dat.* as); *(sehr ähnlich)* very similar (+ *Dat.* to); **2.** *adv.* in the same way; **~artigkeit die;** *o. Pl.* great similarity; **~bedeutend** *Adj.* **~bedeutend mit** synonymous with; ⟨*action*⟩ tantamount to; **~berechtigt** *Adj.* having *or* enjoying *or* with equal rights *postpos.*; **~berechtigte Partner/Mitglieder** equal partners/members; **~berechtigt sein** have *or* enjoy equal rights; **~berechtigt mit jmdm. sein** have the same rights as sb.; **Gleichberechtigte** *Pl.* people who have *or* enjoy equal rights; **~berechtigung die** equal rights *pl.*; equality; **für die ~berechtigung der Frauen kämpfen** fight for equal rights *or* equality for women; **~|bleiben** *unr. itr. V.; mit sein* remain *or* stay the same; ⟨*speed, temperature, etc.*⟩ remain *or* stay constant *or* steady; ⟨*prices*⟩ remain unchanged, stay the same; **sich** *(Dat.)* **~bleiben** remain the same; **das bleibt sich [doch] gleich** *(ugs.)* it makes no difference; **~bleibend** *Adj.* constant, steady ⟨*temperature, speed, etc.*⟩; **~bleibend sein** remain *or* stay the same; ⟨*temperature, speed, etc.*⟩ remain *or* stay constant *or* steady; **in ~bleibendem Abstand** at a steady distance; **~denkend** *Adj.*; *nicht präd. s.* **~gesinnt**

**gleichen** *unr. itr. V.* **jmdm./einer Sache ~:** be like *or* resemble sb./sth.; *(sehr ähnlich aussehen)* closely resemble sb./sth.; **sich** *(Dat.)* **~:** be alike; *(sehr ähnlich aussehen)* closely resemble each other; **nichts gleicht dem Zauber dieser Musik** nothing can equal *or* there is nothing to equal the enchanting quality of this music

**gleichen·orts** *Adv. (schweiz.)* in the same place

**gleichermaßen** *Adv.* equally

**gleich-, Gleich-: ~falls** *Adv. (auch)* also; *(ebenfalls)* likewise; **danke ~falls!** thank you, [and] the same to you; **~farbig** *Adj.* of the same colour *postpos.*; **~förmig 1.** *Adj.* **a)** *(einheitlich)* uniform; uniform, even ⟨*light*⟩; steady ⟨*development*⟩; **b)** *(langweilig, monoton)* monotonous; **2.** *adv.* **a)** *(einheitlich)* uniformly; **b)** *(langweilig, monoton)* monotonously; **~förmig sprechen** speak in a monotone; **~förmigkeit die; ~ a)** *(Einheitlichkeit)* uniformity; **b)** *(Monotonie)* monotony; **~geschlechtlich** *Adj.* homosexual; **~gesinnt** *Adj.*; *nicht präd.* like-minded; **Gleichgesinnte** *Pl.* like-minded people

**Gleich·gewicht das;** *o. Pl.* **a)** balance; **das ~ halten/verlieren** keep/lose one's balance; **aus dem ~ kommen** lose one's balance; **im ~ sein** be in equilibrium; **ihr ~ ist leicht gestört** her sense of balance is slightly impaired; **b)** *(Ausgewogenheit)* balance; **das europäische ~:** the balance of power in Europe; **das ~ der Kräfte** the balance of power; **c)** *(innere Ausgeglichenheit)* equilibrium; **aus dem ~ geraten** lose one's equilibrium; **sein ~ bewahren/verlieren** keep *or* retain/lose one's equilibrium; **jmdn. aus dem ~ bringen** throw sb. off balance

**Gleichgewichts-: ~lage die** equilibrium; **~organ das** *(Anat.)* organ of equilibrium; **~sinn der** sense of balance; **~störung die** disturbance of one's sense of balance; **~störungen** impaired balance *sing.*

**gleich·gültig 1.** *Adj.* **a)** *(teilnahmslos)* indifferent (**gegenüber** towards); **sie war ihm [nicht] ~** *(verhüll.)* he was [by no means] indifferent to her; **b)** *(belanglos)* trivial, unimportant ⟨*matter, question, etc.*⟩; trivial ⟨*conversation*⟩; **es ist ~, ob ...:** it does not matter whether ...; **das ist mir [vollkommen] ~:** it's a matter of [complete] indifference to me. **2.** *adv.* indifferently; ⟨*look on*⟩ with indifference

**Gleich·gültigkeit die** indifference (**gegenüber** towards)

**Gleichheit die; ~, ~en a)** *(Identität)* identity; *(Ähnlichkeit)* similarity; **bei ~ der Punktzahl** if the teams/players *etc.* are level on points; **b)** *o. Pl. (gleiche Rechte)* equality

**Gleichheits-: ~[grund]satz der** principle of equality before the law; **~zeichen das** equals sign

**gleich-, Gleich-: ~klang der** harmony; **~|kommen** *unr. itr. V.; mit sein* **a)** *(entsprechen)* amount to; be tantamount to; **b)** *(die gleiche Leistung erreichen)* **jmdm./einer Sache [an etw.** *(Dat.)***] ~kommen** equal sb./sth. [in sth.]; **jmdm. an Erfolg/Schnelligkeit ~kommen** equal *or* match sb.'s success/match sb. for speed; **~lauf der;** *o. Pl. (Technik)* synchronism; **~laufend** *Adj.* parallel (**mit** with); **~lautend** *Adj.* **a)** *(im Klang, Laut gleich)* identical ⟨*sound, syllable, etc.*⟩; ⟨*words*⟩ with the same pronunciation; homonymous ⟨*words*⟩ *(Ling.)*; **b)** *(mit gleichem Wortlaut)* identical; identically worded; **~|machen** *tr. V.* make equal; **der Tod macht alle Menschen gleich** Death is the great leveller; *s. auch* **Erdboden; ~macherei die; ~, ~en** *(abwertend)* levelling down *(derog.)*; egalitarianism; **~macherisch** *Adj. (abwertend)* egalitarian; **~maß das;** *o. Pl.* **a)** *(Ebenmaß) (von Bewegung, Strophen)* regularity; *(von Zügen, Proportionen)* symmetry; **b)** *(Ausgeglichenheit)* equilibrium; **~mäßig 1.** *Adj.* regular ⟨*interval, rhythm*⟩; uniform ⟨*acceleration, distribution*⟩; even ⟨*heat*⟩; **~mäßige Atemzüge** regular breathing *sing.*; **2.** *adv.* ⟨*breathe*⟩ regularly; **etw. ~mäßig verteilen/auftragen** distribute sth. equally/apply sth. evenly; **~mäßig hohe Temperaturen** constantly high temperatures; **~mäßigkeit die** *s.* **~mäßig:** regularity; uniformity; evenness; **~mut der** (*veralt., landsch. auch:* **die; ~**) equanimity; calmness; composure; **etw. mit ~mut hinnehmen/ertragen** accept/bear sth. with equanimity; **~mütig 1.** *Adj.* calm; composed; unruffled ⟨*calm*⟩; **2.** *adv.* with equanimity; calmly; **~mütigkeit die; ~:** *s.* **~mut; ~namig** [-na:mıç] *Adj.* **a)** of the same name *postpos.*; **b)** *(Math.)* **~namige Brüche** fractions with a common denominator; **Brüche ~namig machen** reduce fractions to a common denominator; **c)** *(Physik)* like ⟨*charges, poles*⟩

**Gleichnis das; ~ses, ~se** *(Allegorie)* allegory; *(Parabel)* parable

**gleichnishaft 1.** *Adj. (allegorisch)* allegorical; *(parabolisch)* parabolic. **2.** *adv.* allegorically/parabolically

**gleich-, Gleich-: ~rangig** [-raŋıç] **1.** *Adj.* ⟨*principle, problem, etc.*⟩ of equal importance *or* status; equally important ⟨*principle, problem, etc.*⟩; ⟨*official, job*⟩ of equal rank; **2.** *adv.* **alle Punkte ~rangig behandeln** give all points equal treatment; **~|richten** *tr. V. (Elektrot.)* rectify; **~richter der** *(Elektrot.)* rectifier

**gleichsam** *Adv. (geh.)* as it were; so to speak; **~ als [ob] ...:** just as if ...

**gleich-, Gleich-: ~|schalten** *tr. V. (abwertend)* force *or* bring into line; **~schaltung die** *(abwertend)* Gleichschaltung; **~schenk[e]lig** *Adj. (Math.)* isosceles; **~schritt der;** *o. Pl.* marching in step; **im ~schritt** in step; **im ~schritt marsch!** forward march!; **~schritt halten** keep in step; **~|sehen** *unr. itr. V.* **jmdm./einer Sache ~sehen** look like sb./sth.; **~seitig** *Adj. (Math.)* equilateral; **~|setzen** *tr. V.* **zwei Dinge ~setzen** equate two things; **etw. einer Sache** *(Dat.) od.* **mit etw. ~setzen** equate sth. with sth.; **sich mit jmdm. ~setzen** put oneself on the same level as *or* on a level with sb.; **Ludwig XIV. setzte sich mit seinem Staat ~:** Ludwig XIV identified himself with his state; **~setzung die; ~, ~en: die ~setzung von sozialistischen und fortschrittlichen Ideen** equating socialist and progressive ideas; **die ~setzung der Arbeiter mit den Vertretern der Intelligenz** placing the workers on the same level as the members of the intelligentsia; **~silbig** *Adj.* having the same number of syllables *postpos., not pred.*; **~silbig sein** have the same number of syllables; **~sinnig 1.** *Adj.* ⟨*fluctuations etc.*⟩ in the same direction; **2.** *adv.* in the same direction; **~stand der;** *o. Pl.* **a)** *(Sport: gleicher Spielstand)* **den ~stand herstellen/erzielen** level the score; **beim ~stand von 1:1** with the scores level at 1 all; **das Spiel wurde beim ~stand von 1:1 beendet** the match ended in a 1 all draw; **b)** *(Politik)* balance of forces; **~|stehen** *unr. itr. V.* be equal (*Dat.* to, with); *(Sport)* be level; **~|stellen** *tr. V.* **zwei Dinge ~stellen** equate two things; **etw. einer Sache** *(Dat.) od.* **mit etw. ~stellen** equate sth. with sth.; **jmd. [mit] jmdm. ~stellen** put sb. on the same level *or* on a level with sb.; *(gleiche Rechte zugestehen)* put sb. on an equal footing with sb.; **~stellung die: die rechtliche ~stellung unehelicher Kinder** giving equal rights to illegitimate children; **soziale ~stellung** social equality; **~strom der** *(Elektrot.)* direct current; **~|tun** *unr. tr. V.* **es jmdm. ~tun** match *or* equal sb.; *(nachahmen)* copy sb.; **es jmdm. an** *od.* **in etw.** *(Dat.)* **~tun** match *or* equal sb. in sth.; **es jmdm. an Schnelligkeit ~tun** match *or* equal sb. for speed

**Gleichung die; ~, ~en** equation; **die ~ ging nicht auf** *(fig.)* things did not work out as planned

**gleich-, Gleich-: ~viel** [-'- *od.* '--] *Adv.* no matter; **~viel wohin** no matter where; **~viel ob es leicht oder schwer geht/du darüber böse bist** regardless of whether it's easy or difficult/even if you are angry about it; **~wertig** *Adj.* **a)** *(Sport: gleich stark)* evenly matched ⟨*opponents, teams*⟩; **b)** *(von gleichem Wert)* of equal *or* the same value *postpos.*; ⟨*performances*⟩ of the same standard; **c)** *(Chemie)* equivalent; **~wertigkeit die: wie ist ~wertigkeit der Arbeit zu definieren?** how can you define what constitutes equal work?; **die ~wertigkeit beider Inszenierungen steht außer Frage** that the two productions are of an equal standard is beyond question; **~wink[e]lig** *Adj. (Geom.)* equiangular; **~wohl** [-'- *od.* '--] **1.** *Adv.* nevertheless; nonetheless; **2.** *Konj. (selten, noch landsch.)* although; **~zeitig 1.** *Adj.*; *nicht präd.* simultaneous; **2.** *adv.* **a)** *(zur gleichen Zeit)* simultaneously; at the same time; **b)** *(auch noch)* at the same time; **~zeitigkeit die** simultaneity; simultaneousness; *(von historischen Ereignissen)* contemporaneity; contemporaneousness; **~|ziehen** *unr. itr. V.* catch up; draw level

**Gleis** [glais] **das; ~es, ~e a)** *(Fahrspur)* track; line; rails *pl.*; permanent way *as Brit. tech. term*; *(Bahnsteig)* platform; *(einzelne Schiene)* rail; **auf ~ 5 einlaufen** ⟨*train:*⟩ arrive at platform 5; **„das Überschreiten der ~e ist verboten!"** 'passengers must not cross the line'; **aus dem ~ springen/kommen** jump/leave the rails; **ein totes ~:** an unused siding; **b)** *(fig.)* **auf** *od.* **in ein falsches ~ geraten** get on [to] the wrong track; **jmdn. aufs tote ~ schieben** put sb. out of harm's way *(fig.)*; **etw. auf ein totes ~ schieben** shelve sth. indefinitely; **jmdn. aus dem ~ bringen** *od.* **werfen** put sb. off [his/her stroke]; *(von jmdm. psychisch nicht bewältigt werden)* upset *or* affect sb. deeply; **sie/alles wird**

**wieder ins rechte ~ kommen** she'll be all right/everything will sort itself out; **alles wieder ins [rechte] ~ bringen** put things *or* matters right again; **aus dem ~ kommen** go off the rails *(fig.)*; **er/alles ist wieder im ~:** he's/everything's all right again; **sich in ausgefahrenen ~en bewegen** be in a rut

**Gleis-: ~an·lage die** [railway] lines *pl. or* tracks *pl.*; **~an·schluß der** siding; **~bau der;** *o. Pl.* track-laying; construction of permanent way *(Brit.)*; **~bremse die** *(Eisenb.)* rail brake; **~kette die** *(Technik)* caterpillar track

**Gleisner** ['glaisnɐ] **der; ~s, ~** *(veralt.)* hypocrite

**gleisnerisch** *Adj. (veralt.)* hypocritical

**gleißen** ['glaisn̩] *itr. V. (dichter.)* blaze

**Gleis-: ~sperre die** *(Eisenb.)* scotch block; **~waage die** weighbridge

**Gleit-: ~bahn die** *(Flugw.)* glide path; **~boot das** hydroplane

**gleiten** ['glaitn̩] *unr. itr. V.; mit sein* **a)** glide; ⟨*hand*⟩ slide; **ein Lächeln glitt über ihr Gesicht** a smile passed over her face; **aus dem Sattel/ins Wasser ~:** slide out of the saddle/slide *or* slip into the water; **jmdm. aus den Händen ~:** slip from sb.'s hands; **er ließ das Geld in seine Tasche ~:** he slipped the money into his pocket; **b)** *(ugs.: in bezug auf Arbeitszeit)* work flexitime

**gleitend** *Adj.; nicht präd.* **~e Arbeitszeit** flexitime; flexible working hours *pl.*; **~e Lohnskala** index-linked wage scale

**Gleiter der; ~s, ~:** glider

**gleit-, Gleit-: ~fläche die** slide; *(für Schiffe)* slipway; *(am Ski)* sole [of the ski]; **~flug der** glide; **im ~flug landen** glide-land; **zum ~flug ansetzen** go into a glide; **~flugzeug das** glider; **~klausel die** *(Rechtsw.)* escalator clause; **~kufe die** *(Fliegerspr.)* skid; **~laut der** *(Sprachw.)* glide; **~schiene die** guide *or* slide rail; **~schutz der** *(Kfz-W.)* anti-skid protection; *(Bauteil)* anti-skid device; **~sicher** *Adj.* non-slip ⟨*shoe, surface, etc.*⟩; non-skid ⟨*tyre*⟩; **~zeit die a)** *(Zeitspanne)* flexible working hours *pl. or* starting and finishing times *pl.*; **b) drei Stunden ~zeit** three hours flexitime; **c)** *o. Pl. (ugs.: gleitende Arbeitszeit)* flexitime; flexible working hours *pl.*

**Glencheck** ['glɛntʃɛk] **der; ~[s], ~s a)** *(Material)* glen-check cloth; **b)** *(Anzug)* glen-check suit

**Gletscher** ['glɛtʃɐ] **der; ~s, ~:** glacier

**Gletscher-: ~bach der** glacial stream; **~brand der** glacier burn; **~eis das** glacial ice; **~mühle die** glacier mill; moulin; **~spalte die** crevasse; **~tisch der** *(Geol.)* glacier table; **~tor das** *(Geol.)* glacier snout

**glibberig** ['glɪbərɪç] *Adj. (bes. nordd.)* slippery; *(schleimig)* slimy

**glich** [glɪç] *1. u. 3. Pers. Sg. Prät. v.* **gleichen**

**Glied** [gli:t] **das; ~[e]s, ~er a)** *(Körperteil)* limb; *(Finger~, Zehen~)* joint; phalanx *(Anat.)*; **kein ~ rühren können** be unable to move a muscle; **der Schreck sitzt** *od.* **steckt ihm noch in den ~ern** he is [still] shaking with the shock; **der Schreck fuhr ihr in die** *od.* **durch alle ~er** the shock made her shake all over; **b)** *(Ketten~, auch fig.)* link; **c)** *(Teil eines Ganzen)* section; part; *(Mitglied)* member; *(eines Satzes)* part; *(einer Gleichung)* term; **ein nützliches ~ der Gesellschaft** a useful member of society; **d)** *(Penis)* penis; **e)** *(Mannschaftsreihe)* rank; **f)** *(geh. veralt.: Generation)* generation

**glieder-, Glieder-: ~bau der;** *o. Pl.* limb structure; **~füßer der** *(Zool.)* arthropod; **~lahm** *Adj.* stiff-limbed

**gliedern** ['gli:dɐn] **1.** *tr. V.* structure; organize ⟨*thoughts*⟩; **nach Eigenschaften ~:** classify according to properties; **in Teile ~:** arrange in parts; **einen Aufsatz in drei Teile ~:** divide an essay into three sections; **hierarchisch gegliedert** hierarchically structured. **2.** *refl. V.* **sich in Gruppen/Abschnitte** *usw.* **~:** divide *or* be divided into groups/sections *etc.*

**Glieder-: ~puppe die** jointed doll; *(als Modell für Maler o. ä.)* lay figure; **~reißen das; ~s** *(ugs.)*, **~schmerz der** rheumatic pains *pl.*; **~tier das** *(Zool.)* member of the Articulata; **die ~tiere** the Articulata

**Gliederung die; ~, ~en a)** *(Aufbau, Einteilung)* structure; **in militärischer ~:** in military formation; **die ~ eines Buches in Kapitel** the division of a book into chapters; **b)** *(das Gliedern)* structuring; *(von Gedanken)* organization; *(nach Eigenschaften)* classification; *(in Teile)* arrangement; **c)** *(ns.: Gruppe)* section

**Glieder·zucken das; ~s** twitching of the limbs

**glied-, Glied-: ~maße** [-ma:sə] **die; ~, ~n** limb; **~satz der** *(Sprachw.)* subordinate clause; **~staat der** member *or* constituent state; **~weise** *Adv.* in ranks

**glimmen** ['glɪmən] *unr. od. regelm. itr. V.* glow; **in seinen Augen glomm ein gefährlicher Funke** *(fig.)* there was a dangerous glint in his eyes

**Glimmer der; ~s, ~:** mica

**glimmern** *itr. V.* glimmer; ⟨*lake etc.*⟩ glisten

**Glimm-: ~lampe die** *(Elektrot.)* glow lamp; **~stengel der** *(ugs. scherzh.)* fag *(sl.)*; ciggy *(coll.)*

**glimpflich** ['glɪmpflɪç] **1.** *Adj.* **a) der Unfall nahm ein ~es Ende** the accident turned out not to be too serious; **sie war über den ~en Ausgang der Angelegenheit erfreut** she was glad to have got off so lightly; **b)** *(mild)* lenient ⟨*sentence, punishment*⟩. **2.** *adv.* **a)** *(ohne Schaden)* **~ davonkommen** get off lightly; **es ist ~ abgegangen** it turned out not to be too bad; **b)** *(mild)* mildly; leniently

**glitschen** ['glɪtʃn̩] *itr. V.; mit sein (ugs.)* slip; **jmdm. aus der Hand ~:** slip out of sb.'s hand

**glitschig** ['glɪtʃɪç] *Adj. (ugs.)* slippery

**glitt** [glɪt] *1. u. 3. Pers. Sg. Prät. v.* **gleiten**

**glitz[e]rig** ['glɪts(ə)rɪç] *Adj. (ugs.)* glistening ⟨*snow*⟩; sparkling, glittering ⟨*diamond, decorations*⟩

**glitzern** ['glɪtsɐn] *itr. V.* ⟨*star*⟩ twinkle; ⟨*diamond, decorations*⟩ sparkle, glitter; ⟨*snow, eyes, tears*⟩ glisten

**glitzrig** *s.* **glitz[e]rig**

**global** [glo'ba:l] **1.** *Adj.* **a)** *(weltweit)* global; world-wide; **b)** *(umfassend)* general, all-round ⟨*education*⟩; overall ⟨*control, planning, etc.*⟩; **c)** *(allgemein)* general. **2.** *adv.* **a)** *(weltweit)* world-wide; globally; **b)** *(umfassend)* in overall terms; **~ gesteuert werden** be subject to overall control; **c)** *(allgemein)* in general terms; **~ gerechnet** in round figures

**Global-: ~steuerung die** *(Wirtsch.)* overall control; **~strategie die** global *or* world-wide strategy

**Globen** *s.* **Globus**

**Globetrotter** ['glo:bətrɔtɐ] **der; ~s, ~:** globetrotter

**Globus** ['glo:bʊs] **der; ~** *od.* **~ses, Globen** ['glo:bn̩] **a)** globe; **b)** *(salopp: Kopf)* nut *(sl.)*; bonce *(Brit. sl.)*

**Glöckchen** ['glœkçən] **das; ~s, ~:** [little] bell

**Glocke** ['glɔkə] **die; ~, ~n a)** *(auch: Tür~, Taucher~, Blüte)* bell; **etw. an die große ~ hängen** *(ugs.)* tell the whole world about sth.; **wissen, was die ~ geschlagen hat** *(ugs.)* know what one is in for *(coll.)*; **b)** *(Hut)* cloche; **c)** *(Käse~, Butter~, Kuchen~)* cover; bell; **d)** *(Fechten)* coquille

**glocken-, Glocken-: ~balken der** [bell] yoke; **~blume die** *(Bot.)* bell-flower; campanula; **~förmig 1.** *Adj.* bell-shaped; widely flared ⟨*skirt etc.*⟩; **2.** *adv.* **~förmig geschnitten** widely flared; **~geläute das** pealing *or* ringing of bells; **~gießer der** bell-founder; **~gießerei** [----'-] **die** bell-foundry; **~guß der** bell-founding *no art.*; **~heide die** *(Bot.)* bell-heather; **~hell 1.** *Adj.* bell-like; **eine ~helle Stimme** a high, clear voice; **2.** *adv.* **~hell lachen** give a high, clear laugh; **~klang der** pealing *or* ringing of bells; **~klöppel der** [bell-]clapper; **~läuten das** pealing *or* ringing of bells; **~mantel der** *(Gußform)* cope; **~rein 1.** *Adj.* as clear as a bell *postpos.*; **2.** *adv.* as clear as a bell; **~rock der** widely flared skirt; **~schlag der** stroke; **beim ~schlag um acht Uhr** on the stroke of eight o'clock; **mit dem** *od.* **auf den ~schlag** *(ugs.)* on the dot *(coll.)*; **~seil das** bell-rope; **~spiel das a)** carillon; *(mit einer Uhr gekoppelt auch)* chimes *pl.*; **b)** *(Instrument)* glockenspiel; **~strang der** *s.* **~seil**; **~stube die** belfry; **~stuhl der** bell-cage; **~ton der** stroke of a/the bell; **~töne** the sound of a/the bell/of bells; **~turm der** bell tower; belfry; **~weihe die** *(kath. Rel.)* baptism *or* blessing of a/the bell; **~zeichen das** ring of a/the bell; **auf das ~zeichen** when the bell rings/rang; **~zug der** *(Klingelschnur)* bell-pull; *(~strang)* bell-rope

**glockig** ['glɔkɪç] *s.* **glockenförmig**

**Glöckner** ['glœknɐ] **der; ~s, ~** *(veralt.)* bell-ringer; **der ~ von Notre Dame** the Hunchback of Notre Dame

**glomm** [glɔm] *1. u. 3. Pers. Sg. Prät. v.* **glimmen**

**¹Gloria** ['glo:ri̯a] **das; ~s** *od.* **die; ~** *(iron.)* glory

**²Gloria das; ~s, ~s** *(Rel.)* gloria; **das große/kleine ~:** the greater/lesser doxology

**Glorie** ['glo:ri̯ə] **die; ~, ~n a)** *(geh.: Ruhm)* glory; **b)** *(geh.: Lichtschein)* glory; *(um den Kopf, um einen Stern)* halo

**Glorien·schein der** glory; *(um den Kopf, fig.)* halo

**Glorifikation** [glorifika'tsi̯o:n] **die; ~, ~en** glorification

**glorifizieren** [glorifi'tsi:rən] *tr. V.* glorify

**Glorifizierung die; ~, ~en** glorification

**Gloriole** [glo'ri̯o:lə] **die; ~, ~n a)** *(auch fig.)* glory; **b)** *(um den Kopf)* halo; aura

**glorios** [glo'ri̯o:s] *(iron.)* **1.** *Adj.* brilliant. **2.** *adv.* brilliantly

**glor·reich** ['glo:ɐ̯-] **1.** *Adj.* glorious. **2.** *adv.* gloriously

**glosen** ['glo:zn̩] *itr. V. (landsch./dichter.) s.* **glimmen**

**Glossar** [glɔ'sa:ɐ̯] **das; ~s, ~e** glossary

**Glosse** ['glɔsə] **die; ~, ~n a)** *(in den Medien)* commentary; **b)** *(spöttische Bemerkung)* sneering *or (coll.)* snide comment; **c)** *(Sprachw., Literaturw.)* gloss

**Glossen·schreiber der** commentator

**glossieren** *tr. V.* **a)** commentate on; **b)** *(bespötteln)* sneer at; **c)** *(Sprachw., Literaturw.)* gloss

**Glottal** [glɔ'ta:l] **der; ~s, ~e** *(Phon.)* glottal stop

**Glottis** ['glɔtɪs] **die; ~, Glottides** ['glɔtide:s] *(Anat.)* glottis

**Glotz·auge das a)** *Pl. (salopp abwertend)* goggle eyes; **~augen machen/bekommen** go goggle-eyed; goggle; **b)** *(Med.)* exophthalmus

**glotz·äugig** *Adj.* goggle-eyed

**Glotze** ['glɔtsə] **die; ~, ~n** *(salopp)* box *(coll.)*; goggle-box *(Brit. sl.)*

**glotzen** *itr. V. (abwertend)* goggle; gawk, gawp *(coll.)*

**Glotz·kiste die** *(salopp)* box *(coll.)*; goggle-box *(Brit. sl.)*

**Glotzophon** [glɔtso'fo:n] **das; ~s, ~e** *(salopp scherzh.) s.* **Glotze**

**Gloxinie** [glɔ'ksi:ni̯ə] **die; ~, ~n** *(Bot.)* gloxinia

**Glubsch·augen** ['glʊpʃ-] *Pl. (nordd.) s.* **Glupschaugen**

**gluck** [glʊk] *Interj.* **a)** *(für das Glucken)* cluck; **b)** *(für das Gluckern)* glug; **~, ~, weg**

**war er** *(scherzh.)* glug, glug, and he went under; ~, ~ **machen** *(ugs. scherzh.)* have a few *(sl.)*
**Glück** [glʏk] **das;** ~[e]s **a)** luck; **ein großes/unverdientes** ~: a great/an undeserved stroke of luck; **[es ist/war] ein** ~, **daß ...:** it's/it was lucky that ...; **er hat [kein]** ~ **gehabt** he was [un]lucky; **sie hatte das** ~, **zu ...:** she was lucky enough to ...; **bei jmdm.** ~ **mit etw. haben** succeed in getting sb. to agree to sth.; **bei jmdm. kein** ~ **haben** get no joy out of sb.; ~ **bei Frauen haben** be successful with women; **bei der Auslosung kein** ~ **haben** have no luck in the draw; ~ **im Unglück haben** be quite lucky in the circumstances; **jmdm.** ~ **wünschen** wish sb. [good] luck; **jmdm. viel** ~ **zum Geburtstag wünschen** wish sb. a very happy birthday; **viel** ~**!** [the] best of luck!; good luck!; ~ **bringen** bring [good] luck; ~ **muß der Mensch haben** my/his *etc.* luck must have been in; **mehr** ~ **als Verstand haben** have more luck than judgement; **er weiß noch nichts von seinem** ~ *(iron.)* he doesn't know what's in store for him yet; **sein** ~ **versuchen** *od.* **probieren** try one's luck; **sein** ~ **machen** make one's fortune; **auf gut** ~: trusting to luck; **er hatte sich auf gut** ~ **beworben** he had applied on the off-chance; **sie wählte ein Buch auf gut** ~: she chose a book at random; **von** ~ **sagen** *od.* **reden können** consider *or* count oneself lucky; **zum** ~ *od.* **zu meinem/seinem** *usw.* ~: luckily *or* fortunately [for me/him *etc.*]; ~ **auf!** *(Bergmannsgruß)* good luck!; ~ **ab!** *(Fliegergruß)* happy landings!; good luck!; **b)** *(Hochstimmung)* happiness; **das häusliche** ~: domestic bliss; **sie ist sein ganzes** ~: she means everything to him; **jmdn. zu seinem** ~ **zwingen** make sb. do what is good for him/her; **man kann niemanden zu seinem** ~ **zwingen** you can lead a horse to water but you can't make him drink; **du hast/das hat mir gerade noch zu meinem** ~ **gefehlt** *(iron.)* you're/that's all I needed; **jeder ist seines** ~**es Schmied** *(Spr.)* life is what you make it; ~ **und Glas, wie leicht bricht das** *(Spr.)* happiness is such a fragile thing; **c)** *(Fortuna)* fortune; luck; **das** ~ **ist launisch** fortunes change; **er ist ein Liebling des** ~**s** fortune has always smiled upon him; **das** ~ **war ihm hold** *(geh.)* fortune smiled [up]on him
**glück·bringend** *Adj.* lucky
**Glucke** ['glʊkə] **die;** ~, ~**n** brood-hen; mother hen
**glucken** *itr. V.* **a)** *(brüten)* brood; **b)** *(ugs.: herumsitzen)* sit around; **c)** *(Laut hervorbringen)* cluck
**glücken** *tr. V.; mit sein* succeed; be successful; **etw. glückt jmdm.** sb. is successful with sth.; **ein geglückter Versuch** a successful attempt; **die Flucht ist nicht geglückt** the escape[-attempt] failed; **es glückt jmdm., etw. zu tun** sb. manages to do sth.
**gluckern** ['glʊkɐn] *itr. V.* gurgle; glug
**glück·haft** *Adj. (geh.)* happy
**Gluck·henne die** *s.* **Glucke**
**glücklich 1.** *Adj.* **a)** *(von Glück erfüllt)* happy (**über** + *Akk.* about); **wunschlos/unsagbar** ~ **sein** be perfectly happy; **Geld allein macht nicht** ~: money by itself won't bring happiness; **du Glücklicher!** you lucky thing!; lucky you!; **wer ist denn der/die Glückliche?** who is the lucky man/woman/girl *etc.?;* **b)** *(erfolgreich)* lucky ⟨*winner*⟩*;* successful ⟨*outcome*⟩*;* safe ⟨*journey*⟩*;* happy ⟨*ending*⟩*;* **c)** *(vorteilhaft)* fortunate; **ein** ~**er Zufall** a happy coincidence; a lucky chance; *s. auch* **Hand f. 2.** *adv.* **a)** *(erfolgreich)* successfully; **b)** *(vorteilhaft, zufrieden)* happily ⟨*chosen, married*⟩*;* **c)** *(endlich)* eventually; at last
**glücklicher·weise** *Adv.* fortunately; luckily
**glück·los** *Adj.* luckless ⟨*enterprise*⟩*;* unhappy ⟨*existence etc.*⟩
**Glück·sache** *s.* **Glücks·sache**
**Glücks-: ~bote der** bearer of good news *or* glad tidings; **~botschaft die** good news *sing.;* glad tidings *pl.;* **~bringer der** lucky *or* good-luck charm; [lucky] mascot; *(Person)* [lucky] mascot
**glück·selig 1.** *Adj.* blissfully happy ⟨*person*⟩*;* blissfully happy, blissful ⟨*time, experience, etc.*⟩. **2.** *adv.* blissfully
**Glück·seligkeit die;** ~: bliss; blissful happiness
**glucksen** ['glʊksn̩] *itr. V.* **a)** *s.* **gluckern; b)** *(lachen)* chuckle; ⟨*baby*⟩ gurgle
**Glücks-: ~fall der** piece *or* stroke of luck; **~fee die: sie war seine ~fee** she [always] brought him good luck; **~gefühl das** feeling of happiness; **~göttin die** goddess of fortune; Fortune *no art.;* **~güter** *Pl. (geh.)* riches; **~käfer der** *s.* **Marienkäfer; ~kind das** lucky person; **er/sie ist ein ~kind** he/she was born lucky; **~klee der** four-leaf *or* four-leaved clover; **~linie die** line of fortune; **~pfennig der** lucky penny; **~pilz der** *(ugs.)* lucky devil *(coll.) or* beggar *(coll.);* **~rad das** wheel of fortune; **~ritter der** *(abwertend)* adventurer; fortune-hunter
**Glück[s]·sache die: das ist** ~: it's a matter of luck
**Glücks-: ~schwein[chen] das** *model of a pig as a symbol of good luck or as a good-luck charm;* **~spiel das a)** game of chance; **dem ~spiel verfallen sein** be addicted to gambling; **b)** *(fig.)* matter of luck; lottery; **~spieler der** gambler; **~stern der** lucky star; **~strähne die** lucky streak; **eine ~strähne haben** have hit a lucky streak; have a run of good luck; **~tag der** lucky day
**glück·strahlend 1.** *Adj.* radiant; radiantly happy. **2.** *adv.* **sie verkündete uns** ~, **daß sie heiraten werde** she was radiant with happiness *or* radiantly happy as she told us she was going to get married
**Glücks-: ~treffer der a)** *(Gewinn)* bit *or* piece of luck; **b)** *(beim Schießen)* lucky hit; fluke; **~umstand der** fortunate circumstance; **~zahl die** lucky number
**glück·verheißend** *Adj. (geh.)* auspicious, propitious ⟨*sign, omen*⟩*;* ⟨*smile*⟩ which holds/held out the promise of happiness
**Glück·wunsch der** congratulations *pl.;* **herzlichen** ~ **zur Beförderung!** [many] congratulations on your promotion!; **herzlichen** ~ **zum Geburtstag!** happy birthday!; many happy returns of the day!; **jmdm. die herzlichsten Glückwünsche übermitteln/senden** convey/send one's congratulations to sb.
**Glückwunsch-: ~adresse die** message of congratulation; congratulatory message; **~karte die** congratulations card; *(zum Geburtstag, zu Weihnachten usw.)* greetings card; **~schreiben das** letter of congratulation; congratulatory letter; **~telegramm das** telegram of congratulations; congratulatory telegram; *(zum Geburtstag, zu Weihnachten usw.)* greetings telegram
**Glucose** [glu'ko:ze] **die;** ~ *(Chemie)* glucose
**Glüh-: ~birne die** light-bulb; **~draht der** filament
**glühen** ['gly:ən] **1.** *itr. V.* **a)** *(leuchten)* glow; *(fig.)* ⟨*eyes, cheeks, etc.*⟩ be aglow, glow; **heiß glühte die Sonne über der Wüste** *(fig.)* the sun was burning down on the desert; **ihr Körper glühte im Fieber** *(fig.)* her body was burning with fever; **b)** *(geh.: erregt sein)* burn; **in Liebe/Leidenschaft** ~: burn with love/passion; **vor Begeisterung** ~: be fired with enthusiasm. **2.** *tr. V. (zum Leuchten bringen)* heat until red-hot
**glühend 1.** *Adj.* **a)** *(heiß)* red-hot ⟨*metal etc.*⟩*; (fig.)* blazing ⟨*heat*⟩*;* burning ⟨*hatred*⟩*;* flushed, burning ⟨*cheeks*⟩*;* **b)** *(begeistert)* ardent ⟨*admirer etc.*⟩*;* passionate ⟨*words, letter, etc.*⟩. **2.** *adv.* **a)** *(heiß)* ~ **heiß** scorching *or* blazing hot; ~ **rot** red-hot; **b)** *(begeistert)* ⟨*love*⟩ passionately; ⟨*admire*⟩ ardently; **jmdn.** ~ **beneiden** be intensely envious of sb.
**glühend-: ~heiß** *Adj. (präd. getrennt geschrieben)* scorching *or* blazing hot; **~rot** *Adj. (präd. getrennt geschrieben)* red-hot
**Glüh-: ~faden der** filament; **~kerze die** *(Kfz-W.)* glow plug; **~lampe die** light bulb; **~ofen der** *(Technik)* annealing furnace; **~strumpf der** gas mantle; **~wein der** mulled wine; glühwein; **~würmchen das** *(ugs.) (weiblich)* glow-worm; *(männlich)* firefly
**Glukose** *s.* **Glucose**
**Glupsch·augen** ['glʊpʃ-] *Pl. (nordd.)* goggle-eyes; ~ **machen** *od.* **bekommen** go goggle-eyed; goggle
**Glut** [glu:t] **die;** ~, ~**en a)** embers *pl.; (von einer Zigarette)* [burning] ash; *(fig.)* [blazing] heat; *(des Fiebers)* [burning] heat; **die** ~ **ihrer Wangen** the flush on her cheeks; **die** ~ **des Abendhimmels** the glow of the evening sky; **b)** *(geh.: Leidenschaft)* passion; **die** ~ **seiner Leidenschaft** the ardour of his passion; **die** ~ **seines Hasses** the fire of his hatred
**Glutamat** [gluta'ma:t] **das;** ~[e]s, ~**e** *(Chemie)* glutamate
**Glutamin** [gluta'mi:n] **das;** ~**s,** ~**e** *(Chemie)* glutamine
**Glutamin·säure die** *(Chemie)* glutamic acid
**glut-, Glut-: ~äugig** *Adj.* fiery-eyed; **~hauch der** *(dichter.)* scorching *or* sweltering heat; **~heiß** *Adj.* blazing *or* swelteringly hot; **~hitze die** blazing *or* sweltering heat; **~rot** *Adj.* fiery red; **~voll 1.** *Adj.* passionate; **2.** *adv.* passionately
**Glycerin** *(fachspr.) s.* **Glyzerin**
**Glykogen** [glyko'ge:n] **das;** ~**s** *(Med., Biol.)* glycogen
**Glykol** [gly'ko:l] **das;** ~**s,** ~**e** *(Chemie)* [ethylene] glycol
**Glyzerin** [glytse'ri:n] **das;** ~**s** glycerine; glycerol *(Chem.)*
**Glyzerin·creme die** glycerine cream
**Glyzine, Glyzinie** [gly'tsi:n(i)ə] **die;** ~, ~**n** wistaria
**GmbH** *Abk.* **Gesellschaft mit beschränkter Haftung** ≈ p.l.c.
**g-Moll** ['ge:mɔl] **das;** ~ *(Musik)* G minor; *s. auch* **a-Moll**
**Gnade** ['gna:də] **die;** ~, ~**n a)** *(Gewogenheit)* favour; **die** ~ **[des Königs] erlangen/verlieren** gain/lose [the king's] favour; **die** ~ **haben, etw. zu tun** *(iron.)* graciously consent to do sth. *(iron.);* **vor jmdm.** *od.* **vor jmds. Augen** ~ **finden** find favour with sb. *or* in sb.'s eyes; **jmdm. auf** ~ **und** *od.* **oder Ungnade ausgeliefert sein** be [completely] at sb.'s mercy; **etw. aus** ~ **[und Barmherzigkeit] tun** do sth. out of the kindness of one's heart; **in** ~**n wieder aufgenommen werden** be restored to favour; **bei jmdm. in [hohen]** ~**n stehen** *(geh.)* stand high in sb.'s favour; **von jmds.** ~**n** by the grace of sb.; **b)** *(Rel.: Güte)* grace; **c)** *(Milde)* mercy; ~ **walten lassen** show mercy; be lenient; ~ **vor** *od.* **für Recht ergehen lassen** temper justice with mercy; **d)** *(veraltete Anrede)* **Euer** *od.* **Ihro** *od.* **Ihre** ~**n** Your Grace
**gnaden** *itr. V. in* **gnade mir/dir Gott!** God *or* Heaven help me/you!
**gnaden-, Gnaden-: ~akt der** act of mercy; **~beweis der, ~bezeigung die** token of [his/her *etc.*] favour; **~bild das** *(kath. Rel.) picture of Christ, the Virgin Mary, or a saint, possessing miraculous powers;* **~brot das: jmdm./einem Tier das ~brot geben** keep sb./an animal in his/her/its old age; **einem Pferd das ~brot geben** put a horse out to grass; **~erweis der** *(Rechtsw.)* pardon; **~frist die** reprieve; **jmdm. eine ~frist von 4 Wochen gewähren** give sb. four weeks' grace; **ihm bleibt eine**

~frist von einer Woche he has a week left; **~gesuch das** plea for clemency; **~instanz die** *person in whom or authority in which the right of pardon is vested;* **~los** *(auch fig.)* **1.** *Adj.* merciless; **2.** *adv.* mercilessly; **~losigkeit die; ~:** mercilessness; **~reich** *Adj. (geh.)* gracious; **~schuß der** coup de grâce *(by shooting);* **einem Pferd den ~schuß geben** put a horse out of its misery [by shooting it]; **~stoß der** coup de grâce *(with sword etc.);* **~tod der** euthanasia; mercy killing; **jmdm. den ~tod gewähren** allow sb. to die; **~voll** *Adj. (geh.)* gracious; **~weg der: auf dem ~weg** by a pardon; **ihm steht der ~weg offen** he can ask *or* has the right to ask for a pardon

**gnädig** ['gnɛ:dɪç] **1.** *Adj.* **a)** *(oft iron.)* gracious; **er war so ~, mich nach Hause zu begleiten** *(iron.)* he condescended to take me home; *(Anrede)* **~es Fräulein/~e Frau** madam; **~er Herr** *(veralt.)* sir; **die ~e Frau/das ~e Fräulein/der ~e Herr** *(veralt.)* madam/the young lady/the master; **die Gnädige** *(spött.)* her ladyship; **b)** *(glimpflich)* lenient, light ⟨*sentence etc.*⟩; **c)** *(Rel.)* gracious ⟨*God*⟩; **Gott ist allen Sündern ~:** God is merciful to *or* has mercy on all sinners; **Gott sei uns ~:** [may] the good Lord preserve us. **2.** *adv.* **a)** *(oft iron.)* graciously; **b)** *(glimpflich)* **das ist ~ abgegangen** it turned out not to be too bad; **machen Sie es ~ mit mir** *(scherzh.)* have mercy on me *(joc.)*

**Gneis** [gnais] **der; ~es, ~e** *(Geol.)* gneiss

**Gnom** [gno:m] **der; ~en, ~en** gnome; *(fig.: ugs.)* little twerp *(sl.)*

**gnomen·haft** *Adj.* gnome-like

**Gnosis** ['gno:zɪs] **die; ~** *(Rel.)* gnosis

**Gnostiker** ['gnɔstikɐ] **der; ~s, ~** *(Rel.)* gnostic

**gnostisch** *Adj. (Rel.)* gnostic

**Gnostizismus** [gnɔsti'tsɪsmʊs] **der; ~** *(Rel.)* gnosticism *no art.*

**Gnu** [gnu:] **das; ~s, ~s** gnu

**Go** [go:] **das; ~:** go

**Goal** [go:l] **das; ~s, ~s** *(österr., schweiz. Sport)* goal

**Goal-: ~getter** [-gɛtɐ] **der; ~s, ~** *(Sport)* goal-scorer; **~keeper** [-ki:pɐ] **der; ~s, ~** *(Sport, bes. österr. u. schweiz.)* goalkeeper

**Gobelin** [gobə'lɛ̃:] **der; ~s, ~s** Gobelin [tapestry]

**Gobelin·stickerei die** Gobelin embroidery

**Go-cart** *s.* **Go-Kart**

**Gockel** ['gɔkl̩] **der; ~s, ~** *(bes. südd., sonst ugs. scherzh.)* cock; **stolz wie ein ~:** [as] proud as a peacock; **ein verliebter alter ~** *(fig.)* an amorous old goat *(coll.)*

**Gockel·hahn der** *s.* **Gockel**

**Godemiché** [go:dmi'ʃe:] **der; ~, ~s** dildo

**Goetheana** [gøte'a:na] *Pl.* works by and on Goethe

**goethesch** ['gø:təʃ], **goethisch** ['gø:tɪʃ] *Adj.* Goethean

**Goethesch, Goethisch** *Adj.* Goethe's ⟨*poems etc.*⟩; ⟨*poems etc.*⟩ of Goethe

**Go-go-Girl** ['go:gogø:ɐ̯l] **das** go-go girl *or* dancer

**Go-in** [go:'ɪn] **das; ~s, ~s: ein ~ veranstalten** disrupt the/a meeting

**Goi** ['go:i] **der; ~[s], Gojim** ['go:jɪm] goy

**Go-Kart** ['go:kart] **der; ~[s], ~s** go-kart *(Brit.);* kart

**Golan·höhen** [go'la:n-] *Pl.* Golan Heights

**gold** [gɔlt] *Adj. in* **uns geht's ja noch ~** *(ugs.)* we're still doing just marvellously

**Gold das; ~[e]s** gold; **etw. ist aus ~:** sth. is [made of] gold; **ein Barren ~:** a gold bar *or* ingot; **das schwarze ~** *(fig.)* black gold *(fig.);* **das flüssige ~** *(fig.)* liquid gold *(fig.);* **es ist nicht alles ~, was glänzt** *(Spr.)* all that glitters *or* glistens is not gold *(prov.);* **treu wie ~ sein** be absolutely loyal *or* faithful; **etw. in ~ bezahlen** pay for sth. in gold; **~ in der Kehle haben** *(fig.)* have a golden voice; **jmd. ist nicht mit ~ zu bezahlen** sb. is worth his/her weight in gold *(fig.);* **etw. ist nicht mit ~ zu bezahlen** *od.* **aufzuwiegen** sth. is invaluable; **olympisches ~:** Olympic gold; **er hat bereits dreimal olympisches ~ geholt** he has already won three Olympic gold medals *or* golds

**gold-, Gold-: ~ader die** vein of gold; **~ammer die** yellowhammer; **~arbeit die** goldwork; *(Gegenstand)* piece of goldwork; **~auflage die** gold plating *no indef. art.;* **~barren der** gold bar *or* ingot; **~barsch der** *s.* **Rotbarsch; ~bestand der** gold reserves *pl.;* **~bestickt** *Adj.* embroidered with gold [thread] *postpos.;* **~betreßt** *Adj.* trimmed with gold braid *postpos.;* **~blech das** rolled gold; **~blond** *Adj.* golden ⟨*hair etc.*⟩; **~borte die** gold braid; **~braun** *Adj.* golden brown; **~broiler der** *(DDR)* spit-roasted chicken; **~brokat der** gold brocade; **~deckung die** gold cover; **~doublé das** *s.* **~dublee; ~druck der** gold tooling; **~dublee das** rolled gold; **~echt** *Adj. (ugs.)* completely genuine ⟨*person*⟩

**golden 1.** *Adj.* **a)** gold ⟨*bracelet, watch, etc.*⟩; **das Goldene Kalb** *(bibl.)* the golden calf; **der Tanz ums Goldene Kalb** the worship of the golden calf *or* Mammon; **eine ~e Schallplatte** a gold disc; **die Goldene Bulle** *(hist.)* the Golden Bull; **das Goldene Vlies** *(Myth.)* the Golden Fleece; *(Orden)* the [order of the] Golden Fleece; **das Goldene Buch [der Stadt]** the [town's] visitors' book; **die Goldene Stadt** the Golden City *(Prague);* **b)** *(dichter.: goldfarben)* golden; **c)** *(herrlich)* golden ⟨*days, memories, etc.*⟩; blissful ⟨*freedom etc.*⟩; **der ~e Westen** the promised land in the West; **~e Worte/Lehren** words of wisdom/wise teachings; **einen ~en Humor haben** have a wonderful sense of humour; **ein ~es Herz haben** have a heart of gold; **die ~e Mitte** *od.* **den ~en Mittelweg finden/wählen** find/strike a happy medium; **das Goldene Zeitalter** the Golden Age; **die goldenen zwanziger [Jahre]** the roaring twenties; **der Goldene Schnitt** *(Math.)* the golden section. **2.** *adv.* like gold

**gold-, Gold-: ~esel der** *(ugs.)* **ich bin auch kein ~esel** I'm not made of money *(coll.);* **~faden der** gold thread; **~farben, ~farbig** *Adj.* gold-coloured; golden; **~fasan der** golden pheasant; **~feder die** gold nib; **~fieber das** gold fever; **~folie die** gold foil; **~fuchs der a)** *(Pferd)* golden chestnut [horse]; **b)** *(veralt.: Goldstück)* gold coin *or* piece; **~füllung die** gold filling; **~fund der** gold find *or* strike; **~gefaßt** *Adj.* gold-rimmed ⟨*glasses*⟩; ⟨*jewel*⟩ mounted in gold; **~gehalt der** gold content; **~gelb** *Adj.* golden yellow; **~gerändert** *Adj.* ⟨*plate etc.*⟩ edged with gold; gold-rimmed ⟨*glasses*⟩; **~glänzend** *Adj.* shining gold; **~gräber der** gold-digger; **~grube die** *(auch fig.)* gold-mine; **~haltig** *Adj.* gold-bearing; auriferous; **~hamster der** golden hamster

**goldig 1.** *Adj. (niedlich, landsch.: nett)* sweet. **2.** *adv.* sweetly

**Gold-: ~junge der a)** *(Kosewort)* good [little] boy; **b)** *(Sportjargon)* gold medallist; gold-medal winner; **~käfer der a)** rose chafer; rose beetle; **b)** *(ugs.: reiches Mädchen)* rich girl; **~kette die** gold chain; **~kind das** *(ugs. Kosew.)* little treasure *(coll.);* **mein ~kind** my precious *(coll.);* my pet; **~klumpen der** gold nugget; **~krone die** *(Zahnmed.)* gold crown; **~kurs der** *(Börsenw.)* price of gold; gold price; **~küste die; ~** *(Geogr.)* Gold Coast; **~lack der a)** gold lacquer; **b)** *(Bot.)* wallflower; **~lager·stätte die** gold deposit; **~legierung die** gold alloy; **~leiste die** gilt strip *or* fillet; **~macher der** alchemist; **~mädchen das** *(Sportjargon)* gold medallist; gold-medal winner; **~mark die** *(hist.)* gold mark

**Gold·medaille die** gold medal

**Goldmedaillen-: ~gewinner der, ~gewinnerin die** gold medallist; gold-medal winner

**gold-, Gold-: ~mine die** gold mine; **~münze die** gold coin; **~papier das** gold[-coloured] paper; **~parität die** *(Wirtsch.)* gold parity; **~pool der** *(Wirtsch.)* gold pool; **~preis der** price of gold; gold price; **~probe die** gold assay; **~rahmen der** gold *or* gilt frame; **~rausch der** gold fever; **~regen der a)** *(Bot.)* laburnum; golden rain; **b)** *(Feuerwerk)* golden rain; **c)** *(Reichtum)* riches *pl.;* wealth; **~reif der** *(geh.)* gold ring; *(Armband)* gold bracelet; **~reserve die** gold reserve; **~richtig** *(ugs.)* **1.** *Adj.* absolutely *or* dead right; **du bist ~richtig, so wie du bist** you're perfectly all right as you are; **2.** *adv.* absolutely right; **~schatz der a)** *(Schatz)* gold treasure; *(verborgen auch)* hoard of gold; **b)** *(Kosew.)* treasure

**Gold·schmied der** goldsmith

**Goldschmiede-: ~arbeit die** piece of goldwork; **~handwerk das** goldsmith's craft; goldwork *no art.;* **~kunst die;** *o. Pl.* goldsmith's art; goldwork *no art.*

**Gold-: ~schmuck der** gold jewelry *or (Brit.)* jewellery; **~schnitt der** gilt edging; **~schrift die** gold lettering; **~staub der** gold dust; **~stück das** *(hist.)* gold piece; **sie ist ein ~stück** *(fig.)* she is a [real] treasure; **~sucher der** gold prospector; **~ton der** golden colour; **~topas der** yellow topaz; **~tresse die** gold braid; **~überzug der** layer of gold plate; **~uhr die** gold watch; **~vorkommen das** gold deposit; **~waage die** gold balance; **alles** *od.* **jedes Wort auf die ~waage legen** *(wörtlich nehmen)* take everything *or* every word [too] literally; *(vorsichtig äußern)* weigh one's words very carefully; **~währung die** *(Wirtsch.)* currency tied to the gold standard; **~waren** *Pl.* gold articles; **~wäscher der** gold washer; **~wert der a)** *(Wert des Goldes)* value of gold; **b)** *(Wert in Gold)* value in gold; **~zahn der** *(ugs.)* gold tooth

**Golem** ['go:lɛm] **der; ~s** golem

**[1]Golf** [gɔlf] **der; ~[e]s, ~e** gulf; **der ~ von Neapel** the Bay of Naples

**[2]Golf das; ~s** *(Sport)* golf

**Golf·ball der** golf ball

**Golfer der; ~s, ~, Golferin die; ~, ~nen** golfer

**Golf-: ~hose die** golf[ing] trousers *pl.;* **~mütze die** golf[ing] cap; **~platz der** golf-course; **~schläger der** golf club; **~schuh der** golf[ing] shoe; **~spieler der, ~spielerin die** golfer; **~staat der** Gulf State; **~strom der** Gulf Stream; **~turnier das** golf tournament

**Golgatha** ['gɔlgata] **das; ~[s]** *(bibl.)* Golgotha; **für ihn war diese Niederlage/dieser Verlust ein ~** *(fig. geh.)* this defeat/loss caused him much pain and suffering

**Goliath** ['go:liat] **der; ~s, ~s** Goliath

**Gomorrha** [go'mɔra] *s.* **Sodom**

**Gondel** ['gɔndl̩] **die; ~, ~n** gondola

**Gondel-: ~bahn die a)** *(Seilbahn)* cable railway; **b)** *(schweiz.) s.* **Sessellift; ~fahrt die** trip in a gondola; gondola trip

**gondeln** *itr. V.; mit sein (ugs.)* **a)** *(mit einem Boot)* cruise; **b)** *(reisen)* travel around; **c)** *(herumfahren)* drive *or* cruise around; **durch die Stadt ~:** drive *or* cruise around town

**Gondoliere** [gɔndo'li̯e:rə] **der; ~s, Gondolieri** gondolier

**Gong** [gɔŋ] **der; ~s, ~s** gong

**gongen** *itr. V.* **es hat gegongt** the gong has sounded; **der Butler gongte zum Abendessen** the butler sounded the gong for dinner

**Gong·schlag der** stroke of the/a gong; **beim ~:** when the gong sounds/sounded

**gönnen** ['gœnən] *tr. V.* **a)** *(zugestehen)*

**jmdm. etw. ~:** not begrudge sb. sth.; **ich gönne ihm diesen Erfolg von ganzem Herzen** I'm delighted *or* very pleased for him that he has had this success; **jmdm. den Mißerfolg ~** *(iron.)* delight in sb.'s misfortune; **b)** *(zukommen lassen)* **sich/jmdm. etw. ~:** give *or* allow oneself/sb. sth.; **sie gönnte sich** *(Dat.)* **einen großen Cognac** she treated herself to a large cognac; **sie gönnte ihm keinen Blick/kein Wort** she didn't spare him a single glance/she didn't say a single word to him

**Gönner der; ~s, ~:** patron

**gönnerhaft** *(abwertend)* **1.** *Adj.* patronizing; **mit ~er Miene** with a patronizing expression [on his/her face]. **2.** *adv.* patronizingly; in a patronizing manner

**Gönnerin die; ~, ~nen** patroness

**Gönner·miene die** *(abwertend)* patronizing expression; **mit ~:** with a patronizing expression [on his/her face]

**Gonokokkus** [gono'kɔkʊs] **der; ~, Gonokokken** *(Med.)* gonococcus

**Gonorrhö[e]** [gonɔ'rø:] **die; ~, Gonorrhöen** [gonɔ'rø:ən] *(Med.)* gonorrhoea

**Goodwill** ['gʊd'wɪl] **der; ~s a)** *(Ansehen)* good name; **b)** *(Wohlwollen)* goodwill

**Goodwill-: ~reise die** goodwill trip **(nach** to); **~tour die** goodwill tour **(durch** of)

**Göpel** ['gø:pl̩] **der; ~s, ~:** whim

**gor** [go:ɐ̯] *3. Pers. Sg. Prät. v.* **gären**

**Gör** [gø:ɐ̯] **das; ~[e]s, ~en** *(nordd., oft abwertend) s.* **Göre**

**gordisch** ['gɔrdɪʃ] *Adj.* **der Gordische Knoten** the Gordian knot; **ein ~er Knoten** *(fig.)* a Gordian knot *(fig.)*

**Göre** ['gø:rə] **die; ~, ~n** *(nordd., oft abwertend)* **a)** *(Kind)* child; kid *(coll.)*; brat *(coll. derog.)*; **b)** *(freches Mädchen)* [cheeky *or* saucy] little madam *(coll.)*

**Gorilla** [go'rɪla] **der; ~s, ~s a)** gorilla; **b)** *(ugs.: Leibwächter)* heavy *(coll.)*

**Gosch[e]** ['gɔʃ(ə)], **Goschen** ['gɔʃn̩] **die; ~, Goschen** *(südd., österr. meist abwertend)* mouth; **eine große/freche ~ haben** *(derb)* have a big mouth *(coll.)*/be a cheeky so-and-so *(coll.)*; **die ~ halten** *(derb)* shut one's gob *or* trap *(sl.)*

**Gospel** ['gɔspl̩] **das** *od.* **der; ~s, ~s, Gospel·song der; ~s, ~s** gospel song

**goß** [gɔs] *1. u. 3. Pers. Sg. Prät. v.* **gießen**

**Gosse** ['gɔsə] **die; ~, ~n** gutter; *(fig. abwertend)* **aus der ~ kommen** come from the gutter; **in der ~ enden** end up in the gutter; **jmdn.** *od.* **jmds. Namen durch die ~ ziehen** drag sb.'s name through the mud

**Gossen-: ~jargon der, ~sprache die** *(abwertend)* gutter language; language of the gutter

[1]**Gote** ['go:tə] **der; ~n, ~n** Goth

[2]**Gote der; ~n, ~n** *(bes. südd.: Pate)* godfather

[3]**Gote die; ~, ~n** *(bes. südd.: Patin)* godmother

**Gotha** ['go:ta] **der; ~:** *almanac containing information on the nobility of Europe*

**Gotik** ['go:tɪk] **die; ~** *(Stil)* Gothic [style]; *(Epoche)* Gothic period

**gotisch** *Adj.* Gothic; **die ~e Schrift** Gothic [script]

**Gott** [gɔt] **der; ~es, Götter** ['gœtɐ] **a)** *o. Pl.; o. Art.* God; **~ Vater** God the Father; **hier ruht in ~ ...:** here lies ...; **~ segne dich!** God bless you!; **~es Mühlen mahlen langsam** *(Spr.)* the mills of God grind slowly; **bei ~ ist kein Ding unmöglich** *(Spr.)* with God all things are possible; **grüß [dich] ~!** *(landsch.)* hello!; **behüt' dich ~!** *(südd., österr.)* goodbye! God bless!; **vergelt's ~!** *(landsch.)* thank you! God bless you!; **großer** *od.* **mein ~!** good God!; **o** *od.* **ach [du lieber] ~!** goodness me!; **weiß ~:** God *or* heaven knows; **~ behüte** God *or* Heaven forbid; **~ steh mir bei** God help me; **gebe ~, daß alles gut ausgeht** please God, may everything turn out all right; **wie ~ ihn/sie geschaffen hat** *(scherzh.)* in his/her birthday suit *(joc.)*; in the altogether *(joc.)*; **~ und die Welt** all the world and his wife; **über ~ und die Welt quatschen** *(ugs.)* talk about everything under the sun *(coll.)*; **~ sei Dank!** *(ugs.)* thank God!; **~ sei's geklagt!** alas; **um ~es Willen** *(bei Erschrecken)* for God's sake; *(bei einer Bitte)* for heaven's *or* goodness' sake; **tue es in ~es Namen** *(ugs.)* do it and have done with it; **da sei ~ vor!** God forbid!; **~ soll mich strafen, wenn ...:** may God strike me down if ...; **so ~ will** *(ugs.)* God willing; **~ hab' ihn selig** God rest his soul; **wie ~ in Frankreich leben** *(ugs.)* live in the lap of luxury; **den lieben ~ einen guten Mann sein lassen** *(ugs.)* take things as they come; **ein Wetter, daß [es] ~ erbarm'** *(ugs.)* abominable weather; **er spielt/kocht, daß [es] ~ erbarm'** his playing/cooking is abominable; **dem lieben ~ den Tag stehlen** laze the day away; **er/sie ist ganz und gar von ~ verlassen** *(ugs.)* he/she has quite taken leave of his/her senses; **b)** *(übermenschliches Wesen)* god; **wie ein junger ~ spielen/tanzen** play/dance divinely; **das wissen die Götter** *(ugs.)* God *or* heaven only knows; **es war ein Bild für die Götter** *(ugs.)* it was priceless *(coll.)*

**gott·ähnlich** *Adj.* godlike

**Gottchen** *in* **[ach] ~!** oh dear!

**Gott·erbarmen das** *in* **zum ~ sein** *(mitleiderregend)* be pitiful; *(schlecht)* be pathetic; **zum ~ schreien** cry out pitifully; **zum ~ spielen/singen** play/sing pathetically

**Götter-: ~bild das** idol; **~bote der** messenger of the gods; **~dämmerung die** *(nord. Myth.)* twilight of the gods; *(fig.)* end of civilization; götterdämmerung; **~gatte der** *(ugs. scherzh.)* lord and master *(coll. joc.)*

**gott·ergeben 1.** *Adj.* meek. **2.** *adv.* meekly

**Gott·ergebenheit die** meekness

**götter-, Götter-: ~gestalt die** god; **~gleich** *Adj.* godlike; **~sage die a)** *(Myth.)* mythology of the gods; **b)** *(Sage von einem Gott)* myth about a god/the gods; **~speise die a)** *o. Pl. (Myth.)* food of the gods; **b)** *(Kochk.)* jelly; **~trank der;** *o. Pl. (Myth.)* drink of the gods; **~vater der** *(Myth.)* father of the gods

**gottes-, Gottes-: ~acker der** *(geh.)* God's Acre *no art. (literary)*; graveyard; **~begriff der** conception of God; **~beweis der** proof of the existence of God; **~dienst der** service; **den ~dienst besuchen** go to church; **~erkenntnis die;** *o. Pl.* knowledge of God; **~friede der** *(hist.)* Truce of God; **~furcht die** fear of God; **~fürchtig** *Adj.* god-fearing; **~gabe die** gift from God; **~gelehrte der** *(veralt.)* theologian; **~gnadentum das; ~s** *(hist.)* divine right [of kings]; **~haus das** *(geh.)* house of God; **~lästerer der** blasphemer; **~lästerlich 1.** *Adj.* blasphemous; **2.** *adv.* blasphemously; **~lästerung die** blasphemy; **~lohn der** God's reward; **um ~lohn** for love; **~mann der;** *Pl.* **~männer** *(geh.)* man of God; **~mutter die;** *o. Pl.* Mother of God; **~sohn der;** *o. Pl* Son of God; **~staat der** theocracy; **~urteil das** *(hist.)* trial by ordeal

**gott-: ~gefällig** *Adj. (geh.)* pleasing to God *postpos.*; **~gegeben** *Adj.* God-given; **~gesandt** *Adj.* sent by God *postpos.*; **~geweiht** *Adj.* dedicated to God *postpos.*; **~gewollt** *Adj.* ordained by God *postpos.*; **~gläubig** *Adj.* **a)** *(veralt.)* religious; **b)** *(ns.)* **~gläubig sein** be a theist but of no particular denomination

**Gottheit die; ~, ~en a)** *(Gott, Göttin)* deity; **b)** *o. Pl. (geh.: Gottsein)* divinity; **c)** *o. Pl. (geh.: Gott)* **die ~:** the Godhead

**Göttin** ['gœtɪn] **die; ~, ~nen** goddess

**göttlich** ['gœtlɪç] **1.** *Adj.* **a)** *(Gott eigen od. ähnlich; herrlich)* divine ⟨*grace, beauty, etc.*⟩; **die ~e Gerechtigkeit** divine justice; **b)** *(einem Gott zukommend)* god-like ⟨*status etc.*⟩; **jmdm. ~e Verehrung entgegenbringen** worship sb. as if he/she were a God. **2.** *adv. (herrlich)* divinely

**gott-, Gott-: ~lob** *adv.* thank goodness; **es hat ~lob nicht geschneit** it didn't snow, thank goodness; **~los 1.** *Adj.* **a)** *(verwerflich)* ungodly, wicked ⟨*life etc.*⟩; impious ⟨*words, speech, etc.*⟩; *(pietätlos)* irreverent; **b)** *(Gott leugnend)* godless ⟨*theory etc.*⟩; **2.** *adv. (verwerflich)* irreverently; **~losigkeit die; ~ a)** *(Verwerflichkeit)* ungodliness; wickedness; *(von der Rede)* impiety; **b)** *(Unglauben)* godlessness; **~mensch der** God-man; **~sei·bei·uns der; ~** *(verhüll.)* **der ~seibeiuns** the Evil One

**gotts·erbärmlich, gotts·jämmerlich 1.** *Adj. (salopp)* **a)** *(erbärmlich)* dreadful *(coll.)*; **b)** *(stark)* dreadful *(coll.)*; terrible *(coll.)*; God-awful *(sl.)*. **2.** *adv.* terribly *(coll.)*; dreadfully *(coll.)*

**gott-, Gott-: ~vater der;** *o. Pl.* God the Father; **~verdammich** [~fɛɐ̯'damɪç] *Interj. (derb)* God damn it *(sl.)*; God Almighty *(sl.)*; **~verdammt** *Adj.; nicht präd. (salopp)*, **~verflucht** *Adj.; nicht präd. (salopp)* goddamn[ed] *(sl.)*; **~vergessen** *Adj.* **a)** *(gottlos)* godless; **b)** *s.* **~verlassen**; **~verlassen** *Adj.* **a)** *(ugs.: abseits)* godforsaken; **b)** *(von Gott verlassen)* forsaken by God *postpos.*; **sich ~verlassen fühlen** feel that God has forsaken one; **~vertrauen das** trust in God; **~voll 1.** *Adj.* **a)** *(ugs.: komisch)* priceless *(coll.)*; **b)** *(herrlich)* divine; **2.** *adv.* divinely

**Götze** ['gœtsə] **der; ~n, ~n** *(auch fig.)* idol

**Götzen-: ~anbeter der** *s.* **~diener**; **~bild das** idol; graven image *(bibl.)*; *(fig.)* idol; **~diener der** idolater; *(fig.)* worshipper; **~dienerin die** idolatress; *(fig.)* worshipper; **~dienst der;** *o. Pl.* idolatry *no art.*; *(fig.)* worship; **~dienst leisten** practise idolatry; **~verehrung die;** *o. Pl.* idolatry *no art.*

**Götz·zitat** ['gœts-] **das** *the insulting remark 'du kannst mich am Arsch lecken' or the like, frequently used in altercations; a verbal equivalent of the V-sign*

**Gouache** [gua[:]ʃ] **die; ~, ~n** gouache

**Gouda** ['gauda] **der; ~s, ~s, Gouda·käse der** Gouda [cheese]

**Goulasch** *s.* **Gulasch**

**Gourmand** [gʊr'mã:] **der; ~s, ~s** gourmand

**Gourmet** [gʊr'mɛ] **der; ~s, ~s** gourmet

**goutieren** [gu'ti:rən] *tr. V. (geh.)* appreciate

**Gouvernante** [guvɛr'nantə] **die; ~, ~n** governess

**gouvernanten·haft 1.** *Adj.* schoolmarmish *(coll.)*. **2.** *adv.* like a schoolmarm *(coll.)*

**Gouvernement** [guvɛrnə'mã:] **das; ~s, ~s a)** *(Regierung)* government; *(Verwaltung)* administration; **b)** *(Verwaltungsbezirk)* province

**Gouverneur** [guvɛr'nø:ɐ̯] **der; ~s, ~e** governor

**GPU** [ge:pe:'|u:] **die; ~:** Ogpu

**Grab** [gra:p] **das; ~[e]s, Gräber** ['grɛ:bɐ] grave; **das ~ meiner Träume/Hoffnungen** *(fig.)* the end of my dreams/hopes; **er würde sich im ~[e] herumdrehen** *(fig. ugs.)* he would turn in his grave; **das Heilige ~:** the Holy Sepulchre; **das ~ des Unbekannten Soldaten** the tomb of the Unknown Soldier *or* Warrior; **verschwiegen wie ein** *od.* **das ~ sein** *(ugs.)* keep absolutely mum *(coll.)*; **ein feuchtes** *od.* **nasses ~ finden,** *(geh.)* **sein ~ in den Wellen finden** go to a watery grave; meet a watery end; **sich** *(Dat.)* **selbst sein ~ schaufeln** *(fig.)* dig one's own grave *(fig.)*; **mit einem Fuß** *od.* **Bein im ~[e] stehen** *(fig.)* have one foot in the grave *(fig.)*; **jmdn. an den Rand des ~es bringen** *(fig. geh.)* drive sb. to distraction; **jmdn. ins ~ bringen** be the death of sb.; **jmdm. ins ~ folgen** *(geh.)* follow sb. to the grave; **etw. mit ins ~ nehmen** *(geh.)* take sth. with one to the grave; **bis ins** *od.* **ans ~** *(fig. geh.)* [right up] to the end; **jmdn. zu ~e tragen** *(geh.)* bury sb.; **seine Pläne/Hoffnungen zu ~e tragen** *(fig. geh.)* abandon one's plans/hopes

**Grab·beigabe die** burial object

**grabbeln** ['grabl̩n] *itr. V. (ugs., bes. nordd.)* grope [about]; rummage [about]

**Grab·denkmal das** *s.* **Grabmal**

**graben 1.** *unr. tr. V.* **a)** dig ⟨*hole, grave, etc.*⟩; dig, carve ⟨*groove*⟩; **Furchen/Falten in jmds. Gesicht ~** *(fig.)* carve *or* etch lines/wrinkles in sb.'s face; **b)** *(gewinnen)* cut ⟨*turf*⟩; mine ⟨*coal etc.*⟩; **c)** *(geh.: eingraben)* carve; engrave. **2.** *unr. itr. V.* dig (**nach** for); **seine Zähne/Hände in etw.** *(Akk.)* **~** *(geh.)* sink *or* bury one's teeth/hands in sth. **3.** *unr. refl. V. (geh.)* **sich in etw. ~:** dig into sth.; **es grub sich ihm ins Gedächtnis** *(fig.)* it became imprinted *or* engraved in his memory

**Graben der; ~s, Gräben** ['grɛ:bn̩] **a)** ditch; **b)** *(Schützengraben)* trench; **im ~ liegen** lie in the trenches; **c)** *(Festungsgraben)* moat; **d)** *(Geol.)* rift valley; graben

**Graben-: ~bruch der** *(Geol.)* graben; **~kampf der, ~krieg der** trench warfare *no pl., no indef. art.*

**Gräber-: ~feld das** [large] cemetery; **~fund der** grave find

**Grabes-: ~kälte die** *(geh.)* deathly cold; **~luft die** *(geh.)* grave-like *or* tomb-like air *no pl., no indef. art.*; **~ruhe die, ~stille die** deathly silence *or* hush; **~stimme die** *(ugs.)* sepulchral voice

**Grab-: ~fund der** *s.* **Gräberfund; ~geläut[e] das** [death-]knell; **~gesang der** dirge; funeral hymn; *(fig.)* death-knell; **~gewölbe das** vault; *(in Kirche, Dom)* crypt; **~hügel der** grave mound; **~inschrift die** inscription [on a/the gravestone]; epitaph; **~kammer die** burial chamber; **~kreuz das** cross [on the/a grave]; **~legung die; ~, ~en a)** *o. Pl. (christl. Rel.)* entombment of Christ; **b)** *(Kunst)* **die ~legung Christi** the Entombment of Christ; **~licht das;** *Pl.* **~lichter** grave-light; **~mal das;** *Pl.* **~mäler,** *geh.* **~male** monument; *(~stein)* gravestone; **das ~mal des Unbekannten Soldaten** the tomb of the Unknown Soldier *or* Warrior; **~platte die** memorial slab; *(aus Metall)* memorial plate; **~rede die** funeral oration *or* speech; **~schänder der** desecrator of a/the grave/of [the] graves; **~schändung die** desecration of a/the grave/of [the] graves

**grabschen** ['grapʃn̩] **1.** *tr. V.* grab; snatch. **2.** *itr. V.* **nach etw. ~:** grab at sth.

**Grab-: ~spruch der** epitaph; **~stätte die** tomb; grave; **~stein der** gravestone; tombstone; **~stelle die** burial plot

**gräbst** [grɛ:pst] *2. Pers. Sg. Präsens v.* **graben**

**gräbt** *3. Pers. Sg. Präsens v.* **graben**

**Grabung die; ~, ~en** *(bes. Archäol.)* excavation

**Grab·urne die** funeral urn

**Grabungs·fund der** archaeological find

**Gracht** [graxt] **die; ~, ~en** canal

**Grad** [gra:t] **der; ~[e]s, ~e a)** degree; **Verbrennungen ersten/zweiten ~es** first-/second-degree burns; **ein Verwandter ersten/zweiten ~es** an immediate relation/a relation once removed; **Vettern ersten ~es** first cousins; **bis zu einem gewissen ~[e]** to a [certain] degree; **in hohem ~e** to a great *or* large extent; **er ist mir in höchstem ~e unsympathisch** I dislike him intensely; **in geringem ~e** to a slight extent; slightly; **b)** *(akademischer ~)* degree; *(Milit.)* rank; **c)** *(Maßeinheit, Math., Geogr.)* degree; **20 ~ Celsius/Fahrenheit** *usw.* 20 degrees Centigrade *or* Celsius/Fahrenheit *etc.*; **10 ~ Wärme/Kälte** 10 degrees above zero/below [zero]; **39 ~ Fieber haben** have a temperature of 39 degrees; **minus 5 ~/5 ~ minus** minus 5 degrees; **null ~:** zero; **etw. auf 90 ~ erhitzen** heat sth. to [a temperature of] 90 degrees; **Gleichungen zweiten ~es** equations of the second degree; quadratic equations; **sich um hundertachtzig ~ drehen** *(fig.)* completely change [one's views]; **der 50. ~ nördlicher Breite** [latitude] 50 degrees North; **die Insel liegt auf dem 42. ~ östlicher Länge** the longitude of the island is 42 degrees East

**grad.** *Abk.* **graduiert**

**grad-, [1]Grad-** *s.* **gerad[e]-, Gerad[e]-**

**[2]Grad-: ~bogen der** graduated arc; **~einteilung die** graduation

**Gradient** [gra'diɛnt] **der; ~en, ~en** *(bes. Math., Physik)* gradient

**gradieren** *tr. V.* graduate; calibrate

**Gradier·werk das** thorn-house; graduation-house

**grad-, Grad-: ~mäßig** *s.* **graduell; ~messer der** gauge, yardstick (**für** of); **~netz das** network of parallels and meridians

**graduell** [gra'duɛl] **1.** *Adj.* gradual ⟨*development etc.*⟩; slight ⟨*difference etc.*⟩. **2.** *adv.* gradually; by degrees; ⟨*different*⟩ in degree

**graduieren 1.** *tr. V.* **a)** *(an Hochschulen)* award a degree to; graduate *(Amer.)*; **b)** ⟨*in Grade einteilen*⟩ graduate; calibrate. **2.** *itr. V. (an Hochschulen)* graduate

**graduiert** *Adj.* graduate; **ein ~er Ingenieur/eine ~e Ingenieurin** an engineering graduate

**Graduierte der/die;** *adj. Dekl.* graduate

**Graduierung die; ~, ~en** graduation

**Grad·unterschied der** difference of *or* in degree

**grad·weise** *Adv.* gradually; by degrees

**Graecum** ['grɛ:kʊm] **das; ~s** *(Prüfung)* examination in Greek; *(Qualifikation)* qualification in Greek

**Graf** [gra:f] **der; ~en, ~en a)** count; *(britischer ~)* earl; **b)** *o. Pl. (Titel)* Count; *(britischer ~)* Earl; **~ Koks [von der Gasanstalt]** *(salopp scherzh.)*, **~ Rotz [von der Backe]** *(salopp abwertend)* Lord Muck *(Brit. joc.)*

**Grafen·stand der a)** *(Rang eines Grafen)* rank of count; *(in Großbritannien)* rank of earl; earldom; **jmdn. in den ~stand erheben** confer the rank of count/earl upon sb.; **b)** *(Gesamtheit der Grafen)* counts *pl.*; *(in Großbritannien)* earls *pl.*

**Graffito** [gra'fi:to] **der** *od.* **das; ~[s], Graffiti a)** *(Kunst)* graffito; **b)** *Pl. (Kritzelei)* graffiti

**Grafik** *s.* **Graphik**

**Grafiker** *s.* **Graphiker**

**Gräfin** ['grɛ:fɪn] **die; ~, ~nen** countess; *(Titel)* Countess

**grafisch** *s.* **graphisch**

**gräflich** ['grɛ:flɪç] *Adj.* count's *attrib.*; of the count *postpos., not pred.*; *(in Großbritannien)* earl's; of the earl

**Grafschaft die; ~, ~en a)** *(Amtsbezirk des Grafen)* count's land; *(in Großbritannien)* earldom; **b)** *(Verwaltungsbezirk)* county

**Graham·brot** ['gra:ham-] **das** wholemeal *(Brit.) or (Amer.)* wheatmeal bread

**gräko-** ['grɛ:ko-] Graeco-; **~-lateinisch** Graeco-Latin

**Gral** [gra:l] **der; ~[e]s: der [Heilige] ~:** the [Holy] Grail

**Grals-: ~hüter der** keeper of the [Holy] Grail; *(fig.)* guardian; **~ritter der** knight of the [Holy] Grail

**gram** [gra:m] *in* **jmdm. ~ sein** be aggrieved at sb.

**Gram der; ~[e]s** *(geh.)* grief; sorrow; **aus ~ um** *od.* **über etw.** *(Akk.)* out of grief *or* sorrow at sth.; **vom** *od.* **von ~ gebeugt sein** be bowed down with grief *or* sorrow

**grämen** ['grɛ:mən] **1.** *tr. V.* grieve. **2.** *refl. V.* grieve (**über** + *Akk.*, **um** over); **sich wegen etw. ~:** worry about sth.

**gram·erfüllt 1.** *Adj.* grief-stricken; sorrowful. **2.** *adv.* sorrowfully

**Gram-Färbung die** *(Bakteriol.)* Gram's method

**gram·gebeugt** *Adj.* bowed down with grief *or* sorrow *postpos.*

**grämlich** ['grɛ:mlɪç] **1.** *Adj.* morose; sullen; morose ⟨*thought*⟩. **2.** *adv.* morosely; sullenly

**Gramm** [gram] **das; ~s, ~e** gram; **250 ~ Käse** 250 grams of cheese

**Grammatik** [gra'matɪk] **die; ~, ~en a)** grammar; **b)** *(Lehrbuch)* grammar [book]

**grammatikalisch** [gramati'ka:lɪʃ] *Adj. s.* **grammatisch**

**Grammatik·regel die** grammatical rule; rule of grammar

**grammatisch 1.** *Adj.* grammatical. **2.** *adv.* grammatically

**Gramm·atom das** *(Chemie, Physik)* gram-atom

**Grammel** ['graml̩] **die; ~, ~n** *(bayr., österr.) s.* **Griebe**

**Grammophon** ® [gramo'fo:n] **das; ~s, ~e** gramophone; phonograph *(Amer.)*; **auf dem ~ spielen** *(ugs.)* play records

**Grammophon·trichter der** gramophone *or (Amer.)* phonograph horn

**gram-: ~negativ** *Adj. (Bakteriol.)* Gram-negative; **~positiv** *Adj. (Bakteriol.)* Gram-positive

**Gran** [gra:n] **das; ~[e]s, ~e;** *bei Maßangaben ungebeugt (veralt.)* grain

**Grän** [grɛ:n] **das; ~[e]s, ~e;** *bei Maßangaben ungebeugt* grain

**Granat** [gra'na:t] **der; ~[e]s, ~e a)** *(Schmuckstein)* garnet; **b)** *(Garnele)* [common] shrimp

**Granat·apfel der** pomegranate

**Granat·[apfel]baum der** pomegranate [tree]

**Granate** [gra'na:tə] **die; ~, ~n** shell; *(Hand~)* grenade

**granaten·voll** *Adj. (ugs.)* absolutely plastered *(sl.)*; totally canned *(Brit. sl.)*

**Granat-: ~feuer das** shell-fire *no pl., no indef. art.*; **~splitter der** shell splinter; **~trichter der** shell crater; **~werfer der** *(Milit.)* mortar

**Grand** [grã: *od.* graŋ] **der; ~s, ~s** *(Skat)* grand; **~ Hand** grand solo; **~ ouvert** open grand

**Grande** ['grandə] **der; ~n, ~n** *(hist.)* grandee

**Grandeur** [grã'dø:ɐ̯] **die; ~:** grandeur

**Grandezza** [gran'dɛtsa] **die; ~:** grandeur; **mit ~:** with a grand air

**Grand·hotel** ['grã:-] **das** luxury *or* five-star hotel

**grandios** [gran'dio:s] **1.** *Adj.* magnificent. **2.** *adv.* magnificently

**Grand Prix** [grã'pri:] **der; ~ ~** [- pri:(s)], **~ ~** [- pri:s] Grand Prix

**Grandseigneur** [grãsɛn'jø:ɐ̯] **der; ~s, ~s** *od.* **~e** *(geh.)* grand seigneur

**Granit** [gra'ni:t] **der; ~s, ~e** granite; **auf ~ beißen** *(fig.)* bang one's head against a brick wall *(fig.)*; **bei jmdm. auf ~ beißen** *(fig.)* get nowhere with sb. *(fig.)*

**Granit·block der;** *Pl.* **-blöcke** block of granite; granite block

**graniten** *Adj.* **a)** granite; granitic *(Geol.)*; **b)** *(geh.: hart)* granitic; granite; *(fig.)* rigid; inflexible; granitic

**Granit·gestein das** granitic rock

**Granne** ['granə] **die; ~, ~n** awn; beard

**Grant** [grant] **der; ~s** *(südd., österr. ugs.)* **[wegen etw.] einen ~ haben/bekommen** be in/get into a bad mood [because of sth.]

**grantig** ['grantɪç] *(südd., österr. ugs.)* **1.** *Adj.* bad-tempered; grumpy. **2.** *adv.* bad-temperedly; grumpily

**Granulat** [granu'la:t] **das; ~[e]s, ~e** *(bes. Chemie)* granules *pl.*

**granulieren** *itr., tr. V. (bes. Chemie)* granulate

**Grapefruit** ['gre:pfru:t] **die; ~, ~s** grapefruit

**Grapefruit·saft der** grapefruit juice

[1]**Graph** [gra:f] **der; ~en, ~en** *(Math., Naturw.)* graph

[2]**Graph das; ~s, ~e** *(Sprachw.)* graph

**Graphem** [gra'fe:m] **das; ~s, ~e** *(Sprachw.)* grapheme

**Graphie** [gra'fi:] **die; ~, ~n** *(Sprachw.)* written form

**Graphik** ['gra:fɪk] **die; ~, ~en a)** *o. Pl. (Gestaltung, graphisches Schaffen)* graphic art[s *pl.*]; **b)** *(Kunstwerk)* graphic; *(Druck)* print; **c)** *(Illustration)* diagram

**Graphiker der; ~s, ~, Graphikerin die; ~, ~nen** [graphic] designer; *(Künstler[in])* graphic artist

**graphisch 1.** *Adj.* **a)** graphic; **das ~e Gewerbe** *(veralt.)* the printing trade; **b)** *(schematisch)* graphic; diagrammatic; **eine ~e Darstellung** a diagram; *(Math.: ein Graph)* a graph; **c)** *(Sprachw.)* graphic. **2.** *adv.* graphically

**Graphit** [gra'fi:t] **der; ~s, ~e** graphite

**graphit·grau** *Adj.* dark grey

**Graphit·stift der** lead pencil

**Graphologe** [grafo'lo:gə] **der; ~n, ~n** graphologist

**Graphologie die; ~:** graphology *no art.*

**Graphologin die; ~, ~nen** graphologist

**graphologisch 1.** *Adj.* graphological. **2.** *adv.* graphologically; ⟨*analysed, interpreted*⟩ by a graphologist

**grapschen** ['grapʃn̩] *s.* **grabschen**

**Gras** [gra:s] **das; ~es, Gräser** ['grɛ:zɐ] grass; **wo er hinhaut, da wächst kein ~ mehr** *(fig. ugs.)* one blow from him and you'd be out cold *(coll.)*; **das ~ wachsen hören** *(ugs. spött.)* read too much into things; **über etw.** *(Akk.)* **~ wachsen lassen** *(ugs.)* let the dust settle on sth.; **ins ~ beißen [müssen]** *(salopp)* bite the dust *(coll.)*

**gras-, Gras-: ~bahn die** *(Sport)* grass track; **~bedeckt, ~bewachsen** *Adj.* grass-covered; grassy; **~büschel das** tuft of grass; **~decke die** covering of grass

**grasen** *itr. V.* **a)** graze; **b)** *(ugs.: suchen)* **nach etw. ~:** search for sth.

**gras-, Gras-: ~fläche die** area of grass; *(Rasen)* lawn; **~fleck der a)** patch of grass; **b)** *(auf der Kleidung)* grass stain; **~fresser der** *(Zool.)* herbivore; **~frosch der** grass frog; **~grün** *Adj.* grass-green; **~halm der** blade of grass; **~hüpfer der** *(ugs.)* grasshopper; **~land das;** *o. Pl.* grassland; **~mäher der, ~mäh·maschine die** grass-mower; [grass-]mowing machine; **~mücke die** warbler; **~narbe die** turf; **~nelke die** thrift; **~pflanze die** gramineous plant *(Bot.)*; grass

**Grass** [gra:s] **das; ~** *(Drogenjargon)* grass *(sl.)*

**grassieren** [gra'si:rən] *itr. V.* ⟨*disease etc.*⟩ rage, be rampant; ⟨*craze etc.*⟩ be [all] the rage; ⟨*rumour*⟩ be rife

**Gras·ski der** grass ski

**gräßlich** ['grɛslɪç] **1.** *Adj.* **a)** *(abscheulich)* horrible; terrible ⟨*accident*⟩; **b)** *(ugs.: unangenehm)* dreadful *(coll.)*; awful; **c)** *(ugs.: sehr stark)* terrible *(coll.)*; awful. **2.** *adv.* **a)** *(abscheulich)* horribly; terribly; **b)** *(ugs.: unangenehm)* terribly *(coll.)*; **c)** *(ugs.: sehr)* terribly *(coll.)*; dreadfully *(coll.)*; **~ frieren** be terribly *or* dreadfully cold *(coll.)*

**Gräßlichkeit die; ~, ~en a)** *o. Pl. (Abscheulichkeit)* horribleness; *(eines Unfalls)* terribleness; **b)** *o. Pl. (unangenehme Art)* dreadfullness *(coll.)*; awfulness; **c)** *(gräßliche Handlung)* atrocity

**Gras-: ~steppe die** *(Geogr.)* [grassy] steppe; **~streifen der** strip of grass; *(längs einer Straße)* grass verge; **~teppich der** *(geh.)* sward *(literary)*

**Grat** [gra:t] **der; ~[e]s, ~e a)** *(Bergrücken)* ridge; **b)** *(Archit.)* hip; **c)** *(Technik)* burr

**Gräte** ['grɛ:tə] **die; ~, ~n a)** [fish-]bone; **b)** *(salopp: Knochen)* bone; **sich** *(Dat.)* **die ~n brechen** get badly smashed up *(sl.)*; **jmdm. alle** *od.* **sämtliche ~n brechen** break every bone in sb.'s body *(coll.)*

**gräten-, Gräten-: ~los** *Adj.* boneless; **~muster das** herring-bone [pattern]; **ein Jackett mit ~muster** a herring-bone jacket; **~schritt der** *(Skifahren)* herring-bone [step]

**Gratifikation** [gratifika'tsio:n] **die; ~, ~en** bonus

**gratinieren** [grati'ni:rən] *tr. V. (Gastr.)* brown [the top of]; **gratinierter Blumenkohl** cauliflower au gratin

**gratis** ['gra:tɪs] *Adv.* free [of charge]; gratis; **~ und franko** *(ugs.)* for free *(coll.)*

**Gratis-: ~aktie die** *(Börsenw.)* bonus share; **~anzeiger der** *(schweiz.)* [free] advertisement paper; **~exemplar das** free copy; **~muster das, ~probe die** free sample; **~vorstellung die** free performance

**Grätsche** ['grɛ:tʃə] **die; ~, ~n** *(Turnen)* straddle; *(Sprung)* straddle-vault; **in die ~ gehen** go into the straddle position

**grätschen 1.** *tr. V.* **die Beine ~:** straddle one's legs. **2.** *itr. V.; mit sein* straddle; do *or* perform a straddle; **über ein Gerät ~:** do a straddle-vault over a piece of apparatus

**Grätsch-: ~sitz der** *(Turnen)* straddle-position; **~sprung der** *(Turnen)* astride jump; *(über ein Gerät)* straddle-vault; **~stellung die** *(Turnen)* straddle-position

**Gratulant** [gratu'lant] **der; ~en, ~en, Gratulantin die; ~, ~nen** well-wisher; **sie war die erste Gratulantin** she was the first to offer her congratulations

**Gratulation** [gratula'tsio:n] **die; ~, ~en a)** *(Glückwunsch)* congratulations *pl.*; **~en entgegennehmen** receive congratulations; **meine [herzliche] ~!** [many] congratulations!; **b)** *(das Gratulieren)* **sie kamen zur ~:** they came to congratulate him/her/them

**Gratulations-: ~besuch der** congratulatory visit; **~cour die** reception; **~schreiben das** letter of congratulation[s]; congratulatory letter

**gratulieren** *itr. V.* **jmdm. ~:** congratulate sb.; **jmdm. zum Geburtstag ~:** wish sb. many happy returns [of the day]; **jmdm. zum Examen ~:** congratulate sb. on passing his/her exam; **[ich] gratuliere!** congratulations!; **zu dieser Tochter kann ich Ihnen/er sich nur ~:** you are/he is lucky to have a daughter like her

**Grat·wanderung die** ridge walk; *(fig.)* balancing act

**grau** [grau] *Adj.* **a)** grey; **~ werden** go grey; **~ im Gesicht** grey- *or* ashen-faced; **eine ~e Stadt** *(fig.)* a grey *or* drab town; **deine ~en Zellen** *(ugs.)* your grey matter *(coll.)*; **~ in ~:** grey and drab; **b)** *(trostlos)* dreary; drab; depressing; **der ~e Alltag** the dull routine *or* monotony of daily life; **alles ~ in ~ sehen** always see the gloomy side of things; **alles ~ in ~ malen** paint a gloomy *or* bleak picture of things; **c)** *(zwischen legal und illegal)* grey; **der ~e Markt** the grey market; **d)** *(unbestimmt)* vague; **in ~er Vorzeit/Ferne** in the dim and distant past/future

**Grau das; ~s, ~ a)** grey; **b)** *o. Pl. (Trostlosigkeit)* dreariness; drabness

**grau-, Grau-: ~äugig** *Adj.* grey-eyed; **~bart der** *(ugs.)* greybeard; **~bärtig** *Adj.* grey-bearded; **~blau** *Adj.* grey-blue; **~brot das** *bread made with rye- and wheat-flour*

**Grau·bünden** [-'bʏndn̩] **(das); ~s** the Grisons

[1]**grauen** *itr. V. (geh.)* **der Morgen/der Tag graut** morning is breaking; day is dawning *or* breaking

[2]**grauen** *itr. V. (unpers.)* **ihm graut [es] davor/vor ihr** he dreads [the thought of] it/he's terrified of her; **mir graut es, wenn ich nur daran denke** I dread the [mere] thought of it

**Grauen das; ~s, ~ a)** *o. Pl.* horror **(vor +** *Dat.* of); **ein Bild des ~s** a scene of horror; **b)** *(Schreckbild)* horror

**grauen·erregend** *Adj.* horrifying

**grauen·haft, grauen·voll 1.** *Adj.* **a)** horrifying; **b)** *(ugs.: sehr unangenehm)* terrible *(coll.)*; dreadful *(coll.)*. **2.** *adv.* **a)** horrifyingly; **b)** *(ugs.: sehr unangenehm)* terribly *(coll.)*; dreadfully *(coll.)*

**grau-, Grau-: ~gans die** grey goose; greylag [goose]; **~grün** *Adj.* grey-green; **~guß der** *(Technik)* grey iron; **~haarig** *Adj.* grey-haired; **~kopf der** *(ugs.)* **a)** *(graues Haar)* grey hair; **einen ~kopf haben** have grey hair; **b)** *(Mensch)* grey-headed man/woman

**graulen** ['graulən] **1.** *tr. V.* drive out; **jmdn. aus dem Haus ~:** drive sb. out of the house. **2.** *refl. V.* **sich [vor jmdm./etw.] ~:** be scared *or* frightened [of sb./sth.]. **3.** *tr., itr. V. (unpers.)* **davor graulte [es] ihm/ihn** he dreaded it; **mir/mich grault bei dem Gedanken, daß ...:** I shudder at the thought that ...

**graulich** *Adj.* scary

**gräulich** ['grɔylɪç] *Adj.* greyish

**grau·meliert** *Adj. (präd. getrennt geschrieben)* greying ⟨*hair*⟩

**Graupe** ['graupə] **die; ~, ~n a)** *(Gerstenkorn)* grain of pearl barley; *(Weizenkorn)* grain of hulled wheat; **~n** pearl barley *sing.*/hulled wheat *sing.*; **b)** *Pl. (Gericht)* pearl barley *sing.*

**Graupel** ['graupl̩] **die; ~, ~n** soft hail pellet; **~n** soft hail; graupel

**graupeln** *itr. V. (unpers.)* **es graupelt** there's soft hail falling

**Graupel-: ~regen der** shower of soft hail; **der ~regen behinderte den Verkehr** the soft hail impeded the flow of traffic; **~schauer der** shower of soft hail; **der Regen ging in ~schauer über** the rain turned to soft hail

**Graupen·suppe die** barley soup *or* broth

**Graus** [graus] **der; ~es a) es ist ein ~:** it's terrible; **es ist ein ~ mit dem Jungen** the boy's impossible *(coll.)*; **o ~!** *(ugs. scherzh.)* oh horror! *(joc.)*; **b)** *(veralt.: Grausen)* horror

**grausam 1.** *Adj.* **a)** cruel; **~ gegen jmdn. sein** be cruel to sb.; **b)** *(furchtbar)* terrible; dreadful; **c)** *(ugs.: sehr schlimm)* terrible *(coll.)*; dreadful *(coll.)*. **2.** *adv.* **a)** cruelly; **sich ~ für etw. rächen** take cruel revenge for sth.; **b)** *(furchtbar)* terribly, dreadfully; **~ ums Leben kommen** die a horrible death; **c)** *(ugs.: sehr stark)* terribly *(coll.)*; dreadfully *(coll.)*

**Grausamkeit die; ~, ~en a)** *o. Pl.* cruelty; **b)** *(Handlung)* act of cruelty; *(Greueltat)* atrocity

**grau-, Grau-: ~schimmel der a)** *(Pferd)* grey [horse]; **b)** *(Pilz)* grey mould; **~schwarz** *Adj.* grey-black

**grausen 1.** *tr., itr. V. (unpers.)* **es grauste ihm** *od.* **ihn davor/vor ihr** he dreaded [the thought of] it/he was terrified of her; **es graust ihr** *od.* **sie, wenn sie nur an die Prüfung denkt** she dreads the [mere] thought of the exam; **uns grauste vor der langen Fahrt** we were dreading the long journey. **2.** *refl. V.* **sich vor etw./jmdm. ~:** be terrified by *or* dread sth./be terrified of sb.

**Grausen das; ~s** horror; **das kalte ~ kriegen** *(ugs.)* be scared stiff *or* to death *(coll.)*

**grausig** *s.* **grauenhaft**

**grauslich** *(bes. bayr., österr.) s.* **gräßlich**

**grau-, Grau-: ~specht der** grey-headed woodpecker; **~tier das** *(ugs. scherzh.) (Esel)* ass; donkey; *(Maultier)* mule; **~ton der** [shade of] grey; **~wal der** grey whale; **~weiß** *Adj.* greyish white; **~zone die** grey area *(fig.)*

**Graveur** [gra'vø:ɐ̯] **der; ~s, ~e, Graveurin die; ~, ~nen** engraver

**Gravier-: ~anstalt die** engraving establishment; engraver's; **~arbeit die** engraving

**gravieren** [gra'vi:rən] *tr. V.* engrave; **etw. auf etw.** *(Akk.)* **~:** engrave sth. on sth.

**gravierend** *Adj.* serious, grave ⟨*matter, accusation, error, etc.*⟩; important ⟨*difference, decision, etc.*⟩; **~e Beweise** very strong evidence

**Gravier·nadel die** the engraving needle

**Gravierung die; ~, ~en** engraving

**Gravimetrie** [gravime'tri:] **die; ~** *(Chemie, Physik)* gravimetry *no art.*

**Gravis** ['gra:vɪs] **der; ~, ~** *(Sprachw.)* grave [accent]

**Gravitation** [gravita'tsio:n] **die; ~** *(Physik, Astron.)* gravitation

**Gravitations-: ~feld das** *(Physik, Astron.)* gravitational field; **~gesetz das** *(Physik, Astron.)* law of gravitation

**gravitätisch 1.** *Adj.* grave; solemn. **2.** *adv.* gravely; solemnly

**gravitieren** [gravi'ti:rən] *itr. V. (Physik, Astron.)* gravitate

**Gravur** [gra'vu:ɐ̯] **die; ~, ~en, Gravüre** [gra'vy:rə] **die; ~, ~n** engraving

**Grazie** ['gra:tsiə] **die; ~, ~n a)** *o. Pl. (Anmut)* grace; gracefulness; **b)** *Pl. (Myth.)* Graces; **c)** *Pl. (scherzh.: junge Mädchen)* beauties

**grazil** [gra'tsi:l] *Adj. (auch fig.)* delicate

**graziös** [gra'tsiø:s] **1.** *Adj.* graceful; *(anmutig)* charming. **2.** *adv.* gracefully; *(anmutig)* charmingly

**Gräzismus** [grɛ'tsɪsmʊs] **der; ~, Gräzismen** Graecism

**Gräzist der; ~en, ~en, Gräzistin die; ~, ~nen** expert on/student of ancient Greece

**Greenhorn** ['gri:nhɔ:n] **das; ~s, ~s** greenhorn

**Gregor** ['gre:gɔr] **(der)** Gregory

**Gregorianisch** [grego'ria:nɪʃ] *Adj.* Gregorian; **~er Gesang** Gregorian chant; **der ~e Kalender** the Gregorian calendar

**Greif** [graif] **der; ~[e]s** *od.* **~en, ~en a)** *(Wappentier)* griffin; gryphon; **b)** *s.* **~vogel**

**Greif-: ~arm der** *(Technik)* grasping arm; **~bagger der** grab-dredger

**greif·bar 1.** *Adj.* **a) etw. ~ haben** have sth. to hand; **~ sein** be within reach; **in ~er Nähe** *(fig.)* within reach; **der Urlaub ist in ~e Nähe gerückt** *(fig.)* the holiday is just coming up [now]; **b)** *(deutlich)* tangible; concrete; **c)** *nicht attr. (ugs.: verfügbar)* available. **2.** *adv.* **~ nahe** *(fig.)* within reach

**Greif·bewegung die** grasping movement

**greifen 1.** *unr. tr. V.* **a)** *(er~)* take hold of; grasp; *(rasch ~)* grab; seize; **sich** *(Dat.)* **etw. ~:** help oneself to sth.; **jmdn. an den Händen ~:** take sb. by the hand; **aus dem Leben gegriffen sein** be taken from real life; **von hier scheint der See zum Greifen nah[e]** from here the lake seems close enough to reach out and touch; **zum Greifen nahe sein** ⟨*end, liberation*⟩ be imminent; ⟨*goal, success*⟩ be within sb.'s grasp; **b)** *(fangen)* catch; **den werde ich mir mal ~** *(ugs.)* I'll sort *(Brit.) or (Amer.)* straighten him out *(coll.)*; **Greifen spielen** play tag; **c) einen Akkord ~** *(auf dem Klavier usw.)* play a chord; *(auf der Gitarre usw.)* finger a chord; **er kann noch keine Oktave ~:** he can't reach an octave yet; **d)** *(schätzen)* **tausend ist zu hoch/niedrig gegriffen** one thousand is an overestimate/ underestimate; **sein Ziel ist zu hoch gegriffen** *(fig.)* he has set his sights too high *(fig.)*. **2.** *unr. itr. V.* **a) in/unter/hinter etw./sich** *(Akk.)* **~:** reach into/under/behind sth./ one; **nach etw. ~:** reach for sth.; *(hastig)* make a grab for sth.; **zu Drogen/zur Zigarette ~:** turn to drugs/reach for a cigarette; **zu strengen Maßnahmen ~** *(fig.)* resort to *or* use tough measures; **nach der Macht ~** *(fig.)* try to seize power; **[jmdm.] ans Herz ~** *(fig. geh.)* tug at sb.'s heartstrings; **seine Argumentation greift zu kurz** *(fig.)* his arguments do not go far enough; **etw. greift um sich** sth. is spreading; **b)** *(Technik)* grip; **c)** *(ugs.: spielen)* **in die Tasten/Saiten ~:** sweep one's hand over the keys/across the strings; **d)** *(wirken)* take effect; **nicht mehr ~:** be no longer effective

**Greifer der; ~s, ~ a)** *(Technik)* grab[-bucket]; **b)** *(salopp abwertend: Polizist)* cop *(sl.)*

**Greif-: ~fuß der** *(Zool.)* prehensile foot; **~vogel der** *(Zool.)* diurnal bird of prey; **~zange die** tongs *pl.*; **~zirkel der** [outside] callipers *pl.*

**greinen** ['grainən] *itr. V. (ugs. abwertend)* grizzle *(coll. derog.)*; *(weinerlich klagen)* whine

**greis** [grais] *Adj. (geh.)* aged; white ⟨*hair, head*⟩; **~ werden** grow old

**Greis der; ~es, ~e** old man

**Greisen·alter das** old age; **im [hohen] ~:** in old age

**greisen·haft 1.** *Adj.* old man's/woman's *attrib.*; aged; *(von jüngerem Menschen)* ⟨*face etc.*⟩ like that of an old man/woman. **2.** *adv.* like an old man/woman

**Greisen·haupt das** *(geh.)* old head

**Greisin die; ~, ~nen** old woman *or* lady

**grell** [grɛl] **1.** *Adj.* **a)** *(hell)* glaring, dazzling ⟨*light, sun, etc.*⟩; **b)** *(auffallend)* garish, gaudy ⟨*colour etc.*⟩; flashy, loud ⟨*dress, pattern, etc.*⟩; **c)** *(schrill)* shrill, piercing ⟨*cry, voice, etc.*⟩. **2.** *adv.* **a)** *(hell)* with glaring *or* dazzling brightness; **b)** *(auffallend)* **gegen** *od.* **von etw. ~ abstechen** contrast sharply with sth.; **c)** *(schrill)* shrilly; piercingly

**grell-: ~beleuchtet** *Adj. (präd. getrennt geschrieben)* dazzlingly lit; **~bunt** *Adj.* gaudily coloured

**Grelle** ['grɛlə] **die; ~, Grellheit die; ~ a)** *(Helligkeit)* dazzling brightness; **b)** *(Auffälligkeit)* garishness; gaudiness; **c)** *(Schrillheit)* shrillness; piercing quality

**grell·rot** *Adj.* garish *or* bright red

**Gremium** ['gre:miʊm] **das; ~s, Gremien** committee

**Grenadier** [grena'di:ɐ̯] **der; ~s, ~e** *(Milit.)* **a)** *(Infanterist)* infantryman; **er kam zu den ~en** he went into *or* joined the infantry; **b)** *(hist.)* grenadier

**Grenz-: ~abfertigung die** *(Zollw.)* passport control and customs clearance [at the/a border]; **~baum der** *s.* **Schlagbaum; ~beamte der** border official; **~befestigung die** *(Milit.)* border fortification; **~bereich der a)** *o. Pl. (Umkreis der Grenze)* border *or* frontier zone *or* area; **b)** *(äußerster Bereich)* limit[s *pl.*]; **~berichtigung die** adjustment to a/the border; **~bewohner der** inhabitant of a/the border *or* frontier zone; **die ~bewohner** [the] people living near the border *or* frontier; **~bezirk der** border *or* frontier district

**Grenze** ['grɛntsə] **die; ~, ~n a)** *(zwischen Staaten)* border; frontier; **die ~ zu Italien** the border with Italy; **die ~ passieren/überschreiten** cross the border *or* frontier; **über die ~n hinaus** beyond the borders of this country; **an der ~ wohnen** live on the border *or* frontier; **über die grüne ~ gehen** *(ugs.)* cross the border *or* frontier illegally; **b)** *(zwischen Gebieten)* boundary; **die ~ des Grundstücks** the boundary of the property; **c)** *(gedachte Trennungslinie)* borderline; dividing line; **d)** *(Schranke)* limit; **jmdm. [keine] ~n setzen** impose [no] limits on sb.; **einer Sache** *(Dat.)* **[keine] ~n setzen** set [no] limits to sth.; **alles hat seine ~n** there is a limit *or* are limits to everything; one must draw the line somewhere; **an seine ~n stoßen** reach its limit[s]; **an ~n stoßen** come up against limiting factors; **keine ~n kennen** know no bounds; **seine ~n kennen** know one's limitations; **jmdn. in seine ~n verweisen** put sb. in his/her place; **sich in ~n halten** *(begrenzt sein)* keep *or* stay within limits; **seine Leistungen hielten sich in ~n** his achievements were not [all that *(coll.)*] outstanding; **die ~n des Möglichen** the bounds of possibility

**grenzen** *itr. V.* **an etw.** *(Akk.)* **~:** border [on] sth.; *(fig.)* verge on sth.

**grenzen·los 1.** *Adj.* boundless; endless; *(fig.)* boundless, unbounded ⟨*joy, wonder, jealousy, grief, etc.*⟩; unlimited ⟨*wealth, power*⟩; limitless ⟨*patience, ambition*⟩; extreme ⟨*tiredness, anger, foolishness*⟩. **2.** *adv.* endlessly; *(fig.)* beyond all measure

**Grenzen·losigkeit die; ~:** boundlessness; immensity; **bis zur ~ steigern** *(fig.)* increase beyond all measure

**Grenzer der; ~s, ~** *(ugs.)* **a)** *s.* **Grenzbewohner; b)** *s.* **Grenzsoldat**

**grenz-, Grenz-: ~fall der** *(nicht eindeutiger Fall)* borderline case; *(Sonderfall)* limiting case; **~fluß der** river forming a/the border *or* frontier; **~formalitäten** *Pl.* passport and customs formalities [at the/a border]; **~gänger der; ~s, ~:** [regular] commuter across the border *or* frontier; **~gebiet das a)** border *or* frontier area *or* zone; **b)** *(Sachgebiet zwischen Disziplinen)* adjacent field; **die Biochemie ist ein ~gebiet der Medizin** biochemistry is a field bordering on medicine; **im ~gebiet zwischen zwei Wissenschaften** in the area where two sciences meet; **~konflikt der** border *or* frontier conflict; **~kontrolle die a)** border *or* frontier check; **b)** *(Personen)* border officials *pl.*; **~land das** border *or* frontier area; **~linie die a)** *(Grenze)* border; **b)** *(Sport)* line *(marking edge of playing area)*; **~mark die** *(hist.)* marches *pl.*; **~nah** *Adj.*; *nicht präd.* close to the border *or* frontier *postpos.*; **~nutzen der** *(Wirtsch.)* marginal utility; **~polizei die** border *or* frontier police; **~posten der** border *or* frontier guard; **~schutz der a)** border *or* frontier protection; **b)** *(ugs.: Bundesgrenzschutz)* border *or* frontier police; **~situation die** borderline situation; **~soldat der** border *or* frontier guard; **~stadt die** border *or* frontier town; **~stein der** boundary stone; **~streitigkeit die** boundary dispute; *(wegen einer Staatsgrenze)* border *or* frontier dispute; **~übergang der a)** border crossing-point; frontier crossing-point; [border] checkpoint; **b)** *(das Passieren der Grenze)* crossing of the border *or* frontier; **~überschreitend** *Adj.*; *nicht präd.* across the/a border *or* frontier/across the borders *or* frontiers *postpos., not pred.*; **~verkehr der** [cross-]border traffic; frontier traffic; **der kleine ~verkehr** local [cross-]border *or* frontier traffic; **~verlauf der** frontier line; **~verletzung die** border *or* frontier violation; **~wacht die** *(schweiz.)* border *or* frontier guard[s *pl.*]; **~wall der** border *or* frontier rampart; **~wert der** *(Math.)* limit; **~zwischenfall der** border incident

**Gretchen-: ~frage die; ~:** crucial question; sixty-four-thousand-dollar question *(coll.)*; **~frisur die** chaplet hairstyle

**Greuel** ['grɔyəl] **der; ~s, ~** *(geh.)* **a)** *o. Pl. (Abscheu)* horror; **~ vor etw.** *(Dat.)* **empfinden** have a horror of sth.; **er/sie/es ist mir ein ~:** I loathe *or* detest him/her/it; **es ist ihm ein ~, das zu tun** he loathes *or* detests doing it; **b)** *meist Pl. (~tat)* atrocity

**Greuel-: ~geschichte die, ~märchen das** horror story; **~meldung die** report of an/the atrocity/of atrocities; **~propaganda die** atrocity propaganda; stories *pl.* of atrocities; **~tat die** atrocity

**greulich** ['grɔylɪç] **1.** *Adj.* **a)** *(entsetzlich)* horrifying; **b)** *(unangenehm)* awful. **2.** *adv* **a)** *(entsetzlich)* horrifyingly; **b)** *(unangenehm)* terribly

**Greyerzer** ['graiɐtsɐ] **der; ~s, ~:** Gruyère

**Griebe** ['gri:bə] **die; ~, ~n** crackling *no indef. art.*; greaves *pl.*

**Grieben-: ~fett das** bacon dripping; **~schmalz das** dripping with crackling *or* greaves

**Grieche** ['gri:çə] **der; ~n, ~n** Greek

**Griechen·land (das); ~s** Greece

**Griechentum das; ~s** *(Zivilisation)* Hellenism *no art.;* Greek civilization; *(Kultur)* Greek culture

**Griechin die; ~, ~nen** Greek

**griechisch 1.** *Adj.* Greek ⟨*language, mythology, island, etc.*⟩; Grecian, Greek ⟨*vase, style, etc.*⟩; **die ~e Tragödie** Greek tragedy. **2.** *adv.* **~ sprechen/schreiben** speak/write in Greek; *s. auch* **deutsch**

**Griechisch das; ~[s]** Greek *no art.; s. auch* **Deutsch**

**Griechische das; ~n a)** *(Sprache)* Greek *no art.;* **b)** *(Eigenart)* things Greek *pl.;* **alles ~:** all things *pl. or* everything Greek

**griechisch-: ~-orthodox** *Adj.* Greek Orthodox; **~-römisch** *Adj. (Ringen)* Graeco-Roman

**grienen** ['gri:nən] *itr. V. (bes. nordd.)* grin

**Griesgram** ['gri:sgra:m] **der; ~[e]s, ~e** *(abwertend)* grouch *(coll.)*

**griesgrämig** ['gri:sgrε:mıç] **1.** *Adj.* grouchy *(coll.); grumpy.* **2.** *adv.* in a grouchy *(coll.) or* grumpy manner

**Grieß** [gri:s] **der; ~es, ~e** semolina

**Grieß-: ~brei der** semolina; **~kloß der, ~klößchen das** semolina dumpling

**griff** [grıf] *1. u. 3. Pers. Sg. Prät. v.* **greifen**

**Griff der; ~[e]s, ~e a)** grip; grasp; **mit eisernem/festem ~:** with a grip of iron/a firm grip; **der ~ nach etw./in etw.** *(Akk.)***/an etw.** *(Akk.)* reaching for sth./dipping into sth./taking hold of *or* grasping sth.; **der ~ zum Alkohol/zu Drogen** turning to alcohol/drugs; **[mit jmdm./etw.] einen guten/glücklichen ~ tun** make a good choice [with sb./sth.]; **einen ~ in die Ladenkasse tun** *(verhüll.)* put one's hand in the till; **der ~ nach der Macht** *(fig.)* the bid for *or* attempt to seize power; **b)** *(beim Ringen, Bergsteigen)* hold; *(beim Turnen)* grip; *(bei der Arbeit)* **jeder ~ muß sitzen** every movement must be exactly right; **mit wenigen ~en** with very little effort; **~e kloppen** *(Soldatenspr.)* do rifle drill; **etw. im ~ haben** *(etw. routinemäßig beherrschen)* have the hang of sth. *(coll.); (etw. unter Kontrolle haben)* have sth. under control; **etw. in den ~ bekommen** *od. (ugs.)* **kriegen** get the hang *or* knack of sth. *(coll.);* acquire a grasp of *or* hold on sth.; **c)** *(Knauf, Henkel)* handle; *(eines Gewehrs, einer Pistole)* butt; *(eines Schwerts)* hilt; **d)** *(Musik)* finger-placing; **schwierige ~e beherrschen** master difficult fingering; **e)** *(Weberei)* hand; handle

**griff·bereit** *Adj.* ready to hand *postpos.*

**Griff·brett das** *(Musik)* finger-board

**Griffel** ['grıfl] **der; ~s, ~ a)** *(Schreibgerät)* slate-pencil; **b)** *(Bot.)* style; **c)** *(salopp: Finger)* finger

**Griffel·kasten der** *(veralt.)* pencil-box

**griffig** *Adj.* **a)** *(handlich)* handy; ⟨*tool etc.*⟩ that is easy to handle; *(fig.)* handy, useful ⟨*word, expression, etc.*⟩; **b)** *(gut greifend)* that grips well *postpos., not pred.;* non-slip ⟨*surface, floor*⟩; **ein ~er Reifen** a tyre with good road-holding characteristics; **c)** *(festgewebt)* ⟨*cloth*⟩ with a firm handle; **d)** *(österr.: grobkörnig)* coarse ⟨*flour*⟩

**Griffigkeit die; ~ a)** *(Handlichkeit)* handiness; **b)** *(von Reifen, Straßen)* grip; **c)** *(Festigkeit des Gewebes)* firm handle; **d)** *(österr.: von Mehl)* coarseness

**Griff·loch das** *(Musik)* fingerhole

**Grill** [grıl] **der; ~s, ~s a)** *(Feuerstelle)* grill; *(Rost)* barbecue; **b)** *(Kfz-W.)* radiator grille

**Grille** ['grılə] **die; ~, ~n a)** *(Insekt)* cricket; **b)** *(sonderbarer Einfall)* whim; fancy; **er hat ~n im Kopf** *(hat seltsame Ideen)* his head is [stuffed] full of silly ideas; *(hat trübselige Gedanken)* he's in low spirits *or (coll.)* [down] in the dumps; *(fig.)* **~n fangen** *(veralt.)* be in low spirits *or (coll.)* down in the dumps; **jmdm. die ~n vertreiben** *od.* **austreiben** *(fig. veralt.)* knock some sense into sb.

**grillen 1.** *tr. V.* grill. **2.** *itr. V.* **im Garten ~:** have a barbecue in the garden. **3.** *refl. V. (ugs.: bräunen)* **sich in der Sonne ~:** soak up the sun

**Grill-: ~platz der** barbecue area; **~spieß der** ≈ souvlaki

**Grimasse** [gri'masə] **die; ~, ~n** grimace; **eine ~ schneiden** *od.* **machen** grimace; pull a face

**Grimm** [grım] **der; ~[e]s** *(geh.)* fury

**Grimm·darm der** *(Anat.)* colon

**grimmen** *tr., itr. V. (unpers.) (veralt.)* **es grimmt mir** *od.* **mich im Bauch/Magen** I have griping pains in my stomach

**Grimmen das; ~s** colic; griping pains *pl.*

**grimmig 1.** *Adj.* **a)** *(zornig)* furious ⟨*person*⟩; grim ⟨*face, expression*⟩; fierce, ferocious ⟨*enemy, lion, etc.*⟩; **b)** *(heftig)* fierce, severe ⟨*cold, hunger, pain, etc.*⟩. **2.** *adv.* **a)** *(wütend)* furiously; **~ lachen** laugh grimly; **b)** *(heftig)* fiercely; **~ kalt** bitterly *or* fiercely cold

**Grind** [grınt] **der; ~[e]s, ~e a)** *(Flechte)* impetigo; **b)** *(Wundschorf)* scab

**grindig** *Adj.* scabby

**grinsen** ['grınzn̩] *itr. V.* grin; *(höhnisch)* smirk

**Grinsen das; ~s: ein fröhliches/unverschämtes ~:** a happy grin/an insolent smirk

**grippal** [grı'pa:l] *Adj.; nicht präd.* influenzal; grippal

**Grippe** ['grıpə] **die; ~, ~n a)** influenza; flu *(coll.);* **b)** *(volkst.: Erkältung)* cold

**Grippe-: ~epidemie die** influenza epidemic; **~impfung die** influenza *or (coll.)* flu immunization; **~welle die** wave of influenza *or (coll.)* flu

**Grips** [grıps] **der; ~es** *(bes. nordd. u. md. ugs.)* brains *pl.;* nous *(coll.);* **streng deinen ~ an** use your brains *or* nous

**Grisly·bär, Grizzly·bär** ['grısli-] **der** grizzly bear

**grob** [gro:p] **1.** *Adj.* **a)** coarse ⟨*sand, gravel, paper, sieve, etc.*⟩; thick ⟨*wire*⟩; rough, dirty ⟨*work*⟩; **~e Gesichtszüge** coarse features; **b)** *(ungefähr)* rough; **in ~en Umrissen** in rough outline; **c)** *(schwerwiegend)* gross; flagrant ⟨*lie*⟩; **ein ~er Fehler/Irrtum** a bad mistake *or* gross error; **~er Unfug** disorderly conduct; **das Gröbste** the worst; **aus dem Gröbsten heraussein** *(ugs.)* be over the worst; **d)** *(barsch)* coarse; rude; **~ werden** become abusive *or* rude; **e)** *(nicht sanft)* rough; **~ [zu jmdm.] sein** be rough [with sb.]; **f)** *(heftig)* fierce ⟨*gust of wind*⟩; **~e See** *(Seemannsspr.)* rough sea. **2.** *adv.* **a)** coarsely; **ein ~ geschnittenes Gesicht haben** have coarse features *pl.;* **b)** *(ungefähr)* roughly; **~ gerechnet** *od.* **geschätzt** at a rough estimate; **etw. ~ umreißen/darlegen** present a rough outline/exposition of sth.; **c)** *(schwerwiegend)* grossly; **~ fahrlässig handeln** *(Rechtsspr.)* be guilty of gross negligence; **d)** *(barsch)* coarsely; rudely; **jmdm. ~ kommen** *(ugs.)* get rude with sb.; **e)** *(nicht sanft)* roughly

**grob-, Grob-: ~blech das** thick *or* heavy [steel] plate; **~einstellung die** rough adjustment; **~faserig** *Adj.* coarse-fibred; **~gemahlen** *Adj. (präd. getrennt geschrieben)* coarsely ground; coarse-ground; **~gesponnen** *Adj. (präd. getrennt geschrieben)* coarsely spun; coarse-spun

**Grobheit die; ~, ~en a)** *o. Pl. (Wesensart)* rudeness; coarseness; **b)** *(Äußerung)* rude remark; *(Handlung)* [piece of] rudeness; **jmdm. ~en sagen/***(ugs.)* **an den Kopf werfen** be extremely rude to sb.; **c)** *o. Pl. (derbe Beschaffenheit)* coarseness

**Grobian** ['gro:bia:n] **der; ~[e]s, ~e** boor; lout

**grob-: ~knochig** *Adj.* big-boned; **~körnig** *Adj.* coarse ⟨*sand, flour, etc.*⟩; *(Fot.)* coarse-grained ⟨*film*⟩

**gröblich** ['grø:plıç] *(geh.)* **1.** *Adj.; nicht präd.* gross. **2.** *adv.* grossly

**grob-, Grob-: ~maschig** *Adj.* wide-meshed ⟨*sieve, net, etc.*⟩; loose-knit ⟨*pullover etc.*⟩; **~schlächtig** [~ʃlεçtıç] *Adj.* heavily built; **eine ~schlächtige Darstellung** *(fig.)* a simplistic account; **~schmied der** *(veralt.)* blacksmith

**Grog** [grɔk] **der; ~s, ~s** grog

**groggy** ['grɔgi] *Adj.; nicht attr.* **a)** *(Boxen)* groggy; **b)** *(ugs.: erschöpft)* whacked [out] *(coll.);* all in *(coll.)*

**grölen** ['grø:lən] **1.** *tr. V. (ugs. abwertend)* bawl [out]; roar, howl ⟨*approval*⟩. **2.** *itr. V.* bawl; **eine ~de Menge** a roaring crowd

**Groll** [grɔl] **der; ~[e]s** *(geh.)* rancour; resentment; **einen ~ auf jmdn./etw. haben** *od.* **gegen jmdn./etw. hegen** harbour resentment *or* a grudge against sb./sth.; **aus ~ über jmdn./etw.** from a grudge against sb./out of resentment at sth.; **ohne ~:** without rancour; with no ill feelings

**grollen** *itr. V. (geh.)* **a)** *(verstimmt sein)* be sullen; **[mit] jmdm. ~:** bear a grudge against sb.; bear sb. a grudge; **b)** *(dröhnen)* rumble; ⟨*thunder*⟩ roll, rumble; **das Grollen des Donners** the roll *or* rumble of thunder

**Grön·land** ['grø:n-] **(das); ~s** Greenland

**Grön·länder der; ~s, ~:** Greenlander

**[1]Gros** [gro:] **das; ~** [gro:(s)], **~** [gro:s] bulk; main body; **das ~ der Betriebe** the greater *or* major part of industry

**[2]Gros** [grɔs] **das; ~ses, ~se** *(bei Maßangaben ungebeugt)* gross

**Groschen** ['grɔʃn̩] **der; ~s, ~ a)** *(österreichische Münze)* groschen; **b)** *(ugs.: Zehnpfennigstück)* ten-pfennig piece; *(fig.)* penny; cent *(Amer.);* **Bonbons für einen** *od.* **zu einem ~:** ten pfennigs' worth of sweets; **[sich** *(Dat.)***] ein paar ~ verdienen** *(ugs.)* earn [oneself] a few pennies *or* pence; **die ~ zusammenhalten müssen** *(ugs.)* have to count every penny [one spends]; **der ~ ist [bei ihm] gefallen** *(fig.)* the penny has dropped; **bei ihr fällt der ~ pfennigweise** *(fig.)* she's a bit slow on the uptake

**Groschen-: ~blatt das** *(abwertend)* tabloid; cheap rag *(derog.);* **~roman der** *(abwertend)* cheap novel; dime novel *(Amer.)*

**groß** [gro:s] **größer** ['grø:sɐ], **größt...** ['grø:st...] **1.** *Adj.* **a)** big; big, large ⟨*house, window, area, room, etc.*⟩; large ⟨*pack, size, can, etc.*⟩; great ⟨*length, width, height*⟩; tall ⟨*person*⟩; **~e Eier/Kartoffeln** large eggs/potatoes; **der ~e Zeiger** the big *or* minute hand; **ein ~er Buchstabe** a big *or* capital letter; **eine ~e Terz/Sekunde** *(Musik)* a major third/second; **ein ~es Bier, bitte** a pint, please; **im Großen einkaufen** buy in bulk; **die Großen Seen/der Große Salzsee** the Great Lakes/Great Salt Lake; **ein/zwei Nummern zu ~:** one size/two sizes too big; **b)** *(eine bestimmte Größe aufweisend)* **1 m²/2 ha ~:** 1 m²/2 ha in area; **sie ist 1,75 m ~:** she is 1.75 m tall; **doppelt/dreimal so ~ wie ...:** twice/three times the size of ...; **c)** *(älter)* big ⟨*brother, sister*⟩; **seine größere Schwester** his elder sister; **unsere Große/unser Großer** our eldest *or* oldest daughter/son; *(von zwei Kindern)* our elder *or* older daughter/son; **d)** *(erwachsen)* grown-up ⟨*children, son, daughter*⟩; **[mit etw.] ~ werden** grow up [with sth.]; **die Großen** *(Erwachsene)* the grown-ups; *(ältere Kinder)* the older children; **~ und klein** old and young [alike]; **e)** *(lange dauernd)* long, lengthy ⟨*delay, talk, explanation, pause*⟩; **ein ~er Zeitraum** a long period of time; **die ~en Ferien** *(Schulw.)* the summer holidays *or (Amer.)* long vacation *sing.;* **die ~e Pause** *(Schulw.)* [mid-morning] break; **f)** *(beträchtlich)* **eine ~e Zuhörerschaft/Kundschaft** a large audience/clientele; **~e Summen/Kosten** large sums/heavy costs; **eine ~e Familie** a big *or* large family; **eine ~e Auswahl** a wide selection *or* range; **~es Geld** notes *pl.*; **das ~e Geld machen** *(ugs.) od.* **verdienen** make big money; **g)** *(außerordentlich)* great ⟨*pleasure, pain, hunger, anxiety, hurry, progress, difficulty, mistake, importance*⟩; intense ⟨*heat, cold*⟩; high ⟨*speed*⟩; **mit dem größten Vergnügen** with the greatest of pleasure; **eine ~e Freude empfinden** feel great pleasure; **ein ~er Lärm** a lot of noise; **~en Hunger haben** be very hungry; **ein ~er Esser/Bastler** a great *or* heavy eater/great handyman; **ihre/seine ~e Liebe** her/his great love; **~ im Geschäft sein** be in great demand; **h)** *(gewichtig)* great; major ⟨*producer, exporter*⟩; great, major ⟨*event*⟩; **ein ~er Augenblick/Tag** a great moment/day; **~e Worte/Gesten** grand *or* fine words/grand gestures; **[k]eine ~e Rolle spielen** [not] play a great *or* an important part; **sie hat Großes geleistet** she has achieved great things; **die Großen [der Welt]** the great figures [of our world]; **i)** *nicht präd. (glanzvoll)* grand ⟨*celebration, ball, etc.*⟩; **in ~er Aufmachung/Garderobe** in all one's finery; **die ~e Dame/den ~en Herrn spielen** *(iron.)* play the fine lady/gentleman; **j)** *(bedeutend)* great, major ⟨*artist, painter, work*⟩; **Otto der Große/Katharina die Große** Otto/Catherine the Great; *s. auch* **Karl**; **k)** *(wesentlich)* **die ~e Linie/der ~e Zusammenhang** the basic line/the overall context; **in ~en Zügen** *od.* **Umrissen** in broad outline; **im ~en [und] ganzen** by and large; on the whole; **l)** *(geh.: selbstlos)* noble ⟨*deed etc.*⟩; **ein ~es Herz haben** be great-hearted; **m)** *(ugs.: ~artig)* great *(coll.)*; **das finde ich** *od.* **das ist ganz ~** *(iron.)* that's just great *(coll. iron.)*; **~ in etw.** *(Dat.)* **sein** be a great one for sth.; **n)** *(ugs.: ~spurig)* **~e Reden schwingen** *od. (salopp)* **Töne spucken** talk big *(coll.)*. **2.** *adv.* **a) die Heizung** *usw.* **~/größer einstellen** turn the heating *etc.* up high/higher; **ein Wort ~ schreiben** write a word with a capital [initial] letter *or* a capital; **jmdn. ~ ansehen** stare hard at sb.; **~ machen** *(Kinderspr.)* do number two *(child lang.)*; **~ und breit** at great length; **b)** *(ugs.: aufwendig)* **~ ausgehen** go out for a big celebration; **etw. ~ feiern** celebrate sth. in a big way; **jmdn./etw. ~ herausbringen** publicize sb./sth. with a big splash; **c)** *(ugs.: besonders)* greatly; particularly; **es lohnt [sich] nicht ~, das zu tun** there is not much point in doing that; **sich nicht ~ um jmdn./etw. kümmern** not bother *or* concern oneself greatly about sb./sth.; **wir haben nicht ~ darauf geachtet** we didn't pay much attention to it; **was gibt es da noch ~ zu diskutieren?** why do we need all this long discussion?; **niemand freute sich ~:** nobody was very pleased *or (coll.)* exactly overjoyed; **d)** *(geh.: selbstlos)* **~ handeln** act nobly; **fähig sein, ~ zu fühlen** be capable of noble sentiments; **e)** *(ugs.: ~artig)* **sie steht ganz ~ da** she has made it big *(coll.) or* made the big time *(coll.)*; **f)** *(ugs.: ~spurig)* **~ daherreden/auftreten** talk/act big *(coll.)*

**groß-, Groß-: ~abnehmer der** bulk buyer *or* purchaser; **~admiral der** *(Milit. hist.)* Grand Admiral; **~aktion die** major campaign; big drive; **~aktionär der** *(Wirtsch.)* principal *or* major shareholder; **~alarm der** full-scale alarm; **~angelegt** *Adj.; nicht präd.* large-scale ⟨*project, plan, etc.*⟩; full-scale ⟨*attack, investigation*⟩; **~angriff der** *(Milit.)* full-scale attack; **~artig 1.** *Adj.* magnificent; splendid; wonderful ⟨*person*⟩; **2.** *adv.* magnificently; splendidly; **wir haben uns ~artig amüsiert** we had a marvellous time; **~artigkeit die** magnificence; splendour; **~aufnahme die a)** *(Film)* close-up; **in ~aufnahme** in close-up; **b)** *(Fot.) s.* **Nahaufnahme; ~auftrag der** *(Wirtsch.)* large order; **~bank die;** *Pl.* **~banken** *(Finanzw.)* big bank; **die fünf ~banken** the Big Five; **~bauer der** big farmer; **~betrieb der** large *or* big concern; large-scale enterprise; **~bourgeoisie die** *(marx.)* haute bourgeoisie; **~brand der** large fire *or* blaze

**Groß·britannien (das)** the United Kingdom; [Great] Britain

**groß-, Groß-: ~buchstabe der** capital [letter]; upper-case letter *(Printing)*; **~bürgerlich** *Adj.* upper middle-class; **~bürgertum das** upper middle class; **~deutsch** *Adj. (bes. ns.)* Pan-German; **~deutschland (das)** *(bes. ns.) Germany after the anschluss of Austria*

**Größe** [ˈgrøːsə] **die; ~, ~n a)** size; *(Kleider~)* **in ~ 38** in size 38; **sie trägt ~ 44** she is *or* takes size 44; **b)** *(Höhe, Körper~)* height; **der ~ nach** by height; **c)** *(Bedeutsamkeit, sittlicher Wert)* greatness; **d)** *(Ausmaß)* **die ~ der Katastrophe** the [full] scale *or* extent of the catastrophe; **e)** *(Genie)* outstanding *or* important figure; **f)** *(Math., Physik)* quantity; **eine gegebene/***(auch fig.)* **unbekannte ~:** a given/an unknown quantity

**Groß-: ~ein·kauf der** bulk purchase; **~einkauf machen** do all one's shopping at one time; **~ein·satz der** large-scale operation; **~eltern** *Pl.* grandparents; **~enkel der** great-grandchild; *(Junge)* great-grandson; **~enkelin die** great-granddaughter

**Größen-: ~klasse die a)** size [group]; **Eier der ~klasse 2** class 2 eggs; **b)** *(Astron.)* magnitude; **~ordnung die a)** *(Dimension)* order [of magnitude]; **in einer ~ordnung von einer Milliarde Mark** in the order of a thousand million marks; **b)** *(Physik, Math.)* order of magnitude

**großen·teils** *Adv.* largely; for the most part

**größen-, Größen-: ~verhältnis das a)** *(Maßstab)* scale; **im ~verhältnis 1:10** on a scale of 1:10; **b)** *(Proportion)* proportions *pl.*; **~wahn der** *(abwertend)* megalomania; delusions *pl.* of grandeur; **~wahnsinnig** *Adj.* megalomaniacal; **er ist ~wahnsinnig** he's a megalomaniac

**größer** *s.* **groß**

**Groß·erzeuger der** large *or* big producer

**groß-, Groß-: ~fahndung die** large-scale search *or* manhunt; **~familie die** *(Soziol.)* extended family; *(mehrere Kleinfamilien)* composite family; **~feuer das** large fire *or* blaze; **~flug·hafen der** large *or* major airport; **~folio das** *(Buchw.)* large folio; **~format das** large size; *(bei Büchern)* large format *or* size; **~fürst der** *(hist.)* Grand Duke; **~fürstin die** *(hist.)* Grand Duchess; **~grund·besitz der** ownership of large estates; **~grund·besitzer der** big landowner; **~handel der** wholesale trade; **~händler der** wholesaler; **~handlung die** wholesale business; **~herzig** *(geh.)* **1.** *Adj.* magnanimous; **2.** *adv.* magnanimously; **~herzigkeit die** *(geh.)* magnanimity; **~herzog der** Grand Duke; **~herzogin die** Grand Duchess; **~herzoglich** *Adj.; nicht präd.* grand-ducal; **~herzogtum das** grand duchy; **~herzogtum Luxemburg** Grand Duchy of Luxembourg; **~hirn das** *(Anat.)* cerebrum; **~hirn·rinde die** *(Anat.)* cerebral cortex; **~industrie die** big industry; **~industrielle der/die;** *adj. Dekl.* big industrialist; **~inquisitor der** *(hist.)* Grand Inquisitor

**Grossist der; ~en, ~en** *(Kaufmannsspr.)* wholesaler

**groß-, Groß-: ~jährig** *Adj. (veralt.)* ⟨*person*⟩ who is of age; **~jährig werden/sein** come/be of age; **~jährigkeit die; ~** *(veralt.)* majority; **die ~jährigkeit erlangen** reach the age of majority; **~kampf·schiff das** *(Milit. veralt.)* capital ship; **~kapital das** *(Wirtsch.)* big business *or* capital; **~kapitalist der** big capitalist; **~katze die** *(Zool.)* big cat; **~kaufmann der** merchant; **~kind das** *(schweiz.)* grandchild; **~klima das** *(Met.)* macroclimate; **~konzern der** big *or* large combine; **~kopfe[r]te** [-kɔpfətə] **der;** *adj. Dekl. (ugs. abwertend)* high-up *(coll.)*; *(Intellektueller)* egghead *(coll.)*; **~kotzig** [~kɔtsɪç] **1.** *Adj. (salopp abwertend)* pretentious ⟨*style*⟩; swanky *(coll.)* ⟨*present etc.*⟩; boastful ⟨*tone etc.*⟩; **2.** *adv.* boastfully; **~kreuz das** Grand Cross; **~küche die** large kitchen *(of hotel, hospital, etc.)*; **~kundgebung die** mass rally *or* meeting; **~macht die** great power; **die ~macht USA** the USA, one of the great powers; **~macht·stellung die** great power status; **~mama die** *(ugs.)* grandma *(coll./child lang.)*; granny *(coll./child lang.)*; **~manns·sucht die** *(abwertend)* craving for status; **~markt der** central market; **~maschig** *Adj.* wide-meshed; **~mast der** *(Seemannsspr.)* mainmast; **~maul das** *(ugs. abwertend)* bigmouth *(coll.)*; braggart; **~mäulig** [~mɔylɪç] *Adj. (ugs. abwertend)* big-mouthed *(coll.)*; **~meister der** Grand Master; *(Schach)* grand master; **~mut die; ~:** magnanimity; generosity; **~mütig** [~myːtɪç] **1.** *Adj.* magnanimous; generous; **2.** *adv.* magnanimously; generously; **~mutter die a)** grandmother; **~mutter werden** become a grandmother; **das kannst du deiner ~mutter erzählen** *(ugs.)* tell that to the marines; **b)** *(ugs.: alte Frau)* old lady; **~mütterlich** *Adj.; nicht präd.* **a)** grandmother's; **das ~mütterliche Haus** one's grandmother's house; **jmds. ~mütterliches Erbe** sb.'s inheritance from his/her/their grandmother; **b)** *(wie eine ~mutter)* grandmotherly; **~neffe der** great-nephew; grandnephew; **~nichte die** great-niece; grandniece; **~offensive die** *(Milit.)* major *or* full-scale offensive; **~oktav das** *(Buchw.)* royal octavo; **~onkel der** great-uncle; granduncle; **~papa der** *(ugs.)* grandpa *(coll./child lang.)*; granddad *(coll./child lang.)*; **~rat der** *(schweiz.) member of a cantonal great council;* **~raum der** area; **im ~raum Hamburg** in the [Greater] Hamburg area; **~raum·abteil das** *(Eisenb.)* open carriage; **~raum·büro das** open-plan office; **~raum·flugzeug das** wide-bodied aircraft

**großräumig** [-rɔymɪç] **1.** *Adj.* extensive; over a wide *or* large area *postpos., not pred.*; *(viel Platz bietend)* spacious, roomy ⟨*office, house, etc.*⟩; wide-bodied ⟨*aircraft*⟩. **2.** *adv.* over a wide *or* large area; **eine ~ gebaute Stadt** a town [built] with plenty of open space; **ein ~ konzipiertes Flugzeug** an aircraft designed for high-capacity air transport

**groß-, Groß-: ~raum·wagen der** *(Verkehrsw.)* open car; **~rechner der** *(DV)* mainframe [computer]; **~reinemachen das** *(ugs.)* thorough cleaning; spring-clean; **ein ~reinemachen veranstalten** spring-clean the house; **~schanze die** *(Skisport)* ninety-metre hill; **~schnauze die** *(salopp)* big-mouth *(coll.)*; **~schnauzig** *Adj. (salopp)* big-mouthed *(coll.)*; **~|schreiben** *unr. tr. V. (ugs.) in* **~geschrieben werden** be stressed *or* emphasized; **bei ihm wird Verdienen ~geschrieben** earning money comes high on his list of priorities; *s. auch* **groß 2a; ~schreibung die** capitalization; **~segel das** *(Seemannsspr.)* mainsail; **~sprecher der** *(abwertend)* braggart; boaster; **~sprecherisch** *Adj. (abwertend)* boastful ⟨*person*⟩; bragging *attrib.*, boastful ⟨*words, manner, etc.*⟩; **~spurig** *(abwertend)* **1.** *Adj.* boastful; *(hochtrabend)* pretentious ⟨*word, language*⟩; grandiose ⟨*plan*⟩; **2.** *adv.* boastfully; *(hochtrabend)* pretentiously; **~stadt die** city; large town;

**~städter der** city-dweller; urbanite; **~städtisch** *Adj.* [big-]city *attrib.* ⟨*life*⟩; **der ~städtische Autoverkehr** traffic in the [big] cities; **Genf ist in vielem ~städtischer als Bern** in many ways Geneva is more of a big city than Berne; **~stadt·luft die** city air; *(fig. ugs.: Atmosphäre)* atmosphere of the big city *(fig.)*; **~stadt·verkehr der** [big-] city traffic

**größt...** *s.* **groß**

**Groß-: ~tante die** great-aunt; grandaunt; **~tat die** *(geh.)* great feat; **~teil der a)** *(Hauptteil)* major part; **zum ~teil** mostly; for the most part; **b)** *(nicht unerheblicher Teil)* large part; **zu einem ~teil** largely

**größten·teils** *Adv.* for the most part

**Größt·maß das a)** *(zulässiges Maß)* maximum size *or* dimensions *pl.*; **b)** *(größtmöglicher Anteil)* maximum amount

**größt·möglich** *Adj.*; *nicht präd.* greatest possible

**groß-, Groß-: ~tuer** [~tu:ɐ] **der; ~s, ~** *(abwertend)* braggart; boaster; **~tuerei die** *(abwertend)* bragging; boasting; **~tuerisch** *Adj. (abwertend)* boastful; bragging; **~|tun 1.** *unr. itr. V.* boast; brag; **mit jmdm./etw. ~tun** boast *or* brag about sb./sth.; **mit seinen Kenntnissen ~tun** show off one's knowledge; **2.** *unr. refl. V.* **sich mit jmdm./etw. ~tun** boast *or* brag about sb./sth.; **~unternehmen das** *(Wirtsch.)* large-scale enterprise; big concern; **~unternehmer der** *(Wirtsch.)* big businessman; **~vater der** grandfather; **~väterlich a)** *Adj.*; *nicht präd.* grandfather's; **das ~väterliche Haus** one's grandfather's house; **jmds. ~väterliches Erbe** sb.'s inheritance from his/her/their grandfather; **b)** *(wie ein ~vater)* grandfatherly; **~vater·stuhl der** *(ugs.)* easy chair; wing chair; **~veranstaltung die** mass rally *or* meeting; **~verbraucher der** bulk *or* large consumer; **~verdiener der** big earner; **~versandhaus das** [large] mail-order firm *or* house; **~vieh das** cattle and horses *pl.*; **~wesir der** *(hist.)* grand vizier; **~wetter·lage die** *(Met.)* macro weather situation; *(fig.)* general political situation; **~wild das** big game; **~wild·jagd die** big-game hunting *no art.*; **~wild·jäger der** big-game hunter; **~ziehen** *unr. tr. V.* bring up; raise; rear ⟨*animal*⟩; **~zügig 1.** *Adj.* generous; generous, handsome ⟨*tip*⟩; **b)** *(in großem Stil)* grand and spacious ⟨*building, gardens, etc.*⟩; generous, liberal ⟨*working conditions*⟩; large-scale ⟨*measures*⟩; **2.** *adv.* **a)** generously; **sich ~zügig über etw.** *(Akk.)* **hinwegsetzen** be broadminded enough to disregard sth.; **b)** *(in großem Stil)* **ein ~zügig eingerichtetes Büro** a handsomely equipped office; **die ~zügig angelegten Schloßgärten** the palace gardens, laid out on a grand scale; **~zügigkeit die a)** generosity; **b)** *(großes Ausmaß)* grand scale

**grotesk** [gro'tɛsk] **1.** *Adj.* grotesque. **2.** *adv.* grotesquely

**Grotesk die; ~** *(Druckw.)* Grotesque; sanserif

**Groteske die; ~, ~n a)** *(Ornamentik)* grotesque; **b)** *(Literaturwiss.)* grotesque tale

**grotesker·weise** *Adv.* absurdly [enough]

**Grotte** ['grɔtə] **die; ~, ~n** grotto

**Grotten·olm der** olm

**grub** [gru:p] *1. u. 3. Pers. Sg. Prät. v.* **graben**

**Grubber** ['grʊbɐ] **der; ~s, ~** *(Landw.)* cultivator

**Grübchen** ['gry:pçən] **das; ~s, ~:** dimple

**Grube die; ~, ~n a)** pit; hole; **wer andern eine ~ gräbt, fällt selbst hinein** *(Spr.)* take care that you are not hoist with your own petard; **b)** *(Bergbau)* mine; pit; **in der ~ arbeiten/in die ~ einfahren** work/go down the mine; **c)** *(veralt.: offenes Grab)* grave; **in die** *od.* **zur ~ fahren** *(veralt.)* yield up the ghost *(arch.)*

**Grübelei die; ~, ~en** pondering; *(Melancholie)* brooding

**grübeln** ['gry:bl̩n] *itr. V.* ponder (**über** + *Dat.* on, over); *(brüten)* brood (**über** + *Dat.* over, about)

**Gruben-: ~arbeiter der** miner; mineworker; **~bahn die** mine *or* pit tram *or* train; **~brand der** pit fire; **~gas das** firedamp; **~lampe die** miner's lamp; **~unglück das** pit *or* mine disaster; **~wasser das** pit *or* mine water

**Grübler der; ~s, ~, Grüblerin die; ~, ~nen** meditative person; *(Melancholiker)* brooder; brooding person

**grüblerisch** *Adj.* meditative; *(melancholisch)* brooding

**grüezi** ['gry:ɛtsi] *Adv. (schweiz.)* hallo

**Gruft** [grʊft] **die; ~, Grüfte** ['grʏftə] **a)** *(Gewölbe)* vault; *(in einer Kirche)* crypt; **b)** *(offenes Grab)* grave

**grummeln** ['grʊml̩n] *itr. V.* **a)** *(dröhnen)* rumble; **man hörte den Donner/die Geschütze ~:** one could hear the rumble of thunder/the guns; **b)** *(murmeln)* mumble

**Grummet** ['grʊmət] **das; ~s, Grumt** [grʊmt] **das; ~[e]s** aftermath

**grün** [gry:n] *Adj.* **a)** green; **~er Salat** lettuce; **die Ampel ist ~** *(ugs.)* the lights are green; **wir haben ~e Weihnachten gehabt** we didn't have a white Christmas; **die Grüne Insel** the Emerald Isle; **~e Bohnen/Erbsen** French beans/green peas; **~es Holz** green timber; **~e Heringe** fresh herrings; **ein ~er Junge** *(abwertend)* a greenhorn; **~es Licht geben** give the go-ahead; **jmdn. ~ und blau** *od.* **gelb schlagen** *(ugs.)* beat sb. black and blue; **sich ~ und blau** *od.* **gelb ärgern** *(ugs.)* be livid *(coll.) or* furious; **du bist noch [zu] ~ hinter den Ohren** *(abwertend)* you're still [too] wet behind the ears *(coll.)*; *s. auch* **Welle a**; **b)** *(ugs.: wohlgesinnt)* **ich bin ihr nicht ~:** she's not someone I care for; **die beiden sind sich** *(Dat.)* **nicht ~:** there's no love lost between them; **c)** *(Politik)* ecological; **ein ~er Abgeordneter** a Member belonging to the Green party

**Grün das; ~s, ~** *od.* *(ugs.)* **~s a)** green; **die Ampel steht auf** *od.* **zeigt ~:** the lights *pl.* are at green; **das ist dasselbe in ~** *(ugs.)* it makes *or* there is no real difference; **b)** *o. Pl. (Pflanzen)* greenery; **c)** *(Golf)* green; **d)** *(Spielkartenfarbe)* spades *pl.*; *s. auch* **²Pik**

**Grün·anlage die** green space; *(Park)* park

**grün·blau** *Adj.* greenish blue

**Grund** [grʊnt] **der; ~[e]s, Gründe** ['grʏndə] **a)** *(Erdoberfläche)* ground; **etw. bis auf den ~ abreißen** raze sth. to the ground; **etw. von ~ auf neu bauen** rebuild sth. from scratch; **den ~ zu etw. legen** *(fig.)* lay the foundations *pl.* of *or* for sth. *(fig.)*; **sich in ~ und Boden schämen** be utterly ashamed; **etw. in ~ und Boden verdammen** condemn sth. outright; **jmdn. in ~ und Boden reden** shoot every one of sb.'s arguments to pieces; **etw. in ~ und Boden wirtschaften** bring *or* reduce sth. to rack and ruin; **b)** *o. Pl. (eines Gewässers, geh.: eines Gefäßes)* bottom; **auf ~ laufen** run aground; **ein Glas bis auf den ~ leeren** *(geh.)* drain a glass [to the dregs]; **im ~e seines Herzens/seiner Seele** *(fig. geh.)* at heart *or* deep down/in his innermost soul; **der Sache** *(Dat.)* **auf den ~ gehen/kommen** get to the bottom *or* root of the matter; **im ~e [genommen]** basically; **c)** *(Ursache, Veranlassung)* reason; *(Beweg~)* grounds *pl.*; reason; **es gibt keinen/nicht den geringsten ~ zu etw.** there is no/not the slightest reason for sth.; **allen ~ haben, etw. zu tun** have every *or* good reason to do *or* for doing sth.; **[k]einen ~ zum Feiern/Klagen haben** have [no] cause for [a] celebration/to complain *or* for complaint; **aus Gründen der Geheimhaltung/Sicherheit** for reasons of secrecy/security; **aus dem einfachen ~, weil ...** *(ugs.)* for the simple reason that ...; **ohne ersichtlichen ~:** for no obvious *or* apparent reason; **auf ~ ihrer Aussagen/dieser Lage** on the basis *or* strength of their statements/in view of this situation; **Gründe und Gegengründe** pros and cons; arguments for and against; **d)** *(veralt., noch landsch.: Erdreich)* soil; ground; **e)** *(bes. österr.: ~besitz)* land *no indef. art., no pl.*; *(Bau~)* plot [of land]; **~ und Boden** land; **f)** *(veralt.: kleines Tal)* valley; **g)** *o. Pl. (Unter~)* ground

**grund-, Grund-: ~anschauung die** fundamental ideas *pl. or* attitudes *pl.*; **seine politische ~anschauung** his basic political outlook; **~anständig** *Adj.* thoroughly decent; **~anstrich der** priming coat; **~ausbildung die** *(Milit.)* basic training; **~ausstattung die** basic equipment; **~bedeutung die a)** fundamental *or* basic *or* essential meaning; **b)** *(Sprachw.)* original meaning; **~bedingung die** basic condition; **~begriff der** basic *or* fundamental concept; **die ~begriffe der lateinischen Sprache** the rudiments of Latin; **~besitz der a)** *(Eigentum an Land)* ownership of land; **b)** *(Land)* land; landed property; **~besitzer der** landowner; **~bestandteil der** [basic] element; **~buch das** land register; **~buch·amt das** land registry; **~ehrlich** *Adj.* thoroughly honest; **~eigentum das** *s.* **~besitz a**; **~eigentümer der** *s.* **~besitzer**; **~einheit die a)** *(Physik)* fundamental unit; **b)** *(DDR: organisatorische Einheit)* local group; **~einstellung die** fundamental *or* basic attitude; **~eis das** anchor ice; ground ice; *s. auch* **Arsch a**

**gründen** ['grʏndn̩] **1.** *tr. V.* **a)** *(neu schaffen)* found, set up, establish ⟨*organization, party, etc.*⟩; set up, establish ⟨*business*⟩; start [up] ⟨*club*⟩; **eine Familie/ein Heim ~:** start a family/set up home; **b)** *(aufbauen)* base ⟨*plan, theory, etc.*⟩ (**auf** + *Akk.* on). **2.** *itr. V.* **auf** *od.* **in etw.** *(Dat.)* **~:** be based on sth. **3.** *refl. V.* **sich auf etw.** *(Akk.)* **~:** be based on sth.

**Gründer der; ~s, ~, Gründerin die; ~, ~nen:** founder

**Gründer·jahre** *Pl.*: *period (1871–1873) when many industrial firms were founded in Germany*

**Grund-: ~erwerb der** *(Rechtsw.)* acquisition of land; *(Kauf)* purchase of land; **~erwerb[s]·steuer die** *(Steuerw.)* land transfer tax

**Gründer·zeit die;** *o. Pl. s.* **Gründerjahre**

**grund-, Grund-: ~falsch** *Adj.* utterly wrong; **~farbe die a)** *(Malerei, Druckw.)* primary colour; **b)** *(Untergrundfarbe)* ground colour; **~fehler der** basic *or* fundamental mistake *or* error; **~festen** *Pl.* **in an den ~festen von etw. rütteln** shake the [very] foundations of sth.; **etw. in seinen** *od.* **bis in seine ~festen erschüttern** shake sth. to its [very] foundations; **~fläche die a)** *(eines Zimmers)* [floor] area; **b)** *(Math.)* base; **~form die a)** *(Hauptform)* basic form; **b)** *(Urform)* original form; **c)** *(Sprachw.)* infinitive; *(Satzbauplan)* basic [grammatical] structure of a/the sentence; **~frage die** basic *or* fundamental issue *or* question; **die politischen ~fragen** the basic *or* fundamental political issues *or* questions; **~gebühr die** basic *or* standing charge; **~gedanke der** basic idea; **¹~gehalt der** *(einer Theorie)* basic idea; *(eines Dramas)* basic theme; **²~gehalt das** basic salary; **~gescheit** *Adj.* extremely clever *or* bright; **~gesetz das a)** *(Verfassung)* Basic Law; **b)** *(wichtiges Gesetz)* fundamental *or* basic law; **~haltung die a)** *(Sport: Körperhaltung)* basic position; **b)** *(Einstellung)* basic *or* fundamental attitude; **~herr der** *(hist.)* lord of the manor

**Grundier·anstrich der** priming coat

**grundieren** [grʊn'di:rən] *tr. V.* prime; *(Ölmalerei)* ground; apply the ground to

**Grundier·farbe die** primer
**Grundierung die; ~, ~en a)** *(das Grundieren)* priming; *(Ölmalerei)* grounding; applying the ground (*Gen.* to); **b)** *(erster Anstrich)* priming coat; *(Ölmalerei)* ground coat
**Grund-: ~kapital das** *(Wirtsch.)* equity *or* share capital; **~kenntnis die;** *meist Pl.* basic knowledge *no pl.* **(in + *Dat.*** of); **~konzeption die** basic *or* fundamental conception; **~kurs der** basic course
**Grund·lage die** basis; foundation; **auf der ~:** on the basis; **jeder ~ entbehren** be completely unfounded *or* without any foundation; **die geistigen/theoretischen ~n** the intellectual/theoretical foundations; **die ~n einer Wissenschaft** the basic principles of a science; **auf breiter ~ arbeiten** work *or* operate on a broad basis; **iß mal tüchtig, damit du eine gute ~ hast** *(ugs.)* get a good meal inside you to line your stomach with *(coll.)*
**Grundlagen·forschung die** basic research
**grund·legend 1.** *Adj.* fundamental, basic **(für** to); seminal ‹*idea, work*›. **2.** *adv.* fundamentally; **sich ~ zu etw. äußern** make a statement of fundamental importance on sth.
**Grund·legung die; ~** *(fig.)* laying of the foundations (*Gen.* for)
**gründlich** ['grʏntlɪç] **1.** *Adj.* thorough. **2.** *adv.* **a)** *(gewissenhaft)* thoroughly; **b)** *(ugs.: gehörig)* **sich ~ täuschen** be sadly *or* greatly mistaken; **sich ~ langweilen** be bored to tears *(coll.)*; **~ mit etw. aufräumen** do away completely with sth.; **~ mit jmdm. abrechnen** really get even with sb.
**Gründlichkeit die; ~:** thoroughness
**Gründling** ['grʏntlɪŋ] **der; ~s, ~e** *(Zool.)* gudgeon
**grund-, Grund-: ~linie die a)** *(Math.)* base; **b)** *(Sport)* baseline; **c)** *(Hauptzug)* main *or* principal feature *or* characteristic; **~linien·spiel das** *(Tennis)* baseline play; **~lohn der** basic salary; **~los 1.** *Adj.* **a)** *(unbegründet)* groundless; unfounded; **b)** *(ohne festen Boden)* bottomless ‹*sea, depths, etc.*›; **2.** *adv.* **sich ~los aufregen/ängstigen** be needlessly agitated/alarmed; **~los lachen** laugh for no reason [at all]; **jmdn. ~los verdächtigen** be suspicious of sb. without reason; **~mauer die** foundation wall; **das Haus war bis auf die ~mauern abgebrannt** the house had burnt to the ground; **~nahrungs·mittel das** basic food[stuff]; **~norm die** basic standard
**Grün·donnerstag der** Maundy Thursday
**Grund-: ~ordnung die** basic fundamental [constitutional] order; **~pfeiler der** foundation *or* main pillar; *(einer Brücke)* main pier; *(fig.)* main pillar; **~prinzip das** fundamental *or* basic principle; **~rechen·art, ~rechnungs·art die** fundamental *or* basic arithmetical operation; **~recht das** basic *or* fundamental *or* constitutional right; **~regel die** fundamental *or* basic rule; **~rente die a)** *(Wirtsch.: Bodenrente)* ground rent; **b)** *(Sozialw.)* basic pension; **~riß der a)** *(Bauw.)* [ground-] plan; **b)** *(Leitfaden)* outline; **~satz der** principle; **aus ~satz** on principle; **sich** *(Dat.)* **etw. zum ~satz machen** make sth. a matter of principle; **ein Mann von ~sätzen** a man of principle; **~satz·entscheidung die** decision on fundamental principles; *(Rechtsw.)* ruling; **~satz·erklärung die** declaration of principle
**grund·sätzlich 1.** *Adj.* **a)** fundamental ‹*difference, question, etc.*›; **b)** *(aus Prinzip)* ‹*rejection, opponent, etc.*› on principle; **c)** *(allgemein)* ‹*agreement, readiness, etc.*› in principle. **2.** *adv.* **a)** fundamentally; **zu etw. ~ Stellung nehmen** make a statement of principle on sth.; **b)** *(aus Prinzip)* as a matter of principle; on principle; **es ist ~ verboten** it is absolutely forbidden; **c)** *(allgemein)* in principle; **~ habe ich nichts dagegen einzuwenden, aber ...:** basically *or* in principle I've nothing against it, but ...
**Grund-: ~satz·programm das** political programme; **~schnelligkeit die** *(Sport)* **a)** maximum speed; **b)** *(angeboren)* basic speed capability; **~schuld die** *(Rechtsw., Finanzw.)* land charge; encumbrance; **~schule die** primary school; **~schüler der** primary school pupil; **~schul·lehrer der** primary-school teacher; **~stein der** foundation-stone; *(fig.)* foundation[-stone]; **den ~stein zu etw. legen** lay the foundation-stone of sth.; *(fig.)* lay the foundation[s *pl.*] for *or* of sth.; **~stein·legung die; ~, ~en** laying of the foundation-stone; **~stellung die** *(Sport)* basic position; **~steuer die** *(Steuerw.)* property tax [under German law]; **~stimmung die** prevailing mood; **eine pessemistische ~stimmung** a prevailing mood of pessimism; **~stock der** basis; foundation; *(einer Sammlung)* basis; nucleus; **~stoff der a)** *(Chemie: Element)* element; **b)** *(Rohstoff)* [basic] raw material; **~stoff·industrie die** basic industry
**Grund·stück das** plot [of land]; *(Bau~)* plot of land; site; **ein bebautes ~:** a developed site *or* property; **Grundstücke kaufen/erben** buy/inherit property *sing.*
**Grundstücks-: ~makler der** estate agent; **~spekulant der** property speculator
**Grund-: ~studium das** basic course; **~tendenz die** basic trend; **~text der** original text; **~ton der a)** *(Farbton)* basic colour; **b)** *(~stimmung)* basic *or* prevailing tone *or* mood; **ein optimistischer ~ton** a basic *or* prevailing mood of optimism; **c)** *(Musik)* fundamental [tone]; root; **~übel das** basic evil; **~umsatz der** *(Physiol.)* basal metabolic rate
**Gründung die; ~, ~en** *(Partei~, Vereins~)* foundation; establishment; setting up; *(Geschäfts~)* setting up; establishing; *(Klub~)* starting [up]; **die ~ einer Familie** starting a family
**Gründungs-: ~feier die** foundation ceremony; **~jahr das** year of foundation *or* establishment; **das ~jahr unseres Vereins** the year of the foundation of our organization; **~kapital das** *(Wirtsch.)* original *or* initial capital
**grund-, Grund-: ~verkehrt** *Adj.* completely *or* entirely wrong; **~vermögen das** *(Finanzw.)* [landed] property; real estate; **~verschieden** *Adj.* totally *or* completely different; **~wahrheit die** fundamental *or* basic truth; **~wasser das** *(Geol.)* ground water; **~wasser·spiegel der** water table; ground-water level; **~wehr·dienst der** basic military service; national service; **~wissen das** basic *or* elementary knowledge; **~wissenschaft die** basic discipline; **~wort das;** *Pl.* **~wörter** *(Sprachw.)* basic component; **~wort·schatz der** *(Sprachw.)* basic vocabulary; **~zahl die** cardinal [number]; **~zug der** essential feature; **etw. in seinen ~zügen darstellen** outline the essential features *or* essentials of sth.
[1]**Grüne das;** *adj. Dekl.* **a)** green; **b) im ~n/ins ~:** [out] in/into the country; **c)** *meist o. Art. (ugs.: grüne Pflanzen)* greenery; *(Salat)* green salad; *(Gemüse)* greens *pl.*; green vegetables *pl.*
[2]**Grüne der/die;** *adj. Dekl. (Politik)* member of the Green Party; **die ~n** the Greens
[3]**Grüne der;** *adj. Dekl. (ugs.)* **a)** *(Polizist)* cop *(sl.)*; **b)** *(20-Mark-Schein)* 20-mark note
**grünen** *itr. V. (geh.)* be green; *(grün werden)* turn green; *(fig. dichter.)* spring up anew
**grün-, Grün-: ~fink der** greenfinch; **~fläche die** green space; *(im Park)* lawn; **~futter das** *(Landw.)* green fodder; **~gelb** *Adj.* greenish yellow; **~gürtel der** green belt; **~kern der** *dried unripe spelt grains (used to thicken soup)*; **~kohl der** curly kale; **~land das** *(Landw.) (Wiese)* meadow land; *(Weide)* pasture land; *(mit Grünfutter bebaut)* land used for growing green fodder
**grünlich** *Adj.* greenish
**grün-, Grün-: ~pflanze die** foliage plant; **~schnabel der** *(abwertend)* [young] whippersnapper; *(Neuling)* greenhorn; **~span der** verdigris; **~specht der** green woodpecker; **~stichig** *Adj. (Fot.)* with a green cast *postpos., not pred.*; **~stichig sein** have a green cast; **~streifen der** central reservation; centre strip *(grassed and often with trees and bushes)*; *(am Straßenrand)* grass verge
**grunzen** ['grʊntsn̩] *tr., itr. V.* grunt
**Grün·zeug das** *(ugs.) s.* [1]**Grüne c**
**Grunz·laut der** grunt
**Grüppchen** ['grʏpçən] **das; ~s, ~:** small group
**Gruppe** ['grʊpə] **die; ~, ~n a)** *(auch Sport, Math., Musik)* group; **eine ~ Jugendlicher/Erwachsener *od.* von Jugendlichen/Erwachsenen** a group of juveniles/adults; **b)** *(Klassifizierung)* class; category; **die ~ der starken/schwachen Verben** the class of strong/weak verbs; **c)** *(Milit.: kleine Einheit)* ≈ section; *(Luftwaffe)* ≈ squadron
**gruppen-, Gruppen-: ~arbeit die;** *o. Pl.* group work; **~aufnahme die** *s.* **~bild a; ~bild das a)** *(Fot.)* group photograph; **b)** *(Gemälde)* group portrait; **~dynamik die** *(Sozialpsych.)* group dynamics *sing., no art.*; **~führer der a)** *(Milit.)* ≈ section commander *or* leader; **b)** *(Wirtsch.)* team *or* group leader; **c)** *(ns.)* SS lieutenant-general; **~mitglied das** member of the/a group; **~reise die** *(Touristik)* group travel *no pl., no art.*; **eine ~reise nach London machen** travel to London with a group; **~sex der** group sex; **~sieg der** *(Sport)* top place in the group; **den ~sieg erreichen** win the group; **~sieger der** *(Sport)* winner of the/a group; **~therapie die** *(Psych.)* group therapy; **~unterricht der a)** *(Päd.)* teaching of groups; **etw. im ~unterricht lernen** learn sth. as part of a group; **b)** *(erteilter Unterricht)* group instruction; **~versicherung die** *(Versicherungsw.)* group insurance; **~weise** *Adv.* in groups
**gruppieren 1.** *tr. V.* arrange; **die Stühle um den Tisch ~:** arrange *or* set the chairs round the table; **Pflanzen nach verschiedenen Gesichtspunkten ~:** group plants according to different criteria. **2.** *refl. V.* form a group/groups; **sie gruppierten sich um den Tisch** they arranged themselves in a group around the table
**Gruppierung die; ~, ~en a)** *(Personengruppe)* grouping; group; *(Politik)* faction; **b)** *(Anordnung)* arrangement; grouping
**Grus** [gru:s] **der; ~es, ~e a)** *(Kohlenstaub)* breeze; slack; **b)** *(Geol.)* detritus
**Grusel-: ~effekt der** horror effect; **~film der** horror film; **~geschichte die** horror story
**gruselig** ['gru:zəlɪç], **gruslig** ['gru:slɪç] *Adj.* eerie; creepy; blood-curdling ‹*apparition, scream*›; spine-chilling ‹*story, film*›
**gruseln 1.** *tr., itr. V. (unpers.)* **es gruselt jmdn. *od.* jmdm.** sb.'s flesh creeps; **es hat mich *od.* mir vor diesem Anblick gegruselt** this sight made my flesh creep *or (coll.)* gave me the creeps. **2.** *refl. V.* be frightened; get the creeps *(coll.)*; **mit leichtem Gruseln** with a small shiver of fear
**gruslig** *s.* **gruselig**
**Gruß** [gru:s] **der; ~es, Grüße** ['gry:sə] **a)** greeting; *(Milit.)* salute; **jmdm. die Hand zum ~ reichen** *(geh.)* shake hands with sb.; **jmdm. herzliche Grüße senden** send sb. one's best regards *or* wishes; **viele Grüße** best wishes **(an + *Akk.*** to); **bestell Barbara**

**bitte viele Grüße von mir** please give Barbara my regards; please remember me to Barbara; **einen [schönen] ~ an jmdn./von jmdm.** [best] regards *pl.* to/from sb.; **der Deutsche ~** *(ns.)* the Nazi salute; **b)** *(im Brief)* **mit herzlichen Grüßen** [with] best wishes; **viele liebe Grüße Euer Hans** love, Hans; **mit bestem ~/freundlichen Grüßen** Yours sincerely

**Gruß·adresse die** message of greetings

**grüßen** ['gry:sn̩] **1.** *tr. V.* **a)** greet; *(Milit.)* salute; **grüß [dich] Gott!** *(südd.)* hello; **er hat mich nie gegrüßt** he never said hello to me; **grüß dich!** *(ugs.)* hello *or (coll.)* hi [there]!; **b)** *(Grüße senden)* **grüße deine Eltern [ganz herzlich] von mir** please give your parents my [kindest] regards; **jmdn. ~ lassen** send one's regards to sb.; **grüß mir die Familie** remember me to your family. **2.** *itr. V.* say hello; *(Milit.)* salute; **Franz läßt ~:** Franz sends his regards

**gruß-, Gruß-: ~formel die** salutation; *(am Briefende)* [complimentary] close; **~los** *Adv.* without a word of greeting/farewell; **~wort das;** *Pl.* **~worte a)** *s.* **~adresse; b)** *(Ansprache)* [short] welcoming speech *or* address; **einige ~worte** a few words of welcome

**Grütz·beutel der** sebaceous cyst

**Grütze** ['grʏtsə] **die; ~, ~n a)** groats *pl.*; **rote ~:** red fruit pudding *(made with fruit juice, fruit and cornflour, etc.)*; **b)** *o. Pl. (ugs.: Verstand)* brains *pl.*; nous *(coll.)*; **die hat [keine] ~ im Kopf** she's got [no] nous *(coll.)*

**G-Saite** ['ge:-] **die** *(Musik)* G-string

**Gschaftlhuber** *s.* **Geschaftlhuber**

**gschert, Gscherte** *s.* **geschert, Gescherte**

**G-Schlüssel** ['ge:-] **der** *(Musik)* *s.* **Violinschlüssel**

**Gspusi** ['kʃpu:zi] **das; ~s, ~s** *(südd., österr. ugs.)* **a)** *(Liebschaft)* [love] affair; **b)** *(Geliebte[r])* sweetheart

**Guatemala** [guate'ma:la] **(das); ~s** Guatemala

**Guatemalteke** [guatemal'te:kə] **der; ~n, ~n, Guatemaltekin die; ~, ~nen** Guatemalan

**Guayana** [gua'ja:na] *s.* **Guyana**

**gucken** ['gʊkn̩] **1.** *itr. V. (ugs.)* **a)** look; *(heimlich)* peep; **jmdm. über die Schulter ~:** look *or* peer over sb.'s shoulder; **laß [mich] mal ~!** let's have a look! *(coll.)*; *s. auch* **Karte g; b)** *(hervorsehen)* stick out; **c)** *(dreinschauen)* look; **finster/freundlich ~:** look grim/affable. **2.** *tr. V. (ugs.)* **Fernsehen ~:** watch TV *or (coll.)* telly *or (coll.)* the box

**Guck·fenster das** judas [window]

**Gucki** ['gʊki] **der; ~s, ~s** *(Fot.)* [slide] viewer

**Guck-: ~in·die·luft der;** ~ *(ugs.)* *s.* **Hans; ~kasten der** peep-show; **~loch das** spyhole; peep-hole

**[1]Guerilla** [ge'rɪlja] **die; ~, ~s a)** *(Krieg)* guerrilla war; **b)** *(Einheit)* guerrilla unit

**[2]Guerilla der; ~s, ~s** *(Kämpfer)* guerrilla

**Guerilla-: ~kämpfer der** guerrilla; **~krieg der** guerrilla war; **eine Spezialausbildung für den ~krieg** special training in guerrilla warfare

**Guerillero** [-'je:ro] **der; ~s, ~s** guerrilla

**Gugel·hupf** [-hʊpf] **der; ~[e]s, ~e** *(südd., österr.)* gugelhupf

**Güggeli** ['gʏgəli] **das; ~s, ~** *(schweiz.)* roast chicken

**Guillotine** [gijo'ti:nə] **die; ~, ~n** guillotine

**guillotinieren** *tr. V.* guillotine

**Guinea** [gi'ne:a] **(das); ~s** Guinea

**Guineer** [gi'ne:ɐ] **der; ~s, ~:** Guinean

**Gulasch** ['gʊlaʃ, 'gu:laʃ] **das** *od.* **der; ~[e]s, ~e** *od.* **~s** goulash

**Gulasch-: ~kanone die** *(Soldatenspr. scherzh.)* field kitchen; **~suppe die** goulash soup

**Gulden** ['gʊldn̩] **der; ~s, ~:** guilder; florin

**gülden** ['gʏldn̩] *Adj. (dichter.)* golden

**Gulli, Gully** ['gʊli] **der; ~s, ~s** drain

**gültig** ['gʏltɪç] *Adj.* valid; current ⟨*note, coin*⟩; **ein ~er Beweis** a valid proof; **das bisher ~e Gesetz** the law previously/hitherto in force; **dieser Geldschein ist nicht mehr ~:** this note is no longer legal tender; **der Fahrplan ist ab 1. Oktober ~:** the timetable comes into operation on 1 October; **einen Vertrag als ~ anerkennen** recognize a contract as valid *or* legally binding; **eine Ehe für ~ erklären** declare a marriage [to be] legal *or* valid; **~ für zwanzig Fahrten sein** be valid *or* good for twenty journeys

**Gültigkeit die; ~:** validity; *(eines Gesetzes)* [legal] force; **~ haben/erlangen** be/become valid; ⟨*law*⟩ be in/come into force; **die ~ verlieren** become invalid; **wann verliert diese Münze ihre ~?** when does this coin cease to be legal tender?; **einem Dokument ~ verleihen** validate a document

**Gültigkeits-: ~dauer die** period of validity; **~erklärung die** validation

**[1]Gummi** ['gʊmi] **der** *od.* **das; ~s, ~[s] a)** [india] rubber; **b)** *(~ring)* rubber *or* elastic band

**[2]Gummi der; ~s, ~s a)** *(Radier~)* rubber; eraser; **b)** *(salopp: Präservativ)* rubber *(sl.)*

**[3]Gummi das; ~s, ~s** *(~band)* elastic *no indef. art.*

**gummi-, Gummi-: ~arabikum** [~a'ra:bikʊm] **das; ~s** gum arabic; **~artig** *Adj.* rubbery; rubber-like ⟨*material*⟩; **~ball der** rubber ball; **~band das;** *Pl.* **~bänder a)** rubber *or* elastic band; **b)** *(in Kleidung)* elastic *no indef. art.*; **ein ~band einziehen** insert a piece of elastic; **~bär der, ~bärchen das** jelly baby; **~baum der** *(Zimmerpflanze)* rubber plant; **~bereifung die** rubber tyres *pl.*; **~bonbon das** gumdrop; **~druck der;** *o. Pl. (Druckw.)* flexography

**gummieren** *tr. V.* **a)** gum; **b)** *(Textilw.)* rubberize

**Gummierung die; ~, ~en a)** *(gummierte Fläche)* gummed surface; *(Textilw.)* rubberized surface; **b)** *(das Gummieren)* gumming; *(Textilw.)* rubberizing

**Gummi-: ~gutt das; ~s** gamboge; **~hand·schuh der** rubber glove; **~harz das** gum resin; **~knüppel der** [rubber] truncheon; **~lack der** shellac; **~linse die** *(Fot.)* zoom lens; **~lösung die** rubber solution; **~mantel der** mackintosh *(Brit.)*; raincoat; **~paragraph der** *(ugs.)* paragraph *or* section with an elastic interpretation; **~reifen der** rubber tyre; **~ring der a)** rubber band; **b)** *(Spielzeug)* rubber ring; quoit; **c)** *(Weckglasring)* rubber seal; **~sauger der** rubber teat; **~schlauch der** rubber hose; **~schuh der a)** rubber shoe; **b)** *s.* **~überschuh; ~schutz der** *(veralt.)* sheath; condom; **~sohle die** rubber sole; **~stiefel der** rubber boot; *(für Regenwetter)* wellington [boot] *(Brit.)*; *(bis zum Oberschenkel)* wader; **~strumpf der** elastic stocking; **~tier das** rubber animal; *(aufblasbar)* inflatable animal; **~über·schuh der** galosh; rubber overshoe; **~waren** *Pl.* rubber goods; **~zelle die** padded cell; **~zug der** *s.* **~band b**

**Gunder·mann** ['gʊndɐ-] **der; ~[e]s** *(Bot.)* ground ivy

**Gunst** [gʊnst] **die; ~:** favour; goodwill; **jmds. ~ erlangen** win *or* gain sb.'s favour; **in jmds. ~** *(Dat.)* *od.* **bei jmdm. in ~** *(Dat.)* **stehen** *(geh.)* enjoy sb.'s favour; be in favour with sb.; **jmdm. seine ~ bezeugen** show one's favour to sb.; **die ~ der Stunde/Lage nutzen** *(fig.)* take advantage of the favourable *or* propitious moment/situation; **zu jmds. ~en** in sb.'s favour

**Gunst·bezeigung die** mark of favour *or* goodwill

**günstig** ['gʏnstɪç] **1.** *Adj.* **a)** *(vorteilhaft)* favourable; propitious ⟨*sign*⟩; auspicious ⟨*moment*⟩; beneficial ⟨*influence*⟩; good, reasonable ⟨*price*⟩; **bei ~em Wetter** if the weather is favourable; weather permitting; **der Zug um 10 Uhr ist ~er** the 10 o'clock train is better *or* more convenient; **b)** *(wohlwollend)* well-disposed; favourably disposed; **das Glück war uns ~:** luck was on our side. **2.** *adv.* **a)** *(vorteilhaft)* favourably; **etw. ~ beeinflussen** have *or* exert a beneficial influence on sth.; **etw. ~ kaufen/verkaufen** buy/sell sth. at a good price; **das trifft sich ~:** that's a piece of luck; **b)** *(wohlwollend)* **jmdn./etw. ~ aufnehmen** receive sb./sth. well *or* favourably; **jmdn. ~ stimmen** put sb. in a favourable mood; **jmdn. für etw. ~ stimmen** make sb. well-disposed towards sth.; **jmdm./einer Sache ~ gesinnt sein** be well *or* favourably disposed towards sb./sth.

**günstig[st]en·falls** *Adv.* at best

**Günstling** ['gʏnstlɪŋ] **der; ~s, ~e** favourite

**Günstlings·wirtschaft die;** *o. Pl. (abwertend)* favouritism

**Guppy** ['gʊpi] **der; ~s, ~s** *(Zool.)* guppy

**Gurgel** ['gʊrgl̩] **die; ~, ~n** throat; **jmdm. die ~ zudrücken** strangle *or* throttle sb.; **jmdm. die ~ durchschneiden** cut sb.'s throat; **jmdm. an die ~ springen/fahren** jump *or* leap at/go for sb.'s throat; **jmdm. an die ~ wollen** fly at sb.; **jmdm. die ~ abdrehen** *od.* **zudrücken** *(fig. salopp)* force *or* send sb. to the wall; **sein ganzes Geld durch die ~ jagen** *(ugs.)* drink all one's money away *(coll.)*; **sich** *(Dat.)* **die ~ ölen** *od.* **schmieren** *(ugs.)* wet one's whistle *(coll.)*

**gurgeln** *itr. V.* **a)** *(spülen)* gargle; **b)** *(blubbern)* gurgle

**Gürkchen** ['gʏrkçən] **das; ~s, ~:** [cocktail] gherkin

**Gurke** ['gʊrkə] **die; ~, ~n a)** cucumber; *(eingelegt)* gherkin; **saure ~n** pickled gherkins; **b)** *(salopp scherzh.: Nase)* hooter *(sl.)*; snout *(coll.)*; **c)** *(salopp abwertend: Auto)* [old] banger *(sl.)*

**Gurken-: ~hobel der** cucumber-slicer; **~salat der** cucumber salad; **~truppe die** *(salopp)* useless *or* feeble bunch *(coll.)*

**gurren** ['gʊrən] *itr. V. (auch fig.)* coo

**Gurt** [gʊrt] **der; ~[e]s, ~e** strap; *(Gürtel)* belt; *(im Auto, Flugzeug)* [seat-]belt

**Gürtel** ['gʏrtl̩] **der; ~s, ~:** belt; **den ~ enger schnallen** *(fig. ugs.)* tighten one's belt *(fig.)*

**Gürtel-: ~linie die** waist[line]; **ein Schlag unter die ~linie** *(Boxen)* a punch *or* blow below the belt; **das war ein Schlag unter die ~linie** *(fig. ugs.)* that was hitting below the belt *(fig. coll.)*; **~reifen der** radial[-ply] tyre; **~rose die;** *o. Pl. (Med.)* shingles *sing. or pl.*; **~schnalle die** belt buckle; **~tier das** armadillo

**gürten** ['gʏrtn̩] *(geh. veralt.)* **1.** *tr. V.* gird *(arch./literary)*; **jmdn. mit dem Schwert ~:** gird sb. with his sword. **2.** *refl. V.* **sich [zum Kampf] ~:** gird oneself; **sich mit dem Schwert ~:** gird on one's sword

**Gurt-: ~muffel der** *(ugs.)* person not wearing a safety-belt; **~straffer der; ~s, ~:** seatbelt tensioner

**Guru** ['gu:ru] **der; ~s, ~s** guru

**Guß** [gʊs] **der; Gusses, Güsse** ['gʏsə] **a)** *(das Gießen)* casting; founding; **[wie] aus einem ~:** forming a unified *or* an integrated whole; fully co-ordinated ⟨*plan*⟩; **b)** *(ugs.: Regenschauer)* downpour; **ein heftiger/wolkenbruchartiger ~:** a violent downpour/a cloudburst; **c)** *(gegossenes Erzeugnis)* casting; cast; **d)** *(das Begießen)* stream; *(Med.)* affusion; **e)** *(auf Backwaren)* icing; **eine Torte mit ~ überziehen** ice a gateau

**guß-, Guß-: ~asphalt der** [poured] asphalt; **~beton der** cast concrete; **~eisen das** cast iron; **~eisern** *Adj.* cast-iron; **~form die** casting mould; **~naht die** *(Gießerei)* [casting] fin *or* flash; **~stahl der** cast steel

**Gusto** ['gʊsto] **der; ~s, ~s a)** *(Neigung)* taste; liking; **nach jmds. ~/nach eigenem ~**

**sein** be to sb.'s/one's own taste *or* liking; **b)** *(Appetit)* ~ **auf etw.** *(Akk.)* **haben** feel like *or* fancy sth.

**Gusto·stückerl das** *(österr.)* star turn

**gut** [gu:t]; **besser** ['bɛsɐ], **best...** ['bɛst...] **1.** *Adj.* **a)** good; fine ‹*wine*›; **in Französisch ~ sein** be good at French; **ist der Kuchen ~ geworden?** did the cake turn out all right?; **es wäre ~, wenn ...:** it would be as well if ...; **also ~:** very well; all right; **schon ~:** [it's] all right *or (coll.)* OK; **nun ~:** very well *or* all right [then]; **wie ~, daß ...:** it's good that ...; **jetzt ist es aber ~!** *(ugs.)* that's enough!; **das ist ja alles ~ und schön** that's all very well *or* all well and good; **etwas Gutes zu essen/trinken** something good to eat/drink; **es ~ sein lassen** *(ugs.)* leave it at that; **laß es ~ sein** *(ugs.)* let's say no more about it; **das ist ~ gegen** *od.* **für Kopfschmerzen** it's good for headaches; **wer weiß, wozu das ~ ist** perhaps it's for the best; **das ist so ~ wie gewonnen** it's as good as won; **dieser Stürmer ist immer ~ für ein Tor** *(ugs.)* this forward is always likely to score goals; **~en Tag!** good morning/afternoon!; **~en Morgen!** good morning!; **~en Abend!** good evening!; **~e Nacht!** good night!; **etw. zu einem ~en Ende führen** bring sth. to a happy conclusion; **ein ~es neues Jahr** a happy new year; **Sie haben es noch nie so ~ gehabt** you've never had it so good; **er hat es doch ~ bei uns** he's well enough off with us; **ihr habt es ~:** it's all right for 'you; **mir ist nicht ~:** I'm not feeling well; I don't feel well; **alles Gute!** all the best!; **das bedeutet nichts Gutes** that's an ominous sign; **das ist zuviel des Guten** *(iron.)* that's overdoing it; **das Gute daran** the good thing about it; **~en Appetit!** enjoy your lunch/dinner *etc.!*; **es dürfte eine ~e Stunde [von hier] sein** it must be a good hour [from here]; **ein ~ Teil von etw.** a good deal *or* part of sth.; **~e Frau/~er Mann** *(iron. Anrede)* dear lady/my good man; **sich** *(Dat.)* **zu ~ für etw. sein** consider sth. beneath one *or* beneath one's dignity; **du bist ~!** *(iron.)* you're joking!; you must be joking!; **im ~en wie im bösen haben wir uns bemüht ...:** we've done everything we can to try ...; **jmdm. ~ sein** *(ugs.)* feel a lot of affection for sb.; **wieder ~ [mit jmdm.] sein** be friends [with sb.] again; **sei [bitte] so ~ und reich mir das Buch** would you be good *or* kind enough to pass me the book?; **im ~en auseinandergehen** part amicably *or* on amicable terms; **b)** *(besonderen Anlässen vorbehalten)* best; **sein ~er Anzug** his best suit; **die ~e Stube** the best room; **für ~** *(ugs.)* for best; for special occasions. **2.** *adv.* **a)** well; **~ reiten/schwimmen** be a good rider/swimmer; **etw. ~ können** be good at sth.; **seine Sache ~ machen** do well; **~ hören/sehen** [be able to] hear/see well *or* clearly; **[das hast du] ~ gemacht!** well done!; **du tätest ~ daran, darüber zu schweigen** you would do well *or* be wise to say nothing about it; **der Laden/das Geschäft geht ~:** the shop/business is doing well; **~ eine Stunde [von hier] entfernt** a good hour [from here]; **~ zwei Pfund wiegen** weigh a good two pounds; **~ und gern** *(ugs.)* easily; at least *(ugs.)*; **so ~ wie nichts** next to nothing; **so ~ ich kann** as best I can; **~ und richtig handeln** do the right thing; **jmdm. ~ zureden** coax sb. [gently]; **mit jmdm. ~ stehen** *od.* **auskommen** be on good *or* friendly terms with sb.; get on well with sb.; **es ~ meinen** mean well; **es ~ mit jmdm. meinen** have sb.'s interests at heart; *s. auch* **anschreiben 1 b; b)** *(mühelos)* easily; **~ zu Fuß sein** *(ugs.)* be a strong walker; **hinterher hat** *od.* **kann man ~ reden** it's easy to be wise after the event; **du hast ~ lachen** it's all right for you to laugh; **es kann ~ sein, daß ...:** it may well be that ...; **ich kann das nicht ~ tun** I can't very well do that; *s. auch* **besser, best...**

**Gut das; ~[e]s, Güter** ['gy:tɐ] **a)** *(Eigentum)* property; *(Besitztum, auch fig.)* possession; **ererbtes/gestohlenes ~:** inherited/stolen property; **irdische Güter** earthly goods *or* possessions; **die geistigen Güter des Volkes** the intellectual wealth *sing.* of the people; **bewegliche/unbewegliche Güter** movables/immovables; **das höchste ~** *(fig.)* the greatest good; **unrecht ~ gedeihet nicht** *od.* **tut selten gut** *(Spr.)* ill-gotten goods *or* gains never *or* seldom prosper; **b)** *(landwirtschaftlicher Grundbesitz)* estate; **c)** *(Fracht~, Ware)* item; **Güter** goods; *(Fracht~)* freight *sing.*; goods *(Brit.)*; **d)** *(das Gute)* **~ und Böse** good and evil; **jenseits von ~ und Böse sein** *(iron.)* be past it *(coll.)*; **e)** *(veralt.: Material)* material [to be processed]

**gut-, Gut-: ~achten** *itr. V.* give an expert opinion; *(in einem Prozeß)* act as an expert witness; **der ~achtende Arzt** the medical expert; **~achten das; ~s, ~:** [expert's] report; **~achter der; ~s, ~:** expert; *(in einem Prozeß)* expert witness; **~achtlich 1.** *Adj.; nicht präd.* expert; **2.** *adv.* **etw. ~achtlich prüfen/untersuchen lassen** commission an expert report on sth.; **~artig** *Adj.* **a)** good-natured; **b)** *(nicht gefährlich)* benign; **~artigkeit die;** *o. Pl.* **a)** good nature; goodnaturedness; **b)** *(Ungefährlichkeit)* benignity; **~aussehend** *Adj.; nicht präd.* good-looking; **~bezahlt** *Adj.; nicht präd.* well-paid; **~|bringen** *unr. tr. V. (Kaufmannsspr.) s.* **~schreiben; ~bürgerlich 1.** *Adj.* good middle-class; **~bürgerliche Küche** good plain cooking; **~bürgerliches Zuhause** comfortable middle-class home; **2.** *adv.* in a good middle-class way; ‹*grow up*› in good middle-class circumstances; **~bürgerlich essen** eat good plain food; **~dünken das; ~s** discretion; judgement; **nach [eigenem] ~dünken** at one's own discretion; **nach [eigenem/seinem] ~dünken mit jmdm./etw. verfahren** use one's own discretion in dealing with sb./sth.

**Güte** ['gy:tə] **die; ~ a)** goodness; kindness; *(~ Gottes)* loving-kindness; goodness; **er ist die ~ selbst** he is goodness *or* kindness itself; **sich mit jmdm. in ~ einigen** come to an amicable agreement with sb.; **ein Vorschlag zur ~:** a suggestion for an amicable agreement; **hätten Sie die ~, mir zu helfen?** *(geh.)* would you be kind *or* good enough to help me?; **[ach] du meine** *od.* **liebe ~!** *(ugs.)* my goodness!; goodness me; **b)** *(Qualität)* quality

**Güte·klasse die** grade; class

**Gute·nacht·kuß der** good-night kiss

**Güter-: ~abfertigung die a)** *(Abfertigung von Waren)* dispatch of freight *or (Brit.)* goods; **b)** *(Annahmestelle)* freight *or (Brit.)* goods office; **~austausch der** exchange of goods *or* commodities; **~bahnhof der** freight depot; goods station *(Brit.)*; **~fern·verkehr** [--'---] **der** long-distance haulage *no art.*; **~gemeinschaft die** *(Rechtsw.)* community of property; **~nah·verkehr** [--'---] **der** short-distance haulage *no art.*; **~recht das** *(Rechtsw.)* law of property; **~schuppen der** goods shed *(Brit.)*; freight house *(Amer.)*; **~transport der** transport *or* carriage of goods *(Brit.) or* freight; **~trennung die** *(Rechtsw.)* separation of property; **~verkehr der** freight *or (Brit.)* goods traffic; **~wagen der** goods wagon *(Brit.)*; freight car *(Amer.)*; **~zug der** goods train *(Brit.)*; freight train *(Amer.)*

**Güte-: ~siegel das** *s.* **~zeichen; ~verfahren das** *(Rechtsw.)* conciliation procedure; *(Verhandlung)* conciliation meeting; **~zeichen das** quality mark

**gut-, Gut-: ~|gehen** *unr. itr. V.; mit sein* **a)** *(unpers.)* **es geht jmdm. gut** *(gesundheitlich)* sb. is well *or (coll.)* fine; *(geschäftlich, beruflich)* sb. is doing well; **b)** *(~ ausgehen)* turn out well; **es ist noch einmal ~gegangen** it worked out all right again this time; **~gehend** *Adj.; nicht präd.* flourishing; thriving; **~gekleidet** *Adj. (präd. getrennt geschrieben)* well-dressed; **~gelaunt** *Adj. (präd. getrennt geschrieben)* good-humoured; cheerful; **~gemeint** *Adj. (präd. getrennt geschrieben)* well-meant; **~gläubig** *Adj.* innocently trusting; **~gläubigkeit die** innocent trust; **~|haben** *unr. tr. V.* **etw. bei jmdm. ~haben** be owed sth. by sb.; **~haben das; ~s, ~:** credit balance; **Sie haben ein ~haben von 450 DM auf Ihrem Konto** your account is 450 marks in credit; **~|heißen** *unr. tr. V.* approve of; **~herzig** *Adj.* kind-hearted; good-hearted; **~herzigkeit die** kind-heartedness; good-heartedness

**gütig** ['gy:tɪç] **1.** *Adj.* kindly; kind ‹*heart*›; **mit Ihrer ~en Erlaubnis** *(geh./iron.)* with your kind permission. **2.** *adv.* **~ lächeln/nicken** give a kindly smile/nod

**gütlich** ['gy:tlɪç] **1.** *Adj.; nicht präd.* amicable. **2.** *adv.* amicably; **sich ~ an etw.** *(Dat.)* **tun** regale oneself with sth.

**gut-, Gut-: ~|machen** *tr. V.* **a)** *(in Ordnung bringen)* make good ‹*damage*›; put right, correct ‹*omission, mistake, etc.*›; **an jmdm. viel ~zumachen haben** have a lot to make up *or* make amends to sb. for; **wie soll/kann ich das ~machen?** how can I ever repay you?; **b)** *(Überschuß erzielen)* make [a profit of] **(bei** on); *(aufholen)* **gegenüber der führenden Mannschaft fünf Sekunden ~machen** make up five seconds on the leading team; **~mütig 1.** *Adj.* good-natured; **2.** *adv.* good-naturedly; **~mütig veranlagt sein** be good-natured; **~mütigkeit die; ~:** good nature; goodnaturedness; **~nachbarlich 1.** *Adj.* good-neigbourly ‹*relations etc.*›; **2.** *adv.* as good neighbours; **~|sagen** *itr. V.* **für jmdn./etw. ~sagen** vouch for sb./sth.

**Guts·besitzer der** owner of a/the estate; landowner

**gut-, Gut-: ~schein der** voucher, coupon **(für, auf +** *Akk.* for); **~|schreiben** *unr. tr. V.* credit; **etw. jmdm./jmds. Konto ~schreiben** credit sb./sb.'s account with sth.; **~schrift die a)** *(Betrag)* credit; **b)** *(Bescheinigung)* credit slip *or* note; **c)** *(Vorgang)* crediting

**Guts-: ~haus das** manor house; **~herr der** lord of the manor; **~herrin die** lady of the manor; **~hof der** estate; manor

**Guts·verwalter der** steward; bailiff

**Guttapercha** [gʊta'pɛrça] **die; ~** *od.* **das; ~[s]** gutta-percha

**gut·tun** *unr. itr. V.* do good; **etw. tut jmdm. gut** sth. does sb. good; **es tut ihm gut, das zu machen** it'll do him good to do that; **ein Schnaps tut gut bei der Kälte** schnapps is good for you when it's cold

**Guttural[laut]** [gʊtu'ra:l(-)] **der; ~s, ~e** *(Sprachw. veralt.)* guttural

**gut-, Gut-: ~unterrichtet** *Adj. (präd. getrennt geschrieben)* well-informed; **~willig 1.** *Adj.* willing; *(entgegenkommend)* obliging; **sich ~willig zeigen** be obliging; show willing *(coll.)*; **2.** *adv.* **etw. ~willig herausgeben/versprechen** hand sth. over voluntarily/promise sth. willingly *or* freely; **~willigkeit die** willingness; *(Entgegenkommen)* obligingness

**Guyana** [gu'ja:na] **(das); ~s** Guyana

**gymnasial** [gʏmna'zia:l] *Adj.; nicht präd.* ≈ grammar-school ‹*education, syllabus*›

**Gymnasial-** ≈ grammar-school ‹*education, teacher*›

**Gymnasiast** [gʏmna'ziast] **der; ~en, ~en, Gymnasiastin die; ~, ~nen** ≈ grammar-school pupil

**Gymnasium** [gʏm'na:ziʊm] **das; ~s, Gymnasien a)** *(höhere Schule)* ≈ grammar school; **neusprachliches ~:** ≈ grammar school stressing modern languages; **aufs ~ gehen** ≈ be at *or* attend grammar school; **b)** *(in der Antike)* gymnasium

**Gymnastik** [gʏm'nastɪk] **die; ~:** physical exercises *pl.; (Turnen)* gymnastics *sing.*

**Gymnastik-: ~lehrer der** teacher of physical exercises; **~saal der** gymnasium; gym *(coll.)*

**gymnastisch** *Adj.* gymnastic

**Gynäkologe** [gynɛko'lo:gə] **der; ~n, ~n** gynaecologist

**Gynäkologie die; ~:** gynaecology *no art.*

**Gynäkologin die; ~, ~nen** gynaecologist

**gynäkologisch** *Adj.; nicht präd.* gynaecological

**Gyroskop** [gyro'sko:p] **das; ~s, ~e** gyroscope

# H

**h, H** [ha:] **das; ~, ~ a)** *(Buchstabe)* h/H; **b)** *(Musik)* [key of] B; *s. auch* **a, A**

**h** *Abk.* **a) Uhr** hrs; **b) Stunde** hr[s]

**H** *Abk.* **a) Herren; b) Haltestelle**

**H.** *Abk.* **Heft** No.

**¹ha** [ha(:)] *Interj.* **a)** *(Überraschung)* ha!; oh!; ah!; **b)** *(Triumph)* aha!

**²ha** *Abk.* **Hektar** ha

**Haag** [ha:k] **(das)** *od.* **der; ~s** The Hague; *s. auch* **Den Haag**

**Haar** [ha:ɐ̯] **das; ~[e]s, ~e a)** *(auch Zool., Bot.)* hair; **blonde ~e** *od.* **blondes ~ haben** have fair hair; **echtes ~:** real hair; **sein echtes ~:** his own hair; **[sich** *(Dat.)***] das ~** *od.* **die ~e waschen** wash one's hair; **sich** *(Dat.)* **das ~** *od.* **die ~e schneiden lassen** have *or* get one's hair cut; **ihm geht das ~ aus** he's losing his hair; **sich** *(Dat.)* **die ~e [aus]raufen** *(ugs.)* tear one's hair [out]; **b)** *(fig.)* **ihr stehen die ~e zu Berge** *od.* **sträuben sich die ~e** *(ugs.)* her hair stands on end; **ein ~ in der Suppe finden** *(ugs.)* find something to quibble about *or* find fault with; **kein gutes ~ an jmdm./etw. lassen** *(ugs.)* pull sb./sth. to pieces *(fig. coll.)*; **jmdm. die ~e vom Kopf fressen** *(ugs. scherzh.)* eat sb. out of house and home; **~e auf den Zähnen haben** *(ugs. scherzh.)* be a tough customer; **sich** *(Dat.)* **über** *od.* **wegen** *od.* **um etw. keine grauen ~e wachsen lassen** not lose any sleep over sth.; not worry one's head about sth.; **er wird dir kein ~ krümmen** *(ugs.)* he won't harm a hair of your head; **an einem ~ hängen** *(ugs.)* be touch-and-go; **das ist an den ~en herbeigezogen** *(ugs.)* that's far-fetched; **jmdm. aufs ~ gleichen** be the spitting image of sb.; **sie gleichen sich aufs ~:** they're as alike as two peas in a pod; **sich in die ~e geraten** *od.* **kriegen** *(ugs.)* quarrel, squabble **(wegen** over); **sich** *(Dat.)* **in den ~en liegen** *(ugs.)* be at loggerheads; **um ein ~** *(ugs.)* very nearly; **sie wäre um ein ~ abgestürzt** *(ugs.)* she came within an inch *or* an ace *or* a whisker of falling; **ich hätte sie um ein ~ verfehlt** *(ugs.)* I just missed her by a hair's breadth; **nicht [um] ein ~** *od.* **[um] kein ~ besser** *(ugs.)* not a whit *or* bit better

**Haar-: ~ansatz der a)** hairline; **b)** *(unmittelbar an der Kopfhaut)* roots *pl.*; **~ausfall der** loss of hair; hair loss; **~balg der;** *Pl.* **~bälge** hair follicle; **~band das;** *Pl.* **~bänder** hair-band; **~besen der** broom; **~breit das** *in* **nicht [um] ein** *od.* **[um] kein ~breit** not an inch; **~bürste die** hairbrush; **~büschel das** tuft of hair

**haaren** *itr. V.* moult; lose *or* shed its hair

**Haar-: ~entferner der; ~s, ~:** hair-remover; depilatory; **~ersatz der** hair-piece

**Haares·breite die** *in* **um ~:** by a hair's breadth; **nicht um ~ von etw. abweichen** not budge an inch from sth.

**haar-, Haar-: ~farbe die** hair colour; **mit seiner ~farbe nicht zufrieden sein** be unhappy with the colour of one's hair; **welche ~farbe hatte der Dieb?** what colour hair did the thief have?; **~färbe·mittel das** hair dye; **~fein** *Adj.* fine as a hair *postpos.*; **ein ~feiner Sprung** a hair-line crack; **~festiger der** setting lotion; **~garn das** *(Textilw.)* hair yarn; **~gefäß das;** *meist Pl. (Med.)* capillary [vessel]; **~genau** *(ugs.)* **1.** *Adj.* exact; **2.** *adv.* exactly; **die Beschreibung trifft ~genau auf sie zu** the description fits her to a T *(coll.)*; **etw. ~genau erzählen** relate sth. in great detail; **das stimmt ~genau** that is absolutely right

**haarig** *Adj.* **a)** *(behaart)* hairy; **b)** *(ugs.: heikel)* tricky

**haar-, Haar-: ~klammer die** hair-grip; **~kleid das** *(geh.)* coat; **~klein 1.** *Adj.* minute; **2.** *adv.* in minute detail; **~klemme die** hair-grip; **~kranz der a)** fringe *or* circle of hair; **b)** *(Frisur)* chaplet [of plaited hair]; **~künstler der** *(oft scherzh.)* hair stylist; tonsorial artist *(joc.)*; **~lack der** hair lacquer; **~los** *Adj.* hairless; *(glatzköpfig)* bald; **~mode die** hair-style; **~nadel die** hairpin; **~nadel·kurve die** hairpin bend; **~netz das** hair-net; **~öl das** hair oil; **~pflege die** hair care; **~pflege·mittel das** hair-care product; **~pinsel der** fine animal-hair brush; **~pracht die** *(scherzh.)* magnificent head of hair; **~riss der** hair-line crack; **~röhrchen das** *(Physik)* capillary tube; **~scharf 1.** *Adj. (sehr genau)* razor-sharp ⟨*remark*⟩; very fine ⟨*distinction*⟩; very good ⟨*memory*⟩; **2.** *adv.* *(sehr nah)* **das Auto blieb ~scharf vor dem Kind stehen** the car stopped only a hair's breadth from the child; **die Kugel flog ~scharf an ihm vorbei** the bullet missed him by a hair's breadth; **~scharf an jmdm. vorbeizielen** aim to just miss sb.; **b)** *(sehr genau)* with great precision; **~schleife die** bow; hair-ribbon; **~schmuck der** hair ornaments *pl.*; **~schneide·maschine die** electric clippers *pl.*; **~schnitt der** haircut; *(modisch)* hair-style; **jmdm. einen ~schnitt machen** cut sb.'s hair; give sb. a haircut; **~schopf der** mop *or* shock of hair; **~schwund der** loss of hair; hair loss; **~seite die a)** *(Textilw.)* right side; front; **b)** *(Gerberei)* hair side; *(eines Pelzes)* fur side; **~sieb das** hair sieve; **~spalter der; ~s, ~** *(abwertend)* hair-splitter; **~spalterei die; ~** *(abwertend)* hair-splitting; **das ist doch ~spalterei** that's splitting hairs; **~spalterisch** *Adj. (abwertend)* hair-splitting; **~spange die** hair-slide; **~spitze die** end of a hair; **die ~spitzen** the ends of the hairs; **~spray der** *od.* **das** hair spray; **~sträubend** *Adj.* **a)** *(grauenhaft)* hair-raising; horrifying; **b)** *(empörend)* outrageous; shocking; **~teil das** hair-piece; **~tracht die** *(veralt.)* hair-style; **~trockner der** hair-dryer; **~wäsche die** shampoo; [hair-] wash; **~wasch·mittel das** shampoo; **~wasser das;** *Pl.* **~wässer** hair lotion; **~wild das** *(Jägerspr.)* ground game; **~wuchs der** hair growth; growth of hair; **einen spärlichen/starken ~wuchs haben** have little/a lot of hair; **~wuchs·mittel das** hair-restorer; **~wurzel die** root [of the/a hair]

**Hab** [ha:p] *in* **~ und Gut** *(geh.)* possessions *pl.*; belongings *pl.*

**Habacht·stellung die** *s.* **Habtachtstellung**

**Habe** ['ha:bə] **die; ~** *(geh.)* possessions *pl.*; belongings *pl.*; **bewegliche ~:** movables *pl.*

**Habeaskorpus·akte** [ha:beas'kɔrpʊs-] **die;** *o. Pl. (hist.)* Habeas Corpus Act

**haben 1.** *unr. tr. V.* **a)** have; have got; **er hat nichts** *(ugs.)* he has nothing; **von ihm kannst du dir kein Geld borgen: er hat selber nichts** you can't borrow money from him: he hasn't got any himself; **wer hat, der hat** *(scherzh./iron.)* I/you *etc.* can afford it; **was man hat, das hat man** *(scherzh./iron.)* I'd rather have something than nothing; **da hast du das Geld** there's the money; **die ~'s ja** *(ugs.)* they can afford it; **gute Kenntnisse ~:** be knowledgeable; **ich habe Zeit/keine Zeit** I have [got] [the] time/I have [got] no time *or* I haven't [got] any time; **die Sache hat Zeit** it's not urgent; it can wait *(coll.)*; **heute ~ wir schönes Wetter/30°** the weather is fine/it's 30° today; **wann hast du Urlaub?** when is your holiday?; *s. auch* **Datum a; Schuld b; b)** *(empfinden)* **Hunger/Durst ~:** be hungry/thirsty; **Sehnsucht nach etw. ~:** long for sth.; **Heimweh/Furcht ~:** be homesick/afraid; **Husten/Fieber/Schmerzen ~:** have [got] a cough/a temperature/ have pain; **es an der Leber/auf der Brust ~** *(ugs.)* have [got] liver trouble *or* something wrong with one's liver/have [got] a bad chest; **was hast du denn?** *(ugs.)* what's the matter?; what's wrong?; **hast du was?** *(ugs.)* is [there] something the matter?; is [there] something wrong?; **ich kann das nicht ~** *(ugs.)* I can't stand it; **dich hat's wohl** *(ugs.)* you must be mad *or* crazy; **c)** *mit Adj. u. „es"* **es gut/schlecht/schwer/eilig ~:** have it good *(coll.)*/have a bad time [of it]/have a difficult *or* tough time/be in a hurry; **wir ~ es sehr gemütlich hier** we are very comfortable here; **möchten Sie es etwas wärmer ~?** are you warm enough?; **d)** *mit „zu" u. Inf.* **nichts zu essen/trinken ~:** have nothing to eat/drink; **habt ihr nichts zu trinken?** haven't you got anything to drink?; **er hat nichts mehr zu erwarten** he can expect nothing more; *(müssen)* **du hast zu gehorchen** you must obey; **etw. zu tun/erledigen ~:** have [got] sth. to do *or* that one must do; **er hat zu tun** he's busy; *(dürfen)* **er hat mir nichts zu befehlen** he has [got] no right to order me about; **du hast dich hier nicht einzumischen** you should mind your own business; **e)** *(sich zusammensetzen aus)* **das Jahr hat 12 Monate** there are 12 months in a year; **ein Kilometer hat 1 000 Meter** there are 1,000 metres in a kilometre; **diese Stadt hat 10 000 Einwohner** this town has 10,000 inhabitants; **die USA haben 50 Bundesstaaten** the USA is made up of 50 states; **f)** *(bekommen)* have; **kann ich heute dein Auto ~?** can I have your car today?; **sind diese Puppen noch zu ~?** can you still get these dolls?; **zu ~ sein** *(ugs.)* be unattached; *(zum Beischlaf bereit sein)* be available; **dafür ist er immer zu ~:** he's always game for that; **er ist immer für ein gutes Essen zu ~:** he always likes *or* enjoys a good meal; **für so etw. bin ich nicht zu ~:** I'm not one for *or* keen on things like that; **da hast du's** *(ugs.)* there you are; **g)** *(ugs.: in der Schule)* **morgen ~ wir Geschichte** we've got history tomorrow; **wir ~ schon seit Monaten keine Chemie** we haven't done [any] chemistry for months; **h)** *(ugs.: gebrauchen)* **man hat das nicht mehr** it is no longer in use/in fashion; **hat man bei euch noch die alten Karbidlampen?** are you still using the old carbide lamps?; **i)** *(ugs.: gefaßt ~)* have ⟨*thief etc.*⟩; **jetzt hab' ich dich** now I've got you; **j)** *(be-*

*kommen ~)* **Nachricht von jmdm. ~:** have heard from sb.; **was** *(ugs.)***/welche Note hast du diesmal in Physik?** what did you get in *or* for physics this time?; **k)** *(gefunden ~)* **~ Sie den Fehler?** have you found the mistake?; **ich hab's!** *(ugs.)* I've got it!; **das werden wir gleich ~** *(ugs.)* we'll soon find out; **l)** *(ugs.: repariert, beendet ~)* **noch zwei Minuten, dann hab' ich's** I'll be finished in a couple of minutes; **das werden wir gleich ~:** we'll soon fix that; **m)** *mit Präp.* **sie hat einen guten Freund an ihm** he is a good friend to her; **er weiß ja gar nicht, was er an dir hat** he doesn't realize how lucky he is to have you; **wir ~ viele Bilder an der Wand [hängen]** we have quite a lot of pictures up; **er hat immer Blumen auf dem Tisch [stehen]** he has always [got] flowers on the table; **ich habe meinen Wagen auf dem Parkplatz [stehen]** I've got my car in the car park; **etwas/nichts gegen jmdn.** *od.* **etw. ~:** have something/nothing against sb. *or* sth.; **sie hat alle Kollegen gegen sich** all her colleagues are against her; **etwas mit jmdm. ~** *(ugs.)* have a thing *or* something going with sb. *(coll.)*; **hast du es schon einmal mit einer Frau gehabt?** *(salopp)* have you ever had it off with a woman? *(sl.)*; **viel/wenig von jmdm. ~:** see a lot/little of sb.; **er hat etwas von einem Tyrannen/Faulpelz** he is a bit of a tyrant/lazybones; **etw. von etw. ~:** get sth. out of sth.; **ihn würde ich gerne zum Freund ~:** I would like [to have] him as a friend; **er hat eine Adlige zur Frau** he has [got] an aristocratic wife; *s. auch* **an, auf, bei** *usw.*; **n)** *unpers. (bes. österr., südd.: vorhanden sein)* **es hat ...:** there is/are ... **2.** *refl. V.* **a)** *(ugs. abwertend: sich aufregen)* make a fuss; **hab dich nicht so!** don't make *or* stop making such a fuss!; **b)** *(ugs.: sich erledigt ~)* **und damit hat es sich** *od.* **hat sich die Sache** then that's that; **hat sich was!** far from it! **3.** *Hilfsverb* have; **ich habe/hatte ihn eben gesehen** I have *or* I've/I had *or* I'd just seen him; **sie ~ gelacht** they laughed; **er hat das gewußt** he knew it; **wir suchten, bis wir ihn gefunden hatten** we kept looking until we [had] found him; **das hättest du früher machen können** you could have done that earlier

**Haben das; ~s, ~** *(Kaufmannsspr.)* credit; *(~seite)* **etw. im ~ verbuchen** credit sth.; *s. auch* **Soll a**

**Habe·nichts der; ~, ~e** pauper

**Haben-: ~seite die** *(Kaufmannsspr.)* credit side; **~zinsen** *Pl.* interest *sing.* on deposits

**Haber der; ~s** *(südd., österr., schweiz.) s.* **Hafer**

**Hab·gier die** *(abwertend)* greed

**hab·gierig 1.** *Adj. (abwertend)* greedy. **2.** *adv.* greedily

**habhaft** *in* **jmds./einer Sache ~ werden** catch *or* apprehend sb./get hold of sth.

**Habicht** ['ha:bɪçt] **der; ~s, ~e a)** hawk; **b)** *(Hühner~)* goshawk

**Habichts-: ~kraut das** *(Bot.)* hawkweed; **~nase die** hooked *or* aquiline nose

**Habilitand** [habili'tant] **der; ~en, ~en, Habilitandin die; ~, ~nen** person working on his/her habilitation thesis

**Habilitation** [habilita'tsi̯o:n] **die; ~, ~en** habilitation *(qualification as a university lecturer)*

**Habilitations·schrift die** *postdoctoral thesis required in order to qualify as a university lecturer*

**habilitieren** [habili'ti:rən] **1.** *itr., refl. V.* habilitate *(qualify as a university lecturer)*; **[sich] in Berlin/bei Prof. Schumacher ~:** habilitate at Berlin/under Professor Schumacher. **2.** *tr. V.* **jmdn. ~:** habilitate sb.; confer on sb. his/her qualification as a university lecturer

[1]**Habit** [ha'bi:t] **das** *od.* **der; ~s, ~e a)** *(abwertend, iron.)* outfit; **b)** *(Amtskleidung)* habit

[2]**Habit** ['hæbɪt] **das** *od.* **der; ~s, ~s** *(Psych.: Gewohnheit)* habit

**Habitat** [habi'ta:t] **das; ~s, ~e** *(Biol.)* habitat

**habituell** [habi'tu̯ɛl] *Adj.* habitual

**Habitus** ['ha(:)bitʊs] **der; ~** *(geh.)* **a)** *(Gesamterscheinungsbild)* appearance and manner *or* bearing; **b)** *(Haltung)* attitude; **c)** *(Benehmen)* behaviour; **d)** *(Med.)* habitus

**Habsburger** ['ha:psbʊrgɐ] **der; ~s, ~** *(hist.)* Habsburg

**hab-, Hab-: ~seligkeiten** *Pl.* [meagre] possessions *or* belongings; **~sucht die; ~** *(abwertend)* greed; avarice; **~süchtig** *(abwertend)* **1.** *Adj.* greedy; avaricious; **2.** *adv.* greedily; avariciously

**Hab[t]·acht·stellung die** attention; **in ~ stehen** stand to attention

**hach** [hax] *Interj.* oh!

**Haché** [[h]a'ʃe:] *s.* **Haschee**

**Hachse** ['haksə] **die; ~, ~n** *(südd.)* **a)** knuckle; **~ vom Kalb** knuckle of veal; **b)** *(ugs. scherzh.)* leg

**Hack** [hak] **das; ~s** *(ugs., bes. nordd.)* mince; minced meat

**Hack-: ~beil das** chopper; cleaver; **~braten der** *(Kochk.)* meat loaf; **~brett das** *(Musik)* dulcimer

[1]**Hacke die; ~, ~n** hoe; *(Pickel)* pick[axe]

[2]**Hacke die; ~, ~n** *(bes. nordd. u. md.)* heel; **sich** *(Dat.)* **die ~n nach etw. ablaufen** *od.* **abrennen** wear oneself out running around looking for sth.; *s. auch* **Ferse**

**hacken 1.** *itr. V.* **a)** *(mit der Hacke arbeiten)* hoe; **sich** *(Dat. od. Akk.)* **ins Bein ~:** cut one's leg [with a hoe/an axe *etc.*]; **b)** *(picken)* peck; **nach jmdm./etw. ~:** peck at sb./sth.; **der Papagei hat mir in den Finger gehackt** the parrot pecked my finger. **2.** *tr. V.* **a)** *(mit der Hacke bearbeiten)* hoe ⟨*garden, flower-bed, etc.*⟩; **b)** *(mit der Axt zerkleinern)* chop ⟨*wood etc.*⟩; **etw. in Stücke ~:** chop sth. up; **c)** *(ein Loch machen)* chop, hack ⟨*hole*⟩; **d)** *(zerkleinern)* chop [up] ⟨*meat, vegetables, etc.*⟩

**Hacker der; ~s ~** *(DV-Jargon)* hacker

**Hack-: ~fleisch das** minced meat; mince; **aus jmdm. ~fleisch machen** *(fig. ugs.)* make mincemeat of sb.; **~frucht die;** *meist Pl. (Landw.)* root crop; **~klotz der** chopping-block; **~messer das** chopper; cleaver; **~ordnung die** *(Verhaltensf.)* pecking order

**Häcksel** ['hɛksl] **der** *od.* **das; ~s** *(Landw.)* chaff

**Häcks[e]ler der; ~s, ~, Häcksel·maschine die** *(Landw.)* chaff-cutter

**häckseln** *tr. V.* chop [up] ⟨*straw, hay, etc.*⟩

**Hader** ['ha:dɐ] **der; ~s** *(geh.)* discord

**hadern** *itr. V. (geh.)* **a)** *(streiten)* quarrel; **b)** *(unzufrieden sein)* **mit etw. ~:** be at odds with sth.; **er haderte mit seinem Schicksal** he railed against his fate

**Hadern·papier das** *(fachspr.)* rag paper

**Hades** ['ha:dɛs] **der; ~** *(griech. Myth.)* Hades *no art.*

**Hadschi** ['ha:dʒi] **der; ~s, ~s** hadji

[1]**Hafen** ['ha:fn̩] **der; ~s, Häfen** harbour; port; *(~anlagen)* docks *pl.*; **der Hamburger ~:** the port of Hamburg; **ein Schiff läuft den ~ an/aus dem ~ aus/in den ~ ein** a ship is putting into/leaving/entering port *or* harbour; **in den ~ der Ehe einlaufen** *(fig. scherzh.)* taste the joys of married *or* wedded bliss

[2]**Hafen der; ~s, ~** *(südd., schweiz., österr.)* pot; *(Schüssel)* bowl

**Hafen-: ~amt das** port *or* harbour authority; **~anlagen** *Pl.* docks; **~arbeiter der** dock-worker; docker; **~aus·fahrt die** harbour mouth; **~bahn die** harbour railway; **~becken das** harbour basin; dock; **~behörde die** port *or* harbour authority; **~blockade die** blockade of a/the harbour *or* port; **~ein·fahrt die** harbour entrance *or* mouth; **~gebühren** *Pl.*, **~geld das** harbour charges *pl.*; port dues *pl.*; **~kneipe die** dockland pub *(Brit. coll.) or (Amer.)* bar; **~meister der** harbour-master; **~polizei die** port *or* dock police; **~rund·fahrt die** trip round the harbour; **~stadt die** port; **~viertel das** dock area; dockland *no art.*

**Hafer** ['ha:fɐ] **der; ~s** oats *pl.*; **jmdn. sticht der ~** *(ugs.)* sb. is feeling his oats

**Hafer-: ~brei der** porridge; **~flocken** *Pl.* rolled oats; porridge oats; **~grütze die a)** oat groats; **b)** *(Brei)* porridge; **~mehl das** oatmeal; **~sack der** nosebag; **~schleim der** gruel

**Haff** [haf] **das; ~[e]s, ~s** *od.* **~e** lagoon

**Haflinger** ['ha:flɪŋɐ] **der; ~s, ~:** Haflinger [horse]

**Hafner der; ~s, ~** *(südd., österr., schweiz.)* **a)** *(Töpfer)* potter; **b)** *(Ofensetzer)* stove-fitter

**Haft** [haft] **die; ~ a)** *(Gewahrsam)* custody; *(aus politischen Gründen)* detention; **jmdn. aus der ~ entlassen** release sb. from custody/detention; **sich in ~ befinden** be [held] in custody/detention; **jmdn. in ~ nehmen** take sb. into custody; *(aus politischen Gründen)* detain sb.; **b)** *(Freiheitsstrafe)* imprisonment; **jmdn. zu zwei Jahren ~ verurteilen** sentence sb. to two years in prison *or* two years' imprisonment

**-haft** *Adj., adv.* -like

**Haft-: ~anstalt die** prison; **~aussetzung die** *(Rechtsspr.)* **der Verteidiger beantragte ~aussetzung** the defence counsel requested that the defendant be released from custody

**haftbar** *Adj. (bes. Rechtsspr.) in* **für etw. ~ sein** be [legally] responsible *or* liable for sth.; **jmdn. für etw. ~ machen** make *or* hold sb. [legally] liable for sth.

**Haft-: ~befehl der** *(Rechtsw.)* warrant [of arrest]; **einen ~befehl gegen jmdn. ausstellen** issue a warrant for sb.'s arrest; **~beschwerde die** *(Rechtsw.)* appeal against a remand in custody; **~creme die** *(Pharm.)* fixative cream; **~dauer die** term of imprisonment

[1]**haften** *itr. V.* **a)** *(festkleben)* stick; **an/auf etw.** *(Dat.)* **~:** stick to sth.; **b)** *(sich festsetzen)* ⟨*smell, dirt, etc.*⟩ cling (**an** + *Dat.* to); **in der Erinnerung ~** *(fig.)* stick in one's memory *or* mind; **~de Eindrücke** lasting impressions; **an ihm haftet ein Makel** *(fig.)* he carries a stigma; **seine Augen hafteten/sein Blick haftete an ...** *(Dat.) (fig.)* his eyes were/gaze was fixed on ...; **c)** ⟨*tyre*⟩ grip

[2]**haften** *itr. V.* **a)** *(einstehen)* **für jmdn./etw. ~:** be responsible for sb./liable for sth.; *(verantwortlich sein)* **jmdm. für etw. ~:** be responsible *or* answerable to sb. for sth.; **für etw. nicht ~:** ⟨*company*⟩ not accept liability for sth.; *s. auch* **Garderobe a; b)** *(Rechtsw., Wirtsch.)* be liable

**haften|bleiben** *unr. itr. V.; mit sein* **a)** *(festkleben)* stick (**an/auf** + *Dat.* to); **b)** *(sich festsetzen)* ⟨*mud, clay, dirt, etc.*⟩ stick, cling (**an/auf** + *Dat.* to); ⟨*smell, smoke*⟩ cling (**an/auf** + *Dat.* to); **c)** *(ugs.: im Gedächtnis bleiben)* stick

**haft-, Haft-: ~erleichterung die** special privilege; [1]**~fähig** *Adj. (Rechtsw.)* fit to be kept in prison *postpos.*; [2]**~fähig** *Adj. (klebend)* adhesive; [1]**~fähigkeit die;** *o. Pl. (Rechtsw.)* fitness to be kept in prison; [2]**~fähigkeit die;** *o. Pl. (von Materialien)* adhesion

**Häftling** ['hɛftlɪŋ] **der; ~s, ~e** prisoner

**Häftlings·kleidung die** prison clothing

**Haft·pflicht die a)** liability (**für** for); **b)** *s.* **Haftpflichtversicherung**

**haftpflichtig** *Adj.* liable (**für** for)

**Haftpflicht·versicherung die** personal liability insurance; *(für Autofahrer)* third party insurance

**haft-, Haft-: ~prüfung die** *(Rechtsw.)* review of a/the remand in custody; **~psy-**

**chose die** prison psychosis; **~reibung die** *(Physik)* static friction; **~richter der** *(Rechtsw.)* magistrate; **~schale die;** *meist Pl.* contact lens; **~strafe die** *(Rechtsspr. veralt.)* prison sentence; **~unfähig** *Adj.* unfit to be kept in prison *postpos.*; **~unfähigkeit die** unfitness to be kept in prison

**¹Haftung die; ~:** adhesion; *(von Reifen)* grip

**²Haftung die; ~, ~en a)** *(Verantwortlichkeit)* liability; responsibility; *s. auch* **Garderobe; b)** *(Rechtsw., Wirtsch.)* liability; **Gesellschaft mit [un]beschränkter ~:** [un]limited [liability] company

**Haft·verschonung die** *(Rechtsw.)* suspended sentence

**Hag** [ha:k] **der; ~[e]s, ~e** *(veralt., noch schweiz.)* **a)** *(Hecke)* hedge; **b)** *(Wald)* grove

**Hagebutte** ['ha:gəbʊtə] **die; ~, ~n a)** *(Frucht)* rose-hip; **b)** *(ugs.: Heckenrose)* dog-rose

**Hagebutten·tee der** rose-hip tea

**Hage·dorn der;** *Pl.* **~e** hawthorn

**Hagel** ['ha:gl̩] **der; ~s, ~** *(auch fig.)* hail; **ein ~ von Drohungen** a stream of threats

**Hagel·korn das** hailstone

**hageln 1.** *itr., tr. V. (unpers.)* hail; **es hagelt** it is hailing; **es hagelte Steine und leere Bierdosen** *(fig.)* there was a hail of stones and empty beer-cans; **es hagelte Drohungen/Fragen** *(fig.)* there was a stream of threats/flood of questions. **2.** *itr. V.; mit sein (fig.)* **auf jmdn./etw. ~:** ⟨*stones, bombs, etc.*⟩ rain down on sb./sth.

**Hagel-: ~schaden der** damage *no pl.* caused by hail; **~schauer der** [short] hailstorm; **~schlag der** hail; **~sturm der** hailstorm; **~zucker der** sugar crystals *pl.*

**hager** ['ha:gɐ] *Adj.* gaunt ⟨*person, figure, face*⟩; thin ⟨*neck, arm, fingers*⟩

**Hagerkeit die; ~** *s.* **hager:** gauntness; thinness

**Hage·stolz der; ~es, ~e** *(veralt.)* confirmed bachelor

**haha** [ha'ha(:)] *Interj.* ha ha

**Häher** ['hɛ:ɐ] **der; ~s, ~:** jay

**¹Hahn** [ha:n] **der; ~[e]s, Hähne** ['hɛ:nə] **a)** cock; *(junger ~)* cockerel; **~ im Korb sein** *(ugs.)* be cock of the walk; **nach ihr/danach kräht kein ~** *(ugs.)* no one could care less about her/it; **jmdm. den roten ~ aufs Dach setzen** *(veralt.)* set sb.'s house on fire; **b)** *(Wetter~)* weathercock; **c)** *Pl.* **~en** *(Jägerspr.)* cock

**²Hahn der; ~[e]s, Hähne,** *fachspr.:* **~en a)** tap; faucet *(Amer.)*; *(eines Fasses)* tap; spigot; *s. auch* **abdrehen 1 a; b)** *(bei Waffen)* hammer; **den ~ spannen** cock a/the gun

**Hähnchen** ['hɛ:nçən] **das; ~s, ~:** chicken; *(junger Hahn)* cockerel

**Hahnen-: ~fuß der** buttercup; **~fuß·gewächs das** ranunculus; **~kamm der** cockscomb; **~kampf der a)** cock-fighting; *(einzelner Wettkampf)* cock-fight; **b)** *(Gymnastik) hopping-game in which players barge each other and attempt to push each other off balance;* **~schrei der** cock-crow; **beim ersten ~schrei** at cock-crow; **~tritt·muster das** dog-tooth *or* dog's tooth check

**Hahnrei** ['ha:nrai] **der; ~s, ~e** *(geh., veralt.)* cuckold

**Hai** [hai] **der; ~s, ~e** *(auch fig.)* shark

**Hai·fisch der** shark

**Haifisch·flossen·suppe die** *(Kochk.)* shark-fin soup

**Hain** [hain] **der; ~[e]s, ~e** *(dichter. veralt.)* grove

**Hain·buche die** hornbeam

**Haiti** [ha'i:ti] **(das); ~s** Haiti

**Haitianer** [hai'tia:nɐ] **der; ~s, ~, Haitianerin die; ~, ~nen** Haitian

**haitianisch** *Adj.* Haitian

**Häkchen** ['hɛ:kçən] **das; ~s, ~ a)** [small] hook; **was ein ~ werden will, krümmt sich beizeiten** *(Spr.)* there's nothing like starting young; **b)** *(Zeichen)* mark; *(beim Abhaken)* tick

**Häkel-: ~arbeit die** crocheting; crochet-work; *(etw. Gehäkeltes)* a piece of crochet-work *or* crocheting; **~decke die** crocheted table-cloth; *(für ein Sofa, einen Stuhl usw.)* crocheted cover

**Häkelei die; ~, ~en** *s.* **Häkelarbeit**

**Häkel-: ~garn das** crochet thread *or* yarn; **~muster das** crochet pattern

**hakeln** ['ha:kl̩n] **1.** *itr. V.* **a)** *(landsch.)* finger-wrestle; **b)** *(Fußball)* trip the/an opposing player. **2.** *tr. V.* **a)** *(Fußball)* trip; **b)** *(Ringen)* **jmds. Bein/Fuß ~:** get sb. in a leg-lock/foot-lock

**häkeln** ['hɛ:kl̩n] *tr., itr. V.* crochet

**Häkel·nadel die** crochet-hook

**haken** ['ha:kn̩] **1.** *tr. V.* **a)** hook **(an + Akk.** on to); **b)** *([Eis]hockey)* hook; **c)** *(Fußball) s.* **hakeln 2. 2.** *itr. V. (klemmen)* be stuck

**Haken der; ~s, ~ a)** hook; **~ und Öse** hook and eye; **einen ~ schlagen** dart sideways; **mit ~ und Ösen** *(fig. ugs.)* by fair means or foul; **b)** *(Zeichen)* tick; **c)** *(ugs.: Schwierigkeit)* catch; snag; **wo ist der ~?** where's the catch?; **der ~ an etw.** *(Dat.)* the catch in sth.; **d)** *(Boxen)* hook

**haken-, Haken-: ~förmig 1.** *Adj.* hooked; hook-shaped; **2.** *adv.* **~förmig gebogen** hooked; hook-shaped; **~kreuz das** swastika; **~leiter die** hook-ladder; **~nase die** hooked nose; hook-nose

**Halali** [hala'li:] **das; ~s, ~[s]** *(Jägerspr.)* **a)** *(Signal)* mort; **b)** *(Ende der Jagd)* mort; kill

**halb** [halp] **1.** *Adj. u. Bruchz.* **a)** *(die Hälfte von)* half; **eine ~e Stunde/ein ~er Meter/ein ~es Glas** half an hour/a metre/a glass; **zum ~en Preis** [at] half price; **~ Europa/die ~e Welt** half of Europe/half the world; **es ist ~ eins** it's half past twelve; **5 Minuten vor/nach ~:** 25 [minutes] past/to; *s. auch* **Arm c; Höhe b; Note a; Weg d; b)** *(unvollständig, vermindert)* **die ~e Wahrheit** half [of] *or* part of the truth; **er macht keine ~en Sachen** he doesn't do things by halves; **er hat [nur] ~e Arbeit getan** he hasn't done the job properly; **nichts Halbes und nichts Ganzes [sein]** [be] neither one thing nor the other; **c)** *(fast)* **[noch] ein ~es Kind sein** be hardly *or* scarcely more than a child; **eine ~e Ewigkeit warten** wait [for] ages; **die ~e Stadt** half the town. **2.** *adv.* **a)** *(zur Hälfte)* **~ voll/leer** half-full/-empty; **~ lachend, ~ weinend** half laughing, half crying; **b)** *(unvollständig)* **~ gar/angezogen/wach** half-done *or* -cooked/half dressed/half awake; **die Pflaumen sind erst ~ reif** the plums aren't fully ripe; **er hat seine Arbeit ~ getan** he has done some of his work; **die Verletzung war nur ~ so schlimm, wie er erst dachte** the injury was not as serious as he at first thought; **etw. nur ~ verstehen** only half understand sth.; **nur ~ zuhören** be only half listening; **nur ~ bei der Sache sein** be only half with it *(coll.)*; *s. auch* **schlimm 1 b; c)** *(fast)* **~ blind/verhungert/tot** half blind/starved/dead; **ich bin schon ~ fertig** I'm nearly *or* almost finished; **~ so klug** half as clever; **~ und ~** *(ugs.)* more or less; **Gefällt es dir? – Halb und ~** *(ugs.)* Do you like it? – Sort of *(coll.)*

**halb-, Halb-: ~affe der** *(Zool.)* half-ape; prosimian; **~amtlich** *Adj.* semi-official; **~automatisch 1.** *Adj.* semi-automatic; **2.** *adv.* semi-automatically; **~bekleidet** *Adj.; nicht präd.* half-dressed; **~bildung die** *(abwertend)* superficial education; **~bitter** *Adj.* plain ⟨*chocolate*⟩; **~blind** *Adj. (präd. getrennt geschrieben)* half-blind; **~blut das a)** *(bei Pferden)* cross-breed; **b)** *(Mischling)* half-caste; half-breed; **~bruder der** half-brother; **~dunkel** *Adj. (präd. getrennt geschrieben)* half-dark; **~dunkel das** semi-darkness

**Halbe der** *od.* **die** *od.* **das;** *adj. Dekl. (ugs.)* half litre *(of beer etc.)*; **ein ~s** a half litre

**Halb·edelstein der** *(veralt.)* semi-precious stone

**halbe-halbe** *in* **[mit jmdm.] ~ machen** *(ugs.)* go halves [with sb.]

**halber** ['halbɐ] *Präp. mit Gen. (wegen)* on account of; *(um ... willen)* for the sake of; **der Ordnung ~:** as a matter of form; **der Wahrheit ~:** to tell the truth

**halb-, Halb-: ~erfroren** *Adj. (präd. getrennt geschrieben)* half-frozen; **~erwachsen** *Adj. (präd. getrennt geschrieben)* teenage; adolescent; **~fabrikat das** *(Wirtsch.)* semi-finished product; **~fertig** *Adj. (präd. getrennt geschrieben)* half-finished; **~fett 1.** *Adj.* **a)** *(Druckw.)* bold ⟨*type*⟩; *(schmaler, kleiner)* semibold; **b)** medium-fat ⟨*cheese*⟩; **2.** *adv.* **etw. ~fett drucken** print sth. in bold/semibold [type]; **~finale das** *(Sport)* semi-final; **~gar** *Adj.* half-cooked; half-done; **~gebildet 1.** *Adj. (abwertend)* half-educated; **2.** *adv.* in a half-educated way; **~gebildete der/die;** *adj. Dekl. (abwertend)* half-educated person; **~gefror[e]ne das;** *adj. Dekl.* soft ice cream; **~geschoß das** *(Archit.)* mezzanine [floor]; **~geschwister** *Pl.* half-brothers/half-sisters/half-brother[s] and -sister[s]; **~gott der** *(Myth., fig. iron.)* demigod; **~götter in Weiß** *(ugs. iron.)* [hospital] doctors

**Halbheit die; ~, ~en** *(abwertend)* half-measure

**halb-, Halb-: ~herzig 1.** *Adj.* half-hearted; **2.** *adv.* half-heartedly; **~herzigkeit die; ~:** half-heartedness; **~hoch 1.** *Adj. (bes. Sport)* shoulder-high ⟨*shot, pass, etc.*⟩; low ⟨*shelf etc.*⟩; calf-length ⟨*boot*⟩; **2.** *adv.* **der Ball kam ~hoch** the ball came at shoulder-height

**halbieren** *tr. V.* cut/tear ⟨*object*⟩ in half; halve ⟨*amount, number*⟩; *(Math.)* bisect

**halb-, Halb-: ~insel die** peninsula; **~jahr das** six months *pl.*; half year; **im ersten/zweiten ~jahr** in the first/last six months [of the year]; **~jahres·bilanz die** half-yearly figures *pl. or* results *pl.*; **~jahres·zeugnis das** half-yearly report; **~jährig** *Adj.; nicht präd.* **a)** *(ein halbes Jahr alt)* six-months-old ⟨*baby, pony, etc.*⟩; **b)** *(ein halbes Jahr dauernd)* six-month ⟨*contract, course, etc.*⟩; **~jährlich 1.** *Adj.* half-yearly; six-monthly; **2.** *adv.* every six months; twice a year; **~jude der** *(bes. ns.)* half-Jew; **~jude sein** be half Jewish; **~kanton der** demicanton; **~kreis der** semicircle; **sich im ~kreis aufstellen** form a semicircle; **im ~kreis sitzen** sit in a semicircle; **~kreis·förmig 1.** *Adj.* semicircular; **2.** *adv.* in a semicircle; **~kugel die** hemisphere; **~kugel·förmig** *Adj.* hemispherical; **~lang** *Adj.* mid-length ⟨*hair*⟩; mid-calf length ⟨*coat, dress, etc.*⟩; **[nun] mach [aber mal] ~lang!** *(ugs.)* hang on a minute! *(coll.)*; **~laut 1.** *Adj.* low; quiet; **2.** *adv.* in a low voice; in an undertone; **~leder das** *(Buchw.)* half-leather; **~leer** *Adj. (präd. getrennt geschrieben)* half empty; **~leinen das a)** *(Gewebe)* fifty-per-cent linen material; **b)** *(Buchw.)* half-cloth; **~leiter der** *(Elektronik)* semi-conductor; **~link...** [-'-] *Adj.; nicht präd. (bes. Fußball)* inside left; **~linke** [-'--] **der** *(bes. Fußball)* inside left; **~links** [-'-] *Adv.* **a)** *(Fußball)* ⟨*play*⟩ [at] inside left; **b) ~links abbiegen** fork left; **~mast** *Adv.* at half-mast; **~mast flaggen** fly a flag/the flags at half-mast; **~matt** *Adj. (Fot.)* semi-matt; **~messer der** *(Math.)* radius; **~metall das** *(Chemie)* semi-metal; **~militärisch** *Adj.* paramilitary; **~monatlich 1.** *Adj.* fortnightly; twice-monthly; **2.** *adv.* fortnightly; twice monthly; **~monatsschrift die** fortnightly periodical; **~mond der a)** *(Mond)* half-moon; **heute ist ~mond** there's a half-moon tonight; **b)** *(Figur)* crescent; **c)** *(an Fingernägeln)* half-moon; **~mond·förmig** *Adj.* crescent-shaped; **~nackt** *Adj.*

*(präd. getrennt geschrieben)* half-naked; **~offen** *Adj. (präd. getrennt geschrieben)* **a)** half-open ⟨*door etc.*⟩; **b)** open ⟨*prison*⟩; **~offiziell** *Adj.* semi-official; **~part** *Adv. in* **[mit jmdm.] ~part machen** *(ugs.)* go halves [with sb.]; **~pension die;** *o. Pl., meist o. Art.* half-board; **~recht...** [-'-] *Adj.; nicht präd. (bes. Fußball)* inside right; **~rechte** [-'--] **der** *(bes. Fußball)* inside right; **~rechts** [-'-] *Adv.* **a)** *(Fußball)* ⟨*play*⟩ [at] inside right; **b) ~rechts abbiegen** fork right; **~reif** *Adj. (präd. getrennt geschrieben)* half-ripe; **~rock der** waist petticoat; **~roh** *Adj. (präd. getrennt geschrieben)* half-cooked; half-done; **~rund** *Adj. (präd. getrennt geschrieben)* semicircular; **~rund das** semicircle; **~schatten der a)** half shadow; **b)** *(Optik, Astron.)* penumbra; **~schlaf der** light sleep; **im ~schlaf liegen** be half asleep; doze; **~schuh der** shoe; **~schwer·gewicht das** *(Schwerathletik)* **a)** *o. Pl.* light-heavyweight; *s. auch* **Fliegengewicht a; b)** *s.* **~schwergewichtler; ~schwergewichtler** [-gəvıçtlɐ] **der; ~s, ~** *(Schwerathletik)* light-heavyweight; **~schwester die** half-sister; **~seide die** fifty-per-cent silk [mixture]; **~seiden** *Adj.* **a)** fifty-per-cent silk; **b)** *(ugs. abwertend: unmännlich)* poofy *(coll.)*; pansyish *(coll.)*; **c)** *(ugs. abwertend: anrüchig)* dubious ⟨*business practice etc.*⟩; fast ⟨*woman*⟩; **~seitig 1.** *Adv.* **a)** *(Med.)* **~seitig gelähmt sein** be hemiplegic; be paralysed down one side; **b) ein Blatt ~seitig beschreiben** write on the left-hand/right-hand side of a sheet only; **2.** *adj.* half-page ⟨*article etc.*⟩; **~staatlich** *Adj. (präd. getrennt geschrieben) (DDR)* partially state-controlled *or* state-run; **~stark** *Adj.; nicht präd. (ugs. abwertend)* rowdy; **~starke der;** *adj. Dekl. (ugs. abwertend)* young rowdy; [young] hooligan; **~stiefel der** half-boot; ankle boot; **~stündig** *Adj.; nicht präd.* half-hour; lasting half an hour *postpos., not pred.*; **eine ~stündige Fahrt** a half-hour journey; half an hour's journey; **~stündlich 1.** *Adj.; nicht präd.* half-hourly; **2.** *adv.* half-hourly; every half an hour; **~stürmer der** *(bes. Fußball)* midfield player; **~tägig 1.** *Adj.; nicht präd.* half-day ⟨*excursion etc.*⟩; part-time ⟨*work, worker, etc.*⟩; *(morgens/nachmittags)* morning/afternoon ⟨*work etc.*⟩; **2.** *adv.* ⟨*work*⟩ part-time; *(morgens/nachmittags)* ⟨*work*⟩ [in the] mornings/afternoons; **~täglich 1.** *Adj.* twice daily; **2.** *adv.* twice a day; twice daily

**halb·tags** *Adv.* ⟨*work*⟩ part-time; *(morgens/nachmittags)* ⟨*work*⟩ [in the] mornings/afternoons

**Halbtags-: ~arbeit die;** *o. Pl.,* **~beschäftigung die;** *o. Pl.* part-time job; *(morgens/nachmittags)* morning/afternoon job; **~kraft die** part-time worker; part-timer; **~schule die** half-day school

**halb-, Halb-: ~ton der;** *Pl.* **~töne a)** *(Musik)* semitone; halftone *(Amer.)*; **b)** *(Malerei)* half-tone; **~tot** *Adj. (präd. getrennt geschrieben)* half-dead; **~totale die** *(Film)* medium shot; **~trauer die** half mourning; **~trauer tragen** be in half mourning; **~verdaut** *Adj. (präd. getrennt geschrieben) (auch fig.)* half-digested; **~verhungert** *Adj. (präd. getrennt geschrieben)* half-starved; **~verwest** *Adj. (präd. getrennt geschrieben)* partially decomposed; **~vokal der** *(Phon.)* semivowel; **~voll** *Adj. (präd. getrennt geschrieben)* half-full; half-filled; *s. auch* **voll 1 a; ~wach** *Adj. (präd. getrennt geschrieben)* half-awake; **in ~wachem Zustand** half awake; **~wahrheit die** half-truth; **~waise die** fatherless/motherless child; **er/sie ist ~waise** he/she has lost one of his/her parents; **~wegs** ['~'ve:ks] *Adv.* **a)** to some extent; reasonably ⟨*good, clear, comprehensible, etc.*⟩; **es geht mir ~wegs besser** I'm feeling a bit better; **kannst du dich nicht wenigstens ~wegs ordentlich benehmen?** can't you behave at all properly?; **ich kann ~wegs von meinem Einkommen leben** I can live fairly well on my income; **b)** *(veralt.: auf halbem Weg)* half-way; **~welt die;** *o. Pl.* demi-monde; **~welt·dame die** demi-mondaine; **~welter·gewicht das a)** *o. Pl. (Klasse)* light-welterweight; **b)** *(Sportler)* light-welterweight; **~werts·zeit die** *(Physik)* half-life; **~wild** *Adj. (präd. getrennt geschrieben)* half-wild ⟨*animal, country*⟩; half-savage ⟨*person*⟩; **wie die ~wilden** like [a bunch of] savages; **~wissen das** *(abwertend)* superficial knowledge; smattering of knowledge; **sein medizinisches ~wissen** his smattering of medical knowledge; **~wüchsig** [~vy:ksıç] *Adj.* adolescent; teenage; **~wüchsige der/die;** *adj. Dekl.* adolescent; teenager; **~zeit die** *(bes. Fußball)* **a)** half; **die erste/zweite ~zeit** the first/second half; **während der ersten ~zeit seiner Amtsperiode** *(fig.)* during the first half of his period of office; **b)** *(Pause)* half-time; **zur ~zeit seiner Regierungszeit** *(fig.)* half-way through his period of office; **~zeit·pause die** *(Sport)* half-time; **~zeit·pfiff der** *(Sport)* half-time whistle; **~zeug das** *(Wirtsch.)* semi-finished product

**Halde** ['haldə] **die; ~, ~n a)** *(Bergbau)* slag-heap; *(von Vorräten)* pile; *(fig.)* mountain; pile; **neue Wagen liegen massenhaft auf ~:** there are piles of unsold new cars; **Kartoffeln werden jetzt für die ~ produziert** the potatoes now being produced will simply go to swell existing stocks; **b)** *(geh.: Hang)* slope

**half** [half] *1. u. 3. Pers. Sg. Prät. v.* **helfen**

**Hälfte** ['hɛlftə] **die; ~, ~n a)** half; **die ~ einer Sache** *(Gen.) od.* **von etw.** half [of] sth.; **Studenten bezahlen die ~ des Preises** students pay *or (coll.)* are half-price; **etw. in zwei gleiche ~n teilen** divide sth. in half *or* into two equal parts; **er füllte sein Glas nur bis zur ~:** he only half-filled his glass; **über die ~:** more than *or* over half; **um die ~ größer/kleiner** half as big/small again; **um die ~ zuviel/mehr** too much by half/half as much again; **etw. um die ~ steigern** increase sth. by half; **etw. zur ~ zahlen** pay half of sth.; **die gegnerische ~** *(Sport)* the opponents' half; **ich habe die ~ vergessen** I've forgotten half of it; **meine bessere ~** *(ugs. scherzh.)* my better half *(coll. joc.)*; **b)** *(ugs.: Teil)* part; **die größere ~ ihres Gehalts/des Publikums** the greater part of her salary/the majority of the audience

[1]**Halfter** ['halftɐ] **der** *od.* **das; ~s, ~;** *veralt. auch* **die; ~, ~n** halter

[2]**Halfter die; ~, ~n;** *auch* **das; ~s, ~:** holster

**halftern** *tr. V.* halter

**Halfter·riemen der** halter-strap

**Hall** [hal] **der; ~[e]s, ~e a)** *(geh.)* reverberation; **b)** *(Echo)* echo

**Halle** ['halə] **die; ~, ~n** *(Saal, Gebäude)* hall; *(Fabrik~)* shed; *(Hotel~, Theater~)* lobby; foyer; *(Sport~)* [sports] hall; *(Schwimm~)* pool; **Tennis in der ~ spielen** play tennis indoors *or* on an indoor court; **in diesen heiligen ~n** *(iron.)* within these sacred halls *(iron.)*

**halleluja** [hale'lu:ja] *Interj.* hallelujah!; *(scherzh.: hurra)* hurrah!

**Halleluja das; ~s, ~s** hallelujah; **das ~ aus Händels „Messias"** the Hallelujah Chorus from Handel's 'Messiah'

**hallen** *itr. V.* **a)** reverberate; ring; ⟨*shot, bell, cry*⟩ ring out; **b)** *(widerhallen)* echo; **von etw. ~:** reverberate *or* echo with sth.

**Hallen-** indoor ⟨*swimming-pool, handball, football, hockey, tennis, championship, record, sport, etc.*⟩

**Hallig** ['halıç] **die; ~, ~en** small low island *(particularly one of those off Schleswig-Holstein)*

**Hallimasch** ['halimaʃ] **der; ~[e]s, ~e** *(Bot.)* honey agaric; honey mushroom

**hallo** *Interj.* **a)** *meist* ['halo] *(am Telefon)* hello; **~, warte doch mal auf mich!** hey! wait for me!; **~, gehört Ihnen diese Tasche?** excuse me! is this your bag?; **b)** *meist* [ha'lo:] *(überrascht)* hello; **c)** *(ugs., bes. Jugendspr. als Gruß)* hi *(coll.)*; hello

**Hallo** [ha'lo:] **das; ~s, ~s a)** cheering; cheers *pl.*; **mit großem ~:** with loud cheering *or* cheers; **b)** *(Aufsehen)* hullabaloo

**Hallodri** [ha'lo:dri] **der; ~s, ~[s]** *(bayr., österr. ugs. abwertend)* rogue

**Hallstatt·zeit** ['halʃtat-] **die; ~** *(Archäol.)* Hallstatt period

**Halluzination** [halutsina'tsio:n] **die; ~, ~en** hallucination; **du hast wohl ~en** you must be seeing things

**halluzinatorisch** [halutsina'to:rıʃ] *Adj. (Med., Psych.)* hallucinatory

**halluzinieren** *itr. V. (Med., Psych.)* hallucinate; have hallucinations

**halluzinogen** [halutsino'ge:n] *Adj. (Med., Psych.)* hallucinogenic

**Halluzinogen das; ~s, ~e** *(Med., Psych.)* hallucinogen

**Halm** [halm] **der; ~[e]s, ~e** stalk; stem; **das Getreide/die Ernte auf dem ~:** the standing corn

**Halma** ['halma] **das; ~s** halma

**Hälmchen** ['hɛlmçən] **das; ~s, ~:** [small] stalk *or* stem

**Halm·frucht die;** *meist Pl.* cereal

**Halo** ['ha:lo] **der; ~[s], ~s** *od.* **~nen** [-'--] *(Physik)* halo

**Halogen** [halo'ge:n] **das; ~s, ~e** *(Chemie)* halogen

**Halogen-** halogen ⟨*lamp, headlamp*⟩

**Hals** [hals] **der; ~es, Hälse** ['hɛlzə] **a)** neck; **sich** *(Dat.)* **den ~ brechen** break one's neck; **jmdm. um den ~ fallen** throw *or* fling one's arms around sb.['s neck]; **~ über Kopf** *(ugs.)* in a rush *or* hurry: **sich ~ über Kopf verlieben** fall head over heels in love; **sich** *(Dat.)* **nach jmdm./etw. den ~ verrenken** crane one's neck to see sb./sth.; **einen langen ~/lange Hälse machen** *(ugs.)* crane one's neck/their necks; **jmdm. den ~ abschneiden** *od.* **umdrehen** *od.* **brechen** *(ugs.)* drive sb. to the wall; **das kostete ihn** *od.* **ihm den ~** *(ugs.)* that did for him *(coll.)*; **jmdn./etw. auf dem** *od.* **am ~ haben** *(ugs.)* be saddled with sb./sth. *(coll.)*; **zuviel am ~ haben** *(ugs.)* have too much on one's plate *(coll.)*; **sich jmdm. an den ~ werfen** *(ugs.)* throw oneself at sb.; **jmdm. jmdn. auf den ~ schicken** *od.* **hetzen** *(ugs.)* get *or* put sb. on [to] sb.; **sich** *(Dat.)* **jmdn./etw. auf den ~ laden** *(ugs.)* lumber *or* saddle oneself with sb./sth. *(coll.)*; **bis über den ~ in etw.** *(Dat.)* **stecken** *(ugs.)* be up to one's ears *or* eyes in sth.; **jmdm. steht** *od.* **geht das Wasser bis zum** *od.* **an den ~** *(ugs.: jmd. hat Schulden)* sb. is up to his/her eyes in debt; *(ugs.: jmd. hat Schwierigkeiten)* sb. is up to his/her neck in it; **jmdm. mit etw. vom ~[e] bleiben** *(ugs.)* not bother sb. with sth.; **sich** *(Dat.)* **jmdn. vom ~[e] halten** *(ugs.)* keep sb. away: **dem Chef alle Besucher vom ~e halten** *(ugs.)* keep all visitors away from the boss; **b)** *(Kehle)* throat; **aus vollem ~[e]** at the top of one's voice; **er hat es in den falschen** *od.* **verkehrten ~ bekommen** *(ugs.: falsch verstanden)* he took it the wrong way; *(ugs.: sich verschluckt)* it went down [his throat] the wrong way; **er kann den ~ nicht voll [genug] kriegen** *(ugs.)* he can't get enough; he's insatiable; **das hängt/wächst mir zum ~[e] heraus** *(ugs.)* I'm sick and tired of it *(coll.)*; **c)** *(einer Flasche)* neck; **einer Flasche** *(Dat.)* **den ~ brechen** *(ugs.)* crack [open] a bottle; **d)** *(Musik) (einer Note)* stem; *(eines Saiteninstruments)* neck; **e)** *(Anat.)* neck; collum

*(Anat.)*; *(Gebärmutter~)* neck; cervix *(Anat.)*

**hạls-, Hạls-: ~ab·schneider der** *(ugs. abwertend)* shark; **~abschneiderisch** *Adj.* cutthroat ⟨*practice etc.*⟩; extortionate ⟨*interest etc.*⟩; **~aus·schnitt der** neckline; **~band das**; *Pl.* **~bänder a)** *(für Tiere)* collar; **b)** *(Samtband)* choker; neck-band; **c)** *(veralt.: Halskette)* necklace; **~brecherisch** [~brɛçərɪʃ] *Adj.* dangerous, risky ⟨*climb, action, etc.*⟩; hazardous ⟨*road*⟩; breakneck *attrib.* ⟨*speed*⟩; **~bruch der** *s.* **~- und Beinbruch**

**Hälschen** ['hɛlsçən] **das; ~s, ~:** [little] neck

**¹hạlsen** *tr. V. (veralt.)* embrace

**²hạlsen** *itr. V. (Seemannsspr.)* wear

**hạls-, Hạls-: ~entzündung die** inflammation of the throat; **~kette die** necklace; *(für Hunde)* chain; **~kragen der** collar; **~krause die** ruff; **~länge die** *(Pferdesport)* neck; **um eine ~länge** by a neck; **~-Nasen-Ohren-Arzt der** ear, nose, and throat specialist; **~-Nasen-Ohren-Krankheiten** *Pl. (Med.)* diseases of the ear, nose, and throat; **Facharzt für ~-Nasen-Ohren-Krankheiten** ear, nose, and throat specialist; **~schlagader die** carotid [artery]; **~schmerzen** *Pl.* sore throat *sing.*; **[starke] ~schmerzen haben** have a[n extremely] sore throat; **~starrig** [~ʃtarɪç] **1.** *Adj. (abwertend)* stubborn; obstinate; **2.** *adv.* stubbornly; obstinately; **~starrigkeit die** *(abwertend)* stubbornness; obstinacy; **~stück das** *(Kochk.)* neck; **~tuch das** cravat; *(des Cowboys)* neckerchief; **~- und Beinbruch** *Interj. (scherzh.)* good luck!; best of luck!; **~weh das**; *o. Pl. (ugs.) s.* **~schmerzen; ~wickel der** *(Med.)* compress *(applied to the throat)*; **~wirbel der** *(Anat.)* cervical vertebra

**¹halt** [halt] *Partikel (südd., österr., schweiz.) s.* **eben 3 b**

**²hạlt** *Interj.* stop; *(Milit.)* halt; **~, ich habe etwas vergessen** wait a minute *or (coll.)* hold on, I've forgotten something

**Hạlt der; ~[e]s, ~e a)** *o. Pl. (Stütze)* hold; **seine Füße/Hände fanden keinen ~:** he couldn't find *or* get a foothold/handhold; **in diesen Schuhen haben meine Füße keinen ~:** these shoes don't give my feet any support; **den ~ verlieren** lose one's hold; **inneren ~ haben** be secure; **ohne jeden ~:** totally insecure; **er hat einen festen ~ an seinem Glauben** his faith gives him *or* provides him with a great sense of security; **b)** *(Anhalten)* stop; **einen ~ machen** make a stop; **zum ~ kommen** come to a stop *or* halt; **ohne ~:** non-stop; without stopping

**hạltbar** *Adj.* **a)** *(nicht verderblich)* **~ sein** ⟨*food*⟩ keep [well]; **etw. ~ machen** preserve sth.; **~ bis 5. 3.** use by 5 March; **b)** *(nicht verschleißend)* hard-wearing, durable ⟨*material, clothes*⟩; **c)** *(aufrechtzuerhalten)* tenable ⟨*hypothesis etc.*⟩; **d)** *(Ballspiele)* stoppable, savable ⟨*shot*⟩; **der Ball war nicht ~:** the shot was unstoppable; **e)** *(beizubehalten)* maintainable ⟨*position etc.*⟩; **die Position war nicht ~:** the position could not be maintained

**Hạltbarkeit die; ~ a) Lebensmittel von beschränkter ~:** perishable foods; **eine längere ~ haben** keep longer; **b)** *(Strapazierfähigkeit)* durability; **ein Teppich von größter ~:** an extremely hard-wearing carpet; **c)** *(Glaubhaftigkeit)* tenability

**Hạltbarkeits·dauer die: Sahne, die eine ~ von 3 Monaten hat** cream which keeps for three months; **die ~ von verpackten Lebensmitteln muß auf der Packung angegeben werden** the date by which packed foodstuffs should be eaten must be shown on the pack

**Hạlte-: ~bogen der** *(Musik)* tie; **~bucht die** *(Verkehrsw.)* lay-by *(Brit.)*; turn-out *(Amer.)*; **~griff der a)** [grab] handle; *(Riemen)* [grab] strap; **b)** *(Budo, Ringen)* pinning hold; **~gurt der** seat belt; **~linie die** *(Verkehrsw.)* stop line

**hạlten 1.** *unr. tr. V.* **a)** *(auch Milit.)* hold; **etw. an einem Ende/am Griff ~:** hold one end of sth./hold sth. by the handle; **jmdm. den Mantel ~:** hold sb.'s coat [for him/her]; **sich** *(Dat.)* **den Kopf/den Bauch ~:** hold one's head/stomach; **jmdn. an** *od.* **bei der Hand ~:** hold sb.'s hand; hold sb. by the hand; **jmdn./etw. im Arm ~:** hold sb./sth. in one's arms; **die Hand vor den Mund ~:** put one's hand in front of one's mouth; **etw. ins Licht/gegen das Licht ~:** hold sth. to/up to the light; **b)** *(Ballspiele)* save ⟨*shot, penalty, etc.*⟩; **c)** *(bewahren)* keep; *(beibehalten, aufrechterhalten)* keep up ⟨*speed etc.*⟩; maintain ⟨*temperature, equilibrium*⟩; **einen Ton ~:** stay in tune; *(lange an~)* sustain a note; **den Takt ~:** keep time; **Diät ~:** keep to a diet; **den Kurs ~:** stay on course; **diese Forderungen lassen sich nicht ~** *od.* **sind nicht zu ~:** these demands cannot be kept up *or* maintained; **diese Behauptung läßt sich nicht ~:** this statement does not hold up; **mit jmdm. Kontakt** *od.* **Verbindung ~:** keep in touch *or* contact with sb.; **Ordnung/Frieden ~:** keep order/the peace; **Ruhe in der Klasse ~:** ⟨*teacher*⟩ keep the class quiet; ⟨*pupils*⟩ keep quiet in class; **d)** *(erfüllen)* keep; **sein Wort/ein Versprechen ~:** keep one's word/a promise; **das Buch hielt nicht, was das Titelbild versprach** *(fig.)* the book didn't live up to the promise of the picture on its cover; **e)** *(besitzen, beschäftigen, beziehen)* keep ⟨*chickens etc.*⟩; take ⟨*newspaper, magazine, etc.*⟩; **ein Auto ~:** run a car; **sich** *(Dat.)* **eine Putzfrau ~:** have a woman to come in and clean; **f)** *(einschätzen)* **jmdn. für reich/ehrlich ~:** think sb. is *or* consider sb. to be rich/honest; **jmdn. für tot ~:** think sb. is dead; **ich halte es für das beste/möglich/meine Pflicht** I think it best/possible/my duty; **viel/nichts/wenig von jmdm./etw. ~:** think a lot/nothing/not think much of sb./sth.; **g)** *(ab~, veranstalten)* give, make ⟨*speech*⟩; give, hold ⟨*lecture*⟩; **Unterricht ~:** give lessons; teach; **seinen Winterschlaf ~:** hibernate; **seinen Mittagsschlaf ~:** have one's *or* an afternoon nap; **eine Mahlzeit ~** *(veralt.)* have a meal; **h)** *(Halt geben)* hold up, support ⟨*bridge etc.*⟩; hold back ⟨*curtain, hair*⟩; fasten ⟨*dress*⟩; **i)** *(zurück~)* keep; **ihn hält hier nichts** there's nothing to keep him here; **es hält dich niemand** nobody's stopping you; **j)** *(bei sich be~)* **das Wasser ~:** hold one's water; **k)** *(nicht aufgeben)* **ein Geschäft** *usw.* **~:** keep a business *etc.* going; **l)** *(behandeln)* treat; **jmdn. streng ~:** be strict with sb.; **m)** *(vorziehen)* **es mit jmdm./etw. ~:** like sb./sth.; **es mehr** *od.* **lieber mit jmdm./etw. ~:** prefer sb./sth.; **n)** *(verfahren)* **es mit einer Sache so/anders ~:** deal with *or* handle sth. like this/differently; **wie haltet ihr es in diesem Jahr mit eurem Urlaub?** what are you doing about holidays this year?; **o)** *(lassen, be~)* keep; **für jmdn. das Essen warm ~:** keep sb.'s meal hot; **jmdn. jung/fit ~:** keep sb. young/fit; **jmdn. bei Laune/in Bewegung/in Atem ~:** keep sb. happy/on the go/in suspense; **p)** *(gestalten)* **das Badezimmer ist in Grün ge~:** the bathroom is decorated in green; **sie wollten das Eßzimmer ganz in Eiche ~:** they wanted all oak furniture in the dining room; **die Rede war sehr allgemein ge~:** the speech was very general. **2.** *unr. itr. V.* **a)** *(stehenbleiben)* stop; **etw. zum Halten bringen** stop sth.; bring sth. to a stop; **halt [mal]** *(fig. ugs.)* hang *or* hold on [a minute] *(coll.)*; **b)** *(unverändert, an seinem Platz bleiben)* last; **der Nagel/das Seil hält nicht mehr länger** the nail/rope won't hold much longer; **die Tapete hält nicht** the wallpaper won't stay on; **diese Freundschaft hält nicht [lange]** *(fig.)* this friendship won't last [long]; **c)** *(Sport)* save; **er hat gut ge~:** he made some good saves; **d)** *(beistehen)* **zu jmdm. ~:** stand *or* stick by sb.; **e)** *(zielen)* aim **(auf +** *Akk.* at); **f)** *(Seemannsspr.)* head; **auf etw.** *(Akk.)* **~:** head for *or* towards sth.; **g)** *(sich beherrschen)* **an sich** *(Akk.)* **~:** control oneself; **h)** *(achten)* **auf Ordnung ~:** attach importance to tidiness; **auf sich** *(Akk.)* **~:** take a pride in oneself. **3.** *unr. refl. V.* **a)** *(sich durchsetzen, behaupten)* **wir werden uns/die Stadt wird sich nicht länger ~ können** we/the town won't be able to hold out much longer; **das Geschäft wird sich nicht ~ können** the shop won't keep going [for long]; **der neue Regisseur konnte sich nicht ~:** the new director didn't last; **b)** *(sich bewähren)* **sich gut ~:** do well; make a good showing; **halte dich tapfer** be brave; **c)** *(unverändert bleiben)* ⟨*weather, flowers, etc.*⟩ last; ⟨*milk, meat, etc.*⟩ keep; **d)** *(Körperhaltung haben)* **sich schlecht/gerade/aufrecht ~:** hold *or* carry oneself badly/straight/erect; **e)** *(bleiben)* **sich auf den Beinen/im Sattel ~:** stay on one's feet/in the saddle; **f)** *(gehen, bleiben)* **sich links/rechts ~:** keep [to the] left/right; **sich südwärts/in Richtung Bahnhof ~:** keep going south/towards the station; **sich an jmds. Seite** *(Dat.)***/hinter jmdm. ~:** stay *or* keep next to/behind sb.; **g)** *(befolgen)* **sich an etw.** *(Akk.)* **~:** keep to *or* follow sth.; **der Film hat sich nicht eng an den Roman ge~:** the film didn't keep *or* stick closely to the book; **h)** *(sich wenden)* **sich an jmdn. ~:** ask sb.; **halte dich an Peter, der ist immer hilfsbereit** stay *or* stick with Peter – he's always helpful; **i)** *(ugs.: jung, gesund bleiben)* **sie hat sich gut ge~:** she is well preserved for her age *(coll.)*

**Hạlte-: ~platz der** [taxi-]rank *(Brit.)*; [cab-]stand *(Amer.)*; **~punkt der** stop

**Hạlter der; ~s, ~ a)** *(Fahrzeug~)* keeper; **b)** *(Tier~)* owner; **c)** *(Vorrichtung)* holder; *(Handtuch~)* towel-rail; **d)** *(ugs.: Feder~)* pen; **e)** *(österr.) s.* **Viehhirt**

**Hạlterin die; ~, ~nen** *s.* **Halter a, b**

**Hạlterung die; ~, ~en** support

**Hạlte-: ~seil das** supporting cable; *(eines Ballons)* mooring cable; **~signal das** stop signal; **~stelle die** stop; **~verbot das a) „~verbot"** 'no stopping'; **auf dieser Straße besteht ~verbot** stopping is prohibited in this street; **„absolutes/eingeschränktes ~verbot"** 'no stopping/no waiting'; **b)** *(Stelle)* no-stopping zone; **hier ist ~verbot** this is a no-stopping zone; **~verbots·schild das** no-stopping sign; **~vorrichtung die** *s.* **Halterung**

**-haltig** [-haltɪç], *(österr.)* **-hältig** [-hɛltɪç] **vitamin~/silber~** *usw.* containing vitamins/silver *etc. postpos., not pred.*; **vitamin~ sein** contain vitamins

**hạlt-, Hạlt-: ~los** *Adj.* **a)** *(labil)* **~los sein** be a weak character; **ein ~loser Mensch** a weak character; **b)** *(unbegründet)* unfounded; **~losigkeit die; ~ a)** *(Labilität)* weakness of character; **b)** *(mangelnde Begründung)* unfoundedness; **~|machen** *itr. V.* stop; **vor jmdm./etw. nicht ~machen** not spare sb./sth.; **vor nichts [und niemandem] ~machen** stop at nothing

**Hạltung die; ~, ~en a)** *(Körper~)* posture; *(Sport)* stance; *(in der Bewegung)* style; **~ annehmen** *(Milit.)* stand to attention; **b)** *(Pose)* manner; **c)** *(Einstellung)* attitude; **d)** *o. Pl. (Fassung)* composure; **~ zeigen/bewahren** keep one's composure; **e)** *(Tier~)* keeping

**Hạltungs-: ~fehler der a)** *(Med.)* bad posture; **b)** *(Sport)* style fault; **~schaden der** *(Med.)* bad posture; **~schäden** bad posture

**Hạlt·verbot das** *s.* **Halteverbot**

**Halunke** [ha'lʊŋkə] **der; ~n, ~n a)** *(Schurke)* scoundrel; villain; **b)** *(scherzh.: Lausbub)* rascal; scamp

**Hämatit** [hɛma'ti:t] **der; ~s, ~e** *(Geol.)* haematite

**Hämatologe** [hɛmato'lo:gə] **der; ~n, ~n** *(Med.)* haematologist

**Hämatologie die; ~** *(Med.)* haematology *no art.*

**Hämatom** [hɛma'to:m] **das; ~s, ~e** *(Med.)* haematoma

**Hamburg** ['hambʊrk] **(das); ~s** Hamburg

$^{1}$**Hamburger 1. der; ~s, ~:** native of Hamburg; *(Einwohner)* inhabitant of Hamburg; **Schmidt ist ~:** Schmidt comes from Hamburg. **2.** *indekl. Adj.* Hamburg; **der ~ Hafen** the harbour at Hamburg; Hamburg harbour; *s. auch* **Kölner**

$^{2}$**Hamburger der; ~s, ~** *od.* **~s** *(Frikadelle)* hamburger

**hamburgern** *itr. V.* speak Hamburg dialect

**hamburgisch** *Adj.* Hamburg *attrib.;* of Hamburg *postpos.*

**Häme** ['hɛ:mə] **die; ~:** malice

**Hameln** ['ha:mḷn] **(das); ~s** Hamelin; **der Rattenfänger von ~:** the Pied Piper of Hamelin

**hämisch** ['hɛ:mɪʃ] **1.** *Adj.* malicious. **2.** *adv.* maliciously

**Hammel** ['haml] **der; ~s, ~ a)** wether; **b)** *(Fleisch)* mutton; **c)** *(salopp abwertend)* oaf; dolt

**Hammel-: ~bein das** *in* **jmdm. die ~beine langziehen** *(ugs.)* give sb. a good telling-off; **~fleisch das** mutton; **~herde die** *(salopp abwertend)* flock of sheep; **~keule die** leg of mutton; **~sprung der** *(Parl.)* division

**Hammer** ['hamɐ] **der; ~s, Hämmer** ['hɛmɐ] **a)** hammer; *(Holz~)* mallet; *(Eis~)* hammer axe; *(eines Auktionators)* hammer; gavel; **~ und Sichel** hammer and sickle; **~ und Zirkel** hammer and compasses *(on the GDR national flag);* **unter den ~ kommen** come under the hammer; **etw. unter den ~ bringen** auction sth.; **b)** *(Technik)* tup; ram; **c)** *(Musik)* hammer; **d)** *(Leichtathletik)* hammer; **e)** *(ugs.: Fehler)* bad mistake; *(in einer Aufgabe)* howler *(coll.);* **ein dicker ~:** an awful blunder; **er hat einen ~:** he must be round the bend *(coll.) or (sl.)* twist; **f)** *(ugs.: Überraschung, Clou)* real surprise; **das ist ein ~!** *(großartig)* that's fantastic! *(coll.); (unerhört)* that's quite outrageous!; **g)** *(Anat.)* hammer; malleus

**Hämmerchen** ['hɛmɐçən] **das; ~s, ~:** [small] hammer

**hammer-, Hammer-: ~förmig** *Adj.* hammer-shaped; **~hai der** hammer-head [shark]; **~klavier das** *(veralt.)* pianoforte; **~kopf der** *(auch Leichtathletik, Musik)* hammerhead

**hämmern** ['hɛmɐn] **1.** *itr. V.* **a)** hammer; **es hämmert** sb. is hammering; **b)** *(schlagen)* hammer; *(mit der Faust)* hammer; pound; **gegen die Wand/die Tür ~:** hammer/pound on the wall/door; **c)** *(klopfen)* pound; ⟨*pulse*⟩ race. **2.** *tr. V.* **a)** hammer; beat, hammer ⟨*tin, silver, etc.*⟩; beat ⟨*jewellery*⟩; **b)** *(ugs.)* hammer *or* pound out ⟨*melody etc.*⟩; **c)** *(ugs.: einprägen)* **jmdm. etw. in den Schädel ~:** hammer *or* knock sth. into sb.'s head *(coll.);* **d)** *(Fußballjargon)* hammer, slam ⟨*ball*⟩

**Hammer-: ~schlag der a)** hammer-blow; blow from a/the hammer; **b)** *(Boxen)* rabbit punch; **c)** *(Faustball)* smash; **d)** *(Technik)* hammer scale; **~stiel der** handle *or* shaft of a/the hammer; **~werfen das** *(Leichtathletik)* throwing the hammer; **er ist Weltmeister im ~werfen** he's world champion in the hammer; **~werfer der; ~s, ~** *(Leichtathletik)* hammer-thrower; **~werk das a)** *(veralt.)* hammer-mill; **b)** *(Musik)* striking mechanism; **~wurf der** *(Leichtathletik)* **a)** *s.* **~werfen; b)** *(einzelner Wurf)* hammer throw; **~zehe die** hammer-toe

**Hammond·orgel** ['hæmənd-] **die** Hammond organ

**Hämoglobin** [hɛmoglo'bi:n] **das; ~s** *(Physiol.)* haemoglobin

**Hämorrhoiden** [hɛmɔro'i:dṇ] *Pl. (Med.)* haemorrhoids; piles

**Hämozyt** [hɛmo'tsy:t] **der; ~en, ~en** *(Physiol.)* haemocyte

**Hampelei die; ~** *(ugs. abwertend)* fidgeting

**Hampel·mann** ['hampḷ-] **der; ~[e]s, Hampelmänner a)** jumping jack; **b)** *(ugs. abwertend)* puppet; **jmdn. zu einem/seinem ~ machen** make sb. one's puppet; **c)** *(Gymnastik)* side-straddle hop; jumping jack

**hampeln** *itr. V. (ugs.)* jump about

**Hamster** ['hamstɐ] **der; ~s, ~:** hamster

**Hamster·backen** *Pl.* chubby cheeks

**Hamsterer der; ~s, ~, Hamsterin die; ~, ~nen** *(ugs.)* hoarder

**Hamster-: ~fahrt die** foraging trip; **auf ~fahrt gehen** go foraging; **~kauf der** panic-buying *no pl.;* **~käufe machen** panic-buy

**hamstern** *tr., itr. V.* **a)** *(horten)* hoard; *(Hamsterkäufe machen)* panic-buy; **b)** *(Lebensmittel tauschen)* barter goods for [food]

**Hand** [hant] **die; ~, Hände** ['hɛndə] **a)** hand; **mit der rechten/linken ~:** with one's right/left hand; **jmdm. die ~ geben** *od. (geh.)* **reichen** shake sb.'s hand; shake sb. by the hand; **jmdm. die ~ drücken/schütteln** press/shake sb.'s hand; **eine ~ frei haben** have a free hand; **ich habe keine ~ frei** my hands are full; **Hände hoch!** hands up!; **jmdm. die ~ küssen** kiss sb.'s hand; **jmdn. an die** *od. (geh.)* **bei der ~ nehmen** take sb. by the hand; **jmdm. etw. aus der ~ nehmen** take sth. out of sb.'s hand/hands; **etw. aus der ~ legen** put sth. down; **jmdm. aus der ~ lesen** read sb.'s hand *or* palm; **etw. in die/zur ~ nehmen** pick sth. up; **etw. in der ~/den Händen haben** *od. (geh.)* **halten** have got *or* hold sth. in one's hand/hands; **in die Hände klatschen** clap one's hands; **mit Händen und Füßen reden** use gestures to make oneself understood; **etw. mit der ~ schreiben/nähen** write/sew sth. by hand; **von ~:** by hand; **~ in ~ gehen** go *or* walk hand-in-hand; **eine Sonate für vier Hände** *od.* **zu vier Händen** a four-handed sonata; **jmdm. etw. in die ~ versprechen** promise sb. sth. faithfully; **b)** *o. Pl. (Fußball)* handball; **c)** *(Boxen)* punch; **d)** *(veralt., geh.: ~schrift)* hand; **e)** *(österr. ugs.: Arm)* arm; **f)** *(in Wendungen)* **was hältst du davon – ~ aufs Herz!** what do you think? – be honest; **~ aufs Herz, ich habe ihn nicht gesehen** I haven't seen him, word of honour *or (coll.)* cross my heart; **eine ~ wäscht die andere** you scratch my back and I'll scratch yours; **Zuschüsse von öffentlicher ~:** subsidies from government funds *or* from the government; **die öffentlichen Hände** the local/regional authorities; **jmds. rechte ~:** sb's right-hand man; **ihm rutschte die ~ aus** *(ugs.)* he couldn't stop himself [hitting her/him *etc.* ]; **jmdm. sind die Hände gebunden** sb.'s hands are tied; **~ und Fuß/weder ~ noch Fuß haben** *(ugs.)* make sense/no sense; **[bei etw. selbst mit] ~ anlegen** lend a hand [with sth.]; **die** *od.* **seine ~ aufhalten** *od.* **hinhalten** *(ugs.)* hold out one's hand; **jmds. ~ ausschlagen** *(veralt. geh.)* reject sb.; **keine ~ rühren** *(ugs.)* not lift a finger; **~ an sich legen** *(geh.)* take one's own life; **letzte ~ an etw.** *(Akk.)* **legen** put the finishing touches *pl.* to sth.; **jmdm. die ~ [zum Bund] fürs Leben reichen** *(geh.)* marry sb.; **sich** *(Dat.) od. (geh.)* **einander die ~ reichen können** be tarred with the same brush; **dann können wir uns die ~ reichen** snap!; shake!; **alle** *od.* **beide Hände damit voll haben, etw. zu tun** *(ugs.)* have one's hands full doing sth.; **er hat alle Hände voll zu tun** he's got his hands full; **sich** *(Dat.)* **die ~ für jmdn./etw. abhacken** *od.* **abschlagen lassen** *(ugs.)* do anything for sb./stake one's life on sth.; **jmdm. auf etw.** *(Akk.)* **die ~ geben** promise sb. sth.; **die Hände in den Schoß legen** sit back and do nothing; **bei etw. die** *od.* **seine Hände [mit] im Spiel haben** have a hand in sth.; **überall seine ~** *od.* **Hände im Spiel haben** have a finger in every pie; **die Hände über dem Kopf zusammenschlagen** *(ugs.)* throw up one's hands in horror; **die** *od.* **seine ~ über jmdn. halten** *(geh.)* protect sb.; **zwei linke Hände haben** *(ugs.)* have two left hands *(coll.);* **eine lockere** *od.* **lose ~ haben** *(ugs.)* hit out at the slightest provocation; **eine offene ~ haben** be open-handed; **eine glückliche ~ bei etw. haben** have a feel for the right choice in sth.; **dabei hat er eine glückliche ~ gehabt** he intuitively made the right choice; **eine glückliche ~ in etw.** *(Dat.)* **haben** have the right knack for sth.; **im Umgang mit Kindern hat er eine glückliche ~:** he's very good *or* has a way with children; **sie hat in solchen Dingen eine glückliche ~:** she has a [natural] flair for such things; **eine grüne ~ haben** *(ugs.)* have green fingers; **linker/rechter ~:** on *or* to the left/right; **an ~ (+** *Gen.***)** with the help of; **an ~ dieses Berichts** from this report; **jmdm. etw. an die ~ geben** make sth. available to sb.; **jmdn. an der ~ haben** *(ugs.)* know [of] sb.; **[klar] auf der ~ liegen** *(ugs.)* be obvious; **jmdn. auf Händen tragen** lavish every kind of care and attention on sb.; **ein Auto/Möbel aus erster ~:** a car/furniture which has/had had one [previous] owner; **etw. aus erster ~ wissen** know sth. at first hand; have first-hand knowledge of sth.; **Kleidung aus zweiter ~:** second-hand clothes *pl.;* **das Auto ist aus zweiter ~:** the car has had two [previous] owners; **Leihgaben aus** *od.* **von privater ~:** loans from private collections; **jmdm. aus der ~ fressen** eat out of sb.'s hand *(fig.);* **etw. aus der ~ geben** *(weggeben)* let sth. out of one's hands; *(aufgeben)* give sth. up; **[aus der] ~ spielen** *(Skat)* play without using the widow *or* skat; **jmdm. etw. aus der ~ nehmen** relieve sb. of sth.; **etw. bei der ~ haben** *(greifbar haben)* have sth. handy; *(parat haben)* have sth. ready; **mit etw. schnell** *od.* **rasch bei der ~ sein** *(ugs.)* be ready [with sth.]; **[schon** *od.* **bereits] durch viele Hände gegangen sein** have been *or* have [been] passed through many hands; **die Vera ist schon durch viele Hände gegangen** *(ugs.)* she's been around a bit, has Vera *(coll.);* **~ in ~ arbeiten** work hand in hand; **Regierung und Rauschgifthändler arbeiteten ~ in ~:** the government and the drug-dealers were working hand in glove; **mit etw. ~ in ~ gehen** go hand in hand with sth.; **hinter vorgehaltener ~:** off the record; **in die Hände spucken** spit on one's hands; *(fig. ugs.)* roll up one's sleeves *(fig.);* **jmdm./einer Sache in die Hände arbeiten** play into sb.'s hands/help bring sth. about; **jmdn./etw. in die ~** *od.* **Hände bekommen** *od.* **kriegen** lay *or* get one's hands on sb./get one's hands on sth.; **jmdm. in die Hände fallen** fall into sb.'s hands; **etw. in der ~ haben** have sth.; **jmdn. in der ~ haben** have *or* hold sb. in the palm of one's hand; **etw. in Händen halten** hold sth.; **etw. in jmds. ~** *od.* **Hände legen** *(geh.)* put sth. in sb.'s hands; **etw. in die ~ nehmen** take sth. in hand; **in jmds. ~** *(Dat.)* **sein** *od. (geh.)* **liegen** be in sb.'s hands; **in festen Händen sein** *(ugs.)* be spoken for *or* attached; **in sicheren** *od.* **guten Händen sein, sich in guten Händen befinden** be in safe *or* good hands; **jmdm. Informationen** *usw.* **in die ~** *od.* **Hände spielen** pass information *etc.* to sb.; **in jmds. ~** *od.* **Hände übergehen** pass into sb.'s hands; **mit Händen zu greifen sein** be as plain as a pikestaff; be perfectly obvious; **mit beiden Händen zugreifen** grab *or* seize the opportunity with both hands; **sich mit Händen und Füßen gegen etw. sträuben** *od.* **wehren** *(ugs.)* fight tooth and nail against sth.; **mit leeren Händen** empty-handed; **das mache ich mit der linken ~** *(ugs.)* I could do that with my eyes closed; **mit starker** *od.* **fester ~:** with a firm hand; **das Geld mit vollen Händen ausgeben** spend money like water; **um jmds. ~ anhalten** *od.* **bitten** *(geh. veralt.)* ask for sb.'s hand [in marriage]; **etw. unter den Händen haben** be working on sth.; **von jmds. ~ [sterben]** *(geh.)* [die] at sb.'s hand; **das geht ihm gut/leicht von der ~:** he finds that no trouble; **etw. von langer ~ vorbereiten** plan sth. well in advance; **die Nachteile/seine Argumente lassen sich nicht von der ~ weisen** *od.* **sind nicht von der ~ zu weisen** the disadvantages cannot be denied/his arguments cannot [simply] be dismissed; **von der ~ in den Mund leben** live from hand to mouth; **von ~ zu ~ gehen** be passed from hand to hand; **etw. zu treuen Händen nehmen** take sth. into one's care; **jmdm. etw. zu treuen Händen geben** give sth. to sb. for safe keeping; **zur linken/rechten ~:** on *or* to the left/right[-hand side]; **etw. zur ~ haben** have sth. handy; **ich habe kein Kleingeld zur ~:** I haven't got any change on me; **jmdm. zur ~ gehen** lend sb. a hand; **zu Händen [von] Herrn Müller** for the attention of Herr Müller; attention Herr Müller; *s. auch* **öffentlich 1**

**hand-, Hand-: ~ab·zug der a)** *(Druckw.)* proof pulled by hand; **b)** *(Fot.)* print made by hand; **~akte die** file; **~apparat der a)** *(Fernspr.)* handset; **b)** *(Bücher)* set of reference books; reference collection; **~arbeit die a)** *o. Pl.* handicraft; craft work; **etw. in ~arbeit herstellen** make sth. by hand; **b)** *(Gegenstand)* handmade article; **das ist eine ~arbeit** that is handmade *or* made by hand; **c)** *(Arbeit aus Stoff, Wolle usw.)* [piece of] needlework; *(gestrickt)* [piece of] knitting; *(gehäkelt)* [piece of] crocheting; **sie macht gerne ~arbeiten** she likes doing needlework/knitting/crocheting; **d)** *o. Pl. (ugs.: ~arbeitsunterricht)* needlework; **~arbeiten** *itr. V.* do needlework; **ich kann nicht gut ~arbeiten** I am not very good at needlework; **~arbeiter der** manual worker

**Handarbeits-: ~geschäft das** wool and needlework shop; **~korb der** workbasket; **~lehrerin die** needlework teacher

**Hand-: ~aufheben das; ~s** *(bei einer Wahl)* show of hands; **sich durch ~aufheben melden** put one's hand up to speak/answer; **~auflegen das; ~s** *(bes. Rel.)* laying on *or* imposition of hands

**Hand·ball der a)** *o. Pl. (Spiel)* handball; **b)** *(Ball)* handball

**Hand·ballen der** ball of the thumb

**Hand·baller der; ~s, ~** *(ugs.)* handball player

**Handball-: ~mannschaft die** handball team; **~spiel das a)** handball match; **b)** *o. Pl. (Sportart)* **das ~spiel** the game of handball; **~spieler der** handball player

**hand-, Hand-: ~bedienung die;** *o. Pl.* manual operation; **eine Maschine mit ~bedienung** a manually operated *or* hand-operated machine; **~besen der** brush; **~betrieb der;** *o. Pl.* manual operation; **mit ~betrieb** manually operated *or* hand-operated; **~betrieben** *Adj.* manually operated; hand-operated; **~bewegung die a)** movement of the hand; **b)** *(Geste)* gesture; **~bibliothek die a)** reference library; **b)** *(~apparat)* set of reference books; reference collection; **~bohrer der** *(mit Kurbel)* hand-drill; *(zum Vorbohren)* gimlet; **~bohr·maschine die** hand-drill; *(elektrisch)* drill; **~brause die** shower handset; **~breit 1.** *Adj.* ⟨*seam etc.*⟩ a few inches wide; **ein ~breiter Abstand** a gap of a few inches; **2.** *adv.* a few inches; **~breit die; ~, ~: eine/zwei ~breit** a few/several inches; **keine ~breit** barely an inch; **~breite die: ein Abstand/Streifen von einer ~breite** a gap of a few inches/a strip a few inches wide; **~bremse die** handbrake; **~buch das** handbook; *(technisches ~buch)* manual

**Händchen** ['hɛntçən] **das; ~s, ~:** [little] hand; **~ halten** *(ugs. scherzh.)* hold hands; **für etw. ein ~ haben** *(fig. ugs.)* have a knack for sth.; be good at sth.

**Händchen·halten das; ~s** *(ugs. scherzh.)* holding hands *no art.*

**händchen·haltend 1.** *Adj.; nicht präd. (ugs. scherzh.)* **ein ~es junges Paar** a young couple holding hands. **2.** *adv.* holding hands

**Hand·creme die** hand cream

**Hände** *s.* **Hand**

**Hände-: ~druck der;** *Pl.* **~drücke** handshake; **~klatschen das; ~s** clapping; applause

**¹Handel** ['handl̩] **der; ~s a)** *(Wirtschaft)* trade; commerce; **~ und Industrie/~ und Gewerbe** trade and industry; **b)** *(Handeln)* trade; **der ~ mit Waffen/Drogen** the traffic in arms/drugs; **c)** *(Geschäftsverkehr)* trade; **der internationale/überseeische ~:** international/overseas trade; **ein Produkt aus dem ~ ziehen** take a product off the market; **in den ~ kommen** come on [to] the market; **das ist [nicht mehr] im ~:** it is [no longer] on the market; **~ und Wandel** *(veralt.)* commercial and social life; **d)** *(veralt.: Geschäft)* business; **e)** *(Vereinbarung)* deal

**²Händel der; ~s, Händel** ['hɛndl̩]; *meist Pl. (geh.)* quarrel; **einen ~ [mit jmdm.] austragen** settle a quarrel [with sb.]; **Händel anfangen/suchen** start/ [try to] pick a quarrel

**Hand·elfmeter der** *(Fußball)* penalty for handball

**handeln 1.** *itr. V.* **a)** trade; deal; **mit** *od.* **in Gemüse/Gebrauchtwagen ~:** deal in vegetables/second-hand cars; **mit Waffen/Drogen ~:** traffic in arms/drugs; **mit jmdm. ~:** trade *or* deal with sb.; **en gros/en detail ~:** be in the wholesale/retail trade; **wir ~ en gros mit Spielwaren** we are toy-wholesalers; **b)** *(feilschen)* haggle; bargain; **um den Preis ~:** haggle over the price; **mit ihm läßt sich [nicht] ~:** he is [not] open to negotiation; **er läßt nicht mit sich ~:** it's impossible to bargain with him; **c)** *(eingreifen)* act; **auf Befehl/aus Überzeugung ~:** act on orders/out of conviction; **im Affekt/in Notwehr ~:** act in the heat of the moment/in self-defence; **d)** *(verfahren)* act; **eigenmächtig/richtig/fahrlässig ~:** act on one's own authority/correctly/carelessly; **e)** *(sich verhalten)* behave; **gut/schlecht an jmdm.** *od.* **gegen jmdn. ~:** behave well/badly towards sb.; **f) von etw.** *od.* **über etw.** *(Akk.)* **~** ⟨*book, film, etc.*⟩ be about *or* deal with sth. **2.** *refl. V. (unpers.)* **bei dem Besucher handelte es sich um einen entfernten Verwandten** the visitor was a distant relative; **es handelt sich um ...:** it is a matter of ...; *(es dreht sich um)* it's about *or* it concerns ...; **es handelt sich darum, daß die Presse nichts davon erfährt** the important thing is that the press should not get wind of it. **3.** *tr. V.* sell **(für** at, for); **diese Papiere werden nicht an der Börse gehandelt** these securities are not traded on the stock exchange; **der US-Dollar wird jetzt zu 2 DM gehandelt** the US dollar is now valued at 2 marks

**Handeln das; ~s a)** *(das Feilschen)* haggling; bargaining; **b)** *(das Eingreifen)* action; **c)** *(Verhalten)* action[s *pl.* ]

**handels-, Handels-: ~abkommen das** trade agreement; **~agent der** *(österr.) s.* **~vertreter; ~akademie die** *(österr.)* commercial college; **~artikel der** commodity; **~attaché der** commercial attaché; **~bank die** merchant bank; **~beschränkung die** trade restriction; **~beziehungen** *Pl.* trade relations; **~bilanz die a)** *(eines Betriebes)* balance-sheet; **b)** *(eines Staates)* balance of trade; **eine aktive/passive ~bilanz** a balance of trade surplus/deficit; **~boykott der** trade boycott; **~delegation die** trade delegation; **~einig, ~eins** *in* **mit jmdm. ~einig** *od.* **~eins werden/sein** agree/have agreed terms *or* come/have come to an agreement with sb.; **~firma die** [business *or* commercial] firm; business concern; **~flagge die** merchant flag; **~flotte die** merchant fleet; **~geist der;** *o. Pl.* business acumen *or* sense; **~gericht das** commercial court; **~gesellschaft die** company; **offene ~gesellschaft** general partnership; **~gesetz das** commercial law; **~gesetz·buch das;** *o. Pl.* commercial code; **~größe die** *(Kaufmannsspr.)* commercial size; **~hafen der** commercial *or* trading port; **~haus das** *(veralt.)* business-house; firm; **~kammer die** *s.* **Industrie- und ~kammer; ~kette die** *(Kaufmannsspr.)* **a)** *(Weg der Ware)* channel of distribution; **b)** *(Zusammenschluß von Händlern)* voluntary chain; **~klasse die** grade; **~kontor das** *(hist.)* branch; **~korrespondenz die** business correspondence; **~lehrer der** teacher of commercial subjects; **~macht die** trading power; **~marine die** merchant navy; **~marke die** trade mark; **~messe die** trade fair; **~metropole die** commercial metropolis *or* centre; **~minister der** minister of trade; *(in UK)* Secretary of State for Trade; Trade Secretary *(coll.)*; **~ministerium das** ministry of trade; *(in UK)* Department of Trade; **~mission die** trade mission; **~monopol das** trading monopoly; **~name der** trade *or* business name; **~nation die** trading nation; **~niederlassung die** branch; **~organ das** *(DDR)* branch; **~organisation die a)** trading organization; **b)** *(DDR) [state-owned] commercial concern running shops, hotels, etc.*; **~partner der** trading partner; **~politik die** trade *or* commercial policy; **~politisch 1.** *Adj.; nicht präd.* relating to trade *or* commercial policy *postpos.*; **vom ~politischen Standpunkt** from the point of view of trade *or* commercial policy; **2.** *adv.* as far as trade *or* commercial policy is concerned; **~recht das;** *o. Pl.* commercial law; **~rechtlich 1.** *Adj.; nicht präd.* relating to commercial law *postpos.*; ⟨*offence*⟩ against commercial law; **2.** *adv.* from the point of view of commercial law; **es ist ~rechtlich nicht erlaubt** it is not allowed under commercial law; **~register das** register of companies; **~reisende der/die;** *adj. Dekl. s.* **~vertreter; ~schiff das** merchant ship; trading vessel; **~schiffahrt die** merchant shipping; *(Schiffsverkehr)* movement of merchant shipping; **~schranke die;** *meist Pl.* trade barrier; **~schule die** commercial college; **~schüler der** student at a commercial college; **~schul·lehrer der** teacher at a commercial college; **~spanne die** *(Kaufmannsspr.)* margin; **~sperre die** trade embargo; **~sprache die** trade language; language of commerce; **~stadt die** trading town; *(Großstadt)* trading city; **~straße die** *(hist.)* trade route; **~üblich** *Adj.* **~übliche Praktiken/Größen** normal *or* standard business practices/standard [commercial] sizes; **~üblich sein** be normal *or* standard business practice

**Händel·sucht die** *(geh. veralt.)* quarrelsomeness

**händel·süchtig** *Adj. (geh. veralt.)* quarrelsome

**Handels-: ~unternehmen das** trading concern; **~verbindung die;** *meist Pl.* trade link; **~vertrag der** trade agreement; **~vertreter der** [sales] representative; travelling salesmann/saleswoman; commercial traveller; **~vertretung die** *s.* **~mission; ~volumen das** *(Wirtsch.)* volume of trade; **~ware die** commodity;

„keine ~ware" *(Postw.)* 'no commercial value'; **~weg der a)** commercial artery; **b)** *(Weg der Ware)* channel of distribution; **~wert der** *(Kaufmannsspr.)* commercial value; **~zentrum das** trading *or* commercial centre

**handel·treibend** *Adj.; nicht präd.* trading ⟨*nation*⟩; ⟨*tribe*⟩ engaged primarily in trade

**hände-, Hände-: ~ringend** *Adv.* **a)** wringing one's hands; **b)** *(ugs.: dringend)* **~ringend suchen** need urgently; **~ringend nach jmdm./etw. suchen** search desperately for sb./sth.; **~schütteln das; ~s** handshaking *no pl.*; **die ersten zehn Minuten vergingen mit ~schütteln** the first ten minutes were spent shaking hands; **~trockner der** hand-drier; **~waschen das; ~s** washing *no art.* one's hands; **sie ging zum ~waschen ins Bad** she went to the bathroom to wash her hands

**hand-, Hand-: ~feger der** brush; **herumlaufen wie ein wild gewordener ~feger** *(salopp) (zerzaust)* go round looking like a scarecrow; *(aufgeregt)* run around madly; **~fertigkeit die;** *o. Pl.* [manual] dexterity; **~fest 1.** *Adj.* **a)** *(kräftig)* robust; sturdy; **b)** *(deftig)* substantial ⟨*meal etc.*⟩; **etwas Handfestes** something substantial; **c)** *(gewichtig)* solid, tangible ⟨*proof*⟩; concrete ⟨*suggestion*⟩; full-blooded, violent ⟨*row*⟩; complete ⟨*lie*⟩; well-founded ⟨*argument*⟩; real, thorough ⟨*beating*⟩; **2.** *adv. (deutlich)* ⟨*criticize*⟩ severely; **er hat mich ~fest belogen/betrogen** he told me a complete lie/it was an out-and-out deception; **~feuerlöscher der** hand fire-extinguisher; **~feuer·waffe die** hand-gun; **~feuerwaffen** small arms; **~fläche die** palm [of one's/the hand]; flat of one's/the hand; **~galopp der** *(Reiten)* canter; hand gallop; **~gas das** *(Kfz-W.)* hand throttle; **mit ~gas fahren** drive using the hand throttle; **~gearbeitet** *Adj.* handmade ⟨*furniture, jewellery, etc.*⟩; **~gefertigt** *Adj.* hand-made; **~geknüpft** *Adj.* hand-woven; **~geld das** lump sum [payment]; **~gelenk das** wrist; **ein loses** *od.* **lockeres ~gelenk haben** *(ugs.)* lash out at the slightest provocation; **aus dem ~gelenk [heraus]** *(ugs.) (unvermittelt)* offhand; *(ohne Mühe)* effortlessly; as easily as anything *(coll.)*; **etw. aus dem ~gelenk schütteln** *(ugs.)* do sth. just like that *(coll.)*; **~gemacht** *Adj.* handmade; **~gemalt** *Adj.* hand-painted; **~gemenge das a)** fight; **b)** *(Milit.)* hand-to-hand fighting *no indef. art.*; **~gepäck das** hand-baggage; **~geschliffen** *Adj.* hand-cut; **~geschmiedet** *Adj.* hand-wrought; **~geschöpft** *Adj.* handmade; **~geschrieben** *Adj.* handwritten; **~gesponnen** *Adj.* hand-spun; **~gesteuert** *Adj.* manually operated; manually controlled ⟨*vehicle*⟩; **~gestrickt** *Adj.* hand-knitted; *(fig. abwertend)* half-baked ⟨*idea, theory, etc.*⟩; **~gewebt** *Adj.* hand-woven; **~granate die** hand-grenade; **~greiflich 1.** *Adj.* **a)** *(tätlich)* **eine ~greifliche Auseinandersetzung** a scuffle; **~greiflich werden** start using one's fists; **b)** tangible ⟨*success, advantage, proof, etc.*⟩; palpable ⟨*contradiction, error*⟩; obvious ⟨*fact*⟩; **2.** *adv.* **a)** *(tätlich)* **sich ~greiflich auseinandersetzen** come to blows; **b)** *(konkret faßbar)* clearly; **~greiflichkeit die; ~, ~en a)** *(eines Beweises)* tangibility; *(eines Widerspruchs, Fehlers)* palpability; **b)** *(Tätlichkeit)* scuffle; fight; **es kam zu/nicht zu ~greiflichkeiten** a fight broke out/there was no violence; **~griff der a) ein falscher ~griff** a false move; **ein geschickter ~griff, und ...:** one deft action and ...; **mit einem ~griff/wenigen ~griffen** in one movement/without much trouble; *(schnell)* in no time at all/next to no time; **jeder ~griff muß sitzen** every movement must be exactly right; **keinen ~griff [für jmdn.] tun** *(fig.)* not do anything to help sb.; **b)** *(am Koffer, an einem Werkzeug)* handle; **c)** *(Haltegriff)* grab handle; **~groß** *Adj.* ⟨*hole, wound, etc.*⟩ the size of a hand; **~habbar** [~ha:pba:ɐ̯] *Adj.* handy; **kaum ~habbar** very difficult *or* awkward to manage; very unwieldy; **~habe die; ~, ~n: eine [rechtliche] ~habe [gegen jmdn.]** a legal handle [against sb.]; **~haben** *tr. V.* **a)** handle; operate ⟨*device, machine*⟩; **b)** *(praktizieren)* implement ⟨*law etc.*⟩; **~habung die; ~, ~en a)** handling; *(eines Gerätes, einer Maschine)* operation; **b)** *(Durchführung)* implementation; **~harmonika die** accordion

**Handikap** ['hɛndikɛp] **das; ~s, ~s** *(auch Sport)* handicap

**handikapen** ['hɛndikɛpn̩] *tr. V.* handicap

**händisch** ['hɛndɪʃ] *(österr. ugs.)* **1.** *Adj.* manual. **2.** *adv.* manually; by hand

**Hand-: ~kamera die** hand camera; **~kante die** edge of the/one's hand

**Handkanten·schlag der** chop

**hand-, Hand-: ~karre die, ~karren der** handcart; **~käse der** *(landsch.) small, hand-formed curd cheese;* **~käse mit Musik** *(landsch.)* marinaded hand-formed curd cheese; **~koffer der** [small] suitcase; **~koloriert** *Adj.* hand-coloured; **~kurbel die** [hand-]crank; **~kuß der** kiss on sb.'s hand; **etw. mit ~kuß [an]nehmen/tun** accept/do sth. with [the greatest of] pleasure; **~lampe die** hand-lamp; inspection-lamp

**Hand·langer der; ~s, ~ a)** *(ungelernter Arbeiter)* labourer; *(abwertend)* lackey; general dogsbody; **c)** *(abwertend: Büttel)* henchman

**Handlanger·dienst der;** *meist Pl. (abwertend)* **für jmdn. ~e leisten** do sb.'s dirty work for him/her

**Hand·lauf der** handrail

**Händler** ['hɛndlɐ] **der; ~s, ~:** trader; tradesman/tradeswoman; **ein fliegender ~:** a hawker *or* street-trader

**-händler der** ⟨*cattle-, furniture-, scrap-, stamp-*⟩dealer; ⟨*coal-, corn-, scrap-, timber-, wine-*⟩merchant

**Händlerin die; ~, ~nen** *s.* **Händler**

**Hand-: ~lese·kunst die** palmistry *no art.*; **~lexikon das** concise encyclopaedia

**handlich** ['hantlɪç] **1.** *Adj.* handy; easily carried ⟨*parcel, suitcase*⟩; easily portable ⟨*television, camera*⟩; manœuvrable ⟨*car*⟩. **2.** *adv.* **~ verpackt** wrapped as a manageable parcel

**Handlichkeit die; ~:** handiness; *(eines Buches)* handy size; *(eines Autos)* manœuvrability

**Hand-: ~linie die** line of the hand; **~linien·deutung die;** *o. Pl.* palmistry

**Handlung die; ~, ~en a)** *(Vorgehen)* action; *(Tat)* act; **eine symbolische/feierliche ~:** a symbolic/ceremonial act; **b)** *(Fabel)* plot; **Einheit der ~:** unity of action; **c)** *(veralt.: Geschäft)* business

**handlungs-, Handlungs-: ~ablauf der** action; **~arm** *Adj.* short on action *pred.*; **~bevollmächtigte der/die** authorized representative; **~fähig** *Adj.* **a)** able to act *pred.*; working *attrib.* ⟨*majority*⟩; **b)** *(Rechtsw.)* able to act on one's own account *pred.*; **~fähigkeit die;** *o. Pl.* **a)** ability to act; **b)** *(Rechtsw.)* ability to act on one's own account; **~freiheit die;** *o. Pl.* freedom of action *or* to act; **~gehilfe der** *(Kaufmannsspr.)* employee *(on the business side of a firm)*; **~reich** *Adj.* action-packed; **~reisende der/die** *s.* **Handelsvertreter; ~schema das** plot structure; **~spiel·raum der** scope for action; **~unfähig** *Adj.* **a)** unable to act *pred.*; **b)** *(Rechtsw.)* unable to act on one's own account *pred.*; **~unfähigkeit die a)** inability to act; **b)** *(Rechtsw.)* inability to act on one's own account; **~vollmacht die** authority to act; **~weise die** behaviour; conduct

**Hand-: ~mixer der** hand-mixer; **~mühle die** hand-mill

**Handout** ['hɛndaut] **das; ~s, ~s** hand-out

**Hand-: ~presse die** hand-press; **~pumpe die** hand-pump; **~puppe die** glove *or* hand puppet; **~puppen·spiel das** glove puppet *or* hand puppet show; *(Technik)* glove *or* hand puppetry; **~rad das** handwheel; **~reichung die: eine ~reichung/~reichungen machen** lend a hand; **sie konnte nur einige ~reichungen machen** she couldn't help very much; **~rücken der** the back of the/one's hand; **auf beiden ~rücken tätowiert** with tattoos on the back of both hands; **~säge die** hand-saw; **~satz der;** *o. Pl. (Druckw.)* hand-setting; **etw. im ~satz herstellen** hand-set sth.; **~schelle die** handcuff; **jmdm. ~schellen anlegen** handcuff sb.; put handcuffs on sb.; **~schlag der a)** handshake; **jmdn. mit ~schlag begrüßen** greet sb. by shaking hands; **etw. durch einen ~schlag besiegeln** shake hands on sth.; **b)** *in* **er tat keinen ~schlag** *(ugs.)* he did not lift a finger

**Hand·schrift die a)** handwriting; **eine deutliche/unleserliche ~schrift** clear/illegible handwriting; **b)** *(Ausdrucksweise)* personal style; **c)** *(Text)* manuscript

**Handschriften-: ~deutung die** graphology *no art.*; analysis of handwriting; **~kunde die** palaeography; **~probe die** sample of handwriting

**Handschrift·leser der** *(DV) optical character reader for reading handwritten block letters and numerals*

**hand·schriftlich 1.** *Adj.* hand-written; **~schriftliche Quellen/Urkunden** manuscript sources/texts. **2.** *adv.* by hand

**Hand·schuh der** glove

**Handschuh-: ~fach das** glove compartment *or* box; **~größe die** glove size; **welche ~größe haben Sie?** what size glove do you take?; **~macher der** glove-maker

**hand-, Hand-: ~schutz der** hand guard; **~setzer der** *(Druckw.)* hand compositor; **~signiert** *Adj.* signed; **~skizze die** freehand sketch; **~spiegel der** hand-mirror; **~spiel das** *(Fußball)* handball

**Hand·stand der** *(Turnen)* handstand; **einen ~ machen** do a handstand

**Handstand·überschlag der** *(Turnen)* handspring

**Hand-: ~steuerung die a)** *o. Pl.* manual operation *or* control; **b)** *(Apparatur)* manual control; **~streich der** *(bes. Milit.)* lightning *or* surprise attack; **in einem** *od.* **im ~streich** in a surprise *or* lightning attack; **~tasche die** handbag; **~teller der** palm [of the/one's hand]; **~trommel die** hand-drum

**Hand·tuch das;** *Pl.* **-tücher** towel; *(Geschirrtuch)* tea-towel; tea-cloth; **dieser Raum ist nicht mehr als ein ~** *(ugs.)* this room is nowhere near wide enough; **das ~ werfen** *od.* *(ugs.)* **schmeißen** *(Boxen, fig.)* throw in the towel

**Handtuch·halter der** towel-rail

**hand-, Hand-: ~umdrehen** *in* **im ~umdrehen** in no time at all; **~verlesen** *Adj.* hand-picked; **~vermittlung die** *(Fernspr.)* connection by the operator; **über ~vermittlung laufen** be connected by the operator; **~voll die; ~** *(auch fig.)* handful; **ein paar ~voll** a couple of handfuls; **~waffe die** hand weapon; **~wagen der** handcart; **~warm 1.** *Adj.* hand-hot; **2.** *adv.* **etw. ~warm waschen** wash sth. in hand-hot water; **~wäsche die** washing by hand; **diese Pullover kommen in die ~wäsche** these pullovers will have to be washed by hand

**Handwerk das a)** craft; *(als Beruf)* trade; **ein ~ ausüben/betreiben** carry on/ply a trade; **b)** *(Beruf)* **sein ~ kennen** *od.* **verstehen/beherrschen** know one's job; ⟨*tradesman*⟩ know/be master of one's trade;

**jmdm. das ~ legen** put a stop to sb.'s activities; **jmdm. ins ~ pfuschen** try to do sb.'s job for him/her; **c)** *o. Pl. (Berufsstand)* craft professions *pl.*

**-handwerk das: Töpfer~/Bäcker~:** potter's/baker's trade

**Handwerker der; ~s, ~:** tradesman; craftsman; **die ~ im Haus haben** have the workmen in

**Handwerkerschaft die; ~:** skilled tradesmen *pl. or* craftsmen *pl.*

**Handwerker·stand der** artisan class

**handwerklich** *Adj.; nicht präd.* **a)** ⟨*training, skill, ability*⟩ as a craftsman; **ein ~er Beruf** a [skilled] trade; **b)** *(fig.)* technical

**Handwerks-: ~beruf der** [skilled] trade; **~betrieb der** workshop; **~bursche der** *(veralt.)* travelling journeyman *(arch.)*; **~kammer die** Chamber of Crafts; **~meister der** master craftsman; **~rolle die** register of qualified craftsmen; **~zeug das** tools *pl.*; *(fig.)* tools *pl.* of the trade

**Hand·wörter·buch das** concise dictionary

**Hand·wurzel die** wrist; carpus *(Anat.)*

**Handwurzel·knochen der** *(Anat.)* wristbone; carpal bone *(Anat.)*

**Handy** ['hɛndi] **das; ~s, ~s** mobile phone; mobile

**Hand-: ~zeichen das a)** sign [with one's hand]; *(eines Autofahrers)* hand signal; **darf ich die Betroffenen um Ihr ~zeichen bitten?** will those concerned please raise their hands; **b)** *(Abstimmung)* show of hands; **durch ~zeichen** by a show of hands; **~zeichnung die** drawing; *(Skizze)* sketch; **~zettel der** handbill; leaflet

**hanebüchen** ['ha:nəby:çn̩] **1.** *Adj.* outrageous. **2.** *adv.* outrageously; **~ lügen** tell the most outrageous lies

**Hanf** [hanf] **der; ~[e]s a)** *(Pflanze, Faser)* hemp; **b)** *(Samen)* hempseed

**Hanf·anbau der** growing *or* cultivation of hemp

**hanfen, hänfen** ['hɛnfn̩] *Adj.; nicht präd.* hempen; hemp

**Hänfling** ['hɛnflɪŋ] **der; ~s, ~e a)** *(Vogel)* linnet; **b)** *(abwertend)* weakling

**Hanf-: ~seil das, ~strick der** hempen *or* hemp rope

**Hang** [haŋ] **der; ~[e]s, Hänge** ['hɛŋə] **a)** *(Berg~)* slope; hillside/mountainside; *(Ski~)* slope; **das Haus am ~:** the house on the hillside; **das Haus ist an einen ~ gebaut** the house is built on a slope; **b)** *(Neigung)* tendency; **einen ~ zum Träumen/Lügen** *usw.* **haben** have a tendency to dream/lie *etc.*; **einen ~ haben, etw. zu tun** tend to do sth.; **c)** *(Turnen)* hang

**Hangar** ['haŋga:ɐ̯] **der; ~s, ~s** hangar

**Hänge-: ~arsch der** *(derb)* sagging backside *(coll.)*; **~backe die** flabby cheek; **~bauch der** paunch; **~bauch·schwein das** pot-bellied pig; **~boden der** false *or* drop ceiling; **~brücke die** suspension bridge; **~brust die, ~busen der** sagging breasts *pl.*; **~dach das** suspended roof; **~gleiter der** hang-glider; **~kleid das** tent dress; **~lampe die** pendant-light; drop-light

**hangeln** ['haŋl̩n] **1.** *itr. V.; meist mit sein* make one's way hand over hand; **an einem Seil über die Schlucht ~:** make one's way hand over hand along a rope over the ravine. **2.** *refl. V.* **sich aufwärts/abwärts ~:** climb up/down hand over hand

**Hänge·matte die** hammock

**hangen** ['haŋən] *(schweiz., landsch.) s.* **¹hängen**

**Hangen das; ~s** *in* **mit ~ und Bangen** *(geh.)* in fear and trepidation

**¹hängen** ['hɛŋən] *unr. itr. V.; südd., österr., schweiz. mit sein* **a)** hang; **die Bilder ~ [schon]** the pictures are [already] up; **der Schrank hängt voller Kleider** the wardrobe is full of clothes; **der Weihnachtsbaum hängt voller Süßigkeiten** the Christmas tree is laden with sweets; **sein Zimmer hängt voller Plakate** the walls of his room are covered with posters; **an einem Faden ~:** be hanging by a thread; **die Nachbarn hingen aus den Fenstern** *(fig.)* the neighbours were hanging out of the windows; **b)** *(sich festhalten)* hang, dangle (**an** + *Dat.* from); **jmdm. am Hals ~:** hang round sb.'s neck; **der Junge hing an ihrem Arm** the boy hung on to her arm; *s. auch* **Rockzipfel; c)** *(erhängt werden)* hang; be hanged; **d)** *(an einem Fahrzeug)* be hitched *or* attached (**an** + *Dat.* to); **e)** *(herab~)* hang down; **bis auf den Boden ~:** hang down to the ground; **die Pflanzen ließen ihre Blätter ~:** the leaves of the plants drooped; **die Beine ins Wasser ~ lassen** let one's legs dangle in the water; **der Anzug hängt ihm am Leib** the suit hangs loosely on him; **f)** *(unordentlich sitzen)* **im Sessel ~** *(erschöpft, betrunken)* be *or* sit slumped in one's/the chair; *(flegelhaft)* lounge in one's/the chair; **g)** *(geh.: schweben, auch fig.)* hang (**über** + *Dat.* over); **h)** *(haften)* cling, stick (**an** + *Dat.* to); **ihre Augen hingen an seinen Lippen** *(fig.)* her eyes were fixed on his lips; **i)** *(fest~)* **sie hing mit dem Rock am Zaun/in der Fahrradkette** her skirt was caught on the fence/in the bicycle chain; **j)** *(ugs.: sich aufhalten, sein)* hang around *(coll.)*; **[schon wieder] am Radio/Telefon/vorm Fernseher ~:** have got the radio on [again]/be on the telephone [again]/be in front of the television [again]; **k)** *(sich nicht trennen wollen)* **an jmdm./etw. ~:** be very attached to sb./sth.; **am Geld/Leben ~:** love money/life; **l)** *(sich neigen)* lean; ⟨*road*⟩ slope to one side; **m)** *(ugs.: angeschlossen sein)* **an etw.** *(Dat.)* **~:** be on sth.; **n)** *(ugs.: nicht weiterkommen)* be stuck; **die Verhandlungen ~:** the talks are deadlocked; **o)** *(ugs.: zurück sein)* be behind; **p)** *(verschuldet sein)* **bei ihr hänge ich mit 2000 DM** I owe her 2,000 marks; **q)** *(entschieden werden)* **an/bei jmdm./etw. ~:** depend on sb./sth.; **r)** *(Schach)* ⟨*man*⟩ be en prise; *(nicht beendet sein)* ⟨*game*⟩ be adjourned; **s)** *(ugs.: verbunden sein)* **etw. hängt an etw.** *(Dat.)* sth. involves sth.

**²hängen 1.** *tr. V.* **a) etw. in/über etw.** *(Akk.)* **~:** hang sth. in/over sth.; **etw. an/auf etw.** *(Akk.)* **~:** hang sth. on sth.; **den Hörer in die Gabel ~:** replace the receiver; **b)** *(befestigen)* hitch up (**an** + *Akk.* to); couple on ⟨*railway carriage, trailer, etc.*⟩ (**an** + *Akk.* to); **c)** *(~ lassen)* hang; **seinen Arm aus dem Fenster ~:** put one's arm out of the window; **die Beine ins Wasser ~:** let one's legs dangle in the water; **d)** *(er~)* hang; **Tod durch Hängen** death by hanging; **mit Hängen und Würgen** by the skin of one's teeth; **e)** *(ugs.: aufwenden)* **an/in etw.** *(Akk.)* **~:** put ⟨*work, time, money*⟩ into sth.; spend ⟨*time, money*⟩ on sth.; **f)** *(ugs.: anschließen)* **jmdn./etw. an etw.** *(Akk.)* **~:** put sb./sth. on sth.; *s. auch* **Glocke a; Nagel b. 2.** *refl. V.* **a)** *(ergreifen)* **sich an etw.** *(Akk.)* **~:** hang on to sth.; **sich jmdm. an den Hals ~:** cling to sb.'s neck; **sich ans Telefon ~** *(fig. ugs.)* get on the telephone; **sich an den Wasserhahn ~** *(ugs. fig.)* turn the tap on and drink thirstily from it; **b)** *(sich festsetzen)* ⟨*smell*⟩ cling (**an** + *Akk.* to); ⟨*burr, hairs, etc.*⟩ cling, stick (**an** + *Akk.* to); **c)** *(anschließen)* **sich an jmdn. ~:** attach oneself to sb.; latch on to sb. *(coll.)*; **sie hängt sich zu sehr an mich** she clings to me too much; **d)** *(verfolgen)* **sich an jmdn./ein Auto ~:** follow *or (coll.)* tail sb./a car; **e)** *(binden)* **sich an jmdn./etw. ~:** get *or* become attached to sb./sth.; **sie hängt sich zu sehr an materielle Werte** she's too attached to material values

**hängen|bleiben** *unr. itr. V.; mit sein (ugs.)* **a)** *(festgehalten werden)* **[mit dem Ärmel** *usw.*] **an/in etw.** *(Dat.)* **~:** get one's sleeve *etc.* caught on/in sth.; **der Angriff blieb im Mittelfeld hängen** *(fig.)* the attack broke down in mid-field; **sein Blick blieb an der Uhr hängen** *(fig.)* his gaze rested on the clock; **b)** *(verweilen)* get stuck *(coll.)*; **ich bin bei Freunden hängengeblieben** I got stuck talking to friends *(coll.)*; **c)** *(haften)* **an/auf etw.** *(Dat.)* **~:** stick to sth.; **das bleibt an mir hängen** *(fig.)* I've been stuck *or* landed with it *(coll.)*; **von dem Vortrag blieb [bei ihm] nicht viel hängen** *(fig.)* not much of the lecture stuck *(coll.)*; **ein Verdacht bleibt an ihr hängen** *(fig.)* suspicion rests on her; **d)** *(ugs.: sitzenbleiben)* stay down; have to repeat a year

**hängend** *Adj.* hanging; **die Hängenden Gärten der Semiramis** the Hanging Gardens of Babylon; **mit ~em Kopf** with head hanging; **mit ~er Zunge** *(fig.)* gasping for breath

**hängen|lassen 1.** *unr. tr. V.* **a)** *(vergessen)* **etw. ~:** leave sth. behind; **b)** *(ugs.: nicht helfen)* **jmdn. ~:** let sb. down. **2.** *unr. refl. V.* let oneself go; **laß dich nicht so hängen!** [you must] pull yourself together!

**Hänge-: ~ohr das** lop ear; **~partie die** *(Schach)* adjourned game; **~pflanze die** trailing plant

**Hänger der; ~s, ~ a)** *s.* **Anhänger b; b)** *s.* **Hängekleid; c)** *(weiter Mantel)* loose[-fitting] coat; tent coat

**Hänge-: ~schrank der** wall-cupboard; **~schultern** *Pl.* round shoulders

**hängig** *Adj.* **a)** *(schweiz. Rechtsspr.)* **~ sein** be in progress; continue; **ein ~er Prozeß** a trial that is in progress; **b)** *(fachspr.)* sloping; **in ~er Lage** on a slope *or* an incline

**Hang·lage die** hillside location; **in ~:** in a hillside location

**Hängolin** [hɛŋo'li:n] **das; ~s** *(salopp scherzh.) substance allegedly used in order to diminish sb.'s sex drive*

**Hang-: ~täter der** *(Rechtsspr.)* compulsive criminal; **~wind der** slope wind

**Hannover** [ha'no:fɐ] **(das); ~s** Hanover

**Hannoveraner 1. der; ~s, ~** *(Einwohner, Pferd)* Hanoverian. **2.** *indekl. Adj.* Hanover; *s. auch* **Kölner**

**hannoversch** [ha'no:fɐʃ] *Adj.* Hanoverian; **im Hannoverschen** in the Hanover area

**Hans** [hans] **der; ~, Hänse** ['hɛnzə] **~ im Glück** lucky devil; *(Märchenfigur)* Hans in Luck; **~ Guckindieluft** dreamer; *(Märchenfigur)* Johnny-Head-in-Air; **jeder ~ findet seine Grete** every Jack shall have his Jill

**Hansaplast** Ⓦᶻ [hanza'plast] **das; ~[e]s** sticking plaster; Elastoplast **(P)**

**Hänschen** ['hɛnsçən] **das; ~s, ~: was ~ nicht lernt, lernt Hans nimmermehr** what you don't learn as a child, you'll never learn as an adult

**Hans·dampf der; ~[e]s, ~e: ~ [in allen Gassen]** Jack of all trades

**Hanse** ['hanzə] **die; ~** *(hist.)* Hanse; Hanseatic league

**Hanseat** [hanze'a:t] **der; ~en, ~en a)** citizen of a Hanseatic city; **ein typischer ~:** *someone with the dignified bearing regarded as typical of upper-class citizens of the Hanseatic cities;* **b)** *(hist.)* member of the Hanseatic League

**hanseatisch** *Adj.* Hanseatic

**Hanse-: ~bund der** *s.* **Hanse; ~kogge die** *(hist.)* Hansa cog

**Hänselei die; ~, ~en a)** *o. Pl.* teasing; **b)** *(Bemerkung)* teasing remark

**hänseln** ['hɛnzl̩n] *tr. V.* tease

**Hanse·stadt die** Hanseatic city

**Hans·wurst der; ~[e]s, ~e a)** *(dummer Mensch)* clown; **b)** *(Theater)* fool; hanswurst

**Hans·wurstiade** [hansvʊrs'tia:də] **die; ~, ~n a)** *(Scherz)* clowning; buffoonery; **b)** *(Theater)* harlequinade

**Hantel** ['hantl] **die;** ~, ~**n** *(Sport) (kurz)* dumb-bell; *(lang)* barbell
**hanteln** *itr. V.* exercise with dumb-bells/barbells
**hantieren** [han'ti:rən] *itr. V.* be busy; **sie hantierte mit einem Schraubenschlüssel an ihrem Auto** she was busy doing something to her car with a spanner
**hapern** ['ha:pɐn] *itr. V. (unpers.)* **a)** *(fehlen)* **es hapert an etw.** *(Dat.)* there's a shortage of sth.; **es hapert bei jmdm. an etw.** sb. is short of sth.; **ich wäre gerne mitgefahren, aber es hapert an der Zeit** I'd like to have gone, but I haven't got the time; **b)** *(nicht klappen)* **es hapert mit etw.** there's a problem with sth.; **bei ihr hapert es in Latein** she's poor at *or* weak in Latin
**haploid** [haplo'i:t] *Adj. (Biol.)* haploid
**Häppchen** ['hɛpçən] **das;** ~**s,** ~ **a)** [small] morsel; **b)** *(Appetithappen)* canapé
**Happen** ['hapn̩] **der;** ~**s,** ~: morsel; **einen** ~ **essen** have a bite to eat; **ein fetter** ~ *(fig.)* a real plum
**Happening** ['hɛpənɪŋ] **das;** ~**s,** ~**s** happening
**happig** ['hapɪç] *Adj. (ugs.)* steep *(coll.);* ~**e Preise** fancy prices *(coll.);* **das ist aber [ein bißchen]** ~: that's a bit much *(coll.)*
**happy** ['hɛpi] *(ugs.)* **1.** *Adj.; nicht attr.* happy. **2.** *adv.* happily
**Happy-End** ['hɛpi'lɛnt] **das;** ~**[s],** ~**s** happy ending
**Harakiri** [hara'ki:ri] **das;** ~**[s],** ~**s** hara-kiri *no art.;* **politisches** ~ **begehen** *(fig.)* commit political suicide; **gesellschaftliches** ~ **begehen** *(fig.)* ruin one's reputation
**Härchen** ['hɛ:ɐ̯çən] **das;** ~**s,** ~: little *or* tiny hair; **die feinen** ~ **in ihrem Nacken** the fine down on her neck
**Hard cover** ['ha:d'kʌvə] **das;** ~ ~**s,** ~ ~**s** *(Buchw.)* hardback
**Hardtop** ['ha:dtɔp] **das** *od.* **der;** ~**s,** ~**s** hardtop
**Hardware** ['ha:dwɛə] **die;** ~, ~**s** *(DV)* hardware
**Harem** ['ha:rɛm] **der;** ~**s,** ~**s** *(auch ugs. scherzh.)* harem
**Harems-:** ~**dame die** lady of the harem; ~**wächter der** guardian of the harem
**hären** ['hɛ:rən] *Adj.; nicht präd. (geh.)* [made] of hair *postpos.;* hair
**Häresie** [hɛre'zi:] **die;** ~, ~**n** [-i:ən] heresy
**Häretiker** [hɛ're:tikɐ] **der;** ~**s,** ~: heretic
**häretisch** *Adj.* heretical
**Harfe** ['harfə] **die;** ~, ~**n** harp
**harfen 1.** *itr. V.* play the harp; harp. **2.** *tr. V.* **ein Lied** *usw.* ~: play a song *etc.* on the harp
**Harfenist der;** ~**en,** ~**en, Harfenistin die;** ~, ~**nen** harpist; harp-player
**Harfen·spiel das** harp-playing; *(Musik)* harp music
**Harke** ['harkə] **die;** ~, ~**n** rake; **jmdm. zeigen, was eine** ~ **ist** *(fig. salopp)* give sb. what for *(coll.)*
**harken** *tr. V.* rake
**Harlekin** ['harleki:n] **der;** ~**s,** ~**e** harlequin
**Harlekinade** [harleki'na:də] **die;** ~, ~**n** *s.* **Hanswurstiade**
**Harm** [harm] **der;** ~**[e]s** *(geh. veralt.)* distress; *(über Verlorenes)* grief
**härmen** ['hɛrmən] *refl. V. (geh.)* grieve (**um** over)
**harm·los 1.** *Adj.* **a)** *(ungefährlich)* harmless; slight ⟨*injury, cold, etc.*⟩; mild ⟨*illness*⟩; safe ⟨*medicine, bend, road, etc.*⟩; **eine** ~**e Grippe** a mild bout of flu; **b)** *(arglos)* innocent; harmless ⟨*fun, pastime, etc.*⟩. **2.** *adv.* **a)** *(ungefährlich)* harmlessly; **b)** *(arglos)* innocently; **ich bin ganz** ~ **hingegangen** I went there quite innocently; **er hatte nur** ~ **gefragt** he only asked an innocent *or* inoffensive question; **ganz** ~ **tun** act innocent
**Harmlosigkeit die;** ~ **a)** *(Ungefährlichkeit)* harmlessness; *(einer Krankheit)* mildness; *(eines Medikamentes)* safety; **b)** *(Arglosigkeit, harmloses Verhalten)* innocence; **in aller** ~: in all innocence
**Harmonie** [harmo'ni:] **die;** ~, ~**n** *(auch fig.)* harmony
**Harmonie-:** ~**lehre die;** *o. Pl.* theory of harmony; ~**musik die** music for wind instruments
**harmonieren** *itr. V.* **a)** *(zusammenpassen)* harmonize; go together; match; **mit etw.** ~: harmonize *or* go together with sth.; **b)** *(miteinander auskommen)* get on well
**Harmonik** [har'mo:nɪk] **die;** ~: harmony
**Harmonika** [har'mo:nika] **die;** ~, ~**s** *od.* **Harmoniken** harmonica
**Harmonika-:** ~**spieler der** harmonica player; ~**tür die** folding door; accordion door
**harmonisch 1.** *Adj.* **a)** *(Musik)* harmonic ⟨*tone, minor*⟩; **b)** *(wohlklingend, zusammenpassend, übereinstimmend)* harmonious; **c)** *(Math.)* ~**e Teilung** harmonic division. **2.** *adv.* **a)** *(Musik)* harmonically; **b)** *(wohlklingend, zusammenpassend, übereinstimmend)* harmoniously; ~ **zusammenleben** live together in harmony
**harmonisieren** *tr. V.* **a)** *(Musik)* harmonize; **b)** *(in Einklang bringen)* coordinate; **etw. mit etw.** ~ *(Wirtsch.)* bring sth. into line with sth.
**Harmonisierung die;** ~, ~**en** *(Wirtsch.)* harmonization
**Harmonium** [har'mo:ni̯ʊm] **das;** ~**s, Harmonien** harmonium
**Harn** [harn] **der;** ~**[e]s,** ~**e** *(Med.)* urine; ~ **lassen** *(ugs.)* pass water; urinate
**Harn-:** ~**blase die** bladder; ~**drang der** desire to urinate *or* pass water
**Harnisch** ['harnɪʃ] **der;** ~**s,** ~**e a)** armour; **b)** **in** ~ **sein** be in a furious temper; **jmdn. in** ~ **bringen** get sb.'s hackles up; make sb. see red; **in** ~ **geraten** get up in arms (**über** + *Akk.* over, about)
**harn-, Harn-:** ~**lassen das** urination *no pl., no art.;* **Schmerzen beim** ~**lassen haben** find it painful to urinate *or* pass water; ~**leiter der** *(Med.)* ureter; ~**röhre die** *(Anat.)* urethra; ~**säure die** *(Med., Chemie)* uric acid; ~**stein der** *(Med.)* urinary calculus; ~**stoff der** *(Med., Chemie)* urea; ~**treibend 1.** *Adj.* diuretic; **2.** *adv.* ~**treibend wirken** have a diuretic effect; ~**vergiftung die** *(Med.)* uraemia; ~**wege** *Pl.* *(Med.)* urinary tract *sing.*
**Harpune** [har'pu:nə] **die;** ~, ~**n** harpoon
**Harpunier** [harpu'ni:ɐ̯] **der;** ~**s,** ~**e** harpooner
**harpunieren 1.** *tr. V.* harpoon. **2.** *itr. V.* throw/fire the harpoon
**Harpyie** [har'py:jə] **die;** ~, ~**n** *(Myth.)* harpy
**harren** ['harən] *itr. V. (geh.)* **jmds./einer Sache** *od.* **auf jmdn./etw.** ~: wait for *or* await sb./sth.; *(fig.)* await sb./sth.; **der Dinge** ~, **die da kommen sollen** wait and see what happens
**harsch** [harʃ] **1.** *Adj.* **a)** *(vereist)* crusted ⟨*snow*⟩; **b)** *(barsch)* harsh. **2.** *adv.* harshly
**Harsch der;** ~**[e]s** crusted *or* hard snow
**harschen** *itr. V.* ⟨*snow*⟩ freeze [over]
**harschig** *Adj.* ⟨*snow*⟩ frozen hard [on top]
**Harsch·schnee der** *s.* **Harsch**
**hart** [hart]; **härter** ['hɛrtɐ], **härtest...** ['hɛrtəst...] **1.** *Adj.* **a)** hard ⟨*wood, bread, cheese, etc.*⟩; ~**e Eier** hard-boiled eggs; **Eier** ~ **kochen** hard-boil eggs; ~ **gefroren** frozen solid; ~ **werden** go hard; harden; ⟨*cheese etc.*⟩ go hard; *s. auch* **Brocken b; Nuß a; Schädel a; b)** *(abgehärtet)* tough; ~ **im Nehmen sein** *(Schläge ertragen können)* be able to take a punch; *(Enttäuschungen ertragen können)* be able to take the rough with the smooth; **c)** *(schwer erträglich)* hard ⟨*work, life, fate, lot, times*⟩; tough ⟨*childhood, situation, job*⟩; harsh ⟨*reality, truth*⟩; bitter ⟨*disappointment*⟩; heavy, severe ⟨*loss*⟩; severe ⟨*hardship*⟩; **jmds. Geduld** *usw.* **auf eine** ~**e Probe stellen** sorely try sb.'s patience *etc.;* **ein** ~**er Schlag für jmdn.** sein be a heavy *or* severe blow for sb.; **es war** ~ **für ihn, darauf zu verzichten** it was hard for him to go without; **es ist sehr** ~ **für ihn, daß er nicht mitkommen darf** it's very hard on him that he can't come too; **d)** *(streng)* severe, harsh ⟨*penalty, punishment, judgement*⟩; tough ⟨*measure, law, course*⟩; hard, harsh ⟨*words*⟩; harsh ⟨*treatment*⟩; severe, hard ⟨*features*⟩; **durch eine** ~**e Schule gegangen sein** have been through a hard school; ~ **gegen jmdn. sein** be hard on sb.; **e)** *(heftig)* hard, violent ⟨*impact, jolt*⟩; heavy ⟨*fall*⟩; violent ⟨*argument*⟩; **f)** *(rauh)* rough ⟨*game, opponent*⟩; **g)** *(stabil)* hard ⟨*currency*⟩; **h)** *(kalkig)* hard ⟨*water*⟩; **i)** hard, severe ⟨*winter, frost*⟩; harsh ⟨*accent, light, colour, contrast*⟩; hard ⟨*consonant, drink, drug, pornography*⟩; **j)** *(Physik)* hard ⟨*rays etc.*⟩. **2.** *adv.* **a)** ~ **schlafen/sitzen** sleep on a hard bed/sit on a hard chair; **b)** *(mühevoll)* ⟨*work*⟩ hard; **es kommt mich** ~ **an** it is hard for me; **c)** *(streng)* severely; harshly; ~ **durchgreifen** take tough measures; **jmdn.** ~ **anfassen** be tough with sb.; **d)** *(heftig)* ~ **aneinandergeraten** have a violent argument; have a real set-to *(coll.);* **jmdm.** ~ **zusetzen, jmdn.** ~ **bedrängen** press sb. hard; **jmdn.** ~ **treffen** hit sb. hard; **es geht** ~ **auf** ~: the chips are down; **e)** *(nahe)* close (**an** + *Dat.* to); **die Kugel ging** ~ **an seinem Kopf vorbei** the bullet just missed his head; **das ist** ~ **an der Grenze der Legalität/des Machbaren** that is very close to being illegal/that's nearing the limits of what's possible; ~ **am Wind segeln** *(Seemannsspr.)* sail near *or* close to the wind; ~ **auf ein Ziel zuhalten** *(Seemannsspr.)* hold steady on course for sth.
**hart·bedrängt** *Adj. (präd. getrennt geschrieben)* hard-pressed
**Hart·beton der** granolithic concrete
**Härte** ['hɛrtə] **die;** ~, ~**n a)** *(auch Physik)* hardness; **b)** *o. Pl. (Widerstandsfähigkeit)* toughness; **c)** *(schwere Belastung)* hardship; **eine soziale** ~: a case of social hardship; **d)** *o. Pl. (Strenge)* severity; **e)** *o. Pl. (Heftigkeit) (eines Aufpralls usw.)* force; *(eines Streits)* violence; **f)** *(Rauheit)* roughness; **g)** *o. Pl. (Stabilität)* hardness; **h)** *(von Wasser)* hardness; **i)** *(von Licht, Farbe)* harshness; *(von Frost)* hardness
**Härte-:** ~**ausgleich der** *(Sozialw.)* hardship payment; ~**fall der a)** case of hardship; **b)** *(ugs.: Person)* hardship case; ~**fonds der** hardship fund; ~**grad der** degree of hardness; ~**mittel das** hardener
**härten 1.** *tr. V.* harden; harden, temper ⟨*steel*⟩; cure ⟨*plastic*⟩. **2.** *itr. V.* harden
**härter** *s.* **hart**
**Härter der;** ~**s,** ~ *(Chemie)* hardener
**Härte·skala die** *(Mineral.)* scale of hardness; hardness scale
**härtest...** *s.* **hart**
**Hart·faser·platte die** hardboard
**hart-, Hart-:** ~**gefroren** *Adj. (präd. getrennt geschrieben)* frozen; frozen hard *pred.;* ~**gekocht** *Adj.* **a)** hard-boiled ⟨*egg*⟩; **b)** *s.* ~**gesotten;** ~**geld das** coins *pl.;* small change; ~**gesotten** *Adj.* **a)** *(gefühllos)* hard-bitten; hard-boiled; **b)** *(unbelehrbar)* hardened; ~**gummi das** hard rubber; ~**herzig 1.** *Adj.* hard-hearted; **2.** *adv.* hard-heartedly; ~**herzigkeit die;** ~: hard-heartedness; ~**holz das** hardwood; ~**käse der** hard cheese; ~**laub·gewächs das** *(Bot.)* sclerophyll [plant]; sclerophyllous plant; ~**löten** *tr., itr. V.* hard-solder; ~**metall das** hard metal; ~**näckig** [~nɛkɪç] **1.** *Adj.* **a)** *(eigensinnig)* obstinate; stubborn; **b)** *(ausdauernd)* persistent; dogged; inveterate ⟨*liar*⟩; stubborn, dogged ⟨*resistance*⟩; persistent ⟨*questioning, ques-*

*tioner*⟩; **c)** *(langwierig)* stubborn ⟨*illness, stain*⟩; **2.** *adv.* **a)** *(eigensinnig)* obstinately; stubbornly; **b)** *(ausdauernd)* persistently; doggedly; **~näckigkeit die;** ~ **a)** *(Eigensinn)* obstinacy; stubbornness; **b)** *(Ausdauer)* persistence; doggedness; **c)** *(Langwierigkeit)* stubbornness; **~packung die** cardboard packet; **~papier das** *(Technik)* laminated paper; **~pappe die** fibreboard; **~platz der** *(Sport) (Tennis)* hard court; *(Fußball)* asphalt pitch; **~schalig** [~ʃa:lɪç] *Adj.* hardshell; hard-shelled; thick-skinned ⟨*apple, pear, etc.*⟩; **~umkämpft** *Adj. (präd. getrennt geschrieben)* bitterly contested

**Härtung die;** ~, **~en** hardening; *(von Stahl auch)* tempering; *(von Kunststoffen)* curing

**Hart-** **~ware die** *(fachspr.)* household article; **~waren** household goods; **~weizen·grieß der** semolina; **~wurst die** dry sausage

**Harz** [ha:ɐ̯ts] **das; ~es, ~e** resin

**harzen 1.** *itr. V.* exude resin. **2.** *tr. V.* resin; resinate ⟨*wine*⟩

**Harzer der; ~s, ~, Harzer Käse der; ~ ~s, ~ ~:** Harz [Mountain] cheese

**Harzer Roller der; ~ ~s, ~ ~ a)** *s.* **Harzer Käse; b)** *(Kanarienvogel)* Harz mountain roller

**Harz·geruch der** smell of resin

**harzig** *Adj.* **a)** resinous; **b)** *(schweiz.: zähflüssig)* slow-moving ⟨*traffic, queue*⟩

**Harz·säure die** resin acid

**Hasard** [ha'zart] **das; ~s: ~ spielen** *(auch fig.)* gamble

**Hasardeur** [hazar'dø:ɐ̯] **der; ~s, ~e** *(abwertend)* gambler

**Hasard·spiel das a)** *(Glücksspiel)* game of chance; **b)** *(Wagnis)* gamble

**Hasch** [haʃ] **das; ~s** *(ugs.)* hash *(coll.)*

**Haschee** [ha'ʃe:] *(Kochk.)* **das; ~s, ~s** hash

[1]**haschen** *(veralt.)* **1.** *tr. V.* catch. **2.** *itr. V.* **nach etw. ~:** make a grab for sth.; **nach Komplimenten/Beifall ~** *(fig.)* fish *or* angle for compliments/applause

[2]**haschen** *itr. V. (ugs.)* smoke [hash] *(coll.)*

**Haschen das; ~s** tag

**Häschen** ['hɛ:sçən] **das; ~, ~:** bunny

**Hascher der; ~s, ~** *(ugs.)* hash-smoker *(coll.)*

**Häscher** ['hɛʃɐ] **der; ~s, ~** *(geh. veralt.)* pursuer

**Hascherl** ['haʃɐl] **das; ~s, ~n** *(südd., österr. ugs.)* **armes ~!** poor thing *or* soul!; *(Kind)* poor little thing *or* soul!

**Haschisch** ['haʃɪʃ] **das** *od.* **der; ~[s]** hashish

**Haschmich** ['haʃmɪç] *in* **einen ~ haben** *(salopp)* have a screw loose *(coll.)*

**Hase** ['ha:zə] **der; ~n, ~n a)** hare; *(männlicher ~)* hare; buck; **ängstlich wie ein ~:** timid as a mouse; **ein alter ~ sein** *(ugs.)* be an old hand; **falscher ~** *(Kochk.)* meat loaf; **da liegt der ~ im Pfeffer** *(ugs.)* that's the real trouble; **sehen/wissen wie der ~ läuft** *(ugs.)* see/know which way the wind blows; **mein Name ist ~** *(ugs. scherzh.)* I'm not saying anything; **b)** *(landsch.) s.* **Kaninchen**

**Hasel-:** **~busch der** hazel [tree]; **~huhn das** hazel grouse *or* hen; **~kätzchen das** hazel catkin; **~nuß die a)** hazel-nut; **b)** hazel [tree]; **~[nuß]·strauch der** hazel [tree]

**hasen-, Hasen-:** **~braten der** roast hare; **~fuß der** *(spöttisch abwertend)* coward; chicken *(sl.)*; **~füßig** *Adj. (spöttisch abwertend)* cowardly; **~herz das** *s.* **~fuß; ~jagd die** hare shoot; **auf ~jagd gehen** go on a hare-shoot; go hare-shooting; **~klein das; ~s** trimmings *pl.* of hare; **~panier** *in* **das ~panier ergreifen** take to one's heels; **~pfeffer der** *(Kochk.)* marinaded and stewed trimmings *pl.* of hare; **~rein** *Adj. (Jagdw.)* steady from hare; **er/das ist nicht ganz ~rein** *(fig.)* there's something fishy *(coll.)* about him/it; **~scharte die** *(Med.)* harelip

**Häsin** ['hɛ:zɪn] **die; ~, ~nen** doe [hare]

**Haspel** ['haspl̩] **die; ~, ~n** *(Technik)* **a)** *(für Garn)* reel; bobbin; *(für ein Seil, Kabel)* drum; **b)** *(Seilwinde)* windlass

**haspeln 1.** *tr. V.* wind. **2.** *itr. V. (ugs.: hastig reden)* gabble

**Haß** [has] **der; Hasses** hate, hatred **(auf +** *Akk.*, **gegen** of, for); **~ auf** *od.* **gegen jmdn. empfinden** feel hatred of *or* for sb.; **sich** *(Dat.)* **jmds. ~ zuziehen** incur sb.'s hatred

**hassen** *tr., itr. V.* hate; *s. auch* **Pest**

**hassens·wert** *Adj.* hateful; odious

**haß·erfüllt 1.** *Adj.* filled with hatred *or* hate *postpos.* **2.** *adv.* **jmdn. ~ ansehen** look at sb. with [one's] eyes full of hatred *or* hate

**Haß·gefühl das** feeling of hatred

**häßlich** ['hɛslɪç] **1.** *Adj.* **a)** ugly; **~ wie die Nacht** as ugly as sin *(coll.)*; **b)** *(gemein)* nasty; hateful; **~ zu jmdm. sein** be mean *or* hateful to sb.; **das war ~ von dir** that was mean *or* nasty of you; **c)** *(unangenehm)* terrible *(coll.)*, awful ⟨*weather, cold, situation, etc.*⟩. **2.** *adv.* **a)** ⟨*dress*⟩ unattractively; **b)** *(gemein)* nastily; hatefully; **~ von jmdm. sprechen** be mean *or* nasty about sb.; **c)** *(unangenehm)* terribly *(coll.)*; awfully

**Häßlichkeit die; ~, ~en a)** *o. Pl. (Aussehen)* ugliness; **b)** *o. Pl. (Gesinnung)* meanness; nastiness; hatefulness; **c)** *(Äußerung)* mean remark

**haß-, Haß-:** **~liebe die** love-hate relationship; **~tirade die** *(abwertend)* tirade of hatred *or* hate; **~verzerrt** *Adj.* twisted with hatred *or* hate *postpos.*

**hast** [hast] *2. Pers. Sg. Präsens v.* **haben**

**Hast die; ~:** haste; **etw. in** *od.* **mit größter ~ tun** do sth. in great haste; **ohne ~:** unhurriedly; without hurrying *or* haste

**haste** ['hastə] *(ugs.)* **= hast du; [was] ~ was kannste** as fast as he/you/they *etc.* can/could; **~ was, biste was** money talks

**hasten** *itr. V.; mit sein* hurry; hasten

**hastig 1.** *Adj.* hasty; hurried. **2.** *adv.* hastily; hurriedly; **sein Essen ~ herunterschlingen** gobble [down] one's food; **nur nicht so ~!** not so fast!

**hat** [hat] *3. Pers. Sg. Präsens v.* **haben**

**Hätschelei die; ~, ~en** *(abwertend)* **a) ~[en]** fondling; caressing; **b)** *o. Pl. (das Verwöhnen)* pampering

**Hätschel·kind das** pampered child; *(fig.)* darling

**hätscheln** ['hɛtʃl̩n] *tr. V.* **a)** *(liebkosen)* fondle; caress; **b)** *(verwöhnen)* pamper; *(fig.)* lionize; **c)** *(sich widmen)* cherish ⟨*idea, hope, etc.*⟩; nurse ⟨*pain etc.*⟩

**hatschen** ['ha:tʃn̩] *itr. V.; mit sein (bayr., österr. ugs.)* **a)** *(schlendern)* stroll; saunter; **b)** *(hinken)* hobble; limp; **c)** *(mühselig gehen)* trudge

**hatschi** [ha'tʃi:] *Interj.* atishoo; atchoo; **~ machen** *(Kinderspr.)* sneeze

**hatte** ['hatə] *1. u. 3. Pers. Sg. Prät. v.* **haben**

**hätte** ['hɛtə] *1. u. 3. Pers. Sg. Konjunktiv II v.* **haben**

**Hat-Trick, Hattrick** ['hættrɪk] **der; ~s, ~s a)** *(Fußball, Handball) three successive goals by the same player in the same half;* **b)** *(Sport)* hat trick

**Hatz** [hats] **die; ~, ~en a)** *(Hetzjagd, auch fig. ugs.)* hunt; **b)** *(ugs., bes. bayr.: Eile, Streß)* mad rush

**hatzi** [ha'tsi:] *s.* **hatschi**

**Hau** [hau] *in* **einen ~ haben** *(salopp)* have a screw loose *(coll.)*

**Häubchen** ['hɔypçən] **das; ~s, ~:** *s.* **Haube a, e**

**Haube** ['haubə] **die; ~, ~n a)** bonnet; *(einer Krankenschwester)* cap; **unter die ~ kommen** *(ugs. scherzh.)* get hitched *(coll.)*; **unter der ~ sein** *(ugs. scherzh.)* be married; **jmdn. unter die ~ bringen** *(ugs. scherzh.)* marry sb. off; **b)** *(Kfz-W.)* bonnet *(Brit.)*; hood *(Amer.)*; **c)** *s.* **Trocken~; d)** *(südd., österr.: Mütze)* [woollen] cap; **e)** *(Zool.)* crest; **f)** *(Bedeckung)* cover; *(über Teekanne, Kaffeekanne, Ei)* cosy

**Hauben-:** **~lerche die** crested lark; **~taucher der** great crested grebe

**Haubitze** [hau'bɪtsə] **die; ~, ~n** *(Milit.)* howitzer; **voll wie eine ~ sein** *(derb)* be as pissed as a newt *(coarse)*

**Hauch** [haux] **der; ~[e]s, ~e** *(geh.)* **a)** *(Atem, auch fig.)* breath; **b)** *(Luftzug)* breath of wind; breeze; **c)** *(leichter Duft)* delicate smell; waft; **d)** *(dünne Schicht)* [gossamer-] thin layer; **ein ~ von Reif** a [thin] film of hoar-frost; **e)** *(Atmosphäre)* air; feeling; **f)** *(Anflug)* hint; trace; **der ~ eines Lächelns** a ghost *or* hint of a smile

**hauch·dünn 1.** *Adj.* gossamer-thin ⟨*material, dress*⟩; wafer-thin, paper-thin ⟨*layer, slice, majority*⟩; **ein ~er Sieg** *(fig.)* the narrowest of victories. **2.** *adv.* **etw. ~ auftragen** apply sth. very sparingly; **etw. ~ schneiden** cut sth. wafer-thin *or* into wafer-thin slices

**hauchen 1.** *itr. V.* breathe **(gegen, auf +** *Akk.* on). **2.** *tr. V. (auch fig.: flüstern)* breathe; **jmdm. etw. ins Ohr ~:** breathe sth. in sb.'s ear

**hauch-, Hauch-:** **~fein** *Adj.* extremely fine; **~laut der** *(Phon.)* aspirate; **~zart** *Adj.* extremely delicate; gossamer-thin

**Hau·degen der: [alter] ~:** old soldier *or* warhorse

**Haue** ['hauə] **die; ~, ~n a)** *(südd., österr.: Hacke)* hoe; **b)** *o. Pl. (ugs.: Prügel)* a hiding *(coll.)*; **sonst gibt's ~:** or you'll get a hiding

**hauen 1.** *unr. tr. V.* **a)** *(ugs.: schlagen)* belt; clobber *(coll.)*; beat; **jmdn. windelweich/grün und blau ~:** beat sb. black and blue; **jmdn. zu Brei ~** *(salopp)* beat sb.'s brains in *(sl.)*; **b)** *(ugs.: auf einen Körperteil)* belt *(coll.)*; hit; *(mit der Faust auch)* smash *(sl.)*; punch; *(mit offener Hand auch)* slap; smack; **jmdn. ins Gesicht ~:** hit/belt/slap sb. in the face; **jmdm. das Heft um die Ohren ~:** clout *(coll.) or* hit sb. round the ears with the exercise-book; **c)** *(ugs.: hineinschlagen)* knock; **einen Nagel in die Wand ~:** knock a nail into the wall; **d)** *(herstellen)* carve ⟨*figure, statue, etc.*⟩ **(in +** *Akk.* in); cut, chop ⟨*hole*⟩; *(mit einem Hammer)* knock ⟨*hole*⟩; **Stufen in den Fels ~:** cut steps in the rock; **e)** *(mit einer Waffe schlagen)* **jmdn. aus dem Sattel/vom Pferd ~:** knock sb. out of the saddle/off his/her horse; **das haut mich vom Stuhl** *od.* **aus dem Anzug** *(salopp)* I'm [absolutely] staggered *(coll.)*; **f)** *(salopp: schleudern)* sling *(coll.)*; fling; *(nachlässig schreiben)* stick *(coll.)*, scrawl ⟨*comments, signature*⟩ **(in +** *Akk.* in, **unter +** *Akk.* underneath); **jmdm. eine 6 ins Zeugnis ~** *(fig.)* stick a 6 on sb.'s report *(coll.)*; **g)** *(landsch.: fällen)* fell; cut down; **h)** *(Bergbau)* cut ⟨*coal, ore*⟩. **2.** *unr. itr. V.* **a)** *(ugs.: prügeln)* **hau doch nicht schon wieder!** don't belt me again!; **er haut immer gleich** he's quick to hit out; **b)** *auch unr. (auf einen Körperteil)* belt; hit; *(mit der Faust auch)* punch; *(mit offener Hand auch)* slap; smack; **jmdm. auf die Schulter ~:** slap *or* clap sb. on the shoulder; **jmdm. ins Gesicht ~:** belt/slap sb. in the face; **c)** *(ugs.: auf/gegen etw. schlagen)* thump; **mit der Faust auf den Tisch ~:** thump the table [with one's fist]; **auf die Tasten ~:** thump on the keys; **auf den Putz** *od.* **Pudding ~** *(fig. salopp)* run riot; **d)** *mit sein (ugs.: stoßen)* bump; **mit dem Bein gegen etw. ~:** bang *or* hit *or* bump one's leg against sth.; **e)** *mit sein (ugs.: auftreffen)* **auf etw.** *(Akk.)* **~:** hit sth. **3.** *unr. refl. V.* **a)** *(ugs.: sich prügeln)* have a punch-up *(coll.) or* a fight; fight; **b)** *(salopp: sich setzen, legen)* fling *or* throw oneself; **sich ins Bett ~:** hit the sack *(sl.)*

**Hauer der; ~s, ~ a)** *(Bergmannsspr.)* faceworker; **b)** *(Jägerspr.)* tusk; *(fig.)* fang; **c)** *(südd., österr.: Winzer)* wine-grower

**Häufchen** ['hɔyfçən] **das; ~s, ~:** [small *or*

little] pile *or* heap; **wie ein ~ Unglück** *od.* **Elend aussehen/dasitzen** *(ugs.)* look a/sit there looking a picture of misery; **nur noch ein ~ Unglück** *od.* **Elend sein** *(ugs.)* be nothing but a small bundle of misery

**Haufe** ['haufə] **der; ~ns, ~n** *(veralt.) s.* **Haufen**

**häufeln** ['hɔyfl̩n] *tr. V.* **a)** *(Gartenbau)* earth *or* hill up; **b)** *(zu Häufchen schichten)* pile *or* heap up

**Haufen** ['haufn̩] **der; ~s, ~ a)** heap; pile; **ein ~ Erde/trockenes Stroh** *od.* **trockenen Strohs** a heap *or* pile of earth/dry straw; **etw. zu ~ aufschichten** stack sth. up in piles; **alles auf einen ~ werfen** throw everything in a heap; **der Hund hat da einen ~ gemacht** *(ugs.)* the dog has done his business there *(coll.)*; **etw. über den ~ werfen** *(ugs.) (aufgeben)* chuck sth. in *(coll.)*; *(zunichte machen)* mess sth. up; **jmdn. über den ~ fahren/rennen** *(ugs.)* knock sb. down; run sb. over; **jmdn. über den ~ schießen** *od.* **knallen** *(ugs.)* gun *or* shoot sb. down *(coll.)*; **b)** *(ugs.: große Menge)* heap *(coll.)*; pile *(coll.)*; load *(coll.)*; **ein ~ Arbeit/Bücher** a load *or* heap *or* pile of work/books *(coll.)*; loads *or* heaps *or* piles of work/books *(coll.)*; **ein ~ Unsinn** a load of rubbish *or* nonsense *(coll.)*; **ein ~ Geld** loads of money *(coll.)*; **einen ~ Geld machen** make a packet *(coll.)*; **c)** *(Ansammlung von Menschen)* crowd; **so viele Idioten auf einem ~** *(ugs.)* so many idiots in one place; **d)** *(Gruppe)* crowd *(coll.)*; bunch *(coll.)*; **e)** *(Soldatenspr.)* troop

**häufen** ['hɔyfn̩] **1.** *tr. V.* heap, pile **(auf +** *Akk.* on to); *(aufheben)* hoard ⟨*money, supplies*⟩. **2.** *refl. V. (sich mehren)* pile up; *s. auch* **gehäuft**

**haufen-, Haufen-: ~dorf das** Haufendorf *(irregular conglomerate village)*; **~weise** *Adv. (ugs.)* **~weise Geld ausgeben/Eis essen** spend loads of money/eat heaps *or* loads of ice-cream *(coll.)*; **~wolke die** *(Met.)* cumulus [cloud]

**häufig** ['hɔyfɪç] **1.** *Adj.* frequent. **2.** *adv.* frequently; often

**Häufigkeit die; ~, ~en** frequency

**Häufigkeits·zahl die, Häufigkeits·ziffer die** frequency

**Häuflein** ['hɔyflain] **das; ~s, ~ a)** *(kleine Menge) s.* **Häufchen; b)** *(kleine Gruppe)* handful

**Häufung die; ~, ~en** increasing frequency; **in dieser ~:** in these large numbers; *(so oft)* with this high frequency

**Haupt** [haupt] **das; ~[e]s, Häupter** ['hɔyptɐ] **a)** *(geh.: Kopf)* head; **bloßen** *od.* **entblößten ~es** with one's head bared; **erhobenen ~es** with one's head [held] high; **gesenkten ~es** with head bowed; **gekrönte Häupter** crowned heads; **an ~ und Gliedern** completely; **zu jmds. Häupten** *(in Kopfhöhe)* at head height; *(bei einem Liegenden)* at sb.'s head; **jmdn. aufs ~ schlagen** vanquish sb.; **b)** *(geh.: wichtigste Person)* head

**haupt-, Haupt-: ~abnehmer der** main *or* principal *or* chief customer; **der ~abnehmer eines Produktes** the main buyer of a product; **~achse die a)** *(beim Fahrzeug)* main axle; **b)** *(Geom.)* principal axis; **~aktion die** *s.* **~- und Staatsaktion; ~aktionär der** principal shareholder; **~akzent der** *(Phon.)* main *or* primary stress; *(fig.)* main emphasis; **~altar der** high altar; **~amtlich 1.** *Adj.* full-time; **2.** *adv.* **~amtlich tätig sein** work full-time *or* on a full-time basis; **~angeklagte der/die** *(Rechtsw.)* main *or* principal defendant; **~anschluß der** *(Fernspr.)* main exchange line; **~arbeit die** main part of the work; **~argument das** main *or* principal argument; **~augenmerk das** closest attention; **sein ~augenmerk galt ...** (+ *Dat.*) he paid closest attention to ...; **~bahnhof der** main station; **Amsterdam ~bahnhof** Amsterdam Central; **~belastungs·zeuge der** *(Rechtsw.)* principal *or* main *or* chief prosecution witness; **~beruf der** main occupation *or* job; **er ist im ~beruf Schreiner** his main occupation *or* job is that of carpenter; **~beruflich 1.** *Adj.* **seine ~berufliche Tätigkeit** his main occupation; **2.** *adv.* **er ist ~beruflich als Elektriker tätig** his main occupation is that of electrician; **~beschäftigung die** main occupation; **~buch das** *(Kaufmannsspr.)* ledger; **~darsteller der** *(Theater, Film)* leading man; male lead; **~darstellerin die** *(Theater, Film)* leading lady; female lead; **~deck das** main deck; **~eingang der** main entrance; **~einnahme·quelle die** main *or* principal source of income; *(eines Staates)* main *or* principal source of revenue

**Häuptel** ['hɔyptl̩] **das; ~s, ~[n]** *(südd., österr.)* head *(of cabbage/lettuce)*; **ein ~ Salat/Kohl** a [head of] lettuce/cabbage

**Haupt·erbe der** principal heir

**Hauptes·länge die** *in* **jmdn. um ~ überragen** *(geh.)* be a head taller than sb.

**Haupt-: ~fach das a)** *(Universität)* main subject; major; **etw. im ~fach studieren** study sth. as one's main subject; **b)** *(Schule)* main subject; **~farbe die** main *or* principal colour; **~fehler der** main *or* principal *or* chief mistake/*(im Charakter)* fault/*(in einer Theorie, einem Argument)* flaw; **~feind der** main *or* principal *or* chief enemy; **~feld das** *(Sport)* [main] bunch; **~feldwebel der** *(Milit.)* **a)** ≈ staff sergeant *(Brit.)*; ≈ sergeant first class *(Amer.)*; **b)** *(hist.)* company sergeant-major; **~figur die** main *or* principal character; **~film der** main feature *or* film; **~forderung die** main *or* principal *or* chief demand; **~frage die** main question; *(Angelegenheit)* main question *or* issue; **~gang der a)** main corridor; **b)** *s.* **~gericht; ~gas·leitung die** gas main; **~gebäude das** main building; **~gegenstand der** main *or* principal *or* chief subject; **~gericht das** main course; **~geschäft das a)** *(Laden)* main branch; **b)** *(größter Umsatz)* peak sales *pl.*; *(wichtigster Geschäftszweig)* main line; **~geschäfts·stelle die** head office; **~geschäfts·straße die** main shopping street; **~geschäfts·zeit die** peak shopping hours *pl.*; **~gewicht das** main emphasis; **~gewinn der** first *or* top prize; **~grund der** main *or* principal *or* chief reason; **~hahn der** mains stopcock; **~interesse das** main interest; **~kampf·linie die** *(Milit.)* front [line]; **~kasse die** main cash desk; **~katalog der** main catalogue; **~last die** main burden; **~lehrer der** *(veralt.)* head teacher; **~leitung die** *(Gas-, Wasserleitung)* main; *(Stromleitung)* main[s *pl.*]; **~leute** *s.* **~mann**

**Häuptling** ['hɔyptlɪŋ] **der; ~s, ~e** chief[tain]; *(iron. abwertend)* bigwig *(coll.)*

**haupt-, Haupt-: ~macht die** *(veralt.)* main body [of the army]; **~mahlzeit die** main meal; **~mangel der** main *or* principal defect; **~mann der;** *Pl.* **~leute a)** *(Milit.)* captain; **b)** *(hist.)* leader; **~masse die** bulk; **~merkmal das** main *or* principal *or* chief characteristic; **~mieter der** [main] tenant; **~motiv das a)** *(Gegenstand)* main *or* principal motif; **b)** *(Beweggrund)* main *or* principal *or* chief motive; **~nahrung die** staple *or* main food; **~nenner der** *(Math.)* common denominator; **~person die** central figure; **sie will immer und überall die ~person sein** *(fig.)* she always wants to be the centre of everything *or* of attention; **~portal das** main portal; **~post die, ~post·amt das** main post office; **~probe die** *s.* **Generalprobe a; ~problem das** main *or* chief problem; **~produkt das** main *or* chief product; **~punkt der** main point; **~quartier das** *(Milit., auch fig.)* headquarters *sing. or pl.*; **~quelle die** main *or* principal *or* primary source; **~redner der** main *or* principal speaker; **~reise·zeit die** high season; peak [holiday] season; **~rolle die** leading *or* main role; lead; **die ~rolle spielen** play the leading role *or* the lead **(in +** *Dat.* in); **die ~rolle [in** *od.* **bei etw.] spielen** *(fig.)* play the leading role [in sth.]; **~runde die** *(Fußball)* main round; **~sache die** main *or* most important thing; **~sache, du bist gesund** *(ugs.)* the main thing is, you're in good health; **in der ~sache** mainly; in the main; **~sächlich 1.** *Adv.* mainly; principally; chiefly; **2.** *Adj.; nicht präd.* main; principal; chief; **~saison die** high season; **~satz der a)** *(Sprachw.)* main clause; *(alleinstehend)* sentence; **b)** *(Musik)* first subject; **c)** *(grundlegender Satz)* first *or* basic principle; **~schalter der a)** *(Elektrot.)* mains switch; **b)** *(in der Bank, Post)* main counter; **~schiff das** *(Archit.)* nave; **~schlag·ader die** aorta; **~schlüssel der** master key; pass key; **~schrift·leiter der** *(veralt.) s.* **Chefredakteur; ~schul·abschluß der** ≈ secondary school leaving certificate; **~schuld die** main share of the blame; **die ~schuld an etw.** *(Dat.)* **haben** bear the main part of the blame for sth.; **~schuldige der/die** person mainly to blame; *(an einem Verbrechen)* main *or* chief offender; **~schule die** ≈ secondary modern school; **~schüler der** ≈ secondary modern school pupil; **~schul·lehrer der** ≈ secondary modern school teacher; **~schwierigkeit die** main *or* chief difficulty; **~segel das** *(Seemannsspr.)* mainsail; **~seminar das** *(Hochschulw.)* advanced seminar; **~sicherung die** *(Elektrot.)* mains fuse; **~sitz der** head office; headquarters *pl.*; **~sorge die** main worry; **~stadt die** capital [city]; **~städter der, ~städterin die** citizen *or* inhabitant of the capital; **~städtisch** *Adj.* metropolitan; **~straße die a)** *(wichtigste Geschäftsstraße)* high *or* main street; **b)** *(Durchgangsstraße)* main road; **~strecke die** *(Eisenb.)* main line; **~stütze die** main support; *(fig.)* mainstay; **~sünde die** *(kath. Rel.)* cardinal sin; **~tätigkeit die** main *or* principal activity; **~teil der** major part; **~thema das** main topic *or* theme; *(Musik)* main theme; **~ton der a)** *(Musik)* principal note; **b)** *s.* **~akzent; ~treffer der** *s.* **~gewinn; ~tribüne die** *(Sport)* main stand; **~übel das** main *or* chief evil; **~- und Staatsaktion die** *in* **eine ~- und Staatsaktion aus etw. machen** make a big thing *or* a meal of sth. *(coll.)*; **~unterschied der** main *or* principal *or* chief difference; **~ursache die** main *or* principal *or* chief cause; **~verantwortliche der/die** person mainly responsible; **~verdiener der** principal *or* main wage-earner; bread-winner; **~verhandlung die** *(Rechtsw.)* main hearing

**Haupt·verkehr der** bulk of the traffic

**Hauptverkehrs-: ~straße die** main road; **~zeit die** rush hour

**Haupt-: ~versammlung die** *(Wirtsch.)* shareholders' meeting; **~verwaltung die** head office; **~wache die** main police station; **~wacht·meister der a)** *(Polizist) s.* **Polizeihauptwachtmeister; b)** *(hist.) s.* **~feldwebel b; ~werk das a)** *(eines Künstlers)* major *or* most important work; **b)** *(zentrales Werk mit mehreren Teilbetrieben)* main works *sing. or pl.*; **c)** *(an der Orgel)* great organ; **~wohn·sitz der** main place of residence; **~wort das** *(Sprachw.)* noun; **~zeuge der** principal *or* main *or* chief witness; **~zug der a)** *(Eisenbahnw.)* scheduled train; **b)** *(wichtigste Eigenschaft)* main *or* principal feature; **~zweck der** main *or* chief purpose *or* aim

**hau ruck** ['hau'rʊk] *Interj.* heave[-ho]

**Haus** [haus] **das; ~es, Häuser** ['hɔyzɐ] **a)**

house; *(Firmengebäude)* building; **~ an ~ wohnen** be next-door neighbours; **~ an ~ mit jmdm. wohnen** live next door to sb.; **er ist gerade aus dem ~ gegangen** he has just gone out; **im ~ spielen** play indoors; **kommt ins ~, es regnet** come inside, it's raining; **Herrn X, im ~e** *(auf Briefen)* to Mr X *(living in the same block of flats, working in the same firm, etc.)*; **das ~ Gottes** *(geh.)* the house of God; **das Weiße ~:** the White House; **~ und Hof** house and home; **jmdm. ins ~ stehen** *(ugs.)* be in store for sb.; *s. auch* **öffentlich 1; b)** *(Heim)* home; **jmdm. das ~ verbieten** not allow sb. in one's *or* the house; **etw. ins ~/frei ~ liefern** deliver sth. to sb.'s door/free of charge; **das ~ auf den Kopf stellen** *(ugs.)* turn the place upside down; **außer ~[e] sein/essen** be/eat out; **ist Ihre Frau im ~[e]?** is your wife at home?; **nach ~e** home; **zu ~e** at home; **fühlt euch wie zu ~e** make yourselves at home; **sich zu ~e fühlen** *(fig.)* feel at home; **schon dreißig, und er wohnt noch zu ~e** he's already thirty and he's still living with his parents; **bei ihnen zu ~e** in their house/flat; *(in ihrer Heimat)* where they come from; **dieser Brauch ist in Holstein zu ~e** this custom comes from Holstein; **zu ~e spielen** *(Sport)* play at home; *s. auch* **daheim a; das ~ hüten** stay at home *or* indoors; **jmdm. das ~ einrennen** *(ugs.)* be constantly on sb.'s doorstep; **jmdm. ins ~ schneien** *(ugs.)* descend on sb.; **auf einem Gebiet/in etw.** *(Dat.)* **zu ~e sein** *(ugs.)* be at home in a field/in sth.; **c)** *(Theater)* theatre; *(Publikum)* house; **das große/kleine ~:** the large/small theatre; **vor vollen/ausverkauften Häusern spielen** play to full *or* packed houses; **d)** *(Gasthof, Geschäft)* **das erste ~ am Platze** the best shop of its kind/hotel in the town/village *etc.*; **eine Spezialität des ~es** a speciality of the house; **e)** *(Firma)* firm; business house; **das ~ Meyer** the firm of Meyer; **f)** *(geh.: Parlament)* **das Hohe ~:** the House; **beide Häuser [im Parlament]** both Houses [of Parliament]; **Hohes ~!** ≈ Mr Speaker, Sir; **g)** *(geh.: Familie)* household; **der Herr/die Dame des ~es** the master/lady of the house; **aus gutem ~e kommen** come from a *or* be of good family; **der Herr im eigenen ~ sein** be master in one's own house; **Grüße von ~ zu ~:** regards from all of us to all of you; **von ~[e] aus** *(von der Familie her)* by birth; *(eigentlich)* really; actually; **h)** *(~halt)* household; **jmdm. das ~ führen** keep house for sb.; **jmdn. ins ~ nehmen** take sb. in and look after him/her; **i)** *(Dynastie)* house; **das ~ Tudor/[der] Hohenzollern** the House of Tudor/Hohenzollern; **j)** *(ugs.: die ~bewohner)* occupants *pl.* [of the house]; **das ganze ~:** the whole house; **k)** *(ugs. scherzh.: Mensch)* **ein gelehrtes/lustiges** *usw.* **~:** a scholarly/amusing *etc.* sort *(coll.)*; **l)** *(Schnecken~)* shell; **m)** *(Astrol.)* house

**haus-, Haus-: ~altar der** domestic altar; **~angestellte der/die** domestic servant; **~antenne die** external aerial *(Brit.) or (Amer.)* antenna; **~anzug der** *(für Männer)* leisure suit; *(für Frauen)* pyjama suit; **~apotheke die** medicine cabinet; **~arbeit die a)** housework; **b)** *(Schulw.)* item of homework; **~arbeiten aufhaben** *(ugs.)* have homework *sing.*; **~arrest der a)** house arrest; **b)** *(in der Familie)* **er bestraft seinen Sohn mit ~arrest** he punishes his son by keeping him in; **mein Bruder hat ~arrest** my brother is being kept in; **~arzt der a)** family doctor; **b)** *(eines Hotels, Heims)* resident doctor; **~aufgabe die** piece of homework; **~aufgaben aufhaben** *(ugs.)* have homework *sing.*; **~aufsatz der** homework essay; **~backen 1.** *Adj.* plain; unadventurous, boring ⟨*clothes*⟩; **2.** *adv.* ⟨*dress*⟩ unadventurously; **~ball der** [private] dance *(held at sb.'s house)*; **~bar die a)** *(Möbelstück)* cocktail cabinet; **b)** *(kleine Bar)* [home] bar; **~bau der** house-building; **beim ~bau** when building a/one's house; **mit dem ~bau beginnen** start building a/one's house; **~besetzer der** squatter; **~besetzung die** *(Vorgang)* squatting; *(Ergebnis)* squat; **~besitzer der** house-owner; *(Vermieter)* landlord; **~besitzerin die** house-owner; *(Vermieterin)* landlady; **~besorger der, ~besorgerin die** *(österr.) s.* **~meister[in]; ~besuch der** house-call; **~bewohner der** occupant [of the house]; **~boot das** houseboat; **~brand der;** *o. Pl.* **a)** *(Material)* domestic fuel; **b)** *(Prozeß)* domestic heating; **~bursche der** page-boy

**Häuschen** ['hɔysçən] **das; ~s, ~: a)** little *or* small house; **b) [ganz** *od.* **rein] aus dem ~ sein** *(ugs.)* be [completely] over the moon *(coll.)*; **[ganz** *od.* **rein] aus dem ~ geraten** *od.* **fahren** *(ugs.)* go wild with excitement; **jmdn. aus dem ~ bringen** *(ugs.)* get sb. wildly excited; **c)** *(ugs.: Toilette)* privy

**haus-, Haus-: ~dame die** housekeeper; **~detektiv der** house detective; **~diener der** domestic servant; **~drachen der** *(ugs. abwertend)* dragon *(coll.)*; **~durchsuchung die** *(österr.) s.* **~suchung; ~ecke die** corner of the house; **~eigen** *Adj.* **der ~eigene Kindergarten** the company's/hotel's *etc.* own kindergarten; **das Hotel hat einen ~eigenen Swimming-pool/Strand** the hotel has its own swimming-pool/[private] beach; **~eigentümer der** *s.* **~besitzer; ~einfahrt die a)** drive[way] [of the house]; **b)** *(österr.) s.* **~eingang; ~eingang der** entrance [to the house]

**hausen** *itr. V.* **a)** *(ugs. abwertend: wohnen)* live; **b)** *(ugs. abwertend: Verwüstungen anrichten)* **[furchtbar] ~:** cause *or* wreak havoc; **wie die Wandalen ~:** behave like vandals; **c)** *(schweiz.: sparen)* be economical

**Häuser-: ~block der** block [of houses]; **~makler der** estate agent; **~meer das** mass of houses; **~reihe die** row of houses; *(aneinandergebaut)* terrace [of houses]

**Haus-: ~fassade die** house-front; **~flagge die** *(Seew.)* house-flag; **~flur der** hall[way]; entrance-hall; *(im Obergeschoß)* landing

**Haus·frau die a)** housewife; **b)** *(südd., österr.) s.* **~besitzerin**

**Hausfrauen-: ~art die** *in* **nach** *od.* **auf ~art** home-made-style *attrib.*; **~pflicht die;** *meist Pl.* housewifely duty

**hausfraulich** *Adj.* housewifely; **ihre ~en Fähigkeiten** her abilities as a housewife

**Haus·freund der a)** friend of the family; family friend; **b)** *(verhüll.: Liebhaber)* man-friend *(euphem.)*

**Haus·friede[n] der** *(in der Familie)* domestic peace; *(zwischen Hausbewohnern)* good relationships *pl.* between the tenants

**Hausfriedens·bruch der** *(Rechtsw.)* trespass

**haus-, Haus-: ~gans die** domestic goose; **~gast der** resident; guest; **~gebrauch der** domestic use; **das reicht für den ~gebrauch** *(ugs.)* it's good enough to get by *(coll.)*; **Spielst du Klavier? – Ja, aber nur für den ~gebrauch** Do you play the piano? – Yes, but only well enough to get by *(coll.)*; **~gehilfin die** [home] help; **~geist der a)** *(Gespenst)* [resident] ghost; **b)** *(scherzh.: ~angestellte)* **unser guter ~geist** our faithful housekeeper; **~gemacht** *Adj.* home-made; **~gemeinschaft die a)** *(gemeinsamer ~halt)* household; **in einer ~gemeinschaft mit jmdm. leben** live together with sb.; **b)** *(Bewohner eines Hauses)* occupants *pl.* of the block; **~genosse der** *(veralt.)* member of the household; **~gerät das a)** *o. Pl. (veralt.)* household articles *pl.*; **b)** *s.* **Haushalts·gerät**

**Haus·halt der a)** household; **einen ~ gründen/auflösen** set up home/break up a household; **b)** *(Arbeit im ~)* housekeeping; **jmdm. den ~ führen** keep house for sb.; **im ~ helfen** help with the housework; **c)** *(Politik)* budget

**-haushalt der** *(bes. Biol., Med.)* balance

**haus|halten** *unr. itr. V.* **a)** *(sparsam wirtschaften)* be economical **(mit** with); **mit seinen Kräften ~:** conserve one's strength; **b)** *(veralt.: den Haushalt führen)* keep house

**Haushälterin die; ~, ~nen** housekeeper

**haushälterisch 1.** *Adj.* economical. **2.** *adv.* **~ mit etw. umgehen** be economical with sth.; use sth. economically

**haushalts-, Haushalts-: ~artikel der** household article; **billige ~artikel** cheap household articles *or* goods; **~auflösung die** house clearance; **bei einer ~auflösung** when a house/flat is cleared; **~ausgleich der** *(Politik)* **den ~ausgleich garantieren** guarantee a balanced budget; **einen ~ausgleich herbeiführen** balance the budget; **~buch das** housekeeping book; **~debatte die** *(Politik)* budget debate; **~defizit das** budgetary deficit; **~frage die** budgetary question *or* issue; **~führung die** housekeeping; **~geld das;** *o. Pl.* housekeeping money; **~gerät das** household appliance; **~gesetz das** *(Amtsspr.)* budget legislation; **~hilfe die** home help; **~jahr das a)** *(Rechnungsjahr)* financial year; **b)** *(Lehrzeit in einem Haushalt)* **sie machte ein ~jahr** she spent a year with a family, learning how to keep house; **~kasse die** housekeeping money; **die ~kasse war leer** there was no housekeeping money left; **diese alte Schachtel dient uns als ~kasse** we use this old box to keep the housekeeping money in; **~mittel** *Pl.* budgetary funds; **~packung die** family pack; **~plan der** budget; **~politik die** budgetary policy; **~politisch 1.** *Adj.; nicht präd.* related to budgetary policy *postpos.*; **~politische Erwägungen** considerations of budgetary policy; **2.** *adv.* **~politisch gesehen** from the point of view of the budget; **~volumen das** total budget; **~waage die** kitchen scales *pl.*; **~waren** *Pl.* household goods

**Haushaltung die a)** *s.* **Haushalt a; b)** *(Haushaltsführung)* housekeeping

**Haushaltungs-: ~kosten** *Pl.* housekeeping costs; **~vorstand der** head of the household

**haus-, Haus-: ~herr der a)** *(Familienoberhaupt)* head of the household; **b)** *(als Gastgeber)* host; **c)** *(Rechtsspr.) (Eigentümer)* owner; *(Mieter)* occupier; **d)** *(südd., österr.) s.* **~besitzer; e)** *(Sportjargon)* **die ~herren** the hosts; the home team *sing.*; **~herrin die a)** *(Familienoberhaupt)* lady of the house; **b)** *(als Gastgeberin)* hostess; **c)** *(südd., österr.) s.* **~besitzerin; ~hoch 1.** *Adj.* ⟨*flames/waves etc.*⟩ as high as a house; *(fig.)* overwhelming ⟨*superiority etc.*⟩; **die ~hohe Favoritin** the hot favourite; **2.** *adv.* **~hoch türmten sich die Wellen** the waves were mountainous; *(fig.)* **~hoch gewinnen/jmdn. ~hoch schlagen** win hands down/beat sb. hands down; **jmdm. ~hoch überlegen sein** be vastly superior to sb.; **~huhn das** domestic chicken; **~hund der** domestic dog

**hausieren** *itr. V.* **[mit etw.] ~:** hawk [sth.]; peddle [sth.]; **mit einer Idee ~ [gehen]** *(ugs. abwertend)* hawk an idea around; **„Hausieren verboten"** 'no hawkers'

**Hausierer der; ~s, ~:** pedlar; hawker

**haus-, Haus-: ~intern 1.** *Adj.* internal ⟨*regulations, purposes, information*⟩; ⟨*agreement, custom*⟩ within the company; **2.** *adv.* internally; within the company; **~jacke die** casual [wrapover] jacket *(worn at home)*; **~jurist der** firm's lawyer; company lawyer; **[1]~kapelle die** private chapel; **[2]~ka-**

pelle die resident band; ~katze die domestic cat; ~kleid das house dress; ~konzert das concert given at home; ~lehrer der private tutor

**häuslich** ['hɔyslɪç] **1.** *Adj.* **a)** *nicht präd.* domestic ⟨*bliss, peace, affairs, duties, etc.*⟩; am ~en Kaminfeuer at one's own fireside; *s. auch* Herd a; **b)** *(das Zuhause liebend)* home-loving. **2.** *adv.* sich [bei jmdm./irgendwo] ~ niederlassen *od.* einrichten *(ugs.)* make oneself at home [in sb.'s house/somewhere]

**Häuslichkeit die;** ~: domesticity

**Hausmacher-:** ~art die *in* nach ~art home-made-style *attrib.*; ~wurst die home-made sausage

**Haus-:** ~macht die *(hist.)* allodium; *(fig.)* power base; ~mädchen das [home] help

**Haus·mann der** *man who stays at home and does the housework; (Ehemann)* househusband

**Hausmanns·kost die** plain cooking

**Haus-:** ~mantel der housecoat; ~märchen das folk tale; die ~märchen der Brüder Grimm Grimms' Fairy Tales; ~marke die **a)** *(Wein, Sekt)* house wine; **b)** *(ugs.: bevorzugtes Getränk)* usual *or* favourite tipple *(coll.)*; **c)** *(Markenfabrikat einer Firma)* own brand; ~maus die house mouse; ~meier der *(hist.)* mayor of the palace; ~meister der, ~meisterin die **a)** caretaker; **b)** *(schweiz.) s.* ~besitzer[in]; ~mitteilung die **a)** *(im Büro)* [internal] memo; **b)** *(für Kunden)* company newsletter; ~mittel das household remedy; ~musik die music at home; ~musik machen play music at home; ~mutter die house-mother; ~mütterchen das *(ugs. scherzh.)* little housewife; ~nummer die house number; ihre ~nummer the number of her house; ~ordnung die house rules *pl.*; ~partei die *(österr.)* tenant; ~postille die *(hist.) collection of religious and devotional sayings and stories for the family; (fig. ugs.)* organ; ~putz der spring-clean; *(regelmäßig)* clean-out; beim ~putz helfen help with the regular cleaning-out; ~putz halten *od.* machen spring-clean the house

**Haus·rat der** household goods *pl.*

**Hausrat·versicherung die** [household *or* home] contents insurance

**Haus-:** ~recht das *(Rechtsw.) right of a householder or owner of a property to forbid sb. entrance or order sb. to leave;* von seinem ~recht Gebrauch machen forbid sb. entrance/order sb. to leave; ~rind das domestic ox; ~sammlung die house-to-house *or* door-to-door collection; ~schaf das domestic sheep; ~schlachtung die home slaughtering; aus eigener ~schlachtung stammen be home-slaughtered; ~schlüssel der front-door key; house-key; ~schneiderin die visiting seamstress; ~schuh der slipper; ~schwamm der *(Pilz)* dry rot; ~schwein das domestic pig

**Hausse** ['ho:s(ə)] **die;** ~, ~n *(Börsenw.)* rise [in prices]; *(fig.)* boom; ~ haben rise [on the Stock Exchange]; auf ~ spekulieren bull; speculate for a rise

**Haus·segen der** house blessing *(devotional inscription placed in a house)*; bei ihnen hängt der ~ schief *(ugs. scherzh.)* they've been having a row

**Haussier** [(h)o'si̯e:] **der;** ~s, ~s *(Börsenw.)* bull

**Haus·stand der** household; einen [eigenen] ~stand gründen set up home [on their own]; sie führt einen eigenen ~stand she lives independently

**Haussuchung die;** ~, ~en house search

**Haussuchungs·befehl der** search warrant

**Haus-:** ~telefon das internal telephone; ~tier das **a)** pet; **b)** *(Nutztier)* domestic animal; ~tochter die *young girl living with a family in order to learn how to keep house;* ~tor das front entrance; ~tür die front door; etw. direkt vor der ~tür haben *(ugs. fig.)* have sth. on one's doorstep; ~tyrann der *(ugs.)* tyrant [in one's own home]; ~vater der **a)** *(in einem Heim)* house-father; *(in einer Jugendherberge)* warden; **b)** *(veralt.: Familienvater)* paterfamilias; ~verbot das ban on entering the house/pub/restaurant *etc.*; ~verbot haben/bekommen be banned [from the house/pub/restaurant *etc.*]; jmdm. ~verbot erteilen ban sb. [from the house/pub/restaurant *etc.*]; ~versammlung die *(DDR)* tenants' meeting; ~verwalter der manager [of the block]; ~verwaltung die management [of the block]; ~wand die [house] wall; ~wart der *(landsch.)* caretaker; ~wesen das; *o. Pl. (veralt.)* household; ~wirt der landlord; ~wirtin die landlady

**Haus·wirtschaft die;** *o. Pl.* **a)** domestic science and home economics; **b)** *(DDR Landw.)* individuelle *od.* persönliche ~: *co-operative farmer's personal holding of land, buildings, livestock, and equipment*

**hauswirtschaftlich 1.** *Adj.; nicht präd.* domestic; ~e Kenntnisse knowledge of domestic matters. **2.** *adv.* ~ interessiert/begabt interested/talented in domestic matters

**Hauswirtschafts-:** ~lehrerin die home economics and domestic science teacher; ~leiterin die housekeeper; ~schule die college of domestic science and home economics

**Haus-:** ~zelt das ridge tent; ~zins der *(südd., schweiz.) s.* [1]Miete a

**Haut** [haut] **die;** ~, Häute ['hɔytə] **a)** skin; sich *(Dat.)* die ~ abschürfen graze oneself; viel ~ zeigen *(ugs. scherzh.)* show a lot of bare flesh *(coll.)*; naß bis auf die ~: soaked to the skin; wet through; nur noch ~ und Knochen sein *(ugs.)*, nur noch aus ~ und Knochen bestehen *(ugs.)* be nothing but skin and bone; seine eigene ~ retten save one's own skin; seine ~ zu Markte tragen *(ugs.)* risk one's neck *(coll.)*; seine ~ so teuer wie möglich verkaufen *(ugs.)* sell oneself as dearly as possible; sich seiner ~ *(Gen.)* wehren *(ugs.)* stand up for oneself; aus der ~ fahren *(ugs.)* go up the wall *(coll.)*; es ist zum Aus-der-~-Fahren it's enough to drive *or* send you up the wall *(coll.)*; er/sie kann nicht aus seiner/ihrer ~ heraus *(ugs.)* a leopard cannot change its spots *(prov.)*; sich in seiner ~ nicht wohl fühlen *(ugs.)* feel uneasy; *(unzufrieden sein)* feel discontented [with one's lot]; sich in seiner ~ wohl fühlen *(ugs.)* feel contented [with one's lot]; ich möchte nicht in deiner ~ stecken *(ugs.)* I shouldn't like to be in your shoes *(coll.)*; mit heiler ~ davonkommen *(ugs.)* get away with it; jmdm. mit ~ und Haar[en] verfallen sein *(ugs.)* be head over heels in love with sb.; sich einer Aufgabe *(Dat.)* mit ~ und Haar[en] verschreiben *(ugs.)* devote oneself completely *or* wholeheartedly to a task; jmdm. unter die ~ gehen *(ugs.)* get under sb.'s skin *(coll.)*; **b)** *(Fell)* skin; *(von größerem Tier auch)* hide; auf der faulen ~ liegen *(ugs.)* sit around and do nothing; sich auf die faule ~ legen *(ugs.)* sit back and do nothing; **c)** *(Schale)* skin; **d)** *(dünne Schicht, Bespannung)* skin; **e)** *(Mensch)* eine gute/ehrliche ~: a good/honest sort *(coll.)*

**Haut-:** ~abschürfung die graze; ~arzt der skin specialist; dermatologist; ~atmung die *(Med., Zool.)* cutaneous respiration; ~ausschlag der [skin-]rash

**Häutchen** ['hɔytçən] **das;** ~s, ~ **a)** *s.* Haut c: piece of skin; **b)** *s.* Haut d: thin skin

**Haut·creme die** skin cream

**Haute Couture** [(h)o:tku'ty:ɐ̯] **die;** ~ ~: haute couture

**häuten** ['hɔytn̩] **1.** *tr. V.* skin, flay ⟨*animal*⟩; skin ⟨*tomato, almond, etc.*⟩. **2.** *refl. V.* shed its skin/their skins; ⟨*snake*⟩ shed *or* slough its skin

**haut·eng** *Adj.* skin-tight

**Hautevolee** [(h)o:tvo'le:] **die;** ~ *(abwertend)* upper crust *(coll.)*

**haut-, Haut-:** ~falte die fold [of skin]; ~farbe die [skin] colour; wegen seiner ~farbe because of the colour of his skin; ~farben *Adj.* skin-coloured; flesh-coloured; ~freundlich *Adj.* kind to the/one's skin *pred.*

**-häutig** [-'hɔytɪç] *Adj.* -skinned

**haut-, Haut-:** ~jucken das itching *no indef. art.*; ~krankheit die skin disease; ~nah **1.** *Adj.* **a)** *(unmittelbar)* immediate ⟨*contact*⟩; eyeball-to-eyeball ⟨*confrontation*⟩; **b)** *(ugs.: packend, anschaulich)* realistic and gripping ⟨*description*⟩; **c)** *(Anat.)* close to *or* immediately below the skin *postpos.*; **2.** *adv.* **a)** *(unmittelbar)* mit etw. ~nah in Berührung/Kontakt kommen come into very close contact with sth.; jmdn. ~nah decken *od.* bewachen *(Sport Jargon)* mark sb. very tightly *or* closely; *(sehr eng)* ~nah tanzen dance very close together; **b)** *(ugs.: packend, anschaulich)* etw. ~nah beschreiben describe sth. in a realistic and gripping way; ~öl das body oil; ~pflege die skin care; ~pilz der fungus parasitic on the skin; cutaneous fungus *(Med.)*; ~reizung die skin irritation; ~schere die cuticle scissors *pl.*; ~schicht die layer of skin; ~schonend *Adj.* kind to the/one's skin *pred.*; ~transplantation die *(Med.)* skin graft; ~typ der skin type

**Häutung die;** ~, ~en **a)** *s.* häuten 1: skinning; flaying; **b)** *(das Sichhäuten)* Schlangen machen viele ~en durch snakes shed *or* slough their skin many times; eine Eidechse bei der ~: a lizard shedding its skin

**haut·verträglich** *Adj.* kind to the/one's skin *pred.*

[1]**Havanna** [ha'vana] **(das);** ~s Havana

[2]**Havạnna die;** ~, ~[s], **Havạnna·zigarre die** Havana [cigar]

**Havarie** [hava'ri:] **die;** ~, ~n *(Seew., Flugw., österr. auch:* ~ *eines Autos)* accident; *(Schaden)* damage *no indef. art.*; average *(Ins.)*; *(fig.)* breakdown

**havarieren** *itr. V. (Seew., Flugw.)* ⟨*aircraft*⟩ crash; ⟨*ship*⟩ have an accident; zwei Militärmaschinen/*(österr.)* Autos havarierten two military planes/cars collided; ein havariertes Schiff a damaged ship

**Havarist der;** ~en, ~en *(Seew.)* **a)** *(Schiff)* damaged ship; **b)** *(Eigentümer)* owner of a/the damaged ship

**Hawaii** [ha'vai̯] **(das);** ~s Hawaii

**Hawaii-:** ~gitarre die Hawaiian guitar; ~-Inseln *Pl.* Hawaiian Islands

**hawaiisch** *Adj.* Hawaiian

**Hạxe die;** ~, ~n *s.* Hachse

**H-Bombe** ['ha:-] **die** H-bomb

**H-Dur** ['ha:-] **das;** ~ *(Musik)* B major; *s. auch* A-Dur

**he** [he:] *Interj. (ugs.)* **a)** *(Zuruf, Ausruf)* hey; ~ [du], komm mal her! hey [you], come here!; **b)** *(zur Verstärkung einer Frage)* eh

**Hearing** ['hɪərɪŋ] **das;** ~[s], ~s *(bes. Politik)* hearing

**Heb·amme die** midwife

**Hebe-:** ~balken der, ~baum der lever; ~bühne die hydraulic lift; ~figur die *(Eis-, Rollkunstlauf)* lift

**Hebel** ['he:bl̩] **der;** ~s, ~ *(auch Griff, Physik)* lever; den ~ ansetzen position the lever; da müssen wir den ~ ansetzen *(fig.)* that's where we've got to start *(coll.)*; alle ~ in Bewegung setzen *(ugs.)* move heaven and earth; am längeren ~ sitzen *(ugs.)* have the whip hand

**Hebel-:** ~arm der *(Physik)* lever arm; ~gesetz das *(Physik)* principle of the lever; ~griff der *(Ringen)* lever [hold]; ~kraft die leverage; ~wirkung die leverage

**heben** ['he:bn̩] **1.** *unr. tr. V.* **a)** *(nach oben bewegen)* lift; raise; raise ‹*baton, camera, glass*›; **eine Last ~:** lift a load; **die Hand/den Arm ~:** raise one's hand/arm; **schlurft nicht, hebt die Füße!** pick your feet up!; **100 kg/einen Rekord ~** *(Sport)* lift 100 kg./a record weight; **die Stimme ~** *(geh.)* raise one's voice; **einen ~** *(ugs.)* have a drink; **b)** *(an eine andere Stelle bringen)* lift; **jmdn. auf die Schulter/von der Mauer ~:** lift sb. [up] on to one's shoulders/[down] from the wall; **c)** *(heraufholen)* dig up ‹*treasure etc.*›; raise ‹*wreck*›; **d)** *(verbessern)* raise, improve ‹*standard, level*›; increase ‹*turnover, self-confidence*›; improve ‹*mood*›; enhance ‹*standing*›; boost ‹*morale*›; **e)** *(unpers.)* **es hebt jmdm. den Magen** sb.'s stomach heaves; **es hebt mich, wenn ich das sehe** it turns me over to see it *(coll.)*. **2.** *unr. refl. V.* **a)** *(geh.: sich recken, sich er~)* rise; **sich auf die Zehenspitzen ~:** stand on tiptoe; **b)** *(hochgehen, hochsteigen)* rise; ‹*curtain*› rise, go up; ‹*mist, fog*› lift; **sich ~ und senken** rise and fall; ‹*sea, chest*› rise and fall, heave; **d)** *(sich verbessern)* ‹*mood*› improve; ‹*trade*› pick up; ‹*standard, level*› rise, improve, go up; **e)** *(geh.: emporragen)* rise [up]

**Hẹber der; ~s, ~ a)** *(Technik)* jack; **b)** *(Chemie)* pipette; **c)** *(Sport: Gewicht~)* weightlifter

**-hebig** [-he:bɪç] *(Verslehre)* ~-footed

**Hebräer** [he'brɛ:ɐ] **der; ~s, ~, Hebräerin die; ~, ~nen** Hebrew

**Hebraicum** [he'bra:ikʊm] **das; ~s** qualifying examination in Hebrew *(taken by theology students)*; **das ~ haben** have passed the Hebrew examination

**hebräisch** *Adj.:* Hebrew

**Hebung die; ~, ~en a)** *(Bergung)* **die ~ eines Schiffes** the raising of a ship; **bei der ~ des Schatzes ...:** when the treasure is/was dug up ...; **b)** *o. Pl. (Verbesserung)* raising; improvement; **zur ~ des Selbstvertrauens/der Moral** to improve sb.'s self-confidence/morale; **c)** *(Geol.)* uplift; **d)** *(Verslehre)* stressed syllable

**Hechel** ['hɛçl̩] **die; ~, ~n** *(Landw.)* card; hackle; heckle

**Hechelei die; ~, ~en** *(ugs. abwertend)* backbiting *no pl.*; *(Klatsch)* gossip *no pl.*

**¹hẹcheln 1.** *itr. V. (ugs. abwertend)* gossip. **2.** *tr. V. (Landw.)* card; hackle; heckle

**²hẹcheln** *itr. V.* pant [for breath]

**Hecht** [hɛçt] **der; ~[e]s, ~e a)** pike; **der ~ im Karpfenteich sein** *(ugs.)* be a new broom; be a live wire full of new ideas; *(die erste Rolle spielen)* be the kingpin; **b)** *(ugs.: Bursche)* **ein toller ~:** an incredible fellow; **c)** *(Tabaksqualm)* fug *(coll.)*

**hẹchten** *itr. V.; mit sein* dive headlong; make a headlong dive; *(schräg nach oben)* throw oneself sideways; *(Schwimmen)* perform *or* do a racing dive; *(vom Sprungturm)* perform *or* do a pike-dive; *(Turnen)* do a long-fly

**Hẹcht-: ~rolle die** *(Turnen)* piked roll; **~sprung der a)** *(Turnen)* Hecht vault; **b)** *(Schwimmen)* racing dive; *(vom Sprungturm)* pike-dive; **~suppe die** *in* **es zieht wie ~suppe** *(ugs.)* there's a terrible draught *(coll.)*

**¹Heck** [hɛk] **das; ~[e]s, ~e** *od.* **~s a)** *(Schiffs~)* stern; **b)** *(Flugzeug~)* tail; **im ~ der Maschine** at the rear of the plane; **c)** *(Auto~)* rear; back

**²Hẹck das; ~[e]s, ~e** *(nordd.)* gate

**Hẹck·antrieb der** *(Kfz-W.)* rear-wheel drive

**Hẹcke die; ~, ~n a)** hedge; **b)** *(wildwachsend)* thicket

**Hẹcken-: ~landschaft die** landscape of fields and hedgerows; **~rose die** dogrose; **~schere die** hedge shears *pl.*; *(elektrisch)* hedge trimmer; **~schütze der** sniper

**hẹck-, Hẹck-: ~fenster das** rear *or* back window; **~flosse die** tail-fin; **~lastig** [~lastɪç] **1.** *Adj.* tail-heavy; **2.** *adv.* **das Auto reagiert ~lastig** the car tends to be tail-heavy

**Heckmeck** ['hɛkmɛk] **der; ~s** *(ugs. abwertend)* **a)** *(Getue)* fuss; **b)** *(Unsinn)* rubbish

**Hẹck-: ~motor der** rear engine; **~scheibe die** rear *or* back window; **~tür die** back

**heda** ['he:da] *Interj. (veralt.)* I say

**Hederich** ['he:dərɪç] **der; ~s, ~e** *(Bot.)* jointed charlock

**Hedonismus** [hedo'nɪsmʊs] **der; ~** *(Philos.)* hedonism *no art.*

**Hedonist der; ~en, ~en** *(Philos.)* hedonist

**hedonistisch** *Adj.* hedonistic

**Hedschra** ['hɛdʒra] **die; ~:** Hegira

**Heer** [he:ɐ] **das; ~[e]s, ~e a)** *(Gesamtheit der Streitkräfte)* armed forces *pl.*; **das stehende ~:** the standing army; **in das ~ eintreten** join the services; **b)** *(für den Landkrieg)* army; **c)** *(fig.: große Anzahl)* army

**Heeres-: ~bericht der** *(Milit.)* military communiqué; **~bestände** *Pl.* army supplies *or* stores; **~dienst der** military service; **~leitung die** *(Milit.)* army command staff; **die oberste ~leitung** the high command; **~reform die** army reform

**Heer-: ~führer der** army commander; **~lager das** army camp; **~schar die** *(veralt., noch fig.)* host *(arch.)*; *s. auch* **himmlisch 1a**; **~straße die** *(veralt.)* military road; **~wesen das** armed forces *pl.*

**Hefe** ['he:fə] **die; ~, ~n a)** yeast; *(fig.)* driving force; **b)** *(geh. abwertend: Abschaum)* scum

**Hefe-: ~gebäck das** pastry *(made with yeast dough)*; **~kloß der** dumpling made with yeast dough; **aufgehen** *od.* **auseinandergehen wie ein ~kloß** *(ugs. scherzh.)* blow up like a balloon; **~kuchen der** yeast cake; **~pilz der** yeast fungus; **~teig der** yeast dough; **~zopf der** plaited bun

**¹Heft** [hɛft] **das; ~[e]s, ~e** *(geh.) (am Dolch, Messer)* haft; handle; *(am Schwert)* hilt; **das ~ ergreifen** *od.* **in die Hand nehmen** *(geh.)* take control; **das ~ in der Hand haben/behalten** *(geh.)* be in/keep control; **jmdm. das ~ aus der Hand nehmen** *(geh.)* take control from sb.

**²Hẹft das; ~[e]s, ~e a)** *(bes. Schule)* exercise-book; **b)** *(Nummer einer Zeitschrift)* issue; **Jahrgang 10, Heft 12** Volume 10, No. 12; **c)** *(kleines Buch) (small stapled)* book

**Hẹftchen das; ~s, ~ a)** *(Comic)* comic; *(Groschenroman)* novelette; **b)** *(Block)* book [of tickets/stamps *etc.* ]

**hẹften 1.** *tr. V.* **a)** *(mit einer Nadel)* pin; fix; *(mit einer Klammer)* clip; fix; *(mit Klebstoff)* stick; **etw. an/in etw.** *(Akk.)* **~:** pin/stick/clip sth. to/into sth.; **etw. in einen Ordner ~:** put *or* insert sth. in[to] a file; **b)** *(richten)* **die Augen/den Blick auf jmdn./etw. ~:** fasten one's eyes/gaze on sb./sth.; **c)** *(Schneiderei)* tack; baste; **d)** *(Buchbinderei)* stitch; *(mit Klammern)* staple. **2.** *refl. V.* **a)** *(verfolgen)* **sich an jmds. Fersen** *(Akk.)* **~:** stick hard on sb.'s heels; **sich an jmds. Spur** *(Akk.)* **~:** get on the track of sb.; **b)** *(geh.: knüpfen)* **sich an etw.** *(Akk.)* **~:** be linked with sth.; **c)** *(richten)* ‹*eyes, look*› be fixed **(auf +** *Akk.* on)

**Hẹfter der; ~s, ~:** [loose-leaf] file

**Hẹft·garn das** tacking-thread; basting-thread

**hẹftig 1.** *Adj.* **a)** violent ‹*storm, explosion, struggle, collision, argument, movement, passion*›; heavy ‹*rain, shower, blow*›; intense, burning ‹*hatred, desire*›; fierce ‹*controversy, criticism, competition*›; severe ‹*pain, cold*›; loud ‹*bang*›; rapid ‹*breathing*›; bitter ‹*weeping*›; **b)** *(unbeherrscht)* violent ‹*reaction, manner*›; ‹*person*› with a violent temper; heated, vehement ‹*tone, words*›; **~ werden/gleich ~ sein** fly into a temper/flare up. **2.** *adv.* **a)** ‹*rain, snow, breathe*› heavily; ‹*hit*› hard; ‹*hurt*› a great deal; ‹*quarrel, shiver*› violently; **~ weinen** bawl; cry loudly; **sich ~ verlieben** fall passionately *or (coll.)* madly in love; **b)** *(unbeherrscht)* ‹*answer*› angrily, heatedly; ‹*react*› angrily, violently

**Hẹftigkeit die; ~ a)** *s.* **heftig a:** violence; heaviness; intensity; fierceness; severity; loudness; rapidity; bitterness; **b)** *(Unbeherrschtheit)* vehemence

**Hẹft-: ~klammer a)** staple; **b)** *s.* **Büroklammer; ~maschine die** stapler; *(Buchbinderei)* stitcher; **~pflaster das** sticking plaster; **~zwecke die** *s.* **Reißzwecke**

**Hege** ['he:gə] **die; ~** *(Forstw., Jagdw.)* care and protection; *(fig.)* care

**Hegelianer** [he:gə'lia:nɐ] **der; ~s, ~:** Hegelian

**hegelianisch** *Adj.* Hegelian

**Hegelianismus der; ~:** Hegelianism *no art.*

**Hegelsch** ['he:gl̩ʃ] *Adj.* Hegelian; **die ~e Staatsphilosophie** Hegel's political philosophy

**hegemonial** [hegemo'nia:l] *Adj.* hegemonic

**Hegemonie** [hegemo'ni:] **die; ~, ~n** [-ən] hegemony

**hegen** *tr. V.* **a)** *(bes. Forstw., Jagdw.)* look after, tend ‹*plants, animals*›; **b)** *(geh.: umsorgen)* look after; take care of; preserve ‹*old customs*›; **jmdn./etw. ~ und pflegen** lavish care and attention on sb./sth.; **c)** *(in sich tragen)* feel ‹*contempt, hatred, mistrust*›; cherish ‹*hope, wish, desire*›; harbour, nurse ‹*grudge, suspicion*›; **eine Abneigung gegen/eine gewisse Achtung für jmdn. ~:** have a dislike/a certain respect for sb.; **ich hege den Verdacht, daß ...:** I have a suspicion that ...; **große Zweifel [an etw.** *(Dat)*] **~:** have *or* entertain grave doubts [about sth.]

**Hehl** [he:l] *in* **kein[en] ~ aus etw. machen** make no secret of sth.; **er macht kein[en] ~ daraus, daß ...:** he makes no secret of the fact that ...

**Hehler der; ~s, ~:** fence; receiver [of stolen goods]

**Hehlerei die; ~, ~en** *(Rechtsw.)* receiving [stolen goods] *no art.*

**hehr** [he:ɐ] *Adj. (geh.)* majestic ‹*sight*›; glorious ‹*moment*›; noble ‹*ideal*›

**hei** [hai] *Interj.* **~, war das eine Fahrt!** wow, what a trip; **~, ist das ein Spaß!** oh *or* hey, what fun!

**heia** ['haia] *(Kinderspr.) in* **~ machen** go bye-byes *or* beddy-byes *(child lang.)*

**Heia die; ~, ~[s], Heia·bett das** *(Kinderspr.)* bye-byes, beddy-byes *(child lang.)*; **ab in die ~:** off to bye-byes *or* beddy-byes

**heiapopeia** *Interj. s.* **eiapopeia**

**¹Heide** ['haidə] **der; ~n, ~n** heathen; pagan; **das Kind ist ein kleiner ~:** the child is a little heathen

**²Heide die; ~, ~n a)** moor; heath; *(~landschaft)* moorland; heathland; **die Lüneburger ~:** the Luneburg Heath; **b)** *s.* **~kraut**

**Heide-: ~kraut das;** *o. Pl.* heather; ling; **~land das** moorland; heathland

**Heidel·beere** ['haidl̩-] **die** bilberry; blueberry; whortleberry; **in die ~n gehen** *(ugs.)* go picking bilberries *etc.*

**Heiden-: ~angst die;** *o. Pl. (ugs.)* **eine ~angst vor etw.** *(Dat.)* **haben** be scared stiff of sth. *(coll.)*; **er hatte eine ~angst vor der Fahrprüfung** he was in a blue funk about the driving test *(sl.)*; **~arbeit die;** *o. Pl. (ugs.)* a heck of a lot of work *(coll.)*; **~geld das;** *o. Pl. (ugs.)* a packet *(coll.)*; a heck of a lot of money *(coll.)*; **~krach der;** *o. Pl. (ugs.)* **a)** *s.* **~lärm; b)** *(Streit)* flaming row *(coll.)*; **~lärm der** *(ugs.)* unholy *or* dreadful din *or* row *(coll.)*; dreadful racket *(coll.)*; **~mission die** missionary work; **~respekt der** *(ugs.)* healthy respect **(vor +** *Dat.* for); **~röschen das** *s.* **Heideröschen**

b; ~**schreck der;** *o. Pl. (ugs.)* terrible fright *(coll.);* **ihr habt mir einen ~schreck eingejagt** you frightened the life out of me *(coll.);* ~**spaß der;** *o. Pl. (ugs.)* terrific fun *(coll.);* **es macht einen ~spaß** it's terrific fun *(coll.);* ~**spektakel der** *(ugs.) (Lärm)* unholy *or* dreadful din *or* row *(coll.); (Aufregung)* great *or (coll.)* dreadful commotion; ~**tempel der** heathen *or* pagan temple

**Heidentum das; ~s a)** *(Zustand)* heathenism; paganism; **b)** *(die Heiden)* the heathen *pl. or* pagans *pl.;* **das westliche ~:** the infidels *pl.* in the West

**Heide·röschen das a)** rock-rose *(of genus Fumana);* **b)** *(veralt.: Hundsrose)* dogrose

**heidi** [hai'di:] *Interj.* **[und] ~ begann die wilde Fahrt** away he/they *etc.* went; **~ ging's den Berg hinunter** away he/they *etc.* went down the hill

**Heidin die; ~, ~nen** heathen; pagan

**heidnisch 1.** *Adj.* heathen; pagan. **2.** *adv.* **~ leben** live a heathen *or* pagan life

**Heid·schnucke die; ~, ~n** German Heath [sheep]

**heikel** ['haikl] *Adj.* **a)** *(schwierig)* delicate, ticklish ⟨*matter, subject*⟩; ticklish, awkward, tricky ⟨*problem, question, situation*⟩; **b)** *(wählerisch, empfindlich)* finicky, fussy, fastidious (**in bezug auf** + *Akk.* about); **in allen Dingen der Hygiene ist sie sehr ~:** she is very particular in all matters of hygiene

**heil** [hail] *Adj.* **a)** *(unverletzt)* unhurt, unharmed ⟨*person*⟩; **ein Wunder, daß seine Knochen ~ geblieben sind** it's a wonder he didn't break any bones; **~ ankommen** arrive safely *or* safe and sound; **etw. ~ überstehen** survive sth. unscathed; **sollte ich diese Angelegenheit ~ überstehen** *(fig.)* if I come out of this affair without getting my fingers burned; **aus etw. ~ herauskommen** come through sth. safely *or* unscathed; *(fig.)* survive sth.; *s. auch* **Haut a; b)** *nicht attr. (wieder gesund)* **~ werden/wieder ~ sein** ⟨*injured part*⟩ heal [up]/have healed [up]; **c)** *(nicht entzwei)* intact; in one piece; **er hat nicht ein einziges ~es Hemd** he hasn't got a single shirt that doesn't need mending; **es gab nur noch wenige ~e Häuser** only a few houses were undamaged; **eine ~e Welt** *(fig.)* an ideal *or* a perfect world

**Heil das; ~s a)** *(Wohlergehen)* benefit; **sein ~ in etw.** *(Dat.)* **suchen** seek one's salvation in sth.; **bei jmdm./irgendwo sein ~ versuchen** try one's luck with sb./somewhere; **~ Hitler!** *(ns.)* heil Hitler!; **sein ~ in der Flucht suchen** seek refuge in flight; *s. auch* **Berg a; Petri Heil; Ski; b)** *(Rel.)* salvation

**Heiland** ['hailant] **der; ~[e]s, ~e a)** *o. Pl. (Christus)* Saviour; Redeemer; **b)** *(geh.: Retter)* saviour

**Heil-: ~anstalt die a)** *(Anstalt für Kranke od. Süchtige)* sanatorium; **b)** *(psychiatrische Klinik)* mental hospital *or* home; **~bad das a)** *(Kurort)* spa; watering-place; **b)** *(medizinisches Bad)* medicinal bath

**heilbar** *Adj.* curable

**Heilbarkeit die; ~:** curability

**heil·bringend** *Adj.* saving; redeeming; **die ~e Botschaft** the message of salvation *or* redemption

**Heil·butt der** halibut

**heilen 1.** *tr. V.* **a)** cure ⟨*disease*⟩; heal ⟨*wound*⟩; **jmdn. ~:** cure sb.; restore sb. to health; **b)** *(befreien)* **jmdn. von etw. ~:** cure sb. of sth.; **davon/von ihm bin ich geheilt** *(ugs.)* I've been cured of it/my attachment to him. **2.** *itr. V.; mit sein* ⟨*wound*⟩ heal [up]; ⟨*infection*⟩ clear up; ⟨*fracture*⟩ mend

**heil-, Heil-: ~erde die** *pulverized earth with therapeutic properties, used in treating skin diseases and intestinal complaints;* **~erfolg der** success *(of cure etc.);* **zum ~erfolg führen** lead to a successful cure; **~froh** *Adj.; nicht attr.* very *or (Brit. coll.)* jolly glad; **~gymnastik die** *s.* **Krankengymnastik**

**heilig** *Adj.* **a)** holy; **der Heilige Vater** the Holy Father; **der Heilige Stuhl** the Holy See; **die Heilige Jungfrau** the Blessed Virgin; **die ~e Barbara/der ~e Augustinus** Saint Barbara/Saint Augustine; **die Heilige Familie/Dreifaltigkeit** the Holy Family/Trinity; **der Heilige Geist** the Holy Spirit; **die Heiligen Drei Könige** the Three Kings *or* Wise Men; the Magi; **die ~e Taufe/Messe** Holy Baptism/Mass; **der ~e Sonntag** the Sabbath; **die Heilige Schrift** the Holy Scriptures *pl.;* **die Heilige Allianz** *(hist.)* the Holy Alliance; **das Heilige Römische Reich** *(hist.)* the Holy Roman Empire; **b)** *(besonders geweiht)* holy; sacred; **~e Stätten** holy *or* sacred places; **der Heilige Abend/die Heilige Nacht** Christmas Eve/Night; **das Heilige Land** the Holy Land; **c)** *(geh.: unantastbar)* sacred ⟨*right, tradition, cause, etc.*⟩; sacred, solemn ⟨*duty*⟩; gospel ⟨*truth*⟩; solemn ⟨*conviction, oath*⟩; righteous ⟨*anger, zeal*⟩; awed ⟨*silence*⟩; **etw. ist jmdm. ~:** sth. is sacred to sb.; **bei allem, was mir ~ ist** by all that I hold sacred; *s. auch* **hoch 2d; d)** *(ugs.: groß)* incredible *(coll.);* healthy ⟨*respect*⟩; **seine ~e Not mit jmdm. haben** have a lot of trouble *or* a hard time with sb.; **e)** *(veralt.: fromm)* [extremely] devout *or* pious

**Heilig·abend der** Christmas Eve

**Heilige der/die;** *adj. Dekl.* saint; **ein sonderbarer** *od.* **komischer ~r** *(ugs. iron.)* a queer fish *(coll.)*

**heiligen** *tr. V.* **a)** keep, observe ⟨*tradition, Sabbath, etc.*⟩; **die geheiligten Räume** *(auch iron.)* the inner sanctum; the holy of holies; **der Zweck heiligt die Mittel** the end justifies the means; **b)** *(geh.: weihen)* consecrate ⟨*church*⟩; bless ⟨*house, field, etc.*⟩

**Heiligen-: ~bild das** picture of a saint; **~figur die** figure of a saint; **~legende die** life of a saint; **~schein der** gloriole; aureole; *(um den Kopf)* halo; **jmdn. mit einem ~schein umgeben** *(fig.)* be unable to see sb.'s faults; **~verehrung die** veneration of the saints

**heilig|halten** *unr. tr. V.* keep; observe

**Heiligkeit die; ~ a)** holiness; **Seine/Euere ~** *(Anrede)* His/Your Holiness; **b)** *(der Ehe, Taufe usw.)* sanctity; sacredness; *(geh.: des Zornes)* righteousness; **die ~ des Eigentums** *(geh.)* the sanctity *or* inviolability of property

**heilig-, Heilig-: ~mäßig 1.** *Adj.* saintly; **2.** *adv.* **~mäßig leben** lead a saintly life; **~|sprechen** *unr. tr. V. (kath. Kirche)* canonize; **~sprechung die; ~, ~en** *(kath. Kirche)* canonization

**Heiligtum das; ~s, Heiligtümer** shrine; **ein ~ für jmdn. sein** *(fig.)* be a sacred object to sb.; **sein Arbeitszimmer ist sein ~** *(fig.)* his study is his sanctuary *or* sanctum

**Heiligung die; ~, ~en** *(geh.)* **a)** *(das Heilighalten)* observance; **b)** *(Rechtfertigung)* justification

**heil-, Heil-: ~klima das** healthy climate; **ein gutes ~klima** a healthy climate; **~kraft die** healing *or* curative power; **~kräftig** *Adj.* medicinal ⟨*herb, plant, etc.*⟩; curative ⟨*effect*⟩; **~kraut das** medicinal *or* officinal herb; **~kunde die** medicine; **~kundig** *Adj.* skilled in medicine *or* the art of healing *postpos.;* **~los 1.** *Adj.* hopeless, awful ⟨*mess, muddle*⟩; utter, *(coll.)* terrible ⟨*confusion*⟩; **eine ~lose Angst haben** be terrified *or (coll.)* terribly frightened; **2.** *adv.* hopelessly; **~massage die** curative massage; **~massagen** massage treatment *sing., no indef. art.;* **~methode die** curative treatment; method of treatment; **~mittel das** *(auch fig.)* remedy (**gegen** for); *(Medikament)* medicament; **~pädagoge der** teacher of children with special needs; **~pädagogik die** special education *no art.;* **~pflanze die** medicinal *or* officinal plant *or* herb; **~praktiker der** non-medical practitioner; **~quelle die** mineral spring

**heilsam** *Adj.* salutary ⟨*lesson, effect, experience, etc.*⟩

**Heils-: ~armee die** Salvation Army; **~botschaft die** message of salvation

**Heil-: ~schlaf der** *(Med.)* healing sleep; **~serum das** *(Med.)* [antitoxic] serum

**Heils-: ~geschichte die** *(Theol.)* Heilsgeschichte; salvation-history; **~lehre die** *(auch fig.)* doctrine of salvation

**Heil·stätte die** sanatorium; clinic

**Heilung die; ~, ~en a)** *(einer Wunde)* healing; *(von Krankheit, Kranken)* curing; **wenig Hoffnung auf ~ haben** have little hope of being cured; **~ suchen** seek a cure; **b)** *(das Gesundwerden)* **die ~ dieser Fraktur dauert mehrere Wochen** this fracture will take several weeks to mend; **diese Salbe wird die ~ der Wunde beschleunigen** this ointment will help the wound to heal faster

**Heilungs-: ~prozeß der, ~verlauf der** healing process; *(Rekonvaleszenz)* process of recovery

**Heil-: ~verfahren das** [course of] treatment; **~wirkung die** therapeutic *or* curative effect; **~zweck der** *in* **zu ~zwecken** for therapeutic *or* medicinal purposes

**heim** [haim] *Adv.* home

**Heim das; ~[e]s, ~e a)** *(Zuhause)* home; **ein eigenes ~:** a home of his/their *etc.* own; **b)** *(Anstalt, Alters~)* home; *(für Obdachlose)* hostel; *(für Studenten)* hall of residence; hostel; **c)** *s.* **Erholungs~**

**Heim-: ~abend der** social evening; **~arbeit die** outwork; **eine ~arbeit suchen/bekommen** look for/get outwork; **etw. in ~arbeit herstellen lassen** have sth. produced by home-workers; **~arbeiter der, ~arbeiterin die** home-worker; out-worker

**Heimat** ['haima:t] **die; ~, ~en a)** *(~ort)* home; home town/village; *(~land)* home; homeland; **ihr ist Frankreich zur zweiten ~ geworden** France has become her second home; **b)** *(Ursprungsland)* natural habitat; **Frankreich ist die ~ des Champagners** France is the home of champagne

**Heimat-: ~an·schrift die** home address; **~dichter der** regional writer; **~dichtung die** regional literature; **~erde die** native soil; **~film der** [sentimental] film in a[n idealized] regional setting; **~forschung die** research into local history; **~front die** *(bes. ns.)* home front; **~hafen der** home port; **~kunde die** local history, geography, and natural history; **~land das** homeland; native land; *(fig.)* home

**heimatlich** *Adj.* **a)** *(zur Heimat gehörend)* native ⟨*dialect*⟩; **die ~en Berge** the mountains of [one's] home; **die ~e Landschaft/die ~en Bräuche** the landscape/customs of one's native land/district; *s. auch* **Gefilde; b)** *(an die Heimat erinnernd)* nostalgic ⟨*emotions*⟩; **~e Klänge** sounds which evoke memories of home

**heimat-, Heimat-: ~lied das** song of one's homeland; **~los** *Adj.* homeless; **durch den Krieg ~los werden** be displaced by the war; **~lose der/die;** *adj. Dekl.* homeless person; **die ~losen** the homeless; **~museum das** museum of local history; **~ort der a)** home town/village; **b)** *s.* **~hafen; ~recht das** right of domicile; **~sprache die** native language; *(Mundart)* native dialect; **~stadt die** home town; **~verein der** local history society; **~vertrieben** *Adj.* expelled from his/her homeland *postpos.;* **~vertriebene der/die;** *adj. Dekl.* expellee [from his/her homeland]

**heim-: ~|begeben** *unr. refl. V. (geh.)* make one's way home; go home; **~|begleiten** *tr. V.* **jmdn. ~begleiten** take *or* see sb. home; **~|bringen** *unr. tr. V.* **a)** *s.* **~begleiten; b)** bring home

**Heimchen das; ~s, ~ a)** *(ugs. abwertend: Frau)* ~ **[am Herd]** little hausfrau *or* housewife; **b)** *(Grille)* house cricket

**Heim·computer der** home computer

**heim|dürfen** *unr. itr. V.* be allowed [to go] home; **darf ich heim?** may I go home?

**heimelig** ['haiməlɪç] *Adj.* cosy

**heim-, Heim-: ~erzieher der** *counsellor in a home for children or young people;* **~|fahren 1.** *unr. itr. V.; mit sein* drive home; **2.** *unr. tr. V.* drive home; *s. auch* **fahren 1a, 2c; ~fahrt die** journey home; *(mit dem Auto)* drive home; **~|finden** *unr. itr. V.* find one's way home; **~|führen** *tr. V.* **a)** *(geleiten)* take home; **b)** *(geh. veralt.: heiraten)* **eine Frau ~führen** take a wife; **er führte sie ~:** he took her to wife *(arch.);* **er führte sie als seine Braut ~:** he took her for his bride; **~gang der** *(geh. verhüll.)* passing away; **nach dem ~gang ihres Mannes** after her husband passed away; **~gegangene der/die;** *adj. Dekl. (geh. verhüll.)* departed; **unser lieber ~gegangener** our dear departed friend/brother *etc.;* **~|gehen** *unr. itr. V.; mit sein* **a)** go home; **b)** *(geh. verhüll.: sterben)* pass away; **c)** *(unpers.)* **es geht heim** I/we *etc.* are going home; **~geschädigt** *Adj.* institutionalized; **~|holen** *tr. V.* **a)** fetch home; **b)** *(geh. verhüll.)* **Gott hat ihn [zu sich] ~geholt** he has been called to his Maker; **~industrie die** cottage industry

**heimisch** *Adj.* **a)** *(einheimisch)* indigenous, native ⟨*plants, animals, etc.*⟩ **(in + Dat.** to); domestic, home ⟨*industry*⟩; **die ~en Flüsse und Seen** the rivers and lakes of his/her *etc.* native land; **vor ~em Publikum** *(Sport)* in front of a home crowd; **b)** *nicht präd. (zum Heim gehörend)* **an den ~en Herd zurückkehren** go back home; **vom ~en Herd flüchten** get away from the house; **c) ~ sein/sich ~ fühlen** be/feel at home; **~ werden** settle in; **~ werden in (+ Dat.)** settle into

**heim-, Heim-: ~kehr die; ~:** return home; homecoming; **~|kehren** *itr. V.; mit sein* return home **(aus** from); **~kehrer der** home-comer; **die ~kehrer aus dem Krieg/Urlaub** the soldiers returning from the war/the holidaymakers returning home; **~kind das** child brought up in a home; **ein ~kind adoptieren** adopt a child from a home; **~kino das a)** home movies *pl.;* **eine Vorführung im ~kino** a home-movie show; **b)** *(ugs. scherzh.: Fernsehen)* box *(coll.);* goggle-box *(Brit. sl.);* **~|kommen** *unr. itr. V.; mit sein* come *or* return home; **~|laufen** *unr. itr. V.; mit sein* run [back] home; **schnell ~laufen** dash home; **~leiter der** warden; *(eines Kinder-/Jugendheims)* superintendent; *(eines Pflegeheims)* director; **~leiterin die** warden; *(eines Kinder-/Jugendheims)* superintendent; *(eines Pflegeheims)* matron; **~leitung die a)** warden's office; *(eines Kinder-/Jugendheims)* superintendent's office; *(eines Pflegeheims)* director's/matron's office; **b)** *(Person) s.* **~leiter, ~leiterin; ~|leuchten** *itr. V. (salopp)* **jmdm. ~leuchten** give sb. a piece of one's mind *(coll.)*

**heimlich 1.** *Adj.* **a)** secret; secret, clandestine ⟨*agreement, meeting*⟩; **b)** *(österr.) s.* **heimelig. 2.** *adv.* secretly; ⟨*meet*⟩ secretly, in secret; **sie schaute ~ auf die Uhr** she looked furtively at her watch; **er ist ~ weggelaufen** he slipped *or* stole away; **~, still und leise** *(ugs.)* on the quiet; quietly

**Heimlichkeit die; ~, ~en;** *meist Pl.* secret; **in aller ~:** in secret; secretly

**Heimlichtuer** [-tu:ɐ] **der; ~s, ~** *(abwertend)* secretive person

**heim-, Heim-: ~mannschaft die** *(Sport)* home team *or* side; **~|müssen** *unr. itr. V.* have to go home; **~niederlage die** *(Sport)* home defeat; **~ordnung die** rules of the/a home/hostel *etc.;* **~orgel die** home organ; **~platz der** place in a home/hostel *etc.;* **~recht das** *(Sport)* **~recht haben** be playing at home; **die Mannschaft mit ~recht** the home team *or* side; **~reise die** journey home; **~|schicken** *tr. V.* send home; **~schwach** *Adj. (Sport)* **~schwach sein** have a poor home record; **~sieg der** *(Sport)* home win; **~spiel das** *(Sport)* home match *or* game; **~stark** *Adj. (Sport)* **~stark sein** have a very good home record; **~statt die** *(geh.)* home; **~stätte die a)** *s.* **Heimstatt; b)** *(Grundbesitz für Vertriebene)* homestead *(for refugees etc.);* **~|suchen** *tr. V.* **a)** *(überfallen)* ⟨*storm, earthquake, epidemic*⟩ strike; ⟨*disease*⟩ afflict; ⟨*nightmares, doubts*⟩ plague; ⟨*catastrophe, fate*⟩ overtake; **von Streiks/Dürre ~gesucht** strike-torn/drought-ridden; **b)** *(aufsuchen)* ⟨*visitor, salesman, etc.*⟩ descend [up]on; **~suchung die; ~, ~en** affliction; visitation; **~|trauen** *refl. V.* dare to go home

**Heim·tücke die; ~** *(Bösartigkeit)* [concealed] malice; *(Hinterlistigkeit, fig.: einer Krankheit)* insidiousness

**heim·tückisch 1.** *Adj. (bösartig)* malicious; *(fig.)* insidious ⟨*disease*⟩; *(hinterlistig)* insidious. **2.** *adv.* maliciously

**heim-, Heim-: ~vorteil der** *(Sport)* advantage of playing at home; home advantage; **~wärts** [~vɛrts] *(nach Hause zu)* home; *(in Richtung Heimat)* homeward[s]; **~weg der** way home; **sich auf den ~weg machen** set off [for] home; **haben Sie einen weiten ~weg?** have you got a long way to go to get home?

**Heim·weh das** homesickness; **nach jmdm./einem Ort ~ haben** pine for sb./be homesick for a place; **~ bekommen** get homesick

**heimweh·krank** *Adj.* homesick

**heim-, Heim-: ~werker der** handyman; do-it-yourselfer; **~|wollen** *unr. itr. V.* want to go home; **~|zahlen** *tr. V.* **jmdm. etw. ~zahlen** pay sb. back *or* get even with sb. for sth.; **jmdm. in gleicher Münze ~zahlen** pay sb. back in the same coin; **~|ziehen 1.** *unr. itr. V.; mit sein* return home; **2.** *unr. tr. V. (unpers.)* **es zog ihn ~:** he wanted to go home; **~zögling der** *s.* **~kind**

**Hein** [hain] *in* **Freund ~** *(verhüll.)* [Angel of] Death

**Heini** ['haini] **der; ~s, ~s** *(ugs. Schimpfwort)* idiot; half-wit; clot *(sl.)*

**Heinzel·männchen** ['haints|-] **das; ~s, ~:** brownie

**Heirat** ['haira:t] **die; ~, ~en** marriage

**heiraten 1.** *itr. V.* marry; get married; **~ müssen** *(verhüll.)* have to get married; **das Heiraten** marriage *no art.;* getting married *no art.;* **sie hat nach Amerika geheiratet** she got married and settled in America. **2.** *tr. V.* marry

**heirats-, Heirats-: ~absichten** *Pl.* marriage plans; **ernsthafte ~absichten haben** seriously intend to marry *or* get married; **~alter das** marrying age; **im ~alter sein** be of an age to marry; **~annonce die** advertisement for a marriage partner; **~antrag der** proposal *or* offer of marriage; **jmdm. einen ~antrag machen** propose to sb.; **~anzeige die a)** *(Anzeige, daß jemand heiratet)* announcement of a/the forthcoming marriage; **b)** *s.* **~annonce; ~fähig** *Adj.* ⟨*person*⟩ of marriageable age; **im ~fähigen Alter** of marriageable age; **~institut das** marriage bureau; **~kandidat der** *(scherzh.)* **a)** *(jmd., der heiraten will)* husband-to-be; **b)** *(unverheirateter Mann)* eligible bachelor; **~lustig** *Adj. (scherzh.)* eager *or* keen to get married *postpos.;* **~markt der** *(scherzh.)* **a)** *(Zeitungsrubrik)* matrimonial advertisements *pl.;* **b)** *(Veranstaltung)* marriage market; **~schwindel der** fraud involving a spurious offer of marriage; **~schwindler der** *person who makes a spurious offer of marriage for purposes of fraud;* **~urkunde die** marriage certificate; **~vermittler der** marriage broker; **~versprechen das** promise of marriage; **Bruch eines ~versprechens** *(Rechtsw.)* breach of promise

**heisa** ['haiza *od.* 'haisa] *Interj. (veralt.)* hooray

**heischen** ['haiʃn] *tr. V. (geh.)* **a)** *(fordern)* demand; **b)** *(veralt.: bitten um)* ask for; *(inständig)* beg

**heiser** ['haizɐ] **1.** *Adj.* hoarse; *(rauchig)* husky; **sich ~ schreien/reden** shout/talk oneself hoarse. **2.** *adv.* hoarsely; in a hoarse voice

**Heiserkeit die; ~:** *s.* **heiser:** hoarseness; huskiness

**heiß** [hais] **1.** *Adj.* **a)** hot; hot, torrid ⟨*zone*⟩; **brennend/glühend ~:** burning/scorching hot; **jmdm. ist ~:** sb. feels hot; **etw. ~ machen** heat sth. up; **ein Paar Heiße** *(ugs.)* a couple of hot sausages; **es überläuft mich ~ und kalt, es läuft mir ~ und kalt den Rücken hinunter** I feel hot and cold all over; **sie haben sich die Köpfe ~ geredet** the conversation/debate became heated; **dich haben sie wohl zu ~ gebadet?** *(salopp)* you must be off your rocker *(sl.);* **b)** *(heftig)* heated ⟨*debate, argument*⟩; impassioned ⟨*anger*⟩; burning, fervent ⟨*desire*⟩; fierce ⟨*fight, battle*⟩; **c)** *(innig)* ardent, passionate ⟨*wish, love*⟩; **~e Tränen weinen** weep bitterly; cry one's heart out; **~en Dank** *(ugs.)* thanks a lot! *(coll.);* **d)** *(aufreizend)* hot ⟨*rhythm etc.*⟩; sexy ⟨*blouse, dress, etc.*⟩; **eine ~e Nummer** *(ugs.)* a [red-]hot number *(coll.);* **was für'n ~er Typ!** *(salopp)* what a guy! *(coll.); s. auch* **Sohle a; e)** *(ugs.: gefährlich)* hot *(coll.)* ⟨*goods, money*⟩; **das wird ein ~es Jahr** things are going to get pretty hot this year *(coll.);* **ein ~es Thema** a controversial subject; **ein ~es Geschäft** a risky business; **eine ~e Gegend** a rough district; *s. auch* **Eisen b; f)** *nicht präd. (ugs.: Aussichten habend)* hot ⟨*favourite, tip, contender, etc.*⟩; **auf einer ~en Spur sein** be hot on the scent; **g)** *nicht präd. (ugs.: schnell)* hot; *s. auch* **Ofen e; h)** *(ugs.: brünstig)* on heat; **i)** *(salopp: aufgereizt)* **jmdn. ~ machen** turn sb. on *(coll.);* **j)** *(Physik)* hot *(sl.).* **2.** *adv.* **a)** *(heftig)* ⟨*fight*⟩ fiercely; **die Stadt wurde ~ umkämpft** the town was the object of fierce fighting; **es ging ~ her** things got heated; sparks flew *(coll.); (auf einer Party usw.)* things got wild; **b)** *(innig)* **jmdn. ~ und innig lieben** love sb. dearly *or* with all one's heart; **etw. ~ ersehnen** long fervently for sth.

**heißa** ['haisa] *s.* **heisa**

**heiß·blütig** *Adj. (leidenschaftlich)* hot-blooded; ardent, passionate ⟨*lover*⟩; *(leicht erregbar)* hot-tempered

[1]**heißen 1.** *unr. itr. V.* **a)** *(den Namen tragen)* be called; **ich heiße Hans** I am called Hans; my name is Hans; **er heißt mit Nachnamen Müller** his surname is Müller; **früher hat sie anders geheißen** she used to have a different name; **nach jmdm. ~:** be named *or* called after sb.; **und wie sie alle ~:** and the rest [of them]; **wie kann man nur Traugott ~?** how can anyone have a name like Traugott?; **so wahr ich ... heiße** *(ugs.)* as sure as I'm standing here; **dann will ich Emil ~** *(ugs.)* then I'm a Dutchman *(coll.);* **b)** *(bedeuten)* mean; **was heißt „danke" auf französisch?** what's the French for 'thanks'?; **das will viel/nicht viel ~:** that means a lot/doesn't mean much; **was soll das denn ~?** what's that supposed to mean?; **was heißt hier: morgen?** what do you mean, tomorrow?; **das heißt** that is [to say]; **c)** *(lauten)* ⟨*saying*⟩ go; **wie heißt das Buch?** what's [the title *or* name of] the book?; **der Titel/sein Motto heißt ...:** the title/his motto is ...; **d)** *(unpers.) (man sagt)* **es heißt, daß ...:** they say *or* it is said that ...; **es heißt, daß sie unheilbar krank ist** she is said to be incurably ill; **wie es hieß, war sie unheilbar krank** they said *or*

it was said [that] she was incurably ill; **es hieß allgemein, daß ...:** everybody said that...; **es soll nicht ~, daß ...:** never let it be said that ...; **e)** *(unpers.) (ist zu lesen)* **in dem Gedicht/Roman/Artikel heißt es ...:** in the poem/novel/article it says that ...; **wie heißt es doch gleich bei Goethe?** what was it Goethe said?; **f)** *(unpers.) (geh.: es gilt)* **jetzt heißt es aufgepaßt!** you'd better watch out now!; **jetzt heißt es handeln!** now it's time to act *or* for action! **2.** *unr. tr. V.* **a)** *(geh.: auffordern)* tell; bid; **jmdn. etw. tun ~:** tell sb. to do sth.; bid sb. do sth.; **b)** *(geh.: bezeichnen)* call; **jmdn. einen Lügner ~:** call sb. a liar; **jmdn. willkommen ~:** bid sb. welcome; **c)** *(veralt.: einen Namen geben)* name; call

**²heißen** *tr. V. s.* **hissen**

**heiß-, Heiß-: ~ersehnt** *Adj.; präd. getrennt geschrieben* **das ~ersehnte Fahrrad** the bicycle he/she has/had longed for so fervently; **~geliebt** *Adj.; präd. getrennt geschrieben* dearly beloved ⟨*husband, son, etc.*⟩; beloved ⟨*doll, car, etc.*⟩; **~getränk das** hot drink; **~getränke** *(auf Speisekarten)* hot beverages; **~hunger der: einen ~hunger auf etw.** *(Akk.)* **od. nach etw. [haben]** [have] a craving for sth.; **etw. mit [wahrem] ~hunger verschlingen** devour sth. ravenously; [absolutely *(coll.)*] wolf sth. down; **sich mit [wahrem] ~hunger auf etw.** *(Akk.)* **stürzen** *(fig.)* [absolutely *(coll.)*] devour sth.; **~hungrig 1.** *Adj.* ravenous; **2.** *adv.* ravenously; voraciously; **~[laufen 1.** *unr. itr. V.; mit sein* run hot; ⟨*engine*⟩ run hot, overheat; **sie hat soviel telefoniert, daß die Drähte heißliefen** she made so many telephone calls that the wires were buzzing; **2.** *unr. refl. V.* run hot; ⟨*engine*⟩ run hot, overheat

**Heiß·luft die** hot air

**Heißluft-: ~bad das** hot-air bath; **~ballon der** hot-air balloon; **~gerät das** *(Trockner)* hot-air dryer; *(Herd)* hot-air oven

**heiß-, Heiß-: ~mangel die** rotary ironer; **~sporn der** hothead; **~umkämpft** *Adj. (präd. getrennt geschrieben)* fiercely contested *or* disputed; **~umstritten** *Adj. (präd. getrennt geschrieben)* hotly debated ⟨*matter, subject, etc.*⟩; highly controversial ⟨*figure, director, etc*⟩

**Heiß·wasser-: ~bereiter der** water heater; **~speicher der** hot-water tank with an immersion heater

**heiter** ['haitɐ] *Adj.* **a)** *(fröhlich)* cheerful, happy ⟨*person, nature*⟩; happy, merry ⟨*laughter*⟩; **~ und zufrieden** happy and contented; **b)** *(froh stimmend)* cheerful ⟨*music etc.*⟩; cheerful, bright ⟨*colour, wallpaper, room, etc.*⟩; *(amüsant)* funny, amusing ⟨*story etc.*⟩; **einer Sache** *(Dat.)* **die ~e Seite abgewinnen** look on the bright side of sth.; **das ist ja ~!** *(ugs. iron.)* that's just great *or* wonderful *(iron.)*; **das kann ja ~ werden!** *(ugs. iron.)* that'll be fun *(iron.)*; **c)** *(sonnig)* fine ⟨*weather*⟩; bright, fine ⟨*day*⟩; **~ bis wolkig** generally fine, though cloudy in places

**Heiterkeit die; ~ a)** *(Frohsinn)* cheerfulness; **b)** *(Belustigung)* merriment; **allgemeine ~ erregen** provoke *or* cause general merriment; **c)** *(sonniges Wetter)* brightness

**Heiterkeits·ausbruch der** burst of merriment

**heizbar** *Adj.* heated ⟨*windscreen, room, etc.*⟩; **das Zimmer ist nicht/schwer ~:** the room has no heating/is difficult to heat

**Heiz·decke die** electric blanket

**heizen** ['haitsn̩] **1.** *itr. V.* have the heating on; **der Ofen heizt gut** the stove gives off *or* throws out a good heat; **mit Kohle** *usw.* **~:** use coal *etc.* for heating. **2.** *tr. V.* **a)** *(warm machen)* heat ⟨*room etc.*⟩; **b)** *(anheizen)* stoke ⟨*furnace, boiler, etc.*⟩; **den Badeofen ~:** heat the bath-water; **sie ~ ihre Öfen mit Öl** their boilers are oil-fired; **c)** *(als Brennstoff verwenden)* burn. **3.** *refl. V.* **sich gut/schlecht ~:** be easy/difficult to heat

**Heizer der; ~s, ~** *(einer Lokomotive)* fireman; stoker; *(eines Schiffes)* stoker

**Heiz-: ~fläche die** heating surface; **~gerät das** heater; **~kessel der** boiler; **~kissen das** heating pad; **~körper der** radiator; **~kosten** *Pl.* heating costs; **~lüfter der** fan heater; **~material das** fuel [for heating]; **~ofen der** stove; heater; **ein elektrischer ~ofen** an electric heater; **~öl das** heating oil; fuel oil; **~periode die** heating period; **~platte die** hotplate; **~rohr das** heating pipe; **~sonne die** bowl fire; parabolic heater; **~strahler der** radiant heater

**Heizung die; ~, ~en a)** [central] heating *no pl., no indef. art.*; **b)** *(ugs.: Heizkörper)* radiator

**Heizungs-: ~anlage die** heating system; **~keller der** boiler-room *(in the basement)*; **~monteur der** heating engineer; **~technik die** heating engineering

**Heiz·wert der** calorific value

**Hektar** ['hɛkta:ɐ̯] **das** *od.* **der; ~s, ~e** hectare

**Hektar·ertrag der** *(Landw.)* yield per hectare

**Hektik** ['hɛktɪk] **die; ~:** hectic rush; *(des Lebens)* hectic pace; **wozu die ~?** *(ugs.)* what's the rush?; **nur keine ~!** *(ugs.)* take it easy!

**hektisch 1.** *Adj.* **a)** *(fieberhaft)* hectic; **sie ist immer furchtbar ~:** she is always in a hectic rush; **nun mal nicht so ~!** take it easy!; **b)** *(Med. veralt.)* hectic; **~e Flecken** *(fig.)* red blotches. **2.** *adv.* ⟨*work, run to and fro*⟩ frantically; **~ zugehen** be hectic; **~ leben** lead a hectic life

**Hektographie** [hɛktogra'fi:] **die; ~, ~n a)** *o. Pl. (veralt.: Verfahren)* hectography *no art.*; **b)** *(Kopie)* hectographed *or* hectographic copy

**hektographieren** *tr. V.* **a)** *(veralt.)* hectograph; **b)** *(vervielfältigen)* duplicate; copy

**Hekto-: ~liter der** *od.* **das** hectolitre; **~watt das** hundred watts

**Helanca** Ⓦⓩ [he'laŋka] **das; ~:** nylon stretch fabric

**helau** [he'lau̯] *Interj.: cheer or greeting used at Carnival time*

**Held** [hɛlt] **der; ~en, ~en** hero; **du bist mir ein schöner** *od.* **netter ~** *(scherzh.)* a fine one you are!; **den ~en spielen** *(abwertend)* play the hero; **kein ~ in etw.** *(Dat.)* **sein** *(ugs. scherzh. od. spött.)* be no great shakes at sth. *(coll.)*; **du bist nicht gerade ein ~ in der Schule** *(ugs.)* you're not exactly doing brilliantly at school; **der ~ des Tages/des Abends** the hero of the hour; **~ der Arbeit** *(DDR)* Hero of Labour

**Helden-: ~brust die** *(scherzh./iron.)* manly chest; **~darsteller der** *(Theater)* actor of heroic roles; **~dichtung die** *(Literaturw.)* epic *or* heroic poetry; **~epos das** *(Literaturw.)* heroic epic; **~friedhof der** military *or* war cemetery; **~gedenktag der** *(veralt.)* ≈ Remembrance Day *(Brit.)*; Memorial Day *(Amer.)*; **~gestalt die** hero

**heldenhaft 1.** *Adj.* heroic. **2.** *adv.* heroically

**helden-, Helden-: ~lied das** *(Literaturw.)* heroic song *or* lay; **~mut der** heroism; **~mütig 1.** *Adj.* heroic; **2.** *adv.* heroically; **~pose die** *(abwertend)* heroic pose; **~rolle die** *(Theater)* part *or* role of the hero; **~sage die** *(Literaturw.)* heroic legend; *(aus Norwegen, Island)* heroic saga; **~stück das** *(iron.)* **das war kein ~stück** that was nothing to be proud of; **~tat die** heroic feat *or* deed; **das war keine ~tat** *(spött.)* that was nothing to be proud of; **~tenor der a)** *(Sänger)* heroic *or* dramatic tenor; Heldentenor; **b)** *(Stimmlage)* Heldentenor; **~tod der** *(geh. verhüll.)* death in action; **den ~tod sterben/finden** be killed in action

**Heldentum das; ~s** heroism

**Heldin die; ~, ~nen** heroine

**helfen** ['hɛlfn̩] *unr. itr. V.* **a)** *(behilflich sein)* **jmdm. ~ [etw. zu tun]** help *or* assist sb. [to do sth.]; lend *or* give sb. a hand [in doing sth.]; **jmdm. bei etw. ~:** help *or* assist sb. with sth.; **jmdm. in den/aus dem Mantel ~:** help sb. into *or* on with/out of *or* off with his/her coat; **jmdm. über die Straße/in den Bus ~:** help sb. across the road/on to the bus; **dem Kranken war nicht mehr zu ~:** the patient was beyond [all] help; **dir ist nicht zu ~** *(ugs.)* you're a hopeless case; **sich** *(Dat.)* **nicht mehr zu ~ wissen** be at one's wits' end; **sich immer zu ~ wissen** be able to take care of oneself; **dem werde ich ~, einfach die Schule zu schwänzen!** *(ugs.)* I'll teach him to play truant; **ich kann mir nicht ~, aber ...:** I'm sorry, but [I have to say that] ...; **b)** *(nützlich sein)* help; **ein paar Tage Ruhe werden Ihnen sicher ~:** a couple of days' rest will certainly do you good; **das hilft gegen** *od.* **bei Kopfschmerzen** it is good for *or* helps to relieve headaches; **das hilft mir auch nichts** that's no help *or* good to me either; **hilf dir selbst, so hilft dir Gott** *(Spr.)* God helps those who help themselves; **da hilft alles nichts** there's nothing *or* no help for it; **da hilft kein Jammern und kein Klagen** it's no good *or* use moaning and groaning; **c)** *(unpers.)* **es hilft nichts** it's no use *or* good; **was hilft's?** what's the use *or* good?; **damit ist uns nicht geholfen** that is no help to us; that doesn't help us; **es hilft dir wenig zu jammern** it's not much good *or* use moaning

**Helfer der; ~s, ~:** helper; *(Mitarbeiter)* assistant; *(eines Verbrechens)* accomplice; **ein ~ in der Not** a friend in need

**Helferin die; ~, ~nen** *s.* **Helfer**

**Helfers·helfer der; ~s, ~** *(abwertend)* accomplice

**Helikopter** [heli'kɔptɐ] **der; ~s, ~:** helicopter

**helio-, Helio-** [helio-] helio-

**Heliograph** [-'gra:f] **der; ~en, ~en** *(Astron., Nachrichtenw.)* heliograph

**Heliographie** [-gra'fi:] **die; ~** *(Druckw., Nachrichtenw.)* heliography *no art.*

**Helioskop** [-'sko:p] **das; ~s, ~e** *(Astron.)* helioscope

**Heliostat** [-'sta:t] **der; ~[e]s** *od.* **~en, ~en** *(Astron.)* heliostat

**¹Heliotrop das; ~s, ~e** *(Pflanze, Farbe, Farbstoff)* heliotrope

**²Heliotrop der; ~s, ~e** *(Schmuckstein)* bloodstone; heliotrope

**Helium** ['he:li̯ʊm] **das; ~s** helium

**Helix** ['he:lɪks] **die; ~, Helices** ['he:lɪtse:s] *(Chemie)* helix

**hell** [hɛl] **1.** *Adj.* **a)** *(von Licht erfüllt)* light ⟨*room etc.*⟩; well-lit ⟨*stairs*⟩; **es wird ~:** it's getting light; **es war schon ~er Morgen/Tag** it was already broad daylight; **am ~en Tag** *(ugs.)* in broad daylight; **in ~en Flammen stehen** be in flames *or* ablaze; **b)** *(klar)* bright ⟨*day, sky, etc.*⟩; **eine ~ere Zukunft** *(fig. ugs.)* a brighter *or* more promising future; **c)** *(viel Licht spendend)* bright ⟨*light, lamp, star, etc.*⟩; **d)** *(blaß)* light ⟨*colour*⟩; fair ⟨*skin, hair*⟩; light-coloured ⟨*clothes*⟩; **~es Bier** ≈ lager; **e)** *(akustisch)* **ein ~er Ton/Klang** a high, clear sound; **eine ~e Stimme** a high, clear voice; **ein ~es Lachen** a ringing laugh; **f)** *(klug)* bright; intelligent; **ein ~er Kopf sein** be bright; **dort fehlt ein ~er Kopf** what is needed there is somebody with brains; **g)** *(voll bewußt)* lucid ⟨*moment, interval*⟩; **h)** *nicht präd. (ugs.: absolut)* sheer, utter ⟨*madness, foolishness, despair, nonsense*⟩; unbounded, boundless ⟨*enthusiasm*⟩; unrestrained ⟨*jubilation*⟩; **in ~e Wut geraten** fly into a blind rage; **er hat seine ~e Freude an ihr/daran** she/it is his great joy; **daran wirst du deine ~e Freude haben** *(iron.)* you'll soon find out what you've let yourself in for; *s. auch* **Schar. 2.** *adv.* **a)** brightly *(lit)*; ⟨*shine, blaze*⟩ brightly; **b)** *(in hoher Tonlage)* ~ **läuteten die Glocken** the bells rang out high and clear; ~ **lachen** give a ringing laugh; **c)** *(sehr)* highly ⟨*enthusiastic, delighted, indignant, etc.*⟩; *(laut)* **über diesen Unsinn mußte er ~ lachen** he had to laugh heartily at this nonsense

**hell-, Hell-: ~auf** *Adv.* highly ⟨*enthusiastic, indignant, etc.*⟩; **~auf lachen** laugh out loud; **~äugig** *Adj.* ⟨*person*⟩ with light-coloured eyes; **~blau** *Adj.* light blue; **~blond** *Adj.* very fair; light blonde; **~braun** *Adj.* light brown; **~-Dunkel-Adap[ta]tion die** adaptation to light and dark; **~-dunkel·malerei die** chiaroscuro

**helle** *Adj.; nicht attr. (landsch.)* bright; intelligent; **sei ~!** use your head!

**[1]Helle die;** ~ *(geh.) s.* **Helligkeit**

**[2]Helle das;** *adj. Dekl.* ≈ lager

**Hellebarde** [hɛlə'bardə] **die;** ~, ~n *(hist.)* halberd

**hellenisieren** [hɛleni'zi:rən] *tr. V.* Hellenize *no art.*

**Hellenismus der;** ~: Hellenism *no art.*

**Hellenist der;** ~en, ~en Hellenist

**Hellenistik die;** ~: classical Greek studies *pl., no art.*

**hellenistisch** *Adj.* Hellenistic; **die ~en Staaten** the states of Ancient Greece

**Heller der;** ~s, ~: heller; **bis auf den letzten ~/bis auf ~ und Pfennig** *(ugs.)* down to the last penny *or (Amer.)* cent; **das ist keinen [roten *od.* lumpigen] ~ wert** *(ugs.)* it's not worth a penny *or (Amer.)* one red cent; **sie hat keinen [roten *od.* lumpigen] ~** *(ugs.)* she doesn't have a penny to her name *or (Amer.)* have one [red] cent; **keinen [roten] ~ für jmdn./etw. geben** *(ugs.)* not care tuppence about sb./sth.

**hell·erleuchtet** *Adj. (präd. getrennt geschrieben)* brightly-lit

**helleuchtend** ['hɛlɔyçtn̩t] *Adj. (präd. getrennt geschrieben:* **hell leuchtend***)* bright

**hell-: ~farben, ~farbig** *Adj.* light-coloured; **~gekleidet** *Adj. (präd. getrennt geschrieben)* [dressed] in light-coloured clothes *postpos.*; **~gelb** *Adj.* light yellow; **~gestreift** *Adj. (präd. getrennt geschrieben)* with light-coloured stripes *postpos.*; **~grau** *Adj.* light grey; **~grün** *Adj.* light green; **~haarig** *Adj.* fair[-haired]; **~häutig** *Adj.* fair[-skinned], fair-skinned, pale-skinned ⟨*race*⟩; **~hörig** *Adj.* **a)** *(aufmerksam)* **~hörig werden** sit up and take notice *(coll.)*; **jmdn. ~hörig machen** make sb. sit up and take notice *(coll.)*; **b)** *(schalldurchlässig)* badly *or* poorly sound-proofed; **c)** *(veralt.: gut hörend)* **~hörig sein** have keen hearing *or* sharp ears

**hellicht** ['hɛl'lɪçt] *Adj.* **in es ist ~er Tag** it's broad daylight; **am ~en Tag** in broad daylight

**Helligkeit die;** ~, ~en *(auch Physik)* brightness; **eine Lampe von größerer ~:** a brighter lamp

**Helligkeits·regler der** *(Elektrot.)* dimming control; dimmer; *(beim Fernsehgerät)* brightness-control; **Lichtschalter mit ~:** dimmer-switch

**hellodernd** ['hɛlo:dn̩t] *Adj.; nicht präd.* blazing; **~e Flammen** raging flames

**hell-, Hell-: ~rot** *Adj.* light red; **~sehen** *unr. itr. V.; nur im Inf.* **~sehen können** have second sight; be clairvoyant; **~seher der, ~seherin die** clairvoyant; **~seherisch** *Adj.* clairvoyant; **~seherische Begabung haben** have the gift of second sight; **~sichtig** *Adj.* **a)** *(durchschauend)* perceptive; **b)** *(weitblickend)* far-sighted; **~sichtigkeit die;** ~: perceptiveness; **~wach** *Adj.* **a)** *(ganz wach)* wide awake; **b)** *(ugs.: klug)* bright; **~werden das;** ~s daybreak *no art.*

**[1]Helm** [hɛlm] **der;** ~[e]s, ~e **a)** *(Kopfschutz)* helmet; ~ **ab zum Gebet!** *(Milit.)* helmets off for prayers!; **b)** *(Archit.)* *(pyramidenförmig)* helm *or* pyramidal roof; *(kegelförmig)* conical roof

**[2]Helm der;** ~[e]s, ~e *(einer Axt, eines Hammers usw.)* helve; *(eines Messers)* haft; handle

**Helm-: ~busch der** plume; crest; **~dach das** *s.* **[1]Helm b; ~zier die** crest

**Helot** [he'lo:t] **der;** ~en, ~en *(hist.)* Helot

**Helotentum das;** ~s *(hist.)* helotism; helotry

**hem** [həm] *Interj.* hem

**Hemd** [hɛmt] **das;** ~[e]s, ~en **a)** *(Oberhemd)* shirt; **b)** *(Unterhemd)* [under]vest; undershirt; **c)** *in* **etw. wechseln wie das** *od.* **sein ~** *(ugs. abwertend)* change sth. as often as one changes one's clothes; **naß bis aufs ~ sein** be soaked to the skin; be wet through; **das ~ ist mir näher als der Rock** for me charity begins at home; **mach dir nicht ins ~** *(salopp)* don't get [all] uptight *(coll.)*; **das zieht einem [ja] das ~ aus** *(ugs.)* that's terrible!; **für sie gibt er sein letztes** *od.* **das letzte ~ her** *(ugs.)* he'd sell the shirt off his back to help her; **jmdn. bis aufs ~ ausziehen** *(ugs.)* have the shirt off sb.'s back *(coll.)*; **alles bis aufs ~ verlieren** *(ugs.)* lose almost everything

**Hemd-: ~ärmel der** *(österr.) s.* **Hemdsärmel; ~bluse die** shirt; **~blusen·kleid das** shirt-waist dress; **~brust die** shirt-front; dicky *(coll.)*

**Hemden·matz der** *(ugs. scherzh.) small child wearing only a shirt or vest;* little barebum *(coll.)*

**Hemd-: ~knopf der** shirt-button; **~kragen der** shirt-collar

**Hemds·ärmel der** shirt-sleeve; **in ~n** in [one's] shirt-sleeves

**hemdsärmelig** [~ɛrməlɪç] *Adj.* **a)** *(im Hemd)* shirt-sleeved *attrib.*; in [one's] shirt-sleeves *postpos.*; **b)** *(ugs.: leger)* casual ⟨*manner*⟩; informal ⟨*style*⟩; **sich ~ geben** behave in a casual manner; **er ist mir zu ~:** he's too pally for my liking *(coll.)*

**Hemd·zipfel der** shirt-tail

**Hemisphäre** [hemi'sfɛ:rə] **die;** ~, ~n hemisphere

**hemmen** ['hɛmən] *tr. V.* **a)** *(verlangsamen)* slow [down]; retard; **seinen Schritt ~:** slow one's pace; slow down; **b)** *(aufhalten)* check; stem ⟨*flow*⟩; **c)** *(beeinträchtigen)* hinder; hamper; **jmdn. in seiner Entwicklung ~:** inhibit sb.'s development; **d)** *(behindern)* impede, hamper ⟨*person*⟩; **die Verletzung hemmte sie beim Laufen** her injury made walking difficult

**Hemmnis das;** ~ses, ~se obstacle, hindrance **(für** to)

**Hemm·schuh der a)** *(Hemmnis)* obstacle, hindrance **(für** to); **b)** *(Eisenb.)* slipper [brake]; **c)** *(Bremsklotz)* chock; **d)** *(Bremse)* skid; drag

**Hemmung die;** ~, ~en **a)** *(Gehemmtheit)* inhibition; **~en haben** have inhibitions; be inhibited; **ich hatte ~en, sie darum zu bitten** I felt awkward about asking her for it; **b)** *(Bedenken)* scruple; **keine ~en haben, etw. zu tun** have no scruples about doing sth.; **c)** *(Hemmen) (des Wachstums, einer Entwicklung)* inhibition

**hemmungs·los 1.** *Adj.* unrestrained; unrestrained, unbridled ⟨*passion*⟩; *(skrupellos)* unscrupulous; **ein ~er Mensch** a person lacking in all restraint/an unscrupulous person. **2.** *adv.* unrestrainedly; without restraint; ⟨*cry, laugh, scream*⟩ uncontrollably; *(skrupellos)* unscrupulously

**Hemmungslosigkeit die;** ~: lack of restraint; *(Skrupellosigkeit)* unscrupulousness

**Hendl** ['hɛndl̩] **das;** ~s, ~[n] *(bayr., österr.)* chicken; *(Brathähnchen)* [roast] chicken

**Hengst** [hɛŋst] **der;** ~[e]s, ~e *(Pferd)* stallion; *(Kamel)* male; *(Esel)* male; jackass

**Hengst-: ~fohlen das, ~füllen das** colt; [male] foal

**Henkel** ['hɛnkl̩] **der;** ~s, ~: handle; *(einer Kanne)* handle; ear

**Henkel-: ~kanne die** jug; *(größer)* pitcher; **~kreuz das** ansate cross; ankh; **~mann der** *(ugs.) portable set of stacked containers for taking a hot meal to one's work*

**henken** ['hɛŋkn̩] *tr. V. (veralt.)* hang

**Henker der;** ~s, ~ **a)** hangman; *(Scharfrichter, auch fig.)* executioner; **b)** *(salopp)* **sich den ~ um etw. scheren** not give a damn about sth. *(coll.)*; **scher dich** *od.* **geh zum ~!** go to blazes *or* to the devil! *(coll.)*; **hol's der ~!** damn [it]! *(coll.)*; the devil take it! *(coll.)*; **weiß der ~!** the devil only knows *(coll.)*; **beim** *od.* **zum ~!** damn it! *(coll.)*; hang it all! *(coll.)*

**Henker[s]-: ~beil das** executioner's axe; **~hand die: durch** *od.* **von ~hand** *(geh.)* at the hand of the executioner

**Henkers-: ~knecht der** hangman's assistant; *(eines Scharfrichters)* executioner's assistant; *(fig.)* henchman; **~mahlzeit die** last meal *(before execution)*; *(scherzh.)* last slap-up meal *(before examination, operation, departure, etc.)*

**Henna** ['hɛna] **die;** ~ *od.* **das;** ~[s] henna

**Henne** ['hɛnə] **die;** ~, ~n hen

**Hepatitis** [hepa'ti:tɪs] **die;** ~, **Hepatitiden** *(Med.)* hepatitis

**her** [he:ɐ̯] *Adv.* **a)** ~ **damit** give it to me; give it here *(coll.)*; ~ **mit dem Geld** hand over *or* give me the money; **Bier ~!** bring me/us some beer!; **vom Fenster ~:** from the window; **von weit ~:** from far away *or* a long way off; **b)** *(zeitlich)* **von ihrer Kindheit ~:** since childhood; **jmdn. von früher/von der Schulzeit ~ kennen** know sb. from earlier times/from one's school-days; *s. auch* **früher 2; hersein; c) von der Konzeption ~:** as far as the basic design is concerned; **das ist von der Sache ~ nicht vertretbar** it is unjustifiable in the nature of the matter

**herab** [hɛ'rap] *Adv.* **vom Gipfel ~ bis ins Tal** from the summit down to the valley; **bis ~ auf etw.** *(Akk.)* down to sth.; **die Treppe/den Berg ~:** down the stairs/the mountain; **von oben ~** *(fig.)* condescendingly; **er ist immer so von oben ~:** he's always so superior

**herab-, Herab-** *(s. auch* **herunter-***)*: **~|blicken** *itr. V. (geh.) s.* **~sehen; ~|flehen** *tr. V. (geh.)* **Gottes Hilfe ~flehen** beseech God's help; **Gottes Segen auf jmdn. ~flehen** call down God's blessing on sb.; **~|fließen** *unr. itr. V.; mit sein (geh.)* flow down; **~|hängen** *unr. itr. V.* **a)** *(nach unten hängen)* hang [down] **(von** from); *(fig.)* ⟨*clouds*⟩ hang low [in the sky]; **b)** *(schlaff hängen)* ⟨*hair, arms, etc.*⟩ hang down; **~hängende Schultern** drooping shoulders; **~|klettern** *itr. V.; mit sein (geh.)* climb down; descend; **~|kommen** *unr. itr. V.; mit sein (geh.)* come down; descend; **~|lassen 1.** *unr. tr. V.* let down; lower; **2.** *unr. refl. V.* **a)** *(iron.: bereit sein)* **sich ~lassen, etw. zu tun** condescend *or* deign to do sth.; **b)** *(iron. veralt.: leutselig sein)* **sich zu jmdm. ~lassen** come down to sb.'s level; **~lassend 1.** *Adj.* condescending; patronizing **(zu** towards); **2.** *adv.* condescendingly; patronizingly; in a condescending *or* patronizing manner; **~lassung die;** ~: condescension; **~|mindern** *tr. V.* **a)** reduce; **b)** *(schlechtmachen)* belittle, disparage ⟨*achievement, qualities, etc.*⟩; **~minderung die** belittlement; disparagement; **~|regnen** *itr. V.; mit sein* ⟨*drops of rain*⟩ fall; *(fig.)* rain down; **~|rieseln** *itr. V.; mit sein (geh.)* trickle down; ⟨*snow*⟩ fall gently; ⟨*snowflakes*⟩ float down; **~|sehen** *unr. itr. V.* **a)** *(nach unten sehen)* look down **(auf** + *Akk.* on); **b)** *(geringschätzig betrachten)* **auf jmdn. ~sehen** look down on sb.; **~|senken** *refl. V. (geh.)* ⟨*night, evening*⟩ fall; ⟨*mist, fog*⟩ settle, descend **(auf** + *Akk.* on, over);

~|**setzen** *tr. V.* **a)** *(reduzieren)* reduce, cut ⟨*cost, price, working hours, etc.*⟩; reduce ⟨*speed*⟩; **zu ~gesetzten Preisen** at reduced prices; **~gesetzte Waren** *(ugs.)* cut-price goods; **b)** *(abwerten)* belittle; disparage; **~setzung die; ~:** *s.* **~setzen: a)** reduction, cut (*Gen.* in); **b)** belittling; disparagement; ~|**sinken** *unr. itr. V.; mit sein* **a)** *(nach unten sinken)* sink [down]; *(fig.)* ⟨*night*⟩ fall; descend; ⟨*mist, fog*⟩ settle, descend (**auf +** *Akk.* on, over); **b)** *(moralisch absinken)* sink; ~|**steigen** *unr. itr. V.; mit sein (geh.)* descend; climb down; *(vom Pferd)* dismount; ~|**stoßen** *(geh.)* **1.** *unr. tr. V.* push down; **er hat ihn von der Klippe ~gestoßen** he pushed him off the cliff; **2.** *unr. itr. V.; mit sein* swoop down; ~|**stürzen 1.** *itr. V.; mit sein* plummet down; **er stürzte vom Gerüst ~:** he fell from *or* off the scaffolding; **~stürzende Felsbrocken** falling rocks; **2.** *refl. V.* throw oneself (**von** from *or* off); ~|**würdigen** *tr. V.* belittle; disparage; **~würdigung die;** *o. Pl.* belittling; disparagement; ~|**ziehen** *unr. tr. V. (geh.)* **a)** pull down; **b)** *(moralisch)* **jmdn. zu sich/auf sein eigenes Niveau ~ziehen** drag sb. down to one's own level

**Heraklit** [hera'kli:t] **(der)** Heraclitus

**Heraldik** [he'raldɪk] **die; ~:** heraldry *no art.*

**Heraldiker der; ~s, ~:** heraldist; expert in heraldry

**heraldisch** *Adj.* heraldic

**heran** [hɛ'ran] *Adv.* **an etw.** *(Akk.)* **~:** close to *or* right up to sth.; **nur ~ zu mir!, immer ~!** come closer!

**heran-, Heran-: ~|arbeiten** *refl. V.* **sich an etw.** *(Akk.)* **~arbeiten** work one's way towards sth.; ~|**bilden 1.** *tr. V.* train [up]; *(auf der Schule, Universität)* educate; **2.** *refl. V. (sich entwickeln)* develop; ~|**bringen** *unr. tr. V.* **a)** *(zu jmdm. bringen)* bring [up] (**an +** *Akk.*, **zu** to); **b)** *(vertraut machen)* **jmdn. an etw.** *(Akk.)* **~bringen** introduce sb. to sth.; ~|**fahren** *unr. itr. V.; mit sein* drive up (**an +** *Akk.* to); ~|**führen 1.** *tr. V.* **a)** *(in die Nähe führen)* lead up; bring up ⟨*troops*⟩; **aus dem Osten wird Kaltluft ~geführt** there is/will be a cold easterly air-stream; **b)** *(nahe bringen)* bring up (**an +** *Akk.* to); **c)** *(vertraut machen)* **jmdn. an etw.** *(Akk.)* **~führen** introduce sb. to sth.; **2.** *itr. V.* **an etw.** *(Akk.)* **~führen** lead to sth.; ~|**gehen** *unr. itr. V.; mit sein* **a)** go up (**an +** *Akk.* to); **näher ~gehen** go [up] closer; **b)** *(anpacken)* **an ein Problem/eine Aufgabe/die Arbeit** *usw.* **~gehen** tackle a problem/a task/the work *etc.*; **an die Lösung eines Problems ~gehen** set about solving a problem; ~|**holen** *tr. V.* fetch; ~|**kommen** *unr. itr. V.; mit sein* **a) an etw.** *(Akk.)* **~kommen** come *or* draw near to sth.; approach sth.; **laß es erst an dich ~kommen** *(ugs.)* cross that bridge when you get to it; **wir waren fast an den Fluß ~gekommen** we had almost reached the river; **ganz nahe an etw.** *(Akk.)* **~kommen** come right up to sth.; **b)** *(zeitlich)* **der große Tag kam näher ~/war ~gekommen** the big day drew nearer/had arrived; **c) an etw.** *(Akk.)* **~kommen** *(erreichen)* reach sth.; *(erwerben)* obtain sth.; get hold of sth.; **an den Motor** *usw.* **~kommen** get at the engine *etc.*; **an jmdn. ~kommen** *(fig.)* get hold of sb.; **er ist so verschlossen, man kommt nur schwer an ihn ~:** he's so reserved, it's very hard to get to know him; **an diesen Wissenschaftler kommt keiner ~** *(fig.)* there is no one who can compare with this scientist; **an jmds. Erfolg/Rekord ~kommen** *(fig.)* equal sb.'s success/record; ~|**machen** *refl. V. (ugs.)* **a)** *(beginnen)* **sich an etw.** *(Akk.)* **~machen** get down to *or (coll.)* get going on sth.; **b)** *(nähern)* **sich an jmdn. ~machen** chat sb. up *(coll.)*; ~|**nahen** *itr. V.; mit sein (geh.)* approach; draw near; ~|**nehmen** *unr. tr. V.* **die Lehrlinge werden ganz schön ~genommen** the apprentices are really made to work [hard]; **der Lehrer nahm den Schüler tüchtig ~:** the teacher took the boy firmly in hand; ~|**reichen** *itr. V.* **a)** *(erreichen)* reach; **an die oberen Schrankfächer ~reichen** reach [up to] the top shelves; **b)** *(von gleicher Qualität sein)* **an jmdn./etw. ~reichen** come *or* measure up to the standard of sb./sth.; ~|**reifen** *itr. V.; mit sein* ⟨*fruit, crops*⟩ ripen; *(fig.)* ⟨*plan*⟩ mature; **zur Frau/zum Mann/zu einer großen Malerin ~reifen** mature into a woman/man/great painter; **in ihm reifte der Entschluß ~, ins Ausland zu gehen** *(fig.)* he became increasingly resolved to go abroad; ~|**rücken 1.** *tr. V.* pull up ⟨*table*⟩; draw *or* pull *or* bring up ⟨*chair*⟩; **2.** *itr. V.; mit sein* move *or* come closer *or* nearer; ⟨*troops*⟩ advance (**an +** *Akk.* towards); **dicht** *od.* **nah ~rücken** move up close (**an +** *Akk.* to); **mit seinem Stuhl ~rücken** draw *or* pull *or* bring one's chair up closer; ~|**schaffen** *tr. V.* bring; *(liefern)* supply; ~|**schleichen** *unr. itr. V. mit sein; refl. V.* **[sich an etw./jmdn.] ~schleichen** creep *or* sneak up [to sth./on sb.]; ~|**tasten** *refl. V.* **sich [an etw.** *Akk.* **] ~tasten** grope *or* feel one's way [over to sth.]; *(fig.)* feel one's way [towards sth.]; ~|**tragen** *unr. tr. V.* **a)** bring [over]; **b)** *(vorbringen)* **eine Bitte/Beschwerde an jmdn. ~tragen** go/come to sb. with a request/complaint; ~|**treten** *unr. itr. V.; mit sein* **a)** *(an eine Stelle treten)* come/go up (**an +** *Akk.* to); **treten Sie nur näher ~!** come along!; [just] step this way!; **b)** *(sich ergeben)* **Probleme/Fragen/Anfechtungen treten an jmdn. ~:** sb. is faced with problems/questions/accusations; **Zweifel treten an ihn ~:** he is assailed by doubts; **c)** *(sich wenden)* **an jmdn. ~treten** approach sb.; ~|**wachsen** *unr. itr. V.; mit sein* grow up; *(fig.)* develop; **zum Mann/zur Frau ~wachsen** grow up into *or* to be a man/woman; **die ~wachsende Generation** the rising *or* up-and-coming generation; **~wachsende der/die;** *adj. Dekl.* **a)** young person; **viele ~wachsende** many young people; **b)** *(Rechtsw.)* adolescent; ~|**wagen** *refl. V.* venture near; dare to go near; **sich an etw.** *(Akk.)* **~wagen** venture near sth.; dare to go near sth.; *(fig.)* venture *or* dare to tackle *or* attempt sth.; **er wagte sich nicht an das Mädchen ~:** he did not dare to approach the girl; ~|**ziehen 1.** *unr. tr. V.* **a)** *(an eine Stelle ziehen)* pull *or* draw over; pull *or* draw up ⟨*chair*⟩; **etw. zu sich ~ziehen** pull *or* draw sth. towards one; **etw. näher ~ziehen** pull *or* draw sth. closer *or* near (**an +** *Akk.* to); **b)** *(beauftragen)* call *or* bring in; **weitere Arbeitskräfte ~ziehen** bring in more labour; **c)** *(in Betracht ziehen)* refer to; *(geltend machen)* invoke; quote; **d)** *(großziehen)* rear, raise ⟨*animal*⟩; grow ⟨*plant*⟩; *(ugs.)* rear, raise ⟨*child*⟩; **e)** *(ausbilden)* **jmdn. zu etw. ~ziehen** make *or* turn sb. into sth.; **2.** *unr. itr. V.; mit sein (auch fig.)* approach; *(Milit.)* advance

**herauf** [hɛ'rauf] *Adv.* up; **~ ist es beschwerlich** it's hard work coming up; **vom Tal ~:** up from the valley

**herauf-: ~|arbeiten** *refl. V.* **a)** work one's/its way up; **b)** *(hocharbeiten)* work one's way up; ~|**bemühen 1.** *tr. V.* **jmdn. ~bemühen** trouble sb. to come up; **2.** *refl. V.* take the trouble to come up; **würden Sie sich bitte ~bemühen?** *(geh.)* would you mind coming up?; ~|**beschwören** *tr. V.* **a)** *(verursachen)* cause, bring about ⟨*disaster, war, crisis*⟩; cause, provoke ⟨*dispute, argument*⟩; give rise to ⟨*criticism*⟩; **b)** *(erinnern)* evoke ⟨*memories etc.*⟩; ~|**bitten** *unr. tr. V.* **jmdn. ~bitten** ask sb. [to come] up; ~|**bringen** *unr. tr. V.* bring up; ~|**dämmern** *itr. V.; mit sein* ⟨*day, morning*⟩ dawn, break; *(fig.)* dawn; ~|**dringen** *unr. itr. V.; mit sein* rise up [from below]; ⟨*smell*⟩ drift up [from below]; **von/aus etw. ~dringen** rise/drift up from sth.; **Lachen drang zu uns ~:** [the sound of] laughter reached our ears from below; ~|**fahren 1.** *unr. itr. V.; mit sein* drive up; *(mit einem Motorrad, Rad)* ride up; **2.** *unr. tr. V.* **jmdn. ~fahren** drive sb. up; ~|**führen 1.** *itr. V.* **es führen zwei Wege ~:** there are two paths up; **2.** *tr. V.* show ⟨*person*⟩ up; ~|**kommen** *unr. itr. V.; mit sein* **a)** *(nach oben kommen)* come up; **auf den Baum/die Mauer ~kommen** climb *or* get up the tree/up on the wall; **in das obere Stockwerk ~kommen** come up to the top floor; **b)** *(aufsteigen)* rise; come up; **c)** *(bevorstehen)* ⟨*storm*⟩ be approaching *or* gathering *or* brewing; ~|**lassen** *unr. tr. V. (ugs.)* **jmdn. ~lassen** allow sb. [to come] up; let sb. [come] up; ~|**reichen 1.** *tr. V.* hand *or* pass up; **2.** *itr. V. (ugs.: erreichen)* **bis zu etw. ~reichen** reach up to sth.; ~|**sehen** *unr. itr. V.* look up; ~|**setzen** *tr. V.* increase, raise, put up ⟨*prices, rents, interest rates, etc.*⟩; ~|**steigen** *unr. itr. V.; mit sein* **a)** *(nach [hier] oben kommen)* climb [up]; **b)** *(aufsteigen)* rise; come up; ⟨*mist, smoke*⟩ rise; **c)** *(geh.: beginnen)* ⟨*day, morning*⟩ dawn, break; ⟨*night*⟩ come on, fall; ⟨*dawn*⟩ break; ⟨*new age*⟩ dawn; ~|**ziehen 1.** *unr. tr. V.* pull up; **2.** *unr. itr. V.; mit sein* **a)** *(näher kommen)* ⟨*storm*⟩ be approaching *or* gathering *or* brewing; *(fig.)* ⟨*disaster*⟩ be approaching; **b)** *s.* **~steigen c**

**heraus** [hɛ'raus] *Adv.* **~ aus den Federn!/dem Bett!** rise and shine!/out of bed!; **~ mit dir!** get out of here!; **~ damit!** *(gib her!)* hand it over!; *(weg damit!)* get rid of it!; **~ mit der Sprache!** out with it!; **nach vorn ~ wohnen** live at the front; **aus einem Gefühl der Einsamkeit ~:** out of a feeling of loneliness

**heraus-, Heraus-: ~|arbeiten 1.** *tr. V.* **a)** *(aus Stein, Holz)* fashion, carve (**aus** out of); **b)** *(hervorheben)* bring out ⟨*difference, aspect, point of view, etc.*⟩; develop ⟨*observation, remark*⟩; **2.** *refl. V.* work one's way out (**aus** of); ~|**bekommen 1.** *unr. tr. V.* **a)** *(entfernen)* get out (**aus** of); **b)** *(ugs.: lösen)* work out ⟨*problem, answer, etc.*⟩; solve ⟨*puzzle*⟩; **c)** *(ermitteln)* find out; **etw. aus jmdm. ~bekommen** get sth. out of sb.; **d)** *(als Wechselgeld bekommen)* **5 DM ~bekommen** get back 5 marks change; **ich bekomme noch 5 DM ~:** I still have 5 marks [change] to come; **e)** *(von sich geben) s.* **~bringen h; 2.** *unr. itr. V. (Wechselgeld bekommen)* **richtig/falsch ~bekommen** *(ugs.)* get the right/wrong change; ~|**bilden** *refl. V.* develop; ~|**bitten** *unr. tr. V.* **jmdn. ~bitten** ask sb. to come out[side]; **darf ich Sie einen Moment ~bitten?** would you mind coming outside for a moment?; ~|**boxen** *tr. V.* **a)** *(Fußball, Handball)* punch out; **b)** *(befreien)* bail out; ~|**brechen 1.** *unr. tr. V.* knock out; *(mit brutaler Gewalt)* wrench out; pull up ⟨*paving-stone*⟩; **eine Tür/ein paar Fliesen aus der Wand ~brechen** knock out a hole [in the wall] for a doorway/knock a few tiles off the wall; **2.** *unr. itr. V.; mit sein* ⟨*anger, hatred*⟩ burst forth, erupt; **aus dem Glas ist ein großer Splitter ~gebrochen** there's a large chip out of the glass; ~|**bringen** *unr. tr. V.* **a)** *(nach außen bringen)* bring out (**aus** of); **b)** *(nach draußen begleiten)* show out; **c)** *(veröffentlichen)* bring out; publish; *(aufführen)* put on, stage ⟨*play*⟩; screen ⟨*film*⟩; **d)** *(auf den Markt bringen)* bring out; launch; **e)** *(populär machen)* make widely known; **jmdn./etw. ganz groß ~bringen** launch sb./sth. in a big way; **f)** *(ugs.: ermitteln) s.* **~bekommen 1 c; g)** *(ugs.: lösen) s.* **~bekommen 1 b; h)** *(von sich geben)* utter; say; ~|**drehen** *tr. V.* unscrew; ~|**drücken** *tr. V.* **a) etw. ~drücken** squeeze sth. out (**aus** of); squeeze *or* press ⟨*juice, oil*⟩ out (**aus** of); **b)** *(vorwölben)* stick out ⟨*chest etc.*⟩;

**~|dürfen** *unr. itr. V.* be allowed [to come/go] out; **~|fahren 1.** *unr. itr. V.; mit sein* **a)** *(nach außen fahren)* **aus etw. ~fahren** drive out of sth.; *(mit dem Rad, Motorrad)* ride out of sth.; **der Zug fuhr aus dem Bahnhof ~:** the train pulled out of the station; **b)** *(fahrend ~kommen)* come out; **c)** *(ugs.: schnell ~kommen)* **aus dem Bett ~fahren** shoot *or* leap out of bed; **eilig fuhr sie aus dem Mantel ~:** she whipped off her coat; **d)** *(ugs.: entschlüpfen)* ⟨*word, remark, etc.*⟩ slip out; **2.** *unr. tr. V.* **a) den Wagen/das Fahrrad [aus dem Hof] ~fahren** drive the car/ride the bicycle out [of the yard]; **jmdn. ~fahren** drive sb. out (**zu** to); **b)** *(Sport)* **eine gute Zeit/einen Sieg ~fahren** record a good *or* fast time/a victory; **den zweiten Platz ~fahren** take second place; **~|finden 1.** *unr. tr. V.* **a)** *(entdecken)* find out; trace ⟨*fault*⟩; **man fand ~, daß ...:** it was found *or* discovered that ...; **b)** *(aus einer Menge)* pick out (**aus** from [among]); find (**aus** among); **2.** *unr. itr. V.* find one's way out (**aus** of); **3.** *unr. refl. V.* find one's way out (**aus** of); **~|fischen** *tr. V. (ugs.)* fish out *(coll.)* (**aus** of); **sie hat sich** *(Dat.)* **einige hübsche Sachen ~gefischt** she picked out some nice things [for herself]; **~|fliegen 1.** *unr. itr. V.; mit sein* **a)** fly out (**aus** of); **b)** *(aus etw. fallen)* be thrown out (**aus** of); **c)** *(ugs.: entlassen werden)* be fired *or (coll.)* sacked (**bei** from); **2.** *unr. tr. V.* fly out (**aus** of); **~forderer der; ~s, ~** *(auch Sport)* challenger; **~|fordern 1.** *tr. V.* **a)** *(auch Sport)* challenge; **b)** *(heraufbeschwören)* provoke ⟨*person, resistance, etc.*⟩; invite ⟨*criticism*⟩; court ⟨*danger*⟩; **sein Schicksal ~fordern** tempt fate *or* providence; **2.** *itr. V. (provozieren)* **zu etw. ~fordern** provoke sth.; **~fordernd 1.** *Adj.* provocative; *(verlockend)* provocative, inviting ⟨*glance, smile, etc.*⟩; *(Streit suchend)* challenging, defiant ⟨*words, speech, look*⟩; **2.** *adv.: s. Adj.:* provocatively; invitingly; challengingly; defiantly

**Heraus·forderung die** *(auch Sport)* challenge; *(Provokation)* provocation

**heraus-, Heraus-: ~|fühlen** *tr. V.* sense; feel; **~|führen 1.** *tr. V.* **a)** *(nach außen führen)* lead out; **b)** *(nach draußen führen)* bring out; **was führt dich denn zu uns ~?** what brings you out to see us, then?; **2.** *itr. V.* lead out (**aus** of); **~gabe die;** *o. Pl.* **a)** *(von Eigentum, Personen, Geiseln usw.)* handing over; *(Rückgabe)* return; **b)** *(das Veröffentlichen)* publication; *(Redaktion)* editing; **~|geben 1.** *unr. tr. V.* **a)** *(nach außen geben)* hand *or* pass out; **b)** *(aushändigen)* hand over ⟨*property, person, hostage, etc.*⟩; *(zurückgeben)* return; give back; **c)** *(als Wechselgeld zurückgeben)* **5 DM/zuviel ~geben** give 5 marks/too much change; **d)** *(veröffentlichen)* publish; *(für die Veröffentlichung bearbeiten)* edit [for publication]; **e)** issue ⟨*stamp, coin, etc.*⟩; **f)** *(erlassen)* issue; **2.** *itr. V.* give change; **können Sie [auf 100 DM] ~geben?** do you have *or* can you give me change [for 100 marks]?; **jmdm. falsch/richtig ~geben** give sb. the wrong/right change; **~geber der, ~geberin die** publisher; *(Redakteur)* editor; **~|gehen** *unr. itr. V.; mit sein* **a)** *(nach außen gehen)* go out; leave; **aus dem Saal ~gehen** go out of the hall; **aus sich ~gehen** come out of one's shell; **b)** *(sich entfernen lassen)* ⟨*stain, cork, nail, etc.*⟩ come out; **~|greifen** *unr. tr. V.* pick out; select; **sich** *(Dat.)* **jmdn. ~greifen** pick *or* single sb. out (**aus** from); *(fig.)* take ⟨*example, aspect, etc.*⟩ (**aus** from); **~|haben** *unr. tr. V. (ugs.)* **a)** *(entfernt haben)* have got ⟨*stain, nail, cork, etc.*⟩ out; **ich will ihn aus dem Verein ~haben** I want him out of the club; **b)** *(verstanden haben)* have found out; **den Bogen** *od.* **Dreh ~haben[, wie man es macht]** have got the knack [of doing it]; **c)** *(gelöst haben)* have worked out *or* solved ⟨*problem*⟩; have solved ⟨*puzzle*⟩; **er hat etwas anderes ~ als ich** we arrived at *or* got different answers; **ich hab's ~!** I've done it!; **d)** *(ermittelt haben)* know; have found out; **~|halten 1.** *unr. tr. V.* **a)** *(nach außen halten)* put *or* stick out (**aus** of); **b)** *(ugs.: fernhalten, nicht verwickeln)* keep out (**aus** of); **2.** *unr. refl. V.* keep *or* stay out; **halte du dich da ~!** you keep *or* stay out of this *or* it!; **[1]~|hängen** *unr. itr. V.* hang out (**aus** of); **[2]~|hängen** *tr. V.* hang out (**aus** of); **~|hauen** *unr. tr. V.* **a)** chop *or* cut down and clear ⟨*tree*⟩; **b)** *(durch Hauen fertigen)* carve ⟨*figure, letters, relief, etc.*⟩ (**aus** from, out of); **c)** *(ugs.: befreien)* get out; *(aus Schwierigkeiten)* bail out; **~|heben 1.** *unr. tr. V.* **a)** *(nach außen heben)* lift out (**aus** of); **b)** *(hervorheben)* bring out; **es ist diese Eigenschaft, die ihn aus der Masse ~hebt** it is this quality that raises him above *or* sets him apart from the rest; **etw. durch Fettdruck aus dem übrigen Text ~heben** make sth. stand out from the rest of the text with bold type; **2.** *unr. refl. V.* stand out (**aus** from); **~|helfen** *unr. itr. V.* **jmdm. ~helfen** *(auch fig.)* help sb. out (**aus** of); **er half ihr aus dem Zug ~:** he helped her off the train; **~|holen** *tr. V.* **a)** *(nach außen holen)* bring out; **etw. aus einem brennenden Haus ~holen** get sth. out of a burning house; **b)** *(ugs.: abgewinnen)* get out; gain, win ⟨*victory, points*⟩; gain, take ⟨*place*⟩; **er holte das Letzte aus sich ~:** he made an all-out *or* supreme effort; **c)** *(ugs.: erwirken)* gain, win ⟨*wage increase, advantage, etc.*⟩; get, achieve ⟨*result*⟩; **d)** *(ugs.: durch Fragen)* get out; **etw. aus jmdm. ~holen** get sth. out of sb.; **e)** *(ugs.: ~arbeiten)* bring out ⟨*difference, aspect, point of view*⟩; **f)** *(ausgleichen)* make up ⟨*time, points deficit, etc.*⟩; **g)** *(ugs.)* **Geld aus jmdm. ~holen** get money out of *or* extract money from sb.; **~|hören** *tr. V.* **a)** hear; **b)** *(erkennen)* detect, sense (**aus** in); **~|kehren** *tr. V.* parade; **den Vorgesetzten ~kehren** parade the fact that one is in charge; **die Dame der Gesellschaft ~kehren** act the society lady; **~kehren, daß ...:** parade the fact that ...; **~|kommen** *unr. itr. V.; mit sein* **a)** *(nach außen kommen)* come out (**aus** of); **nach/in zwei Jahren wieder ~kommen** *(ugs.)* be let out after/in two years; **b)** *(ein Gebiet verlassen)* **er ist nie aus seiner Heimatstadt ~gekommen** he's never been out of *or* never left his home town; **du kommst viel zu wenig ~:** you don't get out nearly enough; **wir kamen aus dem Staunen/Lachen nicht ~** *(fig.)* we couldn't get over our surprise/stop laughing; **c)** *(ugs.: einen Ausweg finden)* get out (**aus** of); **aus einer Situation/den Sorgen ~kommen** get out of a situation/get over one's worries; **aus den Schulden ~kommen** get out of debt; **d)** *(ugs.: auf den Markt kommen)* come out; **mit einem Produkt ~kommen** bring out *or* launch a product; **e)** *(erscheinen)* ⟨*book, timetable, etc.*⟩ come out, be published, appear; ⟨*coin, postage stamp*⟩ be issued; ⟨*play*⟩ be staged; **f)** *(ugs.: bekannt werden)* come out; **g)** *(ugs.: zur Sprache kommen)* **mit etw. ~kommen** come out with sth.; **h)** *(ugs.: sich erfolgreich produzieren)* **ganz groß ~kommen** make a big splash; **i)** *(deutlich werden)* come out; ⟨*colour*⟩ show up; **j)** *(ugs.: ausgedrückt werden)* sound; **k)** *(ugs.: sich als Resultat ergeben)* **bei etw. ~kommen** come out of *or* emerge from sth.; **auf dasselbe ~kommen** amount to the same thing; **was kommt bei der Aufgabe ~?** what is the answer to the question?; **dabei kommt nichts ~:** nothing will come of it; **was soll dabei ~kommen?** what's that supposed to achieve?; **l)** *(ugs.: aus der Übung kommen)* get out of practice; **m)** *(ugs.: ausspielen)* lead; **wer kommt ~?** whose lead is it?; **mit etw. ~kommen** lead sth.; **n)** *(ugs.: gewinnen)* ⟨*number, person*⟩ come up; **o)** *(schweiz.: ausgehen, enden)* turn out; **~|kriegen** *tr. V. (ugs.) s.* **~bekommen; ~|kristallisieren 1.** *tr. V.* **a)** *(Chemie)* crystallize [out]; **b)** *(zusammenfassen)* extract; **2.** *refl. V.* **a)** *(Chemie)* crystallize [out]; ⟨*crystal*⟩ form; **b)** *(entwickeln)* crystallize (**aus** out of); **~|lassen** *unr. tr. V. (ugs.)* **a)** *(nach außen kommen lassen)* let out (**aus** of); release (**aus** from); **abends lassen sie den Wachhund ~:** they let the guard-dog loose in the evenings; **b)** *(weglassen)* leave out (**aus** of); **~|laufen 1.** *unr. itr. V.; mit sein* **a)** run out (**aus** of); *(Fußball)* ⟨*goalkeeper*⟩ come out; **b)** *(nach außen fließen)* run out (**aus** of); **2.** *unr. tr. V.* *(Sport)* win ⟨*victory*⟩; build up ⟨*lead*⟩; take ⟨*first place etc.*⟩; **eine gute Zeit ~laufen** run *or* record a good time; **~|lesen** *unr. tr. V.* **a)** *(entnehmen)* tell (**aus** from); **b)** *(interpretieren)* **etw. aus etw. ~lesen** read sth. into sth.; **c)** *(auswählen)* pick out (**aus** from); **~|locken** *tr. V.* **a)** entice out (**aus** of); lure ⟨*enemy, victim, etc.*⟩ out (**aus** of); **b)** *(durch List)* **Geld/ein Geheimnis aus jmdm. ~locken** wheedle money/worm a secret out of sb.; **jmdn. aus seiner Reserve ~locken** draw sb. out of his/her shell; **~|lügen** *unr. refl. V.* **sich aus etw. ~lügen** lie one's way out of sth.; **~|machen** *(ugs.)* **1.** *tr. V.* take out; get out ⟨*stain*⟩; **2.** *refl. V.* come on well; *(nach einer Krankheit)* pick up; *(finanziell)* do well; **~|müssen** *unr. itr. V.* *(ugs.)* **a) aus etw. ~müssen** have to leave sth.; **dieser Zahn muß ~:** this tooth has to come out; **b)** *(aufstehen müssen)* have to get up; **c)** *(gesagt werden müssen)* have to come out; **das mußte einfach ~!** I simply had to get that off my chest *(coll.)*; **~nehmbar** *Adj.* removable; detachable ⟨*lining*⟩; **~|nehmen** *unr. tr. V.* **a)** take out (**aus** of); **b)** *(ugs.: entfernen)* take out, remove ⟨*appendix, tonsils, tooth, etc.*⟩; **jmdm. den Blinddarm ~nehmen** take out *or* remove sb.'s appendix; **sich** *(Dat.)* **die Mandeln ~nehmen lassen** have one's tonsils out; **den Gang ~nehmen** *(fig.)* put the car into neutral; **ein Kind aus einer Schule ~nehmen** take a child away *or* remove a child from a school; *(Ballspiele)* take off ⟨*player*⟩; **c)** *(ugs.: erlauben)* **sich** *(Dat.)* **Freiheiten ~nehmen** take liberties; **was nimmst du dir ~, mich so zu kritisieren!** how dare you criticize me like that!; **sich** *(Dat.)* **zuviel ~nehmen** go too far; **~|picken** *tr. V. (fig.)* pick out (**aus** of); **~|platzen** *itr. V.; mit sein (ugs.)* **a)** *(~lachen)* burst out laughing; **b)** *(spontan äußern)* **mit etw. ~platzen** blurt sth. out; **~|pressen** *tr. V.* **a)** *(aus etw. pressen) s.* **~drücken a; b)** *(erpressen)* squeeze out ⟨*money*⟩ (**aus** from); wring out ⟨*confession, concession*⟩ (**aus** from); **~|putzen** *tr. V.* **a)** *(festlich kleiden)* dress up; **sich ~putzen** get dressed up; **b)** *(festlich schmücken)* deck out; **sich ~putzen** be decked out; **~|ragen** *itr. V.* **a)** jut out, project (**aus** from); *(sich erheben über)* **aus etw. ~ragen** rise above sth.; **b)** *(hervortreten)* stand out (**aus** from); **~ragend** *Adj.* outstanding; **~|reden** *refl. V. (ugs.)* talk one's way out (**aus** of); **~|reißen** *unr. tr. V.* **a)** tear *or* rip out (**aus** of); pull up *or* out ⟨*plant*⟩; pull out ⟨*hair*⟩; pull up ⟨*floor*⟩; rip out ⟨*tiles*⟩; **b)** *(aus der Umgebung, der Arbeit)* tear away (**aus** from); **die Krankheit hat ihn aus der Arbeit ~gerissen** the illness had interrupted his work; **jmdn. aus einem Gespräch/seiner Lethargie ~reißen** drag sb. away from a conversation/jolt *or* shake sb. out of his/her lethargy; **jmdn. aus seiner Traurigkeit ~reißen** take sb. out of himself/herself; **c)** *(ugs.: befreien)* save; **~|rücken 1.** *tr. V.* **a)** *(nach außen rücken)* move out (**aus** of); **b)** *(ugs.: hergeben)* hand over; cough up *(coll.)* ⟨*money*⟩; **2.** *itr. V.; mit sein* **mit etw./der**

Sprache ~rücken come out with sth./it; ~|**rufen 1.** *unr. itr. V.* call *or* shout out (**aus** of); **2.** *unr. tr. V.* call out; **jmdn. aus einer Sitzung ~rufen** call sb. out of a meeting; **das Publikum rief den Sänger mehrmals ~:** the audience called the singer back several times; ~|**rutschen** *itr. V.; mit sein* **a)** slip out (**aus** of); **ihm rutscht immer das Hemd aus der Hose ~:** his shirt is always coming out of his trousers; **b)** *(ugs.: entschlüpfen)* ⟨*remark etc.*⟩ slip out; **die Bemerkung war ihr nur so ~gerutscht** the remark just slipped out somehow; ~|**saugen** *unr. (auch regelm.) tr. V.* suck out (**aus** of); ~|**schälen** *refl. V.* **a)** *(erkennbar werden)* emerge (**aus** from); **b)** *(sich erweisen)* **sich als etw. ~schälen** turn out *or* prove to be sth.; ~|**schauen** *itr. V. (landsch.)* **a)** look out (**aus/zu** of); **b)** *(hervorschauen)* ⟨*petticoat etc.*⟩ be showing; ⟨*shirt*⟩ be hanging out; **c)** *(ugs.: zu erwarten sein)* **dabei schaut etwas/nicht viel für ihn ~:** there's something/not much in it for him; **es schaut nichts dabei ~:** there's nothing to be gained by it; ~|**schießen** *unr. itr. V.* **a) aus einem Fenster/Auto ~schießen** shoot *or* fire from a window/car; **b)** *mit sein (sich schnell bewegen)* shoot out (**aus** of); **ein Blutstrahl schoß aus der Wunde ~:** blood spurted from the wound; **~geschossen kommen** *(ugs.)* shoot out (**aus** of); ~|**schlagen 1.** *unr. tr. V.* **a)** knock out; **b)** *(ugs.: gewinnen)* get ⟨*discount, advantage, etc.*⟩; make ⟨*money, profit*⟩; **2.** *unr. itr. V.; mit sein* ⟨*flames*⟩ leap out (**aus** of); ~|**schleichen 1.** *unr. itr. V.; mit sein* sneak *or* steal out (**aus** of); **2.** *unr. refl. V.* sneak or steal out (**aus** of); ~|**schleudern** *tr. V.* hurl *or* fling out (**aus** of); hurl ⟨*accusations etc.*⟩; **die Straßenbahn wurde aus den Schienen ~geschleudert** the tram *(Brit.) or (Amer.)* streetcar was flung *or* thrown off the rails; ~|**schlüpfen** *itr. V.; mit sein* slip out (**aus** of); **eine Bemerkung schlüpfte ihm ~:** a remark slipped out; ~|**schmecken 1.** *tr. V.* **etw. ~schmecken [können]** be able to taste sth.; **2.** *itr. V.* taste; ~|**schmeißen** *s.* **rausschmeißen**; ~|**schmuggeln** *tr. V.* smuggle out (**aus** of); ~|**schneiden** *unr. tr. V.* cut out (**aus** of); ~|**schrauben** *tr. V.* unscrew ⟨*light bulb, screw*⟩; unscrew, screw off ⟨*door handle, table leg, etc.*⟩; ~|**schreiben** *unr. tr. V.* copy out (**aus** from); ~|**schreien** *unr. tr. V.* **seine Wut/seinen Zorn/seinen Haß ~schreien** vent *or* give vent to one's anger/rage/hatred in a loud outburst; ~|**sein** *unr. itr. V. mit sein (nur im Inf. u. Part. zusammengeschrieben) (ugs.)* **a)** *(draußen sein)* be out; **b)** *(entfernt sein)* ⟨*tooth, appendix, nail, etc.*⟩ be out; **c)** *(hervorgekommen sein)* ⟨*flowers, stars, etc.*⟩ be out; **d)** *(hinter sich gelassen haben)* **aus etw. ~sein** be out of sth.; **aus der Schule ~sein** have left school; **e)** *(überstanden haben)* **aus den Schulden/einem Dilemma** *usw.* **~sein** have got *or* be out of debt/a dilemma *etc.*; **aus dem Gröbsten ~sein** be over the worst; **f)** *(veröffentlicht sein)* ⟨*book, banknote, timetable, etc.*⟩ be out; **g)** *(bekannt sein)* be known; **h)** *(ausgesprochen sein)* ⟨*truth*⟩ be out, have come out; ⟨*words*⟩ have been said; **i)** *(ugs.)* **fein ~sein** be sitting pretty *(coll.)*

**heraußen** [hɛˈrausn̩] *Adv. (südd., österr.)* out here

**her<u>au</u>s-:** ~|**springen** *unr. itr. V.; mit sein* **a)** jump *or* leap out (**aus** of); **b)** *(sich lösen)* come out; **c)** *s.* **~schauen c**; ~|**sprudeln 1.** *itr. V.; mit sein* bubble out (**aus** of); **2.** *tr. V.* **sie sprudelte die Worte heraus** the words tumbled from her lips; ~|**stehen** *unr. itr. V.* protrude; stick out; ~|**stellen 1.** *tr. V.* **a)** put out[side]; **sie stellte das Geschirr zum Abendessen ~:** she got the china out ready for dinner; **einen Spieler ~stellen** *(Sport)* send a player off; **b)** *(hervorheben)* emphasize; bring out; present, set out ⟨*principles etc.*⟩; **eine Nebenfigur ~stellen** give prominence to a minor character; **2.** *refl. V.* **es stellte sich ~, daß ...:** it turned out *or* emerged that ...; **wie sich später ~stellte, hatte er ...:** it turned out later that he had ...; **wer recht hat, wird sich erst noch ~stellen müssen** it remains to be seen who is right; **es wird sich bald ~stellen, ob ...:** we shall soon know *or* find out whether ...; **sich als falsch/wahr** *usw.* **~stellen** turn out *or* prove to be wrong/true *etc.*; ~|**strecken** *tr. V.* stick out (**aus** of); **jmdm. die Zunge ~strecken** stick *or* put one's tongue out at sb.; **seinen Arm/Kopf zum Fenster ~strecken** stick *or* put one's arm/head out of the window; ~|**streichen** *unr. tr. V.* **a)** *(ausstreichen)* cross out; delete (**aus** from); **b)** *(hervorheben)* point out; **er streicht gerne ~, daß ...:** he likes everyone to know that ...; ~|**strömen** *itr. V.; mit sein* **a)** *(ausströmen)* ⟨*water etc.*⟩ pour out (**aus** of); ⟨*gas*⟩ escape (**aus** from); **b)** *(~kommen)* ⟨*Menschenmenge*⟩ pour out (**aus** of); ~|**stürzen** *itr. V.; mit sein* **a)** *(~fallen)* fall out (**aus** of); **b)** *(eilen)* rush *or* dash out (**aus** of); ~|**suchen** *tr. V.* pick out; look out ⟨*file*⟩; ~|**tragen** *unr. tr. V.* carry outside; **die Kisten aus dem Haus ~tragen** carry the boxes out of the house; ~|**treten** *unr. itr. V.; mit sein* **a)** come out (**aus** of); **auf den Balkon ~treten** come *or* step out onto the balcony; **b)** *(sich abzeichnen)* ⟨*veins etc.*⟩ stand out; ~|**trommeln** *tr. V. (ugs.)* get out; ~|**wachsen** *unr. itr. V.; mit sein* grow out (**aus** of); ~|**werfen** *unr. tr. V.* **a)** throw out (**aus** of); **b)** *s.* **hinauswerfen**; ~|**winden** *unr. refl. V.* wriggle out (**aus** of); ~|**wirtschaften** *tr. V.* make ⟨*profit etc.*⟩ (**aus** out of); ~|**wollen** *unr. itr. V.* want to come/go out (**aus** of); **er wollte nicht mit der Sprache ~:** he did not want to come out with it; ~|**ziehen 1.** *unr. tr. V.* **a)** pull out (**aus** of); **b)** *(wegbringen)* pull out, withdraw ⟨*troops etc.*⟩; **c)** *(exzerpieren, extrahieren)* extract (**aus** from); **2.** *unr. itr. V.; mit sein* move out (**aus** of)

**herb** [hɛrp] **1.** *Adj.* **a)** [slightly] sharp *or* astringent ⟨*taste*⟩; dry ⟨*wine*⟩; [slightly] sharp *or* tangy ⟨*smell, perfume*⟩; **b)** bitter ⟨*disappointment, loss*⟩; severe ⟨*face, features*⟩; austere ⟨*beauty*⟩; **c)** *(unfreundlich)* harsh ⟨*words, criticism*⟩; curt ⟨*greeting*⟩. **2.** *adv.* bitterly ⟨*disappointed*⟩

**Herbarium** [hɛrˈbaːri̯ʊm] **das; ~s, Herbarien** [-ˈ-ri̯ən] herbarium

**herbei** [hɛɐ̯ˈbai] *Adv.* **~ [zu mir]!** come [over] here!; **alle Mann** *od.* *(ugs.)* **alles ~!** come [over] here, everybody!

**herb<u>ei</u>-:** ~|**bringen** *unr. tr. V.* bring [over]; ~|**eilen** *itr. V.; mit sein* hurry over; come hurrying up; ~|**führen** *tr. V.* produce, bring about ⟨*decision*⟩; bring about, cause ⟨*downfall*⟩; cause ⟨*accident*⟩; **wenn nicht bald eine Entscheidung ~geführt wird** if no decision is reached soon; **den Tod ~führen** cause death; ~|**holen** *tr. V.* fetch; **sich** *(Dat.)* **etw. ~holen lassen** have sth. brought to one; **einen Arzt ~holen/~holen lassen** fetch/send for a doctor; ~|**kommen** *unr. itr. V.; mit sein* come up *or* along; **die Menschen kamen aus allen Richtungen ~:** people came from all directions; ~|**lassen** *unr. refl. V. (iron.)* **sich ~lassen, etw. zu tun** condescend *or* deign to do sth.; ~|**laufen** *unr. itr. V.; mit sein* come running up; ~|**rufen** *unr. tr. V.* call over; **Hilfe/einen Arzt ~rufen** summon help/call a doctor; ~|**schaffen** *tr. V.* bring; *(besorgen)* get; ~|**sehnen** *tr. V.* long for; **sie hatte den Urlaub sehr ~gesehnt** she had been longing for the holidays to arrive; ~|**strömen** *itr. V.; mit sein* come in crowds; come flocking; ~|**winken** *tr. V.* **jmdn. ~winken** beckon sb. over; ~|**wünschen** *tr. V.* long for; **jmdn. ~wünschen** long for sb. to come; ~|**ziehen** *unr. tr. V.* **etw. ~ziehen** pull *or* draw sth. up; draw ⟨*crowd etc.*⟩; **jmdn. ~ziehen** draw sb. to one; **sich** *(Dat.)* **etw. ~ziehen** pull *or* draw sth. to one; *s. auch* **Haar b**; ~|**zitieren** *tr. V.* **jmdn. ~zitieren** send for *or* summon sb.

**h<u>e</u>r-:** ~|**bekommen** *unr. tr. V.* get; ~|**bemühen** *(geh.)* **1.** *tr. V.* **jmdn. ~bemühen** trouble sb. to come; **2.** *refl. V.* take the trouble to come; ~|**beordern** *tr. V.* summon; send for

**Herberge** [ˈhɛrbɛrgə] **die; ~, ~n a)** *(veralt.: Gasthaus)* inn; **b)** *(Jugend~)* [youth] hostel; **c)** *(veralt.: Unterkunft)* accommodation *no indef. art.*

**H<u>e</u>rbergs-:** **~mutter die, ~vater der** warden [of the/a youth hostel]

**h<u>e</u>r-:** ~|**bestellen** *tr. V.* **jmdn. ~bestellen** ask sb. to come; *(~beordern)* summon sb.; ~|**beten** *s.* **herunterbeten**

**H<u>e</u>rbheit die; ~:** *s.* **herb 1 a, b:** [slight] sharpness *or* astringency; dryness; [slight] sharpness *or* tanginess; bitterness; severity; austerity

**h<u>e</u>r|bitten** *unr. tr. V.* **jmdn. ~:** ask sb. to come

**Herbizid** [hɛrbiˈtsiːt] **das; ~s, ~e** herbicide

**h<u>e</u>r|bringen** *unr. tr. V.* **etw. ~:** bring sth. [here]

**Herbst** [hɛrpst] **der; ~[e]s, ~e** autumn; fall *(Amer.)*; *s. auch* **Frühling**

**H<u>e</u>rbst-:** **~anfang der** beginning of autumn; **~blume die** autumn flower

**h<u>e</u>rbsten** *itr. V. (unpers.) (geh.)* **es herbstet** autumn is coming *or* approaching

**H<u>e</u>rbst·ferien** *Pl.* autumn half-term holiday *sing.*

**h<u>e</u>rbstlich 1.** *Adj.* autumn *attrib.*; autumnal; *(wie im Herbst)* autumnal; **es wird ~:** autumn is coming. **2.** *adv.* **sich ~ färben** take on the colours of autumn; **~ kühle Tage** cool autumn days; **es ist schon ~ kühl** there's already an autumn chill in the air

**H<u>e</u>rbst-:** **~monat der a)** autumn month; **b)** *(veralt.)* **der ~monat** September; **~tag der** autumn day; **~wetter das** autumnal weather; **~zeit·lose die; ~, ~n** *(Bot.)* meadow saffron

**Herd** [heːɐ̯t] **der; ~[e]s, ~e a)** *(Kochstelle)* cooker; stove; **das Essen auf dem ~ haben** *(ugs.)* be cooking something; **den ganzen Tag am ~ stehen** *(ugs.)* slave over a hot stove all day; **am heimischen** *od.* **häuslichen ~:** by one's own fireside; **eigener ~ ist Goldes wert** there's no place like home *(prov.)*; **b)** *(Ausgangspunkt)* centre *(of disturbance/rebellion)*; *(Geol.)* focus; **c)** *(Med.)* focus; seat; **d)** *(Technik)* hearth

**H<u>e</u>rd·buch das** *(Landw.)* herd-book

**Herde** [ˈheːɐ̯də] **die; ~, ~n a)** *(von Tieren)* herd; **eine ~ Rinder** a herd of cattle; **eine ~ Schafe** a flock of sheep; **b)** *(abwertend: Menschenmenge)* crowd; **mit der ~ laufen, der ~ folgen** follow the herd *or* crowd; **c)** *(fig.: kirchliche Gemeinde)* flock

**H<u>e</u>rden-:** **~mensch der** *(abwertend) s.* **~tier b**; **~tier das a)** gregarious animal; **b)** *(abwertend: Mensch)* sheep; **~trieb der** *(auch fig. abwertend)* herd instinct

**H<u>e</u>rd·platte die** *(eines Elektroherdes)* hotplate; *(eines Kohlenherds)* top

**herein** [hɛˈrain] *Adv.* **~!** come in!; **[immer] nur ~ mit dir!** come on in!

**her<u>ei</u>n-:** ~|**bekommen** *unr. tr. V. (ugs.)* get in ⟨*fresh stocks*⟩; pick up ⟨*radio station*⟩; recover ⟨*investment*⟩; ~|**bemühen** *(geh.)* **1.** *tr. V.* **jmdn. ~bemühen** trouble sb. to come in; **2.** *refl. V.* take the trouble to come in; ~|**bitten** *unr. tr. V.* **jmdn. ~bitten** ask *or* invite sb. in; ~|**brechen** *unr. itr. V.; mit sein* **a)** *(geh.: hart treffen)* **über jmdn./etw. ~brechen** ⟨*fate, disaster, misfortune, etc.*⟩ befall *or* overtake sb./sth.; **b)** *(geh.: beginnen)* ⟨*night, evening, dusk*⟩ fall; ⟨*winter*⟩ set in; ⟨*storm*⟩ strike, break; **c)** *(überfluten)* **über etw.** *(Akk.)* **~brechen** break over sth.;

eine Flut von Beschimpfungen brach über ihn ~ *(fig.)* he was engulfed in a flood of abuse; ~|**bringen** *unr. tr. V.* **a)** bring in; **etw. in etw.** *(Akk.)* **~bringen** bring sth. into sth.; **b)** *(wettmachen)* make up ‹*loss*›; make up for ‹*delay*›; recoup ‹*costs*›; ~|**drängen** *itr. V.; mit sein* push one's way in; **in etw.** *(Akk.)* **~drängen** push one's way into sth.; ~|**dürfen** *unr. itr. V. (ugs.)* be allowed in; **in etw.** *(Akk.)* **~dürfen** be allowed into sth.; **darf er ~?** may *or* can he come in?; ~|**fallen** *unr. itr. V.; mit sein* **a)** ‹*light*› shine in; **b)** *(ugs.: betrogen werden)* be taken for a ride *(coll.)*; be done *(coll.)*; **bei/mit etw. ~fallen** be taken for a ride with sth.; **auf jmdn./etw. ~fallen** be taken in by sb./sth.; ~|**führen** *tr. V.* **jmdn. ~führen** show sb. in; ~|**holen** *tr. V.* **a)** bring in; **b)** *(ugs.: verdienen)* make *(coll.)*; ~|**kommen** *unr. itr. V.; mit sein* come in; **in das Haus/zur Tür ~kommen** come into the house/in through the door; **wie sind sie ~gekommen?** how did they get in?; ~|**kriegen** *tr. V. (ugs.) s.* **~bekommen**; ~|**lassen** *unr. tr. V.* let *or* allow in; **jmdn. ins Zimmer ~lassen** let *or* allow sb. into the room; ~|**legen** *tr. V. (ugs.)* **jmdn. ~legen** take sb. for a ride *(coll.)* **(mit, bei** with); ~|**nehmen** *unr. tr. V.* **a)** bring in; **etw. ins Haus ~nehmen** bring sth. into the house; **b)** *(in eine Liste)* include; **etw. in sein Sortiment ~nehmen** start selling sth. as well; ~|**platzen** *itr. V.; mit sein (ugs.)* burst in; come bursting in; **in den Saal ~platzen** burst *or* come bursting into the hall; ~|**rasseln** *itr. V.; mit sein (salopp)* **a)** *(betrogen werden)* **mit/bei etw. ~rasseln** be taken for a ride *(coll.)*; **b)** *(in Schwierigkeiten geraten)* get into deep water *(coll.)*; ~|**regnen** *itr. V. (unpers.)* **es regnet ~:** the rain's coming in; ~|**reichen 1.** *tr. V.* hand *or* pass in; **2.** *itr. V.* **etw. reicht in das Zimmer ~:** sth. comes [right] in to the room; ~|**reißen** *unr. tr. V. (ugs.) s.* **reinreißen**; ~|**reiten 1.** *unr. itr. V.; mit sein* ride in; **in den Hof ~reiten** ride into the yard; **2.** *s.* **reinreiten**; ~|**rufen** *unr. tr. V.* **jmdn. ~rufen** call sb. in; ~|**schauen** *itr. V. (landsch.) s.* **~sehen**; ~|**schleichen** *unr. itr. V. mit sein; refl. V.* creep *or* steal in; **[sich] ins Haus ~schleichen** creep *or* steal into the house; ~|**schneien** *unr. itr. V.* **a)** *mit sein (ugs.)* turn up out of the blue *(coll.)*; **b)** *(unpers.)* **es schneit ~:** the snow's coming in; ~|**sehen** *unr. itr. V.* **a)** see in; *(hereinblicken)* look in; **in etw.** *(Akk.)* **~sehen** see/look into sth.; **b)** *(kurz besuchen)* look *or* drop in **(bei** on); ~|**spazieren** *itr. V.; mit sein (ugs.)* walk in; stroll in; **er ist einfach in das Zimmer ~spaziert** he simply walked straight into the room; **nur ~spaziert!** come right in!; ~|**stecken** *tr. V.* **den Kopf zur Tür ~stecken** *s.* **Tür**; ~|**strömen** *itr. V.; mit sein* ‹*water etc.*› pour in; ‹*people*› pour *or* stream in; **in etw.** *(Akk.)* **~strömen** pour *or* stream into sth.; ~|**stürmen** *itr. V.; mit sein* rush *or* dash in; come rushing *or* dashing in; *(wütend)* storm in; come storming in; **ins Zimmer ~stürmen** rush/storm into the room; ~|**stürzen** *itr. V.; mit sein* rush in; burst in; **ins Zimmer ~stürzen** rush *or* burst into the room; ~|**tragen** *unr. tr. V.* carry in; **etw. ins Haus ~tragen** carry sth. into the house; ~|**wagen** *refl. V.* venture to come in; ~|**wollen** *unr. itr. V. (ugs.)* want to come in; **ins Haus ~wollen** want to come into the house

**her-, Her-:** ~|**fahren 1.** *unr. itr. V.; mit sein* come here; *(mit einem Auto)* drive *or* come here; *(mit einem [Motor]rad)* ride *or* come here; **hinter/vor jmdm./etw. ~fahren** drive/ride along behind/in front of sb./sth.; **2.** *unr. tr. V.* **jmdn. ~fahren** drive sb. here; **~fahrt die** journey here; ~|**fallen** *unr. itr. V.; mit sein* **a) über jmdn. ~fallen** set upon *or* attack sb.; ‹*animal*› attack sb.; **mit Fragen/Vorwürfen über jmdn. ~fallen** *(fig.)* besiege sb. with questions/hurl reproaches at sb.; **b)** *(gierig zu essen beginnen)* **über etw.** *(Akk.)* **~fallen** fall upon sth.; ~|**finden** *unr. itr. V.* find one's way here; ~|**führen** *tr. V.* **a)** *(geleiten)* **jmdn. ~führen** bring sb. here; **ein Tier hinter/vor jmdm. ~führen** lead an animal along in front of/behind sb.; **b)** *(an einen Ort gelangen lassen)* **was führt dich ~?** what brings you here?; **~gang der: der ~gang der Ereignisse** the sequence of events; **jmdn. über den ~gang befragen** question sb. about what happened; **schildern Sie den ~gang des Überfalls** describe what happened during the attack; ~|**geben** *unr. tr. V.* **a)** hand over; *(weggeben)* give away; **sein Geld für etw. ~geben** put one's money into sth.; **seinen Namen für etw. ~geben** lend one's name to sth.; allow one's name to be associated with sth.; **er hat sein letztes ~gegeben** he gave everything he had; **sich für etw. ~geben** get involved in sth.; **dazu gebe ich mich nicht ~:** I won't have anything to do with it; **b)** *(reichen)* give; **gib es ~!** hand it over!; **c)** *(erbringen)* **der Boden gibt wenig ~:** the soil is poor; **das Thema wird viel ~geben** there's a lot to this topic; **was seine Beine ~gaben** as fast as his legs could carry him; **~gebracht 1.** *2. Part. v.* **~bringen**; **2.** *Adj.; nicht präd.* time-honoured; ~|**gehen** *unr. itr. V.; mit sein* **a)** *(begleiten)* **neben/vor/hinter jmdm. ~gehen** walk along beside/in front of/behind sb.; **b)** *(ugs.)* **~gehen und etw. tun** just [go and] do sth.; **c)** *(südd., österr.: herkommen)* come [here]; **d)** *(unpers.) (ugs.)* **auf der Party ging es hoch/lustig ~:** everyone had a whale of a time *(coll.)*/great fun at the party; **bei der Debatte ging es heiß ~:** the sparks really flew in the debate; ~|**gehören** *s.* **hierhergehören**; **~gelaufen 1.** *2. Part. v.* **~laufen**; **2.** *Adj.; nicht präd.* **dieser ~gelaufene Strolch** this good-for-nothing rascal from Heaven knows where; ~|**haben** *unr. tr. V. (ugs.)* **wo hat er/sie das ~?** where did he/she get that from?; ~|**halten 1.** *unr. itr. V.* **~halten müssen [für jmdn./etw.]** be the one to suffer [for sb./sth.]; **als Beweis für die Theorie ~halten** serve as proof of the theory; **der Mantel wird diesen Winter noch einmal ~halten müssen** the coat will have to do for one more winter; **2.** *unr. tr. V.* hold out; ~|**holen** *tr. V.* fetch; **etw. von weit ~holen** get sth. from a long way away; **weit ~geholt** far-fetched; ~|**hören** *itr. V.* listen; **alle mal ~hören!** listen everybody

**Hering** ['he:rɪŋ] **der; ~s, ~e a)** herring; **wie die ~e** *(fig.)* packed together like sardines; **b)** *(Zeltpflock)* peg; **c)** *(ugs.: sehr dünne Person)* **ein [richtiger] ~ sein** be as thin as a rake

**Herings-: ~fänger der** *(Schiff)* herring-boat; **~filet das** herring fillet; **~fischerei die** herring fishing; **~salat der** herring salad

**herinnen** [hɛ'rɪnən] *Adv. (südd., österr.)* in here

**her-, Her-:** ~|**jagen 1.** *tr. V.* **ein Tier ~jagen** drive *or* chase an animal here; **jmdn./ein Tier vor sich** *(Dat.)* **~jagen** drive *or* chase sb./an animal along ahead of one; **2.** *itr. V.; mit sein* **hinter jmdm. ~jagen** chase *or* pursue sb.; **hinter etw. ~jagen** *(fig.)* pursue sth.; ~|**kommen** *unr. itr. V.; mit sein* **a)** come here; **komm [mal] ~!** come here!; **sie wird mit Sicherheit ~kommen** she'll definitely come; **b)** *(abstammen)* come; **wer weiß, wo das ~kommt** *(ugs.: warum das so ist)* who can tell the reason?; **c)** *(~genommen werden)* **wo soll das Geld ~kommen?** where is the money coming from?; **~kommen das; ~s a)** *(Brauch, Sitte)* tradition; **b)** *s.* **Herkunft a**; **~kömmlich** [~kœmlɪç] *Adj.* conventional; traditional ‹*custom*›

**Herkules** ['hɛrkulɛs] **der; ~, ~se** Hercules

**Herkules·arbeit die** Herculean task

**herkulisch** [hɛr'ku:lɪʃ] *Adj. (geh.)* Herculean

**Herkunft** ['he:ɐ̯kʊnft] **die; ~, Herkünfte** ['he:ɐ̯kʏnftə] **a)** *(soziale Abstammung)* origin[s *pl.*]; **einfacher** *(Gen.)* **od. von einfacher ~ sein** be of humble origin *or* stock; **sie ist ihrer ~ nach Amerikanerin** she is of American descent *or* extraction; **b)** *(Ursprung)* origin

**Herkunfts-: ~bezeichnung die** indication of country of origin; **~land das** country of origin

**her-:** ~|**laufen** *unr. itr. V.; mit sein* **a) vor/hinter/neben jmdm. ~laufen** run [along] in front of/behind/alongside sb.; **b)** *(nachlaufen)* **hinter jmdm. ~laufen** run after sb.; *(fig.)* chase sb. up; **c)** *(zum Sprechenden laufen)* come on foot; *(schneller)* come running up; **ich bin ~gelaufen** I walked here; *(schneller)* I ran here; ~|**leiten 1.** *tr. V.* derive **(aus, von** from); **etw. von jmdm. ~leiten** derive sth. from sb.; **2.** *refl. V.* **sich von/aus etw. ~leiten** derive *or* be derived from sth.; ~|**locken** *tr. V.* **jmdn./ein Tier ~locken** live *or* entice sb./an animal here; **ein Tier hinter sich** *(Dat.)* **~locken** entice an animal to follow one along; ~|**machen** *(ugs.)* **1.** *refl. V.* **a) sich über etw.** *(Akk.)* **~machen** get stuck into sth. *(coll.)*; **sich über das Essen/die Geschenke ~machen** fall upon the food/presents; **b)** *(~fallen)* **sich über jmdn. ~machen** set on *or* attack sb.; **2.** *tr. V.* **wenig ~machen** not look much *(coll.)*; **viel ~machen** look great *(coll.)*; **nichts ~machen** not look much at all *(coll.)*; **viel von jmdm./etw. ~machen** make a lot of fuss about sb./sth.; **wenig/nichts von jmdm./etw. ~machen** not make a lot of/any fuss about sth.

**Hermaphrodit** [hɛrm|afro'di:t] **der; ~en, ~en** *(Biol., Med.)* hermaphrodite

**¹Hermelin** [hɛrmə'li:n] **das; ~s, ~e** *(Tier)* ermine; *(im Sommerfell)* stoat

**²Hermelin der; ~s, ~e** *(Pelz)* ermine

**Hermeneutik** [hɛrme'nɔytɪk] **die; ~:** hermeneutics *sing., no art.*

**hermeneutisch** *Adj.* hermeneutic

**hermetisch** [hɛr'me:tɪʃ] **1.** *Adj.* hermetic. **2.** *adv.* hermetically; **ein Dorf** *usw.* **~ abriegeln** seal a village *etc.* off completely

**her|müssen** *unr. itr. V. (ugs.)* **das muß her** I/we have to *or* must have it

**her·nach** *Adv. (veralt.)* after that

**her|nehmen** *unr. tr. V.* **a)** *(beschaffen)* **wo soll ich das Geld ~?** where am I supposed to get the money from *or* find the money?; **b)** *(bes. österr.: stark beanspruchen)* **die Arbeit/Krankheit/der Schicksalsschlag hat sie hergenommen** the work/illness/blow of fate took it out of her; **c)** *(ugs.: scharf tadeln)* **jmdn. ~:** give sb. a good talking-to

**her·nieder-** *in Zus. (geh.)* down

**heroben** [hɛ'ro:bn̩] *Adv. (südd., österr.)* up here

**Heroe** [he'ro:ə] **der; ~n, ~n** *(geh.)* hero

**Heroen·kult der** *(geh.)* hero-worship

**Heroin** [hero'i:n] **das; ~s** heroin

**Heroine** [hero'i:nə] **die; ~, ~n** *(Theater)* actress who plays heroine roles

**heroin·süchtig** *Adj.* addicted to heroin *postpos.*

**heroisch** *Adj.* heroic

**heroisieren** *tr. V.* make a hero of, heroize ‹*person*›; glorify ‹*deed*›

**Heroismus der; ~:** heroism

**Herold** ['he:rɔlt] **der; ~[e]s, ~e** herald

**Herr** [hɛr] **der; ~n** *(selten:* **~en), ~en a)** *(Mann)* gentleman; **ein feiner ~:** a refined gentleman; **ein feiner/sauberer ~** *(iron.)* a fine one; **das Kugelstoßen/Finale der ~en** *(Sport)* the men's shot-put/singles final; **mein Alter ~** *(ugs. scherzh.: Vater)* my old man *(coll.)*; **Alter ~** *(Studentenspr.)* former member; *(Sport)* veteran; **b)** *(Titel, Anrede)* **~ Schulze** Mr Schulze; **~ Professor/Dr.**

**Schulze** Professor/Dr Schulze; ~ **Minister/Direktor/Studienrat Schulze** Mr Schulze; ~ **Minister/Professor/Doktor** Minister/Professor/doctor; ~ **Vorsitzender/Präsident** Mr Chairman/President; **Sehr geehrter ~ Schulze!** Dear Sir; *(bei persönlicher Bekanntschaft)* Dear Mr Schulze; **Sehr geehrte ~en!** Dear Sirs; **~ Ober!** waiter!; **mein ~:** sir; **meine ~en** gentlemen; **meine ~en!** *(salopp)* my God!; **bitte sehr, der ~!** there you are, sir; **womit kann ich dem ~n dienen?** *(veralt.)* can I help you, sir?; **Ihr ~ Vater/Sohn/Gemahl** *(geh.)* your father/son/husband; **c)** *(Gebieter)* master; **~! Gebt uns die Freiheit** Sire, give us our freedom; **er ist ~ über alle Menschen auf der Insel** he rules over the whole population of the island; **mein ~ und Gebieter** *(scherzh.)* my lord and master *(joc.)*; **die ~en der Schöpfung** *(ugs. scherzh.)* their lordships *(coll. joc.)*; **in diesem Land ist der König ~ über Leben und Tod** in this country the king has the power of life and death; **wie der ~, so's Gescherr** like master, like man; **sein eigener ~ sein** be one's own master; **~ der Lage sein/bleiben** be/remain master of the situation; **einer Sache** *(Gen.)* **~ werden** get sth. under control; **nicht mehr ~ seiner Sinne sein** be no longer in control of oneself; **aus aller ~en Länder[n]** *(geh.)* from the four corners of the earth; from all over the world; **d)** *(Besitzer)* master (**über** + *Akk.* of); **e)** *(christl. Rel.: Gott)* Lord; **Gott der ~:** Lord God; **Brüder und Schwestern im ~n** brothers and sisters in the Lord; **der ~ der Heerscharen** the Lord of Hosts; **er ist ein großer Jäger/Angler vor dem ~n** *(scherzh.)* he loves his hunting/angling

**Hẹrrchen das; ~s, ~:** master

**her|reichen 1.** *tr. V.* pass; hand. **2.** *itr. V.* *(bes. südd.)* reach; be long enough

**Her·reise die** journey here

**hẹrren-, Hẹrren-: ~abend der** stag evening; **~artikel der a)** *Pl. (Kleidung)* menswear *sing.*; **b)** *(kleinere Bedarfsartikel)* accessories for men; **~ausstatter der** [gentle]men's outfitter; **~begleitung die: in/ohne ~begleitung** in the company of a gentleman/unaccompanied; with/without a male companion; **~bekanntschaft die** gentleman acquaintance; **eine ~bekanntschaft machen** make the acquaintance of a gentleman; **~besuch der** gentleman visitor/visitors; **~besuch haben** have a gentleman visitor/gentlemen visitors; **~besuch ist ab 20⁰⁰ untersagt** no male visitors after 8 p.m.; **~doppel das** *(Sport)* men's doubles *pl.*; **~einzel das** *(Sport)* men's singles *pl.*; **~fahrrad das** gent's *or* man's bicycle; **~friseur der** men's hairdresser; **~haus das a)** *(großes Wohnhaus)* manor house; **b)** *(hist.)* upper chamber; **~hemd das** *s.* **Oberhemd; ~konfektion die** menswear *no pl., no indef. art.*; **~leben das** life of luxury and ease; **~los** *Adj.* abandoned ⟨*car, luggage*⟩; stray ⟨*dog, cat*⟩; **~magazin das** men's magazine; magazine for men; **~mensch der** masterful person; *(ns.)* member of the master race; **~mode die** men's fashion; **~partie die** stag outing; **~rasse die** *(ns.)* master race; **~reiter der** *(Reiten)* amateur rider; **~salon der** men's hairdressing salon; **~schnitt der** Eton crop; **~schuh der** man's shoe; **~schuhe** men's shoes; **~toilette die** [gentle]men's toilet; **~unter·wäsche die** men's underwear; **~volk das** *(bes. ns.)* master race; **~zimmer das** smoking-room

**Hẹrr·gott der; ~s a)** *(ugs.: Gott)* **der [lieber]/unser ~:** the Lord [God]; God; **~ noch mal!** for Heaven's sake!; for God's sake!; **b)** *(südd., österr.: Kruzifix)* crucifix

**Hẹrrgotts-: ~frühe die** *in* **in aller ~frühe** at the crack of dawn; **~schnitzer der** *(südd., österr.)* carver of crucifixes *(and figures of Christ and saints)*

**her·richten 1.** *tr. V.* **a)** *(bereitmachen)* get ⟨*room, refreshments, etc.*⟩ ready; dress ⟨*shop-window*⟩; arrange ⟨*table*⟩; **b)** *(in Ordnung bringen)* renovate; do up *(coll.)*. **2.** *refl. V.* get ready

**Hẹrrin die; ~, ~en** mistress; *(als Anrede)* my lady

**hẹrrisch 1.** *Adj.* overbearing; peremptory; imperious. **2.** *adv.* peremptorily; imperiously; **~ auftreten** have a peremptory *or* imperious manner

**herr·je, herrjemine** [hɛr'je:mine] *Interj.* *(ugs.)* goodness gracious [me]; heavens [above]

**hẹrrlich 1.** *Adj.* marvellous; marvellous, glorious ⟨*weather*⟩; magnificent, splendid ⟨*view*⟩; magnificent, gorgeous ⟨*clothes*⟩; marvellous, wonderful, splendid ⟨*meal*⟩; ⟨*sth. tastes, looks, sounds*⟩ wonderful, marvellous. **2.** *adv.* marvellously; **~ und in Freuden leben** live in clover

**Hẹrrlichkeit die; ~, ~en a)** *o. Pl.* *(Schönheit)* magnificence; splendour; **die ~ Gottes** the glory of God; **ist das die ganze ~?** *(iron.)* is that all [there is]?; **b)** *meist Pl.* *(herrliche Sache)* marvellous *or* wonderful thing; *(einer Sammlung)* treasure

**Hẹrrschaft die; ~, ~en a)** *o. Pl.* rule; *(Macht)* power; **unter jmds. ~** *(Dat.)* **stehen** be under sb.'s rule; **die ~ an sich reißen/erringen** seize/gain power; **die ~ über jmdn./etw. ausüben/innehaben** rule over *or* hold sway over sb./sth.; **die ~ über sich/das Auto verlieren** *(fig.)* lose control of oneself/the car; **b)** *Pl.* *(Damen u. Herren)* ladies and gentlemen; **die älteren/jüngeren ~en** the older/younger people; **meine ~en!** ladies and gentlemen!; **darf ich die ~en bitten, Platz zu nehmen** ladies and gentlemen/ladies/gentlemen, would you please take your seats; *(Mann und Frau)* would sir and madam care to take their seats, please; **Ruhe bitte, ~!** *(ugs.)* quiet please, all of you!; **meine Alten ~en** *(ugs. scherzh.)* my old man and old woman *(coll.)*; **c)** *(veralt.: Dienstherr[in])* master/mistress; **d) ~ [noch mal]!** *(ugs.)* for Heaven's sake!

**hẹrrschaftlich** *Adj.* **a)** *(zu einer Herrschaft gehörend)* master's/mistress's ⟨*coach etc.*⟩; **b)** *(einer Herrschaft gemäß)* grand

**Hẹrrschafts-: ~an·spruch der** claim to power; **~form die** system of government; **~system das** system of rule

**herrschen** ['hɛrʃn̩] *itr. V.* **a)** *(regieren)* rule; ⟨*monarch*⟩ reign, rule; **allein über jmdn./etw. ~:** have absolute power over sb./sth.; **b)** *(vorhanden sein)* **draußen ~ 30° Kälte** it's 30° below outside; **überall herrschte große Freude/Trauer** there was great joy/sorrow everywhere; **in der Stadt herrschte reges Leben** the town was bustling with life; **jetzt herrscht hier wieder Ordnung** order has been restored here; **c)** *(unpers.)* prevail; **es herrscht jetzt Einigkeit** there is now agreement; **es herrscht die Meinung, daß ...:** the prevailing opinion is that ...

**hẹrrschend** *Adj., nicht präd.* **a)** ruling ⟨*power, party, etc.*⟩; reigning ⟨*monarch*⟩; **die Herrschenden** the rulers; those in power; **b)** *(vorhanden)* prevailing ⟨*opinion, view, conditions, etc.*⟩

**Hẹrrscher der; ~s, ~:** ruler; **~ über ein Volk sein** be [the] ruler of a people

**Hẹrrscher-: ~geschlecht das** ruling dynasty; **~haus das** ruling house

**Hẹrrscherin die; ~, ~nen** *s.* **Herrscher**

**Hẹrrscher·paar das** ruler and his/her consort

**Hẹrrsch·sucht die** thirst for power; *(herrisches Wesen)* domineering nature

**hẹrrsch·süchtig** *Adj.* domineering

**her-: ~|rufen** *unr. tr. V.* call ⟨*dog*⟩; **jmdn. ~rufen** call sb. [over]; **etw. hinter jmdm. ~rufen** call sth. after sb.; **~|rühren** *itr. V.* **von jmdm./etw. ~rühren** come from sb./stem from sth.; **~|sagen** *tr. V.* **etw. ~sagen** recite sth. mechanically; **~|schaffen** *tr. V.* **jmdn./etw. ~schaffen** bring sb./sth. here; **das Geld ~schaffen** get the money; **~|schenken** *tr. V.* *(landsch.)* give away; **~|schicken** *tr. V.* **jmdn./etw. ~schicken** send sb./sth. here; **jmdn./etw. hinter jmdm. ~schicken** send sb./sth. after sb.; **~|schieben** *unr. tr. V.* **etw. ~schieben** push sth. here; **etw. vor sich** *(Dat.)* **~schieben** push sth. along in front of one; *(fig.)* put sth. off; **~|schleichen 1.** *unr. itr. V.; mit sein* creep [over] here; **2.** *unr. refl. V.* **sich hinter jmdm. ~schleichen** creep along behind sb.; **~|sehen** *unr. itr. V.* look [over] here *or* this way; **seht mal alle ~!** look here *or* this way, everyone!; **hinter jmdm. ~sehen** follow sb. with one's eyes; **~|sein** *unr. itr. V.; mit sein* **a) einen Monat/einige Zeit/lange ~sein** be a month/some time/a long time ago; **es ist lange ~, daß wir ...:** it is a long time since we ...; **es ist schon einem Monat her** it was a month ago; **es muß 5 Jahre ~sein, daß wir ...:** it must be five years since we ...; **b)** *(stammen)* **von Köln ~sein** be *or* come from Cologne; **c) es ist nicht weit ~ mit jmdm./etw.** *(ugs.)* sb./sth. isn't all that hot *(coll.)*; **hinter jmdm.** *(ugs.)***/etw. ~sein** be after sb./sth.; **~|stellen** *tr. V.* **a)** *(anfertigen)* produce; manufacture; make; **ein Auto von Hand ~stellen** build a car by hand; **in Deutschland ~gestellt** made in Germany; **etw. serienmäßig ~stellen** mass-produce sth.; **b)** *(zustande bringen)* establish ⟨*contact, relationship, etc.*⟩; bring about ⟨*peace, order, etc.*⟩; **eine Verbindung zwischen der Insel und dem Festland ~stellen** connect the island to the mainland; **c)** *(gesund machen)* **sie** *od.* **ihre Gesundheit ist [ganz] ~gestellt** she has [quite] recovered; **d)** *(zum Sprechenden stellen)* **etw. ~stellen** put sth. [over] here; **stell dich ~ [zu mir]** [come and] stand over here [next to *or* by me]

**Her·steller der; ~s, ~ a)** *(Produzent)* producer; manufacturer; **b)** *(Buchw.: Berufsbez.)* production department worker

**Hersteller·firma die** manufacturer

**Her·stellung die a)** *(Anfertigung)* production; manufacture; **b)** *s.* **herstellen b:** establishment; bringing about

**Herstellungs-: ~kosten** *Pl.* production *or* manufacturing costs; **~land das** country of manufacture; **~verfahren das** production *or* manufacturing process

**her-: ~|stürzen** *itr. V.; mit sein* **a)** *(nachlaufen)* **hinter jmdm. ~stürzen** rush after sb.; **b)** *(zum Sprecher)* rush *or* come rushing here; **~|tragen** *unr. tr. V.* **a)** *(zum Sprecher)* **etw. ~tragen** carry sth. here; **b)** *(begleiten und tragen)* **etw. hinter/vor jmdm. ~tragen** carry sth. along behind/in front of sb.; **~|treiben** *unr. tr. V.* **a)** *(zum Sprecher)* drive ⟨*animal*⟩ here; **jmdn. ~treiben** ⟨*yearning, hunger, worry, etc.*⟩ drive sb. here; **b)** *(antreiben)* **etw. vor sich** *(Dat.)* **~treiben** drive sth. along in front of one; **der Spieler trieb den Ball vor sich** *(Dat.)* **~:** the player dribbled the ball; **der Wind trieb die Wolken vor sich** *(Dat.)* **~:** the wind drove *or* blew the clouds along

**Hertz** [hɛrts] **das; ~, ~** *(Physik)* hertz

**herüben** [hɛ'ry:bn̩] *Adv.* *(südd., österr.)* over here

**herüber** [hɛ'ry:bɐ] *Adv.* over; **die Fahrt von Amerika ~:** the journey over from America; **~ und hinüber** back and forth

**herüber-: ~|bitten** *unr. tr. V.* **jmdn. ~bitten** ask sb. [to come] over; **~|bringen** *unr. tr. V.* **jmdn./etw. ~bringen** bring sb./sth. over; **~|fahren 1.** *unr. itr. V.; mit sein* drive *or* come over; *(mit dem Motorrad, Rad)* come *or* ride over; **2.** *unr. tr. V.* **jmdn./etw. ~fahren** drive sb./sth. over; **~|fliegen 1.** *unr. itr. V.; mit sein* fly over; **2.** *unr. tr. V.* **jmdn./etw. ~fliegen** fly sb./sth. over; **~|ge-**

**ben** *unr. tr. V.* pass *or* hand over; ~|**grüßen** *itr. V.* **[zu jmdm.]** ~**grüßen** call across to sb. in greeting; ~|**holen** *tr. V.* **jmdn./etw. ~holen** bring sb./sth. over; ~|**kommen** *unr. itr. V.; mit sein* come over; **über den Zaun/Fluß ~kommen** get over the fence/across the river; **kommt doch ~!** come over!; ~|**lassen** *unr. tr. V.* **jmdn. ~lassen** let sb. come over; allow sb. to come over; ~|**laufen** *unr. itr. V.; mit sein* run *or* come running over; ~|**reichen 1.** *tr. V. s.* ~**geben; 2.** *itr. V.* **[über etw.** *(Akk.)***] ~reichen** reach across [sth.]; ~|**retten 1.** *tr. V.* retain; **etw. in die Gegenwart ~retten** preserve sth. [until the present day]; **2.** *refl. V.* ‹*customs, hopes, etc.*› survive; ~|**schicken** *tr. V.* **jmdn./etw. ~schicken** send sb./sth. over; ~|**schwimmen** *unr. itr. V.; mit sein* swim over *or* across; ‹*boat*› float over *or* across; ~|**sehen** *unr. itr. V.* **[zu jmdm.] ~sehen** look across [at sb.]; ~|**wechseln** *itr. V.; mit sein od. haben* cross over; **er ist in unsere Partei ~gewechselt** he has swapped parties and joined ours; ~|**wehen 1.** *itr. V.* **a)** *(zum Sprecher)* **von Osten/Westen ~wehen** blow across from the East/West; **zu uns ~wehen** blow in our direction *or* towards us; **b)** *mit sein* ‹*scent*› waft across; ‹*sound*› be blown across; **2.** *tr. V.* **Blätter/den Duft ~wehen** blow leaves/waft the scent across here; ~|**wollen** *unr. itr. V.* want to come over; **über den Zaun ~wollen** want to get over the fence; ~|**ziehen 1.** *unr. tr. V.* **etw. ~ziehen** pull sth. over; **jmdn. ~ziehen** *(fig.)* win sb. over; **2.** *unr. itr. V.; mit sein* ‹*clouds, troops*› move across; *(umziehen)* move here

**herum** [hɛˈrʊm] *Adv.* **a)** *(Richtung)* round; **im Kreis ~:** round in a circle; **verkehrt/richtig ~:** the wrong/right way round; *(mit Ober- und Unterseite)* upside down/the right way up; **etw. falsch** *od.* **verkehrt ~ anziehen** put sth. on back-to-front/*(Innenseite nach außen)* inside-out; **b)** *(Anordnung)* **um jmdn./etw. ~:** around sb./sth.; **um die Stadt ~ zog sich ein Grüngürtel** the town was surrounded by a green belt; **c)** *(in enger Umgebung)* **um jmdn. ~:** around sb.; **um München/Berlin ~:** around Munich/Berlin; **d)** *(ugs.: ungefähr)* **um Weihnachten/Ostern ~:** around Christmas/Easter; **um 100 DM/das Jahr 1050 ~:** around *or* about 100 marks/the year 1050

**herum-, Herum-:** ~|**albern** *itr. V. (ugs.)* fool around *or* about; ~|**ärgern** *refl. V. (ugs.)* **sich mit jmdm./etw. ~ärgern** keep getting annoyed with sb./sth.; **sich mit einem Problem ~ärgern müssen** be plagued by a problem; ~|**balgen** *refl. V.* **sich [mit jmdm.] ~balgen** keep scrapping *(coll.)* [with sb.]; ~|**basteln** *itr. V. (ugs.)* **an etw.** *(Dat.)* **~basteln** mess about with sth.; ~|**bekommen** *unr. tr. V. (ugs.)* **a)** *(überreden)* **jmdn. ~bekommen** talk sb. into it; **jmdn. ~bekommen, etw. zu tun** talk sb. into doing sth.; **b)** *(hinter sich bringen)* [manage to] pass *or* spend ‹*time*›; ~|**blättern** *itr. V.* **in etw.** *(Dat.)* **~blättern** keep leafing through sth.; ~|**bohren** *itr. V. (ugs.)* **[in etw.** *(Dat.)***] ~bohren** keep poking [in sth.]; ~|**brüllen** *itr. V. (ugs.)* go on shouting one's head off *(coll.)*; ~|**bummeln** *itr. V. (ugs.)* **a)** *mit sein (spazieren)* stroll *or* wander around; **in der Stadt ~bummeln** stroll *or* wander around the town; **b)** *(trödeln)* **[mit etw.] ~bummeln** dawdle [over sth.]; ~|**doktern** *itr. V. (ugs.)* **an jmdm./etw. ~doktern** have a go at treating sb./sth.; **an etw.** *(Dat.)* **~doktern** *(fig.)* fiddle *or* tinker around *or* about with sth.; ~|**drehen 1.** *tr. V. (ugs.)* turn ‹*key*›; turn over ‹*coin, mattress, hand, etc.*›; **den Kopf ~drehen** turn one's head; **2.** *refl. V.* turn [a]round; **sich im Kreis ~drehen** turn right round; **sich [auf die andere Seite] ~drehen** turn over [on to one's other side]; **3.** *itr. V. (ugs.)* **an etw.** *(Dat.)* **~drehen** fiddle [around *or* about] with sth.; ~|**drücken** *refl. V.* **a)** *(ugs.: vermeiden)* **sich um etw. ~drücken** get out of *or (coll.)* dodge sth.; **b)** *(ugs.: sich aufhalten)* hang around; **wo hast du dich ~gedrückt?** where have you been?; ~|**drucksen** *itr. V. (ugs.)* hum and haw *(coll.)*; ~|**erzählen** *tr. V. (ugs.)* **etw. ~erzählen** spread sth. around; **er erzählte überall ~, daß ...:** he went around telling everyone that ...; ~|**experimentieren** *itr. V.* **[an jmdm./etw.] ~experimentieren** carry out experiments [on sb./sth.]; ~|**fahren** *(ugs.)* **1.** *unr. itr. V.; mit sein* **a) um etw. ~fahren** drive *or* go round sth.; *(mit einem Motorrad, Rad)* ride *or* go round sth.; *(mit einem Schiff)* sail round sth.; **b)** *(irgendwohin fahren)* drive/ride/sail around; **c)** *(sich plötzlich herumdrehen)* spin round; **d)** *(hin und her bewegen)* **mit den Armen/dem Schirm** *usw.* **~fahren** wave one's arms/umbrella *etc.* about; **2.** *unr. tr. V.* **jmdn. [in der Stadt] ~fahren** drive sb. around the town; ~|**flattern** *itr. V.; mit sein (ugs.)* **[um jmdn./etw.] ~flattern** flutter around [sb./sth.]; ~|**fliegen** *(ugs.)* **1.** *unr. itr. V.; mit sein* **a) [um etw.] ~fliegen** fly around [sth.]; **b)** *(salopp: herumliegen) s.* **rumfliegen 1b; 2.** *unr. tr. V.* **jmdn. ~fliegen** fly sb. around; ~|**fragen** *itr. V. (ugs.)* ask around **(bei** among); ~|**fuchteln** *itr. V. (ugs.)* **mit den Armen/einem Messer** *usw.* **~fuchteln** wave one's arms/a knife *etc.* around *or* about; ~|**führen 1.** *tr. V.* **a) jmdn. [in der Stadt] ~führen** show sb. around the town; *s. auch* **Nase; b)** *(rund um etw. führen)* **jmdn. um etw. ~führen** lead *or* take sb. round sth.; **c)** *(um etw. bauen)* **die Straße um die Stadt ~führen** take the road round the town; **2.** *itr. V.* **um etw. ~führen** ‹*road etc.*› go round sth.; ~|**fuhr·werken** *itr. V. (ugs.)* mess about; **mit einem Schraubenzieher an der Uhr ~fuhrwerken** fiddle around with the clock with the aid of a screwdriver; ~|**fummeln** *itr. V. (ugs.)* **a) an etw.** *(Dat.)* **~fummeln** fiddle about with sth.; **b)** *(sich handwerklich beschäftigen)* fiddle *or* mess around with sth.; **c)** *(betasten)* **an jmdm. ~fummeln** touch sb. up *(sl.)*; ~|**geben** *unr. tr. V.: s.* ~**reichen 1;** ~|**gehen** *unr. itr. V.; mit sein* **a) um etw. ~gehen** go *or* walk round sth.; **b)** *(ziellos gehen)* walk around; **im Garten ~gehen** walk around the garden; **c)** *(die Runde machen)* go around; *(~gereicht werden)* be passed *or* handed around; **etw. ~gehen lassen** circulate sth.; **d)** *(vergehen)* pass; go by; ~|**geistern** *itr. V.; mit sein (ugs.)* wander around *or* about; *(fig.)* ‹*idea, rumour, etc.*› go round; **im Haus ~geistern** wander around the house [like a ghost]; **jmdm. im Kopf ~geistern** go round in sb.'s mind; ~|**gondeln** *itr. V.; mit sein (salopp)* travel around; **in der Weltgeschichte ~gondeln** travel around all over the place; ~|**hacken** *itr. V. (ugs.)* **a)** *(kritisieren)* **auf jmdm. ~hacken** keep getting at sb. *(coll.)*; **b)** *(mit einer Hacke bearbeiten)* **auf etw.** *(Dat.)* **~hacken** hack away at sth.; ~|**hängen** *unr. itr. V. (ugs.)* **a)** *(aufgehängt sein)* **überall ~hängen** be hung up all over the place; **b)** *s.* **rumhängen a;** ~|**hantieren** *itr. V. (ugs.)* mess about; **an etw.** *(Dat.)* **~hantieren** mess about with sth.; ~|**hetzen** *(ugs.)* **1.** *tr. V.* **jmdn. ~hetzen** rush sb. off his/her feet; **2.** *itr. V.; mit sein* rush *or* chase around *or* about; ~|**horchen** *itr. V. (ugs.)* keep one's ears open; **horch mal ~, ob ...:** keep your ears open and try and find out whether ...; ~|**irren** *itr. V.; mit sein* wander around *or* about; **im Wald ~irren** wander about the wood; ~|**kommandieren** *(ugs.)* **1.** *tr. V.* **jmdn. ~kommandieren** boss *(coll.) or* order sb. around *or* about; **2.** *itr. V.* boss *(coll.) or* order people around *or* about; ~|**kommen** *unr. itr. V.; mit sein (ugs.)* **a)** *(vorbeikommen können)* get round; **[mit etw.** *(Dat.)***] um die Ecke** *usw.* **~kommen** get [sth.] round the corner *etc.*; **b)** *(sich herumbewegen)* come round; **um die Ecke ~kommen** come round the corner; **c)** *(vermeiden können)* **um etw. [nicht] ~kommen** [not] be able to get out of sth.; **um eine Operation/Entscheidung ~kommen** avoid having an operation/coming to a decision; **wir kommen nicht um die Tatsache ~, daß ...:** we cannot get away *or* there is no getting away from the fact that ...; **d)** *(viel reisen)* get around *or* about; **in der Welt ~kommen** see a lot of the world; **viel ~kommen** get around *or* about a lot *or* a great deal; **e)** *(umschließen können)* **mit den Armen/der Hand/dem Seil um etw. ~kommen** get one's arms/hand/the rope [a]round sth.; ~|**kramen** *itr. V. (ugs.)* keep rummaging around *or* about; ~|**krebsen** *itr. V. (ugs.)* struggle; ~|**kriechen** *unr. itr. V.; mit sein* crawl around *or* about; **um etw. ~kriechen** crawl round sth.; ~|**kriegen** *tr. V.* **a)** *(salopp)* **jmdn. ~kriegen** talk sb. into it; *(verführen)* get sb. into bed *(coll.)*; **b)** *(ugs.) s.* **~bekommen b;** ~|**kritisieren** *itr. V. (ugs.)* **an jmdm./etw. ~kritisieren** pick holes in sb./sth.; run sb./sth. down; ~|**kutschieren** *(ugs.)* **1.** *itr. V.; mit sein* drive around [aimlessly]; **2.** *tr. V.* drive ‹*person*› about [with no particular destination]; ~|**laborieren** *itr. V. (ugs.)* **an etw.** *(Dat.)* **~laborieren** try to get over sth.; ~|**laufen** *unr. itr. V.; mit sein* **a)** walk/*(schneller)* run around *or* about; **in der Stadt ~laufen** walk/*(schneller)* run around the town; **b)** *(umrunden)* **um etw. ~laufen** walk *or* go round sth.; **c)** *(gekleidet sein)* **wie ein Hippie ~laufen** go about looking *or* dressed like a hippie; **wie läufst du wieder ~!** what do you look like!; ~|**liegen** *unr. itr. V. (ugs.)* lie around *or* about; ~|**lümmeln** *refl. V. (ugs.)* lounge around; ~|**lungern** *itr. V. (salopp)* loaf around; ~|**machen** *itr. V. (ugs.)* be busy; *(abwertend)* mess about *or* around; **er fing an, an mir/meiner Bluse ~zumachen** he started trying to fondle me/undo my blouse; ~|**mäkeln** *itr. V. (ugs.)* **[an jmdm./etw.] ~mäkeln** pick holes [in sb./sth.]; **am Essen ~mäkeln** moan *(coll.) or* grumble about the food; ~|**nörgeln** *itr. V. (ugs. abwertend)* moan; grumble; **an jmdm./etw. ~nörgeln** moan *or* grumble about sb./sth.; ~|**pfuschen** *itr. V. (ugs. abwertend)* **[an jmdm./etw.] ~pfuschen** mess about [with sb./sth.]; ~|**posaunen** *tr. V. (ugs.)* broadcast; **sie posaunte im ganzen Dorf ~, daß ...:** she broadcast to the whole village the fact that ...; ~|**quälen** *refl. V. (ugs.)* **sich [mit einem Problem] ~quälen** struggle [with a problem]; **sich mit Rheuma/finanziellen Sorgen ~quälen** be plagued by rheumatism/financial worries; ~|**rätseln** *itr. V. (ugs.)* **an etw.** *(Dat.)* **~rätseln** try to figure *or* puzzle sth. out; ~|**reden** *itr. V. (ugs.)* **um etw. ~reden** talk round sth.; **red nicht lange um die Sache ~!** don't beat about the bush!; ~|**reichen** *(ugs.)* **1.** *tr. V.* **etw. ~reichen** pass sth. round; **jmdn. [überall] ~reichen** *(fig.)* introduce sb. everywhere; **2.** *itr. V.* **[um etw.] ~reichen** reach round [sth.]; ~|**reisen** *itr. V.; mit sein (ugs.)* travel around *or* about; ~|**reißen** *unr. tr. V.* **den Wagen/das Pferd ~reißen** swing the car/horse round; *s. auch* **[1]Steuer;** ~|**reiten** *unr. itr. V.; mit sein* **a)** *(ziellos reiten)* ride around *or* about; **in der Gegend ~reiten** ride around the area; **b)** *(salopp; auf dasselbe zurückkommen)* **auf etw.** *(Dat.)* **~reiten** go on about sth. *(coll.)*; harp on sth.; **c)** *(salopp: kritisieren)* **auf jmdm. ~reiten** keep getting at sb. *(coll.)*; ~|**rennen** *unr. itr. V.; mit sein (ugs.)* **a)** *(ziellos rennen)* run around *or* about; **b)** *(im Bogen rennen)* **um etw. ~rennen** run round sth.; **im Kreis ~rennen** run round in a circle; ~|**rutschen** *itr. V.; mit sein (ugs.)* slide around *or* about; ~|**scharwenzeln** *itr. V.;*

*mit sein (ugs. abwertend)* **um jmdn. ~scharwenzeln** dance attendance on sb.; **~|schlagen 1.** *unr. tr. V.* **Papier/eine Decke** *usw.* **um etw. ~schlagen** wrap paper/a blanket *etc.* round sth.; **2.** *unr. refl. V. (ugs.)* **a)** *(sich schlagen)* **sich mit jmdm. ~schlagen** keep fighting *or* getting into fights with sb.; **b)** *(sich auseinandersetzen)* **sich mit Problemen/Einwänden ~schlagen** grapple with problems/battle against objections; **sich mit jmdm. [wegen etw.] ~schlagen** conduct a running battle with sb. [about sth.]; **~|schleichen** *unr. itr. V.; mit sein (ugs.)* creep around *or* about; **um etw. ~schleichen** creep round sth.; **~|schlendern** *itr. V.; mit sein (ugs.)* stroll around *or* about; **in der Stadt ~schlendern** stroll around *or* about the town; **~|schleppen** *tr. V. (ugs.)* **etw. um etw. ~schleppen** lug sth. round sth.; **eine Erkältung/ein Problem mit sich** *(Dat.)* **~schleppen** *(fig.)* go around with a cold/be worried by a problem; **die Probleme anderer mit sich** *(Dat.)* **~schleppen** *(fig.)* worry about other people's problems; **~|schnüffeln** *itr. V. (ugs. abwertend)* nose *or* snoop around *or* about *(coll.)*; **in jmds. Schreibtisch ~schnüffeln** poke around *or* about in sb.'s desk *(coll.)*; **in anderer Leute Angelegenheiten ~schnüffeln** poke one's nose into other people's affairs; **~|schubsen** *tr. V. (ugs.)* **jmdn. ~schubsen** push sb. around; **~|sein** *unr. itr. V.; mit sein; Zusammenschreibung nur im Inf. und Part. (ugs.)* **a)** *(vergangen sein)* have passed; have gone by; **seine Probezeit ist noch nicht ~:** his probationary period is not yet over; **b)** *(bekannt geworden sein)* have got around; **c)** *(sich in der Nähe aufhalten)* **immer um jmdn. ~sein** be always around sb; **~|sitzen** *unr. itr. V. (ugs.)* sit around *or* about; **um etw. ~sitzen** sit round sth.; **tatenlos ~sitzen** sit around *or* about doing nothing; **~|spielen** *itr. V. (ugs.)* **an/mit etw. ~spielen** keep playing [around *or* about] with sth.; **an seinen Knöpfen ~spielen** fiddle with one's buttons; **~|spionieren** *itr. V. (ugs.)* snoop *or* nose around *or* about *(coll.)*; **~|sprechen** *unr. refl. V.* get around *or* about; **schnell hatte sich ~gesprochen, daß ...:** it had quickly got around that ...; **~|spuken** *itr. V. (ugs.)* **in/auf etw.** *(Dat.)* **~spuken** haunt sth.; **ich möchte wissen, was in seinem Kopf ~spukt** *(fig.)* I'd like to know what's going on in his mind; **~|stänkern** *itr. V. (ugs.)* keep complaining; **~|stehen** *unr. itr. V. (ugs.)* stand around *or* about; **um etw. ~stehen** stand round sth.; **~|stöbern** *itr. V. (ugs.) (in einem Schreibtisch usw.)* keep rummaging around *or* about (**in** + *Dat.* in); **die Jagdhunde stöberten im Dickicht ~:** the hounds were hunting around in the thicket; **ich habe in der ganzen Wohnung ~gestöbert** I've hunted all over the house; **~|stochern** *itr. V.* poke around *or* about; **im Essen ~stochern** pick at one's food; **~|stoßen** *unr. tr. V. (ugs.)* **jmdn. ~stoßen** push sb. around; **~|streichen** *unr. itr. V.; mit sein (abwertend)* **a)** *(umherstreifen)* roam around *or* about; **b)** *(lauernd umkreisen)* **um jmdn./etw. ~streichen** prowl round sb./sth.; **~|streifen** *itr. V.; mit sein (ugs.)* roam around *or* about; **auf den Straßen ~streifen** roam the streets; **~|streiten** *unr. refl. V. (ugs.)* **sich [mit jmdm.] ~streiten** keep quarrelling *or* wrangling [with sb.]; **~|streunen** *itr. V.; mit sein (abwertend)* roam around *or* about; **auf den Feldern ~streunen** roam the fields; **~|stromern** *itr. V.; mit sein (salopp abwertend)* roam around *or* about; **~|tanzen** *itr. V.; mit sein (ugs.)* **a)** dance around *or* about; **im Zimmer ~tanzen** dance around *or* about the room; **b)** *(im Bogen um etw. tanzen)* **um jmdn./etw. ~tanzen** dance round sb./sth.; **um jmdn. ~tanzen** *(fig.)* dance attendance on sb.; *s. auch* **Kopf a; Nase b; ~|tollen** *itr. V.; mit sein* romp around *or* about; **auf dem Hof ~tollen** romp around the yard; **~|tragen** *unr. tr. V. (ugs.)* **a)** *(überallhin tragen)* **jmdn./etw. ~tragen** carry sb./sth. around *or* about; **jmdn./etw. mit sich ~tragen** carry sb./sth. around with one; **b) eine Idee/einen Plan mit sich ~tragen** nurse an idea/a plan; **c)** *(abwertend: weitererzählen)* **etw. ~tragen** spread sth. around; **~|trampeln** *itr. V.; mit haben od. sein* **auf etw.** *(Dat.)* **~trampeln** trample [around] on sth.; trample all over sth.; **auf jmdm. ~trampeln** *(fig.)* walk all over sb.; **auf jmds. Nerven/Gefühlen ~trampeln** *(fig.)* really get on sb.'s nerves/trample on sb.'s feelings; **~|treiben** *unr. refl. V. (ugs. abwertend)* **a)** *(kein geordnetes Leben führen)* **sich auf den Straßen/in Spelunken ~treiben** hang around the streets/*(coll.)* in dives; **sich mit Männern ~treiben** hang around with men; **b)** *(sich irgendwo aufhalten)* **sich in der Welt ~treiben** roam *or* move about the world; **wo hast du dich nur ~getrieben?** where have you been?; **ich möchte wissen, wo er sich ~treibt** I'd like to know where he's got to; **~treiber der, ~treiberin die** *(ugs.)* layabout; *(Streuner)* vagabond; **~|trödeln** *itr. V. (ugs.)* dawdle around *or* about (**mit** over); **~|wälzen** *(ugs.)* **1.** *tr. V.* **etw. ~wälzen** roll sth. over; **2.** *refl. V.* roll around *or* about; **sich im Bett ~wälzen** toss and turn in bed; **sich im Schlamm ~wälzen** wallow in the mud; **~|wandern** *itr. V.; mit sein* **a)** *(ugs.: umhergehen)* wander around *or* about; **im Garten ~wandern** wander around *or* about the garden; **b)** *(im Bogen um etw. wandern)* **um den Berg/See** *usw.* **~wandern** hike around the mountain/the lake *etc.*; **~|werfen 1.** *unr. tr. V.* **a)** *(ugs.: umherwerfen)* **etw. ~werfen** chuck *(coll.) or* throw sth. around *or* about; **etw. im Zimmer ~werfen** chuck *(coll.) or* throw sth. around *or* about the room; **b)** *(in eine andere Richtung drehen)* throw ⟨*helm, steering-wheel, etc.*⟩ [hard] over; **den Kopf ~werfen** turn one's head quickly; **2.** *unr. refl. V.* **sich im Bett ~werfen** toss and turn in bed; **~|wickeln** *tr. V.* **etw. um etw. ~wickeln** wrap sth. round sth.; **~|wirbeln 1.** *tr. V.* **jmdn./etw. ~wirbeln** whirl *or* spin sb./sth. [a]round; **der Wind wirbelte die Blätter ~:** the wind whirled the leaves around *or* about; **2.** *itr. V.; mit sein* spin *or* whirl [a]round; **~|wühlen** *itr. V.* **in etw.** *(Dat.)* **~wühlen** rummage *or* root around *or* about in sth.; **in jmds. Vergangenheit ~wühlen** *(fig.)* dig into sb.'s past; **~|wurschteln, ~|wursteln** *itr. V. (salopp)* **mit etw. ~wurschteln** *od.* **~wursteln** mess *or* fiddle around *or* about with sth.; **~|zanken** *refl. V. (ugs.) s.* **~streiten; ~|zeigen** *tr. V. (ugs.)* **etw. ~zeigen** show sth. round; **~|ziehen 1.** *unr. itr. V.* move around *or* about; **im Land ~ziehen** move around *or* about the country; **um etw. ~ziehen** go round sth.; **2.** *unr. tr. V. (ugs.: mit sich ziehen)* **jmdn./etw. ~ziehen** drag sb./sth. round *(coll.)*; **3.** *unr. refl. V.* **sich um etw. ~ziehen** ⟨*fence, wall, river, etc.*⟩ go *or* run round sth.; ⟨*wood etc.*⟩ surround sth.

**herunten** [hɛˈrʊntn̩] *Adv. (südd., österr.)* down here

**herunter** [hɛˈrʊntɐ] *Adv.* **a)** *(nach unten)* down; **von Kiel nach München ~** *(fig.)* from Kiel down to Munich; **b)** *(fort)* off; **~ vom Sofa!** [get] off the sofa!; **~ vom Baum/von der Mauer!** get *or* come down from that tree/wall!

**herụnter-: ~|bekommen** *unr. tr. V. (ugs.)* **a)** *(essen können)* be able to eat; *(~schlucken)* swallow; **b)** *(entfernen können)* **etw. [von etw.] ~bekommen** be able to get sth. off [sth.]; **~|bemühen 1.** *tr. V.* **jmdn. ~bemühen** trouble sb. to come down; **2.** *refl. V.* take the trouble to come down; **würden Sie sich bitte ~bemühen?** would you mind coming down?; **~|beten** *tr. V. (abwertend)* **etw. ~beten** recite sth. mechanically; **~|bitten** *unr. tr. V.* ask sb. [to come] down; **~|brennen** *unr. itr. V.* **a)** *mit sein (vollkommen abbrennen)* ⟨*house, fire, etc.*⟩ burn down; **b)** ⟨*sun*⟩ burn *or* beat down; **~|bringen** *unr. tr. V.* **a)** *(nach unten bringen)* bring down; **b)** *(zugrunde richten)* ruin; **c)** *(ugs.: herunterschlucken) s.* **~bekommen a; ~|drücken** *tr. V.* **a)** *(nach unten drücken)* **etw. ~drücken** press sth. down; **b)** *(auf ein niedriges Niveau bringen, verringern)* force down ⟨*prices, wages, etc.*⟩; bring down ⟨*temperature*⟩; reduce ⟨*marks*⟩; **~|fahren 1.** *unr. itr. V.; mit sein* drive *or* come down; ⟨*skier*⟩ ski down; *(mit einem Motorrad, Rad)* ride down; **2.** *unr. tr. V.* **jmdn./etw. ~fahren** drive *or* bring sb. down/bring sth. down; **~|fallen** *unr. itr. V.; mit sein* fall down; **vom Tisch/Stuhl ~fallen** fall off the table/chair; **die Treppe ~fallen** fall down the stairs; **jmdm. fällt etw. herunter** sb. drops sth.; **~|fliegen** *unr. itr. V.; mit sein* **a)** *(nach unten fliegen)* fly down; **b)** *(ugs.) s.* **~fallen; ~|geben** *unr. tr. V. (ugs.)* pass *or* hand down; **~|gehen** *unr. itr. V.; mit sein* **a)** *(nach unten gehen)* come down; **b)** *(niedriger werden)* ⟨*temperature*⟩ go down, drop, fall; ⟨*prices*⟩ come down, fall; **im Preis ~gehen** come down in price; **c)** *(die Höhe senken)* **auf eine Flughöhe von 2 000 m ~gehen** descend to 6,000 ft.; **auf eine geringere Geschwindigkeit ~gehen** slow down; reduce speed; **mit den Preisen ~gehen** reduce one's/its prices; **d) von etw. ~gehen** *(ugs.: räumen)* get off sth.; **e)** *(ugs.: sich lösen)* come off; **~gekommen 1.** *2. Part. v.* **~kommen; 2.** *Adj.* poor ⟨*health*⟩; dilapidated, run-down ⟨*building*⟩; run-down ⟨*area*⟩; down and out ⟨*person*⟩; **ein [völlig] ~gekommenes Subjekt** a down-and-out; **~|handeln** *tr. V. (ugs.)* **einen Preis ~handeln** beat down a price; **100 DM vom Kaufpreis ~handeln** get 100 marks knocked off the price *(coll.)*; **~|hängen** *unr. itr. V.* hang down; **~|hauen** *unr. tr. V. (ugs.)* **a)** *(ohrfeigen)* **jmdm. eine ~hauen** give sb. a clout round the ear *(coll.)*; **b)** *(schlecht ausführen)* dash off; **~|heben** *unr. tr. V.* **etw. [von etw.] ~heben** lift sth. down [from sth.]; **~|helfen** *unr. itr. V. (ugs.)* **jmdm. ~helfen** help sb. down; **~|holen** *tr. V.; mit sein* **a)** *(nach unten holen)* **jmdn./etw. ~holen** fetch sb./sth. down; **b)** *(ugs.: abschießen)* bring down; **~|klappen** *tr. V.* pull *or* put down ⟨*seat*⟩; close ⟨*lid*⟩; **seinen Kragen ~klappen** turn down one's collar; **~|klettern** *itr. V.; mit sein* climb down; **~|kommen** *unr. itr. V.; mit sein* **a)** *(kommen)* come down; *(nach unten kommen können)* manage to come down; **b)** *(ugs.: verfallen)* go to the dogs *(coll.)*; **er ist so weit ~gekommen, daß ...:** he has sunk so low that ...; **er ist gesundheitlich ~gekommen** his health has deteriorated; **c)** *(ugs.: wegkommen)* **von Drogen/vom Alkohol ~kommen** come off drugs/alcohol; kick the habit *(sl.)*; **von einer [schlechten] Note ~kommen** improve on a [bad] mark; **~|können** *unr. itr. V. (ugs.)* be able to get down; **~|kriegen** *tr. V. (ugs.) s.* **runterkriegen; ~|lassen** *unr. tr. V. (schließen)* let down, lower ⟨*blind, shutter*⟩; lower ⟨*barrier*⟩; shut ⟨*window*⟩; *(nach unten gleiten lassen)* wind down ⟨*car window*⟩; **jmdn./etw. an etw.** *(Dat.)* **~lassen** lower sb./sth. by sth.; **die Hose ~lassen** take one's trousers down; **~|leiern** *tr. V. (salopp)* **a)** *(abwertend)* drone out *(coll.)*; **b)** wind down ⟨*car window*⟩; **~|machen** *tr. V. (salopp)* **a)** *(zurechtweisen)* **jmdn. ~machen** give sb. a rocket *(sl.)*; tear sb. off a strip *(coll.)*; **b)** *(herabsetzen)* slate *(coll.)*; run down *(coll.)*; **~|nehmen** *unr. tr. V.* take down; **die Arme ~nehmen** put one's arms down; **etw. von etw.**

**~nehmen** take sth. off sth.; **~|purzeln** *itr. V.; mit sein (ugs.)* **die Treppe ~purzeln** tumble down the stairs; **vom Stuhl ~purzeln** topple off the chair; **~|putzen** *tr. V. (salopp) s.* **~machen a; ~|rasseln** *(ugs.)* **1.** *tr. V.* rattle off; **2.** *itr. V.; mit sein* rattle down; come rattling down; **~|reißen** *unr. tr. V. (ugs.)* **a)** *(nach unten reißen)* pull down; **b)** *(abreißen)* pull off ⟨*plaster, wallpaper*⟩; tear down ⟨*poster*⟩; **c)** *(salopp: ableisten)* get through; **~|rutschen** *itr. V.; mit sein (ugs.)* slide down; ⟨*trousers, socks*⟩ slip down; **~|schalten** *itr. V. (Kfz-Jargon)* change down; **~|schießen 1.** *unr. tr. V.* shoot down ⟨*bird, aircraft, etc.*⟩; **2.** *unr. itr. V.* **a) von einem Fenster aus ~schießen** shoot *or* fire down from a window; **b)** *mit sein (~stürzen)* hurtle down; come hurtling down; **~|schlagen** *unr. tr. V.* **a)** knock off; **den Stuck von der Wand ~schlagen** knock the stucco off the wall; **b)** *(nach unten wenden)* turn ⟨*collar etc.*⟩ down; **~|schlucken** *tr. V.* swallow; **~|schrauben** *tr. V.* turn down ⟨*wick etc.*⟩; **seine Ansprüche/Erwartungen ~schrauben** *(fig.)* reduce one's requirements/lower one's expectations; **~|sehen** *unr. itr. V.* **a)** *(nach unten sehen)* look down; **b)** *(geringschätzig betrachten)* **auf jmdn. ~sehen** look down [up]on sb.; **~|sein** *unr. itr. V.; mit sein; Zusammenschreibung nur im Inf. und Part. (ugs.)* **a)** *(unten sein)* be down; **b)** *(am Ende der Kräfte sein)* **[körperlich] ~sein** be in poor health; **er ist mit seiner Gesundheit/seinen Nerven ~:** he's in poor health/his nerves are in a bad state; **~|setzen** *tr. V. (ugs.) s.* **herabsetzen; ~|spielen** *tr. V. (ugs.)* **a)** *(als unbedeutend darstellen)* play down *(coll.)*; **b)** *(ausdruckslos spielen)* **etw. ~spielen** play sth. through mechanically; **~|steigen** *unr. itr. V.; mit sein* climb down; **~|stürzen 1.** *itr. V.; mit sein* fall down; *(steil herabfallen)* ⟨*aircraft, person, etc.*⟩ plunge down; *(~eilen)* rush down; **vom Dach ~stürzen** fall off the roof; **2.** *tr. V.* **a)** *(schnell trinken)* gulp down; **b) jmdn. ~stürzen** throw sb. down; **~|tragen** *unr. tr. V.* **etw. ~tragen** carry sth. down; **~|werfen** *unr. tr. V.* **a)** *(nach unten werfen)* **etw. ~werfen** throw sth. down; **b)** *(ugs.: herunterfallen lassen)* drop; **~|wirtschaften** *tr. V. (ugs.)* **etw. ~wirtschaften** ruin sth./bring sth. to the brink *or* edge of ruin [by mismanagement]; **~|ziehen 1.** *unr. tr. V.* pull down; **jmdn. [auf seine Ebene] ~ziehen** *(fig.)* drag sb. down [to one's own level]; **2.** *unr. itr. V.; mit sein* go *or* move down; *(umziehen)* move down

**her·vor** *Adv.* **aus etw. ~:** out of sth.; **aus der Ecke ~ kam ...:** from out of the corner came ...

**hervor-, Hervor-: ~|brechen** *unr. itr. V.; mit sein (geh.)* **a)** *(zum Vorschein kommen)* ⟨*animal etc.*⟩ burst out; ⟨*sun*⟩ break through; ⟨*plant*⟩ come up *or* through; **b)** *(sich äußern)* ⟨*feelings*⟩ burst forth *or* out; **~|bringen** *unr. tr. V.* **a)** *(zum Vorschein bringen)* bring out **(aus** of); produce **(aus** from); **b)** *(wachsen, entstehen lassen; auch fig.)* produce; **c)** *(von sich geben)* say; produce ⟨*sound*⟩; **er brachte kein Wort/keinen Ton ~:** he could not utter a word/sound; **~|dringen** *unr. itr. V.; mit sein (geh.)* ⟨*plant*⟩ come up *or* through; **~|gehen** *unr. itr. V.; mit sein (geh.)* **a)** *(seinen Ursprung haben)* **viele große Musiker gingen aus dieser Stadt ~:** this city produced many great musicians; **drei Kinder gingen aus der Ehe ~:** the marriage produced three children; there were three children of the marriage; **eines geht aus dem andern ~:** one thing evolves from another; **b)** *(herauskommen, sich ergeben)* emerge **(aus** from); **aus etw. siegreich/als Sieger ~gehen** emerge victorious from sth.; **aus seinem Brief geht klar ~, daß ...:** it is clear from his letter that ...; **d)** *(zu folgern sein)* follow; **daraus geht ~, daß ...:** from this it follows that ...; **~|gucken** *itr. V. (ugs.)* look out; **unter etw.** *(Dat.)* **~gucken** peep out from under sth.; **~|heben** *unr. tr. V.* emphasize; stress; **etw. durch Kursivdruck ~heben** make sth. stand out by using italics; **~|holen** *tr. V.* take out **(aus** of); **ich muß meine alten Schulbücher ~holen** I must get out my old school-books; **~|kehren** *tr. V. s.* **herauskehren; ~|kommen** *unr. itr. V.; mit sein* come out **(aus** of, **unter +** *Dat.* from under); **~|locken** *tr. V.* lure *or* entice ⟨*person, animal*⟩ out **(aus** of); **~|quellen** *unr. itr. V.; mit sein* well up; ⟨*smoke*⟩ pour out; **aus etw. ~quellen** stream from sth.; **unter dem Hut quoll ihr Haar ~:** her hair spilled out from under her hat; **~quellende Augen** bulging eyes; **~|ragen** *itr. V.* **a)** *(aus etw. ragen)* project; jut out; ⟨*cheekbones*⟩ stand out; **aus dem Häusermeer ragte der Kirchturm ~:** the church spire stood out above the sea of houses; **b)** *(sich auszeichnen)* stand out; **~ragend 1.** *Adj.* outstanding[ly good]; **2.** *adv.* **~ragend geschult** outstandingly well trained; **~ragend spielen/arbeiten** play/work outstandingly well *or* excellently; **~ruf der** curtain-call; **~|rufen** *unr. tr. V.* **a)** *(nach vorn rufen)* **jmdn. ~rufen** call for sb. to come out; *(Theater usw.)* call sb. back; **sie wurde sechsmal ~gerufen** she had to take six curtain-calls; **b)** *(verursachen)* elicit, provoke ⟨*response*⟩; arouse ⟨*admiration*⟩; cause ⟨*unease, disquiet, confusion, merriment, disease*⟩; provoke ⟨*protest, displeasure*⟩; **~|sehen** *unr. itr. V.* be visible; *(unerwünscht)* show; **~|springen** *unr. itr. V.; mit sein* **a)** *(springend hervorkommen)* leap *or* jump out **(hinter +** *Dat.* from behind); **b)** *(vorspringen)* project; jut out; ⟨*nose*⟩ stick out; **~|stechen** *unr. itr. V.* **a)** *(herausstehen)* stick out **(aus** of); **b)** *(sich abheben)* stand out; **~stechend** *Adj.* outstanding; striking; **~|stehen** *unr. itr. V.* protrude; stick out; ⟨*cheekbones*⟩ stand out; **~|stürzen** *itr. V.; mit sein* rush *or* burst out **(hinter +** *Dat.* from behind); **~|suchen** *tr. V.* look out; **~|treten** *unr. itr. V.; mit sein* **a)** emerge, step out **(hinter +** *Dat.* from behind); ⟨*veins, ribs, etc.*⟩ stand out; ⟨*similarity etc.*⟩ become apparent *or* evident; ⟨*eyes*⟩ bulge, protrude; **die Sonne trat aus den Wolken ~** *(fig. geh.)* the sun emerged *or* came out from behind the clouds; **b)** *(bekannt werden)* make one's mark; make a name for oneself; **~|tun** *unr. refl. V.* **a)** *(Besonderes leisten)* distinguish oneself; **sie hat sich nicht sonderlich ~getan** she did not exactly distinguish herself; **sich mit/als etw. ~tun** make one's mark with/as sth.; **b)** *(wichtig tun)* show off; **~|wagen** *refl. V.* dare to come out **(aus** of); **du kannst dich wieder ~wagen** you can come out again; **~|zaubern** *tr. V.* conjure up; **er zauberte ein Päckchen Zigaretten ~:** as if by magic he produced a packet of cigarettes; **~|ziehen** *unr. tr. V.* pull out **(hinter +** *Dat.* from behind, **unter +** *Dat.* from under)

**her|wagen** *refl. V. (ugs.)* dare to come here

**Her·weg der: auf dem ~weg** on the way here

**Herz** [hɛrts] **das; ~ens, ~en a)** *(auch: herzförmiger Gegenstand, zentraler Teil)* heart; **sie hat es am ~en** *(ugs.)* she has a bad heart; *(fig.)* **komm an mein ~, Geliebter** come into my arms, my darling; **jmdm. das ~ zerreißen** break sb.'s heart; **dabei dreht sich mir das ~ im Leib[e] um** it makes my heart bleed; **mir blutet das ~** *(auch iron.)* my heart bleeds; **mir lacht das ~ im Leibe** my heart sings; **ihm rutschte** *od.* **fiel das ~ in die Hose[n]** *(ugs., oft scherzh.)* his heart sank into his boots; **jmds. ~ höher schlagen lassen** make sb.'s heart beat faster; **jmdm. das ~ brechen** *(geh.)* break sb.'s heart; **das ~ auf dem rechten Fleck haben** have one's heart in the right place; **das ~ in die Hand** *od.* **in beide Hände nehmen** take one's courage in both hands; **jmdn./etw. auf ~ und Nieren prüfen** *(ugs.)* grill sb./go over sth. with a fine tooth-comb; **ein Kind unter dem Herzen tragen** *(dichter.)* be with child; be great with child *(arch.)*; *s. auch* **drücken a; klopfen 1 b; b)** *(meist geh.: Gemüt)* heart; **ein treues ~ haben** be true-hearted; **ein warmes/gutes ~ haben** have a warm/good *or* kind heart; **die ~en bewegen/rühren** touch people's hearts; **von ~en kommen** come from the heart; **im Grunde seines Herzens** in his heart of hearts; **man kann einem Menschen nicht ins ~ sehen** one cannot see *or* look into another man's heart; **wes das ~ voll ist, des geht der Mund über** *(prov.)* when you're excited about something, it's difficult to stop talking about it; **ein ~ und eine Seele sein** be bosom friends; **jmds. ~ hängt an etw.** *(Dat.)* *(jmd. möchte etw. sehr gerne behalten)* sb. is attached to sth.; *(jmd. möchte etw. sehr gerne haben)* sb.'s heart is set on sth.; **sein ~ gehört der Musik/Literatur** *usw. (geh.)* music/literature *etc.* is his first love; **ihm war/wurde das ~ schwer** his heart was/grew heavy; **alles, was das ~ begehrt** everything one's heart desires; **nicht das ~ haben, etw. zu tun** not have the heart to do sth.; **sich** *(Dat.)* **ein ~ fassen** pluck up one's courage; take one's courage in both hands; **sein ~ an jmdn./etw. hängen** *(geh.)* give one's heart to sb./devote oneself to sth.; **sein ~ für etw. entdecken** *(geh.)* discover a passion for sth.; **ein ~ für die Armen und Kranken haben** feel for the sick and the poor; **ein ~ für Kinder/die Kunst haben** have a love of children/art; **jmdm. sein ~ ausschütten** pour out one's heart to sb.; **jmdm. das ~ schwermachen** sadden sb.'s heart; **das ~ auf der Zunge haben** wear one's heart on one's sleeve; **die** *od.* **alle ~en im Sturm erobern** *(geh.)* capture everybody's heart; **seinem ~en einen Stoß geben** [suddenly] pluck up courage; **seinem ~en Luft machen** *(ugs.)* give vent to one's feelings; **leichten ~ens** easily; happily; **schweren ~ens** with a heavy heart; **jmd./etw. liegt jmdm. am ~en** sb. has the interests of sb./sth. at heart; **jmdm. etw. ans ~ legen** entrust sb. with sth.; **jmd./etw. ist jmdm. ans ~ gewachsen** sb. has grown very fond of sb./sth.; **etw. auf dem ~en haben** have sth. on one's mind; **aus seinem ~en keine Mördergrube machen** speak freely *or* frankly; **aus tiefstem ~en** *(geh.)* from the bottom of one's heart; **jmdn. ins** *od.* **in sein ~ schließen** take to sb.; **jmdn. ins ~ treffen** cut sb. to the quick; **mit halbem ~en** *(geh.)* half-heartedly; **es nicht übers ~ bringen, etw. zu tun** not have the heart to do sth.; **von ~en gern** [most] gladly; **von ganzem ~en** *(aufrichtig)* with all one's heart; *(aus voller Überzeugung)* whole-heartedly; **sich** *(Dat.)* **etw. zu ~en nehmen** take sth. to heart; **habt ein ~ [mit dem armen Kerl]!** have pity [on the poor fellow]!; **mit ganzem ~en** *(geh.)* whole-heartedly; **ein Mann** *usw.* **nach jmds. ~en** a man *etc.* after sb.'s own heart; **jmdm. aus dem ~en sprechen** express just what sb. is/was thinking; **jmdm. sein ~ schenken** *(geh.)* give sb. one's heart; **die Dame seines ~ens** *(geh., oft scherzh.)* the woman of his heart; **von ~en kommen** ⟨*present*⟩ be given with cordial feeling; ⟨*congratulations, thanks, etc.*⟩ come from the heart; **jmdm. zu ~en gehen** upset sb. deeply; *s. auch* **golden 1 c; Luft c; Stein b; Stich e; Zentnerlast; c)** *o. Art., o. Pl. (Kartenspiel)* hearts *pl.*; *s. auch* **²Pik; d)** *(Speise)* heart; **ein Pfund ~ vom Schwein** a pound of pig's heart[s]; **e)** *(Kosewort)* **mein ~:** my dear

**herz-, Herz-: ~allerliebste der/die;** *adj. Dekl. (veralt.)* beloved; **~allerliebster mein** my beloved; my darling; **~an·fall der**

heart attack; ~**as das** ace of hearts; ~**asthma das** *(Med.)* cardiac asthma; cardiasthma; ~**beklemmend** *Adj.* oppressive; ~**beklemmung die** angina; ~**beschwerden** *Pl.* heart trouble *sing.*; ~**beutel der** *(Anat.)* pericardium; ~**binkerl** [~bɪŋkɐl] **das**; ~**s**, ~ *(bayr., österr. ugs.)* pet *(coll.)*; darling; ~**blatt das a)** *(Gartenbau)* new, inner leaf; **b)** *(Kosewort)* darling; ~**blut das** *in* **sein** ~**blut für jmdn./etw. hingeben** *(geh. veralt.)* sacrifice everything for sb./sth.; ~**bube der** jack of hearts

**Herzchen das**; ~**s**, ~ **a)** *(abwertend: naive/unzuverlässige Person)* simpleton/unreliable person; **b)** *(Kosewort)* darling; sweetheart; **c)** *(kleines Herz)* little heart

**Herz-**: ~**chirurgie die** heart *or* cardiac surgery; ~**dame die** queen of hearts

**her|zeigen** *tr. V. (ugs.)* show; **zeig [es] mal her!** let me see [it]!

**Herze·leid das** *(veralt.)* heartbreak

**herzen** *tr. V. (veralt.)* hug

**herzens-, Herzens-**: ~**angelegenheit die** *(Liebesangelegenheit)* affair of the heart; *(Leidenschaft)* passion; ~**angst die** *(geh.)* deep anxiety; *(bei unmittelbarer Bedrohung)* [mortal] fear; ~**bedürfnis das** *in* **jmdm. ein** ~**bedürfnis sein** *(geh.)* be very important to sb.; ~**bildung die**; *o. Pl. (geh.)* sensitivity; ~**brecher der** lady-killer; ~**grund der** *in* **aus** ~**grund** from the bottom of one's heart; ~**gut** ['--'-] *Adj.* kind-hearted; good-hearted; ~**güte die** *(geh.)* kindness of heart; kind-heartedness; goodness of heart; ~**lust die** *in* **nach** ~**lust** to one's heart's content; ~**wunsch der** dearest *or* fondest wish

**herz-, Herz-**: ~**entzündung die** *(Med.) s.* **Karditis**; ~**erfreuend** *Adj.* heartwarming; ~**erfrischend 1.** *Adj.* refreshing; **2.** *adv.* refreshingly; ~**ergreifend 1.** *Adj.* heart-rending; **2.** *adv.* heart-rendingly; ~**erquickend** *Adj. s.* ~**erfrischend**; ~**fehler der** heart defect; ~**flimmern das** *(Med.) (Kammerflimmern)* ventricular fibrillation; *(Vorhofflimmern)* auricular fibrillation; ~**förmig** *Adj.* heart-shaped; heart-shaped, cordate ⟨*leaf*⟩; ~**gegend die** area *or* region of the heart; ~**geräusch das** *(Med.)* heart murmur

**herzhaft 1.** *Adj.* **a)** *(kräftig)* hearty; **b)** *(nahrhaft)* hearty, substantial ⟨*meal*⟩; *(von kräftigem Geschmack)* tasty; **ein** ~**er Eintopf** a substantial/tasty stew; **c)** *(veralt.: mutig)* bold. **2.** *adv.* **a)** *(kräftig)* heartily; ~ **gähnen** give a wide yawn; **b)** *(nahrhaft)* **er ißt gern** ~: he likes to have a hearty meal; **c)** *(veralt.: mutig)* boldly

**her|ziehen 1.** *unr. itr. V.* **a)** *mit sein od. haben (ugs.: abfällig reden)* **über jmdn./etw.** ~: run sb./sth. down; pull sb./sth. to pieces; **b)** *mit sein (mitgehen)* **vor/hinter/neben jmdm./etw.** ~: walk along in front of/behind/beside sb./sth.; *(marschieren)* march along in front of/behind/beside sb./sth.; **c)** *(umziehen) mit sein* move here. **2.** *unr. tr. V.* **a)** *(ugs.: zum Sprechenden bewegen)* **etw.** ~: pull sth. over [here]; **b)** *(mit sich führen)* **jmdn./etw. hinter sich** *(Dat.)* ~: pull sb./sth. along behind one

**herzig 1.** *Adj.* sweet; dear; delightful. **2.** *adv.* sweetly; delightfully

**herz-, Herz-**: ~**infarkt der** heart attack; cardiac infarction *(Med.)*; ~**innig** *(veralt.)*, ~**inniglich** *(veralt.)* **1.** *Adj.* heartfelt; **2.** *adv.* with heartfelt emotion; **jmdn.** ~**innig lieben** love sb. with all one's heart; ~**insuffizienz die** *(Med.)* cardiac insufficiency; ~**kammer die** *(Anat.)* ventricle; ~**kirsche die** heart cherry; sweet cherry; ~**klappe die** *(Anat.)* heart-valve; ~**klappen·fehler der** *(Med.)* valvular defect *or* insufficiency; ~**klopfen das**; ~**s**: **jmd. hat** ~**klopfen** sb.'s heart is pounding; **jmd. bekommt** ~**klopfen** sb.'s heart starts to pound; **mit** ~**klopfen** with a pounding heart; ~**kollaps der** *s.* ~**versagen**; ~**könig der** king of hearts; ~**krampf der** heart spasm; ~**krank** *Adj.* ⟨*person*⟩ with *or* suffering from a heart condition; **[sehr]** ~**krank sein/werden** have/get a [serious] heart condition; ~**kranke Patienten** cardiac patients; ~**kranke der/die** person with *or* suffering from a heart condition; *(Patient)* cardiac patient; ~**kranz·gefäß das**; *meist Pl.* coronary vessel; ~**leiden das** heart condition

**herzlich 1.** *Adj.* **a)** *(warmherzig)* warm ⟨*smile, reception*⟩; kind ⟨*words*⟩; ~ **zu jmdm. sein** be cordial towards sb.; **b)** *(ehrlich gemeint)* sincere; ~**e Grüße/**~**en Dank** kind regards/many thanks; **sein** ~**es Beileid zum Ausdruck bringen** express one's sincere condolences *pl.*; ~**[st] Dein/Euer Julius** *(als Briefschluß)* kind[est] regards, Julius; *s. auch* **Glückwunsch. 2.** *adv.* **a)** *(warmherzig)* warmly; **der Empfang fiel sehr** ~ **aus** the reception was very cordial; **b)** *(ehrlich gemeint)* sincerely; ⟨*congratulate*⟩ heartily; **es grüßt euch** ~ **Eure Viktoria** *(als Briefschluß)* kind regards, Victoria; **c)** *(sehr)* ~ **wenig** very *or (coll.)* precious little; ~ **schlecht** dreadful; ~ **gern!** gladly; **etw.** ~ **satt haben** be heartily sick of sth.

**Herzlichkeit die a)** *s.* **herzlich a**: warmth; kindness; **b)** *(Aufrichtigkeit)* sincerity

**herz-, Herz-**: ~**liebste der/die** *s.* ~**allerliebste**; ~**los 1.** *Adj.* heartless; callous; **2.** *adv.* heartlessly; callously; ~**losigkeit die**; ~, ~**en a)** *o. Pl.* heartlessness; callousness; **b)** *(herzlose Tat/Bemerkung)* heartless act/remark; ~**-Lungen-Maschine die** heart-lung machine; ~**massage die** cardiac massage; heart massage; ~**mittel das** *(ugs.)* heart pills *pl.*; ~**muskel der** *(Anat.)* heart muscle; cardiac muscle

**Herzog** ['hɛrtso:k] **der**; ~**s**, **Herzöge** ['hɛrtsø:gə] duke; **[Herr] Friedrich** ~ **von Meiningen** Frederick, Duke of Meiningen

**Herzogin die**; ~, ~**nen** duchess

**herzoglich** *Adj.*; *nicht präd.* ducal; of the duke *postpos., not pred.*; **die** ~**e Familie** the family of the duke

**Herzogtum das**; ~**s**, **Herzogtümer** duchy

**Herz·rhythmus der** *(Med.)* heart rhythm; cardiac rhythm

**Herzrhythmus·störung die** *(Med.)* disturbance of the heart *or* cardiac rhythm

**herz-, Herz-**: ~**schlag der a)** heartbeat; **einen** ~**schlag lang** *(geh.)* for a *or* one fleeting moment; **b)** *o. Pl. (Abfolge der Herzschläge, auch fig. geh.)* pulse; **c)** *(Herzversagen)* heart failure; **an einem** ~**schlag sterben** die of heart failure; ~**schmerz der**; *meist Pl.* pain in the region of the heart; ~**schrittmacher der** *(Anat., Med.)* [cardiac] pacemaker; ~**schwäche die** cardiac insufficiency; ~**spender der** heart donor; ~**spezialist der** heart specialist; ~**stärkend** *Adj.* **ein** ~**stärkendes Mittel** a cardiac tonic; ~**stärkend sein/wirken** act as a cardiac tonic; ~**still·stand der** *(Med.)* cardiac arrest; ~**stück das** *(geh.)* heart; ~**tätigkeit die** action of the heart; ~**ton der**; *meist Pl. (Med.)* heart sound; cardiac sound; ~**transplantation die** *(Med.)* heart transplantation

**herzu** [hɛɐ̯'tsu:] *Adv. (geh.) s.* **herbei**

**herz-, Herz-**: ~**verfettung die** fatty degeneration of the heart; ~**verpflanzung die** *s.* ~**transplantation**; ~**versagen das**; ~**s** heart failure; ~**zerreißend 1.** *Adj.* heart-rending; **2.** *adv.* heart-rendingly

**Hesse** ['hɛsə] **der**; ~**n**, ~**n** Hessian

**Hessen (das)** Hesse

**hessisch** *Adj.* Hessian

**Hetäre** [he'tɛ:rə] **die**; ~, ~**n** hetaera

**hetero-, Hetero-** [hetero-] *in Zus.* hetero-

**heterodox** [-'dɔks] *Adj. (Rel.)* heterodox

**Heterodoxie** [-dɔ'ksi:] **die**; ~, ~**n** *(Rel.)* heterodoxy

**heterogen** [-'ge:n] *Adj.* heterogeneous

**Heterogenität** [-geni'tɛ:t] **die**; ~: heterogeneity

**heteronom** [-'no:m] *Adj. (geh.; Zool.)* heteronomous

**Hetero·sexualität die**; ~: heterosexuality *no art.*

**hetero·sexuell** *Adj.* heterosexual

**Hethiter** [he'ti:tɐ] **der**; ~**s**, ~: Hittite

**Hetz** [hɛts] **die**; ~, ~**en** *(österr. ugs.)* **das war eine** ~! that was a [good] laugh; **seine** ~ **haben** have some fun; **aus** ~: for fun

**Hetz·blatt das** *(abwertend)* political smear-sheet

**Hetze** ['hɛtsə] **die**; ~ **a)** *(große Hast)* [mad] rush; **in großer** ~: in a mad rush *or* hurry; **heute war eine fürchterliche** ~: today was one mad rush; **b)** *o. Pl. (abwertend: Aufhetzung)* smear campaign; *(gegen eine Minderheit)* hate campaign; **eine** ~ **betreiben** mount *or* run a smear/hate campaign; **c)** *(Jägerspr.) s.* **Hetzjagd a**

**hetzen 1.** *tr. V.* **a)** hunt; **ein Tier zu Tode** ~: hunt an animal to death; **die Hunde/die Polizei auf jmdn.** ~: set the dogs on [to] sb./get the police on to sb.; **b)** *(antreiben)* rush; hurry. **2.** *itr. V.* **a)** *(in großer Eile sein)* rush; **den ganzen Tag** ~: be in a rush all day long; **b)** *mit sein (hasten)* rush; hurry; *(rennen)* dash; race; **c)** *(abwertend: Haß entfachen)* stir up hatred; *(schmähen)* say malicious things; **gegen jmdn./etw.** ~: smear sb./agitate against sth.; **gegen eine Minderheit** ~: stir up hatred against minorities; **zum Krieg** ~: engage in warmongering; **bei jmdm. gegen jmdn.** ~: try to turn sb. against sb.

**Hetzer der**; ~**s**, ~: malicious agitator

**Hetzerei die**; ~, ~**en a)** *o. Pl. (Hast)* [mad] rush; **b)** *o. Pl. (ugs. abwertend: Aufwiegelei)* malicious agitation; **c)** *(ugs. abwertend: hetzerische Handlung/hetzerisches Wort)* inflammatory act/word

**hetzerisch** *Adj.* inflammatory

**Hetz-**: ~**hund der** hound; hunting dog; ~**jagd die a)** *(Jagdw.)* hunting *(with hounds)*; *(einzelne Jagd)* hunt *(with hounds)*; **b)** *(Hast)* [mad] rush; ~**kampagne die** *(abwertend)* smear campaign; *(gegen eine Minderheit)* hate campaign; ~**rede die** *(abwertend)* inflammatory speech

**Heu** [hɔy] **das**; ~**[e]s a)** hay; ~ **machen** make hay; **b)** *(ugs.: Geld)* dough *(sl.)*; **der hat viel leicht** ~: he's rolling in money *or* it *(coll.)*; *s. auch* **Geld a**

**Heu-**: ~**blume die**; *meist Pl.*; ~**blume[n** *Pl.*] *mixture of seeds, flowers, and grasses sieved from hay and used for medical purposes*; ~**boden der** hayloft

**Heuchelei die**; ~, ~**en** *(abwertend)* **a)** *o. Pl. (Verstellung)* hypocrisy; **b)** *(Äußerung)* piece of hypocrisy; hypocritical remark

**heucheln** ['hɔyçl̩n] **1.** *itr. V.* be a hypocrite. **2.** *tr. V.* feign ⟨*joy, sympathy, etc.*⟩

**Heuchler der**; ~**s**, ~, **Heuchlerin die**; ~, ~**nen** hypocrite

**heuchlerisch 1.** *Adj.* **a)** *(unaufrichtig)* hypocritical; **b)** *(geheuchelt)* feigned ⟨*interest, sympathy, etc.*⟩. **2.** *adv.* hypocritically

**heuen** *itr. V. (landsch.)* make hay

**heuer** ['hɔyɐ] *Adv. (südd., österr., schweiz.)* this year

**Heuer die**; ~, ~**n** *(Seemannsspr.)* **a)** *(Lohn)* pay; wages *pl.*; **b)** *(Anstellung)* **auf einem Schiff [als Funker]** ~ **nehmen** join a ship [as wireless operator]; **auf einem Frachter** ~ **nehmen** ship on board a freighter; **eine** ~ **bekommen** get hired

**Heu·ernte die a)** hay harvest; haymaking; **b)** *(Ertrag)* hay crop

**Heuer·vertrag der** *(Seemannsspr.)* contract of employment

**Heu-**: ~**fieber das** *s.* ~**schnupfen**; ~**forke die** *(nordd.)*, ~**gabel die** hay-fork; ~**haufen der** haystack; hayrick; *s. auch* **Stecknadel**

**Heul·boje die a)** *(Seew.)* whistling-buoy; **b)** *(ugs. abwertend: Sänger)* caterwauler

**heulen** ['hɔylən] *itr. V.* **a)** ‹*wolf, dog, jackal, etc.*› howl; *(fig.)* ‹*wind, gale*› howl; ‹*storm*› roar; **b)** ‹*siren, buoy, etc.*› wail; **c)** *(ugs.: weinen)* howl; bawl; **vor Wut/Schmerz/Freude ~:** howl and weep with rage/pain/howl with delight; **das ist zum Heulen** *(ugs.)* it's enough to make you weep; **Heulen und Zähneklappern** *od.* **Zähneknirschen** wailing and gnashing of teeth

**Heuler der; ~s, ~ a)** *(ugs.: Heulton)* whine; **b)** *(Feuerwerkskörper)* wailing banshee; **c)** *(salopp: tolle Sache)* **das ist wirklich ein ~:** it's really great *or* fantastic *(coll.)*; **das ist [ja] der letzte ~!** *(iron.)* it's bloody awful! *(Brit. sl.)*; **d)** *(ugs.: Seehund)* seal

**Heulerei die; ~, ~en;** *Pl. selten (abwertend)* **a)** *(einer Sirene, Boje)* wailing; **b)** *(ugs.: heftiges Weinen)* howling; bawling

**Heulsuse** ['hɔylzu:zə] **die; ~, ~n** *(ugs. abwertend)* cry-baby

**Heu-: ~monat der, ~mond der** *(veralt.)* July; **~pferd das** grasshopper; **~reiter** *(österr.)*, **~reuter** *(südd.)* **der** drying-rack for hay

**heureka** ['hɔyreka] *Interj. (geh.)* eureka

**heurig** ['hɔyrɪç] *Adj.; nicht präd. (südd., österr., schweiz.)* this year's ‹*harvest, crop, etc.*›; new ‹*potatoes, wine*›; **der ~e Sommer** this summer

**Heurige der;** *adj. Dekl. (bes. österr.)* **a)** *(Wein)* new wine; **sie saßen beim ~n** they sat drinking the new wine; **b)** *(Weinlokal)* inn with new wine on tap

**Heuristik** [hɔy'rɪstɪk] **die; ~:** heuristics *sing.*

**heuristisch** *Adj.* heuristic

**Heu-: ~schnupfen der** hay fever; **~schober der** *(südd., österr.)* haystack; hayrick; **~schrecke die** grasshopper; *(in Afrika, Asien)* locust; grasshopper; **~stadel der** *(südd., österr., schweiz.)* [hay] barn

**heut** [hɔyt] *(ugs.)*, **heute** ['hɔytə] *Adv.* today; **~ früh** early this morning; **~ morgen/abend** this morning/evening; **~ mittag** [at] midday today; **~ nacht** tonight; *(letzte Nacht)* last night; **~ in einer Woche** a week [from] today; today week; **~ vor einer Woche** a week ago today; **seit ~:** from today; **ab ~, von ~ an** from today [on]; **bis ~:** until today; **bis ~ nicht** *(erst ~)* not until today; *(überhaupt noch nicht)* not to this day; *(bis jetzt noch nicht)* not as yet; **für ~:** for today; **die Zeitung von ~:** today's paper; **das Brot ist von ~:** it is today's bread; **das kann sich ~ oder morgen schon ändern** *(ugs.)* that can change at any time; **lieber ~ als morgen** *(ugs.)* the sooner, the better; **von ~ auf morgen** from one day to the next; **von ~ auf morgen sterben** die suddenly; **das geht nicht von ~ auf morgen** it can't be done at such short notice; **das Heute** the present; today; **der Bauernhof/die Frau von ~:** the farm/woman of today

**heutig** *Adj.; nicht präd.* **a)** *(von diesem Tag)* today's; **die ~e Post/Zeitung/Vorstellung** today's post/newspaper/performance; **der ~e Tag/am ~en Tage** today; **am ~en Abend** this evening; **bis zum ~en Tag** until the present day *or* today; **b)** *(gegenwärtig)* today's; of today *postpos.*; **die ~e Jugend/Generation** today's youth/generation; the youth/generation of today; **der ~e Stand der Forschung** the present state of research; **in der ~en Zeit** today; nowadays

**heut·zu·tage** *Adv.* nowadays

**Heu-: ~wagen der** hay-cart; **~wender der** *(Landw.)* tedder; tedding machine

**Hexagon** [hɛksa'go:n] **das; ~s, ~e** *(Math.)* hexagon

**Hexa·gramm** [hɛksa-] **das** hexagram

**Hexameter** [hɛ'ksa:metɐ] **der; ~s, ~** *(Verslehre)* hexameter

**Hexe** ['hɛksə] **die; ~, ~n a)** witch; **b)** *(abwertend)* **diese kleine ~:** this little minx

**hexen 1.** *itr. V.* work magic; **ich kann doch nicht ~** *(ugs.)* I'm not a magician *(coll.)*. **2.** *tr. V.* conjure up

**Hexen-: ~einmaleins das** magic formula; **~haus das** witch's cottage; **~jagd die** *(auch fig.)* witch-hunt; **~kessel der: ein [wahrer] ~kessel sein** be [absolute] bedlam; **das Fußballstadion glich einem ~kessel** there was pandemonium *or* bedlam in the football-ground; **~meister der** sorcerer; **~prozeß der** *(hist.)* witch trial; **~ring der a)** *(von Pilzen)* fairy ring; **b)** *(Jägerspr.) circular run trodden by roedeer in the mating season;* **~sabbat der a)** *(Zusammenkunft der Hexen)* witches' sabbath; **b)** *(wüstes Treiben)* orgy; **~schuß der;** *o. Pl.* lumbago *no indef. art.*; **~verbrennung die** *(hist.)* burning of a witch/of witches; **~verfolgung die** *(hist.)* witch-hunt

**Hexer der; ~s, ~:** sorcerer

**Hexerei die; ~, ~en** sorcery; witchcraft; *(von Kunststücken usw.)* magic; **das ist doch keine ~:** there's no magic about it

**Hexode** [hɛ'kso:də] **die; ~, ~n** *(Elektrot.)* hexode

**HGB** *Abk.* **Handelsgesetzbuch**

**hick** [hɪk] *Interj. (ugs.)* hic

**Hickhack** ['hɪkhak] **das** *od.* **der; ~s, ~s** *(ugs.)* squabbling; bickering

**hie** [hi:] *Adv.* **in ~ und da** *(stellenweise)* here and there; *(von Zeit zu Zeit)* now and then; from time to time; **~ ..., da ...:** on the one hand ..., on the other [hand] ...

**hieb** [hi:p] *1. u. 3. Pers. Sg. Prät. v.* **hauen**

**Hieb der; ~[e]s, ~e a)** *(Schlag)* blow; *(mit der Peitsche)* lash; *(im Fechten)* cut; *(fig.)* dig **(gegen** at); **jmdm. einen ~ mit der Faust/einem Beil versetzen** punch sb./strike sb. with an axe; **b)** *Pl. (ugs.: Prügel)* hiding *sing.*; beating *sing.*; walloping *sing. (sl.)*; **~e bekommen/kriegen** get a hiding *or* beating *or (sl.)* walloping; **es gibt/setzt ~e!** you'll get a hiding *or* beating *or (sl.)* walloping

**hieb·fest** *Adj.* **in hieb- und stichfest** watertight; cast-iron

**Hieb·waffe die** cutting weapon

**hielt** [hi:lt] *1. u. 3. Pers. Sg. Prät. v.* **halten**

**hienieden** [hi:'ni:dn̩] *Adv. (bes. österr., sonst veralt.)* here below; here in this world [below]

**hier** [hi:ɐ̯] *Adv.* **a)** *(an diesem Ort)* here; **[von] ~ oben/unten** [from] up/down here; **~ vorn** here in front; **~ draußen/drinnen** out/in here; **~ entlang** along here; **von ~ [aus]** from here; **wo ist ~ die nächste Tankstelle?** where is the nearest petrol station *(Brit.) or (Amer.)* gas station around here?; **er ist nicht von ~:** he's not from this area *or* around here; **das Buch ~:** this book [here]; **~ spricht Hans Schulze** this is Hans Schulze [speaking]; **~ und da** *od.* **dort** *(an manchen Stellen)* here and there; *(manchmal)* [every] now and then; **~ und jetzt** *od.* **heute** *(geh.)* here and now; **das Hier und Jetzt** *od.* **Heute** *(geh.)* the here and now; **b)** *(zu diesem Zeitpunkt)* now; **von ~ an** from now on; **c)** *(in diesem Zusammenhang, Punkt)* here; **was gibt es ~ zu lachen?** what's funny [about this]?

**hier-:** *Bei den aus* **hier** *und einer Präposition gebildeten Adverbien* **(hieran, hierauf, hierbei** *usw.) werden im folgenden* this, these *oder* here *zur Übersetzung verwendet* (hold on to this; on here; among these; about this). *Dies ist im allgemeinen die angemessene Form der Übersetzung. Wenn der Bestandteil* **hier-** *weniger stark betont ist, kann man* this *oder* here *durch* it *ersetzen* (hold on to it; on it; about it). *Beispiele:* **er suchte einen starken Ast und lehnte die Leiter hieran** he looked for a strong branch and leaned the ladder against it; **sie ging zum Schuppen, um ihr Fahrrad hierhinter zu stellen** she went to the shed to put her bicycle behind it. *Ähnlich:* **hierunter befanden sich auch einige Deutsche** there were some Germans among them.

**hieran** ['hi:'ran] *Adv.* **a)** *(an dieser/diese Stelle)* here; **sich ~ festhalten** hold on to this; **b)** *(fig.)* **im Anschluß ~:** immediately after this; **~ wird deutlich, daß ...:** this shows clearly that ...; *s. auch* **hier-**

**Hierarchie** [hierar'çi:] **die; ~, ~n** hierarchy

**hierarchisch 1.** *Adj.* hierarchical. **2.** *adv.* hierarchically

**hierauf** ['hi:'rauf] *Adv.* **a)** *(auf dieser/diese Stelle)* on here; **b)** *(darauf)* on this; **wir werden ~ zurückkommen** we'll come back to this; **c)** *(danach)* after that; then; **d)** *(infolgedessen)* whereupon; *s. auch* **hier-**

**hierauf·hin** *Adv.* hereupon

**hieraus** ['hi:'raus] *Adv.* **a)** *(aus dem eben Erwähnten)* out of *or* from here; **b)** *(aus dieser Tatsache, Quelle)* from this; **c)** *(aus diesem Material)* out of this; *s. auch* **hier-**

**hier|behalten** *unr. tr. V.* **jmdn./etw. ~:** keep sb./sth. here

**hier·bei** *Adv.* **a)** *(bei dieser Gelegenheit)* **Diese Übung ist sehr schwierig. Man kann sich ~ leicht verletzen.** This exercise is very difficult. You can easily injure yourself doing it; **Ich habe ihn gestern getroffen. Hierbei habe ich gleich ...:** I met him yesterday, and straightaway I ...; **b)** *(bei der erwähnten Sache)* here; *s. auch* **hier-**

**hier|bleiben** *unr. itr. V.; mit sein* stay here

**hier·durch** *Adv.* **a)** *(hier hindurch)* through here; **b)** *(auf Grund dieser Sache)* because of this; as a result of this; **c)** *s.* **hiermit;** *s. auch* **hier-**

**hierein** ['hi:rain] *Adv.* in here; *s. auch* **hier-**

**hier·für** *Adv.* for this; **ich habe kein Interesse ~:** I have no interest in this; *s. auch* **hier-**

**hier·gegen** *Adv.* **a)** *(gegen die erwähnte Sache)* against this; **b)** *(gegen diese Stelle)* against here; **c)** *(im Gegensatz hierzu)* in *or* by comparison with this; compared with this; *s. auch* **hier-**

**hier·her** *Adv.* here; **ich gehe bis ~ und nicht weiter** I'm going this far and no further; **bis ~ und nicht weiter** *(als Warnung)* so far and no further

**hierher-: ~|bemühen 1.** *tr. V.* **jmdn. ~bemühen** trouble sb. to come here; **2.** *refl. V.* take the trouble to come here; **~|bitten** *unr. tr. V.* **jmdn. ~bitten** ask sb. [to come] here; **darf ich Sie ~bitten?** would you come here, please?; **~|bringen** *unr. tr. V.* **jmdn./etw. ~bringen** bring sb./sth. here; **~|fahren 1.** *unr. itr. V.; mit sein* drive here; *(mit einem Motorrad, Rad)* ride here; **2.** *unr. tr. V.* **jmdn. ~fahren** drive sb. here; **~|führen** *tr. V.* **jmdn. ~führen** bring sb. here; **~|gehören** *itr. V.* **a)** *(an diesen Ort gehören)* belong here; **b)** *(hierfür wichtig sein)* be relevant [here]; **~|kommen** *unr. itr. V.; mit sein* come here; **wie bist du ~gekommen?** how did you get here?; **~|laufen** *unr. itr. V.; mit sein* walk/*(schneller)* run here; **~|schicken** *tr. V.* **jmdn./etw. ~schicken** send sb./sth. here; **~|stellen** *tr. V.* **etw. ~stellen** put sth. here

**hier·herum** *Adv.* **a)** *(an dieser Stelle herum)* round here; *(in diese Richtung)* round this way; **b)** *(ugs.: hier irgendwo)* around here

**hierher-: ~|wagen** *refl. V.* dare to come here; **~|ziehen 1.** *unr. tr. V.* **etw. ~ziehen** pull sth. here; **2.** *unr. itr. V.; mit sein (umziehen)* move here

**hier·hin** *Adv.* here; **sie blickte bald ~, bald dorthin** she looked this way and that; **bis ~:** up to here *or* this point

**hier·hinab** *Adv.* down here

**hier·hinauf** *Adv.* up here

**hier·hinaus** *Adv.* **a)** *(an dieser Stelle)* out here; **b)** *(aus diesem Raum)* out of here

**hier·hinein** *Adv.* in here

**hier·hinter** *Adv.* behind here; *s. auch* **hier-**

**hier·hinunter** *Adv.* **a)** *(unter diesen Gegen-*

*stand)* under here; **b)** *(an dieser Stelle)* down here

**hierin** ['hi:'rɪn] *Adv.* **a)** *(in diesem Gegenstand)* in here; **b)** *(in dieser Angelegenheit)* in this; *s. auch* **hier-**

**hier|lassen** *unr. tr. V.* **etw. ~:** leave sth. here

**hier·mit** *Adv.* with this/these; **~ ist der Fall erledigt** that puts an end to the matter; **~ erkläre ich, daß ...** *(Amtsspr.)* I hereby declare that ...; **~ wird bestätigt/bescheinigt, daß ...** *(Amtsspr.)* this is to confirm/certify that ...; *s. auch* **hier-**

**hier·nach** *Adv.* **a)** *(einer Sache entsprechend)* in accordance with this/these; **b)** *(demnach)* according to this/these; **c)** *(anschließend)* after that; *s. auch* **hier-**

**hier·neben** *Adv.* beside this; next to this; *s. auch* **hier-**

**Hieroglyphe** [hiero'gly:fə] **die; ~, ~n** hieroglyph; **~n** hieroglyphics

**hier·orts** *Adv.* here

**hier|sein** *unr. itr. V.; mit sein; Zusammenschreibung nur im Inf. und Part.* be here

**hierüber** ['hi:'ry:bɐ] *Adv.* **a)** *(über dem Erwähnten)* above here; **b)** *(über das Erwähnte)* over here; **c)** *(das Erwähnte betreffend)* about this/these; **d)** *(geh.: währenddessen)* **er war ~ eingeschlafen** he had fallen asleep while doing so; *s. auch* **hier-**

**hierum** ['hi:'rʊm] *Adv.* about this; *(um ... herum)* round here; **~ geht es gar nicht** that's not the point; it's not a question of that; *s. auch* **hier-**

**hierunter** ['hi:'rʊntɐ] *Adv.* **a)** *(unter diese[r] Stelle)* under here; **b)** *(unter der erwähnten Sache)* **~ leiden** suffer from this; **etw. ~ verstehen** *od.* **sich** *(Dat.)* **etw. ~ vorstellen** understand sth. by this; **c)** *(unter die genannte/der genannten Gruppe)* among these; *s. auch* **hier-**

**hier·von** *Adv.* **a)** *(von dieser Stelle)* from here; **b)** *(von dieser Sache)* of this; **~ zeugen** bear witness to this; **c)** *(dadurch)* because of this; **d)** *(aus dieser Menge)* of this/these; **e)** *(aus diesem Material)* out of this; *s. auch* **hier-**

**hier·vor** *Adv.* **a)** *(vor dieser/diese Stelle)* in front of this *or* here; **b)** *(vor der erwähnten Sache)* **Respekt ~ haben** have respect for this; **Angst ~ haben** be afraid of this; *s. auch* **hier-**

**hier·zu** *Adv.* **a)** *(zu dieser Sache)* with this; **vgl. ~:** cf.; **b)** *(zu dieser Gruppe)* **~ gehört/gehören ...:** this includes/these include ...; **c)** *(zu diesem Zweck)* **ich kann dir ~ nur raten** I can only recommend you to do this/buy this/go *etc.*; **ich wünsche dir ~ viel Erfolg** I wish you every success with this; **~ reicht mein Geld nicht** I haven't got enough money for that; **d)** *(hinsichtlich dieser Sache)* about this; *s. auch* **hier-**

**hierzu·lande** *Adv.* *(in diesem Land)* [here] in this country; [here] in these parts; *(in dieser Gegend)* [here] in these parts

**hiesig** ['hi:zɪç] *Adj.; nicht präd.* local; **die ~e Gegend** this locality; **meine ~en Verwandten** my relatives here

**hieß** [hi:s] *1. u. 3. Pers. Sg. Prät. v.* **heißen**

**hieven** ['hi:vn̩] *tr. V.* heave

**Hi-Fi-Anlage** ['haifi-] **die** *(Rundf.)* hi-fi system

**high** [hai] *Adj.; nur präd. (ugs.)* high *(coll.)*

**Highlife** ['hailaif] **das; ~[s]** *(ugs.)* high life; **bei uns ist heute ~:** we're living it up today; **~ machen** live it up

**High-Society** [-sə'saiəti] **die; ~:** high society; **zur ~ gehören** be a member of high society

**High-Tech-** ['hai'tɛk-] *in Zus.* high-tech

**hihi** [hi'hi:], **hihihi** [hihi'hi:] *Interj.* hehe[-he]

**Hilfe** ['hɪlfə] **die; ~, ~n a)** help; *(für Notleidende)* aid; relief; **wirtschaftliche/finanzielle ~:** economic aid/financial assistance; **jmdm. ~ leisten** help sb.; **mit ~** (+ *Gen.*) with the help *or* aid of; **ohne fremde ~:** unaided; without help *or* assistance; **jmdn. um ~ bitten/***(geh.)* **ersuchen** ask sb. for help *or* assistance/request sb.'s help *or* assistance; **um ~ rufen** shout for help; **jmdn. zu ~ rufen** call on sb. for help; **jmdm. zu ~ kommen/eilen** come/hurry to sb.'s aid *or* assistance; **zu ~!** help!; **jmds. Gedächtnis zu ~ kommen** *(fig.)* refresh sb.'s memory [for him/her]; **etw. zu ~ nehmen** use sth.; make use of sth.; **jmdm. eine große ~ sein** be a great help to sb.; **jmdm. ~n geben** give sb. some help; **einem Pferd ~n geben** give a horse aids; **Erste ~:** first aid; **b)** *(Hilfskraft)* help; *(im Geschäft)* assistant

**hilfe-, Hilfe-: ~leistung die** help; assistance; **finanzielle ~leistung** financial aid *or* assistance; **unterlassene ~leistung** *(Rechtsspr.)* failure to render assistance in an emergency; **~ruf der** cry for help; *(Notsignal)* distress signal; **~stellung die** *(Turnen)* **a) jmdm. ~stellung geben** act as spotter for sb.; **b)** *(Person)* spotter; **~suchend 1.** *Adj.* **sein ~suchender Blick ging zum Fenster** he looked towards the window, seeking help; **2.** *adv.* **sich ~suchend umschauen** look round for help; **sich ~suchend an jmdn. wenden** turn to sb. for help

**hilf-, Hilf-: ~los 1.** *Adj.* **a)** helpless; **b)** *(unbeholfen)* awkward; **2.** *adv.* **a)** helplessly; **b)** *(unbeholfen)* awkwardly; **~losigkeit die; ~ a)** helplessness; **b)** *(Unbeholfenheit)* awkwardness; **~reich** *(geh.)* **1.** *Adj.* helpful; **2.** *adv.* **jmdm. ~reich zur Seite stehen** lend support to sb.; stand by sb.

**hilfs-, Hilfs-: ~aktion die** relief programme; **~arbeiter der** labourer; *(in einer Fabrik)* unskilled worker; **~bedürftig** *Adj.* **a)** *(schwach)* in need of help *postpos.*; **b)** *(notleidend)* in need; needy; **~bedürftigkeit die** need; neediness; **~bereit** *Adj.* helpful; **~bereitschaft die** helpfulness; readiness *or* willingness to help; **~dienst der a)** *(Dienst zu Hilfszwecken)* community work; **b)** *(Organisation)* emergency service; *(bei Katastrophen)* [emergency] relief service; *(für Autofahrer)* [emergency] breakdown service; **~fonds der** aid *or* relief fund; **~geistliche der** *(ev. u. kath. Kirche)* curate; **~gelder** *Pl.* aid money *sing.*; **~konstruktion die** *(Geom.)* auxiliary construction; **~kraft die** assistant; **~lehrer der, ~lehrerin die** assistant teacher; **~maßnahme die** aid *or* relief measure; **~mittel das a)** *(Mittel zur Erleichterung)* aid; **b)** *Pl. (finanzielle Mittel)* [financial] aid *sing.*; *(materielle Mittel)* aid *sing.*; supplies; **~motor der** auxiliary engine; **ein Fahrrad mit ~motor** a motor-assisted bicycle; **~organisation die** aid *or* relief organization; **~personal das** auxiliary staff; **~polizist der** reserve policeman; **~programm das** aid *or* relief programme; **~quelle die;** *meist Pl.* **a)** *(Material)* source; **b)** *(finanziell)* source of [financial] aid; **~schule die** *(veralt., noch ugs.)* special school; **~schüler der** *(veralt., noch ugs.)* pupil at a special school; **~schul·lehrer der** *(veralt., noch ugs.)* teacher at a special school; **~schwester die** nursing auxiliary; auxiliary nurse; **~sheriff der** deputy sheriff; **~truppe die;** *meist Pl. (Milit.)* reserve unit; **~verb das** *(Sprachw.)* auxiliary [verb]; **~willig** *Adj.* helpful; willing to help *postpos.*; **~willige der/die;** *adj. Dekl.* **a)** person willing to help; **die ~willigen** the people willing to help; **b)** *(hist.) volunteer from German occupied territory serving in German army in Second World War;* **~wissenschaft die** ancillary science; **~zeit·wort das** *s.* **~verb**

**Himalaja** [hi'ma:laja] **der; ~[s]: der/im ~:** the/in the Himalayas *pl.*

**Him·beere** ['hɪm-] **die** raspberry

**Himbeer-: ~eis das** raspberry ice [cream]; **~marmelade die** raspberry jam; **~saft der** raspberry juice; **~strauch der** raspberry bush

**Himmel** ['hɪml̩] **der; ~s, ~ a)** sky; **hoch am ~ stehen** be high in the sky; **eher stürzt der ~ ein, als daß er dir Geld leiht** *(ugs.)* never in a million years will he lend you any money *(coll.)*; **unter freiem ~:** in the open [air]; outdoors; **~ und Erde** *(Kochk.) dish of puréed potato and apple with fried blood sausage and liver sausage;* **aus heiterem ~** *(ugs.)* out of the blue; **jmdn./etw. in den ~ heben** *(ugs.)* praise sb./sth. to the skies; **Fortschritte fallen nicht vom Himmel** advances don't come overnight; **b)** *(Aufenthalt Gottes)* heaven; **in den ~ kommen** go to heaven; **im ~ sein** *(verhüll.)* be in heaven; **zum ~** *od.* **in den ~ auffahren,** *(geh.)* **gen ~ fahren** ascend into heaven; **Sohn des ~s** *(hist.: Titel des chinesischen Kaisers)* Son of Heaven; **~ und Hölle** *(Kinderspiel)* ≈ hopscotch; **jmdm. hängt der ~ voller Geigen** *(geh.)* sb. is walking on air; **~ und Hölle** *od.* **Erde in Bewegung setzen** move heaven and earth; **sie hat den ~ auf Erden** *(geh.)* life is heaven on earth for her; **jmdm. den ~ auf Erden versprechen** promise sb. the earth; **im sieb[en]ten ~ sein/sich [wie] im sieb[en]ten ~ fühlen** *(ugs.)* be in the seventh heaven; **etw. schreit zum ~:** sth. is scandalous *or* a scandal; **etw. stinkt zum ~** *(salopp)* sth. stinks to high heaven; **c)** *(verhüll.: Schicksal)* Heaven; **gerechter/gütiger/[ach] du lieber ~!** good Heavens!; Heavens above!; **dem ~ sei Dank** thank Heaven[s]; **das weiß der [liebe] ~** *od.* **das mag der liebe ~ wissen** Heaven [only] knows; **weiß der ~!** *(ugs.)* Heaven knows; **weiß der ~, wer .../wie .../wo .../wann ...** *(ugs.)* Heaven [only] knows who .../how .../where .../when ...; **um [des] ~s willen!** *(Ausruf des Schreckens)* good Heavens!; good God!; *(inständige Bitte)* for Heaven's sake; **~ noch [ein]mal!** for Heaven's *or* goodness' sake!; **~, Herrgott, Sakrament!** for Heaven's sake!; **~, Kreuz, Donnerwetter!** *(salopp)* damn and blast! *(sl.)*; **~, Arsch und Zwirn!** *(derb)* bloody hell! *(Brit. sl.)*; **d)** *(Baldachin)* canopy

**himmel-, Himmel-: ~an** *Adv. (dichter.)* heavenwards *(poet.)*; up towards the sky; **~angst** *Adj.* **in mir ist/wird ~angst** I am scared to death; **~bett das** four-poster bed; **~blau** *Adj.* sky-blue; azure; clear blue ⟨*eyes*⟩; **~donner·wetter** *Interj.* **in ~donnerwetter noch [ein]mal!** *(salopp)* hell's bells! *(sl.)*

**Himmel·fahrt die** *(Rel.)* **a)** *(Auffahrt in den Himmel)* ascent to heaven; **Christi/Mariä ~:** the Ascension of Christ/the Assumption of the Virgin Mary; **b)** *(Festtag)* **[Christi] ~:** Ascension Day *no art.*

**Himmelfahrts-: ~kommando das a)** *(Unternehmen)* suicide mission *or* operation; **b)** *(Personen)* suicide squad; **~nase die** *(ugs. scherzh.)* turned-up nose; **~tag der** Ascension Day *no art.*

**himmel-, Himmel-: ~herr·gott** *Interj.* **in ~herrgott noch [ein]mal!** *(salopp)* hell's bells! *(sl.)*; **~herr·gott·sakra** *Interj.* *(österr., südd. salopp)* bloody hell! *(Brit. sl.)*; **~hoch 1.** *Adj.* soaring; towering; **2.** *adv.* ⟨*rise up etc.*⟩ high into the sky; **~hoch jauchzend, zu Tode betrübt** up one minute, down the next; on top of the world one minute, down in the dumps the next; **~hund der** *(derb)* unscrupulous bastard *(coll.)*; *(Draufgänger)* daredevil; **~reich das** *(christl. Rel.)* kingdom of heaven; **ein ~reich für ...:** I'd give anything for ...; *s. auch* **[1]Mensch b**

**Himmels-: ~achse die;** *o. Pl. (Astron.)* celestial axis; **~äquator der** *(Astron.)* celestial equator; **~bahn die** *(dichter.)* path across the heavens

**himmel·schreiend** *Adj.* scandalous; outrageous; scandalous, appalling ⟨*conditions, disgrace*⟩; arrant *attrib.* ⟨*nonsense*⟩; **ihre Dummheit ist ~:** she is appallingly stupid; **eine ~e Ungerechtigkeit** an injustice that cries out to heaven

**Hịmmels-: ~erscheinung die** celestial phenomenon; **~fürst der** *(christl. Rel.)* King of heaven; **~gabe die** *(geh.)* gift from heaven; **~gegend die** *s.* **~richtung; ~gewölbe das a)** *(dichter.)* firmament; vault of heaven *or* the heavens; **b)** *(Astron.)* sky; **~globus der** celestial globe; **~karte die** *(Astron.)* star map; **~königin die** *(kath. Rel.)* Queen of heaven; **~körper der** celestial body; **~kugel die** celestial sphere; **~kunde die** astronomy; **~kuppel die** *s.* **~gewölbe a; ~labor das** *(Raumf., bes. DDR)* space lab[oratory]; **~macht die** *(geh.)* heavenly power; **~pforte die** *(dichter.)* gates *pl.* of heaven; Pearly Gates *(also joc.)*; **~pol der** *(Astron.)* celestial pole; **~richtung die** point of the compass; cardinal point; **die vier ~richtungen** the four points of the compass; **aus allen ~richtungen** from all directions; **in alle ~richtungen verstreut sein** be scattered to all four corners of the earth; **von hier aus führen Wege in alle ~richtungen** from this point paths radiate in all directions; **~schlüssel der, ~schlüsselchen das** cowslip; *(Waldschlüsselblume)* oxlip; **~sphäre die** celestial sphere; **~spion der** *(ugs.)* spy-in-the-sky satellite *(coll.)*; **~stürmer der** *(geh.)* unshakeable idealist; **~tor das, ~tür die** *(dichter.)* gates *pl.* of heaven

**hịmmel·stürmend** *Adj.; nicht präd. (geh.)* boundless ⟨*enthusiasm*⟩; unbridled ⟨*feelings*⟩; wildly ambitious ⟨*plan*⟩

**Hịmmels·zelt das** *(dichter.)* firmament

**hịmmel-: ~wärts** *Adv. (geh.)* heavenwards; **~weit 1.** *Adj.* enormous, vast ⟨*difference*⟩; **zwischen uns besteht ein ~weiter Unterschied** there's a world of difference between us; **2.** *adv.* **~weit voneinander entfernt sein** be poles apart; **~weit von etw. entfernt sein** be nowhere near sth.

**hịmmlisch 1.** *Adj.* **a)** *nicht präd. (den Himmel betreffend)* heavenly; **der ~e Vater** our Heavenly Father; **die ~en Heerscharen** the heavenly host[s]; **b)** *nicht präd. (göttlich)* divine; **eine ~e Fügung** divine providence; **c)** *(herrlich)* heavenly; divine; wonderful ⟨*weather, day, view*⟩. **2.** *adv.* divinely; wonderfully, gloriously ⟨*comfortable, warm*⟩

**hin** [hɪn] *Adv.* **a)** *(räumlich)* **zur Straße ~ liegen** face the road; **nach rechts ~ verlaufen** ⟨*road*⟩ go off to the right; **nach Frankfurt ~:** in the direction of Frankfurt; **bis zu dieser Stelle ~:** [up] to this point; as far as here; **sich zu etw. ~ erstrecken** stretch as far as sth.; **zur Straße ~ sind es 500 m** *(landsch.)* it's 500 m to the road; **über die ganze Welt ~** *(veralt.)* all over the world; throughout the world; **b)** *(zeitlich)* **gegen Mittag ~:** towards midday; **zum Herbst ~:** towards the autumn; as autumn approaches/approached; **über einen Monat ~:** for a whole month; **durch viele Jahre ~:** for many years; **c)** *(in Verbindungen)* **nach außen ~:** outwardly; **auf meine Anweisung/meinen Rat ~:** on *or* in response to my instructions/advice; **auf seine Bitte/seinen Anruf/eine Annonce ~:** at his request/in response to his [telephone] call/an advertisement; **selbst/auch auf die Gefahr ~, einen Fehler zu begehen** even at the risk of making a mistake; **etw. auf eine spätere Erweiterung ~ planen** plan sth. with a view to future expansion; *s. auch* **vor 2; d)** *(in Wortpaaren)* **~ und zurück** there and back; **einmal Köln ~ und zurück** a return [ticket] to Cologne; **Hin und zurück? – Nein, nur ~:** Return? – No, just a single; **~ und her** to and fro; back and forth; **~ und her beraten/reden** go backwards and forwards over the same old ground; **das Hin und Her** the toing and froing; **nach langem Hin und Her** after a great deal of argument; **das reicht/langt nicht ~ und nicht her** *(ugs.)* it's nowhere near enough; **Regen ~, Regen her** rain or no rain; **~ und wieder** [every] now and then; **e)** *(elliptisch)* **nichts wie ~!** what are we waiting for?; **~ zu ihm!** [hurry up,] to him!; *s. auch* **hinsein**

**hinab** [hɪˈnap] *Adv.* down; **den Hang ~:** down the slope; **ins Tal ~:** down into the valley; **den Fluß ~:** downstream; down the river; **bis ~ zu** down to

**hinạb-** (*s. auch* **hinunter-**): **~|blicken** *itr. V.* look down; **~|senken 1.** *tr. V.* lower; sink ⟨*foundations*⟩; **2.** *refl. V.* slope down; **~|steigen** *unr. itr. V.; mit sein* climb down; *(hinuntergehen)* go down; **~|ziehen 1.** *unr. tr. V. (auch fig.)* **jmdn. ~ziehen** drag sb. down; **2.** *unr. itr. V.; mit sein (geh.)* move down

**hinan** [hɪˈnan] *Adv. (geh.) s.* **hinauf**

**hịn|arbeiten** *itr. V.* **auf etw.** *(Akk.)* **~:** work towards sth.; **auf eine Prüfung ~:** work for an examination; **auf einen Krieg ~:** work to bring about war

**hinauf** [hɪˈnau̯f] *Adv.* up; **den Hügel ~:** up the hill; **die Treppe ~:** up the stairs; upstairs; **bis ~ zu** up to

**hinauf-: ~|arbeiten** *refl. V. s.* **hocharbeiten; ~|begeben** *unr. refl. V. (geh.)* go up[stairs]; **~|begleiten** *tr. V.* **jmdn. ~begleiten** accompany sb. up[stairs]; **~|bemühen 1.** *tr. V.* **jmdn. ~bemühen** trouble sb. to go up; **2.** *refl. V.* take the trouble to go up; **~|bitten** *unr. tr. V.* **jmdn. ~bitten** ask sb. to go up; **~|blicken** *itr. V.* look up; **~|bringen** *unr. tr. V.* **jmdn./etw. ~bringen** take sb./sth. up[stairs]; **~|fahren 1.** *unr. itr. V.; mit sein* go up; *(im Auto)* drive up; *(mit einem Motorrad)* ride up; **2.** *unr. tr. V.* **jmdn. ~fahren** drive *or* take sb. up; **~|fallen** *unr. itr. V.; mit sein s.* **Treppe a; ~|führen 1.** *itr. V.* lead up; **2.** *tr. V.* **jmdn. ~führen** show sb. up; **~|gehen** *unr. itr. V.; mit sein* **a)** *(nach oben gehen)* go up; **die Treppe ~gehen** go up the stairs *or* upstairs; **auf 1000 Meter ~gehen** ⟨*aircraft, pilot*⟩ climb to 1,000 metres; **b)** *(nach oben führen)* lead up; **es geht steil ~:** the road/path climbs steeply; **c)** *(ugs.: steigen)* ⟨*prices, taxes, etc.*⟩ go up; rise; **d) mit dem Preis/der Miete ~gehen** *(ugs.)* put the price/rent up; **~|gelangen** *itr. V.; mit sein* [manage to] get up; **auf etw.** *(Akk.)* **~gelangen** [manage to] get up sth.; **~|helfen** *unr. itr. V.* **jmdm. [die Treppe] ~helfen** help sb. up [the stairs]; **~|klettern** *itr. V.; mit sein* climb up; **[auf] den Baum ~klettern** climb up the tree; **~|kommen** *unr. itr. V.; mit sein* **a)** *(nach oben kommen)* come up; **b)** *(nach oben kommen können)* [manage to] get up; **~|lassen** *unr. tr. V.* **jmdn. ~lassen** allow sb. to go up; let sb. go up; **~|laufen** *unr. itr. V.; mit sein* run up; **die Treppe ~laufen** run up the stairs; **~|reichen 1.** *tr. V.* hand *or* pass up; **jmdm. etw. ~reichen** hand *or* pass sth. up to sb.; **2.** *itr. V.* **bis zu etw. ~reichen** reach up to sth.; **~|schauen** *itr. V. (südd.)* look up; **~|schicken** *tr. V.* send up; **~|schnellen** *itr. V.; mit sein* shoot up; **~|sehen** *unr. itr. V.* look up; **~|setzen** *tr. V.* **a)** *(erhöhen)* raise; increase; put up; **die Preise ~setzen** increase *or* raise prices; **b)** *(nach oben setzen)* **etw. auf etw.** *(Dat.)* **~setzen** put sth. up on sth.; **~|steigen** *unr. itr. V.; mit sein* climb up; *(hinaufgehen)* go up; **~|tragen** *unr. tr. V.* carry *or* take up; **~|werfen** *unr. tr. V.* **etw. ~werfen** throw sth. up (**auf** + *Akk.* on to); **~|winden** *unr. refl. V.* **a) sich [an etw.** *(Dat.)*] **~winden** ⟨*plant*⟩ creep *or* climb up [sth.]; **b)** *(nach oben verlaufen)* wind up; **~|ziehen 1.** *unr. tr. V.* pull up; **2.** *unr. itr. V.; mit sein* move up; **3.** *unr. refl. V. (sich erstrecken)* stretch up; ⟨*pain*⟩ spread up

**hinaus** [hɪˈnau̯s] *Adv.* **a)** *(räumlich)* out; **~ [mit dir]!** out you go!; out with you!; **zum Fenster ~:** out of the window; **hier/dort ~:** this/that way out; **nach hinten/vorne ~ wohnen/liegen** live/be situated at the back/front; **durch die Tür ~:** out through the door; **über die Grenze ~:** beyond the frontier; **b)** *(zeitlich)* **auf Jahre ~:** for years to come; **bis über die Achtzig ~:** well past *or* over eighty; well into one's eighties; **c)** *(etw. überschreitend)* **über etw.** *(Akk.)* **~:** over and above *or* in addition to sth.; **über das Grab ~:** beyond the grave; *s. auch* **darüber**

**hinaus-, Hinaus-: ~|befördern** *tr. V.* **jmdn. ~befördern** throw *or (coll.)* chuck sb. out; **~|begeben** *unr. refl. V.* go out; **~|begleiten** *tr. V.* **jmdn. ~begleiten** see sb. out; **~|beugen** *refl. V.* lean out; **sich zum Fenster ~beugen** lean out of the window; **~|bitten** *unr. tr. V.* **jmdn. ~bitten** ask sb. to go *or* step outside; **~|blicken** *itr. V.* look out (**aus** of); **~|bringen** *unr. tr. V.* **a) jmdn./etw. ~bringen** take *or* see sb. out/take sth. out (**aus** of); **b)** *(weiterbringen)* **es nie über den untersten Dienstgrad ~bringen** never make it *or* get beyond the lowest grade; **~|bugsieren** *tr. V. (ugs.)* **jmdn. ~bugsieren** *(mit Geschick)* steer sb. out (**aus** of); *(hinausbefördern)* hustle sb. out (**aus** of); **~|drängen 1.** *itr. V.; mit sein* push one's way out (**aus** of); ⟨*crowd*⟩ push its way out (**aus** of); **2.** *tr. V.* **jmdn. ~drängen** push sb. out (**aus** of); *(fig.)* push sb. out (**aus** of); oust sb. (**aus** from); **~|dürfen** *unr. itr. V.* be allowed out (**aus** of); **darf ich bitte ~?** may I go out?; **~|eilen** *itr. V.; mit sein* hurry out (**aus** of); **~|ekeln** *tr. V. (ugs.)* **jmdn. ~ekeln** drive sb. out; **~|fahren 1.** *unr. itr. V.; mit sein* **a) aus etw. ~fahren** *(mit dem Auto)* drive out of sth.; *(mit dem Zweirad)* ride out of sth.; ⟨*car, bus*⟩ go out of sth.; ⟨*train*⟩ pull out of sth.; **zum Flugplatz ~fahren** drive out to the airport; **aufs Meer ~fahren** head for the sea; **b)** *(herauskommen)* shoot out (**aus** of); **c)** *(weiterfahren)* **über etw.** *(Akk.)* **~fahren** go past sth.; **2.** *unr. tr. V.* **jmdn./etw. ~fahren** drive *or* take sb./take sth. out; **~|fallen** *unr. itr. V.; mit sein* fall out (**aus** of); ⟨*light*⟩ come out (**aus** of); **~|finden** *unr. itr. V.* find one's way out (**aus** of); **er wird alleine ~finden** he'll find his own way out; **~|fliegen 1.** *unr. itr. V.; mit sein* **a)** fly out (**aus** of); **b)** *(geworfen werden)* be thrown out (**aus** of); fly out; **c)** *(ugs.: ~fallen)* fall out (**aus** of); **d)** *(ugs.: hinausgeworfen werden)* be chucked out *(coll.)*; *(als Arbeitnehmer)* get the sack *(coll.)*; be fired *(coll.)*; *(als Mieter)* be thrown out *(coll.)*; **2.** *unr. tr. V.* fly out (**aus** of); **~|führen 1.** *tr. V.* **a) jmdn. ~führen** show sb. out; **b)** *(retten)* **die Partei aus der Krise ~führen** lead the party out of the crisis; **den Betrieb aus den roten Zahlen ~führen** get the business out of the red; **c)** *(weiterführen)* **jmdn. über etw.** *(Akk.)* **~führen** take sb. beyond sth.; **2.** *itr. V.* **a)** *(verlaufen)* lead out (**aus** of); **b)** *(nach draußen gerichtet sein)* lead out; **c)** *(weiter verlaufen, überschreiten)* **über etw.** *(Akk.)* **~führen** go beyond sth.; **~|gehen** *unr. itr. V.; mit sein* **a)** go out; **aus dem Zimmer ~gehen** go *or* walk out of *or* leave the room; **b)** *(gerichtet sein)* **das Zimmer geht zum Garten/nach Westen ~:** the room looks out on to *or* faces the garden/faces west; **die Tür geht auf den Hof ~:** the door leads *or* opens into the yard; **die Schlafzimmer gehen nach hinten ~:** the bedrooms are at the back; **c)** *(verlaufen)* lead; **d)** *(überschreiten)* **über etw.** *(Akk.)* **~gehen** go beyond sth.; **e)** *(gesendet werden)* go out; be sent out; **f)** *(unpers.)* **wo geht es ~?** which is the way out?; **hier/da geht es ~:** this/that is the way out; **~|gelangen** *itr. V.; mit sein* **a)** *(nach draußen gelangen, auch fig.)* [manage to] get out (**aus** of); **b)**

*(weiter gelangen)* **über etw.** *(Akk.)* **~gelangen** progress *or* get beyond sth.; **~|greifen** *unr. itr. V.* **über etw.** *(Akk.)* **~greifen** go beyond sth.; **~|gucken** *itr. V. (ugs.) s.* **~blicken; ~|halten** *unr. tr. V.* hold ‹*lamp, flag, etc.*› out; **den Kopf/die Hand [zum Fenster] ~halten** put *or* stick one's head/hand out [of the window]; [1]**~|hängen** *unr. itr. V.* hang out (**aus** of); [2]**~|hängen** *tr. V.* hang out (**aus** of); **~|heben** *unr. tr. V.* **a) jmdn./etw. ~heben** lift sb./sth. out (**aus** of); **etw. aus dem Bus ~heben** lift sth. down from the bus; **b)** *(geh.: erheben)* **jmdn. über die anderen ~heben** raise sb. above the others; **~|jagen 1.** *tr. V.* drive *or* chase out; **jmdn. ~jagen** *(fig.: aus dem Haus)* drive *or* turn sb. out; **2.** *itr. V.; mit sein* rush *or* race out (**aus** of); **~|katapultieren** *tr. V.* **a)** *(mit dem Schleudersitz)* eject; **b)** *(salopp: verdrängen)* **jmdn. ~katapultieren** push sb. out (**aus** of); **~|kommen** *unr. itr. V.; mit sein* **a)** come out (**aus** of); **ich bin schon seit zwei Tagen nicht mehr ~gekommen** I've not got *or* been out of the house for two days; **b)** *(ein Gebiet verlassen)* **er ist nie aus dem Dorf/aus Europa ~gekommen** he has never been out of *or* outside his village/Europe; **c)** *(ugs.: einen Ausweg finden)* get out (**aus** of); **d) über etw.** *(Akk.)* **~kommen** *(auch fig.)* get beyond sth.; **e)** *s.* **~laufen b; ~|komplimentieren** *tr. V.* **jmdn. ~komplimentieren** show sb. the door; *(verabschieden)* usher sb. out [with a great show of courtesy]; **~|lassen** *unr. tr. V.* **jmdn. ~lassen** let sb. out; **~|laufen** *unr. itr. V.; mit sein* **a)** run out (**aus** of); **zur Tür ~laufen** run out of the door; **b)** *(als Ergebnis haben)* **auf etw.** *(Akk.)* **~laufen** lead to sth.; **das läuft auf dasselbe ~:** it comes to the same thing; **~|lehnen** *refl. V.* lean out; **sich zum Fenster ~lehnen** lean out of the window; **~|manövrieren** *tr. V.* **sich/jmdn./etw. aus etw. ~manövrieren** manoeuvre oneself/sb./sth. out of sth.; **~|müssen** *unr. itr. V. (ugs.)* have to get out (**aus** of); **~|nehmen** *unr. tr. V.* **jmdn./etw. ~nehmen** take sb./sth. out (**aus** of); **nimm den Mülleimer mit ~:** put *or* take the dustbin out when you go; **~|posaunen** *tr. V. (ugs.)* broadcast; **~posaunen, daß ...:** broadcast the fact that ...; **~|ragen** *itr. V.* **a)** *(vertikal)* rise up (**über** + *Akk.* above); *(horizontal)* jut out; project; **b)** *(übertreffen)* **über seine Kollegen/die anderen Werke ~ragen** stand out from one's colleagues/the other works; **~|reden** *refl. V. (südd., österr., schweiz.)* talk one's way out (**aus** of); **~|reichen 1.** *tr. V.* **etw. ~reichen** hand *or* pass sth. out (**aus** of); **etw. zum** *od.* **aus dem Fenster ~reichen** hand *or* pass sth. out through the window; **2.** *itr. V.* **a)** *(bis nach draußen reichen)* reach *or* stretch (**bis zu** as far as); **b)** *(weiter reichen)* **über etw.** *(Akk.)* **~reichen** go beyond sth.; **~|rennen** *unr. itr. V.; mit sein* run out; **aus etw. ~rennen** run out of sth.; **~|rücken** *tr. V.* **a)** move out; **b)** *(verschieben)* put off; postpone; **~|schaffen** *tr. V.* **jmdn./etw. ~schaffen** get sb./sth. out (**aus** of); **~|schauen** *itr. V. (südd.) s.* **~blicken; ~|scheren** *refl. V.* **scher dich ~!** get out of here!; **~|scheuchen** *tr. V.* chase out; **~|schicken** *tr. V.* **a) jmdn. ~schicken** send sb. out; **b)** *(senden)* send out; **~|schieben 1.** *unr. tr. V.* **a)** *(nach draußen schieben)* **jmdn./etw. ~schieben** push sb./sth. out (**aus** of); **b)** *(aufschieben)* put off; postpone; **eine Entscheidung [um einen Tag] ~schieben** put off *or* postpone *or* defer a decision [by one day]; **2.** *unr. refl. V.* **a)** *(sich nach draußen schieben)* push one's/its way out (**aus** of); **b)** *(sich verschieben)* be put off *or* postponed; **~|schießen** *unr. itr. V.* **a) aus dem Auto/zum Fenster ~schießen** fire from the car/the window; **b)** *mit sein (sich schnell hinausbewegen)* shoot out (**aus** of); ‹*water*› rush out (**aus** of); **c)** *(weiter bewegen)* **über etw.** *(Akk.)* **~schießen** shoot past sth.; **über das Ziel ~schießen** *(fig.)* go too far; **~|schleichen** *unr. itr. V. mit sein; unr. refl. V.* creep *or* steal out (**aus** of); **~|schmeißen** *unr. tr. V. (ugs.) s.* **rausschmeißen; ~|schmuggeln** *tr. V.* smuggle out (**aus** of); **~|schreien 1.** *unr. itr. V.* shout out; **2.** *unr. tr. V. (geh.)* **seinen Haß/Zorn ~schreien** vent *or* give vent to one's hate/rage in a loud outburst; **~|schwimmen** *unr. itr. V.; mit sein* ‹*person*› swim out; ‹*object*› float out; **~|sehen** *unr. itr. V.* look out; **zum Fenster ~sehen** look out of the window; **~|sein** *unr. itr. V.; mit sein; nur im Inf. u. Part. zusammengeschrieben* **a) über etw.** *(Akk.)* **~sein** be past *or* beyond sth.; **b)** *(ugs.: fortsein)* have gone out; **~|setzen 1.** *tr. V.* **etw. ~setzen** put sth. out[side]; **2.** *refl. V.* go and sit outside; **~|stehlen** *unr. refl. V.* sneak *or* steal out (**aus** of); **~|steigen** *unr itr. V.; mit sein* climb out (**aus** of); **zum Fenster ~steigen** climb out of the window; **~|stellen 1.** *tr. V.* **a)** put out[side]; **b)** *(Sport)* **einen Spieler ~stellen** send a player off; **2.** *refl. V.* go and stand outside; **~stellung die** *(Sport)* sending-off; **~|strecken** *tr. V.* stick *or* put out (**aus** of); **den Arm/Kopf zum Fenster ~strecken** put *or* stick one's arm/head out of the window; **~|strömen** *itr. V.; mit sein* pour out (**aus** of); **~|stürzen 1.** *itr. V.; mit sein* **a)** *(hinausfallen)* fall (**aus** out of); **zum Fenster ~stürzen** fall out of the window; **b)** *(hinauseilen)* rush *or* dash out (**aus** of); **zur Tür ~stürzen** rush *or* dash out of the door; **2.** *refl. V.* throw oneself out (**aus** of); **~|tragen** *unr. tr. V.* **a)** *(nach draußen tragen)* **jmdn./etw. ~tragen** carry sb./sth. out; **b)** *(verbreiten)* **etw. in alle Welt ~tragen** spread sth. throughout the world; **c)** *(weiter tragen)* **über etw.** *(Akk.)* **~getragen werden** be carried across sth.; **aufs Meer ~getragen werden** be carried out to sea; **~|trauen** *refl. V.* venture out; dare to go out; **~|treiben 1.** *unr. tr. V.* drive out (**aus** of); **es treibt jmdn. in fremde Länder/die Welt ~:** sb. has an urge to travel to *or* see other countries/see the world; **2.** *unr. itr. V.; mit sein* drift out; **~|treten** *unr. itr. V.; mit sein* step out (**aus** of); **ins Leben ~treten** go out into the world; **~|trompeten** *tr. V. s.* **~posaunen; ~|wachsen** *unr. itr. V.; mit sein* **a)** *(größer werden)* **über etw.** *(Akk.)* **~wachsen** grow taller than *or* up above sth.; **b)** *(hinauskommen)* **über etw.** *(Akk.)* **~wachsen** outgrow sth.; **über jmdn./sich ~wachsen** surpass sb./rise above oneself; **~|wagen** *refl. V.* **a)** venture out (**aus** of); **sich in die Dunkelheit ~wagen** dare [to] go out into the dark; **b)** *(sich weiter wagen)* **sich über etw.** *(Akk.)* **~wagen** venture beyond *or* dare [to] go beyond sth.; **~|weisen 1.** *unr. tr. V.* **jmdn. ~weisen** order sb. out (**aus** of); **2.** *unr. itr. V.* **ein Symbol weist über sich ~** *(fig.)* a symbol implies something more than itself; **~|werfen** *unr. tr. V.* **a)** *(nach draußen werfen)* throw out (**aus** of); **etw. zur Tür ~werfen** throw sth. out of the door; **b)** *(nach draußen richten)* **einen Blick ~werfen** take *or* have a look *or* glance outside; **c)** *(ugs.: entfernen)* throw out; **d)** *(ugs.: ausschließen, die Wohnung kündigen)* **jmdn. ~werfen** throw sb. out (**aus** of); *(ugs.: entlassen)* sack sb. *(coll.)*; **~|wollen** *unr. itr. V. (ugs.)* want to get *or* go out (**aus** of); **[zu] hoch ~wollen** *(fig.)* aim [too] high; set one's sights [too] high; **worauf willst du ~?** *(fig.)* what are you getting *or* driving at?; **auf etwas Bestimmtes ~wollen** *(fig.)* have something particular in mind; **~wurf der** *(ugs.)* throwing out; *(eines Angestellten)* sacking *(coll.)*; **~|ziehen 1.** *unr. tr. V.* **a)** *(nach draußen ziehen)* **jmdn./etw. ~ziehen** pull *or* drag sb./sth. out (**aus** of); tow ‹*ship*› out; **b)** *(in die Ferne ziehen)* **das Fernweh zog ihn in die Welt ~:** his wanderlust drove him out into the world; **c)** *(hinziehen)* draw *or* drag out; prolong; protract; **d)** *(verzögern)* put off; delay; **e)** *(unpers.)* **es zog sie in die Natur ~:** she felt the urge to get out into the countryside; **2.** *unr. itr. V.; mit sein* **a)** *(umziehen)* move out; **b)** *(in die Ferne ziehen)* go out (**aus** of); ‹*group, troops*› move out (**aus** of); **c)** *(nach draußen dringen)* get out; **3.** *unr. refl. V.* **a)** *(sich erstrecken)* extend; **b)** *(sich hinziehen)* drag on; **c)** *(sich verzögern)* be delayed; **~|zögern 1.** *tr. V.* delay; put off; **2.** *refl. V.* be delayed; be put off

**hin-, Hin-: ~|bauen** *tr. V.* build; put up; **~|begeben** *unr. refl. V.* **sich irgendwo ~begeben** go *or* proceed somewhere; **sich zu jmdm. ~begeben** go to see sb.; **~|begleiten** *tr. V.* **jmdn. ~begleiten** accompany sb. [there]; **~|bekommen** *unr. tr. V. (ugs.)* **a)** *(fertigbringen)* **das hast du gut ~bekommen** you made a good job of that; **b)** *(in Ordnung bringen)* **etw. ~bekommen** straighten sth. out; get sth. straightened out; put sth. right; **~|bemühen 1.** *tr. V.* **jmdn. ~bemühen** trouble sb. to go; **2.** *refl. V.* take the trouble to go; **~|beordern** *tr. V.* **jmdn. ~beordern** order sb. [to go] there; **~|bestellen** *tr. V.* **jmdn. ~bestellen** tell sb. to be there; **~|biegen** *unr. tr. V. (ugs.)* **etw. ~biegen** sort sth. out; **wie hat er das bloß ~gebogen?** how did he manage *or (sl.)* wangle that?; **den werden wir schon ~biegen** we'll lick *or* knock him into shape *(coll.)*; **~|blättern** *tr. V. (ugs.)* fork *or* shell out *(sl.)*, pay out ‹*sum of money*›; **~blick der** in im *od.* **in ~blick auf etw.** *(Akk.) (wegen)* in view of; *(hinsichtlich)* with regard to; **~|blicken** *itr. V.* look; **zu jmdm. ~blicken** look [across] at sb.; **~|bringen** *unr. tr. V.* **a) jmdn./etw. ~bringen** take sb./sth. [there]; **b)** *(verbringen)* while away; *(müßig)* spend; **c)** *(ugs.: fertigbringen)* manage

**Hinde** ['hɪndə] **die; ~, ~n** *(veralt.)* hind

**hin|denken** *unr. itr. V.* **wo denkst du hin?** *(ugs.)* whatever are you thinking of?; what an idea!

**hinderlich** *Adj.* **~ sein** get in the *or* sb.'s way; **ein ~er Verband/Mantel** a bandage a coat that gets in the way *or* is restricting; **jmds. Karriere** *(Dat.)***/für jmds. Karriere ~ sein** be an obstacle to sb.'s career; **jmdm.** *od.* **für jmdn. ~ sein** be a nuisance to sb.; **sich als ~ erweisen** prove to be a hindrance

**hindern** ['hɪndɐn] *tr. V.* **a)** *(abhalten)* **jmdn. ~:** stop *or* prevent sb.; **jmdn. [daran] ~, etw. zu tun** prevent *or* stop sb. [from] doing sth.; **jmdn. am Sprechen ~:** prevent *or* stop sb. [from] speaking; **ich werde dich nicht ~** *(iron.)* I'm not stopping you; **b)** *(behindern)* hinder, hamper ‹*person*›; impede, hamper, hinder ‹*growth, progress, etc.*›

**Hindernis das; ~ses, ~se a)** obstacle; **jmdm. ~se in den Weg legen** *(fig.)* put obstacles in sb.'s way; **b)** *(Leichtathletik, Geländeritt)* obstacle; *(Springreiten)* jump; obstacle; *(Pferderennen)* fence; **c)** *(Golf)* hazard

**Hindernis-: ~lauf der, ~laufen das** *(Leichtathletik)* steeplechase; **~rennen das** *(Pferdesport)* steeplechase

**Hinderung die; ~, ~en** hindrance

**Hinderungs·grund der: das ist kein ~ für mich** it does not prevent *or* stop me; **darin sehe ich keinen ~ für den Weiterbau** I do not see it as any reason why we should not continue with the construction

**hin|deuten** *itr. V.* **a) auf jmdn./etw.** *od.* **zu jmdm./etw. ~:** point to sb./sth.; **b)** *(aufmerksam machen)* **auf etw.** *(Akk.)* **~:** draw *or* call attention to sth.; point sth. out; **darauf ~, daß ...:** draw *or* call attention to the fact that ...; point out that ...; **c)** *(anzeigen)* suggest; point to; **alles deutet darauf hin, daß ...:** everything suggests that ...

**Hindi** ['hɪndi] **das; ~:** Hindi

**Hindin die; ~, ~nen** *(veralt.)* hind

**hịn|drängen 1.** *tr. V.* **jmdn. zu etw. ~:** force sb. towards sth. **2.** *itr. V.; mit sein* **zu jmdm. ~:** push one's way towards sb. **3.** *refl. V.* **sich zu jmdm./etw. ~:** push [one's way] towards sb./sth.
**Hindu** ['hındu] **der; ~[s], ~[s]** Hindu
**Hinduịsmus der; ~:** Hinduism *no art.*
**hinduịstisch** *Adj.* Hindu
**hin·dụrch** *Adv.* **a)** *(räumlich)* **durch den Wald ~:** through the wood; **mitten/quer durch etw. ~:** straight through sth.; **b)** *(zeitlich)* **das ganze Jahr ~:** throughout the year; **den ganzen Tag/die ganze Nacht ~:** all day/ night [long]; throughout the day/night; all through the day/night; **die ganze Zeit ~:** all the time; **durch all die Schwierigkeiten ~** *(fig.)* through all the difficulties
**hindụrch-: ~|finden** *unr. itr., refl. V.* **[sich] durch etw. ~finden** find one's way through sth.; **~|gehen** *unr. itr. V.; mit sein* **a)** walk *or* go through; **durch etw. ~gehen** walk *or* go through sth.; *(fig.)* go through sth.; **unter der Brücke ~gehen** walk *or* go under the bridge; **b) durch etw. ~gehen** *(dringen)* go through sth.; *(verlaufen, auch fig.)* run through sth.; *(passen)* ‹*person, vehicle*› go *or* get through sth.; ‹*object*› go through sth.; **~|müssen** *unr. itr. V.* **durch etw. ~müssen** have to go through sth.; **~|sehen** *unr. itr. V.* **a) [durch etw.] ~sehen** see through [sth.]; **b)** *(sichtbar sein)* peep through; **~|ziehen 1.** *unr. tr. V.* **etw. [durch etw.] ~ziehen** pull *or* draw sth. through [sth.]; **2.** *unr. itr. V.; mit sein* move through; **3.** *unr. refl. V.* **sich durch etw. ~ziehen** run through sth.
**hịn-: ~|dürfen** *unr. itr. V. (ugs.)* be allowed to go **(zu** to); **dort dürft ihr nicht mehr ~:** you're not to go there any more; **~|eilen** *itr. V.; mit sein* **a)** hurry **(zu** to); **alle eilten ~:** everyone hurried there; **b)** *(sich schnell bewegen)* ‹*train etc.*› speed **(über +** *Akk.* across); ‹*person*› rush **(über +** *Akk.* across)
**hinein** [hı'naịn] *Adv.* **a)** *(räumlich)* in; **~ mit euch!** in you go!; in with you!; **in etw.** *(Akk.)* **~:** into sth.; **nur ~!** go *or* walk right in!; **b)** *(zeitlich)* **bis in den Morgen/tief in die Nacht ~:** till morning/far into the night
**hinein-: ~|begeben** *unr. refl. V.* go in[side]; **sich in etw.** *(Akk.)* **~begeben** enter sth.; **~|bekommen** *unr. tr. V. (ugs.)* **etw. [in etw.** *(Akk.)***] ~bekommen** get sth. in[to sth.]; **~|bemühen 1.** *tr. V.* **jmdn. ~bemühen** trouble sb. to go in; **2.** *refl. V.* take the trouble to go in; **~|bitten** *unr. tr. V.* **jmdn. ~bitten** ask *or* invite sb. in; **~|blicken** *itr. V.* look in; **in etw.** *(Akk.)* **~blicken** look into sth.; **~|bohren 1.** *tr. V.* **Löcher in die Wand ~bohren** drill holes in the wall; **den Finger in den Kuchen ~bohren** stick *or* poke one's finger into the cake; **2.** *refl. V.* **sich in etw.** *(Akk.)* **~bohren** bore one's/its way into sth.; **~|bringen** *unr. tr. V.* **a)** take in; **bringen Sie mir die Unterlagen ~:** bring me in the documents; **Ordnung in etw. ~bringen** *(fig.)* bring [some] order into sth.; **etw. in die Diskussion ~bringen** *(fig.)* introduce sth. into the discussion; **Schwung in etw.** *(Akk.)* **~bringen** put [some] life into sth.; liven sth. up; **b)** *(ugs.) s.* **~bekommen; ~|denken** *unr. refl. V.* **sich in jmdn./in jmds. Lage ~denken** put oneself in sb.'s position; **sich in ein Problem ~denken** think one's way into a problem; **~|drängen 1.** *itr. V. mit sein; refl. V.* **[sich] in etw.** *(Akk.)* **~drängen** push one's way into sth.; **[sich] in den Bus ~drängen** push one's way on to the bus; **2.** *tr. V.* **jmdn. in etw.** *(Akk.)* **~drängen** push sb. into sth.; **jmdn. in eine Rolle ~drängen** *(fig.)* force sb. into a role; **~|dürfen** *unr. itr. V.* be allowed in; **in etw.** *(Akk.)* **~dürfen** be allowed into sth.; **~|fahren 1.** *unr. itr. V.; mit sein* **a)** *(mit dem Auto)* drive in; *(mit dem Zweirad)* ride in; **in etw.** *(Akk.)* **~fahren** drive/ride into sth.; **der Zug fuhr [in den Bahnhof] ~:** the train pulled in[to the station]; **b)** *(ugs.)* **in ein anderes Auto ~fahren** run into another car; **c) in seine Kleider ~fahren** slip into one's clothes; **2.** *unr. tr. V.* **a) den Wagen in etw.** *(Akk.)* **~fahren** drive one's car into sth.; **b) jmdn. in die Stadt ~fahren** drive sb. into town; **~|fallen** *unr. itr. V.; mit sein* fall in; **in etw.** *(Akk.)* **~fallen** fall into sth.; **sich in einen Sessel ~fallen lassen** drop into a chair; **~|finden** *unr. refl. V.* **sich in etw.** *(Akk.)* **~finden** *(sich vertraut machen)* get used to sth.; *(sich abfinden)* come to terms with sth.; **~|fliegen 1.** *unr. itr. V.; mit sein* **a)** fly in; **in etw.** *(Akk.)* **~fliegen** fly into sth.; **zum Fenster ~fliegen** fly in through the window; **b)** *(geworfen werden)* **in etw.** *(Akk.)* **~fliegen** be thrown into sth.; **2.** *unr. tr. V.* fly in; **etw. in etw.** *(Akk.)* **~fliegen** fly sth. into sth.; **~|fressen 1.** *unr. tr. V.* **etw. in sich ~fressen** ‹*animal, (derb) person*› gobble sth. down *or* up, wolf sth. down; **seine Sorgen/seinen Ärger in sich ~fressen** *(fig.)* bottle up one's worries/ anger; **2.** *unr. refl. V.* **sich in etw.** *(Akk.)* **~fressen** eat into sth.; **~geboren** *Adj.* **in eine Zeit/Umwelt ~geboren** born into an age/environment; **~|geheimnissen** *tr. V.* **etw. in etw.** *(Akk.)* **~geheimnissen** read sth. into sth.; **~|gehen** *unr. itr. V.; mit sein* go in; **in etw.** *(Akk.)* **~gehen** go into sth.; **in den Eimer gehen 3 l ~:** the bucket holds three litres; **~|geraten** *unr. itr. V.; mit sein* **in eine Schlägerei ~geraten** get into a fight; **~|gießen** *unr. tr. V.* pour in; **etw. in etw.** *(Akk.)* **~gießen** pour sth. into sth.; **~|grätschen** *itr. V.; mit sein (bes. Fußball)* **[in jmdn.] ~grätschen** make a sliding tackle [on sb.]; **~|gucken** *itr. V. (ugs.)* look in; **in etw.** *(Akk.)* **~gucken** look in[to] sth.; take a look in sth.; **~|halten 1.** *unr. tr. V.* **etw. in etw.** *(Akk.)* **~halten** put sth. into sth.; **2.** *unr. itr. V. (schießen)* **in die Menge ~halten** fire into the crowd; **~|helfen** *unr. itr. V.* **jmdm. in den Mantel ~helfen** help sb. on with his/her coat; **jmdm. in den Bus ~helfen** help sb. on to the bus; **~|interpretieren** *tr. V.* **etw. in etw.** *(Akk.)* **~interpretieren** read sth. into sth.; **~|jagen** *tr. V.* drive *or* chase in; **jmdn./ein Tier in etw. ~jagen** drive *or* chase sb./an animal into sth.; **~|knien** *refl. V. (ugs.)* **sich in etw.** *(Akk.)* **~knien** get one's teeth into sth.; **~|kommen** *unr. itr. V.; mit sein* **a)** come in; **in etw.** *(Akk.)* **~kommen** come into sth.; **b)** *(gelangen, auch fig.)* get in; **in etw.** *(Akk.)* **~kommen** get into sth.; **c)** *(sich hineinfinden)* **[wieder] in eine Sprache/ ein Fach ~kommen** get [back] into a language/subject; **d)** *(ugs.: hinzugefügt werden)* **in etw.** *(Akk.)* **~kommen** go into sth.; **~|kriechen** *unr. itr. V.; mit sein* crawl in; **in etw.** *(Akk.)* **~kriechen** crawl into sth.; *s. auch* **reinkriechen; ~|kriegen** *tr. V. (ugs.) s.* **~bekommen; ~|lachen** *itr. V.* **in sich ~lachen** laugh to oneself; **~|lassen** *unr. tr. V.* let *or* allow in; **jmdn. ins Zimmer ~lassen** let *or* allow sb. into the room; **~|laufen** *unr. itr. V.; mit sein* **a)** run in; *(zu Fuß gehen)* walk in; **in etw.** *(Akk.)* **~laufen** run/ walk into sth.; **in sein Verderben ~laufen** *(fig.)* be heading [straight] for disaster; **in ein Fahrzeug ~laufen** run under a vehicle; **b)** *(fließen)* **in etw.** *(Akk.)* **~laufen** run into sth.; **~|legen** *tr. V.* **a) etw. [in etw.** *(Akk.)***] ~legen** put sth. in[to sth.]; **seine ganze Liebe/sein ganzes Gefühl in etw.** *Akk.)* **~legen** put all one's love/feeling into sth.; **b)** *s.* **~interpretieren; c)** *(ugs.) s.* **hereinlegen; ~|lesen 1.** *unr. refl. V. s.* **einlesen 1; 2.** *unr. tr. V. s.* **~interpretieren; ~|leuchten** *itr. V.* **a)** shine in; **in etw.** *(Akk.)* **~leuchten** shine into sth.; **b)** *(Licht hineinwerfen)* **mit einer Lampe in den Keller ~leuchten** shine a light into the cellar; **c)** *(fig.)* **in etw.** *(Akk.)* **~leuchten** throw light on sth.; **~|manövrieren** *tr. V.* **a) etw. in etw.** *(Akk.)* **~manövrieren** manoeuvre sth. into sth.; **b)** *(in etw. bringen)* **jmdn./sich in eine verzwickte Lage ~manövrieren** get *or* put sb./oneself into a tricky situation; **~|passen** *itr. V.* fit in; **in etw.** *(Akk.)* **~passen** fit into sth.; *(fig.)* fit in with sth.; **~|pfuschen** *itr. V.* **jmdm. in seine Arbeit ~pfuschen** meddle *or* interfere in sb.'s work; **~|platzen** *itr. V.; mit sein (ugs.)* burst in; **in etw.** *(Akk.)* **~platzen** burst into sth.; **~|pressen** *tr. V.* **a)** *(durch Pressen erzeugen)* **etw. in etw.** *(Akk.)* **~pressen** stamp sth. into sth.; **b)** *(in etw. pressen)* **etw. in etw.** *(Akk.)* **~pressen** press sth. into sth.; **etw. in ein Schema ~pressen** *(fig.)* force sth. into a pattern; **~|projizieren** *tr. V.* **etw. in etw.** *(Akk.)* **~projizieren** project sth. into sth.; **~|pumpen** *tr. V.* **a)** pump in; **etw. in etw.** *(Akk.)* **~pumpen** pump sth. into sth.; **b)** *(fig. ugs.)* **Geld in etw./Drogen in jmdn. ~pumpen** pump money into sth./drugs into sb.; **~|ragen** *itr. V.* **in den Himmel ~ragen** rise up into the sky; **~|reden** *itr. V.* **a) ins Leere ~reden** talk to an empty hall/lecture theatre *etc.;* **in die Stille ~reden** break the silence with a remark/exclamation *etc.;* **b)** *(abwertend: sich einmischen)* **jmdm. in seine Angelegenheiten/Entscheidungen** *usw.* **~reden** meddle *or* interfere in sb.'s affairs/decisions *etc.;* **~|regnen** *itr. V. (unpers.)* **es regnet [ins Zimmer] ~:** the rain is coming in[to the room]; **es regnet bei uns ~:** the rain is coming in through our roof; **~|reichen 1.** *tr. V.* **etw. [zum Fenster] ~reichen** hand *or* pass sth. in [through the window]; **2.** *itr. V.* **a)** *(lang genug sein)* **in etw.** *(Akk.)* **~reichen** reach into sth.; **b)** *(sich erstrecken)* **in etw.** *(Akk.)* **~reichen** extend into sth.; **~|reißen** *unr. tr. V.* **jmdn. in etw.** *(Akk.)* **~reißen** *(auch fig.)* drag sb. into sth.; **~|reiten 1.** *unr. itr. V.; mit sein* ride in; **in etw.** *(Akk.)* **~reiten** ride into sth.; **2.** *unr. tr. V. (ugs.) s.* **reinreiten; ~|rennen** *unr. itr. V.; mit sein (ugs.)* run in; race in; **in etw.** *(Akk.)* **~rennen** run *or* race into sth.; **in sein Verderben ~rennen** *(fig.)* be heading [straight] for disaster; **~|riechen** *unr. itr. V. (ugs.)* **in eine Arbeit/ eine Firma ~riechen** get a taste of a job/a firm; **~|rufen 1.** *unr. tr. V.* **jmdn./etw. ~rufen** call sb./sth. in; **2.** *unr. itr. V.* **in etw.** *(Akk.)* **~rufen** call into sth.; **~|schaffen** *tr. V.* **jmdn./etw. [in etw.** *(Akk.)***] ~schaffen** get sb./sth. in[to sth.]; **~|schauen** *itr. V.* **a)** *(bes. südd., österr.) s.* **~sehen; b)** *(bes. südd., österr.: kurz besuchen)* **bei jmdm. ~schauen** look in on sb.; **~|schießen** *unr. itr. V.* **a) in etw.** *(Akk.)* **~schießen** fire into sth.; **in die Menge ~schießen** fire into the crowd; **b)** *mit sein (sich schnell hineinbewegen)* ‹*person, car*› shoot in; ‹*water*› rush in; **in etw.** *(Akk.)* **~schießen** shoot/rush into sth.; **~|schlagen** *unr. tr. V.* **einen Nagel/Pfahl [in etw.** *(Akk.)***] ~schlagen** knock *or* drive a nail/ stake in[to sth.]; **ein Loch in etw.** *(Akk.)* **~schlagen** knock *or* cut a hole in sth.; **~|schleichen 1.** *unr. itr. V.; mit sein* **[in etw.** *(Akk.)***] ~schleichen** creep *or* steal in[to sth.]; **2.** *unr. refl. V.* **sich [in etw.** *(Akk.)***] ~schleichen** creep *or* steal in[to sth.]; *(fig.)* ‹*error*› creep in[to sth.]; **~|schlingen** *unr. tr. V.* **etw. in sich ~schlingen** devour sth.; **~|schlittern** *itr. V.; mit sein (ugs.)* **in eine Situation** *usw.* **~schlittern** stumble into a situation *etc.;* **~|schlüpfen** *itr. V.; mit sein* slip in; **ins Zimmer/in seinen Mantel ~schlüpfen** slip into the room/one's coat; **~|schmuggeln** *tr. V.* smuggle in; **jmdn./ etw. [in etw.** *(Akk.)***] ~schmuggeln** smuggle sb./sth. in[to sth.]; **~|schneien** *itr. V.* **a)** *(unpers.)* **es schneit [in die Hütte] ~:** the snow is coming in[to the hut]; **b)** *mit sein s.* **hereinschneien a; ~|schreiben** *unr. tr. V.* write in; **etw. in etw.** *(Akk.)* **~schreiben** write sth. in sth.; **~|schütten** *tr. V.* pour in; **etw. in etw.** *(Akk.)* **~schütten** pour sth. into sth.; **etw. in sich ~schütten** *(fig.)* knock sth. back *(sl.);* pour sth. down one's throat; **~|sehen**

*unr. itr. V.* look in; **in etw.** *(Akk.)* **~sehen** look into sth.; **in jmds. Zeitung ~sehen** have a look at sb.'s paper; **~|setzen 1.** *tr. V. (auch ugs.: zuweisen)* **jmdn./etw. [in etw.** *(Akk.)***] ~setzen** put sb./sth. in[to sth.]; **2.** *refl. V.* **a) sich in etw.** *(Akk.)* **~setzen** sit down in sth.; **b)** *(festsetzen)* **sich in die Ecken/die Teppiche ~setzen** ⟨*dust, dirt*⟩ get right into the corners/the carpet; **~|spazieren** *itr. V.; mit sein* walk *or* stroll in; **nur ~spaziert!** walk right [on] in!; **~|spielen 1.** *itr. V.* **da spielen viele Dinge/Faktoren ~:** there are a lot of contributory factors; **2.** *tr. V. (Sport)* **den Ball [in den Strafraum** *usw.***] ~spielen** play the ball in[to the penalty area *etc.*]; **~|sprechen** *unr. itr. V.* **in etw.** *(Akk.)* **~sprechen** speak into sth.; **~|stecken** *tr. V.* **a) etw. [in etw.** *(Akk.)***] ~stecken** put sth. in[to sth.]; **b)** *(ugs.: in etw. bringen)* **etw. [in etw.** *(Akk.)***] ~stecken** stick *(coll.) or* put sth. in sth.; **c) viel Geld in etw.** *(Akk.)* **~stecken** *(ugs.)* put *or* sink a lot of money into sth.; **viel Arbeit in etw.** *(Akk.)* **~stecken** *(ugs.)* put a lot of work into sth.; **~|steigern** *refl. V.* **sich in große Erregung/seine Ängste/seine Wut ~steigern** work oneself up into a state of great excitement/anxiety/into a rage; **~|stoßen 1.** *unr. tr. V.* **a)** thrust in; **etw. in etw.** *(Akk.)* **~stoßen** thrust sth. into sth.; **b)** *(hineinbringen)* **jmdn. in etw.** *(Akk.)* **~stoßen** push sb. into sth.; *(fig.)* plunge sb. into sth.; **2.** *unr. itr. V.; mit sein* **in etw.** *(Akk.)* **~stoßen** *(vordringen)* push *or* thrust into sth.; *(hineinsteuern)* drive *or* turn into sth.; **~|stürzen 1.** *itr. V.; mit sein* **a)** *(hineinfallen)* **in etw.** *(Akk.)* **~stürzen** fall *or* plunge into sth.; **b)** *(nach innen eilen)* rush *or* burst in; **ins Zimmer ~stürzen** rush *or* burst into the room; **2.** *tr. V.* **jmdn. in etw.** *(Akk.)* **~stürzen** hurl sb. into sth.; **3.** *refl. V.* **sich in etw.** *(Akk.)* **~stürzen** throw oneself *or* plunge into sth.; **sich in die Arbeit ~stürzen** *(fig.)* throw oneself into one's work; **~|tappen** *itr. V.; mit sein (ugs.)* **in etw.** *(Akk.)* **~tappen** grope one's way into sth.; *(hineingeraten)* walk [right] into sth.; **~|tragen** *unr. tr. V.* **a)** carry in; **etw. in etw.** *(Akk.)* **~tragen** carry sth. into sth.; **Schmutz ins Haus ~tragen** bring dirt into the house; **b)** *(verbreiten)* **etw. in etw.** *(Akk.)* **~tragen** bring sth. into sth.; **Unruhe in einen Betrieb ~tragen** spread unrest in a firm; **~|treiben** *unr. tr. V.* **a) jmdn./etw. in etw.** *(Akk.)* **~treiben** drive sb./sth. into sth.; ⟨*tide*⟩ carry sb./sth. into sth.; **b)** *(verwickeln)* **jmdn. in etw.** *(Akk.)* **~treiben** force sb. into sth.; **c)** *(in etw. schlagen)* **etw. [in etw.** *(Akk.)***] ~treiben** drive sth. in[to sth.]; **~|tun** *unr. tr. V.* **a)** *(ugs.: in etw. tun)* **etw. [in etw.** *(Akk.)***] ~tun** put sth. in[to sth.]; **b)** *(vollführen)* **einen Blick [in etw.** *(Akk.)***] ~tun** take a look in[to sth.]; **~|versetzen** *refl. V.* **sich in jmdn.** *od.* **jmds. Lage ~versetzen** put oneself in sb.'s position; **~|wachsen** *unr. itr. V.; mit sein* **a) in das Haus/das Fleisch ~wachsen** grow into the house/the *or* one's flesh; **b)** *(ugs.: hineinpassen)* **in ein Kleid** *usw.* **~wachsen** grow into a dress *etc.*; **in die Uniform ~wachsen** *(fig.)* come to identify with the *or* one's uniform; **c)** *(vertraut werden)* **in eine Aufgabe/Rolle ~wachsen** get to know a job/get into *or* inside a part; **~|wagen** *refl. V.* venture in; dare to go in; **sich in etw.** *(Akk.)* **~wagen** venture into sth.; dare to go into sth.; **~|werfen** *unr. tr. V.* **a) etw. [in etw.** *(Akk.)***] ~werfen** throw sth. in[to sth.]; **b)** *(fallen lassen)* **einen Blick [in etw.** *(Akk.)***] ~werfen** glance at sth.; **~|wollen** *unr. itr. V. (ugs.: ~gelangen wollen)* want to get *or* go in; **in etw.** *(Akk.)* **~wollen** want to go/get into sth.; **das will mir nicht in den Kopf ~:** I just *or* simply can't understand it; **~|ziehen 1.** *unr. tr. V.* **a)** *(nach drinnen ziehen)* pull *or* draw in; **etw./jmdn. in etw.** *(Akk.)* **~ziehen** pull *or* draw sth./sb. into sth.; **b)** *(verwickeln)* **jmdn. in eine Angelegenheit/einen Streit/Skandal ~ziehen** drag sb. into an affair/a dispute/scandal; **2.** *unr. itr. V.; mit sein* **a)** march in; **in etw.** *(Akk.)* **~ziehen** march into sth.; **b)** *(nach innen ziehen)* ⟨*smoke, fumes, etc.*⟩ drift in; **in etw.** *(Akk.)* **~ziehen** drift into sth.; **~|zwängen 1.** *tr. V.* **etw. [in etw.** *(Akk.)***] ~zwängen** squeeze *or* force sth. in[to sth.]; **2.** *refl. V.* squeeze in; **sich in die Hose ~zwängen** squeeze [oneself] into one's trousers; **~|zwingen** *unr. tr. V.* **jmdn. [in etw.** *(Akk.)***] ~zwingen** force sb. to go in[to sth.]; **jmdn. in ein Schema/eine Rolle ~zwingen** force sb. into rigid pattern/a role

**hin-, Hin-: ~|fahren 1.** *unr. itr. V.; mit sein* **a)** *(an einen Ort fahren)* go there; *(mit einem Auto)* drive *or* go there; *(mit einem Fahrrad, Motorrad)* ride *or* go there; **wo ist er ~gefahren?** where has he gone?; **b)** *(streichen)* **mit der Hand/den Fingern über etw.** *(Akk.)* **~fahren** run one's hand/fingers over sth.; **2.** *unr. tr. V.* **jmdn. ~fahren** drive *or* take sb. there; **jmdn. zum Bahnhof ~fahren** drive *or* take sb. to the station; **~fahrt die** journey there; *(Seereise)* voyage out; **auf der ~fahrt** on the way *or* journey there/the voyage out; **~|fallen** *unr. itr. V.; mit sein* **a)** *(stürzen)* fall down *or* over; **lang ~fallen** fall flat [on one's face/back]; **b)** *(herunterfallen)* **jmdm. fällt etw. ~:** sb. drops sth.; **etw. ~fallen lassen** drop sth.; **~fällig** *Adj.* **a)** *(schwächlich)* infirm; frail; **b)** *(ungültig)* invalid; **~fälligkeit die; ~ a)** *(Schwäche)* infirmity; frailty; **b)** *(Ungültigkeit)* invalidity; **~|finden** *unr. itr. V.* find one's way there; **zu jmdm./zu einem Ort ~finden** find one's way to sb./a place; **~|fläzen, ~|flegeln** *refl. V. (ugs. abwertend)* loll around *or* about; **~|fliegen 1.** *unr. itr. V.; mit sein* **a)** fly there; **er fliegt heute ~:** he's flying [out] there today; **wo fliegt sie ~?** where is she flying to?; **b)** *(ugs.: fallen)* come a cropper *(coll.);* fall over; **mit dem Fahrrad ~fliegen** come a cropper on one's bicycle *(coll.);* fall off one's bicycle; **2.** *unr. tr. V.* **jmdn./etw. ~fliegen** fly sb./sth. [out] there; **~flug der** outward flight

**hin·fort** *Adv. (geh.)* henceforth; henceforward

**hin|führen 1.** *tr. V.* **a) jmdn. ~:** lead *or* take sb. there; **b)** *(zu etw. bringen)* **jmdn. zu etw. ~:** lead sb. to sth. **2.** *itr. V.* **zu etw. ~:** lead to sth.; **wo soll das ~?** what will it lead to?

**hing** [hɪŋ] *1. u. 3. Pers. Sg. Prät. v.* **hängen**

**Hin·gabe die; ~ a)** devotion; *(Eifer)* dedication; **etw. mit ~ tun** do sth. with dedication; **mit ~ tanzen** put one's whole soul into one's dancing; **b)** *(geh.: das Opfern)* **unter ~ des Lebens** at the cost of one's life

**hin-, Hin-: ~gang der** *(geh.)* decease; demise; **~|geben 1.** *unr. tr. V. (geh.)* give; sacrifice; **sein Leben ~geben** lay down *or* sacrifice one's life; **2.** *unr. refl. V.* **a) sich einer Illusion/einem Genuß ~geben** entertain an illusion/abandon oneself to a pleasure; **b)** *(verhüll.)* **sich einem Mann ~geben** give oneself to a man; **~gebend** *Adj.* devoted

**Hingebung die; ~:** devotion

**hingebungs·voll 1.** *Adj.* devoted. **2.** *adv.* devotedly; with devotion; ⟨*listen*⟩ raptly, with rapt attention; ⟨*dance, play*⟩ with abandon

**hin·gegen** *Konj., Adv. (jedoch)* however; *(andererseits)* on the other hand

**hin-: ~gegossen** *Adj. (ugs. scherzh.)* **wie ~gegossen auf der Couch liegen/sitzen** have draped oneself over the couch; **~|gehen** *unr. itr. V.; mit sein* **a)** go [there]; **zu jmdm./etw. ~gehen** go to sb./sth.; **wo gehst du ~?** where are you going?; **b)** *(verstreichen)* ⟨*years, time*⟩ pass, go by; **darüber gingen Jahre ~:** it took years; **c)** *(hingleiten)* **sein Blick ging über die Landschaft ~:** he *or* his eyes scanned the landscape; **d)** *(tragbar sein)* pass; **diesmal mag das noch ~gehen** I'll/we'll *etc.* let it pass this time; **~|gehören** *itr. V. (ugs.)* go; belong; ⟨*person*⟩ belong; **wo gehört das ~?** where does this go *or* belong *or (coll.)* live?; **~|gelangen** *itr. V.; mit sein* get there; **zu jmdm./etw. ~gelangen** get to sb./sth.; **~|geraten** *unr. itr. V.; mit sein* get there; **wie sind wir dort ~geraten?** how did we get there?; **wo ist er/der Brief ~geraten?** where has he/the letter got to?; **~gerissen 1.** *2. Part. v.* **hinreißen; 2.** *Adj.; nicht attr.* carried away; spellbound; **~gerissen der Musik lauschen** listen spellbound to the music; **~|gleiten** *unr. itr. V.; mit sein* **a)** glide along; **die Hand über etw.** *(Akk.)* **~gleiten lassen** run one's hand over sth.; **den Blick über etw. ~gleiten lassen** *(fig.)* let one's gaze sweep over sth.; **b)** *(geh.: vergehen)* slip away; **~|halten** *unr. tr. V.* **a)** hold out; **jmdm. etw. ~halten** hold sth. out to sb.; **b)** *(warten lassen)* **jmdn. ~halten** put sb. off; keep sb. waiting; **c)** *(Milit.: aufhalten)* hold off

**Hin·halte-: ~politik die** policy of procrastination; **~taktik die** delaying tactics *pl.*

**hin-: ~|hängen** *tr. V. (ugs.)* hang up; **~|hauen 1.** *unr. tr. V.* **a)** *(salopp: aufgeben)* chuck in *(sl.);* **den ganzen Kram ~hauen** chuck the whole thing in *(sl.);* **b)** *(salopp abwertend: flüchtig anfertigen)* knock off *(coll.);* dash off; **c)** *(unpers. salopp)* **es hat mich ~gehauen** I came a cropper *(coll.);* **d)** *(salopp: hinwerfen)* chuck down *(coll.);* **2.** *unr. itr. V.* **a)** *(ugs.: schlagen)* **[mit etw.] ~hauen** take a swipe [with sth.] *(coll.);* **b)** *mit sein (hinfallen)* fall [down] heavily; **c)** *(salopp: gutgehen)* ⟨*plan*⟩ work [all right]; **es wird schon ~hauen** it'll work out *or* be all right *or (coll.)* OK; **d)** *(salopp: richtig sein)* ⟨*calculation*⟩ be right; **so haut das nicht ~:** it's wrong as it stands; **3.** *unr. refl. V. (salopp)* lie down and have a kip *(coll.);* **~|hören** *itr. V.* listen

**Hinke·bein** ['hɪŋkə-] **das** *(ugs.)* **a)** stiff *or (sl.)* gammy leg; **b)** *(jmd., der hinkt)* person with a limp *or (sl.)* a gammy leg

**Hinkel·stein der** menhir; standing stone

**hinken** ['hɪŋkn̩] *itr. V.* **a)** limp; walk with a limp; **auf** *od.* **mit dem rechten Bein ~:** have a limp in one's right leg; **b)** *mit sein (hinkend gehen)* limp; hobble; **c)** *(fig.)* ⟨*line*⟩ be clumsy *or* halting; ⟨*rhyme*⟩ be clumsy; ⟨*comparison*⟩ be poor *or* feeble

**hin-, Hin-: ~|knallen** *(ugs.)* **1.** *tr. V.* slam down; **2.** *itr. V.; mit sein* fall [down] heavily; come a cropper *(coll.);* **~|knien** *refl. V.* kneel [down]; **~|kommen** *unr. itr. V.; mit sein* **a)** get there; **nach Madrid ~kommen** get to Madrid; **wie kommt man zu ihm ~?** how do you get to his place?; **b)** *(an einen Ort gehören)* go; belong; **wo kommen die Gläser ~?** where do the glasses go *or* belong?; **wo ist meine Uhr ~gekommen?** where has my watch got to *or* gone?; **wo kommen** *od.* **kämen wir ~, wenn ...** *(fig.)* where would we be if ...; **c)** *(ugs.: auskommen)* **mit etw. ~kommen** manage with sth.; **d)** *(ugs.: in Ordnung kommen)* work out *or* turn out all right *or (coll.)* OK; **e)** *(ugs.: stimmen)* be right; **~|kriegen** *tr. V. (ugs.)* **a)** *(fertigbringen)* **das hat sie toll ~gekriegt** she made a great job of that *(coll.);* **so genau wie auf der Vorlage kriege ich das nicht ~:** I won't be able to get it as accurate as it is on the pattern; **das wird er schon ~kriegen** he'll manage it all right *or (coll.)* OK; **b)** *(in Ordnung bringen)* fix ⟨*radio etc.*⟩; **jmdn. wieder ~kriegen** put sb. right; **~kunft die** *in* **in ~kunft** *(österr.)* in future; **~|langen** *itr. V.* **a)** *(ugs.: fassen)* **er langte ~ und steckte einige Uhren in seine Tasche** he reached over and stuck some watches in his pocket *(coll.);* **b)** *(salopp: zuschlagen)* **[kräftig] ~langen** take a [hefty] swipe *(coll.);* **c)** *(salopp: sich bedienen)* help oneself; **schön/**

ordentlich ~langen help oneself in a big way *(coll.)*; d) *(ugs.: ausreichen)* be enough; e) *(ugs.: auskommen)* manage; **~länglich 1.** *Adj.* sufficient; *(angemessen)* adequate; **2.** *adv.* sufficiently; *(angemessen)* adequately; **etw. ist ~länglich bekannt** sth. is sufficiently well known; **~|lassen** *unr. tr. V. (ugs.)* **jmdn. ~lassen** allow sb. to go there; let sb. go there; **jmdn. zu etw. ~lassen** allow sb. to go to sth.; let sb. go to sth.; **~|laufen** *unr. itr. V.; mit sein* **a)** *(an einen Ort laufen)* run there; **zu jmdm./zu einer Stelle ~laufen** run to sb./a place; **b)** *(zu Fuß gehen)* walk [there]; **c)** *(zu jmdm./etw. gehen)* **zum Anwalt/Arzt/Chef ~laufen** run to *or* rush off to the lawyer/doctor/boss; **~|legen 1.** *tr. V.* **a)** *(an eine Stelle legen)* put; **sie legte den Kindern frische Wäsche ~:** she put out clean underwear for the children; **b)** *(weglegen)* put down; **c)** *(zu Bett bringen)* **jmdn. ~legen** lay sb. down; **d)** *(ugs.: bezahlen)* pay *or (sl.)* shell out; **e)** *(salopp: ausführen)* **eine hervorragende Rede ~legen** do a brilliant speech; **eine gekonnte Übung auf dem Trampolin ~legen** turn in a splendid performance on the trampoline; **2.** *refl. V.* **a)** lie down; **da legst du dich [lang] ~** *(ugs.)* you won't believe your ears; **b)** *(sich schlafen legen)* lie down; **sich zeitig ~legen** have an early night; **sich zum Sterben ~legen** *(geh.)* lie down to die; **c)** *(ugs.: hinfallen)* come a cropper *(coll.)*; fall [down *or* over]; **~|leiten** *tr. V.* lead there; **etw. zu etw. ~leiten** lead sth. to sth.; **~|lenken** *tr. V.* **a) etw. [zu etw.] ~lenken** steer sth. [to sth.]; **seine Schritte zum Bahnhof ~lenken** direct one's steps towards the station; **b)** *(fig.)* steer ⟨*conversation*⟩ **(auf +** *Akk.* round to); direct ⟨*attention*⟩ **(auf +** *Akk.* towards); turn ⟨*gaze*⟩ **(auf +** *Akk.* towards); **~|machen** *(salopp)* **1.** *tr. V.* **a)** put up ⟨*curtain, picture, fence, etc.*⟩; put on ⟨*paint, oil, cream*⟩; put in ⟨*comma etc.*⟩; put ⟨*cross, ring, etc.*⟩; make ⟨*dirty mark etc.*⟩; **b)** *(töten)* do in *(sl.)*; rub out *(sl.)*; bump off *(sl.)*; **2.** *itr. V.* **a)** *(seine Notdurft verrichten)* do one's/its business *(coll.)*; **b)** *(landsch.: sich beeilen)* hurry up; get a move on *(coll.)*; **~|marschieren** *itr. V.; mit sein* march there; **~|metzeln, ~|morden** *tr. V. (geh.)* massacre; slaughter; butcher; **~nahme die; ~:** acceptance; **~|nehmen** *unr. tr. V.* **a)** *(annehmen)* accept; take; put up with, swallow, accept ⟨*insult*⟩; **etw. als gegeben ~nehmen** take sth. for granted; accept sth. as a fact; **b)** *(ugs.: mitnehmen)* **kannst du das Buch mit ~nehmen?** can you take the book with you?; **~|neigen 1.** *tr. V.* incline; **den Kopf zu jmdm. ~neigen** incline *or* bend one's head towards sb.; **2.** *refl. V.* lean [over]; **3.** *itr. V.* **zu einer Auffassung** *usw.* **~neigen** incline to a point of view *etc.*

**hinnen** ['hɪnən] *in* **von ~** *(veralt. geh.)* [from] hence; **von ~ scheiden** *(verhüll.)* depart this life; pass away *or* on

**hin-, Hin-: ~|passen** *itr. V. (ugs.)* **a)** *(an eine Stelle passen)* fit *or* go in; **b)** *(in die Umgebung passen)* fit in; go; **~|pfeffern** *tr. V. (ugs.)* **a)** *(hinwerfen)* fling *or* slam down; **b)** *(äußern)* rap out; **~|pflanzen 1.** *tr. V.* plant; **2.** *refl. V. (ugs.)* **sich vor jmdn. ~pflanzen** plant oneself in front of sb.; **~|reichen 1.** *tr. V.* hand; pass; **jmdm. etw. ~reichen** hand *or* pass sth. to sb.; **2.** *itr. V.* **a)** *(erstrecken)* reach; **bis zu etw. ~reichen** reach to *or* as far as sth.; **b)** *(ausreichen)* be enough *or* sufficient; **c)** *(ugs.: auskommen)* manage; **mit etw. ~reichen** manage on sth.; **~reichend 1.** *Adj.* sufficient; *(angemessen)* adequate; **2.** *adv.* sufficiently; *(angemessen)* adequately; **~reise die** journey there; outward journey; *(mit dem Schiff)* voyage out; outward voyage; **die ~reise nach Rom** the journey to Rome; **[die] Hin- und Rückreise** the journey there and back; **~|reisen** *itr. V.; mit sein* travel there; **~|reißen** *unr. tr. V.* **a) jmdn. zu sich ~reißen** pull sb. to one; **b)** *(begeistern)* enrapture; **das Publikum zu Beifallsstürmen ~reißen** elicit thunderous *or* rapturous applause from the audience; **c)** *(verleiten)* **jmdn. zu etw. ~reißen** drive sb. to sth.; **sich ~reißen lassen** let oneself get *or* be carried away; **~reißend 1.** *Adj.* enchanting ⟨*person, picture, view*⟩; captivating ⟨*speaker, play*⟩; **2.** *adv.* enchantingly; **~|richten** *tr. V.* execute; **~richtung die** execution

**Hinrichtungs-: ~kommando das** firing-squad; **~stätte die** place of execution

**hin-, Hin-: ~|rücken 1.** *tr. V.* **etw. ~rücken** move *or* push sth. over; **2.** *itr. V.; mit sein* move over; **~|sagen** *tr. V.* say without thinking; *(nur beiläufig sagen)* say casually; **das hat er nur so ~gesagt** he just said it without thinking; **~|schaffen** *unr. tr. V.* **etw. ~schaffen** get sth. there; **etw. zum Bahnhof ~schaffen** get sth. to the station; **~|schauen** *itr. V. (bes. südd., österr.) s.* **~sehen; ~|scheiden** *unr. itr. V.; mit sein (geh. verhüll.)* pass away *or* over; **der Hingeschiedene** the deceased *or* departed; **~|scheiden das; ~s** *(geh. verhüll.)* decease; demise; **~|scheißen** *unr. itr. V. (derb)* crap *(vulg.)*; **~|schicken** *tr. V.* send; **~|schieben** *unr. tr. V.* **jmdm. etw. ~schieben** push sth. over to sb.; **~schied der; ~[e]s, ~e** *(schweiz.) s.* **~scheiden; ~|schielen** *itr. V.* steal a glance/glances **(zu** at); **~|schlachten** *tr. V. (geh.)* massacre; slaughter; butcher; **~|schlagen** *unr. itr. V.* **a)** *(auf eine Stelle schlagen)* strike; hit; **b)** *mit sein (ugs.: fallen)* **[der Länge nach** *od.* **lang] ~schlagen** fall flat on one's face/back; **da schlag einer lang ~!** *(ugs.)* well I never *(coll.)*; would you believe it! *(coll.)*; **~|schleichen** *unr. itr. V. mit sein; unr. refl. V.* creep *or* steal over; **~|schleppen 1.** *refl. V.* **a)** *(mühsam gehen)* drag oneself along; **sich zu etw. ~schleppen** drag oneself to sth.; **b)** *(sich hinziehen)* drag on; **2.** *tr. V.* **a)** *(an einen Ort schleppen)* **etw. ~schleppen** drag sth. there; **etw. zu etw. ~schleppen** drag sth. to sth.; **b)** *(verzögern)* drag out; **~|schmeißen** *unr. tr. V. (salopp)* **a)** *(werfen)* chuck down *(coll.)*; **b)** *(aufgeben)* chuck in *(coll.)*; **~|schmelzen** *unr. itr. V.; mit sein* **a)** *s.* **zerschmelzen; b)** *(ugs. scherzh.: vergehen)* swoon; **vor Rührung ~schmelzen** be overcome with emotion; **~|schmieren** *tr. V. (ugs.)* *(~schreiben)* scrawl; scribble; *(~malen)* daub; **~|schreiben 1.** *unr. tr. V.* write down; **2.** *unr. itr. V. (an eine Firma o. ä. schreiben)* write; **~|schwinden** *unr. V. s.* **dahinschwinden; ~|sehen** *unr. itr. V.* look; **ich kann nicht ~sehen** I can't [bear to] look; **bei genauerem Hinsehen** on closer inspection; **~|sein** *unr. itr. V.; mit sein (nur im Inf. u. Part. zusammengeschrieben) (ugs.)* **a)** *(verloren sein)* be *or* have gone; **was ~ ist, ist ~:** what's done is done; **b)** *(nicht mehr brauchbar sein)* have had it *(coll.)*; ⟨*car*⟩ be a write-off; **c)** *(salopp: tot sein)* have snuffed it *(sl.)*; have pegged out *(sl.)*; **wenn er richtig zuschlägt, bist du ~:** if he really hits you you've had it *(coll.)*; **d)** *(ugs.: hingerissen sein)* **von jmdm./etw. ganz ~sein** be mad about sb./bowled over by sth.; **e)** *(zugrunde gerichtet sein)* be ruined *or* in ruins; **f)** *(~gegangen/~gefahren sein)* have gone; **g)** *(in Verbindung mit bis)* **bis zu dem Termin ist es noch einige Zeit ~:** there's some time to go before the deadline; **~|setzen 1.** *tr. V.* **a)** *(an eine Stelle setzen)* put; seat, put ⟨*person*⟩; **das Kind ~setzen** sit the child/baby down; **b)** *(absetzen)* put *or* set down; **2.** *refl. V.* **a)** sit down; **setzen Sie sich doch ~!** do sit down!; **wo soll ich mich ~setzen?** where should I sit?; **sich gerade ~setzen** sit up straight; **sich ~setzen und etw. tun** *(fig.)* sit down and do sth.; get down to doing sth.; **b)** *(ugs.: fallen)* land on one's backside; **c)** *(salopp: überrascht sein)* **er wird sich ~setzen** he won't believe his ears; **~sicht die;** *o. Pl.* **in gewisser ~sicht** in a way/in some respect *or* ways; **in mancher ~sicht** in some respects *or* ways; **in jeder ~sicht** in every respect; **in finanzieller ~sicht** financially; **in ~sicht auf** (+ *Akk.*) with regard to; **~sichtlich** *Präp. mit Gen. (Amtsspr.)* with regard to; *(in Anbetracht)* in view of; **~|sinken** *unr. itr. V.; mit sein (geh.)* sink down; sink to the ground; **~|sollen** *unr. itr. V. (ugs.)* **wo sollen die Sachen ~?** where do these things go?; where do you want these things [to go]?; **wo soll ich mit den Büchern ~?** where should I put the books?; what should I do with the books?; **sie weiß nicht, wo sie ~soll** she doesn't know where to go; **~spiel das** *(Sport)* first leg; **~|starren** *itr. V.* stare **(zu,** nach at); **~|stellen 1.** *tr. V.* **a)** *(an eine Stelle stellen)* put; put up ⟨*building*⟩; put, park ⟨*car*⟩; **b)** *(absetzen)* put down; **c)** *(bezeichnen)* **etw. als falsch ~stellen** make sth. out to be *or* represent sth. as false; **jmdn. als Lügner ~stellen** make sb. out to be *or* represent sb. as a liar; **jmdn. als Vorbild ~stellen** hold sb. up as an example; **er hat die Sache so ~gestellt, als seien wir die Schuldigen** he made it look as though it was our fault; **2.** *refl. V.* **a)** *(sich an eine Stelle stellen)* stand; ⟨*driver*⟩ park; **sich gerade ~stellen** stand up straight; **sich vor jmdn. ~stellen** stand in front of sb.; **b)** *(sich bezeichnen)* **sich als unschuldig ~stellen** make out that one is innocent; **~|steuern 1.** *tr. V.* steer; **das Boot zum Ufer ~steuern** steer the boat towards the bank; **2.** *itr. V.; mit sein* **a) zu etw. ~steuern** make *or* head for sth.; **b)** *(eine Absicht verfolgen)* **auf etw.** *(Akk.)* **~steuern** aim at sth.; **~|strecken 1.** *tr. V.* **a)** stretch out; hold out; **jmdm. die Hand ~strecken** hold out one's hand to sb.; **b)** *(geh. veralt.: töten)* fell; slay *(liter.)*; **2.** *refl. V.* **a)** *(sich ausgestreckt hinlegen)* stretch [oneself] out; lie down full length; **b)** *(sich erstrecken)* extend, stretch **(bis an +** *Akk.* as far as); **~|strömen** *itr. V.; mit sein* **a)** ⟨*river*⟩ flow; **b)** ⟨*people*⟩ flock there; **zu etw. ~strömen** flock to sth.; **~|stürzen** *itr. V.; mit sein* **a)** *(hinfallen)* fall down [heavily]; **b)** *(hineilen)* rush *or* dash there; **zum Ausgang ~stürzen** rush *or* dash towards the exit

**hintan-, Hintan-** [hɪnt'|an-]: **~|setzen** *tr. V.* **etw. ~setzen** put sth. last; **Differenzen ~setzen** put *or* set aside differences; **~setzung die; ~: nur unter ~setzung persönlicher Interessen** only by putting personal interests last; **~|stellen** *tr. V. s.* **~setzen**

**hinten** ['hɪntn̩] *Adv.* **a)** *(am rückwärtigen Ende)* at the back; in *or* at the rear; **~ im Bus sitzen** sit in the back of the bus; **~ in die Straßenbahn einsteigen** get on at the back of the tram *(Brit.) or (Amer.)* streetcar; **ganz ~ im Garten/in der Garage/im Schrank** right at the back of the garden/the garage/the cupboard; **sich ~ anstellen** join the back of the queue *(Brit.) or (Amer.)* line; **nach ~ abgehen** move [off] towards the back; exit upstage *(Theatre)*; **~ im Buch** at the back *or* end of the book; **weiter ~:** further back; *(in einem Buch)* further on; **von ~ anfangen** start from the end; **von ~ nach vorne** backwards; *(in einem Buch)* from back to front; *(Bewegung)* towards the front; **nach ~ gehen** go *or* walk to the back/into the room behind; **b)** *(an/auf/von der Rückseite)* **die Adresse steht ~ auf dem Brief** the address is on the back of the envelope; **~ auf der Münze** on the back *or* reverse of the coin; **~ am Haus** at the back *or* rear of the house; **nach ~ hinaus liegen/gehen** be at the back *or* rear; **von ~ kommen/jmdn. von ~ erstechen** come from behind/stab sb. from behind; **von ~ sah sie jünger aus** she looked younger from the back; **jmdn. von ~ erken-**

**nen** recognize sb. from the back; **jmdm. ~ drauffahren** *(ugs.)* run into the back of sb.; **~ und vorn[e] nichts haben** *(salopp)* be as flat as an ironing-board *(coll.)*; **c)** *(entfernt)* **die anderen sind ganz weit ~:** the others are a long way back *or* behind; **~ in Sibirien** far away in Siberia; **~ im Wald** in the depths of the forest; deep in the forest; **ganz weit ~ konnte man die Bergspitzen erkennen** far away in the distance you could make out the mountain peaks; **d)** *(in Wendungen)* **jetzt heißt es Herr Meier ~, Herr Meier vorn** now it's Herr Meier this, and Herr Meier that; **~ und vorn[e] bedient werden** be waited on hand and foot; **das kann ~ und vorn[e] nicht stimmen** that cannot possibly be true; there is no way that can be true; **~ und vorn[e] betrogen werden** be cheated right, left and centre; **nicht [mehr] wissen, wo ~ und vorn[e] ist** *(ugs.)* not know whether one is coming or going; **~ nicht mehr hochkönnen** *(ugs.)* be in desperate straits; **jmdn. am liebsten von ~ sehen** *(ugs.)* be glad to see the back of sb.; **von ~ durch die Brust ins Auge** *(salopp scherzh.)* in a roundabout fashion *or* way

**hinten-: ~dran** *Adv. (ugs.)* at the back; **~dran einen Anhänger hängen** hitch a trailer on behind; **~drauf** *Adv. (ugs.)* on the back; **jmdm. eins** *od.* **ein paar ~drauf geben** *(ugs.)* smack sb.'s bottom; **~drein** *Adv. s.* **hinterher; ~heraus** ['----] *Adv.* **~heraus liegen/wohnen** be/live at the back; **~herum** ['----] *Adv. (ugs.)* **a)** *(um die hintere Seite herum)* round the back; **b)** *(am Rücken)* **mir ist ~herum kalt** my back's cold; **c)** *(ugs.: heimlich)* **etw. ~herum erfahren** hear sth. indirectly; **Waren ~herum besorgen** get goods under the counter; **~nach** *Adv. (südd., österr.) s.* **hinterher**

**hinten·über** *Adv.* backwards

**hintenüber-: ~|fallen** *unr. itr. V.; mit sein* fall [over] backwards; **~|kippen** *itr. V.; mit sein* tip [over] backwards; **~|stürzen** *itr. V.; mit sein s.* **~fallen**

**hinter** ['hɪntɐ] **1.** *Präp. mit Dat.* **a)** behind; **~ dem Haus sein** be behind *or* at the back of the house; **~ jmdm. zurückbleiben** lag behind sb.; **eine große Strecke ~ sich haben** have put a good distance behind one; **~ der Mauer hervortreten** step out from behind the wall; **~ jmdm. stehen** *(fig.)* be behind sb.; back *or* support sb.; **~ etw.** *(Dat.)* **stehen** *(fig.)* support sth.; **jmdn. ~ sich haben** *(fig.)* have sb.'s backing; **sich ~ etw. verbergen** *(fig.)* ⟨*person*⟩ hide behind sth.; ⟨*danger*⟩ lie concealed behind sth.; ⟨*purpose*⟩ lie behind sth.; **b)** *(nach)* after; **3 km ~ der Grenze** 3 km beyond the frontier; **die nächste Station ~ Mannheim** the next stop after Mannheim; **c)** *(in der Rangfolge)* **~ jmdm. zurückstehen** lag behind sb.; **~ der Entwicklung/der Zeit zurückbleiben** lag behind in development/be behind in times; **er ist ~ unseren Erwartungen zurückgeblieben** he has fallen short of our expectations; **d)** *(bewältigt)* **eine Prüfung/Aufgabe ~ sich haben** *(fig.)* have got an examination/a job over [and done] with; **viele Enttäuschungen/eine Krankheit ~ sich haben** have experienced many disappointments/have got over an illness; **wenn er das Studium ~ sich hat** when he's finished his studies. **2.** *Präp. mit Akk.* **a)** behind; **~ das Haus gehen** go behind the house; **sich ~ jmdn./etw. stellen** *(fig.)* stand *or* get behind sb./support sth.; **b) ~ jmdn. zurückfallen** fall behind sb.; **c) etw. ~ sich bringen** get sth. over [and done] with; **d)** *(zeitlich)* **~ etw. gehen/reichen** go back to before sth.; **e)** *(fig.)* **~ ein Geheimnis/die Wahrheit/seine Geschichte kommen** find out a secret/get to the truth/get to the bottom of his story

**hinter...** *Adj.; nicht präd.* back; **das ~e Ende des Ganges/des Zimmers** the far end of the corridor/the far end *or* the back of the room; **das ~e Ende des Zuges** the back *or* rear [end] of the train; **die ~ste Reihe** the back row; **die Hinter[st]en** those [right] at the back

**Hinter-: ~achse die** rear *or* back axle; **~an·sicht die** rear *or* back view; **~ausgang der** rear *or* back exit; **~backe die** *(ugs.)* buttock; **auf seine ~backen fallen** fall over on one's backside; **~bänkler** [~bɛŋklɐ] **der; ~s, ~** *(ugs.)* inconspicuous back-bencher; **~bein das** hind leg; **sich auf die ~beine stellen** *(ugs.)* put up a fight; **sich auf die ~beine setzen** *(ugs.)* get *or* knuckle down and do some work

**Hinterbliebene** [-'bli:bənə] **der/die;** *adj. Dekl.* **a)** *(Familienangehörige)* **die ~n** the bereaved [family]; **b)** *(jur.)* surviving dependant

**Hinterbliebenen·rente die** [surviving] dependant's pension

**hinter-, Hinter-:** **[1]~bringen** [--'--] *unr. tr. V.* **jmdm. etw. ~bringen** inform sb. [confidentially] of sth.; **[2]~|bringen** *unr. tr. V. (landsch.)* bring to the back; **~deck das** *(Seew.)* after-deck

**hinter·einander** *Adv.* **a)** *(räumlich)* one behind the other; **sie liefen dicht ~:** they were running close behind one another; **b)** *(zeitlich)* one after another *or* the other; **an drei Tagen ~:** for three days running *or* in succession

**hintereinander-: ~|fahren** *unr. itr. V.; mit sein (mit dem Auto/Fahrrad)* drive/ride one behind the other; **~|gehen** *unr. itr. V.; mit sein* walk in single file; walk one behind the other; **~|schalten** *tr. V. (Elektrot.)* **Widerstände** *usw.* **~schalten** connect resistances *etc.* in series; **~weg** *Adv. (ugs.)* one after the other

**hinter-, Hinter-: ~ein·gang der** rear *or* back entrance; **~fotzig** [~fɔtsɪç] *Adj. (bayr.; sonst derb)* underhand[ed]; **~fragen** [--'--] *tr. V.* examine; analyse; **~fuß der** hind foot; **~gebäude das** *s.* **~haus; ~gedanke der** ulterior motive; **einen ~gedanken bei etw. haben** have an ulterior motive for sth.; **[1]~gehen** [--'--] *unr. tr. V.* deceive; **sie hat ihren Mann mit seinem besten Freund ~gangen** she deceived her husband by having an affair with his best friend; **[2]~|gehen** *unr. itr. V.; mit sein (landsch.)* go to the back; **ins Lager ~gehen** go to the back of the store room

**Hinterglas·malerei die** *(Kunst)* **a)** *o. Pl. (Herstellung)* verre églomisé; **b)** *(Bild)* verre églomisé picture

**Hinter·grund der** background; *(der Bühne)* back; *(Theater: Kulisse)* backcloth; backdrop; **der akustische/musikalische ~:** the background sounds/music; **im ~ der Bühne** at the back of the stage; **die Hintergründe dieser Verhaltensweise** *(fig.)* the background *sing.* to this behaviour; **jmdn./etw. in den ~ drängen** push sb./sth. into the background; **in den ~ treten/geraten** recede *or* fade into the background; **sich im ~ halten** keep in the background; **etw. im ~ haben** have sth. up one's sleeve

**hinter·gründig 1.** *Adj.* enigmatic; cryptic. **2.** *adv.* enigmatically; cryptically

**Hintergründigkeit die; ~, ~en a)** *o. Pl. (Eigenschaft)* enigmaticness; crypticness; **b)** *(Äußerung)* enigmatic *or* cryptic remark

**Hintergrund-: ~information die** item *or* piece of background information; **~informationen** [items *or* pieces of] background information *sing.*; **~musik die** background music

**hinter-, Hinter-: ~halt der** ambush; **in einen ~halt geraten** be ambushed; **jmdn. aus dem ~halt überfallen** ambush sb.; **im ~halt lauern** lie in ambush; **jmdn. aus dem ~halt angreifen** *(fig.)* attack sb. without warning; make a surprise attack on sb.; **etw. im ~halt haben** have sth. up one's sleeve *or* in reserve; **~hältig 1.** *Adj.* underhand; **2.** *adv.* in an underhand fashion *or* manner; **~hältigkeit die; ~, ~en a)** *o. Pl. (Eigenschaft)* underhandedness; **b)** *(Handlung)* underhand act; **~hand die a)** *(bei Tieren)* hindquarters *pl.*; **b) etw. in der ~hand haben** have sth. up one's sleeve *or* in reserve; **in der ~hand sein** *od.* **sitzen** *(Kartenspiel)* play last; **~haus das** *dwelling situated at or forming the rear of a house [and accessible only from a courtyard]*

**hinter·her** *Adv.* **a)** *(räumlich)* behind; **nichts wie ihm ~!** quick, after him!; *s. auch* **nichts; b)** *(nachher)* afterwards; **es ~ besser wissen** be wise after the event

**hinterher-: ~|blicken** *itr. V.* **jmdm. ~blicken** follow sb. with one's eyes; gaze after sb.; **~|fahren** *unr. itr. V.; mit sein (mit dem Auto/Fahrrad)* drive/ride [along] behind **(jmdm.** sb.); *(folgen)* follow **(jmdm.** sb.); **~|gehen** *unr. itr. V.; mit sein* walk [along] behind **(jmdm.** sb.); *(folgen)* follow **(jmdm.** sb.); **~|hinken** *itr. V.; mit sein* **a)** limp *or* hobble [along] behind **(jmdm.** sb.); **b)** *(fig.)* **einer Sache** *(Dat.)* **~hinken** lag behind sth.; **mit etw. ~hinken** be behind with sth.; **~|kommen** *unr. itr. V.; mit sein* **a)** *(dahinter ankommen)* follow behind; **b)** *(danach kommen)* follow; come after; **~|laufen** *unr. itr. V.; mit sein* **a)** run [along] behind **(jmdm.** sb.); **b)** *s.* **~gehen; c)** *(ugs.: für sich zu gewinnen suchen)* **jmdm./etw. ~laufen** run after sb./sth.; **~|schicken** *tr. V.* **jmdm. jmdn./etw. ~schicken** send sb. after sb./send sth. on to sb.; **~sein** *unr. itr. V.; mit sein (nur im Inf. u. Part. zusammengeschrieben) (ugs.)* **a)** *(zurückgeblieben sein)* be behind **(mit** with); **b)** *(verfolgen)* **jmdm. ~sein** be after sb.; **~|spionieren** *itr. V.* **jmdm. ~spionieren** spy on sb.

**hinter-, Hinter-: ~hof der** courtyard; **~kopf der** back of the/one's head; **etw. im ~kopf haben/behalten** *(ugs.)* have/keep sth. at the back of one's mind; **~lader der** *(Waffenkunde)* breech-loader; **~land das** hinterland; *(Milit.)* back area; **~lassen** [--'--] *unr. tr. V.* **a)** leave; *(testamentarisch)* leave; bequeath; **die ~lassenen Schriften** the posthumous works; **b)** *(zurücklassen)* leave ⟨*message, telephone number, etc.*⟩; **ein Zimmer in Unordnung ~lassen** leave a room in a muddle; **c)** *(verursachen)* leave ⟨*fingerprints, impression, etc.*⟩; **keine Spuren ~lassen** leave no trace[s] [behind]; **~lassene** [--'---] **der/die;** *adj. Dekl. (schweiz.) s.* **~bliebene; ~lassenschaft** [--'---] **die; ~, ~en** estate; **jmds. ~lassenschaft antreten** inherit sb.'s estate; *(ugs. scherzh.)* take over from sb.; **jmds. literarische ~lassenschaft** the writings that sb. has left to posterity; **~lastig** *Adj.* tail-heavy ⟨*aircraft*⟩; stern-heavy ⟨*ship*⟩; **~lauf der** *(Jägerspr.)* hind leg; **~legen** [--'--] *tr. V.* deposit **(bei** with); *(als Pfand)* deposit, leave **(bei** with)

**Hinterlegung die; ~, ~en** *s.* **hinterlegen:** depositing; leaving; **jmdn. gegen ~ einer Kaution freilassen** release sb. on bail

**Hinterlegungs·schein der** deposit receipt

**hinter-, Hinter-: ~list die** guile; deceit; *(Verrat)* treachery; **eine ~list** an underhand trick; a piece of deceit; **~listig** *Adj.* deceitful; *(verräterisch)* treacherous

**hinterm** ['hɪntɐm] *(ugs.) Präp. + Art.* = **hinter dem**

**Hinter-: ~mann der;** *Pl.* **~männer a)** person behind; **sein ~mann** the person behind [him]; **b)** *(Gewährsmann)* [secret] informant; **c)** *(jmd., der aus dem Hintergrund lenkt)* **der ~mann/die ~männer** the brains behind the operation; **~mannschaft die** *(Sport)* defence

**hintern** *(ugs.) Präp. + Art.* = **hinter den**

**Hintern** ['hɪntɐn] **der; ~s, ~** *(ugs.)* behind;

backside; bottom; **jmdm. den ~ verhauen** *od.* **versohlen** tan sb.'s hide; **jmdn.** *od.* **jmdm. in den ~ treten** kick sb. in the pants *(coll.) or* up the backside; *(fig.)* kick sb. in the teeth *(fig.)*; **sich [vor Wut** *od.* **Ärger] in den ~ beißen** *(salopp)* kick oneself; **jmdm. in den ~ kriechen** *(derb)* lick sb.'s arse *(coarse);* suck up to sb. *(sl.)*; **sich auf den ~ setzen** *(salopp) (sich anstrengen)* get *or* knuckle down to it; *(aufs Gesäß fallen)* fall on one's behind; *(überrascht sein)* be flabbergasted; **Hummeln** *od.* **Pfeffer im ~ haben** *(salopp)* have ants in one's pants *(sl.)*; *s. auch* **abwischen b**

**Hịnter-: ~pfote die** hind paw; **~rad das** back *or* rear wheel; **~rad·antrieb der** rear-wheel drive; **~reifen der** back *or* rear tyre

**hinter·rücks** ['hıntɐrYks] *Adv.* **a)** *(von hinten)* from behind; **b)** *(veralt.: hinter jmds. Rücken)* behind sb.'s back

**hinters** ['hıntɐs] *(ugs.) Präp. + Art.* = **hinter das**

**hịnter-, Hịnter-: ~schiff das** stern; **~seite die** *s.* **Rückseite; ~sinn der** deeper meaning; **~sinnig** *Adj.* ⟨*remark, story, etc.*⟩ with a deeper meaning; subtle ⟨*sense of humour*⟩

**hinterst...** ['hıntɐst...] *s.* **hinter...**

**hịnter-, Hịnter-: ~steven der a)** *(Seemannsspr.)* stern-post; **b)** *(ugs. scherzh.: Gesäß)* backside; behind; **~teil das** *(ugs.: Gesäß)* backside; behind; *(eines Tieres)* rump; **~treffen das** *(ugs.) in* **ins ~treffen geraten** *od.* **kommen** fall behind; **jmdn./etw. ins ~treffen bringen** put sb./sth. behind; **~treiben** [--'--] *unr. tr. V.* foil, thwart, frustrate ⟨*plan*⟩; prevent ⟨*marriage, promotion*⟩; block ⟨*law, investigation, reform*⟩; **~treibung die; ~, ~en** *s.* **~treiben:** foiling; thwarting; frustration; prevention; blocking; **~treppe die** back stairs *pl.*; **~treppen·roman der** *(abwertend)* trashy novel; **~tupfingen** [~'tʊpfıŋən] **(das); ~s** *(ugs. spött.)* the back of beyond; **~tür die** back door; **durch die** *od.* **durch eine ~tür** *(auch fig.)* by the back door; **sich** *(Dat.)* **eine ~tür offenhalten** *(fig.)* leave oneself a way out *(fig.)*; **~wäldler** [~vɛltlɐ] **der; ~s, ~** *(spött.)* backwoodsman; **~wäldlerisch** *Adj.* *(spött.)* backwoods *attrib.* ⟨*views, attitudes, manners, etc.*⟩; **~ziehen** [--'--] *unr. tr. V.* misappropriate ⟨*materials, goods*⟩; **Steuern ~ziehen** evade [payment of] tax; **~ziehung die** *s.* **~ziehen:** misappropriation; evasion; **~zimmer das** back room

**hintnach** [hınt'na:x] *Adv. (österr. ugs.) s.* **hinterher**

**hịn-: ~|tragen** *unr. tr. V.* **jmdn./etw. ~tragen** carry sb./take *or* carry sth. there; **etw. zu jmdm.** *od.* **jmdm. etw. ~tragen** take sth. to sb.; **~|treiben 1.** *unr. tr. V.* **a)** *(an eine Stelle treiben)* **die Schafe ~treiben/zur Weide ~treiben** drive the sheep there/to the pasture; **die Strömung/der Wind trieb das Boot zum Ufer ~:** the current carried/the wind blew the boat to the shore; **b)** *(unpers.)* **es trieb ihn immer wieder zu ihr ~:** something always drove him back to her; **2.** *unr. itr. V.; mit sein* drift *or* float there; **~|treten** *unr. itr. V.* **a)** *mit sein* **zu jmdm./etw. ~treten** step over to sb./sth.; **vor jmdn. ~treten** go up to sb.; **b)** *(gegen jmdn./etw. treten)* kick him/her/it *etc.*

**hintüber** [hınt'|y:bɐ] *Adv. s.* **hintenüber**

**hịn|tun** *unr. tr. V. (ugs.)* put; **wo soll ich ihn bloß ~?** *(fig.)* I can't place him

**hinüber** [hı'ny:bɐ] *Adv.* over; across; **bis zur anderen Seite ~:** over *or* across to the other side; **~ und herüber** back and forth

**hinü̱ber-** *(s. auch* **rüber-): ~|blicken** *itr. V.* look across; **zu** *od.* **nach jmdm. ~blicken** look across at sb.; **~|bringen** *unr. tr. V.* **jmdn./etw. ~bringen** take sb./sth. across *or* over **(auf +** *Akk.*, **zu** to); **~|dämmern** *itr. V.; mit sein* **a)** *(einschlafen)* drift off; **b)** *(geh. verhüll.: sterben)* pass away in one's sleep; **~|fahren 1.** *unr. itr. V.; mit sein (mit dem Auto/Fahrrad)* drive/ride *or* go over *or* across; **über den Fluß ~fahren** cross the river; **2.** *unr. tr. V.* **jmdn./ein Auto ~fahren** drive *or* take sb./drive a car over *or* across; **~|führen 1.** *tr. V.* **jmdn. über die Straße/die Grenze/in den Saal ~führen** take sb. across the road/guide sb. over *or* across the frontier/take *or* show sb. across to the hall; **2.** *itr. V.* ⟨*street, path, etc.*⟩ lead *or* go over *or* across **(an +** *Akk.*, **nach** to); **über etw.** *(Akk.)* **~führen** lead *or* go over sth.; **~|gehen** *unr. itr. V.; mit sein* **a)** walk *or* go over *or* across; **zu jmdm. ~gehen** go across *or* over to sb.; **ins Nebenzimmer ~gehen** go across into the next room; **b)** *(geh. verhüll.: sterben)* pass away; **~|helfen** *unr. itr. V.* **jmdm. [über etw.** *(Akk.)*] **~helfen** help sb. over *or* across [sth.]; **jmdm. auf die andere Seite ~helfen** help sb. over *or* across to the other side; **~|kommen** *unr. itr. V.; mit sein* **a)** *(nach drüben kommen)* come over *or* across; *(~kommen können)* get across; **über etw.** *(Akk.)* **~kommen** get across sth.; **b)** *(ugs.: Besuch machen)* come over; pop over *(coll.)*; **~|lassen** *unr. tr. V.* **jmdn. ~lassen** allow *or* let sb. over *or* across; **~|reichen 1.** *tr. V.* **[jmdm.] etw. ~reichen** pass *or* hand sth. across [to sb.]; **2.** *itr. V.* **a)** *(sich erstrecken)* extend [over *or* across]; **b)** *(lang genug sein)* reach over *or* across; **über die Mauer ~reichen** reach over the wall; **~|retten 1.** *tr. V.* **a)** *(in Sicherheit bringen)* **sein Vermögen in die Schweiz ~retten** save one's fortune by getting it over *or* across the border into Switzerland; **b)** *(bewahren)* keep alive, preserve ⟨*tradition etc.*⟩; **2.** *refl. V.* **a)** *(sich in Sicherheit bringen)* **sich ins Ausland ~retten** reach safety abroad; **b)** *(sich erhalten)* ⟨*customs, hopes, etc.*⟩ survive; **~|rufen 1.** *unr. tr. V.* **jmdn. ~rufen** call sb. over; **2.** *unr. itr. V.* call over; **~|schauen** *itr. V.* **a)** *(landsch.) s.* **~blicken; b)** *(ugs.: besuchen)* **zu jmdm. ~schauen** look in on sb.; **~|schicken** *tr. V.* **jmdn./etw. ~schicken** send sb./sth. over; **~|schwimmen** *unr. itr. V.; mit sein* swim over *or* across; **~|sehen** *unr. itr. V. s.* **~blicken; ~|sein** *unr. itr. V.; mit sein (nur im Inf. u. 2. Part. zusammengeschrieben) (ugs.)* **a)** *(tot, unbrauchbar sein)* have had it *(coll.)*; **er ist ~:** he's had it *(coll.)*; **b)** *(verdorben sein)* be off; have gone off; **c)** *(eingeschlafen sein)* have dropped off; *(bewußtlos sein)* be out for the count *(coll.)*; **d)** *(betrunken sein)* be well away *(coll.) or* plastered *(sl.)*; **~|spielen 1.** *tr. V.* *(Sport)* cross ⟨*ball*⟩; **2.** *itr. V.* **das Weiß spielt ins Gelbliche ~:** the white is tinged with yellow *or* has a yellow tinge; **~|springen** *unr. itr. V.; mit sein* **über etw.** *(Akk.)***/ein Hindernis ~springen** jump over sth./clear an obstacle; **~|steigen** *unr. itr. V.; mit sein* **[über etw.** *(Akk.)*] **~steigen** climb over [sth.]; **~|wechseln** *itr. V.; mit haben od. sein* cross over; **zu einer anderen Partei ~wechseln** go over *or* switch to another party; **~|werfen** *unr. tr. V.* **etw. ~werfen** throw sth. over *or* across; **einen Blick ~werfen** *(fig.)* glance over *or* across; **~|ziehen 1.** *unr. tr. V.* **jmdn./etw. ~ziehen** draw sb. over/pull *or* draw sth. over *or* across; **2.** *unr. itr. V.; mit sein* **a)** *(wandern)* **über etw. ~ziehen** go over *or* across sth.; cross sth.; **b)** *(umziehen)* move across

**hịn- und hẹr-: ~|bewegen** *tr. V.* **etw. hin- und herbewegen** move sth. to and fro *or* back and forth; **~|fahren 1.** *unr. itr. V.; mit sein* travel *or* go to and fro *or* back and forth; *(mit dem Auto)* drive to and fro *or* back and forth; *(mit dem Fahrrad)* ride to and fro *or* back and forth; **2.** *unr. tr. V.* **jmdn. ~fahren** drive sb. to and fro *or* back and forth; **~|gehen** *unr. itr. V.; mit sein* walk up and down *or* to and fro; *(aufgeregt)* pace up and down *or* to and fro; **im Zimmer ~gehen** walk/pace up and down the room

**Hinundhe̱r·gerede das: bei diesem ~ kommt doch nichts heraus** we're going backwards and forwards over the same old ground and getting nowhere

**hịn- und hẹr|pendeln** *itr. V.; mit sein* ⟨*person*⟩ commute; ⟨*bus*⟩ shuttle to and fro

**Hịn- und Rụ̈ck-: ~fahrt die** journey there and back; round trip *(Amer.)*; **~flug der** outward and return flight; **~reise die, ~weg der** journey there and back

**hinunter** [hı'nʊntɐ] *Adv.* down; **den Berg ~:** down the mountain; **~ mit der Medizin!** *(ugs.)* get the medicine down!

**hinụnter-: ~|begeben** *unr. refl. V.* **sich ~begeben** go down; **sich die Treppe ~begeben** go downstairs; **~|blicken** *itr. V.* look down; **auf jmdn. ~blicken** *(fig.)* look down on sb.; **~|bringen** *unr. tr. V.* **jmdn./etw. ~bringen** take sb./sth. down; **~|fahren 1.** *unr. itr. V.; mit sein* go down; *(mit dem Auto)* drive down; *(mit dem Fahrrad)* ride down; **2.** *unr. tr. V.* **jmdn./ein Auto/eine Ladung ~fahren** drive *or* take sb. down/drive a car down/take a load down; **~|fallen** *unr. itr. V.; mit sein* fall down; **die Treppe ~fallen** fall down the stairs; **mir ist die Vase ~gefallen** I dropped the vase; **~|führen 1.** *tr. V.* **jmdn. ~führen** lead *or* guide sb. down; **2.** *itr. V.* ⟨*path, road, etc.*⟩ lead *or* run down; **den Berg ~führen** lead *or* run down the mountain; **~|gehen** *unr. itr. V.; mit sein* **a)** go down; *(zu Fuß)* go *or* walk down; ⟨*aircraft*⟩ descend; **b)** ⟨*path, road, etc.*⟩ go *or* run down; **~|jagen 1.** *tr. V.* **jmdn. ~jagen** chase sb. down; **2.** *itr. V.; mit sein* **die Treppe/Straße ~jagen** race down the stairs/street; **~|kippen** *tr. V.* **a) etw. ~kippen** tip sth. down; **b)** *(ugs.: trinken)* knock back *(sl.)*; down; **~|klettern** *itr. V.; mit sein* climb down; **~|kommen** *unr. itr. V.; mit sein* come down; **die Treppe ~kommen** come downstairs; **~|lassen** *unr. tr. V.* **a)** *(mit einem Seil usw.)* **jmdn./etw. ~lassen** lower sb./sth.; let sb./sth. down; **b)** *(erlauben)* **jmdn. ~lassen** let sb. [go] down; **~|laufen** *unr. itr. V.; mit sein* **a)** run down; *(zu Fuß ~gehen)* walk down; **die Treppe ~laufen** run/walk down the stairs *or* downstairs; **b)** *(nach unten fließen)* run down; **an der Wand ~laufen** run down the wall; **c)** *(fig.)* **ein Schauer lief ihm den Rücken ~:** a shiver ran down his spine; **~|reichen 1.** *tr. V.* pass *or* hand down; **2.** *itr. V.* **a)** *(sich bis hinunter erstrecken)* reach down **(bis auf +** *Akk.* to); **b)** *(bis zu einer Stufe reichen)* **bis zu jmdm. ~reichen** reach *or* extend down to sb.; **~|rutschen** *itr. V.; mit sein* slide down; **~|schauen** *itr. V. (landsch.) s.* **~blicken; ~|schlingen** *unr. tr. V.* gulp *or* gobble down; **~|schlucken** *tr. V.* **a)** swallow; **b)** *(hinnehmen)* swallow ⟨*insult etc.*⟩; **c)** *(unterdrücken)* bite back ⟨*remark, oath, etc.*⟩; choke back ⟨*tears, anger*⟩; **~|sehen** *unr. itr. V. s.* **~blicken; ~|springen** *unr. itr. V.; mit sein* **a)** jump down; **b)** *(ugs.: schnell ~laufen)* run down; **die Treppe ~springen** run down the stairs *or* downstairs; **~|spülen** *tr. V.* **a) etw. [den Ausguß] ~spülen** swill sth. down [the sink]; **etw. [die Toilette] ~spülen** flush sth. down [the toilet]; **b)** *(ugs.: hinunterschlucken)* wash down ⟨*tablets etc.*⟩; **seinen Kummer [mit Alkohol] ~spülen** *(fig.)* drown one's sorrows [in drink]; **~|stürzen 1.** *itr. V.; mit sein* **a)** fall *or* plunge down; **die Treppe ~stürzen** fall down the stairs *or* downstairs; **b)** *(ugs.: eilen)* rush *or* race down; **2.** *refl. V.* throw *or* fling oneself down; **sich von etw. ~stürzen** throw *or* fling oneself off sth.; **3.** *tr. V.* **a) jmdn. ~stürzen** throw *or* hurl sb. down; **jmdn. von den Klippen/in den Abgrund ~stürzen** push sb. off the cliff/over the precipice; b) *(ugs.: schnell trinken)* gulp down; knock back *(sl.)*; ~|**tragen** *unr. tr. V.* **etw. ~tragen** carry sth. down; ~|**werfen** *unr. tr. V.* throw down; **einen Blick ~werfen** *(fig.)* glance down; ~|**ziehen 1.** *unr. itr. V.; mit sein* **a)** *(umziehen)* move down; **b)** *(sich nach unten bewegen)* move *or* go down; **2.** *unr. tr. V.* **jmdn./etw. ~ziehen** pull sb./sth. down; **3.** *unr. refl. V.* stretch *or* extend down

**hin-, Hin-:** ~|**wagen** *refl. V.* dare [to] go there; venture there; ~**wärts** *Adv.* on the way there; ~**weg der** way there; **auf dem ~weg** on the way there; **für den ~weg** for the journey there

**hin·weg** *Adv.* **a)** *(geh.)* **~ mit diesem Unrat!** away with this rubbish!; **~ mit dir!** away with you!; **b) über etw. ~:** over sth.; **über den Brillenrand ~:** over [the top of] his/her spectacles; **über alle Schwierigkeiten** *usw.* **~** *(fig.)* in spite of *or* despite all the difficulties *etc.*; **über jmdn. ~** *(fig.)* over sb.'s head; **über Jahre/lange Zeit ~:** for many years/a long time

**hinweg-:** ~|**brausen** *itr. V.; mit sein* **über etw.** *(Akk.)* **~brausen** roar over sth.; ~|**gehen** *unr. itr. V.; mit sein (nicht beachten)* **über etw.** *(Akk.)* **~gehen** pass over sth.; *(sich über etw. fortbewegen, auch fig.)* pass *or* sweep over sth.; ~|**helfen** *unr. itr. V.* **jmdm. über etw.** *(Akk.)* **~helfen** help sb. [to] get over sth.; ~|**kommen** *unr. itr. V.; mit sein* **über etw.** *(Akk.)* **~kommen** get over sth.; ~|**lesen** *unr. itr. V.* **über etw.** *(Akk.)* **~lesen** read past sth. without noticing it; ~|**raffen** *tr. V. (geh.)* carry off; ~|**sehen** *unr. itr. V.* **a) über jmdn./etw. ~sehen** see over sb. *or* sb.'s head/sth.; **b)** *(übersehen)* **über jmdn. ~sehen** look past sb.; **c)** *(unbeachtet lassen)* **über etw.** *(Akk.)* **~sehen** overlook sth.; ~|**setzen 1.** *itr. V.; auch mit sein* **über etw.** *(Akk.)* **~setzen** leap *or* jump over sth.; **2.** *refl. V.* **sich über etw.** *(Akk.)* **~setzen** ignore *or* disregard sth.; ~|**täuschen** *tr. V.* **jmdn. über etw.** *(Akk.)* **~täuschen** blind sb. to sth.; deceive *or* mislead sb. about sth.; **darüber ~täuschen, daß ...:** hide *or* obscure the fact that ...; ~|**trösten** *tr. V.* **jmdn. über etw.** *(Akk.)* **~trösten** console sb. for sth.

**Hinweis** ['hɪnvais] **der; ~es, ~e a)** *(Wink)* hint; tip; **jmdm. einen ~ geben** give sb. a hint; **wenn ich mir den ~ erlauben darf** if I may [just] point something out *or* draw your attention to something; **~e für den Benutzer** notes for the user; **~e aus der Bevölkerung** leads provided by the public; **b) unter ~ auf** (+ *Akk.*) with reference to; **c)** *(Anzeichen)* hint; indication

**hin-:** ~|**weisen 1.** *unr. itr. V.* **a)** *(zeigen)* **auf jmdn./etw. ~weisen** point to *or* indicate sb./sth.; **b) auf etw.** *(Akk.)* **~weisen** *(anzeigen)* point to *or* indicate sth.; *(verweisen)* point sth. out; refer to sth.; **darauf ~weisen, daß ...:** point to the fact that *or* indicate that/point out that; **2.** *unr. tr. V.* **jmdn. auf etw.** *(Akk.)* **~weisen** point sth. out to sb.; draw sb.'s attention to sth.; ~**weisend** *Adj. (Grammatik)* demonstrative ⟨*pronoun, adjective, etc.*⟩

**Hinweis-:** ~**schild das** sign; *(Straßenschild)* [road] sign; ~**tafel die** information board

**hin-, Hin-:** ~|**wenden 1.** *unr. tr. V.* turn (**zu** towards); **2.** *unr. refl. V.* turn (**zu** to, towards); **wo soll ich mich jetzt noch ~wenden?** *(ugs. fig.)* where shall I turn now?; ~**wendung die;** *o. Pl.* change of direction (**zu** towards); ~|**werfen 1.** *unr. tr. V.* **a)** *(an eine Stelle werfen)* throw down; **b)** *(von sich werfen)* throw *or* fling down; **c)** *(ugs.: aufgeben)* chuck in *(coll.)*; **d)** *(flüchtig schreiben)* jot down; *(flüchtig zeichnen)* dash off; **e)** *(beiläufig äußern)* drop [casually] ⟨*remark*⟩; ask casually ⟨*question*⟩; make casually ⟨*accusation*⟩; say casually ⟨*words*⟩; **eine [beiläufig] ~geworfene Bemerkung** a casual remark; **f)** *(ugs.: fallen lassen)* drop; **2.** *unr. refl. V.* **sich [vor jmdm.] ~werfen** throw oneself down [before sb.]

**hin·wieder, hin·wiederum** *Adv. (veralt.)* on the other hand

**hin|wirken** *itr. V.* **auf etw.** *(Akk.)* **~:** work towards sth.; **bei jmdm. darauf ~, daß er seine Meinung ändert** try to persuade sb. to change his opinion

**Hinz** [hɪnts] *in* **~ und Kunz** *(ugs. abwertend)* every Tom, Dick and Harry

**hin-:** ~|**zählen** *tr. V.* count out; ~|**zaubern** *tr. V. (ugs.)* **etw. ~zaubern** produce sth. as if by magic; ~|**zeigen** *itr. V.* point (**zu** to, towards); ~|**ziehen 1.** *unr. tr. V.* **a)** pull, draw (**zu** to, towards); **b)** *(zu etw., jmdm. treiben)* draw, attract (**zu** to); **sich zu jmdm./etw. ~gezogen fühlen** be *or* feel attracted to sb./sth.; **c)** *(in die Länge ziehen)* draw out; protract; **d)** *(verzögern)* delay; put off; **2.** *unr. itr. V.; mit sein* **a)** *(umziehen)* move there; **wo ist sie ~gezogen?** where did she move to?; **b)** *(an einen Ort ziehen)* move (**zu** towards); **am Himmel ~ziehen** *(dichter.)* sail across the sky; **3.** *unr. refl. V.* **a)** *(sich erstrecken)* drag on (**über** + *Akk.* for); **b)** *(sich verzögern)* be delayed; ~|**zielen** *itr. V.* **auf etw.** *(Akk.)* **~zielen** aim at sth.; ⟨*policies, efforts, etc.*⟩ be aimed at sth.

**hin·zu** *Adv.* in addition; besides; **dieses Gehalt und noch das Doppelte ~, dann wäre ich zufrieden** I'd be content with this salary and twice as much again *or* on top

**hinzu-, Hinzu-:** ~|**bekommen** *unr. tr. V.* get in addition; ~|**denken** *unr. refl. V.* **sich** *(Dat.)* **etw. ~denken** add sth. in one's imagination; ~|**dichten** *tr. V.* **etw. ~dichten** make sth. up and add it; add sth. out of one's head; ~|**fügen** *tr. V.* add; ~**fügung die** addition; **unter ~fügung** *(Dat.)* **einer Sache** *(Gen.)* *od.* **von etw.** with the addition of sth.; ~|**geben** *unr. tr. V.* **a)** *(dazugeben)* **jmdm. etw. ~geben** give sth. to sb. in addition; **b)** *(hineingeben)* add; ~|**gesellen** *refl. V.* **sich [zu] jmdm./etw. ~gesellen** join sb./sth.; ~|**gewinnen** *unr. tr. V.* gain in addition; ~|**kommen** *unr. itr. V.; mit sein* **a)** *(zufällig kommen)* arrive *or* appear [on the scene]; come along; **er kam gerade** *od.* **genau in dem Moment ~, als ...:** he arrived *or* happened to arrive at the very moment when *or* just as ...; **b)** *(hinkommen)* come along *or* up; **c)** *(sich anschließen)* join; **zu etw. ~kommen** join sth.; **d)** *(hinzugefügt werden)* **zu etw. ~kommen** be added to sth.; **zu der Grippe kam noch eine Lungenentzündung ~:** in addition to the flu he/she also contracted a lung infection; **es kommt noch ~, daß ...:** there is also the fact that ...; ~|**nehmen** *unr. tr. V.* add; ~|**setzen 1.** *refl. V.* **sich zu jmdm./einer Gruppe** *usw.* **~setzen** join sb./a group *etc.*; **2.** *tr. V.* add; ~|**treten** *unr. itr. V.; mit sein* **a)** come up; **zu jmdm./den anderen ~treten** come up to sb./join the others; **b)** *s.* **~kommen d**; ~|**tun** *unr. tr. V. (ugs.)* add; *s. auch* **dazutun;** ~|**verdienen** *tr. V.* **etwas ~verdienen** earn a bit extra; ~|**zählen** *tr. V.* add [on]; ~|**ziehen** *unr. tr. V.* consult; call in; ~**ziehung die;** **~:** consultation; **unter ~ziehung einschlägiger Literatur** by consulting the relevant literature

**Hiob** ['hi:ɔp] **(der)** Job

**Hiobs·botschaft die** bad news

**[1]Hippe** ['hɪpə] **die; ~, ~n** pruning-knife; *(des Todes)* scythe

**[2]Hippe die; ~, ~n** *(ugs. abwertend)* bitch *(derog.)*

**hipp, hipp, hurra** ['hɪp'hɪphʊ'ra:] *Interj.* hip, hip, hooray *or* hurrah

**Hipphipphurra** [hɪphɪphʊ'ra:] **das; ~s, ~s** cheer; **dem Sieger ein dreifaches ~:** three cheers for the winner

**Hippie** ['hɪpi] **der; ~s, ~s** hippie *(coll.)*

**Hippodrom** [hɪpo'dro:m] **der** *od.* **das; ~s, ~e** hippodrome

**hippokratisch** [hɪpo'kra:tɪʃ] *Adj.; nicht präd.* **der ~e Eid** the Hippocratic oath

**Hirn** [hɪrn] **das; ~[e]s, ~e a)** brain; **b)** *(Speise; ugs.: Verstand)* brains *pl.*; **sein ~ anstrengen** exercise one's mental faculties; **sich** *(Dat.)* **das ~ zermartern** rack one's brains; **welchem ~ ist das entsprungen?** whose brainchild is that?

**hirn-, Hirn-:** ~**anhangs·drüse die** *(Anat.)* pituitary gland *or* body; ~**gespinst das** *(abwertend)* fantasy; ~**hautentzündung die** *(Med.)* meningitis; ~**kasten der** *(salopp scherzh.) s.* **Gehirnkasten;** ~**los** *(abwertend)* **1.** *Adj.* brainless; **2.** *adv.* brainlessly; ~**rinde die** *(Anat.)* cerebral cortex; ~**rissig** *Adj. (abwertend)* crazy; crack-brained *(coll.)*; ~**stamm der** *(Anat.)* brain-stem; ~**tumor der** *(Med.)* brain tumour; ~**tod der** *(Med.)* brain death; ~**verbrannt** *Adj. (abwertend)* crazy; crack-brained *(coll.)*; ~**windung die** *(Med.)* convolution *or (Med.)* gyrus of the brain

**Hirsch** [hɪrʃ] **der; ~[e]s, ~e a)** deer; **b)** *(Rothirsch)* red deer; **c)** *(männlicher Rothirsch)* stag; hart; **d)** *(Speise)* venison; **e)** *(Schimpfwort)* bastard *(coll.)*

**Hirsch-:** ~**brunft,** ~**brunst die** rut [of the stags]; **während der ~brunft** *od.* **~brunst** while the stags are in rut; ~**fänger der** *(Jägerspr.)* [double-edged] hunting knife; ~**geweih das** [stag's] antlers *pl.*; **ein ~geweih** a set of antlers; ~**horn das** stag-horn; ~**horn·salz das** salt of hartshorn; ammonium carbonate; ~**käfer der** stag-beetle; ~**kalb das** [male] deer calf; [male] fawn; ~**kuh die** hind; ~**leder das** buckskin; ~**ragout das** *(Kochk.)* ragout of venison; ~**steak das** *(Kochk.)* venison steak

**Hirse** ['hɪrzə] **die; ~, ~n** millet

**Hirse·brei der** millet gruel

**Hirt** [hɪrt] **der; ~en, ~en** herdsman; *(Schaf~)* shepherd

**Hirte der; ~n, ~n** *(geh.) s.* **Hirt; der Gute ~:** the Good Shepherd

**Hirten-:** ~**amt das** *(kath. Rel.)* pastorate; pastoral office; ~**brief der** *(kath. Rel.)* pastoral letter; ~**dichtung die** *(Literaturw.)* pastoral *or* bucolic poetry; ~**hund der** sheep-dog; ~**junge der,** ~**knabe der** *(dicht.)* shepherd boy; ~**mädchen das** shepherd girl; ~**spiel das** pastoral [play]; ~**stab der a)** *(geh.)* shepherd's crook; **b)** *(kath. Rel.)* pastoral staff; crosier; ~**täschel[kraut] das; ~s** *(Bot.)* shepherd's purse; ~**volk das** pastoral people

**Hirtin die; ~, ~nen** *(veralt. selten)* shepherdess

**his, His** [hɪs] **das; ~, ~** *(Musik)* B sharp; *s. auch* **a, A**

**hispanisieren** [hɪspani'zi:rən] *tr. V.* Hispanicize

**Hispanist der; ~en, ~en** Hispanicist

**Hispanistik die; ~:** study of Hispanic languages and literature; ≈ Hispanic studies

**hissen** ['hɪsn̩] *tr. V.* hoist ⟨*sail*⟩; hoist, run up ⟨*flag*⟩

**Histamin** [hɪsta'mi:n] **das; ~s** *(Chemie)* histamine

**Histologie** [hɪstolo'gi:] **die; ~** *(Med.)* histology *no art.*

**histologisch** *Adj. (Med.)* histological

**Histörchen** [hɪs'tø:ɐ̯çən] **das; ~s, ~** *(scherzh.)* anecdote

**Historie** [hɪs'to:ri̯ə] **die; ~, ~n** *(veralt.)* **a)** *o. Pl.* history; **b)** *(Erzählung)* story; tale

**Historien-:** ~**maler der** painter of historical scenes; historical painter; ~**malerei die** painting of historical scenes; historical painting

**Historiker** [hɪs'to:rikɐ] **der; ~s, ~:** historian

**historisch 1.** *Adj.* **a)** historical; **b)** *(geschichtlich bedeutungsvoll)* historic. **2.** *adv.*

a) **das ist ~ belegt** this is historically attested; there is historical evidence for this; **etw. ~ erklären** explain sth. in historical terms; **~ erwiesen sein** be historically proven; **etw. ~ betrachten** see sth. in the light of history *or* in historical terms; **b) ~ höchst bedeutsam** of historic importance

**historisieren** *itr. V. (geh.)* historicize

**Historismus der; ~:** historicism

**Hit** [hɪt] **der; ~[s], ~s** *(ugs.)* hit

**Hitler-** ['hɪtlɐ-]: **~bärtchen das** *(ugs.)* Hitler moustache; **~faschismus der** Hitlerite fascism; **~gruß der** Nazi salute; **~jugend die** Hitler Youth; **~junge der** member of the Hitler Youth; **~zeit die** Hitler era

**Hit-: ~liste die** top ten/twenty/thirty *etc.*; **~parade die** hit parade

**Hitze** ['hɪtsə] **die; ~,** *(fachspr.:)* **~n** heat; **bei dieser ~:** in this heat; **etw. bei mittlerer/mäßiger ~ backen** bake sth. in a medium/moderate oven; **die fliegende ~ haben** *(fig.)* have [got] the hot flushes; **sich in ~** *(Akk.)* **reden** *(fig.)* get more and more excited as one talks; **in der ~ des Gefechts** in the heat of the moment

**hitze-, Hitze-: ~abweisend** *Adj.* heat-reflecting; **~beständig** *Adj.* heat-resistant, heat-resisting ⟨*metal etc.*⟩; heat-proof, heat-resistant ⟨*glass etc.*⟩; **~bläschen das** heat spot; **~empfindlich** *Adj.* sensitive to heat *postpos.*; heat-sensitive ⟨*material*⟩; **~frei** *Adj.* **~frei haben/bekommen** have/be given the rest of the day off [school/work] because of excessively hot weather; **~periode die** hot spell; spell *or* period of hot weather; *(~welle)* heat wave; **~schild der** *(Raumf.)* heat shield; **~wallung die** hot flush; **~welle die** heat wave

**hitzig** *Adj.* **a)** *(heftig)* hot-tempered; quick-tempered; **~ werden** flare up; fly into a temper; **b)** *(leidenschaftlich)* hot-blooded ⟨*person, race, etc.*⟩; hot ⟨*blood*⟩; passionate ⟨*supporter, advocate, etc.*⟩; **c)** *(erregt)* heated ⟨*discussion, argument, words, etc.*⟩; **d)** *nicht präd. (veralt.: fiebrig)* fevered ⟨*brow, cheeks, etc.*⟩; feverish ⟨*red*⟩; **e)** *(läufig)* on *or* in heat *pred.*

**Hitzigkeit die; ~ a)** *(Heftigkeit)* hot *or* quick temper; **b)** *(Leidenschaftlichkeit)* hot-bloodedness

**hitz-, Hitz-: ~kopf der** hothead; **~köpfig** *Adj.* hot-headed; **~pocke die** *s.* **Hitzebläschen; ~schlag der** heat-stroke

**HIV** *Abk.* **humanes Immundefizienzvirus** HIV

**Hiwi** ['hi:vi] **der; ~s, ~s** laboratory *or (coll.)* lab/departmental/library assistant

**HJ die;** ~ *Abk. (ns.)* **Hitlerjugend**

**hl** *Abk.* **Hektoliter** hl

**hl.** *Abk.* **heilig** St.

**hm** [hm̩] *Interj.* h'm; hem

**H-Milch** ['ha:-] **die; ~:** long-life *or* UHT milk

**h-Moll** ['ha:mɔl] **das; ~** *(Musik)* B minor; *s. auch* **a-Moll**

**HNO-Arzt** [ha:|en'|o:-] **der** ENT specialist

**HO** [ha:'|o:] **die; ~** *(DDR)* **a)** *s.* **Handelsorganisation b; b)** *s.* **HO-Geschäft**

**hob** [ho:p] *1. u. 3. Pers. Sg. Prät. v.* **heben**

**Hobby** ['hɔbi] **das; ~s, ~s** hobby

**Hobby-** amateur ⟨*gardener, archaeologist, astronomer, etc.*⟩

**Hobby·raum der** hobby room

**Hobel** ['ho:bl̩] **der; ~s, ~ a)** plane; **b)** *(Küchengerät)* [vegetable] slicer

**Hobel-: ~bank die** carpenter's *or* woodworker's bench; **~eisen das, ~messer das** plane iron

**hobeln** *tr., itr. V.* **a)** plane; **an etw.** *(Dat.)* **~:** plane sth.; **b)** *(schneiden)* slice

**Hobel·span der** shaving

**hoch** [ho:x]; **höher** ['hø:ɐ], **höchst...** ['hø:çst...] **1.** *Adj.* **a)** *(von beträchtlicher Höhe)* high; high, tall ⟨*building*⟩; tall ⟨*tree, mast*⟩; long ⟨*grass*⟩; deep ⟨*snow, water*⟩; long, tall ⟨*ladder*⟩; high-ceilinged ⟨*room*⟩; **10 m ~:** 10 m high; **eine hohe Stirn** a high forehead; **er bekommt eine hohe Stirn** he's receding; **von hoher Gestalt** *(geh.)* tall in stature; of tall stature; **hohe Absätze** high heels; **hohe Schuhe** *(mit hohem Schaft)* high boots; *(mit hohen Absätzen)* high-heeled shoes; **b)** *(mengenmäßig groß)* high ⟨*price, wage, rent, speed, pressure, temperature, sensitivity*⟩; heavy ⟨*fine*⟩; great ⟨*weight*⟩; large ⟨*sum, amount*⟩; high, large, big ⟨*profit*⟩; severe, extensive ⟨*damage*⟩; **einen hohen Blutdruck haben** have high blood pressure; **c)** *(zeitlich fortgeschritten)* great ⟨*age*⟩; **ein hohes Alter erreichen** live to *or* reach a ripe old age; **es ist höchste Zeit, daß ...:** it is high time that ...; **d)** *(oben in einer Rangordnung)* high ⟨*birth, office*⟩; high-ranking ⟨*officer, civil servant*⟩; senior ⟨*official, officer, post*⟩; high-level ⟨*diplomacy, politics*⟩; important ⟨*guest, festival*⟩; **Verhandlungen auf höchster Ebene** top-level negotiations; **der hohe Adel** the higher ranks of the nobility; **eine hohe Ehre** a great honour; **mit höchster Diskretion/Eile** with the greatest discretion/urgency; **das Höchste Wesen** the Supreme Being; **sich zu Höherem berufen fühlen** feel called to higher things; **höchste Gefahr** extreme danger; **im höchsten Fall[e]** at the most; *s. auch* **Blödsinn; Gefühl b; Gewalt d; Haus f; Jagd a; Tier; Tochter a; e)** *(qualitativ ~stehend)* high ⟨*standard, opinion*⟩; great ⟨*responsibility, concentration, talent, happiness, good, importance*⟩; **die Hohe Schule** *(Reiten)* haute école; **f)** *(Musik)* high ⟨*voice, note*⟩; **das hohe C** top C; **g)** *(Math.)* **vier ~ zwei** four to the power [of] two; four squared; **h)** *(in großer Höhe)* high ⟨*cloud, branch, etc.*⟩; **der hohe Norden** *(fig.)* the far North; **i)** *(auf dem Höhepunkt)* **das hohe Mittelalter** the High Middle Ages; **j)** *in* **das ist mir zu ~** *(ugs.)* that's beyond me; that went over my head. **2.** *adv.* **a)** *(in großer Höhe)* high; **~ oben am Himmel** high up in the sky; **~ über uns** high above us; **die Sonne steht ~:** the sun is high in the sky; **wenn die Sonne am höchsten steht** when the sun is [at its] highest; **~ zu Roß** *(geh.)* on horseback; **er wohnt drei Treppen ~:** he lives on the third *(Brit.) or (Amer.)* fourth floor; **~ auf etw.** *(Dat.)* **sitzen** sit high up on sth.; **b)** *(nach oben)* up; **Kopf ~!** chin up! **die Flammen loderten ~:** the flames leapt up high; **zu ~ zielen** aim too high; **ein ~ aufgeschossener Junge** a very tall lad; **einen Ball ~ in die Luft werfen** throw a ball high in the air; **die Nase ~ tragen** walk around with one's nose in the air; **c)** *(zahlenmäßig viel)* highly ⟨*taxed, paid*⟩; heavily ⟨*taxed*⟩; **~ verschuldet/versichert** heavily in debt/insured for a large sum [of money]; **~ gewinnen/verlieren** *(Sport)* win/lose by a large margin; **wenn es ~ kommt** at [the] most; **d)** *(dem Rang nach oben)* **etw. ~ und heilig versprechen** promise sth. faithfully; **~ hinauswollen** *(ugs.)* aim high; have great ambitions; **zu ~ hinauswollen** *(ugs.)* aim too high; be too ambitious; **e)** *(sehr)* highly ⟨*gifted, delighted, satisfied*⟩; most ⟨*welcome*⟩; highly, greatly ⟨*esteemed*⟩; **jmdm. etw. ~ anrechnen** consider sth. [to be] greatly to sb.'s credit; **jmdn. ~ verehren** esteem sb. highly *or* greatly; **f)** *(zeitlich fortgeschritten)* **~ in den Siebzigern** well into his/her seventies; **g)** *(Musik)* high; **h)** *(in Wendungen)* **das Herz höher schlagen lassen** make sb.'s heart beat faster; **es ging ~ her** things were pretty lively; **sie kamen drei Mann ~:** three of them came; there were three of them; *s. auch* **höchst**

**Hoch das; ~s, ~s a)** *(Hochruf)* **ein [dreifaches] ~ auf jmdn. ausbringen** give three cheers for sb.; **ein ~ dem Gastgeber!** three cheers for the host!; **b)** *(Met.)* high

**hoch-: ~achtbar** *Adj.* highly respectable; **~|achten** *tr. V. (geh.)* **jmdn./etw. ~achten** respect sb./sth. greatly; have a high regard for sb./sth.

**Hoch·achtung die** great respect; high esteem; **~ vor jmdm. haben** have a great respect for sb.; hold sb. in high esteem; **meine ~!** may I congratulate you; **mit vorzüglicher ~** *(veralt.: Briefschluß)* most respectfully yours *(dated)*; yours faithfully

**hochachtungs·voll** *Adv. (Briefschluß)* yours faithfully

**hoch-, Hoch-: ~adel der** higher ranks *pl.* of the nobility; **~aktuell** *Adj.* highly topical; **~alpin** *Adj.* high alpine *attrib.* ⟨*landscape, flora, fauna, etc.*⟩; **~altar der** high altar; **~amt das** *(kath. Rel.)* high mass; **~angesehen** *Adj. (präd. getrennt geschrieben)* highly respected *or* regarded; **~anständig 1.** *Adj.* very decent; **2.** *adv.* very *or* most decently; **~antenne die** roof aerial *(Brit.) or (Amer.)* antenna; **~|arbeiten** *refl. V.* work one's way up; **~bahn die** overhead railway; elevated railroad *(Amer.)*; **~barren der** *(Sport)* parallel bars *pl. (set at international height of 180 cm.)*; **~bau der;** *o. Pl.* [building] construction *no art.*; **~- und Tiefbau** [building] construction and civil engineering *no art.*; **~befriedigt** *Adj. (präd. getrennt geschrieben)* highly satisfied; **~begabt** *Adj. (präd. getrennt geschrieben)* highly gifted *or* talented; **~beglückt** *Adj. (präd. getrennt geschrieben)* blissfully happy; **~beinig** *Adj.* long-legged ⟨*person, animal*⟩; ⟨*table, sofa, etc.*⟩ with long legs; **~bejahrt** *Adj. (geh.) s.* **~betagt; ~|bekommen** *unr. tr. V.* [manage to] lift; [manage to] do up ⟨*zip*⟩; **~beladen** *Adj. (präd. getrennt geschrieben)* heavily laden; **~berühmt** *Adj.* very famous; **~betagt** *Adj.* aged; ⟨*person*⟩ advanced in years *postpos.*; **~betrieb der;** *o. Pl. (ugs.)* **es herrschte ~betrieb im Geschäft** the shop was at its busiest; **heute herrschte ~betrieb im Büro** the office was very busy today; **~bezahlt** *Adj. (präd. getrennt geschrieben)* highly paid; **~|biegen 1.** *unr. tr. V.* **etw. ~biegen** bend sth. up[wards]; **2.** *unr. refl. V.* bend up; **~|binden** *unr. tr. V.* tie up ⟨*plant*⟩; put up ⟨*hair*⟩; **~|blicken** *itr. V.* look up; **~blüte die** golden age; **~|bringen** *unr. tr. V.* **a)** *(nach oben bringen)* bring up; **b)** *(ugs.: in die Wohnung bringen)* bring in[to the flat *(Brit.) or (Amer.)* apartment]; **c)** *(gesund machen)* **jmdn. ~bringen** put sb. on his/her feet; **d)** *(ugs.: ärgern)* **jmdn. ~bringen** put sb.'s back up; **~burg die** stronghold; **~busig** *Adj.* high-bosomed; **~dekoriert** *Adj. (präd. getrennt geschrieben)* much decorated; **~deutsch** *Adj.* standard *or* High German; **die ~deutsche Lautverschiebung** the High German *or* second sound shift; **mit jmdm. ~deutsch sprechen** *od.* **reden** *(ugs.)* give sb. a piece of one's mind; **~deutsch das, ~deutsche das** standard *or* High German; **~|dienen** *refl. V.* work one's way up; **~dotiert** *Adj. (präd. getrennt geschrieben)* highly paid; **~|drehen** *tr. V.* **a)** *(in die Höhe drehen)* wind up ⟨*window, barrier, etc.*⟩; **b)** *(Technik)* rev [up] *(coll.)* ⟨*engine*⟩

[1]**Hoch·druck der a)** *(Physik, Met.)* high pressure; **b)** *(Geschäftigkeit)* **mit** *od.* **unter ~ arbeiten** *(ugs.)* work flat out *or* at full stretch; **in allen Abteilungen herrschte ~:** all departments were at full stretch; **c)** *(Med.)* high blood pressure; hypertension *(Med.)*

[2]**Hoch·druck der** *(Druckw.)* **a)** *(Verfahren)* relief *or* letterpress printing; **etw. im ~ herstellen/drucken** produce/print sth. by letterpress; **b)** *(Erzeugnis)* piece of letterpress work; **~e** letterpress work

**Hochdruck·gebiet das** high-pressure area

**hoch-, Hoch-: ~ebene die** plateau; table-land; **~empfindlich** *Adj.* highly sensitive ⟨*instrument, device, material, etc.*⟩; high-speed, fast ⟨*film*⟩; extremely delicate ⟨*fabric*⟩; **~entwickelt** *Adj. (präd. getrennt geschrieben)* highly developed ⟨*country etc.*⟩; [highly] sophisticated ⟨*method, device, etc.*⟩; **~erhoben** *Adj. (präd. getrennt geschrieben)* **mit ~erhobenen Armen** with arms raised *or* held high; **~erhobenen Hauptes** with head held high; **~explosiv** *Adj. (auch fig.)* highly explosive; **~|fahren 1.** *unr. itr. V.; mit sein* **a)** *(ugs.: nach oben fahren)* go up; *(mit dem Auto)* drive up; *(mit dem Fahrrad, Motorrad)* ride up; **b)** *(ugs.: nach Norden fahren)* drive up; **c)** *(auffahren)* start up; **aus dem Sessel ~fahren** start [up] from one's chair; **aus dem Schlaf ~fahren** wake up with a start; **d)** *(aufbrausen)* flare up; **2.** *unr. tr. V. (ugs.)* **jmdn./etw. ~fahren** take sb./sth. up; **das Auto ~fahren** drive the car up; **~fahrend** *Adj.* arrogant; supercilious; **~fein** *Adj.* of the finest quality *postpos.*; **aus ~feiner Schokolade/~feinem Batist** of the finest chocolate/batiste; **~finanz die** high finance; **~fläche die** plateau; table-land; **~|fliegen** *unr. itr. V.; mit sein* fly up [into the air]; **~fliegend** *Adj.* ambitious ⟨*plan, idea, etc.*⟩; **~flut die** high water *or* tide; *(fig.)* flood; **~form die** peak *or* top form; **~format das** upright format; **ein Bild/Blatt in ~format** a picture/sheet with an upright format; **~frequenz die** *(Physik)* high frequency; **~frequenz·technik die** radio-frequency engineering *no art.*; **~frisur die** upswept hair-style; **~garage die** multi-storey car park; **~geachtet** *Adj. (präd. getrennt geschrieben)* highly respected *or* regarded; **~gebildet** *Adj. (präd. getrennt geschrieben)* highly cultured; **~gebirge das** [high] mountains *pl.*; **~gebirgs·landschaft die** high-mountain region; **~geboren** *Adj. (veralt.)* high-born; **~geehrt** *Adj.; nicht präd.* highly honoured; **~gefühl das** [feeling of] elation; **im ~gefühl des Erfolges/Sieges** in his/her *etc.* elation at success/victory; **~|gehen** *unr. itr. V.; mit sein* **a)** *(steigen)* go up; rise; **b)** *(ugs.: hinaufgehen)* go up; **die Treppe ~gehen** go up the stairs *or* upstairs; **c)** *(ugs.: zornig werden)* blow one's top *(coll.)*; explode; **d)** *(ugs.: explodieren)* ⟨*bomb, mine*⟩ go off; ⟨*bridge, building, etc.*⟩ go up; **etw. ~gehen lassen** *(salopp)* blow sth. up; **e)** *(ugs.: aufgedeckt werden)* get caught *or (sl.)* nabbed; **jmdn. ~gehen lassen** ⟨*informer*⟩ grass *or* squeal on sb. *(sl.)*; **die Polizei ließ den Rauschgiftring ~gehen** the police smashed the drug ring; **~geistig** *Adj.* highly intellectual; **~gelegen** *Adj. (präd. getrennt geschrieben)* high-lying; **~gelehrt** *Adj.* extremely *or* very learned *or* erudite; **~gemut** [~gəmu:t] *(geh.)* **1.** *Adj.* cheerful; **2.** *adv.* cheerfully; in good spirits; **~genuß der** *in* **ein ~genuß sein** be a real delight; ⟨*meal, concert, etc.*⟩ be a real treat; **ihm zuzuhören ist ein ~genuß** he is a real delight to listen to; **~geschätzt** *Adj. (präd. getrennt geschrieben)* highly esteemed *or* respected; **~geschlossen** *Adj.* high-necked ⟨*dress*⟩; **~gesinnt** *Adj. (geh.)* high-minded; noble-minded; **~gescheit** *Adj. s.* **~intelligent; ~gespannt** *Adj.* great, high ⟨*expectations*⟩; **~gesteckt** *Adj.* ambitious ⟨*goal, plan*⟩; **~gestellt** *Adj.; nicht präd.* ⟨*person*⟩ in a high position; important ⟨*person*⟩; *s. auch* **~stellen; ~gestimmt** *Adj. (geh.)* elated; **~gestochen** *(ugs. abwertend)* **1.** *Adj.* **a)** *(anspruchsvoll)* highbrow *(coll.)*; *(geschraubt)* stilted ⟨*style*⟩; **b)** *(eingebildet)* conceited; stuck-up; **2.** *adv.* in a highbrow way *(coll.)*; **~gewachsen** *Adj.* tall; **~gezüchtet** *Adj.* highly-bred ⟨*animal*⟩; **ein ~gezüchteter Motor** a very finely tuned engine

**Hoch·glanz der: ein Foto in ~** *(Dat.)* a high-gloss print; **etw. auf ~** *(Akk.)* **polieren** polish sth. until it shines *or* gleams; **etw. auf ~** *(Akk.)* **bringen** give sth. a high polish; *(fig.)* make sth. spick and span

**Hochglanz·folie die** glazing sheet

**hoch-, Hoch-: ~gradig 1.** *Adj.; nicht präd.* extreme; **2.** *adv.* extremely; **~hackig** *Adj.* high-heeled ⟨*shoe*⟩; **~|halten** *unr. tr. V.* **a)** hold up ⟨*arms*⟩; **b)** *(geh.: schützen)* uphold ⟨*truth, tradition, etc.*⟩; **jmds. Andenken ~halten** honour sb.'s memory; **~haus das** high-rise-building; **~|heben** *unr. tr. V.* lift up; raise ⟨*arm, leg, etc.*⟩; raise, hold up ⟨*hand*⟩; **~herrschaftlich** *Adj.* palatial ⟨*house, apartment*⟩; **~herzig** *Adj. (geh.)* magnanimous; generous; **~herzigkeit die; ~:** magnanimity; generosity; **~intelligent** *Adj.* highly intelligent; **~interessant** *Adj.* extremely *or* most interesting; fascinating; **~|jagen** *tr. V.* **a)** scare up ⟨*birds*⟩; forcibly rouse ⟨*sleeper*⟩; **b)** *(Jargon)* race, *(coll.)* rev up ⟨*engine*⟩; **c)** *(ugs.: sprengen)* blow up; **~|jubeln** *tr. V. (ugs.)* **jmdn./etw. ~jubeln** build sb. up as a star/sth. up as a hit; **~kant** *Adv.* **a)** on end; **b)** *(ugs.)* *in* **jmdn. ~kant hinauswerfen** *od. (salopp)* **rausschmeißen** chuck sb. out *(sl.)*; throw sb. out on his/her ear *(coll.)*; **~kant hinausfliegen** *od. (salopp)* **rausfliegen** be chucked out *(sl.)*; be thrown out on one's ear *(coll.)*; **~kantig** *Adv. s.* **~kant; ~karätig** [~ka-'rɛ:tɪç] *Adj.* **a)** high-carat ⟨*gold, diamond*⟩; **b)** *(fig.)* top-flight *(coll.)*; **~kirche die** High Church; **~|klappen 1.** *tr. V.* fold up ⟨*chair, table*⟩; raise, lift up ⟨*lid, car-bonnet*⟩; turn up ⟨*collar*⟩; **2.** *itr. V.; mit sein* fold up; **~|klettern** *itr. V.; mit sein (ugs.)* climb up; **den Baum ~klettern** climb [up] the tree; **~|kommen** *unr. itr. V.; mit sein (ugs.)* **a)** come up; **b)** *(vorwärtskommen)* get on; **c)** *(aus dem Magen)* **ihr kam das Essen ~:** she threw up *(coll.) or* brought up her meal; **es kommt einem ~, wenn ...** *(fig.)* it makes you sick when ...; **d)** *(sich erheben)* get up; *(sich erheben können)* be able to get up; **e)** *(fig.)* **in jmdm. ~kommen** rise up in sb.; **~konjunktur die** *(Wirtsch.)* boom; **auf dem Automarkt herrscht ~konjunktur** the car market is booming; there's a boom in car sales; **~|können** *unr. V. (ugs.)* be able to get up; **~konzentriert** *Adj.* highly concentrated; **~|krempeln** *tr. V.* roll up ⟨*sleeve, trouserleg*⟩; **~|kriegen** *tr. V. (ugs.) s.* **~bekommen; einen ~kriegen** *(salopp)* get it up *(sl.)*; **~kultur die** advanced civilization *or* culture; **~lage die;** *meist Pl.* higher region; **~land das;** *Pl.* **~länder** highlands *pl.*; **~|leben** *itr. V.* *in* **jmdn./etw. ~leben lassen** cheer sb./sth.; **er/unser Verein lebe ~!** three cheers for him/our club!; **der König lebe ~!** long live the king!; **~|legen** *tr. V.* **ein gebrochenes Bein ~legen** support a broken leg in a raised position; **die Beine ~legen** put one's feet up

**Hoch·leistung die** outstanding performance

**Hochleistungs·sport der** top-level sport

**höchlich[st]** ['hø:çlıç(st)] *Adv. (veralt.)* highly; greatly; most

**hoch-, Hoch-: ~mittel·alter das** High Middle Ages; **~modern 1.** *Adj.* ultra-modern; **2.** *adv.* **~modern gekleidet/eingerichtet sein** be extremely fashionably dressed *or* dressed in the very latest fashions/be furnished in the very latest style; **~moor das** *(Geogr.)* high-moor bog; **~motiviert** *Adj.* highly motivated; **~mut der** arrogance; **~mut kommt vor dem Fall** *(Spr.)* pride goes before a fall *(prov.)*; **~mütig** *Adj.* arrogant; **~näsig** [~nɛ:zıç] *Adj. (abwertend)* stuck-up; conceited; **~näsigkeit die; ~** *(abwertend)* conceitedness; **~nebel der** low stratus [cloud]; **~|nehmen** *unr. tr. V.* **a)** lift *or* pick up; **b)** *(ugs.: verspotten)* **jmdn. ~nehmen** pull sb.'s leg; **c)** *(ugs.: nach oben nehmen)* **jmdn./etw. mit ~nehmen** take sb./sth. up with one; **d)** *(salopp: verhaften)* run in; **~not·peinlich** *Adj. (veralt.)* ⟨*interrogation*⟩ under torture; **ein ~notpeinliches Verhör** *(fig.: scherzh.)* an inquisition; **~ofen der** blast furnace; **~offiziell** *Adj.* extremely formal; **~|päppeln** *tr. V. (salopp)* feed up; **~parterre das** upper ground floor; **~plateau das** high plateau; **~politisch** *Adj.* highly political; **~prozentig** *Adj.* high-proof ⟨*spirits*⟩; **~punkt der** *(Math.)* maximum; **~qualifiziert** *Adj. (präd. getrennt geschrieben)* highly qualified; **~rädrig** *Adj.* large-wheeled; **~|ragen** *itr. V.* rise *or* tower up; **~|rappeln** *refl. V. s.* **aufrappeln; ~rechnung die** *(Statistik)* projection; **~reck das** *(Turnen)* high *or* horizontal bar; **~|reißen** *unr. tr. V.* whip up; pull up ⟨*aircraft*⟩; **die Arme ~reißen** throw one's arms up; **~relief das** high relief; **~rot** *Adj.* bright red; **~rot im Gesicht werden** *(aus Verlegenheit)* go as red as a beetroot; **~ruf der** cheer; **~|rutschen** *itr. V.; mit sein (ugs.)* ⟨*dress, shirt, etc.*⟩ ride up; **~saison die** high season; **~|schaukeln** *(ugs.) tr. V.* blow up ⟨*problem, incident, etc.*⟩; **sich [gegenseitig] ~schaukeln** goad each other; **~|scheuchen** *tr. V. s.* **aufscheuchen; ~|schieben** *unr. tr. V. (ugs.)* push up; **~|schießen 1.** *unr. tr. V.* send up, launch ⟨*rocket, space probe, etc.*⟩; **2.** *unr. itr. V.; mit sein (auch fig.)* shoot up; **~|schlagen 1.** *unr. tr. V.* turn up ⟨*collar, brim*⟩; **2.** *unr. itr. V.; mit sein* ⟨*water, waves*⟩ surge up; ⟨*flames*⟩ leap up; **Wellen der Begeisterung schlugen ~** *(fig.)* there was a great surge of enthusiasm; **~|schnellen** *itr. V.; mit sein* leap up; **~schrank der** wardrobe; **~|schrauben 1.** *tr. V.* **a)** raise ⟨*seat*⟩ *(by screwing)*; **b)** *(fig.)* force up ⟨*prices*⟩; step up, increase ⟨*demands*⟩; raise ⟨*expectations*⟩; **2.** *refl. V.* circle up[wards]; **~|schrecken** *s.* **aufschrecken**

**Hochschul·bildung die** college/university education

**Hoch-: ~schule die** college; *(Universität)* university; **~schüler der** college/university student

**Hochschul-: ~lehrer der** college/university lecturer *or* teacher; **~studium das** college/university studies *pl., no art.*; **~wesen das** university and college system; *(Bereich)* higher education

**hoch·schwanger** *Adj.* in an advanced stage of pregnancy *postpos.*; very pregnant *(coll.)*

**Hoch·see die;** *o. Pl.* open sea

**hochsee-, Hochsee-: ~fischerei die** deep-sea fishing *no art.*; **~flotte die** deep sea fleet; **~jacht die** ocean-going yacht; **~tüchtig** *Adj.* seaworthy

**Hoch·seil das** high wire

**Hochseil-: ~akrobat, ~artist der** performer on the high wire

**hoch-, Hoch-: ~sicherheits·trakt der** high-security wing; **~sitz der** *(Jagdw.)* raised hide; **~sommer der** high summer; midsummer; **~sommerlich** *Adj.* very summery ⟨*weather etc.*⟩

**Hoch·spannung die a)** *(Elektrot.)* high voltage *or* tension; **Vorsicht, ~spannung!** danger – high voltage; **b)** *o. Pl. (gespannte Stimmung)* high tension; **es herrscht ~spannung** there's a great deal of tension

**Hochspannungs-: ~leitung die** high voltage *or* high tension [transmission] line; power line; **~mast der** electricity pylon

**hoch-, Hoch-: ~|spielen** *tr. V.* blow up ⟨*incident, affair, etc.*⟩; **~sprache die** standard language; **~sprachlich 1.** *Adj.* standard; **2.** *adv.* **sich ~sprachlich ausdrücken** speak the standard language; **~|springen** *unr. itr. V.; mit sein* **a)** jump *or* leap up; **an jmdm. ~springen** ⟨*dog etc.*⟩ jump up at sb.;

**b)** *nur im Inf. u. Part. gebr. (Sport)* do the high jump; **~springer der** *(Sport)* high jumper; **~sprung der** *(Sport)* high jump; *(einzelner Sprung)* jump; **~sprung·anlage die** *(Sport)* high jump apparatus

**höchst** [hø:çst] *Adv.* extremely; most

**höchst...** *s.* **hoch**

**Höchstädt** ['hø:çʃtɛt] **(das); ~s: die Schlacht bei ~:** the Battle of Blenheim

**hoch-, Hoch-: ~stämmig** *Adj.* standard ⟨*rose*⟩; **~stand der** *(Jagdw.)* raised stand; **~stapelei** [~ʃta:pə'lai] **die; ~, ~en a)** fraud; **eine ~stapelei** a confidence trick; **b)** *(Aufschneiderei)* empty boasting; **~|stapeln** *itr. V.* **a)** perpetrate a fraud/frauds; **b)** *(aufschneiden)* make empty boasts; **~stapler** [~ʃta:plɐ] **der; ~s, ~ a)** confidence trickster; con-man *(coll.)*; **b)** *(Aufschneider)* fraud

**Höchst-: ~belastung die** extreme strain *or* stress *no indef. art.*; *(Technik)* maximum [safe] load; **~betrag der** maximum amount; **~bietende der/die;** *adj. Dekl.* highest bidder

**hoch-: ~stehend** *Adj.* ⟨*person*⟩ of high standing; **geistig ~stehend** intellectually distinguished; ⟨*person*⟩ of high intellect; **sittlich ~stehend** high-minded; **~|steigen** *unr. itr. V.; mit sein* **a)** climb; **die Treppe/Stufen ~steigen** climb the stairs/steps; **b)** ⟨*bubbles, smoke, etc.*⟩ rise; ⟨*rocket*⟩ go up; **c)** *(langsam entstehen)* rise up; ⟨*tears*⟩ well up; **Freude/Wut stieg in ihr ~:** joy rose in her heart/rage rose [up] inside her

**höchst·eigen** *Adj.; nicht präd. (veralt.; noch scherzh.)* **in ~er Person** in person

**hoch-: ~|stellen** *tr. V.* **a)** put up; **b)** *(hochklappen)* turn up ⟨*collar*⟩; **c)** *(Math.)* **eine ~gestellte Zahl** a superior number; *s. auch* **~gestellt; ~|stemmen** *tr. V.* **a)** lift; **b)** *(aufrichten)* **sich/seinen Oberkörper ~stemmen** raise oneself [up]

**höchsten·falls** ['hø:çstn̩-] *Adv.* at [the] most *or* the outside; at the very most

**höchstens** *Adv.* **a)** *(nicht mehr als)* at most; *(bestenfalls)* at best; **in ~** *od.* **~ in drei Fällen** in three cases at most; **b)** *(außer)* **sie verreist nicht, ~ daß sie einmal zu ihren Verwandten fährt** she never goes away anywhere, apart from *or* except for visiting her relations once in a while

**Höchst-: ~fall der** *in* **im ~fall** at [the] most *or* the outside; at the very most; **~form die** *(bes. Sport)* peak *or* top form; **~gebot das** highest bid *or* offer; **etw. gegen ~gebot verkaufen** sell sth. to the highest bidder; **„große Briefmarkensammlung gegen ~gebot zu verkaufen"** 'offers invited for large stamp collection'; **~geschwindigkeit die** top *or* maximum speed; *(Geschwindigkeitsbegrenzung)* speed limit; **~grenze die** maximum

**hoch|stilisieren** *tr. V. (abwertend)* build up **(zu** into)

**Hoch·stimmung die** festive mood; high spirits *pl.*; **in ~ sein** be in a festive mood

**höchst-, Höchst-: ~leistung die** supreme performance; *(Ergebnis)* supreme achievement; *(Technik)* maximum performance; **~maß das: ein ~maß an etw.** *(Dat.)* a very high degree of sth.; **ein ~maß von etw.** *(Dat.)* a maximum [amount] of sth.; **~möglich** *Adj.; nicht präd.* highest possible; **~persönlich 1.** *Adj.; nicht präd.* personal; **2.** *adv.* in person; **~preis der** *(höchstmöglicher Preis)* highest price; *(höchstzulässiger Preis)* maximum price

**Hoch·straße die** overpass; flyover *(Brit.)*

**hoch|streifen** *tr. V.* pull up

**höchst-, Höchst-: ~richterlich** *Adj.; nicht präd.* **eine ~richterliche Entscheidung** a ruling of the supreme court; **~satz der** maximum *or* top rate; **~stand der** highest level; **~strafe die** maximum penalty; **~wahrscheinlich** *Adv.* very probably; **~wert der** maximum value; **~zulässig** [auch: '-'---] *Adj.; nicht präd.* maximum [permissible] ⟨*weight, speed, etc.*⟩

**hoch-, Hoch-: ~tal das** high[-lying] valley; **~tour die** *in* **auf ~touren laufen** run at top *or* full speed; *(intensiv betrieben werden)* be in full swing; **einen Motor auf ~touren bringen** rev an engine up to full speed *(coll.)*; **~tourig** [~tu:rɪç] *(Technik)* **1.** *Adj.* fast-revving *(coll.)* ⟨*engine*⟩; **2.** *adv.* **~tourig fahren** drive at high revs *(coll.)*; **~trabend** *(abwertend)* **1.** *Adj.* pretentious; high-flown; **2.** *adv.* pretentiously; in a high-flown manner; **~|tragen** *unr. tr. V.* carry up; **~|treiben** *unr. tr. V.* **a)** *(ugs.: hinauftreiben)* drive up; **die Schafe den Berg ~treiben** drive the sheep up the mountain; **b)** *(fig.)* force *or* push up ⟨*prices etc.*⟩; **~verdient** *Adj. (präd. getrennt geschrieben)* ⟨*scientist etc.*⟩ of outstanding merit; richly deserved ⟨*victory, success, etc.*⟩; **~verehrt** *Adj.; nicht präd.* highly respected *or* esteemed; *(als Anrede)* **meine ~verehrten Damen und Herren!** ladies and gentlemen!; **~verehrte Frau Schmidt** my dear Mrs Schmidt; **~verrat der** high treason; **~verräter der** traitor; person guilty of high treason; **~verräterisch** *Adj.* traitorous; treasonable; **~verschuldet** *Adj. (präd. getrennt geschrieben)* heavily *or* deep in debt *postpos.*; **~verzinslich** *Adj. (Finanzw.)* ⟨*security etc.*⟩ yielding a high rate of interest; **~wald der** *(Forstw.)* high forest

**Hoch·wasser das** *(Flut)* high tide *or* water; *(Überschwemmung)* flood; **der Fluß hat** *od.* **führt ~:** the river is in flood; **er hat ~:** *(ugs. scherzh.)* his trousers are at half-mast *(coll.)*

**Hochwasser-: ~gefahr die** flood danger; danger of flooding; **~hose[n] die** *(scherzh.)* trousers *pl.* at half-mast *(coll.)*; **~schaden der** flood damage

**hoch-, Hoch-: ~|werfen** *unr. tr. V.* **etw. ~werfen** throw sth. up; **eine Münze ~werfen** toss a coin; **~wertig** *Adj.* high-quality ⟨*goods*⟩; highly nutritious ⟨*food*⟩; **~wild das** *(Jägerspr.) larger game animals, eg. deer, boar, chamois;* **~willkommen** *Adj. (präd. getrennt geschrieben)* very *or* most welcome; **~|winden 1.** *unr. tr. V.* wind up; weigh ⟨*anchor*⟩; **2.** *unr. refl. V.* wind one's/its way up; **~wirksam** *Adj. (präd. getrennt geschrieben)* highly *or* extremely effective; **~wohlgeboren** *Adj. (veralt.)* high-born; **Euer Hochwohlgeboren** Your Honour; **~|wollen** *unr. itr. V. (ugs.)* want to get up; **~|wuchten** *tr. V. (ugs.)* heave up; **~würden** *o. Art.;* **~[s]** *(veralt.)* Reverend Father; **~zahl die** *(Math.)* exponent

[1]**Hoch·zeit die** *(geh.)* Golden Age

[2]**Hochzeit** ['hɔxtsait] **die; ~, ~en** wedding; **~ halten** *od.* **machen** *(veralt.)* get married; **grüne ~:** wedding day; **silberne/goldene ~:** silver/golden wedding [anniversary]; **man kann nicht auf zwei ~en tanzen** *(fig. ugs.)* you can't be in two places at once

**Hochzeiter der; ~s, ~** *(landsch.)* [bride]groom; **die ~:** the bride and groom

**Hochzeiterin die; ~, ~nen** *(landsch.)* bride

**Hochzeits-: ~anzeige die** wedding announcement; **~bitter der** *(veralt.) person who invites guests to a wedding;* **~feier die** wedding; **~flug der** *(Zool.)* nuptial flight; **~geschenk das** wedding gift *or* present; **~kleid das a)** *(Brautkleid)* wedding dress; **b)** *(Zool.) (von Vögeln)* nuptial plumage; *(von Tieren)* nuptial coloration; **~kuchen der** wedding cake; **~nacht die** wedding night; **~reise die** honeymoon [trip]; **wir haben unsere ~reise nach Berlin gemacht** we went to Berlin for our honeymoon; **~tag der a)** wedding day; **b)** *(Jahrestag)* wedding anniversary; **~zug der** wedding procession

**hoch-, Hoch-: ~|ziehen 1.** *unr. tr. V.* **a)** *(nach oben ziehen)* pull up; pull up, raise ⟨*shutters, blind*⟩; hoist, raise, run up ⟨*flag*⟩; hoist ⟨*sail*⟩; **die Schultern/Brauen ~ziehen** hunch one's shoulders/raise one's eyebrows; **die Nase ~ziehen** sniff [loudly]; **b) ein Flugzeug ~ziehen** put an aircraft into a steep climb; **c)** *(mauern)* put up, build ⟨*wall, building*⟩; **2.** *unr. refl. V.* **sich [an etw.** *(Dat.)***] ~ziehen** pull oneself up [by hanging on to sth.]; **sich an etw.** *(Dat.)* **~ziehen** *(fig.)* latch on to sth.; **~zins·politik die** policy of keeping interest rates high

**Hocke** ['hɔkə] **die; ~, ~n a)** *(Körperhaltung)* squat; crouch; **in der ~ sitzen** squat; crouch; **in die ~ gehen** squat [down]; crouch down; **b)** *(Turnen)* squat vault

**hocken 1.** *itr. V.* **a)** *mit haben od. (südd.) sein* squat; crouch; **b)** *mit haben od. (südd.) sein (ugs.: sich aufhalten)* sit around; **hinter einem Schreibtisch ~:** sit behind a desk; **c)** *mit sein (südd.: sitzen)* sit; **d)** *mit sein (Turnen)* perform *or* do a squat vault **(über +** *Akk.* over). **2.** *refl. V.* **a)** crouch down; squat [down]; **b)** *(südd.: sich setzen)* sit down

**Hocker der; ~s, ~:** stool

**Höcker** ['hœkɐ] **der; ~s, ~ a)** hump; *(auf der Nase)* bump; *(auf dem Schnabel)* knob; **er hat einen ~:** he's humpbacked; **b)** *(Hügel)* hillock; hump

**Hocker·grab das** *(Archäol.)* crouched burial

**höckerig** *Adj.* bumpy

**Höcker·schwan der** mute swan

**Hockey** ['hɔki] **das; ~s** hockey

**Hockey-: ~schläger der** hockey stick; **~spieler der** hockey player

**Hock-: ~sitz der** *(Turnen)* squat; **~stand der** *(Turnen)* crouch

**Hoden** ['ho:dn̩] **der; ~s, ~:** testicle

**Hoden-: ~bruch der** *(Med.)* scrotal hernia; **~sack der** scrotum

**Hoek van Holland** ['hʊk 'fan 'hɔlant] **(das); Hoeks van Holland** Hook of Holland

**Hof** [ho:f] **der; ~[e]s, Höfe** ['hø:fə] **a)** courtyard; *(Schul~)* playground; *(Gefängnis~)* [prison] yard; **b)** *(Bauern~)* farm; **in einen ~ einheiraten** marry into a farming family; **c)** *(Herrscher, Hofstaat)* court; **am ~ leben/verkehren** live at court/move in court circles; **die europäischen Höfe** the European royal courts; **jmdn. bei ~e einführen/vorstellen** present sb. at court; **d) jmdm. den ~ machen** *(veralt.)* pay court to sb.; **f)** *(Aureole)* corona; aureole; **g)** *(in Namen von Hotels, z. B. „Bayerischer Hof") (implying or suggesting a particular, e.g. Bavarian, style and a superior standard of accommodation)*

**hof-, Hof-: ~amt das** *(hist.)* [hereditary] office at court; **~ball der** court ball; **~dame die** lady of the court; *(Begleiterin der Königin)* lady-in-waiting; **~dichter der** *(hist.)* court poet; **~etikette die** court etiquette; **~fähig** *Adj.* presentable at court *pred.*; *(fig.)* [socially] acceptable

**Hoffart** ['hɔfart] **die; ~** *(veralt. abwertend)* overweening pride; haughtiness

**hoffärtig** ['hɔfɛrtɪç] *(veralt. abwertend)* **1.** *Adj.* haughty. **2.** *adv.* haughtily

**hoffen** ['hɔfn̩] **1.** *tr. V.* hope; **ich hoffe es/will es ~:** I hope so/can only hope so; **ich will es [doch wohl] ~:** I should hope so; **ich will nicht ~, daß sie das macht** I hope she doesn't do that; **ich will es nicht ~:** I hope not; **es bleibt zu ~, daß ...:** let us hope that ...; **das wollen wir ~:** let's hope so; **~ wir das Beste** let's hope for the best. **2.** *itr. V.* **a)** *(vertrauen)* **auf etw.** *(Akk.)* **~:** hope for sth.; *(Vertrauen setzen auf)* **auf jmdn./etw. ~:** put one's trust *or* faith in sb./sth.; **b)** *(Hoffnung haben)* hope

**hoffentlich** ['hɔfn̩tlɪç] *Adv.* hopefully; **~!** let's hope so; **~ ist ihr nichts passiert** I do hope nothing's happened to her; **es ist dir doch ~ recht** I hope it's all right with you

**-höffig** [-hœfɪç] *adj.* promising to be rich in ⟨*oil, gas, uranium, etc.*⟩

**Hoffnung** ['hɔfnʊŋ] **die; ~, ~en** hope; **seine ~ auf jmdn./etw. setzen** pin one's hopes *pl.* on sb./sth.; **keine ~ mehr haben, die ~ aufgegeben haben** have given up [all] hope; **sich** *(Dat.)* **[falsche] ~en machen** have [false] hopes; **jmdm. ~en machen** raise sb.'s hopes; **jmdm. auf etw.** *(Akk.)* **~en machen** lead sb. to expect sth.; **guter ~ sein** *(veralt.)* be expecting [a baby]; be with child *(dated)*; **in der ~ auf etw.** *(Akk.)* in the hope of sth.

**hoffnungs-, Hoffnungs-: ~froh** *(geh.)* **1.** *Adj.* hopeful; **2.** *adv.* hopefully; ⟨*smile etc.*⟩ in happy anticipation; **~funke[n] der;** *o. Pl. (geh.)* spark *or* glimmer of hope; **~lauf der** *(Sport)* repêchage; **~los 1.** *Adj.* hopeless; despairing ⟨*person*⟩; **2.** *adv.* hopelessly; **~losigkeit die; ~:** despair; *(der Lage)* hopelessness; **~schimmer der** *(geh.)* glimmer of hope; **~strahl der** *(geh.)* ray of hope; **~voll 1.** *Adj.* **a)** hopeful; full of hope *pred.*; **jmdn. ~voll stimmen** give sb. cause to hope *or* make sb. hopeful; **b)** *(erfolgversprechend)* promising; **2.** *adv.* **a)** full of hope; **b)** *(erfolgversprechend)* promisingly

**Hof·gang der** exercise; **während des ~es** during the exercise period

**hof-, Hof-: ~gesellschaft die** court; **~|halten** *unr. itr. V.* hold court; **~haltung die** running of the court; *(Haushalt)* court; **~hund der** watchdog

**hofieren** [ho'fi:rən] *tr. V. (geh.)* pay court to

**höfisch** ['hø:fɪʃ] *Adj.* courtly

**Hof-: ~knicks der** curtsy; **~kreise** *Pl.* **in in/aus ~kreisen** in/from court circles; **~leben das** life at court; court life

**höflich** ['hø:flɪç] **1.** *Adj.* polite; courteous; **etw. in ~em Ton fragen/sagen** ask/say sth. politely. **2.** *adv.* politely; courteously

**Höflichkeit die; ~, ~en a)** *o. Pl.* politeness; courteousness; **etw. [nur] aus ~ tun/sagen** do/say sth. [only] to be polite *or* out of politeness; **b)** *meist Pl. (höfliche Redensart)* civility; courtesy

**höflichkeits-, Höflichkeits-: ~besuch der** courtesy visit; **~floskel, ~formel die** polite phrase; **~halber** *Adv.* to be polite; out of politeness

**Hof·lieferant der** *(veralt.)* supplier to the court; **königlicher ~:** supplier to the royal court; *(von Lebensmitteln)* purveyor to the royal court

**Höfling** ['hø:flɪŋ] **der; ~s, ~e** courtier

**Hof-: ~marschall der** major-domo; **~meister der** *(veralt.)* court tutor and master of ceremonies; **~narr der** *(hist.)* court jester; **~prediger der** court chaplain; **~rat der** *(veralt., noch österr.) honorary title conferred on senior civil servant*; **~sänger der a)** *(hist.)* court minstrel; **b)** *(ugs.)* courtyard busker; **~schranze die** *od.* **der** *(veralt. abwertend)* fawning courtier; **~staat der;** *o. Pl.* court; **~theater das** court theatre; **~tor das** courtyard gate; **~tür die** courtyard door

**HO-Geschäft** [ha:'|o:-] **das** *(DDR) shop owned by the Handelsorganisation*

**hoh...** ['ho:ə...] *s.* **hoch**

**Höhe** ['hø:ə] **die; ~, ~n a)** *(Ausdehnung nach oben)* height; **das ist ja die ~!** *(ugs.)* that's the limit!; **b)** *(Entfernung nach oben)* height; altitude; **in einer ~ von 4000 m fliegen/eine ~ von 4000 m erreichen** fly at/reach a height *or* altitude of 4,000 m.; **an ~ gewinnen/verlieren** gain/lose height *or* altitude; **in großen ~n** at great heights *or* high altitudes; **auf halber ~:** at mid-altitude; **c)** *(Richtung)* **etw. in die ~ heben** lift sth. up; **in die ~ [auf]steigen** rise up[wards]; **d)** *(Gipfelpunkt)* height; **auf der ~ seines Ruhmes/Könnens/Erfolges sein** be at the height of one's fame/ability/success; **auf der ~ sein** *(fig. ugs.) (gesund sein)* be fit; *(sich wohl fühlen)* feel fine; **nicht [ganz] auf der ~ sein** *(fig. ugs.)* be/feel a bit under the weather *(coll.)*; not be/feel quite oneself; **e)** *(meßbare Größe)* level; *(von Einkommen)* size; level; **die ~ der Geschwindigkeit/Temperatur** the speed/temperature level; **Unkosten/ein Stipendium in ~ von 5000 DM** expenses/a grant of 5,000 DM; **f)** *(Linie)* **auf gleicher ~ sein/fahren** be in line abreast *or* be level/travel in line abreast; **die Pferde waren auf gleicher ~:** the horses were neck and neck; **auf ~ des Leuchtturms/von Hull sein** *(Seemannsspr.)* be level with *or* abreast of the lighthouse *etc.*/be off Hull; **g)** *(hoher Grad)* high level; **h)** *(Anhöhe)* hill; **die ~n und Tiefen des Lebens** *(fig.)* the ups and downs of life; **i)** *(Math., Astron.)* altitude; **j)** *Pl. (Akustik)* treble *sing.*

**Hoheit** ['ho:hait] **die; ~, ~en a)** *o. Pl. (Souveränität)* sovereignty (**über** + *Akk.* over); **unter der ~ eines Staates stehen** be under the sovereignty of a state; **b) Seine/Ihre ~:** His/Your Highness; **c)** *o. Pl. (geh.: Würde)* majestic dignity; majesty

**hoheitlich** *Adj.* **a)** sovereign; **b)** *(selten) s.* **hoheitsvoll**

**hoheits-, Hoheits-: ~ab·zeichen das** national emblem; **~gebiet das** [sovereign] territory; **~gewässer das;** *meist Pl.* territorial waters; **~recht das;** *meist Pl.* right of the state; **~voll** *Adj.* majestic; stately ⟨*gesture*⟩; **~zeichen das** national emblem

**Hohe·lied das; Hohenlied[e]s a)** *(bibl.)* **das ~:** The Song of Songs; **b)** *(fig. geh.)* song of praise; **ein ~ der Liebe** a song in praise of love

**höhen-, Höhen-: ~an·gabe die** altitude reading; *(auf Karten)* altitude marking; **~angst die;** *o. Pl.* fear of heights; **~flug der** *(Flugw.)* high-altitude flight; *(fig.)* flight; **im ~flug** at high altitude; **~gleich** *(Verkehrsw.)* **1.** *Adj.* level ⟨*crossing*⟩; **2.** *adv.* at the same level; **~klima das** mountain climate; **~krankheit die** altitude sickness; **~lage die** altitude; **in ~lage** at high altitude; **in ~lagen über 1500 m** at altitudes over 1,500 m.; **~leitwerk das** *(Flugw.)* tailplane; **~linie die** *(Geogr.)* contour [line]; **~luft die;** *o. Pl.* mountain air; air at high altitude; **~marke die** *(Vermessungsw.)* bench-mark; **~messer der** altimeter; **~messung die** measurement of height; **~rekord der** altitude record; **~ruder das** *(Flugw.)* elevator; **~sonne die a)** *(Med.: Quarzlampe)* ultra-violet lamp; sun lamp; **b)** *(Med.: Bestrahlung)* ultra-violet radiation treatment; sun lamp treatment; **c)** *(Met.)* high-altitude solar radiation; **~steuer das** *(Flugw.)* elevator control; **~strahlung die** *(Physik)* cosmic radiation; **~training das** *(Sport)* [high-]altitude training; **~unterschied der** altitude difference; difference in altitude; **~weg der** ridge path; **~winkel der** *(Geom.)* angle of elevation; **~zug der** *(Geogr.)* range of hills; *(Bergkette)* range of mountains; mountain range

**Hohe·priester der; Hohenpriesters, Hohenpriester** *(bibl.)* high priest

**Höhepunkt der** high point; *(einer Veranstaltung)* high spot; highlight; *(einer Laufbahn, des Ruhms)* peak; pinnacle; *(einer Krankheit)* crisis; critical point; *(einer Krise)* turning-point; *(der Macht)* summit; pinnacle; *(des Glücks)* height; *(Orgasmus; eines Stückes)* climax; **auf dem ~ seiner Laufbahn stehen** be at the peak of one's career

**höher** ['hø:ɐ] *s.* **hoch**

**höher-, Höher-: ~gestellt** *Adj. (präd. getrennt geschrieben)* senior ⟨*official, civil servant*⟩; **die ~gestellten Persönlichkeiten** the more prominent public figures; **~|schrauben** *tr. V.* force *or* push up ⟨*prices*⟩; **~stufung die** upgrading

**hohl** [ho:l] **1.** *Adj.* **a)** *(leer)* hollow; **sich innerlich ~ fühlen** *(fig.)* feel empty inside; **b)** *(nach innen gebogen)* cupped ⟨*hand*⟩; sunken, hollow ⟨*cheeks, eyes*⟩; concave ⟨*lens, mirror*⟩; **ein ~es Kreuz** a hollow back; **c)** *(dumpf)* hollow ⟨*sound, voice, etc.*⟩; **d)** *(abwertend: geistlos)* hollow, empty ⟨*phrases, slogans*⟩; empty ⟨*talk, chatter*⟩; shallow ⟨*person*⟩. **2.** *adv.* **a)** *(dumpf)* hollowly; **b)** *(abwertend: geistlos)* inanely

**hohl·äugig** *Adj.* hollow-eyed; sunken-eyed

**Hohl·block·stein der** *(Bauw.)* hollow block

**Höhle** ['hø:lə] **die; ~, ~n a)** cave; *(größer)* cavern; **b)** *(Tierbau)* den; lair; *(von Höhlenbrütern)* nest; **sich in die ~ des Löwen begeben** *(scherzh.)* enter the lion's den; **c)** *(abwertend: Wohnung)* hole; **d)** *meist Pl. (Augen~)* socket

**Hohl·eisen das** *(Handw.)* gouge; hollow chisel

**höhlen** ['hø:lən] *tr. V.* hollow out; **steter Tropfen höhlt den Stein** *(Spr.)* these things take their toll eventually

**Höhlen-: ~bär der** cave-bear; **~brüter der** *(Zool.)* bird that nests in holes; hole-nester; **~forscher der** speleologist; *(Sportler)* caver; **~forschung die** speleology; *(als Sport)* caving; **~malerei die** cave-painting; **~mensch der** cave-dweller; cave-man; **~zeichnung die** cave-painting

**Hohlheit die; ~ a)** hollowness; **b)** *(innere Leere, auch fig. abwertend)* emptiness

**hohl-, Hohl-: ~kopf der** *(abwertend)* idiot *(coll.)*; dimwit; **~köpfig** *Adj. (abwertend)* idiotic *(coll.)*; blockheaded; **~körper der** hollow body; **~kreuz das** hollow back; lordosis *(Med.)*; **~kugel die** hollow sphere; **~maß das a)** *(Maßeinheit)* measure of capacity; **b)** *(Gefäß)* dry/liquid measure; **~nadel die** *(Med.)* cannula; *(für Einspritzungen)* hypodermic needle; **~raum der** cavity; [hollow] space; **~raum·versiegelung die** *(Kfz-W.)* body-cavity sealing; **~saum der** *(Handarb.)* hem-stitch; **~schliff der** hollow grinding; **eine Klinge mit ~schliff** a hollow-ground blade; **~spiegel der** concave mirror; **~tier das** coelenterate

**Höhlung die; ~, ~en a)** *(das Aushöhlen)* excavation; **b)** *(Vertiefung)* hollow

**hohl-, Hohl-: ~wangig** *Adj.* hollow-cheeked; sunken-cheeked; **~weg der** defile; *(Durchstich)* cutting; **~ziegel der** perforated tile; *(Dachziegel)* concave tile

**Hohn** [ho:n] **der; ~[e]s** scorn; derision; **jmdn. mit ~ und Spott überschütten** pour *or* heap scorn on sb.; **das ist der reine** *od.* **der blanke ~** *(fig.)* it is just grotesque

**höhnen** ['hø:nən] *(geh.) itr. V.* jeer; sneer

**Hohn·gelächter das** derisive *or* scornful laughter

**höhnisch** ['hø:nɪʃ] **1.** *Adj.* scornful; derisive. **2.** *adv.* scornfully; derisively

**hohn-: ~lächeln, ~|lächeln** *itr. V.* **er ~lächelte** *od.* **lächelte ~:** he smiled scornfully *or* derisively; **ein Hohnlächeln** a scornful *or* derisive smile; **~lachen, ~|lachen** *itr. V.* **a)** laugh scornfully *or* derisively; **ein Hohnlachen** a scornful *or* derisive laugh; **b)** *(geh.: zuwiderlaufen)* **einer Sache** *(Dat.)* **~lachen** fly in the face of sth.; **~|sprechen** *unr. itr. V.* **einer Sache** *(Dat.)* **~sprechen** fly in the face of sth.

**Höker** ['hø:kɐ] **der; ~s, ~, Hökerin die; ~, ~nen** *(veralt.) (auf dem Markt)* stallholder; *(auf der Straße)* street trader; street pedlar *(Amer.)*

**hökern** *itr. V. (auf dem Markt)* run a market-stall; *(auf der Straße)* run a street-stall

**Hokuspokus** [ho:kʊs'po:kʊs] **der; ~:** hocus-pocus; *(abwertend: Drum und Dran)* fuss

**hold** [hɔlt] **1.** *Adj.* **a)** *(dichter. veralt.: anmutig)* fair; lovely; lovely ⟨*sight*⟩; sweet, lovely ⟨*smile*⟩; **die ~e Weiblichkeit** *(scherzh.)* the fair sex; **mein ~er Gatte/mei-**

ne ~e Gattin *(scherzh.)* my beloved spouse *(joc.)*; **b)** *in* **jmdm./einer Sache ~ sein** *(geh.)* be well-disposed towards sb./sth.; *(jmdn./etw. gern haben)* be fond of sb./sth.; **das Glück war uns** *(Dat.)* **~:** fortune smiled upon us. **2.** *adv.* sweetly

**Holder der; ~s, ~** *(bes. südd.) s.* **Holunder**

**Holding·gesellschaft** ['ho:ldɪŋ-] **die** *(Wirtsch.)* holding company

**Holdrio** ['hɔldrio] **das; ~s, ~s** halloo

**hold·selig** *(dichter. veralt.)* **1.** *Adj.* sweet; lovely; lovely ⟨*sight, appearance*⟩. **2.** *adv.* sweetly

**holen** ['ho:lən] **1.** *tr. V.* **a)** fetch; get; **jmdn. aus dem Bett ~:** get *or (coll.)* drag sb. out of bed; **da/bei ihr ist nichts/nichts mehr zu ~** *(fig.)* you won't get anything/any more there/out of her; **b)** *(ab~)* fetch; pick up; collect; take away ⟨*suspect, prisoner, etc.*⟩; **c)** *(ugs.: erlangen)* get, win ⟨*prize*⟩; get, carry off, win ⟨*medal, trophy, etc.*⟩; get, score ⟨*points*⟩; **den Sieg ~:** win; **d)** *(landsch.: kaufen)* buy; get; **e)** *(Seemannsspr.: herabziehen)* take in ⟨*sail*⟩; haul ⟨*boat*⟩ alongside. **2.** *refl. V.* **a)** *(sich verschaffen)* get; **sich** *(Dat.)* **Hilfe/Rat** *usw.* **~:** get [some] help/advice *etc.*; **b)** *(erlangen)* win, take ⟨*championship, prize, etc.*⟩; **sich** *(Dat.)* **eine Niederlage ~:** be beaten; lose; **c)** *(ugs.: sich zuziehen)* catch; **sich** *(Dat.)* **[beim Baden** *usw.*] **einen Schnupfen/die Grippe ~:** catch a cold/the flu [swimming *etc.*]; **sich** *(Dat.)* **den Tod ~** *(fig.)* catch one's death [of cold]

**holla** ['hɔla] *Interj.* hallo; hello; hey

**Holland** ['hɔlant] **(das); ~s** Holland

**Holländer** ['hɔlɛndɐ] **1. der; ~s, ~ a)** Dutchman; **er ist ~:** he is Dutch *or* a Dutchman; **die ~:** the Dutch; **b)** *(Käse)* Dutch cheese; **c)** *(Papierherstellung)* Hollander. **2.** *indekl. Adj.; nicht präd.* **~ Käse** Dutch cheese

**Holländerin die; ~, ~nen** Dutchwoman/Dutch girl

**holländisch** *Adj.* Dutch; *s. auch* **deutsch; Deutsch**

**Holle** *in* **Frau Holle schüttelt die Betten [aus]** *(veralt.)* it is snowing; the old woman is plucking her geese *(dated)*

**Hölle** ['hœlə] **die; ~, ~n a)** hell *no art.*; **in die ~ kommen** go to hell; **zur ~ fahren** *(geh.)* descend into hell; **jmdn. zur ~ wünschen** *(geh.)* wish sb. to hell; **zur ~ mit ihm/damit!** to hell with him/it *(coll.)*; **b)** *(fig.)* **die ~ ist los** *(ugs.)* all hell has broken loose *(coll.)*; **es war die reinste ~:** it was pure hell *(coll.)*; **die ~ auf Erden haben** suffer hell on earth; **jmdm. das Leben zur ~ machen** make sb.'s life hell *(coll.)*; **jmdm. die ~ heiß machen** give sb. hell *(coll.)*; **die grüne ~:** the jungle; *s. auch* **Vorsatz**

**Höllen-: ~angst die** *(salopp)* terror; **eine ~angst vor etw.** *(Dat.)* **haben** be scared to death of sth. *(coll.)*; be terrified of sth.; **~fahrt die** *(Myth., Rel.)* descent into hell; **~feuer das** hellfire; **das ~feuer** the fires *pl.* of hell; **~fürst der;** *o. Pl.* Prince of Darkness; **~hund der** *(Myth.)* hell-hound; hound of hell; **~lärm der** *(ugs.)* diabolical noise *or* row *(coll.)*; **~maschine die** infernal machine *(arch.)*; time bomb; **~pein, ~qual die** agony; **~qualen erleiden** suffer the torments of hell *(fig.)*; suffer terrible agony *sing.*; **~spektakel das** *(ugs.) s.* **~lärm; ~stein der** lunar caustic; **~tempo das (ugs.)** breakneck speed; **in einem ~tempo** at breakneck speed

**Holler** ['hɔlɐ] **der; ~s, ~** *(bes. südd., österr.) s.* **Holunder**

**höllisch** ['hœlɪʃ] **1.** *Adj.* **a)** *nicht präd.* infernal; ⟨*spirits, torments*⟩ of hell; **b)** *(schrecklich)* terrible ⟨*war, situation*⟩; fiendish, diabolical ⟨*invention, laughter*⟩; **~e Schmerzen** terrible agony *sing.*; **c)** *(ugs.: sehr groß)* tremendous *(coll.)* ⟨*noise, shock, respect*⟩ *(coll.)*; enormous *(coll.)* ⟨*pleasure*⟩; **~e Angst vor etw.** *(Dat.)* **haben** be scared stiff of sth. *(coll.)*. **2.** *adv.* *(ugs.: sehr)* terribly, hellishly *(coll.)* ⟨*cold, difficult*⟩; **sich ~ zusammennehmen** make a tremendous effort to control oneself *(coll.)*; **~ [genau] aufpassen** be tremendously careful *(coll.)*; **es tut ~ weh** it hurts like hell *(coll.)*

**Hollywood·schaukel** ['hɔlɪwʊd-] **die** swinging garden hammock

**Holm** [hɔlm] **der; ~[e]s, ~e a)** *(Turnen)* bar; **b)** *(Leiter~)* upright; side-piece; **c)** *(Geländer~)* [banister] rail; **d)** *(Flugw.)* spar

**Holocaust** [holo'kaust] **der; ~[s], ~s** Holocaust

**Hologramm** [holo'gram] **das** *(Physik)* hologram

**Holographie** [hologra'fi:] **die; ~** *(Physik)* holography *no art.*

**Holozän** [holo'tsɛ:n] **das; ~s** *(Geol.)* Holocene

**holperig** *s.* **holprig**

**holpern** ['hɔlpɐn] *itr. V.* **a)** *mit sein (fahren)* jolt; bump; **b)** *(schütteln)* jolt; **c)** *(stockend lesen)* stumble [over one's words]

**holprig** ['hɔlprɪç] **1.** *Adj.* **a)** *(uneben)* bumpy; uneven; rough; **b)** *(stockend)* stumbling, halting ⟨*speech*⟩; clumsy ⟨*verses*⟩; broken, halting ⟨*English etc.*⟩. **2.** *adv.* haltingly; **~ lesen** stumble over one's words when reading

**Hol·schuld** ['ho:l-] **die** *(Rechtsw.) debt to be collected at the debtor's residence*

**Holster** ['hɔlstɐ] **das; ~s, ~:** holster

**holterdiepolter** [hɔltɐdi'pɔltɐ] *Adv. (ugs.)* helter-skelter; **alles ging ~:** there was a mad rush

**holüber** [ho:l'|y:bɐ] *Interj.* **[Fährmann] ~!** ferry[man]!

**Holunder** [ho'lʊndɐ] **der; ~s, ~ a)** *(Strauch)* elder; **b)** *o. Pl. (Früchte)* elderberries *pl.*

**Holunder-: ~beere die** elderberry; **~strauch der** elder[berry] bush; **~tee der** elder tea

**Holz** [hɔlts] **das; ~es, Hölzer** ['hœltsɐ] **a)** *o. Pl.* wood; *(Bau~, Tischler~)* timber; wood; **bearbeitetes ~:** timber *(Brit.)*; lumber *(Amer.)*; **ein Stück/Festmeter ~:** a piece of wood *or* timber/cubic metre of timber; **viel ~** *(fig. ugs.)* a hell of a lot *(coll.)*; **[viel] ~ vor der Hütte** *od.* **Tür haben** *(fig. ugs. scherzh.)* be well stacked *(coll.) or* well endowed; **ich bin nicht aus ~:** I've got feelings, you know; **b)** *(~art)* wood; **aus dem ~ sein, aus dem man Minister/Helden macht** be cut out to be a minister/be of the stuff heroes are made of; **aus dem gleichen ~ [geschnitzt] sein** *(fig.)* be cast in the same mould; **aus anderem ~ [geschnitzt] sein** *(fig.)* be cast in a different mould; **c)** *(Forstw.)* felled trunk; **d)** *(Golf)* wood; **e) den Ball mit dem ~ schlagen/treffen** *(Tennis, Badminton)* hit the ball with the wood; **f)** *Pl.* **~** *(Kegeln)* skittles; ninepins; **gut ~!** have a good game! *(skittle-players' greeting)*; **g)** *o. Pl. (Musik)* woodwind; **h)** *(Streich~)* match; **i)** *o. Pl. (veralt., Jägerspr.: Wald)* wood

**holz-, Holz-: ~apfel der a)** crab-apple; **b)** *(Baum)* crab-apple tree; **~arbeiter der** *s.* **~fäller; ~arm** *Adj.* ⟨*country*⟩ with little timber of its own; **~arm sein** have little timber of its own; **~art die** kind of wood *or* timber; **~auge das** *in* **~auge sei wachsam!** *(scherzh.)* better be careful; **~bearbeitung die** processing of timber; timber processing; *(in der Tischlerei)* woodworking; **~bein das** wooden leg; **~bläser der** woodwind player; **~blas·instrument das** woodwind instrument; **~block der;** *Pl.* **~blöcke** block of wood; **~bock der a)** *(Gestell)* wooden stand *or* trestle; **b)** *(Zecke)* castor-bean tick; **c)** *(Käfer)* poplar longhorn; **~bohrer der a)** wood drill; **b)** *(Schmetterling)* goat moth; carpenter moth; **~bündel das** bundle of wood

**Hölzchen** ['hœltsçən] **das; ~s, ~ a)** small piece of wood; *(Stöckchen)* stick; **b)** *(Streichholz)* match

**Holz-: ~diele die** plank; *(für Fußböden)* [floor]board; **~dübel der** wooden dowel; *(in der Wand)* wooden plug

**holzen** *itr. V. (Fußballjargon)* play dirty *(coll.)*

**Holzerei die; ~, ~en a)** *(Fußballjargon)* dirty play; **eine ~:** a dirty game *or* match; **b)** *(Prügelei)* brawl; free-for-all

**hölzern** ['hœltsɐn] *Adj.; nicht präd. (auch fig.)* wooden

**holz-, Holz-: ~essig der** wood vinegar; **~fäller der** woodcutter; lumberjack *(Amer.)*; **~feuer das** wood fire; **~frei** *Adj.* wood-free ⟨*paper*⟩; **~gas das** wood-gas; **~geist der** wood spirit; **~geschnitzt** *Adj.* carved wooden *attrib.*; carved in wood *pred.*; **~hacker der a)** *(bes. österr.) s.* **~fäller; b)** *(Fußballjargon)* dirty player; **~haltig** *Adj.* woody ⟨*paper*⟩; ⟨*paper*⟩ containing mechanical wood pulp

**Holz·hammer der** [wooden] mallet

**Holzhammer·methode die** *(ugs.)* sledgehammer method

**Holz-: ~handel der** timber trade; **~haus das** timber *or* wooden house

**holzig** *Adj.* woody

**holz-, Holz-: ~industrie die** timber industry; **~kitt der** plastic wood; **~klotz der** block of wood; *(als Spielzeug)* wooden block; **dasitzen wie ein ~klotz** *(fig.)* sit there like a stuffed dummy; **~kohle die** charcoal; **~kohlen·grill der** charcoal grill; **~kopf der a)** wooden head; **b)** *(salopp abwertend)* blockhead; numskull; **~kreuz das** wooden cross; **~lager das** timber yard; **~leim der** wood-glue; **~leiste die** batten; **~malerei die** painting on wood; wood painting; **~nagel der** wooden nail; **~pantine die** *(landsch.)*, **~pantoffel der** clog; **~pflock der** wooden stake; **~sandale die** wooden sandal; **~schädling der** wood pest; **~schale die** wooden bowl; **~scheit das** piece of wood; *(Brenn~)* piece of firewood; **~schläger der** *(Golf)* wood; **~schneider der** wood-engraver; **~schnitt der a)** *o. Pl.* woodcutting *no art.*; **b)** *(Blatt)* woodcut; **~schnitt·artig** *Adj.* *(fig.)* simplistic; **~schnitzer der** woodcarver; **~schnitzerei die** wood-carving; **~schraube die** wood screw; **~schuh der** clog; **~schuh·tanz der** clog-dance; **~schuppen der a)** *(aus Holz)* wooden shed; **b)** *(für Holz)* wood-shed; **~span der a)** *(zum Feueranzünden)* stick of firewood; *(zum Rühren usw.)* small stick [of wood]; **b)** *meist Pl. (Hobelspan)* [wood] shaving; **~spielzeug das** wooden toy; **~spiritus der** wood alcohol; **~splitter der** splinter of wood; **~stab der** wooden rod; **~stich der** wood-engraving; **~stift der** *s.* **~nagel; ~stock der a)** [wooden] stick; **b)** *(Graphik)* wood-block; **~stoß der** pile of wood; **~täfelung die** wood[en] panelling; **~teer der** wood tar; **~treppe die** wooden steps *pl.*; **~verarbeitend** *Adj.; nicht präd.* timber processing ⟨*industry etc.*⟩; **~verschlag der a)** area divided off by a wooden partition; **b)** *(Schuppen)* wooden shed; **~waren** *Pl.* wooden articles; **~weg der** *(fig.) in* **auf dem ~weg sein** *od.* **sich auf dem ~weg befinden** be on the wrong track *(fig.)*; be barking up the wrong tree *(fig.)*; **wenn du glaubst, du kannst das verhindern, so bist du auf dem ~weg** if you think you can prevent it, you're very much mistaken *or (coll.)* you've got another think coming; **~wirtschaft die** timber industry; **~wolle die;** *o. Pl.* wood-wool; **~wurm der** woodworm

**Homburg** ['hɔmbʊrk] **der; ~s, ~s** Homburg

**homerisch** [ho'me:rɪʃ] *Adj.* Homeric; **ein ~es Gelächter** Homeric laughter

**Home·trainer** ['hoʊm-] der exerciser
**Hommage** [ɔ'ma:ʒ] die; ~, ~n (geh.) tribute (für to)
**homo** Adj.; nur präd. (ugs.) queer (coll.)
**Homo** ['ho:mo] der; ~s, ~s (ugs.) queer (coll.), homo (coll.)
**homo-, Homo-:** ~erotisch Adj. (geh.) homo-erotic (Psych.); homosexual; ~gen [~'ge:n] Adj. homogeneous; ~genisieren tr. V. a) (Chemie, Metallbearb.) homogenize; b) (geh.) homogenize; integrate ⟨groups⟩; ~genität [~geni'tɛ:t] die; ~ (geh.) homogeneity; ~log [~'lo:k] Adj. (Biol., Math., Chemie) homologous; ~logieren tr. V. (Motorsport) homologate; ~nym [~'ny:m] Adj. (Sprachw.) homonymous; ~nym das; ~s, ~e (Sprachw.) homonym; ~nymie [homony'mi:] die; ~ (Sprachw.) homonymy
**homöo-, Homöo-** [homøo-]: ~path [~'pa:t] der; ~en, ~en homoeopath; ~pathie die; ~: homoeopathy no art.; ~pathisch Adj. homoeopathic
**homo-, Homo-:** ~phil [~'fi:l] Adj. (geh.) homophile; ~phon das; ~s, ~e (Sprachw.) homophone; ~sexualität die; ~: homosexuality; ~sexuell 1. Adj. homosexual; 2. adv. ~sexuell veranlagt sein have homosexual tendencies; ~sexuelle der/die; adj. Dekl. homosexual
**Homunkulus** [ho'mʊŋkulʊs] der; ~, ~se od. Homunkuli homunculus
**Honduras** [hɔn'du:ras] (das); Honduras' Honduras
**honen** ['ho:nən] tr. V. (Technik) hone
**honett** [hɔ'nɛt] Adj. (geh.) (rechtschaffen) honest; upright; (anständig) decent; (ehrenhaft) honourable
**Hongkong** ['hɔŋkɔŋ] (das); ~s Hong Kong
**Honig** ['ho:nɪç] der; ~s, ~e honey; jmdm. ~ um den Bart (ugs.) od. (salopp) ums Maul schmieren (fig.) butter sb. up
**honig-, Honig-:** ~biene die honey-bee; ~brot das bread and honey; ein ~brot a slice of bread and honey; ~farben Adj. honey-coloured; ~gelb Adj. honey-yellow; ~kuchen der honey cake; ~kuchen·pferd das in lachen od. grinsen od. strahlen wie ein ~kuchenpferd (ugs. scherzh.) grin like a Cheshire cat; ~lecken das in das ist kein ~lecken (ugs.) it is not a bed of roses; ~melone die honeydew melon; ~schlecken das s. ~lecken; ~süß 1. Adj. ⟨grapes, taste, etc.⟩ as sweet as honey; (fig.) honey-sweet ⟨voice⟩; ein ~süßes Lächeln (fig.) the sweetest of smiles; mit ~süßer Stimme (fig.) in honeyed tones; 2. adv. (fig.) ~süß lächeln/antworten smile a honey-sweet smile/answer in honeyed tones; ~tau der honeydew; ~wabe die honeycomb; ~wein der mead; ~zelle die honey[comb] cell
**Honneur** [(h)ɔ'nø:ɐ̯] in die ~s machen (veralt.) do the honours
**Honorar** [hono'ra:ɐ̯] das; ~s, ~e fee; (Autoren~) royalty
**Honorar·professor** der professor who is not primarily an academic and has no voice in faculty matters
**Honoratioren** [honora'tsi̯o:rən] Pl. notabilities
**honorieren** tr. V. a) jmdn. ~: pay sb. [a/his/her fee]; jmds. Leistung/Buch ~: pay sb. [a/his/her fee] for his/her work/book; b) (würdigen) appreciate; (belohnen) reward; c) (Finanzw.) honour ⟨cheque⟩
**Honorierung** die; ~, ~en a) payment; b) (Würdigung) appreciation; (Belohnung) rewarding; c) (Finanzw.) honouring
**honorig** Adj. honourable; respectable
**honoris causa** [ho'no:rɪs 'kauza] Adv. honoris causa; Doktor ~ ~: honorary doctor
**hopfen** ['hɔpfn̩] tr. V. hop ⟨beer⟩
**Hopfen** der; ~s, ~: hop; bei ihm ist ~ und Malz verloren (ugs.) he's a hopeless case
**Hopfen-:** ~garten der hop-garden; ~stange die hop-pole
**hopp** [hɔp] 1. Interj. quick; look sharp. 2. Adv. in double-quick time; bei ihm muß alles ~ gehen he likes everything done in double-quick time
**hoppe** ['hɔpə] Interj. in ~, ~, Reiter machen (Kinderspr.) play gee-gees (on sb.'s knee)
**hoppeln** ['hɔpl̩n] itr. V.; mit sein hop (über + Akk. across, over); (fig.) bump, jolt (über + Akk. across, over)
**Hoppelpoppel** ['hɔpl̩'pɔpl̩] das; ~s, ~ a) (bes. berlin.) s. Bauernfrühstück; b) (Getränk) ≈ egg-nog
**hoppla** ['hɔpla] Interj. oops; whoops
**hopp|nehmen** unr. tr. V. (salopp) nab (sl.); nick (sl.)
**hops** [hɔps] 1. Interj. up; jump. 2. Adj.; nicht attr. (salopp) ~ sein be gone; ⟨money⟩ have gone down the drain (coll.); (entzweigegangen sein) be broken
**Hops** der; ~es, ~e [little] jump
**hopsala** ['hɔpsala], **hopsasa** ['hɔpsasa] Interj. (Kinderspr.) oops-a-daisy (coll.); whoops-a-daisy (coll.)
**hopsen** itr. V.; mit sein (ugs.) (springen) jump; (hüpfen) ⟨animal⟩ hop; ⟨child⟩ skip; ⟨ball⟩ bounce
**Hopser** der; ~s, ~ (ugs.) a) (kleiner Sprung) [little] jump; b) (Tanz) écossaise
**Hopserei** die; ~, ~en (ugs. abwertend) jumping about or around; (Tanzen) leaping about or around
**hops-:** ~|gehen unr. itr. V.; mit sein (salopp) a) (umkommen) buy it (sl.); b) (entzweigehen) get broken; (abhanden kommen) go missing; (unbrauchbar werden) ⟨car, machine, etc.⟩ pack up (coll.); ~|nehmen unr. tr. V. s. hoppnehmen
**Hör·apparat** der hearing-aid
**hörbar** 1. Adj. audible. 2. adv. audibly; (geräuschvoll) noisily
**Hör-:** ~bereich der audible range; range of hearing; ~bild das radio feature (combining documentary and dramatic techniques); ~brille hearing-aid spectacles pl.
**horchen** ['hɔrçn̩] itr. V. listen (auf + Akk. to); (heimlich zuhören) eavesdrop; listen; an der Tür/Wand ~: listen at the door/through the wall
**Horcher** der; ~s, ~: s. Lauscher a
**Horch-:** ~gerät das sound locator; (Marine) hydrophone; ~posten der (Milit., auch fig. scherzh.) listening-post
**[1]Horde** ['hɔrdə] die; ~, ~n (auch Völkerk.) horde; (von Halbstarken) mob; crowd; eine ~ Kinder od. von Kindern a horde of children
**[2]Horde** die; ~, ~n (Gestell) rack
**hören** ['hø:rən] 1. tr. V. a) hear; jmdn. kommen/sprechen ~: hear sb. coming/speaking; ich habe sagen ~, daß ...: I have heard it said that ...; ich höre nichts I can't hear anything; s. auch Gras; b) (anhören) listen to, hear ⟨programme, broadcast, performance, etc.⟩; hear ⟨singer, musician⟩; Rundfunk od. Radio ~: listen to the radio; den Angeklagten/Zeugen ~: hear the accused/witness; eine Vorlesung bei jmdm. ~: go to or attend a lecture by sb.; das läßt sich ~: that's good news; c) (erfahren) hear; etw. von jmdm. ~: hear sth. from sb.; er läßt nichts von sich ~: I/we etc. haven't heard from him; laß mal etwas von dir ~! keep in touch; etw. von jmdm. zu ~ bekommen od. (ugs.) kriegen get a good talking-to from sb. (coll.); d) (erkennen) an etw. (Dat.) ~, daß ...: hear or tell by sth. that ... 2. itr. V. a) hear; gut ~: have good hearing; schlecht ~: have bad hearing; be hard of hearing; nur auf einem Ohr ~: be deaf in one ear; höre ich recht? am I hearing things?; ich geb' dir gleich eine, daß dir Hören und Sehen vergeht (ugs.) I'll give you such a clout in a minute that you'll be seeing stars for a week (coll.); er raste über die Autobahn, daß uns Hören und Sehen verging (ugs.) he tore along the motorway so fast that we were scared out of our wits (coll.); b) (aufmerksam verfolgen) auf etw. (Akk.) ~: listen to sth.; c) (zuhören) listen; ich höre I'm listening; hörst du! listen [here]!; hörst du? are you listening?; man höre und staune would you believe it!; wonders will never cease (iron.); hör mal!/~ Sie mal! listen [here]!; hört, hört! aha, listen to this!; d) (befolgen) auf jmdn./jmds. Rat ~: listen to or heed sb./sb.'s advice; alles hört auf mein Kommando! (Milit.) I'm taking command; (scherzh.) everyone do as I say; auf den Namen Monika ~: answer to the name [of] Monika; e) (Kenntnis erhalten) von jmdm./etw. ~: hear of sb./sth.; davon ~, daß ...: hear that ...; von jmdm. ~ (Nachricht bekommen) hear from sb.; Sie hören noch von mir you'll be hearing from me again; you haven't heard the last of this; ich lasse wieder von mir ~: I'll be in touch; f) (ugs.: gehorchen) do as one is told; nicht ~ wollen not do as one's told; wer nicht ~ will, muß fühlen (Spr.) if you don't do as you're told, you'll suffer for it
**Hören·sagen** das; ~s in vom ~: by or from hearsay
**Hörer** der; ~s, ~ a) listener; b) (Telefon~) receiver
**Hörer·brief** der listener's letter; ~e listeners' letters
**Hörerin** die; ~, ~nen listener
**Hörer·kreis** der audience
**Hörerschaft** die; ~, ~en audience
**Hör-:** ~fehler der a) das war ein ~fehler he/she etc. misheard; ~fehler ausschließen exclude the possibility of mishearing [sth.]; b) (Schwerhörigkeit) hearing defect; ~folge die radio series; (in Fortsetzungen) radio serial; ~funk der radio; im ~funk on the radio; ~gerät das hearing-aid
**hörig** Adj. a) in jmdm. ~ sein be submissively dependent on sb.; (sexuell) be sexually dependent on or enslaved to sb.; be sb.'s sexual slave; b) (hist.) die ~en Bauern the serfs; ~ sein be in bondage
**Hörige** der/die; adj. Dekl. (hist.) serf; bondsman/bondswoman
**Hörigkeit** die; ~ a) enslavement; (sexuell) sexual dependence; b) (hist.) bondage; serfdom
**Horizont** [hori'tsɔnt] der; ~[e]s, ~e (auch Geol., fig.) horizon; am ~: on the horizon; einen engen od. kleinen ~ haben (fig.) have narrow horizons pl.; seinen ~ erweitern (fig.) widen or expand one's horizons pl.; hinter dem ~: below the horizon; über jmds. ~ (Akk.) gehen (fig.) be beyond sb.; go over sb.'s head
**horizontal** [horitsɔn'ta:l] 1. Adj. horizontal; s. auch Gewerbe a. 2. adv. horizontally
**Horizontale** die; ~, ~n a) (Linie) horizontal line; b) o. Pl. (Lage) die ~: the horizontal; etw. in die ~ bringen lay sth. flat; sich in die ~ begeben (scherzh.) lie down
**Hormon** [hɔr'mo:n] das; ~s, ~e hormone
**hormonal** [hɔrmo'na:l] 1. Adj. hormonal. 2. adv. hormonally
**Hormon·behandlung** die hormone treatment; eine ~: a course of hormone treatment
**hormonell** [hɔrmo'nɛl] Adj., adv. s. hormonal
**Hormon-:** ~haushalt der hormone balance; ~präparat das hormone preparation; ~spiegel der hormone level
**Hör·muschel** die ear-piece
**Horn** [hɔrn] das; ~[e]s, Hörner ['hœrnɐ] a) horn; jmdm. Hörner aufsetzen (fig. ugs.) cuckold sb.; sich (Dat.) die Hörner ablaufen od. abstoßen (fig.) sow one's wild oats; b) (Blasinstrument) horn; (Milit.) bugle; ins gleiche ~ stoßen (fig.) take the same line; c) Pl. ~e (Substanz) horn; d) (Signal~) (eines

*Autos usw.)* horn; hooter *(Brit.)*; *(eines Zuges)* horn

**horn·artig** *Adj.* hornlike

**Hornberger** ['hɔrnbɛrgɐ] *in* **wie das ~ Schießen ausgehen** all come to nothing

**Horn-: ~blende die** *(Mineral.)* hornblende; **~brille die** horn-rimmed spectacles *pl. or* glasses *pl.*

**Hörnchen** ['hœrnçən] **das; ~s, ~ a)** small *or* little horn; **b)** *(Gebäck)* croissant; **c)** *(Nagetier)* squirrel

**Hörner·klang der** sound of horns

**hörnern** *Adj.; nicht präd.* horn ⟨*handle etc.*⟩; ⟨*handle etc.*⟩ [made] of horn

**Horn·haut die a)** callus; hard *or* callused skin *no indef. art.*; **b)** *(am Auge)* cornea

**Hornhaut-: ~entzündung die** inflammation of the cornea; corneitis *no indef. art. (Med.)*; keratitis *no indef. art. (Med.)*; **~trübung die** corneal opacity; opacity of the cornea; **~übertragung die** corneal grafting

**hornig** *Adj.* horny

**Hornisse** [hɔr'nɪsə] **die; ~, ~n** hornet

**Hornist der; ~en, ~en a)** horn player; **b)** *(Milit.)* bugler

**Horn-: ~kamm der** horn comb; **~ochse der** *(ugs.)* stupid ass; **~signal das** blast on a/the horn; **~tier das** horned animal; **die ~tiere** the Bovidae

**Hornung der; ~s, ~e** *(veralt.)* February

**Hör·organ das** *s.* **Gehörorgan**

**Horoskop** [horo'sko:p] **das; ~s, ~e** horoscope; **jmdm. das ~ stellen** cast sb.'s horoscope

**horrend** [hɔ'rɛnt] *Adj.* shocking *(coll.)*, horrendous *(coll.)* ⟨*price*⟩; colossal *(coll.)* ⟨*sum, amount, rent*⟩; shocking *(coll.)* ⟨*blunder, mistake, lack of discipline*⟩

**horrido** [hɔri'do:] *Interj. (Jägerspr.)* hurrah

**Hör·rohr das a)** *(Stethoskop)* stethoscope; **b)** *(Hörgerät)* ear-trumpet

**Horror** ['hɔrɔr] **der; ~s** horror; **einen ~ vor jmdm./etw. haben** loathe and fear sb./have a horror of sth.

**Horror-: ~film der** horror film; **~trip der** *(ugs.)* bad trip; **der reinste ~trip sein** *(fig.)* be a nightmare

**Hör-: ~saal der a)** lecture theatre *or* hall *or* room; **b)** *o. Pl. (Zuhörerschaft)* audience; **~schwelle die** *(Akustik)* threshold of audibility *or* hearing

**Horsd'oeuvre** [ɔr'dœ:vr] **das; ~s, ~s** *(Gastr.)* hors-d'oeuvre

**Hör·spiel das a)** radio play; **b)** *(Gattung)* radio drama *no art.*

**Horst** [hɔrst] **der; ~[e]s, ~e a)** *(Nest)* eyrie; **b)** *(Forstw.) (Bäume)* group of trees; *(Gebüsch)* group of bushes; **c)** *(Geol.)* horst; **d)** *s.* **Fliegerhorst**

**horsten** *itr. V.* nest

**Hör·sturz der** *(Med.)* acute hearing loss

**Hort** [hɔrt] **der; ~[e]s, ~e a)** *(dichter.: Goldschatz)* hoard [of gold]; **b)** *(geh.: Schutz)* refuge; sanctuary; **ein ~ der Freiheit** a stronghold *or* bulwark of liberty; **c)** *(geh.: Stätte)* **ein ~ des Lasters/des Geistes** a hotbed of vice/a centre of intellectual activity; **d)** *s.* **Kinderhort**

**horten** *tr. V.* hoard; stockpile ⟨*raw materials*⟩

**Hortensie** [hɔr'tɛnzi̯ə] **die; ~, ~n** hydrangea

**Hör·test der** hearing test

**Hortnerin** ['hɔrtnərɪn] **die; ~, ~nen** *supervisor in a day-home for schoolchildren*

**Hortung die; ~:** hoarding; *(von Rohstoffen)* stockpiling

**ho ruck** ['ho:'rʊk] *s.* **hau ruck**

**Hör-: ~vermögen das;** *o. Pl.* hearing; **~weite die** hearing range; **in/außer ~weite** in/out of hearing range *or* of earshot

**hosanna** [ho'zana] *s.* **hosianna**

**Höschen** ['hø:sçən] **das; ~s, ~ a)** trousers *pl.*; pair of trousers; *(kurzes ~)* short trousers *pl.*; shorts *pl.*; pair of shorts; **heiße ~** *(ugs. scherzh.)* hot pants; **b)** *(Slip)* panties *pl.*; pair of panties

**Hose** ['ho:zə] **die; ~, ~n a)** trousers *pl.*; pants *pl. (Amer.)*; *(Unter~)* pants *pl.*; *(Freizeit~)* slacks *pl.*; *(Bund~)* breeches *pl.*; *(Reit~)* jodhpurs *pl.*; riding breeches *pl.*; **eine ~:** a pair of trousers/pants/slacks *etc.*; **eine kurze/lange ~:** [a pair of] short trousers *or* shorts/long trousers; **ein/zwei Paar ~n** one/two pairs of trousers; **in die ~n schlüpfen/steigen** slip/get one's trousers on; slip/get into one's trousers; **das Kind hat in die ~[n] gemacht/die ~ vollgemacht** the child has made a mess in its pants; **b)** *(fig.)* **[zu Hause** *od.* **daheim] die ~n anhaben** *(ugs.)* wear the trousers [at home]; **die ~n runterlassen** *(salopp)* come clean *(coll.)*; **die ~[n] [gestrichen] voll haben** *(salopp)* be shitting oneself *(coarse)*; be in a blue funk *(sl.)*; **die ~n voll kriegen** *(ugs.)* get a good hiding *(coll.)*; **jmdm. die ~n strammziehen** *(ugs.)* give sb. a good hiding *(coll.)*; **in die ~[n] gehen** *(salopp)* be a [complete] flop *(coll.)*; **sich [vor Angst] in die ~[n] machen** *(salopp)* shit oneself *(coarse)*; get into a blue funk *(sl.)*; **es ist tote ~** *(Jugendspr.)* there's nothing doing *(coll.)*

**Hosen-: ~an·zug der** trouser suit *(Brit.)*; pant suit; **~aufschlag der** [trouser *or (Amer.)* pants] turn-up; **~band·orden der** Order of the Garter; **~bein das** trouser-leg; pants leg *(Amer.)*; **~boden der** seat of the/one's/sb.'s trousers *or (Amer.)* pants; **ein paar auf den ~boden bekommen** get a smacked bottom; **sich auf den ~boden setzen** *(fig.)* knuckle down to it; **jmdm. den ~boden strammziehen** *(fig. ugs.)* give sb. a good hiding *(coll.)*; **~boje die** *(Seew.)* breeches-buoy; **~bügel der** trouser-hanger; **~bund der** waistband; **~klammer die** bicycle-clip; **~knopf der** trouser-button; pants button *(Amer.)*; **~latz der a)** *(an Lederhosen)* flap; *(an Trachten~, Matrosen~)* bib; **b)** *(landsch.) s.* **~schlitz; ~matz der** *(ugs. scherzh.)* toddler; [tiny] tot; **~naht die** trouser-seam; pants seam *(Amer.)*; **Hände an die ~naht!** *(Milit.)* thumbs on your trouser-seams!; **~rock der** culottes *pl.*; divided skirt; **~rolle die** *(Theater)* breeches part; **~scheißer der a)** *(derb: Feigling)* chicken *(coll.)*; **b)** *(ugs. scherzh.) s.* **~matz; ~schlitz der** fly; flies *pl.*; **~spanner der** *s.* **~bügel; ~stall der** *(ugs. scherzh.) s.* **~schlitz; ~tasche die** trouser-pocket; pants pocket *(Amer.)*; **etw. wie seine ~tasche kennen** *(fig. ugs.)* know sth. like the back of one's hand; **~träger** *Pl.* braces; suspenders *(Amer.)*; pair of braces/suspenders

**hosianna** [ho'zi̯ana] *Interj. (christl. Rel.)* hosanna

**Hospital** [hɔspi'ta:l] **das; ~s, ~e** *od.* **Hospitäler** [hɔspi'tɛ:lɐ] **a)** hospital; **b)** *(veralt.: Pflegeheim)* nursing home *(Brit.)*

**Hospitalismus der; ~** *(Psych., Päd., Med.)* hospitalism *no art.*

**Hospitant** [hɔspi'tant] **der; ~en, ~en, Hospitantin die; ~, ~nen a)** *person sitting in on a class/lecture*; **b)** *s.* **Gasthörer**

**hospitieren** *itr. V.* **bei jmdm. ~:** sit in on sb.'s lectures/seminars; **in einem Seminar/einer Vorlesung ~:** sit in on a seminar/lecture

**Hospiz** [hɔs'pi:ts] **das; ~es, ~e a)** hospice; **b)** *(Hotel)* **[christliches] ~:** *private hotel run in accordance with Protestant principles*

**Hostess, Hosteß** [hɔs'tɛs] **die; ~, Hostessen** hostess

**Hostie** ['hɔsti̯ə] **die; ~, ~n** *(christl. Rel.)* host

**Hostien-:** *(christl. Religion)* **~schrein der** tabernacle; **~teller der** paten

**Hotel** [ho'tɛl] **das; ~s, ~s** hotel

**Hotel-: ~bar die** hotel bar; **~boy der** page[-boy]; bellboy *(Amer.)*; **~direktor der** hotel manager; **~fach das;** *o. Pl.* hotel trade; **~fach·schule die** school of hotel management; **~führer der** hotel guide

**Hotel garni** [~ gar'ni:] **das; ~ ~, ~s ~s** bed-and-breakfast hotel

**Hotel-: ~gast der** hotel guest; **~halle die** hotel lobby

**Hotelier** [hotɛ'li̯e:] **der; ~s, ~s** hotelier

**Hotel-: ~page der** *s.* **~boy; ~portier der** [hotel] commissionaire; **~zimmer das** hotel room

**hott** [hɔt] *Interj.* gee[-up]; *s. auch* **hü**

**HQ** *Abk.* **Hauptquartier** HQ.

**HR** *Abk.* **Hessischer Rundfunk** Hesse Radio

**hrsg.** *Abk.* **herausgegeben** ed.

**Hrsg.** *Abk.* **Herausgeber** ed.

**Hs.** *Abk.* **Handschrift** MS.

**hu** [hu:] *Interj.* **a)** ugh; **b)** *(bei Kälte)* brrr; **c)** *(zum Erschrecken)* boo

**hü** [hy:] *Interj.* **a)** *(vorwärts)* giddap; gee[-up]; **b)** *(halt)* whoa; **einmal sagt sie ~ und einmal hott** *(fig. ugs.)* first she says one thing, then another

**Hub** [hu:p] **der; ~[e]s, Hübe** ['hy:bə] *(Technik)* **a)** *(das Heben)* lifting; **in einem ~:** in one lift; *(bei einem Bagger)* in one load; **b)** *(Weg des Kolbens)* stroke

**Hubbel** ['hʊbl̩] **der; ~s, ~** *(bes. südd.)* bump

**hubbelig** *Adj. (bes. südd.)* bumpy

**Hub·brücke die** *(Technik)* lift bridge

**hüben** ['hy:bn̩] *Adv.* on this side; over here; **~ und** *od.* **wie drüben** on both sides

**Hubertus·jagd** [hu'bɛrtʊs-] **die; ~, ~en** *(Jagdw.)* St. Hubert's Day hunt

**Hub-: ~höhe die** *(Technik) (eines Krans)* lifting height; *(einer Schleuse)* lift; *(eines Kolbens)* length of stroke; **~raum der** *(Technik)* piston displacement; swept volume; *(Meßgröße für die Leistungsfähigkeit eines Motors)* cubic capacity

**hübsch** [hʏpʃ] **1.** *Adj.* **a)** pretty; nice-looking ⟨*boy, person*⟩; *(reizvoll)* nice, pleasant ⟨*area, flat, voice, tune, etc.*⟩; nice ⟨*phrase, idea, present*⟩; **ihr Hübschen** *(ugs.)* my pretty ones; **sich ~ machen** make oneself look nice; **b)** *nicht präd. (ugs.: ziemlich groß)* **eine ~e Stange Geld kosten** cost a pretty penny; **ein ~es Sümmchen** a tidy sum *(coll.)*; a nice little sum; **ein ~es Stück Arbeit** a fair amount *or* quite a lot of work; **c)** *(ugs. iron.: unangenehm)* **das ist eine ~e Geschichte/hier herrschen ~e Zustände** this is a fine *or* pretty kettle of fish *(coll.) or* a fine state of affairs. **2.** *adv.* **a)** prettily; **sich ~ anziehen** dress nicely; wear nice clothes; **~ eingerichtet/gekleidet** nicely *or* attractively furnished/dressed; **~ singen/spielen** sing/play nicely; **b)** *(ugs.: sehr)* **~ kalt** perishing cold; **c)** *(ugs.: ordentlich)* **immer ~ der Reihe nach** everybody must take his turn; **sei ~ brav** be a good boy/girl; **immer ~ langsam** take it nice and slowly

**Hub·schrauber der; ~s, ~:** helicopter

**Hubschrauber·lande·platz der** heliport; *(kleiner)* helicopter pad; landing pad

**Hub-: ~stapler der a)** stacker truck; **b)** *s.* **Gabelstapler; ~volumen das** *s.* **~raum**

**huch** [hʊx] *Interj.* ugh; *(bei Kälte)* brrr

**Hucke** ['hʊkə] **die; ~, ~n** pannier; **jmdm. die ~ voll hauen** *(fig. ugs.)* give sb. a good hiding *(coll.)*; *(bei einer Prügelei)* beat hell out of sb. *(coll.)*; **jmdm. die ~ voll lügen** *(fig. ugs.)* tell sb. a pack of lies; **die ~ voll kriegen** *(fig. ugs.)* get a good hiding *(coll.)*; *(bei einer Prügelei)* get a proper beating *(coll.)*; *s. auch* **saufen 3**

**huckepack** ['hʊkəpak] *Adv. (ugs.) in* **jmdn. ~ tragen** carry sb. piggyback; give sb. a piggyback; **etw. ~ tragen** carry sth. piggyback; **jmdn./etw. ~ nehmen** take sth. up on one's back

**Hudelei die; ~, ~en** *(bes. südd., österr.)* **a)** *(Arbeitsweise)* sloppiness; **b)** *(Pfuscharbeit)* sloppy *or* slipshod *or* slapdash work *no indef. art.*

**hudelig** *(bes. südd., österr.)* **1.** *Adj.* sloppy; slapdash; slipshod ⟨*work*⟩. **2.** *adv.* sloppily; in a sloppy *or* slipshod *or* slapdash manner
**hudeln** ['hu:dl̩n] *itr. V. (bes. südd., österr.)* work sloppily; be sloppy *or* slapdash **(bei** in); **nur nicht ~!** don't be in such a hurry!; take it easy!
**hudlig** *s.* **hudelig**
**Huf** [hu:f] **der; ~[e]s, ~e** hoof; **einem Pferd die ~e beschlagen** shoe a horse
**huf-, Huf-: ~eisen das** horseshoe; **~eisen·form die: in ~eisenform** in [the shape of] a horseshoe; **~eisenförmig 1.** *Adj.* horseshoe-shaped; **2.** *adv.* in [the shape of] a horseshoe
**Hufen·dorf das** *linear village in which each house has its own fields behind it*
**Huf-: ~lattich der** coltsfoot; **~nagel der** horseshoe nail; **~schlag der a)** *(Klang)* hoofbeats *pl.*; **b)** *(Stoß)* kick [from a/the horse]; **~schmied der** farrier; blacksmith; **~schmiede die** farrier's *or* blacksmith's workshop
**Hüft·bein das** *(Anat.)* hip bone; innominate bone *(Anat.)*
**Hüfte** ['hʏftə] **die; ~, ~n** hip; **sie stand da, die Arme in die ~n gestemmt ...:** she stood there, hands on hips *or* with arms akimbo; **sich in den ~n wiegen** swing one's hips; **aus der ~ schießen/feuern** shoot/fire from the hip
**hüft-, Hüft-: ~gelenk das** *(Anat.)* hip-joint; **~gelenk·entzündung die** coxitis; **~gürtel der, ~halter der** girdle; **~hoch 1.** *Adj.* **~hoch sein** ⟨*grass, wall*⟩ be almost waist-high; ⟨*water, snow, mud*⟩ be almost waist-deep; **2.** *adv.* **~hoch im Schlamm stehen** stand waist-deep in mud
**Huf·tier das** hoofed animal; ungulate *(Zool.)*
**Hüft-: ~knochen der** *s.* **Hüftbein; ~nerv der** sciatic nerve; **~schwung der** *(Ringen)* cross-buttock; **~um·fang der, ~weite die** *(Schneiderei)* hip size
**Hügel** ['hy:gl̩] **der; ~s, ~ a)** hill; *(fig.)* heap; pile; **b)** *(dichter.)* grave mound
**hügel-, Hügel-: ~ab** *Adv. (geh.)* downhill; **~an, ~auf** *Adv. (geh.)* uphill; **~grab das** *(Archäol.)* barrow; tumulus
**hügelig** *Adj.* hilly
**Hügel-: ~kette die** chain *or* range of hills; **~land das;** *Pl.* **~länder** hill country
**Hugenotte** [hugə'nɔtə] **der; ~n, ~n** Huguenot
**hüglig** *s.* **hügelig**
**huh** *s.* **hu**
**hüh** *s.* **hü**
**Huhn** [hu:n] **das; ~[e]s, Hühner** ['hy:nɐ] **a)** chicken; [domestic] fowl; *(Henne)* chicken; hen; **gebratenes ~:** roast chicken; **herumlaufen wie ein aufgescheuchtes ~** *(ugs.)* run about in a great panic *(coll.)*; **da lachen [ja] die Hühner** *(ugs.)* you/he/she *etc.* must be joking *(coll.)*; **ein blindes ~ findet auch mal ein Korn** *(Spr.)* anyone can have a stroke of luck once in a while; **mit den Hühnern aufstehen/zu Bett gehen** *(scherzh.)* get up with the lark/go to bed early; **b)** *(ugs.: Mensch)* **ein verrücktes/dummes/fideles ~:** a nutcase *(sl.) or* idiot/stupid twit *(Brit. sl.) or* idiot/cheerful sort *(coll.)*; **c)** *(Jägerspr.) s.* **Rebhuhn**
**Hühnchen** ['hy:nçən] **das; ~s, ~:** little *or* small chicken; **mit jmdm. [noch] ein ~ zu rupfen haben** *(ugs.)* [still] have a bone to pick with sb.
**Hühner-: ~auge das** *(am Fuß)* corn; **jmdm. auf die ~augen treten** *(fig. ugs.)* tread on sb.'s corns *or* toes; **~augen·pflaster das** corn plaster; **~brühe die** chicken broth; **~brust die a)** *(Med.)* chicken-breast; pigeon-breast; **b)** *(ugs.: flacher Brustkorb)* scrawny chest; **~dieb der** chicken-thief; **~dreck der** *(ugs.)* chicken dirt; **~ei das** hen's egg; **~farm die** chicken farm; **~frikassee das** chicken fricassee; fricassee of chicken; **~futter das** chicken-feed; **~habicht der** [northern] goshawk; **~hof der** chicken-run; **~hund der** *s.* **Vorstehhund; ~klein das** trimmings *pl.* of chicken *(in stew etc.)*; **~leiter die** chicken-ladder; **~mist der** chicken droppings *pl.*; **~pest die** *(Tiermed.)* fowl pest; **~stall der** chicken-coop; hen-coop; **~suppe die** chicken soup; **~vogel der;** *meist Pl. (Zool.)* gallinaceous bird; **~zucht die a)** *o. Pl.* chicken-rearing *no art.*; chicken-farming *no art.*; **b)** *(Betrieb)* chicken farm
**hui** [hui] *Interj.* whoosh; **außen ~ und innen pfui** *(von Geräten usw.)* the outside's fine but inside it's a different story; *(von Personen)* he/she seems very nice on the surface, but underneath it's a different story
**Huld** [hʊlt] **die; ~** *(geh., veralt., noch iron.) (Gunst)* favour; *(Güte)* graciousness; **jmdm. seine ~ schenken** bestow one's favour on sb.
**huldigen** ['hʊldɪgn̩] *itr. V.* **a) jmdm. ~:** pay tribute to *or* honour sb.; **b)** *(geh.: anhängen)* **einem Grundsatz/einer Ansicht/Mode ~:** hold [devotedly] to a principle/a point of view/follow a fashion; **dem Kartenspiel/Alkohol ~:** be addicted to cards/enjoy a few drinks; **c)** *(hist.: Treue geloben)* **jmdm. ~:** pay *or* render homage to sb.
**Huldigung die; ~, ~en a)** *(Ehrung)* tribute; homage; **einer Dame seine ~ darbringen** pay one's addresses *pl.* to a lady; **b)** *(hist.: Treuegelöbnis)* homage
**Huldigungs·gedicht das** panegyric
**huld·reich, huld·voll** *(geh. veralt.)* **1.** *Adj.* gracious. **2.** *adv.* graciously
**Hülle** ['hʏlə] **die; ~, ~n a)** *(Umhüllung)* cover; *(für Ausweis, Zeitkarte)* cover; holder; *(für Füllhalter)* case; *(Schallplatten~)* cover; sleeve; *(fig.: eines Menschen)* **die leibliche ~** *(dicht.)* this mortal frame *(literary)*; **die sterbliche ~** *(geh. verhüll.)* the mortal remains *pl.*; **b)** *(ugs. scherzh.: Kleidung)* **seine** *od.* **die ~ fallen lassen** strip off [one's clothes]; **c) in ~ und Fülle,** *(geh.)* **die ~ und Fülle** in abundance; in plenty; **d)** *(Bot.)* involucre
**hüllen** *tr. V. (geh.)* wrap; **jmdn./sich in etw.** *(Akk.)* **~:** wrap sb./oneself in sth.; **in Dunkel** *(Akk.)* **gehüllt** *(fig.)* shrouded *or* veiled in obscurity; **in Wolken** *(Akk.)* **gehüllt** *(fig.)* enveloped in clouds
**hüllenlos** *Adj.* **a)** *nicht präd. (unverhüllt)* plain; clear; **b)** *(scherzh.: nackt)* naked; in one's birthday suit *pred. (joc.)*
**Hülse** ['hʏlzə] **die; ~, ~n a)** *(Hülle) (für Füllhalter, Thermometer, Patrone)* case; *(für Film)* [cassette] container; *(für Impfstoff)* capsule; **b)** *(Bot.)* pod; hull
**Hülsen·frucht die;** *meist Pl.* **a)** *(Frucht)* fruit of a leguminous plant; **Hülsenfrüchte** pulse *sing.*; **b)** *(Pflanze)* legume; leguminous plant
**human** [hu'ma:n] **1.** *Adj.* **a)** *(menschenwürdig)* humane; **die modernen Großstädte müssen ~er werden** modern cities must provide a more humane environment for people to live in; **b)** *(nachsichtig)* considerate; **c)** *(Med.)* human. **2.** *adv.* **a)** *(menschenwürdig)* humanly; **b)** *(nachsichtig)* considerately
**Human-: ~biologie die** human biology *no art.*; **~genetik die** human genetics *sing., no art.*
**humanisieren** *tr. V.* humanize
**Humanisierung die; ~:** humanization
**Humanismus der; ~:** humanism; *(Epoche)* Humanism *no art.*
**Humanist der; ~en, ~en a)** humanist; *(hist.)* Humanist; **b)** *(Altsprachler)* classical scholar; *(Student)* classics student
**humanistisch** *Adj.* **a)** humanist[ic]; *(hist.)* Humanist; **b)** *(altsprachlich)* classical; **ein ~es Gymnasium** *secondary school emphasizing classical languages*
**humanitär** [humani'tɛ:ɐ̯] *Adj.* humanitarian
**Humanität** [humani'tɛ:t] **die; ~:** respect for humanity
**Humanitäts·duselei** [-du:zəlai] **die; ~, ~en** *(abwertend)* **[eine] ~/~en** *Pl.* sentimental humanitarianism *sing.*
**Human-: ~medizin die** human medicine *no art.*; **~mediziner der** practitioner of human medicine; **~versuch der** *(Med.)* test on a human being/on human beings
**Humbug** ['hʊmbʊk] **der; ~s** *(ugs. abwertend)* humbug
**Hummel** ['hʊml̩] **die; ~, ~n** bumble-bee; humble-bee; **eine wilde ~** *(scherzh.)* a proper tomboy; *s. auch* **Hintern**
**Hummer** ['hʊmɐ] **der; ~s, ~:** lobster
**Hummer-: ~cocktail der** *(Kochk.)* lobster cocktail; **~krabbe die** king prawn; **~mayonnaise die** *(Kochk.)* lobster mayonnaise
**Humor** [hu'mo:ɐ̯] **der; ~s, ~e a)** humour; *(Sinn für ~)* sense of humour; **etw. mit ~ tragen/nehmen** bear/take sth. with a sense of humour *or* cheerfully; **keinen [Sinn für] ~ haben** have no sense of humour; **er hat ~ – läßt mich mit der ganzen Arbeit allein hier sitzen** he's got a strange sense of humour, leaving me sitting here on my own with all the work; **~ ist, wenn man trotzdem lacht** it's not the end of the world; **der rheinische/englische ~:** Rhenish/English humour; the Rhinelander's/Englishman's sense of humour; **schwarzer ~:** black humour; **b)** *o. Pl. (gute Laune)* **den ~ nicht verlieren** remain good-humoured
**Humoreske** [humo'rɛskə] **die; ~, ~n a)** *(Literaturwiss.)* humorous sketch; **b)** *(Musik)* humoresque
**humorig** *Adj.* humorous
**Humorist der; ~en, ~en a)** *(Autor)* humorist; **b)** *(Vortragskünstler)* comedian
**humoristisch 1.** *Adj.* humorous; **er ist ein großes ~es Talent** he has great talent to amuse. **2.** *adv.* with humour
**humor-, Humor-: ~los 1.** *Adj.* humourless; **2.** *adv.* without humour; **~losigkeit die; ~:** humourlessness; lack of humour; **~voll 1.** *Adj.* humorous; **2.** *adv.* humorously; in a humorous way
**Humpelei die; ~** *(ugs.)* hobbling; **er übertreibt ein bißchen mit seiner ~:** he's overdoing the limp a bit
**humpeln** ['hʊmpl̩n] *itr. V.* **a)** *auch mit sein* walk with *or* have a limp; **b)** *mit sein (sich ~d fortbewegen)* hobble; limp
**Humpen** ['hʊmpn̩] **der; ~s, ~:** tankard; [beer-]mug; *(aus Ton auch)* stein
**Humus** ['hu:mʊs] **der; ~:** humus
**humus-, Humus-: ~boden der, ~erde die** humus soil; **~reich** *Adj.* ⟨*soil*⟩ rich in humus; rich ⟨*soil*⟩
**Hund** [hʊnt] **der; ~es, ~e a)** dog; *(Jagd~)* hound; dog; **ein junger ~:** a puppy *or* pup; **bei diesem Wetter würde man keinen ~ vor die Tür schicken** I wouldn't turn a dog out in weather like this; **da liegt der ~ begraben** *(fig. ugs.) (Ursache)* that's what's causing it; *(Grund)* that's the real reason; **da wird der ~ in der Pfanne verrückt** *(salopp)* it's quite incredible; **das ist zum Junge-Hunde-Kriegen** *(ugs.)* it's enough to drive you to despair; it's enough to drive you spare *(Brit. sl.)*; **viele ~e sind des Hasen Tod** *(Spr.)* it's one against many; **~e, die bellen, beißen nicht** *(Spr.)* barking dogs seldom bite; **den letzten beißen die ~e** *(fig.)* late-comers must expect to be unlucky; **ein dicker ~** *(ugs.: grober Fehler)* a real bloomer *(Brit. sl.) or (sl.)* goof; **das ist ein dicker ~** *(ugs.: Frechheit)* that's a bit thick *(coll.)*; **kalter ~** *(ugs.) gateau consisting of layers of biscuit and chocolate-flavoured filling;* **der Große ~/der Kleine ~** *(Astron.)* the Great[er] Dog/the Little *or* Lesser Dog; **bekannt sein wie ein**

bunter *od.* scheckiger ~: be a well-known figure; **wie ~ und Katze leben** *(ugs.)* lead a cat-and-dog life; **damit kannst du keinen ~ hinter dem Ofen hervorlocken** that won't tempt anybody; **auf den ~ kommen** *(ugs.)* go to the dogs *(coll.)*; **mit allen ~en gehetzt sein** *(ugs.)* be up to *(coll.) or* know all the tricks; **vor die ~e gehen** *(ugs.)* go to the dogs *(coll.)*; *(sterben)* die; kick the bucket *(sl.)*; **b)** *(salopp: Mann)* bloke *(Brit. coll.)*; *(abwertend)* bastard *(coll.)*; **so ein blöder ~!** [what a] stupid bastard!; **c)** *(Bergmannsspr.)* [mine-]car; tub

**Hundchen, Hündchen** ['hʏntçən] **das; ~s, ~** *(kleiner Hund)* little dog; *(Koseform)* doggie *(coll.)*; *(junger Hund)* puppy; pup

**hunde-, Hunde-: ~art die** *s.* **~rasse; ~artige** *Pl.; adj. Dekl. (Zool.)* canines; **die ~artigen** the Canidae; **~aus·stellung die** dog show; **~blick der** *(fig. ugs.)* doglike look; *(ergeben)* look of doglike devotion; **~blume die** dandelion; **~deckchen das a)** dog-coat; **b)** *(scherzh.: Gamasche)* gaiter; **~dreck der** dog's mess *or* muck; **~elend** *Adj.; nicht attr.* [really] wretched *or* awful; **~fänger der** dog-catcher; **~futter das** dog food; **~gespann das** dog-team; **~halsband das** dog-collar; **~halter der** *(Amtsspr.)* dog-owner; **~hütte die** *(auch fig. abwertend)* [dog-]kennel; **~kalt** *Adj.; nicht attr. (ugs.)* freezing cold; **~kälte die** *(ugs.)* freezing cold; **~klo[sett] das** dogs' toilet *or* lavatory; **~kot der** *(geh.)* dog-dirt; **~kuchen der** dog-biscuit; **~leben das** *(ugs.)* dog's life; **~marke die a)** dog-licence disc; dog-tag; **b)** *(salopp scherzh.: Erkennungsmarke) (bei Soldaten)* identity disc; dog-tag *(Amer. sl.)*; *(bei der Polizei) s.* **Kennmarke; ~müde** *Adj.; nicht attr. (ugs.)* dog-tired; **~narr der** fanatical dog-lover; **~rasse die** breed of dog; **~rennen das** dog-racing; greyhound-racing; **ein Vermögen beim ~rennen verlieren** lose a fortune at the dog-track *or (coll.)* on the dogs *pl.*

**hundert** ['hʊndɐt] *Kardinalz.* **a)** a *or* one hundred; **mehrere/einige ~ Menschen** several/a few hundred people; **auf ~ kommen/sein** *(ugs.)* blow one's top *(coll.)*/be in a raging *or (coll.)* flaming temper; *s. auch* **acht; b)** *(ugs.: viele)* hundreds of; **~ Neuigkeiten** lots of news

[1]**Hundert das; ~s, ~e** *od. (nach unbest. Zahlwörtern)* **~ a)** hundred; **ein halbes ~:** fifty; **fünf vom ~:** five per cent; **b)** *Pl. (große Anzahl)* **~e von Menschen** hundreds of people; **von solchen Menschen gibt es unter ~en nur einen** people like that are few and far between; **in die ~e gehen** *(ugs.)* run into hundreds

[2]**Hundert die; ~, ~en** hundred

**hundert·ein[s]** *Kardinalz.* a *or* one hundred and one

**Hunderter der; ~s, ~ a)** *(ugs.)* hundred-mark/-dollar *etc.* note; **das wird mich einige ~ kosten** that will cost me a few hundred [marks/dollars *etc.*]; **b)** *(Math.)* hundred

**hunderterlei** *Gattungsz.; indekl. (ugs.)* **a)** *(von verschiedener Art)* a hundred and one different ⟨*answers, kinds, etc.*⟩; **b)** *(viele)* a hundred and one; **ich muß noch ~ besorgen** I still have a hundred and one things to see to

**hundert·fach** *Vervielfältigungsz.* hundredfold; **die ~e Menge/der ~e Preis** a hundred times the amount/price; *s. auch* **achtfach**

**Hundert·fünf·und·siebziger der; ~s, ~** *(ugs. veralt.)* homo *(coll.)*; queer *(sl.)*

**hundert·fünfzig·prozentig** *Adj. (ugs. iron.)* over-zealous ⟨*official*⟩; fanatical ⟨*nationalist, communist, etc.*⟩

**Hundert·jahr·feier die** centenary; centennial; **die ~ unserer Organisation** the centenary *or* centennial of our organization

**hundert·jährig** *Adj.* **a)** *(100 Jahre alt)* [one-]hundred-year-old; **ein ~er Greis** a centenarian; **b)** *(100 Jahre dauernd)* **nach ~em Kampf** after a hundred years of war; **ihr/sein ~es Bestehen feiern** celebrate its centenary; **der Hundertjährige Krieg** *(hist.)* the Hundred Years' War; **der Hundertjährige Kalender** the Century Almanac

**hundert·mal** *Adv.* a hundred times; **auch wenn du dich ~ beschwerst** *(ugs.)* however much *or* no matter how much you complain; *s. auch* **achtmal**

**Hundert-: ~mark·schein der** hundred-mark note; **~meter·hürden·lauf der** *(Leichtathletik)* hundred-metres hurdles *sing.*; **~meter·lauf der** *(Leichtathletik)* hundred metres *sing.*; **sie gehört zu den Weltbesten im ~meterlauf** she is among the world's best at a *or* the hundred metres

**hundert·prozentig 1.** *Adj.* **a)** *(von 100 %)* [one-]hundred per cent *attrib.*; **~er Alkohol** pure alcohol; **b)** *(ugs.: völlig)* a hundred per cent, complete, absolute ⟨*certainty, agreement, etc.*⟩; **c)** *(ugs.: ganz sicher)* completely *or* absolutely reliable; **d)** *(ugs.: typisch)* **ein ~er Konservativer/eine ~e Amerikanerin** a conservative/an American through and through. **2.** *adv. (ugs.)* **ich bin nicht ~ sicher** I'm not a hundred per cent sure; **du kannst dich ~ auf ihn/darauf verlassen** you can rely on him/it absolutely *or* one hundred per cent; **~ recht haben** be absolutely right; **etw. ~ wissen** know sth. for sure; **er wird das tun, ~:** he will do it, you can be a hundred per cent sure of that

**Hundertschaft die; ~, ~en** group of a hundred; **einige ~en der Polizei** several hundred police

**hundertst...** ['hʊndɐtst...] *Ordinalz.* hundredth; **zum ~en Mal fragen** *(ugs.)* ask for the hundredth time; **vom Hundertsten ins Tausendste kommen** get carried away so that one subject just leads another

**hundertstel** ['hʊndɐtstl] *Bruchz.* hundredth; *s. auch* **achtel**

**Hundertstel das** (*schweiz. meist* **der**)**; ~s, ~:** hundredth

**Hundertstel·sekunde die** hundredth of a second

**hundert·tausend** *Kardinalz.* a *or* one hundred thousand; **mehrere/viele ~ Menschen** several hundred thousand people/many hundreds of thousands of people

**hundert·und·ein[s]** *Kardinalz.* a *or* one hundred and one

**hundert·zehn** *Kardinalz.* a *or* one hundred and ten

**Hundert·zehn·meter·hürden·lauf der** *(Leichtathletik)* 110 metres hurdles *sing.*

**Hunde-: ~salon der** poodle *or* dog parlour; **~scheiße die** *(derb)* dog-shit *(coarse)*; **~schlitten der** dog-sledge; dog-sled *(Amer.)*; **~schnauze die** dog's muzzle *or* snout; **kalt wie eine ~schnauze sein** *(fig. ugs.)* be as cold as ice *(fig.)*; **~sohn der** *(abwertend)* cur; **~steuer die** dog-licence fee; **~streife die** dog-patrol; **~wetter das** *(ugs.)* filthy *or (sl.)* lousy weather; **~zucht die a)** *o. Pl.* dog-breeding *no art.*; **b)** *(Betrieb)* [breeding] kennels *pl.*; **~zwinger der** dog run

**Hündin** ['hʏndɪn] **die; ~, ~nen** bitch

**hündisch** ['hʏndɪʃ] **1.** *Adj.* **a)** *(würdelos)* doglike, servile ⟨*obedience*⟩; doglike ⟨*devotion*⟩; fawning, abject ⟨*submissiveness*⟩; **b)** *(gemein)* mean; nasty. **2.** *adv.* **jmdm. ~ ergeben sein** have a doglike devotion to sb.; **sich einer Sache** *(Dat.)* **~ unterwerfen** submit abjectly to sth.

**hunds-, Hunds-: ~erbärmlich** *(ugs.)* **1.** *Adj.* **a)** [really] dreadful *(coll.)*; **b)** *(verabscheuenswürdig)* dirty *attrib.* ⟨*lie, coward*⟩; **eine ~erbärmliche Gemeinheit** a dirty low-down thing to do/say; **2.** *adv.* **a)** *(sehr)* terribly *(coll.)*, dreadfully *(coll.)* ⟨*cold*⟩; **b)** *(sehr schlecht)* [really] abysmally *(coll.) or* dreadfully *(coll.)*; **~fott** [~fɔt] **der; ~[e]s, ~e** *od.* **~fötter** [fœtɐ] *(derb abwertend)* low-down bastard *(coll.)*; **~föttisch** [~fœtɪʃ] *Adj. (derb abwertend)* low-down *attrib.*; dirty *attrib.* ⟨*coward*⟩; **~gemein** *(ugs.)* **1.** *Adj.* **a)** *(abwertend: überaus gemein)* really mean *or* shabby; dirty ⟨*liar*⟩; **es war ~gemein, uns so hereinzulegen** it was a really mean *or* shabby trick to take us for a ride *(sl.)* like that; **b)** *(sehr stark)* terrible *(coll.)*, dreadful *(coll.)* ⟨*cold, weather, pain, etc.*⟩; **2.** *adv.* **a)** *(gemein)* ⟨*deceive, behave*⟩ really meanly *or* shabbily; **b)** *(sehr stark)* **das tut ~gemein weh** it hurts like hell *(coll.) or* terribly *(coll.)*; **~gemeinheit die** *(abwertend)* really mean *or* shabby trick; **~miserabel** *(salopp abwertend)* **1.** *Adj.* [really] lousy *(sl.) or* dreadful *(coll.)*; **2.** *adv.* ⟨*behave*⟩ [really] appallingly *(coll.) or* dreadfully *(coll.)*; **~rose die** *(Bot.)* dog-rose; wild briar; **~stern der** *(Astron.)* dog-star; **~tage** *Pl.* dog-days; **~veilchen das** dog violet; **~wut die** *(veralt.) s.* **Tollwut**

**Hüne** ['hy:nə] **der; ~n, ~n** giant

**Hünen·grab das** megalithic tomb; *(Hügelgrab)* barrow; tumulus

**hünenhaft** *Adj.* gigantic ⟨*build, stature*⟩

**Hunger** ['hʊŋɐ] **der; ~s a) ~ bekommen/haben** get/be hungry; **ich habe ~ wie ein Bär** *od.* **Wolf** I'm so hungry I could eat a horse; **sein ~ war groß** he was very hungry; **~ auf etw.** *(Akk.)* **haben** fancy sth.; feel like sth. *(coll.)*; **~ leiden** go hungry; starve; **wissen, was ~ ist** know what it is to go hungry; **vor ~ sterben** die of starvation *or* hunger; starve to death; **seinen ~ stillen** satisfy one's hunger; **~ ist der beste Koch** *(Spr.)* hunger is the best sauce *(prov.)*; **der ~ treibt's rein** *(ugs. scherzh.)* if you're hungry enough, you'll eat anything; **b)** *(Hungersnot)* famine; **c)** *(geh.: Verlangen)* hunger; *(nach Ruhm, Macht)* craving; thirst; **~ nach Gerechtigkeit** powerful desire to see justice done

**Hunger-: ~blockade die** food-blockade; **~da·sein das** existence at starvation level *or* below subsistence level; **~gefühl das** feeling of hunger; **~jahr das** hungry year; **~kur die** starvation diet; **eine ~kur machen** go on a starvation diet; **~leider der** *(ugs. abwertend)* starving pauper; **~lohn der** *(abwertend)* starvation wage[s *pl.*]

**hungern** ['hʊŋɐn] **1.** *itr. V.* **a)** go hungry; starve; **~, um schlank zu werden** be on a starvation diet in order to get slim; **jmdn. ~ lassen** let sb. starve; *(als Strafe)* starve sb.; **b)** *(verlangen)* **nach etw. ~:** hunger *or* be hungry for sth.; *(nach Macht, Ruhm)* crave sth.; thirst for sth. **2.** *refl. V.* **sich schlank ~:** go on a [slimming] diet; *(mit totalem Verzicht auf Nahrung)* slim by going on a starvation diet; **sich zu Tode ~:** starve oneself to death. **3.** *tr. V. (unpers.) (dichter.: verlangen)* **jmdn. hungert nach etw.** sb. craves [for] sth. *or* hungers for sth.

**Hunger-: ~ödem das** *(Med.)* famine-oedema; nutritional oedema; **~ration die** *(ugs.)* starvation rations *pl.*

**Hungers·not die** famine

**Hunger-: ~streik der** hunger-strike; **in den ~streik treten** go on hunger-strike; **~tod der** death from starvation; **den ~tod sterben** die of starvation; starve to death; **~tuch das** *in* **am ~tuch nagen** *(ugs. scherzh.)* be on the breadline; **~turm der** *(hist.) dungeon in which prisoners were starved to death*

**hungrig** *Adj.* **a)** hungry; **das macht [einen] ~:** it makes you hungry *or* gives you an appetite; **~ nach etw. sein** fancy sth.; feel like sth. *(coll.)*; **b)** *(geh.: begierig)* hungry **(nach** for); **~ nach Anerkennung sein** crave recognition

**Hunne** ['hʊnə] **der; ~n, ~n** *(hist.)* Hun

**Hupe** ['hu:pə] **die; ~, ~n** horn; **auf die ~ drücken** sound the/one's horn

**hupen** *itr. V.* sound the *or* one's horn; **drei-**

mal ~: hoot three times; give three toots on the horn
**Huperei** die; ~: honking; hooting
**Hupf·dohle** die *(salopp)* chorus-girl
**hupfen** ['hʊpfn̩] *itr. V.; mit sein (südd., österr.)* hop; das ist gehupft wie gesprungen *(ugs.)* it doesn't make any difference; it doesn't matter either way
**hüpfen** ['hʏpfn̩] *itr. V.; mit sein* hop; ⟨*ball*⟩ bounce; ⟨*lamb*⟩ gambol; über die Straße ~: skip across the road; Hüpfen spielen play [at] hopscotch; mein Herz hüpfte vor Freude my heart leapt for joy; das ist gehüpft wie gesprungen *(ugs.) s.* hupfen
**Hupfer** der; ~s, ~ *(bes. südd., österr.)*, **Hüpfer** der; ~s, ~: skip; *(auf einem Bein)* hop
**Hup-:** ~konzert das *(ugs. scherzh.)* chorus of hooting; ~signal das hoot; toot; ~verbot das ban on sounding one's horn
**Hürde** ['hʏrdə] die; ~, ~n a) *(Leichtathletik, Reitsport, fig.)* hurdle; eine ~ nehmen/reißen clear/knock over a hurdle; eine ~ nehmen *(fig.)* get over a hurdle
**Hürden-:** ~lauf der *(Leichtathletik)* hurdling; *(Wettbewerb)* hurdles *pl.;* hurdle race; ~läufer der *(Leichtathletik)* hurdler; ~rennen das *(Reitsport)* hurdle race; ~rennen reiten ride in a hurdle race
**Hure** ['hu:rə] die; ~, ~n *(abwertend)* whore
**huren** *itr. V. (abwertend)* whore; fornicate; mit jmdm. ~: fornicate with sb.
**Huren-:** ~bock der *(abwertend)* whoremonger; fornicator; ~kind das *(Druckw.)* widow; ~sohn der *(abwertend)* bastard *(coll.);* son of a bitch *(derog.)*
**Hurerei** die; ~, ~en *(abwertend)* ~/~en *Pl.* whoring *sing.;* fornication *sing.*
**Huri** ['hu:ri] die; ~, ~s *(islam. Rel.)* houri
**hurra** [hʊ'ra:] *Interj.* hurray; hurrah; ~ schreien cheer; *s. auch* hipp, hipp, ~
**Hurra** das; ~s, ~s cheer; ein dreifaches ~: three cheers *pl.;* jmdn. mit ~ begrüßen greet sb. with cheering *or* cheers *pl.*
**hurra-, Hurra-:** ~gebrüll das, ~geschrei das [loud] cheering *or* cheers *pl.;* ~patriot der *(ugs. abwertend)* flag-waving patriot; ~patriotisch *Adj. (ugs. abwertend)* flag-waving ⟨*speech etc.*⟩; ~patriotismus der *(ugs. abwertend)* flag-waving patriotism; ~ruf der cheering; cheers *pl.*
**Hurrikan** ['hʌrɪkən] der; ~s, ~s hurricane
**hurtig** ['hʊrtɪç] **1.** *Adj.; nicht präd.* rapid. **2.** *adv.* quickly; ⟨*work*⟩ fast, quickly
**Husar** [hu'za:ɐ̯] der; ~en, ~en *(hist.)* hussar
**Husaren-:** ~streich der, ~stück das daring coup
**husch** [hʊʃ] **1.** *Interj.* quick; quickly; ~, ~! away with you!; be off with you!; *(zu einem Tier)* shoo! **2.** *Adv.* das geht nicht so ~, ~: it can't be rushed; bei ihr muß alles ~, ~ gehen she wants everything done in a hurry
**Husch** der; ~[e]s, ~e *in* in einem ~ *(ugs.)* in a flash; in no time at all
**Husche** ['hʊʃə] die; ~, ~n *(ostmd.)* [sudden] shower
**huschen** *itr. V.; mit sein (lautlos u. leichtfüßig)* ⟨*person*⟩ slip, steal; *(lautlos u. schnell)* flit, dart; ⟨*mouse, lizard, etc.*⟩ dart; ⟨*smile*⟩ flit; ⟨*light*⟩ flash; ⟨*shadow*⟩ slide *or* glide quickly
**hussa** ['hʊsa], **hussasa** ['hʊsasa] *Interj. (bei der Jagd)* tally-ho; halloo; *(zum Pferd)* gee-up
**hüsteln** ['hy:stl̩n] *itr. V.* cough slightly; give a slight cough; verlegen/vornehm ~: cough with embarrassment/politely
**husten** ['hu:stn̩] **1.** *itr. V.* a) cough; auf etw. *(Akk.)* ~ *(salopp)* not give a damn for sth.; b) *(Husten haben)* have a cough; be coughing. **2.** *tr. V.* cough up ⟨*blood, phlegm*⟩; jmdm. etwas ~ *(salopp spött.)* tell sb. where he/she can get off *(coll.)*
**Husten** der; ~s, ~: cough; ~ haben have a cough
**Husten-:** ~an·fall der coughing-fit; fit of coughing; ~bonbon das cough sweet *(Brit.);* cough-drop; ~mittel das cough medicine *or* mixture; ~reiz der tickling in the throat; den ~reiz nicht unterdrücken können be unable to suppress the urge *or* need to cough; ~saft der cough-syrup; cough mixture; ~tee der *herb-tea which soothes coughs;* ~tropfen *Pl.* cough-drops
**¹Hut** [hu:t] der; ~es, Hüte ['hy:tə] a) hat; den ~ abnehmen/aufsetzen take off/put on one's hat; vor jmdm. den ~ ziehen *(abnehmen)* take off one's hat to sb.; *(zum Gruß)* raise one's hat to sb.; in ~ und Mantel wearing one's hat and coat; with one's hat and coat on; b) *(fig.)* da geht einem/mir der ~ hoch *(ugs.)* it makes you/me mad *or* wild *(coll.);* ~ ab! *(ugs.)* hats off to him/her *etc.;* I take my hat off to him/her *etc.;* ein alter ~ sein *(ugs.)* be old hat; seinen ~ nehmen [müssen] *(ugs.)* [have to] pack one's bags and go; vor jmdm./etw. den ~ ziehen *(ugs.)* take off one's hat to sb./sth.; das kann er sich *(Dat.)* an den ~ stecken *(ugs. abwertend)* he can keep it *(coll.) or (sl.)* stick it; mit etw. nichts am ~ haben *(ugs.)* have nothing to do with sth.; jmdm. eins auf den ~ geben *(ugs.)* give sb. a dressing down *or (Brit. sl.)* rocket; eins auf den ~ kriegen *(ugs.)* get a dressing down *or (sl.)* rocket; verschiedene Interessen/Personen unter einen ~ bringen *(ugs.)* reconcile different interests/the interests of different people; c) *(Bot.)* cap
**²Hut** die; ~ *(geh.)* keeping; care; bei jmdm. in guter ~ sein be in good hands with sb.; auf der ~ sein be on one's guard
**Hut-:** ~ab·lage die hat rack; ~band das hat-band; *(eines Damenhutes)* hat-ribbon
**Hüte·junge** der shepherd boy
**hüten** ['hy:tn̩] **1.** *tr. V.* look after; take care of; tend, keep watch over ⟨*sheep, cattle, etc.*⟩; etw. eifersüchtig ~: guard sth. jealously; ein Geheimnis ~ *(fig.)* keep *or* guard a secret; *s. auch* Bett a. **2.** *refl. V. (vorsehen)* be on one's guard; sich vor jmdm./etw. ~: be on one's guard against sb./sth.; sich ~, etw. zu tun take [good] care not to do sth.; ich werde mich ~! *(ugs.)* no fear! *(coll.);* not likely! *(coll.)*
**Hüter** der; ~s, ~: guardian; custodian; soll ich meines Bruders ~ sein? *(bibl.)* am I my brother's keeper?; ein ~ des Gesetzes *(scherzh.)* a custodian of the law *(coll.)*
**Hüterin** die; ~, ~nen guardian; custodian
**Hut-:** ~feder die hat feather; *(größer)* plume; ~geschäft das hat shop; hatter's [shop]; *(für Damen)* hat shop; milliner's (shop); ~größe die hat size; size of hat; ~krempe die [hat] brim; ~macher der hatter; hat maker; *(für Damen)* milliner; ~macherin die; ~, ~nen *s.* ~macher; ~mode die *(der Herren)* fashion in gents' *or* gentlemen's hats; *(der Damen)* fashion in ladies' hats; ~nadel die hat-pin; ~schachtel die hat-box
**Hutsche** ['hʊtʃə] die; ~, ~n *(südd., österr. ugs.) s.* Schaukel
**Hut·schnur** die *in* das geht mir über die ~ *(ugs.)* that's going too far
**Hutsch·pferd** das *(südd., österr.) s.* Schaukelpferd
**Hütte** ['hʏtə] die; ~, ~n a) hut; *(Holz~)* cabin; hut; *(ärmliches Haus)* shack; hut; b) *(Eisen~)* iron [and steel] works *sing. or pl.; (Glas~)* glassworks *sing. or pl.; (Blei~)* lead works *sing. or pl.;* c) *(Jagd~)* [hunting-]lodge; d) *(Seemannsspr.)* poop
**Hütten-:** ~abend der *evening social gathering or party in a mountain hut;* ~arbeiter der *(in der Eisenhütte)* worker in a/the iron/steel works; ironworker/steelworker; *(in der Glashütte)* glass worker; ~industrie die iron and steel industry; ~käse der cottage cheese; ~kombinat das *(DDR)* metallurgical combine; ~schuh der slipper-sock; ~werk das *s.* Hütte b; ~wesen das; *o. Pl. (Technik)* metallurgical engineering *no art.; (~industrie)* iron and steel industry
**Hutzel** ['hʊtsl̩] die; ~, ~n *(bes. südd.)* dried fruit; *(Birne)* dried pear
**Hutzel·brot** das *(bes. südd.)* fruit bread; ein ~: a fruit loaf
**hutzelig** *Adj. (ugs.)* wizened ⟨*person, face*⟩; shrivelled, dried-up ⟨*fruit*⟩
**Hutzel-:** ~männchen das brownie; ~weib[lein] das wizened old woman
**Hut·zucker** der loaf sugar *(in the shape of a cone)*
**Hyäne** ['hyɛ:nə] die; ~, ~n *(auch fig. ugs.)* hyena
**Hyazinthe** [hya'tsɪntə] die; ~, ~n hyacinth
**hybrid** [hy'bri:t] *Adj. (bes. Biol.)* hybrid
**Hybride** der; ~n, ~n *(Biol.)* hybrid
**Hybrid-:** ~rechner der *(DV)* hybrid computer; ~züchtung die *(Biol.)* cross-breeding; crossing
**Hybris** ['hy:brɪs] die; ~ *(geh.)* hubris
**Hydra** ['hy:dra] die; ~, Hydren hydra
**Hydrant** [hy'drant] der; ~en, ~en hydrant
**Hydrat** [hy'dra:t] das; ~[e]s, ~e *(Chemie)* hydrate
**Hydra[ta]tion** [hydra[ta]'tsio:n] die; ~ *(Chemie)* hydration
**Hydraulik** [hy'draulɪk] die; ~ *(Technik)* a) *(Theorie)* hydraulics *sing., no art.;* b) *(Vorrichtungen)* hydraulics *pl.;* hydraulic system
**hydraulisch** *(Technik)* **1.** *Adj.* hydraulic. **2.** *adv.* hydraulically
**Hydrid** [hy'dri:t] das; ~[e]s, ~e *(Chemie)* hydride
**hydrieren** [hy'dri:rən] *tr. V. (Chemie)* hydrogenate
**Hydrierung** die; ~ *(Chemie)* hydrogenation
**hydro-, Hydro-** [hydro-]: ~biologie die hydrobiology *no art.;* ~dynamik die *(Physik)* hydrodynamics *sing., no art.;* ~dynamisch *Adj. (Physik)* hydrodynamic; ~kultur die; ~, ~en *(Gartenbau)* hydroponics *sing.;* ~lyse [~'ly:zə] die; ~, ~n *(Chemie)* hydrolysis; ~meter das; ~s, ~ current meter; *(Senkwaage)* hydrometer; ~phil [~'fi:l] *Adj.* a) *(Biol.)* hydrophilous ⟨*plant, insect*⟩; water-loving ⟨*animal*⟩; b) *(Chemie)* hydrophilic; ~phob [~'fo:p] *Adj.* a) *(Biol.)* ⟨*plant, animal*⟩ that avoids water; b) *(Chemie)* hydrophobic; ~pneumatisch *Adj. (Technik)* hydropneumatic; ~technik die; ~: hydraulic engineering *no art.;* ~therapie die; ~, ~n *(Med.)* hydrotherapy
**Hydroxid, Hydroxyd** das; ~[e]s, ~e *(Chemie)* hydroxide
**Hygiene** [hy'gie:nə] die; ~ a) *(Gesundheitspflege)* health care; b) *(Sauberkeit)* hygiene; c) *(Med.)* hygiene *no art.;* hygienics *sing., no art.*
**hygienisch** **1.** *Adj.* hygienic. **2.** *adv.* hygienically
**hygro-, Hygro-** [hygro-]: ~meter das; ~s, ~ *(Met.)* hygrometer; ~skop [~'sko:p] das; ~s, ~e *(Met.)* hygroscope; ~skopisch *Adj. (Chemie)* hygroscopic
**Hymen** ['hy:mən] das *od.* der; ~s, ~ *(Anat.)* hymen
**Hymne** ['hʏmnə] die; ~, ~n a) hymn; b) *(Nationalhymne)* national anthem
**hymnisch** *Adj.* hymnic; ein ~er Gesang a paean [of praise]
**Hymnus** ['hʏmnʊs] der; ~, Hymnen *(geh.) s.* Hymne a
**Hyperbel** [hy'pɛrbl̩] die; ~, ~n a) *(Geom.)* hyperbola; b) *(Rhet.)* hyperbole
**Hyperbel·funktion** die *(Math.)* hyperbolic function
**hyperbolisch** [hypɐ'bo:lɪʃ] *(Math., Rhet.)* hyperbolic
**hyper-, Hyper-** [hypɐ-]: ~korrekt *(ugs. abwertend, Sprachw.)* **1.** *Adj.* hypercorrect;

2. *adv.* in a hypercorrect way; **~kritisch** *Adj. (abwertend)* hypercritical; **~modern** **1.** *Adj.* ultra-modern; ultra-fashionable ‹*clothes*›; **2.** *adv.* ultra-modernly; ‹*dress*› ultra-fashionably; **~sensibel** *Adj.* hypersensitive; **~tonie** [~to'ni:] **die; ~, ~n** *(Med.)* **a)** hypertension; **b)** *(im Auge, Muskel)* hypertonia; **~toniker** [~'to:nikɐ] **der; ~s, ~** *(Med.)* hypertensive; **~troph** [~'tro:f] *Adj. (Med.)* hypertrophic; **~trophie** [~tro'fi:] **die; ~** *(Med.)* hypertrophy

**Hypnose** [hʏp'no:zə] **die; ~, ~n** hypnosis; **jmdn. in ~ versetzen** put sb. under hypnosis; **unter ~ stehen** be under hypnosis

**Hypno·therapie die** hypnotherapy

**Hypnotikum** [hʏp'no:tikʊm] **das; ~s, Hypnotika** *(Med.)* hypnotic; soporific

**hypnotisch** *Adj.* hypnotic; hypnotic, soporific ‹*drug*›

**Hypnotiseur** [hʏpnoti'zø:ɐ̯] **der; ~s, ~e** hypnotist

**hypnotisieren** *tr. V.* hypnotize

**Hypnotismus der; ~:** hypnotism *no art.*

**Hypochonder** [hypo'xɔndɐ] **der; ~s, ~:** hypochondriac

**Hypochondrie die; ~, ~n** *(Med.)* hypochondria *no art.*

**hypochondrisch** *Adj.* hypochondriac

**hypo-, Hypo-** [hypo-]: **~nym** [~'ny:m] **das; ~s, ~e** *(Sprachw.)* hyponym; **~physe** [~'fy:zə] **die; ~, ~n** *(Anat.)* hypophysis; **~stase** [~'sta:zə] **die; ~, ~n a)** *(Philos.)* hypostasis; **b)** *(Sprachw.)* establishment as an independent word; **~taktisch** [~'taktɪʃ] *Adj. (Sprachw.)* hypotactic; **~taxe** [~'taksə] **die; ~, ~n** *(Sprachw.)* hypotaxis; **~tenuse** [~te'nu:zə] **die; ~, ~n** *(Math.)* hypotenuse; **~thalamus der** *(Anat.)* hypothalamus

**Hypothek** [-'te:k] **die; ~, ~en a)** *(Bankw.)* mortgage; **eine ~ aufnehmen** take out a mortgage; **etw. mit einer ~ belasten** encumber sth. with a mortgage; mortgage sth.; **b)** *(Bürde)* burden

**hypothekarisch** [-teka:rɪʃ] **1.** *Adj.* **~e Sicherheiten bieten** offer a mortgage [on property] as security; **~e Belastungen** mortgage *sing.* **2.** *adv.* **etw. ~ belasten** mortgage sth.

**Hypotheken-: ~brief der** *(Bankw.)* mortgage deed; **~gläubiger der** *(Bankw.)* mortgagee; **~pfand·brief der** *(Bankw.)* mortgage bond; **~schuldner der** *(Bankw.)* mortgagor; **~zins der;** *meist Pl.* mortgage interest

**hypo-, Hypo-: ~these** [~'te:zə] **die; ~, ~n** hypothesis; **das ist eine reine ~these** that's pure hypothesis; **~thetisch 1.** *Adj.* hypothetical; **2.** *adv.* hypothetically; **~tonie** [~to'ni:] **die; ~, ~n** *(Med.)* **a)** *(niedriger Blutdruck)* hypotension; **b)** *(im Auge, Muskel)* hypotonia; **~toniker** [~'to:nikɐ] **der; ~s, ~:** hypotensive; **~zykloide die** *(Math.)* hypocycloid

**Hysterie** [hʏste'ri:] **die; ~, ~n** [-i:ən] hysteria

**Hysteriker** [hʏs'te:rikɐ] **der; ~s, ~, Hysterikerin die; ~, ~nen** hysterical person; hysteric

**hysterisch 1.** *Adj.* hysterical; **einen ~en Anfall bekommen** have [a fit of] hysterics. **2.** *adv.* hysterically

**Hz** *Abk.* **Hertz** Hz

# I

**i, I** [i:] **das; ~, ~:** i/I; **das Tüpfelchen** *od.* **der Punkt auf dem i** *(fig.)* the final touch; *s. auch* **a, A**

**i** *Interj.* ugh; **i bewahre, i wo** *(ugs.)* [good] heavens, no!

**i. A.** *Abk.* **im Auftrag[e]** p.p.

**iah** ['i:'a:] *Interj.* hee-haw

**iahen** ['i:'a:ən] *itr. V.* hee-haw; bray

**IAO** *Abk.* **Internationale Arbeitsorganisation** ILO

**ibd.** *Abk.* **ibidem** ibid.

**iberisch** [i'be:rɪʃ] *Adj.* Iberian; **Iberische Halbinsel** Iberian Peninsula

**Ibero·amerika** [i'be:ro-] Latin America

**IBFG** *Abk.* **Internationaler Bund Freier Gewerkschaften** ICFTU *(International Confederation of Free Trade Unions)*

**ibidem** [i'bi:dɛm] *Adv.* ibidem

**Ibis** ['i:bɪs] **der; ~ses, ~se** *(Zool.)* ibis

**IC** *Abk.* **Intercity** IC

**ich** [ɪç] *Personalpron.; 1. Pers. Sg. Nom.* I; **Wer ist da? – Ich bin's!** Who's there? – It's me!; **Wer hat nun das gemacht? – Ich war's** Who did that? – I did *or* It was me; **Hat sie mich gerufen? – Nein, ~:** Was it she who called me? – No, I did; **und ~ Esel/Idiot habe es gemacht** and I, silly ass/idiot that I am, did it; and, like a fool, I did it; **~ Idiot/Esel!** what an idiot I am!; I 'am an idiot!; **immer ~** *(ugs.)* [it's] always me; **~ selbst** I myself; **~ nicht** not me; **Menschen wie du und ~:** people like you and I *or* me; *s. auch (Gen.)* **meiner,** *(Dat.)* **mir,** *(Akk.)* **mich**

**Ich das; ~[s], ~[s] a)** self; **das eigene ~:** one's own self; **b)** *(Psych.)* ego

**ich-, Ich-: ~bewußt·sein das** self-awareness; **~bezogen 1.** *Adj.* egocentric; *(in der Kommunikation)* egotistic; **2.** *adv.* **~bezogen denken** think in an egocentric way; **~bezogenheit die; ~:** egocentricity; *(in der Kommunikation)* egotism; **~-Erzähler der** first-person narrator; **~-Form die;** *o. Pl.* first person; **~-Laut der** *(Sprachw.)* palatal fricative; ich-laut; **~sucht die;** *o. Pl. (geh.)* egoism; **~süchtig** *Adj. (geh.)* egoistic[al]

**Ichthyo·saurier** [ɪçtyo-] **der** ichthyosaurus

**ideal** [ide'a:l] **1.** *Adj.* ideal. **2.** *adv.* ideally; **das Haus liegt ~:** the house is ideally situated

**Ideal das; ~s, ~e** ideal; **er ist das ~ eines Vorgesetzten** he is the ideal *or* perfect boss *(coll.)*

**Ideal-: ~besetzung die a)** *(Film, Theater)* ideal cast; **b)** *(Sport)* ideal line-up; **~bild das** ideal; **~fall der** ideal case; **im ~fall** in ideal circumstances *pl.*; **~figur die** ideal figure; **~gestalt die** ideal; **~gewicht das** ideal weight

**idealisieren** *tr. V.* idealize; **ein ~des Bild von etw.** an idealized picture of sth.

**Idealisierung die; ~, ~en** idealization

**Idealismus der; ~** *(auch Philos.)* idealism

**Idealist der; ~en, ~en** *(auch Philos.)* idealist

**idealistisch** *(auch Philos.)* **1.** *Adj.* idealistic. **2.** *adv.* idealistically

**ideal-, Ideal-: ~konkurrenz die** *(Rechtsw.) s.* **Tateinheit; ~linie die** *(Sport)* ideal line; **~typisch** *Adj. (Soziol.)* ideal-typical; idealized; **~typus der** *(Soziol.)* ideal type; **~vorstellung die** ideal

**Idee** [i'de:] **die; ~, ~n a)** idea; **du hast [vielleicht] ~n** *(iron.)* you do get some ideas, don't you!; **auf eine ~ kommen** hit [up]on an idea; **wie bist du nur auf die ~ gekommen?** whatever gave you 'that idea?; **jmdn. auf eine ~ bringen** give sb. an idea; **eine fixe ~:** an obsession; an idée fixe; **er ist von der fixen ~ besessen, Rennfahrer zu werden** he is obsessed with the idea of becoming a racing driver; **b)** *(ein bißchen)* **eine ~:** a shade *or* trifle; **eine ~ [Salz/Pfeffer]** a touch [of salt/pepper]

**ideell** [ide'ɛl] **1.** *Adj.* non-material; *(geistig-seelisch)* spiritual. **2.** *adv.* **etw. ~ unterstützen** support sth. in non-material ways

**ideen-, Ideen-: ~arm** *Adj.* lacking in ideas *postpos.*; **~armut die** lack of ideas; **~aus·tausch der** exchange of ideas; **~drama das** *(Literaturw.)* drama of ideas; **~gut das;** *o. Pl.* ideas *pl.*; **~los** *Adj.* devoid of *or* [completely] lacking in ideas *postpos.*; **~losigkeit die; ~:** [complete] lack of ideas; **~reich** *Adj.* full of ideas *postpos.*; inventive; **~reichtum der;** *o. Pl.* inventiveness

**Iden** ['i:dn̩] *Pl. (hist.)* **die ~ des März** the ides of March

**Identifikation** [idɛntifika'tsi̯o:n] **die; ~, ~en** *(auch Psych.)* identification

**identifizierbar** *Adj.* identifiable; recognizable ‹*handwriting*›

**identifizieren** [idɛntifi'tsi:rən] **1.** *tr. V.* identify. **2.** *refl. V. (auch Psych.)* **sich mit jmdm./etw. ~:** identify with sb./sth.

**Identifizierung die; ~, ~en** *(auch Psych.)* identification

**identisch** [i'dɛntɪʃ] *Adj.* identical; **möglicherweise sind der Einbrecher und der entsprungene Häftling ~:** it's possible that the intruder and the escaped prisoner are one and the same person

**Identität** [idɛnti'tɛ:t] **die; ~:** identity; **jmds. ~ feststellen** establish sb.'s identity; **die ~ dieser beiden Begriffe** the identity between these two concepts

**Identitäts-: ~krise die** identity crisis; **~nachweis der** proof of identity; **~verlust der** loss of identity

**Ideogramm** [ideo'gram] **das; ~s, ~e** ideogram

**Ideologe** [ideo'lo:gə] **der; ~n, ~n** ideologue

**Ideologie die; ~, ~n** [-i:ən] ideology

**Ideologie-: ~begriff der** conception of ideology; **~kritik die** *(Soziol.)* ideological criticism

**Ideologin die; ~, ~nen** ideologue

**ideologisch 1.** *Adj.* ideological. **2.** *adv.* ideologically; **jmdn. ~ schulen** give sb. ideological instruction

**ideologisieren** *tr. V.* ideologize

**Ideologisierung die; ~, ~en** ideologization

**Idiom** [i'di̯o:m] **das; ~s, ~e** *(Sprachw.)* idiom

**Idiomatik** [idi̯o'ma:tɪk] **die; ~** *(Sprachw.)* idioms *pl.*; *(Gebiet der Lexikologie)* idiomology *no art.*

**idiomatisch 1.** *Adj.* idiomatic. **2.** *adv.* idiomatically

**Idiosynkrasie** [idi̯ozʏnkra'zi:] **die; ~, ~n a)** *(Med.)* idiosyncrasy; **b)** *(Psych.)* pathological aversion

**Idiot** [i'di̯o:t] **der; ~en, ~en a)** idiot; **b)** *(ugs. abwertend)* fool; *(stärker)* idiot *(coll.)*

**Idioten-: ~hang der, ~hügel der** *(ugs. scherzh.)* nursery slope

**idioten·sicher** *Adj. (ugs. scherzh.)* foolproof

**Idiotie** [idi̯o'ti:] **die; ~, ~n** [-i:ən] **a)** idiocy; **b)** *(ugs. abwertend: Dummheit)* lunacy; madness; **seine ~n** his idiocies

**Idiotikon** [i'di̯o:tikɔn] **das; ~s, Idiotiken** *od.* **Idiotika** dialect dictionary

**Idiotin die; ~, ~nen a)** idiot; **b)** *(ugs. abwertend)* fool; *(stärker)* idiot

**idiotisch** 1. *Adj.* a) *(Psych.)* severely subnormal; idiotic *(as tech. term)*; b) *(ugs. abwertend: unsinnig)* stupid; *(stärker)* idiotic. 2. *adv.* a) *(schwachsinnig)* idiotically; b) *(ugs. abwertend: unsinnig)* stupidly; *(stärker)* idiotically

**Idiotismus** der; ~, Idiotismen a) *(Krankheit)* idiocy; b) *(Äußerung der Idiotie)* symptom of idiocy

**Idol** ['i'do:l] das; ~s, ~e *(auch bild. Kunst)* idol; **jmdn. als ~ vergöttern** idolize sb.

**Idolatrie** die; ~, ~n [-i:ən] *(geh.)* idolatry

**Idyll** [i'dʏl] das; ~s, ~e idyll; **ein ~ für Erholungssuchende** an idyllic place *or* spot for those seeking relaxation and recreation

**Idylle** die; ~, ~n *(auch Literaturw.)* idyll

**idyllisch** 1. *Adj. (auch Literaturw.)* idyllic. 2. *adv.* ~ **gelegen** in an idyllic spot

**i. e.** *Abk.* **id est** i.e.

**IG** *Abk.* **Industriegewerkschaft**

**Igel** ['i:gl̩] der; ~s, ~: hedgehog

**Igel-:** ~**schnitt** der crew cut; ~**stellung** die *(Milit.)* hedgehog position

**igitt[igitt]** [i'gɪt(i'gɪt)] *Interj.* ugh

**Iglu** ['i:glu] der *od.* das; ~s, ~s igloo

**ignorant** [ɪgno'rant] *Adj. (abwertend)* ignorant

**Ignorant** der; ~en, ~en *(abwertend)* ignoramus

**Ignoranz** [ɪgno'rants] die; ~ *(abwertend)* ignorance

**ignorieren** *tr. V.* ignore

**ihm** [i:m] *Dat. der Personalpron.* **er, es:** a) *(nach Präpositionen) (bei Personen)* him; *(bei Dingen, Tieren)* it; *(bei männlichen Tieren)* him; it; b) **gib es ~:** give it to him; give him it; *(dem Tier)* give it to it/him; **ich sagte ~, daß ...:** I told him that ...; I said to him that ...; ~ **geht es gut** he's well; ~ **war, als habe man ~ ins Gesicht geschlagen** he felt as if somebody had punched him in the face; **sie sah ~ ins Gesicht** she looked him in the face; **sie hat ~ etwas zu essen gekocht** she cooked him a meal; she cooked a meal for him; **sie kämmte ihm das Haar** she combed his hair [for him]; **ich bin zu ~ gegangen** I went to see him; **Freunde von ~:** friends of his

**ihn** [i:n] *Akk. des Personalpron.* **er** *(bei Personen)* him; *(bei Dingen, Tieren)* it; *(bei männlichen Tieren)* him; it

**ihnen** ['i:nən] *Dat. des Personalpron.* **sie,** *Pl.* a) *(nach Präpositionen)* them; b) **gib es ~:** give it to them; give them it; ~ **geht es gut** they're well; **Freunde von ~:** friends of theirs; *s. auch* **ihm**

**Ihnen** *Dat. von* **Sie** *(Anrede)* a) *(nach Präpositionen)* you; b) **ich habe es ~ gegeben** I gave it to you; I gave you it; **geht es ~ gut?** are you well?; **Freunde von ~:** friends of yours; *s. auch* **ihm**

[1]**ihr** [i:ɐ̯] *Dat. des Personalpron.* **sie,** *Sg. (nach Präpositionen) (bei Personen)* her; *(bei Dingen, Tieren)* it; *(bei weiblichen Tieren)* her; it; *s. auch* **ihm**

[2]**ihr,** *(in Briefen)* **Ihr** *Personalpron.; 2. Pers. Pl. Nom. (Anrede an vertraute Personen)* you; **Ihr Lieben** *(im Brief)* dear all; *s. auch (Gen.)* **euer/Euer,** *(Dat., Akk.)* **euch/Euch**

[3]**ihr** *Possessivpron.* a) *(einer Person)* her; **Ihre Majestät** Her Majesty; **das Buch dort, ist das ~[e]s?** that book there, is it hers?; is that book hers?; **das ist nicht mein Mann, sondern ~er** that is not my husband, but hers; **der/die/das ~e** hers; **die ~en** hers; **die Ihren** her family; b) *(eines Tieres, einer Sache)* its; *(eines weiblichen Tieres)* her; its; **die Lok fährt glatt ~e 200 Sachen** *(ugs.)* the locomotive does a good 200 kilometres an hour; c) *(mehrerer Personen, Tiere, Sachen)* their; **das Haus am Ende der Straße ist ~es** the house at the end of the street is theirs; **der/die/das ~e** theirs; **die ~en** theirs; **die Ihren** their family; **sie haben das Ihre getan** they did their bit; **sie haben das Ihre bekommen** they got their due *or* what was due to them

**Ihr** *Possessivpron. (Anrede)* your; ~ **Hans Meier** *(Briefschluß)* yours, Hans Meier; **welcher Mantel ist ~er?** which coat is yours?; **der/die/das ~e** yours; **die ~en** yours; **Sie haben das ~e getan** you have done your bit; *s. auch* [3]**ihr**

**ihrer** ['i:rɐ] a) *Gen. des Personalpron.* **sie,** *Sg. (geh.)* **wir gedachten ~:** we remembered her; b) *Gen. des Personalpron.* **sie,** *Pl. (geh.)* **wir werden ~ gedenken** we will remember them; **es waren ~ zwölf** there were twelve of them

**Ihrer** *Gen. von* **Sie** *(Anrede) (geh.)* **wir werden ~ gedenken** we will remember you

**ihrerseits** [-zaits] *Adv.* a) *Sg. (von ihrer Seite)* on her part; *(auf ihrer Seite)* for her part; b) *Pl. (von ihrer Seite)* on their part; *(auf ihrer Seite)* for their part

**Ihrerseits** *Adv. (von Ihrer Seite)* on your part; *(auf Ihrer Seite)* for your part

**ihres·gleichen** *indekl. Pron.* a) *Sg.* people *pl.* like her; *(abwertend)* the likes of her; her sort *or* kind; **sie fühlt sich nur unter ~ wohl** she only feels at home among people like herself *or* her own kind; b) *Pl.* people like them; *(abwertend)* the likes of them; their sort *or* kind; **sie sollten unter ~ bleiben** they should stay among their own kind

**Ihresgleichen** *indekl. Pron.* people *pl.* like you; *(abwertend)* the likes of you; your sort *or* kind; **Sie sollten besser unter ~ bleiben** you should stay among your own kind

**ihret·halben** *(veralt.),* **ihret·wegen** *Adv.* a) *Sg. (wegen ihr)* because of her; on her account; *(für sie)* on her behalf; *(ihr zuliebe)* for her sake; **mach dir ~ keine Sorgen** don't worry about her; b) *Pl. (wegen ihnen)* because of them; on their account; *(für sie)* on their behalf; *(ihnen zuliebe)* for their sake[s]; *(um sie)* about them

**Ihrethalben** *(veralt.),* **Ihretwegen** *Adv. (wegen Ihnen)* because of you; on your account; *(für Sie)* on your behalf; *(Ihnen zuliebe)* for your sake; *Pl.* for your sake[s]; *(um Sie)* about you

**ihret·willen** *Adv. in* **um ~** *(Sg.)* for her sake; *(Pl.)* for their sake[s]

**Ihret·willen** *Adv. in* **um ~** *(Sg.)* for your sake; *(Pl.)* for your sake[s]

**ihrige** ['i:rɪgə] *Possessivpron. (geh. veralt.)* a) *Sg.* **der/die/das ~:** hers; b) *Pl.* **der/die/das ~:** theirs; s. auch **deinige**

**Ihrige** *Possessivpron. (Anrede) (geh. veralt.)* **der/die/das ~:** yours

**Ihro** ['i:ro] *indekl. Pron. (veralt.)* your; ~ **Gnaden** Your Grace

**Ikebana** [ike'ba:na] das; ~[s] ikebana

**Ikone** [i'ko:nə] die; ~, ~n icon

**Ikonoklasmus** [ikono'klasmʊs] der; ~, Ikonoklasmen *(geh.)* iconoclasm

**Ikosaeder** [ikoza'|e:dɐ] das; ~s, ~ *(Math.)* icosahedron

**Ilex** ['i:lɛks] die *od.* der; ~, ~ *(Bot.)* holly

**Ilias** ['i:lias] die; ~: Iliad

**illegal** ['ɪlega:l] 1. *Adj.* illegal. 2. *adv.* illegally

**Illegalität** [ɪlegali'tɛ:t] die; ~, ~en illegality

**illegitim** ['ɪlegiti:m] *Adj. (geh.)* illegitimate

**Illegitimität** die; ~ *(geh.)* illegitimacy

**illiquid** ['ɪlikvi:t] *Adj. (Wirtsch.)* insolvent

**Illiquidität** die; ~ *(Wirtsch.)* insolvency

**illoyal** ['ɪloaja:l] *Adj. (geh.)* disloyal

**Illoyalität** die; ~ *(geh.)* disloyalty

**Illumination** [ɪlumina'tsio:n] die; ~, ~en a) *(Beleuchtung)* illumination; **die Stadt zeigte sich in festlicher ~:** the town was festively lit; b) *(von Handschriften)* illumination

**Illuminator** [ɪlumi'na:tɔr] der; ~s, ~en [-'to:rən] illuminator

**illuminieren** *tr. V.* illuminate

**Illuminierung** die; ~, ~en illumination

**Illusion** [ɪlu'zio:n] die; ~, ~en illusion; **sich** *(Dat.)* **~en machen** delude oneself; **jmdm. die ~en rauben** rob sb. of his/her illusions; **gib dich doch nicht der ~ hin, du könntest damit irgend etwas erreichen** do not delude yourself that you could achieve anything by that

**illusionär** [ɪluzio'nɛ:ɐ̯] *Adj. (geh.)* illusory ⟨*conception, expectation, thing*⟩; fanciful ⟨*demand, procedure, attempt*⟩

**Illusionist** der; ~en, ~en a) *(geh.)* dreamer; b) *(Zauberkünstler)* illusionist

**illusionistisch** *Adj. (Kunstw.)* illusionistic

**illusions·los** 1. *Adj.* [sober and] realistic; ~ **sein** have no illusions. 2. *adv.* without any illusions

**illusorisch** [ɪlu'zo:rɪʃ] *Adj.* a) *(trügerisch)* illusory; b) *(zwecklos)* pointless

**illuster** [ɪ'lʊstɐ] *Adj. (geh.)* illustrious

**Illustration** [ɪlʊstra'tsio:n] die; ~, ~en illustration; **zur ~ von etw. [dienen]** *(fig.)* [serve] to illustrate sth.

**illustrativ** [ɪlʊstra'ti:f] 1. *Adj. (auch fig.)* illustrative; **ein sehr ~er Vortrag** *(fig.)* a very illuminating lecture. 2. *adv.* **etw. ~ schildern** describe sth. graphically

**Illustrator** [ɪlʊs'tra:tɔr] der; ~s, ~en [-'to:rən] illustrator

**illustrieren** *tr. V. (auch fig.)* illustrate; **eine illustrierte Zeitschrift** a magazine; **jmdm. etw. ~:** illustrate sth. for sb.

**Illustrierte** die; *adj. Dekl.* magazine

**Illustrierung** die; ~, ~en *(auch fig.)* illustration

**Iltis** ['ɪltɪs] der; ~ses, ~se polecat; *(Pelz)* fitch

**im** [ɪm] *Präp. + Art.* a) = **in dem;** b) *(räumlich)* in the; **er wohnt im vierten Stock** he lives on the fourth floor; **im Theater** at the theatre; **er tritt im Zirkus auf** he is appearing in *or* performing with the circus; **im Fernsehen** on television; **im Bett** in bed; **im Spessart/Schwarzwald** in the Spessart/the Black Forest; c) *(zeitlich)* **im Mai/Januar** in May/January; **im Jahre 1648** in [the year] 1648; **im letzten Jahr** last year; **im Alter von 50 Jahren** at the age of 50; d) *(Verlauf)* **etw. im Sitzen tun** do sth. [while] sitting down; **noch im Laufen** while still running; **im Gehen/Kommen sein** be going/coming

**i. m.** *Abk. (Med.)* **intramuskulär** IM

**Image** ['ɪmɪtʃ] das; ~[s], ~s ['ɪmɪtʃs] image

**Image·pflege** die; *o. Pl.* cultivation of one's image

**imaginär** [imagi'nɛ:ɐ̯] *Adj. (geh., Math.)* imaginary

**Imagination** [imagina'tsio:n] die; ~, ~en *(geh.)* imagination

**imaginativ** [imagina'ti:f] *Adj. (geh.)* imaginative

**Imagismus** [ima'gɪsmʊs] der; ~ *(Literaturw.)* imagism *no art.*

**Imago** [i'ma:go] die; ~, Imagines [-gine:s] a) *(Psych., Biol.)* imago; b) *(Kunstwiss.)* *wax death mask of an ancestor*

**Imam** [i'ma:m] der; ~s, ~s *od.* ~e imam

**imbezil** [ɪmbe'tsi:l], **imbezill** [ɪmbe'tsɪl] *Adj. (Med.)* imbecile

**Imbiß** ['ɪmbɪs] der; Imbisses, Imbisse a) *(kleine Mahlzeit)* snack; b) *s.* **Imbißlokal**

**Imbiß-:** ~**bude** die *(ugs.)* ≈ hot-dog stall *or* stand; ~**lokal** das café; ~**stand** der *s.* ~**bude;** ~**stube** die *s.* ~**lokal**

**-imitat** das; ~s, ~e imitation ⟨*leather, wood, etc.*⟩

**Imitation** [imita'tsio:n] die; ~, ~en imitation

**Imitator** [imi'ta:tɔr] der; ~s, ~en [-ta'to:rən] imitator; mimic; *(im Kabarett usw.)* impressionist

**imitieren** *tr. V.* imitate

**Imker** ['ɪmkɐ] der; ~s, ~: bee-keeper; apiarist *(formal)*

**Imkerei** die; ~, ~en a) *o. Pl. (Bienenzucht)* bee-keeping *no art.; (as tech. term)* apiculture *no art.;* b) *(Betrieb)* apiary

**imkern** *itr. V.* keep bees

**immanent** [ɪma'nɛnt] *Adj.* **a)** *(geh.)* inherent; **einer Sache** *(Dat.)* **~ sein** be inherent in sth.; **b)** *(Philos.)* immanent

**Immanenz** [ɪma'nɛnts] **die;** ~ *(Philos.)* immanence

**immateriell** [ɪmate'ri̯ɛl] *Adj. (geh.)* non-material

**Immatrikulation** [ɪmatrikula'tsi̯o:n] **die;** ~, **~en a)** *(Hochschulw.)* registration; **b)** *(schweiz.: eines Fahrzeugs)* registration

**immatrikulieren 1.** *tr. V.* **a)** *(Hochschulw.)* register; **b)** *(schweiz.)* register ‹*vehicle*›. **2.** *refl. V. (Hochschulw.)* register

**Imme** ['ɪmə] **die;** ~, **~n** *(dichter.)* bee

**immens** [ɪ'mɛns] **1.** *Adj.* immense. **2.** *adv.* immensely; enormously ‹*expensive*›

**immer** ['ɪmɐ] *Adv.* **a)** always; **wie ~:** as always; as usual; **mach es wie ~!** do it the way you've/we've always done it; **~ dieser Nebel/dieser Streit** this fog never seems to lift/you're/they're *etc.* always arguing; **~ diese Kinder!** these wretched children!; **schon ~:** always; **~ und ewig** for ever; *(jedesmal)* always; **auf** *od.* **für ~ [und ewig]** for ever [and ever]; **sie haben sich für ~ getrennt** they've split up for good; **~ wieder** again and again; time and time again; **~ wieder von vorne anfangen** keep on starting from the beginning again; **~, wenn** every time that; whenever; **er ist ~ der Dumme** *(ugs.)* he's always the loser; **~ ich!** *(ugs.)* [it's] always me; **b) ~ +** *Komp. (nach u. nach)* **~ dunkler/häufiger** darker and darker/more and more often; **~ mehr** more and more; **~ mehr zunehmen** keep on increasing; **c)** *(ugs.: jeweils)* **es durften ~ zwei auf einmal eintreten** we/they were allowed in two at a time; **~ drei Stufen auf einmal** three steps at a time; **d)** *(auch)* **wo/wer/wann/wie [auch] ~:** wherever/whoever/whenever/however; **e)** *(verstärkend)* **~ noch, noch ~:** still; **f)** *(ugs.: bei Aufforderung)* **~ langsam!/mit der Ruhe!** take it easy!; **nur ~ zu!** keep it up!; **~ geradeaus!** keep [going] straight on; **~ der Nase nach!** keep following your nose!; **was treibst du denn ~?** what are you doing these days?; **g)** *(irgend)* **so schnell er ~ konnte** as fast as he possibly could

**immer-, Immer-: ~dar** [~'da:ɐ̯] *Adv. (geh.)* forever; [for] evermore; **~fort** *Adv.* all the time; constantly; **~grün** *Adj.* evergreen; **~grün das** periwinkle; **~hin** *Adv.* **a)** *(wenigstens)* at any rate; anyhow; at least; **er hat es ~hin versucht** he tried, anyhow *or* at any rate; at least he tried; **er ist zwar nicht reich, aber ~hin!** he's not rich, it's true, but still; **b)** *(trotz allem)* nevertheless; all the same; **c)** *(schließlich)* after all

**Immersion** [ɪmɛr'zi̯o:n] **die;** ~, **~en** *(Physik, Astron.)* immersion

**immer-: ~während 1.** *Adj.; nicht präd.* perpetual; eternal, everlasting ‹*bliss, friendship, memory*›; **der ~währende Kalender** the perpetual calendar; **2.** *adv.* perpetually; **~zu** *Adv. (ugs.)* the whole time; all the time; constantly

**Immigrant** [ɪmi'grant] **der;** ~**en,** ~**en, Immigrantin die;** ~, **~nen** immigrant

**Immigration** [ɪmigra'tsi̯o:n] **die;** ~, **~en** immigration

**immigrieren** *itr. V.; mit sein* immigrate

**imminent** [ɪmi'nɛnt] *Adj. (veralt.)* imminent

**Immission** [ɪmɪ'si̯o:n] **die;** ~, **~en** *(fachspr.) air pollution, noise, noxious substances, radiation, etc. constituting a private nuisance*

**Immissions·schutz der** *protection against the effects of air pollution, noise, noxious substances, radiation, etc.*

**immobil** ['ɪmobi:l] *Adj.* **a)** *(geh.)* immobile; **~es Vermögen** immovable property; real estate *or* property; **b)** *(Milit.)* not on a war footing *postpos.*

**Immobilien** [ɪmo'bi:li̯ən] *Pl.* [real] property *sing.*; real estate *sing.*; *(Rubrik in Zeitungen)* property *sing.*

**Immobilien-: ~handel der** dealing *no art.* in real estate *or* in property; **~händler der** estate agent

**immobilisieren** *tr. V. (Med.)* immobilize

**Immoralismus** [ɪmora'lɪsmʊs] **der;** ~ *(geh.)* immoralism

**Immortelle** [ɪmɔr'tɛlə] **die;** ~, **~n** everlasting [flower]; immortelle

**immun** [ɪ'mu:n] **a)** *(Med., fig.)* immune (**gegen** to); **b)** *(Rechtsspr.)* **~ sein** have *or* enjoy immunity

**immunisieren** *tr. V.* immunize (**gegen** against)

**Immunisierung die;** ~, **~en** immunization (**gegen** against)

**Immunität** [ɪmuni'tɛ:t] **die;** ~, **~en a)** *(Med.)* immunity (**gegen** to); **b)** *(Rechtsspr.)* immunity (**gegen** from)

**Immunologie** [ɪmunolo'gi:] **die;** ~**:** immunology

**Imp.** *Abk.* **a) Imperfekt** imperf.; **b) Imperativ** imper.

**Impedanz** [ɪmpe'dants] **die;** ~, **~en** *(Elektrot.)* impedance

**Imperativ** ['ɪmperati:f] **der;** ~**s,** ~**e a)** *(Sprachw.)* imperative; **b)** *(Philos.)* **[kategorischer] ~:** [categorical] imperative

**imperativisch** *(Sprachw.)* **1.** *Adj.* imperative. **2.** *adv.* in the imperative

**Imperativ·satz der** imperative sentence

**Imperator** [ɪmpe'ra:tɔr] **der;** ~**s,** ~**en** [-'to:rən] *(hist.)* **a)** *(römischer Oberfeldherr)* imperator; **b)** *(Kaiser)* emperor; **~ Rex** King Emperor

**Imperfekt** ['ɪmpɛrfɛkt] **das;** ~**s,** ~**e, Imperfektum** [ɪmpɛr'fɛktʊm] **das;** ~**s, Imperfekta** *(Sprachw.)* imperfect [tense]

**Imperialismus** [ɪmperi̯a'lɪsmus] **der;** ~**:** imperialism *no art.*

**Imperialist der;** ~**en,** ~**en** imperialist

**imperialistisch** *Adj.* imperialistic

**Imperium** [ɪm'pe:ri̯ʊm] **das;** ~**s, Imperien** *(hist., fig.)* empire

**impertinent** [ɪmpɛrti'nɛnt] **1.** *Adj.* impertinent; impudent. **2.** *adv.* impertinently; impudently

**Impertinenz** [ɪmpɛrti'nɛnts] **die;** ~, **~en** impertinence; impudence; **diese ~en** this impertinence *or* impudence *sing.*

**Impetus** ['ɪmpetʊs] **der;** ~ **a)** *(Antrieb)* impetus; **b)** *(Schwung)* verve; zest

**Impf-: ~aktion die** vaccination *or* inoculation programme; **~arzt der** vaccinator; inoculator; **~ausweis der** vaccination certificate

**impfen** ['ɪmpfn̩] *tr. V.* **a)** vaccinate, inoculate; **sich ~ lassen** be vaccinated *or* inoculated; **b)** *(Biol., Landw.)* inoculate

**Impfling** ['ɪmpflɪŋ] **der;** ~**s,** ~**e** person who has been vaccinated; *(zu impfende Person)* person waiting to be vaccinated

**Impf-: ~paß der** vaccination certificate; **~pflicht die: die ~pflicht für die Pockenimpfung wurde aufgehoben** compulsory vaccination for smallpox was abolished; **~pistole die** inoculation injector; **~schaden der** vaccine damage *no pl., no indef. art.*; **~schutz der** protection given by vaccination; **~stoff der** vaccine

**Impfung die;** ~, **~en** vaccination; inoculation

**Impf-: ~zeugnis das** *s.* **~ausweis; ~zwang der** *s.* **~pflicht**

**Implantat** [ɪmplan'ta:t] **das;** ~**[e]s,** ~**e** *(Med.)* implant

**Implantation** [ɪmplanta'tsi̯o:n] **die;** ~, **~en** *(Med.)* implantation

**implantieren** *tr. V. (Med.)* implant; **jmdm. etw. implantieren** implant sth. in sb.

**Implikation** [ɪmplika'tsi̯o:n] **die;** ~, **~en** *(geh., Logik)* implication

**implizieren** [ɪmpli'tsi:rən] *tr. V. (geh.)* imply

**implizit** [ɪmpli'tsi:t] *(geh.)* **1.** *Adj.* implicit. **2.** *adv.* implicitly

**implizite** [ɪm'pli:tsite] *Adv. (geh.)* implicitly

**implodieren** [ɪmplo'di:rən] *itr. V.; mit sein (fachspr.)* implode

**Implosion** [ɪmplo'zi̯o:n] **die;** ~, **~en** *(fachspr.)* implosion

**Imponderabilien** [ɪmpɔndəra'bi:li̯ən] *Pl. (geh.)* imponderables

**imponieren** [ɪmpo'ni:rən] *itr. V.* impress; **jmdm. durch etw./mit etw. ~:** impress sb. by sth.; **am meisten imponiert uns an ihm seine Ruhe** what impresses us most about him is his calmness

**imponierend 1.** *Adj.* impressive. **2.** *adv.* impressively

**Imponier·gehabe[n] das** *(Verhaltensf.)* display

**Import** [ɪm'pɔrt] **der;** ~**[e]s,** ~**e** import; **den ~ erhöhen** increase imports; **eine Firma für ~ und Export** an import/export firm

**Importeur** [ɪmpɔr'tø:ɐ̯] **der;** ~**s,** ~**e** importer

**Import·geschäft das a)** import business; **b)** *(geschäftlicher Abschluß)* import deal

**importieren** *tr., itr. V.* import

**Import-: ~kaufmann der** importer; **~über·schuß der** import surplus

**imposant** [ɪmpo'zant] **1.** *Adj.* imposing; impressive ‹*achievement*›. **2.** *adv.* imposingly

**impotent** ['ɪmpotɛnt] *Adj.* impotent

**Impotenz** ['ɪmpotɛnts] **die;** ~**:** impotence

**imprägnieren** [ɪmprɛ'gni:rən] *tr. V.* **a)** impregnate; *(wasserdicht machen)* waterproof; **b)** *(fachspr.)* carbonate ‹*wine*›

**Imprägnierung die;** ~, **~en** *s.* **imprägnieren a, b:** impregnation; waterproofing; carbonation

**im·praktikabel** *Adj.* impracticable

**Impresario** [ɪmpre'za:ri̯o] **der;** ~**s,** ~**s** *od.* **Impresari** *(veralt.)* impresario

**Impressen** *s.* **Impressum**

**Impression** [ɪmprɛ'si̯o:n] **die;** ~, **~en** impression

**Impressionismus der;** ~**:** impressionism *no art.*

**Impressionist der;** ~**en,** ~**en** impressionist

**impressionistisch** *Adj.* impressionistic

**Impressum** [ɪm'prɛsum] **das;** ~**s, Impressen** imprint

**Imprimatur** [ɪmpri'ma:tʊr] **das;** ~**s,** *(österr.:)* [---'-] **die;** ~ **a)** *(Buchw.)* **das** *od.* *(österr.)* **die ~ [für etw.] erteilen** pass sth. for press; **b)** *(kath. Kirche)* imprimatur

**Improvisation** [ɪmproviza'tsi̯o:n] **die;** ~, **~en** improvisation

**Improvisations·talent das** gift *or* talent for improvisation

**improvisieren** *tr., itr. V.* improvise; **über ein Thema ~** *(Musik)* improvise on a theme

**Impuls** [ɪm'pʊls] **der;** ~**es,** ~**e a)** *(Anstoß)* stimulus; **von etw. gehen wichtige ~e aus** sth. is an important stimulus *sing.*; **einer Sache** *(Dat.)* **neue ~e geben** give sth. fresh stimulus *sing. or* impetus *sing.*; **b)** *(innere Regung)* impulse; **einem ~ folgen** act on [an] impulse; **etw. aus einem ~ heraus tun** do sth. on impulse; **c)** *(Elektrot.)* pulse; **d)** *(Physik)* impulse; *(Produkt aus Masse u. Geschwindigkeit)* momentum

**Impuls-: ~geber der, ~generator der** *(Elektrot.)* pulse generator

**impulsiv** [ɪmpʊl'zi:f] **1.** *Adj.* impulsive. **2.** *adv.* impulsively

**Impulsivität** [ɪmpʊlzivi'tɛ:t] **die;** ~**:** impulsiveness

**Impuls·satz der** *(Physik)* principle of the conservation of momentum

**imstande** [ɪm'ʃtandə] *Adv.* **~ sein, etw. zu tun** *(fähig sein)* be able to do sth.; be capable of doing sth.; *(die Möglichkeit haben)* be in a position to do sth.; **zu etw. ~ sein** be capable of sth.; **er ist ~ und schiebt mir die Schuld in die Schuhe** he's [quite] capable of putting the blame on to me

[1]**in** [ɪn] **1.** *Präp. mit Dat.* **a)** *(auf die Frage: wo?)* in; **er hat ~ Tübingen studiert** he stu-

died at Tübingen; ~ **Deutschland/der Schweiz** in Germany/Switzerland; **sind Sie schon mal ~ China gewesen?** have you ever been to China?; ~ **der Schule/Kirche** at school/church; ~ **der Schule/Kirche steht noch eine alte Orgel** there's still an old organ in the school/church; ~ **einer Partei** in a party; **b)** *(auf die Frage: wann?)* in; ~ **zwei Tagen/einer Woche** in two days/a week; ~ **diesem Sommer** this summer; **[gerade]** ~ **dem Moment, als er kam** the [very] moment he came; ~ **diesem Jahr/Monat** this/that year/month; **c)** *(auf die Frage: wie?)* in; ~ **Farbe/Schwarzweiß** in colour/black and white; ~ **deutsch/englisch** in German/English; **d)** *(fig.)* ~ **Mathematik/Englisch** in mathematics/English; **sich ~ jmdm. täuschen** be wrong about sb.; **e)** *in* **er hat es ~ sich** *(ugs.)* he's got what it takes *(coll.)*; **der Schnaps/diese Übersetzung hat es ~ sich** *(ugs.)* this schnapps packs a punch *(coll.)*/this translation is a tough one; **f)** *(Kaufmannsspr.)* ~ **etw. handeln** deal in sth.; **er macht ~ Spirituosen** *(ugs.)* he deals in spirits; *s. auch* **im. 2.** *Präp. mit Akk.* **a)** *(auf die Frage: wohin?)* into; ~ **die Stadt/das Dorf** into town/the village; ~ **die Schweiz** to Switzerland; ~ **die Kirche/Schule gehen** go to church/school; ~ **eine Partei eintreten** join a party; **b)** *(auf die Frage: [bis] wann?)* into; **bis ~ den Herbst** into the autumn; **c)** *(fig.)* ~ **die Millionen gehen** run into millions; **sich ~ jmdn. verlieben** fall in love with sb.; ~ **etw. einwilligen** agree *or* consent to sth.; *s. auch* **ins**

**²in** *Adj. in* ~ **sein** *(ugs.)* be in

**-in** *Bei der Übersetzung ins Englische wird das deutsche Suffix* **-in**, *mit dem feminine Substantive wie* **Lehrerin** *oder* **Kanadierin** *als Ableitungen von Maskulina gebildet werden, im allgemeinen nicht übersetzt* (**Lehrerin** = teacher). *Soll jedoch betont werden, daß es sich um weibliche Personen im Gegensatz zu männlichen handelt, bieten sich folgende Übersetzungsmöglichkeiten an:* **Lehrerinnen gehen mit 60 in den Ruhestand** women teachers retire at sixty; **sie ist die bekannteste Kanadierin** she is the best-known Canadian woman; *gelegentlich sind Formulierungen wie* lady teachers *oder* Canadian lady *angebracht, wenn eine besonders höfliche Ausdrucksweise angestrebt wird. Sofern es sich um eine Nationalitätenbezeichnung handelt und die betreffende Person noch recht jung ist, findet man auch häufig die Form* Canadian girl. *In diesem Wörterbuch wurde aus Platzgründen auf die Darstellung solcher Möglichkeiten beim jeweiligen Einzelstichwort meist verzichtet*

**in·adäquat 1.** *Adj. (geh.)* inadequate. **2.** *adv.* inadequately

**in·aktiv 1.** *Adj. (geh., auch Chemie, Med.)* inactive. **2.** *adv.* **sich ~ verhalten** be inactive

**In·aktivität die;** ~ *(geh., auch Chemie, Med.)* inactivity

**in·akzeptabel** *Adj. (geh.)* unacceptable

**In·angriffnahme** [-na:mə] **die;** ~, ~n *(Amtsspr.)* commencement; *(eines Problems)* tackling

**In·anspruchnahme die;** ~, ~n **a)** *(Amtsspr.)* use; **bei häufiger ~ der Versicherung** if frequent [insurance] claims are made; **auf ~ seiner Rechte verzichten** waive one's rights; **b)** *(starke Belastung)* demands *pl.*; **die große berufliche ~:** the heavy demands made on him/her by his/her job; **c)** *(von Maschinen, Material)* use; *(von Einrichtungen)* utilization

**in·artikuliert** *(geh.)* **1.** *Adj.* inarticulate. **2.** *adv.* inarticulately

**In·augenscheinnahme die;** ~, ~n *(Amtsspr.)* inspection; **nach ~ mehrerer Wohnungen** after inspecting several flats

**Inaugural·dissertation** [ɪn|augu'ra:l-] **die** *(doctoral)* thesis

**Inauguration** [ɪn|augura'tsi̯o:n] **die;** ~, ~en *(geh.)* inauguration

**In·begriff der** quintessence; **der ~ des Gelehrten/Spießers** the epitome of the scholar/petit bourgeois; the quintessential scholar/petit bourgeois; **der ~ der Schönheit/des Schreckens** the quintessence of beauty/terror; **sie ist der ~ der Tugend/des Bösen** she is virtue personified *or* itself/the embodiment of evil

**inbegriffen** *Adj.* included

**In·besitznahme die;** ~, ~n *(Amtsspr.)* appropriation

**In·betriebnahme die;** ~, ~n, **In·betriebsetzung** [-zɛtsʊŋ] **die;** ~, ~en *(Amtsspr.)* **a)** *(von [öffentlichen] Einrichtungen)* opening; **b)** *(von Maschinen)* bringing into service; **vor ~ der Maschine** before bringing the machine into service; **c)** *(eines Kraftwerks)* commissioning

**In·brunst die;** ~ *(geh.)* fervour; *(der Liebe)* ardour; **mit ~:** with fervour; **jmdn. mit ~ lieben** love sb. ardently

**in·brünstig** *(geh.)* **1.** *Adj.* fervent; ardent ⟨*love*⟩. **2.** *adv.* fervently; ⟨*love*⟩ ardently

**Inbus·schlüssel** Ⓦ ['ɪnbʊs-] **der** *(Technik)* Allen key

**Indanthren** Ⓦ [ɪndan'tre:n] **das;** ~s, ~e *(Textilind.)* indanthrene

**Indefinit·pronomen** [ɪndefi'ni:t-] **das** *(Sprachw.)* indefinite pronoun

**in·deklinabel** *Adj. (Sprachw.)* indeclinable

**in·dem** *Konj.* **a)** *(während)* while; *(gerade als)* as; **b)** *(dadurch, daß)* ~ **man etw. tut** by doing sth.; **c)** *(bes. südd.)* ~ **daß** because

**Indemnität** [ɪndɛmni'tɛ:t] **die;** ~: ≈ parliamentary privilege

**Inder** ['ɪndɐ] **der;** ~s, ~, **Inderin die;** ~, ~nen Indian

**in·des** *(selten)*, **in·dessen 1.** *Konj. (geh.)* **a)** *(während)* while; **b)** *(wohingegen)* whereas. **2.** *Adv.* **a)** *(inzwischen)* meanwhile; in the mean time; **b)** *(jedoch)* however

**Index** ['ɪndɛks] **der;** ~ *od.* ~es, ~e *od.* **Indizes** ['ɪnditse:s] **a)** *Pl.* ~e *od.* **Indizes** *(Register)* index; **b)** *Pl.* ~e *(kath. Kirche)* Index; **c)** *Pl.* **Indizes** *(Math., Physik, Wirtsch.)* index

**Index·zahl die** *(Wirtsch.)* index [number]

**in·dezent** *Adj. (geh.)* indelicate

**Indianer** [ɪn'di̯a:nɐ] **der;** ~s, ~: [American] Indian

**Indianer-: ~geheul das** *(scherzh.)* **mit ~geheul** whooping and yelling like a Red Indian/[Red] Indians; **~häuptling der** Indian chief

**Indianerin die;** ~, ~nen [American] Indian

**Indianer-: ~krapfen der** *(österr.) s.* **Mohrenkopf a; ~reservat das** Indian reservation

**indianisch** *Adj.* Indian

**Indien** ['ɪndi̯ən] **(das)** India

**In·dienst·stellung die;** ~, ~en *(Amtsspr.)* commissioning

**in·different 1.** *Adj. (geh., fachspr.)* indifferent. **2.** *adv. (geh.)* indifferently

**In·differenz die;** ~, ~en *(geh., auch Chemie, Med.)* indifference

**Indignation** [ɪndɪgna'tsi̯o:n] **die;** ~ *(geh.)* indignation

**indigniert** [ɪndɪ'gni:ɐ̯t] *Adj.* indignant

**Indigo** ['ɪndigo] **der** *od.* **das;** ~s, ~s *(Arten:)* ~s indigo

**indigo·blau** *Adj.* indigo [blue]

**Indikation** [ɪndika'tsi̯o:n] **die;** ~, ~en **a)** *(Med.: Heilanzeige)* indication; **b)** *(Rechtsw.)* **[medizinische/soziale/ethische] ~:** [medical/social/ethical] grounds *pl.* for abortion

**Indikativ** ['ɪndikati:f] **der;** ~s, ~e [-i:və] *(Sprachw.)* indicative [mood]

**indikativisch** *Adj. (Sprachw.)* indicative

**Indikator** [ɪndi'ka:tɔr] **der;** ~s, ~en [-ka'to:rən] *(auch Chemie, Technik)* indicator

**Indio** ['ɪndi̯o] **der;** ~s, ~s *(Central/South American)* Indian

**in·direkt 1.** *Adj.: nicht präd.* indirect; **~e Rede/eine ~e Frage** *(Sprachw.)* indirect *or* reported speech/an indirect question; **ein ~er Freistoß** *(Sport)* an indirect free kick. **2.** *adv.* indirectly; **einen Freistoß ~ ausführen** *(Sport)* take an indirect free kick

**indisch** ['ɪndɪʃ] **1.** *Adj.* Indian. **2.** *adv.* **sie hat gestern ~ gekocht** she cooked an Indian meal yesterday

**in·diskret** *Adj.* indiscreet

**In·diskretion die;** ~, ~en indiscretion

**in·diskutabel** *Adj. (abwertend)* unworthy of discussion *pred.*

**in·disponiert** *Adj. (geh.)* indisposed

**In·disposition die** *(geh.)* indisposition

**individualisieren** *tr. V. (geh.)* individualize

**Individualismus** [ɪndividu̯a'lɪsmʊs] **der;** ~ *(Philos., geh.)* individualism

**Individualist der;** ~en, ~en *(geh.)* individualist

**individualistisch** *Adj. (geh.)* individualistic

**Individualität** [ɪndividu̯ali'tɛ:t] **die;** ~, ~en *(geh.)* **a)** *o. Pl.* individuality; **b)** *(Persönlichkeit)* personality

**Individual·verkehr der** private vehicle traffic; private vehicles *pl.*

**Individuation** [ɪndividu̯a'tsi̯o:n] **die;** ~, ~en *(Psych.)* individuation

**individuell** [ɪndivi'du̯ɛl] **1.** *Adj.* **a)** individual; **b)** *nicht präd. (einem einzelnen gehörend)* private ⟨*property, vehicle, etc.*⟩. **2.** *adv.* individually; **etw. ~ gestalten** give sth. one's own personal touch; **das ist ~ verschieden** it varies from case to case

**Individuum** [ɪndi'vi:du̯ʊm] **das;** ~s, **Individuen** *(auch Chemie, Biol.)* individual; **ein fragwürdiges/verdächtiges ~** *(abwertend)* a dubious/suspicious individual *or* character

**Indiz** [ɪn'di:ts] **das;** ~es, ~ien **a)** *(Rechtsw.)* piece of circumstantial evidence; **~ien** circumstantial evidence *sing.*; **b)** *(Anzeichen)* sign **(für of)**

**Indizien·beweis der** *(Rechtsw.)* piece of circumstantial evidence; **~e** circumstantial evidence *sing.*

**indizieren** [ɪndi'tsi:rən] *tr. V.* **a)** *(Med.)* indicate; **b)** *(kath. Kirche)* **ein Buch ~:** place a book on the Index

**indo-, Indo-** [ɪndo-]: **~china (das)** Indo-China; **~europäer** *Pl. s.* **~germanen; ~europäisch** *Adj. s.* **~germanisch; ~germanen** *Pl.* Indo-Europeans; **~germanisch** *Adj.* Indo-European; Indo-Germanic

**Indoktrination** [ɪndɔktrina'tsi̯o:n] **die;** ~, ~en indoctrination

**indoktrinieren** *tr. V.* indoctrinate

**indolent** ['ɪndolɛnt] *Adj. (geh., Med.)* indolent

**Indonesien** [ɪndo'ne:zi̯ən] **(das)** Indonesia

**Indonesier der;** ~s, ~, **Indonesierin die;** ~, ~nen Indonesian

**indonesisch** *Adj.* Indonesian

**Indossament** [ɪndɔsa'mɛnt] **das;** ~[e]s, ~e *(Finanzw.)* endorsement

**Indossant** [ɪndɔ'sant] **der;** ~en, ~en *(Finanzw.)* endorser

**Indossat** [ɪndɔ'sa:t] **der;** ~en, ~en, **Indossator** [ɪndɔ'sa:tɔr] **der;** ~s, ~e *(Finanzw.)* endorsee

**indossieren** *tr. V. (Finanzw.)* endorse

**Induktanz** [ɪndʊk'tants] **die;** ~ *(Elektrot.)* inductance

**Induktion** [ɪndʊk'tsi̯o:n] **die;** ~, ~en *(Philos., Elektrot., Biol.)* induction

**Induktions-: ~maschine die** *(Elektrot.)* induction machine; **~ofen der** *(Technik)* induction furnace; **~schleife die** *(Elektrot.)* induction control loop; **~spule die** *(Elektrot.)* induction coil; **~strom der** *(Elektrot.)* induced current

**induktiv** [ɪndʊk'ti:f] *Adj. (Philos., Elektrot.)* inductive

**Induktivität** [ɪndʊktivi'tɛ:t] **die; ~, ~en** *(Elektrot.)* self-inductance; coefficient of self-induction

**industrialisieren** [ɪndʊstriali'zi:rən] *tr. V.* industrialize

**Industrialisierung die; ~:** industrialization

**Industrie** [ɪndʊs'tri:] **die; ~, ~n** industry; **in die ~ gehen** *(ugs.)* go into industry; **in der ~ arbeiten** work in industry

**Industrie-: ~aktie die** industrial share; **~an·lage die** industrial plant; **~an·sied·lung die** setting-up of industry; **~arbeiter der** industrial worker; **~archäologie die** industrial archaeology *no art.*; **~ausstellung die** industrial exhibition; **~betrieb der** industrial company *or* firm; **~erzeugnis das** industrial product; **~gebiet das** industrial area; **~gesellschaft die** *(Soziol.)* industrial society; **~gewerkschaft die** industrial union; **~kapitän der** captain of industry; **~kaufmann der** *person with three years' business training employed on the business side of an industrial company;* **~laden der** *(DDR) shop owned and operated by an enterprise or combine for the sale of its own goods direct to the customer;* **~landschaft die** industrial landscape

**industriell** [ɪndʊstri'ɛl] **1.** *Adj.; nicht präd.* industrial; **die ~e Revolution** *(hist.)* the Industrial Revolution. **2.** *adv.* industrially; **~ überlegen/rückständig** industrially more/less advanced

**Industrielle der/die;** *adj. Dekl.* industrialist

**Industrie-: ~magnat der** industrial magnate; **~müll der** industrial waste; **~produkt das** industrial product; **~spionage die** industrial espionage; **~staat der** industrial nation; **~stadt die** industrial town; *(größer)* industrial city

**Industrie- und Handels·kammer die** Chamber of Industry and Commerce

**Industrie-: ~unternehmen das** industrial concern *or* company; **~zweig der** branch of industry

**induzieren** [ɪndu'tsi:rən] *tr. V. (Philos., Elektrot.)* induce

**in·effektiv** *Adj.* ineffective

**in·effizient** *Adj. (geh.)* inefficient

**In·effizienz die** *(geh.)* inefficiency

**in·einander** *Adv.* **~ verliebt sein** be in love with each other *or* one another; **~ verschlungene Ornamente** intertwined decorations; **ganz ~ aufgehen** be totally wrapped up in each other *or* one another; **~ übergehen** merge

**ineinander-: ~|fließen** *unr. itr. V.; mit sein* flow together; ⟨*rivers etc.*⟩ flow into each other *or* one another; ⟨*dyes, colours*⟩ run into each other *or* one another; ⟨*lines*⟩ run together; **~|fügen 1.** *tr. V.* fit into each other *or* one another; fit together; **2.** *refl. V.* fit into each other *or* one another; fit together; **~|greifen** *unr. itr. V.* mesh *or* engage [with each other *or* one another]; mesh together *(lit. or fig.)*; **~|laufen** *unr. itr. V.; mit sein* run into each other *or* one another; run together; **~|passen** *itr. V.* fit into each other *or* one another; fit together; **~|schieben 1.** *unr. tr. V.* telescope ⟨*vehicles*⟩; **die Teile der Tischplatte lassen sich leicht ~schieben** the leaves of the table can easily be pushed in; **2.** *unr. refl. V.* ⟨*vehicles*⟩ telescope

**in·existent** *Adj. (geh.)* non-existent

**infam** [ɪn'fa:m] **1.** *Adj.* disgraceful; **~e Schmerzen** *(ugs.)* dreadful pain *sing. (coll.)*. **2.** *adv.* disgracefully; **~ weh tun** *(ugs.)* hurt like mad *or* hell *(coll.)*

**Infamie** [ɪnfa'mi:] **die; ~, ~n a)** *o. Pl.* disgracefulness; **b)** *(Äußerung)* disgraceful remark; *(Handlung)* disgraceful action

**Infant** [ɪn'fant] **der; ~en, ~en** *(hist.)* infante; *(Thronfolger)* principe

**Infanterie** ['ɪnfant(ə)ri:] **die; ~, ~n** *(Milit.)* infantry

**Infanterie-: ~regiment das** *(Milit.)* infantry regiment; **~stellung die** *(Milit.)* infantry position

**Infanterist der; ~en, ~en** *(Milit.)* infantryman

**infantil** [ɪnfan'ti:l] *(Psych., Med., sonst abwertend)* **1.** *Adj.* infantile. **2.** *adv.* in an infantile way

**Infantilismus der; ~, Infantilismen** *(Psych., Med.)* infantilism

**Infantilität** [ɪnfantili'tɛ:t] **die; ~ a)** *(abwertend)* infantility; **b)** *(Psych., Med.)* infantilism

**Infantin die; ~, ~nen** *(hist.)* infanta

**Infarkt** [ɪn'farkt] **der; ~[e]s, ~e** *(Med.)* infarct; infarction

**infarkt·gefährdet** *Adj. (Med.)* ⟨*person*⟩ with a high risk of suffering a cardiac infarction

**Infekt** [ɪn'fɛkt] **der; ~[e]s, ~e** *(Med.)* infection; **ein grippaler ~:** an influenzal infection

**Infektion** [ɪnfɛk'tsio:n] **die; ~, ~en** *(Med.)* **a)** *(Ansteckung)* infection; **b)** *(ugs.: Entzündung)* inflammation

**Infektions-: ~gefahr die** *(Med.)* danger *or* risk of infection; **~herd der** *(Med.)* seat of the/an infection; **~krankheit die** *(Med.)* infectious disease

**infektiös** [ɪnfɛk'tsiø:s] *Adj. (Med.)* infectious

**Inferiorität** [ɪnferiori'tɛ:t] **die; ~** *(geh.)* inferiority

**Inferioritäts·komplex der** *(Psych.)* s. **Minderwertigkeitskomplex**

**infernalisch** [ɪnfɛr'na:lɪʃ] *(geh.)* **1.** *Adj.* infernal; **~ schmecken** taste dreadful. **2.** *adv.* infernally; **~ stinken** stink dreadfully

**Inferno** [ɪn'fɛrno] **das; ~s** *(geh.)* inferno

**Infiltrat** [ɪnfɪl'tra:t] **das; ~[e]s, ~e** *(Med.)* infiltrate

**Infiltration** [ɪnfɪltra'tsio:n] **die; ~, ~en** *(auch Med.)* infiltration

**infiltrieren** *tr. V. (auch Med.)* infiltrate; **jmdm. etw. ~** *(Med.)* infiltrate sth. into sb.

**in·finit** *Adj. (Sprachw.)* infinite

**Infinitesimal·rechnung** [ɪnfinitezi'ma:l-] **die** *(Math.)* infinitesimal calculus

**Infinitv** ['ɪnfiniti:f] **der; ~s, ~e** [-ti:və] *(Sprachw.)* infinitive

**Infinitiv·satz der** *(Sprachw.)* infinitive clause

**infizieren** [ɪnfi'tsi:rən] **1.** *tr. V. (auch fig.)* infect. **2.** *refl. V.* become *or* get infected; **sich bei jmdm. ~:** be infected by sb.; catch an infection from sb.

**in flagranti** [ɪn fla'granti] *Adv. (geh.)* in flagrante [delicto]

**Inflation** [ɪnfla'tsio:n] **die; ~, ~en** *(Wirtsch.)* inflation; *(Zeit der ~)* period of inflation; **eine schleichende ~:** creeping inflation

**inflationär** [ɪnflatsio'nɛ:ɐ̯], **inflationistisch** *Adj.* inflationary

**Inflations-: ~ausgleich der** increase to allow for inflation; **~politik die** policy of inflation; **~rate die** inflation rate; rate of inflation

**in·flexibel** *Adj.* **a)** *(auch fig.)* inflexible; **b)** *(Sprachw.)* uninflected

**In·flexibilität die; ~** *(auch fig.)* inflexibility

**Influenz** [ɪnflu'ɛnts] **die; ~, ~en** *(Elektrot.)* [electrostatic] induction

**Influenza** [ɪnflu'ɛntsa] **die; ~** *(veralt.)* influenza

**Info** ['ɪnfo] **das; ~s, ~s** *(ugs.)* hand-out

**in·folge 1.** *Präp. + Gen.* as a result of; owing to. **2.** *Adv.* **~ von etw.** *(Dat.)* as a result of *or* owing to sth.

**infolge·dessen** *Adv.* consequently; as a result of this

**Informant** [ɪnfɔr'mant] **der; ~en, ~en** *(auch Sprachw.)* informant

**Informatik** [ɪnfɔr'ma:tɪk] **die; ~:** computer science *no art.*

**Informatiker der; ~s, ~:** computer scientist

**Information** [ɪnfɔrma'tsio:n] **die; ~, ~en a)** *(auch Kybernetik)* information *no pl., no indef. art.* **(über + Akk.** about, on); **eine ~:** [a piece of] information; **eine umfassende ~ der Öffentlichkeit zu diesen Vorfällen ist unbedingt notwendig** it is vital to inform the public fully about these incidents; **zu Ihrer ~:** for your information; **nach neuesten ~en** according to the latest information; **nähere ~en erhalten Sie ...:** you can obtain more information ...; **b)** *(Büro)* information bureau; *(Stand)* information desk

**Informations-: ~aus·tausch der** exchange of information; **~büro das** information bureau *or* office; **~fluß der;** *o. Pl.* flow of information; **~gespräch das** mutual briefing session; **~material das** informational literature; **~quelle die** source of information; **~stand der a)** information stand; **b)** *(Zustand)* **bei meinem jetzigen ~stand** with the information I have at present; **~theorie die** information theory *no art.*; **~vor·sprung der** superior knowledge

**informativ** [ɪnfɔrma'ti:f] **1.** *Adj.* informative. **2.** *adv.* informatively

**informatorisch** [ɪnfɔrma'to:rɪʃ] *Adj.* informatory

**in·formell** *Adj.* informal

**informieren 1.** *tr. V.* inform **(über + Akk.** about); **falsch/einseitig informiert sein** be misinformed/have biased information; **aus gut informierten Kreisen** from well-informed circles. **2.** *refl. V.* inform oneself, find out **(über + Akk.** about); **sich aus der Presse/in der Zeitung über etw.** *(Akk.)* **~:** inform oneself *or* find out about sth. from the press/the newspaper

**infra·rot** ['ɪnfra-] *Adj. (Physik)* infra-red

**Infra·rot das; ~s** *(Physik)* infra-red radiation; **im ~:** in the infra-red

**Infrarot-: ~film der** infra-red film; **~strahler der a)** *(Heizgerät)* infra-red heater; **b)** *(Med.)* infra-red lamp

**Infra-: ~schall der** *(Physik)* infrasound; **~struktur die** infrastructure

**Infusion** [ɪnfu'zio:n] **die; ~, ~en** *(Med.)* infusion; *(durch den After)* enema

**Infusions·tierchen das, Infusorium** [ɪnfu'zo:riʊm] **das; ~s, Infusorien;** *meist Pl. (Biol.)* infusorium

**Ing.** *Abk.* **Ingenieur**

**In·gebrauch·nahme die; ~: vor ~ des Geräts** before operating the appliance

**Ingenieur** [ɪnʒe'niø:ɐ̯] **der; ~s, ~e** [qualified] engineer

**Ingenieur-: ~bau der; ~[e]s, ~ten** civil engineering structure; **~büro das** firm of consulting engineers

**Ingenieurin die; ~, ~nen** [qualified] engineer

**Ingenieur·schule die** college of engineering

**ingeniös** [ɪnge'niø:s] *(geh.)* **1.** *Adj.* ingenious. **2.** *adv.* ingeniously

**Ingeniosität** [ɪngeniozi'tɛ:t] **die; ~** *(geh.)* ingenuity

**Ingredienz** [ɪngre'diɛnts] **die; ~, ~en;** *meist Pl. (bes. Pharm., Kochk.)* ingredient

**In·grimm der** *(geh.)* inward rage *or* wrath

**in·grimmig** *(geh.)* **1.** *Adj.* wrathful ⟨*look, expression*⟩. **2.** *adv.* wrathfully

**Ingwer** ['ɪŋvɐ] **der; ~s, ~ a)** ginger; **b)** *(Likör)* ginger liqueur

**Ingwer·bier das** ginger beer

**Inhaber** ['ɪnha:bɐ] **der; ~s, ~ a)** *(einer Aktie, einer Lizenz, eines Rekords, eines Patents, eines Passes)* holder; *(eines Schecks)* bearer; *(eines Amtes)* holder; incumbent; **b)**

*(Besitzer)* owner; *(eines Hotels, Restaurants, Ladens)* owner; proprietor

**Inhaberin die; ~, ~nen a)** *s.* **Inhaber a; b)** *s.* **Inhaber b:** owner; proprietress

**Inhaber·papier das** *(Wirtsch.)* bearer security

**inhaftieren** [ɪnhafˈti:rən] *tr. V.* take into custody; detain; **jmdn. zwei Tage lang ~:** keep sb. in custody *or* detain sb. for two days

**Inhaftierte der/die;** *adj. Dekl.* prisoner

**Inhaftierung die; ~, ~en** detention

**Inhalation** [ɪnhalaˈtsi̯o:n] **die; ~, ~en** *(Med.)* inhalation

**inhalieren 1.** *tr. V. (Med./ugs.)* inhale. **2.** *itr. V. (Med.)* use an inhalant

**In·halt der; ~[e]s, ~e a)** contents *pl.*; **b)** *(das Dargestellte/geistiger Gehalt)* content; **etw. zum ~ haben** deal with *or* concern sth.; **ein Buch politischen ~s** a political book; **der ~ eines Wortes** the meaning of a word; **wir erhielten eine Nachricht des ~s, daß ...** *(geh.)* we received a message to the effect that ...; **c)** *(bes. Math.) (Flächen~)* area; *(Raum~)* volume

**inhaltlich 1.** *Adj.* **die ~e Struktur des Dramas** the plot-structure of the drama; **an ~en Gesichtspunkten gemessen** from the point of view of content. **2.** *adv.* **~ ist der Aufsatz gut** the essay is good as regards content; **~ übereinstimmen** be the same in content

**inhalts-, Inhalts-: ~an·gabe die** summary [of contents]; synopsis; *(eines Films, Dramas)* [plot] summary; synopsis; **~bezogen** *Adj. (Sprachw.)* **~bezogene Grammatik** content[-oriented] grammar; **~erklärung die** declaration of contents; **~leer, ~los** *Adj.* lacking in content *postpos.*; meaningless ‹*word, phrase*›; empty ‹*life*›; **~reich** *Adj.* full ‹*life, discussion*›; **~schwer** *Adj.* weighty; **~übersicht die** summary [of contents]; **~verzeichnis das** table of contents; *(auf einem Paket)* list of contents; *(als Überschrift)* [table of] contents; **~voll** *Adj. s.* **~reich**

**inhärent** [ɪnhɛˈrɛnt] *Adj. (geh., Philos.)* inherent (+ *Dat.* in)

**Inhärenz** [ɪnhɛˈrɛnts] **die; ~** *(Philos.)* inherence

**in·homogen** *Adj. (geh., fachspr.)* inhomogeneous

**In·homogenität die; ~** *(geh., fachspr.)* inhomogeneity

**in·human** *Adj.* **a)** *(unmenschlich)* inhuman; **b)** *(rücksichtslos)* inhumane

**In·humanität die; ~:** inhumanity

**Initial** [iniˈtsi̯a:l] **das; ~s, ~e** *(selten),* **Initiale die; ~, ~n** initial [letter]

**Initial-: ~zünder der** detonator; **~zündung die** detonation

**Initiation** [initsi̯aˈtsi̯o:n] **die; ~, ~en** *(Soziol., Völkerk.)* initiation

**Initiations·ritus der** *(Soziol., Völkerk.)* initiation rite

**initiativ** [initsi̯aˈti:f] *Adj.* **~ werden** take the initiative

**Initiative die; ~, ~n a)** *(erster Anstoß)* initiative; **die ~ ergreifen** take the initiative; **auf jmds. ~** *(Akk.)* **[hin]** on sb.'s initiative; **b)** *o. Pl. (Entschlußkraft)* initiative; **~ entwickeln/entfalten** develop initiative; **nur der ~** *(Dat.)* **der Opposition ist es zu verdanken, daß ...:** it is only thanks to the Opposition that ...; **c)** *s.* **Bürgerinitiative; d)** *(Parl.)* right to table *or* introduce a bill; *(das Einbringen)* tabling *or* introduction of a bill; **e)** *(schweiz.) s.* **Volksbegehren**

**Initiator** [iniˈtsi̯a:tɔr] **der; ~s, ~en, Initiatorin die; ~, ~nen** initiator; *(einer Organisation)* founder

**nitiieren** [initsiˈi:rən] *tr. V. (geh.)* initiate

**njektion** [ɪnjɛkˈtsi̯o:n] **die; ~, ~en** *(Med.)* injection

**njektions-: ~nadel die** hypodermic needle; **~spritze die** hypodermic syringe

**injizieren** [ɪnjiˈtsi:rən] *tr. V. (Med.)* inject; **jmdm. etw. ~:** inject sb. with sth.

**Injurie** [ɪnˈju:ri̯ə] **die; ~, ~n** *(geh., Rechtsw.)* injury

**Inka** [ˈɪŋka] **der; ~[s], ~[s]** Inca

**Inkarnation** [ɪnkarnaˈtsi̯o:n] **die; ~, ~en** incarnation

**Inkasso** [ɪnˈkaso] **das; ~s, ~s** *od.* **Inkassi** *(Finanzw.)* collection

**In·kaufnahme die; ~** *(Amtsspr.)* acceptance; **er konnte den Vertrag nur unter ~ von Verlusten abschließen** he could complete the contract only by accepting the losses involved

**inkl.** *Abk.* **inklusive** incl.

**inklusive** [ɪnkluˈzi:və] **1.** *Präp.* + *Gen. (bes. Kaufmannsspr.)* inclusive of; including; **der Preis versteht sich ~ der Verpackung** the price includes *or* is inclusive of packing; **wir bezahlten ~ Frühstück 40 DM** we paid 40 DM, breakfast included *or* including breakfast. **2.** *Adv.* inclusive

**inkognito** [ɪnˈkɔgnito] *Adv. (geh.)* incognito

**Inkognito das; ~s, ~s** incognito

**in·kommensurabel** *Adj. (geh., Math.)* incommensurable

**in·kommodieren** [ɪnkɔmoˈdi:rən] *(geh.)* **1.** *tr. V.* inconvenience; trouble; **jmdn. mit etw. ~:** trouble sb. with sth. **2.** *refl. V.* trouble oneself

**in·kompatibel** *Adj. (fachspr.)* incompatible

**In·kompatibilität die** *(fachspr.)* incompatibility

**in·kompetent** *Adj.* **a)** *(unfähig)* incompetent; **b)** *(bes. Rechtsspr.: nicht befugt)* not competent *postpos.*; incompetent

**In·kompetenz die** incompetence

**In·kongruenz die** *(Math.)* incongruence

**in·konsequent 1.** *Adj.* inconsistent. **2.** *adv.* inconsistently

**In·konsequenz die** inconsistency

**in·konsistent** *Adj. (geh.)* inconsistent

**in·konstant** *Adj.* **a)** *(Physik)* inconstant; **b)** *(geh.)* inconsistent; [constantly] shifting ‹*balance of power*›

**in·konvertibel** *Adj. (Wirtsch.)* inconvertible ‹*currency*›

**in·korrekt 1.** *Adj.* incorrect; incorrect, improper ‹*dress, behaviour*›. **2.** *adv.* incorrectly; **sich ~ kleiden/benehmen** dress/behave incorrectly *or* inproperly

**Inkorrektheit die; ~, ~en a)** *o. Pl. (Fehlerhaftigkeit)* incorrectness; *(des Benehmens)* incorrectness; impropriety; **b)** *(Fehler)* mistake; *(inkorrektes Benehmen)* breach of propriety; impropriety

**In·kraftsetzung** [-zɛtsʊŋ] **die; ~, ~en** *(Amtsspr.)* **mit ~ dieses Gesetzes** when this law is/was brought *or* put into force

**In·kraft·treten das; ~s: das ~ des Gesetzes erfolgt dann, wenn ...:** the law comes into effect *or* force when ...

**In·kreis der** *(Geom.)* inscribed circle

**inkriminieren** [ɪnkrimiˈni:rən] *tr. V. (bes. Rechtsspr.)* incriminate

**Inkubation** [ɪnkubaˈtsi̯o:n] **die; ~, ~en** *(Med., Biol.)* incubation

**Inkubations·zeit die; ~, ~en** *(Med.)* incubation period

**Inkubator** [ɪnkuˈba:tɔr] **der; ~s, ~en** *(Med.)* incubator

**Inkubus** [ˈɪnkubʊs] **der; ~, Inkuben** incubus

**in·kulant** *Adj. (Kaufmannsspr.)* unaccommodating; disobliging

**Inkulanz** [ˈɪnkulants] **die; ~** *(Kaufmannsspr.)* disobligingness

**Inkunabel** [ɪnkuˈna:bl] **die; ~, ~n;** *meist Pl. (Buchw., Literaturw.)* incunabulum

**In·land das; ~[e]s a)** *(das eigene Land)* **im ~:** at home; **im ~ hergestellte Waren, Produktionen des ~es** home-produced goods; **für das ~ bestimmte Waren** goods for the home market; **wir werden unseren Urlaub diesmal im ~ verbringen** we're not going abroad for our holidays this year; **im In- und Ausland** at home and abroad; **b)** *(Binnenland)* interior; inland; **im/ins ~:** inland

**Inland·eis das; ~es** inland ice

**Inländer** [ˈɪnlɛndɐ] **der; ~s, ~, Inländerin die; ~, ~nen** native citizen

**inländisch** *Adj.* domestic; internal, domestic ‹*trade, traffic*›; home, domestic ‹*market*›; home-produced, domestic ‹*goods*›

**Inlands-: ~ab·satz der** *(Wirtsch.)* domestic sales *pl.*; **~markt der** home *or* domestic market; **~porto das** inland postage; **~presse die** domestic press; **~verkehr der** internal *or* domestic traffic

**In·laut der; ~[e]s, ~e** *(Sprachw.)* **im ~ stehen/vorkommen** occur in [word-]medial position *or* [word-]medially

**Inlett** [ˈɪnlɛt] **das; ~[e]s, ~e** *od.* **~s** *(Stoff)* tick; ticking; *(Hülle)* tick

**in·liegend** *Adj. (Amtsspr., bes. österr.) s.* **einliegend**

**in·mitten 1.** *Präp.* + *Gen. (geh.)* in the midst of; surrounded by. **2.** *Adv.* **~ von** in the midst of; surrounded by

**inne-** [ˈɪnə-]: **~|haben** *unr. tr. V.* **a)** *(einnehmen)* hold, occupy ‹*position*›; hold ‹*office*›; **die Führung/Leitung ~haben** be in charge; **einen Lehrstuhl ~haben** hold a [professorial] chair; **b)** *(geh.: besitzen)* own; possess; **~|halten** *unr. itr. V.* pause; **in** *od.* **mit etw. ~halten** stop sth. for a moment; **er hielt in seiner Arbeit/im Laufen ~:** he stopped work/running for a moment; **er hielt mitten im Satz ~:** he stopped *or* paused in the middle of his sentence *or* in mid-sentence

**innen** [ˈɪnən] *Adv.* **a)** inside; *(auf/an der Innenseite)* on the inside; **etw. von ~ nach außen kehren** turn sth. inside out; **die Leitung verlief von ~ nach außen** the cable ran from the inside to the outside; **~ und außen** inside and out[side]; **nach ~ aufgehen** open inwards; **etw. von ~ besichtigen/ansehen** look round/at the inside of sth.; **die Füße nach ~ setzen** turn one's feet in[wards]; **~ laufen** *(Sport)* run on the inside; **von ~ heraus** from within; **b)** *(österr.: drinnen)* inside; *(im Haus)* indoors

**innen-, Innen-: ~ansicht die** interior view; **~antenne die** indoor aerial; **~arbeiten** *Pl.* interior work *sing.*; **~architekt der** interior designer; **~aufnahme die** *(Fot.)* indoor photo[graph]; *(Film)* indoor *or* interior shot; **~ausstattung die: [eine] ~ausstattung** decoration and furnishings; *(eines Autos)* [an] interior trim; **~bahn die** *(Sport)* inside lane; **~beleuchtung die a)** *(eines Fahrzeugs)* interior light; *(beim Türöffnen aufleuchtend)* courtesy light; **b)** *(im Zug, Flugzeug)* interior lighting; **~dienst der: ~dienst haben** be working in the office; ‹*policeman*› be on station duty; **im ~dienst tätig sein** work in the office; ‹*policeman*› do station duty; **~durchmesser der** internal diameter; **~einrichtung die** furnishings *pl.*; **~fläche die** inner surface; *(der Hand)* palm; **~geleitet** *Adj. (Soziol.)* self-directed; **~hof der** inner courtyard; *(eines Klosters, Colleges)* quadrangle; **~kurve die** inside bend; **die ~kurve nehmen** ‹*driver*› cut the corner; **~leben das;** *o. Pl.* **a)** [inner] thoughts and feelings *pl.*; **b)** *(oft scherzh.: Ausstattung)* inside; *(eines Hauses)* interior; *(eines Autos, Fernsehers usw.)* inner workings *pl.*; **~minister der** Minister of the Interior; ≈ Home Secretary *(Brit.)*; ≈ Secretary of the Interior *(Amer.)*; **~ministerium das** Ministry of the Interior; ≈ Home Office *(Brit.)*; ≈ Department of the Interior *(Amer.)*; **~pfosten der** *(Ballspiele)* inside of the post; **der rechte ~pfosten** the inside of the right-hand post; **~politik die** *(eines Staates)* home affairs *pl.*; *(einer Regierung)* domestic policy/policies *pl.*; **~politiker der** politician concerned with home affairs; **~politisch** *s.* **~politik: 1.** *Adj.* **~politische Fragen** matters of domestic policy; **der ~politische Kurs der Regierung** the government's domestic policy; **eine ~politische Debatte** a debate on home affairs/domestic policy; **2.** *adv.* as regards home affairs/domestic policy; **~politisch betrachtet** from the point of view of home affairs/domestic policy; **~raum der a)** inner room; **die ~räume des Hauses** the interior of the house; **b)** *o. Pl. (Platz im Innern)* room inside; **ein Auto/Haus mit großem ~raum** a car/house with a spacious interior; **~rist der** *(bes. Fußball)* inside of the *or* one's foot; **~rolle die** hair curled under *no pl., no indef. art.;* **~seite die** inside; *(eines Stoffes)* wrong side; **~senator der** *minister for internal affairs (in Bremen, Hamburg, West-Berlin);* **~spiegel der** rearview mirror; **~stadt die** town centre; downtown *(Amer.); (einer Großstadt)* city centre; **~stürmer der** *(Ballspiele)* inside forward; **~tasche die** inside pocket; **~temperatur die** inside temperature; **bei 22 °C ~temperatur** when the temperature inside is 22 °C; when it's 22 °C inside; **wir haben eine ~temperatur von 22 °C** the temperature inside is 22 °C; **~wand die** interior wall; **~welt die** inner world; **sie hat sich ganz in ihre ~welt zurückgezogen** she withdrew completely into her own private world; **~winkel der** interior angle

**inner...** [ˈɪnɐ...] *Adj.; nicht präd.* **a)** inner; inside ⟨*pocket, lane*⟩; **die ~e Seite** the inside; **b)** *(Med.)* internal; **die ~en Organe** the internal organs; **eine ~e Blutung/~e Blutungen** *Pl.* internal bleeding; **die ~e Medizin** internal medicine; **die Innere** *(Med. Jargon)* the medical ward; **c)** *(im Innern gefühlt)* inner ⟨*calm, impatience, etc.*⟩; **d)** *(einer Sache innewohnend)* internal ⟨*structure, stability, etc.*⟩; **e)** *(inländisch)* internal

**inner-: ~betrieblich 1.** *Adj.* internal ⟨*problem, question, regulation, agreement*⟩; **2.** *adv.* internally; **~deutsch** *Adj.* **a)** *(Deutschland betreffend)* **~deutsche Angelegenheiten** the internal *or* domestic affairs of Germany; Germany's internal *or* domestic affairs; **b)** *(die beiden deutschen Staaten betreffend)* ⟨*trade, relations, border*⟩ between the two German states; **der Bundesminister für ~deutsche Beziehungen** the Federal Minister for Intra-German Relations

**Innere** [ˈɪnərə] **das;** *adj. Dekl.; o. Pl.* **a)** inside; *(eines Gebäudes, Wagens, Schiffes)* interior; inside; *(eines Landes)* interior; **im ~n des Waldes** deep within the forest; **der Minister des Innern** the Minister of the Interior; *s. auch* **Innenminister; b)** *(Empfindung)* inner being; **in seinem tiefsten ~n** in his heart of hearts; deep [down] inside; **wenn wir nur wüßten, was in ihrem ~n vorgeht** if only we knew what's going on inside her; **c)** *(Kern)* heart

**Innereien** [ɪnəˈrai̯ən] *Pl.* entrails; *(Kochk.)* offal *sing.*

**inner·halb 1.** *Präp. + Gen.* **a)** *(im Innern)* within, inside; **~ der Familie/Partei** *(fig.)* within the family/party; **b)** *(binnen)* within; **~ einer Woche** within a week; **~ der Arbeitszeit** during *or* in working hours. **2.** *Adv.* **a)** *(im Innern)* **~ von** within; inside; **b)** *(im Verlauf)* **~ von zwei Jahren** within two years

**innerlich 1.** *Adj.* **a)** *(geistig-seelisch)* inner; *(nicht nach außen gezeigt)* inward; **b)** *(geh.) (nach innen gewandt)* introvert[ed]; *(nicht oberflächlich)* inwardly directed; **c)** *(im Körper)* internal ⟨*use, effect*⟩. **2.** *adv.* **a)** *(geistig-seelisch)* inwardly; **~ lachen** laugh inwardly *or* to oneself; **b)** *(im Körper)* **die Arznei muß ~ wirken/wird ~ angewendet** the medicine must work/is used internally

**Innerlichkeit die;** ~: inwardness

**inner-: ~parteilich** *Adj.* **~parteiliche Auseinandersetzungen** internal [party] disputes; disputes within the party; **~parteiliche Diskussionen** discussions within the party; **~staatlich** *Adj.* internal; domestic; **~städtisch** *Adj.* urban

**innerst...** *Adj.; nicht präd.* inmost; innermost; **ihre ~e Überzeugung** her deepest *or* most profound conviction

**Innerste das;** *adj. Dekl.; o. Pl.* innermost being; **in meinem ~n** in my heart of hearts; deep [down] inside

**innert** [ˈɪnɐt] *Präp. + Gen. od. Dat. (schweiz., österr.)* within

**inne-: ~|sein** *unr. itr. V.; mit sein (Zusammenschreibung nur im Inf. u. Part.) (geh.)* **einer Sache** *(Gen.)* **~sein** be [fully] aware of sth.; **~|werden** *unr. itr. V.; mit sein (Zusammenschreibung nur im Inf. u. Part.) (geh.)* **einer Sache** *(Gen.)* **~werden** become [fully] aware of sth.; **~|wohnen** *itr. V. (geh.)* **etw. wohnt jmdm./einer Sache ~:** sb./sth. possesses sth.

**innig** [ˈɪnɪç] **1.** *Adj.* **a)** heartfelt, deep ⟨*affection, sympathy*⟩; heartfelt, fervent ⟨*wish*⟩; intimate ⟨*relation, relationship, friendship*⟩; **mein ~ster Dank** my sincerest thanks; **unsere ~sten Wünsche begleiten euch** our warmest wishes go with you; **b)** *(Chemie)* intimate. **2.** *adv.* ⟨*hope*⟩ fervently; ⟨*love*⟩ deeply, with all one's heart; **~ verbunden sein** ⟨*friends, families*⟩ be very close

**Innigkeit die;** ~: depth; *(einer Beziehung, Freundschaft)* intimacy; **die ~ seiner Worte** the depth of feeling in his words

**inniglich** [ˈɪnɪklɪç] *Adj., adv. (geh.) s.* **innig**

**Innovation** [ɪnovaˈtsi̯oːn] **die;** ~, **~en** *(Soziol., Wirtsch.)* innovation

**Innung** [ˈɪnʊŋ] **die;** ~, **~en** [trade] guild; **die ganze ~ blamieren** *(ugs. scherzh.)* let the side down

**-innung die: Fleischer~/Bäcker~:** butchers'/bakers' guild

**in·offiziell 1.** *Adj.* unofficial. **2.** *adv.* unofficially

**in·operabel** *Adj. (Med.)* inoperable

**in·opportun** *Adj. (geh.)* inopportune

**in petto** [ɪn ˈpɛto] *in* **etw. ~ ~ haben** *(ugs.)* have sth. up one's sleeve

**in puncto** [ɪn ˈpʊŋkto] **~ ~ Pünktlichkeit** *usw.* as regards punctuality *etc.;* where punctuality *etc.* is concerned

**Input** [ˈɪnpʊt] **der** *od.* **das;** **~s, ~s** *(Wirtsch., Datenverarb.)* input

**Inquisition** [ɪnkviziˈtsi̯oːn] **die;** ~, **~en** *(hist.)* **a)** *o. Pl.* Inquisition; **b)** *(Untersuchung vor der ~)* inquisition

**Inquisitions·gericht das** *(hist.)* court of the Inquisition

**Inquisitor** [ɪnkviˈziːtɔr] **der;** **~s, ~en** [-ziˈtoːrən] *(hist.)* inquisitor

**ins** [ɪns] *Präp. + Art.* **a) = in das; b) ~ Bett/Theater gehen** go to bed/the theatre; **er geriet ~ Stottern** he began to stutter; **etw. ins Englische übersetzen** translate sth. into English

**Insasse** [ˈɪnzasə] **der;** **~n, ~n a)** *(Fahrgast)* passenger; **die ~n eines Autos/Flugzeuges** the passengers in a car/an aircraft; **b)** *(Bewohner)* inmate

**Insassen·versicherung die** passenger insurance

**Insassin die;** ~, **~nen** *s.* **Insasse**

**ins·besond[e]re** *Adv.* especially; particularly; in particular

**In·schrift die** inscription

**Insekt** [ɪnˈzɛkt] **das;** **~s, ~en** insect

**insekten-, Insekten-: ~bekämpfung die;** *o. Pl.* insect control; **~fressend** *Adj.; nicht präd.* insectivorous; insect-eating; **~fresser der** insectivore; insect-eater; **~kunde die** entomology *no art.;* **~plage die** plague of insects; **~pulver das** insect-powder; **~stich der** *(einer Wespe, Biene)* insect-sting; *(einer Mücke)* insect-bite; **~vertilgungs·mittel das** insecticide

**Insektizid** [ɪnzɛktiˈtsiːt] **das;** **~s, ~e** *(fachspr.)* insecticide

**Insel** [ˈɪnzl̩] **die;** ~, **~n** *(auch fig.)* island; **die ~ Helgoland** the island of Heligoland; **die ~ Man** the Isle of Man

**Insel·bewohner der** islander

**Inselchen das;** **~s, ~:** islet; little island

**Insel-: ~gruppe die** group of islands; **~lage die** island position; position as an island; **~reich das** island kingdom; **~republik die** island republic; **~staat der** island state; **~volk das** island race *or* people; **~welt die** islands *pl.*

**Inserat** [ɪnzeˈraːt] **das;** **~[e]s, ~e** advertisement *(in a newspaper);* **sich auf ein ~ melden** reply to an advertisement; **ein ~ aufgeben** put in an advertisement; **am besten gibst du ein ~ auf** the best thing you can do is to put an advertisement in the paper

**Inseraten·teil der** advertisement section

**Inserent** [ɪnzeˈrɛnt] **der;** **~en, ~en** advertiser

**inserieren** *itr., tr. V.* advertise; **[wegen etw.] in einer Zeitung ~:** advertise [sth.] in a newspaper

**ins·geheim** *Adv.* secretly

**ins·gemein** *Adv. (veralt.)* **die Naturwissenschaften ~ waren seine Leidenschaft** he had a passion for the natural sciences as a whole

**ins·gesamt** *Adv.* **a)** in all; altogether; **es waren ~ 500** there were 500 in all *or* altogether; **b)** *(alles in allem)* all in all; **~ gesehen** all in all

**Insider** [ˈɪnsaidə] **der;** **~s, ~:** insider; **~ der Rock-Szene** those in on the rock scene

**Insigne** [ɪnˈzɪgnə] **das;** **~s, Insignien;** *meist Pl.* insignia

**in·signifikant** *Adj. (geh.)* insignificant

**insistieren** [ɪnzɪsˈtiːrən] *itr. V. (geh.)* **auf etw.** *(Dat.)* **~:** insist on sth.

**inskribieren** [ɪnskriˈbiːrən] *(österr.)* **1.** *itr. V.* register; **in Wien ~:** register at [the university of] Vienna. **2.** *tr. V.* **Germanistik ~:** register to study German; **bei jmdm. Vorlesungen ~:** register to attend sb.'s lectures

**Inskription** [ɪnskrɪpˈtsi̯oːn] *(österr.)* **die;** ~, **~en** registration

**insofern 1.** *Adv.* [ɪnˈzoːfɛrn] *(in dieser Hinsicht)* in this respect; to this extent; **~, als** in so far as; **die Vorstellung ist ~ irrig, als ...:** this notion is wrong in so far as ... **2.** *Konj.* [ɪnzoˈfɛrn] *(falls)* provided [that]; so *or* as long as

**in·solvent** *Adj.* insolvent

**In·solvenz die;** ~, **~en** *(bes. Wirtsch.)* insolvency

**insonderheit** [ɪnˈzɔndɐhai̯t] *Adv. (geh.)* particularly; in particular

**insoweit** [ɪnˈzoːvai̯t/ɪnzoˈvai̯t] *Adv./Konj. s.* **insofern**

**in spe** [ɪn ˈspeː] future *attrib.;* **mein Schwiegersohn ~ ~:** my future son-in-law

**Inspekteur** [ɪnspɛkˈtøːɐ̯] **der;** **~s, ~e** *(Milit.)* Chief of Staff

**Inspektion** [ɪnspɛkˈtsi̯oːn] **die;** ~, **~en a)** *(Kontrolle)* inspection; **b)** *(Kfz-W.)* service; **das Auto zur ~ bringen** take the car in for a service; **c)** *(Behörde)* inspectorate

**Inspektions·reise die** tour of inspection

**Inspektor** [ɪnsˈpɛktɔr] **der;** **~s, ~en** [-ˈtoːrən], **Inspektorin die;** ~, **~nen** inspector; **das Gutachten des Inspektors Müller, Inspektor Müllers Gutachten** Inspector Müller's report; *s. auch* **-in**

**Inspiration** [ɪnspiraˈtsi̯oːn] **die;** ~, **~en** inspiration

**inspirieren** *tr. V.* inspire; **das inspirierte ihn zu einem Roman** it inspired him to write a novel; **sich von jmdm./etw. ~ lassen** be inspired by sb./sth.

**Inspizient** [ɪnspiˈtsi̯ɛnt] **der;** **~en, ~en** *(Theater)* stage-manager; *(Ferns., Rundf.)* studio manager

**inspizieren** *tr. V.* inspect
**Inspizierung die**; ~, ~en inspection
**in·stabil** *Adj. (auch Physik, Technik)* unstable
**In·stabilität die**; ~, ~en *(auch Physik, Technik)* instability
**Installateur** [ɪnstala'tø:ɐ̯] **der**; ~s, ~e **a)** *(Klempner)* plumber; **b)** *(Gas~)* [gas-]fitter; **c)** *(Heizungs~)* heating engineer; **d)** *(Elektro~)* electrician
**Installation** [ɪnstala'tsi̯o:n] **die**; ~, ~en **a)** *o. Pl.* installation; **b)** *(Anlage)* installation; *(Rohre)* plumbing *no pl.*; **c)** *(schweiz., sonst veralt.: Amtseinführung)* installation
**installieren 1.** *tr. V.* **a)** *(einbauen)* install; **b)** *(geh.: in ein Amt einführen)* install; **c)** *(einrichten)* set up. **2.** *refl. V.* settle in
**in·stand** *Adv.* **etw. ist gut/schlecht ~**: sth. is in good/poor condition; **etw. ~ halten** keep sth. in good condition *or* repair *or (funktionsfähig)* in working order; **etw. ~ setzen/bringen** repair sth.; *(funktionsfähig machen)* get sth. into working order; **jmdn. ~ setzen, etw. zu tun** enable sb. to do sth.
**instand-, Instand-: ~besetzen** *tr. V.* **ein Haus ~besetzen** occupy and renovate a house *(illegally, to prove that its demolition is not desirable)*; **~besetzung die** *illegal occupation and renovation;* **~haltung die** maintenance; upkeep; **~haltungs·kosten** *Pl.* maintenance costs
**in·ständig 1.** *Adj.* urgent; insistent ‹*invitation*›. **2.** *adv.* urgently; **~ um etw. bitten** beg for sth.; **jmdn. ~ bitten, etw. zu tun** beg *or* implore *or* beseech sb. to do sth.; **~ auf etw.** *(Akk.)* **hoffen** hope fervently for sth.
**Instandsetzung die**; ~, ~en *(Amtsspr.)* repair; *(Renovierung)* renovation; **eine ~ der Brücke hätte sich nicht gelohnt** it would not have been worth repairing the bridge
**Instanz** [ɪn'stants] **die**; ~, ~en **a)** authority; **durch alle ~en gehen** *od.* **alle ~en durchlaufen** go *or* pass through all the official channels; **in letzter ~ ist ... entscheidend** *(fig.)* in the final analysis, ... is decisive; **b)** *(Rechtsw.)* **[die] erste/zweite/dritte ~**: the court of first instance *or* court of original jurisdiction/the appeal court/the court of final appeal; **durch alle ~en gehen** go through all the courts
**Instanzen·weg der** official channels *pl.*; *(Rechtsspr.)* stages *pl.* of appeal; **den ~ nehmen** go through the official channels/the various stages of appeal
**Instinkt** [ɪn'stɪŋkt] **der**; ~[e]s, ~e instinct; **etw. aus ~ tun** do sth. instinctively; **den richtigen ~ für etw. haben** have a flair for sth.; **seinem ~ folgen** follow one's instincts *pl.*
**Instinkt·handlung die** instinctive action
**instinktiv** [ɪnstɪŋk'ti:f] **1.** *Adj.* instinctive. **2.** *adv.* instinctively
**instinkt·los 1.** *Adj.* insensitive. **2.** *adv.* insensitively; **politisch ~ handeln** act with political insensitivity
**Instinktlosigkeit die**; ~, ~en insensitivity; **eine ~ sein** be insensitive
**Institut** [ɪnsti'tu:t] **das**; ~[e]s, ~e **a)** institute; **das ~ für Kernphysik** the Institute of Nuclear Physics; **b)** *(Rechtsspr.)* institution
**Institution** [ɪnstitu'tsi̯o:n] **die**; ~, ~en *(auch fig.)* institution
**institutionalisieren** [ɪnstitutsi̯onali'zi:rən] *tr. V. (geh.)* institutionalize
**institutionell** [ɪnstitutsi̯o'nɛl] *Adj.* institutional
**Instituts-: ~bibliothek die** institute library; **~leiter der** director of the/an institute
**instruieren** [ɪnstru'i:rən] *tr. V.* **a)** *(in Kenntnis setzen)* inform; **jmdn. über etw.** *(Akk.)* **~**: inform sb. about sth.; **b)** *(anleiten)* instruct; **jmdn. genau ~**: give sb. precise instructions
**Instrukteur** [ɪnstrʊk'tø:ɐ̯] **der**; ~s, ~e instructor
**Instruktion** [ɪnstrʊk'tsi̯o:n] **die**; ~, ~en instruction
**instruktiv** [ɪnstrʊk'ti:f] **1.** *Adj.* instructive; informative. **2.** *adv.* instructively; informatively
**Instrument** [ɪnstru'mɛnt] **das**; ~[e]s, ~e instrument
**instrumental** [ɪnstrumɛn'ta:l] *(Musik)* **1.** *Adj.* instrumental. **2.** *adv.* instrumentally; **~ musizieren** play instrumental music
**Instrumental·begleitung die** instrumental accompaniment
**Instrumentalismus der**; ~ *(Philos.)* instrumentalism
**Instrumental·musik die** instrumental music
**Instrumentarium** [ɪnstrumɛn'ta:ri̯ʊm] **das**; ~s, **Instrumentarien a)** *(Technik)* equipment; instruments *pl.*; **b)** *(Musik)* instruments *pl.*; **diese Oper verlangt ein großes ~**: this opera calls for a large number and range of instruments; **c)** *(geh.: Gesamtheit der Mittel)* apparatus
**instrumentell** [ɪnstrumɛn'tɛl] **1.** *Adj.* *(mit Instrumenten)* using instruments *postpos.*; **~e Hilfsmittel/Ausrüstung** equipment; instruments *pl.* **2.** *adv.* **etw. ~ untersuchen** investigate sth. using instruments; **~ gut/schlecht ausgerüstet** well/poorly equipped
**Instrumenten-: ~bau der** making of musical instruments; **~brett das** instrument panel; **~flug der** *(Flugw.)* flying on instruments; instrument-flying; **~kasten der** instrument housing; *(tragbar)* instrument case
**instrumentieren 1.** *tr. V.* **a)** *(Musik: für das Orchester ausarbeiten)* instrument; *(für das Orchester umarbeiten)* orchestrate; **b)** *(Technik)* instrument; equip with instruments. **2.** *itr. V. (Med.)* **bei jmdm. ~**: assist sb. by handing him/her the instruments
**In·subordination die**; ~, ~en *(geh.)* insubordination; **eine ~**: an act of insubordination
**Insuffizienz** ['ɪnzʊfitsi̯ɛnts] **die**; ~, ~en *(Med.)* insufficiency
**Insulaner** [ɪnzu'la:nɐ] **der**; ~s, ~ *(veralt., noch scherzh.)* islander
**insular** [ɪnzu'la:ɐ̯] *Adj.* insular
**Insulin** [ɪnzu'li:n] **das**; ~s insulin
**Insulin·schock der** *(Med.)* insulin shock
**inszenatorisch** [ɪnstsena'to:rɪʃ] *Adj.; nicht präd.* directorial; **eine ~e Meisterleistung** a masterpiece of directing
**inszenieren** [ɪnstse'ni:rən] *tr. V.* **a)** stage, put on ‹*play, opera*›; *(Regie führen bei)* direct; *(Ferns.)* direct; produce; **b)** *(oft abwertend) (einfädeln)* engineer; *(organisieren)* stage
**Inszenierung die**; ~, ~en **a)** staging; *(Regie)* direction; **b)** *(Aufführung)* production; **Rigoletto in neuer ~**: a new production of 'Rigoletto'; **c)** *(oft abwertend) (das Einfädeln)* engineering; *(das Organisieren)* staging
**intakt** [ɪn'takt] *Adj.* **a)** *(unbeschädigt)* intact; undamaged; unspoiled ‹*region*›; **b)** *(funktionsfähig)* in [proper] working order *postpos.*; healthy ‹*economy*›; **einen ~en Organismus haben** be physically healthy
**Intarsie** [ɪn'tarzi̯ə] **die**; ~, ~n intarsia
**integer** [ɪn'te:gɐ] *Adj.* **eine integre Persönlichkeit** a person of integrity; **~ sein** be a person of integrity
**integral** [ɪnte'gra:l] *Adj.* integral
**Integral das**; ~s, ~s *(Math.)* integral; *(Zeichen)* integral sign
**Integral-: ~helm der** integral helmet; **~rechnung die a)** integral calculus; **b)** *(einzelne Rechnung)* problem in integral calculus
**Integration** [ɪntegra'tsi̯o:n] **die**; ~, ~en *(auch Math.)* integration
**integrieren** *tr. V. (auch Math.)* integrate; *s. auch* **Gesamthochschule; Gesamtschule**
**integrierend** *Adj.* integral ‹*part, component, element*›
**Integrierung die**; ~, ~en *(auch Math.)* integration
**Integrität** [ɪntegri'tɛ:t] **die**; ~: integrity
**Intellekt** [ɪntɛ'lɛkt] **der**; ~[e]s intellect
**intellektuell** [ɪntɛlɛk'tu̯ɛl] *Adj.* intellectual
**Intellektuelle der/die**; *adj. Dekl.* intellectual
**intelligent** [ɪntɛli'gɛnt] **1.** *Adj.* intelligent. **2.** *adv.* intelligently
**Intelligenz** [ɪntɛli'gɛnts] **die**; ~, ~en **a)** *o. Pl.* intelligence; **b)** *o. Pl. (Gesamtheit der Intellektuellen)* intelligentsia; **c)** *(veralt.: intelligentes Wesen)* intelligence
**Intelligenz·bestie die** *(ugs.)* **a)** egghead *(coll.)*; brain *(coll.)*; **b)** *(abwertend)* clever-clever type
**Intelligenzija** [ɪntɛli'gɛntsija] **die**; ~: intelligentsia
**Intelligenz·leistung die** instance of intelligent behaviour; **das war mal eine ~ von dir!** *(iron.)* that was bright of you, I must say
**Intelligenzler der**; ~s, ~ *(abwertend)* intellectual
**Intelligenz-: ~quotient der** intelligence quotient; **~test der** intelligence test
**intelligibel** [ɪntɛli'gi:bl̩] *(Philos.) Adj.* intelligible
**Intendant** [ɪntɛn'dant] **der**; ~en, ~en **a)** *(Theater)* manager and artistic director; *(Fernseh~, Rundfunk~)* director-general
**Intendantur** [ɪntɛndan'tu:ɐ̯] **die**; ~, ~en *s.* **Intendanz a**
**Intendanz** [ɪntɛn'dants] **die**; ~, ~en **a)** *(Amt)* management and artistic directorship; *(Ferns., Rundf.)* director-generalship; **b)** *(Büro)* office of the manager and artistic director; *(Ferns., Rundf.)* director-general's office
**intendieren** [ɪntɛn'di:rən] *tr. V. (geh.)* intend
**Intensität** [ɪntɛnzi'tɛ:t] **die**; ~ *(auch Physik)* intensity
**intensiv** [ɪntɛn'zi:f] **1.** *Adj.* **a)** *(gründlich)* intensive ‹*research, efforts, etc.*›; **b)** *(kräftig)* intense; strong ‹*smell, taste*›; **c)** *(Landw.)* intensive ‹*cultivation etc.*›. **2.** *adv.* **a)** *(gründlich)* intensively; ‹*think*› hard; **sich ~ mit etw. beschäftigen** be deeply involved with sth.; **b)** *(kräftig)* intensely; ‹*smell, taste*› strongly; **~ leuchten** shine with intense brightness; **c)** *(Landw.)* ‹*farm etc.*› intensively
**-intensiv** -intensive; **geruchs~**: strong-smelling
**Intensiv-: ~anbau der** *(Landw.)* intensive cultivation; **~haltung die** *(Landw.)* intensive rearing
**intensivieren** *tr. V.* intensify; increase ‹*exports*›; strengthen ‹*connections*›
**Intensivierung die**; ~, ~en intensification; **bei einer ~ des Exports** by increasing exports *pl.*
**Intensiv-: ~kurs der** intensive course; **~station die** intensive-care unit
**Intention** [ɪntɛn'tsi̯o:n] **die**; ~, ~en intention; **das liegt nicht in seinen ~en** that is not his intention
**intentional** [ɪntɛntsi̯o'na:l] *(Philos.)* **1.** *Adj.* intentional. **2.** *adv.* intentionally
**Inter-** [ɪntɐ-]: **~aktion die** *(Psych., Soziol.)* interaction; **~brigaden** *Pl. (hist.)* International Brigades
**Inter·city der**; ~s, ~s *(ugs.)* inter-city [train]
**Intercity-: ~Verkehr der** inter-city [railway] traffic; **~Zug der** inter-city train
**inter-, Inter-: ~dependent** *Adj. (geh.)* interdependent; **~dependenz die**; ~, ~en *(geh.)* interdependence *no pl.*; **~disziplinär 1.** *Adj.* interdisciplinary; **2.** *adv.* **~disziplinär forschen** do interdisciplinary research

**interessant** [ɪntərɛ'sant] **1.** *Adj.* interesting; **sich ~ machen** attract attention to oneself; **das ist ja ~:** that's [very] interesting; **das Angebot ist für uns nicht ~:** the offer is of no interest to us *or* doesn't interest us. **2.** *adv.* **~ schreiben** write in an interesting way

**interessanterweise** *Adv.* interestingly enough

**Interesse** [ɪntə'rɛsə] **das; ~s, ~n a)** *o. Pl.* interest; **[großes] ~ an jmdm./etw. haben** be [very] interested in sb./sth.; **~ für jmdn./etw. haben/zeigen** have/show an interest in sb./sth.; **b)** *(Neigung)* interest; **gemeinsame ~n haben** have interests in common; **im eigenen ~ handeln** act in one's own interest; **jmds. ~n wahrnehmen** look after *or* represent sb.'s interests; **in jmds. ~** *(Dat.)* **liegen** be in sb.'s interest; **es liegt in unser aller ~:** it's in all our interests *pl.*

**interesse-, Interesse-: ~halber** [~halbɐ] *Adv.* out of interest; **~los 1.** *Adj.* uninterested; **2.** *adv.* without interest; uninterestedly; **~losigkeit die; ~:** lack of interest

**Interessen-: ~ausgleich der** reconciliation of [conflicting] interests; **~bereich der, ~gebiet das** field of interest; **~gegensatz der** *s.* **~konflikt; ~gemeinschaft die a) sich in einer ~gemeinschaft zusammenfinden** join together with sb. to pursue common interests; **b)** *(Wirtsch.)* syndicate; **~gruppe die** interest group; **~kollision die** clash of interests; **~konflikt der** conflict of interests; **~lage die** interests *pl.*; **~sphäre die** sphere of influence

**Interessent** [ɪntərɛ'sɛnt] **der; ~en, ~en a)** interested person; **wenn es genug ~en gibt** if enough people are interested; **auf die Anzeige haben sich zahlreiche ~en gemeldet** the advertisement attracted a large response; **~en werden gebeten ...:** those interested are asked ...; **b)** *(möglicher Käufer)* potential buyer

**Interessenten·kreis der** market

**Interessentin die; ~, ~nen** *s.* **Interessent**

**Interessen-: ~verband der** [organized] interest group; **~vertretung die a)** representation; **b)** *(Vertreter von Interessen)* representative body

**interessieren 1.** *refl. V.* **sich für jmdn./etw. ~:** be interested in sb./sth. **2.** *tr. V.* interest; **interessiert dich denn nicht, was passiert ist?** aren't you interested to know what happened?; **das interessiert mich nicht** I'm not interested [in it]; it doesn't interest me; **das hat dich zu ~:** you can't just ignore it; **das hat dich nicht zu ~:** it's none of your business; it's no concern of yours

**interessiert** *Adj.* interested; **an jmdm./etw. ~ sein** be interested in sb./sth.; **er ist daran ~, daß sie nichts davon erfahren** he doesn't want them to find out anything about it; **vielseitig ~ sein** have a wide range of interests; **~ zuhören** listen with interest

**Interessiertheit die; ~: das Prinzip der materiellen ~** *(DDR) principle that the individual can directly improve his own standard of living by working harder and more efficiently to achieve the goals of socialism*

**inter-, Inter-: ~ferenz** [~fe'rɛnts] **die; ~ferenz, ~ferenzen** *(Physik, Med., Sprachw.)* interference *no pl.*; **~feron** [~fe'ro:n] **das; ~ferons, ~ferone** *(Med.)* interferon; **~fraktionell** [~fraktsio'nɛl] **1.** *Adj.* inter-party *attrib.*; **2.** *adv.* **etw. ~fraktionell besprechen** discuss sth. on an inter-party basis; hold inter-party discussions about sth.; **~hotel** ['----] **das** *(DDR)* Interhotel *(hotel intended mainly for visitors to the GDR)*

**Interieur** [ɛ̃te'ri̯ø:ɐ̯] **das; ~s, ~s** *od.* **~e** *(auch bild. Kunst)* interior

**Interim** ['ɪntərɪm] **das; ~s, ~s** *(geh.)* interim

**interimistisch 1.** *Adj. (geh.)* interim *attrib.*; temporary; provisional. **2.** *adv.* on an interim basis

**Interims-: ~lösung die** interim solution; **~regierung die** caretaker government; **~schein der** *(Wirtsch.)* scrip; **~trainer der** *(Sport)* temporary trainer

**Interjektion** [ɪntɐjɛk'tsio:n] **die; ~, ~en** *(Sprachw.)* interjection

**inter-, Inter-: ~kantonal 1.** *Adj.* inter-cantonal; **2.** *adv.* on an inter-cantonal basis; **~konfessionell** *Adj. (geh.)* interdenominational; interconfessional; **~kontinental** *Adj. (geh.)* intercontinental; **~kontinental·rakete die** *(Milit.)* intercontinental ballistic missile; **~linear** *Adj. (Literaturw.)* interlinear; **~linear·version die** interlinear version *or* translation; **~ludium** [~'lu:di̯ʊm] **das; ~ludiums, ~ludien** *(Musik)* interlude; **~mezzo** [~'mɛtso] **das; ~mezzos, ~mezzos** *od.* **~mezzi** *(Theat., Musik)* intermezzo; *(fig.)* interlude; intermezzo; **~ministeriell 1.** *Adj.* interministerial; **2.** *adv.* on an inter-ministerial basis; **~mittierend** [~mɪ'ti:rənt] *Adj. (geh.)* intermittent; lightning ⟨*strike*⟩

**intern** [ɪn'tɛrn] **1.** *Adj.* **a)** internal; **diese Dinge müssen ~ bleiben** these matters must not become public knowledge; **b)** *(im Internat wohnend)* **ein ~er Schüler** a boarder. **2.** *adv.* internally; **wir haben das Jubiläum nur ~ gefeiert** we only celebrated the anniversary among ourselves

**-intern 1.** *Adj.* **firmen~e/klub~e/abteilungs~e Dinge** internal [company/club/departmental] matters; **eine firmen~e/klub~e Regelung** an arrangement within the company/club. **2.** *adv.* **firmen~/klub~/abteilungs~:** within the company/club/department; internally

**Interna** *s.* **Internum**

**internalisieren** [ɪntɐnali'zi:rən] *tr. V. (Soziol., Psych.)* internalize

**Internalisierung die; ~, ~en** *(Soziol., Psych.)* internalization

**Internat** [ɪntɐ'na:t] **das; ~[e]s, ~e a)** boarding-school; **b)** *(einer Schule angeschlossenes Heim)* dormitory block

**inter-, Inter-: ~national 1.** *Adj.* international; **2.** *adv.* internationally; **~nationale die; ~, ~n a)** *(Internationale Arbeiterassoziation)* International; Internationale; **b)** *(Lied)* Internationale; **~nationalisieren** *tr. V.* internationalize; **~nationalismus der a)** *o. Pl. (Politik)* internationalism; **sozialistischer ~nationalismus** *(DDR)* socialist internationalism; **b)** *(Sprachw.)* internationalism; **~nationalistisch** *Adj. (Politik)* internationalistic

**Internats-: ~schule die** boarding-school; **~schüler der, ~schülerin die** boarding-school pupil; boarder

**Interne der/die;** *adj. Dekl.* boarder

**internieren** *tr. V.* **a)** *(Milit.)* intern; **b)** *(Med.)* **jmdn. [in einem Krankenhaus] ~:** confine sb. to [a] hospital

**Internierte der/die;** *adj. Dekl.* **a)** *(Milit.)* internee; **b)** *(Med.)* patient confined to hospital

**Internierung die; ~, ~en** internment

**Internierungs·lager das** internment camp

**Internist der; ~en, ~en** *(Med.)* internist

**Internum** [ɪn'tɛrnʊm] **das; ~s, Interna;** *meist Pl. (geh.)* internal matter

**inter-, Inter-: ~parlamentarisch** *(Politik) Adj.* inter-parliamentary; **~pellation** [~pɛla'tsio:n] **die; ~pellation, ~pellationen** *(Politik)* interpellation; **~pellieren** *itr. V. (Politik)* interpellate; **~planetar[isch]** *Adj. (Astron.)* interplanetary; **~pol** ['---] **die; Interpol** Interpol *no art.*; **~polation** [~pola'tsio:n] **die; ~polation, ~polationen** *(Math., Sprachw.)* interpolation; **~polieren** *itr. (auch tr.) V. (Math., Sprachw.)* interpolate

**Interpret** [ɪntɐ'prɛ:t] **der; ~en, ~en** interpreter *(of music, text, events, etc.)*

**Interpretation** [ɪntɐpreta'tsio:n] **die; ~, ~en** interpretation *(of music, text, events, etc.)*

**interpretieren** *tr. V.* interpret ⟨*music, texts, events, etc.*⟩; **etw. falsch ~:** misinterpret sth.; interpret sth. wrongly

**Interpretin die; ~, ~nen** *s.* **Interpret**

**interpunktieren** *tr., itr. V. (Sprachw.)* punctuate

**Interpunktion** [ɪntɐpʊnk'tsio:n] **die; ~** *(Sprachw.)* punctuation

**Interpunktions-: ~regel die** punctuation rule; **~zeichen das** punctuation mark

**Interrail·karte** ['ɪntəreɪl-] **die** *(Eisenbahnw.)* Interrail card

**Interregnum** [ɪntɐ'rɛgnʊm] **das; ~s, Interregnen** *od.* **Interregna** *(Politik)* interregnum

**interrogativ** [ɪntɐroga'ti:f] *Adj. (Sprachw.)* interrogative

**Interrogativ-: ~pronomen das** interrogative pronoun; **~satz der** interrogative sentence

**Interruptus** [ɪntɐ'rʊptʊs] **der; ~** *(ugs.)* withdrawal

**Intershop** ['ɪntɐʃɔp] **der; ~s, ~s** *(DDR)* Intershop *(shop where foreign goods and top-quality GDR goods are sold for freely convertible currency)*

**inter-: ~stellar** [~stɛ'la:ɐ̯] *Adj. (Astron.)* interstellar; **~subjektiv** *(Psych.) Adj.* intersubjective

**Intervall** [ɪntɐ'val] **das; ~s, ~e** *(Musik, Math.)* interval

**Intervall·training das** *(Sport)* interval training

**intervenieren** [ɪntɐve'ni:rən] *itr. V. (geh., Politik)* intervene; **bei jmdm. gegen etw. ~:** make representations to sb. about sth.; **für jmdn. ~:** intervene on sb.'s behalf

**Intervention** [ɪntɐvɛn'tsio:n] **die; ~, ~en** *(geh., Politik)* intervention; *(Protest)* representations *pl.*

**Interventions·krieg der** war of intervention

**Interview** [ɪntɐ'vju:] **das; ~s, ~s** interview

**interviewen** [ɪntɐ'vju:ən] *tr. V.* interview

**Interviewer** [ɪntɐ'vju:ɐ] **der; ~s, ~, Interviewerin die; ~, ~nen** interviewer

**Intervision die; ~:** Intervision *(alliance of Eastern European television corporations for pooling of programmes)*

**Inter·zonen-: ~auto·bahn die** interzonal autobahn; **~handel der** interzonal trade; **~verkehr der** interzonal traffic; **~zug der** interzonal train

**Inthronisation** [ɪntroniza'tsio:n] **die; ~, ~en** enthronement

**inthronisieren** *tr. V.* enthrone

**intim** [ɪn'ti:m] **1.** *Adj.* **a)** intimate; **im ~en Kreis** among close friends; **~e Beziehungen mit jmdm. haben** *(verhüll.)* have intimate relations with sb. *(euphem.)*; **mit jmdm. ~ sein/werden** *(verhüll.)* be/become intimate with sb. *(euphem.)*; **~e Hygiene/Körperpflege** intimate personal hygiene; **b)** *(tiefinnerlich)* intimate; innermost. **2.** *adv.* **~ befreundet sein** be intimate friends; **mit jmdm. ~ verkehren** *(verhüll.)* have intimate relations with sb. *(euphem.)*

**Intim-: ~bereich der a)** *s.* **~sphäre; b)** *(Genitalbereich)* genital area; **~feind der** *person whom one knows well and dislikes intensely;* **~hygiene die** intimate personal hygiene

**Intimität** [ɪntimi'tɛ:t] **die; ~, ~en** intimacy; **es ist zu ~en gekommen** *(verhüll.)* intimacy took place *(euphem.)*; **~en austauschen** *(verhüll.)* be engaged in intimacy *(euphem.)*

**Intim-: ~kenner der: ein ~kenner von etw. sein** have an intimate knowledge of sth.; **von einem ~kenner der politischen Szene stammen** come from someone with an intimate knowledge of the political scene;

**~leben das** *(verhüll.)* intimate life; **~pflege die** *s.* **~hygiene; ~sphäre die** private life; **jmds. ~sphäre verletzen** invade sb.'s privacy; **jmdn. wegen Verletzung seiner ~sphäre verklagen** sue sb. for invasion of privacy; **~spray der** *od.* **das** intimate deodorant

**Intimus** ['ıntimʊs] **der; ~, Ịntimi** intimate friend; *(Vertrauter)* confidant

**Intim·verkehr der** *(verhüll.)* intimate relations *pl. (euphem.)*

**ịn·tolerant 1.** *Adj.* intolerant **(gegenüber** of); **sich ~ zeigen** display *or* show intolerance. **2.** *adv.* intolerantly

**Ịn·toleranz die; ~, ~en** intolerance **(gegenüber** of)

**Intonation** [ıntona'tsio:n] **die; ~, ~en** *(Sprachw., Musik)* intonation

**intonieren 1.** *tr. V.* **a)** *(Musik) (anstimmen)* **etw. ~:** sing/play the first few bars of sth.; start to sing/play sth.; *(Ton angeben)* play/sing; **bitte intoniere ein a** please give me/us an A; **b)** *(Musik: hervorbringen)* **die Melodie sauber/weich ~:** play/sing the melody with clean/soft intonation; **c)** *(Sprachw.)* **etw. richtig/falsch/anders ~:** say sth. with the right/wrong/a different intonation. **2.** *itr. V.* **a)** *(Musik)* **er hat sauber/weich intoniert** he played/sang with clean/soft intonation; **b)** *(Sprachw.)* **richtig/falsch ~:** use the right/wrong intonation

**Intoxikation** [ıntɔksika'tsio:n] **die; ~, ~en** *(Med.)* intoxication *(Med.)*

**intramuskulär** [ıntramʊsku'lɛ:ɐ̯] *(Med.)* **1.** *Adj.* intramuscular. **2.** *adv.* intramuscularly

**ịntransitiv 1.** *Adj. (Sprachw.)* intransitive. **2.** *adv.* intransitively

**Intrauterin·pessar** [ıntra|ute'ri:n-] **das** *(Med.)* intra-uterine device

**intravenös** [ıntrave'nø:s] *(Med.)* **1.** *Adj.* intravenous. **2.** *adv.* intravenously

**intrigant** [ıntri'gant] *Adj.* scheming

**Intrigạnt der; ~en, ~en, Intrigạntin die; ~, ~nen** schemer; intriguer

**Intrige** [ın'tri:gə] **die; ~, ~n** intrigue

**Intrigen-: ~spiel das** intrigue; **~wirtschaft die;** *o. Pl. (abwertend)* constant scheming and intriguing

**intrigieren** *itr. V.* intrigue; scheme; **gegen jmdn. ~:** intrigue *or* scheme against sb.; **er intrigierte beim Chef gegen sie** he attempted to turn the boss against her with hints and insinuations

**intro-, Intro-** [ıntro-]: **~duktion** [~dʊk'tsio:n] **die; ~duktion, ~duktionen** *(geh., Musik)* introduction; **~spektion** [~spɛk'tsio:n] **die; ~spektion** *(Psych.)* introspection; **~vertiert** [~vɛr'ti:ɐ̯t] *Adj. (Psych.)* introverted; **ein Introvertierter/eine Introvertierte** an introvert; **~vertiertheit die; ~vertiertheit** *(Psych.)* introversion

**Intuition** [ıntui'tsio:n] **die; ~, ~en** intuition

**intuitiv** [ıntui'ti:f] **1.** *Adj.* intuitive. **2.** *adv.* intuitively

**intus** ['ıntʊs] *in* **etw. ~ haben** *(ugs.) (begriffen haben)* have got sth. into one's head; *(gegessen od. getrunken haben)* have put sth. away *(coll.)*; **einen ~ haben** *(ugs.)* have had a few *(coll.)*

**invalid** [ınva'li:t], **invalide** [ınva'li:də] *Adj.* invalid *attrib.*; **~ sein** be an invalid

**Invalide der;** *adj. Dekl.* invalid

**Invaliden-: ~heim das** home for the disabled and infirm; **~rente die** *(veralt./schweiz.)* invalidity *or* disability pension; **~versicherung die** *(veralt., schweiz.)* invalidity *or* disability insurance

**Invalidität** [ınvalidi'tɛ:t] **die; ~:** invalidity

**ịn·variabel** *Adj.* invariable

**Invasion** [ınva'zio:n] **die; ~, ~en** *(auch fig. scherzh.)* invasion

**Invasions·krieg der** war of invasion

**Invasor** [ın'va:zɔr] **der; ~s, ~en** invader

**Invektive** [ınvɛk'ti:və] **die; ~, ~n** *(geh.)* invective

**Inventar** [ınvɛn'ta:ɐ̯] **das; ~s, ~e a) [totes] ~** *(einer Firma)* fittings and equipment *pl.*; *(eines Hauses, Büros)* furnishings and fittings *pl.*; *(eines Hofes)* machinery and equipment; **lebendes ~:** livestock; **zum ~ gehören** *(fig.)* ⟨*person*⟩ be part of the scenery; **b)** *(Verzeichnis)* inventory

**inventarisieren** *tr. V.* inventory; draw up *or* make an inventory of

**Inventar·stück das** [inventoried] item

**Inventur** [ınvɛn'tu:ɐ̯] **die; ~, ~en** stock-taking; **~ machen** carry out a stock-taking; stock-take; *(fig.)* take stock

**Inventur·liste die** stock list; inventory list

**Inversion** [ınvɛr'zio:n] **die; ~, ~en** *(fachspr.)* inversion

**Invest-** [ın'vɛst-] *(DDR) s.* **Investitions-**

**investieren** *tr., itr. V. (auch fig.)* invest **(in** + *Akk.* in); **Gefühle in jmdn. ~** *(fig.)* become emotionally involved with sb.

**Investition** [ınvɛsti'tsio:n] **die; ~, ~en** investment; **die privaten ~en sind zurückgegangen** private investment has fallen

**Investitions-: ~güter** *Pl. (Wirtsch.)* capital goods; **~güter·industrie die** capital-goods industry; **~lenkung die** investment control; **~tätigkeit die** investment activity

**Investitur** [ınvɛsti'tu:ɐ̯] **die; ~, ~en** investiture

**Investiv·lohn** [ınvɛs'ti:f-] **der** *(Wirtsch.) portion of worker's wages set aside for investment in the company's investment savings scheme*

**Investment** [ın'vɛstmɛnt] **das; ~s, ~s** *(Finanzw.) s.* **Investition**

**Invẹstment-: ~fonds der** investment fund; **~gesellschaft die** investment trust; **~papier das;** *meist Pl.*, **~zertifikat das** investment fund certificate

**Investor** [ın'vɛstɔr] **der; ~s, ~en** [-'to:rən] *(Wirtsch.)* investor

**involvieren** [ınvɔl'vi:rən] *tr. V. (geh.)* involve

**ịn·wendig 1.** *Adj.* inside ⟨*pocket*⟩; inner ⟨*part*⟩; *(fig.)* inner, inward ⟨*happiness, strength*⟩. **2.** *adv.* [on the] inside; *(fig.)* inwardly; deep down [inside]; **etw./jmdn. in- und auswendig kennen** *(ugs.)* know sb./sth. inside out

**in·wie·fẹrn** *Adv. (in welcher Hinsicht)* in what way; *(bis zu welchem Grade)* to what extent; how far

**in·wie·weit** *Adv.* to what extent; how far

**In·zahlungnahme die; ~, ~n** part-exchange; trade in *(Amer.)*; **durch ~ Ihres Altgerätes ...:** by taking your old appliance in part-exchange ...; if you trade in your old appliance ...

**Inzest** [ın'tsɛst] **der; ~[e]s, ~e** incest

**Inzẹst·tabu das** *(Völkerk.)* incest-taboo

**inzestuös** [ıntsɛs'tuø:s] *Adj.* incestuous

**Ịn·zucht die; ~:** inbreeding

**in·zwịschen** *Adv.* **a)** *(seither)* in the meantime; since [then]; **es hatte sich ~ nichts geändert** nothing had changed in the meantime *or* since; **b)** *(bis zu einem Zeitpunkt) (in der Gegenwart)* by now; *(in der Vergangenheit)* by then; *(in der Zukunft)* by then; by that time; **er hat/hatte sich ~ daran gewöhnt** he has/had got used to it by now/then; **bestell ihm ~ einen schönen Gruß!** *(ugs.)* till then, give him my regards; **c)** *(währenddessen)* meanwhile; in the meantime

**IOK** [i:o:'ka:] **das; ~[s] Internationales Olympisches Komitee** IOC

**Ion** [io:n] **das; ~s, ~en** *(Physik, Chemie)* ion

**Ionen-: ~austauscher der** *(Physik, Chemie)* ion exchanger; **~beschleuniger der** *(Elektronik)* ion accelerator; **~bindung die** *(Physik, Chemie)* ionic bond; **~gitter das** *(Chemie)* ionic lattice; **~strahl der** *(Physik, Chemie)* ion beam

**Ionien** ['io:niən] **(das); ~s** Ionia

**Ionisation** [ioniza'tsio:n] **die; ~, ~en** *(Physik, Chemie)* ionization

**ionisch** *Adj.* **a)** Ionic ⟨*dialect, order, column*⟩; **das Ionische Meer** the Ionian Sea; **b)** *(Musik)* Ionian ⟨*mode*⟩

**ionisieren** *tr. V. (Physik, Chemie)* ionize

**Ionisierung die; ~, ~en** *s.* **Ionisation**

**Iono·sphäre** [iono-] **die** ionosphere

**Ionosphären-** ionospheric

**ionosphärisch** *Adj.* ionospheric

**I-Punkt** ['i:-] **der** dot over *or* on the i; **ein i ohne ~:** a dotless i; **bis auf den ~** *(fig.)* down to the last detail

**IQ** [i:'ku: *od.* aı'kju:] **der; ~[s], ~[s]** IQ

**i. R.** [i:'ɛr] *Abk.* retd.

**IRA** [i:|ɛr'|a:] **die; ~:** IRA

**Irak** [i'ra:k] **(das); ~s** *od.* **der; ~[s]** Iraq; **in/nach/aus** *od.* **im/in den/aus dem ~:** in/to/from Iraq

**Iraker der; ~s, ~, Irakerin die; ~, ~nen** Iraqi; s. auch **-in**

**irakisch** Iraqi

**Iran** [i'ra:n] **(das); ~s** *od.* **der; ~[s]** Iran; *s. auch* **Irak**

**Iraner der; ~s, ~, Iranerin die; ~, ~nen** Iranian; *s. auch* **-in**

**iranisch** *Adj.* Iranian; **Iranisch/das Iranische** Iranian; *s. auch* **Deutsch**

**Iranịstik die; ~:** Iranian studies *pl.*, *no art.*

**irden** ['ırdn] *Adj.* earthen[ware] ⟨*bowl, pot, jug*⟩; **~es Geschirr** earthenware

**Ịrden·ware die** earthenware

**ịrdisch** *Adj.* **a)** earthly ⟨*joys, paradise, love*⟩; mortal, earthly ⟨*creature, being*⟩; temporal ⟨*power, justice*⟩; worldly ⟨*goods, pleasures, possessions*⟩; **dieses ~e Jammertal** this vale of tears; **die Irdischen** *(dichter.)* the mortals; **den Weg alles Irdischen gehen** go the way of all flesh; ⟨*object*⟩ go the way of all things; **alles Irdische ist vergänglich** all earthly things must fade; **b)** *(zur Erde gehörig)* terrestrial; **das ~e Leben** life on earth

**Ire** ['i:rə] **der; ~n, ~n** Irishman; **die ~n** the Irish; **er ist ~:** he is Irish *or* an Irishman

**irgend** ['ırgn̩t] *Adv.* **a) ~ jemand** someone; somebody; somebody or other *(coll.)*; *(fragend, verneinend)* anyone; anybody; **Haben Sie an jemand Bestimmtes gedacht? – Ach wo, ~ jemand** Did you have anyone particular in mind? – Oh, anyone *or* anybody [will do]; **warum hast du nicht ~ jemanden gefragt?** why didn't you ask someone *or* somebody?; **~ etwas** something; *(fragend, verneinend)* anything; **~ so ein Politiker** *(ugs.)* some politician [or other]; **~ so etwas** something like that; something of the sort *or* kind; **führen Sie ~ so etwas?** do you stock anything like that?; **b)** *(irgendwie)* **wenn ~ möglich** if at all possible; **wenn ich Ihnen ~ helfen kann** if I can help you in any way

**ịrgend-: ~ein** *Indefinitpron.* **a)** *(attr.)* some; *(fragend, verneinend)* any; **~ein Idiot** some idiot [or other]; **in ~einer Zeitung habe ich neulich gelesen, daß ...:** I read in one of the papers recently that ...; **Welche Zeitung soll es sein? – Irgendeine** What newspaper do you want? – Just any; **~ein anderer Redakteur/~eine andere Zeitung/~ein anderes Buch** some other editor/newspaper/book; *(fragend, verneinend)* any other editor/newspaper/book; **~ein anderer/~eine andere** someone *or* somebody else; *(fragend, verneinend)* anyone *or* anybody else; **mehr als ~ein anderer** more than anyone *or* anybody else; **b)** *(subst.)* **~einer/~eine** someone; somebody; *(fragend, verneinend)* anyone; anybody; **~eines** *od.* *(ugs.)* **~eins** any one; **~einer muß es machen** someone *or* somebody [or other] must do it; **nicht ~einer** not just anyone; **~einmal** *Adv.* sometime; [at] some time [or other]; **hast du schon ~einmal solchen Unsinn gehört?** have you ever heard such nonsense before?; **~wann** *Adv.* [at] some time [or other]; somewhen; *(zu jeder beliebigen Zeit)* [at] any time; **~wann einmal** [at] some time [or other]; **~wạs** *Indefinitpron. (ugs.)* something [or other]; *(fragend, verneinend)* anything; **[nimm] ~was** [take] anything [you like]; **ist ~was?** is [there] something wrong *or* the matter?; **~wẹlch** *Indefinitpron.* some; *(fragend, verneinend)* any; **er raucht nicht ~welche Zigarren** he doesn't smoke just any *or (coll.)* any old cigars; **~we̱r** *Indefinitpron. (ugs.)* somebody or other *(coll.)*; someone; somebody; *(fragend, verneinend)* anyone; anybody; **~wi̱e** *Adv.* **a)** somehow; somehow or other *(coll.)*; **ich glaube nicht, daß ihr das noch ~wie schaffen könnt** I don't think there's any way you could do it; **wer ~wie kann, sollte helfen** anyone who can help in any way should do so; **kann man das ~wie anders/besser machen?** is there some other/better way of doing this?; **er tut mir ~wie leid, aber ...:** I feel sorry for him in a way, but ...; **ihr Lächeln war ~wie kalt** her smile was somehow *or (coll.)* sort of cold; **b)** *(ugs.: als Füllwort)* **sie will ~wie auch kommen** I somehow think she wants to come too; **~wo̱** *Adv.* **a)** somewhere; some place [or other] *(coll.)*; *(fragend, verneinend)* anywhere; **ist hier ~wo ein Lokal?** is there a pub anywhere around here?; **~wo anders** somewhere/anywhere else; **b)** *(ugs.: irgendwie)* **er tut mir ~wo leid, aber ...:** I feel sorry for him in a way, but ...; **~wohe̱r** *Adv.* from somewhere; from some place; from somewhere or other *(coll.)*; *(fragend, verneinend)* from anywhere; from any place; **Woher soll ich das nehmen? – [Von] ~woher** Where shall I get it from? – From anywhere *or* wherever you like; **~wohịn** *Adv.* somewhere; somewhere or other *(coll.)*; *(fragend, verneinend)* anywhere; **wollen wir ~wohin gehen?** shall we go out somewhere?; **Wohin soll ich die Socken werfen? – Irgendwohin** Where should I throw these socks? – Anywhere [will do *or* you like]; **~wo·mịt** *Adv.* with something; with something or other *(coll.)*; **~worạn** *Adv.* **~woran erinnert mich dieses Gebäude** this building reminds me of something; **~woran werden wir es schon erkennen** we'll recognize it by something

**Iridium** [iˈri:di̯ʊm] **das; ~s** *(Chemie)* iridium

**Irin die; ~, ~nen** Irishwoman; **sie ist ~:** she is Irish *or* an Irishwoman

**Iris** [ˈi:rɪs] **die; ~, ~** *(Bot., Anat.)* iris

**Iris·blende die** *(Fot.)* iris [diaphragm]

**ịrisch** *Adj.* Irish; **die Irische See** the Irish Sea; **Irisch-Republikanische Armee** Irish Republican Army; **~-römisches Bad** Turkish bath; **Irisch/das Irische** Irish; *s. auch* **Deutsch**

**Ịris·diagnostik die** *(Med.)* iridodiagnosis

**irisi̱eren** *itr. V.* iridesce; be iridescent; **~d** iridescent

**Irland** [ˈɪrlant] **(das); ~s** Ireland; *(die Republik)* Ireland; Eire

**Ironie** [iroˈni:] **die; ~, ~n** irony; **etw. mit ~ sagen** say sth. ironically; **das war ~:** that was meant ironically *or* meant to be ironic; **die ~ des Lebens hat es mit sich gebracht, daß ...:** it was one of life's ironies that ...; **die ~ des Schicksals wollte es, daß ...:** it was one of the ironies of fate *or* an irony of fate that ...

**iro̱nisch 1.** *Adj.* ironic; ironical; **das Ironische in der Literatur** irony *or* the ironic in literature; **sie zieht alles ins Ironische** she tends to be ironic about everything. **2.** *adv.* ironically

**iro̱nischer·we̱ise** *Adv.* ironically

**ironisi̱eren** *tr. V.* ironize

**Ironisi̱erung die; ~, ~en** ironizing

**irr** [ɪr] *Adj. s.* **irre 1**

**irrational** [ˈɪratsi̯ona:l] **1.** *Adj.* irrational. **2.** *adv.* irrationally

**Irrationalịsmus der; ~, Irrationalịsmen** irrationalism

**Irrationalitä̱t die; ~:** irrationality

**irre** [ˈɪrə] **1.** *Adj.* **a)** *(geistesgestört)* mad, insane ⟨*person*⟩; insane ⟨*laughter*⟩; demented ⟨*grin, look*⟩; insane, crazy ⟨*idea, thought, suggestion*⟩; **davon kann man ja ~ werden** it's enough to drive you mad *or* crazy; **sich wie ~ gebärden** act *or* behave like a madman/madwoman; **b)** *nicht präd. (salopp: stark)* terrific *(coll.)*; terrible *(coll.)*; **eine ~ Arbeit** a hell of a job *(coll.)*; **c)** *(salopp: faszinierend)* amazing *(coll.)*; **d)** *(geh.)* **an jmdm. ~ werden** lose faith in sb.; **an sich** *(Dat.)* **selbst ~ werden** doubt oneself; **am Glauben ~ werden** begin to have agonizing doubts about one's faith. **2.** *adv. (salopp)* terrifically *(coll.)*; terribly *(coll.)*; **sich ~ freuen** be thrilled to bits *(coll.)*

**¹Irre** [ˈɪrə] **der/die;** *adj. Dekl.* madman/madwoman; lunatic; *(fig.)* fool; idiot; lunatic; **das sind alles ~:** they're all crazy *or* mad; **er fährt wie ein ~r** he drives like a maniac *or* lunatic; **er schreit/arbeitet wie ein ~r** he shouts/works like mad

**²Ịrre die** *(geh.)* **in die ~ gehen** *(sich verirren)* go astray; *(fig.: sich irren)* make a mistake; **in die ~ führen** *(fig.)* be misleading; *(täuschen)* be deceptive; **jmdn. in die ~ führen** mislead sb.; *(täuschen)* deceive sb.

**irreal** [ˈɪrea:l] *Adj.* **a)** *(unwirklich)* unreal; **b)** *(unrealistisch)* unrealistic

**Irrealis** [ˈɪrea:lɪs] **der; ~, Ịrreales** [-le:s] *(Sprachw.)* hypothetical subjunctive

**Irrealitä̱t die; ~ a)** unreality; **b)** *(Sprachw.)* **als Ausdruck der ~:** as an expression of the unreal *or* hypothetical

**ịrre-, Ịrre-: ~|führen** *tr. V.* mislead; *(täuschen)* deceive; **lassen Sie sich durch ... nicht ~führen** don't be misled *or* deceived by ...; **~führend** *Adj.* misleading; *(täuschend)* deceptive; **~führung die: das war eine bewußte ~führung** that was a deliberate attempt to mislead; **~führung der Öffentlichkeit** misleading the public; **~|gehen** *unr. V.; mit sein (geh.)* **a)** *(sich irren)* be mistaken; **b)** *(sich verirren)* go astray

**irregulär** [ˈɪregulɛ:ɐ̯] *Adj.* **a)** *(regelwidrig, Milit.)* irregular; **b)** *(abnorm)* abnormal

**ịrre|leiten** *tr. V. (geh.)* **a)** *(verführen, täuschen)* lead astray; **irregeleitete Emotionen/Jugend** misguided emotions/youth; **b)** *(falsch leiten)* **ein irregeleiteter Brief** a misdirected letter

**irrelevant** [ˈɪrelevant] *Adj.* irrelevant **(für** to)

**Ịrrelevanz die** irrelevance **(für** to)

**ịrreligiös** *Adj.* non-religious; unreligious ⟨*person, science, country*⟩

**ịrre|machen** *tr. V.* **a)** *(verwirren)* disconcert; put off; **laß dich durch ihn nicht ~:** don't be disconcerted *or (coll.)* put off by him; **b)** *(zweifeln lassen)* **jmdn. in seinem Glauben ~:** shake sb.'s faith; **sie ließ sich in ihrer Hoffnung/ihrem Plan nicht ~:** she would not let anything confound her hopes/her plan

**irren** [ˈɪrən] **1.** *refl. V.* be mistaken; **man kann sich auch mal ~:** everybody makes *or* we all make mistakes [sometimes]; **Sie ~ sich, wenn ...:** you are making a mistake if ...; **ich irre mich oft bei Namen** I often get names mixed up; **er hat sich in einigen Punkten geirrt** he got a few things wrong; **Sie haben sich in der Person/Hausnummer geirrt** you've got the wrong person/number; **sich um 1 DM ~:** be out by 1 DM; be 1 DM out; **ich habe mich in dir geirrt** I was wrong about you. **2.** *itr. V.* **a)** *(sich irren)* **da ~ Sie** you are mistaken *or* wrong there; **die Zeitungsberichte ~ in diesem Punkt alle** the newspaper reports are all wrong on this point; **Irren ist menschlich** to err is human *(prov.)*; **b)** *mit sein (ziellos umherstreifen)* wander; **durch die Straßen/den Park ~:** wander the streets/about in the park

**ịrren-, Ịrren-: ~anstalt die** *(veralt. abwertend)* mental home; madhouse *(derog.)*; **~arzt der** *(veralt. abwertend)* mad-doctor *(arch.)*; **~haus das** *(abwertend)* [lunatic] asylum; madhouse *(derog.)*; **das war das reinste ~haus** *(ugs.)* it was bedlam *or* an absolute madhouse; **er ist reif fürs ~haus** *(ugs.)* he'll crack up soon *(coll.)*; **~häusler der** *(veralt. abwertend)* lunatic *(derog.)*; **~haus·reif** *Adj. (ugs.)* **sie ist bald ~hausreif** she'll crack up before long *(coll.)*; **~wärter der** *(veralt. abwertend)* keeper *(arch.)*; mad-nurse; **~witz der** *(ugs.)* loony joke *(coll.)*; joke about lunatics

**irreparabel** [ɪrepaˈra:bl̩] *Adj.* *(nicht reparabel)* irreparable; beyond repair *pred.*; *(nicht zu beheben, Med.)* irreparable ⟨*loss, damage, etc.*⟩

**Ịrre·sein das** *s.* **manisch-depressiv**

**ịrreversibel** *Adj.* *(fachspr.)* irreversible

**Ịrr-: ~fahrt die** wandering; **meine Reise wurde zu einer endlosen ~fahrt** my journey turned into an endless series of wanderings; **~flug der** aimless flight; **~garten der** maze; labyrinth; **~glaube[n] der a)** misconception; **b)** *(Rel.)* heresy; heterodoxy; **~gläubige der/die** heretic

**irrig** [ˈɪrɪç] *Adj.* erroneous ⟨*impression, belief, assumption, etc.*⟩; false ⟨*premise*⟩

**Irrigation** [ɪrigaˈtsi̯o:n] **die; ~, ~en** irrigation; *(Med.: Spülung)* douche

**Irrigator** [ɪriˈga:tɔr] **der; ~s, ~en** [-gaˈto:ren] *(Med.)* irrigator

**ịrrigerwe̱ise** *Adv.* mistakenly; erroneously

**Irritation** [ɪritaˈtsi̯o:n] **die; ~, ~en** *(Med., geh.)* irritation

**irriti̱eren** *tr., itr. V.* **a)** *(verwirren)* bother; put off; **das irritiert** it's off-putting; **laß dich nicht dadurch ~:** don't be put off by it; **b)** *(stören)* disturb; **c)** *(befremden)* annoy; irritate

**ịrr-, Ịrr-: ~läufer der** *(Postw.)* misdirected letter/parcel; **~lehre die** *(Rel.)* heresy; heterodoxy; *(fig.)* false doctrine; **~licht das** will o' the wisp; jack o' lantern; **~lichter entstehen durch ...:** will o' the wisp *or* jack o' lantern is caused by ...; **~sinn der;** *o. Pl.* **a)** *(Wahnsinn)* insanity; madness; **er war dem ~sinn nahe** he was on the brink of madness; **b)** *(ugs. abwertend)* madness; lunacy; **so ein ~sinn!** what lunacy!; **~sinnig 1.** *Adj.* **a)** *(geistig gestört)* insane; mad; *(absurd)* idiotic; **bist du ~sinnig?** are you mad?; **wie ~sinnig schreien/rasen** scream/rush like mad; **b)** *(ugs.: extrem)* terrible *(coll.)*, horrific *(coll.)* ⟨*pain, screams, prices, etc.*⟩; terrific *(coll.)* ⟨*speed, heat, cold*⟩; **2.** *adv. (ugs.)* terribly *(coll.)*; frightfully *(coll.)*; **~sinnig schuften** slog away like mad *or (coll.)* crazy; **~sinnige der/die;** *adj. Dekl.* madman/madwoman; lunatic; **sie schrie wie eine ~sinnige** she screamed like mad

**Ịrrtum der; ~s, Irrtümer** [ˈɪrty:mɐ] **a)** *(falsche Vorstellung, Fehlhandlung)* fallacy; misconception; **im ~ sein** *od.* **sich im ~ befinden** be wrong *or* mistaken; **b)** *(Fehler)* mistake; error; **~!** wrong!

**irrtümlich** [ˈɪrty:mlɪç] **1.** *Adj.; nicht präd.* incorrect; wrong. **2.** *adv.* by mistake; **~ gemachte Angaben** inaccuracies; incorrect information *sing.*

**ịrrtümlicherwe̱ise** *Adv.* by mistake; **wie man oft ~ meint** as is often erroneously *or* mistakenly thought

**Ịrrung die; ~, ~en** *(geh.)* **die ~en und Wirrungen seiner verfehlten Jugend** the vagaries of his misspent youth

**ịrr-, Ịrr-: ~weg der** error; **diese Methode hat sich als ~weg erwiesen** this method has proved to be wrong; **auf ~wege geraten** *(gedanklich)* go off on the wrong track; *(moralisch)* depart from the straight and narrow; **~wisch** [~vɪʃ] **der; ~s, ~e** flibbertigibbet; **~witz der** *(geh.)* madness; lunacy; **~witzig** *Adj. (geh.)* mad

**Ischias** [ˈɪʃi̯as] **der** *od.* **das** *od. Med.* **die; ~:** sciatica

**Ischias·nerv der** sciatic nerve
**Isegrim** ['i:zəgrɪm] **der; ~s, ~e a)** *o. Pl. (Myth.)* **[Meister] ~:** Isegrim; Isgrin; **b)** *(mürrischer Mann)* crusty old man
**Islam** [ɪs'la:m *od.* 'ɪslam] **der; ~[s]: der ~:** Islam; **die Welt des ~[s]** the Islamic world; the world of Islam
**islamisch** *Adj.* Islamic; Islamitic
**islamisieren** *tr. V.* Islamize
**Is·land** ['i:s-] **(das); ~s** Iceland
**Isländer** ['i:slɛndɐ] **der; ~s, ~, Isländerin die; ~, ~nen** Icelander
**isländisch** ['i:slɛndɪʃ] *Adj.* Icelandic; **Isländisch/das Isländische** Icelandic; *s. auch* **Deutsch**
**Ismailit** [ɪsmai'li:t] **der; ~en, ~en** Ismaili
**Ismus** ['ɪsmʊs] **der; ~, Ismen** *(abwertend)* ism
**iso-, Iso-,** *(vor Vokalen auch:)* **is-, Is-** [iz(o)-] iso-
**Iso·bar das; ~s, ~e** *(Physik)* isobar
**Iso·bare die; ~, ~n** *(Met.)* isobar
**Isogamie** [izoga'mi:] **die; ~, ~n** [-i:ən] *(Biol.)* isogamy *no art.*
**Isolation** [izola'tsi̯o:n] **die; ~, ~en** *s.* **Isolierung**
**Isolations-: ~folter die** torture by solitary confinement; **~haft die** solitary confinement
**Isolator** [izo'la:tɔr] **der; ~s, ~en** [-'to:ren] insulator
**Isolier·band das;** *Pl.* **~bänder** insulating tape
**Isolier·baracke die** isolation ward
**isolieren** *tr. V.* **a)** isolate ‹*prisoner, patient, bacterium, element*›; **von der Umwelt isoliert** cut off from the outside world; **etw. isoliert betrachten** look at sth. out of context; **b)** *(Technik)* insulate ‹*wiring, wall, etc.*›; lag ‹*boilers, pipes, etc.*›; *(gegen Schall)* soundproof; insulate ‹*room, door, window, etc.*›
**Isolierer der; ~s, ~:** insulation engineer
**Isolier-: ~kanne die** Thermos jug **(P)**; vacuum jug; **~schicht die** insulating layer; **~station die** *(Med.)* isolation ward
**Isolierung die; ~, ~en a)** *(Absonderung, auch fig.)* isolation; **in der ~:** in isolation; **in die ~ geraten** *(fig.)* become isolated *or* detached; **b)** *(Technik) (das Isolieren)* insulation; insulating; *(von Kesseln, Röhren)* lagging; *(gegen Schall)* soundproofing; **c)** *(Isoliermaterial)* insulation; *(für Kessel, Röhren)* lagging
**Isomer** [izo'me:ɐ̯] **das; ~s, ~e, Isomere das;** *adj. Dekl. (Chemie)* isomer
**Isometrie** [izome'tri:] **die; ~** *(Biol., Geodäsie)* isometry
**isometrisch 1.** *Adj.* isometric. **2.** *adv.* isometrically
**Isotherme** [izo'tɛrmə] **die; ~, ~n** *(Met.)* isotherm
**Isotop** [izo'to:p] **das; ~s, ~e** isotope
**Isotopen·therapie die** *(Med.)* radiotherapy
**Israel** ['ɪsrae:l] **(das); ~s** Israel; **das Volk ~** *(bibl.)* the Israelites; the people of Israel; **die Kinder ~[s]** *(bibl.)* the Children of Israel
**Israeli der; ~[s], ~[s]/die; ~, ~[s]** Israeli
**israelisch** *Adj.* Israeli
**Israelit der; ~en, ~en, Israelitin die; ~, ~nen** Israelite; *s. auch* **-in**
**israelitisch** *Adj.* Israelite
**iß** [ɪs] *Imperativ Sg. v.* **essen**
**ißt** [ɪst] *2. u. 3. Pers. Sg. Präsens v.* **essen**
**ist** [ɪst] *3. Pers. Sg. Präsens v.* **sein**
**Ist-: ~-Aufkommen das** *(Steuerw.)* actual *or* real yield; **~-Bestand der** *(Kaufmannsspr.)* actual stocks *pl.*; **~-Stärke die** *(Milit.)* actual strength
**Isthmus** ['ɪstmʊs] **der; ~, Isthmen** isthmus
**Itaker** ['i:takɐ] **der; ~s, ~** *(salopp abwertend)* Eyetie *(sl. derog.)*; dago *(sl. derog.)*
**Italien** [i'ta:li̯ən] **(das); ~s** Italy
**Italiener** [ita'li̯e:nɐ] **der; ~s, ~, Italienerin die; ~, ~nen** Italian; *s. auch* **-in**
**italienisch** *Adj.* Italian; **Italienisch/das Italienische** Italian; *s. auch* **Deutsch**
**Italo·western** ['i:talo-] **der** Italian-made Western; spaghetti western *(derog.)*
**iterativ** [itera'ti:f] *Adj. (Sprachw., Math.)* iterative
**I-Tüpfel[chen] das; ~s, ~,** *(österr.)* **I-Tüpferl** ['i:tʏpfɐl] **das; ~s, ~n** final *or* finishing touch; **bis aufs [letzte] ~:** down to the last *or* smallest detail
**I-Tüpfel-Reiter der** *(österr. ugs.)* nit-picker *(coll.)*
**i. v.** *Abk. (Med.)* **intravenös** IV
**i. V.** [i:'fau̯] *Abk.* **in Vertretung**
**Iwan** ['i:va(:)n] **der; ~s, ~s** *(salopp abwertend)* Russki *(derog.)*; Ivan *(derog.)*; **der ~:** the Russkis *pl.*; Ivan
**i. w. S.** *Abk.* **im weiteren Sinne**

# J

**j, J** [jɔt, *österr.:* je:] **das; ~, ~:** j/J; *s. auch* **a, A**
**ja** [ja:] *Partikel* **a)** *(zustimmend)* yes; **Wohnen Sie hier? – Ja** Do you live here? – Yes [, I do]; **Hast du ihm Bescheid gesagt? – Ja** Have you told him? – Yes [, I have]; **ja zu etw. sagen** say yes to sth.; **b)** *(bekräftigend)* yes; **ja natürlich** *od.* **sicher!** [yes,] of course; [yes,] certainly; **o ja!** oh, yes!; **aber ja doch!** yes, of course [I/you *etc.* can/do *etc.*]; **c)** *(betont, nachgestellt)* won't you/doesn't it *etc.*?; **du bleibst doch noch ein bißchen, ja?** but you'll stay on a bit, won't you *or* surely?; **das Kleid sieht doch gut aus, ja?** the dress looks nice, doesn't it?; **d)** *(unbetont)* **ich komme ja schon** I'm [just] coming; **Sie wissen ja, daß ...:** you know, of course, that ...; **du kennst ihn ja:** you know what he's like; you know him; **es schneit ja!** it's [actually] snowing!; **da seid ihr ja!** there you are!; **e)** *(einschränkend)* **er mag ja recht haben** he may [well] be right; **f)** *(betont: unbedingt)* **laß ja die Finger davon!** [just you] leave it alone!; **sag das ja nicht weiter!** don't [you dare] pass it on, whatever you do!; **damit er ja alles mitbekommt** to make sure he knows all *or* everything that's going on; **damit wir ja nicht zu spät kommen** so that there's no risk of us being late; **g)** *(unbetont: sogar)* indeed; even; **ich schätze, ja bewundere ihn** I like him, indeed admire him *or* admire him even; **h)** *(allerdings)* oh; **ja, das waren noch Zeiten!** [yes], those were the days!; **i)** *(fragend) (am Telefon usw.)* **ja [bitte]?** yes?; **Sie kommen. – Ja?** They're coming. – Are they?; *(ungläubig)* **Der König ist tot. – Ja?** The King is dead. – [Is he] really?
**Ja das; ~[s], ~[s]** yes; **mit ~ stimmen** vote yes
**Jacht** [jaxt] **die; ~, ~en** yacht
**Jacht-: ~hafen der** yacht harbour; marina; **~klub der** yacht club
**Jäckchen** ['jɛkçən] **das; ~s, ~:** jacket; *(gestrickt)* cardigan
**Jacke** ['jakə] **die; ~, ~n** jacket; *(gestrickt)* cardigan; **das ist ~ wie Hose** *(ugs.)* it makes no odds *(coll.)*; *s. auch* **saufen 3**
**Jacken-: ~kleid das** dress and jacket combination; **~tasche die** jacket pocket
**Jacket·krone** ['dʒɛkɪt-] **die** *(Zahnmed.)* jacket crown
**Jackett** [ʒa'kɛt] **das; ~s, ~s** jacket
**Jade** ['ja:də] **der; ~[s]** *od.* **die; ~:** jade
**jade·grün** *Adj.* jade-green
**Jagd** [ja:kt] **die; ~, ~en a)** *o. Pl. (Weidwerk)* **die ~:** shooting; hunting; *(Hetzjagd)* hunting; **die ~ auf Hasen** hare-hunting; *(mit Hunden)* hare-coursing; **die ~ auf Federwild** shooting game birds; **~ auf Fasanen/Wildschweine machen** shoot pheasant/hunt wild boar; **auf der ~ sein** be hunting/shooting; **auf die ~ gehen** go hunting/shooting; **die hohe/niedere ~** *(Jägerspr.)* hunting for Hochwild/Niederwild; **b)** *(Veranstaltung)* shoot; *(Hetzjagd)* hunt; **c)** *(Revier)* preserve; shoot; **eine ~ pachten** rent a hunting-preserve *or* shoot; **d)** *(Verfolgung)* hunt; *(Verfolgungsjagd)* chase; **auf jmdn./etw. ~ machen** hunt for sb./sth.; **die ~ nach Geld/Besitz** *(fig.)* the constant pursuit of money/possessions; **e)** *(~gesellschaft)* shooting party; *(bei einer Hetzjagd)* hunt; field; **die Wilde ~:** the Wild Hunt
**Jagd-: ~aufklärer der** *(Luftwaffe)* fighter-reconnaissance aircraft; **~aufseher der** game warden
**jagdbar** *Adj.* **~e Tiere** animals that can be hunted/shot
**Jagd-: ~beute die** bag; kill; **eine reiche/magere ~beute** a good/poor bag; **~bomber der** *(Luftwaffe)* fighter-bomber; **~falke der** falcon; **~fieber das** hunting-fever; **vom ~fieber gepackt** in the fever of the hunt; **~flieger der** *(Luftwaffe)* fighter pilot; **~flugzeug das** *(Luftwaffe)* fighter aircraft; **~frevel der** poaching; **~gebiet das** hunting-ground[s *pl.*]; **~geschwader das** *(Luftwaffe)* fighter wing; **~gesellschaft die** shooting-party; hunting-party; *(bei Hetzjagden)* hunting-party; **~gewehr das** sporting gun; **~glück das: ~glück/kein ~glück haben** be lucky/unlucky [in the hunt]; **~grund der;** *meist Pl.* hunting-ground; **in die ewigen Jagdgründe eingehen** go to the happy hunting-grounds; **~haus das** hunting *or* shooting lodge; hunting *or* shooting box; **~herr der** owner of a/the preserve *or* shoot; **~horn das** hunting-horn; **~hund der** gun-dog; *(bei Hetzjagden)* hunting-dog; hound; **~hütte die** hunting *or* shooting box; **~messer das** hunting-knife; **~pächter der** game-tenant; **~panzer der** *(Milit.)* anti-tank vehicle; tank destroyer; **~rennen das** *(Pferdesport)* steeplechase; **~revier das** preserve; shoot; *(fig.)* hunting-ground; **~schein der** game licence; **er hat den** *od.* **einen ~schein** *(fig. ugs.)* he's certified – the courts can't do anything about him; **~schloß das** hunting seat *or* lodge; **~springen das** *(Pferdesport)* show-jumping; **~staffel die** *(Luftwaffe)* fighter squadron; **~stock der** shooting stick; **~stück das** *(Malerei)* hunting-piece; **~stuhl der** *s.* **~stock; ~szene die** *(bild. Kunst)* hunting-scene; **~waffe die** hunting weapon; **~wesen das** hunting; **~wurst die** chasseur sausage; **~zeit die** open *or* hunting *or* shooting season
**jagen** ['ja:gn̩] **1.** *tr. V.* **a)** *(verfolgen)* hunt ‹*game, fugitive, criminal, etc.*›; shoot ‹*game, game birds*›; *(hetzen)* chase, pursue ‹*fugitive, criminal, etc.*›; *(wegscheuchen)* chase; run after; **von Todesfurcht/Gewissensbissen gejagt** stricken by the fear of death/by pangs of conscience; **ein Gedanke jagte den anderen** thoughts raced through his/her *etc.* mind; **b)** *(in eine bestimmte Richtung treiben)* drive ‹*animals*›; **den Ball ins Netz ~** *(Fußballjargon)* drive the ball into the net; **c)** *(weg-, vertreiben)* **den Feind aus dem Land ~:** drive the enemy out of *or* from the

country; **jmdn. aus dem Haus ~:** throw sb. out of the house; **jmdn. aus dem Bett ~:** turn sb. out of bed; **jmdn. in die Flucht ~:** put sb. to flight; **damit kannst du mich ~** *(ugs.)* I can't stand it/that/them; *s. auch* **Gurgel; d)** *(ugs.)* **sich/jmdm. eine Spritze in den Arm ~:** jab *or* stick a needle in one's/sb.'s arm; **sich/jmdm. eine Kugel durch den Kopf ~:** blow one's/sb.'s brains out. **2.** *itr. V.* **a)** *(Jägerspr.)* **auf Rebhühner ~:** shoot partridge; **auf Hasen ~:** hunt *or* shoot hare; **b)** *(die Jagd ausüben)* go shooting *or* hunting; *(auf Hetzjagd gehen)* go hunting; **c) nach Geld/Glück ~:** chase after money/happiness; **d)** *mit sein (eilen)* race; rush; **Wolken ~ am Himmel** *(fig.)* clouds race *or* scud across the sky; **mit ~dem Puls** *(fig.)* with his/her *etc.* pulse racing

**Jagen das; ~s, ~** *(Forstw.)* compartment

**Jäger** ['jɛ:gɐ] **der; ~s, ~: a)** hunter; *(bei Hetzjagden)* huntsman; **~ und Sammler** *(Prähist.)* hunters and gatherers; **b)** *(Milit.)* rifleman; jaeger; **c)** *(Soldatenspr.: Jagdflugzeug)* fighter

**Jäger·art die** *(Kochk.)* **Schnitzel nach ~:** escalope chasseur

**Jägerei die; ~ a)** *(das Jagen)* shooting; hunting; *(Hetzjagd)* hunting; **b)** *(Jagdwesen)* hunting

**Jäger·hut der** huntsman's hat

**Jägerin die; ~, ~nen** huntress; huntswoman

**Jäger-: ~latein das** *(scherzh.)* [hunter's *or* huntsman's] tall story/stories; **das ist das reinste ~latein** that's all wild exaggeration; **~rock der** hunting jacket; **~schnitzel das** *(Kochk.)* escalope chasseur

**Jägers·mann der;** *Pl.* **~leute** *(ugs. veralt.) s.* **Jäger a**

**Jäger·sprache die** hunting language

**Jag·hund** ['ja:k-] **der** *(schweiz.) s.* **Jagdhund**

**Jaguar** ['ja:gua:ɐ̯] **der; ~s, ~e** jaguar

**jäh** [jɛ:] **1.** *Adj. (geh.)* **a)** *(plötzlich, heftig)* sudden; sudden, abrupt ‹*change, movement, stop*›; sudden, sharp ‹*pain*›; **er fand einen ~en Tod** he met his death suddenly; **ein ~es Erwachen** a sudden awakening; *(fig.)* a rude awakening; **b)** *(steil)* steep; precipitous ‹*slope, ravine, ridge*›. **2.** *adv.* **a)** *(plötzlich)* **die Stimmung schlug ~ um** the mood changed suddenly *or* abruptly; **b)** *(steil)* **dort ging es ~ in die Tiefe** the ground fell *or* dropped away steeply *or* abruptly at that point

**jählings** ['jɛ:lɪŋs] *Adv. (geh.)* **a)** *(plötzlich)* ‹*change, end, stop*› suddenly, abruptly; ‹*die, understand, wake up*› suddenly; **b)** *(steil)* steeply; precipitously

**Jahr** [ja:ɐ̯] **das; ~[e]s, ~e a)** *(12 Monate)* year; **ein halbes ~:** six months; **anderthalb ~e** eighteen months; a year and a half; **im ~[e] 1908** in [the year] 1908; **jedes ~:** every year; **jedes zweite ~:** [once] every two years; **alle halbe[n] ~ [mal]** *(ugs.)* [once] every six months; **alle ~e** every year; **1000 Tonnen pro ~:** 1,000 tonnes per *or* a year; **100 000 DM pro ~:** DM 100,000 per annum; **lange ~e [hindurch]** for many years; **nach langen ~en** after many years; **vor langen ~en** many years ago; **~ für** *od.* **um ~:** year after year; **von ~ zu ~:** from one year to the next; from year to year; **ich war seit ~ und Tag nicht mehr dort** I haven't been there for many years; **zwischen den ~en** between Christmas and the New Year; **das Buch/der Sportler des ~es** the book/sportsman *or* sports personality of the year; **zu zehn ~en [Gefängnis] verurteilt werden** be sentenced to ten years' imprisonment; **er ist Lehrling im zweiten ~:** he is an apprentice in his second year; **auf ~ und Tag** to the exact day; **nach ~ und Tag** after many years; **vor ~ und Tag** *(mit Präteritum)* many years ago; *(mit Plusquamperfekt)* many years before; **b)** *(Lebens~)* year; **er ist zwanzig ~e [alt]** he is twenty years old *or* of age; **Kinder bis zu zwölf ~en** children up to the age of twelve *or* up to twelve years of age; **Kinder über 14 ~e** children over the age of 14 *or* over 14 years of age; **Kinder ab zwei ~en** children of two years and over; **alle Männer zwischen 18 und 45 ~en** all men between the ages of 18 and 45; **mit 65 ~en** *od.* **im Alter von 65 ~en** at the age of 65; **seine ~e spüren** feel one's age; **das hat er schon in jungen ~en gelernt** he learned that at an early age *or* while he was still young; **für seine achtzig ~e ist er noch erstaunlich rüstig** he's amazingly sprightly for [a man of] eighty; **mit den ~en** as he/she *etc.* grows/grew older; **er ist um ~e gealtert** he's put on years; **in die ~e kommen** reach middle age

**jahr·aus** *Adv.* **~, jahrein** year in, year out

**Jahr·buch das** year-book

**Jährchen** ['jɛ:ɐ̯çən] **das; ~s, ~** *(scherzh.)* year; **die paar ~, die ich noch zu leben habe!** the few short years I have left to live; **einige ~ auf dem Buckel haben** be knocking on a bit *(coll.)*

**jahr·ein** *Adv.; s.* **jahraus**

**jahre·lang 1.** *Adj.; nicht präd.* [many] years of ‹*practice, imprisonment, experience, etc.*›; long-standing ‹*feud, friendship*›; **mit ~er Verspätung** years late. **2.** *adv.* for [many] years; **sie ist schon ~ tot** she has been dead for [many] years; **man sprach noch ~ darüber** people were talking about it for years afterwards

**jähren** ['jɛ:rən] *refl. V.* **heute jährt sich [zum fünften Male] sein Todestag** today is the [fifth] anniversary of his death; **heute jährt sich zum zehntenmal, daß ...:** it is ten years ago today that ...; it is ten years since ...

**jahres-, Jahres-: ~abonnement das** annual *or* yearly subscription; **~abrechnung die** annual accounts *pl.; (Abrechnungsblatt)* annual [statement of] account; **~ab·schluß der a)** *(Wirtsch., Kaufmannsspr.)* annual accounts *pl.;* **b)** *s.* **~ende; ~anfang der** beginning *or* start of the year; **~ausgleich der** *(Steuerw.)* end-of-year adjustment; **den ~ausgleich beantragen** send in one's tax return; **~aus·klang der** close of the year; **Musik zum ~ausklang** music at the close of the year; **~aus·stoß der** *(Wirtsch)* annual production; **~beginn der** beginning *or* start of the new year; **den ~beginn feiern** celebrate New Year; **~beitrag der** annual *or* yearly subscription; **~best·leistung die** *(Sport)* best performance of the season; **~best·zeit die** *(Sport)* fastest *or* best time of the season; **~bezüge** *Pl.* annual income *sing.;* **~bilanz die** *(Wirtsch., Kaufmannsspr.)* annual balance [of accounts]; *(Dokument)* annual balance sheet; **~durch·schnitt der** yearly *or* annual average; **~einkommen das** annual income; **~ende das** end of the year; **~etat der** annual budget; **~frist;** *o. Art.; o. Pl.* **in** *od.* **innerhalb** *od.* **binnen ~frist** within [a period of] a *or* one year; **vor ~frist** in less than a year; within [a period of] a *or* one year; *(vor einem Jahr)* a year ago; **nach ~frist** after [a period of] a *or* one year; **~gehalt das** annual salary; **zwei ~gehälter** two years' salary; **~hälfte die** half of *or* six months of the year; **die erste/zweite ~hälfte** the first/second half *or* six months of the year; **~haupt·versammlung die** *(Wirtsch.)* annual general meeting; **~kapazität die** *(Wirtsch.)* annual *or* yearly capacity; **~karte die** yearly season ticket; **~miete die** annual *or* yearly rent; **eine Kaution in Höhe einer ~miete** a deposit equivalent to a year's rent; **~mittel das** annual mean; **im ~mittel fallen 3,2 cm Niederschlag** the mean annual precipitation is 3.2 cm; **~plan der** [economic, financial] plan for the year; **~produktion die** annual *or* yearly production; **~ring der;** *meist Pl.* *(Bot.)* annual ring; **~rück·blick der** end-of-the-year review; **~schluß der** *s.* **~ende; ~schluß·bilanz die** *s.* **~abschluß a; ~schrift die** annual; **~soll das** *(DDR Wirtsch.)* production target for the year; **~tag der** anniversary; **~tagung die** annual congress *or* conference *or* convention; **~temperatur die: die höchste/tiefste ~temperatur** the highest/lowest temperature of the year; **die mittlere ~temperatur** the mean temperature during the year; **eine mittlere ~temperatur von 9 °C** a mean annual temperature of 9 °C; **~um·satz der** annual turnover; **~urlaub der** annual holiday *or (formal)* leave *or (Amer.)* vacation; **~versammlung die** annual [general] meeting; **~vertrag der** one-year contract; **~wechsel der** turn of the year; **zum ~wechsel die besten Wünsche** best wishes for the New Year; **~wende die a)** *(geh.) s.* **~wechsel; b)** turn of the year; **um die ~wende 1976/1977** around the end of 1976; around the beginning of 1977; **~zahl die** date; **ohne Angabe der ~zahl** with no indication of the date *or* year; **~zeit die** season; **für die ~zeit ist es kalt** it's cold for the time of the year; **trotz der vorgerückten ~zeit** although it is/was late in the year; **~zeitlich 1.** *Adj.; nicht präd.* seasonal; **2.** *adv.* **~zeitlich schwanken** vary with the seasons *or* according to the time of year; **~zeitlich bedingt sein** be governed by seasonal factors

**Jahr·gang der a)** *(Altersklasse)* year; **der ~ 1900** those *pl.* born in 1900; **der ~ 1900 hat viele Gelehrte hervorgebracht** the year 1900 produced many scholars; **sie ist ~ 1943** she was born in 1943; **er ist mein ~:** he was born in the same year as I was; **welcher ~ sind Sie?** which year were you born in?; **b)** *(eines Weines)* vintage; **der 81er soll ein guter ~ werden** 81 should be a vintage year; **ein Edelzwicker ~ 1978** a 1978 Edelzwicker; **c)** *(einer Zeitschrift)* set [of issues] for a/the year; **die beiden letzten Jahrgänge** the sets of back numbers for the past two years; **d)** *(eines Autos usw.)* year; **ein Modell ~ 1950** a 1950 model

**Jahr·gänger der; ~s, ~, Jahr·gängerin die; ~, ~nen** *(südd., schweiz.)* **er ist mein Jahrgänger** he was born in the same year as I was

**Jahr·hundert das** century; **das 18. ~:** the 18th century; **im 19. und 20. ~:** in the 19th and 20th centuries; **durch die ~e** over *or* through the centuries; **im ersten ~ vor/nach Christi Geburt** in the first century BC/AD; **die Literatur des 19. ~s** 19th-century literature; the literature of the 19th century

**jahrhunderte-: ~alt** *Adj.* centuries-old; **~lang 1.** *Adj.; nicht präd.* age-long. **2.** *adv.* for centuries; **das dauert noch ~lang** that will take centuries

**Jahrhundert-: ~hälfte die: die erste/zweite ~hälfte** the first/second half of the century; **~mitte die** middle of the century; **~sommer der** summer of the century; **~wein der** exceptional vintage wine; **~wende die** turn of the century; **aus der Zeit um die ~wende** from the turn of the century

**-jährig** ['jɛ:rɪç] **a)** *(... Jahre alt)* **ein elfjähriges/halbjähriges Kind** an eleven-year-old/a six-month-old child; **kaum acht~:** hardly eight years old; **b)** *(... Jahre dauernd)* ... year's/years'; -year; **nach vierjähriger/halbjähriger Vorbereitung** after four years'/six months' preparation; **mit dreijähriger/halbjähriger Verspätung** three years/six months late

**jährlich** ['jɛ:ɐ̯lɪç] **1.** *Adj.; nicht präd.* annual; yearly. **2.** *adv.* annually; yearly; **einmal/zweimal ~:** once/twice a *or* per year; **ein Umsatz von 5 Millionen ~:** a turnover of five million per annum

**Jahr·markt der** fair; fun-fair; **ein ~ der Eitelkeit[en]** *(fig.)* a Vanity Fair
**Jahrmarkts·bude die** fair-ground booth
**Jahr·millionen** *Pl.* millions of years
**Jahr·schießet das** *(schweiz.) s.* **Schützenfest**
**Jahr·tausend das** thousand years; millennium; **vor ~en** thousands of years ago; **das dritte ~ nach Christi Geburt** the third millennium AD
**jahrtausende-: ~alt** *Adj.* age-old; **ein ~altes Gebäude** a building dating back thousands of years; **~lang 1.** *Adj.; nicht präd.* age-long; **2.** *adv.* for thousands of years; **das dauert ~lang** that will take thousands of years
**Jahrtausend·wende die** turn of the millennium
**Jahr·zahl die** *(schweiz.) s.* **Jahreszahl**
**Jahr·zehnt das** decade
**jahrzehnte·lang 1.** *Adj.; nicht präd.* **das macht die ~e Übung** that's the result of decades of practice; **mit ~er Verspätung** decades late; **nach ~er Abwesenheit** after being away for decades. **2.** *adv.* for decades
**Jahve,** *(ökum.:)* **Jahwe** ['ja:və] **(der); ~s** Jehova; Yahweh
**Jäh·zorn der** violent anger; **er neigt zum ~:** he tends towards violent fits *or* outbursts of temper *or* anger; **in wildem ~ zuschlagen** lash out in blind anger *or* a blind rage
**jäh·zornig 1.** *Adj.* violent-tempered; **ein ~er Charakter, ein ~es Temperament** a violent temper. **2.** *adv.* in blind anger; in a blind rage
**ja·ja** *Part. (ugs.)* **a)** *(seufzend)* **~[, so ist das Leben]** o well[, that's life]; **b)** *(ungeduldig)* **~[, ich komme schon]!** OK, OK *or* all right, all right[, I'm coming]!
**Jak** [jak] **der; ~s, ~s** yak
**Jakob** ['ja:kɔp] **(der)** James; *(in der Bibel)* Jacob; **ich weiß ja nicht, ob das der wahre ~ ist** I don't know if that is really quite the thing; **der billige ~:** the/a cheap jack
**Jakobi** [ja'ko:bi] **(das);** *indekl. s.* **Jakobstag**
**Jakobiner** [jako'bi:nɐ] **der; ~s, ~** *(hist.)* Jacobin
**Jakobiner·mütze die** *(hist.)* cap of liberty; Phrygian cap
**Jakobinertum das** Jacobinism *no art.*
**jakobinisch** *Adj.* Jacobin; Jacobinic
**Jakobit** [jako'bi:t] **der; ~en, ~en** *(hist.)* Jacobite
**Jakobi·tag der** *s.* **Jakobstag**
**Jakobs·leiter die** *(Seemannsspr.. Bot.)* Jacob's ladder
**Jakobs·tag der** St. James's Day; Feast of St. James
**Jalousette** [[ʒalu'zɛtə] **die; ~, ~n, Jalousie** [ʒalu'zi:] **die; ~, ~n** Venetian blind
**Jalta** ['jalta] **(das); ~s** Yalta
**Jamaika** [ja'maika] **(das); ~s** Jamaica
**Jamaikaner der; ~s, ~, Jamaikanerin die; ~, ~nen** Jamaican; *s. auch* **-in**
**jamaikanisch** *Adj.* Jamaican
**Jamaika·rum der** Jamaica rum
**Jambe** ['jambə] **die; ~, ~n** *s.* **Jambus**
**jambisch** *Adj. (Verslehre)* iambic
**Jamboree** [dʒæmbə'ri:] **das; ~[s], ~s** jamboree
**Jambus** ['jambʊs] **der; ~, Jamben** *(Verslehre)* iambus; iamb; **ein Drama in Jamben** a drama in iambic verse *or* in iambics
**Jammer** ['jamɐ] **der; ~s a)** *(Wehklagen)* [mournful] wailing; **b)** *(Elend)* misery; **ein Bild des ~s** a picture of misery; **es ist ein ~, daß ...** *(ugs.)* it's a crying shame that ...
**Jammer-: ~bild das** miserable sight; **~geschrei das** *(von Menschen)* wailing; moaning; *(von Vögeln)* squawking; squawks; **~gestalt die a)** *(elender Mensch)* pitiful creature; **b)** *(ugs. abwertend)* miserable wretch; **~lappen der** *(ugs. abwertend) (Feigling)* coward; *(Schwächling)* sniveller
**jämmerlich** ['jɛmɐlɪç] **1.** *Adj.* **a)** *(Jammer ausdrückend)* pathetic; pitiful; **b)** *(beklagenswert)* miserable ‹*existence, conditions, etc.*›; wretched ‹*appearance, existence, etc.*›; **c)** *(ärmlich)* pathetic; pitiful ‹*conditions, clothing, housing*›; paltry, meagre ‹*quantity*›; pitiful, sorry ‹*state*›; **d)** *(abwertend: minderwertig)* contemptible ‹*person*›; pathetic, paltry ‹*wages, sum*›; pathetic, useless ‹*piece of work etc.*›; **e)** *nicht präd. (sehr groß, stark)* awful; terrible *(coll.)*. **2.** *adv.* **a)** *(Jammer ausdrückend)* pathetically; pitifully; **b)** *(beklagenswert)* miserably; hopelessly; pitifully; **~ versagen** fail miserably *or* hopelessly; **c)** *(ärmlich)* pitifully; miserably; **d)** *(abwertend: schlecht)* pathetically; hopelessly; **e)** *(sehr, stark)* terribly *(coll.)*; **~ frieren** be frozen stiff
**Jämmerlich·keit die; ~: a)** *(Jammer)* mournfulness; **b)** *(Elend)* wretchedness; **c)** *(Ärmlichkeit)* pitifulness; wretchedness; **d)** *(abwertend) (eines Menschen)* contemptibility; *(einer Arbeit usw.)* uselessness
**Jämmerling** ['jɛmɐlɪŋ] **der; ~s, ~e** *(ugs. abwertend) (Feigling)* chicken *(coll.)*; *(Schwächling)* weakling
**jammern 1.** *itr. V.* **a)** wail; **ohne zu ~:** without so much as a groan; **Jammern und Klagen** groans and cries *pl.*; **b)** *(sich beklagen)* moan; grumble; **über sein Schicksal ~:** bemoan one's fate; **c)** *(verlangen)* cry [out]; **die Kinder jammerten nach einem Stück Brot** the children were crying out for *or* crying after a piece of bread. **2.** *tr. V. (geh.: Mitleid erregen)* grieve; distress; **er/sein Elend jammert mich** his distress grieves me; my heart goes out to him in his distress
**jammer-, Jammer-: ~schade** *Adj.; nicht attr. (ugs.)* **es ist ~schade, daß ...:** it's a crying shame that ...; **es ist ~schade um ihn** it's a great pity about him; **~tal das;** *o. Pl. (geh.)* vale of tears; **dieses irdische ~tal** this earthly vale of tears; **~voll 1.** *Adj.* **a)** *(Jammer ausdrückend)* pathetic; pitiful ‹*cry etc.*›; **b)** *(beklagenswert)* miserable; **2.** *adv.* **a)** *(Jammer ausdrückend)* pathetically; pitifully; **b)** *(beklagenswert)* miserably; wretchedly
**Jan.** *Abk.* **Januar**
**Janker** ['jaŋkɐ] **der; ~s, ~** *(südd., österr.)* Alpine jacket
**Jänner** ['jɛnɐ] **der; ~s, ~** *(österr.),* **Januar** ['janu̯a:ɐ̯] **der; ~[s], ~e** January; *s. auch* **April**
**janus-, Janus-** ['ja:nʊs-]: **~gesicht das, ~kopf der** Janus face; **~köpfig** *Adj.* Janus-faced
**Japan** ['ja:pan] **(das); ~s** Japan
**Japaner der; ~s, ~, Japanerin die; ~, ~nen** Japanese; *s. auch* **-in**
**japanisch** *Adj.* Japanese; **das Japanische Meer** the Sea of Japan; **Japanisch/das Japanische** Japanese; *s. auch* **Deutsch**
**Japan·lack der** Chinese *or* Japanese lacquer
**Japan·papier das** rice paper
**Japs** [japs] **der; ~es, ~e** *(ugs. abwertend)* Jap *(derog.)*
**japsen** ['japsn̩] *itr. V. (ugs.)* pant; **ich kann kaum noch ~:** I'm gasping for breath
**Japser der; ~s, ~** *(ugs.)* gasp of breath
**Jargon** [jar'gõ:] **der; ~s, ~s a)** *(Gruppensprache)* jargon; **der ~ der Juristen/Mediziner** legal/medical jargon; **der ~ der Journalisten** journalese; **der Berliner ~:** Berlin slang; **im „Spiegel"-~:** in the jargon of the 'Spiegel'; **b)** *(abwertend: ungepflegte Ausdrucksweise)* language; **er redet in einem ganz ordinären ~:** he uses very vulgar language
**Ja·sager** [-zagɐ] **der; ~s, ~** *(abwertend)* yes-man
**Jasmin** [jas'mi:n] **der; ~s, ~e a)** *(Echter ~)* jasmine; **b)** *(Falscher ~)* mock orange; syringa
**Jasmin·tee der** jasmine-tea
**Jaspis** ['jaspɪs] **der; ~** *od.* **~ses, ~se** jasper
**Jaß** [jas] **der; Jasses** *(schweiz.)* jass
**jassen** *itr. V. (schweiz.)* play jass
**Ja·stimme die** yes-vote; **die ~n** the votes in favour; the ayes *(Brit. Parl.)*
**jäten** ['jɛ:tn̩] *tr., itr. V.* weed; **Unkraut ~:** weed; **Brennesseln ~:** pull out *or* weed out stinging nettles
**Jauche** ['jauxə] **die; ~, ~n a)** liquid manure; **b)** *(ugs. abwertend)* muck
**jauchen** *tr., itr. V. (Landw.)* manure
**Jauche·grube die** liquid-manure reservoir
**jauchzen** ['jauxtsn̩] *itr. V.* **a)** *(laut jubeln)* cheer; **vor Freude ~:** shout for joy; **der Säugling jauchzte laut** the baby gurgled with pleasure; **das Publikum jauchzte** the audience was in raptures; **b)** *(veralt.)* rejoice; **jauchzet dem Herrn** rejoice in the Lord
**Jauchzer der; ~s, ~:** cry of delight
**jaulen** ['jaulən] *itr. V.* ‹*dog, cat, etc.*› howl, yowl; ‹*wind*› howl; ‹*engine*› scream
**Jause** ['jauzə] **die; ~, ~n** *(österr.)* **a)** snack; **eine ~ machen** have a snack; **b)** *(Nachmittagskaffee)* [afternoon] tea
**Jausen·station die** *(österr.)* café
**jausnen** *itr. V. (österr.)* have a snack
**Java** ['ja:va] **(das); ~s** Java
**ja·wohl** *Part.* **a)** certainly; **~, Herr Oberst!** yes, sir!; **b)** *(verstärkend)* **Kant, ~ Kant** Kant, no less
**jawoll** [ja'vɔl] *(ugs.) s.* **jawohl**
**Ja·wort das** consent; **jmdm. das ~ geben** consent to marry sb.; **sich** *(Dat.)* **das ~ geben** accept each other in marriage
**Jazz** [dʒæz *od.* dʒɛs *od.* jats] **der; ~:** jazz
**Jazz·band die** jazz band
**jazzen** ['dʒɛsn̩ *od.* 'jatsn̩] *itr. V.* play jazz
**Jazzer** ['dʒɛsɐ *od.* 'jatsɐ] **der; ~s, ~:** jazz musician
**Jazz·fan der** jazz-fan
**jazzig** ['jatsɪç] *Adj. (ugs.)* jazzy
**Jazz-: ~kapelle die** jazz band; **~keller der** jazz cellar; **~musik die** jazz music
[1]**je** [je:] **1.** *Adv.* **a)** *(jemals)* ever; **mehr/besser denn je** more/better than ever; **seit** *od.* **von je** always; for as long as anyone can remember; *s. auch* [2]**eh b**; **b)** *(jeweils)* **je zehn Personen** ten people at a time; **die Gruppen bestehen aus je acht Mitgliedern** the groups consist of eight members each; **die Kinder stellen sich je zwei und zwei auf** the children arrange themselves in twos *or* in pairs; **die Schränke sind je zwei Meter breit** the wardrobes are each two metres wide; **sie kosten je 30 DM** they cost 30 DM each; **er gab den Mädchen je eine Birne** he gave each of the girls a pear; **in Schachteln mit** *od.* **zu je 10 Stück verpackt** packed in boxes of ten; **c)** *(entsprechend)* **je nach Gewicht/Geschmack** according to weight/taste. **2.** *Präp. mit Akk.* per; for each; **je angebrochene Stunde** for each *or* per hour or part of an hour. **3.** *Konj.* **a) je länger, je lieber** the longer the better; **je früher du kommst, desto** *od.* **um so mehr Zeit haben wir** the earlier you come, the more time we'll have; **b) je nachdem** it all depends; **wir gehen hin, je nachdem [ob] wir Zeit haben oder nicht** we'll go, depending on whether we have the time or not; **Willst du mitgehen? – Je nachdem** *(ugs.)* Do you want to come too? – I'll see
[2]**je 1.** *Interj.* **ach je, wie schade!** oh dear *or* dear me, what a shame!; *s. auch* **oje. 2.** *Adv. (veralt.)* **je nun** well now
**Jeans** [dʒi:nz] *Pl. od.* **die; ~, ~ a)** *(Hose)* jeans *pl.*; denims *pl.*; **b)** *(Stoff)* denim; jean[s] material
**Jeans-: ~hose die** [pair of] jeans; **~jacke die** denim jacket; **~stoff der** denim; jean[s] material
**jeck** [jɛk] *Adj. (rhein., meist abwertend) (leicht verrückt)* stupid; daft; *(wahnsinnig)* crazy
**Jeck der; ~en, ~en** *(rhein.)* **a)** *(abwertend:*

*Verrückter)* idiot; **b)** *(Fastnachter)* carnival clown

**jede** *s.* **jeder**

**jeden·falls** *Adv.* **a)** *(gewiß)* certainly; definitely; **b)** *(zumindest)* at any rate; **ich ~ habe keine Lust mehr** I at any rate *or* for one have had enough; **c)** *(soviel steht fest)* in any case; at any rate; anyway; **das steht ~ fest** that much is certain, in any case *or* at any rate *or* anyway

**jeder** ['je:dɐ], **jede, jedes** *Indefinitpron. u. unbest. Zahlwort* **1.** *attr.* **a)** *(alle)* every; **jeder einzelne Schüler** every single pupil; **jeder zweite Bürger** one out of *or* in every two citizens; **der Zug fährt jeden Tag/viermal jeden Tag** the train runs every day/four times a day; **b)** *(verstärkend)* **das kann Ihnen jedes Kind sagen** any child could tell you that; **ohne jeden Zweifel** without any doubt; **ohne jeden Grund** without any reason whatever; for no reason whatever; **c)** *(alle einzeln)* each; **jeder Mitspieler bekommt sechs Karten** each player receives six cards; **d)** *(jeglicher)* all; **jede Hilfe kam zu spät** all help came too late; **hier wurde jedes Maß überschritten** that went beyond all bounds; **Menschen jeden** *od.* **jedes Alters** people of all ages; **„nehme jede Arbeit an"** 'all offers of work accepted'. **2.** *alleinstehend* **a)** *(alle)* everyone; everybody; **jeder** *od. (geh.)* **ein jeder darf mitkommen** everyone *or* everybody can come; **hier kennt jeder jeden** everybody knows everybody else here; *(verstärkend)* **jeder, der Lust hat, ist willkommen** anyone who wants to come is welcome; **das kann ja jeder** anyone can do that; **b)** *(alle einzeln)* **jedes der Kinder** every one *or* each of the children; **jeder für sich hat recht** each of us/you/them *etc.* is right in his own way; **jeder von uns kann helfen** each *or* every one of us can help; **jedem nach seinem Verdienst** to each according to his merits

**jeder-: ~art** *unbest. Gattungsz.; indekl.; nicht präd.* any kind *or* sort *or* type of; **er ist bereit, ~art Arbeit anzunehmen** he is prepared to take any kind of work; **~lei** *unbest. Gattungsz.; indekl.; nicht präd. (geh.)* all kinds *or* sorts of; **~mann** *Indefinitpron. u. unbest. Zahlwort; nur alleinstehend* everyone; everybody; **hier kann ~mann mitmachen** everyone *or* everybody *or* anyone *or* anybody can come along and join in; **das ist ~manns Pflicht** that is everyone's *or* everybody's duty; **Schnecken sind nicht ~manns Sache/Geschmack** snails are not to everyone's *or* everybody's taste; **~zeit** *Adv.* [at] any time; **natürlich, ~zeit!** of course, any time!

**jedes** *s.* **jeder**

**jedes·mal** *Adv.* every time; **er kommt ~ zu spät** he arrives late every time; he always arrives late; **~, wenn das Telefon klingelt, ...:** every time the telephone rings ...

**je·doch** *Konj., Adv.* however; **es war ~ zu spät** it was too late, however; it was, however, too late

**jedweder** ['je:t've:dɐ], **jedwede, jedwedes** *Indefinitpron. u. unbest. Zahlwort (nachdrücklich, veralt.)* **a)** *attr.* every; **ohne jedwede Rücksicht** without any consideration whatsoever; **b)** *alleinstehend* everyone; everybody

**Jeep** Ⓦ [dʒi:p] **der; ~s, ~s** jeep **(P)**

**jeglicher** ['je:klɪçɐ], **jegliche, jegliches** *Indefinitpron. u. unbest. Zahlw. s.* **jeder 1 c, 2 b**

**je·her** [od. '-'] *Adv.* **seit** *od.* **von ~:** always; since *or* from time immemorial; **es wurde seit** *od.* **von ~ so gehandhabt, daß ...:** the procedure has always been that ...

**Jehova** [je'ho:va] *s.* **Zeuge**

**jein** [jain] *Adv. (scherzh.)* yes and no

**Je·länger·je·lieber das; ~s, ~** *(Bot.)* honeysuckle; woodbine

**jemals** ['je:ma:ls] *Adv.* ever

**jemand** ['je:mant] *Indefinitpron.* someone; somebody; *(fragend, verneinend)* anyone; anybody; **ich kenne ~[en], der ...:** I know someone *or* somebody who ...; **sich mit ~[em] treffen** to meet someone *or* somebody; **ist da ~?** is anybody there?; **ich glaube nicht, daß da ~ ist** I don't think there's anybody there; **~ anders/Fremdes** someone *or* somebody else/strange; **ein gewisser Jemand** *(scherzh.)* a certain somebody; **kaum ~:** hardly *or* scarcely anyone *or* anybody; *s. auch* **irgend a**

**Jemen** ['je:mən] **(das); ~s** *od.* **der; ~[s]** Yemen; *s. auch* **Irak**

**Jemenit** [jeme'ni:t] **der; ~en, ~en, Jemenitin die; ~, ~nen** Yemenite; Yemeni

**jemenitisch** *Adj.* Yemenite; Yemeni

**jemine** ['je:mine] *Interj. (veralt.)* **ach ~!** oh dear; dear me!

**jener** ['je:nɐ], **jene, jenes** *Demonstrativpron. (geh.)* **1.** *attr.* that; *(im Pl.)* those; **in jenem Haus dort** in that house [over] there; **vergleichen Sie dieses mit jenem Bild** compare this picture and that one; **zu jenem Zeitpunkt** at that time; **in jenen Tagen** in those days. **2.** *alleinstehend* that one; *(im Pl.)* those; **jene, die ...:** those who ...; **ein Roman Bölls, in dem jener schildert, wie ...:** a novel by Böll in which he describes how ...

**jenseitig** ['je:n- *od.* 'jɛn-] *Adj.; nicht präd.* **a)** *(gegenüberliegend)* opposite; far, opposite ⟨*bank, shore*⟩; **b)** *(geh.)* **die ~e Welt** *od.* **das Jenseitige** the next world; the hereafter

**jenseits** ['je:n-] **1.** *Präp. mit Gen.* on the other side of; *(in größerer Entfernung)* beyond; **~ des Urals** beyond the Urals; **~ des Flusses** on the other *or* far *or* opposite side of the river; **sie ist schon ~ der Vierzig** she's already over *or (coll.)* the wrong side of forty. **2.** *Adv.* beyond; on the other side; **~ vom Rhein** on the other side of *or* beyond the Rhine; **eine Welt ~ von Haß und Gewalt** a world free from hatred and violence; *s. auch* **gut 4 b**

**Jenseits das; ~:** hereafter; beyond; **ins ~ abgerufen** *od.* **abberufen werden** *(geh. verhüll.)* pass away; **jmdn. ins ~ befördern** *(salopp)* bump sb. off *(sl.)*

**Jeremia** [jere'mi:a] **(der); ~s** Jeremiah

**Jeremiade** [jere'mi̯a:də] **die; ~** *(geh., veralt.)* jeremiad

**[1]Jersey** ['dʒø:ɐ̯zi] **der; ~[s], ~s** *(Textilind.)* jersey

**[2]Jersey das; ~s, ~s** *(Sport: Trikot)* jersey

**Jersey·kleid das** jersey dress

**jerum** ['je:rʊm] *Interj. s.* **ojerum**

**Jesaja** [je'za:ja] **(der); ~s** Isaiah

**Jessas [na]** ['jɛsas (na:)] *Interj. (österr.)* my goodness

**Jesuit** [je'zu̯i:t] **der; ~en, ~en** *(Rel., auch abwertend)* Jesuit

**Jesuiten-: ~general der** General of the Jesuits; **~orden der** order of Jesuits; Society of Jesus; **~schule die** Jesuit school

**Jesuitentum das** Jesuitism

**Jesus** ['je:zʊs] **(der); Jesu** ['je:zu] Jesus; **~ Christus** Jesus Christ

**Jesus[, Maria und Josef]** *Interj. (veralt.)* oh [my] Lord

**Jesus-: ~kind das: das ~:** the Infant Jesus; baby Jesus *(child lang.)*; **~knabe der** *s.* **~kind; ~latschen der** *(scherzh.)* Jesus sandal *(joc.)*

**Jet** [dʒɛt] **der; ~[s], ~s** jet; **mit einem ~ fliegen/reisen** fly/travel by jet

**Jet·flug der** flight by jet

**Jeton** [ʒə'tõ:] **der; ~s, ~s a)** *(Spielmarke)* gaming chip *or* token; **b)** *(für das Telefon usw.)* token

**Jet-set** ['dʒɛtsɛt] **der; ~[s], ~s** jet set

**jetten** ['dʒɛtn̩] *itr. V.; mit sein (ugs.)* jet

**jetzig** ['jɛtsɪç] *Adj.; nicht präd.* present; current; **in der ~en Zeit** at present; in present times

**jetzo** ['jɛtso] *(veralt.) s.* **jetzt**

**jetzt** [jɛtst] *Adv.* **a)** *(im Augenblick)* at the moment; just now; **bis ~:** up to now; **bis ~ noch nicht** not yet; not so far; **von ~ an** *od.* **ab** from now on[wards]; **~ noch** still; **was, ~ [so spät] noch?** what, now?; **das geht nicht von ~ auf nachher** *(ugs.)* it can't be done at a moment's notice; **~ oder nie!** it's now or never; **~ ist aber Schluß!** that's [quite] enough!; **b)** *(nun, nunmehr)* now; **~ ist es aus mit uns** we've had it now; **sie ist gerade ~ weggegangen** she has just left; **~ endlich** [now,] at last; **~ erst [einmal]** just; **erst ~** *od.* **~ erst** only just; **schon ~:** already; **er ist ~ schon drei Wochen krank** he has been ill for three weeks now; **c)** *(heutzutage)* now; these days; nowadays; **d)** *(landsch.: wohl)* **von wem wird ~ der Brief sein?** now, who will that letter be from, I wonder?

**Jetzt das; ~** *(geh.)* **das ~:** the present

**Jetzt·zeit die;** *o. Pl.* present times *pl.*; **in der ~:** in present times; in our times

**je·weilen** *Adv. (schweiz.)* occasionally; once in a while

**jeweilig** ['je:vailɪç] *Adj.; nicht präd.* **a)** *(in einem bestimmten Fall)* particular; **nach den ~en Umständen** according to the particular circumstances; **b)** *(zu einer bestimmten Zeit)* current; of the time *postpos., not pred.*; **nach der ~en Mode** in the current fashion; in the fashion of the time; **c)** *(zugehörig, zugewiesen)* respective

**jeweils** ['je:vails] *Adv.* **a)** *(jedesmal)* **~ am ersten/letzten Mittwoch des Monats** on the first/last Wednesday of each month; **b)** *(zur Zeit)* currently; at the time; **die ~ amtierende Regierung** the government of the day

**Jg.** *Abk.* **Jahrgang**

**Jh.** *Abk.* **Jahrhundert** c.

**jiddeln** ['jɪdl̩n] *s.* **jüdeln**

**jiddisch** ['jɪdɪʃ] *Adj.* Yiddish; **Jiddisch/das Jiddische** Yiddish; *s. auch* **Deutsch**

**Jitterbug** ['dʒɪtəbʌg] **der; ~:** jitterbug

**Jiu-Jitsu** [dʒi:u'dʒɪtsu] **das; ~[s]** j[i]u-jitsu

**Jive** [dʒaɪv] **der; ~:** jive; **~ tanzen** jive

**[1]Job** [jo:p] *s.* **Hiob**

**[2]Job** [dʒɔp] **der; ~s, ~s** *(ugs.; auch DV)* job

**jobben** *itr. V. (ugs.)* do a job/jobs; **als Taxifahrer ~:** do [some] taxi-driving

**Jobber der; ~s, ~** *(Börsenw.)* [stock] jobber; *(ugs. abwertend)* jobber *(derog.)*

**Joch** [jɔx] **das; ~[e]s, ~e** *(bei Maßangaben ungebeugt)* **a)** *(bei Zugtieren)* yoke; **Ochsen/Kühe ins/unters ~ spannen** yoke oxen/cows; **das ~ der Tyrannei abschütteln** *(fig. geh.)* throw *or* cast off the yoke of tyranny; **b)** *(Gespann, Feldmaß)* **zwei ~ Ochsen/Land** two yoke of oxen/land; **c)** *(Geogr.)* col; saddle; **d)** *(Archit.)* bay

**Joch·bein das** *(Anat.)* zygomatic bone; malar bone

**Jockei, Jockey** ['dʒɔke *od.* 'dʒɔki] **der; ~s, ~s** jockey

**Jockey·mütze die** jockey cap

**Jod** [jo:t] **das; ~[e]s** iodine

**Jodel·lied das** yodelling song

**jodeln** ['jo:dl̩n] *itr., tr. V.* yodel

**jod·haltig** *Adj.* iodiferous

**Jodler der; ~s, ~: a)** *(Person)* yodeller; **b)** *(kurzes Jodeln)* yodel; **c)** *s.* **Jodellied**

**Jodlerin die; ~, ~nen** yodeller

**Jod-: ~tinktur die** tincture of iodine; iodine tincture; **~zahl die** *(Chemie)* iodine number; iodine value

**Joga** ['jo:ga] **der** *od.* **das; ~[s]** yoga; **~ betreiben** *od. (ugs.)* **machen** practise *or (coll.)* do yoga

**Joga·übung die** yoga exercise

**joggen** ['dʒɔgn̩] *itr. V.; mit Richtungsangabe mit sein* jog; **[zwei Kilometer] ~:** go jogging [for two km]

**Jogging** ['dʒɔgɪŋ] **das; ~s** jogging *no art.*

**Joghurt** ['jo:gʊrt] **der** *od.* **das; ~[s], ~[s]** yoghurt

**Joghurt·becher der** yoghurt pot *(Brit.) or (Amer.)* container

**Jogi** ['jo:gi], **Jogin** ['jo:gɪn] **der; ~s, ~s** yogi
**Johann** ['jo:han] **(der)** John
**Johanna** [jo'hana] **(die): ~ von Orléans** Joan of Arc
**Johannes** [jo'hanəs] **1. (der); Johannes'** John; **~ der Täufer** John the Baptist. **2. der; ~, ~se** *(salopp) s.* **Jonny**
**Johannes·evangelium das** St John's Gospel; Gospel according to St John
**Johanni** [jo'hani] **(das);** *indekl. s.* **Johannistag**
**Johannis·beere die a)** *(Frucht)* currant; **rote/weiße/schwarze ~n** redcurrants/white currants/blackcurrants; **b)** *(Strauch)* currant [bush]; **rote/weiße/schwarze ~n** redcurrant/white currant/blackcurrant bushes
**Johannisbeer-: ~saft der** currant juice; **~strauch der** currant bush
**Johannis-: ~brot das** *(Bot.)* Saint-John's-bread; carob [bean]; **~brot·baum der** *(Bot.)* Saint-John's-bread; carob [tree]; **~feuer das** Saint John's fire; **~käfer der** *(südd.) s.* **Leuchtkäfer; ~kraut das** Saint John's wort; **~tag der** Saint John's the Baptist's day; **~trieb der** *(Bot.)* **a)** *(das Austreiben)* Lammas growth; **b)** *(Trieb)* Lammas shoot
**Johanniter** [joːha'niːtɐ] **der; ~s, ~:** Knight of St. John of Jerusalem
**Johanniter·orden der** Order of [the Hospital of] St. John of Jerusalem
**johlen** ['jo:lən] **1.** *itr. V.* yell; *(vor Wut)* howl. **2.** *tr. V.* **die Menge johlte Beifall/Pfuirufe** the crowd yelled *or* roared its approval/howled *or* roared its disapproval
**Joint** [dʒɔɪnt] **der; ~s, ~s** *(ugs.)* joint *(sl.)*; **einen ~ kreisen lassen** pass a joint round
**Jo-Jo** [jo(:)'jo:] **das; ~s, ~s** yo-yo
**Joker** ['jo:kɐ *od.* 'dʒo:kɐ] **der; ~s, ~** *(Kartensp.)* joker
**Jokus** ['jo:kʊs] **der; ~, ~se** *(veralt.)* **seinen ~ mit etw./jmdm. haben** tease sth./sb.; make fun of sth./sb.
**Jolle** ['jɔlə] **die; ~, ~n a)** *(Sportboot)* [sailing] yacht; **b)** *(mit Schwert)* keel-centre-board yawl; **c)** *(Beiboot)* yawl; jolly[-boat]
**Jollen·kreuzer der** dinghy cruiser
**Jongleur** [ʒɔŋ'gløːɐ] **der; ~s, ~e** juggler
**jonglieren** *tr., itr. V.* juggle; **Bälle** *od.* **mit Bällen ~:** juggle with balls; **mit Zahlen ~:** juggle [about] with figures; **ich werde das schon irgendwie ~** *(ugs.)* I'll wangle *(coll.) or* work it somehow
**Jonny** ['dʒɔni] **der; ~s, ~s** *(salopp: Penis)* John Thomas *(sl.)*
**Joppe** ['jɔpə] **die; ~, ~n** heavy jacket
**Jordan** ['jɔrdan] **der; ~[s]** Jordan; **über den ~ gehen** *(verhüll.)* go the way of all flesh
**Jordanien** [jɔr'da:ni̯ən] **(das); ~s** Jordan
**Jordanier der; ~s, ~, Jordanierin die; ~, ~nen** Jordanian; *s. auch* **-in**
**jordanisch** *Adj.* Jordanian
**Josef, Joseph** ['jo:zɛf] **(der)** Joseph
**Joseph[s]·ehe die** unconsumated marriage
**Jot** [jɔt] **das; ~, ~:** j, J; *s. auch* **a, A**
**Jota** ['jo:ta] **das; ~[s], ~s** iota; **kein/nicht ein/um kein ~** *(geh.)* not an iota; not one jot
**Joule** [dʒu:l *od.* dʒaul] **das; ~[s], ~** *(Physik)* joule
**Jour** [ʒu:ɐ] **der; ~s, ~s** *(veralt.)* open house; **~ fixe** at-home
**Journaille** [ʒʊr'naljə *od.* ʒʊr'nai̯l] **die; ~** *(veralt. abwertend)* **a)** *(verantwortungslose Presse)* yellow *or* gutter press; **b)** *(Sensationsjournalisten)* hacks *pl. (derog.)*
**Journal** [ʒʊr'na:l] **das; ~s, ~e a)** *(veralt.: Tageszeitung)* journal *(dated)*; newspaper; **b)** *(geh.: Zeitschrift)* journal; periodical; **ein ~ für Mode/Kunst** a fashion/an art journal *or* periodical; **c)** *(veralt.: Tagebuch)* journal *(dated)*; diary; **d)** *(Schiffstagebuch)* log[-book]; **e)** *(Kaufmannsspr.)* day-book
**Journal·beamte der** *(österr.)* official *or* officer [on duty]
**Journalismus der; ~:** journalism *no art.*
**Journalist der; ~en, ~en** journalist
**Journalisten·deutsch das** *(oft abwertend)* journalese
**Journalistik die; ~:** journalism *no art.*
**Journalistin die; ~, ~nen** journalist
**journalistisch 1.** *Adj.; nicht präd.* journalistic; **eine ~e Ausbildung** a training in journalism. **2.** *adv.* journalistically; **~ tätig sein** work as *or* be a journalist
**jovial** [jo'vi̯a:l] *Adj.* jovial
**Jovialität** [jovi̯ali'tɛ:t] **die; ~:** joviality
**jr.** *Abk.* **junior** Jr.
**Jubel** ['ju:bl̩] **der; ~s** *(das Jauchzen)* rejoicing; jubilation; *(laut)* cheering; **ein großer ~ brach aus** a loud cheer went up; **unter dem ~ der Zuschauer** amid the cheering *or* cheers of the spectators; **~, Trubel, Heiterkeit** an atmosphere of eat, drink, and be merry
**Jubel-: ~feier die** jubilee; anniversary; *(Feierlichkeiten)* jubilee *or* anniversary celebrations *pl.*; **~greis der** *(scherzh.)* old swinger *(coll. joc.)*; **~jahr das** jubilee; **alle ~jahre [einmal]** once in a blue moon
**jubeln 1.** *itr. V.* cheer; **über etw.** *(Akk.)* **~:** rejoice over sth.; celebrate sth.; **~de Instrumente/Klänge** *(dichter.)* joyful instruments/sounds. **2.** *tr. V.* **Beifall ~:** applaud; give applause; **„Hurra!" jubelte er** 'hurrah!' he cried delightedly
**Jubel-: ~paar das** couple celebrating their wedding anniversary; **~perser der** *(ugs. abwertend)* person hired to cheer in the/a crowd; **~ruf der** cheer; joyful shout; *(religiös)* exultation; shout of praise
**Jubilar** [jubi'la:ɐ] **der; ~s, ~e** man celebrating his anniversary/birthday
**Jubilarin die; ~, ~nen** woman celebrating her anniversary/birthday
**Jubilate** [jubi'la:tə] *o. Art., indekl. (ev. Kirche)* Jubilate
**Jubiläum** [jubi'lɛ:ʊm] **das; ~s, Jubiläen** anniversary; *(eines Monarchen)* jubilee; **fünfundzwanzig-/fünfzigjähriges ~:** twenty-fifth/fiftieth anniversary/jubilee; **hundertjähriges ~:** hundredth anniversary; centenary; **500jähriges/1000jähriges ~:** quincentenary/millenary; **sein 25jähriges ~ bei der Firma begehen** celebrate 25 years with the firm
**Jubiläums-: ~aus·gabe die** jubilee edition; **~aus·stellung die** jubilee exhibition; **~heft das** jubilee issue
**jubilieren** *itr. V. (geh. veralt.)* jubilate *(literary)*; rejoice; **die Lerche trällerte ~d** the lark sang joyfully
**juchhe** [jʊx'he:], **juchhei** [jʊx'hai̯], **juchheirassa[ssa]** [jʊx'hai̯rasa(sa)] *(veralt.)*, **juchheißa** [jʊx'hai̯sa] *(veralt.) Interj.* hurrah
**Juchten** ['jʊxtn̩] **der** *od.* **das; ~s a)** *(Leder)* Russia [leather]; **b)** *(Duftstoff)* Russian leather
**juchzen** ['jʊxtsn̩] *itr. V. (ugs.)* shout with glee
**Juchzer der; ~s, ~** *(ugs.)* shout of glee; **einen ~ ausstoßen** shout with glee
**jucken** ['jʊkn̩] **1.** *tr., itr. V.* **a) mir juckt die Haut** I itch; **es juckt mir** *od.* **mich auf dem Kopf** my head itches; **es juckt mich am ganzen Körper** I itch all over; **es juckt mich hier** I've got an itch here; **wen's juckt, der kratze sich** *(fig.)* anybody who does not like it should say something; **b)** *(Juckreiz verursachen)* irritate; **die Wolle juckt ihn** *od.* **ihm auf der Haut** the wool makes him itch; the wool irritates his skin; **ein ~der Hautausschlag** an itching rash; **c)** *(bes. nordd. salopp)* **laß ~!** get a rove on! *(coll.)*. **2.** *tr. V. (reizen, verlocken)* **es juckt mich, das zu tun** I am itching *or* dying to do it; **ihn juckt das Geld** he is tempted by the money; **das juckt mich nicht** *(ugs.)* I couldn't care less *(coll.)*. **3.** *refl. V. (ugs.: sich kratzen)* scratch
**Jucken das; ~s** itching; **ein ~ verspüren** feel an itch
**Juck-: ~pulver das** itching powder; **~reiz der** itch
**Judäa** [ju'dɛ:a] **(das); ~s** Jud[a]ea
**Judaika** [ju'da:ika] *Pl.* Judaica
**Judaist der; ~en, ~en, Judaistin die; ~, ~nen** specialist in Jewish studies; *(Student)* student of Jewish studies
**Judaistik die; ~:** Jewish studies *pl., no art.*
**Judas** ['ju:das] **1. (der); Judas'** Judas; **~ Ischariot** Judas Iscariot. **2. der; ~, ~se** *(fig.)* Judas
**Jude** ['ju:də] **der; ~n, ~n** Jew; **er ist ~:** he is a Jew; he is Jewish
**jüdeln** ['jy:dl̩n] *itr. V.* speak half Yiddish
**Juden-: ~frage die** *(ns. verhüll.)* Jewish question; **~haß der** anti-Semitism; hatred of [the] Jews; **~hetze die** Jew-baiting; **~pogrom der** *od.* **das** pogrom against the Jews; **~stern der** *(ns.)* Star of David
**Judentum das; ~s a)** *(Volk)* Jewry; Jews *pl.*; **das gesamte ~:** the whole of Jewry; **b)** *(Kultur u. Religion)* Judaism; **c)** *(jüdisches Wesen)* Jewishness
**Juden-: ~verfolgung die** persecution of [the] Jews; **~viertel das** Jewish quarter; *(hist.)* Jewry
**Judikative** [judika'ti:və] **die; ~, ~n** *(Rechtsw., Politik)* judiciary
**Judikatur** [judika'tu:ɐ] **die; ~, ~en** *(Rechtsw.)* judicature
**Jüdin** ['jy:dɪn] **die; ~, ~nen** Jewess; **sie ist ~:** she is Jewish *or* a Jewess
**jüdisch** *Adj.* Jewish; **~ fühlen/denken** feel/think like a Jew
**judizieren** [judi'tsi:rən] *itr. V. (Rechtsspr.)* administer justice
**Judo** ['ju:do] **das; ~[s]** judo *no art.*
**Judo·griff der** judo throw; *(Haltegriff)* judo hold
**Judoka** [ju'do:ka] **der; ~[s], ~[s]** judoka; judoist
**Jugend** ['ju:gn̩t] **die; ~ a)** youth; **in ihrer ~:** in her youth; when she was young; **schon in früher ~:** at an early age; **seit früher ~, schon von ~ auf** from an early age; from his/her *etc.* youth; **b)** *(Jugendliche)* young people; **die ~ der Welt** the youth *or* the young people of the world; **die weibliche/männliche ~:** girls *pl.*/boys *pl.*; **er spielt in der ~** *(Sport)* he plays in the youth side *or* team; **die reifere ~** *(scherzh.)* the over-forties *pl.*; **c)** *(Biol., Med.)* immature stage [of development]
**jugend-, Jugend-: ~alkoholismus der** alcoholism among young people; **~alter das** adolescence; **~amt das** youth office *(agency responsible for education and welfare of young people)*; **~arbeit die** *o. Pl.* **a)** *(Bildung und Erziehung)* youth work; **b)** *(Erwerbstätigkeit)* youth employment; employment of young people; **~arbeitslosigkeit die** youth unemployment; **~arbeits·schutz der** protection of young people at work; **~arrest der** detention in a community home; **zu vier Wochen ~arrest verurteilt werden** be sentenced to four weeks in a community home; **~bewegt** *Adj. (meist scherzh.)* boy-scoutish; **~bewegung die** *(hist.)* [German] youth Movement; **~bild das: ein ~bild seines Vaters/seiner Mutter** a picture of his father/mother as a young man/woman; **~brigade die** *(DDR)* youth brigade; **~buch das** book for young people; **~erinnerung die** memory of one's youth; *(Foto usw.)* memento of one's youth; **~film der** film for young people; **~frei** *Adj.* ⟨*film, book, etc.*⟩ suitable for persons under 18; **nicht ~frei** ⟨*film*⟩ not U-certificate *pred.*; *(scherzh.)* ⟨*joke, story, etc.*⟩ not for young ears *pred.*; **~freund der a)** friend of [the days of] one's youth; **er ist ein ~freund von ihr** he used to be a friend of hers when she was young; **b)** *(DDR)* FDJ

member; **~frische die** youthfulness; **~funk der** programmes *pl.* for young people; **~gefährdend** *Adj.* liable to have an undesirable influence on the moral development of young people *postpos.*; **~gericht das** juvenile court; **~gruppe die** youth group; **~heim das** youth centre; **~herberge die** youth hostel; **~klub der** youth club; **~kriminalität die** juvenile delinquency

**jugendlich** ['ju:gn̩tlɪç] **1.** *Adj.* **a)** *nicht präd.* young ⟨*offender, customer, etc.*⟩; **noch in ~em Alter sein** still be a youngster; still be young; **b)** *(für Jugendliche charakteristisch)* youthful; **in ~er Begeisterung** fired by the spirit of youth *or* by youthful enthusiasm; **c)** *(jung wirkend)* youthful ⟨*person, appearance*⟩; **sie ist/wirkt noch sehr ~:** she still is/looks very young; **d)** *(bes. Werbespr.)* young ⟨*fashions, dress, hairstyle, etc.*⟩. **2.** *adv.* **sich ~ kleiden** dress young

**Jugendliche** ['ju:gn̩tlɪçə] **der/die;** *adj. Dekl.* **a)** young person; **die ~n** the young people; **b)** *(Rechtsspr.)* juvenile; young person; **zwei ~:** two juveniles; two young persons; **ein 16jähriger ~r/eine 16jährige ~:** a 16-year-old youth/girl

**Jugendlichkeit die** youth; *(jugendliche Wirkung)* youthfulness

**Jugend-: ~liebe die** love *or* sweetheart of one's youth; **seine/ihre [alte] ~liebe** the love *or* sweatheart of his/her youth; **~mannschaft die** *(Sport)* youth team *or* side; **~meister der** youth champion; *(Mannschaft)* youth champions; **~meisterschaft die** youth championship; **~objekt das** *(DDR)* youth project; **~pfleger der** youth worker; **~psychologie die** psychology of adolescence; adolescent psychology *no art.*; **~recht das** laws *pl.* relating to young persons; **~schutz der** protection of young people; **~schutz·gesetz das** laws *pl.* protecting young people; **~sprache die** young people's language *no art.*; **~stil der** art nouveau; *(in Deutschland)* Jugendstil; **Möbel im ~stil** art nouveau/Jugendstil furniture; **~straf·anstalt die** detention centre; **~strafe die** youth custody sentence; **sechs Monate ~strafe bekommen** get six months in a detention centre; **~sünde die, ~torheit die** youthful folly; **~traum der** youthful dream; **es war sein ~traum gewesen, zu ...:** when he was young, it had been his ambition to ...; **~verband der** youth organization; **~vor·stellung die** performance for young people; **~weihe die a)** *(DDR) ceremony in which fourteen-year-olds are given adult social status;* **b)** *Free Church ceremony for child of primary school-leaving age, in place of confirmation;* **~werk das** early *or* youthful work; *(gesamtes)* early *or* youthful works *pl.*; juvenilia *pl.*; **~zeit die** youth; younger days *pl.*; **~zeit·schrift die** magazine for young people; **~zentrum das** youth centre

**Jugo·slawe** [jugo-] **der** Yugoslav

**Jugo·slawien (das); ~s** Yugoslavia

**Jugo·slawin die** Yugoslav; *s. auch* **-in**

**jugo·slawisch** *Adj.* Yugoslav[ian]

**juhu** *Interj.* **a)** ['ju:hu:] *(Ausruf des Jubels)* yippee; hooray; **b)** ['ju'hu:] *(Zuruf)* yoo-hoo

**Juice** [dʒu:s] **der** *od.* **das; ~, ~s** ['dʒu:sɪs] *(bes. österr., DDR: Fruchtsaft) (esp. citrus)* [fruit] juice; *(DDR: Gemüsesaft)* vegetable juice

**Julei** [ju:'lai] **der; ~[s], ~s** *s.* **Juli**

**Jul·fest** ['ju:l-] **das** yule-tide festival

**Juli** ['ju:li] **der; ~[s], ~s** July; *s. auch* **April**

**Jumbo-Jet** ['jʊmbo-] **der; ~s, ~s** jumbo jet

**Jumelage** [ʒym'la:ʒ] **die; ~, ~n: zwischen Bonn und Oxford besteht eine ~:** Bonn and Oxford are twinned *(Brit.) or (Amer.)* are sister cities

**Jumper** ['dʒampɐ] **der; ~s, ~:** jumper *(Brit.)*; pullover

**jun.** *Abk.* **junior** Jr.

**jung** [jʊŋ] *Adj.*; **jünger** ['jʏŋɐ], **jüngst...** ['jʏŋst...] **a)** young; **in ~en Jahren** at an early age; **er ist ~ gestorben** he died young; **in seinen ~en Jahren** in the days of his youth; **~ an Jahren sein** be young [in years]; **der jüngere Bruder** the younger brother; **die jüngste Tochter** the youngest daughter; **der ~e Meier** *(ugs.)* Meier junior; **Sport erhält ~:** sport keeps you young; **b)** *(neu)* young ⟨*state, country, firm, foliage*⟩; new ⟨*project, undertaking, sport, marriage, etc.*⟩; **die Nacht ist noch ~:** the night is young; **der ~e Tag** *(geh.)* the new day; **c)** *(letzt...)* recent; **in jüngster Zeit** recently; lately; **ein Ereignis der jüngeren/jüngsten Geschichte** an event in recent/very recent history; **die jüngsten Geschehnisse** the latest *or* [most] recent happenings; **d)** *(ugs. scherzh.)* **er ist ganze 30 Jahre ~:** he's 30 years young; **e) der Jüngste Tag** doomsday; *s. auch* [1]**Gericht d; jünger**

**Jung-: ~akademiker der** newly-qualified [university] graduate; **~arbeiter der** young worker; **~bauer der** young farmer; **~brunnen der** Fountain of Youth; **das ist ein wahrer ~brunnen** *(fig.)* that's a real tonic; **~bürger der** *(bes. österr.)* first-time voter; new voter

**Jungchen das; ~s, ~** *(bes. ostd.)* little boy; little lad; **mein ~:** my boy *or* lad

**Jung·demokrat der** Young Democrat

[1]**Junge** ['jʊŋə] **der; ~n, ~n** *od. (ugs.)* **Jung[en]s a)** boy; *(Lauf~, Lehr~)* boy; lad; **Tag, alter ~!** *(ugs.)* hello, old pal! *(coll.)*; **jmdn. wie einen dummen ~n behandeln** *(ugs.)* treat sb. like a child; **~, ~!** *(ugs.)* [boy], oh boy!; *s. auch* **schwer 1 e; b)** *(ugs.: beim Kartenspiel)* jack; knave

[2]**Junge das;** *adj. Dekl.* **ein ~s** one of the young; **~ kriegen** give birth to young; **eine Löwin und ihr ~s** a lioness and her cub

**Jüngelchen** ['jʏŋlçən] **das; ~s, ~** *(ugs. abwertend)* young puppy *or* cub

**jungen** *itr. V.* give birth; produce young; ⟨*cat*⟩ have kittens; ⟨*dog*⟩ have pups

**jungenhaft 1.** *Adj.* boyish. **2.** *adv.* **seine Stimme klang ~ hell** his voice was high and clear like a boy's; **sie kleidet sich ~:** she dresses boyishly

**Jungen-: ~klasse die** boys' class; **wir waren eine reine ~klasse** our class was all boys; **~schule die** boy's school; school for boys; **~streich der** boyish prank

**jünger** ['jʏŋɐ] *Adj.* youngish; **sie ist noch ~:** she is still quite young; *s. auch* **jung**

**Jünger der; ~s, ~:** follower; disciple; *(der Kunst, Literatur)* devotee; **Jesus und seine ~:** Jesus and his disciples

**Jüngere der/die;** *adj. Dekl.* **die ~n unter Ihnen** the younger ones amongst you; **die ~n werden das nicht mehr wissen** younger people won't remember it; **Lucas Cranach der ~:** Lucas Cranach the younger

**Jüngerin die; ~, ~nen** *s.* **Jünger**

**Jungfer** ['jʊŋfɐ] **die; ~, ~n a)** *(veralt.) (Fräulein)* young lady; *(als Anrede)* Mistress; **b)** *(abwertend: ältere ledige Frau)* spinster; **eine alte ~:** an old maid

**Jungfern-: ~fahrt die** maiden voyage; **~flug der** maiden flight; **~häutchen das** hymen; **~kranz der** *(veralt.) s.* **Brautkranz; ~rede die** maiden speech; **~zeugung die** *(Biol.)* parthenogenesis

**Jung·frau die a)** virgin; **sie ist noch ~:** she is still a virgin; **die Heilige ~:** the Holy Virgin; **die ~ Maria** the Virgin Mary; **die eiserne ~:** the iron maiden; **zu etw. kommen wie die ~ zum Kind[e]** get sth. by sheer chance or luck; **wir sind zu den Büchern gekommen wie die ~ zum Kind[e]** we have no idea how the books got here; **b)** *(Astrol.)* Virgo; *s. auch* **Fisch c; c)** *(veralt.: junges Mädchen)* young maid *or* maiden *(arch.)*

**jung·fräulich** [-frɔylɪç] *Adj.* *(geh.,* auch *fig.)* virgin; virginal ⟨*innocence, appearance*⟩; **~ in die Ehe gehen** be a virgin bride; **ihr ~er Leib** *(dichter.)* her chaste body

**Jungfräulichkeit die** *(geh.)* virginity; *(fig.: von Wald, Erde usw.)* virgin state

**Jung·geselle der** bachelor; **~ bleiben** remain a bachelor

**Jung·gesellen-: ~bude die** *(ugs.)* bachelor pad *(coll.)*; **~leben das** bachelor['s] life; **~wirtschaft die;** *o. Pl. (ugs., oft scherzh.)* **ich habe die ~wirtschaft satt** I've had enough of looking after myself; **~wohnung die** bachelor flat; **~zeit die** bachelor days *pl.*; bachelorhood

**Jung-: ~gesellin die** bachelor girl; **sie ist ~gesellin geblieben** she never married; **~grammatiker der;** *meist Pl. (Sprachw.)* neogrammarian; **~lehrer der** probationary teacher *(teaching before second Staatsexamen)*

**Jüngling** ['jʏŋlɪŋ] **der; ~s, ~e** *(geh./spött.)* youth; boy; **ein grüner** *od.* **unreifer ~** *(spött.)* a raw youth

**Jünglings-: ~alter das;** *o. Pl. (geh.)* youth; **im zarten ~alter** as a tender youth; **~jahre** *Pl. (geh.)* years of one's youth; young years

**Jung-: ~mädel das** *(ns.) girl member of the Hitler Youth, aged 10–14;* **~mann der** *(veralt.)* young man; **~sozialist der** Young Socialist

**jüngst** ['jʏŋst] *Adv. (geh.)* recently

**jüngst...** *s.* **jung**

**Jüngste der/die;** *adj. Dekl.* youngest [one]; **die ~n** the youngest ones

**Jung-: ~stein·zeit die** Neolithic period; New Stone Age; **~tier das** young animal; **~trieb der** new growth; **~verheiratete der/die;** *adj. Dekl.*, **~vermählte der/die;** *adj. Dekl. (geh.)* young married man/woman; **die ~verheirateten** the newlyweds; **~volk das;** *o. Pl.* **a)** *(veralt.)* young folk; **b)** *(ns.) 10–14 year-old members of the Hitler Youth;* **~wähler der** first-time voter; new voter; **~wald der** *(Forstw.)* young forest/wood

**Juni** ['ju:ni] **der; ~[s], ~s** June; *s. auch* **April**

**Juni·käfer der** summer chafer

**junior** ['ju:ni̯ɔr] *indekl. Adj.; nach Personennamen* junior

**Junior der; ~s, ~en** [-'ni̯o:rən] **a)** *(oft scherzh.)* junior *(joc.)*; **mit seinem ~:** with junior; **b)** *(Kaufmannsspr.)* junior partner; **c)** *(Sport)* junior

**Junior·chef der** owner's *or (coll.)* boss's son

**Junioren-: ~mannschaft die** youth team; **~meister der** junior champion; *(Mannschaft)* junior champions; **~meisterschaft die** junior championship

**Juniorin die; ~, ~nen** junior partner

**Junior·partner der** *(Kaufmannsspr.)* junior partner

**Junker** ['jʊŋkɐ] **der; ~s, ~: a)** *(hist.)* junker; young nobleman; *(als Anrede)* young sir; **b)** *(oft abwertend: Landadliger)* junker; squire

**Junkertum das; ~s** *(hist.)* junkerdom; squirearchy

**Junkie** [dʒʌŋki] **der; ~s, ~s** *(Drogenjargon)* junkie *(sl.)*

**Junktim das; ~s, ~s** package [deal]; **zwischen den beiden Abkommen besteht ein ~:** the two agreements form one package

**Juno** [ju'no:] **der; ~[s], ~s** *s.* **Juni**

**Junta** ['xʊnta] **die; ~, Junten** junta

[1]**Jupiter** ['ju:pitɐ] **der; ~s** *(Astron.)*, [2]**Jupiter (der)** *(Myth.)* Jupiter

**Jupon** [ʒy'põ:] **der; ~[s], ~s** *(schweiz.)* petticoat; slip

[1]**Jura** ['ju:ra] *o. Art., o. Pl.* law; **~ studieren** read *or* study Law

[2]**Jura der; ~s** *(Geol.)* Jurassic [period/system]

**juridisch** [ju'ri:dɪʃ] *Adj. (österr./veralt.) s.* **juristisch**

**Jurisdiktion** [jurısdık'tsio:n] **die; ~, ~en** *(Rechtsw., kath. Kirche)* jurisdiction

**Jurisprudenz** [jurıspru'dɛnts] **die; ~** *(geh.)* jurisprudence *no art.*

**Jurist der; ~en, ~en** lawyer; jurist

**Juristen·deutsch das** *(oft abwertend)* legal jargon

**Juristerei die; ~** *(abwertend, oft scherzh.)* law *no art.*

**Juristin die; ~, ~nen** lawyer; jurist; *s. auch* **-in**

**juristisch 1.** *Adj.* legal ⟨*wrangle, term, training, career*⟩; **eine ~e Staatsprüfung** a state law examination; **die Juristische Fakultät** the Law Faculty. **2.** *adv.* **~ denken** think in legal terms; **~ argumentieren** use legal arguments

**Juror** ['ju:rɔr] **der; ~s, ~en** [-'ro:rən], **Jurorin die; ~, ~nen** judge

**Jurte** ['jʊrtə] **die; ~, ~n** yurt

**Jury** [ʒy'ri:] **die; ~, ~s a)** *(Preisrichter)* panel [of judges]; jury; **b)** *(Sachverständige)* panel [of experts]

**¹Jus** [ju:s] **das; ~** *(österr., schweiz.) s.* **¹Jura**

**²Jus** [ʒy:] **die** *od.* **das** *od.* **der; ~: a)** *(Fleischsaft)* meat juices *pl.*; meat stock; **b)** *(schweiz.) (Fruchtsaft)* fruit juice; *(Gemüsesaft)* vegetable juice

**Juso** ['ju:zo] **der; ~s, ~s** Young Socialist

**just** [jʊst] *Adv. (veralt., noch scherzh.)* just; **~ in diesem Augenblick** just at that moment; at that very moment; **~ an jenem Tag** on that very day

**justieren** *tr. V.* adjust

**Justierung die; ~, ~en** adjustment

**Justitia** [jʊs'ti:tsia] **die; ~:** Justice *no art.*; *(Statue)* statue of Justice

**justitiabel** [jʊsti'tsia:bl̩] *(geh.)* justiciable

**Justitiar** [jʊstitsi̯a:ɐ̯] **der; ~s, ~e** company lawyer

**Justiz** [jʊs'ti:ts] **die; ~: a)** justice; **b)** *(Behörden)* judiciary; **ein Vertreter der ~:** a representative of justice *or* of the law

**Justiz-: ~beamte der** court official; **~behörde die** judicial authority; **~irrtum der** miscarriage of justice; **~minister der** Minister of Justice; **~ministerium das** Ministry of Justice; **~mord der** judicial murder; **~vollzugs·anstalt die** *(Amtsspr.)* penal institution *(formal)*; prison; **~wacht·meister der** court usher

**Jute** ['ju:tə] **die; ~:** jute

**Jute·sack der** jute *or* gunny sack

**Jüt·land** ['jy:t-] **(das); ~s** Jutland

**¹Juwel** [ju've:l] **das** *od.* **der; ~s, ~en** piece *or* item of jewellery; *(Edelstein)* jewel; gem; **Schmuck und ~en** jewellery

**²Juwel das; ~s, ~e** *(Kostbarkeit)* gem; **ein ~ gotischer Baukunst** a gem *or* jewel of Gothic architecture

**Juwelen-: ~händler der** dealer in precious stones; **~raub der** jewel robbery *or* theft

**Juwelier** [juvə'li:ɐ̯] **der; ~s** jeweller; *s. auch* **Bäcker**

**Juwelier·geschäft das** jeweller's shop

**Jux** [jʊks] **der; ~es, ~e** *(ugs.)* joke; **aus ~:** as a joke; for fun; **sie machten sich** *(Dat.)* **einen ~ daraus, das zu tun** they did it as a joke *or* for a lark; **sich** *(Dat.)* **einen ~ mit jmdm. machen** play a [practical] joke on sb.; **aus [lauter] ~ und Tollerei** just for the fun *or (coll.)* hell of it

**Juxta·position** ['juksta-] **die** *(Sprachw.)* juxtaposition

**jwd** [jɔtve:'de:] *Adv. (ugs. scherzh.)* in *or* at the back of beyond; miles out

# K

**k, K** [ka:] **das; ~, ~:** k/K; *s. auch* **a, A**

**K** *Abk. (Physik)* **Kelvin** K

**Kabale** [ka'ba:lə] **die; ~, ~n** *(veralt.)* cabal

**Kabarett** [kaba'rɛt] **das; ~s, ~s** *od.* **~e a)** satirical cabaret [show]; satirical revue; **ein politisches ~:** a satirical political revue; **b)** *(Ensemble)* cabaret act; **c)** *(Speiseplatte)* [revolvable] partitioned dish

**Kabarettist der; ~en, ~en, Kabarettistin die; ~, ~nen** revue performer

**kabarettistisch** *Adj.* [satirical] revue *attrib.*; **~e Szenen** scenes in the style of a [satirical] revue

**Kabäuschen** [ka'bɔysçən] **das; ~s, ~** *(ugs.)* *(Zimmer)* cubby-hole; *(Häuschen)* little hut

**Kabbala** ['kabala] **die; ~:** cabbala

**Kabbalistik die; ~:** cabbalism *no art.*

**Kabbelei die; ~, ~en** squabble

**kabbelig** *Adj. (Seemannsspr.)* choppy

**kabbeln** ['kabl̩n] *refl. V. (ugs.)* squabble, bicker (**mit** with)

**Kabel** ['ka:bl̩] **das; ~s, ~: a)** *(elektrische Leitung)* cable; *(für kleineres Gerät)* flex; **b)** *(Stahltrosse)* cable; **c)** *(veralt.: Telegramm)* cable

**Kabel-: ~bericht der** *(veralt.)* cabled dispatch; **~fernsehen das** cable television

**Kabeljau** ['ka:bl̩jau] **der; ~s, ~e** *od.* **~s** cod

**Kabel-: ~länge die** *(Seew.)* cable['s length]; **~leger der** cable ship; **~mantel der** cable-sheath

**kabeln** *tr., itr. V. (veralt.)* cable

**Kabel-: ~rolle die** cable drum; **~schacht der** cable duct; *(in der Straße)* cable pit

**Kabine** [ka'bi:nə] **die; ~, ~en a)** *(auf Schiffen, in Flugzeugen)* cabin; **b)** *(Umkleideraum, abgeteilter Raum)* cubicle; **in die ~n gehen** *(Fußball)* go back into the dressing-rooms; **c)** *(einer Seilbahn)* [cable-]car

**Kabinen-: ~bahn die** cableway; **~roller der** bubble car

**Kabinett** [kabi'nɛt] **das; ~s, ~e a)** *(Gesamtheit der Minister)* Cabinet; **b)** *(veralt.: Arbeitszimmer)* cabinet *(arch.)*; **c)** *(österr.: kleines Zimmer)* small room with one window; box-room *(Brit.)*

**Kabinetts-: ~beschluß der** Cabinet decision; **~bildung die** formation of a/the Cabinet; **~justiz die** *interference by ruler or government in the process of law*; **~krise die** Cabinet crisis; **~liste die** list of Cabinet members; **~sitzung die** Cabinet meeting

**Kabinett-: ~stück[chen] das** tour de force; **~wein der** Kabinett wine

**Kabis** ['ka:bıs] **der; ~** *(südd., schweiz.)* cabbage

**Kabrio** ['ka:brio] **das; ~s, ~s, Kabriolett** [kabrio'lɛt] **das; ~s, ~s a)** convertible; **b)** *(veralt.: Kutsche)* cabriolet

**Kabuff** [ka'bʊf] **das; ~s, ~s** *(ugs., oft abwertend)* [poky little] cubby-hole

**Kachel** ['kaxl̩] **die; ~, ~n** [glazed] tile; **etw. mit ~n auslegen** tile sth.

**Kachel·bad das** tiled bathroom

**kacheln** *tr. V.* tile; **eine grün gekachelte Wand** a wall covered with green tiles

**Kachel·ofen der** tiled stove

**kack·braun** *Adj. (derb)* dirty brown; shit-coloured *(coarse)*

**Kacke** ['kakə] **die; ~** *(derb; auch fig.)* shit *(coarse)*; crap *(coarse)*; **so eine ~!** shit! *(coarse)*; **dann/jetzt ist die ~ am Dampfen** then/now there'll be hell to pay *(coll.)*

**kacken** ['kakn̩] *itr. V. (derb)* shit *(coarse)*; crap *(coarse)*

**Kacker der; ~s, ~** *(derb)* shit *(coarse)*

**Kadaver** [ka'da:vɐ] **der; ~s, ~** *(auch fig., abwertend)* carcass

**Kadaver·gehorsam der** *(abwertend)* blind obedience

**Kadenz** [ka'dɛnts] **die; ~, ~en a)** *(Musik)* cadence; *(solistische Paraphrasierung)* cadenza; **b)** *(Verslehre)* cadence

**Kader** ['ka:dɐ] **der** *od. (schweiz.)* **das; ~s, ~: a)** cadre; **b)** *(Sport)* squad

**kader-, Kader-: ~abteilung die** *(DDR)* personnel department; **~akte die** *(DDR)* personal file; **~arbeit die** *(DDR)* cadre work; **~armee die** cadre army; **~leiter der** *(DDR)* [chief] personnel officer; **~partei die** cadre party; **~politisch** *Adj. (DDR)* ⟨*matters, problems, measures, etc.*⟩ relating to the political development and function of the cadres; **~schmiede die** *(ugs.)* training-ground for new cadres

**Kadett** [ka'dɛt] **der; ~en, ~en a)** *(hist., Milit.)* cadet; **b)** *(ugs.: Bursche)* lad

**Kadetten·anstalt die** *(hist.)* cadet school

**Kadi** ['ka:di] **der; ~s, ~s a)** *(islam. Richter)* cadi; **b)** *(ugs.: Gericht)* **jmdn. vor den ~ schleppen** haul sb. up before a judge *or (Brit. sl.)* the beak; **zum ~ laufen** go to court

**Kadmium** ['katmiʊm] **das; ~s** *(Chemie)* cadmium

**Käfer** ['kɛ:fɐ] **der; ~s, ~: a)** *(Insekt; auch ugs.: VW)* beetle; **b)** *(ugs.: junges Mädchen)* lass; girl; **ein flotter ~:** a nice bit of fluff *(coll.)*

**Kaff** [kaf] **das; ~s, ~s** *od.* **Käffer** ['kɛfɐ] *(ugs. abwertend)* dump *(coll.)*; [dead-and-alive] hole *(coll.)*

**Kaffee** ['kafe *od. (österr.)* ka'fe:] **der; ~s, ~s a)** coffee; **~ kochen** make coffee; **~ mit Milch** white coffee *(Brit.)*; coffee with milk/cream; **mir kam der ~ hoch** *(ugs.)* I felt like puking *(coarse)*; **dir haben sie wohl was in den ~ getan?** *(ugs.)* have you gone soft in the head? *(coll.)*; **das ist kalter ~** *(ugs.) (ist längst bekannt)* that's old hat *(coll.)*; *(ist Unsinn)* that's a load of old rubbish *(coll.)*; **b)** *(Nachmittags~)* afternoon coffee; **~ trinken** have afternoon coffee; **jmdn. zum ~ einladen** invite sb. round for afternoon coffee

**kaffee-, Kaffee-: ~automat der** coffee-maker; **~bohne die** coffee-bean; **~braun** *Adj.* coffee-coloured; **~durst der: ~durst haben** feel like a [cup of] coffee; **~-Ersatz der** coffee substitute; **~-Extrakt der** coffee essence; **~fahrt die a)** *(Fahrt)* trip [out] for afternoon coffee; **b)** *(Werbefahrt) free trip for afternoon coffee during which goods are offered for sale to participants by sponsoring firm*; **~filter der** coffee filter; *(Filtertüte)* filter [paper]; **~geschirr das** coffee-service *or* -set *(including small plates)*; **~haube die** *s.* **~wärmer**

**Kaffee·haus das** *(bes. österr.)* coffee-house

**Kaffee·haus-: ~atmosphäre die** coffee-house atmosphere; **~musik die** *(oft abwertend)* palm-court music

**Kaffee-: ~kanne die** coffee-pot; **~kirsche die** coffee cherry; **~klatsch der** *(ugs. scherzh.)* get-together and a chat over coffee; coffeeklatsch *(Amer.)*; **heute ist bei ihr ~klatsch** she's having people round today for coffee and a chat; **~kränzchen das** *(veralt.)* **a)** *(Zusammentreffen)* coffee afternoon; **b)** *(Gruppe)* coffee circle; **~löffel der** coffee-spoon; **~maschine die** coffee-maker; **~mühle die** coffee-grinder; **~pause die** coffee-break; **~pflanze die** coffee plant; **~plantage die** coffee plantation; **~pulver das** coffee powder; **~rösterei die** coffee-roasting establishment; **~sahne**

**die** coffee cream; **~satz der** coffee-grounds *pl.;* **sich aus dem ~satz wahrsagen lassen** have one's fortune told from the coffee-grounds; **~schale die** *(österr.)* coffee-cup; **~service das** coffee-service *or* -set; **~sieb das** coffee-strainer; **~strauch der** coffee tree *or* plant; **~stube die** coffee shop; **~tante die** *(ugs. scherzh.)* coffee addict; **~tasse die** coffee-cup; **~tisch der: sie saßen gerade am ~tisch** they were [sitting] having coffee and cakes; **den ~tisch decken** lay the table for coffee and cakes; **~trinker der** coffee drinker; **~wärmer der** coffee-pot cosy *or* cover; **~wasser das** water for the coffee; **ich werde ~wasser/das ~wasser aufsetzen** I'll put on some water for coffee/the water for the coffee

**Kaffer** ['kafɐ] **der; ~s, ~n a)** Xhosa; **b)** *(Schimpfwort)* blockhead; thickhead

**Kaffern·büffel der; ~s, ~:** African *or* Cape buffalo

**Käfig** ['kɛ:fɪç] **der; ~s, ~e** cage; **in einem goldenen ~ sitzen** *(fig.)* be a bird in a gilded cage

**Käfig-: ~haltung die** battery farming *no art.;* **~vogel der** cage-bird

**kafkaesk** [kafka'ɛsk] *Adj. (geh.)* Kafkaesque

**Kaftan** ['kaftan] **der; ~s, ~e** caftan

**kahl** [ka:l] *Adj.* **a)** *(ohne Haare)* bald; *(ohne Federn)* bald; featherless; **~ werden** go bald; **b)** *(ohne Grün, schmucklos)* bare

**Kahl·fraß der** [complete] defoliation [by insects]

**kahl|fressen** *unr. tr. V.* **etw. ~fressen** strip sth. bare

**Kahlheit die; ~:** *s.* **kahl a, b:** baldness; bareness

**kahl-, Kahl-: ~hieb der** *s.* **Kahlschlag a; ~kopf der a)** bald head; **b)** *(ugs.: Person)* baldhead; **~köpfig** *Adj.* bald[-headed]; **~köpfig werden** go bald; **~köpfigkeit die** baldness; bald-headedness; **~|scheren** *unr. tr. V.* **jmdn. ~scheren** shave sb.'s hair off; shave sb.'s head; **ein Schaf ~scheren** shear a sheep completely bald; **sein ~geschorener Kopf** his shaven head; **~schlag der a)** clear-felling *no indef. art.;* clear-cutting *no indef. art.;* **b)** *(Waldfläche)* clear-felled area; **c)** *(fig.) (Beseitigung)* clearance; *(Kürzung)* massive cutbacks *pl.;* **~|schlagen** *unr. tr. V.* clear-fell; clear-cut

**Kahm·haut** ['ka:m-] **die** *(Biol.)* film of mould

**Kahn** [ka:n] **der; ~[e]s, Kähne** ['kɛ:nə] **a)** *(Ruder~)* rowing-boat; *(Stech~)* punt; **~ fahren** go rowing/punting; **b)** *(Lastschiff)* barge; **c)** *(ugs., oft abwertend: Schiff)* tub; **d)** *Pl. (ugs.: ausgetretene Schuhe)* old, worn-out shoes; **e)** *o. Pl. (Soldatenspr.: Gefängnis)* glasshouse *(Mil. sl.);* **f)** *(ugs. scherzh.: Bett)* bed; **in den ~ gehen** hit the hay *(coll.)*

**Kahn·fahrt die; ~, ~en** trip in a rowing-boat/punt

**Kai** [kai] **der; ~s, ~s** quay

**Kai·anlage die** quays *pl.*

**Kaiman** ['kaiman] **der; ~s, ~e** *(Zool.)* cayman

**Kai·mauer die** quay wall

**Kains·mal** ['kains-] **das, Kains·zeichen das** mark of Cain

**Kairo** ['kairo] **(das); ~s** Cairo

**Kaiser** ['kaizɐ] **der; ~s, ~:** emperor; **sich um des ~s Bart streiten** engage in pointless argument; **dem ~ geben, was des ~s ist** render unto Caesar the things which are Caesar's; **er ist da/da hingegangen, wo auch der ~ zu Fuß hingeht** *(ugs. scherzh. verhüll.)* he's paying/he's gone to pay a call *(coll.)*

**Kaiser-: ~adler der** imperial eagle; **~haus das** imperial house *or* family

**Kaiserin die; ~, ~nen** empress

**Kaiserin·mutter die** dowager empress

**Kaiser·krone die a)** imperial crown; **b)** *(Zierpflanze)* crown imperial

**kaiserlich 1.** *Adj.* imperial; **der ~e Hof** the imperial court. **2.** *adv.* **~ gesinnt sein** be loyal to the emperor; *(monarchistisch sein)* be monarchistic *or* imperialistic

**kaiserlich-königlich** *Adj.; nicht präd.* imperial and royal; **die ~e Monarchie** the Austro-Hungarian monarchy

**Kaiser-: ~krönung die** imperial coronation; **~pinguin der** emperor penguin; **~reich das** empire; **~schmarren der** *(österr., südd.) pancake pulled to pieces and sprinkled with powdered sugar and raisins;* **~schnitt der** Caesarean section

**Kaisertum das; ~s** empire

**Kaiser·wetter das** *(scherzh.)* glorious, sunny weather *(for an event)*

**Kajak** ['ka:jak] **der; ~s, ~s** kayak

**Kajüt·boot das** cabin cruiser

**Kajüte** [ka'jy:tə] **die; ~, ~n** *(Seemannsspr.)* cabin

**Kakadu** ['kakadu] **der; ~s, ~s** cockatoo

**Kakao** [ka'kau] **der; ~s, ~s** cocoa; **jmdn./etw. durch den ~ ziehen** *(ugs.)* make fun of sb./sth.; take the mickey out of sb./sth. *(Brit. sl.)*

**Kakao-: ~baum der** cacao-tree; **~bohne die** cocoa bean; **~pulver das** cocoa powder

**kakeln** ['ka:kl̩n] *itr. V. (nordd.)* **a)** *(gackern)* cluck; **b)** *(schwatzen)* chat; natter *(sl.)*

**Kakerlak** ['ka:kɐlak] **der; ~s** *od.* **~en, ~en** cockroach; black-beetle

**Kakophonie** [kakofo'ni:] **die; ~, ~n** cacophony

**Kaktee** [kak'te:ə] **die; ~, ~n, Kaktus** ['kaktʊs] **der; ~, Kakteen** cactus

**Kalamität** [kalami'tɛ:t] **die; ~, ~en** calamity; **sich in einer ~/in ~en befinden** be in [serious] difficulties *pl.*

**Kalander** [ka'landɐ] **der; ~s, ~** *(Technik)* calender

**Kalauer** ['ka:lauɐ] **der; ~s, ~:** laboured *or* *(coll.)* corny joke; *(Wortspiel)* atrocious *or* *(coll.)* corny pun

**kalauern** *itr. V.* tell laboured *or (coll.)* corny jokes; *(mit Wortspielen)* make atrocious *or (coll.)* corny puns

**Kalb** [kalp] **das; ~[e]s, Kälber** ['kɛlbɐ] **a)** calf; *(Hirsch~)* fawn; **glotzen** *od.* **Augen machen wie ein [ab]gestochenes ~** *(ugs.)* look pop-eyed; **das Goldene ~ anbeten/ um das Goldene ~ tanzen** *(geh.)* worship the golden calf; **b)** *(ugs.: ~fleisch)* veal; **c)** *(dummer, alberner Mensch)* [silly] idiot

**Kälbchen** ['kɛlpçən] **das; ~s, ~:** little calf; *(Hirsch~)* little fawn

**kalben** *itr. V.* **a)** *(ein Kalb gebären)* calve; **b)** *(Geogr.)* ⟨*glacier, iceberg*⟩ calve

**Kalberei die; ~, ~en** *(ugs.)* messing *or* fooling about *or* around *no pl.*

**kalbern** ['kalbɐn] *itr. V. (ugs.)* mess *or* fool about *or* around

**Kalb-: ~fell das** *s.* **Kalbsfell; ~fleisch das** veal; **~leder das** *s.* **Kalbsleder**

**Kalbs-: ~braten der** *(Kochk.)* roast veal *no indef. art.; (Gericht)* roast of veal; **~brust die** breast of veal; **~fell das** calfskin; **~frikassee das** *(Kochk.)* fricassee of veal; **~hachse,** *(südd.:)* **~haxe die** *(Kochk.)* knuckle of veal; **~kotelett das** veal cutlet *(with bone);* **~leder das** calfskin; calf-leather; **~nieren·braten der** *(Kochk.)* loin of veal with kidneys; **~schnitzel das** veal cutlet

**Kaldaune** [kal'daunə] **die; ~, ~n** entrails *pl.*

**Kalebasse** [kale'basə] **die; ~, ~n** calabash

**Kaleidoskop** [kalaido'sko:p] **das; ~s, ~e** *(auch fig.)* kaleidoscope

**kalendarisch** [kalɛn'da:rɪʃ] *Adj.* ⟨*age etc.*⟩ according to the calendar; **der ~e Beginn einer Jahreszeit** the beginning of a season according to the calendar

**Kalender** [ka'lɛndɐ] **der; ~s, ~: a)** calendar; **sich** *(Dat.)* **etw./einen Tag im ~ [rot] anstreichen** *(oft iron.)* mark sth. in red on the calendar/mark a day as a red-letter day; **der Julianische ~:** the Julian calendar; *s. auch* **Gregorianisch; b)** *(Taschen~)* diary

**Kalender-: ~blatt das** calendar sheet; **~block der;** *Pl.* **~blocks** calendar pad; **~geschichte die** *edifying story or fable published on a calendar;* **~jahr das** calendar year; **~uhr die** calendar watch

**Kalesche** [ka'lɛʃə] **die; ~, ~n** *(hist.)* barouche

**Kalfaktor** [kal'faktɔr] **der; ~s, ~en** *(veralt., oft abwertend)* **a)** general factotum; general dogsbody *(coll. derog.);* **b)** *(Strafgefangener)* trusty

**kalfatern** [kal'fa:tɐn] *tr., itr. V. (Seemannsspr.)* caulk

**Kali** ['ka:li] **das; ~s, ~s** potash

**Kaliber** [ka'li:bɐ] **das; ~s, ~: a)** *(Technik, Waffenkunde)* calibre; **b)** *(ugs., oft abwertend)* sort; kind; **älteren/jüngeren ~s sein** be older/younger

**Kali·dünger der** potash fertilizer

**Kalif** [ka'li:f] **der; ~en, ~en** *(hist.)* caliph

**Kalifat** [kali'fa:t] **das; ~[e]s, ~e** *(hist.)* caliphate

**Kalifornien** [kali'fɔrni̯ən] **(das); ~s** California

**kalifornisch** *Adj.* Californian

**Kaliko** ['kaliko] **der; ~s, ~s** calico

**Kali-: ~lauge die** caustic potash solution; **~salpeter der** saltpetre; potassium nitrate; **~salz das;** *meist Pl.* potassium *or* potash salt

**Kalium** ['ka:li̯ʊm] *(Chemie)* **das; ~s** potassium

**Kali·werk das** potash works *sing. or. pl.*

**Kalk** [kalk] **der; ~[e]s, ~e a)** *(Kalziumkarbonat)* calcium carbonate; **b)** *(Baustoff)* lime; quicklime; burnt lime; **die Wände mit ~ streichen** whitewash *or* lime-wash the walls; **bei ihm rieselt schon der ~** *(salopp)* he's going a bit senile; **c)** *(Knochensubstanz)* calcium

**Kalk-: ~ablagerung die** deposit of calcium carbonate; **~boden der** limy soil; lime soil; **~bruch der** *s.* **~steinbruch**

**kalken** ['kalkn̩] *tr. V.* **a)** *(tünchen)* whitewash; **b)** *(Kalk zuführen)* lime

**kalk-, Kalk-: ~erde die a)** *(gebrannter Kalk)* lime; quicklime; burnt lime; **b)** *(kalkhaltige Erde)* lime *or* limy soil; **~grube die** lime-pit; **~haltig** *Adj. (bes. Geol., Mineral.)* limy ⟨*soil*⟩; calcareous ⟨*soil, rock*⟩ *(Geol., Min.);* ⟨*water*⟩ containing calcium carbonate; **das Wasser ist sehr ~haltig** the water is high in calcium carbonate; **~mangel der;** *o. Pl.* **a)** *(Mangel an Kalzium)* calcium deficiency; **b)** *(Mangel an Kalk)* deficiency of lime; **~milch die** lime-wash; **~sand·stein der** sand-lime brick; **~spat der** calcite; **~stein der** limestone; **~stein·bruch der** limestone quarry

**[1]Kalkül** [kal'ky:l] **das** *od.* **der; ~s, ~e** *(geh.)* calculation

**[2]Kalkül der; ~s, ~e** *(Math.)* calculus

**Kalkulation** [kalkula'tsio:n] **die; ~, ~en** *(auch Wirtsch.)* calculation; **die ~ der Herstellungskosten eines Buches** the costing of a book; **in der ~ liegt ein Fehler** there's an error in the costings *pl.;* **nach meiner ~:** according to my calculations *pl.*

**Kalkulator** [kalku'la:tɔr] **der; ~s, ~en** [-la'to:rən] cost accountant

**kalkulieren 1.** *tr. V.* **a)** *(Kaufmannsspr.: veranschlagen)* calculate ⟨*cost, price*⟩; cost ⟨*product, article*⟩; **die Herstellungskosten eines Buches ~:** cost a book; **b)** *(abschätzen)* calculate; **c)** *(ugs.: annehmen)* reckon. **2.** *itr. V.* calculate; **falsch ~:** miscalculate

**Kalkutta** [kal'kʊta] **(das); ~s** Calcutta

**kalk·weiß** *Adj.* **a)** *(weiß wie Kalk)* chalk-white; **b)** *(sehr bleich)* deathly pale; chalky white; **~ sein** be as white as a sheet

**Kalligraphie** [kaligra'fi:] **die; ~:** calligraphy *no art.*

**Kalme** ['kalmə] **die;** ~, ~**n** *(Met.)* calm
**Kalmen·gürtel der** *(Met.)* calm belt
**Kalorie** [kalo'ri:] **die;** ~, ~**n** calorie
**kalorien-, Kalorien-:** ~**arm 1.** *Adj.* low-calorie *attrib.;* ~**arm sein** be low in calories; **2.** *adv.* ~**arm kochen/essen** cook low-calorie meals/eat low-calorie foods; ~**bewußt 1.** *Adj.* calorie-conscious; **2.** *adv.* in a calorie-conscious way; ~**gehalt der** calorie content; ~**reich 1.** *Adj.* high-calorie *attrib.;* ~**reich sein** be high in calories; **2.** *adv.* ~**reich kochen/essen** cook high-calorie meals/eat high-calorie foods
**Kalori·meter** [kalori-] **das;** ~**s,** ~ *(Physik)* calorimeter
**kalt** [kalt]; **kälter** ['kɛltɐ], **kältest...** ['kɛltəst...] **1.** *Adj.* cold; chilly, frosty ‹*atmosphere, smile*›; **ein** ~**es Buffet** a cold buffet; **mir ist/wird** ~: I am/am getting cold; **das Essen wird** ~: the food is getting cold; **im Kalten sitzen** sit in the cold; ~ **und berechnend sein** be cold and calculating; **es packte uns das** ~**e Grausen/Entsetzen** our blood ran cold; **jmdm. die** ~**e Schulter zeigen** give sb. the cold shoulder; cold-shoulder sb. **2.** *adv.* **a)** ~ **duschen** have *or* take a cold shower; ~ **schlafen** sleep in a cold room; **Getränke/Sekt** ~ **stellen** cool drinks/chill champagne; ~ **Zigarre/Pfeife rauchen** *(ugs.)* have an unlit cigar/pipe in one's mouth; **jmdn.** ~ **erwischen** *(bes. Sportjargon)* catch sb. on the hop; **b)** *(nüchtern)* coldly; **c)** *(abweisend, unfreundlich)* coldly; frostily; **jmdn.** ~ **anblicken** look at sb. coldly; ~ **lächeln** smile coldly *or* frostily; **d) mich überlief** *od.* **durchrieselte es** ~: cold shivers ran down my spine
**kalt-, Kalt-:** ~|**bleiben** *unr. itr. V.; mit sein* remain unmoved; ~**blut das** heavy draught-horse; ~**blüter** [-bly:tɐ] **der** *(Zool.)* cold-blooded animal; ~**blütig 1.** *Adj.* **a)** *(beherrscht)* cool-headed; **b)** *(abwertend: skrupellos)* cold-blooded; **c)** *(Zool.)* cold-blooded; **2.** *adv.* **a)** *(beherrscht)* coolly; calmly; **einer Gefahr** ~**blütig ins Auge sehen** face a danger coolly *or* calmly; **b)** *(abwertend: skrupellos)* cold-bloodedly; ~**blütigkeit die;** ~: *s.* ~**blütig a, b:** cool-headedness; cold-bloodedness
**Kälte** ['kɛltə] **die;** ~: **a)** cold; **10 Grad** ~: 10 degrees of frost; 10 degrees below freezing; **vor** ~ **zittern** *od. (ugs.)* **bibbern** shiver with cold; **bei dieser** ~: in this cold; when it's as cold as this; **b)** *(Teilnahmslosigkeit, Unbehaglichkeit)* coldness
**kälte-, Kälte-:** ~**beständig** *Adj.* cold-resistant; ~**beständig sein** be resistant to cold; ~**ein·bruch der** *(Met.)* sudden onset of cold weather; ~**empfindlich** *Adj.* sensitive to cold *pred.;* ~**empfindliche Pflanzen** plants which are sensitive to cold; ~**gefühl das** sensation *or* feeling of cold; chill; ~**grad der** degree of frost; ~**maschine die** *(Technik)* refrigerating machine; ~**pol der** cold pole
**kälter** *s.* **kalt**
**kältest...** *s.* **kalt**
**Kälte-:** ~**sturz der** *(Met.)* sudden drop in temperature; ~**technik die** refrigeration engineering *no art.;* ~**tod der: den** ~**tod erleiden** freeze to death; die of cold; ~**welle die** cold wave *or* spell
**kalt-, Kalt-:** ~**front die** *(Met.)* cold front; ~**haus das** *(Gartenbau)* cold house; ~**herzig** *Adj.* cold-hearted; ~**lächelnd** *Adv. (ugs. abwertend)* **etw.** ~**lächelnd tun** take callous pleasure in doing sth.; ~|**lassen** *unr. tr. V. (ugs.)* **jmdn.** ~**lassen** leave sb. unmoved; *(nicht interessieren)* leave sb. cold *(coll.);* ~**leim der** [cold] woodworking adhesive; ~**luft die;** *o. Pl. (Met.)* cold air; **polare** ~**luft** cold polar air; ~|**machen** *tr. V. (salopp)* **jmdn.** ~**machen** do sb. in *(sl.);* ~**mamsell die** *girl/woman who prepares and serves cold dishes in a restaurant, hotel, etc.;* ~**miete die** rent exclusive of heating; ~**schale die** *cold sweet soup made with fruit, beer, wine, or milk;* ~**schnäuzig** [-ʃnɔytsɪç] *(ugs.)* **1.** *Adj.* cold and insensitive; *(frech)* insolent; **2.** *adv.* coldly and insensitively; *(frech)* insolently; ~**schnäuzigkeit die;** ~ *(ugs.)* coldness and insensitivity; *(Frechheit)* insolence; ~**start der** *(Kfz-W.)* cold start; **beim** ~**start** when starting from cold; ~|**stellen** *tr. V. (ugs.)* **jmdn.** ~**stellen** put sb. out of the way *(coll. joc.);* **den Mittelstürmer** ~**stellen** cut the centre-forward out of the game
**Kalvarien·berg** [kal'va:ri̯ən-] **der:** [Mount] Calvary
**Kalvinismus** [kalvi'nɪsmʊs] **der;** ~: Calvinism *no art.*
**Kalvinist der;** ~**en,** ~**en, Kalvinistin die;** ~, ~**nen** Calvinist
**kalvinistisch** *Adj.* Calvinist
**Kalzium** ['kaltsi̯ʊm] **das;** ~**s** calcium
**kam** [ka:m] *1. u. 3. Pers. Prät. v.* **kommen**
**Kamarilla** [kama'rɪlja] **die;** ~, **Kamarillen** *(geh.)* camarilla
**Kambodscha** [kam'bɔdʒa] **(das);** ~**s** Cambodia
**Kambodschaner** [kambo'dʒa:nɐ] **der;** ~**s,** ~: Cambodian
**käme** ['kɛ:mə] *1. u. 3. Pers. Konjunktiv II v.* **kommen**
**Kamel** [ka'me:l] **das;** ~**s,** ~**e a)** camel; **eher geht ein** ~ **durch ein Nadelöhr, als daß das geschieht** that will never happen in a million years; **b)** *(salopp: dummer Mensch)* clot *(Brit. sl.);* twit *(Brit. sl.);* fathead
**Kamel-:** ~**haar das;** *o. Pl.* camel-hair; ~**haar·mantel der** camel-hair coat
**Kamelie** [ka'me:li̯ə] **die;** ~, ~**n** camellia
**Kamellen** [ka'mɛlən] *Pl. (ugs.) in* **das sind alte** *od.* **olle** ~: that's old hat *(coll.);* **es wurden nur alte** *od.* **olle** ~ **aufgewärmt** the same old stuff was dished up *(coll.)*
**Kamel·treiber der a)** camel-driver; **b)** *(salopp abwertend)* smelly Arab *(sl. derog.)*
**Kamera** ['kaməra] **die;** ~, ~**s** camera; **vor der** ~ **stehen** appear in front of the cameras *pl.*
**Kamera·assistent der** camera assistant; assistant cameraman
**Kamerad** [kamə'ra:t] **der;** ~**en,** ~**en** *(Lebens~, Gefährte)* companion; *(Freund)* friend; *(Mitschüler)* mate; friend; *(Soldat)* comrade; *(Sport)* team-mate
**Kameraderie** [kamərada'ri:] **die;** ~ *(meist abwertend)* loyalty to a/the clique; **falschverstandene** ~: mistaken sense of comradeship and loyalty
**Kameradin die;** ~, ~**nen** *s.* **Kamerad**
**Kameradschaft die;** ~, ~**en a)** *o. Pl.* comradeship; **die** ~ **zwischen ihnen** the sense of comradeship between them; **b)** *(Gruppe)* association
**kameradschaftlich 1.** *Adj.* comradely. **2.** *adv.* in a comradely way
**Kameradschaftlichkeit die;** ~: comradeliness
**Kameradschafts-:** ~**abend der** social evening *(of youth group, ex-servicemen's association, etc.);* ~**ehe die** *marriage based on feelings of companionship;* ~**geist der;** *o. Pl.* spirit of comradeship
**Kamera-:** ~**führung die** *(Film)* camerawork *no indef. art.;* ~**mann der** *Pl.* ~**männer** *od.* ~**leute** cameraman
**Kamerun** ['kaməru:n] **(das);** ~**s** Cameroon; the Cameroons *pl.*
**Kameruner der;** ~**s,** ~: native of Cameroon *or* the Cameroons; Cameroonian
**Kamille** [ka'mɪlə] **die;** ~, ~**n** camomile
**Kamillen·tee der** camomile tea
**Kamin** [ka'mi:n] **der,** *schweiz.:* **das;** ~**s,** ~**e a)** *(Feuerstelle)* fireplace; **sie saßen am** ~: they sat by the hearth *or* the fireside; **b)** *(bes. südd.: Schornstein)* chimney; **er kann/muß das in den** ~ **schreiben** *(ugs.)* he can/will have to kiss goodbye to that *(coll.);* **c)** *(Bergsteigen: Felsspalt)* chimney
**Kamin-:** ~**feger der** *(bes. südd.) s.* **Schornsteinfeger;** ~**feuer das** [open] fire; ~**kehrer der** *(bes. südd.) s.* **Schornsteinfeger;** ~**sims der** mantelpiece; mantelshelf
**Kamm** [kam] **der;** ~**[e]s, Kämme** ['kɛmə] **a)** comb; **alle/alles über einen** ~ **scheren** lump everyone/everything together; **b)** *(bei Hühnern usw.)* comb; *(bei Reptilien, Amphibien)* crest; **ihm schwillt der** ~ *(ugs.)* his hackles rise; *(er wird überheblich)* he gets cocky and big-headed *(coll.);* **c)** *(Gebirgs~)* ridge; crest; **d)** *(Wellen~)* crest; **e)** *(Rinder~)* neck; *(Schweine~)* spare rib; **f)** *(beim Pferd)* crest
**kämmen** ['kɛmən] *tr. V.* **a)** comb; **jmdm./sich die Haare** ~, **jmdn./sich** ~: comb sb.'s/one's hair; **jmdm. einen Scheitel/Pony** ~: put a parting in sb.'s hair/comb sb.'s hair into a fringe; **b)** *(Textilind.)* comb
**Kammer** ['kamɐ] **die;** ~, ~**n a)** store-room; *(veralt.: Schlafraum)* chamber; **b)** *(Biol., Med., Technik, Waffenkunde)* chamber; **c)** *(Parl.)* chamber; House; **die erste/zweite** ~: the upper/lower chamber *or* House; **d)** *(Rechtsw.)* court *(dealing with a particular branch of judicial business);* **e)** *(gewerbliche Vereinigung)* professional association; **f)** *(Milit.)* stores *pl.*
**Kammer·chor der** chamber choir
**Kämmerchen** ['kɛmɐçən] **das;** ~**s,** ~: small room; *(Abstellkammer)* [small] store-room
**Kammer·diener der** *(veralt.)* valet
**Kämmerer** ['kɛmərɐ] **der;** ~**s,** ~ *(veralt.)* [town/city] treasurer
**Kammer-:** ~**frau die** *(veralt.)* lady's maid; **die** ~**frau der Fürstin** the princess's maid; ~**gericht das** *(hist.)* Supreme Court; ~**herr der** *(hist.)* chamberlain; ~**jäger der** pest controller; ~**konzert das** chamber concert
**Kämmerlein** ['kɛmɐlai̯n] **das;** ~**s,** ~ *(oft scherzh.) in* **ich muß mal im stillen** ~ **darüber nachdenken** I must [go away by myself and] think about that in peace and quiet; **das hat er sich im stillen** ~ **ausgedacht** he thought that up all by himself without anyone realizing
**Kammer-:** ~**musik die;** *o. Pl.* chamber music; ~**orchester das** chamber orchestra; ~**sänger der** *title awarded to singer of outstanding merit;* ~**spiel das a)** *(kleines Theaterstück)* intimate chamber-drama; **b)** *Pl. (kleines Theater)* studio theatre *sing.;* ~**ton der** *(Musik)* standard pitch; ~**zofe die** *(veralt.)* lady's maid
**Kamm-:** ~**garn das** worsted; ~**griff der** *(Turnen)* undergrasp; ~**muschel die** *s.* **Kammuschel**
**Kammuschel** ['kammʊʃl̩] **die;** ~, ~**n** scallop
**Kamm·wolle die** *(Textilw.)* worsted
**Kamp** [kamp] **der;** ~**s, Kämpe** ['kɛmpə] *(Forstw.)* [small] tree-nursery
**Kampagne** [kam'panjə] **die;** ~, ~**n a)** *(größere Aktion)* campaign **(für** for, on behalf of; **gegen** against); **b)** *(bestimmte Zeitspanne)* busy season; **c)** *(Archäol.)* phase *(of an excavation)*
**Kampanile** [kampa'ni:lə] **der;** ~, ~: campanile
**Kämpe** ['kɛmpə] **der;** ~**n,** ~**n** *(veralt.)* [brave] warrior *or* fighter; **ein alter** ~ *(scherzh.)* an old campaigner; a seasoned veteran
**Kampf** [kampf] **der;** ~**[e]s, Kämpfe a)** *(militärisch)* battle **(um** for); **nach wochenlangen erbitterten Kämpfen** after weeks of bitter fighting; **den** ~ **einstellen** stop fighting; **er ist im** ~ **gefallen** he fell *or* was killed in action *or* combat; **b)** *(zwischen persönlichen Gegnern)* fight; *(fig.)* struggle; **ein** ~ **aller gegen alle** a free-for-all; **ein** ~ **Mann gegen Mann** a hand-to-hand fight; **ein** ~ **auf Le-**

**ben und Tod** a fight to the death; **den ~ aufgeben** *od.* **verloren geben** give up the fight; **aus einem ~ als Sieger/Verlierer hervorgehen** emerge as victor *or* winner/loser from a fight; **sich dem ~ stellen** be prepared to fight; **c)** *(Wett~)* contest; *(Boxen)* contest; fight; bout; **sich einen spannenden ~ liefern** produce an exciting contest; **d)** *(Einsatz aller Mittel)* struggle, fight (**um, für** for; **gegen** against); **der ~ ums Dasein** the struggle for existence; **jmdm./einer Sache den ~ ansagen** declare war on sb./sth.; **~ dem Faschismus/Atomtod!** fight fascism/the nuclear menace!; **e)** *(heftig ausgetragene Kontroverse)* battle; **der ~ zwischen den Geschlechtern** the battle of the sexes; **auf in den ~!** *(scherzh.)* into the fray!; **f)** *(innerer Zwiespalt)* **ein ~ mit sich selbst** a struggle *or* battle with oneself

**kampf-, Kampf-: ~ab·schnitt der** *(Milit.)* combat *or* battle sector; **~ab·stimmung die** *(Politik)* crucial vote; **~an·sage die** declaration of war; **~an·zug der** combat uniform; **~bahn die** *(für Gladiatoren)* arena; *(für Stiere)* ring; *(veralt.: Sportstadion)* stadium; **~bereit** *Adj.* willing to fight *postpos.; (fertig)* ready to fight *postpos.;* ‹*army*› ready for battle; ‹*troops*› ready for battle *or* action; **~bereitschaft die** willingness to fight; *(eines Heeres)* readiness for battle; *(einer Truppe)* readiness for battle *or* action; **~boot das** fighting ship; warship; **~bündnis das** alliance; **~einheit die** *(Milit.)* combat unit

**kämpfen** ['kɛmpfn̩] **1.** *itr. V.* **a)** fight; **mit jmdm. ~:** fight [with] sb.; **gegen jmdn. ~:** fight [against] sb.; **um die Vorherrschaft/eine Stadt/Frau ~:** fight for supremacy/a town/over a woman; **um einen Titel ~:** compete for a title; **um seine Existenz ~:** fight *or* struggle for one's existence; **für jmdn./etw. ~:** fight for sb./sth.; **mit den Tränen ~** *(fig.)* fight back one's tears; **mit dem Schlaf ~** *(fig.)* struggle to keep awake; **mit dem Tod ~** *(fig.)* fight for one's life *or* to stay alive; **mit etw. zu ~ haben** *(fig.)* have to contend with sth.; **[lange] mit sich** *(Dat.)* **~:** have a [long] struggle with oneself; **b)** *(Sport: sich messen)* ‹*team*› play; ‹*wrestler, boxer*› fight; **gegen jmdn. ~:** play/fight sb. **2.** *refl. V. (auch fig.)* fight one's way. **3.** *tr. V.* **einen Kampf ~** *(auch fig.)* fight a battle

**Kampfer** ['kampfɐ] **der; ~s** camphor

[1]**Kämpfer** ['kɛmpfɐ] **der; ~s, ~:** fighter

[2]**Kämpfer der; ~s, ~: a)** *(Archit.)* impost; **b)** *(Bauw.)* transom

**Kämpferin die; ~, ~nen** fighter

**kämpferisch 1.** *Adj.* **a)** fighting ‹*spirit, mood*›; ‹*person*› full of fighting spirit; **eine ~e Natur sein** be full of fighting spirit; **b)** *(Sport: mit großem Einsatz)* spirited. **2.** *adv.* **a)** *(voller Kampfgeist)* in a fighting spirit; **b)** *(Sport: mit großem Einsatz)* spiritedly

**Kämpfer·natur die** fighter

**kampf·erprobt** *Adj.* battle-tried; battle-tested ‹*equipment*›

**Kampfes-: ~grüße** *Pl. (bes. DDR)* greetings; **~lust die** eagerness for the fray; **in wilder ~lust** lusting for battle

**kampf-, Kampf-: ~fähig** *Adj.* ‹*troops*› fit for action *or* battle; ‹*boxer etc.*› fit to fight; **~fahrzeug das** *(Milit.)* combat vehicle; **~flieger der** *(Milit.)* bomber pilot; **~flugzeug das** bomber; **~gas das** war gas; **~gebiet das** battle area; combat zone; **~gefährte der, ~gefährtin die** *(im militärischen Kampf)* comrade in arms; *(im politischen Kampf)* comrade in the struggle; **~geist der;** *o. Pl.* fighting spirit; **~gemeinschaft die** action group; **~gericht das** *(Sport)* [panel of] judges *pl.;* **~geschehen das** fighting *no indef. art.;* **~gruppe die** *(Milit.)* task force; **~hahn der a)** *(Hahn für Kämpfe)* fighting cock; **b)** *(ugs.)* fighter; brawler; **~handlungen** *Pl.* fighting *sing.;* **die ~handlungen einstellen** cease hostilities *or* fighting; **~kraft die** fighting power *or* strength; *(einer Mannschaft)* strength; **~lied das** battle song; *(einer Bewegung)* battle anthem; **~los 1.** *Adj.* peaceful; **an eine ~lose Übergabe der Stadt war nicht zu denken** to hand over the town without a fight was unthinkable; **2.** *adv.* without a fight; **~lustig 1.** *Adj.* belligerent; **2.** *adv.* belligerently; **~maßnahme die;** *meist Pl.* active measure; **~maßnahmen [beschließen]** [decide to take] action *sing.;* **~moral die** morale; **~panzer der** [battle-]tank; **~platz der** battlefield; **~preis der** *(Wirtsch.)* cut price; **~richter der** *(Sport)* judge; **~schiff das** fighting ship; warship; **~schrift die** polemical document; **~spiel das** *(Sport)* contact sport; **~stark** *Adj.* powerful ‹*army*›; efficient ‹*troops*›; strong, powerful ‹*team*›; **~stärke die** *(eines Feindes, Heeres)* fighting strength *or* power; *(einer Mannschaft)* strength; **~stier der** fighting bull; **~stoff der;** *meist Pl.* warfare agent; **~tag der** day of action; **~truppe die** *(Milit.)* fighting *or* combat unit; **~truppen** fighting *or* combat troops; **~unfähig** *Adj.* ‹*troops*› unfit for action *or* battle; ‹*boxer etc.*› unfit to fight; **jmdn./etw. ~unfähig machen** put sb./sth. out of action; **der Boxer schlug seinen Gegner ~unfähig** the boxer put his opponent out of the fight; **~verband der** *(Milit.)* combat unit; **~wagen der** chariot; **~ziel das** objective; **~zone die** *(Milit.)* battle zone; combat zone

**kampieren** [kam'pi:rən] *itr. V.* camp; *(ugs.: wohnen)* camp down *or* out; **du kannst bei uns im Wohnzimmer ~:** you can bed down *or (Brit. sl.)* doss down in our living room

**Kamputschea** [kampʊ'tʃe:a] **(das); ~s** Kampuchea

**Kamuffel** [ka'mʊfl̩] **das; ~s, ~** *(Schimpfwort)* [silly] fool

**Kanada** ['kanada] **(das); ~s** Canada

**Kanadier** [ka'na:di̯ɐ] **der; ~s, ~ a)** *(Einwohner Kanadas)* Canadian; **b)** *(Boot)* Canadian canoe

**Kanadierin die; ~, ~nen** Canadian; *s. auch* **-in**

**kanadisch** [ka'na:dɪʃ] *Adj.* Canadian

**Kanaille** [ka'naljə] **die; ~, ~n** *(abwertend)* **a)** *(gemeiner Mensch)* scoundrel; villain; **b)** *o. Pl. (Mob, Pöbel)* rabble; mob

**Kanake** [ka'na:kə] **der; ~n, ~n a)** *(Polynesier)* kanaka; **b)** *(derb abwertend: Südländer, Orientale)* dago *(sl. derog.)*

**Kanal** [ka'na:l] **der; ~s, Kanäle** [ka'nɛ:lə] **a)** *(künstlicher Wasserlauf)* canal; **b)** *(Geogr.)* **der ~:** the [English] Channel; **c)** *(für Abwässer)* sewer; **d)** *(zur Entwässerung, Bewässerung)* channel; *(Graben)* ditch; **e)** *(Rundf., Ferns., Weg der Information)* channel; **f)** *(salopp)* **den ~ voll haben** *(betrunken sein)* be canned *or* plastered *(sl.); (überdrüssig sein)* have had a bellyful *or* as much as one can take

**Kanal-: ~arbeiter der a)** sewerage worker; **b)** *(Politik Jargon)* back-room boy; **~bau der** canal/sewer building *or* construction; **~deckel der** manhole cover; **~gebühr die** canal toll; canal dues *pl.;* **~inseln** *Pl.* Channel Islands

**Kanalisation** [kanaliza'tsi̯o:n] **die; ~, ~en a)** *(System der Abwasserkanäle)* sewerage system; sewers *pl.;* **b)** *(Bau der Abwasserkanäle)* installation of a/the sewerage system; **c)** *(Ausbau eines Flusses)* canalization

**Kanalisations·system das** sewerage system; [system of] sewers *pl.*

**kanalisieren** *tr. V.* **a)** *(mit Kanalisation versehen)* install a sewerage system in ‹*area, village, etc.*›; **b)** *(lenken)* channel ‹*energies, goods, etc.*›; **c)** *(schiffbar machen)* canalize

**Kanalisierung die; ~, ~en a)** installation of a/the sewerage system; **die ~ des Dorfes** the installation of a/the sewerage system in the village; **b)** *(Lenkung)* channelling; **c)** *(Schiffbarmachen)* canalization

**Kanal-: ~tunnel der** Channel Tunnel; **~zone die** Canal Zone

**Kanapee** ['kanape] **das; ~s, ~s a)** *(veralt., noch scherzh.: Sofa)* sofa; settee; **b)** *(belegtes Weißbrotschnittchen)* canapé

**Kanaren** [ka'na:rən] *Pl.* Canaries

**Kanari** [ka'na:ri] **der; ~s, ~** *(südd., österr. ugs.),* **Kanarien·vogel** [ka'na:ri̯ən-] **der** canary

**Kanarische Inseln** *Pl.* Canary Islands

**Kandare** [kan'da:rə] **die; ~, ~n** curb bit; **jmdn. an die ~ nehmen** *(fig.)* take sb. in hand; **jmdn. an der ~ haben** *(fig.)* keep sb. on a tight rein

**Kandelaber** [kande'la:bɐ] **der; ~s, ~:** candelabrum

**Kandidat** [kandi'da:t] **der; ~en, ~en a)** candidate; **jmdn. als ~en aufstellen** nominate sb. *or* put sb. forward as a candidate; **b)** *(beim Quiz usw.)* contestant; **c)** *(an Hochschulen) person studying for the final examination for a doctorate;* **~ der Medizin/Philosophie** *usw.* 'Kandidat' in medicine/philosophy *etc.*

**Kandidatenliste die** list of candidates

**Kandidatin die; ~, ~nen** *s.* **Kandidat;** *s. auch* **-in**

**Kandidatur** [kandida'tu:ɐ̯] **die; ~, ~en** candidature (**auf** + *Akk.* for)

**kandidieren** *itr. V.* stand [as a candidate] (**für** for)

**kandieren** [kan'di:rən] *tr. V.* candy; **kandiert** crystallized ‹*orange, petal*›; glacé ‹*cherry, pear*›; candied ‹*peel*›

**Kandis** ['kandɪs] **der; ~, Kandis·zucker der** rock candy

**Kaneel** [ka'ne:l] **der; ~s, ~e** cinnamon

**Känguruh** ['kɛŋguru] **das; ~s, ~s** kangaroo

**Kanin** [ka'ni:n] **das; ~s, ~e** *(fachspr.)* rabbit [fur]

**Kaninchen** [ka'ni:nçən] **das; ~s, ~:** rabbit

**Kaninchen-: ~bau der;** *Pl.* **~baue** rabbit-burrow; rabbit-hole; **~fell das** rabbit fur; **~fleisch das** rabbit [meat]; **~stall der** rabbit-hutch

**Kanister** [ka'nɪstɐ] **der; ~s, ~:** can; [metal/plastic] container

**kann** [kan] *1. u. 3. Pers. Sg. Präsens v.* **können**

**Kann-Bestimmung die** authorization

**Kännchen** ['kɛnçən] **das; ~s, ~:** [small] pot; *(für Milch)* [small] jug; **ein ~ Kaffee/Milch** a [small] pot of coffee/jug of milk

**Kanne** ['kanə] **die; ~, ~n a)** *(Krug) (Tee~, Kaffee~)* pot; *(Milch~, Wein~, Wasser~)* jug; **b)** *(Henkel~)* can; *(für Milch)* pail; *(beim Melken)* churn; *(für Essen)* container; *(Gieß~)* watering-can; **c)** *(Jazzjargon: Saxophon)* sax *(coll.)*

**Kannelierung die; ~, ~en** *(Archit.)* fluting

**kannen·weise** *Adv.* by the jugful

**Kannibale** [kani'ba:lə] **der; ~n, ~n** cannibal

**kannibalisch** *Adj.* cannibalistic

**Kannibalismus der; ~** *(auch Zool.)* cannibalism *no art.*

**kannst** [kanst] *2. Pers. Sg. Präsens v.* **können**

**kannste** ['kanstə] *(ugs.)* **= kannst du;** *s. auch* **haste**

**kannte** ['kantə] *1. u. 3. Pers. Sg. Prät. v.* **kennen**

**Kanon** ['ka:nɔn] **der; ~s, ~s** *(Musik, Lit., Theol., geh.)* canon

**Kanonade** [kano'na:də] **die; ~, ~n** *(Milit.)* cannonade; **eine ~ aufs Tor** *(fig.)* a barrage of shots [at goal]; **eine ~ von Flüchen** *usw. (fig. ugs.)* a barrage of curses *or* oaths *etc.*

**Kanone** [ka'no:nə] **die; ~, ~n a)** *(Geschütz)* cannon; big gun; **mit ~n auf Spatzen** *(Akk.)* **schießen** *(fig.)* take a sledgehammer to crack a nut; **das ist unter aller ~** *(ugs.)* it's appallingly bad *or* indescribably dreadful *(coll.);* **unter aller ~ spielen** *(ugs.)* play appallingly badly *(coll.);* **b)** *(ugs.: Kön-*

*ner)* ace; **c)** *(salopp: Revolver)* shooting-iron *(sl.)*; rod *(Amer. sl.)*
**Kanonen·boot das** gunboat
**Kanonenboot-: ~diplomatie die, ~politik die** gunboat diplomacy
**Kanonen-: ~donner der** [rumble of] gunfire; **~futter das** *(ugs.)* cannon-fodder; **~kugel die** cannon-ball; **~ofen der** cylindrical [iron] stove; **~rohr das** gun-barrel; **[ach du] heiliges ~rohr!** *(ugs.)* good grief!; **~schlag der** thunder-flash; cannon cracker
**Kanonier** [kano'ni:ɐ̯] **der; ~s, ~e** *(Milit.)* gunner; artilleryman
**Kanoniker** [ka'no:nikɐ] **der; ~s, ~, Kanonikus** [ka'no:nikʊs] **der; ~, Kanoniker** *(christl. Kirche)* canon
**kanonisch 1.** *Adj.* **a)** *(kath. Kirche)* canonical; **~es Recht** canon law; **b)** *(mustergültig, klassisch)* canonical. **2.** *adv.* canonically
**kanonisieren** *tr. V.* canonize
**Kanossa** [ka'nɔsa] **das; ~s** *(geh.)* humiliation; **nach ~ gehen** eat humble pie; go to Canossa *(literary)*
**Kanossa·gang der** *(geh.)* humiliation; **einen ~ antreten/machen** eat humble pie; go to Canossa *(literary)*
[1]**Kantate** [kan'ta:tə] **die; ~, ~n** *(Musik)* cantata
[2]**Kantate** *o. Art., indekl. (ev. Kirche)* fourth Sunday after Easter; Cantate Sunday
**Kante** ['kantə] **die; ~, ~n a)** *(Schnittlinie zweier Flächen, Rand)* edge; *(bei Stoffen)* selvedge; **etw. auf die hohe ~ legen** *(ugs.)* put sth. away *or* by; **etw. auf der hohen ~ haben** *(ugs.)* have sth. put away *or* by; *s. auch* **Ecke a; b)** *(landsch.: Gegend)* part
**kanten 1.** *tr. V.* **a)** tilt; *(auf die Kante stellen)* stand on edge; **„Nicht ~!“** 'do not tilt!'; **b)** *(Skisport)* edge ⟨*ski*⟩. **2.** *itr. V. (Skisport)* edge
**Kanten der; ~s, ~** *(nordd.) (Anfangs- oder Endstück von Brot)* crust
**Kanter der; ~s, ~** *(Reiten)* canter
**Kanter·sieg der** *(Sport)* runaway *or* easy victory
**Kant-: ~haken der a) jmdn. beim ~haken nehmen** *od.* **kriegen** *(salopp)* give sb. what for *(sl.)*; **jetzt haben wir ihn beim ~haken** *(salopp)* now we've got him *(coll.)*; **b)** canthook; **~holz das** squared timber; *(Stück)* piece of squared timber
**Kantianer** [kan'ti̯a:nɐ] **der; ~s, ~** *(Philos.)* Kantian
**kantig** *Adj.* square-cut ⟨*timber, stone*⟩; rough-edged ⟨*rock*⟩; angular ⟨*face, figure, etc.*⟩; sharp ⟨*nose*⟩; square ⟨*chin*⟩; jerky, awkward ⟨*movement*⟩
**Kantine** [kan'ti:nə] **die; ~, ~n** canteen
**Kantinen·essen das** canteen food *no indef. art.*
**kantisch** *Adj.* Kantian
**Kanton** [kan'to:n] **der; ~s, ~e** canton
**kantonal** [kanto'na:l] **1.** *Adj.* cantonal. **2.** *adv.* on a cantonal basis
**Kantonist** [kanto'nɪst] **der; ~en, ~en** *in* **ein unsicherer ~ sein** *(ugs.)* be an unreliable type; be unreliable
**Kantons-: ~rat der** *(schweiz.)* cantonal great council; **~regierung die** *(schweiz.)* cantonal government
**Kantor** ['kantɔr] **der; ~s, ~en** [-'to:rən] choirmaster and organist
**Kantorei die; ~, ~en** [church] choir
**Kant·stein der** kerb
**Kanu** ['ka:nu] **das; ~s, ~s** canoe
**Kanu·fahrer der** canoeist
**Kanüle** [ka'ny:lə] **die; ~, ~n** *(Med.)* cannula; *(einer Injektionsspritze)* [hypodermic] needle
**Kanu·sport der** canoeing *no art.*
**Kanute** [ka'nu:tə] **der; ~n, ~n** *(Sport)* canoeist
**Kanzel** ['kants̮l] **die; ~, ~n a)** pulpit; **auf der ~**: in the pulpit; **von der ~ herab** from the pulpit; **b)** *(Flugw.)* cockpit; **c)** *(Bergsteigen)* spur; **d)** *(Jägerspr.)* raised hide; high seat
**Kanzel-: ~mißbrauch der** abuse *or* misuse of the pulpit [for political ends]; **~redner der** preacher
**kanzerogen** [kants̮ero'ge:n] *Adj. (Med.)* carcinogenic
**kanzerös** [kants̮e'rø:s] *Adj. (Med.)* cancerous
**Kanzlei** [kants̮'lai̯] **die; ~, ~en a)** *(veralt.: Büro)* office; **b)** *(Anwalts~)* chambers *pl. (of barrister)*; office *(of lawyer)*; **c)** *s.* **Staatskanzlei**
**Kanzlei-: ~diener der** *(veralt.)* messenger; **~kraft die** *(österr.) s.* **Bürokraft; ~sprache die;** *o. Pl.* language of officialdom; officialese; **~stil der** *(abwertend)* officialese
**Kanzler** ['kants̮lɐ] **der; ~s, ~ a)** chancellor; **b)** *(an Hochschulen)* vice-chancellor; **c)** *(in diplomatischen Vertretungen)* chief secretary
**Kanzler-: ~amt das a)** *(~büro)* chancellor's office; **b)** *(Amt des Kanzlers)* chancellorship; office of chancellor; **~kandidat der** candidate for the chancellorship
**Kanzlerschaft die** chancellorship
**Kanzlist der; ~en, ~en** *(veralt.)* clerk
**Kaolin** [kao'li:n] **das,** *(fachspr.:)* **der; ~s, ~e** kaolin
**Kap** [kap] **das; ~s, ~s** cape; **~ der Guten Hoffnung** Cape of Good Hope; **~ Hoorn** Cape Horn
**Kapaun** [ka'pau̯n] **der; ~s, ~e** capon
**Kapazität** [kapats̮i'tε:t] **die; ~, ~en a)** *(Wirtsch.: Leistung)* capacity; **b)** *meist Pl. (Wirtsch.: Gesamtheit der Einrichtungen)* capacity *no pl.*; **c)** *(Fassungsvermögen)* capacity; **d)** *(Experte)* expert; **e)** *(Physik)* capacitance
**Kapazitäts·auslastung die** *(Wirtsch.)* use *or* utilization of capacity
**Kapee** [ka'pe] *in* **schwer von ~ sein** *(salopp)* be slow on the uptake
[1]**Kapelle** [ka'pεlə] **die; ~, ~n** *(Archit.)* chapel
[2]**Kapelle die; ~, ~n** *(Musik~)* band; [light] orchestra
**Kapell·meister der** band-leader; bandmaster; *(im Orchester)* conductor; *(im Theater usw.)* musical director
[1]**Kaper** ['ka:pɐ] **die; ~, ~n** caper *usu. in pl.*
[2]**Kaper der; ~s, ~** *(hist.: Schiff, Freibeuter)* privateer
**Kaper·brief der** *(hist.)* letter[s *pl.*] of marque
**Kaperei die; ~, ~en** *(hist.)* privateering *no art.*
**kapern** *tr. V.* **a)** *(hist.)* capture; seize; **b)** *(ugs.)* **jmdn. [für etw.] ~**: rope sb. in[to sth.]; **sich** *(Dat.)* **eine Frau/einen Mann ~**: hook [oneself] a wife/husband
**Kapern·soße die** caper sauce
**Kaper·schiff das** *(hist.)* privateer
**kapieren** [ka'pi:rən] *(ugs.)* **1.** *tr. V. (ugs.)* *(coll.)*; understand; **kapier das endlich!** get that into your thick skull! *(coll.)*. **2.** *itr. V.* **kapiert?** got it? *(coll.)*; **sie hat schnell kapiert** she was quick to catch on *(coll.)*
**Kapillare** [kapɪ'la:rə] **die; ~, ~n** *(Biol., Med.)* capillary
**Kapillar·gefäß das** *(Biol., Med.)* capillary vessel
**kapital** [kapi'ta:l] *Adj.; nicht präd.* **a)** *(außergewöhnlich)* major ⟨*error, blunder, etc.*⟩; **eine ~e Dummheit begehen** do something exceedingly foolish; **b)** *(Jägerspr.: sehr groß und stark)* large and powerful; royal ⟨*stag*⟩; **c)** *(schwerwiegend)* serious, bad ⟨*accident etc.*⟩
**Kapital das; ~s, ~e** *od.* **~ien a)** capital; **b)** *(fig.)* asset; **seine Hände sind sein einziges ~**: his capable hands are his only asset; **~ aus etw. schlagen** make capital out of sth.; capitalize on sth.; **c)** *o. Pl. (Kapitalisten)* capital
**Kapital-: ~abwanderung die** *(Wirtsch.)* exodus of capital; **~anlage die** *(Wirtsch.)* capital investment; **~anteil der** *(Wirtsch.)* share; stake
**Kapitale die; ~, ~n** *(geh.)* capital [city]
**Kapital-: ~eigner der** *(Wirtsch.)* shareowner; **~ertrag der** *(Wirtsch.)* return on capital; **~ertrag[s]·steuer die** *(Steuerw.)* tax on capital income; **~flucht die** flight of capital; **~geber der** investor; **~gesellschaft die** joint-stock company
**kapitalisieren** *tr. V. (Wirtsch.)* capitalize
**Kapitalismus der; ~, Kapitalismen;** *Pl. selten* capitalism *no art.*
**Kapitalist der; ~en, ~en** capitalist
**kapitalistisch 1.** *Adj.* capitalistic. **2.** *adv.* capitalistically
**kapital-, Kapital-: ~konto das** *(Wirtsch.)* capital account; **~kräftig** *Adj. (Wirtsch.)* financially strong; **~markt der** *(Wirtsch.)* capital market; **~verbrechen das** serious offence *or* crime; *(mit Todesstrafe bedroht)* capital offence *or* crime; **~verbrecher der** serious/capital offender; **~verflechtung die** interlacing of capital interests
**Kapitän** [kapi'tε:n] **der; ~s, ~e a)** *(Seew.)* captain; *(auf einem Handelsschiff)* master; captain; *(auf einem kleineren Schiff)* skipper; captain; **~ der Landstraße** *(ugs.)* knight of the road; [long-distance] truck-driver *or (Brit.)* lorry-driver; **b)** *(Flugw.)* captain; **c)** *(Sport)* captain; skipper
**Kapitän·leutnant der** *(Marine)* lieutenant-commander
**Kapitäns·patent das** master's certificate
**Kapitel** [ka'pɪtl̩] **das; ~s, ~ a)** *(Abschnitt, auch fig.)* chapter; **das ist ein anderes ~** *(fig.)* that's another story; **ein dunkles ~ in jmds. Geschichte** *(fig.)* a black period in sb.'s history; **das ist ein ~ für sich** *(fig.)* that's an awkward subject; *(etwas Unklares)* that's a complicated subject; **b)** *(Geistliche einer Dom- oder Stiftskirche)* chapter
**Kapitell** [kapi'tεl] **das; ~s, ~e** capital
**Kapitulation** [kapitula'ts̮i̯o:n] **die; ~, ~en a)** surrender; capitulation; **seine ~ erklären** admit defeat; **b)** *(fig.: das Aufgeben)* giving up; **c)** *(Vertrag)* surrender *or* capitulation document
**kapitulieren** *itr. V.* **a)** surrender; capitulate; **vor dem Feind ~**: surrender to the enemy; **b)** *(fig.: aufgeben)* give up; **vor etw.** *(Dat.)* **~**: give up in the face of sth.
**Kaplan** [ka'pla:n] **der; ~s, Kapläne** *(kath. Kirche)* **a)** *(Hilfsgeistlicher)* curate; **b)** *(Geistlicher mit besonderen Aufgaben)* chaplain
**Kapo** ['kapo] **der; ~s, ~s a)** *(Soldatenspr.)* NCO; **b)** *(Lagerjargon)* prisoner acting as an overseer
**Kapok** ['kapɔk] **der; ~s** kapok
**Kapott·hut** [ka'pɔt-] **der** capote; *(ugs. abwertend: old or old-fashioned)* hat
**Kappe** ['kapə] **die; ~, ~n a)** *(Kopfbedeckung)* cap; *(Flieger~)* helmet; **etw. auf seine [eigene] ~ nehmen** *(ugs.)* take the responsibility for sth.; **b)** *(Abdeckung)* cover; *(eines Rades)* hub-cap; **c)** *(Verschluß)* cap; top; *(eines Füllers)* cap; **d)** *(am Schuh) (vorn)* [toe-]cap; *(hinten)* counter
**kappen** *tr. V.* **a)** *(Seemannsspr.)* cut; **b)** *(beschneiden)* cut back ⟨*hedge etc.*⟩; *(fig.)* cut; **c)** *(abschneiden)* cut off ⟨*branches, shoots, crown, etc.*⟩; **d)** *(kastrieren)* caponize, castrate ⟨*cockerel*⟩
**Kappen·abend der** *(landsch.)* carnival party *(at which funny hats are worn)*
**Kappes** ['kapəs] **der; ~** *(bes. westd.)* **a)** *(Weißkohl)* cabbage; **b)** *(ugs.: Unsinn)* rubbish; nonsense
**Käppi** ['kεpi] **das; ~s, ~s** overseas cap; garrison cap
**Kapp·naht die** *(Schneiderei)* flat-fell seam
**Kaprice** [ka'pri:sə] **die; ~, ~n** *(geh.)* caprice; whim

**Kapriole** [kapri'o:lə] **die; ~, ~n a)** *(Luftsprung)* caper; capriole; **~n schlagen** cut capers; **b)** *(Streich)* trick; **c)** *(Reiten)* capriole
**Kaprize** [ka'pri:tsə] **die; ~, ~n** *(österr.) s.* **Kaprice**
**kaprizieren** *refl. V.* **sich darauf ~, etw. zu tun** be intent on doing sth.; **sich auf ein Land ~:** be utterly committed to a country
**kapriziös** [kapri'tsiø:s] **1.** *Adj.* capricious. **2.** *adv.* capriciously
**Kapsel** ['kapsl̩] **die; ~, ~n** capsule
**Kapstadt** ['kap-ʃtat] **(das)** Cape Town
**kaputt** [ka'pʊt] *Adj.* **a)** *(entzwei)* broken ⟨*toy, cup, plate, arm, leg, etc.*⟩; **die Maschine/das Auto ist ~:** the machine/car has broken down; *(ganz und gar)* the machine/car has had it *(coll.)*; **irgend etwas ist am Auto ~:** there's something wrong with the car; **diese Jacke ist ~:** this jacket needs mending; *(ist zerrissen)* this jacket's torn; **die Birne ist ~:** the bulb has gone; *(ist zerbrochen)* the bulb is smashed; **das Telefon ist ~:** the phone is not working *or* is out of order; **der Fernseher ist ~:** the television has gone wrong; **sein Leben ist ~:** his life is in ruins; **eine ~e Ehe** *(ugs.)* a marriage that has broken up; **ein ~er Typ** *(fig. ugs.)* a down-and-out; **eine ~e Lunge/ein ~es Herz haben** *(ugs.)* have bad lungs/a bad heart; **die Ehe ist ~:** the marriage has failed *or (coll.)* is on the rocks; **was ist denn jetzt ~?** *(salopp)* what's wrong *or* the matter now?; **bei dir ist was ~** *(salopp)* there must be something wrong with you *(coll.)*; **b)** *(ugs.: erschöpft)* shattered *(coll.)*; whacked *(Brit. coll.)*; pooped *(coll.)*; **c)** *(salopp: krankhaft, abartig)* sick
**kaputt-: ~|arbeiten** *refl. V. (ugs.)* work oneself into the ground *(coll.)*; **~|fahren** *unr. tr. V. (ugs.)* run over ⟨*animal*⟩; smash up ⟨*car etc.*⟩; **~|gehen** *unr. itr. V.; mit sein (ugs.)* **a)** *(entzweigehen)* break; ⟨*machine*⟩ break down, *(sl.)* pack up; ⟨*clothes, shoes*⟩ fall to pieces; ⟨*light-bulb*⟩ go; *(zerbrechen)* be smashed; *(eingehen)* ⟨*plant*⟩ die; *(verderben)* ⟨*fish, fruit, etc.*⟩ go off; *(fig.)* ⟨*marriage*⟩ fail; ⟨*community, relationship, etc.*⟩ break up; **b)** *(zugrunde gehen)* ⟨*firm*⟩ go bust *(coll.)*; ⟨*person*⟩ go to pieces; **er ist an Drogen ~gegangen** he was destroyed by drugs; **~|kriegen** *tr. V. (ugs.)* break; **wie hast du das ~gekriegt?** how did you [manage to] break it?; **~|lachen** *refl. V. (ugs.)* kill oneself [laughing] *(coll.)*; **das ist ja zum Kaputtlachen!** that's a laugh!; **~|machen** (ugs.) **1.** *tr. V.* **a)** *(zerstören)* break ⟨*watch, spectacles, plate, etc.*⟩; spoil ⟨*sth. made with effort*⟩; ruin ⟨*clothes, furniture, etc.*⟩; burst ⟨*balloon*⟩; **b)** *(ruinieren)* drive ⟨*business, company*⟩ to the wall; destroy ⟨*political party*⟩; finish ⟨*person*⟩ off; **2.** *refl. V.* wear oneself out; **~|schlagen** *unr. tr. V. (ugs.)* smash; **~|schmeißen** *unr. tr. V. (ugs.)* smash
**Kapuze** [ka'pu:tsə] **die; ~, ~n** hood; *(bei Mönchen)* cowl; hood
**Kapuzen·mantel der** coat with a hood
**Kapuziner** [kapu'tsi:nɐ] **der; ~s, ~ a)** *(Mönch)* Capuchin [friar]; **b)** *(österr.: Kaffee)* cappuccino
**Kapuziner·kresse die** nasturtium
**Kar** [ka:ɐ̯] *(Geol.)* **das; ~[e]s, ~e** cirque; corrie; kar
**Karabiner** [kara'bi:nɐ] **der; ~s, ~ a)** *(Gewehr)* carbine; **b)** *(österr.) s.* **Karabinerhaken**
**Karabiner·haken der** snap hook; spring hook; *(Bergsteigen)* karabiner
**Karacho** [ka'raxo] **das; ~s** *in* **mit ~** *od.* **in vollem ~** *(ugs.)* hell for leather *(coll.)*
**Karaffe** [ka'rafə] **die; ~, ~n** carafe; *(mit Glasstöpsel)* decanter
**Karakul·schaf** [kara'kʊl-] **das** caracul [sheep]
**Karambolage** [karambo'la:ʒə] **die; ~, ~n a)** *(ugs.)* crash; collision; **b)** *(Billard)* cannon
**Karambole** [karam'bo:lə] **die; ~, ~n** *(Billard)* red [ball]
**karambolieren** *itr. V.* **a)** *(Billard)* cannon; **b)** *mit haben od. sein (zusammenstoßen)* crash; **mit etw. ~:** crash into sth.; collide with sth.
**Karamel** [kara'mɛl] **der** (*schweiz.:* **das**); **~s** caramel
**Karamel-: ~bonbon der** *od.* **das** caramel [toffee]; **~creme die** crème caramel
**Karamelle** [kara'mɛlə] **die; ~, ~n** caramel [toffee]
**Karaoke** [kara'o:kə] **das; ~[s]** karaoke
**Karat** [ka'ra:t] **das; ~[e]s, ~e** carat; **ein Diamant von 5 ~:** a 5-carat diamond; **reines Gold hat 24 ~:** pure gold is 24 carats
**Karate** [ka'ra:tə] **das; ~[s]** karate
**-karäter** [-karɛ:tɐ] **der Zehnkaräter/Fünfkaräter** ten-carat/five-carat diamond/stone
**Karate·schlag der** karate chop
**-karätig** [-karɛ:tɪç] **zehnkarätig/fünfkarätig** ten-carat/five-carat
**Karavelle** [kara'vɛlə] **die; ~, ~n** *(hist.)* caravel
**Karawane** [kara'va:nə] **die; ~, ~n** caravan; **~n von Autos** *(fig.)* long lines of cars
**Karawanen·straße die** caravan route
**Karawanserei** [karavanzə'rai̯] **die; ~, ~en** caravanserai
**Karbid** [kar'bi:t] **das; ~[e]s, ~e** *(Chem.)* carbide
**Karbid·lampe die** carbide lamp
**Karbol** [kar'bo:l] **das; ~s, Karbol·säure die;** *o. Pl.* carbolic acid
**Karbol·seife die** carbolic soap
**Karbonat** [karbo'na:t] **das; ~[e]s, ~e** *(Chem.)* carbonate
**Karbunkel** [kar'bʊŋkl̩] **der; ~s, ~** *(Med.)* carbuncle
**Kardamom** [karda'mo:m] **der** *od.* **das; ~s, ~e[n]** cardamom
**Kardan-** [kar'da:n-]: **~an·trieb der** *(Technik)* cardan drive; **~aufhängung die** *(Technik)* cardanic suspension; **~gelenk das** *(Technik)* cardan joint
**kardanisch** *Adj.* **~e Aufhängung** cardanic suspension
**Kardan-: ~tunnel der** *(Kfz-W.)* cardan tunnel; cardan-shaft housing; **~welle die** *(Technik)* cardan shaft
**Kardätsche** [kar'dɛ:tʃə] **die; ~, ~n** dandy-brush; body brush
**kardinal** [kardi'na:l] *Adj.* cardinal
**Kardinal der; ~s, Kardinäle** [kardi'nɛ:lə] **a)** cardinal; **b)** *(Vogel)* cardinal [bird]
**Kardinal-: ~bischof der** cardinal bishop; **~fehler der** cardinal error
**Kardinals·kollegium das** college of cardinals; Sacred College
**Kardinal-: ~tugend die;** *meist Pl.* cardinal virtue; **~zahl die** cardinal [number]
**Kardiogramm** [kardi̯o'gram] **das; ~s, ~e** *(Med.)* **a)** *s.* **Elektrokardiogramm; b)** *(Bild der Herzstoßkurven)* cardiogram
**Kardiologie die; ~** *(Med.)* cardiology *no art.*
**Karditis** [kar'di:tɪs] **die; ~, Karditiden** [kardi'ti:dn̩] *(Med.)* carditis
**Karenz** [ka'rɛnts] **die; ~, ~en, Karenz·zeit die** waiting period
**Karfiol** [kar'fi̯o:l] **der; ~s** *(südd., österr.)* cauliflower
**Kar·freitag** [ka:ɐ̯-] **der** Good Friday
**Karfunkel** [kar'fʊŋkl̩] **der; ~s, ~** *(Edelstein; volkst.: Geschwür)* carbuncle
**karg** [kark] **1.** *Adj.* meagre ⟨*wages, pay, etc.*⟩; frugal ⟨*meal etc.*⟩; poor ⟨*light, accommodation*⟩; scanty ⟨*supply*⟩; meagre, scant ⟨*applause*⟩; sketchy ⟨*report*⟩; sparse ⟨*furnishings*⟩; *(wenig fruchtbar)* barren, poor ⟨*soil*⟩; barren ⟨*desert, land*⟩; **~ mit Lob sein** be grudging *or* sparing in one's praise. **2.** *adv.* **~ bemessen sein** ⟨*helping*⟩ be mingy *(Brit. coll.)*; ⟨*supply*⟩ be scanty; **~ leben** live frugally; **~ möbliert** sparsely furnished; **~ ausgestattet** scantily equipped
**kargen** *itr. V.* **mit Geld ~:** be mean with one's money; **mit seinen Worten ~:** be a person of few words
**Kargheit die; ~** *(geh.) s.* **karg 1:** meagreness; frugality; poorness; scantiness; sketchiness; sparseness; barrenness
**kärglich** ['kɛrklɪç] **1.** *Adj.* meagre, poor ⟨*wages, pension, etc.*⟩; poor ⟨*light*⟩; frugal ⟨*meal*⟩; scanty ⟨*supply*⟩; meagre ⟨*existence*⟩; meagre, scant ⟨*applause*⟩; sparse ⟨*furnishing*⟩. **2.** *adv.* sparsely ⟨*furnished*⟩; poorly ⟨*lit, paid, rewarded*⟩
**Kargo** ['kargo] **der; ~s, ~s** *(Seemannsspr.)* cargo
**Karibik** [ka'ri:bɪk] **die; ~:** Caribbean; **in die ~:** to the Caribbean
**karibisch** *Adj.* Caribbean; **die ~en Inseln** the Caribbean Islands
**kariert** [ka'ri:ɐ̯t] **1.** *Adj.* check, checked ⟨*material, pattern*⟩; check ⟨*jacket etc.*⟩; squared ⟨*paper*⟩. **2.** *adv. (ugs.)* **~ reden** *od.* **quatschen** talk rubbish
**Karies** ['ka:ri̯ɛs] **die; ~** *(Zahnmed.)* caries
**Karikatur** [karika'tu:ɐ̯] **die; ~, ~en a)** cartoon; *(Porträt)* caricature; **b)** *(abwertend: Zerrbild)* caricature
**Karikaturist der; ~en, ~en** cartoonist; *(Porträtist)* caricaturist
**karikaturistisch 1.** *Adj.* caricatural; **der Film gibt eine ~e Darstellung des Familienlebens** the film is a caricature of family life. **2.** *adv.* **etw. ~ überzeichnen** caricature sth.
**karikieren** [kari'ki:rən] *tr. V.* caricature
**kariös** [ka'ri̯ø:s] *Adj. (Zahnmed.)* carious
**Karitas** ['ka:ritas] **die; ~** *(geh.)* charity
**karitativ** [karita'ti:f] **1.** *Adj.* charitable. **2.** *adv.* **sich ~ betätigen** do work for charity
**Karkasse** [kar'kasə] **die; ~, ~n** *(Technik, Kochk.)* carcass
**Karl** [karl] **(der)** Charles; **~ der Große** Charlemagne
**Karmeliter** [karme'li:tɐ] **der; ~s, ~:** Carmelite [friar]
**Karmelit[er]in die; ~, ~nen** Carmelite [nun]
**Karmesin** [karme'zi:n] **das; ~s** *s.* **Karmin**
**karmesin·rot** *Adj. s.* **karminrot**
**Karmin** [kar'mi:n] **das; ~s** carmine
**karmin·rot** *Adj.* carmine
**Karneol** [karne'o:l] **der; ~s, ~e** cornelian
**Karneval** ['karnəval] **der; ~s, ~e** *od.* **~s** carnival; **im ~:** at carnival time; **~ feiern** join in the carnival festivities
**Karnevalist der; ~en, ~en** carnival reveller; *(Vortragender bei Karnevalssitzungen)* carnival performer
**karnevalistisch 1.** *Adj.* carnival *attrib.* ⟨*time, festivities, etc.*⟩. **2.** *adv.* **sich ~ verkleiden** dress up in a carnival costume/carnival costumes
**Karnevals-: ~kostüm das** carnival costume; **~sitzung die** carnival convention *(variety show organized by carnival society)*; **~verein der** carnival society; **~zug der** carnival procession
**Karnickel** [kar'nɪkl̩] **das; ~s, ~ a)** *(landsch.)* rabbit; **b)** *(ugs.: Sündenbock)* **immer bin ich das ~!** I always get the blame!
**Karnickel-: ~bock der** *(bes. nordd.)* buck rabbit; **~stall der** *(bes. nordd.)* rabbit-hutch
**karnivor** [karni'vo:ɐ̯] *Adj. (Biol.)* carnivorous
**Kärnten** ['kɛrntn̩] **(das); ~s** Carinthia
**Kärnt[e]ner der; ~s, ~, Kärntnerin die; ~, ~nen** Carinthian
**Karo** ['ka:ro] **das; ~s, ~s a)** *(Viereck)* square; *(auf der Spitze stehend)* diamond; **b)** *o. Pl. (~muster)* check; **c)** *o. Art.; o. Pl. (Kartenspiel: Farbe)* diamonds *pl.*; **d)** *(Kartenspiel: Karte)* diamond; *s. auch* ²**Pik**
**Karo-: ~as das** ace of diamonds; **~bube**

**der** jack of diamonds; **~dame die** queen of diamonds; **~könig der** king of diamonds; **~muster das** check; check[ed] pattern
**Karolinger** ['ka:rolɪŋɐ] **der; ~s, ~** *(hist.)* Carolingian
**Karosse** [ka'rɔsə] **die; ~, ~n a)** *(Prunkwagen)* [state-]coach; **b)** *(scherzh. iron.: Auto)* limousine
**Karosserie** [karɔsə'ri:] **die; ~, ~n** bodywork; coachwork
**Karosserie·bauer der** coachbuilder
**Karotin** [karo'ti:n] **das; ~s** carotene
**Karotte** [ka'rɔtə] **die; ~, ~n** small carrot
**Karpaten** [kar'pa:tn̩] *Pl.* Carpathians; Carpathian Mountains
**Karpfen** ['karpfn̩] **der; ~s, ~:** carp
**Karpfen·teich der** carp pond; *s. auch* **Hecht a**
**Karre** ['karə] **die; ~, ~n** *(bes. nordd.)* **a)** *s.* **Karren; b)** *(abwertend: Fahrzeug)* [old] heap *(coll.)*
**Karree** [ka're:] **das; ~s, ~s a)** *(Viereck)* rectangle; *(Quadrat)* square; *(bes. Milit.: Formation)* square; **b)** *(Häuserblock)* **ums ~ gehen/fahren** walk/drive round the block
**karren 1.** *tr. V.* **a)** *(mit einer Karre)* cart; **etw./jmdn. nach Hause ~:** bring/take sth./sb. home in a cart; **b)** *(salopp: mit einem Auto)* run *(coll.)*. **2.** *itr. V.; mit sein (ugs.)* drive [around]
**Karren der; ~s, ~** *(bes. südd., österr.)* cart; *(zweirädrig)* barrow; *(Schubkarren)* [wheel]barrow; *(für Gepäck usw.)* trolley; **ein ~ voll Sand** a cartload/barrowload of sand; *(fig.)* **den ~ in den Dreck fahren** *(ugs.)* get things into a mess; mess things up; **den ~ [für jmdn.] aus dem Dreck ziehen** *(ugs.)* sort out the mess [for sb.]; **jmdm. an den ~ fahren** *(ugs.)* tell sb. where he/she gets off *(coll.)*
**Karrette** [ka'rɛtə] **die; ~, ~n** *(schweiz.)* **a)** handcart; *(Schubkarren)* [wheel]barrow; **b)** *(Einkaufswagen)* [shopping-]trolley
**Karriere** [ka'ri̯e:rə] **die; ~, ~n a)** career; **~ machen** make a [successful] career for oneself; **b)** *(Reiten)* [full *or* extended] gallop
**Karriere-: ~frau die** career woman/girl; **~macher der** *(abwertend)* careerist
**Karrierist der; ~en, ~en** *(abwertend)* careerist
**karriolen** *itr. V.; mit sein (ugs.)* ride around
**Kärrner** ['kɛrnɐ] **der; ~s, ~** *(veralt.)* labourer
**Kar·samstag** [ka:ɐ̯-] **der** Easter Saturday; Holy Saturday
[1]**Karst** [karst] **der; ~[e]s, ~e** *(landsch.)* [two-pronged] hoe
[2]**Karst der; ~[e]s, ~e** *(Geol.)* karst
**karstig** *Adj.* karstic
**Karst·landschaft die** karst landscape
**Kartätsche** [kar'tɛ:tʃə] **die; ~, ~n** *(hist.)* case-shot
**Kartäuser** [kar'tɔyzɐ] **der; ~s, ~ a)** *(Mönch)* Carthusian [monk]; **b)** *(Likör)* chartreuse
**Karte** ['kartə] **die; ~, ~n a)** *(Kartei~, Loch~ usw.)* card; **die gelbe/rote ~** *(Fußball)* the yellow/red card; **die grüne ~** *(Verkehrsw.)* the green card; **b)** *(Ansichts~, Post~, Glückwunsch~, Visiten~)* card; *(Einladungs~)* invitation[-card]; **c)** *(Speise~)* menu; *(Wein~)* wine-list; **nach der ~ essen** eat à la carte; **d)** *(Fahr~, Flug~, Eintritts~)* ticket; **e)** *(Lebensmittel~)* ration-card; **auf ~n** on coupons; **f)** *(Land~)* map; *(See~)* chart; **~n lesen** map-read; **g)** *(Spiel~)* card; **jmdm. die ~n legen** read sb.'s fortune from the cards; *(fig.)* **diese ~ sticht nicht [mehr]** that won't work [any more]; **die** *od.* **seine ~n aufdecken** *od.* **[offen] auf den Tisch legen** *od.* **offenlegen** put one's cards on the table; **alles auf eine ~ setzen** stake everything on one chance; **auf die falsche ~ setzen** back the wrong horse; **jmdm. in die ~n sehen** *od. (ugs.)* **gucken** find out *or* see what sb. is up to; **sich** *(Dat.)* **nicht in die ~n sehen** *od. (ugs.)* **gucken lassen** play one's cards close to one's chest; not show one's hand; **mit offenen/verdeckten ~n spielen** put one's cards on the table/play one's cards close to one's chest; **h)** *o. Pl. (Anzahl von Spielkarten)* hand; **eine schlechte ~ [auf der Hand] haben** have a poor hand
**Kartei** [kar'tai̯] **die; ~, ~en** card file *or* index
**Kartei-: ~karte die** file *or* index card; **~kasten der** file-card *or* index-card box; **~leiche die** *(scherzh.)* **a)** dead card; **b)** *(ugs.: passives Mitglied)* inactive member
**Kartell** [kar'tɛl] **das; ~s, ~e** *(Wirtsch., Politik)* cartel
**Kartell-: ~amt das, ~behörde die** *government body concerned with the control and supervision of cartels;* ≈ Monopolies and Mergers Commission *(Brit.)*; **~gesetz das, ~recht das** law relating to cartels; ≈ monopolies law *(Brit.)*
**Karten-: ~bestellung die** [ticket] reservation; booking; **~brief der** letter-card; **~gruß der** greeting *or* short message on a [post-]card; **an jmdn. einen ~gruß verschicken** send sb. a card; **~haus das** house of cards; **~kunst·stück das** card trick; **~legen das; ~s** reading the cards *no art.*; cartomancy; **~leger der, ~legerin die** fortune-teller *(who tells fortunes by reading the cards)*; **~lesen das** map-reading; **~spiel das a)** *(Spiel mit Karten)* card-game; **b)** *(Satz Spielkarten)* pack *or (Amer.)* deck [of cards]; **c)** *(das Kartenspielen)* card-playing *no art.*; **~spieler der** card-player; **~ständer der** map-stand; **~tisch der a)** *(bes. Milit.)* map-table; *(Seew.)* chart-table; **b)** *(Spieltisch)* card-table; **~verkauf der;** *o. Pl.* sale of tickets; **~vor·verkauf der;** *o. Pl.* advance booking; **im ~vorverkauf sind die Karten billiger** the tickets are cheaper if you buy them in advance
**kartesianisch** [karte'zi̯a:nɪʃ], **kartesisch** [kar'te:zɪʃ] *Adj.* Cartesian
**Karthager** [kar'ta:gɐ] **der; ~s, ~:** Carthaginian
**Karthago** [kar'ta:go] **(das); ~s** Carthage
**Kartoffel** [kar'tɔfl̩] **die; ~, ~n a)** potato; **rin in die ~n, raus aus die ~n** *(salopp scherzh.)* it's 'do this' one minute and 'do that' the next; **jmdn. wie eine heiße ~ fallenlassen** *(ugs.)* drop sb. just like that *(coll.)*; **b)** *(ugs. scherzh.: Nase)* conk *(sl.)*; hooter *(Brit. sl.)*; **c)** *(ugs. scherzh.: Loch im Strumpf)* large hole; potato *(coll.)*
**Kartoffel-: ~acker der** potato-field; **~brei der** mashed *or* creamed potatoes *pl.*; mash *(coll.)*; **~chips** *Pl.* [potato] crisps *(Brit.) or (Amer.)* chips; **~ernte die** potato harvest; **~ferien** *Pl. (ugs.)* autumn [school] holiday *sing.*; **~feuer das** fire to dispose of potato leaves *(after the potato harvest)*; **~käfer der** Colorado beetle; potato-beetle; **~kloß der, ~knödel der** *(südd.)* potato dumpling; **~mehl das;** *o. Pl* potato flour; **~puffer der** potato pancake *(made from grated raw potatoes)*; **~püree das;** *s.* **~brei; ~sack der** potato-sack; **~salat der** potato salad; **~schale die** potato skin; *(abgeschält)* potato peel *or* peelings *pl.*; **~suppe die** potato soup
**Kartograph** [karto'gra:f] **der; ~en, ~en** cartographer
**Kartographie die; ~:** cartography *no art.*
**kartographieren** *tr. V.* map
**kartographisch** *Adj.* cartographic
**Karton** [kar'tɔŋ] **der; ~s, ~s a)** *(Pappe)* card[board]; **b)** *(Behälter)* cardboard box; *(kleiner und dünner)* carton; **zwei ~[s] Seife/Batterien** two boxes *or* packs of soap/batteries; **c)** *(Kunstwiss.)* cartoon
**Kartonage** [karto'na:ʒə] **die; ~, ~n** cardboard boxes [and cartons] *pl.*; cardboard packaging
**kartonieren** [karto'ni:rən] *tr. V. (Buchw.)* bind in [paper] boards
**Kartothek** [karto'te:k] **die; ~, ~en** *s.* **Kartei**
**Kartusche** [kar'tʊʃə] **die; ~, ~n a)** *(Metallhülse)* cartridge; **b)** *(Kunstwiss.)* cartouche
**Karussell** [karʊ'sɛl] **das; ~s, ~s** *od.* **~e** merry-go-round; carousel *(Amer.)*; *(kleineres)* roundabout; **~ fahren** have a ride on *or* go on the merry-go-round/roundabout; **mit jmdm. ~ fahren** *(fig. ugs.)* give sb. a good telling-off
**Kar·woche** ['ka:ɐ̯vɔxə] **die** Holy Week; Passion Week
**Karyatide** [karya'ti:də] **die; ~, ~n** *(bild. Kunst)* caryatid
**Karzer** ['kartsɐ] **der; ~s, ~** *(hist.)* **a)** *(Arrestraum)* detention room *(in university, school)*; **b)** *o. Pl. (Strafe)* detention *(often lasting several days)*
**karzinogen** [kartsino'ge:n] *Adj. (Med.)* carcinogenic
**Karzinologie die** *(Med.)* oncology *no art.*
**Karzinom** [kartsi'no:m] **das; ~s, ~e** *(Med.)* carcinoma
**Kasack** ['ka:zak] **der; ~s, ~s** *(österr.:* **die; ~, ~s)** tunic
**Kaschemme** [ka'ʃɛmə] **die; ~, ~n** *(abwertend)* [low] dive *(coll.)*
**kaschen** ['kaʃn̩] *tr. V. (salopp)* **a)** *(verhaften)* nab *(sl.)*; nick *(sl.)*; **b)** *(sich aneignen)* pinch *(sl.)*; nick *(Brit. sl.)*
**kaschieren** [ka'ʃi:rən] *tr. V.* **a)** *(verhüllen)* conceal; hide; disguise ‹*fault*›; **b)** *(Buchw.)* laminate ‹*jacket etc.*›; line ‹*cover etc.*› [with paper]; **c)** *(Textilw.)* bond [together]
[1]**Kaschmir** ['kaʃmi:ɐ̯] **(das); ~s** Kashmir
[2]**Kaschmir der; ~s, ~e** *(Textilw.)* cashmere; **ein Pullover/Kleid aus ~:** a cashmere sweater/dress
**Käse** ['kɛ:zə] **der; ~s, ~ a)** cheese; **b)** *(ugs. abwertend: Unsinn)* rubbish; nonsense; codswallop *(Brit. sl.)*
**Käse-: ~blatt das** *(salopp abwertend)* rag; **~brot das** slice of bread and cheese; *(zugeklappt)* cheese sandwich; **~fondue das** cheese fondue; **~fuß der;** *meist Pl. (salopp abwertend)* cheesy *or* smelly foot; **~gebäck das** cheese savouries *pl.*; **~glocke die** cheese dome
**Kasein** [kaze'i:n], *(Chemie:)* **Casein das; ~s** casein
**Käse·kuchen der** cheesecake
**Kasematte** [kazə'matə] **die; ~, ~n** *(Milit., Marine)* casemate
**Käse·platte die** *(Platte)* cheeseboard; *(Gericht)* [selection of] assorted cheeses *pl.*
**Käserei** [kɛ:zə'rai̯] **die; ~, ~en a)** *o. Pl. (Herstellen von Käse)* cheese-making *no art.* **b)** *(Betrieb)* cheese-factory
**Kaserne** [ka'zɛrnə] **die; ~, ~n** barracks *sing. or pl.*
**Kasernen-: ~hof der** barrack square; **~sprache die** *(abwertend)* army lingo
**kasernieren** *tr. V.* quarter in barracks; *(fig.)* keep in isolation
**Kasernierung die; ~, ~en** quartering in barracks *no art.*; *(fig.)* keeping in isolation *no art.*
**käse-, Käse-: ~stange die** cheese straw; **~torte die** cheesecake; **~weiß** *Adj. (ugs.)* [as] white as a sheet; **sie war ~weiß im Gesicht** her face was as white as a sheet
**käsig** *Adj.* **a)** *(ugs.: bleich)* pasty; pale; *(vor Schreck)* as white as a sheet; **b)** *(wie Käse)* cheesy; cheeselike
**Kasino** [ka'zi:no] **das; ~s, ~s a)** *(Spiel~)* casino; **b)** *(Offiziers~)* [officers'] mess; **c)** *(Speiseraum)* canteen
**Kaskade** [kas'ka:də] **die; ~, ~n a)** *(Wasserfall, auch fig.)* cascade; **in ~n fallen** cascade [down]; **eine ~ von Verwünschungen/Flüchen** *(fig.)* a barrage of curses; **b)** *(Sprung)* acrobatic leap *(in which the acrobat pretends to fall)*; **c)** *(Elektrot.)* cascade
**kasko·versichern** *tr. V.; nur im Inf. u. 2. Part. gebr. (mit Vollkasko)* insure comprehensively; *(mit Teilkasko) insure against theft, fire, or act of God*

**Kạsko·versicherung die** *(Voll~)* comprehensive insurance; *(Teil~)* *insurance against theft, fire, or act of God*

**Kasper** ['kaspɐ] **der; ~s, ~ a)** ≈ Punch; **b)** *(ugs.: alberner Mensch)* clown; fool

**Kasperl** ['kaspɐl] **das; ~s, ~[n]** *(österr.)*, **Kasperle** ['kaspɐlə] **das** *od.* **der; ~s, ~:** *s.* **Kasper**

**Kạsperle-: ~puppe die** ≈ Punch and Judy puppet; **~theater das** ≈ Punch and Judy show; *(Puppenbühne)* ≈ Punch and Judy theatre

**kạspern** *itr. V. (ugs.)* clown *or* fool around

**Kạsper·theater das** *s.* **Kasperletheater**

**Kaspische Meer** ['kaspɪʃə -] **das** Caspian Sea

**Kassa** ['kasa] **die; ~, Kassen** *(österr.) s.* **Kasse**

**Kạssa-: ~geschäft das a)** *(Börsenw.)* spot transaction; **b)** *(Wirtsch.)* cash transaction; **~kurs der** *(Börsenw.)* spot price; **~markt der** *(Börsenw.)* spot market

**Kassandra·ruf** [ka'sandra-] **der** *(geh.)* prophecy of doom

**Kassation** [kasa'tsi̯o:n] **die; ~, ~en a)** *(von Urkunden)* annulment; **b)** *(von Urteilen)* quashing; setting aside; **c)** *(veralt.: unehrenhafte Entlassung)* cashiering

**Kassationṣ·gericht das** *(schweiz. Rechtsw.)* court of appeal *(in a canton)*

**Kasse** ['kasə] **die; ~, ~n a)** *(Kassette)* cashbox; *(Registrier~)* till; cash register; **in die ~ greifen** *od.* **einen Griff in die ~ tun** *(ugs.; auch fig.)* help oneself from the till; **er wurde beim Griff in die ~ ertappt** *(auch fig.)* he was caught with his fingers in the till; **die ~ klingelt** *(fig.)* the tills are ringing merrily; **b)** *(Ort zum Bezahlen)* cash *or* pay desk; *(im Supermarkt)* check-out; *(in einer Bank)* counter; **~ machen** *(Kaufmannsspr.)* cash up; **jmdn. zur ~ bitten** *(ugs.)* ask sb. to pay up; **c)** *(Bargeld)* cash; **gemeinsame ~ führen** *od.* **machen** share expenses; **getrennte ~ haben** pay separately; **gut/knapp bei ~ sein** be well-off *or* flush/be short of cash *or* money; **bei ~ sein** be in the money; **etw. reißt ein Loch in die ~** *(ugs.)* sth. makes a hole in sb.'s pocket *or* a dent in sb.'s finances; **die ~ führen** be in charge of the money *or* finances *pl.*; **d)** *(in Behörde, Unternehmen)* cashier's office; **e)** *(Kassenraum)* cashier's office; *(in einer Bank)* counter hall; **f)** *(Theater~, Kino~, Stadion~)* box-office; **g)** *(Spar~)* [savings] bank; **h)** *s.* **Krankenkasse; i)** *(Kaufmannsspr.: Barzahlung)* [payment in] cash; **wir liefern nur gegen ~:** we deliver only if payment is made in cash

**Kasseler** ['kasəlɐ] **das; ~s** smoked loin of pork; *s. auch* **Rippenspeer**

**kạssen-, Kạssen-: ~arzt der** *doctor who treats members of health insurance schemes;* **~ärztlich** *Adj.; nicht präd.* **~ärztliche Behandlung** treatment under a health insurance scheme; **~bericht der** *(Wirtsch.)* financial report *or* statement; **~bestand der** cash [in hand]; **~bon der** sales slip; receipt; **~brille die** *(ugs.) glasses provided under a health insurance scheme;* ≈ National Health glasses *pl. (Brit.)*; **~buch das** cashbook; **~erfolg der** box-office success; **~führer der** treasurer; **~gestell das** *(ugs.) spectacle frame provided under a health insurance scheme;* ≈ National Health frame *(Brit.)*; **~magnet der** *(ugs.)* box-office draw; **~patient der** *patient who is a member of a health insurance scheme;* **~raum der** counter hall; **~schlager der** *(ugs.)* **a)** *(Film, Theater)* box-office hit; **b)** *(von Waren)* top seller; **~schrank der** safe; **~stunden** *Pl.* hours of business, business hours *(of bank, cashier's office, etc.)*; **~sturz der** *(ugs.)* **~sturz machen** check up on one's ready cash; **~wart der** treasurer; **~zettel der a)** *(Quittung)* receipt; **b)** *(~bon)* sales slip

**Kasserolle** [kasə'rɔlə] **die; ~, ~n** saucepan

**Kassette** [ka'sɛtə] **die; ~, ~n a)** *(für Geld u. Wertsachen)* box; case; **b)** *(mit Büchern, Schallplatten)* boxed set; **c)** *(Tonband~)* cassette; **etw. auf ~ aufnehmen** record *or* tape sth. on cassette; **d)** *(Filmrolle)* cassette; **e)** *(Behälter für Filmrollen)* can; **f)** *(Archit.)* coffer; lacunar

**Kassẹtten-: ~deck das** cassette deck; **~film der** film cassette; cassette of film; **~recorder der** cassette recorder *or* player

**Kassiber** [ka'si:bɐ] **der; ~s, ~** *(Gaunerspr.)* [secret] message

**Kassier** [ka'si:ɐ̯] **der; ~s, ~e** *(südd., österr., schweiz.) s.* **Kassierer**

**¹kassieren 1.** *tr. V.* **a)** *(einziehen)* collect ⟨*rent etc.*⟩; **b)** *(ugs.: einnehmen)* collect ⟨*money, fee, etc.*⟩; *(fig.)* receive, get ⟨*recognition, praise, etc.*⟩; **dafür hat er viel Geld kassiert** he got a lot of money for it *or* made a lot of money out of it; **bei der Transaktion hat er 100 000 DM kassiert** he made 100,000 marks on the deal; **c)** *(ugs.: hinnehmen müssen)* receive, get ⟨*penalty points, scorn, ingratitude, etc.*⟩; **d)** *(ugs.: wegnehmen)* confiscate; take away ⟨*driving licence*⟩; **er hat das Erbteil seiner Schwester kassiert** he appropriated his sister's share of the inheritance; **e)** *(ugs.: verhaften/gefangennehmen)* pick up; nab *(sl.)*; nick *(Brit. sl.)*. **2.** *itr. V.* **a)** *(abkassieren)* **bei jmdm. ~:** give sb. his/her bill *or (Amer.)* check; *(ohne Rechnung)* settle up with sb.; **darf ich bei Ihnen ~?** would you like your bill?/can I settle up with you?; **b)** *(ugs.: Geld einnehmen)* collect the money; *(bezahlt werden)* make money; **[bei einem Geschäft] ganz schön ~:** make a packet *(coll.) or (sl.)* a bomb [on a deal]

**²kassieren** *tr. V. (Rechtsw.)* quash ⟨*judgement etc.*⟩

**Kassierer der; ~s, ~, Kassiererin die; ~, ~nen a)** *(in Geschäften, Banken)* cashier; teller; **b)** *(bei einem Verein)* treasurer

**Kastagnette** [kastan'jɛtə] **die; ~, ~n** castanet

**Kastanie** [kas'ta:ni̯ə] **die; ~, ~n** chestnut; **[für jmdn.] die ~n aus dem Feuer holen** *(ugs.)* pull the chestnuts out of the fire [for sb.]

**kastanien-, Kastanien-: ~baum der** chestnut-tree; **~braun** *Adj.* chestnut

**Kästchen** ['kɛstçən] **das; ~s, ~ a)** small box; **b)** *(vorgedrucktes Quadrat)* square; *(auf Fragebögen)* box

**Kaste** ['kastə] **die; ~, ~n** caste

**kasteien** [kas'tai̯ən] *refl. V.* **a)** *(als Bußübung)* chastise oneself; **b)** *(sich Entbehrungen auferlegen)* deny oneself

**Kasteiung die; ~, ~en a)** *(als Bußübung)* self-chastisement; **b)** *(Auferlegung von Entbehrungen)* self-denial

**Kastell** [kas'tɛl] **das; ~s, ~e a)** *(hist.: röm. Lager)* fort; **b)** *(Burg)* castle

**Kastellan** [kastɛ'la:n] **der; ~s, ~e** *(hist.)* castellan

**Kasten** ['kastn̩] **der; ~s, Kästen** ['kɛstn̩] **a)** box; **b)** *(für Flaschen)* crate; **c)** *(ugs.: Briefkasten)* post-box; letter-box; **d)** *(ugs. abwertend: Gebäude)* barracks *sing. or pl.*; **das ist ja ein furchtbarer alter ~:** that's a terrible old barracks of a place; **e)** *(ugs. abwertend)* *(Flugzeug)* crate *(sl.)*; *(Schiff)* tub; *(Auto)* heap *(coll.)*; *(Fernseher, Radio)* box *(coll.)*; **f)** *(ugs.: Kamera)* **ein Bild im ~ haben** have got a picture; **eine Szene im ~ haben** have a picture in the can; **g)** *in* **etw. auf dem ~ haben** *(ugs.)* have got it up top *(coll.)*; have plenty of grey matter; **h)** *(Schaukasten)* show-case; display case; **i)** *(Soldatenspr.)* glasshouse *(Milit. sl.)*; **vier Tage ~:** four days in the glasshouse *or* the cooler; **j)** *(Turnen)* box; **k)** *(Ballspiele Jargon)* goal; **l)** *(bes. nordd.: Schublade)* drawer; **m)** *(südd., österr., schweiz.: Schrank)* cupboard

**Kạsten-: ~brot das** tin[-loaf]; **~form die** [rectangular] tin; **~geist der;** *o. Pl.* caste spirit; **~wagen der** cart; *(Lieferwagen)* van; **~wesen das;** *o. Pl.* caste system

**Kastilien** [kas'ti:li̯ən] **(das); ~s** Castile

**kastilisch** *Adj.* Castilian

**Kastrat** [kas'tra:t] **der; ~en, ~en a)** *(Eunuch)* eunuch; **b)** *(Musik hist.)* castrato

**Kastraten·stimme die a)** *(Musik)* castrato voice; **b)** *(abwertend)* falsetto voice

**Kastration** [kastra'tsi̯o:n] **die; ~, ~en** castration

**Kastrationṣ-: ~angst die** *(Psych.)* castration anxiety; **~komplex der** *(Psych.)* castration complex

**kastrieren** *tr. V.* castrate; **eine Kastrierte** *(salopp scherzh.)* a filter cigarette

**Kasuistik** [ka'zu̯ɪstɪk] **die; ~** *(Philos., geh.)* casuistry

**kasuistisch** *Adj. (Philos., geh.)* casuistic

**Kasus** ['ka:zʊs] **der; ~, ~** ['ka:zu:s] *(Sprachw.)* case

**Kasus-: ~bildung die** *(Sprachw.)* case formation; **~endung die** *(Sprachw.)* case ending

**Kat** [kat] **der; ~s, ~s** *(ugs.) s.* **Katalysator b**

**Katafalk** [kata'falk] **der; ~s, ~e** catafalque

**Katakombe** [kata'kɔmbə] **die; ~, ~n;** *meist Pl.* catacomb

**katalanisch** [kata'la:nɪʃ] *Adj.* Catalan

**Katalog** [kata'lo:k] **der; ~[e]s, ~e** *(auch fig.)* catalogue

**katalogisieren** *tr. V.* catalogue

**Katalonien** [kata'lo:ni̯ən] **(das); ~s** Catalonia

**Katalysator** [kataly'za:tɔr] **der; ~s, ~en** [-za'to:rən] **a)** *(Chemie, fig. geh.)* catalyst; **b)** *(Kfz-W.)* catalytic converter; *s. auch* **geregelt 2**

**Katalyse** [kata'ly:zə] **die; ~, ~n** *(Chemie)* catalysis

**katalytisch** [kata'ly:tɪʃ] *Adj. (Chemie)* catalytic

**Katamaran** [katama'ra:n] **der** *od.* **das; ~s, ~e** catamaran

**Katapult** [kata'pʊlt] **das** *od.* **der; ~[e]s, ~e** catapult

**katapultieren** *tr. V. (auch fig.)* catapult; eject ⟨*pilot*⟩

**Katapụlt-: ~sitz der** ejector seat; **~start der** catapult launch

**Katarakt** [kata'rakt] **der; ~[e]s, ~e** *(Stromschnelle)* rapids *pl.*; *(Wasserfall)* cataract

**Katarrh** [ka'tar] **der; ~s, ~e** *(Med.)* catarrh; **einen ~ haben** have catarrh

**Kataster** [ka'tastɐ] **der** *od.* **das; ~s, ~:** land register

**Katạster·amt das** land registry

**katastrophal** [katastro'fa:l] **1.** *Adj.* disastrous; *(stärker)* catastrophic; *(entsetzlich)* appalling; atrocious. **2.** *adv.* disastrously; *(stärker)* catastrophically; **sich ~ auswirken** have a disastrous/catastrophic effect; **~ enden** end in disaster/catastrophe

**Katastrophe** [katas'tro:fə] **die; ~, ~n a)** *(Unglück)* disaster; *(stärker)* catastrophe; **jmd. ist eine ~** *(ugs.)* sb. is a disaster; **b)** *(Literaturw.)* catastrophe

**Katastrọphen-: ~alarm der** emergency *or* disaster alert; **~dienst der** emergency services *pl.*; **~einsatz der: den ~einsatz üben** practise procedures in case of a disaster; **~fall der** disaster [situation]; **~gebiet das** disaster area; **~schutz der a)** *(Organisation)* emergency services *pl.*; **b)** *(Maßnahmen)* disaster procedures *pl.*; **dem ~schutz dienen** be useful in the event of a disaster

**Kate** ['ka:tə] **die; ~, ~n** *(bes. nordd.)* small cottage

**Katechese** [katɛ'çe:zə] **die; ~, ~n** *(christl. Kirche)* catechesis

**Katechet** [katɛ'çe:t] **der; ~en, ~en** *(christl. Kirche)* catechist

**Katechismus** [katɛ'çɪsmʊs] **der; ~, Katechismen** *(christl. Kirche)* catechism

**Katechịst der; ~en, ~en** catechist

**kategorial** [katego'ri̯a:l] *Adj. (geh.)* categorial
**Kategorie** [katego'ri:] **die; ~, ~n** [-i:ən] category; **diese ~ Mensch** that sort of person
**kategorisch 1.** *Adj.* categorical; *s. auch* **Imperativ b. 2.** *adv.* categorically
**kategorisieren** *tr. V.* categorize
**Kater** ['ka:tɐ] **der; ~s, ~ a)** tom-cat; **wie ein verliebter ~:** like an amorous tom-cat; *s. auch* **gestiefelt; b)** *(ugs.: schlechte Verfassung)* hangover; **einen ~ haben** have a hangover; be hung-over
**Kater-: ~frühstück das** *breakfast, usually of pickled herrings and gherkins, supposed to cure a hangover;* **~stimmung die** morning-after feeling; **er ist in der fürchterlichsten ~stimmung** he's got a terrible hangover
**Katharina** [kata'ri:na] **(die)** Catherine; Katherine
**Katharsis** ['ka(:)tarzɪs] **die; ~** *(Literaturw.)* catharsis
**kathartisch** [ka'tartɪʃ] *(geh.)* **1.** *Adj.* cathartic. **2.** *adv.* cathartically
**Katheder** [ka'te:dɐ] **das** *od.* **der; ~s, ~:** lectern; *(Pult des Lehrers)* teacher's desk
**Kathederweisheit die** theoretical *or* academic knowledge *no pl., no indef. art.*
**Kathedrale** [kate'dra:lə] **die; ~, ~n** cathedral
**Kathete** [ka'te:tə] **die; ~, ~n** *(Math.)* leg *(of a right-angled triangle)*
**Katheter** [ka'te:tɐ] **der; ~s, ~** *(Med.)* catheter
**Kathode** [ka'to:də] **die; ~, ~n** *(Physik)* cathode
**Katholik** [kato'li:k] **der; ~en, ~en, Katholikin die; ~, ~nen** [Roman] Catholic
**katholisch** *Adj.* [Roman] Catholic; **die Katholischen** *(ugs.)* the Catholics; *s. auch* **taufen a**
**Katholizismus** [katoli'tsɪsmʊs] **der; ~:** [Roman] Catholicism *no art.*
**Katholizität** [katolitsi'tɛ:t] **die; ~:** Catholicism
**Katode** [ka'to:də] **die; ~, ~n** *s.* **Kathode**
**Kattun** [ka'tu:n] **der; ~s, ~e** calico
**Kattun·kleid das** calico dress
**Katz** [kats] **die** *in* **~ und Maus [mit jmdm.] spielen** *(ugs.)* play cat and mouse [with sb.]; **für die ~ sein** *(salopp)* be a waste of time
**katzbalgen** *refl. V. (ugs.)* scrap; fight
**katzbuckeln** *itr. V. (abwertend)* bow and scrape; **vor jmdm. ~:** bow and scrape to sb.
**Kätzchen** ['kɛtsçən] **das; ~s, ~ a)** *(kleine Katze)* little cat; *(liebkosend)* pussy; *(junge Katze)* kitten; **b)** *meist Pl. (Blüte der Birke, Erle u. a.)* catkin; **c)** *(ugs.: Mädchen)* kitten
**Kätzchen·zweig der** catkin twig
**Katze** ['katsə] **die; ~, ~n a)** cat; **die ~ läßt das Mausen nicht** *(Spr.)* a leopard cannot change its spots *(prov.);* **bei Nacht** *od.* **nachts sind alle ~n grau** it's impossible to see any details in the dark; **wenn die ~ aus dem Haus ist, tanzen die Mäuse [auf dem Tisch]** *(Spr.)* when the cat's away the mice will play *(prov.);* **da beißt sich die ~ in den Schwanz** *(fig.)* we've come round in a circle; **die ~ aus dem Sack lassen** *(ugs.)* let the cat out of the bag; **die ~ im Sack kaufen** *(ugs.)* buy a pig in a poke; **um etw. herumgehen wie die ~ um den heißen Brei** *(ugs.)* beat about the bush; *s. auch* **Katz; b)** *(Jägerspr.)* female; **c)** *(temperamentvolle Frau)* cat
**Katzelmacher der; ~s, ~** *(südd., österr.: salopp abwertend)* wop *(sl. derog.)*
**katzen-, Katzen-: ~auge das a)** *(ugs.: Rückstrahler)* reflector; **b)** *(Mineral.)* cat's-eye; **~buckel der** hunched back; **einen ~buckel machen** hunch one's back; **~fell das** cat's skin; **~freundlich** *Adj.* ingratiatingly friendly; **~haft** *Adj.* catlike; **~jammer der a)** *(Kater)* hangover; **b)** *(fig.)* mood of depression; **~klo das** *(ugs.)* cat's [litter] tray; **~kopf der** *(ugs.)* cobble-[-stone]; **~musik die** *(ugs. abwertend)* terrible row *(coll.);* cacophony; **~sprung der** stone's throw; **bis zum Strand ist es nur ein ~sprung** the beach is only a stone's throw away; **~tisch der** *(ugs. scherzh.)* children's table; **~wäsche die** *(ugs.)* lick and a promise *(coll.);* catlick *(coll.);* **~wäsche machen** have a lick and a promise *or* a catlick; **~zunge die** langue de chat
**Kau·bewegung die** chewing movement
**Kauderwelsch** ['kaudɐvɛlʃ] **das; ~[s]** gibberish *no indef. art.;* double Dutch *no indef. art.;* **juristisches/medizinisches ~:** legal/medical jargon; **ein ~ aus Deutsch, Englisch und Französisch** an incomprehensible hotchpotch of German, English, and French
**kauderwelschen** *itr. V.* talk gibberish *or* double Dutch
**kauen** ['kauən] **1.** *tr. V.* chew; masticate *(Med., formal);* **[die] Nägel ~:** bite *or* chew one's nails. **2.** *itr. V.* **a)** chew; **an etw.** *(Dat.)* **~:** chew [on] sth.; **an einem Problem ~** *(fig.)* wrestle *or* struggle with a problem; **an dieser Niederlage wird er noch einige Zeit zu ~ haben** *(fig.)* it will take him some time to get over this defeat; **mit vollen Backen ~** *(ugs.)* chew with one's mouth [stuffed] full; **b)** *(nagen, knabbern)* chew; bite; **an einem Bleistift/den Fingernägeln ~:** chew a pencil/bite *or* chew one's nails
**kauern** ['kauɐn] **1.** *itr. V.* crouch [down]; *(ängstlich)* cower. **2.** *refl. V.* crouch [down]; *(ängstlich)* cower; **sich an jmdn. ~:** huddle up to sb.
**Kauf** [kauf] **der; ~[e]s, Käufe** ['kɔyfə] **a)** *(das Kaufen)* buying; purchasing *(formal);* **den ~ vermitteln** arrange the purchase; **einen ~ abschließen/tätigen** complete/make a purchase; **jmdn. zum ~ ermuntern/veranlassen** encourage/induce sb. to buy; **jmdm. etw. zum ~ anbieten** offer sb. sth. for sale; **etw. in ~ nehmen** *(fig.)* accept sth.; **jmdn. in ~ nehmen** *(fig. ugs.)* put up with sb.; **b)** *(das käuflich Erworbene)* purchase
**Kauf-: ~auftrag der** order to buy *or* purchase; **~brief der** bill of sale; *(beim Hauskauf)* title deed
**kaufen 1.** *tr. V.* **a)** *(erwerben)* buy; purchase; **etw. billig/zu teuer ~:** buy sth. cheaply/pay too much for sth.; **sich/jmdm. etw. ~:** buy sth. for oneself/sb.; buy oneself/sb. sth.; **etw. auf Raten** *od.* **Abzahlung ~:** buy sth. on hire-purchase *(Brit.) or (Amer.)* the installment plan; **etw. auf Stottern** *od.* **Pump ~** *(ugs.)* buy sth. on the never-never *(Brit. coll.) or (Amer. coll.)* on time; **etw. für viel** *od.* **teures Geld ~:** pay a lot of money for sth.; **das wird viel** *od.* **gern gekauft** it sells well; **dafür kann ich mir nichts ~** *(ugs.)* a [fat] lot of use that is to me *(coll.);* **sich** *(Dat.)* **jmdn. ~** *(ugs.)* give sb. what for *(sl.);* let sb. have *or* give sb. a piece of one's mind; **b)** *(ugs.: bestechen)* buy. **2.** *itr. V. (einkaufen)* shop; **in diesem Laden kaufe ich nicht mehr** I'm not getting anything in that shop again
**Käufer** ['kɔyfɐ] **der; ~s, ~, Käuferin die; ~, ~nen** buyer; purchaser; *(Kunde/Kundin)* customer; *s. auch* **-in**
**Käufer·schicht die** class of customer *or* consumer
**kauf-, Kauf-: ~fahrer der** *(veralt.),* **~fahrtei·schiff** [~fa:ɐ̯'tai̯-] **das** *(veralt.)* merchantman; **~frau die** businesswoman; *(Händlerin)* trader; merchant; **~haus das** department store; **~haus·detektiv der** store detective; **~kraft die** *(Wirtsch.)* **a)** *(Wert des Geldes)* purchasing power; **b)** *(Zahlungsfähigkeit)* spending power; **~kräftig** *Adj.* **ein ~kräftiger Kunde/Interessent** a customer with money to spend/a wealthy potential buyer; **~kräftig sein** have money to spend; **~laden der a)** *(veralt.) (kleiner Laden)* [small] shop; *(Lebensmittelladen)* [small] grocer's shop; **b)** *(Kinderspielzeug)* toy shop
**käuflich** ['kɔyflɪç] **1.** *Adj.* **a)** *(gegen Bezahlung erhältlich)* for sale *postpos.;* **~e Liebe** *(fig.)* prostitution; **ein ~es Mädchen** *(fig.)* a woman/girl of easy virtue; **b)** *(bestechlich)* venal; **~ sein** be easily bought. **2.** *adv.* **etw. ~ erwerben/erstehen** buy *or* purchase sth.; **~ zu erwerben sein** be for sale
**kauf-, Kauf-: ~lust die** inclination *or* desire to buy; **~lustig** *Adj.* eager to buy *pred.;* **die Kauflustigen** the eager shoppers
**Kauf·mann der;** *Pl.* **Kaufleute a)** *(Geschäftsmann)* businessman; *(Händler)* trader; merchant; **gelernter ~:** *person who has completed a course of training in some branch of business;* **b)** *(Besitzer eines Kaufladens)* shopkeeper; *(Besitzer eines Lebensmittelladens)* grocer; **zum ~ gehen** go to the shop/grocer's
**kaufmännisch 1.** *Adj.* commercial; business *attrib.;* commercial ⟨*bookkeeping*⟩; **~er Angestellter** clerk; employee in business; **einen ~en Beruf ergreifen/erlernen** go into business/receive a business training; **~es Geschick/~e Erfahrung haben** possess business skill/experience. **2.** *adv.* **~ tätig sein** be in business; **~ denken** think along commercial lines
**Kaufmanns-: ~sprache die** business parlance; **~stand der** *(veralt.)* merchant class
**Kauf-: ~objekt das** article for sale; *(Haus usw.)* property for sale; **~preis der** purchase price; **~rausch der** frantic urge to spend; **~summe die** purchase price; **~vertrag der** contract of sale; *(beim Hauskauf)* title-deed; **~zwang der** obligation to buy *or* purchase; **ohne ~zwang** without obligation [to buy *or* purchase]
**Kau·gummi der** *od.* **das; ~s, ~s** chewing gum
**Kaukasien** [kau'ka:zi̯ən] **(das); ~s** Caucasia
**Kaukasier der; ~s, ~:** Caucasian
**kaukasisch** *Adj.* Caucasian
**Kaukasus** ['kaukazʊs] **der; ~:** the Caucasus
**Kaulquappe** ['kaulkvapə] **die; ~, ~n** tadpole
**kaum** [kaum] *Adv.* **a)** *(fast gar nicht)* hardly; scarcely; **~ jemand/etwas** hardly anybody *or* anyone/anything; **~ älter/größer/besser** hardly *or* scarcely any older/bigger/better; **wir haben ~ noch Zeit** we really haven't the time; **das war ~ noch zu erwarten** it was really too late to expect that; **b)** *(nur mit Mühe)* hardly; scarcely; barely; **ich kann es ~ glauben/erwarten** I can hardly believe it/wait; **ich konnte ~ rechtzeitig damit fertig werden** I could hardly *or* barely finish it in time; **diese Schrift ist ~ zu entziffern** this writing is barely decipherable; **c)** *(vermutlich nicht)* hardly; scarcely; **er wird [wohl] ~ zustimmen** he is hardly likely to agree; **ich glaube ~:** I hardly *or* scarcely think so; **es wird sich ~ lohnen** it is unlikely to be profitable; **d)** *(in dem Augenblick)* **~ hatte er Platz genommen, als ...:** no sooner had he sat down than ...; **e)** *(nicht lange nachdem)* **~ daß er aus dem Gefängnis gekommen war ...:** hardly *or* scarcely had he left prison when ...; **der Regen war, ~ daß er angefangen hatte, auch schon wieder vorüber** the rain had stopped almost as soon as it had started; **f)** *(geh.)* **~ daß ich mich an die Landschaft erinnere** I can hardly even remember the scenery
**Kau·muskel der** *(Anat.)* masticatory muscle; **[äußerer] ~:** masseter
**kausal** [kau'za:l] *Adj. (geh., Sprachw.)* causal
**Kausal·gesetz das;** *o. Pl. (bes. Philos., Logik)* law of causality
**Kausalität** [kauzali'tɛ:t] **die; ~, ~en** causality

**Kausalitäts·gesetz das** *s.* **Kausalgesetz**
**Kausal-:** **~kette die** *(bes. Philos., Logik)* causal chain; **~satz der** *(Sprachw.)* causal clause; **~zusammenhang der** *(bes. Philos., Logik)* causal connection
**Kausativ** ['kauzati:f] **das; ~s, ~e** [-i:və] *(Sprachw.)* causative verb
**Kau·tabak der** chewing tobacco
**Kautel** [kau'te:l] **die; ~, ~en;** *meist Pl. (Rechtsw.)* proviso
**Kaution** [kau'tsio:n] **die; ~, ~en a)** *(bei Freilassung eines Gefangenen)* bail; **eine ~ für jmdn. stellen** stand bail *or* surety for sb.; **gegen ~:** on bail; **jmdn. gegen ~ freibekommen** bail sb. out; **b)** *(beim Mieten einer Wohnung)* deposit
**Kautschuk** ['kautʃʊk] **der; ~s, ~e** [india] rubber
**Kautschuk-:** **~milch die** rubber latex; **~paragraph der** *(ugs.) s.* **Gummiparagraph**
**Kauz** [kauts] **der; ~es, Käuze** ['kɔytsə] **a)** *(Wald~)* tawny owl; *(Stein~)* little owl; **b)** *(Sonderling)* odd *or* strange fellow; oddball *(coll.)*; **ein komischer ~:** an odd *or* a queer bird *(coll.)*
**Käuzchen** ['kɔytsçən] **das; ~s, ~:** *s.* **Kauz a**
**kauzig** *Adj.* odd; queer; funny *(coll.)*
**Kavalier** [kava'li:ɐ] **der; ~s, ~e a)** *(höflicher Mann)* gentleman; **der ~ genießt und schweigt** a gentleman never talks about his amours; **b)** *(veralt., noch scherzh.: Freund)* beau *(dated)*; young man; **c)** *(hist.: Edelmann)* cavalier; nobleman
**kavaliers-, Kavaliers-:** **~delikt das** trifling offence; peccadillo; **~mäßig 1.** *Adj.* gentlemanly; **2.** *adv.* like a gentleman; in a gentlemanly manner; **~start der** racing start
**Kavalkade** [kaval'ka:də] **die; ~, ~n** *(veralt.)* cavalcade
**Kavallerie** [kavalə'ri:] **die; ~, ~n** *(Milit. hist.)* cavalry
**Kavallerie·pferd das** cavalry horse
**Kavallerist der; ~en, ~en** cavalryman; trooper
**Kavents·mann** [ka'vɛnts-] **der** *(bes. nordd.) (übergroßes Exemplar)* monster
**Kaverne** [ka'vɛrnə] **die; ~, ~n a)** *(unterirdischer Hohlraum)* [artificial] cavern; **b)** *(Med.)* cavern
**Kaviar** ['ka:viar] **der; ~s, ~e** caviare
**Kaviar·brot das** French bread; **ein ~:** a French loaf
**kcal** *Abk.* **Kilo[gramm]kalorie** kcal
**KdF** *Abk. (ns.)* **Kraft durch Freude** Strength through Joy [movement]
**Kebse** ['ke:psə] **die; ~, ~n** *(hist.)*, **Kebs·weib das** *(hist.)* concubine
**keck** [kɛk] **1.** *Adj.* **a)** *(respektlos)* impertinent; cheeky; saucy *(Brit.)*; **b)** *(veralt.: verwegen)* bold; **c)** *(flott)* jaunty, pert ⟨*hat etc.*⟩. **2.** *adv.* **a)** *(respektlos)* impertinently; cheekily; saucily *(Brit.)*; **b)** *(veralt.: verwegen)* boldly; **c)** *(flott)* jauntily
**Keckheit die; ~, ~en a)** *(Respektlosigkeit)* impertinence; cheek; sauce *(Brit.)*; **b)** *(veralt.: Kühnheit)* boldness
**Keeper** ['ki:pɐ] **der; ~s, ~** *(Fußball, bes. österr.)* [goal]keeper
**Kefir** ['ke:fɪr] **der; ~s** kefir
**Kegel** ['ke:gl̩] **der; ~s, ~ a)** *(geometrischer Körper)* cone; **b)** *(Spielfigur)* skittle; *(beim Bowling)* pin; **~ schieben** *s.* **kegelschieben; c)** *(Berg~)* peak; **d)** *(Licht~)* beam; **e)** *(Druckw.)* body size; point size
**kegel-, Kegel-:** **~abend der** skittles night; **~bahn die** skittle alley; **~bruder der** skittle-club friend; **~förmig** *Adj.* conical; cone-shaped; **~klub der** skittle club; **~kugel die** [skittle] ball; **~mantel der** *(Geom.)* lateral surface of a/the cone
**kegeln 1.** *itr. V.* **a)** *(eine Kegelpartie machen)* play skittles *or* ninepins; *(beim Bowling)* bowl; **b)** *mit sein (ugs.: hinfallen)* tumble. **2.** *tr. V.* **a)** *(durch Kegeln ausführen)* play; **b)** *(durch Kegeln erzielen)* bowl; score
**kegel-, Kegel-:** **~rad das** *(Technik)* bevel wheel; **~|schieben** *unr. itr. V.; Zusammenschreibung nur im Inf.* play skittles *or* ninepins; **~schieben das** skittles *sing.*; ninepins *sing.*; **~schnitt der** *(Geom.)* conic section; **~sport der** skittles *sing.*; ninepins *sing.*; **~stumpf der** truncated cone; frustum of a cone
**Kegler der; ~s, ~:** skittle player; *(bei Bowling)* [ten-pin] bowler
**Kehle** ['ke:lə] **die; ~, ~n a)** throat; **jmdm. an die ~ springen/fahren** leap at sb.'s throat; **sich** *(Dat.)* **die ~ schmieren** *od.* **ölen** *od.* **anfeuchten** wet one's whistle *(coll.)*; **sich** *(Dat.)* **die ~ aus dem Hals schreien** *(ugs.)* shout *or* yell one's head off; **aus voller ~:** at the top of one's voice; **sein ganzes Geld durch die ~ jagen** pour all one's money down one's throat; **etw. bleibt jmdm. in der ~ stecken** sth. sticks in sb.'s throat *or* gullet; **etw. in die falsche ~ bekommen** *(ugs.) (fig.: etw. mißverstehen)* take sth. the wrong way; *(sich an etw. verschlucken)* have sth. go down the wrong way; *s. auch* **Messer a; b)** *(Archit.)* hollow moulding; *(Dach~)* [roof] valley
**kehlig 1.** *Adj.* guttural ⟨*language, speech, sound, etc.*⟩; throaty, guttural ⟨*voice, laugh, etc.*⟩. **2.** *adv.* throatily; gutturally; in a throaty *or* guttural voice
**Kehl·kopf der** *(Anat.)* larynx
**Kehlkopf-:** **~entzündung die** laryngitis *no indef. art.*; **~krebs der** *(Med.)* cancer of the larynx; **~mikrophon das** throat microphone; **~spiegel der** *(Med.)* laryngoscope
**Kehl·laut der a)** guttural sound; **b)** *(Sprachw.)* guttural
**Kehr-:** **~aus der; ~ a)** *(letzter Tanz)* last dance; **b)** *(Schluß einer Veranstaltung)* **den ~aus machen** finish; call it a day *(coll.)*; *(zumachen)* close; **~besen der** broom; *(Handfeger)* brush; **~blech das** *(bes. südd.)* small shovel *(used as dustpan)*
**Kehre** ['ke:rə] **die; ~, ~n a)** *(scharfe Kurve)* sharp bend *or* turn; *(Haarnadelkurve)* hairpin bend; **b)** *(geh.: Wende)* [abrupt] change of direction; **c)** *(Turnen)* back *or* rear vault
[1]**kehren 1.** *tr. V.* turn; **die Innenseite von etw. nach außen ~:** turn sth. inside out; **jmdm. den Rücken ~:** turn one's back on sb.; **die Augen zum Himmel ~:** raise one's eyes to the sky *or* heavenwards; **etw./alles zum Besten ~:** make sure sth./everything turns out for the best. **2.** *refl. V.* turn; **sich gegen jmdn./etw. ~:** turn against sb./sth.; **etw./alles wird sich zum Besten ~:** sth./everything will turn out all right; **sich an etw.** *(Dat.)* **nicht ~:** pay no attention to *or* not care about sth. **3.** *itr. V.* **a)** *(selten: umkehren)* turn [round]; **Abteilung kehrt!** *(Milit.)* squad, about turn *or (Amer.)* face!; **rechtsum/linksum kehrt!** right/left turn *or (Amer.)* face!; **b)** *mit sein (geh.: zurück~/ein~)* return; **in sich** *(Akk.)* **gekehrt** lost in thought; in a brown study; **ein in sich** *(Akk.)* **gekehrter Mensch** an introverted person
[2]**kehren 1.** *itr. V. (bes. südd.)* sweep; do the sweeping. **2.** *tr. V.* sweep; *(mit einem Handfeger)* brush; **den Staub von etw./auf etw.** *(Akk.)* **~:** sweep/brush the dust off sth./on to sth.
**Kehricht** ['ke:rɪçt] **der** *od.* **das; ~s a)** *(geh.: Schmutz, Unrat)* rubbish; **das geht dich einen feuchten ~ an!** *(salopp)* mind your own damned business!; **b)** *(schweiz.: Müll)* refuse; garbage *(Amer.)*
**Kehricht-:** **~eimer der** dustbin; garbage can *(Amer.)*; **~haufen der** pile *or* heap of rubbish; **~schaufel die** *s.* **Kehrschaufel**
**Kehr-:** **~maschine die** [mechanical] road sweeper; **~reim der** refrain; **~schaufel die** dustpan; **~seite die a)** *(Rückseite)* back; *(einer Münze, Medaille)* reverse; *(eines Stoffes)* back; wrong side; **die ~seite der Medaille** *(fig.)* the other side of the coin; **b)** *(scherzh.) (Gesäß)* backside; *(Rücken)* back **c)** *(nachteiliger Aspekt)* drawback; disadvantage
**kehrt|machen** *itr. V. (ugs.) (sich umdrehen)* do an about-turn; *(umkehren)* turn [round and go] back; *(plötzlich)* turn in one's tracks; **auf dem Absatz ~:** turn on one's heel
**Kehrt·wendung die** *(bes. Milit. od. fig.)* about-turn; about-face *(Amer.)*; **eine ~ machen** make *or* do an about-turn *or (Amer.)* about-face
**Kehr·wert der** *(Math.)* reciprocal
**keifen** ['kaifn̩] *itr. V. (abwertend)* nag; scold; **das Keifen der Marktfrauen** the squabbling *or* bickering of the market women
**Keiferei** [kaifə'rai] **die; ~, ~en** *(abwertend)* nagging; scolding
**Keil** [kail] **der; ~[e]s, ~e a)** *(zum Spalten)* wedge; **einen ~ in etw.** *(Akk.)* **treiben** drive a wedge into sth.; **einen ~ zwischen die beiden Freunde treiben** *(fig.)* drive a wedge between the two friends; **b)** *(zum Festklemmen)* chock; *(unter einer Tür)* wedge; **c)** *(bes. Milit.: keilförmige Formation)* wedge; **d)** *(Schneiderei)* [wedge-shaped] gusset
**Keil·absatz der** wedge [heel]
**Keile** ['kailə] **die; ~** *(nordd.)* walloping *(sl.)*; thrashing; **~ bekommen** *od.* **kriegen** get a walloping *(sl.) or* thrashing
**keilen 1.** *refl. V. (ugs.: sich prügeln)* fight; scrap; **sich um etw. ~:** fight over sth. **2.** *tr. V.* **a)** *(fachspr.: mit einem Keil spalten)* split with a wedge; **b)** *(fachspr.: als Keil hineinschlagen)* **etw. in etw.** *(Akk.)* **~:** drive sth. into sth.; **c)** *(ugs.: anwerben)* rope in *(coll.)*; recruit. **3.** *itr. V. (ausschlagen)* kick
**Keiler der; ~s, ~** *(Jägerspr.)* wild boar
**Keilerei die; ~, ~en** *(ugs.)* punch-up *(coll.)*; brawl; fight; **eine allgemeine ~:** a free-for-all
**keil-, Keil-:** **~förmig** wedge-shaped; cuneiform ⟨*lettering, script*⟩; **~hose die** tapering trousers; *(Skihose)* tapering skipants; **~kissen das** wedge-shaped bolster; **~riemen der** *(Technik)* V-belt; **~schrift die** cuneiform script
**Keim** [kaim] **der; ~[e]s, ~e a)** *(Bot.: erster Trieb)* shoot; **b)** *(Biol.: befruchtete Eizelle)* embryo; **c)** *(Ursprung, Ausgangspunkt)* seed[s *pl.*]; **etw. im ~ ersticken** nip sth. in the bud; **den ~ zu etw. legen** sow the seeds *pl.* of sth.; **d)** *meist Pl. (Biol., Med.: Krankheitserreger)* germ; **e)** *(Physik)* nucleus
**Keim-:** **~blatt das a)** *(Bot.)* cotyledon; seed leaf; **b)** *(Biol., Med.)* germ layer; **~drüse die** *(Zool., Med.)* gonad; **~drüsen·hormon das** sex hormone
**keimen** *itr. V.* **a)** *(zu sprießen beginnen)* germinate; sprout; **b)** *(innerlich entstehen)* ⟨*hope*⟩ stir; ⟨*thought, belief, decision*⟩ form; ⟨*love, yearning*⟩ awaken
**keim-, Keim-:** **~fähig** *Adj.* viable; capable of germinating *postpos.*; **~fähigkeit die;** *o. Pl.* viability; ability to germinate; **~frei** *Adj.* germ-free; sterile; **etw. ~frei machen** sterilize sth.; **~freie Milch** sterilized milk; **~frei verpackt/gelagert** packed in sterile containers/stored in sterile conditions
**keimhaft 1.** *Adj. (geh.)* incipient; *(noch nicht ausgeprägt)* embryonic. **2.** *adv.* **~ angelegt** embryonically present
**Keimling** ['kaimlɪŋ] **der; ~s, ~e** *(Bot.)* embryo
**keim-, Keim-:** **~scheibe die** *(Biol.)* blastodisc; germinal disc; **~tötend** *Adj.* germicidal; **~träger der** *(Med.)* carrier
**Keimung die; ~, ~en** germination
**Keim·zelle die a)** *(Ausgangspunkt)* nucleus; **b)** *(Bot.)* germ-cell; **c)** *s.* **Gamet**

**kein** [kain] *Indefinitpron.* **a)** no; *(bei abstrakten Begriffen)* no; not any; **er hat ~ Wort gesagt** he didn't say a word; he said not a word; **er konnte ~e Arbeit finden** he could find no work; he could not find any work; **ich habe ~ Geld/~e Zeit** I have no money/time; I don't have any money/time; **hat er ~e Kinder?** has he no children?; **kennst du ~e Deutschen/~en Deutschen, der ...?** don't you know any Germans/a German who ...?; **~ Mensch/~ einziger** nobody *or* no one/not a single one; **in ~er Weise/unter ~en Umständen** in no way/in *or* under no circumstances; **das ist ~ dummer Vorschlag** that's not a bad suggestion; **er ist ~ Dichter** he is not a poet; *(er dichtet schlecht)* he is no poet; **zwischen den beiden Vorgängen besteht ~ großer Unterschied** there's no great difference between the two processes; **~ anderer als er kann es gewesen sein** it can't have been anybody else but him; **b)** *(ugs.: nicht ganz, nicht einmal)* less than; **es ist ~e drei Tage her, daß ich zuletzt dort war** it's not *or* it's less than three days since I was last there; **sie ist noch ~e zehn Jahre alt** she's not ten years old yet; **es dauert ~e fünf Minuten** it won't take five minutes; **c)** *alleinstehend (niemand/nichts)* nobody; no one; **~er von uns** not one of us; none of us; **ich kenne ~en, der dir helfen kann** I don't know anyone who can help you; **keins von beiden** neither [of them]; **ich wollte ~es von beiden** I didn't want either of them; **mir kann ~er!** *(salopp)* I can look after myself!; **Kannst du mir Geld geben? – Ich habe selbst ~[e]s mehr** Can you give me some money? – No, I haven't any left either; **d)** *alleinstehend (überhaupt nicht)* **Post kam ~e** there was no *or* wasn't any post *or* mail; **Lust habe ich ~e** I don't feel like it

**keinerlei** *indekl. unbest. Gattungsz.* no ... at all; no ... what[so]ever

**keiner·seits** *Adv. (selten)* **ihr Vorschlag fand ~ Zustimmung** her suggestion met with no support anywhere *or* from any side

**keines·falls** *Adv.* on no account; **die Aufgabe ist schwer, aber ~ unlösbar** the problem is difficult but by no means insoluble

**keines·wegs** *Adv.* by no means; not by any means; not at all; **sein Einfluß darf ~ unterschätzt werden** his influence must in no way be underestimated; **ich nehme euch eure Offenheit ~ übel** I'm not in any way *or* not in the least offended by your frankness

**kein·mal** *Adv.* not [even] once; *s. auch* **einmal a**

**Keks** [ke:ks] **der; ~** *od.* **~es, ~** *od.* **~e** *(österr.:* **~, ~[e]**) biscuit *(Brit.)*; cookie *(Amer.)*; **~[e] essen/backen** eat/bake biscuits/cookies; **das/er geht mir auf den ~** *(salopp)* it/he gets up my nose *(sl.)*

**Kelch** [kɛlç] **der; ~[e]s, ~e a)** *(Trinkgefäß)* goblet; **den [bitteren] ~ bis auf den Grund** *od.* **bis zur Neige leeren [müssen]** *(geh.)* [have to] drain the [bitter] cup to the dregs; **der ~ ist an uns/ihm vorübergegangen** *(geh.)* we were/he was spared that ordeal; **b)** *(Rel.)* chalice; communion cup; **c)** *(Bot.)* calyx

**kelch-, Kelch-: ~blatt das** *(Bot.)* sepal; **~förmig** *Adj.* goblet-shaped; **~glas das** goblet

**Kelim** ['ke:lɪm] **der; ~s, ~s** Kilim

**Kelle** ['kɛlə] **die; ~, ~n a)** *(Schöpflöffel)* ladle; **b)** *(Signalstab)* signalling disc; **c)** *(Maurer~)* trowel; **d)** *(ugs.) (Tischtennisschläger)* bat; *(Tennisschläger)* racket

**Keller** ['kɛlɐ] **der; ~s, ~ a)** cellar; *(einer Burg usw.)* cellars *pl.*; *(~geschoß)* basement; **der Dollar/der Kurs des Dollars ist in den ~ gefallen** *(fig.)* the dollar has gone through the floor *(fig.)*; **im ~ sein** *(Skat Jargon)* have a minus score *or* minus points; **b)** *(~raum)* cellar; **c)** *(ugs.: Weinvorrat)* cellar; **d)** *(Luftschutz)* [air-raid] shelter; **e)** *s.* **Kellerlokal**

**Keller·assel die** wood-louse

**Kellerei die; ~, ~en a)** *(~betrieb)* winery; wine producer's; **b)** *(Kellerräume)* [wine] cellars *pl.*

**Keller-: ~fenster das** cellar window; *(von ~geschoß)* basement window; **~geschoß das** basement; **~gewölbe das** underground vault; **~kind das** *(ugs.)* slum child *or (sl.)* kid; **~lokal das** cellar bar/disco *etc.*; *(Restaurant)* cellar restaurant; **~meister der** maître de chai; **~treppe die** cellar stairs *pl.*; *(zum ~geschoß)* basement stairs *pl.*; **~wohnung die** basement flat *(Brit.) or (Amer.)* apartment

**Kellner** ['kɛlnɐ] **der; ~s, ~:** waiter

**Kellnerin die; ~, ~nen** waitress

**kellnern** *itr. V. (ugs.)* work as a waiter/waitress

**Kelte** ['kɛltə] **der; ~n, ~n** Celt

**Kelter** ['kɛltɐ] **die; ~, ~n** *(für Weintrauben)* winepress; *(für andere Obstarten)* fruit-press

**Kelterei die; ~, ~en** *(für Weintrauben)* grape crushing and pressing plant; *(für andere Obstarten)* fruit crushing and pressing plant

**keltern** *tr. V.* press ⟨*grapes etc.*⟩

**keltisch** *Adj.* Celtic

**Keltisch das; ~[s]** Celtic; *s. auch* **Deutsch**

**Kelvin** ['kɛlvɪn] **das; ~s, ~** *(Phys.)* kelvin

**Kemenate** [keme'na:tə] **die; ~, ~n** [ladies'] heated apartments *pl. (in a medieval castle)*

**Kenia** ['ke:nia] **(das); ~s** Kenya

**Kenianer** [ke'nia:nɐ] **der; ~s, ~, Kenianerin die; ~, ~nen** Kenyan; *s. auch* **-in**

**Kenn·daten** ['kɛn-] *Pl. (fachspr.)* personal data *or* details

**kennen** ['kɛnən] *unr. tr. V.* **a)** know; **das Leben ~:** know about life; know the ways of the world; **das ~ wir gar nicht anders** *(haben es nie anders gemacht)* we've always done it that way; *(haben es erfahren)* it's always been like that; **jmdn. als Schriftsteller/Feigling ~:** know sb. as a writer/know sb. to be a coward; **kennst du den?** *(diesen Mann)* do you know who he is?; *(bist du mit ihm bekannt)* are you acquainted with him?; *(diesen Witz)* have you heard this one?; **jmds. Bücher/Werk ~:** know *or* be acquainted with sb.'s books/work; **da kennst du mich aber schlecht** *(ugs.)* that just shows you don't know me very well; **das kennen wir [schon]** *(ugs. abwertend) (das ist nichts Neues)* we've heard all that before; *(diese Ausrede kennen wir)* we've heard that one before; **sich nicht mehr ~ [vor ...]** be beside oneself [with ...]; **einen guten Arzt/ein gutes Restaurant ~:** know [of] a good doctor/restaurant; **da kenne ich/da kennt er nichts** *(ugs.)* and to hell with everything else *(coll.)*; **b)** *(bekannt sein mit)* know; be acquainted with; **jmdn. flüchtig/persönlich ~:** know sb. slightly/personally; **die beiden ~ sich nicht mehr** the two are no longer on speaking terms; **ich glaube, wir beide ~ uns noch nicht** I don't think we've been introduced; **er will mich nicht mehr ~:** he doesn't want to know me any more; **c)** *(haben)* have; **keinen Winter/Sommer ~:** have no winter/summer; **er kennt keine Kopfschmerzen** he never gets a headache; **kein Mitleid ~:** know *or* have no pity; **d)** *(wiedererkennen)* know; recognize; **na, kennst du mich noch?** well, do you remember me?; **jmdn. am Gang/an der Stimme ~:** know *or* recognize sb. by his/her walk/voice

**kennen|lernen** *tr. V.* **a)** *(Kenntnis erlangen)* get to know; acquaint oneself with; **jmdn./etw. näher ~:** get to know sb./sth. better; become better acquainted with sb./sth.; **jmdn. von einer bestimmten Seite ~:** see a particular side of sb.; **jmdn. als einen bescheidenen Menschen** *usw.* **~:** come to know sb. as a modest person *etc.*; **b)** *(bekannt werden mit)* get to know; become acquainted with; *(erstmals begegnen)* meet; **freut mich, Sie kennenzulernen** pleased to meet you; pleased to make your acquaintance *(formal)*; **c)** *(in Berührung gebracht werden mit)* come to know; **du wirst mich noch ~!** you'll find out I don't stand for any nonsense

**Kenner der; ~s, ~ a)** *(Fachmann)* expert, authority (+ *Gen.* on); **b)** *(von Wein, Speisen)* connoisseur; **dieser Wein ist etwas für den ~:** this is a wine for the connoisseur

**Kennerblick der** expert eye; **mit ~:** with an expert eye; **er warf ~e auf die Ausstellungsstücke** he cast an expert eye over the exhibits

**Kennerin die; ~, ~nen** *s.* **Kenner**

**Kenner·miene die** air of an expert/connoisseur; **mit ~:** with the air of an expert/connoisseur

**Kennerschaft die; ~:** connoisseurship; *(Sachkenntnis)* expertise

**Kenn-: ~karte die** identity card; **~marke die** [police] identification badge; ≈ [police] warrant card *or (Amer.)* ID card; **~melodie die** *(Rundf.)* signature tune; **~nummer die** *s.* **Kennummer**

**kenntlich** ['kɛntlɪç] *Adj.* **~ sein** be recognizable *or* distinguishable **(an** by); **jmdn./etw. ~ machen** make sb. [easily] identifiable/mark sth.; **etw. als Gift ~ machen** mark *or* label sth. as a poison

**Kenntnis** ['kɛntnɪs] **die; ~, ~se a)** *o. Pl. (das Kennen, Wissen)* knowledge; **von etw. ~ haben/erhalten** be informed on sth. *or* have knowledge of sth./learn *or* hear about sth.; **das entzieht sich meiner ~** *(geh.)* I have no knowledge of that; **von etw. ~ nehmen, etw. zur ~ nehmen** take note of sth.; **jmdn. von etw. in ~ setzen** inform *or* notify sb. of sth.; **jmdn. zur ~ nehmen** take notice of sb.; **b)** *Pl. (Sach- und Erfahrungswissen)* knowledge *sing.*; **oberflächliche/gründliche ~se von etw. haben** have a superficial/thorough knowledge of sth.; **~se in Mathematik** *od.* **auf dem Gebiet der Mathematik** a knowledge of mathematics

**Kenntnisnahme die; ~** *(Papierdt.)* **jmdm. etw. zur ~ vorlegen** submit sth. to sb. for his/her attention; **wir bitten um gefällige ~ der Akten** please give these documents your kind attention; **nach ~ der Akten** after giving the documents my/his *etc.* attention

**kenntnis·reich** *Adj.* well-informed; knowledgeable

**Kennummer die; ~, ~n** reference number; code number; *(eines Agenten)* code number

**kenn-, Kenn-: ~wort das;** *Pl.* **~wörter a)** *(Erkennungszeichen)* code-word; reference; **b)** *(Parole)* password; code-word; **~zahl die a)** *(charakteristischer Zahlenwert)* index; **b)** *(Fernspr.)* code; **~zeichen das a)** *(Merkmal)* sign; mark; **ein ~zeichen für einen Witterungsumschlag** a sign of a change in the weather; **ein ~zeichen eines Genies** a [hall]mark of a genius; **besondere ~zeichen** distinguishing marks; **b)** *(Erkennungszeichen)* badge; *(auf einem Behälter, einer Ware usw.)* label; **etw. als ~zeichen tragen** carry/wear sth. as a means of identification; *(einer Gruppe)* carry/wear sth. as an indication of membership; **c)** *(am Fahrzeug)* registration number; **~zeichnen** *tr. V.* **a)** *(mit einem Kennzeichen versehen)* mark; label ⟨*container, goods, etc.*⟩; mark, signpost ⟨*way*⟩; tag ⟨*bird, animal*⟩; **etw. als ... ~zeichnen** mark *or* identify sth. as ...; **b)** *(charakterisieren)* characterize; **jmdn. als ... ~zeichnen** characterize sb. as ...; **c)** *(in seiner Eigenart erkennen lassen)* typify; **jmdn. als ... ~zeichnen** mark sb. out as ...; **~zeichnend** *Adj.* typical, characteristic **(für** of); **~zeichnung die a)** marking; *(von Behältern, Waren)* labelling; *(von Vögeln, Tieren)* tagging; **b)** *(Charakterisierung)* characterization; **c)** *(Kennzeichen)* label;

**eine auffällige ~zeichnung von Fußgängerüberwegen** a conspicuous means of marking pedestrian crossings; **d)** *(Logik)* definite description; **~ziffer die a)** *(Ziffer zur Unterscheidung)* reference number; *(bei einem Zeitungsinserat)* box number; **b)** *(Math.)* characteristic

**Kenotaph** [keno'ta:f] **das; ~s, ~e** cenotaph

**Kentaur** [kɛn'taue̯] **der; ~en, ~en** *s.* **Zentaur**

**kentern** ['kɛntɐn] *itr. V.* **a)** *mit sein* ⟨*boat, ship, etc.*⟩ capsize; **b)** *(Seemannsspr.)* ⟨*tide, wind*⟩ turn

**Keramik** [ke'ra:mɪk] **die; ~, ~en a)** *o. Pl. (gebrannter Ton)* ceramics *pl.*; pottery; **b)** *(~gegenstand)* ceramic; piece of pottery; **c)** *(Material)* fired clay; **d)** *o. Pl. (Technik)* ceramics *sing.*; pottery

**keramisch** *Adj.; nicht präd.* ceramic

**Kerbe** ['kɛrbə] **die; ~, ~n** notch; **in dieselbe** *od.* **die gleiche ~ hauen** *od.* **schlagen** *(ugs.)* take the same line

**Kerbel** ['kɛrbl̩] **der; ~s** chervil

**kẹrben** *tr. V.* **a)** *(mit Kerben versehen)* notch; cut a notch/notches in; **b)** carve ⟨*pattern etc.*⟩

**Kẹrb-: ~holz das** *in* **etwas/einiges auf dem ~holz haben** *(ugs.)* have done a job/a job or two *(sl.)*; **~tier das** insect

**Kerker** ['kɛrkɐ] **der; ~s, ~ a)** *(hist.: Gefängnis)* dungeons *pl.*; *(einzelne Zelle)* dungeon; **b)** *(österr., hist.: Freiheitsstrafe)* imprisonment

**Kẹrker-: ~haft die** *(hist.)* imprisonment; **~meister der** *(hist.)* jailer; **~strafe die** *(österr., hist.) s.* **Gefängnisstrafe**

**Kerl** [kɛrl] **der; ~s, ~e** *(nordd., md. auch: ~s)* **a)** *(ugs.: männliche Person)* fellow *(coll.)*; chap *(coll.)*; bloke *(Brit. sl.)*; **ein ganzer** *od.* **richtiger ~:** a splendid fellow *(coll.) or* chap *(coll.)*; **ein gemeiner/frecher ~** *(abwertend)* a nasty so-and-so *(coll.)*/an impudent fellow *(coll.)*; **b)** *(ugs.: sympathischer Mensch)* **er ist ein feiner ~:** he's a fine chap *(coll.) or (sl.)* a good bloke; **sie ist ein netter/feiner ~:** she's a nice/fine woman

**Kern** [kɛrn] **der; ~[e]s, ~e a)** *(Fruchtsamen)* pip; *(von Steinobst)* stone; *(von Nüssen, Mandeln usw.)* kernel; **der ~ eines Problems/Vorschlags** *(fig.)* the crux *or* gist of a problem/gist of a suggestion; **er hat einen guten** *od.* **in ihm steckt ein guter ~** *(fig.)* he is good at heart; **das birgt einen wahren ~** *(fig.)* it contains a core of truth; **zum ~ einer Sache** *(Gen.)* **kommen** *(fig.)* get to the heart of a matter; **b)** *(wichtigster Teil einer Gruppe)* core; nucleus; **der harte ~:** the hard core; **c)** *(Physik: Atom~)* nucleus; **d)** *(einer elektrischen Spule, eines Reaktors)* core; **e)** *(Gießerei)* core; **f)** *(Biol.: Zell~)* nucleus; *(Anat., Biol.: Nerven~)* centre; **g)** *(Zentrum)* city/town centre; **h)** *(Met.)* **mit seinem ~ über Schottland liegend** ⟨*depression etc.*⟩ centred over Scotland

**kẹrn-, Kẹrn-: ~beißer der** hawfinch; **~brenn·stoff der** nuclear fuel; **~chemie die** nuclear chemistry; **~energie die** nuclear energy *no art.*; **~explosion die a)** *(von atomaren Sprengkörpern)* nuclear explosion; **b)** *(Physik)* [complete] fragmentation of the nucleus; **~fach das** *(Schulw.)* core subject; **~fäule die** *(Forstw.)* heart-rot; **~forschung die** nuclear research; **~frage die** central question; **~frucht die** *(Bot.)* pome; **~fusion die** *(Phys., Biol.)* nuclear fusion *no art.*; **~gedanke der** central idea; **~gehäuse das** core; **~gesund** *Adj.* fit as a fiddle *pred.*; sound as a bell *pred.*; **~haus das** *s.* **~gehäuse; ~holz das** *(Holzverarb.)* heartwood

**kẹrnig 1.** *Adj.* **a)** *(urwüchsig, markig)* robust, earthy ⟨*language*⟩; down-to-earth ⟨*remarks*⟩; *(kraftvoll)* powerful, forceful ⟨*speech*⟩; pithy ⟨*saying*⟩; **ein ~er Mann/Typ** *(ugs.)* a robust and athletic man/type; **b)** *(fest, haltbar)* robust, stout, sturdy ⟨*boots, shoes*⟩; sound ⟨*wood*⟩; robust ⟨*leather*⟩; **c)** *(gehaltvoll, kräftig)* full-bodied ⟨*wine*⟩; **d)** *(ugs.: vortrefflich)* great *(coll.)*; **e)** *(voller Kerne)* full of pips *pred.* **2.** *adv.* **a)** *(urwüchsig, markig)* robustly; *(kraftvoll)* forcefully; *(knapp)* pithily ⟨*expressed*⟩; **b)** *(ugs.: vortrefflich)* **wir haben ~ gezecht und geschwoft** we had a whale of a time drinking and dancing *(coll.)*

**Kẹrn·kraft die a)** *Pl. (Physik)* nuclear forces; **b)** nuclear power *no art.*

**Kẹrnkraft-: ~gegner der** opponent of nuclear power; **~werk das** nuclear power station *or* plant

**Kẹrn·ladungszahl die** atomic number

**kẹrn-, Kẹrn-: ~los** *Adj.* seedless; **~obst das** pomaceous fruit; pomes *pl.*; **~pflicht·fach das** *(Schulw.)* core-curriculum subject; **~physik die** nuclear physics *sing., no art.*; **~physiker der** nuclear physicist; **~punkt der** central point; **~reaktion die** *(Physik)* nuclear reaction; **~reaktor der** nuclear reactor; **~satz der a)** *(wesentlicher Satz)* key sentence *or* statement; **b)** *(Sprachw.) basic structural form of the sentence, with the finite verb as the second idea;* kernel sentence; **~schatten der** *(Optik, Astron.)* umbra; total shadow; **~seife die** washing soap; hard soap; **~spaltung die** *(Physik)* nuclear fission *no art.*; **~spruch der** wise saw *or* saying; **~stück das** centre-piece; *(einer Diskussion, eines Programms)* central *or* main item; *(eines Plans)* main point; **~technik die** nuclear engineering *no art.*; **~truppe die** crack unit; **~verschmelzung die** *(Physik, Biol.)* nuclear fusion *no art.*; **~waffe die;** *meist Pl.* nuclear weapon; **~waffen·frei** *Adj.* nuclear-free; **~waffen·versuch der** nuclear [weapons] test; **~zeit die** core time

**Kerosin** [kero'zi:n] **das; ~s** kerosene

**Kerze** ['kɛrtsə] **die; ~, ~n a)** candle; **elektrische ~:** candle bulb; **b)** *(Zünd~)* spark-plug; sparking-plug; **c)** *(Turnen Jargon)* shoulder stand; **d)** *(Physik veralt.)* candela

**kẹrzen-, Kẹrzen-: ~beleuchtung die** candle-light *no indef. art.*; **~docht der** [candle] wick; **~gerade,** *(ugs.)* **~grade 1.** *Adj.* dead straight ⟨*tree, post, etc.*⟩; very stiff ⟨*bow*⟩; **2.** *adv.* bolt upright; ⟨*rise*⟩ straight upwards; **~halter der** candle-holder; **~leuchter der** candlestick; *(für mehrere Kerzen)* candelabrum; **~licht das;** *o. Pl.* the light of a candle/of candles; **bei ~licht** by candle-light; **~schein der;** *o. Pl.* candle-light *no pl.*; **~schlüssel der** *(Kfz-W.)* plug spanner; **~stummel der, ~stumpf der** stump of a/the candle

**Kescher** ['kɛʃɐ] **der; ~s, ~** *(für Fische)* hand-net; fishing-net; *(für Schmetterlinge)* butterfly-net

**keß** [kɛs] **1.** *Adj.* **a)** *(hübsch, flott)* pert; pert, jaunty ⟨*hat, dress, etc.*⟩; *s. auch* **Sohle a; b)** *(frech, vorlaut)* cheeky; **c)** *(salopp)* **kesser Vater** bulldyke *(sl.)*; butch *(sl.)*. **2.** *adv.* **a)** *(hübsch, flott)* jauntily; **b)** *(frech, vorlaut)* cheekily

**Kessel** ['kɛsl̩] **der; ~s, ~ a)** *(Tee~)* kettle; **b)** *(zum Kochen)* pot; *(für offenes Feuer)* cauldron; *(in einer Brauerei)* vat; *(Wasch~)* copper; wash-boiler; **c)** *(Berg~)* basin-shaped valley; **d)** *(Milit.)* encircled area; *(kleiner)* pocket; **e)** *(Jägerspr.)* ring of hunters and beaters; **f)** *(Dampf~, Heiz~)* boiler

**Kẹssel-: ~fleisch das** *s.* **Wellfleisch; ~flicker der** *(veralt.)* tinker; **~haus das** boiler-house; **~jagd die** *s.* **~treiben a; ~pauke die** kettledrum; **~raum der** boiler-room; **~schlacht die** battle of encirclement; **~schmied der** boilermaker; **~schmiede die** boiler shop; **~stein der;** *o. Pl.* fur; scale; **~treiben das a)** *(Jägerspr.: Treibjagd)* battue *(using a circle of hunters and beaters)*; **b)** *(Hetzkampagne)* witch-hunt; **~wagen der** *(Kfz-W.)* road tanker; tanker lorry *(Brit.)*; tank truck *(Amer.)*; *(Eisenbahn)* tank-wagon; tank-car

**Ketchup** ['kɛtʃap] **der** *od.* **das; ~[s], ~s** ketchup

**Ketsch** [kɛtʃ] **die; ~, ~en** *(Segeln)* ketch

**Kettchen** ['kɛtçən] **das; ~s, ~:** [neck-]chain *(with cross etc. attached)*; *(Fuß~)* anklet; *(Arm~)* bracelet

**Kette** ['kɛtə] **die; ~, ~n a)** chain; *(von Kettenfahrzeugen)* track; **die ~ [an der Tür] vorlegen** put the chain across [the door]; **an der ~ liegen** ⟨*dog*⟩ be chained up; **jmdn. in ~n legen** put sb. in chains; **die ~n abwerfen/sprengen** *od.* **zerreißen** *(fig. geh.)* cast off *or* throw off/break one's chains *or* shackles; **jmdn. an die ~ legen** *(fig.)* keep sb. on a [tight *or* short] leash; **b)** *(Halsschmuck)* necklace; *(eines Bürgermeisters usw.)* chain; **c)** *(Reihe)* chain; *(von Autos)* line; **eine ~ bilden** form a chain; **eine ~ von Beweisen** a chain of evidence; **die ~ der Berge** the chain of mountains; **~ rauchen** *(ugs.)* chain-smoke; **d)** *(von Ereignissen)* string; series; **e)** *(Weberei)* warp

**Kettel·maschine** ['kɛtl̩-] **die** *(Textilw.)* looper

**kẹtten** *tr. V.* **a)** *(mit einer Kette anbinden)* chain (**an** + *Akk.* to); **b)** *(unauflösbar binden)* bind; **jmdn. an sich** *(Akk.)* **~:** bind sb. to oneself; **sich an jmdn. ~:** tie oneself to sb.

**Kẹtten-: ~antrieb der** chain drive; chain transmission; **~armband das** *(für eine Armbanduhr)* [mesh-link/open-link] bracelet; *(Schmuck)* [chain] bracelet; **~brücke die** chain bridge; **~fahrzeug das** *s.* **Raupenfahrzeug; ~glied das** [chain-]link; **~hemd das** *(hist.)* coat of chain mail; **~hund der a)** watch-dog *or* guard-dog *(kept on a chain)*; **b)** *(Milit. Jargon)* Military Policeman; **~laden der** chain store; **~panzer der** chain mail; chain-armour; **~rauchen das; ~s** chain-smoking *no art.*; **~raucher der** chain-smoker; **~reaktion die** chain reaction; **eine ~reaktion auslösen** trigger a chain reaction; **~säge die** chain saw; **~schluß der** *(Logik)* chain syllogism; sorites; **~schutz der** chain guard; **~stich der** *(Handarb.)* chain stitch

**Ketzer** ['kɛtsɐ] **der; ~s, ~** *(auch fig.)* heretic

**Ketzerei die; ~, ~en** *(auch fig.)* heresy

**Kẹtzer·gericht das** *(hist.)* Inquisition

**Kẹtzerin die; ~, ~nen** *(auch fig.)* heretic

**kẹtzerisch** *(auch fig.)* **1.** *Adj.* heretical. **2.** *adv.* heretically

**keuchen** ['kɔyçn̩] *itr. V.* **a)** *(schwer atmen)* pant; gasp for breath; *(fig.)* ⟨*locomotive*⟩ chug; **mit ~dem Atem** gasping *or* panting for breath; **b)** *mit sein (sich keuchend fortbewegen)* puff *or* pant one's way; come/go puffing *or* panting along

**Keuch·husten der** whooping cough *no art.*

**Keule** ['kɔylə] **die; ~, ~n a)** *(Schlagwaffe)* club; cudgel; **chemische ~:** Chemical Mace **(P); b)** *(Gymnastik)* [Indian] club; **c)** *(Kochk.)* leg; *(Reh~, Hasen~)* haunch; *(Gänse~, Hühner~)* drumstick; leg

**Keulen-: ~hieb der, ~schlag der** blow with a club *or* cudgel; *(fig.)* terrible blow; **~schwingen das** *(Gymnastik)* club swinging; swinging [Indian] clubs

**keusch** [kɔyʃ] **1.** *Adj.* **a)** *(sexuell enthaltsam)* chaste; pure; **b)** *(geh. veralt.) (sittsam)* modest; demure; *(sittlich und moralisch rein)* pure. **2.** *adv.* **a)** *(sexuell enthaltsam)* **~ leben** lead a chaste life; **b)** *(sittsam)* modestly; demurely; *(sittlich und moralisch rein)* in a pure manner

**Keuschheit die; ~ a)** *(sexuelle Enthaltsamkeit)* chastity; **b)** *(geh. veralt.) (Sittsamkeit)* modesty; *(sittliche und moralische Reinheit)* purity

**Keuschheits-:** ~**gelübde das** vow of chastity; ~**gürtel der** chastity belt

**Kfz** [ka:|ɛf'tsɛt] *Abk.* **Kraftfahrzeug**

**kg** *Abk.* **Kilogramm** kg

**KG** *Abk.* **Kommanditgesellschaft**

**K-Gruppe** ['ka:-] **die** *(Politik) [anti-Soviet] Communist organization*

[1]**Khaki** ['ka:ki] **der;** ~**[s]** *(Stoff)* khaki

[2]**Khaki das;** ~**[s]** *(Farbe)* khaki

**khaki·farben** *Adj.* khaki[-coloured]

**kHz** *Abk.* **Kilohertz** kHz

**Kibbuz** [kɪ'bu:ts] **der;** ~, ~**im** [kɪbu'tsi:m] *od.* ~**e** kibbutz

**Kibbuznik** [kɪ'bu:tsnɪk] **der;** ~**s,** ~**s** kibbutznik

**Kicher·erbse die** chick-pea

**kichern** ['kɪçɐn] *itr. V.* giggle; **in sich hinein/vor sich hin** ~: giggle to oneself; **daß ich nicht kichere!** *(iron.)* don't make me laugh!

**Kick** [kɪk] **der;** ~**[s],** ~**s** *(Fußball, ugs.)* kick

**Kick·down** [kɪk'daun] **das;** ~**s,** ~**s** *(Kfz-W.)* kick-down

**kicken** *(ugs.)* **1.** *itr. V.* play football. **2.** *tr. V.* kick

**Kicker der;** ~**s,** ~**[s]** *(ugs.)* footballer; [football-]player

**Kick·starter der** *(Kfz-W.)* kick-starter; kick-start

**kidnappen** ['kɪtnɛpn̩] *tr. V.* kidnap

**Kidnapper der;** ~**s,** ~: kidnapper

**Kidnapping** ['kɪtnɛpɪŋ] **das;** ~**s,** ~**s** kidnapping

**kiebig** ['ki:bɪç] *Adj. (bes. nordd.) (frech)* cheeky; impertinent; *(gereizt)* touchy

**Kiebitz** ['ki:bɪts] **der;** ~**es,** ~**e a)** *(Vogel)* lapwing; peewit; **b)** *(ugs.: Zuschauer beim Spiel)* kibitzer *(coll.)*

**kiebitzen** *itr. V. (ugs. scherzh.)* **a)** *(bei einem Spiel zuschauen)* kibitz *(coll.);* **b)** *(neugierig beobachten)* look on

[1]**Kiefer** ['ki:fɐ] **der;** ~**s,** ~: jaw; *(~knochen)* jaw-bone

[2]**Kiefer die;** ~, ~**n a)** *(Nadelbaum)* pine[-tree]; **b)** *o. Pl. (Holz)* pine[-wood]

**Kiefer-:** ~**bruch der** *(Med.)* fracture of the jaw; fractured jaw; ~**chirurgie die** oral surgery *no art.;* ~**höhle die** *(Anat.)* maxillary sinus; ~**höhlen·entzündung die** maxillary sinusitis *no art.;* ~**klemme die** *(Med.)* lockjaw; trismus *(Med.);* ~**knochen der** jaw-bone

**Kiefern-:** ~**holz das** pine[-wood]; ~**nadel die** pine-needle; ~**wald der** pinewood; *(größer)* pine forest; ~**zapfen der** pinecone

**Kiefer·orthopädie die** orthodontics *sing., no art.*

**kieken** ['ki:kn̩] *itr. V. (nordd.)* look

**Kieker** ['ki:kɐ] **der;** ~**s,** ~ **a)** *(Seemannsspr.) (Fernglas)* binoculars *pl.; (Fernrohr)* telescope; **b)** *in* **jmdn. auf dem** ~ **haben** *(ugs.)* have it in for sb. *(coll.); (mißtrauisch beobachten)* keep a careful eye *or* watch on sb.

**kieksen** ['ki:ksn̩] *s.* **gicksen**

[1]**Kiel** [ki:l] **der;** ~**[e]s,** ~**e** keel; **ein Schiff auf** ~ **legen** *(Schiffsbau)* lay down a ship; lay the keel of a ship

[2]**Kiel der;** ~**[e]s,** ~**e a)** *(Teil einer Vogelfeder)* quill; **b)** *(hist.: Schreibfeder)* quill[-pen]

**kiel-, Kiel-:** ~**feder die** quill-feather; ~**holen** *tr. V. (Seemannsspr.)* **a)** *(auf die Seite legen)* careen ‹*ship*›; **b)** *(unter dem Schiff hindurchziehen)* keel-haul; ~**oben** [-'--] *Adv.* bottom up; ~**raum der** bilge; ~**wasser das** wake; **in jmds.** ~**wasser segeln** *od.* **schwimmen** *(fig.)* follow in sb.'s wake

**Kieme** ['ki:mə] **die;** ~, ~**n;** *meist Pl.* gill

**Kiemen-:** ~**atmer** [~|a:tmɐ] **der;** ~**s,** ~ *(Zool.)* gill-breathing animal; gill-breather; ~**spalte die;** *meist Pl. (Zool.)* gill slit

**Kien** [ki:n] **der;** ~**[e]s** resinous wood; *(Kiefernholz)* resinous pine-wood

**Kien-:** ~**apfel der** *s.* **Kiefernzapfen;** ~**fackel die** pine[-wood] torch; ~**span der** pine-wood chip; *(zum Anzünden)* pine-wood spill

**Kiepe** ['ki:pə] **die;** ~, ~**n** *(nordd., md.)* dosser; pannier

**Kies** [ki:s] **der;** ~**es,** ~**e a)** *(kleine, runde Steine)* gravel; *(auf dem Strand)* shingle; **b)** *(Mineral.)* pyrites *sing.;* **c)** *(salopp: Geld)* dough *(sl.);* bread *(sl.)*

**Kiesel** ['ki:zl̩] **der;** ~**s,** ~: pebble

**Kiesel-:** ~**erde die** siliceous earth; ~**säure die** *(Chemie)* silicic acid; ~**stein der** pebble

**kiesen** ['ki:zn̩] *unr., auch regelm. tr. V. (dichter. veralt.)* choose; select

**Kies·grube die** gravel pit

**Kies·weg der** gravel path

**Kiez** [ki:ts] **der;** ~**es,** ~**e a)** *(nordostd., bes. berlin.) (Stadtteil)* neighbourhood; **b)** *(Jargon: Bordellgegend)* red-light district

**Kif** [kɪf] **der;** ~**[s]** *(ugs.)* pot *(sl.);* grass *(sl.)*

**kiffen** ['kɪfn̩] *itr. V. (ugs.)* smoke pot *(sl.) or* grass *(sl.)*

**Kiffer der;** ~**s,** ~ *(ugs.)* pot-head *(sl.)*

**kikeriki** [kikəri'ki:] *Interj. (Kinderspr.)* cock-a-doodle-doo

**Kikeriki das;** ~**s,** ~**s** cock-a-doodle-doo

**Kilbi** ['kɪlbi] **die;** ~, **Kilbenen** ['kɪlbənən] *(schweiz.) s.* **Kirchweih**

**killekille** ['kɪlə'kɪlə] *Interj. (Kinderspr.)* tickle-tickle; **bei jmdm.** ~ **machen** tickle sb.

[1]**killen** ['kɪlən] *tr. V. (salopp)* do in *(sl.);* bump off *(sl.)*

[2]**killen** *itr. V. (Seemannsspr.)* ‹*sail*› shiver

**Killer der;** ~**s,** ~ *(salopp)* killer; *(gegen Bezahlung)* hit man *(sl.)*

**Killer·satellit der** *(ugs.)* hunter-killer satellite

**Kilo** ['ki:lo] **das;** ~**s,** ~**[s]** kilo

**Kilo-:** ~**gramm das** kilogram; ~**hertz das;** ~, ~ *(Physik)* kilohertz; ~**kalorie die** *(Physik veralt.)* kilocalorie

**Kilometer der;** ~**s,** ~: kilometre; **75** ~ **in der Stunde** 75 kilometres per hour

**kilometer-, Kilometer-:** ~**fresser der** *(ugs. scherzh. od. abwertend)* **er ist ein** ~**fresser** he really burns up the miles *(coll.);* ~**geld das** mileage allowance; ~**lang 1.** *Adj.* miles long *pred.;* **eine** ~**lange Autoschlange** a traffic jam stretching [back] for miles; **2.** *adv.* for miles [and miles]; ~**pauschale die** *(Steuerw.)* mileage allowance *(to taxpayer driving to and from work);* ~**stand der** mileage reading; ~**stein der** milestone; ~**weit 1.** *Adj.; nicht präd.* **in** ~**weiter Entfernung** miles away in the distance; **eine** ~**weite Aussicht** a view for miles; **2.** *adv.* for miles [and miles]

**Kilowatt·stunde die** *(Physik; bes. Elektrot.)* kilowatt-hour

**Kimbern** ['kɪmbɐn] *Pl.* Cimbri

**Kimm** [kɪm] **die;** ~ *(Seemannsspr.)* **a)** *(Horizontlinie)* apparent *or* visible horizon; **b)** *(von Schiffen)* bilge

**Kimme** ['kɪmə] **die;** ~, ~**n a)** *(Einschnitt im Visier)* sighting notch; **b)** *(salopp: Gesäßspalte)* cleft between the buttocks

**Kimmung die;** ~ *(Seemannsspr.)* mirage

**Kimono** [ki'mo:no] **der;** ~**s,** ~**s** kimono

**Kind** [kɪnt] **das;** ~**[e]s,** ~**er a)** child; *(Kleinkind)* child; infant; *(Baby)* child; baby; **ein** ~ **erwarten/bekommen** *od. (ugs.)* **kriegen** be expecting/have a baby; **ich glaube, ihre Tochter kriegt ein** ~: I think her daughter's going to have a baby; **ein** ~ **zur Welt bringen** *(geh.)* give birth to a child; **ein** ~**/**~**er in die Welt setzen** bring a child/children into the world; **von einem** ~ **entbunden werden** be delivered of a child; **das** ~ **beim [rechten] Namen nennen** *(fig.)* call a spade a spade; **das** ~ **muß doch einen Namen haben** *(ugs.)* we need a good name for it; *(wir müssen einen Vorwand dafür finden)* we've got to dress it up somehow; **wir werden das** ~ **schon [richtig] schaukeln** *(ugs.)* we'll soon sort things out *or* have things sorted out; **unschuldig wie ein neugeborenes** ~ **sein** be as innocent as a new-born babe; **jmdm. ein** ~ **machen** *od.* **andrehen** *(ugs.)* put sb. in the family way *(coll.) or* in the club *(sl.);* **das** ~ **mit dem Bade ausschütten** *(fig.)* throw the baby out with the bath-water; **jmdn. wie ein [kleines]** ~ **behandeln** treat sb. like a [small] child; **das weiß/kann doch jedes** ~: any child *or* five-year old knows/can do that; **von** ~ **an** *od.* **auf** from childhood; **er ist ein großes** ~: he is a big baby; **sich wie ein** ~ **freuen** be [as] pleased as Punch; **über schöne Dinge kann er sich wie ein** ~ **freuen** he takes a childlike pleasure in beautiful things; **du bist als** ~ **[wohl] zu heiß gebadet worden** *(ugs.)* you [must] have a screw loose *(coll.);* **wie sag' ich's meinem** ~**e?** I don't know the best way to put it; *(bei einer unangenehmen Nachricht)* how do I break the news?; **aus** ~**ern werden Leute** childhood passes [all too soon]; **dann kommt bei ihm das** ~ **im Manne durch** *(scherzh.)* then he shows that he is [still] a child at heart; **[seine/deine** *usw.*] ~**er und Kindeskinder** [his/your *etc.*] children and [his/your *etc.*] children's children; **bei jmdm. lieb** ~ **sein** *(ugs.)* be a favourite with sb.; **sich bei jmdm. lieb** ~ **machen** *(ugs.)* get on the right side of sb.; **einziges** ~ **sein** be an only child; **armer/reicher Leute** ~ **sein** be the child of poor/wealthy parents; come from a poor/wealthy family; **ein** ~ **seiner Zeit** *(fig.)* a child of one's times; ~**er Gottes** *(fig.)* God's children; **ein** ~ **des Todes sein** *(fig. geh.)* be as good as dead; **ein [echtes] Wiener/Berliner** ~: a [true] Viennese/Berliner; **ein** ~ **der Liebe** *(geh. verhüll.)* a love-child; **er ist/du bist** *usw.* **kein** ~ **von Traurigkeit** *(ugs.)* he knows/you know *etc.* how to enjoy himself/yourself *etc.*; **jmds. liebstes** ~ **sein** ‹*person*› be sb.'s pet; **das Auto/die Oberstufenreform ist sein liebstes** ~: the car is his first love/reform of the sixth form is his pet project; **jmdn. an** ~**es Statt annehmen** *(veralt.)* adopt sb.; *s. auch* **totgeboren;** **b)** *(ugs.: als Anrede)* **mein [liebes]** ~: my [dear] child; ~**er, hört mal alle her!** listen to this, all of you *(coll.);* **[**~**er,]** ~**er!** my goodness!

**Kind·bett das** *(veralt.) s.* **Wochenbett**

**Kindbett·fieber das** childbed *or* puerperal fever

**Kindchen** ['kɪntçən] **a)** *(kleines Kind)* [small *or* little] child; **b)** *(Anrede)* dear child

**kinder-, Kinder-:** ~**arbeit die;** *o. Pl.* child labour; ~**arm** *Adj.* with few children *postpos., not pred.;* ~**arzt der** paediatrician; ~**auge das;** *meist Pl.* **mit sehnsüchtigen** ~**augen auf etw.** *(Akk.)* **blicken** look at sth. with the wistful eyes of a child; ~**beihilfe die** *(österr.) s.* ~**geld;** ~**bekleidung die** children's wear; ~**besteck das** children's cutlery; **ein** ~**besteck** a set of children's cutlery; ~**bett das** cot; *(für größeres Kind)* child's bed; ~**bewahr·anstalt die** *(veralt.)* children's home; ~**bild das** *(Foto)* photograph of a child; *(Malerei usw.)* portrait of a child; ~**buch das** children's book; ~**chor der** children's choir; ~**dorf das** children's village; ~**ehe die** child marriage

**Kinderei die;** ~, ~**en** childishness *no indef. art., no pl.;* **eine** ~: a childish prank; ~**en** childishness *sing.;* childish behaviour *sing.*

**kinder-, Kinder-:** ~**ermäßigung die** reduction for children; ~**erziehung die** bringing up of children; ~**fahrrad das** child's bicycle; ~**feindlich 1.** *Adj.* hostile to children *pred.;* anti-children *pred.; (für Kinder nicht förderlich)* ‹*planning, policy*› which does not cater for the needs of children; **2.** *adv.* **sich** ~**feindlich verhalten** act in a manner hostile to children; ~**feindlichkeit die;** *o. Pl.* hostility to children; *(von Planung, Politik)* failure to cater for children; ~**fest das** children's party; children's fête; ~**film der** children's film;

**~fräulein das** *s.* **Gouvernante; ~freund der: ein [großer] ~freund/[große] ~freunde sein** be [very] fond of children; **~freundlich 1.** *Adj.* fond of children *pred.;* ⟨*town, resort*⟩ which caters for children; ⟨*planning, policy*⟩ which caters for the needs of children; **2.** *adv.* **sich ~freundlich verhalten** act in a manner friendly to children; **~freundlich geplant werden** be planned with children in mind; **~freundlichkeit die** fondness for children; **~funk der** children's programme; *(Abteilung)* Children's Programmes *sing., no art.;* **~garten der** kindergarten; nursery school; **~gärtnerin die** kindergarten teacher; nursery-school teacher; **~geld das** child benefit; **~geschrei das** *(oft abwertend)* screaming *or* shouting of children; noise of children screaming *or* shouting; **~gesicht das** child's face; *(eines Erwachsenen)* childlike face; baby-face; **~glaube der** childlike belief *or* faith; *(abwertend)* childish belief *or* faith; **~gottes·dienst der** children's service; **~heil·kunde die** paediatrics *sing., no art.;* **~heim das** children's home; **~hort der** day-home for schoolchildren; **~jahre** *Pl.* childhood years; **~karussell das** children's roundabout; **~kleidung die** children's clothes *pl.;* children's wear; **~krankheit die a)** *(Infektionskrankheit bei Kindern)* children's disease *or* illness; **welche ~krankheiten hatten Sie?** what childhood diseases have you had?; **b)** *Pl. (Anfangsschwierigkeiten)* teething troubles; **~kreuzzug der** *(hist.)* Children's Crusade; **~kriegen das; ~s** *(ugs.)* having children; **~krippe die** crèche; day nursery; **~lähmung die** poliomyelitis; infantile paralysis *no art.;* **~leicht** *(ugs.)* **1.** *(Adj.)* childishly simple *or* easy; dead easy; **das ist ~leicht** it's child's play *or (coll.)* kid's stuff; **2.** *adv.* **das kann ~leicht bedient werden** it's childishly simple to use; **~lieb** *Adj.* fond of children *pred.;* **~liebe die** love of children; **~lied das** nursery rhyme; **~los** *Adj.* childless; **~losigkeit die** childlessness; **~mädchen das** nursemaid; nanny; **~märchen das** [children's] fairy-tale; **~mord der** child-murder; **~mund der** child's mouth; **~mund tut Wahrheit kund** *(Prov.)* it takes a child to point out the truth; **~narr der: er ist ein ~narr** he adores children; **~pflegerin die** children's nurse; **~popo der** *(ugs.)* [baby's] bottom; **glatt wie ein ~popo** [as] smooth as a baby's bottom; **~psychologie die** child psychology *no art.;* **~puder der** baby powder; **~reich** *Adj.* with many children *postpos., not pred.;* **eine ~reiche Familie** a large family; **~reichtum der;** *o. Pl.* large number of children; **~reim der** nursery rhyme; **~schar die** crowd of children; **~schreck der;** *o. Pl.* bogyman; **~schuh der** child's shoe; **ich bin/du bist den ~schuhen entwachsen** *(fig.)* I'm/you're not a child any more; **noch in den ~schuhen stecken** ⟨*process, technique, etc.*⟩ be still in its infancy; **~schutz der** child protection legislation; **~schwester die** children's nurse; **~segen der;** *o. Pl. (oft scherzh.)* **eine Familie mit reichem ~segen** a family blessed with a large number of children; **~sitz der** child's seat; *(an einem Fahrrad)* child-carrier [seat]; *(im Auto)* child's safety seat; **~spiel das** children's game; **[für jmdn.] ein ~spiel sein** be child's play [to sb.]; **~spiel·platz der** [children's] playground; **~spiel·zeug das** [children's] toys *pl. or* playthings *pl.; (einzeln)* [child's] toy *or* plaything; **~sprache die;** *o. Pl.* **a)** *(Sprache eines Kindes)* child language; children's language; **b)** *(kindliche Sprechweise Erwachsener)* nursery language; **~sterblichkeit die** child mortality; **~stimme die** child's voice; **~stube die;** *o. Pl.* **eine gute/schlechte ~stube gehabt** *od.* **genossen haben** have been well/badly brought up; **hast du gar keine ~stube?** didn't you ever learn any manners?; **~stuhl der** child's chair; *(Hochstuhl)* high chair; **~tages·heim das, ~tages·stätte die** day nursery; **~teller der a)** child's plate; **b)** *(auf der Speisekarte)* children's menu; **~trommel die** toy drum; **~wagen der** pram *(Brit.);* baby carriage *(Amer.); (Sportwagen)* push-chair *(Brit.);* stroller *(Amer.);* **~wäsche die** [children's] underwear; *(für Neugeborene)* baby linen; **~zahl die** number of children per family; **~zeit die** childhood; **~zimmer das a)** children's room; *(für Kleinkinder)* nursery; **b)** *(Einrichtung)* furniture for the children's room/nursery; **~zuschlag der** child benefit

**Kịndes-: ~alter das;** *o. Pl.* childhood; **im ~alter** at an early age; **~annahme die** *s.* **Adoption; ~aussetzung die** abandonment of [new-born] children; **~beine** *Pl.* **in von ~beinen an** from *or* since childhood; from an early age; **~entführung die** kidnapping [of a child]; child abduction; **~kind das** *(veralt.)* grandchild; *s. auch* **Kind a; ~liebe die** *(geh.)* filial love *or* affection; **~mißhandlung die** *(Rechtsw.)* child abuse; **~mord der** child murder; *(Mord am eigenen Kind)* infanticide; **~mörderin die** infanticide; **~nöte** *Pl. (veralt.)* labour pains; **in ~nöten liegen** *od.* **sein** be in labour *sing.;* **~pflicht die** filial duty; **~raub der** *s.* **~entführung; ~tötung die** *(Rechtsw.)* infanticide

**Kịnd·frau die a)** *(frühreifes Mädchen)* precocious young lady; **b)** *(kindliche Frau)* childlike woman

**kịnd·gemäß** *Adj.* suitable for children *postpos.*

**kịndhaft** *Adj.* childlike

**Kịndheit die; ~:** childhood; **seit frühester ~:** from earliest childhood; from infancy

**Kịndheits·erinnerung die** childhood memory

**kịndisch 1.** *Adj.* childish, infantile ⟨*behaviour, enjoyment*⟩; naïve ⟨*ideas*⟩; **~ werden** become childish; **werd nicht ~!** do behave sensibly. **2.** *adv.* childishly; **sich ~ über etw.** *(Akk.)* **freuen** be absurdly pleased about sth.; **sich ~ an etw.** *(Dat.)* **freuen** take childish pleasure in sth.

**kịndlich 1.** *Adj.* childlike; **~er Gehorsam** filial obedience; **im ~en Alter** at an early age. **2.** *adv.* ⟨*behave*⟩ in a childlike way *or* manner; **sich ~ über etw.** *(Akk.)* **freuen** take a childlike pleasure in sth.

**Kịndlichkeit die; ~:** childlike quality

**Kịnds·kopf der** overgrown child; **sei doch kein ~!** don't be so childish!; act your age!

**Kịnd·taufe die** christening

**Kinematographie** [kınematogra'fi:] **die; ~:** cinematography *no art.*

**Kinetik** [ki'ne:tık] **die; ~ a)** *(Physik)* kinetics *sing., no art.;* **b)** *(bild. Kunst)* kinetic art

**kinẹtisch** *Adj. (Physik, bild. Kunst)* kinetic

**King** [kıŋ] **der; ~s, ~s** *(ugs.)* boss *(coll.);* top dog *(coll.)*

**Kinkerlitzchen** ['kıŋkəlıtsçən] *Pl. (ugs.)* trifles

**Kinn** [kın] **das; ~[e]s, ~e** chin

**Kịnn-: ~backe die, ~backen der** *(südd.)* cheek; **~bart der** chin-beard; chin-tuft; **~haken der** hook to the chin; **~lade die** jaw; **~riemen der** chin-strap

**Kino** ['ki:no] **das; ~s, ~s a)** *(Filmtheater)* cinema *(Brit.);* movie theatre *or* house *(Amer.);* **in die [deutschen] ~s kommen** go on general release [in Germany]; **b)** *Pl. selten (Filmvorstellung)* film; movie *(Amer.);* **ins ~ gehen** go to the cinema *(Brit.) or* pictures *(Brit.) or (Amer.)* movies *pl.;* **c)** *o. Pl. (Film als Medium)* cinema

**Kino-: ~besuch der** visit to the cinema *(Brit.) or (Amer.)* movies; **~besucher der** cinema-goer *(Brit.);* moviegoer *(Amer.);* **~film der** cinema film *(Brit.);* movie film *(Amer.);* **~gänger der** cinema-goer *(Brit.);* moviegoer *(Amer.);* **~karte die** cinema ticket *(Brit.);* movie ticket *(Amer.);* **~kasse die** cinema *(Brit.) or (Amer.)* movie box-office; **~programm das a)** *(Programm zu einem Film)* film programme; **b)** *(Programmvorschau)* cinema guide; **~reklame die a)** *(Reklame für einen Film)* publicity *no indef. art.* for the/a film; **b)** *(Werbung vor einer Vorstellung)* cinema advertisements *pl.;* screen commercials *pl.;* **~vorstellung die** *s.* **Filmvorstellung**

**Kintopp** ['ki:ntɔp] **der** *od.* **das; ~s, ~s** *od.* **Kintöppe** ['ki:ntœpə] *(ugs.)* cinema

**Kiosk** [kịɔsk] **der; ~[e]s, ~e** kiosk

**Kipf** [kıpf] **der; ~[e]s, ~e** *(südd.)* long loaf

**Kipfel** ['kıpfl] **das; ~s, ~, Kipferl** ['kıpfɐl] **das; ~s, ~n** *(bayr., österr.) s.* **Hörnchen b**

[1]**Kippe** ['kıpə] **die; ~, ~n** *(ugs.)* cigarette end; fag-end *(sl.);* dog-end *(sl.)*

[2]**Kịppe die; ~, ~n a)** *(Bergmannsspr.: Abraumhalde)* slag-heap; **b)** *in* **auf der ~ stehen** *(ugs.)* be balanced precariously; **etw. steht auf der ~** *(fig.) (etw. befindet sich in einer kritischen Lage)* it's touch and go with sth.; *(etw. ist noch nicht entschieden)* sth. hangs in the balance; **c)** *(Turnen)* upstart; kip *(Amer.);* **d)** *(Müll~)* tip; dump

**kippelig** ['kıpəlıç] *Adj. (ugs.)* wobbly; rickety, wobbly ⟨*chair, table*⟩

**kippeln** ['kıpl̩n] *itr. V. (ugs.)* **a)** *(leicht wackeln)* wobble; ⟨*chair, table*⟩ wobble; be wobbly *or* rickety; **b)** *(mit dem Stuhl wackeln)* **[mit seinem Stuhl] ~:** rock one's chair backwards and forwards

**kịppen 1.** *tr. V.* **a)** *(schräg stellen, neigen)* tip [up]; tilt; **b)** *(ausschütten)* tip [out]; **c)** *(ugs.: trinken)* knock back *(sl.);* **einen ~:** have a quick one *(coll.) or* a drink; **d)** *(ugs.: abbrechen)* give ⟨*project, series*⟩ the chop *(coll.).* **2.** *itr. V.; mit sein* tip over; ⟨*top-heavy object*⟩ topple over; ⟨*person*⟩ fall, topple; ⟨*boat*⟩ overturn; ⟨*car*⟩ roll over; **von etw. ~:** topple *or* fall off sth.

**Kịpper der; ~s, ~:** tipper lorry *or* truck; dump truck; *(Eisenb.)* tipper *or* tipping wagon; dump car *(Amer.)*

**Kịpp-: ~fenster das** horizontally pivoted window; **~lore die** tipper *or* tipping wagon; **~schalter der** tumbler *or* toggle switch; **~wagen der** *s.* **~lore**

**Kirche** ['kırçə] **die; ~, ~n a)** *(Gebäude)* church; **die ~ im Dorf lassen** *(fig.)* keep a sense of proportion; **mit der ~ ums Dorf laufen** *(einen unnötigen Umweg machen)* go all round the houses; *(unnötig kompliziert vorgehen)* do things in a roundabout way; **b)** *o. Pl. (Gottesdienst)* church *no art.;* **in der ~ sein** be at church; **in die ~ gehen** go to church; **c)** *(Institution)* Church

**kịrchen-, Kịrchen-: ~älteste der** *(ev. Kirche)* [church-]elder; **~amt das a)** *(Stellung)* ecclesiastical office; **b)** *(Verwaltungsstelle)* Church administrative offices *pl.;* **~austritt der** secession from the Church; **die Zahl der ~austritte** the number of people seceding from *or* leaving the Church; **~bank die** [church-]pew; **~bann der** *(kath. Kirche)* excommunication; **~besuch der** attendance at church; **~besucher der** church-goer; worshipper; **~blatt das** parish magazine; **~buch das** parish register; **~chor der** church choir; **~diebstahl der** theft from a/the church; **~diener der** sexton; **~feindlich** *Adj.* hostile to the Church *postpos.;* **~fenster das** church window; **~fest das** religious festival; church festival; **~fürst der** *(geh.)* high ecclesiastical dignitary; high dignitary of the Church; *(kath. Kirche: Kardinal)* Prince of the Church; **~gebet das** *(veralt.)* collect; **~gemeinde die** parish; *(beim Gottesdienst)* congregation; **~geschichte die** ecclesiastical history *no art.;* Church history *no art.;* **~gestühl das** [church-]pews *pl.;* **~glocke die** the church bell; **~jahr das** ecclesiastical year; Church year; **~kampf der** struggle between the Church and the State *(e.g. in the period of Nazi rule);* **~leitung die** governing body of the Church; **~licht das;** *Pl.* **~lichter** *in* **kein** *od.* **nicht gerade ein [großes] ~licht sein** *(ugs. scherzh.)* be not too *or* not all that bright; **~lied das** hymn; **~maus die** *in* **arm sein wie eine ~maus** *(ugs. scherzh.)* be as poor as a church mouse; **~musik die** church music; sacred music; **~politik die** policy of the State towards the Church; **~portal das** portal *or* main door of the/a church; **~rat der** *(ev. Kirche)* **a)** *(Verwaltungsorgan)* ecclesiastical council; **b)** *o. Pl. (Titel)* member of the/an ecclesiastical council; **~raub der** *s.* **~diebstahl; ~räuber der** church-robber; **~recht das** ecclesiastical law; **~schändung die** sacrilege *no indef. art.;* profanation of a/the church; **~schiff das** *(Archit.)* nave; **~spaltung die** schism; **~staat der** *(hist.)* Papal States *pl.;* **~steuer die** church tax; **~tag der** Church congress; **~ton·art die** *(Musik)* ecclesiastical *or* church mode; **~tür die** church door; **~vater der** Father of the Church; **~vor·stand der** parochial church council

**Kịrch-: ~gang der: der sonntägliche ~gang** going to church on Sunday; **~gänger der** church-goer; **~hof der** *(veralt.)* churchyard; graveyard

**kịrchlich 1.** *Adj.* **a)** *(die Kirche betreffend)* ecclesiastical; Church *attrib.;* ecclesiastical ⟨*law, building*⟩; religious, church ⟨*music, festival*⟩; **b)** *(den Riten der Kirche entsprechend)* church *attrib.* ⟨*wedding, funeral*⟩. **2.** *adv.* **~ getraut/begraben werden** have a church wedding *or* be married in church/have a church funeral

**Kịrch·spiel das** *(veralt.)* parish

**Kịrch·turm der** *(mit Turmspitze)* [church] steeple; *(ohne Turmspitze)* church tower

**Kịrchturm-: ~politik die** parish-pump politics *sing.;* **~spitze die** church spire; **~uhr die** church clock

**Kịrch-: ~weih die; ~, ~en** fair *(held on the anniversary of the consecration of a church);* **~weihe die** consecration of a/the church

**Kirmes** ['kɪrməs] **die; ~, Kirmessen** ['kɪrmɛsn̩] *(bes. md., niederd.) s.* **Kirchweih**

**kirre** ['kɪrə] *Adj.; nicht attr. (ugs.)* compliant; obedient; **jmdn. ~ machen/kriegen** bring sb. to heel

**Kirsch** [kɪrʃ] **der; ~[e]s, ~:** *s.* **Kirschwasser**

**Kịrsch-: ~baum der a)** cherry[-tree]; **b)** *(Holz) o. Pl.* cherry[-wood]; **~blüte die a)** *(Blüte des ~baums)* cherry blossom; **b)** *(Zeit der ~blüte)* cherry blossom time

**Kirsche** ['kɪrʃə] **die; ~, ~n a)** cherry; **mit ihm ist nicht gut ~n essen** *(ugs.)* it's best not to tangle with him; **b)** *s.* **Kirschbaum**

**kịrsch-, Kịrsch-: ~kern der** cherry stone; **~kuchen der** cake with cherry topping; **~likör der** cherry liqueur; *(Weinbrand)* cherry brandy; **~rot** *Adj.* cherry[-red]; **~saft der** cherry juice; **~stein der** *s.* **~kern; ~torte die** cherry gateau; *(mit Tortenboden)* cherry flan; **Schwarzwälder ~torte** Black Forest gateau; **~wasser das** kirsch

**Kissen** ['kɪsn̩] **das; ~s, ~:** cushion; *(Kopf~)* pillow

**Kịssen-: ~bezug der** cushion cover; *(für Kopfkissen)* pillow-case; pillow-slip; **~schlacht die** *(ugs.)* pillow-fight

**Kiste** ['kɪstə] **die; ~, ~n a)** *(Behälter)* box; *(Truhe)* chest; *(Latten~)* crate; *(für Obst)* case; box; **eine ~ Wein/ Zigarren** a case of wine/box of cigars; **in die ~ gehen** *(fig. ugs.)* hit the hay *(sl.);* go to bed; **b)** *(salopp) (Flugzeug, Auto)* bus *(coll.); (Boot)* tub; **c)** *(ugs., bes. berlin.: Sache, Angelegenheit)* affair; business

**kịsten·weise** *Adv.* **Wein/Obst ~ kaufen** buy wine by the case/fruit by the case *or* box; **Obst ~ wegwerfen** throw away fruit by the caseful *or* boxful

**Kitsch** [kɪtʃ] **der; ~[e]s** kitsch

**kịtschig** *Adj.* kitschy

**Kitt** [kɪt] **der; ~[e]s,** *(Arten:)* **~e** *(Fenster~)* putty; *(für Porzellan, Kacheln usw.)* cement; *(Füllmasse)* filler

**Kịttchen das; ~s, ~** *(ugs.)* clink *(sl.);* jug *(sl.);* jail; **im ~ sitzen** be inside *(coll.);* be in clink *or* jug *(sl.)*

**Kittel** ['kɪtl̩] **der; ~s, ~ a)** overall; *(eines Arztes, Krankenpflegers, Laboranten)* white coat; **b)** *(hemdartige Bluse)* smock; **c)** *(südd.: Jackett)* jacket

**Kịttel-: ~kleid das** [simple] button-through dress; **~schürze die** sleeveless overall

**kịtten** *tr. V.* cement [together]; stick [together] with cement; *(fig.)* mend ⟨*breach*⟩; patch up ⟨*broken marriage, friendship*⟩

**Kitz** [kɪts] **das; ~es, ~e** *(Reh~)* fawn; *(Ziegen~, Gemsen~)* kid

**Kitzel** ['kɪtsl̩] **der; ~s, ~ a)** *Pl. selten (Juckreiz)* tickle; tickling feeling *or* sensation; **b)** *(Reiz, Antrieb)* itch; urge; *(freudige Erregung)* thrill

**kịtzelig** *s.* **kitzlig**

**kịtzeln 1.** *tr. V.* **a)** tickle; **es kitzelt mich in der Nase** my nose tickles; **b)** *(einen Sinnenreiz hervorrufen)* tickle; **der Duft kitzelte sie in der Nase** the aroma tickled her nose; **jmds. Eitelkeit ~:** tickle sb.'s vanity; **c)** *(reizen)* prompt; *(in freudige Erregung versetzen)* thrill; **es kitzelt jmdn., etw. zu tun** sb. is itching to do sth.; sb. feels an urge to do sth. **2.** *itr. V.* tickle; **auf der Haut ~:** tickle [the skin]

**Kịtzler der; ~s, ~** *(Anat.)* clitoris

**kịtzlig** *Adj.* **a)** *(empfindlich gegen Kitzeln)* ticklish; **b)** *(empfindlich reagierend)* touchy **(in +** *Dat.* about); **c)** *(schwierig, heikel)* ticklish

**Kiwi** ['ki:vi] **die; ~, ~s** kiwi [fruit]

**KKW** *Abk.* **Kernkraftwerk**

**Kl.** *Abk.* **Klasse**

**Klabauter·mann** [kla'bautɐ-] **der** *(nordd.) protective spirit of a/the ship*

**klack** [klak] *Interj.* **a)** click; **b)** *(von Tropfen)* tap

**klạcken** *itr. V. (ugs.)* click

**klackern** ['klakɐn] *itr. V. (landsch.)* clatter

**Klacks** [klaks] **der; ~es, ~e** *(ugs.) (~ Schlagsahne, Kartoffelbrei)* dollop *(coll.); (~ Senf)* blob; dab; **etw. ist nur ein ~ [für jmdn.]** *(fig.)* sth. is no trouble at all [for sb.]

**Kladde** ['kladə] **die; ~, ~n a)** *(Heft für erste Niederschrift)* rough book; **etw. in ~ schreiben** write sth. in rough; **b)** *(dickes Schreibheft)* thick notebook

**kladderadatsch** [kladəra'da:tʃ] *Interj.* crash-bang-wallop

**Kladderadạtsch der; ~[e]s, ~e** *(ugs.)* **a)** *(Chaos, Durcheinander)* unholy mess *(coll.);* **b)** *(Skandal)* scandal

**klaffen** ['klafn̩] *itr. V.* gape; yawn; ⟨*hole, wound*⟩ gape; ⟨*gap*⟩ yawn; **in der Mauer klaffte ein großes Loch** there was a gaping hole in the wall

**kläffen** ['klɛfn̩] *itr. V. (abwertend)* yap

**klạffend** *Adj.* gaping; yawning; gaping ⟨*hole, wound*⟩; yawning ⟨*gap*⟩

**Klạ̈ffer der; ~s, ~** *(ugs. abwertend)* yapping dog; yapper

**Klafter** ['klaftɐ] **der** *od.* **das; ~s, ~ a)** *(frühere Längeneinheit)* fathom; **b)** *(Raummaß für Holz)* cord

**klạfter·tief** *Adj.* six feet deep; ⟨*water*⟩ a fathom deep; *(fig.)* very deep

**kla̱gbar** *Adj. (Rechtsw.)* actionable ⟨*matter*⟩; enforceable ⟨*claim*⟩

**Klage** ['kla:gə] **die; ~, ~n a)** *(Äußerung der Trauer)* lamentation; lament; *(Äußerung des Schmerzes)* complaint; **die ~n um jmdn./über den Verlust von etw.** the lamentations *pl.* for sb./over the loss of sth.; **b)** *(Beschwerde, Äußerung des Unmuts)* complaint; **~n werden laut** complaints are being voiced; **keinen Grund zur ~ geben/haben** give/have no grounds *pl. or* reason for complaint; **bei jmdm. über jmdn./etw. ~ führen** make a complaint to sb. *or* lodge a complaint with sb. about sb./sth.; **c)** *(Rechtsw.) (im Zivilrecht)* action; suit; *(im Strafrecht)* charge; **eine ~ auf etw.** *(Akk.)* an action for sth.; **eine ~ auf Scheidung** a petition for divorce; **[öffentliche] ~ gegen jmdn. einreichen/erheben** bring an action against sb.; institute [criminal] proceedings against sb.

**Kla̱ge-: ~ab·weisung die** *(Rechtsw.)* dismissal of the action *or* suit; **~erhebung die** *(Rechtsw.)* institution of [legal] proceedings; bringing of an action *or* a suit; **~frau die** *s.* **~weib; ~laut der** plaintive cry; *(von Schmerzen verursacht)* cry of pain; *(stöhnend)* moan; **~lied das** lament; **ein ~lied [über jmdn./etw.] anstimmen/singen** start to moan/moan [about sb./sth.]; **~mauer die** Wailing Wall

**kla̱gen 1.** *itr. V.* **a)** *(geh.: jammern)* wail; *(stöhnend)* moan; ⟨*animal*⟩ cry plaintively; **der klagende Ruf des Käuzchens** the plaintive cry of the little owl; **b)** *(sich beschweren)* complain; **über etw.** *(Akk.)* **~:** complain about sth.; **über Rückenschmerzen/Kopfschmerzen ~:** complain of backache *sing.*/a headache; **[ich] kann nicht ~:** [I] can't complain; [I] mustn't grumble; **c)** *(geh.)* **um jmdn./jmds. Tod ~:** mourn sb./sb.'s death; **über den Verlust seines Vermögens ~:** lament *or* bewail the loss of one's fortune; **d)** *(bei Gericht)* sue; take legal action; **auf Schadenersatz ~:** sue for damages; bring an action for damages; **auf Scheidung ~:** petition for divorce; **gegen jmdn. ~:** sue sb.; take legal action against sb. **2.** *tr. V.* **a) jmdm. sein Leid/seine Not/sein Mißgeschick ~:** pour out one's sorrows *pl.*/troubles *pl.*/tale of misfortune to sb.; **Gott sei's geklagt** *(veralt.)* alas, alack *(arch.);* **b)** *(österr.: verklagen)* sue; take legal action against

**Kla̱ge·punkt der** *(Rechtsw.) (im Zivilrecht)* particular of the/a claim; *(im Strafrecht)* count of the/a charge

**Kläger** ['klɛ:gɐ] **der; ~s, ~, Klä̱gerin die; ~, ~nen** *(im Zivilrecht)* plaintiff; *(im Strafrecht)* prosecuting party; *(bei einer Scheidung)* petitioner; **wo kein ~ ist, ist auch kein Richter** *(Spr.)* if there's no law against it/if nobody complains, he/we *etc.* needn't worry

**Kla̱ge-: ~ruf der** plaintive cry; *(von Schmerz verursacht)* cry of pain; *(stöhnend)* moan; **~schrift die** *(Rechtsw.) (im Zivilrecht)* statement of claim; *(im Strafrecht)* charge/list of charges; *(bei einer Scheidung)* petition; **~weg der** *(Rechtsw.)* **auf dem ~weg** *od.* **im ~weg** by [taking] legal action *or* proceedings; through the courts; **~weib das** [professional] mourner

**kläglich** ['klɛ:klɪç] **1.** *Adj.* **a)** *(mitleiderregend)* pitiful ⟨*expression, voice, cry*⟩; pitiful, wretched ⟨*condition, appearance*⟩; **ein ~es Ende nehmen** come to a miserable end; **b)** *(minderwertig)* pathetic ⟨*achievement, result, etc.*⟩; **ein ~er Rest** a few pathetic remains *pl.;* **c)** *(erbärmlich)* despicable, wretched ⟨*behaviour, role, compromise*⟩; pathetic ⟨*result, defeat*⟩. **2.** *adv.* **a)** ⟨*weep, sob*⟩ pitifully; **b)** *(erbärmlich)* ⟨*behave*⟩ wretchedly, despicably; ⟨*fail*⟩ miserably

**Klä̱glichkeit die; ~** *s.* **kläglich 1 a–c:** pitifulness; wretchedness; patheticness; despicableness

**kla̱glos 1.** *Adj.* uncomplaining. **2.** *adv.* uncomplainingly; without complaint

**Klamauk** [kla'mauk] **der; ~s** *(ugs. abwertend)* fuss; to-do; *(Lärm, Krach)* row *(coll.);*

racket; *(Reklamewirbel)* fuss; hullabaloo; *(im Theater)* slapstick

**klamm** [klam] *Adj.* **a)** *(feucht)* cold and damp; **b)** *(steif)* numb; **~ vor Kälte** numb with cold; **c)** **~ sein** *(salopp)* be hard-up

**Klạmm die; ~, ~en** [deep and narrow] gorge; ravine

**Klạmmer die; ~, ~n a)** *(Wäsche~)* peg; **b)** *(Haar~)* [hair-]grip; **c)** *(Zahn~)* brace; **d)** *(Wund~)* clip; **e)** *(Büro~)* paper-clip; *(Heft~)* staple; **f)** *(Bau~)* cramp[-iron]; [timber-]dog; **g)** *(Schriftzeichen)* bracket; **runde ~n** round brackets; parentheses; **eckige/spitze ~n** square/angle *or* pointed brackets; **geschweifte ~n** braces; **~ auf/zu** open/close brackets; **h)** *(Text in ~n)* bracketed material; material in [the] brackets; *(Math.)* bracket; bracketed expression; **die ~n auflösen** remove the brackets; **i)** *(Griff)* grip; **j)** *(fig.) (Verbindung)* bond; link; *(Fessel)* shackle; tie

**Klạmmer-: ~affe der** *(Zool.)* spider-monkey; **~aus·druck der** *(Math.)* bracket; bracketed expression; **~beutel der** peg-bag; **dich haben sie wohl mit dem ~beutel gepudert!** *(berlin. salopp)* you must be off your rocker! *(sl.)*

**klạmmern 1.** *refl. V.* **sich an jmdn./etw. ~** *(auch fig.)* cling to sb./sth.; **sich an Worte ~:** be pedantic about the words used. **2.** *tr. V.* **a) er klammerte seine Hände um das Geländer** he grasped the railing [with both hands]; **b)** *(zusammenhalten)* **eine Wunde ~:** close a wound with a clip/clips; **c)** *(befestigen) (mit einer Büroklammer)* clip; *(mit einer Heftmaschine)* staple; *(mit einer Wäscheklammer)* peg. **3.** *itr. V. (Boxen)* clinch

**klạmm·heimlich 1.** *Adj.; nicht präd. (ugs.)* on the quiet *postpos.*; ⟨*meeting*⟩ held on the quiet. **2.** *adv.* on the quiet

**Klamotte** [kla'mɔtə] **die; ~, ~n a)** *Pl. (salopp: Kleidung)* clobber *sing. (sl.)*; gear *sing. (sl.)*; **b)** *Pl. (salopp: Kram)* junk *sing.*; stuff *sing.*; **c)** *(ugs. abwertend: Schwank)* rubbishy play/film *etc.*

**Klamọtten·kiste die** *(ugs.) in* **etw. aus der ~ hervorholen** dig sth. up again; **ein Witz/eine Anekdote aus der ~:** an old chestnut

**Klampfe** ['klampfə] **die; ~, ~n a)** *(volkst.: Gitarre)* guitar; **b)** *(österr.) s.* **Klammer f**

**Klan** [kla:n] **der; ~s, ~e** *s.* **Clan**

**klang** [klaŋ] *1. u. 3. Pers. Sg. Prät. v.* **klingen**

**Klạng der; ~[e]s, Klänge** ['klɛŋə] **a)** *(Ton)* sound; **b)** *(~farbe)* tone; **der Name dieser Familie/Firma hat einen guten/schlechten ~** *(fig.)* this family/firm has a good/bad name; **ihre Worte hatten einen bitteren ~** *(fig.)* there was a bitter note in *or* edge to her words; **c)** *Pl. (Melodie)* **das Orchester spielte alte, wohlbekannte Klänge** the orchestra played old familiar tunes; **nach den Klängen eines Walzers tanzen** dance to the strains of a waltz

**Klạng-: ~bild das** *(fachspr.)* sound; **~effekt der** sound effect; **~farbe die** tone colour *or* quality; *(einer Stimme)* tone; **~fülle die** *(eines Instruments)* richness *or* fullness of tone; *(eines Orchesters)* richness *or* fullness of sound; *(einer Stimme)* sonority

**klạnglich 1.** *Adj.; nicht präd.* tonal ⟨*beauty, quality, etc.*⟩; tonal, tone *attr.* ⟨*characteristics*⟩. **2.** *adv.* tonally

**klạnglos 1.** *Adj.* toneless; **mit ~er Stimme** in a toneless voice; tonelessly. **2.** *adv.* tonelessly; *s. auch* **sanglos**

**klạng-, Klạng-: ~regler der** *(Technik) s.* **Tonblende; ~rein 1.** *Adj.* **~rein sein** have a pure tone *or* sound; **2.** *adv.* **er spielte so ~rein, daß ...:** he played with such [a] purity of tone that ...; **~schön** *Adj.* **ein ~schönes Instrument** an instrument with a beautiful tone *or* sound; **~treu** *Adj.* faithful ⟨*reproduction*⟩; high-fidelity ⟨*receiver, reception*⟩; **~voll** *Adj.* **a)** sonorous ⟨*voice, language*⟩; **b)** *(berühmt)* illustrious ⟨*name, title*⟩

**klapp** [klap] *Interj.* click

**Klạpp-: ~bett das** folding bed; **~brücke die** bascule bridge; **~deckel der** hinged lid

**Klạppe die; ~, ~n a)** [hinged] lid; *(am Fenster)* [hinged] vent; *(am Briefkasten)* flap; *(am Tisch)* leaf; **~ zu, Affe tot** *(salopp)* there's an end to it; **b)** *(am LKW)* tailboard; tail-gate; *(seitlich)* side-gate; *(am Kombiwagen)* back; **c)** *(an Kleidertaschen)* flap; **d)** *(am Ofen)* [drop-]door; **e)** *(an Musikinstrumenten)* key; *(an einer Trompete)* valve; **f)** *(Herz~)* valve; **g)** *(Augen~)* [eye-]patch; **h)** *(Achselstück)* shoulder-strap; **i)** *(Filmjargon)* clapper-board; **das war die letzte ~:** that was the last take; **j)** *(salopp: Mund)* trap *(sl.)*; **die** *od.* **seine ~ halten** shut one's trap *(sl.)*; **eine große** *od.* **freche ~ haben** *(abwertend)* have a big mouth; **k)** *(ugs.: Bett)* **sich in die ~ hauen** hit the hay *(sl.)*; get one's head down

**klạppen 1.** *tr. V.* **nach oben/unten ~:** turn up/down ⟨*collar, hat-brim*⟩; lift up/put down *or* lower ⟨*lid*⟩; **nach vorne/hinten ~:** tilt forward/back ⟨*seat*⟩. **2.** *itr. V.* **a)** ⟨*door, shutter*⟩ bang; **mit der Tür ~:** bang the door; **b)** *(stoßen)* bang; **c)** *(ugs.: gelingen)* work out all right; ⟨*rehearsal, performance, etc.*⟩ go [off] all right; **die Sache wird schon ~:** it *or* things will work out all right; **hat es mit den Karten geklappt?** did you get the tickets all right?

**Klạppen-: ~fehler der** *s.* **Herzklappenfehler; ~text der** *(Buchw.)* blurb

**Klạpper die; ~, ~n** rattle

**klạpper-, Klạpper-: ~dürr** *(ugs.)* all skin and bone *pred.*; **~gestell das** *(ugs.)* **a)** *(dünner Mensch)* bag of bones; **b)** *(scherzh.: Fahrzeug)* rattletrap; **~kasten der, ~kiste die** *(ugs.)* rattletrap

**klạppern** *itr. V.* **a)** rattle; ⟨*heels, knitting-needles*⟩ click; **vor Kälte ~ ihr die Zähne** her teeth are chattering with cold; **b)** *(ein Klappern erzeugen)* make a clatter; **vor Angst/Kälte klapperte er mit den Zähnen** his teeth were chattering with fear/cold; **auf der Schreibmaschine ~** *(ugs.)* clatter away on the typewriter; **mit den Augen ~** *(ugs.)* keep blinking; *(kokettieren)* flutter one's eyelashes; **c)** *mit sein (sich klappernd fortbewegen)* ⟨*car*⟩ rattle along; ⟨*person*⟩ clatter along

**Klạpper-: ~schlange die** rattlesnake; **~storch der** *(Kinderspr.)* stork; **glaubst du noch an den ~storch?** do you still believe that babies are brought by the stork?

**Klạpp-: ~fahr·rad das** folding bicycle; **~fenster das** top-hung window; **~laden der** folding shutter; **~liege die** [folding] lounger *or* sunbed; **~messer das** clasp-knife; **~rad das** folding bicycle

**klạpprig** *Adj.* **a)** *(alt)* rickety; ramshackle; **b)** *(wenig stabil)* rickety; wobbly; **c)** *(ugs.: hinfällig)* decrepit; **er ist noch etwas ~:** he's still a bit shaky

**Klạpp-: ~sitz der** folding seat; tip-up seat; **~stuhl der** folding chair; **~stulle die** *(berlin.)* sandwich; **~tisch der** folding table; **~tür die** hinged door; **~verdeck das** collapsible *or* folding hood *or* top; **~zylinder der** opera-hat; crush hat

**Klaps** [klaps] **der; ~es, ~e a)** *(ugs.: leichter Schlag)* smack; slap; **jmdm. einen ~ geben** give sb. a slap *or* smack; **b)** *(salopp)* **einen ~ haben** have a screw loose *(coll.)*; be a bit bonkers *(sl.)*

**Klạps·mühle die** *(salopp)* loony-bin *(sl.)*; nut-house *(sl.)*

**Klar das; ~s, ~** *(österr.) s.* **Eiweiß a**

**klar** [kla:ɐ̯] **1.** *Adj.* **a)** clear; **~e Brühe** clear soup; **mit ~en Augen** clear-eyed; **bei ~er Sicht** when it's clear; on a clear day; **einen ~en Moment haben** *(fig.)* have a lucid moment; **ein ~er Verstand** clear judgement *no art.*; **er ist nicht bei ~em Verstand** he's not in his right mind; he's not in full possession of his faculties; **~ [im Kopf] sein** have a clear head; be able to think clearly *or* straight; **er ist nicht ganz ~ im Kopf** *(salopp)* he's not quite right in the head *(sl.)*; **b)** *(eindeutig)* clear ⟨*decision*⟩; straight ⟨*question, answer*⟩; **ein ~es Ziel vor Augen haben** have a clear aim *or* objective; **~e Verhältnisse schaffen** set things straight; **[ist] alles ~?** [is] everything clear?; **jetzt ist mir alles ~:** now I understand; **na ~!** *(ugs.)*, **aber ~!** *(ugs.)* of course!; **~, daß ...:** naturally, ...; **Das werdet ihr nicht tun. Ist das ~?** You must not do that. Is that clear *or* Do I make myself clear?; **ist dir ~, daß ...?** are you aware that ...?; **das ist ~ wie Klärchen** *od.* **Kloßbrühe** *od.* **dicke Tinte** *(ugs.)* it's as plain as a pikestaff *(Brit.) or* as the nose on your face; **sich** *(Dat.)* **über etw.** *(Akk.)* **im ~en sein** realize *or* be aware of sth.; **c)** *nicht attr. (fertig)* ready; **~ zum Auslaufen** ready to sail. **2.** *adv.* clearly; **sie haben die gegnerische Mannschaft ~ besiegt** they won a clear[-cut] victory over the opposing team; **nicht ~ denken können** be unable to think clearly *or* straight; **~ auf der Hand liegen** *(ugs.)* be blindingly obvious; **etw. ~ und deutlich sagen** say sth. clearly and unambiguously

**Klär·anlage die** sewage treatment plant; *(einer Fabrik)* wastewater treatment plant

**klar-, Klar-: ~apfel der** *type of early dessert apple;* ≈ White/Yellow Transparent; **~blick der** clear-sightedness; **~blickend** *Adj.* clear-sighted; **~denkend** *Adj.* clear-thinking

**Klare der; ~n, ~n** schnapps

**klären** ['klɛ:rən] **1.** *tr. V.* **a)** *(aufklären)* settle, resolve ⟨*question, issue, matter*⟩; clarify ⟨*situation*⟩; clear up ⟨*case, affair, misunderstanding*⟩; **b)** *(reinigen)* purify; treat ⟨*effluent, sewage*⟩; clear ⟨*beer, wine*⟩. **2.** *refl. V.* **a)** *(klar werden)* ⟨*situation*⟩ become clear; ⟨*question, issue, matter*⟩ be settled *or* resolved; **b)** *(rein werden)* ⟨*liquid, sky*⟩ clear; ⟨*weather*⟩ clear [up]. **3.** *itr. V. (Ballspiele)* clear [the ball]; **auf der Linie ~:** clear [the ball] off the line

**klar|gehen** *unr. itr. V.; mit sein (ugs.)* go OK *(coll.)*; **geht das klar mit dem Antrag?** is the application going OK? *(coll.)*; **es wird schon ~:** it'll be OK *(coll.)*

**Klarheit die; ~, ~en a)** *o. Pl.* clarity; **b)** *o. Pl. (Eindeutigkeit)* clarity; *(von Ausführungen, Rede usw.)* clarity; lucidity; **c)** *o. Pl. (Gewißheit)* **sich** *(Dat.)* **über etw.** *(Akk.)* **~ verschaffen** clarify sth.; **völlige ~ verlangen** demand full information *or* all the facts **(über +** *Akk.* about); **d)** *(ugs. scherzh.)* **jetzt sind alle ~en beseitigt** now I'm/everyone's *etc.* totally confused

**klarieren** *tr. V. (Seemannsspr.)* **etw. ~:** clear sth. [through customs]

**Klarinette** [klari'nɛtə] **die; ~, ~n** clarinet

**Klarinettịst der; ~en, ~en, Klarinettịstin die; ~, ~nen** clarinettist

**Klarisse** [kla'rɪsə] **die; ~, ~n, Klarịssin die; ~, ~nen** nun of the order of St. Clare; **die Klarissen** *od.* **Klarissinnen** the poor Clares

**klar-, Klar-: ~|kommen** *unr. itr. V.; mit sein (ugs.)* manage; cope; **mit jmdm. ~kommen** get on with sb.; **ich komme mit der neuen Waschmaschine/der Matheaufgabe nicht ~:** I can't get on with my new washing machine/sort out this maths exercise; **~lack der** clear varnish; **~|legen** *tr. V. (ugs.)* make clear; explain; **~|machen** *tr. V.* **a)** *(ugs.: erklären)* make clear; **jmdm./sich etw. ~machen** make sth. clear to sb./realize sth.; **b)** *(Seemannsspr.)* get ready; prepare

**Klär·schlamm der** *(Technik)* sludge

**Klar·schrift·leser der** *(DV)* optical character reader

**klar|sehen** *unr. itr. V.* understand the matter

**Klarsicht-: ~folie die** transparent film;

**~packung die** transparent pack; **~um·schlag der** transparent cover

**klar-, Klar-: ~|spülen** *itr. V.* rinse; **~|stellen** *tr. V.* clear up; clarify; **ich möchte ~stellen, daß ...:** I should like to make it clear that ...; **~stellung die** clarification; **~text der** *(auch DV)* clear *or* plain text; text in clear; **im ~text** *(fig.)* in plain language

**Klärung die; ~, ~en a)** *(Beseitigung von Mißverständnissen)* clarification; **b)** *(Reinigung)* purification; *(von Abwässern)* treatment

**klar|werden** *unr. V.; mit sein; nur im Inf. und Part. zusammengeschrieben* **1.** *refl. V.* **sich** *(Dat.)* **über etw.** *(Akk.)* **~:** realize *or* grasp sth.; **ich muß mir über meine Pläne für die Zukunft erst ~:** I must first get my plans for the future clear in my own mind. **2.** *itr. V.* **jmdm. wird etw. klar** sth. becomes clear to sb.

**Klär·werk das** sewage works *sing. or pl.*; *(einer Fabrik)* wastewater treatment works *sing. or pl.*

**klaß** [klas] *(südd., österr.) s.* **klasse**

**klasse** ['klasə] *(ugs.)* **1.** *indekl. Adj.* great *(coll.)*; marvellous. **2.** *adv.* marvellously

**Klasse die; ~, ~n a)** *(Schul~)* class; form *(esp. Brit.)*; *(Raum)* class-room; *(Stufe)* year; grade *(Amer.)*; **die vierte ~ besuchen** be in the fourth year *or (Amer.)* grade; **b)** *(Bevölkerungsgruppe)* class; **die ~ der Werktätigen/der Besitzlosen** the working/propertyless class; **c)** *(Sport)* league; *(Boxen)* division; class; **d)** *(Fahrzeug~)* class; **PKWs der gehobenen ~:** up-market cars; **ein Führerschein der ~ 1/2/3/4/5** ≈ a driving licence for a motor cycle/a heavy goods vehicle/a private car/a moped/a motor-assisted bicycle; **e)** *(Boots~)* class; **f)** *(Qualitätsstufe)* class; **ein Wagen/eine Fahrkarte erster ~:** a first-class carriage/ticket; **zweiter ~ liegen** occupy a second-class hospital-bed; **er ist ein Künstler erster ~** *(ugs.)* he is a first-class *or* first-rate artist; **das ist [einsame** *od.* **ganz große] ~!** *(ugs.)* that's [just] great *(coll.) or* marvellous!; **der Verdienstorden erster ~:** the Order of Merit first-class; **g)** *(Biol.)* class

**Klasse-: ~frau die** *(ugs.)* stunner *(coll.)*; smasher *(coll.)*; **~mann der a)** *(ugs.)* marvellous man; fantastic guy *(sl.)*; **b)** *(Sportjargon)* top-class *or* first-rate player; **~mannschaft die** *(Sportjargon)* top-class *or* first-rate team

**Klassement** [klasə'mã:] **das; ~s, ~s** *(Sport)* [list *sing.* of] rankings *pl.*

**klassen-, Klassen-: ~arbeit die** *(Schulw.)* [written] class test; **~auf·satz der** *(Schulw.)* essay written in class; class essay; **~aus·flug der** *(Schulw.)* class outing; **~beste der/die;** *adj. Dekl.* top pupil in the class; **wer ist denn bei euch der oder die ~beste?** who is top of your class?; **~bewußt·sein das** *(Soziol.)* class-consciousness; **~buch das** *(Schulw.) book recording details of pupils' attendance, behaviour, and of topics covered in each lesson* ≈ [class-]register; **~durch·schnitt der** *(Schulw.)* class-average; **~erhalt der** *(Sport)* **um den ~erhalt kämpfen** struggle *or* battle to avoid relegation; **~fahrt die** *(Schulw.)* class outing; **~feind der** *(marx.)* class enemy; **~gegen·satz der** class difference; **~geist der** *(Schulw.)* class spirit; **~gemeinschaft die** *(Schulw.) (~kollektiv)* class; *(~geist)* class spirit; **~gesellschaft die** *(Soziol.)* class society; **~haß der** *(Sozialpsych.)* class hatred *no art.*; **~herrschaft die** *(Soziol.)* class rule *no art.*; **~justiz die** *(Soziol.)* legal system with a built-in class bias; **~kamerad der, ~kameradin die** *(Schulw.)* class-fellow; class-mate; **~kampf der** *(marx.)* class struggle; **~kämpferisch** *(marx.) Adj.* **~kämpferische Parolen** slogans supporting the class struggle; **~keile die** *(Schülerspr.)* **~keile beziehen** *od.* **bekommen** be punched and pushed by the rest of the class; **~lehrer der, ~lehrerin die, ~leiter der, ~leiterin die** *(Schulw.)* class *or* form teacher; form master/mistress; **~los** *Adj. (Soziol.)* classless; **~lotterie die** *lottery in which draws are made on a number of different days and for which tickets can be bought for each individual draw;* **~raum der** *s.* **~zimmer; ~schranke die** *(Soziol.)* class barrier; **~sprecher der, ~sprecherin die** *(Schulw.)* class spokesman; ≈ form leader *or* captain; **~stärke die** *(Schulw.)* size of the/a class/of classes; **~treffen das** *(Schulw.)* class reunion; **~unterschied der a)** *(Soziol.)* class difference; **b)** *(Sport)* difference in class; **~wahl·recht das** *(hist.)* class-based electoral system; class[-based] system of franchise; **~weise** *(Schulw.) Adv.* class by class; **~ziel das** *(Schulw.)* required standard *(for pupils in a particular class)*; **das ~ziel erreichen** reach the required standard; *(fig.)* make the grade; come up to scratch; **~zimmer das** *(Schulw.)* class-room

**Klasse-: ~spieler der** *(Sport Jargon)* [top-]class *or* first-rate player; **~weib das** *(ugs.)* stunner *(coll.)*; smasher *(coll.)*

**Klassifikation** [klasifika'tsio:n] **die; ~, ~en** classification

**klassifizieren** [klasifi'tsi:rən] *tr. V.* classify **(als** as)

**Klassifizierung die; ~, ~en** classification

**-klassig** *Adj.* -class; **mehr~/zwei~:** with a number of/two classes

**Klassik** ['klasık] **die; ~ a)** *(Antike)* classical antiquity *no art.*; **b)** *(Zeit kultureller Höchstleistung)* classical period *or* age

**Klassiker der; ~s, ~ a)** *(der antiken Klassik)* classic; classical writer; **b)** *(einer Epoche)* classic; classical writer/composer *etc.*; **c)** *(Künstler, dessen Werk als mustergültig gilt)* classical exponent; classic

**klassisch** *Adj.* **a)** classical; **b)** *(vollendet, zeitlos; auch iron.)* classic; **c)** *(herkömmlich)* classical; conventional ⟨*warfare*⟩

**Klassizismus** [klasi'tsısmʊs] **der; ~, Klassizismen a)** *o. Pl. (Stilform)* classicism; **b)** *(Stilmerkmal)* feature of the classical style

**klassizistisch** *Adj.* classical

**-kläßler** [-klɛslɐ] **der; ~s, ~:** -former; **Erst~/Zweit~:** first-former/second-former

**klatsch** *Interj.* smack; *(wenn etw. Weiches auf den Boden fällt)* splosh

**Klatsch** [klatʃ] **der; ~[e]s, ~e a)** *o. Pl. (ugs. abwertend: Gerede)* gossip; tittle-tattle; **b)** *(Geräusch)* smack; **es gab einen lauten ~, als er auf dem Wasser aufschlug** there was a loud splash *or (lauter und schärfer)* smack as he hit the water

**Klatsch·base die** *(ugs. abwertend)* gossip

**Klatsche die; ~, ~n a)** *(Fliegen~)* fly-swatter; **b)** *(Schülerspr.: Übersetzung)* crib; **c)** *(abwertend) s.* **Klatschbase**

**klatschen 1.** *itr. V.* **a)** *auch mit sein* ⟨*waves, wet sails*⟩ slap **(gegen** against); **der Regen klatscht gegen die Scheiben** the rain beats against the windows; **sie gab ihm eine Ohrfeige, daß es nur so klatschte** she gave him a resounding smack *or* slap round the face; **b)** *(mit den Händen; applaudieren)* clap; **in die Hände ~:** clap one's hands; **lautes Klatschen** loud applause; **c)** *(schlagen)* slap; **sich** *(Dat.)* **auf die Schenkel/gegen die Stirn ~:** slap one's thighs/clap one's hand to one's forehead; **d)** *(ugs. abwertend: reden)* gossip **(über +** *Akk.* about). **2.** *tr. V.* **a)** *(ugs.: werfen)* slap; chuck *(coll.)* ⟨*book etc.*⟩; **b) den Takt ~** ⟨*teacher*⟩ clap time; ⟨*audience*⟩ clap in time; **jmdm. Beifall ~:** clap *or* applaud sb.; **c)** *(ugs.: schlagen)* **jmdm. eine ~:** slap sb. across the face; give sb. a slap across the face

**Klatscherei die; ~, ~en** *(ugs. abwertend)* gossiping

**Klatsch·geschichte die** *(abwertend)* piece of gossip; **~n** gossip *sing.*

**klatschhaft** *Adj.* gossipy; fond of gossip *pred.*

**Klatschhaftigkeit die; ~:** fondness for gossip

**klatsch-, Klatsch-: ~kolumnist der** *(abwertend)* gossip columnist; **~maul das** *(ugs. abwertend)* gossip; **~mohn der** corn-poppy; field poppy; **~naß** *Adj. (ugs.)* soaking *or* sopping wet ⟨*clothes*⟩; dripping wet ⟨*hair*⟩; **wir sind ~naß geworden** we got soaked [to the skin] *or* drenched; **~spalte die** *(ugs. abwertend)* gossip column; **~sucht die;** *o. Pl. (abwertend)* passion for gossip *or* tittle-tattle; **~süchtig** *Adj.* extremely gossipy; **~süchtig sein** be a compulsive gossip/compulsive gossips; **~tante die** *(ugs. abwertend)*, **~weib das** *(ugs. abwertend) s.* **~base**

**klauben** ['klaubn̩] *tr. V. (landsch.)* **a)** *(entfernen)* **die Flusen vom Teppich/die Rosinen aus dem Kuchen ~:** pick the fluff *sing.* off the carpet/the raisins out of the cake; **b)** *(auslesen)* pick over; **c)** *(bes. südd., österr. ugs.: sammeln)* pick ⟨*berries*⟩; gather, collect ⟨*wood*⟩; dig ⟨*potatoes*⟩

**Klaue** ['klauə] **die; ~, ~n a)** claw; *(von Raubvögeln)* talon; *(fig. geh.)* **in den ~n eines Erpressers** in the clutches of a blackmailer; **jmdn. den ~n des Todes entreißen** snatch sb. from the jaws of death; **b)** *(Huf)* hoof; **c)** *(salopp: Hand)* mitt *(sl.)*; paw *(coll.)*; **d)** *o. Pl. (salopp abwertend: Handschrift)* handwriting; **seine ~ kann ich nicht entziffern** I can't decipher his scrawl

**klauen** *(ugs.)* **1.** *tr. V.* pinch *(sl.)*; nick *(Brit. sl.)*; *(fig.)* pinch *(sl.)*, nick *(Brit. sl.)*, crib ⟨*idea*⟩; **jmdm. etw. ~:** pinch *or (Brit.)* nick/crib sth. from sb. **2.** *itr. V.* pinch *(sl.) or* nick *(Brit. sl.)* things

**Klauen·seuche die** *s.* **Maul- und Klauenseuche**

**Klause** ['klauzə] **die; ~, ~n a)** *(Einsiedelei)* hermitage; **b)** *(Klosterzelle)* cell; *(fig.)* den; **c)** *s.* **Klus**

**Klausel** ['klauzl̩] **die; ~, ~n** clause; *(Bedingung)* stipulation; condition; *(Vorbehalt)* proviso

**Klausner** ['klausnɐ] **der; ~s, ~:** hermit; recluse

**Klaustrophobie** [klaustrofo'bi:] **die; ~, ~n** *(Psych.)* claustrophobia

**Klausur** [klau'zu:ɐ̯] **die; ~, ~en a)** *o. Pl. (Abgeschlossenheit)* **in ~ leben/tagen** live in seclusion/meet in private; **b)** *(Klausurarbeit)* [examination] paper; *(Examen)* examination; **eine ~ schreiben** take a[n examination] paper/an examination; **c)** *(Klosterbereich)* enclosure

**Klausur-: ~arbeit die** [examination] paper; **~tagung die** private meeting

**Klaviatur** [klavia'tu:ɐ̯] **die; ~, ~en a)** keyboard; **b)** *(Vielfalt)* [whole] gamut *or* range

**Klavichord** [klavi'kɔrt] **das; ~[e]s, ~s** clavichord

**Klavier** [kla'vi:ɐ̯] **das; ~s, ~e** piano

**Klavier-: ~aus·zug der** piano score; **~bauer der** piano-maker; **~bearbeitung die** piano arrangement; arrangement for the piano; **~begleitung die** piano accompaniment; **~hocker der** piano-stool; **~konzert das a)** *(Musikstück)* piano concerto; **b)** *(Veranstaltung)* piano recital; **~lehrer der, ~lehrerin die** piano teacher; **~schemel der** piano-stool; **~schule die** piano tutor; **~sonate die** piano sonata; **~spiel das** piano-playing; **~spieler der** pianist; piano-player; **~stimmer der; ~s, ~:** piano-tuner; **~stunde die** piano-lesson; **~unterricht der** piano-lessons *pl.*

**Klebe** ['kle:bə] **die; ~** *(ugs.)* glue

**Klebe-: ~band das** adhesive *or* sticky tape;

**~bindung die** *(Buchw.)* adhesive *or* perfect binding; **~folie die** adhesive film; *(für Regale)* self-adhesive plastic sheeting

**kleben 1.** *itr. V.* **a)** stick (**an** + *Dat.* to); **an allen Hauswänden klebten riesige Plakate** there were huge posters stuck on the walls of all the houses; **das Hemd klebte ihm am Körper** his shirt stuck *or* clung to his body; **an seinen Händen klebt Blut** *(fig.)* he has blood on his hands *(fig.)*; his hands are stained with blood *(fig.)*; **am Berghang ~** ‹*hut etc.*› cling to the mountainside; **jmdm. an der Stoßstange ~** *(fig. salopp)* ‹*driver, vehicle*› hang on sb.'s tail; **an jmdm. ~** *(salopp)* cling to sb.; **b)** *(ugs.: klebrig sein)* be sticky (**von, vor** + *Dat.* with); **c)** *(ugs.: an sich hängen haben)* **voller Fliegen/Kletten usw. ~:** be covered in flies/burrs; **d)** *(ugs.: sich klammern)* **an seinem Stuhl/an der Theke ~:** stay put in one's chair *(coll.)*/prop the bar up *(coll.)*; **klebt nicht so an der Textvorlage** *(fig.)* don't stick so closely to the original text; **e)** *(verbunden sein)* **daran klebt ein Makel** there's a stigma attached to it; **f)** *(ugs.: Sozialversicherungsbeiträge entrichten)* pay stamps. **2.** *tr. V.* **a)** *(befestigen)* stick; *(mit Klebstoff)* stick; glue; *(mit Leim)* stick; paste; **jmdm. eine ~** *(salopp)* belt sb. one *(coll.)*; **b)** *(mit Klebstoff reparieren)* stick *or* glue ‹*vase etc.*› back together; **c)** *(zusammenfügen)* splice ‹*tape, film*›

**kleben|bleiben** *unr. itr. V.; mit sein* **a)** *(haftenbleiben)* stick; remain stuck; **b)** *(salopp: nicht versetzt werden)* stay down; repeat a year; **er wird in diesem Jahr ~:** he will be staying down this year; **c)** *(ugs.: sich nicht trennen können; auch fig.)* get stuck; **d)** *(verbunden sein)* **diese Schande wird an ihr ~:** this disgrace will remain with her

**Klebe·pflaster das** adhesive plaster; sticking-plaster

**Kleber der; ~s, ~:** adhesive; glue

**Klebe-: ~streifen der** *s.* **Klebstreifen; ~verband der** *(Med.)* adhesive bandage

**Kleb-: ~fläche die** adhesive surface; sticky side; **~kraft die** adhesive strength; **~pflaster das** *s.* **Klebepflaster**

**klebrig** *Adj.* **a)** *(klebend)* sticky; *(von Schweiß)* clammy ‹*hands etc.*›; **b)** *(abwertend: schmierig)* slimy

**Klebrigkeit die; ~** *s.* **klebrig:** stickiness; clamminess; sliminess

**Kleb-: ~stelle die** join; *(eines Films, Tonbandes)* splice; **~stoff der** adhesive; glue; **~streifen der** adhesive *or* sticky tape; *(zum Befeuchten auch)* gummed tape

**Kleckerei die; ~, ~en** *(ugs.)* mess

**Klecker·kram der** *(ugs. abwertend)* peanuts *(sl.)*

**kleckern** ['klɛkɐn] *(ugs.)* **1.** *itr. V.* **a)** *(Flecken machen)* make a mess; **oje, jetzt habe ich gekleckert** oh dear, now I've gone and spilled something *(coll.)*; **b)** *mit sein (heruntertropfen)* drip; spill; **c)** *(zögernd verlaufen)* ‹*orders*› come in dribs and drabs; **d)** *(ugs.: halbherzig investieren u. ä.)* mess about with half-measures; **nicht ~, sondern klotzen** stop messing about with half-measures, and do the thing properly, whatever the cost. **2.** *tr. V.* spill; splash ‹*paint*›

**kleckerweise** *Adv. (ugs.)* in dribs and drabs; **der Umzug ging nur ~ vonstatten** the move went ahead in fits and starts

**Klecks** [klɛks] **der; ~es, ~e a)** stain; *(nicht aufgesogen)* blob; *(Tintenfleck)* [ink-]blot; **b)** *(ugs.: kleine Menge)* spot; *(von Senf, Mayonnaise)* dab

**klecksen 1.** *itr. V.* **a)** *(Klecks[e] machen)* make a stain/stains; *(mit Tinte)* make a blot/blots; ‹*pen*› blot; **er hat auf den Teppich gekleckst** he has made a stain/stains on the carpet; **b)** *(ugs. abwertend: schlecht malen)* daub. **2.** *tr. V. (ugs.)* daub ‹*paint*›; **Marmelade aufs Brot ~:** smear blobs of jam on the bread

**Kleckser der; ~s, ~** *(ugs.)* **a)** *(abwertend) (Maler)* dauber; *(Schriftsteller)* scribbler; **b)** *s.* **Klecks**

**Kleckserei die; ~, ~en** *(ugs. abwertend)* **a)** *o. Pl. (dauerndes Klecksen)* making stains *no art.*; *(mit Tinte)* making blots *no art.*; **b)** *(Hingeschmiertes)* scribble; scrawl; *(schlecht gemaltes Bild)* daub; daubing

**Kledage** [kle'daːʒə], **Kledasche** [kle'daːʃə] **die; ~** *(nordd., md. salopp)* clobber *(sl.) no indef. art.*

**Klee** [kleː] **der; ~s** clover; **jmdn./etw. über den grünen ~ loben** *(ugs.)* praise sb./sth. to the skies

**Klee·blatt das a)** *(Blatt des Klees)* cloverleaf; *(als Symbol Irlands)* shamrock; **ein vierblättriges ~:** a four-leaf *or* four-leaved clover; **b)** *(ugs.: drei Personen)* trio; threesome; **c)** *(Verkehrsw.: Straßenkreuz)* cloverleaf [intersection *or* junction]

**Kleiber** ['klaibɐ] **der; ~s, ~:** nuthatch

**Kleid** [klait] **das; ~es, ~er a)** dress; **ein zweiteiliges ~:** a two-piece [suit]; **die Natur trägt ein weißes ~** *(fig. geh.)* Nature is dressed *or* covered in a mantle of white *(literary)*; **b)** *Pl. (Kleidung)* clothes; **in den ~ern schlafen** sleep in one's clothes; **~er machen Leute** *(Spr.)* clothes make the man; the apparel oft proclaims the man *(literary)*; **c)** *(geh.) (Gefieder)* plumage; *(Fell)* coat; **d)** *(veralt. geh.: Uniform)* uniform; **e)** *(schweiz.: Anzug)* suit

**Kleidchen das; ~s, ~ a)** little dress; **b)** *(ugs.: leichtes Kleid)* plain little dress

**kleiden 1.** *refl. V.* dress. **2.** *tr. V.* **a)** dress; **die Armen ~:** clothe the poor; **b)** suit; look well on; **die Farbe kleidet dich gut** the colour suits you *or* looks well on you; **c) etw. in Worte ~:** express sth. in words; put sth. into words; **etw. in schöne Worte ~:** clothe sth. in fine language

**Kleider-: ~ab·lage die a)** *(Ablage)* coat rack; **b)** *(Raum)* cloakroom; checkroom *(Amer.)*; **~bad das** *dry-cleaning process in which the article is simply dipped in the cleaning fluid and not given any finishing treatment;* **~bügel der** clothes-hanger; coathanger; **~bürste die** clothes-brush; **~größe die** size; **~haken der** coat-hook; **~kammer die** *(bes. Milit.)* clothing-store; **~kasten der** *(südd., österr., schweiz.) s.* **~schrank; ~macher der** *(österr./veralt.) s.* **Schneider; ~ordnung die** *(hist.)* laws *pl.* governing dress; **~puppe die** tailor's dummy; **~rock der** pinafore dress; **~sack der** *(bes. Milit.)* kitbag; **~schrank der** wardrobe; **er ist ein ~schrank** *(fig. ugs.)* he is a great hulk *or* a giant of a man; **~ständer der** coat-stand; **~stange die** clothes-rail; **~stoff der** *(Stoff für ein Kleid)* dress-material; *(Stoff für Kleidungsstücke)* clothes-material

**kleidsam** *Adj.* becoming

**Kleidung die; ~:** clothes *pl.*; **leichte/warme ~:** light/warm clothes *pl. or* clothing

**Kleidungs·stück das** garment; article of clothing; **~e** clothes

**Kleie** ['klaiə] **die; ~:** bran

**klein** [klain] **1.** *Adj.* **a)** little; small; small ‹*format, letter*›; little ‹*finger, toe*›; **das Kleid ist mir zu ~:** the dress is too small for me; **ein ~es Bier** a small beer; ≈ a half[-pint]; **ein ~es Export** ≈ a half[-pint] of Export; **eine ~e Terz/Sekunde** *(Musik)* a minor third/second; **~e Schritte machen** take small *or* short steps; **sich ~ machen** make oneself small; **auf ~stem Raum** in the minimum of space; **sie ist ~ [von Gestalt/für ihr Alter]** she is small [in stature/for her age]; **er ist [einen Kopf] ~er als ich** he is [a head] shorter than me *or* shorter than I am [by a head]; **im ~en** in miniature; on a small scale; **Pippin der Kleine** *(hist.)* Pippin the Short; **~, aber oho** he/she may be small, but he/she certainly makes up for it; **~, aber fein** little, but very nice; **b)** *(jung)* little; **sein ~er Bruder** his little brother; **als ich [noch] ~ war** when I was small *or* little; **unsere Kleine/unser Kleiner** our little girl/boy; **für die Kleinen** for the little ones; **von ~ auf** from an early age; **c)** *(von kurzer Dauer)* little, short ‹*while*›; short ‹*walk, break, holiday*›; short, brief ‹*delay, introduction*›; brief ‹*moment*›; **d)** *(von geringer Menge)* small ‹*family, amount, audience, staff*›; small, low ‹*salary*›; low ‹*price*›; **das Gas auf ~ stellen** turn the gas down [low]; **~es Geld haben** have some [small] change; **haben Sie es ~?** *(ugs.)* do you have the right money?; **~er habe ich es nicht** I don't have anything smaller; **e)** *(von geringem Ausmaß)* light ‹*refreshment*›; small ‹*party, gift*›; scant, little ‹*attention*›; slight ‹*cold, indisposition*›; slight, small ‹*mistake, irregularity*›; minor ‹*event, error*›; **die ~en Dinge des Alltags** the little everyday things; **einen ~en Schreck bekommen** get a bit of a shock; **das ~ere Übel** the lesser evil; the lesser of the two evils; **das ist meine ~ste Sorge** that's the least of my worries; **du ~er Schwindler!** you little twister!; **ein ~es Spielchen** a little game; **ein ~[es] bißchen** a little *or* tiny bit; **ein ~ wenig** a little bit; **ein ~ wenig Rücksichtnahme** a little bit of consideration; **im Kleinen wie im Großen** in little things as well as in big ones; **bis ins Kleinste** down to the smallest *or* tiniest detail; **f)** *(unbedeutend)* lowly ‹*employee, sales assistant*›; minor ‹*official*›; **der ~e Mann** the ordinary citizen; the man in the street; **die ~en Leute** ordinary people; the man *sing.* in the street; **in ~en Verhältnissen leben** live in humble *or* modest circumstances; **~ anfangen** *(ugs.)* start off in a small way; **die Kleinen hängt man, die Großen läßt man laufen** it's always the small fry that get caught, while the big fish get away; **g) ganz ~ [und häßlich] werden** become meek and subdued; **den mache ich so ~ mit Hut!** *(ugs.)* I'll bring him down a peg or two; **jetzt ist sie so ~:** she's come down a peg or two; **h) ein ~er Geist** *(engstirnig)* a narrow-minded person; *(beschränkt)* a person of limited intellect. **2.** *adv.* **a) die Heizung ~/~er einstellen** turn the heating down low/lower; **ein Wort ~ schreiben** write a word with a small initial letter; **~ machen** *(Kinderspr.)* do number one *(child lang.)*; **b)** *(engstirnig)* **~ von jmdm./etw. denken** think little *or* have a low opinion of sb./sth.; *s. auch* **beigeben 2**

**Klein das; ~s** *(Kochk.) (von Geflügel)* giblets *pl.*; *(von Hasen)* trimmings *pl.*

**klein-, Klein-: ~aktie die** *(Wirtsch.) minimum par-value (50-mark) share;* **~aktionär der** *(Wirtsch.)* small shareholder; **~anzeige die** *(Zeitungsw.)* small *or* classified advertisement *or (coll.)* ad; **~arbeit die;** *o. Pl.* painstaking and detailed work; **~asien (das)** Asia Minor; **~bahn die** light [narrow-gauge] railway; **~bauer der** small farmer; smallholder; **~|bekommen** *unr. tr. V.: s.* **~kriegen; ~betrieb der a)** *(Industrie)* small business; **ein industrieller/handwerklicher ~betrieb** a small factory/small workshop; **b)** *(Landw.)* small farm; smallholding; **~bild·kamera die** *(Fot.)* miniature camera; 35 mm camera; **~buchstabe der** small letter; lower-case letter *(Printing)*; **~bürger der** lower middle-class person; *(abwertend: Spießbürger)* petit bourgeois; **die ~bürger** lower middle-class people; **~bürgerlich 1.** *Adj.* **a)** *(das Kleinbürgertum betreffend)* lower middle-class; **b)** *(abwertend: spießbürgerlich)* petit bourgeois; **2.** *adv. (abwertend: spießbürgerlich)* **~bürgerlich denken** have a petit-bourgeois way of thinking; **~bürgerlichkeit die** *(abwertend)* petit bourgeois nature; **~bürgertum das** lower middle class; petite bourgeoisie; **~bus der** minibus; **~dar-**

**steller der** small-part *or (coll.)* bit-part actor

[1]**Kleine der;** *adj. Dekl.* **a)** *(kleiner Junge)* little boy; **b)** *(ugs. Anrede)* little man; **na, ~r** *(Prostituierte zum Passanten)* hello, dearie

[2]**Kleine die;** *adj. Dekl.* **a)** *(kleines Mädchen)* little girl; **b)** *(ugs. Anrede)* love; *(abwertend)* little madam; **c)** *(ugs.: Freundin)* girl[-friend]

[3]**Kleine das;** *adj. Dekl.* **a)** *(ugs. scherzh.)* little boy/girl *(joc.)*; **das ~ der Familie** the baby of the family; **b)** *(von Tieren)* baby; little one

**Kleine·leute·milieu das** world of simple, ordinary people

**Klein-: ~familie die** *(Soziol.)* nuclear family; **~format das** small size; *(bei Büchern)* small format *or* size

**Klein·garten der** ≈ allotment *(cultivated primarily as a garden)*; **in ihrem ~** on her allotment

**Kleingarten·anlage die** ≈ allotments *pl.*

**klein-, Klein-: ~gärtner der** ≈ allotment-holder; **~gebäck das** biscuits *(Brit.) or (Amer.)* cookies and small pastries; **~geblümt** *Adj. (präd. getrennt geschrieben)* ‹*dress, wallpaper, etc.*› with a small floral pattern; **~gedruckt** *Adj. (präd. getrennt geschrieben)* in small print *postpos.*; **die ~gedruckten Passagen in Verträgen** the [sections *pl.* in] small print *sing.* in contracts; **~gedruckte das;** *adj. Dekl.* small print; **~geist der** *(abwertend)* small-minded person; **~geistig** *Adj.* small-minded; petty-minded ‹*official*›; **~geld das;** *o. Pl.* [small] change; **würden Sie mir für 10 DM ~geld geben?** can you change a *or* give me change for a ten-mark note?; **über das nötige ~geld verfügen** *(iron.)* have the wherewithal *(coll.)*; **~gemustert** *Adj. (präd. getrennt geschrieben)* small-patterned; **~gläubig** *Adj. (unfähig zum festen Glauben)* of little faith *postpos.*; sceptical; *(ängstlich-zweifelnd)* faint-hearted; **o ihr Kleingläubigen!** *(bibl.)* o ye of little faith; **die Kleingläubigen** the doubters/faint-hearts; **~gläubigkeit die** *s.* **~gläubig:** lack of faith; scepticism; faint-heartedness; **~|hacken** *tr. V.* chop up

**Kleinheit die;** ~ **a)** *(geringe Größe)* smallness; small size; **b)** *(selten: Beschränktheit)* limitedness; restrictedness

**Klein-: ~hirn das** *(Anat.)* cerebellum; little brain; **~holz das** chopped wood; **~holz machen** chop wood; **~holz aus etw. machen, etw. zu ~holz machen** *(ugs.)* smash sth. to pieces; **~holz aus jmdm. machen, jmdn. zu ~holz machen** *(ugs.)* make mincemeat of sb.

**Kleinigkeit die;** ~, **~en a)** *(kleine Sache)* small thing; *(Einzelheit)* [small] detail; minor point; **bis auf einige ~en habe ich alle Einkäufe gemacht** apart from a few small items *or* a few odds and ends I've done all the shopping; **ich habe noch eine ~ zu erledigen** I still have a small matter to attend to; **jmdm. eine ~ schenken** give sb. a small *or* little gift *or* present; **eine ~ essen** have a [small] bite to eat; **das kostet eine ~** *(ugs. iron.)* that costs a bob *or* two *(Brit. coll.) or* a tidy sum *(coll.)*; **die ~ von 50 000 DM** *(ugs. iron.)* the small *or* little matter of 50,000 marks; **sich nicht mit ~en abgeben** not concern oneself with details *or* trifles; **b)** *(leichte Aufgabe)* **eine ~ für jmdn. sein[, etw. zu tun]** be no trouble for sb. [to do sth.]; be a simple matter for sb. [to do sth.]; **es war eine ~ für sie, ihren Mann zu überreden** she had no trouble in persuading her husband; **es war keine ~ für ihn** it was no small matter for him; **das war eine ~:** it was nothing; **c)** *(ugs.: ein Stückchen)* a little bit; *(noch kleiner)* a fraction; a shade

**Kleinigkeits·krämer der** *(abwertend)* pettifogger; pettifogging individual

**Kleinigkeits·krämerei die** *(abwertend)* pettifoggery; pettifogging

**klein-, Klein-: ~kaliber·gewehr das** small-bore rifle; **~kalibrig** *Adj.* small-bore *attrib.*; **~kariert 1.** *Adj.* **a)** *(mit kleinen Karos)* ‹*skirt, shirt, etc.*› with a small check *or* with a small-checked pattern; **b)** *(ugs. abwertend: engstirnig)* narrow-minded; **2.** *adv. (ugs. abwertend)* narrow-mindedly; in a narrow-minded way; **~kind das** small child; **~kleckers·dorf** [~'klɛkɐs-] **(das)** *(ugs. spött.)* somewhere in the back of beyond *(coll.)*; some tiny little place way out in the sticks *(sl.)*; **~klima das** *(Met.)* microclimate; **~kram der** *(ugs.)* **a)** *(kleine Dinge)* odds and ends *pl.*; **b)** *(unbedeutende Dinge)* trivial matters *pl.*; *(Einzelheiten)* trivial details; *(kleinere Arbeiten)* trivial little jobs; **der tägliche ~kram** the trivial concerns *pl.* of everyday life; **~kredit der** *(Bankw.)* personal loan *(repayable within two years)*; **~krieg der a)** *(Guerillakrieg)* guerrilla warfare; **ein ~krieg** a guerrilla war; **b)** *(ständiger Streit)* running battle; **~|kriegen** *tr. V. (ugs.)* **a)** *(zerkleinern)* crush [to pieces]; get one's teeth through ‹*tough meat*›; **b)** *(zerstören)* smash; break; **nicht ~zukriegen sein** be indestructible; **c)** *(aufbrauchen)* get through, *(sl.)* blow ‹*money*›; get through, *(joc.)* demolish ‹*sweets, cakes, etc.*›; **d)** *(entmutigen)* **jmdn. ~kriegen** get sb. down *(coll.)*; *(durch Drohungen)* intimidate sb.; *(gefügig machen)* bring sb. into line; **sich nicht ~kriegen lassen** not allow oneself to be got down/intimidated

**Klein·kunst die;** *o. Pl.* cabaret

**Kleinkunst·bühne die** cabaret ensemble

**klein·laut 1.** *Adj.* subdued; *(verlegen)* sheepish. **2.** *adv.* in a subdued fashion; *(verlegen)* sheepishly

**kleinlich** *(abwertend)* **1.** *Adj.* pernickety; *(ohne Großzügigkeit)* mean; *(engstirnig)* small-minded; petty; *(in bezug auf Sauberkeit und Ordnung)* pernickety; fussy; petty ‹*regulations*›. **2.** *adv.* meticulously; punctiliously; **~ denken** have a mean and petty cast of mind

**Kleinlichkeit die;** ~ *(abwertend) s.* **kleinlich:** pernicketiness; meanness; small-mindedness; pettiness; fussiness

**klein-, Klein-: ~|machen** *tr. V.* **a)** *(zerkleinern)* cut up small; chop up ‹*wood*›; **b)** *(ugs.: aufbrauchen)* get through, *(sl.)* blow ‹*money*›; **c)** *(ugs.: wechseln)* change; **kann mir jemand ein 5-Mark-Stück ~machen?** can anyone give me change for a five-mark piece?; **~möbel das** smaller item of furniture; **~mut der** *(geh.)* faint-heartedness; timidity; **~mütig** *Adj. (geh.)* faint-hearted; timid

**Kleinod** ['klaino:t] **das;** **~[e]s, ~e** *od.* **~ien** [-'no:di̯ən] *(geh.)* **a)** *(Schmuckstück)* piece of jewellery; *(Edelstein)* jewel; **b)** *(Kostbarkeit)* gem

**klein-, Klein-: ~rentner der** person living on a small pension; **~|schneiden** *unr. tr. V.* cut up small; cut into small pieces; chop up ‹*onion*› [small]; **~|schreiben** *unr. tr. V.* in **~geschrieben werden** *(ugs.)* count for [very] little **(bei** with); *s. auch* **klein 2a;** **~schreibung die** use of small initial letters; **~sparer der** *(Finanzw.)* small saver; **~staat der** small state; **~stadt die** small town; **~städter der** small-town dweller; **~städtisch** *Adj.* small-town *attrib.*

**Kleinst·betrag der** minimum *or* smallest sum *or* amount

**Kleinst·bild·kamera die** subminiature camera

**Kleinste der/die/das;** *adj. Dekl.* smallest *or* youngest boy/girl/child

**klein|stellen** *tr. V.* turn down [low]

**kleinst-, Kleinst-: ~kind das** very small child *(up to two years old)*; **~lebe·wesen das** micro-organism; **~möglich** *Adj.; nicht präd.* smallest possible

**Klein·tier das** pet; *(Nutztier)* small domestic animal

**Kleintier-: ~halter der** breeder of small animals; **~haltung die** breeding of small animals; **~zucht die** [professional] breeding of small animals; *(Betrieb)* establishment for breeding small animals

**Klein·verdiener der** person on a low income

**Klein·vieh das** small farm *or* domestic animals *pl.*; small livestock; **~ macht auch Mist** *(ugs.)* many a mickle makes a muckle *(prov.)*; every little helps

**Kleinvieh·zucht die** breeding of small farm *or* domestic animals

**Klein·wagen der** small car

**klein·wüchsig** [-vy:ksɪç] *Adj.* ‹*person*› of small stature; small, short ‹*person, race*›; small ‹*variety, species*›

**Kleister** ['klaistɐ] **der;** **~s, ~:** paste; *(ugs. abwertend: Brei)* goo *(coll.)*

**kleist[e]rig** *Adj. (ugs.)* gooey *(coll.)*

**kleistern** *tr. V. (ugs.)* **a)** *(kleben)* paste, stick **(an** + *Akk.* on); **b)** *(reparieren)* stick; **c)** *(dick auftragen)* plaster **(auf** + *Akk.* on); **d)** **jmdm. eine ~:** belt sb. one *(coll.)*

**Klementine** [klemɛn'ti:nə] **die;** **~, ~n** clementine

**Klemmappe** ['klɛmmapə] **die;** **~, ~n** spring *or* springback binder

**Klemme** ['klɛmə] **die;** **~, ~n a)** *(Haar~)* [hair-]clip; *(Papier~)* paper-clip; *(Technik)* clip; *(Elektrot.)* terminal; *(Med.)* clip; **b)** *(ugs.: schwierige Lage)* **in der ~ sein** *od.* **sitzen** be in a fix *or* jam *(coll.)*; **jmdm. aus der ~ helfen** help sb. out of a fix *or* jam *(coll.)*

**klemmen 1.** *tr. V.* **a)** *(befestigen)* tuck; stick *(coll.)*; **etw. unter den Arm ~:** tuck *or (coll.)* stick sth. under one's arm; **b)** *(quetschen)* **sich** *(Dat.)* **den Fuß/die Hand ~:** get one's foot/hand caught *or* trapped; catch *or* trap one's foot/hand; **c)** *(salopp: stehlen)* swipe *(sl.)*; pinch *(sl.)*; nick *(Brit. sl.)*. **2.** *refl. V.* **sich hinter etw.** *(Akk.)* **~:** wedge oneself behind sth.; *(fig. ugs.: sich einsetzen)* put some hard work into sth.; **sich hinter jmdn. ~:** squeeze in behind sb.; *(fig. ugs.: antreiben)* get to work on sb. *(coll.)*; **sich hinters Lenkrad ~** *(ugs.)* get behind the wheel. **3.** *itr. V.* ‹*door, drawer, etc.*› stick

**Klemm-mappe** *getrennte Schreibung von* Klemmappe

**Klempner** ['klɛmpnɐ] **der;** **~s, ~:** tinsmith; *(~ und Installateur)* plumber

**Klepper** ['klɛpɐ] **der;** **~s, ~** *(abwertend)* broken-down nag

**Kleptomane** [klɛpto'ma:nə] **der;** **~n, ~n** *(Psych.)* kleptomaniac; **~ sein** be a kleptomaniac

**Kleptomanie** [klɛptoma'ni:] **die;** ~ *(Psych.)* kleptomania *no art.*

**Kleptomanin die;** **~, ~nen** kleptomaniac

**kleptomanisch** *Adj. (Psych.)* kleptomaniac

**klerikal** [kleri'ka:l] *Adj. (auch abwertend)* clerical; church ‹*property*›

**Klerikale der/die;** *adj. Dekl. (auch abwertend)* cleric; **die ~n** the clergy *sing.*

**Klerikalismus der;** ~ *(oft abwertend)* clericalism

**Kleriker** ['kle:rikɐ] **der;** **~s, ~:** cleric

**Klerus** ['kle:rʊs] **der;** **~:** clergy

**Klette** ['klɛtə] **die;** **~, ~n** bur; *(Pflanze)* burdock; **sich wie eine ~ an jmdn. hängen** *(ugs.)* stick like a bur to sb.

**Kletter·affe der:** **ein ~ sein** be able to climb like a monkey

**Kletterei die;** **~, ~en** *(ugs.)* **a)** *(Herumklettern)* climbing [about]; **b)** *(Bergsteigen)* climbing

**Kletterer der;** **~s, ~:** climber

**Kletter-: ~gerüst das** climbing-frame; **~maxe der** *(ugs. scherzh.)* **a)** *(Kind, das*

*gerne klettert)* climbing-mad child; **b)** *(Fassadenkletterer)* cat burglar
**klettern** ['klɛtɐn] *itr. V.; mit sein (auch fig.)* climb; *(mit Mühe)* clamber; **auf einen Baum ~:** climb a tree; **aus dem Bett/Auto ~** *(ugs.)* climb out of bed/the car *(coll.)*
**Klẹtter-: ~partie die a)** *(Bergsteigen)* climb; **b)** *(ugs.: anstrengende Wanderung)* climbing expedition; **~pflanze die** creeper; *(Bot.)* climbing plant; climber; **~rose die** climbing *or* rambling rose; **~seil das** climbing-rope; **~stange die** *(Turnen)* climbing-pole; **~tau das** *s.* **~seil; ~tour die** *s.* **~partie; ~wand die** *(Turnen)* climbing-wall
**Klẹtt·verschluß der** Velcro **(P)** fastening
**Kletze** ['klɛt͜sə] **die; ~, ~n** *(österr.)* dried pear
**klick** [klɪk] *Interj.* click; **~ machen** click; go click; **da machte es bei ihm ~** *(fig. ugs.)* and then the penny dropped *(coll.)*
**klịcken** *itr. V.* click; **es klickte** there was a click
**Klịcker der; ~s, ~** *(westmd.)* marble
**klịckern** *itr. V. (westmd.)* play marbles
**Klient** [kli'ɛnt] **der; ~en, ~en** client
**Klientel** [kliɛn'te:l] **die; ~, ~en** clientele
**Kliẹntin die; ~, ~nen** client
**klieren** ['kli:rən] *tr., itr. V. (nordd.)* scrawl
**Kliff** [klɪf] **das; ~[e]s, ~e** cliff
**Klịff·küste die** cliffed coast; cliffs *pl.*
**Klima** ['kli:ma] **das; ~s, ~s** *od.* **Klimate** [kli'ma:tə] climate; **das politische/soziale ~** *(fig.)* the political/social climate; **im Büro herrscht ein angenehmes ~** *(fig.)* there's a pleasant atmosphere in the office
**Klịma-: ~an·lage die** air-conditioning *no indef. art.;* air-conditioning system; **mit ~anlage** air-conditioned; **~kammer die** *(Med., Biol.)* climatic chamber; **~karte die** climatic map; **~kunde die** climatology *no art.;* **~technik die;** *o. Pl.* air-conditioning engineering *no art.*
**Klimakterium** [klimak'te:ri̯ʊm] **das; ~s** *(Med.)* menopause; change of life
**klimatisch** [kli'ma:tɪʃ] **1.** *Adj.; nicht präd.* climatic. **2.** *adv.* climatically
**klimatisieren** *tr. V.* air-condition
**Klimatologie** [klimatolo'gi:] **die; ~:** climatology *no art.*
**Klịma·wechsel der** change of climate
**Klimax** ['kli:maks] **die; ~:** climax
**Klịma·zone die** climatic zone
**Klimbim** [klɪm'bɪm] **der; ~s** *(ugs.)* **a)** *(Kram)* junk; odds and ends *pl.;* **b)** *(Wirbel)* fuss; **~ um etw. machen** make a fuss about sth.
**klimmen** ['klɪmən] *unr. itr. V.; mit sein (geh.)* clamber; climb
**Klịmm·zug der** *(Turnen)* pull-up; **geistige Klimmzüge machen** *(fig. ugs.)* do mental gymnastics
**Klimperei die; ~, ~en** *(ugs. abwertend)* [awful] plunking
**Klịmper·kasten der** *(ugs. abwertend)* joanna *(sl.);* piano
**klimpern** ['klɪmpɐn] **1.** *itr. V.* jingle; tinkle; ⟨*coins, keys*⟩ jingle; **mit den Geldstücken/Schlüsseln ~:** jingle the coins/keys; **mit den Wimpern ~** *(scherzh.)* flutter one's eyelashes [seductively]; **auf dem Klavier/der Gitarre/dem Banjo ~** *(ugs.)* plunk away on the piano/guitar/banjo. **2.** *tr. V. (ugs. abwertend)* plunk out ⟨*tune etc.*⟩
**kling** [klɪŋ] *Interj. (einer Glocke)* ding; *(von Gläsern)* chink; clink; **~ machen** ding/chink *or* clink
**Klịnge die; ~, ~n a)** blade; **b)** *(geh. veralt.: Waffe)* blade *(literary);* **mit jmdm. die ~n kreuzen** *(geh.)* cross swords with sb.; **eine [gute] ~ schlagen** *(geh.)* be a good swordsman; **eine scharfe ~ führen** *(fig. geh.)* be hard-hitting in debate; **jmdn. über die ~ springen lassen** *(fig.) (töten)* dispose of *or* kill sb.; *(ugs.: ruinieren)* ruin sb.; *(beruflich)* put paid to sb.'s career *(coll.)*

**Klingel** ['klɪŋl̩] **die; ~, ~n a)** bell; **b)** *(kleine Glocke)* small bell
**Klịngel-: ~beutel der** offertory-bag; collection-bag; **~draht der** bell-wire
**klinge[linge]ling** [klɪŋə(lɪŋə)'lɪŋ] *Interj.* ting-a-ling
**Klịngel·knopf der** bell-button; bell-push
**klịngeln** *itr. V.* **a)** ring; ⟨*alarm clock*⟩ go off; ring; **es klingelt** *(an der Tür)* somebody is ringing the doorbell; there is a ring at the door; *(Telefon)* the telephone is ringing; **es hat bei ihm/ihr** *usw.* **geklingelt** *(ugs.)* the penny's dropped *(coll.); s. auch* **Kasse a; b)** *(die Klingel betätigen)* ring [the bell]; **nach jmdm. ~:** ring for sb.; **der Radfahrer klingelte** the cyclist rang his/her bell; **es klingelte zur Pause** the bell went for the break; **jmdn. aus dem Schlaf ~:** ring [the bell] and wake sb. up; **c)** *(Kfz-W.)* ⟨*engine*⟩ pink
**Klịngel-: ~putzen das; ~s** *(ugs.)* ringing doorbells [and running away]; **~schnur die** bell-pull; **~zeichen das** ring; **das ist das ~zeichen für das Ende der Pause** that is the bell for the end of break/the interval *(Brit.) or (Amer.)* intermission; **~zug der** bell-pull
**klịngen** *unr. itr. V.* **a) die Glocken klangen** the bells were ringing; **aus dem Haus klangen fröhliche Stimmen** the sound of merry voices came from the house; **aus dem Wald klang der Ruf des Kuckucks** from the forest could be heard the call of the cuckoo; **die Gläser ~ lassen** clink glasses [in a toast]; **b)** *(einen bestimmten Klang haben)* sound; **seine Worte klangen wie ein Vorwurf** his words sounded like a reproach; **es klang, als ob geschossen wurde** it sounded as if a shot had been fired
**klịngend 1.** *s.* **klingen. 2.** *Adj.* **ein ~er Reim** *(Verslehre)* a feminine rhyme; **~e Münze** [hard] cash; **mit ~em Spiel** with the band playing
**kling, klạng** *Interj.* ding dong
**klingling** [klɪŋ'lɪŋ] *Interj.* ting-a-ling
**Klinik** ['kli:nɪk] **die; ~, ~en a)** hospital; *(spezialisiert)* clinic; **b)** *o. Pl. (Med.: klinisches Studium)* clinical training
**Klịniker der; ~s, ~** *(Med.)* **a)** *(Arzt)* clinician; doctor teaching at a university hospital; **b)** *(Student)* medical student doing his/her clinical training
**Klinikum** ['kli:nikʊm] **das; ~s, Klịnika** *od.* **Klịniken a)** *(Med.: Ausbildung)* clinical training; **b)** *(Zusammenschluß mehrerer Kliniken)* hospital complex *(usually teaching hospitals and clinics, with central administration)*
**klịnisch 1.** *Adj.; nicht präd. (Med.)* clinical; **sie ist jetzt im 5. ~en Semester** she is now in the fifth term of her clinical training. **2.** *adv.* **~ tot** clinically dead
**Klinke** ['klɪŋkə] **die; ~, ~n a)** *(an der Tür)* door-handle; **sich** *(Dat.)* **die ~ in die Hand geben** *(ugs.)* come and go in a continuous stream; **~n putzen** *(ugs. abwertend) (als Vertreter)* peddle one's goods from door to door; *(betteln)* go begging from door to door; **b)** *(Technik)* catch; pawl
**Klịnken·putzer der** *(ugs. abwertend) (Vertreter)* door-to-door salesman; *(Bettler)* beggar
**Klịnker der; ~s, ~:** [Dutch] clinker
**Klịnker-: ~bau der** building of clinker brick; **~stein der** *s.* **Klinker**
**klipp** [klɪp] *Adv.* **~ und klar** *(ugs.)* quite plainly *or* clearly
**Klịppe die; ~, ~n** rock; **alle ~n umschiffen** *(fig.)* negotiate every obstacle [successfully]
**Klịpper der; ~s, ~** *(hist.)* clipper
**Klịpp·fisch der** *cod etc. split open, salted, and partly dried;* klipfish
**klịpp, klạpp** *Interj.* click-clack
**Klịpp·schule die** *(nordd. abwertend)* second-rate school
**klirren** ['klɪrən] *itr. V.* ⟨*glasses, ice-cubes*⟩ clink; ⟨*weapons in fight*⟩ clash; ⟨*window-pane*⟩ rattle; ⟨*chains, spurs*⟩ clank, rattle; ⟨*harness*⟩ jingle; **mit der Kette/den Sporen ~:** clank *or* rattle the chain/one's spurs; **~der Frost** *(fig.)* sharp frost
**Klịrr·faktor der** *(Elektrot.)* distortion factor
**Klischee** [kli'ʃe:] **das; ~s, ~s a)** cliché; **das ~ vom braven Hausmütterchen** the conventional picture *or* stereotype of the good little housewife; **b)** *(Druckw.)* block; plate
**klischeehaft 1.** *Adj.* stereotyped, hackneyed ⟨*picture, description*⟩; cliché-ridden ⟨*style*⟩. **2.** *adv.* in a stereotyped *or* hackneyed way *or* manner
**Klischee·vorstellung die** stereotyped idea
**klischieren** *tr. V. (Druckw.)* stereotype
**Klistier** [klɪs'ti:ɐ̯] **das; ~s, ~e** *(Med.)* enema
**Klitoris** ['kli:torɪs] **die; ~, ~** *od.* **Klitorides** [kli'to:ride:s] *(Anat.)* clitoris
**Klitsch** [klɪtʃ] **der; ~[e]s, ~e** *(landsch.)* **a)** *(Brei)* soggy mass; mush; **b)** *(Schlag)* slap; smack
**Klịtsche die; ~, ~n** *(ugs.)* **a)** *(ärmlicher Bauernhof)* poor, run-down farm; **b)** *(armseliges Dorf)* wretched little village *or* place; **c)** *(kleiner Betrieb)* little shoestring outfit *(coll.);* **d)** *(Schmierentheater)* third-rate little theatre
**klịtsch, klạtsch** *Interj.* smack; **~, ~, schlug der Regen gegen die Scheiben** pitter-patter went the rain on the window panes
**klịtsch·naß** *Adj. (ugs.)* soaking *or* sopping wet; *(tropfnaß)* dripping wet; **wir sind ~ geworden** we got soaked [to the skin] *or* drenched
**klitze·klein** ['klɪt͜sə-] *Adj. (ugs.)* teeny[-weeny] *(coll.)*
**Klivie** ['kli:vi̯ə] **die; ~, ~n** *(Bot.)* clivia
**Klo** [klo:] **das; ~s, ~s** *(ugs.)* loo *(Brit. coll.);* john *(Amer. coll.);* **aufs ~ müssen** have to go to the loo; **etw. ins ~ schütten** tip sth. down the loo
**Kloake** [klo'a:kə] **die; ~, ~n** *(Senkgrube, auch fig.)* cesspit; *(Kanal)* sewer
**Kloben** ['klo:bn̩] **der; ~s, ~** *(Holz~)* log
**klobig** *Adj.* **a)** *(kantig)* heavy and clumsy[-looking] ⟨*shoes, furniture*⟩; heavily-built, bulky ⟨*figure*⟩; **b)** *(plump)* clumsy; boorish; boorish ⟨*behaviour*⟩
**Klo-: ~bürste die** *(ugs.)* loo-brush *(Brit. coll.);* toilet-brush; **~frau die** *(ugs.)* loo-attendant *(Brit. coll.);* bathroom attendant *(Amer.)*
**klomm** [klɔm] *1. u. 3. Pers. Sg. Prät. v.* **klimmen**
**Klon** [klo:n] **der; ~s, ~e** *(Biol.)* clone
**klönen** ['klø:nən] *itr. V. (nordd.)* chat
**Klo·papier das** *(ugs.)* loo-paper *(Brit. coll.);* toilet-paper
**klopfen** ['klɔp͜fn̩] **1.** *itr. V.* **a)** *(schlagen)* knock; **an die Tür ~:** knock at the door; **es hat geklopft** there's somebody knocking at the door; **jmdm.** *od.* **jmdn. auf die Schulter ~:** slap sb. on the shoulder; **„bitte ~!"** 'please knock'; **„bitte zweimal ~!"** 'please give two knocks'; **b)** *(pulsieren)* ⟨*heart*⟩ beat; ⟨*pulse*⟩ throb; **sein Herz schien ihm bis zum Hals zu ~:** his heart was in his mouth *or* was pounding wildly; **mit ~dem Herzen** with pounding *or* beating heart; **ein ~der Schmerz** a throbbing pain; **c)** *(Kfz-W.)* ⟨*engine*⟩ knock. **2.** *tr. V.* beat ⟨*carpet*⟩; **Beifall ~:** applaud by banging *or* rapping on the desk/table with one's fist; **den Takt [zur Musik] ~:** beat time [to the music]; **Fleisch ~:** beat *or* tenderize meat; **Steine ~:** break stones; *(pflastern)* lay cobbles; **Staub vom Mantel ~:** beat dust from one's coat; **die Asche aus der Pfeife ~:** knock *or* tap the ash out of one's pipe; **einen Nagel in die Wand ~:** knock *or* hammer a nail into the wall; **jmdn. aus dem Schlaf ~:** knock sb. up *(Brit.);* awaken sb. by knocking

**Klọpfer der; ~s, ~ a)** *(Teppich~)* carpet-beater; **b)** *(Tür~)* [door-]knocker; **c)** *(Fleisch~)* meat mallet *or* tenderizer
**klọpf-, Klọpf-: ~fest** *Adj.* antiknock ⟨*petrol, fuel*⟩; **~festigkeit die** antiknock properties *pl.;* **~zeichen das** knock; *(leiser)* tap
**Kloppe** ['klɔpə] **die; ~** *(nordd., md.)* [good] hiding *(coll.) or* thrashing; **~ kriegen** get a [good] hiding *(coll.) or* thrashing
**Klöppel** ['klœpl̩] **der; ~s, ~ a)** *(Glocken~)* clapper; **b)** *(Musik)* beater; **c)** *(Handarbeiten: Spule)* bobbin
**Klọ̈ppel·arbeit die a)** *o. Pl.* bobbin-lace *or* pillow-lace making *no art.;* **b)** *(Erzeugnis)* piece of pillow-lace *or* bobbin-lace
**klọ̈ppeln** *tr., itr. V.* **[etw.] ~:** make *or* work [sth. in] pillow-lace *or* bobbin-lace
**Klọ̈ppel·spitze die** pillow-lace; bobbin-lace
**klọppen** *(nordd., md.)* **1.** *tr. V.* hit. **2.** *refl. V.* fight; scrap *(coll.)*
**Klopperei die; ~, ~en** *(nordd., md.)* fight; scrap *(coll.)*
**Klọ̈ppler der; ~s, ~, Klọ̈pplerin die; ~, ~nen** pillow-lace *or* bobbin-lace maker
**Klops** [klɔps] **der; ~es, ~e** *(nordostd.)* meat ball
**Klosett** [klo'zɛt] **das; ~s, ~s** *od.* **~e** lavatory; **etw. ins ~ schütten** tip sth. down the lavatory
**Klosẹtt-: ~becken das** lavatory pan; toilet bowl; **~brille die** *(ugs.)* loo-seat *(Brit. coll.);* toilet-seat; **~bürste die** lavatory-brush; toilet-brush; **~deckel der** toilet-lid; **~frau die** lavatory attendant; **~papier das** toilet-paper; lavatory-paper; **~sitz der** toilet-seat; lavatory-seat
**Kloß** [klo:s] **der; ~es, Klöße** ['klø:sə] dumpling; *(Fleisch~)* meat ball; **ihm sitzt ein ~ im Hals, er hat einen ~ im Hals** *(ugs.)* he has a lump in his throat
**Kloster** ['klo:stɐ] **das; ~s, Klöster** ['klø:stɐ] *(Mönchs~)* monastery; *(Nonnen~)* convent; nunnery; **ins ~ gehen** enter a monastery/convent
**Kloster-: ~bruder der** lay brother; *(veralt.: Mönch)* monk; **~frau die** *(geh. veralt.)* nun; **~kirche die** monastery/convent church
**klọ̈sterlich 1.** *Adj.* **a)** monastic; monastic/convent ⟨*life*⟩; **b)** *(zum Kloster gehörend)* of the monastery/convent *postpos., not pred.;* monastery/convent *attrib.* **2.** *adv.* **~ abgeschieden leben** live in monastic seclusion
**Kloster-: ~regel die** rules *pl.* of the monastery/convent; **~schule die** monastery-school/convent-school; **~schüler der** monastery-school/convent-school pupil
**Klotz** [klɔts] **der; ~es, Klötze** ['klœtsə] **a)** *(Stück Holz)* block [of wood]; *(Stück eines Baumstamms)* log; **schlafen wie ein ~** *(fig.)* sleep like a log; **ein ~ aus Beton [und Glas]** *(fig.)* a concrete [and glass] monstrosity; **jmdm. ein ~ am Bein sein** *(ugs.)* be a millstone round sb.'s neck; **mit ihm hast du dir einen ~ ans Bein gebunden** *(ugs.)* you have tied a millstone round your neck by getting involved with him; **auf einen groben ~ gehört ein grober Keil** *(Spr.)* rudeness can only be answered with rudeness; **b)** *(salopp abwertend) (ungehobelter Mensch)* clod; oaf; *(roher Mensch)* lout
**Klötzchen** ['klœtsçən] **das; ~s, ~:** small block of wood
**klọtzen** *(ugs.)* **1.** *itr. V.* **a)** *(großzügig vorgehen)* lash out in a big way *(coll.); s. auch* **kleckern 1 d; b)** *(hart arbeiten)* graft *(sl.).* **2.** *tr. V.* stick up *(coll.)* ⟨*building, town*⟩
**klọtzig** *Adj.* **a)** *(abwertend: unförmig)* large and ugly[-looking] ⟨*building*⟩; large and clumsy[-looking] ⟨*furniture*⟩; **b)** *(ugs.: gewaltig)* massive great *(coll.)* ⟨*car, villa, etc.*⟩
**Klub** [klʊp] **der; ~s, ~s a)** *(Vereinigung)* club; **b)** *(Gebäude)* club; **im ~:** at the club; **c)** *(Clique)* crowd
**klub-, Klub-: ~eigen** *Adj.* club's *attrib.;* the club's *pred.;* **~garnitur die** thickly upholstered three-piece suite; **~haus das** club-house; **~jacke die** blazer; **~mitglied das** club-member; **~sessel der** club chair; **~zwang der** *(österr.) s.* **Fraktionszwang**
**[1]Klụft** [klʊft] **die; ~, ~en** *(ugs.)* rig-out *(coll.);* gear *(coll.); (Uniform)* uniform; garb; **sich in seine beste ~ werfen** put on one's Sunday best *or* one's best things
**[2]Klụft die; ~, Klüfte** ['klʏftə] **a)** *(veralt.) (Spalte)* cleft; fissure; *(im Gletscher)* crevasse; *(Abgrund)* chasm; **b)** *(Gegensatz)* gulf
**klug** [klu:k]; **klüger** ['kly:gɐ], **klügst...** ['kly:kst...] **1.** *Adj.* **a)** *(intelligent)* clever; intelligent; clever, bright ⟨*child, pupil*⟩; intelligent ⟨*eyes*⟩; **er ist ein ~er Kopf** he's clever *or* bright; he's got brains; **b)** *(gelehrt, weise)* wise; **so ~ wie vorher** *od.* **zuvor sein** be none the wiser; **so ~ waren wir auch!** we know that as well as you do; **hinterher ist man immer klüger** it's easy to be wise after the event; **daraus werde ich nicht ~, daraus soll ein Mensch ~ werden** I can't make head or tail of it; **aus jmdm. nicht ~ werden** not know what to make of sb.; **c)** *(vernünftig)* wise; wise, sound ⟨*advice*⟩; wise, prudent ⟨*remark, course of action*⟩; *(geschickt)* clever, shrewd ⟨*politician, negotiator, question*⟩; shrewd, astute ⟨*businessman*⟩; great ⟨*foresight*⟩; **es wäre das klügste, wenn wir ...:** the wisest course *or* thing would be for us to ...; **der Klügere gibt nach** *(Spr.)* discretion is the better part of valour *(prov.);* **der ~e Mann baut vor** it pays to be prepared. **2.** *adv.* **a)** *(intelligent)* cleverly; intelligently; **~ daherreden** talk as if one knows it all; **~ daherreden kann jeder!** anyone can talk!; **b)** *(vernünftig)* wisely; *(geschickt)* cleverly; shrewdly
**Klügelei die; ~, ~en** *(abwertend)* **~[en** *Pl.***]** over-subtle reasoning *no pl.*
**klügeln** [kly:gl̩n] *itr. V.* **an etw.** *(Dat.)* **~:** ponder [over] sth.
**klüger** *s.* **klug**
**klugerweise** *Adv.* wisely
**Klugheit die; ~, ~en a)** *o. Pl.; s.* **klug a, b, c:** cleverness; intelligence; brightness; wisdom; soundness; prudence; shrewdness; astuteness; **b)** *Pl. (iron.: weise Sprüche)* clever remarks
**klüglich** *Adv. (geh.)* wisely
**klug|reden** *itr. V. (ugs.)* talk as if one knows it all
**Klug·scheißer der** *(salopp abwertend)* know-it-all *(coll.);* smart aleck *(coll.)*
**klügst...** *s.* **klug**
**Klump** [klʊmp] **der; ~s** *in* **einen Wagen zu** *od.* **in ~ fahren** *(salopp)* smash up *or* write off a car; **jmdn. zu ~ schlagen** *(salopp)* beat the living daylights out of sb. *(sl.)*
**Klumpatsch** ['klʊmpatʃ] **der; ~[e]s** *(salopp abwertend)* junk
**klumpen** ['klʊmpn̩] *itr. V.* go lumpy
**Klụmpen der; ~s, ~ a)** lump; **ein ~ Erde** a lump *or* clod of earth; **ein ~ Gold** a gold nugget; **b)** *(rhein.: Holzschuh)* clog
**Klụmp·fuß der** club foot
**klụmpig** *Adj.* lumpy
**Klüngel** ['klʏŋl̩] **der; ~s, ~** *(abwertend)* **a)** *(Clique)* clique; **b)** *(Cliquenwesen)* cliquism *no indef. art.*
**Klüngelei die; ~, ~en** *(abwertend)* cliquism *no pl.; (Vetternwirtschaft)* nepotism *no pl.*
**klụ̈ngeln** *itr. V. (ugs.) s.* **Klüngelei:** indulge in cliquism/nepotism
**Klunker** ['klʊŋkɐ] **die; ~, ~n** *od.* **der; ~s, ~** *(ugs.)* rock *(sl.)*
**Klus** [klu:s] **die; ~, ~en** *(schweiz.)* narrow gorge; cluse *(Geol.)*
**Klüse** ['kly:zə] **die; ~, ~n** *s.* **Ankerklüse**
**Klüver** ['kly:vɐ] **der; ~s, ~** *(Seemannsspr.)* jib
**Klüver·baum der** *(Seemannsspr.)* jib-boom
**km** *Abk.* **Kilometer** km.
**knabbern** ['knabɐn] **1.** *tr. V.* nibble; **etw. zum Knabbern** sth. to nibble; **nichts mehr zu ~ haben** *(ugs. verhüll.)* be broke *(coll.) or* skint *(sl.).* **2.** *itr. V.* **an etw.** *(Dat.)* **~:** nibble *or* gnaw [at] sth.; **an etw.** *(Dat.)* **[noch lange] zu ~ haben** *(ugs.) (sich anstrengen müssen)* have sth. to think about *or* chew on; *(leiden müssen)* take a long time to get over sth.; **an dieser Übersetzung hatten die Schüler ganz schön zu ~:** this translation really gave the pupils something to think about *or* chew on
**Knabe** ['kna:bə] **der; ~n, ~n a)** *(geh. veralt./südd., österr., schweiz.)* boy; **b)** *(ugs.: Bursche)* chap *(coll.);* **Na, alter ~! Wie geht's?** well, old boy *or* old chap, how are you? *(coll.)*
**Knaben-: ~alter das** *(geh.)* boyhood; **~chor der** boys' choir
**knabenhaft 1.** *Adj.* boyish. **2.** *adv.* boyishly
**Knaben-: ~kraut das** orchis; wild orchid; **~liebe die** *(geh.)* pederasty; **~schule die** *(veralt.)* boys' school; **~stimme die** boy's voice; **~streich der** *(geh.)* boyish prank
**knack** [knak] *Interj.* crack
**Knạck der; ~[e]s, ~e** crack
**Knäcke·brot** ['knɛkə-] **das** crispbread; *(Scheibe)* slice of crispbread
**knạcken 1.** *itr. V.* **a)** *(krachen)* ⟨*bed, floor, etc.*⟩ creak; **es knackt im Telefon** the [telephone-]line is crackling; **es knackte im Gebälk** the beams creaked; **mit den Fingern ~:** crack one's fingers; **b)** *mit sein (ugs.: zerbrechen)* snap; ⟨*window*⟩ crack; **c)** *in* **an etw.** *(Dat.)* **zu ~ haben** *(ugs.)* take a long time to get over sth.. **2.** *tr. V.* **a)** *(zerbrechen)* crack ⟨*nut, shell*⟩; **b)** *(salopp: zerquetschen)* squash; **c)** *(aufbrechen)* crack ⟨*safe*⟩ [open]; break into ⟨*car, bank, vending-machine, etc.*⟩; crack, break ⟨*code*⟩
**Knạcker der; ~s, ~ a)** *in* **alter ~** *(salopp)* old fogey; **b)** *(ugs.: Geldschrankknacker)* safe-cracker; **c)** *s.* **Knackwurst**
**knạck·frisch** *Adj. (ugs.)* crispy fresh ⟨*rolls, crisps, etc.*⟩; crisp fresh ⟨*fruit, vegetables*⟩
**Knacki** ['knaki] **der; ~s, ~s** *(salopp)* con *(coll.);* jailbird
**knạckig** *Adj.* **a)** *(knusprig)* crisp; crisp, crunchy ⟨*apple*⟩; **b)** *(ugs.: attraktiv)* luscious, delectable ⟨*girl*⟩
**Knạck·laut der** *(Phon.)* glottal stop
**knacks** *Interj.* crack
**Knạcks der; ~es, ~e** *(ugs.)* **a)** *(Ton)* crack; **b)** *(Sprung)* crack; **c)** *(fig.: Defekt)* **einen ~ bekommen** ⟨*person*⟩ have *or* suffer a breakdown; ⟨*health*⟩ suffer; **die Ehe hatte einen ~:** the marriage was in difficulties
**Knạck·wurst die** *[smoked] sausage filled with minced meat and pieces of fat, the tight skin of which makes a cracking sound when bitten;* knackwurst
**Knall** [knal] **der; ~[e]s, ~e** bang; *(fig.)* big row; **einen ~ haben** *(salopp)* be barmy *(sl.) or* off one's rocker *(sl.);* **auf ~ und Fall, ~ auf Fall** *(ugs.)* without warning
**knạll-, Knạll-: ~bonbon der** *od.* **das** cracker; **~bụnt** *Adj.* gaudy; ⟨*car*⟩ painted in gaudy colours; **~effekt der** *(ugs.) (Überraschendes)* astonishing part; *(Sensation)* sensational part
**knạllen 1.** *itr. V.* **a)** *(einen Knall verursachen)* ⟨*shot*⟩ ring out; ⟨*firework*⟩ go bang; ⟨*cork*⟩ pop; ⟨*door*⟩ bang, slam; ⟨*whip, rifle*⟩ crack; **die Peitsche ~ lassen** crack the whip; **mit der Tür ~:** bang *or* slam the door; **an der Kreuzung hat es geknallt** *(ugs.)* there was a crash at the crossroads; **sei ruhig, oder es knallt!** *(fig. ugs.)* be quiet, or you'll get a good hiding; **b)** *(ugs.: schießen)* shoot, fire **(auf +** *Akk.* at); *(mehrere Male)* blaze *or (coll.)* bang away **(auf +** *Akk.* at); **Hände hoch, oder es knallt!** hands up, or I'll

shoot!; **c)** *(Ballspiele ugs.)* **aufs Tor ~:** belt the ball/puck at the goal *(coll.)*; **d)** *mit sein (ugs.: prallen)* **die Tür knallte ins Schloß** the door slammed *or* banged shut; **sie knallte mit dem Fahrrad gegen einen Laternenpfahl** she crashed into a lamp-post on her bicycle; **mit dem Kopf gegen die Windschutzscheibe ~:** bang one's head against the windscreen; **der Ball knallte gegen die Latte** the ball slammed against the crossbar; **e)** *(ugs.: scheinen)* blaze *or* beat down. **2.** *tr. V.* **a)** *(ugs.) (hart aufsetzen)* slam *or* bang down; *(werfen)* sling *(coll.)*; **den Hörer auf die Gabel ~:** slam *or* bang down the receiver; **b)** *(ugs.: schlagen)* **du kriegst gleich eine geknallt!** you're going to get a clout any minute *(coll.)*; **jmdm. eine ~** *(salopp)* belt *or* clout sb. one *(coll.)*; **c)** *(Ballspiele ugs.)* belt ⟨*ball*⟩

**knall·eng** *Adj. (ugs.)* skin-tight

**Knaller der; ~s, ~:** banger

**Knall·erbse die** ≈ cap-bomb

**Knallerei die; ~, ~en** *(ugs.) (von Korken)* popping; *(einer Peitsche)* cracking; *(von Gewehren)* banging, shooting; *(von Feuerwerk)* banging

**knall-, Knall-: ~frosch der** jumping jack; **~gas das** *(Chemie)* oxy-hydrogen; **~gelb** *Adj. (ugs.)* bright *or* vivid yellow; **~hart** *(ugs.)* **1.** *Adj.* **a)** very tough ⟨*job, demands, action, measures, etc.*⟩; ⟨*person*⟩ as hard as nails; hard[-core] ⟨*pornography*⟩; very sharp ⟨*criticism*⟩; **ein ~harter Bursche** a thug; **b)** *(kraftvoll)* fierce ⟨*serve*⟩; crashing ⟨*blow*⟩; **2.** *adv.* **a)** *(rücksichtslos, brutal)* brutally; **gegen etw. ~hart vorgehen** take very tough action against sth.; **jmdm. etw. ~hart sagen** say sth. to sb. quite brutally; **b)** *(kraftvoll)* ⟨*serve, hit*⟩ really hard; **~heiß** *Adj. (ugs.)* boiling *or* baking hot *(coll.)*

**knallig** *Adj. (ugs.)* loud; gaudy

**knall-, Knall-: ~kopf, ~kopp der** *(salopp)* [stupid] berk *(Brit. sl.) or (Amer. sl.)* jerk; **~körper der** banger; *(bei Aufprall explodierend)* ≈ cap-bomb; **~rot** *Adj.* bright *or* vivid red; **sie bekam einen ~roten Kopf** she *or* her face turned [bright] scarlet *or* as red as a beetroot; **~tüte die** *(ugs.)* nitwit *(coll.)*; clot *(Brit. sl.)*

**knapp** [knap] **1.** *Adj.* **a)** *(kaum ausreichend)* meagre, low ⟨*pension, wage, salary*⟩; meagre ⟨*pocket-money*⟩; **Kaffee war ~:** coffee was scarce *or* in short supply; **das Geld wird ~:** money is getting tight; **die Vorräte wurden ~:** supplies ran short; **sie bekam nur ein sehr ~es Haushaltsgeld** she received very little housekeeping money; **~ mit etw. sein** be short of sth.; **..., und nicht zu ~!** ... and how!; **b)** *(gerade ausreichend)* narrow ⟨*victory, lead*⟩; narrow, bare ⟨*majority*⟩; close ⟨*result*⟩; **c)** *(nicht ganz)* **vor einer ~en Stunde** almost *or* just under an hour ago; **d)** *(eng)* tight-fitting ⟨*garment*⟩; *(zu eng)* tight ⟨*garment*⟩; **e)** *(kurz)* terse ⟨*reply, greeting*⟩; concise, succinct ⟨*description, account, report*⟩; **mit ~en Worten** in a few brief words. **2.** *adv.* **a)** *(kaum ausreichend)* **~ bemessen sein** be meagre; **seine Zeit war ~ bemessen** his time was limited; **~ gerechnet** at the lowest estimate; **b)** *(gerade ausreichend)* **~ gewinnen/verlieren** win/lose narrowly *or* by a narrow margin; **eine Prüfung ~ bestehen** just pass an examination; **c)** *(sehr nahe)* just; **~ über dem Knie enden** come to just above the knee; **d)** *(nicht ganz)* just under; not quite; **vor ~ einer Stunde** just under *or* not quite an hour ago; **er ist ~ fünfzig** he is not quite fifty *or* just this side of fifty; **e)** *(eng)* **~ sitzen** fit tightly; *(zu eng)* be a tight fit; **~ geschnitten/sitzend** tight-fitting; **f)** *(kurz)* ⟨*reply*⟩ tersely; ⟨*describe, summarize*⟩ concisely, succinctly

**Knappe der; ~n, ~n a)** *(Bergmann)* miner *(who has completed his apprenticeship)*; **b)** *(hist.)* squire

**knapp|halten** *unr. tr. V. (ugs.)* keep ⟨*goods etc.*⟩ in short supply; **jmdn. [mit Geld] ~:** keep sb. short [of money]

**Knappheit die; ~ a)** *(Mangel)* shortage, scarcity **(an** + *Dat.* of); *(von Geld, Zeit)* shortage; **b)** *(Kürze) (einer Antwort, eines Grußes)* terseness; *(einer Beschreibung, eines Berichts)* conciseness, succinctness

**Knappschaft die; ~, ~en** *(Bergmannsspr.)* **a)** *(Gesamtheit der Knappen)* miners *pl.*; **b)** *(Organisation)* miners' guild

**knapsen** ['knapsn̩] *itr. V. (ugs.)* skimp; scrimp

**Knarre** ['knarə] **die; ~, ~n a)** *(Rassel)* rattle; **b)** *(salopp: Gewehr)* shooting-iron *(sl.)*

**knarren** *itr. V.* creak; **mit ~der Stimme** in a rasping *or* grating voice

**Knast** [knast] **der; ~[e]s, Knäste** ['knɛstə] *od.* **~e** *(ugs.)* **a)** *o. Pl. (Strafe)* bird *(sl.)*; time; **man hat ihm zwei Jahre ~ gegeben** he got two years' bird *(sl.)*; **~ schieben** *(salopp)* do bird *(sl.) or* time; **b)** *(Gefängnis)* clink *(sl.)*; jug *(sl.)*; prison; **im ~ sitzen** be in clink *or* jug *(sl.)*

**Knast·bruder der** *(ugs.)* **a)** jailbird; old lag *(sl.)*; **b)** *(Mitgefangener)* fellow jailbird

**Knaster der; ~s, ~ a)** *(veralt.: Tabak)* weed *(arch.)*; **b)** *(ugs. abwertend: schlechter Tabak)* evil-smelling tobacco

**Knastologe** [knasto'lo:gə] **der; ~n, ~n** *(ugs. scherzh.)* jailbird; old lag *(sl.)*

**Knatsch** [kna:tʃ] **der; ~[e]s** *(ugs.: Ärger)* trouble; **die beiden haben schon wieder ~ miteinander** the two of them are already rowing again

**knatschig** *Adj. (ugs.)* grumpy; *(weinerlich)* fretful

**knattern** ['knatɐn] *itr. V.* **a)** ⟨*machine-gun*⟩ rattle, clatter; ⟨*sail*⟩ flap; ⟨*radio*⟩ crackle; ⟨*motor vehicle, engine*⟩ clatter; **b)** *mit sein (~d fahren)* clatter

**Knäuel** ['knɔyəl] **der** *od.* **das; ~s, ~ a)** ball; *(wirres ~)* tangle; **er knüllte den Brief zu einem ~ zusammen** he screwed the letter into a ball; **b)** *(fig.) (von Menschen)* knot; *(größer)* [milling] crowd; *(von Widersprüchen, Ereignissen)* tangle

**Knauf** [knauf] **der; ~[e]s, Knäufe** ['knɔyfə] *(einer Tür, eines Gehstocks)* knob; *(eines Schwertes, Dolches)* pommel

**Knauser der; ~s, ~** *(ugs. abwertend)* Scrooge; skinflint; miser

**Knauserei die; ~,~en** *(ugs. abwertend)* **a)** *o. Pl. (knauseriges Wirtschaften)* stinginess; penny-pinching; miserliness; **b)** *(Fall von ~)* piece of stinginess *or* miserliness

**knauserig** *Adj. (ugs. abwertend)* stingy; tight-fisted; close-fisted

**Knauserigkeit die; ~, ~en** *s.* **Knauserei**

**knausern** ['knauzɐn] *itr. V. (ugs. abwertend)* be stingy; skimp; scrimp; **mit etw. ~:** be stingy with sth.

**Knaus-Ogino-Methode** ['knauslo'gi:no-] **die** rhythm method *(with calendar-marking)*

**knautschen** ['knautʃn̩] *(ugs.)* **1.** *tr. V.* crumple; crumple, crease ⟨*dress*⟩. **2.** *itr. V.* ⟨*dress, material*⟩ crease, get creased

**knautschig** *Adj. (ugs.)* crumpled ⟨*suit, dress, etc.*⟩

**Knautsch-: ~lack der, ~lack·leder das, ~leder das** patterned patent leather; *(Imitat)* imitation patterned patent leather; **~zone die** *(Kfz-W.)* crumple zone

**Knebel** ['kne:bl̩] **der; ~s, ~ a)** *(zum Knebeln)* gag; **b)** *(Griff)* toggle; *(am Schraubstock)* handle

**Knebel-: ~bart der** Vandyke beard; *(Schnurrbart)* twisted moustache; **~knopf der** toggle

**knebeln** *tr. V.* gag; *(fig.)* gag, muzzle ⟨*the press, a people*⟩

**Knecht** [knɛçt] **der; ~[e]s, ~e a)** farm-labourer; farm-hand; *(fig.)* slave; vassal; **b) ~ Ruprecht** *helper to St. Nicholas [≈ to Santa Claus]*

**knechten** *tr. V. (geh.) (versklaven)* reduce to servitude *or* slavery; enslave; *(unterdrücken)* oppress ⟨*people, nation*⟩

**knechtisch** *(geh.)* **1.** *Adj.* servile, slavish ⟨*obedience, submissiveness*⟩; servile, submissive ⟨*person, character*⟩. **2.** *adv.* servilely; submissively

**Knechtschaft die; ~, ~en** *(geh.)* bondage; servitude; slavery

**Knechtung die; ~, ~en** *(geh.) s.* **knechten:** enslavement; oppression

**kneifen** ['knaifn̩] **1.** *unr. tr., itr. V.* pinch; **jmdm.** *od.* **jmdn. in den Arm ~:** pinch sb.'s arm. **2.** *unr. itr. V.* **a)** *(drücken)* ⟨*clothes*⟩ be too tight; **b)** *(ugs. abwertend: sich drücken)* chicken *(sl.) or* back out **(vor** + *Dat.* of); **vor einer Prüfung/Verantwortung ~:** funk an examination *(sl.)*/*(coll.)* duck [out of] a responsibility

**Kneifer der; ~s, ~:** pince-nez

**Kneif·zange die** pincers *pl.*; **eine ~:** a pair of pincers

**Kneip·abend der** [students'] drinking evening

**Kneipe** ['knaipə] **die; ~, ~n a)** *(ugs.)* pub *(Brit. coll.)*; bar *(Amer.)*; **b)** *(Studentenspr. veralt.)* [students'] drinking evening

**Kneipen·wirt der, Kneipier** [knai'pie:] **der; ~s, ~s** *(salopp)* [pub *(coll.)*] landlord *(Brit.)*; bar-keeper *(Amer.)*

**kneippen** ['knaipn̩] *itr. V. (ugs.)* take *or* undergo a Kneipp cure

**Kneipp·kur die** Kneipp cure

**knetbar** *Adj.* workable; kneadable ⟨*dough*⟩

**Knete die; ~ a)** *(ugs.) s.* **Knetmasse; b)** *(salopp: Geld)* dough *(sl.)*

**kneten** ['kne:tn̩] *tr. V.* **a)** *(bearbeiten)* knead ⟨*dough, muscles*⟩; work ⟨*clay*⟩; **b)** *(formen)* model ⟨*figure*⟩; **eine Figur aus Ton ~:** mould *or* fashion a figure in clay

**Knet-: ~maschine die** kneading machine; **~masse die** plastic modelling-material; Plasticine **(P)**

**Knick** [knɪk] **der; ~[e]s, ~e a)** *(Biegung)* sharp bend; *(in einem Draht)* kink; **du hast wohl einen ~ in der Optik!** *(ugs. scherzh.)* are you blind?; **b)** *(Falz)* crease; **c)** *Pl.* **~s** *(nordd.: Hecke)* boundary hedge [with ditches and rampart]

**Knickebein** ['knɪkəbain] **der; ~s** *egg liqueur used as a filling in sweets, Easter eggs, etc.*

**Knick·ei das** cracked egg

**knicken 1.** *tr. V.* **a)** *(brechen)* snap; **b)** *(falten)* crease ⟨*page, paper, etc.*⟩; **„Bitte nicht ~!"** *(auf einem Umschlag)* 'please do not bend'; *(auf einem Formular)* 'please do not fold'. **2.** *itr. V.*; *mit sein* snap

**Knicker der; ~s, ~ a)** *(ugs. abwertend)* Scrooge; skinflint; miser; **b)** *(niederd.: Murmel)* marble

**Knickerbocker** [-bɔkɐ] *Pl.* knickerbockers; *(länger und breiter)* plus-fours

**knick[e]rig** *Adj. (ugs. abwertend)* stingy; tight-fisted

**Knick[e]rigkeit die; ~** *(ugs. abwertend)* stinginess; tight-fistedness

**Knick·fuß der** club-foot

**Knicks** [knɪks] **der; ~es, ~e** curtsy; **einen ~ machen** make *or* drop a curtsy **(vor** + *Dat.* to)

**knicksen** *itr. V.* curtsy **(vor** + *Dat.* to)

**Knie** [kni:] **das; ~s, ~** ['kni:(ə)] **a)** knee; **jmdm. auf [den] ~n danken** go down on one's knees and thank sb.; **jmdn. auf ~n bitten** beg sb. on bended knees; **vor jmdm. auf die ~ fallen** go down on one's knees before sb.; **er hatte/bekam weiche ~** *(ugs.)* his knees trembled/started to tremble; **vor lauter Aufregung hatte ich ganz weiche ~:** I was weak at the knees with sheer excitement; **jmdn. auf** *od.* **in die ~ zwingen** *(geh.)* force sb. to his knees; **in die ~ gehen** *(umfallen)* sink to one's knees; *(eine Kniebeuge machen)* bend one's knees; *(sich unterordnen)* submit, bow **(vor** + *Dat.* to); **jmdn. übers ~**

**legen** *(ugs.)* put sb. across one's knee; **etw. übers ~ brechen** *(ugs.)* rush sth.; **b)** *(an Hosen, Strümpfen)* knee; **c)** *(Biegung)* sharp bend; *(eines Rohres)* elbow

**Knie·beuge** **die** knee-bend

**Knie·bund·hose** **die** knee-breeches *pl.*; **eine ~**: a pair of knee-breeches

**knie-, Knie-**: **~fall der**: **einen ~fall tun** *od.* **machen** *(auch fig.)* go down on one's knees (**vor** + *Dat.* before); **~fällig 1.** *Adj.; nicht präd.* **sein ~fälliges Bitten** his pleading on bended knee; **2.** *adv.* on bended knees; on one's knees; **~frei** *Adj.* ‹*skirt*› worn above the knee; **wird die Mode wieder ~frei?** is the above-the-knee look coming back again?; **~gelenk das** knee-joint; **~hoch** *Adj.* knee-deep ‹*water, snow*›; knee-high ‹*grass*›; knee-length ‹*boots*›; **~hose die** knee-breeches *pl.*; **~kehle die** the hollow of the knee; popliteal space *(Anat.)*; **~lang** *Adj.* knee-length

**knien** ['kni:(ə)n] **1.** *itr. V.* kneel; **diese Arbeit muß man ~d verrichten** this work has to be done on one's knees *or* kneeling. **2.** *refl. V.* kneel [down]; get down on one's knees; **sich in die Arbeit/die Akten ~** *(fig. ugs.)* get stuck into one's work/the files *(sl.)*

**Knies** [kni:s] **der; ~es** *(ugs.)* **a)** *(Schmutzschicht)* layer of muck *(coll.) or* dirt; **b)** *(Unstimmigkeit)* quarrel; **ständig ~ mit jmdm. haben** always be quarrelling with sb.

**knie-, Knie-**: **~scheibe die** kneecap; patella *(Anat.)*; **~schützer der** *(Sport)* kneepad; **~strumpf der** knee-length sock; knee-sock; **~tief** *Adj.* knee-deep

**Kniff** [knɪf] **der; ~[e]s, ~e a)** *(das Kneifen)* pinch; **b)** *(Falte)* crease; *(in Papier)* crease; fold; **c)** *(Kunstgriff)* trick; dodge; **den ~ [bei etw.] heraushaben** have got the knack [of sth.]

**Kniffelei die; ~, ~en** *(ugs.)* fiddly job *(coll.)*

**kniff[e]lig** *Adj.* **a)** *(schwierig)* fiddly *(coll.)*; tricky ‹*problem, crossword-puzzle*›; **b)** *(heikel)* tricky

**Knigge** ['knɪgə] **der; ~[s], ~**: book on etiquette

**Knilch** [knɪlç] **der; ~s, ~e** *(salopp abwertend)* bastard *(coll.)*

**knipsen** ['knɪpsn̩] **1.** *tr. V.* **a)** *(entwerten)* clip; punch; **b)** *(fotografieren)* snap; take a snap[shot] of; **c)** *(wegschnellen)* flick. **2.** *itr. V.* **a)** *(fotografieren)* take snapshots; **b) mit den Fingern ~**: snap one's fingers

**Knipser der; ~s, ~, Knips·schalter der** *(ugs.)* snap switch

**Knirps** [knɪrps] **der; ~es, ~e a)** (Ⓦ *Taschenschirm)* telescopic umbrella; **b)** *(ugs.: Junge)* nipper *(coll.)*; **c)** *(ugs. abwertend: kleiner Mann)* [little] squirt *(coll.)*

**knirschen** ['knɪrʃn̩] *itr. V.* **a)** crunch; **b) mit den Zähnen ~**: grind one's teeth; *(fig.)* gnash one's teeth

**knistern** ['knɪstɐn] *itr. V.* rustle; ‹*wood, fire*› crackle; **mit etw. ~**: rustle sth.; **eine ~de Atmosphäre** *(fig.)* a tense *or* charged atmosphere; *s. auch* **Gebälk**

**Knittel·vers** ['knɪtl̩-] **der** *(Metrik)* rhyming couplets of four-stress lines

**Knitter** ['knɪtɐ] **der; ~s, ~**; *meist Pl.* crease

**knitter·frei** *Adj.* non-crease; **[vollkommen] ~ sein** not crease [at all]

**knitt[e]rig** *Adj.* creased; crumpled; *(fig.)* wrinkled ‹*face*›

**knittern** *tr., itr. V.* crease; crumple

**Knobel·becher der a)** *(Würfelbecher)* dice-cup; **b)** *(Soldatenspr.: Stiefel)* army boot

**knobeln** *itr. V.* **a)** *(mit Würfeln)* play dice; *(mit Streichhölzern)* play spoof; *(mit Handzeichen)* play scissors, paper, stone; **um etw. ~**: play dice *etc.* to decide sth.; **b)** *(ugs.: nachdenken)* puzzle (**an** + *Dat.* over)

**Knob·lauch** ['kno:p-] **der** garlic

**Knoblauch-**: **~butter die** *(Kochk.)* garlic butter; **~zehe die** clove of garlic; **~zwiebel die** garlic bulb

**Knöchel** ['knœçl̩] **der; ~s, ~ a)** *(am Fuß)* ankle; **bis an/über die ~**: up to the *or* one's ankles/to above ankle level; **das Kleid reicht bis an die ~**: the dress reaches [down] to the ankles; **b)** *(am Finger)* knuckle

**knöchel-, Knöchel-**: **~bruch der** broken ankle; **~lang** *Adj.* ankle-length; **~tief** *Adj.* ankle-deep

**Knochen** ['knɔxn̩] **der; ~s, ~ a)** bone; **Fleisch mit/ohne ~**: meat on/off the bone; **jmdm. alle ~ [einzeln] brechen** *(salopp)* break every [single] bone in sb.'s body; **die Wunde geht bis auf den ~**: the wound reaches to the bone; **mir tun sämtliche ~ weh** *(ugs.)* every bone in my body aches; **der Schreck fuhr ihm in die ~** *(ugs.)* he was shaken to the core; **eine Grippe in den ~ haben** *(ugs.)* feel the flu coming on *(coll.)*; **keinen Mumm in den ~ haben** *(ugs.)* be a weed; **sich** *(Dat.)* **die ~ brechen** break something; **seine ~ für etw. hinhalten [müssen]** *(ugs.)* [have to] risk one's neck fighting for sth.; **die ~ zusammenreißen** *(Soldatenspr.)* stand up straight; **das geht auf die ~** *(salopp)* it's knackering *(Brit. sl.)*; it burns you out *(Amer. coll.)*; **sie hat mich bis auf die ~ blamiert** *(ugs.)* she made a complete *or* proper fool of me; **b)** *(ugs. abwertend: Kerl)* so-and-so *(coll.)*; **c)** *(ugs.: Schraubenschlüssel)* double-ended ring spanner

**knochen-, Knochen-**: **~arbeit die** *(ugs.)* back-breaking work; **~bau der**; *o. Pl.* bone structure; **ein sehr kräftiger ~bau** a very powerful frame; **~bruch der** fracture; **sich** *(Dat.)* **einen ~bruch zuziehen** sustain a fracture; **~erweichung die** *(Med.)* softening of the bones; osteomalacia *(Med.)*; **~gerüst das a)** skeleton; **b)** *(ugs. abwertend: magere Person)* bag of bones *(coll.)*; **~hart** *Adj. (ugs.)* rock-hard; **der Kuchen ist ja ~hart** the cake is as hard as a rock; **~haut die** *(Med.)* periosteum; **~haut·entzündung die** *(Med.)* periostitis; **~mann der** *(veralt.)* Death; **~mark das** bone marrow; **~mehl das** bone-meal; **~mühle die** *(ugs.)* **diese Fabrik ist die reinste ~mühle** working in this factory is worse than the chain-gang! *(joc.)*; **~schinken der** ham on the bone; **~schwund der** *(Med.)* bone atrophy; osteoporosis *(Med.)*; **~trocken** *Adj. (ugs.)* bone-dry; **~tuberkulose die** *(Med.)* tuberculosis of the bones

**knöchern** ['knœçɐn] *Adj.; nicht präd.* bony, *(formal)* osseous ‹*material etc.*›; bone *attrib.* ‹*handle, tool, etc.*›

**knochig 1.** *Adj.* bony. **2.** *adv.* **sehr ~ gebaut sein** be very bony

**Knockdown** [nɔk'daun] **der; ~[s], ~** *(Boxen)* knock-down

**Knockout** [nɔk|'aut] **der; ~[s], ~s** *(Boxen)* knock-out

**Knödel** ['knø:dl̩] **der; ~s, ~** *(bes. südd., österr.)* dumpling

**Knöllchen** ['knœlçən] **das; ~s, ~ a)** *s.* **Knolle; Knollen; b)** *(ugs.: Strafzettel)* [parking-]ticket

**Knolle** ['knɔlə] **die; ~, ~n a)** *(einer Pflanze)* tuber; **b)** *(ugs.: Auswuchs)* large round lump; *(Nase)* big fat conk *(sl.) or (Amer.)* schnozzle

**Knollen der; ~s, ~ a)** *(Klumpen)* lump; clod; **b)** *(ugs.: Strafzettel)* [parking-]ticket

**Knollen-**: **~begonie die** tuberous begonia; **~blätter·pilz der** amanita; **~nase die** large bulbous nose

**knollig** *Adj.* bulbous

**Knopf** [knɔpf] **der; ~[e]s, Knöpfe** ['knœpfə] **a)** *(an Kleidungsstücken, Geräten, Anlagen)* button; **[sich** *(Dat.)***] etw. an den Knöpfen abzählen** *(ugs. scherzh.)* decide sth. by counting off one's buttons; **b)** *(Knauf)* knob; *(eines Schwertes, Dolches)* pommel; **c)** *(ugs. abwertend: kleiner Mann)* [little] squirt *(coll.)*; **d)** *(ugs.: Kind)* little thing *(coll.)*; **e)** *(südd., österr., schweiz.: Knoten)* knot; **f)** *(südd., österr., schweiz.: Knospe)* bud

**Knopf·auge das**; *meist Pl.* [boot-]button eye

**knöpfen** ['knœpfn̩] *tr. V.* button [up]; **der Rock wird seitlich/vorn/hinten geknöpft** the skirt buttons up at the side/in front/at the back

**Knopf-**: **~leiste die** button-facing; **ein Mantel mit verdeckter ~leiste** a coat with a fly front; **~loch das** buttonhole; **aus allen** *od.* **sämtlichen ~löchern platzen** *(ugs.)* be bursting at the seams; **aus allen** *od.* **sämtlichen ~löchern stinken** *(salopp)* stink *or* smell to high heaven *(coll.)*; stink *or* smell something terrible *(sl.)*

**knorke** ['knɔrkə] *Adj.; meist präd. (berlin. veralt.)* super *(coll.)*; terrific *(coll.)*

**Knorpel** ['knɔrpl̩] **der; ~s, ~ a)** *(Anat.)* cartilage; **b)** *(im Steak o. ä.)* gristle

**knorpelig, knorplig** *Adj.* **a)** *(Anat.)* cartilaginous; **b)** gristly ‹*meat*›

**Knorren** ['knɔrən] **der; ~s, ~ a)** *(Teil eines Astes)* gnarl; knot; **b)** *(Baumstumpf)* [tree] stump; **c)** *(im Holz)* knot

**knorrig** *Adj.* **a)** *(krumm gewachsen)* gnarled ‹*tree, branch*›; **b)** *(wenig umgänglich)* gruff

**Knospe** ['knɔspə] **die; ~, ~n** bud; **~n ansetzen** put forth buds; bud; **eine zarte ~** *(fig.)* a tender young bloom *(literary)*

**knospen** *itr. V.* bud; *(fig.)* burgeon

**Knötchen** ['knø:tçən] **das; ~s, ~ a)** *(scherzh.: Haartracht)* [little] bun *or* knot; **b)** *(Med.)* nodule; tubercle

**knoten** ['kno:tn̩] *tr. V.* **a)** *(zu einem Knoten schlingen)* knot; tie a knot in; **sich** *(Dat.)* **ein Tuch um den Hals ~**: tie a scarf round one's neck; **b)** *(durch einen Knoten verknüpfen)* knot together; do *or* tie up ‹*shoelace*›

**Knoten der; ~s, ~ a)** knot; **sich** *(Dat.)* **einen ~ ins Taschentuch machen** tie a knot in one's handkerchief; **der ~ der Handlung schürzt sich** *(fig.)* the plot thickens; *s. auch* **gordisch; b)** *(Haartracht)* bun; knot; **c)** *(Maßeinheit)* knot; **d)** *(Bot.)* node; **e)** *(Med.)* node *(Med.)*; lump; *(Gicht~)* tophus *(Med.)*; **f)** *(Astron., Physik, Elektrot., Anat., Math., Sprachw.)* node; **g)** *s.* **Knotenpunkt a**

**Knoten-**: **~punkt der a)** *(Verkehrs~)* junction; intersection; **b)** *s.* **Knoten f; ~stock der** knobby *or* knobbly *or* gnarled [walking-]stick

**Knöterich** ['knø:tərɪç] **der; ~s, ~e** *(Gattung)* Polygonum; *(Vogel~)* knot-grass; *(Wiesen~)* bistort

**knotig** *Adj.* **a)** *(Knoten aufweisend)* knobby; knobbly; gnarled; knobbly ‹*fabric*›; **b)** *(knotenförmig)* nodular

**Know-how** [noʊ'hau] **das; ~[s]** know-how

**Knubbel** ['knʊbl̩] **der; ~s, ~** *(bes. nordd.) (Verdickung)* small lump

**knubbelig** *Adj. (bes. nordd.)* podgy *(coll.)*

**knuddeln** ['knʊdl̩n] *tr. V. (bes. nordd.)* hug and squeeze

**Knuff** [knʊf] **der; ~[e]s, Knüffe** ['knʏfə] *(ugs.)* poke

**knuffen** ['knʊfn̩] *tr. V.* poke; **jmdn. in den Arm/in die Rippen ~**: poke sb. in the arm/in the ribs

**knülle** ['knʏlə] *Adj.; nur präd. (ugs.)* tight *(coll.)*; pie-eyed *(sl.)*

**knüllen 1.** *tr. V.* crumple [up] ‹*paper*›; crease, crumple ‹*clothes, fabrics*›. **2.** *itr. V.* crease; crumple

**Knüller der; ~s, ~** *(ugs.)* sensation; *(Film, Buch usw.)* sensation; sensational success; *(Angebot, Verkaufsartikel)* sensational offer

**knüpfen** ['knʏpfn̩] **1.** *tr. V.* **a)** tie (**an** + *Akk.* to); **Bande der Freundschaft ~** *(fig.)* establish ties *or* bonds of friendship; **b)** *(durch Knoten herstellen)* knot; make ‹*net*›; **c)** *(gedanklich verbinden)* **große Erwartungen/Hoffnungen an etw.** *(Akk.)* **~**: have great expectations/hopes of sth.; **Bedingungen an etw.** *(Akk.)* **~**: attach conditions to sth. **2.**

*refl. V.* **sich an etw.** *(Akk.)* **~:** be connected with sth.; **an dieses Haus ~ sich nette Erinnerungen für mich** this house has pleasant memories for me

**Knüppel** ['knʏpl] **der; ~s, ~ a)** cudgel; club; *(Polizei~)* truncheon; **da möchte man doch gleich mit dem ~ dreinschlagen** *(ugs.)* sb. ought to bang *or* knock their heads together; *s. auch* **Bein; b)** *s.* **Steuerknüppel; c)** *s.* **Schaltknüppel**

**knüppel-, Knüppel-: ~damm der** log road; corduroy road; **~dick** *Adv. (ugs.)* **es kam ~dick** it was one disaster after the other; **~dick voll** full to bursting; **~hart** *Adj.: s.* **knochenhart**

**knüppeln 1.** *tr. V.* cudgel; club; beat with a cudgel *or* club/*(Polizeiknüppel)* truncheon. **2.** *itr. V.* **a)** use a/one's cudgel *or* club/truncheon; **b)** *(Sport Jargon)* play rough; **c)** *(unpers.) (ugs.)* **heute knüppelt es wieder** things are hectic again today

**Knüppel·schaltung die** *(Kfz-W.)* floor-[-type] gear-change

**knurren** ['knʊrən] **1.** *itr. V.* **a)** ⟨*animal*⟩ growl; *(wütend)* snarl; **jmdm. knurrt der Magen** *(fig.)* sb.'s stomach is rumbling; **mit knurrendem Magen** *(fig.)* with one's stomach rumbling; **b)** *(murren)* grumble **(über +** *Akk.* about); **c)** *(verärgert reden)* growl. **2.** *tr. V. (verärgert sagen)* growl

**Knurr·hahn der** *(Zool.)* gurnard

**knurrig 1.** *Adj.* grumpy. **2.** *adv.* grumpily

**Knusper·häuschen das** gingerbread house

**knusperig** *s.* **knusprig**

**knuspern** ['knʊspɐn] *tr., itr. V.* nibble; *(geräuschvoll)* crunch; **an etw.** *(Dat.)* **~:** nibble [at] sth.

**knusprig 1.** *Adj.* **a)** crisp; crisp, crusty ⟨*roll*⟩; crusty ⟨*bread*⟩; **etw. ~ braten** roast/fry sth. crisp and brown; **b)** *(ugs.: frisch u. adrett)* delightfully fresh and attractive. **2.** *adv.* **~frisch** crunchy fresh ⟨*crisps, nuts*⟩; crispy fresh ⟨*rolls*⟩

**Knust** [knu:st] **der; ~[e]s, ~e** *od.* **Knüste** ['kny:stə] *(bes. nordd.)* crust

**Knute** ['knu:tə] **die; ~, ~n** knout; **unter jmds. ~ [stehen]** *(fig.)* [be] under sb.'s heel

**knutschen** ['knu:tʃn̩] *(ugs.)* **1.** *tr. V.* smooch with *(coll.)*; neck with *(sl.)*; *(sexuell berühren)* pet; **sich ~:** smooch *(coll.) or* neck *(sl.)*/pet. **2.** *itr. V.* smooch *(coll.)*, neck *(sl.)* **(mit** with); *(sich sexuell berühren)* pet

**Knutscherei die; ~, ~en** *(ugs.)* **~[en]** smooching *(coll.)*; necking *(sl.)*; *(sexuelle Berührung)* petting

**Knutsch·fleck der** *(ugs.)* love bite

**Knüttel** ['knʏtl] **der; ~s, ~** *s.* **Knüppel**

**Knüttel·vers der** *s.* **Knittelvers**

**k. o.** [ka:'lo:] *Adj.; nicht attr.* **a)** *(Boxen)* **jmdn. k. o. schlagen** knock sb. out; **stehend k. o. sein** be counted out on one's feet; **k. o. gehen** be knocked out; **b)** *(ugs.: übermüdet)* all in *(coll.)*; whacked *(coll.)*

**K. o. der; ~, ~** *(Boxen)* knock-out; **[Sieger] durch K. o.** [the winner] by a knock-out

**koagulieren** [koagu'li:rən] *(Chemie)* **1.** *itr. V.; auch mit sein* coagulate. **2.** *tr. V.* coagulate

**Koala** [ko'a:la] **der; ~s, ~s** koala [bear]

**koalieren** [koa'li:rən] *itr. V. (Politik)* form a coalition **(mit** with)

**Koalition** [koali'tsio:n] **die; ~, ~en** coalition; **die große/kleine ~:** the grand/little coalition

**Koalitions-: ~freiheit die;** *o. Pl.* freedom of association *(of workers or employers)*; **~partner der** coalition partner; **~recht das;** *o. Pl.* right of freedom of association *(of workers or employers)*; **~regierung die** coalition government

**Koaxial·kabel** [koa'ksia:l-] **das** *(Technik)* coaxial cable

**Kob** [kɔp] **der; ~s, ~s** *(ugs.) s.* **Kontaktbereichsbeamte**

**Kobalt** ['ko:balt] **das; ~s** *(Chemie)* cobalt

**kobalt·blau** *Adj.* cobalt blue

**Kobalt·bombe die** cobalt bomb

**Koben** ['ko:bn̩] **der; ~s, ~** *(Schweinestall)* pigsty; *(Verschlag)* pen

**Kober** ['ko:bɐ] **der; ~s, ~** *(ostmd.)* food-basket

**Kobold** ['ko:bɔlt] **der; ~[e]s, ~e** goblin; kobold; *(fig.)* imp

**Kobolz** [ko'bɔlts] **der** *in* **~ schießen** *od.* **schlagen** *(bes. nordd.)* turn *or* do a somersault/somersaults

**Kobra** ['ko:bra] **die; ~, ~s** cobra

**Koch** [kɔx] **der; ~[e]s, Köche** ['kœçə] cook; *(Küchenchef)* chef; **viele Köche verderben den Brei** *(Spr.)* too many cooks spoil the broth *(prov.)*

**koch-, Koch-: ~an·leitung die** cooking instructions *pl.*; **~apfel der** cooking apple; **~buch das** cookery book; cookbook; **~echt** *Adj.* ⟨*fabric, garment*⟩ that is washable in boiling water; ⟨*colour, dye*⟩ that is fast in boiling water

**Köchel·verzeichnis** ['kœçl-] **das;** *o. Pl. (Musik)* Köchel Catalogue

**kochen 1.** *tr. V.* **a)** boil; *(zubereiten)* cook ⟨*meal*⟩; make ⟨*purée, jam*⟩; **Suppe/Kaffee/Tee/Kakao ~:** make some soup/coffee/tea/cocoa; **sich** *(Dat.)* **einen Tee ~:** make some tea; **die Eier hart/weich ~:** hard-/soft-boil the eggs; **etw. weich/gar ~:** cook sth. until it is soft/[properly] done; **gar gekocht sein** be done; *s. auch* **Flamme a; b)** *(waschen)* boil; **c)** *(verflüssigen)* heat ⟨*tar, glue, etc.*⟩ *(till it melts)*. **2.** *itr. V.* **a)** *(Speisen zubereiten)* cook; *(das Kochen übernehmen)* do the cooking; **gerne/gut ~:** like cooking/be a good cook; **fett/fettarm ~:** use a lot of fat/little fat in cooking; **b)** *(sieden)* ⟨*water, milk, etc.*⟩ boil; *(fig.)* ⟨*sea*⟩ boil, seethe; **das Wasser/die Milch kocht** the water/the milk is boiling; **~d heißes Wasser** boiling hot water; **am Kochen sein** *(landsch.)* be on the boil; be boiling; **etw. zum Kochen bringen** bring sth. to the boil; **c)** *(in ~dem Wasser liegen)* be boiled; **d)** *(ugs.: wütend sein)* **vor Wut/innerlich ~:** be boiling *or* seething with rage/inwardly

**kochend·heiß** *Adj.; nicht präd.* boiling hot; piping hot ⟨*soup etc.*⟩

**Kocher der; ~s, ~ a)** [small] stove; *(Kochplatte)* hotplate; **b)** *(Technik)* boiler

**Köcher** ['kœçɐ] **der; ~s, ~ a)** *(für Pfeile)* quiver; **b)** *(für Fernglas o. ä.)* case

**Kocherei die; ~** *(ugs.)* cookery

**koch-, Koch-: ~fertig** *Adj.* ready-to-cook *attrib.*; ready to cook *pred.*; **~fest** *Adj.: s.* **~echt; ~fleisch das** stewing meat; **~gelegenheit die** cooking facilities *pl.*; **~geschirr das** *(Milit.)* mess-tin; **~herd der** *s.* **Herd a**

**Köchin** ['kœçɪn] **die; ~, ~nen** cook

**Koch-: ~käse der** *(type of)* processed curd cheese; **~kunst die a)** culinary art; **b)** *Pl.* **~künste** *(ugs.: Fertigkeit im Kochen)* culinary skill[s *pl.*]; **~kurs[us] der** cookery course; **~löffel der** wooden spoon; **den ~löffel schwingen** *(scherzh.)* do the cooking; **~nische die** kitchenette; **~platte die a)** hotplate; **b)** *(Kocher)* [small] stove; **~rezept das** recipe

**Koch·salz das** common salt; sodium chloride *(Chem.)*

**Kochsalz·lösung die** salt solution; sodium chloride solution *(Chem.)*

**Koch-: ~schinken der** boiled ham; **~topf der** [cooking] pot; **~wäsche die;** *o. Pl.* washing that is to be boiled; **~zeit die** cooking time

**kodderig** ['kɔd(ə)rɪç] *Adj. (nordd.)* **a)** *in* **jmdm. ist ~:** sb. feels sick; **b)** *nicht präd. (frech)* impertinent; impudent

**Kode** [ko:t] **der; ~s, ~s** code

**Kodein** [kode'i:n] **das; ~s** *(Pharm.)* codeine

**Köder** ['kø:dɐ] **der; ~s, ~:** bait; *(fig.)* bait; lure; **einen/mehrere ~ auslegen** put out bait/a number of baits

**ködern** *tr. V.* lure; **jmdn. für eine Show ~** *(fig. ugs.)* entice sb. to appear on a show; **sich von jmdm./etw. nicht ~ lassen** *(fig. ugs.)* not be tempted by sb.'s offer/by sth.

**Kodex** ['ko:dɛks] **der; ~es** *od.* **~, ~e** *od.* **Kodizes** ['ko:ditse:s] **a)** *(Handschrift)* codex; **b)** *(hist.: Gesetzbuch)* code; codex; **c)** *(Verhaltensregel)* code

**kodieren** *tr. V.* code; encode

**kodifizieren** [kodifi'tsi:rən] *tr. V. (bes. Rechtsw.)* codify

**Kodizes** *s.* **Kodex**

**Koedukation** [ko|eduka'tsio:n] **die; ~:** coeducation

**Koeffizient** [ko|ɛfi'tsiɛnt] **der; ~en, ~en** *(Math., Physik)* coefficient

**Koexistenz die; ~:** coexistence

**Koffein** [kɔfe'i:n] **das; ~s** caffeine

**koffein·frei** *Adj.* decaffeinated

**Koffer** ['kɔfɐ] **der; ~s, ~ a)** [suit]case; *(Schrank~)* wardrobe trunk; **die ~ packen** pack one's bags [and leave]; **aus dem ~ leben** live out of a suitcase; **b)** *(Soldatenspr.)* heavy shell; **c)** *(Straßenbau)* road-bed

**Koffer·anhänger der** luggage tag *or* label

**Köfferchen** ['kœfɐçən] **das; ~s, ~:** small [suit]case

**Koffer-: ~gerät das** portable [radio/gramophone *etc.*]; **~kuli der** luggage trolley; **~radio das** portable radio; **~raum der** boot *(Brit.)*; trunk *(Amer.)*; **~schreib·maschine die** portable typewriter

**Kogel** ['ko:gl̩] **der; ~s, ~** *(südd., österr.)* rounded, wooded mountain top

**Kogge** ['kɔgə] **die; ~, ~n** cog

**Kognak** ['kɔnjak] **der; ~s, ~s** brandy; *s. auch* **Cognac**

**Kognak-: ~bohne die** *bean-shaped brandy-filled chocolate*; **~schwenker der** brandy glass

**kognitiv** [kɔgni'ti:f] *Adj.; nicht präd. (bes. Psych., Päd.)* cognitive

**kohärent** [kohɛ'rɛnt] *Adj. (Phys.)* coherent

**Kohäsion** [kohɛ'zio:n] **die; ~** *(geh., Physik)* cohesion

**Kohl** [ko:l] **der; ~[e]s a)** cabbage; **das macht den ~ [auch] nicht fett** *(ugs.)* that doesn't help a lot; **b)** *(ugs. abwertend: Unsinn)* rubbish; rot *(sl.)*; **red/mach keinen ~!** don't talk rot! *(sl.)*/stop messing around *(coll.)*

**Kohl·dampf der;** *o. Pl. (salopp)* **[einen] ~ haben** be ravenously hungry; **~ schieben [müssen]** [have to] go hungry

**Kohle** ['ko:lə] **die; ~, ~n a)** *(Brennstoff)* coal; **glühende ~n** live coals; embers; **wir haben keine ~n mehr** we have run out of coal; **[wie] auf [glühenden] ~n sitzen** *(gespannt warten)* be on tenterhooks; *(ungeduldig warten)* suffer agonies of impatience; **feurige ~n auf jmds. Haupt** *(Akk.)* **sammeln** *(geh.)* heap coals of fire upon sb.'s head; **b)** *Pl. (salopp: Geld)* dough *sing. (sl.)*; **Hauptsache, die ~n stimmen!** as long as the money's right; **c)** *(Elektrot.) s.* **Bürste c; d)** *(Chemie) s.* **Aktivkohle; e)** *s.* **Zeichenkohle**

**Kohle-: ~filter der** charcoal filter; **~hydrat** *s.* **Kohlenhydrat; ~kraft·werk das** coal-fired power station

[1]**kohlen** *itr. V.* smoulder; ⟨*wick*⟩ smoke

[2]**kohlen** *itr. V. (fam.) (lügen)* tell fibs; *(übertreiben)* exaggerate; *(prahlen)* boast

**kohlen-, Kohlen-: ~bergbau der** coal-mining *no art.*; **~berg·werk das** coal-mine; colliery; **~bunker der** coal bunker; **~dioxid** *(fachspr.)*, **~dioxyd** [--'---] **das** *(Chemie)* carbon dioxide; **~eimer der** coal-scuttle; **~grube die** coal-mine; [coal-]pit; **~grus der** breeze; slack; **~halde die** coal heap; **~händler der** coal merchant; **~handlung die** coal merchant's; **~heizung die** coal-fired central heating *no indef. art.*; **~hydrat das** *(Chemie)* carbohydrate; **~kasten der** coal-box; **~keller der**

coal-cellar; **~monoxid** *(fachspr.)*, **~monoxyd** [--'---] **das** *(Chemie)* carbon monoxide; **~monoxyd·vergiftung** [--'------] **die** carbon monoxide poisoning; **~ofen der** coal-burning stove; **~pott der;** *o. Pl. (abwertend)* Ruhr [area]; **~sauer** *Adj. (Chemie)* carbonic; **~saures Natron/Kalzium** sodium/calcium carbonate; **~säure die** carbonic acid; **~säure·haltig** *Adj.* carbonated; **~schaufel die** coal-shovel; **~staub der** coal-dust; **~stoff der;** *o. Pl.* carbon; **~trimmer der** *(Seew. hist.)* [coal-]trimmer; **~wasserstoff** [--'---] **der** *(Chemie)* hydrocarbon; **~zange die** coal tongs *pl.*

**Kohle-: ~ofen** *s.* **Kohlenofen; ~papier das** carbon paper

**Köhler** ['kø:lɐ] **der; ~s, ~:** charcoal burner

**Köhlerei die; ~:** charcoal burning *no art.*

**Köhler·glaube der** *(geh. abwertend)* blind faith

**Kohle-: ~stift der a)** *(Elektrot.)* carbon rod; **b)** *(zum Zeichnen)* charcoal stick; **~tablette die** charcoal tablet; **~zeichnung die** charcoal drawing

**kohl-, Kohl-: ~kopf der** [head of] cabbage; **~meise die** great tit; **~räbchen** [-'--] **das** young kohlrabi; **~rabenschwarz** *Adj.* raven *attrib.*, raven-black, jet-black ⟨*hair*⟩; jet-black ⟨*eyes*⟩; ⟨*face, hands, etc.*⟩ as black as soot; **~rabi** [~'ra:bi] **der; ~[s], ~[s]** kohlrabi; **~roulade die** *(Kochk.)* stuffed cabbage; **~rübe die** swede; **~sprosse die** *(österr.)* [Brussels] sprout; **~weißling der** cabbage white; cabbage butterfly

**Kohorte** [ko'hɔrtə] **die; ~, ~n** *(hist., Soziol.)* cohort

**Koinzidenz** [koǀɪntsi'dɛnts] **die; ~** *(geh.)* coincidence

**koitieren** [koi'ti:rən] *itr. V. (geh.)* engage in *or* have sexual intercourse

**Koitus** ['ko:itʊs] **der; ~, Koitus** *(geh.)* sexual intercourse; coitus *(formal)*

**Koje** ['ko:jə] **die; ~, ~n a)** *(Seemannsspr.)* bunk; berth; **b)** *(Ausstellungsstand)* stand; **c)** *(ugs. scherzh.: Bett)* bed

**Kojote** [ko'jo:tə] **der; ~n, ~n** coyote

**Kokain** [koka'i:n] **das; ~s** cocaine

**kokain·süchtig** *Adj.* addicted to cocaine *postpos.*

**Kokarde** [ko'kardə] **die; ~, ~n** cockade

**Koka·strauch** ['ko:ka-] **der** coca

**kokeln** ['ko:kl̩n] *itr. V. (ugs.)* play with fire

**Kokerei** [ko:kə'rai] **die; ~, ~en** coking plant

**kokett** [ko'kɛt] **1.** *Adj.* coquettish. **2.** *adv.* coquettishly

**Koketterie** [kokɛtə'ri:] **die; ~:** coquetry; coquettishness

**kokettieren** *itr. V.* **a)** play the coquette; flirt; **b)** *(kokett erwähnen)* **mit etw. ~:** make much play with sth.; **c)** *(fig.)* **mit der Gefahr ~:** flirt with danger

**Kokke** ['kɔkə] **die; ~, ~n** *(Biol.)* coccus

**Kokolores** [koko'lo:rɛs] **der; ~** *(ugs.)* **a)** *(Unsinn)* rubbish; nonsense; rot *(sl.)*; **b)** *(Getue)* fuss

**Kokon** [ko'kõ:] **der; ~s, ~s** cocoon

**Kokos-** ['ko:kɔs-]: **~fett das** coconut oil; **~faser die** coconut fibre; **~flocken** *Pl.* coconut ice *sing.*; *(als Füllung)* desiccated coconut *sing.*; **~läufer der** runner made of coconut-matting; **~milch die** coconut milk; **~nuß die** coconut; **~palme die** coconut palm; coconut tree

**Kokotte** [ko'kɔtə] **die; ~, ~n** *(geh. veralt.)* cocotte *(arch.)*

[1]**Koks** [ko:ks] **der; ~es a)** coke; **b)** *(salopp scherzh.: Geld)* dough *(sl.)*

[2]**Koks der; ~es** *(Drogenjargon: Kokain)* coke *(sl.)*; snow *(sl.)*

[3]**Koks der; ~es** *(salopp: Unsinn)* rubbish; nonsense; rot *(sl.)*

**koksen** *itr. V. (Jargon)* take coke *(sl.)*

**Kokser der; ~s, ~** *(Drogenjargon)* [cocaine-]sniffer; snow-bird *(Amer. sl.)*

**Koks-: ~heizung die** coke-fired heating; **~ofen der a)** *(mit Koks geheizt)* coke-burning stove; **b)** *(für die Koksherstellung)* coke oven

**Kola** *s.* **Kolon**

**Kola·baum** ['ko:la-] **der** cola *or* kola [tree]

**Kolben** ['kɔlbn̩] **der; ~s, ~ a)** *(Technik)* piston; **b)** *(Chemie: Glasgefäß)* flask; **c)** *(Teil des Gewehrs)* butt; **d)** *(Bot.)* spadix; *(Mais~)* cob; **e)** *(salopp: dicke Nase)* hooter *(Brit. sl.)*; conk *(sl.)*; **f)** *(der Glühlampe)* glass

**Kolben-: ~fresser der** *(ugs.)* piston seize-up; **einen ~fresser haben** have piston seizure *or* a seized[-up] piston; **~hub der** *(Technik)* piston stroke; **~ring der** *(Technik)* piston ring

**Kolchos·bauer** ['kɔlçɔs-] **der** kolkhoznik; worker on a Soviet collective farm

**Kolchose** [kɔl'ço:zə] **die; ~, ~n** kolkhoz; Soviet collective farm

**Kolibri** ['ko:libri] **der; ~s, ~s** humming-bird

**Kolik** ['ko:lɪk] **die; ~, ~en** colic

**Kolk·rabe** ['kɔlk-] **der** *(Zool.)* raven

**kollabieren** [kɔla'bi:rən] *itr. V.; mit sein (Med.)* collapse

**Kollaborateur** [kɔlabora'tø:ɐ̯] **der; ~s, ~e** collaborator

**Kollaboration** [kɔlabora'tsio:n] **die; ~:** collaboration

**kollaborieren** *itr. V.* collaborate (**mit** with)

**Kollagen** [kɔla'ge:n] **das; ~s, ~e** *(Med., Biol.)* collagen

**Kollaps** ['kɔlaps] **der; ~es, ~e** *(Med., fig.)* collapse; **einen ~ erleiden** collapse

**kollationieren** [kɔlatsio'ni:rən] *tr. V.* **a)** *(vergleichen)* collate, compare (**mit** with); *(Druckw.)* read (**mit** against); **b)** *(bes. Buchbinderei)* collate

**Kolleg** [kɔ'le:k] **das; ~s, ~s a)** *(Vorlesung)* lecture; *(Vorlesungsreihe)* course of lectures; **b)** *(Institut)* college *offering full-time courses to prepare qualified adults for university entrance;* **c)** *(kath. Kirche)* theological college

**Kollege** [kɔ'le:gə] **der; ~n, ~n a)** colleague; *(Arbeiter)* workmate; **die ~n vom Fach** professional colleagues; **~ kommt gleich!** *(im Restaurant)* somebody [else] will be with you in a moment; **Herr ~!** Mr. Smith/Jones *etc.!*; **Herr ~ [Müller** *usw.*] *(Abgeordneter)* ≈ the Honourable Gentleman; *(als Anrede)* **Herr ~ [Müller], Sie müssen ...** ≈ the Honourable Gentleman must ...; **b)** *(Gewerkschaftsmitglied)* [union] member; **c)** *(DDR: Werktätiger)* worker; **der ~ Werkleiter/Ober** the works manager/the waiter; **d)** *(salopp: Freund)* mate *(coll.)*

**Kollegen-: ~kreis der: im ~kreis** among colleagues; **~rabatt der** trade discount *(in the publishing trade)*

**Kolleg-: ~geld das;** *meist Pl. (Hochschulw.)* lecture fee; **~heft das** lecture notebook

**kollegial** [kɔle'gia:l] **1.** *Adj.* helpful and considerate. **2.** *adv.* ⟨*act etc.*⟩ like a good colleague/good colleagues

**Kollegialität** [kɔlegiali'tɛ:t] **die; ~:** helpfulness and consideration

**Kollegin die; ~, ~nen** *s.* **Kollege a, b, c;** *s. auch* **-in**

**Kollegium** [kɔ'le:giʊm] **das; ~s, Kollegien a)** *(Gruppe)* group; *(unmittelbar zusammenarbeitend)* team; **b)** *(Lehrkörper)* [teaching] staff; **c)** *(Komitee)* committee

**Kolleg-: ~mappe die** document case; **~stufe die** *(Schulw.)* sixth-form college *(offering academic and vocational courses)*

**Kollekte** [kɔ'lɛktə] **die; ~, ~n** collection

**Kollektion** [kɔlɛk'tsio:n] **die; ~, ~en a)** *(Sortiment)* range; *(Mode)* collection; **b)** *(Sammlung, Zusammenstellung)* collection

**kollektiv** [kɔlɛk'ti:f] **1.** *Adj.* collective; joint ⟨*collaboration*⟩. **2.** *adv.* collectively

**Kollektiv das; ~s, ~e** *od.* **~s a)** group; **als ~ auftreten** put up a united front; **b)** *(bes. DDR: Arbeitsgruppe)* collective; **c)** *(Statistik)* population

**Kollektiv-: ~arbeit die** joint work; **~bewußt·sein das** collective consciousness; **~geist der;** *o. Pl.* collective spirit; **~gesellschaft die** *(schweiz. Wirtsch.)* general partnership

**kollektivieren** *tr. V.* collectivize

**Kollektivismus der; ~:** collectivism *no art.*

**kollektivistisch** *Adj.* collectivist

**Kollektiv-: ~schuld die;** *o. Pl.* collective guilt; **~strafe die** collective punishment

**Kollektivum** [kɔlɛk'ti:vʊm] **das; ~s, Kollektiva** *(Sprachw.)* collective noun; collective

**Kollektiv·wirtschaft die** collective farm

**Kollektor** [kɔ'lɛktɔr] **der; ~s, ~en** [-'to:rən] *(Elektrot., Physik)* collector

[1]**Koller** ['kɔlɐ] **der; ~s, ~** *(ugs.)* rage; **einen ~ haben/bekommen** be in/fly *or* get into a rage

[2]**Koller das; ~s, ~** *(hist.)* cape collar

[1]**kollern** *itr. V.; mit sein* roll

[2]**kollern** *itr. V.* ⟨*turkey etc.*⟩ gobble; ⟨*stomach*⟩ rumble

**kollidieren** [kɔli'di:rən] *itr. V.* **a)** *mit sein (zusammenstoßen)* collide, be in collision (**mit** with); **b)** *(im Widerspruch stehen)* clash, conflict (**mit** with); **miteinander ~:** ⟨*meetings etc.*⟩ clash

**Kollier** [kɔ'lie:] **das; ~s, ~s a)** *(Halskette)* necklace; **b)** *(schmaler Pelz)* necklet

**Kollision** [kɔli'zio:n] **die; ~, ~en a)** *(Zusammenstoß)* collision; **b)** *(Widerstreit)* conflict, clash (+ *Gen.* between); **mit etw. in ~ geraten** come into conflict with sth.

**Kollisions·kurs der;** *o. Pl.* collision course; **gegen jmdn./etw. auf ~ gehen** *(fig.)* be heading for a confrontation with sb./sth.

**Kolloid** [kɔlo'i:t] **das; ~[e]s, ~e** *(Chemie)* colloid

**Kolloquium** [kɔ'lɔkviʊm] **das; ~s, Kolloquien a)** *(Hochschulw.)* seminar; **b)** *(Zusammenkunft)* colloquium; **c)** *(österr.: Prüfung)* test

**Köln** [kœln] **(das); ~s** Cologne

**Kölner 1.** *indekl. Adj.; nicht präd.* Cologne *attrib.*; *(in Köln)* in Cologne *postpos., not pred;*⟨*suburb, archbishop, mayor, speciality*⟩ of Cologne; ⟨*car factory, river bank*⟩ at Cologne; **der ~ Dom/Karneval** Cologne Cathedral/the Cologne carnival; **meine ~ Freunde** *(in Köln)* my friends in Cologne; *(aus Köln)* my friends from Cologne; **seine ~ Heimat** his native Cologne; **meine ~ Zeit** my time in Cologne; **die ~ Innenstadt** Central Cologne; **alle ~ Bahnhöfe** every station in Cologne; **die 2000jährige ~ Geschichte** Cologne's 2000-year history. **2. der; ~s, ~:** inhabitant of Cologne; *(von Geburt)* native of Cologne; **er ist ~:** he is a native of Cologne; he comes from Cologne; **ein echter ~:** someone born and bred in Cologne; *(dem Naturell nach)* a true native of Cologne; **der ~** *(bestimmter Mann)* the man from Cologne; that chap from Cologne *(coll.)*; *(das ~ Auto usw.)* the car/bus *etc.* with the Cologne number-plate; *(ugs.: die ~)* people *pl.* from Cologne; **wir ~:** we citizens of Cologne; **die ~:** the people of Cologne; *(die ~ Mannschaft usw.)* Cologne *pl.*; *(die ~ Fans usw.)* the Cologne supporters; *(die ~ Firma usw.)* the Cologne works *sing. or pl.*/group *etc. sing.*; **die ~ haben einen Oberbürgermeister gewählt** Cologne has elected a mayor; **~** *Pl.* Cologne people; *(außerhalb Kölns)* people from Cologne; **das sind ~:** they are from Cologne; **er hatte als ~ eine tiefe Abneigung gegen Düsseldorf** coming from Cologne, he had a great dislike for Düsseldorf; **Sie als ~ mögen den Karneval nicht?** you come from Cologne, and you don't like the carnival?

**Kölnerin die; ~, ~nen** *s.* **Kölner 2;** *s. auch* **-in**

**kölnisch** *Adj.* Cologne *attrib.;* of Cologne *postpos., not pred.;* **Kölnisch Wasser** eau-de-Cologne

**Kolombine** [kolɔm'bi:nə] **die; ~, ~n** Columbine

**Kolon** ['ko:lɔn] **das; ~s, ~s** *od.* **Kola a)** *(antike Metrik, Rhet.)* colon; **b)** *(veralt.: Doppelpunkt)* colon

**Kolonel** [kolo'nɛl] **die; ~** *(Druckw.)* minion

**kolonial** [kolo'ni̯a:l] *Adj.; nicht präd.* colonial

**kolonialisieren** *tr. V.* colonialize

**Kolonialisierung die; ~, ~en** colonialization

**Kolonialismus der; ~:** colonialism *no art.*

**kolonialistisch** *Adj.* colonialist

**Kolonial-: ~macht die** colonial power; **~politik die;** *o. Pl.* colonial policy; **~stil der;** *o. Pl.* colonial style; **~waren** *Pl. (veralt.)* groceries *pl.;* **~waren·händler der** *(veralt.)* grocer; **~zeit die;** *o. Pl.* colonial era *or* period

**Kolonie** [kolo'ni:] **die; ~, ~n a)** *(auch Gruppe von Ausländern, Biol.)* colony; **b)** *(Siedlung)* colony; settlement

**Kolonisation** [koloniza'tsi̯o:n] **die; ~, ~en** colonization

**kolonisieren** *tr. V.* **a)** *(zur Kolonie machen)* colonize; **b)** *(besiedeln, erschließen)* settle and develop; *(urbar machen)* clear and cultivate ‹*land*›; reclaim ‹*swampland*›

**Kolonisierung die; ~, ~en** colonization

**Kolonist der; ~en, ~en** colonist; *(früher Siedler)* settler

**Kolonnade** [kolɔ'na:də] **die; ~, ~n** colonnade

**Kolonne** [ko'lɔnə] **die; ~, ~n a)** *(Truppe, Gruppe von Menschen, Zahlenreihe)* column; **die fünfte ~:** the fifth column; **b)** *(Fahrzeuge)* column; *(Schlange)* [long] line of traffic; *(Konvoi)* convoy; **~ fahren** drive in a [long] line of traffic; **c)** *(Arbeits~)* gang

**Kolonnen-: ~fahren das** driving in a [long] line of traffic; **~springer der** *(ugs.) motorist who dodges in and out of a line of traffic in order to overtake*

**Kolophonium** [kolo'fo:ni̯ʊm] **das; ~s** colophony; rosin

**Koloratur** [kolora'tu:ɐ̯] **die; ~, ~en** *(Musik)* coloratura

**Koloratur·sängerin die** *(Musik)* coloratura

**kolorieren** [kolo'ri:rən] *tr. V.* **a)** *(ausmalen)* colour; **b)** *(Musik)* decorate; embellish

**Kolorit** [kolo'ri:t] **das; ~[e]s, ~e** *od.* **~s a)** *(Farbgebung)* colouring; **b)** *(Musik: Klangfarbe)* [tone] colour; **c)** *(Atmosphäre)* colour

**Koloß** [ko'lɔs] **der; Kolosses, Kolosse a)** *(Standbild)* colossus; **der ~ von Rhodos** the Colossus of Rhodes; **b)** *(riesiges Gebilde, ugs. scherzh.: große Person)* colossus; giant

**kolossal** [kolɔ'sa:l] **1.** *Adj.* **a)** *(riesenhaft)* colossal; gigantic; enormous; **b)** *(ugs.: sehr groß)* tremendous *(coll.);* incredible *(coll.)* ‹*rubbish, nonsense*›; **eine ~e Dummheit begehen** do something incredibly stupid; **~es Glück haben** be incredibly lucky *(coll.).* **2.** *adv. (ugs.)* tremendously *(coll.);* **~ viel Geld** a tremendous *or* vast amount of money *(coll.)*

**Kolossal-: ~film der** [film] epic; **~gemälde das** huge painting; **~schinken der** *(salopp abwertend)* **a)** *(Film)* massive great epic *(coll.);* **b)** *(Gemälde)* whacking great painting *(sl.)*

**Kolportage** [kɔlpɔr'ta:ʒə] **die; ~, ~n a)** *(minderwertiger Bericht)* trashy writing; trash; **b)** *(Verbreitung von Gerüchten)* rumour-mongering

**Kolportage-: ~literatur die** trashy literature; **~roman der** trashy novel

**Kolporteur** [kɔlpɔr'tø:ɐ̯] **der; ~s, ~e** *(geh.)* rumour-monger

**kolportieren** *tr. V. (geh.)* spread, circulate ‹*rumour, story*›

**kölsch** [kœlʃ] *s.* **kölnisch**

**Kölsch das; ~[s] a)** *strong very pale beer brewed in Cologne;* **b)** Cologne dialect; *s. auch* **Deutsch a**

**Kolumbianer** [kolʊm'bi̯a:nɐ] **der; ~s, ~:** Colombian

**kolumbianisch** *Adj.* Colombian

**Kolumbien** [ko'lʊmbi̯ən] **(das); ~s** Colombia

**Kolumbus** [ko'lʊmbʊs] **(der)** Columbus; *s. auch* **Ei a**

**Kolumne** [ko'lʊmnə] **die; ~, ~n** *(Druckw., Meinungsbeitrag)* column

**Kolumnen·titel der** *(Druckw.)* running title *or* head

**Kolumnist der; ~en, ~en, Kolumnistin die; ~, ~nen** columnist

**Koma** ['ko:ma] **das; ~s, ~s** *od.* **~ta** *(Med.)* coma

**Kombattant** [kɔmba'tant] **der; ~en, ~en** *(Völkerr.; geh. veralt.)* combatant

**Kombi** ['kɔmbi] **der; ~[s], ~s** *s.* **Kombiwagen**

**Kombinat** [kɔmbi'na:t] **das; ~[e]s, ~e** *(bes. DDR)* combine

**Kombination** [kɔmbina'tsi̯o:n] **die; ~, ~en a)** *(Verbindung)* combination; **b)** *(gedankliche Verknüpfung)* deduction; piece of reasoning; **unsere ~en** our reasoning *sing. or* deductions; **c)** *(Kleidungsstücke)* ensemble; suit; *(Herren~)* suit; *(Flieger~)* flying-suit; **d)** *(Ballspiele)* combined move; **e)** *(Schach)* combination; **f)** *(Ski) s.* **alpin, nordisch**

**Kombinations-: ~gabe die;** *o. Pl.* powers *pl.* of deduction *or* reasoning; **~schloß das** combination lock; **~sprung·lauf der** *(Ski)* jumping event *(of Nordic combination)*

**Kombinatorik** [kɔmbina'to:rɪk] **die; ~:** *(Math.)* combinatorial analysis *no art.*

**kombinatorisch** *Adj.* deductive; **~e Fähigkeiten** powers of deduction *or* reasoning; deductive powers

**kombinieren** [kɔmbi'ni:rən] **1.** *tr. V.* combine; **zwei Dinge zu etw. ~:** combine two things into sth.; **etw. mit etw. ~:** combine sth. with sth. **2.** *itr. V.* **a)** *(Zusammenhänge herstellen)* deduce; reason; **falsch/richtig ~:** come to the wrong/right conclusion; **b)** *(Ballspiele)* combine

**Kombi-: ~wagen der** estate [car]; station wagon *(Amer.);* **~zange die** combination pliers *pl.;* **eine ~zange** a pair of combination pliers

**Kombüse** [kɔm'by:zə] **die; ~, ~n** *(Seemannsspr.)* galley

**Komet** [ko'me:t] **der; ~en, ~en** comet

**kometen·haft** *Adj.* meteoric ‹*rise, career*›; extremely rapid ‹*upturn, development*›

**Komfort** [kɔm'fo:ɐ̯] **der; ~s** comfort; **mit allem ~** ‹*flat, house*› with all modern conveniences *pl.;* ‹*car*› with all the latest luxury features *pl.*

**komfortabel** [kɔmfɔr'ta:bl̩] **1.** *Adj.* comfortable. **2.** *adv.* comfortably

**Komfort·wohnung die** [comfortable] flat *(Brit.) or (Amer.)* apartment with all modern conveniences

**Komik** ['ko:mɪk] **die; ~:** comic effect; *(komisches Element)* comic element *or* aspect; **die ~ der Situation** the funny side of the situation; **Sinn für ~ haben** have a sense of the comic; **etw. entbehrt nicht einer gewissen ~:** sth. is not without an element of comedy; **~ und Tragik** comedy and tragedy; the comic and the tragic

**Komiker der; ~s, ~ a)** *(Vortragskünstler)* comedian; comic *(coll.);* **b)** *(Darsteller)* comic actor; **c)** *(salopp abwertend)* clown

**Kominform** [kɔmɪn'fɔrm] **das; ~s** *(hist.)* Cominform

**Komintern** [kɔmɪn'tɛrn] **die; ~** *(hist.)* Comintern

**komisch** ['ko:mɪʃ] *Adj.* **a)** *(lustig)* comical; funny; **ich finde das gar nicht ~** *(ugs.)* I don't think that's at all funny; **b)** *(seltsam)* funny; strange; odd; **~, was?** *(ugs.)* [it's] funny *or* strange *or* odd, isn't it?; **~ [zu jmdm.] sein** act *or* behave strangely [towards sb.]; **~ [ist nur], daß ...:** it's [just] funny *or* strange *or* odd that ...; **mir ist/wird so ~:** I'm feeling funny *or* peculiar; **c)** *(Theater)* comic ‹*part*›

**komischer·weise** *Adv. (ugs.)* strangely enough

**Komitee** [komi'te:] **das; ~s, ~s** committee

**Komma** ['kɔma] **das; ~s, ~s** *od.* **~ta a)** *(Satzzeichen)* comma; **b)** *(Math.)* decimal point; **zwei ~ acht** two point eight; **zwei Stellen hinter dem ~:** two decimal places

**Komma·fehler der** mistake involving the use of the comma

**Kommandant** [kɔman'dant] **der; ~en, ~en** *(einer Stadt, Festung)* commandant; *(eines Panzers, Raumschiffs)* commander; *(einer Militäreinheit)* commander; commanding officer; *(eines Flugzeugs, Schiffs)* captain

**Kommandantur** [kɔmandan'tu:ɐ̯] **die; ~, ~en** commandant's headquarters *sing. or pl.*

**Kommandeur** [kɔman'dø:ɐ̯] **der; ~s, ~e** *(Milit.)* commander; commanding officer

**kommandieren 1.** *tr. V.* **a)** *(befehligen)* command; be in command of; **b)** *(abkommandieren)* **jmdn. an die Front ~:** order sb. to the front; **c)** order ‹*retreat, advance*›; **d)** *(ugs.: herumkommandieren)* **jmdn. ~:** order *or (sl.)* boss sb. about. **2.** *itr. V.* **a)** *(Milit.)* **Kommandierender General** Corps commander; **b)** *(ugs.)* order *or (sl.)* boss people about

**Kommandit·gesellschaft** [kɔman'di:t-] **die** *(Wirtsch.)* limited partnership

**Kommanditist der; ~en, ~en** *(Wirtsch.)* limited partner

**Kommando** [kɔ'mando] **das; ~s, ~s,** *österr. auch:* **Kommanden a)** *(Befehl)* command; **das ~ zum Schießen geben** give the command *or* order to shoot; **auf ~ gehorchen** obey [immediately] on command; **wie auf ~:** as if by command; *s. auch* **hören 2d; b)** *o. Pl. (Befehlsgewalt)* command; **das ~ haben** *od.* **führen/übernehmen** be in/assume *or* take command; **c)** *(Milit.) (Einheit)* detachment; *(Stoßtrupp)* commando; *(Dienststelle)* headquarters *sing. or pl.*

**Kommando-: ~brücke die** bridge; **~sache die** *in* **geheime ~sache** *(bes. Milit.)* military secret; **~stab der** *(Milit.)* headquarters *or* command staff; **~stand der** *(Milit.)* command post; **~stelle die** *(Milit.)* command post; **~stimme die** commanding [tone of] voice

**Kommata** *s.* **Komma**

**kommen** ['kɔmən] *unr. itr. V.; mit sein* **a)** come; *(eintreffen)* come; arrive; **der Kellner kommt sofort** the waiter will be with you directly; **zu spät ~:** be late; **zu Fuß/mit dem Auto ~:** come on foot/by car; **in einer halben Stunde/zwei Monaten ~:** come in half an hour/two months' time; **durch eine Gegend ~:** pass through a region; **von der Arbeit ~:** come [back] from work; **nach Hause ~:** come *or* get home; **ins Zimmer ~:** come into the room; **ich komme schon!** I'm coming!; **ich komme, Sie abzuholen** I've come to fetch you; **komm' ich heut nicht, komm' ich morgen** *(spött.)* you'll/he'll *etc.* get there eventually!; **b)** *(gelangen)* get; **ans Ufer/Ziel ~:** reach the bank/finishing-line; **komme ich hier zum Bahnhof?** can I get to the station this way?; **wie komme ich nach Paris?** how do I get to Paris?; **kaum noch aus dem Haus/ins Kino ~:** hardly ever get out of the house/to the cinema; **auf etw.** *(Akk.)* **zu sprechen ~** *(fig.)* turn to the discussion of sth.; **zum Schluß seiner Ausführungen ~** *(fig.)* come to the end of one's remarks; **c) +** *Bewegungsverb im 2. Part.* **angelaufen/angebraust ~:** come running/roaring along; *(auf jmdn. zu)* come running/roaring up; **angekrochen ~** *(fig.)* come crawling up; **d)** *(teilnehmen)* come; attend; **zu einer Tagung ~:** come to/attend a meeting; **e)** *(besuchen)* come; **zu jmdn. ~:** come and see sb.; **er kommt zu uns zum Abendbrot** he's coming [to us] for supper; **f)** *(gebracht werden)* come; **die Post/ein Paket ist ge~:** the post/a parcel has come; **ist keine Post für mich ge~?** is/was there no post for me?; **g) ~ lassen** *(bestellen)* order ‹*taxi*›; **den Arzt/die Polizei ~ lassen** send for *or* call a doctor/the police; **Getränke** *usw.* **aufs Zimmer ~ lassen** have drinks *etc.* sent up to one's room; **h)** *(aufgenommen werden)* **zur Schule/aufs Gymnasium ~:** go to *or* start school/grammar school; **ins Krankenhaus/Gefängnis ~:** go into hospital/to prison; **in die Lehre ~:** start an apprenticeship; **in den Himmel/in die Hölle ~** *(fig.)* go to heaven/hell; **i)** *(auftauchen)* ‹*seeds, plants*› come up; ‹*buds, flowers*› come out; ‹*peas, beans*› form; ‹*teeth*› come through; **zur Welt ~:** be born; **ihr ist ein Gedanke/eine Idee ge~:** she had a thought/an idea; a thought/an idea came to her; **die Tränen ~ jmdm. in die Augen** tears come to sb.'s eyes; *s. auch* **Herz b; j)** *(seinen festen Platz haben)* go; belong; **in die Schublade/ins Regal ~:** go *or* belong in the drawer/on the shelf; **k)** *(seinen Platz erhalten)* **in die Mannschaft ~:** get into the team; **auf den ersten Platz ~:** go into first place; **l)** *(geraten)* get; **in Gefahr/Not/Verlegenheit ~:** get into danger/serious difficulties/get *or* become embarrassed; **unter ein Auto/zu Tode ~:** be knocked down by a car/be *or* get killed; **ins Schleudern ~:** go into a skid; *s. auch* **Schwung; Stimmung; m)** *(Gelegenheit haben)* **dazu ~, etw. zu tun** get round to doing sth.; **zum Einkaufen/Waschen ~:** get round to doing the shopping/washing; **kaum noch zum Schlafen ~:** hardly be able to find time to sleep; **n)** *(nahen)* **ein Gewitter/die Flut kommt** a storm is approaching/the tide's coming in; **den Zeitpunkt für gekommen halten** think *or* consider the moment has come; **der Tag/die Nacht kommt** *(geh.)* day is breaking/night is falling; **dieses Unglück habe ich schon lange ~ sehen** I saw this disaster coming a long time ago; **im Kommen sein** ‹*fashion etc.*› be coming in; ‹*person*› be on the way up; **o)** *(sich ereignen)* come about; happen; **was auch immer ~ mag** come what may; **das durfte [jetzt] nicht ~** *(ugs. spött.)* that's hardly the thing to say now; **es kam, wie es ~ mußte** the inevitable happened; **es kam zum Streit/Kampf** there was a quarrel/fight; **es kam alles ganz anders** it all *or* everything turned out quite differently; **wie's kommt, so kommt's** *od.* **wie's kommt, so wird's genommen** *(ugs.)* what will be will be; **so weit kommt es noch[, daß ich euern Dreck wieder wegräume]!** *(ugs. iron.)* that really is the limit[, expecting me to clear up your rubbish after you]!; **p)** *(ugs.: erreicht werden)* **wann kommt der nächste Bahnhof?** when do we get to the next station? *(coll.)*; **jetzt kommt gleich Mannheim** we'll be at Mannheim any moment; **da vorn kommt eine Tankstelle** there's a petrol station coming up *(coll.)*; **q) zu Geld ~:** become wealthy; **zu Erfolg/Ruhm** *usw.* **~:** gain success/fame *etc.*; **nie zu etwas ~** *(ugs.)* never get anywhere; **wieder zu Kräften ~:** regain one's strength; **[wieder] zu sich ~:** regain consciousness; come round; **zu sich ~** *(sich fassen)* become one's normal self again; **r) jmdm. auf die Spur/Schliche ~:** get on sb.'s trail/get wise to sb.'s tricks; **wie kommst du darauf?** what gives you that idea?; **hinter jmds. Geheimnis/Pläne ~:** find out sb.'s secret/plans; **s)** *(an der Reihe sein; folgen)* **zuerst/zuletzt kam ...:** first/last came ...; **als erster/letzter ~:** come first/last; **jetzt komme ich an die Reihe** it is my turn now; **wann ~ wir an die Reihe?** when do we get a turn?; **t)** *(sich darstellen)* **gelegen/ungelegen ~** ‹*offer, opportunity*› come/not come at the right moment; ‹*visit*› be/not be convenient; **überraschend [für jmdn.] ~:** come as a surprise [to sb.]; **u)** *(ugs.: sich verhalten)* **jmdm. frech/unverschämt/grob ~:** be cheeky/impertinent/rude to sb.; **so lasse ich mir nicht ~!** I don't stand for that sort of thing!; **so können Sie mir nicht ~!** don't take that line with me! *(coll.)*; **v)** *(ugs.: sich an jmdn. wenden)* **komm mir nicht mit ...!** don't give me ...; **da könnte ja jeder ~!** who do you think you are?/who does he think he is? *etc.*; **komm mir nicht damit, du hättest keine Zeit!** don't try and tell me you don't have the time!; **mit so etw. darfst du mir nicht ~:** don't try that sort of thing on with me *(coll.)*; **w) ich lasse auf ihn** *usw.* **nichts ~:** I won't hear anything said against him *etc.*; **x) +** *Inf.* **mit zu** *(in eine Lage geraten)* **neben jmdn. zu sitzen ~:** get to sit next to sb.; **y) über jmdn. ~** *(erfassen)* ‹*feeling*› come over sb.; **z)** *(verlieren)* **um etw. ~:** lose sth.; **ums Leben ~:** lose one's life; **wir sind um unseren Theaterbesuch gekommen** we missed out on our visit to the theatre; **aa)** *(entfallen)* **auf hundert Berufstätige ~ vier Arbeitslose** for every hundred people in employment, there are four people unemployed; **bb) woher ~ diese Sachen?** where do these things come from?; **seine Eltern ~ aus Sachsen** his parents come *or* are from Saxony; **cc) daher kommt es, daß ...:** that's [the reason] why ...; **das kommt davon, daß ...:** that's because ...; **vom vielen Rauchen/vom Vitaminmangel ~:** be due to smoking/vitamin deficiency; **wie kommt es, daß du/er** *usw.* **...:** how is it that you/he *etc.* ...; how come that you/he *etc.* ... *(coll.)*; **das kommt davon!** see what happens!; **das kommt davon, wenn du nicht aufpaßt!** that's what happens when you don't pay attention; that's what comes of not paying attention; **dd)** *(ugs.: kosten)* **auf 100 Mark ~:** cost 100 marks; **alles zusammen kam auf ...:** altogether it came to ...; **wie teuer kommt der Stoff?** how much *or* dear is that material?; **etw. kommt [jmdn.] teuer** sth. comes expensive [for sb.]; **ee)** *(ugs.: starten)* start; **ff)** *(salopp: Orgasmus haben)* come *(sl.)*; **es kommt jmdm.** sb. is coming *(sl.)*; **gg)** *(im Funkverkehr)* **[bitte] ~!** come in[, please]; **hh)** *(ugs.: als Aufforderung, Ermahnung)* **komm/kommt/kommen Sie** come on, now; **komm, komm** oh, come on; **ii)** *(Sportjargon: gelingen)* **[gut] ~/nicht ~** ‹*serve, backhand, forehand, etc.*› be going/not be going well; **jj)** *in festen Wendungen s.* **Ausbruch b; Einsatz c; Entfaltung a; ¹Fall a; ¹Gesicht c** *usw.*

**kommend** *Adj.; nicht präd.* **a)** *(folgend)* next; **das ~e Wochenende/am ~en Sonntag** next weekend/Sunday; **in der ~en Saison/Woche** next season/week; **~e Generationen** generations to come; future generations; **in den ~en Jahren** in years to come; **b)** *(mit großer Zukunft)* **der ~e Mann/Meister** the coming man/future champion

**kommensurabel** [kɔmɛnzu'ra:bl̩] *Adj. (Physik, Math.)* commensurable

**Komment** [kɔ'mã:] **der; ~s, ~s** *(Studentenspr.)* code of conduct *(in student fraternities)*

**Kommentar** [kɔmɛn'ta:ɐ̯] **der; ~s, ~e a)** *(Erläuterung)* commentary; **b)** *(Stellungnahme)* commentary; comment; **kein ~!** no comment!; **c)** *(oft abwertend: Anmerkung)* comment; **~ überflüssig** no comment needed; **sich** *(Dat.)* **jedes ~s enthalten** refrain from commenting; **seinen ~ zu etw. geben** comment on sth.

**kommentarlos 1.** *Adj.* without comment *postpos.* **2.** *adv.* without comment

**Kommentator** [kɔmɛn'ta:tɔr] **der; ~s, ~en** [-ta'to:rən] commentator

**kommentieren** *tr. V.* **a)** *(erläutern)* furnish with a commentary, annotate ‹*text, work*›; **eine kommentierte Ausgabe** an annotated edition; **b)** *(Stellung nehmen zu; ugs.: Anmerkungen machen zu)* comment on

**Kommers** [kɔ'mɛrs] **der; ~es, ~e** *(Studentenspr.)* students' drinking evening *(to celebrate a particular occasion)*

**Kommers·buch das** book of students' drinking songs

**Kommerz** [kɔ'mɛrts] **der; ~es** *(abwertend)* business interests *pl.*

**kommerzialisieren** [kɔmɛrtsiali'zi:rən] *tr. V.* commercialize

**Kommerzial·rat** [kɔmɛr'tsia:l-] **der** *(österr.) s.* **Kommerzienrat**

**kommerziell** [kɔmɛr'tsiɛl] **1.** *Adj.* commercial. **2.** *adv.* commercially

**Kommerzien·rat** [kɔ'mɛrtsiən-] **der** *(hist.) honorary title conferred on business magnates and financiers*

**Kommilitone** [kɔmili'to:nə] **der; ~n, ~n, Kommilitonin die; ~, ~nen** *(Studentenspr.)* [one's] fellow student; **der ~/die ~ Meyer** ≈ Mr/Ms Meyer

**Kommis** [kɔ'mi:] **der; ~** [kɔ'mi:(s)], **~** [kɔ'mi:s] *(veralt.) employee on the business side of a commercial firm; (in einem Laden)* [shop] assistant

**Kommiß** [kɔ'mɪs] **der; Kommisses** *(Soldatenspr.)* army; **beim ~ sein** be in the army

**Kommissar** [kɔmɪ'sa:ɐ̯] **der; ~s, ~e a)** *(Beamter der Polizei)* detective superintendent; **b)** *(staatlicher Beauftragter)* commissioner; **der Hohe ~:** the High Commissioner

**Kommissariat** [kɔmɪsa'ria:t] **das; ~s, ~e a)** *(Dienststelle) (der Polizei)* detective superintendent's office; *(allgemein)* commissioner's office; **b)** *(Amt) (der Polizei)* rank of detective superintendent; *(allgemein)* commissionership; **c)** *(österr.: Polizeistation)* police station

**kommissarisch 1.** *Adj.; nicht präd.* acting. **2.** *adv.* in an acting capacity

**Kommiß·brot das** [coarse] wholemeal bread

**Kommission** [kɔmɪ'sio:n] **die; ~, ~en a)** *(Gremium)* committee; *(Prüfungs~)* commission; **b)** *(Kaufmannsspr. veralt.: Bestellung)* order; **c) etw. in ~ nehmen/haben/geben** *(Wirtsch.)* take/have sth. on commission/give sth. to a dealer for sale on commission; **d)** *(veralt.: Einkauf)* **~en machen** *od.* **tätigen** do some shopping

**Kommissionär** [kɔmɪsio'nɛ:ɐ̯] **der; ~s, ~e a)** *(Wirtsch.)* commission agent *or* merchant; **b)** *(Buchhändler)* wholesale bookseller

**Kommissions-: ~buch·handel der** *(Wirtsch.)* wholesale book trade; **~geschäft das** *(Wirtsch.)* commission business

**Kommiß-: ~stiefel der** army boot; **~ton der;** *o. Pl. (abwertend)* peremptory tone [of voice]

**kommod** [kɔ'mo:t] *Adj. (bes. österr.) s.* **bequem 1 a, 2 a**

**Kommode** [kɔ'mo:də] **die; ~, ~n** chest of drawers

**Kommodore** [kɔmo'do:rə] **der; ~s, ~n** *od.* **~s** *(Marine, Handelsmarine)* commodore; *(Luftwaffe)* wing commander

**kommunal** [kɔmu'na:l] **1.** *Adj.* local; *(bei einer städtischen Gemeinde)* municipal; local. **2.** *adv.* **etw. wird ~ verwaltet** sth. comes under local government

**Kommunal-: ~abgaben** *Pl.* rates [and local taxes]; **~anleihe die** municipal bond; **~politik die** local politics *sing.*; **~verwaltung die** local government; **~wahl die** local [government] elections *pl.*

**Kommunarde** [kɔmu'nardə] **der; ~n, ~n a)** *(hist.)* Communard; **b)** *(einer Wohngemeinschaft)* member of a/the commune

**Kommune** [kɔ'mu:nə] **die; ~, ~n a)** *(politische Gemeinde)* local authority area; *(städ-*

*tische Gemeinde)* municipality; **b) die Pariser** ~ *(hist.)* the Paris Commune; **c)** *(Wohngemeinschaft)* commune

**Kommunikant** [kɔmuni'kant] **der;** ~**en,** ~**en, Kommunikantin die;** ~, ~**nen a)** *(kath. Kirche)* communicant; **b)** *(Sprachw., Soziol.)* participant in the communicative process

**Kommunikation** ['kɔmunika'tsio:n] **die;** ~, ~**en** *(Sprachw., Soziol.)* communication

**Kommunikations-:** ~**mittel das** communication medium; ~**satellit der** communications satellite; ~**schwierigkeit die;** *meist Pl.* difficulty in communicating; ~**wissenschaft die** communication science *no art.*; ~**zentrum das** central meeting-place *(for social and cultural activities)*

**kommunikativ** [kɔmunika'ti:f] *Adj.* communicative

**Kommunion** [kɔmu'nio:n] **die;** ~, ~**en** *(kath. Kirche)* [Holy] Communion

**Kommunion-:** ~**bank die: auf der** ~**bank knien** ≈ kneel at the Communion rail; ~**kleid das** *dress worn to first Communion;* ~**unterricht der** *preparation for first Communion*

**Kommuniqué** [kɔmyni'ke:] **das;** ~**s,** ~**s** communiqué

**Kommunismus der;** ~: communism; *(Bewegung)* Communism *no art.*

**Kommunist der;** ~**en,** ~**en, Kommunistin die;** ~, ~**nen** communist; *(Parteimitglied)* Communist

**kommunistisch 1.** *Adj.* communist; *(die* ~*e Partei betreffend)* Communist; **das Kommunistische Manifest** the Communist Manifesto. **2.** *adv.* Communist-⟨*influenced, led, ruled, etc.*⟩

**kommunizieren** [kɔmuni'tsi:rən] *itr. V.* **a)** *(geh.)* communicate; ~**de Röhren** *(Physik)* communicating tubes; **b)** *(kath. Kirche)* receive [Holy] Communion

**Kommutation** [kɔmuta'tsio:n] **die;** ~, ~**en** *(Math., Sprachw., Astron.)* commutation

**kommutativ** [kɔmuta'ti:f] *Adj.* *(Math., Sprachw.)* commutative

**Komödiant** [komø'diant] **der;** ~**en,** ~**en a)** *(veralt.: Schauspieler)* actor; player; **b)** *(abwertend: Heuchler)* play-actor

**komödiantenhaft** *Adj.* theatrical

**Komödiantin die;** ~, ~**nen a)** *(veralt.: Schauspielerin)* actress; **b)** *(abwertend: Heuchlerin)* play-actor

**komödiantisch** *Adj.* theatrical; acting ⟨*talent*⟩

**Komödie** [ko'mø:diə] **die;** ~, ~**n a)** comedy; *(fig.)* farce; **b)** *(Theater)* comedy theatre; **c)** *(Heuchelei)* play-acting; ~ **spielen** put on an act

**Kompagnon** [kɔmpan'jõ:] **der;** ~**s,** ~**s** *(Wirtsch.)* partner; associate

**kompakt** [kɔm'pakt] *Adj.* **a)** *(massiv)* solid; **b)** *(ugs.: gedrungen)* stocky

**Kompakt-:** ~**an·lage die** music centre; *(bei übereinander angeordneten Geräten)* compact stereo system; ~**bau·weise die** compact design

**Kompanie** [kɔmpa'ni:] **die;** ~, ~**n** *(Milit., veralt.: Handelsgesellschaft)* company

**Kompanie·chef der, Kompanie·führer der** *(Milit.)* company commander

**Komparation** [kɔmpara'tsio:n] **die;** ~, ~**en** *(Sprachw.)* comparison

**Komparatistik** [kɔmpara'tɪstɪk] **die;** ~: comparative literature *no art.*

**Komparativ** ['kɔmparati:f] **der;** ~**s,** ~**e** *(Sprachw.)* comparative

**Komparse** [kɔm'parzə] **der;** ~**n,** ~**n** *(Theater)* supernumerary; super *(coll.)*; *(Film)* extra

**Komparserie** [kɔmparzə'ri:] **die;** ~, ~**n** *(Theater)* supernumeraries *pl.*; supers *pl. (coll.)*; *(Film)* extras *pl.*

**Kompaß** ['kɔmpas] **der; Kompasses, Kompasse** compass; **nach dem** ~ **marschieren** march by the compass

**Kompaß-:** ~**häuschen das** *(Seew. hist.)* binnacle; ~**nadel die** compass needle; ~**rose die** compass card

**kompatibel** [kɔmpa'ti:bl] *Adj.* *(Nachrichtenw., Sprachw.)* compatible

**Kompendium** [kɔm'pɛndiʊm] **das;** ~**s, Kompendien** *(geh.)* compendium

**Kompensation** [kɔmpɛnza'tsio:n] **die;** ~, ~**en** *(Wirtsch., Physik, geh.)* compensation

**kompensatorisch** *Adj.* *(Päd., Psych.)* compensatory

**kompensieren** *tr. V.* **a)** *(ausgleichen)* **etw. mit etw.** *od.* **durch etw.** ~: compensate for *or* make up for sth. by sth.; **b)** *(Wirtsch.: gegeneinander aufrechnen)* offset; **etw. durch etw.** ~: offset sth. against sth.

**kompetent** [kɔmpe'tɛnt] *Adj.* **a)** *(sachverständig)* competent; **ein** ~**er Sprecher** *(Sprachw.)* a person with native-speaker competence; **für diese Probleme/Fragen ist er nicht** ~: he's not competent to deal with these problems/answer these questions; **b)** *(bes. Rechtsw.: zuständig)* competent, responsible ⟨*authority*⟩; **das dafür** ~**e Gericht/der dafür** ~**e Kollege** the court which has jurisdiction in/the colleague who deals with these matters

**Kompetenz** [kɔmpe'tɛnts] **die;** ~, ~**en a)** *(Sachverstand)* competence; **b)** *(bes. Rechtsw.: Zuständigkeit)* authority; powers *pl.*; *(eines Gerichts)* jurisdiction; competence; **in jmds.** ~ *(Dat.)* **liegen/in jmds.** ~ *(Akk.)* **fallen** be/come within sb.'s authority *or* powers; **das liegt außerhalb meiner** ~: that doesn't lie within my authority *or* powers; **seine** ~ **überschreiten** exceed one's authority *or* powers; **die** ~ **haben/erhalten, etw. zu tun** have/receive the authority to do sth.; **c)** *(Sprachw.)* competence

**Kompetenz-:** ~**bereich der** area of authority *or* responsibility/jurisdiction; ~**konflikt der,** ~**streitigkeit die;** *meist Pl.* dispute over respective areas of authority *or* responsibility/jurisdiction

**Kompilation** [kɔmpila'tsio:n] **die;** ~, ~**en** *(geh., meist abwertend)* [mere] compilation

**kompilieren** *tr. V.* *(geh., meist abwertend)* [merely] compile

**Komplement** [kɔmple'mɛnt] **das;** ~**[e]s,** ~**e** *(Math.)* complement

**komplementär** [kɔmplemɛn'tɛ:ɐ̯] **1.** *Adj.* complementary. **2.** *adv.* **sich** ~ **verhalten/**~ **zueinander stehen** complement one another; be complementary

**Komplementär der;** ~**s,** ~**e** *(Wirtsch.)* general partner

**Komplementär·farbe die** *(Optik)* complementary colour

**Komplement·winkel der** *(Math.)* complementary angle

**¹Komplet** [kõ'ple:] **das;** ~**s,** ~**s** dress and matching jacket/coat

**²Komplet** [kɔm'ple:t] **die;** ~, ~**e** *(kath. Kirche)* compline

**komplett** [kɔm'plɛt] **1.** *Adj.* **a)** *(vollständig)* complete; **das kostet** ~ **1 500 Mark** it costs 1,500 marks complete; **heute sind wir** ~ *(ugs.)* today we are all here; **b)** *nicht präd. (ugs.: ganz und gar)* complete; utter; **c)** *(österr.: voll)* full ⟨*hotel, tram, etc.*⟩. **2.** *adv.* **a)** *(vollständig)* ~ **möbliert/ausgerüstet** fully furnished/equipped; **b)** *(ugs.: ganz und gar)* completely; totally

**komplettieren** *tr. V.* complete

**komplex** [kɔm'plɛks] *(geh.)* **1.** *Adj.* **a)** complex; ~**e Zahl** *(Math.)* complex number; **b)** *(bes. DDR: allseitig)* full, complete ⟨*automation*⟩; comprehensive ⟨*reconstruction, planning, provision*⟩; ⟨*analysis, treatment*⟩ by several methods. **2.** *adv. (bes. DDR)* **etw.** ~ **vorbereiten** make comprehensive preparations for sth.

**Komplex der;** ~**es,** ~**e a)** *(Bereich)* complex; **Fragen im** ~ **lösen** *(DDR)* solve questions as parts of an integrated whole; **b)** *(Gebäudeblock)* complex; **in diesem** ~ **des Schlosses** in this complex of buildings in the castle; **c)** *(Psych.)* complex

**Komplexität** [kɔmplɛksi'tɛ:t] **die;** ~: complexity

**Komplikation** [kɔmplika'tsio:n] **die;** ~, ~**en** *(auch Med.)* complication

**Kompliment** [kɔmpli'mɛnt] **das;** ~**[e]s,** ~**e a)** compliment; **jmdm. ein** ~ **machen** pay sb. a compliment **(über +** *Akk.* on); **mein** ~! permit me to compliment you; my compliments!; **nicht gerade ein** ~ **für jmdn. sein** *(fig.)* not exactly do sb. credit; **b)** *(veralt.: Gruß)* **meine** ~**e an die gnädige Frau** give my respects to your good wife

**komplimentieren** *tr. V.* *(geh.)* **jmdn. ins Haus/in den Sessel** ~: usher *or* show sb. into the house/help sb. into his/her seat with a great show of courtesy; **jmdn. aus dem Zimmer** ~ *(verhüll.)* usher sb. out of the room

**Komplize** [kɔm'pli:tsə] **der;** ~**n,** ~**n** *(abwertend)* accomplice

**komplizieren** *tr. V.* complicate; **sich** ~: become more complicated

**kompliziert 1.** *Adj.* complicated; complicated, intricate ⟨*device, piece of apparatus*⟩; complicated, involved ⟨*problem, procedure*⟩; **ein** ~**er Bruch** *(Med.)* a compound fracture. **2.** *adv.* ~ **aufgebaut sein** have a complicated *or* complex structure; **sich** ~ **ausdrücken** express oneself in a complicated *or* an involved way *or* manner; *s. auch* **einfach 1 b**

**Kompliziertheit die;** ~: complexity; complicatedness

**Komplizin die;** ~, ~**nen** *s.* **Komplize**

**Komplott** [kɔm'plɔt] **das;** ~**[e]s,** ~**e** plot; conspiracy; **ein** ~ **zur Ermordung des Diktators** a plot *or* conspiracy to assassinate the dictator; **ein** ~ **schmieden** hatch a plot

**Komponente** [kɔmpo'nɛntə] **die;** ~, ~**n a)** *(Bestandteil)* component; **b)** *(Aspekt)* component; element

**komponieren 1.** *tr. V.* *(auch geh.: gestalten)* compose. **2.** *itr. V.* compose

**Komponist der;** ~**en,** ~**en, Komponistin die;** ~, ~**nen** composer

**Komposition** [kɔmpozi'tsio:n] **die;** ~, ~**en** *(Musik, geh.)* composition; **eine** ~ **kostbarer Essenzen** *(geh.)* a fusion *or* blend of expensive essential oils

**Kompositions·lehre die** *(Musik)* [theory of] composition

**kompositorisch** [kɔmpozi'to:rɪʃ] *Adj.* compositional

**Kompositum** [kɔm'po:zitʊm] **das;** ~**s, Komposita** *(Sprachw.)* compound [word]

**Kompost** [kɔm'pɔst] **der;** ~**[e]s,** ~**e** compost

**Kompost-:** ~**erde die** [well-rotted] compost; ~**haufen der** compost heap

**Kompott** [kɔm'pɔt] **das;** ~**[e]s,** ~**e** stewed fruit; compote; **Pflaumen~/Himbeer~:** stewed plums/raspberries *pl.*

**Kompott·schale die** fruit dish *or* bowl

**kompreß** [kɔm'prɛs] *(Druckw.)* **1.** *Adj.* solid. **2.** *adv.* ⟨*set*⟩ in solid type

**Kompresse** [kɔm'prɛsə] **die;** ~, ~**n** *(Med.)* **a)** *(Umschlag)* [wet] compress; **b)** *(Mull)* [gauze] pad

**Kompression** [kɔm'prɛ'sio:n] **die;** ~, ~**en** *(Physik, Technik, Med.)* compression

**Kompressions·verband der** *(Med.) s.* **Druckverband**

**Kompressor** [kɔm'prɛsɔr] **der;** ~**s,** ~**en** [-'so:rən] *(Technik)* compressor

**komprimieren** [kɔmpri'mi:rən] *tr. V.* *(auch Physik, Technik)* compress; *(fig.)* condense ⟨*book, text*⟩

**komprimiert 1.** *Adj.* condensed ⟨*account etc.*⟩. **2.** *adv.* **etw.** ~ **darstellen** present sth. in a condensed form

**Kompromiß** [kɔmpro'mɪs] **der; Kompro-**

misses, **Kompromisse** compromise; **einen ~ schließen** make a compromise; compromise; **zu einem/keinem ~ bereit sein** be/not be ready to compromise; **ein fauler ~** *(ugs.)* a poor sort of compromise *(coll.)*

**kompromiß-, Kompromiß-: ~bereit** *Adj.* ready *or* willing to compromise *pred.*; **~bereitschaft die**; *o. Pl.* readiness *or* willingness to compromise; **~los 1.** *Adj.* uncompromising; **2.** *adv.* uncompromisingly; **~lösung die** compromise solution; **~vor·schlag der** compromise proposal *or* suggestion

**kompromittieren** [kɔmpromɪ'ti:rən] *tr. V.* compromise; **sich ~:** compromise oneself

**Komsomolze** [kɔmzo'mɔltsə] **der; ~n, ~n** Komsomol member

**Komteß, Komtesse** [kɔm'tɛs(ə)] **die; ~, Komtessen** *(veralt.)* count's [unmarried] daughter

**Komtur** [kɔm'tu:ɐ̯] **der; ~s, ~e** *(hist.)* commander *(of an honorary or a religious military order)*

**Kondensat** [kɔndɛn'za:t] **das; ~[e]s, ~e** *(Physik, Chemie)* condensate

**Kondensation** [kɔndɛnza'tsi̯o:n] **die; ~, ~en** *(Physik, Chemie)* condensation

**Kondensations·punkt der** *(Physik, Chemie)* condensation point

**Kondensator** [kɔndɛn'za:tɔr] **der; ~s, ~en** [-za'to:rən] **a)** *(Elektrot.)* capacitor; condenser; **b)** *(Technik)* condenser

**kondensieren** *tr., itr. V. (itr. auch mit sein) (Physik, Chemie)* condense

**Kondens-: ~milch die** condensed milk; **~streifen der** condensation trail; vapour trail; **~wasser das** condensation

**Kondition** [kɔndi'tsi̯o:n] **die; ~, ~en a)** *meist Pl. (bes. Kaufmannsspr., Finanzw.)* condition; **die ~en** the terms *or* conditions; **zu günstigen ~en** on favourable terms; **b)** *o. Pl. (körperlich-seelische Verfassung, Leistungsfähigkeit)* condition; **eine gute/schlechte ~ haben** be/not be in good condition *or* shape; **keine ~ haben** be out of condition; *(fig.)* have no stamina

**konditional** [kɔnditsi̯o'na:l] *Adj. (bes. Sprachw.)* conditional

**Konditional·satz der** *(Sprachw.)* conditional clause

**konditionieren** *tr. V. (Technik, Psych.)* condition

**Konditions-: ~mangel der, ~schwäche die** lack of condition *or* fitness; **~training das** fitness training

**Konditor** [kɔn'di:tɔr] **der; ~s, ~en** [-di'to:rən] confectioner; pastry-cook; **beim ~:** at the cake-shop

**Konditorei die; ~, ~en a)** cake-shop; *(Lokal)* café; **b)** *o. Pl. (Herstellung)* confectionery

**Konditor·waren** *Pl.* cakes and pastries

**Kondolenz-** [kɔndo'lɛnts-]: **~besuch der** visit of condolence; **~buch das** book of condolence

**kondolieren** [kɔndo'li:rən] *itr. V.* offer one's condolences; **jmdm. [zu jmds. Tod] ~:** offer one's condolences to sb. *or* condole with sb. [on sb.'s death]

**Kondom** [kɔn'do:m] **das** *od.* **der; ~s, ~e** condom; [contraceptive] sheath

**Kondominium** [kɔndo'mi:ni̯ʊm] **das; ~s, Kondominien** *(Völkerr.)* condominium

**Kondor** ['kɔndɔr] **der; ~s, ~e** condor

**Kondukteur** [kɔndʊk'tø:ɐ̯] **der; ~s, ~e** *(schweiz.) (in der Straßenbahn)* conductor; *(in der Eisenbahn)* ticket-collector

**Kondukteurin die; ~, ~nen** *(schweiz.) s.* **Kondukteur:** conductress/ticket-collector

**Konen** *s.* **Konus**

**Konfekt** [kɔn'fɛkt] **das; ~[e]s a)** *(Süßigkeiten)* confectionery; sweets *pl. (Brit.)*; candies *pl. (Amer.)*; **b)** *(bes. südd., österr., schweiz.: Teegebäck)* [small] fancy biscuits *pl. (Brit.) or (Amer.)* cookies *pl.*

**Konfektion** [kɔnfɛk'tsi̯o:n] **die; ~, ~en a)** *(Anfertigung)* manufacture of ready-made *or* off-the-peg *(Brit.) or (Amer.)* off-the-rack clothes *or* garments; **b)** *(Kleidung)* ready-made *or* off-the-peg *(Brit.) or (Amer.)* off-the-rack clothes *pl. or* garments *pl.*; **c)** *(Industrie)* clothing industry

**Konfektionär** [kɔnfɛktsi̯o'nɛ:ɐ̯] **der; ~s, ~e** manufacturer of ready-made *or* off-the-peg *(Brit.) or (Amer.)* off-the-rack clothing; clothing manufacturer; *(Angestellter)* employee in a clothing factory

**Konfektions-: ~an·zug der** ready-made *or* off-the-peg *(Brit.) or (Amer.)* off-the-rack suit; **~geschäft das** [ready-made *or* off-the-peg *(Brit.) or (Amer.)* off-the-rack] clothes shop; **~größe die** size; **~ware die** ready-made *or* off-the-peg *(Brit.) or (Amer.)* off-the-rack clothes *pl. or* garments *pl.*

**Konferenz** [kɔnfe'rɛnts] **die; ~, ~en** conference; *(Besprechung)* meeting

**Konferenz-: ~saal der** conference hall; **~schaltung die** *(Rundf., Ferns., Fernspr.)* conference circuit; **~teilnehmer der** conference participant; **~tisch der** conference table

**konferieren** [kɔnfe'ri:rən] **1.** *itr. V.* **a)** *(beraten)* confer **(über** + *Akk.* on, about); **b)** *(ansagen)* act as compère. **2.** *tr. V. (ansagen)* compère

**Konfession** [kɔnfɛ'si̯o:n] **die; ~, ~en a)** denomination; religion; **die katholische ~:** the Catholic religion; **welche ~ haben Sie?** what denomination *or* religion are you?; **b)** *(geh.: Geständnis)* confession

**Konfessionalismus** [kɔnfɛsi̯ona'lɪsmʊs] **der; ~** *(geh.)* denominationalism *no art.*

**konfessionell** [kɔnfɛsi̯o'nɛl] **1.** *Adj.; nicht präd.* denominational. **2.** *adv.* as regards denomination; **~ [un]gebunden sein/sich ~ [un]gebunden fühlen** have/feel [no] denominational ties

**konfessions·los** *Adj.* not belonging to any denomination *or* religion *postpos., not pred.*

**Konfessions·schule die** denominational school

**Konfetti** [kɔn'fɛti] **das; ~[s]** confetti

**Konfident** [kɔnfi'dɛnt] **der; ~en, ~en** *(österr.: Spitzel)* [police] informer

**Konfiguration** [kɔnfigura'tsi̯o:n] **die; ~, ~en** *(Physik, Chemie, Sprachw.)* configuration

**Konfirmand** [kɔnfɪr'mant] **der; ~en, ~en** *(ev. Rel.)* confirmand

**Konfirmanden·unterricht der** confirmation classes *pl.*

**Konfirmandin die; ~, ~nen** *s.* **Konfirmand**

**Konfirmation** [kɔnfɪrma'tsi̯o:n] **die; ~, ~en** *(ev. Rel.)* confirmation

**konfirmieren** *tr. V. (ev. Rel.)* confirm

**Konfiserie** [kɔnfizə'ri:] **die; ~, ~n** *(schweiz.) s.* **Konditorei**

**Konfiskation** [kɔnfɪska'tsi̯o:n] **die; ~, ~en** *(Rechtsw.)* confiscation

**konfiszieren** [kɔnfɪs'tsi:rən] *tr. V. (bes. Rechtsw.)* confiscate

**Konfitüre** [kɔnfi'ty:rə] **die; ~, ~n** jam *(made from whole fruit)*

**Konflikt** [kɔn'flɪkt] **der; ~[e]s, ~e** conflict; **ein offener/bewaffneter ~:** open/armed conflict; **mit etw. in ~ geraten** *od.* **kommen** come into conflict with sth.

**konflikt-, Konflikt-: ~fall der: im ~fall** in the event of conflict; **~forschung die** conflict studies *pl.*; **~los** *Adj.* conflict-free; **~situation die** conflict situation; **~stoff der** cause for conflict *or* dispute

**Konföderation** [kɔnfødera'tsi̯o:n] **die; ~, ~en** confederation; *(von kürzerer Dauer)* confederacy

**Konföderierte der/die;** *adj. Dekl.* confederate; **die ~n** *(hist.)* the Confederates

**konform** [kɔn'fɔrm] *Adj.* concurring *attrib.* ⟨*views*⟩; **mit jmdm./etw. ~ gehen** be in agreement with sb./sth.; **in etw.** *(Dat.)* **~ sein** agree *or* be in agreement on sth.

**Konformismus der; ~:** conformism

**Konformist der; ~en, ~en** *(auch Rel.)* conformist

**konformistisch 1.** *Adj.* conformist. **2.** *adv.* in a conformist way

**Konformität** [kɔnfɔrmi'tɛ:t] **die; ~:** conformity

**Konfrater** [kɔn'fra:tɐ] **der; ~s, Konfratres** *(kath. Kirche)* fellow clergyman; brother-priest

**Konfrontation** [kɔnfrɔnta'tsi̯o:n] **die; ~, ~en** confrontation

**konfrontieren** *tr. V.* confront; **sich mit etw. konfrontiert sehen** be confronted with sth.

**konfus** [kɔn'fu:s] **1.** *Adj.* confused; muddled; **jmdn. ~ machen** confuse *or* muddle sb. **2.** *adv.* in a confused *or* muddled fashion; confusedly

**Konfusion** [kɔnfu'zi̯o:n] **die; ~, ~en** confusion

**konfuzianisch** [kɔnfu'tsi̯a:nɪʃ] *Adj.* Confucian

**Konfuzianismus der; ~:** Confucianism *no art.*

**kongenial** [kɔnge'ni̯a:l] *(geh.) Adj.* congenial, kindred ⟨*spirits*⟩; ideally matched ⟨*translation*⟩

**Kongenialität** [kɔngeni̯ali'tɛ:t] **die; ~** *(der Geister)* congeniality; *(einer Übersetzung)* well-matched quality

**Konglomerat** [kɔnglome'ra:t] **das; ~[e]s, ~e a)** conglomeration; **b)** *(Geol.)* conglomerate

[1]**Kongo** ['kɔŋgo] **der; ~[s]** *(Fluß)* Congo

[2]**Kongo** ['kɔŋgo] **(das); ~s** *od.* **der; ~[s]** *(Staat)* the Congo

**Kongolese** [kɔŋgo'le:zə] **der; ~n, ~n, Kongolesin die; ~, ~nen** Congolese

**Kongregation** [kɔngrega'tsi̯o:n] **die; ~, ~en** *(kath. Kirche)* congregation

**Kongreß** [kɔn'grɛs] **der; Kongresses, Kongresse a)** *(Tagung)* congress; conference; **b)** *o. Pl. (USA)* **der ~:** Congress

**Kongreß-: ~halle die** conference hall; **~mit·glied das** *(USA)* Congressman/Congresswoman; **~teilnehmer der** congress *or* conference participant; **~zentrum das** conference centre

**kongruent** [kɔngru'ɛnt] *Adj.* **a)** *(geh.)* identical; **b)** *(Math.)* congruent

**Kongruenz** [kɔngru'ɛnts] **die; ~, ~en a)** *(geh.)* identity; **b)** *(Math.)* congruence; **c)** *(Sprachw.)* agreement; concord

**kongruieren** *itr. V.* **a)** *(geh.)* coincide; **b)** *(Math.)* be congruent; **c)** *(Sprachw.)* agree

**K.-o.-Nieder·lage die** *(Boxen)* defeat by a knock-out; **durch eine ~:** by a knock-out

**Konifere** [koni'fe:rə] **die; ~, ~n** *(Bot.)* conifer

**König** ['kø:nɪç] **der; ~s, ~e** *(auch Schach, Kartenspiele, fig.)* king; **der ~ der Wüste/Lüfte** *(dicht.)*/**des Jazz** the king of beasts/birds/jazz; **der Kunde ist ~:** the customer is always right

**Königin die; ~, ~nen** *(auch Bienen~)* queen; **die ~ des Festes/Balles** *(geh.)* the belle of the ball; **~ der Nacht** *(Bot.)* queen of the night

**Königin·mutter die;** *Pl.* **Königinmütter** queen mother

**königlich 1.** *Adj.* **a)** *nicht präd.* royal; **b)** *(vornehm)* regal; **c)** *(reichlich)* princely ⟨*gift, salary, wage*⟩; lavish ⟨*hospitality*⟩; **d)** *(ugs.: außerordentlich)* tremendous *(coll.)* ⟨*fun*⟩. **2.** *adv.* **a)** *(reichlich)* ⟨*entertain*⟩ lavishly; ⟨*pay*⟩ handsomely; **~ beschenkt werden** be showered with lavish presents; **b)** *(ugs.: außerordentlich)* ⟨*enjoy oneself*⟩ immensely *(coll.)*; **sich über etw.** *(Akk.)* **~ freuen** be as pleased as Punch about sth.

**König·reich das** kingdom

**königs-, Königs-: ~blau** *Adj.* royal blue;

**~haus das** royal house; **~hof der** royal court; king's court; **~kerze die** *(Bot.)* mullein; **~kind das** prince/princess; king's son/daughter; **~krone die** royal crown; **~macher der** *(ugs.)* kingmaker; **~paar das** royal couple; **~sohn der** prince; king's son; **~thron der** royal throne; **~tiger der** Bengal tiger; **~tochter die** princess; king's daughter; **~treu** *Adj.* loyal to the king *postpos.; (der Monarchie treu)* royalist; **~wasser das** *(Chemie, Technik)* aqua regia; **~weg der** *(geh.)* ideal way

**Königtum das; ~s, Königtümer a)** *o. Pl. (Monarchie)* monarchy; **b)** *(veralt.: Reich)* kingdom

**konisch** ['ko:nɪʃ] **1.** *Adj.* conical. **2.** *adv.* conically; **~ zugespitzt sein** taper to a point

**Konjektur** [kɔnjɛk'tu:ɐ̯] **die; ~, ~en** *(Literaturw.)* conjecture

**Konjugation** [kɔnjuga'tsi̯o:n] **die; ~, ~en** *(Sprachw.)* conjugation

**konjugieren** *tr. V. (Sprachw.)* conjugate

**Konjunktion** [kɔnjʊŋk'tsi̯o:n] **die; ~, ~en** *(Sprachw.)* conjunction

**Konjunktional·satz der** *(Sprachw.)* conjunctional clause

**Konjunktiv** ['kɔnjʊŋkti:f] **der; ~s, ~e** *(Sprachw.)* subjunctive; **~ I/II** present/imperfect subjunctive

**konjunktivisch 1.** *Adj. (Sprachw.)* subjunctive. **2.** *adv.* in the subjunctive

**Konjunktur** [kɔnjʊŋk'tu:ɐ̯] **die; ~, ~en** *(Wirtsch.)* **a)** *(wirtschaftliche Lage)* [level of] economic activity; economy; *(Tendenz)* economic trend; **eine rückläufige/steigende ~:** declining/increasing economic activity; **die ~ beleben/bremsen** stimulate/slow down the economy; **b)** *(Hoch~)* boom; *(Aufschwung)* upturn [in the economy]; **~ haben** *(fig.)* be in great demand

**konjunktur-, Konjunktur-: ~abhängig** *Adj. (Wirtsch.)* dependent on economic trends *postpos.*; **~ab·schwächung die** *(Wirtsch.)* economic downturn; **~aufschwung der** *(Wirtsch.)* economic upturn; upturn in the economy; **~barometer das** *(Wirtsch.)* graph of leading economic indicators; *(fig.)* economic barometer; **~bedingt** *Adj. (Wirtsch.)* due to economic trends *postpos.*; cyclical; **~bericht der** *(Wirtsch.)* report on the economy

**konjunkturell** [kɔnjʊŋktu'rɛl] **1.** *Adj.; nicht präd.* economic; **die ~e Entwicklung** the development of the economy. **2.** *adv.* **~ bedingt** due to economic trends *postpos.*

**konjunktur-, Konjunktur-: ~entwicklung die** *(Wirtsch.)* economic trends *pl.*; **~flaute die** *(Wirtsch.)* [economic] recession; **~gerecht** *Adj. (Wirtsch.)* in keeping with the needs of the economy *postpos.*; **~politik die** *(Wirtsch.)* stabilization policy; measures *pl.* aimed at avoiding violent fluctuations in the economy; **~ritter der** *(Wirtsch. abwertend)* opportunist; **~rückgang der** *(Wirtsch.)* [economic] recession; decline in economic activity; **~schwankung die** *(Wirtsch.)* fluctuation in the level of economic activity; **~spritze die** *(Wirtsch. ugs.)* boost to the economy; **~zyklus der** *(Wirtsch.)* trade cycle

**konkav** [kɔn'ka:f] *(Optik)* **1.** *Adj.* concave. **2.** *adv.* concavely

**Konkav·spiegel der** *(Optik)* concave mirror

**Konklave** [kɔn'kla:və] **das; ~s, ~n** *(kath. Kirche)* conclave

**Konklusion** [kɔnklu'zi̯o:n] **die; ~, ~en** *(bes. Philos.)* conclusion

**Konkordanz** [kɔnkɔr'dants] **die; ~, ~en** *(Wissensch.)* concordance

**Konkordat** [kɔnkɔr'da:t] **das; ~[e]s, ~e** concordat

**konkret** [kɔn'kre:t] **1.** *Adj.* concrete; **~e Literatur/Musik** concrete poetry/music. **2.** *adv.* **a)** *(nicht abstrakt)* in concrete terms; **kannst du mal ~ sagen, was du damit meinst?** could you tell me exactly what you mean by that?; **kannst du dich etwas ~er ausdrücken?** could you be a bit move specific [about that]?; **b)** *(in der Praxis)* in practice

**konkretisieren** *tr. V.* **etw. ~:** put sth. in concrete terms

**Konkubinat** [kɔnkubi'na:t] **das; ~[e]s, ~e** *(Rechtsw.)* concubinage; **mit jmdm. im ~ leben** live in concubinage with sb.

**Konkubine** [kɔnku'bi:nə] **die; ~, ~n a)** *(hist.)* concubine; **b)** *(abwertend: Geliebte)* mistress

**Konkurrent** [kɔnkʊ'rɛnt] **der; ~en, ~en, Konkurrentin die; ~, ~nen** rival; *(Sport, Wirtsch.)* competitor

**Konkurrenz** [kɔnkʊ'rɛnts] **die; ~, ~en a)** *o. Pl. (Rivalität)* rivalry *no indef. art.*; *(Sport, Wirtsch.)* competition *no indef. art.*; **jmdm. ~ machen** compete with sb.; **mit jmdm. in ~ treten/stehen** enter into/be in competition with sb.; **b)** *(Wettbewerb)* competition; **außer ~ starten/teilnehmen** take part as an unofficial competitor; **c)** *o. Pl. (die Konkurrenten)* competition

**konkurrenz-, Konkurrenz-: ~druck der;** *o. Pl.* pressure of competition; **~fähig** *Adj.* competitive; **~kampf der** competition; *(zwischen zwei Menschen)* rivalry; **~los** *Adj.* ‹*product, firm, etc.*› that has no competition *or* competitors; *(unvergleichlich)* unrivalled; **~los sein** have no competition *or* competitors; **~unternehmen das** rival company *or* concern; **zwei ~unternehmen** two rival *or* competing companies *or* concerns

**konkurrieren** *itr. V.* compete; **mit jmdm./etw. [um etw.] ~:** compete with sb./sth. [for sth.]

**Konkurs** [kɔn'kʊrs] **der; ~es, ~e a)** *(Bankrott)* bankruptcy; **~ machen** *od.* **in ~ gehen** go bankrupt; **[den] ~ anmelden** file for bankruptcy; have oneself declared bankrupt; **b)** *(gerichtliches Verfahren)* bankruptcy proceedings *pl.*

**Konkurs-: ~masse die** *(Wirtsch.)* bankrupt's assets *pl.*; **~verfahren das** *(Wirtsch.)* bankruptcy proceedings *pl.*; **~verwalter der** *(Wirtsch.)* receiver

**können** ['kœnən] **1.** *unr. Modalverb; 2. Part.* **~ a)** *(vermögen)* be able to; **er hat/hätte es machen ~:** he was able to *or* he could do it/he could have done it; **er kann es machen/nicht machen** he can do it *or* is able to do it/cannot *or (coll.)* can't do it *or* is unable to do it; **er kann gut reden/tanzen** he can talk/dance well; he is a good talker/dancer; **Auto fahren/Klavier spielen ~:** be able to drive [a car]/play the piano; **er kann Auto fahren** he can drive; **ich kann nicht schlafen** I cannot *or (coll.)* can't sleep; **er konnte das genau hören/sehen** he could hear/see everything; **er konnte nicht bleiben** he couldn't stay; **ich kann das nicht mehr hören/sehen** I can't stand *or* bear to hear it/can't stand *or* bear the sight of it any longer *(coll.)*; **ich kann dir sagen!** *(ugs.)* I can tell you; **nirgends kann man besser jagen als in ...:** nowhere is the hunting *or* shooting better than in ...; **b)** *(die Möglichkeit haben)* **kann das explodieren?** could it explode?; **er kann jeden Moment kommen** he could *or* might come at any moment; **wer kann es sein/gewesen sein?** who can it be/could it have been?; **man kann nie wissen** you never know; one never knows; **es kann sein, daß ...:** it could *or* might be that ...; **das könnte [gut] sein** that could [well] be the case; **das kann nicht sein** that's not possible; **kann ich Ihnen helfen?** can I help you?; **können Sie mir sagen, ...?** can you tell me ...?; **~ Sie nicht grüßen?** don't you know how to salute?; **kannst du nicht aufpassen?** can't you be more careful?; **kann sein** *(ugs.)* could be *(coll.)*; **kann sein, kann nicht sein** *(ugs.)* might be, might not be *(coll.)*; **Kommst du morgen? – Kann sein** Are you coming tomorrow? – Might do; **c)** *(Grund haben)* **du kannst ganz ruhig sein** you don't have to worry; **wir ~ uns/er kann sich freuen, daß ...:** we can/he should be glad that ...; **er kann sie/es nicht leiden** he can't stand her/it; **er kann einem leid tun** *(ugs.)* you have to feel sorry for him; **das kann man wohl sagen!** you could well say that; **d)** *(dürfen)* **kann ich gehen?** can I go?; **~ wir mit[kommen]?** can we come too? **2.** *unr. tr. V.* **a)** *(beherrschen)* know ‹*language*›; be able to play, know how to play ‹*game*›; **sie kann das [gut]** she can do that [well]; **sie kann/kann keine Mathe** she can/can't do maths; **er kann etwas auf seinem Gebiet** he has quite a lot of know-how in his field; **hast du die Hausaufgabe gekonnt?** could you do the homework?; **ein Gedicht ~:** know a poem [by heart]; **er lief, was er konnte** he ran as fast as he could; **b) du kannst mich [mal]!** *(salopp verhüll.)* you can get stuffed *(sl.)*; you know what you can do *(coll.)*. **3.** *unr. itr. V.* **a)** *(fähig sein)* **er kann nicht anders** there's nothing else he can do; *(es ist seine Art)* he can't help it *(coll.)*; **~ vor Lachen** *(ugs.)* I would if I could; **b)** *(Zeit haben)* **ich kann heute nicht** I can't today *(coll.)*; **c)** *(ugs.: Kraft haben)* **kannst du noch [weiter]?** can you go on?; **der Läufer konnte nicht mehr** the runner could not go on; **d)** *(ugs.: essen ~)* **für mich keinen Nachtisch, ich kann nicht mehr** no dessert for me, I couldn't manage any more; **e)** *(ugs.: umgehen ~)* **[gut] mit jmdm. ~:** get on *or* along [well] with sb.; **f) dafür kann er nichts** he can't do anything about it *(coll.)*; **was kann ich dafür?** what am I supposed to do about it?

**Können das; ~s** ability; *(Kunstfertigkeit)* skill

**Könner der; ~s, ~, Könnerin die; ~, ~nen** expert

**Konnex** [kɔ'nɛks] **der; ~es, ~e** *(geh.)* **a)** *(Zusammenhang)* connection; link; **b)** *(Kontakt)* contact

**Konnossement** [kɔnɔsə'mɛnt] **das; ~[e]s, ~e** *(Seew.)* bill of lading

**Konnotation** [kɔnota'tsi̯o:n] **die; ~, ~en** *(Sprachw.)* connotation

**konnte** ['kɔntə] *1. u. 3. Pers. Sg. Prät. v.* **können**

**könnte** ['kœntə] *1. u. 3. Pers. Sg. Konjunktiv II v.* **können**

**Konrektor** ['kɔnrɛktɔr] **der; ~s, ~en** [-'to:rən] *(Schulw.)* deputy head[master]

**Konsekration** [kɔnzekra'tsi̯o:n] **die; ~, ~en** *(kath. Kirche)* consecration

**konsekutiv** [kɔnzeku'ti:f] *Adj. (auch Sprachw.)* consecutive; **~es Dolmetschen** consecutive interpreting

**Konsekutiv·satz der** *(Sprachw.)* consecutive clause

**Konsens** [kɔn'zɛns] **der; ~es, ~e a)** *(Übereinstimmung)* consensus; **b)** *(veralt.: Zustimmung)* consent

**konsequent** [kɔnze'kvɛnt] **1.** *Adj.* **a)** *(folgerichtig)* logical; logically consistent, logical ‹*thinking, argumentation*›; **b)** *(unbeirrbar)* consistent; **c)** *(Sport)* close, tight ‹*marking*›. **2.** *adv.* **a)** *(folgerichtig)* logically; **b)** *(unbeirrbar)* consistently; **ein Ziel ~ verfolgen** resolutely and single-mindedly pursue a goal; **~ durchgreifen** take rigorous action; **c)** *(Sport)* ‹*mark*› closely, tightly

**konsequenter·maßen, konsequenter·weise** *Adv.* to be consistent

**Konsequenz** [kɔnze'kvɛnts] **die; ~, ~en a)** *(Folge)* consequence; **die ~en tragen** take the consequences; **[aus etw.] die ~en ziehen** draw the obvious conclusion [from sth.]; *(gezwungenermaßen)* accept the obvious consequences [of sth.]; **b)** *o. Pl. (Unbeirrbar-*

*keit)* resolution; determination; **einer Sache** *(Dat.)* **mit ~ nachgehen** investigate sth. rigorously; **c)** *o. Pl. (Folgerichtigkeit)* logicality; *(eines Gedankenganges, einer Argumentation)* logical consistency; logicality

**konservativ** [kɔnzɛrva'ti:f] **1.** *Adj. (auch Med.)* conservative; *(die ~e Partei betreffend)* Conservative. **2.** *adv. (althergebracht)* conservatively

**Konservative der/die;** *adj. Dekl.* conservative; **die ~n** *(Politik)* the Conservatives

**Konservativismus der; ~:** conservativism

**Konservator** [kɔnzɛr'va:tɔr] **der; ~s, ~en** [-'to:rən] curator; keeper

**Konservatorium** [kɔnzɛrva'to:ri̯ʊm] **das; ~s, Konservatorien** conservatoire; conservatory *(Amer.)*

**Konserve** [kɔn'zɛrvə] **die; ~, ~n a)** *(Büchse)* can; tin *(Brit.)*; **Musik aus der ~** *(fig. ugs.)* canned music *(coll.)*; **b)** *(konservierte Lebensmittel)* preserved food; *(in Dosen)* canned *or (Brit.)* tinned food; **von ~n leben** eat out of cans *or (Brit.)* tins; live on canned *or (Brit.)* tinned food; **c)** *(Med.: Blut~)* stored blood

**Konserven-: ~büchse die, ~dose die** can; tin *(Brit.)*; **~fabrik die** canning factory; cannery; **~nahrung die** canned *or (Brit.)* tinned food

**konservierbar** *Adv.* preservable

**konservieren** *tr. V.* preserve; conserve, preserve ‹*building, work of art*›

**Konservierung die; ~, ~en** preservation; *(von Gebäuden, Kunstwerken usw.)* conservation; preservation

**Konservierungs-: ~mittel das, ~stoff der** preservative

**konsistent** [kɔnzɪs'tɛnt] *Adj.* **a)** *(zähflüssig)* stiff; **b)** *(beständig)* stable; **c)** *(widerspruchsfrei)* consistent

**Konsistenz** [kɔnzɪs'tɛnts] **die; ~, ~en a)** *(Beschaffenheit)* consistency; **b)** *(Stabilität)* stability

**Konsistorium** [kɔnzɪs'to:ri̯ʊm] *(kath. Kirche)* **das; ~s, Konsistorien** consistory

**Konsole** [kɔn'zo:lə] **die; ~, ~n a)** *(Archit.)* console; **b)** *(Brett)* shelf; *(Tischchen)* console [table]

**konsolidieren** [kɔnzoli'di:rən] **1.** *tr. V.* **a)** *(festigen)* consolidate; **b)** *(Wirtsch.) (in Anleihen umwandeln)* fund ‹*debts*›; *(vereinigen)* consolidate ‹*debts*›. **2.** *refl. V.* become consolidated

**Konsolidierung die; ~, ~en a)** *(Festigung)* consolidation; **b)** *(Wirtsch.) (Umwandlung in Anleihen)* funding; *(Vereinigung)* consolidation

**Konsonant** [kɔnzo'nant] **der; ~en, ~en** consonant

**konsonantisch** *(Sprachw.)* **1.** *Adj.* consonantal. **2.** *adv.* ‹*pronounce*› as a consonant

**Konsorten** [kɔn'zɔrtn̩] *Pl. (abwertend)* **Meier und ~:** Meier and his lot *or* crowd *(coll.)*; Meier and Co. *(coll.)*

**Konsortium** [kɔn'zɔrtsi̯ʊm] **das; ~s, Konsortien** *(Wirtsch.)* consortium

**Konspekt** [kɔn'spɛkt] **der; ~[e]s, ~e** *(DDR)* synopsis; summary

**Konspiration** [kɔnspira'tsi̯o:n] **die; ~, ~en** conspiracy

**konspirativ** [kɔnspira'ti:f] **1.** *Adj.* conspiratorial; **eine ~e Wohnung** a flat *(Brit.) or (Amer.)* an apartment used by persons engaged in subversive activities. **2.** *adv.* **sich ~ zusammenschließen** form a conspiracy

**konspirieren** *itr. V.* conspire, plot **(gegen** against)

**konstant** [kɔn'stant] **1.** *Adj.* **a)** *(gleichbleibend, ständig)* constant; **eine ~e Größe** *(Math.)* a constant quantity; **eine ~e Leistung zeigen** maintain a consistent standard; **b)** *(beharrlich)* consistent; persistent. **2.** *adv.* **a)** *(gleichbleibend)* constantly; **wir hatten ~ schlechtes Wetter** we had consistently bad weather; **b)** *(beharrlich)* consistently; persistently

**Konstante die; ~[n], ~n** *(Math., Physik)* constant; *(fig.)* constant factor (+ *Gen.* in)

**Konstantin** ['kɔnstanti:n] **(der)** Constantine

**Konstantinopel** [kɔnstanti'no:pl̩] **(das); ~s** *(hist.)* Constantinople

**Konstanz** [kɔn'stants] **die; ~:** constancy

**konstatieren** [kɔnsta'ti:rən] *tr. V.* **a)** *(feststellen)* establish ‹*facts*›; *(wahrnehmen)* detect ‹*changes etc.*›; **b)** *(erklären)* state

**Konstellation** [kɔnstela'tsi̯o:n] **die; ~, ~en a)** *(von Parteien usw.)* grouping; *(von Umständen)* combination; **die gesamte ~:** the whole situation; **b)** *(Astron., Astrol.)* constellation

**konsternieren** [kɔnstɛr'ni:rən] *tr. V.* **jmdn. ~:** fill sb. with consternation

**konsterniert 1.** *s.* **konsternieren. 2.** *Adj.* filled with consternation *pred.* **3.** *adv.* with consternation; **sie blickte ihn ~ an** she looked at him in consternation

**Konstituente** [kɔnsti'tu̯ɛntə] **die; ~, ~n** *(Sprachw.)* constituent

**konstituieren** [kɔnstitu'i:rən] **1.** *tr. V.* *(gründen)* constitute; set up; *(für etw. konstitutiv sein)* constitute; **die ~de Versammlung** the constituent assembly. **2.** *refl. V.* be constituted

**Konstitution** [kɔnstitu'tsi̯o:n] **die; ~, ~en** *(auch Politik, Chemie)* constitution

**konstitutionell** [kɔnstitutsi̯o'nɛl] *(Politik, Med.)* **1.** *Adj.* constitutional. **2.** *adv.* constitutionally

**konstitutiv** [kɔnstitu'ti:f] *Adj. (geh.)* constitutive; **für etw. ~ sein** be a[n essential] constitutive element of sth.

**konstruieren** [kɔnstru'i:rən] *tr. V.* **a)** *(entwerfen)* design; *(entwerfen und zusammenbauen)* design and construct; **b)** *(aufbauen, Geom.)* construct; **c)** *(Sprachw.)* construct; **dieses Verb wird mit dem Dativ konstruiert** this verb takes the dative *or* is construed with the dative; **d)** *(abwertend: künstlich aufbauen)* fabricate; **ein konstruierter Fall** a hypothetical *or* fictitious case; **die Handlung/seine Begründung wirkt sehr konstruiert** the plot seems/his reasons *pl.* seem very contrived

**Konstrukteur** [kɔnstrʊk'tø:ɐ̯] **der; ~s, ~e, Konstrukteurin die; ~, ~nen** designer; design engineer

**Konstruktion** [kɔnstrʊk'tsi̯o:n] **die; ~, ~en a)** *(Aufbau, Geom., Sprachw.)* construction; *(das Entwerfen)* designing; *(das Entwerfen und Zusammenbauen)* designing and construction; **b)** *(Entwurf)* design; *(Bau)* construction; structure

**Konstruktions-: ~büro das** drawing-office; **~fehler der** design fault

**konstruktiv** [kɔnstrʊk'ti:f] **1.** *Adj.* **a)** constructive; **ein ~es Mißtrauensvotum** *(Parl.)* a constructive vote of no confidence; **b)** *(Technik)* constructional. **2.** *adv.* **a)** constructively; **b)** *(Technik)* with regard to construction

**Konstruktivismus der; ~** *(bild. Kunst)* constructivism *no art.*

**Konsul** ['kɔnzʊl] **der; ~s, ~n** *(Dipl., hist.)* consul

**konsularisch** *Adj. (Dipl.)* consular

**Konsulat** [kɔnzu'la:t] **das; ~[e]s, ~e** *(Dipl., hist.: Amt)* consulate

**Konsultation** [kɔnzʊlta'tsi̯o:n] **die; ~, ~en** consultation; **sich zu ~en treffen** meet for consultations

**konsultieren** *tr. V. (auch fig.)* consult

[1]**Konsum** [kɔn'zu:m] **der; ~s** consumption **(an** + *Dat.* of); **der ~ von Alkohol steigt** alcohol consumption is on the increase

[2]**Konsum** ['kɔnzʊm] **der; ~s, ~s a)** *o. Pl. (Genossenschaft)* co-operative society; **b)** *(Laden)* co-operative shop *or* store; co-op *(coll.)*

**-konsum der; ~s ...** consumption

**Konsum·artikel der** *(Wirtsch.)* consumer item *or* article; ~ *Pl.* consumer goods

**Konsumation** [kɔnzuma'tsi̯o:n] **die; ~, ~en** *(österr., schweiz.)* consumption

**Konsument** [kɔnzu'mɛnt] **der; ~en, ~en** consumer

**Konsum-: ~genossenschaft die** *(Wirtsch.)* co-operative society; **~gesellschaft die** consumer society; **~gewohnheiten** *Pl. (Wirtsch.)* consumer habits

**Konsum·gut das;** *meist Pl. (Wirtsch.) s.* **Konsumartikel**

**Konsumgüter·industrie die** *(Wirtsch.)* consumer goods industry

**konsumieren** *tr. V.* consume; *(fig.)* devour ‹*book*›

**Konsum-: ~terror der** *(abwertend)* pressure to buy *(generated in a consumer society)*; **~verzicht der** reduction in consumption; **~zwang der;** *o. Pl.* pressure to buy *(generated in a consumer society)*

**Kontakt** [kɔn'takt] **der; ~[e]s, ~e a)** *(auch fachspr.)* contact; **mit** *od.* **zu jmdm. ~ haben/halten** be/remain in contact *or* touch with sb.; **mit jmdm. [keinen] ~ bekommen** [not] get to know sb.; **[den] ~ mit jmdm./etw. finden/suchen** establish/try to establish contact with sb./sth.; **er findet keinen ~ zu seinen Zuhörern** he cannot establish a rapport with his audience; **in ~ mit jmdm. stehen** be in contact *or* touch with sb.; **den ~ zu jmdm. abbrechen/verlieren** break off contact/lose contact *or* touch with sb.; **mit jmdm. ~ aufnehmen** get into contact with sb.; contact sb.; **b)** *(Elektrot.)* contact; **die Klingel hat/die Drähte haben keinen ~:** the bell is not connected up properly/the wires are not making contact

**kontakt-, Kontakt-: ~ab·zug der** *(Fot.)* contact print; **~anzeige die** contact advertisement; **~arm** *Adj.* **~arm sein** not make friends easily; find it difficult to make friends; **~aufnahme die: unsere erste ~aufnahme mit dieser Firma** our first approach to this firm; **~bereichs·beamte der** community policeman

**kontakten 1.** *tr. V.* contact. **2.** *itr. V.* make contacts

**kontakt-, Kontakt-: ~fähig** *Adj.* **ein ~fähiger Mensch** a good mixer; **ein ~fähiger Mitarbeiter** a colleague who is able to communicate easily with people; **~feder die** *(Elektrot.)* contact spring; **~freudig** *Adj.* sociable; **~freudig sein** make friends easily; **~hof der** *[inner] courtyard of an eros centre etc. where prostitutes wait for clients*

**kontaktieren** *tr. V.* contact

**kontakt-, Kontakt-: ~linse die** contact lens; **~los** *Adj.* friendless; lonely; **~mangel der** lack of social contact; **~mann der;** *Pl.:* **~männer** *od.* **~leute** *(Agent)* contact; **~nahme die** *s.* **~aufnahme; ~person die** *(Med.)* contact; **~pflege die: ~pflege betreiben** be sociable; mix socially; **~schale die** *s.* **~linse; ~schwelle die** *(Verkehrsw.)* vehicle detector pad; **~schwierigkeiten** *Pl.* problems in mixing with others; **~sperre die** *(Rechtsw.)* ban on visits and letters; **~sperre über jmdn. verhängen** ban all sb.'s visits and letters; **~studium das** *(Hochschulw.) in-service study undertaken to keep up with the latest developments in one's field*

**Kontamination** [kɔntamina'tsi̯o:n] **die; ~, ~en a)** *(bes. Med., Biol., Milit.)* contamination; **b)** *(Sprachw.)* contamination; blending; *(Wort)* blend

**kontaminieren** *tr. V.* **a)** *(bes. Med., Biol., Milit.)* contaminate; **b)** *(Sprachw.)* blend

**Kontemplation** [kɔntɛmpla'tsi̯o:n] **die; ~, ~en** *(geh.)* contemplation

**kontemplativ** [kɔntɛmpla'ti:f] *(geh.)* **1.** *Adj.* contemplative. **2.** *adv.* contemplatively

**Konten** *s.* **Konto**
**Kontenance** *s.* **Contenance**
**Konten·bewegung die** *(Bankw.)* change in the state of the/an account
**Konter** ['kɔntɐ] **der; ~s, ~ a)** *(Boxen)* counter; **b)** *(Ballspiele)* counter-attack
**Konter-: ~admiral der** *(Marine)* rear-admiral; **~bande die;** *o. Pl.* **a)** *(Völkerrecht)* contraband [of war]; **b)** *(veralt.: Schmuggelware)* contraband
**Konterfei** ['kɔntɐfai] **das; ~s, ~s** *od.* **~e** *(veralt., noch scherzh.)* likeness
**konterfeien** *tr. V. (veralt., noch scherzh.)* paint/draw a likeness of
**kontern** *tr., itr. V. (Boxen)* counter; *(Ballspiele)* counter-attack; *(fig.)* counter **(mit** with)
**konter-, Konter-: ~revolution die** counter-revolution; **~revolutionär** *Adj.* counter-revolutionary; **~revolutionär der** counter-revolutionary; **~schlag der** *(Boxen)* counter; *(Ballspiele, fig.)* counter-attack
**Kontext** [kɔn'tɛkst] **der; ~[e]s, ~e** *(auch Sprachw.)* context
**Konti** *s.* **Konto**
**Kontinent** [kɔnti'nɛnt] **der; ~[e]s, ~e** continent
**kontinental** [kɔntinɛn'ta:l] *Adj.* continental
**Kontinental-: ~klima das** *(Geogr.)* continental climate; **~sockel der** *(Geogr.)* continental shelf; **~sperre die;** *o. Pl. (hist.)* Continental System; **~verschiebung die** *(Geol.)* continental drift
**Kontingent** [kɔntɪŋ'gɛnt] **das; ~[e]s, ~e a)** *(Menge)* quota; *(fig.)* contingent; **b)** *(Truppen~)* contingent
**kontingentieren** *tr. V. (bes. Wirtsch.)* limit by quotas; impose quotas on; *(rationieren)* ration
**Kontingentierung die; ~, ~en** *(bes. Wirtsch.)* imposition of quotas (*Gen.* on)
**kontinuierlich** [kɔntinu'i:ɐ̯lɪç] **1.** *Adj.* steady; continuous; **eine ~e Außenpolitik** a consistent foreign policy. **2.** *adv.* steadily
**Kontinuität** [kɔntinui'tɛ:t] **die; ~:** continuity
**Kontinuum** [kɔn'ti:nuʊm] **das; ~s, Kontinua** *od.* **Kontinuen** continuum
**Konto** ['kɔnto] **das; ~s, Konten** *od.* **Konti** account; **ein laufendes ~:** a current account; **die nächste Runde geht auf mein ~** *(ugs.)* the next round is on me *(coll.)*; **etw. geht auf jmds. ~** *(ugs.: jmd. ist schuld an etw.)* sb. is to blame *or* is responsible for sth.
**Konto-: ~aus·zug der** *(Bankw.)* [bank] statement; statement of account; **~buch das** *(Buchf.)* account-book; **~führungsgebühr die** *(Bankw.)* bank charges *pl.*; **~inhaber der** *(Bankw.)* account-holder; holder of an/the account; **~korrent** [~kɔ'rɛnt] **das; ~s, ~e a)** *(Wirtsch.)* open account; **b)** *o. Pl. (Buchf.)* open accounting *no art.*; **~nummer die** account number
**Kontor** [kɔn'to:ɐ̯] **das; ~s, ~e a)** *(Niederlassung) (eines Handelsunternehmens)* branch; *(einer Reederei)* office; **b)** *(DDR: Handelszentrale)* wholesale organization; **c)** *(veralt.: Büro)* office; *s. auch* **Schlag a**
**Kontorist der; ~en, ~en, Kontoristin die; ~, ~nen** [office] clerk; *s. auch* **-in**
**Konto·stand der** *(Bankw.)* balance; state of an/one's account
**kontra** ['kɔntra] **1.** *Präp. mit Akk. (Rechtsspr., auch fig.)* versus. **2.** *Adv.* against; **ich bin dazu ~ eingestellt** I am against it
**Kontra das; ~s, ~s** *(Kartenspiele)* double; **~ sagen** *od.* **geben** double; **jmdm. ~ geben** *(fig. ugs.)* flatly contradict sb.
**Kontra·baß der** *(Musik)* double-bass
**kontradiktorisch** [kɔntradɪk'to:rɪʃ] **1.** *Adj.* contradictory. **2.** *adv.* in a contradictory way
**Kontra·fagott das** *(Musik)* double bassoon; contrabassoon
**Kontrahent** [kɔntra'hɛnt] **der; ~en, ~en a)** *(Gegner)* adversary; opponent; **b)** *(Rechtsw., Kaufmannsspr.: Vertragspartner)* contracting party
**kontrahieren 1.** *itr., refl. V. (Biol., Med.)* contract. **2.** *tr. V.* **a)** *(Biol., Med.)* contract; **b)** *(Rechtsw., Kaufmannsspr.)* **Erdgaslieferungen ~:** contract to supply natural gas
**Kontrakt** [kɔn'trakt] **der; ~[e]s, ~e** contract
**Kontraktion** [kɔntrak'tsio:n] **die; ~, ~en** *(Med., Sprachw.)* contraction
**kontraktlich 1.** *Adj.* contractual. **2.** *adv.* contractually; by contract
**Kontra·punkt der** *(Musik, fig.)* counterpoint
**kontrapunktisch** *(Musik, fig.)* **1.** *Adj.* contrapuntal. **2.** *adv.* contrapuntally
**konträr** [kɔn'trɛ:ɐ̯] **1.** contrary; opposite. **2.** *adv.* **zwei so ~ gesinnte Politiker** two politicians with such opposing views; **sich ~ entwickeln** develop in contrary *or* opposite ways
**Kontrast** [kɔn'trast] **der; ~[e]s, ~e** *(auch Fot., Film, Fernsehen)* contrast; **etw. steht im/in ~ zu etw. anderem** sth. is in contrast with sth. else
**Kontrast-: ~brei der** *(Med.)* opaque *or* test meal; **~farbe die** contrasting colour; **~filter der** *(Fot.)* contrast filter
**kontrastieren** *tr., itr. V.* contrast
**kontrastiv** [kɔntras'ti:f] *Adj. (Sprachw.)* constrastive
**kontrast-, Kontrast-: ~mittel das** *(Med.)* contrast medium; **~programm das** *(Rundf., Fernsehen)* alternative programme; **~reich** *Adj.* rich in *or* full of contrasts *pred.*; richly varied
**Kontrazeptivum** [kɔntratsɛp'ti:vʊm] **das; ~s, Kontrazeptiva** *(Med.)* contraceptive
**Kontribution** [kɔntribu'tsio:n] **die; ~, ~en** *(hist.)* contribution
**Kontroll·abschnitt der** stub
**Kontrollampe die** pilot-light; indicator light; *(Warnleuchte)* warning light
**Kontroll-: ~apparat der** supervisory apparatus; *(Polizei, Geheimdienst o. ä.)* surveillance and control apparatus; **~beamte der** inspector; *(an der Paß-/Zollkontrolle)* passport/customs officer; **~behörde die** monitoring authority
**Kontrolle** [kɔn'trɔlə] **die; ~, ~n a)** *(Überwachung)* surveillance; **unter ~ stehen** be under surveillance; **der ~ durch das Parlament unterliegen** be under the scrutiny of Parliament; **eine gegenseitige ~ ausüben** keep a check on each other; **b)** *(Überprüfung)* check; *(bei Waren)* check; inspection; *(bei Lebensmitteln)* inspection; **~n durchführen** carry out checks/inspections; **jmdn./etw. einer ~ unterziehen** check sb./sth.; **Anwärter auf eine Stelle einer ~ unterziehen** screen candidates for a post; **in eine ~ kommen** be stopped at a police check; **zur ~:** as a check; **c)** *(Herrschaft)* control; **die ~ über etw.** *(Akk.)* **verlieren** lose control of sth.; **die ~ über sich** *(Akk.)* **verlieren** lose control of oneself; **außer ~ geraten** get out of control; **etw. unter ~** *(Akk.)* **bringen/halten** get *or* bring/keep sth. under control; **d)** *(~punkt)* check-point; *(an der Paß-/Zoll~)* passport control/customs
**Kontrolleur** [kɔntrɔ'lø:ɐ̯] **der; ~s, ~e** inspector
**Kontroll-: ~funktion die** monitoring function; **~gang der** tour of inspection; *(eines Nachtwächters)* round; *(eines Polizisten)* patrol; **~gruppe die** *(Med., Psych., Soziol.)* control group
**kontrollierbar** *Adj.* ⟨*authority, body, decision, etc.*⟩ that is open to scrutiny; ⟨*statement, statistic, etc.*⟩ that is verifiable *or* checkable; demonstrable ⟨*progress*⟩
**kontrollieren 1.** *tr. V.* **a)** *(überwachen)* check; monitor; **die Regierung ~:** scrutinize the actions of the government; **die Lebensmittelproduktion wird streng kontrolliert** strict checks are kept *or* made on the production of food; **b)** *(überprüfen)* check; check, inspect ⟨*goods*⟩; inspect ⟨*food*⟩; **jmdn. auf etw.** *(Akk.)* **[hin] ~:** check sb. for sth.; **etw. auf etw.** *(Akk.)* **[hin] ~:** check/inspect sth. for sth.; **c)** *(beherrschen)* control. **2.** *itr. V.* carry out a check/checks
**Kontrolliste die** check-list
**Kontroll-: ~lampe** *s.* **Kontrollampe; ~liste** *s.* **Kontrolliste; ~organ das** monitoring body; **~punkt der** check-point; *(bei einer Rallye)* control [point]; **~rat der;** *o. Pl.* **Alliierter ~rat** Allied Control Commission; **~stempel der** *(auf Waren, Lebensmitteln)* inspection stamp; *(bei einer Rallye)* control stamp; **~turm der** control tower; **~uhr die** time clock; *(für Wächter)* tell-tale clock
**kontrovers** [kɔntro'vɛrs] **1.** *Adj.* conflicting; *(strittig)* controversial. **2.** *adv.* **sich ~ zu etw. äußern** express conflicting opinions on sth.; **etw. ~ schildern** give conflicting accounts of sth.
**Kontroverse die; ~, ~n** controversy **(um, über +** *Akk.* about)
**Kontur** [kɔn'tu:ɐ̯] **die; ~, ~en;** *meist Pl.* contour; outline; **~ gewinnen/an ~ verlieren** *(fig.)* become clearer/fade
**Konturen·stift der** lip pencil
**konturieren** *tr. V. (auch fig.)* outline
**Konus** ['ko:nʊs] **der; ~, ~se** *od.* **Konen** *(Math., Technik)* cone
**Konvektor** [kɔn'vɛktɔr] **der; ~s, ~en** [-'to:rən] convector [heater]
**konvenieren** [kɔnve'ni:rən] *itr. V. (österr.)* **jmdm. ~:** be convenient for sb.; suit sb.
**Konvent** [kɔn'vɛnt] **der; ~es, ~e a)** *(kath. Kirche) (von Nonnen)* convent; *(von Mönchen)* monastery; **b)** *(Hochschulw.) qualified academic staff of a university*
**Konvention** [kɔnvɛn'tsio:n] **die; ~, ~en** *(Verhaltensnorm, Völkerr.)* convention
**Konventional·strafe die** *(Rechtsw.)* liquidated damages *pl.*
**konventionell 1.** *Adj.* **a)** *(herkömmlich)* conventional; **~e Waffen** *(Milit.)* conventional weapons; **b)** *(förmlich)* formal. **2.** *adv.* **a)** *(herkömmlich, Milit.)* conventionally; in a conventional way; **b)** *(förmlich)* formally; **hier geht es sehr ~ zu** things are very formal here
**konvergent** [kɔnvɛr'gɛnt] *(geh., Math.)* **1.** *Adj.* convergent. **2.** *adv.* convergently
**Konvergenz** [kɔnvɛr'gɛnts] **die; ~, ~en** *(geh., Math.)* convergence
**Konvergenz·theorie die** *(Politik)* theory of convergence
**konvergieren** *tr. V. (geh., Math.)* converge
**Konversation** [kɔnvɛrza'tsio:n] **die; ~, ~en** conversation; **~ in Französisch treiben** hold a conversation in French; **~ machen** make conversation
**Konversations·lexikon das** encyclopaedia
**Konversion die; ~, ~en** *(Kirche, Sprachw., Psych., Kerntechnik, Börsenw.)* conversion
**Konverter** [kɔn'vɛrtɐ] **der; ~s, ~ a)** *(Hüttenw., Rundfunk)* converter; **b)** *(Fot.)* converter [lens]
**konvertibel** [kɔnvɛr'ti:bl̩], **konvertierbar** *Adj. (Wirtsch.)* convertible
**Konvertierbarkeit die; ~** *(Wirtsch.)* convertibility
**konvertieren 1.** *itr. V.; auch mit sein (Rel.)* be converted. **2.** *tr. V.* **a)** *(Wirtsch.)* convert; **sein Geld in Franken ~:** convert one's money into francs; **b)** *(DV)* convert
**Konvertit** [kɔnvɛr'ti:t] **der; ~en, ~en, Konvertitin die; ~, ~nen** convert
**konvex** [kɔn'vɛks] *(Optik)* **1.** *Adj.* convex. **2.** *adv.* convexly
**Konvex·spiegel der** *(Optik)* convex mirror

**Konvikt** [kɔn'vɪkt] **das; ~[e]s, ~e a)** *(Stift)* seminary; *(Wohnheim)* hall of residence *(for theology students);* **b)** *(österr.: kath. Internat)* [Roman Catholic] boarding-school
**Konvoi** [kɔn'vɔy] **der; ~s, ~s** *(bes. Milit.)* convoy; **im ~ fahren** travel in convoy
**Konvolut** [kɔnvo'lu:t] **das; ~[e]s, ~e** bundle *(of letters, papers, etc.)*
**Konvulsion** [kɔnvʊl'zio:n] **die; ~, ~en** *(Med.)* convulsion
**konvulsiv** [kɔnvʊl'zi:f], **konvulsivisch** *(Med.)* **1.** *Adj.* convulsive. **2.** *adv.* convulsively
**konzedieren** [kɔntse'di:rən] *tr. V. (geh.)* concede; **jmdm. etw. ~:** concede sb. sth.
**Konzentrat** [kɔntsɛn'tra:t] **das; ~[e]s, ~e** *(bes. Chemie)* concentrate; **ein ~ seiner früheren Werke** *(fig.)* a collection of his most important writings, chosen from his earlier works
**Konzentration** [kɔntsɛntra'tsio:n] **die; ~, ~en** *(auch Chemie)* concentration
**Konzentrations-: ~fähigkeit die;** *o. Pl.* ability to concentrate; powers *pl.* of concentration; **~lager das** *(bes. ns.)* concentration camp; **~mangel der** *(Med., Psych.)* lack of concentration; **~schwäche die** *(Med., Psych.)* poor powers *pl.* of concentration
**konzentrieren 1.** *refl. V.* **a)** concentrate; **sich auf etw.** *(Akk.)* **~:** concentrate on sth.; **b)** *(richten)* be concentrated. **2.** *tr. V.* concentrate; **seine Gedanken auf etw.** *(Akk.)* **~:** concentrate one's thoughts on sth.
**konzentriert 1.** *s.* **konzentrieren. 2.** *Adj.* *(auch Chemie)* concentrated. **3.** *adv.* with concentration; **sehr ~ arbeiten** work with great concentration
**konzentrisch** *(Math., fig.)* **1.** *Adj.* concentric. **2.** *adv.* concentrically
**Konzept** [kɔn'tsɛpt] **das; ~[e]s, ~e a)** *(Rohfassung)* [rough] draft; **es ist im ~ fertig** the [rough] draft is finished; **aus dem ~ kommen** *od.* **geraten** lose one's thread; **jmdn. aus dem ~ bringen** put sb. off his/her stroke; **b)** *(Programm)* programme; *(Plan)* plan; **jmdm. das ~ verderben** *(ugs.)* ruin sb.'s plans; **jmdm. nicht ins ~ passen** *(ugs.)* not suit sb.'s plans
**Konzeption** [kɔntsɛp'tsio:n] **die; ~, ~en a)** central idea; *(Entwurf)* conception; **b)** *(Med.)* conception
**konzeptionslos 1.** *Adj.* haphazard. **2.** *adv.* haphazardly; with no clear plan
**Konzeptionslosigkeit die; ~:** haphazardness; lack of any clear plan
**Konzept·papier das;** *o. Pl.* rough paper
**Konzern** [kɔn'tsɛrn] **der; ~[e]s, ~e** *(Wirtsch.)* group [of companies]
**-konzern der; ~[e]s, ~e** ... group
**Konzert** [kɔn'tsɛrt] **das; ~[e]s, ~e a)** *(Komposition)* concerto; **b)** *(Veranstaltung)* concert; **ins ~ gehen** go to a concert; **c)** *o. Pl. (geh.: Zusammenspiel)* concert
**Konzert-: ~abend der** concert evening; **~agentur die** concert artists' agency
**konzertant** [kɔntsɛr'tant] *Adj., nicht präd. (Musik)* concert ⟨*performance etc.*⟩; **~e Sinfonie** [sinfonia] concertante
**Konzert-: ~direktion die** concert promotion agency; **~flügel der** concert grand; **~führer der** concert guide
**konzertieren** *itr. V. (geh.)* give a concert
**konzertiert 1.** *s.* **konzertieren. 2.** *Adj.; nicht präd.* concerted; **die ~e Aktion** concerted action
**Konzertina** [kɔntsɛr'ti:na] **die; ~, ~s** concertina
**Konzert-: ~meister der, ~meisterin die** leader [of a/the orchestra]; concert-master; **~pavillon der** bandstand; **~pianist der** concert pianist; **~reise die** concert tour; **~saal der** concert-hall; **~sänger der, ~sängerin die** concert singer
**Konzession** [kɔntse'sio:n] **die; ~, ~en a)** *(Amtsspr.)* licence; **b)** *(Zugeständnis)* concession; **~en [an jmdn./etw.] machen** make concessions [to sb./sth.]
**Konzessionär** [kɔntsɛsio'nɛ:ɐ̯] **der; ~s, ~e** *(Amtsspr.)* licensee
**konzessions·bereit** *Adj.* ready *or* willing *or* prepared to make concessions *pred.*
**konzessiv** [kɔntse'si:f] *Adj. (Sprachw.)* concessive
**Konzessiv·satz der** *(Sprachw.)* concessive clause
**Konzil** [kɔn'tsi:l] **das; ~s, ~e** *od.* **~ien a)** *(kath. Kirche)* council; **b)** *(Hochschulw.)* ≈ senate
**konziliant** [kɔntsi'liant] *(geh.)* **1.** *Adj.* accommodating; obliging. **2.** *adv.* accommodatingly; obligingly
**Konzilianz** [kɔntsi'liants] **die; ~** *(geh.)* obligingness
**konzipieren** [kɔntsi'pi:rən] **1.** *tr. V.* draft ⟨*speech, essay*⟩; draw up, draft ⟨*plan, policy, etc.*⟩; design ⟨*device, car, etc.*⟩. **2.** *itr. V.* *(Med.)* conceive
**konzis** [kɔn'tsi:s] **1.** *Adj.* concise. **2.** *adv.* concisely
**Koog** [ko:k] **der; ~[e]s, Köge** ['kø:gə] *(niederd.)* polder
**Kooperation die; ~, ~en** co-operation *no indef. art.*
**kooperations·bereit** *Adj.* ready *or* willing *or* prepared to co-operate *pred.*
**kooperativ 1.** *Adj.* co-operative. **2.** *adv.* co-operatively
**Kooperativ das; ~s, ~e, Kooperative die; ~, ~n** co-operative
**kooperieren** *tr. V.* co-operate
**Koordinate die; ~, ~n a)** *(Geogr.)* co-ordinate; **b)** *(Math.)* coordinate
**Koordinaten-: ~achse die** *(Math.)* coordinate axis; **~kreuz das** *(Math.)* coordinate axes *pl.;* **~system das** *(Math.)* system of coordinates
**Koordination die; ~, ~en** co-ordination
**Koordinations·störung die** *(Med.)* impaired co-ordination *no indef. art., no pl.*
**Koordinator** [kolɔrdi'na:tɔr] **der; ~s, ~en** [-'to:rən], **Koordinatorin die; ~, ~nen** co-ordinator
**koordinieren** *tr. V.* co-ordinate
**Koordinierung die; ~, ~en** co-ordination
**Kopeke** [ko'pe:kə] **die; ~, ~n** copeck
**Kopenhagen** [ko:pn̩'ha:gn̩] **(das); ~s** Copenhagen
**Köpenickiade** [kø:pənɪ'kia:də] **die; ~, ~n** hoax *(involving impersonation of a uniformed official or military officer)*
**Köper** ['kø:pɐ] **der; ~s, ~:** twill
**kopernikanisch** [kopɛrni'ka:nɪʃ] *Adj.; nicht präd.* Copernican
**Kopernikus** [ko'pɛrnikʊs] **(der)** Copernicus
**Kopf** [kɔpf] **der; ~[e]s, Köpfe** ['kœpfə] **a)** head; **jmdm. den ~ waschen** wash sb.'s hair; *(fig. ugs.: jmdn. zurechtweisen)* give sb. a good talking-to *(coll.);* give sb. what for *(sl.);* **[um] einen ganzen/halben ~ größer sein** be a good head/a few inches taller; **die Köpfe zusammenstecken** go into a huddle; **sie haben sich die Köpfe heiß geredet** the conversation/debate became heated; **~ an ~** *(dicht gedrängt)* shoulder to shoulder; *(im Wettlauf)* neck and neck; **~ weg!** *(ugs.)* mind your head!; **den ~ einziehen** duck; *(fig.: sich einschüchtern lassen)* be intimidated; **und wenn du dich auf den ~ stellst** you can talk until you're blue in the face; **~ ab!** off with his head!; **ich werde/er wird dir nicht gleich den ~ abreißen** *(ugs.)* I'm/he's not going to bite your head off; **auf dem ~ stehen** *(Kopfstand machen)* stand on one's head; *(ugs.: umgedreht sein)* be upside down; *(fig.)* **auf seinen ~ ist eine Belohnung ausgesetzt** there is a price on his head; **jmdm. schwirrt/***(ugs.)* **raucht der ~:** sb.'s head is spinning; **nicht wissen, wo einem der ~ steht** not know whether one is coming or going; **einen dicken** *od.* **schweren ~ haben** have a headache; *(vom Alkohol)* have a thick head *(coll.) or* a hangover; **jmdm.** *od.* **jmdn. den ~ kosten** cost sb. dearly; *(jmdn. das Leben kosten)* cost sb. his/her life; **~ hoch!** chin up!; **den ~ hängen lassen** become disheartened; **~ und Kragen riskieren** risk one's neck; **den ~ hinhalten [müssen]** *(ugs.)* [have to] face the music; [have to] take the blame *or (sl.)* rap; **sich** *(Dat.)* **[an etw.** *(Dat.)***] den ~ einrennen** beat *or* run one's head against a brick wall [with sth.]; **den ~ aus der Schlinge ziehen** avoid any adverse consequences *or (sl.)* the rap; **den ~ in den Sand stecken** bury one's head in the sand; **den ~ hoch tragen** hold one's head high; **es gibt keinen Grund dafür, daß er den ~ so hoch trägt** *(überheblich ist)* there is no reason for him to act so superior; **jmdm. den ~ zurechtrücken** *(ugs.)* bring sb. to his/her senses; **sich [gegenseitig]** *od.* **einander die Köpfe einschlagen** be at each other's throats; **jmdn. [um] einen ~ kürzer** *od.* **kleiner machen** *(ugs.)* chop sb.'s head off; **sich** *(Dat.)* **an den ~ fassen** *od.* **greifen** *(ugs.)* throw up one's hands in despair; **jmdm. Beleidigungen an den ~ werfen** hurl insults at sb.; **sein Geld auf den ~ hauen** *(ugs.)* blow one's money *(sl.);* **etw. auf den ~ stellen** *(ugs.)* turn sth. upside down; **die Tatsachen/den Ablauf der Ereignisse auf den ~ stellen** get the facts/the order of events completely *or* entirely wrong; **jmdm. auf dem ~ herumtanzen** *(ugs.)* treat sb. just as one likes; do what one likes with sb.; **sich** *(Dat.)* **nicht auf den ~ spucken lassen** *(salopp)* not let people walk all over one *(coll.);* **jmdm. auf den ~ spucken können** *(salopp scherzh.)* be head and shoulders taller than sb.; **er ist nicht auf den ~ gefallen** *(ugs.)* there are no flies on him *(coll.);* **jmdm. etw. auf den ~ zusagen** say sth. to sb.'s face; **das hältst du im ~ nicht aus!** *(ugs.)* he/she/it really is the limit! *(coll.);* **jmdm. in den** *od.* **zu ~ steigen** go to sb.'s head; **mit dem ~ durch die Wand wollen** *(ugs.)* beat *or* run one's head against a brick wall; **etw. über jmds. ~ [hin]weg entscheiden** decide sth. over sb.'s head; **über die Köpfe der Zuhörer** *usw.* **hinwegreden** talk over the heads of the audience *etc.;* **jmdm. über den ~ wachsen** *(ugs.)* outgrow sb.; *(überfordern)* become too much for sb.; **bis über den ~ in etw. stecken** *(ugs.)* be up to one's ears in sth.; **es geht um ~ und Kragen** *(ugs.)* it's a matter of life and death; **sich um ~ und Kragen reden** *(ugs.)* risk one's neck with careless talk; *(sich belasten)* incriminate oneself as soon as one opens one's mouth; **von ~ bis Fuß** from head to toe *or* foot; **jmdn. vor den ~ stoßen** *(ugs.)* offend sb.; **wie vor den ~ geschlagen sein** *(ugs.)* be stunned; *s. auch* **Hand f; b)** *(Person)* person; **ein kluger/fähiger ~ sein** be a clever/able man/woman; **pro ~:** per head *or* person; **eine Familie mit acht Köpfen** a family of eight; **c)** *(geistige Leitung)* **er ist der ~ der Firma** he's the brains of the firm; **die führenden Köpfe der Wirtschaft** the leading minds in the field of economics; **d)** *(Wille)* **seinen ~ durchsetzen** make sb. do what one wants; **einen dicken ~ haben** have a mind of one's own; **muß es immer nach deinem ~ gehen?** why must 'you always decide?; **e)** *(Verstand)* mind; head; **hast du noch im ~, wie ...?** can you still remember how ...?; **er hat die Zahlen im ~** *(ugs.)* he has the figures in his head; **er hat nur Autos im ~** *(ugs.)* all he ever thinks about is cars; **was wohl in ihrem ~ vorgeht?** what's going on in her mind?; **sie ist nicht ganz richtig im ~** *(ugs.)* she's not quite right in the head; **einen klaren/kühlen ~ bewahren** *od.* **behalten** keep a cool head; keep one's head; **ich habe den ~ voll mit anderen**

Dingen I've got a lot of other things on my mind; den ~ verlieren lose one's head; jmdm. den ~ verdrehen (ugs.) steal sb.'s heart [away]; sich (Dat.) den ~ zerbrechen (ugs.) rack one's brains (über + Akk. over); (sich Sorgen machen) worry (über + Akk. about); aus dem ~: off the top of one's head; das geht od. will ihm nicht aus dem ~: he can't get it out of his mind; sich (Dat.) etw. aus dem ~ schlagen put sth. out of one's head; sich (Dat.) etw. durch den ~ gehen lassen think sth. over; der Gedanke geht mir gerade durch den ~: it just occurs to me; jmdm. [plötzlich] durch den ~ schießen [suddenly] occur to sb.; jmdm. im ~ herumgehen (ugs.) go round and round in sb.'s mind; jmdm./sich etw. in den ~ setzen put sth. into sb.'s head/get sth. into one's head; etw. im ~ [aus]rechnen work sth. out in one's head; was man nicht im ~ hat, muß man in den Beinen haben a short memory makes work for the legs; jmdm. geht od. will etw. nicht in den ~ [hinein] (ugs.) sb. can't get sth. into his/her head; f) (von Nadeln, Nägeln, Blumen) head; (von Pfeifen) bowl; g) ein ~ Salat/Blumenkohl/Rotkohl a lettuce/cauliflower/red cabbage; h) (oberer Teil) (eines Briefes, einer Tafel) head; (einer Zeitung) heading; head; i) (auf Münzen) ~ [oder Zahl?] heads [or tails?]

**kọpf-, Kọpf-:** ~-an-Kọpf-Rennen das (Sport, auch fig.) neck-and-neck race (+ Gen. between); ~arbeit die brainwork; intellectual work; ~arbeiter der brain-worker; ~bahn·hof der terminal station; ~ball der (Fußball) header; durch ~ball with a header; ~ball·spiel das; o. Pl. (Fußball) heading; ~ball·stark Adj. (Fußball) good at heading pred.; der einzige ~ballstarke Spieler the only good header of the ball; ~ball·tor das (Fußball) headed goal; ein ~balltor von Fischer a goal headed by Fischer; ~bedeckung die headgear; ohne ~bedeckung without anything on one's head; without a hat

**Köpfchen** ['kœpfçən] das; ~s, ~ a) little head; b) (Findigkeit) brains pl.; ~ muß man haben you've got to have it up here (coll.); ~ haben have brains pl.; ~, ~! clever, eh? (coll.)

**köpfeln** ['kœpfl̩n] (südd., österr., schweiz.) 1. tr. V.: s. köpfen b. 2. itr. V. dive head first

**köpfen** ['kœpfn̩] tr. V. a) decapitate; (hinrichten) behead; (fig.) break or crack open ‹bottle›; slice the top off ‹egg›; b) (Fußball) head; das 2:0 ~: head [in] the goal to make it 2–0

**Kọpf-:** ~ende das head end; ~form die head shape; shape of the head; ~freiheit die headroom; ~füßer der (Zool.) cephalopod; ~geld das reward; bounty; ~grippe die (volkst.) headachy cold; ~haar das hair on the head; ~haltung die: die/eine ~haltung the way one holds one's head; ~haut die [skin of the] scalp; ~höhe die: in ~höhe at head height; ~hörer der headphones pl.

**-köpfig** Adj. -headed; drei~/fünf~: three-headed/five-headed ‹monster›; eine dreiköpfige/fünfköpfige Familie a family of three/five

**kọpf-, Kọpf-:** ~jäger der head-hunter; ~kissen das pillow; ~kissen·bezug der pillow-case; ~lage die (Med.) cephalic or head presentation; ~länge die head; mit einer ~länge Vorsprung by a head; ~lastig Adj. down by the head pred.; nose-heavy ‹aircraft›; (fig.) top-heavy; ~laus die head louse; ~los 1. Adj. a) rash; (in Panik) panic-stricken; seine ~lose Flucht his headlong or panic-stricken flight; b) (ohne Kopf) headless; 2. adv. rashly; ~los davonrennen/umherrennen flee in panic/run round in a panic; ~losigkeit die; ~: rashness; (Panik) panic; ~nicken das; ~s nod [of the head]; durch ~nicken by nodding [one's head]; ~nuß die (ugs.) rap on the head with one's or the knuckles; ~rechnen itr. V.; nur im Inf. gebr. do mental arithmetic; gut ~rechnen können be good at mental arithmetic; ~rechnen das mental arithmetic; ~salat der cabbage or head lettuce; ~scheu Adj. in jmdn. ~scheu machen (ugs.) unnerve sb.; ~scheu werden lose one's nerve; ~schmerz der; meist Pl. headache; ~schmerzen haben have a headache sing.; sich (Dat.) über etw. (Akk.) od. wegen etw. keine ~schmerzen machen (ugs.) not worry about or concern oneself about sth.; etw. bereitet od. macht jmdm. ~schmerzen (ugs.) sth. weighs on sb.'s mind; ~schmuck der head-dress; ~schuppe die; meist Pl. flake of dandruff; ~schuppen dandruff; ~schuß der bullet wound in the head; er wurde durch einen ~schuß getötet he was killed by a bullet in the head; ~schütteln das; ~s shake of the head; ein allgemeines ~schütteln auslösen cause everyone to shake their heads; durch ~schütteln by shaking one's head; nicht ohne ~schütteln not without some head-shaking; ~schüttelnd Adj. sich ~schüttelnd abwenden turn away, shaking one's head; ~schutz der (Sport) protective headgear; ~sprung der header; einen ~sprung machen dive head first; ~stand der headstand; ~|stehen unr. itr. V. a) stand on one's head; b) (ugs.: überrascht sein) be bowled over; ~stein·pflaster das cobblestones pl.; ~steuer die (hist.) poll tax; ~stimme die head voice; (Falsett) falsetto [voice]; ~stoß der a) (Fußball) header; b) (Boxen) butt; ~stück das (Kochk.) head end; ~stütze die head-rest; ~tuch das headscarf; ~über [-'--] Adv. head first; (fig.) (voller Tatendrang) with a will; (ohne Zögern) headlong; ~verband der head bandage; ~verletzung die head injury; ~wäsche die a) hair-wash; shampoo; b) (fig. ugs.) dressing down; ~weh das; o. Pl. (ugs.) headache; ~weh haben have a headache; ~zerbrechen das; ~s: etw. bereitet od. macht jmdm. ~zerbrechen sb. has to rack his/her brains about sth.; (etw. macht jmdm. Sorgen) sth. is a worry to sb.; sich (Dat.) über etw. (Akk.) [kein] ~zerbrechen machen [not] worry about sth.

**Kopie** [ko'pi:] die; ~, ~n a) copy; (Durchschrift) carbon copy; (Fotokopie) photocopy; b) (Fot., Film) print; c) (Nachbildung) copy; d) (Abklatsch) (Werk) pastiche; (Person) likeness

**Kopier·anstalt** die (Fot.) [photographic] processing laboratory

**kopieren** tr. V. a) copy; (fotokopieren) photocopy; etw. mit Blaupapier ~: take a carbon copy of sth.; b) (Fot., Film) print; c) (nachbilden) copy; (imitieren) imitate

**Kopierer** der; ~s, ~ (ugs.) [photo]copier

**Kopier-:** ~gerät das photocopier; photocopying machine; ~papier das a) (Fot.) printing paper; b) (zum Fotokopieren) photocopying paper; ~stift der indelible pencil

**Kopilot** der; ~en, ~en, **Kopilotin** die; ~, ~nen (Flugw.) co-pilot; (Motorsport) co-driver

**Kopist** der; ~en, ~en a) (Kunst) copier; copyist; b) (Vervielfältiger) photocopying-machine operator; photocopier; (Fot.) [darkroom] printer

**[1]Koppel** ['kɔpl̩] das; ~s, ~, österr.: die; ~, ~n (Gürtel) [leather] belt (as part of a uniform)

**[2]Kọppel** die; ~, ~n a) (Weide) paddock; auf od. in der ~: in the paddock; b) (Hunde~) pack; (Pferde~) string; c) (Musik) coupler

**kọppeln** tr. V. a) (aneinanderbinden) string together ‹horses›; leash together ‹dogs›; couple ‹hounds›; b) (aneinanderhängen) dock ‹spacecraft›; couple [up] ‹railway carriage, trailers, etc.› (an + Akk. to); c) (verbinden) link; couple ‹circuits, systems, etc.›; etw. an etw. (Dat.) ~: link sth. to sth.; mit etw. gekoppelt sein be associated with sth.; d) (Sprachw.) link

**Kọppel-:** ~rick das a) (Zaun) paddock fence; b) (Hindernis) post and rails; ~schloß das belt buckle (as part of a uniform)

**Kọppelung** s. Kopplung

**Köpper** ['kœpɐ] der; ~s, ~ (ugs.) header

**koppheister** [kɔp'haistɐ] Adv. (nordd.) s. kopfüber

**Kọpplung** die; ~, ~en a) (Raumf.) docking; (von Eisenbahnwagen, Anhängern usw.) coupling [up]; b) (Verbindung) linking; (von Schaltungen, Systemen) coupling; c) (Sprachw.) linking

**Kọpplungs-:** ~geschäft das (Wirtsch.) package deal; tie-in deal (Amer.); ~manöver das (Raumf.) docking manoeuvre

**Kopra** ['ko:pra] die; ~: copra

**Kọproduktion** die; ~, ~en co-production; joint production

**Kọproduzent** der; ~en, ~en co-producer

**Kopte** ['kɔptə] der; ~n, ~n Copt

**kọptisch** Adj. Coptic

**Kopula** ['ko:pula] die; ~, ~s od. Kopulae ['ko:pulɛ] (Sprachw.) copula

**Kopulation** [kopula'tsi̯o:n] die; ~, ~en a) (Biol.) copulation; b) (Gartenbau) splice graft

**kopulativ** [kopula'ti:f] Adj. (Sprachw.) copulative

**Kopulativum** [kopula'ti:vʊm] das; ~s, Kopulativa (Sprachw.) copulative conjunction; copulative

**kopulieren** 1. itr. V. copulate. 2. tr. V. (Gartenbau) splice-graft

**kor** [ko:ɐ̯] s. küren; kiesen

**Koralle** [ko'ralə] die; ~, ~n coral

**korạllen-, Korạllen-:** ~bank die; Pl. ~bänke coral reef; ~bäumchen das (Bot.) Jerusalem cherry; ~fischer der coral fisherman; ~insel die coral island; ~riff das coral reef; ~rot Adj. coral-red; ~schmuck der coral jewellery

**Koran** [ko'ra:n] der; ~s, ~e Koran

**Korb** [kɔrp] der; ~es, Körbe ['kœrbə] a) basket; (für ein Baby) wicker cradle; (Last~ auf einem Tier) pannier; (Bienen~) hive; (Förder~) cage; ein ~ Kartoffeln a basket[ful] of potatoes; b) (Gondel) basket; c) (~ball) net; (Basketball) basket; (Treffer) goal; d) o. Pl. (Flechtwerk) wicker[work]; e) (Ablehnung) jmdm. einen ~ geben turn sb. down; einen ~ bekommen, sich (Dat.) einen ~ holen be turned down

**Kọrb-:** ~ball der; o. Pl. netball; ~blütler der (Bot.) composite flower; composite

**Körbchen** ['kœrpçən] das; ~s, ~ a) [little] basket; husch, husch ins ~ (fam.) time for bye-bye[s] or beddy-byes (child lang.); b) (des Büstenhalters) cup

**körbeweise** ['kœrbə-] Adv. by the basketful

**Kọrb-:** ~flasche die wicker bottle; ~geflecht das wicker[work]; ~macher der basket-maker; ~möbel das piece of wicker[work] furniture; ~möbel Pl. wickerwork furniture sing.; ~wagen der wicker pram; ~ware die; meist Pl. wickerwork article; ~waren wickerwork sing.; basketry sing.; wickerwork articles; ~weide die osier; basket willow; ~wurf der (Basketball) throw or shot at goal or the basket

**Kord** [kɔrt] der; ~[e]s a) corduroy; cord; b) s. Kordsamt

**Kọrd·anzug** der corduroy suit

**Kordel** ['kɔrdl̩] die; ~, ~n a) cord; b) (landsch.: Bindfaden) string

**Kọrd-:** ~hose die corduroy or cord trousers pl.; ~jeans Pl. corduroy or cord jeans

**Kordon** [kɔr'dõ, *österr.:* -'do:n] **der; ~s, ~s** *od. österr.:* **~e a)** *(Absperrung)* cordon; **b)** *(Ordensband)* cordon; ribbon

**Kord·samt der** cord velvet

**Korea** [ko're:a] **(das); ~s** Korea

**Korea·krieg der** Korean War

**Koreaner** [kore'a:nɐ] **der; ~s, ~, Koreanerin die; ~, ~nen** Korean; *s. auch* **-in**

**koreanisch** *Adj.* Korean; *s. auch* **deutsch; Deutsch;** [2]**Deutsche**

**Koreferat** *s.* **Korreferat**

**kören** ['kø:rən] *tr. V. (Landw.)* rank *or* classify ⟨*males*⟩ for breeding

**Korfu** ['kɔrfu] **(das); ~s** Corfu

**Koriander** [ko'ri̯andɐ] **der; ~s, ~:** coriander

**Korinth** [ko'rɪnt] **(das); ~s** Corinth

**Korinthe** [ko'rɪntə] **die; ~, ~n** currant

**Korinthen-: ~brot das** currant bread; **~kacker der** *(derb abwertend)* stupid rule-bound bastard *(sl.)*; *(Pfennigfuchser)* pettifogger *(coll.)*

**Korinther der; ~s, ~:** Corinthian

**korinthisch** *Adj. (Kunstwiss.)* Corinthian ⟨*column, order, etc.*⟩

**Kork** [kɔrk] **der; ~s, ~e** cork

**Kork·eiche die** cork-oak

**Korken der; ~s, ~:** cork

**Korken·zieher der** corkscrew

**Korkenzieher·locke die** corkscrew *or* spiral curl

**korkig** *Adj.* corked, corky ⟨*wine*⟩

**Kork·sohle die** cork sole

**Kormoran** [kɔrmo'ra:n] **der; ~s, ~e** cormorant

[1]**Korn** [kɔrn] **das; ~[e]s, Körner** ['kœrnɐ] **a)** *(Frucht)* seed; grain; *(Getreide~)* grain [of corn]; *(Pfeffer~)* corn; **b)** *o. Pl. (Getreide)* corn; grain; **das ~ steht gut** the grain harvest looks promising; **c)** *(Salz~, Sand~)* grain; *(Hagel~)* stone; **d)** *Pl.* **~e** *(an Handfeuerwaffen)* front sight; foresight; **etw. aufs ~ nehmen** take aim at *or* draw a bead on sth.; *(fig. ugs.)* attack sth.; **jmdn. aufs ~ nehmen** take aim at *or* draw a bead on sb.; *(fig. ugs.)* start to keep close tabs on sb. *(coll.)*; **e)** *(Fot.; von Papier, Stoff)* grain

[2]**Korn der; ~[e]s, ~** *(ugs.)* corn schnapps; corn liquor *(Amer.)*

**korn-, Korn-: ~ähre die** ear of corn; **~blume die** cornflower; **~blumen·blau** *Adj.* cornflower [blue]; *(fig. salopp)* paralytic *(sl.)*; **~brannt·wein der** corn schnapps; corn liquor *(Amer.)*

**Körnchen** ['kœrnçən] **das; ~s, ~** *(Frucht)* tiny seed *or* grain; *(von Sand usw.)* [tiny] grain; granule; **an etw.** *(Dat.)* **ist ein ~ Wahrheit** *(fig.)* there's a grain of truth in sth.

**körnen** ['kœrnən] *tr. V.* **a)** *(zerkleinern, körnig machen)* granulate; **gekörnte Brühe** stock granules *pl. (for soup)*; **b)** *(Handw.: markieren)* punch

**Körner** *s.* **Korn**

**Körner-: ~fresser der** *(Ornith.)* seed-eater; granivore; **~futter das** grain [feed]; *(für Vögel)* seed

**Kornett** [kɔr'nɛt] **das; ~[e]s, ~e** *od.* **~s** *(Musik)* cornet

**Korn·feld das** cornfield

**körnig** ['kœrnɪç] *Adj.* granular; *(Fot.)* grainy

**-körnig** *Adj.* -grained

**Korn-: ~kammer die** granary; **~rade die** corn cockle; corn campion; **~silo der** *od.* **das** grain silo

**Körnung die; ~, ~en a)** *(Korngröße)* grain size; *(von Papier)* grain; **b)** *(Jägerspr.) s.* **Körnerfutter**

**Korona** [ko'ro:na] **die; ~, Koronen a)** *(Astron.)* corona; **b)** *(fig.)* crowd *(coll.)*

**Koronar·insuffizienz** [koro'na:ɐ̯-] **die** *(Med.)* coronary insufficiency

**Körper** ['kœrpɐ] **der; ~s, ~ a)** body; **~ und Geist** body and mind; **am ganzen ~ frieren/zittern** be [freezing] cold/shake all over; **b)** *(Rumpf)* trunk; body; **c)** *(Gegenstand)* object; **d)** *(Physik, Chemie)* body; **e)** *(Geom.)* solid body; solid; **f)** *(von Wein, Farbe)* body; **g)** *s.* **Körperschaft**

**körper-, Körper-: ~bau der;** *o. Pl.* physique; **~behaarung die** body hair *no indef. art.*; **~beherrschung die** body control; **~behindert** *Adj.* physically handicapped *or* disabled; **~behinderte der/die** physically handicapped *or* disabled person; **~behinderte** *Pl.* physically handicapped *or* disabled people; **die ~behinderten** *(als Kategorie)* the physically handicapped *or* disabled; **~behinderung die** physical handicap *or* disability; **~beschädigte der/die** *(Amtsspr.)* disabled person; **~betont 1.** *Adj.* figure-hugging ⟨*clothes*⟩; ⟨*clothes*⟩ that emphasize the figure; **2.** *adv.* **~betont geschnitten** cut to emphasize the figure; **~eigen** *Adj. (Biol.)* endogenous; **~erzieher der** *(bes. DDR)* physical education teacher; **~fremd** *Adj. (Biol.)* foreign; **~fülle die** corpulence; **~funktion die** bodily function; **~gerecht** *Adj.* shaped to fit the contours of the body *postpos.*; **~geruch der** body odour; BO *(coll.)*; **~gewicht das** body weight; **~größe die** height; **~hälfte die** side of the body; **~haltung die** posture; **~hygiene die** *s.* **~pflege; ~kontakt der** *(Psych.)* physical contact; **~kraft die** physical strength; **~kultur die** *(bes. DDR)* physical education *no art.*; **~länge die** *(bei Menschen)* height; *(bei Tieren)* length

**körperlich 1.** *Adj.* physical; **~e Ertüchtigung** physical training; **~e Züchtigung** corporal punishment; **~e Liebe** carnal love. **2.** *adv.* physically; **~ [hart] arbeiten** do [hard] physical work

**körper-, Körper-: ~los** *Adj.* incorporeal; **~maße** *Pl.* measurements; **~öffnung die** orifice of the body; **~pflege die** body care *no art.*; *(Reinigung)* personal hygiene; **~saft der;** *meist Pl.* body fluid

**Körperschaft die; ~, ~en a)** *(Rechtsw.)* corporation; corporate body; **~ des öffentlichen Rechts** public corporation; **b)** *(Politik)* body

**Körperschaft[s]·steuer die** *(Steuerw.)* corporation tax

**Körper-: ~schwäche die;** *o. Pl.* physical weakness; **~sprache die** body language; **~spray der** *od.* **das** aerosol deodorant; deodorant spray; **~stärke die;** *o. Pl.* physical strength; **~teil der** part of the/one's body; **~temperatur die** body temperature; **~verletzung die** *(Rechtsw.)* bodily harm *no indef. art.*; **schwere/leichte ~verletzung** grievous/actual bodily harm; **~verletzung mit Todesfolge** *bodily harm resulting in death*; **~verletzung im Amt** bodily harm caused by a public servant when executing his/her duty; **~wärme die** body heat

**Korpora** *s.* [2]**Korpus**

**Korporal** [kɔrpo'ra:l] **der; ~s, ~e** *od.* **Korporäle** [kɔrpo'rɛ:lə] *(Milit. veralt.)* corporal

**Korporation** [kɔrpora'tsi̯o:n] **die; ~, ~en a)** *(veralt.: Körperschaft)* corporation; **b)** *(Studentenverbindung)* student society

**korporiert** [kɔrpo'ri:ɐ̯t] *Adj.* ⟨*student*⟩ belonging to a student society

**Korporierte der;** *adj. Dekl.* member of a student society

**Korps** [ko:ɐ̯] **das; ~** [ko:ɐ̯(s)], **~** [ko:ɐ̯s] **a)** *(Milit.)* corps; **b)** *(Studentenverbindung)* student duelling society

**Korps-: ~bruder der** *(Studentenspr.)* fellow member of a student duelling society; **~geist der** *(geh.)* esprit de corps; **~student der** student belonging to a duelling society

**korpulent** [kɔrpu'lɛnt] *Adj.* corpulent

**Korpulenz** [kɔrpu'lɛnts] **die; ~:** corpulence

[1]**Korpus** ['kɔrpʊs] **der; ~, ~se a)** *(scherzh.)* body; **b)** *(bild. Kunst)* figure of Christ *(on crucifix)*; **c)** *(fachspr.)* carcass

[2]**Korpus das; ~, Korpora** ['kɔrpora] **a)** *(Sprachw.)* corpus; **b)** *o. Pl. (Musik)* body

[3]**Korpus die; ~** *(Druckw.)* long primer

**Korpuskel** [kɔr'pʊskl̩] **das; ~s, ~n** *od.* **die; ~, ~n** *(Physik)* corpuscle; particle

**Korreferat** [korefe'ra:t] **das; ~s, ~e** *scholarly paper which supplements the main paper;* supplementary paper *(to a paper read at a seminar etc.)*

**Korreferent** [korefe'rɛnt] **der; ~en, ~en, Korreferentin die; ~, ~nen a)** *(Redner)* reader of a/the supplementary paper; **b)** *(Prüfer)* second examiner

**korrekt** [kɔ'rɛkt] **1.** *Adj.* correct; **es wäre ~ gewesen, ...:** the correct thing would have been to ...; **ein ~er Beamter** a very correct civil servant. **2.** *adv.* correctly

**korrekter·weise** *Adv.* to be [strictly] correct

**Korrektheit die; ~:** correctness

**Korrektiv** [kɔrɛk'ti:f] **das; ~s, ~e** corrective **(gegen to)**

**Korrektor** [kɔ'rɛktɔr] **der; ~s, ~en** [-'to:rən] proof-reader

**Korrektur** [kɔrɛk'tu:ɐ̯] **die; ~, ~en a)** correction; *(von Ansichten usw.)* revision; **b)** *(Druckw.)* proof-reading; *(Verbesserung)* proof-correction; **~ lesen** read/correct the proofs

**Korrektur-: ~ab·zug der, ~fahne die** galley [proof]; **~zeichen das** proof-correction mark

**Korrelat** [kɔre'la:t] **das; ~[e]s, ~e** correlate

**Korrelation** [kɔrela'tsi̯o:n] **die; ~, ~en** *(auch Math.)* correlation

**korrelieren** *itr. V.* correlate **(mit** with, to**)**

**Korrepetitor** [kɔrepe'ti:tɔr] **der; ~s, ~en** [-ti'to:rən] *(Musik)* répétiteur

**Korrespondent** [kɔrɛspɔn'dɛnt] **der; ~en, ~en, Korrespondentin die; ~, ~nen a)** *(Zeitungsw., veralt.: Briefpartner)* correspondent; **b)** *(Wirtsch.)* correspondence clerk

**Korrespondenz** [kɔrɛspɔn'dɛnts] **die; ~, ~en a)** correspondence; **die ~ erledigen** deal with the correspondence; **in ~ mit jmdm. stehen** correspond with sb.; **b)** *(Brief)* letter; **~en** correspondence *sing.*

**Korrespondenz-: ~büro das** press agency; **~karte die** *(österr., schweiz.)* *prestamped postcard*

**korrespondieren** *itr. V.* **a)** *(schreiben)* correspond **(mit** with**)**; **b)** *(geh.: übereinstimmen)* **mit etw. ~:** correspond to *or* with sth.; ⟨*colour*⟩ match sth.

**Korridor** ['kɔrido:ɐ̯] **der; ~s, ~e** corridor; **der Polnische ~:** the Polish Corridor

**korrigierbar** *Adj.* correctable

**korrigieren** [kɔri'gi:rən] *tr. V.* correct; revise ⟨*opinion, view*⟩

**korrodieren** [kɔro'di:rən] *(bes. Chemie, Geol.) tr., itr. V. (itr. mit sein)* corrode

**Korrosion** [kɔro'zi̯o:n] **die; ~, ~en** *(auch Geol., Med.)* corrosion

**korrosions-, Korrosions-: ~beständig** *Adj.*, **~fest** *Adj.* corrosion-resistant; **~schutz der** protection against corrosion

**korrosiv** [kɔro'zi:f] *Adj.* **a)** corrosive; **b)** *(korrosionsbedingt)* ⟨*damage etc.*⟩ caused by corrosion

**korrumpieren** [kɔrʊm'pi:rən] *tr. V.* corrupt

**Korrumpierung die; ~, ~en** corruption

**korrupt** [kɔ'rʊpt] *Adj.* corrupt

**Korruption** [kɔrʊp'tsi̯o:n] **die; ~, ~en** corruption

**Korsage** [kɔr'za:ʒə] **die; ~, ~n** strapless, tight-fitting corsage *or* bodice

**Korsar** [kɔr'za:ɐ̯] **der; ~en, ~en a)** *(hist.)* corsair; **b)** *(Segeln)* Korsar

**Korse** ['kɔrzə] **der; ~n, ~n** Corsican

**Korselett** [kɔrzə'lɛt] **das; ~s, ~s** *od.* **~e** corselette

**Korsett** [kɔr'zɛt] **das; ~s, ~s** *od.* **~e** corset; *(fig.)* strait-jacket

**Korsett·stange die** corset bone

**Korsika** ['kɔrzika] **(das);** ~s Corsica
**korsisch** *Adj.* Corsican
**Korso** ['kɔrzo] **der;** ~s, ~s procession
**Kortison** [kɔrti'zo:n] **das;** ~s *(Med.)* cortisone
**Korund** [ko'rʊnt] **der;** ~[e]s, ~e corundum
**Körung die;** ~, ~en *(Landw.)* ranking *or* classification for breeding
**Korvette** [kɔr'vɛtə] **die;** ~, ~n *(auch hist.)* corvette
**Korvetten·kapitän der** lieutenant-commander
**Koryphäe** [kory'fɛ:ə] **die;** ~, ~n eminent authority; distinguished expert
**Kosak** [ko'zak] **der;** ~en, ~en *(hist.)* Cossack
**Kosaken·mütze die** Cossack hat
**Koschenille** [kɔʃə'nɪljə] **die;** ~: cochineal
**koscher** ['ko:ʃɐ] *Adj.* **a)** kosher; **b)** *(ugs.: einwandfrei)* kosher *(coll.)*
**K.-o.-Schlag der** *(Boxen)* knock-out punch
**Kose·form die** familiar form
**Kosekans** ['ko:zekans] **der;** ~, ~ *(Math.)* cosecant
**kosen** ['ko:zn̩] *(dichter. veralt.)* **1.** *tr. V.* caress. **2.** *itr. V.* **mit jmdm.** ~: caress sb.
**Kose·name der** pet name
**Kose·wort das;** *Pl.* -wörter term of endearment; **jmdm. Kosewörter ins Ohr flüstern** whisper endearments in sb.'s ear
**K.-o.-Sieg der** *(Boxen)* knock-out victory; victory by a knock-out
**Kosinus** ['ko:zinʊs] **der;** ~, ~ *od.* ~se *(Math.)* cosine
**Kosmetik** [kɔs'me:tɪk] **die;** ~ **a)** beauty culture *no art.;* **b)** *(fig.)* cosmetic procedures *pl.*
**Kosmetik·abteilung die** cosmetics department
**Kosmetiker der;** ~s, ~, **Kosmetikerin die;** ~, ~nen **a)** cosmetician; beautician; **b)** *(Chemiker/Chemikerin)* cosmetics chemist
**Kosmetik-:** ~**salon der** beauty salon; ~**tasche die** make-up bag; *(groß)* vanity case
**Kosmetikum** [kɔs'me:tikʊm] **das;** ~s, **Kosmetika;** *meist Pl.* cosmetic
**kosmetisch 1.** *Adj. (auch fig.)* cosmetic. **2.** *adv.* **jmdn.** ~ **beraten** give sb. advice on beauty care; **sich** ~ **behandeln lassen** have beauty treatment
**kosmisch** ['kɔsmɪʃ] *Adj.* cosmic ⟨*ray, dust, etc.*⟩; space ⟨*age, station, research, etc.*⟩; meteoric ⟨*iron*⟩
**Kosmodrom** [kɔsmo'dro:m] **das;** ~s, ~e cosmodrome
**Kosmologie** [kɔsmolo'gi:] **die;** ~, ~n cosmology
**Kosmonaut** [kɔsmo'naut] **der;** ~en, ~en, **Kosmonautin die;** ~, ~nen cosmonaut
**Kosmopolit** [kɔsmopo'li:t] **der;** ~en, ~en *(geh.)* cosmopolitan
**kosmopolitisch** *Adj.* cosmopolitan
**Kosmos** ['kɔsmɔs] **der;** ~ **a)** *(Weltall)* cosmos; **b)** *(geh.: Welt)* world
**Kost** [kɔst] **die;** ~ **a)** *(Nahrung)* food; **vegetarische** ~: vegetarian food; a vegetarian diet; **geistige** ~ *(fig.)* intellectual nourishment; **leichte/schwere** ~ *(fig.)* easy/heavy going; **b)** *(Verpflegung)* ~ **und Logis** board and lodging
**kostbar 1.** *Adj.* **a)** *(erlesen)* valuable; **b)** *(wichtig)* precious; **die Zeit ist** ~: time is precious. **2.** *adv.* expensively ⟨*dressed*⟩; luxuriously ⟨*decorated*⟩
**Kostbarkeit die;** ~, ~en **a)** *(Sache)* treasure; precious object; **b)** *o. Pl. (Eigenschaft)* value
[1]**kosten 1.** *tr. V.* **a)** *(probieren)* taste; try; sample; **jmdm. etw. zum Kosten geben** give sb. sth. to taste *or* try *or* sample; **b)** *(geh.: empfinden)* taste; *(fig. iron.)* have a taste of. **2.** *itr. V. (probieren)* have a taste; **von etw.** ~: have a taste of *or* taste sth.
[2]**kosten 1.** *tr. V.* **a)** cost; **wieviel kostet .../was kostet ...?** how much/what does ... cost?; how much is ...?; **koste es** *od.* **es koste, was es wolle** whatever the cost; **sich** *(Akk. od. Dat.)* **eine Sache etw.** ~ **lassen** *(ugs.)* spend a fair bit of money on sth.; **b)** *(erfordern)* take; cost ⟨*lives*⟩; **es kostet mich nur ein Wort** it would only take a word from me; **viel Arbeit** ~: take a great deal of work; **c)** *(Verlust nach sich ziehen)* **jmdn.** *od.* **jmdm. etw.** ~: cost sb. sth.; **jmdn. den Sieg** ~: cost sb. victory. **2.** *itr. V. (Geld* ~*)* **das kostet!** that will cost a bit!
**Kosten** *Pl.* cost *sing.;* costs; *(Auslagen)* expenses; *(Rechtsw.)* costs; **die** ~ **tragen, für die** ~ **aufkommen** bear the cost[s]; **keine** ~ **scheuen** spare no expense; **laufende** ~: running costs; **auf seine** ~ **kommen** cover one's costs; *(fig.)* get one's money's worth; **auf jmds.** ~: at sb.'s expense; **auf** ~ **von jmdm./etw.** at the expense of sb./sth.
**kosten-, Kosten-:** ~**aufwand der** expense; cost; **mit einem** ~**aufwand von ...:** at a cost of ...; ~**berechnung die** costing; ~**beteiligung die** sharing of expenses; ~**deckend 1.** *Adj.* that covers/cover [one's] costs *postpos., not pred.;* **2.** *adv.* ~**deckend kalkulieren** ensure that the estimates cover the true costs; ~**druck der;** *o. Pl. (Wirtsch.)* pressure of costs; ~**ersparnis die** cost saving; ~**erstattung die** reimbursement of costs; ~**explosion die** cost explosion; ~**frage die** question of cost; ~**intensiv** *Adj. (Wirtsch.)* cost-intensive; ~**los 1.** *Adj.* free; **2.** *adv.* free of charge; ~**pflichtig** *(Rechtsw.)* **1.** *Adj.* **eine** ~**pflichtige Verwarnung** a fine and a caution; **2.** *adv.* **eine Klage** ~**pflichtig abweisen** dismiss a case with costs; **ein Auto** ~**pflichtig abschleppen** tow a car away at the owner's expense; ~**punkt der** *(ugs.)* ~**punkt?** how much is it/are they?; ~**punkt 25 DM** it costs/they cost 25 marks; ~**rechnung die** *(Wirtsch.)* cost accounting; ~**sparend** *Adj. (Wirtsch.)* cost-saving; ~**stelle die** *(Wirtsch.)* cost centre; ~**träger der** *(Wirtsch.)* cost unit; ~**vor·an·schlag der** estimate
**Kost-:** ~**gänger der** *(veralt.)* boarder; ~**geld das** payment for [one's] board; **er gab seinen Eltern** ~**geld** he paid his parents for his board
**köstlich** ['kœstlɪç] **1.** *Adj.* **a)** delicious; **b)** *(unterhaltsam)* delightful; **der Witz war einfach zu** ~: the joke was simply priceless *(coll.).* **2.** *adv.* **a)** ⟨*taste*⟩ delicious; **b) sich** ~ **amüsieren/unterhalten** enjoy oneself enormously *(coll.)*
**Köstlichkeit die;** ~, ~en **a)** *(Sache)* delicacy; **eine literarische** ~: a literary gem; **b)** *o. Pl. (geh.: Eigenschaft)* deliciousness
**Kost·probe die;** ~, ~n taste; *(fig.)* sample
**kost·spielig** [-ʃpi:lɪç] **1.** *Adj.* expensive; costly. **2.** *adv.* expensively
**Kostüm** [kɔs'ty:m] **das;** ~s, ~e **a)** suit; **b)** *(historisches* ~*, Theater*~*, Verkleidung)* costume
**Kostüm-:** ~**ball der** fancy-dress ball; ~**bildner der** *(Theater, Film)* costume-designer; ~**film der** period picture *or* film
**kostümieren** *tr. V.* **a)** *(verkleiden)* **jmdn./sich** ~: dress sb. up/dress [oneself] up; **wie hatte er sich kostümiert?** what was he dressed [up] as?; **alle erschienen kostümiert** they all came in fancy dress; **b)** *(ugs. abwertend: unpassend anziehen)* **jmdn./sich** ~: get sb./oneself up
**Kostüm-:** ~**jacke die** jacket; ~**probe die** *(Theater)* dress rehearsal; ~**rock der** skirt; ~**verleih der** [theatrical] costume agency
**Kost·verächter der** *in* **kein** ~ **sein** *(scherzh.)* be fond of one's food; *(die Frauen lieben)* be one for the ladies
**K.-o.-System das** *(Sport)* knock-out system
**Kot** [ko:t] **der;** ~[e]s, ~e **a)** *(Exkrement)* excrement; **b)** *(veralt.: Schmutz)* mud; dirt
**Kotangens** ['ko:tangɛns] **der;** ~, ~ *(Math.)* cotangent
**Kotau** [ko'tau] **der;** ~s, ~s kowtow; **[vor jmdm.] einen** *od.* **seinen** ~ **machen** kowtow [to sb.]
**Kotelett** [kɔt'lɛt] **das;** ~s, ~s **a)** chop; *(vom Nacken)* cutlet; **b)** *(Teil des Tieres) (eines Schweins)* loin; *(eines Kalbs)* loin and rib
**Koteletten** *Pl.* side-whiskers
**koten** ['ko:tn̩] *itr. V. (Zool.)* defecate
**Köter** ['kø:tɐ] **der;** ~s, ~ *(abwertend)* cur; tyke
**Kot·flügel der** *(Kfz-W.)* wing
**Kothurn** [ko'tʊrn] **der;** ~s, ~e cothurnus
**kotig** ['ko:tɪç] *Adj.* **a)** dirty ⟨*nappy, underpants*⟩; **b)** *(schmutzig)* muddy; filthy
**Kotz·brocken der** *(derb)* shit *(coarse);* turd *(coarse)*
[1]**Kotze** ['kɔtsə] **die;** ~ *(derb)* vomit; puke *(coarse)*
[2]**Kotze die;** ~, ~n *(südd., österr.)* **a)** coarse woollen blanket; **b)** *(Umhang)* cape
**kotzen** *itr. V. (derb)* puke *(coarse);* throw up *(coll.);* **das ist/ich finde ihn zum Kotzen** it/he makes me sick; it/he makes me want to puke *(coarse);* **da kann man das [große]** ~ **kriegen** *od.* **bekommen** it makes you want to puke *(coarse)*
**kotz-:** ~**langweilig** *Adj. (derb abwertend)* bleeding boring *(coarse);* ~**übel** *Adj. (derb)* **mir ist** ~**übel** I feel as if I'm going to throw up *(coll.) or (coarse)* puke
**KP** *Abk.* **Kommunistische Partei** CP
**KPdSU** *Abk.* **Kommunistische Partei der Sowjetunion**
**Krabbe** ['krabə] **die;** ~, ~n **a)** *(Zool.)* crab; **b)** *(ugs.: Garnele)* shrimp; *(größer)* prawn; **c)** *(ugs. scherzh.: Kind)* [little] mite; *(älter)* kid *(coll.);* **d)** *(bild. Kunst)* crochet
**Krabbel·alter das** *(ugs.)* crawling stage
**krabbeln** ['krabl̩n] **1.** *itr. V.; mit sein* crawl. **2.** *tr. V. (ugs.: kraulen)* tickle
**krach** *Interj.* crash; bang; *(wenn etw. zerbricht, einstürzt)* crash
**Krach** [krax] **der;** ~[e]s, **Kräche** ['krɛçə] **a)** *o. Pl. (Lärm)* noise; row; ~ **machen** make a noise *or (coll.)* a row; be noisy; **b)** *(lautes Geräusch)* crash; bang; *(wenn etw. zerbricht, einstürzt)* crash; **mit** *od.* **unter lautem** ~: with a loud crash *or* bang/crash; **c)** *(ugs.: Streit)* row; **mit jmdm.** ~ **anfangen/kriegen** start/have a row with sb. *(coll.);* ~ **machen** *od.* **schlagen** *(ugs.)* kick up *or* make a fuss; **es gibt oft** ~: there are frequent rows; **d)** *(ugs.: Börsen*~*)* crash
**krachen 1.** *itr. V.* **a)** *(Krach auslösen)* ⟨*thunder*⟩ crash; ⟨*shot*⟩ ring out; ⟨*floorboard*⟩ creak; **in allen Fugen** ~: creak at the joints; ~**de Kälte/**~**der Frost** *(fig.)* bitter cold/heavy frost; **b)** *mit sein (ugs.: bersten)* ⟨*ice*⟩ crack; ⟨*bed*⟩ collapse; ⟨*trousers, dress, etc.*⟩ split; **c)** *mit sein (ugs.: mit Krach auftreffen)* crash; **die Tür krachte ins Schloß** the door banged *or* slammed shut; **d)** *(ugs.: Bankrott machen)* crash; **e)** *(unpers.)* **an der Kreuzung kracht es dauernd** there are frequent crashes at that junction; **sonst kracht's!** *(fig. ugs.)* or there'll be trouble; *(es gibt Schläge)* or you'll get a beating; **etw. tun, daß es nur so kracht** *(ugs.)* do sth. with a vengeance. **2.** *refl. V. (ugs.)* row *(coll.);* have a row *(coll.)*
**Kracher der;** ~s, ~ *(ugs.: Knallkörper)* banger
**Kracherl** ['kraxɐl] **das;** ~s, ~n *(südd., österr.)* fizzy lemonade; pop *(coll.)*
**krach·ledern** *Adj.* rustic
**Krach·lederne die;** ~n, ~n *(südd.)* Lederhosen *pl.;* leather shorts *pl.*
**Krach·macher der** *(ugs.) (Person)* noisy so-and-so *(coll.); (Gerät)* noise-maker
**krächzen** ['krɛçtsn̩] *itr. V.* ⟨*raven, crow*⟩ caw; ⟨*parrot*⟩ squawk; ⟨*person*⟩ croak; *(fig.)* ⟨*loudspeaker etc.*⟩ crackle and splutter

**kracken** ['krakn̩] *tr. V. (Chemie)* crack
**Kräcker** ['krɛkɐ] **der; ~s, ~:** *s.* **Cracker**
**Krad** [kra:t] **das; ~[e]s, Kräder** ['krɛ:dɐ] *(bes. Milit.) s.* **Kraftrad**
**Kra̲d-: ~fahrer der** *(bes. Milit.)* motorcyclist; motor-cycle rider; **~melder der** *(Milit.)* [motor-cycle] despatch rider
**kraft** [kraft] *Präp. + Gen. (Amtsspr.)* **~ [meines] Amtes** by virtue of my office; **~ Gesetzes** by law; **~ [des] Gesetzes hat der Richter ihn zum Tode verurteilt** as empowered by the law, the judge sentenced him to death
**Krạft die; ~, Kräfte** ['krɛftə] **a)** strength; **geistige/schöpferische Kräfte** mental/creative powers; **unter Aufbietung aller Kräfte** applying all one's energies; **jmds. Kräfte übersteigen** be too much for sb.; **wieder bei Kräften sein** have [got] one's strength back; **bei Kräften bleiben** keep one's strength up; **mit letzter ~:** with one's last ounce of strength; **mit frischer ~:** with renewed energy; **aus eigener ~:** by oneself *or* one's own efforts; **ich werde tun, was in meinen Kräften steht** I shall do everything [with]in my power; **mit vereinten Kräften sollte es gelingen** if we join forces *or* combine our efforts we should succeed; **nach [besten] Kräften** to the best of one's ability; **die militärische/wirtschaftliche ~ eines Landes** *(fig.)* the military/economic strength of a country; **b)** *(Wirksamkeit)* power; **die treibende ~:** the driving force; **c)** *(Arbeits~)* employee; *(in einer Fabrik)* employee; worker; **Kräfte** employees/workers; personnel *pl.; (Angestellte auch)* staff *pl.;* **d)** *Pl. (Gruppe)* forces; **e)** *(Physik)* force; **f)** *(Seemannsspr.)* **mit voller/halber ~:** at full/half speed; **volle/halbe ~ voraus!** full/half speed ahead!; **g)** *in* **außer ~ setzen** repeal ⟨*law*⟩; countermand ⟨*order*⟩; **außer ~ sein/treten** no longer be/cease to be in force; **in ~ treten/sein/bleiben** come into/be in/remain in force
**Krạft-: ~akt der** feat of strength; *(im Zirkus usw.)* strong-man act; *(fig.)* show of strength; **~arm der** *(Physik)* [lever] arm to which force is applied; **~aufwand der** effort; **~aus·druck der** swear-word; **~brühe die** strong meat broth; **~droschke die** *(veralt.)* hackney carriage; taxi
**Krạ̈fte-: ~parallelogramm das** *(Physik)* parallelogram of forces; **~verhältnis das** *(bes. Politik)* balance of power; **~verschleiß der** loss of strength
**Krạft·fahrer der** *(bes. Amtsspr.)* driver; motorist; *(Beruf)* driver
**Krạftfahrer·gruß der** *s.* **Autofahrergruß**
**Krạft·fahrzeug das; ~[e]s, ~e** *(bes. Amtsspr.)* motor vehicle
**Krạftfahrzeug-: ~bau der;** *o. Pl.* automobile construction; **~brief der** vehicle registration document; log-book *(Brit.)*; **~industrie die** motor industry; **~mechaniker der** motor mechanic; **~schein der** vehicle registration document *(containing detailed technical description of the vehicle and details of the owner)*; **~steuer die** vehicle *or* road tax; **~zulassungs·stelle die** vehicle registration office
**Krạft-: ~feld das** *(Physik)* force field; **~futter das** concentrated feed
**kräftig** ['krɛftɪç] **1.** *Adj.* **a)** *(stark)* strong ⟨*person*⟩; strong, powerful ⟨*arms, voice*⟩; vigorous ⟨*plant, shoot*⟩; **b)** *(fest)* powerful, hefty, hard ⟨*blow, kick, etc.*⟩; firm ⟨*handshake*⟩; **c)** *(ausgeprägt)* strong ⟨*breeze, high-pressure area*⟩; deep ⟨*depression*⟩; considerable ⟨*increase*⟩; **einen ~en Schluck nehmen** take a deep drink *or (coll.)* good swig; **eine ~e Tracht [Prügel]** a good hiding *(coll.)*; a sound beating; **d)** *(intensiv)* strong, powerful ⟨*smell, taste, etc.*⟩; bold ⟨*pattern*⟩; strong ⟨*colour*⟩; **e)** *(kräftigend)* nourishing ⟨*soup, bread, meal, etc.*⟩; **etw. Kräftiges essen** eat a good nourishing meal; **f)** *(grob)* strong ⟨*language*⟩; coarse ⟨*expression, oath, etc.*⟩.
**2.** *adv.* **a)** strongly, powerfully ⟨*built*⟩; ⟨*hit, kick, press, push*⟩ hard; ⟨*sneeze*⟩ loudly; **~ entwickelt sein** strong, vigorous ⟨*plant*⟩; sturdy ⟨*child*⟩; **b)** *(tüchtig)* ⟨*rain, snow*⟩ heavily; ⟨*eat*⟩ heartily; ⟨*sing*⟩ lustily; **etw. ~ schütteln** shake sth. vigorously; give sth. a good shake; **die Preise sind ~ gestiegen** prices have risen steeply; **der Flasche/dem Alkohol ~ zusprechen** hit the bottle in a big way *(coll.)*; **c)** *(mit Nachdruck)* **jmdm. ~ die** *od.* **seine Meinung sagen** give sb. a piece of one's mind
**krạ̈ftigen** *tr. V.* ⟨*holiday, air, etc.*⟩ invigorate; ⟨*food etc.*⟩ fortify; **sich ~:** build up one's strength; **~de Nahrung/Luft** nourishing food/bracing air
**Krạ̈ftigung die; ~, ~en** strengthening
**Krạ̈ftigungs·mittel das** tonic
**krạft-, Krạft-: ~linien** *Pl. (Physik)* lines of force; **~los** *Adj.* weak; feeble; *(fig.)* weak ⟨*sun*⟩; **~losigkeit die; ~:** weakness; feebleness; **~maschine die** *(Technik)* engine; prime mover; **~meier der; ~s, ~** *(ugs.: abwertend)* muscleman; **~meierei die; ~** *(ugs. abwertend)* playing the muscleman; **~mensch der** strong man; muscleman; **~messer der a)** *(Physik)* dynamometer; **b)** *(auf dem Jahrmarkt)* try-your-strength machine; **~paket das** *(Spieler)* powerhouse; *(Pferd)* powerful animal; *(Auto)* powerful machine; **ein ~paket von Spieler** a powerhouse of a player; **~post die** post-bus service; **~probe die** trial of strength; **~protz der** *(abwertend)* muscleman; **~rad das** *(Amtsspr.)* motorcycle; **~reserven** *Pl.* reserves of strength; **~sport der** *s.* **Schwerathletik; ~stoff der** *(Kfz-W.)* fuel; **~stoff·anzeiger der** *(Kfz-W.)* fuel gauge; **~stoff-Luft-Gemisch das** *(Kfz-W.)* air-fuel mixture; **~stoff·verbrauch der** fuel consumption; **~strotzend** *Adj.* vigorous; bursting with vigour *postpos.*; **~vergeudung die** waste of energy; **~verkehr der** *(Amtsspr.)* [motor] traffic; **~verschwendung die** *s.* **~vergeudung; ~voll 1.** *Adj.* powerful; **2.** *adv.* powerfully; **~wagen der** motor vehicle; **~werk das** power station; **~wort das** *s.* **~ausdruck**
**Kragen** ['kra:gn̩] **der; ~s, ~,** *südd., österr. u. schweiz. auch:* **Krägen** ['krɛ:gn̩] **a)** collar; **b)** *in* **ihm platzte der ~** *(salopp)* he blew his top *(coll.)*; **jetzt platzt mir aber der ~!** *(salopp)* that's the last straw!; **es geht ihm an den ~** *(ugs.)* he's in for it now; **jmdn. am** *od.* **beim ~ packen** *od.* **nehmen** *(ugs.)* collar sb.; **jmdm. an den ~ wollen** *(ugs.)* get at *or* be after sb.; *(jmdn. verantwortlich machen)* try to hang sth. on sb. *(coll.)*; *s. auch* **Kopf a; c)** *(Jägerspr.)* collar
**Kra̲gen-: ~bär der** [Himalayan] black bear; **~knopf der** collar-stud *(Brit.)*; *(oberster Knopf am Hemd)* top button; **~weite die** collar size; **[nicht] jmds. ~weite sein** *(salopp)* [not] be sb.'s cup of tea *(coll.)*
**Kra̲g·stein der** *(Archit.)* bracket; *(Konsole)* console
**Krähe** ['krɛ:ə] **die; ~, ~n** crow; **eine ~ hackt der anderen kein Auge aus** *(Spr.)* dog does not eat dog *(prov.)*
**krä̲hen** *itr. V. (auch fig.)* crow; *s. auch* **Hahn**
**Krä̲hen-: ~füße** *Pl. (ugs.)* **a)** *(Hautfalten)* crow's feet; **b)** *(aus Eisen) devices with many sharp points scattered on the road to burst the tyres of a vehicle;* ≈ [tin] tacks; **~nest das** *(auch Seemannsspr.)* crow's nest
**Krä̲h·winkel** *o. Art.; o. Pl. (spött.)* provincial backwater
**Krakau** ['kra:kau̯] **(das); ~s** Cracow; Krakow
**[1]Kra̲kauer der; ~s, ~:** Cracovian
**[2]Kra̲kauer die; ~, ~** *(Wurst) highly spiced, smoked beef and pork sausage*
**Krake** ['kra:kə] **der; ~n, ~n a)** *(Tintenfisch)* octopus; **b)** *(Meeresungeheuer)* kraken
**Krakeel** [kra'ke:l] **der; ~s** *(ugs. abwertend)* row *(coll.)*
**krake̲e̲len 1.** *itr. V. (ugs. abwertend)* kick up a row *(coll.)*. **2.** *tr. V.* scream
**Krake̲e̲ler der; ~s, ~** *(ugs. abwertend)* rowdy
**Krakel** ['kra:kl̩] **der; ~s, ~** *(ugs. abwertend)* scrawl; scribble
**kra̲kelig** *s.* **kraklig**
**kra̲keln** *tr., itr. V. (ugs. abwertend)* scrawl; scribble
**kra̲klig** *Adj. (ugs. abwertend)* scrawly
**Kral** [kra:l] **der; ~s, ~e** *od.* **~s** kraal
**Kralle** ['kralə] **die; ~, ~n** claw; *(von Raubvögeln)* claw; talon; **die ~n des Todes** *(fig.)* the jaws of death; **jmdm. die ~n zeigen** *(ugs.)* show sb. one's claws; **etw. in die ~n bekommen** *od.* **kriegen** *(ugs.)* get sth. in one's clutches
**krạllen 1.** *refl. V.* **sich an etw.** *(Akk.)* **~** ⟨*cat*⟩ dig its claws into sth.; ⟨*bird*⟩ dig its claws *or* talons into sth.; ⟨*person*⟩ clutch sth. [tightly]; **sich in/um etw.** *(Akk.)* **~:** dig into/clutch sth. **2.** *tr. V.* **a)** *(fest greifen)* **die Finger in/um etw.** *(Akk.)* **~:** dig one's fingers into sth./clutch sth. [tightly] with one's fingers; **b)** *(krümmen)* **er krallte seine Finger/seine Hand** he bent his fingers into [the shape of] a claw; **c)** *(salopp: stehlen)* pinch *(sl.)*; nick *(Brit. sl.)*; **d)** *(salopp: ergreifen)* collar; *(verhaften)* nab *(sl.)*
**Kram** [kra:m] **der; ~[e]s** *(ugs.)* **a)** stuff; *(Gerümpel)* junk; **den ganzen ~ hinschmeißen** *(fig. ugs.)* chuck the whole thing in *(coll.)*; **b)** *(Angelegenheit)* business; affair; **mach deinen ~ alleine!** do it yourself!; **jmdm. [genau] in den ~ passen** suit sb. [down to the ground *(coll.)*]
**kra̲men 1.** *itr. V.* **a)** *(ugs.: herumwühlen)* **in etw.** *(Dat.)* **~:** rummage about in *or* rummage through sth.; **nach etw. ~:** rummage about looking for sth.; **b)** *(schweiz.: einkaufen)* do some *or* a bit of shopping. **2.** *tr. V. (ugs.)* **etw. aus etw. ~:** fish *(coll.)* *or* get sth. out of sth.
**Krämer** ['krɛ:mɐ] **der; ~s, ~ a)** *(veralt.: Lebensmittelhändler)* grocer; **b)** *(abwertend)* *(geiziger Mensch)* skinflint; stingy person; *(engstirniger Mensch)* petty-minded *or* small-minded person
**Krä̲mer·seele die** *(abwertend)* **a)** *(Geiz)* stingy nature; *(Engstirnigkeit)* petty-mindedness; small-mindedness; **b)** *(geiziger Mensch)* skinflint; *(engstirniger Mensch)* petty-minded *or* small-minded person
**Kra̲m·laden der** *(ugs. abwertend)* junk shop
**Krampe** ['krampə] **die; ~, ~n** staple
**Krạmpen der; ~s, ~ a)** *s.* **Krampe; b)** *(bayr., österr.: Spitzhacke)* pick[-axe]
**Krampf** [kramp͜f] **der; ~[e]s, Krämpfe** ['krɛmp͜fə] **a)** cramp; *(Zuckung)* spasm; *(bei Anfällen)* convulsion; **sich in Krämpfen winden** curl up in convulsions; **einen ~ bekommen** *od. (ugs.)* **kriegen** get cramp; **einen ~** *od.* **Krämpfe kriegen** *(fig. ugs.)* have a fit; **b)** *o. Pl. (gequältes Tun)* painful strain; *(sinnloses Tun)* senseless waste of effort; **das ist doch alles ~:** it's all a senseless waste of effort
**Krạmpf·ader die** varicose vein
**krạmpf·artig 1.** *Adj.* convulsive. **2.** *adv.* convulsively
**krạmpfen 1.** *itr. V.* **a)** be affected with cramp; *(bei Anfällen)* be convulsed; **sein Magen krampfte** he got stomach cramp; **b)** *(schweiz.: sich anstrengen)* slave away. **2.** *refl. V.* **a)** be affected with cramp; *(bei Anfällen)* be convulsed; **b)** *(umklammern)* **sich um/in etw.** *(Akk.)* **~:** clench sth./dig into sth. **3.** *tr. V.* **a)** *(schließen)* **die Fäuste/Finger um/in etw.** *(Akk.)* **~:** clench sth./dig one's hands/fingers into sth.; **b)** *(ugs.: an sich bringen)* **sich** *(Dat.)* **etw. ~:** grab sth.

**krampfhaft 1.** *Adj.* **a)** convulsive; **b)** *(verbissen)* desperate; forced ‹*cheerfulness*›. **2.** *adv.* **a)** convulsively; **b)** *(verbissen)* desperately

**krampf-, Krampf-: ~husten der** *(Med.)* whooping cough; **~lösend** *Adj.*, **~stillend** *Adj.* antispasmodic

**Kran** [kra:n] **der; ~[e]s, Kräne** ['krɛ:nə] **a)** crane; **b)** *Pl.:* **Kräne** *od.* **~en** *(südwestd.: Wasserhahn)* tap; faucet *(Amer.)*

**Kran-: ~brücke die** *(Technik)* gantry; **~führer der** crane-operator; *(~fahrer)* crane-driver

**Kranich** ['kra:nɪç] **der; ~s, ~e** crane

**krank** [kraŋk]; **kränker** ['krɛŋkɐ], **kränkst...** ['krɛŋkst...] *Adj.* **a)** ill *usu. pred.;* sick; bad ‹*leg, tooth*›; diseased ‹*plant, organ*›; *(fig.)* sick, ailing ‹*economy, business*›; **ein ~es Herz/eine ~e Leber haben** have a bad heart/a liver complaint; **[schwer] ~ werden** be taken *or* fall [seriously *or* very] ill; **er wurde immer kränker** he got steadily worse; **du siehst ~ aus** you don't look well; **sie liegt ~ zu/im Bett** she is ill in bed; **auf den Tod ~ sein** be critically *or* dangerously ill; **jmdn. ~ machen** make sb. ill; *(fig.)* get on sb.'s nerves; **vor Heimweh/Liebe ~ sein** be homesick/lovesick; **sich ~ melden** let the office/boss *etc.* know that one is off sick; **jmdn. ~ schreiben** give sb. a medical certificate; **b)** *(Jägerspr.: angeschossen)* wounded

**Kranke** ['kraŋkə] **der/die;** *adj. Dekl.* sick man/woman; *(Patient)* patient; **die ~n** the sick *pl.;* the patients

**kränkeln** ['krɛŋk|n] *itr. V.* be in poor health; not be well; *(fig.)* be in poor shape; **er kränkelt leicht** he is always ailing

**kranken** *itr. V. (leiden)* **an etw.** *(Dat.)* **~** ‹*firm, project, etc.*› suffer from sth.

**kränken** ['krɛŋkn̩] **1.** *tr. V.* **jmdn. ~:** hurt *or* wound sb. *or* sb.'s feelings; **jmdn. in seiner Ehre/seinem Stolz/seiner Eitelkeit ~:** wound sb.'s honour/injure *or* wound sb.'s pride/vanity; **~d sein** be hurtful; **tief/schwer gekränkt sein** be deeply hurt. **2.** *refl. V. (geh. veralt.)* **sich über jmdn./etw. ~:** be *or* feel hurt by sb./sth.

**kranken-, Kranken-: ~anstalten** *Pl. (Amtsspr.)* hospital complex *sing.;* **~auto das** *s.* **~wagen; ~bericht der** case report; **~besuch der** visit to a sick person; **~blatt das** medical report [card]; **~fahrstuhl der** *(Amtsspr.)* wheelchair; **~geld das** sickness benefit; **~geschichte die** case history; **~gymnastik die** remedial *or* medical gymnastics *sing.;* physiotherapy; **~gymnastin die** remedial gymnast; medical gymnast; physiotherapist; **~haus das** hospital; **jmdn. ins ~haus einliefern/aus dem ~haus entlassen** take sb. to hospital/discharge sb. from hospital; **im ~haus liegen** be in hospital; **ins ~haus [gehen] müssen** have to go [in]to hospital; **~haus·arzt der** hospital doctor; **~haus·aufenthalt der** stay in hospital; **~haus·reif** *Adj. (salopp)* **~hausreif aussehen** look like a hospital case; **jmdn. ~hausreif schlagen** make a real mess of sb. *(coll.);* **~kassa die** *(österr.),* **~kasse die** health insurance scheme; *(Körperschaft)* health insurance institution; *(privat)* health insurance company; **~kassen·beitrag der** health insurance contribution; **~lager das** *(geh.)* **a)** *(Zeit des Krankseins)* illness; **b)** *(Krankenbett)* sickbed; **~pflege die** nursing; **in der ~pflege tätig sein** be a nurse; **~pfleger der** male nurse; **~saal der** ward; **~salbung die** *(kath. Kirche)* extreme unction *no art.;* **~schein der** health insurance certificate; **~schwester die** nurse; **~stand der** number of staff away sick; **im ~stand sein** *(österr.)* be away sick; **~stuhl der** *s.* **~fahrstuhl; ~transport der** transportation of sick/injured persons; **~versicherung die a)** *(Versicherung)* health insurance; **b)** *(Unternehmen)* health insurance company; **~versicherungs·pflichtig** *Adj.* ‹*person*› who is required to join a health insurance scheme; **~wagen der** ambulance; **~zimmer das** sick-room; *(im Krankenhaus)* patients' room

**krank|feiern** *itr. V. (ugs.)* skive off work *(sl.)* [pretending to be ill]; **ich glaube, ich feiere mal krank** I think I might just [have to] go sick *(joc.)*

**kränker** *s.* **krank**

**krankhaft 1.** *Adj.* **a)** *(pathologisch)* pathological ‹*change etc.*›; morbid ‹*growth, state, swelling, etc.*›; **b)** *(abnorm gesteigert)* pathological; pathological, morbid ‹*fear, obsession*›. **2.** *adv.* **a)** *(pathologisch)* pathologically; morbidly ‹*swollen*›; **b)** *(abnorm gesteigert)* pathologically; pathologically, morbidly ‹*obsessed, sensitive*›

**Krankheit die; ~, ~en a)** illness; *(bestimmte Art, von Pflanzen, Organen)* disease; **von einer ~ befallen werden** contract *or* catch an illness/a disease; **an einer ~ leiden/sterben** suffer from/die of an illness/a disease; **eine ~ heilen/einer ~ vorbeugen** cure/prevent an illness/a disease; **das ist doch kein Auto, das ist eine ~** *(fig. ugs. scherzh.)* that's just an apology for a car; **b)** *o. Pl. (Zeit des Krankseins)* illness; **nach langer/schwerer ~:** after a long/serious illness

**krankheits-, Krankheits-: ~bild das** clinical picture; **~erreger der** pathogen; disease-causing agent; **~fall der** case of illness; **im ~fall** in the event of illness; **~halber** *Adv.* due to illness; **~keim der** germ [causing the/a disease]

**krank|lachen** *refl. V. (ugs.)* laugh one's head off; laugh oneself silly

**kränklich** ['krɛŋklɪç] *Adj.* sickly; ailing

**krank-, Krank-: ~|machen** *itr. V. (ugs.) s.* **~feiern;** *s. auch* **krank a; ~meldung die** notification of absence through illness

**kränkste** *s.* **krank**

**Kränkung die; ~, ~en: eine ~:** an injury to one's/sb.'s feelings; **etw. als ~ empfinden** be hurt by sth.; take offence at sth.

**Kranz** [krants] **der; ~es, Kränze** ['krɛntsə] **a)** wreath; garland; *(auf einem Grab, Sarg, an einem Denkmal)* wreath; **einen ~ niederlegen** lay a wreath; **b)** *(Haar~)* chaplet *(of plaited hair);* **c)** *(Kuchen)* ring cake; **d)** *(geh.: Kreis)* circle; **ein ~ von Sagen** a cycle of legends

**Kränzchen** ['krɛntsçən] **das; ~s, ~ a)** *(zum Kaffeetrinken)* coffee circle; coffee klatch *(Amer.); (zum Handarbeiten)* sewing circle; **b)** *(kleiner Kranz)* small wreath *or* garland

**Kranz-: ~gefäß das** *s.* **Herzkranzgefäß; ~geld das** *(Rechtsw.) damages for loss of virginity awarded against a woman's fiancé if he breaks off the engagement without good cause;* **~kuchen der** *s.* **Kranz c; ~niederlegung die** laying of a wreath; **~spende die** wreath; **„von ~spenden bitten wir abzusehen"** 'no flowers please'

**Krapfen** ['krapfn̩] **der; ~s, ~ a)** *(Berliner)* doughnut; **b)** *(Kochkunst)* fritter

**kraß** [kras] **1.** *Adj.* blatant ‹*case*›; gross, flagrant ‹*injustice*›; rank, complete ‹*outsider*›; glaring, stark ‹*contrast*›; complete ‹*contradiction*›; sharp ‹*difference*›; gross ‹*discrepancy, imbalance*›; out-and-out ‹*egoist*›. **2.** *adv.* **sich ~ ausdrücken** put sth. bluntly; **sich von etw. ~ unterscheiden** be in stark contrast to sth.

**Krater** ['kra:tɐ] **der; ~s, ~:** crater

**Krater-: ~landschaft die** cratered landscape; **~see der** crater lake

**Kratz·bürste die** *(ugs. scherzh.)* stroppy *(Brit. sl.) or* prickly so-and-so

**kratzbürstig** *Adj. (ugs. scherzh.)* stroppy *(Brit. sl.);* prickly

**Kratze die; ~, ~n** scraper

**Krätze** ['krɛtsə] **die; ~:** scabies *sing.*

**kratzen** ['kratsn̩] **1.** *tr. V.* **a)** scratch; **jmdm./sich den Arm blutig ~:** scratch sb.'s/one's arm and make it bleed; **b)** *(scharren)* scratch; **seinen Namen in die Wand ~:** scratch one's name on the wall; **c)** *(entfernen)* scrape; **etw. aus/von etw. ~:** scrape sth. out of/off sth.; **d)** *(ugs.: stören)* bother; **jmdn. wenig ~:** not bother sb. all that much; **wen kratzt das schon?** who cares *or* who's bothered [about that]?. **2.** *itr. V.* **a)** scratch; *(aus~)* scrape; **das Kratzen** scratching; **an jmds. Ehre/Vormachtstellung** *(Dat.)* **~** *(fig.)* chip away at sb.'s honour/supremacy; **b)** *(jucken)* itch; be scratchy *or* itchy; **c)** *(brennen)* **im Hals ~** ‹*wine*› taste rough; ‹*tobacco*› be rough on the throat; ‹*smoke*› irritate the throat. **3.** *refl. V.* scratch [oneself]; **sich hinter dem Ohr/am Kopf ~:** scratch oneself behind the ear/scratch one's head

**Kratzer der; ~s, ~ a)** *(ugs.)* scratch; **b)** *(Schaber)* scraper

**Krätzer** ['krɛtsɐ] **der; ~s, ~** *(abwertend)* rough wine; plonk *(Brit. sl.)*

**kratz·fest** *Adj.* scratch-proof; non-scratch

**Kratz·fuß der** *(veralt.)* leg *(arch.);* **einen ~ machen** make a leg *(arch.)*

**kratzig** *Adj.* scratchy, itchy ‹*material, pullover, etc.*›; scratchy, rough ‹*voice*›

**krätzig** ['krɛtsɪç] *Adj.* scabious ‹*skin*›; mangy ‹*dog*›

**Krätz·milbe die** *(Zool.)* itch-mite

**Kratz-: ~putz der** sgraffito; **~spur die** scratch[-mark]; **~wunde die** scratch

**krauchen** ['krauxn̩] *itr. V.; mit sein (md.) s.* **kriechen**

**krauen** ['krauən] *tr. V. s.* **²kraulen**

**Kraul** [kraul] **das; ~s** *(Sport)* crawl

**¹kraulen 1.** *itr. V.* **a)** do *or* swim the crawl; **b)** *mit sein* **über den See/ans Ufer ~:** swim across the lake/to the bank using the crawl. **2.** *tr. V.; auch mit sein* **eine Strecke ~:** cover a distance using the crawl

**²kraulen** *tr. V.* **jmdm. das Kinn ~:** tickle sb. under the chin; **jmdn. in den Haaren ~:** run one's fingers through sb.'s hair; **seinen Bart ~:** finger one's beard

**Kraul·schwimmen das** crawl; **beim ~:** when doing the crawl

**kraus** [kraus] *Adj.* **a)** frizzy ‹*hair, beard*›; creased ‹*skirt etc.*›; wavy ‹*sea*›; wrinkled ‹*brow*›; **die Stirn ~ ziehen** wrinkle one's brow; *(unmutig)* frown; **die Nase ~ ziehen** wrinkle one's nose; **b)** *(abwertend: verworren)* muddled; confused

**Krause die; ~, ~n a)** *(Kragen)* ruff; *(am Ärmel)* ruffle; frill; **b)** *(im Haar)* frizziness; **eine [starke] ~ haben/bekommen** ‹*hair*› be/go [very] frizzy; ‹*person*› be/go [very] frizzy-haired

**Kräusel-: ~band das** Rufflette [tape] **(P); ~krepp der** crêpe

**kräuseln** ['krɔyz|n] **1.** *tr. V.* ruffle ‹*water, surface*›; gather ‹*material etc.*›; frizz ‹*hair*›; pucker [up] ‹*lips*›. **2.** *refl. V.* ‹*hair*› go frizzy; ‹*water*› ripple; ‹*smoke*› curl up; ‹*material*› pucker up

**krausen 1.** *tr. V.* gather ‹*material etc.*›; frizz ‹*hair*›; wrinkle [up] ‹*forehead, nose*›. **2.** *itr. V.* ‹*material, clothes*› crease

**kraus·haarig** *Adj.* frizzy-haired ‹*person*›; curly-coated ‹*dog etc.*›

**Kraus·kopf der** frizzy hair; **einen ~ haben** have frizzy hair; be frizzy-haired; *s. auch* **Wuschelkopf**

**Kraut** [kraut] **das; ~[e]s, Kräuter** ['krɔytɐ] **a)** herb; **dagegen ist kein ~ gewachsen** *(ugs.)* there's nothing anyone can do about it; **b)** *o. Pl. (Blätter)* foliage; stems and leaves *pl.; (von Kartoffeln, Bohnen usw.)* haulm; *(von Möhren, Rüben)* tops *pl.;* **ins ~ schießen** put on too much foliage; bolt; *(fig.)* run wild; **wie ~ und Rüben** *(ugs.)* all over the place; in a complete muddle; **c)** *o. Pl. (bes. südd., österr.: Kohl)* cabbage; **d)** *(ugs. abwertend: Tabak)* tobacco; **er raucht ein ganz elendes ~:** he is smoking some really foul stuff

**Kräutchen** [ˈkrɔytçən] **das; ~s, ~:** [small] herb; **ein ~ Rührmichnichtan sein** *(veralt.)* be over-sensitive and easily upset

**Kräuter-: ~buch das** herbal; **~butter die** herb butter; **~essig der** herb vinegar; **~frau die** herbwoman; **~käse der** cheese flavoured with herbs; **~kissen das** herb pillow; **~likör der** herb liqueur; **~sammler der** herbalist; **~tee der** herb tea; **~weib das** *(veralt.) s.* **~frau**

**krautig** *Adj.* herbaceous

**Kraut-: ~junker der** *(hist. abwertend)* large landowner; **~kopf der** *s.* **Kohlkopf**

**Kräutlein das; ~s, ~** *s.* **Kräutchen**

**Kraut-: ~salat der** coleslaw; **~wickel der** *(südd., österr.) s.* **Kohlroulade**

**Krawall** [kraˈval] **der; ~s, ~e a)** *(Tumult)* riot; **b)** *o. Pl. (ugs.: Lärm)* row *(coll.)*; racket; **es gab ~:** there was a row *(coll.) or* racket; **~ machen** kick up *or* make a row *(coll.) or* racket; **~ schlagen** kick up *or* make a fuss

**Krawall·macher der** rowdy

**Krawatte** [kraˈvatə] **die; ~, ~n a)** tie; **b)** *(Catchen)* headlock; chancery

**Krawatten-: ~halter der** tie-clip; **~knoten der** knot [of the/a/one's tie]; **~muffel der** *(ugs.)* stick-in-the-mud where ties are concerned; **~nadel die** tie-pin; **~zwang der: hier herrscht [kein] ~zwang** you [do not] have to wear a tie here

**kraxeln** [ˈkraksl̩n] *itr. V.; mit sein (bes. südd., österr. ugs.)* climb; *(mit Mühe)* clamber; **auf etw.** *(Akk.)* **~:** climb [up] sth.; *(mit Mühe)* clamber up sth.

**Kreation** [kreaˈtsi̯o:n] **die; ~, ~en** *(bes. Mode)* creation

**kreativ** [kreaˈti:f] **1.** *Adj.* creative. **2.** *adv.* **~ veranlagt sein** have a creative bent

**Kreativität** [kreativiˈtɛ:t] **die; ~:** creativity

**Kreativ·urlaub der** [arts and crafts] activity holiday

**Kreatur** [kreaˈtu:ɐ̯] **die; ~, ~en a)** *(Geschöpf)* creature; **b)** *o. Pl. (alle Lebewesen)* creation; **alle ~:** all creation; **Gott schuf alle ~:** God made all creatures *pl.*; **c)** *(Mensch)* creature; wretch; **d)** *(abwertend: willenloser Mensch)* minion; creature

**kreatürlich** [kreaˈty:ɐ̯lɪç] *Adj. (geh.)* creaturely, natural ⟨*feeling, love, etc.*⟩; animal *attrib.* ⟨*fear*⟩

**Krebs** [kre:ps] **der; ~es, ~e a)** crustacean; *(Fluß~)* crayfish; *(Krabbe)* crab; **rot wie ein ~:** as red as a lobster; **einen ~ fangen** *(Ruderjargon)* catch a crab; **b)** *(Krankheit)* cancer; **c)** *(Astrol.)* Cancer; the Crab; *s. auch* **Fisch**

**krebs·artig 1.** *Adj.* cancerous. **2.** *adv.* cancerously; in the manner of a cancer

**krebsen** *itr. V.* **a)** *(Flußkrebse fangen)* catch crayfish; *(Krabben fangen)* catch crabs; **b)** *(ugs.: sich abmühen)* **mit etw. zu ~ haben** find sth. a real *or* uphill struggle

**krebs-, Krebs-: ~erregend, ~erzeugend** *Adj.* carcinogenic; cancer-producing *usu. attrib.*; **das Rauchen kann ~erregend** *od.* **~erzeugend sein** smoking can cause cancer; **~forschung die** cancer research; **~gang der a)** *o. Pl. (rückläufige Entwicklung)* retrogression; **den ~gang gehen** ⟨*business*⟩ go downhill; **im ~gang gehen** go backwards; **b)** *(Musik)* retrograde movement; retrogression; **~geschwulst die** cancerous growth *or* tumour; **~geschwür das** *(volkst.)* cancerous ulcer; *(fig. geh.)* cancer; **~krank** *Adj.* cancer *attrib.* ⟨*patient etc.*⟩; **~krank sein** suffer from *or* have cancer; **~kranke der/die** person suffering from cancer; *(Patient)* cancer patient; **~leiden das** cancer *no def. art.*; **~rot** *Adj.* as red as a lobster *postpos.*; *(aus Verlegenheit)* as red as a beetroot *postpos.*; **~rot werden** *od.* **anlaufen** go *or* turn as red as a beetroot; **~suppe die** crab soup; *(aus Flußkrebsen)* crayfish soup; **~tier das;** *meist Pl. (Zool.)* crustacean; **~vorsorge die** *(bes. Amtsspr.)* **[Maßnahmen zur] ~vorsorge** precautions *pl.* against cancer; **~zelle die** cancer cell

**Kredenz** [kreˈdɛnts] **die; ~, ~en** *(veralt.)* sideboard

**kredenzen** *tr. V. (geh.)* **[jmdm.] etw. ~:** serve [sb. with] sth.

**¹Kredit** [kreˈdi:t] **der; ~[e]s, ~e a)** *(Darlehen)* loan; credit; **jmdm. einen ~ gewähren** *od.* **einräumen** *od.* **geben** give *or* grant sb. a loan *or* a credit; **einen ~ kündigen** call in a loan; **b)** *o. Pl. (Zahlungsaufschub)* credit; **er hat bei uns ~:** his credit is good with us; **jmdm. ~ geben** give *or* grant sb. credit; **auf ~:** on credit; **c)** *o. Pl. (Kaufmannsspr.: Vertrauenswürdigkeit)* good reputation *or* name; **jmdm. großen politischen ~ verschaffen** give sb. considerable political standing

**²Kredit** [ˈkre:dɪt] **das; ~s, ~s** *(Finanzw.)* credit side

**kredit-, Kredit-: ~abteilung die** credit department; **~anstalt die** credit institution; **~aufnahme die: durch ~aufnahme** by means of a loan/loans; **~brief der** *(Finanzw.)* letter of credit; **~fähig** *Adj. (Finanzw.)* credit-worthy; **~geber der** lender; **~geschäft das** credit transaction; **~hai der** *(ugs. abwertend)* loan shark *(coll.)*

**kreditieren** *tr. V. (Kaufmannsspr.)* **jmdm. einen Betrag ~/jmdn. für einen Betrag ~:** advance sb. an amount *or* give sb. an amount on credit/credit sb. with an amount

**kredit-, Kredit-: ~institut das** credit institution; **~karte die** credit card; **mit ~karte bezahlen** pay by credit card; **~kauf der** credit purchase; **~linie die** *(Finanzw.)* credit limit; **~nehmer der** borrower; **~schutz der** *(Finanzw.)* credit protection; **~würdig** *Adj. (Finanzw.)* credit-worthy

**Kredo** [ˈkre:do] **das; ~s, ~s a)** *(kath. Kirche)* creed; credo; **b)** *(fig. geh.)* credo

**kregel** [ˈkre:gl̩] *Adj. (bes. nordd., md.)* lively

**Kreide** [ˈkraidə] **die; ~, ~n a)** *o. Pl. (Kalkstein)* chalk; **b)** *(zum Schreiben)* chalk; **mit ~ zeichnen/schreiben** draw/write in *or* with chalk; **ein Stück ~:** a piece of chalk; **bei jmdm. [tief] in der ~ stehen** *od.* **sitzen** *od.* **sein** be [deep] in debt to sb.; owe sb. [a lot of] money; **c)** *o. Pl. (Geol.)* Cretaceous [period]

**kreide-, Kreide-: ~bleich** *Adj.* as white as a sheet *postpos.*; **~felsen der** chalk cliff; **~haltig** *Adj.* chalky; cretaceous *(Geol.)*; **~stift der** [piece of] chalk; *(bild. Kunst)* chalk; crayon; **~weiß** *Adj.: s.* **~bleich**; **~zeichnung die** chalk drawing; **~zeit die** *s.* **Kreide c**

**kreidig** *Adj.* **a)** *(voller Kreide)* chalky; **b)** *(kreidehaltig)* chalky; cretaceous *(Geol.)*; **c)** *(geh.: bleich)* deathly pale ⟨*face*⟩

**kreieren** [kreˈi:rən] *tr. V. (auch Theater)* create

**Kreis** [krais] **der; ~es, ~e a)** circle; **einen ~ schlagen** *od.* **beschreiben** describe a circle; **jmds. ~e stören** *(geh.)* disturb sb.; **b)** *(Handball: Wurfkreis)* goal area; **c)** *(Ring)* circle; **einen ~ bilden** *od.* **schließen** form *or* make a circle; **in einem** *od.* **im ~ stehen/sitzen** stand/sit in a circle; **sich im ~ drehen** *od.* **bewegen** go *or* turn round in a circle; *(fig.)* go round in circles; **mir dreht sich alles im ~:** everything's going round and round; **der ~ hat sich geschlossen** the last piece has fallen into place; **~e ziehen** ⟨*court case*⟩ have [wide] repercussions; ⟨*movement*⟩ grow in size and influence; **d)** *(Gruppe)* circle; **der ~ meiner Freunde** my circle of friends; **im ~e der Freunde/Familie** among *or* with friends/within the family; **im kleinen** *od.* **engsten ~:** with a few close friends [and relatives]; **der ~ seiner Leser/Anhänger** his readers *pl.*/followers *pl.*; **e)** *(Teil der Gesellschaft)* circle; **in seinen ~en** in the circles in which he moves/moved; **in weiten** *od.* **breiten ~en der Bevölkerung** amongst wide sections of the population; **die besseren/besten ~e** the best circles; **f)** *(von Problemen, Lösungen usw.)* range; **g)** *(Verwaltungsbezirk)* district; *(Wahl~)* ward; **der ~ Heidelberg** the Heidelberg district *or* district of Heidelberg; **h)** *(Elektrot.)* circuit

**Kreis-: ~ab·schnitt der** *(Geom.)* segment [of a/the circle]; **~arzt der** district medical officer; **~aus·schnitt der** *(Geom.)* sector [of a/the circle]; **~bahn die** orbit; **~bewegung die** circular movement; **~bogen der** *(Geom.)* arc [of a/the circle]

**kreischen** [ˈkraiʃn̩] *regelm. (veralt. auch unr.) itr. V.* ⟨*person*⟩ screech, shriek; ⟨*bird*⟩ screech; ⟨*brakes*⟩ squeal, screech; ⟨*door*⟩ creak; ⟨*saw*⟩ screech; **mit ~den Bremsen** with a squeal *or* screech of brakes

**Kreisel** [ˈkraizl̩] **der; ~s, ~ a)** *(Technik)* gyroscope; **b)** *(Kinderspielzeug)* top; **den ~ schlagen** spin *or* whip the top; **c)** *(ugs.: Kreisverkehr)* roundabout

**Kreisel-: ~bewegung die** gyration; spinning movement; **~kompaß der** *(Schifffahrt)* gyro-compass

**kreiseln** *itr. V.* **a)** *auch mit sein (sich drehen)* spin [round]; gyrate; **b)** *(mit einem Kreisel spielen)* play with a top; spin a top

**Kreisel·pumpe die** *(Technik)* centrifugal pump

**kreisen** *itr. V.* **a)** *auch mit sein* ⟨*planet*⟩ revolve **(um** around); ⟨*satellite etc.*⟩ orbit; ⟨*aircraft, bird*⟩ circle; **der Satellit kreist um die Erde** the satellite orbits the Earth ; **das Blut kreiste schneller in seinen Adern** *(fig.)* the blood coursed faster in his veins; **die Flasche [in der Runde] ~ lassen** *(fig.)* pass the bottle round; **seine Gedanken kreisten immer um dasselbe Thema** *(fig.)* his thoughts always revolved around the same subject; **b)** *(Sport)* **die Arme ~ lassen** swing one's arms round [in a circle]

**kreis-, Kreis-: ~fläche die** *(Geom.)* area of a/the circle; **~förmig 1.** *Adj.* circular; **2.** *adv.* **ein ~förmig gebogenes Stück Draht** a piece of wire bent into a circle; **~frei** *Adj. (Amtsspr.)* **eine ~freie Stadt** a town that is administered as a district in its own right; **~klasse die** *(Sport)* district league; **~kolben·motor der** *s.* **Wankelmotor**; **~lauf der a)** *(der Natur, der Wirtschaft, des Lebens usw.)* cycle; *(des Geldes; Technik)* circulation; **b)** *(Physiol.)* circulation; **~läufer der** *(Hallenhandball) s.* **~spieler**; **~lauf·kollaps der** *(Med.)* circulatory collapse; **~lauf·mittel das a)** remedy to prevent faintness; **b)** *(Med.)* circulatory preparation; *(den ~lauf anregend)* circulatory stimulant; **~lauf·störung die a)** *bes. im Pl.* faintness; **b)** *(Med.)* cardio-vascular disorder; circulatory disturbance; **~lauf·störungen** *Pl.* circulatory trouble *sing.*; **~leitung die** *(DDR)* district committee; **~linie die** *(Geom.)* circumference [of a/the circle]; **~ring der** *(Geom.)* annulus; **~rund 1.** *Adj.* [perfectly] circular *or* round; **2.** *adv.* ⟨*bent etc.*⟩ in[to] a [perfect] circle; **~säge die a)** *(Werkzeug)* circular saw; **b)** *(ugs. scherzh.: Strohhut)* boater

**kreißen** [ˈkraisn̩] *itr. V. (veralt.)* be in labour

**Kreis·spieler der** *(Hallenhandball)* pivot player

**Kreiß·saal der** *(Med.)* delivery room

**Kreis-: ~stadt die** chief town of a/the district; **~tag der** district assembly; **~verkehr der** traffic on *or* going round a/the roundabout; *(Platz)* roundabout; **~verwaltung die** administration of a/the district; *(Behörde)* district authority; **~wehrersatz·amt das** district recruiting office; **~zahl die** *(Math.)* pi *no art.*

**Krem** [kre:m] **die; ~, ~s** *s.* **Creme**

**Krematorium** [kremaˈto:ri̯ʊm] **das; ~s, Krematorien** crematorium

**kremig** *s.* **cremig**

**Kreml** ['krɛml] **der; ~s** Kremlin
**Krempe** ['krɛmpə] **die; ~, ~n** brim
[1]**Krempel** ['krɛmpl̩] **der; ~s** *(ugs. abwertend)* stuff; *(Gerümpel)* junk; **den ganzen ~ hinwerfen** *(fig.)* chuck the whole thing in *(coll.)*
[2]**Krempel die; ~, ~n** *(Textilind.)* carding machine
[1]**krempeln** *tr. V.* roll
[2]**krempeln** *tr. V. (Textilind.)* card
**Kremser** ['krɛmzɐ] **der; ~s, ~** *(veralt.)* [covered] charabanc *(Brit. dated)*
**Kren** [kre:n] **der; ~[e]s** *(südd., bes. österr.) s.* **Meerrettich**
**Kreole** [kre'o:lə] **der; ~n, ~n, Kreolin die; ~, ~nen** Creole
**kreolisch** *Adj.* Creole
**krepieren** [kre'pi:rən] *itr. V.; mit sein* **a)** *(zerplatzen)* explode; go off; **b)** *(salopp: sterben)* ⟨*animal*⟩ die; ⟨*person*⟩ snuff it *(sl.)*
**Krepp** [krɛp] **der; ~s, ~s** *od.* **~e** crêpe
**Kreppapier das** crêpe paper
**Krepp-: ~papier** *s.* **Kreppapier; ~sohle die** crêpe sole
**Kresse** ['krɛsə] **die; ~, ~n** *(Bot.)* cress
**Kreta** ['kre:ta] **(das); ~s** Crete
**Kreter** ['kre:tɐ] **der; ~s, ~, Kreterin die; ~, ~nen** Cretan
**Krethi und Plethi** *o. Art., o. Gen.; Pl., auch Sg. (abwertend)* every Tom, Dick and Harry *sing.*
**Kretin** [kre'tɛ̃:] **der; ~s, ~s a)** *(Med.)* cretin; **b)** *(fig. abwertend)* imbecile
**Kretinismus** [kreti'nɪsmʊs] **der; ~** *(Med.)* cretinism *no art.*
**kreucht** [krɔyçt] *in* **alles, was da ~ und fleucht** all living creatures *or* things
**kreuz: ~ und quer durch die Stadt fahren** drive all over/round the town; **in die Kreuz und [in die] Quere fahren** drive all over the place
**Kreuz** [krɔyts] **das; ~es, ~e a)** cross; *(Symbol)* cross; crucifix; **etw. über ~ legen/falten** lay sth. down/fold sth. crosswise; **das ~ des Südens** *(Astron.)* the Southern Cross; **zu ~e kriechen** humble oneself; *s. auch* **eisern 1 a; rot 1; b)** *(hist.)* cross; **jmdn. ans ~ schlagen** *od.* **nageln** nail sb. to the cross; **c)** *(Kreuzzeichen)* sign of the cross; **das/ein ~ schlagen** make the sign of the cross; *(sich bekreuzigen)* cross oneself; **drei ~e machen** *(ugs.)* heave a sigh of relief; **d)** *o. Pl. (Leid)* cross; **sein ~ auf sich nehmen/tragen** take up/bear one's cross; **es ist ein ~ mit jmdm./etw.** *(ugs.)* sb. is a real strain *or* is really trying/sth. is a real problem; **e)** *(Teil des Rückens)* small of the back; **ein steifes ~ haben** have a stiff back; **Schmerzen im ~:** pain in the small of the back; **ich hab's im ~** *(ugs.)* I've got back trouble *or* a bad back; **jmdn. aufs ~ legen** *(salopp)* take sb. for a ride *(sl.)*; **eine Frau aufs ~ legen** *(salopp: mit ihr schlafen)* lay a woman *(sl.)*; **fast** *od.* **beinahe aufs ~ fallen** *(fig.)* almost fall through the floor; **jmdm. etw. aus dem ~ leiern** *(salopp)* talk sb. into handing sth. over; **f)** *o. Art., o. Pl. (Kartenspiel) (Farbe)* clubs *pl.*; *(Karte)* club; *s. auch* [2]**Pik; h)** *(Autobahn)* interchange; **i)** *(Musik)* sharp
**kreuz-, Kreuz-: ~abnahme die** *(bild. Kunst)* Descent *or* Deposition from the Cross; **~as das** ace of clubs; **~band das** *(Anat.)* cruciate ligament; **~bein das** *(Anat.)* sacrum; **~blume die a)** *(Bot.)* milkwort; **b)** *(Archit.)* finial; **~blütler der** *(Bot.)* cruciferous plant; crucifer; **~brav** *Adj.* thoroughly good and honest ⟨*person*⟩; very good *or* well-behaved ⟨*child*⟩; **~bube der** jack of clubs; **~dame die** queen of clubs
**kreuzen 1.** *tr. V. (auch Biol.)* cross; **die Arme/Beine [übereinander] ~:** cross *or* fold one's arms/cross one's legs; *s. auch* **Klinge b. 2.** *refl. V.* **a)** *(überschneiden)* cross; intersect; **ihre Wege ~ sich** *(fig.)* their paths cross; **ihre Blicke ~ sich** *(fig.)* their eyes meet; **b)** *(zuwiderlaufen)* clash **(mit** with). **3.** *itr. V.* **a)** *mit haben od. sein (hin und her fahren)* cruise; **b)** *(Seemannsspr.)* tack
**Kreuzer der; ~s, ~ a)** *(Milit.: Kriegsschiff)* cruiser; **b)** *(Segelsport)* cruising yacht; cruiser; **c)** *(hist.: Münze)* kreuzer
**Kreuzes·tod der** [death by] crucifixion; **den ~ sterben** die on the cross
**kreuz-, Kreuz-: ~fahrer der** *(hist.)* crusader; **~fahrt die a)** *(Seereise)* cruise; **eine ~fahrt machen** go on a cruise; **b)** *(hist.) s.* **~zug; ~feuer das** *(Milit., auch fig.)* crossfire; **etw. unter ~feuer nehmen** direct crossfire at sth.; **im ~feuer stehen** be under fire from all sides; **ins ~feuer geraten** come under fire from all sides; **~fidel** *Adj. (ugs.) (sehr gut gelaunt)* very cheerful; *(sehr lustig)* very jolly; **~förmig 1.** *Adj.* cross-shaped; cruciform; **2.** *adv.* ⟨*built, arranged, etc.*⟩ in the shape of a cross; **~gang der** cloister; **~gelenk das** *s.* **Kardangelenk; ~gewölbe das** *(Archit.)* cross vault; **~griff der** *(Turnen)* cross grip; **~hacke die** pickaxe
**kreuzigen** ['krɔytsɪgn̩] *tr. V.* crucify; **der Gekreuzigte** Christ crucified
**Kreuzigung die; ~, ~en a)** *(das Kreuzigen)* crucifixion; **b)** *(bild. Kunst)* Crucifixion
**kreuz-, Kreuz-: ~knoten der** *(Seemannsspr.)* reef-knot; **~könig der** king of clubs; **~lahm** *Adj.* broken-backed ⟨*horse etc.*⟩; **ich bin ganz ~lahm** *(ugs.)* my back is killing me *(coll.)*; **~mast der** *(Seemannsspr.)* mizen-mast; **~otter die** adder; [common] viper; **~reim der** *(Verslehre)* alternate rhyme; **~rippen·gewölbe das** *(Archit.)* ribbed vault; **~ritter der** *(hist.)* **a)** crusader; **b)** *(vom deutschen Ritterorden)* Teutonic Knight; knight of the Teutonic Order; **~schlitz·schraube die** Phillips screw **(P); ~schlitz·schrauben·dreher der** Phillips screwdriver **(P); ~schlüssel der** four-way wheel-brace; **~schmerzen** *Pl.* pain *sing.* in the small of the back; **~schnabel der** *(Zool.)* crossbill; **~spinne die** cross spider; garden spider; **~stich der** *(Handarb.)* cross-stitch
**Kreuzung die; ~, ~en a)** junction; crossroads *sing.*; **b)** *(Biol.)* crossing; crossbreeding; *(Ergebnis)* cross; cross-breed; **eine ~ aus** *od.* **von ... und ...:** a cross between ... and ...
**kreuz·unglücklich** *Adj. (ugs.)* terribly miserable *(coll.)*
**kreuzungs·frei** *Adj. (Verkehrsw.)* without [any] junctions *postpos.*
**Kreuzungs·punkt der** junction; *(von Autobahnen)* intersection
**kreuz-, Kreuz-: ~verband der** *(Bauw.)* English cross bond; **~verhör das** cross-examination; **jmdn. ins ~verhör nehmen** *(fig.)* cross-examine sb.; **~weg der a)** *(Wegkreuzung)* crossroads *sing.*; **am ~weg stehen/an einen ~weg gekommen sein** *(geh.)* stand *or* be at/have reached a crossroads; **b)** *(kath. Kirche: Darstellung, Gebete)* stations of the Cross, way of the Cross; **~weise** *Adv.* crosswise; crossways; **du kannst mich mal ~weise!** *(derb)* [you can] get stuffed! *(sl.)*; **~wort·rätsel das** crossword [puzzle]; **~zeichen das** *(bes. kath. Kirche)* sign of the cross; **das ~zeichen machen** make the sign of the cross; *(sich bekreuzigen)* cross oneself; **~zug der a)** *(hist.)* crusade; **b)** *(Kampagne)* crusade
**Krevette** [kre'vɛtə] **die; ~, ~n** palaemon prawn; leander
**kribbelig** *Adj. (ugs.)* **a)** *(vor Ungeduld)* fidgety; *(nervös)* edgy; **b)** *(kribbelnd)* **ein ~es Gefühl in der Hand** pins and needles in one's hand
**kribbeln** ['krɪbl̩n] *itr. V.* **a)** *(jucken)* tickle; *(prickeln)* tingle; **es kribbelt mir** *od.* **mich in der Nase/in den Füßen/unter der Haut** I've got a tickle in my nose/my feet are tingling *or* I've got pins and needles in my feet/my skin is itching *or* prickling; **es kribbelt mir in den Fingern, es zu tun** *(fig.)* I'm just itching to do it; **b)** *(wimmeln)* swarm [about]; **in dem Ameisenhaufen kribbelte und krabbelte es** the ants were swarming about in the anthill
**kribblig** *s.* **kribbelig**
**Krickelkrakel** ['krɪkl̩krakl̩] **das; ~s** *(ugs.)* scribble; scrawl
**Kricket** ['krɪkət] **das; ~s** cricket
**Krida** ['kri:da] **die; ~** *(österr. Rechtsw.)* fraudulent bankruptcy; *(fahrlässig)* bankruptcy through negligence
**kriechen** ['kri:çn̩] *unr. itr. V.* **a)** *mit sein* ⟨*insect, baby*⟩ crawl; ⟨*plant*⟩ creep; ⟨*person, animal*⟩ creep, crawl; ⟨*car, train, etc.*⟩ crawl *or* creep [along]; **aus dem Ei/der Puppe ~:** hatch [out]/emerge from the chrysalis; **~de Pflanzen** creepers; **erschöpft ins Bett ~:** crawl exhausted into bed; **auf allen vieren/auf dem Bauch ~:** crawl on all fours/crawl [along] on one's stomach; **die Zeit/der Zeiger kriecht** *(fig.)* time creeps by/the hand creeps [around the dial]; *s. auch* **Kreuz a; b)** *mit sein (ugs.: sich fortbewegen)* walk; get about; **kaum noch ~ können** hardly be able to get about *or* walk; *(alt und gebrechlich sein)* be old and decrepit; **c)** *auch mit sein (abwertend: sich unterwürfig verhalten)* crawl, grovel **(vor +** *Dat.* to)
**Kriecher der; ~s, ~** *(abwertend)* crawler; groveller
**kriecherisch** *Adj. (abwertend)* crawling; grovelling
**Kriech-: ~spur die** *(Verkehrsw.)* crawler lane; **~strom der** *(Elektrot.)* leakage current; **~tempo das** *(abwertend)* **im ~tempo** at a snail's pace; **~tier das** *(Zool.)* reptile
**Krieg** [kri:k] **der; ~[e]s, ~e** war; *(~sführung)* warfare; **[gegen jmdn.] ~ führen** wage war [on sb.]; **einem Land den ~ erklären** declare war on a country; **sich im ~ befinden** *od.* **im ~ stehen [mit ...]** be at war [with ...]; **in den ~ ziehen** go to war; **im ~ bleiben** *od.* **fallen** be killed in the war; **der kalte ~:** the cold war
**kriegen** *tr. V. (ugs.)* **a)** *(bekommen)* get; **noch Geld von jmdm. ~:** be owed money by sb.; **Bescheid ~:** be told; **Schläge** *od.* **sie ~:** get a good hiding *(coll.) or* beating; **du kriegst gleich eine/ein paar!** I'll clout you in a moment!; **ein Jahr [Gefängnis] ~:** get a *or* one year [in prison]; **einen Schnupfen ~:** catch [a] cold; **Besuch ~:** have a visitor/visitors; **seinen Willen ~:** get one's own way; **ich kriege keine Verbindung** *od.* **keinen Anschluß** I can't get through; **am Ende des Films ~ sie sich** at the end of the film boy gets girl; **was ~ Sie?** what can I get you?; **ein Baby/Kind ~:** have a baby/child; **Junge ~:** have puppies/kittens *etc.*; **jmdn. dazu ~, etw. zu tun** get sb. to do sth.; **er ist nicht aus dem Haus** *od.* **vor die Tür zu ~:** nothing will get him out of the house *or* front door; **jmdn. satt/frei ~:** feed sb./get sb. free; **wir werden das** *od.* **es schon ~:** we'll soon sort it out; *s. auch* **genug; Motte a; zuviel 1 a; b)** *(befallen werden)* get; **die Wut/Angst/einen Schrecken ~:** get angry scared/have *or* get a shock; **Hunger/Durst ~:** get hungry/thirsty; **Heimweh/Fernweh ~:** get homesick/start suffering from wanderlust; **einen roten Kopf ~:** go red; blush; **Falten/eine Glatze ~:** get wrinkles/go bald; **c)** *(erreichen)* catch ⟨*train, bus, etc.*⟩; **d)** *(fangen)* catch; **e) +** *Inf. mit „zu" (die Möglichkeit haben)* **etw. zu essen ~:** get sth. to eat; **er kriegte den Ast zu fassen** he was able to *or* he managed to grab hold of the branch; **f) +** *Inf. mit „zu" (ertragen müssen)* **etw. zu spüren/hören ~:** feel the force of sth./get a good talking-to; **es mit jmdm. zu tun ~:** have sb. to reckon with; **g) +** *2. Part.* **etw. geschenkt ~:** get sth. as a present; **ein gutes Essen vorgesetzt ~:** get served with a good meal; **h)** *in* **es nicht über sich ~, etw. zu tun** *(ugs.)* not be able to bring oneself to do sth.

**Krieger der; ~s, ~:** warrior; *(nordamerikanischer Indianer)* brave; **die alten ~:** the veterans; **ein müder ~** *(fig.)* a tired old thing

**Krieger·denkmal das** *(veralt.)* war memorial

**kriegerisch** *Adj.* **a)** *(kampflustig)* warlike; **b)** *nicht präd. (militärisch)* military; **eine ~e Auseinandersetzung** an armed conflict

**Krieger·witwe die** war widow

**krieg·führend** *Adj.; nicht präd.* warring; belligerent

**Krieg·führung die** warfare *no art.; (Leitung)* conduct of the war

**kriegs-, Kriegs-: ~anleihe die** war loan; **~aus·bruch der** outbreak of war; **bei/vor ~ausbruch** at/before the outbreak of war; **~bedingt** *Adj.* caused by the war *postpos.;* **~beginn der;** *o. Pl.* beginning *or* start of the war; **~beil das** tomahawk; **das ~beil ausgraben/begraben** *(scherzh.)* start fighting/bury the hatchet; **~bemalung die** *(Völkerk.)* war-paint; **in voller ~bemalung** *(scherzh.)* in full war-paint; **~bericht·erstatter der** war correspondent; **~bericht·erstattung die** war reporting *no art.;* **~beschädigt** *Adj.* war-disabled; **~beschädigte der/die** war-disabled person; war invalid; **~beute die** spoils *pl.* of war; **~blinde der/die** person blinded in the war; **~dienst der a)** *(im Krieg)* active service; **b)** *(Wehrdienst)* military service; **den ~dienst verweigern** be a conscientious objector; **~dienst·verweigerer der** conscientious objector; **~dienst·verweigerung die** conscientious objection; **~einwirkung die: infolge von ~einwirkungen** as a result of the war; **~ende das** end of the war; **bei/vor ~ende** at/before the end of the war; **~entschädigung die** reparations *pl.;* **~entscheidend** *Adj.* decisive for the outcome of the war *postpos.;* **~erklärung die** declaration of war; **~erlebnis das** wartime experience; **~fall der: im ~fall[e]** in the event of war; **~film der** war film; **~flagge die** naval ensign; **~flotte die** navy; fleet; **~freiwillige der** [war] volunteer; **~führung die** *s.* **Kriegführung; ~fuß der** *in* **mit jmdm. auf [dem] ~fuß stehen** *od.* **leben** *(scherzh.)* be at loggerheads with sb.; **mit etw. auf [dem] ~fuß stehen** *(scherzh.)* be totally lost when it comes to sth.; **~gebiet das** war zone; **~gefahr die;** *o. Pl.* danger of war; **~gefangen** *Adj.* captured; **~gefangene der** prisoner of war; POW; **~gefangenschaft die** captivity; **in ~gefangenschaft sein/geraten** be a prisoner of war/be taken prisoner; **aus der ~gefangenschaft entlassen werden** be released from captivity; **~gegner der a)** *(Gegner im Krieg)* enemy; **b)** *(Gegner des Krieges)* opponent of the/a war; *(Pazifist)* opponent of war; **~gericht das** court martial; **jmdn. vor ein ~gericht stellen** court-martial sb.; **~geschrei das** war cries *pl.;* **~gewinnler** [~gəvɪnlɐ] **der; ~s, ~** *(abwertend)* war profiteer; **~glück das** *(geh.)* fortune *or* luck in war; **~gott der** *(Myth.)* god of war; **~gräber·fürsorge die a)** care of war graves; **b)** *(Institution)* war graves commission; **~greuel der** wartime atrocity; **~hafen der** naval port; **~handwerk das** *(geh. veralt.)* art of warfare; **~held der** *(geh.)* war hero; **~herr der** *(geh. veralt.)* commander; **oberster ~herr** supreme commander; commander-in-chief; **~hetze die;** *o. Pl. (abwertend)* warmongering; **~hetze betreiben** stir up war; **~hinterbliebene der/die** war orphan/widow; **die ~hinterbliebenen** war widows and orphans; **~industrie die** armaments industry; **~invalide der** war-disabled person; war invalid; **~jahr das: im ersten/dritten ~jahr** in the first/third year of the war; **während der ~jahre/der letzten ~jahre** during the war years/the last years of the war; **~kamerad der** wartime comrade; **~knecht der** *(veralt.)* soldier; *(Söldner)* mercenary; **~kunst die** *(geh., veralt.)* art of war *or* warfare; **~list die** military stratagem; *(fig. scherzh.)* ruse; **~lüstern** *Adj.* bellicose; warlike; **~marine die** navy; **~maschine die** *(hist.)* engine [of war]; **~maschinerie die** *(abwertend)* machinery of war; **~minister der** *(hist.)* minister of *or* for war; **~ministerium das** *(hist.)* war ministry; *(in Großbritannien)* War Office *(Hist.);* **~müde** *Adj.* war-weary; **~opfer das** war victim; **~pfad der** *in* **auf dem ~pfad** *(auch fig.)* on the war-path; **~propaganda die** wartime propaganda; **~rat der** *in* **~rat [ab]halten** *(scherzh.)* have a pow-wow; **~recht das;** *o. Pl.* **a)** laws *pl.* of war; **b) das ~recht verhängen** impose martial law; **~schaden der** *(bes. Amtsspr.)* war damage *no art.;* **~schäden** *Pl.* war damage *sing., no art.;* **~schau·platz der** theatre of war; **~schiff das** warship; **~schuld die** war guilt; **~schulden** *Pl.* war debts; **~spiel das a)** *(Milit.)* war game; **b)** *(Kinderspiel)* [game of] soldiers *sing.;* **~spiel·zeug das** war toys *pl.; (einzelnes)* war toy; **~stärke die;** *o. Pl.* wartime strength; **~tanz der** *(Völkerk.)* war-dance; **~tauglich** *Adj.* fit for active service *postpos.;* **~teilnehmer der** combatant; *(ehemaliger Soldat)* ex-serviceman; war veteran *(Amer.);* **~trauung die** war-marriage; **~treiber der** *(abwertend)* war-monger; **~untauglich** *Adj.* unfit for active service *postpos.;* **~verbrechen das** *(Rechtsw.)* war crime; **~verbrecher der** war criminal; **~verbrecher·prozeß der** war crimes trial; **~verbündet** *Adj.* co-belligerent; **~verbündete der** co-belligerent; **~verletzung die** war wound *or* injury; **~versehrt** *Adj.: s.* **~beschädigt; ~versehrte der/die** *s.* **~beschädigte; ~verwendungs·fähig** *Adj. (Amtsspr.)* fit for active service *postpos.;* **~waise die** war orphan; **~wichtig** *Adj.* essential to the war effort *postpos.;* **~wirren** *Pl.* chaos *sing.* of war; **~wirtschaft die** war[time] economy; **~zeit die** wartime; **in ~zeiten** *Pl.* in wartime; **~ziel das** war aim; aim of a/the war; **~zu·stand der** state of war; **sich im ~zustand befinden** be at war

**Krill** [krɪl] **der; ~[e]s** krill

**Krim** [krɪm] **die; ~: die ~:** the Crimea

**Krimi** ['kri:mi] **der; ~[s], ~[s]** *(ugs.)* **a)** *(Film, Stück)* crime thriller; whodunit *(coll.); (fig.: Fußballspiel, Quizsendung usw.)* thriller; cliff-hanger; **b)** *(Roman)* crime thriller; whodunit *(coll.); (mit Detektiv als Held)* detective story

**Kriminal·beamte** [krimi'na:l-] **der** [plain-clothes] detective

**Kriminale der;** *adj. Dekl.,* **Kriminaler der; ~s, ~** *(ugs.)* detective

**Kriminal-: ~fall der** criminal case; crime; **~film der** crime film *or* thriller; **~gericht das** *(veralt.) s.* **Strafgericht; ~hör·spiel das** radio crime thriller

**kriminalisieren** *tr. V.* **a)** *(kriminell machen)* **jmdn. ~:** make sb. turn to crime; **b)** *(als kriminell hinstellen)* **jmdn./etw. ~:** present sb. as a criminal/sth. as [being] criminal *or* a criminal act

**Kriminalist der; ~en, ~en** detective

**Kriminalistik die; ~:** criminalistics *sing., no art.*

**kriminalistisch 1.** *Adj.* ⟨*methods, practice*⟩ of criminalistics; ⟨*abilities*⟩ in the field of criminalistics. **2.** *adv.* ⟨*proceed etc.*⟩ using the methods of criminalistics

**Kriminalität** [kriminali'tɛ:t] **die; ~ a)** crime *no art.;* **ein Absinken der ~:** a drop in the level of crime *or* in the crime rate; **b)** *(Straffälligkeit)* criminality

**Kriminal-: ~kommissar der** ≈ detective superintendent; **~komödie die** comedy thriller; **~polizei die** criminal investigation department; **~roman der** crime novel *or* thriller; *(mit Detektiv als Held)* detective novel

**kriminell** [krimi'nɛl] **1.** *Adj. (auch ugs.: rücksichtslos)* criminal; **~ werden/sein** become a criminal *or* turn to crime/be a criminal. **2.** *adv.* **a) ~ veranlagt sein** have criminal tendencies; **~ handeln** act illegally; break the law; **b)** *(ugs.: rücksichtslos)* criminally; ⟨*drive*⟩ with criminal recklessness

**Kriminelle der/die;** *adj. Dekl.* criminal

**Kriminologie** [kriminolo'gi:] **die** criminology *no art.*

**Krim·krieg** ['krɪm-] **der; ~[e]s** Crimean War

**Krimskrams** ['krɪmskrams] **der; ~[es]** *(ugs.)* stuff; **einigen ~ kaufen** buy a few bits and pieces

**Kringel** ['krɪŋl̩] **der; ~s, ~ a)** *(Kreis)* [small] ring; *(Kritzelei)* round squiggle; **b)** *(Gebäck)* [ring-shaped] biscuit; ring

**kringelig** *Adj.* crinkly ⟨*hair*⟩; squiggly ⟨*shape, line, etc.*⟩; **sich ~ lachen** *(ugs.)* laugh one's head off; kill oneself [laughing] *(coll.)*

**kringeln 1.** *tr. V.* curl [up] ⟨*tail*⟩; **jmds. Haar ~:** curl sb.'s hair; ⟨*wind, rain*⟩ make sb.'s hair go curly. **2.** *refl. V.* curl [up]; ⟨*hair*⟩ go curly; **sich [vor Lachen] ~** *(ugs.)* laugh one's head off; kill oneself [laughing] *(coll.)*

**Krinoline** [krino'li:nə] **die; ~, ~n** *(hist.)* crinoline

**Kripo** ['kri:po] **die; ~** *(ugs.)* **die ~:** ≈ the CID

**Krippe** ['krɪpə] **die; ~, ~n a)** *(Futtertrog)* manger; crib; *s. auch* **Futterkrippe; b)** *(Weihnachten)* model of a nativity scene; crib; **c)** *(Kinder~)* crèche; day nursery

**Krippen·spiel das** nativity play

**Kris** [kri:s] **der; ~es, ~e** kris

**Krise** ['kri:zə] **die; ~, ~n** *(auch Med.)* crisis; **eine ~ durchmachen/überwinden** go through/overcome a crisis; **in eine ~ geraten** enter a state of crisis

**kriseln** ['kri:zl̩n] *itr. V. (unpers.)* **es kriselt in ihrer Ehe/in der Partei** *(eine Krise droht)* their marriage is running into trouble/there is a crisis looming in the party; *(eine Krise ist vorhanden)* their marriage is in trouble/the party is in a state of crisis

**krisen-, Krisen-: ~anfällig** *Adj.* crisis-prone; **~fest** *Adj.* that is/are unaffected by crises *postpos., not pred.;* **~fest sein** be unaffected by crises; **~gebiet das** crisis area; **~herd der** trouble spot; **~management das** crisis management; **~stab der** crisis team

**Krisis** ['kri:zɪs] **die; ~, Krisen** *(veralt., Med.) s.* **Krise**

**[1]Kristall** [krɪs'tal] **der; ~s, ~e** crystal

**[2]Kristall das; ~s a)** *(Material)* crystal *no indef. art.;* **Gläser aus ~:** crystal glasses; **b)** *(Gegenstände)* crystal *no indef. art.*

**Kristall·bildung die** *s.* **Kristallisation**

**kristallen** *Adj.; nicht präd.* crystal

**Kristalleuchter der** crystal chandelier

**Kristall-: ~gitter das** *(Chemie)* crystal lattice; **~glas das a)** crystal glass; **b)** *(Bleikristall)* crystal

**kristallin** [krɪsta'li:n] *Adj. (bes. Mineral.)* crystalline

**Kristallisation** [krɪstaliza'tsio:n] **die; ~, ~en** *(bes. Chemie)* crystallization

**kristallisieren** *(bes. Chemie)* **1.** *itr. V.* crystallize. **2.** *refl. V. (auch fig.)* crystallize

**kristall-, Kristall-: ~klar** *Adj. (auch fig.)* crystal-clear; **~leuchter** *s.* **Kristalleuchter; ~lüster** *s.* **Kristallüster; ~nacht die** *(ns.)* crystal night; kristallnacht; *National Socialist pogrom against Jews in November 1938;* **~schale die** crystal bowl

**Kristallüster der** *(veralt.)* crystal chandelier

**Kristall-: ~waren** *Pl.* crystal [glass] *sing.;* **~zucker der** *(bes. fachspr.)* refined sugar in crystals

**Kriterium** [kri'te:ri̯ʊm] **das; ~s, Kriterien a)** criterion; **b)** *(bes. Skisport)* race; **c)** *(Radsport)* criterium

**Kritik** [kri'ti:k] **die; ~, ~en a)** criticism *no indef. art.* **(an** + *Dat.* of); **an jmdm./etw. ~ üben** criticize sb./sth.; **auf ~ stoßen** meet with *or* come in for criticism; **unter aller** *od.* **jeder ~ sein** *(ugs.)* be absolutely hopeless; **b)** *(Besprechung)* review; notice; **eine gute/schlechte ~** *od.* **gute/schlechte ~en bekommen** get good/bad reviews *or* notices; **c)** *o. Pl. (die Kritiker)* critics *pl.*; reviewers *pl.*; **d)** *(Philos., Analyse)* critique

**Kritikaster** [kriti'kastɐ] **der; ~s, ~** *(geh. abwertend)* criticaster; caviller

**Kritiker** ['kri:tikɐ] **der; ~s, ~, Kritikerin die; ~, ~nen** critic

**Kritik·fähigkeit die** critical faculties *pl.*

**kritik·los 1.** *Adj.* uncritical; **2.** *adv.* uncritically; **etw. ~ hinnehmen** accept sth. without criticism

**kritisch** ['kri:tɪʃ] **1.** *Adj.* **a)** *(auch Kernphysik)* critical; **ein ~er Apparat** *(Wissensch.)* critical apparatus; **eine ~e Ausgabe** *(Wissensch.)* a critical edition; **b)** *(entscheidend)* critical; **~er Punkt** *(Skisport)* critical point; **~e Temperatur** *(Physik, Chemie)* critical temperature. **2.** *adv.* critically; **sich mit etw. ~ auseinandersetzen** make a critical study of sth.; **jmdm./etw. ~ gegenüberstehen** be critical of sb./sth.

**kritisieren** [kriti'zi:rən] *tr. V.* criticize; review ‹*book, play, etc.*›; **immer etw. zu ~ haben** always find sth. to criticize

**Kritizismus** [kriti'tsɪsmʊs] **der; ~** *(Philos.)* critical philosophy

**Krittelei die; ~, ~en** *(abwertend)* faultfinding; carping

**kritteln** ['krɪtl̩n] *itr. V. (abwertend)* find fault **(an** + *Dat.*, **über** + *Akk.* with); carp **(an** + *Dat.*, **über** + *Akk.* at)

**Kritzelei die; ~, ~en a)** *o. Pl. (das Schreiben)* scribbling; *(das Zeichnen)* doodling; **b)** *(Schrift)* scribble; *(Zeichnung)* doodle; *(an Wänden)* graffiti *sing. or pl.*

**kritzeln** ['krɪts̮l̩n] **1.** *itr. V. (schreiben)* scribble; *(zeichnen)* doodle. **2.** *tr. V.* scribble; **etw. auf/in etw.** *(Akk.)* **~:** scribble sth. on/in sth.

**Kroate** [kro'a:tə] **der; ~n, ~n** Croat; Croatian

**Kroatien** [kro'a:ts̮i̯ən] **(das)** Croatia

**Kroatin die; ~, ~nen** *s.* **Kroate;** *s. auch* **-in**

**kroatisch** *Adj.* Croatian

**Kroatz·beere** [kro'ats̮-] **die; ~, ~n** *(ostmd.) s.* **Brombeere**

**kroch** *1. u. 3. Pers. Sg. Prät. v.* **kriechen**

**Krocket** ['krɔkət] **das; ~s** croquet

**Krokant** [kro'kant] **der; ~s** praline

**Krokette** [kro'kɛtə] **die; ~, ~n** *(Kochk.)* croquette

**Kroki** [kro'ki:] **das; ~s, ~s** sketch-map; *(künstlerische Skizze)* sketch

**Kroko** ['kro:ko] **das; ~[s]** crocodile [leather]

**Krokodil** [kroko'di:l] **das; ~s, ~e** crocodile

**Krokodil·leder das** crocodile skin *or* leather

**Krokodils·tränen** *Pl. (ugs.)* crocodile tears

**Kroko·tasche die** crocodile[-skin] [hand]bag

**Krokus** ['kro:kʊs] **der; ~, ~** *od.* **~se** crocus

**Krönchen** ['krø:nçən] **das; ~s, ~:** small crown; *(einer Welle)* small crest

**Krone** ['kro:nə] **die; ~, ~n a)** crown; *(kleinere, eines Herzogs, eines Grafen)* coronet; **einer Sache** *(Dat.)***/allem die ~ aufsetzen** cap sth./cap it all; **das setzt doch allem die ~ auf** that beats everything; **jmdm. in die ~ steigen** *(ugs.)* go to sb.'s head; **einen in der ~ haben** *(ugs.)* have had a drop too much *(coll.)*; **die ~** *(fig.: Herrscherhaus)* the Crown; **dir wird keine Perle** *od.* **kein Stein aus der ~ fallen, wenn du uns mal hilfst** *(ugs.)* it won't hurt you to help us occasionally; **b)** *(Spitze) (eines Baumes)* top; crown; *(einer Welle)* crest; **c)** *o. Pl. (das Beste)* **die ~ der Schöpfung/meiner Sammlung** the pride of creation/my collection; **die ~ der Literatur** the highest form of literature; **d)** *(Zahnmed.)* crown; **e)** *(Jägerspr.) (beim Hirsch)* surroyals *pl.*; surroyal antlers *pl.*; *(beim Rehbock)* antlers *pl.*; **f)** *(Rad an Uhren)* winder; [winding] crown; **g)** *(Währungseinheit) (hist.)* crown; *(in Schweden, Island)* krona; *(in Dänemark, Norwegen)* krone; *(in der Tschechoslowakei)* koruna

**krönen** ['krø:nən] *tr. V.* **a)** crown; **jmdn. zum König/Kaiser ~:** crown sb. king/emperor; **gekrönte Häupter** crowned heads; **b)** *(den Höhepunkt bilden)* crown; **von Erfolg gekrönt sein** *od.* **werden** be crowned with success; **der ~de Abschluß** the culmination; **c)** *(oben abschließen)* crown

**Kronen-: ~korken der** crown cap *or* cork; **~mutter die** castle nut; castellated nut

**Kron-: ~erbe der** *s.* **Thronfolger; ~gut das** royal demesne; **~juwel das** *od.* **der;** *meist Pl.* **a) die ~juwelen** the crown jewels; **b)** *(fig.)* gem; **~kolonie die** crown colony; **~land das** *(österr. hist.)* crownland; **~leuchter der** chandelier; **~prinz der** crown prince; **~prinzessin die** crown princess

**Krönung die; ~, ~en a)** coronation; **b)** *(Höhepunkt)* culmination

**Kron·zeuge der** *(Rechtsw.)* person who turns Queen's/King's evidence; **als ~ auftreten** turn Queen's/King's evidence

**Kropf** [krɔpf] **der; ~[e]s, Kröpfe** ['krœpfə] **a)** *(Med.)* goitre; **b)** *(von Vögeln)* crop

**Kropf·taube die** pouter

**Kroppzeug** ['krɔp-] **das; ~s** *(ugs. abwertend)* **a)** *(Gesindel)* rabble; riff-raff; **b)** *(unnützes Zeug)* junk

**kroß** [krɔs] *(nordd.) Adj.: s.* **knusprig**

**Krösus** ['krø:zʊs] **der; ~** *od.* **~ses, ~se** *(oft scherzh.)* Croesus; **ich bin doch kein ~:** I'm not made of money

**Kröte** ['krø:tə] **die; ~, ~n a)** toad; **b)** *Pl. (salopp: Geld)* **ein paar/eine ganze Menge ~n verdienen** earn a few bob *(Brit. sl.)*/a fair old whack *(sl.)*; **meine letzten paar ~n** my last few bob *(Brit. sl.)*/bucks *(Amer. sl.)*; **c)** *(ugs. scherzh.: Kind)* **du kleine ~:** you little rascal; **eine süße kleine ~:** a sweet little thing; **d)** *(abwertend: Mensch)* creature

**Kröten·test der** *(Med.) s.* **Froschtest**

**Krücke** ['krʏkə] **die; ~, ~n a)** *(Stock)* crutch; **an** *od.* **auf ~n** *(Dat.)* **gehen** walk on crutches; **b)** *(Griff)* crook; handle; **c)** *(ugs. abwertend) (Versager)* dead loss *(coll.)*; wash-out *(sl.)*; *(Gegenstand)* dead loss *(coll.)*; **meine ~ von Auto** my old junk-heap of a car *(sl.)*

**Krück·stock der** walking-stick; *s. auch* **Blinde**

**krude** ['kru:də] **1.** *Adj.* rude. **2.** *adv.* rudely

**Krug** [kru:k] **der; ~[e]s, Krüge** ['kry:gə] **a)** *(Gefäß für Flüssigkeiten)* jug; *(größer)* pitcher; *(Bier~)* mug; *(aus Ton)* mug; stein; *(Honig~)* jar; pot; **der ~ geht so lange zum Brunnen, bis er bricht** *(Spr.)* one day you'll come unstuck; you'll try it once too often; **b)** *(bes. nordd.: Wirtshaus)* inn

**Kruke** ['kru:kə] **die; ~, ~n** *(bes. nordd.)* **a)** *(Krug)* [earthenware] jug; *(zum Einlegen usw.)* [earthenware] jar; *(größer)* [earthenware] pitcher; **b)** *(kauziger Mensch)* **eine seltsame** *od.* **schrullige ~:** a queer fish

**Krüll·schnitt** ['krʏl-] **der** shag

**Krümchen** ['kry:mçən] **das; ~s, ~:** [tiny] crumb; **ein ~ Erde** a grain of soil

**Krume** ['kru:mə] **die; ~, ~n a)** crumb; **b)** *s.* **Ackerkrume**

**Krümel** ['kry:ml̩] **der; ~s, ~ a)** crumb; **ein ~ Zucker** a grain of sugar; **b)** *(scherzh.: kleines Kind)* little one

**krümelig** *Adj.* **a)** crumbly; **b)** *(voller Krümel)* covered in crumbs *postpos.*

**krümeln** *itr. V.* **a)** *(zerfallen)* crumble; be crumbly; **b)** *(Krümel machen)* make crumbs

**krumm** [krʊm] **1.** *Adj.* **a)** bent ‹*nail etc.*›; crooked ‹*stick, branch, etc.*›; bandy ‹*legs*›; bent ‹*back*›; **eine ~e Nase** a crooked nose; *(Hakennase)* a hooked nose; **~ sein/werden** ‹*person*› stoop/develop a stoop; **etw. ~ biegen** bend sth.; **mach nicht so einen ~en Buckel** *od.* **Rücken** don't sit/stand with such a bent back; **~e Beine haben** have bandy legs; be bow-legged; **jmdn. ~ und lahm schlagen** beat sb. black and blue; **sich ~ und schief lachen** fall about laughing; laugh one's head off; **b)** *nicht präd. (ugs.: unrechtmäßig)* crooked; **ein ~es Ding drehen** get up to sth. crooked; **auf die ~e Tour versuchen, etw. zu tun** try to do sth. by crooked means. **2.** *adv.* crookedly; **~ gewachsen** crooked ‹*tree etc.*›; **~ dasitzen/gehen** slouch/walk with a stoop; **sitz nicht so ~ da!** sit up straight!; *s. auch* **Finger b**

**krumm·beinig** *Adj.* bandy[-legged]; bowlegged

**Krumm·darm der** *(Anat.)* ileum

**krümmen** ['krʏmən] **1.** *tr. V.* bend; **in gekrümmter Haltung** stooping. **2.** *refl. V.* **a)** *(sich winden)* writhe; **sich vor Schmerzen/in Krämpfen ~:** double up with pain/cramp; **sich vor Lachen ~:** double up with laughter; **sich ~ wie ein Wurm** wriggle like a worm; **das Blech krümmte sich in der Hitze** the metal warped *or* buckled in the heat; **b)** *(krumm verlaufen)* ‹*road, path, river*› bend, curve; **eine gekrümmte Fläche** a curved surface

**krumm-, Krumm-: ~horn das** *(Musik)* krummhorn; **~|lachen** *refl. V. (ugs.)* **sich über etw.** *(Akk.)* **~lachen** fall about laughing *(Brit.) or* laugh one's head off over sth.; **~|legen** *refl. V. (ugs.)* scrimp and scrape; pinch and scrape; **~nasig** *Adj.* crooked-nosed; *(mit Hakennase)* hook-nosed; **~|nehmen** *unr. tr. V. (ugs.)* **etw. ~nehmen** take offence at sth.; take sth. the wrong way; **~säbel der** scimitar; **~stab der** *s.* **Bischofsstab**

**Krümmung die; ~, ~en a)** *(Biegung) (der Wirbelsäule)* curvature; *(der Nase usw.)* curve; *(eines Weges, Flusses usw.)* bend; turn; **b)** *(Geom.)* curvature

**krumpelig** ['krʊmpəlɪç] *Adj.* *(westmd.)* creased

**krumpfen** ['krʊmpf̮n̩] *tr. V. (Textilind.)* preshrink

**Kruppe** ['krʊpə] **die; ~, ~n** croup

**Krüppel** ['krʏpl̩] **der; ~s, ~:** cripple; **zum ~ werden** be crippled; **jmdn. zum ~ schlagen** beat sb. and leave him/her a cripple

**krüppelig** *Adj.* crippled ‹*person*›; stunted ‹*tree, growth, etc.*›

**Kruste** ['krʊstə] **die; ~, ~n a)** crust; *(vom Braten)* crisp; *(vom Schweinebraten)* crackling; **b)** *(Überzug)* coating; **mit ~:** with a coating; **eine ~ aus** *od.* **von Blut und Dreck/Blut** a crust of blood and dirt/a scab

**Krux** *s.* **Crux**

**Kruzifix** ['kru:ts̮ifɪks] **das; ~es, ~e** crucifix

**Krypta** ['krʏpta] **die; ~, Krypten** *(Archit.)* crypt

**krypto-, Krypto-** ['krʏpto-] crypto-

**Krypton** ['krʏptɔn] **das; ~s** *(Chemie)* krypton

**KSZE** *Abk.* **Konferenz für Sicherheit und Zusammenarbeit in Europa** CSCE

**Kuba** ['ku:ba] **(das); ~s** Cuba

**Kubaner** [ku'ba:nɐ] **der; ~s, ~, Kubanerin die; ~, ~nen** Cuban; *s. auch* **-in**

**kubanisch** *Adj.* Cuban

**Kübel** ['ky:bl̩] **der; ~s, ~ a)** pail; *(Wasser~, Abfall~)* pail; bucket; *(Pflanzen~)* tub; **Palmen in ~n** potted palms; **~ voll** *od.* **von Bosheit über jmdn. ausgießen** *(fig.)* pour torrents of abuse over sb.; **es gießt wie aus ~n** *(ugs.)* it's bucketing down; **b)** *(Toiletteneimer)* [latrine] bucket

**kübeln** *itr. V. (salopp: trinken)* booze *(coll.)*
**Kuben** *s.* **Kubus**
**Kubik-** [ku'bi:k-] cubic ⟨*metre, foot, etc.*⟩
**Kubik-: ~wurzel die** *(Math.)* cube root; **~zahl die** *(Math.)* cube number
**kubisch** ['ku:bɪʃ] *Adj.* **a)** *(würfelförmig)* cubical; cube-shaped; **b)** *(Math.)* cubic ⟨*equation etc.*⟩
**Kubismus der; ~** *(Kunstw.)* cubism *no art.*
**Kubist der; ~en, ~en** *(Kunstw.)* cubist
**kubistisch** *Adj. (Kunstw.)* cubist
**Kubus** ['ku:bʊs] **der; ~, Kuben** cube
**Küche** ['kʏçə] **die; ~, ~n a)** *(Raum)* kitchen; *(klein)* kitchenette; **was ~ und Keller zu bieten haben** the best food and drink in the house; **b)** *(Einrichtung)* kitchen furniture *no indef. art.;* **~n** kitchen furniture *sing.;* **c)** *(Kochk.)* cooking; cuisine; **die chinesische/französische** *usw.* **~:** Chinese/French *etc.* cooking; **kalte/warme ~:** cold/hot meals *pl. or* food; *s. auch* **gutbürgerlich**
**Kuchen** ['ku:xn̩] **der; ~s, ~:** cake; *(Obst~)* flan; *(Torte)* gateau; cake
**Küchen-: ~abfälle** *Pl.* kitchen scraps; **~bank die;** *Pl.* **~bänke** kitchen bench-seat; **~benutzung die: Zimmer mit ~benutzung** room and shared kitchen *or* use of kitchen
**Kuchen·blech das** baking-sheet *or* -tray; *(mit höherem Rand)* baking-tin
**Küchen-: ~bulle der** *(Soldatenspr. salopp)* cookhouse wallah *(Mil. sl.);* **~chef der** chef; **~dienst der** kitchen duty; **~dienst haben** be on kitchen duty; **~fee die** *(ugs. scherzh.)* cook
**Kuchen-: ~form die** cake-tin; **~gabel die** pastry-fork
**Küchen-: ~gerät das** kitchen utensil; *(als Kollektivum)* kitchen utensils *pl.;* **~geschirr das** kitchen crockery; **~hand·tuch das** kitchen towel; **~herd der** cooker; *(mit Holz- od. Kohlefeuer)* kitchen-range; **~hilfe die** kitchen help; **~junge der** *(veralt.)* apprentice cook; **~latein das** *(iron.)* dog Latin; **~maschine die** food-processor; **~meister der** chef; *s. auch* **Schmalhans; ~messer das** kitchen knife; **~möbel** *Pl.* kitchen furniture *sing.;* **~personal das** kitchen staff; **~schabe die** cockroach; **~schrank der** kitchen cupboard; **~schürze die** kitchen apron
**Kuchen-: ~teig der** cake mixture; **~teller der a)** *(mit Kuchen)* plate of cakes; **b)** *(für Kuchen)* cake-plate
**Küchen-: ~tisch der** kitchen table; **~uhr die** kitchen clock; **~waage die** kitchen scales *pl.;* **~zeile die** *kitchen fittings along one wall of a room;* **~zettel der** menu
[1]**Küchlein das; ~s, ~** *(veralt.: Küken)* chick
[2]**Küchlein das; ~s, ~** *(kleiner Kuchen)* small cake
**kucken** ['kʊkn̩] *(nordd.) s.* **gucken**
**Kücken** ['kʏkn̩] *(österr.) s.* **Küken**
**kuckuck** ['kʊkʊk] *Interj.* cuckoo; *(beim Versteckspiel mit Kindern)* yoo-hoo
**Kuckuck der; ~s, ~e a)** cuckoo; **[das] weiß der ~** *(salopp)* heaven [only] knows; it's anybody's guess; **hol dich der ~!, der ~ soll dich holen!** *(salopp)* go to blazes! *(sl.);* **zum ~ [noch mal]!** *(salopp)* for crying out loud! *(coll.);* **wo, zum ~, hast du nur die Zeitung hingelegt?** *(salopp)* where the hell did you put the newspaper? *(coll.);* **das Geld ist zum ~** *(salopp)* the money's all gone; **b)** *(scherzh.: Siegel des Gerichtsvollziehers)* bailiff's seal *(placed on distrained goods)*
**Kuckucks-: ~ei das a)** cuckoo's egg; **b)** *(ugs.: zweifelhafte Gabe)* **sich als ~ei erweisen** turn out to be more of a liability than an asset; **jmdm./sich ein ~ei ins Nest legen** do sb./oneself a dubious service; **c)** *(salopp: Kind eines anderen Vaters)* **ein ~ei** somebody else's *or* another man's child; **~uhr die** cuckoo clock
**Kuddelmuddel** ['kʊdl̩mʊdl̩] **der** *od.* **das; ~s** *(ugs.)* muddle; confusion

[1]**Kufe** ['ku:fə] **die; ~, ~n a)** *(von Schlitten, Schlittschuhen)* runner; **b)** *(von Flugzeugen, Hubschraubern)* skid
[2]**Kufe** *(landsch.)* **die; ~, ~n** tub; *(zum Keltern, Brauen)* tun; vat
**Küfer** ['ky:fɐ] **der; ~s, ~ a)** *(südwestd., schweiz. Böttcher)* cooper; **b)** *(Wein~)* cellarman
**Kugel** ['ku:gl̩] **die; ~, ~n a)** ball; *(Geom.)* sphere; *(Kegeln)* bowl; *(beim Kugelstoßen)* shot; *(eines ~lagers)* ball[-bearing]; **die Erde ist eine ~:** the Earth is a sphere; **der Croupier ließ die ~ rollen** the croupier spun the wheel; **eine ruhige ~ schieben** *(ugs.)* take it *or* things easy; *(keine anstrengende Stellung haben)* have a cushy number *(coll.);* **b)** *(ugs.: Geschoß)* bullet; *(Kanonen~)* [cannon-]ball; *(Luftgewehr~)* pellet; **sich** *(Dat.)* **eine ~ durch** *od.* **in den Kopf schießen** *od. (ugs.)* **jagen** blow one's brains out
**Kugel-: ~ab·schnitt der** *(Geom.)* spherical segment [of one base]; **~aus·schnitt der** *(Geom.)* spherical sector; **~blitz der** ball lightning
**Kügelchen** ['ky:gl̩çən] **das; ~s, ~:** small ball; *(aus Papier)* pellet
**kugel-, Kugel-: ~fang der** butt; **ein Kind/eine Frau als ~fang benutzen** *(fig.)* use a child/woman as a shield; **~fest** *Adj.* bullet-proof; **~förmig** *Adj.* spherical; **~gelenk das** *(Anat., Technik)* ball-and-socket joint; **~hagel der** hail of bullets
**kugelig** *Adj.* spherical; ⟨*head*⟩ as round as a football; *(fig. scherzh.: dick)* rotund; plump; tubby; **sich ~ lachen** *(ugs.)* double *or* roll up [laughing *or* with laughter]; **ich hätte mich ~ lachen können** *(ugs.)* I could have died laughing
**Kugel-: ~kopf der** golf ball; **~kopf·maschine die** golf-ball typewriter; **~lager das** *(Technik)* ball-bearing
**kugeln 1.** *tr. V.* roll. **2.** *refl. V.* roll [about]; **sich [vor Lachen] ~** *(ugs.)* double *or* roll up [laughing *or* with laughter]. **3.** *itr. V.; mit sein* roll
**kugel-, Kugel-: ~ober·fläche die** *(Geom.)* surface of a sphere; *(Flächeninhalt)* surface area of a sphere; **~regen der** *s.* **~hagel; ~rund** [--'-] *Adj.* **a)** round as a ball *postpos.;* **b)** *(scherzh.: dick)* rotund; plump; tubby; **~schreiber der** ball-point [pen]; ball-pen; Biro **(P); ~schreibermine die** refill for a ball-point [pen]; **~sicher** *Adj.* bullet-proof; **~stoßen das; ~s** shot[-put]; *(Disziplin)* shot-putting *no art.;* putting the shot *no art.;* **~stoßer,** *(schweiz.)* **~stößer** [~ʃtœ:sɐ] **der; ~s, ~, ~stoßerin,** *(schweiz.)* **~stößerin die; ~, ~nen** shot-putter; **~wechsel der;** *o. Pl.* exchange of shots
**Kuh** [ku:] **die; ~, Kühe** ['ky:ə] **a)** cow; **heilige ~** *(ugs.)* sacred cow; **ich bin doch keine ~, die man melken kann** *(ugs.)* I am not made of money; *s. auch* **dastehen a; b)** *(Elefanten~, Giraffen~, Flußpferd~)* cow; *(Hirsch~)* hind; **c)** *(salopp abwertend: Frau)* cow *(sl. derog.)*
**kuh-, Kuh-: ~augen** *Pl. (salopp)* cow-eyes; **~dorf das** *(salopp abwertend)* one-horse town *(sl.);* **~fladen der** cow-pat; **~fuß der** *(Technik)* crowbar; **~glocke die** cow-bell; **~handel der** *(ugs. abwertend)* shady horse-trading *no indef. art.;* **ein ~handel** a bit of shady horse-trading; **~haut die** cowhide; **das geht auf keine ~haut** *(fig. salopp)* it's absolutely staggering *or* beyond belief; **~herde die** herd of cows; **~hirt der** cowherd
**kühl** [ky:l] **1.** *Adj.* **a)** cool; **mir ist/wird ~:** I feel/I'm getting chilly; **etw. ~ lagern** *od.* **aufbewahren** keep sth. in a cool place; **b)** *(abweisend, nüchtern)* cool; **ein ~er Rechner** a cool, calculating person; **aus diesem ~en Grunde** *(scherzh.)* for this simple reason. **2.** *adv. (abweisend, nüchtern)* coolly

**Kühl-: ~aggregat das** refrigeration unit; **~an·lage die** refrigeration plant; cold-storage plant; **~box die** cool box
**Kuhle** ['ku:lə] **die; ~, ~n** *(ugs.)* hollow
**Kühle** ['ky:lə] **die; ~ a)** *(Frische)* coolness; **die ~ des Morgens/Abends** the cool of the morning/evening; **b)** *(Nüchternheit)* coolness
**kühlen 1.** *tr. V.* cool; chill, cool ⟨*wine*⟩; **seinen Zorn/seine Rache [an jmdm.] ~:** vent one's rage/revenge oneself [on sb.]. **2.** *itr. V.* ⟨*cold compress, ointment, breeze, etc.*⟩ have a cooling effect
**Kühler der; ~s, ~ a)** *(am Auto)* radiator; *(~haube)* bonnet *(Brit.);* hood *(Amer.);* **jmdn. auf den ~ nehmen** *(ugs.)* drive *or* run into *or* hit sb.; **b)** *(Sekt~)* ice-bucket; **c)** *(Chem.)* condenser
**Kühler-: ~figur die** radiator mascot; **~haube die** bonnet *(Brit.);* hood *(Amer.)*
**Kühl-: ~fach das** frozen food compartment; **~haus das** cold store; **~kette die** *(Wirtsch.)* cold chain; **~mittel das** *(Technik)* coolant; **~raum der** cold store; cold-storage room; **~rippe die** cooling fin *or* rib; **~schiff das** refrigerator ship; refrigerated ship; **~schlange die** *(Technik)* cooling coil; **~schrank der** refrigerator; fridge *(Brit. coll.);* icebox *(Amer.);* **~tasche die** cool bag; **~theke die** cold shelves *pl.;* **~truhe die** [chest] freezer; deep-freeze; *(im Lebensmittelgeschäft)* freezer [cabinet]; **~turm der** *(Technik)* cooling tower
**Kühlung die; ~, ~en a)** cooling; **zur ~ der entzündeten Stellen** to cool the inflamed areas; **auch bei ~ sind die Waren nur begrenzt haltbar** even when refrigerated, the goods will keep only for a limited time; **b)** *(Vorrichtung)* cooling system; *(für Lebensmittel)* refrigeration system; **c)** *o. Pl. (Frische)* coolness; **sich** *(Dat.)* **~ verschaffen** cool down *or* off
**Kühl-: ~wagen der a)** *(Eisenb.)* refrigerated *or* refrigerator car *or (Brit.)* wagon; **b)** *(Lastwagen)* refrigerated *or* refrigerator truck *or (Brit.)* lorry; **~wasser das** cooling water
**Kuh-: ~milch die** cow's milk; **~mist der** cow dung
**kühn** [ky:n] **1.** *Adj.* **a)** *(mutig, eigenwillig)* bold; *(gewagt)* daring; brave, fearless ⟨*warrior*⟩; **das übertraf meine ~sten Träume** that exceeded my wildest dreams; **b)** *(dreist)* audacious; impudent. **2.** *adv.* **a)** *(mutig, eigenwillig)* boldly; *(gewagt)* daringly; **eine ~ geschwungene Nase** an aquiline nose; **b)** *(dreist)* audaciously; impudently
**Kühnheit die; ~ a)** *(Mut, Eigenwilligkeit)* boldness; *(Gewagtheit)* daringness; **b)** *(Dreistigkeit)* audacity; impudence
**kuh-, Kuh-: ~pocken** *Pl.* cowpox *sing., no art.;* **~schelle die** *(Bot.)* pasque-flower; **~stall der** cowshed; **~warm** *Adj.* ⟨*milk*⟩ warm *or* fresh from the cow
**Kujon** [ku'jo:n] **der; ~s, ~e** *(veralt. abwertend)* scoundrel; rogue
**kujonieren** *tr. V. (veralt. abwertend)* bully; harass
**k. u. k.** ['ka:|ʊnt'ka:] *Abk. (österr. hist.)* **kaiserlich und königlich** imperial and royal
**Küken** ['ky:kn̩] **das; ~s, ~ a)** *(von Hühnern)* chick; **b)** *(ugs.) (kleines Kind)* kiddie *(sl.);* *(junges Mädchen)* young girl
**Ku-Klux-Klan** [kuklʊks'kla:n] **der; ~[s]** Ku-Klux-Klan
**kulant** [ku'lant] **1.** *Adj.* obliging; accommodating; fair ⟨*terms*⟩. **2.** *adv.* **sich ~ verhalten** be obliging *or* accommodating
**Kulanz** [ku'lants] **die; ~:** readiness *or* willingness to oblige; **aus ~:** out of good will; **eine Reparatur auf ~:** repair done free of charge out of good will
**Kuli** ['ku:li] **der; ~s, ~s a)** coolie; *(fig.)* slave; **b)** *(ugs.: Kugelschreiber)* ball-point; Biro **(P)**

**kulinarisch** [kuli'na:rɪʃ] *Adj.* culinary; **ein rein ~es Interesse an der Musik haben** *(fig.)* be interested in music purely as entertainment

**Kulisse** [ku'lɪsə] **die; ~, ~n** piece of scenery; flat; wing; *(Hintergrund)* backdrop; **die ~n** the scenery *sing.*; **~n schieben** be a scene-shifter; **aus der ~ treten** step out from the wings *pl.*; **die ~ für etw. bilden** *(fig.)* form the backdrop to sth.; **hinter den ~n** *(fig.)* behind the scenes

**kulissenhaft** *Adj.* like a stage-setting *pred.*

**Kulissen-: ~schieber der** *(ugs. scherzh.)* scene-shifter; **~wechsel der** scene-change

**Kuller die; ~, ~n** *(ostmd.: Murmel)* marble

**Kuller·augen** *Pl. (ugs. scherzh.)* big, round eyes; **er machte ~:** his eyes nearly popped out of his head

**kullern** ['kʊlɐn] *(ugs.)* **1.** *itr. V.* **a)** *mit sein* roll; **b) mit den Augen ~:** roll one's eyes. **2.** *tr. V.* roll

**Kuller·pfirsich der** *(ugs.)* peach served in a glass of champagne

**Kulmination** [kʊlmina'tsi̯o:n] **die; ~, ~en** *(auch Astron.)* culmination

**Kulminations·punkt der a)** culmination; culminating point; **b)** *(Astron.)* point of culmination

**kulminieren** [kʊlmi'ni:rən] *itr. V. (auch Astron.)* culminate (**in** + *Dat.* in)

**Kult** [kʊlt] **der; ~[e]s, ~e a)** cult; **der ~ der Ahnen** ancestor-worship; **b)** *(fig.)* cult (**mit** of); **mit jmdm./etw. einen ~ treiben** make a cult [figure] out of sb./make a cult out of sth.

**-kult der: Motorrad~/Star~/Wagner~** *usw.* motor cycle/star/Wagner *etc.* cult

**Kult-: ~bild das** devotional image; **~figur die** cult figure; **~film der** cult film; **~handlung die** ritual; ritualistic act

**kultisch 1.** *Adj.* cultic; ritual, cultic ⟨*object*⟩. **2.** *adv.* ⟨*worship*⟩ cultically

**Kultivator** [kʊlti'va:tɔr] **der; ~s, ~en** [-va'to:rən] *(Landw.)* cultivator

**kultivierbar** *Adj.* **a)** cultivable; cultivatable; **leicht/schwer ~:** easy/hard to cultivate

**kultivieren** [kʊlti'vi:rən] *tr. V. (auch fig.)* cultivate

**kultiviert 1.** *s.* **kultivieren. 2.** *Adj.* **a)** *(gepflegt)* cultivated; cultured; **b)** *(vornehm)* refined. **3.** *adv.* in a cultivated *or* cultured manner; *(vornehm)* in a refined manner; with refinement; **~ essen** get a civilized meal

**Kultiviertheit die; ~:** refinement

**Kultivierung die; ~, ~en** *(auch fig.)* cultivation; improvement

**Kult·stätte die** centre of cult worship

**Kultur** [kʊl'tu:ɐ̯] **die; ~, ~en a)** *o. Pl. (geistiger und moralischer Überbau)* culture; **b)** *(Zivilisation, Lebensform)* civilization; **c)** *o. Pl. (Kultiviertheit, geistiges Niveau)* **ein Mensch von ~:** a cultured person; **sie hat [keine] ~:** she is [un]cultured; **d)** *o. Pl. (kultivierte Lebensart, Verfeinerung)* refinement; **~ haben** be refined; **e)** *(Landw., Gartenbau)* young crop; *(Forstw.)* young plantation; **f)** *(Biol., Med.)* culture; **g)** *o. Pl. (Landw., Gartenbau: Kultivierung)* cultivation

**Kultur-: ~ab·gabe die** *(DDR)* culture tax; **~abkommen das** cultural agreement; **~anthropologie die** cultural anthropology *no art.*; **~arbeit die;** *o. Pl.* cultural activity *or* activities; **~attaché der** cultural attaché; **~aus·tausch der** cultural exchange; **~banause der** *(abwertend, oft scherzh.)* philistine; **~bei·lage die** arts supplement; **~betrieb der;** *o. Pl.* culture industry; **~beutel der** sponge-bag *(Brit.)*; toilet-bag; **~boden der a)** *(bearbeiteter Boden)* cultivated land; **b)** *(Gebiet mit bedeutender ~)* **[ur]alter ~boden** the site of an ancient civilization; **~denkmal das** cultural monument

**kulturell** [kʊltu'rɛl] **1.** *Adj.* cultural. **2.** *adv.* culturally; **die ehemals ~ führende Metropole** the metropolis, once cultural centre

**kultur-, Kultur-: ~epoche die** cultural epoch; **~erbe das** cultural heritage; **~feindlich** *Adj.* ⟨*atmosphere, policy, etc.*⟩ that is hostile to culture; **~feindlich sein** be hostile to culture; **~film der** documentary film; **~flüchter der; ~s, ~** *(Biol.)* plant/animal that does not survive in areas developed by man; **~föderalismus der** *system of separate ministries for education and cultural affairs*; **~folger der; ~s, ~** *(Biol.)* plant/animal that survives in areas developed by man; **~geschichte die a)** *o. Pl.* history of civilization; *(einer bestimmten Kultur)* cultural history; **die ~geschichte des Menschen** the history of human civilization; **b)** *(Buch)* cultural history; **~geschichtlich 1.** *Adj.* ⟨*importance*⟩ for *or* in the history of civilization/cultural history; ⟨*question, factor*⟩ connected with the history of civilization/cultural history; ⟨*essay, reflections*⟩ on the history of civilization/cultural history; *(die ~geschichte eines bestimmten Landes betreffend)* historico-cultural ⟨*law, phenomenon, standpoint, study, etc.*⟩; **2.** *adv.* from the standpoint of the history of civilization/of cultural history; **~gut das** cultural possessions *pl.*; **~haus das** arts and leisure centre; **~historisch** *Adj., adv.: s.* **~geschichtlich; ~hoheit die** autonomy *or* independence in cultural and educational matters; **~industrie die** *(meist abwertend)* culture industry; **~kampf der** *(hist.)* kulturkampf *(struggle between the Prussian state and the Church 1872–87)*; **~kreis der a)** *(~raum)* cultural area; **b)** *(Verein)* arts society; **~kritik die;** *o. Pl.* critique of contemporary civilization *or* culture; **~kritiker der** critic of contemporary civilization *or* culture; **~landschaft die a)** *(Agrargebiet)* cultivated area; area cultivated by man; *(Industrie-, Bergbaugebiet)* area developed by man; **b)** *(kulturelles Leben)* cultural scene; **~leben das;** *o. Pl.* cultural life; **~los** *Adj.* uncultured; lacking in culture *postpos.*; **~magazin das** *(Ferns.)* arts magazine; **~minister der** *(bes. DDR)* minister for the arts; **~ministerium das** *(bes. DDR)* ministry for the arts; **~palast der** *(bes. DDR)* palace of culture; **~pessimismus der** cultural pessimism; **~pessimist der** cultural pessimist; **~pflanze die** cultivated plant; **~politik die** cultural and educational policy; **~politisch 1.** *Adj.* ⟨*area, questions, aims, principles*⟩ of cultural and educational policy; ⟨*programme*⟩ of cultural and educational policies; ⟨*periodical*⟩ devoted to matters of cultural and educational policy; **2.** *adv.* in regard to cultural and educational policy; **~preis der** arts prize; **~psychologie die** psychology of culture; **~raum der** cultural area; **~revolution die** cultural revolution; **~schaffende der/die;** *adj. Dekl. (DDR)* creative artist; *(Intellektueller)* intellectual; **~schande die** *(abwertend)* disgrace in a civilized society; **~schock der** *(Soziol.)* culture shock; **~soziologie die** cultural sociology; **~sprache die** language of a civilized people; **in fast alle ~sprachen übersetzt** translated into nearly every civilized language; **~stätte die** *(geh.)* site of archaeological and cultural interest; **~steppe die** *(Geogr.)* cultivated steppe land; steppe [land] created by excessive cultivation of the soil; **~stufe die** level of civilization; **~szene die;** *o. Pl. (ugs.)* cultural scene; **~träger der** vehicle of culture; **~volk das** civilized people *sing.*; **~voll** *Adj. (DDR)* rich in culture *postpos.*; *(niveauvoll)* sophisticated; **~wissenschaften** *Pl.: s.* **Geisteswissenschaften; ~zentrum das a)** cultural centre; centre of cultural life; **b)** *(Anlage)* arts centre

**Kultus** ['kʊltʊs] **der; ~ a)** *(geh.) s.* **Kult a; b)** *(Amtsspr.)* **Ministerium für Unterricht und ~:** *s.* **Kultusministerium**

**Kultus-: ~minister der** minister for education and cultural affairs; **~ministerium das** ministry of education and cultural affairs; **~senator der** minister for education and cultural affairs *(in Bremen, Hamburg, and West Berlin)*

**Kumarin** [kuma'ri:n] **das; ~s** coumarin

**Kumaron** [kuma'ro:n] **das; ~s** *(Chemie)* coumarone

**Kumme** ['kʊmə] **die; ~, ~n** *(nordd.)* bowl

**Kümmel** ['kʏml̩] **der; ~s, ~ a)** *(Pflanze)* caraway; **b)** *(Gewürz)* caraway [seed]; **c)** *(Branntwein)* kümmel

**Kümmel-: ~brannt·wein der** caraway brandy; **~brötchen das** caraway[-seed] roll; **~käse der** caraway-seed[-flavoured] cheese; **~öl das** caraway oil; **~schnaps der** *s.* **~branntwein; ~türke der a)** *(salopp abwertend) (Türke)* Turkish bastard *(derog.)*; **b) schuften wie ein ~türke/die ~türken** *(ugs.)* work like a slave/like slaves

**Kummer** ['kʊmɐ] **der; ~s** sorrow; grief; *(Ärger, Sorgen)* trouble; **~ um** *od.* **über jmdn.** grief for *or* over sb.; **hast du ~?** is there a problem?; **viel** *od.* **großen ~ haben** have a lot of trouble; **was hast du denn für ~?** what's bothering *or* troubling you?; **jmdm. ~ machen** give sb. trouble *or* bother; **ich bin ~ gewohnt** *(ugs.)* it happens all the time; I'm used to it

**Kummer·falte die** wrinkle [caused by worry]; **~n** lines of worry

**Kümmer·form die** *(Biol.)* degenerate form

**Kummer-: ~kasten der** *(scherzh.)* complaints-box; **~kasten·tante die** *(scherzh.)* agony columnist *or* aunt *(coll.)*

**kümmerlich 1.** *Adj.* **a)** *(schwächlich)* puny; stunted ⟨*vegetation, plants*⟩; **b)** *(ärmlich)* wretched; miserable; **c)** *(abwertend: gering)* miserable; meagre, scanty ⟨*knowledge, leftovers*⟩; very poor ⟨*effort*⟩. **2.** *adv.* **sich ~ ernähren** live on a poor *or* meagre diet; **sich ~ durchschlagen** eke out a bare/miserable existence

**Kümmerling der; ~s, ~e** stunted plant/animal

**kümmern** ['kʏmɐn] **1.** *refl. V.* **a) sich um jmdn./etw. ~:** take care of *or* look after sb./sth.; **du solltest dich mal darum ~, daß ...:** you should see to it that ...; **du kümmerst dich aber auch um gar nichts!** you don't bother to do anything!; **b)** *(sich befassen mit)* **sich nicht um das Geschwätz** *usw.* **~:** not worry *or* mind about the gossip *etc.*; **sich nicht um Politik ~:** not care about *or* be interested in politics; **kümmere dich um deine eigenen Angelegenheiten** mind your own business. **2.** *tr. V.* concern; **was kümmert dich das?** what concern *or* business is it of yours?; what's it to you?; **Mach doch, was du willst! Was kümmert's mich?** Do what you like! What do I care? **3.** *itr. V.* *(verkümmern)* become stunted

**Kümmernis die; ~, ~se** *(geh.)* trouble; worry

**Kummer·speck der** *(ugs.)* over-weight caused by overeating as a result of emotional stress; **sie hat ~ angesetzt** all the worrying has made her eat too much, and she's [really] put on weight

**kummer·voll 1.** *Adj.* sorrowful; sad; sad ⟨*face*⟩. **2.** *adv.* sorrowfully; sadly

**Kummet** ['kʊmət] **das,** *schweiz. auch* **der; ~s, ~e** [horse-]collar

**Kümo** ['ky:mo] **das; ~s, ~s** [motor-]coaster

**Kumpan** [kʊm'pa:n] **der; ~s, ~e** *(ugs.)* **a)** pal *(coll.)*; mate; buddy *(coll.)*; **b)** *(abwertend: Mittäter)* accomplice

**Kumpanei die; ~** *(ugs.)* chumminess *(coll.)*

**Kumpel** ['kʊmpl̩] **der; ~s, ~,** *ugs. auch:* **~s**

**a)** *(Bergmannsspr.)* miner; collier; **b)** *(salopp: Kamerad)* pal; mate; buddy *(coll.)*
**kumpelhaft 1.** *Adj.* matey; chummy *(coll.)*. **2.** *adv.* matily; chummily *(coll.)*
**Kumpen** ['kʊmpn̩] **der; ~s, ~** *(nordd.)* bowl; basin
**Kumt** [kʊmt] **das; ~[e]s, ~e** *s.* **Kummet**
**Kumulation** [kumula'tsi̯o:n] **die; ~, ~en** cumulation; *(von Ämtern)* plurality
**kumulativ** [kumula'ti:f] *Adj.* cumulative
**kumulieren** [kumu'li:rən] *tr. V.* cumulate; **eine ~de Bibliographie** a cumulative bibliography
**Kumulierung die; ~, ~en** cumulation
**Kumulus** ['ku:mulʊs] **der; ~, Kumuli** *(Met.)* cumulus [cloud]
**Kumulus·wolke die** *(Met.)* cumulus cloud
**kund** [kʊnt] *Adj. in* **jmdm. etw. ~ und zu wissen tun** *(veralt.)* make sth. known to sb.
**kündbar** *Adj.* terminable ‹*contract*›; redeemable ‹*loan, mortgage*›; **er hat eine nicht ~e Stellung** his employment cannot be terminated; **Beamte sind nicht ~:** established civil servants cannot be dismissed *or* given their notice
**Kündbarkeit die; ~** *(von Verträgen)* terminability; *(von Anleihen, Hypotheken)* redeemability
**[1]Kunde** ['kʊndə] **der; ~n, ~n a)** customer; *(eines Architekten-, Anwaltbüros, einer Versicherung usw.)* client; **Dienst am ~n sein** be a service to the customer; *s. auch* **König; b)** *(ugs.: Kerl)* customer *(coll.)*
**[2]Kunde die; ~ a)** *(geh.)* tidings *pl. (literary)*; **jmdm. von etw. ~ geben** *(veralt.)* bring sb. tidings of sth.; **b)** *(Lehre)* science
**[3]Kunde die; ~** *(österr.) s.* **Kundschaft a**
**-kunde die** the science of ...; **Metall~/Vogel~:** metallurgy/ornithology
**künden** ['kʏndn̩] **1.** *tr. V. (geh.: ver~)* proclaim; **diese Zeichen ~ Unglück** these omens herald misfortune. **2.** *itr. V. (geh.)* **von etw. ~:** bear witness to *or* tell of sth.
**Kunden-: ~beratung die a)** customer advisory service; **~beratungen durchführen** advise customers; **b)** *(Stelle)* customer advisory department; **~besuch der** call on a/the customer/client; **~dienst der a)** *o. Pl.* service to customers; *(Wartung)* after-sales service; **b)** *(Abteilung)* service department; **~fang der** *(abwertend)* touting for custom *or* customers; **auf ~fang gehen** go touting for custom *or* customers; **~kredit der** *(Wirtsch.)* credit terms *pl.*; **einen ~kredit in Anspruch nehmen** use the credit facilities which are available; **~kreis der** customers *pl.*; *(eines Architekten-, Anwaltbüros, einer Versicherung usw.)* clientele; **~stamm der** regular clientele *or* trade; **~werbung die** advertising aimed at attracting customers; **zu Zwecken der ~werbung** to attract custom *or* customers
**Künder der; ~s, ~** *(geh.)* herald
**Kund·gabe die;** *o. Pl. (geh.)* announcement; *(von Gefühlen, Erfahrungen)* expression
**kund|geben** *(geh.) unr. tr. V.* declare; announce; express, make known ‹*opinion, feelings*›
**Kundgebung die; ~, ~en a)** rally; **b)** *(geh.: Äußerung)* expression
**kundig 1.** *Adj. (kenntnisreich)* knowledgeable; well-informed; *(sachverständig)* expert; **mit ~er Hand** with an expert hand; **sich über etw.** *(Akk.)* **~ machen** *(Amtsdt.)* inform oneself about sth.; **einer Sache** *(Gen.)* **~/nicht ~ sein** *(geh.)* know about sth./have no knowledge of sth. **2.** *adv.* expertly
**kündigen** ['kʏndɪgn̩] **1.** *tr. V.* call in, cancel ‹*loan*›; foreclose ‹*mortgage*›; cancel, discontinue ‹*magazine subscription, membership*›; terminate ‹*contract, agreement*›; denounce ‹*treaty*›; **seine Stellung ~:** give in *or* hand in one's notice (**bei** to); **jmdm. die Stellung** *od.* **jmds. Arbeitsverhältnis ~:** give sb. his/her notice; **ich bin gekündigt worden** *(ugs.)* I've been given my notice; **der Vermieter hat ihm die Wohnung gekündigt** the landlord gave him notice to quit the flat *(Brit.) or (Amer.)* apartment; **er hat seine Wohnung gekündigt** he's given notice that he's leaving his flat *(Brit.) or (Amer.)* apartment; **jmdm. die Freundschaft ~** *(fig.)* break off a friendship with sb. **2.** *unr. itr. V.* **a)** *(ein Mietverhältnis beenden)* ‹*tenant*› give notice [that one is leaving]; **jmdm. ~** ‹*landlord*› give sb. notice to quit; **zum 1. Juli ~:** give notice for 1 July; **b)** *(ein Arbeitsverhältnis beenden)* ‹*employee*› give in *or* hand in one's notice (**bei** to); **jmdm. ~** ‹*employer*› give sb. his/her notice
**Kündigung die; ~, ~en a)** *(eines Kredits)* calling-in; cancellation; *(einer Hypothek)* foreclosure; *(der Mitgliedschaft, eines Abonnements)* cancellation; discontinuation; *(eines Vertrags)* termination; **die Bank droht mit der ~ der Kredite** the bank is threatening to call in *or* cancel the loans; **b)** *(eines Arbeitsverhältnisses)* **jmdm. die ~ aussprechen** give sb. his/her notice; dismiss sb.; **mit ~ drohen** ‹*employee*› threaten to give in *or* hand in one's notice *or* to quit; ‹*employer*› threaten dismissal; **ihm droht die ~:** he is threatened with dismissal; **eine fristlose ~:** dismissal without notice; **c)** *(eines Mietverhältnisses)* **sie mußte mit ~ rechnen** she had to reckon on being given notice to quit; **ich sah mich zur ~ gezwungen** I felt compelled to give notice; **d)** *s.* **Kündigungsschreiben; e)** *(Kündigungsfrist)* [period *or* term of] notice; **bei jährlicher ~ betragen die Zinsen 9,5%** with one year's notice of withdrawal, interest is at 9.5%
**Kündigungs-: ~frist die** period of notice; **~grund der** *(Arbeitsrecht)* grounds *pl.* for dismissal; grounds *pl.* for giving sb. his/her notice; *(Mietrecht)* grounds *pl.* for giving sb. notice to quit; **~schreiben das** written notice; notice in writing; **~schutz der** protection against wrongful dismissal
**Kundin die; ~, ~nen** customer/client; *s. auch* **[1]Kunde a**
**kund|machen** *tr. V. (österr. Amtsspr.)* announce; make known; *(feierlich)* proclaim; promulgate ‹*law*›
**Kundschaft die; ~, ~en a)** *o. Pl.*; *s.* **[1]Kunde a:** customers *pl.*; clientele; **~!** service!; **ich habe gerade ~:** I've got a customer/customers at the moment; **b)** *(veralt.: Erkundung)* **auf ~ ausgehen/jmdn. auf ~ ausschicken** go out on/send sb. out on reconnaissance *or* to reconnoitre; **c)** *(veralt.: Nachricht)* news *sing.*; tidings *pl. (literary)*
**Kundschafter der; ~s, ~:** scout
**kund|tun** *(geh.)* **1.** *unr. tr. V.* announce; make known. **2.** *unr. refl. V.* be revealed; show itself
**kund|werden** *unr itr. V.; mit sein (veralt.)* become known; **ihm wurde der Verrat kund** he learned of the betrayal
**künftig** ['kʏnftɪç] **1.** *Adj.* future; **ihr ~er Mann** her future husband; her husband-to-be; **am 15. ~en Monats** *(geh.)* on the 15th of next month. **2.** *adv.* in future
**künftig·hin** *Adv. (geh.)* henceforth; henceforward; in future
**Kungelei die; ~, ~en** *(abwertend)* wheeling and dealing; **eine ~ um etw.** bargaining over sth.; **große ~en** a great deal *sing.* of wheeling and dealing
**kungeln** ['kʊŋl̩n] *itr. V.* **[mit jmdm.] um etw. ~:** bargain [with sb.] over sth.; **dort wird viel gekungelt** there is a lot of wheeling and dealing there
**Kunst** [kʊnst] **die; ~, Künste** ['kʏnstə] **a)** art; **die Schwarze ~** *(Magie)* the black art; *(Buchdruck)* [the art of] printing; **die schönen Künste** [the] fine arts; fine art *sing.*; **was macht die ~?** *(ugs.)* how are things?; how's tricks? *(sl.)*; *s. auch* **bilden a; darstellen 1 a; [2]sieben; b)** *(das Können)* skill; **die ärztliche ~:** medical skill; **die ~ des Reitens/der Selbstverteidigung** the art of riding/self-defence; **nach einer Vorlage zu stricken ist keine ~:** it's easy enough *or* it doesn't take anything to knit from a pattern; **~ kommt von können** *(meist iron.)* either you've got it or you haven't; **das ist keine/die ganze ~!** *(ugs.)* there's nothing 'to it/nothing more to it than that; **mit seiner ~ am Ende sein** be at a complete loss; *s. auch* **brotlos; Regel a**
**Kunst-: ~akademie die** *s.* **~hochschule; ~aus·stellung die** art exhibition; **~banause der** *(abwertend)* philistine; **~band der** *(high-quality)* art book; **~besitz der** art collection; **~blatt das** art print; **~buch das** art book; **~darm der** artificial *or* synthetic sausage-skin; **~denkmal das** artistic and cultural monument; **~denkmäler der Kelten/Griechen** *usw.* monuments of Celtic/Greek *etc.* art; **~diebstahl der** art theft; **~druck der a)** [fine] art print; **b)** *o. Pl. (Druckw.)* fine-art printing; **etw. im ~druck herstellen** produce sth. by fine-art printing methods; **~druck·papier das** art paper; **~dünger der** chemical *or* artificial fertilizer; **~eis·bahn die** artificial ice-rink
**Künstelei die; ~** *(abwertend)* affectation
**künsteln** *s.* **gekünstelt**
**kunst-, Kunst-: ~erzieher der, ~erzieherin die** art teacher; **~erziehung die** art education; *(Schulfach)* art; **~fälschung die** art forgery; **~faser die** man-made *or* synthetic fibre; **~fehler der** professional error; *(fig. scherzh.: Versehen)* mistake; **ein ärztlicher ~fehler** a professional error on the part of a doctor; **~fertig 1.** *Adj.* skilful; **2.** *adv.* skilfully; **~fertigkeit die** skill; skilfulness; **~flieger der** aerobatic pilot; stunt pilot *(coll.)*; **~flug der** aerobatics *sing.*; stunt-flying *(coll.)*; **ein ~flug** a piece of aerobatic flying *or (coll.)* stunt-flying; **~form die** art form; **~freund der** art lover; lover of the arts; **~führer der** guide to cultural and artistic monuments [of an/the area]; **~galerie die** art gallery; **~gegenstand der** work of art; **~genuß der** enjoyment of art; *(Ereignis)* artistic treat; **~gerecht 1.** *Adj.* expert; skilful; **2.** *adv.* expertly; skilfully; **~geschichte die a)** *o. Pl.* art history; history of art; **b)** *(Buch)* art history book; book on the history of art; **~geschichtlich 1.** *Adj.* art historical ‹*studies, evidence, expertise, etc.*›; ‹*work*› on art history *or* the history of art; ‹*interest*› in art history *or* the history of art; **~geschichtliches Museum** art-history museum; museum of art history; **2.** *adv.* **~geschichtlich interessiert/versiert** interested/well versed in art history *or* the history of art; **~geschichtlich bedeutsam** significant from an art-historical point of view; **~gewerbe das** arts and crafts *pl.*; **~gewerblich 1.** *Adj.* craft *attrib.* ‹*objects, skills, etc.*›; **~gewerbliche Arbeiten** craftwork *sing.*; **2.** *adv.* **~gewerblich hergestellte Produkte** craft products; **~glied das** artificial limb; **~griff der** move; *(fig.)* trick; dodge; **~halle die** art gallery; **~handel der** [fine-]art trade; **~händler der** [fine-]art dealer; **~handwerk das** craftwork; **Erzeugnisse des ~handwerks** craft products; craftwork *sing.*; **~harz das** *(Chemie)* synthetic resin; **~historiker der** art historian; **~historisch** *s.* **~geschichtlich; ~hoch·schule die** art college; college of art; **~honig der** artifical honey; honey substitute; **~kalender der** art calendar; **~kenner der** art connoisseur *or* expert; **~kopf der** *(Tontechnik)* dummy head; **~kraft·sport der** sports acrobatics *sing.*; **~kritik die** art criticism; *(die Kritiker)* art critics *pl.*; **~kritiker der** art critic; **~lauf der** *(Sport)* figure-skating; **~leder das** artificial *or* imitation leather

**Künstler** ['kynstlɐ] **der; ~s, ~, Künstlerin die; ~, ~nen a)** artist; *(Zirkus~, Varieté~)* artiste; **ein bildender ~:** a visual artist; **b)** *(Könner)* genius **(in** + *Dat.* at); **ein ~ in seinem Fach** a genius in one's field/at one's trade

**Künstler-: ~atelier das** studio; **~beruf der** artistic career; **~hand die** *in* **von ~hand** by the artist's hand

**künstlerisch 1.** *Adj.* artistic. **2.** *adv.* artistically; **etw. ~ darstellen** express sth. in artistic form; **ein ~ wertvoller Film** a film of great artistic worth

**Künstler-: ~kneipe die** pub *(Brit. coll.) or (Amer.)* bar frequented by artists; **~kolonie die** artists' colony; colony of artists; **~mähne die** *(ugs. veralt. scherzh.)* mane of hair; **~name der** stage-name; **~pech das** *(ugs. scherzh.)* hard luck

**Künstlertum das; ~s** artistic genius

**künstlich** ['kynstlɪç] **1.** *Adj.* **a)** artificial; artificial, glass ‹*eye*›; false ‹*teeth, eyelashes, hair*›; synthetic, man-made ‹*fibre*›; imitation, synthetic ‹*diamond*›; **b)** *(gezwungen)* forced ‹*laugh, cheerfulness, etc.*›; enforced ‹*rest*›. **2.** *adv.* **a)** artificially; **jmdn. ~ ernähren** feed sb. artificially; **b)** *(gezwungen)* **sich ~ aufregen** *(ugs.)* get worked up *or* excited about nothing

**Künstlichkeit die; ~:** artificiality

**kunst-, Kunst-: ~licht das;** *o. Pl.* artificial light; **bei ~licht** in artificial light; **~liebhaber der** art lover; lover of the arts; **~lied das** art song; Kunstlied; **~los 1.** *Adj.* plain; **2.** *adv.* plainly; **~maler der** artist; painter; **~märchen das** *(Literaturw.)* literary fairy-tale; **~pause die** pause for effect; *(iron.: Stockung)* awkward pause; **eine ~pause machen** pause for effect/pause awkwardly; **~post·karte die** art postcard; **~rasen der** artificial turf; **~reich** *s.* **~voll; ~reiter der** circus rider; bareback rider; **~richtung die** trend in art; **neue ~richtungen** new directions in art; **~sammler der** art collector; **~sammlung die** art collection; **~schaffende der/die;** *adj. Dekl.* artist; **~schatz der** art treasure; **~schmied der** wrought-iron craftsman; **~schwimmen das** *(Sport)* synchronized swimming *no art.;* **~seide die** artificial silk; rayon; **~sinn der** artistic sense; feeling for art; **~sprache die** artificial language; **~springen das** *(Sport)* springboard diving; **~stein der** artificial stone

**Kunst·stoff der** synthetic material; plastic

**Kunst·stoffaser die** synthetic fibre

**Kunst·stoff-: ~bahn die** *(Sport)* synthetic track; **~faser** *s.* **Kunststoffaser; ~karosserie die** plastic body

**kunst-, Kunst-: ~stopfen** *tr. V. (nur im Inf. u. 2. Part. gebr.)* repair by invisible mending; invisibly mend; **~stück das** trick; **das ist kein ~stück** *(ugs.)* it's no great feat *or* achievement; **~stück!** *(ugs. iron.)* that's no great achievement; *(ist nicht verwunderlich)* it's hardly surprising; **~turnen das** gymnastics *sing.;* **~verstand der** artistic sense; feeling for art; **~voll 1.** *Adj.* ornate *or* elaborate and artistic; *(kompliziert)* elaborate; **2.** *adv.* **a)** ornately *or* elaborately and artistically; **b)** *(geschickt)* skilfully; **~werk das** *(auch fig.)* work of art; **~wissenschaft die** aesthetics and art history; **~wort das;** *Pl.* **~wörter** *(Sprachw.)* made-up *or* invented word; **~szene die** art world

**kunter·bunt** ['kʊntɐ-] **1.** *Adj.* **a)** *(vielfarbig)* multi-coloured; **b)** *(abwechslungsreich)* varied; **wir laden Sie zu unserem ~en Abend mit ... ein** you are invited to our evening of varied entertainment with ...; **c)** *(ungeordnet)* jumbled ‹*confusion, muddle, rows, etc.*›. **2.** *adv.* **a)** ‹*painted, printed*› in many colours; **b)** *(abwechslungsreich)* **ein ~ gestalteter Abend** an evening of varied entertainment; **sein Leben verlief recht ~:** he had a very varied life; **c)** *(ungeordnet)* **~ durcheinander sein** be higgledy-piggledy *or* all jumbled up; **es ging ~ durcheinander** it was completely chaotic

**Kunterbunt das; ~s a)** *(von Farben)* riotous profusion of colour; **b)** *(Gemisch)* potpourri; **c)** *(Durcheinander)* muddle

**Kunz** [kʊnts] *s.* **Hinz**

**Kupfer** ['kʊpfɐ] **das; ~s a)** copper; **etw. in ~** *(Akk.)* **stechen** engrave *or* etch sth. on copper; **b)** *(~geschirr)* copperware; *(~geld)* coppers *pl.;* **c)** *s.* **Kupferstich b**

**kupfer-, Kupfer-: ~blech das** copper sheeting; **ein ~blech** a copper sheet; **~draht der** copper wire; **~druck der a)** *o. Pl.* copperplate printing *no art.;* **etw. in ~druck herstellen** produce sth. by copperplate printing; **b)** *(Abbildung)* copperplate [print]; **~erz das** copper ore; **~geld das** coppers *pl.;* **~haltig** *Adj.* containing copper *postpos., not pred.;* cupriferous; **~kessel der** copper kettle; *(zum Bierbrauen)* copper vat; **~legierung die** copper alloy; **~münze die** copper coin; copper

**kupfern** *Adj. (geh.)* **a)** *nicht präd.* copper; **die ~e Hochzeit** the seventh wedding anniversary; **b)** *(wie Kupfer)* coppery

**kupfer-, Kupfer-: ~rot** *Adj.* copper-red; copper-coloured; **~schmied der** coppersmith; **~stecher der** copper[plate] engraver; **mein lieber Freund und ~stecher** *(ugs. scherzh.)* now then, my friend; **~stich der a)** *o. Pl.* copperplate engraving *no art.;* **b)** *(Blatt)* copperplate print *or* engraving; **~sulfat das** *(Chemie)* copper sulphate; **~vitriol das** *(Chemie)* blue vitriol

**kupieren** [ku'pi:rən] *tr. V.* **a)** crop, dock ‹*tail*›; crop ‹*ears, hedge*›; clip ‹*wings*›; prune ‹*bush etc.*›; **b)** *(Med.)* arrest; check

**Kupon** *s.* **Coupon**

**Kuppe** ['kʊpə] **die; ~, ~n a)** [rounded] hilltop; **b)** *(Finger~)* tip; end

**Kuppel** ['kʊpl̩] **die; ~, ~n** dome; *(kleiner)* cupola; **die ~ der Bäume** the domed canopy of trees

**Kuppel-: ~bau der;** *Pl.* **~bauten** domed building; **~dach das** domed *or* dome-shaped roof

**Kuppelei die; ~, ~en a)** *(veralt. abwertend)* match-making; **b)** *o. Pl. (Rechtsspr.)* procuring; procuration

**Kuppel·mutter die** *(abwertend)* procuress

**kuppeln 1.** *itr. V.* **a)** *(bei einem Kfz)* operate the clutch; **hier muß man viel ~:** you have to use the clutch a great deal here; **b)** *(veralt.: Kuppelei betreiben)* match-make; play the match-maker. **2.** *tr. V.* **a)** *(koppeln)* couple **(an** + *Akk.,* **zu** [on] to); **b)** *(Technik)* couple; **gekuppelt** coupled ‹*exposure meter, range-finder*›; **mit etw. gekuppelt sein** *(fig.)* be linked with sth.

**Kuppel·pelz der** *in* **sich** *(Dat.)* **den ~ verdienen** *(abwertend)* arrange a/the match; play the match-maker

**Kuppelung** *s.* **Kupplung**

**Kuppler der; ~s, ~** *(abwertend)* procurer

**Kupplerin die; ~, ~nen** *(abwertend)* procuress

**Kupplung die; ~, ~en a)** *(Kfz-W.)* clutch; **b)** *(Technik: Vorrichtung zum Verbinden)* coupling; **c)** *o. Pl. (das Verbinden)* coupling; *(fig.)* linking

**Kupplungs-: ~pedal das** *(Kfz-W.)* clutch-pedal; **~scheibe die** *(Kfz-W.)* clutch-plate; **~seil das** *(Kfz-W.)* clutch-cable

**Kur** [ku:ɐ̯] **die; ~, ~en** [health] cure; *(ohne Aufenthalt im Badeort)* course of treatment; **eine ~ machen** take a cure/a course of treatment; **in ~ gehen** go to a health resort *or* spa [to take a cure]

**Kür** [ky:ɐ̯] **die; ~, ~en a)** *(Eiskunstlauf)* free programme; *(Turnen)* optional exercises *pl.;* **eine ~ laufen/tanzen** skate/dance one's free programme; **eine ~ turnen** perform one's optional exercises; **die beste ~ laufen** skate the best free programme; **b)** *(veralt.: Wahl)* choosing

**Kurant** [ku'rant] **das; ~[e]s, ~e** *(veralt.) coin whose face value is equal to the value of its constituent metals*

**Küraß** ['ky:ras] **der; Kürasses, Kürasse** *(hist.)* cuirass

**Kürassier** [kyra'si:ɐ̯] **der; ~s, ~e** *(Milit. hist.)* cuirassier

**Kurat** [ku'ra:t] **der; ~en, ~en** *(kath. Kirche)* curate

**Kuratel** [kura'te:l] **die; ~, ~en** *(Rechtsspr. veralt.)* guardianship; **unter ~ stehen** be under the care of a guardian; **jmdn. unter ~ stellen** place sb. under the care of a guardian; *(jmdn. stärker kontrollieren)* place sb. under closer supervision

**Kurator** [ku'ra:tɔr] **der; ~s, ~en** [-ra'to:rən] **a)** *(einer Stiftung)* trustee; **b)** *(einer Universität) university officer dealing with financial and legal matters;* **c)** *(veralt.: Vormund)* guardian

**Kuratorium** [kura'to:ri̯ʊm] **das; ~s, Kuratorien** board of trustees

**Kur-: ~aufenthalt der** stay at a health resort *or* spa; **ein ~aufenthalt am Meer** a stay at a seaside health resort; **~bad das** health resort; spa

**Kurbel** ['kʊrbl̩] **die; ~, ~n** *(bei Autos, Maschinen)* crank [handle]; *(an Fenstern, Spieldosen, Grammophonen)* winder; *(an einem Brunnen)* [winding-]handle

**kurbeln 1.** *tr. V.* **a) etw. nach oben/unten ~:** wind sth. up/down; **den Eimer aus dem Brunnen ~:** wind the bucket up out of the well; **sie kurbelte den Tisch so tief es ging** she wound the table down as far as it would go; **b)** *(ugs.: filmen)* film; shoot ‹*film*›. **2.** *itr. V.* turn *or* wind a/the handle; *(bei Autos)* turn a/the crank [handle]; crank; **er mußte ziemlich ~, um aus der Parklücke herauszukommen** *(fig. ugs.)* he had to use a lot of lock *(Brit.)* to get out of the parking space

**Kurbel·welle die** *(Technik)* crankshaft

**Kürbis** ['kʏrbɪs] **der; ~ses, ~se a)** pumpkin; **b)** *(salopp: Kopf)* nut *(sl.);* bonce *(Brit. sl.)*

**Kürbis-: ~flasche die** gourd; **~kern der** pumpkin seed

**Kurde** ['kʊrdə] **der; ~n, ~n, Kurdin die; ~, ~nen** Kurd

**kurdisch** *Adj.* Kurdish; **das Kurdische** Kurdish; *s. auch* **deutsch; Deutsch**

**Kurdistan** ['kʊrdɪsta:n] **(das); ~s** Kurdistan

**kuren** *itr. V. (ugs.)* take a cure

**küren** *regelm. (veralt. auch unr.) tr. V.* choose **(zu** as)

**Kürettage** [kyrɛ'ta:ʒə] **die; ~, ~n** *(Med.)* curettage

**Kürette** [ky'rɛtə] **die; ~, ~n** *(Med.)* curette

**kur-, Kur-: ~fürst der** *(hist.)* Elector; **~fürstentum das** *(hist.)* electorate; **~fürstlich** *Adj. (hist.)* electoral; **~gast der** visitor to a/the health resort *or* spa; *(Patient)* patient at a/the health resort *or* spa; **~haus das** assembly rooms [at a health resort *or* spa]; **~heim das** sanatorium

**Kurie** ['ku:ri̯ə] **die; ~, ~n** *(kath. Kirche)* Curia

**Kurien·kardinal der** *(kath. Kirche)* cardinal of the Roman Curia

**Kurier** [ku'ri:ɐ̯] **der; ~s, ~e** courier; messenger

**Kurier·dienst der** courier *or* messenger service; **~e leisten** act as a courier/as couriers

**kurieren** *tr. V. (auch fig.)* cure **(von** of)

**Kurier·gepäck das** diplomatic bags *pl.*

**kurios** [ku'ri̯o:s] **1.** *Adj.* curious; strange; odd. **2.** *adv.* curiously; strangely; oddly

**Kuriosa** *s.* **Kuriosum**

**kurioser·weise** *Adv.* curiously *or* strangely *or* oddly enough

**Kuriosität** [kuri̯ozi'tɛ:t] **die; ~, ~en a)** *o. Pl.*

strangeness; oddity; peculiarity; **b)** *(Gegenstand)* curiosity; curio; *(Ereignis)* curious occurrence

**Kuriositäten·kabinett das** gallery of curios

**Kuriosum** [kuˈri̯o:zʊm] **das; ~s, Kuriosa** *(Gegenstand)* curiosity; curio; oddity; *(Situation)* curious *or* odd *or* strange situation

**Kur-: ~kapelle die** spa orchestra; **~karte die** [visitor's] pass *or* season ticket *(allowing use of the facilities of a health resort or spa)*; **~klinik die** health clinic; **~konzert das** concert [at a health resort *or* spa]; spa concert

**Kurkuma** [ˈkʊrkuma] **das; ~[s]** turmeric

**Kurlaub** [ˈku:ɐ̯laup] **der; ~[e]s, ~e** holiday [combined with cure] at a health resort *or* spa

**Kür·lauf der** *(Eiskunstlauf)* free programme; **er zeigte einen hervorragenden ~:** he gave an excellent display of free skating

**kur-, Kur-: ~mittel das** spa-treatment; **~mittel·haus das** spa-house; **~ort der** health resort; spa; **~park der** gardens *pl.* [of a/the health resort *or* spa]; **~pfalz die** *(hist.)* Electoral Palatinate; **~pfälzisch** *Adj. (hist.)* of the Electoral Palatinate *postpos., not pred.*; **~pfuscher der** *(ugs. abwertend)* quack; doctor; **~pfuscherei die** *(ugs. abwertend)* quackery; **~promenade die** [spa] promenade

**Kurrende** [kʊˈrɛndə] **die; ~, ~n** *(ev. Kirche)* young people's choir

**Kurrent·schrift** [kʊˈrɛnt-] **die a)** *(österr.)* Gothic handwriting *or* script; **b)** *(veralt.: Schreibschrift)* cursive writing *or* script; running hand

**Kurrikulum** *s.* **Curriculum**

**Kurs** [kʊrs] **der; ~es, ~e a)** *(Richtung)* course; **auf [nördlichen] ~ gehen** set [a northerly] course; **ein harter/weicher ~** *(fig.)* a hard/soft line; **den ~ ändern** *(auch fig.)* change *or* alter course; **seinen ~ beibehalten** *(auch fig.)* maintain course; **vom ~ abkommen** deviate from one's/its course; **den ~ halten** hold *or* maintain course; **~ auf Hamburg** *(Akk.)* **nehmen** set course for *or* head for Hamburg; **~ haben auf** (+ *Akk.*) be heading for; *s. auch* **einschlagen 1d; b)** *(von Wertpapieren)* price; *(von Devisen)* rate of exchange; exchange rate; **zum ~ von ...:** at a rate of ...; **die ~e steigen/fallen** prices/rates are rising/falling; **der ~ des Dollars** the dollar rate; **hoch im ~ stehen** ⟨*securities*⟩ be high; *(fig.)* be very popular (**bei** with); **er steht hoch im ~ bei seinem Chef** his boss thinks very highly of him; **etw. außer ~ setzen** withdraw sth. from circulation; **c)** *(Lehrgang)* course; **ein ~ in Spanisch** *(Dat.)* a course in Spanish; a Spanish course; **d)** *(die Teilnehmer eines Kurses)* class; **e)** *(Sport: Rennstrecke)* course

**Kurs-: ~änderung die** *(auch fig.)* change of course; **~anstieg der** *(Börsenw.)* rise in prices/price; price rise; *(an Devisenbörsen)* rise in exchange rates/the exchange rate

**Kursant** [kʊrˈzant] **der; ~en, ~en** *(DDR) s.* **Kursteilnehmer**

**Kurs-: ~bericht der** *(Börsenw.) s.* **~zettel; ~buch das** *(Eisenb.)* timetable

**Kur·schatten der** *(ugs. scherzh.)* lady-friend/boy-friend at/from the spa

**Kürschner** [ˈkʏrʃnɐ] **der; ~s, ~:** furrier

**Kürschnerei die; ~, ~en a)** *o. Pl.* furriery; **b)** *(Werkstatt)* furrier's workroom

**Kürschnerin die; ~, ~nen** furrier

**Kurs-: ~ein·buße die** *(Börsenw.)* fall in prices/price; price fall; *(bes. bei Devisen)* fall *or* decline in value; **~gewinn der** *(Börsenw.)* **a)** market profit; *(bei Devisen)* profit on the foreign exchange market; **b)** *(Wertzuwachs)* market gain

**kursieren** *itr. V.; auch mit sein* circulate

**Kursist der; ~en, ~en** *(DDR) s.* **Kursteilnehmer**

**kursiv** [kʊrˈzi:f] *(Druckw.)* **1.** *Adj.* italic. **2.** *adv.* **etw. ~ drucken** print sth. in italics; *(zur Hervorhebung)* italicize sth.

**Kursive die; ~, ~n, Kursiv·schrift die** *(Druckw.)* italics *pl.*; **in ~:** in italics

**Kurs-: ~korrektur die** *(auch fig.)* course correction; **~leiter der** course-leader

**kursorisch** [kʊrˈzo:rɪʃ] **1.** *Adj.* cursory. **2.** *adv.* cursorily

**Kurs-: ~rück·gang der** *(Börsenw.)* fall in prices/price; price fall; *(bei Devisen)* fall in exchange rates/the exchange rate; **~schwankung die** *(Börsenw.)* fluctuation in prices/price; *(bei Devisen)* fluctuation in exchange rates/the exchange rate; **~system das** *(Schulw.)* course system; **~teilnehmer der** course participant

**Kursus** [ˈkʊrzʊs] **der; ~, Kurse** *s.* **Kurs c, d**

**Kurs-: ~verlust der** *(Börsenw.)* market loss; *(bei Devisen)* loss on the foreign exchange market; **~wagen der** *(Eisenb.)* through carriage *or* coach; **~wechsel der** *(auch fig.)* change of course; **~wert der** *(Börsenw.)* market value *or* price; **~zettel der** *(Börsenw.)* stock exchange list; list of [market] quotations; *(bei Devisen)* list of foreign exchange rates

**Kur·taxe die** visitors' tax *(at a health resort)*

**Kurtisane** [kʊrtiˈza:nə] **die; ~, ~n** *(hist.)* courtesan

**Kurve** [ˈkʊrvə] **die; ~, ~n a)** *(einer Straße)* bend; curve; *(sehr scharf)* corner; **in dieser ~:** on this bend *or* curve; **die Straße macht eine [scharfe] ~:** the road bends *or* curves [sharply]; **die ~ kratzen** *(ugs.)* quickly make oneself scarce *(coll.)*; **die ~ kriegen** *(ugs.)* manage to do it; *(etw. überwinden)* manage to do something decisive about it; *s. auch* **schneiden; b)** *(Geom.)* curve; **c)** *(in der Statistik, Temperatur~ usw.)* graph; curve; **d)** *(Bogenlinie)* curve; **eine ~ fliegen** do a banking turn; **e)** *Pl. (ugs.: Körperformen)* curves

**kurven** *itr. V.; mit sein* **a)** ⟨*aircraft*⟩ circle; ⟨*tanks etc.*⟩ circle [round]; **um die Ecke ~:** turn the corner; **b)** *(ugs.: fahren)* drive around; *(mit dem Motorrad, Fahrrad)* ride around; **durch ganz Frankreich ~:** drive/ride all round France

**kurven-, Kurven-: ~diskussion die** *(Math.)* curve-tracing; **~lineal das** French curve; **~reich** *Adj.* **a)** winding; twisting; **„~reiche Strecke"** 'series of bends'; **b)** *(ugs. scherzh.)* curvaceous; **~schreiber der** *(Technik)* graphic recording instrument; *(DV)* plotter; **~verhalten das** *(Kfz-W.)* cornering characteristics *pl.*; **~vor·gabe die** *(Leichtathletik)* stagger

**Kur·verwaltung die** administrative office/offices of a/the health resort *or* spa

**kurvig** *Adj.* curved; winding, twisting ⟨*path, road, etc.*⟩

**kurz** [kʊrts]; **kürzer** [ˈkʏrtsɐ], **kürzest...** [ˈkʏrtsəst...] **1.** *Adj.* **a)** *(räumlich)* short; **~e Hosen** short trousers; shorts; **etw. kürzer machen** make sth. shorter; shorten sth.; **ein kürzerer Weg** a shorter *or* quicker way; **die Hundeleine ~ halten** keep the dog on a short lead; **etw./alles ~ und klein schlagen** *od.* **hauen** *(ugs.)* smash sth./everything to bits *or* pieces; **den kürzeren ziehen** come off worst *or* second-best; get the worst of it; **nicht zu ~/zu ~ kommen** get one's/less than one's fair share; **b)** *(zeitlich)* short, brief ⟨*trip, journey, visit, reply*⟩; short ⟨*life, break, time*⟩; quick ⟨*look*⟩; **nach einer ~en Weile** after a short *or* little while; **es ~ machen** make *or* keep it short; be brief; **c)** *(knapp)* short, brief ⟨*outline, note, report, summary, introduction*⟩; **etw. in ~en Worten sagen** say sth. in a few brief words; **~ und bündig** *od.* **knapp** brief and succinct. **2.** *adv.* **a)** *(zeitlich)* briefly; for a short time *or* while; **die Freude währte nur ~** *(geh.)* his/her *etc.* joy was short-lived; **binnen ~em** shortly; soon; **er hatte binnen ~em das ganze Vermögen verjubelt** before long he had frittered away the entire fortune; **über ~ oder lang** sooner or later; **vor ~em** a short time *or* while ago; recently; **sie lebt erst seit ~em in Bonn** she's only been living in Bonn [for] a short time *or* while; **b)** *(knapp)* **~ gesagt** in a word; **~ angebunden sein** be curt *or* brusque (**mit** with); **sich ~ fassen** be brief; **~ und bündig** *od.* **knapp** briefly and succinctly; **~ und gut** in a word; **c)** *(rasch)* **ich muß mal ~ weg** I must leave you for a few minutes; **er schaute ~ herein** he looked *or* dropped in for a short while; **kann ich Sie ~ sprechen?** can I speak to you *or* have a word with you for a moment?; **ich muß ~ etwas in der Stadt erledigen** I've just got something to do in town. I won't be long; **~ und schmerzlos** *(ugs.)* quickly and smoothly *or* without any hitches; *s. auch* **entschlossen 3; d)** *(in geringer Entfernung)* **~ vor/hinter der Kreuzung** just before/past the crossroads; **~ vor Bremen hatten wir eine Panne** just before we reached Bremen, we broke down; **e)** *(mit geringem zeitlichen Abstand)* **~ vor/nach Pfingsten** just *or* shortly before/after Whitsun; **~ bevor .../nachdem ...:** just *or* shortly before .../after ...; *s. auch* **Atem; Kopf a; Prozeß c**

**kurz-, Kurz-: ~arbeit die** short time; short-time working; **~|arbeiten** *itr. V.* work short time; **~arbeiter der** short-time worker; worker on short time; **~ärm[e]lig** [~|ɛrm(ə)lɪç] *Adj.* short-sleeved; **~atmig** [~a:tmɪç] **1.** *Adj. (auch fig.)* short-winded; **~atmig sein** be short of breath; be short-winded; **2.** *adv.* ⟨*speak*⟩ breathlessly; **~atmigkeit die; ~:** short-windedness; **~beinig** *Adj.* short-legged ⟨*breed, dog, etc.*⟩; ⟨*person*⟩ with short legs; **~bericht der** brief *or* short report; **~biographie die** short *or* potted biography

**Kurze der;** *adj. Dekl. (ugs.)* **a)** *(Kurzschluß)* short *(coll.)*; **b)** *(Schnaps)* schnapps

**Kürze** [ˈkʏrtsə] **die; ~, ~n a)** *o. Pl.* shortness; **b)** *o. Pl. (geringe Dauer)* shortness; short duration; brevity; **in ~:** shortly; soon; **c)** *o. Pl. (Knappheit)* brevity; **in aller/gebotener ~:** very briefly/with due brevity; **in der ~ liegt die Würze** *(Spr.)* brevity is the soul of wit *(prov.)*; **d)** *(Verslehre)* short syllable; short

**Kürzel** [ˈkʏrtsl̩] **das; ~s, ~ a)** shorthand symbol; **b)** *(Abkürzung)* abbreviation

**kürzen** *tr. V.* **a)** shorten; shorten, take up ⟨*garment*⟩; **ein Kleid um 5 cm ~:** shorten a dress by 5 cm; take a dress up 5 cm; **b)** *(verringern)* shorten ⟨*speech*⟩; shorten, abridge ⟨*article, book*⟩; reduce, cut ⟨*pension, budget, etc.*⟩; **jmdm. das Gehalt ~:** reduce *or* cut sb.'s salary; **eine gekürzte Fassung** a shortened *or* an abridged version; **c)** *(Math.)* cancel

**kürzer** *s.* **kurz**

**kurzer·hand** *Adv.* without more ado; **jmdn. ~ vor die Tür setzen** *(ugs.)* unceremoniously throw sb. out; **etw. ~ ablehnen** flatly reject sth.; reject sth. out of hand; **sich ~ entschließen, etw. zu tun** decide there and then to do sth.

**kürzer|treten** *unr. itr. V. (sich mehr schonen)* take things *or* it easier; *(sparsamer sein)* cut back; spend less

**kürzest...** *s.* **kurz**

**kurz-, Kurz-: ~fassung die** shortened *or* abridged version; **~film der** short; short film; **~form die** *(Sprachw.)* shortened *or* abbreviated form; **~fristig 1.** *Adj.* **a)** *(plötzlich)* ⟨*refusal, resignation, etc.*⟩ at short notice; **b)** *(für kurze Zeit)* short-term; **eine ~fristige Freiheitsstrafe** a short period of imprisonment; **c)** *(rasch)* quick ⟨*solution*⟩; **2.** *adv.* **a)** *(plötzlich)* at short notice; **sich ~fristig entschließen, etw. zu tun** make up one's mind within a short time to do sth.; **b)**

*(für kurze Zeit)* for a short time *or* period; *(auf kurze Sicht)* in the short term; **~fristig gesehen** looked at *or* viewed in the short term; **c)** *(in kurzer Zeit)* without delay; **~gebraten** *Adj.* ‹*meat*› fried on high heat for a very short time; **~gefaßt** *Adj.* terse; succinct; briefly-worded; **~geschichte die** *(Literaturw.)* short story; **~geschnitten** *Adj.* cropped short *postpos.*; **~haarfrisur die** bob; bobbed hair-style; **~haardackel der** short-haired dachshund; **~haarig** *Adj.* short-haired ‹*dog, breed, etc.*›; ‹*person*› with short hair; **~|halten** *unr. tr. V.* **jmdn. ~halten** *(wenig Geld geben)* keep sb. short of money; *(wenig erlauben)* keep sb. on a tight rein; **~lebig** [~le:bɪç] *Adj. (auch fig.)* short-lived; *(wenig haltbar)* non-durable ‹*goods, materials*›; with a short life *postpos.*; **~lebigkeit die** short-livedness; *(von Gebrauchsgütern)* lack of durability; **~lehrgang der** short course

**kürzlich** *Adv.* recently; not long ago; **erst ~:** just *or* only recently; only a short time ago

**kurz-, Kurz-: ~meldung die** brief report; *(während einer anderen Sendung)* news flash; **~nachrichten** *Pl.* news *sing.* in brief; news summary *sing.*; **~parker der** short-stay *(Brit.) or* short-term parker; **„nur für ~parker"** 'short-stay *(Brit.) or* short-term parking only'; **~referat das** short paper; **~|schließen 1.** *unr. tr. V.* short-circuit; **ein Auto ~schließen** short-circuit a car's ignition; **2.** *unr. refl. V.* **sich mit jmdm./etw. ~schließen** contact sb./sth. directly; **~schluß der a)** *(Elektrot.)* short-circuit; **b)** *(fig. ugs.)* brainstorm; **c)** *(falscher Schluß)* fallacy; **~schluß·handlung die** sudden irrational act; **~schrift die** shorthand; **~sichtig** *(auch fig.)* **1.** *Adj.* short-sighted; **2.** *adv.* short-sightedly; **~sichtigkeit die;** ~ *(auch fig.)* short-sightedness; **~stielig** *Adj.* short-stemmed ‹*glass, flower*›; short-handled ‹*axe, hammer, etc.*›; **~strecke die a)** short haul *or* distance; **auf ~strecken** over short distances; **b)** *(Sport)* sprint distance; sprint; **auf [den] ~strecken** over sprint distances; in sprinting

**Kurzstrecken-: ~flug der** short-haul flight; **~lauf der** *(Sport)* short-distance race; sprint; *(Disziplin)* sprinting *no art.*; **~läufer der** *(Sport)* sprinter; **~rakete die** short-range missile

**kurz-: ~|treten** *unr. itr. V.* **a)** take things *or* it easy; *(sparsam sein)* retrench; cut back; **b)** *(Milit.)* march with shortened steps; **~um** [-'-] *Adv.* in short; in a word

**Kürzung die;** ~, **~en a)** cut; reduction; **eine ~ des Gehaltes** a cut *or* reduction in salary; a salary cut; **b)** *(Streichung)* cut; *(das Streichen)* abridgement

**kurz-, Kurz-: ~urlaub der** short holiday; *(Milit.)* short leave; **~waren** *Pl.* haberdashery *sing. (Brit.)*; notions *(Amer.)*; **~waren·abteilung die** haberdashery department *(Brit.)*; notions department *(Amer.)*; **~weg** [-'-] *Adv. s.* **kurzerhand; ~weil die;** ~ *(veralt.)* amusement; **allerlei ~weil treiben** have fun; amuse oneself; **~weilig** *Adj.* entertaining; **~welle die** *(Physik, Rundf.)* short wave; **auf** *od.* **über ~welle** on short wave; **~wellen·empfänger der** *(Funkt., Rundf.)* short-wave receiver; **~wellen·sender der** *(Funkt., Rundf.)* short-wave transmitter; **~wort das** *(Sprachw.)* abbreviation; **~zeit·gedächtnis das;** *o. Pl. (Psych.)* short-term memory; **~zeitig 1.** *Adj.* brief; **2.** *adv.* briefly; for a short time

**kusch** *Interj.* [lie] down; *(sei still)* quiet

**kuschelig** *Adj.* cosy

**kuscheln** ['kʊʃl̩n] *refl. V.* **sich an jmdn. ~:** snuggle up *or* cuddle up to sb.; ‹*cat etc.*› snuggle up to sb.; **sich in etw.** *(Akk.)* **~:** snuggle up in sth.

**Kuschel·tier das** cuddly toy

**kuschel·weich** *Adj.* beautifully soft

**kuschen** ['kʊʃn̩] *itr. V.* **a)** knuckle under **(vor** + *Dat.* to); **b)** ‹*dog*› lie down

**Kusine** [ku'zi:nə] **die;** ~, **~n** *s.* **Cousine**

**Kuß** [kʊs] **der; Kusses, Küsse** ['kʏsə] kiss; **Gruß und ~ [Dein ...]** love and kisses [from ...]

**Küßchen** ['kʏsçən] **das;** ~**s,** ~: little kiss; **ein ~ in Ehren kann niemand verwehren** *(Spr.)* a friendly kiss can do no harm

**kuß·echt** *Adj.* kissproof

**küssen** ['kʏsn̩] *tr., itr. V.* kiss; **jmdm. die Hand ~:** kiss sb.'s hand; **küss' die Hand** *(südd., österr.) (beim Kommen)* how do you do?; good day; *(beim Gehen)* goodbye; **sich** *od. (geh.)* **einander ~:** kiss [each other]

**kuß·fest** *Adj.*: *s.* **~echt**

**Kuß·hand die: jmdm. eine ~ zuwerfen** blow sb. a kiss; **mit ~** *(ugs.)* gladly; with [the greatest] pleasure; **jmdn./etw. mit ~ nehmen** *(ugs.)* be only too glad *or* pleased to take sb./sth.

**Küste** ['kʏstə] **die;** ~, **~n** coast

**Küsten-: ~bewohner** *Pl.* coastal inhabitants; **die deutschen ~bewohner** those living on the German coast; **~fischerei die** inshore fishing; **~gewässer das, ~meer das** coastal waters *pl.*; **~schiffahrt die** coastal shipping *no art.*; **~strich der** stretch of coast; coastal strip; **~wache die** coastguard [service]

**Küster** ['kʏstɐ] **der;** ~**s,** ~: sexton

**Kustos** ['kʊstɔs] **der;** ~, **Kustoden** [kʊs'to:dn̩] curator

**Kutsch·bock der** coach-box

**Kutsche** ['kʊtʃə] **die;** ~, **~n a)** coach; carriage; **b)** *(salopp: Auto)* jalopy *(coll.)*

**kutschen** *s.* **kutschieren**

**Kutschen·schlag der** coach-door; carriage-door

**Kutscher der;** ~**s,** ~: coachman; coachdriver

**kutschieren 1.** *itr. V.; mit sein* **a)** drive, ride [in a coach *or* carriage]; **b)** *(ugs.)* **durch die Gegend/durch Europa ~:** drive around/drive around Europe. **2.** *tr. V.* **a) jmdn. ~:** drive sb. [in a coach *or* carriage]; **b)** *(ugs.)* **jmdn. nach Hause ~:** run sb. home; **c)** *(ugs.: lenken)* drive ‹*car, lorry*›

**Kutsch·pferd das** coach-horse; carriage-horse

**Kutte** ['kʊtə] **die;** ~, **~n a)** [monk's/nun's] habit; **b)** *(Jugendspr.) (Jacke)* jacket; *(Mantel)* coat

**Kutteln** ['kʊtl̩n] *Pl. (südd., österr., schweiz.)* tripe *sing.*

**Kutter** ['kʊtɐ] **der;** ~**s,** ~: cutter

**Kuvert** [ku've:ɐ̯] **das;** ~**s,** ~**s a)** *(landsch., veralt.: Umschlag)* envelope; **b)** *(geh.: Gedeck)* cover

**kuvertieren** [kuvɛr'ti:rən] *tr. V.* **etw. ~:** put sth. into an envelope

**Kuvertüre** [kuvɛr'ty:rə] **die;** ~, **~n** chocolate coating

**Kuwait** [ku'vai̯t] **(das);** ~**s** Kuwait

**Kuwaiter der;** ~**s,** ~, **Kuwaiterin die;** ~, **~nen** Kuwaiti

**kuwaitisch** *Adj.* Kuwaiti

**kV** [ka:'fau̯] *(Physik) Abk.* **Kilovolt** kV

**kW** [ka:'ve:] *(Physik) Abk.* **Kilowatt** kW

**KW** *Abk.* **Kurzwelle** SW

**Kwaß** [kvas] **der;** ~ *od.* **Kwasses** kvass

**kWh** *(Physik) Abk.* **Kilowattstunde** kWh

**Kybernetik** [kybɛr'ne:tɪk] **die;** ~: cybernetics *sing.*

**Kybernetiker der;** ~**s,** ~, **Kybernetikerin die;** ~, **~nen** cybernetician; cyberneticist

**kybernetisch** *Adj.* cybernetic

**Kyrie** ['ky:ri̯ə] **das;** ~, **~s** kyrie; **~ eleison!** [e'lai̯zɔn] kyrie eleison

**kyrillisch** [ky'rɪlɪʃ] *Adj.* Cyrillic

**KZ** [ka:'t͡sɛt] **das;** ~**[s],** ~**[s]** *Abk.* **Konzentrationslager**

**KZ-Häftling der, KZler der;** ~**s,** ~, **KZlerin die;** ~, **~nen** concentration-camp prisoner

# L

**l, L** [ɛl] **das;** ~, ~: l/L; *s. auch* **a, A**

**l** *Abk.* **Liter** l.

**la** [la:] la; **etw. auf la la singen** la-la sth.

**Lab** [la:p] **das;** ~**[e]s,** ~**e a)** *(Enzym)* rennin; **b)** *(zur Käseherstellung)* rennet

**labberig** ['labərɪç] *Adj. (ugs. abwertend)* **a)** *(fade)* wishy-washy; **~ schmecken** taste of nothing; **b)** *(weich)* floppy, limp ‹*material*›; floppy ‹*trousers, dress, etc.*›; slack ‹*elastic*›; **c)** *(flau)* queasy

**labbern** ['labɐn] *(nordd. abwertend)* **1.** *tr. V.* slurp. **2.** *itr. V.* ‹*sail*› flap [about]

**labbrig** *s.* **labberig**

**Labe die;** ~ *(dichter. veralt.)* refreshment *no indef. art.*; *(~trunk)* refreshing draught

**Label** ['le:bl̩] **das;** ~**s,** ~**s** label

**laben** ['la:bn̩] *(geh.)* **1.** *tr. V.* **jmdn. ~:** give sb. refreshment; **ein ~der Trunk** a refreshing drink; **das Auge ~** *(fig.)* delight the eye. **2.** *refl. V.* refresh oneself **(an** + *Dat.*, **mit** with)

**labern** ['la:bɐn] *(ugs. abwertend)* **1.** *tr. V.* talk; **was laberst du da?** what are you rabbiting *(Brit. coll.) or* babbling on about? **2.** *itr. V.* rabbit *(Brit. coll.) or* babble on

**labial** [la'bi̯a:l] *(Phon.)* **1.** *Adj.* labial. **2.** *adv.* labially

**Labial der;** ~**s,** ~**e, Labial·laut der** *(Sprachw.)* labial [sound]

**labil** [la'bi:l] *Adj.* **a)** *(Med.)* delicate, frail ‹*constitution, health*›; poor ‹*circulation*›; **b)** *(auch Psych.)* unstable ‹*person, character, situation, equilibrium, etc.*›

**Labilität** [labili'tɛ:t] **die;** ~, **~en** *s.* **labil a, b:** delicateness; frailness; poorness; instability

**Labiodental** [labi̯o-] **der** *(Sprachw.)* labiodental

**Lab-: ~kraut das** *(Bot.)* bedstraw; **~magen der** *(Zool.)* abomasum; rennet stomach

**Labor** [la'bo:ɐ̯] **das;** ~**s,** ~**s,** *auch:* **~e** laboratory

**Laborant** [labo'rant] **der;** ~**en,** ~**en, Laborantin die;** ~, **~nen** laboratory *or (coll.)* lab assistant *or* technician

**Laboratorium** [labora'to:ri̯ʊm] **das;** ~**s, Laboratorien** laboratory

**laborieren** *itr. V. (ugs.)* **a)** *(leiden)* suffer **(an** + *Dat.* from); **er laboriert schon seit Wochen an einer Grippe** he's been trying to shake off the flu for weeks *(coll.)*; **b)** *(sich abmühen)* **an etw.** *(Dat.)* **~:** labour *or* toil away at sth.

**Labor-: ~platz der** place in a/the laboratory; **~versuch der** laboratory experiment

**Labsal** ['la:pza:l] **das;** ~**[e]s,** ~**e** *od. (südd., österr.)* **die;** ~, ~**e** *(geh.)* refreshment; **ein ~ für jmdn. sein** refresh sb.

**Labskaus** ['lapskau̯s] **das;** ~ *(Kochk.)* ≈

lobscouse; *stew made with beef, potatoes, onions, gherkins, and beetroot, eaten with a fried egg*
**Labung die; ~, ~en** *(geh.)* refreshment
**Labyrinth** [laby'rınt] **das; ~[e]s, ~e a)** maze; labyrinth; **b)** *(Anat.)* labyrinth
**labyrinthisch 1.** *Adj.* labyrinthine. **2.** *adv.* **~ verschlungene Wege** a maze of winding paths
**Lach·anfall der** laughing-fit; fit of laughing
**¹Lache** ['laxə] **die; ~, ~n** *(ugs.)* laugh
**²Lache** ['la(:)xə] **die; ~, ~n** puddle; *(von Blut, Öl)* pool
**lächeln** ['lɛçl̩n] *itr. V.* smile **(über +** *Akk.* at); **freundlich/verlegen ~:** give a friendly/an embarrassed smile
**Lächeln das; ~s** smile
**lachen 1.** *itr. V.* **a)** laugh; **da kann man** *od.* **ich doch nur ~:** that's a laugh; **jmdn. zum Lachen bringen** make sb. laugh; **die Clowns waren zum Lachen** the clowns were very amusing; **platzen/sterben vor Lachen** *(fig.)* split one's sides laughing/die laughing; **die Sonne** *od.* **der Himmel lacht** *(fig.)* the sun is shining brightly; **ihm lacht das Glück** *(dichter.)* Fortune smiled upon *or* favoured him; **wer zuletzt lacht, lacht am besten** *(Spr.)* he who laughs last, laughs longest; **zum Lachen sein** *(ugs. abwertend)* be laughable *or* ridiculous; **daß ich nicht lache!** *(ugs.)* don't make me laugh *(coll.)*; **b)** *(sich lustig machen)* laugh, make *or* poke fun **(über +** *Akk.* at); *s. auch* **dritt...; ²Erbe. 2.** *tr. V.* **was gibt es denn zu ~?** what's so funny?; **es** *od.* **das wäre ja** *od.* **doch gelacht, wenn ...** *(ugs.)* it would be ridiculous if ...; **wenn dein Vater das erfährt, hast du nichts zu ~:** you won't think it funny if your father finds out about it; **da gibt es gar nichts zu ~:** it's no laughing matter; **nichts zu ~ haben** *(ugs.)* have a hard time of it **(bei** with); *s. auch* **scheckig**
**Lachen das; ~s** laughter; **ein lautes ~:** a loud laugh; **sie konnte sich das ~ kaum verbeißen** she could hardly stop herself laughing; **ihm wird das ~ noch vergehen** he'll be laughing on the other side of his face
**Lacher der; ~s, ~ a)** laugher; **die ~:** those who are/were laughing; **die ~ auf seiner Seite haben** score by making everybody laugh; **b)** *(kurzes Lachen)* laugh
**Lach·erfolg der: einen ~ haben, ein ~ sein** make everybody laugh; **einen großen ~ haben, ein großer ~ sein** bring the house down
**lächerlich** ['lɛçɐlıç] *(abwertend)* **1.** *Adj.* **a)** *(komisch)* ridiculous; **jmdn./sich [vor jmdm.] ~ machen** make a fool of sb./oneself *or* make sb./oneself look silly [in front of sb.]; **sich** *(Dat.)* **~ vorkommen** feel ridiculous; **etw. ins Lächerliche ziehen** make a joke out of sth.; **b)** *(töricht)* ridiculous; ludicrous ⟨*argument, statement*⟩; **c)** *(gering)* derisory, ridiculously *or* ludicrously small ⟨*sum, amount*⟩; ridiculously low ⟨*price, payment*⟩; **d)** *(geringfügig)* ridiculously trivial *or* trifling; **~e Kleinigkeiten** ridiculous trivialities. **2.** *adv.* ridiculously; **~ wenig** ridiculously *or* ludicrously little
**lächerlicher·weise** *Adv. (abwertend)* ridiculously enough
**Lächerlichkeit die; ~, ~en** *(abwertend)* **a)** *o. Pl.* ridiculousness; *(von Argumenten, Behauptungen usw.)* ridiculousness; ludicrousness; **jmdn. der ~ preisgeben** make a laughing-stock of sb.; make sb. look ridiculous; **b)** *meist Pl.* ridiculous triviality
**Lach-: ~fältchen das;** *meist Pl.* laughter-line; **~gas das** laughing-gas
**lachhaft** *(abwertend)* **1.** *Adj.* ridiculous; laughable. **2.** *adv.* ridiculously
**Lach·krampf der** paroxysm of laughter; violent fit of laughter; **einen ~ bekommen** go [off] into fits of laughter; **einen ~ haben** be in fits of laughter; be convulsed with laughter
**Lach-: ~möwe die** laughing gull; peewit gull; **~nummer die** *(ugs.)* **eine ~ sein** be just a joke
**Lachs der; ~es, ~e** salmon
**Lach·salve die** roar *or* peal of laughter
**lachs-, Lachs-: ~ersatz der** rock salmon; **~farben** *Adj.* salmon-pink; salmon-coloured; **~schinken der** lachsschinken *(rolled, smoked, and cured loin of pork)*
**Lack** [lak] **der; ~[e]s, ~e a)** varnish; *(für Metall, Lackarbeiten)* lacquer; *(Auto~)* paint; *(transparent)* lacquer; *(Nagel~)* varnish; **der ~ ist ab** *(salopp: etw. hat seinen Reiz verloren)* the novelty has worn off; *(salopp: jmd. ist nicht mehr ganz jung)* he/she's no spring chicken any more; *s. auch* **fertig**
**Lack-: ~affe der** *(ugs. abwertend)* dandy; **~arbeit die** piece of lacquerwork
**Lackel** ['lakl̩] **der; ~s, ~** *(bes. südd., österr. abwertend)* oaf; **so ein ~!** stupid oaf!
**lacken** *tr. V.: s.* **lackieren a**
**Lack·farbe die** lacquer paint; *(für Autos)* paint; *(Emaillelack)* enamel paint
**lackieren** *tr. V.* **a)** varnish ⟨*wood*⟩; varnish, paint ⟨*finger-nails*⟩; spray ⟨*car*⟩; *(mit Emaillelack)* paint ⟨*metal*⟩; **einen Wagen neu ~:** respray a car; **b)** *(ugs.: täuschen)* **jmdn. ~:** take sb. for a ride *(sl.)*; dupe sb.; **der Lackierte sein** have to carry the can *(sl.)*
**Lackierer der; ~s, ~** *(Möbel~)* varnisher; *(Metall~)* painter; *(Auto~)* [paint-]sprayer
**Lackiererei die; ~, ~en** varnisher's; *(für Autos)* paint shop
**Lackiererin die; ~, ~nen** *s.* **Lackierer**
**Lackierung die; ~, ~en a)** *(von Holz)* varnishing; *(von Autos)* [paint-]spraying; **b)** *(Lackschicht) (auf Holz)* varnish; *(auf Metall, Autos)* paintwork; *(auf Lackarbeiten)* lacquer; **die zweite ~:** the second coat [of varnish/paint/lacquer]
**Lack·leder das** patent leather
**lackmeiern** *s.* **gelackmeiert**
**Lackmus** ['lakmʊs] **das** *od.* **der; ~** *(Chemie)* litmus
**Lackmus·papier das** *(Chemie)* litmus paper
**Lack-: ~reiniger der** original-colour restorer; **~schaden der** damage to the paintwork; **~schuh der** patent-leather shoe
**Lade** ['la:də] **die; ~, ~n** *(landsch.)* **a)** *(Schub~)* drawer; **b)** *(veralt.: Truhe)* chest
**Lade-: ~baum der** derrick boom; cargo boom; **~bühne die** *s.* **~rampe; ~fläche die** payload area; **~gerät das** *(Elektrot.)* charger; **~gewicht das** carrying capacity; maximum [permitted] load; **~hemmung die** jam; stoppage; **[eine] ~hemmung haben** *(fig. scherzh.)* have a mental block; **~klappe die** *(an einem LKW)* tail-board; tailgate; *(an einem Flugzeug)* tail-door; **~kran der** loading crane; **~luke die** cargo hatch; loading hatch; **~mast der** derrick mast
**¹laden 1.** *unr. tr. V.* **a)** *(ver~, be~)* load; **b)** *(aufnehmen)* **die Schiffe ~ Getreide** the ships are taking on *or* are being loaded with grain; **der LKW hat Sand ge~:** the truck is loaded up with sand; **der Tanker hat Flüssiggas ge~:** the tanker has a cargo of *or* is carrying liquid gas; **c)** *(legen)* load; **sich** *(Dat.)* **einen Sack auf die Schultern ~:** load a sack on one's shoulders; **schwere Schuld auf sich ~** *(fig.)* incur a heavy burden of guilt; **eine ziemliche Verantwortung auf sich ~:** shoulder quite a bit of responsibility; **d)** *(Munition einlegen)* load ⟨*gun, pistol, etc.*⟩; **e)** *(Physik)* charge; **er ist ge~** *(ugs.)* he's livid *(coll.)*; he's hopping mad *(coll.)*; **f)** *(aus~)* unload **(aus** from). **2.** *unr. itr. V.* load [up]; **der LKW hat schwer ge~:** the truck is heavily loaded; **schwer** *od.* **ganz schön ge~ haben** *(ugs. scherzh.)* be well tanked up *(sl.)*; have had a skinful
**²laden** *unr. tr. V.* **a)** *(Rechtsspr.)* summon; **b)** *(geh.: ein~)* invite
**Laden der; ~s, Läden** ['lɛ:dn̩] **a)** shop; store *(Amer.)*; **b)** *(ugs.: Unternehmung)* **der ~ läuft** business is good; **wie ich den ~ kenne** *(fig.)* if I know how things go in this outfit *(coll.)*; **den ~ dichtmachen** shut up shop; **den ~ schmeißen** manage *or* handle everything with no problem; **c)** *Pl. auch* **~** *(Fenster~)* shutter
**Laden-: ~besitzer der** shopkeeper; storekeeper *(Amer.)*; **~dieb der** shop-lifter; **~diebstahl der** shop-lifting; **[die] ~diebstähle** shop-lifting offences; **~front die** shop-front; **~glocke die** shop-bell; **~hüter der** *(abwertend) (sich schlecht verkaufend)* slow seller; slow-moving article/line; *(sich nicht verkaufend)* non-seller; article/line which isn't/wasn't selling; **~inhaber der** *s.* **~besitzer; ~kasse die** till; **~preis der** shop price; **~schild das** shop sign
**Laden·schluß der** shop *or (Amer.)* store closing-time; **kurz vor/nach ~:** shortly before/after the shops *or (Amer.)* stores close/closed; **samstags ist um 14 Uhr ~:** the shops *or (Amer.)* stores close at two o'clock on Saturdays
**Ladenschluß-: ~gesetz das** law regulating shop *or (Amer.)* store closing-times; **~zeit die** shop *or (Amer.)* store closing-time
**Laden-: ~schwengel der** *(ugs. abwertend)* shop-boy; **~straße die** shopping-street; **~tisch der** [shop-]counter; **unterm ~tisch** *(ugs.)* under the counter; **~tochter die** *(schweiz.)* salesgirl; shop *or* sales assistant
**Lade-: ~platz der** loading area; **~rampe die** loading ramp; **~raum der a)** *(beim Auto)* luggage-space; **b)** *(beim Flugzeug, Schiff)* hold; **c)** *(bei LKWs)* payload space; **~stock der;** *Pl.* **~stöcke** *(hist.)* ramrod
**lädieren** [lɛ'di:rən] *tr. V.* damage; *(fig.)* damage, harm ⟨*reputation etc.*⟩; **lädiert aussehen** *(ugs., scherzh.)* look battered
**lädst** [lɛ:tst] *2. Pers. Sg. Präsens v.* **laden**
**lädt** [lɛ:t] *3. Pers. Sg. Präsens v.* **laden**
**Ladung die; ~, ~en a)** *(Schiffs~, Flugzeug~)* cargo; *(LKW~)* load; **eine ~ Kohle** a cargo/load of coal; **b)** *(beim Sprengen, Schießen)* charge; **eine ~ Dynamit/Schrot** a charge of dynamite/shot; **c)** *(ugs.: Menge)* load *(coll.)*; **eine ganze ~ Sand** a whole load of sand; **d)** *(Physik)* charge; **e)** *(Rechtsspr.: Vor~)* summons *sing.*
**Lady** ['leıdı] **die; ~, ~s** *od.* **Ladies a)** *(Adlige)* Lady; **b)** *(Dame)* lady
**Lafette** [la'fɛtə] **die; ~, ~n** gun-carriage
**Laffe** ['lafə] **der; ~n, ~n** *(veralt. abwertend)* fop; dandy
**lag** [la:k] *1. u. 3. Pers. Sg. Prät. v.* **liegen**
**Lage** ['la:gə] **die; ~, ~n a)** situation; location; **in ruhiger ~:** in a quiet location; **eine gute ~ haben** be peacefully/well situated; be in a good/peaceful location; **in höheren/tieferen ~n** *(Met.)* on high/low ground; **b)** *(Art des Liegens)* position; **jetzt habe ich eine bequeme ~:** now I'm lying comfortably; now I'm [lying] in a comfortable position; **c)** *(Situation)* situation; **jmdn./sich in eine dumme ~ bringen** get sb./get [oneself] into a stupid situation; **er war nicht in der ~, das zu tun** he was not in a position to do that; **versetzen Sie sich in meine ~:** put yourself in my position *or* place; **jmdn. in die ~ versetzen, etw. zu tun** put somebody in a position to do sth.; **nach ~ der Dinge** as matters stand/stood; **die ~ der Dinge erfordert es, daß ...:** the situation requires that ...; **die ~ peilen** *od.* **spannen** *(ugs.)* see how the land lies; find out the lie of the land; *s. auch* **Herr; d)** *meist Pl. (Schwimmen)* **die 400 m ~n** the 400 m. individual medley; **die 4 × 100 m ~n** the 4 × 100 m. medley relay; **e)** *(Schicht)* layer; **f)** *(Stimm~)* register; **g)** *(Musik: Stellung der Hand)* position; **h)** *(ugs.: Runde)* round; **eine ~ ausgeben** *(ugs.) od.* **schmeißen** *(salopp)* get *or* stand a round

**Lage-: ~bericht der** report; *(Milit.)* situation report; **~besprechung die** discussion of the situation; **eine ~besprechung abhalten** discuss the situation

**Lagen-: ~schwimmen das** *(Schwimmen)* individual medley; **~staffel die** *(Schwimmen)* **a)** *(Wettbewerb)* medley relay; **b)** *(Mannschaft)* medley relay team

**Lage·plan der** map of the area

**Lager** ['la:gɐ] **das; ~s, ~ a)** camp; **ein ~ aufschlagen** set up *or* pitch camp; **b)** *(Gruppe, politischer Block)* camp; **ins andere ~ überwechseln** change camps *or* sides; join the other side; **c)** *(Raum)* store-room; *(in Geschäften, Betrieben)* stock-room; **etw. auf** *od.* **am ~ haben** have sth. in stock; **am ~ sein** be in stock; **etw. auf ~ haben** *(fig. ugs.)* be ready with sth.; **d)** *(Warenbestand)* stock; **wir müssen das ~ auffüllen** we must replenish our stocks; **e)** *(geh.)* bed; **jmdn. aufs ~ werfen** force sb. to take to his/her bed; put sb. in bed; **an jmds. ~ treten** step up to sb.'s bedside; **f)** *(Geol.)* bed; **g)** *(Technik)* bearing

**lager-, Lager-: ~bestand der** *(Wirtsch.)* stock; **den ~bestand aufnehmen** do a stocktaking; **die ~bestände räumen** clear stocks; **~bier das** lager [beer]; **~fähig** *Adj.* suitable for storage *or* storing *postpos.*; **~feuer das** camp-fire; **~feuer·romantik die** romance of the great outdoors; **~gebühr die** *(Wirtsch.)* storage charge; **~halle die** warehouse; **~haltung die a)** storage; **b)** *(Wirtsch.)* holding stocks *no art.*; **~haus das** warehouse

**Lagerist der; ~en, ~en** storeman; storekeeper

**Laggeristin die** storekeeper

**Lager-: ~koller der: einen ~koller bekommen** *od.* **kriegen** be driven to a frenzy by life in the camp; **~leben das** camp-life *no art.*; *(im Straf~, KZ usw.)* life in the camp; **~leiter der** *(im Jugend~, Ferien~)* camp leader; *(im Straf~, KZ usw.)* camp director

**lagern 1.** *tr. V.* **a)** store; **etw. kühl/trocken ~:** keep *or* store sth. in a cool/dry place; **b)** *(hinlegen)* lay down; **jmdn. flach/bequem ~:** lay sb. flat/in a comfortable position; **die Beine hoch ~:** rest one's legs in a raised position; **c)** *(Technik)* support; mount ⟨*machine-part, workpiece*⟩; **drehbar gelagert sein** be mounted on a pivot. **2.** *itr. V.* **a)** camp; be encamped; **auf Luftmatratzen ~:** use air-mattresses; **b)** *(liegen)* lie; ⟨*foodstuffs, medicines, etc.*⟩ be stored *or* kept; *(sich ab~)* have settled; *(fig.)* ⟨*mist, fog, stillness, heat, etc.*⟩ lie, hang; **ein guter Wein muß mehrere Jahre ~:** a good wine must be kept for several years; **c)** *(Geol.)* **hier ~ Eisenerze/Ölvorräte** there are deposits of iron ore/oil here; **d)** *(Technik)* be supported; ⟨*machine-part, workpiece*⟩ be mounted; **e)** *(beschaffen sein, sich verhalten)* **ganz ähnlich/anders gelagert sein** be quite similar/different [in nature]. **3.** *refl. V.* settle oneself/itself down; *(fig.)* ⟨*mist, fog*⟩ lie, hang

**Lager-: ~obst das** fruit for storing; **gutes ~obst sein** be good [fruit] for storing; [be fruit that] keep well; **~platz der** campsite; **~raum a)** store-room; *(im Geschäft, Betrieb)* stock-room; **b)** *o. Pl. (Fläche)* storage space; *(in Lagerhallen)* warehouse space; **~schein der** *(Wirtsch.)* warehouse receipt; **~statt die** *(geh.)* bed; couch *(literary)*; **~stätte die a)** *(Geol.)* deposit; **b)** *s.* **~statt**

**Lagerung die; ~, ~en a)** storage; **bei ~ im Tiefkühlfach** if *or* when stored in a deepfreeze; **b)** *(von Kranken)* **bei richtiger/falscher ~ des Verletzten** if the injured person is placed in the correct/wrong position

**Lager·verwalter der** storekeeper; stores supervisor

**Lagune** [la'gu:nə] **die; ~, ~n** lagoon

**Lagunen·stadt die: die ~ Venedig** Venice with its lagoons and islands

**lahm** [la:m] **1.** *Adj.* **a)** *(gelähmt)* lame; crippled, useless ⟨*wing*⟩; **ein ~es Bein haben** be lame in one leg; **auf dem linken Bein ~ sein** be lame in the *or* one's left leg; **b)** *(ugs.: unbeweglich)* stiff; **ihm wurde der Arm ~:** his arm became *or* got stiff; **c)** *(ugs. abwertend: unzureichend)* lame, feeble ⟨*excuse, explanation, etc.*⟩; **d)** *(ugs. abwertend: matt)* dreary; dull; feeble ⟨*protest*⟩; dull, dreary, lifeless ⟨*discussion*⟩; **ein ~er Typ** a dull, lethargic [sort of] bloke *(Brit. coll.) or (sl.)* guy; *s. auch* **Ente a. 2.** *adv.* **a)** *(kraftlos)* feebly; **b)** *(ugs. abwertend)* lethargically

**lahm-, Lahm-: ~arsch der** *(derb)* boring, lethargic old sod *(Brit. coarse) or (coll.)* bastard; **~arschig** *(derb)* **1.** *Adj.* bloody *(Brit. sl.) or* damned lethargic; **2.** *adv.* bloody *(Brit. sl.) or* damned lethargically; **~arschigkeit die; ~:** bloody *(Brit. sl.) or* damned lethargy

**Lahme der/die;** *adj. Dekl.* cripple

**lahmen** *itr. V.* be lame; **auf der rechten Hinterhand ~:** be lame in the right hind leg

**lähmen** ['lɛ:mən] *tr. V.* **a)** paralyse; **an beiden Beinen gelähmt sein** be paralysed in both legs; **er ist durch einen Unfall gelähmt** he was paralysed in an accident; **einseitig gelähmt sein** be paralysed down one side of one's body; **vor Angst wie gelähmt sein** be paralysed with fear; **b)** *(fig.)* cripple, paralyse ⟨*economy, industry*⟩; bring ⟨*traffic*⟩ to a standstill; deaden ⟨*enthusiasm*⟩; numb ⟨*will*⟩; **die Angst lähmte seine Schritte** *(geh.)* he was rooted to the spot with fear; **von ~der Müdigkeit/~dem Entsetzen befallen werden** be completely numbed with fatigue/paralysed with horror

**lahm|legen** *tr. V.* bring ⟨*traffic, production, industry*⟩ to a standstill; paralyse ⟨*industry*⟩

**Lahmlegung die; ~: eine ~ des Verkehrs/der Wirtschaft zur Folge haben** bring traffic to a standstill/paralyse the economy

**Lähmung die; ~, ~en a)** paralysis; **eine halbseitige ~:** paralysis down one side of the body; **b)** *(fig.) (der Wirtschaft, Industrie)* paralysis; *(der Begeisterung)* deadening; *(des Willens)* numbing; **zu einer ~ des Verkehrs führen** bring traffic to a standstill

**Lähmungs·erscheinung die;** *meist Pl.* symptom *or* sign of paralysis

**Lahn** [la:n] **die; ~, ~en** *(bayr., österr.) s.* **Lawine**

**Laib** [laip] **der; ~[e]s, ~e** loaf; **ein [halber] ~ Brot** [half] a loaf of bread; **ein ~ Käse** a whole cheese

**Laibung die; ~, ~en** *(Archit., Bauw.)* reveal; *(eines Bogens)* intrados; soffit

**Laich** [laiç] **der; ~[e]s, ~e** spawn

**laichen** *itr. V.* spawn

**Laich-: ~platz der** spawning-ground; **~zeit die** spawning-time

**Laie** ['laiə] **der; ~n, ~n a)** *(Mann)* layman; *(Frau)* laywoman; **da staunt der ~ [und der Fachmann wundert sich]** it's incredible; **b)** *(Kirche) (Mann)* layman; *(Frau)* laywoman; **die ~n** the laity *pl.*

**Laien-: ~apostolat das,** *fachspr. auch:* **der** *(kath. Theol.)* lay apostolate; **~bruder der** *(kath. Kirche)* lay brother; **~bühne die** amateur theatre group

**laienhaft 1.** *Adj.* amateurish; unprofessional; inexpert. **2.** *adv.* amateurishly; unprofessionally; inexpertly

**Laien-: ~investitur die** *(MA.)* lay investiture; **~prediger der** *(Rel.)* lay preacher; **~richter der** lay judge; **~schau·spieler der** amateur actor; **~schwester die** *(kath. Kirche)* lay sister; **~spiel das;** *o. Pl.* amateur performance; **~stand der** *(Rel.)* laity *pl.*; **~theater das a)** amateur theatre group; **b)** *s.* **~spiel**

**laisieren** [lai'zi:rən] *tr. V. (kath. Kirche)* unfrock; defrock

**Laisierung die; ~, ~en** unfrocking; defrocking

**Laisser-faire** [lɛse'fɛ:r] **das; ~:** laisser-faire *no art.*

**Laizismus** [lai'tsɪsmʊs] **der; ~** *(Politik, Geschichte)* laicism *no art.*

**Lakai** [la'kai] **der; ~en, ~en a)** lackey; liveried footman; **b)** *(abwertend)* lackey

**lakaienhaft** *(abwertend)* **1.** *Adj.* servile. **2.** *adv.* servilely

**Lake** ['la:kə] **die; ~, ~n** brine

**Laken** ['la:kn̩] **das; ~s, ~** *(bes. nordd.)* sheet

**lakonisch** [la'ko:nɪʃ] **1.** *Adj.* laconic. **2.** *adv.* laconically

**Lakritz** [la'krɪts] **der** *od.* **das; ~es, ~e, Lakritze die; ~, ~n** liquorice

**Laktation** [lakta'tsio:n] **die; ~, ~en** *(Biol.)* lactation

**Laktose** [lak'to:zə] **die; ~** *(Biochemie)* lactose

**la la** [la'la] *in* **so ~ ~** *(ugs.)* so-so; **es geht ihm so ~ ~:** he's so-so *or* not too bad

**lallen** ['lalən] *tr., itr. V.* ⟨*baby*⟩ babble; ⟨*drunk/drowsy person*⟩ mumble

**[1]Lama** ['la:ma] **das; ~s, ~s** *(Zool.)* llama

**[2]Lama der; ~[s], ~s** *(Rel.)* lama

**Lamaismus der; ~:** lamaism

**Lama·kloster das** lamasery

**Lamäng** [la'mɛŋ] **die** *in* **aus der Lamäng** *(ugs.)* just like that; off the top of one's head *(sl.)*; *(ohne Besteck)* with one's fingers

**Lama·wolle die** llama [wool]

**Lambda·sonde** ['lambda-] **die** *(Technik)* lambda probe

**Lambris** [lã'bri:] **der; ~, ~:** wainscoting

**Lamé** [la'me:] **der; ~[s], ~s** lamé

**Lamelle** [la'mɛlə] **die; ~, ~n a)** *(einer Jalousie)* slat; **b)** *(eines Heizkörpers)* rib; **c)** *(eines Pilzes)* lamella *(Bot.)*; gill

**Lamellen·kupplung die** *(Technik)* multiplate clutch; multiple-disc clutch

**lamentieren** [lamɛn'ti:rən] *itr. V. (ugs.)* moan, complain (**über** + *Akk.* about)

**Lamento** [la'mɛnto] **das; ~s, ~s** *(ugs. abwertend)* loud regrets *pl.*; **ein [lautes** *od.* **großes] ~ [über etw.** *(Akk.) od.* **um etw.** *od.* **wegen etw.] anstimmen** kick up *or* make a [great] fuss [about sth.]

**Lametta** [la'mɛta] **das; ~s a)** lametta; **b)** *(ugs. iron.: Orden)* gongs *pl. (coll.)*

**laminieren** [lami'ni:rən] *tr. V.* **a)** *(Buchw.)* laminate ⟨*material, book-cover*⟩; **b)** *(Textilw.)* draw ⟨*fibres*⟩

**Lamm** [lam] **das; ~[e]s, Lämmer** ['lɛmɐ] **a)** lamb; **das ~ Gottes** the Lamb of God; **b)** *(o. Pl. ~fell)* lambskin

**Lamm·braten der** roast lamb *no indef. art.*; *(Gericht)* roast of lamb

**Lämmchen** ['lɛmçən] **das; ~s, ~:** little lamb

**lammen** *itr. V.* lamb

**Lämmer-: ~geier der** bearded vulture; **~wolke die;** *meist Pl.* [light] fleecy cloud; cotton-wool cloud

**lamm-, Lamm-: ~fell das** lambskin; **~fleisch das** lamb; **~fromm 1.** *Adj.* ⟨*horse*⟩ as gentle as a [little] lamb; ⟨*person*⟩ as meek as a [little] lamb; **2.** *adv.* **~fromm antworten** answer like a lamb; **~kotelett das** lamb chop

**Lämpchen** ['lɛmpçən] **das; ~s, ~:** small *or* little light; **ein rotes ~:** a little red light

**Lampe** ['lampə] **die; ~, ~n a)** light; *(Tisch~, Öl~, Signal~)* lamp; *(Straßen~)* lamp; light; **[sich** *(Dat.)***] einen auf die ~ gießen** *(fig. ugs.)* wet one's whistle *(coll.)*; **b)** *(bes. fachspr.: Glüh~)* bulb; *s. auch* **Meister**

**Lampen~: ~fieber das** stage fright; **~licht das;** *o. Pl.* lamplight; **bei ~licht** by lamplight; by the light of a lamp/lamps; **~schirm der** [lamp]shade

**Lampion** [lam'piɔŋ] **der; ~s, ~s** Chinese lantern

**Lampion·blume die** Chinese-lantern plant; winter cherry

**lancieren** [lã'si:rən] *tr. V.* **a)** [deliberately] spread ⟨*report, rumour, etc.*⟩; **eine Nachricht in die Presse ~:** get a report into the papers;

**b) jmdn. in eine Stellung ~:** get sb. into a position by pulling strings; **c)** *(bes. Wirtsch., Werbung)* launch

**Land** [lant] **das; ~es, Länder** ['lɛndɐ] *od. (veralt.)* **~e a)** *o. Pl. (Festland)* land *no indef. art.;* **an ~:** ashore; **~ in Sicht!** *(Seemannsspr.)* land [ahead]!; **„~ unter!" melden** report that the land is flooded *or* under water; **auf dem ~ leben** live on [dry] land; **festes ~ unter den Füßen haben** be on dry land *or* terra firma; **[wieder] ~ sehen** *(fig.)* be able to see light at the end of the tunnel *(fig.);* **kein ~ mehr sehen** *(fig.)* be getting deeper and deeper into the mire *(fig.);* **[sich** *(Dat.)*] **eine Millionärin/antike Truhe/einen fetten Auftrag an ~ ziehen** *(ugs., oft scherzh.)* hook a millionairess/get one's hands on an antique chest/land a fat contract; **b)** *o. Pl. (Ackerboden, Gelände)* land; **ein Stück/5 Hektar ~:** a plot *or* piece of land *or* ground/five hectares of land; **das ~ bebauen/bestellen** farm/till the land; **c)** *Pl.* **~e** *(veralt.) (Gegend)* country; land; **dies ist das ~ van Goghs** this is van Gogh country; **in deutschen ~en** *(veralt.)* in Germany; **Wochen/Jahre waren ins ~ gegangen** *od.* **gezogen** weeks/years had passed *or* gone by; **d)** *o. Pl. (dörfliche Gegend)* country *no indef. art.;* **auf dem ~ wohnen** live in the country; **aufs ~ ziehen** move into the country; **über ~ fahren** *(veralt.)* travel from village to village; **e)** *Pl.* **Länder** *(Staat)* country; **andere Länder, andere Sitten** *(Spr.)* every nation has its own ways of behaving; **~ und Leute kennenlernen** get to know the country and its people *or* inhabitants; **außer ~es gehen/sich außer ~es befinden** leave the country/be out of the country; **das ~ der unbegrenzten Möglichkeiten** the land of opportunity; **das ~ der aufgehenden Sonne** the land of the rising sun; **das ~ der tausend Seen** the land of a thousand lakes; **wieder im ~e sein** *(ugs.)* be back again; **das ~ meiner/seiner Väter** *(geh.)* the land of my/his fathers *(literary;* **f)** *(Bundesland)* Land; state; *(österr.)* province; **das ~ Bayern/Kärnten** the Land *or* state of Bavaria/the province of Carinthia

**-land das** *(geh.)* **[das] Bayern~:** Bavaria's fair land; **das große Sowjet~:** the mighty Soviet nation; **das schöne Schweizer~:** the lovely country of Switzerland

**land-, Land-: ~ab** [-'-] *s.* **~auf; ~adel der** *(hist.)* landed aristocracy; **~arbeit die** agricultural work; farm work; **~arbeiter der** agricultural worker; farm worker; **~arzt der** country doctor

**Landauer** ['landauɐ] **der; ~s, ~** *(hist.)* landau

**land-, Land-: ~auf** [-'-] *Adv. in* **~auf, ~ab** *(geh.)* throughout the land; far and wide; **~aus** [-'-] *Adv. in* **~aus, ~ein** throughout the [length and breadth of the] country; **~bau der** *s.* **Ackerbau; ~besitz der** *s.* **Grundbesitz; ~bevölkerung die** rural population; **~brot das** farm-baked bread; *(Laib) round loaf of farm-baked type;* **~brücke die** *(Geogr.)* land bridge; **~butter die** farm butter

**Lande-: ~an·flug der** *(Flugw.)* [landing] approach; **~bahn die** *(Flugw.)* [landing] runway; **~erlaubnis die** *(Flugw.)* permission to land *no art.*

**land-, Land-: ~ei das** farm egg; **~ein** [-'-] *s.* **~aus; ~einwärts** [-'--] *Adv.* inland

**Lande·klappe die** *(Flugw.)* landing flap

**landen 1.** *itr. V.; mit sein* **a)** land; *(Schiff im Hafen)* arrive; **weich ~:** make a soft landing; **bei jmdm. nicht ~ [können]** *(fig. ugs.)* not get anywhere *or* very far with sb.; **b)** *(ugs.: ankommen)* **zu Hause/in Paris ~:** get home/to Paris; **c)** *(ugs.: gelangen)* land *or* end up; **im Krankenhaus/Zuchthaus/Papierkorb ~:** land up in hospital/end up in prison/the waste-paper basket. **2.** *tr. V.* **a)** land ⟨*aircraft, troops, passengers, fish, etc.*⟩; **b)** *(ugs.: zustande bringen)* pull off ⟨*victory, coup*⟩; have ⟨*smash hit*⟩; **c)** *(Boxen)* land ⟨*punch*⟩

**länden** ['lɛndn̩] *tr. V.* recover ⟨*corpse, wreck, etc.*⟩

**Land·enge die** *(Geogr.)* isthmus

**Lande-: ~piste die** landing-strip; **~platz der a)** *(Flugw.)* landing-strip; airstrip; *(für Hubschrauber)* landing-pad; *(nicht ausgebaut)* place to land; **b)** *s.* **Landungsplatz**

**Ländereien** [lɛndə'raiən] *Pl.* estates

**Länder-: ~kammer die** second *or* upper chamber *(composed of representatives of the member states of a federation);* **~kampf der** *(Sport)* international match; **~kunde die;** *o. Pl.* regional geography *no art.;* **~spiel das** *(Sport)* international [match]

**landes-, Landes-: ~bank die;** *Pl.* **~banken** regional bank; **~behörde die** regional authority; **~brauch der** custom of the country; national custom; **~ebene die: auf [hessischer] ~ebene** at regional level [in Hessen]; at the level of the Land [of Hessen]; **~farben** *Pl.* national colours; *(eines Bundeslandes)* colours of a Land/province; **~fürst der** *(hist.) s.* **~herr; ~gericht das** *(österr.)* district court *(at a provincial capital);* **~grenze die** national border *or* frontier; **die ~grenzen** the borders of the country; **~haupt·mann der;** *Pl.* **~hauptleute** *od.* **~hauptmänner** *(österr.)* prime minister of a province; **~haupt·stadt die** capital; **~herr der** *(hist.)* sovereign prince; *(scherzh.)* the leading figure in his Land; **~innere das** interior [of the country]; **~kind das** *(veralt., noch scherzh.)* citizen [of the country]; **~kirche die** Land church; **~kunde die;** *o. Pl.* regional studies *pl., no art.; study of the geography, history, and civilization of a country/region;* **~kundig** *Adj.* knowledgeable about country *postpos.;* **~kundlich** *Adj.; nicht präd.* **~kundliche Forschungen** research into the geography, history, and civilization of a/the country/region; **~liste die** *(Politik)* regional list; **~mutter die** *(geh. veralt.)* sovereign lady; **~recht das** *(Rechtsw.)* law of a/the Land/province; **~regierung die** government of a/the Land/province; **~rekord der** *(Sport)* national record; **~sprache die** language of the country; **die drei belgischen ~sprachen** the three national languages of Belgium

**Lande·steg der** landing stage; jetty

**landes-, Landes-: ~tracht die** national costume *or* dress; **~üblich** *Adj.* usual *or* customary in a/the country; **die ~übliche Kleidung** the costume of the country; **~vater der** *(veralt.)* sovereign lord; **~verrat der** *(Rechtsw.)* treason; **~verteidigung die;** *o. Pl.* national defence; **~verweisung die** *(bes. österr.) s.* **Ausweisung; ~währung die** currency of a/the country; **~wappen das** national coat of arms

**land-, Land-: ~fahrer der** *(veralt.)* vagrant; **~fahrzeug das** land vehicle; **~fein** *in* **sich ~fein machen** *(Seemannsspr.)* get spruced up *or* dressed up to go ashore; **~flucht die** migration from the land *or* countryside [to the towns]; **~frau die** countrywoman

**Land·friede[n] der** *(hist.)* general peace

**Landfriedens·bruch der** *(Rechtsw.)* breach of the peace

**land-, Land-: ~funk der** farming programme [on the radio]; *(Sendefolge)* farming programmes *pl.* [on the radio]; **~gang der** *(Seemannsspr.)* shore leave; **~gericht das** regional court; Land court; **~gestützt** *Adj. (Milit.)* land-based; **~gewinnung die** reclamation of land; **~graf der** *(hist.)* landgrave; **~gut das** country estate; **~haus das** country house; **~jäger der a)** *(veralt.: Polizist)* country policeman; **b)** *(Wurst) small, highly seasoned, smoked, hard, flat sausage;* **~karte die** map; **~klima das** continental climate; **~kreis der** district; **~krieg der** land warfare; **~läufig** *Adj.* widely held *or* accepted; *(nicht fachlich)* popular; **~leben das;** *o. Pl.* country life

**Ländler** ['lɛntlɐ] **der; ~s, ~:** ländler

**Land·leute** *Pl.* **a)** *(veralt.)* country folk *or* people; **b)** *s.* **Landmann**

**ländlich** ['lɛntlɪç] *Adj.* rural; country *attrib.* ⟨*life*⟩; **die ~e Ruhe** the quiet of the countryside

**ländlich-sittlich** *(scherzh.) Adj.* countrified; rustic; **hier herrschen noch ~e Zustände** people are still very countrified in their ways around here

**Land-: ~luft die** country air; **~macht die** land power; **~mann der;** *Pl.* **~leute** *(geh. veralt.)* husbandman *(arch.);* farmer; **~maschine die** agricultural machine; farm machine; **~maschinen** agricultural machinery; farm machinery; **~messer der** [land] surveyor; **~nahme** [~na:mə] **die;** *o. Pl.* occupation and settlement of land; **~partie die** *(veralt.)* outing into the country; **~pfarrer der** country parson; **~pfleger der** *(bibl.)* governor; **~plage die** plague [on the country]; *(fig.)* pest; nuisance; **dieses Jahr sind die Wespen eine wahre ~plage** there is an absolute plague of wasps all over the country this year; **~pomeranze die** *(ugs. abwertend)* country cousin *(derog.);* **~rat der a)** chief administrative officer of a/the district; **b)** *(schweiz.)* parliament of a/the canton; **~ratte die** *(ugs., oft scherzh.)* landlubber; **~recht das** *(hist.)* common law; **~regen der** steady rain; **~rücken der** *(Geogr.)* ridge of land

**Landschaft die; ~, ~en a)** landscape; *(ländliche Gegend)* countryside; **in die politische ~ passen** *(fig.)* fit in with the political mood; **in der ~ herumstehen** *(ugs.)* stand around; **die politische ~** *(fig.)* the political scene; **b)** *(Gemälde)* landscape; **c)** *(Gegend)* region

**-landschaft die** *(fig.)* scene; **in der Banken~:** on the banking scene

**landschaftlich 1.** *Adj.* regional ⟨*accent, speech, expression, custom, usage, etc.*⟩; **die ~en Gegebenheiten** the nature *sing.* of the landscape; the topography *sing.* **2.** *adv.* **~ herrlich gelegen sein** be in a glorious natural setting; **die Umgebung der Stadt ist ~ sehr schön** the town is in *or* has a beautiful natural setting; **eine ~ gefärbte Aussprache** an accent with a regional tinge; **~ verschieden sein** differ from one part of the country to another

**Landschafts-: ~bild das a)** *(Gemälde)* landscape [painting]; **b)** *(Aussehen)* landscape; **~gärtner der** landscape gardener; **~maler der** landscape painter; **~malerei die;** *o. Pl.* landscape painting; **~pflege die;** *o. Pl.* landscape conservation *no art.;* **~schutz·gebiet das** conservation area

**Land·schild·kröte die** land tortoise

**Landser** ['lantsɐ] **der; ~s, ~** *(veralt.)* [ordinary] soldier

**Land·sitz der** country seat

**Lands-: ~knecht der** *(hist.)* lansquenet; **~mann der;** *Pl.* **~leute** fellow-countryman; compatriot; **~männin die; ~, ~nen** fellow-countrywoman; compatriot; **~mannschaft die a)** *(studentische Verbindung) association of students from the same country or region;* **b)** *(von Heimatvertriebenen) association of refugees and displaced persons from a particular region*

**Land-: ~straße die** country road; *(im Gegensatz zur Autobahn)* ordinary road; **~streicher der** tramp; vagrant; **~streicherei die;** *o. Pl.* vagrancy *no art.;* **~streicherin die** tramp; vagrant; **~streitkräfte** *Pl.* land forces; **~strich der** area; **ein bewaldeter ~strich** a wooded tract of land; a wooded area; **~sturm der a)** *(hist.)* landsturm; territorial reserve; **b)** *(schweiz.) territorial reserve consisting of men between the ages of 49 and 60;* **~tag der** Landtag; state parliament; *(österr.)* provincial parliament; **~technik die** *(DDR)* agricultural engineering *no art.*

**Lạndung die; ~, ~en** landing; **zur ~ ansetzen** begin one's/its landing approach; **den Piloten/das Flugzeug zur ~ zwingen** force the pilot/aircraft to land

**Lạndungs-: ~boot das** landing-craft; **~brücke die** [floating] landing-stage; **~platz der** landing-place; **~steg der** landing-stage

**lạnd-, Lạnd-: ~urlaub der** shore leave; **~vermesser der** *s.* **~messer; ~vermessung die** [land] surveying; **~vogt der** governor *(of an imperial province);* landvogt; **~wärts** *Adv.* landward; towards the land; **~weg der a)** *(über das Festland)* overland route; **auf dem ~weg** overland; by the overland route; **b)** *(Feldweg)* track across the fields; **~wehr die** *(hist.: Reserveeinheit)* territorial reserve; **~wein der** ordinary local wine; vin du pays; **~wind der** land *or* offshore breeze; **~wirt der** farmer

**Lạnd·wirtschaft die a)** *o. Pl.* agriculture *no art.;* farming *no art.;* **b)** *(Betrieb)* [small] farm

**lạnd·wirtschaftlich 1.** *Adj.; nicht präd.* agricultural; agricultural, farm *attrib.* ⟨*machinery*⟩. **2.** *adv.* **~ genutzt werden** be used for agricultural *or* farming purposes

**Lạndwirtschafts-: ~ministerium das** ministry of agriculture; **~schule die** agricultural college

**Lạnd·zunge die** *(Geogr.)* tongue of land

**[1]lang** [laŋ]; **länger** ['lɛŋɐ], **längst...** ['lɛŋst...] **1.** *Adj.* **a)** *(räumlich)* long; **eine Bluse mit ~en Ärmeln** a long-sleeved blouse; **etw. länger machen** make sth. longer; lengthen sth.; **b)** *(von bestimmter Länge)* **ein fünf Meter ~es Seil** a rope five metres long *or* in length; **c)** *(ugs.: groß)* tall; **komm mal her, Langer** come here, lofty *(coll.); s. auch* **Latte a; Lulatsch; d)** *(ausführlich)* long; **des ~en und breiten** *(geh.)* at great length; in great detail; **e)** *(zeitlich)* long; long, lengthy ⟨*speech, lecture, etc.*⟩*;* prolonged ⟨*thought*⟩; **seit ~er Zeit, seit ~em** for a long time; **f)** *nicht präd.* **ein vier Wochen ~es Seminar** a four-week seminar; **sein sechs Jahre ~es Studium** his six years of study. **2.** *adv.* **a)** *(zeitlich)* [for] a long time; **der ~ anhaltende Beifall** the lengthy *or* prolonged applause; **etw. nicht länger ertragen können** be unable to bear *or* stand sth. any longer; **~ und breit** at great length; in great detail; **b)** *(von bestimmter Dauer)* **eine Sekunde/einen Augenblick/mehrere Stunden ~:** for a second/a moment/several hours; **den ganzen Winter ~:** all through the winter; **sein Leben ~:** all one's life; **ich werde das mein Leben ~ nicht vergessen** I won't forget it as long as I live; *s. auch* **länger 2, 3**

**[2]lạng** *(bes. nordd.)* **1.** *Präp.: s.* **entlang. 2.** *Adv.* **[nicht] wissen, wo es ~ geht** *(fig.)* [not] know what it's all about; *s. auch* **entlang**

**lạng-, Lạng-: ~ärm[e]lig** [~ɛrm(ə)lɪç] *Adj.* long-sleeved; **~atmig** [~la:tmɪç] **1.** *Adj.* long-winded; **2.** *adv.* long-windedly; **etw. ~atmig erzählen** relate sth. at great length; **~atmigkeit die; ~:** long-windedness; **~beinig** *Adj.* long-legged

**lạnge; länger, am längsten** *Adv.* **a)** a long time; **er ist schon ~ fertig** he finished long ago; **~ schlafen/arbeiten** sleep/work late; **bist du schon ~ hier?** have you been here long?; **es ist schon ~/länger her, daß ...:** it's a long time/some time since ...; **es ist noch gar nicht ~ her, daß ich ihn gesehen habe** it's not long since I saw him; I saw him not long ago; **[es dauert] nicht mehr ~, und es gibt Ärger** it won't be long before there's trouble; **da kannst du ~ warten** you can wait for ever; **sie wird es nicht mehr ~ machen** *(ugs.)* she won't last much longer; **was fragst du noch ~?** why do you keep asking questions?; *s. auch* **länger 3; b)** *(bei weitem)* **das ist [noch] ~ nicht alles** that's not all by any means; that's not all, not by a long chalk *or* shot *(coll.);* **er spielt ~ nicht so gut Tennis wie du** he doesn't play tennis nearly *or* anything like as well as you; **er ist noch ~ nicht soweit** he's got a long time to go till then

**Länge** ['lɛŋə] **die; ~, ~n a)** *(räumliche Ausdehnung)* length; **eine ~ von zwei Metern haben** be two metres in length; **auf einer ~ von zwei Kilometern** for two kilometres; **etw. der ~ nach falten** fold sth. lengthways; **der ~ nach hinschlagen** fall flat on one's face; measure one's length on the ground/floor; **sich der ~ nach hinwerfen** throw oneself flat on the ground/floor; **b)** *(hoher Wuchs)* tallness; **sich zu seiner ganzen ~ aufrichten** draw oneself up to one's full height; **c)** *(Ausführlichkeit)* length; **d)** *(Geogr.)* longitude; **die Insel liegt auf** *od.* **unter] 15° östlicher ~:** the longitude of the island is 15° east; **e)** *(zeitliche Ausdehnung)* length; **ein Film von einer Stunde ~:** a film one hour in length; an hour-long film; **etw. in die ~ ziehen** drag sth. out; **sich in die ~ ziehen** drag on; go on and on; **f)** *(Sport)* length; **mit einer ~ [Vorsprung] siegen** win by a length; **um ~n gewinnen** *(ugs.)* win easily; **g)** *Pl. (in einem Film, Theaterstück usw.)* long drawn-out *or* tedious scene; *(in einem Buch)* long drawn-out *or* tedious passage; **h)** *(Verslehre)* long syllable; long

**lạnge·lang** *Adv.* at full length

**lạngen** *(ugs.)* **1.** *itr. V.* **a)** *(ausreichen)* be enough; **das Geld langt nicht** I/we *etc.* haven't got enough money; **das langt mir** that's enough for me; that'll do for me; **jetzt langt's mir aber!** now I've had enough!; that's enough of that!; **b)** *(greifen)* reach (**in** + *Akk.* into; **auf** + *Akk.* on to; **nach** for); **c)** *(sich erstrecken)* **bis zu etw. ~:** reach sth.; **d)** *(erreichen)* reach; **bis zu etw. ~:** reach sth.. **2.** *tr. V.* **jmdm. etw. ~:** pass *or* hand sb. sth.; **jmdm. eine ~:** give sb. a clout [around the ear] *(coll.)*

**lạ̈ngen** *tr. V.* **a)** lengthen ⟨*garment*⟩; **b)** *(strecken)* thin ⟨*soup, sauce*⟩

**Lạ̈ngen-: ~grad der** *(Geogr.)* degree of longitude; **dieser Ort liegt auf dem 20. ~grad der östlichen Halbkugel** the longitude of this place is 20° east; **~kreis der** *s.* **Meridian; ~maß das** unit of length

**länger** ['lɛŋɐ] **1.** *s.* **[1]lang, lange. 2.** *Adj.* **eine ~e Abwesenheit/Behandlung** a fairly long *or* prolonged absence/period of treatment; **seit ~er Zeit** for quite some time; **es ist doch eine ~e Strecke** it's quite a long way; it's a longish way. **3.** *adv.* for some time; **es hat etwas ~ gedauert** it took/has taken some time

**lạ̈nger·fristig** [-frɪstɪç] **1.** *Adj.* fairly long-term. **2.** *adv.* on a fairly long-term basis

**lạng·ersehnt** *Adj.; nicht präd.* long-awaited; longed-for

**Lạnge·weile die; ~** *od.* **Langenweile** boredom; **~ haben** be bored; **aus ~** *od.* **Langerweile** out of boredom

**lạng-, Lạng-: ~fädig** [~fɛ:dɪç] *Adj.* *(schweiz.)* long-winded; **~finger der** *(oft scherzh.) (Dieb)* thief; *(Taschendieb)* pickpocket; **~fristig** [~frɪstɪç] **1.** *Adj.* long-term; long-dated ⟨*loan*⟩; **2.** *adv.* on a long-term basis; **~fristig gesehen** in the long term; **~gehegt** *Adj.; nicht präd.* long-cherished; **~|gehen** *unr. itr. V.; mit sein (ugs.)* **an etw.** *(Dat.)* **~gehen** go along sth.; *s. auch* **[2]lang; ~gestreckt** *Adj.* long; **~gezogen** *Adj.* long drawn-out; **~haardackel der** long-haired dachshund; **~haarig** *Adj.* long-haired; **~haus das** nave; *(mit Seitenschiffen)* nave and side aisles; **~holz das;** *o. Pl. (Forstw.)* long timber; **~jährig** *Adj.; nicht präd.* ⟨*customer, friend*⟩ of many years' standing; long-standing ⟨*friendship*⟩; **~jährige Erfahrung** many years of experience; many years' experience; **eine ~jährige Strafe** a long sentence; **einer unserer ~jährigen Mitarbeiter** a colleague who has been with us for many years; **~lauf der** *(Skisport)* cross-country; **~läufer der** cross-country skier

**Lạnglauf·ski der** cross-country ski

**lạng-, Lạng-: ~lebig** [~le:bɪç] *Adj.* long-lived ⟨*animals, organisms*⟩; durable ⟨*goods, materials*⟩; **~lebige Gebrauchsgüter** consumer durables; **~lebigkeit die; ~** *(von Tieren, Organismen)* longevity; long-livedness; *(von Gebrauchsgütern)* durability; **~|legen** *refl. V. (ugs.)* **a) sich eine Stunde/etwas ~legen** lie down *or* have a lie down for an hour/a bit; **b)** *(salopp: hinfallen)* fall flat [on one's face/back]

**länglich** ['lɛŋlɪç] *Adj.* oblong; long narrow ⟨*opening*⟩; long [narrow] ⟨*envelope*⟩; long ⟨*box*⟩; oval ⟨*roll*⟩

**lạ̈nglich·rund** *Adj.: s.* **oval**

**lạng-, Lạng-: ~mähnig** [~mɛ:nɪç] *Adj.* long-maned ⟨*animal*⟩; long-haired ⟨*person*⟩; **~mut die; ~:** forbearance; **~mütig** [~my:tɪç] *Adj.* forbearing; **~mütigkeit die; ~:** forbearance

**Langobarde** [laŋgo'bardə] **der; ~n, ~n** Lombard

**langobạrdisch** *Adj.* Lombardic

**Lạng-: ~ohr das** *(scherzh.)* **a)** *(Hase)* hare; *(Kaninchen)* rabbit; bunny *(child lang.);* **b)** *(Esel)* donkey; **~pferd das** *(Turnen)* long horse

**längs** [lɛŋs] **1.** *Präp.* + *Gen. od. (selten) Dat.* along; **~ des Flusses** *od.* **dem Fluß** along the river [bank]; **~ der Straße standen Apfelbäume** the road was lined with apple-trees. **2.** *Adv.* **a)** lengthways; **stellt das Sofa hier ~ an die Wand** put the sofa along here against the wall; **b)** *(nordd.) s.* **entlang**

**Längs·achse die** longitudinal axis

**lạngsam 1.** *Adj.* **a)** slow; low ⟨*speed*⟩; **b)** *(allmählich)* gradual. **2.** *adv.* **a)** slowly; **geh [etwas] ~er!** go [a bit] more slowly; slow down [a bit]!; **~, aber sicher** *(ugs.)* slowly but surely; **b)** *(allmählich)* gradually; **es wird ~ Zeit, daß du gehst** it's about time you left *or* went

**Lạngsamkeit die; ~:** slowness

**Lạng-: ~schäfter** [~ʃɛftɐ] **der; ~s, ~:** high boot; **~schläfer der** late riser; **~seite die** long side

**lạ̈ngs·gestreift** *Adj.* with vertical stripes; vertically striped; ⟨*material*⟩ with lengthwise stripes

**Lạngspiel·platte die** long-playing record; LP

**lạ̈ngs-, Lạ̈ngs-: ~richtung die** longitudinal direction; **in der ~richtung** lengthways; **~schnitt der** longitudinal section; **~seite die** long side; **~seits** *(Seemannsspr.)* **1.** *Präp.* + *Gen.* alongside; **2.** *Adv.* alongside; **~seits am Kai** alongside the quay

**längst** [lɛŋst] *Adv.* **a)** *(schon lange)* a long time ago; long since; **ich wußte das ~:** I've known that for a long time; I knew that long ago; **er ist ~ gestorben** he's been dead for a long time; he is long since dead; **seine ~ fälligen Schulden** his long overdue debts; **b)** *(bei weitem)* **hier ist es ~ nicht so schön** it isn't nearly as nice here; **sie singt ~ nicht so gut wie du** she doesn't sing anything like as well as you; **ich bin ~ noch nicht fertig** I'm nowhere near finished

**längst...** *s.* **[1]lang**

**längstens** ['lɛŋstn̩s] *Adv. (ugs.)* **a)** *(höchstens)* at [the] most; **~ eine Woche** a week at the most; **b)** *(spätestens)* at the latest

**lạng·stielig** *Adj.* long-stemmed ⟨*glass, flower*⟩; long-handled ⟨*axe, hammer, etc.*⟩

**Lang·strecke die a)** long haul *or* distance; **auf ~n** over long distances; **b)** *(Sport)* long distance; **auf [den] ~n** over long distances; in long-distance running

**Langstrecken-: ~flug der** long-haul flight; **~lauf der** *(Sport)* long-distance race; *(Disziplin)* long-distance running *no art.*; **~läufer der** *(Sport)* long-distance runner; **~rakete die** long-range missile

**Languste** [laŋ'gʊstə] **die; ~, ~n** spiny lobster; langouste

**lang-, Lang-: ~weile die:** *s.* **Langeweile; ~weilen 1.** *tr. V.* bore; **er sah gelangweilt aus dem Fenster** he gazed out of the window, feeling bored. **2.** *refl. V.* be bored; **sich tödlich** *od.* **zu Tode ~weilen** be bored to death; **~weiler der** *(ugs. abwertend)* **a)** bore; **b)** *(schwerfälliger Mensch)* slowcoach; **~weilig 1.** *Adj.* **a)** boring; dull ⟨*place*⟩; **b)** *(ugs.: schleppend)* slow ⟨*person*⟩; tedious ⟨*business*⟩; **ein ~weiliger Kerl** a slowcoach; **2.** *adv.* boringly; **~weiligkeit die; ~ a)** boringness; **b)** *(Langsamkeit)* slowness; **~welle die** *(Physik, Rundf.)* long wave; **auf** *od.* **über ~welle** on long wave; **~wierig** [~vi:rɪç] *Adj.* lengthy; prolonged ⟨*search*⟩; protracted, lengthy, long ⟨*negotiations, treatment*⟩; **~wierigkeit die; ~:** lengthiness; **~zeile die** *(Verslehre)* long line; **~zeit·gedächtnis das** long-term memory; **~zeit·programm das** long-term programme

**Lanolin** [lano'li:n] **das; ~s** lanolin

**Lanze** ['lantsə] **die; ~, ~n** lance; *(zum Werfen)* spear; **für jmdn. eine ~ brechen** *(fig.)* take up the cudgels on sb.'s behalf

**Lanzen-: ~spitze die** lance-head; *(der Wurflanze)* spearhead; **~stoß der** lance thrust; *(mit der Wurflanze)* spear thrust

**Lanzette** [lan'tsɛtə] **die; ~, ~n** *(Med.)* lancet

**Lanzett·fischchen das** *(Zool.)* lancelet

**Laos** ['la:ɔs] **(das)** Laos

**Laote** [la'o:tə] **der; ~n, ~n** Laotian

**laotisch** *Adj.* Laotian

**lapidar** [lapi'da:ɐ̯] **1.** *Adj. (kurz, aber wirkungsvoll)* succinct; *(knapp)* terse; **in ~er Kürze** succinctly/tersely. **2.** *adv.* succinctly/tersely

**Lapislazuli** [lapɪs'la:tsuli] **der; ~, ~:** lapis lazuli

**Lappalie** [la'pa:li̯ə] **die; ~, ~n** trifle

**Lappe** ['lapə] **der; ~n, ~n** Lapp; Laplander

**Lappen der; ~s, ~ a)** cloth; *(Fetzen)* rag; *(Wasch~)* flannel; **b)** *(salopp: Geldschein)* [large] note; **ein blauer ~:** a hundred-mark note; **c)** *(Zool.)* flap of skin; *(eines Hahns)* wattle; **d)** *in* **jmdm. durch die ~ gehen** *(ugs.)* slip through sb.'s fingers; **e)** *(Anat.)* lobe

**läppen** ['lɛpn̩] *tr. V. (Technik)* lap

**läppern** ['lɛpɐn] *tr. V. (ugs.) in* **es läppert jmdn. nach etw.** *(landsch.)* sb. has a sudden craving for sth.; **es läppert sich** it's mounting up

**lappig** *Adj. (ugs.)* limp; loosely sagging ⟨*skin*⟩

**läppisch** ['lɛpɪʃ] *Adj.* silly

**Lapp·land (das)** Lapland

**lappländisch** *Adj.* lapp

**Läpp·maschine die** *(Technik)* lapping machine

**Lapsus** ['lapsʊs] **der; ~, ~** *(geh.)* slip; *(gesellschaftlich)* faux pas; **mir ist ein ~ unterlaufen** I made a slip/committed a faux pas

**Laptop** ['lɛptɔp] **der; ~s, ~s** *(DV)* lap-top

**Lärche** ['lɛrçə] **die; ~, ~n** larch

**Largo** ['largo] **das; ~[s], ~s** *od.* **Larghi** ['largi] *(Musik)* largo

**larifari** [lari'fa:ri] *(ugs.)* **1.** *Interj.* nonsense; rubbish; fiddlesticks. **2.** *Adj.; nicht attr.* slipshod. **3.** *adv.* sloppily

**Larifari das; ~s** *(ugs.)* nonsense; rubbish

**Lärm** [lɛrm] **der; ~[e]s** noise; *(Krach)* din; row *(coll.)*; *(fig.)* fuss; to-do; **um jmdn./etw. ~ machen** *(fig.)* make a fuss about sb./sth.; **„Viel ~ um Nichts"** 'Much Ado about Nothing'; **viel ~ um nichts machen** *(fig.)* make a big fuss *or* to-do about nothing; **~ schlagen** kick up *or* make a fuss

**lärm-, Lärm-: ~bekämpfung die;** *o. Pl.* noise abatement; **~belästigung die** disturbance caused by noise; **~belastung die** noise pollution; **~empfindlich** *Adj.* sensitive to noise *postpos.*

**lärmen** *itr. V.* make a noise *or (coll.)* row; ⟨*radio*⟩ blare; **die ~de Menge** the noisy crowd; **~d vorbeigehen** go noisily past

**larmoyant** [larmoa'jant] *(geh.)* **1.** *Adj.* maudlin; tearfully sentimental. **2.** *adv.* in a maudlin way; in a tearful and sentimental manner

**Larmoyanz** [larmoa'jants] **die; ~** *(geh.)* maudlin *or* tearful sentimentality

**Lärm-: ~pegel der** noise level; **~quelle die** source of noise; **~schutz der a)** protection against noise; **b)** *(Vorrichtung)* noise barrier; noise *or* sound insulation *no indef. art.*; **~schutz·wand die** sound-insulating wall

**Larve** ['larfə] **die; ~, ~n a)** grub; larva; **b)** *(veralt.: Maske)* mask; **c)** *(abwertend veralt.: Gesicht)* mask

**las** [la:s] *1. u. 3. Pers. Sg. Prät. v.* **lesen**

**lasch** [laʃ] **1.** *Adj.* limp ⟨*handshake*⟩; feeble ⟨*action, measure*⟩; listless ⟨*movement, gait*⟩; lax ⟨*upbringing*⟩. **2.** *adv. s. Adj.:* limply; feebly; listlessly; laxly; **~ gewürzt sein** be insipid *or* tasteless

**Lasche die; ~, ~n a)** *(Gürtel~)* loop; *(eines Briefumschlags)* flap; *(Schuh~)* tongue; **b)** *(Technik) (von Eisenbahnschienen)* fishplate; *(Stoßplatte)* butt strap

**Laschheit die; ~** *s.* **lasch 1:** limpness; feebleness; listlessness; laxness

**Laser** ['leɪzə] **der; ~s, ~** *(Physik)* laser

**Laser-: ~strahl der** *(Physik)* laser beam; **~ziel·gerät das** laser sight

**lasieren** [la'zi:rən] *tr. V.* varnish

**laß** [las] *Imperativ Sg. v.* **lassen**

**lassen** ['lasn̩] **1.** *unr. tr. V.* **a)** *mit Inf. + Akk. (2. Part. ~) (veranlassen)* **etw. tun/machen/bauen/waschen ~:** have *or* get sth. done/made/built/washed; **von welcher Baufirma haben Sir Ihr Haus bauen ~?** which builder did you get to build your house?; **Essen kommen ~:** have some food sent in; **Wasser in die Wanne laufen ~:** run water into the bath; **das Licht über Nacht brennen ~:** keep the light on overnight; **sie ließ mir eine Nachricht zukommen** she sent me a message; **jmdn. warten/erschießen ~:** keep sb. waiting/have sb. shot; **jmdn. grüßen ~:** send one's regards to sb.; **jmdn. kommen/rufen ~:** send for sb.; **jmdm. etw. mitteilen/jmdn. etw. wissen ~:** let sb. know sth.; **b)** *mit Inf. + Akk. (2. Part. ~) (erlauben)* **jmdn. etw. tun ~:** let sb. do sth.; allow sb. to do sth.; **jmdn. ausreden ~:** let sb. finish speaking; allow sb. to finish speaking; **er läßt sich** *(Dat.)* **nichts sagen** you can't tell him anything; **ich lasse mich nicht beleidigen/einschüchtern** I won't be insulted/intimidated; **das lasse ich mir nicht gefallen** I'm not standing for that; **alles mit sich geschehen ~:** put up with anything and everything; **c)** *(zugestehen, belassen)* **laß den Kindern den Spaß** let the children enjoy themselves; **jmdn. in Frieden ~:** leave sb. in peace; **laß ihn in seinem Glauben** don't disillusion him; **nichts unversucht ~:** try everything; **etw. ungesagt ~:** leave sth. unsaid; **jmdn. kalt/unbeeindruckt ~:** leave sb. cold/unimpressed; **das muß man ihm/ihr ~:** one must grant *or* give him/her that; **d)** *(hinein~/heraus~)* let *or* allow (**in** + *Akk.* into, **aus** out of); **jmdn. in die Wohnung ~:** let *or* allow sb. into the flat *(Brit.) or (Amer.)* apartment; **e)** *(unterlassen)* stop; *(Begonnenes)* put aside; **laß das!** stop that *or* it!; **etw. nicht ~ können** be unable to stop sth.; **es nicht ~ können, etw. zu tun** be unable to stop doing sth.; **tu, was du nicht ~ kannst** go ahead and do what you want to do; **die Arbeit Arbeit sein ~** *(ugs.)* forget about work *(coll.)*; **laß das Grübeln!** stop brooding!; **f)** *(zurück~; bleiben ~)* leave; **jmdn. allein ~:** leave sb. alone *or* on his/her own; **g)** *(überlassen)* **jmdm. etw. ~:** let sb. have sth.; **jmdm. etw. als** *od.* **zum Pfand ~:** leave sb. sth. as security; **jmdm. etw. billig/für 10 Mark ~:** let sb. have sth. cheaply/for ten marks; **h)** *(als Aufforderung)* **laß/laßt uns gehen/fahren!** let's go!; **i)** *(verlieren)* lose; *(ausgeben)* spend; **sein Leben für eine Idee ~:** lay down one's life for an idea; **er hat zwei Söhne im Krieg ~ müssen** he lost two sons in the war; **er hat im Kasino viel Geld gelassen** he lost/*(langfristig)* has lost a lot of money at the casino; **j)** *(abwarten, bis ...)* **laß sie nur erst einmal erwachsen sein** wait till she's grown up. **2.** *unr. refl. V.* **a) die Tür läßt sich leicht öffnen** the door opens easily; **dieses Material läßt sich gut verarbeiten** this material is easy to work with; **das läßt sich nicht beweisen** it can't be proved; **das läßt sich machen** that can be done; *s. auch* **hören 1 b, c; b)** *(unpers.)* **es läßt sich nicht leugnen/verschweigen, daß ...:** it cannot be denied *or* there's no denying that .../we/you *etc.* cannot hide the fact that ...; **hier läßt es sich leben/wohl sein** it's a good life here. **3.** *unr. itr. V.* **a)** *(ugs.)* **Laß mal. Ich mache das schon** Leave it. I'll do it; **Laß doch! Du kannst mir das Geld später zurückgeben** That's all right. You can pay me back later; **b)** *(veranlassen)* **ich lasse bitten** would you ask him/her/them to come in; **einspannen ~:** have the horses harnessed; **ich habe mir sagen ~, daß ...:** I've been told *or* informed that ...; **c)** *(veralt.: aufgeben)* **von jmdm./etw. ~:** part from sb./sth.; **vom Alkohol nicht ~ können** be unable to give up alcohol

**lässig** ['lɛsɪç] **1.** *Adj.* casual. **2.** *adv.* **a)** *(ungezwungen)* casually; **b)** *(ugs.: leicht)* easily; effortlessly

**Lässigkeit die; ~ a)** casualness; **b)** *(ugs.: Leichtigkeit)* effortlessness

**läßlich** ['lɛslɪç] *Adj. (kath. Kirche, auch fig.)* venial, pardonable ⟨*sin*⟩

**Lasso** ['laso] **das** *od.* **der; ~s, ~s** lasso

**läßt** [lɛst] *3. Pers. Sg. Präsens v.* **lassen**

**Last** [last] **die; ~, ~en a)** load; *(Trag~)* load; burden; **b)** *(belastendes Gewicht)* weight; **c)** *(Bürde)* burden; **die ~ des Amtes/der Verantwortung** the burden of office/responsibility; **die ~ auf andere abwälzen** shift the burden on to others; **jmdm. zur ~ fallen/werden** be/become a burden on sb.; **jmdm. etw. zur ~ legen** charge sb. with sth.; accuse sb. of sth.; **d)** *Pl. (Abgaben)* charges; *(Kosten)* costs; **die steuerlichen ~en** the tax burden *sing.*; **die Verpackungskosten gehen zu ~en der Kunden** the cost of packaging will be charged to the customer; **die Einsparungsmaßnahmen gehen vor allem zu ~en der Minderheiten** the burden of the economy measures falls heaviest on the minorities

**Last-: ~arm der** *(Physik)* load arm; weight arm; **~auto das** *s.* **~kraftwagen**

**lasten** *itr. V.* **a)** be a burden; **auf jmdm./etw. ~:** weigh heavily [up]on sb./sth.; **das Amt lastet auf seinen Schultern** *(fig.)* the burden of office rests on his shoulders; **auf seinen Schultern lastet die ganze Arbeit** *(fig.)* all the work falls on his shoulders; **eine ~de Stille/Hitze** *(fig.)* an oppressive silence/heat; **b)** *(belastet sein mit)* **auf dem Haus ~ zwei Hypotheken** the house is encumbered with two mortgages

**Lasten-: ~auf·zug der** goods lift *(Brit.)*; freight elevator *(Amer.)*; **~ausgleich der** *(Bundesrepublik Deutschland): compensation paid to individuals for damage and losses during and immediately after the Second World War*

**[1]Laster der; ~s, ~** *(ugs.: Lkw)* truck; lorry *(Brit.)*

**[2]Laster das; ~s, ~:** vice; **ein langes ~** *(fig. ugs.)* a beanpole

**Lästerer der; ~s, ~ a) ein ~ sein** have a malicious tongue; be constantly making malicious remarks; **b)** *(veralt.: Gottes~)* blasphemer

**lasterhaft** *Adj. (abwertend)* depraved

**Lasterhaftigkeit die; ~:** depravity

**Laster-: ~höhle die** *(ugs. abwertend)* den of vice *or* iniquity; **~leben das;** *o. Pl. (oft scherzh.)* life of depravity

**lästerlich 1.** *Adj.* malicious ⟨*remark*⟩; malevolent ⟨*curse, oath*⟩. **2.** *adv.* ⟨*curse*⟩ malevolently; ⟨*speak*⟩ maliciously

**Läster·maul das** *(abwertend salopp)* **ein ~ sein/haben** have a malicious tongue; be constantly making malicious remarks; **halt dein ~!** keep your malicious remarks to yourself!

**lästern** ['lɛstɐn] **1.** *itr. V. (abwertend)* **über jmdn./etw. ~:** make malicious remarks about sb./sth. **2.** *tr. V. (veralt.: schmähen)* blaspheme against ⟨*God, God's law, etc.*⟩

**Lästerung die; ~, ~en** malicious remark; *(gegen Gott)* blasphemy

**Last·esel der** pack-donkey

**Lastex** Ⓦⓩ ['lastɛks] **das; ~:** Lastex **(P)**; stretch fabric

**Lastex·hose die** stretch trousers *or (coll.)* pants *pl.*

**lästig** ['lɛstɪç] *Adj.* tiresome ⟨*person*⟩; tiresome, irksome ⟨*task, duty, etc.*⟩; troublesome ⟨*illness, cough, etc.*⟩; **jmdm. ~ sein** *od.* **fallen/werden** be/become a nuisance to sb.

**Last-: ~kahn der** [cargo] barge; **~kraftwagen der** heavy goods *(Brit.) or (Amer.)* freight vehicle; **~pferd das** pack-horse; **~schiff das** cargo ship; freighter; **~schrift die a)** *(Betrag)* debit; **b)** *(Bescheinigung)* debit advice; **c)** *(Vorgang)* debiting; **d)** *(Verkehr)* direct debit; **~tier das** pack-animal; **~träger der** porter; bearer; **~wagen der** truck; lorry *(Brit.)*; **~wagen·fahrer der** truck driver; lorry driver *(Brit.)*; **~zug der** truck *or (Brit.)* lorry and trailer/trailers

**Lasur** [la'zuːɐ̯] **die; ~, ~en** varnish; *(farbig)* glaze

**lasziv** [las'tsiːf] *Adj.* lascivious

**Laszivität** [lastsivi'tɛːt] **die; ~:** lasciviousness

**Latein** [la'tain] **das; ~s** Latin; **mit seinem ~ am Ende sein** be at one's wit's end; *s. auch* **Deutsch**

**Latein-: ~amerika (das)** Latin America; **~amerikaner der** Latin American; **~amerikanisch** *Adj.* Latin-American

**Lateiner** [la'tainɐ] **der; ~s, ~:** Latin scholar; Latinist; *(Schüler)* Latin pupil

**lateinisch** *Adj.* Latin; *s. auch* **deutsch; [2]Deutsche**

**Latein-: ~schule die** *(hist.)* grammar school; **~unterricht der** latin teaching; *s. auch* **Englischunterricht**

**latent** [la'tɛnt] **1.** *Adj.* latent. **2.** *adv.* **~ vorhanden sein** be latent

**Latenz** [la'tɛnts] **die** *(geh.)* latency

**Latenz·periode die** *(Psych.)* latency period

**Laterna magica** [la'tɛrna 'maːgika] **die; ~ ~, Laternae magicae** [-nɛ -tsɛ] magic lantern

**Laterne** [la'tɛrnə] **die; ~, ~n a)** *(Leuchte)* lamp; lantern *(Naut.)*; **gute Handwerker/so ein Auto kann man mit der ~ suchen** *(fig.)* good craftsmen/cars like that are few and far between; **b)** *(Straßen~)* street light; street lamp; **c) die rote ~ übernehmen/an eine andere Elf abgeben** *(Sport Jargon)* drop to/move off the bottom of the table; **d)** *(Bauw.)* lantern

**Laternen-: ~licht das** light of the street lamp/lamps; **~parker der** *(scherzh.)* driver who regularly parks in the road; **~pfahl der** lamppost

**Latex** ['laːtɛks] **der; ~, Latizes** ['laːtitseːs] latex

**Latifundium** [lati'fʊndi̯ʊm] **das; ~s, Latifundien** *(hist.)* latifundium

**latinisieren** [latini'ziːrən] *tr. V.* latinize

**Latinismus der; ~, Latinismen** *(Sprachw.)* Latinism

**Latinist der; ~en, ~en** Latinist; Latin scholar

**Latinum** [la'tiːnʊm] **das; ~s: das kleine/große ~:** ≈ GCSE/'A' level Latin [examination]

**Latizes** *s.* **Latex**

**Latrine** [la'triːnə] **die; ~, ~n** latrine

**Latrinen·parole die** *(ugs. abwertend)* empty rumour

**[1]Latsche** ['latʃə] **die; ~, ~n** *(variety of)* [Swiss] mountain pine

**[2]Latsche** ['laːtʃə] **die; ~, ~n:** *s.* **Latschen**

**latschen** ['laːtʃn̩] *itr. V.; mit sein (salopp)* trudge; *(schlurfend)* slouch

**Latschen der; ~s, ~** *(ugs.)* old worn-out shoe; *(Hausschuh)* old worn-out slipper; **wenn ich nicht bald etwas zu essen kriege, kippe ich noch aus den ~** *(salopp)* if I don't get something to eat soon, I shall keel over; **er ist bald aus den ~ gekippt, als er hörte, daß ich im Lotto gewonnen hatte** *(salopp)* he was flabbergasted when he heard I'd got a prize in the lottery

**Latschen·kiefer die:** *s.* **[1]Latsche**

**Latte** ['latə] **die; ~, ~n a)** lath; slat; *(Zaun~)* pale; **eine lange ~** *(ugs.)* a beanpole; **b)** *(Sport: Quer~ des Tores)* [cross]bar; **c)** *(Leichtathletik)* bar; **d)** *in* **eine [lange] ~ von Schulden/Vorstrafen** *(ugs.)* a [large] pile of debts/a [long] list *or* string of previous convictions

**Latten-: ~kiste die** crate; **~kreuz das** *(Fuß-, Handball)* angle of the [cross]bar and the post; **im ~kreuz** in the top corner of the net; **~rost der** *(auf dem Boden)* duckboards *pl.*; *(eines Bettes)* slatted frame; **~schuß der** *(Ballspiele)* **es war nur ein ~schuß** the shot only hit the [cross]bar; **~zaun der** paling fence

**Lattich** ['latɪç] **der; ~s, ~e** lettuce

**Latüchte** [la'tʏçtə] **die; ~, ~n** *(ugs. scherzh.)* lamp; **geh mir aus der ~!** *(salopp)* get out of the light!

**Latwerge** [lat'vɛrgə] **die; ~, ~n a)** *(Med. veralt.)* confection; **b)** *(bes. südwestd.: Mus)* [fruit] purée

**Latz** [lats] **der; ~es, Lätze** ['lɛtsə] **a)** bib; **jmdm. eine[n] vor den ~ knallen** *od.* **ballern** *(salopp)* sock *(sl.) or* thump sb.; **b)** *s.* **Hosenlatz**

**Lätzchen** ['lɛtsçən] **das; ~s, ~:** bib

**Latz-: ~hose die** bib and brace; *(für Kinder)* dungarees *pl.*; **~rock der** bib-top pinafore dress

**lau** [lau] *Adj.* **a)** *(mäßig warm)* tepid, lukewarm ⟨*water etc.*⟩; *(nicht mehr kalt)* warm ⟨*beer etc.*⟩; **b)** *(mild)* mild ⟨*wind, air, evening, etc.*⟩; mild and gentle ⟨*rain*⟩; **c)** *(unentschlossen)* lukewarm; half-hearted

**Laub** [laup] **das; ~[e]s** leaves *pl.*; **dichtes/neues ~:** thick/new foliage

**Laub-: ~baum der** broad-leaved tree; **~blatt das** [broad] leaf; **~dach das** *(dicht.)* leafy canopy *(poet.)*; canopy of leaves

**Laube die; ~, ~n a)** summer-house; *(überdeckter Sitzplatz)* bower; arbour; *s. auch* **fertig; b)** *(Archit.)* porch

**Lauben-: ~kolonie die** group of allotment gardens; **~pieper der** *(berlin. scherzh.)* allotment gardener

**Laub-: ~frosch der** tree frog; **~hölzer** *Pl.* broad-leaved trees and shrubs; **~hütten·fest das** *(jüd. Rel.)* Feast of Tabernacles; Succoth; **~krone die a)** *(geh.: Wipfel)* tree-top; **b)** *(Krone)* crest coronet

**Laub·säge die** fretsaw

**Laubsäge·arbeit die** fretsaw work; **eine ~:** a piece of fretsaw work

**laub-, Laub-: ~sänger der** *(Zool.)* leaf warbler; **~tragend** *Adj.; nicht präd.* bearing [broad] leaves *postpos., not pred.*; **~wald der** deciduous wood/forest; **~werk das a)** *(Archit., Kunst)* foliage; **b)** *(geh.) s.* **Belaubung b**

**Lauch** [laux] **der; ~[e]s, ~e** *(Bot.)* allium; *(Porree)* leek

**Laudatio** [lau'daːtsi̯o] **die; ~, ~nes** [-'tsi̯oːneːs] *od.* **~nen** [-'tsi̯oːnən] eulogy; encomium

**Laue[ne]** ['lau̯ə(nə)] **die; ~, ~n** *(schweiz.) s.* **Lawine**

**Lauer** ['lauɐ] **die; ~** *in* **auf der ~ liegen** *od.* **sein** *(ugs.) (jmdm. auflauern)* lie in wait; *(etw. erfahren wollen)* be on the look-out; *(um zu hören)* be listening out; **sich auf die ~ legen** settle down to lie in wait

**lauern** *itr. V.* **a)** *(auch fig.)* lurk; **auf jmdn./etw. ~:** lie in wait for sb./sth.; **er wartete ~d auf unsere Antwort** he slyly awaited our reply; **ein ~der Blick** a sly look; **b)** *(ugs.: ungeduldig warten)* **auf jmdn./etw. ~:** wait [impatiently] for sb./sth.

**Lauf** [lauf] **der; ~[e]s, Läufe** ['lɔyfə] **a)** *o. Pl.* running; **b)** *(Sport: Wettrennen)* heat; **c)** *o. Pl. (Ver~, Entwicklung)* course; **im ~[e] der Zeit** in the course of time; **im ~[e] der Jahre** over the years; as the years go/went by; **im ~[e] des Tages** during the day; **[irgendwann] im ~[e] des Sommers** [some time] during the summer; **im ~[e] seines Lebens** in the course of *or* during his life; **einer Sache** *(Dat.)* **ihren** *od.* **freien ~ lassen** give free rein to sth.; **seinem Zorn freien ~ lassen** give vent to one's anger; **seiner Phantasie freien ~ lassen** give free rein to one's imagination; *(zu sehr)* indulge in flights of fancy; **laß doch den Dingen ihren ~!** let matters *or* things take their course; **der ~ der Geschichte/Welt** the course of history/the way of the world; **seinen ~ nehmen** take its course; **d)** *(von Schußwaffen)* barrel; **etw. vor den ~ bekommen** get a shot at sth.; **e)** *o. Pl. (eines Flusses, einer Straße)* course; **der obere/untere ~ eines Flusses** the upper/lower reaches *pl.* of a river; **der ~ der Straße** the route followed by the road; **dem ~ der Straße/Bahnschienen folgen** follow the road/railway lines; **f)** *(Musik)* run; **g)** *(Jägerspr.)* leg; **h)** *o. Pl. (von Maschinen)* running

**Lauf-: ~bahn die a)** *(Werdegang)* career; **eine wissenschaftliche/künstlerische ~bahn einschlagen** take up a career in the sciences/as an artist; **b)** *(Leichtathletik)* running-track; **~buchse die** *(Technik)* cylinder liner; **~bursche der** errand boy; messenger boy

**laufen 1.** *unr. itr. V.; mit sein* **a)** run; **gekommen** come running up; **er lief, was er konnte** *(ugs.)* he ran as fast as he could; **b)** *(gehen)* go; *(zu Fuß gehen)* walk; **auf und ab/hin und her ~:** walk up and down/back and forth; **wir sind im Urlaub viel ge~:** we did a lot of walking while on holiday; **es sind noch/nur fünf Minuten zu ~:** it's another/only five minutes' walk; **das Kind lernt ~:** the child is learning to walk; **c)** *(stoßen)* **in** *(Akk.)***/gegen etw. ~:** walk into sth.; **d)** *(ugs.: ständig hingehen)* **dauernd zum Arzt/ins Kino/in die Kirche ~:** keep running to the doctor/be always going to the cinema *(Brit.) or (Amer.)* the movies/to church; **in jede Veranstaltung der Partei ~:** go to every event organized by the party; **e)** *(in einem Wettkampf)* run; *(beim Eislauf)* skate; *(beim Ski~)* ski; **ein Pferd ~ lassen** run a horse; **f)** *(im Gang sein)* ⟨*machine*⟩ be running; ⟨*radio, television, etc.*⟩ be on; *(funktionieren)* ⟨*machine*⟩ run; ⟨*radio, television, etc.*⟩ work; **ruhig/auf Hochtouren ~:** be running quietly/at full speed; **g)** *(sich bewegen, [aus]fließen; auch fig.)* **auf Schienen/**

**über Rollen ~:** run on rails/over pulleys; **von den Fließbändern ~:** come off the conveyor belts; **es lief mir eiskalt über den Rücken** a chill ran down my spine; **ihm lief der Schweiß über das Gesicht** the sweat ran down his face; **Wasser in die Wanne ~ lassen** run the bathwater; **deine Nase läuft** your nose is running; you've got a runny nose; **der Käse läuft** the cheese has gone runny *(coll.)*; **h)** *(gelten)* ⟨*contract, agreement, engagement, etc.*⟩ run; **der Vertrag läuft noch bis ...:** the contract runs until ...; **i)** *(gespielt werden)* ⟨*programme, play*⟩ be on; ⟨*film*⟩ be on *or* showing; ⟨*show*⟩ be on *or* playing; **im dritten Programm ~:** be on the regional programme; **der Hauptfilm läuft schon** the main film has already started; **j)** *(fahren)* run; **auf Grund ~:** run aground; **k)** *(vonstatten gehen)* **parallel mit etw. ~:** run in parallel with sth.; **ich möchte wissen, wie der Prozeß ge~ ist** I'd like to know the outcome of the trial; **der Laden läuft/die Geschäfte ~ gut/schlecht** *(ugs.)* the shop is doing well/badly/business is good/bad; **wie geplant/nach Wunsch ~:** go as planned *or* according to plan; **die Sache ist ge~** *(ugs.: daran ist nichts mehr zu ändern)* it's too late now; **l)** *(eingeleitet sein)* ⟨*negotiations, investigations*⟩ be in progress *or* under way; ⟨*application*⟩ be under consideration; **m)** *(registriert sein)* **auf jmds. Namen** *(Akk.)* **~:** be in sb.'s name; **n)** *(ugs.: gut verkäuflich sein)* go *or* sell well; **o)** *(verlaufen)* run. **2.** *unr. tr. u. itr. V.* **a)** *mit sein (zurücklegen) (zu Fuß gehen)* walk; *(rennen)* run; **die 800 m/einige Runden/sechs Rennen ~** *(Sport)* run the 800 m./a few laps/[in] six races; **b)** *mit sein (erzielen)* **einen Rekord ~:** set up a record; **über die 100 m 9,9 Sekunden ~:** run the 100 m. in 9.9 seconds; **c)** *mit haben od. sein* **Ski/Schlittschuh/Rollschuh ~:** ski/skate/roller-skate; **d) sich** *(Dat.)* **die Füße wund ~:** get sore feet from running/walking; **sich** *(Dat.)* **ein Loch in die Schuhsohle ~:** wear a hole in one's shoe *or* sole. **3.** *unr. refl. V.* **a) sich warm ~:** warm up; *s. auch* **müde; b)** *(unpers.)* **in diesen Schuhen läuft es sich sehr bequem** these shoes are very comfortable for running/walking in *or* to run/walk in; **auf dem steinigen Weg lief es sich nicht gut** the stony path was not good for walking/running on

**laufend 1.** *Adj.; nicht präd.* **a)** *(ständig)* regular ⟨*interest, income*⟩; recurring ⟨*costs*⟩; **die ~en Arbeiten/Geschäfte** the day-to-day *or* routine work *sing.* /business *sing.*; **b)** *(gegenwärtig)* current ⟨*issue, year, month, etc.*⟩; **c)** *(aufeinanderfolgend)* **zehn Mark der ~e Meter** ten marks a *or* per metre; **d) auf dem ~en sein/bleiben** be/keep *or* stay up-to-date *or* fully informed; **jmdn. auf dem ~en halten** keep sb. up-to-date *or* informed; **mit etw. auf dem ~en sein** be up-to-date with sth. **2.** *adv.* constantly; continually; ⟨*increase*⟩ steadily

**laufen|lassen** *unr. tr. V. (ugs.)* **jmdn. ~:** let sb. go

**Läufer** ['lɔyfɐ] **der; ~s, ~ a)** *(Sport)* runner; *(Handball)* half-back; **b)** *(Fußball veralt.)* half-back; **c)** *(Teppich) (long narrow)* carpet; **d)** *(Schach)* bishop; **e)** *(Landw.: junges Schwein)* young pig; **f)** *(Bauw.: Mauerstein)* stretcher

**Lauferei die; ~, ~en** *(ugs.)* running around *no pl.*; **die ~ zu den Ärzten kostet viel Zeit** it takes a lot of time to go the rounds of all the doctors

**Läuferin die; ~, ~nen** runner

**läuferisch 1.** *Adj.* athletic; *(beim Eislaufen)* skating *attrib.* **2.** *adv.* as regards the skating

**Läufer·reihe die** *(Fußball veralt.)* half back line

**Lauf-: ~feuer das** brush fire; **wie ein ~feuer** like wildfire; **~fläche die** *(am Reifen)* tread; *(am Ski)* sole [of the ski]; **~gewicht das** sliding weight; **~graben der** *(Milit.)* communications trench

**läufig** ['lɔyfɪç] *Adj.* on heat *postpos.*; in season *postpos.*

**Lauf-: ~junge der:** *s.* **~bursche; ~katze die** *(Technik)* crab; **~kran der** *(Technik)* travelling crane; **~kundschaft die** passing trade; **~kundschaft haben** have a passing trade; **~masche die** ladder; **~paß der: der Präsident gab seinem Berater den ~paß** *(ugs.)* the president gave his adviser his marching orders *(coll.)*; **er hat seiner Freundin den ~paß gegeben** *(ugs.)* he finished with his girl-friend *(coll.)*; **~pensum das** *(Sport)* **der Verteidiger bewältigte** *od.* **absolvierte ein ungeheures ~pensum** the defender never stopped running; **~planke die** gangplank; gangway; **~rad das** *(Technik)* **a)** running wheel; non-driven wheel; **b)** *(an Turbinen)* runner; **~rolle die** *(Technik) (von Toren, Türen)* roller; *(von Panzern)* road wheel; *(von Möbeln)* castor; **~schiene die** *(Technik)* track; rail; **~schrift die** newscaster; **~schritt der a) wir haben die ganze Strecke im ~schritt zurückgelegt** we ran all the way; **im ~schritt, marsch, marsch!** at the double, quick march!; **b)** *(Leichtathletik)* running step

**läufst** [lɔyfst] *2. Pers. Sg. Präsens v.* **laufen**

**Lauf-: ~stall der** playpen; **~steg der** catwalk

**läuft** [lɔyft] *3. Pers. Sg. Präsens v.* **laufen**

**Lauf-: ~vogel der** *(Zool.)* ratite *(Zool.)*; flightless bird; **~werk das** *(Technik)* **a)** mechanism; **b)** *(Uhrwerk)* clockwork; mechanism; **c)** *(Eisenb.)* running gear; **d)** *(DV)* drive; **~zeit die a)** term; **der Vertrag hatte eine ~zeit von zwei Jahren** the agreement ran for two years; **ein Kredit mit befristeter ~zeit** a limited-term loan; **b)** *(Film, Theater)* run; **c)** *(Sport)* time; **~zettel der** *(Bürow., Verwaltung)* **a)** *(Rundschreiben)* circular; **b)** *(Empfangsbestätigung)* distribution slip; circulation slip; **c)** *(Passierschein)* pass; permit; **d)** *(an Werkstücken)* work progress slip; control tag

**Lauge** ['laugə] **die; ~, ~n a)** soapy water; soapsuds; **b)** *(Chemie)* alkaline solution

**Laugen·brezel die** *(südd.)* pretzel

**Lauheit die; ~:** half-heartedness

**Lau·mann der; ~[e]s,** *Pl.* **-männer** *(ugs. abwertend)* shilly-shallyer

**Laune** ['launə] **die; ~, ~n a)** *(momentane Stimmung)* mood; **schlechte/gute ~ haben** be in a bad/good mood *or* temper; **[nicht] in** *od.* **bei ~ sein** [not] be in a good mood; **jmdn. bei guter ~ halten** keep sb. in a good mood; keep sb. happy *(coll.)*; **bringt gute ~ mit!** come ready to enjoy yourselves; **b)** *meist Pl. (wechselnde Stimmung)* mood; **sie hat nur selten ~n** she is rarely moody; **die ~n des Wetters/Zufalls** *(fig.)* the vagaries of the weather/of chance; **c)** *(spontane Idee)* whim; **aus einer ~ heraus** on a whim; on the spur of the moment

**launenhaft** *Adj.* temperamental; *(unberechenbar)* capricious

**Launenhaftigkeit die; ~:** moodiness; *(Unberechenbarkeit)* capriciousness

**launig 1.** *Adj.* witty. **2.** *adv.* wittily

**launisch** *Adj.: s.* **launenhaft**

**Laus** [laus] **die; ~, Läuse** ['lɔyzə] louse; **ihm ist eine ~ über die Leber gelaufen** *(ugs.)* he has got out of bed on the wrong side; **was ist ihm für eine ~ über die Leber gelaufen?** *(ugs.)* what's eating him? *(coll.)*; **jmdm./sich eine ~ in den Pelz setzen** *(ugs.)* let sb./oneself in for something

**Laus·bub der** little rascal *or* devil; scamp

**Lausbuben·streich der** prank

**laus·bübisch 1.** *Adj.* impish. **2.** *adv.* impishly

**Lausch·aktion die** bugging operation *(coll.)*

**lauschen** ['lauʃn̩] *itr. V.* **a)** *(horchen)* listen *(so as to overhear sth.)*; **an der Tür ~:** eavesdrop at the door; **b)** *(zuhören)* listen [attentively]; **jmds. Worten** *usw.* **~:** listen [attentively] to sb.'s words *etc.*

**Lauscher der; ~s, ~ a)** eavesdropper; **der ~ an der Wand hört seine eigene Schand** *(Spr.)* eavesdroppers never hear any good of themselves; **b)** *(Jägerspr.: Ohr)* ear

**lauschig** *Adj.* cosy, snug ⟨*corner*⟩; **ein ~es Plätzchen im Grünen** a quiet *or* secluded spot in the country

**Lause-: ~bengel, ~junge, ~lümmel der** *(salopp)* little rascal *or* devil; scamp

**lausen** *tr. V.* delouse; **ich denk', mich laust der Affe!** *(salopp)* well, I'll be damned *or* blowed!

**Lauser der; ~s, ~** *(landsch. ugs.)* little rascal *or* devil; scamp

**lausig 1.** *Adj. (ugs.)* **a)** *(abwertend: unangenehm, schäbig)* lousy *(sl.)*; rotten *(coll.)*; **~e Zeiten** hard times; **b)** *(sehr groß)* perishing *(Brit. sl.)*, freezing ⟨*cold*⟩; terrible *(coll.)*, awful ⟨*heat*⟩. **2.** *adv.* terribly *(coll.)*; awfully; **draußen ist es ~ kalt** it's perishing cold outside *(Brit. sl.)*

**[1]laut** [laut] **1.** *Adj.* **a)** loud; *(fig.)* loud, garish ⟨*colour*⟩; garish ⟨*advertisement*⟩; **der Motor ist zu ~:** the engine is too noisy; **spreche ich jetzt ~ genug?** can you hear me now?; **er wußte sich ohne ein ~es Wort Respekt zu verschaffen** he was able to gain respect without raising his voice; **werden Sie bitte nicht ~!** there's no need to shout; **~ werden** *(fig.: bekannt werden)* be made known; **es sind Zweifel an der Gültigkeit dieser Aussage ~ geworden** doubts have been raised *or* expressed *or* voiced as to the validity of this statement; **b)** *(geräuschvoll)* noisy. **2.** *adv.* **a)** loudly; **~er sprechen** speak louder; speak up; **~ lachen** laugh out loud; **etw. nicht ~ sagen dürfen** not be allowed to say sth. out loud; **~ denken** think aloud; **das kannst du aber ~ sagen** *(ugs.)* you can say 'that again; **b)** *(geräuschvoll)* noisily; **geht es hier immer so ~ zu?** is it always this noisy here?

**[2]laut** *Präp. + Gen. od. Dat. (Amtsspr.)* according to; *(gemäß)* in accordance with; **~ Vertrag** according to/in accordance with the contract

**Laut der; ~[e]s, ~e a)** *(Geräusch)* sound; **keinen ~ von sich geben** not make a sound; **~ geben** ⟨*dog, hound*⟩ give tongue; **b)** *(sprachliche Einheit)* sound; **fremde/heimatliche ~e** sounds of a foreign/familiar tongue

**Laut·bildung die** *(Sprachw.)* articulation; formation of sounds

**Laute die; ~, ~n** lute

**lauten 1.** *itr. V.* ⟨*answer, instruction, slogan*⟩ be, run; ⟨*letter, passage, etc.*⟩ read, go; ⟨*law*⟩ state; **die Anklage/das Urteil lautet auf ...:** the charge/sentence is ...; **auf jmds. Namen** *(Akk.)* **~:** be in sb.'s name. **2.** *tr. V. (Sprachw.: aussprechen)* pronounce

**läuten** [lɔytn̩] **1.** *tr., itr. V.* ring; ⟨*alarm clock*⟩ go off; **12 Uhr/Mittag ~:** strike 12 o'clock/midday; **Feuer/Sturm ~** *(hist.)* ring the fire-bell/storm-bell; **ich habe davon ~ gehört** *od.* **hören, daß ...:** I have heard rumours that ... **2.** *itr. V. (bes. südd.: klingeln)* ring; **nach jmdm. ~:** ring for sb.; **es läutete** the bell rang *or* went **(zu** for)

**Lautenist** [lautəˈnɪst] **der; ~en, ~en** lutenist

**Lauten·spieler der** lute-player

**[1]lauter** *Adj. (geh.)* **a)** honourable ⟨*person, intentions, etc.*⟩; honest ⟨*truth*⟩; **b)** *(rein)* pure ⟨*gold, silver, etc.*⟩; clear ⟨*water*⟩

**[2]lauter** *indekl. Adj.* nothing but; sheer, pure ⟨*nonsense, joy, etc.*⟩; **das sind ~ Lügen** that's nothing but lies; that's a pack of lies; **das sind ~ Kunden unserer Firma** they are all customers of our firm; **aus ~ kleinen Quadraten zusammengesetzt** made up entirely of little squares; **vor ~ Arbeit komme ich nicht ins Theater** I can't go to the theatre because of all the work I've got

**Lauterkeit die; ~:** honourableness

**läutern** ['lɔytɐn] *tr. V. (geh.)* **a)** reform ‹*character*›; purify ‹*soul*›; **b)** *(reinigen)* purify (von of)

**Läuterung die; ~, ~en** *(geh.)* **a)** *(des Charakters)* reformation; *(der Seele)* purification; **b)** *(Reinigung)* purification

**laut-, Laut-: ~gesetz das** *(Sprachw.)* phonetic law; **~getreu 1.** *Adj.* phonetically accurate; **2.** *adv.* with phonetic accuracy; **~hals** *Adv.* ‹*sing, shout, etc.*› at the top of one's voice; **~hals lachen** roar with laughter

**Laut·lehre die** *(Sprachw.)* phonetics and phonology *no art.*

**lautlich 1.** *Adj.* phonetic. **2.** *adv.* phonetically

**laut-, Laut-: ~los 1.** *Adj.* silent; soundless; *(wortlos)* silent; **~lose Stille** utter *or* complete silence; **2.** *adv.* silently; soundlessly; **~losigkeit die; ~:** silence; soundlessness; *(Wortlosigkeit)* silence; **~malend** *Adj. (Sprachw.)* onomatopoeic; **~schrift die** *(Phon.)* phonetic alphabet; *(Umschrift)* phonetic transcription

**Laut·sprecher der** loudspeaker; loud hailer *(esp. Naut.)*; *(einer Stereoanlage usw.)* speaker; **über ~:** over the loudspeaker[s]

**Lautsprecher-: ~an·lage die** public address *or* PA system; loudspeaker system; **~box die** speaker cabinet; **~wagen der** loudspeaker car/van

**laut-, Laut-: ~stark 1.** *Adj.* loud; vociferous, loud ‹*protest*›; **2.** *adv.* loudly; ‹*protest*› vociferously, loudly; **~stärke die a)** volume; **in/bei voller ~stärke** at full volume; **das Radio auf volle ~stärke drehen** turn the radio right up; **b)** *(Lärm)* **die ~stärke in diesem Raum** the volume of noise in this room; **~stärke·regler der** volume control

**Lautung die; ~, ~en** *(Sprachw.)* pronunciation

**Laut-: ~verschiebung die** *(Sprachw.)* sound shift; **die erste** *od.* **germanische/zweite** *od.* **hochdeutsche ~verschiebung** the first *or* Germanic/second *or* High German sound shift; **~wandel der** *(Sprachw.)* sound change

**Läut·werk das a)** *(Eisenb.)* bell; **b)** *(des Weckers)* alarm

**lau·warm** *Adj.* lukewarm ‹*food*›; lukewarm, tepid ‹*drink*›; *(nicht mehr kalt)* warm ‹*beer etc.*›

**Lava** ['la:va] **die; ~, Laven** *(Geol.)* lava

**Lavabo** [la'va:bo] **das; ~[s], ~s** *(schweiz.) s.* **Waschbecken**

**Lava·strom der** lava stream; *(ausströmende Lava)* lava flow

**Lavendel** [la'vɛndl] **der; ~s, ~:** lavender

**Lavendel·öl das** lavender oil

**¹lavieren** [la'vi:rən] *tr. V., itr. V.* manœuvre

**²lavieren** *tr. V. (bild. Kunst)* wash; **eine lavierte Zeichnung** a wash drawing

**Lavoir** [la'vo̯a:ɐ̯] **das; ~s, ~s** *(österr.) s.* **Waschbecken**

**Lawine** [la'vi:nə] **die; ~, ~n** *(auch fig.)* avalanche; **eine ~ von Protesten** *(fig.)* a storm of protest

**lawinen-, Lawinen-: ~artig** *Adv.* like an avalanche; **~artig anschwellen** ‹*political etc. movement, number of accidents etc.*› snowball; **~gefahr die** danger of avalanches; **~[such]hund der** avalanche dog

**lax** [laks] **1.** *Adj.* lax. **2.** *adv.* laxly

**Laxativ** [laksa'ti:f] **das; ~s, ~e** *(Med.)* laxative

**Laxheit die; ~:** laxness; laxity

**Layout** [leɪ'aʊt] **das; ~s, ~s** *(Druckw., Elektronik)* layout

**Layouter** ['le:la̯utɐ] **der; ~s, ~:** layout man

**Lazarett** [latsa'rɛt] **das; ~[e]s** military hospital

**Lazarett·schiff das** hospital ship

**leasen** ['li:zn̩] *tr. V.* rent; *(für längere Zeit mieten)* lease ‹*car etc.*›

**Leasing** ['li:zɪŋ] **das; ~s, ~s** *(Wirtsch.)* leasing

**Lebe-: ~dame die** *(abwertend)* good-time girl; **~hoch** [--'-] **das; ~s, ~s** cheer; **ein dreifaches ~hoch** three cheers *pl.*; **~mann der;** *Pl.* **~männer** playboy

**leben** ['le:bn̩] **1.** *itr. V.* live; *(lebendig sein)* be alive; **anständig/sorgenfrei ~:** live a respectable/carefree life; **auf dem Land/im Wasser ~de Tiere** animals which live on land/in water; **für jmdn./etw. ~** *od. (geh.)* **jmdm./einer Sache ~:** live for sb./sth.; **leb[e] wohl!** farewell!; **so [et]was lebt, und Schiller mußte sterben!** *(scherzh.)* why do we have to put up with people like that?; **nicht mehr ~ wollen** not want to go on living; have lost the will to live; **er wird nicht mehr lange zu ~ haben** he will not live much longer; **lebst du noch?** *(ugs. scherzh.)* are you still in the land of the living? *(joc.)*; **lang lebe der König!** long live the king!; **von seiner Rente/seinem Gehalt ~:** live on one's pension/salary; **von seiner Hände Arbeit ~:** live by the work of one's hands; **Wie geht es dir? – Man lebt!** *(ugs.)* How are you? – Oh, surviving *(coll.)*; **~ und ~ lassen** live and let live; **davon kann ich/sie/er** *usw.* **nicht ~ und nicht sterben** it's hardly enough to keep body and soul together; **fleischlos ~:** not eat meat; **von Kartoffeln ~:** live on potatoes; **er lebt in seinen Werken** he lives on in his works; *s. auch* **Brot; diät. 2.** *tr. V.* live; **ein glückliches Leben ~:** live a happy life

**Leben das; ~s, ~ a)** life; **das ~:** life; **jmdm. das ~ retten** save sb.'s life; **sein ~ für etw. wagen/***(geh.)* **hingeben** risk/give one's life for sth.; **sich** *(Dat.)* **das ~ nehmen,** *(geh.)* **[freiwillig] aus dem ~ scheiden** take one's [own] life; **am ~ sein/bleiben** be/stay alive; **seines ~s nicht [mehr] sicher sein** not be safe [any more]; **um sein ~ rennen** run for one's life; **ums ~ kommen** lose one's life; **das nackte ~ retten** barely escape with one's life; **sein ~ teuer verkaufen** sell one's life dearly; **seinem ~ ein Ende setzen** *od.* **machen** *(verhüll.)* take one's [own] life; **auf Tod und ~ kämpfen** be engaged in a life-and-death struggle; **etw. für sein ~ gern tun** love doing sth.; **etw. für sein ~ gern essen** love sth.; **etw. ins ~ rufen** bring sth. into being; **mit dem ~ davonkommen** escape with one's life; **jmdm. nach dem ~ trachten** try to kill sb.; **wie das blühende ~ aussehen** *(ugs.)* look the picture of health; **ein/sein [ganzes] ~ lang** one's whole life long; **zeit seines ~s** all his life; **noch nie im ~/zum erstenmal im ~:** never in/for the first time in one's life; **jmdm. das ~ sauer machen** make sb.'s life a misery; **sich durchs ~ schlagen** struggle through life; **mit beiden Beinen** *od.* **Füßen im ~ stehen** have one's feet firmly on the ground; **nie im ~, im ~ nicht!** *(ugs.)* not on your life! *(coll.)*; never in your life! *(coll.)*; **ein ~ in Wohlstand/Armut** a life of affluence/poverty; **das süße ~:** la dolce vita; **wie das ~ so spielt** it's funny the way things turn out; **im öffentlichen ~ stehen** be in public life; **so ist das ~:** such is life; that's the way things go; **die Musik ist ihr ~:** music is her [whole] life; **b)** *(Betriebsamkeit)* **auf dem Markt herrschte ein reges ~:** the market was bustling with activity; **das ~ auf der Straße** the comings and goings in the street; **~ ins Haus bringen** bring some life into the house

**lebend** *Adj.* living; live ‹*animal*›; **~e Sprachen** living languages; **tot oder ~:** dead or alive; **nicht mehr unter den Lebenden weilen** *(geh.)* have passed away

**lebend·gebärend** *Adj. (Zool.)* viviparous

**Lebend·gewicht das a)** live weight; **b)** *(scherzh.: Gewicht eines Menschen)* **100 kg ~ auf die Waage bringen** turn the scales at 100 kg

**lebendig** [le'bɛndɪç] **1.** *Adj.* **a)** *(lebend)* living; **jmdn. ~** *od.* **bei ~em Leibe verbrennen** burn sb. alive; **man fühlt sich hier wie ~ begraben** being stuck here is like being buried alive *(coll.)*; **ich kann ihn nicht wieder ~ machen** I can't bring him back to life [again]; **mehr tot als ~:** more dead than alive; **es von den Lebendigen nehmen** be unduly grasping; **b)** *(wirksam)* living ‹*tradition etc.*›; **die Erinnerung daran wurde in ihm wieder ~:** the memory of it came back to him vividly; **c)** *(lebhaft)* lively ‹*account, imagination, child, etc.*›; gay, bright ‹*colours*›; **auf der Straße wurde es allmählich ~:** the street began to fill with life. **2.** *adv. (lebhaft)* in a lively fashion *or* way; **etw. ~ schildern** give a lively description of sth.

**Lebendigkeit die; ~:** liveliness

**lebens-, Lebens-: ~abend der** *(geh.)* evening *or* autumn of one's life *(literary)*; **~ab·schnitt der** stage of *or* chapter in one's life; **~ader die** vital line of communication; **~alter das** age; **ein hohes ~alter erreichen** live to a considerable age *or (coll.)* a ripe old age; **~angst die** unwillingness to face life's problems; *(Angst um die Existenz)* worry about one's ability to survive; **~art die a)** way of life; **b)** *o. Pl. (Umgangsformen)* manners *pl.*; **keine ~art haben** have no manners; be ill-mannered; **~auf·gabe die** life's work; **sich** *(Dat.)* **etw. zur ~aufgabe machen** make sth. one's life's work; **~baum der a)** arbor vitae; **b)** *(Rel., Kunstwiss.)* tree of life; **~bedingungen** *Pl.* conditions of life; **~bejahend** *Adj.* ‹*person*› with a positive attitude *or* approach to life; **~bejahung die** positive attitude *or* approach to life; affirmation of life; **~bereich der** area of life; **~beschreibung die** biography; *(Buch)* biography; life; **~dauer die a)** life-span; **b)** *(von Maschinen)* [useful] life; **~echt 1.** *Adj.* true-to-life; **2.** *adv.* in a true-to-life way; **~elixier das** *(Volksk.; auch fig.)* elixir of life; **~ende das** end [of one's life]; **bis an sein** *od.* **bis ans ~ende** to the end of one's life *or* days; **~erfahrung die** experience *no indef. art.* of life; **~erinnerungen** *Pl.* memories of one's life; *(aufgezeichnet)* memoirs; **~erwartung die** life expectancy; **~fähig** *Adj. (auch fig.)* viable; **~fähigkeit die** viability; **~form die a)** *(Biol.)* life-form; **b)** *(~weise)* way of life; **~frage die** vital matter *or* question; **~fremd** *Adj.* out of touch with *or* remote from everyday life *postpos.*; **~freude die;** *o. Pl.* zest for life; joie de vivre; **~froh** *Adj.* full of zest for life *or* joie de vivre *postpos.*; **~führung die** life-style; **eine moralisch einwandfreie ~führung** a completely blameless life; **~gefahr die** mortal danger; **für jmdn. besteht [keine] ~gefahr** sb.'s life is [not] in danger; **„Achtung, ~gefahr!"** 'danger'; **sie schwebt in ~gefahr** she is in danger of dying; *(von einer Kranken)* her condition is critical; **außer ~gefahr sein** be out of danger; **etw. unter ~gefahr** *(Dat.)* **tun** risk one's life to do sth.; **~gefährlich 1.** *Adj.* highly *or* extremely dangerous; critical ‹*injury*›; **2.** *adv.* critically ‹*injured, ill*›; **jmdn. ~gefährlich verletzen** cause sb. critical injuries; **~gefährte der, ~gefährtin die** *(geh.)* companion through life *(literary)*; **~gefühl das** awareness of life; **~geister** *Pl.* **jmds. ~geister [wieder] wecken** put new life into sb.; **~gemeinschaft die a)** *(von Menschen)* long-term relationship; **b)** *(Biol.: von Tieren, Pflanzen)* biocoenosis; **~geschichte die** life-story; **~groß** *Adj.* life-size; **~größe die: eine Statue in ~größe** a life-size statue; **ein Porträt von jmdm. in ~größe malen** paint a life-size portrait of sb.

**Lebens·haltung die a)** *(~skosten)* cost of living; **die ~ ist teurer geworden** the cost of living has risen; **b)** *(Lebensführung)* life-style

**Lebenshaltungs-: ~index der** *(Wirtsch.)* cost-of-living index; **~kosten** *Pl.* cost of living *sing.*

**lebens-, Lebens-: ~hilfe die** counselling; **~hunger der** desire to live life to the full; **~hungrig** *Adj.* ⟨*person*⟩ who is eager to live life to the full; **~inhalt der** purpose in life; **die Musik/ihre Familie ist ihr ~inhalt** music/her family is her whole life; **~jahr das** year of [one's] life; **die letzten ~jahre** the last years of one's life; one's last years; **in seinem 12. ~jahr** in his twelfth year; **mit dem vollendeten 18. ~jahr** on reaching the age of eighteen; **~kampf der** struggle for existence *or* life; **~kraft die** vitality; vital energy; **~kreis der: in jmds. ~kreis** *(Akk.)* **treten** come into *or* enter sb.'s life; **~künstler der: ein [echter/wahrer] ~künstler** a person who always knows how to make the best of things; **~lage die** situation [in life]; **in allen ~lagen** in any situation; **~lang 1.** *Adj.* lifelong; **2.** *adv.* all one's life; **~länglich 1.** *Adj.* **~länglicher Freiheitsentzug** life imprisonment; **„~länglich" bekommen** *od.* *(ugs.)* **kriegen** get life imprisonment *or (coll.)* life; **2.** *adv.* **jmdn. ~länglich gefangenhalten** keep sb. imprisoned for life; **~längliche der/die;** *adj. Dekl. (salopp)* lifer *(sl.)*; **~lauf der a)** curriculum vitae; c.v.; **b)** *(Verlauf eines Lebens)* life; **~licht das** *(geh.)* flame of life *(literary)*; **jmdm. das ~licht ausblasen** *od.* **auspusten** *(ugs.)* send sb. to kingdom-come *(coll.)*; **~linie die** life line; **~lüge die** lifelong illusion; **~lust die;** *o. Pl.: s.* **~freude**; **~lustig** *Adj.* ⟨*person*⟩ full of the joys of life; **~mitte die** middle years *pl.* of one's life; **die Krise in der ~mitte** mid-life crisis

**Lebens·mittel das;** *meist Pl.* food[stuff]; *~ Pl.* food *sing.*; foods *(formal)*; foodstuffs *(formal)*; *(als Ware)* food *sing.*

**Lebensmittel-: ~abteilung die** food department; **~chemie die** food chemistry *no art.*; **~geschäft das** food shop; **~karte die** food ration card; **~vergiftung die** *(Med.)* food poisoning

**lebens-, Lebens-: ~müde** *Adj.* weary of life *pred.*; **du bist wohl ~müde?** *(scherzh.)* you must be tired of living; **~müdigkeit die** weariness of life; **~mut der** courage to go on living; **~nah 1.** *Adj.* true-to-life ⟨*film, description, etc.*⟩; **~naher Unterricht** teaching that is closely related to life; **2.** *adv.* **etw. ~nah schildern** describe sth. in a true-to-life way; **~nerv der: eine Industrie/Firma in ihrem ~nerv treffen** hit a vital nerve of an industry/a firm; **~notwendig** *Adj.* essential; vital; vital ⟨*organ*⟩; essential ⟨*foodstuff*⟩

**leben·spendend** *Adj. (geh.)* life-giving

**lebens-, Lebens-: ~philosophie die** philosophy of life; *(Lehre)* life philosophy *no art.*; Lebensphilosophie *no art.*; **~qualität die;** *o. Pl.* quality of life; **~raum der a)** *(Umkreis)* lebensraum; **b)** *(Biol.) s.* **Biotop**; **~regel die** rule [of life]; maxim; **sich** *(Dat.)* **etw. zur ~regel machen** make sth. a rule [in life] *or* a maxim; **~retter der** rescuer; **sein ~retter** the person who saved his life; **du bist mein ~retter** you saved my life; **~rhythmus der** rhythm of life; **sein ~rhythmus** the rhythm of his life; **~standard der** standard of living; **~stellung die** permanent position *or* job; job for life; **~stil der** life-style; **~tüchtig** *Adj.* able to cope with life *postpos.*; **~überdruß der** weariness of life; world-weariness; **~umstände** *Pl.* circumstances; **~unfähig** *Adj.* non-viable; **~unterhalt der: seinen ~unterhalt verdienen/bestreiten** earn one's living/support oneself; **für jmds. ~unterhalt sorgen** support sb.; **~untüchtig** *Adj.* unable to cope with life *postpos.*; **~versicherung die** life insurance; life assurance; **eine ~versicherung abschließen** take out a life insurance *or* assurance policy; **~wandel der** way of life; **einen zweifelhaften/einwandfreien ~wandel führen** lead a dubious/an irreproachable life; **~weg der** [journey through] life; **jmdm. etw. mit auf den ~weg geben** give sb. sth. to take with him/her on his/her journey through life; **alles Gute für den weiteren ~weg** all the best for the future; **~weise die** way of life; **die sitzende ~weise** the sedentary life; **~weisheit die a)** *(Erfahrung)* wisdom; **b)** *(weiser Ausspruch)* wise saying *or* maxim; **~werk das** life's work; **~wert** *Adj.* **ein ~wertes Leben** a life worth living; **das ist kein ~wertes Dasein mehr** that's no kind of life any more; **das Leben ist ~wert** life is worth living; **~wert der** basic human value; **~wichtig** *s.* **~notwendig**; **~wille der** will to live; **~zeichen das** sign of life; **kein ~zeichen [von sich] geben** show no sign of life; **kein ~zeichen von jmdm. bekommen** *(fig.)* have no sign of life from sb.; **~zeit die** life[-span]; **auf ~zeit** for life; **ein Beamter auf ~zeit** an established civil servant; **~ziel das** aim in life; **~zweck der** purpose in life

**Leber** ['le:bɐ] **die; ~, ~n** liver; **es an der ~ haben** *(ugs.)* have [got] liver trouble; **frisch** *od.* **frei von der ~ weg sprechen** *od.* **reden** *(ugs.)* speak one's mind; **sich** *(Dat.)* **etw. von der Leber reden** *(ugs.)* get sth. off one's chest *(coll.)*; *s. auch* **Laus**

**leber-, Leber-: ~blümchen das** liverwort; **~entzündung die** inflammation of the liver; hepatitis *(Med.)*; **~fleck der** liver spot; **~haken der** *(Boxen)* hook to the liver; **~käse der;** *o. Pl. meat loaf made with mincemeat, [minced liver,] eggs, and spices*; **~knödel der** *(südd., österr.) meat ball made from minced liver, onions, eggs, and flour*; **~krank** *Adj.* ⟨*patient etc.*⟩ suffering from a liver complaint *or* disorder; **~krank sein** have a liver complaint *or* disorder; **~krebs der** *(Med.)* cancer of the liver; **~leiden das** *(Med.)* liver complaint *or* disorder; **~pastete die** *(Kochk.)* liver pâté; **~schaden der** liver damage; damage to the liver; **~schrumpfung die** *s.* **~zirrhose**; **~tran der** fish-liver oil; *(des Kabeljaus)* cod-liver oil; **~wurst die** liver sausage; **die gekränkte** *od.* **beleidigte ~wurst spielen** *(ugs.)* get all huffy *(coll.)*; **~zirrhose die** *(Med.)* cirrhosis of the liver

**Lebe-: ~welt die** playboy set; **~wesen das** living being *or* thing *or* creature; **einzellige ~wesen** single-celled creatures; unicellular organisms *(Biol.)*; **~wohl** [--'-] **das; [e]s,** *~ od.* **~e** *(geh.)* farewell; **jmdm. ~wohl sagen** bid sb. farewell

**lebhaft 1.** *Adj.* **a)** *(lebendig)* lively ⟨*person, gesture, imagination, bustle, etc.*⟩; lively, animated ⟨*conversation, discussion*⟩; lively, brisk ⟨*activity*⟩; busy ⟨*traffic*⟩; brisk ⟨*business*⟩; **b)** *(deutlich)* vivid ⟨*idea, picture, etc.*⟩; **etw. in ~er Erinnerung haben** remember sth. vividly; **c)** *(kräftig)* lively ⟨*interest*⟩; lively, gay ⟨*pattern*⟩; bright, gay ⟨*colour*⟩; vigorous ⟨*applause, opposition*⟩. **2.** *adv.* **a)** *(lebendig)* in a lively way *or* fashion; **sich ~ unterhalten/~ diskutieren** have a lively *or* animated conversation/discussion; **b)** *(deutlich)* vividly; **sich ~ an etw.** *(Akk.)* **erinnern können** be able to remember sth. vividly; **sich** *(Dat.)* **etw. ~ vorstellen können** have a vivid picture of sth.; **c)** *(kräftig)* brightly, gaily ⟨*coloured*⟩; gaily ⟨*patterned*⟩; **etw. ~ bedauern** deeply regret sth.; **sich ~ für etw. interessieren** take a lively *or* keen interest in sth.

**Lebhaftigkeit die; ~ a)** *(reges Wesen)* liveliness; *(einer Unterhaltung, Diskussion)* liveliness; animation; **b)** *(Intensität)* liveliness; *(eines Musters)* liveliness; gaiety; *(von Farben)* brightness; gaiety

**Leb·kuchen der** ≈ gingerbread

**leb-, Leb-: ~los** *Adj.* lifeless ⟨*body, eyes*⟩; **[wie] ~los daliegen** lie there as if dead; **~losigkeit die; ~:** lifelessness; **~tag der** *in* **[all] mein/dein** *usw.* **~tag** *(ugs.)* all my/your *etc.* life; **so was habe ich mein ~tag nicht erlebt** *(ugs.)* I've never seen anything like it in all my life *or* in all my born days; **~zeiten** *Pl. in* **bei** *od.* **zu ~zeiten** while still alive; **bei** *od.* **zu jmds. ~zeiten** while sb. is/was still alive; during sb.'s lifetime

**lechzen** ['lɛçtsn̩] *itr. V. (geh.)* **nach einem Trunk/nach Kühlung ~:** long for a drink/to be able to cool off; **nach Rache/Macht** *usw.* **~:** thirst for revenge/power *etc.*

**Lecithin** [letsi'ti:n] *s.* **Lezithin**

**leck** [lɛk] *Adj.* leaky; **~ sein** leak

**Leck das; ~[e]s, ~s** leak

**Lecke** ['lɛkə] *s.* **Salzlecke**

**[1]lecken 1.** *tr. V.* lick; **sich** *(Dat.)* **die Wunden/Lippen** *usw.* **~:** lick one's wounds/lips *etc.*; **jmdm. die Hand** *usw.* **~:** lick sb.'s hand *etc.*; **sich** *(Dat.)* **etw. von etw. ~:** lick sth. off sth.; **leck mich [doch]!** *(derb)* [why don't you] piss off! *(coarse)*; *s. auch* **Arsch a**; **Finger b. 2.** *itr. V.* **an etw.** *(Dat.)* **~:** lick sth.

**[2]lecken** *itr. V. (leck sein)* leak

**lecker** *Adj.* tasty ⟨*meal*⟩; delicious ⟨*cake etc.*⟩; good ⟨*smell, taste*⟩; *(fig.: ansprechend)* lovely ⟨*girl*⟩; **hier riecht es aber ~:** there's a delicious smell around here

**Lecker·bissen der** delicacy; **ein musikalischer ~** *(fig.)* a musical treat

**Leckerei die; ~, ~en** *(ugs.)* dainty; *(Süßigkeit)* sweet [meat]

**Lecker-: ~maul, ~mäulchen das: ein ~maul** *od.* **~mäulchen sein** have a sweet tooth

**leck|schlagen** *unr. itr V.; mit sein (Seemannsspr.)* be holed

**led.** *Abk.* **ledig**

**Leder** ['le:dɐ] **das; ~s, ~ a)** leather; **in ~ [gebunden]** leather-bound; **ein Gürtel aus ~:** a leather belt; **zäh wie ~ sein** be as tough as leather; ⟨*person*⟩ be as hard as nails; **jmdm. ans ~ gehen/wollen** *(ugs.)* go for sb./be out to get sb.; **gegen jmdn./etw. vom ~ ziehen** *(ugs.)* speak one's mind about sb./sth.; **b)** *(Fenster~)* leather; chamois *or* chammy [leather]; **c)** *(Fußballjargon: Ball)* ball; leather *(dated sl.)*

**leder-, Leder-: ~artig** *Adj.* leathery; leather-like ⟨*material*⟩; **~band der;** *Pl.* **~bände** leather-bound volume; **~fetischist der** leather fetishist; **~garnitur die** leather-upholstered suite; **~hand·schuh der** leather glove; **~haut die** *(Anat., Zool.)* dermis; **~hose die** leather shorts *pl.*; lederhosen *pl.*; *(lang)* leather trousers; **~jacke die** leather jacket; **~mantel der** leather [over]coat

**[1]ledern** *tr. V.* leather

**[2]ledern** *Adj.* **a)** *nicht präd. (aus Leder)* leather; **b)** *(wie Leder)* leathery

**Leder-: ~nacken der** leather-neck *(sl.)*; **~riemen der** [leather] strap; **~schuh der** leather shoe; **~schurz der** leather apron; **~sessel der** leather[-upholstered] armchair; **~sohle die** leather sole; **~waren** *Pl.* leather goods

**ledig** ['le:dɪç] *Adj.* **a)** *(nicht verheiratet)* unmarried; single; **eine ~e Mutter** an unmarried mother; **b)** *in* **einer Sache** *(Gen.)* **~ sein** *(geh.)* be free of sth.

**Ledige der/die;** *adj. Dekl.* single person

**lediglich** *Adj.* only; merely; simply

**Lee** [le:] **die** *od.* **das; ~** *(Seemannsspr.)* **nach ~ drehen** turn to leeward; **in ~ liegen** lie to leeward

**leer** [le:ɐ̯] *Adj.* **a)** empty; blank, clean ⟨*sheet of paper*⟩; **die Kasse ist ~** *(ugs.)* there's no money left; **sein Glas ~ trinken** empty *or* drain one's glass; **seinen Teller ~ essen** clear one's plate; **die Schachtel ~ machen** *(ugs.)* finish the box; **den Laden/die Regale ~ kaufen** strip every shelf in the shop/strip the shelves bare; **die Warnungen gingen ins Leere** the warnings fell on deaf ears; **~ ausge-**

**hen** come away empty-handed; ~ **laufen** ⟨*machine*⟩ idle; ⟨*business*⟩ be at a standstill; *s. auch* **leerlaufen; b)** *(menschenleer)* empty; empty, deserted ⟨*streets*⟩; **vor ~en Bänken spielen** play to an empty house/empty houses; **die Wohnung steht ~:** the house is standing empty *or* is unoccupied; **c)** *(abwertend: oberflächlich)* empty ⟨*words, promise, talk, display*⟩; vacant ⟨*expression*⟩; **mit ~en Augen/~em Blick starren** stare vacantly

**Leere die;** ~ *(auch fig.)* emptiness; **eine gähnende ~:** a gaping void; **im Restaurant/Theatersaal herrschte ~:** the restaurant/theatre was completely empty; **eine innere ~** *(fig.)* a feeling of emptiness inside

**leeren 1.** *tr. V.* **a)** empty; empty, clear ⟨*postbox*⟩; **b)** *(österr.: gießen)* pour ⟨*water, milk, etc.*⟩; empty ⟨*bucket*⟩. **2.** *refl. V.* ⟨*hall, theatre, etc.*⟩ empty

**leer-, Leer-: ~formel die** *(geh.)* empty formula; **~gefegt** *Adj.* deserted ⟨*street, town*⟩; **wie ~gefegt** deserted; **~gewicht das** unladen weight; **~gut das** empties *pl.*; **~lauf der;** *o. Pl.* **a) im ~lauf den Berg hinunterfahren** ⟨*driver*⟩ coast down the hill in neutral; ⟨*cyclist*⟩ freewheel *or* coast down the hill; **eine Maschine auf ~lauf stellen** let a machine idle; **b)** *(fig.)* **es gab [viel] ~lauf im Büro** there were [long] slack periods in the office; **zwischen den Hauptdarbietungen gab es viel ~lauf** between the main acts there were long periods when nothing happened; **~|laufen** *unr. itr. V.; mit sein* **a)** *(auslaufen)* **die Badewanne läuft ~:** the bathwater is running out; **der Tank lief ~:** the oil/wine *etc.* was running *or* draining out of the tank; **das Faß ist ~gelaufen** the barrel has run dry; **b)** *in* **jmdn. ~laufen lassen** *(Ballspiele)* send sb. the wrong way; sell sb. a dummy *(coll.)*; *s. auch* **leer a; ~packung die** dummy; display package; **~stehend** *Adj.* empty, unoccupied ⟨*house, flat*⟩; **~taste die** space-bar

**Leerung die;** ~, **~en** emptying; **die ~ der Mülltonnen erfolgt einmal wöchentlich** the dustbins are emptied once a week; **nächste ~ um 12 Uhr** *(auf Briefkästen)* next collection at 12.00

**Lefze** ['lɛftsə] **die;** ~, **~n** lip; **die ~n eines Jagdhundes** the flews of a hound

**legal** [le'ga:l] **1.** *Adj.* legal; **auf ~em Wege** by legal means; legally. **2.** *adv.* legally

**legalisieren** *tr. V.* legalize

**Legalität** [legali'tɛ:t] **die;** ~: legality; **außerhalb der ~:** outside the law; **am Rande der ~:** just within the bounds of legality

**Legalitäts·prinzip das** *(Rechtsw.) principle that all complaints must be investigated and that, where an offence appears to have been committed, a charge must be brought*

**Legasthenie** [legaste'ni:] **die;** ~, **~n** *(Psych., Med.)* difficulty in learning to read and write

**Legastheniker** [legas'te:nikɐ] **der;** **~s,** ~ *(Psych., Med.)* one who has difficulty with reading and writing

**¹Legat** [le'ga:t] **der;** **~en, ~en** *(kath. Kirche)* legate

**²Legat das;** **~[e]s, ~e** *(Rechtsw.)* legacy

**Legations·rat** [lega'tsio:ns-] **der** counsellor

**legato** [le'ga:to] *Adv. (Musik)* legato

**Lege-: ~batterie die** laying battery; **~henne die** laying hen

**Legel** ['le:gl̩] **der** *od.* **das;** **~s,** ~ *(Seemannsspr.)* **a)** *(aus Tauwerk)* cringle; **b)** *(aus Holz)* mast hoop

**legen** ['le:gn̩] **1.** *tr. V.* **a)** lay [down]; **jmdn. auf den Rücken ~:** lay sb. on his/her back; **einen Gegenspieler ~** *(Sportjargon)* bring down an opposing player; **etw. auf den Tisch/Boden ~:** lay sth. on the table/floor; **etw. aus der Hand ~:** put sth. down; **etw. in Spiritus ~:** preserve sth. in alcohol; **etw. beiseite ~:** put sth. aside *or* down; **das Fleisch in den Kühlschrank ~:** put the meat in the refrigerator; **die Hand an die Mütze ~:** raise one's hand to one's cap; **die Füße auf den Tisch ~:** put one's feet on the table; **etw. auf den Abend ~:** arrange sth. for the evening; **b)** *(verlegen)* lay ⟨*pipe, cable, railway track, carpet, tiles, etc.*⟩; plant ⟨*potatoes*⟩; *s. auch* **Fundament a; Grundstein; Karte g; c)** *(in eine bestimmte Form bringen)* **etw. in Falten ~:** fold sth.; **sich** *(Dat.)* **die Haare ~ lassen** have one's hair set; *s. auch* **Falte c; d)** *(schräg hinstellen)* lean; **etw. an etw.** *(Akk.)* **~:** lean sth. [up] against sth. **2.** *tr., itr. V.* ⟨*hen*⟩ lay; **die Hühner ~ fleißig/schlecht** the hens are laying/not laying well. **3.** *refl. V.* **a)** lie down; **sich auf etw.** *(Akk.)* **~:** lie down on sth.; **sich in die Sonne ~:** lie in the sun; **das Schiff/Flugzeug legte sich auf die Seite** the ship keeled over/the aircraft banked steeply; **sich in die Kurve ~:** lean into the bend; *s. auch* **Bett a; Ohr b; b)** *(nachlassen)* ⟨*wind, storm*⟩ die down, abate, subside; ⟨*noise*⟩ die down, abate; ⟨*enthusiasm*⟩ wear off, subside, fade; ⟨*anger*⟩ abate, subside; ⟨*excitement*⟩ die down, subside; **c)** *(sich herabsenken)* **sich auf** *od.* **über etw.** *(Akk.)* **~:** ⟨*mist, fog*⟩ descend *or* settle on sth., [come down and] blanket sth.

**legendär** [legɛn'dɛ:ɐ̯] *Adj.* legendary

**Legende** [le'gɛndə] **die;** ~, **~n a)** legend; **zur ~ werden** *(fig.)* ⟨*event, incident, etc.*⟩ become legendary; **[schon zu Lebzeiten] zur ~ werden** *(fig.)* ⟨*person*⟩ become a legend [in one's own lifetime]; **b)** *(Zeichenerklärung)* legend; key

**legenden·umwoben** *Adj.* ⟨*person, figure, etc.*⟩ surrounded by legends

**leger** [le'ʒɛ:ɐ̯] **1.** *Adj.* **a)** *(ungezwungen)* casual; relaxed; *(oberflächlich)* casual; **b)** *(bequem)* casual ⟨*jacket etc.*⟩. **2.** *adv.* **a)** *(ungezwungen)* casually; in a casual *or* relaxed manner; *(oberflächlich)* casually; **b)** *(bequem)* ⟨*dress*⟩ casually

**Leg·henne** ['le:k-] **die** *s.* **Legehenne**

**legieren** [le'gi:rən] *tr. V.* **a)** alloy; **Kupfer und** *od.* **mit Zinn ~:** alloy copper and tin; **b)** *(Kochk.)* thicken

**Legierung die;** ~, **~en** alloy

**Legion** [le'gio:n] **die;** ~, **~en a)** *(Milit.)* legion; *(Fremden~)* Legion; **b)** *(Menge)* horde (**von** of); **~ sein** *(geh.)* be legion

**Legionär** [legio'nɛ:ɐ̯] **der;** **~s, ~e** legionary

**Legionärs·krankheit die** *(Med.)* legionnaire's disease

**legislativ** [legɪsla'ti:f] **1.** *Adj. (Politik)* legislative. **2.** *adv.* by legislation

**Legislative** [legɪsla'ti:və] **die;** ~, **~n** *(Politik)* legislature

**Legislatur** [legɪsla'tu:ɐ̯] **die;** ~, **~en a)** *o. Pl.* legislature; **b)** *s.* **Legislaturperiode**

**Legislatur·periode die** *(Politik)* parliamentary term; legislative period; *(Amtsdauer einer Regierung)* term of office

**legitim** [legi'ti:m] **1.** *Adj.* legitimate. **2.** *adv.* legitimately

**Legitimation** [legitima'tsio:n] **die;** ~, **~en a)** *(auch Rechtsw.: Ehelicherklärung)* legitimation; **b)** *(Ausweis)* proof of identity; *(Bevollmächtigung)* authorization

**legitimieren 1.** *tr. V.* **a)** *(rechtfertigen)* justify; **b)** *(bevollmächtigen)* authorize; **c)** *(für legitim erklären)* legitimize ⟨*child, relationship*⟩. **2.** *refl. V.* show proof of one's identity

**Legitimität** [legitimi'tɛ:t] **die;** ~: legitimacy; *(Rechtfertigung)* justification

**Leguan** [le'gua:n] **der;** **~s, ~e** *(Zool.)* iguana

**Lehen** ['le:ən] **das;** **~s,** ~ *(hist.)* fief; **jmdm. etw. zu ~ geben** grant sb. sth. in fee

**Lehm** [le:m] **der;** **~s** loam; *(Ton)* clay

**lehm-, Lehm-: ~bau der;** *Pl.* **~bauten** clay *or* mud building; **~bau·weise die** building with clay; *(~flechtwerk)* wattle and daub construction; **~boden der** loamy soil; *(Tonerde)* clay soil; **~farben, ~farbig** *Adj.* clay-coloured; **~grube die** claypit; **~haltig** *Adj.* loamy; *(tonartig)* clayey; **~hütte die** mud hut

**lehmig** *Adj.* loamy ⟨*soil, earth*⟩; *(tonartig)* clayey ⟨*soil, shoes, etc.*⟩

**Lehm·ziegel der** clay brick

**Lehn** [le:n] *s.* **Lehen**

**Lehn-** *(Sprachw.)*: **~bedeutung die** loan-meaning; **~bildung die** loan-formation

**Lehne** ['le:nə] **die;** ~, **~n a)** *(Rücken~)* back; *(Arm~)* arm; **b)** *(südd., österr., schweiz.: Abhang)* slope

**lehnen 1.** *tr. V.* lean (**an** + *Akk.*, **gegen** against); **den Kopf/Arm an etw.** *(Akk.)* **~:** lean one's head/arm on sth. **2.** *refl. V.* lean (**an** + *Akk.*, **gegen** against; **über** + *Akk.* over); **sich aus dem Fenster ~:** lean out of the window; **sich zu weit aus dem Fenster ~** *(fig.)* stick one's neck out *(coll.)*; go too far. **3.** *itr. V.* be leaning (**an** + *Dat.* against)

**Lehns·dienst der** *(hist.)* feudal service *no pl., no art.*

**Lehn·sessel der** armchair

**Lehns-** *(hist.)*: **~herr der** feudal lord; **~mann der;** *Pl.* **~männer** *od.* **~leute** vassal; **~pflicht die** feudal duty

**Lehn·stuhl der** armchair

**Lehns·wesen das** *(hist.)* system of feudal tenure; feudal system

**Lehn-** *(Sprachw.)*: **~übersetzung die** loan-translation; **~wort das** loan-word

**Lehr-: ~amt das** *(Schulw.)* teaching post; *(Beruf)* **das ~amt** the teaching profession; **das höhere ~amt** *teaching at Gymnasien or vocational schools;* **~amts·anwärter der** *(Schulw.)* trainee primary-school teacher; **~amts·kandidat der** trainee grammar-school teacher/vocational school teacher; **~anstalt die** *(Amtsspr.)* educational establishment; **höhere ~anstalt** *(veralt.)* secondary education establishment; **~auftrag der** lectureship *(not giving full status as member of a department or as a permanent civil servant)*; **~beauftragte der/die** lecturer *(not having full status as member of a department or as a permanent civil servant)*; **~befähigung die** *(Amtsspr.)* teaching qualification; **~behelf der** *(österr.) s.* **~mittel; ~berechtigung die** teaching qualification; **~beruf der a)** *s.* **Ausbildungsberuf; b)** *(Lehrerberuf)* **der ~beruf** the teaching profession; **den ~beruf ausüben** teach; be a teacher/teachers; **~betrieb der** teaching programme; **~bub der** *(südd., österr., schweiz.) s.* **~junge; ~buch das** textbook; **~dichtung die** *(Literaturw.)* **a)** *o. Pl.* didactic poetry; **b)** *(Gedicht)* didactic poem

**¹Lehre** ['le:rə] **die;** ~, **~n a)** *(Berufsausbildung)* apprenticeship; **eine ~ machen** serve an apprenticeship (**als** as); **bei einem Handwerker in die ~ gehen** be apprenticed to a craftsman; **bei jmdm. in die ~ gegangen sein** *(fig.)* have learnt a lot from sb.; **b)** *(Weltanschauung)* doctrine; **die christliche ~:** Christian doctrine; **die ~ Kants/Hegels/Buddhas** the teachings *pl.* of Kant/Hegel/Buddha; **c)** *(Theorie, Wissenschaft)* theory; **die ~ vom Schall** the science of sound *or* acoustics; **d)** *(Erfahrung)* lesson; **laß dir das eine ~ sein!** let that be a lesson to you; **jmdm. eine [heilsame] ~ erteilen** teach sb. a [salutary] lesson; **aus etw. seine ~ ziehen** learn one's lesson from sth.; **e)** *(Verhaltensregel)* precept

**²Lehre die;** ~, **~n** *(Bauw., Technik)* gauge

**lehren** *tr., itr. V.* teach; **jmdn. lesen/schreiben ~:** teach sb. to read/write; **ich bin das gelehrt worden** I was taught that; **ich werde dich ~, so bockig zu sein!** *(ugs.)* I'll teach you to be so contrary *(coll.)*; **die Geschichte lehrt, daß ...:** history teaches *or* shows us that ...; **erst die Zukunft wird uns ~, ...:** time alone will tell ...

**Lehrende der/die;** *adj. Dekl. (Hochschulw.)* **~ und Lernende** teaching staff and students
**Lehrer der; ~s, ~ a)** *(auch fig.)* teacher; **er ist ~ für Geschichte** he teaches history; he is a history teacher; **b)** *(Ausbilder)* instructor
**-lehrer der: Türkisch~/Ski~:** teacher of Turkish/skiing instructor; **unser Französischlehrer** our French teacher
**lehrer-, Lehrer-: ~aus·bildung die** teacher training *no art.;* **~haft** *Adj. (abwertend)* schoolmasterly; *(von Frauen)* schoolmarmish *(coll.)*
**Lehrerin die; ~, ~nen** teacher; *s. auch* **-in; Lehrer; -lehrer**
**Lehrer-: ~kollegium das** teaching staff; faculty *(Amer.);* **~mangel der** shortage of teachers
**Lehrerschaft die; ~, ~en** teachers *pl.; (einer Schule)* teaching staff; faculty *(Amer.)*
**Lehrer-: ~schwemme die** *(ugs.)* glut of teachers; **~zimmer das** staff-room
**Lehr-: ~fach das a)** subject; **b)** *(Beruf des Lehrens)* teaching profession; **im ~fach tätig sein** be a teacher; be in teaching; **~film der** educational film; **~freiheit die** academic freedom *no art.;* **~gang der** course **(für, in +** *Dat.* **in); einen ~gang machen, an einem ~gang teilnehmen** take a course; **~gebäude das** *(geh.)* **das Hegelsche ~gebäude** the edifice of Hegelian teachings; **~gegen·stand der** *(österr.) s.* **~fach a; ~geld das a)** *(hist.)* apprenticeship premium; **b)** *(fig.)* **du kannst dir dein ~geld zurückgeben lassen!** your education was wasted on you; **~geld geben** *od.* **[be]zahlen [müssen]** learn the hard way
**lehrhaft** *Adj. (belehrend)* instructive; didactic ⟨*intention*⟩
**Lehr-: ~herr der** *(geh. veralt.)* master *(of an apprentice);* **~jahr das** year as an apprentice; **sie ist im zweiten ~jahr** she is in the second year of her apprenticeship; **~jahre sind keine Herrenjahre** *(Spr.)* we all have to start at the bottom of the ladder; **~junge der** apprentice; **~kanzel die** *(österr.) s.* **~stuhl; ~körper der** *(Amtsspr.)* teaching staff; faculty *(Amer.);* **~kraft die** teacher
**Lehrling** ['le:ɐ̯lɪŋ] **der; ~s, ~e** apprentice; *(in kaufmännischen Berufen)* trainee
**Lehrlings-: ~aus·bildung die** training of apprentices; **~heim das** apprentices' hostel
**lehr-, Lehr-: ~mädchen das** [girl] apprentice; *(in kaufmännischen Berufen)* [girl] trainee; **~meinung die** *(geh.)* [expert] opinion; **~meister der** teacher; *(Vorbild)* mentor; **~methode die** teaching method; **~mittel das** *(Schulw.)* teaching aid; **~mittel** *Pl.* teaching materials; **~mittel·freiheit die;** *o. Pl. (Schulw.)* free provision of teaching materials; **~pfad der** trail; *(Naturpfad)* nature trail; **~plan der** *(Schulw.)* syllabus; *(Gesamtlehrgang)* curriculum; **~probe die** *(Schulw.)* teaching practice; **eine ~probe geben** *od.* **machen** do a teaching practice; **~reich** *Adj.* instructive, informative ⟨*book, film, etc.*⟩; **es war eine ~reiche Erfahrung für ihn** the experience taught him a lot; **~satz der** proposition; *(in der Geometrie, Logik)* theorem; **die Euklidischen ~sätze** the propositions of Euclid; **~schwimm·becken das** learners' [swimming-]pool; **~stelle die** apprenticeship; *(in kaufmännischen Berufen)* trainee post; **~stoff der** *(Schulw.)* syllabus; **~stück das** *(Literaturw.)* didactic play; **~stuhl der** *(Hochschulw.)* chair **(für** of); **~stuhl·inhaber der** holder of a/the chair; **~veranstaltung die** *(Hochschulw.)* class; *(Vorlesung)* lecture; **~vertrag der** indentures *pl.;* **~werk das** course; *(Buch)* textbook; **~werkstatt die** apprentices' *or* training workshop; **~zeit die** [period of] apprenticeship
**Leib** [laip] **der; ~[e]s, ~er** *(geh.)* **a)** body; **ich hatte keinen trockenen Faden mehr am ~[e]** I was wet through *or* soaked to the skin; **am ganzen ~ zittern** shiver all over; **bleib mir vom ~[e]!** keep away from me!; keep your distance!; **der ~ Christi/des Herrn** *(christl. Rel.)* the Body of Christ; **etw. am eigenen ~ erfahren** *od.* **erleben** experience sth. for oneself; **er hat sich mit ~ und Seele der Musik verschrieben** he dedicated himself heart and soul to music; **mit ~ und Seele Arzt/Krankenschwester** *usw.* **sein** be a dedicated doctor/nurse *etc.;* **mit ~ und Seele dabeisein** put one's whole heart into it; **jmdm. auf den ~** *od.* **zu ~e rücken** *(ugs.)* chivvy sb.; *(mit Kritik)* get at sb. *(coll.);* **jmdm. so zu ~e rükken, daß ...:** go on at sb. until ...*(coll.);* **sich** *(Dat.)* **jmdn. vom ~e halten** *(ugs.)* keep sb. at arm's length; **jmdm. mit einer Sache vom ~e bleiben** *(ugs.)* not pester sb. with sth.; **einer Sache** *(Dat.)* **zu ~e gehen** *od.* **rücken** tackle sth.; set about sth.; **jmdm. auf den ~ geschnitten sein** be tailor-made for sb.; suit sb. down to the ground; **die Rolle ist ihm [wie] auf den ~ geschrieben** the part could have been written for him; *(fig.)* the role fits him like a glove; **was hast du für einen Ton am ~?** *(salopp)* what a way to talk!; *s. auch* **lebendig 1 a; b)** *(geh., fachspr.: Bauch)* belly; *(Magen)* stomach; **gesegneten ~es sein** *(veralt.)* be with child *(dated);* **c)** *(veralt.)* **~ und Gut wagen/hingeben** risk/give one's all; **eine Gefahr für ~ und Leben** a danger to life and limb; **~ und Leben opfern** sacrifice one's life
**Leib-: ~arzt der** personal physician; **~binde die** [warm] body belt
**Leibchen** ['laipçən] **das; ~s, ~ a)** *(Trachten~)* bodice; **b)** *(landsch.: Unterhemd)* vest *(Brit.);* undershirt *(Amer.)*
**leib-, Leib-: ~diener der** valet; **~eigen** *Adj. (hist.)* in serfdom *postpos.;* **~eigene der/die;** *adj. Dekl. (hist.)* serf; *(fig.)* slave; **~eigenschaft die;** *o. Pl. (hist.)* serfdom *no def. art.*
**leiben** *itr. V. in* **wie er/sie** *usw.* **leibt und lebt** to a T
**Leibes-: ~ertüchtigung die** *(veralt.)* keeping fit *or* in trim *no art.;* physical training *no art.;* **~erziehung die** *(Schulw.)* physical education; PE; **~frucht die** *(Med.)* embryo; *(nach 8 Wochen)* foetus; *(Rechtsspr.)* unborn child; **~fülle die** *(geh.)* corpulence; *(Umfang)* girth; **~kräfte** *Pl. in* **aus** *od.* **nach ~kräften** with all one's might; **aus ~kräften schreien** shout for all one is worth; **~übungen** *Pl. (Schulw.)* physical education *sing.;* PE; **~visitation** [~vizitatsio:n] **die; ~, ~en** body search
**Leib-: ~garde die** bodyguard; **die ~garde der Königin** *(in Großbritannien)* the Queen's Life Guards *pl.;* **~gardist der** [member of the/a] bodyguard; *(der britischen Monarchen)* Life Guard; **~gericht das** favourite dish
**leibhaftig** [laip'haftɪç] **1.** *Adj.* **a)** *(persönlich)* in person *postpos.;* **da stand er ~ vor uns** there he was, as large as life; **der ~e Beweis dafür, daß ...:** the living proof that ...; **b)** *(echt)* real; **ein ~er Herzog** a real live duke; **der ~e Teufel,** *(scherzh.)* **der Leibhaftige** the devil incarnate. **2.** *adv. (ugs.)* actually; believe it or not
**leiblich** *Adj.* **a)** physical ⟨*well-being*⟩; **b)** *(blutsverwandt)* real ⟨*mother, parents, etc.*⟩; **er liebte ihn wie seinen ~en Sohn** he loved him like his own son
**Leib-: ~rente die** life annuity; **~riemen der** *(veralt.)* belt; **~schmerzen** *Pl.* abdominal pain *sing.;* **~speise die** *s.* **~gericht; ~wache die** bodyguard; **~wächter der** bodyguard; **~wäsche die** underwear; underclothes *pl.*
**Leiche** ['laiçə] **die; ~, ~n a)** [dead] body; *(bes. eines Unbekannten)* corpse; **er sieht aus wie eine lebende** *od.* **wandelnde ~** *(salopp)* he looks like death warmed up *(sl.);* **nur über meine ~!** over my dead body!; **über ~n gehen** *(abwertend)* be utterly ruthless *or* unscrupulous; **um seine Interessen durchzusetzen, geht er über ~n** he will stick at nothing to attain his own ends; **eine ~ im Keller haben** *(fig. ugs.)* have a skeleton in the cupboard; **b)** *(landsch. veralt.: Begräbnis)* funeral; **c)** *(Druckw.)* out *(Printing);* omission
**leichen-, Leichen-: ~begängnis das** *(geh.)* funeral; **~beschauer der** *doctor who performs a post-mortem;* autopsist *(Amer.);* **~bestatter der** undertaker; mortician *(Amer.);* **~bitter·miene die** *(iron.)* doleful expression; **~blaß** *Adj.* deathly pale; white as a sheet *postpos.;* **~fledderei die** *(Rechtsw.) robbery of a dead or unconscious person;* **~fledderer der** *(Rechtsw.) one who robs a dead or unconscious person;* **~frau die** layer-out; **~halle die** mortuary; **~hemd das** burial garment; **~öffnung die** post-mortem *or* autopsy *(with dissection);* **~rede die** *(geh.)* funeral oration; **~schänder der** desecrator of a/the corpse; *(sexuell)* necrophiliac; **~schändung die** desecration of a corpse; *(sexuell)* necrophilia *no art.;* **der zweite Schlag ist ~schändung** *(salopp, scherzh.)* these fists are lethal weapons *(joc.);* **~schau die** post-mortem; autopsy; **~schau·haus das** morgue; **~schmaus der** *(scherzh.)* funeral meal; **~starre die** rigor mortis; **~tuch das** *(veralt.)* winding-sheet; shroud; **~verbrennung die** cremation; **~wagen der** hearse; **~wäscher der** *person who washes corpses for burial;* **~zug der** *(geh.)* cortège; funeral procession
**Leichnam** ['laiçna:m] **der; ~s, ~e** *(geh.)* body; **jmds. ~:** sb.'s body *or* mortal remains *pl.*
**leicht** [laiçt] **1.** *Adj.* **a)** light; lightweight ⟨*suit, material*⟩; **~e Waffen** small-calibre arms; **~e Kleidung** thin clothes; *(luftig)* light *or* cool clothes; **gewogen und zu ~ befunden** tried and found wanting; **jmdn. um etw. ~er machen** *(ugs.)* relieve sb. of sth.; **mit ~er Hand** with ease; **etw. auf die ~e Schulter** *od.* **Achsel nehmen** *(ugs.)* take sth. casually; make light of sth.; **b)** *(einfach)* easy ⟨*task, question, job, etc.*⟩; *(nicht anstrengend)* light ⟨*work, duties, etc.*⟩; **ein ~es Leben haben** have an easy life; **es ~/nicht ~ haben** have/not have it easy *or* an easy time of it; **nichts ~er als das** nothing could be simpler *or* easier; **du machst dir die Sache zu ~:** you're making it too easy for yourself *or* not taking it seriously enough; **es wäre ihm ein ~es zu helfen** it would be an easy *or* simple matter for him to help; **keinen ~en Stand haben** not have an easy time of it; **mit jmdm. [kein] ~es Spiel haben** find sb. is [not] easy meat; **man hat's nicht ~, aber ~ hat's einen** *(salopp)* it's a hard *or* tough life; **c)** *(schwach)* slight ⟨*accent, illness, wound, doubt, etc.*⟩; light ⟨*wind, rain, sleep, perfume*⟩; **ein ~er Stoß [in die Rippen]** a gentle nudge [in the ribs]; **eine ~e Grippe** a mild attack of flu *(coll.);* **d)** *(bekömmlich)* light ⟨*food, wine*⟩; mild ⟨*cigar, cigarette*⟩; **e)** *(heiter)* light-hearted; **ihr wurde ~ ums Herz** *(geh.)* a weight was lifted from her heart; **ihr wurde es etwas/viel ~er** she felt somewhat/much easier *or* relieved; **f)** *(unterhaltend)* light ⟨*music, reading, etc.*⟩; **g)** *(veralt. abwertend)* **ein ~es Mädchen** a loose-living girl. **2.** *adv.* **a)** lightly ⟨*built*⟩; **~ bekleidet sein** be lightly *or* thinly dressed; *(fast nackt)* be scantily clad; **b)** *(einfach, schnell, spielend)* easily; **~ verständlich** *od.* **zu verstehen sein** be easy to understand; be easily understood; **~ zerbrechlich sein** be very fragile; **~ entzündlich sein** be highly inflammable; **sie hat ~ reden** it's easy *or* all very well for her to talk; **das ist ~er gesagt als getan** that's easier said than done; **jemanden wie ihn wer-**

**den Sie nicht so ~ wiederfinden** you won't find someone like him again in a hurry *(coll.)*; **sie wird ~ böse** she has a quick temper; **das ist ~ möglich** that is perfectly possible; **ihr wird ~ schlecht** the slightest thing makes her sick; **c)** *(geringfügig)* slightly; **~ gewürzt sein** be lightly seasoned; **es regnete ~:** there was a light rain falling; **es hat ~ gefroren** there was a slight frost; **d)** *(bekömmlich)* **~ essen** eat light food

**leicht-, Leicht-: ~athlet der** [track/field] athlete; **~athletik die** [track and field] athletics *sing.*; **~bau·platte die** *(Bauw.)* lightweight building board; **~bau·weise die** lightweight construction; **etw. in ~bauweise herstellen** *od.* **produzieren** make sth. with lightweight materials; **~bekleidet** *Adj.; präd. getrennt geschrieben* lightly dressed; *(fast nackt)* scantily clad; **~benzin das** benzine; **~beschwingt** *Adj.; präd. getrennt geschrieben* carefree; ‹*music*› with a gay lilt; **~bewaffnet** *Adj.; präd. getrennt geschrieben* lightly armed; **~blütig** *Adj. (geh.)* happy-go-lucky; *(leichtsinnig)* frivolous; **~entzündlich** *Adj.; präd. getrennt geschrieben* highly inflammable

**Leichter der; ~s, ~** *(Seew.)* lighter

**leicht-, Leicht-: ~|fallen** *unr. itr. V.; mit sein* be easy; **das fällt mir ~:** it is easy for me; I find it easy; **~fertig 1.** *Adj.* **a)** careless ‹*behaviour, person*›; rash ‹*promise*›; ill-considered, slapdash ‹*plan*›; **b)** *(veralt.: moralisch bedenkenlos)* promiscuous; loose ‹*woman*›; **2.** *adv.* carelessly; **~fertigkeit die;** *o. Pl.* carelessness; **~fuß der** *(abwertend)* Casanova; lady-killer; **~füßig** *(geh.)* **1.** *Adj.* nimble; **2.** *adv.* with light *or* nimble steps; **~füßigkeit die;** *o. Pl.* lightness *or* nimbleness of foot; **~geschürzt** [~gəʃʏrtst] *Adj.; präd. getrennt geschrieben (scherzh.)* scantily clad; **~gewicht das** *(Schwerathletik)* **a)** *o. Pl.* lightweight; *s. auch* **Fliegengewicht; b)** *s.* **~gewichtler; c)** *(ugs. scherzh.) (Mädchen)* sylph; *(Mann)* featherweight; **~gewichtler** [~gəvɪçtlɐ] **der; ~s, ~** *(Schwerathletik)* lightweight; **~gläubig** *Adj.* gullible; credulous; **~gläubigkeit die** gullibility; credulity; **~hin** *Adv.* **a)** *(ohne Überlegung)* without [really] thinking; *(lässig)* casually; **etw. ~hin sagen** say sth. casually *or* unthinkingly; **b)** *(nebenbei)* in an offhand *or* casual manner

**Leichtigkeit** [ˈlaiçtɪçkait] **die; ~ a)** *(geringes Gewicht, Schwerelosigkeit)* lightness; **b)** *(Mühelosigkeit)* ease; **es ist eine ~ [für ihn], das zu tun** it is a simple matter [for him] to do it; **mit ~:** with ease; easily

**leicht-, Leicht-: ~industrie die** light industry; **~lebig** *Adj.* happy-go-lucky; **~lebigkeit die;** *o. Pl.* happy-go-lucky attitude; **~lohn·gruppe die** *(verhüll.)* low-wage group; **~|machen** *tr. V.* **jmdm./sich etw. ~machen** make sth. easy for sb./oneself; **es sich** *(Dat.) od.* **sich** *(Dat.)* **die Sache ~machen** make it *or* things easy for oneself; take the easy way out; **~matrose der** ordinary seaman; **~metall das** light metal; *(Legierung)* [light] alloy; **~|nehmen** *unr. tr. V.* **etw. ~nehmen** make light of sth.; **seine Aufgabe nicht ~nehmen** take one's task seriously; **nimm's ~:** don't worry about it; **~öl das** light oil; **~schwer·gewicht das** *(Schwerathletik)* light heavyweight; **Weltmeister im ~schwergewicht** world light heavyweight champion; **~sinn der;** *o. Pl.* carelessness *no indef. art.*; *(mit Gefahr verbunden)* recklessness *no indef. art.*; *(Fahrlässigkeit)* negligence *no indef. art.*; **das sagst du so in deinem jugendlichen ~sinn** *(ugs.)* that's easier said than done; **~sinnig 1.** *Adj.* careless; *(sich, andere gefährdend)* reckless; *(fahrlässig)* negligent; **2.** *adv.* carelessly; *(gefährlich)* recklessly; ‹*promise*› rashly; **~sinnig mit seinem Geld umgehen** be careless with one's money; **~sinnigerweise** *Adv.* carelessly; *(gefährlicherweise)* recklessly; ‹*promise*› rashly; **~sinnigkeit die;** *o. Pl.: s.* **Leichtsinn; ~|tun** *unr. refl. V. (ugs.)* **sich** *(Dat., auch Akk.)* **mit etw. ~tun/nicht ~tun** manage sth. easily/have a hard time with sth.; **~verdaulich** *Adj.; präd. getrennt geschrieben* [easily] digestible; **~verkäuflich** *Adj.; präd. getrennt geschrieben* fast-selling; **~verletzt** *Adj.; präd. getrennt geschrieben* slightly injured; **~verletzte der/die** slightly injured man/woman/person; **200 ~verletzte** two hundred slightly injured; **~verwundet** *Adj.; präd. getrennt geschrieben* slightly wounded; **~verwundete der/die** slightly wounded man/woman/person; **die ~verwundeten** those with slight wounds

**leid** [lait] *Adj.; nicht attr.* **a) es tut mir ~[, daß ...]** I'm sorry [that ...]; **das braucht dir nicht ~ zu tun** you needn't feel sorry *or (coll.)* bad about that; **so ~ es mir tut, aber ...:** I'm very sorry, but ...; **er tut mir ~:** I feel sorry for him; **es tut mir ~ darum/um ihn** I feel sorry *or (coll.)* bad about it/sorry for him; **b)** *(überdrüssig)* **etw./jmdn. ~ sein/werden** *(ugs.)* be/get fed up with *(coll.) or* tired of sth./sb.; **wird sie es nie ~, das zu tun?** will she never tire of doing this?; **jmdm. ~ sein/werden** *(veralt.)* be/become wearisome to sb.; **die Arbeit ist ihm längst ~:** he wearied of the work long ago

**Leid das; ~[e]s a)** *(Schmerz)* suffering; *(Kummer)* grief; sorrow; **großes** *od.* **schweres ~ erfahren** suffer greatly; *(Kummer)* suffer great sorrow; **geteiltes ~ ist halbes ~** *(Spr.)* a sorrow shared is a sorrow halved; **jmdm. sein ~ klagen** tell sb. all one's woes; **b)** *(Unrecht)* wrong; *(Böses)* harm; **jmdm. ein ~ zufügen** wrong/harm sb.; do sb. wrong/harm; **ihm soll kein ~** *od. (veralt.)* **~s geschehen** he shall come to no harm; **sich** *(Dat.)* **ein ~s antun** *(ugs. veralt.)* take one's own life

**Leide·form die** *(Sprachw.) s.* **Passiv**

**leiden 1.** *unr. itr. V.* **a)** suffer **(an, unter +** *Dat.* from); **unter jmdm. ~:** suffer because of sb.; **b)** *(Schaden nehmen)* suffer **(durch, unter +** *Dat.* from); **durch den Frost ~:** suffer from *or* be harmed by the frost. **2.** *unr. tr. V.* **a) jmdn. [gut] ~ können** *od.* **mögen** like sb.; **ich kann sie/das nicht ~:** I can't stand her/it; **b)** *(geh.: ertragen müssen)* suffer ‹*hunger, thirst, want, torment, etc.*›; **c)** *(dulden)* tolerate; **sie ist überall/bei ihren Vorgesetzten wohl gelitten** *(geh.)* she is liked by everybody/by her superiors; **d)** *(veralt.: aushalten)* **sie litt es nicht mehr zu Hause** she could endure it no longer at home

**Leiden das; ~s, ~ a)** *(Krankheit)* illness; *(Gebrechen)* complaint; **nach langem, schwerem ~ sterben** die after a long and painful illness; **[es ist] immer das alte ~:** [it's] the same old story; **b)** *(Qual)* suffering; **Freud[en] und ~[en]** joy[s] and sorrow[s]; **das** *od.* **die ~ Christi** Christ's Passion; **c) ein langes ~ [von Sohn]** *(ugs. scherzh.)* a beanpole [of a son]

**-leiden das: ein Asthma~/Herz~ haben** have an asthmatic condition/a heart condition

**leidend** *Adj.* **a)** *(krank)* ailing; in poor health *postpos.*; **~ aussehen** look sickly *or* poorly; **b)** *(schmerzvoll)* strained ‹*voice*›; martyred ‹*expression*›; ‹*look*› full of suffering

**Leidenschaft die; ~, ~en** passion **(zu, für** for); **mit ~:** fervently; passionately; **Reiten ist seine [ganze] ~:** riding is his great love; **seine ~ für etw. entdecken** realize one's great love for sth.; **er ist Sammler aus ~:** he is a dedicated collector; **ein Thema frei von jeder ~ diskutieren** discuss a subject dispassionately

**leidenschaftlich 1.** *Adj.* passionate; ardent, passionate ‹*lover*›; passionate[ly keen] ‹*skier, collector, etc.*›; violent, passionate ‹*hatred, quarrel*›; vehement ‹*protest*›. **2.** *adv.* **a)** passionately; *(eifrig)* dedicatedly; **~ diskutiert werden** be discussed heatedly; **etw. ~ ablehnen/verneinen** reject/deny sth. vehemently; **er treibt ~ Sport/sammelt ~ Briefmarken** he is a passionately keen sportsman/stamp-collector; **b)** *(intensivierend)* **etw. ~ gern tun** adore doing sth.; **sie ißt ~ gerne Schokolade** she adores *or* has a passion for chocolate

**Leidenschaftlichkeit die; ~ a)** passion; *(in der Liebe)* ardour; *(bei einer Diskussion)* heat; *(bei der Darlegung eines Standpunkts)* vehemence; **b)** *(Begeisterung)* passionate dedication; **mit ungeheurer ~:** with tremendous enthusiasm

**leidenschaftslos 1.** *Adj.* dispassionate; detached. **2.** *adv.* dispassionately; in a detached way

**Leidenschaftslosigkeit die; ~:** detachment; **mit völliger ~:** in an entirely detached manner; *(ohne Nachdruck)* without any expression

**leidens-, Leidens-: ~druck der** *(Psych.)* strain imposed by suffering; psychological strain (+ *Gen.* on); **~fähig** *Adj.* with a great capacity for suffering *postpos., not pred.*; **~fähigkeit die;** *o. Pl.* capacity for suffering; **~gefährte der, ~gefährtin die; ~genosse der, ~genossin die** fellow-sufferer; **~geschichte die;** *o. Pl. (christl. Rel.)* **die ~geschichte Christi** Christ's Passion; **seine ~geschichte** *(fig.)* his tale of woe; **~miene die** woeful *or* martyred expression; **~weg der** *(geh.)* life of suffering *or* hardship

**leider** *Adv.* unfortunately; **ich habe ~ keine Zeit** unfortunately *or* I'm afraid I haven't any time; **~ ja/nein** I'm afraid so/afraid not; **~ Gottes ist es nun einmal so** *(ugs.)* that's how it is, I'm afraid *or* worse luck; *(in förmlichen Briefen)* **wir müssen Ihnen ~ mitteilen ...:** we regret to inform you ...

**leid-: ~erfüllt** *Adj.* full of suffering *postpos.*; wretched; ‹*look*› of suffering; **~geprüft** *Adj.* sorely tried; long-suffering

**leidig** *Adj.* tiresome; wretched; **das ist ein ~er Trost** that's not much comfort

**leidlich 1.** *Adj.* reasonable; passable. **2.** *adv.* reasonably; fairly; **es geht mir [ganz] ~** *(ugs.)* I'm quite well *or* not too bad; **sie kann ~ Klavier spielen** she can play the piano reasonably well

**leid-, Leid-: ~tragende der/die;** *adj. Dekl.* victim; **der** *od.* **die ~tragende/die ~tragenden [dabei] sein** be the one/ones to suffer [in this]; **~voll** *Adj. (geh.)* ‹*life, youth, look*› full of suffering; painful ‹*experience*›; **in der langen, ~vollen Geschichte Afrikas** in the long history of Africa with all its suffering; **~wesen das** *in* **zu jmds. ~wesen** to sb.'s regret; **ja, sehr zu meinem ~wesen** yes, much to my regret

**Leier** [ˈlaiɐ] **die; ~, ~n** lyre; **[es ist] immer die alte/dieselbe ~** *(ugs. abwertend)* [it's] always the same old story

**Leier·kasten der** *(ugs.)* barrel-organ; hurdy-gurdy *(coll.)*

**Leierkasten·mann der** organ-grinder; hurdy-gurdy man *(coll.)*

**leiern** *(ugs.)* **1.** *tr. V.* **a)** *(kurbeln)* **[nach oben/unten] ~:** wind [up/down]; *s.* **Kreuz e; b)** *(auf der Drehorgel spielen)* grind out ‹*tune*›; **c)** *(monoton aufsagen)* drone through; *(schnell)* reel *or* rattle off. **2.** *itr. V.* **a) an etw.** *(Dat.)* **~:** wind away at sth.; **b)** *(monoton sprechen)* drone [on]

**Leih-: ~arbeit die;** *o. Pl. (Wirtsch.)* subcontracted labour; **~arbeiter der** subcontracted worker; **~bibliothek die, ~bücherei die** lending library

**leihen** [ˈlaiən] *unr. tr. V.* **a) jmdm. etw. ~:**

lend sb. sth.; lend sth. to sb.; **leihst du es mir?** will you lend it to me?; **b)** *(entleihen)* borrow; **[sich** *(Dat.)***] [von** *od.* **bei jmdm.] etw.** ~: borrow sth. [from sb.]; **ein geliehener Wagen** a borrowed car; **c)** *(geh.: gewähren)* lend, give ⟨*support*⟩; give ⟨*attention*⟩

**Leih-: ~frist die** loan period; *(bei Wagen, Frack usw.)* hire period; rental period *(Amer.)*; **~gabe die** loan (*Gen.* from); **~gebühr die** hire *or (Amer.)* rental charge; *(bei Büchern)* lending charge; borrowing fee; **~haus das** pawnbroker's; pawnshop; **im ~haus sein** ⟨*possession*⟩ be at the pawnbroker's; be pawned; **~mutter die** surrogate mother; **~schein der a)** *(im Leihhaus)* pawn-ticket; **b)** *(in der Bibliothek)* borrowing slip; **~verkehr der** [inter-library] loan service; **~wagen der** hire *or (Amer.)* rental car; **[sich** *(Dat.)***] einen ~wagen nehmen** hire *or (Amer.)* rent a car; **~weise 1.** *Adv.* on loan; **das hat er mir ~weise überlassen** he has lent it to me; **hier hast du das Buch, aber nur ~weise** I'll give you the book, but only to borrow; **2.** *adj.* **„~weise Überlassung durch die Nationalgalerie"** 'on loan from the National Gallery'

**Leim** [laim] **der; ~[e]s** glue; **aus dem ~ gehen** *(ugs.) (entzweigehen)* come apart; ⟨*marriage, friendship*⟩ break up; *(dick werden)* put on a lot of weight; ⟨*woman*⟩ lose one's figure; **jmdm. auf den ~ gehen** *od.* **kriechen** *(ugs.)* be taken in by sb.; fall for sb.'s trick/tricks; **jmdn. auf den ~ führen** *(ugs.)* take sb. in

**leimen** *tr. V.* **a)** glue (**an** + *Akk.* to); *(zusammen~)* glue [together]; **b)** *(ugs.: hereinlegen)* **jmdn.** ~: take sb. in

**Leim·farbe die** distemper

**leimig** *Adj.* gluey; *(noch nicht trocken)* tacky

**Leim·rute die** [bird]lime-twig

**Lein** [lain] **der; ~[e]s, ~e** *(Bot.)* flax

**-lein das; ~s, ~:** little ...; **sein schwarzes Büchlein** his little black book

**Leine** ['lainə] **die; ~, ~n a)** rope; *(Zelt~)* guy-rope; **die ~n losmachen** *(Seemannsspr.)* cast off; **~ ziehen** *(ugs.)* clear off; **b)** *(Wäsche~, Angel~)* line; **einen Fisch an die ~ kriegen** hook a fish; **c)** *(Hunde~)* lead *(esp. Brit.)*; leash; **den Hund an die ~ nehmen** put the dog on the lead/leash; **„Hunde sind an der ~ zu führen"** 'dogs must be kept on a lead/leash'; **jmdm. ~/mehr ~ lassen** *(ugs.)* give sb. plenty of/more leeway; **jmdn. an der [kurzen] ~ haben** *od.* **halten** *(ugs.)* keep sb. on a tight rein; **jmdn. an die ~ legen** *(ugs.)* get sb. under one's thumb

**leinen** *Adj.* linen ⟨*tablecloth, sheet, etc.*⟩; cloth[-covered] ⟨*cushion etc.*⟩; **~es Verdeck** canvas [car-]hood

**Leinen das; ~s a)** *(Gewebe)* linen; **b)** *(Buchw.)* cloth; **Ausgabe in ~:** cloth edition

**Leinen-: ~band der;** *Pl.* **~bände** cloth-bound volume; **~ein·band der** cloth binding; **~kleid das** linen dress; **~tuch das** linen sheet; *(Tischtuch)* linen [table]cloth; **~zeug das;** *o. Pl.* linen

**Leine·weber der** linen-weaver

**Lein-: ~kraut das** toadflax; **~öl das** linseed oil; **~pfad der** tow-path; **~samen der** linseed

**Lein·wand die a)** *o. Pl.* linen; *(grob)* canvas; **b)** *(des Malers)* canvas; **c)** *(für Filme und Dias)* screen; **einen Roman** *usw.* **auf die ~ bringen** *(fig.)* film a novel *etc.*; **jmdn. von der ~ kennen** *(fig.)* know sb. from films

**Leinwand-: ~bindung die** *(Textilind.)* plain weave; **~größe die** *(scherzh.)* famous film star; film great; **~held der** *(iron.)* hero of the silver screen

**Lein·zeug das** *s.* **Leinenzeug**

**leis** *s.* **leise**

**leise** ['laizə] **1.** *Adj.* **a)** quiet; soft ⟨*steps, music, etc.*⟩; faint ⟨*noise*⟩; **sei ~!** be quiet!; **könnt ihr nicht ~r sein?** can't you make less noise?; **das Radio/die Musik ~[r] stellen** turn the radio/music down; **b)** *nicht präd. (leicht; kaum merklich)* faint; slight; slight, gentle ⟨*touch*⟩; light ⟨*rain*⟩; **ich habe ~ Bedenken** I have my doubts; **eine ~ Andeutung machen** give a gentle hint; **nicht die ~ste Ahnung haben, nicht im ~sten ahnen** not have the faintest *or* slightest idea; **ich zweifle nicht im ~sten daran, daß ...:** I haven't the slightest doubt that .... **2.** *adv.* **a)** quietly; **sprich doch etwas ~r** lower your voice; **~ weinend** crying softly; **b)** *(leicht; kaum merklich)* slightly; ⟨*touch, rain*⟩ gently; **~ kochen** simmer gently; **~ zweifeln/hoffen/ahnen** have a slight doubt/hope/suspicion

**Leise-: ~treter der** *(abwertend)* pussyfooter; **~treterei die; ~** *(abwertend)* pussyfooting

**Leiste** ['laistə] **die; ~, ~n a)** strip; *(Holz~)* batten; *(profiliert)* moulding; *(halbrund)* beading; *(am Auto)* trim; *(Tapeten~)* [picture-]rail; picture moulding *(Amer.)*; *(eines Bilderrahmens)* frame wood; **eine ~:** a piece *or* strip of moulding/beading/trim/frame wood; *(Holz~)* a batten; **b)** *(Knopf~)* facing; **c)** *(Anat.)* groin; **d)** *(Weberei)* selvage

**leisten 1.** *tr. V.* **a)** do ⟨*work*⟩; *(schaffen)* achieve ⟨*a lot, nothing*⟩; **gute** *od.* **ganze Arbeit ~:** do good work *or* a good job; *(gründlich arbeiten)* do a thorough job; **der Motor leistet 80 PS** the engine develops *or* produces 80 b.h.p.; **der Wagen leistet 220 km/h** the car will do 220 k.p.h.; **die Produktionsstraße leistet 30 Einheiten pro Stunde** the production line has an output of 30 units per hour; **b)** *(verblaßt od. als Funktionsverb)* **jmdm. Hilfe ~:** help sb.; **einen Eid ~:** swear *or* take an oath; *s. auch* **Abbitte; Beistand a; Beitrag a; Folge c; Gehorsam; Gewähr; Widerstand a** *usw.* **2.** *refl. V. (ugs.)* **a) sich** *(Dat.)* **etw. ~:** treat oneself to sth.; **wer leistet sich** *(Dat.)* **denn heute noch diesen Luxus?** who nowadays is prepared to spend the money on such a luxury?; **b)** *(mit „können")* **sich** *(Dat.)* **etw. [nicht] ~ können** [not] be able to afford sth.; **er kann es sich** *(Dat.)* **~, das zu tun** he can afford to do it; *(etw. Riskantes)* he can get away with doing it; **c)** *(wagen)* **sich** *(Dat.)* **etw. ~:** get up to sth.; **was der sich** *(Dat.)* **leistet!** the things he gets away with!; **sich** *(Dat.)* **einen groben Schnitzer ~:** make a great blunder; **wer hat sich** *(Dat.)* **diese Frechheit geleistet?** who was it who had the cheek to do/say *etc.* that?; **ich habe mir heute vielleicht was [Schönes] geleistet** *(ugs.)* I really excelled myself today *(iron.)*; I did something really brilliant today *(iron.)*

**Leisten der; ~s, ~:** last; **alles/alle über einen ~ schlagen** *(ugs.)* lump everybody/everything together

**Leisten-: ~bruch der** rupture; **~gegend die** *(Anat.)* [area of the] groin

**Leistung die; ~, ~en a)** *o. Pl. (Qualität bzw. Quantität der Arbeit)* performance; **Bezahlung nach ~:** payment according to performance *or* results; *(in der Industrie)* payment according to productivity; **b)** *(Errungenschaft)* achievement; *(im Sport)* performance; **reife ~!** *(Jugendspr.)* not bad!; **gute/hervorragende/außergewöhnliche ~en vollbringen** achieve good/outstanding/exceptional results; **eine große sportliche/technische ~:** a great sporting/technical feat; **die schulischen ~en** results at school; **c)** *o. Pl. (Leistungsvermögen, Physik: Arbeits~)* power; *(Ausstoß)* output; **die ~ einer Fabrik** the output *or* [production] capacity of a factory; **d)** *(Zahlung, Zuwendung)* payment; *(Versicherungsw.)* benefit; **die sozialen ~en der Firma** the firm's fringe benefits; **e)** *(Dienst~)* service; **f)** *o. Pl. (das Leisten)* carrying out; *(Eides~)* swearing; **jmdn. auf ~ verklagen** *(Rechtsspr.)* sue sb. for specific performance

**leistungs-, Leistungs-: ~berechtigt** *Adj. (Amtsspr.)* entitled to benefits *postpos.*; **~bilanz die** *(Wirtsch.)* balance of trade; **~druck der** *(bei Arbeitnehmern)* pressure to work harder; *(bei Sportlern, Schülern)* pressure to achieve *or* to do well; **~fähig** *Adj.* **a)** capable ⟨*person*⟩; *(körperlich)* able-bodied; *(gute Arbeit leistend)* efficient ⟨*worker, factory, industry, etc.*⟩; powerful ⟨*engine, computer, etc.*⟩; *(konkurrenzfähig)* competitive ⟨*firm, industry*⟩; **b)** *(zahlungsfähig)* capable of paying *postpos.*; solvent; **~fähigkeit die** *(eines Menschen)* capability; *(bei guter Arbeitsleistung)* efficiency; *(eines Betriebs, der Industrie)* productivity; *(Wirtschaftlichkeit)* efficiency; *(eines Motors, eines Computers usw.)* power; performance; **die Grenze seiner ~fähigkeit erreicht haben** have reached the limit of what one can do; **~gerecht 1.** *Adj.* ⟨*salary, income*⟩ based on performance *or* results; *(in der Industrie)* based on productivity; **2.** *adv.* **~gerecht bezahlt werden** receive a performance-related salary; **~gesellschaft die** [highly] competitive society; performance-oriented society; **~grenze die;** *o. Pl.* maximum potential; *(eines Sportlers)* performance limit; *(von Maschinen, Fabriken)* maximum output; **seine ~grenze erreichen** reach the limit of one's/its capacity; **~klage die** *(Rechtsw.)* action for specific performance; **~kontrolle die** *(Schulw.)* **a)** *o. Pl.* **der ~kontrolle dienen** be used as a check on the standard reached; **b)** *(Test)* [performance] test; **~kraft die** *s.* **~fähigkeit; ~kurs der** *(Schulw.)* extension course *(going beyond the basic course, based on a university form of study)*; **~kurve die** performance curve; *(eines Motors)* power curve; **~lohn der** pay based on productivity; **~motivation die** *(Psych.)* achievement motivation; **~nachweis der** evidence of [academic] achievement; **~niveau das** *(Schulw.)* level of achievement; *(Sport)* standard of performance; **~orientiert** *Adj.* **a)** achievement-oriented; [highly] competitive ⟨*society*⟩; **b)** *s.* **~gerecht; ~prämie die** *(Arbeitswelt)* productivity bonus; **~prinzip das;** *o. Pl.* achievement principle; competitive principle; **~prüfung die a)** *(Schulw.)* achievement test; **b)** *(Sport)* trial; test [of performance]; **~schau die** *(Wirtsch., Landw.)* [product] exhibition; **~schwach** *Adj.* not performing well *pred.*; low-achieving *attrib.* ⟨*worker, pupil*⟩; *(minderbegabt)* less able, lower-ability *attrib.* ⟨*pupil*⟩; weak ⟨*team*⟩; low-powered ⟨*engine*⟩; **~schwächer** lower-achieving *attrib.* ⟨*worker, pupil*⟩; lower-ability *attrib.* ⟨*pupil*⟩; less powerful ⟨*engine*⟩; **~schwäche die** poor performance; *(Schulw.)* low achievement; *(eines Motors)* low power; **~sport der** competitive sport *no art.*; **~sportler der** competitive sportsman; **~stand der** level of performance; *(Schulw.)* standard of work; *(Ausstoß)* level of output; **~stark** *Adj.* high-performing *attrib.* ⟨*athlete*⟩; able ⟨*pupil, athlete, etc.*⟩; high-performance *attrib.*, powerful ⟨*engine, car*⟩; highly efficient ⟨*business, power-station*⟩; *(sehr konkurrenzfähig)* highly competitive ⟨*business, athlete*⟩; **~stärke die** level of performance; *(Schulw.)* standard of work; *(Ausstoß)* level of output; **~steigerung die** improvement in performance; *(eines Schülers)* improvement [in his/her work]; *(eines Unternehmens)* improvement in efficiency; *(in der Produktion)* improvement in output; **~test der** *(bei Motoren, Maschinen)* performance test; *(bei Schülern)* achievement test; **~träger der** *(Sport)* key player; **~vergleich der** competition; **~vermögen das** *s.* **~fähigkeit; ~verweigerung die** *(bes. Soziol., Päd.)* refusal to work; *(allgemein)* refusal to be part of competitive society; **~wettbewerb der** *(Wirtsch.)* competition [for high output and efficiency]; **~zentrum das** *(Sport)* intensive training centre; **~zu·lage die, ~zu·schlag der** bonus *(for additional work, responsibility, etc.)*; **~zwang der** *(Soziol.) (bei Arbeitnehmern)* compulsion to work hard; *(bei Sportlern/Schülern)* compulsion to achieve *or* to do well

**Leit-: ~antrag der** *(Politik)* motion put forward by the party leadership; **~artikel der** *(Zeitungsw.)* leading article; leader; **~artikler der** *(Zeitungsw.)* leader-writer; **~bild das** model; **~bilder der Mode** leaders of fashion

**leiten** ['laitn̩] *tr. V.* **a)** *(anführen)* lead, head ⟨*expedition, team, discussion, etc.*⟩; be head of ⟨*school*⟩; *(verantwortlich sein für)* be in charge of ⟨*project, expedition, etc.*⟩; manage ⟨*factory, enterprise*⟩; *(den Vorsitz führen bei)* chair ⟨*meeting, discussion, etc.*⟩; *(Musik: dirigieren)* conduct ⟨*orchestra, choir*⟩; direct ⟨*small orchestra etc.*⟩; *(Sport: als Schiedsrichter)* referee ⟨*game, match*⟩; **~der Angestellter** executive; manager; **~de Angestellte** senior *or* managerial staff; **~der Beamte** senior civil servant; **eine ~de Position** a position in [senior] management; a managerial position; **b)** *(begleiten, führen)* lead; **jmdn. auf die richtige Spur ~:** put sb. on the right track; **sich von etw. ~ lassen** [let oneself] be guided by sth.; **er läßt sich nur von seinen Gefühlen ~:** he is governed solely by his feelings; **sich schwer/leicht ~ lassen** be hard/easy to manage; **die ~de Hand/der ~de Gedanke** the guiding hand/principle; **c)** *(lenken)* direct; route ⟨*traffic*⟩; *(um~)* divert ⟨*traffic, stream*⟩; **Erdöl durch Rohre ~:** pipe oil; **den Verkehr über eine Umgehungsstraße ~:** route/divert traffic along a bypass; **etw. an die zuständige Stelle ~:** pass on *or* forward sth. to the competent authority; **d)** *auch itr. (Physik)* conduct ⟨*heat, current, sound*⟩; **etw. leitet gut/schlecht** sth. is a good/bad conductor

[1]**Leiter der; ~s, ~ a)** *(einer Delegation, Gruppe)* leader; head; *(einer Abteilung)* head; manager; *(eines Instituts)* director; *(einer Schule)* head teacher; headmaster *(Brit.)*; principal *(esp. Amer.)*; *(einer Diskussion)* leader; *(Vorsitz)* chair[man]; *(eines Chors)* choirmaster; *(Dirigent)* conductor; **kaufmännischer ~:** marketing manager; *(Verkaufs~)* sales manager; **technischer/künstlerischer ~:** technical/artistic director; **b)** *(Physik)* conductor

[2]**Leiter die; ~, ~n** ladder; *(Steh~)* step-ladder; **die ~ des Erfolgs** *(fig.)* the ladder of success

**Leiterin die; ~, ~nen** *s.* [1]**Leiter;** *(einer Schule)* head teacher; headmistress *(Brit.)*; principal *(esp. Amer.)*; *(eines Chors)* choirmistress

**Leiter-: ~sprosse die** rung [of a/the ladder]; **~wagen der** open-frame wooden handcart

**leit-, Leit-: ~faden der a)** [basic] textbook; **~faden der Physik** basic course in physics; introduction to physics; **b)** *(Leitgedanke)* main idea *or* theme; **das durchzieht sein Werk wie ein ~faden** it runs through his works like a connecting thread; **~fähig** *Adj. (Physik)* conductive; **~fähigkeit die** *(Physik)* conductivity; **~feuer das** *(Schifffahrt)* leading light; **~fossil das** *(Geol.)* index fossil; **~gedanke der** dominant *or* central theme; **~hammel der a)** bellwether; **b)** *(abwertend: Führer)* leader [of the herd]; boss-figure; **~linie die a)** *(Richtlinie)* guideline; **b)** *(Verkehrsw.)* lane marking; **c)** *(Geom.)* directrix; **~motiv das** *(Musik, Literaturw., fig.)* **a)** leitmotiv; **b)** *(Leitgedanke)* dominant *or* central theme; **~planke die** crash barrier; guardrail *(Amer.)*; **~satz der** guiding principle; **~spruch der** motto; **~stelle die** control room; *(Büro)* central office; **~stern der** *(auch fig. geh.)* lodestar; **~strahl der a)** *(Flugw., Milit.)* radio guidance beam; **b)** *(Geom.)* radius vector; **~tier das** *(Zool.)* leader [of the herd]; **~ton der** *(Musik)* leading note

**Leitung die; ~, ~en a)** *o. Pl. s.* **leiten a:** leading; heading; being in charge; management; chairing; *(Schulw.)* working as a/the head; *(Musik)* conducting; directing; *(Sport)* refereeing; **b)** *o. Pl. (einer Expedition usw.)* leadership; *(Verantwortung)* responsibility (*Gen.* for); *(eines Betriebes, Unternehmens)* management; *(einer Sitzung, Diskussion)* chairmanship; *(Schulw.)* headship; *(Musik)* conductorship; *(Sport)* [task of] refereeing; **unter der ~ eines Managers stehen** be headed by a manager; **unter jmds. ~** *(Dat.)* **arbeiten** work under sb. *or* under sb.'s direction; *(Musik)* **unter der ~ von X/des Komponisten** conducted by X/the composer; **die ~ hatte Otto Klemperer** the conductor was Otto Klemperer; **die ~ der Sendung/Diskussion hat X** the programme is presented/the discussion is chaired by X; **bei einem Spiel die ~ haben** referee a match; **c)** *(leitende Personen)* management; *(einer Schule)* head and senior staff; **d)** *(Rohr~)* pipe; *(Haupt~)* main; **Wasser aus der ~ trinken** drink tap-water; **e)** *(Draht, Kabel)* cable; *(für ein Gerät)* lead; *(einzelne od. ohne Isolierung)* wire; **die ~en [im Haus/Auto** *usw.*] the wiring *sing.* [of the house/car *etc.*]; **f)** *(Telefon~)* line; **es ist jemand in der ~** *(ugs.)* there's somebody on the line; **gehen Sie aus der ~!** get off the line!; **auf einer anderen ~ sprechen** be [talking] on another line; **eine lange ~ haben** *(ugs.)* be slow on the uptake; **er steht** *od.* **sitzt auf der ~** *(salopp)* he's not really with it *(coll.)*

**Leitungs-: ~draht der** [electrical] wire; *(größer)* [electrical] cable; **~gremium das** [executive] committee; **~mast der** *(für Strom)* pylon; *(Telefonmast)* telegraph-pole; **~netz das a)** *(für Wasser, Gas)* mains network; mains *pl.*; *(für Fernwärme usw.)* network of pipes; **b)** *(Elektrizität)* mains network *or* grid; **c)** *(Telefonnetz)* telephone network; **~rohr das** [water/gas] pipe; *(Haupt~)* main; **~wasser das** tap-water

**Leit-: ~währung die** *(Wirtsch.)* base *or* key currency; **~werk das a)** *(Flugw., Waffent.)* control surfaces *pl.*; *(am Heck)* tail unit; **b)** *(Seew.)* approach pier; **c)** *(DV)* control unit; **~wert** *(Physik, Elektrot.)* conductance; **~wort das a)** *Pl.* **~wörter** catchword; motto; **b)** *Pl.* **~worte** *s.* **Leitspruch; ~zahl die** *(Fot.)* guide number; **~zins[satz] der** *(Finanzw.)* **a)** *(Diskontsatz)* discount rate; ≈ base rate; **b)** *s.* **Eckzins**

**Lektion** [lɛk'tsio:n] **die; ~, ~en** lesson; **jmdm. eine ~ erteilen** *(fig.)* teach sb. a lesson

**Lektor** ['lɛktɔr] **der; ~s, ~en** [lɛk'to:rən] **a)** *(Hochschulw.) junior university teacher in charge of practical or supplementary classes etc.*; **b)** *(Verlags~)* [publisher's] editor

**Lektorat** [lɛkto'ra:t] **das; ~[e]s, ~e a)** *(Hochschulw.)* post of 'Lektor'; **b)** *(im Verlag)* editorial department

**Lektorin die; ~, ~nen** *s.* **Lektor**

**Lektüre** [lɛk'ty:rə] **die; ~, ~n a)** *o. Pl.* reading; **bei der ~ des Romans** when reading the novel; **b)** *(Lesestoff)* reading [matter]; **etw. als ~/als leichte ~ empfehlen** recommend sth. as a good read/as light reading; **nicht die richtige ~ für den Urlaub** not the right thing to read while on holiday; **das ist keine passende ~ für dich** that is not suitable reading for you

**Lemma** ['lɛma] **das; ~s, ~ta** *(Sprachw.)* lemma; headword

**Lemming** ['lɛmɪŋ] **der; ~s, ~e** *(Zool.)* lemming

**Lemure** [le'mu:rə] **der; ~n, ~n a)** *(Myth.)* **die ~n** the lemures; **b)** *(Zool.)* lemur

**Lende** ['lɛndə] **die; ~, ~n** loin

**lẹnden-, Lẹnden-: ~braten der** *(Kochk.)* roast loin; *(vom Rind)* sirloin steak; **~gegend die** loins *pl.*; lumbar region *(Anat.)*; **~lahm** *Adj.* **a)** *(kreuzlahm)* **[furchtbar] ~lahm sein** be bent double with backache; **b)** *(fig.)* crippled; feeble, lame ⟨*excuse*⟩; **~schurz der** loincloth; **~stück das** *(Kochk.)* piece of loin; **~wirbel der** *(Anat.)* lumbar vertebra

**Leninismus** [leni'nɪsmʊs] **der; ~:** Leninism *no art.*

**Leninịst der; ~en, ~en** Leninist

**leninịstisch** *Adj.* Leninist

**Lẹnk·achse die** *(Eisenb.)* pivot axle

**lẹnkbar** *Adj.* **a)** *(Technik)* **leicht/schwer ~ sein** be easy/difficult to steer; *(kontrollierbar)* be easy/difficult to control; **b)** *(von Menschen)* acquiescent; obedient; manageable, controllable ⟨*child*⟩

**lenken** ['lɛŋkn̩] *tr. V.* **a)** *auch itr.* steer ⟨*car, bicycle, etc.*⟩; be at the controls of ⟨*aircraft*⟩; guide ⟨*missile*⟩; *(fahren)* drive ⟨*car etc.*⟩; **wenn du geschickt lenkst** if you do some crafty steering; **b)** direct, guide ⟨*thoughts etc.*⟩ **(auf** + *Akk.* to); turn ⟨*attention*⟩ **(auf** + *Akk.* to); steer ⟨*conversation*⟩; **die Diskussion auf etw./jmdn. ~:** steer *or* bring the discussion round to sth./sb.; **den Verdacht auf jmdn. ~:** throw suspicion on sb.; **seine Blicke auf jmdn. ~:** turn one's gaze on sb.; **seine Schritte gen Bahnhof/heimwärts ~** *(geh., scherzh.)* direct one's steps towards the station/wend one's way homewards; **c)** *(kontrollieren)* control ⟨*person, press, economy*⟩; rule, govern ⟨*state*⟩; **die ~de Hand** the guiding hand; **eine gelenkte Wirtschaft** a planned economy

**Lẹnker der; ~s, ~ a)** *(Lenkstange)* handlebars *pl.*; *(Lenkrad)* steering wheel; **sich** *(Dat.)* **den goldenen ~ verdienen** *(ugs. spött.)* win the prize for bootlicking; **b)** *(Fahrer)* driver; **c)** *(fig. geh.)* director; controller; *(eines Staates)* captain

**Lẹnkerin die; ~, ~nen** *s.* **Lenker b, c**

**Lẹnk-: ~flug·körper der** *(Waffent.)* guided missile; **~rad das** steering-wheel; **jmdm. ins ~rad greifen** grab the steering-wheel from sb.; **~rad·schaltung die** *(Kfz-W.)* steering-column gear-change *(Brit.) or (Amer.)* gearshift; **~rad·schloß das** *(Kfz-W.)* steering[-wheel] lock; **~säule die** *(Kfz-W.)* steering-column; **~stange die** handlebars *pl.*

**Lẹnkung die; ~, ~en a)** *o. Pl. (Leitung)* control; *(eines Staates)* ruling *no indef. art.*; governing *no indef. art.*; **b)** *(Kfz-W.)* steering

**Lenz** [lɛnts] **der; ~es, ~e** *(dichter. veralt.)* spring; **der ~ ist da!** spring is here!; **der ~ des Lebens** *(fig.)* the springtime of life; **einen sonnigen** *od.* **ruhigen** *od.* **faulen ~ haben** *od.* **schieben** *(salopp)* have an easy time of it; *(eine leichte Arbeit haben)* have a cushy job *(coll.)*; **sich** *(Dat.)* **einen schönen ~ machen** *(salopp)* take it easy; **sie zählt erst 15 ~e** she is a girl of only 15 summers *(literary)*

**lẹnzen** *(Seemannsspr.)* **1.** *tr. V.* bail out ⟨*boat, water*⟩; *(mit Pumpe)* pump out ⟨*water, bilge*⟩. **2.** *itr. V.* scud [under light sail]

**Lẹnz·pumpe die** *(Seemannsspr.)* bilge-pump

**Leopard** [leo'part] **der; ~en, ~en** leopard

**Lepra** ['le:pra] **die; ~:** leprosy *no art.*

**Lepra·kranke der/die** leper

**leprös** [le'prø:s] *Adj.* leprous

**leptosom** [lɛpto'zo:m] *Adj. (Med., Anthrop.)* leptosome; leptosomatic

**Lerche** ['lɛrçə] **die; ~, ~n** lark

**lẹrnbar** *Adj.* learnable; **das ist [für jeden] ~:** that can be learnt [by anybody]; **leicht ~:** easy to learn *pred.*

**lẹrn-, Lẹrn-: ~begier die, ~begierde die**

eagerness to learn; **~begierig** *Adj.* eager to learn *postpos.*; **~behindert** *Adj. (Päd.)* educationally subnormal; with learning difficulties *postpos., not pred.*; **~behinderte der/die** slow learner; child with learning difficulties; **~eifer der** eagerness to learn

**lẹrnen** ['lɛrnən] **1.** *itr. V.* study; *(als Berufsausbildung)* train; **gut/schlecht ~:** be a good/poor learner *or* pupil; *(fleißig/nicht fleißig sein)* work hard/not work hard [at school]; **leicht ~:** find it easy to learn; find school-work easy; **mit jmdm. ~** *(ugs.)* help sb. with his/her [school-]work; **auf etw. (Akk.) ~** *(ugs.)* train to be sth.. **2.** *tr. V.* **a)** learn (**aus** from); **schwimmen/sprechen ~:** learn to swim/talk; **Trompete/Klavier ~:** learn to play the trumpet/piano; **er/mancher lernt es nie** *(ugs.)* he/some people [will] never learn; **von ihm kann man noch was ~:** you can learn a thing or two from him; **das will gelernt sein** that is something one has to learn; **gelernt ist gelernt** once learnt, never forgotten; **das Fürchten ~:** find out what it is to be afraid; **b) einen Beruf ~:** learn a trade; **Maurer/Bäcker** *usw.* **~:** train to be *or* as a bricklayer/baker *etc.*; **sie hat Friseuse gelernt** she trained as a hairdresser

**Lẹrnende der/die;** *adj. Dekl. s.* **Lehrende**

**Lẹrner der; ~s, ~** *(Sprachw.)* learner

**lẹrn-, Lẹrn-: ~fabrik die** *(abwertend)* swotting factory *(Brit.)*; cramming mill *(Amer.)*; **~fähig** *Adj.* able to learn *pred.*; capable of learning *pred.*; **~hilfe die** aid to learning; **~mittel das** learning aid; *(Lehrmittel)* teaching aid; **~mittel** *Pl.* teaching materials; **~mittel·freiheit die;** *o. Pl.* free provision of teaching materials; **~prozeß der** learning process; **~psychologie die** psychology of learning; **~schwester die** student nurse; **~ziel das** [educational] aim

**Les·art** ['le:s-] **die a)** *(Fassung)* variant; **b)** *(Deutung)* interpretation; reading

**lesbar** *Adj.* **a)** legible; **b)** *(klar)* lucid ⟨*style*⟩; *(verständlich)* comprehensible; **gut ~:** easy to read; very readable

**Lesbe** ['lɛsbə] **die; ~, ~n** *(ugs.)* Lesbian; dike *(sl.)*

**Lẹsben·bewegung die** gay women's movement

**Lesbierin** ['lɛsbiərın] **die; ~, ~nen** Lesbian

**lẹsbisch** *Adj.* Lesbian; **~ sein** be a Lesbian/Lesbians

**Lese** ['le:zə] **die; ~, ~n a)** *(Weinernte)* grape-harvest; **b)** *(geh.: Auswahl)* selection

**Lese-:** reading ...

**Lese-: ~abend der** [evening] reading; **einen ~abend geben** read from one's works; **~automat der** *s.* **~gerät; ~brille die** reading-glasses *pl.*; **~buch das** reader; **~exemplar das** reading copy; *(noch ungebunden)* proof copy; **~gerät das** *(DV)* reader; **~hunger der** appetite for reading matter; **~lampe die** reading-lamp; **~maschine die** *s.* Lesegerät

[1]**lesen 1.** *unr. tr., itr. V.* **a)** read; **sie las in der Zeitung/in einem Buch** she was reading the paper/a book; **er hat wochenlang an dem Buch gelesen** he has been reading the book for weeks; **er liest aus seinem neuesten Werk** he is reading from his latest work; **ein Gesetz [zum ersten Mal] ~** *(Parl.)* give a bill a [first] reading; **die/eine Messe ~:** say Mass/a Mass; **hier ist zu ~, daß ...:** it says here that ...; **der Text ist so zu ~, daß ...:** the text is to be taken as meaning that ...; *s. auch* **Leviten; b)** *(entnehmen)* tell (**in + Dat., aus** from); **in seiner Miene war Verbitterung zu ~:** there were signs of bitterness in his expression; **aus den Zeilen konnte man gewisse Zweifel ~:** reading between the lines, one could make out certain doubts; **Gedanken ~ können** be a mind-reader; **jmds. Gedanken ~:** read sb.'s mind *or* thoughts; **aus der Hand ~:** read palms; **sich** *(Dat.)* **aus der Hand ~ lassen** have one's palm *or* hand read; **c)** *(Hochschulw.)* lecture (**über + Akk.** on); **er liest neue Geschichte/Völkerrecht** he lectures on modern history/international law. **2.** *unr. refl. V.* read; **es liest sich leicht/schnell** it is easy/quick to read; **es liest sich sehr unterhaltsam** it's a very entertaining read

[2]**lesen** *unr. tr. V.* **a)** *(sammeln, pflücken)* pick ⟨*grapes, berries, fruit*⟩; gather ⟨*firewood*⟩; **Ähren ~:** glean [ears of corn]; **b)** *(aussondern)* pick over

**lẹsens·wert** *Adj.* worth reading *postpos.*

**Leser der; ~s, ~:** reader

**Leser·analyse die** readership survey

**Lese·ratte die** *(ugs. scherzh.)* bookworm; voracious reader

**Leser·brief der** reader's letter; **~e** readers' letters; **„~e"** *(Zeitungsrubrik)* 'Letters to the editor'

**Leserin die; ~, ~nen** *s.* **Leser**

**Leser·kreis der** readership

**leserlich 1.** *Adj.* legible. **2.** *adv.* legibly

**Leserschaft die; ~:** readership

**Leser-: ~wunsch der** reader's request; **~wünsche** readers' requests; **~zahl die** circulation; *(~kreis)* readership; **~zuschrift die** reader's letter; **~zuschriften** readers' letters (**zu** in response to)

**Lese-: ~saal der** reading-room; **~stoff der** reading matter; **~wut die** craving to read; **~zeichen das** bookmark; **~zirkel der** *commercial enterprise which supplies a selection of magazines on a regular loan basis to subscribers*

**Lesung die; ~, ~en a)** *(auch Parl.)* reading; **b)** *(christl. Kirche)* lesson

**Lethargie** [letar'gi:] **die; ~:** lethargy

**lethargisch 1.** *Adj.* lethargic. **2.** *adv.* lethargically

**Lette** ['lɛtə] **der; ~n, ~n** Latvian; Lett

**Lẹtter die; ~, ~n a)** letter; **b)** *(Druckw.)* character; sort *(as tech. term)*

**lẹttisch** *Adj.* Latvian; Lettish ⟨*language*⟩

**Lẹtt·land (das); ~s** Latvia

**Lettner** ['lɛtnɐ] **der; ~s, ~** *(Archit.)* choir-screen

**Letzt** ['lɛtst] *in* **zu guter ~:** in the end; *(endlich)* at long last

**lẹtzt...** *Adj.* **a)** last; **die ~e Reihe** the back row; **auf dem ~en Platz sein** be [placed] last; *(während des Rennens)* be in last place; *(in einer Tabelle)* be in bottom place; **er war** *od.* **wurde ~er, er ging als ~er durchs Ziel** he came last; **~er Mann** *(bes. Fußball)* back; **der/die ~e sein** be the last; **als ~er aussteigen** be the last [one] to get off; **er ist der ~e, dem ich das sagen würde** he's the last person I would tell [about it]; **am Letzten [des Monats]** on the last day of the month; **im ~en Moment** at the last moment; **die Letzten werden die Ersten sein** *(Spr.)* the last shall be first; **das ist mein ~es Wort/Angebot** that is my last word [on the subject]/my final offer; **mein ~es Geld** the last of my money; **ist das dein ~es Geld?** is that all the money you have left?; **mit ~er Kraft** gathering all his/her remaining strength; **~en Endes** in the end; when all is said and done; **jmds./die ~e Rettung sein** *(fig.)* be sb.'s/the last hope; *s. auch* **Ölung; Wille; b)** *(äußerst...)* ultimate; **jmdm. das Letzte an ...** *(Dat.)* **abverlangen** demand of sb. the utmost *or* maximum ...; **das Letzte hergeben** give one's all; **bis aufs ~e** totally; *(finanziell)* down to the last penny; **bis ins ~e** down to the last detail; **bis zum ~en** to the utmost; **c)** *(gerade vergangen)* last; *(neuest...)* latest ⟨*news*⟩; **in den ~en Wochen/Jahren** in the last few weeks/in recent years; **in der ~en Zeit** recently; *s. auch* **Schrei; c)** *(ugs. abwertend) (schlechtest...)* worst; *(entsetzlichst...)* most dreadful; **er ist der ~e Mensch** he is the lowest of the low; **die Show war das Letzte** *(ugs.)* the show was the end *(coll.) or* the pits *(coll.)*; **das ist doch das Letzte!** *(ugs.)* that really is the limit!; *s. auch* **Dreck b**

**lẹtzte·mal** *in* **das ~:** [the] last time

**lẹtzt·ẹndlich** *Adv.* in the end; *(schließlich doch)* ultimately

**lẹtzten·mal** *in* **beim ~:** last time; **zum ~:** for the last time

**letztens** ['lɛtstn̩s] *Adv.* **a)** *(kürzlich)* recently; **b) drittens/viertens und letztens** thirdly/fourthly and lastly

**lẹtzter...** *Adj.* latter; **~es** *od.* **das ~e trifft hier zu** the latter is the case here

**lẹtzt·genannt** *Adj.*; *nicht präd.* last-mentioned; last-named ⟨*person*⟩

**lẹtzt·hin** *Adv.* **a)** *(kürzlich)* recently; **b)** *(schließlich doch)* ultimately

**lẹtztlich** *Adv.* ultimately; in the end

**lẹtzt-: ~mals** *Adv.* the last time; **er hat ~mals vor fünf Jahren teilgenommen** the last time he took part was five years ago; **~möglich** *Adj.*; *nicht präd.* latest possible; **~willig 1.** *Adj.*; *nicht präd.* in his/her/the will *postpos.*; **~willige Verfügung** last will and testament; **2.** *adv.* in his/her/the will

**Leu** [lɔy] **der; ~en, ~en** *(dichter. veralt.)* lion

**Leucht-: ~boje die** *(Seew.)* light-buoy; **~bombe die** parachute flare; **~buchstabe der** neon-sign letter

**Leuchte** ['lɔyçtə] **die; ~, ~n a)** light; **hast du eine ~?** have you got a torch?; **b)** *(fig. ugs.)* **[in Mathe** *usw.***] eine ~ sein** be brilliant *or* shine [at maths *etc.*]; **er ist eine ~ auf diesem Gebiet** he is a leading light in this field

**leuchten** *itr. V.* **a)** ⟨*moon, sun, star, etc.*⟩ be shining; ⟨*fire, face*⟩ glow; **grell ~:** give a glaring light; glare; **in der Sonne ~:** ⟨*hair, sea, snow*⟩ gleam in the sun; ⟨*mountains etc.*⟩ glow in the sun; **golden ~:** have a golden glow; **seine Augen leuchteten vor Freude** *(fig.)* his eyes were shining *or* sparkling with joy; **b)** shine a/the light; **jmdm. ~:** light the way for sb.; **mit etw. in etw.** *(Akk.)* **~:** shine sth. into sth.; **jmdm. mit etw. ins Gesicht ~:** shine sth. into sb.'s face

**leuchtend** *Adj.*; *nicht präd.* **a)** shining ⟨*eyes*⟩; brilliant, luminous ⟨*colours*⟩; bright ⟨*blue, red, etc.*⟩; **grell ~:** glaring; **sanft ~:** softly glowing; **etw. in den ~sten Farben schildern** *(fig.)* paint sth. in glowing colours; **b)** *(großartig)* shining ⟨*example*⟩

**Leuchter der; ~s, ~** candelabrum; *(für eine Kerze)* candlestick; *(Kron~)* chandelier

**Leucht-: ~farbe die** luminous paint; **~feuer das** *(Seew.)* beacon; light; *(Flugw.)* runway light; **~gas das** *s.* **Stadtgas; ~geschoß das** *s.* **~kugel; ~käfer der** firefly; *(Glühwürmchen)* glow-worm; **~kraft die a)** brilliance; **b)** *(Astron.)* luminosity; **~kugel die** flare; **~pistole die** flare pistol; **~rakete die** rocket flare; **~reklame die** neon [advertising] sign; **~röhre die** neon tube; **~schrift die** neon letters *pl.*; *(Schild)* neon sign; **~spur·geschoß das** tracer bullet; **~stoff der** *(Physik)* fluorescent substance; *(nachleuchtend)* luminous substance; **~stoff·lampe die** fluorescent light *or* lamp; **~stoff·röhre die** fluorescent tube; *(für ~reklame)* neon tube; **~tonne die** light-buoy; **~turm der** lighthouse; **~turm·wärter der** lighthouse-keeper; **~zeiger der** luminous hand; **~ziffer die** luminous numeral; **~ziffer·blatt das** luminous dial

**leugnen** ['lɔygnən] **1.** *tr. V.* deny; **er leugnete die Tat/das Verbrechen** he denied doing the deed/committing the crime; **er leugnet, daran beteiligt zu sein** *od.* **daß er daran beteiligt ist** he denies being involved *or* that he is involved in it; **es ist nicht zu ~:** it is undeniable. **2.** *itr. V.* deny it; *(alles ~)* deny everything; **er leugnet noch** he still denies doing it *or* that he did it

**Leugnung die; ~, ~en** denial

**Leukämie** [lɔykɛˈmiː] **die; ~, ~n** *(Med.)* leukaemia

**leukämisch** *Adj. (Med.)* leukaemic; ⟨*symptoms*⟩ of leukaemia

**Leukoplast** ® [lɔykoˈplast] **das** sticking-plaster *(containing zinc oxide)*

**Leukozyt** [lɔykoˈtsyːt] **der; ~en, ~en** *(Anat.)* leucocyte

**Leumund** [ˈlɔymʊnt] **der; ~[e]s** *(geh.)* reputation; **den guten ~ verlieren** lose one's good name; **jmdm. einen guten ~ bescheinigen** vouch for sb.'s good character

**Leumunds·zeugnis das a)** *(geh.)* character reference (**über** + *Akk.* for); **b)** *(schweiz. Rechtsspr.) s.* **Führungszeugnis**

**Leutchen** [ˈlɔytçən] *Pl. (ugs.)* people

**Leute** [ˈlɔytə] *Pl.* **a)** people; **die reichen/alten ~:** the rich/the old; **wir sind hier bei feinen ~n** we are in a respectable household; **die kleinen ~:** the ordinary people; the man *sing.* in the street; **was werden die ~ sagen?** *(ugs.)* what will people say?; **wir sind geschiedene ~:** our ways have parted; we have parted company; *(in Zukunft)* I will have no more to do with you/him *etc.*; **unter ~ gehen** mix with people; **vor allen ~n** in front of everybody; **hier ist es ja nicht wie bei armen ~n** *(scherzh.)* we're not in the poor-house *or (Amer.)* on the breadline yet; **unter die ~ bringen** *(ugs.)* spread ⟨*rumour*⟩; tell everybody about ⟨*suspicions etc.*⟩; *s. auch* **Kind**; **b)** *(ugs.: als Anrede)* **auf, [ihr] ~!** come on, everybody! *(coll.)*; c'mon, folks! *(Amer.)*; **~, ~!** oh dear!; **c)** *(ugs.: Arbeiter)* people; *(Milit.: Soldaten)* men; **die Hälfte der ~:** half the staff; **d)** *(landsch. ugs.: Familie)* **meine ~:** my family *sing. or (coll.)* folks; **e)** *(veralt.: Gesinde)* servants

**Leute·schinder der** *(abwertend)* slave-driver

**Leutnant** [ˈlɔytnant] **der; ~s, ~s** *od. selten:* **~e** second lieutenant *(Milit.)*; **~ zur See** sub-lieutenant *(Brit.)*; lieutenant junior grade *(Amer.)*

**leut·selig 1.** *Adj.* affable. **2.** *adv.* affably

**Leut·seligkeit die;** *o. Pl.* affability

**Levante** [leˈvantə] **die; ~** *(geh.)* the Levant

**Leviat[h]an** [leˈviːatan] **der; ~s, ~e** *(Myth.)* leviathan

**Leviten** [leˈviːtn̩] *Pl. in* **jmdm. die ~ lesen** *(ugs.)* read sb. the Riot Act *(coll.)*

**Levkoje** [lɛfˈkoːjə] **die; ~, ~n** *(Bot.)* stock

**Lex** [lɛks] **die; ~, Leges** [ˈleːgeːs] *(Parl.)* **die ~ Heinze** the Heinze Act

**Lexem** [lɛˈkseːm] **das; ~s, ~e** *(Sprachw.)* lexeme

**Lexik** [ˈlɛksɪk] **die; ~** *(Sprachw.)* lexicon

**lexikalisch** [lɛksiˈkaːlɪʃ] *(auch Sprachw.)* **1.** *Adj.* lexical. **2.** *adv.* lexically

**lexikalisieren** *tr. V. (Sprachw.)* lexicalize

**Lexikograph** [lɛksikoˈgraːf] **der; ~en, ~en** lexicographer

**Lexikographie** [lɛksikograˈfiː] **die; ~:** lexicography *no art.*

**Lexikographin die; ~, ~nen** lexicographer; *s. auch* **-in**

**lexikographisch 1.** *Adj.* lexicographical. **2.** *adv.* lexicographically; **~ gesehen** looked at from a lexicographical point of view; **~ arbeiten** work as a lexicographer

**Lexikologie** [lɛksikoloˈgiː] **die; ~:** lexicology *no art.*

**Lexikon** [ˈlɛksikɔn] **das; ~s, Lexika** *od.* **Lexiken a)** encyclopaedia (+ *Gen.*, **für** of); **ein wandelndes ~ sein** *(ugs. scherzh.)* be a walking encyclopaedia; **b)** *(veralt.: Wörterbuch)* dictionary; **c)** *(Sprachw.)* lexicon

**Lezithin,** *(fachspr.:)* **Lecithin** [letsiˈtiːn] **das; ~s, ~e** *(Chemie, Biol.)* lecithin

**lfd.** *Abk.:* **laufend**

**Lfg.** *Abk.:* **Lieferung**

**Liaison** [liɛˈzõː] **die; ~, ~s** *(geh.)* liaison; *(fig.: zwischen Staaten, Firmen)* link; tie-up; **eine ~ eingehen** enter into a liaison

**Liane** [ˈli̯aːnə] **die; ~, ~n** *(Bot.)* liana

**Libanese** [libaˈneːzə] **der; ~n, ~n** Lebanese; **roter ~** *(Drogenjargon)* Lebanese red

**Libanesin die; ~, ~nen** Lebanese; *s. auch* **-in**

**libanesisch** *Adj.* Lebanese

**¹Libanon** [ˈliːbanɔn] **(das)** *od.* **der; ~s** Lebanon

**²Libanon der; ~s** *(Gebirge)* Lebanon Mountains *pl.*

**Libelle** [liˈbɛlə] **die; ~, ~n a)** dragon-fly; **b)** *(Haarspange)* winged hair-slide; **c)** *(an Meßinstrumenten)* bubble tube; *(Wasserwaage)* spirit-level

**liberal** [libəˈraːl] **1.** *Adj.* liberal; **~ wählen** vote liberal. **2.** *adv.* liberally; **jmdn. ~ erziehen** give sb. a liberal education; **~ ausgerichtet** following liberal principles *postpos., not pred.*

**Liberale der/die;** *adj. Dekl.* liberal

**liberalisieren** *tr. V.* liberalize; relax ⟨*import controls*⟩

**Liberalisierung die; ~, ~en** liberalization; *(von Kontrollen)* relaxation

**Liberalismus** [libəraˈlɪsmʊs] **der; ~:** liberalism

**Liberalität** [libəraliˈtɛːt] **die; ~ a)** liberalism; liberality; **b)** *(Großzügigkeit)* liberality

**Liberia** [liːˈbeːria] **(das); ~s** Liberia

**Liberianer der; ~s, ~, Liberianerin die; ~, ~nen** Liberian; *s. auch* **-in**

**liberianisch** *Adj.* Liberian

**Libero** [ˈliːbəro] **der; ~s, ~s** *(Fußball)* sweeper

**libidinös** [libidiˈnøːs] *Adj. (Psych.)* libidinal

**Libido** [ˈliːbido] **die; ~** *(Psych.)* libido

**Librettist** [librɛˈtɪst] **der; ~en, ~en, Librettistin die; ~, ~nen** librettist; *s. auch* **-in**

**Libretto** [liˈbrɛto] **das; ~s, ~s** *od.* **Libretti** libretto

**Libyen** [ˈliːbyən] **(das); ~s** Libya

**libysch** [ˈliːbyʃ] *Adj.* Libyan

**licht** [lɪçt] *Adj.* **a)** *(geh.)* light; light, pale ⟨*colour*⟩; **es war ~er Tag** it was broad daylight; **einen ~en Moment** *od.* **Augenblick/~e Momente haben** *(fig.)* have a lucid moment/lucid moments; *(scherzh.)* have a bright moment/bright moments; **b)** *(dünn bewachsen)* sparse; thin; **~es Haar haben** be thin on top; **die Reihen der alten Kameraden/der Zuschauer werden ~er** *(fig.)* the ranks of old comrades are dwindling/the rows of spectators are emptying; **c)** *(bes. Technik)* **die ~e Höhe/Weite** the [overall] internal height/width; **die ~e Höhe/Weite einer Brücke** the headroom/span of a bridge

**Licht das; ~[e]s, ~er a)** *o. Pl.* light; **das ~ des Tages** the light of day; **etw. gegen das ~ halten** hold sth. up to the light; **etw. bei ~ sehen** see sth. in daylight; **bei ~ besehen** *(fig.)* seen in the light of day; **jmdm. das [ganze] ~ [weg]nehmen** take [all] sb.'s light; **jmdm. im ~ stehen** stand in sb.'s light; **das ~ der Welt erblicken** *(geh.)* see the light of day; **ein zweifelhaftes/ungünstiges ~ auf jmdn. werfen** *(fig.)* throw a dubious/unfavourable light on sb.; **~ in etw.** *(Akk.)* **bringen** *(fig.)* shed some light on sth.; **jmdn. hinters ~ führen** *(fig.)* fool sb.; pull the wool over sb.'s eyes; **jmdn./etw./sich ins rechte ~ rücken** *od.* **setzen** *od.* **stellen** *(fig.)* show sb./sth. in the correct light/appear in the correct light; **in einem guten** *od.* **günstigen/schlechten ~ erscheinen** *(fig.)* appear in a good *or* a favourable/a bad *or* an unfavourable light; **etw. in einem besseren ~ erscheinen lassen** *(fig.)* put a better complexion on sth.; **etw. in einem milderen ~ sehen** *(fig.)* take a more lenient view of sth.; **in ein falsches ~ geraten** *(fig.)* give the wrong impression; **das ~ scheuen** *(fig.)* shun the light; **ans ~ kommen** *(fig.)* come to light; be revealed; **b)** *(elektrisches ~)* light; **das ~ anmachen/ausmachen** switch *or* turn the light on/off; **mach doch ~!** turn the light on[, will you]!; **c)** *Pl. auch* **~e** *(Kerze)* candle; **kein** *od.* **nicht gerade ein großes ~ sein** *(ugs.)* be no genius; be not exactly brilliant; **mir ging ein ~ auf** *(ugs.)* it dawned on me; I realized what was going on; **sein ~ [nicht] unter den Scheffel stellen** [not] hide one's light under a bushel; **jmdm. ein ~ aufstecken** *(ugs.)* enlighten sb.; put sb. wise; **d)** *o. Pl. (ugs.: Strom)* electricity; **e)** *(Jägerspr.)* eye

**licht-, Licht-: ~behandlung die** *(Med.)* phototherapy; *(mit Sonnenlicht)* sunlight treatment; **~beständig** *Adj.* light-fast; **~bild das a)** [small] photograph *(for passport etc.)*; **b)** *(veralt.) (Diapositiv)* slide; *(Fotografie)* photograph; **~bilder·vortrag der** slide lecture; **~blick der** bright spot; **~bogen der** *(Elektrot.)* arc; **~brechung die** *(Optik)* refraction of light; **~bündel das** beam [of light]; **~druck der a)** *o. Pl. (Physik)* light pressure; **b)** *o. Pl. (Druckw.)* collotype; **c)** *Pl.* **~drucke** *(Druckw.: Bild)* collotype [print]; **~durchflutet** *Adj. (geh.)* flooded with light *postpos.*; **~durchlässig** *Adj.* translucent; **~echt** *Adj.* light-fast; **~echtheit die** light-fastness; **~effekt der** light effect; **~einwirkung die** effects *pl.* of light; **~elektrisch** *Adj. (Physik)* photoelectric; **~empfindlich** *Adj.* sensitive to light; *(Chemie)* photosensitive ⟨*film, solution, etc.*⟩; **~empfindlichkeit die** sensitivity to light; *(Chemie)* photosensitivity

**¹lichten 1.** *tr. V.* thin out ⟨*trees etc.*⟩; *(fig.)* reduce ⟨*number*⟩. **2.** *refl. V.* **a)** ⟨*trees*⟩ thin out; ⟨*hair*⟩ grow thin; ⟨*fog, mist*⟩ clear, lift; **die Reihen ~ sich** *(fig.)* the numbers are dwindling; *(im Theater usw.)* the rows are emptying; **b)** *(geh.: heller werden)* become lighter; lighten; *(fig.)* ⟨*mystery etc.*⟩ be cleared up

**²lichten** *tr. V. (Seemannsspr.)* **den/die Anker ~:** weigh anchor

**Lichter-: ~baum der** Christmas tree; **~fest das** *(jüd. Rel.)* Hanukkah; Festival of Lights; **~glanz der** blaze of lights; *s. auch* **erstrahlen; ~kette die a)** chain of lights; **b)** *(Demonstration)* ≈ candlelight vigil

**lichterloh** [ˈlɪçtɐˈloː] **1.** *Adj.; nicht präd.* blazing ⟨*fire*⟩; fierce, leaping ⟨*flames*⟩. **2.** *adv.* **~ brennen** be blazing fiercely; *(fig.)* ⟨*heart*⟩ be aflame

**Lichter-: ~·meer das** sea of lights; **das ~meer der Stadt** the sea of lights formed by the city; **~stadt die** city of light

**licht-, Licht-: ~filter der** light-filter; **~geschwindigkeit die** speed of light; **~hof der a)** *(Bauw.)* light-well; **b)** *(Fot.)* halation; **~hupe die** headlight flasher; **die ~hupe betätigen** flash [one's lights]; **~jahr das** *(Astron.)* light-year; **~kegel der** beam; *(Physik)* cone of light; **~leitung die** *(ugs.)* lighting wire; **die ~leitungen** the wiring for the lights; **~los** *Adj.* dark; poorly lit; **~mangel der** lack of light; **~maschine die** *(Kfz-W.) (mit Gleichstrom)* dynamo; *(mit Wechselstrom)* alternator; generator *(esp. Amer.)*; **~mast der** lamp-standard; **~meß (das), ~** *(kath. Kirche)* Candlemas; **[das Fest] Mariä ~meß** [the Feast of the] Purification of the Virgin Mary; **~nelke die** campion; **~orgel die** colour organ; clavilux; **~pause die** photostat *(Brit.* **P)** *(of transparent original)*; **~punkt der** spot of light; **~quant** *(Physik)* light quantum; **~quelle die** light-source; **~reklame die** neon [advertising] sign; **~satz der;** *o. Pl. (Druckw.)* filmsetting; **~schacht der** light-shaft; **~schalter der** light-switch; **~schein der** gleam [of light]; *(~strahl)* beam of light; **~scheu** *Adj.* **a)** shade-loving ⟨*plant*⟩; ⟨*animal*⟩ that shuns the light; **b)** *(fig.)* shady ⟨*riff-raff*⟩; **~schranke die** photoelectric beam; **~schutz·faktor der** protection factor *(against sunburn)*; **~seite die** the bright *or* good side; **alles hat seine**

**Licht- und Schattenseiten** everything has its good and bad sides; **~setz·maschine die** *(Druckw.)* filmsetting machine; **~spiel·haus das, ~spiel·theater das** *(geh.)* cinema; picture-theatre *(dated); movie* house *(Amer.)*; **~stark** *Adj. (Fot.)* fast ‹*lens*›; **~stärke die a)** *(Physik)* luminous intensity; **b)** *(Fot.)* speed *(of a lens)*; **~strahl der** beam [of light]; **~undurch·lässig** *Adj.* light-proof

**Lichtung die; ~, ~en** clearing; **auf dieser ~:** in this clearing

**Licht-: ~verhältnisse** *Pl.* light conditions; **~wechsel der** *(Astron.)* light-variation; **~zeichen das** light signal

**Lid** [li:t] **das; ~[e]s, ~er** eyelid

**Lid-: ~schatten der** eye-shadow; **~strich der** line drawn with eyeliner pencil; eyelining *no indef. art.*

**lieb** [li:p] **1.** *Adj.* **a)** *(liebevoll)* kind ‹*words, gesture*›; **viele ~e Grüße [an ... (Akk.)]** much love [to ...] *(coll.)*; **sei so ~ und hilf mir beim Aufräumen** be a dear and help me clear up; **das ist ~ von dir** it's sweet of you; **b)** *(liebenswert)* likeable; nice; *(stärker)* lovable, sweet ‹*child, girl, pet*›; **seine Frau/ihr Mann ist sehr ~:** his wife/her husband is a dear; **sie hat ein ~es Gesicht** she has a sweet *or* charming face; **~ aussehen** look sweet *or (Amer.)* cute; **c)** *(artig)* good, nice ‹*child, dog*›; **die Kinder könnten etwas ~er sein** the children could be a little better behaved; **sei schön ~!** be a good girl/boy!; **sich bei jmdm. ~ Kind machen** *(ugs. abwertend)* get on the right side of sb.; **bei jmdm. ~ Kind sein** *(ugs. abwertend)* be sb.'s pet *or* favourite; **d)** *(geschätzt)* dear; **sein liebstes Spielzeug** his favourite toy; **~er Hans/~e Else/~e Oma!** *(am Briefanfang)* dear Hans/Else/Grandma; **~e Karola, ~er Ernst!** *(am Briefanfang)* dear Karola and Ernst; **~er Gott** dear God; **der ~e Gott** the Good Lord; **die ~e Verwandtschaft** *(iron.)* my/our/your/their *etc.* dear relations *(iron.)*; **sie ist mir ~ und teuer** *od.* **wert** she is very dear to me; **wenn dir dein Leben ~ ist, ...:** if you value your life ...; **das ~e Geld** *(iron.)* the wretched money; **den ~en langen Tag** *(ugs.)* all the livelong day; **so manches ~e Mal, so manch ~es Mal** *(veralt.)* many a time; **meine Lieben** *(Familie)* my people; my nearest and dearest *(joc.)*; *(als Anrede)* [you] good people; *(an Familie usw.)* my dears; **meine Liebe** my dear; *(herablassend)* my dear woman/girl; **mein Lieber** *(Mann an Mann)* my dear fellow; *(Frau/Mann an Jungen)* my dear boy; *(Frau an Mann)* my dear man; *(als Publikumsanrede)* **~e Mitbürgerinnen und Mitbürger** fellow citizens; **~e Kinder/Freunde/Genossen!** children/friends/comrades; **~e Hörerinnen und Hörer/~e Zuschauer!** *Anreden dieser Art sind im Englischen ungebräuchlich und werden deshalb nicht übersetzt;* **~ Gemeinde, ~e Schwestern und Brüder!** *(christl. Kirche)* dearly beloved; **[ach] du ~e Güte** *od.* **~e Zeit** *od.* **~er Himmel** *od.* **~es Lieschen** *od.* **~es bißchen** *(ugs.) (erstaunt)* good grief!; good heavens!; [good] gracious!; *(entsetzt)* good grief!; heavens above!; **mit jmdm./etw. seine ~e Not haben** have no end of trouble with sb./sth.; **e)** *(angenehm)* welcome; **er ist uns** *(Dat.)* **ein ~er Gast** he is a welcome visitor [with us]; **unser Besuch war ihr nicht ~:** our visit was unwelcome [to her]; **es wäre mir ~/~er, wenn ...:** I should be glad *or* should like it/should prefer it if ...; **am ~sten wäre mir, ich könnte heute noch abreisen** I should like it best if I could leave today; **wir hatten mehr Schnee, als mir ~ war** we had too much snow for my liking; **das wirst du noch früher erfahren, als dir ~ ist** you'll hear about it sooner than you've bargained for. **2.** *adv.* **a)** *(liebenswert)* kindly; **das hast du aber ~ gesagt** you 'did put that nicely; **sie hat sich sehr ~ um die alten Leute gekümmert** it was very sweet the way she looked after the old people; **b)** *(artig)* nicely; **er ist ganz ~ ins Bett gegangen** he went off to bed as good as gold

**lieb·äugeln** *itr. V.* **a) mit etw. ~:** have one's eye on sth.; fancy sth.; **er liebäugelt mit dem Gedanken, das zu tun** he's toying *or* flirting with the idea of doing it; **b)** *(geh.: flirten)* **mit jmdm. ~:** make eyes at sb.

**lieb|behalten** *unr. tr. V.* **jmdn. ~:** [continue to] be fond of sb.; *(lieben)* go on loving sb.

**Liebchen** ['li:pçən] **das; ~s, ~** *(veralt.)* **a) [mein] ~:** my darling; my sweet[heart]; **b)** *(abwertend)* lady-love

**Liebe** ['li:bə] **die; ~, ~n a)** *o. Pl.* love **(zu** for); **~ zu Gott** love of God; **aus ~ zu jmdm.** for love of sb.; **aus ~ heiraten** marry for love; **was macht die ~?** how's your love-life?; **bei aller ~, aber das geht zu weit** much as I sympathize, that's going too far; **bei aller ~, aber ich kann das nicht** much as I'd like to, I can't do it; *(Briefschluß)* **in ~ Dein Egon** [with] all my love, yours, Egon; **~ geht durch den Magen** *(scherzh.)* the way to a man's heart is through his stomach; **~ macht blind** *(Spr.)* love is blind *(prov.)*; **wo die ~ hinfällt!** *(ugs.)* the ways of love are strange indeed; **~ auf den ersten Blick** love at first sight; **b)** *o. Pl.* **~ zu etw.** love of sth.; **seine ganze ~ gehört dem Meer** he adores the sea; **mit ~:** lovingly; with loving care; **c)** *(ugs.: geliebter Mensch)* love; **seine große ~:** his great love; the [great] love of his life; **d)** *(Gefälligkeit)* favour; **tu mir die ~ und warte noch** do me a favour and wait a while

**liebe-, Liebe-: ~bedürftig** *Adj.* in need of love *or* affection *postpos.*; **~dienerei** [-di:nə'rai] **die;** *o. Pl. (abwertend)* toadying; sycophancy; **~dienern** *itr. V.* toady **(bei, vor** + *Dat.* to)

**Liebelei** [li:bə'lai] **die; ~, ~en** *(abwertend)* flirtation

**liebeln** *itr. V. (veralt.)* flirt

**lieben 1.** *tr. V.* **a) jmdn. ~:** love sb.; *(verliebt sein)* be in love with *or* love sb.; *(koitieren)* make love to sb.; **sich ~:** be in love; *(sexuell)* make love; **was sich liebt, das neckt sich** *(Spr.)* lovers always tease each other; **b) etw. ~:** be fond of sth.; like sth.; *(stärker)* love sth.; **es ~, etw. zu tun** like *or* enjoy doing sth.; *(stärker)* love doing sth.; **diese Pflanzen ~ Schatten** these plants like shade. **2.** *itr. V.* be in love; *(sexuell)* make love; **er ist unfähig zu ~:** he is incapable of love

**liebend 1.** *Adj.; nicht präd.* loving; **der/die Liebende** the lover; **eine Liebende** a woman in love; **Liebende** *pl.* lovers. **2.** *adv.* **etw. ~ gerne tun** [simply] love doing sth.

**lieben|lernen** *tr. V.* learn to love

**liebens-, Liebens-: ~wert** *Adj.* likeable ‹*person*›; *(stärker)* loveable ‹*person*›; attractive, endearing ‹*trait*›; **~würdig** *Adj.* kind; charming ‹*smile*›; **seien Sie doch so ~würdig und öffnen Sie das Fenster** would you be so kind as to open the window?; **~würdigerweise** *Adv.* kindly; **~würdigkeit die; ~, ~en a)** *o. Pl.* kindness; **würden Sie die ~würdigkeit haben, das Fenster zu schließen?** would you be so kind as to shut the window?; **b)** *(Handlung, Äußerung)* kindness; **jmdm. einige ~würdigkeiten sagen** *(iron.)* say a few choice words to sb. *(iron.)*

**lieber 1.** *Adj.: s.* **lieb. 2.** *Adv.: s.* **gern**

**liebes-, Liebes~: ~abenteuer das** amorous adventure; **~affäre die** love affair; amour; **~akt der** *(geh.)* act of love; **ein Paar beim ~akt** a couple engaged in sexual intercourse; **~bande** *Pl. (dichter. veralt.)* bonds of love; **~bedürfnis das** need for love; **~beweis der** proof *or* token of love; **~beziehung die** [love] affair **(zu, mit** with); **~brief der** love-letter; **~dichtung die** love-poetry; **~dienerin die** *(verhüll. scherzh.)* lady of pleasure; **~dienst der** [act of] kindness; favour; **jmdm. einen ~dienst erweisen** do sb. a kindness *or* favour; **~entzug der** *(Psych.)* withdrawal of love; **~erklärung die** declaration of love; **~fähig** *Adj.* capable of love *postpos.*; **~fähigkeit die** capacity for love; **~film der** romantic film; **~gabe die** charitable gift; *(Spende)* donation; **~gedicht das** love-poem; **~geschichte die a)** love-story; **b)** *(~affäre)* [love] affair; **~gott der** god of love; **~göttin die** goddess of love; **~heirat die** love-match; **~knochen der** *(landsch.)* eclair; **~kummer der** lovesickness; **~kummer haben** be lovesick; be unhappily in love; **sich aus ~kummer umbringen** kill oneself for love; **~kunst die** art of love; **~laube die** *(scherzh.)* love-nest; **~leben das;** *o. Pl.* love-life; **~lied das** love-song; **~müh[e] die** *in* **das ist vergebliche** *od.* **verlorene ~müh[e]** that is a waste of effort; **~nacht die** night of love; **~nest das** love-nest; **~paar das** courting couple; [pair of] lovers; **~perlen** *Pl.* hundreds and thousands; **~roman der** romantic novel; **~spiel das** love-play; **~szene die** love-scene; **~toll** *Adj.* love-crazed; **~töter** *Pl. (ugs. scherzh.)* passion-killers *(sl. joc.)*; **~trank der** love-potion; **~trunken** *Adj. (dichter.)* intoxicated with love *postpos.*; **~verhältnis das** [love] affair; **~verlust der** *(Psych.)* loss of love

**liebe·voll 1.** *Adj.* loving *attrib.* ‹*care*›; affectionate ‹*embrace, gesture, person*›. **2.** *adv.* **a)** lovingly; affectionately; **b)** *(mit Sorgfalt)* lovingly; with loving care; **sehr ~ dekoriert** decorated with much loving care

**lieb|gewinnen** *unr. tr. V.* grow fond of

**lieb·geworden** *Adj.; nicht präd.* ‹*habit, object*› of which one has grown very fond; much loved ‹*object*›

**lieb|haben** *unr. tr. V.* love; *(gern haben)* be fond of

**Liebhaber** ['li:pha:bɐ] **der; ~s, ~ a)** lover; **b)** *(Interessierter, Anhänger)* enthusiast (+ *Gen.* for); *(Sammler)* collector; **ein ~ von schönen Teppichen/Oldtimern** a lover of beautiful carpets/a vintage-car enthusiast; **ein Stück für ~:** a collector's item

**Liebhaber·ausgabe die** collector's edition; bibliophile edition

**Liebhaberei die; ~, ~en** hobby

**Liebhaberin die; ~, ~nen** *s.* **Liebhaber**

**Liebhaber-: ~preis der** collector's price; **~stück das** collector's item; **~wert der ~wert haben** be valuable as a collector's item/collectors' items

**lieb·kosen** *tr. V. (geh.)* caress

**Liebkosung die; ~, ~en** *(geh.)* caress

**lieblich 1.** *Adj.* **a)** charming; appealing; *(friedlich)* peaceful; gentle ‹*landscape*›; **b)** *(angenehm)* sweet ‹*scent, sound*›; fragrant ‹*flower*›; melodious ‹*sound*›; mellow ‹*red wine*›; [medium] sweet ‹*white wine*›; **c)** *(ugs. iron: unangenehm)* **das kann ja ~ werden** this is going to be just great *(coll. iron.)*. **2.** *adv.* **a)** charmingly; sweetly; **b)** *(angenehm)* pleasingly; **eine ~ klingende Stimme** a sweet and melodious voice

**Lieblichkeit die; ~ a)** charm; sweetness; *(einer Landschaft)* gentleness; **b)** *(angenehme Wirkung)* sweetness; *(des Klangs)* melodiousness; *(des Dufts)* fragrance; *(des Rotweins)* mellowness; **c)** *(Karnevalsprinzessin)* **Ihre ~** *title given to carnival queen*

**Liebling der; ~s, ~e a)** *(geliebte Person; bes. als Anrede)* darling; **b)** *(bevorzugte Person)* favourite; *(des Publikums)* darling; **der ~ des Lehrers** teacher's pet; **ein ~ der Götter** *(fig.)* a darling of the gods

**Lieblings-** favourite

**lieb·los 1.** *Adj.* loveless; *(grausam)* heartless, unfeeling ‹*treatment, behaviour*›. **2.** *adv.* **a)** without affection; **~ von jmdm. spre-**

**chen** speak unkindly of sb.; **b)** *(ohne Sorgfalt)* carelessly; without proper care
**Lieblosigkeit die; ~, ~en a)** *(Handlung/Äußerung)* unkind *or* unfeeling act/word; **b)** *o. Pl. (lieblose Art)* unkindness; lack of feeling; *(Mangel an Sorgfalt)* lack of care
**Lieb·reiz der;** *o. Pl. (geh.)* beguiling charm
**Liebschaft die; ~, ~en** [casual] affair; *(Flirt)* flirtation
**liebst...** [li:pst...] **1.** *Adj.: s.* **lieb. 2.** *Adv.* **am ~en** *s.* **gern**
**Liebste der/die;** *adj. Dekl. (veralt.)* loved one; sweetheart; **meine ~:** my dearest
**Liebstöckel** ['li:p-ʃtœkl] **das** *od.* **der; ~s, ~** *(Bot.)* lovage
**Liechtenstein (das); ~s** Liechtenstein; *s. auch* **Fürstentum**
**Lied** [li:t] **das; ~[e]s, ~er** song; *(Kirchen~)* hymn; *(deutsches Kunst~)* lied; **und das Ende vom ~ ist dann, daß ...** *(ugs.)* and the upshot *or* net result is that; **es ist immer das alte** *od.* **gleiche** *od.* **dasselbe ~** *(ugs.)* it's always the same old story; **davon kann ich ein ~ singen** I can tell you a thing or two about that; **das ~ der ~er** *(bibl.)* the Song of Songs
**Lieder-: ~abend der** [evening] song recital; *(mit deutschen Kunstliedern)* [evening] lieder recital; **~buch das** song-book; **~hand·schrift die** [medieval] song-manuscript
**Liederjan** ['li:dɐja:n] **der; ~[e]s, ~e** *(ugs.)* messy devil
**liederlich** ['li:dɐlɪç] **1.** *Adj.* **a)** *(schlampig)* slovenly; messy ⟨*hair-style, person*⟩; slipshod, slovenly ⟨*work*⟩; **b)** *(verwerflich)* dissolute; **ein ~es Weibsstück** *(salopp abwertend)* a floozie *(coll.)* . **2.** *adv.* sloppily; messily; **~ angezogen sein** be slovenly dressed; **~ geschrieben** written in a slipshod manner
**Liederlichkeit die; ~ a)** *(Schlampigkeit)* slovenliness; **b)** *(Verwerflichkeit)* dissoluteness
**Lieder-: ~macher der; ~macherin die** singer-song-writer *(writing satirical songs mainly on topical/political subjects)*; **~zyklus der** song-cycle
**lief** [li:f] *1. u. 3. Pers. Sg. Prät. v.* **laufen**
**Lieferant** [lifə'rant] **der; ~en, ~en** *(Firma)* supplier; *(Auslieferer)* delivery man; **~en werden gebeten, den Eingang im Hof zu benutzen** all deliveries via the entrance in the yard
**Lieferanten·eingang der** goods entrance; *(bei Wohnhäusern)* tradesmen's entrance
**lieferbar** *Adj.* available; *(vorrätig)* in stock; **sofort ~:** available for immediate delivery; **~ zum 1. 10. 89** for delivery by 1. 10. 89
**Liefer-: ~bedingungen** *Pl.* terms of delivery; **~betrieb der, ~firma die** supplier; **~frist die** delivery time; **bei Möbeln besteht eine ~frist von 6–8 Wochen** there is 6–8 weeks delivery on furniture
**liefern** ['li:fɐn] *tr. V.* **a)** *(bringen)* deliver **(an + Akk.** to); *(zur Verfügung stellen)* supply; **wir ~ auch ins Ausland** we also supply our goods abroad *or* deliver to foreign destinations; **wir ~ nicht an Privat** we do not supply private individuals; **jmdm. etw. ~:** supply sb. with sth.; deliver sth. to sb.; **b)** *(hervorbringen)* produce; *(geben)* provide ⟨*eggs, honey, examples, raw material, etc.*⟩; **den Nachweis** *od.* **Beweis für etw. ~:** provide proof of sth.; **c)** *(austragen)* **sich** *(Dat.)* **eine Schlacht ~:** fight a battle [with each other]; **jmdm. ein gutes Spiel ~:** give sb. a good game *or* match; **d)** *(ugs.:)* **geliefert sein** be sunk *(coll.)*; have had it *(coll.)*
**Liefer-: ~schein der** acknowledgement of delivery; delivery note; **~termin der** delivery date
**Lieferung die; ~, ~en a)** *o. Pl. (das Liefern)* delivery; **Zahlung bei ~:** payment on delivery; **b)** *(Ware)* consignment [of goods]; delivery; **c)** *(Buchw.)* instalment; *(eines Wörterbuchs usw.)* fascicle
**Liefer-: ~vertrag der** supply contract; **~wagen der** [delivery] van; *(offen)* pick-up; **~zeit die** delivery time
**Liege** ['li:gə] **die; ~, ~n** day-bed; *(zum Ausklappen)* bed-settee; sofa bed; *(als Gartenmöbel)* sun-lounger
**Liege·geld das** *(Schiffahrt)* demurrage
**liegen** *unr. itr. V.; (südd., österr., schweiz. mit sein)* **a)** lie; ⟨*person*⟩ be lying down; *(sich hinlegen)* lie down; **während der Krankheit mußte er ~:** while he was ill he had to lie down all the time; **Weinflaschen sollen ~:** wine-bottles should lie flat *or* on their sides; **die Beine sollen höher ~ als der Kopf** your legs should be [placed] higher than your head; **auf dem Boden ~:** lie on the floor; ⟨*carpet*⟩ be on the floor; **im Bett ~:** lie in bed; *(das Bett hüten)* be *or* stay in bed; **auf den Knien ~:** be prostrate on one's knees; **im Krankenhaus/auf Station 6 ~:** be in hospital/in ward 6; **krank im Bett ~:** be ill in bed; **der Wagen liegt gut auf der Straße** the car holds the road well; **richtig ~:** be in the right position; ⟨*hair*⟩ stay in place; **die Säge liegt gut/fest in der Hand** the saw rests comfortably/firmly in the hand; **b)** *(vorhanden sein)* lie; **es liegt Schnee auf den Bergen** there is snow [lying] on the hills; **der Schnee liegt meterhoch** the snow is more than a metre deep; **der Stoff liegt 80 cm breit** the material is 80 cm wide; **c)** *(sich befinden)* be; ⟨*object*⟩ be [lying]; ⟨*town, house, etc.*⟩ be [situated]; **etw. im Keller** *usw.* **~ haben** have sth. [lying] in the cellar *etc.*; **die Preise ~ höher** prices are higher; **die Verhältnisse ~/die Sache liegt anders** circumstances are/the situation is different; **wie die Dinge ~:** as things are or stand [at the moment]; **die Stadt liegt an der Küste** the town is *or* lies on the coast; **das Dorf liegt sehr hoch** the village is very high up; **das liegt an meinem Weg** it is on my way; **schön ~:** be beautifully situated; **ein einsam liegender Hof** an isolated farm; **verkehrsgünstig ~:** be well placed for transport; ⟨*town, city*⟩ have good communications; **etw. rechts/links ~ lassen** leave sth. on one's right/left; **das Fenster liegt nach vorn/nach Süden/zum Garten** the window is at the front/faces south/faces the garden; **es liegt nicht in meiner Absicht, das zu tun** it is not my intention to do that; **nichts liegt uns ferner, als ...:** nothing could be further from our intentions than ...; **die Betonung liegt auf der ersten Silbe** the stress is on the first syllable; **das Essen lag mir schwer im Magen** the food/meal lay heavy on my stomach; **auf ihm liegt eine große Verantwortung** a heavy responsibility rests on his shoulders; **d)** *(zeitlich)* be; **das liegt noch vor mir/schon hinter mir** I still have that to come/that's all behind me now; **die Stunden, die zwischen den Prüfungen lagen** the hours between the examinations; **das liegt so weit** *od.* **lange zurück** it is so long ago; **e) das liegt an ihm** *od.* **bei ihm** it is up to him; *(ist seine Schuld)* it is his fault; **die Verantwortung/Schuld liegt bei ihm** it is his responsibility/fault; **an mir soll es nicht ~:** don't let me stop you; I won't stand in your way; *(ich werde mich beteiligen)* I'm easy *(coll.)*; **es liegt daran, daß ...:** it is because ...; **ich weiß nicht, woran es liegt** I don't know what the reason is; **woran mag es nur ~, daß ...?** why ever is it that ...?; **f)** *(gemäß sein)* **es liegt mir nicht** it doesn't suit me; it isn't right for me; *(es spricht mich nicht an)* it doesn't appeal to me; *(ich mag es nicht)* I don't like it *or* care for it; **Physik liegt ihr sehr** physics is right up her street *(coll.)*; **solche Tätigkeiten ~ ihm [sehr]** this kind of activity suits him [down to the ground]; **es liegt ihm nicht, das zu tun** he does not like doing that; *(so etwas tut er nicht)* it is not his way to do that; **mit Kindern umzugehen scheint ihr nicht zu ~:** handling children doesn't seem to be her cup of tea *(coll.)*; **g) daran liegt ihm viel/wenig/nichts** he sets great/little/no store by that; it means a lot/little/nothing to him; **ihr liegt [einiges] daran, anerkannt zu werden** it is of [some] importance to her to be recognized; **an ihm liegt mir schon etwas** I do care about him [a bit]; **h)** *(bedeckt sein)* **Der Tisch liegt voller Bücher** the desk is covered with books; **i)** *(bes. Milit.: verweilen)* be; ⟨*troops*⟩ be stationed; ⟨*ship*⟩ lie; **vor Verdun ~:** be stationed *or* positioned outside Verdun; **irgendwo [in Quartier] ~:** be quartered *or* billeted somewhere; *s. auch* **Straße**
**liegen|bleiben** *unr. itr. V.; mit sein* **a)** stay [lying]; **[im Bett] ~:** stay in bed; **bewußtlos/bewegungslos ~:** lie unconscious/motionless; **verletzt ~:** end up lying on the ground injured; **b)** *(nicht tauen)* ⟨*snow*⟩ lie; **c)** *(bleiben)* ⟨*things*⟩ stay, be left; *(vergessen werden)* be left behind; *(nicht verkauft werden)* remain unsold; **d)** *(nicht erledigt werden)* be left undone; **diese Briefe können bis morgen ~:** these letters can wait until tomorrow; **e)** *(mit dem Auto)* break down
**liegend** reclining, recumbent ⟨*figure, posture*⟩; prone ⟨*position*⟩; horizontal ⟨*position, engine*⟩; **etw. ~ aufbewahren** store sth. flat/on its side
**liegen|lassen** *unr. tr. V.* leave; *(vergessen)* leave [behind]; **er ließ die Papiere auf dem Tisch liegen** he left the papers [lying] on the desk; **alles liegen- und stehenlassen** drop everything; **b)** *(unerledigt lassen)* leave ⟨*work*⟩ undone; leave ⟨*letters*⟩ unposted/unopened; *s. auch* **links 1 a**
**Liegenschaft die; ~, ~en;** *meist Pl. (bes. Rechtsspr.)* land holding; *(Gebäude)* property
**Liege-: ~platz der** mooring; **~sitz der** reclining seat; **~statt die** *(geh.)* resting-place; *(Bett)* bed; **~stuhl der** *(einfach, mit Holzgestell)* deck-chair; *(Luxusausstattung, mit Metallgestell)* lounger; **~stütz der** press-up; **~stütz machen** do press-ups; **in den ~stütz gehen** get into a press-up position; **~wagen der** couchette car; **wollen Sie Schlafwagen oder ~wagen?** do you want a sleeper or a couchette?; **der ~wagen ist hinten** the couchettes are at the back of the train; **~wiese die** sunbathing lawn
**lieh** [li:] *1. u. 3. Pers. Sg. Prät. v.* **leihen**
**lies** [li:s] *Imperativ Sg. v.* **lesen**
**Lieschen** ['li:sçən] **~ Müller** *(ugs.)* the average girl/woman *(coll.)*; **Fleißiges ~** *(Bot.)* busy Lizzie; *s. auch* **lieb d**
**Liese die; ~, ~n** *(ugs. abwertend)* **eine dumme ~:** a stupid cow *(sl.)*; **eine liederliche ~:** a slovenly Sue; a messy Jessie
**ließ** [li:s] *1. u. 3. Pers. Sg. Prät. v.* **lassen**
**liest** [li:st] *3. Pers. Sg. Präsens v.* **lesen**
**Lift** [lɪft] **der; ~[e]s, ~e** *od.* **~s a)** lift *(Brit.)*; elevator *(Amer.)*; **b)** *Pl.:* **~e** *(Ski~, Sessel~)* lift
**Lift·boy der** lift-boy *(Brit.)*; elevator boy *(Amer.)*
[1]**liften** ['lɪftn̩] *itr. V.; mit sein* take the [ski-] lift
[2]**liften** *tr. V.* **die Gesichtshaut ~:** tighten the skin of the face; **sich ~ lassen** *(ugs.)* have a face-lift
**Liga** ['li:ga] **die; ~, Ligen** league; *(Sport)* division; **~ für Menschenrechte** League of Human Rights
**Ligament** [liga'mɛnt] **das; ~[e], ~e** *(Anat.)* ligament
**Ligatur** [liga'tu:ɐ̯] **die; ~, ~en** *(Druckw., Musik, Med.)* ligature; *(Musik: in der modernen Notenschrift)* ligature; tie
**Liguster** [li'gʊstɐ] **der; ~s, ~** *(Bot.)* privet
**liieren** [li'i:rən] **1.** *refl. V.* **a) sich mit jmdm. ~:** start an affair with sb.; **mit jmdm. liiert sein** be having an affair with sb.; **b)** *(bes.*

*Wirtsch., Politik)* ‹*firm*› form links (**mit** with); **sich [miteinander]** ~ ‹*firms, countries*› form links; **mit einer Firma liiert sein** have links with a firm. **2.** *tr. V. (bes. Wirtsch.)* **zwei Betriebe miteinander ~:** establish links between two businesses

**Likör** [li'kø:ɐ̯] **der; ~s, ~e** liqueur

**lila** ['li:la] *indekl. Adj.* mauve; *(dunkel~)* purple

**Lila das; ~s** *od. (ugs.)* **~s** mauve; *(Dunkel~)* purple

**Lilie** ['li:li̯ə] **die; ~, ~n a)** lily; **b)** *(Her.)* fleur-de-lis

**Liliput-** ['li:lipʊt-] miniature ‹*railway, format*›; tiny ‹*house, country*›

**Liliputaner** [lilipu'ta:nɐ] **der; ~s, ~:** dwarf; midget

**Limburger** ['lɪmbʊrgɐ] **der; ~s, ~, Limburger Käse der** Limburger [cheese]

**Limerick** ['lɪmərɪk] **der; ~[s], ~s** limerick

**Limes** ['li:mɛs] **der; ~, ~ a)** *(hist.)* limes; **b)** *(Math.)* limit

**Limit** ['lɪmɪt] **das; ~s, ~s** limit; **das äußerste ~:** the top limit; *(Termin)* the latest possible date; **das ~ überschreiten** exceed the limit; *(fig.)* go too far; **dieses ~ kann nicht unterschritten werden** one cannot go below this minimum; **jmdm. ein ~ [bis Ende der Woche** *usw.***] setzen** set sb. a limit [of the end of the week *etc.*]

**limitieren** *tr. V.* limit; restrict

**Limo** ['lɪmo] **die,** *auch:* **das; ~, ~[s]** *(ugs.)* fizzy drink; **die Kinder kriegen ~:** the children can have pop *(coll.)*

**Limonade** [limo'na:də] **die; ~, ~n** fizzy drink; mineral; *(Zitronen~)* lemonade

**Limone** [li'mo:nə] **die; ~, ~n** lime

**Limousine** [limu'zi:nə] **die; ~, ~n** [large] saloon *(Brit.) or (Amer.)* sedan; *(mit Trennwand)* limousine

**lind** [lɪnt] *Adj. (dichter.)* **a)** *(mild)* balmy ‹*night, air*›; **b)** *(sanft)* gentle ‹*wind, voice*›

**Linde** ['lɪndə] **die; ~, ~n a)** *(Baum)* lime[-tree]; **b)** *o. Pl. (Holz)* limewood

**Linden-: ~baum der** lime-tree; **~blüten·honig der** lime-blossom honey; **~blüten·tee der** lime-blossom tea

**lindern** ['lɪndɐn] *tr. V.* alleviate, relieve ‹*suffering*›; ease, relieve ‹*pain*›; quench, slake ‹*thirst*›

**Linderung die; ~** *(der Not)* relief; alleviation; *(des Schmerzes)* relief; **jmdm. [vorübergehend/sofort] ~ bringen** bring sb. [temporary/immediate] relief

**lind·grün** *Adj.* lime-green

**Lind·wurm** ['lɪnt-] **der** *(Myth.)* lindworm

**Lineal** [line'a:l] **das; ~s, ~e** ruler; **Striche mit einem ~ ziehen** rule lines; **er ging, als ob er ein ~ verschluckt hätte** he walked as stiff as a poker

**linear** [line'a:ɐ̯] **1.** *Adj.* **a)** *(Math., Physik; auch geh.: geradlinig)* linear; **b)** *(Arbeitswelt)* **~e Lohnerhöhung** phased pay rise in a series of equal steps; **~e Abschreibung** straight-line depreciation. **2.** *adv.* **a)** *(Phys., geh.)* linearly; in a linear manner; **b)** *(Arbeitswelt)* **die Gehälter ~ erhöhen/eine Lohnerhöhung ~ vornehmen** increase salaries/implement a pay increase in a series of equal steps

**Linguist** [lɪŋ'gʊɪst] **der; ~en, ~en** linguist

**Linguistik die; ~:** linguistics *sing., no art.*

**Linguistin die; ~, ~nen** linguist

**linguistisch 1.** *Adj.* linguistic. **2.** *adv.* linguistically

**Linie** ['li:ni̯ə] **die; ~, ~n a)** line; **ein Kleid in modischer/strenger ~:** a dress in a fashionable/severe style *or* with fashionable/severe lines; **auf die [schlanke] ~ achten** *(ugs. scherzh.)* watch one's figure; **in einer ~ stehen/sich in einer ~ aufstellen** stand in line/line up; **die feindliche[n] ~[n]** *(Milit.)* [the] enemy lines *pl.;* **in der vordersten** *od.* **in vorderster ~ kämpfen** *(Milit.)* fight in the front line; **in vorderster ~ stehen** *(fig.)* be in the front line; **in ~ antreten** *(Milit.)* fall in; *(Sport)* line up; **b)** *(Verkehrsstrecke)* route; *(Eisenbahn~, Straßenbahn~)* line; route; **die ~ Frankfurt-London** the Frankfurt-London route; **eine ~ stillegen** stop a service; **c)** *(Verkehrsmittel)* **fahren Sie mit der ~ 4** take a *or* the number 4; **die ~ 12** the number 12; **d)** *(allgemeine Richtung)* line; policy; **eine ~ vertreten** take a line; **die große ~ wahren** stick to the broad principle; **eine/keine klare ~ erkennen lassen** reveal a/no clear policy; **sich auf der gleichen ~ bewegen** be on *or* along the same lines *pl.;* **e)** *(Verwandtschaftszweig)* line; **in direkter ~ von jmdm. abstammen** be directly descended from *or* a direct descendant of sb.; **f)** *in* **in erster ~ geht es darum, daß das Projekt beschleunigt wird** the first priority is to speed up the project; **in erster ~ kommt sein Stellvertreter in Frage** his deputy is first in line; **wir müssen in erster ~ darauf bedacht sein, daß ...:** our prime concern must be that ...; **Geld spielt in dieser Sache erst in zweiter ~ eine Rolle** money is only of secondary importance *or* plays only a secondary role in this matter; **auf der ganzen ~:** all along the line; **g)** *(Seemannsspr.: Äquator) o. Pl.* **die ~ passieren** *od.* **kreuzen** cross the line

**linien-, Linien-: ~blatt das** line guide; guide sheet; **~bus der** regular bus; **~dienst der** regular service; *(Flugw.)* scheduled *or* regular service; **im ~dienst fahren/fliegen** ‹*bus, coach/aircraft*› be used on regular routes; **~flug der** scheduled flight; **~flugzeug das** scheduled plane *or* aircraft; **~führung die a)** *(Art des Zeichnens)* line-work; **b)** *(Gestaltung der Umrißlinien)* lines *pl.;* **~maschine die** *s.* **~flugzeug; ~netz das** route network; **~papier das** ruled *or* lined paper; **~richter der** *(Fußball usw.)* linesman; *(Tennis)* line judge; *(Rugby)* touch judge; **~schiff das a)** liner; **b)** *(hist.)* ship of the line; **~treu** *(abwertend)* **1.** *Adj.* loyal to the party line *postpos.;* **2.** *adv.* ‹*act*› in accordance with the party line; **~verkehr der** regular services *pl.; (Flugw.)* scheduled *or* regular services *pl.;* **im ~verkehr fahren/fliegen** ‹*aircraft*› be used on regular *or* scheduled routes

**linieren** [li'ni:rən], **liniieren** [lini'i:rən] *tr. V.* rule; rule lines on; **lini[i]ertes Papier** ruled *or* lined paper

**Linierung, Liniierung die; ~, ~en a)** *(Vorgang)* ruling; **b)** *(Linien)* [ruled] lines *pl.*

**link** [lɪŋk] *(salopp)* **1.** *Adj.* underhand; shady, underhand ‹*deal*›; **ein ~er Vogel** a shady customer *(coll.) or* character; **komm mir bloß nicht auf die ~e Tour!** just don't try and pull a fast one on me *(sl.)*. **2.** *adv.* in an underhand way

**link...** *Adj.* **a)** left; left[-hand] ‹*edge*›; **die ~e Spur** the left-hand lane; **~er Hand, zur ~en Hand** on the left-hand side; on the left; **auf der ~en Seite** on the left-hand side; **auf der ~en Seite gehen** walk on the left; **der ~e Außenstürmer/Verteidiger** *(Ballspiele)* the outside left/the left back; **mit dem ~en Fuß** *od.* **Bein zuerst aufgestanden sein** *(fig. ugs.)* have got out of bed on the wrong side; *s. auch* **Ehe; b)** *(außen, sichtbar)* wrong, reverse ‹*side*›; **~e Maschen** *(Handarb.)* purl stitches; **eine ~e Masche stricken** purl one; **c)** *(in der Politik)* left-wing; leftist *(derog.);* **der ~e Flügel einer Partei** the left wing of a party

**[1]Linke der/die** *adj. Dekl.* left-winger; leftist *(derog.);* **von den ~n organisiert sein** be organized by the left

**[2]Linke die; ~n, ~n a)** *(Hand)* left hand; **seine ~ einsetzen** *(Boxen)* use one's left; **zur ~n des Königs** on *or* to the left of the king; on the king's left; **jmdm. zur ~n** on sb.'s left; to the left of sb.; **zur ~n** on the left; **b)** *(Politik)* left

**linker·seits** *Adv.* on the left[-hand side]

**linkisch 1.** *Adj.* awkward. **2.** *adv.* awkwardly

**links** [lɪŋks] **1.** *Adv.* **a)** *(auf der linken Seite)* on the left; *(Theater)* stage right; **die zweite Straße ~:** the second street *or* turning on the left; **~ von jmdm/etw.** on sb.'s left *or* to the left of sb./on *or* to the left of sth.; **von ~ kommen** come from the left; **nach ~ gehen/sich nach ~ wenden** go/turn to the left; **er wandte sich nach ~:** he turned to his *or* the left; **sich ~ halten** keep to the left; **weder nach ~ noch nach rechts schauend verließ sie den Saal** looking neither [to the] left nor [to the] right she walked out of the room; **er blickte weder nach ~ noch nach rechts, sondern rannte einfach über die Straße** he didn't look left or right, but just ran straight across the road; **sich ~ einordnen** move *or* get into the left-hand lane; **jmdn./etw. ~ liegenlassen** *(fig.)* ignore sb./sth.; **ich weiß/sie wissen** *usw.* **nicht [mehr], was ~ und [was] rechts ist** *(fig.)* I don't know 'where I am/they don't know 'where they are *etc.;* **b)** *(Politik)* on the left wing; **~ stehen** *od.* **sein** be left-wing *or* on the left; **~ eingestellt sein** have left-wing leanings; **weit ~ stehen** be on the far left; **c)** *(ugs.: ~händig)* left-handed; **mit ~** *(fig.)* easily; with no trouble; **d)** *(Handarb.)* **zwei ~, zwei rechts** two purl, two plain; purl two, knit two; **ein ~ gestrickter Pullover** a purl[-knit] pullover; **e)** *(~seitig)* **etw. von ~ bügeln** iron sth. on the wrong side *or* reverse side; **nach ~ wenden** turn ‹*dress, skirt, etc.*› inside out. **2.** *Präp. mit Gen.* **~ des Rheins/der Straße** on the left side *or* bank of the Rhine/on the left-hand side of the road *or* to the left of the road

**links-, Links-: ~abbieger der** *(Verkehrsw.)* motorist/cyclist/car *etc.* turning left; **die ~abbieger** the traffic *sing.* turning left; **als ~abbieger mußte er ...:** since he was turning left he had to ...; **~abbieger·spur die** *(Verkehrsw.)* left-hand turn lane; **~abweichler der** *(Politik)* left deviationist; **~ausleger der** *(Boxen)* orthodox boxer; **~außen** *Adv.* **a)** *(Ballspiele)* ‹*run, break through*› down the left wing; **nach ~außen spielen** play the ball out to the left wing; **b)** *(Politik ugs.)* ‹*move, drift*› to the extreme left; **ganz ~außen stehen** be on the extreme left [wing]; be an extreme left-winger; **~außen der; ~, ~ a)** *(Ballspiele)* left wing; outside left; **b)** *(Politik ugs.)* extreme left-winger; **~drall der a)** pull to the left; **der Tennisspieler gab dem Ball einen ~drall** the tennis player swerved the ball to the left; **b)** *(Waffent.)* left-handed twist; **c)** *(Politik ugs.)* tendency to the left; left-wing tendency; **~drehend** *Adj.* **a)** *(bes. Technik)* left-hand ‹*thread*›; **b)** *(Chemie, Physik)* laevorotatory; **~drehung die** *(Chemie, Physik)* laevorotation; **~extremismus der** *(Politik)* left-wing extremism; **~extremist der** *(Politik)* left-wing extremist; **~gängig** *Adj. s.* **~drehend a; ~gerichtet** *Adj. (Politik)* left-wing orientated; **~gewinde das** *(Technik)* left-hand thread; **~händer** [-hɛndɐ] **der; ~s, ~, ~händerin die; ~, ~nen** left-hander; **~händer[in] sein** be left-handed; **~händig 1.** *Adj.* left-handed; **2.** *adv.* with one's left hand; **~händigkeit die; ~:** left-handedness; **~herum** *Adv.* [round] to the left; **etw. ~herum drehen** turn sth. anticlockwise *or* [round] to the left; **~intellektuelle der/die** left-wing intellectual; **~kurve die** left-hand bend; **~lastig** *Adj.* **a)** ‹*ship*› listing to the left; ‹*car*› down at the left, leaning to the left; **~lastig sein** ‹*ship*› list to the left, have a list to the left; ‹*car*› be down at the left, lean to the left; **b)** *(Politik ugs.)* leftist; **~läufig** *Adj.* running from right to left *postpos., not pred.;* **~liberal** *Adj.* left-wing liberal; **~liberale der/die** left-wing liberal; **~partei die** *(Politik)* left-wing party; **~ra-**

**dikal** *(Politik)* **1.** *Adj.* radical left-wing; **2.** *adv.* **eine ~radikal orientierte Gruppe** a group with a radical left-wing orientation; **~radikale der/die** left-wing radical; **~radikalismus der** left-wing radicalism; **~rheinisch 1.** *Adj.; nicht präd.* on *or* to the left of the Rhine *postpos.*; **auf der ~rheinischen Seite** on the left side of the Rhine; **2.** *adv.* on *or* to the left of the Rhine; **~ruck der** *(Politik ugs.)* shift to the left; **~rum** *Adv. (ugs.) s.* **~herum; ~seitig 1.** *Adj.* ⟨*paralysis*⟩ of the left side; **2.** *adv.* on the left [side]; **~seitig gelähmt sein** be paralysed on *or* down the *or* one's left side; **~stehend** *Adj. (Politik)* left-wing; **~steuerung die** left-hand drive; **~um** [*auch:* -'-] *Adv. (bes. Milit.)* to the left; **~um kehrt!** to the left about turn!; **~um machen** do a left turn; **~verkehr der** driving *no art.* on the left

**linnen** ['lɪnən] *Adj.; nicht präd. (veralt.)* linen

**Linnen das; ~s, ~** *(veralt.)* linen

**Linoleum** [li'no:leʊm] **das; ~s** linoleum; lino

**Linol·schnitt der** linocut

**Linse** ['lɪnzə] **die; ~, ~n a)** *(Bot., Kochk.)* lentil; **b)** *(Med., Optik)* lens; **c)** *(ugs.: Objektiv)* lens; **jmdn. vor die ~ bekommen** get sb. in front of the camera

**linsen** *itr. V. (ugs.)* peep; peek

**Linsen-: ~gericht das** lentil dish; **für ein ~gericht** *(geh.)* for a mess of pottage; **~suppe die** lentil soup

**Lippe** ['lɪpə] **die; ~, ~n** lip; **jmdm. nicht über die ~n kommen, nicht über jmds. ~n** *(Akk.)* **kommen** not pass sb.'s lips; **sie brachte es nicht über die ~n** she couldn't bring herself to say it; **jmdm. glatt von den ~n gehen** come easily to sb.'s lips; **ein fröhliches Lied auf den ~n** singing merrily; **an jmds. Lippen** *(Dat.)* **hängen** hang on sb.'s every word; **eine [dicke** *od.* **große] ~ riskieren** *(salopp)* shoot one's mouth off *(sl.)*

**Lippen-: ~bekenntnis das** *(abwertend)* empty talk *no pl.*; **~bekenntnisse für etw. ablegen** pay lip-service to sth.; **~blütler der** *(Bot.)* labiate; **~laut der** *(Phon.)* labial; **~stift der** lipstick

**liquid** [li'kvi:t] *Adj. (Wirtsch.)* liquid ⟨*funds, resources*⟩; solvent ⟨*business*⟩; **ich bin zur Zeit nicht ~:** I'm out of funds at the moment

**Liquida** ['li:kvida] **die; ~, Liquidä** *od.* **Liquiden** *(Phon.)* liquid

**Liquidation** [likvida'tsio:n] **die; ~, ~en a)** *(verhüll.: Tötung)* liquidation; **b)** *(Wirtsch.)* liquidation *no indef. art.*; **c)** *(Rechnung)* account; **d)** *(geh.: Tilgung)* elimination; *(eines Systems)* abolition

**liquide** *s.* **liquid**

**liquidieren** [likvi'di:rən] **1.** *tr. V.* **a)** *(verhüll.: töten)* liquidate; **b)** *(Wirtsch.)* liquidate; **c)** *(Rechnung ausstellen)* charge; **d)** *(geh.: tilgen)* eliminate; abolish ⟨*system of government*⟩. **2.** *itr. V. (Wirtsch.)* go into liquidation

**Liquidierung die; ~, ~en** *s.* **Liquidation**

**Liquidität** [likvidi'tɛ:t] **die; ~, ~en** *(Wirtsch.)* liquidity; solvency; *(flüssige Mittel)* liquid assets *pl.*

**Liquiditäts·schwierigkeiten** *Pl.* **in ~ sein** *(Wirtsch.)* have liquidity problems

**lispeln** ['lɪsp̩ln] *itr. V.* **a)** lisp; **er hat schon immer gelispelt** he's always had a lisp; **b)** *auch tr. (flüstern)* whisper

**Lissabon** ['lɪsabɔn] **(das); ~s** Lisbon

**Lissabonner** ['lɪsabɔnɐ] **1.** *Adj.; nicht präd.* Lisbon; *s. auch* **Kölner 1. 2. der; ~s, ~:** inhabitant/native of Lisbon; *s. auch* **Kölner 2**

**List** [lɪst] **die; ~, ~en a)** [cunning] trick *or* ruse; **zu einer ~ greifen** resort to a [cunning] trick *or* ruse; use a little cunning; **b)** *(listige Art) o. Pl.* cunning; **mit ~ und Tücke** *(ugs.)* by cunning and trickery

**Liste die; ~, ~n** list; **eine ~ über etw.** *(Akk.)* **anlegen/führen** draw up/keep a list of sth.; **jmdn./etw. auf eine ~ setzen** put sb./sth. on a list; **jmdn./etw. von einer ~ streichen** take *or* cross sb./sth. off a list; **eine schwarze ~:** a blacklist

**Listen-: ~platz der** *(Politik)* place on the [party] list; **~preis der** list price; **~wahl die** *(Parl.)* list system

**listig 1.** *Adj.* cunning; crafty. **2.** *adv.* cunningly; craftily; **jmdn. ~ ansehen/angrinsen** look/grin at sb. slyly.

**Litanei** [lita'nai] **die; ~, ~en** *(Rel., auch fig. abwertend)* litany; **eine ~ beten/***(abwertend)* **herbeten** recite a litany

**Litauen** ['li:tauən] **(das); ~s** Lithuania

**Litauer der; ~s, ~:** Lithuanian

**litauisch** *Adj.* Lithuanian

**Liter** ['li:tɐ] **der,** *auch:* **das; ~s, ~:** litre

**literar·historisch** *s.* **literaturgeschichtlich**

**literarisch** [lɪtə'ra:rɪʃ] **1.** *Adj.* literary. **2.** *adv.* **~ hervortreten** emerge as a writer; **sich ~ betätigen** write; do some writing; **~ interessiert/gebildet sein** be interested in literature/be well-read

**Literat** [lɪtə'ra:t] **der; ~en, ~en, Literatin die; ~, ~en** writer; literary figure

**Literatur** [lɪtəra'tu:ɐ] **die; ~, ~en** literature; **belletristische ~:** belles-lettres *pl.*; **in die ~ eingehen** find one's place in literature

**literatur-, Literatur-: ~an·gabe die** [bibliographical] reference; **~denkmal das** literary monument; **~gattung die** literary genre; **~geschichte die** literary history; history of literature; **~geschichtlich 1.** *Adj.; nicht präd.* literary-historical; **2.** *adv.* **~geschichtlich interessiert/beschlagen sein** interested/versed in literary history; **~geschichtlich gesehen** from the point of view of literary history; **~hinweis der** reference to further reading; **~historiker der** literary historian; **~kritik die** literary criticism; **~kritiker der** literary critic; **~papst der** *(iron.)* leading literary pundit; **~preis der** prize for literature; literary prize; **~verzeichnis das** list of references; **~wissenschaft die** literary studies *pl.*, *no art.*; study of literature; **vergleichende ~wissenschaft** comparative literature; **~zeitschrift die** literary magazine; *(Fachzeitschrift)* literary journal

**Liter·flasche die** litre bottle

**liter·weise** *Adv.* by the litre; in litres

**Litfaß·säule** ['lɪtfas-] **die** advertising column *or* pillar

**Lithograph** [lito'gra:f] **der; ~en, ~en** lithographer

**Lithographie** [litogra'fi:] **die; ~, ~n a)** *o. Pl. (Verfahren)* lithography *no art.*; **b)** *(Druck)* lithograph

**lithographisch** *Adj.* lithographic

**Litotes** [li'to:tɛs] **die; ~, ~** *(Rhet.)* litotes

**litt** [lɪt] *1. u. 3. Pers. Sg. Prät. v.* **leiden**

**Liturgie** [litʊr'gi:] **die; ~, ~n** *(christl. Kirche)* liturgy

**liturgisch 1.** *Adj.* liturgical. **2.** *adv.* liturgically

**Litze** ['lɪtsə] **die; ~, ~n a)** braid; **b)** *(Elektrot.)* flex *(Brit.)*; cord *(Amer.)*

**live** [laif] *(Rundf., Ferns.)* **1.** *Adj.* live. **2.** *adv.* live; **in dieser Sendung wird nur ~ gesungen** in this programme all the singing is live

**Live-: ~-Sendung die** *(Rundf., Ferns.)* live programme; *(Übertragung)* live broadcast; **~-Show die** live show

**Livius** ['li:viʊs] **(der)** Livy

**Livree** [li'vre:] **die; ~, ~n** livery; **ein Diener in ~:** a liveried servant

**livriert** *Adj.* liveried

**¹Lizentiat** [litsɛn'tsia:t] **der; ~en, ~en** *(schweiz.)* licentiate

**²Lizentiat das; ~s, ~e** *(schweiz.)* licentiate

**Lizenz** [li'tsɛnts] **die; ~, ~en** licence; **etw. in ~ herstellen** manufacture sth. under licence

**Lizenz-: ~aus·gabe die** *(Buchw.)* licensed edition; **~gebühr die** licence fee; *(Verlagsw.)* royalty

**lizenzieren** [litsɛn'tsi:rən] *tr. V.* license

**Lizenz-: ~spieler der** *(Sport)* licensed professional; **~träger der** licensee; **~vertrag der** licence agreement

**Lkw, LKW** [ɛlka:'ve:] **der; ~[s], ~[s]** *Abk.* **Lastkraftwagen**

**Lkw-Fahrer der** truck *or (Brit.)* lorry driver; trucker *(Amer.)*

**¹Lob** [lo:p] **das; ~[e]s, ~e** praise *no indef. art.*; **ein ~ bekommen** receive praise; come in for praise; **[ein] ~ für etw. verdienen** deserve praise for sth.; **jmdm. ~ spenden** *(geh.)* bestow praise on sb.; **über jedes ~ erhaben sein** be beyond praise; **voll des ~es** *od.* **des ~es voll über jmdn./etw. sein** *(geh.)* be full of praise for sb./sth.; **Gott sei ~ und Dank!** *(geh.)* praise and thanks be to God; **ein ~ dem Küchenchef/der Hausfrau** my compliments to the chef/the hostess

**²Lob** [lɔp] **der; ~s, ~s** *(Tennis)* lob

**Lobby** ['lɔbi] **die; ~, ~s** *od.* **Lobbies** lobby

**Lobbyismus der; ~:** lobbyism *no art.*

**Lobbyist der; ~en, ~en, Lobbyistin die; ~, ~nen** lobbyist

**loben** *tr., auch itr. V.* praise; **jmdn. für** *od.* **wegen etw. ~:** praise sb. for sth.; **jmdn./etw. ~d erwähnen** commend sb./sth.; **da lob' ich mir ...:** give me ... any day; what I like is ...; **das lob' ich mir** good for you/him *etc.* *(coll.)*; **„Bravo", lobte er [seinen Sohn]** 'Bravo', he said approvingly [to his son]; **er lobt gern** he is generous with his praise

**lobens·wert 1.** *Adj.* praiseworthy; laudable; commendable. **2.** *adv.* laudably; commendably

**lobesam** *Adj. (veralt.)* **Kaiser Rotbart ~:** the good Emperor Redbeard *or* Barbarossa

**Lobes·hymne die** *(oft iron.)* hymn of praise; **~n auf jmdn./etw. singen** *od.* **anstimmen** *(fig.)* sing sb.'s praises/the praises of sth.; praise sb./sth. to the skies

**Lob-: ~gesang der** song *or* hymn of praise; **~hudelei die** *(abwertend)* extravagant praise *no pl.* **(auf + Akk.** of)

**löblich** ['lø:plɪç] *Adj. (oft iron.)* laudable; commendable

**lob-, Lob-: ~lied das** song of praise; **ein ~lied auf jmdn./etw. anstimmen** *(fig.)* sing sb.'s praises/the praises of sth.; **~preisen** *unr. od. regelm. tr. V. (dichter.)* praise; **~preisung die** *(dichter.)* praise; **zur ~preisung Gottes** in praise of God; **~rede die** eulogy; panegyric; **eine ~rede auf jmdn. halten** make a speech in praise of sb.; eulogize sb.

**Loch** [lɔx] **das; ~[e]s, Löcher** ['lœçɐ] **a)** hole; **ein ~ im Zahn/Kopf haben** have a hole *or* cavity in one's tooth/gash on one's *or* the head; **sich** *(Dat.)* **ein ~ in den Kopf** *usw.* **stoßen** gash one's head *etc.*; **das ~ in etw.** *(Dat.)* **stopfen** *(fig.)* plug the gap in sth.; **ein großes ~ in jmds. Geldbeutel reißen** *(fig.)* make a big hole in sb.'s pocket; **jmdm. ein ~** *od.* **Löcher in den Bauch fragen** *(salopp)* drive sb. up the wall with [all] one's questions *(coll.)*; **Löcher in die Luft gucken** *od.* **starren** *(ugs.)* gaze into space; **ein ~** *od.* **Löcher in die Luft schießen** *(ugs.)* shoot wide; miss completely; **auf** *od.* **aus dem letzten ~ pfeifen** be on one's/its last legs; *s. auch* **saufen 1b; b)** *(salopp abwertend: Wohnraum)* hole; **c)** *(salopp: Gefängnis)* nick *(sl.)*; clink *(sl.)*; **ins ~ kommen/im ~ sitzen** be put in/be in the nick *or* clink; **d)** *(derb: Vagina)* cunt *(vulg.)*; hole *(coarse)*; **e)** *(ugs.: im Billardtisch)* pocket

**Loch-: ~beitel der** mortise chisel; **~billard das** pocket billiards; pool; **~eisen das** punch

**lochen** *tr. V.* **a)** punch holes/a hole in; punch, clip ⟨*ticket*⟩; punch [holes in] ⟨*invoice, copy, bill*⟩ *(for filing)*; *(perforieren)* perforate; **b)** *(DV)* punch

**Locher der; ~s, ~ a)** *(auch DV)* punch; **b)** *(Beruf)* keypunch operator

**löcherig** *Adj.* holey; full of holes *pred.*; **die Abwehr war ~** *(fig.)* the defence was full of gaps *or* was wide open; **sein Alibi/seine Argumentation war recht ~** *(fig.)* his alibi/argument was full of holes

**Locherin die; ~, ~nen** keypunch operator

**löchern** *tr. V. (ugs.)* **jmdn. ~:** pester sb. to death; **jmdn. ~, etw. zu tun** pester sb. to do sth.

**Loch-: ~kamera die** pinhole camera; **~karte die** *(Technik, DV)* punch[ed] card

**Loch·karten·verfahren das;** *o. Pl.* punch[ed]-card system

**löchrig** *Adj. s.* **löcherig**

**Loch-: ~säge die** compass saw; keyhole saw; **~stickerei die** broderie anglaise; **~streifen der** *(Technik, DV)* punch[ed] tape; **~zange die** [ticket] punch; **~ziegel der** *(Bauw.)* perforated brick

**Locke** ['lɔkə] **die; ~, ~n** curl; **~n haben** have curly hair

**[1]locken** *tr. V.* **a)** lure; *(fig.)* entice (**aus** out of, **in** + *Akk.* into); **die Henne lockte die Küken** the hen called her chicks; **ein Tier aus dem Bau/in den Käfig ~:** lure an animal out of its hole/into its cage; **jmdn. in einen Hinterhalt/auf eine falsche Fährte ~:** lure sb. into an ambush/put sb. on the wrong track; **b)** *(reizen)* tempt; **es lockt mich sehr** I am very tempted; **ein ~des Angebot/Abenteuer** a tempting offer/alluring adventure

**[2]locken 1.** *tr. V.* curl; **jmdm. das Haar ~:** curl sb.'s hair; **gelocktes Haar** curly hair. **2.** *refl. V.* ⟨*hair*⟩ curl

**löcken** ['lœkn̩] *itr. V.* **wider** *od.* **gegen den Stachel ~** *(geh.)* kick against the pricks

**Locken-: ~haar das** curly hair; **~kopf der a)** curly hair; **b)** *(Mensch)* curly head; **~köpfig** *Adj.* curly haired; **~pracht die** *(scherzh.)* magnificent head of curls; **~wickler der** [hair] curler *or* roller; **sich** *(Dat.)* **~wickler ins Haar drehen** put one's hair in curlers

**locker 1.** *Adj.* **a)** loose ⟨*tooth, nail, chair-leg, etc.*⟩; **etw. ~ machen** loosen sth.; *s. auch* **Schraube; b)** *(durchlässig, leicht)* loose ⟨*soil, snow, fabric*⟩; light ⟨*mixture, cake*⟩; **c)** *(entspannt)* relaxed ⟨*position, muscles*⟩; slack ⟨*rope, rein*⟩; *(fig.: unverbindlich)* loose ⟨*relationship, connection, etc.*⟩; **das Seil/die Zügel ~ lassen** slacken the rope [off]/slacken the reins; **~ werden** ⟨*person*⟩ loosen up; **d)** *(leichtfertig)* loose ⟨*morals, life*⟩; frivolous ⟨*jokes, remarks*⟩; **sein ~es Mundwerk** *(salopp)* his big mouth *(coll.)*; **ein ~er Vogel** *(ugs.)* a bit of a lad *(coll.)*; *s. auch* **Hand f. 2.** *adv.* **a) ~ sitzen** ⟨*tooth, screw, nail*⟩ be loose; **ein ~ sitzender Zahn** a loose tooth; **bei ihm sitzt das Geld ~ [in der Tasche]** *(fig.)* money burns a hole in his pocket; **b)** *(durchlässig)* loosely; ⟨*bake*⟩ lightly; **c)** *(entspannt, ungezwungen)* loosely; **etw. ganz ~ machen** *(ugs.)* do sth. without any trouble; **sich ~ geben** be relaxed; **~ vom Hocker** *(ugs.)* coolly; **dieses Gesetz wird ~ gehandhabt** this law is not strictly enforced

**locker-: ~|lassen** *unr. itr. V. (ugs.)* **nicht ~lassen** not give *or* let up; **~|machen** *tr. V. (ugs.)* fork up *or* out *(sl.)*; shell out *(sl.)*; **bei jmdm. etw. ~machen** get sb. to fork up *or* fork out sth.

**lockern 1.** *tr. V.* **a)** loosen ⟨*screw, tie, collar, etc.*⟩; slacken [off] ⟨*rope, dog-leash, etc.*⟩; *(fig.)* relax ⟨*regulation, law, etc.*⟩; **seinen Griff ~:** loosen *or* relax one's grip; **b)** *(entspannen)* loosen up, relax ⟨*muscles, limbs*⟩; *(fig.)* relax ⟨*attitude*⟩; **c)** *(auf~)* loosen, break up ⟨*soil*⟩. **2.** *refl. V.* **a)** ⟨*brick, tooth, etc.*⟩ work itself loose; **bei mir hat sich ein Zahn gelockert** one of my teeth has worked itself loose; **sein Griff lockerte sich** his grip loosened; **b)** *(entspannen)* ⟨*person*⟩ loosen up; *(vor Spielbeginn)* loosen *or* limber up; *(fig.)* ⟨*tenseness, tension*⟩ ease; **die Sitten haben sich gelockert** *(fig.)* morals have become *or* grown lax

**Lockerung die; ~, ~en a)** loosening; *(fig.: von Bestimmung, Gesetz usw.)* relaxation; **b)** *(Entspannung)* loosening up; relaxation

**Lockerungs·übung die** loosening-up *or* limbering-up exercise

**lockig** *Adj.* curly

**Lock-: ~mittel das** enticement; **~ruf der** call; **~speise die** *(geh.)* bait; **~spitzel der** *(abwertend)* agent provocateur

**Lockung die; ~, ~en** *(geh.)* temptation; **die ~ der Ferne** the lure of distant lands; **jmds. ~en** *(Dat.)* **widerstehen** resist sb.'s enticements

**Lock·vogel der** decoy; *(fig.)* lure; decoy

**Loden** ['lo:dn̩] **der; ~s, ~:** loden

**Loden·mantel der** loden coat

**lodern** *itr. V. (geh., auch fig.)* blaze; **die Flammen loderten zum Himmel** the flames leapt up to the sky; **ihre Augen loderten vor Zorn** *(fig.)* her eyes blazed with anger

**Löffel** ['lœfl̩] **der; ~s, ~ a)** spoon; *(als Maßangabe)* spoonful; **ein ~ Zucker** a spoonful of sugar; **den ~ abgeben** *(fig. salopp)* kick the bucket *(sl.)*; **mit einem goldenen** *od.* **silbernen ~ im Mund geboren sein** *(fig. ugs.)* be born with a silver spoon in one's mouth; **jmdn. über den ~ barbieren** *od.* **balbieren** *(fig. ugs.)* do *(sl.) or* swindle sb.; **b)** *(Jägerspr.)* ear; *(fig.)* **sperr doch die ~ auf!** *(ugs.)* pin your lugholes *(Brit.) or* ears back! *(coll.)*; **jmdm. eins** *od.* **ein paar hinter die ~ geben** *(ugs.)* give sb. a clout round the ear; **sich** *(Dat.)* **etw. hinter die ~ schreiben** *(ugs.)* get sth. into one's head

**Löffel·bagger der** mechanical shovel; excavator

**löffeln** *tr. V.* spoon [up]; **sie löffelte Suppe aus der Terrine** she ladled soup from the tureen

**Löffel·stiel der** [spoon] handle

**löffel·weise** *Adv.* by the spoonful

**log** [lo:k] *1. u. 3. Pers. Sg. Prät. v.* **lügen**

**Log** [lɔk] **das; ~s, ~e** *(Seew.)* log

**Logarithmen·tafel die** *(Math.)* log[arithmic] table

**logarithmieren** *(Math.)* **1.** *tr. V.* find the log[arithm] of. **2.** *itr. V.* do logs *or* logarithms

**logarithmisch** *Adj. (Math.)* logarithmic

**Logarithmus** [loga'rɪtmʊs] **der; ~, Logarithmen** *(Math.)* logarithm; log

**Log·buch das** *(Seew.)* log [book]

**Loge** ['lo:ʒə] **die; ~, ~n a)** *(Theater)* box; **b)** *(Freimaurer~, Pförtner~)* lodge

**Logen-: ~bruder der** brother mason; **~platz der** *(Theater)* seat in a box; **~schließer der** box attendant

**Logger** ['lɔgɐ] **der; ~s, ~** *(Seew.)* lugger

**Loggia** ['lɔdʒia] **die; ~, Loggien a)** *(Balkon)* balcony; **b)** *(Archit.)* loggia

**Logier·besuch der** *(veralt.)* house-guest/-guests

**logieren** *(veralt.)* **1.** *itr. V.* stay. **2.** *tr. V. (schweiz.)* **jmdn. bei sich ~:** put sb. up [at one's house/flat *(Brit.) or (Amer.)* apartment *etc.*]

**Logier·gast** *der (veralt.)* house-guest

**Logik** ['lo:gɪk] **die; ~:** logic; **in der ~:** in logic

**Logiker** ['lo:gikɐ] **der; ~s, ~, Logikerin die; ~, ~nen a)** *(Philos.)* logician; **b)** *(logisch Denkende/Denkender)* logical thinker

**Logis** [lo'ʒi:] **das; ~** [lo'ʒi:(s)], **~** [lo'ʒi:s] **a)** lodgings *pl.*; room/rooms *pl.*; *s. auch* **Kost; b)** [*auch:* 'lo:gɪs] *(Seemannsspr.)* **das ~ [der Matrosen]** the crew's quarters *pl.*

**logisch** ['lo:gɪʃ] **1.** *Adj.* logical; **in keinem ~en Zusammenhang stehen** have no logical connection; **[ist doch] ~** *(ugs.)* yes, of course. **2.** *adv.* logically

**logischerweise** *Adv.* logically; *(selbstverständlich)* naturally

**Logistik die; ~ a)** *(Math.)* mathematical *or* symbolic logic *no art.*; **b)** *(Milit.)* logistics *sing., no art.*; *(fig.)* logistics *pl.*

**Log·leine die** *(Seew.)* log line

**logo** ['lo:go] *Adj. (salopp)* **[ist doch] ~!** you bet! *(coll.)*; of course!

**Logopäde** [logo'pɛ:də] **der; ~n, ~n** speech therapist

**Logopädie** [logopɛ'di:] **die; ~:** speech therapy *no art.*

**Logopädin die; ~, ~nen** speech therapist

**[1]Lohe** ['lo:ə] **die; ~, ~n** *(dichter.: Flamme)* blaze; **die ~n** the raging flames

**[2]Lohe die; ~, ~n** tan [bark]

**[1]lohen** *itr. V. (dichter.)* blaze

**[2]lohen** *tr. V.* tan ⟨*hides etc.*⟩ [with tanbark]

**Loh-: ~gerber der** [vegetable] tanner; **~gerberei die a)** *(Betrieb)* [vegetable] tannery; **b)** *(~gerbung)* [vegetable] tanning

**Lohn** [lo:n] **der; ~[e]s, Löhne** ['lø:nə] **a)** wage[s *pl.*]; pay *no indef. art., no pl.*; **die Löhne drücken/einfrieren** *(ugs.)* lower/freeze wages; **bei jmdm./einer Firma in ~ und Brot stehen** be employed by sb./a firm; work for sb./a firm; **jmdn. um ~ und Brot bringen** deprive sb. of his/her livelihood; **b)** *o. Pl. (Belohnung, auch fig.)* reward; **als** *od.* **zum ~ für ...:** as a reward for ...; **der Verbrecher hat seinen ~ bekommen** *(fig.)* the criminal got his deserts *pl.*

**lohn-, Lohn-: ~abbau der** reduction in wages; **~abhängig** *Adj.* wage-earning *attrib.*; **~abhängig sein** be a wage-earner; **~abhängige der/die** wage-earner; **~abrechnung die** wage-slip; pay-slip; **~arbeit die** *(Soziol.)* wage-labour; **~aus·fall der** loss of earnings; **~ausgleich der** making-up of wages; **[eine] kürzere Arbeitszeit bei vollem ~ausgleich** shorter working hours with no loss of pay; **~buch·halter der** payroll clerk; **~buch·haltung die a)** *o. Pl.* payroll accounting; **b)** *(Abteilung)* payroll office; **~büro das** payroll office; **~empfänger der** wage-earner

**lohnen 1.** *refl., itr. V.* be worth it; be worthwhile; **die Anstrengung hat sich gelohnt** it was worth the effort; **das lohnt [sich] nicht** it's not worth it; **es lohnt [sich], den Versuch zu machen** it's worth making the attempt; **das lohnt sich nicht für mich** it's not worth my while; **die Mühe hat [sich] gelohnt** it was worth the trouble *or* effort; **lohnt [sich] das?** is it worth it?; **der Film lohnt sich sehr** the film is well worth seeing. **2.** *tr. V.* **a)** *(rechtfertigen)* be worth; **die Ausstellung lohnt einen Besuch** the exhibition is worth a visit *or* is worth visiting; **das lohnt die Mühe nicht** it is not worth the trouble; **b) jmdm. etw. ~:** reward sb. for sth.; *(vergelten)* repay sb. for sth.; **Gott wird dir deine Hilfe ~** *(geh.)* God will reward you for your help

**löhnen** *tr., itr. V.* **a)** *(Lohn auszahlen)* pay; **b)** *(salopp: bezahlen)* pay; fork out *or* up *(sl.)*

**lohnend** *Adj.* rewarding ⟨*task*⟩; worthwhile, rewarding ⟨*occupation*⟩; worthwhile ⟨*aim*⟩; *(einträglich)* financially rewarding; lucrative; **das Studium dieses Buches ist wirklich ~:** this book is really worth studying; it is really worth studying this book; **die Ausstellung ist wirklich ~:** the exhibition is really worth seeing

**lohnens·wert** *Adj.* worthwhile *attrib.*; worth while *pred.*

**lohn-, Lohn-: ~erhöhung die** wage *or* pay increase *or (Brit.)* rise; **~forderung die** wage demand *or* claim; **~fort·zahlung die** continued payment of wages; **~gruppe die** wage group; **~intensiv** *Adj. (Wirtsch.)* wage-intensive; **~kampf der** wage dispute; **~kosten** *Pl.* wage costs; **~kürzung die** wage cut *or* reduction; **~liste die** payroll; **~pause die** pay pause; **~pfändung die** garnishment [of wages]; **~politik die** *(Politik, Wirtsch.)* pay policy;

policy on wages; **~-Preis-Spirale die** wage-price spiral; **~raub der** *(abwertend)* wage exploitation; **~runde die** wage *or* pay round; **~skala die** wage *or* pay scale
**Lohn·steuer die** income tax
**Lohnsteuer-: ~jahres·ausgleich der** annual adjustment of income tax; **~karte die** income-tax card
**Lohn-: ~stopp der** wage *or* pay freeze; **~streifen der** pay-slip; **~tarif der** wage rate; **~tüte die** pay-packet *(Brit.)*; wage packet
**Löhnung die; ~, ~en a)** *(Auszahlung)* payment of wages; **b)** *(Lohn)* pay
**Lohn-: ~zettel der** pay-slip; **~zuwachs der** pay increase
**Loipe** ['lɔypə] **die; ~, ~n** *(Skisport)* [cross-country] course
**Lok** [lɔk] **die; ~, ~s** engine; locomotive
**lokal** [lo'ka:l] **1.** *Adj.* **a)** *(örtlich)* local; **Lokales** *(Zeitungsw.)* local news *sing.*; **b)** *(Gram.)* of place *postpos.* **2.** *adv.* **jmdn. ~ betäuben** give sb. a local anaesthetic
**Lokal das; ~s, ~e** pub *(Brit. coll.)*; bar *(Amer.)*; *(Speise~)* restaurant
**Lokal-: ~anästhesie die** *(Med.)* local anaesthesia; **~augen·schein der** *(österr.) s.* **Lokaltermin; ~blatt das** *(Zeitungsw.)* local paper
**lokalisieren** *tr. V.* locate; *(eingrenzen, Med.)* localize; limit, contain ‹*fire*›
**Lokalisierung die; ~, ~en** location; *(Eingrenzung, Med.)* localization
**Lokalität** [lokali'tɛ:t] **die; ~, ~en** locality; **die ~en kennen** know the locality *or* district *or* area; **wo sind hier die ~en?** *(verhüll.)* where is the cloakroom? *(Brit. euphem.)*; where's the rest-room? *(esp. Amer. euphem.)*
**Lokal-: ~kolorit das** local colour; **~matador der** *(bes. Sport)* local hero *or* favourite; **~patriotismus der** local patriotism; **~politik die** local politics *sing., no art.*; **~politiker der** local politician; **~presse die** local press; **~redakteur der** *(Zeitungsw.)* local-news editor; editor of the local[-news] section; **~redaktion die** *(Rundf., Ferns., Zeitungsw.)* local-news section; **~runde die** round for everyone [in the pub *(Brit. coll.) or (Amer.)* bar]; **eine ~runde ausgeben** *od. (salopp)* **schmeißen** buy a round *or* drink for everyone in the pub *(Brit. coll.) or (Amer.)* bar; **~seite die** *(Zeitungsw.)* local page; **~teil der** *(Zeitungsw.)* local section; **~termin der** *(Rechtsspr.)* visit to the scene [of the crime]; **~verbot das: [in einer Gaststätte] ~verbot haben/bekommen** be/get banned [from a pub *(Brit. coll.) or (Amer.)* bar]; **jmdm. ~verbot erteilen** ban sb. [from the/a pub *(Brit. coll.) or (Amer.)* bar]; **~zeitung die** local [news]paper
**Lok·führer der** *s.* **Lokomotivführer**
**Lokomotive** [lokomo'ti:və] **die; ~, ~n** locomotive; [railway] engine
**Lokomotiv·führer der** engine-driver *(Brit.)*; engineer *(Amer.)*
**Lokus** ['lo:kʊs] **der; ~** *od.* **~ses, ~** *od.* **~se** *(salopp)* loo *(Brit. coll.)*; john *(Amer. coll.)*
**Lokus·papier das** *(salopp)* loo paper *(Brit. coll.)*; toilet paper
**Lombardei** [lɔmbar'dai] **die; ~:** Lombardy
**lombardisch** *Adj.* Lombardic
**Lombard·satz der** *(Bankw.)* Lombard rate
**London** ['lɔndɔn] **(das); ~s** London
**Londoner 1.** *indekl. Adj.; nicht präd.* London. **2. der; ~s, ~:** Londoner; *s. auch* **Kölner**
**Long·drink** ['lɔŋdrɪŋk] **der** long drink
**Longe** ['lõ:ʒə] **die; ~, ~n a)** *(Reiten)* lunge; **b)** *(Turnen, Schwimmen)* harness
**Look** [lʊk] **der; ~s, ~s** look
**Looping** ['lu:pɪŋ] **der; ~s, ~s** *(Fliegerspr.)* loop; **einen ~ drehen** loop the loop
**Lorbeer** ['lɔrbe:ɐ̯] **der; ~s, ~en a)** *(Baum)* laurel; **b)** *(Gewürz)* bay-leaf; **c)** *(~kranz)* laurel wreath; **mit etw. keine ~en ernten können** *(fig.)* get no credit for sth.; **[sich] auf seinen ~en ausruhen** *(fig. ugs.)* rest on one's laurels
**Lorbeer-: ~baum der** laurel[-tree]; **~blatt das** bay-leaf; **~kranz der** laurel wreath
**Lord** [lɔrt] **der; ~s, ~s** lord
**Lord·kanzler der** Lord Chancellor
**Lordschaft die: Eure ~:** Your Lordship
**Lord·siegel·bewahrer der; ~s, ~:** Lord Privy Seal
**Lore** ['lo:rə] **die; ~, ~n** car; *(kleiner)* tub
**Lorenz** ['lo:rɛnts] **(der)** Lawrence; Laurence
**Lorgnette** [lɔrn'jɛtə] **die; ~, ~n** lorgnette
**Lorgnon** [lɔn'jõ:] **das; ~s, ~s** lorgnon
**los** [lo:s] **1.** *Adj.; nicht attr.* **a)** *(abgetrennt)* **der Knopf ist ~:** the button has come off; **der Hund ist [von der Leine] ~:** the dog is off the leash; **jmdn./etw. ~ sein** *(befreit sein von)* be rid *or (coll.)* shot of sb./sth.; *(verloren haben)* have lost sth.; **einer Sache** *(Gen.)* **~ und ledig sein** *(geh.)* be totally free *or* well and truly rid of sth.; **b) es ist etwas ~:** something is *or* there is something going on; **hier ist viel/wenig/immer etw. ~:** there is a lot/not much/always sth. going on here; **was ist hier ~?** *(was geschieht?)* what's going on here?; *(was ist nicht in Ordnung?)* what's the matter here?; what's up here? *(coll.)*; **mit jmdm./etw. ist nichts/nicht viel ~** *(ugs.)* sb./sth. isn't up to much *(coll.)*; **was ist denn mit dir ~?** what's up *or* wrong *or* the matter with you? **2.** *Adv.* **a)** come on!; *(geh schon!)* go on!; **auf die Plätze** *od.* **Achtung, fertig, ~!** on your marks, get set, go; **~ doch!** go on!; **nun aber ~!** [come on,] let's get moving *or* going!; **nichts wie ~!** *(ugs.)* let's scarper *(Brit. sl.)*; let's beat it *(sl.)*; **b)** *(ugs.: ~gehen, ~fahren usw.)*; **er ist mit dem Wagen ~:** he's gone off in the car; *s. auch* **losmüssen; lossollen; loswollen; c)** *(ugs.: gelöst)* **ich habe die Schraube/das Brett/das Rad ~:** I have got the screw out/the board/wheel off; *s. auch* **loshaben; loskriegen** *usw.*
**Los das; ~es, ~e a)** lot; **etw. durch [das] ~ entscheiden** decide sth. by drawing lots; **das ~ soll entscheiden** it shall be decided by drawing lots; **das ~ hat mich getroffen** it has fallen to my lot; **b)** *(Lotterie~)* ticket; **ein halbes/ganzes ~:** a half ticket/full ticket; **das Große ~:** [the] first prize; **mit jmdm./etw. das Große ~ ziehen** *(fig.)* hit the jackpot with sb./sth.; **c)** *(geh.: Schicksal)* lot; **ihm war ein schweres ~ beschieden** his was a hard lot; **d)** *(Wirtsch.: Maßeinheit)* batch; lot; *(bei Versteigerungen)* lot; **e)** *(Bau~)* section
**-los** *Adj.* -less
**los|ballern** *itr. V. (salopp)* start blazing away
**lösbar** *Adj.* **a)** soluble, solvable ‹*problem, equation, etc.*›; **b)** *(löslich)* soluble ‹*substance, gas*›
**los-: ~|bekommen** *unr. tr. V.* get ‹*string, tape, ribbon, etc.*› off; get ‹*screw, nail, etc.*› out; **die Hände ~bekommen** get one's hands free; **~|binden** *unr. tr. V.* untie; **~|brechen 1.** *unr. itr. V.; mit sein* **a)** *(beginnen)* ‹*storm*› break; ‹*cheering, laughter, etc.*› break out; **b)** *(abbrechen)* break off. **2.** *unr. tr. V.* break off
**Lösch-: ~arbeit die** fire-fighting operations *pl.*; **wir halfen bei den ~arbeiten** we helped to fight *or* to put out the fire; **~blatt das** piece of blotting-paper; **~boot das** fire-boat; **~eimer der** fire-bucket
**[1]löschen** ['lœʃn̩] *tr. V.* **a)** *(aus~)* put out, extinguish ‹*fire, candle, flames, etc.*›; **seinen Durst ~** *(fig.)* quench one's thirst; **b)** *(tilgen)* close ‹*bank account*›; delete, strike out ‹*entry*›; extinguish, wipe out, pay off ‹*debt*›; erase, wipe out ‹*recording, memory, etc.*›; **die Schrift auf der Tafel ~:** clean *or (Amer.)* erase the blackboard; **im Register gelöscht werden** ‹*firm, name, etc.*› be removed from the register; **c)** *(geh.: ausschalten)* switch off, turn off *or* out ‹*light, lamp*›; **d)** *(trocknen)* blot ‹*ink etc.*›; **e)** *(vermischen)* slake ‹*lime*›
**[2]löschen** *tr. V. (Seemannsspr.)* unload
**Löscher der; ~s, ~ a)** *(Tinten~)* blotter; **b)** *(Feuer~)* [fire] extinguisher
**Lösch-: ~fahrzeug das** fire-engine; **~kalk der** slaked lime; **~kopf der** *(Elektronik)* erase head; **~mannschaft die** fire-fighting team; **~papier das** blotting paper; **~taste die** erase button; **~trupp der** *s.* **~mannschaft**
**[1]Löschung die; ~, ~en** *(eines Kontos)* closing; *(einer Eintragung)* deletion; striking out; *(einer Schuld)* extinguishing; wiping out; paying off
**[2]Löschung** *(Seemannsspr.)* **die; ~:** unloading
**Lösch·zug der** set of fire-fighting appliances
**los|donnern** *(ugs.)* **1.** *itr. V.; mit sein* roar off. **2.** *tr. V.* **„...", donnerte er los** '...', he bellowed
**lose 1.** *Adj.* **a)** *(nicht fest, auch fig.)* loose; **zwischen ihnen besteht nur eine ~ Bekanntschaft** *(fig.)* they are not closely acquainted; **b)** *(nicht verpackt)* loose ‹*sugar, cigarettes, sweets, sheets of paper, nails, etc.*›; unbottled ‹*drink*›; **etw. ~ verkaufen** sell sth. loose/unbottled; **c)** *(locker)* loose[-fitting] ‹*clothes*›; **d)** *(ugs.: leichtfertig)* **ein ~s Mädchen** *(veralt.)* a loose woman; **er ist ein ~er Vogel** he is a bit of a lad; **e)** *(ugs.: vorlaut, frech)* cheeky; impudent; **einen ~n Mund haben** be a cheeky *or* impudent so-and-so *(coll.)*; **~e Reden führen** be cheeky; **f)** *(geh.: aufgelockert)* loose ‹*group, line, etc.*›. **2.** *adv.* **a)** *(nicht fest, auch fig.)* loosely; **~ herunterhängen** hang down loosely *or* loose; **b)** *(locker)* ‹*hang, drape, etc.*› loosely
**Loseblatt·sammlung die: als ~** *od.* **in Form einer ~ herauskommen** be published in loose-leaf form
**Löse·geld das** ransom; **1 Million Pfund ~:** a ransom of one million pounds; **das ~ wurde in einer Telefonzelle hinterlegt** the ransom money was left in a telephone kiosk
**los|eisen** *tr. V. (ugs.)* **jmdn./etw. von jmdm./etw. ~:** prise *or* get sb./sth. away from sb./sth.; **sich von jmdm./etw. ~:** get away from sb./sth.; **etw. bei jmdm. ~:** get sth. out of sb.
**losen** *itr. V.* draws lots **(um** for); **~, wer anfangen soll** draw lots to decide who will start
**lösen** ['lø:zn̩] **1.** *tr. V.* **a)** remove, take *or* get off ‹*stamp, wallpaper*›; **etw. von etw. ~:** remove sth. from sth.; **das Fleisch von den Knochen ~:** take the meat off the bones; **den Blick von etw. nicht ~ können** *(fig.)* not be able to take one's eyes off sth.; **b)** *(lockern)* take *or* let ‹*handbrake*› off; release ‹*handbrake*›; undo ‹*screw, belt, tie*›; let ‹*hair*› down; remove, untie ‹*string, rope, knot, bonds*›; loosen ‹*phlegm*›; ease ‹*cramp*›; *(fig.)* ease, relieve ‹*[mental] pain, tension, etc.*›; remove ‹*inhibitions*›; **jmds. Zunge ~** *(fig.)* loosen sb.'s tongue; **c)** *(klären)* solve ‹*problem, puzzle, equation, etc.*›; resolve ‹*contradiction, conflict*›; solve, resolve ‹*difficulty*›; **d)** *(annullieren)* break off ‹*engagement*›; cancel ‹*contract*›; sever ‹*connection, relationship*›; **sein Arbeitsverhältnis ~:** terminate one's employment *(formal)*; **e)** *(zergehen lassen)* **etw. in etw.** *(Dat.)* **~:** dissolve sth. in sth.; **f)** *(kaufen)* buy; obtain ‹*ticket*›. **2.** *refl. V.* **a)** *(lose werden)* come off; ‹*avalanche*› start; **sich von etw. ~:** come off sth.; **b)** *(sich trennen)* **sich aus etw. ~:** free oneself from sth.; **das Flugzeug löste sich vom Boden** the plane left the ground; **ein Läufer hat sich vom Feld gelöst** a runner broke away from the field; **sich von seinem**

**Elternhaus ~** *(fig.)* break away from one's parental home; **sich aus einer Verpflichtung ~:** free *or* rid oneself of an obligation; **c)** *(sich lockern)* ‹*wallpaper, plaster*› come off *or* away; ‹*packing, screw*› come loose *or* undone; ‹*paint, book-cover*› come off; ‹*phlegm, cough*› get looser; ‹*cramp*› ease; ‹*muscle*› loosen up; **d)** *(sich klären, entwirren)* ‹*puzzle, problem*› be solved; **sich von selbst ~** ‹*problem*› solve *or* resolve itself; **e)** *(zergehen)* **sich in etw.** *(Dat.)* **~:** dissolve in sth.; **f) aus seiner Pistole löste sich ein Schuß** *(geh.)* his pistol went off

**Los·entscheid der: durch ~:** by drawing lots; *(bei einem Preisausschreiben)* by [making *or* having] a draw

**los-: ~|fahren** *unr. itr. V.; mit sein* **a)** *(starten)* set off; *(wegfahren)* move off; **b)** *(zufahren)* **auf jmdn./etw. ~fahren** drive/ride towards sb./sth.; **direkt auf jmdn./etw. ~fahren** drive/ride straight at sb./sth.; **~|gehen** *unr. itr. V.; mit sein* **a)** *(aufbrechen)* set off; **auf ein Ziel ~gehen** *(fig.)* go straight for a goal; **~ geht's!** let's be off; **b)** *(ugs.: beginnen)* start; **es geht ~:** it's starting; *(fangen wir an)* let's go; **~ geht's!** let's get started; **gleich geht es wieder ~ mit dem Lärm** the noise will soon start up again; **ich glaube, es geht ~!** *(salopp)* you/he, *etc.* must be kidding *(coll.)*; **c)** *(ugs.: abgehen)* ‹*button, handle, etc.*› come off; **d)** *(angreifen)* **auf jmdn. ~gehen** go for sb.; **e)** *(abgefeuert werden)* ‹*gun, mine, firework, etc.*› go off; **~|haben** *unr. tr. V. (ugs.)* **in seinem Beruf hat er was ~:** he's very good at his job; **~|heulen** *itr. V. (ugs.)* burst out crying; burst into tears; **~|kaufen** *tr. V.* **jmdn. ~kaufen** buy sb.'s freedom *or* release; **~|kommen** *unr. itr. V.; mit sein (ugs.)* **a)** *(fortkommen)* get away; **b)** *(freikommen)* get free; free oneself; *(freigelassen werden)* be freed; **von jmdm./etw. ~kommen** *(fig.)* get away from sb./get rid of sth.; **vom Alkohol ~kommen** *(fig.)* get off *or* give up alcohol; **er kam von dem Gedanken nicht ~:** he couldn't get the thought out of his mind; **~|kriegen** *tr. V. (ugs.)* **a)** *(lösen können)* get ‹*screw, nail, etc.*› out; get ‹*lid*› off; **b)** *(loswerden)* get rid *or (sl.)* shot of; **c)** *(verkaufen können)* get rid of; **~|lachen** *itr. V.* burst out laughing; **~|lassen** *unr. tr. V.* **a)** *(nicht festhalten)* let go of; **der Gedanke/das Bild ließ sie nicht mehr ~** *(fig.)* she could not get the thought/image out of her mind; **b)** *(freilassen)* let ‹*person, animal*› go; **c)** *(ugs. abwertend: hetzen)* **jmdn. auf jmdn./etw. ~lassen** let sb. loose on sb./sth.; **d)** *(ugs.: äußern)* come out with ‹*remark, joke, etc.*›; let out ‹*curse*›; **e)** *(abschicken)* send off ‹*letter, telegram, etc.*›; **~|laufen** *unr. itr. V.; mit sein (weglaufen)* run off; *(anfangen zu laufen)* start running; **lauf schnell los und hol Brot** run out and get some bread; **~|legen** *itr. V. (ugs.)* **a)** *(sich stürmisch äußern)* let rip; **mit Fragen ~legen** start firing questions; **wenn er ~legt** *(zu reden anfängt)* when *or* once he gets going *or* started; **b)** *(anfangen)* get going *or* started; **mit der Arbeit ~legen** get down to work

**löslich** *Adj.* soluble; **leicht/schwer ~:** readily/not readily *or* only slightly soluble

**Löslichkeit die; ~:** solubility

**los-: ~|lösen 1.** *tr. V.* remove; take off; **2.** *refl. V.* ‹*wallpaper*› come off; ‹*trailer*› become uncoupled *or* detached; **~|machen 1.** *tr. V. (ugs.)* let ‹*animal*› loose; untie, undo ‹*string, line, rope*›; take out ‹*plank*›; unhitch ‹*trailer*›; **das Boot ~machen** cast off; **2.** *refl. V. (ugs.: sich befreien, auch fig.)* free oneself **(von** from); **3.** *itr. V.* **a)** *(Seemannsspr.: ablegen)* cast off; **b)** *(ugs.: sich beeilen)* get a move on *(coll.)*; **nun mach ~, daß du fertig wirst** hurry up and get ready; **~|müssen** *unr. itr. V. (ugs.)* have to be off; have to go; **ich muß ~:** I must be off

**Los·nummer die** [lottery] ticket number

**los-: ~|platzen** *itr. V.; mit sein (ugs.)* **a)** burst out; **sofort platzte sie damit ~:** she blurted it out immediately; **b)** *(plötzlich lachen)* burst out laughing; **~|rasen** *itr. V.; mit sein* race *or* tear off; **auf etw.** *(Akk.)* **~rasen** race towards sth.; **~|reißen 1.** *unr. tr. V.* tear off; *(schneller, gewaltsamer)* rip off; pull ‹*plank*› off; ‹*wind*› rip ‹*tile*› off; **er konnte seine Augen nicht von der Statue ~reißen** *(fig.)* he couldn't take his eyes off the statue; **2.** *unr. refl. V.* break free *or* loose; **sich von etw.** *(Dat.)* **~reißen** break free *or* loose from sth.; *(fig.)* tear oneself away from sth.

**Löß** [lœs] **der; Lösses, Lösse** *(Geol.)* loess

**los-, Los-: ~|sagen** *refl. V.* **sich von jmdm./etw. ~sagen** renounce sb./sth.; break with sb./sth.; **~sagung die; ~, ~en** renunciation **(von** of); break **(von** with)

**Löß·boden der** loess soil; loessial soil

**los-: ~|schicken** *tr. V. (ugs.)* send off ‹*letter, telegram, etc.*›; **jmdn. ~schicken, um etw. zu holen** send sb. out to get sth.; **~|schießen** *unr. itr. V. (ugs.)* **a)** start shooting; **b)** *mit sein (sich schnell bewegen)* shoot *or* race off; **auf jmdn./etw. ~schießen** race towards sb./sth.; *(direkt)* race up to sb./sth.; **~|schlagen 1.** *unr. tr. V.* **a)** *(abschlagen)* knock off; knock ‹*board, plank*› out; **den Verputz von der Wand ~schlagen** knock the rendering off the wall; **b)** *(ugs.: verkaufen)* get rid of; flog *(Brit. sl.)*; **2.** *unr. itr. V.* **a)** *(einschlagen)* **auf jmdn. ~schlagen** let fly at sb.; **b)** *(bes. Milit.)* attack; launch one's attack; **~|schnallen** *tr. V.* unfasten; **~|sollen** *unr. itr. V.* **wann sollen wir ~?** what time should we be off?; **~|sprechen** *unr. tr. V. (bes. Rel.)* absolve **(von** from); **jmdn. von aller Schuld ~sprechen** absolve sb. of all guilt; **~|steuern** *itr. V.; mit sein* **auf etw.** *(Akk.)* **~steuern** head *or* make for sth.; **auf ein Ziel ~steuern** *(fig.)* aim for a goal; **~|tigern** *itr. V.; mit sein (ugs.)* march off; **~|trennen** *tr. V.* undo; unpick ‹*seam, hem*›

**Los·trommel die** [lottery] drum

[1]**Losung die; ~, ~en a)** *(Wahlspruch)* slogan; **b)** *(Milit.: Kennwort)* password; **die ~ nennen** give the password

[2]**Losung die; ~, ~en** *(Jägerspr.)* droppings *pl.*

**Lösung die; ~, ~en a)** *(Bewältigung)* solution *(Gen.* to); *(eines Konflikts, Widerspruchs)* resolution; *(einer Aufgabe, eines Problems, usw.)* solution *(Gen.,* **für** to); **des Rätsels ~:** the answer to the mystery; **das also ist des Rätsels ~:** so 'that's it *or* the answer; **b)** *(Annullierung) (einer Verlobung)* breaking off; *(eines Vertrags)* cancellation; *(einer Verbindung, eines Verhältnisses)* severing; *(eines Arbeitsverhältnisses)* termination; **c)** *(Physik, Chemie) (Flüssigkeit)* solution; *(das Auflösen)* dissolution; dissolving

**Lösungs-: ~mittel das** *(Physik, Chemie)* solvent; **~vorschlag der** proposed solution **(für** to); **ich hätte einen ~vorschlag für euer Problem** I think I might have a solution to your problem; I've got a suggestion as to how you might solve your problem

**Losungs·wort das** password

**Los·verkäufer der** [lottery-]ticket seller

**los-: ~|werden** *unr. tr. V.; mit sein* **a)** *(sich befreien können von)* get rid of; **ich werde den Gedanken/Verdacht nicht ~, daß ...:** I can't get the thought/suspicion/impression out of my mind that ...; **b)** *(ugs.: aussprechen, mitteilen)* tell; **er wollte etwas ~werden** he wanted to tell me/us *etc.* something; **... konnte ich endlich meine Frage ~werden:** ... I finally got the chance to put my question; **c)** *(ugs.: verkaufen)* get rid of; flog *(Brit. sl.)*; **d)** *(ugs.: verlieren)* lose; **~|wollen** *unr. itr. V. (ugs.)* want to be off; **~|ziehen** *unr. itr. V.; mit sein (ugs.)* **a)** *(losgehen)* set off; **b)** *(abwertend: herziehen)* **über jmdn. ~ziehen** pull sb. to pieces

**Los·ziehung die** draw

**Lot** [lo:t] **das; ~[e]s, ~e a)** *(Bauw.)* plumb[-bob]; **b)** *(Bauw.: Senkrechte) o. Pl.* **im ~ stehen** be plumb; **nicht im ~ sein, außer ~ sein** be out of plumb; **nicht im ~ sein** *(fig.)* not be straightened *or* sorted out; **[wieder] ins ~ kommen** *(fig.)* be all right [again]; **c)** *(Seew.)* sounding-line; lead-line; **d)** *(Geom.)* perpendicular; **das ~ fällen** drop a perpendicular; **e)** *(veralt.: Maßeinheit) measure varying between 15.5g and 16.6g*

**loten** *tr. V.* **a)** *(Bauw.)* plumb; **b)** *(Seew.)* sound; take soundings of; plumb

**löten** ['lø:tn̩] *tr. V. (Technik)* solder

**Lothringen** ['lo:trɪŋən] **(das); ~s** Lorraine

[1]**Lothringer** *indekl. Adj.; nicht präd.* Lorraine *attrib.*; **das ~ Kreuz** the Cross of Lorraine

[2]**Lothringer der; ~s, ~, Lothringerin die; ~, ~nen** Lorrainer

**lothringisch** *Adj.* Lorraine *attrib.*; Lorrainese

**Lotion** [lo'tsio:n] **die; ~, ~en** *od.* **~s** lotion

**Löt-: ~kolben der** soldering-iron; **~lampe die** blowlamp

**Lot·leine die** *(Seew.)* sounding-line; lead-line

**Löt·mittel das** [soldering] flux

**Lotos** ['lo:tɔs] **der; ~, ~:** lotus

**Lotos-: ~blume die** lotus-flower; **~sitz der** *o. Pl. (Joga)* lotus position

**lot·recht 1.** *Adj.* perpendicular; vertical. **2.** *adv.* perpendicularly; vertically

**Lot·rechte die** perpendicular; vertical; **in der ~ stehen** be perpendicular *or* vertical

**Lotse** ['lo:tsə] **der; ~n, ~n** *(Seew.)* pilot; *(fig.)* guide; **ich mache den ~n** *(fig.)* I'll guide you; I'll show you the way

**lotsen** *tr. V.* **a)** *(Seew.)* pilot; *(Flugw.)* guide; **b)** *(leiten)* guide; **c)** *(ugs.: führen, leiten)* drag

**Lotsen-: ~boot das** pilot boat; **~dienst der a)** pilot service; **b)** *(Verkehrsw.)* driver-guide service; **~zwang der** *o. Pl.* compulsory pilotage *no art.*

**Löt·stelle die** soldered joint

**Lotterie** [lɔtə'ri:] **die; ~, ~n** lottery; **[in der] ~ spielen** take part in *or* do the lottery

**Lotterie-: ~einnehmer der; ~s, ~:** lottery-ticket seller; **~gewinn der** win in the lottery; *(gewonnenes Geld)* lottery winnings *pl.*; **~los das** lottery-ticket; **~spiel das** *(auch fig.)* lottery

**lotterig** ['lɔtərɪç] *Adj. (ugs. abwertend)* slovenly, sloppy ‹*work*›; scruffy ‹*appearance, house, clothes, etc.*›

**Lotter·leben das** *o. Pl. (abwertend)* dissolute life

**Lotter·wirtschaft die** *o. Pl. (abwertend)* [slovenly] mess *or* muddle; shambles *(coll.)*

**Lotto** ['lɔto] **das; ~s, ~s a)** national lottery; **4 Richtige im ~ haben** have four correct numbers in the national lottery; **~ spielen** do the [national] lottery; **b)** *(Gesellschaftsspiel)* lotto

**Lotto-: ~annahme·stelle die** acceptance point for national-lottery coupons; *(Stand)* national-lottery kiosk; **~gewinn der** win in the national lottery; *(gewonnenes Geld)* winnings *pl.* in the national lottery; **~schein der** national-lottery coupon; **~zahlen** *Pl.* winning national-lottery numbers

**Lotung die; ~, ~en a)** *(Bauw.)* plumbing; **b)** *(Seew.)* sounding; plumbing; **die ~ der Wassertiefe** sounding *or* plumbing the depth of the water

**Lotus** ['lo:tʊs] **der; ~, ~** lotus

**Löt·zinn der** [tin-lead] solder

**Louis** ['lu:i] **der; ~** ['lu:i(:s)], **~** ['lu:i:s] *(ugs.)* pimp

**Louisdor** [lụi'do:ɐ̯] der; ~s, ~e louis-d'or
**Löwe** ['lø:və] der; ~n, ~n a) lion; b) (Astrol.) Leo; the Lion; s. auch Fisch
**Lọ̈wen-**: ~an·teil der lion's share; sich den ~anteil [von etw. (Dat.)] sichern get the lion's share [of sth.]; ~bändiger der; ~s, ~: (veralt.) lion-tamer; ~jagd die lion-hunting; (Veranstaltung) lion-hunt; ~mähne die a) lion's mane; b) (ugs.: fülliges Haar) [flowing] mane; ~maul, ~mäulchen das o. Pl. (Bot.) snapdragon; antirrhinum; ~mut der courage of a lion; ~zahn der; o. Pl. (Bot.) dandelion; (Herbstlöwenzahn) hawkbit
**Löwin** ['lø:vɪn] die; ~, ~nen lioness
**loyal** [lọa'ja:l] 1. Adj. loyal (gegenüber to). 2. adv. loyally; einen Vertrag ~ erfüllen/einhalten faithfully fulfil/keep to an agreement
**Loyalität** [lọajali'tɛ:t] die; ~: loyalty (gegenüber to)
**LP** [ɛl'pe:] die; ~, ~[s] Abk. Langspielplatte LP
**LPG** [ɛlpe:'ge:] die; ~, ~[s] Abk. (DDR) Landwirtschaftliche Produktionsgenossenschaft; s. Produktionsgenossenschaft
**LSD** [ɛl|ɛs'de:] das; ~[s] LSD
**lt.** Abk. ²laut
**Luchs** [lʊks] der; ~es, ~e (auch ~fell) lynx; wie ein ~ aufpassen watch like a hawk
**Lụchs·auge** das (fig.) eagle eye; den ~augen meiner Wirtin entgeht nichts my lynx-eyed landlady misses nothing
**Lücke** ['lʏkə] die; ~, ~n a) gap; (Park~, auf einem Formular, in einem Text) space; eine ~ füllen/schließen fill/close a gap; b) (Mangel) gap; (in der Versorgung) break; (im Gesetz) loophole
**Lụ̈cken·büßer** der (ugs.) stopgap; den ~ spielen act as a stopgap
**lụ̈ckenhaft** 1. Adj. ⟨teeth⟩ full of gaps; gappy ⟨teeth⟩; sketchy ⟨knowledge⟩; sketchy, vague ⟨memory⟩; incomplete, sketchy ⟨report, account, etc.⟩; incomplete ⟨statement⟩; ⟨alibi⟩ full of holes; sein Wissen/seine Erinnerung ist ~: there are gaps in his knowledge/memory. 2. adv. ⟨remember⟩ vaguely, sketchily; einen Fragebogen [sehr] ~ ausfüllen fill in a questionnaire leaving [many] gaps
**Lụ̈ckenhaftigkeit** die; ~ (von Wissen, Kenntnissen) sketchiness; (eines Berichts) incompleteness; sketchiness
**lụ̈cken-, Lụ̈cken-**: ~los 1. Adj. unbroken ⟨line, row, etc.⟩; complete ⟨account, report, curriculum vitae⟩; solid, cast-iron ⟨alibi⟩; comprehensive, perfect ⟨knowledge⟩; sie hat ein strahlend weißes, ~loses Gebiß she has gleaming white teeth without any gaps; eine ~lose Beweiskette a solid chain of evidence. 2. adv. without any gaps; ein ~los nachgewiesenes Alibi a cast-iron alibi; ~losigkeit die (einer Darstellung) completeness; (eines Alibis) solidness
**lud** [lu:t] 1. u. 3. Pers. Sg. Prät. v. laden
**Lude** ['lu:də] der; ~n, ~n (salopp) pimp; ponce
**Lụder** das; ~s, ~ (salopp) so-and-so (coll.); ein armes/freches ~: a poor/cheeky so-and-so (coll.)
**Luft** [lʊft] die; ~, Lüfte ['lʏftə] a) o. Pl. air; an die frische ~ gehen/in der frischen ~ sein get out in[to]/be out in the fresh air; jmdn. an die [frische] ~ setzen od. befördern (ugs.) (hinauswerfen) show sb. the door; (entlassen) give sb. the sack (coll.) or (sl.) push; etw. mit ~ kühlen air-cool sth.; die ~ anhalten hold one's breath; halt die ~ an! (ugs.) (hör auf zu reden!) pipe down (coll.); put a sock in it (Brit. sl.); (übertreib nicht so!) come off it! (coll.); tief ~ holen take a deep breath; ~ schnappen (ugs.) get some fresh air; nach ~ schnappen (fig. ugs.) struggle to keep one's head above water (fig.); er kriegte keine/kaum ~: he couldn't breathe/could hardly breathe; die ~ ist rein (fig.) the coast is clear; hier/im Büro ist dicke ~ (fig. ugs.) there's a bad atmosphere here/in the office (fig.); aus der Sache ist die ~ raus (fig. ugs.) it's/the whole thing has gone flat; sich in ~ auflösen (ugs.) vanish into thin air; ⟨plans⟩ go up in smoke (fig.); er ist ~ für mich (ugs.) I ignore him completely; jmdn. wie ~ behandeln (ugs.) treat sb. as if he/she didn't exist; die ~ aus jmds. Glas lassen (ugs. scherzh.) fill sb. up; da bleibt einem die ~ weg (ugs.) it takes your breath away; ihm/der Firma geht die ~ aus (fig. ugs.) he's/the firm's going broke (coll.); von ~ und Liebe kann man nicht leben (ugs.) you can't live on nothing at all; b) (Himmelsraum) air; Aufnahmen aus der ~ machen take pictures from the air; in die ~ ragen soar or rise up into the sky; sich in die Lüfte schwingen (geh.) soar into the air; etw. in die ~ sprengen od. jagen (ugs.) blow sth. up; aus der ~ gegriffen sein (fig.) ⟨story, accusation, etc.⟩ be pure invention; in der ~ liegen (fig.) ⟨crisis, ideas, etc.⟩ be in the air; in der ~ hängen od. schweben (fig. ugs.) ⟨plans, etc.⟩ be up in the air; ⟨person⟩ be left dangling (fig.); in die ~ gehen (fig. ugs.) blow one's top (coll.); etw. in der ~ zerreißen (fig. ugs.) tear sth. to pieces; ich könnte ihn in der ~ zerreißen (ugs.) I could murder him (coll.); c) o. Pl. (fig.: Spielraum) space; room; ~ schaffen od. machen create or make space or room; sich (Dat.) ~ [ver]schaffen take the pressure off oneself; deine 300 Mark haben mir erst mal ~ verschafft your 300 marks have given me a breathing space; in den Preisen ist noch ~ [drin] (ugs.) there's some leeway in the prices; sich (Dat.) od. seinem Herzen ~ machen get it off one's chest (coll.); ich hatte eine solche Wut, ich mußte mir einmal ~ machen I was so angry I had to give vent to my feelings; seinem Zorn/Ärger usw. ~ machen (ugs.) give vent to one's anger; d) (Brise) breeze; sich (Dat.) ~ zufächeln fan oneself
**Lụft-**: ~abwehr die (Milit.) air defence; anti-aircraft defence; ~akrobat der trapeze artist; ~an·griff der (Milit.) air raid; ~armee die (DDR) air force unit; ~auf·klärung die (Milit.) air reconnaissance; aerial reconnaissance; ~aufnahme die aerial photograph; ~ballon der balloon; ~befeuchter der humidifier; ~betankung die in-flight refuelling; ~bild das aerial photograph; ~blase die air bubble; ~-Bọden-Rakete die air-to-ground missile; ~brücke die airlift
**Lüftchen** ['lʏftçən] das; ~s, ~: breeze; kein ~ regte sich there was not the slightest breath of wind
**lụft-, Lụft-**: ~dicht Adj. airtight; etw. ~ abpacken/abschließen pack sth. in an airtight container/put an airtight seal around sth.; ~dichte die (Physik., Met.) air density; ~druck der a) (Physik) air pressure; atmospheric pressure; b) (Druckwelle) blast; ~druck·messer der barometer; ~durchlässig Adj. pervious or permeable to air postpos.; well-ventilated ⟨shoes⟩; ~durchlässigkeit die perviousness or permeability to air
**lụ̈ften** 1. tr. V. a) air; (ständig; mit Klimaanlage usw.) ventilate; das Lüften airing/ventilation; b) (aus~) air ⟨clothes, bed. etc.⟩; c) (hochheben) raise, lift ⟨hat, lid, veil, etc.⟩; d) (enthüllen) reveal; disclose ⟨secret⟩; jmds. Inkognito ~: reveal sb.'s identity. 2. itr. V. air the room/house/flat (Brit.) or (Amer.) apartment etc.; wir müssen hier mal ~: we must let some [fresh] air in here
**Lüfter** der; ~s, ~: fan
**Lụft·fahrt** die; o. Pl. aeronautics sing., no art.; (mit Flugzeugen) aviation no art.
**Lụft-und-Rạumfahrt-** aerospace
**Lụftfahrt·gesellschaft** die airline
**lụft-, Lụft-**: ~fahrzeug das aircraft; ~feuchte, ~feuchtigkeit die [atmospheric] humidity; ~filter der od. das (Technik) air filter; ~flotte die (Milit.) air fleet; ~fracht die air freight; ~geist der (Myth.) spirit of the air; ~gekühlt Adj. air-cooled; ~getrocknet Adj. air-dried; ~gewehr das air rifle; airgun; ~hauch der (geh.) breath of air; ~herrschaft die o. Pl. (Milit.) air supremacy; ~hoheit die air sovereignty; ~hülle die atmosphere
**lụftig** 1. Adj. airy ⟨room, building, etc.⟩; well ventilated ⟨cellar, store⟩; light, cool ⟨clothes⟩; auf der Terrasse ist es etwas ~er there's more air out on the terrace. 2. adv. ~/zu ~ angezogen sein be lightly/not warmly enough dressed
**Luftikus** ['lʊftikʊs] der; ~[ses], ~se (ugs. abwertend) careless and unreliable sort (coll.)
**Lụft-**: ~kampf der air battle; aerial battle; ~kissen das (Technik) air-cushion
**Lụftkissen-**: ~boot das hovercraft; ~fahrzeug das hovercraft; air-cushion vehicle
**lụft-, Lụft-**: ~klappe die ventilation flap; ~korridor der (Flugw.) air corridor; ~krieg der air warfare no art.; aerial warfare no art.; ~kühlung die (Technik) air cooling; ein Motor mit ~kühlung an air-cooled engine; ~kur·ort der climatic health resort; ~lande·truppe die (Milit.) airborne troops pl.; ~leer Adj. ein ~leerer Raum a vacuum; im ~leeren Raum (fig.) in a vacuum; ~linie die o. Pl. 1000 km ~linie 1,000 km. as the crow flies; ~loch das a) (Öffnung) air-hole; b) (ugs.: Windbö) air pocket; ~-Luft-Rakete die (Milit.) air-to-air missile; ~mangel der; o. Pl. a) lack of air; b) (Atembeschwerden) shortness of breath; ~masche die (Handarb.) chain-stitch; ~massen Pl. (Met.) air masses; ~matratze die air-bed; air mattress; Lilo (P); ~mine die aerial mine; air mine; ~pirat der [aircraft] hijacker
**Lụft·post** die airmail; etw. per od. mit ~ schicken send sth. [by] airmail
**Lụftpost-**: ~brief der airmail letter; ~lẹicht·brief der aerogramme; ~papier das o. Pl. airmail paper
**Lụft-**: ~pumpe die air pump; (für Fahrrad) [bicycle-]pump; ~raum der airspace; ~röhre die (Anat.) windpipe; trachea (Anat.); ~sack der a) (Kfz-W.) airbag; b) (Zool.) air sac; ~schacht der ventilation shaft; (einer Klimaanlage) ventilation duct; ~schaukel die swing-boat; ~schiff das airship; ~schiffahrt die o. Pl. airship travel; ~schlacht die air battle; aerial battle; die ~schlacht um England the Battle of Britain; ~schlange die meist Pl. [paper] streamer; ~schleuse die (Technik) air-lock; ~schloß das; meist Pl. castle in the air; Luftschlösser bauen build castles in the air; ~schraube die (Technik) airscrew; propeller
**Lụft·schutz** der air-raid protection no art.
**Lụftschutz-**: ~bunker, ~keller, ~raum der air-raid shelter; ~sirene die air-raid siren; ~übung die air-raid drill; ~wart der (hist.) air-raid warden
**lụft-, Lụft-**: ~sieg der air victory; ~spiegelung die mirage; ~sprung der jump in the air; vor Freude ~sprünge/einen ~sprung machen od. vollführen jump for joy; ~streitkräfte Pl. (Milit.) air force sing.; ~strom der stream of air; ~strömung die (Met.) airstream; air current; ~stützpunkt der (Milit.) air base; ~taxe die, ~taxi das air taxi; ~temperatur die (Met.) air temperature; ~überlegenheit die (Milit.) air superiority
**Lüftung** die; ~, ~en a) (das Lüften) ventilation; b) (Anlage) ventilation system
**Lụ̈ftungs-**: ~an·lage die ventilation system; ~klappe die ventilation flap

**Luft-: ~veränderung** die change of air; **~verflüssigung** die *(Physik)* liquefaction of air; **~verkehr** der air traffic; **~verpestung** die *(abwertend)*, **~verschmutzung** die air pollution; **~verteidigung** die *(Milit.)* air defence; **~waffe** die air force; **bei der ~waffe** in the air force; **~waffen·helfer** der *(hist.)* air-force auxiliary; **~weg** der a) **etw. auf dem ~weg verschicken/befördern** send/transport sth. by air; **auf dem ~weg reisen** travel by air; **b)** *Pl. (Anat.: Atemwege)* airways; air passages; respiratory tract *sing.;* **~wider·stand** der *(Physik)* air resistance; **~wurzel** die *(Bot.)* aerial root; **~zufuhr** die air supply; **~zug** der *o. Pl.* [gentle] breeze; *(in Zimmern, Gebäuden)* draught

**Lug** [lu:k] *in* **~ und Trug** lies *pl.* and deception

**Luganer See,** *(schweiz.)* **Luganer·see** der Lake Lugano

**Lüge** ['ly:gə] die; ~, ~n lie; **eine barmherzige ~:** a compassionate falsehood; **jmdn. der ~ bezichtigen** accuse sb. of lying; call sb. a liar; **jmdm. ~n auftischen** *(ugs.)* serve sb. up a lot *or* load of lies *(coll.);* **~n haben kurze Beine** *(Spr.)* [the] truth will out; **jmdn./etw. ~n strafen** prove sb. a liar/give the lie to sth.; *s. auch* **fromm 1 c**

**lugen** *itr. V. (südwestd.) (auch fig.)* peep; *(hervorgucken)* **aus etw. ~:** poke out of sth.

**lügen 1.** *itr. V.* lie; **hier wird nur gelogen und betrogen** there's nothing but lies and deception here; **~ wie gedruckt** lie like mad; be a terrible liar *(coll.);* **ich müßte ~, wenn ...:** I should be lying if ...; **das Lügen** lying; **die Sterne ~ nicht** *(fig.)* the stars never lie; **wer einmal lügt, dem glaubt man nicht, und wenn er auch die Wahrheit spricht** *(Spr.)* a liar is never believed, even when he's telling the truth; *s. auch* **Tasche. 2.** *tr. V.* **er hat das alles gelogen** that was all a lie *or* all lies; **das ist gelogen!** that's a lie!

**Lügen-: ~bold** [~bɔlt] der; ~[e]s, ~e liar; **~detektor** der lie-detector; **~gebäude** das tissue of lies; **~gespinst** das *(geh.)* web *or* tissue of lies

**lügenhaft** *(abwertend)* **1.** *Adj.* untruthful, mendacious ⟨*statement, account, report, etc.*⟩ **2.** *adv.* untruthfully; mendaciously

**Lügen-: ~kampagne** die campaign of lies; **~märchen** das tall story; cock-and-bull story; **~maul** das *(derb)* filthy liar

**Lügner** der; ~s, ~, **Lügnerin** die; ~, ~nen liar

**lügnerisch** *Adj.* untruthful; mendacious; lying *attrib.* ⟨*scoundrel*⟩

[1]**Lukas** ['lu:kas] **(der)** *(Evangelist)* Luke

[2]**Lukas** der; ~, ~ *(Maschine)* try-your-strength machine; **hau den ~!** try your strength!

**Lukas·evangelium** das St Luke's Gospel; Gospel according to St Luke

**Luke** ['lu:kə] die; ~, ~n **a)** *(Dach~)* skylight; **b)** *(bei Schiffen)* hatch; *(Keller~)* trap-door

**lukrativ** [lukra'ti:f] **1.** *Adj.* lucrative. **2.** *adv.* lucratively

**lukullisch** [lu'kʊlɪʃ] *(geh.)* **1.** *Adj.* Lucullan; epicurean. **2.** *adv.* **~ speisen** eat *or* have a Lucullan *or* an epicurean meal/meals

**Lulatsch** ['lu:la(:)tʃ] der; ~[e]s, ~e *(ugs.)* [long] lanky fellow; **ein langer ~:** a beanpole

**Lulle** ['lʊlə] die; ~, ~n *(ugs.)* cig *(coll.);* fag *(Brit. sl.)*

**lullen** *tr. V.* lull; **ein Kind in den Schlaf ~:** lull a child to sleep

**Lumme** ['lʊmə] die; ~, ~n *(Zool.)* guillemot

**Lümmel** ['lʏml] der; ~s, ~ **a)** *(abwertend: Flegel)* lout; **b)** *(ugs., fam.: Bengel)* rascal; **c)** *(salopp: Penis)* willy *(sl.)*

**Lümmelei** die; ~, ~en *(abwertend) s.* **Flegelei**

**lümmelhaft** *(abwertend) s.* **flegelhaft**

**lümmeln** *refl. V. (ugs. abwertend) s.* **flegeln**

**Lump** [lʊmp] der; ~en, ~en scoundrel; rogue

**lumpen** *(ugs.)* **1.** *tr. V. in* **sich nicht ~ lassen** splash out *(coll.).* **2.** *itr. V.* be out on the tiles *(sl.)*

**Lumpen** der; ~s, ~ **a)** rag; **b)** *meist Pl. (abwertend: Kleidung)* rags *pl.*

**Lumpen-: ~gesindel** das *(abwertend)* rabble; riff-raff; **~händler** der rag-and-bone man; **~hund, ~kerl** der *(abwertend)* scoundrel; bastard *(coll.);* **~pack** das *(abwertend) s.* **~gesindel; ~proletariat** das *(Soziol.)* lumpenproletariat; **~sammler** der **a)** rag-and-bone man; **b)** *(scherzh.: letztes Verkehrsmittel)* last bus/tram *(Brit.) or (Amer.)* streetcar/train

**Lumperei** die; ~, ~en *(abwertend)* dirty *or* mean trick; **eine große ~:** a very dirty *or* mean trick

**lumpig** *(abwertend)* **1.** *Adj.* **a)** *nicht präd. (kümmerlich)* paltry, miserable ⟨*pay, wages, etc.*⟩; **b)** *(niederträchtig)* mean, shabby ⟨*behaviour, attitude*⟩; mean ⟨*person*⟩. **2.** *adv.* ⟨*act, behave*⟩ shabbily

**lunar** [lu'na:ɐ̯] *Adj.; nicht präd.* lunar

**Lunch** [lanʃ] der; ~[e]s *od.* ~, ~[e]s *od.* ~e lunch; luncheon *(formal)*

**lunchen** ['lanʃn̩] *itr. V.* have lunch *or (formal)* luncheon; lunch

**Lüneburger Heide** ['ly:nəbʊrgə -] die; ~: Lüneburg Heath

**Lunge** ['lʊŋə] die; ~, ~n lungs *pl.; (Lungenflügel)* lung; **er hat es auf der ~** *(ugs.)* he has got lung trouble *(coll.);* **auf ~** *od.* **über die ~ rauchen** inhale; **die grüne ~ einer Großstadt** *(fig.)* the lungs *pl.* of a city; **sich** *(Dat.)* **die ~ aus dem Hals** *od.* **Leib schreien** *(ugs.)* yell one's head off *(coll.)*

**lungen-, Lungen-: ~bläschen** das *(Anat.)* pulmonary alveolus; **~braten** der *(österr.) s.* **Lendenbraten; ~embolie** die *(Med.)* pulmonary embolism; **~entzündung** die pneumonia *no indef. art.;* **~flügel** der lung; **~haschee** das *(Kochk.)* chopped lights *pl.* in sauce; **~krank** *Adj.* suffering from a lung disease *postpos.; (an Tuberkulose leidend)* suffering from tuberculosis *postpos.;* **~kranke** der/die person with *or* suffering from a lung disease; *(an Tuberkulose leidend)* tuberculosis sufferer; **~krebs** der lung cancer; **~tuberkulose** die tuberculosis [of the lung]; pulmonary tuberculosis; **~zug** der inhalation; **einen tiefen ~zug machen** inhale deeply

**lungern** *itr. V. s.* **herumlungern**

**Lunte** ['lʊntə] die; ~, ~n **a)** *(veralt.: Zündschnur)* fuse; match; **~ riechen** *(ugs.)* smell a rat; **b)** *(Jägerspr.: Schwanz)* brush

**Lupe** ['lu:pə] die; ~, ~n magnifying glass; **jmdn./etw. unter die ~ nehmen** *(ugs.)* examine sb./sth. closely; take a close look at sb./sth.; **so etwas/solche Leute kann man mit der ~ suchen** *(ugs.)* things/people like that are very hard to find *or* are few and far between

**lupenrein** *Adj.* **a)** flawless ⟨*diamond, stone, etc.*⟩*;* ⟨*diamond*⟩ of the first water; **b)** *(mustergültig)* genuine ⟨*amateur*⟩; unimpeachable ⟨*record, reputation*⟩*;* perfect ⟨*forgery, gentleman*⟩

**lupfen** ['lʊpfn̩] *(südd., schweiz., österr.),* **lüpfen** ['lʏpfn̩] *tr. V.* raise; lift

**Lupine** [lu'pi:nə] die; ~, ~n *(Bot.)* lupin

**Lurch** [lʊrç] der; ~[e]s, ~e amphibian

**Lure** ['lu:rə] die; ~, ~n *(hist.)* lur

**Lusche** ['lʊʃə] die; ~, ~n *(ugs.)* low card

**Lust** [lʊst] die; ~, Lüste ['lʏstə] *o. Pl. (Bedürfnis)* **~ haben** *od.* **verspüren, etw. zu tun** feel like doing sth.; **große/keine ~ haben, etw. zu tun** really/not feel like doing sth.; **wir hatten nicht die geringste ~, das zu tun** we didn't feel in the least *or* slightest like doing it; **plötzlich ~ bekommen, etw. zu tun** suddenly feel like doing sth.; **auf etw.** *(Akk.)* **~ haben** fancy sth.; **ich hätte große ~ auf ...** *(Akk.)* I could really fancy ...; **ich habe jetzt keine ~:** I'm not in the mood at the moment; **das kannst du machen, wie du ~ hast** you can do it however you like *or* whatever way you like; **mir ist die ~ dazu vergangen** I've lost [all] enthusiasm for it; **ich mache das nach ~ und Laune** I do it when I feel like it; **ich hätte ~ dazu** I'd like to; **b)** *o. Pl. (Vergnügen)* pleasure; joy; **~ an etw.** *(Dat.)* **haben** take great pleasure in *or* really enjoy sth.; **die ~ an etw.** *(Dat.)* **verlieren** lose interest in *or* stop enjoying sth.; **aus purer ~ am Töten** out of sheer pleasure in killing; **er hat an allem die ~ verloren** he no longer takes pleasure in anything; **etw. mit ~ und Liebe tun** love doing sth.; **c)** *(Begierde)* desire; *(geschlechtlich)* desire; lust *(usu. derog.);* **die ~ des Fleisches** *(geh.)* the desires *pl. or* lusts *pl.* of the flesh

**Lustbarkeit** die; ~, ~en *(geh. veralt.)* entertainment; festivity

**lust·betont** *Adj.* pleasure-orientated ⟨*behaviour*⟩; fun-loving, pleasure-loving ⟨*person*⟩*;* **~es Spielen** fun-orientated play

**Luster** ['lʊstɐ] der; ~s, ~ *(österr.) s.* **Lüster a**

**Lüster** ['lʏstɐ] der; ~s, ~ **a)** *(veralt.: Kronleuchter)* chandelier; **b)** *(Überzug)* lustre

**lüstern 1.** *Adj.* **a)** lecherous; lascivious; **nach jmdm. ~ sein** lust after sb.; **b)** *(begierig)* **mit ~en Augen/Blicken** with greedy eyes. **2.** *adv.* **a)** lecherously; lasciviously; **b)** *(begierig)* greedily

**Lust-: ~fahrt** die *(veralt.)* excursion; **~garten** der *(hist.)* pleasance *(arch.);* pleasure-ground; **~gefühl** das feeling of pleasure; **~gewinn** der *o. Pl.* pleasure; **~greis** der *(abwertend)* [old] lecher; **~haus** das *(hist.)* summer-house

**lustig 1.** *Adj.* **a)** *(vergnügt)* merry; jolly; merry, jolly, jovial ⟨*person*⟩*;* happy, enjoyable ⟨*time*⟩*;* **dort war es immer sehr ~:** it was always a lot of fun there; **das kann ja ~ werden!** *(ugs. iron.)* this/that is going to be fun! **sich über jmdn./etw. ~ machen** make fun of sb./sth.; **b)** *(komisch)* funny; amusing; **etw. Lustiges** sth. funny; **c)** *(ugs.) in* **wie du ~ bist** *(ugs.)* however you fancy; whatever way you fancy; **solange du ~ bist** *(ugs.)* for as long as you like. **2.** *adv.* **a)** *(vergnügt)* ⟨*laugh, play*⟩ merrily, happily; **bei euch scheint es sehr ~ zuzugehen** you seem to be really enjoying yourselves *or* having a lot of fun; **~ brennen/flattern** *(fig.)* burn/flutter merrily; **b)** *(komisch)* funnily; amusingly; **sie kann so ~ erzählen** she can tell such funny *or* amusing stories; **c)** *(unbekümmert)* gaily

**-lustig** ['lʊstɪç] *adj.* **[sehr] tanz~/sanges~/lese~ sein** be very fond of *or* keen on dancing/singing/reading; **der wanderlustige Urlauber** the holidaymaker who is keen on hiking

**Lustigkeit** die; ~ **a)** *(Fröhlichkeit)* merriness; jolliness; *(Frohsinn auch)* joviality; **b)** *(Komik)* funniness

**Lust·knabe** der *(veralt., scherzh.)* catamite

**Lüstling** ['lʏstlɪŋ] der; ~s, ~e *(veralt. abwertend, scherzh.)* lecher

**lust-, Lust-: ~los 1.** *Adj.* **a)** *(unlustig)* listless; *(ohne Begeisterung)* unenthusiastic [and uninterested]; **b)** *(Börsenw.)* slack; dull; **2.** *adv.* listlessly; *(ohne Begeisterung)* without enthusiasm [or interest]; **sie stocherte ~los in ihrem Essen herum** she picked at her food with no real [interest or] enthusiasm; **~losigkeit** die; *o. Pl.* **a)** *(Unlust)* listlessness; *(mangelnde Begeisterung)* lack of [interest and] enthusiasm; **b)** *(Börsenw.)* slackness; dullness; **~molch** der *(ugs. scherzh.)* sex maniac; **ein alter ~molch** an old lecher; **~mord** der sex murder; **~mörder** der sex killer; **~objekt** das sex object; **~prinzip** das *(Psych.)* pleasure principle; **~schloß** das summer residence; **~schrei** der cry of pleasure;

**~seuche die a)** *(veralt.: Syphilis)* syphilis *no art.;* **b)** *(geh.: Geschlechtskrankheit)* sexual scourge; **~spiel das** comedy; **~spiel·dichter der** comic dramatist; **~wandeln** *itr. V.; mit sein od. haben (geh. veralt.)* stroll; take a stroll
**Lutheraner** [lʊtəˈraːnɐ] **der; ~s, ~; Lutheranerin die; ~, ~nen** Lutheran
**Luther·bibel die** Luther's Bible; Lutheran Bible
**lutherisch 1.** *Adj.* Lutheran. **2.** *adv.* ⟨*think etc.*⟩ as a Lutheran; **jmdn. ~ erziehen** bring sb. up in the Lutheran religion
**Lutherisch** *Adj.* Luther's; **das berühmte ~e Wort** Luther's famous words *pl.*
**Luthersch** [ˈlʊtɐʃ] *Adj. s.* **Lutherisch**
**Luthertum das; ~s** Lutheranism *no art.*
**lutschen** [ˈlʊtʃn̩] **1.** *tr. V.* suck. **2.** *itr. V.* suck **an etw.** *(Dat.)* **~:** suck sth.; **am Daumen ~:** suck one's thumb
**Lutscher der; ~s, ~ a)** lollipop; **b)** *(Schnuller)* dummy *(Brit.);* pacifier *(Amer.)*
**Lüttich** [ˈlʏtɪç] **(das); ~s** Liège
**Luv** [luːf] **die,** *auch* **das; ~** *(Seemannsspr.)* **in in/nach ~:** to windward
**luven** [ˈluːvn̩] *itr. V. (Seemannsspr.)* luff
**Lux** [lʊks] **das; ~, ~:** *(Physik)* lux
**Luxation** [lʊksaˈtsi̯oːn] **die; ~, ~en** *(Med.)* luxation *(Med.);* dislocation
**Luxemburg** [ˈlʊksm̩bʊrk] **(das); ~s** Luxembourg; *s. auch* **Großherzogtum**
**Luxemburger 1.** *Adj.; nicht präd.* Luxembourg; **die ~ EG-Behörden** the EEC authorities in Luxembourg. **2. der; ~s, ~:** Luxembourger; *s. auch* **Kölner**
**Luxemburgerin die; ~, ~nen** Luxembourger; *s. auch* **-in**
**luxemburgisch** *Adj.* Luxembourgian
**luxuriös** [lʊksuˈri̯øːs] **1.** *Adj.* luxurious; **ein ~es Leben führen** lead a life of luxury. **2.** *adv.* luxuriously; **[sehr] ~ leben/wohnen** live in [great] luxury
**Luxus** [ˈlʊksʊs] **der; ~** *(auch fig.)* luxury; **etw. ist reiner ~:** sth. is sheer extravagance; **den ~ lieben** love luxury; **im ~ leben** live in [the lap of] luxury; **sich** *(Dat.)* **den ~ leisten, etw. zu tun** *(fig.)* allow oneself the luxury of doing sth.
**Luxus-: ~artikel der** luxury article; **dieses Geschäft führt nur ~artikel** this shop sells only luxury goods; **~aus·führung die** de luxe version; **~aus·gabe die** de luxe edition; **~dampfer der** luxury cruiser; **~hotel das** luxury hotel; **~jacht die** luxury yacht; **~kabine die** luxury cabin; **~klasse die** luxury class; **Automobile der ~klasse** luxury cars; **~limousine die** luxury limousine; **~schlitten der** *(ugs.)* classy car *or* job *(sl.);* **~weibchen das** *(abwertend)* woman who expects to live in luxury
**Luzern** [luˈtsɛrn] **(das); ~s** Lucerne
**Luzerne** [luˈtsɛrnə] **die; ~, ~n** *(Bot.)* alfalfa; lucerne *(Brit.)*
**luzid** [luˈtsiːt] *Adj.* lucid
**Luzidität** [lutsidiˈtɛːt] **die; ~:** lucidity
**Luzifer** [ˈluːtsifɛr] **(der)** Lucifer
**luziferisch** *(geh.) Adj.* diabolical; vicious ⟨*sarcasm*⟩
**LW** *Abk.* **Langwelle** LW
**Lymph·drüse die** *(veralt.) s.* **Lymphknoten**
**Lymphe** [ˈlʏmfə] **die; ~, ~n** lymph
**Lymph·knoten der** lymph node *or* gland
**lynchen** [ˈlʏnçn̩] *tr. V.* lynch; *(scherzh.)* lynch; kill
**Lynch-: ~justiz die** lynch-law; **~mord der** lynching
**Lyoner [Wurst]** [ˈli̯oːnɐ-] **die; ~ [~], ~ [Würste]** bologna [sausage]
**Lyra** [ˈlyːra] **die; ~, Lyren a)** *(Mus.)* lyre; **b)** *(Astron.)* Lyra; the lyre
**Lyrik** [ˈlyːrɪk] **die; ~:** lyric poetry
**Lyriker der; ~s, ~, Lyrikerin die; ~, ~nen** lyric poet; lyricist
**lyrisch 1.** *Adj.* **a)** lyric ⟨*poem, poetry, epic, drama*⟩; lyrical ⟨*passage, style, description, etc.*⟩; **b)** *(gefühlvoll)* lyrical; **c)** *nicht präd. (Mus.)* lyric. **2.** *adv.* lyrically
**Lyzeum** [lyˈtseːʊm] **das; ~s, Lyzeen** [lyˈtseːən] girls' high school

# M

**m, M** [ɛm] **das; ~, ~:** m/M; *s. auch* **a, A**
**m** *Abk.* **Meter** m
**M** *(DDR) Abk.* **¹Mark**
**MA** *Abk.* **Mittelalter**
**Mäander** [mɛˈandɐ] **der; ~s, ~** *(Geogr., Kunstwiss.)* meander
**Maar** [maːɐ̯] **das; ~[e]s ~e** *(Geogr.)* maar; *(See)* crater lake
**Maas** [maːs] **die; ~:** Meuse
**Maat** [maːt] **der; ~[e]s, ~e[n] a)** *(Seemannsspr.)* [ship's] mate; **b)** *(Dienstgrad)* petty officer
**Mach** [max] **das; ~[s], ~** *(Physik)* Mach
**Machandel** [maˈxandl̩] **der; ~s, ~** *(nordd.) s.* **Wacholder**
**Mach·art die** style; *(Schnitt)* cut
**machbar** *Adj.* feasible
**Mache die; ~** *(ugs.)* **a)** *(abwertend)* sham; **das ist reine** *od.* **nichts als ~:** it's pure sham; it's all put on; **b) etw. in der ~ haben** have sth. on the stocks; be working on sth.; **jmdn. in der ~ haben/in die ~ nehmen** *(salopp) (jmdm. zusetzen)* be working/work on sb.; *(jmdn. verprügeln)* be working/work sb. over *(coll.)*
**machen** [ˈmaxn̩] **1.** *tr. V.* **a)** *(herstellen)* make; **aus Plastik/Holz** *usw.* **gemacht** made of plastic/wood *etc.;* **aus diesen Äpfeln ~ wir Saft** we will make juice from these apples; **aus diesem Zimmer ~ wir gerade ein Büro** we are making *or* turning this room into an office; **sich** *(Dat.)* **etw. ~ lassen** have sth. made; **Geld/ein Vermögen/einen Gewinn ~:** make money/a fortune/a profit; **dafür ist er wie gemacht/nicht gemacht** *(fig.)* that's just his line/that's not his line; **etw. aus jmdm. ~:** make sb. into sth.; *(verwandeln)* turn sb. into sth.; **jmdn. zum Präsidenten** *usw.* **~:** make sb. president *etc.;* **er machte sie zu seiner Frau** *(geh. veralt.)* he made her his wife; **b)** *(geben)* **jmdm. einen Kostenvoranschlag ~:** let sb. have *or* give sb. an estimate; **jmdm. einen guten Preis ~** *(ugs.) (beim Kauf)* make sb. a good offer; *(beim Verkauf)* name a good price; **c)** *(zubereiten)* get, prepare ⟨*meal*⟩; **den Salat ~** *(ugs.)* do the salad *(coll.);* **was machst du heute zum Abendessen?** what are you getting/doing for supper tonight?; **jmdm./sich [einen] Kaffee ~:** make [some] coffee for sb./oneself; **jmdm. einen Cocktail ~:** get *or* mix sb. a cocktail; **d)** *(verursachen)* **jmdm. Arbeit ~:** cause *or* make [extra] work for sb.; **jmdm. Sorgen ~:** cause sb. anxiety; worry sb.; **jmdm. Mut/Hoffnung ~:** give sb. courage/hope; **das macht Durst/Hunger** *od.* **Appetit** this makes one thirsty/hungry; this gives one a thirst/an appetite; **das macht das Wetter** that's [because of] the weather; **das macht das viele Rauchen** that comes from smoking a lot; **mach, daß er gesund wird!** make him get well!; **mach, daß du nach Hause kommst!** *(ugs.)* off home with you!; **ich muß ~, daß ich zum Bahnhof komme** *(ugs.)* I must see that I get to the station; **e)** *(ausführen)* do ⟨*job, repair, etc.*⟩; **seine Hausaufgaben ~:** do one's homework; **ein Foto** *od.* **eine Aufnahme ~:** take a photograph; **ein Examen ~:** take an exam; **einen Spaziergang ~:** go for *or* take a walk; **eine Reise ~:** go on a journey *or* trip; **einen Besuch [bei jmdm.] ~:** pay [sb.] a visit; **wie man's macht, macht man's falsch** *od.* **verkehrt** *(ugs.)* [however you do it,] there's always something wrong; *(jmdm. ist nichts recht)* there's no pleasing some people; **er macht es nicht unter 100 DM** he won't do it for under *or* less than 100 marks; **f)** *(+ Adj. od. V.: Zustand verändern)* **jmdn. glücklich/eifersüchtig** *usw.* **~:** make sb. happy/jealous *etc.;* **etw. größer/länger/kürzer ~:** make sth. bigger/longer/shorter; **mach es dir gemütlich** *od.* **bequem!** make yourself comfortable *or* at home; **das Kleid macht sie älter** the dress makes her look older; **jmdn. lachen/weinen/leiden ~** *(geh.)* make sb. laugh/cry/suffer; **g)** *(tun)* do; **was machst du da?** what are you doing?; **mußt du noch viel ~?** do you still have a lot to do?; **mach doch etwas!** 'do something!; **mach' ich, wird gemacht!** *(ugs.)* will do!; **was ~ Sie [beruflich]?** what do you do [for a living]?; **da ist nichts zu machen, dagegen kann man nichts ~:** there's nothing one can do [about it]; **was soll ich nur ~?** what am I to do?; **was macht der Fußball in der Küche?** what is the football doing in the kitchen?; **was hat er nur wieder gemacht [, daß alle so wütend sind]?** what has he been up to this time [to make everyone so angry]?; **so etwas macht man nicht** that [just] isn't done; **mach was dran!** *(ugs.)* what can you do?; **mit mir könnt ihr es ja ~** *(ugs.)* you can get away with it with me; **sie läßt alles mit sich ~:** she is very long-suffering; **h) was macht ...?** *(wie ist um ... bestellt?)* how is ...?; **was macht die Arbeit?** how is the job [getting on]?; how are things at work?; **was macht die Gesundheit?** how are you keeping?; **i)** *(ergeben) (beim Rechnen)* be; *(bei Geldbeträgen)* come to; **zwei mal zwei macht vier** two times two is four; **was** *od.* **wieviel macht das [alles zusammen]?** how much does that come to?; **das macht 12 DM** that is *or* costs 12 marks; *(Endsumme)* that comes to 12 marks; **j)** *(schaden)* **was macht das schon?** what does it matter?; **macht das was?** does it matter?; do you mind?; **macht nichts!** *(ugs.)* never mind!; it doesn't matter; **k)** *(teilnehmen an)* **einen Kursus** *od.* **Lehrgang ~:** take a course; **ein Seminar ~** *(ugs.)* take part in a seminar; **l)** *(ugs.: veranstalten)* organize, *(coll.)* do ⟨*trips, meals, bookings, etc.*⟩; **ein Fest ~:** give a party; **m) mach's gut!** *(ugs.)* look after yourself!; *(auf Wiedersehen)* so long!; **er macht es nicht mehr lange** *(ugs.)* he won't last much longer; **n)** *(ugs.: ordnen, saubermachen, renovieren);* do ⟨*room, stairs, washing, etc.*⟩; **das Bett ~:** make the bed; **die Haare/Fingernägel ~:** do one's hair/nails; **den Garten ~:** do the garden *(coll.);* **o)** *(ugs. verhüll.: seine Notdurft verrichten)* **sein Geschäft ~:** relieve oneself; **groß/klein ~:** do big jobs/small jobs *(child language);* **p)** *(ugs.: spielen, sein)* play, act ⟨*part, the clown, etc.*⟩ **wer macht hier den Vorarbeiter?** who is the foreman here?; **q) es [mit jmdm.] ~** *(ugs. verhüll.)* have it off [with sb.] *(sl.);* **es jmdm. ~** *(derb)* give it to sb. *(sl.).* **2.** *refl. V.* **a)** *mit Adj.* **sich ... ~:** make oneself ...; **sich hübsch ~:** smarten [oneself] up; **sich schmutzig ~:** get [oneself] dirty; **sich verständlich ~:** make oneself clear; **das macht sich bezahlt!** it's worth it!;

**sie macht sich besser, als sie ist** she pretends to be better than she is; **b)** *(beginnen)* **sich an etw.** *(Akk.)* **~:** get down to sth.; **mach dich ans Werk/an die Arbeit** get down to work; get on with it; **c)** *(ugs.: sich entwickeln)* do well; get on; **du hast dich aber gemacht!** you've made great strides!; **d)** *(passen)* **das macht sich gut hier** this fits in well; this looks good here; **e) mach dir nichts daraus!** *(ugs.)* don't let it bother you; **ich mache mir nichts daraus** it doesn't bother me; **sich** *(Dat.)* **nichts/wenig aus jmdm./etw. ~** *(ugs.)* not care at all/much for sb./sth.; **f)** *(gestalten)* **wir wollen uns** *(Dat.)* **einen schönen Abend ~:** we want to have an enjoyable evening; **macht euch ein paar schöne Stunden** enjoy yourselves for a few hours; **g) sich** *(Dat.)* **Feinde ~:** make enemies; **sich** *(Dat.)* **jmdn. zum Freund/ Feind ~:** make a friend/an enemy of sb.; **sich** *(Dat.)* **etw. zum Grundsatz/zur Aufgabe ~:** make sth. a principle/one's task; **h) das macht sich von selbst** it takes care of itself; **wenn es sich [irgendwie] ~ läßt** if it can [somehow] be done; if it is [at all] possible. **3.** *itr. V.* **a)** *(ugs.: sich beeilen)* **mach schon!** get a move on! *(coll.)*; look snappy! *(coll.)*; **mach schneller!** hurry up!; **b) das macht müde** it makes you tired; it is tiring; **das macht hungrig** it makes you hungry; **das macht durstig** it makes you thirsty; **das Kleid macht dick** the dress makes one look fat; **c)** *(tun)* **laß mich nur ~** *(ugs.)* leave it to me; **d)** *(ugs. verhüll.)* ⟨*child, pet*⟩ perform *(coll.)*; **ins Bett/in die Hose ~:** wet one's bed/pants; **e)** *(salopp: tätig sein)* **er macht in Lederwaren** he is in leather goods; **der Konzern macht auch in Versicherungen** the group also does insurance; **f)** *(salopp abwertend: mimen)* **auf naiv** *usw.* **~:** pretend to be naïve *etc.*; act naïve *etc.*; **auf feine Dame/großen Geschäftsmann ~:** act the fine lady/big business man; **auf vornehm ~:** give oneself airs; **g)** *mit sein (landsch. ugs.: sich begeben)* go; **in den Westen ~:** go to the west

**Machenschaften** *Pl. (abwertend)* machinations; wheeling and dealing *sing.*

**Macher der; ~s, ~** *(ugs.)* doer; **der Typ des ~s** the dynamic type who just gets on with things

**-macher der, -macherin die; ~, ~nen** ...-maker; **Filme~/Besen~/Bücher~** film-maker/broom-maker/maker of books

**Macher·lohn der** *(Schneiderei)* making-up charge

**Machete** [ma'xe:tə] **die; ~, ~n** machete

**Machiavellismus** [makjavɛ'lɪsmʊs] **der; ~** *(Philos., Politik)* machiavellianism *no art.*

**machiavellistisch** *(Philos., Politik) Adj.* machiavellian

**Machismo** [ma'tʃɪsmo] **der; ~[s]** *(abwertend)* machismo

**Macho** ['matʃo] **der; ~s, ~s** *(abwertend)* macho

**Macht** [maxt] **die; ~, Mächte** ['mɛçtə] **a)** *o. Pl. (Kraft, Einfluß)* power; *(Stärke)* strength; *(Befugnis)* authority; power; **mit aller ~:** with all one's might; **alles, was in seiner ~ steht, tun** do everything in one's power; **seine ~ ausspielen** use one's authority *or* power; **das liegt nicht in ihrer ~:** that is not within her power; that is outside her authority; **~ über jmdn. haben** have a hold over sb.; **eine unwiderstehliche ~ auf** *od.* **über jmdn. ausüben** exert an irresistible influence over sb.; **die ~ der Gewohnheit/der Verhältnisse** the force of habit/circumstances; **der Frühling kommt mit ~:** spring is coming with a vengeance; **b)** *o. Pl. (Herrschaft)* power *no art.*; **die ~ ergreifen** *od.* **an sich reißen** seize power; **an die ~ kommen** come to power; **c)** *(Staat)* power; **d)** *(~gruppe; geheimnisvolle Kraft)* power; force; **die Mächte der Reaktion** the forces of reaction; **die Mächte der Finsternis** the powers of darkness; **böse Mächte** evil forces; **e)** *(geh., veralt.: Heer)* forces *pl.*; **mit großer ~:** with a large force *or* army

**Macht-: ~an·spruch der** claim *or* pretension to power; **~apparat der** power structure; **~aus·übung die** exercise of power *(Gen.* by); **~befugnis die** authority *no pl., no art.*; power *no art.*; **~bereich der** sphere of influence; **~block der** power bloc

**Mächte·gruppierung die** *(Politik)* power grouping

**macht-, Macht-: ~entfaltung die** expansion of power; **~ergreifung die** *(Politik)* seizure of power *(Gen.* by); **~gier die** *(abwertend)* craving for power; **~gierig** *Adj.* with a craving for power *postpos., not pred.*; **~gierig sein** crave power; **~haber** [-ha:bɐ] **der; ~s, ~:** ruler; **die gegenwärtigen ~haber** those at present in power; **~hunger der** hunger for power; **~hungrig** *Adj.* power-hungry

**mächtig** ['mɛçtɪç] **1.** *Adj.* **a)** powerful; **die Mächtigen dieser Welt** the high and mighty; the wielders of power; **b) seiner Sinne** *od* **seiner selbst** *(Gen.)* **[nicht] ~ sein** [not] be in control of oneself; **einer Sprache** *(Gen.)* **/des Lesens und Schreibens ~ sein** *(geh.)* have a command of a language/be capable of reading and writing; **c)** *(beeindruckend groß)* mighty; powerful, mighty ⟨*voice, blow*⟩; tremendous, powerful ⟨*effect*⟩; *(ugs.)* terrific *(coll.)* ⟨*luck*⟩; terrible *(coll.)* ⟨*fright*⟩; **~en Hunger/~e Angst haben** be terribly hungry/afraid; **d)** *(landsch.: schwer)* heavy ⟨*food*⟩; *(sättigend)* filling ⟨*food*⟩. **2.** *adv. (ugs.)* terribly *(coll.)*; extremely; **~ viel** an awful lot *(coll.)*; **~ groß** tremendously large *(coll.)*; **er ist ~ gewachsen** he has grown a lot; **ihr müßt euch ~ beeilen** you'll really have to step on it *(coll.)*

**Mächtigkeit die; ~ a)** *(Einfluß)* power; **b)** *(Größe)* massive size; *(Gewalt)* force

**macht-, Macht-: ~instrument das** *(Politik)* instrument of power; **~kampf der** *(bes. Politik)* power struggle; **~los** *Adj.* powerless; impotent; **gegen etw. ~los sein, einer Sache** *(Dat.)* **~los gegenüberstehen** be powerless in the face of sth.; **gegenüber jmdm. ~los sein** be powerless against sb.; **gegen so viel Frechheit/Dummheit bin ich/ist man einfach ~los** there is nothing one can do in the face of such impudence/stupidity; **~losigkeit die** impotence **(gegen, gegenüber** in the face of); **~miß·brauch der** abuse of power; **~mittel** *das* instrument of power; **~politik die** power politics *sing., no art.*; **~position die** *(bes. Politik)* position of power; **~probe die** trial of strength; **~stellung die** *s.* **~position**; **~streben das** ambition for power; **~übernahme die** *(Politik)* take-over [of power] *(Gen.* by); **~verhältnisse** *Pl.* balance of power *sing.*; *(innerhalb einer Organisation)* power structure *sing.*; **~voll 1.** *Adj.* powerful; *(imponierend)* impressive ⟨*demonstration, appearance*⟩; **2.** *adv.* powerfully; *(imponierend)* impressively; **~vollkommenheit die** absolute power; **aus eigener ~vollkommenheit** on one's own authority *or* initiative; **~wechsel der** *(Politik)* change of government; **~wort das** word of command; decree; **ein ~wort sprechen** put one's foot down; lay down the law

**Mach·werk das** *(abwertend)* shoddy effort

**Macke** ['makə] **die; ~, ~n a)** *(salopp: Tick)* fad; **'ne ~ haben** have a fad; *(verrückt sein)* be off one's rocker *(sl.)*; **b)** *(ugs.: Defekt)* defect; *(optisch)* mark; blemish

**Macker der; ~s, ~ a)** *(Jugendspr.: Freund, Kerl)* guy *(sl.)*; bloke *(Brit. sl.)*; **b)** *(abwertend)* macho

**MAD** [ɛm/a:'de:] **der; ~s** *Abk.* **Militärischer Abschirmdienst** Military Counter Intelligence [Service]

**Madagaskar** [mada'gaskar] **(das); ~s** Madagascar

**Madagasse** [mada'gasə] **der; ~n, ~n, Madagassin die; ~, ~nen** Madagascan; Madagasy

**madagassisch** *Adj.* Madagascan; Madagasy

**Madam** [ma'dam] **die; ~, ~s a)** *(ugs. scherzh.)* [portly] matron; **b)** *(landsch. scherzh.: Ehefrau)* better half *(joc.)*

**Mädchen** ['mɛ:tçən] **das; ~s, ~ a)** girl; *(ugs. veralt.: Freundin)* girl[-friend]; **für kleine ~ müssen** *(fam. scherzh. verhüll.)* need to spend a penny *(Brit. coll.)*; **b)** *(Haus~)* maid; **~ für alles** *(ugs.)* maid of all work; *(im Büro usw.)* girl Friday; *(Mann)* man Friday

**Mädchen·alter das** girlhood years *pl.*; **im [zarten] ~alter** when still a [young] girl

**mädchenhaft 1.** *Adj.* girlish; **~ aussehen** ⟨*boy*⟩ have a girlish look; look like a girl; ⟨*girl*⟩ look childlike. **2.** *adv.* **sich ~ kleiden** dress in a girlish manner; ⟨*older woman*⟩ wear young clothes, dress like a young girl

**Mädchen-: ~handel der;** *o. Pl.* white-slave traffic; **~händler der** white-slave trader; **~klasse die** girls' class; **~kleidung die** girls' clothes *pl.*; **~name der a)** *(Vorname)* girl's name; **b)** *(Name vor der Ehe)* maiden name; **~pensionat das** girls' boarding-school; **~schule die** girls' school; school for girls; **~zimmer das a)** *(für ein ~)* girl's room; *(für mehrere)* girls' room; **b)** *(für Hausmädchen)* maid's room

**Made** ['ma:də] **die; ~, ~n** maggot; *(Larve)* larva; **leben wie die ~ im Speck** be living in the lap of luxury *or* off the fat of the land

**Madeira** [ma'de:ra] **der; ~s, ~s, Madeira·wein der** Madeira

**Madel** [ma:dl] **das; ~s, ~n,** *(südd., österr. mundartl.)*, **Mädel** ['mɛ:dl] **das; ~s, ~,** *nordd.:* **~s** *s.* **Mädchen a**

**Maderl, Mäderl** ['mɛ:dɐl], **das; ~s, ~n** *(österr. ugs.) s.* **Mädchen a**

**madig** *Adj.* maggoty; **jmdm. etw./ein Vergnügen ~ machen** *(ugs.)* spoil sb.'s pleasure in sth./spoil a pleasure for sb.; **jmdn./etw. ~ machen** *(ugs.)* run sb./sth. down

**Madonna** [ma'dɔna] **die; ~, Madonnen a)** *(christl. Rel.) o. Pl.* **die ~:** Our Lady; the Virgin Mary; **b)** *(Kunst)* madonna

**madonnen-, Madonnen-: ~gesicht das** madonna-like features *pl.*; **~haft 1.** *Adj.* madonna-like; **2.** *adv.* in a madonna-like manner; **~scheitel der** centre parting

**Madrigal** [madri'ga:l] **das; ~s, ~e** *(Literaturw., Musik)* madrigal

**Maestro** [ma'ɛstro] **der; ~s, ~s** *od.* **Maestri** maestro

**Maf[f]ia** ['mafia] **die; ~, ~s a)** *o. Pl.* Mafia; **b)** *(fig.)* mafia

**Mafioso** [ma'fio:zo] **der; ~s, Mafiosi** mafioso

**mag** [ma'k] *1. u. 3. Pers. Sg. Präsens v.* **mögen**

**Magazin** [maga'tsi:n] **das; ~s, ~e a)** *(Lager)* store; *(für Waren)* stock-room; *(für Waffen u. Munition)* magazine; *(in der Bibliothek)* stack[-room]; stacks *pl.*; **b)** *(für Patronen, Dias, Film usw.)* magazine; *(an Werkzeugmaschinen)* feeder; **c)** *(Zeitschrift)* magazine; *(Rundf., Ferns.)* magazine programme

**Magazineur** [magatsi'nø:ɐ] **der; ~s, ~e** *(österr.)* storekeeper; stores supervisor

**magazinieren** *tr. V.* [put in] store; put ⟨*explosives, weapons*⟩ in a/the magazine

**Magd** [ma:kt] **die; ~, Mägde** ['mɛ:kdə] **a)** *(veralt.)* *(Landarbeiterin)* [female] farmhand; *(Vieh~)* milkmaid; *(Dienst~)* maidservant; **b)** *(dichter. veralt.: Jungfrau)* maid; damsel; **Maria, die reine ~** *(christl. Rel.)* Mary, the pure Virgin

**Mägdelein** ['mɛ:kdəlain], **Mägdlein** ['mɛ:ktlain] **das; ~s, ~** *(dichter. veralt.)* maiden

**Magellan·straße** [magɛ'la:n-] **die** Straits *pl.* of Magellan
**Magen** ['ma:gn̩] **der; ~s, Mägen** ['mɛ:gn̩] *od.* **~:** stomach; **mir knurrt der ~** *(ugs.)* my tummy is rumbling *(coll.)*; **sich** *(Dat.)* **den ~ verderben** get an upset stomach; **etw. auf nüchternen** *od.* **leeren ~ essen/trinken** eat/drink sth. on an empty stomach; **etwas/nichts im ~ haben** have had something/nothing to eat; **jmdm. auf den ~ schlagen** upset sb.'s stomach; **jmdm. schwer im ~ liegen** lie heavy on sb.'s stomach; **diese Sache liegt mir schwer auf dem** *od.* **im ~** *(fig. ugs.)* this business is preying on my mind; **mit leerem ~:** with an empty stomach; **da dreht sich einem/mir der ~ um** *(ugs.)* it's enough to make *or* it makes one's/my stomach turn; *(fig.)* it makes you/me sick; *s. auch* **Liebe a**
**magen-, Magen-: ~ausheberung die; ~, ~en** *(Med.)* pumping-out of the stomach; **~beschwerden** *Pl.* stomach trouble *sing.*; **~bitter der; ~s, ~:** bitters *pl.*; **~blutung die** gastric haemorrhage; **~-Darm-Kanal der** *(Anat.)* gastro-intestinal tract; **~-Darm-Katarrh der** *(Med.)* gastro-enteritis; **~drücken das** feeling of pressure in the stomach; *(~schmerzen)* stomach-ache; **~durch·bruch der** *(Med.) s.* **~perforation; ~fahr·plan der** *(ugs. scherzh.)* menu; eating schedule; **~freundlich** *adj.* kind to the stomach *pred.*; **~gegend die** region of the stomach; **ein unangenehmes Gefühl in der ~gegend** an unpleasant feeling in the [pit of the] stomach; **~geschwür das** stomach ulcer; **~grube die** pit of the stomach; **~inhalt der** contents *pl.* of the stomach; **~katarrh der** *(Med.)* gastritis; **~knurren das** *(ugs.)* tummy rumbles *pl. (coll.)*; **~krampf der** stomach cramp; **~krämpfe** stomach spasms; **~krank** *Adj.* ⟨*person*⟩ suffering from a stomach disorder *or* complaint; **~krank sein/werden** have/get a stomach disorder *or* complaint; **~krankheit die** stomach complaint; **~krebs der** cancer of the stomach; **~leiden das** *s.* **~krankheit; ~leidend** *Adj.*: *s.* **~krank; ~mittel das** medicine for the stomach; stomachic *(Pharm.)*; **~perforation die** *(Med.)* perforation of the stomach; **~saft der** gastric juice; **~säure die** gastric acid; **~schleim·haut die** lining of the stomach; **~schleimhaut·entzündung die** gastritis; **~schmerzen** *Pl.* stomach-ache *sing.*; **~spiegelung die** *(Med.)* gastroscopy; **~spülung die** *(Med.)* gastric irrigation; **~verstimmung die** stomach upset
**mager** ['ma:gɐ] **1.** *Adj.* **a)** *(dünn)* thin; **b)** *(fettarm)* low-fat; low in fat *pred.*; lean ⟨*meat*⟩; **ein ~es Benzingemisch** *(Kfz-W.)* a lean mixture; **c)** *(nicht ertragreich)* poor ⟨*soil, harvest*⟩; infertile ⟨*field*⟩; lean ⟨*years*⟩; *(fig.: dürftig)* meagre ⟨*profit, increase, success, report, etc.*⟩; thin ⟨*programme*⟩; **d)** *(Druckw.)* light-face ⟨*type, characters*⟩. **2.** *adv.* **~ essen** follow a low-fat diet; eat low-fat foods
**Mager·käse der** low-fat cheese
**Magerkeit die; ~ a)** thinness; **b)** *(Ertragsarmut)* poorness; *(fig.: Dürftigkeit)* meagreness
**Mager-: ~milch die** skim[med] milk; **~quark der** low-fat curd cheese; **~sucht die** *o. Pl. (Med.)* wasting disease; *(Anorexie)* anorexia
**Magie** [ma'gi:] **die; ~:** magic; **Schwarze/Weiße ~:** black/white magic
**Magier** ['ma:gi̯ɐ] **der; ~s, ~** *(auch fig.)* magician; **die drei ~** *(bibl.)*; the Three Magi
**magisch 1.** *Adj.* **a)** magic ⟨*powers*⟩; **~es Quadrat** magic square; **b)** *(geheimnisvoll)* magical ⟨*attraction, light, force, etc.*⟩; *(unwirklich)* eerie ⟨*light, half-light*⟩. **2.** *adv. (durch Zauber)* by magic; *(wie durch Zauber)* as if by magic; magically; *(unwirklich)* eerily; **~ beleuchtet** with magical/eerie lighting *postpos., not pred.*
**Magister** [ma'gɪstɐ] **der; ~s, ~ a)** Master's degree; **den ~ haben/machen** ≈ have/work for an MA *or (Amer.)* a Master's; **~ Artium** [~ 'artsi̯ʊm] Master of Arts; **b)** *(Inhaber des Titels)* person holding a Master's degree; **~ sein** have a Master's degree
**¹Magistrat** [magɪs'tra:t] **der; ~[e]s, ~e** City Council
**²Magistrat der; ~en, ~en** *(schweiz.)* Federal Councillor
**Magma** ['magma] **das; ~s, Magmen** *(Geol.)* magma
**Magna Charta** ['magna 'karta] **die; ~ ~** *(hist.)* Magna Carta
**magna cum laude** ['magna kʊm 'laudə] *(Hochschulw.)* with great distinction; *second of four grades of succesful doctoral examination*
**Magnat** [ma'gna:t] **der; ~en, ~en a)** magnate; **b)** *(hist.)* great nobleman
**Magnesia** [ma'gne:zi̯a] **die; ~ a)** *(Chemie, Med.)* magnesia; **b)** *(Turnen)* chalk
**Magnesium** [ma'gne:zi̯ʊm] **das; ~s** *(Chemie)* magnesium
**Magnet** [ma'gne:t] **der; ~en** *od.* **~[e]s, ~e** *(auch fig.)* magnet
**Magnet-: ~auf·zeichnung die** [magnetic] tape recording; **~band das** *Pl.*: **~bänder** magnetic tape; **~berg der** Magnetic Mountain; **~bild·verfahren das;** *o. Pl. (Technik)* videotape technique; **~eisen·stein der** *(Mineral.)* magnetite; **~feld das** *(Physik)* magnetic field
**magnetisch 1.** *Adj. (auch fig.)* magnetic. **2.** *adv.* magnetically; **~ gespeichert/aufgezeichnet** stored/recorded on magnetic tape; **jmdn. ~ anziehen** *(fig.)* have a magnetic attraction for sb.
**Magnetiseur** [magneti'sø:ɐ̯] **der; ~s, ~e** mesmerist
**magnetisieren** *tr. V.* **a)** *(Physik)* magnetize; **b)** *(Psych. veralt.)* treat ⟨*patient*⟩ by mesmerism
**Magnetisierung die; ~, ~en** *(Physik)* magnetization
**Magnetismus der; ~ a)** *(Physik)* magnetism; **b)** *(Psych. veralt.)* mesmerism *no art.*
**Magnet-: ~kern der** *(Physik)* core [of a/the magnet]; **~kompaß der** magnetic compass; **~nadel die** [compass] needle
**Magneton** ['magnetɔn] **das; ~s, ~[s]** *(Kernphysik)* magneton
**Magnetophon** Ⓦⓩ [magneto'fo:n] **das; ~s, ~e** tape recorder
**Magnetosphäre die; ~:** magnetosphere
**Magnetron** ['magnetrɔn] **das; ~s, ~e** [-'tro:nə] *(Physik)* magnetron
**Magnet-: ~schalter der** *(Kfz-W.)* solenoid switch; *(im Spannungsregler)* [magnetic] cut-out; **~spule die a)** coil [of an/the electromagnet]; **b)** *(Solenoid)* solenoid; **~zündung die** *(Kfz-W.)* magneto ignition
**Magnifikat** [ma'gni:fikat] **das; ~s** *(kath. Kirche)* magnificat
**Magnifizenz** [magnifi'tsɛnts] **die; ~, ~en** *(Hochschulw.)* **Seine/Eure ~:** His/Your Magnificence *(mode of address or title of German university rector)*; **die ~en** the rectors
**Magnolie** [ma'gno:li̯ə] **die; ~, ~n** magnolia
**mäh** [mɛ:] *Interj.* baa
**Mahagoni** [maha'go:ni] **das; ~s** mahogany
**Maharadscha** [maha'ratʃa] **der; ~s, ~s** maharaja
**Maharani** [maha'ra:ni] **die; ~, ~s** maharanee
**Mäh·binder der** harvester[-binder]
**¹Mahd** [ma:t] **die; ~, ~en** *(landsch.)* **a)** *(Mähen)* mowing; **b)** *(das Gemähte)* mown grass; *(Heu)* [new-mown] hay
**²Mahd das; ~[e]s, Mähder** ['mɛ:dɐ] *(österr., schweiz.)* high pasture
**Mäh·drescher der** combine harvester
**¹mähen** ['mɛ:ən] **1.** *tr. V.* mow ⟨*grass, lawn, meadow*⟩; cut, reap ⟨*corn*⟩. **2.** *itr. V.* mow; *(Getreide ~)* reap
**²mähen** *itr. V.* ⟨*sheep*⟩ bleat
**Mäher der; ~s, ~ a)** mower; *(von Getreide)* reaper; **b)** *(ugs.) s.* **Mähmaschine**
**Mahl** [ma:l] **das; ~[e]s, Mähler** [mɛ:lɐ] *(geh.)* meal; repast *(formal)*; **beim ~ sitzen** sit at table
**mahlen** *unr. tr., itr. V.* grind; **etw. fein/grob ~:** grind sth. fine/coarsely; **wer zuerst kommt, mahlt zuerst** *(Spr.)* the early bird catches the worm *(prov.)*
**Mahl-: ~gang der** *(Technik)* grinding-machine; *(~steine)* set of millstones; **~gut das** grist
**mählich** ['mɛ:lɪç] *(geh. veralt.)* **1.** *Adj.* gradual. **2.** *adv.* gradually
**Mahl-: ~stein der a)** grinding-stone; **b)** *(Mühlstein)* millstone; **~strom der** *(geh.)* maelstrom; **~zahn der** molar; **~zeit** meal; **sich an die ~en halten** eat meals at regular times; **~!** *(ugs.)* have a good lunch; bon appetit; **[na dann] prost ~!** *(ugs.)* what a delightful prospect! *(iron.)*; *(an einen anderen)* [in that case] the best of British! *(Brit. coll.)*
**Mäh·maschine die** [power] mower; *(für Getreide)* reaper
**Mahn-: ~bescheid der** writ for payment; **~brief der** *s.* **~schreiben**
**Mähne** ['mɛ:nə] **die; ~, ~n** mane; *(scherzh.: Haarschopf)* mane [of hair]
**mahnen** ['ma:nən] **1.** *tr., itr. V.* **a)** *(auffordern)* urge; **zur Eile/Vorsicht ~:** urge haste/caution; **jmdn. zur Eile/Vorsicht~:** urge sb. to hurry/to be careful; **jmdn. eindringlich ~:** give sb. an urgent warning; **jmdn. ~d ansehen** look admonishingly at sb.; **b)** *(erinnern)* remind **(an** + *Akk.* of); **einen Schuldner [schriftlich] ~:** send a debtor a [written] demand for payment *or* a reminder. **2.** *itr. V. (geh.)* **an etw.** *(Akk.)* **~:** be reminiscent of sth.
**Mahner der; ~s, ~** *(geh.)* admonisher; *(Unheilsprophet)* Cassandra
**Mahn-: ~gebühr die** reminder fee; **~mal das** memorial *(erected as a warning to future generations)*; **~ruf der** *(geh.)* warning cry; admonition; **~schreiben das** reminder (+ *Gen.* from); *(an einen Schuldner)* demand [for payment]; reminder
**Mahnung die; ~, ~en a)** *(Aufforderung)* exhortation; *(Warnung)* admonition; **b)** *(Erinnerung)* reminder; **c)** *s.* **Mahnschreiben**
**Mahn·verfahren das** summary proceedings *pl.* [for the payment of a debt]
**Mähre** ['mɛ:rə] **die; ~, ~n** *(veralt. abwertend)* jade *(dated)*
**Mähren (das); ~s** Moravia
**mährisch** *Adj.* Moravian
**Mai** [mai̯] **der; ~[e]s** *od.* **~,** *dichter.*: **~en, ~e** May; **der Erste ~:** the first of May; May Day; **Kundgebungen zum Ersten ~:** May Day rallies; **im ~ des Lebens** *(geh.)* in the springtime of life; **wie einst im ~:** as in the days of my/their *etc.* youth
**Mai~: ~andacht die** *(kath. Kirche)* May devotion; **~baum der a)** maypole; **b)** *(Birkenbäumchen) small birch-tree traditionally tied to doorpost for May festival*; **~blume die a)** mayflower; **b)** *(~glöckchen)* lily of the valley; **~bowle die** *cup made of white wine and champagne with fresh woodruff*
**Maid** [mai̯t] **die; ~, ~en** *(veralt.)* maiden
**Mai·demonstration die** May Day demonstration
**Maie die; ~, ~n** *(veralt.) young birch-tree or birch leaves traditionally tied to doorpost for May celebrations*
**Maien·nacht die** *(dichter. veralt.)* May night
**Mai-: ~feier die** May Day celebration; **~feier·tag der** May Day *no def. art.*; **~glöckchen das** lily of the valley; **~käfer der** May-bug; **~königin die** *(Volksk.)*

Queen of the May; **~kundgebung die** May Day rally

**Mailand (das); ~s** Milan

**Mailänder** ['mailɛndɐ] **1.** *indekl. Adj.; nicht präd.* Milan; Milanese ⟨*climate, spring, etc.*⟩ **die ~ Scala** La Scala, Milan. **2. der; ~s, ~:** Milanese; *s. auch* **Kölner**

**Mailänderin die; ~, ~nen** Milanese

**mailändisch** *Adj.* Milanese

**Mai·parade die** May Day parade

**Mais** [mais] **der; ~es** maize; corn *(esp. Amer.); (als Gericht)* sweet corn

**Mais-: ~birne die** *(Sport)* [suspended] punch-ball *(Brit.) or (Amer.)* punching-bag; **~brei der** maize *or (Amer.)* corn [meal] porridge; **~brot das** corn bread

**Maische** ['maiʃə] **die; ~, ~n** *(bei Bier, Spiritus)* mash; *(bei Wein)* must

**maischen** *tr. V.* mash ⟨*malt*⟩; crush ⟨*grapes*⟩

**Mais-: ~kolben der** corn-cob; *(als Gericht)* corn on the cob; **~korn das** grain of maize *or (Amer.)* corn; **~mehl das** maize *or (Amer.)* corn flour

**Maison[n]ette** [mɛzɔ'nɛt] **die; ~, ~s, Maison[n]ette·wohnung die** maisonette

**Mais·stärke die** cornflour *(Brit.);* cornstarch *(esp. Amer.)*

**Maître de plaisir** [mɛtrəplɛ'zi:r] **der; ~ ~ ~, ~s** [mɛtrə-] **~ ~** *(veralt., noch scherzh.)* Master of Ceremonies

**Majestät** [majɛs'tɛ:t] **die; ~, ~en a)** *(Titel)* Majesty; **Seine/Ihre/Eure** *od.* **Euer ~:** His/Her/Your Majesty; **b)** *o. Pl. (geh.: Erhabenheit)* majesty

**majestätisch 1.** *Adj.* majestic. **2.** *adv.* majestically

**Majestäts·beleidigung die** lèse-majesté

**Majolika** [ma'jo:lika] **die; ~, Majoliken** majolica; **Majoliken** pieces of majolica

**Major** [ma'jo:ɐ̯] **der; ~s, ~e** *(Milit.)* major; *(der Luftwaffe)* squadron leader *(Brit.);* major *(Amer.)*

**Majoran** ['ma:joran] **der; ~s, ~e** marjoram

**Majorette** [majɔ'rɛt] **die; ~, ~s** *od.* **~n** majorette

**Majorin die; ~, ~nen a)** *(in der Heilsarmee)* major; **b)** *(veralt.)* major's wife

**majorisieren** *tr. V. (geh.)* outvote

**Majorität** [majori'tɛ:t] **die; ~, ~en** majority; **die ~ haben** have a majority

**Majoritäts-: ~beschluß der** majority decision; **~prinzip das** principle of a majority vote; majority principle

**Majuskel** [ma'jʊskl̩] **die; ~, ~n** *(Druckw.)* capital [letter]

**makaber** [ma'ka:bɐ] *Adj.* macabre

**Makedonien** [make'do:ni̯ən] **(das); ~s** Macedonia

**Makedonier der; ~s, ~:** Macedonian

**makedonisch** *Adj.* Macedonian

**Makel** ['ma:kl̩] **der; ~s, ~** *(geh.)* **a)** *(Schmach)* stigma; taint; **an ihm haftet ein ~:** a stain *or* taint clings to him; **b)** *(Fehler)* blemish; flaw; **ohne ~:** without a [single] flaw

**Mäkelei die; ~** *(abwertend)* carping

**mäkelig** *Adj. (abwertend)* carping; *(beim Essen)* fussy; particular

**makel·los 1.** *Adj.* flawless, perfect ⟨*skin, teeth, figure, stone*⟩; spotless, immaculate ⟨*white, cleanness, clothes*⟩; impeccable ⟨*accent*⟩; *(fig.)* spotless, unblemished ⟨*reputation, character*⟩. **2.** *adv.* immaculately; spotlessly ⟨*clean*⟩; *(fehlerfrei)* flawlessly

**Makellosigkeit die; ~** *s.* **makellos:** flawlessness; perfection; spotlessness; immaculateness; impeccability; *(fig.)* spotlessness

**makeln** *(ugs.) tr. V.* be a broker for ⟨*stocks, shares*⟩; be an agent for ⟨*houses, building-sites, etc.*⟩

**mäkeln** ['mɛ:kl̩n] *itr. V. (abwertend)* carp; **an etw.** *(Dat.) od.* **über etw.** *(Akk.)* **~:** carp at *or* find fault with sth.

**Make-up** [me:k'|ap] **das; ~s, ~s a)** make-up; **b)** *(Präparate)* make-up; **die ~s** the make-up products; **c)** *(Tönungscreme)* liquid make-up; foundation

**Makkaroni** [maka'ro:ni] *Pl.* macaroni *sing.*

**Makkaroni·fresser der** *(derb abwertend)* Eyetie *(sl. derog.);* wop *(sl. derog.)*

**Makler** ['ma:klɐ] **der; ~s, ~ a)** *(Häuser~)* estate agent *(Brit.);* realtor *(Amer.);* **b)** *(Börsen~)* broker

**Makler-: ~firma die** estate agents *pl. (Brit.); (Amer.)* realtors *pl.;* **~gebühr die, ~provision die** agent's fee *or* commission; *(eines Börsenmaklers)* brokerage charges *pl.*

**Mako** ['mako] **die; ~, ~s** *od.* **der** *od.* **das; ~[s], ~s** Egyptian cotton

**Makramee** [makra'me:] **das; ~[s]** macramé

**Makrele** [ma'kre:lə] **die; ~, ~n** mackerel

**makro-, Makro-** [makro-]: **~biotik** [~'bi̯o:tɪk] **die; ~:** macrobiotics *sing., no art.;* **~biotisch 1.** *Adj.* macrobiotic; **2.** *adv.* on macrobiotic principles; **~klima das** *(Met.)* macroclimate; **~kosmos der** macrocosm; **~molekül das** macromolecule

**Makrone** [ma'kro:nə] **die; ~, ~n** macaroon

**Makulatur** [makula'tu:ɐ̯] **die; ~, ~en a)** *(Druckw.)* spoilt sheets *pl.;* spoilage *no pl.;* **b)** *(Altpapier)* waste paper; **~ reden** *(ugs. abwertend)* talk rubbish

**mal** [ma:l] **1.** *Adv.* **a)** *(Math.)* times; *(bei Flächen)* by; **zwei ~ zwei** twice two; two times two; **der Raum ist 5 ~ 6 Meter groß** the room is five metres by six. **2.** *Partikel (ugs.)* **komm ~ her!** come here!; **hör ~ zu!** listen!; *s. auch* **einmal 2**

**¹Mal das; ~[e]s, ~e** time; **ein anderes ~:** another time; **nur dies eine ~:** just this once; **kein einziges ~:** not once; not a single time; **beim ersten/letzten ~:** the first/last time; **zum zweiten/x-ten ~:** for the second/n-th time; **mit einem ~[e]** all at once; all of a sudden; **von ~ zu ~ heftiger werden/nachlassen** become more and more violent/decrease more and more [each time]

**²Mal das; ~[e]s, ~e** *od.* **Mäler** ['mɛ:lɐ] **a)** mark; *(Muttermal)* birthmark; *(braun)* mole; **b)** *(geh.: Denk~, Mahn~)* memorial; **c)** *(Baseball)* base; **d)** *(Rugby)* goal; *(~feld)* in-goal

**Malachit** [mala'xi:t] **der; ~s, ~e** malachite

**malad[e]** [ma'la:d(ə)] *Adj. (veralt., landsch.)* ill; sick *(esp. Amer.)*

**Malaga** ['malaga] **der; ~s, ~s, Malaga·wein der** Malaga [wine]

**Malaie** [ma'laiə] **der; ~n, ~n, Malaiin die; ~, ~nen** Malay

**malaiisch** *Adj.* Malayan

**Malaise** [ma'lɛ:zə] **die; ~, ~n,** *schweiz.:* **das; ~s, ~s a)** malaise; sense of unease; **b)** *(Misere)* unhappy situation

**Malaria** [ma'la:ri̯a] **die; ~:** malaria

**malaria·krank** *Adj.* suffering from malaria *postpos.*

**Malaria·mücke die** malaria mosquito

**Malawi** [ma'la:vi] **(das); ~s** Malawi

**Malawier der; ~s, ~, Malawierin die; ~, ~nen** Malawian

**malawisch** *Adj.* Malawian

**Malaysia** [ma'laizi̯a] **(das); ~s** Malaysia

**malaysisch** *Adj.* Malaysian

**Mal·buch das** colouring-book

**malen 1.** *tr., itr. V.* **a)** paint ⟨*picture, portrait, person, etc.*⟩; *(mit Farbstiften)* draw with crayons; *(ausmalen)* colour; **sich ~ lassen** have one's portrait painted; **etw. in düsteren Farben ~** *(fig.)* paint *or* portray sth. in gloomy colours; **etw. allzu rosig/schwarz ~** *(fig.)* paint far too rosy/black a picture of sth.; **b)** *(sauber schreiben)* write carefully; **c)** *(anstreichen)* paint ⟨*door, window, etc.*⟩; decorate ⟨*flat, room, walls*⟩. **2.** *refl. V.* **a)** paint one's self-portrait; **b)** *(geh.)* **auf seinem Gesicht malte sich Erstaunen/Entsetzen** astonishment/horror was mirrored in his face

**Maler** ['ma:lɐ] **der; ~s, ~** painter

**Maler·arbeit die;** *meist Pl.* painting and decorating *no pl.*

**Malerei die; ~, ~en a)** *o. Pl.* painting *no art.;* **b)** *(Gemälde)* painting

**Malerin die; ~, ~nen** [woman] painter

**malerisch 1.** *Adj.* **a)** picturesque ⟨*village, house, etc.*⟩; **einen ~en Anblick bieten** look as pretty as a picture; **b)** *(zur Malerei gehörend)* artistic ⟨*skill, talent*⟩; ⟨*skill, talent*⟩ as a painter; ⟨*motif, subject*⟩ for painters; **sein ~es Werk** his paintings *pl.* **2.** *adv.* **a)** picturesquely ⟨*situated*⟩; **b)** ⟨*train*⟩ as a painter; **ihr ~ geschultes Auge** her trained artist's eye

**Maler-: ~lein·wand die** [artist's] canvas; **~meister der** master painter [and decorator]

**Malesche** [ma'lɛʃə] **die; ~, ~n** *(nordd. ugs.)* mess; **in der ~ sitzen/in ~n kommen** be/land in the soup *(sl.)*

**Mal·feld das** *(Rugby)* in-goal

**Malheur** [ma'lø:ɐ̯] **das; ~s, ~e** *od.* **~s** mishap; **das ist doch kein ~!** it's not the end of the world!

**Mali** ['ma:li] **(das); ~s** Mali

**maligne** [ma'lɪgnə] *Adj. (Med.)* malignant

**maliziös** [mali'tsi̯ø:s] *(geh.)* **1.** *Adj.* malicious. **2.** *adv.* maliciously

**Mal·kasten der** paintbox

**mall** [mal] *Adj. (ugs., bes. nordd.)* barmy *(Brit. sl.);* crazy

**Mallorca** [ma'lɔrka] **(das); ~s** Majorca

**mallorquinisch** [malɔr'ki:nɪʃ] *Adj.* Majorcan

**mal|nehmen** *unr. tr., itr. V.* multiply **(mit** by); **das Malnehmen** multiplication

**Maloche** [ma'lo:xə] **die; ~** *(salopp)* drudgery *no indef. art.;* slog; **auf ~ sein** be at work; *(schwer arbeiten)* slog away

**malochen** *itr. V. (salopp)* slog *or* slave [away]

**Mal-: ~pinsel der** paintbrush; **~stift der** crayon; **~strom der** *s.* **Mahlstrom**

**Malta** [malta] **(das); ~s** Malta

**Mal·technik die** painting technique

**Malteser** [mal'te:zɐ] **1.** *indekl. Adj.; nicht präd.* Maltese. **2. der; ~s, ~ a)** Maltese; *s. auch* **Kölner 2; b)** *s.* **~ritter**

**Malteser-: ~hilfs·dienst der** ≈ St John Ambulance Brigade; **~kreuz das** *(auch Technik)* Maltese cross; **~orden der** *o. Pl.* Order of the Knights of St John; **~ritter der** Knight of St John

**maltesisch** *Adj.* Maltese

**Maltesisch das; ~** *(Sprachw.)* Maltese

**Maltose** [mal'to:zə] **die; ~** *(Biochemie)* maltose

**malträtieren** [maltrɛ'ti:rən] *tr. V.* maltreat; ill-treat

**Malus** ['ma:lʊs] **der; ~** *od.* **~ses, ~** *od.* **~se a)** *(Versicherungsw.)* supplementary premium *(imposed after a number of claims);* **b)** *(Schulw.)* negative weighting; handicap; **einen ~ von ... bekommen** be marked down by ...

**Mal·utensilien** *Pl.* painting equipment *sing. or (coll.)* things

**Malve** ['malvə] **die; ~, ~n** mallow

**malven-: ~farben, ~farbig** *Adj.* [pale] mauve

**Malwinen** [mal'vi:nən] *Pl.* **die ~:** the Falkland Islands

**Malz** [malts] **das; ~es** malt

**Malz-: ~bier das** malt beer; **~bonbon das** malted cough lozenge

**Mal·zeichen das** multiplication sign

**mälzen** ['mɛltsn̩] *tr., itr. V. (Brauereiwesen)* malt

**Mälzerei die; ~, ~en** *(Brauereiwesen)* **a)** *(Gebäude)* malt-house; malting; **b)** *(Malzbereitung)* malting

**Malz-: ~extrakt der** malt extract; **~kaf-**

**fee der** *coffee substitute made from germinated, dried, and roasted barley;* **~zucker der** *(Biochemie)* maltose
**Mama** ['mama, *geh. veralt.:* ma'ma:] **die; ~, ~s** *(fam.)* mamma
**Mama-: ~puppe die** talking doll *(saying 'Mama');* **~söhnchen das** *(abwertend)* mummy's boy *(coll.)*
**Mameluck** [mamə'lʊk] **der; ~en, ~en** *(hist.)* Mameluke
**Mami** ['mami] **die; ~, ~s** *(fam.)* mummy *(Brit. coll.);* mommy *(Amer. coll.)*
**Mammographie** [mamogra'fi:] **die; ~, ~n** *(Med.)* mammography *no art.*
**Mammon** ['mamɔn] **der; ~s** *(abwertend)* Mammon; **dem ~ nachjagen** devote oneself to the pursuit of Mammon *or* of riches; **der schnöde ~:** filthy lucre
**Mammut** ['mamʊt] **das; ~s, ~e** *od.* **~s** mammoth
**Mammut-** mammoth; *(sehr lange dauernd)* marathon
**Mammut-: ~baum der** mammoth tree; sequoia; **~film der** mammoth [screen] epic; blockbuster; **~konzern der** mammoth concern; **~prozeß der** marathon trial; **~sitzung die** marathon session
**mampfen** ['mampf̩n] *tr., itr. V. (salopp)* munch; nosh *(sl.)*
**Mamsell** [mam'zɛl] **die; ~, ~en** *od.* **~s** *(veralt.: Hauswirtschafterin)* housekeeper
[1]**man** [man] *Indefinitpron. im Nom.* **a)** one; you; **~ hat von dort eine herrliche Aussicht** one has *or* there is a magnificent view from there; **~ kann nie wissen** one *or* you never can tell; **dagegen muß ~ etwas unternehmen** something has to be done about it; **~ nehme 250 g Butter** take 250 grams of butter; **für weitere Auskünfte wende ~ sich an ...:** for further information apply to ...; **b)** *(irgend jemand)* somebody; *(die Behörden; die Leute dort)* they; **~ hat mir gesagt ...:** I was told ...; they told me ...; **hat ~ dir das nicht mitgeteilt?** didn't anybody/they tell you that?; **~ vermutet/hat herausgefunden, daß ...:** it is thought/has been discovered that ...; they think/have discovered that ...; **c)** *(die Menschen im allgemeinen)* people *pl.;* **das trägt ~ heute** that's what people wear *or* what is worn nowadays; **so etwas tut ~ [einfach] nicht** that's [just] not done; **d)** *(ich)* one; **~ versteht sein eigenes Wort nicht** you can't hear yourself speak
[2]**man** *Adv. (bes. nordd.)* **laß ~ gut sein!** forget it!; **na, denn ~ los** let's be off then
**Management** ['mænɪdʒmənt] **das; ~s, ~s** management
**managen** ['mɛnɪdʒn̩] *tr. V.* **a)** *(ugs.)* fix; organize; **ich manage das schon** I'll fix it; *(durch Tricks)* I'll fiddle it *(sl.);* **b)** *(betreuen)* manage, act as manager for ⟨*singer, artist, player*⟩; **von seiner Frau gemanagt werden** have one's wife as one's manager
**Manager** ['mɛnɪdʒɐ] **der; ~s, ~, Managerin die; ~, ~nen** manager; *(eines Fußballvereins)* club secretary
**Manager·krankheit die** *(volkst.)* stress disease *no def. art.*
**manch** [manç] *Indefinitpron.* **a)** many a; **[so] ~er Beamte, ~ ein Beamter** many an official; **in [so] ~er Beziehung** in many respects; **[so] ~ schöne[n] Stunden** many a happy hour; **~ einer** *od.* **~er** many a person/man; **~ eine** *od.* **~e** many a woman; **b)** *substantivisch* **~e** some; *(viele)* many; **[so] ~er mußte das erleben** many people had to go through this; **[so] ~es** a number of things; *(allerhand Verschiedenes)* all kinds of things; **[so] ~es von dem, was wir lernten** much of what we learnt
**manchenorts** *s.* **mancherorts**
**mancherlei** *unbest. Gattungsz.; indekl.* **a)** various; a number of; **~ Käse** various kinds of cheese; **b)** *(Verschiedenes)* various things; a number of things

**mancherorten, mancherorts** *Adv. (geh.)* in some places; *(an verschiedenen Orten)* in various places
**Manchester** ['mɛntʃɛstɐ] **der; ~s** [heavy] corduroy
**manch·mal** *Adv.* sometimes
**Mandant** [man'dant] **der; ~en, ~en, Mandantin die; ~, ~nen** *(Rechtsw.)* client
**Mandarin** [manda'ri:n] **der; ~s, ~e** *(hist.)* mandarin
**Mandarine** [manda'ri:nə] **die; ~, ~n** mandarin [orange]; tangerine
**Mandat** [man'da:t] **das; ~[e]s, ~e a)** *(Parlamentssitz)* [parliamentary] seat; **sein ~ niederlegen** resign one's seat; **b)** *(Auftrag) (eines Abgeordneten)* mandate; *(eines Anwalts)* brief; **das politische ~ der Studentenausschüsse** the right of student committees to make political statements on behalf of members; **c)** *(Treuhandgebiet)* mandate; mandated territory
**Mandatar** [manda'ta:ɐ̯] **der; ~s, ~e a)** mandatary; **b)** *(österr.: Abgeordneter)* member [of parliament]; deputy
**Mandats-: ~gebiet das** mandated territory; mandate; **~träger der** *(Politik)* member of parliament; deputy
**Mandel** ['mandl̩] **die; ~, ~n a)** almond; **b)** *(Anat.)* tonsil
**mandel-, Mandel-: ~augen** *Pl. (geh.)* almond eyes; **~äugig** *Adj. (geh.)* almond-eyed; **~baum der** almond[-tree]; **~entzündung die** tonsillitis *no indef. art.;* **~förmig** *Adj.* almond-shaped; **~operation die** tonsillectomy
**Mandoline** [mando'li:nə] **die; ~, ~n** mandolin
**Mandrill** [man'drɪl] **der; ~s, ~e** *(Zool.)* mandrill
**Mandschure** [man'dʒu:rə] **der; ~n, ~n** Manchu; Manchurian
**Mandschurei die; ~:** Manchuria *no art.*
**mandschurisch** *Adj.* Manchurian
**Manege** [ma'ne:ʒə] **die; ~, ~n** *(im Zirkus)* ring; *(in der Reitschule)* arena
**mang** [maŋ(k)] *Präp. mit Dat. od. Akk. (nordd., berlin.)* among
**Mangan** [maŋ'ga:n] **das; ~s** *(Chemie)* manganese
**Mangan-: ~erz das** manganese ore; **~säure die** manganic acid
[1]**Mangel** ['maŋl̩] **der; ~s, Mängel** ['mɛŋl̩] **a)** *o. Pl. (Fehlen)* lack **(an** + *Dat.* of); *(Knappheit)* shortage, lack **(an** + *Dat.* of); **es herrscht** *od.* **besteht ~ an etw.** *(Dat.)* there is a lack *or* shortage of sth.; sth. is in short supply; **~ an Vitaminen** vitamin deficiency; **aus ~** *od.* **wegen ~s an Beweisen** for lack of evidence; **aus ~ an Erfahrung** from *or* owing to lack of experience; **keinen ~ leiden** not go short [of anything]; not want for anything; **b)** *(Fehler)* defect; **geringfügige Mängel** minor flaws *or* imperfections; **die Mängel eines Nachschlagewerkes/Drehbuchs** the shortcomings *or* deficiences of a reference work/film script
[2]**Mangel die; ~, ~n** *(Wäsche~)* [large] mangle; **jmdn. durch die ~ drehen** *od.* **in die ~ nehmen** *od.* **in der ~ haben** *(fig. salopp)* put sb. through the hoop
**Mängel·bericht der** *(Technik)* defect report (+ *Gen.* on); list of faults
**Mangel-: ~beruf der** understaffed profession; **~erscheinung die** *(Med.)* deficiency symptom
**mangelhaft 1.** *Adj. (fehlerhaft)* defective ⟨*goods, memory*⟩; faulty ⟨*goods, German, English, etc.*⟩; *(schlecht)* poor ⟨*memory, lighting*⟩; bad ⟨*road conditions, German*⟩; *(unzulänglich)* inadequate ⟨*knowledge, lighting*⟩; incomplete ⟨*reports*⟩; *(Schulw.)* **die Note „~"** the mark 'unsatisfactory'; *(bei Prüfungen)* the fail mark. **2.** *adv. (fehlerhaft)* defectively; faultily; *(schlecht)* poorly; *(unzulänglich)* inadequately; **~ befestigte Straßen** badly made roads; **Französisch beherrsche ich nur ~:** I have only an imperfect command of French
**Mängel·haftung die** *(Rechtsw.)* liability for defects
**Mangel·krankheit die** *(Med.)* deficiency disease
[1]**mangeln** *itr. V.* **es mangelt an etw.** *(Dat.) (ist nicht vorhanden)* there is a lack of sth.; *(ist unzureichend vorhanden)* there is a shortage of sth.; sth. is in short supply; **jmdm./einer Sache mangelt etw.** *od.* **es an etw.** *(Dat.)* sb./sth. lacks sth.; **es mangelt mir an Platz** I am short of space; **seine ~de Menschenkenntnis** his inadequate understanding of people; **die ~de Kompromißbereitschaft** the unwillingness to compromise
[2]**mangeln 1.** *tr. V.* mangle. **2.** *itr. V.* do the mangling
**Mängel·rüge die** *(Rechtsw.)* complaint *(about quality, service, etc.)*
**mangels** ['maŋls] *Präp. mit Gen.* in the absence of; **~ eines eigenen Büros** having no office of his *etc.* own; **~ Beweisen** *(Dat.)* owing to lack of evidence
**Mangel·ware die: ~ sein** be scarce *or* in short supply; ⟨*article*⟩ be a scarce commodity; **erfahrene Fachkräfte sind ~** *(fig. ugs.)* experienced skilled workers are thin on the ground *(coll.)*
**Mangel·wäsche die** [laundry for] mangling
**Mango** ['maŋgo] **die; ~, ~s** mango
**Mangold** ['maŋgɔlt] **der; ~[e]s** [Swiss] chard
**Mangrove** [maŋ'gro:və] **die; ~, ~n** mangrove forest
**Mangrove[n]-: ~baum der** mangrove [tree]; **~küste die** mangrove coastline
**Manichäismus** [maniçɛ'ɪsmʊs] **der; ~:** Manichaeism *no art.*
**Manie** [ma'ni:] **die; ~, ~n** mania; **bei jmdm. zur ~ werden** become an obsession with sb.
**Manier** [ma'ni:ɐ̯] **die; ~, ~en a)** manner; **in gewohnter ~:** in his/her usual way *or* manner; **auf eine bravouröse ~:** brilliantly; in a masterly fashion; **in der ~ Dalís** in Dali's manner *or* style; in the manner of Dali; **b)** *Pl. (Umgangsformen)* manners; **keine ~en haben** have no manners; **ich werde dir ~en beibringen!** I'll teach you some manners!; **c)** *(veralt.)* **das ist doch keine ~!** that's no way to behave
**manieriert** [mani'ri:ɐ̯t] *(geh.)* **1.** *Adj.* mannered. **2.** *adv.* in a mannered fashion
**Manieriertheit die; ~, ~en** *(geh.)* mannerism
**Manierismus der; ~** *(Kunstwiss., Literaturw.)* mannerism
**manierlich 1.** *Adj.* **a)** *(fam.)* well-mannered; well-behaved ⟨*child*⟩; **b)** *(ugs.: einigermaßen gut)* reasonable; decent. **2.** *adv.* **a)** *(fam.)* properly; nicely; **b)** *(ugs.: einigermaßen gut)* **ganz/recht ~:** quite/really nicely *or* decently
**manifest** [mani'fɛst] *Adj. (geh.)* manifest; **es wird an diesem Beispiel ~:** it is made manifest by this example
**Manifest das; ~[e]s, ~e** manifesto
**Manifestant** [manifɛs'tant] **der; ~en, ~en** *(schweiz.)* demonstrator
**Manifestation** [manifɛsta'tsio:n] **die; ~, ~en a)** *(Med., Psych. usw.)* manifestation; **b)** *(schweiz.: Kundgebung)* demonstration
**manifestieren** *(geh.)* **1.** *refl. V.* be manifested; manifest itself. **2.** *tr. V.* demonstrate. **3.** *itr. V. (veralt.)* demonstrate
**Maniküre** [mani'ky:rə] **die; ~, ~n a)** *o. Pl.* manicure; **~ machen** manicure oneself; **b)** *(Person)* manicurist
**Maniküre·etui das** manicure set
**maniküren** *tr. V.* manicure
**Manila·faser** [ma'ni:la-] **die, Manilahanf der** Manila [hemp]
**Maniok** [ma'ni̯ɔk] **der; ~s, ~s** manioc; cassava

**Manipulant** [manipu'lant] **der; ~en, ~en** *(geh.)* manipulator

**Manipulation** [manipula'tsio:n] **die; ~, ~en** *(geh.)* manipulation

**manipulativ** [manipula'ti:f] *(geh.)* **1.** *Adj.* manipulative. **2.** *adv.* by manipulation

**Manipulator** [manipu'la:tɔr] **der; ~s, ~en** [-to:ren] **a)** *(Technik, geh. fig.)* manipulator; **b)** *(Zauberkünstler)* sleight-of-hand performer; *(Jongleur)* conjuror

**manipulierbar** *Adj.* *(geh.)* manipulable; susceptible to manipulation *postpos.;* **leicht ~:** easy to manipulate

**Manipulierbarkeit die; ~** *(geh.)* manipulability; susceptibility to manipulation; **die ~ der öffentlichen Meinung** the extent to which public opinion can be manipulated

**manipulieren** [manipu'li:rən] *tr. V.* manipulate; rig ‹*election result, composition of a committee*›

**Manipulierung die; ~, ~en** manipulation

**manisch** ['ma:nɪʃ] *(geh., Psych.)* **1.** *Adj.* manic. **2.** *adv.* maniacally

**manisch-depressiv** *Adj.* *(Psych.; Med.)* manic-depressive; **~es Irresein** *(veralt.)* manic depression

**Manitu** ['ma:nitu] **der; ~s** manitou

**Manko** ['maŋko] **das; ~s, ~s a)** *(Mangel)* shortcoming; deficiency; *(Nachteil)* handicap; **b)** *(Fehlbetrag)* deficit; **ein ~ von 1200 DM haben** be 1,200 marks short

**Mann** [man] **der; ~[e]s, Männer** ['mɛnɐ]; *s. auch* **Mannen a)** man; **alle erwachsenen Männer wurden festgenommen** all adult males were arrested; **ein ~, ein Wort** a man's word is his bond; **ein ~ der Tat** a man of action; **ein ~ des Todes** *(geh.)* a doomed man; **ein ~ der Feder/der Wissenschaft** *(geh.)* a man of letters/of science; **ein ~ aus dem Volk** a man of humble origins; **ein ~ des Volkes** a man of the people; **der ~ am Klavier** the pianist; the man at the piano; **der geeignete** *od.* **richtige ~ sein** be the right man; **der böse** *od.* **schwarze ~:** the bogy man; **der ~ des Tages/Jahres** the man of the moment/year; **der ~ auf der Straße** the man in the street; **auf den ~ dressiert sein** ‹*dog*› be trained to attack people; **der ~ im Mond** the man in the moon; ; **[mein lieber] ~!** *(ugs.) (überrascht, bewundernd)* my goodness!; *(verärgert)* for goodness sake!; **~ [Gottes]!** *(ugs.)* my God!; **wie ein ~:** to a man; with one voice; **der Geschäftsleitung wie ein ~ entgegentreten** approach the management like one man *or* with a united front; **[nicht] ~s genug sein, etw. zu tun** [not] be man enough to do sth.; **[nicht] der ~ sein, etw. zu tun** [not] be the right man to do sth.; **er ist nicht der ~, der kurz entschlossen eine Entscheidung treffen kann** he is not the sort who can make a decision at the drop of a hat; **seinen ~ stehen** *(seine Pflicht tun)* do one's duty; *(selbständig sein)* stand on one's own two feet; *(sich durchsetzen)* stand up for oneself; **seinen ~ gefunden haben** have met one's match; **dieser Beruf ernährt seinen ~:** you can make a good living in that job; **du hast wohl einen kleinen ~ im Ohr** *(salopp)* you must be out of your tiny mind *(sl.)*; **etw. an den ~ bringen** *(ugs.) (verkaufen)* flog sth. *(Brit. sl.)*; push sth. *(Amer.)*; find a taker/takers for sth.; **seine Ansicht/seine Witze an den ~ bringen** *(ugs.)* find an audience for one's view/one's jokes; **seine Tochter an den ~ bringen** *(ugs. scherzh.)* find a taker for *or* marry off one's daughter; **~ für ~:** one by one; **Kämpfe** *od.* **der Kampf ~ gegen ~:** hand-to-hand fighting; **von ~ zu ~:** [from] man to man; **laß dir mal von ~ zu ~ sagen, ...;** let me tell you straight, ...; *s. auch* **Welt a; b)** *(Besatzungsmitglied)* man; **mit 1000 ~ Besatzung** with a crew of 1,000 [men]; **an Bord des Düsenjägers waren 4 ~:** there were four men on board the jet fighter; **bis zum letzten ~:** to the last man; **alle ~ an Deck!** *(Seemannsspr.)* all hands on deck!; **~ über Bord!** *(Seemannsspr.)* man overboard!; **mit ~ und Maus untergehen** *(Seemannsspr.)* go down with all on board; **c)** *(Teilnehmer)* **pro ~** *(ugs.)* per person; per head; **alle ~ [hoch]** *(ugs.)* in force; all together; **wir gingen noch alle ~ [hoch] in eine Kneipe** *(ugs.)* afterwards the whole lot of us went into a pub *(Brit. coll.) or (Amer.)* bar; **uns fehlt der dritte/vierte ~ zum Skatspielen** we need a third/fourth person *or* player for a game of skat; **~ decken** mark [an/one's opponent]; **an** *od.* **in den ~ gehen** *(bes. Fußball)* go in hard; *s. auch* **frei 1 o; Gott a; letzt... a; Not f; d)** *(Ehemann)* husband; **als** *od.* **wie ~ und Frau leben** *(geh.)* live as man and wife; **~ und Frau werden** *(geh.)* become man and wife

**Manna** ['mana] **das; ~[s],** *auch:* **die; ~** *(bibl.)* manna

**mạnnbar** *Adj.* *(geh. veralt.)* **a)** marriageable ‹*daughter, girl*›; **~ werden** become of marriageable age; **b)** *(geschlechtsreif)* sexually mature ‹*youth*›; **das ~e Alter** sexual maturity

**Männchen** ['mɛnçən] **das; ~s, ~ a)** little man; **ein altes, verhutzeltes ~:** a little wizened old man; **~ malen** draw matchstick men; **b)** *(Tier~)* male; *(Vogel~)* male; cock; **~ machen** ‹*animal*› sit up and beg; *(fig. ugs.: salutieren)* ‹*soldier*› salute smartly

**Mạnn·deckung die** *(Ballspiele)* man-to-man marking

**Männe** ['mɛnə] **der; ~, ~s** *(ugs.)* hubby *(coll.)*

**Männeken** ['mɛnəkn̩] **das; ~s, ~s** *(niederd., bes. berlin.)* little chap; **kleines ~:** tiny fellow

**Mạnnen** *Pl.* *(dichter. veralt.)* vassals; **der Trainer und seine ~** *(scherzh.)* the manager and his troops

**Mannequin** ['manəkɛ̃] **das; ~s, ~s** mannequin; [fashion] model

**mạnner-, Mạnner-: ~arbeit die** a man's work; work for a man; **~bekanntschaft die** male *or* gentleman friend; **von ~bekanntschaften leben** earn one's living from prostitution; **~beruf der** all-male profession; *(überwiegend von Männern ausgeübt)* male-dominated profession; **~bund der;** *Pl.* **~bünde** male society; **~chor der** male voice choir; **~fang der** *in* **auf ~fang gehen/aussein** *(ugs.)* go/be after the men; **~feindlich 1.** *Adj.* anti-male; **2.** *adv.* in an anti-male way; **~freundschaft die** friendship between men; **~gesang·verein der** male choral society; **~gesellschaft die** male-dominated society; **~geschichten** *Pl.* *(ugs.)* affairs with men; **~haus das** *(Völkerk.)* men's house; **~herz das** man's heart; **~herzen** men's hearts; **~kleider** *Pl.* men's clothes; **~mordend** *Adj.* *(ugs. scherzh.)* man-eating *(fig.)*; **~sache die** *in* **das ist ~sache** that's men's business; **~station die** men's ward; **~stimme die** man's voice; male voice; **~treu die; ~, ~** *(Bot.) (Veronica)* speedwell; veronica; *(Eryngium)* eryngo; sea holly; **~über·schuß der** surplus of men; **~welt die** *o. Pl.* *(scherzh.)* men *pl.*; **~wirtschaft die** *(scherzh.)* male housekeeping *no art.*; **~wohn·heim das** men's hostel

**Mạnnes-: ~alter das** manhood *no art.*; **im besten ~alter sein** be in the prime of life *or* in one's prime; **~jahre** *Pl.* [years of] manhood *sing.*; **~kraft die** *(geh.)* virility; **~tugend die** *(geh. veralt.)* manly virtue; **~wort das;** *Pl.* **~e** *(geh.)* word as a gentleman; **~würde die;** *o. Pl.* *(geh.)* honour as a gentleman; **~zucht die** *(geh. veralt.)* manly self-control *or* discipline

**mạnnhaft 1.** *Adj.* manful; *(tapfer)* courageous ‹*decision etc.*›; *(entschlossen)* resolute ‹*behaviour*›; stout ‹*resistance*›. **2.** *adv.* manfully; *(tapfer)* courageously; *(entschlossen)* resolutely; **~ Widerstand leisten** offer stout resistance

**Mạnnhaftigkeit die; ~:** manfulness; *(Mut)* [manly] courage

**mạnnig·fach 1.** *Adj.; nicht präd.* multifarious; manifold *(literary)*. **2.** *adv.* in a whole variety of ways; **etw. ~ gestalten** give sth. many different forms

**mạnnig·faltig** *(geh.)* **1.** *Adj.* multifarious; manifold *(literary)*; *(verschiedener Art)* diverse. **2.** *adv.* in a large variety of different ways; **das ~ gestaltete Programm** the programme with its diversity of different items

**Mạnnig·faltigkeit die; ~:** [great] diversity

**Männin** ['mɛnɪn] **die; ~** *(bibl., dichter.)* woman; *(Gefährtin)* spouse

**Männlein** ['mɛnlain] **das; ~s, ~ a) [kleines] ~:** little man; **b)** *(ugs. scherzh.)* **~ und/oder Weiblein** men and/or women; *(bei jüngeren)* boys and/or girls

**männlich 1.** *Adj.* **a)** male ‹*sex, line, descendant, flower, etc.*›; **~er Vorname** boy's *or* man's name; **das ~e Tier** the male [animal]; **b)** *(für den Mann typisch)* masculine ‹*behaviour, characteristic, etc.*›; male ‹*vanity*›; **ausgesprochen ~ wirken** have a decidedly masculine appearance; **eine ~e Haltung** a manly attitude; **~e Stärke/Energie** the strength/energy of a man; **c)** *(Sprachw.)* masculine; *(Verslehre)* male ‹*rhyme*›. **2.** *adv.* in a masculine way

**Männlichkeit die; ~ a)** masculinity; manliness; **b)** *(Potenz)* virility; **c)** *(scherzh.: Geschlechtsteile)* privates *pl.*; private parts *pl.*

**Mạnnlichkeits·wahn der** obsession with masculinity

**Mạnn·loch das** *(Technik)* manhole

**Mannomann** ['mano'man] *Interj.* *(salopp)* boy, oh boy!

**Mạnns·bild das** *(ugs., bes. südd., österr.)* man

**Mạnnschaft die; ~, ~en a)** *(Sport, auch fig.)* team; **die erste/zweite ~** *(Fußball)* the first/second eleven; **b)** *(Schiffs-, Flugzeugbesatzung)* crew; **c)** *(Milit.: Einheit)* unit; **vor versammelter ~:** in front of all the men; *(fig.)* in front of everybody; **d)** *Pl.* *(Milit.: einfache Soldaten)* other ranks

**mạnnschaftlich** *(Sport)* **1.** *Adj.; nicht präd.* as a team *postpos.*; **das ~e Zusammenwirken** the teamwork. **2.** *adv.* as a team

**Mạnnschafts-: ~auf·stellung die** *(Sport)* **a)** [composition of the] team; team line-up; **b)** *(das Aufstellen)* selection of the team; **~dienst·grad der** *(Milit.)* [lower] non-commissioned rank; **~führer der** *(Sport)* team captain; **~geist der;** *o. Pl.* *(Sport)* team spirit; **~kampf der** *(Sport)* team contest *or* event; **~kapitän der** *(Sport)* team captain; **~meisterschaft die** *(Sport)* team championship; **~raum der** *(Seew.)* crew's quarters *pl.*; **~spiel das** *(Sport)* **a)** team game; **b)** *(Zusammenspiel)* team play; teamwork; **~sport der** team sport; **~stärke die a)** *(Sport)* team strength; **b)** *(Milit.)* personnel; **~wagen der** personnel carrier; **~wertung die** *(Sport)* team placings *pl. or* classification

**mạnns-, Mạnns-: ~hoch** *Adj.* as tall as a man *postpos.*; six-foot-high; **~leute** *Pl.* *(veralt.)* menfolk; **~person die** *(veralt.)* male personage; **~toll** *Adj.* *(ugs. abwertend)* man-mad *(coll.)*; nymphomaniac; **~tollheit die** *(ugs. abwertend)* nymphomania *no art.*; **~volk das** *(veralt.)* menfolk *pl.*

**Mạnn·weib das** *(abwertend)* amazon

**Manometer** [mano'me:tɐ] **das; ~s, ~ a)** *(Physik)* manometer; pressure-gauge; **b)** *Interj.* *(salopp)* **~!** boy, oh boy!

**Manöver** [ma'nø:vɐ] **das; ~s, ~ a)** *(Milit.)* exercise; **~** *Pl.* manœuvres; **ins ~ gehen** *od.* **ziehen** go on manœuvres; **b)** *(Bewegung; fig. abwertend: Trick)* manœuvre

**Manöver-: ~gelände das** manœuvre area; **~gelände der amerikanischen Truppen** area used for manœuvres by the American troops; **~kritik die** *(Milit.)* exercise evaluation; *(fig.)* post-mortem *(coll.)*; **~kritik üben** *(fig.)* hold a post-mortem; **~schaden der** damage *no pl.* caused by manœuvres/an exercise

**manövrieren 1.** *itr. V.* manœuvre; **politisch klug/unklug ~** *(fig.)* perform clever/imprudent political manœuvres. **2.** *tr. V.* manœuvre ⟨*vehicle*⟩; **jmdn. in eine einflußreiche Position ~** *(fig.)* wangle sb. into an influential position *(sl.)*

**manövrier-, Manövrier-: ~fähig** *Adj.* manœuvrable; **~fähigkeit die;** *o. Pl.* manœuvrability; **~un·fähig** *Adj.* unmanœuvrable

**Mansarde** [man'zardə] **die; ~, ~n** attic; *(Zimmer)* attic room

**Mansarden-: ~dach das** mansard roof; **~fenster das** mansard dormer window; **~wohnung die** attic flat *(Brit.)* or *(Amer.)* apartment

**Mansch** [manʃ] **der; ~[e]s** *(ugs.)* sloshy mess *(coll.)*; *(Schneematsch)* slush

**manschen** *itr. V.* *(ugs.)* slosh about *(coll.)*

**Manschette** [man'ʃɛtə] **die; ~, ~n a)** cuff; **[vor etw.** *(Dat.)***] ~n haben** *(fig. ugs.)* have got the willies *(sl.)* or have got the wind up *(Brit. sl.)* [about sth.]; **jetzt, wo es ernst wird, hat sie ~n** *(fig. ugs.)* now it's serious she's got cold feet; **sag bloß, du hast ~n vor ihm!** *(fig. ugs.)* don't say you're scared of him!; **b)** *(Umhüllung)* paper frill; **c)** *(Ringen: Würgegriff)* stranglehold; **d)** *(Technik: Dichtungsring)* sealing ring; ring seal

**Manschetten·knopf der** cuff-link

**Mantel** ['mantl̩] **der; ~s, Mäntel** ['mɛntl̩] **a)** coat; *(schwerer)* overcoat; **der ~ des Schweigens/Vergessens** *(fig.)* the cloak *or* mantle of silence/oblivion; **den ~ des Schweigens über etw.** *(Akk.)* **breiten** *od.* **decken** *(fig.)* observe a strict silence about sth.; **b)** *(Technik)* *(Isolier~, Kühl~)* jacket; *(Ofen~)* casing; *(Rohr~)* sleeve; *(Kabel~)* sheath; *(Geschoß~)* [bullet-]casing; *(einer Granate)* [shell-]case; *(Glocken~)* cope; *(Reifen~)* [outer] cover; casing; **c)** *(Geom.: Zylinder~, Kegel~)* curved surface; **d)** *(Finanzw.)* share *or (Amer.)* stock certificate; **e)** *(Arbeitswelt ugs.)* *s.* **~tarifvertrag**

**Mäntelchen** ['mɛntl̩çən] **das, ~s, ~:** little coat; *(für Kinder)* [child's] coat; **einer Sache** *(Dat.)* **ein ~ umhängen** cover up sth.; *(etw. beschönigen)* gloss over sth.; *s. auch* **Wind**

**Mantel-: ~futter das** [over]coat-lining; **~kleid das** coat dress; **~pavian der** hamadryas baboon; **~sack der** *(veralt.)* saddle-bag; **~tarif der** *(Arbeitswelt)* terms of the **Manteltarifvertrag; ~tarif·vertrag der** *(Wirtsch.)* framework collective agreement [on working conditions]; **~tiere** *Pl.* *(Zool.)* tunicates

**Mantisse** [man'tɪsə] **die; ~, ~n** *(Math.)* mantissa

**Mantsch** [mantʃ] **der; ~[e]s** *s.* **Mansch**

**mantschen** *itr. V. s.* **manschen**

**Manual** [ma'nu̯a:l] **das; ~s, ~e, Manuale das; ~[s], ~[n]** *(Musik)* keyboard; manual

**manuell** [ma'nu̯ɛl] **1.** *Adj.* manual. **2.** *adv.* manually; by hand

**Manufaktur** [manufak'tu:ɐ̯] **die; ~, ~en a)** [small] factory *(where goods are produced largely by hand)*; **b)** *(veralt.: handgearbeitete Ware)* hand-made *or* handcrafted article

**Manus** ['ma:nʊs] **das; ~, ~** *(österr., schweiz.)*, **Manuskript** [manu'skrɪpt] **das; ~[e]s, ~e a)** *(auch hist.)* manuscript; *(Typoskript)* typescript; *(zu einem Film/Fernsehspiel/Hörspiel)* script; **als ~ gedruckt** printed for private circulation; **b)** *(Notizen eines Redners usw.)* notes *pl.*

**Maoismus** [mao'ɪsmʊs] **der; ~:** Maoism *no art.*

**Maoist der; ~en, ~en** Maoist

**maoistisch 1.** *Adj.* Maoist. **2.** *adv.* on Maoist lines

**Mäppchen** ['mɛpçən] **das; ~s, ~:** pencil-case

**Mappe** ['mapə] **die; ~, ~n a)** folder; *(größer, für Zeichnungen usw.)* portfolio; **b)** *(Aktentasche)* briefcase; *(Schul~)* school-bag

**Mär** [mɛ:ɐ̯] **die; ~, ~en** *(dichter.)* fable; *(fig.)* myth

**Marabu** ['ma:rabu] **der; ~s, ~s** *(Zool.)* marabou

**Marathon-** ['ma(:)ratɔn]: **~lauf der** marathon; **~läufer der** marathon runner; **~sitzung die** marathon session

**-marathon das; ~s, ~s** *(ugs.)* **Verhandlungs~/Sitzungs~:** marathon negotiations *pl.* /session

**Märchen** ['mɛ:ɐ̯çən] **das; ~s, ~ a)** fairy story; fairy-tale; **b)** *(ugs.: Lüge)* [tall] story *(coll.)*; **erzähl doch keine ~!** don't give me that story! *(coll.)*

**Märchen-: ~buch das** book of fairy stories; **~dichtung die** fairy-tale literature; **~erzähler der** teller of fairy stories; **~figur die** fairy-tale figure; **~film der** film of a fairy story

**märchenhaft 1.** *Adj.* **a)** fairy-story *attrib.*; *(wie ein Märchen)* fairy-story-like; as in a fairy story *postpos.*; **b)** *(zauberhaft)* magical; *(feenhaft)* fairy-like; **~ sein** be sheer magic; be like a dream; **c)** *(ugs.)* *(großartig)* fabulous; *(sehr groß)* fantastic *(coll.)*, incredible *(coll.)* ⟨*speed, wealth*⟩. **2.** *adv. s. Adj.*: **a)** as in a fairy story; **~ gestaltet** in the form of a fairy story; **b)** magically; **~ schön** bewitchingly beautiful; **c)** *(ugs.)* fantastically *(coll.)*; incredibly *(coll.)*; **~ spielen** play like a dream *or* fabulously

**Märchen-: ~land das: das ~land** the world of fairy-tale; fairyland; **~onkel der** *(fam.)* story-hour presenter; **~prinz der** fairy-tale prince; *(fig.)* Prince Charming; **~schloß das** fairy-tale castle; **~stunde die** [children's] story hour; **~tante die** *(fam.)* [female] story-hour presenter

**Marder** ['mardɐ] **der; ~s, ~:** marten

**Mare** ['ma:rə] **das; ~, ~** *od.* **Maria** *(Astron.)* mare

**Margarete** [marga're:tə] **(die)** Margaret

**Margarine** [marga'ri:nə] **die; ~:** margarine

**Marge** ['marʒə] **die; ~, ~n** *(Wirtsch.)* margin; *(Preisdifferenz)* difference in price; *(bei Aktien)* increase in price *(over issue price)*

**Margerite** [margə'ri:tə] **die; ~, ~n** ox-eye daisy; *(als Zierpflanze)* marguerite

**marginal** [margi'na:l] *(geh.)* **1.** *Adj.* marginal. **2.** *adv.* marginally

**Marginalie** [margi'na:li̯ə] **die; ~, ~n** marginal note; **~n** marginalia

**Maria** [ma'ri:a] **(die); ~s** *od.* **Mariens** *od.* *(Rel.)* **Mariä** Mary; **Mariä Empfängnis/Geburt** Conception/Nativity of the Blessed Virgin Mary; **Mariä Himmelfahrt** Assumption

**marianisch** [ma'ri̯a:nɪʃ] *Adj.* *(kath. Kirche)* Marian

**Marianne** [ma'ri̯anə] **(die)** Marianne; *(fig.: Frankreich)* France; the French *pl.*

**Marie** [ma'ri:] **die; ~** *(salopp: Geld)* dough *(sl.)*; lolly *(Brit. sl.)*

**Marien-: ~altar der** Lady-altar; **~bild das** madonna; **~dichtung die** *(Literaturw.)* Marian literature; **~käfer der** ladybird; **~kult der** Marian cult; Mariolatry; **~leben das** *(Literaturw., Kunstw.)* life of our Lady; **~legende die** legend of the Virgin Mary; Marian legend; **~verehrung die** worship of the Virgin Mary; Mariolatry

**Marihuana** [mari'hu̯a:na] **das; ~s** marijuana

**Marille** [ma'rɪlə] **die; ~, ~n** *(bes. österr.)* apricot

**marin** [ma'ri:n] *Adj.* marine

**Marinade** [mari'na:də] **die; ~, ~n a)** *(Beize)* marinade; **b)** *(Salatsauce)* [marinade] dressing; **c)** *(Fischkonserve)* marinaded fish

**Marine** [ma'ri:nə] **die; ~, ~n a)** *(Flotte)* fleet; **b)** *(Kriegs~)* navy

**marine-, Marine-: ~blau** *Adj.* navy [blue]; **~flieger der** naval airman; **~infanterie die** marines *pl.*; **~infanterist der** marine; **~luft·waffe die** Fleet Air Arm *(Brit.)*; Navy Air Force *(Amer.)*; **~maler der** *(Kunst)* marine painter

**Mariner der; ~s, ~** *(ugs.)* sailor

**Marine-: ~schule die** naval academy; **~soldat der** marine; **~stütz·punkt der** naval base; **~truppen** *Pl.* marines; **~uniform die** naval uniform

**marinieren** *tr. V.* marinade; **marinierte Heringe** soused herrings

**Marionette** [mari̯o'nɛtə] **die; ~, ~n** puppet; marionette; *(fig. abwertend)* puppet

**Marionetten-: ~regierung die** *(abwertend)* puppet government; **~spieler der** puppet-master; puppeteer; **~theater das** puppet theatre

**maritim** [mari'ti:m] *Adj.* maritime

[1]**Mark** [mark] **die; ~, ~** *od.* *(ugs. scherzh.:)* **Märker** ['mɛrkɐ] mark; **Deutsche ~:** Deutschmark; West German mark; **~ der DDR** GDR *or* East German mark; **zwei ~ fünfzig** two marks fifty; **die paar Märker** *(ugs.)* those few measly marks *(sl.)*; **keine müde ~** *(ugs.)* not a penny; not a cent *(Amer.)*; *s. auch* **umdrehen 1**

[2]**Mark das; ~[e]s a)** *(Knochen~)* marrow; medulla *(Anat.)*; **jmdm. das ~ aus den Knochen saugen** *(fig. ugs.)* *(finanziell)* bleed sb. white; *(arbeitsmäßig)* work sb. to death; **das ging mir durch ~ und Bein** *od.* *(scherzh.)* **durch ~ und Pfennig** *(fig.)* it put my teeth on edge; it went right through me; **jmdn. bis ins ~ treffen** *(fig.)* cut *or* sting sb. to the quick; **b)** *(Bot.)* *(Frucht~)* pulp; *(inneres Gewebe)* medulla *(as techn. term)*; pith

[3]**Mark die; ~, ~en** *(hist.)* march; **die ~ Brandenburg** the Mark [of] Brandenburg

**markant** [mar'kant] *Adj.* striking; distinctive; prominent ⟨*figure, nose, chin*⟩; clear-cut, distinctive ⟨*features, profile*⟩; **ein ~er Punkt in der Stadt** a landmark in the town

**mark·durch·dringend 1.** *Adj.* spine-chilling; blood-curdling. **2.** *adv.* **~ schreien** utter a spine-chilling scream

**Marke die; ~, ~n a)** *(Waren~)* brand; *(Fabrikat)* make; **Tabak der ~ Erinmore** the Erinmore brand of tobacco; **b)** *(Brief~, Rabatt~, Beitrags~)* stamp; **zehn ~n zu 60 Pfennig** ten 60-pfennig stamps; **c)** *(Garderoben~)* [cloakroom *or (Amer.)* checkroom] counter *or* tag; *(Zettel)* [cloakroom *or (Amer.)* checkroom] ticket; *(Essen~)* meal-ticket; **d)** *(Erkennungs~)* [identification] disc; *(Dienst~)* [police] identification badge; ≈ warrant card *(Brit.)* or *(Amer.)* ID card; **e)** *(Lebensmittel~)* coupon; **auf ~n verkauft werden** be on coupons; **f)** *(Markierung)* mark; *(Sport: Rekord)* record [height/distance]; **g)** *(salopp)* **du bist mir vielleicht eine ~!** you are a fine one! *(iron.)*

**Märke** ['mɛrkə] **die; ~, ~n** *(österr.)* monogram

**Marken-: ~artikel der** proprietary *or (Brit.)* branded article; **~artikel** *Pl.* proprietary *or (Brit.)* branded goods; **~butter die** best butter *(legally defined first grade of butter)*; **~erzeugnis das, ~fabrikat das** proprietary *or (Brit.)* branded product; **~name der** brand name; **~schutz der** protection of trade marks; **~zeichen das** trade mark

**mark·erschütternd 1.** *Adj.* heart-rending. **2.** *adv.* heart-rendingly

**Marketender** [markə'tɛndɐ] **der; ~s, ~, Marketenderin die; ~, ~nen** *(hist.)* sutler

**Marketender·ware die** troops' personal supplies *pl.*; ≈ NAAFI *(Brit.)* or *(Amer.)* PX goods *pl.*

**Marketing** ['markətɪŋ] **das;** ~**s** *(Wirtsch.)* marketing

**mạrk-, Mạrk-:** ~**graf der** margrave; ~**gräfin die** margravine; ~**gräflich** *Adj.; nicht präd.* margrave's; of the margrave *postpos.*

**markieren 1.** *tr. V.* **a)** *(auch fig.)* mark; *(Sport)* mark out ⟨*course*⟩; **b)** *(ugs.)* sham ⟨*illness, breakdown, etc.*⟩; **den Dummen** ~**:** act stupid; **c)** *(Sport)* mark ⟨*player*⟩. **2.** *itr. V. (ugs.)* sham; put it on *(coll.)*

**Markierung die;** ~, ~**en a)** *(Zeichen)* marking; **ein Flugzeug mit fremder** ~**:** an aircraft with foreign markings *pl.*; **b)** *o. Pl.* marking [out]

**Markierungs-:** ~**fähnchen das** course-marker; marker flag; ~**linie die** line

**mạrkig 1.** *Adj. (kernig)* pithy ⟨*saying, style*⟩; *(kraftvoll)* vigorous, breezy ⟨*commands, manner*⟩; powerful ⟨*voice*⟩; ~**e Worte** strong words; *(iron.: große Reden)* big words. **2.** *adv.* pithily

**mạ̈rkisch** *Adj.* of the Mark [of] Brandenburg *postpos.*; ⟨*food, produce, etc.*⟩ from the Mark [of] Brandenburg; *s. auch* **badisch**

**Markise** [mar'ki:zə] **die;** ~, ~**n** awning

**mạrk-, Mạrk-:** ~**klößchen das** *(Kochk.)* bone-marrow dumpling; ~**knochen der** marrowbone; ~**scheide die** *(Bergmannsspr.)* boundary *(of a mining area)*; ~**stein der** *(fig.)* milestone; ~**stück das** one-mark piece; ~**stück·groß** *Adj.* the size of a one-mark piece *postpos.*

**Mạrkt** [markt] **der;** ~**[e]s, Märkte** ['mɛrktə] **a)** market; **heute/freitags ist** ~**:** today/Friday is market-day; **zum** *od.* **auf den** ~ **gehen** go to the market; **auf dem** ~**:** at the market; **b)** *s.* ~**platz; c)** *(Super~)* supermarket; **d)** *(Warenverkehr, Absatzgebiet)* market; **der** ~ **für Gebrauchtwagen** the used-car market; **eine Ware auf den** ~ **bringen** *od.* **werfen** market a product; *(mit viel Werbung)* launch a product; **auf dem** *od.* **am** ~ **sein** ⟨*firm*⟩ be in the market; ⟨*article*⟩ be on the market; *s. auch* **gemeinsam 1 a; grau c; schwarz 1 c**

**mạrkt-, Mạrkt-:** ~**ab·sprache die** *(Wirtsch.)* marketing agreement; ~**analyse die** *(Wirtsch.)* market analysis; ~**an·teil der** share of the market; ~**anteile zurückgewinnen** regain parts of the market; ~**beherrschend** *Adj.* market-dominating *attrib.*; ~**beherrschend sein** have a dominant position in the market; ~**bewußt 1.** *Adj.* aware of products and prices *postpos.*; **2.** *adv.* with a knowledge of products and prices; ~**fähig** *Adj. (Wirtsch.)* marketable; ~**fähig werden** become a marketable proposition; ~**flecken der** *(veralt.)* small market town; ~**forschung die** market research *no def. art.*; ~**frau die** market-woman; ~**gängig** *Adj. (Wirtsch.)* with a ready sale *postpos., not pred.*; *(fig.: üblich)* customary; usual; ~**gerecht 1.** *Adj.* ⟨*product*⟩ geared to market requirements; ⟨*price*⟩ in line with market conditions; **2.** *adv.* in accordance with market conditions; ~**halle die** covered market; ~**lage die** market situation; state of the market; ~**leiter der** supermarket manager; ~**lücke die** gap in the market; **in eine** ~**lücke [vor]stoßen** fill a gap in the market; ~**ordnung die a)** *(Wirtsch.)* [Common] Market regulations *pl.*; **b)** *(bei Wochenmärkten)* market regulations *pl.*; ~**platz der** market-place *or* -square; ~**recht das** *(hist.)* right to hold a market; market right; ~**schreier der** barker; stall-holder who cries his wares; *(fig. abwertend)* vociferous propagandist; ~**schreierisch** *(abwertend, auch fig.)* **1.** *Adj.* vociferous; **2.** *adv.* vociferously; ~**stand der** market stall; ~**tag der** market-day; ~**üblich** *Adj.* customary [in the market] *postpos.*; ~**übliche Zinsen** customary market rates; ~**weib das** *(salopp)* market-woman; **wie ein** ~**weib** like a fishwife; ~**wert der** market value; ~**wirtschaft die: [freie]** ~**wirtschaft** [free] market economy; **die soziale** ~**wirtschaft** the social market economy *(with State intervention safeguarding social justice and free competition)*; ~**wirtschaftlich 1.** *Adj.; nicht präd.* market-economy; free-market; **2.** *adv.* on market-economy lines

**Markus·evangelium** ['markʊs-] **das** St Mark's Gospel; Gospel according to St Mark

**Marmara·meer** ['marmara-] **das** Sea of Marmara

**Marmelade** [marmə'la:də] **die;** ~, ~**n** jam; *(Orangen~)* marmalade

**Marmelade[n]-:** ~**brot** [piece of] bread and jam; *(zugeklappt)* jam sandwich; ~**glas das** jam-jar

**Marmor** ['marmɔr] **der;** ~**s** marble

**Mạrmor-:** ~**bild das** *(veralt.)* marble statue; ~**block der;** *Pl.* ~**blöcke** block of marble; marble block; ~**bruch der** marble-quarry; ~**büste die** marble bust

**marmorieren** *tr. V.* **etw.** ~**:** give sth. a marbled effect; marble sth.; **eine marmorierte Platte** a marbled slab

**Marmorierung die;** ~, ~**en** marbling; marbled effect

**Mạrmor·kuchen der** marble cake

**mạrmorn** *Adj.* marble; *(fig.)* pale as marble *postpos.*; ashen ⟨*pallor*⟩

**marode** *Adj. (ugs. abwertend)* clapped-out *(Brit. sl.)*

**Marodeur** [maro'dø:ɐ̯] **der;** ~**s,** ~**e** *(Soldatenspr.)* looter

**Marokkaner** [marɔ'ka:nɐ] **der;** ~**s,** ~, **Marokkanerin die;** ~, ~**nen** Moroccan

**marokkanisch** *Adj.* Moroccan

**Marokko** [ma'rɔko] **(das);** ~**s** Morocco

**Marone** [ma'ro:nə] **die;** ~, ~**n a)** [sweet] chestnut; **b)** *s.* **Maronenpilz**

**Maronen·pilz der** chestnut boletus

**Maronit** [maro'ni:t] **der;** ~**en,** ~**en** *(Rel.)* Maronite

**Marotte** [ma'rɔtə] **die;** ~, ~**n** fad

**Marquis** [mar'ki:] **der;** ~ [mar'ki:(s)], ~ [mar'ki:s] marquis

**Marquise** [mar'ki:zə] **die;** ~, ~**n** marquise

[1]**Mars** [mars] **der;** ~ *(Astron.)*, [2]**Mạrs (der)** *(Myth.)* Mars *no def. art.*

[3]**Mạrs der;** ~, ~**e** *od.* **die;** ~, ~**en** *(Seemannsspr.)* crow's nest

**Marsala** [mar'za:la] **der;** ~**s,** ~**s, Marsala·wein der** Marsala

**Mạrs·bewohner der** Martian

**marsch** [marʃ] *Interj.* **a)** *(Milit.)* [forward] march; **kehrt –** ~**!** about turn *or (Amer.)* face! forward march!; *s. auch* **Gleichschritt; b)** *(ugs.)* ~ ~**!** off with you!; *(beeil dich!)* move it! *(coll.)*; look snappy! *(coll.)*; ~ **ins Bett!** off to bed [with you]!; ~ **an die Arbeit!** get down to work!

[1]**Mạrsch der;** ~**[e]s, Märsche** ['mɛrʃə] **a)** *(Milit.)* march; *(Wanderung)* [long] walk; hike; **ein** ~ **von einer Stunde** an hour's march/walk; **einen** ~ **[von einer Stunde] machen** go for *or* take a long walk [lasting an hour]; **jmdn. in** ~ **setzen** *(Milit.)* march sb. off; *(fig.)* mobilize sb.; **sich in** ~ **setzen** make a move; get moving; *(Milit.)* march off; **b)** *(Musikstück)* march; **jmdm. [gehörig] den** ~ **blasen** *(fig. salopp)* give sb. a real rocket *(Brit. sl.) or (coll.)* bawling out

[2]**Marsch die;** ~, ~**en** fertile marshland

**Marschall** ['marʃal] **der;** ~**s, Marschälle** ['marʃɛlə] *(hist.)* marshal

**Mạrschall[s]·stab der** marshal's baton; **den** ~ **im Tornister tragen** *(fig.)* have what it takes to achieve high rank

**mạrsch-, Mạrsch-:** ~**befehl der** *(Milit.)* marching orders *pl.*; **der** ~**befehl** one's marching orders; ~**bereit** *Adj. (Milit.)* ready to march *or* move *pred.*; *(ugs.)* ready to go *pred.*; ~**boden der** [fertile] marshy soil; ~**flug·körper der** cruise missile; ~**gepäck das** *(Milit.)* marching pack; **unser** ~**gepäck** our marching packs *pl.*

**marschieren** *itr. V.; mit sein* **a)** march; **b)** *(ugs.: mit großen Schritten gehen)* march; stalk; *(wandern)* walk; hike; **c)** *(ugs.: vorankommen)* **[richtig]** ~**:** progress smoothly; **der Fortschritt marschiert** the march of progress is inexorable

**Mạrsch-:** ~**kolonne die** *(Milit.)* marching column; ~**land das** [fertile] marshland; ~**lied das** marching song; ~**musik die** march music; ~**ordnung die** *(Milit.)* marching order; ~**pause die** halt [on the march]; **eine** ~**pause einlegen** make a halt; ~**richtung die** *(Milit.)* direction of march; ~**route die** *(Milit.)* route; *(fig.)* line [of approach]; **die** ~**route für die Verhandlungen** *(fig.)* the line to be taken in the negotiations; ~**säule die** column of marchers; ~**tempo das** marching pace; *(Musik)* march tempo; **im** ~**tempo** at a quick march; *(Musik)* in march tempo; ~**verpflegung die** *(Milit.)* marching rations *pl.*; *(fig. ugs.)* rations *pl.* [for the journey]

**Marseillaise** [marzɛ'jɛ:zə] **die;** ~**:** Marseillaise

**Marseille** [mar'zɛ:j] **(das);** ~**s** Marseilles

**Marshall·plan** ['marʃal-] **der** *(hist.)* Marshall Plan

**Mạrs-:** ~**mensch der** Martian; ~**segel das** *(Seemannsspr.)* main topsail; ~**sonde die** *(Raumfahrt)* Mars probe

**Mar·stall** ['mar-] **der** *(hist.)* [royal *or* princely] stables *pl.*

**Marter** ['martɐ] **die;** ~, ~**n** *(geh.) (Folter)* torture; *(fig.: seelisch)* torment; **jmdm.** ~**n bereiten** *od.* **zufügen** *(körperlich)* subject sb. to torture; *(seelisch)* inflict torment on sb.

**Mạrter·instrument das** instrument of torture

**Marterl** ['martɐl] **das;** ~**s,** ~**n** *(bayr., österr.)* wayside shrine

**mạrtern** *tr. V. (geh.)* torture; *(fig.: seelisch)* torment; **jmdn. zu Tode** ~**:** torture sb. to death

**Mạrter-:** ~**pfahl der** stake; ~**tod der** *(geh.)* death by torture; *(Märtyrertod)* death of a martyr

**Mạrterung die;** ~, ~**en** *(geh.)* torture; *(seelisch)* torment

**martialisch** [mar'tsia:lɪʃ] *(geh.)* **1.** *Adj.* warlike ⟨*appearance, figure, etc.*⟩; martial ⟨*music*⟩. **2.** *adv.* in a warlike manner; *(drohend)* threateningly; aggressively

**Martin-Horn** Ⓦⓩ **das** *s.* **Martinshorn**

**Martini** [mar'ti:ni] **(das);** *indekl.* **zu** ~**:** on St Martin's Day; at Martinmas

**Mạrtins-:** ~**gans die** Martinmas goose; ~**horn das** *(volkstümlich)* siren *(of emergency vehicle)*; **mit** ~**horn** sounding its siren; ~**tag der** St Martin's Day

**Märtyrer** ['mɛrtyrɐ] **der;** ~**s,** ~, **Mạ̈rtyrerin die;** ~, ~**nen** martyr

**Mạ̈rtyrer-:** ~**krone die** martyr's crown; **die** ~**krone tragen** be a martyr/martyrs; ~**tod der** death of a martyr; **den** ~**tod sterben** die a martyr's death

**Märtyrin** ['mɛrtyrɪn] **die;** ~, ~**nen** *s.* **Märtyrerin**

**Martyrium** [mar'ty:ri̯ʊm] **das;** ~**s, Martyrien** martyrdom; **das war ein** ~ *(fig.)* it was sheer martyrdom

**Marxismus** [mar'ksɪsmʊs] **der;** ~**:** Marxism *no art.*

**Marxịsmus-Leninịsmus der** Marxism-Leninism *no art.*

**Marxịst der;** ~**en,** ~**en, Marxịstin die;** ~, ~**nen** Marxist

**marxịstisch 1.** *Adj.* Marxist. **2.** *adv.* ⟨*view, interpret*⟩ from a Marxist point of view; ⟨*think, act*⟩ in line with Marxism

**marxịstisch-leninịstisch 1.** *Adj.* Marxist-Leninist. **2.** *adv.* ⟨*view, interpret*⟩ from a Marxist-Leninist point of view; ⟨*think, act*⟩ in line with Marxism-Leninism

**März** [mɛrts] **der; ~[es],** *dichter.:* **~en** March; *s. auch* **April**

**Mạ̈rz[en]-: ~becher der a)** Spring Snowflake; **b)** *(volkstümlich: Narzisse)* daffodil; **~bier das** *kind of dark bock beer*

**Marzipan** [martsi'pa:n, *österr.* '---] **das; ~s,** *österr.:* **der; ~s** marzipan

**Marzipan-: ~kartoffel die** marzipan ball; **~schwein das** marzipan pig

**Mascara** [mas'ka:ra] **der; ~, ~s** mascara brush/pencil

**Masche** ['maʃə] **die; ~, ~n a)** stitch; *(Lauf~)* run; ladder *(Brit.); (beim Netz)* mesh; **die ~n eines Netzes** the mesh *sing.* of a net; **durch die ~n des Gesetzes schlüpfen** *(fig.)* slip through a loophole in the law; **b)** *(ugs.: Trick)* trick; **das ist die ~:** that's the way *or* trick; **c)** *(ugs.: Mode, Gag)* **die neueste ~:** the latest fad *or* craze; **d)** *(österr.: Schleife)* bow

**Mạschen-: ~draht der** wire netting; **~draht·zaun der** wire-netting fence; **~probe die** *(Handarb.)* tension check

**Maschine** [ma'ʃi:nə] **die; ~, ~n a)** machine; *(Näh~/Wasch~)* [sewing-/washing-]machine; **ich bin doch keine ~:** I'm not a machine; **b)** *(ugs.: Automotor)* engine; **c)** *(Flugzeug)* [aero]plane; **die erste ~ nach Zürich** the first plane *or* flight to Zurich; **d)** *(ugs.: Motorrad)* machine; **e)** *(Schreib~)* typewriter; **einen Brief in die ~ diktieren** dictate a letter straight on to the typewriter; **~ schreiben** type; **f)** *(ugs. abwertend: dicke Frau)* great hulk of a woman

**maschịne·geschrieben 1.** *2. Part. v.* **maschineschreiben. 2.** *Adj.* typed; typewritten

**maschinell** [maʃi'nɛl] **1.** *Adj.* **a)** *nicht präd.* machine *attrib.;* by machine *postpos.;* **~e Herstellung** machine production; **b)** *(wie eine Maschine)* mechanical. **2.** *adv.* **a)** by machine; **~ hergestellt** machine-made; **b)** *(wie eine Maschine)* mechanically

**maschịnen-, Maschịnen-: ~bau der;** *o. Pl.* **a)** machine construction *no art.;* mechanical engineering *no art.;* **b)** *(Lehrfach)* mechanical engineering *no art.;* **~bauer der** machine-builder; **~bau·ingenieur der** mechanical engineer; **~fabrik die** engineering works *sing. or pl.;* **~geschrieben** *Adj. s.* **maschinegeschrieben 2; ~gewehr das** machine-gun; **~halle die** machine-shop; **~haus das** power house; *(auf Schiffen)* engine-room; **~kraft die** mechanical power; engine power; **mit ~kraft** by mechanical *or* engine power; **~lesbar 1.** *Adj.* machine-readable; **2.** *adv.* in machine-readable form; **~park der** plant; **~pistole die** sub-machine-gun; **~raum der** engine-room; **~satz der** *(Druckw.)* machine composition; **~schaden der** engine trouble *no indef. art.;* **~schlosser der** fitter; **~schreiben das** typing; **das ~schreiben lernen** learn to type; **~schreiber der, ~schreiberin die** typist; **~schrift die** typing; *(Schriftart)* typeface; type; **in ~schrift** typed; **~schriftlich** *Adj.* typewritten; typed; **~stürmer** *Pl. (hist.)* machine-breakers; machine-wreckers; **~stürmerei die; ~:** machine-breaking; machine-wrecking; **~zeit·alter das** machine age

**Maschinerie** [maʃinə'ri:] **die; ~, ~n** machinery; **die gnadenlose ~ der Justiz** *(fig. geh.)* the merciless wheels *pl.* of justice

**maschịne·schreiben** *unr. itr. V.; Zusschr. nur im Inf. u. Part.* type

**Maschinịst der; ~en, ~en, Maschinịstin die; ~, ~nen a)** machinist; **b)** *(Schiffs~)* engineer

**Maser** ['ma:zɐ] **die; ~, ~n** figure

**maserig** *Adj.* figured

**masern** *tr. V.* grain ⟨*wood*⟩

**Masern** *Pl.* measles *sing. or pl.*

**Maserung die; ~, ~en** *(in Holz, Leder)* [wavy] grain; *(in Marmor)* vein; *(in Fell)* patterning

**Maske** ['maskə] **die; ~, ~n a)** *(auch fig.)* mask; **ihr Gesicht erstarrte zur ~:** her features froze into a mask; **die ~ fallen lassen** *od.* **abwerfen** *(fig.)* drop one's mask; **jmdm. die ~ vom Gesicht reißen** *(fig.)* unmask sb.; **b)** *(Theater)* make-up; **~ machen** make up; **d)** *(Mensch)* masker

**Mạsken-: ~ball der** masked ball; masquerade; **~bildner der** make-up artist

**mạskenhaft 1.** *Adj.* mask-like. **2.** *adv.* like a mask; **ein ~ starres Gesicht** a face frozen into a mask

**Maskerade** [maskə'ra:də] **die; ~, ~n a)** [fancy-dress] costume; **~ sein** *(fig.)* be a masquerade; **b)** *(veralt.: Maskenball)* masquerade; *(Kostümfest)* fancy-dress ball

**maskieren 1.** *tr. V.* **a)** mask; **b)** *(verkleiden)* dress up. **2.** *refl. V.* **a)** put on a mask/masks; **b)** *(sich verkleiden)* dress up

**Maskierung die; ~, ~en a)** *(das Verkleiden)* dressing up; **b)** *(Verkleidung)* disguise; *(beim Kostümball)* [fancy-dress] costume; **c)** *(Tarnung)* masking; disguising

**Maskottchen** [mas'kɔtçən] **das; ~s, ~:** [lucky] mascot

**maskulin** [masku'li:n, *auch* '---] **1.** *Adj.* *(auch Sprachw.)* masculine. **2.** *adv.* in a masculine way

**Maskulinum** ['maskuli:nʊm] **das; ~s, Mạskulina** *(Sprachw.)* masculine noun

**Masochismus** [mazɔ'xɪsmʊs] **der; ~** *(Psych.)* masochism *no art.*

**Masochist** [mazɔ'xɪst] **der; ~en, ~en, Masochịstin die; ~, ~nen** *(Psych.)* masochist

**masochịstisch** *(Psych.)* **1.** *Adj.* masochistic. **2.** *adv.* masochistically; **~ veranlagt sein** have masochistic tendencies

**maß** *1. u. 3. Pers. Sg. Prät. v.* **mẹssen**

**¹Maß** [ma:s] **das; ~es, ~e a)** measure **(für** of); **~e und Gewichte** weights and measures; **b)** *(fig.)* **ein gerüttelt ~ [an** *(Dat.) od.* **von etw.]** *(geh.)* a good measure [of sth.]; **das ~ ist voll** enough is enough; **das ~ vollmachen** go too far; **mit zweierlei ~ messen** apply different [sets of] standards; **c)** *(Größe)* measurement; *(von Räumen, Möbeln)* dimension; measurement; **ihre ~e sind ...:** her measurements *or* vital statistics are ...; **[bei] jmdm. ~ nehmen** take sb.'s measurements; measure sb. [up]; **d)** *(Grad)* measure, degree **(an +** *Dat.* of); **in solchem ~e** *od.* **in einem ~e, daß ...:** to such an extent that ...; **in großem/gewissem ~e** to a great/certain extent; **im höchsten ~[e]** extremely; exceedingly; **in vollem ~e** fully; **im gleichen ~[e]** to the same extent; **e)** *(Mäßigung)* **weder ~ noch Ziel kennen** know no restraint; **ohne ~ und Ziel** immoderately; **in** *od.* **mit ~en** in moderation; **über die** *od.* **alle ~en** *(geh.)* beyond [all] measure

**²Maß die; ~, ~[e]** *(bayr., österr.)* litre [of beer]; **zwei ~ Bier** two litres of beer

**Massage** [ma'sa:ʒə] **die; ~, ~n** massage; **zur ~ gehen** go for a massage

**Massage-: ~gerät das** massager; **~institut das** *(auch verhüll.)* massage parlour; **~öl das** massage oil; **~salon der** *(verhüll.)* massage parlour *(euphem.);* **~stab der** vibrator

**Massaker** [ma'sa:kɐ] **das; ~s, ~:** massacre

**massakrieren** *tr. V.* massacre

**Maß-: ~analyse die** *(Chemie)* volumetric analysis; **~an·gabe die** stated dimensions *pl. or* measurements *pl.; (bei Hohlmaßen)* stated capacity; **~an·zug der** made-to-measure suit; tailor-made suit; **~arbeit die a)** custom-made item; *(Kleidungsstück)* made-to-measure item; **[eine] ~arbeit sein** be custom-made/made-to-measure; **b)** *(genaue Arbeit)* neat work

**Masse** ['masə] **die; ~, ~n a)** mass; *(Kochk.)* mixture; **b)** *(Menge)* mass; **~n an** *(Dat.) od.* **von Autos** masses of cars; **riesige ~n Papier** huge piles *or* heaps of paper; **die ~ der Befragten** the bulk of those questioned; **die ~ macht's** *(ugs.)* it's quantity that's important; **sie kamen in ~n** they came in their masses *or* in droves; **das ist eine ganze ~:** that's a lot *(coll.) or* a great deal; **c)** *(Menschen~)* **eine große ~ [an] Menschen** *(Dat.)* a great mass of people; **die namenlose ~:** the anonymous masses *pl.;* **die breite ~:** the bulk *or* broad mass of the population; **die [werktätigen] ~n** the [working] masses; **d)** *(Physik)* mass; **e)** *(Wirtsch.)* assets *pl.; (Erb~)* estate; **mangels ~:** for lack of assets

**Maß-: ~einheit die** unit of measurement; **~ein·teilung die** calibrations *pl.*

**Massel** ['masl̩] **der; ~s** *(ugs.)* **~ haben** be dead lucky *(coll.)*

**Mạssen-: ~ab·fertigung die** *(oft abwertend)* mass processing *no indef. art.;* **~absatz der** mass sale; **für den ~absatz gefertigt** produced for mass sale; **~an·drang der** crush; **~an·ziehung die** *(Physik)* gravitation; **~arbeitslosigkeit die** mass unemployment; **~artikel der** mass-produced article; **~auf·gebot das** large body *or* contingent; **~bedarf der** mass demand; **~bedarfs·artikel der** mass consumer commodity; **~bewegung die** mass movement; **~blatt das** mass-circulation paper; **~demonstration die** mass demonstration; **~entlassungen** *Pl.* mass redundancies *pl.;* **~fabrikation die** mass production; **~gesellschaft die** *(Soziol.)* mass society; **~grab das** mass grave; **~güter** *Pl.* **a)** mass-produced goods; **b)** *(Frachtgut)* bulk goods

**mạssenhaft 1.** *Adj.; nicht präd.* in huge numbers *postpos.;* **das ~e Auftreten dieser Schädlinge** the appearance of huge numbers of these pests. **2.** *adv.* on a huge *or* massive scale; **~ kommen** come in vast *or* huge numbers; **~ Geld haben** *(ugs.)* have pots of money *(coll.);* **~ Schulden haben** have a pile of debts *(coll.)*

**mạssen-, Mạssen-: ~her·stellung die** *s.* **~produktion; ~hin·richtung die** mass execution; **~hysterie die** mass hysteria; **~initiative die** *(DDR)* mass initiative; **~karambolage die** multiple crash; [multiple] pile-up; **~kommunikations·mittel das** medium of mass communication; mass medium; **~kundgebung die** mass rally; **~medium das** mass medium; **~mord der** mass murder; **~mörder der** mass murderer; **~organisation die** *(bes. DDR)* mass organisation; **~produktion die** mass production; **etw. in ~produktion herstellen** mass-produce sth.; **~psychologie die** mass psychology *no art.;* **~psychose die** mass psychosis *no indef. art.;* **~quartier das** *(abwertend)* mass accommodation *no indef. art.;* **~schlägerei die** [grand] free-for-all; pitched battle *(fig.);* **~sport der** mass sport; **~sterben das: das ~sterben von ...:** the death of huge numbers of ...; **ein ~sterben begann** people/animals *etc.* began to die in huge numbers; **~szene die** crowd scene; **~tourismus der** mass tourism *no art.;* **~verhaftung die** mass arrest; **~verkehrsmittel das** means *sing.* of mass transportation; **~vernichtung die** mass extermination; **~vernichtungs·waffen** *Pl.* weapons of mass destruction; **~wahn der** mass hysteria; **~ware die** mass-produced article; **~waren** mass-produced goods; **~weise** *Adv.* in huge numbers *or* quantities; **~wirksam** *Adj.* with mass impact *postpos., not pred.;* **~wirksam sein** have mass impact; **~wirkung die** mass impact

**Masseur** [ma'sø:ɐ̯] **der; ~s, ~e** masseur

**Masseurin die; ~, ~nen** masseuse

**Masseuse** [ma'sø:zə] **die; ~, ~n** *(auch verhüll.)* masseuse

**Maß·gabe die** *in* **nach ~** *(+ Gen.) (geh.)* in accordance with; **mit der ~, etw. zu tun** with instructions to do sth.

**maß·gearbeitet** *Adj.* custom-made; made-to-measure ⟨*clothes*⟩
**maß·gebend, maß·geblich 1.** *Adj.* authoritative ⟨*book, expert, opinion*⟩; definitive ⟨*text*⟩; important, influential ⟨*person, circles, etc.*⟩; decisive ⟨*factor, influence, etc.*⟩; *(zuständig)* competent ⟨*authority, person, etc.*⟩; **sein Urteil ist nicht ~:** his opinion carries no weight. **2.** *adv.* ⟨*influence*⟩ considerably, to a considerable extent; *(entscheidend)* decisively; **~ an etw.** *(Dat.)* **beteiligt sein** play a leading role in sth.
**maß-, Maß-: ~gerecht 1.** accurate; **genau ~gerecht für etw. sein** be just the right size for sth.; **2.** *adv.* accurately; **~gerecht zugeschnittene Regalbretter** shelves cut to size; **~geschneidert** *Adj.* made-to-measure; *(fig.)* tailor-made; **~halte·appell der** call *or* appeal for moderation; **~|halten** *unr. itr. V.* exercise moderation
**[1]massieren 1.** *tr. V.* massage. **2.** *itr. V.* **gut ~ können** be a good masseur/masseuse
**[2]massieren 1.** *tr. V.* mass ⟨*troops etc.*⟩. **2.** *refl. V.* ⟨*troops etc.*⟩ mass
**massig 1.** *Adj.* massive; bulky, massive ⟨*figure*⟩. **2.** *adv. (ugs.)* **~ Geld verdienen** earn pots of money *(coll.)*; **~ zu tun haben** have loads *or* tons to do *(coll.)*
**mäßig** ['mɛːsɪç] **1.** *Adj.* **a)** moderate; **im Essen ~ sein** eat in moderation; be a moderate eater; **b)** *(gering)* moderate, modest ⟨*interest, income, talent, attendance*⟩; **c)** *(mittel~)* mediocre; indifferent; indifferent ⟨*health*⟩; **seine Leistungen sind mehr als ~:** his performance is worse than mediocre. **2.** *adv.* **a)** in moderation; **~, aber regelmäßig** *(scherzh.)* in moderation but regularly; **b)** *(gering)* moderately ⟨*gifted, talented*⟩; **nur ~ verkauft worden sein** have had only a modest sale; **c)** *(mittel~)* indifferently
**mäßigen** *(geh.)* **1.** *tr. V.* moderate ⟨*language, demands*⟩; curb, check ⟨*anger, impatience*⟩; slacken, reduce ⟨*speed*⟩. **2.** *refl. V.* **a)** practise *or* exercise moderation (**bei** in); *(sich beherrschen)* control *or* restrain oneself; **b)** *(nachlassen)* ⟨*storm*⟩ abate; ⟨*heat*⟩ grow less intense
**Mäßigkeit die; ~ a)** moderation; **jmdm. ~ empfehlen** advise sb. to exercise moderation; **b)** *(Mittel~)* mediocrity
**Mäßigung die; ~:** moderation; restraint; **jmdn. zur ~ mahnen** urge sb. to control *or* restrain himself/herself
**massiv** [ma'siːf] **1.** *Adj.* **a)** solid; **~ bauen** build solidly; **b)** *(heftig)* massive ⟨*demand*⟩; crude ⟨*accusation, threat*⟩; heavy, strong ⟨*attack, criticism, pressure*⟩; **~ werden** *(ugs.)* get tough. **2.** *adv.* ⟨*attack*⟩ heavily, strongly; ⟨*accuse, threaten*⟩ crudely
**Massiv das; ~s, ~e** massif
**Massiv-: ~bau der, ~bau·weise die** massive construction; **in ~bauweise errichtet sein** be of massive construction
**Massivität** [masivi'tɛːt] **die; ~** *s.* **massiv b:** massiveness; crudeness; heaviness; strength
**Maß·krug der** *(südd., österr.)* litre tankard *or* beer-mug; *(aus Steingut)* stein
**Maß·liebchen das** daisy
**maß·los 1.** *Adj. (äußerst)* extreme; *(übermäßig)* inordinate; gross ⟨*exaggeration, insult*⟩; excessive ⟨*demand, claim*⟩; *(grenzenlos)* boundless ⟨*ambition, greed, sorrow, joy*⟩; extravagant ⟨*spendthrift*⟩; **~ im Essen/Trinken sein** eat/drink to excess; **~ in seinen Ansprüchen sein** be excessive in one's demands. **2.** *adv. (äußerst)* extremely; *(übermäßig)* inordinately; ⟨*exaggerate*⟩ grossly; **sie ist ~ ehrgeizig** her ambition knows no bounds
**Maßlosigkeit die; ~** *s.* **maßlos:** extremeness; inordinateness; grossness; excessiveness; boundlessness
**Maßnahme die; ~, ~n** measure; **~n gegen etw. einleiten/treffen** introduce/take measures against sth.; **~n zur Verhütung von Unfällen treffen** take measures *or* steps to prevent accidents; **eine abschreckende ~:** a deterrent
**Maß·regel die** regulation; *(Maßnahme)* measure
**maßregeln** *tr. V. (zurechtweisen)* reprimand; *(bestrafen)* discipline
**Maß·reg[e]lung die** *(Zurechtweisung)* reprimand; *(Bestrafung)* disciplinary measure
**Maß·schneider der** bespoke tailor *(Brit.)*; custom tailor *(Amer.)*
**Maß·stab der a)** standard; **einen hohen ~ anlegen/setzen** apply/set a high standard; **sich** *(Dat.)* **jmdn./etw. zum ~ nehmen** take sb./sth. as one's model; **b)** *(Geogr.)* scale; **diese Karte hat einen großen/kleinen ~:** this is a large-/small-scale map; **den ~ 1:150 000 haben** be drawn to a scale of 1:150,000; **im ~ 1:100** to a scale of 1:100; **c)** *(Zollstock)* rule; *(Lineal)* ruler
**maßstäblich** ['-ʃtɛːplɪç], **maßstab[s]·gerecht, maßstab[s]·getreu 1.** *Adj.* scale *attrib.* ⟨*model, drawing, etc.*⟩; [true] to scale *pred.*; **2.** *adv.* to scale
**maß-, Maß-: ~system das** system of measuring units; **~voll 1.** *Adj.* moderate; **2.** *adv.* in moderation; **~voll urteilen** be moderate in one's judgements; **~vor·lage die** *(Fußballjargon)* accurate pass; **~werk das;** *o. Pl. (Archit.)* tracery
**[1]Mast** [mast] **der; ~[e]s, ~en,** *auch:* **~e** *(Schiffs~, Antennen~)* mast; *(Stange, Fahnen~)* pole; *(Hochspannungs~)* pylon
**[2]Mast die; ~, ~en** *(Landw.)* fattening; **für die ~ geeignet** suitable for fattening
**Mast-: ~baum der** mast; **~bulle der** *(gemästet)* fattened bull; *(für die Mast vorgesehen)* fattening bull; **~darm der** *(Anat.)* rectum
**mästen** ['mɛstn̩] *tr. V.* fatten; *(fig. ugs.)* overfeed; **sich ~** *(ugs.)* fatten oneself up
**Mast·futter das** fattening feed[stuff]
**Mastiff** ['mastɪf] **der; ~s, ~s** *(Zool.)* mastiff
**Mast-: ~korb der** crow's-nest; **~schwein das** *(gemästet)* fattened pig; *(für die Mast vorgesehen)* fattening pig
**Mästung die; ~:** fattening
**Masturbation** [mastʊrba'tsi̯oːn] **die; ~, ~en** masturbation
**masturbieren** [mastʊr'biːrən] *itr., tr. V.* masturbate
**Matador** [mata'doːɐ̯] **der; ~s, ~e a)** matador; **b)** *(fig.)* star
**Match** [mɛtʃ] **das** *od.* **der; ~[e]s, ~s** *od.* **~e** match
**Match-: ~ball der** *([Tisch]tennis)* match point; **~beutel der, ~sack der** duffle bag
**Mate** ['maːtə] **der; ~, Mate·tee der** maté
**Mater** ['maːtɐ] **die; ~, ~n** *(Druckw.) s.* **Matrize**
**material** *Adj. (Philos.)* material
**Material** [mate'ri̯aːl] **das; ~s, ~ien a)** material; *(Bau~)* materials *pl.*; **b)** *(Hilfsmittel, Utensilien)* materials *pl.*; *(für den Bau)* equipment; **das rollende ~** *(Eisenb.)* the rolling stock; **c)** *(Beweis~)* evidence
**Material-: ~aus·gabe die a)** issue of materials; **b)** *(Raum)* stores *pl.*; store-room; **~beschaffung die** obtaining of materials; *(Kauf)* purchasing of materials; **~fehler der** material defect
**Materialisation** [materializa'tsi̯oːn] **die; ~, ~en** *(Parapsych., Physik)* materialization
**materialisieren** *tr., refl. V. (Parapsych., Physik)* materialize
**Materialismus der; ~** *(auch abwertend)* materialism
**Materialist der; ~en, ~en, Materialistin die; ~, ~en** *(auch abwertend)* materialist
**materialistisch** *(auch abwertend)* **1.** *Adj.* materialistic. **2.** *adv.* materialistically
**Materialität** [materi̯ali'tɛːt] **die; ~** *(Philos.)* materiality
**Material-: ~kosten** *Pl.* cost *sing.* of materials; **~ökonomie die** *(DDR)* economical use of materials; economy in the use of materials; **~prüfung die** materials testing; **~prüfungen** tests on materials; **~sammlung die** collection *or* gathering of material; **~schlacht die** *(Milit.)* battle of matériel
**Materie** [ma'teːri̯ə] **die; ~, ~n a)** *(geh.)* subject; **b)** *(Physik, Philos.)* matter
**materiell** [mate'ri̯ɛl] **1.** *Adj.* **a)** *(stofflich)* material; physical; **b)** *(wirtschaftlich)* material ⟨*value, damage*⟩; *(finanziell)* financial; **c)** *(abwertend: materialistisch)* materialistic. **2.** *adv.* **a)** *(wirtschaftlich)* materially; *(finanziell)* financially; **b)** *(abwertend)* materialistically; **~ eingestellt sein** be materialistic
**Mate·tee der** *s.* **Mate**
**Mathe** ['matə] **die; ~** *(ugs.)* maths *sing. (Brit. coll.)*; math *(Amer. coll.)*
**Mathe·arbeit die** *(ugs.)* maths test *(coll.)*
**Mathematik** [matəma'tiːk] **die; ~:** mathematics *sing., no art.*
**Mathematiker der; ~s, ~, Mathematikerin die; ~, ~nen** mathematician
**Mathematik·unterricht der** mathematics teaching/lesson; *s. auch* **Englischunterricht**
**mathematisch 1.** *Adj.* mathematical. **2.** *adv.* mathematically
**Matinee** [mati'neː] **die; ~, ~n** matinée
**Matjes** ['matjəs] **der; ~, ~:** matie [herring]
**Matjes-: ~filet das** filleted matie [herring]; **~hering der** salted matie [herring]
**Matratze** [ma'tratsə] **die; ~, ~n** mattress; **er horcht an der ~** *(fig. scherzh.)* he's [in bed] having a kip *(Brit. sl.) or (coll.)* snooze
**Matratzen·lager das** mattress/mattresses on the floor
**Mätresse** [mɛ'trɛsə] **die; ~, ~n** *(geh. veralt.)* mistress
**matriarchalisch** [matriar'çaːlɪʃ] *Adj.* matriarchal
**Matriarchat** [matriar'çaːt] **das; ~[e]s, ~e** matriarchy
**Matrikel** [ma'triːkl̩] **die; ~, ~n a)** *(Hochschulw.)* student register; **b)** *(österr.: Personenstandsregister)* register of births, deaths, and marriages
**Matrix** ['maːtrɪks] **die; ~, Matrizes** [ma'triːtseːs] *(Biol., Math., Sprachw.)* matrix
**Matrize** [ma'triːtsə] **die; ~, ~n** *(Druckw.)* **a)** matrix; **b)** *(Folie)* stencil; **einen Text auf ~** *(Akk.)* **schreiben** make a stencil of a text
**Matrone** [ma'troːnə] **die; ~, ~n** matron
**matronenhaft** *(abwertend)* **1.** *Adj.* matronly. **2.** *adv.* in a matronly manner *or* fashion
**Matrose** [ma'troːzə] **der; ~n, ~n a)** sailor; seaman; **b)** *(Dienstgrad)* ordinary seaman
**Matrosen-: ~an·zug der** sailor suit; **~mütze die** sailor's cap
**Matsch der; ~[e]s** *(ugs.)*, **Matsche** ['matʃə] **die; ~** *(nordd.)* **a)** *(aufgeweichter Boden)* mud; *(breiiger Schmutz)* sludge; *(Schnee~)* slush; **b)** *(Brei)* mush
**matschen** *itr. V. (ugs.)* **in etw.** *(Dat.)* **~:** splash about in sth.; **im Essen ~:** mess about with one's food
**matschig** *Adj. (ugs.)* **a)** muddy; slushy ⟨*snow*⟩; **b)** *(weich)* mushy; squashy ⟨*fruit*⟩
**Matsch·wetter das** *(ugs.)* **bei diesem ~:** when it's muddy like this; *(bei Schneematsch)* when it's slushy like this; **dieses widerliche ~:** this revolting weather, when there's mud/slush everywhere
**matt** [mat] **1.** *Adj.* **a)** weak; weary ⟨*limbs, spirit, etc.*⟩; weak, faint ⟨*voice, smile, pulse*⟩; feeble ⟨*applause, reaction*⟩; limp, feeble ⟨*handshake*⟩; faint ⟨*echo*⟩; **vor Hunger/Durst ~ sein** be faint *or* weak with hunger/thirst; **sich ~ fühlen** feel weak and listless; **ein ~es Echo finden** find a lukewarm response; **b)** *(glanzlos)* matt ⟨*paper, polish,*

*etc.*⟩; dull ⟨*metal, mirror, etc.*⟩; dull, lustreless ⟨*eyes, look*⟩; **c)** *(undurchsichtig)* frosted ⟨*glass*⟩; pearl ⟨*light-bulb*⟩; **d)** *(gedämpft)* soft, subdued ⟨*light*⟩; soft, pale ⟨*colour*⟩; **e)** *(unbeherzt, nicht überzeugend)* feeble; weak; feeble, lame ⟨*excuse, joke*⟩; **f)** *(beim Schachspiel)* **[Schach und] ~!** checkmate!; **~ sein** be checkmated; **jmdn. ~ setzen** *(auch fig.)* checkmate sb. **2.** *adv.* **a)** *(kraftlos)* weakly; ⟨*smile*⟩ weakly, faintly; ⟨*applaud, react*⟩ feebly; **b)** *(gedämpft)* softly ⟨*lit*⟩; **der Mond schien ~ durch die Bäume** the moon shone wanly through the trees; **c)** *(mäßig)* ⟨*protest, contradict*⟩ feebly, weakly

**Matt das; ~s** *(Schach)* [check]mate

**matt·blau** *Adj.* pale blue

**¹Matte** ['matə] **die; ~, ~n** *(auch Sport)* mat; **um 7 Uhr hier/dort auf der ~ stehen** *(fig. ugs.)* be here/there at 7 o'clock; **bei jmdm. auf der ~ stehen** *(fig. ugs.)* turn up on sb.'s doorstep

**²Matte die; ~, ~n** *(schweiz., dichter. veralt.)* meadow

**Matt-: ~glass das** frosted glass; *(Fot.)* ground glass; **~gold das** dull gold

**Matthäi** [ma'tɛ:i] *in* **bei ihm ist ~ am letzten** *(ugs.)* it's all up with him; *(finanziell)* he hasn't got a penny to his name

**Matthäus** [ma'tɛ:ʊs] **(der); Matthäus'** Matthew

**Matthäus·evangelium das** St Matthew's Gospel; the Gospel according to St Matthew

**mattieren** *tr. V.* give a matt finish to; matt; frost ⟨*glass*⟩

**Mattigkeit die; ~** *(Schwäche)* weakness; *(Erschöpfung)* weariness

**Matt-: ~lack der** matt varnish; **~scheibe die a)** *(ugs.)* telly *(Brit. coll.)*; box *(coll.)*; **b)** *(Fot.)* matt screen; ground-glass screen; **ich habe ~scheibe** *(fig. ugs.)* I'm not with it *(coll.)*

**Matur** [ma'tu:ɐ̯] *(schweiz.)*, **Matura die; ~** *(österr., schweiz.) s.* **Abitur**

**Maturand** [matu'rant] **der; ~en, ~en, Maturandin die; ~, ~nen** *(schweiz.) s.* **Abiturient, Abiturientin**

**Maturant** [matu'rant] **der; ~en, ~en, Maturantin die; ~, ~nen** *(österr.) s.* **Abiturient, Abiturientin**

**Maturität** [maturi'tɛ:t] **die; ~ a)** *(veralt.: Reife)* maturity; **b)** *(schweiz.) s.* **Abitur**

**Matz** [mats] **der; ~es, ~e** *od.* **Mätze** ['mɛtsə] *(fam.)* **kleiner ~:** little man

**Mätzchen** ['mɛtsçən] **das; ~s, ~** *(ugs.)* *(Posse)* antic; *(Kniff)* trick; **laßt die ~:** stop fooling about *or* around; stop your antics; **~ machen** fool about *or* around; **Hände hoch, und keine ~!** *(salopp)* stick 'em up, and no tricks! *(sl.)*

**Matze** ['matsə] **die; ~, ~n, Matzen** ['matsn̩] **der; ~s, ~:** matzo

**mau** [mau] *(ugs.)* **1.** *Adj.; nicht attr.* *(flau)* queasy; *(unwohl)* poorly. **2.** *adv.* badly; **die Geschäfte gehen ~:** business is bad

**mauen** *itr. V.* *(südwestd., schweiz.)* miaow

**Mauer** ['mauɐ] **die; ~, ~n** *(auch Sport)* wall; **in den ~n einer Stadt** *(geh.)* in a town/city; **die [Berliner] ~** *(hist.)* the [Berlin] Wall; **die Chinesische ~:** the Great Wall of China; **eine ~ des Schweigens** *(fig.)* a wall of silence

**Mauer-: ~ab·satz der** offset; **~arbeit die** *s.* **Maurerarbeit; ~bau der;** *o. Pl.* construction *or* building of the wall/walls; *(Bau der Berliner ~)* building of the Wall; **~blümchen das** *(ugs.)* *(beim Tanz)* wallflower *(coll.)*; *(unscheinbares Mädchen, auch fig.)* Cinderella; **~brecher der** *(hist.)* battering-ram; **~kelle die** *s.* **Maurerkelle; ~krone die** coping [of a/the wall]

**mauern 1.** *tr. V.* build; **ein gemauerter Schornstein** a brick chimney. **2.** *itr. V.* **a)** lay bricks; **b)** *(Sportjargon) (Ballspiele)* play defensively; *(Kricket, fig.)* stonewall; **c)** *(Kartenspiele)* hold back one's good cards

**Mauer-: ~schwalbe die, ~segler der** swift; **~stein der** building brick; **~verband der** *(Bauw.)* masonry bond; **~vorsprung der** projecting section of a/the wall; **~werk das a)** stonework; masonry; *(aus Ziegeln)* brickwork; **b)** *(Mauern)* walls *pl.*; **~ziegel der** [building] brick

**Mauke** ['maukə] **die; ~, ~n** *(Tiermed.)* mallenders *pl.*

**Mauken** *Pl.* *(berlin. salopp)* hooves *(coll.)*; feet

**Maul** [maul] **das; ~[e]s, Mäuler** ['mɔylɐ] **a)** *(von Tieren)* mouth; **b)** *(derb: Mund)* gob *(sl.)*; **ein freches** *od.* **loses ~ haben** have a cheeky tongue; **ein gottloses ~ haben** have an insolent tongue; **jmdn. aufs ~ hauen** smack sb. in the gob *(sl.)*; **er hat fünf hungrige Mäuler zu stopfen** *(fig.)* he's got five hungry mouths to feed; **das** *od.* **sein ~ aufmachen** *(fig.)* say something; **dein/sein** *usw.* **ungewaschenes ~** *(fig.)* your/his *etc.* filthy trap *(sl.) or* mouth; **das ~ aufreißen** *od.* **voll nehmen, ein großes ~ haben** *(fig.)* shoot one's mouth off *(fig. sl.)*; **sich** *(Dat.)* **das ~ [über jmdn.] zerreißen** *(fig.)* gossip maliciously [about sb.]; **ein schiefes ~ ziehen** *(fig.)* pull a long face; **das ~ halten** keep one's trap shut *(sl.)*; **halt's** *od.* **halt dein ~:** shut your trap *(sl.)*; shut up *(coll.)*; **das** *od.* **sein ~ nicht aufkriegen** *(fig.)* not dare [to] open one's mouth; **jmdm. übers ~ fahren** *(fig.)* cut sb. short; *s. auch* **stopfen 1d; verbrennen 2b**

**Maul-: ~affe der a)** *in* **~affen feilhalten** *(abwertend)* stand gaping *or (coll.)* gawping; **b)** *(veralt.)* gaping fool; **~beer·baum der** mulberry tree; **~beere die** mulberry

**maulen** *itr. V.* *(salopp)* grouse *(coll.)*; moan; grumble

**maul-, Maul-: ~esel der** mule; *(Zool.)* hinny; **~faul** *Adj.* *(ugs. abwertend)* uncommunicative; taciturn; **sei doch nicht so ~faul!** come on, haven't you got any more to say for yourself than that?; **~held der** *(ugs. abwertend)* loudmouth; braggart

**Maul·korb der** *(auch fig.)* muzzle; **einem Hund/***(fig.)* **jmdm. einen ~ anlegen** muzzle a dog/sb.; **einen ~ tragen** *(auch fig.)* be muzzled

**Maulkorb·erlaß der** *(ugs.)* decree muzzling freedom of speech

**Maul-: ~schelle die** *(ugs. veralt.)* slap round the face; **~schlüssel der** open-ended spanner; **~sperre die** *(salopp)* **die ~sperre kriegen** *od.* **bekommen** *(fig.)* gape in surprise; **~tasche die** *(Kochk.)* *filled pasta case served in soup;* **~tier das** mule; **~trommel die** Jew's harp; **~- und Klauen·seuche die** *(Tiermed.)* foot-and-mouth disease

**Maul·wurf der** mole

**Maulwurfs-: ~haufen der, ~hügel der** molehill

**Mau-Mau** [mau'mau] **das; ~[s]** *(Kartenspiele)* Mau-Mau

**maunzen** ['mauntsn̩] *itr. V.* *(ugs.)* ⟨*cat*⟩ miaow plaintively; ⟨*baby*⟩ mewl

**Maure** ['maurə] **der; ~n, ~n, Maurin die; ~, ~nen** Moor

**Maurer** ['maurɐ] **der; ~s, ~:** bricklayer; **pünktlich wie die ~** *(ugs. scherzh.)* bang on time *(coll.)*

**Maurer-: ~arbeit die** bricklaying [work] *no pl.*; **~geselle der** journeyman bricklayer; **~handwerk das;** *o. Pl.* bricklaying [trade]; **~kelle die** brick[layer's] trowel; **~kolonne die** bricklaying gang; **~meister der** master bricklayer; **~polier der** foreman bricklayer

**Mauretanien** [maure'ta:ni̯ən] **(das); ~s** Mauritania

**Mauretanier** [maure'ta:ni̯ɐ] **der; ~s, ~, Mauretanierin die; ~, ~nen** Mauritanian

**Mauritius** [mau'ri:tsi̯ʊs] **(das); Mauritius'** Mauritius

**Maus** [maus] **die; ~, Mäuse** ['mɔyzə] **a)** mouse; **da beißt die ~ keinen Faden ab** *(ugs.)* there's nothing to be done about it; **die weißen Mäuse** *(fig. ugs. scherzh.)* the traffic police; **weiße Mäuse sehen** *(fig. ugs.)* see pink elephants; **eine graue ~** *(fig. ugs. abwertend)* a colourless nondescript sort of [a] person; *s. auch* **Katze; b)** *Pl.* *(salopp: Geld)* bread *sing. (sl.)*; dough *sing. (sl.)*; **ein paar Mäuse** a few marks/quid *(Brit. sl.)*/bucks *(Amer. sl.) etc.*; **c)** *(DV)* mouse

**Mauschelei die; ~, ~en** *(ugs. abwertend)* shady wheeling and dealing *no indef. art.*

**mauscheln** ['mauʃl̩n] *itr. V.* *(ugs. abwertend)* engage in shady wheeling and dealing; **da wird viel gemauschelt** a lot of shady wheeling and dealing goes on there

**Mauscheln das; ~s** *card-game similar to four-card loo*

**Mäuschen** ['mɔysçən] **das; ~s, ~ a)** little mouse; **~ sein** *od.* **spielen** *(fig. ugs.)* be a fly on the wall *(coll.)*; **b)** *(fig. ugs.)* **mein ~:** my sweet

**mäuschen·still 1.** *Adj.* **~ sein** ⟨*person*⟩ be as quiet as a mouse; **es war ~:** it was so quiet you could have heard a pin drop. **2.** *adv.* **~ dort sitzen bleiben/sich ~ verhalten** sit there/keep as quiet as a mouse

**Mäuse·bussard der** *(Zool.)* [common] buzzard

**Mause-: ~falle die** mousetrap; *(fig.)* trap; **~loch das** mouse-hole; **ich hätte mich am liebsten in ein ~loch verkrochen** *(ugs.)* I wished the ground would open and swallow me up

**Mäuse·melken das** *in* **es ist zum ~** *(ugs.)* it's enough to send *or* drive you up the wall *(coll.)*

**mausen 1.** *tr. V.* *(ugs. veralt.)* pinch *(sl.)*. **2.** *itr. V.* *(veralt.: Mäuse fangen)* catch mice; mouse

**Mauser die; ~:** moult; **in der ~ sein** be moulting

**Mäuserich** ['mɔyzərɪç] **der; ~s, ~e** *(ugs.)* [male] mouse

**mausern** *refl. V.* moult; **sich zur Dame ~** *(fig. ugs.)* blossom into a lady

**Mauser·pistole die** Mauser [pistol]

**mause·tot** *Adj.* *(ugs.)* [as] dead as a doornail *pred.*; stone-dead

**Mause·zähnchen** *Pl.* *(Handarb.)* picot edging *sing.*

**maus·grau** *Adj.* mouse-grey

**mausig** *Adj. in* **sich ~ machen** *(salopp)* be cheeky and make a nuisance of oneself

**Mäuslein** ['mɔyslain] **das; ~s, ~** *s.* **Mäuschen**

**Mausoleum** [mauzo'le:ʊm] **das; ~s, Mausoleen** mausoleum

**Maus·taste die** *(DV)* mouse button

**maus·tot** *Adj.* *(österr.) s.* **mausetot**

**Maut** [maut] **die; ~, ~en** toll; **~ bezahlen/erheben** pay/levy a toll

**Maut-: ~gebühr die** toll; **~straße die** toll road

**m.a.W.** *Abk.* **mit anderen Worten** in other words

**Max** [maks] *in* **strammer Max** *(Kochk.)* fried egg on ham and bread

**maxi** ['maksi] *Adj.; nicht attr.* *(Mode)* **~ tragen/gehen** wear a maxi *(coll.)*

**Maxi das; ~s, ~s** *(Mode)* maxi *(coll.)*; **im ~:** in a maxi *(coll.)*; **ein Rock in ~:** a maxi-length skirt

**maximal** [maksi'ma:l] **1.** *Adj.; nicht präd.* maximum. **2.** *adv.* **~ zulässige Geschwindigkeit** maximum permitted speed; **bis zu ~ 85 °C/20 t** up to a maximum of 85 °C/20 t; **dieses Boot ist für ~ vier Personen zugelassen** this boat is licensed to carry a maximum of four people

**Maximal-: ~forderung die** maximum demand; **~wert der** maximum value

**Maxime** [ma'ksi:mə] **die; ~, ~n** maxim

**maximieren** *tr. V.* maximize

**Maximierung die; ~, ~en** maximization

**Maximum** ['maksimʊm] **das; ~s, Maxima** maximum (**an** + *Dat.* of)

**Maxi·single die** maxi-single

**Mayonnaise** [majɔ'nɛ:zə] **die; ~, ~n** mayonnaise

**MAZ** [mats] **die;** ~ *(Ferns.)* VTR

**Mazedonien** [matse'do:niən] *s.* **Makedonien**

**Mäzen** [mɛ'tse:n] **der; ~s, ~e** *(geh.)* patron

**Mäzenatentum** [mɛtse'na:tṇtu:m] **das; ~s** *(geh.)* patronage

**Mäzenin die; ~, ~nen** *(geh.)* patron[ess]

**Mazurka** [ma'zʊrka] **die; ~, Mazurken** *u.* **~s** mazurka

**MdB, M.d.B.** *Abk.* **Mitglied des Bundestages** Member of the Bundestag

**MdL, M.d.L.** *Abk.* **Mitglied des Landtages** Member of the Landtag

**MdNR** *Abk.* **Mitglied des Nationalrates** *(Österr.)* Member of the Nationalrat

**MdV, M.d.V.** *Abk.* **Mitglied der Volkskammer** *(DDR)* Member of the Volkskammer

**m.E.** *Abk.* **meines Erachtens** in my opinion *or* view

**Mechanik** [me'ça:nɪk] **die;** ~ **a)** *(Physik)* mechanics *sing., no art.;* **b)** *(Bauelement)* mechanism; *(eines Klaviers)* action; **c)** *(Funktion)* mechanics *sing. or pl.*

**Mechaniker der; ~s, ~, Mechanikerin die; ~, ~nen** mechanic

**mechanisch 1.** *Adj.* mechanical; power *attrib.* ‹loom, press›. **2.** *adv.* mechanically

**mechanisieren** *tr. V.* mechanize

**Mechanisierung die; ~:** mechanization

**Mechanismus der; ~, Mechanismen** *(auch fig.)* mechanism; *(fig.: einer Organisation, Bürokratie)* machinery

**meck** [mɛk] *(Interj.)* me-e-eh *(of goat)*

**Mecker·ecke die** *(ugs.)* grumbles section *(Brit. coll.);* complaints column

**Meckerei die; ~, ~en** *(ugs. abwertend)* moaning; grousing *(sl.);* grumbling

**Meckerer der; ~s, ~** *(ugs. abwertend)* moaner; grouser *(sl.);* grumbler

**Mecker-: ~fritze der** *(salopp abwertend)* grouser *(sl.);* moaner; grumbler; **~liese die** *(salopp abwertend)* moaning Minnie *(Brit. coll.);* grouser *(sl.);* grouch *(coll.)*

**meckern** ['mɛkɐn] *itr. V.* **a)** *(auch fig.)* bleat; **b)** *(ugs. abwertend: nörgeln)* grumble; moan; grouse *(sl.);* **etw. zu ~ haben** have sth. to grumble *etc.* about

**Mecklenburg** ['me:klənbʊrk] **(das); ~s** Mecklenburg

**mecklenburgisch** *Adj.* Mecklenburg *attrib.; s. auch* **badisch**

**med.** *Abk.* **medizinisch** med.

**Medaille** [me'daljə] **die; ~, ~n** medal; *s. auch* **Kehrseite a**

**Medaillen-: ~gewinner der** medallist; medal winner; **~spiegel der** medal table

**Medaillon** [medal'jõ:] **das; ~s, ~s a)** locket; **b)** *(Kochk., bild. Kunst)* medallion

**Media-** ['mɛ:dia-]: *(Werbespr.) s.* **Medien-**

**medial** [me'dia:l] *Adj. (Parapsych.)* mediumistic

**Mediävist** [mediɛ'vɪst] **der; ~en, ~en** medievalist

**Mediävistik die; ~:** medieval studies *pl., no art.*

**Mediävistin die; ~, ~nen** medievalist

**medien-, Medien-: ~fach·mann der** media expert; **~forschung die** media research; **~konzern der** media concern; **~landschaft die** media scene; **~politik die** media policy; **~politisch** *Adj.* media-policy *attrib.* ‹spokesman, measure, etc.›; **~verbund der a)** *(für den Unterricht)* multi-media system; **im ~verbund** using the multi-media system; **b)** *(kommerziell)* media syndicate; *(Ergebnis einer Fusion)* media group

**Medikament** [medika'mɛnt] **das; ~[e]s, ~e** medicine; *(Droge)* drug; **ein ~ gegen Kopfschmerzen** a remedy for headaches

**Medikamenten·schrank der** medicine cabinet

**medikamentös** [medikamɛn'tø:s] **1.** *Adj.* ‹treatment› with drugs. **2.** *adv.* ‹treat, cure› with drugs

**Medikus** ['me:dikʊs] **der; ~, Medizi** ['me:ditsi] *(scherzh.)* doctor; doc *(coll.)*

**medioker** [me'dio:kɐ] *Adj. (geh.)* mediocre

**Mediothek** [medio'te:k] **die; ~, ~en** audio-visual library

**Meditation** [medita'tsio:n] **die; ~, ~en** meditation

**Meditations·übung die** meditation exercise

**meditativ** [medita'ti:f] *(geh.)* **1.** *Adj.* meditative. **2.** *adv.* through meditation

**mediterran** [meditɛ'ra:n] *Adj.* Mediterranean

**meditieren** [medi'ti:rən] *itr. V.* meditate (**über** + *Akk.* [up]on)

**Medium** ['me:diʊm] **das; ~s, Medien** medium; **das ~ Presse** the medium of the press

**Medizin** [medi'tsi:n] **die; ~, ~en a)** *o. Pl.* medicine *no art.;* **b)** *(Heilmittel)* medicine (**gegen** for); **eine bittere ~ für jmdn. sein** *(fig.)* be a bitter pill for sb. to swallow

**Medizinal-** [meditsi'na:l-]: **~assistent der** houseman *(Brit.);* intern *(Amer.);* **~rat der** ≈ medical officer

**Medizin·ball der** *(Sport)* medicine ball

**Mediziner** [medi'tsi:nɐ] **der; ~s, ~, Medizinerin die; ~, ~nen** doctor; *(Student)* medical student; **seine Brüder sind alle Mediziner** his brothers are all medical men

**medizinisch 1.** *Adj.* **a)** medical ‹journal, problem, etc.›; **~e Fakultät** faculty of medicine; **b)** *(heilend)* medicinal ‹bath etc.›; medicated ‹toothpaste, soap, etc.›. **2.** *adv.* medically

**medizinisch-technisch** *Adj.* **~e Assistentin** medical laboratory assistant

**Medizin-: ~mann der;** *Pl.* **~männer** medicine man; **~schränkchen das** medicine cabinet; **~student der, ~studentin die** medical student

**Meduse** [me'du:zə] **die; ~, ~n a)** *(Myth.)* Medusa; **b)** *(Zool.)* medusa *(Zool.);* jellyfish

**Medusen·haupt das a)** *(geh.)* head of Medusa; **b)** *(Med.)* caput medusae; cirsomphalos

**Meer** [me:ɐ̯] **das; ~[e]s, ~e a)** *(auch fig.)* sea; *(Welt~)* ocean; **die sieben Meere** the seven seas; **ans ~ fahren** go to the seaside; **am ~:** by the sea; **im ~:** in the sea; **aufs ~ hinausfahren** go out to sea; **übers ~ fahren** cross the sea; **1000 m über dem ~:** 1000 m above sea-level

**Meer-: ~busen der** gulf; **der Finnische/Bottnische ~busen** the Gulf of Finland/Bothnia; **~enge die** straits *pl.;* strait

**Meeres-: ~algen** *Pl.* marine algae; **~biologie die** marine biology *no art.;* **~boden der** sea bed *or* bottom *or* floor; **~bucht die** bay; **~fauna die** marine fauna; **~flora die** marine flora; **~forschung die** marine research; **~früchte** *Pl. (Kochk.)* seafood *sing.;* **ein Salat mit ~früchten** a seafood salad; **~grund der** *s.* **~boden; ~klima das** maritime climate; **~kunde die** oceanography *no art.;* **~luft die** *(Met.)* maritime air; **~ober·fläche die** surface of the sea; **~rauschen das** sound of the sea; **~spiegel der** sea-level; **200 m über/unter dem ~spiegel** 200 m above/below sea-level; **~strand der** *(geh., dichter.)* sea-shore; strand *(poet.);* **~straße die** straits *pl.;* strait; **~strömung die** current; *(im Weltmeer)* ocean current; **~tiefe die** depth of the sea; *(im Weltmeer)* depth of the ocean; **~ufer das** shore

**meer-, Meer-: ~forelle die** salmon *or* sea trout; **~gott der** sea-god; **~göttin die** sea-goddess; **~grün** *Adj.* sea-green; **~jungfrau die** mermaid; **~katze die** guenon; **~rettich der** horse-radish; **~salz das** sea-salt; **~schaum der** meerschaum; **~schaum·pfeife die** meerschaum [pipe]; **~schweinchen das** guinea-pig; **~ungeheuer das** *(Myth.)* sea monster; **~wasser das** sea water

**Meeting** ['mi:tɪŋ] **das; ~s, ~s** *(bes. DDR)* meeting

**mega-, Mega-** [mɛga-] mega-

**Mega·hertz das** *(Phys.)* megahertz

**Megalith** [mɛga'li:t] **der; ~s** *od.* **~en, ~e[n]** megalith

**Megalith·grab das** megalithic tomb

**megaloman** [megalo'ma:n] *Adj. (Psych.)* megalomaniac[al]; **~ sein** be a megalomaniac

**Megalomanie die** *(Psych.)* megalomania *no art.*

**Megaphon das; ~s, ~e** megaphone; loud hailer

**Megäre** [me'gɛ:rə] **die; ~, ~n** *(geh.)* fury

**Mega-: ~tonne die** megaton[ne]; **~tote der** *(milit. Jargon)* mega death; **~watt das** *(Physik)* megawatt

**Mehl** [me:l] **das; ~[e]s a)** flour; *(gröber)* meal; **b)** *(Pulver)* powder; *(Knochen~, Fisch~)* meal

**Mehl-: ~beere die** whitebeam; **~brei der** flour [and water/milk] paste

**mehlig** *Adj.* **a)** floury; **b)** *(wie Mehl)* powdery ‹sand etc.›; **c)** *(nicht saftig)* mealy ‹potato, apple, etc.›

**Mehl-: ~sack der** *(Sack für Mehl)* flour sack; *(Sack voll Mehl)* sack of flour; **wie ein ~sack hinfallen** fall like a sack of potatoes; **~schwalbe die** house martin; **~schwitze die** *(Kochk.)* roux; **~speise die a)** *dish with flour as the main ingredient;* **b)** *(österr.)* sweet; dessert; *(Kuchen)* cake; **~tau der** mildew; **~wurm der** meal-worm

**mehr** [me:ɐ̯] **1.** *Indefinitpron.* more; **~ als genug** more than enough; **~ als die Hälfte** more than half; **ein Grund ~, es zu tun** one more *or* an additional reason for doing it; **das war ~ als unverschämt** that was impertinent, to say the very least; **das schmeckt nach ~** *(ugs.)* it's very moreish *(coll.);* **~ nicht?** is that all?; **~ und ~:** more and more; **~ oder minder** *od.* **weniger** more or less. **2.** *adv.* **a)** *(in größerem Maße)* more; **das sagt ihr ~ zu** it appeals to her more; she likes it better; **b)** *(eher)* **~ tot als lebendig** more dead than alive; **~ schlecht als recht** after a fashion; **er ist ~ Künstler als Gelehrter** he is more of an artist than a scholar; **c)** (+ *Negation*) **es war niemand ~ da** there was no one left; **es hat sich keiner ~ gemeldet** there was not another word from anyone; **ich erinnere mich nicht ~:** I no longer remember; **nicht ~ über etw.** *(Akk.)* **sprechen** not discuss sth. any more *or* further; **das wird nie ~ vorkommen** it will never happen again; **davon will ich nichts ~ hören** I don't want to hear any more about it; **da ist nichts ~ zu machen** there is nothing more to be done; **ich habe keine Lust/kein Interesse ~:** I have lost all desire/interest; **du bist doch kein Kind ~:** you're no longer a child; you're not a child any more; **er mußte nicht ~ an die Front** he never had to go to the front; **sie hat ihren Großvater nicht ~ gekannt** she never had the chance to know her grandfather; **d)** *(südd.)* **nur ~ 5 Mark** only 5 marks

**Mehr das; ~s** increase (**an** + *Dat.* in); **mit einem ~ an Zeit** with more time

**mehr-, Mehr-: ~arbeit die;** *o. Pl.* extra *or* additional work; *(Überstunden)* overtime; **das bedeutet ~arbeit für mich** that means more *or* extra work for me; **~aufwand der** additional expenditure *no pl.;* **~aus·gabe die** additional expenditure *no pl.;* **~bändig** *Adj.* in several volumes *postpos.;* **~bedarf der** *(Wirtsch.)* increased demand (**an** + *Dat.* for); **~belastung die** extra *or* additional burden (*Gen.* on); **~bereichs·öl**

das *(Technik)* multi-purpose oil; **~betrag der** extra *or* additional amount; *(Überschuß)* surplus; **~deutig 1.** *Adj.* ambiguous; **2.** *adv.* ambiguously; **~deutigkeit die; ~, ~en** ambiguity; **~dimensional** *Adj.* multidimensional; **~einnahme die** additional revenue

**mehren** *(geh.)* **1.** *tr. V.* increase. **2.** *refl. V.* **a)** increase; **diese Vorfälle ~ sich** these incidents are increasing in number; **b)** *(veralt.)* **seid fruchtbar und mehret euch** *(bibl.)* be fruitful and multiply

**mehrer...** *Indefinitpron.* **a)** *attr.* several; a number of; *(verschieden)* various; several; **~e hundert Bücher** several hundred[s of] books; **b)** *alleinstehend* **~e** several people; **~es** several things *pl.;* **sie kamen zu ~en** several of them came

**Mehrer** ['me:rɐ] **der; ~s, ~** *(geh. veralt.)* increaser *(arch.)*

**mehrerlei** *indekl. unbest. Gattungsz. (ugs.)* several [different]; various; *alleinstehend* several *or* various things

**Mehr-: ~erlös der** extra *or* additional proceeds *pl.;* **~ertrag der** additional profit

**mehr·fach 1.** *Adj.; nicht präd.* multiple; *(wiederholt)* repeated; **ein Bericht in ~er Ausfertigung** several copies *pl.* of a report; **der ~e deutsche Meister** the player/sprinter *etc.* who has been German champion several times; **ein ~er Millionär** a multimillionaire; **er verdient ein Mehrfaches von dem, was ich bekomme** he earns several times as much as I do. **2.** *adv.* several times; *(wiederholt)* repeatedly; **~ vorbestraft sein** have several previous convictions

**Mehrfach-: ~impf·stoff der** polyvalent *or* mixed vaccine; **~spreng·kopf der** multiple warhead

**mehr-, Mehr-: ~familien·haus das** multiple dwelling *(formal);* large house with several flats *(Brit.) or (Amer.)* apartments; **~farben·druck der** [multi-]colour printing; **~farbig** *Adj.* multi-coloured; [multi-]colour *attrib.;* **~gebot das** higher bid; **~geschossig** *Adj. s.* **~stöckig; ~gewicht das** additional weight; *(Übergewicht)* excess weight

**Mehrheit die; ~, ~en** majority; **in der ~ sein** be in the majority; **die ~ haben/erringen** have/win a majority; **die ~ verlieren** lose one's majority; **er wurde mit großer ~ gewählt** he was elected by a large majority; **die ~ der Stimmen auf sich vereinigen** secure a majority of votes; **die/eine absolute ~** *(Politik)* an absolute majority; **die einfache/relative ~** *(Politik)* a simple/relative majority; **eine qualifizierte ~** *(Politik)* a qualified majority

**mehrheitlich 1.** *Adj.; nicht präd.* majority; of the majority *postpos.* **2.** *adv.* by a majority

**mehrheits-, Mehrheits-: ~beschluß der, ~entscheidung die** majority decision; **~fähig** *Adj.* **~fähig sein** ‹*law*› be capable of securing a majority; ‹*party*› be capable of forming a majority; **~partei die** majority party; **~prinzip das** principle of majority rule; **~wahl·recht das** first-past-the-post electoral system

**mehr-, Mehr-: ~jährig** *Adj.; nicht präd.* **a)** lasting several years *postpos.;* **eine ~jährige Erfahrung** several years' experience; several years of experience; **eine ~jährige Freundschaft** a friendship of several years' standing; **b)** *(Bot.)* perennial; **~kampf der** *(Sport)* multi-discipline event; **~klassig** *Adj. (Schulw.)* ‹*school*› with several classes; **~kosten** *Pl.* additional *or* extra costs; **~malig** *Adj.; nicht präd.* repeated; **~mals** *Adv.* several times; *(wiederholt)* repeatedly; **~parteien·system das** multi-party system; **~produktion die** increased production; *(Überproduktion)* surplus *or* excess production; **~seitig** *Adj.* consisting of several pages *postpos., not pred.;* several pages long *postpos.;* **~silbig** *Adj.* polysyllabic; **~sprachig** *Adj.* multilingual; **~sprachig aufwachsen** grow up speaking several languages; **~sprachigkeit die** multilingualism; **~stimmig** *(Musik)* **1.** *Adj.* for several voices *postpos.;* **ein ~stimmiges Lied** a part-song; **2.** *adv.* **~stimmig singen** sing in harmony; **etwas ~stimmig singen** sing sth. as a part-song; **~stöckig 1.** *Adj.* several storeys high *postpos.; (vielstöckig)* multi-storey; **2.** *adv.* **~stöckig bauen** erect multi-storey buildings/a multi-storey building; **~stufig** *Adj.* consisting of several steps *postpos., not pred.;* multi-stage ‹*rocket*›; **~stündig** *Adj.; nicht präd.* lasting several hours *postpos., not pred.;* ‹*delay*› of several hours; **~stündige Verhandlungen** several hours of negotiations; **~tägig** *Adj.; nicht präd.* lasting several days *postpos., not pred.;* **~teiler der** serial; *(Dokumentarfilm etc.)* series; **~teilig** *Adj.* in several parts *postpos.*

**Mehrung die; ~** *(geh.)* increase

**mehr-, Mehr-: ~wert der** *(Wirtsch.)* surplus value; **~wert·steuer die** *(Wirtsch.)* value added tax *(Brit.);* VAT *(Brit.);* sales tax *(Amer.);* **~wöchig** *Adj.; nicht präd.* lasting several weeks *postpos., not pred.;* ‹*absence*› of several weeks; **~zahl die;** *o. Pl.* **a)** *(Sprachw.)* plural; **b)** *(Mehrheit)* majority; **~zeilig** *Adj.* of several lines *postpos.*

**Mehr·zweck-:** multi-purpose ...

**meiden** ['maidn̩] *unr. tr. V. (geh.)* avoid

**Meier** ['maiɐ] **der; ~s, ~** *(hist.)* bailiff; steward

**Meierei die; ~, ~en a)** *(hist.)* feudal estate; **b)** *(Molkerei)* dairy

**Meile** ['mailə] **die; ~, ~n** mile; **das riecht man drei ~n gegen den Wind** *(abwertend)* you can smell it a mile off; *(fig.)* you can tell that a mile off; it stands out a mile

**Meilen·stein der** *(auch fig.)* milestone

**meilen·weit 1.** *Adj.* ‹*distance*› of many miles. **2.** *adv.* for miles; **~ entfernt** *(auch fig.)* miles away **(von** from)

**Meiler der; ~s, ~ a)** *(Kohlen~)* charcoal kiln; **b)** *(Atom~)* [atomic] pile

[1]**mein** [main] *Possessivpron.* my; **ich trinke so ~e acht Tassen Kaffee am Tag** I drink my eight cups of coffee a day; **~e Damen und Herren** ladies and gentlemen; **das Buch dort, ist das ~[e]s?** that book over there, is it mine?; **das ist nicht ihr Vater, sondern ~er** that's not her father but mine; **was ~ ist, ist auch dein** what's mine is yours; **das ist nicht sein Auto, sondern das ~e** that's not his car but mine; **die Meine** *(geh.)* my wife; **die Meinen** *(geh.)* my family *sing.;* **das Meine** *(geh.: Eigentum)* my possessions *pl. or* property; **ich habe das Meine getan** *(was ich konnte)* I have done what I could; *(meinen Teil)* I have done my share; **sie kann ~ und dein nicht unterscheiden** *(scherzh.)* she doesn't understand that some things don't belong to her

[2]**mein** *Gen. des Personalpronomens* **ich** *(dichter. veralt.) s.* **meiner**

**Mein·eid der** perjury *no indef. art.;* **einen ~ schwören** perjure oneself; commit perjury

**meineidig** *Adj.* perjured; **~ werden** perjure oneself; commit perjury

**Meineidige der/die;** *adj. Dekl.* perjurer

**meinen 1.** *itr. V.* think; **[ganz] wie Sie ~!** whatever you think; *(wie Sie möchten)* [just] as you wish; **~ Sie?** do you think so?; **wie ~ Sie?** I beg your pardon?; **wie ~?** *(scherzh.)* beg your pardon?; **ich meine ja nur [so]** *(ugs.)* it was just an idea *or* a thought. **2.** *tr. V.* **a)** *(denken, glauben)* think; **meinst du, das weiß ich nicht?** do you think I don't know that?; **man könnte ~, ...:** one might [almost] think ...; **man sollte ~, ...:** one would think *or* would have thought ...; **das meine ich auch** I think so too; **b)** *(sagen wollen, im Sinn haben)* mean; **was meint er damit?** what does he mean by that?; **das habe ich nicht gemeint** that's not what I meant; **was ~ Sie?** what do you mean?; **c)** *(beabsichtigen)* mean; intend; **er meint es gut/ehrlich** he means well *or* his intentions are good/his intentions are honest; **es gut mit jmdm. ~:** mean well by sb.; **etw. wörtlich/ironisch ~:** mean sth. literally/ironically; **es war nicht böse gemeint** no harm was meant *or* intended; **er hat es nicht so gemeint** *(ugs.)* he didn't mean it like that; **das Wetter/die Sonne meint es gut mit uns** *(fig. ugs.)* the weather is [being] kind to us/the sun is certainly doing its best for us; **d)** *(sagen)* say; **e)** *(geh.)* **sie meinte zu träumen** she thought she was dreaming

**meiner** *Gen. des Personalpronomens* **ich** *(geh.)* **gedenke ~:** remember me; **erbarme dich ~:** have mercy upon me

**meinerseits** *Adv.* for my part; **ganz ~:** the pleasure is [all] mine

**meinesgleichen** *indekl. Pron.* people *pl.* like me *or* myself; *(abwertend)* the likes *pl.* of me; my sort *or* kind

**meinesteils** *Adv.* for my part

**meinethalben** *Adv. (veralt.),* **meinetwegen** *Adv.* **a)** because of me; *(für mich)* on my behalf; *(mir zuliebe)* for my sake; *(um mich)* about me; **b)** [*auch* --'--] *(ugs.)* as far as I'm concerned; **~!** if you like; **~ soll er sich den Hals brechen** he can break his neck for all I care; **also gut, ~!** fair enough!; **Darf ich heute abend ausgehen? – Meinetwegen!** May I go out tonight? – It's all right with me; **c)** *(zum Beispiel)* for instance

**meinetwillen** *Adv. in* **um ~:** for my sake

**meinige** ['mainɪgə] *Possessivpron., adj. Dekl. (geh. veralt.)* **der/die/das ~:** mine; **ich habe das Meinige getan** *(was ich konnte)* I have done what I could; *(meinen Teil getan)* I have done my share; **die Meinigen** my family *sing.*

**Meinung die; ~, ~en** opinion; *(Ansicht, Auffassung)* opinion; view; **eine vorgefaßte/gegenteilige ~ haben** have preconceived ideas *pl.*/hold an opposite opinion; **eine ~ zu etw./über jmdn./etw. haben** have an opinion on/about sb./sth.; **was ist deine** *od.* **was hast du für eine ~?** what is your opinion?; **die ~en sind geteilt** *od.* **gehen auseinander** opinions are divided; **anderer/geteilter ~ sein** be of a different opinion/differing opinions *pl.;* hold a different view/differing views *pl.;* **seine ~ ändern** change one's opinion *or* mind; **er ist der ~, daß ...:** he is of the opinion *or* takes the view that ...; **nach meiner ~, meiner ~ nach** in my opinion *or* view; **ganz meine ~:** I agree entirely; **einer ~ sein** be of *or* share the same opinion; **eine hohe ~ von jmdm. haben** have a high opinion of sb.; think highly of sb.; **die öffentliche ~:** public opinion; **jmdm. [gehörig] die ~ sagen** give sb. a [good] piece of one's mind

**meinungs-, Meinungs-: ~äußerung die** [expression of] opinion; **das Recht auf freie ~äußerung** the right of free speech; **~aus·tausch der** exchange of views; **in einem ~austausch mit jmdm. stehen** exchange views with sb.; **~bildend** *Adj.* opinion-forming; **~bildung die: die öffentliche ~bildung** the shaping of public opinion; **der Prozeß der ~bildung ist bei uns noch im Gange** we have not yet formed an opinion; **~forscher der** opinion pollster *or* researcher; **~forschung die** opinion research; **~forschungs·institut das** opinion research institute; **~freiheit die** freedom to form and express one's own opinions; *(Redefreiheit)* freedom of speech; **~mache die** *(abwertend)* attempted manipulation of people's opinions; **~macher der** opinion-maker; **~monopol das** *(abwertend)* monopolizing influence over public opinion; **~um·frage die** [public] opinion poll; **~um·schwung der** swing of opinion; **~verschiedenheit die** *(auch verhüll.: Streit)* difference of opinion

**Meise** ['maizə] **die;** ~, ~n tit[mouse]; **eine ~ haben** *(salopp)* be nuts *(sl.)*; be off one's head *(coll.)*

**Meißel** ['maisl] **der;** ~s, ~: chisel

**meißeln 1.** *tr. V.* chisel; carve ⟨*statue, sculpture*⟩ with a chisel. **2.** *itr. V.* chisel; work with a chisel; carve; **an einer Statue ~:** be working on *or* carving a statue with a chisel

**Meiß[e]ner** ['maisənɐ] *Adj.* **~ Porzellan** Meissen china *or* porcelain

**meist** [maist] *Adv.* mostly; usually; *(zum größten Teil)* mostly; for the most part; **er hat ~ keine Zeit** he doesn't usually have any time; **er ist ~ betrunken** he's drunk most of the time

**meist...** *Indefinitpron. u. unbest. Zahlw.* most; **das ~e Geld haben** have [the] most money; **die ~e Angst haben** be [the] most afraid; **seine ~e Zeit** most of his time; **am ~en arbeiten** work [the] most; **die ~en Leute haben ...:** most people have ...; **die ~en Leute, die da waren** most of the people who were there; **darüber habe ich mich am ~en gefreut** that pleased me [the] most; **die ~e Zeit des Jahres** most of the year; **die ~en meiner Kollegen** most of my colleagues; **er hat das ~e vergessen** he has forgotten most of it; **die am ~en befahrene Straße** the most used road; **das am ~en verkaufte Buch** the best-selling book

**meist·bietend 1.** *Adj.; nicht präd.* highest-bidding; **der ~bietende Käufer** the highest bidder. **2.** *adv.* **etw. ~bietend versteigern/verkaufen** *usw.* auction sth. off/sell sth. *etc.* to the highest bidder

**Meist·bietende der/die;** *adj. Dekl.* highest bidder

**meistens** ['maistṇs] *Adv. s.* **meist**

**meistenteils** *Adv.* for the most part

**Meister** ['maistɐ] **der;** ~s, ~ **a)** master craftsman; **~ im Kürschnerhandwerk sein** be a master furrier; **seinen ~ machen** *(ugs.)* get one's master craftsman's diploma *or* certificate; **b)** *(Vorgesetzter) (in der Fabrik, auf der Baustelle)* foreman; *(in anderen Betrieben)* boss *(coll.)*; **in Ordnung, ~!** OK, chief *or* boss *(coll.)*; **c)** *(geh.: Könner)* master; **es ist noch kein ~ vom Himmel gefallen** *(Spr.)* you can't always expect to get it right first time; **früh übt sich, was ein ~ werden will** *(Spr.)* there's nothing like starting young; **[in jmdm.] seinen ~ gefunden haben** have met one's match [in sb.]; **d)** *(Künstler, geh.: Lehrer)* master; **die alten ~:** the old masters; **e)** *(Sport)* champion; *(Mannschaft)* champions *pl.*; **f)** *(salopp: Anrede)* chief *(coll.)*; guv *(Brit. sl.)*; **g)** *(in Märchen)* **~ Lampe** Master Hare; **~ Petz** Bruin the Bear; *(Anrede)* Master Bruin; **~ Grimbart** Brock the Badger; *(Anrede)* Master Brock; **~ Urian** Old Nick

**Meister-: ~brief der** master craftsman's diploma *or* certificate; **~dieb der** master thief; **~elf die** *(Fußball)* **die ~elf aus München/die Münchner ~elf** the champions Munich; **~gesang der;** *o. Pl.* Meistergesang; art and music of the Meistersingers

**meisterhaft 1.** *Adj.* masterly. **2.** *adv.* in a masterly manner; **es ~ verstehen, etw. zu tun** be a [past-]master *or* an expert at doing sth.; **die Gitarre ~ beherrschen** be a masterly guitar-player

**Meister·hand die** master-hand; **von ~:** by a master-hand

**Meisterin die;** ~, ~nen **a)** master craftswoman; **b)** *(geh.: Könnerin)* master; **im Erfinden von Ausreden ist sie eine ~:** she is a [past] master *or* an expert at inventing excuses; **c)** *(Sport)* [women's] champion

**Meister-: ~klasse die a)** *(Sport)* championship class; **b)** *(Musik, Kunst)* master class; **~leistung die** masterly performance; *(Meisterstück)* masterpiece; *(geniale Tat)* master-stroke

**meisterlich** *(geh. veralt.) s.* **meisterhaft**

**Meister-: ~macher der** *(Sportjargon)* champion-maker; **~mannschaft die** champions *pl.*; title-holders *pl.*

**meistern** *tr. V.* master; master, overcome ⟨*problem, difficulty*⟩; control ⟨*anger, excitement, etc.*⟩; **sein Schicksal/Leben ~:** cope with one's fate/with life

**Meister·prüfung die** examination for the/one's master craftsman's diploma *or* certificate

**Meisterschaft die;** ~, ~en **a)** *o. Pl.* mastery; **b)** *(Sport)* championship; *(Veranstaltung)* championships *pl.*; **die ~ erringen** take the championship

**Meisterschafts-: ~kampf der** *(Sport)* championship; **~spiel das** *(Sport)* championship match *or* game

**Meister-: ~schüler der** *(Musik, Kunst)* master-class student; **~singer der** Meistersinger; mastersinger; **~stück das a)** *piece of work executed to qualify as a master craftsman;* **b)** *(Meisterleistung)* masterpiece **(an + *Dat.*** of); *(geniale Tat)* master-stroke; **~titel der a)** *(Sport)* championship [title]; **b)** *(im Handwerksberuf)* title of master craftsman

**Meisterung die;** ~: mastering

**Meister-: ~werk das** masterpiece **(an + *Dat.*** of); **~würde die** title of master craftsman

**Meist·gebot das** highest bid

**Mekka** ['mɛka] **(das);** ~s Mecca; *(fig.)* Mecca (+ *Gen.* for)

**Melamin·harz** [mela'mi:n-] **das** melamine resin

**Melancholie** [melaŋko'li:] **die;** ~, *(Psych.:)* ~n *(Gemütszustand)* melancholy; *(Psych.)* melancholia

**Melancholiker** [melaŋ'ko:likɐ] **der;** ~s, ~, **Melancholikerin die;** ~, ~nen melancholic

**melancholisch 1.** *Adj.* melancholy; melancholy, melancholic ⟨*person, temperament*⟩. **2.** *adv.* melancholically

**Melanesien** [mela'ne:zi̯ən] **(das);** ~s Melanesia

**Melange** [me'lã:ʒ(ə)] **die;** ~, ~n **a)** *(österr.) s.* **Milchkaffee; b)** *(Gemisch)* blend

**Melanom** [mela'no:m] **das;** ~s, ~e *(Med.)* melanoma

**Melasse** [me'lasə] **die;** ~: molasses *sing.*

**Melde-: ~amt das** registration office *(for registering with the authorities on changing one's place of residence)*; **~fahrer der** *(Milit.)* dispatch-rider; **~frist die** *(bei der Anmeldung, Abmeldung)* registration period; *(Versicherungsw.)* notification period; **~gänger der** *(Milit.)* runner; messenger

**melden** ['mɛldn̩] **1.** *tr. V.* **a)** report; *(registrieren lassen)* register ⟨*birth, death, etc.*⟩ (*Dat.* with); **wie soeben gemeldet wird** *(Fernseh., Rundf.)* according to reports just coming in; **etw. den Behörden ~:** report sth. to the authorities; **jmdn. als vermißt ~:** report sb. missing; **melde gehorsamst, ...** *(Milit. veralt.)* beg to report ...; **nichts/nicht viel zu ~ haben** *(ugs.)* have no/little say; **b)** *(ankündigen)* announce; **wen darf ich ~?** what name shall I say?; who shall I say is here?; **c)** *(Schülerspr.)* **jmdn. ~:** tell on sb; **das wird gemeldet!** I'll tell! **2.** *refl. V.* **a)** report; **sich polizeilich ~:** register with the police; **sich auf dem Polizeipräsidium ~:** report to police headquarters; **sich zum Militär ~:** enlist [in the armed forces]; **sich freiwillig ~:** volunteer **(zu** for); **sich auf eine Anzeige ~:** reply to *or* answer an advertisement; **sich zu einem Lehrgang ~:** sign on *or* enrol for a course; **sich zu einer Prüfung ~:** enter for an examination; **sich zum Dienst ~:** report for duty; *s. auch* **krank a; b)** *(am Telefon)* answer; **der Teilnehmer meldet sich nicht/es meldet sich niemand** there is no answer *or* reply; **c)** *(ums Wort bitten)* put one's hand up; **d)** *(von sich hören lassen)* get in touch **(bei** with); **wenn du etwas brauchst, melde dich** if you need anything let me/us know; **Otto 2, bitte ~!** Otto 2, come in please!; **e)** *(sich ankündigen)* ⟨*old age, rheumatism, etc.*⟩ make itself *or* its presence felt. **3.** *itr. V.* ⟨*dog*⟩ start barking

**Melde·pflicht die a)** *(Gesundheitsw.)* obligation *(on doctor)* to notify the authorities; **Thypus unterliegt der ~** cases of typhoid must be notified to the authorities; **b)** *(Verwaltung)* obligation to register with the authorities; **polizeiliche ~** obligation to register with the police

**melde·pflichtig** *Adj.* **a)** *(Gesundheitsw.)* notifiable ⟨*disease*⟩; **b)** *(Verwaltung)* ⟨*accident*⟩ which must be reported

**Melder der;** ~s, ~ *(Milit.)* runner; messenger

**Melde-: ~schluß der;** *o. Pl.* closing date; **~wesen das;** *o. Pl.* system of registration; **~zettel der** registration form

**Meldung die;** ~, ~en **a)** report; *(Nachricht)* piece of news; *(Ankündigung)* announcement; **~en aus dem Ausland** news from abroad; **~en vom Sport** sports news *sing.*; **~en in Kürze** news headlines; **b) ~ machen** *od.* **erstatten** *(Milit.)* report; make a report; **c)** *(Anzeige)* report; **über etw.** *(Akk.)* **~ machen** report sth.; **d)** *(Anmeldung) (bei einem Wettbewerb, Examen)* entry; *(bei einem Kurs)* enrolment; **wir bitten um freiwillige ~en** we are asking *or* calling for volunteers; **seine ~ [zu etw.] zurückziehen** withdraw [from sth.]; **e)** *(Wort~)* request to speak; **gibt es noch weitere ~en?** does anyone else wish to speak?

**meliert** [mɛ'li:ɐt] *Adj.* mottled; **grün/braun ~:** mottled green/brown; **[grau] ~es Haar** hair streaked with grey

**Melioration** [meli̯ora'tsi̯o:n] **die;** ~, ~en *(Landw.)* melioration; land improvement

**Melisse** [me'lɪsə] **die;** ~, ~n melissa; balm

**Melk-: ~an·lage die** *(Landw.)* milking equipment *no indef. art.*; **~eimer der** *(Landw.)* milking-pail

**melken** ['mɛlkn̩] **1.** *regelm. (auch unr.) tr. V. (auch fig. salopp)* milk. **2.** *regelm. (auch unr.) itr. V. (veralt.: Milch geben)* give milk; **eine ~de Kuh** a cow in milk; a milch cow

**Melker der;** ~s, ~: milker

**Melkerin die;** ~, ~nen milkmaid

**Melk-: ~maschine die** milking machine; **~schemel der** milking-stool

**Melodei** [melo'dai̯] **die;** ~, ~en *(dichter. veralt.) s.* **Melodie a**

**Melodie** [melo'di:] **die;** ~, ~n **a)** melody; *(Weise)* tune; melody; **nach einer ~:** to a melody/tune; **b)** *(Satz~)* intonation

**Melodien-: ~folge die, ~reigen der** medley [of tunes]; musical medley

**Melodik** [me'lo:dɪk] **die;** ~ *(Musik)* **a)** *(Lehre)* theory of melody; **b)** *(melodische Merkmale)* melodic characteristics *pl.*

**melodiös** [melo'di̯ø:s] **1.** *Adj.* melodious. **2.** *adv.* melodiously

**melodisch 1.** *Adj.* melodic; melodious. **2.** *adv.* melodically; melodiously; **~ sprechen** speak in a melodic *or* melodious voice

**Melodram** [melo'dra:m] **das;** ~s, **Melodramen, Melodrama das;** ~s, **Melodramen** melodrama

**melodramatisch 1.** *Adj.* melodramatic. **2.** *adv.* melodramatically

**Melone** [me'lo:nə] **die;** ~, ~n **a)** melon; **b)** *(ugs. scherzh.)* bowler [hat]

**Membran** [mɛm'bra:n] **die;** ~, ~en, **Membrane die;** ~, ~n **a)** *(Technik)* diaphragm; **b)** *(Biol., Chemie)* membrane

**Memento** [me'mɛnto] **das;** ~s, ~s **a)** *(kath. Rel.)* Memento; **b)** *(geh.: Mahnung)* warning reminder

**Memme** ['mɛmə] **die; ~, ~n** *(veralt. abwertend)* [craven] coward

**Memoiren** [me'moa:rən] *Pl.* memoirs

**Memorandum** [memo'randʊm] **das; ~s, Memoranden** *od.* **Memoranda** memorandum

**Memorial** [memo'ri̯a:l] **das; ~s, ~s** *(geh.)* memorial event; *(Rennen)* memorial race

**memorieren** [memo'ri:rən] *tr. V. (geh. veralt.)* memorize

**Menage** [me'na:ʒə] **die; ~, ~n** cruet[-stand]

**Menagerie** [menaʒə'ri:] **die; ~, ~n** *(veralt.)* menagerie

**menagieren** [mena'ʒi:rən] *itr. V. (österr. Milit.)* draw rations

**mendeln** ['mɛndl̩n] *itr. V. (Biol.)* Mendelize

**Mendelsche Gesetze** ['mɛndl̩ʃə-] *Pl. (Biol.)* Mendel's laws

**Menetekel** [mene'te:kl̩] **das; ~s, ~** *(geh.)* warning sign *or* portent

**Menge** ['mɛŋə] **die; ~, ~n a)** *(Quantum)* quantity; amount; **die dreifache ~:** three times *or* triple the amount; three times as much; **in ausreichender ~:** in sufficient quantities *pl.;* **in ~n zu ...:** in quantities of ...; **b)** *(große Anzahl)* large number; lot *(coll.);* **eine ~ Leute** a lot *or* lots *pl.* of people *(coll.);* **eine ~** *(ugs.)* a lot *or* lots [of it/them] *(coll.);* **eine ~ Zeit** *(ugs.)* a lot *or* lots of time; plenty of time; **Kuchen/Blumen in ~n** cakes/flowers in abundance; lots of cakes/flowers *(coll.);* **er weiß eine [ganze] ~** *(ugs.)* he knows [quite] a lot *(coll.) or* a great deal; **sie bildet sich eine ~ ein** *(ugs.)* she is very conceited (**auf +** *Akk.* about); **eine ~ trinken/essen** *(ugs.)* drink/eat a hell of a lot *(coll.);* **jede ~ Arbeit/Alkohol** *usw. (ugs.)* masses *pl. or* loads *pl.* of work/alcohol *etc. (coll.); s. auch* **rauh 1 h; c)** *(Menschen~)* crowd; throng; **d)** *(Math.)* set

**mẹngen** *(veralt.)* **1.** *tr. V.* mix; **Rosinen unter den Teig ~:** mix raisins into the dough. **2.** *refl. V. (ugs.)* mingle (**unter +** *Akk.* with)

**mẹngen-, Mẹngen-: ~an·gabe die** indication of quantity/quantities; **~lehre die;** *o. Pl. (Math., Logik)* set theory *no art.;* **~mäßig 1.** *Adj.* quantitative; **2.** *adv.* quantitatively; as far as quantity is/was concerned; **~rabatt der** *(Wirtsch.)* bulk discount

**Menhir** ['mɛnhɪr] **der; ~s, ~e** menhir

**Meningitis** [menɪŋ'gi:tɪs] **die; ~, Meningitiden** *(Med.)* meningitis

**Meniskus** [me'nɪskʊs] **der; ~, Menisken** *(Anat., Optik)* meniscus

**Menịskus·riß der** *(Med.)* torn meniscus

**Menkenke** [mɛŋ'kɛŋkə] **die; ~** *(md. ugs.)* fuss; **mach keine ~:** don't make a fuss

**Mennige** ['mɛnɪgə] **die; ~:** red lead

**Menopause** [meno'pau̯zə] **die; ~, ~n** *(Physiol.)* menopause

**Menora** [mɛno'ra:] **die; ~, ~:** menorah

**Mensa** ['mɛnza] **die; ~, ~s** *od.* **Mẹnsen** refectory, canteen *(of university, college)*

**Mẹnsa·essen das** refectory *or* canteen food

[1]**Mensch** [mɛnʃ] **der; ~en, ~en a)** *(Gattung)* **der ~:** man; **die ~en** man *sing.;* human beings; **das Gute im ~en** the good in man; **das sind starrköpfige ~en** they are stubborn people; **alle ~en müssen sterben** we are all mortal; **der ~ lebt nicht vom Brot allein** *(Spr.)* man does not live by bread alone *(prov.);* **ich bin auch nur ein ~:** I'm only human; **der ~ denkt, Gott lenkt** *(Spr.)* man proposes, God disposes *(prov.);* **das sind doch keine ~en mehr!** they are a pack of animals; **nur noch ein halber ~ sein** be just about all in; **wieder ein ~ sein** *(ugs.)* feel like a human being again; **b)** *(Person)* person; man/woman; **~en** people; **kein ~:** no one; **es war kein ~ da** there was no one *or* not a soul there; **unter die ~en gehen** mix with people; **des ~en Wille ist sein Himmelreich** you/he *etc.* must do whatever makes you/him *etc.* happy; **wie der erste ~/die ersten ~en:** extremely awkwardly; **ein neuer ~ werden** become a new man/woman; **von ~ zu ~:** man to man/woman to woman; **~, ärgere dich nicht** *(Gesellschaftsspiel)* ludo; **c)** *Pl. (Menschheit)* mankind *sing., no art.;* man *sing., no art.;* **d)** *(salopp: Anrede) (bewundernd)* wow; *(erstaunt)* wow; good grief; *(vorwurfsvoll)* for heaven's sake; **~, war das ein Glück!** boy, that was a piece of luck!; **~, hast du dich verändert!** good Lord, haven't you changed!; **~, das habe ich ganz vergessen!** damn *or (Brit.)* blast, I completely forgot!; **~ Meier!** good grief!

[2]**Mẹnsch das; ~[e]s, ~er** *(abwertend: Frau)* slut; trollop

**mẹnschen-, Mẹnschen-: ~affe der** anthropoid [ape]; **~ähnlich** *Adj.* manlike; like a human being/human beings *postpos.;* **~alter das** lifetime; **~an·sammlung die** gathering [of people]; *(~menge)* crowd [of people]; **~arm** *Adj.* sparsely populated; **~auf·lauf der** crowd [of people]; **~bild das** conception of man; **~feind der** misanthropist; **~feindlich 1.** *Adj.* **a)** misanthropic; **b)** *(unmenschlich)* inhuman ⟨*system, policy etc.*⟩; ⟨*environment*⟩ hostile to man; **2.** *adv.* **a)** misanthropically; **b)** *(unmenschlich)* inhumanly; **~feindlich konzipierte Trabantenstädte** satellite towns designed in a way that creates an environment hostile to man; **~feindlichkeit die** *s.* **menschenfeindlich 1:** misanthropy; inhumanity; hostility to man; **~fleisch das** human flesh; **~fressend** *Adj., nicht präd.* man-eating; **~fresser der** *(ugs.)* cannibal; *(Mythol.)* man-eater; **er ist doch kein ~fresser** *(scherzh.)* he won't eat *or* bite you; **~freund der** philanthropist; **~freundlich 1.** *Adj.* **a)** philanthropic; **b)** *(human)* ⟨*environment*⟩ catering for human needs; ⟨*architecture*⟩ designed with [the needs of] people in mind; **2.** *adv.* **a)** philanthropically; **b) ~freundlich gestaltet/konstruiert** designed with [the needs of] people in mind; **~freundlichkeit die;** *o. Pl.* philanthropy; **aus reiner ~freundlichkeit** out of the sheer goodness of one's heart; **~führung die** leadership; **~gedenken das: das wird seit ~gedenken so gemacht** it has been done that way for as long as anyone can remember; **der heißeste Sommer seit ~gedenken** the hottest summer in living memory; **~geschlecht das** *(geh.)* human race; **~gestalt die** human form; **ein Engel/Teufel** *od.* **Satan in ~gestalt sein** be an angel in human form/the devil incarnate; **~gewühl das** milling crowd; **~haar das** human hair; **~hand die** *(geh.)* hand of man; human hand; **von ~hand geschaffen** created by the hand of man *or* by human hand; **~handel der a)** trade *or* traffic in human beings; *(Sklavenhandel)* slave-trade; **b)** *(DDR) illegal smuggling of GDR citizens out of the country;* **~händler der a)** trafficker [in human beings]; *(Sklavenhändler)* slave-trader; **b)** *(DDR) person who engages in illegal smuggling of GDR citizens out of the country;* **~haß der** misanthropy; **~hasser der** *s.* **~feind; ~jagd die** *(abwertend)* manhunting; man-hunts *pl.; (Verfolgung)* persecution; **eine ~jagd** a man-hunt; **~jäger der** *(abwertend)* man-hunter; **~kenner der** judge of character *or* human nature; **~kenntnis die;** *o. Pl.* ability to judge character *or* human nature; **~kette die** human chain; **~kind das** creature; soul; **~leben das** life; **ein ~leben lang währen** *(geh.)* last a whole lifetime; **der Unfall forderte vier ~leben** *(geh.)* the accident claimed four lives; **~leben waren nicht zu beklagen** *(geh.)* there was no loss of life; **~leer** *Adj.* deserted; **~liebe die** philanthropy; love of humanity *or* mankind; **~masse die** crowd [of people]; **~material das;** *o. Pl. (Militärjargon)* [human] material; **~menge die** crowd [of people]; **~möglich** *Adj.; nicht attr.* humanly possible; **das ist doch nicht ~möglich!** but that's impossible!; **alles ~mögliche tun** do all that is/was humanly possible; **~opfer das a)** human sacrifice; **b)** *(~leben)* **es waren Hunderte von ~opfern zu beklagen** hundreds of lives were lost; **~raub der** kidnapping; abduction; **~recht das** human right; **~rechts·konvention die** Human Rights Convention; **~scheu** *Adj.* afraid of people; *(ungesellig)* unsociable; **~scheu die** fear of people; **~schinder der** *(abwertend)* cruel and ruthless slave-driver; **~schlag der** race *or* breed [of people]; **~seele die** human soul; **keine ~seele** not a [living] soul

**Mẹnschens·kind** *Interj. (salopp) (erstaunt)* good heavens; good grief; *(vorwurfsvoll)* for heaven's sake

**Mẹnschen·sohn der;** *o. Pl. (christl. Rel.)* Son of Man

**mẹnschen-, Mẹnschen-: ~unwürdig 1.** *Adj.* degrading and inhumane ⟨*treatment*⟩; ⟨*accommodation*⟩ unfit for human habitation; ⟨*conditions*⟩ unfit for human beings; ⟨*behaviour*⟩ unworthy of a human being; **2.** *adv.* ⟨*treat*⟩ in a degrading and inhumane way; ⟨*live, be housed*⟩ in conditions unfit for human beings; **~verächter der** despiser of humanity *or* mankind; **~verachtung die** contempt for humanity *or* mankind; **~verstand der** human intelligence *or* intellect; *s. auch* **gesund; ~werk das** *(geh.)* work of man; **alles ~werk ist vergänglich** the works *pl.* of men are ephemeral; **~würde die** human dignity *no art.;* **~würdig 1.** *Adj.* humane ⟨*treatment*⟩; ⟨*accommodation*⟩ fit for human habitation; ⟨*conditions*⟩ fit for human beings; ⟨*behaviour*⟩ worthy of a human being; **2.** *adv.* ⟨*treat*⟩ humanely; ⟨*live, be housed*⟩ in conditions fit for human beings

**Menschewik** [mɛnʃe'vɪk] **der; ~en, ~en** *u.* **~i** *(hist.)* Menshevik

**Mẹnschheit die; ~** mankind *no art.;* humanity *no art.;* human race

**Mẹnschheits-: ~entwicklung die** evolution of man; **~geschichte die** history of mankind *or* of the human race; **~traum der** dream of mankind

**mẹnschlich 1.** *Adj.* **a)** human; **~es Versagen** human error; **das ~e Leben** human life; *s. auch* **irren a; b)** *(annehmbar)* civilized; **wieder ganz ~ aussehen** *(ugs.)* look quite presentable again; **c)** *(human)* humane ⟨*person, treatment, etc.*⟩; human ⟨*trait, emotion, etc.*⟩; **sich von der ~en Seite zeigen** show one's human side. **2.** *adv.* **a) er ist ~ sympathisch** I like him as a person; **sich ~ näherkommen** get on closer [personal] terms [with one another]; **b)** *(human)* humanely; in a humane manner

**Mẹnschliche das; ~n: nichts ~s war ihr fremd** she was familiar with every aspect of human experience; **er hat nichts ~s an sich** he shows no human traits; there's nothing human about him

**Mẹnschlichkeit die** humanity *no art.;* **etw. aus reiner ~ tun** do sth. for purely humanitarian reasons

**Mẹnsch·werdung** [-ve:ɐ̯dʊŋ] **die; ~** *(christl. Rel.)* incarnation

**Mensen** *s.* **Mensa**

**Menstruation** [mɛnstrua'ts̯io:n] **die; ~, ~en** *(Physiol.)* menstruation; *(Periode)* [menstrual] period

**menstruieren** *itr. V. (Physiol.)* menstruate

**Mensur** [mɛn'zu:ɐ̯] **die; ~, ~en a)** students' duel; **eine ~ schlagen** fight a duel; **b)** *(Fechten)* [fencing] measure *or* distance

**mental** [mɛn'ta:l] *(geh.)* **1.** *Adj.* mental. **2.** *adv.* mentally

**Mentalität** [mɛntali'tɛ:t] **die; ~, ~en** mentality

**Menthol** [mɛn'to:l] **das; ~s** menthol

**Mentor** ['mɛntɔr] **der; ~s, ~en** [-'to:rən] **a)** *(geh.)* mentor; **b)** *(veralt.: Lehrer)* tutor; **c)** *(Schulw.)* supervisor

**Menu** [me'ny] *(schweiz.),* **Menü** [me'ny:] **das; ~s, ~s** *(auch DV)* menu; *(im Restaurant)* set meal *or* menu

**Menuett** [me'nu̯ɛt] **das; ~s, ~e** *od.* **~s** minuet

**mephistophelisch** [mefɪsto'fe:lɪʃ] *(geh.)* Mephistophelian

**Mercator·projektion** [mɛr'ka:tɔr-] **die** *(Geogr.)* Mercator's projection

**Mergel** ['mɛrgl̩] **der; ~s** *(Geol.)* marl

**Meridian** [meri'di̯a:n] **der; ~s, ~e** *(Geogr., Astron.)* meridian

**Meridịan·kreis der** *(Astron.)* meridian circle

**Meringe** [me'rɪŋə] **die; ~, ~n** meringue

**Merino** [me'ri:no] **der; ~s, ~s a)** *(Schaf)* merino [sheep]; **b)** *(Stoff)* merino

**Merịno-: ~schaf das** merino [sheep]; **~wolle die** merino wool

**Meriten** [me'ri:tn̩] *Pl. (geh. veralt.)* merits

**merkantil** [mɛrkan'ti:l] *Adj. (geh.)* mercantile

**Merkantilịsmus der; ~** *(hist.)* mercantilism *no art.*

**merkantilịstisch** *Adj. (hist.)* mercantilist

**mẹrkbar 1.** *Adj.* **a)** perceptible; noticeable; *(deutlich)* noticeable; **b)** *(leicht zu behalten)* **eine gut** *od.* **leicht ~e Nummer** an easily remembered number; **leicht/schwer ~sein** be easy/difficult to remember. **2.** *adv.* perceptibly; noticeably; *(deutlich)* noticeably

**Mẹrk-: ~blatt** leaflet; *(mit Anweisungen)* instruction leaflet; **~buch das** notebook

**merken** ['mɛrkn̩] **1.** *tr. V.* notice; **deutlich zu ~ sein** be plain to see; be obvious; **er hat [davon] nichts gemerkt** he didn't notice anything [of that]; **davon merkt man nicht viel** it's hardly noticeable; **an seinem Benehmen merkt man, daß ...** you can tell by his behaviour that ...; **das merkt doch jeder/keiner** everybody/nobody will notice; **jmdn. etw. ~ lassen** let sb. see sth.; **du merkst aber auch alles!** *(ugs. iron.)* how very observant of you!; **merkst du was?** *(ugs.)* have you noticed something?. **2.** *refl. V.* **sich** *(Dat.)* **etw. ~:** remember sth.; **hast du dir die Adresse gemerkt?** have you made a mental note of the address?; **diesen Mann muß man sich** *(Dat.)* **~:** this is a man to take note of; **ich werd' mir's** *od.* **werd's mir ~** *(ugs.)* I won't forget that; I'll remember that; **merk dir das** just remember that

**Mẹrk-: ~heft das** notebook; **~hilfe die** mnemonic; memory aid

**mẹrklich 1.** *Adj.* perceptible; noticeable; *(deutlich)* noticeable. **2.** *adv.* perceptibly; noticeably; *(deutlich)* noticeably

**Mẹrkmal das; ~s, ~e** feature; characteristic; **besondere ~e** distinguishing features *or* marks

**Mẹrk-: ~satz der** mnemonic sentence/phrase; mnemonic; **~spruch der a)** pithy maxim *or* saying; **b)** *(~hilfe)* mnemonic verse/sentence/phrase mnemonic

[1]**Merkur** [mɛr'ku:ɐ̯] **der; ~s** *(Astron.),* [2]**Merkụr (der)** *(Myth.)* Mercury

**mẹrkwürdig 1.** *Adj.* strange; odd; peculiar. **2.** *adv.* strangely; oddly; peculiarly

**mẹrkwürdiger·weise** *Adv.* strangely *or* oddly *or* curiously enough

**Mẹrkwürdigkeit die; ~, ~en a)** *o. Pl.* strangeness; oddness; peculiarity; **b)** *Pl. (Erscheinungen)* curiosities *pl.*

**Mẹrk-: ~zeichen das** mark; marker; **~zettel der** note; *(Liste)* list

**Merowinger der; ~s, ~** *(hist.)* Merovingian

**merzerisieren** [mɛrtsəri'zi:rən] *tr. V. (Textilind.)* mercerize

**Mesalliance** [meza'li̯ã:s] **die; ~, ~n** *(geh.)* mésalliance

**meschugge** [me'ʃʊgə] *Adj.; nicht attrib. (salopp)* barmy *(Brit. sl.);* nuts *pred. (sl.);* off one's rocker *pred. (sl.)*

**Meskalin** [mɛska'li:n] **das; ~s** mescaline

**Mesmerismus** [mɛsmə'rɪsmʊs] **der; ~:** *Mesmer's theory of biomagnetic effects*

**Mesner** ['mɛsnɐ] **der; ~s, ~** *(kath. Kirche)* sexton

**Mesolithikum** [mezo'li:tikʊm] **das; ~s** *(Geol.)* mesolithic period

**mesolịthisch** *Adj. (Geol.)* mesolithic

**Mesopotamien** [mezopo'ta:mi̯ən] **(das); ~s** Mesopotamia

**Mesozoikum** [mezo'tso:ikʊm] **das; ~s** *(Geol.)* Mesozoic era

**mesozọisch** *Adj. (Geol.)* Mesozoic

**Mẹß·band das;** *Pl.* **Mẹßbänder** measuring tape

**meßbar** ['mɛsba:ɐ̯] *Adj.* measurable; **schwer ~:** difficult to measure

**Mẹß-: ~becher der** measuring jug; **~bild das** *(Kartographie)* photogrammetric photograph; **~buch das** missal; mass book; **~diener der** *(kath. Kirche)* server

[1]**Messe** ['mɛsə] **die; ~, ~n** *(Gottesdienst, Musik)* mass; **die ~ halten** *od. (geh.)* **zelebrieren** say *or* celebrate mass; **für jmdn. eine ~ lesen** say a mass for sb.

[2]**Mẹsse die; ~, ~n a)** *(Ausstellung)* [trade] fair; **auf der ~:** at the [trade] fair; **b)** *(landsch.: Jahrmarkt, Volksfest)* fair

[3]**Mẹsse die; ~, ~n** *(Seew., Milit.)* mess; *(Raum)* mess-room

**Mẹsse-: ~besucher der** visitor to a/the [trade] fair; **~gelände das** site of a/the [trade] fair; *(mit festen ~hallen)* exhibition centre; **~halle die** exhibition hall

**mẹssen 1.** *unr. tr. V.* **a)** measure; **[jmdm.] den** *od.* **jmds. Blutdruck/Puls ~:** take sb.'s blood pressure/pulse; **jmds. Temperatur ~:** take sb.'s temperature; **die Zeit eines Sprinters ~:** time a sprinter; **am Morgen wurden schon 20° gemessen** the temperature was already 20° in the morning; **etw. nach Litern/Metern ~:** measure sth. in litres/metres; *s. auch* **Fieber; b)** *(beurteilen)* judge **(nach** by); **etw. an etw.** *(Dat.)* **~:** judge sth. by sth.; **jmdn. an jmdm. ~:** judge sb. by comparison with sb.; compare sb. with sb.; **ge~ an** (+ *Dat.)* having regard to; **c)** *(geh.)* **jmdn. mit den Augen** *od.* **Blicken ~:** look sb. up and down. **2.** *unr. itr. V.* measure; **er mißt 1,85 m** he's 1.85 m [tall]; **genau ~:** make an exact measurement/exact measurements. **3.** *unr. refl. V. (geh.)* compete **(mit** with); **sich mit jmdm./etw. [in etw.** *(Dat.)***] [nicht] ~ können** [not] be as good as sb./sth. [in sth.]

**Mẹsser das; ~s, ~ a)** knife; *(Hack~)* chopper; *(Rasier~)* [cut-throat] razor; **mit ~ und Gabel essen** eat with a knife and fork; **jmdm. das ~ an die Kehle setzen** *(fig. ugs.)* hold sb. at gunpoint; **auf des ~s Schneide stehen** *(fig.)* hang in the balance; be balanced on a knife-edge; **es steht auf des ~s Schneide, ob ...:** it's touch and go whether ...; **jmdn. ans ~ liefern** *(fig. ugs.)* inform on sb.; **bis aufs ~** *(fig. ugs.)* ‹*fight etc.*› to the bitter end; **jmdm. ins [offene] ~ laufen** *(fig. ugs.)* play right into sb.'s hands; **da geht mir das ~ in der Tasche auf** *(fig. ugs.)* I see red; **b)** *(ugs.: Skalpell)* **jmdn. unter dem ~ haben** have sb. under the knife *(coll.);* **unters ~ müssen** have to go under the knife *(coll.);* **c)** *(Technik)* cutter; *(Klinge)* blade

**mẹsser-, Mẹsser-: ~bänkchen das** *(individual eater's)* knife-rest; **~griff der, ~heft das** knife-handle; handle of a/the knife; **~held der** *(abwertend)* thug with a knife; **~klinge die** knife-blade; blade of a/the knife; **~rücken der** back of a/the knife; **~scharf 1.** *Adj.* razor-sharp; *(fig.)* trenchant ‹*criticism*›; incisive ‹*logic*›*;* razor-sharp ‹*wit, intellect*›*;* **2.** *adv. (fig. ugs.)* ‹*think*› with penetrating insight; ‹*argue*› incisively; **~schmied der** *maker of saws, knives, and other cutting tools;* **~spitze die a)** point of a/the knife; **b)** *(Mengenangabe)* **eine ~spitze** just a trace; **eine ~spitze Salz** a large pinch of salt; **~stecher der** knifeman; **~stecherei** [-ʃtɛçə'rai̯] **die; ~, ~en** knife-fight; fight with knives; **~stich der** knife-thrust; *(Wunde)* knife-wound; stab wound; **~werfer der; ~s, ~:** knife-thrower

**Mẹsse-: ~stadt die** town well known for its trade fairs; **die ~stadt Leipzig** Leipzig with its trade fairs; **~stand der** stand [at a/the trade fair]

**Mẹß-: ~fühler der** *(Technik)* sensor; **~gerät das** measuring device *or* instrument; *(Zähler)* meter; **~glas das** measuring glass; graduated measure; **~gewand das** chasuble

**messianisch** [mɛ'si̯a:nɪʃ] *Adj.* Messianic

**Messianịsmus der; ~:** Messianism *no art.*

**Messias** [mɛ'si:as] **der; ~:** Messiah

**Messing** ['mɛsɪŋ] **das; ~s** brass; **mit ~ beschlagen sein** have brass fittings *pl.*

**mẹssingen** *Adj.; nicht präd.* brass

**Mẹssing·waren** *Pl.* brassware *sing.*

**Mẹß-: ~instrument das** measuring instrument; **~latte die** surveyor's wooden rod *or* staff; **~opfer das** *(kath. Kirche)* sacrifice of the mass; **~stab der** measuring-rod; **~technik die** technology of measurement; **~tisch der** plane table; **~tisch·blatt das** large-scale map *(1:25,000);* **~uhr die** dial flow-meter

**Mẹssung die; ~, ~en** *(das Messen, Meßergebnis)* measurement; *(das Ablesen, Ableseergebnis)* reading

**Mẹß-: ~wein der** *(kath. Kirche)* Communion wine; altar wine; **~wert der** measured value; *(Ableseergebnis)* reading; **~zylinder der** measuring cylinder

**Mestize** [mɛs'ti:tsə] **der; ~n, ~n** mestizo

**Met** [me:t] **der; ~[e]s** mead

**Metabolismus** [metabo'lɪsmʊs] **der** *(Physiol.)* metabolism

**Metall** [me'tal] **das; ~s, ~e** metal

**Metạll-: ~arbeiter der** metalworker; **~bearbeitung die;** *o. Pl.* metalworking

**metạllen 1.** *Adj.* **a)** *nicht präd. (aus Metall)* metal; **b)** *(geh.: metallisch)* metallic. **2.** *adv. (geh.)* **ihr Haar glänzte/die Becken klirrten ~:** her hair gleamed/the cymbals sounded metallically

**Metạller der; ~s, ~, Metạllerin die; ~, ~nen** *(ugs.)* metalworker

**Metạll·geld das;** *o. Pl.* metal money; specie *(as tech. term)*

**metạll·haltig** *Adj.* metalliferous

**metallic** [me'talɪk] *indekl. Adj.* metallic [grey/blue/*etc.*]

**Metạllic·lackierung die** metallic finish

**Metạll·industrie die** metal-processing and metal-working industries *pl.*

**metạllisch 1.** *Adj.* metallic; metal *attrib.*, metallic ‹*conductor, coating*›. **2.** *adv.* metallically

**metallisieren** *tr. V. (Technik)* metallize

**Metạll-: ~kunde die;** *o. Pl.* [physical] metallurgy *no art.;* **~säge die** hack-saw; **~über·zug der** metal *or* metallic coating

**Metallurg** [meta'lʊrk] **der; ~en, ~en, Metallụrge der; ~n, ~n, Metallụrgin die; ~, ~nen** metallurgist

**Metallurgie** [metalʊr'gi:] **die; ~:** [extractive] metallurgy *no art.*

**metallụrgisch** *Adj.* metallurgical

**metạll·verarbeitend** *Adj.* **~e Industrie** metalworking industry

**Metạll·waren** *Pl.* metalware *sing.*

**Metamorphose** [metamɔr'fo:zə] **die; ~, ~n** metamorphosis

**Metapher** [me'tafɐ] **die; ~, ~n** *(Stilk.)* metaphor; **Gebrauch von ~n** use of metaphor

**Metaphorik** [meta'fo:rɪk] **die; ~** *(Stilk.)* **a)** *(Gebrauch von Metaphern)* use of meta-

phor; **b)** *(Metaphern)* imagery; metaphors *pl.*
**metaphorisch** *(Stilk.)* **1.** *Adj.* metaphorical. **2.** *adv.* metaphorically
**meta-, Meta-: ~physik die; ~; ~en a)** *o. Pl.* metaphysics *sing., no art.;* **b)** *(darstellendes Werk)* metaphysical work; **~physiker der** metaphysicist; **~physisch 1.** *Adj.* metaphysical; **2.** *adv.* metaphysically; **~physisch denken** think in metaphysical terms; **~sprache die** *(Sprachw., Math.)* metalanguage; **~stase** [~'sta:zə] **die; ~, ~n** *(Med.)* metastasis
**Meteor** [mete'o:ɐ̯] **der; ~s, ~e** *(Astron.)* meteor
**Meteorit** [meteo'ri:t] **der; ~en** *od.* **~s, ~e[n]** *(Astron.)* meteorite
**Meteorologe** [meteoro'lo:gə] **der; ~n, ~n** meteorologist; *(im Fernsehen)* weatherman
**Meteorologie die; ~:** meteorology *no art.*
**Meteorologin die; ~, ~nen** meteorologist; *(im Fernsehen)* weather lady
**meteorologisch 1.** *Adj.* meteorological. **2.** *adv.* meteorologically
**Meter** ['me:tɐ] **der** *od.* **das; ~s, ~:** metre; **drei ~ hoch/breit/tief/lang** three metres high/wide/deep/long; **[ungefähr] in 100 ~ Höhe/Entfernung** at a height/distance of [about] 100 metres; **nach ~n** by the metre; **auf den letzten ~n** in the last few metres; *s. auch* **laufend 1c**
**meter-, Meter-: ~dick** *Adj.* a metre thick *postpos.; (sehr dick)* metres thick *postpos.;* **~hoch** *Adj.* a metre high *postpos.; (sehr hoch)* metres high *postpos.;* ‹*snow*› a metre/metres deep; **der Schnee lag ~hoch** the snow was a metre/metres deep; **~lang** *Adj.* a metre long *postpos.; (sehr lang)* metres long *postpos.;* **~maß das** tape-measure; *(Stab)* [metre] rule; **~ware die** fabric/material *etc.* sold by the metre; **etw. als ~ware kaufen/verkaufen** buy/sell sth. by the metre; **~weise** *Adv.* by the metre; **ich habe den Stoff gleich ~weise gekauft** I bought yards of the material straight away; **~weit 1.** *Adj. (in der Länge)* a metre long *postpos.; (sehr lang)* metres long *postpos.; (in der Breite)* a metre wide *postpos.; (sehr breit)* metres wide *postpos.;* **2.** *adv.* **das Ziel ~weit verfehlen** be yards off [the] target; **einen Baumstamm ~weit schleudern** hurl a tree-trunk several yards
**Methan** [me'ta:n] **das; ~s** methane
**Methan·gas das** methane gas
**Methanol** [meta'no:l] **das; ~s** *(Chemie)* methanol
**Methode** [me'to:də] **die; ~, ~n** method; **~ haben** be quite deliberate
**Methoden·lehre die** *s.* **Methodologie**
**Methodik** [me'to:dɪk] **die; ~, ~en** methodology; **~ zeigen** be methodical
**methodisch 1.** *Adj.* methodological; *(nach einer Methode vorgehend)* methodical. **2.** *adv.* methodologically; *(nach einer Methode)* methodically; **~ vorgehen** proceed methodically
**Methodist** [meto'dɪst] **der; ~en, ~en** Methodist
**Methodisten·kirche die** Methodist church
**Methodistin die; ~, ~en** Methodist
**methodistisch** *Adj.* Methodist
**Methodologie** [metodolo'gi:] **die; ~, ~n** methodology
**methodologisch** *Adj.* methodological
**Methusalem** [me'tu:zalɛm] **der; ~s, ~s** Methuselah; **[so] alt wie ~ sein** be as old as Methuselah; **als ~:** when a very old man
**Methyl·alkohol der** methyl alcohol
**Methylen** [metʏ'le:n] **das; ~s** *(Chemie)* methylene
**Metier** [me'ti̯e:] **das; ~s, ~s** profession; **sein ~ beherrschen, sich auf sein ~ verstehen** know one's job; **Langstreckenlauf war sein ~:** long-distance running was his métier

**Metonymie** [metonʏ'mi:] **die; ~, ~n** *(Rhet., Stilk.)* metonymy
**Metren** *s.* **Metrum**
**Metrik** ['me:trɪk] **die; ~, ~en a)** *(Verslehre)* metrics; **b)** *(Musik)* study of rhythm and tempo *or* of metre
**metrisch 1.** *Adj.* **a)** *(Verslehre, Musik)* metrical; **b)** *(auf den Meter bezogen)* metric. **2.** *adv.* metrically
**Metro** ['me:tro] **die; ~, ~s** Metro
**Metronom** [metro'no:m] **das; ~s, ~e** *(Musik)* metronome
**Metropole** [metro'po:lə] **die; ~, ~n** *(größte Stadt)* metropolis; *(Zentrum für etw.)* capital; metropolis
**-metropole die** capital; metropolis; **die deutsche Bier~:** the German beer capital; **die Schwarzwald~:** the chief city of the Black Forest
**Metropolit** [metropo'li:t] **der; ~en, ~en** *(kath. u. orthodoxe Kirche)* metropolitan
**Metrum** ['me:trʊm] **das; ~s, Metren** *(Verslehre, Musik)* metre
**Mett** [mɛt] **das; ~[e]s** *(landsch.)* minced meat, mince *(pork)*
**Mettage** [mɛ'ta:ʒə] **die; ~, ~n** *(Zeitungsw.)* page make-up
**Mette** ['mɛtə] **die; ~, ~n** *(kath. u. ev. Kirche)* midnight mass; *(am frühen Morgen)* early [morning] mass
**Metteur** [mɛ'tø:ɐ̯] **der; ~s, ~e, Metteurin die; ~, ~nen** *(Zeitungsw.)* make-up arranger
**Mett·wurst die** *soft smoked sausage made of minced pork and beef*
**Metze** ['mɛt͜sə] **die; ~, ~n** *(veralt.)* strumpet *(arch.);* whore
**Metzelei** [mɛt͜sə'lai̯] **die; ~, ~en** *(abwertend)* slaughter; butchery
**metzeln** *tr. V. s.* **niedermetzeln**
**Metzger** ['mɛt͜sgɐ] **der; ~s, ~** *(bes. westmd., südd., schweiz.)* butcher; *(im Schlachthof)* slaughterman; *s. auch* **Bäcker**
**Metzger-** *s.* **Fleischer-**
**Metzgerei die; ~, ~en** *(bes. westmd., südd., schweiz.)* butcher's [shop]
**Meuchel-** ['mɔʏçl̩-]: **~mord der** *(abwertend)* [cowardly/treacherous] murder; **~mörder der** *(abwertend)* [cowardly/treacherous] murderer
**meucheln** *(geh. abwertend) tr. V.* murder [in a cowardly/treacherous manner]; assassinate ‹*king, ruler, etc.*›
**meuchlerisch** *(abwertend)* **1.** *Adj.* cowardly; *(heimtückisch)* treacherous. **2.** *adv.* in a cowardly/treacherous manner
**meuchlings** ['mɔʏçlɪŋs] *Adv. (geh. abwertend)* treacherously
**Meute** ['mɔʏtə] **die; ~, ~n a)** *(Jägerspr.)* pack; **b)** *(ugs. abwertend: Menschengruppe)* mob
**Meuterei** [mɔʏtə'rai̯] **die; ~, ~en** mutiny; *(fig.)* revolt; mutiny
**Meuterer** ['mɔʏtərɐ] **der; ~s, ~:** mutineer; *(fig.)* rebel
**meutern** *itr. V.* **a)** mutiny **(gegen** against); ‹*prisoners*› riot; **b)** *(ugs.: Unwillen äußern)* moan **(gegen** about)
**Mexikaner** [mɛksi'ka:nɐ] **der; ~s, ~, Mexikanerin die; ~, ~nen** Mexican
**mexikanisch** *Adj.* Mexican
**Mexiko** ['mɛksiko] **(das); ~s** Mexico
**MEZ** *Abk.* **mitteleuropäische Zeit** CET
**Mezzo·sopran** ['mɛt͜so-] *(Musik)* mezzo-soprano
**Mfg.** *Abk.* **Mitfahrgelegenheit**
**MfS das; ~** *Abk. (DDR)* **Ministerium für Staatssicherheit**
**mg** *Abk.* **Milligramm** mg
**MG** [ɛm'ge:] **das; ~s, ~s** *Abk.* **Maschinengewehr**
**mhd.** *Abk.* **mittelhochdeutsch** MHG
**MHz** *Abk. (Physik)* **Megahertz** MHz
**Mi.** *Abk.* **Mittwoch** Wed.
**Mia.** *Abk.* **Milliarde[n]** bn.

**miau** [mi'au̯] *Interj.* miaow
**miauen** *itr. V.* miaow
**mich** [mɪç] **1.** *Akk. des Personalpron.* **ich** me. **2.** *Akk. des Reflexivpron. der 1. Pers.* myself; **Was tust du im Badezimmer? – Ich wasche ~:** What are you doing in the bathroom? – I'm washing [myself]; **ich möchte ~ entschuldigen** I'd like to apologize
**Michael** ['mɪçae:l] **(der)** Michael
**Michaeli[s] (das); ~, Michael[i]stag der** Michaelmas
**Michel** ['mɪçl̩] **der; ~s, ~** *in* **der deutsche ~:** *proverbial figure representing the blinkered, simple-minded German, uninterested in politics and the world at large*
**Michigan·see** [mɪʃɪgən-] **der** Lake Michigan
**mick[e]rig** ['mɪk(ə)rɪç] *Adj. (ugs.)* miserable; measly *(sl.);* miserable, paltry, *(sl.)* measly ‹*amount*›; puny ‹*person*›; puny, stunted ‹*plant, tree*›
**Mickymaus** ['mɪki-] **die; ~:** Mickey Mouse *no art.*
**midi** ['mi:di] *Adj.; nicht attr. (Mode)* **~ tragen/gehen** wear a midi[-skirt/dress/coat]
**Midlife·krise** ['mɪtlaif-] **die** midlife crisis
**mied** [mi:t] *1. u. 3. Pers. Sg. Prät. v.* **meiden**
**Mieder** ['mi:dɐ] **das; ~s, ~ a)** *(Korsage)* girdle; **b)** *(Leibchen)* bodice
**Mieder-: ~hose die** pantie-girdle; **~waren** *Pl.* corsetry *sing.*
**Mief** [mi:f] **der; ~[e]s** *(salopp abwertend)* fug *(coll.);* **der ~ der Kleinstadt** *(fig.)* the claustrophobic small-town atmosphere
**miefen** *itr. V. (ugs. abwertend)* pong *(coll.);* stink
**Miene** ['mi:nə] **die; ~, ~n** expression; face; **mit unbewegter ~:** with an impassive expression; impassively; **keine ~ verziehen** not turn a hair; **er schluckte die Medizin, ohne eine ~ zu verziehen** he swallowed the medicine without turning a hair; **~ machen, etw. zu tun** make as if to do sth.; **gute ~ zum bösen Spiel machen** grin and bear it
**Mienen·spiel das** facial expressions *pl.*
**mies** [mi:s] *(ugs.)* **1.** *Adj. (abwertend)* terrible *(coll.);* lousy *(sl.);* rotten *(sl.);* lousy *(sl.),* foul ‹*mood*›. **2.** *adv.* **a)** *(abwertend: schlecht)* terribly badly *(coll.);* lousily *(sl.);* rottenly *(sl.);* **das ist aber ~ gearbeitet** the workmanship on this is terrible *(coll.) or* lousy *(sl.) or* rotten *(sl.);* **b)** *(unwohl)* **ihm geht es ~:** he's in a terrible state *(coll.)*
**Miese** ['mi:zə] *Pl.; adj. Dekl. (salopp)* **2000 ~ auf dem Konto haben** be 2,000 marks in the red at the bank; **in den ~n sein** be in the red; *(beim Kartenspiel)* be down on points
**Miese·peter der; ~s, ~** *(ugs. abwertend)* misery-guts *(coll.)*
**miesepet[e]rig** *Adj. (ugs. abwertend)* grumpy
**mies-, Mies-: ~machen** *tr. V. (ugs. abwertend)* **a)** *(schlechtmachen)* **jmdn./etw. ~machen** run sb./sth. down; **b)** *(die Freude nehmen an)* **jmdm. den Urlaub ~machen** spoil sb.'s holiday; **jmdm. die Wohnung/Arbeit ~machen** spoil sb.'s enjoyment of his/her flat/job; **~macher der** *(ugs. abwertend)* carping critic; *(Spielverderber)* kill-joy; **~muschel die** [common] mussel
**Miet·ausfall der** loss of rent
**¹Miete** ['mi:tə] **die; ~, ~n a)** rent; *(für ein Auto, Boot)* hire charge; *(für Fernsehgeräte usw.)* rental; **das ist schon die halbe ~** *(fig. ugs.)* I'm/you're *etc.* half-way there; **b)** *o. Pl. (das Mieten)* renting; **zur ~ wohnen** live in rented accommodation; rent a house/flat *(Brit.) or (Amer.)* apartment/room/rooms; **bei jmdm. zur ~ wohnen** lodge with sb.
**²Miete die; ~, ~n** *(Landw.)* pit
**Miet·einnahmen** *Pl.* income *sing.* from rents
**mieten** *tr. V.* **a)** rent; *(für kürzere Zeit)* hire; **b)** *(veralt.: in Dienst nehmen)* hire ‹*servant*›

**Mieter** ['mi:tɐ] **der; ~s, ~:** tenant

**Miet·erhöhung die** rent increase

**Mieterin die; ~, ~nen** tenant

**Mieter·schutz der** protection of tenants; tenants' protection

**miet·frei** *Adj., adv.* rent-free

**Miet·kauf der** *(Wirtsch.)* ≈ hire purchase *(Brit.) or (Amer.)* installment plan *(with option to buy outright or terminate the agreement at a specified date)*

**Mietling** ['mi:tlɪŋ] **der; ~s, ~e** *(veralt. abwertend)* hireling

**Miet-: ~partei die** tenant; **~preis der** rent; *(für ein Auto, Boot)* hire charge; *(für Fernsehgeräte usw.)* rental; **~recht das;** *o. Pl.* law of landlord and tenant

**Miets-: ~haus das** block of rented flats *(Brit.) or (Amer.)* apartments; **~kaserne die** *(abwertend)* tenement block

**Miet-: ~verhältnis das** *(Amtsspr.)* tenancy; **~vertrag der** tenancy agreement; **~wagen der** hire-car; **~wohnung die** rented flat *(Brit.) or (Amer.)* apartment; **~wucher der** charging of exorbitant rents; **~zahlung die: mit seiner ~zahlung im Rückstand sein** be behind with the rent; **~zins der;** *Pl.* **~e** *(südd., österr., schweiz., Amtsspr.)* rent; **~zu·schuß der** assistance with the rent

**Mieze** ['mi:tsə] **die; ~, ~n a)** *(fam.: Katze)* puss; pussy *(child lang.)*; **b)** *(salopp: Mädchen)* chick *(sl.)*; *(als Anrede)* sweetie

**Mieze·katze die** *(fam.)* puss; pussy-cat *(child lang.)*

**Migräne** [mi'grɛ:nə] **die; ~, ~n** migraine

**Migräne·anfall der** attack of migraine

**Mikado** [mi'ka:do] **das; ~s** spillikins *sing.*; jack-straws *sing.*

**Mikro** ['mi:kro] **das; ~s, ~s** *(ugs.)* mike *(coll.)*

**mikro-, Mikro-** micro-

**Mikrobe** [mi'kro:bə] **die; ~, ~n** microbe

**Mikro-: ~elektronik die** microelectronics *sing., no art.*; **~fiche** [~fi:ʃ] **das** *od.* **der; ~s, ~s** microfiche; **~film der** microfilm; **~klima das** microclimate; **~kosmos der** *(Philos.)* microcosm; **~meter der** *od.* **das** micron

**Mikronesien** [mikro'ne:ziən] **(das); ~s** Micronesia

**mikro-, Mikro-: ~organismus der** *(Biol.)* micro-organism; **~phon** [--'-] **das; ~s, ~e** microphone; **~prozessor** [~pro'tsɛsɔr] **der; ~s, ~en** [...'so:rən] microprocessor; **~skop** [~'sko:p] **das; ~s, ~e** microscope; **~skopie** [~sko'pi:] **die; ~:** microscopy *no art.*; **~skopisch 1.** *Adj.* microscopic; **2.** *adv.* microscopically; **etw. ~skopisch untersuchen** examine sth. under the microscope; **~wellen** *Pl.* microwaves; **~wellen·herd der** microwave oven

**Milan** ['mi:lan] **der; ~s, ~e** *(Zool.)* kite

**Milbe** ['mɪlbə] **die; ~, ~n** mite; *(Zecke)* tick

**Milch** [mɪlç] **die; ~ a)** milk; **~ geben** give *or* yield milk; **aussehen wie ~ und Blut** have a lilies-and-roses complexion; **das Land, wo ~ und Honig fließt** *(bibl.)* the land flowing with milk and honey; **b)** *(Fischsamen)* milt; soft roe

**Milch-: ~bar die** milk bar; **~bart der** *(abwertend)* callow youth; **~becher der** milk mug; **~brötchen das** milk roll; **~drüse die** mammary gland; **~eiweiß das** *(Biol.)* milk protein; **~flasche die a)** *(für Säuglinge)* feeding-bottle; baby's bottle; **b)** *(Flasche für Milch)* milk-bottle; **~frau die** *(ugs.)* dairywoman; **~gebiß das** milk-teeth *pl.*; **~geschäft das** dairy; **~gesicht das** *(abwertend)* callow youth; **~glas das a)** *o. Pl.* milk glass; *(aufgerauht)* frosted glass; **b)** *(Trinkglas)* milk glass; **~händler der** dairyman

**milchig 1.** *Adj.* milky. **2.** *adv.* **~ weiß** milky-white; **die ~-trübe Färbung des Wassers** the milky cloudiness of the water

**Milch-: ~kaffee der** coffee with plenty of milk; **~kännchen das** milk-jug; **~kanne die** milk-can; *(zum Transportieren von ~)* [milk-]churn; **~kuh die** dairy *or* milk *or* milch cow; **~mädchen das** dairymaid; **~mädchen·rechnung die** *(ugs.)* naïve miscalculation; **~mann der** *(ugs.)* milkman; **~mix·getränk das** milk shake

**Milchner** ['mɪlçnɐ] **der; ~s, ~** *(Zool.)* milter

**Milch-: ~pumpe die** breast-pump; **~reis der** rice pudding; **~säure die** *(Chemie)* lactic acid; **~schokolade die** milk chocolate; **~schorf der** milk crust; crusta lactea *(Med.)*; **~straße die** Milky Way; Galaxy; *(System)* Galaxy; **~straßen·system das** *(Astron.)* galaxy; **~suppe die** milk soup; **~vieh das** dairy cattle; **~wirtschaft die** dairying *no art.*; **~zahn der** milk-tooth; **~zucker der** *(Chemie)* lactose

**mild** [mɪlt], **milde 1.** *Adj.* **a)** *(gütig)* lenient ⟨*judge, judgement*⟩; benevolent ⟨*ruler*⟩; mild, lenient, light ⟨*punishment*⟩; mild ⟨*words, accusation*⟩; mild, gentle ⟨*reproach*⟩; gentle ⟨*smile, voice*⟩; **jmdn. ~ stimmen** induce sb. to take a lenient attitude; **b)** *(nicht rauh)* mild ⟨*climate, air, winter, etc.*⟩; **c)** *(gedämpft)* soft ⟨*light, glow*⟩; **d)** *(nicht scharf)* mild ⟨*spice, coffee, tobacco, cheese, etc.*⟩; smooth ⟨*brandy*⟩; **~ schmecken** be mild/smooth; **e)** *(schonend)* mild ⟨*soap, shampoo, detergent*⟩; **f)** *nicht präd. (veralt.: mildtätig)* charitable; **eine ~e Gabe** alms *pl.* **2.** *adv.* **a)** *(gütig)* leniently; ⟨*smile, say*⟩ gently; **b)** *(nicht rauh)* **der Wind wehte/die Sonne schien ~:** the wind blew gently/a gentle sun shone down; **c)** *(sanft)* **~ schimmern/leuchten** shimmer softly/shine gently; **d)** *(gelinde)* mildly; **~ ausgedrückt** to put it mildly; putting it mildly

**Milde die; ~ a)** *(Gnade, Güte)* leniency; **[jmdm. gegenüber] ~ walten lassen** be lenient [with sb.]; **väterliche/christliche ~:** fatherly/Christian kindness; **b)** *(des Klimas usw.)* mildness; **c)** *(milder Geschmack) (von Tabak, Gewürzen usw.)* mildness; *(von Weinbrand)* smoothness; **d)** *(Gedämpftheit)* softness; **e)** *(veralt.: Wohltätigkeit)* charity

**mildern 1.** *tr. V.* **a)** *(herabmindern)* moderate ⟨*criticism, judgement*⟩; mitigate ⟨*punishment*⟩; **~de Umstände** mitigating circumstances; **b)** *(dämpfen)* moderate ⟨*language*⟩; soothe ⟨*anger*⟩; lessen ⟨*agitation*⟩; **c)** *(abschwächen)* reduce ⟨*intensity, strength, effect*⟩; modify ⟨*impression*⟩; ease, soothe, relieve ⟨*pain*⟩; alleviate ⟨*poverty, need*⟩; ease ⟨*sorrow*⟩. **2.** *refl. V.* **a)** *(geringer werden)* ⟨*anger, rage, agitation*⟩ abate; **b)** *(abschwächen)* ⟨*effect*⟩ be reduced; ⟨*impression*⟩ be modified; **c)** *(wärmer werden)* ⟨*weather*⟩ become milder

**Milderung die; ~ a)** *(eines Tadels, Urteils)* moderation; *(einer Strafe)* mitigation; **b)** *(Linderung) (von Schmerz)* easing; soothing; relief; *(von Armut, Not)* alleviation

**Milderungs·grund der** mitigating circumstance

**mild·tätig 1.** *Adj.* charitable; **für ~tätige Zwecke sammeln** collect for charity. **2.** *adv.* **~ wirken** perform charitable acts

**Mild·tätigkeit die;** *o. Pl.* charity

**Milieu** [mi'liø:] **das; ~s, ~s a)** *(soziales Umfeld)* milieu; environment; *(fig.: Prostitution usw.)* world of pimps and prostitutes; **das ~ der Berliner Kneipen** the world of Berlin pubs *(Brit.) or (Amer.)* bars; **er stammt aus kleinbürgerlichem ~:** his background is petit bourgeois; **b)** *(Biol.: Lebensraum)* environment

**milieu-, Milieu-: ~geschädigt** *Adj.* *(Psych.)* maladjusted *(as a result of adverse environmental influences)*; **~schilderung die** description of the physical and social environment; **~studie die** study of an environment; **~theorie die** *(Psych.)* environmentalism *no art.*

**militant** [mili'tant] *Adj.* militant

**Militanz die; ~:** militancy

**¹Militär** [mili'tɛ:ɐ̯] **das; ~s a)** armed forces *pl.*; military; **beim ~ sein/vom ~ entlassen werden** be in/be discharged from the forces; **zum ~ müssen** have to join the forces; **zum ~ einberufen werden** be called up; **b)** *(Soldaten)* soldiers *pl.*; army; **~ gegen jmdn. einsetzen** use the army against sb.

**²Militär der; ~s, ~s** [high-ranking military] officer

**Militär-: ~akademie die** military academy; **~arzt der** medical officer; **~attaché der** military attaché; **~basis die** military base; **~block der** military [alliance-]bloc; **~dienst der** military service; **seinen ~dienst ableisten** do one's military *or* national service; **~diktatur die** military dictatorship; **~fahrzeug das** military vehicle; **~flug·platz der** military airfield; **~flugzeug das** military aircraft; **~geistliche der** army chaplain; **~gericht das** military court; court martial; **vor ein ~gericht gestellt werden** be brought before *or* tried by a military court; be court-martialled; **~gerichtsbarkeit die** military jurisdiction *no art.*; **~hilfe die** military aid *no art.*; **~hubschrauber der** military helicopter

**Militaria** [mili'ta:ria] *Pl.* military objects; militaria

**militärisch 1.** *Adj.* military; **jmdm. ~e Ehren erweisen** award *or* give sb. military honours; **mit allen ~en Ehren** with full military honours. **2.** *adv.* **gegen jmdn. ~ vorgehen** take military action against sb.; **jmdn. ~ grüßen** salute sb.; **~ strammstehen** stand to attention

**militarisieren** [militari'zi:rən] *tr. V.* militarize

**Militarisierung die; ~:** militarization

**Militarismus der; ~** *(abwertend)* militarism

**Militarist der; ~en, ~en** *(abwertend)* militarist

**militaristisch** *Adj. (abwertend)* militarist; militaristic

**Militär-: ~junta die** military junta; **~kapelle die** *(Musik)* military band; **~marsch der** military march; **~musik die** military music; **~parade die** military parade; **~polizei die** military police; **~putsch der** military putsch; **~regierung die** military government; **~seelsorge die** pastoral care of military personnel; **in der ~seelsorge tätig sein** look after the spiritual welfare of military personnel; **~streife die** military patrol; **~stütz·punkt der** military base; **~wesen das;** *o. Pl.* military affairs *pl., no art.*; **~wissenschaft die** military science

**Military** ['mɪlɪtərɪ] **die; ~, ~s** *(Reiten)* three-day event

**Militär·zeit die** time in the forces *or* services

**Miliz** [mi'li:ts] **die; ~, ~en** militia; *(Polizei)* police

**Milizionär** [militsio'nɛ:ɐ̯] **der; ~s, ~e a)** militiaman; **b)** *(Polizist)* policeman

**milk** [mɪlk], **milkst, milkt** *(veralt.) Imperativ Sg., 2. u. 3. Pers. Sg. Präsens v.* **melken**

**Mill.** *Abk.* **Million** m.

**Mille** ['mɪlə] **die; ~, ~** *(salopp)* grand *(sl.)*; thousand marks/pounds *etc.*; **zwei ~:** two grand *(sl.)*

**Millennium** [mɪ'lɛniʊm] **das; ~s, Millennien** millennium

**milli-** ['mɪli-], **Milli-** milli-

**Milliardär** [mɪliar'dɛ:ɐ̯] **der; ~s, ~e, Milliardärin die; ~, ~nen** multi-millionaire *(possessing at least a thousand million marks etc.)*; billionaire *(Amer.)*; *s. auch* **Millionär**

**Milliarde** [mɪ'liardə] **die; ~, ~n** thousand million; billion; **mehrere ~n Mark/Einwohner** several thousand million *or* several billion marks/inhabitants; *s. auch* **Million**

**Milliạrden-: ~höhe die** *in* **in ~höhe** of the order of a thousand million *or* a billion; **~kredit der** credit of the order of a thousand million *or* a billion; *s. auch* **millionen-, Millionen-**

**milliạrdst...** *Ordinalz.* thousand millionth; billionth; *s. auch* **hundertst...**

**milliạrdstel** *Bruchz.* thousand millionth; billionth; *s. auch* **hundertstel**

**Milliạrdstel das,** *schweiz.* **der; ~s, ~:** part in a billion *or* thousand million; *s. auch* **Hundertstel**

**Mịlli-: ~bar das** *(Met.)* millibar; **~gramm das** milligram; **~liter der** *od.* **das** millilitre

**Milli·meter der** *od.* **das** millimetre

**Millimeter-: ~arbeit die;** *o. Pl. (ugs.) (am Steuer)* delicate piece of manœuvring; *(bei Ballspielen)* [neat] piece of precision play; **~papier das** [graph] paper ruled in millimetre squares

**Million** [mɪ'li̯o:n] **die; ~, ~en a)** million; **eine ~ Menschen war** *od.* **waren ...:** a million people were ...; **zwei ~en [Einwohner]** two million [inhabitants]; **b)** *Pl. (unbestimmte Anzahl od. Summe)* millions; **~en von Menschen** millions of people; **in die ~en gehen** run into millions

**Millionär** [mɪli̯o'nɛ:ɐ̯] **der; ~s, ~e, Millionärin die; ~, ~nen** millionaire

**millionen-, Millionen-: ~auf·lage die** *(Buchw.)* **dieses Buch erschien in ~auflage** *od.* **erlebte eine ~auflage** [over] a million copies of this book were printed; **~auftrag der** contract worth a million/worth millions; **~fach 1.** *Adj.* millionfold ⟨*increase etc.*⟩; **in ~fachen Tests** in a million tests; **~fache Zustimmung finden** meet with the approval of millions of people; **es kam zu ~fachen Protesten** there were millions of protests; **2.** *adv.* a million times; **~geschäft das** deal worth a million/worth millions; **~gewinn der a)** *(Ertrag)* profit of a million/of millions; **~gewinne** profits running into millions; **b)** *(Lotteriegewinn)* prize of a million/of millions; **~heer das** millions *pl.*; **~höhe die** *in* **in ~höhe** of the order of a million; **~kredit der** credit of the order of a million; **~mal** *Adv.* a million times; **~schaden der** damage *no pl., no indef. art.* running into millions; **~schwer** *Adj. (ugs.)* worth millions *pred.*; **~stadt die** town with over a million inhabitants; **~vermögen das** fortune of millions

**millionst...** *Ordinalz.* millionth; *s. auch* **hundertst...**

**million[s]tel** *Bruchz.* millionth; *s. auch* **hundertstel**

**Million[s]tel das** *od. (schweiz.)* **der; ~s, ~:** millionth; *(Teilmenge)* part in a million; ppm

**Milz** [mɪlts] **die; ~** *(Anat.)* spleen

**Mịlz·brand der** *(Tiermed.)* anthrax

**Mime** ['mi:mə] **der; ~n, ~n** *(geh.)* Thespian

**mimen 1.** *tr. V.* **a)** *(ugs. abwertend)* put on a show of ⟨*admiration, efficiency*⟩; **Trauer/Besorgnis ~:** act sad/concerned *(coll.)*; **den Kranken/Unschuldigen ~:** pretend to be ill/act the innocent; **den starken Mann ~:** act tough; **b)** *(darstellen)* play; act; **den Tell ~:** play Tell. **2.** *itr. V. (ugs. abwertend)* **auf Millionär/krank** *usw.* **~:** pretend to be a millionaire/to be ill *etc.*

**Mimesis** ['mi:mezɪs] **die; ~, Mimesen** *(Liter., Philos.)* mimesis; imitation

**Mimik** ['mi:mɪk] **die; ~:** gestures and facial expressions *pl.*

**Mimikry** ['mɪmikri] **die; ~** *(Zool.)* mimicry; *(fig.)* camouflage

**mimisch 1.** *Adj.; nicht präd.* mimic; **seine ~e Ausdruckskraft** the expressive power of his gestures and facial movements; **eine ~e Begabung** a gift for mimic expression. **2.** *adv.* ⟨*show*⟩ by means of gestures and facial expressions; **~ begabt sein** have a gift for mimic expression

**Mimose** [mi'mo:zə] **die; ~, ~n a)** mimosa; *(volkst.: Akazie)* silver wattle; **b)** *(empfindsamer Mensch)* over-sensitive person; **die reinste ~ sein** be extraordinarily sensitive

**mimosenhaft 1.** *Adj.* over-sensitive. **2.** *adv.* over-sensitively

**Min.** *Abk.* **Minute[n]** min.

**Minarett** [mina'rɛt] **das; ~s, ~e** *od.* **~s** minaret

**mind.** *Abk.* **mindestens**

**minder** ['mɪndɐ] *Adv. (geh.)* less; **[nicht] ~ angenehm sein** be [no] less pleasant; *s. auch* **mehr**

**minder...** *Adj.; nicht präd.* inferior ⟨*goods, brand*⟩; **von ~er Bedeutung/Qualität sein** be of less importance/inferior *or* lower quality

**mịnder-; Mịnder-: ~begabt** *Adj.* less gifted *or* able; **~begütert** *Adj.* less well-off; **~bemittelt** *Adj.* without much money *postpos., not pred.*; **~bemittelt sein** not have much money; **er ist doch geistig ~bemittelt** *(fig. salopp abwertend)* he isn't all that bright *(coll.)*; **~bemittelte** *Pl.* needy persons; **~einnahme die** decrease in revenue; *(geringere Einnahme, als kalkuliert)* shortfall in revenue

**Mịnderheit die; ~, ~en** minority

**Mịnderheiten·recht das** right of a/the minority

**Mịnderheits·regierung die** minority government

**mịnder-, Mịnder-: ~jährig** *Adj.* *(Rechtsw.)* ⟨*child etc.*⟩ who is/was a minor *or* under age; **~jährig sein** be a minor *or* under age; **~jährige der/die;** *adj. Dekl.* *(Rechtsw.)* minor; person under age; **~jährigkeit die; ~** *(Rechtsw.)* minority; **bis zum Ende der ~jährigkeit** until he/she comes/came of age

**mịndern** *(geh.)* **1.** *tr. V.* reduce ⟨*income, price, number of staff, tension, etc.*⟩; impair ⟨*performance, abilities*⟩; diminish, reduce ⟨*value, quality, dignity, pleasure, influence*⟩; detract from ⟨*reputation*⟩. **2.** *refl. V.* diminish; ⟨*vehemence*⟩ lessen

**Mịnderung die; ~, ~en** *s.* **mindern 1:** reduction (*Gen.* in); impairment (*Gen.* of); diminution (*Gen.* of); detraction (*Gen.* from)

**mịnder·wertig** *Adj. (abwertend)* inferior, low-quality ⟨*goods, material*⟩; low-quality, low-grade ⟨*meat*⟩; *(fig.)* inferior; **ein moralisch ~wertiger Mensch** *(abwertend)* a person of questionable character

**Mịnder·wertigkeit die;** *o. Pl. s.* **minderwertig:** inferiority; low quality; low grade; *(fig.)* inferiority

**Mịnderwertigkeits-: ~gefühl das** *(Psych.)* feeling of inferiority; **~komplex der** *(Psych.)* inferiority complex

**Mịnder·zahl die;** *o. Pl.* minority

**mindest...** ['mɪndəst...] *Adj.; nicht präd.* slightest; least; **ohne die ~e Angst** without the slightest *or* least trace of fear; **ich habe nicht die ~e Ahnung** I haven't the slightest idea; **das ist das ~e, was du tun kannst** it is the least you can do; **sie versteht nicht das ~e vom Kochen** she doesn't know the slightest *or* first thing about cooking; **nicht im ~en** not in the least; **zum ~en** at least

**Mịndest-: ~alter das** minimum age; **~anforderung die** minimum requirement; **~betrag der** minimum amount

**mindestens** ['mɪndəstn̩s] *Adv.* at least

**Mịndest-: ~gebot das** reserve price; **~geschwindigkeit die** minimum speed; **~größe die** minimum size; **~haltbarkeits·datum das** best-before date; **~lohn der** minimum wage; **~maß das** minimum (**an** + *Dat.*, **von** of); **~preis der** minimum [legal] price; **~strafe die** *(Rechtsw.)* minimum penalty; **~urlaub der** minimum holiday entitlement; **~zahl die** minimum

**Mine** ['mi:nə] **die; ~, ~n a)** *(Erzbergwerk)* mine; **b)** *(Sprengkörper)* mine; **auf eine ~ laufen** strike a mine; **c)** *(Bleistift~)* lead; *(Kugelschreiber~, Filzschreiber~)* refill

**Mịnen-: ~feld das** minefield; **~leger der** *(Milit.)* minelayer; **~such·boot das** *(Milit.)* minesweeper; **~such·gerät das** *(Milit.)* mine-detector; **~werfer der** *(Milit. Hist.)* trench-mortar

**Mineral** [mine'ra:l] **das; ~s, ~e** *od.* **Mineralien** mineral

**Mineral-: ~bad das** spa; **~brunnen der** *s.* **~quelle; ~dünger der** inorganic fertilizer

**Mineraloge** [mɪnera'lo:gə] **der; ~n, ~n** mineralogist

**Mineralogie die; ~:** mineralogy *no art.*

**mineralogisch** *Adj.; nicht präd.* mineralogical

**Mineral·öl das** mineral oil

**Mineralöl-: ~gesellschaft die** oil company; **~industrie die** oil industry; **~steuer die** tax on oil

**Mineral-: ~quelle die** mineral spring; **~salz das, ~stoff der** mineral salt; **~wasser das** mineral water

**mini** ['mɪni] *Adj.; nicht attr. (Mode)* **~ tragen/gehen** wear a mini *(coll.)*

**Mịni das; ~s, ~s** *(Mode)* mini *(coll.)*; **im ~:** in a mini *(coll.)*; **diese Kleider sind alle in ~:** all these dresses are mini-length *or (coll.)* minis *pl.*

**mịni-, Mịni-** mini-

**Miniatur** [mini̯a'tu:ɐ̯] **die; ~, ~en** miniature

**Miniatur-: ~aus·gabe die** *(Buchw.)* abridged edition; **~maler der** miniaturist; **~malerei die** miniature painting

**Mịni·golf das** minigolf; crazy golf

**minimal** [mini'ma:l] **1.** *Adj.* minimal; marginal ⟨*advantage, lead*⟩; very slight ⟨*benefit, profit*⟩. **2.** *adv.* minimally; **sie unterscheiden sich nur ~:** the differences between them are minimal

**Minimal-: ~forderung die** minimum demand; **~gewicht das** minimum weight; **~wert der** minimum value

**minimieren** *tr. V. (bes. Math.)* minimize

**Minimierung die; ~, ~en** *(bes. Math.)* minimization

**Minimum** ['mi:nimʊm] **das; ~s, Mịnima** minimum (**an** + *Dat.* of); **ein ~ an Vertrauen** a certain minimum degree of trust; **etw. unter dem ~ verkaufen** sell sth. below the minimum [legal] price

**Mịni-: ~rock der** miniskirt; **~spion der** miniaturized listening *or (coll.)* bugging device

**Minister** [mi'nɪstɐ] **der; ~s, ~:** minister (**für** for); *(eines britischen Hauptministeriums)* Secretary of State (**für** for); *(eines amerikanischen Hauptministeriums)* Secretary (**für** of)

**Minịster-: ~amt das** ministerial office; **~ebene die** *in* **auf ~ebene** at ministerial level

**Ministeriạl-: ~beamte der** ministry official; **~direktor der** head of a ministry department; **~dirigent der** head of a section within a ministry department

**Ministeriale** [minɪste'ri̯a:lə] **der/die;** *adj. Dekl. s.* **Ministerialbeamte**

**Ministeriạl·rat der** *s.* **Ministerialdirigent**

**ministeriell** [minɪste'ri̯ɛl] **1.** *Adj.* ministerial. **2.** *adv.* by the minister

**Minịsterin die; ~, ~nen** *s.* **Minister**

**Ministerium** [minɪs'te:ri̯ʊm] **das; ~s, Ministerien** Ministry; Department *(Amer.)*

**Minịster-: ~präsident der a)** *(eines deutschen Bundeslandes)* minister-president; prime minister *(Brit.)*; governor *(Amer.)*; **b)** *(Premierminister)* Prime Minister; **~rat der** Council of Ministers; **~sessel der** *(ugs.)* ministerial post

**ministrabel** [minɪs'tra:bl̩] *Adj.* capable of holding ministerial office *pred.*

**Ministrant** [minɪs'trant] **der; ~en, ~en** *(kath. Kirche)* server

**ministrieren** *itr. V. (kath. Kirche)* serve [at the altar]; act as server
**Minna** ['mɪna] **die; ~, ~s** *(ugs. veralt.)* maid; **jmdn. zur ~ machen** *(ugs.)* tear sb. off a strip *(Brit. sl.)*; bawl out *(coll.)*; **eine grüne ~** *(ugs.)* a Black Maria; a patrol wagon *(Amer.)*
**Minne** ['mɪnə] **die; ~** *(MA.)* courtly love
**Minne-: dienst der** *(MA.)* knight's homage to his lady; **~sang der** *(Literaturw.)* Minnesong; **~sänger, ~singer der** *(MA.)* Minnesinger
**Minorität** [minori'tɛ:t] **die; ~, ~en** *s.* **Minderheit**
**Minuend** [mi'nu̯ɛnt] **der; ~en, ~en** minuend
**minus** ['mi:nʊs] **1.** *Konj. (Math.)* minus. **2.** *Adv.* **a)** *(bes. Math.)* minus; **~ fünf Grad, fünf Grad ~:** minus five degrees; five degrees below [zero]; **b)** *(Elektrot.)* negative. **3.** *Präp. mit Gen. (Kaufmannsspr.)* less; minus
**Minus das; ~ a)** *(Fehlbetrag)* deficit; *(auf einem Konto)* overdraft; **~ machen** make a loss; **im ~ sein** be in debit; be in the red; **b)** *(Nachteil)* minus; drawback; *(im Beruf)* disadvantage
**Minus·betrag der** deficit
**Minuskel** [mi'nʊskl̩] **die; ~, ~n** *(Druckw.)* minuscule
**Minus-: ~pol der** *(Physik)* negative pole; *(einer Batterie)* negative terminal; **~punkt der a)** minus *or* penalty point; **b)** *(Nachteil)* disadvantage; **~zeichen das** minus sign
**Minute** [mi'nu:tə] **die; ~, ~n a)** minute; **6 ~n nach/vor zwei** six minutes to/past two; **es ist neun Uhr [und] sieben ~n** it is seven minutes past nine *or* nine seven; **~ um ~ verging** *od.* **verstrich** minutes went by *or* passed; **b)** *(Moment)* minute; moment; **hast du ein paar ~n Zeit für mich?** can you spare me a few minutes *or* moments?; **in letzter ~:** at the last minute *or* moment; **auf die ~ pünktlich sein** *od.* **kommen** be punctual to the minute
**minuten·lang 1.** *Adj.; nicht präd.* ⟨*applause, silence, etc.*⟩ lasting [for] several minutes; **sein ~langes Schweigen** his silence, which lasted for several minutes. **2.** *adv.* for several minutes
**Minuten·zeiger der** minute-hand
**-minütig** *Adj.* **ein fünf~er Heulton** a wail lasting five minutes; **eine fünfzehn~e Verspätung** a fifteen-minute delay; a delay of fifteen minutes
**minütlich** [mi'ny:tlɪç] **1.** *Adj.* **in ~en Abständen** at intervals of a minute. **2.** *adv.* every minute
**minuziös** [minu'tsi̯ø:s] *(geh.)* **1.** *Adj.* minutely *or* meticulously precise *or* detailed ⟨*account, description*⟩; minute ⟨*detail*⟩; ⟨*manœuvre*⟩ requiring minute precision. **2.** *adv.* meticulously
**Minze** ['mɪntsə] **die; ~, ~n** mint
**Mio.** *Abk.* **Million[en]** m.
**mir** [mi:ɐ̯] **1. a)** *Dat. Sg. des Personalpron. ich* to me; *(nach Präpositionen)* me; **gib es ~:** give it to me; give me it; **gib ~ das Buch** give me the book; **Freunde von ~:** friends of mine; **gehen wir zu ~:** let's got to my place; **~ nichts, dir nichts** *(ugs.)* just like that; without so much as a 'by your leave'; **von ~ aus** as far as I'm concerned; **Kann ich das Radio abstellen? – Von ~ aus** Can I turn the radio off? – As far as I'm concerned you can; **b)** *(Dativus ethicus)* **geht ~ nicht an meinen Schreibtisch!** keep away from my desk!; **und grüß ~ alle Verwandten!** and give my regards to all the relatives; **du bist ~ vielleicht einer!** *(ugs.)* a fine one you are!; **wie du ~, so ich dir** tit for tat; *(drohend)* I'll get my own back. **2.** *Dat. des Reflexivpron. der 1. Pers. Sg.* myself; **ich habe ~ deine Vorschläge genau überlegt** I have given careful thought to your suggestions; **ich habe ~ gedacht, daß ...:** I thought that ...; **ich will ~ ein neues Kleid kaufen** I want to buy myself a new dress; **ich nehme ~ noch von dem Braten** I'll help myself to some more roast
**Mirabelle** [mira'bɛlə] **die; ~, ~n** mirabelle
**Mirakel** [mi'ra:kl̩] **das; ~s, ~** *(geh. veralt.)* miracle
**Misanthrop** [mizan'tro:p] **der; ~en, ~en** *(geh.)* misanthrope
**Misch-: ~batterie die** mixer tap; mixing faucet *(Amer.)*; **~blut das** *(geh.) s.* **Mischling a; ~brot das** bread made from wheat and rye flour; **~ehe die** mixed marriage
**mischen** ['mɪʃn̩] **1.** *tr. V.* mix; **etw. in etw.** *(Akk.)* **~:** put sth. into sth.; **Wasser und Wein ~:** mix water with wine; **[sich** *(Dat.)***] Tees/Tabake ~:** blend [one's own] teas/tobaccos; **die Karten ~:** shuffle the cards. **2.** *refl. V.* **a)** *(sich ver~)* mix **(mit** with); ⟨*smell, scent*⟩ blend **(mit** with); **in meine Freude mischte sich Angst** my joy was mingled with fear; **b)** *(sich ein~)* **sich in etw.** *(Akk.)* **~:** interfere *or* meddle in sth.; **sich in das Gespräch ~:** butt into the conversation; **c)** *(sich begeben)* **sich unters Publikum** *usw.* **~:** mingle with the audience *etc.* **3.** *itr. V.* **a)** *(Kartenspiel)* shuffle; **wer muß ~?** whose shuffle is it?; **b)** *(Film, Rundf., Ferns.)* mix; *s. auch* **gemischt**
**Mischer der; ~s, ~** *(Bauw.)* [cement-]mixer
**Misch-: ~farbe die** non-primary colour; **~form die** mixture; *(Kunstform)* fusion; **~futter das** mixed feed; **~gewebe das** mixture; **~kultur die a)** *(Landw.)* mixed cultivation; **b)** *(Soziol.)* mixed culture
**Mischling** ['mɪʃlɪŋ] **der; ~s, ~e a)** half-caste; half-breed; **b)** *(Biol.)* hybrid
**Mischmasch** ['mɪʃmaʃ] **der; ~[e]s, ~e** *(ugs., meist abwertend)* hotchpotch; mishmash; *(Essen)* concoction
**Misch·maschine die** *(Bauw.)* cement-mixer
**Mischpoke** [mɪʃ'po:kə] **die; ~** *(salopp abwertend)* **a)** *(Verwandtschaft)* tribe *(derog.)*; **b)** *(Gesellschaft)* mob *(sl.)*; shower *(Brit. sl.)*
**Misch-: ~pult das** *(Film, Rundf., Ferns.)* mixing desk *or* console; **~sprache die** hybrid language; **~trommel die** mixing drum
**Mischung die; ~, ~en a)** *(Gemisch, auch fig.)* mixture; *(Tee~, Kaffee~, Tabak~)* blend; *(Pralinen~)* assortment; **b)** *(das Mischen)* mixing; *(von Tee, Kaffee, Tabak)* blending
**Mischungs·verhältnis das** proportion in the mixture
**Misch·wald der** mixed [deciduous and coniferous] forest
**miserabel** [mizə'ra:bl̩] *(ugs.)* **1.** *Adj.* **a)** *(schlecht)* dreadful *(coll.)*, atrocious ⟨*film, wine, food*⟩; pathetic, miserable ⟨*achievement*⟩; miserable, dreadful *(coll.)*, atrocious ⟨*weather*⟩; **b)** *(elend)* miserable; wretched; **mir ist ~ zumute, ich fühle mich ~:** I feel dreadful; **c)** *(niederträchtig)* abominable ⟨*behaviour*⟩. **2.** *adv.* **a)** *(schlecht)* dreadfully *(coll.)*; atrociously; ⟨*sleep*⟩ dreadfully badly *(coll.)*; **~ bezahlt werden** be very badly *or* poorly paid; **b)** *(elend)* **ihm geht es gesundheitlich ~:** he's in a bad way; **c)** *(niederträchtig)* **sich ~ benehmen** *od.* **verhalten** behave abominably
**Misere** [mi'ze:rə] **die; ~, ~n** *(geh.)* wretched *or* dreadful state; *(Elend)* misery; *(Not)* distress; **seine finanzielle ~:** his wretched *or* dreadful financial state
**Miserere** [mize're:rə] **das; ~s** *(bibl.)* miserere
**Mispel** ['mɪspl̩] **die; ~, ~n** medlar
**miß** [mɪs] *Imperativ Sg. v.* **messen**
**Miß, Miss** [mɪs] **die; ~, Misses** ['mɪsɪz] Miss
**miß·achten, miß·achten** *tr. V.* **a)** *(ignorieren)* disregard; ignore; **b)** *(geringschätzen)* disdain; be contemptuous of; **sich mißachtet fühlen** feel scorned
**Miß·achtung die a)** *(Nichtbeachtung)* disregard (+ *Gen.* of, for); **die ~ der Vorschriften/meines Rates** disregarding *or* ignoring the regulations/my advice; **b)** *(Verachtung)* disdain, contempt (+ *Gen.* for)
**miß·behagen**[1] *itr. V. (geh.)* **das mißbehagt ihr** she is not happy about it
**Miß·behagen das** [feeling of] unease; uncomfortable feeling; **bei dem Gedanken daran befiel sie ein tiefes ~:** she did not at all like the thought of it
**Miß·bildung die** deformity
**miß·billigen** *tr. V.* disapprove of
**Miß·billigung die** disapproval
**Miß·brauch der a)** *(das Mißbrauchen)* abuse; misuse; *(falsche Anwendung)* misuse; *(von Feuerlöscher, Notbremse)* improper use; **mit seiner Stellung/Macht ~ treiben** abuse *or* misuse one's position/power; **unter ~ seines Amtes** by misusing his position; **b)** *(übermäßiger Gebrauch)* misuse; **c)** *(geh.: Vergewaltigung)* rape
**miß·brauchen** *tr. V.* **a)** abuse; misuse; abuse ⟨*trust*⟩; **jmdn. für** *od.* **zu etw. ~:** use sb. for sth.; **b)** *(übermäßig gebrauchen)* misuse ⟨*drugs, medicines*⟩; **c)** *(geh.: vergewaltigen)* rape
**mißbräuchlich** [-brɔyçlɪç] **1.** *Adj.* **~e Verwendung/Anwendung** misuse. **2.** *adv.* **etw. ~ verwenden/handhaben** misuse sth.
**miß·deuten** *tr. V.* misinterpret
**Miß·deutung die** misinterpretation
**missen** *tr. V. (geh.)* **a)** *(entbehren)* do *or* go without; do without ⟨*person*⟩; **jmdn./etw. nicht ~ können/mögen** be unable to do without/not want to be without sb./sth.; **b)** *(selten) s.* **vermissen 1**
**Miß·erfolg der** failure
**Miß·ernte die** crop failure
**Misse·tat** ['mɪsə-] **die** *(geh. veralt.)* misdeed
**Misse·täter der, Misse·täterin die** *(geh. veralt.)* malefactor
**miß·fallen** *unr. itr. V.* **etw. mißfällt jmdm.** sb. dislikes *or* does not like sth.; **es mißfiel mir, wie unfreundlich sie ...:** I disliked *or* did not like the unkind way she ...
**Mißfallen das; ~s** displeasure **(über** + *Akk.* at); *(Mißbilligung)* disapproval **(über** + *Akk.* of); **~ erregen** arouse displeasure/disapproval; **jmds. ~ erregen** incur sb.'s displeasure/disapproval
**Mißfallens·äußerung die** expression of displeasure/disapproval
**miß·fällig** *(veralt.)* **1.** *Adj.* disapproving. **2.** *adv.* disapprovingly
**miß·gebildet** *Adj.* deformed
**Miß·geburt die** *(Med.)* monster; monstrosity; **diese ~ von [einem] Krämer!** *(fig. abwertend)* that misbegotten scoundrel of a shopkeeper
**miß·gelaunt** *(geh.)* **1.** *Adj.* ill-humoured. **2.** *adv.* ill-humouredly
**Miß·geschick das** *(ärgerlicher Vorfall)* mishap; *(Pech)* bad luck; *(Unglück)* misfortune; **jmdm. passiert** *od.* **widerfährt ein ~:** sb. has a mishap/a piece *or* stroke of bad luck/a misfortune; **vom ~ verfolgt sein** be dogged by bad luck/misfortune
**Mißgestalt die** *(geh.)* misshapen figure
**miß·gestaltet** *Adj.* misshapen; deformed ⟨*person, child*⟩
**miß·gestimmt 1.** *Adj. (geh.)* ill-humoured; **~ sein** be in a bad mood. **2.** *adv.* ill-humouredly
**miß·glücken** *itr. V.; mit sein* fail; be unsuccessful; **der Kuchen/Plan ist mir mißglückt** the cake I made turned out a failure/my plan failed *or* was a failure; **ein mißglückter Versuch** a failed *or* unsuccessful attempt
**miß·gönnen** *tr. V.* **jmdm. etw. ~:** begrudge sb. sth.; **er mißgönnte ihr, daß sie ...:** he begrudged the fact that she ...

[1] *mißbehagt, mißzubehagen*

**Miß·griff** der error of judgement; **einen ~ tun** *od.* **machen** make an error of judgement

**Miß·gunst die** [envy and] resentment (**gegenüber** of); *(fig.: des Schicksals)* malevolence

**miß·günstig 1.** *Adj.* resentful; *(fig.)* malevolent ⟨*fate*⟩. **2.** *adv.* resentfully; *(fig.)* malevolently

**miß·handeln** *tr. V.* maltreat; ill-treat; **mißhandelte Frauen/Kinder** battered wives/children

**Miß·handlung die** maltreatment; ill-treatment; **~en** maltreatment *sing.;* ill-treatment *sing.*

**Miß·helligkeiten** *Pl. (geh.)* differences

**missingsch** ['mɪsɪŋʃ] *Adv.* **~ sprechen** speak Missingsch

**Missingsch das; ~:** Missingsch *(Hamburg dialect made up of High German and some Low German elements)*

**Mission** [mɪ'si̯o:n] **die; ~, ~en a)** *(geh.: Auftrag)* mission; **in geheimer ~:** on a secret mission; **b)** *(geh.: Personengruppe)* mission; *(Delegation)* delegation; **c)** *o. Pl. (Rel.)* mission; **in der [äußeren/inneren] ~ tätig sein** do missionary work [abroad/in one's own country]; **d)** *(geh.: diplomatische Vertretung)* mission

**Missionar** [mɪsi̯o'na:ɐ̯], *(österr.)* **Missionär** [mɪsi̯o'nɛ:ɐ̯] **der; ~s, ~e, Missionarin die; ~, ~nen** missionary

**missionarisch 1.** *Adj.* missionary. **2.** *adv.* **~ tätig sein** do missionary work

**Missionar·stellung die** *(ugs.)* missionary position

**missionieren 1.** *itr. V.* do missionary work. **2.** *tr. V.* convert by missionary work; *(fig.)* convert to one's own ideas

**Missionierung die; ~: die ~ eines Landes/eines Volkes** missionary work in a country/among a people; *(als Ergebnis)* the conversion of a country/people [by missionary work]

**Missions-: ~chef der** *(Politik)* head of a/the mission; **~gesellschaft die** missionary society; **~station die** mission station; **~wissenschaft die;** *o. Pl.* missiology *no art.;* study of the Christian mission

**Miß·klang der** discord; dissonance; *(fig.)* discord; **mit einem ~ enden** *(fig.)* end on a note of discord; **es gab einige Mißklänge** *(fig.)* there was a certain amount of discord

**Miß·kredit der** *in* **jmdn./etw. in ~ bringen** bring sb./sth. into discredit; bring discredit on sb./sth.; **bei jmdm. in ~ geraten** get a bad name with sb.

**mißlang** *1. u. 3. Pers. Sg. Prät. v.* **mißlingen**

**miß·launig** *Adj. (geh.) s.* **mißgelaunt**

**mißlich** *Adj. (geh.)* awkward, difficult ⟨*situation*⟩*;* difficult ⟨*conditions*⟩*;* unfortunate ⟨*consequences, incident*⟩*;* **es steht ~ um die [Finanzkraft der] Firma** the firm is not doing very well [financially]

**Mißlichkeit die; ~, ~en** *(geh.) (mißliche Situation)* awkward *or* difficult situation; *(mißlicher Vorfall)* unfortunate incident

**mißliebig** ['mɪsli:bɪç] *Adj.* unpopular; **~e Ausländer** unwanted foreigners; **sich ~ machen** make oneself persona non grata (**bei** with)

**mißlingen** [mɪs'lɪŋən] *unr. itr. V.; mit sein* fail; be unsuccessful; be a failure; **ein mißlungener Kuchen** an unsuccessful attempt at a cake; **ein mißlungener Versuch** a failed *or* unsuccessful attempt

**Mißlingen das; ~s** failure

**mißlungen** [mɪs'lʊŋən] *2. Part. v.* **mißlingen**

**Miß·mut der** ill humour *no indef. art.;* **mit leichtem ~:** somewhat in a bad temper; **jmds. ~ (Akk.) erregen** put sb. in a bad mood

**miß·mutig 1.** *Adj.* bad-tempered; sullen ⟨*face*⟩*;* **warum bist du heute so ~?** why are you in such a bad mood today?. **2.** *adv.* bad-temperedly

**miß·raten** *unr. itr. V.; mit sein* ⟨*cake, photo, etc.*⟩ turn out badly; **gänzlich ~:** be a complete failure; **das Bild/der Kuchen ist ihr ~/nicht ~:** her picture/cake turned out badly/well; **ein ~es Kind** a child who has turned out badly

**Miß·stand der: die vorhandenen Mißstände** the serious shortcomings that exist; **das ist ein ~:** it is deplorable; **Mißstände in der Verwaltung** serious irregularities in the administration; **soziale Mißstände** social evils; **einen ~ beseitigen** put an end to a deplorable state of affairs

**Miß·stimmung die** *(gedrückte Stimmung)* ill humour *no indef. art.; (gereizte Stimmung)* discord *no indef. art.*

**mißt** *2. u. 3. Pers. Sg. Präsens v.* **messen**

**Miß·ton der** discordant note; *(fig.)* note of discord; discordant note; **mit einem ~ enden** *(fig.)* end on a note of discord

**mißtönend, mißtönig 1.** *Adj.* discordant. **2.** *adv.* discordantly

**miß·trauen** *itr. V.* **jmdm./einer Sache ~:** mistrust *or* distrust sb./sth.; **sich** *(Dat.)* **selbst ~:** have no confidence in oneself

**Mißtrauen das; ~s** mistrust, distrust (**gegen** of); **voll[er] ~:** extremely mistrustful *or* distrustful (**gegen** of); **~ gegen jmdn./etw. haben, jmdm./einer Sache ~ entgegenbringen** mistrust *or* distrust sb./sth.

**Mißtrauens-: ~antrag der** motion of no confidence; **~votum das** vote of no confidence (**gegen[über]** in)

**mißtrauisch** ['mɪstraui̯ʃ] **1.** *Adj.* mistrustful; distrustful; *(argwöhnisch)* suspicious. **2.** *adv.* mistrustfully; distrustfully; *(argwöhnisch)* suspiciously

**Miß·vergnügen das** *(geh.) (Ärger)* annoyance; *(Unzufriedenheit)* discontentment; **jmdm. ~ bereiten** make sb. annoyed/discontented

**miß·vergnügt** *(geh.)* **1.** *Adj. (verärgert)* annoyed; *(unzufrieden)* discontented; *(verdrießlich)* ill-humoured. **2.** *adv. s. Adj.:* in an annoyed way; discontentedly; ill-humouredly

**Miß·verhältnis das** disparity; *(an Größe)* disproportion

**miß·verständlich 1.** *Adj.* unclear; ⟨*formulation, concept, etc.*⟩ that could be misunderstood; **~ sein** be liable to be misunderstood. **2.** *adv.* ⟨*express oneself, describe*⟩ in a way that could be misunderstood

**Miß·verständnis das a)** misunderstanding; **b)** *(Meinungsverschiedenheit)* misunderstanding; disagreement

**miß·verstehen**[1] *unr. tr. V.* misunderstand

**Miß·wahl die** *contest for the title of 'Miss Europe', 'Miss World' etc.*

**Miß·weisung die** *(Physik)* declination

**Miß·wirtschaft die** mismanagement

**Mist** [mɪst] **der; ~[e]s a)** dung; *(Dünger)* manure; *(mit Stroh usw. gemischt)* muck; **das ist nicht auf ihrem ~ gewachsen** *(fig. ugs.)* that didn't come out of her own head; **b)** *(~haufen)* dung/manure/muck heap; **c)** *(ugs. abwertend) (Schund)* rubbish, junk, trash *all no indef. art.; (Unsinn)* rubbish, nonsense, *(sl.)* rot *all no indef. art.; (lästige, dumme Angelegenheit)* nonsense; **mach deinen ~ doch alleine!** bloody *(Brit. sl.) or* damn well do it yourself!; **~ bauen** make a mess of things; mess things up; **mach bloß keinen ~!** just don't do anything stupid; **so ein ~!** what a damned *or* blasted nuisance!; damn *or* blast it!

**Mist·beet das** hotbed; forcing-bed

**Mistel** ['mɪstl̩] **die; ~, ~n** mistletoe

**Mistel·zweig der** piece of mistletoe

**misten 1.** *tr. V.* **a)** *(düngen)* manure; **b)** *s.* **ausmisten. 2.** *itr. V. (Landw.)* dung

**Mist-: ~fink der** *(derb)* dirty *or (coll.)* mucky so-and-so; **~forke die** *(nordd.),* **~gabel die** dung-fork; **~haufen der** dung/manure/muck heap

**mistig** *(salopp)* **1.** *Adj.* rotten *(sl.).* **2.** *adv.* in a rotten way *(sl.)*

**Mist·käfer der** dung-beetle

**Mistral** [mɪs'tra:l] **der; ~s** mistral

**Mist-: ~stück das** *(derb)* lousy good-for-nothing bastard *(sl.); (Frau)* lousy good-for-nothing bitch *(sl.);* **~vieh das** *(derb)* **a)** *(Tier)* bloody *(Brit. sl.) or* damn animal; **dieses ~vieh von Katze** that bloody *(Brit. sl.) or* damn cat; **b)** *s.* **~stück; ~wagen der** dung-cart; **~wetter das** *(salopp)* lousy weather *(sl.);* **bei so einem ~wetter** in lousy weather like this *(sl.)*

**Miszellen** [mɪs'tsɛlən] *Pl. (geh.)* miscellany *sing.*

**mit** [mɪt] **1.** *Präp. mit Dat.* **a)** *(Gemeinsamkeit, Beteiligung)* with; **~ jdm. spielen/essen/streiten** play/eat/quarrel with sb.; **ein Fest ~ Damen** a celebration at which ladies are/were present; **Verkehrsunfälle ~ Kindern** traffic accidents involving children; **b)** *(Zugehörigkeit)* with; **ein Haus ~ Garten** a house with a garden; **Herr Müller ~ Frau** Herr Müller and his wife; **c)** *(einschließlich)* with; including; **ein Zimmer ~ Frühstück** a room with breakfast included; **~ mir waren ...:** including me *or* myself there were ...; **~ mir nicht!** *(ugs.)* count me out! *(coll.);* **d)** *(Inhalt)* **ein Sack ~ Kartoffeln/Glas ~ Marmelade** a sack of potatoes/pot of jam; **e)** *(Begleitumstände)* with; **etw. ~ Absicht tun/~ Nachdruck fordern** do sth. deliberately/demand sth. forcefully; **~ 50 [km/h] fahren** drive at 50 [k.p.h]; **~ dem Auftrag, etw. zu tun** with the task of doing sth.; **f)** *(Hilfsmittel)* with; **~ Maschine geschrieben sein** be typed; **~ der Bahn/dem Auto fahren** go by train/car; **~ der Fähre/„Hamburg"** on the ferry/the 'Hamburg'; **g)** *(allgemeiner Bezug)* with; **~ der Arbeit ging es recht langsam voran** the work went very slowly; **~ Zustimmung seiner Eltern** with the consent of his parents; **~ einer Tätigkeit beginnen/aufhören** take up/give up an occupation; **was ist ~ ihm?** *(ugs.)* what's up with him? *(coll.);* **raus/fort ~ dir!** out/off you go!; **h)** *(zeitlich)* **~ Einbruch der Dunkelheit/Nacht** when darkness/night falls/fell; **~ dem Einsetzen des Nachtfrostes** when we/they *etc.* start/started to get frosts at night; **~ 20 [Jahren]** at [the age of] twenty; **~ dem heutigen Tag bist du volljährig** today you have reached your majority; **~ der Zeit/den Jahren** in time/as the years go/went by; **i)** *(gleichlaufende Bewegung)* with; **~ dem Strom/Wind** with the tide/wind. **2.** *Adv.* **a)** *(auch)* too; as well; **~ dabeisein** be there too; *s. auch* **Partie f; b)** *(neben anderen)* also; too; as well; **es lag ~ an ihm** it was partly his doing; **das mußt du ~ berücksichtigen** you must also take that into account; you must take that into account too *or* as well; **c)** *(mit Sup.) (ugs.)* **dieses ist ~ das wichtigste der Bücher** this is one of the most important of the books; **seine Arbeit war ~ am besten** his work was among the best; **~ der Beste/beste** one of the best; **d)** *(vorübergehende Beteiligung)* **er ist bereit, heute ~ zu helfen** he's willing to help [just for] today; **ihr könntet ruhig einmal ~ anfassen** it wouldn't hurt you to lend a hand just for once; **e)** *s. auch* **damit 1 c; womit b**

**Mit·angeklagte der/die** co-defendant; *(mit geringerer Strafandrohung)* defendant to a lesser charge

**Mit·arbeit die;** *o. Pl.* **a)** *(das Tätigsein)* collaboration (**bei, an** + *Dat.* on); **die ~ in der Praxis ihres Mannes** working in her husband's practice; **unter ~** *(Dat.)* **von** in collaboration with; **b)** *(Mithilfe)* assistance (**bei, in** + *Dat.* in); **seine zwanzigjährige ~**

---
[1] *ich mißverstehe, mißverstanden, mißzuverstehen*

**in der Organisation** his twenty years of service to the organization; **unter ~ von** with the assistance of; **c)** *(Beteiligung)* participation (**in** + *Dat.* in)

**mit|arbeiten** *itr. V.* **a)** *(mithelfen)* **bei einem Projekt/an einem Buch ~:** collaborate on a project/book; **im elterlichen Geschäft ~:** work in one's parents' shop; **ich arbeite bei einem Projekt mit, das ...:** I'm working [with others] on a project that ...; **b)** *(sich beteiligen)* participate (**in** + *Dat.* in); **im Unterricht besser ~:** take a more active part in lessons; **c)** *(ugs.: auch arbeiten)* **seine Frau arbeitet mit** his wife works too

**Mit·arbeiter der a)** *(Betriebsangehörige[r])* employee; **b)** *(bei einem Projekt, an einem Buch)* collaborator; **ein freier ~:** a free lance; a free-lance worker; **ein freier/ständiger ~ bei einer Zeitung** a free-lance contributor to a newspaper/a writer on the permanent staff of a newspaper

**Mitarbeiter·stab der** staff; **zu jmds. engstem ~ gehören** be one of sb.'s closest assistants

**Mit·begründer der** co-founder

**mit|bekommen** *unr. tr. V.* **a) etw. ~:** be given *or* get sth. to take with one; *(fig.)* inherit sth.; **etw. bei der Heirat ~:** be given sth. on marriage; **b)** *(wahrnehmen)* be aware of; *(durch Hören, Sehen)* hear/see; **es war so laut, daß ich nur die Hälfte mitbekam** it was so noisy that I only caught half of it; **hast du das ~?** *(ugs.)* did you know?; **c)** *(miterleben)* **etw. ~:** manage to hear/see sth.; **etwas von etw. ~:** hear/see something of sth.; **nicht viel/nichts von etw. ~:** not be able to hear/see much/anything of sth.; **d)** *(verstehen)* **ich war so müde, daß ich nicht viel ~ habe** I was so tired that I did not grasp very much; **ich habe gar nicht ~, wie er das meinte** I did not realize at all how he meant it

**mit|benutzen,** *(bes. südd.)* **mit|benützen** *tr. V.* share; have the use of

**Mit·benutzung,** *(südd.)* **Mit·benützung die** use

**Mit·besitz der** share [of the ownership]; **an etw.** *(Dat.)* **[einen] ~ haben** have a share in sth.

**Mit·besitzer der** joint owner; co-owner

**mit|bestimmen 1.** *itr. V.* have a say (**in** + *Dat.* in); **mehr ~ können** *od* **dürfen** have a greater say. **2.** *tr. V.* have an influence on; **etw. maßgeblich ~:** have a determining influence on

**Mit·bestimmung die;** *o. Pl.* participation (**bei** in); *(der Arbeitnehmer)* co-determination; **betriebliche ~, ~ am Arbeitsplatz** involvement of employees in management decisions

**Mit·bestimmungs-: ~gesetz das** law of co-determination; **~recht das** right of co-determination

**Mit·bewerber der** competitor; **ich hatte nur einen ~ für** *od.* **um diese Stelle** there was only one other applicant for the job [besides me]; **alle ~ hatten bessere Qualifikationen** all the other applicants had better qualifications; **seine ~:** the other competitors/applicants

**Mit·bewohner der** other occupant; **seine ~:** his fellow occupants; the other occupants

**mit|bringen** *unr. tr. V.* **a) etw. ~:** bring sth. with one; **etw. aus der Stadt/dem Urlaub/von dem Markt/der Reise ~:** bring sth. back from town/holiday/the market/one's trip; **jmdm./sich etw. ~:** bring sth. with one for sb./bring sth. back for oneself; **Gäste ~:** bring guests home; **eine Grippe/großen Hunger ~** *(fig.)* come back with influenza/feeling very hungry; **b)** *(einbringen)* have, possess ⟨*ability, gift, etc.*⟩ (**für** for); **genügend Zeit ~:** come with enough time at one's disposal

**Mitbringsel** [-brɪŋzl] **das; ~s, ~:** [small] present; *(Andenken)* [small] souvenir

**Mit·bürger der** fellow citizen; **ältere ~** *(Amtsspr.)* senior citizens

**mit|denken** *unr. itr. V.* follow [the argument/explanation/what is being said *etc.*]; **ein Schüler, der mitdenkt** a pupil who follows the lesson; **die Fähigkeit zum Mitdenken** the ability to think for oneself

**mit|dürfen** *unr. itr. V. (ugs.) (mitkommen dürfen)* be allowed to come along *or* too; *(mitgehen, mitfahren dürfen)* be allowed to go along *or* too

**Mit·eigentum das** *s.* **Mitbesitz**

**Mit·eigentümer der** *s.* **Mitbesitzer**

**mit·einander** *Adv.* **a)** with each other *or* one another; **~ sprechen/kämpfen** talk to each other *or* one another/fight with each other *or* one another; **b)** *(gemeinsam)* together; **~ gegen jmdn. kämpfen** fight together against sb.; **alle ~:** all together; **ihr seid Gauner, alle ~!** you are all a pack of rogues!; your're all rogues, the lot of you!

**Mit·einander das; ~[s]** living and working together *no art.;* **im ~:** by mutual co-operation

**mit|empfinden 1.** *unr. tr. V.* **jmds. Schmerz/Leid ~:** know the pain/sorrow sb. is/was feeling. **2.** *unr. itr. V.* **mit jmdm. ~:** sympathize with sb.

**Mit·empfinden das** sympathy

**Mit·erbe der, Mit·erbin die** *(Rechtsw.)* joint heir; co-heir

**mit|erleben** *tr. V.* **a)** *(dabeisein bei)* witness ⟨*events etc.*⟩; **sie hat das Unglück miterlebt** she was involved in the accident; **eine Premiere ~:** be present at a première; **b)** *(mitmachen)* be alive during

**mit|essen 1.** *unr. tr. V.* eat ⟨*skin etc.*⟩ as well; **bei dem Apfel habe ich einen Wurm mitgegessen** I've swallowed a grub along with the apple. **2.** *unr. itr. V.* **jmdn. einladen mitzuessen** invite sb. to eat with one *or* have a meal; **bei jmdm. ~:** eat *or* have a meal with sb.

**Mit·esser der a)** blackhead; **b)** *(ugs. scherzh.: zusätzlicher Esser)* **einen [zusätzlichen] ~ haben** have one more to dinner/lunch/*etc.*

**mit|fahren** *unr. itr. V.; mit sein* **bei jmdm. [im Auto] ~:** go with sb. [in his/her car]; *(auf einer Reise)* travel with sb. [in his/her car]; *(mitgenommen werden)* get *or* have a lift with sb. [in his/her car]; **jmdn. ~ lassen** let sb. go; *(jmdn. mitnehmen)* give sb. a lift

**Mit·fahrer der** fellow passenger; *(vom Fahrer aus gesehen)* passenger

**Mitfahrer·zentrale die** *office for putting those wanting lifts in touch with those who can offer them*

**Mitfahr·gelegenheit die** lift

**mit|fühlen** *tr., itr. V. s.* **mitempfinden**

**mit·fühlend 1.** *Adj.* sympathetic. **2.** *adv.* sympathetically

**mit|führen** *tr. V.* **a)** *(Amtsspr.: bei sich tragen)* **etw. ~:** carry sth. [with one]; **führen Sie zollpflichtige Waren mit?** have you anything to declare?; **b)** *(transportieren)* ⟨*river, stream*⟩ carry along

**mit|geben** *unr. tr. V.* **jmdm. etw. ~:** give sb. sth. to take with him/her; **er gab mir einen Brief an seine Eltern mit** he gave me a letter for *or* to give to his parents; **ich werde Ihnen eine Begleitung ~:** I'll get somebody to accompany you; **jmdm. eine gute Erziehung/Ausbildung ~geben** *(fig.)* provide sb. with a good training/education

**Mit·gefangene der/die** fellow prisoner

**Mit·gefühl das;** *o. Pl.* sympathy

**mit|gehen** *unr. itr. V.; mit sein* **a)** *(mitkommen)* go too; **mit jmdm. ~:** go with sb.; **sie ist bis zur Bushaltestelle mitgegangen** she went with him/her *etc.* to the bus-stop; **etw. ~ lassen** *(fig. ugs.)* walk off with sth. *(coll.);* pinch sth. *(sl.);* **b)** *(sich mitreißen lassen)* **begeistert/enthusiastisch ~:** respond enthusiastically (**bei, mit** to); **c)** *(weggerissen werden)* be carried away

**mit·genommen** *Adj.* **1.** *s.* **mitnehmen. 2.** *(beschädigt)* worn-out ⟨*furniture, carpet*⟩; **~ sein/aussehen** ⟨*book etc.*⟩ be/look to be in a sorry state; *(fig.)* ⟨*person*⟩ be/look worn out

**Mit·gift die; ~, ~en** *(veralt.)* dowry

**Mitgift·jäger der** *(veralt. abwertend)* dowry-hunter

**Mit·glied das** member (+ *Gen.*, **in** + *Dat.* of); **~ im Finanzausschuß sein** be a member of *or* sit on the finance committee; **„Zutritt nur für ~er"** 'members only'

**Mitglieder-: ~liste die** list of members; **~versammlung die** general meeting; **~zahl die** number of members; membership

**Mitglieds-: ~ausweis der** membership card; **~beitrag der** membership subscription

**Mitgliedschaft die; ~:** membership (+ *Gen.*, **in** + *Dat.*) of

**Mitglied[s]·staat der** member state *or* country

**mit|haben** *unr. tr. V. (ugs.)* **etw./jmdn. ~:** have got sth./sb. with one

**mit|halten** *unr. itr. V.* **a)** *(Schritt halten)* keep up (**bei** in, **mit** with); **keiner konnte [mit ihm] ~** *(in einer Diskussion, auf einem Fachgebiet usw.)* nobody could touch him; **b)** *(beim Essen, Trinken)* eat/drink one's share

**mit|helfen** *unr. itr. V.* help (**bei, in** + *Dat.* with); **ein bißchen ~:** lend a hand for a bit; **bei dem Bau der Garage ~:** help to build the garage

**Mit·helfer der** *(abwertend)* accomplice

**Mit·herausgeber der** joint editor; co-editor; *(Verlag)* co-publisher

**Mit·hilfe die;** *o. Pl.* help; assistance

**mit·hin** *Adv.* therefore

**mit|hören 1.** *tr. V.* listen to; *(zufällig)* overhear ⟨*conversation, argument, etc.*⟩; *(abhören)* listen in on. **2.** *itr. V.* listen; *(zufällig)* overhear; **fürchten, daß mitgehört wird** be afraid that somebody is listening in; *s. auch* **Feind**

**Mit·inhaber der** joint owner; co-owner; *(einer Firma, eines Restaurants auch)* joint proprietor

**mit|kämpfen** *itr. V.* take part in the fighting

**Mit·kämpfer der** comrade-in-arms; *(Sport)* team-mate

**mit|klingen** *unr. itr. V.: s.* **mitschwingen**

**mit|kommen** *unr. itr. V.; mit sein* **a)** come too; **kommst du mit?** are you coming [with me/us]?; **ich kann nicht ~:** I can't come; **bis zur Tür ~:** come with sb. to the door; **b)** *(Schritt halten)* keep up; **in der Schule/im Unterricht gut/schlecht ~:** get on well/badly at school/with one's lessons; **da komme ich nicht mehr mit!** *(fig. ugs.)* I can't understand it at all

**mit|können** *unr. itr. V. (ugs.)* **er kann ~:** he can come too; *(darf mitgehen, mitfahren)* he can go too

**mit|kriegen** *tr. V. (ugs.) s.* **mitbekommen**

**mit|laufen 1.** *unr. itr. V.; mit sein* **a) mit jmdm. ~:** run with sb.; **b)** *(Sport)* **beim 100-m-Lauf** *usw.* **~:** run in the 100 m. *etc.*; **c) ein Tonband ~ lassen** have a tape recorder running; **d)** *(ugs.: nebenbei erledigt werden)* **die Reparaturen müssen nebenher ~:** the repairs have to be fitted in along with everything else *or* as we go along. **2.** *unr. tr. V.; mit sein* **ein Rennen ~:** run in a race

**Mit·läufer der** *(abwertend)* [mere] supporter; *(Schmarotzer)* hanger-on

**Mit·laut der** consonant

**Mit·leid das** pity, compassion (**mit** for); *(Mitgefühl)* sympathy (**mit** for); **mit jmdm. ~ haben** *od.* **empfinden** feel pity *or* compassion/have *or* feel sympathy for sb.

**Mịt·leidenschaft die** *in* **jmdn./etw. in ~ ziehen** affect sb./sth.

**mitleid·erregend** *Adj.* pitiful

**mịt·leidig 1.** *Adj.* compassionate; *(mitfühlend)* sympathetic. **2.** *adv.* compassionately; *(mitfühlend)* sympathetically; *(iron.)* pityingly

**mịtleid[s]-: ~los 1.** *Adj.* pitiless; *(herzlos)* unfeeling; **2.** *adv.* without pity; *(herzlos)* unfeelingly; **~voll 1.** *Adj.* compassionate; **2.** *adv.* compassionately

**mịt|lesen** *unr. tr. V.* **a)** *(zur Kenntnis nehmen)* **etw. ~:** read sth. *(as well as sth. else)*; **b)** *(zugleich lesen)* **etw. [mit jmdm.] ~:** read sth. at the same time as sb.; **mein Gegenüber las meine Zeitung mit** the person opposite me was also reading my newspaper

**mịt|machen 1.** *tr. V.* **a)** *(teilnehmen an)* go on ‹*trip*›; join in ‹*joke*›; follow ‹*fashion*›; fight in ‹*war*›; do ‹*course, seminar*›; **b)** *(ugs.: billigen)* **das mache ich nicht mit** I can't go along with it; **ich mache das nicht länger mit!** I'm not standing for it any longer; **c)** *(ugs.: zusätzlich erledigen)* **jmds. Arbeit ~:** do sb.'s work as well as one's own; **d)** *(ugs.: erleiden)* **zwei Weltkriege/viele Bombenangriffe mitgemacht haben** have been through two world wars/many bomb attacks; **er hat viel mitgemacht** he has been through a great deal. **2.** *itr. V.* **a)** *(sich beteiligen)* join in; **bei einem Wettbewerb/einer Aktion ~:** take part in a competition/take part in *or* join in a campaign; **willst du ~?** do you want to join in?; **da[bei] mache ich nicht mit** I'm not joining in; you can count me out *(coll.)*; **b)** *(ugs.: funktionieren)* **meine Beine machen nicht mehr mit** my legs are giving up on me *(coll.)*; **mein Herz/Kreislauf macht nicht mit** my heart/circulation can't take it

**Mịt·mensch der** fellow man; fellow human being; **urteile nicht so hart über deine ~en** don't be so harsh in your judgements of other people

**mịt·menschlich** *Adj.; nicht präd.* human, interpersonal ‹*relations, relationsships*›; interpersonal ‹*contacts, communication*›

**mịt|mischen** *itr. V. (ugs.)* **a)** *(sich einmischen)* interfere **(bei** in); *(sich beteiligen)* get involved **(bei** in); **b)** *(Sportjargon) (mit vollem Einsatz kämpfen)* give everything one's got; *(dem Gegner Paroli bieten)* give as good as one gets

**mịt|müssen** *unr. itr. V. (mitkommen müssen)* have [got] to come with sb.; *(mitgehen, -fahren müssen)* have [got] to go with sb.

**Mịtnahme die; ~** *(Amtsspr.)* **die ~ von Taschen in das Museum ist nicht erlaubt** it is forbidden *or* visitors are not allowed to take bags into the museum; **die Diebe verschwanden unter ~ des gesamten Schmucks** the thieves vanished with all the jewelry *or* vanished, taking all the jewelry with them

**Mịtnahme·preis der** *(Kaufmannsspr.)* take-away price

**mịt|nehmen** *unr. tr. V.* **a) jmdn. ~:** take sb. with one; **etw. ~:** take sth. with one; *(verhüll.: stehlen)* walk off with sth. *(coll.)*; *(kaufen)* take sth.; **etw. wieder ~:** take sth. away [with one] again; **das Frachtschiff nimmt auch Passagiere mit** the cargo ship also carries passengers; **Essen/Getränke zum Mitnehmen** food/drinks to take away *or (Amer.)* to go; **könntest du einen Brief für mich ~?** could you take a letter for me?; **jmdn. im Auto ~:** give sb. a lift [in one's car]; **b)** *(ugs.: streifen)* **der LKW hat die Hecke mitgenommen** the truck *or (Brit.)* lorry took the hedge with it; **c)** *(ugs.: wahrnehmen)* do *(coll.)* ‹*sights etc.*›; **auch Soho ~:** take in Soho as well; **sie nimmt alles mit, was sich ihr bietet** she makes the most of everything life has to offer her; **d)** *(in Mitleidenschaft ziehen)* **jmdn. ~:** take it out of sb.; **von etw. mitgenommen sein** be worn out by sth.; *(traurig gemacht)* be grieved by sth.; **e)** *(lernen)* **etw. aus einem Vortrag/einer Predigt ~:** get sth. out of *or* from a lecture/sermon

**Mịtnehm·preis der** *s.* **Mitnahmepreis**

**mitnịchten** *Adv. (veralt.)* in no way; not at all; by no means; **er gehorchte ~:** he wouldn't obey at all

**Mitra** ['mi'tra] **die; ~, Mịtren** *(kath. Kirche)* mitre

**mịt|rauchen 1.** *tr. V.* **eine [Zigarette] ~:** have a cigarette with sb. **2.** *itr. V.* inhale other people's tobacco-smoke

**mịt|rechnen 1.** *itr. V.* work the sum out at the same time; **ich habe bei deiner Addition mitgerechnet** I did the addition at the same time as you. **2.** *tr. V.* **etw. ~:** include sth. [in the calculation]

**mịt|reden** *itr. V.* **a)** *(Sinnvolles beisteuern)* join in the conversation; **die einzige Kunstart, bei der sie ~ kann** the only art form she knows enough about to hold a conversation; **b)** *(mitbestimmen)* have a say

**mịt|reisen** *itr. V.* **[mit jmdm.] ~:** travel with sb.

**Mịt·reisende der/die** fellow passenger; **einer der ~n** one of the other passengers

**mịt|reißen** *unr. tr. V.* **a)** *(wegreißen)* ‹*avalanche, flood*› sweep away; **der Abstürzende hat die ganze Seilschaft mitgerissen** the falling climber dragged the whole of the roped party down with him; **b)** *(begeistern)* **die Begeisterung/seine Rede hat alle Zuhörer mitgerissen** the audience was carried away with enthusiasm/by his speech; **nicht gerade ~d** not exactly thrilling; **sein ~des Spiel** his exciting playing; **die ~de Musik** the rousing music

**mitsammen** [mɪt'zamən] *Adv. (österr.)* together

**mit·sạmt** *Präp. mit Dat.* together with; **die ganze Familie ~ Hund und Katze** the whole family, complete with cat and dog

**mịt|schicken** *tr. V.* **ich schicke dir [im Brief] sein Foto mit** I'll send you his photo [with the letter]; **jmdm. einen Führer ~:** send a guide [along] with sb.

**mịt|schleifen** *tr. V. (auch fig. ugs.)* **jmdn./etw. ~:** drag sb./sth. along

**mịt|schleppen** *tr. V. (ugs.)* **a)** *(tragen)* **etw. ~:** lug *or (sl.)* cart sth. with one; **b)** *s.* **mitschleifen**

**mịt|schneiden** *unr. tr. V. (Rundf., Ferns.)* record [live]

**Mịt·schnitt der** *(Rundf., Ferns.)* [live] recording

**mịt|schreiben 1.** *unr. tr. V.* **etw. ~:** take sth. down. **2.** *unr. itr. V.* write *or* take down what is/was said; *(in Vorlesungen usw.)* take notes

**Mịt·schuld die** share of the blame *or* responsibility **(an +** *Dat.* for); *(an Verbrechen)* complicity **(an +** *Dat.* in)

**mịt·schuldig** *Adj.* **an etw.** *(Dat.)* **~ sein/werden** be/become partly to blame *or* partly responsible for sth.; *(an Verbrechen)* be/become guilty of complicity in sth.; **sich ~ machen** put oneself in the position of being partly to blame *or* partly responsible for sth.; *(an Verbrechen)* become guilty of complicity as a result of one's own actions

**Mịt·schuldige der/die** one who is/was partly to blame *or* partly responsible **(an +** *Dat.* for); *(an Verbrechen)* accomplice **(an +** *Dat.* in)

**Mịt·schüler der, Mịt·schülerin die** schoolfellow

**mịt|schwingen** *unr. itr. V.* **in seinen Worten/seiner Stimme schwang Triumph/Freude mit** there was a note of triumph/joy in his words/voice

**mịt|sein** *unr. itr. V.; mit sein; Zusammenschreibung nur im Inf. und Part. (ugs.)* **er ist beim letzten Ausflug nicht mitgewesen** he didn't come [with us] on our last trip; **waren eure Kinder im Urlaub mit?** did your children go on holiday with you?; **warst du auch mit im Konzert?** were you at the concert too?

**mịt|singen 1.** *unr. tr. V.* join in ‹*song etc.*›. **2.** *unr. itr. V.* join in [the singing]; sing along; **im Chor mitsingen** be a member of the choir

**mịt|sollen** *itr. V. (ugs.)* **soll der Koffer auch mit?** is this case to go too?; **wenn ich mitsoll, mußt du es nur sagen** just say if you want me to go with you

**mịt|spielen** *itr. V.* **a)** *(sich beteiligen)* join in the game; **wenn das Wetter mitspielt** *(fig.)* if the weather is kind; **b)** *(mitwirken)* **in einem Film/bei einem Theaterstück ~:** be *or* act in a film/play; **in einem Orchester/in** *od.* **bei einem Fußballverein ~:** play in an orchestra/for a football club; **c)** *(sich auswirken)* play a part **(bei** in); **viele Gründe haben bei der Entscheidung mitgespielt** there were many reasons for this decision; **d)** *(zusetzen)* **jmdm. übel** *od.* **böse ~:** ‹*authorities*› treat sb. badly; ‹*opponent*› give sb. a rough time

**Mịt·spieler der, Mịt·spielerin die** player; *(in derselben Mannschaft)* team-mate; **seine ~:** *(Sport)* his team-mates; *(bei Kartenspielen usw.)* the other players

**Mịt·sprache die** say; **ein Recht auf ~:** the right to a share in decisions

**Mịtsprache·recht das;** *o. Pl.* **ein/kein ~ bei etw. haben** have a say/no say in sth.; **ein ~ bekommen** gain the right to a share in decisions

**mịt|sprechen 1.** *unr. tr. V. (gemeinsam sprechen)* join in [saying]. **2.** *unr. itr. V.: s.* **mitreden**

**Mịt·streiter der** *(geh.)* comrade-in-arms; **er fand viele ~** *(fig.)* he found many people who were willing to join his campaign

**Mịtt·achtziger der** man in his mid-eighties

**mittag** ['mɪta:k] *Adv.* **heute/morgen/gestern ~:** at midday *or* lunch-time today/tomorrow/yesterday; **Montag ~:** at midday on Monday; Monday at midday; Monday lunch-time; **seit Montag ~:** since Monday midday; **was gibt es heute ~ zu essen?** what's for lunch today?

[1]**Mịttag der; ~s, ~e a)** midday *no art.*; **gegen ~:** around midday *or* noon; **jeden/diesen ~:** every day at lunch-time/at lunch-time today; **über ~:** at midday *or* lunch-time; **zu ~ essen** have lunch; **was essen wir zu ~?** what is there for lunch?; **was gibt's zu ~?** what's for lunch?; **b)** *o. Pl. (ugs.: Mittagspause)* lunch-hour; lunch-break; **~ machen** *(ugs.)* take one's lunch-hour *or* lunch-break; **c)** *(dichter. veralt.: Süden)* south

[2]**Mịttag das; ~s** *(ugs.)* lunch; **~ essen** have lunch

**Mịttag-: ~brot das** *(landsch.)*, **~essen das** lunch; midday meal; **beim ~essen sitzen** be having [one's] lunch *or* one's midday meal; **nach dem ~essen** after lunch

**mittäglich** ['mɪtɛ:klɪç] **1.** *Adj.; nicht präd.* midday; lunch-time ‹*invitation*›. **2.** *adv.* at midday *or* lunch-time; **es war ~ heiß auf der Straße** the street was baking in the noonday heat

**mittags** ['mɪta:ks] *Adv.* at midday *or* lunch-time; **bis ~:** until midday *or* lunch-time; **12 Uhr ~:** 12 noon; 12 o'clock midday; **Dienstag ~** *od.* **dienstags ~:** Tuesday lunch-time; **von morgens bis ~:** in the morning until midday

**Mịttags-: ~glut die, ~hitze die** midday *or* noonday heat; heat of midday; **~linie die** *(Astron.)* meridian; **~mahl das** *(geh.)* luncheon; **~pause die** lunch-hour; lunch-break; **~pause haben** have one's lunch-hour *or* lunch-break; **nach der ~pause** after lunch; **in der ~pause sein** *(ugs.)* have gone to lunch; **~ruhe die** period of quiet after lunch; ~**ruhe halten** have one's after-lunch rest; ~**schlaf der** after-lunch sleep; **[seinen] ~schlaf halten** have an after-lunch sleep; ~**schläfchen das** *(ugs.)* after-lunch nap; **[s]ein ~schläfchen halten** have an after-lunch nap; ~**sonne die** midday *or* noon-day sun; ~**sonne haben** get the midday sun; ~**stunde die** midday; **um die ~stunde** at midday; ~**tisch der a)** lunch-table; **der ~tisch ist gedeckt** the table is laid for lunch; **am ~tisch sitzen** be sitting at the table having lunch; **b)** *(veralt.: im Restaurant)* lunch; midday meal; **einen ~tisch für Studenten anbieten** do student lunches; ~**zeit die a)** *o. Pl. (Zeit gegen 12 Uhr)* lunch-time *no art.;* midday *no art.;* **in der ~zeit** at lunch-time; **um die ~zeit** at lunch-time; around mid-day; **b)** *(~pause)* lunch-hour; lunch-break

**Mit·täter der** accomplice

**Mit·täterschaft die** complicity; **jmdn. der ~** *(Gen.)* **bei etw. anklagen** accuse sb. of complicity in sth.

**Mitt·dreißiger der** man in his mid-thirties

**Mitte** ['mɪtə] **die; ~, ~n a)** *(Teil)* middle; *(Punkt)* middle; centre; *(eines Kreises, einer Kugel, Stadt)* centre; **bis zur ~ gekommen sein** *(beim Lesen)* be half-way through; **wir nahmen sie in die ~:** we had her between us; **eine Politik der ~** *(fig.)* a middle-of-the-road policy; **die goldene ~** *(fig.)* the golden mean; **ab durch die ~!** *(fig. ugs.)* off you go; **b)** *(Zeitpunkt)* middle; **~ des Monats/Jahres** in the middle of the month/year; **~ Februar** in mid-February; in the middle of February; **er ist ~ [der] Dreißig** he's in his mid-thirties; **c)** *(Politik) (Gruppierung)* centre; **eine Partei der ~:** a centrist party; **d)** *(Kreis von Menschen)* **wir haben sie wieder in unserer ~ begrüßt** we welcomed her back into our midst *or* amongst us; **der Tod hat ihn aus unserer ~ gerissen** *(geh.)* death has taken him from our midst; **e)** *(veralt.: Taille)* middle; waist

**mit|teilen 1.** *tr. V.* **jmdm. etw. ~:** tell sb. sth.; *(informieren)* inform sb. of *or* about sth.; communicate sth. to sb. *(formal); (amtlich)* notify *or* inform sb. of sth.; **er teilte mit, daß ...:** he announced that ...; **teile ihr die schlechte Nachricht schonend mit** break the news to her gently. **2.** *refl. V. (geh.)* **a)** *(sich anvertrauen)* **sich jmdm. ~:** confide in sb.; **b)** *(sich übertragen auf)* **sich jmdm. ~:** communicate itself to sb.

**mitteilsam** *Adj.* communicative; *(gesprächig)* talkative

**Mitteilsamkeit die; ~:** communicativeness; *(Gesprächigkeit)* talkativeness

**Mit·teilung die** communication; *(Bekanntgabe)* announcement; **jmdm. eine vertrauliche ~ machen** give sb. confidential information; **ich muß dir eine traurige ~ machen** I have some sad news for you; **zweckdienliche ~en** useful information *sing.*

**Mitteilungs·bedürfnis das** need to talk [to others]

**Mittel** ['mɪtl̩] **das; ~s, ~ a)** means *sing.; (Methode)* way; method; *(Werbe~, Propaganda~, zur Verkehrskontrolle)* device (+ *Gen.* for); **mit allen ~n versuchen, etw. zu tun** try by every means to do sth.; **kein ~ unversucht lassen** try every means; **zum letzten** *od.* **äußersten ~ greifen und das Kind in ein Erziehungsheim bringen** as a last resort put the child in a community home; **[nur] ~ zum Zweck sein** be [just] a means to an end; **~ und Wege suchen/finden** look for/find ways and means; **b)** *(Arznei)* **ein ~ gegen Grippe/Husten/Schuppen** *usw.* a remedy *or* cure for influenza/coughs *pl.*/dandruff *sing. etc.;* **ein ~ gegen Schmerzen** a pain-reliever; **ein ~ zum Einreiben** a cream/ointment *etc.* to be rubbed in; *s. auch* **schmerzstillend; c)** *(Substanz)* **ein ~ gegen Ungeziefer/Insekten** a pesticide/an insect repellent; **ein ~ zur Reinigung von Teppichböden/zum Entfernen von Flecken** a cleaning agent for carpets/a stain-remover; **d)** *Pl. (Geld~)* funds; [financial] resources; *(Privat~)* means; resources; **mit** *od.* **aus öffentlichen ~n** from public funds; **von seinen bescheidenen ~n** with his modest means; **meine ~ sind erschöpft** my funds are exhausted; **etw. aus eigenen ~n bezahlen** pay for sth. out of one's own resources; **e)** *(Durchschnittswert)* average; **im ~:** on [the] average; **das arithmetische/geometrische ~** *(Math.)* the arithmetic/geometric mean

**mittel-, Mittel-: ~achse die** central axis; **~alter das;** *o. Pl.* Middle Ages *pl.;* **das finstere ~alter** the Dark Ages *pl.;* **das sind Zustände wie im ~alter** *(ugs.)* it's positively medieval; **~alterlich** *Adj.* medieval; **~amerika (das)** Central America [and the West Indies]

**mittelbar 1.** *Adj.* indirect. **2.** *adv.* indirectly

**mittel-, Mittel-: ~bau der a)** *(Gebäudeteil)* central *or* main part [of a/the building]; **b)** *o. Pl. (Hochschulw.)* non-professorial teaching staff; **~deck das** *(Schiffbau)* middle deck; **~deutsch** *Adj.* **a)** *(Geogr.)* of central Germany *postpos., not pred.;* **b)** *(Sprachw.)* middle German; **c)** *(Politik veralt.)* East German; **~deutschland (das) a)** *(Geogr.)* central Germany; **b)** *(Politik veralt.)* East Germany; **~ding das;** *o. Pl.* **ein ~ding sein** be something in between; **ein ~ding zwischen Moped und Fahrrad** something between a moped and a bicycle; **~europa (das)** Central Europe; **~europäer der** Central European; **~europäisch** *Adj.* Central European; **~fein 1.** *Adj.* medium-fine ⟨*thread*⟩; medium-grade ⟨*peas, sandpaper*⟩; medium-ground ⟨*coffee*⟩; ⟨*paper*⟩ containing 40–50% mechanical wood; **2.** *adv.* **~fein gemahlen** medium ground; **~feld das a)** *(Fußball: Spielfeldteil, Spieler)* midfield; **b)** *(Sport: im Wettbewerb)* **im ~feld sein** be in the pack; *(in der Tabelle)* be in mid-table; **~feld·spieler der** *(Fußball)* midfield player; **~finger der** middle finger; **~fristig** [-frɪstɪç] *(Finanzw.)* **1.** *Adj.* medium-term ⟨*solution, financial planning*⟩; **2.** *adv.* **[etw.] ~fristig planen** plan [sth.] on a medium-term basis; **~fuß der** *(Anat., Zool.)* metatarsus; **~gang der** *(eines Eisenbahnwagens, Schiffes)* central gangway; *(einer Kirche, eines Flugzeugs)* central *or* centre aisle; **~gebirge das** low-mountain region; low mountains *pl.;* **~gewicht das** *(Schwerathletik)* **a)** *o. Pl.* middleweight; *s. auch* **Fliegengewicht; b)** *(Sportler) s.* **~gewichtler; ~gewichtler** [-gəvɪçtlɐ] **der; ~s, ~:** middleweight; **~groß** *Adj.* medium-sized; ⟨*person*⟩ of medium height; **~hand die** *(Anat.)* metacarpus; **~hand·knochen der** *(Anat.)* metacarpal [bone]; **~hochdeutsch** *Adj.* Middle High German; **~hoch·deutsch das** Middle High German; **~klasse die a)** *(Güteklasse)* middle range; *(Größenklasse)* middle [size-]range; **ein Wagen der ~klasse** a car in the middle range/a medium-sized car; **b)** *(~schicht)* middle class; **~klasse·wagen der** car in the middle range; *(hinsichtlich der Größe)* medium-sized car; **~kreis der** *(Ballspiele)* centre circle; **~latein das** medieval Latin; **~lateinisch** *Adj.* medieval Latin; **~linie die** centre line; *(Fußball)* half-way line; **~los** *Adj.* without means *postpos.;* penniless; *(arm)* poor; *(verarmt)* impoverished; **~los dastehen** be left without means; **~losigkeit die** lack of means; *(Armut)* poverty; **~maß das: gutes ~maß sein** be a good average; **das gesunde ~maß** the happy medium; **~mäßig** *(oft abwertend)* **1.** *Adj.* mediocre; indifferent; indifferent ⟨*weather*⟩; **2.** *adv.* indifferently; **~mäßigkeit die** *(oft abwertend)* mediocrity; **~meer das** Mediterranean [Sea]; **~meerisch** *Adj.* Mediterranean

**Mittelmeer-: ~länder** *Pl.* Mediterranean countries; **~raum der** Mediterranean [area]

**mittel-, Mittel-: ~ohr das** *(Anat.)* middle ear; **~ohr·entzündung die** *(Med.)* inflammation of the middle ear; **~prächtig** *(ugs. scherzh.)* **1.** *Adj.* **[nur] ~prächtig** not particularly marvellous; **2.** *adv.* **Wie geht's? – ~prächtig** How are you? – Fair to middling *(coll.);* **~punkt der a)** *(Geom.)* centre; *(einer Strecke)* midpoint; **b)** *(Mensch/Sache im Zentrum)* centre *or* focus of attention; **ein kultureller ~punkt** a cultural centre; **im ~punkt stehen** be the centre *or* focus of attention; **im ~punkt der Diskussion stehen** be the main topic of the discussion; **etw. in den ~punkt [seiner Rede] stellen** focus on sth. [in one's speech]; **~punkt·schule die** *school centrally situated in a wide rural catchment area*

**mittels** *Präp. mit Gen. (Papierdt.)* by means of

**mittel-, Mittel-: ~scheitel der** centre parting; **~schicht die** *(Soziol.) s.* **~klasse b; ~schiff das** *(Archit.)* nave; **~schule die a)** *s.* **Realschule; b)** *(österr. veralt., schweiz.)* secondary school; high school *(Amer.);* **~schul·lehrer der a)** *s.* **Realschullehrer; b)** *(österr. veralt., schweiz.)* secondary school *or (Amer.)* high school teacher; **~schwer** *Adj.* ⟨*climb, problem, etc.*⟩ of medium *or* moderate difficulty; moderately difficult ⟨*climb, problem, etc.*⟩; moderately heavy ⟨*suitcase etc.*⟩

**Mittels-: ~mann der** *Pl.* **~männer** *od.* **~leute, ~person die** intermediary; go-between

**mittel-, Mittel-: ~stadt die** medium-sized town; **~stand der;** *o. Pl.* middle class; **~ständisch** *Adj.* middle-class; medium-sized ⟨*firm*⟩ *(in private ownership);* **~ständler** [-ʃtɛntlɐ] **der; ~s, ~** *(ugs.)* middle-class person; member of the middle class; **~stein·zeit die** mesolithic period; **~stellung die** intermediate *or* midway position; **etw. nimmt eine ~stellung zwischen A und B ein** sth. is intermediate between A and B; **~stimme die** *(Musik)* middle part *or* voice

**Mittel·strecke die a)** medium haul *or* distance; **auf ~n** over medium distances; **b)** *(Sport)* middle distance; **auf [den] ~n** in middle-distance running

**Mittelstrecken-: ~flug der** medium-haul flight; **~lauf der** *(Sport)* middle-distance race; *(Disziplin)* middle-distance running *no art.;* **~läufer der** *(Sport)* middle-distance runner; **~rakete die** medium-range missile

**Mittel-: ~streifen der** central reservation; median strip *(Amer.);* **~stufe die** *(Schulw.)* middle school; **~stürmer der** *(Sport)* centre-forward; **~teil der** *od.* **das** middle section; *(eines Buches)* middle [part]; **~weg der** middle course; **der goldene ~weg** the happy medium; **~welle die** *(Physik, Rundf.)* medium wave; **auf** *od.* **über ~welle** on [the] medium wave; **~wert der** mean [value]; **~wort das** participle

**mitten** *Adv.* **~ an/auf etw.** *(Akk. od. Dat.)* in the middle of sth.; **der Teller brach ~ durch** the plate broke in half; **~ in etw.** *(Akk./Dat.)* into/in the middle of sth.; **~ durch die Stadt** right through the town; **~ durch die Menge** through the middle of the crowd; **~ aus etw.** from the middle of sth.; **~ darin** *s.* **mittendrin; ~ unter uns** *(Dat.)* in our midst; **der Schuß traf ihn ~ ins Herz** the shot hit him right in the heart; **~ in der Luft/im Pazifik** in mid-air/mid-Pacific; **~ in der Aufregung** in the midst of the excitement

**mitten-: ~drin** *Adv.* **a)** *(zwischen anderen)* [right] in the middle; **b)** *(gerade dabei)* **~drin sein, etw. zu tun** be [right] in the middle of doing sth.; **~durch** *Adv.* [right]

through the middle; **sie schnitt den Kuchen ~durch** she cut the cake in half *or* into two equal pieces; **~mang** *Adv. (nordd., berlin.)* [right] in/into the middle of it/them

**Mitter·nacht** ['mɪtɐ-] **die;** *o. Pl.* midnight *no art.*

**mitter·nächtlich** *Adj.; nicht präd.* midnight; **zu ~er Stunde** at midnight; at the midnight hour *(literary)*

**Mitternachts-: ~sonne die** midnight sun; **~stunde die** midnight hour; **zur/bis zur ~stunde** at/by around midnight

**Mitt·fünfziger der** man in his mid-fifties

**mittig** *(Technik)* **1.** *Adj.* aligned. **2.** *adv.* ⟨*arranged*⟩ in line; ⟨*divided*⟩ centrally

**mittler...** ['mɪtlər...] *Adj.; nicht präd.* **a)** *(zwischen anderen befindlich)* middle; **der/die/das ~e** the middle one; **die ~e Reife** *(Schulw.) standard of achievement for school-leaving certificate at a Realschule or for entry to the sixth form in a Gymnasium; s. auch* **Osten c; b)** *(einen Mittelwert darstellend)* average ⟨*temperature*⟩*;* moderate ⟨*speed*⟩*;* medium-sized ⟨*company, town*⟩*;* medium ⟨*quality, size*⟩*;* **ein Mann ~en Alters** a middle-aged man

**Mittler** ['mɪtlɐ] **der;** ~s, ~: mediator

**Mittler·amt das** role of mediator

**Mittlerin die;** ~, ~nen mediator

**Mittler·rolle die** mediating role

**mittler·weile** ['mɪtlɐ'vailə] *Adv.* **a)** *(seitdem, allmählich)* since then; *(bis jetzt)* by now; **b)** *(unterdessen)* in the mean time

**mit|tragen** *unr. tr. V.* bear part of, share ⟨*responsibility, cost*⟩*;* take part of, share ⟨*blame*⟩*;* give one's support to ⟨*aims, proposal*⟩

**mit|trinken 1.** *unr. tr. V.* **etw. ~:** drink sth. with me/us *etc.;* **trinkst du einen mit?** are you going to have a drink with me/us *etc.?* **2.** *unr. itr. V.* **mit jmdm. ~:** have a drink with sb.

**mitt-, Mitt-: ~schiffs** *Adv. (Seemannsspr.)* amidships; **~sechziger der** man in his mid-sixties; **~siebziger der** man in his mid-seventies; **~sommer der** midsummer; **~sommernacht die** midsummer's night; *(Nacht der Sommersonnenwende)* Midsummer Night

**mit|tun** *unr. itr. V. (landsch.)* join in

**Mitt·vierziger der** man in his mid-forties

**Mittwoch** ['mɪtvɔx] **der;** ~[e]s, ~e Wednesday; *s. auch* **Dienstag; Dienstag-**

**mittwochs** *Adv.* on Wednesday[s]; *s. auch* **dienstags**

**mit·unter** *Adv.* now and then; from time to time; sometimes

**mit·verantwortlich** *Adj.* partly responsible *pred.; (beide/alle zusammen)* jointly responsible *pred.*

**Mit·verantwortung die** share of the responsibility; **die ~ übernehmen** take one's share of the responsibility

**mit|verdienen** *itr. V.* go out to work as well; **der ältere Sohn verdient jetzt mit** the eldest son is earning now too

**Mit·verfasser der** co-author; joint author

**Mit·verschulden das: ihn trifft ein ~ an seinem Unfall** he was partly to blame for his accident

**mit|versichern** *tr. V.* include in one's insurance

**Mit·welt die** fellow men *pl.;* **die ~:** sb.'s fellow men

**mit·wirken** *itr. V.* **a)** *(tätig sein)* **an etw.** *(Dat.)***/bei etw. ~:** collaborate on/be involved in sth.; **an der Aufklärung eines Verbrechens ~:** help to solve a crime; **ohne jmds. Mitwirken** without sb.'s help *or* assistance; **b)** *(mitspielen)* **in einem Orchester/Theaterstück ~wirken** play in an orchestra/act *or* appear in a play; **c)** *(eine Bedeutung haben)* **[bei etw.] ~:** play a role [in sth.]

**Mitwirkende der/die** *adj. Dekl. (an einer Sendung)* participant; *(in einer Show)* performer; *(in einem Theaterstück)* actor; **die ~n** *(in einem Theaterstück)* the cast *sing.*

**Mit·wirkung die;** *o. Pl.* **jmds. ~ an etw.** *(Dat.)***/bei etw.** sb.'s collaboration on/involvement in sth.; **unter ~ vieler Fachwissenschaftler** in collaboration with many experts; **die Veranstaltung findet unter ~ bekannter Künstler statt** some famous artists are taking part in the event

**Mit·wisser der;** ~s ~, **Mit·wisserin die;** ~, ~nen: **~ einer Sache** *(Gen.)* **sein** know about sth.; *(einer Straftat)* be an accessory to sth.; **er hatte zu viele ~:** there were too many people who knew about what he'd done; **zum ~ gemacht werden** be told about it; *(bei einer Straftat)* be made an accessory

**Mitwisserschaft die;** ~: knowledge of the matter/crime; **seine ~ leugnen** deny all knowledge [of the matter]

**mit|wollen** *unr. itr. V. (ugs.) (mitkommen wollen)* want to come with sb.; *(mitgehen, mitfahren wollen)* want to go with sb.

**mit|zählen 1.** *itr. V.* **a)** count; **die Sonntage zählen bei den Urlaubstagen nicht mit** Sundays don't count as holidays; **b)** *(gelten)* ⟨*objection*⟩ be valid; ⟨*factor*⟩ be relevant. **2.** *tr. V.* count in; include

**mit|ziehen** *unr. itr. V.; mit sein* **a)** *(mitgehen)* go with him/them *etc.;* **mit der Kapelle ~:** march along with the band; **mit dem Zirkus ~:** travel round with the circus; **b)** *(ugs.: mitmachen)* go along with it; *(bei einer Klage, Initiative)* give it one's backing; **c)** *(Sport)* go with him/her *etc.*

**Mix·becher** ['mɪks-] **der** [cocktail-]shaker

**Mixed** [mɪkst] **das;** ~[s], ~[s] *(Sport)* mixed doubles

**Mixed Pickles** [- 'pɪkl̩s] *Pl.* mixed pickles

**mixen** ['mɪksn̩] *tr. V. (auch Rundf., Ferns., Film)* mix; **sich** *(Dat.)* **einen Drink ~:** fix oneself a drink; **etw. unter etw.** *(Akk.)* **~** *(Kochk.)* mix sth. into sth.

**Mixer der;** ~s, ~ **a)** *(Bar~)* barman; bartender *(Amer.);* **b)** *(Gerät)* blender and liquidizer

**Mix·getränk das** mixed drink; cocktail

**Mixtur** [mɪks'tu:ɐ̯] **die;** ~, ~en **a)** *(Pharm., fig.)* mixture; **b)** *(Musik)* mixture [stop]

**mm** *Abk.* **Millimeter** mm.

**Mnemo·technik** [mnemo-] **die** *(Psych.)* mnemonics *sing., no art.*

**Mo.** *Abk.* **Montag** Mon.

**Mob** [mɔp] **der;** ~s *(abwertend)* mob

**Möbel** ['mø:bl̩] **das;** ~s, ~ **a)** *Pl.* furniture *sing., no indef. art.;* **b)** piece of furniture

**Möbel-: ~geschäft das** furniture shop; **~haus das** furniture store; **~industrie die** furniture industry; **~lager das** furniture warehouse; *(zur Einlagerung)* furniture repository; **~packer der** removal man; **~politur die** furniture polish; **~schreiner der** *s.* **Möbeltischler; ~spedition die** furniture-removal firm; **~stück das** piece of furniture; **~tischler der** cabinet-maker; **~wagen der** furniture van; removal van

**mobil** [mo'bi:l] *Adj.* **a)** *(auch Milit.)* mobile; *(einsatzbereit)* mobilized; **~ machen** mobilize; rope in *(coll.)* ⟨*person*⟩*;* **b)** *(ugs.) (lebendig)* lively; *(rüstig)* sprightly; **c)** *(Rechtsw., Wirtsch.)* movable ⟨*property*⟩*;* floating ⟨*capital*⟩

**Mobile** ['mo:bilə] **das;** ~s, ~s mobile

**Mobiliar** [mobi'li̯a:ɐ̯] **das;** ~s furnishings *pl.*

**Mobilisation** [mobiliza'tsi̯o:n] **die;** ~, ~en *(Milit., Politik)* mobilization

**mobilisieren** *tr. V.* **a)** *(Milit., fig.)* mobilize; **die Massen ~** *(fig.)* stir the masses into action; **b)** *(aktivieren)* activate ⟨*circulation etc.*⟩*;* summon up ⟨*energy etc.*⟩*;* **c)** *(Wirtsch.)* make ⟨*capital*⟩ available; realize ⟨*capital*⟩

**Mobilisierung die;** ~, ~en **a)** *(Milit., fig.)* mobilization; **b)** *(Aktivierung) (des Kreislaufs)* activation; *(von Energie)* summoning up; **c)** *(Wirtsch.: von Kapital)* realization

**Mobilität** [mobili'tɛ:t] **die;** ~ *(Soziol.)* mobility; **geistige ~** *(fig.)* mental agility

**Mobilmachung die;** ~, ~en mobilization; **die allgemeine ~ ausrufen** order a general mobilization

**Mobil·telefon das** cellular phone

**möbl.** *Abk.* **möbliert** furn.

**möblieren** *tr. V.* furnish; **ein möbliertes Zimmer** a furnished room; **möbliert wohnen** live in furnished accommodation; **ein möblierter Herr** *(ugs. veralt.)* a lodger

**Möblierung die;** ~, ~en **a)** *o. Pl. (das Möblieren)* furnishing; **b)** *(Einrichtung)* furnishings and furniture (+ *Gen.* in)

**Moçambique** [mosam'bi:k] **(das);** ~s *s.* **Mosambik**

**Mocca** ['mɔka] *s.* **Mokka**

**mochte** ['mɔxtə] *1. u. 3. Pers. Sg. Prät. v.* **mögen**

**möchte** ['mœçtə] *1. u. 3. Pers. Sg. Konjunktiv II v.* **mögen**

**Möchte·gern-: ~dichter/~casanova/~politiker** would-be poet/Casanova/politician

**modal** [mo'da:l] *Adj. (Sprachw.)* modal

**Modalität** [modali'tɛ:t] **die;** ~, ~en **a)** *(geh.) (Bedingung)* provision; condition; *(Umstand)* circumstance; **b)** *(Sprachw., Philos.)* modality

**Modal-: ~satz der** *(Sprachw.)* modal sentence/phrase; **~verb das** *(Sprachw.)* modal verb

**Modder** ['mɔdɐ] **der;** ~s *(nordd. ugs.)* mud

**modd[e]rig** ['mɔd(ə)rɪç] *Adj. (nordd. ugs.)* muddy

**Mode** ['mo:də] **die;** ~, ~n **a)** fashion; **die ~ verlangt, daß ...:** fashion dictates that ...; **jede ~ mitmachen** follow fashion's every whim; **mit der ~ gehen** follow the fashion; **etw. ist [in] ~:** sth. is in *or* the fashion; **[ganz] groß in ~** *od.* **große ~ sein** be all the rage *or* very fashionable; **nach der neuesten ~:** in the latest style; **in ~/aus der ~ kommen** come into/go out of fashion; **neue ~n** *(abwertend)* new-fangled ideas; **was sind denn das für neue ~n?** *(ugs.)* what do you think you're/does he think he's *etc.* doing?; **b)** *Pl. (~kleidung)* fashions

**mode-, Mode-: ~artikel der a)** *(modisches Zubehör)* [fashion] accessory; **b)** *(vielgekaufter Artikel)* fashionable novelty; in thing; **~arzt der** *(ugs.)* fashionable doctor; **~ausdruck der** vogue word; 'in' expression *(coll.);* **~beruf der** fashionable occupation; **~bewußt 1.** *Adj.* fashion-conscious; **2.** *adv.* fashionably; **~branche die** fashion *or (Brit. coll.)* rag trade; **~designer der, ~designerin die** fashion designer; **~farbe die** fashionable colour; **~geschäft das** fashion store; *(kleiner)* boutique; **~haus das a)** fashion house; **b)** *(Geschäft)* fashion store; **~journal das** fashion magazine; **~krankheit die** fashionable disease *or* complaint

**Modell** [mo'dɛl] **das;** ~s, ~e *(auch fig.)* model; *(Technik: Entwurf)* [design] model; pattern; *(in Originalgröße)* mock-up; **jmdm. ~ sitzen** *od.* **stehen** model *or* sit for sb.

**Modell-: ~bauer der** model-maker; **~charakter der: etw. hat ~charakter** sth. can act as a model; **etw. hat ~character für etw.** sth. acts as *or* provides a model for sth.; **~eisen·bahn die** model railway

**Modelleur** [modɛ'lø:ɐ̯] **der;** ~s, ~e modeller

**Modell-: ~fall der a)** model; perfect example; **b)** *(klassisches Beispiel)* textbook case; **~flugzeug das** model aircraft

**modellhaft** *Adj.* exemplary; model *attrib.;* pilot ⟨*scheme*⟩*;* **etw. hat ~en Charakter** sth. can act as a model

**modellieren 1.** *tr. V.* **a)** model, mould ⟨*figures, objects*⟩*;* mould ⟨*clay, wax*⟩*;* **jmdn./etw. in Ton ~:** model sb./sth. in clay; **etw. nach etw. ~** *(fig.)* model sth. on sth.; **b)** *(gestalten)* design ⟨*clothes*⟩*;* **c)** *(Wissensch.)*

model ⟨*processes*⟩. **2.** *itr. V.* model (*esp. in clay or wax*)

**Modellier·masse die** modelling material (*esp. clay or wax*)

**Modell-: ~kleid das** model dress; **~pflege die** (*Kfz-W.*) improving the specification; **~projekt das** pilot scheme; **~reihe die** (*Wirtsch.*) range [of models]; **~versuch der** pilot scheme; **~zeichnung die** drawing [of a model/mock-up]

**modeln** ['mo:dl̩n] *tr. V.* **etw. nach dem Vorbild von etw. ~:** model sth. on sth.

**Moden-: ~schau die** fashion show *or* parade; **~zeit·schrift die** *s.* **Modezeitschrift**

**Mode-: ~püppchen das, ~puppe die** fashion-crazy bird (*Brit. sl.*) *or* (*Amer. coll.*) dame

**Moder** ['mo:dɐ] **der; ~s a)** mould; (*~geruch*) mustiness; (*Verwesung, auch fig.*) decay; **es riecht nach ~:** there is a musty smell; **b)** *s.* **Modder**

**moderat** [mode'ra:t] *Adj.* moderate

**Moderation** [modera'tsio:n] **die; ~, ~en** (*Rundf., Ferns.*) presentation; **die ~ haben** be the presenter

**Moderator** [mode'ra:tɔr] **der; ~s, ~en** [-'to:rən], **Moderatorin die; ~, ~nen** (*Rundf., Ferns.*) presenter

**moderieren** [mode'ri:rən] **1.** *tr. V.* (*Rundf., Ferns.*) present ⟨*programme*⟩. **2.** *itr. V.* be the presenter

**moderig** *Adj.* musty

[1]**modern** ['mo:dɐn] *itr. V.; auch mit sein* go mouldy; (*verwesen*) decay; **~de Gebeine** mouldering skeletons

[2]**modern** [mo'dɛrn] **1.** *Adj.* modern; (*modisch*) fashionable. **2.** *adv.* in a modern manner *or* style; (*modisch*) fashionably; (*aufgeschlossen*) progressively; **~ denken** have modern/progressive ideas; **~ eingestellt** *od.* **denkend** with modern/progressive ideas *postpos., not pred.*

**Moderne die; ~ a) die ~, das Zeitalter der ~:** the modern age; modern times; **b)** (*Kunstrichtung*) **die ~:** modern arts *pl.*; **typisch für die ~:** typical of modern writing/painting/music *etc.*

**modernisieren 1.** *tr. V.* modernize; (*modisch gestalten*) bring ⟨*clothes*⟩ in line with the current fashion. **2.** *itr. V.* introduce modern methods

**Modernisierung die; ~, ~en** modernization

**Modernismus der; ~, Modernismen a)** *o. Pl.* modernism; **b)** (*Stilelement*) modernism; modernistic element

**modernistisch** (*abwertend*) **1.** *Adj.* modernistic. **2.** *adv.* in a modernistic style *or* manner

**Modernität die; ~:** modernity

**Mode-: ~sache die** *in* **[eine] ~sache sein** be a [passing] fashion; **~salon der** [smart] fashion boutique; **~schau die** *s.* **Modenschau;** **~schmuck der** costume jewellery; **~schöpfer der** couturier; **~schöpferin die** couturière; **~schriftsteller der** fashionable author; **~tanz der** dance [briefly] in vogue; **~torheit die** crazy fashion; **~trend der** fashion trend; **~wort das;** *Pl.* **~wörter** vogue-word; 'in' expression (*coll.*); **~zar der** (*ugs.*) fashion mogul; **~zeichner der** (*veralt.*), **~zeichnerin die** (*veralt.*) dress-designer; **~zeit·schrift die** fashion magazine

**Modi** *s.* **Modus**

**Modifikation** [modifika'tsio:n] **die; ~, ~en** modification

**modifizierbar** *Adj.* modifiable

**modifizieren** [modifi'tsi:rən] *tr. V.* (*geh.*) modify

**Modifizierung die; ~, ~en** (*geh.*) modification

**modisch** ['mo:dɪʃ] **1.** *Adj.* fashionable; trendy (*coll. derog.*). **2.** *adv.* fashionably; trendily (*coll. derog.*)

**Modistin** [mo'dɪstɪn] **die; ~, ~nen** milliner

[1]**Modul** ['mo:dʊl] **der; ~s, ~n** (*Math.*) modulus

[2]**Modul** [mo'du:l] **das; ~s, ~e** (*DV, Elektronik*) module

**Modulation** [modula'tsio:n] (*auch Musik, Technik*) **die; ~, ~en** modulation

**modulieren** *tr., itr. V.* (*auch Musik, Technik*) modulate

**Modus** ['mɔdʊs] **der; ~, Modi a)** (*geh.*) procedure (+ *Gen.* for); method; **nach diesem ~:** by this method; **b)** (*Sprachw.*) mood

**Modus vivendi** [- vi'vɛndi] **der; ~ ~, Modi ~** (*geh.*) modus vivendi

**Mofa** ['mo:fa] **das; ~s, ~s** [low-powered] moped

**Mofa·fahrer der** moped rider

**Mogelei die; ~, ~en** (*ugs.*) cheating *no pl.*

**mogeln** (*ugs.*) **1.** *itr. V.* cheat; (*lügen*) fib; **beim Kartenspiel/bei der Klassenarbeit ~:** cheat at cards/in the class test. **2.** *tr. V.* **etw. in etw.** (*Akk.*) **~:** slip sth. into sth. **3.** *refl. V.* **sich in/zwischen etw.** (*Akk.*) **~** ⟨*error*⟩ slip into/in among sth.

**Mogel·packung die** (*abwertend*) deceptive packaging

**mögen** ['mø:gn̩] **1.** *unr. Modalverb; 2. Part.* **~: a)** (*wollen*) want to; **das hätte ich sehen ~:** I would have liked to see that; **sie mochte nicht länger bleiben** she didn't want to stay any longer; **b)** (*geh.: sollen*) **das mag genügen** that should be *or* ought to be enough; **bitte ihn** *od.* **sag ihm, er möge kommen** (*veralt.*) ask/tell him to come; **c)** (*geh.: Wunschform*) **möge er bald kommen!** I do hope he'll come soon!; **möge es so bleiben!** may it stay like that; **das möge der Himmel verhüten!** Heaven forbid!; **d)** (*Vermutung, Möglichkeit*) **sie mag/mochte vierzig sein** she must be/must have been [about] forty; **wie alt sie wohl sein mag?** I wonder how old she is; **Meier, Müller, Koch – und wie sie alle heißen ~:** Meier, Müller, Koch and [the rest,] whatever they're called; **wie viele Personen ~ das sein?** how many people would you say there are?; **was mag sie damit gemeint haben?** what can she have meant by that?; **[das] mag sein** maybe; **es mag sein, daß ...:** it may be *or* it is possible that ...; **e)** (*geh.: Einräumung*) **er mag tun, was er will** no matter what he does; **es mag kommen, was will** come what may; **mag er nur warten** let him wait; he can wait; **wer er auch sein mag** whoever he may be; **wie dem auch sein mag** be that as it may; **mag das Wetter auch noch so schlecht sein, ...:** however bad the weather may be, ...; *s. auch* **hingehen d; f)** *Konjunktiv II + Inf.* (*den Wunsch haben*) **ich/sie möchte gern wissen ...:** I would *or* should/she would like to know ...; **ich möchte ihn [gerne] sprechen** I should like to speak to him; **möchten Sie etwas essen/trinken?** would you like something to eat/drink?; **ich möchte nicht stören, aber ...:** I don't want to interrupt, but ...; **ich möchte zu gerne wissen** I'd love to know ...; **ich möchte sagen, ...** (*in zögernder Aussage*) I'd say ...; **man möchte meinen, er sei der Chef** one would [really] think he was the boss. **2.** *unr. tr. V.* **[gern] ~:** like; **sie mag keine Rosen** she does not like roses; **er mag mich nicht** he does not like me; **sie mag ihn sehr [gern]** she likes him very much; (*hat ihn sehr gern*) she is very fond of him; **sie ~ sich** they're fond of one another; **möchten Sie ein Glas Wein?** would you like a glass of wine?; **ich mag lieber/am liebsten Bier** I like beer better/best [of all]; **ich möchte lieber Tee** I would prefer tea *or* rather have tea; **ich möchte nicht, daß er heute kommt** I would not like him to come today. **3.** *unr. itr. V.* **a)** (*es wollen*) like to; **ich mag nicht** I don't want to; **magst du?** do you want to?; (*bei einem Angebot*) would you like one/some?; **magst du noch?** do you want any more?; **ich möchte schon, aber ...:** I should like to, but ...; **b)** (*fahren, gehen usw. wollen*) **ich möchte nach Hause/in die Stadt/auf die Schaukel** I want *or* I'd like to go home/into town/on the swing; **er möchte zu Herrn A** he would like to see Mr A

**Mogler** ['mo:glɐ] **der; ~s, ~, Moglerin die; ~, ~nen** (*ugs.*) cheat

**möglich** ['mø:klɪç] *Adj.* possible; **es war ihm nicht ~ [zu kommen]** he was unable [to come]; it was not possible for him [to come]; **sobald/so gut es mir ~ ist** as soon/as well as I can; **das ist schon eher ~:** that is more likely [to be possible]; **[jmdm.] etw. ~ machen** ⟨*thing*⟩ make sth. possible [for sb.]; ⟨*person*⟩ arrange sth. [for sb.]; **das** *od.* **alles Mögliche tun** do everything possible; do one's utmost; **dort kann man alles ~e kaufen** (*ugs.*) you can get all sorts of things there; **sie hatte alles ~e zu kritisieren** she criticized everything; **alle ~en Entschuldigungen** (*ugs.*) every excuse you can think of; **alle ~en Leute** (*ugs.*) all sorts of people; **das ist gut/leicht/durchaus ~:** that is very/wholly/entirely possible; **bei ihm ist alles ~:** he is capable of anything; **man sollte es nicht für ~ halten** one would not believe it possible; **[das ist doch] nicht ~!** impossible!; I don't believe it!; **ist das ~!** [that's] incredible!; whatever next!

**möglicherweise** *Adv.* possibly; **~ hat er Glück/Glück gehabt** he may be/may have been lucky; **wir werden ~ versetzt** we may [possibly] be transferred; **~ hast du es nur geträumt** it's possible that you just dreamt it

**Möglichkeit die; ~, ~en a)** (*möglicher Weg*) possibility; (*Methode*) way; **nach ~:** if possible; **b)** *o. Pl.* (*Möglichsein*) possibility; **es besteht die ~, daß ...:** there is a chance *or* possibility that ...; **es besteht die ~, eine Zusatzversicherung abzuschließen** it is possible to arrange additional insurance; **ist es die** *od.* **ist [denn] das die ~!** (*ugs.*) well, I'll be damned! (*coll.*); whatever next!; **c)** (*Gelegenheit*) opportunity; chance; **die ~ haben, etw. zu tun** have an opportunity of doing sth. *or* to do sth.; **d)** *Pl.* (*Mittel*) [*esp.* financial] means *or* resources; **künstlerische ~en** artistic resources *or* potential *sing.*

**Möglichkeits·form die** (*Sprachw.*) subjunctive

**möglichst 1.** *Adv.* **a)** (*so weit wie möglich*) as much *or* far as possible; **sich ~ zurückhalten** restrain oneself as far as possible; **b)** (*wenn möglich*) if [at all] possible; **macht ~ keinen Lärm** don't make any noise if you can possibly help it; **c)** (*so ... wie möglich*) **~ groß/schnell/oft** as big/fast/often as possible; **mit ~ großer Sorgfalt** with the greatest possible care. **2.** *adj. in* **sein ~es tun** do one's utmost; do everything possible

**Mogul** ['mo:gʊl] **der; ~s, ~n** (*hist.*) Mogul

**Mohair** [mo'hɛ:ɐ̯] **der; ~s** mohair

**Mohammed** ['mo:hamɛt] **(der)** Muhammad

**Mohammedaner der; ~s, ~, Mohammedanerin, die; ~, ~nen** Muslim; Muhammadan

**mohammedanisch 1.** *Adj.* Muslim, Muhammadan. **2.** *adv.* **~ geprägt** imbued with Muslim *or* Muhammadan characteristics *postpos.*

**Mohikaner** [mohi'ka:nɐ] **der; ~s, ~:** Mohican; **der letzte ~, der Letzte der ~** (*ugs. scherzh.*) the last one; the last survivor (*joc.*)

**Mohn** [mo:n] **der; ~s a)** (*Pflanze*) poppy; **b)** (*Samen*) poppy seed; (*auf Brot, Kuchen*) poppy seeds *pl.*

**Mohn-: ~blume die** poppy; **~brötchen das** poppy-seed roll; **~feld das** field of poppies; **~kuchen der** poppy-seed cake

**Mohr** [mo:ɐ̯] **der; ~en, ~en** (*veralt.*) Moor; **schwarz wie ein ~:** as black as the ace of spades; **der ~ hat seine Schuldigkeit getan,**

der ~ kann gehen *(fig.)* when one has served one's purpose one is simply discarded
**Möhre** ['mø:rə] **die; ~, ~n** carrot
**Mohren·kopf der a)** chocolate marshmallow; **b)** *(Gebäck) small cream-filled spherical sponge cake covered with chocolate*
**Möhren·saft der** carrot juice
**Mohren·wäsche die** [attempt at] whitewashing *(fig.)*
**Mohr·rübe die** carrot
**Moiré** [moa're:] **der; ~s, ~s** moiré
**mokant** [mo'kant] *(geh.)* **1.** *Adj.* mocking. **2.** *adv.* mockingly
**Mokassin** [moka'si:n] **der; ~s, ~s** moccasin
**Mokick** ['mo:kɪk] **das; ~s, ~s** light motor cycle *(with kick-starter)*
**mokieren** [mo'ki:rən] *refl. V. (geh.)* **sich über etw.** *(Akk.)* **~:** mock *or* scoff at sth.; **sich über jmdn. ~:** mock sb.
**Mokka** ['mɔka] **der; ~s a)** *(Bohnen)* mocha [coffee]; **b)** *(Getränk)* strong black coffee
**Mokka-: ~löffel der** [small] coffee-spoon; **~tasse die** small coffee-cup
**Mol** [mo:l] **das; ~s, ~e** *(Chemie)* mole
**Molar** [mo'la:ɐ̯] **der; ~s, ~en, Molar·zahn der** molar
**Molch** [mɔlç] **der; ~[e]s, ~e** newt
[1]**Moldau** ['mɔldau̯] **die; ~:** [river] Vltava
[2]**Moldau die; ~** *(Sowjetrepublik)* Moldavia
**Mole** ['mo:lə] **die; ~, ~n** [harbour] mole
**Molekül** [mole'ky:l] **das; ~s, ~e** *(Chemie)* molecule
**molekular** [moleku'la:ɐ̯] *Adj.* molecular
**Molekular-:** molecular
**Molesten** [mo'lɛstn̩] *Pl. (veralt.)* minor ailments
**molk** [mɔlk] *1. u. 3. Pers. Sg. Prät. v.* **melken**
**Molke die; ~:** whey
**Molkerei die; ~, ~en** dairy
**Molkerei-: ~butter die** dairy butter; **~genossenschaft die** co-operative dairy; **~produkt das** dairy product
**Moll** [mɔl] **das; ~** *(Musik)* minor [key]; **in ~ enden** finish in a minor key
**Moll-: ~akkord der** *(Musik)* minor chord; **~drei·klang der** minor triad
**Molle die; ~, ~n** *(berlin.)* [glass of] beer; **eine ~ zischen** have a jar *(coll.)*
**Mollen·friedhof der** *(berlin. scherzh.)* beer-belly *(coll.)*
**Molli** ['mɔli] **der; ~s, ~s** *(salopp)* Molotov cocktail
**mollig** ['mɔlɪç] **1.** *Adj.* **a)** *(rundlich)* plump; **b)** *(warm)* cosy; snug; **ein ~er Wintermantel** a warm and cosy winter coat. **2.** *adv.* cosily; snugly; **~ warm** warm and cosy
**Moll-: ~ton·art die** *(Musik)* minor key; **~ton·leiter die** *(Musik)* minor scale
**Molluske** [mɔ'lʊskə] **die; ~, ~n** *(Biol.)* mollusc
**Moloch** ['mo:lɔx] **der; ~s, ~e** *(geh.)* Moloch; voracious giant
**Molotow·cocktail** ['mɔlotɔf-] **der** Molotov cocktail
**Molybdän** [molʏp'dɛ:n] **das; ~s** *(Chemie)* molybdenum
[1]**Moment** [mo'mɛnt] **der; ~[e]s, ~e** moment; **einen ~ zögern** hesitate [for] a moment; **einen ~ bitte!** just a moment, please!; **~ [mal]!** [hey!] just a moment!; wait a mo! *(coll.)*; **im nächsten/gleichen ~:** the next/at the same moment; **jeden ~** *(ugs.)* [at] any moment; **im ~:** at the moment; *s. auch* **licht a**
[2]**Moment das; ~[e]s, ~e a)** *(Umstand)* factor, element **(für** in); **das auslösende ~ für etw. sein** be the trigger for sth.; **b)** *(Physik)* moment
**momentan** [momɛn'ta:n] **1.** *Adj.* **a)** *nicht präd.* present; current; **b)** *(vorübergehend)* temporary; *(flüchtig)* momentary; **eine ~e Besserung** a short-lived improvement. **2.** *adv.* **a)** at the moment; at present; **b)** *(vorübergehend)* temporarily; *(flüchtig)* momentarily; for a moment
**Moment·aufnahme die** *(Fot.)* snapshot

**Monaco** ['mo:nako] **(das); ~s** Monaco
**Monade** [mo'na:də] **die; ~, ~n** *(Philos.)* monad
**Monarch** [mo'narç] **der; ~en, ~en** monarch
**Monarchie die; ~, ~n** monarchy
**Monarchin die; ~, ~nen** monarch
**monarchisch 1.** *Adj.* monarchical. **2.** *adv.* monarchically; **~ regiert** ruled by a monarch/monarchs
**Monarchismus der; ~:** monarchism *no art.*
**Monarchist der; ~en, ~en, Monarchistin die; ~, ~nen** monarchist
**monarchistisch 1.** *Adj.* monarchist ⟨*party, group*⟩; monarchistic ⟨*tendency, views*⟩. **2.** *adv.* monarchistically
**Monat** ['mo:nat] **der; ~s, ~e** month; **letzten ~:** last month; **im ~ April** in the month of April; **am 10. dieses ~s** on the tenth [of this month]; **Ihr Schreiben vom 22. dieses ~s** your letter of the 22nd [inst.]; **sie ist im vierten ~ [schwanger]** she is four months pregnant; **er war drei ~e [lang] hier** he was here for three months; **er ist seit drei ~en hier** he has been here for three months; **was verdienst du im ~?** how much do you earn per month?; **ich bezahle 250 DM im ~:** I pay 250 marks a month *or* per month; *s. auch* **hinaus**
**monatelang 1.** *Adj.; nicht präd.* lasting for months *postpos., not pred.*; **die ~en Verhandlungen** the negotiations, which lasted for several months; **nach ~er Krankheit** after months of illness; **mit ~er Verspätung** months late. **2.** *adv.* for months [on end]
**-monatig a)** *(... Monate alt)* ...-month-old; **ein achtmonatiges Kind** an eight-month-old baby; **b)** *(... Monate dauernd)* ... month's/ months'; ...-month; **eine viermonatige Kur** a four-month course of treatment; **mit dreimonatiger Verspätung** three months late
**monatlich 1.** *Adj.* monthly. **2.** *adv.* monthly; every month; *(im Monat)* per month; **etw. ~ überweisen** pay sth. monthly; **sich ~ treffen** meet every month
**-monatlich 1.** *Adj.* ...-monthly; **acht~/ drei~:** eight-monthly/three-monthly. **2.** *adv.* every ... months
**Monats-: ~ab·rechnung die** monthly accounts *pl.*; *(Abrechnungsblatt)* monthly [statement of] account; **~anfang der, ~beginn der** beginning of the month; **zu/am ~anfang** *od.* **~beginn** at the beginning of the month; **~beitrag der** monthly subscription; **~binde die** sanitary towel *(Brit.)*; sanitary napkin *(Amer.)*; **~blutung die** [monthly] period; **~einkommen das** monthly income; **~ende das** end of the month; **~erste der** first [day] of the month; **~frist** *o. Art.; o. Pl.* **in** *od.* **innerhalb** *od.* **binnen ~frist** within [a period of] a *or* one month; **nach ~frist** after [a period of] a *or* one month; **vor ~frist** in less than a month; within [a period of] a *or* one month; *(vor einem Monat)* a month ago; **~gehalt das** month's salary; **vier ~gehälter** four months' salary *sing.*; **ein dreizehntes ~gehalt** an extra month's salary; **ein ~gehalt von 3000 DM** a monthly salary of 3,000 marks; **~hälfte die** half of the month; **~karte die** monthly season-ticket; **~letzte der** last day of the month; **~lohn der** month's wages; **vier ~löhne** four months' wages *pl.*; **ein ~lohn von 2000 DM** a monthly wage of 2,000 marks; **~miete die** month's rent; **zwei ~mieten** two months' rent; **eine ~miete von 1000 DM** a monthly rent of 1,000 marks; **~mitte die** middle of the month; **~rate die** monthly instalment; **~wechsel der** *(veralt.)* monthly allowance *(esp. for a student)*
**monat[s]weise** *Adv.* by the month
**Mönch** [mœnç] **der; ~[e]s, ~e** monk
**mönchisch** *Adj.* monkish; of a monk *postpos., not pred.*

**Mönchs-: ~kloster das** monastery; **~kutte die** monk's habit *or* cowl; **~latein das** monkish Latin; dog-Latin *(derog.)*; **~leben das** monastic life; life of a monk; **~orden der** monastic order
**Mönch[s]tum das; ~s a)** monasticism; **b)** *(das Mönchsein)* monkhood
**Mönchs·zelle die** monk's cell
**Mond** [mo:nt] **der; ~[e]s, ~e a)** moon; **den ~ anbellen** *(fig. ugs.)* talk to a brick wall; **ich könnte** *od.* **möchte ihn auf den** *od.* **zum ~ schießen** *(salopp)* I wish he'd get lost *(sl.)*; **auf** *od.* **hinter dem ~ leben** *(fig. ugs.)* be a bit behind the times *or* not quite with it *(coll.)*; **lebst du auf dem ~?** *(ugs.)* where have you been?; **wir leben auch nicht hinter dem ~** *(ugs.)* we're not fuddy-duddies *(sl.)*; we do have some idea of what's going on; **in den ~ gucken** *(fig. ugs.)* be left empty-handed *or (coll.)* out in the cold; **etw. in den ~ schreiben** *(ugs.)* write sth. off; **nach dem ~ gehen** *(ugs.)* ⟨*clock, watch*⟩ be hopelessly wrong; **b)** *(dichter. veralt.)* month; **viele ~e waren ins Land gegangen** many moons had passed
**Mondamin** ® [mɔnda'mi:n] **das; ~s** *(a proprietary brand of)* cornflour
**mondän** [mɔn'dɛ:n] **1.** *Adj.* [highly] fashionable; smart; **die ~e Welt** the smart set. **2.** *adv.* fashionably; in a fashionable style
**mond-, Mond-: ~auf·gang der** moonrise; **~auto das** *(Raumf.)* moon buggy; **~bahn die** orbit of a satellite; *(des Erdmondes)* lunar orbit; **~beschienen** *Adj.* moonlit
**Monden·schein der;** *o. Pl. (dichter.)* moonlight
**Mondes·finsternis die** *(österr.) s.* **Mondfinsternis**
**mond-, Mond-: fähre die** *(Raumf.)* lunar module; **~finsternis die** *(Astron.)* lunar eclipse; eclipse of the moon; **~flug der** lunar expedition; **~gebirge das** lunar mountain range *or* mountains *pl.*; **~gesicht das** moon-face; **~gestein das** moon rock; **~hell** *Adj. (geh.)* moonlit; **~jahr das** lunar year; **~kalb das** *(salopp)* dim-wit *(coll.)*; dope *(coll.)*; **~krater der** lunar crater; **~lande·fähre die** *(Raumf.)* lunar module; **~landschaft die** *(auch fig.)* lunar landscape; **~landung die** moon landing; **~licht das;** *o. Pl.* moonlight; **~los** *Adj.* moonless; **~ober·fläche die** lunar surface; **~phase die** moon's phase; **~preis der** *(Wirtsch. Jargon)* artificially high price *(from which the actual asking price is 'reduced'; (Wucherpreis)* exorbitant price; **~rakete die** moon rocket; **~schein der;** *o. Pl.* moonlight; **der kann mir mal im ~schein begegnen** *(salopp)* he can get lost *(sl.)*; **~sichel die** crescent moon; **~sonde die** lunar probe; **~stein der** moonstone; **~süchtig** *Adj.* sleep-walking *attrib. (esp. by moonlight)*; **~süchtig sein** be a sleep-walker; **~süchtigkeit die** sleep-walking *(esp. by moonlight)*; **~umkreisung die** orbiting of the moon; **~umlauf·bahn die** lunar orbit; **~untergang der** moonset; **~wechsel der** change of the moon
**Monegasse** [mone'gasə] **der; ~n, ~n** Monégasque
**monegassisch** *Adj.* Monégasque
**monetär** [mone'tɛ:ɐ̯] **1.** *Adj.; nicht präd.* monetary. **2.** *adv.* on a monetary basis
**Monetarismus** [moneta'rɪsmʊs] **der; ~** *(Wirtsch.)* monetarism *no art.*
**Moneten** [mo'ne:tn̩] *Pl. (ugs.)* cash *sing.*; dough *sing. (sl.)*
**Mongole** [mɔŋ'go:lə] **der; ~n, ~n a)** Mongol; **b)** *(Bewohner der Mongolei)* Mongolian
**Mongolei** [mɔŋgo'lai̯] **die; ~:** Mongolia; **in der Inneren/Äußeren ~:** in Inner/Outer Mongolia
**Mongolen-: ~falte die** *(Anthrop.)* Mongolian fold; **~fleck der** *(Anthrop.)* Mongolian spot

**mongolid** [mɔŋgo'li:t] *Adj. (Anthrop.)* Mongoloid

**Mongolide der/die;** *adj. Dekl. (Anthrop.)* Mongoloid

**mongolisch** *Adj.* Mongolian

**Mongolismus der;** ~ *(Med.)* mongolism *no art.*

**mongoloid** *Adj. (Med.)* mongoloid

**Mongoloide der/die;** *adj. Dekl. (Med.)* Mongoloid

**monieren** [mo'ni:rən] *tr. V.* criticize; *(beanstanden)* find fault with

**Monismus** [mo'nɪsmʊs] **der;** ~ *(Philos.)* monism *no art.*

**Monitor** ['mo:nitɔr] **der; ~s, ~en** [-'to:rən] *(Ferns., Technik, Physik)* monitor

**mono** ['mo:no] *Adv. (ugs.)* ⟨*hear, play, etc.*⟩ in mono *(coll.)*

**mono-, Mono-:** mono-

**monochrom** [mono'kro:m] *Adj. (Malerei, Fot.)* monochrome; monochromatic ⟨*light*⟩

**monocolor** [monoko'lo:ɐ̯] *Adj. (österr. Politik)* one-party

**monogam** [mono'ga:m] **1.** *Adj.* monogamous. **2.** *adv.* monogamously

**Monogamie die;** ~: monogamy

**Mono·gramm das; ~s, ~e** monogram

**Monographie** [monogra'fi:] **die; ~, ~n** monograph

**Monokel** [mo'nɔkl̩] **das; ~s, ~:** monocle

**Mono·kultur die** *(Landw.)* monoculture

**Monolith** [mono'li:t] **der; ~s** *od.* **~en, ~en** monolith

**Monolog** [mono'lo:k] **der; ~s, ~e** monologue; **einen ~ halten** hold a monologue

**monologisch 1.** *Adj.* monologic[al]; ⟨*form*⟩ of a monologue; ⟨*statement*⟩ in the form of a monologue. **2.** *adv.* in monologue

**monologisieren** *itr. V.* talk in monologue

**monoman** [mono'ma:n] *(Psych.)* **1.** *Adj.* monomaniacal. **2.** *adv.* monomaniacally

**Monomanie** [monoma'ni:] **die; ~, ~n** *(Psych.)* monomania

**Monophthong** [mono'ftɔŋ] **der; ~s, ~e** *(Sprachw.)* monophthong

**Monopol** [mono'po:l] **das; ~s, ~e** monopoly (**auf** + *Akk.*, **für** in, of)

**monopolisieren** *tr. V.* monopolize

**Monopolisierung die; ~, ~en** monopolization

**Monopolist der; ~en, ~en, Monopolistin die; ~, ~nen** monopolist

**monopol-, Monopol-: ~kapital das;** *o. Pl.* monopoly capital; **~kapitalismus der;** *o. Pl.* monopoly capitalism; **~kapitalistisch 1.** *Adj.* monopoly-capitalist; **2.** *adv.* ⟨*structured, organized*⟩ on the principles of monopoly capitalism; **~stellung die** [position of] monopoly

**Monopoly** Ⓦᶻ [mo'no:poli] **das; ~:** Monopoly **(P)** *(game)*

**Monotheismus** [monote'ɪsmʊs] **der;** ~ *(Rel.)* monotheism

**monotheistisch** *(Rel.)* **1.** *Adj.* monotheistic. **2.** *adv.* monotheistically

**monoton** [mono'to:n] **1.** *Adj.* monotonous. **2.** *adv.* monotonously

**Monotonie die; ~, ~n** monotony

**Monotype** Ⓦᶻ ['mɔnotaip] **die; ~, ~s** *(Druckw.)* Monotype **(P)** [composing-machine]

**Mon·oxid** *(fachspr.),* **Mon·oxyd das** *(Chemie)* monoxide

**Mono·zelle die** *(Elektrot.)* [single-cell] battery

**Monster** ['mɔnstɐ] **das; ~s, ~:** monster; *(häßlich)* [hideous] brute

**Monster-** mammoth; *(sehr lange dauernd)* marathon

**Monster-: ~film der a)** *(ugs.)* mammoth [screen] epic; block-buster *(sl.)*; **b)** *(Film mit Monstern)* horror film [with a monster/monsters]; **~prozeß der** marathon trial; **~veranstaltung die** giant spectacular; *(sehr lange dauernd)* marathon [event]

**Monstranz** [mɔn'strants] **die; ~, ~en** *(kath. Kirche)* monstrance

**Monstren** *s.* **Monstrum**

**monströs** [mɔn'strø:s] *(geh.)* **1.** *Adj.* **a)** *(auch fig.)* monstrous; [huge and] hideous; **b)** *(gigantisch)* massive, overpowering ⟨*building, monument*⟩. **2.** *adv.* monstrously

**Monstrosität** [mɔnstrozi'tɛ:t] **die; ~, ~en** monstrosity; *(fig.: monströse Tat)* monstrous action; atrocity

**Monstrum** ['mɔnstrʊm] **das; ~s, Monstren a)** *(auch fig.: Mensch)* monster; **b)** *(Ungetüm)* hulking great thing *(coll.)*; **das/ein ~ von ...:** the/a giant [of a] ...

**Monsun** [mɔn'zu:n] **der; ~s, ~e** *(Geogr.)* monsoon

**Monsun-: ~regen der** *(Geog.)* monsoon rains *pl.*; **~wald der** *(Geog.)* monsoon forest

**Montag** ['mo:nta:k] **der** Monday; *s. auch* **blau; Dienstag; Dienstag-**

**Montag-** Monday; *s. auch* **Dienstag-**

**Montage** [mɔn'ta:ʒə] **die; ~, ~n a)** *(Bauw., Technik) (Zusammenbau)* assembly; *(Einbau)* installation; *(Aufstellen)* erection; *(Anbringen)* fitting (**an** + *Akk. od. Dat.* to); mounting (**auf** + *Akk. od. Dat.* on); **auf ~:** *(ugs.)* away on a job; **b)** *(Film, bild. Kunst, Literaturw.)* montage; **c)** *(Druckw.)* make-up

**Montage-: ~band das** assembly line; **~halle die** assembly shop

**montags** *Adv.* on Monday[s]; *s. auch* **dienstags**

**Montags·wagen der** *(ugs.)* Friday car

**Montan-: ~industrie die** coal and steel industry; **~union die** European Coal and Steel Community

**Monteur** [mɔn'tø:ɐ̯] **der; ~s, ~e** mechanic; *(Installateur)* fitter; *(Elektro~)* electrician

**Monteur·anzug der** [mechanic's] overalls *pl.*

**montieren** [mɔn'ti:rən] *tr. V.* **a)** *(zusammenbauen)* assemble (**aus** from); erect ⟨*building*⟩; **b)** *(anbringen)* fit (**an** + *Akk. od. Dat.* to; **auf** + *Akk. od. Dat.* on); *(einbauen)* install (**in** + *Akk.* in); *(befestigen)* fix (**an** + *Akk. od. Dat.* to); **eine Lampe an die** *od.* **der Decke ~:** put up *or* fix a light on the ceiling; **eine Antenne auf das** *od.* **dem Dach ~:** put up *or* mount an aerial on the roof; **c)** *(Film, bild. Kunst)* put together; *(Druckw.)* make up

**Montierer der; ~s, ~, Montiererin die; ~, ~nen** assembly worker

**Montur** [mɔn'tu:ɐ̯] **die; ~, ~en a)** *(ugs.)* outfit *(coll.)*; gear *no pl. (coll.)*; **b)** *(veralt.: Uniform)* uniform

**Monument** [monu'mɛnt] **das; ~[e]s, ~e** *(auch fig.)* monument

**monumental 1.** *Adj. (auch fig.)* monumental; *(massiv)* massive. **2.** *adv.* in a monumental style; *(überdimensional)* on a monumental scale

**Monumental-:** monumental

**Moor** [mo:ɐ̯] **das; ~[e]s, ~e** bog; *(Bruch)* marsh; *(Flach~)* fen; *(Hoch~)* high moor

**Moor-: ~bad das** mud-bath; **~boden der** bog soil; *(Torfboden)* peaty soil

**moorig** *Adj.* boggy

**Moor-: ~kultur die** bogland/fenland [reclamation and] cultivation; **~leiche die** [well-preserved] body found in a bog

**Moos** [mo:s] **das; ~es, ~e a)** moss; **~ ansetzen** gather moss; *(fig. ugs.)* become old hat *(coll.)*; **b)** *o. Pl. (salopp)* cash; dough *(sl.)*; **c)** *Pl. auch:* **Möser** *(südd., österr., schweiz.)* bog; *(Bruch)* marsh

**moos-: ~bedeckt, ~bewachsen** *Adj.* moss-covered; **~grün** *Adj.* moss-green

**moosig** *Adj.* **a)** mossy; *(moosbedeckt)* moss-covered; **b)** *(südd., österr., schweiz.: sumpfig)* marshy

**Moos-: ~rose die, ~röschen das** moss-rose

**Mop der; ~s, ~s** mop

**Moped** ['mo:pɛt] **das; ~s, ~s** moped

**Moped·fahrer der** moped-rider

**Moppel** ['mɔpl̩] **der; ~s, ~** *(fam. scherzh.)* podge *(coll.)*

**moppen** ['mɔpn̩] *tr., itr. V.* mop; mop the floor in ⟨*room*⟩

**Mops** [mɔps] **der; ~es, Möpse** ['mœpsə] **a)** *(Hund)* pug [dog]; **b)** *(salopp: dicke Person)* podge *(coll.)*; fatty *(derog.)*; **c)** *Pl. (salopp: Geld)* bread *(sl.)*; lolly *(Brit. sl.)*; **die paar Möpse** such a piffling sum *(coll.)*; such peanuts *(sl.)*

**mopsen 1.** *tr. V. (fam.)* pinch *(sl.)*. **2.** *refl. V. (ugs.)* be bored

**mops·fidel** *Adj. (ugs.)* very jolly *or* cheerful

**mopsig** *Adj. (ugs.)* **a)** podgy; tubby; **b) sich ~ machen, ~ werden** get fresh

**Moral** [mo'ra:l] **die; ~ a)** *(Norm)* morality; **gegen die ~ verstoßen** offend against morality *or* the code of conduct; **die herrschende ~:** [currently] accepted standards *pl.*; **b)** *(Sittlichkeit)* morals *pl.*; **keine ~ haben** have no sense of morals; **[eine] doppelte ~:** double standards *pl.*; **[jmdm.] ~ predigen** *(abwertend)* moralize [to sb.]; **c)** *(Selbstvertrauen)* morale; **die ~ ist gut/schlecht** morale is high/low; **d)** *(Lehre)* moral; **e)** *(Philos.)* ethics *sing.*

**Moral-: ~apostel der** *(abwertend)* upholder of moral standards; **~begriff der** [personal] moral code; sense of morals

**Moralin das; ~s** *(abwertend, scherzh.)* [hypocritical] moral indignation; *(rechthaberisch)* [priggish] self-righteousness

**moralin·sauer** *(abwertend, scherzh.)* **1.** *Adj.* [priggishly] indignant; *(rechthaberisch)* [priggishly] self-righteous; holier-than-thou *(coll.)*. **2.** *adv.* with [priggish] indignation

**moralisch** [mo'ra:lɪʃ] **1.** *Adj.* **a)** *nicht präd.* moral; **das war [für ihn] eine ~e Ohrfeige** that was a slap in the face [for him]; **[s]einen Moralischen haben** *(ugs.) (Gewissensbisse haben)* have a fit of remorse; *(niedergeschlagen sein)* be down in the dumps *(coll.) (as the result of a failure)*; **b)** *(sittlich einwandfrei)* moral; morally upright; *(tugendhaft)* virtuous; **c)** *(diszipliniert)* **eine gute ~e Verfassung** good morale; **~er Zusammenbruch** breakdown of *or* in morale. **2.** *adv.* **a)** morally; **ein ~ hochstehender Mensch** a person of unimpeachable morals *or* high moral standing; **b)** *(tugendhaft)* morally; virtuously; **jmdm. ~ kommen** *(ugs.)* adopt a high moral tone with sb.

**moralisieren** *itr. V. (geh.)* moralize

**Moralismus der; ~ a)** *(Moralität)* sense of morality; **b)** *(abwertend: das Moralisieren)* moralizing

**Moralist der; ~en, ~en, Moralistin die; ~, ~nen** moralist

**moralistisch 1.** *Adj.* moralistic. **2.** *adv.* moralistically; from a moralistic viewpoint

**Moralität die; ~, ~en a)** *o. Pl. (geh.)* morality; **b)** *(Literaturw.)* morality [play]

**Moral-: ~kodex der** moral code; **~philosophie die** moral philosophy; **~prediger der** *(abwertend)* moralizing prig; **~predigt die** *(abwertend)* [moralizing] lecture; homily; **[jmdm.] eine ~predigt halten** deliver a homily [to sb.]; **~theologie die** moral theology *no art.*; **~vor·stellung die** ideas *pl.* on *or* attitude to morality

**Moräne** [mo'rɛ:nə] **die; ~, ~n** *(Geol.)* moraine

**Morast** [mo'rast] **der; ~[e]s, ~e** *od.* **Moräste** [mo'rɛstə] **a)** bog; swamp; **b)** *o. Pl. (Schlamm)* mud; *(auch fig.)* mire; **im ~ versinken** sink into the mire

**morastig** *Adj.* muddy

**Moratorium** [mora'to:ri̯ʊm] **das; ~s, Moratorien** *(Wirtsch., Politik)* moratorium (**für** on)

**morbid** [mɔr'bi:t] *Adj. (geh.) (kränklich)* sickly; *(todgeweiht)* deathly pale; *(fig.)* moribund, degenerate ‹*society, institution, etc.*›
**Morbidität** [mɔrbidi'tɛ:t] **die;** ~ **a)** *(geh.)* sickliness; *(fig.)* moribund *or* degenerate state; **b)** *(Med.)* morbidity
**Morchel** ['mɔrçl] **die;** ~, ~**n** morel
**Mord** [mɔrt] **der;** ~**[e]s,** ~**e** murder (**an** + *Dat.* of); *(durch ein Attentat)* assassination; **einen ~ begehen** commit murder; **einen ~ an jmdm. begehen** murder sb.; **ein versuchter** ~: an attempted murder; **wegen ~es angeklagt/verurteilt** accused of *or* charged with murder/condemned for murder; *(in Schlagzeilen)* ~ **aus Eifersucht** jealousy killing; ~ **an Außenminister** foreign minister murdered/assassinated; **dann gibt es ~ und Totschlag** *(fig. ugs.)* all hell is/will be let loose; **das ist [glatter** *od.* **der reinste]** ~ *(fig. ugs.)* it's sheer murder; *(unverantwortlich)* it's sheer lunacy
**Mord-:** ~**an·klage die** charge of murder; **unter ~anklage stehen** be charged with murder; ~**an·schlag der** attempted murder (**auf** + *Akk.* of); *(Attentat)* assassination attempt (**auf** + *Akk.* on); **einen ~anschlag auf jmdn. verüben** make an attempt on sb.'s life; **einem ~anschlag zum Opfer fallen** be murdered/assassinated; ~**brenner der** *(veralt.)* murdering fire-raiser; ~**bube der** *(veralt.)* murdering thug; ~**drohung die** murder threat
**morden** *tr., itr. V.* murder; **das sinnlose Morden** the senseless killing
**Mörder** ['mœrdɐ] **der;** ~**s,** ~: murderer *(esp. Law)*; killer; *(politischer ~)* assassin; **vierfacher ~ sein** have committed four murders
**Mörder-:** ~**bande die** gang of murderers *or* killers; ~**grube die** *s.* **Herz b;** ~**hand** *in* **durch** *od.* **von ~hand sterben** *(geh.)* die at the hand of a murderer
**Mörderin die;** ~, ~**nen** murderer; murderess; *(politische ~)* assassin
**mörderisch 1.** *Adj.* **a)** *(ugs.: furchtbar, mächtig)* murderous; fiendish ‹*cold*›; dreadful *(coll.)* ‹*crowd, clamour, weather, storm*›; cutthroat ‹*competition*›; **b)** *(todbringend)* murderous. **2.** *adv.* **a)** *(ugs.)* dreadfully *(coll.)*; frightfully *(coll.)*; ~ **fluchen/toben** curse/rage like blazes *(sl.)*; **b)** *(todbringend)* murderously
**mord-, Mord-:** ~**fall der** murder case; **der ~fall Dr. Crippen** [the case of] the Dr Crippen murders; ~**gierig** *Adj.* intent on murder *postpos.*; *(blutgierig)* bloodthirsty; ~**instrument das a)** murder weapon; **b)** *(fig. scherzh.)* murderous[-looking] weapon *or* device
**Mordio** ['mɔrdi̯o] *s.* **Zeter**
**Mord-:** ~**kommission die** murder *or* *(Amer.)* homicide squad; ~**prozeß der** murder trial; ~**sache die** murder case; **die ~sache Müller** the Müller murder [case]
**mords-, Mords-** *(ugs.)* terrific *(coll.)*; tremendous *(coll.)*
**mords-, Mords-:** ~**arbeit die;** *o. Pl. (ugs.)* **eine ~arbeit** a hell of a job *(coll.)*; **sich** *(Dat.)* **eine ~arbeit machen** take a tremendous amount of trouble *(coll.)* (**mit** over); ~**ding das** *(ugs.)* whopper *(coll.)*; ~**dusel der** *(ugs.) s.* ~**glück;** ~**gaudi die** *(bayr., österr. ugs.) s.* ~**spaß;** ~**geschrei das** *(ugs.)* terrific hubbub *(coll.)*; *(Lärm)* frightful racket *(coll.)*; *(furchtbares Theater)* terrible fuss *(coll.)* (**um** over); ~**glück das** *(ugs.)* **ein ~glück** incredible luck *(coll.)*; **ein ~glück haben** be incredibly lucky *(coll.)*; ~**hunger der** *(ugs.)* terrific hunger *(coll.)*; **einen ~hunger haben** be ravenous *or* famished; ~**kerl der** *(ugs.)* **a)** *(Riese)* enormous chap *(coll.)*; huge guy *(sl.)*; **b)** *(tüchtiger Kerl)* really good sort *(coll.)*; great guy *(Amer.)*; *(Kamerad)* real pal *(coll.)*; ~**krach der** *(ugs.)* **a)** terrible din *or* racket *(coll.)*; **b)** *(Streit)* terrific row *(coll.)*; ~**mäßig** *(ugs.)* **1.** *Adj.; nicht präd.* terrific *(coll.)*; tremendous *(coll.)*; *(entsetzlich)* terrible *(coll.)*; infernal *(coll.)* ‹*din, racket*›; ~**mäßiges Glück** incredible luck *(coll.)*; **2.** *adv.* tremendously *(coll.)*; incredibly *(coll.)*; *(entsetzlich)* terribly *(coll.)*; ~**schreck,** ~**schrecken der** *(ugs.)* hell of a fright *(coll.)*; terrible fright *(coll.)*; ~**spaß der** *(ugs.)* **ein ~spaß** tremendous fun *(coll.)*; **einen ~spaß haben** have a whale of a time *(coll.)*; ~**stimmung die** *(ugs.)* terrific atmosphere *(coll.)*; ~**wut die** *(ugs.)* towering rage; **eine ~wut [im Bauch] haben** be fuming with rage
**Mord-:** ~**tat die** *(geh.)* murder; ~**verdacht der** suspicion of murder; ~**versuch der** attempted murder; *(Attentat)* assassination attempt; ~**waffe die** murder weapon
**Mores** ['mo:re:s] *Pl. in* **jmdn. ~ lehren** *(ugs.)* tell sb. what's what *or* where he/she gets off *(coll.)*; **dich werde ich ~ lehren!** I'll give you a piece of my mind!
**morganatisch** [mɔrga'na:tɪʃ] *Adj. in* ~**e Ehe** *(hist.)* morganatic marriage
**morgen** ['mɔrgn̩] *Adv.* **a)** tomorrow; ~ **früh/mittag/abend** tomorrow morning/lunchtime/evening; ~ **in einer Woche/in vierzehn Tagen** tomorrow week/fortnight; a week/fortnight tomorrow; ~ **um diese** *od.* **die gleiche Zeit** this time tomorrow; **bis ~!** until tomorrow!; see you tomorrow!; ~ **ist auch [noch] ein Tag** tomorrow is another day; ~, ~, **nur nicht heute, sagen alle faulen Leute** *(Spr.)* ≈ never put off till tomorrow what you can do today; **die Mode/Technik von ~** *(fig.)* tomorrow's fashions *pl.*/technology; **b)** *(am Morgen)* **heute/gestern ~:** this/yesterday morning; **[am] Sonntag ~:** on Sunday morning
[1]**Morgen das;** ~: **das ~:** the future
[2]**Morgen der;** ~**s,** ~ **a)** morning; **am ~,** *(geh.)* **des ~s** in the morning; **am folgenden** *od.* **nächsten ~:** next *or* the following morning; **früh am ~, am frühen ~:** early in the morning; **am ~ seiner Abreise** on the morning of his departure; **eines [schönen] ~s** one [fine] morning; **bis in den [frühen] ~ feiern/arbeiten** celebrate/work until the early hours; **gegen ~:** towards morning; ~ **für ~:** every single morning; morning after morning; **es wird ~:** day *or* dawn is breaking; **sie gingen erst, als es bereits ~ wurde** they didn't go until it was already becoming daylight; **den ganzen ~:** all morning; **guten ~!** good morning!; ~! *(ugs.)* morning! *(coll.)*; **[jmdm.] guten ~ sagen** *od.* **wünschen** say good morning [to sb.]; wish [sb.] good morning; *(grüßen)* say hello [to sb.]; **schön** *od.* **frisch wie der junge ~** *(scherzh.)* fresh as a daisy; **b)** *(fig. geh.)* **der ~ des Lebens** the springtide of life *(literary)*; **der ~ der Freiheit/eines neuen Zeitalters** the dawn of liberty/of a new age; **c)** *o. Pl. (geh. veralt.)* east; **gen ~:** towards the east; **d)** *(veralt.: Feldmaß)* ≈ acre; **fünf ~ Land** five acres of land
**Morgen-:** ~**andacht die** morning service; ~**aus·gabe die** morning edition; ~**dämmerung die** dawn; daybreak; **in der ~dämmerung** at daybreak
**morgendlich** *Adj.; nicht präd.* morning; **die ~e Kühle/Stille** the cool/peace of [early] morning; **der ~e Sturm aufs Badezimmer** *(scherzh.)* the fight for the bathroom every morning
**morgen-, Morgen-:** ~**frühe die** early morning; ~**gabe die** *(hist.) husband's present to wife on morning after wedding night;* ~**gebet das** morning prayer; ~**grauen das** daybreak; **im** *od.* **beim ~grauen** in the first light of day; ~**gymnastik die** morning exercises *pl.*; daily dozen *(coll.)*; ~**kaffee der a)** *(Mahlzeit)* light breakfast with coffee; **b)** *(Kaffee)* breakfast coffee; ~**land das** *(veralt.)* **das ~land** the East; the Orient; ~**ländisch** *(veralt.)* **1.** *Adj.* oriental; eastern; **2.** *adv.* in an oriental style *or* fashion; ~**licht das;** *o. Pl.* morning light; **beim ersten ~licht** in the first light of day; ~**luft die** morning air; ~**luft wittern** *(fig. scherzh.)* see one's chance; ~**mantel der** dressing-gown; ~**muffel der** *(ugs.)* **ein ~muffel sein** be grumpy in the mornings; ~**nebel der** morning fog; *(weniger dicht)* morning mist; ~**post die** morning post; ~**rock der** dressing-gown; ~**rot das,** ~**röte die** *(geh.)* rosy dawn; *(tiefer)* red dawn; *(fig.)* dawn
**morgens** *Adv.* in the morning; *(jeden Morgen)* every morning; ~ **um 7 Uhr, um 7 Uhr ~:** at 7 in the morning/every morning; **Dienstag** *od.* **dienstags ~:** on Tuesday morning[s]; **von ~ bis abends** all day long; from morning to evening
**Morgen-:** ~**sonne die** morning sun; ~**sonne haben** get the morning sun; ~**spaziergang der** *(esp. early)* morning walk; ~**stern der a)** morning star; **b)** *(hist.)* spiked mace; *(mit Kette)* nail-studed flail; ~**stunde die** hour of the morning; **die frühen ~stunden** the early *or* small hours [of the morning]; ~**stunde hat Gold im Munde** *(Spr.)* the early bird catches the worm *(prov.)*; ~**zeitung die** morning paper
**morgig** *Adj.; nicht präd.* tomorrow's; **der ~e Tag** tomorrow
**moribund** [mori'bʊnt] *Adj. (Med., auch fig.)* moribund
**Moritat** ['mo:rita:t] **die;** ~, ~**en** *(usually gruesome)* street ballad
**Moritz** ['mo:rɪts] *in* **wie sich der kleine ~ das vorstellt** *(ugs. scherzh.)* as some Simple Simon might imagine it
**Mormone** [mɔr'mo:nə] **der;** ~**n,** ~**n, Mormonin die;** ~, ~**nen** Mormon
**Morph** [mɔrf] **das;** ~**s,** ~**e** *(Sprachw.)* morph
**Morphem** [mɔr'fe:m] **das;** ~**s,** ~**e** *(Sprachw.)* morpheme
**Morpheus** ['mɔrfɔys] **(der)** *(Myth.)* Morpheus
**Morphin** [mɔr'fi:n] **das;** ~**s** *(Chemie, Med.)* *s.* **Morphium**
**Morphinismus der;** ~ *(Med.)* morphinism *no art.*; morphine addiction *no art.*
**Morphinist der;** ~**en,** ~**en, Morphinistin die;** ~, ~**nen** morphine addict
**Morphium** ['mɔrfi̯ʊm] **das;** ~**s** morphine
**Morphium·sucht die;** *o. Pl.: s.* **Morphinismus**
**morphium·süchtig** *Adj.* addicted to morphine *pred.*
**Morphologie** [mɔrfolo'gi:] **die;** ~ *(Biol., Sprachw.)* morphology
**morphologisch** *(Biol., Sprachw.)* **1.** *Adj.* morphological. **2.** *adv.* morphologically
**morsch** [mɔrʃ] *Adj. (auch fig.)* rotten; brittle ‹*bones*›; crumbling ‹*rock, masonry*›
**Morse-:** ~**alphabet das** Morse code *or* alphabet; ~**apparat der** Morse telegraph
**morsen** ['mɔrzn̩] **1.** *itr. V.* send a message/messages in Morse. **2.** *tr. V.* send ‹*signal, message*› in Morse
**Mörser** ['mœrzɐ] **der;** ~**s,** ~ *(auch Milit.)* mortar
**Morse·zeichen das** Morse symbol
**Mortadella** [mɔrta'dɛla] **die;** ~, ~**s** mortadella
**Mortalität** [mɔrtali'tɛ:t] **die;** ~: mortality [rate]
**Mörtel** ['mœrtl̩] **der;** ~**s** mortar
**Mosaik** [moza'i:k] **das;** ~**s,** ~**en** *od.* ~**e** *(auch fig.)* mosaic; **mit ~en ausgelegt** covered in mosaics
**Mosaik-:** ~**[fuß]boden der** mosaic floor; ~**stein der** tessera; *(fig.)* piece of a jigsaw
**mosaisch** [mo'za:ɪʃ] *(Rel.)* **1.** *Adj.* Mosaic ‹*Law*›; Jewish ‹*faith*›. **2.** *adv.* in the Jewish faith
**Mosambik** [mozam'bi:k] **(das);** ~**s** Mozambique

**Moschee** [mɔ'ʃe:] **die; ~, ~n** mosque
**Moschus** ['mɔʃʊs] **der; ~:** musk
**Moschus·ochse der** musk-ox
**Mose** ['mo:zə] **(der); ~[s]** *(Rel.)* Moses; **die fünf Bücher ~:** the Pentateuch
**Möse** ['mø:zə] **die; ~, ~n** *(vulg.)* cunt *(coarse)*
**Mosel** ['mo:zl̩] **die; ~:** Moselle
**Mosel der; ~s, ~, Mosel·wein der** Moselle [wine]
**Möser** ['mø:zɐ] *s.* **Moos c**
**mosern** ['mo:zɐn] *itr. V. (ugs.)* gripe *(coll.)* **(über** + *Akk.* about); **du findest aber auch an allem etwas zu ~:** you always manage to find something to complain about *(coll.)*
**[1]Moses der; ~, ~** *(Seemannsspr.)* ship's boy
**[2]Moses (der)** Moses; **die fünf Bücher Mosis** *(Rel.)* the Pentateuch
**Moskau** ['mɔskau̯] **(das); ~s** Moscow
**Moskauer 1.** *indekl. Adj.* Moscow *attrib.* **2. der; ~s, ~:** Muscovite; *s. auch* **Kölner**
**Moskauerin die; ~, ~en** Muscovite
**Moskito** [mɔs'ki:to] **der; ~s, ~s** mosquito
**Moskito·netz das** mosquito-net
**Moskowiter** [mɔsko'vi:tɐ] **der; ~s, ~** *(veralt.)* Muscovite
**moskowitisch** [mɔsko'vi:tɪʃ] *Adj. (veralt.)* Muscovite
**Moslem** ['mɔslɛm] **der; ~s, ~s** Muslim
**moslemisch 1.** *Adj.* Muslim; Islamic ⟨*Republic*⟩. **2.** *adv.* on Muslim principles; **~ erzogen** brought up in the Muslim faith
**Moslime** [mɔs'li:mə] **die; ~, ~n** Muslim woman/girl
**Most** [mɔst] **der; ~[e]s, ~e a)** *(südd.: junger Wein)* new wine; **b)** *(Weinbasis)* must; **c)** *(südd.: Obstsaft)* [cloudy fermented] fruit-juice; **d)** *(südd., schweiz., österr.: Obstwein)* fruit-wine; *(Apfel~)* [rough] cider
**Most·apfel der** [sour] cider apple
**Mostert** ['mɔstɐt] **der; ~s** *(nordwestd.)*, **Mostrich** ['mɔstrɪç] **der; ~s** *(nordostd.)* mustard
**Motel** ['mo:tl̩] **das; ~s, ~s** motel
**Motette** [mo'tɛtə] **die; ~, ~n** *(Musik)* motet
**Motion** [mo'tsi̯o:n] **die; ~, ~en a)** *(schweiz.)* motion (*Gen.* by); **b)** *(Sprachw.)* change of form determined by gender
**Motiv** [mo'ti:f] **das; ~s, ~e a)** motive; **das ~ einer Tat** the motive for an action; **b)** *(Literaturw., Musik usw.: Thema)* motif; theme; *(bild. Kunst: Gegenstand)* subject
**Motivation** [motiva'tsi̯o:n] **die; ~, ~en** *(Psych., Päd.)* motivation
**Motiv·forschung die** motivation research
**motivieren** *tr. V. (geh.)* **a)** *(begründen)* give a [sufficient] reason for; **eine Entscheidung/sein Verhalten ~:** account for a decision/one's behaviour; **b)** *(anregen)* motivate
**Motivierung die; ~, ~en** *(geh.)* motivation
**Moto-Cross** [moto'krɔs] **das; ~, ~e a)** *o. Pl. (Sport)* **[das] ~:** moto-cross *no pl.;* **b)** *(Veranstaltung)* moto-cross event *or* meeting
**Motodrom** [moto'dro:m] **das; ~s, ~e** autodrome; speedway *(Amer.)*
**Motor** ['mo:tɔr] **der; ~s, ~en** *(Verbrennungs~)* engine; *(Elektro~)* motor; *(fig.)* driving force (*Gen.* behind)
**Motor-: ~block der** *(Kfz-W.)* engine block; cylinder block; **~boot das** motor boat; *(im Gegensatz zum Segelboot)* power boat
**Motoren-: ~geräusch das** sound of the engine/engines; **~lärm der** engine noise
**Motor-: ~fahrzeug das** motor vehicle; **~flug der** [powered] flying *(as a sport);* **~haube die** *(Kfz-W.)* bonnet *(Brit.);* hood *(Amer.)*
**-motorig** *adj.* -engined; **ein~/zwei~:** single-engined/twin-engined
**Motorik** [mo'to:rɪk] **die; ~ a)** *(bes. Med.)* motor functions *pl.;* **b)** *(Lehre)* study of motor functions
**Motoriker der; ~s, ~** *(Psych.)* motor-minded [psychological] type
**motorisch** *Adj.* **a)** *(Psych.)* motor *attrib.;* **b)** *(Kfz-W.)* with regard to the engine *postpos., not pred.*
**motorisieren 1.** *tr. V.* motorize; *(mit Maschinen ausrüsten)* mechanize; **ein Boot ~:** fit a boat with an engine; **motorisierte Besucher** visitors with cars; **sind Sie motorisiert?** *(ugs.)* have you got any wheels? *(coll.).* **2.** *refl. V.* get a car/motor cycle; get oneself wheels *(coll.)*
**Motorisierung die; ~:** *s.* **motorisieren 1:** motorization; mechanization
**Motor-: ~jacht die** motor yacht; **~leistung die** *(Kfz-W.)* engine performance; *(PS)* power output; **~öl das** *(Kfz-W.)* engine oil; **~rad das** motor cycle
**Motorrad-: ~brille die** motor-cycling goggles; **~fahrer der** motor-cyclist; **~rennen das** motor-cycle race; *(Sport)* motor-cycle racing; **~sport** motor-cycling
**Motor-: ~raum der** *(Kfz-W.)* engine compartment; **~roller der** motor scooter; **~säge die** power saw; **~schaden der** engine trouble *no indef. art.; (Panne)* mechanical breakdown; **~schiff das** motor ship *or* vessel; **~schlitten der** motorized sledge; **~sport der** motor sport *no art.;* **~wäsche die** engine wash-down
**Motte** ['mɔtə] **die; ~, ~n a)** moth; **von etw. angezogen werden wie die ~en vom Licht** be attracted by sth. as moths to the light; **[ach,] du kriegst die ~n!** *(ugs.)* my godfathers!; **die ~n haben** *(salopp veralt.)* have TB; **b)** *(salopp veralt.: Mädchen)* chick *(sl.);* **flotte** *od.* **tolle ~:** smasher *(sl.);* **kesse ~:** saucy *or* pert little miss *(coll.)*
**motten-, Motten-: ~echt, ~fest** *Adj.* moth-proof; **~fraß der** moth [damage]; **~kiste die a)** *(veralt.)* moth-proof chest; **b)** *(fig.)* **Filme/Geschichten/Gags aus der ~kiste** ancient films/stories/gags; **~kugel die** moth-ball; **~pulver das** moth-powder; **~zerfressen** *Adj.* moth-eaten
**Motto** ['mɔto] **das; ~s, ~s** motto; *(Schlagwort)* slogan; **der Kirchentag stand unter dem ~: ...** the motto of the church assembly was ...; **nach dem ~: ... leben** live according to the maxim: ...
**motzen** ['mɔtsn̩] *itr. V. (ugs.)* grouch *(coll.),* bellyache *(sl.)* **(über** + *Akk.* about); **was hast du schon wieder zu ~?** what are you bellyaching about now? *(sl.)*
**motzig** *(ugs.)* **1.** *Adj.* grouchy *(coll.);* grumpy. **2.** *adv.* grouchily *(coll.);* grumpily
**Mousse** [mʊs] **die; ~, ~s** *(Kochk.)* mousse
**moussieren** [mʊ'si:rən] *itr. V.* sparkle; *(als Eigenschaft)* be sparkling; **~der Wein** sparkling wine
**Möwe** ['mø:və] **die; ~, ~n** gull
**Mozart·zopf** ['mo:tsart-] **der** bag wig
**MP** [ɛm'pi:] **die; ~, ~s** *Abk.* **a) Maschinenpistole** sub-machine-gun; **b) Militärpolizei** MPs *pl.;* military police *pl.*
**Mrd.** *Abk.* **Milliarde** bn.
**m.s., MS** *Abk.* **multiple Sklerose** MS
**Ms., MS** *Abk.* **Manuskript** MS
**MS** *Abk.* **Motorschiff** MV; MS *(Amer.)*
**MTA** [ɛmte:'|a:] **die; ~, ~[s]** *Abk.* **medizinisch-technische Assistentin** medical-laboratory assistant
**mtl.** *Abk.* **monatlich** mthly.
**Mücke** ['mʏkə] **die; ~, ~n a)** midge; gnat; *(größer)* mosquito; **aus einer ~ einen Elefanten machen** *(ugs.)* make a mountain out of a molehill; **die ~ machen** *(salopp)* push off *(sl.);* **b)** *Pl. (salopp: Geld)* bread *(sl.);* lolly *(Brit. sl.)*
**Muckefuck** ['mʊkəfʊk] **der; ~s** *(ugs.)* coffee substitute
**mucken** ['mʊkn̩] *itr. V. (ugs.)* grumble; mutter; **ohne zu ~:** without a murmur
**Mucken** *Pl. (ugs.)* whims; *(Eigenarten)* little ways *or* peculiarities; *(Launen)* moods; **[seine] ~ haben** ⟨*person*⟩ have one's little ways/one's moods; ⟨*car, machine*⟩ be a little unpredictable *or* temperamental; **jmdm. seine ~ austreiben** sort sb. out *(coll.)*
**Mücken·stich der** midge/mosquito bite
**Mucker der; ~s, ~** *(ugs. abwertend)* yes-man
**Muckertum das** *(ugs. abwertend)* being *no art.* a yes-man *(coll.)*
**Mucks** [mʊks] **der; ~es, ~e** *(ugs.)* murmur [of protest]; slight[est] sound; **keinen ~ sagen** *od.* **von sich geben** not utter a [single] word *or* sound; **die Kinder gaben keinen ~ von sich** there was not the slightest sound/murmur out of the children
**mucksen** *refl. V. (ugs.)* **a)** *(meist negativ)* make a sound; *(sich rühren)* stir; budge; **sie wagten nicht, sich zu ~:** they didn't dare to budge [an inch]/make a sound; **b)** *(aufbegehren)* object; make noises *(coll.)*
**Muckser der; ~s, ~** *(ugs.) s.* **Mucks**
**mucks·mäuschen·still** *(ugs.)* **1.** *Adj.; nicht attr.* utterly silent; ⟨*person*⟩ as quiet as a mouse *postpos.;* **es wurde ~:** you could have heard a pin drop. **2.** *adv.* in total silence; without making a sound
**Mud[d]** [mʊt] **der; ~s** *(nordd.)* mud
**müde** ['my:də] **1.** *Adj.* tired; *(ermattet)* weary; *(schläfrig)* sleepy; **mit ~n Schritten** with weary steps; **ich war zum Umfallen ~:** I was out on my feet; **Bier macht ~:** beer makes you feel sleepy; **sich ~ laufen/weinen** tire oneself out with walking/crying; **ein ~s Lächeln** *(auch fig.)* a weary smile; **jmdn./etw.** *od.* **jmds./einer Sache ~ sein** *(geh.)* be tired of sb./sth.; **jmds./einer Sache** *(Gen.)* **~ werden** *(geh.)* tire *or* grow tired of sb./sth.; **nicht ~ werden, etw. zu tun** never tire of doing sth.; *(bei unangenehmer Tätigkeit)* never stop doing sth.; *s. auch* **[1]Mark. 2.** *adv.* wearily; *(schläfrig)* sleepily
**-müde** *adj.* tired of ...; **amts~/kino~/stadt~:** tired of [holding] office/[going to] the cinema/city life *postpos.*
**Müdigkeit die; ~:** tiredness; **~/eine tiefe ~ kam über ihn** he began to feel tired/a great weariness come over him; **von ~ übermannt werden** be overcome by fatigue; **ich könnte vor ~ umfallen** I'm so tired I can hardly stand; **[nur] keine ~ vorschützen!** *(ugs.)* it's no use saying you're tired!
**-müdigkeit die** weariness of ...; **Zivilisations~:** weariness of civilized living; culture fatigue; **Kriegs~:** war-weariness
**Müesli** ['my:ɛsli] **das; ~s** *(schweiz.) s.* **Müsli**
**[1]Muff** [mʊf] **der; ~[e]s** *(nordd.)* musty smell; *(Gestank)* fug
**[2]Muff der; ~[e]s, ~e** muff
**Muffe die; ~, ~n a)** *(Technik)* sleeve; *(Verbindungsstück)* sleeve [coupling]; **b)** *(fig.)* **jmdm. geht die ~** *(salopp)* sb. is shaking in his shoes; **~ haben** *(salopp)* be in a funk *(sl.)* **(vor** + *Dat.* about)
**Muffel** ['mʊfl̩] **der; ~s, ~** *(ugs.)* **a)** sourpuss *(coll.);* grouch *(coll.);* **b)** *(desinteressierter Mensch)* **was ... betrifft, ist er ein [richtiger] ~:** as far as ... is concerned he's just not interested
**-muffel der; ~s, ~** *(ugs.)* person indifferent to ...
**muffelig** *(ugs.)* **1.** *Adj.* grumpy; surly; **du bist aber ~ heute!** you 'are in a bad mood today! **2.** *adv.* grumpily
**[1]muffeln** *(ugs.)* **1.** *itr. V.* be grumpy *or* in a huff. **2.** *tr., itr. V.* mutter [grumpily]; grunt
**[2]muffeln** *itr. V. (südd., österr.: muffig riechen)* smell musty
**Muffen·sausen das** *(salopp)* **~ haben/kriegen** be/get in a funk *(sl.)* **(vor** + *Dat.* about)
**[1]muffig** *Adj. (modrig riechend)* musty; *(stickig; auch fig.)* stuffy
**[2]muffig** *(ugs.) s.* **muffelig**
**Muffigkeit die; ~** *(ugs.)* grumpiness; surliness
**Mufflon** ['mʊflɔn] **der; ~s, ~s** *(Zool.)* moufflon

**Mufti** ['mʊfti] **der; ~s, ~s** mufti
**Mugel** ['mu:gl̩] **der; ~s, ~[n]** *(österr.)* hillock; *(auf der Skipiste)* mogul
**muh** [mu:] *Interj. (Kinderspr.)* moo
**Müh** [my:] *s.* **Mühe**
**Mühe** ['my:ə] **die; ~, ~n** trouble; **alle ~ haben, etw. zu tun** be hard put to do sth.; **mit jmdm./etw. seine ~ haben** have a lot of trouble *or* a hard time with sb./sth.; **die ~ hat sich gelohnt** it was worth the trouble *or* effort; **keine ~ scheuen** spare no pains *or* effort; **sich** *(Dat.)* **viel ~ machen** go to *or* take a lot of trouble **(mit** over); **machen Sie sich [bitte] keine ~!** *(tun Sie es nicht)* [please] don't put yourself out!; [please] don't bother!; **wenn es dir keine ~ macht, ...:** if it's no trouble *or* bother, ...; **es hat viel ~ gekostet** it took much time and effort; **die ~ kannst du dir sparen** you can save yourself the trouble; **sich** *(Dat.)* **~ geben[, etw. zu tun]** make an effort *or* take pains [to do sth.]; **sich** *(Dat.)* **mit jmdm./etw. ~ geben** take [great] pains *or* trouble over sb./sth.; **wenn du dir mehr ~ geben würdest** if you would take more trouble/try harder; **gib dir doch etwas ~!** do make some sort of an effort!; **gib dir keine ~!** you needn't bother; **mit Müh und Not** with great difficulty; only just; **der** *(Gen.) od.* **die ~ wert sein** be worth the trouble *or* worth it; **wäre es der ~ wert, nach X zu fahren?** would it be worth [while] going to X?
**mühelos 1.** *Adj.* effortless. **2.** *adv.* effortlessly; without the slightest difficulty
**Mühelosigkeit die; ~:** effortlessness
**muhen** *itr. V.* moo
**mühen** *refl. V. (geh.)* strive; **sich mit etw. ~:** take pains over sth.; **sosehr er sich auch mühte** hard though he tried
**mühe·voll** *Adj.* laborious; painstaking ⟨*work*⟩; **ein ~er Weg** an arduous path
**Mühewaltung** [-valtʊŋ] **die; ~** *(Papierdt.)* efforts *pl.*; *(im Brief)* **für Ihre ~ dankend** thanking you for your trouble
**Muh·kuh die** *(Kinderspr.)* moo-cow *(child lang.)*
**Mühl·bach der** mill-stream
**Mühle** ['my:lə] **die; ~, ~n a)** mill; **in die ~ der Justiz geraten** *(fig.)* become enmeshed in the wheels *or* machinery of justice; **das ist Wasser auf seine ~** *(ugs.)* it's [all] grist to his mill; it just confirms what he has always thought; *s. auch* **Gott; b)** *(Kaffee~)* [coffee-]grinder; **c)** *(Spiel) o. Art., o. Pl.* nine men's morris; **d)** *(Figur beim ~spiel)* mill; **e)** *(ugs. abwertend) (Auto, Motorrad)* heap *(coll.)*; *(Auto, Flugzeug)* crate *(coll.)*; *(Fahrrad)* rattletrap; boneshaker
**Mühle·spiel das** nine men's morris
**Mühl-: ~rad das** mill-wheel; **~stein der** millstone
**Muhme** ['mu:mə] **die; ~, ~n** *(veralt.)* aunt
**Mühsal** ['my:za:l] **die; ~, ~e** *(geh.)* tribulation; *(Strapaze)* hardship; *(Arbeit)* toil *no pl.*
**mühsam 1.** *Adj.* laborious; **ein ~es Lächeln** a forced smile. **2.** *adv.* laboriously; *(schwierig)* with difficulty; **~ verdientes Geld** hard-earned money
**müh·selig** *(geh.)* **1.** *Adj.* laborious; arduous ⟨*journey, life*⟩; **... alle, die ihr ~ und beladen seid** *(bibl.)* ... all ye that labour and are heavy laden. **2.** *adv.* with [great] difficulty
**Müh·seligkeit die** *(geh.)* laboriousness; *(einer Reise, des Lebens)* arduousness
**Mulatte** [mu'latə] **der; ~n, ~n, Mulattin die; ~, ~nen** mulatto
**Mulde** ['mʊldə] **die; ~, ~n a)** hollow; **b)** *(Trog)* trough
**Muli** ['mu:li] **das; ~s, ~s** mule
[1]**Mull** [mʊl] **der; ~[e]s** *(Stoff)* mull; *(Verband~)* gauze
[2]**Mull der; ~[e]s, ~e** *(nordd.: Humus)* mull
**Müll** [mʏl] **der; ~s a)** refuse; rubbish; garbage *(Amer.)*; trash *(Amer.)*; *(Industrie~)* [industrial] waste; **etw. in den ~ werfen** throw sth. in the dustbin *(Brit.) or (Amer.)* garbage can; **„~ abladen verboten"** 'no dumping'; 'no tipping' *(Brit.)*; **b)** *(alte Sachen)* rubbish; junk
**Müll-: ~abfuhr die a)** refuse *or (Amer.)* garbage collection; **b)** *(Unternehmen)* refuse *or (Amer.)* garbage collection [service]; **~ablade·platz der** [refuse] dump *or (Brit.)* tip; **~auto das** *s.* **~wagen; ~beutel der** dustbin *(Brit.) or (Amer.)* garbage can liner
**Mull·binde die** gauze bandage
**Müll-: ~deponie die** *(Amtsspr.)* refuse disposal site; **~eimer der** rubbish *or* waste bin; **~entsorgung die** refuse disposal
**Müller** ['mʏlɐ] **der; ~s, ~:** miller
**Müller·bursche der** *(veralt.)* miller's lad
**Müllerin die; ~, ~nen** *(veralt.)* miller's wife
**Müll-: ~fahrer der** dust-cart *(Brit.) or (Amer.)* garbage truck driver; **~halde die** refuse dump; **~haufen der** heap of rubbish *or (Amer.)* garbage; **~kippe die** *s.* **Müllabladeplatz; ~mann der;** *Pl.* **~männer** *(ugs.)* dustman *(Brit.)*; garbage man *(Amer.)*; **~sack der** refuse bag; **~schippe die** dustpan; **~schlucker der** rubbish *or (Amer.)* garbage chute; **~tonne die** dustbin *(Brit.)*; garbage *or* trash can *(Amer.)*; **~tüte die** bin bag; **~verbrennung die** refuse *or (Amer.)* garbage incineration; **~verbrennungs·anlage die** refuse *or (Amer.)* garbage incinerator; **~verwertung die** refuse *or (Amer.)* garbage recycling; **~wagen der** dust-cart *(Brit.)*; garbage truck *(Amer.)*; **~werker der** *(Berufsbez.)* refuse *or (Amer.)* garbage operative
**Mull·windel die** muslin nappy *(Brit.) or (Amer.)* diaper
**mulmig** ['mʊlmɪç] *Adj.* **a)** *(ugs.: bedenklich)* ticklish; tricky; *(unbehaglich)* uncomfortable; **als es ~ wurde** when things began to look nasty; **b)** *(ugs.: übel) (im Magen)* queasy; *(unbehaglich)* uneasy; **ein ~es Gefühl haben** feel queasy/uneasy; **mir war ganz ~ zumute** I felt quite weak at the knees; **c)** *(faulig)* rotten
**Multi** ['mʊlti] **der; ~s, ~s** *(ugs.)* multinational
**multi-, Multi-:** multi⟨*lateral, -lingual, -millionaire, -national*⟩
**Multi·halle die** multi-purpose hall
**multi·medial 1.** *Adj.* multi-media *attrib.*; **~medialer Unterricht** teaching with multimedia material. **2.** *adv.* on a multi-media basis
**Multimedia-** [-'me:di̯a]: **~-Show die** multi-media presentation; **~system das** *(Päd.)* multi-media method
**multipel** [mʊl'ti:pl̩] *Adj.; nicht präd. (bes. Fachspr.)* multiple; **multiple Sklerose** *(Med.)* multiple sclerosis
**Multiple-choice-Verfahren** ['mʌltɪpl-'tʃɔɪs-] **das** *(Psych., Päd.)* multiple-choice method; **Prüfungen nach dem ~:** examinations using multiple-choice tests
**Multiplikand** [mʊltipli'kant] **der; ~en, ~en** *(Math.)* multiplicand
**Multiplikation** [mʊltiplika'tsi̯o:n] **die; ~, ~en** *(Math.)* multiplication
**Multiplikator** [mʊltipli'ka:tɔr] **der; ~s, ~en** [-'to:rən] **a)** *(Math.)* muliplier; **b)** *(fig.)* disseminator *(of information, opinions)*
**multiplizieren** [mʊltipli'tsi:rən] **1.** *tr. V. (Math., fig.)* multiply **(mit** by). **2.** *refl. V. (fig.)* multiply [several times]
**Mumie** ['mu:mi̯ə] **die; ~, ~n** mummy
**mumienhaft 1.** *Adj.* mummy-like. **2.** *adv.* like a mummy; as though mummified
**Mumifikation** [mumifika'tsi̯o:n] **die; ~, ~en** mummification
**mumifizieren** [mumifi'tsi:rən] *tr. V.* mummify
**Mumifizierung die; ~, ~en** mummification
**Mumm** [mʊm] **der; ~s** *(ugs.) (Mut)* guts *pl. (coll.)*; spunk *(coll.)*; *(Tatkraft)* drive; zap *(sl.)*; *(Kraft)* muscle-power; *s. auch* **Knochen a**
**Mummel·greis** ['mʊml̩-] **der** *(ugs. abwertend)* old dodderer; doddery old man
**Mümmel·mann** ['mʏml̩-] **der;** *Pl.* **~männer** *(fam. scherzh.)* hare
[1]**mummeln** *tr., refl. V. (fam.)* **jmdn./sich in eine Decke ~:** wrap sb./oneself [up] snugly in a blanket
[2]**mummeln** *(nordd.)*, **mümmeln** *tr., itr. V. (fam.) (kauen)* chew; *(knabbern)* nibble
**Mummenschanz** ['mʊmənʃants] **der; ~es** *(veralt.)* **a)** *(Fest)* fancy-dress party *or* ball; **b)** *(Verkleidung)* fancy dress
**Mumpf** [mʊmpf] **der; ~s** *(schweiz.)* mumps *sing.*
**Mumpitz** ['mʊmpɪts] **der; ~es** *(ugs. abwertend)* rubbish; tripe *(sl.)*
**Mumps** [mʊmps] **der** *od.* **die; ~:** mumps *sing.*
**München** ['mʏnçn̩] **(das); ~s** Munich
**Münch[e]ner** ['mʏnçnɐ] **1.** *indekl. Adj.* Munich *attrib.* **2. der; ~s, ~:** inhabitant/native of Munich; *s. auch* **Kölner**
**Münch[e]nerin die; ~, ~nen** inhabitant/native of Munich
**Mund** [mʊnt] **der; ~[e]s, Münder** ['mʏndɐ] mouth; **seinen/den ~ verziehen** make a face; **seinen/den ~ spitzen** purse one's lips; **vor Staunen blieb ihm der ~ offenstehen** he gaped in astonishment; **er küßte ihren ~** *od.* **küßte sie auf den ~:** he kissed her on the lips; **den Finger auf den ~ legen** put one's finger to one's lips; **von ~ zu ~ beatmet werden** be given mouth-to-mouth resuscitation *or* the kiss of life; **aus dem ~ riechen** have bad breath; **mit vollem ~ sprechen** speak with one's mouth full; **etw. aus jmds. ~ hören** hear *or* have sth. from sb.'s [own] lips; **sein ~ steht nicht** *od.* **nie still** *(ugs.)* he never stops talking; **den ~ nicht aufbekommen** *od.* **aufkriegen** *(fig. ugs.)* not open one's mouth; have nothing to say for oneself; **den ~ aufmachen/nicht aufmachen** *(fig. ugs.)* say something/not say anything; **den ~ voll nehmen** *(fig. ugs.)* talk big *(coll.)*; **nimm doch den ~ nicht so voll!** don't be such a bighead!; **~ und Augen** *od.* **Nase aufreißen** *od.* **aufsperren** *(ugs.)* gape in astonishment; **einen großen ~ haben** *(fig. ugs.)* talk big *(coll.)*; **den** *od.* **seinen ~ halten** *(ugs.) (schweigen)* shut up *(coll.)*; *(nichts sagen)* not say anything; *(nichts verraten)* keep quiet **(über** + *Akk.* about); **jmdm. den ~ verbieten** silence sb.; **jmdm. den ~ [ganz] wäßrig machen** *(ugs.)* [really] make sb.'s mouth water; **er/sie ist nicht auf den ~ gefallen** *(fig. ugs.)* he's/she's never at a loss for words; **... ist in aller ~e** everybody's talking about ...; **etw./ein Wort in den ~ nehmen** utter sth./use a word; **jmdm. nach dem ~ reden** echo what sb. says; *(schmeichelnd)* butter sb. up; tell sb. what he/she wants to hear; **jmdm. über den ~ fahren** *(ugs.)* cut sb. short; **von ~ zu ~ gehen** be passed on from mouth to mouth; **sich** *(Dat.)* **etw. vom ~e absparen** scrimp and save for sth.; *s. auch* [2]**berufen a; fusselig; Hand f; stopfen 1 b; verbrennen 2 b**
**Mund·art die** dialect
**Mundart-: ~dichter der** dialect author; *(Lyriker)* dialect poet; **~dichtung die a)** *o. Pl.* dialect literature; **b)** *(Werk)* work [written] in dialect; **~forschung die;** *o. Pl.* dialectology; dialect research
**mundartlich 1.** *Adj.* dialectal ⟨*forms, expressions, words*⟩; ⟨*texts, poems, etc.*⟩ in dialect. **2.** *adv.* in dialect; **stark ~ gefärbt** strongly coloured by dialect
**Mundart-: ~sprecher der** dialect speaker; **~wörter·buch das** dialect dictionary
**Mund·dusche die** water pick

**Mündel** ['mʏndl̩] **das; ~s, ~:** ward

**mündel·sicher** *(Bankw.)* **1.** *Adj.* gilt-edged; trustee *attrib. (Amer.).* **2.** *adv.* in gilt-edged *or (Amer.)* trustee securities

**munden** *itr. V. (geh.)* taste good; **es mundete ihm nicht** he did not enjoy it; he did not like the taste of it; **das wird dir ~:** this will tickle your palate

**münden** ['mʏndn̩] *itr. V.; mit sein ‹river›* flow (**in** + *Akk.* into); *‹corridor, street, road›* lead (**in** + *Akk. od. Dat.*, **auf** + *Akk. od. Dat.* into); **in eine/einer Frage** *usw.* **~** *(fig.) ‹discussion›* lead to a question *etc.*

**mund-, Mund-: ~falte die** line at the corner of the mouth; **~faul** *(ugs.)* **1.** *Adj.* uncommunicative; **2.** *adv.* uncommunicatively; **~fäule die** *(Med.)* ulcerative stomatitis; **~gerecht 1.** *Adj.* bite-sized; *(fig.)* easily digestible *‹information›*; **2.** *adv.* *‹serve›* in bite-sized pieces; *‹divided›* into small mouthfuls; *(fig.)* in an easily digestible form; **~geruch der** bad breath *no indef. art.*; **~harmonika die** mouth-organ; **~höhle die** oral cavity

**mündig** *Adj.* **a)** of age *pred.*; **drei ~e Töchter** three daughters who are of age; **~ werden** come of age; **jmdn. für ~ erklären** declare sb. of age; **b)** *(urteilsfähig)* responsible adult *attrib.*; **~ werden** become capable of mature judgement

**mündig|sprechen** *unr. tr. V.* declare of age

**Mündig·sprechung die; ~, ~en: jmds. ~:** the declaration that sb. is/was of age

**mündlich 1.** *Adj.* oral; **~e Zusage** verbal agreement; **~e Verhandlung** *(Rechtsw.)* hearing. **2.** *adv.* orally; *‹agree›* verbally; **alles weitere ~!** *(im Brief)* I'll tell you the rest when we meet

**Mund-: ~öffnung die** *(Zool.)* oral aperture; **~partie die** lower part of one's face; **~pflege die** oral hygiene; **~raub der** petty theft [of food/consumables]; **~schenk** [~ʃɛŋk] **der; ~en, ~en** *(hist.)* cupbearer; **~schutz der a)** *(Med.)* face-mask; **b)** *(Boxen)* gum-shield

**M-und-S-Reifen** ['ɛm ʊnt 'ɛs-] **der** snow tyre

**mund-, Mund-: ~stellung die** position of the mouth; **~stück das a)** *(bei Instrumenten, Pfeifen usw.)* mouthpiece; **b)** *(bei Zigaretten)* tip; **c)** *(beim Zaumzeug)* bit; **~tot** *Adj. in* **jmdn./eine Organisation ~ machen** silence sb./an organization; **~tuch das;** *Pl.* **~tücher** *(geh. veralt.)* [table-]napkin

**Mündung die; ~, ~en a)** mouth; *(größer)* estuary; **b)** *(bei Straßen)* end; **c)** *(bei Feuerwaffen)* muzzle

**Mündungs·feuer das** muzzle flash

**Mund-: ~verkehr der** oral sex; **~voll der; ~, ~:** mouthful; **~vorrat der** *(veralt.)* victuals *pl.*; **~wasser das;** *Pl.* **~wässer** mouthwash; **~werk das;** *o. Pl. (ugs.)* **ein flinkes ~werk haben** talk nineteen to the dozen *(Brit.)*; **ein loses ~werk [haben]** [have] a loose tongue; **~winkel der** corner of one's mouth; **~-zu-~-Beatmung die** mouth-to-mouth resuscitation; kiss of life; **~-zu-Nase-Beatmung die** mouth-to-nose resuscitation

**Munition** [muni'tsi̯o:n] **die; ~** *(auch fig.)* ammunition; **seine ~ verschossen haben** *(auch fig.)* have run out of ammunition

**Munitions-: ~depot das** ammunition dump; **~fabrik die** munitions factory; **~lager das** ammunition dump

**Munkelei die; ~, ~en** *(ugs.)* **a)** rumour-mongering; **b)** *(Gerücht[e])* rumour[s]

**munkeln** ['mʊŋkl̩n] *tr., itr. V. (ugs.)* **man munkelt so allerlei, es wird so allerlei gemunkelt** there are all kinds of rumours [flying about]; **es wird gemunkelt** *od.* **man munkelt, daß ...:** there is a rumour that ...

**Münster** ['mʏnstɐ] **das; ~s, ~:** minster; *(Dom)* cathedral; **das Straßburger ~:** Strasbourg Cathedral

**munter** ['mʊntɐ] **1.** *Adj.* **a)** cheerful; merry; *(lebhaft)* lively *‹eyes, game›*; **~ werden** cheer up; liven up; **[gesund und] ~ sein** be as fit as a fiddle; *‹elderly person›* be hale and hearty; **b)** *(wach)* awake; **~ werden** wake up; come round *(joc.)*; **jmdn. ~ machen** wake sb. up. **2.** *adv.* **a)** merrily; cheerfully; **b)** *(unbekümmert)* gaily; cheerfully

**Munterkeit die; ~:** cheerfulness; gaiety

**Münz-: ~anstalt die** mint; **~automat der** slot-machine; *(Telefon)* payphone; pay station *(Amer.)*

**Münze** ['mʏntsə] **die; ~, ~n a)** coin; **klingende** *od.* **bare ~** *(geh.)* cash; **etw. für bare ~ nehmen** *(fig.)* take sth. literally; **jmdm. [etw.] in** *od.* **mit gleicher ~ heimzahlen** pay sb. back in the same coin [for sth.]; **b)** *(Münzanstalt)* mint

**Münz·einwurf der** [coin] slot

**münzen** *tr. V.* coin; **auf jmdn./etw. gemünzt sein** *(fig.) ‹remark etc.›* be aimed at sb./sth.

**Münzen·sammlung die** coin collection

**Münz-: ~fälscher der** counterfeiter [of coins]; **~fälschung die** counterfeiting [of coins]; **~fern·sprecher der** coin-box telephone; payphone; pay station *(Amer.)*; **~fuß der** standard [for content] of coinage; **~gewicht das** standard weight *(of a coin)*; **~hoheit die** coining prerogative *(of the State)*; **~kunde die** numismatics *sing.*; **~recht das;** *o. Pl.* **a)** *s.* **~hoheit; b)** *(~gesetze)* coinage laws *pl.*; **~sammlung die** coin collection; **~tank·stelle die** coin-in-the-slot petrol *(Brit.) or (Amer.)* gas station; **~wechsler der** change machine; **~wesen das;** *o. Pl.* coinage [system]; **~zähler der** [slot-]meter

**Muräne** [mu'rɛ:nə] **die** moray eel

**mürb** [mʏrp] *(südd., österr.),* **mürbe** ['mʏrbə] *Adj.* **a)** crumbly *‹biscuit, cake, etc.›*; tender *‹meat›*; soft *‹fruit›*; mealy *‹apple›*; **das Fleisch ~ machen** tenderize the meat; **b)** *(brüchig)* crumbling; *(morsch)* rotten; *‹leather›* worn soft; **~ werden/sein** *(fig.: zermürbt)* get/be worn out; **jmdn. ~ machen** *(fig.)* wear sb. down

**Mürbe·teig,** *(südd., österr.)* **Mürb·teig der** short pastry

**Murks** [mʊrks] **der; ~es** *(salopp abwertend)* botch; mess; **das ist doch ~!** this is a right botch-up!; **~ machen** make a botch *or* mess [of it]

**murksen** *itr. V. (salopp abwertend)* mess about (**an** + *Dat.* with); **bei einer Arbeit ~:** make a botch *or* mess of a job

**Murmel** ['mʊrml̩] **die; ~, ~n** marble; **~n spielen** play [with] marbles

[1]**murmeln** *tr., itr. V.* **a)** mumble; mutter; *(sehr leise)* murmur; **etw. vor sich hin ~:** mutter *or* mumble/murmur sth. to oneself; **b)** *(dichter.) ‹stream, fountain›* murmur

[2]**murmeln** *itr. V. (Murmeln spielen)* play [with] marbles

**Murmel·tier das** marmot; *s. auch* **schlafen 1 a**

**murren** ['mʊrən] *itr. V.* grumble (**über** + *Akk.* about); **was hast du nun schon wieder zu ~?** what are you grumbling about now?; **ohne zu ~:** without a murmur

**mürrisch** ['mʏrɪʃ] **1.** *Adj.* grumpy; *(wortkarg)* surly; surly, sullen *‹expression›*. **2.** *adv.* grumpily; *(wortkarg)* sullenly

**Mus** [mu:s] **das** *od.* **der; ~es, ~e** purée; **zu ~ kochen** cook to a pulp; **jmdn./etw. zu ~ machen** *od.* **schlagen** *(salopp)* beat sb./sth. to a pulp

**Muschel** ['mʊʃl̩] **die; ~, ~n a)** mussel; **b)** *(Schale)* [mussel-]shell; **c)** *(am Telefon) (Hör~)* ear-piece; *(Sprech~)* mouthpiece; **d)** *(Ohr~)* [outer] ear

**Muschel-: ~bank die** mussel-bed; **~kalk der** *(Geol.)* Muschelkalk

**Muschi** ['mʊʃi] **die; ~, ~s a)** *(Kindersprache: Katze)* pussy[-cat]; **b)** *(salopp: Vulva)* pussy *(coarse)*

**Muschkote** [mʊʃ'ko:tə] **der; ~n, ~n** *(Soldatenspr. veralt., abwertend)* common soldier; squaddy *(Brit. sl.)*

**Muse** ['mu:zə] **die; ~, ~n** muse; **die leichte ~:** light [musical] entertainment; **von der ~ geküßt werden** *(scherzh.)* get some inspiration

**museal** [muze'a:l] *(geh.)* **1.** *Adj.* **a)** museum *attrib.*; of the museum *postpos.*; **b)** *(wie ein Museum, wie im Museum)* museum-like *‹building, appearance›*. **2.** *adv.* like a museum; in the style of a museum

**Museen** *s.* **Museum**

**Muselman** ['mu:zl̩man] **der; ~en, ~en, Muselmanin die; ~, ~nen, Musel·mann der;** *Pl.* **~männer** *(veralt., noch scherzh.)* Muslim

**Musen-: ~almanach der** *(hist.)* *18th/19th century annual anthology of mainly unpublished poetry*; **~sohn der** *(veralt., noch scherzh.)* son of the Muses; **~tempel der** *(veralt., noch scherzh.)* temple of the Muses

**Museum** [mu'ze:ʊm] **das; ~s, Museen** museum; **ins ~ gehen** go to a/the museum

**museums-, Museums-: ~aufseher der** museum attendant; **~führer der** museum guide; **~reif** *Adj. (ugs. iron.)* fit for a museum *postpos.*; **das ist wirklich ~reif** it's a real museum piece *or* positively antiquated; **~stück das** *(auch fig. ugs. iron.)* museum piece; **~wärter der** museum attendant; **~wert der** *in* **~wert haben** *(ugs.)* be a valuable museum piece; *(abwertend)* be positively antiquated *or* a museum piece

**Musical** ['mju:zɪkl̩] **das; ~s, ~s** musical

**Music·box** ['mju:zɪk-] **die; ~, ~en** *s.* **Musikbox**

**Musik** [mu'zi:k] **die; ~, ~en a)** *o. Pl.* music; **einen Text in ~ setzen** set a text to music; **die ~ lieben** like music; **~ im Blut haben** have music in one's blood; **~ in jmds. Ohren** *(Dat.)* **sein** *(fig. ugs.)* be music to sb.'s ears; **dahinter** *od.* **darin sitzt** *od.* **steckt ~** *(fig. ugs.)* there is real power in it; **b)** *(Werk) Pl.:* **~en** piece [of music]; *(Partitur)* score (**zu** for); **die ~ zu diesem Stück** the [incidental] music for this play; **c)** *(ugs.: Kapelle)* band; **d)** *(Gastr.) s.* **Handkäse**

**Musikalien** [muzi'ka:li̯ən] *Pl.* sheet music *sing.*

**Musikalien·handlung die** music shop

**musikalisch** [muzi'ka:lɪʃ] **1.** *Adj.* musical; **die ~e Leitung haben** be the musical director; *(als Dirigent)* be the conductor; **~e Leitung: ...:** conducted by ... **2.** *adv.* musically; **er ist ~ veranlagt** he is musical

**Musikalität** [muzikali'tɛ:t] **die; ~:** musicality

**Musikant** [muzi'kant] **der; ~en, ~en** musician

**Musikanten·knochen der** funny-bone

**musikantisch** *(ugs.)* **1.** *Adj.* full of brio *postpos.*; with a swing to it *postpos.* **2.** *adv.* with brio

**Musik-: ~automat der a)** *(Spieluhr o. ä.)* mechanical instrument; **b)** *s.* **~box; ~box die** juke-box; **~direktor der** musical director; **~drama das** music drama

**Musiker der; ~s, ~, Musikerin die; ~, ~nen** musician; **die Musiker stimmten ihre Instrumente** the players were tuning their instruments

**musik-, Musik-: ~erziehung die** *o. Pl.* musical education; **~fest·spiele** *Pl.* music festival *sing.*; **~freund der** music-lover; **~geschichte die** history of music; **in die ~geschichte eingehen** find a place in musical history; **~geschichtlich, ~historisch 1.** *Adj.* musico-historical; **2.** *adv.* in terms of the history of music; from the point of view of musical history; **~hochschule die** academy *or* college of music; **~instrument das** musical instrument; **~kapelle die** band; **~korps das** military band *(forming a separate unit)*; **~kritik die**

**a)** *o. Pl.* music criticism; **b)** *(Artikel)* music review; **~kritiker der** music critic; **~leben das** *o. Pl.* musical life; **~lehre die a)** *o. Pl.* musical theory *no art.*; **b)** *(Buch)* manual of musical theory; music textbook; **~lehrer der, ~lehrerin die** music-teacher; **~lexikon das** musical encyclopaedia; encyclopaedia of music; **~pädagogik die** [theory of] music-teaching; **~saal der a)** *(in der Schule)* music-room; **b)** *(Konzertsaal)* concert-hall; **~schule die** school of music; **~stück das** piece of music; **ein ~stück Chopins/von Chopin** a piece by Chopin; **~stunde die** music-lesson; **~theater das** *o. Pl.* music theatre *(where text and production are as important as the music)*; **~theorie die** *o. Pl.* **a)** *(theoretische Erfassung)* theory of music; **b)** *(Lehrfach)* musical theory *no art.*; **~therapie die** music therapy; **~truhe die** radiogram *(in a large cabinet)*; **~unterricht der a)** *o. Pl. (das Unterrichten)* music-teaching; **b)** *(Stunde)* music-lesson; *(Stunden)* music-lessons *pl.*; **c)** *(als Schulfach)* music; *s. auch* **Englischunterricht**

**Musikus** ['mu:zikʊs] **der; ~, Musizi** ['mu:zitsi] *od.* **Musikusse** *(scherzh.)* musician

**Musik-: ~verlag der** music-publishers *pl.*; music-publishing house; **~werk das** musical work; composition; **~wissenschaft die** *o. Pl.* musicology; **~wissenschaftler der** musicologist

**musisch 1.** *Adj.* artistic ‹*talent, person, family, etc.*›; ‹*talent*› for the arts; ‹*education*› in the arts; **die ~en Fächer** art and music; **ein ~es Gymnasium:** *a* **Gymnasium** *specializing in teaching art and music.* **2.** *adv.* artistically; **~ veranlagt sein** have an artistic disposition

**musizieren** [muzi'tsi:rən] *itr. V.* play music; *(bes. unter Laien)* make music; **früher wurde viel mehr musiziert** there used to be a lot more music-making

**Muskat** [mʊs'ka:t] **der; ~[e]s, ~e** nutmeg

**Muskateller** [mʊska'tɛlɐ] **der; ~s, ~:** muscatel [wine]

**Muskat·nuß die** nutmeg

**Muskel** ['mʊskl̩] **der; ~s, ~n** muscle; **der hat vielleicht ~n!** *(ugs.)* he has quite some muscles *(coll.)*; he's really muscular; **~n bekommen** develop muscles; **seine ~n spielen lassen** flex one's muscles

**Muskel-: ~atrophie die** *(Med.)* muscular atrophy; **~faser die** muscle fibre; **~kater der** stiff muscles *pl.*; **~kater haben** be stiff and aching; **~kater in den Waden haben** have stiff calves; be stiff in one's calves; **~kraft die** muscle-power; **~krampf der** cramp; **~krämpfe/einen ~krampf bekommen** get cramp; **~mann der;** *Pl.* **~männer** *(ugs.)* muscleman; **~paket das** *(ugs.)* **a)** *(Muskeln)* bulging muscles *pl.* **b)** *s.* **~mann; ~protz der** *(ugs.)* muscleman; Tarzan *(joc.)*; **~riß der** torn muscle; **~schwund der** *(Med.)* muscular atrophy; **~zerrung die** *(Med.)* pulled muscle; **sich** *(Dat.)* **eine ~zerrung zuziehen** pull a muscle

**Muskete** [mʊs'ke:tə] **die; ~, ~n** *(hist.)* musket

**Musketier** [mʊske'ti:ɐ̯] **der; ~s, ~e** *(hist.)* musketeer

**Muskulatur** [mʊskula'tu:ɐ̯] **die; ~, ~en** musculature; muscular system

**muskulös** [mʊsku'lø:s] *Adj.* muscular

**Müsli** ['my:sli] **das; ~s, ~s** muesli

**Muslim** ['mʊslɪm] *s.* **Moslem**

**muß** [mʊs] *1. u. 3. Pers. Sg. Präsens v.* **müssen**

**Muß das; ~:** necessity; must *(coll.)*; **es ist kein ~:** it's not essential

**Muß-Bestimmung die** absolute *or* fixed rule

**Muße** ['mu:sə] **die; ~:** leisure; **dazu fehlt mir die ~:** I have no time to spare for it; **etw. in** *od.* **mit ~ tun** do sth. at one's leisure; take one's time over sth.

**Muß·ehe die** *(ugs.)* shotgun marriage

**Musselin** [mʊsə'li:n] **der; ~s, ~e** muslin

**müssen** ['mʏsn̩] **1.** *unr. Modalverb; 2. Part.* **~ a)** *(gezwungen, verpflichtet, notwendig sein)* have to; **er muß es tun** he must do it; he has to *or (coll.)* has got to do it; **er muß es nicht tun** he does not have to do it; he has not got to do it *(coll.)*; **er mußte es tun** *od.* **hat es tun ~:** he had to do it; **du mußtest nicht kommen** you did not have to come; **muß er es tun?** must he do it?; does he have to *or (coll.)* has he got to do it?; **irgendwann muß es ja doch mal gemacht werden** after all, it's got to be done some time; **wir werden zurückkommen ~:** we shall have to come back; **heiraten ~** *(ugs.)* have to get married; **muß das jetzt sein?** does it have to be now?; **muß das sein?** it is really necessary?; *(Ärger über jmds. Verhalten ausdrückend)* do you have to?; **es muß nicht sein** it is not essential; **es muß ja nicht stimmen** it is not necessarily true; **so mußte es ja kommen** it was inevitable that it should come to this; it had to happen; **warum muß das ausgerechnet mir passieren?** why does it have to happen to me, of all people? **das muß man gesehen haben!** you mustn't miss ist!; it's not to be missed!; *(iron.)* it's a sight not to be missed!; **wir ~ Ihnen leider mitteilen, daß ...:** we regret to have to inform you that ...; **das muß man sich** *(Dat.)* **mal vorstellen!** just imagine!; **das muß 1968 gewesen sein** it must have been in 1968; **er muß gleich hier sein** he will be here *or* he is bound to be here at any moment; **b)** *2. Konjunktiv. + Inf.* **es müßte doch möglich sein** it ought to be possible; **das müßtest du eigentlich schon wissen** you really ought to *or* should know that by now; **so müßte es immer sein** it ought to be like this all the time; this is how it should always be; **reich müßte man sein!** how nice it would be to be rich!; all one needs is [plenty of] money!; **man müßte nochmals zwanzig sein** oh to be twenty again!; **c)** *verneint (nordd.: dürfen)* **du mußt nicht alles glauben, was er sagt** you must not believe everything he says. **2.** *unr. itr. V.* **a)** *(irgendwohin gehen müssen)* have to go; **ich muß zur Arbeit/nach Hause** I have to *or* must go to work/go home; **der Brief muß zur Post** the letter needs posting *or* taking to the post; **muß der Antrag heute zum Amt?** does the application have to be taken to the office today?; **ich muß mal** *(fam.)* I've got to *or* need to spend a penny *(Brit. coll.) or (Amer. coll.)* go to the john; **b)** *(gezwungen, verpflichtet sein)* **muß er?** does he have to?; has he got to? *(coll.)*; **er muß nicht** he doesn't have to *or (coll.)* hasn't got to; **kein Mensch muß ~:** nobody 'has to do 'anything; **c)** *(ugs.: an der Reihe sein)* **heute muß Peter** it's Peter's turn today

**Muße·stunde die** free hour; hour of leisure

**müßig** ['my:sɪç] **1.** *Adj.* **a)** idle ‹*person*›; ‹*hours, weeks, life*› of leisure; **b)** *(zwecklos)* pointless. **2.** *adv.* idly

**Müßig-: ~gang der** *o. Pl.* leisure; *(Untätigkeit)* idleness; **~gang ist aller Laster Anfang** *(Spr.)* the devil finds work for idle hands; **~gänger der** idler; **~gänger** *Pl.* people with time on their hands

**Müßigkeit die; ~** *(geh.)* **a)** idleness; **b)** *(Zwecklosigkeit)* pointlessness

**mußte** ['mʊstə] *1. u. 3. Pers. Sg. Prät. v.* **müssen**

**Mustang** ['mʊstaŋ] **der; ~s, ~s** mustang

**Muster** ['mʊstɐ] **das; ~s, ~ a)** *(Vorlage)* pattern; **nach einem ~ stricken** knit from a pattern; **das ausgefüllte Formular dient als ~ für den Antragsteller** the form that is filled in is intended as a specimen for the applicant to follow; **nach diesem ~ arbeiten** *(fig.)* operate on these lines *or* on this model; **b)** *(Vorbild)* model **(an** + *Dat.* of); **er ist ein ~ an Fleiß** he is a model of industry; **er ist ein ~ von einem Ehemann** *(ugs.)* he is a model husband; **c)** *(Verzierung)* pattern; **~ entwerfen** produce designs; **in welchem ~ strickst du die Jacke?** which stitch are you using to knit the jacket?; **d)** *(Warenprobe)* sample; **unverkäufliches ~:** sample not for sale; *(veralt.: auf einer Warensendung)* **~ ohne Wert** sample with no commercial value

**muster-, Muster-: ~beispiel das** perfect example; *(Vorbild)* model; **ein ~beispiel dafür sein, wie ...:** be a perfect example of how ...; **~betrieb der** model enterprise; *(Fabrik)* model factory; **~buch das a)** *(Kunstwiss.: Motivsammlung)* pattern-book; **b)** *(mit Proben)* book of samples; pattern-book; **~ehe die** perfect *or* ideal marriage; **~exemplar das a)** *(oft iron.: Vorbild)* perfect specimen; **ein ~ von [einem] Sohn** a model son; **b)** *(Probeexemplar)* specimen copy; **~gültig 1.** *Adj.* exemplary; perfect, impeccable ‹*order*›; **2.** *adv.* in an exemplary fashion

**musterhaft 1.** *Adj.* exemplary; perfect, impeccable ‹*order, condition*›; model ‹*pupil*›. **2.** *adv.* in an exemplary fashion; **~ geführt** perfectly *or* impeccably run

**Muster-: ~haus das** show house; **~knabe der** *(oft abwertend)* model child; **~koffer der** case of samples; **~ländle** [~lɛndlə] **das, ~s** *(scherzh.) Baden-Württemberg, the 'model state' of the FRG*

**mustern** *tr. V.* **a)** *(betrachten)* eye; *(gründlich)* scrutinize; *(Milit.: inspizieren)* inspect ‹*troops*›; **jmdn. von Kopf bis Fuß** *od.* **von oben bis unten ~:** look sb. up and down; **b)** *(Milit.: ärztlich untersuchen)* **einen Wehrpflichtigen/den Jahrgang 1962 ~:** give somebody liable for military service his medical/give those born in 1962 their medicals

**Muster-: ~prozeß der** test case; **~schüler der, ~schülerin die** model pupil; **~sendung die** consignment of samples

**Musterung die; ~, ~en a)** *(das Betrachten)* scrutiny; *(Milit.: Inspektion)* inspection; **b)** *(Milit.: von Wehrpflichtigen)* medical examination; medical; **c)** *(Verzierung)* pattern

**Musterungs·bescheid der** summons to attend one's medical examination

**Mut** [mu:t] **der; ~[e]s a)** courage; **es gehört viel ~ dazu** it takes a lot of courage [to do it]; **allen** *od.* **all seinen ~ zusammennehmen** take one's courage in both hands; screw up one's courage; **sich** *(Dat.)* **~ antrinken** give oneself Dutch courage; **mit dem ~ der Verzweiflung** with courage born of desperation; **jmdm. ~ zusprechen** [try to] bolster up sb.'s courage; **sich gegenseitig ~ machen** keep each other's spirits up; **das gab** *od.* **machte ihr neuen ~:** that gave her new heart; **den ~ [nicht] sinken lassen** *od.* **verlieren** [not] lose heart; **[neuen] ~ fassen** take [new] heart; **nur ~!** don't lose heart!; *(trau dich)* be brave!; **b)** *(veralt.)* **in guten** *od.* **frohen ~es sein** be in good spirits; **mit frischem ~:** full of cheer *(dated)*; with a cheerful countenance

**Mutation** [muta'tsio:n] **die; ~, ~en** *(Biol.)* mutation

**Mütchen** ['my:tçən] *in* **sein ~ [an jmdm.] kühlen** *(ugs. [scherzh.])* vent one's wrath [on sb.]

**mutieren** *itr. V. (Biol.)* mutate

**mutig 1.** *Adj.* brave; courageous, brave ‹*words, decision, speech*›; **dem Mutigen gehört die Welt** fortune favours the brave. **2.** *adv.* bravely; courageously

**mut·los** *Adj. (niedergeschlagen)* dejected; despondent; *(entmutigt)* disheartened; dispirited

**Mut·losigkeit die; ~:** dejection; despondency

**mutmaßen** ['mu:tma:sn̩] *tr., itr. V.* conjecture; ~, **daß ...**: suppose *or* surmise that ...; **darüber ist schon viel gemutmaßt worden** there has been much conjecture *or* speculation about that

**mutmaßlich 1.** *Adj.; nicht präd.* supposed; presumed; suspected ⟨*terrorist etc.*⟩. **2.** *adv.* *(geh.)* **es wird sich ~ noch verschlechtern** it is presumed it will get worse; **sie sind ~ ertrunken** they are presumed drowned

**Mutmaßung die;** ~, ~**en** conjecture

**Mut·probe die** test of courage

**Muttchen** ['mʊtçən] **das;** ~**s**, ~: *(ugs.)* **a)** *(Koseform)* mama; **b)** **[altes]** ~: little old lady; **c)** *(abwertend: biedere Frau)* good little housewife; *(mütterlicher Typ)* matronly sort *(coll.)*; motherly soul

[1]**Mutter** ['mʊtɐ] **die;** ~, **Mütter** ['mʏtɐ] **a)** mother; **sie wird ~** *(ist schwanger)* she is expecting a baby; **eine werdende ~**: an expectant mother; **eine ~ von drei Kindern** a mother of three; ~ **sein** be a mother; **grüßen Sie Ihre Frau ~!** remember me to your mother; **wie bei ~n** just like at home; ⟨*food*⟩ like mother makes/used to make; **die ~ Gottes** *(kath. Rel.)* the Mother of God; ~ **Erde/Natur** *(dichter.)* Mother Earth/Nature; **bei ~ Grün schlafen** *(ugs.)* sleep out in the open; **die ~ der Kompanie** *(Soldatenspr.)* the company sergeant-major; **b)** *(Wirtsch.:~gesellschaft)* parent company

[2]**Mutter die;** ~, ~**n** *(Schrauben~)* nut

**Mütter·beratungs·stelle die** advisory centre for [pregnant or nursing] mothers

**Mutter-: ~bindung die** *(Psych.)* attachment to the/one's mother; **~boden der** topsoil; **~brust die** mother's breast

**Mütterchen** ['mʏtɐçən] **das;** ~**s**, ~ **a)** *(Koseform)* mummy *(Brit. coll.)*; mommy *(Amer. coll.)*; **b)** **[altes]** ~: little old lady; **c)** *in* ~ **Rußland** Mother Russia

**Mutter-: ~erde die** *s.* **~boden**; **~freuden** *Pl.; in* ~ **entgegensehen** *(geh.)* be expecting a child

**Mütter·genesungs·heim das** convalescent home for mothers

**Mutter-: ~gesellschaft die** *(Wirtsch.)* parent company; **~glück das** joys *pl.* of motherhood; **~gottes** [-'--] **die** *(kath. Rel.)* mother of God; *(Bild)* Madonna

**Mütter·heim das** [residential] home for [unmarried] mothers and their children

**Mutter-: ~herz das** mother's heart; *(scherzh. Anrede)* mother [dear]; **~instinkt der** maternal instinct; **~komplex der** *(Psych.)* **a)** *(~bindung)* mother fixation; **b)** *(~instinkt)* [excessive] maternal instinct; mothering instinct; **~korn das;** *Pl.* **~korne** *(Bot.)* ergot; **~kreuz das** *(ns.)* *medal awarded to prolific mothers (in the Nazi period)*; **~kuchen der** *(Med.)* placenta; **~land das** *Pl.* **~länder a)** *(Kolonialstaat)* mother country; **b)** *(Heimat)* original home; motherland; **~leib der** womb; *(Zool.)* uterus

**mütterlich 1.** *Adj.* **a)** *nicht präd. (von der Mutter)* his/her *etc.* mother's; *(verallgemeinernd)* the mother's; *(einer Mutter)* maternal ⟨*line, love, instincts, etc.*⟩; **die ~en Pflichten** the duties of a mother; **b)** *(fürsorglich)* motherly ⟨*woman, care*⟩. **2.** *adv.* in a motherly way

**mütterlicher·seits** *Adv.* on the/his/her *etc.* mother's side; **sein Großvater ~**: his maternal grandfather; his grandfather on his mother's side

**Mütterlichkeit die;** ~: motherliness; *(mütterliche Gefühle)* motherly feeling

**mutter-, Mutter-: ~liebe die** motherly love *no art.*; **~los** *Adj.* motherless; **~mal das;** *Pl.* **~male** birthmark; **~milch die** mother's milk; **etw. mit der ~milch einsaugen** *(fig.)* imbibe sth. with one's mother's milk; **~mord der** matricide; **~mund der** neck of the womb; cervix

**Mütter·paß der** *document carried by pregnant woman which gives details of her medical history, blood group, etc.*

**Mutter-: ~pflicht die** the duty as a mother; maternal duty; **~schaf das** mother ewe

**Mutterschaft die;** ~: motherhood

**Mutterschafts-: ~geld das** maternity benefit; **~urlaub der** maternity leave

**mutter-, Mutter-: ~schiff das** mother ship; *(im Weltraum)* parent ship; **~schutz der a)** *(Rechtsw.)* *laws pl. protecting working pregnant women and mothers of new-born babies*; **b)** *(ugs.: Urlaub)* maternity leave; **~schwein das** mother sow; **~seelen·allein** *Adj.; nicht attr.* all alone; all on my *etc.* own; **~söhnchen das** *(abwertend)* mummy's *or (Amer.)* mama's boy; **~sprache die** native language; mother tongue; **~sprachler** [~ʃpra:xlɐ] **der;** ~**s**, ~ *(Sprachw.)* native speaker; **~stelle die;** ~: **bei/an jmdm. ~stelle vertreten** take the place of a mother to sb.

**Mütter·sterblichkeit die** childbirth mortality

**Mutter-: ~stute die** dam; **~tag der;** *o. Pl.* Mother's Day *no def. art.*; **~tier das a)** *(Tier, das Junge hat)* mother [animal]; dam; **b)** *(Zuchttier)* brood animal; **~witz der** *o. Pl.* **a)** *(Humor)* natural wit; **b)** *(Schläue)* native cunning

**Mutti** ['mʊti] **die;** ~, ~**s** mummy *(Brit. coll.)*; mum *(Brit. coll.)*; mommy *(Amer. coll.)*; mom *(Amer. coll.)*

**mut-, Mut-: ~wille der;** *o. Pl.* wilfulness; *(Übermut)* devilment; **aus [bloßem] ~n** from [sheer] devilment; **~willig 1.** *Adj.* wilful; wanton ⟨*destruction*⟩; *(übermütig)* high-spirited; **2.** *adv.* wilfully; wantonly; *(aus Übermut)* from devilment; **~willigkeit die;** ~: *s.* **Mutwille**

**Mützchen das;** ~**s**, ~**s** little cap

**Mütze** ['mʏtsə] **die;** ~, ~**n** cap; **etwas** *od.* **eins auf die ~ kriegen** *(fig. ugs.)* get told off; get a telling off; **eine ~ voll Schlaf** *(ugs.)* a nap; forty winks *pl.*

**Mützen·schirm der** peak of the/one's cap

**MW** *Abk.* **a)** *(Rundf.)* **Mittelwelle** MW; **b)** *(Physik)* **Megawatt** MW

**Mw.-St., MwSt.** *Abk.* **Mehrwertsteuer** VAT

**mykenisch** [my'ke:nɪʃ] *Adj.* Mycenaean

**Mykologie** [mykolo'gi:] **die;** ~: mycology *no art.*

**Mykose** [my'ko:zə] **die;** ~, ~**n** mycosis

**Myom** [my'o:m] **das;** ~**s**, ~**e** *(Med.)* myoma

**Myriade** [my'ri̯a:də] **die;** ~, ~**n** *(geh.)* myriad

**Myrrhe** ['mʏrə] **die;** ~, ~**n** myrrh

**Myrte** ['mʏrtə] **die;** ~, ~**n** myrtle

**Myrten·kranz der** myrtle wreath

**Mysterien·spiel das** miracle play

**mysteriös** [mʏste'ri̯ø:s] **1.** *Adj.* mysterious. **2.** *adv.* mysteriously

**Mysterium** [mʏs'te:ri̯ʊm] **das;** ~**s**, **Mysterien** mystery

**Mystifikation** [mʏstifika'tsi̯o:n] **die;** ~, ~**en** shrouding *no indef. art.* in mystery

**mystifizieren** [mʏstifi'tsi:rən] *tr. V.* shroud in mystery; *(unklar machen)* obfuscate

**Mystifizierung die;** ~, ~**en** *s.* **Mystifikation**

**Mystik** ['mʏstɪk] **die;** ~: mysticism

**Mystiker der;** ~**s**, ~, **Mystikerin die;** ~, ~**nen** mystic

**mystisch 1.** *Adj.* mystical. **2.** *adv.* mystically

**Mystizismus** [mʏsti'tsɪsmʊs] **der;** ~: mysticism

**mythisch** ['my:tɪʃ] *Adj.* **a)** mythical; ⟨*heroes, traditions*⟩ of myth [and legend], of mythology; **b)** *(legendär)* legendary

**Mythologie** [mytolo'gi:] **die;** ~, ~**n** mythology

**mythologisch** *Adj.* mythological

**mythologisieren** *tr. V.* mythologize

**Mythos** ['my:tɔs] **der;** ~, **Mythen a)** *(Sage, auch fig.: Unwahrheit)* myth; **b)** *(glorifizierte Person od. Sache)* legend

# N

**n, N** [ɛn] **das;** ~, ~: n/N; *s. auch* **a, A**

**N** *Abk.* **Nord[en]** N

**'n** *s.* **ein; einen**

**na** [na] *Interj. (ugs.)* **a)** *(als Frage, Anrede, Aufforderung)* well; **na, wie geht's?** well, how are you?; **na, du?** oh, it's you?; **na los!** come on then!; **na, wird's bald?/wo bleibst du denn?** come on, aren't you ready yet?/what's happened to you?; **na und?** *(wennschon)* so what?; **b)** *(beschwichtigend)* **na, na, na!** now, now, come along; **c)** *([zögernd] zustimmend)* **na schön!, na gut!** oh, OK *(coll.)*; well, all right; **na ja, wenn du meinst** well [all right], if you think so; **na, dann bis später** right, see you later then; **d)** *(bekräftigend)* **na und ob!** and how! *(coll.)*; I'll say! *(coll.)*; **na, der wird schauen!** gosh, he'll get a surprise!; **na und wie!** and how! *(coll.)*; **na eben!** exactly!; **na dann!** oh, in 'that case!; **na endlich!** at last!; **e)** *(triumphierend)* **Na also! Ich hatte doch recht!** There you are! I was right!; **f)** *(zweifelnd, besorgt)* **na, wenn das mal gutgeht** *od.* **klappt** well, let's hope it'll be OK *(coll.)*; **na, wenn das dein Vater merkt!** oh dear, what if your father notices?; **g)** *(ablehnend)* **na, ich danke** you can keep it; **h)** *(unsicher)* **na, ich weiß nicht** hmm, I'm not sure; *(staunend)* **na so [et]was!** well I never!; **i)** *(konsterniert)* **na, was soll das denn?** now what's all this about?; **j)** *(drohend)* **na warte!** just [you] wait!; *(auf einen nicht Anwesenden bezogen)* just let him wait!

**Nabe** ['na:bə] **die;** ~, ~**n** hub

**Nabel** ['na:bl̩] **der;** ~**s**, ~: navel; **der ~ der Welt** *(geh.)* the hub of the universe

**Nabel-: ~binde die** umbilical bandage; **~bruch der** *(Med.)* umbilical hernia; **~schau die** *(salopp)* **~schau halten** bare one's soul; **das Buch ist nichts als eine egozentrische ~schau** the book is nothing but a self-indulgent ego-trip *(coll.)*; **~schnur die** *Pl.* **~schnüre** umbilical cord

**nach** [na:x] **1.** *Präp. mit Dat.* **a)** *(räumlich)* to; ~ **Rom fahren** travel to Rome; **ist das der Zug ~ Köln?** is that the train for Cologne *or* the Cologne train?; **ja, der Zug fährt ~ Köln** yes, this train goes to Cologne; ~ **Hause gehen** go home; ~ **... abreisen** leave for ...; **sich ~ vorn/hinten beugen** bend forwards/backwards; **stell den Schrank weiter ~ hinten** put the cupboard further back; **komm ganz ~ vorn** come right to the front; ~ **links/rechts** to the left/right; ~ **der Seite** to the side; ~ **allen Richtungen** in all directions; ~ **Osten [zu]** eastwards; [towards the] east; ~ **... zu** towards ...; ~ **außen/innen** outwards/inwards; **ich bringe den Abfall ~ draußen** I am taking the rubbish outside; **ein Zimmer ~ der Straße** a room looking out on to *or* facing the street; **b)** *(zeitlich)* after; ~ **fünf Minuten** after five minutes; five minutes later; **zehn [Minuten] ~ zwei** ten [minutes] past two; **wird man noch ~ 100 Jahren daran denken?** will anyone remember it in a hundred years' time?; **1500 Jahre ~ Christi Geburt** *od. (bes. DDR)* ~ **unserer Zeitrechnung** in AD 1500; **vier Wochen ~ Erhalt der Rechnung** four weeks after receipt of *or* after receiving the invoice; **gleich ~ Erhalt der Rechnung** immediately upon *or* after receiving the invoice; **c)** *(mit bestimmten Verben, bezeichnet das Ziel der Handlung)* for; **greifen/streben/schicken ~:** grasp/strive/send for; **d)** *(bezeichnet [räumliche und zeitliche] Reihenfolge)* after; ~ **Ihnen/dir!** after you; **die Post kommt ~ dem Rathaus** the post office is after *or* past the town hall; ~ **„für" steht der Akkusativ** after 'für' one has the accusative; 'für' takes the accusative; **der Bundestagspräsident kommt ~ dem Bundespräsidenten** *(im gesellschaftlichen Rang)* the president of the Federal Parliament is lower in rank than the Federal President; *s. auch* **ander... b; e)** *(gemäß)* according to; *(in Übereinstimmung mit)* in accordance with; ~ **meiner Ansicht** *od.* **Meinung, meiner Ansicht** *od.* **Meinung ~:** in my view *or* opinion; ~ **menschlichem Ermessen** as far as anyone can judge; **aller Wahrscheinlichkeit ~:** in all probability; ~ **Lage der Dinge wird es kaum möglich sein** as matters stand it will hardly be possible; **je** *od.* **ganz ~ Wunsch** just as you/they *etc.* wish; however you/they *etc.* like; **Variationen ~ einem Thema von Händel** variations on a theme of Handel; **[frei] ~ Goethe** [freely] adapted from Goethe; ~ **einer Vorlage zeichnen** draw from an original; **eine Suppe ~ Art des Hauses** *(Kochk.)* a soup à la maison; ~ **rheinischer Art** *(Kochk.)* in the Rhenish style; ~ **altem Brauch** in accordance with *or* by ancient custom; ~ **der neuesten Mode gekleidet** dressed in [accordance with] the latest fashion; ~ **etw. schmecken/riechen** taste/smell of sth.; **seinem Wesen ~:** by nature; **sie kommt eher ~ dem Vater** *(ugs.)* she takes more after her father; ~ **dem [zu urteilen], was er gesagt hat** going *or* judging by what he said; from what he said; **jmdn. nur dem Namen ~ kennen** know sb. by name only; ~ **jmdm. genannt werden** be named after sb.; **Dienst ~ Vorschrift** work to rule; **dem Gesetz ~:** in accordance with the law; by law; ~ **Paragraph 5, Artikel 4** in accordance with *or* under paragraph 5, clause 4; **der Größe ~/~ dem Gewicht** according to *or* by size/weight; ~ **Stunden/Umsatz bezahlt werden** be paid by the hour/according to turnover; **15 Schillinge sind etwa 2 DM ~ unserem Geld** 15 schillings are about 2 marks in our money. **2.** *Adv.* **a)** *(räumlich)* **[alle] mir ~!** [everybody] follow me!; **b)** *(zeitlich)* ~ **und ~:** little by little; gradually; ~ **wie vor** still; as always

**nach|äffen** [-ɛfn̩] *tr. V. (abwertend)* mimic

**Nachäfferei die;** ~ *(abwertend)* mimicry; mimicking

**nach|ahmen** [-a:mən] *tr. V.* **a)** *(kopieren)* imitate; **b)** *(nacheifern)* emulate

**nachahmens·wert** *Adj.* worthy of imitation *postpos.*; exemplary; **nicht ~:** not to be imitated *postpos.*

**Nachahmer der;** ~s, ~, **Nachahmerin die;** ~, ~nen imitator

**Nachahmung die;** ~, ~en **a)** imitation; **b)** *(das Nacheifern)* emulation

**Nachahmungs·trieb der** *(Verhaltensf., Psych.)* imitative instinct

**nach|arbeiten 1.** *tr. V.* **a)** *(nachholen)* **eine Stunde ~:** work an extra hour to make up; **sie muß die versäumten Stunden ~:** she has to make up for the hours she missed; **b)** *(überarbeiten)* go over, finish off ⟨*workpiece*⟩; *(retuschieren)* retouch ⟨*picture*⟩; **c)** *(nachbilden)* copy (+ *Dat.* from). **2.** *itr. V.* do extra work to make up

**Nachbar** ['naxba:ɐ̯] **der;** ~n *od. selten* ~s, ~n neighbour; **Herr ~:** neighbour; **die lieben ~n** *(iron.)* the nice people next door *(iron.)*; ~**s Hund** the neighbours'/neighbour's dog; **mein ~ im Kino** the man [sitting] next to me in the cinema

**Nachbar-:** ~**dorf das** neighbouring village; ~**haus das** house next door; **unser ~haus** the house next door to us

**Nachbarin die;** ~, ~nen neighbour; **meine ~ im Kino** the woman [sitting] next to me in the cinema

**Nachbar·land das;** *Pl.* **...länder** neighbouring country; **unser westliches ~:** our western neighbour

**nachbarlich 1.** *Adj.* **a)** *nicht präd. (dem Nachbarn/den Nachbarn gehörend)* neighbour's/neighbours'; *(benachbart)* neighbouring; next-door; **b)** *(unter Nachbarn üblich)* neighbourly; **in gutem ~em Einvernehmen leben** be good neighbours. **2.** *adv. (freundschaftlich)* in a neighbourly way

**Nachbarschaft die;** ~ **a)** *(die Nachbarn)* **die [ganze] ~:** all the neighbours *pl.*; the whole neighbourhood; **es hat sich in der ganzen ~ herumgesprochen** everybody in the neighbourhood has heard about it; **b)** *(Beziehungen)* **gute ~:** good neighbourliness; **wir halten** *od.* **pflegen eine gute ~:** we try to be good neighbours; **c)** *(Gegend)* neighbourhood; *(Nähe)* vicinity

**nachbarschaftlich 1.** *Adj.* neighbourly. **2.** *adv. s.* **nachbarlich 2**

**Nachbarschafts-:** ~**haus das** *(Sozialwesen)* neighbourhood [social] centre; ~**hilfe die a)** *(gegenseitige Hilfe)* neighbourly help; **mit ~hilfe gebaut** built with the assistance of the neighbours; **b)** *(Sozialwesen)* neighbourhood social welfare organization *(run by independent welfare organizations)*

**Nachbars-:** ~**familie die** family next door; ~**frau die** woman next door

**Nachbar-:** ~**tisch der** next *or* neighbouring table; ~**wissenschaft die** allied *or* related science

**Nach·beben das** aftershock

**nach|behandeln** *tr. V.* **a)** *(nochmals behandeln)* treat again; **b)** *(nach ärztlicher Behandlung)* **jmdn./etw. ~:** give sb./sth. follow-up treatment

**Nach·behandlung die** follow-up treatment; after-care

**nach|bekommen** *unr. tr. V.* **a)** *(mehr bekommen)* **[noch] etw. ~:** have some more of sth.; *(bei Tisch)* have seconds of sth.; **b)** *(mehr kaufen können)* get more of

**nach|bereiten** *tr. V. (bes. Päd.)* **a)** *(analysieren)* assess the effectiveness of ⟨*lesson*⟩; **b)** *(vertiefen)* go over [again] *(in order to internalize the material)*

**Nachbereitung die;** ~, ~en *(bes. Päd.)* **a)** *(Analyse)* assessment; **b)** *(Vertiefung)* further study *(for internalization)*

**nach|bessern** *tr. V.* repair; make good, put right ⟨*defects*⟩

**nach|bestellen** *tr. V.* **[noch] etw. ~:** order more of sth.; ⟨*shop*⟩ order further stock of sth., reorder sth.; **die Teile des Geschirrs ~:** order more [parts] of the service

**Nach·bestellung die;** ~, ~en further order (+ *Gen.* for); *(vom Händler aufgegeben)* repeat order (+ *Gen.* for)

**nach|beten** *tr. V. (ugs. abwertend)* repeat parrot-fashion; regurgitate

**nach|bezahlen** *s.* **nachzahlen**

**nach|bilden** *tr. V.* reproduce, copy (+ *Dat.* from); **einem ägyptischen Original nachgebildet sein** be a reproduction *or* copy of an Egyptian original

**Nach·bildung die a)** *o. Pl. (das Nachbilden)* copying; **b)** *(Gegenstand)* copy; replica

**nach|bleiben** *unr. tr. V.; mit sein (landsch.)* be left *(from an injury etc.)*; **wenn da bloß nichts nachbleibt!** let's hope there's no lasting damage *or* after-effects

**nach|blicken** *tr. V. (geh.)* **jmdm./einer Sache ~:** look *or* gaze after sb./sth.

**Nach·blutung die** secondary haemorrhage

**nach|bringen** *unr. tr. V.* bring along ⟨*sth. left behind*⟩; **sie hat ihm den Schirm nachgebracht** she brought the umbrella he left behind

**nach·christlich** *Adj.; nicht präd.* **im ersten ~en Jahrhundert** in the first century AD

**nach|datieren** *tr. V.* backdate

**nach·dem** *Konj.* **a)** *(zeitlich)* after; **ich ging erst, ~ ich mich vergewissert hatte** I only left when I had made sure; I did not leave until I had made sure; ~ **ich das Buch gelesen hatte** after *or* when I had read the book; **b)** *(südd.: kausal)* since; **c)** *s.* **[1]je 3 b**

**nach|denken** *unr. itr. V.* think (**über** + *Akk.* about); *(lange u. erwägend)* reflect (**über** + *Akk.* on); **darüber darf man gar nicht ~!** it doesn't bear thinking about; **denk mal [gut** *od.* **scharf] nach** have a [good] think; think carefully; **er dachte darüber nach, wie er sich entscheiden sollte** he considered how he should decide; **ohne nachzudenken** without stopping to think

**Nach·denken das** thought; **Zeit zum ~:** time to think; **nach langem ~:** after thinking about it for a long time; after mature consideration *(formal)*; **in tiefes ~ versunken** sunk in thought

**nachdenklich 1.** *Adj.* thoughtful; pensive; **jmdn. [sehr] ~ machen** *od.* **stimmen** [really] make sb. think; give sb. [much] cause for thought. **2.** *adv.* thoughtfully; pensively

**Nach·dichtung die** adaptation/recreation *(in another language)*

**nach|drängen** *itr. V.; mit sein (nach vorn schieben)* push forwards; *(von hinten)* push from behind; **einige liefen auf das Spielfeld, andere drängten nach** some ran on to the pitch and others crowded after them

**Nach·druck der;** *Pl.* ~**e a)** *o. Pl.* **mit ~:** emphatically; **etw. mit ~/mit größtem ~ fordern** demand sth. vigorously *or* forcefully/with the utmost vigour; **seinen Worten ~ verleihen** give one's words emphasis; **auf etw.** *(Akk.)* **[besonderen] ~ legen** place [particular] emphasis on sth.; stress sth. [particularly]; **b)** *(Druckw.)* reprint; *(beim Copyrightvermerk)* ~ **[, auch auszugsweise,] verboten** not to be reproduced [in part or in whole]

**nach|drucken** *tr. V.* reprint ⟨*book*⟩; print more ⟨*invoices, letterheads, etc.*⟩

**nachdrücklich 1.** *Adj.; nicht präd.* emphatic ⟨*warning, confirmation, advice*⟩; insistent ⟨*demand*⟩; urgent ⟨*request, appeal*⟩. **2.** *adv.* emphatically; **ich muß Sie ~ bitten, zu ...:** I must urgently request you to ...; **etw. ~ verlangen** demand sth. vigorously; ~ **darauf hinweisen, daß ...:** emphasize that ...:

**Nachdrücklichkeit die;** ~ *s.* **nachdrücklich:** emphatic nature; insistent nature; urgency

**nach|dunkeln** *itr. V.; mit sein* get darker

**Nach·durst der** morning-after thirst

**nach|eifern** *itr. V.* **jmdm. ~:** emulate sb.

**nach|eilen** *itr. V.; mit sein* **jmdm. ~:** hurry after sb.

**nach·einander** *Adv.* **a)** *(räumlich, zeitlich)* one after the other; **kurz/unmittelbar ~:** one shortly/immediately after the other; **fünfmal/drei Tage ~:** five times/three days in a row; **b)** *in Verbindung mit best. Verben* ~ **sehen** keep an eye on each other; **sich ~ richten** coordinate with one another; **sich ~ sehnen** long for one another

**nach|empfinden** *unr. tr. V.* **a)** *(nachfühlen)* empathize with ⟨*feeling*⟩; share ⟨*delight, sorrow*⟩; **ich kann [dir] deinen Ärger gut ~:** I can well understand *or* appreciate your

feeling of anger; **b)** *(nachmachen)* re-create ⟨*expression, atmosphere, event*⟩; take ⟨*work of art*⟩ as a model; **einer Sache** *(Dat.)* **nachempfunden sein** take its inspiration from sth.; be modelled on sth.
**Nachen** ['naxn̩] **der; ~s, ~:** *(dichter.)* shallop
**nach|erzählen** *tr. V.* retell
**Nach·erzählung die** retelling [of a story]; *(Schulw.)* reproduction
**Nachfahr** [-fa:ɐ̯] **der; ~en** *od. selten* **~s, ~en, Nachfahre der; ~n, ~n** *(geh.)* descendant; *(fig.: Nachfolger)* successor
**nach|fahren** *unr. itr. V.; mit sein* follow [on]; **jmdm. ~:** follow sb.
**nach|fassen 1.** *itr. V.* **a)** *(noch einmal zufassen)* change one's grip (**an** + *Dat.* on); *(beim Fangen des Balls)* make a second attempt to gather the ball; **b)** *(ugs.: nachfragen)* ask a supplementary question; **c)** *(bes. Soldatenspr.)* **[noch einmal** *od.* **noch mal] ~:** have seconds. **2.** *tr. V. (bes. Soldatenspr.)* have seconds of ⟨*soup etc.*⟩
**Nach·feier die** belated celebration
**nach|feiern 1.** *tr. V.* celebrate ⟨*birthday, Christmas*⟩ at a later date. **2.** *itr. V.* have a belated celebration
**Nach·folge die** succession; **die ~ B.s regeln** settle who is to be B's successor; **jmds. ~ antreten** succeed sb.; **die ~ Christi** the discipleship of Christ
**nach|folgen** *itr. V.; mit sein* follow; **jmdm./einer Sache ~:** follow sb./sth.; **jmdm. im Amt ~:** succeed sb. in office
**nach·folgend** *Adj.; nicht präd.* following; subsequent ⟨*chapter, issue*⟩; **im ~en** below; in the text that follows
**Nachfolge·organisation die** successor organization (*Gen.* to)
**Nachfolger der; ~s, ~, Nachfolgerin die; ~, ~nen** successor
**Nachfolge·staat der** succession *or* successor state
**nach|fordern** *tr. V.* **[noch] 500 DM ~:** demand an additional 500 marks
**Nach·forderung die** additional demand (*Gen.*, **von** for)
**nach|forschen** *itr. V.* make inquiries; investigate [the matter]; **~, ob .../wer .../welcher ...:** try to find out *or* investigate whether .../who .../which ...; **einer Sache** *(Dat.)* **~** *(geh.)* investigate a matter
**Nach·forschung die** investigation; inquiry; **~en [nach etw.] anstellen** make inquiries [into sth.]; **die ~en, wohin ...:** the inquiries as to where ...
**Nach·frage die a)** *(Kaufmannsspr.)* demand (**nach** for); **es herrscht keine ~ mehr danach** there is no longer any demand for it; *s. auch* **Angebot; b)** *(veralt.: Frage)* inquiry; question; **danke der [gütigen] ~/für die [gütige] ~** *(meist scherzh.)* how kind of you to inquire
**nach|fragen** *itr. V.* ask; inquire; **bei jmdm. ~:** ask sb.; **ob ich mal ~ soll?** should I ask about it *or* make inquiries?; **um etw. ~:** ask for *or* request sth.
**Nach·frist die** *(Rechtsw.) additional time given for performance of a contract*
**nach|fühlen** *tr. V.* empathize with; **jmdm. seine Wut ~:** understand sb.'s anger; **das kann ich dir ~!** I know how you feel!
**nach|füllen** *tr. V.* refill ⟨*glass, vessel, etc.*⟩; *(wenn nicht leer)* fill up; top up; **jmdm. das Glas** *od.* **jmds. Glas ~:** refill/fill up sb.'s glass; **Salz/Wein ~:** put [some] more salt/wine in
**Nach·gang** *in* **im ~** *(Amtsspr.)* subsequently
**nach|geben 1.** *unr. itr. V.* **a)** give way; *(aus Schwäche)* give in; **jmdm. zuviel ~:** give in to sb. *or* let sb. have his/her way too often; **seiner Verzweiflung/Müdigkeit ~:** give in to one's despair/tiredness; **b)** *(sich dehnen)* stretch; **das Material gibt ein wenig nach** there is some give in the material; **c)** *(Bankw., Wirtsch.: sinken)* ⟨*prices, currency*⟩ weaken. **2.** *unr. tr. V.* **a)** *(mehr geben)* **jmdm. [etwas] Fleisch/Suppe** *usw.* **~:** give sb. [some] more meat/soup *etc.*; **b)** *in* **jmdm. nichts/nicht viel** *od.* **wenig ~:** be sb.'s equal/almost sb.'s equal (**an** + *Dat.* in)
**nach·geboren** *Adj.* **a)** posthumous ⟨*son, daughter*⟩; **b)** *(viel jünger)* much younger; born much later *postpos.*
**Nach·gebühr die** excess postage
**Nach·geburt die a)** *(Vorgang)* expulsion of the afterbirth; **b)** *(Gewebe)* afterbirth
**nach|gehen** *unr. itr. V.; mit sein* **a)** *(folgen)* **jmdm./einer Sache ~:** follow sb./sth.; **gehen Sie der Musik nach** follow the sound of the music; **einer Sache/einer Frage/einem Problem** *usw.* **~** *(fig.)* look into a matter/question/problem *etc.*; **b)** *(nicht aus dem Kopf gehen)* **jmdm. ~:** remain on sb.'s mind; occupy sb.'s thoughts; **c) seinen Geschäften** *od.* **Beschäftigungen/seinem Tagewerk ~:** go about one's business/daily work; **seinen Interessen/seinem Studium ~:** pursue one's interests/one's studies; **einem Beruf ~:** practise a profession; **d)** ⟨*clock, watch*⟩ be slow; **[um] eine Stunde ~:** be an hour slow; **eine Stunde am Tag ~:** lose an hour a day
**nach·gelassen 1.** *2. Part. v.* **nachlassen. 2.** *Adj.; nicht präd.* unpublished *(at the author's/composer's death)*; **die ~en Schriften des Autors** the unpublished writings left by the author
**nach·gemacht 1.** *2. Part. v.* **nachmachen. 2.** *Adj.* imitation ⟨*leather, gold*⟩; **~ aussehen** look like an imitation
**nach·geordnet** *Adj. (Amtsspr.)* inferior ⟨*authority*⟩; ⟨*person*⟩ subordinate
**nach·gerade** *Adv.* **a)** *(allmählich)* in time; by and by; **b)** *(geradezu)* positively; **das ist ~ eine Unverschämtheit** it's an absolute cheek
**nach|geraten** *unr. itr. V.; mit sein* **jmdm. ~:** take after sb.
**Nach·geschmack der** after-taste; **einen üblen** *od.* **unguten ~ hinterlassen** *(fig.)* leave a nasty taste in the mouth
**nach·gewiesener·maßen** *Adv.* as has been proved
**nach·giebig** [-gi:bɪç] *Adj.* **a)** *(nicht streng)* indulgent; yielding; **seinen Kindern gegenüber zu ~ sein** be too indulgent to *or (coll.)* soft with one's children; **b)** *(weich)* soft; yielding
**Nachgiebigkeit die; ~: a)** *(gütige Art)* indulgence; **b)** *(Weichheit)* softness
**nach|gießen 1.** *unr. tr. V.* pour [in] some more; **darf ich Ihnen [noch] Wein ~?** may I top up your wine? **2.** *unr. itr. V. (die Gläser nachfüllen)* top up the drinks; **jmdm. ~:** pour sb. some more; top sb. up *(coll.)*
**nach|grübeln** *itr. V.* ponder (**über** + *Akk.* over)
**nach|gucken** *(ugs.) s.* **nachsehen 1 a, b, c, 2 a, b**
**nach|haken** *itr. V.* **a)** *(ugs.: noch einmal fragen)* raise another question; **an einem Punkt muß ich ~:** I must come back on one point; **b)** *(ugs.: nachgehen)* make further inquiries; **c)** *(Fußball)* tackle from behind
**Nach·hall der; ~[e]s, ~e** reverberation; *(fig. geh.: Nachwirkung)* reverberations *pl.*; *(in der Literatur o. ä.)* lingering echo
**nach|hallen** *itr. V.* reverberate; **seine Schritte hallten in dem leeren Haus nach** his footsteps echoed in the empty house
**Nachhall·zeit die** *(Physik)* reverberation period
**nach·haltig 1.** *Adj.* lasting; **jmdm. einen ~en Schreck versetzen** give sb. a fright that he/she will not forget [for a long time]. **2.** *adv. (auf längere Zeit)* for a long time; *(nachdrücklich)* persistently; **jmdn. ~ prägen** have a lasting effect on sb.; **~ geschädigt werden** sustain lasting damage
**nach|hängen** *unr. itr. V.* **a)** *(in Gedanken)* dwell on; **seinen Gedanken ~:** lose oneself in one's thoughts; give oneself up to one's thoughts; **b)** *(anhaften)* **jmdm. ~:** stick to sb.; **c)** *(ugs.: in der Schule zurück sein)* lag behind
**Nach·hause·weg der** way home
**nach|helfen** *unr. itr. V.* help; **jmdm. ~:** help sb. along; lend sb. a hand; **der Schönheit ~:** improve on Mother Nature; **dem Glück ~:** assist one's chances
**nach·her** [*auch:* '--] *Adv.* **a)** afterwards; *(später)* later [on]; **bis ~!** see you later!; **ich kann mich erst ~ darum kümmern** I can't deal with it until after that *or* later; **b)** *(ugs.: womöglich)* then perhaps; *(sonst)* otherwise; **erzählen Sie die Geschichte nicht weiter, ~ ist sie nicht wahr** don't tell this story to anyone – it might turn out to be untrue
**Nach·hilfe die** coaching
**Nachhilfe-: ~lehrer der** coach; **~schüler der: mein ~schüler** the boy I am coaching; **sie hat drei ~schüler** she is coaching three boys; **~stunde die** private lesson; **~unterricht der** coaching
**nach·hinein** *in* **im ~** *(nachträglich)* afterwards; later; *(zurückblickend)* with hindsight; **im ~ ist man immer klüger** one is always wiser after the event
**Nach·hol·bedarf der** need to catch up; **ein ~ an etw.** *(Dat.)* a need to make up for the shortage of sth.
**nach|holen** *tr. V.* **a)** *(nachträglich erledigen)* catch up on ⟨*work, sleep*⟩; make up for ⟨*working hours missed*⟩; **er hat viel/einiges nachzuholen** he has a lot of/some catching up to do; **den Schulabschluß ~:** take one's final school examination as a mature student; **ich habe ihr nicht gratuliert – ich muß es morgen ~:** I didn't congratulate her – I shall have to do it tomorrow instead; **b)** *(zu sich holen)* fetch; **seine Familie ~:** bring one's family to join one
**Nach·hut die; ~, ~en** *(Milit.; auch fig.)* rearguard
**Nach·impfung die** booster injection
**nach|jagen** *itr. V.; mit sein* **jmdm./einer Sache ~:** chase after sb./sth.; **dem Erfolg/Geld ~** *(fig.)* devote oneself to the pursuit of success/money
**Nach·klang der** reverberation
**nach|klingen** *unr. itr. V.; mit sein* go on sounding; **in jmdm. ~** *(fig. geh.)* linger on in sb.'s mind; stay with sb.
**Nachkomme der; ~n, ~n** descendant; *(eines Tieres)* offspring; **ohne ~n sterben** die without issue
**nach|kommen** *unr. itr. V.; mit sein* **a)** follow [later]; come [on] later; **seine Familie wird [später] ~:** his family will join him later; **da kann noch etwas ~** *(ugs.)* something could still turn up; **die ~den Autos/Truppen** the cars/troops following behind; **b) seinen Pflichten ~:** fulfil one's duties; **seinen Verpflichtungen ~:** meet one's commitments; **einem Wunsch/Befehl/einer Bitte ~:** comply with a wish/an order/grant a request; **c)** *(Schritt halten können)* be able to keep up; **ich komme mit dem Abtrocknen nicht nach** I can't dry [the dishes] fast enough
**Nachkommenschaft die; ~:** descendants *pl.*; *(eines Tieres)* offspring
**Nachkömmling** [-kœmlɪŋ] **der; ~s, ~e** much younger child *(than the rest)*; afterthought *(joc.)*; **Christoph, unser ~:** Christoph, much the youngest child in our family
**Nach·kriegs-: ~generation die** post-war generation; **~zeit die** post-war period; **in der [ersten] ~zeit** [immediately] after the war
**Nach·kur die** [period of] convalescence *(after a health cure)*
**nach|laden** *unr. itr. V.* reload
**Nach·laß der; Nachlasses, Nachlasse** *od.*

Nachlässe **a)** estate; *(hinterlassene Gegenstände)* personal effects *pl. (left by the deceased);* **literarischer/künstlerischer ~:** unpublished/unexhibited works *pl. (left by a writer/an artist);* **aus dem ~ veröffentlichen** publish posthumously; **b)** *(Kaufmannsspr.: Rabatt)* discount; reduction; **ein hoher ~:** a high discount *or* big reduction

**nach|lassen 1.** *unr. itr. V.* **a)** *(schwächer/weniger werden)* let up; ⟨*rain, wind*⟩ ease, let up; ⟨*storm, heat*⟩ abate, die down; ⟨*anger*⟩ subside, die down; ⟨*pain, stress, pressure*⟩ ease, lessen; ⟨*noise*⟩ lessen; ⟨*fever*⟩ go down; ⟨*speed, demand*⟩ decrease, drop; ⟨*effect*⟩ wear off; ⟨*interest, enthusiasm, strength, courage*⟩ flag, wane; ⟨*resistance*⟩ weaken; *(schlechter werden)* ⟨*health, hearing, memory*⟩ get worse, deteriorate; ⟨*reactions*⟩ become slower; ⟨*performance*⟩ deteriorate, fall off; ⟨*business*⟩ drop off, fall off; **meine Augen haben stark nachgelassen** my eyesight has deteriorated considerably; **b)** *(landsch.: aufhören)* **mit etw. nicht ~:** keep on with sth.; **du sollst damit jetzt ~!** stop that at once!; *s. auch* **Schreck. 2.** *unr. tr. V.* **a)** *(Kaufmannsspr.)* give *or* allow a discount of; **man hat mir 30% des Preises nachgelassen** they gave me 30% off [the price] *or* a discount of 30%; **b)** *(erlassen)* **jmdm. seine Schulden ~:** let sb. off his/her debts; **c)** *(lockern)* slacken ⟨*rope*⟩

**Nachlaß·gericht das** *(Rechtsw.)* ≈ probate court

**nach·lässig 1.** *Adj.* **a)** *(unordentlich)* careless; untidy ⟨*dress*⟩*;* negligent ⟨*staff*⟩; lax, casual ⟨*behaviour, way of talking*⟩*;* **b)** *(unbeteiligt)* indifferent; apathetic. **2.** *adv.* **a)** *(unordentlich)* carelessly; untidily ⟨*dressed*⟩*;* **b)** *(unbeteiligt)* indifferently; apathetically

**nachlässigerweise** *Adv.* carelessly

**Nach·lässigkeit die; ~, ~en a)** *s.* **nachlässig 1 a:** carelessness; untidiness; negligence; laxness; casualness; **b)** *(Fehler)* careless mistake; **die kleinste ~:** the slightest mistake

**Nachlaß-: ~pfleger der** *(Rechtsw.)* administrator [of an/the estate] *(appointed by the court until the estate is settled);* **~verwalter der** *(Rechtsw.)* executor

**Nach·lauf der** *(Kfz-W.)* castor angle

**nach|laufen** *unr. itr. V.; mit sein* **jmdm./einer Sache ~:** run *or* chase after sb./sth.; **einem Mädchen ~** *(ugs.)* chase a girl; **einer Illusion** *(Dat.)* **~** *(fig.)* chase after *or* pursue an illusion; **diese Kleider laufen sich nach** *(fig. ugs.)* these dresses are everywhere

**nach|legen** *tr., itr. V.* **[Holz/Kohlen] ~:** put some more wood/coal on

**Nach·lese die a)** gleaning; *(Ertrag)* gleanings *pl.;* **b)** *(geh.: Auswahl)* further selection

**nach|lesen** *unr. tr. V.* look up; *(überprüfen)* check; **in den Statistiken ist nachzulesen, daß ...:** the statistics show that ...

**nach|liefern** *tr. V. (später liefern)* supply later; *(zusätzlich liefern)* supply additionally; **der Rest wird nächste Woche nachgeliefert** the rest of the delivery will follow next week

**Nach·lieferung die a)** *o. Pl. (das Nachliefern)* [subsequent] delivery; **b)** *(Ware)* further consignment

**nach|lösen 1.** *tr. V.* **eine Fahrkarte ~:** buy a ticket [on the train/tram *(Brit.) or (Amer.)* streetcar]. **2.** *itr. V.* pay the excess [fare]; *(für die 1. Klasse)* pay the extra [fare]

**nachm.** *Abk.* **nachmittags** p.m.

**nach|machen** *tr. V.* **a)** *(auch tun)* copy; *(imitieren)* imitate; do an impersonation of ⟨*politician etc.*⟩*; (genauso herstellen)* reproduce ⟨*period furniture etc.*⟩; forge ⟨*signature*⟩; forge, counterfeit ⟨*money*⟩*;* **jmdm. alles ~:** copy everything sb. does; **das soll mir einer ~!** follow that!; **das macht ihm so schnell keiner nach** nobody is going to equal that in a hurry; *s. auch* **nachgemacht; b)** *(ugs.: später machen)* do later; take ⟨*exam*⟩ later; **Hausaufgaben ~:** catch up on one's homework

**nach|malen** *tr. V.* go over [with fresh paint]

**nach·malig** *Adj.; nicht präd. (veralt.)* future; **X, der ~e US-Präsident** X, who was to become President of the USA

**nach|messen 1.** *unr. tr. V.* check the measurements of; check ⟨*distance, length, etc.*⟩. **2.** *itr. V.* check the measurements

**Nach·mieter der** next tenant; **einen ~ stellen** find a tenant to take over the lease

**nach·mittag** *Adv.* **heute/morgen/gestern ~:** this/tomorrow/yesterday afternoon; **[am] Sonntag ~:** on Sunday afternoon

**Nach·mittag der a)** afternoon; **zwei ~e in der Woche arbeiten** work two afternoons a week; **den ganzen ~:** all afternoon; **am ~,** *(geh.)* **des ~s** in the afternoon; *(heute)* this afternoon; **am frühen/späten ~:** early/late in the afternoon; **am selben ~:** the same afternoon; **am ~ des 8. März** on the afternoon of 8 March; **an einem sonnigen ~ im Juli** one sunny afternoon in July; **b)** *(Veranstaltung)* social afternoon

**nachmittäglich** [-mɪtɛːklɪç] *Adj.; nicht präd.* afternoon ⟨*walk, nap*⟩

**nach·mittags** *Adv.* in the afternoon; *(heute)* this afternoon; **dienstags** *od.* **Dienstag ~:** on Tuesday afternoons; **um vier Uhr ~:** at four in the afternoon; at 4 p.m.

**Nach·mittags-: ~kaffee der** afternoon coffee [and cakes]; **~vor·stellung die** afternoon performance; [afternoon] matinée

**Nachnahme die; ~, ~n a) per ~:** cash on delivery; COD; **b)** *(Sendung)* COD parcel

**Nachnahme-: ~gebühr die** *(Postw.)* cash on delivery fee; **~sendung die** *(Postw.)* COD parcel

**Nach·name der** surname; **wie heißt du mit ~n?** what is your surname?

**nach|nutzen** *tr. V. (DDR)* take over ⟨*sb. else's innovation/method*⟩*;* make use of ⟨*sb. else's experience*⟩

**nach|plappern** *tr. V. (oft abwertend)* repeat parrot-fashion; **jmdm. alles ~:** repeat everything sb. says

**Nach·porto das** excess postage

**nach|prägen** *tr. V.* **a)** mint more, re-mint ⟨*coins, medals*⟩; **[noch] 100 Stück wurden nachgeprägt** another 100 copies were minted; **b)** *(fälschen)* forge; counterfeit

**Nach·prägung die a)** *o. Pl. (Vorgang)* reminting; **b)** *(Münze)* copy; *(Fälschung)* forgery; counterfeit [coin]

**nachprüfbar** *Adj.* verifiable

**Nachprüfbarkeit die; ~:** verifiability

**nach|prüfen 1.** *tr. V.* **a)** check ⟨*document, statement, weight, alibi*⟩; verify ⟨*correctness*⟩; **b)** *(später prüfen)* examine ⟨*candidate*⟩ later; *(bei der Fahrprüfung)* test ⟨*learner driver*⟩ later. **2.** *itr. V.* check

**Nach·prüfung die a)** checking; **b)** *(spätere Prüfung)* postponed examination

**nach|rechnen 1.** *tr. V.* check ⟨*figures*⟩. **2.** *itr. V.* **a)** *(zur Kontrolle)* check [the figures]; **b)** *(zurückverfolgen)* [think back and] work it out

**Nach·rede die: üble ~:** malicious gossip; *(Rechtsw.)* defamation [of character]

**nach|reden** *tr. V.* **a)** *(wiederholen)* repeat; **b)** *s.* **nachsagen b**

**nach|reichen** *tr. V.* hand in subsequently

**nach|reifen** *itr. V.; mit sein* ripen further *(after picking)*

**nach|reisen** *itr. V.; mit sein* **jmdm. ~:** travel after sb.; *(losfahren)* set off after sb.

**nach|rennen** *unr. itr. V.: s.* **nachlaufen**

**Nachricht** ['na:xrɪçt] **die; ~, ~en a)** *(Mitteilung)* news *no pl.;* **das ist eine gute ~:** that is [a piece of] good news; **gute/schlechte ~en** good/bad news; **eine ~ hinterlassen** leave a message; **ich habe keine ~ von ihm** *(Brief usw.)* I haven't heard *or* had any word from him; **wir warten auf ~** *od.* **sind noch ohne ~** *(Bestätigung)* we are waiting to hear *or* have not heard yet; **jmdm. ~ geben** inform sb.; **b)** *Pl. (Ferns., Rundf.)* news *sing.;* **~en hören** listen to the news; **Sie hören ~en** here is the news; **das kam in den ~en** it was on the news

**Nachrichten-: ~agentur die** news agency; **~dienst der a)** *(Geheimdienst)* intelligence service; **b)** *s.* **~agentur; ~magazin das** news magazine; **~satellit der** communications satellite; **~sendung die** news broadcast; **~sperre die** news embargo *or* blackout; **~sprecher der, ~sprecherin die** news-reader; **~technik die** telecommunications [technology] *no art.;* **~übermittlung die** news transmission *no art.*

**nach|rücken** *itr. V.; mit sein (aufrücken)* move up; **[auf den Posten] ~:** be promoted [to the post]; take over [the post]; **dem Feind ~** *(Mil.)* move up behind the enemy

**Nach·ruf der; ~[e]s, ~e** obituary **(auf** + *Akk.* of)

**nach|rufen** *unr. tr., itr. V.* **jmdm. [etw.] ~:** call [sth.] after sb.

**Nach·ruhm der; ~[e]s** posthumous reputation

**nach|rühmen** *tr. V.* **jmdm. etw. ~:** credit sb. with sth.; **ihm rühmt man nach, daß er ...:** he is famous for the fact that he ...

**nach|rüsten 1.** *itr. V.* counter-arm. **2.** *tr. V. (Technik: zusätzlich ausstatten)* **mit etw. ~:** equip additionally with sth.; upgrade ⟨*television, hi-fi, etc.*⟩ with sth.

**Nach·rüstung die; ~: a)** *(Waffen)* counter-arming; **b)** *(Technik)* [additional] equipment; *(von Stereoanlagen usw.)* upgrading

**Nachrüstungs·beschluß der** *(Politik)* decision to counter-arm

**nach|sagen** *tr. V.* **a)** *(wiederholen)* repeat; **sag mir folgendes nach** repeat the following after me; **b)** *(über jmdn. sagen)* **jmdm. Schlechtes ~:** speak ill of sb.; **man sagt ihm nach, er verstehe etwas davon** he is said to know something about it; **du darfst dir nicht ~ lassen, daß ...:** you mustn't let it be said of you that ...; **wir wollen uns doch nichts ~ lassen!** we don't want anything said against us; we don't want to get a bad reputation

**Nach·saison die** late season

**nach|salzen** *unr. (auch regelm.) tr., itr. V.* **[etw.] ~:** put more salt in/on [sth.]

**Nach·satz der a)** *(letzte Bemerkung)* postscript; *(gesprochen)* final remark; **b)** *(Sprachw.)* postponed clause

**Nach·schau** *in:* **~ halten** *(geh.)* investigate; look into it

**nach|schauen** *(bes. südd., österr., schweiz.) s.* **nachsehen 1 a, b, c, 2 a, b**

**nach|schenken** *tr., itr. V.* top up one's/sb.'s glass; **jmdm. [Wein] ~:** top up sb.'s glass [with wine]

**nach|schicken** *tr. V.* **a)** *(durch die Post o. ä.)* forward; send on; **b)** *(folgen lassen)* **jmdm. jmdn. ~:** send sb. after sb.

**Nach·schlag der a)** *(ugs.: zusätzliche Portion)* second helping; seconds *pl.;* **b)** *(Musik: verzierender Ton)* grace note *(after another note); (Abschluß eines Trillers)* two-note termination *(of a trill)*

**nach|schlagen 1.** *unr. tr. V.* look up ⟨*word, reference, text*⟩*; (ugs.)* consult, look at ⟨*dictionary, book*⟩*;* **schlag mal nach, was X heißt** look up to see what X means. **2.** *unr. itr. V.* **a) im Lexikon/Wörterbuch ~:** consult the encyclopaedia/dictionary; **b)** *mit sein (geh.: ähnlich werden)* **jmdm. ~:** take after sb.

**Nachschlage·werk das** work of reference

**nach|schleichen** *unr. itr. V.; mit sein* **jmdm. ~:** creep *or* steal after sb.

**¹nach|schleifen** *unr. tr. V.* resharpen ⟨*knife, blade*⟩; repolish ⟨*lens*⟩

**²nach|schleifen** *tr. V. (ugs.)* drag [along] behind one/it

**Nach·schlüssel der** duplicate key

**nach|schmeißen** *unr. tr. V. (ugs.)* **a)** *(billig o. ä. geben)* give away; **man bekommt sie nachgeschmissen** you get them for next to nothing; **sie haben ihm das Abitur nachgeschmissen** his school-leaving exam was handed to him on a plate *(coll.)*; **b)** *s.* **nachwerfen a**

**Nach·schrift die a)** notes *pl.* (+ *Gen.* on); **b)** *(Postskriptum)* postscript (+ *Gen.* to)

**Nach·schub der** *(Milit.)* **a)** supply (**an** + *Dat.* of); *(fig.)* [provision of] further *or* fresh supplies *pl.* (**an** + *Dat.* of); **der ~ ist schlecht organisiert** the supply services *or* supplies are badly organized; **b)** *(~material)* supplies *pl.* (**an** + *Dat.* of); *(fig.)* further supplies *pl.*

**Nachschub·weg der** *(Milit.)* supply line

**Nach·schuß der a)** *(Wirtsch.)* contribution in excess of one's original share; further call; **b)** *(Ballspiele)* shot on the rebound

**nach|schütten** *tr. V.* put on more ⟨*coal, coke, etc.*⟩; pour in more ⟨*water*⟩

**nach|schwatzen,** *(bes. südd., österr.)* **nach|schwätzen** *tr. V. (abwertend)* repeat [parrot-fashion]

**nach|sehen 1.** *unr. itr. V.* **a)** *(hintersehen)* **jmdm./einer Sache ~:** look *or* gaze after sb./sth.; **b)** *(kontrollieren)* check *or* have a look [to see]; **~, wer da ist** go and see *or* have a look who's there; **c)** *(nachschlagen)* look it up; have a look. **2.** *unr. tr. V.* **a)** *(nachlesen)* look up ⟨*word, passage*⟩; **b)** *(überprüfen)* check [over]; look over; **c)** *(nicht verübeln)* overlook, let pass ⟨*remark*⟩; **jmdm. etw./zuviel ~:** let sb. get away with sth./too much

**Nach·sehen das** *in* **das ~ haben** not get a look-in; *(nichts abbekommen)* be left with nothing; **jmdm. bleibt das ~:** sb. does not get a look-in; *(bekommt nichts ab)* sb. is left with nothing

**nach|senden** *unr. od. regelm. tr. V.: s.* **nachschicken**

**Nach·sendung die** *(Postw.)* forwarding

**nach|setzen** *itr. V.* **jmdm./einem Tier ~:** pursue sb./an animal

**Nach·sicht die** leniency; forbearance; **mit jmdm. ~ haben** *od.* **üben** be lenient with sb.; make allowances for sb.; **ich muß um ~ bitten, daß ich so spät komme** please forgive me *or* I must apologize for coming so late; **keine ~ kennen** make no allowances; *(bei Strafen)* show no mercy

**nachsichtig 1.** *Adj.* lenient, forbearing (**gegen, mit** towards); *(verständnisvoll)* understanding. **2.** *adv.* leniently; *(verständnisvoll)* understandingly

**Nachsichtigkeit die; ~:** leniency; forbearance

**nachsichts·voll** *s.* **nachsichtig**

**Nach·silbe die** *(Sprachw.)* suffix

**nach|sinnen** *unr. itr. V. (geh.)* ponder; **einer Sache** *(Dat.)* **~:** think back to sth.

**nach|sitzen** *unr. itr. V.* be in detention; **[eine Stunde] ~ müssen** have [an hour's] detention

**Nach·sommer der** Indian summer

**Nach·sorge die;** *o. Pl. (Med.)* aftercare *no indef. art.*

**Nach·spann der** *(Film, Ferns.)* [final] credits *pl.*

**Nach·speise die** dessert; sweet

**Nach·spiel das a) die Sache wird noch ein ~ haben!** this affair will have repercussions; **ein gerichtliches ~ haben** result in court proceedings; **b)** *(Theater o. ä.)* epilogue; *(Musik)* postlude; **c)** *(beim Geschlechtsverkehr)* afterplay

**nach|spielen 1.** *tr. V.* **a)** *(Kartenspiel)* **den Buben** *usw.* **~:** follow up with the jack *etc.*; **b)** *(auch spielen)* **er hat es mir vorgespielt, ich mußte es ~:** he played it over to me, and I then had to play it myself; **c)** *(nachahmen)* imitate, mimic ⟨*person*⟩; re-enact ⟨*scene*⟩; **d)** *(anderswo aufführen)* take up, put on ⟨*new play etc.*⟩. **2.** *itr. V. (Ballspiele, bes. Fußball)* **[einige Minuten] ~:** play [a few minutes of] time added on; **der Schiedsrichter läßt ~:** the referee has added on time [for stoppages]

**nach|spionieren** *itr. V.* **jmdm. ~:** spy on sb.

**nach|sprechen** *unr. tr. V.* **[jmdm.] etw. ~:** repeat sth. [after sb.]

**nach|spülen 1.** *tr. V.* re-wash; wash again; *(mit klarem Wasser)* rinse. **2.** *itr. V.* **a)** *(ausspülen)* give it/them a rinse; **mit viel Wasser ~:** rinse out with plenty of water; **b)** *(ugs.: trinken)* **mit einem Bierchen ~:** have a beer as a chaser *(coll.) or* to wash it down

**nach|spüren** *itr. V.* **jmdm./einer Bande ~:** track down sb./a gang; **einer Sache** *(Dat.)* **~** *(fig.)* follow up *or* investigate sth.

**nächst** [nɛːçst] *Präp. mit Dat. (geh.)* next to

**nächst... 1.** *Sup. zu* **nahe. 2.** *Adj.* **a) der ~e Weg zum Bahnhof** the shortest way to the station; **in ~er Nähe** very near; **b)** *nicht präd. (unmittelbar danach)* next; **die ~e Straße links** the next street on the left; **beim ~en Bäcker** at the next baker's we come to; *s. auch* **best... b; c)** *nicht präd. (zeitlich)* next; **am ~en Tag** the next day; **am ~en ersten** on the first of next month; **bei ~er Gelegenheit** at the next opportunity; **in ~er Zukunft** in the very near future; **in den ~en Tagen/Jahren** in the next few days/years; **beim ~en Mal, das ~e Mal** the next time; **der ~e bitte!** next [one], please; **wer kommt als ~er dran?** whose turn is it next?; **als ~es räume ich den Speicher auf** the next thing I do *or* my next job will be to tidy the loft

**nächst·beste** *Adj. s.* **erstbeste**

**Nächst·beste der/die/das;** *adj. Dekl.* the first one [to turn up]; **das ~, was ich finde** the first thing I find

**Nächste der; ~n, ~n** *(geh.)* neighbour; **jeder ist sich selbst der ~:** one has to look after one's own interests

**nach|stehen** *unr. itr. V.* **jmdm. an etw.** *(Dat.)* **nicht ~:** be sb.'s match in sth.; **jmdm./einer Sache in nichts ~:** be in no way inferior to sb./sth.

**nach·stehend 1.** *Adj.* following. **2.** *adv.* below

**nach|steigen** *unr. itr. V.; mit sein (ugs.)* **einem Mädchen ~:** try to get off with *(Brit. coll.) or (Amer. coll.)* make it with a girl

**nach|stellen 1.** *tr. V.* **a)** *(Sprachw.)* **A wird B** *(Dat.)* **nachgestellt** A is placed after B; **nachgestellte Präposition** postpositive preposition; **nachgestellter Satz** postponed clause; **b)** *(zurückstellen)* put back ⟨*clock, watch*⟩; **c)** *(neu/genauer einstellen)* [re]adjust; take up the adjustment on ⟨*brakes, clutch*⟩; **d)** *(darstellen)* portray; represent. **2.** *itr. V. (geh.)* **einem Tier/einem Flüchtling ~:** hunt an animal/hunt *or* pursue a fugitive; **Hühnern** *usw.* **~** ⟨*dog*⟩ chase chickens *etc.*; **einem Mädchen ~** *(ugs.)* chase a girl

**Nach·stellung die a)** *(Sprachw.)* postposition; **b)** *Pl. (Verfolgung)* pursuit *sing.*; *(ugs.: Umwerbung)* advances

**Nächsten·liebe die** charity [to one's neighbour]; brotherly love

**nächstens** [ˈnɛːçstn̩s] *Adv.* **a)** *(demnächst)* shortly; in the near future; **passen Sie ~ besser auf!** be more careful next time; **b)** *(ugs.: wenn es so weitergeht)* if it goes on like this

**nächst-: ~folgend** *Adj.; nicht präd.* next; **~gelegen** *Adj.; nicht präd.* nearest; **~höher** *Adj.; nicht präd.* next higher; **die ~höhere Klasse** the next class [up]; **~jährig** *Adj.; nicht präd.* next year's; **~liegend** *Adj.; nicht präd.* first, immediate ⟨*problem*⟩; [most] obvious ⟨*explanation etc.*⟩; **das Nächstliegende** the [most] obvious thing; **~möglich** *Adj.; nicht präd.* earliest possible

**nach|stoßen** *unr. itr. V.* **a)** *mit sein (Milit.: vordringen)* move up *or* advance [behind them]; **b)** *(im Gespräch)* follow up [with another thrust]

**nach|suchen** *itr. V.* **a)** *(geh.: bitten)* **um etw. ~:** request sth.; *(bes. schriftlich)* apply for sth.; **b)** *(intensiv suchen)* search

**nacht** [naxt] *Adv.* **gestern/morgen/Dienstag ~:** last night/tomorrow night/on Tuesday night; **heute ~:** tonight; *(letzte Nacht)* last night

**Nacht die; ~, Nächte** [ˈnɛçtə] night; **es wird/ist ~:** it is getting dark/it is dark; night is falling/has fallen; **die ~ brach herein** night fell; **bei ~, in der ~,** *(geh.)* **des ~s** at night[-time]; **eines ~s** one night; **~ für ~:** night after night; **letzte ~:** last night; **die halbe ~:** half the night; **die ganze ~ [hindurch]** all night long; **diese ~:** tonight; **mitten in der ~:** in the middle of the night; **bis tief in die ~ hinein, bis spät in der ~:** until late at night; *(bis in die Morgenstunden)* into the small hours; **in der ~ vom 12. auf den 13. Mai** on the night of 12 May; **in der ~ auf Montag** on Sunday night; **über ~ bleiben** stay overnight; **über ~ berühmt werden** *(fig.)* become famous overnight; **zu[r] ~ essen** *(südd., österr.)* have one's evening meal; **gute ~!** good night!; **[na,] dann gute ~!** *(iron.)* [well,] that's that; **die ~ zum Tage machen, sich** *(Dat.)* **die ~ um die Ohren schlagen** *(ugs.)* stay up all night; **bei ~ und Nebel** under cover of darkness; *(heimlich)* furtively; like a thief in the night; **~ der langen Messer** *(salopp)* night of the long knives; **die ~ des Wahnsinns/Krieges/der Tyrannei** *(dichter.)* the dark night of madness/war/tyranny; *s. auch* **häßlich 1 a; heilig b; schwarz 1 a**

**nacht·aktiv** *Adj. (Zool.)* nocturnal

**nach|tanken** *tr., itr. V.* fill up; ⟨*aircraft*⟩ refuel; **20 Liter ~:** put in another 20 litres

**nacht-, Nacht-: ~arbeit die;** *o. Pl.* night work *no art.*; **~aufnahme die** night photograph *or* shot; **~bar die** night-spot *(coll.)*; **~blau** *Adj. (geh., dichter.)* midnight blue; **~blind** *Adj.* night-blind; **~blindheit die** night-blindness; **~creme die** night cream; **~dienst der** night duty; **~dienst haben** be on night duty; ⟨*chemist's shop*⟩ be open late

**Nach·teil der** disadvantage; **der ~, allein zu reisen** the disadvantage *or* drawback of travelling alone; **aus etw. entsteht** *od.* **erwächst jmdm. ein ~:** sth. puts sb. at a disadvantage; **im ~ sein, sich im ~ befinden** be at a disadvantage; **ich hatte nur ~e davon** I had nothing but disadvantages as a result; **der Prozeß ging zu seinem ~ aus** the trial went against him; **sich zu seinem ~ verändern** change for the worse; **jmdm. zum ~ gereichen, zu jmds. ~ gereichen** *(geh.)* be to sb.'s detriment

**nachteilig 1.** *Adj.* detrimental; harmful; **über sie ist nichts Nachteiliges bekannt** nothing to her disadvantage is known about her. **2.** *adv.* detrimentally; harmfully; **sich ~ auswirken** have a detrimental *or* harmful effect

**nächte·lang 1.** *Adj.; nicht präd.* lasting several nights *postpos.*; *(ganze Nächte dauernd)* all-night. **2.** *adv.* night after night

**nachten** [ˈnaxtn̩] *itr. V. (unpers.) (schweiz., sonst dichter.)* **es nachtet** night *or* darkness is falling

**Nacht-: ~essen das** *(bes. südd., schweiz.)* evening meal; supper; *(formell)* dinner; **~eule die** *(ugs. scherzh.)* night-owl *(coll.)*; **~falter der** moth; **~flug der** night flight; **~frost der** night frost; **~gebet das** bedtime prayer; **~geschirr das** chamber-pot; **~gespenst das** [nocturnal] ghost; **~gewand das** *(geh.)* night-dress; **~hemd das** night-shirt; **~himmel der;** *o. Pl.* night sky

**Nachtigall** ['naxtɪgal] **die**; ~, ~**en** nightingale; ~, **ich hör' dir trapsen** *(salopp)* I can see which way the wind blows *or* what he/she's after

**Nachtigallen·schlag der** song of the nightingale

**nächtigen** ['nɛçtɪgn̩] *(österr., sonst geh.)* spend the night

**Nach·tisch der**; *o. Pl.* dessert; sweet; **zum** *od.* **als** ~: as a *or* for dessert; **was gibt's zum** ~? what's for pudding *or (coll.)* afters?

**Nacht-: ~kästchen das** *(südd., österr.)* bedside table; **~klub der** night-club; **~lager das a)** *(geh.: Schlafstätte)* resting-place for the night; **b)** *(Biwak)* bivouac; **~leben das** night-life

**nächtlich** ['nɛçtlɪç] *Adj.; nicht präd.* nocturnal; night ⟨*sky*⟩; ⟨*darkness, stillness*⟩ of the night; **durch den ~en Wald gehen** go through the dark woods [at night-time]; **~e Ruhestörung** *(Rechtsspr.) causing a disturbance at night*

**Nacht-: ~lokal das** night-spot *(coll.)*; **~luft die** night air; **~mahl das** *(österr., auch südd.)* evening meal; supper; *(formell)* dinner; **~mahr** [~maːɐ̯] **der a)** *(Gespenst)* [nocturnal] ghost *or* spectre; **b)** *(Alptraum)* nightmare; **~mensch der** night-owl *(coll.)*; **~mütze die** nightcap; **~portier der** night porter; **~quartier das** accommodation *no indef. art.* for the night

**Nachtrag** [-traːk] **der**; ~**[e]s**, **Nachträge** [-trɛːgə] appendix; *(als weiteres Buch/Heft)* supplement

**nach|tragen** *unr. tr. V.* **a)** *(hinterhertragen)* **jmdm. etw.** ~: follow sb. carrying sth.; **b)** *(schriftlich ergänzen)* insert, add; *(noch sagen)* add; **nachzutragen wäre noch, daß ...**: I should add that ...; it should be added that ...; **c)** *(übelnehmen)* **jmdm. etw.** ~: hold sth. against sb.

**nach·tragend** *Adj.* unforgiving; *(rachsüchtig)* vindictive; **ich bin nicht** ~: I don't bear grudges

**nachträglich** [-trɛːklɪç] **1.** *Adj.; nicht präd.* later; subsequent ⟨*apology*⟩; *(verspätet)* belated ⟨*greetings, apology*⟩; *(zusätzlich)* additional; **eine ~e Gratifikation** a retrospective bonus. **2.** *adv.* afterwards; subsequently; *(verspätet)* belatedly; ~ **feiern** have a belated celebration

**Nachtrags·haushalt der** supplementary budget

**nach|trauern** *itr. V.* **jmdm./einer Sache** ~: bemoan *or* lament the passing of sb./sth.; *(sich sehnen nach)* pine for sb./sth.

**Nacht·ruhe die** night's sleep; **angenehme** ~! sleep well!; **er wünschte ihnen eine angenehme** ~: he [said he] hoped they would sleep well

**nachts** *Adv.* at night; **Montag** *od.* **montags** ~: on Monday nights; **um 3 Uhr** ~, ~ **um 3 [Uhr]** at 3 o'clock in the morning

**nacht-, Nacht-: ~schatten·gewächs das** *(Bot.)* plant of the Solanaceae family; **~schattengewächse** Solanaceae; **~schicht die** night-shift; **~schicht haben** be on night-shift; work nights; **~schlafend** *Adj.* **in bei/zu ~schlafender Zeit** *od.* **Stunde** *(ugs.)* at a time when all good people are in their beds; **~schwärmer der** *(scherzh.)* nocturnal reveller; **~schwarz** *Adj.* *(geh.)* jet-black; **~schwester die** night nurse; **~speicher·ofen der** night storage heater; **~strom der** off-peak electricity; **~stuhl der** commode

**nachts·über** *Adv.* overnight; during the night

**Nacht-: ~tarif der** night rate; *(für Strom)* off-peak rate; **~tisch der** bedside table; **~tisch·lampe die** bedside light; **~topf der** chamber-pot; **auf den ~topf gehen** use the chamber-pot; **~tresor der** night safe

**nach|tun** *unr. tr. V. (ugs.)* copy; **es jmdm.** ~: copy sb.

**Nacht-und-Nebel-Aktion die** hush-hush [*esp.* night-time] operation

**nacht-, Nacht-: ~vorstellung die** late-night show; **~wache die a)** *(Wachdienst)* night-watch; *(im Krankenhaus)* night-duty; *(eines Soldaten)* night guard-duty; **bei einem Kranken ~wache halten** sit up [at night] with a sick person; **b)** *(Person)* night-guard; *(für Fabrik, Büro o. ä.)* night-watchman; **~wächter der a)** night-watchman; **b)** *(salopp: Dummkopf)* dim-wit *(coll.)*; thickhead *(coll.)*; **~wächter·staat der** laissez-faire state providing for security only; **~wandeln** *itr. V.; auch mit sein* sleepwalk; **~wanderung die** nocturnal ramble; **~wandler** [-vandlɐ] **der**; ~**s**, ~, **~wandlerin die**; ~, ~**nen** sleep-walker; somnambulist *(formal)*; **~wandlerisch** *Adj.* **in mit ~wandlerischer Sicherheit** with the sureness of a sleepwalker; with instinctive sureness; **~zeit die** *in* **zu später** *od.* **vorgerückter ~zeit**: at a late hour [of the night]; **~zeug das** *(ugs.)* overnight things *pl. (coll.)*; **~zug der** night train; **~zu·schlag der** night-work supplement

**nach|untersuchen** *tr. V.* **jmdn./etw.** ~: give sb. a follow-up examination/check sth.

**Nach·untersuchung die** follow-up examination; check-up

**Nach·versicherung die a)** *(Rentenversicherung)* retrospective state pension contributions *pl. (for previously uninsured employee)*; **b)** *(von Sachwerten o. ä.)* additional insurance cover

**nachvollziehbar** *Adj.* comprehensible; **leicht/schwer** ~: easy/difficult to comprehend; **das ist für mich nicht** ~: I find this impossible to understand *or* comprehend

**nach|vollziehen** *unr. tr. V.* reconstruct ⟨*train of thought*⟩; *(begreifen)* comprehend

**nach|wachsen** *unr. itr. V.; mit sein* **[wieder]** ~: grow again

**Nach·wahl die** *(Politik)* postponed election; *(nach dem Tod o. ä. eines Abgeordneten)* by-election

**Nach·wehen** *Pl. (Med.)* afterpains; *(fig. geh.)* unpleasant after-effects

**nach|weinen** *itr. V.* **jmdm./einer Sache** ~: bemoan the loss of sb./sth.; **einer Sache** *(Dat.)* **nicht** ~: have no regrets about sth.; *s. auch* **Träne**

**Nachweis** [-vais] **der**; ~**es**, ~**e** proof *no indef. art.* *(Gen.,* **über** + *Akk.* of); *(Zeugnis)* certificate (**über** + *Akk.* of); **den** ~ **für etw. erbringen** *od.* **führen** produce *or* furnish proof of sth.; **als** *od.* **zum** ~: as proof; **es gelang ihm der** ~, **daß ...**: he managed to prove that ...

**nachweisbar 1.** *Adj.* demonstrable ⟨*fact, truth, error, defect, guilt*⟩; provable ⟨*fact, guilt*⟩; detectable ⟨*substance, chemical*⟩; **die Siedlung ist bis ins 7. Jahrhundert** ~: the settlement can be shown to have existed up to the 7th century. **2.** *adv.* demonstrably

**nach|weisen** *unr. tr. V.* **a)** prove; **jmdm. einen Fehler/Diebstahl** ~: prove sb. made a mistake/committed a theft; **man konnte ihm nichts** ~: they could not prove anything against him; **im Körper wurden Spuren des Giftes nachgewiesen** traces of the poison were detected in the body; **b)** *(Amtsspr.) (vermitteln)* arrange ⟨*hotel room*⟩; *(informieren über)* provide information on ⟨*hotel room, job*⟩

**nachweislich 1.** *Adj.; nicht präd.* demonstrable; **eine ~e Falschmeldung** a demonstrably wrong report. **2.** *adv.* demonstrably; as can be proved

**Nach·welt die**; *o. Pl.* posterity *no art.*; future generations *pl., no art.*

**nach|werfen** *unr. tr. V.* **a) jmdm. etw.** ~: throw sth. after sb.; **jmdm. einen wütenden Blick** ~ *(fig.)* cast a furious glance in sb.'s direction; **eine Münze** ~: put in another coin; **b)** *s.* **nachschmeißen a**

**nach|winken** *itr. V.* **jmdm./einer Sache** ~: wave after sb./sth.

**nach|wirken** *itr. V.* have a lasting effect (**bei** on); ⟨*medicine*⟩ continue to have an effect; ⟨*literary work*⟩ continue to have an influence

**Nach·wirkung die** after-effect; *(fig.: Einfluß)* influence

**nach|wollen** *itr. V. (ugs.)* **jmdm.** ~: want to follow sb.

**Nach·wort das**; *Pl.* **~worte** afterword, postface (**zu** to)

**Nach·wuchs der**; *o. Pl* **a)** *(fam.: Kind[er])* offspring; **sie erwartet** ~: she's expecting [a baby]; **b)** *(junge Kräfte)* new blood; *(für eine Branche usw.)* new recruits *pl.*; *(in der Ausbildung)* trainees *pl.*; **der musikalische** ~: the rising generation of musicians

**Nachwuchs-: ~autor der** up-and-coming author; **~kraft die** new recruit; *(in der Ausbildung)* trainee; **~kräfte** junior staff; **~mangel der** lack of new blood *or* new recruits; **~sorgen** *Pl.* recruitment problems; **~spieler der** *(Sport)* up-and-coming player

**nach|zahlen** *tr., itr. V.* **a)** pay later; pay ⟨*salary*⟩ in arrears; **1000 DM Steuern** ~: pay 1,000 marks back tax; **b)** *(zusätzlich zahlen)* **25 DM** ~: pay another 25 marks

**nach|zählen** *tr., itr. V.* [re]count; check

**Nach·zahlung die** additional payment; *(spätere Zahlung)* deferred payment; *(Steuerzahlung)* back tax

**nach|zeichnen** *tr. V.* copy ⟨*picture*⟩; draw ⟨*tree, horse*⟩; *(mit Pauspapier o. ä.)* trace ⟨*picture, tree, horse*⟩; *(fig.: schildern)* portray

**Nach·zeitigkeit die**; ~: *(Sprachw.)* future sense of the subordinate clause

**nach|ziehen 1.** *unr. itr. V.* **a)** *(ugs.: ebenso handeln)* do likewise; follow suit; **b)** *mit sein (hinterhergehen)* **jmdm./einer Sache** ~: follow sb./sth.; **c)** *mit sein (nachträglich übersiedeln)* **jmdm.** ~: [go to] join sb. **2.** *unr. tr. V.* **a)** *(hinter sich herziehen)* drag ⟨*foot, leg*⟩; **b)** *(verstärkend)* retrace, go over ⟨*line*⟩; pencil ⟨*eyebrows*⟩; **die Lippen** ~: put on more lipstick; **c)** *(festziehen)* tighten [up] ⟨*nut, bolt*⟩

**Nach·zug der** *(Eisenb.)* relief train

**Nachzügler** [-t͜syːklɐ] **der** straggler; *(spät Ankommender)* latecomer

**Nackedei** ['nakədai̯] **der**; ~**s**, ~**s a)** *(fam. scherzh.: Kind)* **[kleiner]** ~: naked little thing *or* monkey; little bare-bum *(Brit. coll.)*; **b)** *(ugs. scherzh.: Person)* person in the buff; *(im Bild, Film usw.)* nude

**Nacken** ['nakn̩] **der**; ~**s**, ~: back *or* nape of the neck; *(Hals)* neck; **den Hut in den** ~ **schieben** push one's hat right back; **den Kopf in den** ~ **werfen** throw one's head right back; **das Haar fiel ihm bis in den** ~: his hair hung down the back of his neck; **die Arme im** ~ **verschränken** fold one's arms behind one's neck; **den** ~ **steifhalten** *(fig. ugs.)* keep one's chin up; **jmdm. im** ~ **sitzen** *(fig.)* be breathing down sb.'s neck; **die Furcht/Angst sitzt ihm im** ~: he is gripped by fear

**nackend** *(veralt., noch landsch.) s.* **nackt a**

**Nacken-: ~haar das** hair on the back of one's neck; neck hair; **~rolle die** bolster; **~schutz der** neck-guard

**nackert** ['nakɐt] *(südd., österr. ugs.)*, **nackig** *(bes. md.) s.* **nackt a**

**nackt** [nakt] *Adj.* **a)** *(unbekleidet)* naked; bare ⟨*feet, legs, arms, skin, fists*⟩; **mit ~em Oberkörper** stripped to the waist; ~ **und bloß** completely naked; **sich** ~ **ausziehen** strip naked; strip off completely; ~ **baden** bathe in the nude; **b)** *(kahl)* bald ⟨*head*⟩; hairless ⟨*chin*⟩; featherless ⟨*bird*⟩; bare ⟨*rocks, island, tree, branch, walls, bulb*⟩; **auf dem ~en Boden schlafen** sleep on the bare floor; **c)** *(unverhüllt)* stark ⟨*poverty, misery, horror*⟩; naked ⟨*greed*⟩; plain ⟨*fact, words*⟩; plain, unvarnished ⟨*truth*⟩; **~e Angst** sheer *or* stark terror; **d)** bare ⟨*existence*⟩; **das ~e Leben retten** barely manage to escape with one's life; save one's skin [and nothing more]

**Nạckt-: ~arsch der** *(salopp scherzh.)* barebum *(Brit. coll.)*; bare-bottom; **~baden das**; **~s** nude bathing; **~bade·strand der** nudist beach

**Nạckte der/die;** *adj. Dekl.* naked man/woman; *(im Bild, Film usw.)* nude; **die ~n am Strand** the naked people *or* people in the nude on the beach

**Nạckt-: ~foto das** nude photo; **~frosch der** *(fam. scherzh.)* **[kleiner] ~frosch** naked little thing *or* monkey; litte bare-bum *(Brit. coll.)*

**Nạcktheit die; ~:** nakedness; nudity; *(fig.: der Landschaft usw.)* bareness

**Nạckt-: ~kultur die;** *o. Pl. (ugs.)* nudism *no art.*; **~samer** [-za:mɐ] **der; ~s, ~:** *(Bot.)* gymnosperm; **~tänzerin die** nude dancer

**Nadel** ['na:dl̩] **die; ~, ~n** needle; *(Steck~, Hut~, Haar~)* pin; *(Häkel~)* hook; *(für Tonabnehmer)* stylus; **etw. mit heißer/mit der heißen ~ nähen** *(fig. ugs.)* sew sth. in a great hurry; **an der ~ hängen** *(fig. ugs.)* be on the needle *(sl.)*; **man konnte eine ~ fallen hören** you could have heard a pin drop

**nạdel-, Nạdel-: ~baum der** conifer; coniferous tree; **~drucker der** *(DV)* dot matrix printer; **~förmig** *Adj.* needle-shaped; needle-like ⟨*point etc.*⟩; **~geld das** *(veralt.)* pin money *no indef. art.*; **~holz das;** *Pl.* **~hölzer a)** softwood; pine-wood; **b)** *(Baum)* conifer; **~kissen das** pincushion

**nạdeln** *itr. V.* ⟨*tree*⟩ shed its needles

**Nạdel-: ~öhr das** eye of a/the needle; **~spitze die** point of a/the needle; **~stärke die** needle size; size of needle; **~stich der a)** *(Stich)* needle-prick; *(einer Stecknadel usw.)* pinprick; *(fig.: Bosheit)* barbed *or (coll.)* snide remark; **jmdm. ~stiche versetzen** aim barbed *or (coll.)* snide remarks at sb.; **b)** *(Nähstich)* stitch; **~streifen der** pin-stripe; **~streifen·anzug der** pin-stripe suit; **~wald der** coniferous forest

**Nadir** [na'di:ɐ̯] **der; ~s** *(Astron.)* nadir

**Nagel** ['na:gl̩] **der; ~s, Nägel** ['nɛ:gl̩] **a)** nail; *(Med.: für Bruchstellen)* pin; **b)** *(fig.)* **ein ~ zu jmds. Sarg sein** *(salopp)* be a nail in sb.'s coffin; **den ~ auf den Kopf treffen** *(ugs.)* hit the nail on the head *(coll.)*; **Nägel mit Köpfen machen** *(ugs.)* do things properly; make a real job of it; **den Sport** *usw.* **/den Beruf an den ~ hängen** *(ugs.)* give up sport *etc./(coll.)* chuck in one's job; **seine Boxhandschuhe an den ~ hängen** *(ugs.)* hang up one's boxing-gloves; **c)** *(Finger~, Zehen~)* nail; **das brennt mir auf** *od.* **unter den Nägeln** *(fig. ugs.)* it's so urgent I just have to get on with it *or* it just won't wait; **sich** *(Dat.)* **etw. unter den ~ reißen** *(fig. salopp)* make off with sth.; *s. auch* [3]**Schwarze b**

**nạgel-, Nạgel-: ~bett das** nail-bed; **~brett das** bed of nails; **~bürste die** nail-brush; **~feile die** nail-file; **~fest** *s.* **niet- und nagelfest**; **~haut die** cuticle; **~haut·entferner der; ~s, ~:** cuticle-remover

**Nägel·kauen das; ~s** nail-biting *no art.*

**Nạgel-: ~kopf der** nail-head; **~lack der** nail varnish *(Brit.)*; nail polish; **~lack·entferner der; ~s, ~:** nail-varnish *(Brit.) or* nail polish remover

**nạgeln** *tr. V.* nail (**an** + *Akk.* to, **auf** + *Akk.* on); *(Med.)* pin ⟨*bone, leg, etc.*⟩; **aus Brettern Kisten ~:** nail planks together to make crates

**nạgel-, Nạgel-: ~neu** *Adj. (ugs.)* brand-new; **~pflege die** care of the nails; nail-care; **~probe die** *(fig.)* acid test (**auf** + *Akk.* of); **die ~probe machen** try the acid test; **~reiniger der** nail-cleaner; **~schere die** nail-scissors *pl.*; **~schuh der** hobnailed boot; **~zange die** nail-clippers *pl.*

**nagen** ['na:gn̩] **1.** *itr. V.* gnaw; **an etw.** *(Dat.)* **~:** gnaw [at] sth.; **an der Unterlippe ~:** chew one's lower lip; **an jmdm. ~** *(fig.)* prey on sb.; **an jmds. Gesundheit ~** *(fig.)* undermine sb.'s health. **2.** *tr. V.* gnaw off; **ein Loch ins Holz ~:** gnaw a hole in the wood. **3.** *refl. V.* **sich durch etw. ~:** gnaw through sth.

**nạgend** *Adj.* gnawing ⟨*pain, hunger, fear*⟩; nagging ⟨*pain, doubts, uncertainty, etc.*⟩

**Nạge·tier das** rodent

**nah** [na:] *s.* **nahe**

**Nạ̈h·arbeit die** [piece of] sewing; **~en** sewing jobs; sewing *sing.*

**Nạh-: ~aufnahme die** *(Fot.)* close-up [photograph]; **~bereich der a)** *(Fot.)* foreground; **b)** *(nähere Umgebung)* [immediate] surrounding area; locality; *(Fernspr.)* local area

**nahe** ['na:ə] **1.** *Adj.* **näher** ['nɛ:ɐ], **nächst...** [nɛ:çst...] **a)** *(räumlich)* near *pred.*; close *pred.*; nearby *attrib.*; **es ist ganz ~ bis zum Bahnhof** it's not far to the station; **ich bin dir in Gedanken ~** *(geh.)* I am close to you *or* with you in my thoughts; **in der näheren Umgebung** in the neighbourhood; around here/there; **in der nächsten Umgebung von Köln** in the immediate neighbourhood of Cologne; *s. auch* **Osten c; b)** *(zeitlich)* imminent; near *pred.*; **in ~r Zukunft** in the near future; **Weihnachten ist/die Ferien sind ~:** Christmas is/the holidays are nearly here; **die Rettung ist ~:** help is imminent *or* at hand; **das ~ Wochenende** the fast approaching weekend; **c)** *(eng)* close ⟨*relationship, relative, friend*⟩; **seine nähere/nächste Verwandtschaft** his close/closest relatives *pl.* **2.** *adv.* **näher, am nächsten a)** *(räumlich)* **~ an** (+ *Dat./Akk.*), **~ bei** close to; **~ gelegen** nearby; **komm mir nicht zu ~!** don't come too close!; keep your distance!; **~ beieinander** close together; **von ~m** from close up; at close quarters; **aus** *od.* **von nah und fern** *(geh.)* from near and far; **jmdm. zu ~ treten** *(fig.)* offend sb.; **b)** *(zeitlich)* **~ an Mittag** nearly midday; **~ an die achtzig** *(ugs.)* pushing eighty *(coll.)*; **~ bevorstehen** be in the offing; be fast approaching; **~ daran sein, etw. zu tun** be on the point of doing sth.; **c)** *(eng)* closely; **~ befreundet sein** be close friends; *s. auch* **näher. 3.** *Präp. mit Dat. (geh.)* near; close to; **den Tränen/dem Wahnsinn ~ sein** be on the brink of tears/on the verge of madness; **dem Tode ~ sein** be close to death

**Nähe** ['nɛ:ə] **die; ~: a)** closeness; proximity; *(Nachbarschaft)* vicinity; **in der ~ der Stadt** near the town; **in nächster** *od.* **unmittelbarer ~ des Sees** right next to the lake; **in meiner ~:** near me; *(um mich herum)* around me; *(in der Nachbarschaft)* in my neighbourhood; near where I live; **ich traue mich nicht in seine ~:** I dare not go anywhere near him; **seine ~ stört mich** having him around puts me off; **jmds. ~ suchen** seek sb.'s company; **menschliche Wärme und ~ spüren** feel the warmth of human friendship around one; **er wohnt in der ~/ganz in der ~:** he lives in the vicinity *or* nearby/very near; **irgendwo hier/dort [ganz] in der ~:** somewhere [very] near here/there; **bleibt in der ~!** stay nearby; don't go too far away; **etw. aus der ~ betrachten** take a closer look at sth.; **aus der ~ betrachtet** *(auch fig.)* viewed more closely; **in unmittelbare ~ rücken** ⟨*events*⟩ become imminent; **die zeitliche ~ zu den Ereignissen erlaubt noch keine distanzierte Analyse** the closeness *or* recentness of the events does not yet permit a detached analysis; *s. auch* **greifbar 1a**

**nahe-: ~bei** *Adv.* nearby; close by; **~|bringen** *unr. tr. V.* **jmdm. die moderne Kunst** *usw.* **~bringen** make modern art *etc.* accessible to sb.; *(lebendig machen)* bring modern art *etc.* to life for sb.; **das brachte sie einander ~:** that brought them closer together; *s. auch* **näher 3a**; **~|gehen** *unr. itr. V.; mit sein* **jmdm. ~gehen** affect sb. deeply

**Nah·einstellung die** *(Fot.)* close focusing

**nahe-: ~|kommen** *unr. itr. V.; mit sein* **einer Sache** *(Dat.)* **~kommen** come close to sth.; ⟨*amount*⟩ approximate to sth.; **jmdm./sich [menschlich] ~kommen** get to know sb./one another well; **~|legen** *tr. V.* suggest; give rise to ⟨*suspicion, supposition, thought*⟩; **jmdm. etw. ~legen** suggest sth. to sb.; **jmdm. den Rücktritt ~legen, jmdm. ~legen, zurückzutreten** put it to sb. that he/she should resign; **~|liegen** *unr. itr. V.* ⟨*thought*⟩ suggest itself; ⟨*suspicion, question*⟩ arise; **~liegend** *Adj.* ⟨*question, idea*⟩ which [immediately] suggests itself; natural ⟨*suspicion*⟩; obvious ⟨*reason, solution*⟩; **das Naheliegende** the obvious thing [to do]

**nahen** *(geh.)* **1.** *refl. V.; mit sein (veralt.: sich nähern)* approach; draw near *or (arch.)* nigh; **sich jmdm. ~:** approach sb. **2.** *itr. V.; mit sein* draw near; **sein/ihr Ende nahte** the end was near; **eine ~de Katastrophe** imminent disaster

**nähen 1.** *itr. V.* sew; *(Kleider machen)* make clothes; **an einem Mantel ~:** work on [the sewing of] a coat. **2.** *tr. V.* **a)** sew ⟨*seam, hem*⟩; *(mit der Maschine)* machine ⟨*seam, hem*⟩; *(herstellen)* make ⟨*dress, coat, curtains, etc.*⟩; **etw. an** *od.* **auf etw.** *(Akk.)* **~:** sew sth. on to sth.; **b)** *(Med.)* stitch ⟨*wound etc.*⟩; **der Patient mußte genäht werden** *(ugs.)* the patient had to have stitches; *s. auch* **doppelt 2a**

**näher 1.** *Komp. zu* **nahe. 2.** *Adj.; nicht präd.* **a)** *(kürzer)* shorter ⟨*way, road*⟩; **b)** *(genauer)* further, more precise ⟨*information*⟩; closer ⟨*investigation, inspection*⟩; **die ~en Umstände** the precise circumstances; **bei ~em Hinsehen** on closer examination; **wissen Sie Näheres [darüber]?** do you know any more [about it]?; do you know any details?; **Näheres hierzu siehe unten** for further information on this see below; **des ~en** *(geh.)* in detail. **3.** *adv.* **a) bitte treten Sie ~!** please come in/nearer/this way; **es bringt uns unserem Ziel nicht ~:** it does not bring us any closer to our goal; **b)** *(genauer)* more closely; *(im einzelnen)* in [more] detail; **etw. ~ ansehen** have a closer look at sth.; examine sth. more closely; **~ auf etw.** *(Akk.)* **eingehen, sich ~ mit etw. befassen** go into sth. in [more] detail; **jmdn./etw. ~ kennenlernen** get to know sb./sth. better; **ich kenne ihn nicht ~:** I don't know him well; **allmählich kommen wir der Sache ~:** we're gradually getting to the point

**näher|bringen** *unr. tr. V.* **jmdm. etw. ~:** make sth. more real *or* more accessible to sb.

**Nah·erholungs·gebiet das** nearby recreational area

**Näherin die; ~, ~nen** needlewoman; *(hist.)* seamstress

**näher-: ~|kommen** *unr. itr. V.; mit sein* **jmdm. [menschlich] ~kommen** get on closer terms with sb.; **sich** *(Dat.)/(geh.)* **einander ~kommen** become closer; **~|liegen** *unr. itr. V.* be more obvious; **was liegt da näher, als ...:** what can be more obvious *or* natural than ...

**nähern 1.** *refl. V.* **a)** *(herankommen)* approach; **die Tiere näherten sich bis auf wenige Meter** the animals came up to within a few metres; **sich jmdm./einer Sache** *(Dat.)* **~:** approach sb./sth.; draw nearer to sb./sth.; **sich dem Ende ~** ⟨*stay, summer*⟩ draw to its end, draw to an end; **sich dem Ziel der Reise ~:** near one's destination; **b)** *(Kontakt aufnehmen)* **sich jmdm. ~:** approach sb.; **c)** *(sich angleichen)* **sich einem Ideal ~:** come close to an ideal; approximate to an ideal. **2.** *tr. V. (heranbringen)* **etw. einer Sache** *(Dat.)* **~:** bring sth. closer to sth.

**näher|stehen** *unr. itr. V.* **jmdm./sich** *od.* *(geh.)* **einander ~:** be closer to sb./one another
**Näherung die; ~, ~en** approximation
**Näherungs·wert der** *(Math.)* approximate value
**nahe-: ~|stehen** *unr. itr. V.* **jmdm. ~stehen** be on close *or* intimate terms with sb.; **einer Partei ~stehen** sympathize with a party; **~stehend** *Adj.* **die ihm Nahestehenden** those close to him; **eine der Witwe ~stehende Cousine** a cousin who is/was on close terms with the widow; **~zu** *Adv. (mit Adjektiven)* almost; nearly; wellnigh ‹*impossible, superhuman*›; all but ‹*exhausted, impossible*›; *(mit Zahlenangabe)* close on
**Näh-: ~faden der** sewing thread; **~garn das** [sewing] cotton
**Nah·kampf der a)** *(Milit.)* close combat; **b)** *(Boxen)* infighting
**Näh-: ~kästchen das a)** *s.* **~kasten; b) aus dem ~kästchen plaudern** *(ugs. scherzh.)* tell all; *(als Kenner, Fachmann)* tell the inside story; **~kasten der** sewing-box; workbox; **~korb der** sewing-basket
**nahm** [na:m] *1. u. 3. Pers. Sg. Prät. v.* **nehmen**
**Näh-: ~maschine die** sewing-machine; **~nadel die** sewing-needle
**Nah·ost** *o. Art.* the Middle East
**nah·östlich** *Adj.* Middle Eastern
**Nähr-: ~boden der** culture medium; *(fig.)* breeding-ground; **~creme die** skin food
**nähren** ['nɛ:rən] **1.** *tr. V.* **a)** *(ernähren)* feed ‹*animal, child*› **(mit** on); **gut/schlecht genährt** well-fed/underfed; **b)** *(geh.: entstehen lassen)* nurture ‹*hope, suspicion, hatred*›; cherish ‹*desire, hope*›; foster ‹*plan, hatred*›; **c)** *(geh.: Lebensunterhalt geben)* provide a [good] living for; **dieser Beruf nährt seinen Mann** you can make a good living in this job. **2.** *itr. V. (nahrhaft sein)* be nourishing. **3.** *refl. V. (geh.)* **sich von etw. ~:** live on sth.; ‹*animal*› feed on sth.
**nahrhaft** *Adj.* nourishing; nutritious; **ein ~es Essen** *od. (geh.)* **Mahl** a square meal
**Nähr-: ~lösung die a)** fluid culture medium; **b)** *(für Hydrokultur, künstliche Ernährung)* nutrient solution; **~salze** *Pl.* nutrient salts; **~stoffe** *Pl.* nutrients
**Nahrung** ['na:rʊŋ] **die; ~:** food; **flüssige/feste ~:** liquids *pl.*/solids *pl.*; **die ~ verweigern** refuse food; **geistige ~** *(fig.)* intellectual nourishment; **dem Verdacht/den Gerüchten** *usw.* **~ geben** *od.* **bieten** *(fig.)* help to nurture *or* foster the suspicion/the rumours *etc.*; **es gab seinem Zorn neue ~** *(fig.)* it gave fresh fuel to his anger; it rekindled his anger
**Nahrungs-: ~aufnahme die** intake of food; **die ~aufnahme verweigern** refuse food; **~mittel das** food [item]; **~mittel** *Pl.* foodstuffs; **~mittel·chemie die** food chemistry *no art.*; **~mittel·industrie die** food *or* foodstuffs industry; **~quelle die** source of food; **~suche die** search for food; **auf ~suche gehen** search for food; *(jagen)* hunt for food
**Nähr·wert der** nutritional value; **keinen [sittlichen** *od.* **geistigen] ~ haben** *(fig. salopp)* be completely and utterly pointless
**Näh·seide die** sewing silk
**Naht** [na:t] **die; ~, Nähte** ['nɛ:tə] **a)** seam; **aus den** *od.* **allen Nähten platzen** *(fig. ugs.)* ‹*person, fig.: institution etc.*› be bursting at the seams; **b)** *(Med., Anat.)* suture
**Näh·tisch der** sewing-table
**naht·los 1.** *Adj.* seamless; *(fig.)* perfectly smooth ‹*transition*›. **2.** *adv.* **Studium und Beruf gehen nicht ~ ineinander über** there is not a perfectly smooth transition from study to work
**Naht·stelle die a)** *(Schweißnaht)* seam; **b)** *(Berührungsstelle)* point of contact, interface **(von** between); *(Grenzlinie)* borderline

**Nah-: ~verkehr der** local traffic; **nur im ~verkehr eingesetzt werden** be used only for local services; **~verkehrs·mittel das** form of local transport; **~verkehrs·zug der** local train
**Näh·zeug das** sewing things *pl.*
**Nah·ziel das** short-term *or* immediate aim
**naiv** [na'i:f] **1.** *Adj.* naïve; ingenuous ‹*look; child*›; unaffected ‹*pleasure*›; **ein ~er Zugang zur Musik** an unsophisticated approach to music; **die Naive/den Naiven spielen** act naïve. **2.** *adv.* naïvely; **sich ~ an etw.** *(Dat.)* **freuen** take an unaffected pleasure in sth.
**Naive die;** *adj. Dekl. (Theater)* ingénue
**Naivität** [naivi'tɛ:t] **die; ~:** naïvety; *(eines Blickes, Kindes)* ingenuousness; *(von Vergnügen)* unaffectedness
**Naivling der; ~s, ~e** *(ugs. abwertend)* [naïve] simpleton
**Name** ['na:mə] **der; ~ns, ~n,** *(seltener)* **Namen** ['na:mən] **der; ~s, ~:** name; **wie ist der ~ dieser Tiere/Leute?** what are these animals/people called?; **die Dinge/das Unrecht beim ~n nennen** call a spade a spade/acknowledge injustice as such; **[gestatten,] mein ~ ist Maier** [allow me to introduce myself,] my name is Maier; **wie war gleich Ihr ~?** what was your name again?; **ich kenne ihn/es nur dem ~n nach** I know him/it only by name; **der Hund hört auf den ~n Fifi** the dog answers to the name of Fifi; **unter jmds. ~n** *(Dat.)* under sb.'s name; **das Konto läuft auf meinen ~n/das Auto ist auf meinen ~n gemeldet** the account is in/the car is registered in my name; **ein Mann mit ~n Emil** a man by the name of Emil; **er rief mich bei** *od.* **mit meinem ~n** he called me by my name; **in jmds./einer Sache ~n, im ~n von jmdm./etw.** on behalf of sb./sth.; **im eigenen ~n handeln** act on one's own account; **im ~n des Volkes/Gesetzes** *(Rechtsspr.)* in the name of the people/the law; **in Gottes ~n!** *(ugs.)* for God's sake; **sich** *(Dat.)* **einen ~n machen** make a name for oneself; *s. auch* **daher b; Hase a; hergeben a; Kind a**
**namen-, Namen-: ~forschung die;** *o. Pl.*: *s.* **~kunde; ~gebung die; ~, ~en** *(allgemein)* giving of names; *(in einem bes. Fall)* choice of name; **~gedächtnis das** memory for names; **~kunde die;** *o. Pl.* onomastics *sing., no art.*; **~liste die** list of names; **~los 1.** *Adj.* **a)** nameless; *(unbekannt)* unknown; anonymous ‹*author, poet*›; **b)** *(geh.: unbeschreiblich)* unspeakable, indescribable ‹*misery*›; inexpressible ‹*joy*›; **2.** *adv. (geh.)* unspeakably; unutterably; **~register das** *s.* **~liste**
**namens 1.** *Adv.* by the name of; called. **2.** *Präp. mit Gen. (Amtsspr.)* on behalf of
**Namens-: ~änderung die** change of name; **~gebung die; ~, ~en** *s.* **Namengebung; ~nennung die** mention of a name/of names; *(Nennung des eigenen Namens)* giving of one's name; **~patron der** patron saint; **~schild das a)** *(an Türen usw.)* name-plate; **b)** *(zum Anstecken)* name-badge; **~tag der** name-day; **sie hat am ... ~tag** it is her name-day on the ...; **~vetter der** namesake; **~zug der a)** *(Unterschrift)* signature; **b)** *(veralt.: Monogramm)* monogram
**namentlich** ['na:məntlɪç] **1.** *Adj.* by name *postpos.*: **eine ~e Liste** a list of names; **eine ~e Abstimmung** a roll-call vote. **2.** *Adv.* **a)** *(mit Namen)* by name; **jmdn. ~ nennen** mention sb. by name; name sb.; **b)** *(besonders)* particularly; especially
**namhaft 1.** *Adj.* **a)** *nicht präd. (berühmt)* noted; of note *postpos.*; **b)** *(ansehnlich)* noteworthy ‹*sum, difference*›; notable ‹*contribution, opportunity*›; **c)** *in* **jmdn./etw. ~ machen** *(Papierdt.)* name sb./sth. **2.** *adv. (beträchtlich)* considerably

**Namibia** [na'mi:bi̯a] **(das); ~s** Namibia
**Namibier der; ~s, ~, Namibierin die; ~, ~nen** Namibian
**nämlich** ['nɛ:mlɪç] **1.** *Adv.* **a) er kann nicht kommen, er ist ~ krank** he cannot come, as he is ill; he can't come – he's ill[, you see] *(coll.)*; **b)** *(und zwar)* namely; *(als Füllwort)* **das war ~ ganz anders** it was quite different in fact *or* actually. **2.** *Adj. nicht präd. (geh. veralt.)* same; *(steigernd)* selfsame
**nannte** ['nantə] *1. u. 3. Pers. Sg. Prät. v.* **nennen**
**nanu** [na'nu:] *Interj.* **~, was machst du denn hier?** hello, what are you doing here?; **~, wo ist denn der ganze Käse geblieben?** that's funny, what's happened to all that cheese?; **~, Sie gehen schon?** what, you're going already?
**Napalm** ['na:palm] **das; ~s** napalm
**Napalm·bombe die** napalm bomb
**Napf** [napf] **der; ~[e]s, Näpfe** ['nɛpfə] bowl *(esp. for animal's food)*
**Napf·kuchen der** gugelhupf; ring cake
**Naphthalin** [nafta'li:n] **das; ~s** naphthalene
**Nappa** ['napa] **das; ~[s] ~s, Nappa·leder das** nappa [leather]
**Narbe** ['narbə] **die; ~, ~n a)** scar; **von dieser Verletzung werden ~n zurückbleiben** this wound will leave scars; **tiefe ~n bei jmdm. hinterlassen** *(fig.)* leave sb. deeply scarred; **b)** *(Bot.)* stigma
**Narben-: ~bildung die** scar formation; **~leder das** *(Gerberei)* grained leather; **~seite die** *(Gerberei)* hair *or* grain side
**narbig** *Adj.* scarred; *(von Pocken o. ä.)* pitted; pock-marked
**Narbung die; ~, ~en** *(Gerberei)* grain[ing]
**Narkose** [nar'ko:zə] **die; ~, ~n** *(Med.)* narcosis; **mit** *od.* **in/ohne ~:** under anaesthesia/without an anaesthetic; **dem Patienten eine ~ geben** give the patient a general anaesthetic; **aus der ~ aufwachen** come round from the anaesthetic; **jmdn. aus der ~ holen** awaken sb. from the anaesthetic
**Narkose-: ~arzt der** anaesthetist; **~gewehr das** tranquillizer gun; **~mittel das** anaesthetic
**Narkotikum** [nar'ko:tikʊm] **das; ~s, Narkotika** *(Med.)* narcotic
**narkotisch 1.** *Adj. (Med., auch fig.)* narcotic; overpowering ‹*scent*›. **2.** *adv.* **auf jmdn. ~ wirken** have a narcotic effect on sb.
**narkotisieren** *tr. V. (Med.)* anaesthetize ‹*patient*›; put ‹*patient*› under a general anaesthetic
**Narr** [nar] **der; ~en, ~en** fool; *(Hof~)* jester; fool; *(Fastnachts~)* carnival jester *or* reveller; **sich zum ~en machen** let oneself be fooled; **jmdn. zum ~en haben** *od.* **halten** play tricks on sb.; *(täuschen)* pull the wool over sb.'s eyes; **einen ~en an jmdm. gefressen haben** *(ugs.)* be dotty about sb. *(coll.)*
**narren** ['narən] *tr. V. (geh.)* **jmdn. ~:** make a fool of sb.; *(täuschen)* deceive sb.
**narren-, Narren-: ~freiheit die** freedom to do as one pleases; **jmdm. ~freiheit gewähren** let sb. do as he/she pleases; **~hände** *Pl. in* **~hände beschmieren Tisch und Wände** *(Spr.)* little vandals scribble on everything; **~kappe die** *(hist.)* jester's cap and bells; **~possen** *Pl. (geh. veralt.)* tomfoolery *sing.*; **~sicher** *(ugs.)* **1.** *Adj.* foolproof; **2.** *adv.* in a foolproof way; **~zepter das** jester's sceptre *or* bauble
**Narretei** [narə'tai̯] **die; ~, ~en** *(geh.)* **a)** *(Scherz)* prank; **~en** fooling about *sing.*; **b)** *(Torheit)* folly; stupidity
**Narrheit die; ~, ~en a)** *o. Pl. (Art)* foolishness; **b)** *(Handlung)* foolish prank
**Närrin** ['nɛrɪn] **die; ~, ~nen** fool; **liebe ~nen und Narren!** my dear she-asses and jackasses! *(form of address used by speakers at carnival time)*
**narrisch** *(südd.) s.* **närrisch 1 a, b, 2 a, b**

**närrisch** ['nɛrɪʃ] 1. *Adj.* a) *(verrückt)* crazy; *(wirr im Kopf)* scatter-brained; dotty *(coll.)*; [ein] ~es Zeug reden talk gibberish; halb/ganz ~ [vor Glück] be almost/quite beside oneself [with joy]; auf etw. *(Akk.) od.* nach etw. ganz ~ sein be mad keen on sth. *(sl.)*; b) *(ugs.: sehr viel, groß)* terrific *(coll.)*; ein ~es Geld a fantastic amount of money *(coll.)*; c) *nicht präd. (karnevalistisch)* carnival-crazy ⟨*season*⟩; das ~e Treiben [beim Karneval *od.* Fasching] the mad *or* crazy carnival antics *pl.* 2. *adv.* a) *(verrückt)* crazily; sich ~ benehmen carry on like a madman/madwoman; act crazy; b) *(ugs. sehr)* terrifically *(coll.)*; ~ verliebt sein be madly in love *(coll.)*

**Narziß** [nar'tsɪs] der; ~ *od.* Narzisses, Narzisse Narcissus

**Narzisse** [nar'tsɪsə] die; ~, ~n narcissus; gelbe ~: daffodil

**Narzißmus** der; ~: *(Psych.)* narcissism

**narzißtisch** *Adj. (Psych.)* narcissistic

**nasal** [na'za:l] 1. *Adj.* nasal. 2. *adv.* nasally

**Nasal** der; ~s, ~e *(Sprachw.)* nasal

**nasalieren** *tr. V. (Sprachw.)* nasalize

**Nasal·laut** der *(Sprachw.)* nasal

**naschen** ['naʃn̩] 1. *itr. V.* a) *(Süßes essen)* eat sweet things; *(Bonbons essen)* eat sweets *(Brit.) or (Amer.)* candy; [so] gern ~: have [such] a sweet tooth; b) *(heimlich essen)* have a nibble; er hat vom Pudding genascht he's been at the pudding. 2. *tr. V.* a) *(essen)* eat ⟨*sweets, chocolate, etc.*⟩; b) *(heimlich essen)* er/sie hat Milch genascht he/she has been at the milk

**Näschen** ['nɛ:sçən] das; ~s, ~: little nose

**Nascherei** die; ~, ~en a) *o. Pl.* [continually] eating sweet things; hör auf mit der ~! don't keep eating sweet things all the time!; b) *(Süßigkeit)* ~en sweets

**naschhaft** *Adj.* fond of sweet things *postpos.*; sweet-toothed; [so] ~ sein have [such] a sweet tooth

**Naschhaftigkeit** die; ~: fondness for sweet things; ihre ~ kostet viel Geld her sweet tooth comes expensive

**Nasch-**: ~katze die *(fam.)* compulsive nibbler; *(Süßigkeiten naschend)* compulsive sweet- *(Brit.) or (Amer.)* candy-eater; ~sucht die *o. Pl.* addiction to sweet things; ~werk das; *o. Pl. (veralt.)* sweet titbits

**Nase** ['na:zə] die; ~, ~n a) nose; mir blutet die ~: my nose is bleeding; I've got a nosebleed; mir läuft die ~, meine ~ läuft I've got a runny nose; b) *(fig.)* direkt vor deiner ~ *(ugs.)* right under your nose; der Bus ist mir vor der ~ weggefahren *(ugs.)* I missed the bus by a whisker; jmdm. die Tür vor der ~ zuschlagen *(ugs.)* shut the door in sb.'s face; jmdm. etw. vor der ~ wegschnappen *(ugs.)* snatch sth. from under sb.'s nose; man hat ihm einen jungen Manager vor die ~ gesetzt *(ugs.)* they have appointed a young manager over his head; die ~ voll haben *(ugs.)* have had enough; von jmdm./etw. die ~ [gestrichen] voll haben *(ugs.)* be sick [to death] of sb./sth.; seine ~ in etw./alles stecken *(ugs.)* stick one's nose into sth./everything *(coll.)*; nicht weiter sehen als seine ~ *(ugs.)* see no further than the end of one's nose; ihm paßt *od.* gefällt deine ~ nicht *(ugs.)* he doesn't like your face; sich *(Dat.)* die ~ begießen *(ugs.)* have a drink or two; die *od.* seine ~ in die Bücher stecken *(ugs.)* get down to one's studies; jmdm. eine lange ~ machen *od.* eine ~ drehen *(ugs.)* cock a snook at sb.; immer der ~ nach *(ugs.)* just follow your nose; faß dich an die eigene ~! *(ugs.)* you're a fine one to talk!; jmdn. an der ~ herumführen *(ugs.)* pull the wool over sb.'s eyes; auf der ~ liegen *(ugs.)* be laid up; auf die ~ fallen *(ugs.)* come a cropper *(sl.)*; jmdm. etw. auf die ~ binden *(ugs.)* let sb. in on sth.; jmdm. auf der ~ herumtanzen *(ugs.)* play sb. up; jmdm. eins *od.* was auf die ~ geben *(ugs.)* put sb. in his/her place; jmdm. etw. aus der ~ ziehen *(ugs.)* worm sth. out of sb.; das sticht mir schon lange in die ~ *(ugs.)* I've had my eye on that for a long time; jmdn. mit der ~ auf etw. *(Akk.)* stoßen *(ugs.)* spell sth. out to sb.; pro ~ *(ugs.)* per head; jmdm. unter die ~ reiben, daß ... *(ugs.)* rub it in that ...; das brauchst du mir nicht unter die ~ zu reiben *(ugs.)* you don't have to rub my nose in it; *s. auch* Mund; rümpfen; c) *(Geruchssinn, Gespür)* nose; eine gute ~ für etw. haben have a good nose for sth.; *(etw. intuitiv wissen)* have a sixth sense for sth.; d) *(geh.: Bug)* bow; *(eines Flugzeugs)* nose; e) *(Felsvorsprung)* spur; e) *(ugs.: Farbtropfen)* run

**nase·lang** *s.* nasenlang

**näseln** ['nɛ:zl̩n] *itr. V.* talk through one's nose

**näselnd** 1. *Adj.* nasal. 2. *adv.* nasally; ~ sprechen speak in a nasal tone

**nasen-, Nasen-**: ~bär der coati; ~bein das nasal bone; ~bluten das; ~s bleeding from the nose; ~bluten haben/bekommen have/get a nosebleed; ~flügel der side of the nose; *(einschl. ~loch)* nostril; ~höhle die *(Anat.)* nasal cavity; ~lang *in* alle ~lang constantly; all the time; ~länge die: mit einer ~länge *(Pferdesport)*, um eine ~länge *(fig.)* by a head; er war mir um eine ~länge voraus he was fractionally ahead of me; ~loch das nostril; ~ring der nosering; ~rücken der ridge of the/one's nose; ~scheide·wand die nasal septum; ~schleim der nasal mucus; ~schleim·haut die nasal mucous membrane; ~spitze die tip of the/one's nose; nicht weiter sehen, als die ~spitze reicht *(fig. ugs.)* not be able to see further than the end of one's nose; jmdm. etw. an der ~spitze ansehen *(fig. ugs.)* tell sth. by sb.'s face; ~spray der *od.* das nasal spray; ~stüber der swat on the nose; ~tropfen *Pl.* nosedrops; ~wurzel die root of the nose

**nase-, Nase-**: ~rümpfen das: mit ~rümpfen with a look of disgust *or* disdain; dafür hat sie nur ein ~rümpfen übrig she only turns up her nose at that; ~rümpfend 1. *Adj.* disapproving; 2. *adv.* disdainfully; ~weis 1. *Adj.* precocious; pert ⟨*remark, reply*⟩; sei nicht so ~weis! don't be such a little know-all!; 2. *adv.* precociously; ~weis der; ~es, ~e *(fam.)* [little] know-all; [little] clever Dick *(coll.)*

**nas-, Nas-**: ~führen *tr. V.* lead up the garden path; sich genasführt fühlen feel one has been led up the garden path; ~horn das rhinoceros; ~lang *s.* nasenlang

**-nasig** *adj.* -nosed

**naß** [nas] nasser *od.* nässer ['nɛsɐ], nassest... *od.* nässest... ['nɛsəst...] 1. *Adj.* a) wet; ~ machen make wet; sprinkle ⟨*washing*⟩; sich/das Bett ~ machen wet oneself/one's bed; mit nassen Augen with tears in one's eyes; durch und durch *od.* bis auf die Haut ~: wet through; soaked to the skin; wie ein nasser Sack *(ugs.)* as limp as a wet sack; ein nasses Grab *(dichter.)* a watery grave; mach dich bloß nicht ~! *(fig. salopp)* don't overdo it! *(iron.)*; jmdn. ~ machen *(Sportjargon)* trounce sb.; beat sb. hollow *(coll.)*; b) für ~ *(bes. berlin. u. ostmd.)* for free; for nothing. 2. *adv.* sich ~ rasieren have a wet shave; *(immer)* use a razor and shaving cream

**Naß** das; Nasses *(dichter. od. scherzh.)* a) *(Wasser)* water; *(Regen)* wetness *(esp. joc.)*; hinein ins kühle ~! in[to the water] we go!; b) *(Getränk)* das edle *od.* kostbare ~: the precious liquid

**Nassauer** ['nasauɐ] der; ~s, ~ *(ugs., abwertend)* sponger; *(Schnorrer)* scrounger *(coll.)*

**nassauern** *(ugs. abwertend)* 1. *tr. V.* etw. bei jmdm. ~: scrounge sth. from sb. *(coll.)*. 2. *itr. V.* scrounge *(coll.)*

**Nässe** ['nɛsə] die; ~: wetness; *(an Wänden usw.)* dampness; bei ~: in the wet; in wet weather; „vor ~ schützen" 'protect from damp'

**nässen** 1. *itr. V.* ⟨*wound, eczema*⟩ suppurate. 2. *tr. V. (geh.)* make wet; wet ⟨*bed, feet, etc.*⟩

**naß-, Naß-**: ~forsch 1. *Adj.* brash. 2. *adv.* brashly; ~geschwitzt *Adj.* soaked in sweat *postpos.*; ~kalt *Adj.* cold and wet; raw; ~rasur die wet shaving *no art.*; zur ~rasur braucht man ...: for a wet shave one needs ...; ~wäsche die *washing not dried by the laundry;* wet washing

**Nas·tuch** das *(schweiz.)* handkerchief

**Nation** [na'tsio:n] die; ~, ~en nation; die Vereinten ~en the United Nations *sing.*; der Liebling der ~ sein *(ugs.)* be a national hero

**national** [natsio'na:l] 1. *Adj.* a) national; ~e und internationale Märkte domestic and international markets; Nationale Front *(DDR)* National Front; b) *(patriotisch)* nationalist. 2. *adv.* a) *(innerstaatlich)* at a national level; nationally; b) *(patriotisch)* ⟨*think, feel*⟩ nationalistically

**national-, National-**: ~bewußt *Adj.* nationally conscious; ~bewußt sein be conscious of one's nationality; have a sense of national identity; ~bewußt·sein das [sense of] national consciousness; sense of national identity; ~charakter der national character; ~china (das) *(veralt.)* Nationalist China

**Nationale** das; ~s, ~ *(österr.)* a) personal details *or* particulars *pl.*; b) *(Fragebogen)* form *or* questionnaire asking for personal details

**National-**: ~elf die *(Fußball)* national team *or* side; ~epos das national epic; ~farben *Pl.* national colours; ~feier·tag der national holiday; ~flagge die national flag; ~gefühl das national feeling; feeling for one's country; ~gericht das national dish; ~getränk das national drink; ~held der national hero; ~hymne die national anthem

**nationalisieren** *tr. V.* nationalize

**Nationalisierung** die; ~, ~en nationalization

**Nationalismus** der; ~: nationalism *usu. no art.*

**Nationalist** der; ~en, ~en, **Nationalistin** die; ~, ~nen nationalist

**nationalistisch** 1. *Adj.* nationalist; nationalistic. 2. *adv.* nationalistically

**Nationalität** [natsionali'tɛ:t] die; ~, ~en nationality; welcher ~ sind Sie? what nationality are you?

**Nationalitäten-**: ~frage die problem of different nationalities within one state; ~staat der multinational state

**national-, National-**: ~literatur die national literature; ~mannschaft die national team; ~ökonomie die political economy *no art.*; ~park der national park; ~preis der *(DDR) annual award for achievement in science, technology, and the arts;* ~rat der a) *(österr., schweiz.)* National Council; b) *(Mitglied)* member of the National Council; c) *(DDR) highest governing body of the 'Nationale Front'*; ~sozialismus der National Socialism; ~sozialist der National Socialist; ~sozialistisch 1. *Adj.* National Socialist; 2. *adv.* eindeutig ~sozialistisch geprägt sein bear all the marks of National Socialism; ~spieler der *(Sport)* national player; international; ~sprache die national language; ~staat der nation-state; ~staatlich *Adj.* ~staatliche Bestrebungen efforts towards the creation of a nation-state; ~staatliches Denken thinking in nationalistic terms; ~stolz der national pride; ~straße die *(schweiz.)* national highway; ~tracht die national costume; ~versammlung die National Assembly

**NATO, Nato** ['na:to] **die;** ~: NATO; Nato *no art.*
**nato·grün** *Adj.* dark olive green
**NATO-Staat der** NATO state *or* country
**Natrium** ['na:triʊm] **das; ~s** *(Chemie)* sodium
**Natron** ['na:trɔn] **das; ~s [doppeltkohlensaures] ~:** sodium bicarbonate; bicarbonate of soda; bicarb *(coll.)*; **[kohlensaures] ~:** sodium carbonate; soda
**Natron·lauge die** caustic soda [solution]
**Natter** ['natɐ] **die; ~, ~n** colubrid; **eine ~ am Busen nähren** *(fig. geh.)* nurture a viper in one's bosom *(literary)*
**Nattern·gezücht das** *(veralt. abwertend)* nest of vipers
**Natur** [na'tu:ɐ̯] **die; ~, ~en a)** *o. Pl.* nature *no art.*; **die Wunder der Natur** the wonders of nature; **wider die ~:** unnatural; **zurück zur ~:** back to nature; **die unberührte ~:** unspoilt nature; **die freie ~:** [the] open countryside; **Tiere in freier ~ sehen** see animals in the wild; **nach der ~ zeichnen/malen** draw/paint from nature; **b)** *(Art, Eigentümlichkeit)* nature; **eine gesunde/eiserne/labile ~ haben** *(ugs.)* have a healthy/cast-iron/delicate constitution; **das widerspricht ihrer ~:** it is not in her nature; **jmdm. gegen** *od.* **wider die ~ gehen** go against sb.'s nature; **jmdm. zur zweiten ~ werden** become second nature to sb.; **die Verletzung war nur leichter ~:** the injury was only slight; **in der ~ der Sache/der Dinge liegen** be in the nature of things; **c)** *(Mensch)* sort *or* type of person; sort *(coll.)*; type *(coll.)*; **d)** *o. Pl. (natürlicher Zustand)* **Möbel in Kiefer ~:** natural pine furniture; **sie ist von ~ aus blond/ein gutmütiger Mensch** she is naturally fair/good-natured; **Hat sie eine Dauerwelle? – Nein, das ist alles ~:** Is her hair permed? – No, it's naturally curly
**Natural·abgaben** *Pl.* taxes [paid] in kind
**Naturalien** [natu'ra:li̯ən] *Pl.* natural produce *sing. (used as payment)*; **in ~** *(Dat.)* **bezahlen** pay in kind
**Naturalien·kabinett das** *(veralt.)* natural-history collection
**naturalisieren** *tr. V. (auch Biol.)* naturalize; **sich ~:** become naturalized
**Naturalisierung die; ~, ~en** *(auch Biol.)* naturalization
**Naturalismus der; ~:** naturalism
**Naturalist der; ~en, ~en, Naturalistin die; ~, ~nen** naturalist
**naturalistisch 1.** *Adj.* **a)** naturalistic; **b)** *(den Naturalismus betreffend)* naturalist. **2.** *adv.* **a)** ⟨*paint, describe*⟩ naturalistically; **b)** *(den Naturalismus betreffend)* naturalistically; ⟨*influenced*⟩ by naturalism
**Natural-: ~lohn der** wages *pl.* [paid] in kind; **~wirtschaft die** barter economy
**natur-, Natur-: ~apostel der** *(iron.)* back-to-nature freak *(sl.)*; **~belassen** *Adj.* natural ⟨*oils, foods, etc.*⟩; **~beobachtung die** observation of nature; **~beschreibung die** description of nature; **~blond** *Adj.* naturally fair *or* blond; **~bursche der** child of nature; **~darm der** natural [animal] intestine *(used as sausage-casing)*; **~denkmal das** natural monument; **~dünger der** natural fertilizer
**nature** [na'tyːɐ̯] *indekl. Adj. (Gastr.)* ⟨*steak, escalope, etc.*⟩ au naturel
**Naturell das; ~s, ~e** disposition; temperament; **das widerspricht seinem ~:** it's not in his nature
**natur-, Natur-: ~ereignis das** natural phenomenon; *(Versicherungsw.)* act of God; **~erscheinung die** natural phenomenon; **~erzeugnis das** *s.* **~produkt; ~farbe die a)** natural colour; **b)** *(Farbstoff)* natural dye; **~farben** *Adj.* natural-coloured ⟨*leather, wool, wood, etc.*⟩; **~faser die** natural fibre; **~film der** nature film; **~forscher der** naturalist; **~forschung die** natural-history research; **~freund der** nature-lover; **~gegeben** *Adj.* natural and inevitable ⟨*state of affairs*⟩; **etw. als ~gegeben ansehen** regard sth. as part of the natural order [of things]; **~gemäß 1.** *Adv.* naturally; **2.** *adj.* **a)** natural; ⟨*forest management*⟩ in keeping with the natural environment; **~geschichte die;** *o. Pl.* **a)** natural history; **b)** *(veralt.) s.* **~kunde; ~geschichtlich 1.** *Adj.; nicht präd.* natural history; ⟨*teaching*⟩ of natural history; **die ~geschichtliche Entwicklung des Menschen** the natural history of mankind; **2.** *adv.* from the point of view of natural history; **~gesetz das** law of nature; **~getreu 1.** *Adj.;* lifelike ⟨*portrait, imitation*⟩; faithful ⟨*reproduction*⟩; **2.** *adv.* ⟨*draw*⟩ true to life; ⟨*reproduce*⟩ faithfully; **etw. ~getreu darstellen** portray sth. in a true-to-life way; **~gewalt die** force of nature; **~gottheit die** *(Rel.)* nature-deity; **~haft** *Adj. (geh.)* natural; **~heil·kunde die** naturopathy *no art.*; **~heil·verfahren das** naturopathic treatment; **~katastrophe die** natural disaster; **~kind das** child of nature; **~kraft die** force of nature; **~krause die** naturally frizzy hair *no indef. art.*; **~kunde die;** *o. Pl. (veralt.)* nature study *no art.*; **~kundlich** *Adj.; nicht präd.* natural-history ⟨*museum, field trip, etc.*⟩; **~landschaft die** natural *or* unspoilt landscape; **~lehr·pfad der** nature trail
**natürlich** [na'ty:ɐ̯lɪç] **1.** *Adj.* natural; **eines ~en Todes sterben** die a natural death; die of natural causes; **ein Bild in ~er Größe** a life-size portrait; **das ist die ~ste Sache der Welt** it is the most natural thing in the world; *s. auch* **Person. 2.** *adv.* ⟨*laugh, behave*⟩ naturally. **3.** *Adv.* **a)** *(selbstverständlich, wie erwartet)* naturally; of course; **b)** *(zwar)* of course; **er wird natürlich zustimmen, aber ...:** of course he is bound to agree, but ...
**natürlicher·weise** *Adv.* naturally; of course
**Natürlichkeit die; ~:** naturalness
**natur-, Natur-: ~locken** *Pl.* natural curls; **~nah[e]** *Adj.* ⟨*life, existence*⟩ close to nature; **~notwendigkeit die** objective necessity; **~park der** ≈ national park; **~philosophie die** philosophy of nature; **~produkt das** natural product; **~produkte** natural produce *sing.*; **~recht das;** *o. Pl.* natural law; **~rein** *Adj.* pure ⟨*honey, jam, fruit, juice, etc.*⟩; ⟨*wine*⟩ free of additives; **~religion die** nature religion; **~schauspiel das** natural spectacle; **~schönheit die** site of natural beauty; **~schutz der** [nature] conservation; **unter ~schutz** *(Dat.)* **stehen** be protected by law; be a protected species/variety/area *etc.*; **etw. unter ~schutz** *(Akk.)* **stellen** protect sth. by law; **~schutz·gebiet das** nature reserve; **~seide die** real *or* natural silk; **~stein der** natural stone; **~stoff der** natural substance; **~talent das** [great] natural talent *or* gift; *(begabter Mensch)* naturally talented *or* gifted person; **ein ~talent sein** have a [great] natural gift *or* talent; **~ton der** *(Musik)* natural note; **~trieb der** *(veralt.)* [natural] instinct; **~trüb** *Adj.* unfiltered, naturally cloudy ⟨*fruit juice*⟩; **~verbunden** *Adj.* ⟨*person*⟩ in tune with nature; **~volk das** primitive people; **~widrig** *Adj.* unnatural; against nature *postpos.*; **~wissenschaft die** natural science *no art.*; **die ~wissenschaften** the [natural] sciences; **~wissenschaftler der** [natural] scientist; **~wissenschaftlich 1.** *Adj.* scientific; **2.** *adv.* scientifically; **~wüchsig** *(Philos.)* **1.** *Adj.* natural; organic; **2.** *adv.* naturally; organically; **~wunder das** miracle *or* wonder of nature
**'nauf** [nauf] *(südd.) s.* **hinauf**
**'naus** [naus] *(südd.) s.* **hinaus**
**Nautik** ['nautɪk] **die; ~ a)** nautical science *no art.*; **b)** *(Navigation)* navigation *no art.*
**nautisch** ['nautɪʃ] *Adj. (Seew.)* naval ⟨*officer*⟩; navigational ⟨*instrument, calculation*⟩
**Navel·orange** ['na:vl̩-] **die** navel orange
**Navigation** [naviga'tsi̯o:n] **die; ~** *(Seew., Flugw.)* navigation *no art.*
**Navigations-: ~fehler der** *(Seew., Flugw.)* navigational error; **~instrument das** *(Seew., Flugw.)* navigational instrument; **~karte die** *(Seew., Flugw.)* navigational chart; **~offizier der** *(Seew., Flugw.)* navigating officer
**Navigator** [naviga'tɔr] **der; ~s, ~en** *(Seew., Flugw.)* navigator
**navigieren** *tr., itr. V.* navigate
**Nazarener** [natsa're:nɐ] **der; ~s, ~:** Nazarene
**Nazareth** ['na:tsarɛt] **(das); -s** Nazareth
**Nazi** ['na:tsi] **der; ~s, ~s** Nazi
**Nazi·deutschland das** Nazi Germany
**Nazismus der; ~:** Nazi[i]sm *no art.*
**nazistisch** *Adj.* Nazi
**Nazi-: ~vergangenheit die** Nazi past; **~zeit die** Nazi period
**NB, N. B.** *Abk.* **notabene** NB
**n. Br.** *Abk.* **nördliche[r] Breite; 60° n. Br.** lat. 60°N
**n. Chr.** *Abk.* **nach Christus** AD
**NDR der; ~:** *Abk.* **Norddeutscher Rundfunk** North German Radio
**ne** [nə] *(ugs.) s.* **nicht c**
**'ne** [nə] *(ugs.) s.* **eine**
**Neandertaler** [ne'andɐta:lɐ] **der; ~s, ~** *(Anthrop.)* Neanderthal man; **[die] Neandertaler lebten in ...:** Neanderthal man *sing.* lived in ...
**Neapel** [ne'a:pl̩] **(das); ~s** Naples
**Neapolitaner** [neapoli'ta:nɐ] **der; ~s, ~ a)** Neapolitan; **b)** *(österr.: Gebäck)* wafer biscuit with chocolate cream filling
**nebbich** ['nɛbɪç] *Interj. (salopp)* so what?
**Nebel** ['ne:bl̩] **der; ~s, ~ a)** fog; *(weniger dicht)* mist; **bei ~:** in fog/mist; when it is foggy/misty; **im ~ der Vergessenheit versinken** *(fig.)* sink into the mists *pl.* of oblivion; **ein ~ von Tabakrauch** a thick haze of tobacco smoke; **ausfallen wegen ~[s]** *(ugs. scherzh.)* be cancelled; *s. auch* **Nacht; b)** *(Astron.)* nebula
**Nebel-: ~bank die;** *Pl.:* **~bänke** *(über dem Meer)* fog-bank; *(über dem Land)* large patch of fog; **~bildung die** formation of fog; **stellenweise ~bildung** local mist or fog patches; **~feld das** mist/fog patch; patch of mist/fog
**nebelhaft** *Adj.* hazy ⟨*idea, recollection, etc.*⟩; **das liegt in ~er Ferne** that's in the distant future
**Nebel·horn das** *Pl.:* **~hörner** fog-horn
**nebelig** *s.* **neblig**
**Nebel-: ~kammer die** *(Atomphysik)* cloud chamber; **~krähe die** hooded crow
**nebeln 1.** *itr. V. (unpers.) (geh.)* **es nebelt** it is foggy; *(weniger dicht)* it is misty; **es begann zu ~:** it began to grow foggy/misty. **2.** *tr. V.* spray ⟨*pesticide, insecticide*⟩
**nebel-, Nebel-: ~schein·werfer der** fog-lamp; **~schleier der** *(geh. dichter.)* veil of mist; **~schluß·leuchte die** rear fog lamp; **~schwaden** *Pl.* swathes of mist; **~verhangen** *Adj. (geh.)* shrouded in mist *postpos.*; **~wand die** wall of fog; **~werfer der** *(Milit.)* six-barrelled rocket mortar; nebelwerfer
**neben** ['ne:bn̩] **1.** *Präp. mit Dat.* **a)** *(Lage)* next to; beside; **sie fuhren ~ dem Zug her** they kept pace with the train; **dicht ~ jmdm./etw. sitzen** sit close *or* right beside sb./sth.; **er duldet keinen Konkurrenten ~ sich** *(fig.)* he brooks no competition; **ihr sollt keine anderen Götter ~ mir haben!** *(bibl.)* thou shalt have no other gods before me; **b)** *(außer)* apart from; aside from

*(Amer.)*; **wir brauchen ~ Schere und Papier auch Leim** as well as scissors and paper we need glue. **2.** *Präp. mit Akk.* **a)** *(Richtung)* next to; beside; **sich dicht ~ jmdn./etw. setzen** sit down close *or* right beside sb./sth.; **b)** *(verglichen mit)* beside; compared to *or* with

**neben-, Neben-: ~absicht die** secondary aim; **~akzent der** *(Phon.)* secondary accent *or* stress; **~amtlich 1.** *Adj.* ‹*activity*› relating to a secondary office/occupation; **2.** *adv.* **etw. ~ amtlich machen** do sth. as a secondary office/occupation

**neben·an** *Adv.* next door; **die Kinder von ~** *(ugs.)* the children from next door; **nach ~ gehen** go next door

**Neben-: ~an·schluß der** extension; **~arbeit die a)** second job; **b)** *(unwichtige Arbeit)* less important job; **~arbeiten** less important work *sing. or* jobs; **~arm der** branch; **~aus·gabe die** additional expense; **[eventuelle] ~ausgaben** incidental expenses; **~aus·gang der** side exit; **~bedeutung die** secondary meaning

**neben·bei** *Adv.* **a)** ‹*work*› on the side, as a sideline; *(zusätzlich)* as well; in addition; **sie versorgt ihren Haushalt und hilft ~ im Geschäft** she looks after the house and helps in the shop as well; **für Geologie interessiert er sich nur ~:** his interest in geology is only secondary; **b)** *(beiläufig)* ‹*remark*› incidentally, by the way; ‹*ask*› by the way; ‹*inform*› by the by; ‹*mention*› in passing; **~ gesagt** *od.* **bemerkt** incidentally; by the way; **dies nur ~:** that is only by the way

**neben-, Neben-: ~bemerkung die** incidental remark; **~beruf der** second job; sideline; **er ist im ~beruf Fotograf** he has a second job *or* sideline as a photographer; **~beruflich 1.** *Adj.* **eine ~berufliche Tätigkeit** a second job; **er mußte ~berufliche Tätigkeiten annehmen** he had to take on extra work *sing. or* jobs; **2.** *adv.* on the side; **er arbeitet ~beruflich als Übersetzer** he translates as a sideline; **~beschäftigung die** second job; sideline; **seine zahlreichen ~beschäftigungen** his many sidelines; **~buhler der; ~buhlerin die** rival; **~effekt der** side-effect

**neben·ein·ander** *Adv.* **a)** next to one another *or* each other; ‹*be sitting, standing*› next to one another, side by side; *(fig.: zusammen)* ‹*live, exist*› side by side; **~ wohnen** live next door to one another *or* each other; **sich zu zweit ~ aufstellen** line up two abreast; **b)** *(gleichzeitig)* together

**Nebeneinander das; ~s** juxtaposition

**nebeneinander·her** *Adv.* alongside each other *or* one another; ‹*walk*› side by side

**nebeneinander-: ~|legen** *tr. V.* lay *or* place ‹*objects*› next to each other *or* side by side; **~|schalten** *tr. V.* connect *or* wire ‹*devices, lamps, etc.*› in parallel; **~|setzen** *tr. V.* put *or* place ‹*persons, objects*› next to each other *or* one another; **~|sitzen** *unr. itr. V.* sit next to each other *or* one another; **~|stellen** *tr. V.* put *or* place ‹*tables, chairs, etc.*› next to each other

**Neben-: ~ein·gang der** side entrance; **~einkünfte** *Pl.* additional *or* supplementary income *sing.*; **~einnahme die: ~einnahme[n]** additional *or* supplementary income; **~erwerb der** second job; secondary occupation; **~erwerbs·betrieb der** *(Landw.) smallholding, market stall, etc. run to supplement a person's main income;* **~fach das** subsidiary subject; minor *(Amer.)*; **etw. im ~fach studieren** study sth. as a subsidiary subject; minor in sth. *(Amer.)*; **~fluß der** tributary; **~form die** variant; **~frage die** side issue; secondary issue; **~frau die** concubine; **~gebäude das a)** annexe; outbuilding; **b)** *(Nachbargebäude)* adjacent *or* neighbouring building; **~geordnet** *Adj. (Sprachw.)* co-ordinate ‹*clause*›; **~geräusch das** background noise; **~geräusche** *(Funkw., Fernspr.)* interference *sing.*; noise *sing.*; *(bei Tonband, Plattenspieler)* [background] noise *sing.*; **~gleis das** *(Eisenb.)* siding; **jmdn. auf ein ~gleis [ab]schieben** *(fig.)* put sb. out of harm's way; **~handlung die** sub-plot; **~haus das** house next door; neighbouring house

**neben·her** *Adv. s.* **nebenbei**

**nebenher-: ~|fahren** *unr. itr. V.; mit sein* drive alongside; *(mit dem Rad, Motorrad)* ride alongside; **~|gehen** *unr. itr. V.; mit sein* walk alongside; **~|laufen** *unr. itr. V.; mit sein* **a)** run alongside; **b)** *(zugleich ablaufen)* proceed at the same time

**neben·hin** *Adv.* ‹*ask*› by the way; ‹*mention, say*› in passing

**neben-, Neben-: ~höhle die** *(Anat.)* paranasal sinus; **~kläger der, ~klägerin die** *(Rechtsw.)* accessory prosecutor; **~kosten** *Pl.* **a)** additional costs; **b)** *(bei Mieten)* heating, lighting, and services; **~kriegs·schau·platz der** secondary theatre of war; *(fig.)* secondary area of conflict; **~linie die a)** *(Eisenb.) s.* **~strecke; b)** *(Genealogie)* collateral branch; **~mann der;** *Pl.:* **~männer** *od.* **~leute** neighbour; **sein ~mann** the person sitting/standing/walking next to him; his neighbour; **~niere die** *(Anat.)* adrenal *or* suprarenal gland; **~nieren·rinde die** *(Anat.)* adrenal *or* suprarenal cortex; **~ordnend** *Adj.; nicht präd. (Sprachw.)* co-ordinating ‹*conjunction*›; **~produkt das** *(auch fig.)* by-product; **~raum der** next *or* adjoining room; room next door; *(kleiner, unwichtiger)* side-room; **~rolle die** supporting role; **eine ~rolle [in etw. (Dat.)] spielen** *(fig.)* play a secondary *or* minor role [in sth.]; **~sache die** minor *or* inessential matter; **~sachen** inessentials; minor *or* inessential matters; **das ist ~sache** *(ugs.)* that's beside the point; **~sächlich** *Adj.* of minor importance *postpos.*; unimportant; minor, trivial ‹*detail*›; **etw. als ~sächlich abtun** reject sth. as irrelevant *or* beside the point; **sich über ~sächliche Dinge aufregen** get worked up about trivial things *or* matters; **~sächlichkeit die; ~, ~en a)** *o. Pl.* unimportance; *(fehlender Bezug zur Sache)* irrelevance; **b)** *(Unwichtiges)* matter of minor importance; unimportant matter; *(nicht zur Sache Gehörendes)* irrelevancy; **~satz der** *(Sprachw.) s.* **Gliedsatz; ~stehend** *Adj.; nicht präd.* accompanying ‹*text, illustration, table, etc.*›; *(auf der Seite gegenüber)* ‹*text, illustration, table, etc.*› opposite; **~stelle die a)** extension; **b)** *(Filiale)* branch; **~straße die** side street; *(außerhalb der Stadt)* minor road; **~strecke die a)** *(Eisenb.)* branch *or* local line; **b)** *(Entlastungsstraße)* minor road running parallel to the main road; **~tätigkeit die** second job; sideline; **~tisch der** next *or* neighbouring table; **~tür die a)** side door; **b)** *(benachbarte Tür)* next *or* neighbouring door; **~verdienst der** additional earnings *pl. or* income; **~winkel der** *(Geom.)* adjacent angle; **~wirkung die** side-effect; **~zimmer das** next room; **sie gingen in ein ~zimmer** they went into an adjoining room; **~zweck der** secondary aim

**neblig** *Adj.* foggy; *(weniger dicht)* misty

**nebst** [ne:pst] *Präp. mit Dat.* *(veralt.)* together with; plus; *(zusätzlich zu)* in addition to

**nebst·bei** *(österr.) s.* **nebenbei**

**nebst·dem** *(schweiz.) s.* **außerdem**

**nebulos** [nebu'lo:s], **nebulös** [nebu'lø:s] *(geh.)* **1.** *Adj.* nebulous ‹*idea, concept*›; obscure, vague ‹*hint*›. **2.** *adv.* ‹*talk, hint*› vaguely

**Necessaire** [nesɛ'sɛ:ɐ̯] **das; ~s, ~s a)** sponge-bag *(Brit.)*; toilet bag *(Amer.)*; **b)** *(Behälter für Nähzeug)* sewing-bag

**necken** ['nɛkn̩] *tr. V.* tease; **jmdn. mit jmdm./etw. ~:** tease sb. about sb./sth.; **sich ~:** tease each other *or* one another; *s. auch* **lieben**

**Neckerei die; ~:** teasing

**neckisch 1.** *Adj.* **a)** teasing; *(verspielt)* playful; *(schelmisch)* mischievous; **b)** *(keß)* jaunty, saucy ‹*cap*›; saucy, provocative ‹*dress, blouse, etc.*›. **2.** *adv.* ‹*smile, say*› saucily, cheekily

**nee** [ne:] *(ugs.)* no; nope *(Amer. coll.)*

**Neer** [ne:ɐ̯] **die; ~, ~en** *(nordd.)* eddy

**Neffe** ['nɛfə] **der; ~n, ~n** nephew

**neg.** *Abk.:* **negativ** neg.

**Negation** [nega'tsio:n] **die; ~, ~en** negation

**negativ** ['ne:gati:f] **1.** *Adj.* negative; **~e Zahlen** *(Math.)* negative *or* minus numbers. **2.** *adv.* ‹*answer*› in the negative; **einen Antrag ~ bescheiden** reject an application; **einer Sache** *(Dat.)* **~ gegenüberstehen** take a negative view of a matter; **etw. ~ beeinflussen** have a negative influence on sth.; **etw. ~ bewerten** judge sth. unfavourably; **sich ~ äußern** comment negatively **(zu** on); **der Test/die Testbohrung verlief ~:** the test proved unsuccessful/the test well yielded nothing; **~ geladen** *(Physik)* negatively charged

**Negativ das; ~s, ~e** *(Fot.)* negative

**Negativ-: ~beispiel das** negative example; **das ~beispiel Stalin** the negative example of Stalin; **~bilanz die** generally negative picture; *(Ergebnis)* generally negative outcome; **~bild das** *(Fot.)* negative image; **~film der** negative film

**Negativität** [negativi'tɛ:t] **die; ~:** negativity; negativeness

**Negativum** ['ne:gativʊm] **das; ~s, Negativa** *(Faktor)* negative factor; *(Eigenschaft)* negative characteristic

**neger** *(österr. ugs.) in:* **~ sein** be broke *(coll.)*

**Neger** ['ne:gɐ] **der; ~s, ~ a)** Negro ; **b)** *(Fernsehen: schwarze Tafel)* gobo; nigger; *(Texttafel)* cue card

**Negerin die; ~, ~nen** Negress

**Neger-: ~krause die** *(ugs. veralt.)* frizzy hair *no art.*; **~kuß der** *s.* **Mohrenkopf a**

**Negerlein das; ~s, ~:** little Negro

**Neger·sklave der** Negro slave

**negieren** *tr. V.* **a)** deny ‹*fact, assertion, guilt, etc.*›; **b)** *(ablehnen)* reject ‹*opinion, suggestion*›; **c)** *(Sprachw.)* negate

**Negligé,** *(schweiz.:)* **Néligé** [negli'ʒe:] **das; ~s, ~s** négligé; negligee

**negrid** [ne'gri:t] *Adj. (Anthrop.)* Negrid

**negroid** [negro'i:t] *Adj. (Anthrop.)* Negroid

**nehmen** ['ne:mən] *unr. tr. V.* **a)** *(ergreifen, an sich bringen, an~, als Beispiel ~)* take; **etw. in die Hand/unter den Arm ~:** take sth. in one's hand/take *or* put sth. under one's arm; **etw. an sich** *(Akk.)* **~:** pick sth. up; *(und aufbewahren)* take charge of sth.; **sich** *(Dat.)* **etw. ~:** take sth.; *(sich bedienen)* help oneself to sth.; **sich** *(Dat.)* **einen Mann/eine Frau ~:** take a husband/wife; **woher ~ und nicht stehlen?** *(scherzh.)* where on earth am I going to get hold of that/them *etc.?*; **zu sich ~:** take in ‹*orphan*›; **sie nahm ihren Vater zu sich** she had her father come and live with her; **Gott hat ihn zu sich genommen** *(geh.)* God has taken him unto Himself ; **auf sich** *(Akk.)* **~:** take on ‹*responsibility, burden*›; take ‹*blame*›; **es auf sich** *(Akk.)* **~, etw. zu tun** take on the responsibility of doing sth.; **die Dinge ~, wie sie kommen** take things as they come; **jmdn. ~, wie er ist** take sb. as he is; **nimm doch mal den Fall, daß man dir einen Vertrag anböte** let's assume [that] they offered you a contract; **b)** *(wegnehmen)* **jmdm./einer Sache etw. ~:** deprive sb./sth. of sth.; **jmdm. die Sicht/den Ausblick ~:** block sb.'s view; **jmdm. den Glauben/alle Illusionen ~** *(fig.)* deprive *or* rob sb. of his/her belief/all his/her illusions; **die Angst/die Sorgen von jmdm. ~:**

relieve sb. of his/her fear/worries; **es sich** *(Dat.)* **nicht ~ lassen, etw. zu tun** not let anything stop one from doing sth.; **das nimmt der Sache den ganzen Reiz** it takes all the fun out of it ; **c)** *(benutzen)* use ⟨*ingredients, washing-powder, wool, brush, knitting-needles, etc.*⟩; **man nehme ...** *(in Rezepten)* take ...; **den Zug/das Auto/ein Taxi** *usw.* **~:** take the train/the car/a taxi *etc.*; **[sich** *(Dat.)***] einen Anwalt/Privatlehrer** *usw.* **~:** get a lawyer/private tutor *etc.*; **d)** *(aussuchen)* take; **ich nehme die Pastete/die broschierte Ausgabe** I'll have the pâté/the paperback; **e)** *(in Anspruch nehmen)* take ⟨*lessons, holiday, etc.*⟩; **einen Tag frei ~:** take a day off; **f)** *(verlangen)* charge; **was ~ Sie dafür?** what *or* how much do you charge for it?; **g)** *(einnehmen, essen)* take ⟨*medicines, tablets, etc.*⟩; **etwas [Richtiges] zu sich ~:** have something [decent] to eat; **sie nimmt die Pille** she's taking *or* she's on the pill *(coll.)*; **das Frühstück/einen Imbiß ~** *(geh.)* take breakfast/a snack; **den Kaffee ~** *(geh.)* have [one's] coffee; **h)** *(auffassen)* take **(als** as); **etw. ernst/leicht ~:** take sth. seriously/lightly; **jmdn. ernst ~:** take sb. seriously; **gleichgültig/je nachdem, wie man's nimmt** *(ugs.)* however you look at it/depending on how you look at it; **jmdn. nicht für voll ~** *(ugs.)* not take sb. seriously; **i)** *(behandeln)* treat ⟨*person*⟩; **wissen, wie man jmdn. zu ~ hat** know how to treat sb.; **j)** *(überwinden, militärisch einnehmen)* take ⟨*obstacle, bend, incline, village, bridgehead, etc.*⟩; *(fig.)* take ⟨*woman*⟩; **k)** *(aufnehmen)* **etw. auf Videokassette/Band ~:** record sth. on video cassette/record *or* tape sth.; **l)** *(Sport)* take ⟨*ball, punch*⟩; **einen Spieler hart ~:** foul a player blatantly

**Nehrung** ['ne:rʊŋ] **die; ~, ~en** sand-bar

**Neid** [nait] **der; ~[e]s** envy; jealousy; **aus ~:** out of envy; **von ~ erfüllt [sein]** [be] filled with envy; **vor ~ platzen** *(ugs.)* die of envy *(coll.)*; **gelb** *od.* **grün vor ~ werden, vor ~ erblassen** turn *or* go green with envy; **das muß der ~ ihr lassen** *(ugs.)* you've got to give her that; you've got to say that much for her; **das ist der ~ der Besitzlosen** *(ugs.)* that's just sour grapes; **nur kein ~!** don't be envious

**neiden** *tr. V. (geh.)* **jmdm. etw. ~:** envy sb. [for] sth.

**Neider der; ~s, ~:** envious person; **seine ~:** those who are/were envious of him; **erfolgreiche Leute haben immer viele ~:** successful people are always much *or* greatly envied

**neid·erfüllt** *Adj.* filled with *or* full of envy *postpos.*

**Neid·hammel der** *(salopp abwertend)* envious sod *(sl.)*

**neidisch 1.** *Adj.* envious; **auf jmdn./etw. ~ sein** be envious of sb./sth. **2.** *adv.* enviously

**neid-: ~los 1.** *Adj.* ungrudging ⟨*admiration*⟩; ⟨*joy*⟩ without envy; **2.** *adv.* ⟨*acknowledge, admire*⟩ without envy; **~voll 1.** *Adj.* envious ⟨*glance*⟩; ⟨*person*⟩ filled with *or* full of envy; ⟨*admiration*⟩ mixed with envy; **2.** *adv.* ⟨*watch*⟩ full of envy

**Neige** ['naigə] **die; ~** *(geh.)* dregs *pl.*; lees *pl.*; **ein Glas bis zur ~ leeren** drain a glass to the dregs; **etw. bis zur ~ auskosten** *(fig.)* enjoy sth. to the full; **etw. bis zur bitteren ~ durchstehen** *(fig.)* see sth. through to the bitter end; **zur ~ gehen** *(aufgebraucht sein)* ⟨*money, supplies, etc.*⟩ run low; *(zu Ende gehen)* ⟨*year, day, holiday*⟩ draw to its close

**neigen 1.** *tr. V.* tip, tilt ⟨*bottle, glass, barrel, etc.*⟩; incline ⟨*head, upper part of body*⟩; **den Kopf zum Gruß ~:** incline one's head in greeting. **2.** *refl. V.* **a)** ⟨*person*⟩ lean, bend; ⟨*ship*⟩ heel over, list; ⟨*scales*⟩ tip; ⟨*sun*⟩ sink; ⟨*branches*⟩ bow down; **sich nach vorne/zur Seite ~:** bend *or* lean over *or* forward/lean to one side; **b)** *(schräg abfallen)* ⟨*meadows*⟩ slope down; **eine geneigte Fläche** a sloping surface; **c)** *(geh.: zu Ende gehen)* ⟨*day, year, holiday*⟩ draw to its close. **3.** *itr. V.* **a) zu Erkältungen/Krankheiten ~:** be susceptible *or* prone to colds/illnesses; **zur** *od.* **zu Korpulenz/Schwermut ~:** have a tendency to put on weight/tend to be melancholy; **ein zum** *od.* **zu Jähzorn ~der Mensch** a person who is prone to violent outbursts of temper; **b)** *(tendieren)* tend; **zu der Ansicht** *od.* **der Auffassung ~, daß ...:** tend towards the view or opinion that ...; *s. auch* **geneigt 2**

**Neigung die; ~, ~en a)** *o. Pl. (des Kopfes)* nod; **b)** *o. Pl. (Geneigtsein)* inclination; *(eines Geländes)* slope; **die Straße weist eine leichte ~ auf** the street has a slight incline *or* gradient; **c)** *(Vorliebe)* inclination; **seine politischen/künstlerischen ~en** his political/artistic leanings; **eine ~ für etw.** a penchant *or* fondness for sth.; **d)** *o. Pl. (Anfälligsein)* tendency; **eine ~ zur Korpulenz/zum Faulsein haben** have a tendency to put on weight/to be lazy; **e)** *o. Pl. (Lust)* inclination; **f)** *(Liebe)* affection; fondness; liking; **jmds. ~ gewinnen/erwidern** win/return sb.'s affection

**Neigungs-: ~ehe die** love-match; **~messer der** clinometer; inclinometer; **~winkel der** angle of inclination

**nein** [nain] *Partikel* no; **~ danke** no, thank you; **sie kann nicht ~ sagen** she can't say no; **da sage ich nicht ~:** I wouldn't say no; **man muß auch ~ sagen können** one must be able to say no; **~, nicht!** no, don't!; **~, so was!** well I never!; **~ und abermals ~!** no, and that's final!; **aber ~!** good heavens no!; **du gehst doch jetzt noch nicht, ~?** you're not going now, are you?; **das wird dir doch nicht zu viel, ~?** that's not too much for you, is it?; **~, daß ich das noch erleben durfte!** simply wonderful, that I should live to see this!; **~, wie schön Sie das gesagt haben!** gosh, you really put that beautifully! *(coll.)*

**Nein das; ~[s], ~[s]** no; **bei seinem ~ bleiben** stick by one's refusal; **mit ~ stimmen** vote no

**'nein** *(südd.) s.* **hinein**

**Nein-: ~sager der; ~s, ~** *(abwertend)* person who always says no *or* who says no to everything; **~stimme die** no-vote; vote against

**Nekrolog** [nekro'lo:k] **der; ~[e]s, ~e** *(geh.)* obituary; necrology *(rare)*

**Nekrophilie** [nekrofi'li:] **die; ~:** necrophilia *no art.*

**Nektar** ['nɛktar] **der; ~s, ~e a)** *(Bot., Myth.)* nectar; **b)** *(Getränk) drink made from crushed fruit, sugar, and water*

**Nektarine** [nɛkta'ri:nə] **die; ~, ~n** nectarine

**Nelke** ['nɛlkə] **die; ~, ~n a)** pink; *(Dianthus caryophyllus)* carnation; **b)** *(Gewürz)* clove

**Nelken·öl das** oil of cloves

**Nelson** ['nɛlzɔn] **der; ~[s], ~s** *(Ringen)* nelson

**Nemesis** ['ne:mezɪs] **die; ~:** nemesis

**'nen** [nən] *s.* **einen**

**nennbar** *Adj.* specifiable ⟨*change, problem*⟩; nameable ⟨*feeling*⟩; **nicht ~:** unspecifiable/unnameable

**Nenn·betrag der** *s.* **Nennwert**

**nennen** ['nɛnən] **1.** *unr. tr. V.* **a)** call; **jmdn. nach jmdm. ~:** call *or* name sb. after sb.; **sie nannten das Kind Günther** they called *or* named the child Günther; **jmdn. beim Vornamen ~:** call sb. by his/her first *or* Christian name; **jmdn. einen Lügner ~:** call sb. a liar; **wenn du es so ~ willst** if you want to call it that; **das nenne ich Mut/eine Überraschung** that's what I call courage/well, that 'is a surprise; **Max Müller, genannt „der weiße Würger"** Max Müller, known as the 'White Strangler'; **b)** *(mitteilen)* give ⟨*name, date of birth address, reason, price, etc.*⟩; **jmdm. ein gutes Hotel/einen Arzt ~:** give sb. the name of a good hotel/a doctor; **c)** *(anführen)* give, cite ⟨*example*⟩; *(erwähnen)* mention ⟨*person, name*⟩; **das oben Genannte** the item[s] mentioned above; **die im folgenden genannten Punkte** the points mentioned below. **2.** *unr. refl. V.* ⟨*person, thing*⟩ be called; **er nennt sich Maler/Dichter** *usw. (behauptet Maler/Dichter usw. zu sein)* he calls himself a painter/poet *etc.*; **und so was nennt sich nun ein Freund/tolerant** *(ugs.)* and he/she has the nerve to call himself/herself a friend/tolerant; **und das nennt sich ein gutes Hotel** and that's supposed to be a good hotel

**nennens·wert** *Adj.* considerable ⟨*influence, changes, delays, damage*⟩; **kaum ~e Veränderungen** changes scarcely worth mentioning; **es ist nichts Nennenswertes passiert** nothing worth mentioning *or* nothing of note has happened

**Nenner der; ~s, ~** *(Math.)* denominator; **der gemeinsame ~:** the common denominator; **etw. auf einen [gemeinsamen] ~ bringen** *(fig.)* reduce sth. to a common denominator

**Nenn-: ~fall der** *s.* **Nominativ; ~form die** *s.* **Infinitiv; ~leistung die** *(Technik)* rated output; *(Elektrot.)* rated power; *(eines Motors)* rated horsepower; **~onkel der** uncle only in name; **er ist nicht mein richtiger Onkel, sondern nur ein ~onkel** he's not my real uncle, I just call him that; **~tante die** aunt only in name; *s. auch* **~onkel**

**Nennung die; ~, ~en a)** *s.* **nennen 1 b, c:** giving; citing; mentioning; **b)** *(Sport)* entry **(zu, für** for)

**Nenn-: ~wert der** *(Wirtsch.)* nominal *or* face value; *(von Aktien)* par *or* nominal *or* face value; **~wort das** *s.* **Substantiv**

**neo-, Neo-:** neo-

**Neolithikum** [neo'li:tikʊm] **das; ~s** *(Archäol.)* neolithic period

**Neologismus** [neolo'gɪsmʊs] **der; ~, Neologismen** *(Sprachw.)* neologism

**Neon** ['ne:ɔn] **das; ~s** *(Chemie)* neon

**Neon-: ~licht das** neon light; **~reklame die** neon sign; **~röhre die** neon tube; [neon] strip light

**Nepal** ['ne:pal] **(das); ~s** Nepal

**Nepalese** [nepa'le:zə] **der; ~n, ~n** Nepali; Nepalese

**Nepotismus** [nepo'tɪsmʊs] **der; ~:** nepotism *no art.*

**Nepp** [nɛp] **der; ~s** *(ugs. abwertend)* daylight robbery *no art.*; rip-off *(sl.)*

**neppen** *tr. V. (ugs. abwertend)* rook; rip ⟨*tourist, customer, etc.*⟩ off *(sl.)*

**Nepper der; ~s, ~** *(ugs. abwertend)* shark; rip-off merchant *(sl.)*

**Nepp·lokal das** *(ugs. abwertend)* clip-joint *(sl.)*

[1]**Neptun** [nɛp'tu:n] **der; ~s** *(Astron.)*, [2]**Neptun (der); ~s** *(Myth.)* Neptune

**Nerv** [nɛrf] **der; ~s, ~en a)** nerve; **an den ~ der Sache rühren** *(fig.)* get to the heart of the matter; **das Buch trifft den ~ der Zeit** *(fig.)* the book taps the pulse of the age; **den ~ haben, etw. zu tun** *(fig. ugs.)* have the nerve to do sth.; **jmdm. den ~ töten** *(fig. ugs.)* drive sb. up the wall *(coll.)*; **b)** *Pl. (nervliche Konstitution)* nerves; **gute/schwache ~en haben** have strong/bad nerves; **meine ~en halten das nicht aus** my nerves won't stand it; **die ~en [dazu] haben, etw. zu tun** have the nerve to do sth.; **die ~en bewahren** *od.* **behalten** keep calm; **die ~en verlieren** lose control [of oneself]; lose one's cool *(sl.)*; **ich bin mit den ~en fertig** *od.* **am Ende** my nerves cannot take any more; **du hast vielleicht ~en!** *(ugs.)* you've got a nerve!; **~en haben wie Drahtseile** *od.* **Stricke** *(ugs.)* have nerves of steel; **jmdm. auf die ~en gehen** *od.* **fallen** get on sb.'s nerves; **c)** *(in Blättern, Insektenflügeln)* vein; nerve

**nerven** *(salopp)* **1.** *tr. V.* **jmdn. ~:** get on sb.'s nerves. **2.** *itr. V.* be wearing on the nerves

**nerven-, Nerven-: ~an·spannung die**

nervous strain; nervous tension *no indef. art.*; **~arzt der** neurologist; **~aufreibend** *Adj.* nerve-racking; **~belastung die** strain on the nerves; **~beruhigend** *Adj.* sedative ‹*effect, drug*›; **~beruhigend wirken** have a calming effect on the nerves; ‹*drug*› act as a sedative/tranquillizer; **~beruhigungs·mittel das** sedative; *(gegen Depressionen, Angstzustände)* tranquillizer; **~bündel das a)** *(ugs.)* bundle of nerves *(coll.)*; **b)** *(Anat.)* bundle of nerve fibres; **~entzündung die** *(Med.)* neuritis; **~faser die** *(Anat.)* nerve-fibre; **~gas das** nerve gas; **~gift das** neurotoxin; **~heil·anstalt die** *(veralt.)* mental *or* psychiatric hospital; **~kitzel der** *(ugs.)* kick *(coll.)*; **~klinik die a)** clinic for nervous diseases; **b)** *(ugs.)* mental *or* psychiatric hospital; **~kostüm das** *(ugs. scherzh.)* nerves *pl.*; **ein schwaches ~kostüm haben** have bad nerves; **~kraft die** nervous strength; **~krank** *Adj.* **a)** ‹*person*› suffering from a nervous disease *or* disorder; **b)** *(psychisch krank)* mentally ill; **~kranke der/die a)** person suffering from a nervous disease or disorder; **b)** *(psychisch Kranke)* mentally ill person; **~kranke sind ...:** the mentally ill are ...; **~krankheit die a)** nervous disease *or* disorder; **b)** *(psychische Krankheit)* mental illness; **~krieg der** *(ugs.)* war of nerves; **~leiden das** nervous complaint *or* disorder; **~nahrung die: ~nahrung sein** be good for the *or* one's nerves; **~probe die** mental trial; **~sache die** *in* **das ist reine ~sache** *(ugs.)* it's a matter *or* question of nerves; **~säge die** *(salopp)* pain in the neck *(coll.)*; **~schmerz der** *(Med.)* neuralgia; **~schock der** nervous *or* psychic shock; **~schwach** *Adj.* ‹*person*› with bad nerves *not pred.*; neurasthenic ‹*person*› *(Med.)*; **~schwäche die a)** neurasthenia *(Med.)*; **b)** *(psychische Schwäche)* bad nerves *pl.*; **~stärkend** *Adj.* nerve-strengthening; **ein ~stärkendes Mittel** a nerve-tonic; **~strang der** *s.* **~bündel b; ~system das** *(Anat.)* nervous system; **~zelle die** *(Anat.)* nerve cell; **~zusammen·bruch der** nervous breakdown

**nẹrvig** *Adj. (auch fig.)* sinewy

**nẹrvlich 1.** *Adj.* nervous ‹*strain*›; **eine ~e Belastung für jmdn. sein** be a strain on sb.'s nerves. **2.** *adv.* **dieser ständigen Spannung war er ~ nicht gewachsen** his nerves were not up to this constant tension

**nervös** [nɛr'vø:s] **1.** *Adj.* **a)** nervy, jittery ‹*person*›; nervous ‹*haste, movement*›; **~ sein** be jittery *(coll.) or* on edge; **das macht mich ganz ~:** it really gets on my nerves; *(das beunruhigt mich)* it makes me really nervous; **b)** *(Med.)* nervous ‹*twitch, gastric disorder, etc.*›. **2.** *adv.* **a)** nervously; **b)** *(Med.)* **~ bedingt sein** be caused by nerves

**Nervosität** [nɛrvozi'tɛ:t] **die; ~** nervousness; **voller ~:** nervously

**nẹrv·tötend** *Adj.* nerve-racking ‹*wait*›; nerve-shattering ‹*sound, noise*›; soul-destroying ‹*activity, work*›

**Nerz** [nɛrts] **der; ~es, ~e** mink

**Nẹrz·mantel der** mink coat

**[1]Nessel** ['nɛsl] **die; ~, ~n** nettle; **sich in die ~n setzen** *(fig. ugs.)* get [oneself] into hot water *(coll.)*

**[2]Nẹssel der; ~s, ~** *(Stoff)* coarse, untreated cotton cloth

**Nẹssel-: ~fieber das** nettle-rash accompanied by fever; **~sucht die;** *o. Pl.* nettle-rash; hives

**Nest** [nɛst] **das; ~[e]s, ~er a)** nest; **sich** *(Dat.)* **gemeinsam ein ~ einrichten** *(fig.)* set up home together; **das eigene** *od.* **sein eigenes ~ beschmutzen** *(fig.)* foul one's own nest; **er hat sich ins warme** *od.* **gemachte ~ gesetzt** *(fig. ugs.)* he had his future made for him; **b)** *(fam.: Bett)* bed; **raus aus dem ~!** show a leg! *(sl.)*; **c)** *(ugs. abwertend: kleiner Ort)* little place; **ein winziges ~:** a tiny little place; **ein gottverlassenes/armseliges ~:** a God-forsaken/miserable hole; **d)** *(Schlupfwinkel)* hide-out; den; **e)** *(Haartracht)* plaited bun

**Nẹst-: ~bau der;** *o. Pl.* nest-building *no art.*; **~beschmutzer der; ~s, ~** *(abwertend)* person who is/was guilty of fouling his/her own nest

**nesteln** ['nɛstḷn] *itr. V.* fiddle, *(ungeschickt)* fumble **(an** + *Dat.* with)

**nẹst-, Nẹst-: ~flüchter der; ~s, ~** *(Zool.)* *(bird)* precocial *or* nidifugous bird; *(animal)* precocial animal; **~häkchen das** *(fam.)* [spoilt] baby of the family; **~hocker der** *(Zool.)* nidicolous bird/animal; **~warm** *Adj.* ‹*eggs*› warm from the nest; **~wärme die** warmth of a [happy] family upbringing *or* of [happy] family life

**nett** [nɛt] **1.** *Adj.* **a)** nice; *(freundlich)* nice; kind; **sei so ~ und hilf mir!** would you be so good *or* kind as to help me?; **sie war so nett, uns einen Kaffee anzubieten** she very kindly offered us a coffee; **das war [nicht] ~ von dir** that was[n't very] nice of you; **~, daß du anrufst** it's nice *or* kind of you to ring; **etwas Nettes erleben/sagen** have a pleasant experience/say something nice; **b)** *(hübsch)* pretty ‹*girl, town, dress, etc.*›; nice, pleasant ‹*pub, house, town, etc.*›; **c)** *nicht präd. (ugs.: beträchtlich)* nice little *(coll.)* ‹*profit, extra earnings, income*›; **sie hat eine ganz ~e Oberweite** she's very well endowed *(coll.)*; **eine ~e Summe/eine ~e Stange Geld** a tidy sum *(coll.)*; **d)** *(ugs. iron.: unerfreulich)* nice *(coll.)* ‹*affair*›; nice *(coll.)*, fine ‹*state of affairs, mess*›; **das sind ja ~e Aussichten** that's a nice *or* charming prospect *(coll.)*; **das kann ja ~ werden!** that'll be fun *(coll.)*. **2.** *adv. (angenehm)* nicely; *(freundlich)* nicely; kindly; **sich ~ mit jmdm. unterhalten** have a pleasant conversation with sb.; **hier sitzt man sehr ~:** it's very nice *or* pleasant sitting here

**netter·weise** *Adv. (ugs.)* kindly; **würden Sie mir ~ diesen Platz überlassen?** would you be so kind as to let me have your seat?

**Nẹttigkeit die; ~, ~en a)** *o. Pl.* kindness; goodness; **b)** *(Äußerung)* **jmdm. ein paar ~en sagen** say a few nice *or* kind things to sb.; *(iron.)* say a few choice words to sb.

**netto** ['nɛto] *Adv.* ‹*weigh, earn, etc.*› net

**Nẹtto-: ~einkommen das** net income; **~ertrag der** net return; **~gehalt das** net salary; **~gewicht das** net weight; **~preis der** net price; **~raum·zahl die** net register tonnage; **~register·tonne die** *(Seew.)* net register ton; **~sozial·produkt das** *(Wirtsch.)* net national product

**Netz** [nɛts] **das; ~es, ~e a)** *(auch Fischer~, Tennis~, Ballspiele)* net; *(Haar~)* [hair-]net; *(Einkaufs~)* string bag; *(Gepäck~)* [luggage-]rack; *(Sicherheits~)* safety net; **sich in einem ~ von Lügen verstricken** *(fig.)* become entangled in a web of lies; **jmdm. ins ~ gehen** *(fig.)* fall into sb.'s trap; **jmdm. durchs ~ gehen** *(fig.)* slip through sb.'s net; **seine ~e überall auswerfen** *(fig.)* put out feelers in all directions; **ans ~ gehen** *(Tennis)* go to the net; **b)** *(Spinnen~)* web; **c)** *(Verteiler~, Verkehrs~, System von Einrichtungen)* network; *(für Strom, Wasser, Gas)* mains *pl.*; **ans ~ gehen** ‹*power station*› go on stream; **das soziale ~:** the social security system; **d)** *(Math.)* net

**nẹtz-, Nẹtz-: ~an·schluß der** mains connection; **~artig** *Adj.* netlike ‹*material, pattern, etc.*›; **~auge das** *(Zool.)* compound eye; **~ball der** *(Tennis, Volleyball)* net ball

**nẹtzen** *tr. V. (geh.)* moisten ‹*soil, plant, one's lips*›; wet ‹*hair, cheeks*›

**Nẹtz-: ~frequenz die** *(Elektrot.)* mains frequency; **~gerät das** *(Elektrot.)* power pack; **~gewölbe das** *(Kunstwiss.)* net vault; **~haut die** *(Anat.)* retina

**Nẹtzhaut~: ~ab·lösung die** *(Med.)* detachment of the retina; retinal detachment; **~entzündung die** *(Med.)* retinitis

**Nẹtz-: ~hemd das** string vest; **~karte die** area season ticket; *(Eisenb.)* unlimited travel ticket; **~magen der** *(Zool.)* reticulum; honeycomb stomach; **~roller der** *(Tennis)* net-cord [stroke]; **~spannung die** *(Elektrot.)* mains voltage; **~stecker der** mains plug; **~strumpf der** net stocking; **~werk das** *(auch Elektrot.)* network

**neu** [nɔy] **1.** *Adj.* **a)** new; **ein ganz ~es Fahrrad** a brand new bicycle; **die Neue Welt** the New World; **das Neue Testament** the New Testament; **die ~este Mode/die ~esten Schlager/der ~este Witz** the latest fashion/hits/joke; **die ~e Literatur/Physik** modern literature/physics; **die ~esten Nachrichten/Ereignisse** the latest news/most recent events; **viel Glück im ~en Jahr** best wishes for the New Year; Happy New Year; **er brachte eine ~e Flasche** he fetched another bottle; **das sieht aus wie ~:** that looks like new *or* as good as new; **das ist mir ~:** that is news to me; **ich bin ~ in dieser Gegend/in diesem Beruf** I am new to this area/job; **das Neue daran ist ...:** what's new about it is ...; **den Reiz des Neuen haben** have novelty value; **das Neueste auf dem Markt** the latest thing on the market; **der/die Neue** the new man/woman/boy/girl; **etw./nichts Neues wissen/berichten** know/report something/nothing new; **was gibt es Neues?** what's new?; **weißt du schon das Neueste?** *(ugs.)* have you heard the latest?; **etw. Neues unternehmen/anfangen** do/start something new *or* different; **eine ~e Flasche aufmachen** open another bottle; **eine ~e Seite/Zeile beginnen** start a new *or* fresh page/line; **aufs ~e** anew; afresh; again; **auf ein ~es!** let's try again!; **von ~em** all over again; *(noch einmal)* [once] again; **von ~em beginnen** start *or* begin all over again; make a fresh start; **seit ~estem werden dort keine Kreditkarten mehr akzeptiert** just recently they've started refusing to accept credit cards; **in ~erer/~ester Zeit** quite/just *or* very recently; **das ist ~eren Datums** that is of a more recent date; **die ~en** *od.* **~eren Sprachen** modern languages; **b)** *nicht präd. (kürzlich geerntet)* new ‹*wine, potatoes*›; **c)** *(sauber)* clean ‹*shirt, socks, underwear, etc.*›. **2.** *adv.* **a) ~ tapeziert/gespritzt/gestrichen/möbliert** repapered/resprayed/repainted/refurnished; **einen Sessel ~ beziehen** re-cover an armchair; **ein Geschäft ~ eröffnen** reopen a shop; **sich ~ einkleiden/einrichten** provide oneself with a new set of clothes/refurnish one's home; **noch einmal ~ beginnen** start again from scratch; **sich ~ formieren** ‹*party, organization, etc.*› re-form; **b)** *(gerade erst)* **diese Ware ist ~ eingetroffen** this item has just come in *or* arrived; **das Geschäft ist ~ eröffnet** the shop has only just been opened; **~ erschienene Bücher** newly published books; books that have just come out *or* appeared; **3 000 Wörter sind ~ hinzugekommen** 3,000 new words have been added

**neu-, Neu-: ~an·fertigung die a)** making; *(serienweise)* manufacture; **b)** *(Angefertigtes)* **eine ~anfertigung sein** be new; **~ankömmling der** new arrival; **~an·schaffung die a) die ~anschaffung von Produktionsanlagen** the acquisition of new production plant; **~anschaffungen machen** buy new items; **b)** *(Artikel, Gegenstand)* new acquisition; **~apostolisch** *Adj. (christl. Rel.)* New Apostolic; **die Neuapostolische Gemeinde** the New Apostolic Church

**neu·artig** *Adj.* new; **ein ~er Staubsauger** a new type of vacuum cleaner; **das Neuartige an diesem Gerät** the novel feature of this device

**Neuartigkeit die; ~:** novelty

**Neu-: ~auf·lage die** reprint [with altera-

tions]; *(mit umfangreichen Veränderungen)* new edition; **eine ~auflage des vorjährigen Endspiels** *(fig.)* a repeat of last years's final; **~aus·gabe die** new edition
**Neu·bau der;** *Pl.* **Neubauten a)** new house/building; **b)** *(Wiedererrichtung)* rebuilding
**Neubau-: ~viertel das** new district; **~wohnung die** flat *(Brit.) or (Amer.)* apartment in a new block/house; new flat *(Brit.) or (Amer.)* apartment
**neu-, Neu-: ~bearbeitet** *Adj.* [newly] revised ⟨*edition*⟩; newly adapted ⟨*version*⟩; **~bearbeitung die a)** *(eines Buches, Textes)* revision; *(eines Theaterstücks)* adaptation; **b)** *(neue Fassung)* new version; **~bedeutung die** *(Sprachw.)* new meaning; **~beginn der** new beginning; **~besetzung die: die ~besetzung einer Stelle** the refilling of a post; **eine ~besetzung ihrer Rolle wurde notwendig** it became necessary to cast someone else in her part; **~bildung die a) die ~bildung der Regierung/des Kabinetts** the formation of a new government/cabinet; **b)** *(von Gewebe)* regeneration; *(neu Gebildetes)* new growth; **die ~bildung von Geschwülsten** the growth of new tumours; *(wiederholt)* the regrowth of tumours; **c)** *(eines Wortes)* coining; *(neues Wort)* neologism; **~bürger der** new citizen
**Neu-Delhi** [nɔy'de:li] **(das); ~s** New Delhi
**neu-, Neu-: ~deutsch** *Adj. (meist abwertend)* modern West German ⟨*society*⟩; typical West German ⟨*arrogance, smugness, customs*⟩; **~druck der** reprint [with corrections]; **~ein·stellung die: eine ~einstellung vornehmen** take on a new employee; *(von Angestellten)* make a new appointment; **~einstellungen notwendig machen** make it necessary to take on new staff; **~einstudierung die** *(Theater)* new production
**Neu·england (das)** New England
**neu·englisch** *Adj.* modern English
**Neu-: ~entdeckung die a)** *(auch fig.)* new discovery; **b)** *(Wiederentdeckung)* rediscovery; **~entwicklung die a) die ~entwicklung von Heilmitteln/Maschinen** the development of new medicines/machines; **b)** *(neu Entwickeltes)* new development
**neuerdings** ['nɔyɐ'dɪŋs] *Adv.* **a)** recently; **Fahrkarten gibt es ~ nur noch am Automaten** as of a short while ago one can only get tickets from a machine; **~ kann man direkt dorthin fliegen** it has recently become possible to fly there direct; **er trägt ~ eine Perücke** he has recently started wearing a wig; **b)** *(südd., österr., schweiz.: erneut)* again
**Neuerer der; ~s, ~ a)** innovator; **b)** *(DDR) research worker contributing to technical and scientific advance*
**neuerlich 1.** *Adj.; nicht präd.* further. **2.** *adv.* again
**neu-, Neu-: ~eröffnet** *Adj.; präd. getrennt geschrieben* **a)** newly-opened; **b)** *(wiedereröffnet)* reopened; **~eröffnung die a)** opening; **b)** *(Wiedereröffnung)* reopening; **~erscheinung die** new publication; *(Schallplatte)* new release
**Neuerung die; ~, ~en** innovation
**Neu·erwerbung die a) die ~ von Büchern/Möbeln** *usw.* the acquisition of new books/furniture *etc.*; **b)** *(Gegenstand)* new acquisition; **c)** *(Sport)* new signing
**neuestens** ['nɔyəstn̩s] *Adv. s.* **neuerdings a**
**Neu·fassung die** revised version; *(eines Films)* remake
**Neu·fund·land (das); ~s** Newfoundland
**Neufundländer der; ~s, ~** *(Hunderasse)* Newfoundland [dog]
**neu-, Neu-: ~geboren** *Adj.* newborn; **sich wie ~geboren fühlen** feel a new man/woman; **~geborene das;** *adj. Dekl.* newborn child; **~geburt die** *(geh.)* rebirth; **~gestaltung die** *(einer Gemeinschaft, Gesellschaft)* reorganization; reshaping; *(der Politik, eines Programms)* reshaping; *(einer Titelseite, einer Einrichtung)* redesigning; *(eines Stadtviertels, einer Parkanlage)* replanning; **~gewürz das;** *o. Pl. (österr.)* allspice; pimento
**Neu·gier, Neugierde** [-gi:ɐ̯də] **die; ~:** curiosity; *(Wißbegierde)* inquisitiveness; **aus [reiner] ~:** out of [sheer] curiosity; **vor ~ platzen** be bursting with curiosity
**neu·gierig 1.** *Adj.* curious; inquisitive; prying *(derog.)*, nosy *(coll. derog.)* ⟨*person*⟩; **sei nicht so ~!** don't be so inquisitive *or (coll. derog.)* nosy!; **da bin ich aber ~!** *(iron.)* I'll believe it when I see it; I can hardly wait! *(iron.)*; **auf etw.** *(Akk.)* **~ sein** be curious about sth.; **viele Neugierige** many inquisitive people *or* spectators; **ich bin ~, was er dazu sagt** I'm curious to know what he'll say about it; **ich bin ~, ob er kommt** I wonder whether he'll come; **er war ~ [zu hören], was passiert war** he was curious to know what had happened. **2.** *adv.* ⟨*ask*⟩ inquisitively; ⟨*peer*⟩ nosily *(coll. derog.)*; **jmdn. ~ mustern** eye sb. curiously; **~ lehnten die Nachbarn aus dem Fenster** the neighbours leaned out of the window full of curiosity
**neu-, Neu-: ~gliederung die** reorganization; restructuring; **~gotik die** Gothic Revival; **~gotisch** *Adj.* neo-Gothic; **~gründung die a) die ~gründung eines Vereins/einer Partei/Universität** *usw.* the founding *or* establishment of a new club/party/university *etc.*; **b)** *(neu Gegründetes)* **eine ~gründung sein** have recently been founded *or* established; **c)** *(erneute Gründung)* refoundation; re-establishment
**Neu·guinea (das)** New Guinea
**Neuheit die; ~, ~en a)** *o. Pl.* novelty; **den Reiz der ~ haben** have novelty value; **b)** *(Neues)* new product/gadget/article *etc.*
**neu·hoch·deutsch** *adj.* New High German
**Neu·hoch·deutsch das** New High German
**Neuigkeit die; ~, ~en** piece of news; **~en** news *sing.*
**Neu·inszenierung die** *(Theater)* new production
**Neu·jahr das** New Year's Day; **~ feiern** celebrate New Year; *s. auch* **prosit**
**Neujahrs-: ~abend der** New Year's Eve; **~an·sprache die** New Year address; **~fest das** New Year's Day; *(Feier)* New Year celebration; **das jüdische/chinesische ~fest** the Jewish/Chinese New Year; **das ~fest begehen** celebrate New Year; **~gruß der** New Year greetings *pl.*; **~karte die** New Year card; **~konzert das** New Year concert; **~nacht die** New Year's night; **~tag der** New Year's Day
**neu, Neu-: ~land das;** *o. Pl.* **a)** newly reclaimed *or* new land; **b)** *(unerforschtes Land)* new *or* virgin territory; **wissenschaftliches/medizinisches ~land betreten** *(fig.)* break new ground in science/medicine; **~latein das** New Latin; Neo-Latin; **~lateinisch** *Adj.* Neo-Latin
**neulich** *Adv.* recently; the other day; **~ morgens/abends** the other morning/evening; **der Mann von ~, der in unserem Zugabteil saß** *(ugs.)* the man who was sitting in our compartment on the train the other day
**Neuling** ['nɔylɪŋ] **der; ~s, ~e** newcomer **(in** + *Dat.* to); new man/woman/girl/boy; *(auf einem Gebiet)* novice
**neu·modisch** *(abwertend)* **1.** *Adj.* newfangled *(derog.)*. **2.** *adv.* ⟨*dress*⟩ in a newfangled way
**Neu·mond der** new moon; **heute ist/haben wir ~:** there's a new moon today; **zwei Tage nach ~:** two days after the new moon
**neun** [nɔyn] *Kardinalz.* nine; **alle ~[e]** *(Kegeln)* a floorer; *s. auch* **acht**
**Neun die; ~, ~en** nine; **ach, du grüne ~e** *(ugs.)* oh, my goodness!; good grief!; *s. auch* **$^{1}$Acht a, b, d, e, g**
**neun-, Neun-** *(s. auch* **acht-, Acht-**): **~eck das** nonagon; **~eckig** *Adj.* nonagonal; *s. auch* **achteckig; ~einhalb** *Bruchz.* nine and a half
**Neuner der; ~s, ~** *(ugs.)* nine *s. auch* **$^{1}$Acht a, b, e; Achter d**
**neunerlei** *Gattungsz.; indekl.* **a)** *attr.* nine kinds *or* sorts of; nine different ⟨*sorts, kinds, sizes, possibilities*⟩; **b)** *subst.* nine [different] things
**Neuner·probe die** *(Math.)* casting out nines [check]
**neun-, Neun-** (*s. auch* **acht-, Acht-**): **~fach** *Vervielfältigungsz.* ninefold; *s. auch* **achtfach; ~fache das; ~n: das ~fache von 4 ist 36** nine fours are *or* nine times four makes thirty-six; *s. auch* **Achtfache; ~hundert** *Kardinalz.* nine hundred; **~jährig** *Adj. (9 Jahre alt)* nine-year-old *attrib.*; *(9 Jahre dauernd)* nine-year *attrib.*; *s. auch* **achtjährig; ~köpfig** *Adj.* nine-headed ⟨*monster*⟩; ⟨*family, committee*⟩ of nine; **~mal** *Adv.* nine times; *s. auch* **achtmal; ~mal·gescheit, ~mal·klug** *(spöttisch)* **1.** *Adj.* smart-aleck *attrib. (coll.)*; **du bist immer so ~malgescheit** *od.* **~malklug** you're such a smart aleck *(coll.)*; **ein Neunmalgescheiter** *od.* **Neunmalkluger** a smart aleck *(coll.)*; **2.** *adv.* in a smart-aleck way *(coll.)*; **~schwänzig** [-ʃvɛntsɪç] *Adj. in* **~schwänzige Katze** *(Seemannsspr.)* cat-o'-nine-tails; **~stellig** *Adj.* nine-figure *attrib.*; *s. auch* **achtstellig; ~stöckig** *Adj.* nine-storey *attrib.*; *s. auch* **achtstöckig; ~stündig** *Adj.* nine-hour *attrib.*; lasting nine hours *postpos., not pred.*; *s. auch* **achtstündig**
**neunt** [nɔynt] *in* **wir waren zu ~:** there were nine of us; *s. auch* **$^{2}$acht**
**neunt...** *Ordinalz.* ninth; *s. auch* **acht...**
**neun-** (*s. auch* **acht-, Acht-**): **~tägig** *Adj. (9 Tage alt)* nine-day-old *attrib.*; *(9 Tage dauernd)* nine-day-long *attrib.*; *s. auch* **achttägig; ~tausend** *Kardinalz.* nine thousand
**Neuntel das** *(schweiz. meist* **der**); **~s, ~:** ninth
**neuntens** *Adv.* ninthly
**Neun·töter der** *(Zool.)* red-backed shrike
**neun·zehn** *Kardinalz.* nineteen; *s. auch* **achtzehn**
**neunzehnt...** *Ordinalz.* nineteenth; *s. auch* **acht...**
**neunzig** ['nɔyntsɪç] *Kardinalz.* ninety; *s. auch* **achtzig**
**Neunzig die; ~, ~en** ninety; *s. auch* **Achtzig**
**neunzig-, Neunzig-:** *s. auch* **achtzig-; Achtzig-**
**neunziger** *indekl. Adj.; nicht präd.* **die ~ Jahre** the nineties; *s. auch* **achtziger**
**neunzigst...** ['nɔyntsɪçst...] *Ordinalz.* ninetieth; *s. auch* **acht..., achtzigst...**
**Neu-: ~ordnung die** reorganization; **~orientierung die** reorientation; **~philologe der** modern linguist; **~philologie die** modern languages [and literature] *sing.; no art.*; **~prägung die a)** *(Münzk.)* new minting; **die ~prägung von Münzen** the minting of new coins; **b)** *(Sprachw.)* new coinage; neologism; **die ~prägung von Wörtern/Wendungen** *usw.* the coining of new words/expressions *etc.*
**Neuralgie** [nɔyral'gi:] **die; ~, ~n** *(Med.)* neuralgia
**neuralgisch 1.** *Adj.* **a)** *(Med.)* neuralgic; **b)** *(empfindlich)* **das ist mein ~er Punkt** it's a sore *or* touchy point with me. **2.** *adv. (empfindlich)* ⟨*react*⟩ touchily
**neu-, Neu-: ~reg[e]lung die a);** *o. Pl.* **die ~regelung der Arbeitszeit/der Zulassung zu den Universitäten** *usw.* the revision of regulations governing working hours/admission to university *etc.*; **b)** *(Bestimmung)* new regulation; **~reich** *(abwertend) Adj.*

nouveau riche; **Familie Neureich** *(ugs.)* the typical nouveau riche family; **~reiche der/die** nouveau riche; **die ~reichen** the nouveaux riches; the new rich

**Neuritis** [nɔy'ri:tɪs] **die; ~, Neuritiden** *(Med.)* neuritis

**Neuro·chirurgie die; ~** *(Med.)* neurosurgery

**Neurologe der; ~n, ~n** neurologist

**Neurologie die; ~ a)** neurology; **b)** *(Abteilung)* neurology department; *(Station)* neurology ward; *(ugs.: Klinik)* neurology clinic

**Neurologin die; ~, ~nen** neurologist

**neurologisch** *Adj.* neurological

**Neuron** ['nɔyrɔn] **das; ~s, ~e** *od.* **~en** *(Anat.)* neuron

**Neurose** [nɔy'ro:zə] **die; ~, ~n** *(Med., Psych.)* neurosis

**Neurotiker** [nɔy'ro:tikɐ] **der; ~s, ~, Neurotikerin die; ~, ~nen** *(Med., Psych., auch ugs.)* neurotic

**neurotisch** *Adj. (Med., Psych., auch ugs.)* neurotic

**Neu-: ~satz der** *(Druckw.)* new setting; **~schnee der** fresh snow

**Neu·see·land (das); ~s** New Zealand

**Neuseeländer der; ~s, ~:** New Zealander

**Neuseeländerin die; ~, ~nen** New Zealander; New Zealand lady/woman/girl; *s. auch* **-in**

**neuseeländisch** *Adj.* New Zealand

**neu-, Neu-: ~silber das** German silver; nickel silver; **~sprachler** [~ʃpra:xlɐ] **der; ~s, ~:** modern linguist; **~sprachlich** *Adj.* modern languages *attrib.* ‹*teaching*›; **der ~sprachliche Zweig** *(Schulw.)* the modern languages side; **ein ~sprachliches Gymnasium** a grammar school with emphasis on modern languages

**neustens** ['nɔystn̩s] *s.* **neuerdings a**

**Neutestamentler** [-tɛstamɛntlɐ] **der; ~s, ~:** New Testament scholar

**neutestamentlich** *Adj.* New Testament *attrib.*

**neutral** [nɔy'tra:l] **1.** *Adj.* **a)** *(auch Völkerr., Phys., Chem.)* neutral; **b)** *(Sprachw.)* neuter. **2.** *adv.* **sich ~ verhalten** remain neutral; **ich kann das nicht ~ entscheiden/beurteilen** I cannot give an impartial decision/judgement

**-neutral** *adj.* **kosten~/erfolgs~:** not affecting costs/profits *postpos., not pred.*; **geschmacks~/geruchs~:** neutral-tasting/neutral-smelling

**Neutralisation** [nɔytraliza'tsi̯o:n] **die; ~, ~en** *(auch Chemie)* neutralization

**neutralisieren** *tr. V. (auch Völkerr., Chem., Elektrot.)* neutralize; *(Rennsport)* stop ‹*race*›

**Neutralisierung die; ~, ~en** *(auch Völkerr., Chem., Elektrot.)* neutralization; *(Rennsport)* stopping

**Neutralität** [nɔytrali'tɛ:t] **die; ~, ~en** *(auch Völkerr., Chem., Elektrot.)* neutrality

**Neutralitäts-: ~abkommen das** *(Völkerr.)* treaty of neutrality; **~verletzung die** *(Völkerr.)* violation of neutrality

**Neutron** ['nɔytrɔn] **das; ~s, ~en** [-'tro:nən] *(Kernphysik)* neutron

**Neutronen-: ~bombe die** neutron bomb; **~waffe die** neutron weapon; **~zahl die** *(Kernphysik)* neutron number

**Neutrum** ['nɔytrʊm] **das; ~s, Neutra** *(österr. nur so) od.* **Neutren a)** *(Sprachw.)* neuter; **b)** *(abwertend: Mensch ohne erotische Ausstrahlung)* sexless individual

**neu-, Neu-: ~vermählt** *Adj. (geh.)* newly wed *or* married; **die Neuvermählten** the newly-weds; **~wagen der** new car; **~wahl** new election; **die ~wahl des Bundespräsidenten** the election of a new Federal President; **~wahlen ansetzen/ausschreiben** call new elections; **~wert der a)** value when new; original value; *(Versicherungsw.)* replacement value; **b)** *(marx.: neu geschaffener Wert)* new value; **~wertig** *Adj.* as new; **~wertiger Kühlschrank für 150 DM zu verkaufen** for sale, refrigerator, as new – 150 DM; **~wort das;** *Pl.* **~wörter** *(Sprachw.)* new word; neologism; **~zeit die;** *o. Pl. (Zeit nach 1500)* modern era *or* age; *(Gegenwart)* modern times *pl.*; modern age; **~zeitlich 1.** *Adj.* modern; since the Middle Ages *postpos., not pred.*; *(modern)* modern ‹*device, equipment, methods, etc.*›; **2.** *adv. (modern)* ‹*equip, fit*› with all modern conveniences; **~zu·gang der** *(im Krankenhaus)* new admission; *(im Gefängnis)* new inmate; *(bei Militär, bei einer Firma, einem Verein)* new recruit; *(Buch für eine Bibliothek)* new accession; **~zulassung die** *(Amtsspr.)* **a) die ~zulassung von Kraftfahrzeugen** the registration of new vehicles; **b)** *(Fahrzeug)* new registration

**Nexus** ['nɛksʊs] **der, ~, ~:** nexus

**Niagara·fall** [ni̯a'ga:ra-] **der, Niagarafälle** *Pl.* Niagara Falls

**Nibelungen·treue** ['ni:bəlʊŋən-] **die; ~** *(oft abwertend)* unquestioning loyalty [unto death]

**Nicaragua** [nika'ra:gu̯a] **(das); ~s** Nicaragua

**Nicaraguaner der; ~s, ~, Nicaraguanerin die; ~, ~nen** Nicaraguan; *s. auch* **-in**

**nicaraguanisch** *Adj.* Nicaraguan

**nicht** [nɪçt] *Adv.* **a)** not; **sie raucht ~** *(im Moment)* she is not smoking; *(gewöhnlich)* she does not *or* doesn't smoke; **alle klatschten, nur sie ~:** they all applauded except for her; **Wer hat das getan? – Sie ~!** Who did that? – It wasn't her; **Gehst du hin? – Nein, ich gehe ~!** Are you going? – No, I'm not; **Ich mag ihn ~. – Ich auch ~:** I don't like him. – Neither do I; **ich kann das ~ mehr** *od.* **länger sehen** I can't stand the sight of it any more *or* longer; **~ einmal** *od.* *(ugs.)* **mal** not even; **~ mehr als** no more than; **~ ihn kenne ich, sondern sie** I don't know him, but I know her; **~ einer** not one; **~ daß ich nicht wollte, ich habe bloß keine Zeit** [it's] not that I don't want to, I just don't have the time; **das ist wirklich/absolut/gewiß/gar ~ schlimm!** it's not as bad as all that!; **b)** *(Bitte, Verbot o. ä. ausdrückend)* **~!** [no,] don't!; **„~ hinauslehnen!"** *(im Zug)* 'do not lean out of the window'; **bitte ~!** please don't!; **~ doch!** not at all!; *(bitte aufhören)* stop that!; **~ doch, ärgere dich doch ~!** come, come *or* come on, there's no need to get so worked up; **nur das ~!** anything but that!; **ärgere dich doch ~, das ist die Sache gar ~ wert** don't get so angry, it just isn't worth it; **c)** *(Zustimmung erwartend)* **er ist dein Bruder, ~?** he's your brother, isn't he?; **du magst das, ~ [wahr]?** you like that, don't you?; **kommst du [etwa] ~?** aren't you coming[, then]?; **willst du ~ mitkommen?** won't you come too?; **ist es ~ herrlich hier?** isn't it glorious here?; **d)** *(verwundert)* **was du ~ sagst!** you don't say!; **was ich mir ~ alles bieten lassen muß!** the things I have to put up with!; **e)** *([bedingte] Anerkennung ausdrückend)* **~ übel!** not bad!; **sie ist ~ dumm!** she's not stupid

**nicht-, Nicht-:** non-; **~beteiligung/~demokratisch/~akademiker** non-participation/non-democratic/non-graduate

**nicht-, Nicht-: ~achtung die a)** *in* **jmdn. mit ~achtung strafen** punish sb. by ignoring him/her; send sb. to Coventry; **b)** *(Geringschätzung)* lack of regard *or* respect; **~achtung des Gerichts** contempt of court; **~amtlich** *Adj.; nicht präd.* unofficial; **~anerkennung die** non-recognition; **~angriffs·pakt der** non-aggression pact; **~beachtung die** non-observance; **~beachtung einer roten Ampel** failure to observe a red light; **~befolgung die: ~befolgung der Anweisungen/eines Befehls** failure to follow the instructions/to obey an order; **~befolgung der Bestimmungen/Vorschriften** non-compliance *or* failure to comply with the instructions/regulations; **~berufstätig** *Adj.; nicht präd.* non-employed ‹*housewives*›

**Nichte die; ~, ~n** niece

**nicht-, Nicht-: ~ehelich** *(bes. Rechtsspr.)* **1.** *Adj.* illegitimate ‹*child, birth*›; **aus ~ehelichen Beziehungen geborene Kinder** children born out of wedlock; **2.** *adv.* ‹*born*› out of wedlock; **~einhaltung die** non-compliance, failure to comply (*Gen.* with); non-observance; **~ein·mischung die** *(Politik)* non-intervention; non-interference; **~eisen·metall das** non-ferrous metal; **~erfüllung die** non-fulfilment; **~erscheinen das; ~s** non-appearance; failure to appear; **~fach·mann der** non-expert; layman; **~flektierbar** *Adj.; nicht präd. (Sprachw.)* non-inflected; **~gefallen das** *in* **bei ~gefallen** *(Kaufmannsspr.)* if not satisfied

**nichtig** *Adj.* **a)** *(geh.: wertlos, belanglos)* vain ‹*things, pleasures, etc.*›; paltry ‹*desire*›; trivial ‹*reason*›; petty ‹*quarrel*›; idle ‹*chatter, thoughts*›; empty ‹*pretext*›; **b)** *(Rechtsspr.: ungültig)* invalid, void ‹*contract, will, marriage, etc.*›; **für ~ erklären** *(Rechtsspr.)* declare ‹*contract, will, etc.*› invalid *or* void; annul ‹*marriage*›; *s. auch* **null**

**Nichtigkeit die; ~, ~en a)** *o. Pl. (geh.) s.* **nichtig a:** vanity; paltriness; pettiness, triviality; idleness; emptiness; b) *(geh.: belanglose Sache)* trifle; **c)** *o. Pl. (Rechtsspr.)* invalidity; voidness; *(einer Ehe)* nullity

**Nichtigkeits·klage die** *(Rechtsw.)* nullity suit

**nicht-, Nicht-: ~in·anspruch·nahme die** *(Amtsspr.)* failure to take advantage; **~kapitalistisch** *Adj.* non-capitalist ‹*country, state*›; **~leitend** *Adj. (Physik)* non-conducting; **~leiter der** *(Physik)* non-conductor; **~metall das** non-metal; **~mitglied das** non-member; **~öffentlich** *Adj.* not open to the public *pred.*; closed, private ‹*meeting*›; **die ~öffentliche Beweisaufnahme** the hearing of the evidence in camera; **~organisiert** *Adj.; nicht präd.* non-unionized ‹*employee, colleague, etc.*›; **~raucher der** non-smoker; **ich bin ~raucher** I don't smoke; I'm a non-smoker; **„~raucher"** 'no smoking'; **~raucher·abteil das** non-smoking *or* no-smoking compartment; **~rostend** *Adj.* non-rusting ‹*blade*›; stainless ‹*steel*›

**nichts** [nɪçts] *Indefinitpron.* nothing; **er sieht ~:** he sees nothing; he doesn't see anything; **hast du ~ gegessen?** haven't you eaten anything?; **ich möchte ~:** I don't want anything; **das ist ~ für mich** it's not for me; it isn't my cup of tea *(coll.)*; **für ~ und wieder ~** *(ugs.)* for nothing at all; **sich in ~ von jmdm./etw. unterscheiden** be no different from sb./sth.; **~ zu machen!** *(ugs.)* nothing doing *(coll.)*; **er ist durch ~ zu überzeugen** nothing will convince him; **von mir bekommst du ~ mehr** you'll get nothing more from me; you won't get anything more from me; **ich will ~ mehr davon hören** I don't want to hear any more about it; **die Ärzte konnten ~ mehr für ihn tun** the doctors could do nothing more *or* could not do any more for him; **~ anderes** nothing else; **jetzt interessiert er sich für ~ anderes mehr** he's now no longer interested in anything else; **haben Sie ~ anderes als Hamburger?** haven't you got anything else besides hamburgers?; **~ als** nothing but; **das/er ist zu ~ zu gebrauchen** it's/he's no use; it's/he's useless; **das war wohl ~** *(salopp)* that wasn't exactly brilliant; **wir wissen ~ Näheres/Genaues** we don't know any more/any details; **~ wie ins Bett/weg!** quick into bed/let's go!;

**~ wie hinterher!** put your skates on, after him/her/them! *(sl.)*; **~ weiter** nothing else; **von ~ kommt ~:** you don't get anything without effort; **~ da!** *(ugs.)* nothing doing! *(coll.)*; **wie ~:** in a trice *or* flash; **die Angelegenheit ist ~ weniger als schön** it's not at all a nice business; *s. auch* **danken 2 a**

**Nichts das; ~, ~e a)** *o. Pl. (Philos.: das Nicht-Sein)* nothingness *no art.*; **b)** *o. Pl. (leerer Raum)* void; **er war wie aus dem ~ aufgetaucht** he appeared from nowhere; **c)** *o. Pl. (wenig von etw.)* **er hat die Fabrik aus dem ~ aufgebaut** he built the factory up from nothing; **vor dem ~ stehen** be left with nothing; be faced with ruin; **ein ~ von einem Bikini** *usw.* **[sein]** [be] a scrap of a bikini *etc.*; **d)** *(abwertend: Mensch)* nobody; nonentity

**nichts·ahnend** *Adj.* unsuspecting

**Nicht-: ~schwimmer der** non-swimmer; **er war ~schwimmer** he could not swim; **~schwimmer·becken das** non-swimmers' *or* learners' pool

**nichts-: ~desto·minder, ~desto·trotz** *(ugs. scherzh.)*, **~desto·weniger** *Adv.* nevertheless; none the less

**Nicht-: ~sein das** *(Philos.)* non-existence *no art.*; non-being *no art.*; **~seßhafte der/die;** *adj. Dekl. (Amtsspr.)* person of no fixed abode *(Admin. Lang.)*

**nichts-, Nichts-: ~könner der** *(abwertend)* incompetent; bungler; **~nutz der; ~es, ~e** *(veralt. abwertend)* good-for-nothing; **mein ~nutz von Bruder** my good-for-nothing [of a] brother; **~nutzig** *Adj. (veralt. abwertend)* good-for-nothing *attrib.*; worthless ‹*existence*›; **~sagend 1.** *Adj.* meaningless, empty ‹*talk, phrases, etc.*›; *(fig.: ausdruckslos)* vacant ‹*smile*›; expressionless ‹*face*›; **ein ~sagender Typ** a nonentity; **2.** *adv.* meaninglessly ‹*formulated*›; ‹*smile*› vacantly; **~tuer** [~tu:ɐ] **der; ~s, ~** *(abwertend)* layabout; loafer; **die reichen ~tuer** the idle rich; **~tuerei** [---'-] **die; ~** *(abwertend)* idle loafing; **~tun das a)** *(Untätigkeit)* inactivity; doing nothing *no art.*; **b)** *(Müßiggang)* idleness *no art.*; lazing about *no art.*; **das süße ~tun** being gloriously idle; **~würdig** *(geh. abwertend)* **1.** *Adj.* worthless, despicable ‹*person*›; base, unworthy, despicable ‹*deed*›; **Nichtswürdiger!** worthless *or* despicable wretch!; **2.** *adv.* ‹*betray, deceive*› basely; ‹*act*› unworthily; **~würdigkeit die;** *o. Pl. (geh. veralt.) s.* **~würdig:** worthlessness; despicableness; baseness; unworthiness

**nicht-, Nicht-: ~tänzer der, ~tänzerin die** non-dancer; **ich bin ~tänzer[in]** I don't dance; **~zielend** *Adj. (Sprachw.)* intransitive; **~zustande·kommen das** *(eines Vertrags)* non-conclusion; **das ~zustandekommen der Konferenz** the failure of the conference to take place; **~zutreffende das: ~zutreffendes streichen** delete as applicable

[1]**Nickel** ['nɪkl̩] **das; ~s** nickel

[2]**Nickel der; ~s, ~** *(ugs. veralt.: Münze)* 10-pfennig piece

**Nickel-: ~brille die** metal-rimmed glasses *or* spectacles; **~legierung die** nickel alloy

**nicken** ['nɪkn̩] **1.** *itr. V.* **a)** nod; **befriedigt/zustimmend ~:** nod one's satisfaction/agreement; **mit dem Kopf ~:** nod one's head; **b)** *(fam.: schlafen)* doze; snooze *(coll.)*. **2.** *tr. V. (geh.: nickend ausdrücken)* nod; **Zustimmung/Beifall ~:** nod one's agreement/approval

**Nickerchen das; ~s, ~** *(fam.)* nap; snooze *(coll.)*; **ein ~ halten** *od.* **machen** take *or* have forty winks *or* a nap

**Nicki** ['nɪki] **der; ~[s], ~s** velour pullover *or* sweater

**Nicotin** *s.* **Nikotin**

**nie** [ni:] *Adv.* never; **mich besucht ~ jemand** nobody ever visits me; **fast ~:** hardly ever; **~ mehr!** never again!; **[einmal und] ~ wieder** [only once and] never again; **~ und nimmer!** never!; **~ im Leben!** not on your life!; **das werde ich ~ im Leben vergessen** I shall never forget it as long as I live

**nieder** ['ni:dɐ] **1.** *Adj.; nicht präd.* **a)** *(von minderem Rang)* lower ‹*class, intelligence*›; petty, minor ‹*official*›; lowly ‹*family, origins, birth*›; menial ‹*task*›; **das ~e Volk** the common people; **der ~e Klerus/Adel** the lower clergy/aristocracy; **b)** *(bes. südd.) s.* **niedrig a; c)** *(Biol.: nicht hoch entwickelt)* lower ‹*plant, animal, organism*›; *s. auch* **Jagd a. 2.** *Adv. (hinunter)* down; **die Waffen ~!** lay down your arms!; **~ mit dem Militarismus!** down with militarism!

**nieder-, Nieder-: ~|beugen** *(geh.)* **1.** *tr. V.* bend ‹*knee*› downwards; bow ‹*head*›; **2.** *refl. V.* bend down; **~|brennen 1.** *unr. itr. V.; mit sein (herunterbrennen)* ‹*fire*› burn low; ‹*building*› burn down; **2.** *unr. tr. V.* burn down ‹*building, village, etc.*›; **~|brüllen** *tr. V. (ugs.)* **jmdn. ~brüllen** shout sb. down; **~deutsch** *Adj.* Low German ‹*dialect*›; North German ‹*custom, farmhouse, landscape*›; **~|donnern** *itr. V.; mit sein* ‹*avalanche*› thunder down; ‹*roof*› come crashing down; **~druck der;** *Pl.* **~drücke** *(Technik)* low pressure; **~|drücken** *tr. V.* **a)** *(herunterdrucken)* press down; press *or* push down, *(formal)* depress ‹*handle, lever*›; **b)** *(bedrücken)* depress; ‹*memory*› weigh on, oppress ‹*person*›; *s. auch* **~gedrückt; ~|fallen** *unr. itr. V.; mit sein (geh.)* ‹*snow*› fall; **vor jmdm. ~fallen** fall down [on one's knees] before sb.; **~frequenz die** *(Physik)* low frequency; **~gang der a)** *o. Pl. (Verfall)* fall; decline; **b)** *(Seemannsspr.: Treppe)* companion-way; companion-ladder; **~gedrückt 1.** *2. Part. v.* **~drücken; 2.** *Adj.* depressed; dejected; **~|gehen** *unr. itr. V.; mit sein* **a)** *(landen)* ‹*plane, spacecraft, balloonist*› come down; ‹*parachutist*› drop; ‹*birds, flock*› land; **b)** *(fallen)* ‹*rain, satellite, avalanche*› come down; ‹*meteor*› come to earth; **c)** *(Boxen: zu Boden fallen)* go down; **d)** *(sich senken)* ‹*theatre curtain*› fall; **e)** *(untergehen)* ‹*sun, moon*› go down; ‹*epoch*› decline; **~geschlagen 1.** *2. Part. v.* **~schlagen; 2.** *Adj.* despondent; dejected; **~geschlagenheit die; ~:** despondency; dejection; **~|halten** *unr. tr. V.* **a)** *(unterdrükken)* oppress ‹*nation, people, class*›; keep ‹*nation, people, class*› in subjection; keep ‹*person*› down; **b)** *(kontrollieren)* keep down ‹*resistance*›; **c)** *(unten halten)* hold down; **~|holen** *tr. V.* haul down, lower ‹*sail, flag*›; **~|kämpfen** *tr. V.* **a)** *(besiegen)* overcome ‹*enemy, opponent*›; **b)** *(zurückhalten)* suppress ‹*rage, excitement*›; fight back ‹*tears*›; fight ‹*tiredness*›; **~|knien** *itr. V. (auch mit sein), refl. V.* kneel down; *(unterwürfig, demütig)* go down on one's knees; **~|knüppeln** *tr. V.* **jmdn. ~knüppeln** beat *or* club sb. to the ground with a truncheon; **~|kommen** *unr. itr. V.; mit sein (geh. veralt.)* be delivered **(mit** of); give birth **(mit** to); **~kunft** [~kʊnft] **die; ~, ~künfte** [~kʏnftə] *(geh. veralt.)* confinement; **~lage die a)** *(das Besiegtwerden)* defeat; **eine ~lage einstecken müssen** suffer a defeat; **jmdm. eine ~lage beibringen** inflict a defeat on sb.; **b)** *(Zweiggeschäft)* branch; *(Lager)* warehouse; depot

**Nieder·lande** *Pl.:* **die ~:** the Netherlands

**Niederländer der; ~s, ~:** Dutchman; Netherlander

**Niederländerin die; ~, ~nen** Dutchwoman; Netherlander; *s. auch* **-in**

**niederländisch** *Adj.* Dutch; Netherlands *attrib.* ‹*government, embassy, etc.*›; **das Niederländische** Dutch

**nieder-, Nieder-: ~|lassen 1.** *unr. refl. V.* **a)** *(ein Geschäft, eine Praxis eröffnen)* set up *or* establish oneself in business; ‹*doctor, lawyer*› set up a practice *or* in practice; **sich als Fotograf ~lassen** set up as a photographer; **~gelassene Ärzte** *registered doctors/specialists having their own independent practices;* **b)** *(seinen Wohnsitz nehmen)* settle; **c)** *(geh.: sich setzen)* sit down; seat oneself; ‹*bird*› settle, alight; **2.** *unr. tr. V.* lower ‹*theatre curtain, blind, etc.*›; **~lassung die; ~, ~en a)** *o. Pl. s.* **~lassen a:** setting up in business; setting up of a practice *or* in practice; **b)** *(Ort)* settlement; **c)** *(Wirtsch.: Zweigstelle)* branch; **~|legen** *tr. V.* **a)** *(geh.: hinlegen)* lay *or* put *or* set down; lay ‹*wreath*›; **die Waffen ~legen** lay down one's arms; **b)** *(nicht weitermachen)* lay down, resign [from] ‹*office*›; relinquish ‹*command*›; discontinue ‹*course of treatment*›; **das Mandat ~legen** ‹*member of parliament*› resign one's seat; ‹*lawyer*› give up the brief; *s. auch* **Arbeit a; c)** *(geh.: aufschreiben)* set down; **~legung die; ~, ~en a)** *(geh.: eines Kranzes)* laying; **b)** *(eines Amtes)* resignation (+ *Gen.* from); *(eines Kommandos)* relinquishing; **die ~legung der Arbeit** stopping work; **c)** *(geh.: Niederschrift)* setting down; **~|machen** *tr. V. (ugs.)* butcher; **~|mähen** *tr. V.* mow down ‹*prisoners, soldiers, etc.*›; **~|metzeln** *tr. V.* butcher

**Nieder·österreich (das)** Lower Austria

**nieder-, Nieder-: ~|prasseln** *itr. V.; mit sein* ‹*rain, hail*› beat down; ‹*blows, rebukes, questions, etc.*› rain down; **~|reißen** *unr. tr. V.* **a)** *(abreißen)* pull down ‹*building, wall*›; **b)** *(zu Boden reißen)* **jmdn. ~reißen** knock sb. over; **~rheinisch** *Adj.* in the Lower Rhine valley *postpos.*

**Nieder·sachse der; ~n, ~n** inhabitant of Lower Saxony; *(von Geburt)* native of Lower Saxony; *s. auch* **Kölner 2**

**Nieder·sachsen (das)** Lower Saxony

**nieder-, Nieder-: ~|schießen 1.** *unr. tr. V.* gun down; **der Niedergeschossene** the victim of the shooting; **2.** *unr. itr. V.; mit sein (herabfliegen)* ‹*bird*› stoop, swoop down; ‹*aircraft*› hurtle down; **~schlag der a)** *(Met.)* precipitation; **es sind zeitweise ~schläge, teils Regen, teils Schnee, zu erwarten** occasional showers can be expected, some falling as snow; **b)** *(Boxen)* knockdown; **c)** *(Ausdruck)* expression; **[seinen] ~schlag in etw.** *(Dat.)* **finden** find expression in sth.; **d)** *(Chemie)* precipitate; **e) radioaktiver ~schlag** [radioactive] fall-out; **~|schlagen 1.** *unr. tr. V.* **a)** *(zu Boden schlagen)* **jmdn. ~schlagen** knock sb. down; **b)** *(umschlagen)* turn down ‹*hat-brim, collar*›; **c)** *(beenden)* suppress, put down ‹*revolt, uprising, etc.*›; put an end to ‹*strike*›; **d)** *(senken)* lower ‹*eyes, eyelids*›; **den Blick ~schlagen** lower one's eyes; **e)** *(Rechtsspr.: einstellen)* abandon ‹*proceedings*›; dismiss ‹*claim*›; **ein Verfahren ~schlagen** dismiss a case; **f)** *(Rechtsspr.: erlassen)* waive ‹*costs*›; remit ‹*punishment*›; *s. auch* **niedergeschlagen; 2.** *unr. refl. V.* **a) sich in etw.** *(Dat.)* **~schlagen** ‹*experience, emotion*› find expression in sth.; ‹*performance, hard work*› be reflected in sth.; **b)** ‹*steam*› condense; **~schlags·arm** *Adj.* ‹*climate, area, period*› with low precipitation *not pred.*; **~schlags·frei** *Adj.* ‹*period*› without [any] precipitation *not pred.*; **die Aussichten: heiter bis wolkig und ~schlagsfrei** the outlook: dry with variable amounts of cloud; **~schlagung die a)** *(einer Revolte, eines Aufstands)* suppression; putting down; **b)** *(Rechtsspr.) s.* **~schlagen 1 e, f:** abandonment; dismissal; waiving; remission; **~|schmettern** *tr. V.* **a)** *(~schlagen)* **jmdn. ~schmettern** send sb. crashing to the ground/floor; **b)** *(erschüttern)* ‹*bad news*› shatter; ‹*rejection, result*› devastate; **~schmetternd** *Adj.* shattering ‹*experience, news*›; devastating ‹*result, review*›; **~|schreiben** *unr. tr. V.* write down; write ‹*essay, novel*›; ~|**schreien** *unr. tr. V.* **jmdn. ~schreien** shout sb. down; ~**schrift die a)** *(das Schreiben)* writing down; **etw. zur ~schrift erklären** *(Rechtsspr.)* dictate a statement on sth.; **b)** *(Schriftstück)* document; *(Protokoll)* minutes *pl.*; ~|**setzen 1.** *refl. V.* sit down; **2.** *tr. V.* put *or* set down; ~|**sinken** *unr. itr. V.; mit sein* sink down; **ohnmächtig ~sinken** sink unconscious to the ground/floor; ~**spannung die** *(Elektrot.)* low voltage *or* tension; ~|**stechen** *unr. tr. V.* stab; *(erstechen)* stab to death; ~|**stimmen** *tr. V.* vote ‹*proposal, person, etc.*› down; ~|**stoßen 1.** *unr. tr. V. (geh.: zu Boden stoßen)* **jmdn. ~stoßen** knock sb. down; **2.** *unr. itr. V.; mit sein* ‹*hawk, etc.*› stoop, swoop down; ‹*aircraft*› hurtle down; ~|**strecken** *(geh.)* **1.** *tr. V.* **jmdn. ~strecken** knock sb. down; *(mit einem Schuß)* shoot sb. down; **einen Tiger/Hirsch ~strecken** bring down a tiger/stag; **2.** *refl. V. (sich hinlegen)* lie down; **auf das** *od.* **dem Sofa ~gestreckt** stretched out on the sofa; ~|**stürzen** *itr. V.; mit sein (geh.)* **a)** *(zu Boden fallen)* fall down; **ohnmächtig ~stürzen** fall unconscious to the ground/floor; **b)** *(herabfallen)* ‹*rocks*› fall; ‹*avalanche*› sweep down; ~**tourig** [~tu:rɪç] *(Technik)* **1.** *Adj.* **im ~tourigen Bereich** at low revs *(coll.)*; **2.** *adv.* at low revs *(coll.)*; ~**tracht die;** ~ *(geh.)* malice; *(als Charaktereigenschaft)* vileness; despicableness; **etw. aus ~tracht tun** do sth. out of malice; ~**trächtig 1.** *Adj.* malicious ‹*person, slander, lie, etc.*›; *(verachtenswert)* vile, despicable ‹*person*›; base, vile ‹*misrepresentation, slander, lie*›; **2.** *adv.* ‹*betray, lie, treat*› in a vile *or* despicable way; ‹*smile*› maliciously; ~**trächtigkeit die;** ~, ~**en a)** *o. Pl. s.* ~**trächtig 1:** maliciousness; vileness; despicableness; baseness; **b)** *(gemeine Handlung)* vile *or* despicable act; ~|**trampeln** *tr. V. (ugs.)*, ~|**treten** *unr. tr. V.* tread ‹*grass, flowers, carpet-pile, etc.*›; *(fig.)* trample ‹*person*› underfoot

**Niederung die;** ~, ~**en** low-lying area; *(an Flußläufen, Küsten)* flats *pl.*; *(Tal)* valley; **sumpfige ~en** marshes; **die ~en des [alltäglichen] Lebens** *(fig.)* the lowly spheres of everyday life

**nieder-, Nieder-:** ~|**walzen** *tr. V.* flatten; **jmdn. mit Argumenten ~walzen** *(fig.)* overwhelm sb. with arguments; ~|**werfen 1.** *unr. tr. V.* **a)** *(geh.: besiegen)* overcome, defeat ‹*enemy, rebels, etc.*›; **b)** *(geh.: beenden) s.* ~**schlagen 1c; c)** *(geh.: schwächen)* ‹*illness, fever*› lay ‹*person*› low; **d)** *(geh.: erschüttern)* ‹*bad news*› shake ‹*person*› profoundly; **der Tod seiner Frau hat ihn ~geworfen** he took the death of his wife very badly; **2.** *unr. refl. V.* throw oneself down; **sich vor jmdm. ~werfen** prostrate oneself before sb.; ~**werfung die;** ~, ~**en** *(geh.)* *(von Feinden, Aufständischen)* overthrow; defeat; *(einer Revolte, eines Aufstands)* suppression; putting down; ~**wild das** *(Jägerspr.) smaller game animals, e.g. roe-deer, hare, fox, badger*; ~|**zwingen** *unr. tr. V. (geh.)* force ‹*opponent*› to the ground *or* down; *(fig.)* suppress ‹*anger, excitement*›

**niedlich** ['ni:tlɪç] **1.** *Adj.* sweet; cute *(Amer. coll.)*; sweet little *attrib.*; dear little *attrib.* **2.** *adv.* ‹*dance, nibble*› sweetly, prettily; ‹*babble, play*› sweetly, cutely *(Amer. coll.)*; **auf dem Foto guckt die Kleine so ~:** in the photo the little girl has such a sweet expression

**niedrig 1.** *Adj.* **a)** *(von geringer Höhe)* low; short ‹*grass*›; **b)** *(von geringem Rang)* lowly ‹*origins, birth*›; low ‹*rank, status, intellectual level*›; **c)** *(sittlich tiefstehend)* base ‹*instinct, desire, emotion, person*›; vile ‹*motive*›; **von ~er Gesinnung** low-minded. **2.** *adv.* ‹*hang, fly*› low

**Niedrigkeit die;** ~, ~**en a)** *o. Pl. (geringe Höhe)* lowness; **b)** *o. Pl. (niedrige Gesinnung)* baseness; **c)** *(gemeine Tat)* base deed

**Niedrig-:** ~**lohn der** low wages *pl.*; ~**lohnland das** country with a low-wage economy; **etw. im ~lohnland Taiwan produzieren** produce sth. in Taiwan, with its low wages *or* low-wage economy; ~**preis der** low price; ~**wasser das;** *o. Pl.* **a)** *(von Seen/Flüssen)* **bei ~wasser** when the [level of the] lake/river is low; **b)** *(bei Ebbe)* low tide; low water; **bei ~wasser** at low tide *or* low water

**niemals** ['ni:ma:ls] *Adv.* never

**niemand** ['ni:mant] *Indefinitpron.* nobody; no one; ~ **war im Büro** there was nobody *or* no one in the office; there wasn't anybody *or* any one in the office; **wir haben ~[en] gesehen** we saw nobody *or* no one; we didn't see anybody *or* any one; ~ **anders** *od.* **anderer** nobody *or* no one else; **es kann ~ anders** *od.* **anderer als du gewesen sein** it can't have been anybody *or* any one [else] but you; **das war ~ anders als der Kaiser** it was none other than the emperor himself; **er hat mit ~[em] von uns reden wollen** he didn't want to talk to any of us; **das darfst du ~[em] sagen!** you mustn't tell anybody that!; ~ **Bekanntes** nobody I know/he knows *etc.*; *(keine prominenten Leute)* nobody famous; **laß ~ Fremdes herein** don't let anybody *or* anyone in you don't know; don't let any strangers in; **er ist ~[e]s Feind** he has no enemies; **ein Niemand sein** be a nobody

**Niemands·land das;** *o. Pl.* **a)** *(auch fig.)* no man's land; **b)** *(unerforschtes Gebiet, auch fig.)* unknown *or* unexplored territory

**Niere** ['ni:rə] **die;** ~, ~**n** kidney; **künstliche ~:** kidney machine; artificial kidney; **jmdm. an die ~n gehen** *(fig. ugs.)* get to sb. *(coll.)*

**nieren, Nieren-:** ~**becken·entzündung die** pyelitis; ~**entzündung die** nephritis; ~**förmig** *Adj.* kidney-shaped; ~**kolik die** renal colic; ~**leiden das** kidney disease; ~**stein der** kidney stone; renal calculus *(Med.)*; ~**tisch der** kidney-shaped table

**nieseln** ['ni:zl̩n] *unpers. V.* drizzle

**Niesel-:** ~**priem der** *(veralt. scherzh.)* misery[-guts] *(coll.)*; ~**regen der** drizzle

**niesen** ['ni:zn̩] *itr. V.* sneeze

**Nies-:** ~**pulver das** sneezing-powder; ~**reiz der** urge to sneeze

**Nieß·brauch** ['ni:sbraux] **der;** *o. Pl. (Rechtsw.)* usufruct

**Nies·wurz die** *(Bot.)* hellebore

**Niet** [ni:t] **der,** *(auch:)* **das;** ~**[e]s,** ~**e** *(fachspr.) s.* ²**Niete**

¹**Niete** ['ni:tə] **die;** ~, ~**n a)** *(Los)* blank; **eine ~ ziehen** draw a blank; **b)** *(ugs.: Mensch)* dead loss *(coll.)* **(in** + *Dat.* at)

²**Niete die;** ~, ~**n** rivet

**nieten** ['ni:tn̩] *tr. V.* rivet

**Nieten·hose die** [pair of] studded jeans

**niet- und nagelfest** *in* **[alles] was nicht ~ ~ ~ ist** *(ugs.)* [everything] that's not nailed *or* screwed down

**nigel·nagel·neu** *Adj.* *(schweiz. ugs.)* brand-new

¹**Niger** ['ni:gɐ] **(das);** ~**s** *(Staat)* Niger

²**Niger der;** ~**[s]** *(Fluß)* Niger

**Nigeria** [ni'ge:ria] **(das);** ~**s** Nigeria

**Nigerianer der;** ~**s,** ~, **Nigerianerin die;** ~, ~**nen** Nigerian; *s. auch* **-in**

**nigerianisch** *Adj.* Nigerian

**Nigger** ['nɪgɐ] **der;** ~**s,** ~ *(abwertend, oft als Schimpfwort)* nigger *(derog.)*

**Nihilismus** [nihi'lɪsmʊs] **der;** ~**:** nihilism

**Nihilist der;** ~**en,** ~**en** nihilist

**nihilistisch** *Adj.* nihilistic

¹**Nikolaus** ['nɪkolaus] **der;** ~, ~**e a)** *o. Art.* St Nicholas; **b)** *(Tag)* St Nicholas' Day

²**Nikolaus (der)** *(hist. Name)* Nicholas

**Nikolaus·tag der** St Nicholas' Day

**Nikotin** [niko'ti:n] **das;** ~**s** nicotine

**nikotin-, Nikotin-:** ~**arm** *Adj.* low-nicotine *attrib.*; low in nicotine *pred.*; ~**frei** *Adj.* nicotine-free; ~**gehalt der** nicotine content; ~**haltig** *Adj.* containing nicotine *postpos., not. pred.*; ~**haltig sein** contain nicotine; ~**vergiftung die** nicotine poisoning

**Nil** [ni:l] **der;** ~**[s]** Nile

**Nil·pferd das** hippopotamus; hippo *(coll.)*

**Nimbus** ['nɪmbʊs] **der;** ~, ~**se a)** *o. Pl. (geh.: Ruhm)* aura; **sein ~ als großer Dichter** his reputation as a great poet; **b)** *(Kunstwiss.)* nimbus

**nimm** [nɪm] *Imperativ Sg. v.* **nehmen**

**nimmer** ['nɪmɐ] *Adv.* **a)** *(geh. veralt.: niemals)* never; **b)** *(südd., österr.)* never again; **das kann ich ~ aushalten** I can't endure it any longer; *s. auch* **nie**

**Nimmerleinstag** ['nɪmɐlainsta:k] *in* **am ~** *(ugs. scherzh.)* never; **etw. auf den** *od.* **bis zum ~ verschieben** *(ugs. scherzh.)* put sth. off indefinitely

**nimmer-, Nimmer-:** ~**mehr** *Adv.* **a)** *(veralt.: nie)* never; **b)** *(südd., österr.: nie wieder)* never again; ~**müde** *(geh.)* **1.** *Adj.* tireless, untiring ‹*helper, worker, etc.*›; **in ~müder Arbeit** working tirelessly *or* untiringly; **2.** *adv.* tirelessy; untiringly; ~**satt** *Adj.; nicht präd. (fam.)* insatiable; ~**satt der;** ~ *od.* ~**[e]s,** ~**e** *(fam.)* gannet *(sl.)*; ~**wieder·sehen** *in* **auf ~wiedersehen verschwinden** *(ugs., oft scherzh.)* vanish never to be seen again

**Nimrod** ['nɪmrɔt] **der;** ~**s,** ~**e** *(geh., oft scherzh.)* Nimrod

**Nippel** ['nɪpl̩] **der;** ~**s,** ~ **a)** *(Technik; ugs.: Brustwarze)* nipple; **b)** *(am Wasserball)* valve

**nippen** ['nɪpn̩] *itr. V. (trinken)* sip; take a sip/sips; *(essen)* nibble **(von** at); **vom Wein ~:** sip [at] the wine; take a sip/sips of the wine; **am Glas ~:** sip from *or* take a sip/sips from the glass

**Nippes** ['nɪpəs], **Nipp·sachen** *Pl.* [porcelain] knick-knacks; small [porcelain] ornaments

**Nipp·tide die** neap tide

**nirgend-:** ~**her** *Adv. s.* **nirgendwoher;** ~**hin** *Adv. s.* **nirgendwohin**

**nirgends** ['nɪrgn̩ts] *Adv.* nowhere; **er war ~ zu finden** he was nowhere *or* wasn't anywhere to be found; **ich fühle mich ~ so wohl wie hier** there is nowhere *or* isn't anywhere I feel as happy as here; **sonst ~:** nowhere else; **er hält es ~ lange aus** he doesn't stay anywhere for long

**nirgend-:** ~**wo** *Adv. s.* **nirgends;** ~**woher** *Adv.* from nowhere; **sie konnten die Medikamente ~woher bekommen** they couldn't get the medicines from anywhere; ~**wohin** *Adv.* **der Weg führt ~wohin** the path doesn't go anywhere; **wir gehen ~wohin** we're not going anywhere

**Nirwana** [nɪr'va:na] **das;** ~**[s]** nirvana

**Nische** ['ni:ʃə] **die;** ~, ~**n a)** *(Einbuchtung)* niche; **b)** *(Erweiterung eines Raumes)* recess

**Niß** [nɪs] **die;** ~, **Nisse** *(veralt.)*, **Nisse** ['nɪsə] **die;** ~, ~**n** nit

**nisten** ['nɪstn̩] *itr. V.* nest; **eine tiefe Traurigkeit nistete in ihrem Herzen** *(fig. geh.)* a deep sadness dwelt in her heart

**Nist-:** ~**kasten der** nest-box; nesting-box; ~**platz der** nesting-site; ~**zeit die** nesting time *or* season

**Nitrat** [ni'tra:t] **das;** ~**[e]s,** ~**e** *(Chemie)* nitrate

**Nitrid** [ni'tri:t] **das;** ~**s,** ~**e** *(Chemie)* nitride

**nitrieren** *tr. V.* **a)** *(Chemie)* nitrate; **b)** *(Technik)* nitride ‹*steel*›

**Nitrit** [ni'tri:t] **das;** ~**s,** ~**e** *(Chemie)* nitrite

**Nitro·glyzerin** [ni:tro-] **das;** *o. Pl.* nitroglycerine

**Niveau** [ni'vo:] **das;** ~**s,** ~**s a)** level; **auf dem geistigen ~ eines Fünfjährigen stehen** have the mental age of a five-year-old; **über-**

**haupt kein ~ haben** ⟨*programme, article, etc.*⟩ be totally undistinguished, lack any distinction whatever; **eine Zeitung mit ~:** a quality newspaper; **er hat wenig ~:** he is not very cultured *or* knowledgeable; **der Unterricht dieses Lehrers hat ein sehr hohes ~:** this teacher's lessons are intellectually very demanding; **b)** *(Qualitäts~)* standard

**niveau-, Niveau-: ~los** *Adj.* intellectually undemanding ⟨*lesson*⟩; mediocre ⟨*performance, programme, exhibition*⟩; [intellectually] dull ⟨*person*⟩; **~unterschied der** *s.* **Niveau a, b:** difference in level/standard; **~voll** *Adj. (bes. DDR)* intellectually demanding ⟨*lecture*⟩; cultured and intelligent ⟨*person*⟩; ⟨*entertainment, programme*⟩ of quality *postpos., not pred.;* [high-]quality ⟨*goods*⟩

**nivellieren** [nivɛ'li:rən] *tr. V.* **a)** *(ausgleichen)* level *or* even out ⟨*difference*⟩; *(nach unten)* level down; **b)** *(Vermessungsw.)* level

**Nivellier·instrument das; ~[e]s, ~en** [surveyor's] level

**Nivellierung die; ~, ~en** levelling out; evening out; *(nach unten)* levelling down

**nix** [nɪks] *Indefinitpron. (ugs.) s.* **nichts**

**Nix der; ~es, ~e** *(germ. Myth.)* nix; *(mit Fischschwanz)* merman

**Nixe die; ~, ~n** *(germ. Myth.)* nixie; *(mit Fischschwanz)* mermaid

**Nizza** ['nɪtsa] **(das); ~s** Nice

**N. N.** *Abk.* **nomen nescio** n. n.; *(vorläufig unbekannt)* A. N. Other

**NN** *Abk.* **Normallnull[punkt]; unter/über NN** below/above sea level

**NNO** *Abk.* **Nordnordost[en]** NNE

**NNW** *Abk.* **Nordnordwest[en]** NNW

**NO** *Abk.* **Nordost[en]** NE

**nobel** ['no:bl̩] **1.** *Adj.* **a)** *(geh.: edel)* noble; noble[-minded] ⟨*person*⟩; **b)** *(oft spött.: luxuriös)* elegant, *(coll.)* posh ⟨*boutique, house, hotel*⟩; fine ⟨*cigar*⟩; **~, ~!** very posh *(coll.);* **~ geht die Welt zugrunde** *(iron.)* one has to make a splash even if it's the last one *(coll.);* **c)** *(ugs.: freigebig)* lavish, generous ⟨*tip, present*⟩; generous ⟨*person*⟩. **2.** *adv.* **a)** *(geh.: edel)* nobly; **b)** *(oft spött.: luxuriös)* ⟨*dress, live, eat*⟩ in the grand style

**Nobel-: ~marke** luxury brand; **~hotel/~restaurant/~boutique** posh hotel/restaurant/boutique *(coll.);* **~herberge/~kutsche** *(salopp)* posh *or* swish hotel/car *(coll.)*

**Nobel-** [no'bɛl-]: **~preis der** Nobel prize; **~preis·träger der** Nobel prize-winner

**Noblesse** [no'blɛsə] **die; ~** *(geh.)* **a)** *(edle Art)* nobility; noble-mindedness; **b)** *(Eleganz)* elegance

**noch** [nɔx] **1.** *Adv.* **a)** *([wie] bisher, derzeit)* still; **~ nicht** not yet; **~ regnet es nicht** it's not raining yet; it hasn't started raining yet; **sie sind immer ~ nicht da** they're still not here; **ich sehe ihn kaum ~:** I hardly ever see him any more; **ich habe ~ nie Pizza gegessen** I've never eaten a pizza before; **ich bleibe ~ ein Weilchen** I'll stay a little bit longer; **~ nach Jahren** even years later; **er hat [bis jetzt] ~ immer/nie gewonnen** he's won every time up until now/never won yet; **b)** *(als Rest einer Menge)* **ich habe [nur] ~ zehn Mark** I've [only] ten marks left; **es dauert ~ fünf Minuten** it'll be another five minutes; **Beuteltiere gibt es ~/nur ~ in Australien** marsupials still exist/now only exist in Australia; **es sind ~ 10 km bis zur Grenze** it's another 10 km. to the border; **es fehlt [mir/dir** *usw.*] **~ eine Mark** I/you *etc.* need another mark; **c)** *(bevor etw. anderes geschieht)* just; **ich will ~ [schnell] duschen** I just want to have a [quick] shower; **ich mache das [jetzt/dann] ~ fertig** I'll just get this finished; **d)** *(irgendwann einmal)* some time; one day; **du wirst ihn [schon] ~ kennenlernen** you'll get to know him yet; **er wird ~ anrufen/kommen** he will still call/come; **e)** *(womöglich)* if you're/he's *etc.* not careful; **du kommst ~ zu spät!** you'll be late if you're not careful; **er endet ~ im Gefängnis** he'll land up in prison if he doesn't watch out *or* isn't careful; **f)** *(drückt eine geringe zeitliche Distanz aus)* only; **gestern habe ich ihn ~ gesehen/ ~ mit ihm gesprochen** I saw him only yesterday/I was speaking to him only yesterday; **~ Ende des 19. Jahrhunderts** as late as the end of the 19th century; **sie war eben** *od.* **gerade ~ hier** she was here only a moment ago; **es ist ~ keine Woche her, daß ...:** it was less than a week ago that ...; **g)** *(nicht später als)* **das muß ~ diese Woche/vor Monatsende geschehen** that's got to happen this week/by the end of the month; **~ am selben Abend** the [very] same evening; **~ ehe er antworten konnte, legte sie auf** even before he could reply she hung up; **er wurde ~ am Unfallort operiert** he was operated on at the scene of the accident; **h)** *(drückt aus, daß etw. unwiederholbar ist)* **ich habe Großvater ~ gekannt** I'm old enough to have known grandfather; **daß er das ~ erleben durfte!** and to think that he lived long enough to experience that!; **i)** *(drückt aus, daß sich etw. im Rahmen hält)* **das lasse ich mir gerade ~ gefallen** I'll put up with it; **Er hat ~ Glück gehabt. Es hätte weit schlimmer kommen können** He was lucky. It could have been much worse; **das ist [im Vergleich] ~ billig** that's [still] cheap in comparison; **es ist immer ~ teuer genug** it's still expensive enough; **der Koffer geht ~ zu** the case will still close; **das geht ~:** that's [still] all right *or (coll.)* OK; **das ist ~ lange kein Grund** that still isn't any sort of reason; **wenn er sich [wenigstens] ~ entschuldigt hätte** if he had apologized at least; **das ist ja ~ [ein]mal gutgegangen** *(ugs.)* it was just about all right; **j)** *(außerdem, zusätzlich)* **wer war ~ da?** who else was there?; **er hat [auch/außerdem] ~ ein Fahrrad** he has a bicycle as well; **~ etwas Kaffee?** [would you like] some more coffee?; **wenn man alt ist und [dann auch] ~ allein** when you're old and [also] on your own; **hinzu kommt ~, daß ...:** on top of that there's the fact that ...; **~ ein/zwei Bier, bitte!** another beer/two more beers, please!; **und ~ eins** *od.* **etwas** and another thing; **ich habe das ~ einmal/~ einige Male gemacht** I did it again/several times more; **da möchte ich ~ einmal/einige Male hin** *(ugs.)* I'd like to go there again; **~ einmal so lang** as long again; **Spanien? Und ~ dazu im Juli?** Spain, and in July too?; **er ist frech und ~ dazu dumm** *od.* **dumm dazu** he's cheeky and stupid with it; **und es schneite ~ dazu** *od.* **auch ~:** and what's more, it was snowing; **Geld/Kleider** *usw.* **~ und ~** *od. (ugs. scherzh.)* **~ und nöcher** heaps and heaps of money/clothes *etc. (coll.);* **k)** *(bei Vergleichen)* **er ist ~ größer [als Karl]** he is even taller [than Karl]; **das ist ~ viel wichtiger** that's far *or* much more important still; **er will ~ mehr haben** he wants even *or* still more; **das ist ~ besser** that's even better *or* better still; **es war ~ anders** it was different again; **darüber hat er sich ~ mehr gefreut** he was even more pleased about that; **jeder ~ so dumme Mensch versteht das** anyone, however stupid, can understand that; **und wenn er auch ~ so bittet** however much he pleads; **du kannst ~ so sehr bitten** you can plead as much as you like; **l)** *(nach etw. Vergessenem fragend)* **wie heißt/hieß sie [doch] ~?** [now] what's/what was her name again? **2.** *Partikel* **das ist ~ Qualität!** that's what I call quality; **auf ihn kann man sich wenigstens ~ verlassen** one can rely on 'him at least; **du wirst es ~ bereuen!** you'll regret it!; **der wird sich ~ wundern** *(ugs.)* he's in for a surprise; **das dauert ~ keine zehn Minuten** it won't even take ten minutes; **er kann ~ nicht einmal lesen** he can't even read; **~ in der größten Hitze trägt er seinen Pullover** however hot it is he still wears his pullover. **3.** *Konj. (und auch nicht)* nor; **weder ... noch** neither ... nor; **weder er ~ die Mutter ~ der Vater** neither he nor his mother nor his father; **er hat keine Verwandten** *od.* **nicht Verwandte ~ Freunde** he has no relatives or friends

**nochmalig** ['nɔxma:lɪç] *Adj.; nicht präd.* further

**noch·mals** *Adv.* again; *(einige Minuten später)* after another few minutes; **~: wo waren Sie zwischen ...?** once again: where were you between ...?

**Nocken** ['nɔkn̩] **der; ~s, ~** *(Technik)* cam

**Nocken·welle die** *(Technik)* camshaft

**Nockerl** ['nɔkɐl] **das; ~s, ~n** *(österr., bayr. Kochk.)* [semolina] dumpling; **Salzburger ~n** Salzburg dumpling soufflé *sing.*

**NOK** [ɛn|o:'ka:] **das; ~[s]** *Abk.* **Nationales Olympisches Komitee** NOC

**nölen** ['nø:lən] *itr. V. (bes. nordd. abwertend)* **a)** *(trödeln)* dawdle; **b)** *(sprechen)* speak in a slow drawl

**Nom.** *Abk.* **Nominativ** Nom.

**Nomade** [no'ma:də] **der; ~n, ~n** nomad

**nomadenhaft** *Adj. (auch fig.)* nomadic

**Nomadentum das; ~s** *(Völkerk.)* nomadism

**Nomadin die; ~, ~nen** nomad

**nomadisieren** *itr. V.* lead a nomadic existence; **~de Stämme** nomadic tribes

**Nomen** ['no:mən] **das; ~s, Nomina a)** *(Substantiv)* noun; substantive; **b)** *(deklinierbares Wort)* declinable word *(including nouns, adjectives, and numerals)*

**nomen est omen** ['no:mən 'ɛst 'o:mən] *(geh.)* true to his/its *etc.* name

**Nomenklatur** [nomɛnkla'tu:ɐ̯] **die; ~, ~en** *(Wissensch.)* nomenclature

**Nomina** *s.* **Nomen**

**nominal** [nomi'na:l] *Adj. (Sprachw., Wirtsch.)* nominal

**Nominal-: ~einkommen das** *(Wirtsch.)* nominal income; **~lohn der** *(Wirtsch.)* nominal wages *pl.;* **~stil der;** *o. Pl. (Sprachw.)* style in which there is a preponderance of nominal constructions; **~wert der** *(Wirtsch.) s.* **Nennwert**

**Nominativ** ['no:minati:f] **der; ~s, ~e** *(Sprachw.)* nominative [case]; *(Wort im ~)* nominative [form]; **im ~ stehen** be in the nominative [case]

**nominell** [nomi'nɛl] **1.** *Adj.; nicht präd.* nominal ⟨*member, leader*⟩; ⟨*Christian*⟩ in name only. **2.** *adv.* **er ist nur ~ Präsident** he is President in name only; **~ ist er nur Berater des Präsidenten** nominally he is just an adviser to the President

**nominieren** [nomi'ni:rən] *tr. V.* **a)** *(zur Wahl vorschlagen)* nominate; **b)** *(Sport: aufstellen)* name ⟨*player, team*⟩

**Nominierung die; ~, ~en a)** *(für eine Wahl)* nomination; **b)** *(Sport: Aufstellung)* selection

**Nonchalance** [nõʃa'lã:s] **die; ~:** nonchalance

**nonchalant** [nõʃa'lã:] **1.** *Adj.* nonchalant. **2.** *adv.* nonchalantly

**None** ['no:nə] **die; ~, ~n a)** *(kath. Kirche)* nones; **b)** *(Musik)* ninth

**Nonius** ['no:ni̯ʊs] **der; ~, Nonien** [...i̯ən] *(Technik)* vernier

**Nonkonformismus** [nɔnkɔnfɔr'mɪsmʊs] **der; ~:** nonconformism

**nonkonformistisch 1.** *Adj.* nonconformist; unconventional ⟨*dress*⟩. **2.** *adv.* ⟨*think, behave, argue, etc.*⟩ in an unconventional way

**Nonne** ['nɔnə] **die; ~, ~n a)** nun; **b)** *(Zool.)* nun [moth]

**Nonnen-: ~kloster das** convent; nunnery; **~schule die** *(ugs.)* convent school

**Non·plus·ultra** [nɔnplʊs'ʊltra] **das; ~** *(geh., oft scherzh.)* ultimate **(an +** *Dat.* in);

non plus-ultra; **das/ein ~ an Handlichkeit** *usw.* the ultimate in handiness *etc.*

**Nonsens** ['nɔnzɛns] **der; ~[es]** nonsense

**nonstop** [nɔn'stɔp] *adv.* non-stop

**Nonstọp-: ~flug der** non-stop flight; **~kino das** 24-hour cinema

**Noppe** ['nɔpə] **die; ~, ~n a)** *(in einem Faden, Gewebe)* knop; nub; **b)** *(auf einer Oberfläche)* bump; *(auf einem Tischtennisschläger)* pimple

**¹Nord** [nɔrt] *o. Art.; o. Pl.* **a)** *(Seemannsspr., Met.: Richtung)* north; **nach ~:** northwards; **aus** *od.* **von ~:** from the north; **b)** *(nördliches Gebiet, Politik)* North; **~ und Süd** North and South; **aus ~ und Süd** from the North and [from] the South; **zwischen ~ und Süd** between [the] North and [the] South; **c)** *einem Subst. nachgestellt (nördlicher Teil, nördliche Lage)* **Autobahnkreuz Köln-~:** motorway intersection Cologne North; **Europa ~** *(Milit.)* Northern Europe

**²Nọrd der; ~[e]s, ~e** *(Seemannsspr.)* northerly; *(dichter.)* north wind

**nọrd-, Nọrd-: ~afrika (das)** North Africa; **~amerika (das)** North America; **~amerikaner der** North American; **~amerikanisch** *Adj.* North American; **~atlantik·pakt der** North Atlantic alliance; **~deutsch 1.** *Adj.* North German; **2.** *adv.* **etw. ~deutsch aussprechen** pronounce sth. with a North German accent; **~deutschland (das)** North Germany

**nọrden** *tr. V.* **etw. ~:** orient sth. to the north

**Nọrden der; ~s a)** *(Richtung)* north; **im ~:** in the north; **aus dem** *od.* **von ~:** from the north; **nach ~:** northwards; **die Grenze nach ~:** the northern border; **gegen** *od. (geh.)* **gen ~:** northwards; **b)** *(Gegend)* northern part; **aus dem ~:** from the north; **c)** *(Geogr.)* North; **der hohe/höchste ~:** the far North

**nọrd-, Nọrd-: ~england (das)** the North of England; **~europa (das)** Northern Europe; **~europäisch** *Adj.* Northern European; **~flanke die** *(Milit., Geogr.)* northern flank; *(Met.)* northern edge; **~hang der** northern slope; **~insel die** North Island; **~irland (das)** Northern Ireland

**nọrdisch** *Adj. (auch Völkerk.)* Nordic; **~e Kombination** *(Skisport)* Nordic combined

**Nordistik** [nɔr'dɪstɪk] **die; ~:** Scandinavian Studies *pl., no art.*

**Nọrd-: ~kap das** North Cape; **~korea (das)** North Korea; **~küste die** north *or* northern coast; **~länder der; ~s, ~:** native/inhabitant of [a country of] the North *(esp. Scandinavia)*

**nördlich** ['nœrtlɪç] **1.** *Adj.* **a)** *(im Norden gelegen)* northern; **15° ~er Breite** 15 degrees north; **das ~e Frankreich** northern France; **der ~ste Punkt** the most northerly point; *s. auch* **Eismeer; Polarkreis; Wendekreis a; b)** *(nach, aus dem Norden)* northerly; **c)** *(aus dem Norden kommend, für den Norden typisch)* Northern. **2.** *adv.* northwards; **~ von ...:** [to the] north of ...; **sehr [weit] ~ sein** be a long way north. **3.** *Präp. mit Gen.* [to the] north of

**nord-, Nord-: ~licht** ['--] **das a)** northern lights *pl.;* aurora borealis; **ein ~licht/~lichter** the northern lights; **b)** *(scherzh.)* Northerner; **¹~nord·ọst** *o. Art.; o. Pl. (Seemannsspr., Met.)* north-north-east; *s. auch* **¹Nord a; ²~nord·ọst der** *(Seemannsspr.)* north-north-easter[ly]; **~nord·ọsten der** north-north-east; *s. auch* **Norden a; ¹~nord·wẹst** *o. Art.; o. Pl. (Seemannsspr., Met.)* north-north-west; *s. auch* **¹Nord a; ²~nord·wẹst der** *(Seemannsspr.)* north-north-wester[ly]; **~nord·wẹsten der** north north-west; *s. auch* **Norden a; ¹~ọst** *o. Art.; o. Pl. (Seemannsspr., Met.)* north-east; **nach ~ost** north-eastwards; **aus** *od.* **von ~ost** from the north-east; **²~ọst der** *(Seemannsspr.)* north-easter[ly]; *(dichter.)* north-east[erly] wind; **~ọsten der a)** *(Richtung, Gegend)* north-east; *s. auch* **Norden a; ~östlich 1.** *Adj.* **a)** *(im ~osten gelegen)* north-eastern; *s. auch* **nördlich 1 a; b)** *(nach ~osten gerichtet, aus ~osten kommend)* north-easterly; **2.** *adv.* north-eastwards; **~östlich von ...:** [to the] north-east of ...; *s. auch* **nördlich 2; 3.** *Präp. mit Gen.* [to the] north-east of; **~-Ọstsee-Kanal der** Kiel Canal; **~ọst·wind der** north-east[erly] wind; **~pol** ['--] **der a)** North Pole; **b)** *(eines Magneten)* north pole

**Nordpolar-: ~gebiet das** North Polar Region; **~meer das** Arctic Ocean

**Nọrd-: ~pol·expedition die** expedition to the North Pole; **~rand der** northern edge

**Nọrd·rhein-Westfalen (das)** North Rhine-Westphalia

**Nọrd·see die;** *o. Pl.* North Sea

**nord-, Nord-: ~seite** ['---] **die** northern side; *(eines Gebäudes, Geländes)* north side; **~stern** ['--] **der;** *o. Pl.* North Star; Polaris; **~-Süd-Dialog der** *(Politik)* North-South dialogue; **~-Süd-Gefälle das** *(Politik)* North-South gap; **~südlich 1.** *Adj.* **in ~südlicher Richtung** from north to south; **2.** *adv.* **~südlich verlaufen** run from north to south; **~wand** ['--] **die** *(Felswand)* north face; **~wärts** ['--] *Adv.* **a)** *(nach Norden)* northwards; **b)** *(im Norden)* to the north; **¹~wẹst** *o. Art.* **a)** *(Seemannsspr., Met.)* north-west; **nach ~west** north-westwards; **aus** *od.* **von ~west** from the north-west; **b)** *einem Subst. nachgestellt* **Autobahnkreuz Frankfurt-~west** motorway intersection Frankfurt North-West; **²~wẹst der** *(Seemannsspr.)* north-wester[ly]; *(dichter.)* north-west[erly] wind; **~wẹsten der a)** *(Richtung, Gegend)* north-west; *s. auch* **Norden a; ~wẹstlich 1.** *Adj.* **a)** *(im ~westen gelegen)* north-western; *s. auch* **nördlich 1 a; b)** *(nach ~westen gerichtet, aus ~westen kommend)* north-westerly; **2.** *adv.* *(nach ~westen)* north-westwards; **~westlich von ...:** [to the] north-west of ...; *s. auch* **nördlich 2; 3.** *Präp. mit Gen.* [to the] north-west of; **~wẹst·wind der** north-west[erly] wind; **~wind** ['--] **der** north *or* northerly wind

**Nörgelei die; ~, ~en** *(abwertend)* **a)** *o. Pl. (das Nörgeln)* moaning; grumbling; *(das Kritteln)* carping; **b)** *(Äußerung)* moan; grumble; **deine ewigen ~en** your constant moaning *sing. or* grumbling *sing.*

**nörgelig** *Adj. (abwertend)* moaning *attrib.;* grumbling *attrib.;* grumbly *(coll.);* **ein ~er Kerl** a moaner *or* grumbler; **müde und ~:** tired and niggly

**nörgeln** ['nœrgl̩n] *itr. V. (abwertend)* moan, grumble **(an +** *Dat.* about); *(kritteln)* carp **(an +** *Dat.* about)

**Nörgler der; ~s, ~, Nörglerin die; ~, ~nen** *(abwertend)* moaner; grumbler; *(Krittler)* carper; fault-finder

**nörglerisch** *(abwertend) Adj.* moaning *attrib.;* grumbling *attrib.;* grumbly *(coll.); (krittelig)* carping *attrib.*

**nörglig** *s.* **nörgelig**

**Norm** [nɔrm] **die; ~, ~en a)** norm; **zur ~ werden/als ~ gelten** become the norm/count as the norm; **b)** *(geforderte Arbeitsleistung)* quota; target; **die ~ erfüllen** fulfil one's/its quota; meet *or* achieve one's/its target; **c)** *(Sport)* qualifying standard; **d)** *(technische, industrielle ~)* standard; standard specifications *pl.;* **der ~ entsprechen** conform to the standard; **e)** *(DDR: Richtwert für die Produktion)* norm; **f)** *(Buchw.)* signature *(at foot of page)*

**normal** [nɔr'ma:l] **1.** *Adj.* **a)** normal; **du bist doch nicht ~!** *(ugs.)* there must be something wrong with you!; **b)** *(ugs.: gewöhnlich)* ordinary. **2.** *adv.* **a)** normally; **b)** *(ugs.: gewöhnlich)* in the normal *or* ordinary way; **c)** *(ugs.: normalerweise)* normally; usually

**Normal das; ~s** *(ugs.)* ≈ two star *(Brit.);* regular *(Amer.);* **für 50 Mark ~, bitte!** 50 marks' worth of two-star, please!

**Normal·benzin das** ≈ two-star petrol *(Brit.);* regular *(Amer.)*

**Normale die; ~[n], ~n** *(Math.)* normal

**normalerweise** *Adv.* normally; usually

**Normal-: ~fall der** normal case; **im ~fall** normally, usually; **~form die a)** *(Math.)* standard *or* normal form; **b)** *(Sport)* usual form; **~gewicht das** normal weight

**normalisieren 1.** *tr. V.* normalize. **2.** *refl. V.* return to normal

**Normalisierung die; ~, ~en** normalization

**Normalität** [nɔrmali'tɛ:t] **die; ~:** normality *no def. art.*

**Normal-: ~maß das a)** *(normales Maß)* normal size; *(normales Niveau)* normal level; **~maße haben** be [of] a normal size; **b)** *(Meßwesen)* standard measure; **~null das** *(Geodäsie)* national datum level; **~spur die** *(Eisenb.)* standard gauge; **~ton der a)** *(Akustik)* reference tone; **b)** *(Musik)* standard pitch; **~uhr die a)** *(genau gehende Uhr)* regulator; **b)** *(öffentliche Uhr)* public clock; **~verbraucher der a)** ordinary *or* average consumer; **b)** *(ugs.: Durchschnittsmensch)* average punter *(coll.);* **Otto ~verbraucher** *(scherzh.)* the average punter *(coll.);* **~zeit die** standard time; **~zu·stand der a)** normal state; **im ~zustand** in its/his normal state; **b)** *s.* **Normzustand**

**Normandie** [nɔrman'di:] **die; ~:** Normandy; **in/aus der ~:** in/from Normandy

**Normanne** [nɔr'manə] **der; ~n ~n** Norman

**normạnnisch** *Adj.* Norman

**normativ** [nɔrma'ti:f] *Adj.* normative

**Nọrm·blatt das** list of standard specifications

**nọrmen** *tr. V.* standardize

**Nọrmen-: ~aus·schuß der** standards committee; **~kontrọll·verfahren das** *(Rechtsw.) suit brought before the FRG constitutional court relating to the constitutionality of a law*

**Nọrm·erhöhung die** raising of production targets

**normieren** *tr. V.* standardize

**Normierung die; ~, ~en, Nọrmung die; ~, ~en** standardization

**Nọrm·zustand der** *(Physik, Technik)* standard state

**Norne** ['nɔrnə] **die; ~, ~n** *(nord. Myth.)* Norn

**Norwegen** ['nɔrve:gn̩] **(das); ~s** Norway

**Nọrweger der; ~s, ~, Nọrwegerin die; ~, ~nen** Norwegian; *s. auch* **-in**

**Nọrweger·muster das** *(Handarb.)* ≈ Fair Isle design

**nọrwegisch** *Adj.* Norwegian; *s. auch* **deutsch; Deutsch; ²Deutsche**

**Nostalgie** [nɔstal'gi:] **die; ~:** nostalgia

**nostạlgisch 1.** *Adj.* nostalgic. **2.** *adv.* nostalgically; **~ gestimmt** in a nostalgic mood

**not** [no:t] *in* **~ tun** *od.* **sein** *(geh., landsch.)* be necessary

**Nọt die; ~, Nöte** ['nø:tə] **a)** *(Bedrohung, Gefahr)* **in seiner ~:** at that perilous juncture; **jmdm. in der Stunde der ~ helfen** help sb. in his/her hour of need; **in höchster** *od.* **äußerster ~:** in extremis; **Rettung in** *od.* **aus höchster ~:** rescue from extreme difficulties; **in ~ sein** be in desperate straits; **~ bricht Eisen** desperation gives you strength; **~ lehrt beten** adversity teaches you to pray; **in ~ und Tod** *(geh.)* through thick and thin; **b)** *o. Pl. (Mangel, Armut)* need; poverty [and hardship]; **~ leiden** suffer poverty *or* want [and hardship]; **etw. aus ~ tun** do sth. from sheer need; **in ~ geraten/sein** encounter hard times/be suffering want [and deprivation]; **in diesem Land herrscht große ~:** there is great poverty and hardship in this country; **er kennt keine ~:** he's doing all right for himself; ~ **macht erfinderisch** necessity is the mother of invention *(prov.);* ~ **kennt kein Gebot** [when] needs must; **in der ~ frißt der Teufel Fliegen** beggars can't be choosers *(prov.);* **c)** *o. Pl. (Verzweiflung)* anguish; distress; **d)** *(Sorge, Mühe)* trouble; **in Nöten sein** have many troubles; **seine [liebe] ~ haben, etw. zu tun** have great difficulty in doing sth.; **seine [liebe] ~ mit jmdm./etw. haben** have a lot of trouble *or* a lot of problems with sb./sth.; **mit knapper ~:** by the skin of one's teeth; **e)** *o. Pl. (veralt.: Notwendigkeit)* necessity; **ohne ~** *(geh.)* without pressing cause; **zur ~:** if need be; if necessary; **wenn ~ am Mann ist** when the need arises; **aus der ~ eine Tugend machen** make a virtue of necessity

**Notabeln** [no'ta:bl̩n] *Pl. (hist.)* Notables

**notabene** [nota'be:nə] *Adv. (geh. veralt.)* nota bene *(arch. literary);* please note

**Not-:** ~**abitur das** *early* Abitur *taken in wartime by students about to be conscripted;* ~**anker der** *(Seew., auch fig.)* sheet anchor

**Notar** [no'ta:ɐ̯] **der; ~s, ~e** notary

**Notariat** [notar'i̯a:t] **das; ~[e]s, ~e a)** *(Amt)* notaryship; **b)** *(Kanzlei)* notary's office

**notariell** [nota'ri̯ɛl] **1.** *Adj.* notarial. **2.** *adv.* ~ **beglaubigt** attested by a notary

**Notarin die; ~, ~nen** notary

**Not-:** ~**arzt der** doctor on [emergency] call; emergency doctor; ~**arzt·wagen der** doctor's car for emergency calls

**Notation** [nota'tsi̯o:n] **die; ~, ~en** *(Musik, Schach)* notation

**Not-:** ~**aufnahme die** *(Gesundheitswesen)* casualty department; casualty *no art.;* ~**aus·gabe die** *(Zeitungsw.)* emergency edition; ~**aus·gang der** emergency exit; ~**behelf der** makeshift; ~**beleuchtung die** emergency lighting *no indef. art.;* ~**bremse die** emergency brake; **die ~bremse ziehen** pull the emergency brake; pull the communication cord *(Brit. Railw.); (Sportjargon)* bring the attacker down; ~**brücke die** temporary bridge; ~**dienst der** *s.* **Bereitschaftsdienst**

**Notdurft** [-dʊrft] **die; ~ a)** *(geh.)* **seine [große/kleine] ~ verrichten** relieve oneself; **b)** *(geh. veralt.: das Nötige)* need; **mehr als seine knappe ~ verdienen** earn more than one needs to buy the bare necessities of life

**not·dürftig 1.** *Adj.* meagre ⟨*payment, pension*⟩; rough and ready, makeshift ⟨*shelter, repair*⟩; scanty ⟨*cover, clothing*⟩. **2.** *adv.* scantily ⟨*clothed*⟩; **etw. ~ reparieren** repair sth. in a rough and ready *or* makeshift way; **sich ~ verständigen** manage to communicate after a fashion

**Note** ['no:tə] **die; ~, ~n a)** *(Zeichen)* note; **eine ganze/halbe ~:** a crotchet/quaver *(Brit.);* a whole note/half note *(Amer.);* **etw. in ~n setzen** *(veralt.)* set sth. to music; **b)** *Pl. (Text)* music *sing.;* **nach/ohne ~n spielen** play from/without music; **c)** *(Schul~)* mark; **d)** *(Eislauf, Turnen)* score; **e)** *(Dipl.)* note; **f)** *o. Pl. (Flair)* touch; **einer Sache eine persönliche ~ geben** give sth. a personal touch; **g)** *(Bank~)* note

**Noten-:** ~**aus·tausch der** *(Dipl.)* exchange of notes; ~**bank die** bank of issue; ~**blatt das** sheet of music; ~**druck der;** *o. Pl.* **a)** *(Druck von Banknoten)* printing of [bank]notes; **b)** *(Druck von Musikalien)* music-printing; printing of music; **c)** *(Leistungsdruck)* pressure to achieve high marks; ~**durch·schnitt der** average mark; ~**heft das a)** *(Publikation)* book of music; **b)** *(Heft mit ~papier)* manuscript book; ~**linie die** *(Musik)* line [of the staff]; ~**papier das** music-paper; ~**pult das** music-rest; music-stand; ~**schlüssel der** clef; ~**schrift die** [musical] notation; ~**ständer der** music-stand

**not-, Not-:** ~**fall der a)** *(Gefahr)* emergency; **im ~fall** in an emergency; **für den ~fall** in case of emergency; **in** *od.* **bei ~fällen** in emergencies; **b)** *(Schwierigkeiten)* case of need; **im ~fall** if need be; **für den ~fall habe ich immer einen Reservekanister im Kofferraum** I always have a spare can of petrol *(Brit.) or (Amer.)* gasoline in the boot *(Brit.) or (Amer.)* trunk, just in case; ~**falls** *Adv.* if need be; if necessary; ~**gedrungen** *Adv.* of necessity; **ich habe ~gedrungen eine neue gekauft** I had no choice but to *or* I was forced to buy a new one; ~**geld das** *(Finanzw.)* necessity money; emergency money; ~**gemeinschaft die a)** *(Interessengemeinschaft)* emergency action organization; **b)** *(durch gemeinsame Notlage Verbundene)* union born of necessity; ~**groschen der** nest-egg; **die 500 DM lege ich als ~groschen zurück** I'll put that 500 marks away for a rainy day; ~**hilfe die** *(Rechtsw.)* assistance in an emergency *(as required by law);* **in ~hilfe schießen** shoot in defence of a third person

**notieren** [no'ti:rən] **1.** *tr. V.* **a) [sich** *(Dat.)*] **etw. ~:** note sth. down; make a note of sth.; **die Polizei hat den Fahrer notiert** the police took [down] the driver's particulars; **jmdn. für etw. ~:** put sb.'s name down for sth.; ~ **Sie bitte: ...:** please note that down: ...; **ein Musikstück ~:** write a piece of music down [in musical notation]; **b)** *(Börsenw., Wirtsch.)* quote (**mit** at). **2.** *itr. V. (Börsenw., Wirtsch.)* be quoted (**mit** at); **die meisten Rohstoffe ~ unverändert** most commodity prices are unchanged

**Notierung die; ~, ~en a)** *s.* **Notation; b)** *(Börsenw., Wirtsch.)* quotation; *(Preis)* quoted [price] (**für** of); *(von Devisen)* rate (**für** for)

**nötig** ['nø:tɪç] **1.** *Adj.* necessary; **dafür** *od.* **dazu fehlt mir die ~e Geduld/das ~e Geld** I don't have the patience/money necessary *or* needed for that; **es ist nicht ~, daß du dabei bist** there's no need for you to be there; you don't have to be there; **etw./jmdn. ~ haben** need sth./sb.; **Hilfe dringend ~ haben** be in urgent need of help; need help urgently; **es ~ haben, etw. zu tun** need to do sth.; **er hat es manchmal ~, daß man ihn zurechtweist** he sometimes needs reprimanding; **das habe ich nicht ~** *(das lasse ich mir nicht gefallen)* I won't have that; **sich zu entschuldigen, hat er natürlich nicht ~** *(iron.)* of course he does not feel the need to apologize; **du hast/er hat** *usw.* **es gerade ~** *(ugs.)* you're/he's a fine one to talk *(coll.);* **das wäre [doch] nicht ~ gewesen!** *(ugs.)* you shouldn't have!; **das Nötige veranlassen** do all that is necessary; **das Nötigste** the bare essentials *pl.* **2.** *adv.* **er braucht ~ Hilfe** he is in urgent need of *or* urgently needs help; **was er am ~sten braucht, ist ...:** what he most urgently needs is ...; **ich muß ~ aufs Klo** *(ugs.)* I'm dying to go to the loo *(Brit. coll.) or (Amer. coll.)* the john

**nötigen 1.** *tr. V.* **a)** *(zwingen)* compel; force; *(Rechtsspr.)* intimidate; coerce; **jmdn. zur Unterschrift ~:** compel *or* force sb. to sign; **sich genötigt sehen, etw. zu tun** feel compelled to do sth.; **b)** *(geh.: auffordern)* press; urge; **laß dich nicht [lange] ~:** don't wait to be asked. **2.** *itr. V. (geh.)* **zur Wachsamkeit/zu einer vorsichtigen Fahrweise ~:** compel one to be vigilant/drive carefully

**nötigenfalls** *Adv.* if necessary; if need be

**Nötigung die; ~, ~en a)** *(bes. Rechtsspr.)* intimidation; coercion; **b)** *o. Pl. (geh.: Notwendigkeit)* necessity; **c)** *(geh.: das Nötigen)* urging

**Notiz** [no'ti:ts] **die; ~, ~en a)** note; **sich** *(Dat.)* **eine ~ machen** make a note; **b)** *(Zeitungs~)* **eine [kurze] ~:** a brief report; **c)** *in* **von jmdm./etw. [keine] ~ nehmen** take [no] notice of sb./sth.; **d)** *(Börsenw.) s.* **Notierung b**

**Notiz-:** ~**block der;** *Pl.* ~**blocks,** *schweiz.:* ~**blöcke** notepad; ~**buch das** notebook; ~**zettel der** note; **etw. als ~zettel benutzen** use sth. to write a note/notes on

**not-, Not-:** ~**lage die** serious difficulties *pl.;* **jmds. ~lage ausnutzen** exploit sb.'s plight; ~**lager das** makeshift bed; ~**landen**[1] **1.** *itr. V.; mit sein* do an emergency landing; **2.** *tr. V.* **er konnte/mußte die Maschine ~landen** he was able to do/had to do an emergency landing; ~**landung die** emergency landing; ~**leidend** *Adj.* needy; impoverished; *(fig.)* ailing ⟨*industry*⟩; *(Finanzw.)* ⟨*loan*⟩ in default; unsecured ⟨*credit*⟩; **die Notleidenden** the [poor and] needy; ~**lösung die** stopgap; ~**lüge die** evasive lie; *(aus Rücksichtnahme)* white lie; **um der Bestrafung zu entgehen, griff er zu einer ~lüge** he resorted to a lie to avoid punishment; ~**maßnahme die** emergency measure; ~**opfer das** *(Steuerw.)* emergency levy

**notorisch** [no'to:rɪʃ] **1.** *Adj.* notorious. **2.** *adv.* notoriously; ~ **lügen** be a notorious liar

**not-, Not-:** ~**pfennig der** *s.* **Notgroschen;** ~**ruf der a)** *(Hilferuf)* emergency call; *(eines Schiffes)* Mayday call; distress call; **b)** *(Nummer)* emergency number; **c)** *(eines Tieres)* alarm call; ~**ruf·nummer die** emergency number; ~**ruf·säule die** emergency telephone *(mounted in a piller);* ~**schlachten**[2] *tr., itr. V.* slaughter ⟨*sick or injured animal*⟩; ~**schlachtung die** slaughtering *(of sick or injured animal);* ~**schrei der a)** *(geh. veralt.)* cry of distress; **b)** *s.* **Notruf c;** ~**situation die** emergency; ~**sitz der** extra seat; *(ausklappbar)* tip-up seat; fold-away seat; ~**stand der a)** *(Krise, Übelstand)* crisis; **b)** *(Staatsrecht)* state of emergency; **den ~stand erklären** *od.* **verkünden** *od.* **ausrufen** declare a state of emergency; **äußerer ~stand** threat of attack; **innerer/ziviler ~stand** internal/civil emergency; **c)** *(bes. Rechtsw.)* necessity; **rechtfertigender ~stand** *necessity which justifies a normally illegal act;* ~**stands·gebiet das a)** *(auch fig.)* disaster area; **b)** *(Wirtsch.)* depressed area; ~**stands·gesetz das** emergency law; ~**stands·gesetzgebung die** emergency legislation; ~**taufe die** emergency baptism *(by a layman);* ~**unterkunft die** emergency accommodation *no pl., no indef. art.;* ~**unterkünfte** emergency accommodation *sing.;* ~**verband der** emergency dressing; ~**verordnung die** emergency decree; ~**vorrat der** emergency supply; ~**wassern**[3] *itr. V.; mit sein, tr. V.* ditch; ~**wehr die** *(Rechtsw.)* self-defence; **in** *od.* **aus ~wehr** in self-defence

**not·wendig 1.** *Adj.* **a)** necessary; **es ist ~, daß wir etwas tun** we must do something; **das Notwendigste** the bare essentials *pl.;* **b)** *(zwangsläufig)* necessary; *(unvermeidlich)* inevitable; *s. auch* **Übel. 2.** *adv.* **a)** *s.* **nötig 2; b)** *(zwangsläufig, unbedingt)* necessarily

**notwendiger·weise** *Adv.* necessarily

**Notwendigkeit die; ~, ~en** necessity

**not-, Not-:** ~**zeichen das** distress signal; ~**zeit die** time of emergency; *(Zeit des Mangels)* time of need; ~**zucht die** *(Rechtsw. veralt.)* rape; ~**zucht [an jmdm.] begehen** *od.* **verüben** commit rape [on sb.]; ~**züchtigen**[4] *tr. V. (Rechtsw. veralt.)* rape; ~**zucht·verbrechen das** *(Rechtsw. veralt.)* rape

**Nougat** ['nu:gat] **der;** *auch* **das; ~s** nougat

**Nov.** *Abk.* **November** Nov.

[1] *ich notlande, notgelandet, notzulanden*

[2] *ich notschlachte, notgeschlachtet, notzuschlachten*

[3] *ich notwassere, notgewassert, notzuwassern*

[4] *ich notzüchtige, genotzüchtigt, notzuzüchtigen*

**Nova** *s.* Novum
**Novelle** [no'vɛlə] **die; ~, ~n a)** *(Literaturw.)* novella; **b)** *(Gesetzes~)* amendment
**novellieren** *tr. V. (Politik, Rechtsw.)* amend
**Novellierung die; ~, ~en** *(Politik, Rechtsw.)* amendment
**novellistisch 1.** *Adj.* **die ~e Literatur** literature in novella form; the novella; **das ~e Werk Kellers** Keller's novellas. **2.** *adv.* **etw. ~ gestalten/bearbeiten** put sth. into/treat sth. in novella form
**November** [no'vɛmbɐ] **der; ~[s], ~:** November; *s. auch* **April**
**novemberlich 1.** *Adj.* Novemberish. **2.** *adv.* **~ unfreundlich/trüb sein** be as dreary/grey as in November
**Novität** [novi'tɛ:t] **die; ~, ~en a)** novelty; *(neue Erfindung)* innovation; *(neue Schallplatte)* new release; *(neues Buch)* new publication; **b)** *(veralt.: Nachricht)* piece of news; **~en** news *sing.*
**Novize** [no'vi:tsə] **der; ~n, ~n, Novize die; ~, ~n** novice
**Noviziat** [novi'tsia:t] **das; ~[e]s, ~e** noviciate
**Novizin die; ~, ~nen** novice
**Novum** ['no:vʊm] **das; ~s, Nova** novelty; *(neue Erfindung)* innovation; **ein ~ in der Geschichte der Partei** an unprecedented event in the history of the party
**NPD** [ɛnpe:'de:] **die; ~** *Abk.* **Nationaldemokratische Partei Deutschlands** National Democratic Party of Germany
**Nr.** *Abk.* **Nummer** No
**NRW** *Abk.* **Nordrhein-Westfalen**
**NSDAP** [ɛnɛsde:a:'pe:] **die; ~** *Abk.* **Nationalsozialistische Deutsche Arbeiterpartei** National Socialist German Workers' Party
**N. T.** *Abk.* **Neues Testament** NT
**nu** [nu:] *Adv. (bes. nordd.) s.* **nun**
**Nu der** *in* **im Nu, in einem Nu** in no time
**Nuance** ['nỹã:sə] **die; ~, ~n a)** *(Unterschied, Feinheit)* nuance; **b)** *(Grad)* shade; **[um] eine ~ dunkler/schneller** a shade darker/faster
**nuancenreich 1.** *Adj.* full of nuances *postpos.*; finely *or* subtly nuanced. **2.** *adv.* with subtlety of nuance
**nuancieren** *tr., itr. V.* **etw. ~:** give sth. subtle nuances; **farblich stärker ~:** give more definite nuances of colour
**nuanciert 1.** *Adj.* finely *or* subtly nuanced. **2.** *adv.* **[sehr] ~:** with [great] subtlety of nuance
**'nüber** ['ny:bɐ] *Adv. (südd.) s.* **hinüber**
**nüchtern** ['nʏçtɐn] **1.** *Adj.* **a)** *(nicht betrunken)* sober; **mit ~em Kopf** with a clear head; **wieder ~ werden** sober up; **b)** *(mit leerem Magen)* **der Patient muß ~ sein** the patient's stomach must be empty; **auf ~en Magen rauchen** smoke on an empty stomach; **das war ein Schreck auf ~en Magen** *(scherzh.)* that's just what I needed at that time of the morning *(iron.)*; **c)** *(realistisch)* sober; sober, matter-of-fact ‹*account, assessment, question, etc.*›; bare ‹*figures*›; **d)** *(schmucklos, streng)* austere; bare ‹*room*›; unadorned, bare ‹*walls*›; *(ungeschminkt)* bare, plain ‹*fact*›; **e)** *(bes. nordostd.: ungewürzt, ungesalzen)* bland; *(fade)* insipid. **2.** *adv.* **a)** *(realistisch)* soberly; **wir sollten einmal ganz ~ darüber sprechen** we ought to have a down-to-earth talk about this sometime; **b)** *(schmucklos, streng)* austerely
**Nüchternheit die; ~ a)** sobriety; **b)** *(Realitätsbezogenheit)* sobriety; soberness; **c)** *(Schmucklosigkeit)* austerity
**Nuckel** ['nʊkl̩] **der; ~s, ~** *(ugs.) s.* **Schnuller**
**nuckeln** *(ugs.)* **1.** *itr. V.* suck **(an** + *Dat.* at); **am Daumen/Schnuller ~:** suck one's thumb/a *or* one's dummy. **2.** *tr. V.* suck
**Nuckel·pinne die** *(salopp)* old banger *(Brit. coll.) or (sl.)* crate
**Nudel** ['nu:dl̩] **die; ~, ~n a)** piece of spaghetti/vermicelli/tortellini *etc.*; *(als Suppeneinlage)* noodle; **~n** *(Teigwaren)* pasta *sing.*; *(als Suppeneinlage, Reis ~n)* noodles; **Spaghetti und andere ~n** spaghetti and other types of pasta; **b)** *(ugs.)* **eine dicke ~:** a fatty *(coll.)*; **eine giftige ~:** a nasty piece of work *(coll.)*; **eine komische ~:** a real character
**Nudel-: ~brett das** board *(for rolling out pasta dough)*; pastry board; **~holz das** rolling-pin
**nudeln** *tr. V.* cram ‹*geese*›; *(fig. ugs.)* stuff
**Nudel-: ~salat der** pasta salad; **~suppe die** soup with noodles; **~teig der** pasta dough
**Nudismus** [nu'dɪsmʊs] **der; ~:** nudism *no art.*; naturism *no art.*
**Nudist** [nu'dɪst] **der; ~en, ~en, Nudistin die; ~, ~nen** nudist; naturist
**Nugat** *s.* **Nougat**
**nuklear** [nukle'a:ɐ̯] **1.** *Adj.* nuclear. **2.** *adv.* **~ angetrieben** nuclear-powered; **~ bewaffnet** possessing nuclear weapons *postpos.*
**Nuklear-: ~krieg der** nuclear war; **~macht die** nuclear power; **~medizin die** nuclear medicine *no art.*; **~physik die** nuclear physics *sing., no art.*; **~waffe die** nuclear weapon
**Nukleus** ['nu:kleʊs] **der; ~, Nuklei** [...ei] *(Biol., Anat., Sprachw.)* nucleus
**null** [nʊl] **1.** *Kardinalz.* nought; **~ Komma sechs** [nought] point six; **sieben, ~, ~, sechs, ~, vier** *(Fernspr.)* seven double-O, six O four *(Brit.)*; seven zero zero, six zero four (Amer.); **~ Grad Celsius** nought *or* zero degrees Celsius; **bei ~ Fehlern** if there are no mistakes; **fünf zu ~ Tore** five goals to nil; **fünf zu ~:** five–nil; **das Spiel endete ~ zu ~:** the game was a goalless draw; **fünfzehn ~** *(Tennis)* fifteen-love; **gegen ~ Uhr** around twelve midnight; **es ist ~ Uhr dreißig** it is twelve-thirty a.m.; **elf Uhr, ~ Minuten und fünfzehn Sekunden** eleven, no minutes, and fifteen seconds; **etw. für ~ und nichtig erklären** declare sth. null and void. **2.** *indekl. Adj. (ugs.)* **~ Ahnung/Interesse** no idea/interest at all; **auf etw.** *(Akk.)* **~ Bock haben** not fancy sth. at all
[1]**Null die; ~, ~en a)** *(Ziffer)* nought; zero; **in ~ Komma nichts** *(ugs.)* in less than no time; **gleich ~ sein** *(fig.)* be practically zero; *s. auch* **Nummer; Stunde; b)** *o. Pl., o. Art. (Marke)* zero; **auf ~ stehen** ‹*indicator, needle, etc.*› be at zero; **fünf Grad unter/über ~:** five degrees below/above zero *or* freezing; **die Augen auf ~ gestellt haben** *(salopp)* have snuffed it *(sl.)*; **jmdn. auf ~ bringen** *(salopp)* destroy sb. *(fig.)*; **c)** *(abwertend) (Versager)* failure; dead loss *(coll.)*; *(unbedeutender Mensch)* nonentity
[2]**Null der** *(auch:* **das)**; **~[s], ~s** *(Skat)* null; **~ Hand** null from hand
**Null-** zero
**null·acht·fünfzehn, null·acht·fuffzehn** *(ugs. abwertend)* **1.** *indekl. Adj.; nicht attr.* run-of-the-mill; **das Essen war eher ~:** the meal really wasn't anything to write home about. **2.** *adv.* **~ gekleidet/eingerichtet** dressed/furnished in a run-of-the-mill way
**Null·acht·fünfzehn-, Null·acht·fuffzehn-** *(ugs. abwertend)* run-of-the-mill
**Null-: ~-Bock-Generation die** *(ugs.)* switched-off generation; **~diät die** absolute diet
**Nulleiter** ['nʊlaitɐ] **der; ~s, ~** *(Elektrot.)* neutral conductor
**Null-: ~leiter der** *s.* **Nulleiter; ~lösung die** *s.* **Nullösung; ~menge die** *(Math.)* empty set; **~meridian der** *(Geogr.)* Greenwich meridian; **~nummer die** *free first issue (of magazine etc.)*
**Nullösung** ['nʊløzʊŋ] **die** *(Politik)* zero option
**Null ouvert** [nʊlʊ've:ɐ̯] **der;** *(auch:)* **das; ~[s], ~s** *(Skat)* open null
**Null-: ~punkt der** zero; **die Temperatur ist auf den ~punkt abgesunken** the temperature has dropped to zero *or* to freezing-point; **die Stimmung war auf dem ~punkt angelangt** *od.* **hatte den ~punkt erreicht** *(fig.)* we/they were in very low spirits; **~spiel das** *(Skat)* null; **beim ~spiel** when playing null *or* a null game; **~tarif der: die Rentner haben ~tarif im Nahverkehr/Schwimmbad** *usw.* pensioners can use local public transport/the swimming-pool *etc.* free of charge; **zum ~tarif** free of charge; **zum ~tarif einkaufen/fernsehen** *(scherzh.)* go shoplifting/watch television without a licence; **~wachstum das** zero growth
**Nulpe** ['nʊlpə] **die; ~, ~n** *(ugs. abwertend)* drip *(coll.)*
**Numerale** [nʊmə'ra:lə] **das; ~s, Numeralien** *od.* **Numeralia** *(Sprachw.) s.* numeral
**Numeri** *s.* **Numerus**
**numerieren** [numə'ri:rən] *tr. V.* number
**Numerierung die; ~, ~en** numbering
**numerisch** [nu'me:rɪʃ] **1.** *Adj.* numerical. **2.** *adv.* numerically; **~ überlegen sein** be superior in numbers
**Numero** ['nʊməro] *o. Art.; o. Pl.; in Verbindung mit einer Zahl (veralt.)* number
**Numerus** ['nʊmərʊs] **der; ~, Numeri a)** *(Sprachw.)* number; **b)** *(Math.)* antilogarithm; antilog *(coll.)*
**Numerus clausus** [~ 'klauzʊs] **der; ~ ~:** *fixed number of students admissible to a university to study a particular subject;* numerus clausus
**Numismatik** [numɪs'ma:tɪk] **die; ~:** numismatics *sing., no art.*
**Nummer** ['nʊmɐ] **die; ~, ~n a)** number; **ein Wagen mit [einer] Münchner ~:** a car with a Munich registration; **ich bin unter der ~ 24 26 79 zu erreichen** I can be reached on 24 26 79; **bloß eine ~ sein** *(fig.)* be just a *or* nothing but a number; **[die] ~ eins** [the] number one; **Thema ~ eins sein** be the number-one topic of conversation; **ich muß auf ~ Null** *(ugs. verhüll.)* I must go to the loo *(Brit. coll.) or (Amer. coll.)* the john; **er sitzt auf ~ Sicher** *(ugs.)* he's doing time *(coll.)*; **auf ~ Sicher gehen** *(ugs.)* play safe; not take any chances; **bei jmdm. eine gute** *od.* **große** *od.* **dicke ~ haben** *(ugs.)* be well in with sb. *(coll.)*; **b)** *(Ausgabe)* number; issue; **c)** *(Größe)* size; **diese Sache ist eine ~/ein paar ~n zu groß für dich** *(ugs.)* this business is in a different league from anything you could cope with; **d)** *(Darbietung)* turn; **e)** *(ugs.: Musikstück)* number; **f)** *(ugs.: Person)* character; **er ist eine ~ [für sich]** he is a real character *or* quite a character; **er ist eine große ~ im Verkaufen** he's quite a *or (sl.)* some salesman; **g)** *(derb: Koitus)* screw *(coarse)*
**Nummern-: ~konto das** *(Bankw.)* numbered account; **~oper die** *(Musik)* number opera; **~scheibe die** dial; **~-schild das a)** *(eines Fahrzeugs)* number-plate; license plate *(Amer.)*; **b)** *(an Häusern, Straßen)* number; **~schlüssel der** *(DV)* numerical code
**nun** [nu:n] **1.** *Adv.* now; **von ~ an** from now on; **~, wo sie krank ist** now [that] she's ill; **~ erst, erst ~:** only now; **gestern ist er ~ endlich wiedergekommen** he finally came back yesterday. **2.** *Partikel* now; **so wichtig ist es ~ auch wieder nicht** it's not all 'that important; **~ ist es in der Tat zutreffend, daß ...:** now it is indeed quite correct that ...; **und bei dem Lärm soll man ~ schlafen können!** and people are supposed to sleep with that noise going on; **und so was nennt sich ~ Diplomübersetzer** and he calls himself a qualified translator; **das hast du ~ davon!** it serves you right!; **hat sich das ~ gelohnt?** was it really worth it?; **~ gib schon her!** now hand it over!; **~ mach dir deswegen mal keine Sorgen!** now don't you worry; **kommst du ~ mit oder nicht?** now are you coming or

not?; **er muß es tun, ob er ~ will oder nicht** he has to do it, whether he wants to or not; **so ist das ~ [einmal/mal]** that's just the way it is *or* things are; **er braucht ~ einmal viel Schlaf** he happens to need a lot of sleep; **~ gut** *od.* **schön** [well,] all right; **~, ~!** now, come on; **ja ~!** oh, well!; **~?** well?; **Das Brett ist etwas zu lang – Nun, das läßt sich ändern** The board is a bit too long – Well, that can be altered; **~ ja ...:** well, yes ...; **~ denn!** *(also gut)* well, all right!; *(also los)* well then; **3.** *Konj. (veralt. geh.)* now that

**nun·mehr** *Adv. (geh.)* **a)** now; **er ist ~ seit zehn Jahren Kanzler** he has been Chancellor now for ten years; **seine ~ 80jährige Mutter** his mother, [who is] now 80 years old; **b)** *(von ~ an)* from now on; henceforth

**'nunter** ['nʊntɐ] *Adv. (südd.) s.* **hinunter**

**Nuntius** ['nʊntsiʊs] **der; ~, Nuntien** nuncio; *s. auch* **apostolisch**

**nur** [nu:ɐ̯] **1.** *Adv.* **a)** *(nicht mehr als)* only; just; **ich habe ~ eine Stunde Zeit/zehn Mark** I only have an hour/ten marks; **ich habe es für ~ fünf Mark gekauft** I bought it for just five marks; **er hat ~ einen einzigen Fehler gemacht** he made just a single mistake; **um eines ~ möchte ich dich bitten** I'd ask just one thing of you; **er tat es ~ ungern** he did it only reluctantly; **das ist ~ recht und billig** it is only right and proper; **ohne auch ~ zu lächeln** without so much as smiling; **eine ~ mittelmäßige Leistung** only a mediocre performance; **b)** *(ausschließlich)* only; **~ er darf das** only he is allowed to do that; **alle durften mitfahren, ~ ich nicht** everyone was allowed to go, all except me; **er will dir doch ~ helfen!** he only wants to help you; **~ darauf will ich mich beschränken** I want to restrict myself to just this; **ich frage mich ~, warum** I just want to know why; **er tut das mit Absicht, ~ um dich zu provozieren** he does it deliberately, just to provoke you; **nicht ~ ..., sondern auch ...:** not only ..., but also ...; **ich tue es nicht nur wegen des Geldes, sondern auch, weil ...:** I'm not doing it just for the money, but also because ...; **nicht ~, daß ...:** it's not just that ...; **[alles,] ~ das nicht** anything but that; **~ gut, daß ...:** it's a good thing that ...; **~ schade, daß ...:** it's just a pity that ...; **ich male ~ so zum Spaß** I paint just for fun; **Warum fragst du? – Ach, ~ so** Why do you ask? – Oh, no particular reason; **das hat er ~ so gesagt[, ohne sich dabei etwas zu denken]** he just said it without thinking; **~ daß ...:** except that ...; **das weiß ich ~ zu gut** I know that only too well; **das ist ~ zu wahr!** it's only too true! **2.** *Partikel* **a)** *(in Wünschen)* **wenn das ~ gut geht!** let's [just] hope it goes well; **daß ihm ~ nichts zustößt!** let's [just] hope nothing happens to him; **wenn er ~ käme/hier wäre** if only he would come/he were here; **b)** *(ermunternd, tadelnd)* **sag ihm ~ deine Meinung** just tell him what you think; **~ keine Hemmungen!** don't be inhibited!; **Laß ~! Ich schaffe das schon allein** Don't bother! I can do it by myself; **wehr dich ~!** stand up for yourself!; **~ her damit!** hand it over!; **~ weiter!** keep going; **~ zu!** go ahead; **sieh ~, was du gemacht hast!** just look what you've done; **c)** *(warnend)* **laß dich ~ nicht erwischen** just don't let me/him/her/them catch you; **er soll es ~ wagen** just let him try; **glaub ~ nicht, daß ich das nicht merke** don't think I don't notice; **~ vorsichtig/langsam** just be careful/take it easy; **~ Geduld** just be patient; **~ nicht!** don't, for goodness' sake!; **d)** *(fragend)* just; **wie soll ich ihm das ~ erklären?** just how am I supposed to explain it to him?; **was sollen wir ~ tun?** what on earth are we going to do?; **was hat er ~?** whatever's the matter with him?; **wie kann ich das ~ wiedergutmachen?** however can I make amends?; **e)** *(verallgemeinernd)* just; **er lief, so schnell er ~ konnte** he ran just as fast as he could; **alles, was man sich ~ vorstellen kann** everything one could imagine; **f)** *(sogar)* only; just; **davon werden die Schmerzen ~ [noch] schlimmer** that only *or* just makes the pain [even] worse; **g) es wimmelte ~ so von Insekten** it was just teeming with insects; **er schlug auf den Tisch, daß es ~ so krachte** he crashed his fist [down] on the table. **3.** *Konj.* but; **ich kann dir das Buch leihen, ~ nicht heute** I can lend you the book, but *or* only not today; **das Wetter ist schön, nur noch etwas kalt** the weather is fine, though still somewhat cold

**Nur·haus·frau die** full-time housewife; **sie ist ~:** she is only *or* just a housewife

**Nürnberg** ['nʏrnbɛrk] **(das); ~s** Nuremberg

**Nürnberger** *Adj.; nicht präd.* Nuremberg *attrib.*; **bei ihm hilft nur der ~ Trichter** you really have to drum things into him; *s. auch* **Kölner**

**nuscheln** ['nʊʃl̩n] *tr., itr. V. (ugs.)* mumble

**Nuß** [nʊs] **die; ~, Nüsse** ['nʏsə] **a)** nut; **eine taube ~** *(fig.)* a useless article *or* item *(coll.)*; **eine harte ~ [für jmdn.]** *(fig.)* a hard *or* tough nut [for sb. to crack]; **b)** *(salopp abwertend: Mensch)* so-and-so *(coll.)*; **c)** *(Kochk.: Fleischstück)* eye; **d)** *(Technik)* socket; **e)** *in* **jmdm. eins** *od.* **eine auf/vor die ~ geben** *(ugs.)* belt sb. [one] in the head/face *(coll.)*

**Nuß·baum der a)** walnut-tree; **b)** *o. Pl. (Holz)* walnut

**nuß·braun** *Adj.* nut-brown

**Nüßchen** ['nʏsçən] **das; ~s, ~ a)** little nut; **b)** *(Kochk.)* eye

**Nuß-: ~kern der** [nut] kernel; **~knacker der** nutcrackers *pl.*; **~schale die** nutshell; *(fig.: Boot)* cockle-shell; **das Boot wurde wie eine ~schale umhergeworfen** the boat was tossed about like a cork; **~schokolade die** nut chocolate

**Nüster** ['nʏstɐ] **die; ~, ~n** nostril

**Nut** [nu:t] **die; ~, ~en, Nute** ['nu:tə] **die; ~, ~n** *(Technik)* groove

**nuten** *(Technik)* **1.** *tr. V.* groove. **2.** *itr. V.* cut grooves

**[1]Nutria** ['nu:tria] **die; ~, ~s** *(Tier)* coypu

**[2]Nutria der; ~s, ~s** *(Pelz)* nutria [fur]; coypu fur

**Nutsche** ['nu:tʃə] **die; ~, ~n** *(Technik)* vacuum filter

**Nutte** ['nʊtə] **die; ~, ~n** *(derb abwertend)* tart *(sl.)*; pro *(Brit. coll.)*; hooker *(Amer. sl.)*

**nutz** [nʊts] *(südd., österr.) s.* **nütze**

**Nutz** *in* **jmdm. zu** *od.* **zu jmds. ~ und Frommen [dienen]** *(veralt.)* [be] for the benefit of sb.

**nutz-, Nutz-: ~an·wendung die a)** practical application; **b)** *(praktische Lehre)* moral; practical lesson; **~bar** *Adj.* usable; exploitable, utilizable ⟨*mineral resources, invention*⟩; cultivatable ⟨*land, soil*⟩; **etw. praktisch ~bar machen** turn sth. to practical use; **landwirtschaftlich ~bar** usable for agriculture *postpos.*; **die Sonnenenergie ~bar machen** harness solar energy **(für** for)

**Nutzbarkeit die; ~:** usability; *(von Bodenschätzen)* exploitability; utilizability

**Nutzbarmachung** [-maxʊŋ] **die; ~, ~en** utilization; *(von Bodenschätzen)* exploitation; utilization; *(von Forschungsergebnissen)* application

**nutz·bringend 1.** *Adj. (nützlich)* useful; *(gewinnbringend)* profitable. **2.** *adv.* profitably; **die Reserven so ~ wie möglich einsetzen** use the reserves to maximum advantage

**nütze** ['nʏtsə] *in* **zu etw. ~ sein** be good for sth.; **[jmdm.] zu nichts ~ sein** be no use *or* good [to sb.]; **du bist zu gar nichts ~:** you're totally useless; **wozu ist das ~?** what's the good of that?

**Nutz·effekt der a)** useful effect; **b)** *(Technik) s.* **Wirkungsgrad**

**nutzen** ['nʊtsn̩] **1.** *tr. V.* **a)** use; exploit, utilize ⟨*natural resources*⟩; cultivate ⟨*land, soil*⟩; use, harness ⟨*energy source*⟩; exploit ⟨*advantage*⟩; **eine Fläche landwirtschaftlich ~:** use an area for agriculture; **eine Erfindung industriell ~:** give an invention an industrial application; **b)** *(be~, aus~)* use; make use of; **wir müssen das herrliche Wetter ~:** we must take advantage of the marvellous weather; **eine Gelegenheit ~, etw. zu tun** take [advantage of] an opportunity to do sth.; **seine Chance ~:** take one's chance; **~ wir die Zeit!** let's make the most of the time. **2.** *itr. V. s.* **nützen 1**

**Nutzen der; ~s a)** benefit; **der ~ des Kanals für die Schiffahrt** the usefulness *or* benefits *pl.* of the canal to shipping; **die Maßnahme hat großen/wenig/keinen ~:** the measure is very useful/of little/no use; **den ~ [von etw.] haben** benefit *or* gain [from sth.]; **~ aus etw. ziehen** benefit from sth.; exploit sth.; **er hätte dem Land großen ~ gebracht** he would have been of great service to the country; **ich habe das Buch mit großem ~ gelesen** I profited greatly from reading the book; **[jmdm.] von ~ sein** be of use [to sb.]; **b)** *(Profit)* profit; **etw. mit ~ verkaufen** sell sth. at a profit

**nützen** ['nʏtsn̩] **1.** *itr. V.* be of use (+ *Dat.* to); **nichts ~:** be useless *or* no use; **seine Bitten nützten nichts** his pleas were to no avail *or* were in vain; **jmdm. sehr ~:** be very useful *or* of great use to sb.; **wem soll das ~?** who is supposed to gain from that?; **was hat ihm das genützt?** what good did it do him?; **wozu nützt das alles jetzt noch?** what's the point of all that now?; **es würde nichts/wenig ~:** it wouldn't be any/much use *or* wouldn't do any/much good; **dein Leugnen nützt jetzt auch nichts mehr** and it's no use your denying it any longer; **da nützt alles nichts** there's nothing to be done; **es nützt alles nichts, wir müssen jetzt anfangen** *(ugs.)* it's no good, we've got to start now. **2.** *tr. V. s.* **nutzen 1**

**Nutzer der; ~s, ~** *(Amtsspr.)* user

**Nutz-: ~fahrzeug das** *(Lastwagen, Lieferwagen usw.)* commercial vehicle; goods vehicle; *(Bus, Straßenbahn usw.)* public-service vehicle; **~fläche die a)** *(von Gebäuden)* usable floor space; **b)** *(Landw.)* **landwirtschaftliche ~flächen** land *sing.* available for agriculture; **~garten der** kitchen garden; **~holz das** timber; **~land das;** *o. Pl.: s.* **~fläche b; ~last die** *(Kfz-W.)* maximum permitted load; **~leistung die** *(Technik)* effective *or* useful output *or* power

**nützlich** ['nʏtslɪç] **1.** *Adj.* useful; **jmdm. ~ sein** be useful *or* of use to sb.; **kann ich Ihnen ~ sein?** can I do anything for you?; **sich ~ machen** make oneself useful; *s. auch* **angenehm 1. 2.** *adv.* usefully

**Nützlichkeit die; ~:** usefulness

**Nützlichkeits·denken das** utilitarian thinking

**nutzlos 1.** *Adj.* useless; *(vergeblich)* futile; vain *attrib.*; in vain *pred.*; **es wäre ~, das zu tun** it would be useless *or* pointless *or* futile doing that; **all sein Flehen war ~:** all his pleading was in vain *or* of no avail. **2.** *adv.* uselessly; *(vergeblich)* futilely; in vain; **er hat das Geld ~ vergeudet** he squandered the money on useless items

**Nutz·losigkeit die; ~:** uselessness; *(Vergeblichkeit)* futility; vainness

**nutznießen** [-ni:sn̩] *itr. V. (geh.)* **von etw. ~:** benefit *or* profit from sth.

**Nutznießer der; ~s, ~, Nutznießerin die; ~, ~nen a)** beneficiary; **b)** *(Rechtsw.)* usufructuary

**Nutz·pflanze die** economically useful plant

**Nutz·tier das** economically useful animal

**Nutzung die; ~, ~en** use; *(des Landes, des Bodens)* cultivation; *(von Bodenschätzen)* exploitation; utilization; *(einer Energiequelle)* use; harnessing; **die wirtschaftliche/**

**landwirtschaftliche ~ einer Fläche** the use of an area for financial benefit/for agriculture; **jmdm. etw. zur ~ überlassen** give sb. the use of sth.
**Nụtzungs·recht das** *(Rechtsw.)* right of use; **das ~ an etw.** *(Dat.)* the right to use sth.
**NVA** *Abk.* **Nationale Volksarmee** *(DDR)* National People's Army
**NW** *Abk.* **Nordwest[en]** NW
**Nylon** ® ['nai̯lɔn] **das;** **~s** nylon
**Nylon·strumpf der** nylon stocking
**Nỵmphe** ['nʏmfə] **die;** **~, ~n** *(Myth., Zool.)* nymph
**nymphoman** [nʏmfo'ma:n] *Adj.* *(Psych.)* nymphomaniac; **~ sein** be a nymphomaniac
**Nymphomanie die;** **~:** *(Psych.)* nymphomania *no art.*
**Nymphomanin die;** **~, ~nen** *(Psych.)* nymphomaniac
**nymphomanisch** *Adj.* *(Psych.)* *s.* **nymphoman**

# O

**o, O** [o:] **das;** **~,** *(ugs.:)* **~s, ~,** *(ugs.:)* **~s** o/O; *s. auch* **a, A**
**o [o:]** *Interj.* **oh;** *s. auch* **oh**
**O** *Abk.* **Ost[en]** E
**ö, Ö** [ø:] **das;** **~,** *(ugs.:)* **~s, ~,** *(ugs.:)* **~s** o/O umlaut; *s. auch* **a, A**
**o. ä.** *Abk.* **oder ähnlich[es]** or similar
**ÖAMTC** *Abk.* **Österreichischer Automobil-, Motorrad- und Touring Club** Austrian Automobile, Motor-cycle, and Touring Club
**Oase** [o'a:zə] **die;** **~, ~n** *(auch fig.)* oasis
[1]**ob** [ɔp] *Konj.* **a)** whether; **ob du ihn anrufst?** would you give him a ring?; **ob wir es schaffen?** will we manage it?; **ob ich doch lieber zu Hause bleibe?** hadn't I better stay at home?; **ob ... oder ...:** whether ... or ...; **ob er will oder nicht** whether he wants to or not; **ob arm, ob reich** whether rich or poor; **b)** *(veralt.)* *in* **ob ... auch** *od.* **gleich** even though; **c)** *in* **und ob!** of course!; you bet! *(coll.)*; **Hast du keinen Hunger mehr? – Und ob!** Don't you want any more? – You bet I do! *(coll.)*; *s. auch* **als**
[2]**ob** *Präp.* **a)** *mit Gen., selten Dativ (veralt. geh.: wegen)* on account of; **b)** *mit Dativ (schweiz., veralt.: über)* above
**o. B.** *Abk.* **ohne Befund**
**OB** *Abk.* **Oberbürgermeister**
**Obacht** ['o:baxt] **die;** **~** *(bes. südd.)* caution; **~, da kommt ein Auto!** watch out! *or* look out! *or* careful!, there's a car coming; **~ auf jmdn./etw. geben** look after *or* take care of sb./sth.; *(aufmerksam sein)* pay attention to sb./sth.; **~ geben, daß ...** take care that ...
**ÖBB** *Abk.* **Österreichische Bundesbahnen** Austrian Federal Railways
**Obdach** ['ɔpdax] **das;** **~[e]s** *(geh.)* shelter; **kein ~ haben** be without shelter
**ọbdach·los** *Adj.* homeless; **~ werden** be made homeless
**Ọbdachlose der/die;** *adj. Dekl.* homeless person/man/woman; **die ~n** the homeless
**Ọbdachlosen·asyl das, Ọbdachlosen·heim das** hostel for the homeless
**Ọbdachlosigkeit die;** **~:** homelessness
**Obduktion** [ɔpdʊk'tsio:n] **die;** **~, ~en** *(Med., Rechtsw.)* post-mortem [examination]; autopsy
**Obduktions·befund der** *(Med., Rechtsw.)* findings *pl. or* results *pl.* of a/the post-mortem [examination] *or* autopsy
**obduzieren** [ɔpdu'tsi:rən] **1.** *tr. V.* carry out *or* perform a/the post-mortem [examination] *or* autopsy on. **2.** *itr. V.* carry out *or* perform a post-mortem examination *or* autopsy
**O-Beine** *Pl.* bandy legs; bow-legs
**O-beinig** *Adj.* bandy-legged; bow-legged
**Obelisk** [obe'lɪsk] **der;** **~en, ~en** obelisk
**oben** ['o:bn̩] *Adv.* **a)** *(an hoch/höher gelegenem Ort)* **hier/dort ~:** up here/there; **[hoch] ~ am Himmel** [high] up in the sky; **~ bleiben** stay up; **weiter ~:** further up; **nach ~:** upwards; **der Weg nach ~:** the way up; **warme Luft steigt nach ~:** warm air rises; **das Auto blieb mit den Rädern nach ~ liegen** the car came to rest upside down; **~ auf dem Dach** up on the roof; **Wo ist er? – Da ~.** Where is he? – Up there; **[im Bett] ~ schlafen** sleep in the upper bunk; **von ~:** from above; **von ~ herab** *(fig.)* condescendingly; **b)** *(im Gebäude)* upstairs; **du bleibst heute besser ~** *(in der Wohnung)* you had better stay at home today; **nach ~:** upstairs; **ich komme gerade von ~:** I have just come down; **der Aufzug fährt nach ~/kommt von ~:** the lift *(Brit.)* or *(Amer.)* elevator is going up/coming down; **hier ~:** up here; **c)** *(am oberen Ende, zum oberen Ende hin)* at the top; **~ im Schrank** at the top of the cupboard; **ein ~ offener Zylinder** a cylinder open at the top; **nach ~ [hin]** towards the top; **weiter ~ [im Tal/am Berg]** further *or* higher up [the valley/mountain]; **von ~:** from the top; **links/rechts** at the top on the left/right; **~ rechts in der Ecke** in the top right-hand corner; **~ [rechts] auf der Seite** on the top [right] of the page; **~ [links/rechts]** *(in Bildunterschriften)* above [left/right]; **auf Seite 25 ~:** at the top of page 25; **die fünfte Zeile von ~:** the fifth line from the top; the fifth line down; **~ auf dem Bücherschrank** up on top of the bookcase; **der Weisheitszahn ~ links** the upper left wisdom tooth; **nach ~ kommen** *(an die Oberfläche)* come up; **Fett schwimmt ~:** fat floats on the top *or* the surface; *(fig.)* there are always some people who do all right; **„~"** 'this side up'; **wo** *od.* **was ist [bei dem Bild] ~:** which is the right way up [on the picture]?; which is the top [of the picture]?; **bis ~ hin** *(ugs.)* up to the top; **bis ~ hin voll sein** *(ugs.)* be full to the top; **der Keller steht bis ~ hin unter Wasser** *(ugs.)* the cellar is full up with water; **von ~ bis unten** from top to bottom; **er musterte sie von ~ bis unten** he looked her up and down; **er ist ~ nicht ganz richtig** *(ugs.)* he's not quite right in the head *(coll.)* or up top *(coll.)*; **~ ohne** topless; **hier wird ~ ohne bedient** there are topless waitresses here; **~ herum** *(im Bereich der Brust)* round the top; **es steht mir bis hier ~** *(ugs.)* I'm fed up to the back teeth with it *(coll.)*; **~ an der Tafel** at the head of the table; **er saß weiter ~ als ich** *(fig.)* he sat further up the table than me; **d)** *(an der Oberseite)* on top; **e)** *(in einer Hierarchie, Rangfolge)* at the top; **weit/ganz ~:** near the top/right at the top; **der Befehl kam von ~:** the order came from above; **etw. nach ~ weitergeben** pass sth. on up; **die da ~** *(ugs.)* the high-ups *(coll.)*; **der Weg nach ~:** the road to the top; **er wollte nach ~:** he wanted to get to *or* make it to the top; **sich ~ halten** stay at the top; **die Band ist jetzt ganz ~:** the group is now riding high [in the charts]; **f)** *([weiter] vorn im Text)* above; **der ~ schon erwähnte Fall** the case [already] referred to above; **g)** *(im Norden)* up north; **hier/dort ~:** up here/there [in the north]; **~ in Dänemark/im Norden** up in Denmark/up [in the] north; **weiter ~:** further up [north]
**oben-: ~an** *Adv.* at the top; **diese Frage steht für mich immer ~an** this question will always have top priority for me; **~auf** *Adv.* **a)** *(zuoberst)* on [the] top; **b)** *(guter Dinge)* on top of the world; **c)** *(gesund)* fit and well; **~drauf** *Adv.* *(ugs.)* on top; **~drein** *Adv.* *(ugs.)* on top of that; **~drüber** *Adv.* *(ugs.)* above it/them; *(darauf)* on it/them; **~erwähnt, ~genannt** ['----] *Adj.*; *nicht präd.* above-mentioned; mentioned above *postpos.*; **von den Obengenannten ...:** of the above mentioned ...; **~hinaus** *in* **~hinaus wollen** *(ugs.)* be aiming at big things; **~stehend** ['----] *Adj.* above-mentioned; **das Obenstehende** the above
**ober...** ['o:bɐ] *Adj.* **a)** upper *attrib.*; top *attrib.*; *(ganz oben liegend)* top *attrib.*; **die ~e rechte Ecke** the top right-hand corner; **am ~en Ende der Tafel/der Straße** at the top [end] of the table/street; **das Oberste zuunterst kehren** turn everything upside down; **das ~ste Stockwerk/die ~ste Stufe** the top[most] storey/step; **b)** *(der Quelle näher gelegen)* upper; **c)** *(in der Rangfolge o. ä.)* higher ⟨*authority*⟩; upper ⟨*[social] class, storey, floor*⟩; **die ~en Klassen der Schule** the senior classes *or* forms of the school; **das ~ste Gericht des Landes** the highest court in the land; **der Oberste Sowjet** the Supreme Soviet; **das Oberste Gericht** *(DDR)* the Supreme Court; *s. auch* **Obere; zehntausend**
**Ọber der;** **~s, ~** **a)** waiter; **Herr ~!** waiter!; **b)** *(Spielkarte)* ≈ queen
**ọber-, Ọber-: ~arm der** upper arm; **~arzt der** *(Vertreter des Chefarztes)* assistant medical director; *(Leiter einer Spezialabteilung)* consultant; **~auf·seher der** senior supervisor; **~auf·sicht die** overall supervision; **die ~aufsicht über etw.** *(Akk.)* **haben** have overall supervisory responsibility for sth.; **~bau der;** *Pl.* **~bauten a)** *(eines Gebäudes)* superstructure; **b)** *(Straßenbau)* pavement; **c)** *(Eisenb.)* permanent way; superstructure and road-bed; **~bauch der** *(Anat.)* upper abdomen; **~bayern (das)** Upper Bavaria; **~befehl der** *(Milit.)* supreme command *no art.*; **den ~befehl über etw.** *(Akk.)* **haben** be in supreme command of sth.; **~befehlshaber der** *(Milit.)* supreme commander; commander-in-chief; **~begriff der** generic term; **~bekleidung die** outer clothing; **~bett das** duvet *(Brit.)*; continental quilt *(Brit.)*; stuffed quilt *(Amer.)*; **~bürger·meister der** mayor; *(von bestimmten englischen/schottischen Großstädten)* Lord Mayor/Provost; **~deck der** upper deck; *(eines Busses)* upper *or* top deck; **~deutsch 1.** *Adj.* Upper German; **2.** *adv.* **etw. ~deutsch aussprechen** pronounce sth. with an Upper German accent
**Ọbere der;** *adj. Dekl.* **a)** *(geh.)* **die ~n [des Landes]** those in high places [in the country]; **seine ~n** his superiors; **b)** *(eines Klosters o. ä.)* superior
**ọber-, Ọber-: ~faul** *Adj.* *(ugs.)* very fishy *(coll.)*; **~feldwebel der** *(beim Heer)* staff sergeant *(Brit.)*; sergeant first class *(Amer.)*; platoon sergeant *(Amer.)*; *(bei der Luftwaffe)* flight sergeant *(Brit.)*; master sergeant *(Amer.)*; **~fläche die** surface; *(Flächeninhalt)* surface area; **an die ~fläche kommen** come to the surface; surface; **wieder an die ~fläche kommen** resurface; **die Diskussion blieb zu sehr an der ~fläche** *(fig.)* the discussion remained far too superficial; **~flächen·struktur die** *(auch Sprachw.)* surface structure

**oberflächlich 1.** *Adj.* superficial; **eine ~e Düngung des Bodens kann ...:** top-dressing the soil can ...; **eine erste, ~ Berechnung/ Schätzung** a first, rough calculation/estimate. **2.** *adv.* superficially; **etw. nur ~ kennen** have only a superficial knowledge of sth.; **etw. ~ lesen** read sth. cursorily; **er arbeitet zu ~** he is too superficial in the way he works

**Oberflächlichkeit die; ~:** superficiality

**ober-, Ober-: ~förster der** *(veralt.) senior forestry official;* **~gärig** [~gɛ:rɪç] *Adj.* top-fermented ‹*beer*›; top-fermenting ‹*yeast*›; **~gefreite der** *(beim Heer)* lance-corporal *(Brit.);* private first class *(Amer.); (bei der Luftwaffe)* leading aircraftman *(Brit.);* airman first class *(Amer.); (bei der Marine)* able rating *(Brit.);* seaman *(Amer.);* **~geschoß das** upper storey; **das Haus hat zwei ~geschosse** the house has three storeys; **er wohnt im fünften ~geschoß** he lives on the fifth floor *(Brit.) or (Amer.)* the sixth floor; **~grenze die** upper limit

**ober·halb 1.** *Adv.* above; **weiter ~:** further up; **~ von** above. **2.** *Präp. mit Gen.* above

**Ober-: ~hand die** *in* **die ~hand [über jmdn./ etw.] haben** have the upper hand [over sb./ sth.]; **die ~hand [über jmdn./etw.] gewinnen/ bekommen** gain *or* get the upper hand [over sb./sth.]; **~haupt das** head; *(einer Verschwörung)* leader; **~haus das** *(Parl.)* upper house *or* chamber; *(in Großbritannien)* House of Lords; Upper House; **~hemd das** shirt; **~herrschaft die** *o. Pl.* sovereignty; supreme power; **~hirte der** *(geh.)* spiritual leader *or* head; **~hoheit die;** *o. Pl.* sovereignty; supreme power

**Oberin die; ~, ~nen a)** *(christliche Kirche)* Mother Superior; **b)** *s.* **Oberschwester**

**ober-, Ober-: ~inspektor der** senior inspector; *(bei der Polizei)* detective chief inspector; **~irdisch 1.** *Adj.* surface *attrib.* ‹*pipes, cables*›; ‹*pipes, cables*› laid above ground; **~irdische Lagerung** above-ground storage; storage above ground; **~irdische Pflanzenteile** parts of a/the plant above the ground; **2.** *adv.* **die U-Bahn fährt hier ~irdisch** the underground [system] runs above ground here; **~italien (das)** Northern Italy; **~kante die** top edge; **es steht mir bis ~kante Unterlippe** *(salopp)* I'm sick to death of it *(coll.);* **kellner der** head waiter; **~kiefer der** upper jaw; **~kirchen·rat der a)** *(Gremium) highest administrative body of some evangelical Land churches;* **b)** *(Person) member of an ~kirchenrat a;* **~klasse die a)** *(Soziol.)* upper class; **b)** *(Schulw.)* senior class *or* form; **c)** *(bei Autos)* luxury class; **ein Wagen der ~klasse** a large luxury car; **~kommandierende der/die;** *adj. Dekl. (Milit.)* supreme commander; commander-in-chief; **~kommando das** supreme command **(über +** *Akk.* of); **jmds. ~kommando** *(Dat.)* **unterstehen** be under the supreme command of sb.; **~körper der** upper part of the body; **mit nacktem ~körper** stripped to the waist; **den ~körper frei machen** strip to the waist; **~land das** *o. Pl.* uplands *pl.;* **das Berner ~land** the Bernese Oberland; **~landes·gericht das** Higher Regional Court; ≈ *high court and court of appeal of a Land;* **~länge die** ascender; **~lastig** *Adj. (Seemannsspr.)* top-heavy; **~lauf der** upper reaches *pl.;* **~leder das** upper; **~lehrer der** *(DDR) honorary title for teacher; (fig.)* schoolmaster; **~lehrerhaft** *Adj. (abwertend)* schoolmasterish; **~leitung die a)** *(elektrische Leitung)* overhead cable; **b)** *(Kontrolle)* overall control; **~leitungs-bus der** trolley bus *(Brit.);* **~leutnant der** *(beim Heer)* lieutenant *(Brit.);* first lieutenant *(Amer.); (bei der Luftwaffe)* flying officer *(Brit.);* first lieutenant *(Amer.);* **~leutnant zur See** sub-lieutenant *(Brit.);* lieutenant junior grade *(Amer.);* **~licht das a)** *o. Pl.* light from above; **b)** *Pl.:* **~lichter** *(Deckenlampe)* ceiling light; overhead light; **c)** *Pl.:* **~lichter** *od. selten* **~lichte** high window; *(über einer Tür)* fanlight; *(Klappfenster)* transom; **~lid das** upper [eye] lid; **~liga die** *(Sport)* **a)** second division; **b)** *(DDR)* first division; **~lippe die** upper lip; **~lippen·bart der** moustache; **~maat der** *(Marine)* petty officer; **~material das: „~material Leder"** 'leather uppers'; **~österreich (das)** Upper Austria; **~post·direktion die** *regional postal administration;* **~prima die** *(Schulw. veralt.)* top form *(of a Gymnasium);* ≈ upper sixth [form] *(Brit.);* **~primaner der** *(Schulw. veralt.)* pupil in the top form *(of a Gymnasium);* **~regierungs·rat der** *senior civil servant;* **~rheinisch** *Adj.* in the Upper Rhine valley *postpos.;* **Oberrheinische Tiefebene** Upper Rhine valley

**Obers** ['o:bɐs] **das; ~** *(österr.) s.* **Sahne**

**ober-, Ober-: ~schenkel der** thigh; **~schenkel·hals·bruch der** *(Med.)* fracture of the neck of the femur; **~schicht die** *(Soziol.)* upper class; **der ~schicht angehören** be a member of the upper classes *pl.;* **~schlesien (das)** Upper Silesia; **~schule die a)** secondary school; **b)** *(DDR)* unified comprehensive school; **[allgemeinbildende] polytechnische ~schule** *unified comprehensive school for children aged 7–17;* **erweiterte ~schule** *unified comprehensive school providing a further two years' preparation for university entrance qualification;* **~schul·rat der** local education officer; **~schwester die** senior nursing officer; *(Stationsschwester)* ward sister; matron; **~seite die** top[side]; upper side; *(eines Stoffes)* right side; **~sekunda die** *(Schulw. veralt.)* seventh year *(of a Gymnasium);* **~sekundaner der** *(Schulw. veralt.)* pupil in the seventh year *(of a Gymnasium);* **~seminar das** *(Hochschulw.)* graduate class

**oberst...** *s.* **ober...**

**Oberst der; ~en** *od.* **~s, ~en** *od.* **~e** *(beim Heer)* colonel; *(bei der Luftwaffe)* group captain *(Brit.);* colonel *(Amer.)*

**Ober-: ~staats·anwalt der** *senior public prosecutor (at a regional court);* **~stadt die** upper part of the town; upper town; **~stadt·direktor der** chief executive [of a/the town council]; **~steiger der** *(Bergbau)* under-manager; **~stimme die** *(Musik)* treble; *(Sopran)* soprano; *(Diskant)* descant

**Oberst·leutnant der** *(beim Heer)* lieutenant-colonel; *(bei der Luftwaffe)* wing commander; lieutenant-colonel *(Amer.)*

**Ober-: ~stübchen das** *s.* **richtig 1 b; ~studien·direktor der a)** headmaster *(Brit.);* principal; **b)** *(DDR) highest honorary title for a teacher;* **~studien·rat der a)** senior teacher; **b)** *(DDR) honorary title for a teacher;* **~stufe die** *(Schulw.)* upper school; **~teil das** *od.* **der** top [part]; *(eines Bikinis, Anzugs, Kleids usw.)* top [half]; **~tertia die** *(Schulw. veralt.)* fifth year *(of a Gymnasium);* **~tertianer der** *(Schulw. veralt.)* pupil in the fifth year *(of a Gymnasium);* **~ton der;** *meist Pl. (Musik, Physik)* overtone

**Ober-: ~wasser das;** *o. Pl.* headwater; *(fig.)* **~wasser haben** feel in a strong position; **~wasser bekommen/kriegen** have one's hand strengthened; **~weite die** bust measurement; **sie hat ~weite 91** she has a 36-inch bust; **eine beachtliche ~weite haben** *(ugs.)* be well-endowed *(joc.)*

**Ob·frau die** *s.* **Obmännin**

**ob·gleich** *Konj. s.* **obwohl**

**Ob·hut die; ~:** *(geh.)* care; **jmdn./etw. in seine ~ nehmen** take sb./sth. into one's care; **jmdn./etw. jmds. ~** *(Dat.)* **anvertrauen** entrust sb./sth. to sb.'s care; **unter jmds. ~** *(Dat.)* **stehen** be in sb.'s care

**obig** ['o:bɪç] *Adj.; nicht präd.* above; **die ~e Tabelle** the above table; the table above

**Objekt** [ɔp'jɛkt] **das; ~s, ~e a)** *(auch Sprachw., Kunstwiss.)* object; *(Fot., bei einem Experiment)* subject; **b)** *(Kaufmannsspr.: Immobilie)* property; **c)** *(bes. DDR: Projekt)* project; **d)** *(österr. Amtsspr.: Gebäude)* building; **e)** *(DDR: staatliche Einrichtung) (Fabrik)* factory; *(Gaststätte, Verkaufsstelle)* establishment

**objektiv** [ɔpjɛk'ti:f] **1.** *Adj.* objective; real, actual ‹*cause, danger*›. **2.** *adv.* objectively; **er hat uns ~ geschadet** he did in fact do us harm

**Objektiv das; ~s, ~e a)** *(Optik)* objective; **b)** *(Fot.)* lens

**objektivieren** *tr. V.* objectify; objectivize

**Objektivismus der; ~** *(Philos.)* objectivism *no def. art.*

**Objektivität** [ɔpjɛktivi'tɛ:t] **die; ~:** objectivity

**Objekt-: ~satz der** *(Sprachw.)* object clause; **~schutz der** *(Amtsspr.)* protection of property; **für etw. ~schutz beantragen** apply to have sth. protected; **~träger der** *(Optik)* [specimen-]slide

**Oblate** [o'bla:tə] **die; ~, ~n** wafer

**Ob·leute** *Pl. s.* **Obmann**

**ob|liegen, ob·liegen** *unr. itr. V. (geh.)* **etw. liegt jmdm. ob** *od.* **obliegt jmdm.** sth. is sb.'s responsibility

**Obliegenheit die; ~, ~en** *(geh.)* duty; **seine dienstlichen ~en erfüllen** carry out one's duties; **zu jmds. ~en gehören** be one of sb.'s duties

**obligat** [obli'ga:t] *Adj.* **a)** *(geh.) s.* **obligatorisch 1 a; b)** *(iron.: unvermeidlich)* obligatory; **c)** *(Musik)* obbligato

**Obligation** [obliga'tsio:n] **die; ~, ~en** *(Wirtsch.)* bond; debenture

**obligatorisch** [obliga'to:rɪʃ] **1.** *Adj.* **a)** obligatory; compulsory ‹*subject, lecture, etc.*›; necessary ‹*qualification*›; **b)** *s.* **obligat b. 2.** *adv.* obligatorily; compulsorily

**Obligatorium** [obliga'to:riʊm] **das; ~s, Obligatorien** *(schweiz.) (Verpflichtung)* compulsory duty; *(Beitrag)* compulsory contribution

**Obligo** ['o:bligo] **das; ~s, ~s** *(Wirtsch.)* liability; **ohne ~:** without recourse

**Ob·mann der; ~[e]s, Obmänner** *od.* **Obleute, Obmännin** ['ɔpmɛnɪn] **die; ~, ~nen** *(bes. österr.)* chairman; *(einer Delegation)* head; *(einer Gruppe)* representative

**Oboe** [o'bo:ə] **die; ~, ~en** oboe

**Oboist** [obo'ɪst] **der; ~en, ~en** oboist; oboe-player

**Obolus** ['o:bolʊs] **der; ~, ~** *od.* **~se** *(geh. scherzh.)* small sum; *(Spende)* small contribution

**Obrigkeit** ['o:brɪçkait] **die; ~, ~en** authorities *pl.*

**obrigkeitlich** *Adj.; nicht präd.* **a)** official ‹*decree, approval, etc.*›; **b)** *(autoritär)* authoritarian

**Obrigkeits-: ~denken das** *(abwertend)* attitude of obedience to authority; **~staat der** authoritarian state

**Obrist** [o'brɪst] **der; ~en, ~en** *(veralt., noch abwertend)* colonel

**ob·schon** *Konj. (geh.)* although; though

**Observanz** [ɔpzɛr'vants] **die; ~, ~en a)** kind; type; **b)** *(Rel.)* observance

**Observation** [ɔpzɛrva'tsio:n] **die; ~, ~en a)** *(Überwachung)* surveillance *no pl.;* **~en** surveillance operations; **b)** *(wissenschaftlich)* observation

**Observatorium** [ɔpzɛrva'to:riʊm] **das; ~s, Observatorien** observatory

**observieren** *tr. V.* **a) jmdn./etw. ~:** keep sb./sth. under surveillance; **b)** *(wissenschaftlich)* observe; **einen Patienten ~:** keep a patient under observation

**Obsession** [ɔpzɛ'sio:n] **die; ~, ~en** *(Psych., geh.)* obsession

**ob·siegen,** *auch:* **obsiegen** *itr. V. (geh. veralt.)* be victorious
**obskur** [ɔpsˈkuːɐ̯] *Adj. (geh.)* **a)** *(unbekannt, unklar)* obscure; **b)** *(dubios)* dubious
**Obskurantismus** [ɔpskuranˈtɪsmʊs] **der;** ~ *(geh.)* obscurantism
**obsolet** [ɔpzoˈleːt] *Adj. (geh.)* obsolete
**Obst** [oːpst] **das,** ~**[e]s** fruit
**Obst-:** ~**anbau,** ~**bau der;** *o. Pl.* fruit-growing; ~**anbau betreiben** grow fruit; ~**baum der** fruit-tree; ~**garten der** orchard; ~**händler der** fruiterer
**obstinat** [ɔpstiˈnaːt] *(geh.)* **1.** *Adj.* obstinate. **2.** *adv.* obstinately
**Obst·kuchen der** fruit flan
**Obstler** [ˈoːpstlɐ] **der;** ~**s,** ~ *(bes. südd.)* fruit brandy
**Obst·messer das** fruit-knife
**Obstruktion** [ɔpstrʊkˈtsi̯oːn] **die;** ~, ~**en** *(auch Parl., Med.)* obstruction; *(Pol.: durch Dauerreden)* filibustering
**Obstruktions·politik die** *(Parl.)* policy of obstruction; *(durch Dauerreden)* filibustering policy
**Obst-:** ~**saft der** fruit juice; ~**salat der** fruit salad; ~**tag der** day for eating only fruit; ~**torte die** fruit flan; ~**wasser das** fruit brandy; ~**wein der** fruit wine
**obszön** [ɔpsˈtsøːn] **1.** *Adj.* obscene. **2.** *adv.* obscenely
**Obszönität** [ɔpstsøniˈtɛːt] **die;** ~, ~**en** obscenity
**O·bus der** trolley bus *(Brit.)*
**ob|walten, ob·walten** *itr. V. (geh. veralt.)* prevail
**ob·wohl 1.** *Konj.* although; though. **2.** *Adv. (ugs.)* although
**ob·zwar** *Konj. (geh.)* ~ **[daß]** although
**Occasion** *(österr., schweiz.) s.* **Okkasion**
**och** [ɔx] *Interj. (ugs.)* oh
**Ochs** [ɔks] **der;** ~**en,** ~**en** *(südd., österr., schweiz., ugs.),* **Ochse** [ˈɔksə] **der;** ~**n,** ~**n a)** ox; bullock; ~ **am Spieß** roast ox; **du sollst dem ~n, der da drischt, nicht das Maul verbinden** you shouldn't be too strict with those who have to work hard; *s. auch* **dastehen a; b)** *(salopp)* numskull *(coll.)*; **ich ~!** what a numskull I am!
**ochsen** *tr., itr. V. s.* **büffeln**
**Ochsen-:** ~**brust die** *(Kochk.)* brisket of beef; ~**frosch der** bullfrog; ~**gespann das a)** team *or* span of oxen; **b)** *(Wagen)* ox-cart; ~**maul·salat der** *(Kochk.)* ox-cheek salad; ~**schwanz·suppe die** *(Kochk.)* oxtail soup; ~**tour die** *(ugs. scherzh.)* **a)** long, hard climb; **b)** *(Schinderei)* hard slog; ~**ziemer der** [bull's] pizzle; ~**zunge die** *(Kochk.)* ox-tongue
**Öchsle·grad der** degree Öchsle
**ocker** [ˈɔkɐ] *Adj.; nicht attr.* ochre
**Ocker das;** ~**s,** ~: ochre
**ocker-:** ~**braun** *Adj.* ochre-brown; ~**gelb** *Adj.* ochre-yellow
**öd** [øːt] *(geh.) s.* **öde**
**od.** *Abk.* **oder**
**Ode** [ˈoːdə] **die;** ~, ~**n** ode (**an** + *Akk.* to, **auf** + *Akk.* on)
**öde** [ˈøːdə] *Adj.* **a)** *(verlassen)* deserted ⟨*beach, village, house, street, etc.*⟩; *(unbewohnt)* desolate ⟨*area, landscape*⟩; **b)** *(unfruchtbar)* barren; **c)** *(langweilig)* tedious; dreary; dreary ⟨*life, time*⟩; barren, tedious, dreary ⟨*existence*⟩
**Öde die;** ~, ~**n a)** *o. Pl. s.* **öde a–c:** desertedness; desolateness; barrenness; **b)** *(öde Gegend)* wasteland; waste; **c)** *(Langeweile)* tediousness; dreariness
**Odem** [ˈoːdəm] **der;** ~**s** *(dichter. veralt.)* breath
**Ödem** [øˈdeːm] **das;** ~**s,** ~**e** *(Med.)* oedema
**oder** [ˈoːdɐ] *Konj.* **a)** or; ~ **auch** or; ~ **aber** or else; *s. auch* **entweder; b)** *(in Fragen)* **du kommst doch mit, ~?** you will come, won't you?; **er ist doch hier, ~?** he is here, isn't he? *(zweifelnd)* he is here – or isn't he?; **das ist doch erlaubt, ~ [nicht** *od.* **etwa nicht]?** that is allowed, isn't it?; **das ist doch nicht erlaubt, ~ [doch** *od.* **etwa doch]?** that isn't allowed, is it?; **das hört sich gut an, ~?** it sounds good, don't you think *or* agree?
**Odermennig** [ˈoːdɐmɛnɪç] **der;** ~**[e]s,** ~**e** *(Bot.)* agrimony
**Oder-Neiße-[Friedens]grenze** *(DDR),* **Oder-Neiße-Linie die** Oder-Neisse Line
**Ödipus·komplex** [ˈøːdipʊs-] **der** *(Psych.)* Oedipus complex
**Odium** [ˈoːdi̯ʊm] **das;** ~**s** *(geh.)* odium
**Öd·land das;** *Pl.:* **Ödländer** uncultivated land *(and land exploited for raw materials, e.g. gravel pits);* **Ödländer** uncultivated land *sing. or* areas
**Ödnis die;** ~: *(geh.) s.* **Öde**
**Odyssee** [odyˈseː] **die;** ~, ~**n** odyssey; **Homers** ~: Homer's Odyssey
**Odysseus** [oˈdysɔʏs] **(der);** ~: Odysseus
**Œuvre** [ˈøːvrə] **das;** ~, ~**s** *(geh.)* œuvre
**OEZ** *Abk.* **osteuropäische Zeit** EET
**Öfchen** [ˈøːfçən] **das;** ~**s,** ~: small stove *etc.*; *s.* **Ofen a–d**
**Ofen** [ˈoːfn̩] **der;** ~**s, Öfen a)** heater; *(Kohle~)* stove; *(Öl~, Petroleum~)* stove; heater; *(elektrischer ~)* heater; fire; **wenn sie uns erwischen, ist der ~ aus** *(ugs.)* if they catch us, it's all over; **jetzt ist bei mir der ~ aus** *(ugs.: jetzt habe ich aber genug)* that does it!; **b)** *(Back~)* oven; **c)** *(Industrie~)* furnace; *(Brenn~, Trocken~)* kiln; **d)** *(landsch.: Herd)* cooker; **e)** *in* **heißer ~** *(salopp)* fast set of wheels *(coll.)*
**ofen-, Ofen-:** ~**bank die** bench round a/the stove; ~**frisch** *Adj.* oven-fresh; freshly baked; ~**heizung die;** *o. Pl.* heating *no art.* by stoves; **das Haus hat ~heizung** the house is heated by stoves; ~**klappe die a)** damper; **b)** *(~tür)* stove door; ~**rohr das** [stove] flue; ~**schirm der** fire-screen; ~**setzer der** *(der Öfen baut)* stove-builder; *(der Öfen instand setzt)* stove-fitter; ~**warm** *Adj.* oven-hot
**offen** [ˈɔfn̩] **1.** *Adj.* **a)** open; **mit ~em Mund/ ~en Augen** with one's mouth/eyes open; **der Knopf/Schlitz/Schuh ist ~:** the button is/one's flies/shoe-laces are undone; **ein ~es Hemd** a shirt with the collar unfastened; **sie trägt ihr Haar ~:** she wears her hair loose; **ein ~es Haus führen** *od.* **haben** keep open house; **eine ~e Anstalt** an open prison; ~ **haben** *od.* **sein** be open; **ein ~er Umschlag** an unsealed envelope; **ein ~er Brief** an open letter; **Tag der ~en Tür** open day; **~e Beine** ulcerated legs; **die Tür ist ~** *(nicht abgeschlossen)* the door is unlocked; **mit ~en Karten spielen** play with the cards face up on the table; *(fig.)* put one's cards on the table; **~es Licht/Feuer** a naked light/an open fire; **eine ~e Bauweise** an open layout; **das ~e Meer, die ~e See** the open sea; **~es Gelände** open terrain; **die Jagd ist ~:** it's open season; **Beifall auf ~er Szene** spontaneous applause; **unter ~em Himmel** in the open; **~e Türen einrennen** *(fig.)* fight a battle that's/battles that are already won; **bei ihm rennst du ~e Türen ein** *(fig.)* you're preaching to the converted with him; **mit ~en Augen** *od.* **Sinnen durch die Welt** *od.* **durchs Leben gehen** go about/ go through life with one's eyes open; **mit ~en Augen in sein Verderben/Unglück rennen** be heading for disaster with one's eyes open; **ein ~es Geheimnis** an open secret; **für neue Ideen** *od.* **gegenüber neuen Ideen ~ sein** be receptive *or* open to new ideas; *s. auch* **Arm a; Handelsgesellschaft; Karte g; Ohr b; Straße a; Strecke b; Visier a; b)** *(lose)* loose ⟨*sugar, flour, oats, etc.*⟩; **~er Wein** wine on tap *or* draught; **ein Glas von dem ~en Rotwein** a glass of the draught red wine; **c)** *(frei)* vacant ⟨*job, post*⟩; **~e Stellen** vacancies; *(als Rubrik)* 'Situations Vacant'; **lassen Sie die Zeile ~:** leave the line blank; **d)** *(ungewiß, ungeklärt)* open, unsettled ⟨*question*⟩; uncertain ⟨*result*⟩; **den Ausgang des Spiels ist noch völlig ~:** the result of the match is still wide open; **wann es stattfindet, ist immer noch ~:** it's not yet been decided when it will take place; **e)** *(noch nicht bezahlt)* outstanding ⟨*bill*⟩; **der ~e Betrag** the amount outstanding; **f)** *(freimütig, aufrichtig)* frank [and open] ⟨*person*⟩; frank, candid ⟨*look, opinion, reply*⟩; open, frank ⟨*confession, manner*⟩; frank ⟨*talk*⟩; honest ⟨*character, face*⟩; ~ **zu jmdm. sein** be open *or* frank with sb.; **g)** *nicht präd. (unverhohlen)* open ⟨*threat, mutiny, hostility, opponent, etc.*⟩; **in ~em Kampf** in an open fight; **h)** *(Sprachw.)* open ⟨*vowel, syllable*⟩. **2.** *adv.* **a)** *(frei zugänglich, sichtbar, unverhohlen)* openly; *s. auch* **zutage; b)** *(freimütig, aufrichtig)* openly; frankly; ~ **gesagt** frankly; to be frank *or* honest; ~ **gestanden** to tell you the truth; **darf ich ~ reden?** can I be frank?; can I speak frankly?; **c)** *(Sprachw.)*; **das e ~ aussprechen** pronounce 'e' as an open vowel
**offen·bar 1.** *Adj.* obvious; **seine Absicht war allen ~:** his intention was obvious *or* apparent to all. **2.** *adv.* **a)** *(offensichtlich)* obviously; clearly; **b)** *(anscheinend)* evidently
**offenbaren** *(geh.)* **1.** *tr. V.* reveal. **2.** *refl. V.* **a)** *(sich erweisen)* **sich als etw. ~:** ⟨*person*⟩ show *or* reveal oneself to be sth.; **seine Worte offenbarten sich als Lüge** his words were revealed as a lie *or* to be a lie; **b)** *(sich mitteilen)* **sich jmdm. ~:** confide in sb.
**Offenbarung die;** ~, ~**en a)** revelation; **b)** *(Rel.)* revelation; **die ~ [des Johannes]** [the Book of] Revelations
**Offenbarungs·eid der** *(Rechtsw.)* oath of disclosure
**offen-:** ~**|bleiben** *unr. itr. V.; mit sein* **a)** remain *or* stay open; **der Mund blieb ihm vor Staunen ~:** his mouth hung open in astonishment; **b)** *(ungeklärt bleiben)* remain open; ⟨*decision*⟩ be left open; **c)** *(unerfüllt bleiben)* ⟨*wish*⟩ remain unsatisfied; ~**|halten** *unr. tr. V.* **etw. ~halten** keep sth. open
**Offen·heit die;** ~: *s.* **offen f:** frankness [and openness]; candidness; candour; openness; honesty; ~ **gegenüber den Problemen anderer zeigen** be responsive to other people's problems
**offen-, Offen-:** ~**herzig 1.** *Adj.* **a)** frank, candid ⟨*conversation, remark*⟩; frank and open ⟨*person*⟩; **b)** *(iron.: dekolletiert)* revealing, low-cut ⟨*dress*⟩; **2.** *adv.* frankly; openly; ~**herzigkeit die;** ~: frankness; candidness; candour; ~**kundig 1.** *Adj.* obvious, evident (**für** to); obvious, patent, manifest ⟨*lie, betrayal, misuse*⟩; ~**kundig werden** become apparent; **2.** *adv.* obviously; clearly; ~**|lassen** *unr. tr. V.* **etw. ~lassen** leave sth. open; **~lassen, ob ...:** leave it open whether ...; ~**|legen** *tr. V.* reveal; *(bekanntgeben)* disclose; ~**sichtlich 1.** *Adj.* obvious; evident; **2.** *adv.* obviously; evidently; *(anscheinend)* evidently
**offensiv** [ɔfɛnˈziːf] **1.** *Adj.* **a)** offensive; aggressive ⟨*marketing strategy*⟩; **b)** *(Sport)* attacking. **2.** *adv.* **a)** offensively; ⟨*speak, argue, behave*⟩ aggressively; **b)** *(Sport)* ~ **spielen** play an attacking game
**Offensive die;** ~, ~**n** *(auch Sport)* offensive; **in der ~:** on the offensive; **die ~ ergreifen, in die ~ gehen** go on to the offensive
**Offensiv-:** ~**krieg der** offensive war; ~**spiel das** *(Sport)* attacking game
**offen|stehen** *unr. itr. V.* **a)** be open; **der Mund stand ihm vor Staunen offen** his mouth hung open in astonishment; **b)** *(zur Benutzung freigegeben sein)* be open (+ *Dat.* to); **c)** *s.* **freistehen a; d)** *(unbezahlt sein)* be outstanding; **~stehende Rechnungen** outstanding bills
**öffentlich** [ˈœfn̩tlɪç] **1.** *Adj.* public; state *at-*

*trib.*, [state-] maintained ⟨*school*⟩*;* **alle Teilnehmer am ~en Straßenverkehr** all road-users; **etw. in ~er Sitzung beraten** debate sth. in open session; **die ~e Ordnung/Sicherheit** public order/security; **Erregung ~en Ärgernisses** *(Rechtsw.)* creating a public nuisance; **~es Ärgernis erregen** create a public nuisance; **die ~e Meinung** public opinion; **das ~e Recht** *(Rechtsw.)* public law; **Anstalt des ~en Rechts** institution incorporated under public law; **Körperschaft des ~en Rechts** public corporation; **der ~e Dienst** the civil service; **die Ausgaben der ~en Hand** public spending *sing.;* **von der ~en Hand finanziert** financed out of public funds; **die ~en Hände** local authorities and the state; **ein ~es Haus** *(veralt. verhüll.)* a house of ill-repute; **ein ~es Geheimnis** an open secret; **eine Persönlichkeit des ~en Lebens** a public figure. **2.** *adv.* **a)** publicly; ⟨*perform, appear*⟩ in public; **~ tagen** meet in open session; **~ auftreten** appear in public; **etw. ~ versteigern** sell sth. by public auction; **b)** *(vom Staat usw.)* publicly ⟨*funded etc.*⟩

**Öffentlichkeit die; ~: a)** public; **unter Ausschluß der ~:** in private *or* secret; *(Rechtsw.)* in camera; **etw. an die ~ bringen** bring sth. to public attention; make sth. public; **mit etw. an die ~ gehen** make sth. public; **vor die ~ treten** appear in public; **in aller ~:** [quite openly] in public; *s. auch* [1]**Flucht b; b)** *(das Öffentlichsein)* **das Prinzip der ~ in der Rechtsprechung** the principle that justice be administered in open court; **die ~ einer Versammlung herstellen** throw a meeting open to the public

**Öffentlichkeits·arbeit die;** *o. Pl.* public relations work *no art.*

**öffentlich-rechtlich** *Adj.* under public law *postpos., not pred.;* **~es Fernsehen** state-owned television; **~e Körperschaften** bodies incorporated under public law

**offerieren** [ɔfəˈriːrən] *tr. V. (bes. Kaufmannsspr.)* offer

**Offerte** [ɔˈfɛrtə] **die; ~, ~n** *(Kaufmannsspr.)* offer

**Offizial·verteidiger** [ɔfiˈtsi̯aːl-] **der** *(Rechtsw.) s.* **Pflichtverteidiger**

**offiziell** [ɔfiˈtsi̯ɛl] **1.** *Adj.* **a)** official; **b)** *(förmlich)* formal. **2.** *adv.* **a)** officially; **b)** *(förmlich)* **bei der Feier ging es furchtbar ~ zu** the celebration was terribly formal

**Offizier** [ɔfiˈtsiːɐ̯] **der; ~s, ~e a)** officer; **~ werden** become an officer; gain a commission; **b)** *(Schach)* piece *(other than a pawn)*

**Offiziers-: ~an·wärter der** officer cadet; **~kasino das** officers' mess; **~korps das** officer corps; **~lauf·bahn die** officer's career; **~messe die** *(Seemannsspr.)* ward-room; **~rang der** officer's rank

**Offizin** [ɔfiˈtsiːn] **die; ~, ~en a)** *(Pharm.)* dispensary; **b)** *(veralt.: Apotheke)* chemist's [shop] *(Brit.);* drugstore *(Amer.);* **c)** *(veralt.: Druckerei)* printing works *sing. or pl.*

**offiziös** [ɔfiˈtsi̯øːs] **1.** *Adj.* semi-official. **2.** *adv.* semi-officially; **wie ~ verlautet wurde** according to semi-official sources

**Offizium** [ɔˈfiːtsi̯ʊm] **das; ~s, Offizien** *(kath. Kirche)* **a)** *s.* **Chorgebet; b)** *(hist.)* **das Heilige ~:** the Holy Office

**öffnen** [ˈœfnən] **1.** *tr. (auch itr.) V.* open; turn on ⟨*tap*⟩*;* undo ⟨*coat, blouse, button, zip*⟩*;* **die Grenzen ~:** open [up] the borders; **die Bank ist** *od.* **hat über Mittag geöffnet** the bank is open at lunch-time; **der Zoo wird um 9 Uhr geöffnet** the zoo opens at 9 a.m.; **sich** *(Dat.)* **die Pulsadern ~:** slash one's wrists; **„hier ~"** 'open here'; **jmdm. den Blick für etw. ~:** open sb.'s eyes to sth.; **mit geöffnetem Mund atmen** breathe with one's mouth open *or* through one's mouth; **eine Leiche ~:** carry out a post-mortem *or* an autopsy on a body; *s. auch* **Auge. 2.** *itr. V.* **a) [jmdm.] ~:** open the door [to sb.]; **wenn es klingelt, mußt du ~:** if there's a ring at the door, you must go and answer it; **b)** *(geöffnet werden)* ⟨*shop, bank, etc.*⟩ open; **c)** *(sich ~)* ⟨*door*⟩ open. **3.** *refl. V.* **a)** open; **die Erde öffnete sich** the ground opened up; **b)** *(sich erweitern)* ⟨*valley, lane, forest, etc.*⟩ open out **(auf** + *Akk.*, **zu** on to); ⟨*view*⟩ open up; **c)** *(sich aufschließen)* **sich einer Sache** *(Dat.)* **~:** become receptive to sth.; **d)** *(sich ergeben)* ⟨*opportunity, etc.*⟩ open up; **e)** *(seine Verschlossenheit aufgeben)* open up (+ *Dat.* to); **f)** *(offen sein)* ⟨*plain, clearing, etc.*⟩ open up; **sich nach Süden/Norden ~** ⟨*room etc.*⟩ be open to the south/north

**Öffner der; ~s, ~:** opener

**Öffnung die; ~, ~en a)** *(offene Stelle)* opening; *(Fot., Optik)* aperture; **b)** *o. Pl. (das Öffnen)* opening; **die ~ der Grenzen** the opening [up] of the borders; **eine ~ der Leiche** a post-mortem on the body; **c)** *o. Pl. (das Aufgeschlossensein)* openness **(für** to); **eine ~ nach links anstreben** *(Pol.)* strive to open the party up to left-wing ideas

**Öffnungs·zeit die ~zeiten** *pl. (eines Geschäfts, einer Bank)* opening times; hours of business; *(eines Museums, Zoos usw.)* opening times

**Offsetdruck** [ˈɔfsɛt-] **der a)** *o. Pl.* offset printing; **b)** *(Produkt)* offset print

**O-förmig** *Adj.* circular

**oft** [ɔft] *Adv.* **öfter** [ˈœftɐ]; *(selten)* **öftest** [ˈœftəst] often; **wie ~ fährt der Bus?** how often does the bus go *or* run?; **wie oft soll ich dir noch sagen, daß ...?** how many [more] times do I have to tell you that ...?

**öfter** [ˈœftɐ] *Adv.* now and then; [every] once in a while; **des ~en** *(geh.)* on many occasions

**öfters** [ˈœftɐs] *Adv. (österr. ugs.) s.* **öfter**

**oftmals** *Adv.* often; frequently

**o. g.** *Abk.* **oben genannt**

**o. G.** *Abk.* **ohne Gewähr**

**OG** *Abk.* **Obergeschoß**

**ÖGB** *Abk.* **Österreichischer Gewerkschaftsbund** Austrian Trade Union Federation

**ogottogott** [ˈogɔtogɔt] *Interj.* goodness me; oh dear, oh dear

**oh** [oː] *Interj.* oh

**Oheim** [ˈoːhai̯m] **der; ~s, ~e** *(veralt.)* uncle

**OHG** *Abk.* **Offene Handelsgesellschaft** general partnership

**oh, là, là** [olaˈla] *Interj.* ooh-la-la

**Ohm** [oːm] **das; ~[s], ~:** *(Physik)* ohm

**ohmsch** [oːmʃ] *Adj. (Physik)* **das Ohmsche Gesetz** Ohm's Law; **der ~e Widerstand** ohmic resistance

**ohne** [ˈoːnə] **1.** *Präp. mit Akk.* without; **~ mich!** [you can] count me out!; **der Versuch blieb ~ Erfolg** the attempt was unsuccessful; **sie ist ~ Jacke gekommen** she came without a jacket; **~ Appetit sein** have no appetite; **ein Mann ~ jeglichen Humor** a man totally lacking in humour *or* without any sense of humour; **b)** *(mit Auslassung des Akkusativs)* **ich rauche nur ~:** I only smoke untipped *or* filterless cigarettes; **wir baden am liebsten ~:** we prefer to bathe in the nude; **wenn du keinen Zucker hast, trinke ich den Tee auch ~:** if you haven't got any sugar, I can have my tea without; **du brauchst ein Visum, ~ lassen sie dich nicht einreisen** you need a visa, they won't let you in without one; **er/sie ist [gar] nicht [so] ~** *(ugs.)* he's/she's quite something; **der Vorschlag ist [gar] nicht [so] ~** *(ugs.)* it's not such a bad *or* daft suggestion; *s. auch* **oben c; c) ~ weiteres** *(leicht, einfach)* easily; *(ohne Einwand)* readily; **das würde ich nicht so ~ weiteres glauben** I wouldn't believe it just like that; **die Genehmigung kriegst du ~ weiteres** you won't have any problem *or* difficulty getting approval; **das traue ich ihm ~ weiteres zu** I can quite *or* easily believe he's capable of that; **d)** excluding; **~ mich sind es 10 Teilnehmer** there are ten participants excluding *or* not counting *or* not including me. **2.** *Konj.* **er nahm Platz, ~ daß er gefragt hätte** he sat down without asking; **~ zu zögern** without hesitating; without hesitation

**ohne-: ~dies** *Adv. (geh.)* in any case; **die, die ~dies schon [am meisten] Geld haben** those who already have [the most] money in any case; **~einander** *Adv.* without each other; **~gleichen** *Adj.; attr. nachgestellt* unparalleled; **ein Skandal/eine Frechheit ~gleichen** an unprecedented scandal/impertinence; **das ist ein Unsinn ~gleichen** I've never heard such nonsense; **~hin** *Adv.* anyway; **er war ~hin schon überlastet** he was already overburdened as it was; **das hat ~hin keinen Zweck** there is really no point in it

**Ohnmacht** [ˈoːnmaxt] **die; ~, ~en a)** faint; swoon *(literary);* **in ~ fallen** *od. (geh.)* **sinken** faint *or* pass out/swoon; **sich einer ~ nahe fühlen** feel faint; **aus der** *od.* **seiner ~ erwachen** come to; **von** *od.* **aus einer ~ in die andere fallen** *(ugs. scherzh.)* constantly be having fits *(coll.);* **b)** *(Machtlosigkeit)* powerlessness; impotence

**ohnmächtig 1.** *Adj.* **a)** unconscious; **~ werden** faint; pass out; **~ sein** have fainted *or* passed out; be in a dead faint; **~ zusammenbrechen** collapse unconscious; **halb ~:** half fainting; **b)** *(machtlos)* powerless; impotent; impotent, helpless ⟨*fury, rage*⟩*;* helpless ⟨*bitterness, despair*⟩. **2.** *adv.* impotently; **~ zusehen** watch powerless *or* helplessly

**Ohnmachts·anfall der** fainting fit

**oho** [oˈhoː] **1.** *Interj.* oho; *(protestierend)* oh no. **2.** *s.* **klein 1 a**

**Ohr** [oːɐ̯] **das; ~[e]s, ~en a)** ear; **auf dem linken ~ taub sein** be deaf in one's left ear; **jmdm. etw. ins ~ flüstern** whisper sth. in sb.'s ear; **gute/schlechte ~en haben** have good/poor hearing *sing.;* **er hört nur auf einem ~:** he only has one good ear; **ein geschultes ~:** a trained ear; **mit den ~en wackeln** wiggle one's/its ears; **das war nicht für deine/fremde ~en [bestimmt]** that wasn't for your/everbody's ears; **ich habe seine Worte/die Melodie noch im ~:** his words are still ringing in my ears/the tune is still going around my head; **die Melodie geht einem gleich/leicht ins ~:** the tune is very catchy; **b)** *(fig.)* **wo hast du bloß deine ~en?** *(ugs.),* **du sitzt wohl auf den** *od.* **deinen ~en!** *(ugs.)* are you deaf or something? *(coll.);* **wasch dir mal die ~en!** *(ugs.)* get your ears seen to! *(coll.);* **die ~en aufmachen** *od.* **aufsperren** *(ugs.)* pin back one's ears; **tauben ~en predigen** *(geh.)* preach to deaf ears; **ich bin ganz ~:** I'm all ears; **mir klingen die ~en** my ears are burning; **die Wände haben ~en** the walls have ears; **ein offenes ~ für jmdn./etw. haben** be ready to listen to sb./be open to *or* ready to listen to sth.; **jmdm. sein ~ leihen** lend sb. one's ear[s]; **bei jmdm. ein offenes ~ finden** *(geh.)* find a sympathetic *or* ready listener in sb.; **[vor jmdm./etw.] die ~en verschließen** *(geh.)* close one's ears to sb./sth.; **die ~en spitzen** *(ugs.)* prick up one's ears; **spitz mal die ~en!** *(ugs.)* pin back your ears *(coll.);* **jmdm. die ~en langziehen** *(ugs.)* take sb. by the ear and give him/her a good talking-to *(coll.);* **halt die ~en steif!** *(ugs.)* keep smiling!; **die ~en hängen lassen** *(ugs.)* lose heart; get downhearted; **sich** *(Dat.)* **[fast] die ~en brechen** *(salopp scherzh.)* bite off [almost] more than one can chew; **auf dem** *od.* **diesem ~ hört er schlecht/nicht** *(ugs.)* he doesn't want to hear anything about that; **sich aufs ~ legen** *od. (ugs.)* **hauen** get one's head down *(coll.);* **noch feucht/nicht [ganz] trocken hinter den ~en sein** *(ugs.)* be still wet behind the ears; **schreib dir das mal hinter die ~en!** *(ugs.)* just you remember that!; **eine** *od.* **eins/ein**

paar hinter die ~en kriegen *(ugs.)* get a thick ear; **jmdm. [mit etw.] in den ~en liegen** *(ugs.)* pester sb. the whole time [with sth.]; **mit den ~en schlackern** *(ugs.)* be staggered; **da kannst du/kann man nur mit den ~en schlackern** it's just staggering; **bis über beide ~en verliebt [in jmdn.]** *(ugs.)* head over heels in love [with sb.]; **bis über beide** *od.* **die ~en in etw. stecken** *(ugs.)* be up to one's ears in sth. *(coll.);* **jmdn. übers ~ hauen** *(ugs.)* take sb. for a ride *(sl.);* put one over on sb. *(coll.);* **viel** *od.* **eine Menge um die ~en haben** *(ugs.)* have a lot on one's plate *(coll.);* **jmdm. etw. um die ~en hauen** *od.* **schlagen** *(ugs.)* throw sth. back at sb.; **jmdm. um die ~en fliegen** *(ugs.)* blow up in sb.'s face; **von einem ~ zum anderen strahlen** *(ugs.)* grin from ear to ear; **etw. kommt jmdm. zu den ~en heraus** *(ugs.)* sb. has got sth. coming out of his/her ears; **zum einen ~ rein- und zum anderen wieder rausgehen** *(ugs.)* go in one ear and out the other *(coll.); s. auch* **Durchzug a; faustdick 2; Fell a; Floh a; Mann a; Nacht**

**Öhr** [ø:ɐ̯] **das, ~[e]s, ~e** eye

**ohren-, Ohren-: ~arzt der** otologist; ear specialist; **~beichte die** *(kath. Rel.)* auricular confession; **~betäubend 1.** *Adj.* ear-splitting; deafening; deafening ⟨*applause*⟩; **2.** *adv.* deafeningly; **~betäubend lärmen** make a deafening noise; **~klappe die** ear-flap; **~leiden das** ear complaint; **~sausen das** ringing in the *or* one's ears; tinnitus *(Med.);* **~schmalz das** ear-wax; **~schmaus der** *(ugs.)* **ein ~schmaus sein** be a joy to hear; **~schmerz der** earache; **~schmerzen haben** have [an] earache *sing.;* **~schützer der** ear-muff; **~sessel der** wing-chair; **~zeuge der; ich wurde ~zeuge des Gesprächs** I heard the conversation myself

**ohr-, Ohr-: ~feige die** box on the ears; **~feigen bekommen** *od. (ugs.)* **einstecken** get one's ears boxed; **jmdm. eine ~feige geben** *od. (ugs.)* **verpassen** box sb.'s ears; give sb. a box on the ears; **~feigen** [-faign̩] *tr. V.* **jmdn. ~feigen** box sb.'s ears; **ich könnte mich [selbst] ~feigen!** *(ugs.)* I could kick myself!; **~feigen·gesicht das** *(salopp abwertend)* **er hat ein richtiges ~feigengesicht** he's got the sort of face you'd like to clout; **~klipp** [~klɪp] **der; ~s, ~s** ear-clip; **~läppchen das** ear-lobe; **~muschel die** external ear; auricle; **~ring der** ear-ring; **~stecker der** ear-stud; **~wurm der a)** earwig; **b)** *(ugs.: Melodie)* catchy tune; **ein ~wurm sein** be really catchy

**o. J.** *Abk.* **ohne Jahr** n. d.

**oje** [o'je:] *Interj. (veralt.),* **ojemine** [o'je:mine], **ojerum** [o'je:rʊm] *Interj. (veralt.)* oh dear; dear me

**Okarina** [oka'ri:na] **die; ~; ~s** *od.* **Okarinen** ocarina

**okay** [o'ke] *(ugs.) Interj., Adj., adv.* OK *(coll.);* okay *(coll.);* **das geht ~:** that's OK *or* okay

**Okay das; ~[s], ~s** *(ugs.)* OK *(coll.);* okay *(coll.)*

**Okkasion** [ɔka'zi̯o:n] **die; ~, ~en** *(veralt.)* opportunity

**okkult** [ɔ'kʊlt] *Adj.* occult

**Okkultismus der; ~:** occultism *no art.*

**Okkupation** [ɔkupa'tsi̯o:n] **die; ~, ~en** *(abwertend)* occupation

**Okkupant** [ɔku'pant] **der; ~en, ~en** *(abwertend)* occupier

**okkupieren** *tr. V.* **a)** *(abwertend)* occupy; **b)** *(sich aneignen)* **jmds. Stuhl ~:** occupy sb.'s chair

**öko-, Öko-** [øko-]: eco-

**Ökologe** [øko'lo:gə] **der; ~n, ~n** ecologist

**Ökologie die; ~:** ecology

**Ökologin die; ~, ~nen** ecologist

**ökologisch 1.** *Adj.* ecological. **2.** *adv.* ecologically

**Ökonom** [øko'no:m] **der; ~en, ~en** economist

**Ökonomie die; ~, ~n a)** economics *sing.;* **politische ~:** political economy; **b)** *(Wirtschaft, Wirtschaftlichkeit)* economy

**Ökonomik die; ~: a)** economics *pl.;* **b)** *(DDR)* economy

**Ökonomin die; ~, ~nen** economist

**ökonomisch 1.** *Adj.* **a)** economic; **eine ~e Abhandlung** a treatise on economics; **b)** *(sparsam)* economical. **2.** *adv.* economically

**Ökopax** ['økopaks] *o. Art.: alliance of the ecological and peace movements*

**Öko·system das** ecosystem

**Okt.** *Abk.* **Oktober** Oct.

**Ökotrophologie** [økotrofolo'gi:] **die; ~:** home economics *sing., no art.*

**Oktaeder** [ɔkta'|e:dɐ] **das; ~s, ~** *(Math.)* octahedron

**Oktan·zahl** [ɔk'ta:n-] **die** octane rating *or* number

**Oktav** [ɔk'ta:f] **das; ~s** octavo

**Oktav-: ~band der;** *Pl.* **~bände** octavo volume; **~heft das** octavo notebook

**Oktave** [ɔk'ta:və] **die; ~, ~n** octave

**Oktett** [ɔk'tɛt] **das; ~[e]s, ~e** octet

**Oktober** [ɔk'to:bɐ] **der; ~[s], ~:** October; *s. auch* **April**

**Oktober-: ~fest das** Munich October festival; **~revolution die;** *o. Pl. (hist.)* October Revolution; **die Große Sozialistische ~revolution** *(DDR)* the Great Socialist October Revolution

**oktroyieren** [ɔktro̯a'ji:rən] *tr. V. (geh.)* impose; force; **jmdm. etw. ~:** impose *or* force sth. on sb.

**Okular** [oku'la:ɐ̯] **das; ~s, ~e** eyepiece

**okulieren** *tr. V. (Gartenbau)* bud

**Ökumene** [øku'me:nə] **die; ~** *(christl. Rel.)* **a)** ecumenical Christianity; **b)** *(Bewegung)* ecumenical movement

**ökumenisch 1.** *Adj. (christl. Rel.)* ecumenical; **Ökumenischer Rat der Kirchen** World Council of Churches. **2.** *adv.* ecumenically

**Okzident** ['ɔktsidɛnt] **der; ~s** *(veralt., geh.)* Occident

**Öl** [ø:l] **das; ~[e]s, ~e** oil; **auf Öl stoßen** strike oil; **in Öl malen** paint in oils; **eine Landschaft in Öl** a landscape in oils; **Öl auf die Wogen gießen** *(fig.)* pour oil on troubled waters; **Öl ins Feuer gießen** *(fig.)* add fuel to the flames; **das ging ihm runter wie Öl** *(fig. ugs.)* he lapped it up

**Öl-: ~baum der** olive-tree; **~berg der** Mount of Olives; **~bild das** oil-painting; **~bohrung die** drilling *no art.* for oil; **eine ~bohrung/~bohrungen durchführen** drill for oil; **~druck der;** *Pl.* **~drücke** *(Technik)* oil pressure; **~druck·bremse die** hydraulic brake

**Oldtimer** ['oʊldtaɪmə] **der; ~s, ~:** vintage car; *(vor 1905 gebaut)* veteran car

**Oleander** [ole'andɐ] **der; ~s, ~:** *(Bot.)* oleander

**ölen** *tr. V.* oil; oil, lubricate ⟨*shaft, engine, etc.*⟩; **wie geölt** *(fig. ugs.)* like clockwork; *s. auch* **Blitz a**

**öl-, Öl-: ~exportierend** *Adj.; nicht präd.* oil-exporting; **~farbe die a)** oil-based paint; **b)** *(zum Malen)* oil-paint; **mit ~farben malen** paint in oils; **~feld das** oilfield; **~film der** film of oil

**OLG** *Abk.* **Oberlandesgericht**

**öl-, Öl-: ~gemälde das** oil-painting; **~götze der in wie ein ~götze/wie die ~götzen** *(ugs.)* like a zombie/zombies; **~hahn der in den ~hahn zudrehen** *(fig.)* stop the supply of oil; **~haltig** *Adj.* containing oil *postpos., not pred.;* oil-bearing ⟨*rock, shale, etc.*⟩; **~heizung die** oil-fired heating *no indef. art.*

**ölig 1.** *Adj. (auch fig. abwertend)* oily. **2.** *adv.* **a) ~ glänzen** have an oily sheen; **b)** *(fig. abwertend)* in an oily way

**Oligarchie** [oligar'çi:] **die; ~, ~n** oligarchy

**oliv** [o'li:f] *Adj.* olive[-green]

**Oliv das; ~s, ~** *od.* **~s** olive[-green]

**Olive** [o'li:və] **die; ~, ~n** olive

**Oliven-: ~baum der** olive-tree; **~öl das** olive oil

**oliv·grün** *Adj.* olive-green

**Öl-: ~kanister der** oilcan; **~jacke die** oilskin jacket; **~kanne die** oilcan; **~krise die** oil crisis; **~kuchen der** *o. Pl. (Landw.)* oilcake

**oll** [ɔl] *Adj. (ugs., bes. nordd.)* old; **je ~er, je doller** *(ugs. scherzh.)* the older they get, the more they want to live it up

**Öl·lampe die** oil-lamp

[1]**Olle der;** *adj. Dekl. (ugs., bes. nordd.)* **a)** *(alter Mann)* old boy *(coll.);* **b)** *(Vater, Ehemann)* old man *(coll.);* **meine ~n** my old man and old lady *(coll.);* **c)** *(Chef)* old man *(sl.);* boss *(coll.)*

[2]**Olle die;** *adj. Dekl. (ugs., bes. nordd.)* **a)** *(alte Frau)* old dear *(coll.);* **b)** *(Mutter, Ehefrau)* old lady *(coll.);* **c)** *(Chefin)* boss *(coll.)*

**Öl-: ~leitung die** oil-pipe; *(größer)* oil pipeline; **~malerei die** oil painting *no art.;* **~meß·stab der** *(bes. Kfz-W.)* dipstick; **~mühle die** oil-mill; **~multi der** oil multinational; **~ofen der** oil heater; **~papier das** oiled paper; **~pest die** oil pollution *no indef. art.;* **~preis der** oil price; **~pumpe die** oil-pump; **~quelle die** oil-well; **~raffinerie die** oil-refinery; **~sardine die** sardine in oil; **eine Dose ~n** a tin of sardines; **~scheich der** *(ugs.)* oil sheikh; **~schiefer der** oil-shale; **~schinken der** *(ugs. abwertend)* large pretentious oil-painting; **~spur die** trail of oil; **~stand der** oil-level; **~tank der** oil-tank; **~tanker der** oil-tanker; **~teppich der** oil-slick

**Ölung die; ~, ~en** oiling; lubrication; **Letzte Ölung** *(kath. u. orthodoxe Kirche)* extreme unction

**Öl-: ~wanne die** *(bes. Kfz-W.)* sump; **~wechsel der** *(bes. Kfz-W.)* oil-change

**Olymp** [o'lʏmp] **der; ~s a)** Mount Olympus; **b)** *(ugs. scherzh.: im Theater)* **der ~:** the gods *pl.;* **auf dem ~:** [up] in the gods

[1]**Olympia** [o'lʏmpi̯a] *(das);* **~s** *(Geogr.)* Olympia

[2]**Olympia das; ~[s]** *s.* **Olympiade a)**

**Olympiade** [olʏm'pi̯a:də] **die; ~, ~n a)** Olympic Games *pl.;* Olympics *pl.;* **die ~ 1980** the 1980 Olympic Games *or* Olympics; **b)** *(bes. DDR: Wettbewerb)* Olympiad; **c)** *(Zeitraum)* Olympiad

**olympia-, Olympia-: ~dorf das** Olympic village; **~mannschaft die** Olympic team *or* squad; **~sieger der, ~siegerin die; ~, ~nen** Olympic champion; **~stadion das** Olympic stadium; **~teilnehmer der** Olympic competitor; **~verdächtig** *Adj. (ugs.)* Olympic-standard; **~verdächtig sein** be of Olympic standard

**Olympier** [o'lʏmpi̯ɐ] **der; ~s, ~:** *(geh. veralt.)* Olympian

**Olympionike** [olympi̯o'ni:kə] **der; ~n, ~n, Olympionikin die; ~, ~nen** *(geh.)* **a)** *(Sieger[in])* Olympic champion; **b)** *(Teilnehmer[in])* Olympic competitor

**olympisch** *Adj.* **a)** Olympic; **die Olympischen Spiele** the Olympic Games; the Olympics; **b)** *nicht präd. (zum Olymp gehörend, auch fig. geh.)* Olympian

**Öl-: ~zeug das** oilskins *pl.;* **~zweig der** olive-branch

**Oma** ['o:ma] **die; ~, ~s** *(fam.)* gran[ny] *(coll./child lang.);* grandma *(coll./child lang.)*

**Ombudsmann** ['ɔmbʊts-] **der; ~[e]s, Ombudsmänner** *od.* **Ombudsleute** ombudsman

**Omega** ['o:mega] **das; ~[s], ~s** omega

**Omelett das; ~[e]s, ~e** *od.* **~s,** *(österr., schweiz.)* **Omelette** [ɔm(ə)'lɛt] **die; ~, ~n** *(Kochk.)* omelette

**Omen** ['o:mən] **das; ~s, ~** *od.* **Omina** ['o:mina] omen

**Omi** ['o:mi] **die; ~, ~s** *(fam.)* granny *(coll./child lang.)*
**Omikron** ['o:mikrɔn] **das; ~[s], ~s** omicron
**ominös** [omi'nø:s] **1.** *Adj.* **a)** ominous; **b)** *(bedenklich, zweifelhaft)* sinister; *(berüchtigt)* unsavoury. **2.** *adv.* ominously
**Omnibus** ['ɔmnibʊs] **der; ~ses, ~se** omnibus *(formal)*; *(Privat- und Reisebus auch)* coach
**Ọmnibus-** *s.* **Bus-**
**omnipotent** [ɔmnipo'tɛnt] *Adj. (geh.)* omnipotent
**Omnipotenz** [ɔmnipo'tɛnts] **die; ~:** *(geh.)* omnipotence
**Onanie** [ona'ni:] **die; ~:** onanism *no art.*; masturbation *no art.*
**onanieren** *itr. V.* masturbate
**Ondit** [õ'di:] **das; ~[s], ~s** *(geh.)* on dit; rumour
**ondulieren** [ɔndu'li:rən] *tr. V. (veralt.)* crimp; wave
[1]**Onkel** ['ɔŋkl̩] **der; ~s, ~** *od. (ugs.)* **~s a)** uncle; **b)** *(Kinderspr.: Mann)* **der ~ dort** that man there; **sag dem ~ guten Tag!** say hello to the nice man; **der ~ Doktor** the nice doctor; **b)** *(ugs. abwertend)* bloke *(Brit. coll.)*; guy *(sl.)*
[2]**Ọnkel der; ~s, ~s** *in* **großer** *od.* **dicker ~:** big toe; **über den großen ~ gehen** walk pigeon-toed
**Ọnkel·ehe die** *(ugs.) cohabitation of a widow with a man who (in order to retain benefits due to her from the first marriage) is not married to her*
**ọnkel·haft 1.** *Adj.* avuncular. **2.** *adv.* in an avuncular manner
**ONO** *Abk.* **Ostnordost[en]** ENE
**onomato·poetisch** *(Sprachw.) Adj.* onomatopoeic; onomatopoetic
**ontisch** ['ɔntɪʃ] *(Philos.)* **1.** *Adj.* ontic. **2.** *adv.* ontically
**Onto·genese** [ɔnto-] **die** *(Biol.)* ontogeny; ontogenesis
**onto·genetisch** *(Biol.)* **1.** *Adj.* ontogenetic. **2.** *adv.* ontogenetically
**onto·logisch** *(Philos.)* **1.** *Adv.* ontological. **2.** *adv.* ontologically
**Onyx** ['o:nyks] **der; ~[e]s, ~e** *(Mineral., Med.)* onyx
**o. O.** *Abk.* **ohne Ort** n. p.
**OP** [o:'pe:] **der; ~[s], ~[s]** *Abk.* **Operationssaal**
**Op.** *Abk.* **Opus** op.
**Opa** ['o:pa] **der; ~s, ~s** *(fam.)* grandad *(coll./child lang.)*; grandpa *(coll./child lang.)*
**opak** [o'pa:k] *Adj.* opaque
**Opal** [o'pa:l] **der; ~s, ~e** opal
**opalisieren** *itr. V.* opalesce; **~d** opalescent
**Op-art** ['ɔpla:ɐ̯t] **die; ~:** op art
**OPEC** ['o:pɛk] **die; ~** *Abk.* OPEC
**Oper** ['o:pɐ] **die; ~, ~n** opera; *(Institution, Ensemble)* Opera; *(Opernhaus)* Opera; opera-house; **in die ~ gehen** go to the opera; **an die/zur ~ gehen** *(als Sänger)* become an opera-singer; **quatsch keine ~n!** *(salopp)* don't talk rot! *(sl.)*
**Opera** *s.* **Opus**
**Operateur** [opəra'tø:ɐ̯] **der; ~s, ~e a)** *(Arzt)* [operating] surgeon; **b)** *(Filmvorführer)* projectionist
**Operation** [opəra'tsi̯o:n] **die; ~, ~en** operation; **~ gelungen, Patient tot** *(ugs.)* [it was] a brilliant idea, but it hasn't done the trick *(coll.)*
**operationalisieren** [opəratsi̯onali'zi:rən] *tr. V. (Wissensch., Päd.)* operationalize
**Operations-: ~basis die** *(bes. Milit.)* base of operations; **~gebiet das** *(Milit., auch fig.)* area of operations; **~narbe die** operation scar; **~saal der** operating-theatre *(Brit.)* or -room; **~schwester die** theatre sister *(Brit.)*; operating-room nurse *(Amer.)*; **~tisch der** operating-table
**operativ** [opəra'ti:f] **1.** *Adj.; nicht präd.* **a)** *(Med.)* operative; **b)** *(Milit.)* operational. **2.** *adv.* **a)** *(Med.)* by operative surgery; **etw. ~ entfernen** operate to remove sth.; **b)** *(Milit.)* operationally
**Operator** [opə'ra:tɔr] **der; ~s, ~[s], Operatorin die; ~, ~nen** *(DV)* [computer] operator
**Operette** [opə'rɛtə] **die; ~, ~n** operetta
**operẹttenhaft 1.** *Adj.* reminiscent of operetta *postpos.* **2.** *adv.* in a way reminiscent of operetta
**Operẹtten·staat der** *(abwertend)* little tinpot state *(derog.)*
**operieren 1.** *tr. V.* operate on ⟨*patient*⟩; **jmdn. am Magen ~:** operate on sb.'s stomach; **sich ~ lassen** have an operation. **2.** *itr. V.* operate; **vorsichtig ~** *(vorgehen)* proceed carefully
**Opern-: ~arie die** [operatic] aria; **~bühne die** opera-house; **~führer der** opera guide; **~glas das** opera-glass[es *pl.*]; **~haus das** opera-house; **~sänger der, ~sängerin die** opera-singer
**Opfer** ['ɔpfɐ] **das; ~s, ~ a)** *(Verzicht)* sacrifice; **ein ~ [für etw.] bringen** make a sacrifice [for sth.]; **kein ~ scheuen** consider no sacrifice too great; **unter großen ~n** by making great sacrifices; **manches ~ auf sich** *(Akk.)* **nehmen** make quite a few sacrifices; **b)** *(Geschädigter)* victim; **das Haus wurde ein ~ der Flammen** *(geh.)* the house fell victim to the flames; **jmdm./einer Sache zum ~ fallen** fall victim to sb./sth.; be the victim of sb./sth.; **c)** *(~gabe)* sacrifice; **jmdm./einer Sache etw. zum ~ bringen** sacrifice sth. to sb./sth.
**ọpfer-, Ọpfer-: ~bereit** *Adj.* ⟨*person*⟩ who is ready *or* willing to make sacrifices; **~bereitschaft die** readiness *or* willingness to make sacrifices; **~gabe die** [sacrificial] offering; **~gang der a)** *(kath. Kirche)* offertory procession; **b)** *(geh.)* **seinen ~gang antreten** sacrifice oneself; **~lamm das** sacrificial lamb; **wie ein ~lamm** *(fig. ugs.)* like a lamb to the slaughter; **~mut der** *(geh.)* readiness *or* willingness to make sacrifices
**ọpfern 1.** *tr. V.* **a)** *(darbringen)* sacrifice; make a sacrifice of; offer up ⟨*fruit, produce, etc.*⟩; **b)** *(fig.: hingeben)* sacrifice, give up ⟨*time, holiday, money, life*⟩. **2.** *itr. V.* **[den Göttern] ~:** offer sacrifice [to the gods]. **3.** *refl. V.* **a) sich für jmdn./etw. ~:** sacrifice oneself for sb./sth.; **b)** *(ugs. scherzh.)* be the martyr; **wer opfert sich denn und ißt den Nachtisch auf?** who's going to volunteer to finish off the dessert?
**Ọpfer-: ~stock der;** *Pl.* **~stöcke** offertory box; **~tier das** sacrificial animal; **~tod der** *(geh.)* **den ~tod sterben** sacrifice one's life
**Ọpferung die; ~, ~en a)** sacrifice; **b)** *(kath. Kirche)* offertory
**Ọpfer·wille der** *s.* **Opfermut**
**ọpfer·willig** *Adj. s.* **opferbereit**
**Opiat** [o'pi̯a:t] **das; ~[e]s, ~e** opiate
**Opium** ['o:pi̯ʊm] **das; ~s** *(auch fig.)* opium
**Opium-: ~höhle die** *(ugs.)* opium den; **~krieg der** *(hist.)* Opium War; **~raucher der** opium-smoker; **~rausch der** opium dream; **~sucht die** opium addiction
**Opossum** [o'pɔsʊm] **das; ~s, ~s** opossum
**Opponent** [ɔpo'nɛnt] **der; ~en, ~en, Opponẹntin die; ~, ~nen** opponent
**opponieren** *itr. V.* take the opposite side; **gegen jmdn./etw. ~:** oppose sb./sth.
**opportun** [ɔpɔr'tu:n] *Adj. (geh.)* appropriate; *(günstig)* advantageous
**Opportunịsmus der; ~:** opportunism
**Opportunịst der; ~en, ~en, Opportunịstin die; ~, ~nen** opportunist
**opportunịstisch 1.** *Adj.* opportunist; opportunistic. **2.** *adv.* opportunistically; **~ handeln** be opportunistic; *(im Einzelfall)* act in an opportunistic fashion
**Opportunität** [ɔpɔrtuni'tɛ:t] **die; ~, ~en** *(geh.)* appropriateness
**Opportunitäts·prinzip das** *(Rechtsw.) principle that the public prosecutor has the power to decide whether or not to institute proceedings*
**Opposition** [ɔpozi'tsi̯o:n] **die; ~, ~en** *(auch Politik, Sprachw., Astron., Schach, Fechten)* opposition; **etw. aus [reiner** *od.* **lauter] ~ tun** do sth. just to be contrary; **~ gegen jmdn./etw. machen** *(ugs.)* oppose sb./sth.; **in die ~ gehen** *(Politik)* go into opposition; **Jupiter und Mars stehen in ~:** Jupiter and Mars are in opposition
**oppositionell** [ɔpozitsi̯o'nɛl] **1.** *Adj.* opposition *attrib.* ⟨*group, movement, circle, etc.*⟩; ⟨*newspaper, writer, artist, etc.*⟩ opposed to the government; ⟨*feelings*⟩ of opposition; ⟨*attempts*⟩ at opposition; opposing ⟨*trend, tendency*⟩; **~es Verhalten** opposition; **die seit 1982 ~e SPD** the SPD, in opposition since 1982. **2.** *adv.* **~ eingestellt sein** hold opposing views
**Oppositionẹlle der/die;** *adj. Dekl.* member of the opposition; *(Regimekritiker)* dissident
**Oppositions-: ~führer der** opposition leader; *(in Großbritannien)* Leader of the Opposition; **~partei die** opposition party
**Optativ** ['ɔptati:f] **der; ~s, ~e** *(Sprachw.)* optative
**optieren** [ɔp'ti:rən] *itr. V.* **a)** *(Völkerr.)* opt; **für Polen ~:** opt for Polish citizenship; **b)** *(Rechtsw.)* **auf etw.** *(Akk.)* **~:** take an option on sth.
**Optik die; ~, ~en a)** *o. Pl. (Wissenschaft)* optics *sing., no art.*; **b)** *(Fot. ugs.) (Linse)* lens; *(Linsen)* optics *pl.*; lens system; **das ist eine Frage der ~** *(fig.)* it depends on your point of view; **c)** *o. Pl. (Erscheinungsbild)* appearance; **der ~ wegen** for visual effect
**Ọptiker der; ~s, ~, Ọptikerin die; ~, ~nen** optician
**Ọptima** *s.* **Optimum**
**optimal** [ɔpti'ma:l] **1.** *Adj.* optimal; optimum *attrib.* **2.** *adv.* **jmdn. ~ beraten** give sb. the best possible advice; **ein Problem ~ lösen** find the optimal *or* optimum solution to a problem
**optimieren** *tr. V.* optimize
**Optimierung die; ~, ~en** optimization
**Optimịsmus der; ~:** optimism
**Optimịst der; ~en, ~en, Optimịstin die; ~, ~nen** optimist; **~ sein** be an optimist
**optimịstisch 1.** *Adj.* optimistic. **2.** *adv.* optimistically
**Optimum** ['ɔptimʊm] **das; ~s, Ọptima** *(auch Biol.)* optimum
**Option** [ɔp'tsi̯o:n] **die; ~, ~en a)** *(Völkerr.)* opting; **b)** *(Rechtsw.)* option **(auf +** *Akk.* on)
**ọptisch 1.** *Adj.* optical; visual ⟨*impression*⟩; **eine ~e Täuschung** an optical illusion; **aus ~en Gründen** for [the sake of] optical *or* visual effect; *(fig.)* for [the sake of] effect. **2.** *adv.* optically; visually ⟨*impressive, successful, effective*⟩; **~ wahrnehmbar sein** be perceivable with the eye
**opulent** [opu'lɛnt] **1.** *Adj.* **a)** sumptuous ⟨*meal, banquet, etc.*⟩; **b)** *(aufwendig [gestaltet])* opulent; lavish ⟨*theatrical production*⟩. **2.** *adv.* opulently ⟨*dressed*⟩; **~ essen** eat a sumptuous meal
**Opus** ['o:pʊs] **das; ~, Opera** ['o:pəra] opus; *(Gesamtwerk)* œuvre
**Orakel** [o'ra:kl̩] **das; ~s, ~** *(auch fig.)* oracle; **in ~n reden** *od.* **sprechen** *(fig.)* talk *or* speak in riddles
**orakel·haft** *Adj.* oracular
**orakeln 1.** *tr. V.* **~, daß ...:** make mysterious prophecies that ... **2.** *itr. V.* make mysterious prophecies
**oral** [o'ra:l] **1.** *Adj.* oral. **2.** *adv.* orally; **~ verkehren** have oral intercourse *or* sex
**orange** [o'rã:ʒ(ə)] *indekl. Adj.* orange
[1]**Orange das; ~s, ~** *od. (ugs.)* **~s** orange
[2]**Orange die; ~, ~n** *(bes. südd., österr., schweiz.: Apfelsine)* orange

**Orangeade** [orã'ʒa:də] **die**; ~, ~n orangeade
**Orangeat** [orã'ʒa:t] **das**; ~s, ~e candied orange-peel
**orange·farben, orange·farbig** *Adj.* orange[-coloured]
**orangen** [o'rã:ʒŋ] *Adj.* orange
**orangen-, Orangen-: ~baum** orange-tree; **~farben, ~farbig** *Adj. s.* **orangefarben; ~marmelade die** orange marmalade; **~saft der** orange-juice; **~schale die** orange-peel *no pl.*
**Orangerie** [orãʒə'ri:] **die**; ~, ~n orangery
**Orang-Utan** ['o:raŋ|u:tan] **der**; ~s, ~s orang-utan
**Oranien** [o'ra:ni̯ən] **(das)**; ~s Orange; **Wilhelm von ~**: William of Orange
**Oranier der**; ~s, ~: member of the House of Orange
**Oratorium** [ora'to:ri̯ʊm] **das**; ~s, **Oratorien** oratorio
**Orchester** [ɔr'kɛstɐ] **das**; ~s, ~: orchestra; *(~graben)* orchestra [pit]
**Orchester-: ~begleitung die** orchestral accompaniment; **~graben der** orchestra pit; **~musiker der** orchestral musician
**orchestral** [ɔrkɛs'tra:l] **1.** *Adj.* orchestral. **2.** *adv.* ~ **begleitet** accompanied by an orchestra
**orchestrieren** *tr. V. (Musik, auch fig.)* orchestrate
**Orchestrierung die**; ~, ~en *(Musik, auch fig.)* orchestration
**Orchidee** [ɔrçi'de:(ə)] **die**; ~, ~n orchid
**Orden** ['ɔrdn̩] **der**; ~s, ~ **a)** *(Gemeinschaft)* order; **in einen ~ eintreten, einem ~ beitreten** join an order; become a member of an order; **b)** *(Ehrenzeichen)* decoration; *(Milit.)* decoration; *(in runder Form)* medal; **jmdm. einen ~ [für etw.] verleihen** decorate sb. [for sth.]; **ihm wurde der ~ pour le Mérite verliehen** he was given the Ordre pour le Mérite; **einen ~ bekommen** receive a decoration/medal
**orden·geschmückt** *Adj.* bemedalled and beribboned
**Ordens-: ~band das**; *Pl.* **~bänder** ribbon; **~bruder der** brother [of an/the order]; monk; **~regel die** rule [of an/the order]; **~schwester die** sister [of an/the order]; nun; **~tracht die** habit [of an/the order]; **~verleihung die** awarding of a/the decoration; **die jährliche ~verleihung** the annual award of decorations
**ordentlich** ['ɔrdn̩tlɪç] **1.** *Adj.* **a)** *(ordnungsliebend)* [neat and] tidy; *(methodisch)* orderly; **b)** *(geordnet)* [neat and] tidy ⟨*room, house, desk, etc.*⟩; neat ⟨*handwriting, clothes*⟩; **c)** *(anständig)* respectable; proper ⟨*manners*⟩; **etwas Ordentliches lernen** learn a proper trade; **d)** *nicht präd. (planmäßig)* regular, ordinary ⟨*meeting*⟩; **~es Mitglied** full member; **~es Gericht** court exercising civil and criminal jurisdiction; *s. auch* **Professor a; e)** *(ugs.: richtig)* proper; real; **etwas Ordentliches essen** have some proper food; **eine ~e Tracht Prügel** a real good hiding *(coll.)*; **f)** *(ugs.: tüchtig)* **ein ~es Stück Kuchen** a nice big piece of cake; **ein ~es Stück Arbeit/Weg** a fair old bit of work *(coll.)* /a fair old way *(coll.)*; **die haben ja ~e Preise** their prices are steep *(coll.)*; **g)** *(ugs.: recht gut)* decent ⟨*wine, flat, marks, etc.*⟩; **ganz ~**: pretty good. **2.** *adv.* *(geordnet)* tidily; neatly; ⟨*write*⟩ neatly; **~ aufgeräumt** neatly tidied; **b)** *(anständig)* properly; **c)** *(ugs.: gehörig)* **~ feiern** have a real good celebration *(coll.)*; **~ einen heben** *(ugs.)* have a fair few drinks *(coll.)*; **greift ~ zu!** tuck in!; **sich ~ ausschlafen** have a really good sleep; **letzte Nacht hat es ~ geschneit** it really snowed last night; **es jmdm. ~ geben** give sb. a piece of one's mind; **d)** *(ugs.: recht gut)* ⟨*ski, speak, etc.*⟩ really well; **ganz ~ verdienen** earn a pretty good wage
**Ordentlichkeit die**; ~: [neatness and] tidiness; *(der Schrift, Kleidung)* neatness; *(methodische Veranlagung)* orderliness
**Order** ['ɔrdɐ] **die**; ~, ~s *od.* ~n **a)** *(Befehl)* order; **~ haben, etw. zu tun** have orders to do sth.; **sich an seine ~ halten** obey one's orders; **b)** *Pl.* ~s *(Kaufmannsspr.: Auftrag)* order; **einer Firma eine ~ erteilen** place an order with a firm
**ordern** *tr., itr. V. (Kaufmannsspr.)* order
**Order·papier das** *(Bankw.)* instrument made out to order *(and transferable by endorsement)*
**Ordinal·zahl die** ordinal [number]
**ordinär** [ɔrdi'nɛ:ɐ̯] **1.** *Adj.* **a)** *(abwertend)* vulgar; common; vulgar ⟨*joke, song, expression, language*⟩; cheap and obtrusive ⟨*perfume*⟩; **b)** *nicht präd. (alltäglich)* ordinary. **2.** *adv.* vulgarly; in a vulgar manner
**Ordinariat** [ɔrdina'ri̯a:t] **das**; ~[e]s, ~e **a)** *(kath. Kirche)* ordinariate; **b)** *(Hochschulw.)* chair
**Ordinarius** [ɔrdi'na:ri̯ʊs] **der**; ~, **Ordinarien a)** *(Professor)* [full] professor *(holding a chair)* **(für** of); **b)** *(kath. Kirche)* ordinary
**Ordinate** [ɔrdi'na:tə] **die**; ~, ~n *(Math.)* ordinate
**Ordinaten·achse die** *(Math.)* axis of ordinates
**Ordination** [ɔrdina'tsi̯o:n] **die**; ~, ~en **a)** *(ev., kath. Kirche)* ordination; **b)** *(Med.: Verordnung)* prescription; **c)** *(Med. veralt.: Sprechstunde)* surgery
**ordinieren** *tr. V.* **a)** *(ev., kath. Kirche)* ordain; **b)** *(Med.)* prescribe
**ordnen** ['ɔrdnən] **1.** *tr. V.* **a)** arrange; *(systematisieren)* arrange, organize ⟨*ideas, thoughts, material, etc.*⟩; **b)** *(regeln)* regulate ⟨*traffic*⟩; **sein Leben/seine Finanzen ~**: straighten out one's life/put one's finances in order; **seine Angelegenheiten ~**: settle one's affairs; *s. auch* **geordnet. 2.** *refl. V.* form up; **ihre Gedanken ordneten sich** *(fig.)* her thoughts became more collected
**Ordner der**; ~s, ~ **a)** *(Hefter)* file; **b)** *(Aufsichtsperson)* steward; *(bei Demonstrationen)* marshal; steward
**Ordnung die**; ~, ~en **a)** *o. Pl. (ordentlicher Zustand)* order; tidiness; **~ halten** keep things tidy; **durch sie kam etwas mehr ~ ins Haus** she made the house a little tidier; **~ in die Papiere bringen** put the papers into order; **hier herrscht ~**: everything is neat and tidy here; **hier herrscht ja eine schöne ~!** *(iron.)* a nice mess we've got here!; **der ~ halber** *od.* **wegen** *(weil es sich so gehört)* for the sake of form; **~ schaffen, für ~ sorgen** sort things out; **sehr auf ~ halten** set great store by tidiness; **~ ist das halbe Leben** *(Spr.)* muddle makes trouble; **etw. in ~ bringen** sort sth. out; **in ~ kommen** sort itself out; **in ~ sein** *(ugs.)* be OK *(coll.) or* all right; **ist dein Paß in ~?** is your passport in order?; **das Fleisch ist nicht ganz in ~**: the meat has started to go bad; **hier ist etw. nicht in ~**: there's something wrong here; **mit ihr ist etwas nicht in ~, sie ist nicht in ~** *(ugs.)* there's something wrong *or* the matter with her; **jetzt bin ich wieder in ~** *(ugs.)* I'm better *or* all right now; **sie ist in ~** *(ugs.: ist nett, verläßlich o. ä.)* she's OK *(coll.)*; **alles [ist] in schönster** *od.* **bester ~**: everything's [just] fine; [things] couldn't be better; **[das] geht [schon] in ~** *(ugs.)* that'll be OK *(coll.) or* all right; **ich finde es nicht in ~, daß ...**: I don't think it's right that ...; **sie scheint es ganz in [der] ~ zu finden, wenn ...**: she doesn't seem to mind at all if ...; **in ~!** *(ugs.)* OK! *(coll.)*; all right!; **b)** *o. Pl. (geregelter Ablauf)* routine; **hier muß alles seine ~ haben** we/they *etc.* like to keep to a routine here; **c)** *o. Pl. (System von Normen)* order; **die ~ einer Gemeinschaft** the rules *pl.* of a community; *s. auch* **öffentlich 1; d)** *o. Pl. (Disziplin)* order; **hier/da herrscht ~**: we have some discipline here/they have some discipline there; **sich an ~ gewöhnen** get used to discipline; **~ halten** ⟨*teacher etc.*⟩ keep order; **sehr auf ~ halten** be a great disciplinarian; **e)** *o. Pl. (System)* order; *(Struktur)* structure; **f)** *(Formation)* formation; **g)** *(Biol.)* order; **h)** *o. Pl. (Rang)* **eine Straße zweiter ~**: a second-class road; **ein Stern vierter ~**: a fourth-magnitude star; **ein Reinfall/Fehlschlag** *usw.* **erster ~** *(fig. ugs.)* a disaster/failure *etc.* of the first order *or* water; **i)** *o. Pl. (Math.)* order; **j)** *(Mengenlehre)* ordered set; **k)** *o. Pl. (Gesellschafts~)* order
**ordnungs-, Ordnungs-: ~amt das** *[offices of] municipal authority responsible for registering residents, regulating public events such as demonstrations and galas, supervising trading standards, and licensing street traders, street musicians, etc.*; **~gemäß 1.** *Adj.* ⟨*conduct etc.*⟩ in accordance with the regulations; **alles ging seinen ~gemäßen Gang** everything took its proper course; **2.** *adv.* in accordance with the regulations; **~halber** *Adv.* as a matter of form; **~hüter der** *(scherzh.)* custodian of the law *(joc.)*; **~liebe die** liking for neatness and tidiness; **~liebend** *Adj.* ⟨*person*⟩ who likes to see things neat and tidy; **~ruf der** call to order; **jmdm. einen ~ruf erteilen** call sb. to order; **~sinn der** liking for neatness and tidiness; **~strafe die** *(Rechtsw.)* penalty for contempt of court; **~widrig** *(Rechtsw.)* **1.** *Adj.* ⟨*actions, behaviour, etc.*⟩ contravening the regulations; illegal ⟨*parking*⟩; **~widriges Verhalten im Verkehr** an infringement of traffic regulations; **2.** *adv.* **~widrig parken** park illegally; **~widrig handeln** act in contravention of the regulations; contravene *or* infringe the regulations; **~widrigkeit die** *(Rechtsw.)* infringement of the regulations; **~zahl die** ordinal [number]; *(Physik)* atomic number
**Ordonnanz** [ɔrdɔ'nants] **die**; ~, ~en *(Milit.)* orderly
**Ordonnanz·offizier der** *(Milit.)* aide[-de-camp]
**Oregano** [o're:gano] **der**; ~: oregano
**ORF** [o:|ɛr'ɛf] **der**; ~ *Abk.* **Österreichischer Rundfunk** Austrian Radio
**Organ** [ɔr'ga:n] **das**; ~s, ~e **a)** *(Anat., Biol.)* organ; **ein/kein ~ für etw. haben** *(fig.)* have a feeling/no feeling for sth.; **b)** *(ugs.: Stimme)* voice; **er hat ein furchtbar lautes ~**: his voice is awfully loud; **c)** *(Zeitung)* organ *(formal)*; **d)** *(Institution)* organ; *(Mensch)* agent; **die Polizei ist nur ausführendes ~**: the police act only as an executive agency; **staatliche ~e** organs of state; **bewaffnete ~e der DDR** armed defensive forces of the GDR
**Organ·bank die**; *Pl.* **~banken** *(Med.)* organ bank
**Organdy** [ɔr'gandi] **der**; ~s organdy
**Organ·empfänger der** *(Med.)* organ recipient; recipient of an/the organ
**Organisation** [ɔrganɪza'tsi̯o:n] **die**; ~, ~en organization
**Organisations-: ~büro das** organizational headquarters *sing. or pl.*; **~grad der** level of *(trade union etc.)* membership; **gewerkschaftlicher ~grad** degree of unionization; **~talent das a)** *(Fähigkeit)* talent for organization; **b)** *(Mensch)* person with a talent for organization; **ein [ausgesprochenes] ~talent sein** have a [marked] talent for organization
**Organisator** [ɔrgani'za:tɔr] **der**; ~s, ~en [-'to:rən] organizer
**organisatorisch 1.** *Adj.* organizational. **2.** *adv.* organizationally; **~ begabt sein** have a talent for organization
**organisch 1.** *Adj.* **a)** *(auch Chemie)* organic; **~e Chemie** organic chemistry; **b)** *(Med.)* organic; physical. **2.** *adv.* **a)** organ-

ically; **sich ~ in etw.** *(Akk.)* **einfügen** form an organic part of sth.; **b)** *(Med.)* organically; physically

**organisierbar** *Adj.* organizable; **etw. ist ~:** sth. can be organized

**organisieren 1.** *tr. V.* **a)** *(vorbereiten, aufbauen)* organize; **b)** *(ugs.: beschaffen)* get [hold of]. **2.** *itr. V.* **gut ~ können** be a good organizer. **3.** *refl. V.* organize (**zu** into); **er will sich ~:** he wants to join the union *etc.*

**organisiert** *Adj.* organized ⟨*system etc.*⟩; **gewerkschaftlich ~e Arbeiter** unionized workers; **sind Sie politisch/gewerkschaftlich ~?** are you a member of a political party/trade union?

**Organismus der; Organismen** organism

**Organist der; ~en, ~en, Organistin die; ~, ~nen** organist; *s. auch* **-in**

**Organ-: ~spender der** organ donor; **~transplantation die, ~verpflanzung die** organ transplantation

**Organza** [ɔrˈgantsa] **der; ~s** organza

**Orgasmus** [ɔrˈgasmʊs] **der; ~, Orgasmen** orgasm

**orgastisch** *Adj.* orgastic; orgasmic

**Orgel** [ˈɔrgl̩] **die; ~, ~n** organ; **~ spielen** play the organ

**Orgel-: ~bauer der** organ-builder; **~konzert das** organ concerto; *(Solo)* organ recital; **~musik die** organ music

**orgeln** *itr. V.* **a)** *(Drehorgel spielen)* grind the organ; **b)** *(ugs.: tönen)* ⟨*barrel-organ, song*⟩ grind on; **c)** *(Jägerspr.: schreien)* bell

**Orgel-: ~pfeife die** organ-pipe; **[dastehen] wie die ~pfeifen** *(scherzh.)* [stand in a row] from the tallest to the shortest; **~punkt der** *(Musik)* pedal *or* organ point; **~werk das** work for the organ

**orgiastisch 1.** *Adj.* orgiastic. **2.** *adv.* orgiastically

**Orgie** [ˈɔrgi̯ə] **die; ~, ~n** *(auch fig.)* orgy; **eine ~ feiern** have an orgy

**Orient** [ˈoːri̯ɛnt] **der; ~s a)** *(Vorder- u. Mittelasien)* Middle East and south-western Asia *(including Afghanistan and Nepal)*; **der Vordere ~:** the Middle East; **b)** *(veralt.: Osten)* Orient

**Orientale** [ori̯ɛnˈtaːlə] **der; ~n, ~n** *s.* **Orient a:** *man from the Middle East [or south-western Asia]*

**Orientalin die; ~, ~nen** *s.* **Orient a:** *woman from the Middle East [or south-western Asia]; s. auch* **-in**

**orientalisch** *Adj.* oriental

**Orientalist der; ~en, ~en, Orientalistin die; ~, ~nen** orientalist; *s. auch* **-in**

**Orientalistik die; ~:** [Middle Eastern and] oriental studies

**orientieren 1.** *refl. V.* **a)** *(sich zurechtfinden)* get one's bearings; **ich muß mich zuerst ~, wo ich eigentlich bin** first I must get my bearings [and find out where I am]; **sich an etw.** *(Dat.)* **/nach einer Karte ~:** get one's bearings by sth./using a map; **b)** *(sich unterrichten)* **sich über etw.** *(Akk.)* **~:** inform oneself about sth.; **c)** *(sich ausrichten)* **sich an etw.** *(Dat.)* **~:** be oriented towards sth.; ⟨*policy, advertising*⟩ be geared towards sth.; **politisch links/rechts orientiert sein** lean towards the left/right politically; **sich an bestimmten Leitbildern ~:** follow certain models; **d)** *(DDR: hinlenken)* **sich auf jmdn./etw. ~:** concentrate [one's attention] on sb./sth.; **sich auf etw.** *(Akk.)* **~** ⟨*factory*⟩ go over to sth. **2.** *tr. V.* **a)** *(unterrichten)* inform (**über** + *Akk.* about); **die Gespräche haben nur ~den Charakter** the talks are only for the purposes of exchanging information; **b)** *(ausrichten)* **sein Ziel nach etw. ~:** base one's aims on sth.; **gewerkschaftlich orientierte Interessen** interests centred on the trade unions; **c)** *(DDR: hinlenken, hinweisen)* **jmdn. auf etw.** *(Akk.)* **~:** direct sb.'s attention to sth.; **alle Kräfte auf eine Politik des Friedens ~:** concentrate every effort on a policy of promoting peace. **3.** *itr. V.* **a)** *(unterrichten)* **über etw.** *(Akk.)* **~:** report on sth.; **b)** *(DDR)* **auf etw.** *(Akk.)* **~** concentrate [one's/its attention] on sth.

**-orientiert** *adj.* orientated towards ...

**Orientierung die; ~ a)** *(Orientierungssinn, -möglichkeit)* **hier ist die ~ schwer** it's difficult to get your bearings here; **die ~ verlieren** lose one's bearings; **b)** *(Unterrichtung)* **zu Ihrer ~:** for your information; **die ~ der Bevölkerung** informing the population (**über** + *Akk.* about); **c)** *(das Sichausrichten)* orientation (**auf** + *Akk.* towards, **an** + *Dat.* according to); **d)** *(DDR: Hinwendung)* **die ~ auf etw.** *(Akk.)* concentration on sth.; **jmdm. die ~ auf etw.** *(Akk.)* **geben** direct sb.'s attention to sth.

**orientierungs-, Orientierungs-: ~hilfe die** aid to orientation; **als ~hilfe legen wir Ihnen eine Karte bei** we enclose a map to help you find your way; **~los** *Adj. (auch fig.)* disoriented; **~los umherirren** wander around in a state of disorientation; **~punkt der** landmark by which one can/could find one's bearings; *(fig.)* point of reference; **~sinn der** sense of direction; **~stufe die** *(Schulw.) s.* **Förderstufe**

**Orient-** [ˈoːri̯ɛnt-]: **~tabak der** Oriental tobacco; **~teppich der** oriental carpet; *(Läufer)* oriental rug

**orig.** *Abk.* **original** genuine

**Origano** [oˈriːgano] **der; ~:** oregano

**original** [origiˈnaːl] **1.** *Adj.* original; *(echt)* genuine; authentic. **2.** *adv.* **~ indische Seide** genuine Indian silk; **etw. ~ übertragen** broadcast sth. live

**Original das; ~s, ~e a)** *(Urschrift o. ä.)* original; **b)** *(eigenwilliger Mensch)* character

**original-, Original-: ~aus·gabe die** original *or* first edition; **~fassung die** original version; **in der spanischen ~fassung** in the original Spanish version; **~getreu 1.** *Adj.* faithful *or* true [to the original] *postpos.*; **2.** *adv.* in a manner faithful *or* true to the original

**Originalität** [originaliˈtɛːt] **die; ~ a)** *(Echtheit)* genuineness; authenticity; **b)** *(Einmaligkeit)* originality

**Original-: ~titel der** original-language title; **~ton der: Reportageausschnitte im ~ton von 1936** excerpts from news reports with the original 1936 soundtrack; **„~ton DDR-Fernsehen"** 'GDR television commentary'

**originär** [origiˈnɛːɐ̯] *Adj.; adv.* original

**originell** [origiˈnɛl] **1.** *Adj. (ursprünglich)* original; *(neu)* novel; *(ugs.: witzig)* witty, funny, comical ⟨*story*⟩; comical, funny ⟨*costume*⟩; **ein ~er Kopf sein** have an original mind. **2.** *adv. (ursprünglich)* ⟨*write, argue*⟩ with originality; *(ugs.: witzig)* ⟨*write, argue*⟩ wittily

**Orkan** [ɔrˈkaːn] **der; ~[e]s, ~e** hurricane; *(fig.)* thunderous storm; **der Sturm schwoll zum ~ an** the storm rose to hurricane force

**orkan·artig** *Adj.* ⟨*winds, gusts*⟩ of almost hurricane force; **~er Beifall** *(fig.)* thunderous applause

**Orkney·inseln** [ˈɔːknɪ-] *Pl.* Orkney Islands; Orkneys

**Orkus** [ˈɔrkʊs] **der; ~** *(geh.)* Orcus; Hades

**Ornament** [ɔrnaˈmɛnt] **das; ~[e]s, ~e** *(Kunstw.)* ornament

**ornamental** [ɔrnamɛnˈtaːl] *(Kunstw.) Adj.* ornamental; decorative

**Ornat** [ɔrˈnaːt] **der; ~[e]s, ~e** *(eines Priesters)* vestments *pl.*; *(eines Hochschullehrers)* academic dress; *(eines Richters)* official robes *pl.*; **in vollem ~** *(ugs. scherzh.)* dressed [up] to the nines

**Ornithologe** [ɔrnitoˈloːgə] **der; ~n, ~n** ornithologist

**Ornithologie die; ~:** ornithology *no art.*

**Ornithologin die; ~, ~nen** ornithologist

**ornithologisch** *Adj.* ornithological

**¹Ort** [ɔrt] **der; ~[e]s, ~e a)** *(Platz)* place; **an öffentlichen ~en** in public places; **etw. an seinem ~ lassen** leave sth. where it is/was; **ein ~ des Schreckens/der Stille** a place of terror/quiet; **~ der Handlung: ...:** the scene of the action is ...; **an den ~ des Verbrechens zurückkehren** return to the scene of the crime; **an ~ und Stelle** there and then; **an ~ und Stelle sein/ankommen** *(an der gewünschten Stelle)* be/arrive there; **höheren ~[e]s** higher up; **am angegebenen ~** *(Schrift- u. Druckw.)* in the same work; **der gewisse** *od.* **stille** *od.* **bewußte ~** *(ugs. verhüll.)* the smallest room *(coll. euphem.)*; *s. auch* **Örtchen**; **b)** *(~schaft) (Dorf)* village; *(Stadt)* town; **am ~ wohnen** live in the village/town; **von ~ zu ~:** from place to place; **das beste Hotel am ~:** the best hotel in the place

**²Ort** *in* **vor ~:** on the spot; *(Bergmannsspr.)* at the [coal-]face

**Örtchen** [ˈœrtçən] **das; ~s, ~** *(ugs. verhüll.)* **das ~:** the smallest room *(coll. euphem.)*; **aufs ~ müssen** have to pay a visit *(coll. euphem.)*

**orten** *tr. V. (bes. Flugw., Seew.)* find the position of

**orthodox** [ɔrtoˈdɔks] *Adj.* **a)** *(Rel.)* orthodox; **die ~en Kirchen** the Orthodox Churches; **b)** *(starr)* rigid; **c)** *(strenggläubig)* strict; **d)** *(fig.: traditionell)* orthodox

**Orthodoxie** [ɔrtodɔˈksiː] **die; ~** *(Rel.)* orthodoxy

**Orthographie die; ~; ~n** orthography

**orthographisch 1.** *Adj.* orthographic; **~e Fehler** spelling mistakes. **2.** *adv.* orthographically; **~ richtig schreiben** spell correctly

**Orthopäde** [ɔrtoˈpɛːdə] **der; ~n, ~n** orthopaedist; orthopaedic specialist

**Orthopädie** [ɔrtopɛˈdiː] **die; ~, ~n a)** *o. Pl.* orthopaedics *sing., no art.*; **Facharzt für ~:** *s.* **Orthopäde**; **b)** *(ugs.: Abteilung)* orthopaedic department; **auf/in der ~ liegen** be a patient in the orthopaedic department

**Orthopädin die; ~, ~nen** *s.* **Orthopäde**

**orthopädisch 1.** *Adj.* orthopaedic. **2.** *adv.* orthopaedically

**örtlich** [ˈœrtlɪç] **1.** *Adj.* **a)** *(Med.)* local ⟨*anaesthetic etc.*⟩; **b)** *(begrenzt)* local. **2.** *adv.* **a)** *(Med.)* locally; **~ betäubt werden** be given a local anaesthetic; **b)** *(begrenzt)* **~ begrenzte Kampfhandlungen** [limited] local encounters; **~ verschieden sein** vary from place to place

**Örtlichkeit die; ~, ~en a)** *(Gebiet)* locality; **sich mit den ~en vertraut machen** get to know the area; **b)** *(Stelle)* place; **c)** *s.* **Örtchen**

**orts-, Orts-: ~an·gabe die** indication of place; **~ansässig** *Adj.* local; **seine Familie ist schon lange ~ansässig** his family has lived locally for a long time; **die ~ansässigen** the local residents; **~aus·gang der** end of the village/town; **~bestimmung die** *(Geogr.)* determination of the latitude and longitude of a place

**Ortschaft die; ~, ~en** *(Dorf)* village; *(Stadt)* town; **geschlossene ~:** built-up area

**orts-, Orts-: ~ein·gang der** entrance to the village/town; **~fremd** *Adj.* **a)** *(nicht ~ansässig)* **~fremde Personen** visitors to the village/town; **die ~fremden Besucher** visitors from outside the village/town; **b)** *(nicht ~ kundig)* **~fremd sein** be a stranger [to the village/town]; **Ortsfremde** *Pl.* strangers [to the village/town]; **~gebunden** *Adj.* tied to the locality *postpos.*; **~gespräch das** *(Fernspr.)* local call; **~gruppe die** local branch; **~kenntnis die** knowledge of the place; **[gute] ~kenntnisse haben** know the place [well]; **~kranken·kasse die** compulsory medical *or* health insurance scheme *(organized at district level)*; **~kundig** *Adj.* **ein ~kundiger Führer** a guide who knows the place well; **ein Ortskundiger**

someone who knows the place well; **~name der** place-name; **~netz das a)** *(Fernspr.)* local exchange network; **b)** *(Energiewirtsch.)* local distribution network; **~netz·kennzahl die** *(Fernspr.)* dialling code; area code *(Amer.)*; **~schild das** place-name sign; **~sinn der** sense of direction; **~tarif der** local rate; **~teil der** area [of the village/town]; **~üblich** *Adj.* local ‹*customs, practices*›; **die ~übliche Miete** the rents *pl.* here/there; **~verkehr der a)** *(Straßenverkehr)* local traffic; **b)** *(Post)* local postal service; **c)** *(Telefon)* local telephone service; **~wechsel der** change of locality; **ein ~wechsel wird dir guttun** a change of environment will do you good; **~zeit die** local time; **~zu·lage die, ~zuschlag der** *salary weighting allowance for employees in the public services*

**Ortung die; ~, ~en** *(bes. Flugw., Seew.)* **die ~ von feindlichen Schiffen/Flugzeugen** finding the position of enemy ships/aircraft

**Öse** ['ø:zə] **die; ~, ~n** eye; *(an Schuh, Stiefel)* eyelet

**osmanisch** [ɔs'ma:nɪʃ] *Adj. (hist.)* **das Osmanische Reich** the Ottoman Empire

**Osmose** [ɔs'mo:zə] **die; ~, ~n** *(chem., Bot.)* osmosis

**OSO** *Abk.* **Ostsüdost[en]** ESE

**¹Ost** [ɔst] *o. Art.; o. Pl.* **a)** *(bes. Seemannsspr., Met.)* east; *s. auch* **Osten a; b)** *(Gebiet)* East; **in ~ und West** in the East and [in] the West; **aus ~ und West** from East and West; **c)** *(Politik)* East; **~ und West** the East and the West; **zwischen ~ und West** between [the] East and [the] West; **d)** *einem Substantiv nachgestellt* East; **Berlin (Ost)** East Berlin

**²Ost der; ~[e]s, ~e** *(Seemannsspr.)* easterly; *(dichter.)* east wind

**³Ost** *o. Art.; o. Pl. (ugs.: ~geld)* **in ~ bezahlen** pay in East German marks; **zehn Mark ~:** ten East German marks

**ost-, Ost-: ~afrika (das)** East Africa; **~asien (das)** East *or* Eastern Asia; **~asiatisch** *Adj.* East Asian

**Ost-Berlin, Ost·berlin (das)** East Berlin

**Ost·berliner 1. der** East Berliner. **2.** *Adj.; nicht präd.* East Berlin

**ost-, Ost-: ~besuch der** *(ugs.)* visitor/visitors from East Germany; **~block der;** *o. Pl.* Eastern bloc; **~block·staat der** Eastern-bloc state; **~deutsch 1.** *Adj.* **a)** Eastern German; **b)** *(politisch)* East German; **2.** *adv.* in an Eastern German manner; **~deutsche der/die a)** *(Politik)* East German; **b)** *(Geogr.)* Eastern German; **~deutschland (das) a)** *(Politik)* East Germany; **b)** *(Geogr.)* Eastern Germany; **~elbisch** *Adj.* from east of the Elbe *postpos.* *(usu. referring to the conservative landowners in 19th-century Prussia)*

**Osten der; ~s a)** *(Richtung)* east; **nach ~:** eastwards; **aus** *od.* **von ~:** from the east; *s. auch* **Norden a; b)** *(Gegend)* eastern part; **aus dem ~:** from the east; **c)** *(Geogr.)* **der ~:** the East; **der Ferne ~:** the Far East; **der Mittlere ~:** south-western Asia *(including Afghanistan and Nepal);* **der Nahe ~:** the Middle East; **d)** *(Politik)* **der ~** *(der Ostblock)* the East; *(die DDR)* the East; East Germany

**Ost·ende** [ɔst'|ɛndə] **(das); ~s** Ostend

**ostentativ** [ɔstɛnta'ti:f] *(geh.)* **1.** *Adj.* pointed ‹*absence, silence*›; overt ‹*hostility*›; exaggerated ‹*heartiness*›; studied ‹*calm, casualness*›; ostentatious ‹*gesture*›. **2.** *adv.* pointedly; ‹*embrace*› ostentatiously

**Oster-: ~ei das** Easter egg; **~feier·tag der** *in* **über die ~feiertage** over Easter; on Easter Sunday and [Easter] Monday; **der erste/zweite ~feiertag** Easter Sunday/Monday; **~fest das** Easter [holiday]; **~glocke die** daffodil; **~hase der** Easter hare *(said to bring children their Easter Eggs);* **~insel die** Easter Island; **~kerze die** *(kath. Rel.)* paschal *or* Easter candle; **~lamm das** Paschal lamb

**österlich** ['ø:stɐlɪç] **1.** *Adj.* Easter *attrib.* **2.** *adv.* **~ geschmückt** decorated for Easter

**Oster-: ~marsch der** Easter march *(against war and nuclear weapons);* **~montag der** Easter Monday *no def. art.; s. auch* **Dienstag**

**Ostern** ['o:stɐn] **das; ~, ~:** Easter; **Frohe** *od.* **Fröhliche ~:** Happy Easter!; **diese/letzte/nächste ~:** this/last/next Easter; **zu** *od. (bes. südd.)* **an ~:** at Easter; **[zu/über] ~ Besuch bekommen** have people to stay at/over Easter; **zu ~ einen Kuchen backen** bake a cake for Easter; **wenn ~ und Pfingsten** *od.* **Weihnachten zusammenfallen** *od.* **auf einen Tag fallen** *(ugs.)* not this side of doomsday *(coll.)*

**Österreich** ['ø:stəraiç] **(das); ~s** Austria; **~-Ungarn** *(hist.)* Austria-Hungary

**Österreicher der; ~s, ~, Österreicherin die; ~, ~nen** Austrian; **er/sie ist Österreicher/Österreicherin** he/she is Austrian; *s. auch* **-in**

**österreichisch** *Adj.* Austrian; **das Österreichische** what is Austrian; *(Sprache)* Austrian German; **~-ungarisch** *(hist.)* Austro-Hungarian; *s. auch* **deutsch; Deutsch**

**Oster-: ~sonntag der** Easter Sunday *no def. art.; s. auch* **Dienstag; ~spiel das** Easter play; **~woche die** week before Easter; **~zeit die: in der ~zeit** at Easter time

**ost-, Ost-: ~europa (das)** Eastern Europe; **~europäisch** *Adj.* East[ern] European; **~europäische Zeit** Eastern European Time; **~flanke die** *(Milit., Geogr.)* eastern flank; *(Met.)* eastern edge

**Ost·friesische Inseln** *Pl.* East Frisian Islands

**Ost·friesland (das); ~s** East Friesland; Ostfriesland

**Ost-: ~gebiet das a)** *(Osten)* eastern part; **b)** *Pl. former German territories east of the Oder-Neisse line;* **~geld das;** *o. Pl. (ugs.)* East German money; **~germanisch** *Adj.* East Germanic; **~gote der** Ostrogoth; **~hang der** eastern slope; **~jude der** East[ern] European Jew; **~kirche die** Eastern Church; **~kolonisation die** *(hist.) German colonization of Eastern Europe in the Middle Ages;* **~küste die** east[ern] coast

**Ostler** ['ɔstlɐ] **der; ~s, ~, Ostlerin die; ~, ~en** *(ugs.)* East German

**östlich** ['œstlɪç] **1.** *Adj.* **a)** *(im Osten)* eastern; **15 Grad ~er Länge** 15 degrees east [longitude]; **~st** easternmost; **das ~e Ufer** the east bank; **der ~ste Punkt** the most easterly point; **b)** *(nach, aus dem Osten)* easterly; **c)** *(aus dem Osten kommend, für den Osten typisch)* Eastern; **d)** *(politisch)* Eastern; ‹*delegates, spies, etc.*› from the East; ‹*infiltration*› by the East; ‹*influence, policies*› of the East. **2.** *adv.* eastwards; **~ von ...:** [to the] east of ... **3.** *Präp. mit Gen.* [to the] east of

**ost-, Ost-: ¹~mark die** *(ugs.)* East German mark; **²~mark die;** *o. Pl. (hist.)* East March; **¹~nord·ost** [--'-] *o. Art.; o. Pl. (Seemannsspr., Met.)* east-north-east; *s. auch* **¹Nord a; ²~nord·ost** [--'-] **der** *(Seemannsspr.)* east-north-easter[ly]; **~nord·osten** [--'--] **der** east-north-east; *s. auch* **Norden a; ~politik die** Ostpolitik *(West German policy towards Eastern Europe, and towards East Germany in particular);* **~preuße der** East Prussian; **~preußen (das)** East Prussia; **~preußisch** *Adj.* East Prussian

**Östrogen** [œstro'ge:n] **das; ~s, ~e** *(Physiol.)* oestrogen

**Ost·see die;** *o. Pl.* Baltic [Sea]

**Ostsee-** Baltic

**ost-, Ost-: ~seite die** eastern side; **¹~süd·ost** [--'-] *o. Art.; o. Pl. (Seemannsspr., Met.)* east-south-east; *s. auch* **¹Nord a; ²~süd·ost** [--'-] **der** *(Seemannsspr.)* east-south-easter[ly]; **~süd·osten** [--'--] **der** east-south-east; *s. auch* **Norden a; ~teil der** eastern part; **~verträge** *Pl. (Politik)* treaties with the Eastern bloc; **~wärts** *Adv.* **a)** *(nach Osten)* eastwards; **b)** *(im Osten)* to the east; **~-West-Dialog der** *(Politik)* East-West dialogue; **~-West-Konflikt der** *(Politik)* East-West conflict; **~westlich 1.** *Adj.* east-west *attrib.*; from east to west *postpos.*; **2.** *adv.* east-west; [from] east to west; **~wind der** east[erly] wind; **~zone die a)** *(veralt.: sowjetische Besatzungszone)* Eastern zone; **b)** *(hist., noch abwertend: DDR)* **die ~zone** the East

**Oszillation** [ɔstsɪla'tsio:n] **die; ~, ~en** *(Physik, auch fig.)* oscillation

**oszillieren** [ɔstsɪ'li:rən] *itr. V. (Physik, auch fig.)* oscillate

**Oszillograph der; ~en, ~en** *(Physik)* oscillograph

**O-Ton** *der s.* **Originalton**

**¹Otter** ['ɔtɐ] **der; ~s, ~** *(Fisch~)* otter

**²Otter die; ~, ~n** *(Viper)* adder; viper

**Ottern·gezücht das** *(veralt. abwertend)* brood of vipers

**Otto** ['ɔto] **der; ~s, ~s** *(salopp)* whopper *(sl.); s. auch* **flott; Normalverbraucher**

**Ottomane** [ɔto'ma:nə] **die; ~, ~n** *(veralt.)* ottoman

**Otto·motor der** Otto engine

**Ottone** [ɔ'to:nə] **der; ~n, ~n** *(hist.)* Ottonian *(Saxon emperor, esp. Otto I, II, or III)*

**ÖTV** [ø:te:'fau] **die; ~** *Abk.* **Gewerkschaft öffentliche Dienste, Transport und Verkehr** union of transport and public-service workers

**outen** ['autn̩] *tr. V. (ugs.)* out *(coll.)*

**Output** ['autpʊt] **der** *od.* **das; ~s, ~s** output

**Ouvertüre** [uvɛr'ty:rə] **die; ~, ~n** *(auch fig.)* overture (+ *Gen.* to)

**oval** [o'va:l] *Adj.* oval

**Oval das; ~s, ~e** oval

**Ovation** [ova'tsio:n] **die; ~, ~en** ovation; **jmdm. ~en darbringen** give sb. an ovation

**Overall** ['oʊvərɔ:l] **der; ~s, ~s** overalls *pl.*

**Ovid** [o'vi:t] **(der)** Ovid

**ÖVP** [ø:fau'pe:] **die; ~** *Abk.* **Österreichische Volkspartei** Austrian People's Party

**Ovulation** [ovula'tsio:n] **die; ~, ~en** *(Zool., Physiol.)* ovulation

**Ovulations·hemmer der; ~s, ~** *(Med.)* anovulant

**Oxid, Oxid-** *(Chemie) s.* **Oxyd, Oxyd-**

**Oxyd** [ɔ'ksy:t] **das; ~[e]s, ~e** *(Chemie)* oxide

**Oxydation** [ɔksyda'tsio:n] **die; ~, ~en** *(Chemie, Physik)* oxidation

**oxydieren 1.** *itr. V.; auch mit sein (Chemie, Physik)* oxidize. **2.** *tr. V. (Chemie)* oxidize

**Ozean** ['o:tsea:n] **der; ~s, ~e** *(auch fig.)* ocean

**Ozean·dampfer der** ocean-going steamer; *(für Passagiere)* ocean liner

**Ozeanien** [otse'a:niən] **(das); ~s** Oceania

**ozeanisch** *Adj.* oceanic; *(Ozeanien betreffend)* Oceanic

**Ozeanographie** [otseanogra'fi:] **die; ~:** oceanography *no art.*

**Ozelot** ['o:tselɔt] **der; ~s, ~e** *od.* **~s a)** *(Tier, Fell)* ocelot; **b)** *(Kleidungsstück)* ocelot coat/jacket *etc.*

**Ozon** [o'tso:n] **der** *od.* **das; ~s** ozone; **lieber warmer Mief als kalter ~!** *(ugs. scherzh.)* I'd rather be breathing a warm fug than cold fresh air

**Ozon-: ~gürtel der** ozone layer; **~loch das** *(ugs.)* hole in the ozone layer

# P

**p, P** [pe] **das**; ~, ~: p/P; *s. auch* **a, A**

**Pa** [pa] **der**; ~s, ~s *(fam. veralt.)* dad *(coll.)*

**p. A.** *Abk. (österr.)* **per Adresse** c/o

**paar** [pa:ɐ̯] *indekl. Indefinitpron.* **ein ~ ...**: a few ...; *(zwei od. drei)* a couple of ...; a few ...; **ein ~ hundert Bücher** *usw.* a few hundred/a couple of hundred books *etc.;* **ein ~ waren dagegen** a few [people]/a couple [of people] were against [it]; **in ein ~ Tagen** in a few/a couple of days[' time]; **ein ~ Male** a few times/a couple of times; **deine ~ Mark** the few marks/couple of marks you've got; **die ~ Male, die ich dort war** the few times I've been there; **alle ~ Minuten** every few minutes/every couple of minutes; **du kriegst gleich ein ~ [gelangt]** *(ugs.)* I'll stick one on you *(coll.); s. auch* **Zeile a**

**Paar das**; ~[e]s, ~e **a)** pair; *(Mann und Frau, Tanz~)* couple; **sich in** *od.* **zu ~en aufstellen** line up in pairs; **b)** *(Tiere, Dinge)* pair; **ein ~ Würstchen** two sausages; a couple of sausages; **ein ~ Schuhe** a pair of shoes; **zwei ~ Socken** two pairs of socks; **ein ~ Hosen** *(ugs.)* a pair of trousers

**paaren 1.** *refl. V.* **a)** *(sich begatten)* ‹*animals*› mate; ‹*people*› couple, copulate; **b)** *(sich verbinden)* **sich mit etw. ~:** be combined with sth. **2.** *tr. V.* **a)** *(kreuzen)* mate; **b)** *(zusammenstellen)* pair; **c)** *(verbinden)* combine **(mit** with)

**Paarhufer der**; ~s, ~ *(Zool.)* even-toed ungulate *(Zool.);* cloven-hoofed animal

**paarig** *(bes. Biol., Anat.)* **1.** *Adj.* paired *attrib.;* **~ sein** occur in pairs. **2.** *adv.* **~ angeordnet** arranged in pairs *postpos.*

**paar-, Paar-: ~lauf der, ~laufen das** pair-skating; pairs *pl.;* **~mal** *Adv.* **ein ~mal** a few times; *(zwei- oder dreimal)* a couple of *or* a few times; **die ~mal** the few times; **~reim der** *(Verslehre)* rhyming couplets *pl.*

**Paarung die**; ~, ~en **a)** *(Zool.)* mating; **b)** *(das Zusammenstellen)* pairing; **die ~ der Mannschaften für das Endturnier** deciding which teams will/would play each other in the finals; **c)** *(das Verbinden)* combination

**Paarungs-: ~verhalten das** *(Zool.)* mating behaviour; **~zeit die** *(Zool.)* mating-season

**paar·weise 1.** *Adv.* in pairs. **2.** *adj.* ‹*arrangement etc.*› in pairs

**Paar·zeher der**; ~s, ~ *(Zool.) s.* **Paarhufer**

**Pacht** [paxt] **die**; ~, ~en **a)** *(Nutzung)* **etw. in ~ nehmen** lease sth.; take sth. on lease; **etw. in ~ haben** have sth. on lease; **etw. in ~ geben** lease sth.; let sth. on lease; **b)** *(Vertrag)* lease; **c)** *(Miete)* rent

**Pacht·brief der** lease

**pachten** *tr. V.* lease; take a lease on; **jmdn./etw. [für sich] gepachtet haben** *(fig. ugs.)* have got a monopoly on sb./sth. *(coll.)*

**Pächter** ['pɛçtɐ] **der**; ~s, ~, **Pächterin die**; ~, ~nen leaseholder; lessee; *(eines Hofes)* tenant

**Pacht·geld das** rent

**Pachtung die**; ~, ~en leasing

**Pacht-: ~vertrag der** lease; **~zins der** rent

**¹Pack** [pak] **der**; ~[e]s, ~e *od.* **Päcke** ['pɛkə] pile; *(zusammengeschnürt)* bundle; *(Packung)* pack; *(Kartenspiel)* pack *(Brit.);* deck *(Amer.)*

**²Pack das**; ~[e]s *(ugs. abwertend)* rabble; riff-raff; **~ schlägt sich, ~ verträgt sich** *(ugs.)* rabble *or* riff-raff like that are at each other's throats one minute and the best of friends [again] the next

**Päckchen** ['pɛkçən] **das**; ~s, ~ **a)** *(kleines Paket)* package; small parcel; *(Bündel)* packet; bundle; *(Postw.)* small parcel *(below a specified weight);* **sein ~ zu tragen haben** *(fig. ugs.)* have one's troubles; **b)** *s.* **Packung a**

**Pack·eis das** pack-ice

**packeln** ['pak|n] *itr. V. (österr. abwertend)* make *or* do a deal/deals

**packen 1.** *tr. V.* **a)** pack; **etw. in einen Koffer/ein Paket ~:** pack *or* put sth. in[to] a suitcase/put sth. in[to] a parcel; **etw. aus etw. ~:** unpack sth. from sth.; **sich/jmdn. ins Bett ~** *(ugs.)* go to bed/put sb. to bed; **der Bus war gepackt voll** *(fig. ugs.)* the bus was jam-packed *(coll.);* **b)** *(fassen)* grab [hold of]; seize; **jmdn. am** *od.* **beim Kragen ~:** grab [hold of] *or* seize sb. by the collar; **eine Windbö packte das Auto** a gust of wind caught the car; *s. auch* **Ehre; c)** *(überkommen)* **Furcht/Angst** *usw.* **packte ihn/er wurde von Furcht/Angst** *usw.* **gepackt** he was seized with fear *etc.;* **es hat ihn gepackt** *(ugs.)* he's got it bad *(coll.);* **d)** *(fesseln)* enthral; ‹*thriller, crime story, etc.*› grip; **ein ~des Rennen** a thrilling race; **e)** *(ugs.: schaffen)* **ein Examen ~:** manage to get through an exam *(coll.);* **es ~:** make a go of it; **~ wir's noch?** are we going to make it?; **einen Gegner ~** *(Sportjargon: besiegen)* get the better of an opponent; **f)** *(ugs.: begreifen)* get *(coll.);* **g)** *(salopp: weggehen)* **~ wir's?** shall we push off? *(sl.).* **2.** *itr. V. (Koffer usw. ~)* pack. **3.** *refl. V. (ugs. veralt.)* beat it *(sl.);* clear off *(coll.)*

**Packen der**; ~s, ~: pile; *(von Büchern, Zeitungen)* pile; stack; *(zusammengeschnürt)* bundle; *(von Geldscheinen)* wad

**Packer der**; ~s, ~ packer; *(Möbel~)* [packer and] removal man *(Brit.) or (Amer.)* moving man

**Packerei die**; ~, ~en **a)** *o. Pl. (ugs. abwertend)* packing and unpacking; **b)** *(eines Betriebs)* packing department

**Packerin die**; ~, ~nen packer

**Pack-: ~esel der** *(ugs.)* pack-donkey; *(fig.)* pack-horse; **~papier das** [stout] wrapping-paper; **~pferd das** pack-horse; **~tisch der** packing-table

**Packung die**; ~, ~en **a)** packet; pack *(esp. Amer.);* **eine ~ Zigaretten** a packet *or (Amer.)* pack of cigarettes; **eine ~ Pralinen** a box of chocolates; **b)** *(Med., Kosmetik)* pack; **c)** *(Technik)* packing

**Pack-: ~wagen der a)** luggage-van *(Brit.);* baggage car *(Amer.);* **b)** *(hist.: Fuhrwerk)* baggage-wagon; **~zettel der** packing-slip

**Pädagoge** [pɛda'go:gə] **der**; ~n, ~n **a)** *(Erzieher, Lehrer)* teacher; **b)** *(Wissenschaftler)* educationalist; educational theorist

**Pädagogik die**; ~: [theory and methodology of] education

**Pädagogin die**; ~, ~nen *s.* **Pädagoge**

**pädagogisch 1.** *Adj.* **a)** *(erzieherisch)* educational; **seine ~en Fähigkeiten** his teaching ability *sing.;* **b)** *(die Pädagogik betreffend)* ‹*lecture, dissertation, etc.*› on education; **Pädagogische Hochschule** College of Education; **eine ~e Ausbildung** a training in education. **2.** *adv.* **a)** *(erzieherisch)* educationally ‹*sound, wrong*›; **~ wirken** have an educational effect; **b)** *(die Pädagogik betreffend)* **~ nicht auf dem neuesten Stand sein** not be up with the latest developments in educational theory [and methodology]

**pädagogisieren** *tr. V. (oft abwertend)* **etw. ~:** look at sth. through the eyes of an educational theorist

**Paddel** ['padl] **das**; ~s, ~: paddle

**Paddel·boot das** canoe

**paddeln** *itr. V.; mit sein; ohne Richtungsangabe auch mit haben* **a)** *(Paddelboot fahren)* paddle; canoe; *(als Sport)* canoe; **b)** *(ugs.: schlecht schwimmen)* dog-paddle

**Paddel·sport der** canoeing *no art.*

**Paddler der**; ~s, ~, **Paddlerin die**; ~, ~nen canoeist

**Päderast** [pede'rast] **der**; ~en, ~en pederast

**Päderastie** [pɛderas'ti:] **die**; ~: pederasty *no art.*

**Pädiater** [pɛ'di̯a:tɐ] **der**; ~s, ~ *(Med.)* paediatrician

**Pädiatrie** [pɛdi̯a'tri:] **die**; ~ *(Med.)* paediatrics *sing., no art.*

**pädiatrisch** *Adj. (Med.)* paediatric

**paff** [paf] *Interj.* bang

**paffen 1.** *tr. V.* puff at ‹*pipe etc.*›; puff out ‹*smoke*›; **vierzig Zigaretten am Tag ~:** puff one's way through forty cigarettes a day. **2.** *itr. V.* puff away; **er pafft nur** he's just puffing at it

**Page** ['pa:ʒə] **der**; ~n, ~n **a)** *(Hotel~)* page; bellboy; **b)** *(hist.)* page

**Pagen·kopf der** page-boy cut *or* style

**paginieren** [pagi'ni:rən] *tr. V. (Schrift- und Buchw.)* paginate

**Pagode** [pa'go:də] **die**; ~, ~n **a)** *(Gebäude)* pagoda; **b)** *(österr., sonst veralt.: Figur)* mandarin

**pah** [pa:] *Interj.* bah; huh *(Amer.)*

**Paillette** [pai̯'jɛtə] **die**; ~, ~n *(Mode)* paillette; sequin; spangle

**Pak** [pak] **die**; ~, ~ *od.* ~s *(Milit.)* **a)** *(Panzerabwehrkanone)* anti-tank gun; **b)** *o. Pl. (Artillerie)* anti-tank force

**Paket** [pa'ke:t] **das**; ~[e]s, ~e **a)** pile; *(zusammengeschnürt)* bundle; *(Eingepacktes, Post~, Schachtel)* parcel; *(Packung)* packet; pack *(esp. Amer.);* **b)** *(fig.: Gesamtheit)* package

**Paket-: ~annahme die a)** *o. Pl.* acceptance of parcels; **b)** *(Stelle)* parcels office; *(Schalter)* parcels counter; **~aus·gabe die a)** *o. Pl.* issue of parcels; **b)** *s.* **~annahme b; ~boot das** *(veralt.)* packet[-boat]; **~karte die** parcel dispatch form; **~post die a)** *(Beförderung)* parcel post; **b)** *(Fahrzeug)* parcel *or* post-office delivery van; **~schalter der** parcels counter; **~sendung die** parcel

**Pakistan** ['pa:kɪsta:n] **(das)**; ~s Pakistan

**Pakistaner der**; ~s, ~, **Pakistanerin die**; ~, ~nen, **Pakistani** [pakɪs'ta:ni] **der**; ~[s], ~[s]/**die**; ~, ~[s] Pakistani

**pakistanisch** *Adj.* Pakistani

**Pakt** [pakt] **der**; ~[e]s, ~e pact; **einen ~ [ab]schließen** make *or* conclude a pact

**paktieren** *itr. V. (oft abwertend)* make *or* do a deal/deals **(mit** with)

**Paladin** [pala'di:n] **der**; ~s, ~e **a)** *(Myth.)* paladin; **b)** *(Gefolgsmann)* henchman

**Palais** [pa'lɛ:] **das**; ~ [...ɛ:(s)], ~ [...ɛ:s] palace

**Paläolithikum** [palɛoli:tikʊm] **das**; ~s Palaeolithic

**Paläontologie** [palɛɔntolo'gi:] **die**; ~: palaeontology *no art.*

**Paläozän** [palɛo'tsɛ:n] **das**; ~s *(Geol.)* Palaeocene

**Paläozoikum** [palɛo'tso:ikʊm] **das**; ~s palaeozoic era

**Palast** [pa'last] **der**; ~[e]s, **Paläste** [pa'lɛstə] palace

**palast·artig** *Adj.* palatial

**Palästina** [palɛ'sti:na] **(das)**; ~s Palestine

**Palästinenser der**; ~s, ~, **Palästinenserin die**; ~, ~nen Palestinian

**palästinensisch** *Adj.* Palestinian

**Palast·revolution die** *(Politik, auch fig.)* palace revolution

**Palatschinke** [pala'tʃɪŋkə] **die**; ~, ~n *(österr.)* pancake with sweet filling

**Palaver** [pa'la:vɐ] **das**; ~s, ~ *(ugs. abwertend)* palaver; **ein ~ abhalten** palaver

**palavern** *itr. V. (ugs. abwertend)* palaver

**Paletot** ['paləto] **der**; ~s, ~s *(man's double-breasted)* overcoat *[with high velvet collar]*

**Palette** [pa'lɛtə] **die; ~, ~n a)** *(Malerei)* palette; **b)** *(bes. Werbespr.: Vielfalt)* diverse range; **die ganze ~:** the whole range; **c)** *(Technik, Wirtsch.: Untersatz)* pallet
**paletti** *Adj. in* **alles ~** *(ugs.)* everything's OK *(coll.) or* all right
**Palimpsest** [palɪm'psɛst] **der** *od.* **das; ~[e]s, ~e** palimpsest
**Palindrom** [palɪn'dro:m] **das; ~s, ~e** palindrome
**Palisade** [pali'za:də] **die; ~, ~n a)** *(Pfahl)* pale; stake; **b)** *(Anlage)* palisade
**Palisander** [pali'sandɐ] **der; ~s, ~, Palisander·holz das** *(Dalbergia nigra)* Brazilian rosewood; *(Dalbergia latifolia)* blackwood
**Palme** ['palmə] **die; ~, ~n** palm[-tree]; **jmdn. auf die ~ bringen** *(ugs.)* ⟨*person*⟩ rile sb. *(coll.)*; ⟨*situation*⟩ make sb. wild; **auf die ~ gehen** *(ugs.)* go off the deep end *(coll.)*; **die ~ [des Sieges]** *(fig. geh.)* the palm [of victory]
**Pạlmen-:** *s.* **Palm-**
**Pạlm-: ~kätzchen das** [willow] catkin; **~öl das** palm-oil; **~sonntag** [auch: -'--] **der** *(christl. Kirche)* Palm Sunday; *s. auch* **Dienstag; ~wedel der** palm frond; **~zweig der a)** palm branch; **b)** *(christl. Kirche)* palm; **~wein der** palm wine
**Pamp** [pamp] **der; ~s** *(nordd., ostd.)* mush
**Pampa** ['pampa] **die; ~, ~s** pampa *usu. in pl.*; **[mitten] in der ~** *(Jugendspr.)* out in the wilds *(coll.)*
**Pampe** ['pampə] **die; ~** *(bes. nordd. u. md.)* **a)** *(Matsch)* mud; mire; **b)** *(Brei)* mush
**Pampelmuse** ['pampḷmu:ze] **die; ~, ~n** grapefruit
**Pampf** [pampf] **der; ~s** *(südd.)* mush
**Pamphlet** [pam'fle:t] **das; ~[e]s, ~e** *(Streitschrift)* polemical pamphlet; *(Schmähschrift)* defamatory pamphlet
**pạmpig 1.** *Adj.* **a)** *(ugs. abwertend: frech)* insolent; **b)** *(bes. nordd., ostd.: breiig)* mushy. **2.** *adv. (ugs. abwertend: frech)* insolently
**Pạmps** *s.* **Pamp**
**pan-, Pan-** [pan-]: *in Zus.* pan-
**Panade** [pa'na:də] **die; ~, ~n** *(Kochk.)* breadcrumb coating
**¹Panama** ['panama] **(das)** Panama
**²Pạnama der; ~s, ~s a)** *(Textilind.)* Panama fabric; **b)** *(Hut)* panama [hat]
**Panamaer der; ~s, ~, Panamaerin die; ~, ~nen** Panamanian
**panamaisch** *Adj.* Panamanian
**Pạnama·kanal der;** *o. Pl.* Panama Canal
**Panda** ['panda] **der; ~s, ~s** panda
**Pandekten** [pan'dɛktṇ] *Pl.* pandects; *(fig.)* jurisprudence *sing.*
**Pandschab** [pan'dʒa:p] **das; ~s** Punjab
**Paneel** [pa'ne:l] **das; ~s, ~e a)** *(einzelnes Feld)* panel; **b)** *(Täfelung)* panelling
**paneelieren** *tr. V.* panel
**Pạn·flöte die** pan-pipes *pl.*
**pan·germanisch** *Adj.* pan-German
**pan·hellenisch** *Adj.* pan-Hellenic
**¹Panier** [pa'ni:ɐ] **das; ~s, ~e** *(veralt.)* banner; *(Motto)* motto
**²Panier die; ~** *(österr. Kochk.) s.* **Panade**
**panieren** *tr. V. (Kochk.)* **etw. ~:** bread sth.; coat sth. with breadcrumbs
**Panier·mehl das** breadcrumbs *pl.*
**Panik** ['pa:nɪk] **die; ~, ~en** panic; **[eine] ~ brach aus** panic broke out; **jmdn. in ~** *(Akk.)* **versetzen** throw sb. into a state of panic; **von ~ ergriffen** panic-stricken; **nur keine ~!** don't panic!
**Panik-: ~mache die;** *o. Pl. (abwertend)* panic-mongering; **~macher der** *(abwertend)* panic-monger
**panisch 1.** *Adj.* panic *attrib.* ⟨*fear, terror*⟩; panic-stricken ⟨*voice, flight*⟩; **~e Angst vor etw.** *(Dat.)* **haben** have a panic fear of sth. **2.** *adv.* **sich ~ vor etw.** *(Dat.)* **fürchten** have a panic fear of sth.
**Pạnje·wagen** ['panjə-] **der** *small wooden cart drawn by a horse (in Eastern Europe)*
**Pankreas** ['pankreas] **das; ~, Pankreaten** *(Anat.)* pancreas
**Panne** ['panə] **die; ~, ~n a)** *(Auto~)* breakdown; *(Reifen~)* puncture; flat [tyre]; **ich hatte eine ~** *(mit dem Auto)* my car broke down/my car *or* I had a puncture; *(mit dem Fahrrad)* I had some trouble with my bicycle/my bicycle *or* I had a puncture; **b)** *(Betriebsstörung)* breakdown; **c)** *(Mißgeschick)* slip-up; mishap; **mit unserem Urlaub haben wir eine ganz schöne ~ erlebt** our holiday this year was a real disaster; **bei der Organisation gab es viele ~n** there were many organizational hitches
**Pạnnen·dienst der** breakdown service
**Panoptikum** [pa'nɔptikʊm] **das; ~s, Panoptiken a)** *(Kuriositätenkabinett)* collection of curios; **b)** *(Wachsfiguren)* waxworks *sing. or pl.*
**Panorama** [pano'ra:ma] **das; ~s, Panoramen** panorama
**Panorama-: ~aufnahme die** panorama; **~bus der** coach with panoramic windows; **~scheibe die** panoramic window; *(an Autos)* wraparound windscreen; **~spiegel der** *(Kfz-W.)* panoramic mirror
**panschen** ['panʃṇ] **1.** *tr. V. (ugs. abwertend)* water down; adulterate; **Whisky mit Wasser ~:** adulterate whisky with water. **2.** *itr. V.* **a)** *(ugs. abwertend: mischen)* water down *or* adulterate the wine/beer *etc.*; **b)** *(ugs.: planschen)* splash about
**Pạnscher der; ~s, ~** *(ugs.)* adulterator
**Panscherei die; ~, ~en a)** *(ugs. abwertend: das Mischen)* watering-down; adulteration; **b)** *(ugs.: das Planschen)* splashing [about]
**Pansen** ['panzṇ] **der; ~s, ~ a)** *(Magen der Wiederkäuer)* rumen; **b)** *(nordd.: Magen)* stomach; belly
**Pan·theịsmus der;** *o. Pl.* pantheism *no art.*
**pan·theịstisch** *Adj.* pantheistic
**Panther der; ~s, ~:** panther
**Pantine** [pan'ti:nə] **die; ~, ~n** *(nordd.)* clog; *s. auch* **Latschen**
**Pantoffel** [pan'tɔfl] **der; ~s, ~n a)** backless slipper; **b)** *(mit Absatz)* mule; **c)** *(fig.)* **unterm ~ stehen** *(ugs.)* be henpecked
**Pantọffel-: ~held der** *(ugs. abwertend)* henpecked husband; **~kino das** *(ugs.)* telly *(coll.)*; **~tierchen das** *(Biol.)* slipper animalcule
**Pạnto·graph** [panto-] **der; ~en, ~en** pantograph
**Pantolette** [panto'lɛtə] **die; ~, ~en** backless slipper
**¹Pantomime** [panto'mi:mə] **die; ~, ~n** mime
**²Pantomime der; ~n, ~n** mime
**Panto·mimik die** mime
**panto·mimisch 1.** *Adj.* ⟨*presentation, depiction*⟩ in mime. **2.** *adv.* **etw. ~ darstellen/zeigen** present/show sth. in mime; mime sth.
**pantschen** *usw.* ['pantʃṇ] *s.* **panschen** *usw.*
**Panzer** ['pantsɐ] **der; ~s, ~ a)** *(Milit.)* tank; **die schwedischen ~:** the Swedish tanks *or* armour *sing.*; **b)** *(Zool.)* armour *no indef. art.*; *(von Schildkröten, Krebsen)* shell; **c)** *(hist.: Rüstung)* armour *no indef. art.*; **ein ~:** a suit of armour; **ein ~ der Gleichgültigkeit** *(fig.)* a defensive barrier of indifference; **d)** *(Panzerung)* armour-plating *or* -plate *no indef. art.*; *(eines Reaktors)* shielding
**Pạnzer-: ~ab·wehr die** *(Milit.)* **a)** *(Verteidigung)* anti-tank defence; **b)** *(Truppe)* anti-tank force; **~ạbwehr·kanone die** *(Milit.)* anti-tank gun; **~ạbwehr·rakete die** *(Milit.)* anti-tank rocket; **~division die** *(Milit.)* tank division; armoured division; **~faust die** *(Milit.)* anti-tank rocket launcher; bazooka; **~glas das** bullet-proof glass; **~grenadier der** *(Milit.)* soldier in the armoured infantry; **~hemd das** *(hist.)* coat of [chain-]mail; **~kette die** tank-track; **~kreuzer der** *(Marine hist.)* armoured cruiser; **„~kreuzer Potemkin"** 'The Battleship Potemkin'; **~mine die** anti-tank mine
**pạnzern 1.** *tr. V.* armour[-plate]. **2.** *refl. V. (hist.)* put on one's armour
**Pạnzer-: ~platte die** armour-plate; **~schlacht die** *(Milit.)* tank battle; **~schrank der** safe; **~späh·wagen der** *(Milit.)* armoured scout car; **~sperre die** *(Milit.)* anti-tank obstacle; **~truppe die** *(Milit.)* tank force
**Pạnzer·wagen der** *(Milit.)* **a)** *s.* **Panzer a; b)** *(Waggon)* armoured wagon
**Papa** ['papa, *geh., veralt.* pa'pa:] **der; ~s, ~** *(ugs.)* daddy *(coll.)*; **der Herr Papa** [-'-] your/my/his *etc.* [dear] father
**Papagallo** [papa'galo] **der; ~[s], ~s** *od.* **Papagạlli** Latin Romeo
**Papagei** [papa'gai] **der; ~en** *od.* **~s, ~e[n]** parrot; **alles wie ein ~ nachplappern** repeat everything parrot-fashion
**Papageien·krankheit die;** *o. Pl. (Med.)* parrot-disease; psittacosis *no art.*
**Paper** ['peɪpə] **das; ~s, ~s** paper
**Paperback** ['peɪpəbæk] **das; ~s, ~s** paperback
**Papeterie** [papɛtə'ri:] **die; ~, ~n** *(schweiz.)* stationer's
**Papi** ['papi] **der; ~s, ~s** *(ugs.)* daddy *(coll.)*
**Papier** [pa'pi:ɐ] **das; ~s, ~e a)** paper; **ein Blatt/Fetzen/eine Rolle ~:** a sheet/scrap/roll of paper; **[nur] auf dem ~** *(fig.)* [only] on paper; **etw. aufs ~ werfen** *(fig. geh.)* jot sth. down; **etw. zu ~ bringen** get *or* put sth. down on paper; **~ ist geduldig** *(Spr.)* what's written down in black and white isn't necessarily true; **b)** *Pl. (Ausweis[e])* [identity] papers; **dann können Sie sich Ihre ~e holen** *(ugs.)* then you might as well collect your cards on the way out; **c)** *(Finanzw.: Wert~)* security
**Papier-: ~blume die** paper flower; **~deutsch das** *(abwertend)* officialese
**papieren 1.** *Adj.* **a)** *nicht präd. (aus Papier)* paper; **b)** *(fig.)* wooden ⟨*style etc.*⟩; **c)** *(wie Papier)* papery. **2.** *adv. (fig.)* ⟨*speak*⟩ woodenly; ⟨*write*⟩ in a wooden style
**Papier-: ~fabrik die** paper-mill; **~fähnchen das** paper pennant; **~fetzen der** scrap of [torn] paper; **~format das** paper size; **~geld das** paper money; **~geschäft das** stationer's; **~hand·tuch das** paper towel; **~korb der** waste-paper basket; *(öffentlicher)* litter bin; **~kram der** *(ugs. abwertend)* [tedious] paperwork; **~krieg der** *(ugs. abwertend)* tedious form-filling; *(Korrespondenz)* tiresome exchange of letters
**Papiermaché** [papiema'ʃe] **das; ~s, ~s** papier mâché
**papier-, Papier-: ~mühle die a)** *(Maschine)* [paper-pulp] beater; **b)** *(Fabrik)* paper-mill; **~rolle die** roll of paper; *(in Registrierkassen)* paper roll; **~schere die** paper-scissors *pl.*; **~schlange die** [paper] streamer; **~schnitzel der** *od.* **das** bit *or* scrap of paper; **~serviette die** paper serviette *or* napkin; **~taschen·tuch das** paper handkerchief; **~tiger der** paper tiger; **~verarbeitend** *Adj.; nicht präd.* paper-processing; **~währung die** paper currency; **~waren** *Pl.* stationery *sing.*; **~waren·handlung die** stationer's
**Papist** [pa'pɪst] **der; ~en, ~en** *(abwertend)* papist
**papịstisch** *Adj. (abwertend)* papist
**papp** [pap] *in* **ich kann nicht mehr ~ sagen** *(ugs.)* I'm full to bursting-point *(coll.)*
**Pạpp der; ~s, ~s** *(bes. südd.)* mush
**Pạpp-: ~band der;** *Pl.* **~bände** book bound in boards; **~becher der** paper cup; **~deckel der** cardboard; **ein ~deckel** a piece of cardboard
**Pappe** ['papə] **die; ~, ~n a)** *(Karton)* cardboard; **eine ~:** a piece of cardboard; **b)**

*(ugs.: Brei)* mush; **er ist nicht von** *od.* **aus ~** *(ugs.)* he's not to be trifled with; **5000 Mark sind nicht von** *od.* **aus ~** *(ugs.)* 5,000 marks isn't chicken-feed *(coll.)*

**Pappel** ['papl̩] **die; ~, ~n** poplar

**Pạppel·allee die** avenue of poplars

**päppeln** ['pɛpl̩n] *tr. V.* feed up; **eine Industrie ~** *(fig. ugs.)* featherbed an industry

**pạppen** *(ugs.)* **1.** *tr. V.* stick **(an, auf +** *Akk.* on). **2.** *itr. V. (haftenbleiben)* stick **(an +** *Dat.* to); *(klebrig sein)* be sticky

**Pạppen-: ~deckel der** *(bes. südd.) s.* **Pappdeckel; ~heimer** [~haimɐ] *in* **ich kenne meine/wir kennen unsere ~heimer** *(ugs.)* I/we know them well *(coll.)*; **~stiel** *in* **das ist kein ~stiel** *(ugs.)* it's not chicken-feed *(coll.)*; **etw. für einen ~stiel kaufen/kriegen** *(ugs.)* buy/get sth. for a song *or* for next to nothing

**papperlapapp** [papəla'pap] *Interj.* rubbish

**pạppig** *Adj.* **a)** sticky; **b)** doughy ⟨*bread etc.*⟩; **c)** *(breiig)* mushy

**Pạpp-: ~kamerad der** *(ugs., auch fig.)* cardboard figure; **~karton der** cardboard box; **~maché** [~ma'ʃe:] **das; ~s, ~s** papier mâché; **~nase die** false nose *(made of cardboard)*; **~schnee der** sticky snow; **~teller der** paper *or* cardboard plate

**Paprika** ['paprika] **der; ~s, ~[s] a)** pepper; **b)** *o. Pl. (Gewürz)* paprika

**Pạprika-: ~schnitzel das** cutlet with paprika sauce; **~schote die** pepper; **gefüllte ~schoten** stuffed peppers

**Paps** [paps] **der; ~** *(ugs.)* dad *(coll.)*

**Papst** [pa:pst] **der; ~[e]s, Päpste** ['pɛ:pstə] pope; *(fig. iron.)* high priest

**-papst** *(fig. iron.)* **der** high priest of ...

**päpstlich** ['pɛ:pstlɪç] *Adj.* papal; *(fig. abwertend)* pontifical; **~er Gesandter** nuncio; **nicht ~er sein als der Papst** *(fig.)* not be a stickler for the regulations

**Papsttum das; ~s** papacy

**Papua-Neu·guinea** ['pa:pua-] **(das); ~s** Papua New Guinea

**Papyrus** [pa'py:rʊs] **der; ~, Papyri** papyrus

**Papyrus·rolle die** papyrus scroll

**para-, Para-** ['pa:ra] para-

**Parabel** [pa'ra:bl̩] **die; ~, ~n a)** *(bes. Literaturw.)* parable; **b)** *(Math.)* parabola

**parabolisch** [para'bo:lɪʃ] *Adj.* parabolic

**Parabol·spiegel der** *(Technik)* parabolic mirror

**Parade** [pa'ra:də] **die; ~, ~n a)** *(Milit.)* parade; **eine ~ abnehmen** take the salute at a parade; **b)** *(Ballspiele)* save; **jmdm. in die ~ fahren** *(fig. ugs.)* cut sb. short; **c)** *(Fechten)* parry; **d)** *(Pferdesport)* **ganze ~:** halt; **halbe ~:** half-halt; **in ~** *(Dat.)* **stehen** halt

**Parade-: ~bei·spiel das** perfect example; **~bett das** *(veralt.)* large imposing bed

**Paradeiser** [para'daizɐ] **der; ~s, ~** *(österr.)* tomato

**Parade-: ~kissen das** *(veralt.)* decorative pillow; **~marsch der** *(Milit.)* marching in parade-step; *(Stechschritt)* goose-stepping; **~pferd das a)** *(Pferd)* parade-horse; **b)** *(ugs.: Musterexemplar)* show-piece; *(Person)* star; **~platz der** *(hist.)* parade-ground; **~schritt der** *(Milit.)* parade-step; *(Stechschritt)* goose-step; **~stück das** show-piece; **~uniform die** *(Milit.)* full-dress uniform

**paradieren** *itr. V. (Milit.)* parade

**Paradies** [para'di:s] **das; ~es, ~e** *(auch fig.)* paradise; **die Vertreibung aus dem ~:** the expulsion from paradise; **das ~ auf Erden** heaven on earth

**paradiesisch 1.** *Adj.* **a)** *(Rel.)* paradisical; **b)** *(herrlich)* heavenly; magnificent ⟨*view*⟩. **2.** *adv. (herrlich)* **~ ruhig gelegen** in a wonderfully peaceful situation; **dort ist es ~ schön** it's beautiful there, a real paradise

**Paradies·vogel der** bird of paradise; *(fig.)* strange and beautiful creature

**Paradigma** [para'dɪgma] **das; ~s, Paradigmen** *od.* **Paradigmata** *(bes. Sprachw.)* paradigm

**paradigmatisch** *(bes. Sprachw.)* **1.** *Adj.* paradigmatic. **2.** *adv.* paradigmatically

**paradox** [para'dɔks] *Adj.* **a)** paradoxical; **b)** *(ugs.: merkwürdig)* odd; strange

**Paradox das; ~es, ~e** *(bes. Philos., Rhet.)* paradox

**paradoxer·weise** *Adv.* **a)** paradoxically; **b)** *(ugs.: merkwürdigerweise)* strangely *or* oddly enough

**Paradoxie** [paradɔ'ksi:] **die; ~, ~n a)** paradox; **b)** *(Eigenschaft)* paradoxicalness

**Paradoxon** [pa'ra:dɔksɔn] **das; ~s, Paradoxa** *(Philos., Rhet.)* paradox

**Paraffin** [para'fi:n] **das; ~s, ~e** *(Chemie)* paraffin; *(für Kerzen)* paraffin wax

**Paragraph** [para'gra:f] **der; ~en, ~en** section; *(im Vertrag)* clause

**Paragraphen-: ~dickicht das, ~gestrüpp das** *(abwertend)* jungle of regulations; **~hengst der** *(salopp abwertend)* lawyer; **~reiter der** *(abwertend)* **a)** *(Jurist)* lawyer; **b)** *(Pedant)* stickler for the rules

**Paraguay** ['paragvai] **(das); ~s** Paraguay

**Paraguayer der; ~s, ~:** Paraguayan

**paraguayisch** *Adj.* Paraguayan

**Parallaxe** [para'laksə] **die; ~, ~n** *(Physik, Astron.)* parallax

**parallel** [para'le:l] **1.** *Adj. (auch fig.)* parallel. **2.** *adv.* **~ verlaufen** *(auch fig.)* run parallel **(mit, zu** to); **~ zu etw.** *(fig.)* in parallel with sth.

**Parallele die; ~, ~n a)** *(Math.)* parallel [line]; **eine ~ zu etw. ziehen** draw a line parallel to sth.; **b)** *(fig.)* parallel; **jmdn./etw. mit jmdm./etw. in ~ setzen** *od.* **stellen** draw a parallel between sb./sth. and sb./sth.

**Parallel·fall der** parallel case

**Parallelität** [paraleli'tɛ:t] **die; ~, ~en** *(auch Math.)* parallelism

**Parallel·klasse die** *(Schulw.)* parallel class

**Parallelogramm** [paralelo'gram] **das; ~s, ~e** *(Math.)* parallelogram

**Parallel-: ~schaltung die** *(Elektrot.)* parallel connection; **~schwung der** *(Skisport)* parallel swing; **~straße die** street running parallel **(von** to); **~ton·art die** *(Musik)* relative key

**Paralyse** [para'ly:zə] **die; ~, ~n** *(Med., fig.)* paralysis

**paralysieren** *tr. V. (Med., fig.)* paralyse

**Paralytiker der; ~s, ~, Paralytikerin die; ~, ~nen** paralytic

**paralytisch** *Adj. (Med.)* paralytic

**Parameter** [pa'ra:metɐ] **der; ~s, ~ a)** *(Wirtsch., Technik, Math.)* parameter; *(beim Kegelschnitt)* principal parameter

**para·militärisch 1.** *Adj.* paramilitary. **2.** *adv.* ⟨*operate, be organized*⟩ along paramilitary lines

**Paranoia** [para'nɔya] **die; ~** *(Med.)* paranoia

**paranoid** [parano'i:t] *Adj. (Med.)* paranoid

**Paranoiker** [para'no:ikɐ] **der; ~s, ~** *(Med.)* paranoiac

**paranoisch** *Adj. (Med.)* paranoiac

**Para·nuß die** Brazil-nut

**Paraphe** [pa'ra:fə] **die; ~, ~n a)** *(geh.: Namenszug)* signature; **b)** *(Dipl.)* initials *pl.*

**paraphieren** *tr. V. (Dipl.)* initial

**Paraphierung die; ~, ~en** initialling

**Para·phrase die** *(Sprachw., Musik)* paraphrase

**paraphrasieren** *tr. V.* **a)** *(Sprachw.)* paraphrase; **b)** *(Musik)* compose a paraphrase on

**Para·psychologie die** parapsychology *no art.*

**Parasit** [para'zi:t] **der; ~en, ~en** *(Biol., fig. abwertend)* parasite

**parasitär** [parazi'tɛ:ɐ], **parasitisch** *(Biol., fig. abwertend)* **1.** *Adj.* parasitic. **2.** *adv.* parasitically; **~ leben** *(Biol.)* be parasitic; *(fig.)* be a parasite

**Parasol** [para'zo:l] **der; ~s, ~e** *od.* **~s, Parasol·pilz der** parasol mushroom

**Parasympathikus** [parazym'pa:tikʊs] **der; ~** *(Anat., Physiol.)* parasympathetic nervous system

**parat** [pa'ra:t] *Adj.* ready; **eine Ausrede/Antwort ~ haben** be ready with an excuse/answer; **ich habe kein passendes Beispiel ~:** I can't think of a suitable example

**Para·typhus der** *(Med.)* paratyphoid [fever]

**Paravent** [para'vã:] **der** *od.* **das; ~s, ~s** *(österr., sonst veralt.)* screen

**Pärchen** ['pɛ:ɐ̯çən] **das; ~s, ~:** pair; *(Liebespaar)* couple

**pärchen·weise** *Adv.* in pairs

**Parcours** [par'ku:ɐ̯] **der; ~** [...ɐ̯(s)], **~** [...ɐ̯s] *(Pferdesport)* course

**Pardon** [par'dõ:] **der** *od.* **das; ~s** pardon; **jmdn. um ~ bitten** *(veralt.)* ask sb.'s pardon; **jmdm. ~ gewähren** *(veralt.)* pardon sb.; **kein[en] ~ kennen** be completely ruthless; **~!** I beg your pardon

**Parenthese** [parɛn'te:zə] **die; ~, ~n** *(Sprachw.)* **a)** *(Satzteil)* parenthesis; **b)** *(Klammern o. ä.)* parenthesis; parentheses *pl.*; **in ~:** in parenthesis

**par excellence** [parɛksɛ'lã:s] *Adj.*; *nachgestellt* par exellence; **ein Gentleman ~:** an outstanding example of a gentleman

**Parforce-** [par'fɔrs-]: **~jagd die** *(Jagdw. veralt.)* hunt with horses and hounds; *(Art des Jagens)* riding to hounds; **~ritt der** *(geh.)* feat of concentrated effort

**Parfum** [par'fœ̃:], **Parfüm** [par'fy:m] **das; ~s, ~s** perfume; scent

**Parfümerie** [parfymə'ri:] **die; ~, ~en** perfumery

**Parfüm-: ~fläschchen das, ~flasche die** perfume- *or* scent-bottle

**parfümieren** *tr. V.* perfume; scent; **sich [viel zu stark] ~:** put [too much] perfume *or* scent on

**Parfüm-: ~wolke die** cloud of perfume *or* scent; **~zerstäuber der** perfume-spray; perfume-atomizer

**pari** ['pa:ri] **a)** *in* **zu/über/unter ~** *(Börsenw.)* at/above/below par; **b)** *in* **die/ihre Chancen stehen ~:** the odds are even/they have the same *or* an equal chance

**Paria** ['pa:ria] **der; ~s, ~s** *(auch fig.)* pariah

**¹parieren** [pa'ri:rən] *itr. V. (ugs.)* do what one is told; **jmdm. ~:** do what sb. tells one; **aufs Wort ~:** jump to it *(coll.)*

**²parieren** *tr. V.* **a)** *(Fechten, Boxen, fig.)* parry; **b)** *(Fußball)* save ⟨*shot*⟩; parry ⟨*attack*⟩; **c)** *(Pferdesport)* hold ⟨*horse*⟩ at half-halt; *(zum Stehen bringen)* halt

**Pari·kurs der** *(Wirtsch.)* par value; *(bei Devisen)* par rate of exchange

**Pariser** [pa'ri:zɐ] **1.** *indekl. Adj.* Parisian; Paris *attrib.*; **die ~ Metro** the Paris Metro; **2. der; ~s, ~ a)** *(Einwohner)* Parisian; **b)** *(ugs.: Kondom)* French letter *(coll.)*

**Pariserin die; ~, ~nen** Parisian

**pariserisch** *Adj.* Parisian

**Parität** [pari'tɛ:t] **die; ~, ~en a)** *(Gleichheit)* parity; equality; **b)** *(Wirtsch.)* parity

**paritätisch 1.** *Adj.* equal; **~e Mitbestimmung** co-determination based on equal representation. **2.** *adv.* equally; **Ausschüsse müssen ~ besetzt werden** there must be equal representation on committees

**Park** [park] **der; ~s, ~s** park; *(Schloß~ usw.)* grounds *pl.*

**Parka der; ~s, ~s** parka

**Park-: ~an·lage die** park; *(bei Schlössern usw.)* grounds *pl.*; **~bahn die** *(Raumf.)* parking orbit; **~bank die;** *Pl.* **~bänke** park bench

**parken 1.** *tr. V.* park. **2.** *itr. V.* **a)** park; **„Parken verboten!"** 'No Parking'; **b)** *(stehen)* be parked; **ein ~des Auto** a parked car

**Parkett** [par'kɛt] **das; ~[e]s, ~e a)** *(Bodenbelag)* parquet floor; **~ legen** lay parquet flooring; **sich auf jedem ~ bewegen können** *(fig.)* be able to move in any circles; **b)** *(Theater)* [front] stalls *pl.*; parquet *(Amer.)*; **das ~ applaudierte** there was applause from the stalls; **c)** *in* **etw. aufs ~ legen** *(ugs.)* dance sth.; *s. auch* **Sohle a**

**Parkett·[fuß]boden der** parquet floor; **~ haben** have parquet flooring

**parkettieren** *tr. V.* lay parquet flooring; parquet

**Parkett·platz der** seat in the [front] stalls

**Park-: ~gebühr die** parking-fee; **~haus das** multi-storey car-park

**parkieren** *(schweiz.) s.* **parken**

**Parkinsonsche Krankheit** ['parkınzɔnʃə '--] **die** Parkinson's disease

**Park-: ~kralle die** wheel-clamp; **~landschaft die** parkland; **~leuchte die, ~licht das** parking-light; **~lücke die** parking-space; **~platz der a)** car-park; parking lot *(Amer.)*; **b)** *(für ein einzelnes Fahrzeug)* parking-space; place to park; **~scheibe die** parking-disc; **~schein der** car-park ticket; **~uhr die** parking-meter; **~verbot das** ban on parking; **hier ist ~verbot** you are not allowed to park here; **im ~verbot stehen** be parked illegally; **aus dem ~verbot wegfahren** move one's car from where it is/was parked illegally; **~verbots·schild das** no-parking sign

**Parlament** [parla'mɛnt] **das; ~[e]s, ~e** parliament; *(eines bestimmten Landes)* Parliament *no def. art.*

**Parlamentär** [parlamɛn'tɛ:ɐ̯] **der; ~s, ~e** peace negotiator

**Parlamentarier** [parlamɛn'ta:ri̯ɐ] **der; ~s, ~, Parlamentarierin die; ~, ~nen** member of parliament; *(in Großbritannien)* Member of Parliament; MP; *(in den Vereinigten Staaten)* Congressman/Congresswoman; **die Bonner ~:** the members of the Bonn Parliament; **die dem Europarat angehörenden ~:** the MPs *or* deputies in the Council of Europe

**parlamentarisch 1.** *Adj.; nicht präd.* parliamentary; **~er Staatssekretär [im Bundesministerium für ...]** parliamentary secretary [to the Federal Ministry of ...]; **2.** *adv.* **etw. ~ diskutieren** discuss sth. in parliament

**Parlamentarismus der; ~:** parliamentarianism *no art.*; parliamentary system

**Parlaments-: ~aus·schuß der** parliamentary committee; **~ferien** *Pl.* [parliamentary] recess *sing.*; **~gebäude das** parliament building[s *pl.*]; **die ~gebäude** *(in London)* the Houses of Parliament; **~mitglied das** member of parliament; *(in Großbritannien)* Member of Parliament; MP; *(in den Vereinigten Staaten)* member of Congress; **~reform die** parliamentary reform; **~sitzung die** sitting [of parliament]; **~wahl die** parliamentary election

**parlieren** [par'li:rən] *itr. V. (geh.; oft iron.)* make conversation; *(plaudern)* chat **(über** + *Akk.* about); *(reden)* talk ⟨French *etc.*⟩

**Parmesan** [parme'za:n] **der; ~[s]** Parmesan

**Parnaß** [par'nas] **der; ~** *od.* **Parnasses** *(dichter.)* Parnassus *no def. art. (poet.)*

**Parodie** [paro'di:] **die; ~, ~n** parody; **eine ~ auf etw./jmdn.** a parody of sth./take-off of sb.

**parodieren** *tr. V.* parody ⟨*literary work, manner*⟩; take off ⟨*person*⟩; satirize ⟨*event*⟩

**Parodist der; ~en, ~en** parodist

**parodistisch** *Adj.* parodistic; ⟨*ability*⟩ as a parodist

**Parodontose** [parodɔn'to:zə] **die; ~, ~n** periodontosis *no art. (Dent.)*; receding gums *pl., no art.*

**Parole** [pa'ro:lə] **die; ~, ~n a)** *(Wahlspruch)* motto; *(Schlagwort)* slogan; **b)** *(bes. Milit.: Kennwort)* password; **c)** *(Gerücht)* rumour

**Paroli** [pa'ro:li] *in:* **jmdm./einer Sache ~ bieten** give sb. as good as one gets/pit oneself against sth.

**Part** [part] **der; ~s, ~s** *od.* **~e a)** *(Musik: Stimme, Partie)* part; **b)** *(Theater, Film: Rolle)* part; role; **einen/den [entscheidenden] ~ in** *od.* **bei etw.** *(Dat.)* **spielen** *(auch fig.)* play a/the [crucial] part *or* role in sth.

**Parte** ['partə] **die; ~, ~n** *(österr.: Todesanzeige)* death announcement

**Partei** [par'tai] **die; ~, ~en a)** *(Politik)* party; **in** *od.* **bei der ~ sein** be a party member; **die ~ wechseln** change parties; **b)** *(Rechtsw.)* party; **c)** *(Gruppe, Mannschaft)* side; **es mit beiden ~en halten** run with the hare and hunt with the hounds *(fig.)*; **~ sein** be an interested party; **jmds.** *od.* **für jmdn./für etw. ~ ergreifen** *od.* **nehmen** side with sb./take a stand for sth.; **gegen jmdn./etw. ~ nehmen** *od.* **ergreifen** side against sb./take a stand against sth.; **über den ~en stehen** be impartial; **d)** *(Miets~)* tenant; *(mehrere Personen)* tenants *pl.*

**partei-, Partei-: ~ab·zeichen das** party badge; **~aktiv das** *(DDR) team of party members with particular tasks;* **~amtlich** *Adj.* official party ⟨*regulations etc.*⟩; **~apparat der** party machine *or* organization; **~bonze der** *(abwertend)* party bigwig *(coll.)*; **~buch das** party membership book; **das falsche/richtige ~buch haben** belong to the wrong/right party; **~chef der** party leader; **~chinesisch das** *(ugs. scherzh.)* party gobbledegook; **~disziplin die** party discipline

**Parteien-: ~landschaft die** party political scene *or* set-up; **~verkehr der** *(österr.)* „**~verkehr von 9 bis 14 Uhr**" 'open to the public from 9 till 2'

**partei-, Partei-: ~freund der** fellow party member; party colleague; **~führer der** party leader; **~führung die** party leadership; **der ~führung angehören** be one of the party leaders *pl. or* executive; **~gänger der** *(oft abwertend)* [loyal] party supporter; **Mussolini und seine ~gänger** Mussolini and his party faithful; **~genosse der** *(hist.: Mitglied der NSDAP)* party member; *(einer Arbeiterpartei)* **~genosse X** Comrade X; **~hoch·schule die** *(DDR) college in Berlin for training SED leaders;* **~intern 1.** *Adj.; nicht präd.* internal [party] ⟨*conflict, matters, material, etc.*⟩; **2.** *adv.* within the party

**parteiisch 1.** *Adj.* biased. **2.** *adv.* in a biased manner

**Partei-: ~lehr·jahr das** *(DDR) year's course of ideological training (for SED members and others);* **~leitung die** *s.* **~führung**

**parteilich 1.** *Adj.* **a)** *nicht präd. (eine Partei betreffend)* party ⟨*matter, work, principles, etc.*⟩; **b)** *(parteiisch)* biased ⟨*judgement, view, etc.*⟩; **c)** *(DDR: der Parteilinie folgend)* in accordance with the party line *postpos.* **2.** *adv.* **a)** *(von der Partei)* by the party; **b)** *(parteiisch)* in a biased manner; **c)** *(der Parteilinie folgend)* ⟨*think, behave, act*⟩ in accordance with the party line

**Parteilichkeit die; ~: a)** *(Linientreue)* adherence to the party line; **b)** *(einseitige Parteinahme)* bias, partiality **(für** towards)

**partei-, Partei-: ~linie die** party line; **~los** *Adj. (Politik)* independent ⟨*MP*⟩; **er ist ~los** he is not attached to *or* aligned with any party; **~lose der/die;** *adj. Dekl. (Politik)* independent; person not attached to a party; **~losigkeit die; ~:** *(Politik)* independence; **~mit·glied das** party member; **~nahme die; ~, ~n** partisanship; taking sides *no art.*; **~organ das a)** party representative; *(Gruppe)* group of persons representing a party; **b)** *(Zeitung)* party organ; **~politik die** party politics *sing.*; **~politisch 1.** *Adj.* party political; **2.** *adv.* from a party political point of view; **~programm das** party manifesto *or* programme; **~tag der** party conference *or (Amer.)* convention

**Parteiung die; ~, ~en** ⟨*political, religious*⟩ group

**Partei-: ~verfahren das** *proceedings instituted by the party against a member;* **~vorsitzende der/die** party leader; **~vorstand der** party executive; **~zugehörigkeit die** party membership

**parterre** [par'tɛr] *Adv.* on the ground *or (Amer.)* first floor

**Parterre das; ~s, ~s a)** *(Erdgeschoß)* ground floor; first floor *(Amer.)*; **im ~:** on the ground *or (Amer.)* first floor; **b)** *(Theater veralt.)* stalls *pl. (Brit.)*; parterre *(Amer.)*; parquet *(Amer.)*

**Parterre·wohnung die** ground-floor flat *(Brit.)*; first-floor apartment *(Amer.)*

**Partie** [par'ti:] **die; ~, ~n a)** *(Teil)* part; **b)** *(Spiel, Sport: Runde)* game; *(Golf)* round; **eine ~ Schach spielen** play a game of chess; **c)** *(Musik)* part; **d)** *(Ehepartner)* **eine gute ~ [für jmdn.] sein** be a good match [for sb.]; **sie hat eine gute/glänzende ~ gemacht** she has married well/extremely well; **e)** *(veralt.: Ausflug)* **eine ~ aufs Land machen** go on *or* for an outing *or* a trip into the country; **f) mit von der ~ sein** join in; *(bei einer Reise usw.)* go along too; **da bin ich mit von der ~!** count me in!; **g)** *(Kaufmannsspr.)* batch; **h)** *(österr.: Gruppe von Arbeitern)* gang

**Partie·führer der** *(österr.: Vorarbeiter)* foreman

**partiell** [par'tsiɛl] **1.** *Adj.* partial. **2.** *adv.* partially

**¹Partikel** [par'ti:kl̩] **die; ~, ~n** *(Sprachw.)* particle

**²Partikel das; ~s, ~** *od.* **die; ~, ~n** *(bes. Physik, Chemie, Technik)* particle

**partikular** [partiku'la:ɐ̯], **partikulär** [partiku'lɛ:ɐ̯] *Adj. (geh.)* minority *attrib.* ⟨*interest, viewpoint*⟩

**Partikularismus der; ~** *(meist abwertend)* particularism *no art.*

**partikularistisch** *Adj. (meist abwertend)* particularistic

**Partisan** [parti'za:n] **der; ~s** *od.* **~en, ~en** guerrilla; *(gegen Besatzungstruppen im Krieg)* partisan

**Partisanen·krieg der** guerilla war; *(Kriegführung)* guerilla warfare

**Partisanin die; ~, ~nen** *s.* **Partisan**

**Partita** [par'ti:ta] **die; ~, Partiten** *(Musik)* partita

**Partitur** [parti'tu:ɐ̯] **die; ~, ~en** *(Musik)* score

**Partizip** [parti'tsi:p] **das; ~s, ~ien** [-'tsi:pi̯ən] *(Sprachw.)* participle; **das 1. ~** *od.* **~ Präsens/das 2. ~** *od.* **~ Perfekt** the present/past participle

**Partizipation** [partitsipa'tsi̯o:n] **die; ~, ~en** participation **(an** + *Dat.* in)

**Partizipations·geschäft das** *(Wirtsch.)* joint venture

**Partizipial-** *(Sprachw.)* participial

**partizipieren** *itr. V.* **an etw.** *(Dat.)* **~:** have a share in sth.

**Partner** ['partnɐ] **der; ~s, ~, Partnerin die; ~, ~nen** partner; *(Bündnis~)* ally; *(im Film/Theater)* co-star

**Partner·look der** co-ordinated fashion *(in which man and woman wear matching clothes);* **~ tragen** wear matching his-and-hers outfits

**Partnerschaft die; ~, ~en** partnership

**partnerschaftlich 1.** *Adj.* ⟨*co-operation etc.*⟩ on a partnership basis; **wir haben ein ~es Verhältnis** ours is a relationship between equal partners; **sein Führungsstil ist [sehr] ~:** his style of leadership involves treating people [very much] as equal partners. **2.** *adv.* in a spirit of partnership; *(als Partnerschaft)* as a partnership; **sich jmdm. gegenüber** *od.* **zu jmdm. ~ verhalten** treat sb. as an equal [partner]

**Partner-: ~stadt die** twin town *(Brit.)*; sister city *or* town *(Amer.)*; **~tausch der** partner-swapping *(coll.)*; **~wahl die** choice of mate *or* partner

**partout** [par'tu:] *Adv. (ugs.)* at all costs; **er will es ~ nicht einsehen** but he absolutely refuses to see it
**Party** ['pa:ɐ̯ti] **die; ~, ~s** *od.* **Parties** party; **eine ~ [zu ihrem bestandenen Examen/zu seinem Geburtstag] geben** give a party [to celebrate her passing the exam/for his birthday]; **auf** *od.* **bei ~s** at parties; **auf eine** *od.* **zu einer ~ gehen** go to a party
**Party-: ~keller der** *basement room equipped for parties;* **~löwe der** *(iron.)* [male] party-goer *(who is the centre of attraction);* social lion
**Parvenü,** *(österr.:)* **Parvenu** [parve'ny:] **der; ~s, ~s** *(geh.)* parvenu
**Parze** ['partsə] **die; ~, ~n** *(röm. Myth.)* **die drei ~n** the Three Fates
**Parzelle** [par'tsɛlə] **die; ~, ~n** [small] plot [of land]
**parzellieren** *tr. V.* divide into [small] plots
**Pasch** [paʃ] **der; ~[e]s, ~e** *u.* **Päsche a)** *(beim Würfelspiel)* **einen ~ werfen** *(bei zwei Würfeln)* throw doubles *pl.; (bei drei Würfeln)* throw triplets; **b)** *(beim Domino)* double
**Pascha** ['paʃa] **der; ~s, ~s a)** *(hist.)* pasha; **b)** *(fig. abwertend)* male chauvinist; **den ~ spielen** act the lord and master
**Paspel** ['paspl̩] **die; ~, ~n** *od.* **der; ~s, ~:** piping *no pl.*
**paspelieren** *tr. V.* pipe ⟨*pocket, collar, hem, seam*⟩
**Paß** [pas] **der; Passes, Pässe** ['pɛsə] **a)** *(Reise~)* passport; **der diplomatischen Vertretung die Pässe zustellen** break off diplomatic relations; **b)** *(Gebirgs~)* pass; **c)** *(Ballspiele)* pass
**passabel** [pa'sa:bl̩] **1.** *Adj.* reasonable; tolerable; fair ⟨*report*⟩; presentable ⟨*appearance*⟩. **2.** *adv.* reasonably *or* tolerably well
**Passage** [pa'sa:ʒə] **die; ~, ~n a)** *(Ladenstraße)* [shopping] arcade; **b)** *(Abschnitt) (im Text)* passage; *(im Film)* sequence; *(beim Eistanz, bei Turnübungen)* routine; *(Musik)* [virtuoso] passage; **c)** *(Stelle zum Passieren, Schiffs~, Reiten)* passage
**Passagier** [pasa'ʒi:ɐ̯] **der; ~s, ~e** passenger; **~e der Lufthansa nach London** Lufthansa passengers [bound] for London; **blinder ~:** stowaway
**Passagier-: ~dampfer der** passenger steamer; **~flugzeug das** passenger aircraft; **~liste die** passenger list; **~schiff das** passenger ship
**Passah** ['pasa] **das; ~s** *(jüd. Rel.)* Passover
**Passah·fest das** *(jüd. Rel.)* Feast of the Passover
**Paß·amt das** passport office
**Passant** [pa'sant] **der; ~en, ~en, Passantin die; ~, ~nen a)** *(Fußgänger[in])* passer-by; **b)** *(schweiz.: Durchreisende[r])* traveller [passing through]
**Passat** [pa'sa:t] **der; ~[e]s, ~e, Passatwind der** trade wind
**Paß·bild das** passport photograph
**Passe** ['pasə] **die; ~, ~n** *(Schneiderei)* yoke
**passé** [pa'se:] *Adj.; nicht attr. (ugs.) (überholt)* passé; out of date; *(vorüber)* over [and done with]; **er ist als Politiker ~:** as a politician he has had his day
**Pässe** ['pɛsə] *s.* **Paß**
**passen 1.** *itr. V.* **a)** *(die richtige Größe/Form haben)* fit; **etw. paßt [jmdm.] gut/nicht** sth. fits [sb.] well/does not fit [sb.]; **etw. paßt [nicht] in/auf/unter etw.** *(Akk.)* **/zwischen zwei Sachen** sth. fits/does not fit into/on [to]/underneath sth./between two things; **der Schlüssel paßt nicht ins Schloß** the key does not fit the lock; **das Buch paßt nicht in den Karton** the book won't go in the box; **ein Kleidungsstück ~d machen** make an article of clothing fit; **b)** *(geeignet sein)* be suitable, be appropriate (**auf** + *Akk.*, **zu** for); *(harmonieren)* ⟨*colour etc.*⟩ match; **dieses Bild paßt besser in die Diele** this picture goes better in the hall; **zu etw./jmdm. ~:** go well with sth./be well suited to sb.; **zueinander ~:** ⟨*things*⟩ go well together; ⟨*two people*⟩ be suited to each other; **das** *od.* **dieses Benehmen paßt zu ihm/paßt nicht zu ihm** *(ugs.)* that's just like him *(coll.)*/that's not like him; **diese Beschreibung paßt [genau] auf sie/[absolut] nicht auf sie** this description fits her [exactly]/does not fit her [at all]; **sie paßt nicht hierher/nach X** she does not fit in here/in X; **nicht in die Welt ~:** be unsuited to this life; **sie paßt nicht zu uns** *od.* **in unseren Kreis** she is out of place in our circle; *s. auch* **Faust; Konzept; Kram; passend; c)** *(genehm sein)* **jmdm. ~** ⟨*time*⟩ be convenient for sb., suit sb.; **jmdm. paßt etw. nicht** sth. is inconvenient for sb.; *(jmd. mag etw. nicht)* sb. does not like sth.; **das könnte dir so ~!** *(ugs.)* you'd just love that, wouldn't you?; **d)** *(Kartenspiel)* pass; **bei dieser Frage muß ich ~** *(fig.)* I'll have to pass on that question; **e)** *(österr.: warten, lauern)* wait (**auf** + *Akk.* for). **2.** *tr.* **a)** *(auch itr.) V. (Ballspiele)* pass ⟨*ball*⟩; **b)** *(paßgerecht einfügen)* **etw. in etw.** *(Akk.)* **~:** fit sth. into sth. **3.** *refl. V. (ugs.: sich schicken)* be proper *or (coll.)* done; **das/es paßt sich einfach nicht** it simply isn't done *or* the done thing *(coll.)*
**passend** *Adj.* **a)** *(geeignet)* suitable ⟨*dress, present, etc.*⟩; appropriate, right ⟨*words, expression*⟩; right ⟨*moment*⟩; **bei einer ~en Gelegenheit** at an opportune moment; **haben Sie es ~?** *(ugs.)* have you got the right money?; **b)** *(harmonierend)* matching ⟨*shoes etc.*⟩; **die zum Kleid ~en Schuhe** the shoes to go with *or* match the dress
**Passepartout** [paspar'tu] **das;** *(schweiz.:)* **der; ~s, ~s a)** *(Umrahmung)* mount; **b)** *(bes. schweiz.) s.* **Hauptschlüssel**
**paß-, Paß-: ~form die** fit; **eine gute ~form haben** be a good fit; **~foto das** *s.* **~bild; ~gang der** amble; **im ~gang gehen** amble; **~genau, ~gerecht** *Adj.* that fits/fit exactly *or* perfectly *postpos., not pred.;* **die Schuhe sind ~genau** *od.* **~gerecht** the shoes fit exactly *or* are a perfect fit
**passierbar** *Adj.* passable ⟨*road*⟩; navigable ⟨*river*⟩; negotiable ⟨*path*⟩
**passieren 1.** *tr. V.* **a)** pass; **die Grenze ~:** cross the border; **eine Brücke/einen Tunnel ~:** pass over a bridge/through a tunnel; **die Zensur ~** *(fig.)* be passed by the censor; get past the censor; *s. auch* **Revue d; b)** pass through a sieve; strain ⟨*curd cheese etc.*⟩. **2.** *itr. V.; mit sein* happen; ⟨*murder, event*⟩ take place; **es ist ein Unglück/etwas Schreckliches passiert** there has been an accident/something dreadful has happened; **gib es ihm sofort zurück, sonst passiert was!** give it back to him straight away, or there'll be trouble!; **jmdm. ist etwas/nichts passiert** something/nothing happened to sb.; *(jmd. ist verletzt/nicht verletzt)* sb. was/was not hurt; **mir ist eine Panne/ein Versehen passiert** I [have] had a breakdown/made a mistake; **das kann doch jedem mal ~!** that can happen to anybody!
**Passier-: ~schein der** pass; permit; **~schlag der** *(Tennis)* passing shot
**Passion** [pa'si̯o:n] **die; ~, ~en a)** passion; **b)** *o. Pl. (christl. Rel., Kunst, Musik)* Passion
**passioniert** *Adj.; nicht präd.* ardent, passionate ⟨*collector, card-player, huntsman*⟩
**Passions-: ~spiel das** Passion play; **~zeit die** *(christl. Rel.)* Passiontide
**passiv** ['pasi:f] **1.** *Adj.* passive; non-active ⟨*member*⟩; **~e Handelsbilanz** balance of trade deficit; **das ~e Wahlrecht** eligibility [for political office]; **das ~e Wahlrecht haben** be eligible to stand as a candidate; *s. auch* **Bestechung. 2.** *adv.* passively; **sich [bei** *od.* **in etw.** *(Dat.)*] **~ verhalten** take a passive stance [in sth.]; take no active part [in sth.]
**Passiv das; ~s, ~e** *(Sprachw.)* passive; **im ~ stehen** be in the passive
**Passiva** [pa'si:va] *Pl. (Wirtsch.)* liabilities
**Passiv·bildung die** *(Sprachw.)* formation of the passive
**Passiven** *s.* **Passiva**
**passivisch** *(Sprachw.)* **1.** *Adj.* passive. **2.** *adv.* passively; in the passive form
**Passivität** [pasivi'tɛ:t] **die; ~:** passivity
**Passiv-: ~posten der** *(Kaufmannsspr.)* liability; **~saldo der** *(Kaufmannsspr.)* debit balance; **~seite die** *(Kaufmannsspr.)* liabilities side
**Paß-: ~kontrolle die a)** *(das Kontrollieren)* passport inspection *or* check; **b)** *(Stelle)* passport control; **~stelle die** *s.* **~amt; ~straße die** [mountain] pass road
**Passung die; ~, ~en** *(Technik)* fit; tolerance [for mating parts]
**Passus** ['pasʊs] **der; ~, ~** [pa'su:s] passage
**Paß·zwang der** obligation to carry a passport
**Paste** ['pastə] **die; ~, ~n** *(auch Pharm.)* paste
**Pastell** [pas'tɛl] **das; ~[e]s, ~e a)** *(Farbton)* pastel shade; **b)** *o. Pl. (Maltechnik)* pastel *no art.;* **in ~:** in pastel; **c)** *(Bild)* pastel [drawing]
**pastell-, Pastell-: ~farbe die** pastel colour; **~farben** *Adj.* pastel-coloured; **~malerei die** pastel drawing; **~ton der** pastel shade
**Pastetchen das; ~s, ~:** [small] vol-au-vent; *(Hülle)* [small] vol-au-vent case
**Pastete** [pas'te:tə] **die; ~, ~n a)** *(gefüllte ~)* vol-au-vent; *(Hülle)* vol-au-vent case; **b)** *(in einer Schüssel o.ä. gegart)* pâté; *(in einer Hülle aus Teig gebacken)* pie
**pasteurisieren** [pastøri'zi:rən] *tr. V.* pasteurize
**Pasteurisierung die; ~, ~en** pasteurization
**Pastille** [pas'tɪlə] **die; ~, ~n** pastille
**Pastinake** [pasti'na:kə] **die; ~, ~n** parsnip
**Past·milch die** *(schweiz.)* pasteurized milk
**Pastor** ['pastɔr] **der; ~s, ~en** pastor; *s. auch* **Pfarrer**
**pastoral** [pasto'ra:l] *Adj.* **a)** *(seelsorgerlich)* pastoral; **b)** *(salbungsvoll)* unctuous; **c)** *(idyllisch)* pastoral ⟨*literature*⟩
**Pastorale das; ~s, ~s** *od.* **die; ~, ~n a)** *(Musik)* pastorale; **b)** *(Literaturw., Kunst)* pastoral
**Pastorin die; ~, ~nen** pastor
**Pate** ['pa:tə] **der; ~n, ~n a)** *(Taufzeuge)* godparent; *(Patenonkel; in der Mafia)* godfather; *(Patin)* godmother; *(DDR)* sponsor *(responsible for the child's socialist upbringing);* **bei jmdm. ~ stehen** act as *or* be godfather/godmother to sb.; *(DDR: bei der Namengebung)* act as sponsor to sb.; **bei etw. ~ stehen** *(fig.)* be [the influence/influences] behind sth.; *(als Vorbild dienen)* act as the model for sth.; **b)** *(veralt.: Patenkind)* godchild
**Patene** [pa'te:nə] **die; ~, ~n** *(christl. Kirche)* paten
**Paten-: ~kind das** godchild; *(DDR)* sponsored child; **~onkel der** godfather; *(DDR)* [male] sponsor
**Patenschaft die; ~, ~en** *(christl. Rel.)* godparenthood; *(DDR, fig.)* sponsorship (**für, über** + *Akk.* of)
**Paten-: ~sohn der** godson; *(DDR)* sponsored boy; **~stadt die** twin town *(Brit.);* sister city *or* town *(Amer.)*
**patent** [pa'tɛnt] *(ugs.)* **1.** *Adj.* **a)** *(tüchtig)* capable; **ein ~er Kerl** a great guy *(sl.);* **b)** *(zweckmäßig)* ingenious ⟨*device, method, idea*⟩; clever ⟨*slogan etc.*⟩. **2.** *adv.* ingeniously; cleverly; neatly ⟨*solved*⟩
**Patent das; ~[e]s, ~e a)** *(Schutz)* patent; **ein ~ auf etw.** *(Akk.)* **haben** have a patent for sth.; **etw. zum** *od.* **als ~ anmelden, auf** *od.* **für etw. ein ~ anmelden** apply for a patent for sth.; **„als ~ angemeldet"** 'patent pending'; 'patent applied for'; **b)** *(Erfindung)*

[patented] invention; *(fig.: Konstruktion/Verfahren)* [patent] design/method; **c)** *(Ernennungsurkunde)* certificate [of appointment]; *(eines Kapitäns)* master's certificate; *(eines Offiziers)* commission

**Patent-: ~amt das** Patent Office; **~an·meldung die** patent application

**Paten·tante die** *s.* **Patin**

**patent-, Patent-: ~anwalt der** patent agent *or (Amer.)* attorney; **~fähig** *Adj.* patentable; **~gesetz das** Patents Act

**patentieren** *tr. V.* patent; **jmdm. etw. ~:** grant sb. a patent for sth.; **sich** *(Dat.)* **eine Erfindung ~ lassen** have an invention patented

**Patent-: ~inhaber der** patentee; **~lösung die** patent remedy **(für, zu** for)

**Paten·tochter die** god-daughter; *(DDR)* sponsored girl

**Patent-: ~recht das a)** *(Rechtsnormen)* patent law *no art.*; **b)** *(berechtigter Anspruch)* patent rights *pl.*; **~register das** *(österr., schweiz.) s.* **~rolle; ~rezept das** patent remedy **(gegen, für** for); **kein ~rezept dafür haben, wie man etw. tut** have no magic recipe for doing sth.; **~rolle die** ≈ Register of Patents *(Brit.)*; **~schrift die** patent specification; **~schutz der** patent protection

**Pater** ['pa:tɐ] **der; ~s, ~** *od.* **Patres** ['pa:tre:s] *(kath. Kirche)* Father

**¹Paternoster** [pa:tɐ'nɔstɐ] **der; ~s, ~** *(Aufzug)* paternoster [lift]

**²Paternoster das; ~s, ~** *(Gebet)* Lord's Prayer

**pathetisch** [pa'te:tɪʃ] **1.** *Adj.* emotional, impassioned ⟨*speech, manner*⟩; melodramatic ⟨*gesture*⟩; emotive ⟨*style*⟩; pompous ⟨*voice*⟩. **2.** *adv.* emotionally; with much emotion; *(dramatisch)* [melo]dramatically

**Pathologe** [pato'lo:gə] **der; ~n, ~n** pathologist

**Pathologie** [patolo'gi:] **die; ~, ~n a)** *o. Pl. (Gebiet)* pathology *no art.*; **b)** *(Abteilung/Institut)* pathology department/institute

**Pathologin die; ~, ~nen** pathologist

**pathologisch 1.** *(Med.; auch fig.) Adj.* pathological. **2.** *adv.* pathologically

**Pathos** ['pa:tɔs] **das; ~** emotionalism; **ein unechtes/hohles ~:** false/empty pathos; **eine Rede voller ~:** a speech full of emotion; **etw. mit ~ vortragen** recite sth. with much feeling

**Patience** [pa'si̯ã:s] **die; ~, ~n** [game of] patience; **~n/eine ~ legen** play patience/a game of patience

**Patient** [pa'tsi̯ɛnt] **der; ~en, ~en, Patientin die; ~, ~nen** patient; **~ von** *od.* **bei Dr. X sein** be a patient of Dr X

**Patin die; ~, ~nen** *(Taufzeugin)* godmother; *(DDR)* sponsor *(responsible for the child's socialist upbringing)*

**Patina** ['pa:tina] **die; ~:** patina; **~ ansetzen** become covered with a patina; *(fig.)* begin to show its age; become dated

**patinieren** *tr. V.* patinate

**Patisserie** [patɪsə'ri:] **die; ~, ~n** *(schweiz.)* patisserie

**Patres** *s.* **Pater**

**Patriarch** [patri'arç] **der; ~en, ~en** patriarch

**patriarchalisch 1.** *Adj.* patriarchal; *(fig.: autoritär)* authoritarian. **2.** *adv.* in a patriarchal *or (fig.)* authoritarian manner

**Patriarchat das; ~[e]s, ~e a)** *(Gesellschaftsordnung)* patriarchy; **b)** *(kath. u. orthodoxe Kirche)* patriarchate

**Patriot** [patri'o:t] **der; ~en, ~en, Patriotin die; ~, ~nen** patriot

**patriotisch 1.** *Adj.* patriotic. **2.** *adv.* patriotically; **~ erzogen werden** be brought up to be a patriot

**Patriotismus der; ~:** patriotism *usu. no def. art.*

**Patrize** [pa'tri:tsə] **die; ~, ~n** *(Druckw.)* steel punch *or* die

**Patriziat** [patri'tsi̯a:t] **das; ~[e], ~e** *(hist.)* patriciate

**Patrizier** [pa'tri:tsi̯ɐ] **der; ~s, ~** *(hist.)* patrician

**Patron** [pa'tro:n] **der; ~s, ~e a)** *(Schutzheiliger)* patron saint; **b)** *(Stifter einer Kirche)* patron; founder; **c)** *(ugs. abwertend: Kerl)* type *(coll.)*; **ein übler ~:** a nasty piece of work *(coll.)*; **d)** *(hist.: Schutzherr; veralt.: Gönner)* patron

**Patronage** [patro'na:ʒə] **die; ~, ~n** favouritism *no art.*; *(im Staatsapparat)* patronage *no art.*

**Patronat** [patro'na:t] **das; ~[e]s, ~e a)** *(hist.; Würde, Amt)* patronate; **b)** *(Schirmherrschaft; Kirchenrecht: Rechtsstellung)* patronage

**Patrone** [pa'tro:nə] **die; ~, ~n a)** *(für das Gewehr, den Füller)* cartridge; *(für die Kleinbildkamera)* cassette; **b)** *(Textilind.)* point paper plan; draft

**Patronen-: ~gurt der, ~gürtel der** cartridge-belt; *(über der Schulter getragen)* bandoleer; **~hülse die** cartridge-case; **~tasche die** cartridge-pouch

**Patronin die; ~, ~nen a)** *(Schutzheilige)* patron saint; **b)** *(veralt.: Gönnerin)* patroness

**Patrouille** [pa'trʊljə] **die; ~, ~n** patrol

**Patrouillen-: ~boot das** patrol boat; **~gang der** patrol

**patrouillieren** [patrʊl'ji:rən] *itr. V.; auch mit sein* be on patrol; **durch die Straßen ~:** patrol the streets

**patsch** [patʃ] *Interj.* splat; slap; *(auf Wasser usw.)* splash

**Patsche die; ~, ~n a)** *(ugs.) s.* **Klemme b; b)** *(ugs.: Hand)* paw *(coll.)*; **kleine ~n** *(eines Kindes)* little hands; **c)** *(Feuer~)* fire-beater

**patschen** *itr. V. (ugs.)* **a)** *(klatschen)* slap; **sich** *(Dat.)* **auf die Schenkel ~:** slap one's thighs; **das Kind patschte in die Hände** the child clapped its hands; **b)** *mit sein (~d gehen/fallen)* splash; **über die Fliesen ~** *(mit nassen Stiefeln usw.)* go flip-flop over the tiles; *(unbeholfen)* lollop over the tiles; **durch die Pfützen ~:** splash *or* go splashing through the puddles; **c)** *(~des Geräusch hervorbringen)* ⟨*slush, wet shoes*⟩ squelch

**patsch-, Patsch-: ~hand die; ~händchen das** *(fam.)* [little] hand; handy-pandy *(child lang.)*; **~naß** *Adj. (ugs.)* sopping wet; **~naß geschwitzt** soaked in sweat

**patt** [pat] *(Schach)* **~ sein** be stalemated

**Patt das; ~s, ~s** *(Schach; auch fig.)* stalemate; **mit einem ~ enden** *od.* **ausgehen** end in stalemate

**Patte die; ~, ~n** [pocket] flap

**Patt·situation die** [position of] stalemate

**patzen** ['patsn̩] *itr. V.* **a)** *(ugs.: Fehler machen)* slip up *(coll.)*; boob *(sl.)*; **der Pianist hat ziemlich/erheblich gepatzt** the pianist came rather/well and truly unstuck *(coll.)*; **b)** *(österr.: klecksen)* make a blot/blots

**Patzer der; ~s, ~** *(ugs.)* slip *(coll.)*; boob *(sl.)*; **ein dicker ~:** a real howler *(coll.)*

**patzig** *(ugs. abwertend)* **1.** *Adj.* snotty *(coll.)*; *(frech)* cheeky. **2.** *adv.* snottily *(coll.)*; *(frech)* cheekily

**Paukant** [pau̯'kant] **der; ~en, ~en** *(Studentenspr.)* duellist

**Pauke** ['pau̯kə] **die; ~, ~n** kettledrum; **~n** *(im Orchester)* timpani; **die ~ schlagen** beat the drum/drums; **auf die ~ hauen** *(ugs.)* *(feiern)* paint the town red *(sl.)*; *(großtun)* blow one's own trumpet; *(sich lautstark äußern)* come right out with it; **mit ~n und Trompeten durchfallen** *(ugs.)* ⟨*candidate*⟩ fail resoundingly; ⟨*broadcast, film, etc.*⟩ be a resounding failure; **jmdn. mit ~n und Trompeten empfangen** *(fig.)* give sb. the red-carpet treatment

**pauken 1.** *tr. V. (ugs.)* swot up *(Brit. sl.)*, bone up on *(Amer. coll.)* ⟨*facts, figures, etc.*⟩; **Latein/Mathe ~:** swot up one's Latin/maths. **2.** *itr. V.* **a)** *(ugs.: lernen)* swot *(Brit. sl.)*; *(fürs Examen)* cram *(coll.)*; **b)** *(Musik) (in einer Band o. ä.)* play the big drum[s]; *(im Orchester)* play the timpani; **c)** *(Studentenspr.)* duel

**Pauken-: ~schlag der a)** drum-beat; **Haydns Sinfonie mit dem ~schlag** Haydn's Surprise Symphony; **b)** *(fig. Eklat)* sensation; bombshell; **~schlegel der** drumstick

**Pauker der; ~s, ~ a)** *(Musik) (im Orchester)* timpanist; *(in einer Band o. ä.)* big-drum player; **b)** *(Schülerspr.: Lehrer)* teacher; teach *(school sl.)*

**Paukerei die; ~:** *(ugs. abwertend)* swotting *(Brit. sl.)*; boning up *(Amer. coll.)*; *(fürs Examen)* cramming

**Paukist der; ~en, ~en** *s.* **Pauker a**

**Paulus** ['pau̯lʊs] **(der); Paulus'** Paul

**Pauperismus** [pau̯pə'rɪsmʊs] **der; ~** *(Soziol.)* pauperism *usu. no art.*

**Paus·backen** *Pl. (fam.)* chubby cheeks

**pausbäckig** ['pau̯sbɛkɪç] *Adj.* chubby-cheeked; chubby-faced; chubby ⟨*face*⟩

**pauschal** [pau̯'ʃa:l] **1.** *Adj.* **a)** *(rund gerechnet)* all-inclusive ⟨*price, settlement*⟩; **eine ~e Summe/Bezahlung** a lump sum/payment; **b)** *(verallgemeinernd)* sweeping ⟨*judgement, criticism, statement*⟩; indiscriminate ⟨*prejudice*⟩; wholesale ⟨*discrimination*⟩. **2.** *adv.* **a)** *(alles zusammengenommen)* ⟨*cost*⟩ overall, all in all; ⟨*pay*⟩ in a lump sum; **das Angebot gilt ~ für 10 Tage** the offer covers all costs *or* is inclusive for 10 days; **eine Frage ~ beantworten** answer a question in general terms; **b)** *(ohne zu differenzieren)* wholesale

**Pauschale die; ~, ~n** *od.* **das; ~s, Pauschalien** [-'ʃa:li̯ən] flat-rate payment; *(Pauschalsumme)* lump sum; **monatliche ~:** flat monthly rate

**Pauschal·gebühr die** flat-rate [charge]

**Pauschal-: ~preis der** *(Einheitspreis)* flat rate; *(Inklusivpreis)* inclusive *or* all-in price; **~reise die** package holiday; *(mit mehreren Reisezielen)* package tour; **~summe die** lump sum; **~urteil das** *(abwertend)* sweeping judgement *or* statement

**Pausch·betrag** ['pau̯ʃ-] **der** lump sum

**¹Pause** ['pau̯zə] **die; ~, ~n a)** *(Unterbrechung)* break; *(Ruhe~)* rest; *(Theater)* interval *(Brit.)*; intermission *(Amer.)*; *(Kino)* intermission; *(Sport)* half-time interval; **kleine/große ~:** *(Schule)* short/[long] break; *(Theater)* short/main interval *(Brit.) or (Amer.)* intermission; **in** *od.* **während der ~** *(Schule)* in *or* during break; *(Theater)* in *or* during the interval *(Brit.) or (Amer.)* intermission; *(Sport)* at half-time; **wann haben wir [große] ~?** *(Schule)* when is [the long] break?; **es klingelt zur ~** *(Schule)* the bell is ringing for break; **[eine] ~ machen** take *or* have a break; *(zum Ausruhen)* have a rest; **wir machen kurz/eine Viertelstunde ~:** we'll take a short break/a quarter of an hour's break; **eine ~ einlegen** *od.* **einschieben** have a rest; **mach mal ~!** take a break!; **b)** *(in der Unterhaltung o. ä.)* pause; *(verlegenes Schweigen)* silence; **c)** *(Musik)* rest; **eine ganze/halbe ~:** a semibreve/minim rest; a whole [note]/half [note] rest *(Amer.)*

**²Pause die; ~, ~n** *(Kopie)* tracing; *(Licht~)* Photostat *(Brit.* **P)**

**pausen** *tr. V.* trace; *(eine Lichtpause machen)* Photostat *(Brit.* **P)**

**Pausen-: ~brot das** sandwich *(eaten during break)*; **~füller der** *(ugs.)* interval material *no art.*; **~hof der** school yard

**pausen·los 1.** *Adj.; nicht präd.;* incessant ⟨*noise, moaning, questioning*⟩; continuous, uninterrupted ⟨*work, operation*⟩. **2.** *adv.* incessantly; ceaselessly; ⟨*work*⟩ non-stop

**Pausen·zeichen das a)** *(Musik)* rest; **b)** *(Rundfunk, Ferns.)* interval signal

**pausieren** *itr. V.* **a)** *(innehalten)* pause; **b)** *(aussetzen)* have *or* take a rest; **acht Wochen ~ müssen** *(Sport)* ⟨*player*⟩ be out of the game for eight weeks

**Paus·papier das** *(durchsichtig)* tracing paper; *(Kohlepapier)* carbon paper
**Pavian** ['pa:via:n] **der; ~s, ~e** baboon
**Pavillon** ['pavɪljɔn] **der; ~s, ~s** *(Archit.)* pavilion; *(einer Schule o. ä.)* annexe
**Pazifik** [pa'tsi:fɪk] **der; ~s** Pacific
**pazifisch** *Adj.* Pacific ⟨*area*⟩; **der Pazifische Ozean** the Pacific Ocean
**Pazifismus der; ~:** pacifism *no art.*
**Pazifist der; ~en, ~en, Pazifistin die; ~, ~nen** pacifist
**pazifistisch 1.** *Adj.* pacifist. **2.** *adv.* in a pacifist way
**PDS** [pe:de:'ɛs] **die; ~** *Abk.* **Partei des Demokratischen Sozialismus** Party of Democratic Socialism
**Pech** [pɛç] **das; ~[e]s, ~e a)** pitch; **schwarz wie ~ sein** be pitch-black; ⟨*hair*⟩ be jet-black; **zusammenhalten wie ~ und Schwefel** *(ugs.)* be inseparable; ⟨*friends*⟩ be as thick as thieves *(coll.)*; **b)** *o. Pl. (Mißgeschick)* bad luck; **großes/unerhörtes ~:** rotten *(sl.)*/*(coll.)* terrible luck; **bei** *od.* **mit etw./mit jmdm. ~ haben** have bad luck with sth./sb.; be unlucky with sth./sb.; **im Leben/in der Liebe/bei den Frauen/beim Examen ~ haben** have no luck in life/in love/with women/in the exam; **~ gehabt!** *(ugs.)* tough luck! *(coll.)*; **dein ~, wenn du nicht aufpaßt** *(ugs.)* that's just your hard luck *(coll.)* if you don't pay attention; **sein ~!** *(ugs.)* that's his look-out; **~ für dich** *(ugs.)* that's just too bad *(coll.)*; **vom ~ verfolgt sein** be dogged by bad luck
**pech-, Pech-: ~blende die** *(Mineral.)* pitchblende; **~[raben]schwarz** *Adj. (ugs.)* pitch-black ⟨*night, darkness, coffee*⟩; jet-black ⟨*eyes*⟩; raven[-black] ⟨*hair*⟩; **~strähne die** the run of bad luck; **~vogel der** unlucky devil *(coll.)*; *(Opfer vieler Unfälle)* walking disaster area *(coll.)*
**Pedal** [pe'da:l] **das; ~s, ~e** pedal; *(bei der Orgel)* pedals *pl.*; **mit/ohne ~ spielen** *(beim Klavier)* use/not use pedal; **[kräftig] in die ~e treten** *(beim Fahrrad)* pedal [really] hard
**pedant** *(österr.) s.* **pedantisch**
**Pedant** [pe'dant] **der; ~en, ~en, Pedantin, die; ~, ~nen** pedant
**Pedanterie** [pedantə'ri:] **die; ~, ~n** pedantry; **seine ~n** his pedantic ways
**pedantisch 1.** *Adj.* pedantic. **2.** *adv.* pedantically
**Peddig·rohr** ['pɛdɪç-] **das;** *o. Pl.* rattan [cane]
**Pedell** [pe'dɛl] **der; ~s, ~e,** *(österr. meist:)* **~en, ~en** *(veralt.)* caretaker *(Brit.)*; janitor *(esp. Amer.)*
**Pediküre** [pedi'ky:rə] **die; ~, ~n a)** *o. Pl.; s.* **Fußpflege; b)** *(Berufsbez.)* chiropodist
**pediküren** *tr. V.* pedicure ⟨*feet, nails*⟩
**Pegel** ['pe:gl̩] **der; ~s, ~ a)** *(Gerät)* water-level indicator; *(für die Gezeiten am Meer)* tide-gauge; **b)** *(Wasserstand)* water-level; *(Technik, Physik; auch fig.)* level *(of noise, alcohol consumption, etc.)*
**Pegel·stand der** water-level
**Peil·antenne die** *(Funkw., Seew.)* direction-finding antenna
**peilen** ['pailən] **1.** *tr. V.* **a)** take a bearing on ⟨*transmitter, fixed point*⟩; *s. auch* **Daumen; Lage c; b)** *(Wassertiefe messen)* sound ⟨*depth*⟩; take soundings in ⟨*bay etc.*⟩. **2.** *itr. V.* **a)** take one's bearings; get a fix; **b)** *(Wassertiefe messen)* take a sounding/soundings; **c)** *(ugs.: spähen)* peek
**Peilung die; ~, ~en** *(Seew.)* **a)** *(das Peilen)* taking a bearing; *(des eigenen Standorts)* plotting one's position; *(Resultat)* fix; bearing; **b)** *(der Wassertiefe)* sounding
**Pein** [pain] **die; ~** *(geh.)* torment; **körperliche/seelische ~:** physical/mental anguish; **jmdm. [viel** *od.* **große] ~ bereiten** cause sb. [much] anguish
**peinigen** ['painɪgn̩] *tr. V. (geh.)* torment; *(foltern)* torture; **von Durst/Kälte gepeinigt werden** suffer agonies from thirst/cold; **von Schmerzen gepeinigt werden** be tormented by *or* racked with pain; *s. auch* **Blut**
**Peiniger der; ~s, ~:** *(geh.)* tormentor; *(Folterer)* torturer
**Peinigung die; ~, ~en** *(geh.)* torment; *(Folterung)* torture
**peinlich 1.** *Adj.* **a)** embarrassing; awkward ⟨*question, position, pause*⟩; **es ist mir sehr ~:** I feel very bad *(coll.) or* embarrassed about it; **es ist mir sehr ~, Ihnen das mitteilen zu müssen** I feel terrible about having to tell you this *(coll.)*; **es ist mir sehr ~, aber ich wollte Sie fragen, ...:** I don't know quite how to put this, but I wanted to ask you ...; **b)** *nicht präd. (äußerst genau)* meticulous; scrupulous; **er hielt sich mit ~ster Genauigkeit an diese Vorschrift** he was most punctilious in observing this regulation; **c)** *nicht präd. (Rechtsspr. veralt.)* **das ~e Gericht** the criminal *or* penal court; **ein ~es Verhör** an interrogation under torture. **2.** *adv.* **a)** unpleasantly ⟨*surprised*⟩; **[von etw.] ~ berührt** *od.* **betroffen sein** be painfully embarrassed [by sth.]; **b)** *(überaus [genau])* scrupulously; meticulously; **er vermied es ~[st], dieses heikle Thema zu berühren** he took [the utmost] pains to avoid touching on this delicate subject; **~ genau registriert** listed down to the last detail
**Peinlichkeit die; ~, ~en a)** *o. Pl.* embarrassment; **die ~ der Situation** the awkwardness of the situation; **b)** *o. Pl. (Genauigkeit)* scrupulousness; meticulousness; **c)** *(peinliche Situation)* embarrassing situation; *(heikle Situation)* awkward situation; *(Fehler)* embarrassing blunder
**peinsam** *Adj. (meist scherzh.) s.* **peinlich 1 a**
**pein·voll** *Adj. (geh.)* painful; agonizing ⟨*uncertainty*⟩; ⟨*period*⟩ full of anguish
**Peitsche** ['paitʃə] **die; ~, ~n** whip; **er knallte mit der ~:** he cracked the whip; *s. auch* **Zuckerbrot**
**peitschen 1.** *tr. V.* whip; *(fig.)* ⟨*storm, waves, rain*⟩ lash. **2.** *itr. V.; mit sein* ⟨*rain*⟩ lash **(an, gegen +** *Akk.* against, **in +** *Akk.* into); ⟨*shot*⟩ ring out
**Peitschen-: ~hieb der** lash [of the whip]; **wie ein ~hieb** like a whiplash; **~knall der** crack of the whip; **~lampe die** street lamp *(hanging over the street from a curved standard)*; **~stiel der** whip handle; whipstock
**pejorativ** [pejora'ti:f] *(Sprachw.)* **1.** *Adj.* pejorative. **2.** *adv.* perjoratively
**Pekinese** [peki'ne:zə] **der; ~n, ~n** Pekinese
**Peking·mensch** ['pe:kɪŋ-] **der;** *o. Pl.* Peking Man
**Pektin** [pɛk'ti:n] **das; ~, ~e** *(Biol.)* pectin
**pekuniär** [pɛku'ni̯ɛ:ɐ̯] **1.** *Adj.; nicht präd.* pecuniary; financial. **2.** *adv.* financially
**Pelerine** [pelə'ri:nə] **die; ~, ~n** cape
**Pelikan** ['pe:lika:n] **der; ~s, ~e** pelican
**Pelle** ['pɛlə] **die; ~, ~n** *(bes. nordd.)* skin; *(abgeschält)* peel; **Kartoffeln in** *od.* **mit der ~ kochen** boil potatoes in their skins; **sie hocken sich** *(Dat.)* **[dauernd] auf der ~** *(salopp)* they never leave each other alone; **jmdm. nicht von der ~ gehen** *(salopp)* refuse to leave sb. alone *or* in peace; *s. auch* **rücken 2 a; sitzen a**
**pellen** *(bes. nordd.)* **1.** *tr. V.* peel ⟨*potato, egg, etc.*⟩; **sie pellte sich/das Kind aus dem warmen Winterzeug** *(fig.)* she peeled off her/the child's warm winter things; *s. auch* **Ei a. 2.** *refl. V.* ⟨*person, skin*⟩ peel
**Pell·kartoffel die** potato boiled in its skin
**Pelz** [pɛlts] **der; ~es, ~e a)** fur; coat; *(des toten Tieres)* skin; pelt; **einen weichen ~ haben** have a soft coat; have soft fur; **einem Tier den ~ abziehen** skin an animal; **b)** *o. Pl. (gegerbt; als Material)* fur; **aus ~:** made of fur; **mit ~ gefüttert** fur-lined; **c)** fur; *(~mantel)* fur coat; *(~jacke)* fur jacket; **d)** *(ugs.: Haut)* **sich** *(Dat.)* **die Sonne auf den ~ brennen** *od.* **scheinen lassen** soak up the sun; **jmdm./einem Tier eins auf den ~ brennen** take a pot-shot at sb./an animal; *s. auch* **Laus; rücken 2 a; sitzen a**
**pelz-, Pelz-: ~besatz der** fur trimming; **~besetzt** *Adj.* fur-trimmed; **~futter das** fur lining; **~gefüttert** *Adj.* fur-lined; **~händler der** furrier; **~hand·schuh der** fur glove; *(pelzgefüttert)* fur-lined glove
**pelzig** *Adj.* **a)** *(wie Pelz, mit Flaum)* furry; downy ⟨*peach*⟩; **b)** *(bes. westd.: mehlig)* mealy ⟨*apple*⟩; *(holzig)* woody ⟨*radish*⟩; **c)** *(belegt)* furred, coated ⟨*tongue, mouth*⟩
**Pelz-: ~imitation die** imitation fur; **~jacke die** fur jacket; **~kragen der** fur collar; **~mantel der** fur coat; **~mütze die** fur hat; **~stiefel der** fur boot; *(pelzgefüttert)* fur-lined boot; **~tier das** animal prized for its fur; **~tier·farm die** fur-farm; **~tier·jäger der** fur-hunter; trapper; **~tier·zucht die** fur farming *no def. art.*; **~waren** *Pl.* furs; fur goods; **~werk das** *o. Pl.* fur
**Pendant** [pã'dã:] **das; ~s, ~s** *(Gegenstück)* counterpart **(zu** of); *(ein Stück von einem Paar)* companion piece **(zu** of); *(Entsprechung)* equivalent **(zu** of)
**Pendel** ['pɛndl̩] **das; ~s, ~:** pendulum
**pendeln** *itr. V.* **a)** *(hin u. her schwingen)* swing [to and fro] **(an +** *Dat.* by); *(mit weniger Bewegung)* dangle; **b)** *mit sein (hin- u. herfahren)* **zwischen X und Y ~** ⟨*bus, ferry, etc.*⟩ operate a shuttle service between X and Y; ⟨*person*⟩ commute between X and Y; **c)** *(Boxen)* weave
**Pendel-: ~tür die** swing-door; **~uhr die** pendulum clock; **~verkehr der a)** *(Berufsverkehr)* commuter traffic; **b)** *(mit Pendelzug o.ä.)* shuttle service; **~zug der** shuttle[-service] train
**Pendler der; ~s, ~, Pendlerin die; ~, ~nen** commuter
**Penes** *s.* **Penis**
**penetrant** [pene'trant] *(abwertend)* **1.** *Adj.* **a)** *(durchdringend)* penetrating, pungent ⟨*smell, taste*⟩; overpowering ⟨*stink, perfume*⟩; **b)** *(aufdringlich)* pushing, *(coll.)* pushy ⟨*person*⟩; overbearing ⟨*tone, manner*⟩; aggressive, pointed ⟨*question*⟩. **2.** *adv.* **a)** *(durchdringend)* overpoweringly; **es riecht/schmeckt ~ nach ...:** there is an overpowering smell/an overpowering *or* pungent taste of ...; **b)** *(aufdringlich)* overbearingly; in an overbearing manner
**Penetranz** [pene'trants] **die; ~ a)** *(von Geruch, Geschmack)* overpowering nature; **b)** *(Aufdringlichkeit)* overbearing nature
**Penetration** [penetra'tsio:n] **die; ~, ~en a)** *(Technik)* penetration; *(Wirtsch.)* penetration [of the market]; **b)** *(Med.)* perforation
**penetrieren** *tr. V. (geh.)* penetrate
**peng** [pɛŋ] *Interj.* bang
**penibel** [pe'ni:bl̩] **1.** *Adj.* over-meticulous ⟨*person*⟩; *(pedantisch)* pedantic; **penible Kleinarbeit** painstakingly detailed work. **2.** *adv.* painstakingly; over-meticulously ⟨*dressed*⟩
**Penicillin** *s.* **Penizillin**
**Penis** ['pe:nɪs] **der; ~, ~se** *od.* **Penes** ['pe:ne:s] penis
**Penis·neid der** *(Psych.)* penis envy
**Penizillin** [penitsi'li:n] **das; ~s, ~e** penicillin
**Pennäler** [pɛ'nɛ:lɐ] **der; ~s, ~s** *(ugs.)* [secondary] schoolboy
**Pennälerin die; ~, ~nen** *(ugs.)* [secondary] schoolgirl
**Penn·bruder der** *(ugs. abwertend)* tramp *(Brit.)*; hobo *(Amer.)*
**Penne** ['pɛnə] **die; ~, ~n a)** *(Schülerspr.: Schule)* [secondary] school; swot-shop *(Brit. sl.)*; **b)** *(ugs. abwertend: Nachtquartier)* doss-house *(Brit. sl.)*; flop-house *(sl.)*
**pennen** *itr. V. (salopp)* **a)** *(schlafen)* kip *(sl.)*; **auf einer Bank ~:** doss down on a bench *(sl.)*; **b)** *(fig.: nicht aufpassen)* be half

asleep; **du hast im Unterricht wohl mal wieder gepennt?** *(fig.)* I suppose you were dreaming again during the lesson?; **c)** *(koitieren)* **mit jmdm. ~:** sleep with sb.

**Pẹnner der; ~s, ~, Pẹnnerin die; ~, ~nen** *(salopp abwertend)* **a)** *(Stadtstreicher)* tramp *(Brit.)* hobo *(Amer.)*; **b)** *(jmd., der viel schläft)* sleepyhead

**Pẹnsa, Pẹnsen** *s.* **Pensum**

**Pension** [pã'zi̯o:n] **die; ~, ~en a)** *o. Pl. (Ruhestand)* **[vorzeitig] in ~ gehen** retire [early]; **in ~ sein** be retired *or* in retirement; **einen Beamten in ~** *(Akk.)* **schicken** retire a civil servant; **b)** *(Ruhegehalt)* [retirement] pension; **c)** *(Haus für [Ferien]gäste)* guest-house; *(auf dem Kontinent)* pension; **d)** *o. Pl. (Unterkunft u. Verpflegung)* board; **[die] halbe/volle ~:** half/full board; **bei jmdm. in ~ sein** board with sb.

**Pensionär** [pãzi̯o'nɛ:ɐ̯] **der; ~s, ~e, Pensionärin die; ~, ~nen a)** *(Beamter in Ruhestand)* retired civil servant; *(ugs.: Rentner)* [old-age] pensioner; **~ sein** be retired *or* in retirement; **b)** *(schweiz., sonst veralt.: Bewohner einer Pension)* boarder; [paying] guest

**Pensionat** [pãzi̯o'na:t] **das; ~[e]s, ~e** *(veralt.)* boarding-school *(esp. for girls)*

**pensioni̱eren** *tr. V.* pension off; retire; **sich [vorzeitig] ~ lassen** retire [early]; take [early] retirement

**Pensioni̱erung die; ~, ~en** retirement; **bis zur ~:** up to [his, her, *etc.*] retirement

**Pensionịst, der; ~en, ~en, Pensionịstin die; ~, ~nen** *(südd., österr., schweiz.) s.* **Pensionär a**

**pensi̱ons-, Pensi̱ons-: ~alter das** retirement age; **~an·spruch der** pension entitlement; **~ansprüche** pension rights; **~berechtigt** *Adj.* entitled to a pension *postpos.*; **~berechtigung die** *o. Pl.* pension entitlement; **~gast der** patron [of a/the guest-house]; **~kasse die** *(Versicherungsw.)* [staff] pension fund; **~reif** *Adj.* *(ugs.)* ripe for retirement *pred.*; **~rückstellungen** *Pl. (Wirtsch.)* pension reserves

**Pensum** ['pɛnzʊm] **das; ~s, Pẹnsen** *od.* **Pẹnsa a)** *(Arbeit)* amount of work; work quota; **sein tägliches ~ [an Arbeit] erledigen** do one's daily stint [of work]; **b)** *(Päd. veralt.: Lehrstoff)* syllabus

**Pentagon** [pɛnta'go:n] **das; ~s, ~e a)** *(Geom.)* pentagon; **b)** *o. Pl. (amerikan. Verteidigungsministerium)* Pentagon

**Pẹnta-: ~gramm das** pentagram; **~meter** [-'---] **der** *(Verslehre)* pentameter

**Pentatonik** [pɛnta'to:nɪk] **die; ~:** *(Musik)* pentatonic scale

**Pent·haus** ['pɛnt-] **das, Penthouse** ['pɛnthaʊs] **das; ~, ~s** penthouse

**Penunse** [pe'nʊnzə], **Penunze** [pe'nʊntsə] **die; ~, ~n** *(ugs.)* **~[n]** cash; dough *(sl.)*

**Pep** [pɛp] **der; ~[s]** *(ugs.)* pep *(sl.)*; zip; **~ haben** be dynamic *or* full of zip

**Peperoni** [pepe'ro:ni] **die; ~, ~:** chilli

**Pepita** [pe'pi:ta] **der** *od.* **das; ~s, ~s** shepherd's check

**Pepsin** [pɛ'psi:n] **das; ~s, ~e** *(Med.)* pepsin

**per** [pɛr] *Präp. mit Akk.* **a)** *(mittels)* by; **~ Post** by post; **~ Adresse X** care of X; c/o X; *s. auch* **Anhalter; du; Eilbote; Einschreiben; Nachnahme; b)** *(Kaufmannsspr.: [bis] zum)* by; *(am)* on; **~ Jahresende** by the end of the year; **~ sofort** immediately; as of now; **c)** *(Kaufmannsspr.: pro)* per; **etw. ~ Kilo/Stück verkaufen** sell sth. by the kilo/by the piece *or* separately

**per definitionem** [- defini'tsi̯o:nɛm] *Adv.* *(geh.)* by definition

**perennierend** [pɛrɛ'ni:rənt] *Adj.* *(Biol., Geogr., fig.)* perennial

**Perf.** *Abk.* **Perfekt** perf.

**perfekt** [pɛr'fɛkt] **1.** *Adj.* **a)** *(hervorragend)* outstanding; first-rate; *(vollkommen)* perfect ⟨*crime, host*⟩; faultless ⟨*English, French, etc.*⟩; **eine ~e Sekretärin** a fully accomplished secretary; **b)** *nicht attr. (ugs.: endgültig, abgeschlossen)* finalized; concluded; **~ sein/werden** ⟨*contract, deal*⟩ be concluded *or* finalized; ⟨*scandal, defeat*⟩ be complete; **~ machen** finalize ⟨*contract, date, booking, deal*⟩; complete ⟨*disaster*⟩. **2.** *adv.* **a)** *(hervorragend)* outstandingly well; *(vollkommen)* ⟨*fit, work, etc.*⟩ perfectly; **~ beherrschen** have a complete mastery of ⟨*language, material*⟩; play ⟨*game*⟩ with complete mastery; **er spricht ~ Englisch** he speaks faultless *or* perfect English; **b)** *(ugs.: vollständig)* good and proper *(coll.)*; **er hat sich ~ blamiert** he made a complete fool of himself

**Perfekt** ['pɛrfɛkt] **das; ~s, ~e** *(Sprachw.)* perfect [tense]

**Perfektion** [pɛrfɛk'tsi̯o:n] **die; ~:** perfection; **handwerkliche/technische ~:** mastery of a craft/technical mastery; **etw. mit [großer] ~ ausführen/spielen** do/play sth. to perfection; do/play sth. with great mastery; **Reitkunst in höchster** *od.* **absoluter ~:** the art of riding at its most perfect

**perfektioni̱eren** *tr. V.* perfect

**Perfektionịsmus der; ~:** perfectionism

**Perfektionịst der; ~en, ~en, Perfektionịstin die; ~, ~nen** perfectionist

**perfektionịstisch 1.** *Adj.* perfectionist ⟨*standards etc.*⟩. **2.** *adv.* in a perfectionist manner

**perfektiv** ['pɛrfɛkti:f] *Adj. (Sprachw.)* perfective

**perfid** [pɛr'fi:t], **perfide** *(geh.)* **1.** *Adj.* perfidious. **2.** *adv.* perfidiously

**Perfidie** [pɛrfi'di:] **die; ~, ~n** *(geh.)* perfidy

**Perforation** [pɛrfora'tsi̯o:n] **die; ~, ~en** *(Technik, Med.)* perforation

**perfori̱eren** *tr. V. (Technik, Med.)* perforate

**Pergament** [pɛrga'mɛnt] **das; ~[e]s, ~e** parchment; *(bes. für Bucheinbände)* vellum

**Pergamẹnt·band der** vellum-bound volume

**pergamẹnten** *Adj.* **a)** parchment; vellum ⟨*binding*⟩; vellum-bound ⟨*book*⟩; **b)** *(wie aus Pergament)* ⟨*skin, face*⟩ like parchment

**Pergamẹnt·papier das** grease-proof paper

**Pergola** ['pɛrgola] **die; ~, Pẹrgolen** pergola

**Periode** [pe'ri̯o:də] **die; ~, ~n a)** *(auch Chemie, Physik, Technik, Astron., Met., Sprachw., Musik)* period; *(Geol.)* era; **sie hat ihre ~ nicht bekommen** she didn't get *or* have her period; **b)** *(Math.)* repetend; period; **3,3 ~:** 3.3 recurring

**Peri̱oden·system das** *(Chemie)* periodic system; *(graphische Darstellung)* periodic table

**Periodikum** [pe'ri̯o:dikʊm] **das; ~s, Peri̱odika;** *meist Pl.* periodical

**peri̱odisch 1.** *Adj.* **a)** *(regelmäßig)* regular; ⟨*meeting, statement of account*⟩ at regular intervals; *(Chemie)* periodic ⟨*system*⟩; **eine ~e Dezimalzahl** *(Math.)* a recurring decimal; **b)** *(zeitweilig)* sporadic ⟨*moods etc.*⟩. **2.** *adv.* **a)** *(regelmäßig)* regularly; at regular intervals; **b)** *(zeitweilig)* periodically; from time to time

**peripher** [peri'fe:ɐ̯] **1.** *Adj. (auch Anat., fig.)* peripheral; **~e Stadtteile** districts on the outskirts of the town. **2.** *adv. (auch Anat., fig.)* peripherally; **die Siedlung liegt ~:** the estate is on the outskirts; **ein Thema nur ~ behandeln** just touch on a subject

**Peripherie** [perife'ri:] **die; ~, ~n a)** periphery; *(einer Stadt)* outskirts *pl.*; fringe; *(Geom.: Begrenzungslinie)* circumference; **die ~ des Körpers** the peripheral areas of the body; **b)** *(Datenverarb.: periphere Geräte)* peripherals *pl.*

**Periskop** [pɛri'sko:p] **das; ~s, ~e** periscope

**Peristaltik** [pɛri'staltɪk] **die; ~** *(Physiol.)* peristalsis

**perkutan** [pɛrku'ta:n] *(Med.) Adj.* percutaneous

**Perle** ['pɛrlə] **die; ~, ~n a)** *(auch fig.)* pearl; **~n vor die Säue werfen** *(fig. ugs.)* cast pearls before swine; *s. auch* **Krone a; b)** *(aus Holz, Glas o.ä.)* bead; *(Tröpfchen)* drop; *(Bläschen beim Sekt usw.)* bubble; **c)** *(ugs. scherzh.: Hausgehilfin)* [invaluable] home help

**pẹrlen** *itr. V.* **a)** *auch mit sein* **auf etw.** *(Dat.)* **~:** form pearls on sth.; ⟨*dew*⟩ form droplets on sth.; **der Schweiß perlte ihm auf der Stirn** beads of perspiration stood out on his brow; **b)** *mit sein* **von etw. ~:** ⟨*dew, sweat*⟩ trickle *or* drip from sth.; **Tränen perlten über ihre Wangen** tears trickled *or* rolled down her cheeks; **c)** *(Bläschen bilden)* ⟨*champagne etc.*⟩ sparkle, bubble; **d)** *(melodisch ertönen)* ⟨*laughter, music*⟩ ripple

**pẹrlen-, Pẹrlen-: ~bestickt** *Adj.* embroidered *or* decorated with pearls *postpos.*; **~fischer der** pearl-fisher; **~fischerei die** pearl-fishing; **~kette die** string of pearls; pearl necklace; *(mit Holzperlen usw.)* string of beads; bead necklace; **~kollier das** pearl necklace; **~schnur die** string of pearls; *(mit Holzperlen usw.)* string of beads; **~stickerei die** pearl embroidery; *(mit Holzperlen usw.)* bead embroidery; **~taucher der** pearl-diver

**pẹrl-, Pẹrl-: ~garn das** pearl cotton; **~grau** *Adj.* pearl-grey; **~huhn das** guinea-fowl; **~muschel die** pearl-oyster; **~muster das** moss-stitch; **~mutt** [~mʊt] **das; ~s, ~mutter die; ~** *od.* **das; ~s** mother-of-pearl; **~muttern** *Adj.* mother-of-pearl; *(fig.: wie Perlmutter)* like mother-of-pearl *postpos.*

**Perlon** Ⓦⓩ **das; ~s** ≈ nylon

**Pẹrlon·strumpf der** ≈ nylon stocking

**Pẹrl-: ~schrift die;** *o. Pl.* elite; **~wein der** sparkling wine; **~zwiebel die** pearl *or* cocktail onion

**permanent** [pɛrma'nɛnt] **1.** *Adj.* permanent ⟨*institution, deficit, crisis*⟩; constant ⟨*danger, threat, squabble*⟩. **2.** *adv.* constantly

**Permanenz** [pɛrma'nɛnts] **die; ~** permanence; **in ~:** permanently; **in ~ tagen** sit continuously; be in permanent session

**permissiv** [pɛrmɪ'si:f] *(Soziol., Psych.) Adj.* permissive

**per pedes** *Adv. (ugs.)* on Shank's pony

**Perpendikel** [pɛrpɛn'di:kl̩] **der** *od.* **das; ~s, ~ a)** *(veralt.: einer Uhr)* pendulum; **b)** *(Schiffbau)* perpendicular

**perpetuieren** [pɛrpetu'i:rən] *tr. V. (geh.)* perpetuate

**Perpetuum mobile** [pɛr'pɛ:tuʊm 'mo:bilə] **das; ~ ~, ~ ~[s]** *od.* **Perpẹtua mobịlia a)** *(utopische Maschine)* perpetual-motion machine; **b)** *(Musik)* perpetuum mobile

**perplex** [pɛr'plɛks] *(ugs.)* **1.** *Adj. (verblüfft)* baffled, puzzled **(über + Akk.** by); *(verwirrt)* bewildered. **2.** *adv.* **~ dreinschauen** look baffled/bewildered

**per saldo** [-'saldo] *(Kaufmannsspr.)* net; *(fig.: im Endeffekt)* on balance; **~ ~ rund 4 Millionen Verlust/Gewinn** a net loss/gain of about four million

**Perron** [pɛ'rõ:] **der; ~s, ~s** *(österr., schweiz.)* platform

**Persenning** [pɛr'zɛnɪŋ] **die; ~, ~e[n]** *od.* **~s a)** *(bes. Seemannsspr.: Bezug)* tarpaulin; **b)** *o. Pl. (Textilind.: Segeltuch)* [waterproof] canvas

**Perser** ['pɛrzɐ] **der; ~s, ~ a)** Persian; **b)** *s.* **Perserteppich**

**Pẹrserin die; ~, ~nen** Persian

**Pẹrser-: ~katze die** Persian [cat]; **~teppich der** Persian carpet; *(kleiner)* Persian rug

**Persianer** [pɛr'zi̯a:nɐ] **der; ~s, ~:** Persian lamb; *(~mantel)* Persian lamb coat

**Persi̱aner·mantel der** Persian lamb coat

**Persien** ['pɛrzi̯ən] **(das); ~s** Persia

**Persiflage** [pɛrzi'fla:ʒə] die; ~, ~n [gentle] mocking *no indef. art.*; eine ~ auf jmdn./etw. a [gentle] satire of sb./sth.

**persiflieren** *tr. V.* satirize

**Persil·schein** [pɛr'zi:l-] der *(ugs. scherzh.)* certificate of blamelessness

**persisch** *Adj.* Persian; *s. auch* deutsch; Deutsch; ²Deutsche

**Person** [pɛr'zo:n] die; ~, ~en a) person; eine männliche/weibliche ~: a male/female; ~en *(als Gruppe)* people; die Familie besteht aus fünf ~en it is a family of five; ~en sind bei dem Brand nicht umgekommen there was no loss of life in the fire; pro ~: per person; seine *od.* die eigene ~ zu wichtig nehmen take oneself too seriously; deine ~/die ~ des Kanzlers soll nicht erwähnt werden you are/the Chancellor is not to be mentioned in person; ich für meine ~...: I for my part...; sich in der ~ irren get the wrong person; der Minister in [eigener] ~: the minister in person; sie ist die Güte/Geduld in ~: she is kindness/patience personified *or* itself; Politiker und Lyriker in einer ~ sein be a politician and a lyric poet rolled into one; Fragen zur ~: questions to sb. on his/her identity; Angaben zur ~ machen give one's personal details; jmdn. zur ~ vernehmen *od.* befragen *(Rechtsw.)* examine *or* question sb. concerning his/her identity; eine natürliche/juristische ~ *(Rechtsw.)* a natural/juristic person; *s. auch* Ansehen b; b) *(in der Dichtung, im Film)* character; die ~en der Handlung the characters [in the action]; *(im Theater)* the dramatis personae; komische *od.* lustige ~ *(Literaturw.)* [stock] comic figure; c) *(emotional: Frau)* female *(derog./joc.)*; d) *o. Pl. (Sprachw.)* person; in der dritten ~ Singular/Plural in the third person singular/plural

**Personal** [pɛrzo'na:l] das; ~s a) *(in einem Betrieb o. ä.)* staff; *(hinsichtlich der Verwaltung)* personnel; ungenügend/ausreichend mit ~ versehen inadequately/adequately staffed; das fliegende ~: the flight personnel; the aircrews *pl.*; b) *(im Haushalt)* servants *pl.*; [domestic] staff *pl.*

**Personal-:** ~ab·bau der reduction in staff; *(in mehreren Abteilungen/Betrieben)* staff cuts *pl.*; ~ab·teilung die personnel department; ~akte die personal file *or* dossier; ~angaben *Pl.* personal details *or* particulars; ~ausweis der identity card; ~bedarf der staffing requirements *pl.*; ~bestand der number of staff *or* employees (+ *Gen.* in); ~büro das personnel office; ~chef der personnel manager; ~einsparung die saving in staff

**Personalien** [pɛrzo'na:li̯ən] *Pl.* personal details *or* particulars; die ~ angeben give one's [personal] particulars

**personalisieren** *tr. V.* personalize; reduce ⟨*quarrel, relations, etc.*⟩ to a personal level

**Personal-:** ~kosten *Pl. (Wirtsch., Verwaltung)* staff costs; ~mangel der staff shortage; ~planung die *(bes. Wirtsch.)* personnel planning; ~politik die staff *or* personnel policy; *(bei der Einstellung von ~)* staffing policy; ~pronomen das *(Sprachw.)* personal pronoun; ~rat der a) *(Ausschuß)* staff council *(for civil servants)*; b) *(einzelnes Mitglied)* staff council representative; ~union die a) *(im Staatsrecht)* personal union; b) *(Vereinigung von Ämtern)* combination of the functions (zwischen + *Dat.* of)

**Persönchen** [pɛr'zø:nçən] das; ~s, ~: little lady

**personell** [pɛrzo'nɛl] 1. *Adj.; nicht präd.* staff ⟨*changes, difficulties*⟩; ⟨*savings*⟩ in staff; ⟨*questions, decisions*⟩ regarding staff *or* personnel. 2. *adv.* with regard to staff *or* personnel

**Personen-:** ~auf·zug der passenger lift *(Brit.) or (Amer.)* elevator; ~beförderung die *(Verkehrsw.)* passenger transport *no art.*; ~beförderung mit der Bahn carrying passengers by rail; ~beschreibung die personal description; ~gedächtnis das memory for faces; ~gesellschaft die *(Wirtsch.)* general partnership; ~kraftwagen der *(bes. Amtsspr.)* private car *or (Amer.)* automobile; ~kreis der group [of people]; ~kult der *(abwertend)* personality cult; ~name der personal name; ~register das index of names; ~schaden der *(Versicherungsw.)* physical *or* personal injury; bei dem Unfall entstand kein ~schaden nobody was injured in the accident; Unfälle mit ~schaden accidents in which injuries are/were sustained; ~stands·register das register of births, marriages, and deaths; ~verkehr der *(Verkehrsw.)* passenger transport *no art.*; ~verzeichnis das a) *(~register)* index of names; b) *(im Drama)* list of characters; ~waage die scales *pl.*; ~wagen der a) *(Auto)* [private] car; automobile *(Amer.)*; *(im Unterschied zum Lastwagen)* passenger car *or (Amer.)* automobile; b) *(bei Zügen)* passenger coach; ~zug der slow *or* stopping train; *(im Unterschied zum Güterzug)* passenger train

**Personifikation** [pɛrzonifika'tsi̯o:n] die; ~, ~en personification

**personifizieren** [pɛrzonifi'tsi:rən] *tr. V.* personify; das personifizierte schlechte Gewissen the very picture *or* personification of a guilty conscience

**Personifizierung** die; ~, ~en personification

**persönlich** [pɛr'zø:nlıç] 1. *Adj.* personal; er findet für jeden ein ~es Wort he has a friendly word for everyone; etw. steht jmdm. zur ~en Verfügung sth. is available to sb. for his/her own *or* personal use; eine ~e Bemerkung an observation from one's personal point of view; eine ~e Frage/Bemerkung *(zur anderen Person)* a personal question/observation; ~ werden get personal; ~es Fürwort *(Sprachw.)* personal pronoun. 2. *adv.* personally; *(auf Briefen)* 'private [and confidential]'; sich um alles ~ kümmern see to everything personally *or* oneself; ~ erscheinen/gehen/kommen appear/go/come in person; nimm doch nicht gleich alles [so] ~! don't take everything so personally!

**Persönlichkeit** die; ~, ~en a) *o. Pl. (Wesensart)* personality; b) *(Mensch)* person of character; eine/keine ~ sein have a strong personality/lack personality; c) *(herausragende Person)* personality; ~en des öffentlichen Lebens public figures

**Persönlichkeits-:** ~recht das *(Rechtsw.)* right to live one's own life; ~spaltung die *(Psych.)* split personality; ~wahl die *(Politik)* a) *electoral system in which votes are cast for a candidate rather than a party;* b) *(Wahl mit starken Persönlichkeiten)* personality contest; diese Wahl war eine reine ~wahl this election was fought purely on the basis of personalities

**Perspektiv** [pɛrspɛk'ti:f] das; ~s, ~e [handheld] telescope

**Perspektive** [pɛrspɛk'ti:və] die; ~, ~n *(Optik, bild. Kunst, auch fig.)* perspective; *(Blickwinkel)* angle; viewpoint; *(Zukunftsaussicht)* prospect; aus soziologischer ~/aus der ~ des Soziologen *(fig.)* from a sociological viewpoint/the viewpoint of a sociologist; aus dieser ~ [gesehen] *(fig.)* [seen] from this point of view; eine neue ~ gewinnen *(fig.)* gain a new perspective *or* aspect

**perspektivisch** 1. *Adj.* ⟨*drawing etc.*⟩ in perspective; ⟨*effect, narrowing, etc.*⟩ of perspective; ~e Verkürzung foreshortening. 2. *adv.* in perspective; ~ verkürzen foreshorten

**Peru** [pe'ru:] (das); ~s Peru

**Peruaner** [pe'ru̯a:nɐ] der; ~s, ~, **Peruanerin** die; ~, ~nen Peruvian

**peruanisch** *Adj.* Peruvian

**Perücke** [pɛ'rʏkə] die; ~, ~n wig

**pervers** [pɛr'vɛrs] *(abwertend)* 1. *Adj.* a) *(bes. in sexueller Hinsicht)* perverted; *(fig.: gegen jede Vernunft)* perverse; ein ~er Mensch a pervert; b) *(ugs.: empörend, schändlich)* outrageous; scandalous. 2. *adv.* in a perverted manner; ~ veranlagt sein be of a perverted disposition

**Perversion** [pɛrvɛr'zi̯o:n] die; ~, ~en perversion

**Perversität** [pɛrvɛrzi'tɛ:t] die; ~, ~en a) *o. Pl. (Eigenschaft)* perversion; b) *(Handlung)* perversity; *(sexuell)* perverted act

**pervertieren** [pɛrvɛr'ti:rən] 1. *tr. V.* pervert; *(verderben)* corrupt. 2. *itr. V.; mit sein* become perverted (zu into)

**perzentuell** [pɛrtsɛn'tu̯ɛl] *(österr.) s.* prozentual

**Perzeption** [pɛrtsɛp'tsi̯o:n] die; ~, ~en *(Philos., Psych., Physiol.)* perception

**perzeptiv** [pɛrtsɛp'ti:f] *(Philos., Psych., Physiol.) Adj.* perceptive

**pesen** ['pe:zn̩] *itr. V.; mit sein (ugs.)* dash; *(mit Fahrzeug)* race

**Pessar** [pɛ'sa:ɐ̯] das; ~s, ~e pessary

**Pessimismus** [pɛsi'mısmʊs] der; ~: pessimism

**Pessimist** der; ~en, ~en, **Pessimistin** die; ~, ~nen pessimist

**pessimistisch** 1. *Adj.* pessimistic. 2. *adv.* pessimistically; etw. ~ sehen *od.* betrachten take a pessimistic view of sth.; sich zu etw. ~ äußern express a pessimistic view on sth.

**Pest** [pɛst] die; ~: plague; *(fig.: Mensch, Ungeziefer)* pest; menace; ich hasse ihn/es wie die ~ *(ugs.)* I hate his guts/can't stand it *(coll.)*; wie die ~ stinken *(salopp)* stink to high heaven *(coll.)*

**Pest-:** ~beule die [pestilential] bubo; ~gestank der *(abwertend)* foul stench; ~hauch der *(geh.)* miasma

**Pestilenz** [pɛsti'lɛnts] die; ~, ~en *(veralt.)* pestilence *(arch.)*; plague *(lit. or fig.)*

**Pestizid** [pɛsti'tsi:t] das; ~s, ~e pesticide

**Pest·kranke** der/die person stricken with the plague

**¹Peter** ['pe:tɐ] (der) Peter

**²Peter** der; ~s, ~: *(ugs.)* fellow; ein vergeßlicher/dummer ~: a forgetful/silly old thing *(coll.)*; Schwarzer ~ *(Kartenspiel)* ≈ old maid *(with a black cat card instead of an old maid)*; jmdm. den Schwarzen ~ zuschieben *od.* zuspielen *(fig.)* pass the buck to sb. *(coll.)*

**Petersilie** [petɐ'zi:li̯ə] die; ~: parsley; ihm ist die ~ verhagelt *(ugs.)* he's down in the dumps

**Peters·kirche** die: die ~: St Peter's

**Peter·wagen** der *(ugs.)* [police] patrol car; panda car *(Brit.)*

**Petition** [peti'tsi̯o:n] die; ~, ~en *(Amtsspr.)* petition

**Petitions-:** ~aus·schuß der petitions committee *(in W. German parliaments)*; ~recht das right of petition

**Petrarca** [pe'trarka] (der) Petrarch

**Petri Heil** ['pe:tri-] *(Gruß der Angler)* good fishing!; make a good catch!

**Petri·jünger** der *(ugs. scherzh.)* angling buff *(coll.)*

**Petro-** ['petro:-]: ~chemie die a) *(Wissenschaft)* petrochemistry; b) *(Erdölindustrie)* petrochemicals industry; ~dollar der; *meist Pl. (Wirtsch.)* petrodollar

**Petrol** [pe'tro:l] das; ~s *(schweiz.)*, **Petroleum** [pe'tro:leʊm] das; ~s a) paraffin *(Brit.)*; kerosene *(Amer.)*; b) *(veralt.) s.* Erdöl

**Petroleum-:** ~kocher der paraffin *(Brit.) or (Amer.)* kerosene stove; ~lampe die paraffin *(Brit.) or (Amer.)* kerosene lamp

**Petrus** ['pe:trʊs] (der); Petrus *od.* Petri a) *(christl. Rel.: Apostel)* St Peter; b) *(Patron*

*des Wetters)* the clerk of the weather; **wenn ~ mitspielt** if [the clerk of] the weather doesn't let us down

**Petschaft** ['pɛtʃaft] **das;** ~**s,** ~**e** seal; *(zur Beglaubigung od. als Unterschrift)* signet

**Petticoat** ['pɛtɪkoʊt] **der;** ~**s,** ~**s** [stiffened] petticoat

**Petting** ['pɛtɪŋ] **das;** ~**[s],** ~**s** petting; **[mit jmdm.]** ~ **machen** have a petting session [with sb.]

**Petunie** [pe'tu:ni̯ə] **die;** ~, ~**n** *(Bot.)* petunia

**Pẹtze die;** ~, ~**n** *(Schülerspr. abwertend)* tell-tale; sneak *(Brit. school sl.)*

**pẹtzen** *(Schülerspr.)* **1.** *itr. V.* tell tales; sneak *(Brit. school sl.).* **2.** *tr. V.* ~, **daß ...:** tell teacher/sb.'s parents that ...

**Pẹtzer der;** ~**s,** ~ *(Schülerspr. abwertend)* tell-tale; sneak *(Brit. school sl.);* tattle-tale *(Amer. school sl.)*

**Pẹtz·liese die** *(Schülerspr. abwertend)* [girl who is a] tell-tale

**peu à peu** [pøa'pø] *Adv.* bit by bit

**Pf** *Abk.* **Pfennig**

**Pfad** [pfa:t] **der;** ~**[e]s,** ~**e** path; **krumme** ~**e** *od.* **auf krummen** ~**en wandeln** *(fig. geh.)* deviate from the straight and narrow; **vom** ~ **der Tugend abweichen** *(fig. geh.)* stray from the path of virtue; *s. auch* **austreten 1 b**

**Pfad-:** ~**finder der** Scout; **er ist bei den** ~**n** he is in the Scouts; ~**finderin die;** ~, ~**nen** Guide *(Brit.);* girl scout *(Amer.);* **sie ist bei den** ~**nen** she is in the Guides *(Brit.) or (Amer.)* girl scouts

**Pfaffe** ['pfafə] **der;** ~**n,** ~**n** *(abwertend)* cleric; Holy Joe *(derog.)*

**pfäffisch** ['pfɛfɪʃ] *Adj. (abwertend)* priestly; *(frömmelnd)* sanctimonious

**Pfahl** [pfa:l] **der;** ~**[e]s, Pfähle** ['pfɛ:lə] post; stake; *(Bauw.: Stütze für Gebäude)* pile; **[jmdm.] ein** ~ **im Fleisch[e] sein** be a thorn in sb.'s flesh

**Pfahl-:** ~**bau der;** ~**[e]s,** ~**bauten** piledwelling; ~**bürger der a)** *(im Mittelalter) person living outside the town walls but retaining citizen's rights;* **b)** *(abwertend veralt.) s.* **Spießbürger;** ~**dorf das** pile-village

**pfählen** ['pfɛ:lən] *tr. V.* **a)** *(Landw.)* stake ⟨*trees etc.*⟩; **b)** *(hist.: hinrichten)* impale

**Pfahl-:** ~**werk das** pilework; piling; ~**wurzel die** *(Bot.)* tap-root

**Pfalz** [pfalts] **die;** ~, ~**en a)** *o. Pl. (Gebiet)* **die** ~: the Palatinate; **b)** *(hist.: Palast)* [imperial *or* royal] palace

**Pfälzer** ['pfɛltsɐ] **1. der;** ~**s,** ~**: a)** *(Person)* inhabitant/native of the Palatinate; **b)** *(Wein)* wine from the Palatinate. **2.** *indekl. attr. Adj.* ⟨*wine etc.*⟩ from the Palatinate

**Pfalz·graf der** *(hist.)* Count Palatine

**Pfand** [pfant] **das;** ~**[e]s, Pfänder** ['pfɛndɐ] **a)** security; pledge *(esp. fig.);* **etw. auf** ~ **leihen** lend sth. against a security; **etw. als** *od.* **in** ~ **nehmen/etw. als** *od.* **zum** *od.* **in** ~ **geben** take/give sth. as [a] security; **ich gebe** *od.* **setze meine Ehre/mein Leben dafür zum** ~, **daß ...** *(fig. geh.)* I pledge my honour/stake my life on it that ...; **als** ~ **seiner Liebe** *(geh.)* as a token of his love; **b)** *(für leere Flaschen usw.)* deposit **(auf** + *Dat.* on); **[ein]** ~ **für etw. bezahlen** pay a deposit on sth.; **kostet die Flasche** ~**?** is there a deposit on the bottle?; **c)** *(beim Pfänderspiel)* forfeit

**pfändbar** *Adj.* distrainable *(Law)* ⟨*goods, chattels*⟩; attachable *(Law)* ⟨*wages etc.*⟩

**Pfạnd·brief der** *(Wirtsch., Bankw.)* mortgage bond

**pfänden** ['pfɛndn̩] *tr. (auch itr.) V.* impound, seize [under distress] *(Law)* ⟨*goods, chattels*⟩; attach ⟨*wages etc.*⟩ *(Law);* **bei ihm wurde gepfändet, er ist gepfändet worden** the bailiffs have been on to him; execution was levied against him *(Law.)*

**Pfänder** *s.* **Pfand**

**Pfạ̈nder·spiel das** [game of] forfeits

**Pfạnd-:** ~**flasche die** returnable bottle *(on which a deposit is payable);* ~**haus das** *(veralt.),* ~**leihe die** pawnshop; pawnbroker's; **etw. auf die** *od.* **in die** *od.* **zur** ~**leihe bringen** take sth. to the pawnbroker's; ~**leiher der** pawnbroker; ~**recht das** *(Rechtsw.)* [right of] lien **(an** + *Dat.* on, upon); ~**schein der** pawn ticket

**Pfändung die;** ~, ~**en** seizure; distraint *(Law); (von Geldsummen, Vermögensrechten)* attachment *(Law);* **der Gerichtsvollzieher kam zur** ~**:** the bailiff came to seize *or* impound possessions

**Pfändungs·verfügung die** *(Rechtsw.)* garnishee *or* attachment order *(Law)*

**Pfạnd·verkauf der** sale of property put up as security; distress sale *(Law)*

**Pfanne** ['pfanə] **die;** ~, ~**n a)** *(zum Braten, Backen)* [frying-]pan; **sich** *(Dat.)* **ein paar Eier in die** ~ **schlagen** fry [up] some eggs; **jmdn. in die** ~ **hauen** *(ugs.) (kritisieren)* take sb. to pieces; *(ruinieren)* land sb. in trouble; *(vernichtend schlagen)* beat sb. hollow *(coll.);* **b)** *(hist.: Zünd~)* [priming] pan; **etw. auf der** ~ **haben** *(ugs. fig.)* have sth. at the ready; **c)** *(Geogr.: Senke)* pan; *(Salz~)* saltpan; **d)** *(Hüttenw.)* [foundry] ladle; **e)** *(Bett~)* bed-pan; **f)** *(Bauw.: Dach~)* pantile; **g)** *(Anat.: Gelenk~)* socket

**Pfạnnen·gericht das** *(Kochk.)* fried dish

**Pfạnn·kuchen der a)** *(bes. südd.: Eierkuchen)* pancake; **b)** *(Berliner* ~*)* doughnut; **aufgehen wie ein** ~ *(ugs.)* turn into a real dumpling

**Pfạrr-:** ~**amt das a)** parish office; **b)** *(Stellung)* pastorate; ~**bezirk der** parish

**Pfarre** ['pfarə] **die;** ~, ~**n** *(veralt.),* **Pfarrei** [pfa'rai] **die;** ~, ~**en a)** *(Bezirk)* parish; **b)** *(Dienststelle)* parish office; **c)** *s.* **Pfarrhaus**

**Pfarrer** ['pfarɐ] **der;** ~**s,** ~ *(katholisch)* parish priest; *(evangelisch)* pastor; *(anglikanisch)* vicar; *(von Freikirchen)* minister; *(Militär~)* chaplain; padre; *(in der Anschrift)* **Herrn** ~ **Meyer** [the] Revd. Meyer; **Frau** ~ **Meyer** *(Pfarrerin)* [the] Revd. Meyer; *(Pfarrersfrau)* Mrs Meyer

**Pfạrrerin die;** ~, ~**nen** [woman] pastor; *(in Freikirchen)* [woman] minister; **Frau** ~ **Schmidt** Pastor *or* [the] Revd. Schmidt

**Pfạrrers·frau die** pastor's wife; *(in Freikirchen)* minister's wife; *(anglikanisch)* vicar's wife

**Pfạrr-:** ~**haus das** vicarage; *(katholisch)* presbytery; *(in Schottland)* manse; ~**kirche die** parish church

**Pfau** [pfau] **der;** ~**[e]s,** ~**en** *(österr. auch:)* ~**en,** ~**e** peacock; **er ist ein [eitler]** ~ *(fig.)* he is as vain as a peacock

**Pfauen-:** ~**auge das** peacock butterfly; *(Nachtpfauenauge)* peacock moth; ~**feder die** peacock feather

**Pfd.** *Abk.* **Pfund** lb.

**Pfeffer** ['pfɛfɐ] **der;** ~**s,** ~ **a)** pepper; **roter** ~**:** cayenne [pepper]; red pepper; **spanischer** ~**:** paprika; **hingehen** *od.* **bleiben, wo der** ~ **wächst** *(ugs.)* go to hell *(coll.);* get lost *(sl.); s. auch* **Hase a; Hintern; b)** *(Textilw.)* ~ **und Salz** pepper-and-salt; **c)** *(ugs.: Schwung)* punch *(coll.);* zap *(sl.);* **dahinter steckt** ~**:** it's got plenty of zap *(sl.) or (coll.)* zing

**Pfẹffer-:** ~**fresser der** *(Zool.)* toucan; ~**gurke die** pickled gherkin; ~**korn das** peppercorn; ~**kuchen der** ≈ gingerbread

**Pfefferminz** ['pfɛfɐmɪnts] *o. Art., indekl.* peppermint

**Pfẹfferminz·bonbon der** *od.* **das** peppermint [sweet]

**Pfẹffer·minze die;** *o. Pl.* peppermint [plant]

**Pfẹfferminz-:** ~**likör der** peppermint liqueur; ~**plätzchen das** peppermint drop; *(weich)* peppermint cream; ~**tee der** peppermint tea

**Pfẹffer·mühle die** pepper-mill

**pfẹffern** *tr. V.* **a)** *(würzen)* season with pepper; **stark gepfeffert** very peppery; **b)** *(ugs.: werfen)* chuck *(coll.); (mit Wucht)* fling; hurl; **jmdm. eine** ~ *(salopp)* sock *or* biff sb. one *(sl.);* **eine gepfeffert kriegen** *(salopp)* get a clout *or (sl.)* biff; *s. auch* **gepfeffert**

**Pfẹffer-:** ~**nuß die** [small round] gingerbread biscuit; ~**steak das** steak au poivre; pepper steak; ~**strauch der** pepper plant; ~**streuer der** pepper-pot; ~**-und-Sạlz-Muster das** pepper-and-salt pattern

**pfeffrig** ['pfɛfrɪç] *Adj.* peppery

**Pfeifchen** ['pfaifçən] **das;** ~**s,** ~ *(fam.: Tabakpfeife)* pipe

**Pfeife** ['pfaifə] **die;** ~, ~**n a)** *(Tabak~)* pipe; ~ **rauchen** smoke a pipe; be a pipe-smoker; **eine** ~ **rauchen** smoke *or* have a pipe; **b)** *(Musikinstrument)* pipe; *(aus Zinn)* penny whistle; tin whistle; *(der Militärkapelle)* fife; *(Triller~, an einer Maschine usw.)* whistle; *(Orgel~)* [organ-]pipe; **nach jmds.** ~ **tanzen** *(fig.)* dance to sb.'s tune; **c)** *(salopp abwertend: Versager)* wash-out *(sl.)*

**pfeifen 1.** *unr. itr. V.* **a)** whistle; ⟨*bird*⟩ sing; pipe; ⟨*mouse*⟩ squeak; **dreimal kurz** ~**:** give three short whistles; **er pfiff vor Bewunderung** he gave a whistle of admiration; he whistled in admiration; **sie pfiff [nach] ihrem Hund/einem Taxi** she whistled her dog/for a taxi; **von den Rängen wurde laut gepfiffen und gebuht** there were loud catcalls and boos from the auditorium; **etwas** *od.* **es pfiff in der Leitung** there was a whistle *or* a whistling noise on the telephone line; **seine Lungen** ~**/es pfeift in seiner Brust** he wheezes in his lungs/chest; ~**der Atem** wheezing [breath]; *s. auch* **Loch a; b)** *mit sein* **die Kugeln pfiffen ihm um die Ohren** the bullets whistled around him; **c)** *(auf einer Trillerpfeife o. ä.)* ⟨*policeman, referee, etc.*⟩ blow one's whistle; *(Sport: als Schiedsrichter fungieren)* act as referee; **er pfeift beim Endspiel** he is refereeing the final; **d)** *(salopp)* **auf jmdn./etw.** ~**:** not give a damn about sb./sth.; **ich pfeife auf dein Geld** you can keep your money *(coll.);* **e)** *(salopp: geständig sein)* squeal *(sl.).* **2.** *unr. tr. V.* **a)** whistle ⟨*tune etc.*⟩; ⟨*bird*⟩ pipe, sing ⟨*song*⟩; *(auf einer Pfeife)* pipe, play ⟨*tune etc.*⟩; *(auf einer Trillerpfeife o. ä.)* blow ⟨*signal etc.*⟩ on one's whistle; **einen Elfmeter** ~ *(Sport)* blow [the whistle] for a penalty; **sich** *(Dat.)* **eins** ~ *(ugs.)* whistle [nonchalantly] to oneself; *(fig.: sich nichts daraus machen)* shrug one's shoulders; **ich pfeif' dir was** *(salopp spött.)* go and get knotted *(sl.);* **b)** *(Sport: als Schiedsrichter leiten)* referee ⟨*match*⟩; **c)** *(salopp: verraten)* let out ⟨*secret*⟩; **wer hat dir das gepfiffen?** who let on to you about that? *(sl.);* **d)** *(salopp: trinken)* **einen** ~**:** knock one back *(sl.)*

**Pfeifen-:** ~**deckel der** [pipe-]bowl lid; ~**deckel!** *(ugs.)* no way! *(coll.);* ~**kopf der** pipe-bowl; ~**raucher der** pipe-smoker; ~**reiniger der** pipe-cleaner; ~**ständer der** pipe-rack; ~**stopfer der** tobacco-stopper; ~**tabak der** pipe tobacco; ~**werk das** *(Musik)* [organ-]pipes *pl.;* pipework

**Pfeifer der;** ~**s,** ~ **a)** *(Musik) (bes. hist.)* piper; *(in einer Militärkapelle)* fife-player; **b)** *(jmd., der pfeift)* whistler

**Pfeiferei die;** ~, ~**en** *(abwertend)* whistling

**Pfeif-:** ~**kessel der** whistling kettle; ~**konzert das** chorus of catcalls; ~**ton der;** *Pl.* ~**töne** whistling sound

**Pfeil** [pfail] **der;** ~**[e]s,** ~**e** arrow; *(Wurf~)* dart; ~ **und Bogen** bow and arrow; **wie ein** ~ **davonschießen** be off like a shot *or* like lightning; **schnell wie ein** ~**:** as quick as lightning; **alle [seine]** ~**e verschossen haben** *(fig.)* have run out of arguments; *s. auch* **Amor**

**Pfeiler der;** ~**s,** ~**:** *(Bauw., Bergbau; auch fig.)* pillar; *(Brücken~)* pier

**pfeil, Pfeil-:** ~**flügel der** *(Flugzeugtechnik)* swept-back wing; ~**förmig 1.** *Adj.* arrowshaped; sagittate ⟨*leaf*⟩; **2.** *adv.* ~ **angeord-**

**net** arranged in the shape of an arrow *postpos.*; **~gerade 1.** *Adj.* [as] straight as an arrow *postpos.*; dead straight; **2.** *adv.* [as] straight as an arrow; **~gift das** arrow-poison; **~richtung die: in ~richtung** in the direction of the arrow; **~schnell 1.** *Adj.* lightning-swift; **2.** *adv.* like a shot; **~spitze die** arrowhead

**Pfẹnnig** ['pf̲ɛnɪç] **der; ~s, ~e** pfennig; **es kostet 20 ~:** it costs 20 pfennig[s]; **hast du ein paar einzelne ~e?** have you any single pfennig pieces?; **eine Briefmarke zu 60 ~:** a 60-pfennig stamp; **er hat keinen ~ [Geld]** he hasn't a penny *or (Amer.)* cent; **es ist keinen ~ wert** *(ugs.)* it isn't worth a penny *or (Amer.)* a [red] cent; **bis auf den letzten ~:** down to the last penny *or (Amer.)* cent; **auf den ~ genau** correct to the last penny *or (Amer.)* cent; **auf den ~ sehen** *(ugs.)* watch *or* count every penny *or (Amer.)* cent; **nicht für fünf ~ Anstand/Verstand/Geschmack/Humor** *usw.* **haben** *(ugs.)* have not an ounce of respectability/common sense/have no taste/sense of humour whatsoever; **das interessiert mich nicht für fünf ~** *(ugs.)* that doesn't interest me in the slightest; **wer den ~ nicht ehrt, ist des Talers nicht wert** *(Spr.)* take care of the pennies and the pounds will look after themselves *(prov.)*; *s. auch* **Heller; ²Mark a; umdrehen 1**

**pfẹnnig-, Pfẹnnig-: ~ab·satz der** stiletto heel; **~betrag der** amount of less than a mark; *(kleiner Betrag)* tiny amount; **~fuchser** [-fʊksɐ] **der; ~s, ~** *(ugs.)* penny-pincher; **~groß** *Adj.* ≈ the size of a 1p piece *(Brit.) or (Amer.)* a cent *postpos.*

**Pfẹrch** [pfɛrç] **der; ~[e]s, ~e** pen

**pfẹrchen** *tr. V.* cram; pack

**Pferd** [pfe:ɐ̯t] **das; ~[e]s, ~e a)** horse; **zu ~[e]** on horseback; **aufs/vom ~ steigen** mount/dismount; **zu ~:** by horse; on horseback; **das hält ja kein ~ aus** *(ugs.)* that's more than flesh and blood can stand; **ich denk', mich tritt ein ~** *(salopp)* I'm absolutely flabbergasted; **man hat schon ~e kotzen sehen** *(salopp)* [you never know,] anything can happen; **immer sachte mit den jungen ~en** *(fig. ugs.)* not so fast! *(coll.)*; **er ist das beste ~ im Stall** *(ugs.)* he is their/our number one man; **wie ein ~ arbeiten** *(ugs.)* work like a Trojan; **keine zehn ~e bringen mich dahin/dazu, es zu tun** *(ugs.)* wild horses would not drag me there/make me do it; **ihm gehen die ~e durch** *(ugs.)* he flies off the handle *(coll.)*; **auf das falsche ~ setzen** *(fig.)* back the wrong horse; **die ~e scheu machen** *(ugs.)* put people off; **das ~ am** *od.* **beim Schwanze aufzäumen** *(ugs.)* put the cart before the horse; **mit ihr kann man ~e stehlen** *(ugs.)* she's game for anything; *s. auch* **trojanisch; b)** *(Turngerät)* horse; **c)** *(Schachfigur)* knight

**Pferdchen das; ~s, ~ a)** *(kleines Pferd)* little horse; **b)** *(salopp: Prostituierte)* tart *(sl.)*; hooker *(Amer. sl.) (working for a pimp)*

**Pferde-: ~anhänger der** *s.* **~transportwagen; ~apfel der** *(ugs.)* piece of horse dung; **~äpfel** horse-droppings; horse-dung; **~bremse die** *(Zool.)* horse-fly; **~decke die** horse-blanket; **~fleisch das** horse-meat; **~fuhrwerk das** horse and cart; **~fuhrwerke** horse-drawn carts; **~fuß der a)** *(fig.: Mangel, Nachteil)* snag; drawback; **b)** *(eines ~s)* horse's foot; *(des Teufels)* cloven hoof; **~gebiß das a)** *(fig. ugs.)* **er hat ein ~gebiß** he has teeth *pl.* like a horse; **b)** *(eines ~s)* horse's teeth *pl.*; **~gesicht das** *(ugs.)* horsy face; **er hat ein ~gesicht** he has a face like a horse; **~händler der** horse-dealer; **~knecht der** *(veralt.)* groom; **~kopf der** horse's head; **~koppel die** paddock; **~länge die** length; **mit zwei ~längen Vorsprung siegen** win by two lengths (**vor** + *Dat.* from); **~mist der** horse-manure; **~pfleger der** groom; **~rasse die** breed of horse; **~renn·bahn die** racecourse; **~rennen das** horse-race; *(Sportart)* horse-racing; **beim ~rennen sein** be at the races *pl.*; **~schlachter, ~schlächter der** *(bes. nordd.)* horse-butcher; **~schlitten der** horse[-drawn] sleigh; **~schwanz der** horse's tail; *(fig.: Frisur)* pony-tail; **~sport der** equestrian sport *no art.*; *(~rennen)* horse-racing *no art.*; **~stall der** stable; **~stärke die** horse-power; **~transport·wagen der** horse-box; **~wagen der** *(für Güter)* cart; *(für Personen)* carriage; *(der amerikanischen Pioniere usw.)* wagon; **~wirt der** *(Berufsbez.)* fully qualified groom *(with veterinary training)*; **~zucht die** horse-breeding *no art.*

**pfiff** [pfɪf] *1. u. 3. Pers. Sg. Prät. v.* **pfeifen**

**Pfịff der; ~[e]s, ~e a)** whistle; **b)** *(ugs.: besonderer Reiz)* style; **mit ~:** stylish; with style; *(adverbiell)* stylishly; ⟨*cook*⟩ with flair; **der letzte** *od.* **richtige ~:** the finishing touch; that extra something; **c)** *(ugs.) s.* **Dreh a**

**Pfịfferling** ['pfɪfɐlɪŋ] **der; ~s, ~e** chanterelle; **keinen** *od.* **nicht einen ~ wert sein** *(ugs.)* be not worth a bean *(sl.)*

**pfịffig 1.** *Adj.* smart; bright, clever ⟨*idea*⟩; artful, knowing ⟨*smile, expression*⟩. **2.** *adv.* artfully; cleverly; **jmdn. ~ ansehen/anlächeln** look/smile knowingly *or* artfully at sb.

**Pfịffikus** ['pfɪfikʊs] **der; ~[ses], ~se** *(ugs.)* smart lad

**Pfingsten** ['pfɪŋstn̩] **das; ~, ~:** Whitsun; **zu** *od. (bes. südd.)* **an ~:** at Whitsun; **habt ihr schöne ~ gehabt?** did you have a nice Whitsun?; *s. auch* **Ostern**

**Pfịngst-: ~feier·tag der: über die ~feiertage** over Whitsun; **an den ~feiertagen** on Whit Sunday and Whit Monday; **der erste/zweite ~feiertag** Whit Sunday/Monday; **~fest das** Whitsun [holiday]; *(Rel.)* Whitsun festival

**pfịngstlich 1.** *Adj.* Whitsuntide *attrib.*; *(Rel.)* pentecostal ⟨*miracle*⟩. **2.** *adv.* **~ geschmückt** decorated for Whitsun *postpos.*

**Pfịngst-: ~montag der** Whit Monday *no def. art.*; **~ochse der** *in* **er sah aus/hatte sich herausgeputzt wie ein ~ochse** *(ugs.)* he looked like/was dressed up like a dog's dinner *(coll.)*; **~rose die** peony; **~sonntag der** Whit Sunday *no def. art.*; **~woche die** week before Whitsun

**Pfirsich** ['pfɪrzɪç] **der; ~s, ~e** peach

**Pfịrsich-: ~baum der** peach-tree; **~blüte die** peach-blossom; **~haut die a)** peach-skin; **b)** *(fig.: Gesichtshaut)* peaches-and-cream complexion

**Pflänzchen** ['pflɛntsçən] **das; ~s, ~ a)** little plant; **b)** *(fig.: Mensch)* **ein [zartes] ~:** a delicate creature

**Pflanze** ['pflantsə] **die; ~, ~n a)** plant; **b)** *(ugs.: Mensch)* **du bist mir vielleicht eine ~!** you're a right one! *(coll.)*; **eine echte Berliner ~** *(veralt.)* a genuine Berlin type

**pflạnzen 1.** *tr. V.* plant (**in** + *Akk.* in); *(fig.)* plant, stick ⟨*flag*⟩. **2.** *refl. V. (ugs.)* plant oneself

**pflạnzen-, Pflạnzen-: ~farb·stoff der a)** *(pflanzlicher Farbstoff)* vegetable dye; **b)** *(Bot.: Pigment)* plant *or* vegetable pigment; **~fett das** vegetable fat; **~fressend** *Adj.; nicht präd.* herbivorous; **~fresser der** herbivore; **~kunde die** botany *no def. art.*; **~öl das** vegetable oil; **~reich das;** *o. Pl.* plant kingdom; **~schutz·mittel das** [crop] pesticide; *(für den Garten)* garden pesticide; **~welt die** flora

**Pflạnzer der; ~s, ~:** planter; plantation-owner

**Pflạnz-: ~gut das;** *o. Pl.* seed stock; **~holz das** dibble; **~kartoffel die** seed potato

**pflạnzlich** *Adj.* plant *attrib.* ⟨*life, motif*⟩; vegetable ⟨*dye, fat*⟩; *(vegetarisch)* vegetarian

**Pflänzling** ['pflɛntslɪŋ] **der; ~s, ~e** seedling

**Pflạnzung die; ~, ~en a)** plantation; **b)** *o. Pl. (das Pflanzen)* planting

**Pflaster** ['pflastɐ] **das; ~s, ~ a)** *(Straßen~)* road surface; *(auf dem Gehsteig)* pavement; **~ treten** *(ugs.)* trail through the streets; **b)** *(ugs.: Ort)* **ein teures/gefährliches** *od.* **heißes ~:** an expensive/dangerous place *or* spot to be; **mir wird das ~ hier zu heiß** this place is getting too hot for me; **c)** *(Wund~)* sticking-plaster

**Pflạster·maler der** pavement artist

**pflạstern** *tr. (auch itr.) V.* surface ⟨*road, path*⟩; *(mit Kopfsteinpflaster, Steinplatten)* pave ⟨*street, path*⟩; *s. auch* **Vorsatz**

**Pflạster·stein der** paving-stone; *(Kopfstein)* cobble-stone

**Pflaume** ['pflaumə] **die; ~, ~n a)** plum; **getrocknete ~n** [dried] prunes; **b)** *(ugs. abwertend: Versager)* dead loss *(coll.)*; *(Feigling)* baby; **c)** *(derb: Vulva)* pussy *(vulg.)*

**pflaumen-, Pflaumen-: ~baum der** plum-tree; **~kuchen der** plum flan; **~mus das** plum purée; **~saft der** plum juice; **~schnaps der** plum brandy; **~weich** *Adj. (ugs. abwertend)* weak-kneed; spineless

**Pflege** ['pfle:gə] **die; ~:** care; *(Maschinen~, Fahrzeug~)* maintenance; *(fig.: von Beziehungen, Kunst, Sprache)* cultivation; fostering; **die ~ des Körpers** personal hygiene; **die Blumen brauchen viel/kaum ~:** the flowers need a lot of/hardly any attention; **jmdn./etw. in ~** *(Akk.)* **nehmen** look after sb./sth.; **jmdm. etw.** *od.* **etw. bei jmdm. in ~** *(Akk.)* **geben** give sb. sth. to look after; entrust sth. to sb.'s care; **ein Kind in ~** *(Akk.)* **nehmen** look after a child; *(als Pflegeeltern)* foster a child; **jmdm. ein Kind** *od.* **ein Kind bei jmdm. in ~** *(Akk.)* **geben** give sb. a child to look after; *(bei Pflegeeltern)* have a child fostered by sb.; **bei jmdm. in ~** *(Dat.)* **sein** be looked after by sb.

**pflẹge-, Pflẹge-: ~bedürftig** *Adj.* needing care *or* attention *postpos.*; ⟨*person*⟩ in need of care; **~bedürftig sein** need looking after; need attention; **~eltern** *Pl.* foster-parents; **~fall der** person in [permanent] need of nursing; **ein ~fall sein/zum ~fall werden** be/become in [permanent] need of nursing; **~heim das** nursing home *(esp. Brit.)*; **~kind das** foster-child; **~leicht** *Adj.* easy-care *attrib.* ⟨*textiles, flooring*⟩; minimum-care *attrib.* ⟨*plant, pan*⟩; **~leicht sein** require little attention *or* care; ⟨*cloth, clothing*⟩ be made of easy-care material; **~mutter die** foster-mother

**pflẹgen 1.** *tr. V.* look after; care for; care for, nurse ⟨*sick person*⟩; care for, take care of ⟨*skin, teeth, floor*⟩; look after, maintain ⟨*bicycle, car, machine*⟩; look after, tend ⟨*garden, plants*⟩; cultivate ⟨*relations, arts, interests*⟩; foster ⟨*contacts, co-operation*⟩; keep up, pursue ⟨*hobby*⟩; **jmdn./ein Tier gesund ~:** nurse sb./an animal back to health; **Kontakt/den Umgang mit jmdm. ~:** keep in touch with/associate with sb. **2.** *itr. V.; mit Inf. + zu* **etw. zu tun ~:** be in the habit of doing sth.; usually do sth.; **..., wie er zu sagen pflegt/pflegte** ..., as he is wont to say/as he used to say; **er pflegte jeden Morgen um sieben Uhr aufzustehen** he used to get up every morning at seven. **3.** *refl. V.* take care of oneself; *(gesundheitlich)* look after oneself; **sie sollte sich mehr ~:** she should take more care of herself. **4.** *regelm. (veralt. auch unr.) itr. V. (geh.)* **einer Sache** *(Gen.)* **~:** indulge in sth.; **der Ruhe ~:** rest; take one's ease; *s. auch* **gepflegt**

**Pflẹger der; ~s, ~ a)** *(Kranken~)* [male] nurse; **b)** *(Tier~)* keeper

**Pflẹgerin die; ~, ~nen a)** *(Kranken~)* nurse; **b)** *(Tier~)* keeper

**pflẹgerisch** *Adj.* nursing *attrib.*

**Pflẹge-: ~satz der** hospital [daily] rate;

charge for a hospital bed [per day]; **~sohn der** foster-son; **~tochter die** foster-daughter; **~vater der** foster-father; **~versicherung die** care insurance
**pfleglich 1.** *Adj.* careful. **2.** *adv.* carefully; with care
**Pflegling** ['pfle:klɪŋ] **der; ~s, ~e** charge; *(Pflegekind)* foster-child; **unsere ~e** the children/animals in our care
**Pflegschaft die; ~, ~en** *(Rechtsw.) (durch Pflegeeltern)* foster-care; *(eines Vermögens)* trusteeship
**Pflicht** [pflɪçt] **die; ~, ~en a)** duty; **seine alltäglichen [kleinen] ~en** his everyday chores; **die ~ ruft** duty calls; **~ sein** be obligatory; **es ist seine [***(salopp)* **verdammte** *od.* **verfluchte] ~ und Schuldigkeit** [damn it all,] it's his bounden duty; **jmdn. in die ~ nehmen** *(geh.)* make sb. discharge his/her duties; **b)** *(Sport)* compulsory exercises *pl.*
**pflicht-, Pflicht-: ~bewußt 1.** *Adj.* conscientious; **~bewußt sein** have a sense of duty; **2.** *adv.* conscientiously; with a sense of duty; **~bewußt·sein das** sense of duty; **~eifer der** zeal; **~eifrig 1.** *Adj.* zealous; **2.** *adv.* zealously; full of zeal; **~erfüllung die;** *o. Pl.* performance of one's duty; **in treuer/gewissenhafter ~erfüllung** faithfully/conscientiously following the path of duty; **~exemplar das** *(Verlagsw.)* deposit copy; **~fach das** compulsory subject; **es ist ~fach** it is a compulsory subject; **~gefühl das;** *o. Pl.* sense of duty; **aus [bloßem] ~gefühl** [simply] from a sense of duty; **~gemäß 1.** *Adj.* in accordance with one's duty *postpos.*; **2.** *adv.* in accordance with one's duty; **ich teile Ihnen ~gemäß mit, daß ...:** it is my duty to inform you that ...
**-pflichtig** *Adj.* subject to ...; **beitrags~e Beschäftigung** occupation entailing the payment of insurance contributions
**pflicht-, Pflicht-: ~lektüre die** required reading; *(Schulw.)* set books *pl.*; **zur ~lektüre gehören, ~lektüre sein** be required reading; *(in der Schule)* be a set book/be set books; **~schuldig 1.** *Adj.* dutiful; *(höflich)* polite; **2.** *adv.* dutifully; *(höflich)* politely; **~teil der** *od.* **das** *(Rechtsw.) portion of an estate that must go to the closest relation regardless of testator's dispositions;* legitimate portion; **jmdn. auf den** *od.* **das ~teil setzen** leave sb. nothing but the legal minimum; **~übung die a)** *(Sport)* compulsory exercise; **b)** *(fig.)* ritual exercise; *(Buch, Film usw.)* obligatory effort; **~um·tausch der** compulsory exchange of currency; **~vergessen 1.** *Adj.* neglectful of one's duty *postpos.*; negligent ‹*behaviour*›; **2.** *adv.* negligently; **~verletzung die** breach of duty; **~versichert** *Adj.* compulsorily insured; **~versicherung die** compulsory insurance; **~verteidiger der** *(Rechtsw.) defense counsel appointed by the court;* assigned counsel; **~widrig** *Adj., adv.* in breach of one's duty *postpos.*
**Pflock** [pflɔk] **der; ~[e]s, Pflöcke** ['pflœkə] peg; *(für Tiere)* stake
**pflog** [pflo:k] *(veralt.)* **1.** *u.* **3.** *Pers. Sg. Prät. v.* **pflegen 4**
**pflücken** ['pflʏkn̩] *tr. V.* pick ‹*flowers, fruit, hops*›; **Kirschen in einen Korb ~:** pick cherries and put them in a basket
**Pflücker der; ~s, ~, Pflückerin die; ~, ~nen** picker
**Pflück·maschine die** [mechanical] picker
**Pflug** [pflu:k] **der; ~[e]s, Pflüge** ['pfly:gə] plough; **Land unter den ~ nehmen** *(geh.)* put land to the plough
**pflügen** ['pfly:gn̩] *tr., itr. V.* plough; *(fig. geh.)* ‹*ship*› plough *or* carve a way through ‹*waves, sea*›
**Pflug·schar die** ploughshare
**Pforte** ['pfɔrtə] **die; ~, ~n a)** *(Tor)* gate; *(Tür)* door; *(Eingang)* entrance; **seine ~n öffnen/schließen** *(fig. geh.)* open/close its doors; **Pforzheim, die ~ zum Schwarzwald** *(fig.)* Pforzheim, the gateway to the Black Forest; **b)** *(Geogr.)* **die Westfälische ~:** the Minden Gap; the Porta Westfalica; **die Burgundische ~:** the Belfort Gap
**Pförtner** ['pfœrtnɐ] **der; ~s, ~ a)** porter; *(eines Wohnblocks, Büros)* door-keeper; *(am Tor)* gatekeeper; **b)** *(Anat.)* pylorus
**Pförtner·haus das** gatehouse; porter's lodge
**Pförtnerin die; ~, ~nen** *s.* **Pförtner a**
**Pförtner·loge die** porter's lodge
**Pfosten** ['pfɔstn̩] **der; ~s, ~ a)** post; *(Tür~)* jamb; **b)** *(Sport: Tor~)* [goal-]post
**Pfosten·schuß der** *(Ballspiele)* shot hitting the [goal-]post
**Pfötchen** ['pfø:tçən] **das; ~s, ~:** [little] paw; **~ geben** hold out a paw; **[gib] ~!** [give us a] paw!
**Pfote** ['pfo:tə] **die; ~, ~n a)** paw; **die ~ geben** hold out a paw; **[gib die] ~!** [give us a] paw!; **b)** *(ugs.: Hand)* paw *(coll.)*; mitt *(sl.)*; **sich** *(Dat.)* **die ~n verbrennen** *(fig.)* burn one's fingers *(fig.)*; **seine ~n in etw.** *(Dat.)***/überall [drin] haben** *(fig. salopp)* have a hand in sth./everything; be mixed up in sth./everything; **c)** *(salopp abwertend: Schrift) s.* **Klaue d**
**Pfriem** [pfri:m] **der; ~[e]s, ~e** awl
**Pfropf** [pfrɔpf] **der; ~[e]s, ~e** blockage; *(in der Vene)* clot; **ein ~ aus Haaren** a plug *or (Brit. coll.)* wodge of hair
[1]**pfropfen** *tr. V. (ugs.)* cram; stuff; **gepfropft voll** crammed [full]; packed
[2]**pfropfen** *tr. V. (Gartenbau)* graft ‹*scion*› **(auf + Akk.** on); improve ‹*tree, vine*› by grafting
**Pfropfen der** *(für Flaschen)* stopper; *(Korken)* cork; *(für Fässer)* bung
**Pfröpfling** ['pfrœpflɪŋ] **der; ~s, ~e** scion
**Pfropf-: ~messer das** grafting-knife; **~reis das** scion
**Pfründe** ['pfrʏndə] **die; ~, ~n a)** *(kath. Kirche)* living; benefice; **auf einer ~ sitzen** hold a living; **b)** *(fig.)* sinecure
**Pfuhl** [pfu:l] **der; ~[e]s, Pfühle** ['pfy:lə] muddy pool; *(fig.)* murky waters *pl.*; **ein ~ der Sünde** *od.* **Sittenlosigkeit** *(fig.)* a sink of iniquity
**pfui** [pfʊi] *Interj.* **a)** *(Ekel ausdrückend)* ugh; yuck *(sl.)*; *(zu Kindern, Hunden)* [ugh,] you mucky pup; *(hör auf)* stop that; **~ Teufel** *od.* **Deibel** *od.* **Spinne!** *(ugs.)* ugh *or (sl.)* yuck, how disgusting!; **das ist ~:** that's yucky *(sl.) or* disgusting; **b)** *(Mißbilligung, Empörung ausdrückend)* ugh; really; *(Ruf)* boo; **~, schäm dich!** shame on you!; **~ rufen** boo
**Pfui·ruf der** boo
**Pfund** [pfʊnt] **das; ~[e]s, ~e** *(bei Maßangaben ungebeugt)* **a)** *(Gewicht)* pound *(= 500 grams in German-speaking countries);* **zwei ~ Kartoffeln** two pounds of potatoes; **überflüssige ~e loswerden** ‹*person*› get rid of unwanted pounds; **b)** *(Währungseinheit)* pound; **100 ~:** £100; one hundred pounds; **wieviel ist das in ~ [Sterling]?** how much is that in pounds [sterling]?; **mit seinem ~[e] wuchern** *(geh.)* make the most of one's capabilities
**pfundig** *(ugs.)* **1.** *Adj.* great *(coll.)*; fantastic *(coll.)*. **2.** *adv.* fantastically *(coll.)*
**Pfunds-: ~kerl der** *(ugs.)* great bloke *(Brit. coll.)*; great guy *(sl.)*; **~stimmung die** *(ugs.)* terrific atmosphere *(coll.)*
**pfund·weise** *Adv.* by the pound; **die könnte ich ~ essen** I could eat pounds of them
**Pfund·zeichen das** pound sign
**Pfusch** [pfʊʃ] **der; ~[e]s a)** *o. Art. (ugs. abwertend)* a botch-up; **[großen] ~ machen** botch it [in a big way]; **b)** *(österr.: Schwarzarbeit)* work done on the side *(and not declared for tax); (nach Feierabend)* moonlighting *(coll.)*; **etw. im ~ machen** do sth. on the side
**Pfusch·arbeit die;** *o. Pl. (ugs. abwertend)* botch; botched-up job
**pfuschen** *itr. V.* **a)** *(ugs. abwertend)* botch it; do a botched-up job; **b)** *(österr.: schwarzarbeiten)* do work on the side *(not declared for tax); (nach Feierabend)* moonlight *(coll.)*
**Pfuscher der; ~s, ~ a)** *(ugs. abwertend)* botcher; bungler; **b)** *(österr.: Schwarzarbeiter)* person doing work on the side; *(nach Feierabend)* moonlighter *(coll.)*
**Pfuscherei die; ~, ~en** botching *no pl.*; *(Pfuscharbeit)* botched-up job
**Pfütze** ['pfʏtsə] **die; ~, ~n** puddle
**PH** [pe:'ha:] **die; ~, ~s** *Abk.* **Pädagogische Hochschule**
**Phalanx** ['fa:laŋks] **die; ~, Phalangen** *(hist., fig.)* phalanx
**phallisch** ['falɪʃ] *(geh.)* **1.** *Adj.* phallic. **2.** *adv.* like a phallus
**Phallus** ['falʊs] **der; ~, Phalli** *od.* **Phallen,** *(auch:)* **~se** *(geh.)* phallus
**Phallus-: ~kult der** phallic cult; **~symbol das** phallic symbol
**Phänomen** [fɛno'me:n] **das; ~s, ~e** phenomenon; **er ist ein ~** *(ugs.)* he is phenomenal
**phänomenal** [fɛnome'na:l] **1.** *Adj.* phenomenal. **2.** *adv.* phenomenally
**Phänomenologie die** *(Philos.)* phenomenology
**Phantasie** [fanta'zi:] **die; ~, ~n a)** *o. Pl.* imagination; **mit [viel]/ohne [jede] ~:** [very] imaginatively *or* with [a lot of] imagination/[very] unimaginatively *or* without [any] imagination; **eine schmutzige ~ haben** have a dirty mind; **b)** *meist Pl. (Produkt der ~)* fantasy
**phantasie·los 1.** *Adj.* unimaginative; **2.** *adv.* unimaginatively
**Phantasielosigkeit die; ~:** lack of imagination; *(Eintönigkeit)* dullness
**phantasieren 1.** *itr. V.* **a)** indulge in fantasies, fantasize **(von** about); **phantasierst du, oder sagst du die Wahrheit?** are you making it up or telling the truth?; **b)** *(Med.: irrereden)* talk deliriously. **2.** *tr. V.* **was phantasierst du da?** what's all that nonsense?
**phantasie·voll 1.** *Adj.* imaginative. **2.** *adv.* imaginatively
**Phantasie·vor·stellung die** figment of the imagination
**Phantast** [fan'tast] **der; ~en, ~en** dreamer; starry-eyed idealist
**Phantasterei die; ~, ~en** fantasy; *(Wunschtraum)* pipe-dream
**phantastisch 1.** *Adj.* **a)** fantastic; ‹*idea*› divorced from reality; **eine ~e Erzählung** a tale of fantasy; **b)** *(ugs.: großartig)* fantastic *(coll.)*; terrific *(coll.)*. **2.** *adv. (ugs.)* fantastically *(coll.)*; **~ tanzen/kochen** *(ugs.)* dance/cook fantastically *(coll.) or* incredibly well
**Phantom** [fan'to:m] **das; ~s, ~e** phantom; illusion; **einem ~ nachjagen** *(fig.)* chase [after] an illusion *or* a shadow
**Phantom-: ~bild das a)** *(Kriminalistik)* Identikit [picture] **(P)**; *(aus Fotos)* photofit picture; **b)** *(Fot.)* see-through *or* cut-away picture; **~schmerz der** phantom limb [pain]
**Pharao** ['fa:rao] **der; ~s, ~nen** [fara'o:nən] Pharaoh
**Pharisäer** [fari'zɛ:ɐ] **der; ~s, ~** *(auch fig.)* Pharisee
**pharisäerhaft** *(geh.) Adj.* holier-than-thou
**Pharisäertum das; ~s** *(geh.)* Pharisaism; hypocrisy
**Pharma-: ~berater der** *s.* **~referent; ~industrie die** pharmaceutical industry
**Pharmakologe** [farmako'lo:gə] **der; ~n, ~n** pharmacologist
**Pharmakologie** [farmakolo'gi:] **die; ~:** pharmacology *no art.*
**Pharmakologin die; ~, ~nen** pharmacologist

**pharmakologisch** **1.** *Adj.* pharmacological. **2.** *adv.* pharmacologically; ~ **ausgebildet** trained in pharmacology *postpos.*
**Pharma·referent der** pharmaceutical representative
**Pharmazeut** [farma'tsɔyt] **der; ~en, ~en** pharmacist
**Pharmazeutik** [farma'tsɔytɪk] **die;** ~ *s.* **Pharmazie**
**Pharmazeutin die; ~, ~nen** pharmacist
**pharmazeutisch 1.** *Adj.* pharmaceutical. **2.** *adv.* pharmaceutically; ~ **ausgebildet** with pharmaceutical training *postpos.*
**Pharmazie** [farma'tsi:] **die; ~:** pharmaceutics *sing., no art.;* pharmaceutical chemistry *no art.*
**Phase** ['fa:zə] **die; ~, ~n** phase
**Phasen·verschiebung die** *(Physik)* phase difference
**-phasig** *Adj.* -phase
**Phenacetin** [fenatse'ti:n] **das; ~s** *(Pharm.)* phenacetin
**Philanthrop** [filan'tro:p] **der; ~en, ~en** *(geh.)* philanthropist
**philanthropisch** *(geh.)* **1.** *Adj.* philanthropic. **2.** *adv.* philanthropically
**Philatelie** [filate'li:] **die; ~:** philately *no art.*
**Philatelist der; ~en, ~en** philatelist
**Philharmonie** [fɪlharmo'ni:] **die; ~, ~n a)** *(Orchester)* philharmonic [orchestra]; **b)** *(Gebäude, Saal)* philharmonic hall
**Philharmoniker** [fɪlhar'mo:nikɐ] **der; ~s, ~:** member of a/the philharmonic orchestra; **die Wiener ~:** the Vienna Philharmonic Orchestra
**philharmonisch** *Adj.* philharmonic
**Philipp** ['fi:lɪp] **(der)** Philip
**Philippika** [fi'lɪpika] **die; ~, Philippiken** *(geh.)* philippic; diatribe
**Philippinen** [filɪ'pi:nən] *Pl.* Philippines
**Philister** [fi'lɪstɐ] **der; ~s, ~** *(geh.)* Philistine
**philister·haft, philiströs** *(geh.)* **1.** *Adj.* Philistine. **2.** *adv.* in a Philistine manner
**Philologe** [filo'lo:gə] **der; ~n, ~n** teacher/student of language and literature; philologist *(Amer.)*
**Philologie die; ~, ~n** study of language and literature; philology *no art. (Amer.)*
**Philologin die; ~, ~nen** *s.* **Philologe**
**philologisch 1.** *Adj.* literary and linguistic; philological *(Amer.).* **2.** *adv.* from a literary and linguistic viewpoint; philologically *(Amer.)*
**Philo·semit der** [keen] supporter of the Jewish/Israeli cause
**Philosoph** [filo'zo:f] **der; ~en, ~en** philosopher
**Philosophie die; ~, ~n** philosophy
**philosophieren** *itr. (auch tr.) V.* philosophize
**Philosophin die; ~, ~nen** philosopher
**philosophisch 1.** *Adj.* philosophical; ⟨*dictionary, principles*⟩ of philosophy; **~e Fakultät** *(Hochschulw.)* ≈ arts faculty. **2.** *adv.* philosophically
**Phiole** ['fi̯o:lə] **die; ~, ~n** pear-shaped flask *(with long neck)*
**Phlegma** ['flɛgma] **das; ~s** *od. (österr. meist:)* **~:** phlegmatic disposition; *(Trägheit)* lethargy; *(Apathie)* apathy
**Phlegmatiker** [flɛ'gma:tikɐ] **der; ~s, ~:** phlegmatic person; *(träger Mensch)* lethargic person
**phlegmatisch 1.** *Adj.* phlegmatic; *(träge)* lethargic; *(apathisch)* apathetic. **2.** *adv. s.* **1:** phlegmatically; lethargically; apathetically
**Phobie** [fo'bi:] **die; ~, ~n** *(Psych.)* phobia
**Phon** [fo:n] **das; ~s, ~s** phon; **50 ~:** 50 phons
**Phonem** [fo'ne:m] **das; ~s, ~e** *(Sprachw.)* phoneme
**Phonetik** [fo'ne:tɪk] **die; ~:** phonetics *sing.*
**phonetisch 1.** *Adj.* phonetic. **2.** *adv.* phonetically
**Phönix** ['fø:nɪks] **der; ~[es], ~e** phoenix; **wie ein ~ aus der Asche** like a phoenix from the ashes
**Phönizier** [fø'ni:tsi̯ɐ] **der; ~s, ~** *(hist.)* Phoenician
**Phono-** ['fo:no-] phono ⟨*socket, input*⟩; **~geschäft/~abteilung** audio and record store/department
**Phono·gerät das** record-player
**Phono·graph der** *(veralt.)* [cylinder] phonograph
**Phono·koffer der** portable record-player
**Phonologie die;** ~ *(Sprachw.)* phonology
**phonologisch** *(Sprachw.)* **1.** *Adj.* phonological. **2.** *adv.* phonologically
**Phono·typistin** [-ty'pɪstɪn] **die; ~, ~nen** audio typist
**phon·stark** *Adj.* loud; noisy; high-volume ⟨*reproduction*⟩
**Phon·zahl die** phon count; ≈ decibel level
**Phosphat** [fɔs'fa:t] **das; ~[e]s, ~e** *(Chemie)* phosphate
**Phosphor** ['fɔsfɔr] **der; ~s** phosphorus
**Phosphor·bombe die** phosphorus [incendiary] bomb
**Phosphoreszenz** [fɔsforɛs'tsɛnts] **die; ~:** phosphorescence
**phosphoreszieren** *itr. V.* phosphoresce; be phosphorescent; **~d** phosphorescent
**phosphor·haltig** *Adj.* containing phosphorus *postpos., not pred.;* **stark ~:** with a high phosphorus content; **[stark] ~ sein** contain [a high level of] phophorus
**Phosphor·säure die** phosphoric acid
**Photo** ['fo:to] **das; ~s, ~s** *s.* **Foto**
**photo-, Photo-** *s. auch* **foto-, Foto-**
**Photo-: ~chemie die** photochemistry *no art.;* **~element das** *(Elektrot.)* photoelement; photovoltaic cell; **~metrie die;** ~ *(Physik)* photometry *no art.*
**Photon** ['fo:tɔn] **das; ~s, ~en** [fo'to:nən] *(Physik)* photon
**Photo-: ~synthese die** photosynthesis; **~zelle die** photo[-electric] cell
**Phrase** ['fra:zə] **die; ~, ~n a)** *(abwertend)* [empty] phrase; cliché; **leere ~n** empty phrases; waffle *sing.;* **~n dreschen** *(ugs.)* spout clichés; dole out catch-phrases; **b)** *(Musik, Sprachw.)* phrase
**phrasen-, Phrasen-: ~drescher der; ~s, ~** *(ugs. abwertend)* phrase-monger; cliché-monger; **~drescherei** [~drɛʃə'rai̯] **die; ~, ~en** *(ugs. abwertend)* phrase-mongering; cliché-mongering; **~haft** *(abwertend)* **1.** *Adj.* empty; trite; *(voller Klischees)* cliché-ridden; **2.** *adv.* in an empty *or* trite manner
**Phraseologie** [frazeolo'gi:] **die; ~, ~n** *(Sprachw.)* idiomatic usage *no art.; (Buch)* dictionary of idioms
**phraseologisch** *(Sprachw.) Adj.* idiomatic; phrasal ⟨*unit*⟩; **~es Wörterbuch** dictionary of idioms
**phrasieren** *itr., tr. V. (Musik)* phrase
**Phrasierung die; ~, ~en** *(Musik)* phrasing
**pH-Wert** [pe:'ha:-] **der** *(Chemie)* pH[-value]
**Physik** [fy'zi:k] **die; ~:** physics *sing., no art.;* **ein Lehrbuch der ~:** a physics textbook
**physikalisch** [fyzi'ka:lɪʃ] **1.** *Adj.* physics *attrib.* ⟨*experiment, formula, research, institute*⟩; physical ⟨*map, chemistry, therapy, process*⟩; **~e Gesetze** laws of physics; physical laws. **2.** *adv.* in terms of physics
**Physiker der; ~s, ~, Physikerin die; ~, ~nen** physicist
**Physik·saal der** *(Schulw.)* physics laboratory
**Physikum** ['fy:zikʊm] **das; ~s, Physika** *(Hochschulw.) examination ending the preclinical stage*
**Physiognomie** [fyzi̯ogno'mi:] **die; ~, ~n** physiognomy
**Physiologe** [fyzi̯o'lo:gə] **der; ~n, ~n** physiologist
**Physiologie** [fyzi̯olo'gi:] **die; ~:** physiology
**Physiologin die; ~, ~nen** physiologist
**physiologisch 1.** *Adj.* physiological. **2.** *adv.* physiologically
**Physio·therapie** [fyzi̯o-] **die** physiotherapy
**physisch 1.** *Adj.* physical. **2.** *adv.* physically
**Pi** [pi:] **das; ~[s], ~s** pi
**Pianist** [pi̯a'nɪst] **der; ~en, ~en, Pianistin die; ~, ~nen** pianist
**Piano** ['pi̯a:no] **das; ~s, ~s** piano
**Pianoforte** [pi̯ano'fɔrtə] **das; ~, ~s** *(veralt.)* pianoforte *(formal/arch.)*
**picheln** ['pɪçl̩n] *(ugs.)* **1.** *itr. V.* booze *(coll.)*. **2.** *tr. V.* **einen ~ gehen** go out for a jar *(Brit. coll.)*
**Pickel** ['pɪkl̩] **der; ~s, ~ a)** *(auf der Haut)* pimple; **b)** *(Spitzhacke)* pickaxe; *(Eis~)* ice-axe
**Pickel·haube die** spiked helmet
**pickelig** *Adj.* pimply; **~ [im Gesicht] sein** have a spotty *or* pimply face
**picken** ['pɪkn̩] **1.** *itr. V.* peck **(nach** at; **an** + *Akk.*, **gegen** on, against). **2.** *tr. V.* **a)** ⟨*bird*⟩ peck; *(ugs.)* ⟨*person*⟩ pick; *(aufheben)* pick up; **b)** *(österr. ugs.: kleben)* stick
**picklig** *s.* **pickelig**
**Picknick** ['pɪknɪk] **das; ~s, ~e** *od.* **~s** picnic; **~ machen** *od.* **halten** have a picnic
**picknicken** *itr. V.* picnic
**picobello** [pi:ko'bɛlo] *(ugs.)* **1.** *indekl. Adj.* super-duper *(sl.); (makellos)* immaculate. **2.** *adv.* immaculately; **~ in Ordnung** in immaculate order; spick and span
**Piefke** ['pi:fkə] **der; ~s, [~s] a)** *(bes. nordd. abwertend)* bumptious lout; **b)** *(österr. abwertend: Deutscher)* bloody *(Brit. sl.) or* damn German
**pieken** *s.* **piken**
**piek·fein** ['pi:k'fai̯n] *(ugs.)* **1.** *Adj.* posh *(coll.)*. **2.** *adv.* poshly *(coll.);* **~ angezogen** wearing posh clothes *(coll.);* dressed to the nines
**piep** [pi:p] *Interj.* **~, ~!** cheep, cheep!; **nicht ~ sagen** *(ugs.)* not say a word; **er kann nicht mehr ~ sagen** *(ugs.)* he's been silenced
**Piep der; ~s, ~e** *(ugs.)* **a)** *(Ton)* peep; **keinen ~ [davon] sagen** not say a thing [about it]; **b)** *in* **einen [kleinen] ~ haben** have a [bit of a] screw loose *(coll.)*
**piepe** ['pi:pə], **piep·egal** *Adj. in* **[jmdm.] ~ sein** *(ugs.)* not matter at all [to sb.]; **es ist mir ~** *(ugs.)* I don't give a damn
**piepen** *itr. V. (ugs.)* squeak; ⟨*small bird*⟩ cheep; chirp; ⟨*paging device*⟩ bleep; **bei dir piept's wohl!** *(salopp)* you must be off your rocker *(sl.);* **zum Piepen sein** *(ugs.)* be a hoot *or* a scream *(coll.)*
**Piepen** *Pl. (salopp: Geld)* dough *sing. (sl.);* **50 ~:** 50 marks/francs *etc.*
**Piep-: ~hahn der** *(Kinderspr.)* willy *(sl.);* **~matz der** *(Kinderspr.)* dicky-bird *(coll.)*
**pieps** [pi:ps] *s.* **piep**
**Pieps der; ~es, ~e** *(ugs.) s.* **Piep a**
**piepsen** *(ugs.)* **1.** *itr. V. s.* **piepen. 2.** *itr., tr. V. (mit hoher Stimme sprechen)* pipe; *(aufgeregt)* squeal
**Piepser der; ~s, ~** *(ugs.)* **a)** *(Piepsen)* chirp; tweet; **b)** *(kleiner Empfänger)* bleeper
**piepsig** *Adj. (ugs.)* squeaky
**Pier** [pi:ɐ] **der; ~s, ~e** *od.* **~s** *od. (Seemannsspr.)* **die; ~, ~s** jetty
**piesacken** ['pi:zakn̩] *tr. V. (ugs.)* pester; **hör endlich auf, mich damit zu ~!** stop pestering me about that!
**pieseln** ['pi:zl̩n] *itr. (auch tr.) V. (salopp) s.* **pinkeln**
**Pietät** [pi̯e'tɛ:t] **die; ~, ~en a)** *o. Pl.* respect; *(Ehrfurcht)* reverence; **b)** *(Bestattungsinstitut)* [firm of] funeral directors *or (Amer.)* morticians
**pietät-, Pietät-: ~los 1.** *Adj.* irreverent; *(gefühllos)* unfeeling; *(respektlos)* disrespectful; lacking in respect *postpos.;* **2.** *adv.* irreverently; **~losigkeit die; ~, ~en** irreverence; *(Gefühllosigkeit)* lack of feeling;

*(Respektlosigkeit)* lack of respect; *(Handlung)* act of irreverence; **~voll 1.** *Adj.* respectful; *(ehrfurchtsvoll)* reverent; **2.** *adv.* respectfully; *(ehrfurchtsvoll)* reverently
**Pietismus** [pie'tɪsmʊs] **der**; ~: pietism *no art.*
**Pietist der; ~en, ~en, Pietistin die; ~, ~nen** pietist
**pietistisch 1.** *Adj.* pietistic. **2.** *adv.* in a pietistic manner
**piff, paff** ['pɪf 'paf] *Interj. (Kinderspr.)* bang, bang
**Pigment** [pɪ'gmɛnt] **das; ~[e]s, ~e** pigment
**Pigmentation** [pɪgmɛnta'tsi̯o:n] **die; ~, ~en** pigmentation
**Pigment·fleck der** pigmentation mark
[1]**Pik** [pi:k] **der** *in* **einen ~ auf jmdn. haben** *(ugs.)* have it in for sb.
[2]**Pik das; ~[s], ~[s],** *österr. auch* **die; ~, ~** *(Kartenspiel)* **a)** *o. Art., o. Pl. (Farbe)* spades *pl.*; **von ~ habe ich nur noch die Sieben** the only spade I have left is the seven; **~ ziehen/ausspielen** draw/play spades; **b)** *(Karte)* spade
**pikant** [pi'kant] **1.** *Adj.* **a)** piquant; *(würzig)* spicy; well-seasoned; *(appetitanregend)* appetizing; **ich möchte lieber etwas Pikantes** I'd rather have something savoury; **b)** *(fig.: witzig)* piquant; ironical; **c)** *(verhüll.: schlüpfrig)* racy ⟨*joke, story*⟩; titillating ⟨*pictures*⟩. **2.** *adv.* spicily; **etw. ~ zubereiten** season sth. well; **~ gewürzt** piquantly *or* appetizingly seasoned
**Pikanterie** [pikantə'ri:] **die; ~, ~n a)** *o. Pl. (fig.)* piquancy; *(Witzigkeit)* irony; **b)** *(verhüll.: schlüpfrige Geschichte)* racy story
**pikanter·weise** *Adv. (geh.)* ironically [enough]
**Pik-: ~as das** ace of spades; **~bube der** jack of spades; **~dame die** queen of spades
**Pike** ['pi:kə] **die; ~, ~n** pike; **etw. von der ~ auf [er]lernen** learn sth. by working one's way up from the bottom
**Pikee** [pi'ke:] **der;** *österr. auch* **das; ~s, ~s** *(Textilw.)* piqué
**piken** *tr., itr. V. (ugs.)* prick; **etw. in etw.** *(Akk.)* **~:** poke sth. into sth.; **jmdm. eine Nadel in den Arm ~:** poke a needle into sb.'s arm
**pikieren** *tr. V. (Gartenbau)* prick out ⟨*seedlings*⟩
**pikiert** [pi'ki:ɐ̯t] **1.** *Adj.* piqued; nettled; **ein ~es Gesicht machen** look aggrieved. **2.** *adv.* ⟨*reply, say*⟩ in an aggrieved tone *or* voice
[1]**Pikkolo** ['pɪkolo] **der; ~s, ~s** [trainee] waiter
[2]**Pikkolo das; ~s, ~s** *(Flöte)* piccolo
[3]**Pikkolo die; ~, ~[s]** *(Fläschchen)* miniature bottle of champagne *(for one person)*
**Pikkolo·flöte die** piccolo
**Pik·könig der** king of spades
**piksen** ['pi:ksn̩] *tr., itr. V. (ugs.) s.* **piken**
**Pik·sieben die** *(Kartenspiel)* seven of spades; **dastehen wie ~** *(ugs.)* stand there looking stupid
**Pilger** ['pɪlgɐ] **der; ~s, ~:** pilgrim
**-pilger der: Mekka~/Rom~:** pilgrim on his/her way to Rome/Mecca
**Pilger·fahrt die** pilgrimage
**Pilgerin die; ~, ~nen** pilgrim
**pilgern** *itr. V.* **a)** *(auch fig.)* go on *or* make a pilgrimage; **b)** *(ugs.: gehen)* traipse *(coll.)*
**Pilgerschaft die; ~, ~en** pilgrimage
**Pilger-: ~stab der** pilgrim's staff; **~väter** *Pl. (hist.)* Pilgrim Fathers
**Pille** ['pɪlə] **die; ~, ~n** pill; **sie nimmt schon seit Jahren die ~:** she's been on the pill for years *(coll.)*; **eine bittere ~ [für jmdn.] sein** *(fig.)* be a bitter pill [for sb.] to swallow; **jmdm. die bittere ~ versüßen** *od.* **verzuckern** *(fig.)* sugar the pill for sb.; *(es jmdm. erleichtern)* make it easier for sb.
**Pillen-: ~dreher der a)** *(Käfer)* scarab [beetle]; **b)** *(ugs. scherzh.: Apotheker)* pill-peddler *(coll.)*; **~knick der** decline in the birth rate [due to the pill]
**Pilot** [pi'lo:t] **der; ~en, ~en, Pilotin die; ~, ~nen a)** pilot; **b)** *(Motorsport)* [racing] driver
**Pilot-: ~projekt das** pilot project; **~studie die** pilot study
**Pils** [pɪls] **das; ~, ~:** Pils; Pils[e]ner [beer]
**Pilz** [pɪlts] **der; ~es, ~e a)** fungus; *(Speise~, auch fig.)* mushroom; **eßbare, giftige und ungenießbare ~e** mushrooms, poisonous and inedible fungi; **in die ~e gehen** *(ugs.)* go mushrooming; **wie ~e aus dem Boden** *od.* **der Erde schießen** be springing up like mushrooms; **b)** *o. Pl. (ugs.: ~infektion)* fungus [infection]
**pilz-, Pilz-: ~förmig** *Adj.* mushroom-shaped; **~krankheit die a)** *(Mykose)* mycosis; **b)** *(bei Pflanzen)* fungus [disease]; **~kultur die** fungus culture; **~kunde die** mycology
**Pilzling** ['pɪltslɪŋ] **der; ~s, ~e** *(österr.) s.* **Steinpilz**
**Pilz·vergiftung die** fungus poisoning *no art.*; *(durch verdorbene Pilze)* mushroom poisoning *no art.*
**Piment** [pi'mɛnt] **der** *od.* **das; ~[e]s, ~e** pimento; allspice
**Pimmel** ['pɪml̩] **der; ~s, ~** *(salopp)* willy *(sl.)*
**pimpern** ['pɪmpɐn] *(salopp)* **1.** *itr. V.* have it off *(sl.)*. **2.** *tr. V.* have it off with *(sl.)*
**Pimpf** [pɪmpf] **der; ~[e]s, ~e a)** *(ugs.: Junge)* kid *(coll.)*; **b)** *(ns.) member of the* **Jungvolk**
**pingelig** ['pɪŋəlɪç] *(ugs.)* **1.** finicky; pernickety *(coll.)*; *(wählerisch)* fussy; choosy *(coll.)*. **2.** *adv.* in a pernickety way *(coll.)*; *(pedantisch)* pedantically
**Pingpong** ['pɪŋpɔŋ] **das; ~s** *(ugs.)* ping-pong
**Pinguin** ['pɪŋgui:n] **der; ~s, ~e** penguin
**Pinie** ['pi:ni̯ə] **die; ~, ~n** [stone- *or* umbrella] pine
**Pinke** ['pɪŋkə] **die; ~** *(ugs. veralt.)* dough *(sl.)*; lolly *(Brit. sl.)*
**Pinkel** ['pɪŋkl̩] **der; ~s, ~** *(ugs. abwertend)* **ein [feiner] ~:** a stuck-up prig
**pinkeln** *itr. (auch tr.) V. (salopp)* **a)** pee *(coll.)*; ⟨*esp. child*⟩ wee *(sl.)*; **~ [gehen]** [go and] have a pee *(coll.)*; **b)** *(unpers.: regnen)* **es pinkelt** it's spitting
**Pinkel·pause die** *(ugs.)* stop for a pee *(coll.)*; rest stop *(Amer.)*
**Pinke·pinke** *s.* **Pinke**
**pink·farben** ['pɪŋk-] *Adj.* pink
**Pinne** ['pɪnə] **die; ~, ~n** *(Seemannsspr.)* tiller
**pinnen** *tr. V. (ugs.)* pin (**auf, an** + *Akk.* on)
**Pinn·wand die** pin-board
**Pinscher** ['pɪnʃɐ] **der; ~s, ~ a)** pinscher; **b)** *(ugs. abwertend: Mensch)* pip-squeak *(sl.)*
**Pinsel** ['pɪnzl̩] **der; ~s, ~ a)** brush; *(Mal~)* paintbrush; **mit leichtem/kühnem ~:** with light/bold brush-strokes; **b)** *(ugs. abwertend: Dummkopf)* nitwit *(coll.)*; idiot *(coll.)*
**Pinsel·führung die** brushwork *no indef. art.*
**pinseln** *tr. V.* **a)** *(ugs.: anstreichen)* paint ⟨*room, house, etc.*⟩; **b)** *(malen)* paint ⟨*landscape, picture*⟩; daub ⟨*slogans*⟩; **c)** *(ugs.: schreiben)* write ⟨*letters, homework*⟩ in one's best writing; **d)** *(streichen)* brush [on] ⟨*paint*⟩, put on ⟨*paint*⟩ with a brush; apply ⟨*liquid*⟩ [with a brush] (**auf** + *Akk.* to); **e)** *(Med.: ein~)* paint ⟨*wound, gums, throat, etc.*⟩
**Pinsel·strich der a)** brush-stroke; **b)** *(Pinselführung)* brushwork *no indef. art.*
**Pinte** ['pɪntə] **die; ~, ~n a)** *(ugs.) s.* **Kneipe a**; **b)** *(hist.: Hohlmaß) [former] measure of capacity for liquids*
**Pin-up-Girl** [pɪn'ap-] **das; ~s, ~s** pin-up girl
**Pinzette** [pɪn'tsɛtə] **die; ~, ~n** tweezers *pl.*; **chirurgische ~:** surgical forceps *pl.*
**Pionier** [pio'ni:ɐ̯] **der; ~s, ~e a)** *(Milit.)* sapper; engineer; **b)** *(fig.: Wegbereiter)* pioneer; **c)** *(bes. DDR: Mitglied einer Jugendorganisation)* **[Junger] ~:** [Young] Pioneer
**Pionier-: ~arbeit die;** *o. Pl.* **a)** pioneering work; **b)** *(bes. DDR)* work with the [Young] Pioneers; **~truppe die** *(Milit.)* corps of engineers
**Pipapo** [pipa'po:] **das; ~s** *(salopp)* **das ganze ~:** all the frills; **mit allem ~:** with all the frills
**Pipeline** ['paiplain] **die; ~, ~s** pipeline
**Pipette** [pi'pɛtə] **die; ~, ~n** *(Chemie)* pipette
**Pipi** [pi'pi:] **das; ~s** *(Kinderspr.)* **~ machen** do wee-wees *(sl.)*; **~ müssen** have to do wee-wees *or* have a wee *(sl.)*
**Pipifax** ['pipifaks] **der; ~** *(salopp)* piffling trifles *pl. (sl.)*
**Piranha** [pi'ranja] **der; ~[s], ~s** piranha
**Pirat** [pi'ra:t] **der; ~en, ~en** pirate
**Piraten-: ~schiff das** pirate ship; **~sender der** pirate radio station
**Piraterie** [piratə'ri:] **die; ~, ~n** piracy *no art.*
**Pirol** [pi'ro:l] **der; ~s, ~e** oriole
**Pirouette** [pi'ruɛtə] **die; ~, ~n** pirouette
**Pirsch** [pɪrʃ] **die; ~** *(Jägerspr.)* [deer-]stalking; **auf die ~ gehen** go [deer-]stalking
**pirschen 1.** *itr. V.* **a)** *(Jägerspr.)* stalk; go stalking; **auf Rehwild** *(Akk.)* **~:** stalk roe-deer; **b)** *(ugs.: schleichen)* creep [silently]; steal. **2.** *refl. V. (ugs.)* creep [silently]; steal
**Pisse** ['pɪsə] **die; ~** *(derb)* piss *(coarse)*
**pissen** *itr. (auch tr.) V. (derb)* **a)** piss *(coarse)*; **ich muß ~ [gehen]** I must have a piss; **b)** *(unpers.: regnen)* piss down *(sl.)*
**Pissoir** [pɪ'so̯a:ɐ̯] **das; ~s, ~e** *od.* **~s** [public] urinal
**Piß·pott der** *(salopp)* piss-pot *(coarse)*
**Pistazie** [pɪs'ta:tsi̯ə] **die; ~, ~n** pistachio
**Piste** ['pɪstə] **die; ~, ~n a)** *(Skisport)* piste; ski-run; *(Renn~)* course; **b)** *(Rennstrecke)* track; **c)** *(Flugw.)* runway; **auf der ~ aufsetzen** touch down; **d)** *(Straße)* dirt road
**Pistole** [pɪs'to:lə] **die; ~, ~n** pistol; **wie aus der ~ geschossen** like a shot *or* a flash; **jmdm. die ~ auf die Brust setzen** *(fig.)* hold a pistol to sb.'s head
**Pistolen-: ~schuß der** pistol-shot; **~tasche die** holster
**pitsch·naß** ['pɪtʃ'nas] *Adj. (ugs.)* dripping wet; wet through
**pittoresk** [pɪto'rɛsk] *(geh.)* **1.** *Adj.* picturesque. **2.** *adv.* picturesquely
**Pizza** ['pɪtsa] **die; ~, ~s** *od.* **Pizzen** pizza
**Pizza·bäcker der** pizza cook
**Pizzeria** [pɪtse'ri:a] **die; ~, ~s** *od.* **Pizzerien** pizzeria
**Pkw, PKW** ['pe:ka:ve:] **der; ~[s], ~[s]** [private] car; automobile *(Amer.)*
**placieren** [pla'tsi:rən] *s.* **plazieren**
**placken** ['plakn̩] *refl. V. (ugs.)* slave away
**Plackerei die; ~, ~en** *(ugs.)* drudgery *no indef. art.*; [hard] grind
**pladdern** ['pladɐn] *itr. V. (unpers.)* **es pladdert** *(nordd.)* it's pouring [down]
**plädieren** [plɛ'di:rən] *itr. V. (Rechtsw.)* plead (**auf** + *Akk.*, **für** for); *(das Plädoyer halten)* ⟨*counsel*⟩ make one's final speech, sum up; *(fig.)* argue (**für** for, in favour of); **auf Freispruch/auf schuldig ~:** plead for acquittal/for a verdict of guilty; **er plädiert dafür, daß ...:** he argues *or* advocates that ...
**Plädoyer** [plɛdoa'je:] **das; ~s, ~s** *(Rechtsw.)* final speech, summing up *(for the defence/prosecution)*; *(fig.)* plea; **sein ~ halten** make one's final speech; sum up
**Plafond** [pla'fõ:] **der; ~s, ~s** *(südd., österr., auch fig.)* ceiling
**Plage** ['pla:gə] **die; ~, ~n a)** [cursed *or (coll.)* pestilential] nuisance; **das macht ihm das Leben zur ~:** it makes his life a misery; **die ägyptischen ~n** *(bibl.)* the plagues of Egypt; **b)** *(ugs.: Mühe)* bother; trouble; **seine ~ mit jmdm./etw. haben** find sb./sth. a real handful

**Plage·geist der** *(fam.)* pest

**plagen 1.** *tr. V.* **a)** torment; plague; **Zweifel ~ ihn** he is plagued *or* beset with doubts; **von Kopfschmerzen/Träumen geplagt** plagued with headaches/dreams; **er ist ein geplagter Mensch** he has a hard time of it; **b)** *(ugs.: bedrängen)* harass; *(mit Bitten, Fragen)* pester. **2.** *refl. V.* **a)** *(sich abmühen)* slave away; **sie mußte sich ~, um die Arbeit zu bewältigen** she had to struggle to get through all the work; **b)** *(leiden)* **sich mit etw. ~:** be troubled *or* bothered by sth.

**Plagiat** [pla'gi̯a:t] **das; ~[e]s, ~e** plagiarism *no art.*; **ein [eindeutiges] ~:** a [clear] case of plagiarism

**Plagiator** [pla'gi̯a:tɔr] **der; ~s, ~en** *(geh.)* plagiarist

**plagiieren** [plagi'i:rən] *tr. (auch itr.) V.* *(geh.)* plagiarize

**Plaid** [ple:t] **das** *od.* **der; ~s, ~s a)** *(Decke)* tartan [travelling] rug *(Brit.) or (Amer.)* lap robe; **b)** *(Tuch)* plaid

**Plakat** [pla'ka:t] **das; ~[e]s, ~e** poster; *(zum Tragen)* placard; **„~e ankleben verboten"** 'post no bills'

**plakatieren 1.** *tr. V.* announce by poster. **2.** *itr. V.* put up posters

**plakativ** [plaka'ti:f] **1.** *Adj.* bold and simple, eye-catching ‹*design, representation*›; bold ‹*colours*›. **2.** *adv.* eye-catchingly; in a bold and simple style

**Plakat-: ~kunst die;** *o. Pl.* poster art *no art.*; **~maler der** poster artist; **~wand die** [poster] hoarding; billboard

**Plakette** [pla'kɛtə] **die; ~, ~n a)** *(Schildchen)* badge; *(Scheibe)* disc; **b)** *(an einem Gebäude)* plaque

**plan** [pla:n] *(Technik) Adj.* flat; plane ‹*surface*›; **~ liegen** lie flat

**¹Plan der; ~[e]s, Pläne** ['plɛ:nə] **a)** plan; **nach ~ verlaufen** go according to plan; **auf dem ~ stehen** be on the agenda; be planned; **wir sind im ~** *(Zeit~)* we are on schedule; **b)** *(Karte)* map; plan; *(Stadt~)* [street] plan

**²Plan der** *in* **auf den ~ treten, auf dem ~ erscheinen** *(geh.)* appear on the scene; **auf den ~ rufen** *(geh.)* bring ‹*person*› on to the scene; bring ‹*opponent*› into the arena; arouse ‹*curiosity*›

**Plan-: ~auf·gabe die, ~auf·lage die** *(DDR)* planned [production] target *(laid down in the five-year plan)*

**Plane die; ~, ~n** tarpaulin

**planen** *tr., itr. V.* plan

**Planer der; ~s, ~:** planner

**Plan·erfüllung die** *(bes. DDR)* attainment of the planned [production] target

**planerisch** *Adj.; nicht präd.* planning ‹*measures, genius, ability*›; **eine ~e Meisterleistung** a masterpiece of planning

**Pläne·schmieden das** planning; making plans

**Planet** [pla'ne:t] **der; ~en, ~en** planet

**Planetarium** [plane'ta:ri̯ʊm] **das; ~s, Planetarien** planetarium

**Planeten-: ~bahn die** planetary orbit; **~system das** planetary system

**Planetoid der; ~en, ~en** asteroid, planetoid

**planieren** *tr. V.* level; grade *(as tech. term)*

**Planier·raupe die** bulldozer

**Plan·jahr das** *(bes. DDR)* planning year

**Planke** ['plaŋkə] **die; ~, ~n a)** plank; board; **b)** *(Zaun)* [close-boarded] wooden fence

**Plänkelei die; ~, ~en** *s.* **Geplänkel a**

**plänkeln** ['plɛŋkl̩n] *itr. V.* have a rough-and-tumble; fight playfully

**Plankton** ['plaŋktɔn] **das; ~s** *(Biol.)* plankton

**plan-, Plan-: ~los 1.** *Adj.* aimless; *(ohne System)* unsystematic; **2.** *adv. s.* **1:** aimlessly; unsystematically; **~losigkeit die; ~:** aimlessness; *(Mangel an System)* lack of system; **~mäßig 1.** *Adj.* **a)** regular, scheduled ‹*service, steamer*›; **~mäßige Ankunft/Abfahrt** scheduled time of arrival/departure; **b)** *(systematisch)* systematic; **2.** *adv.* **a)** *(wie geplant)* according to plan; as planned; *(pünktlich)* on schedule; **b)** *(systematisch)* systematically; **~mäßigkeit die; ~:** methodicalness; *(Vorgehen)* systematic procedure; **~quadrat das** grid square

**Plansch·becken** ['planʃ-] **das** paddling-pool

**planschen** *itr. V.* splash [about]

**Plan-: ~soll das** planned [production] target; **~spiel das** simulation; *(Kriegsspiel)* war game; **~stelle die** established post

**Plantage** [plan'ta:ʒə] **die; ~, ~n** plantation

**Planung die; ~, ~en a)** *(das Planen)* planning; **in** *(Dat.)* **~ sein** be planned; **bei der ~:** at the planning stage; **b)** *(Plan)* plan

**Planungs·stadium das** planning stage; **im ~:** at the planning stage

**plan-, Plan-: ~voll 1.** *Adj.* methodical; systematic; **2.** methodically; systematically; **~wagen der** covered wagon; **~wirtschaft die** planned economy

**Plapperei die; ~, ~en** *(ugs. abwertend)* chatter

**Plapper·maul das** *(ugs. abwertend)* chatterbox

**plappern** ['plapɐn] *(ugs.)* **1.** *itr. V.* **a)** *(schwätzen)* chatter; **b)** *(ausplaudern)* blab. **2.** *tr. V.* babble ‹*nonsense*›

**plärren** ['plɛrən] **1.** *tr. V.* bawl [out] ‹*song*›; ‹*radio etc.*› blare out. **2.** *itr. V.* **a)** bawl; yell; ‹*radio etc.*› blare; **b)** *(ugs.: weinen)* wail; *(sehr laut)* howl

**Pläsier** [plɛ'zi:ɐ̯] **das; ~s, ~e** *(veralt.)* pleasure (**an** + *Dat.* in); **laß ihm doch sein ~:** let him have his fun

**Plasma** ['plasma] **das; ~s, Plasmen** *(Med., Physik)* plasma; *(Proto~)* protoplasm

**Plast** [plast] **der; ~[e]s, ~e** *(DDR)* plastic

**Plaste** ['plastə] **die; ~, ~n** *(DDR ugs.)* plastic

**¹Plastik** ['plastɪk] **die; ~, ~en a)** *(Werk, Kunst)* sculpture; **b)** *(Med.)* plastic surgery operation; **jmdm. eine ~ machen** perform plastic surgery on sb.

**²Plastik das; ~s** *(ugs.)* plastic

**Plastik-: ~beutel der** plastic bag; **~bombe die** plastic bomb; **~folie die** plastic film; **~geld das** *(ugs.)* plastic money *(coll.)*; **~tüte die** plastic bag

**Plastilin** [plasti'li:n] **das; ~s** ≈ Plasticine P

**plastisch 1.** *Adj.* **a)** *(knetbar)* plastic; workable; **b)** *nicht präd. (bildhauerisch)* sculptural; ‹*ability*› as a sculptor; **c)** *(dreidimensional)* three-dimensional ‹*effect, formation, vision*›; sculptural ‹*decoration*›; **d)** *(fig.: anschaulich)* vivid ‹*description, picture*›; **e)** *(Med.)* plastic ‹*surgery, surgeon*›. **2.** *adv.* **a)** *(bildhauerisch)* sculpturally; **etw. ~ ausarbeiten** *od.* **gestalten** sculpture sth.; **b)** *(dreidimensional)* three-dimensionally; **c)** *(fig.: anschaulich)* vividly; **sich** *(Dat.)* **etw. ~ vorstellen können** have a clear picture of sth. [in one's mind]

**Plastizität** [plastitsi'tɛ:t] **die; ~ a)** plasticity; **b)** *(fig.: Anschaulichkeit)* vividness; *(von Prosa usw.)* graphic quality; *(eines Bildes)* three-dimensional quality

**Platane** [pla'ta:nə] **die; ~, ~n** plane-tree

**Plateau** [pla'to:] **das; ~s, ~s** plateau

**Plateau·sohle die** platform sole

**Platin** ['pla:ti:n] **das; ~s** platinum

**platin·blond** *Adj.* platinum blonde

**Platitüde** [plati'ty:də] **die; ~, ~n** *(geh.)* platitude

**Platon** ['pla:tɔn] **(der)** Plato

**platonisch** [pla'to:nɪʃ] **1.** *Adj.* **a)** Platonic ‹*philosophy, state*›; **b)** *(nicht sinnlich)* platonic ‹*love, relationship*›. **2.** *adv.* platonically

**platsch** [platʃ] *Interj.* splash

**platschen** *itr. V.* **a)** splash; **b)** *mit sein (~d schlagen)* splash (**an** + *Akk.*, **gegen** against); **c)** *(planschen)* splash about

**plätschern** ['plɛtʃɐn] *itr. V.* **a)** splash; ‹*rain*› patter; ‹*stream*› burble; *(fig.)* **~de Unterhaltung** casual *or* desultory conversation; **b)** *(planschen)* splash about; **c)** *mit sein* ‹*stream*› burble along

**platsch·naß** *Adj. (ugs.) s.* **klatschnaß**

**platt** [plat] **1.** *Adj.* **a)** *(flach)* flat; **sich** *(Dat.)* **die Nase ~ drücken** flatten one's nose; **ein Platter** *(ugs.)* a flat *(coll.)*; a flat tyre; *(mit Loch)* a puncture; **das ~e Land** *(ugs.)* the countryside; the rural areas *pl.*; **sie ist ~ wie ein [Bügel]brett** *(salopp)* she is flat-chested; **b)** *(geistlos)* dull, vapid ‹*conversation, book*›; vacuous, feeble ‹*poem, joke*›; shallow, empty ‹*materialism, argument, imitation*›; **c)** *nicht präd. (ausgesprochen)* downright ‹*lie, swindle, slander*›; sheer ‹*cynicism*›; absolute ‹*matter of course*›; **d)** *nicht attr. (ugs., bes. nordd.: erstaunt)* dumbfounded; flabbergasted. **2.** *adv.* **a)** *(flach)* **sich ~ legen** lie down flat; **b)** *(geistlos)* feebly. **3.** *Adv.* **~ sprechen** talk Low German dialect

**Platt das; ~[s] a)** [local] Low German dialect; *(allgemein: Niederdeutsch)* Low German; **b)** *(ugs.: Dialekt)* patois

**Plätt·brett das** *(nordd., md.) s.* **Bügelbrett**

**Plättchen** ['plɛtçən] **das; ~s, ~:** small plate *or* disc

**platt·deutsch** *Adj.: s.* **niederdeutsch**

**Platte die; ~, ~n a)** *(Stein~)* slab; *(Metall~)* plate; sheet; *(Mikroskopie usw.: Glas~)* slide; *(Elektronik)* board; *(Paneel)* panel; *(Span~, Hartfaser~ usw.)* board; *(Styropor~ usw.)* sheet; *(Tisch~)* [table-]top; *(Grab~)* [memorial] slab; *(photographische ~)* [photographic] plate; *(Druck~)* [pressure] plate; *(Kachel, Fliese)* tile; *(zum Pflastern)* flagstone; paving-stone; **etw./jmdn. auf die ~ bannen** *(scherzh.)* immortalize sb./sth. [in a photograph] *(joc.)*; **b)** *(Koch~)* hotplate; **c)** *(Schall~)* [gramophone] record; **eine ~ mit Gitarrenmusik** a record of guitar music; **etw. auf ~** *(Akk.)* **aufnehmen** make a record of sth.; **die ~ kenne ich [schon]** *(fig. ugs.)* I've heard that one before; **leg [doch endlich mal] 'ne neue/andere ~ auf!** *(fig. ugs.)* can't you talk about sth. else for a change?; **immer dieselbe ~!** *(fig. ugs.)* always the same old tune; **d)** *(Teller)* plate; *(zum Servieren, aus Metall)* dish; **e)** *(Speise)* dish; **kalte ~:** selection of cold meats [and cheese]; **f)** *(ugs.: Glatze)* bald pate; **g)** *(Gaumen~)* [dental] plate; **h) die ~ putzen** *(salopp)* make oneself scarce *(coll.)*; **~ machen** *(salopp)* doss *or* kip down *(Brit. sl.)*; bed down; **i)** *(österr. ugs.: Bande)* gang

**Plätte** ['plɛtə] **die; ~, ~n** *(österr.)* flat-bottomed barge *(with pointed prow)*

**Plätt·eisen** ['plɛt-] **das** *(nordd., md.)* iron; *(hist.)* flat-iron

**plätten** *tr., itr. V. (nordd., md.)* iron

**Platten-: ~album das** record album; **~cover das** record sleeve; **~firma die** record company; **~hülle die** record sleeve; **~sammlung die** record collection

**Platten·see der;** *o. Pl. (Geogr.)* Lake Balaton

**Platten-: ~spieler der** *(als Baustein)* record deck; *(komplettes Gerät)* record-player; **~teller der** turntable; **~wechsler der** record-changer

**platter·dings** *Adv. (ugs.)* absolutely

**platt, Platt-: ~fisch der** flat-fish; **~form die a)** platform; **b)** *(fig.: Basis)* basic programme; *(Wahlplattform)* platform; [election] programme; **eine gemeinsame ~form** common ground; *(bei Wahlen)* a common platform; **~fuß der a)** flat foot; **b)** *(ugs.: Reifenpanne)* flat *(coll.)*; flat tyre; **~füßig** *Adj.* flat-footed

**Plattheit die; ~, ~en a)** *o. Pl.* flatness; **b)** *o. Pl. (fig.)* dullness; **c)** *(Platitüde)* platitude

**Plätt·wäsche die** *(nordd., md.)* laundry to be ironed; ironing

**Platz** [plats] **der; ~es, Plätze** ['plɛtsə] **a)** *(freie Fläche)* space; area; *(Bau~, Ausstellungsgelände usw.)* site; *(umbaute Fläche)* square; **ein freier ~:** an open space; **b)** *(Park~)* car park; [parking] lot *(Amer.)*; *(Camping~)* [camp]site; [camp]ground *(Amer.)*; *(Schrott~, Lager~)* yard; **c)** *(Sport~) (ganze Anlage)* ground; *(Spielfeld)* field; *(Tennis~, Volleyball~ usw.)* court; *(Golf~)* course; **der ~ ist nicht bespielbar** the ground is not playable; **einen Spieler vom ~ stellen/tragen** send/carry a player off [the field]; **auf eigenem/gegnerischem ~ spielen** play at home/away; **d)** *(Stelle)* place; spot; *(Position)* location; position; *(wo jmd., etw. hingehört)* place; **ein ~ an der Sonne** *(fig.)* a place in the sun; **auf die Plätze, fertig, los!** on your marks, get set, go!; **sich** *(Dat.)* **einen festen ~ in der Literatur erobern** become firmly established in literature; **am** *od.* **an seinem ~:** in its/his place; **nicht** *od.* **fehl am ~[e] sein** *(fig.)* be out of place; be inappropriate; **am ~[e] sein** *(fig.)* be appropriate; be called for; **e)** *(Sitz~)* seat; *(am Tisch, Steh~ usw.; fig.: im Kurs, Krankenhaus, Kindergarten usw.)* place; **der Bus/Saal hat 60 Plätze** the bus/hall will take 60 *or* has room for 60; **erster/zweiter ~** *(im Kino usw.)* seat at the front/back; **~ nehmen** sit down; **nehmen Sie ~!** take a seat; **~ behalten** *(geh.)* remain seated; **f)** *(bes. Sport: Plazierung)* place; **auf ~ drei** *od.* **dem dritten ~:** in third place; **den dritten ~ belegen** come third; **der Song ist auf ~ eins/neun der Hitparade** the song is number one/nine in the hit parade; **g)** *(Ort)* place; locality; **am ~:** in the town/village; **das größte Hotel am ~:** the largest hotel in the place; **die Bedeutung des ~es Frankfurt** *(bes. Wirtsch.)* the importance of Frankfurt as a location; **h)** *o. Pl. (Raum)* space; room; **im Kofferraum ist kein ~ mehr** there is no room left in the boot *(Brit.) or (Amer.)* trunk; **er/es hat [noch] ~/keinen ~:** there is enough space *or* room [left] for him/it/no room for him/it; **es nimmt viel ~ weg** it takes up a lot of space; **drei Familien/500 Autos** *(Dat.)* **~ bieten** have room for three families/500 cars; **der Saal bietet ~** *od.* **hat ~ für 3000 Personen** the hall takes *or* holds 3,000 people; **im Viktoriasee hätte ganz Irland ~:** the whole of Ireland could fit into Lake Victoria; **[jmdm./einer Sache] ~ machen** make room [for sb./sth.]; **macht doch mal ein bißchen ~:** clear a bit of space; *(aufrücken)* move up a bit; **einem neuen System ~ machen** give way to a new system; **~ da!** make way!; out of the way!; **~ greifen** *(fig.)* spread

**Platz-: ~angst die a)** *(volkst.: Klaustrophobie)* claustrophobia; **b)** *(Med.)* agoraphobia; **~anweiser der; ~s, ~:** usher; **~anweiserin die; ~, ~nen** usherette

**Plätzchen** ['plɛtsçən] **das; ~s, ~ a)** little place *or* spot; *(kleiner Raum)* little space; **b)** *(Keks)* biscuit *(Brit.)*; cookie *(Amer.)*; *(Schokoladen~)* [chocolate] pastille

**platzen** *itr. V.; mit sein* **a)** burst; *(explodieren)* explode; **dem Boxer war eine Augenbraue geplatzt** one of the boxer's eyebrows had split open; **vor Wut/Spannung** *(Dat.)* **~** *(fig.)* be bursting with rage/excitement; **er ist vor Lachen fast geplatzt** he nearly died with laughter; *s. auch* **Neid**; **b)** *(ugs.: scheitern)* fall through; **geplatzt sein** ⟨*concert, meeting, performance, holiday, engagement*⟩ be off; **der Wechsel ist geplatzt** the bill has bounced *(sl.)*; **etw. ~ lassen** put the kibosh on sth. *(sl.)*; **der Betrug platzte** *(ugs.)* the plot collapsed; **einen Spionagering/eine Bande ~ lassen** bust a spy ring/a gang *(coll.)*; **c)** *(ugs.: hinein~)* **in eine Versammlung ~:** burst into a meeting

**platz, Platz-: ~hirsch der a)** *(Jägerspr.)* dominant stag; *(fig. ugs.: beherrschende Figur)* boss-type *(coll.)*; **er ist hier der ~hirsch** he's the big noise around here *(sl.)*; **~karte die** the reserved-seat ticket; **sich** *(Dat.)* **eine ~karte bestellen** reserve a seat; **~konzert das** open-air concert *(by a military or brass band)*; **~mangel der** lack of space; **~miete die a)** *(auf Märkten, Messen usw.)* pitch rent; **b)** *(Theater)* [cost of a] season ticket *(for a particular seat)*; **c)** *(Sport)* ground hire charge; *(Tennis)* court hire charge; court fees *pl.*; **~patrone die** blank [cartridge]; **~raubend** *Adj.* wasting space *postpos., not pred.*; bulky; **~raubend sein** take up a lot of space; **~regen der** downpour; cloudburst; **~sparend 1.** *Adj.* space-saving; **möglichst ~sparend** saving as much space as possible *postpos., not pred.*; **2.** *adv.* economically; in a space-saving manner; **~verweis der** *(Sport)* sending-off; **einen ~verweis gegen jmdn. verhängen** order sb. off the field; **~vor·teil der;** *o. Pl. (Sport)* home advantage; **~wart der** *(Sport)* groundsman; **~wunde die** lacerated wound

**Plauderei die; ~, ~en** chat

**Plauderer der; ~s, ~, Plauderin die; ~, ~nen** talker; conversationalist

**plaudern** ['plaudɐn] *itr. V.* **a)** chat (**über** + *Akk.*, **von** about); **nett ~:** have a nice chat; **b)** *(etw. aus~)* let on *(sl.)*; **er plaudert** he doesn't keep his mouth shut *(sl.)*

**Plauder·ton der** conversational *or* chatty tone; **im ~:** in a conversational tone

**Plausch** [plauʃ] **der; ~[e]s, ~e** *(bes. südd., österr.)* cosy chat

**plauschen** *itr. V. (bes. südd., österr.)* chat; **miteinander ~:** have a chat

**plausibel** [plau'zi:bl̩] **1.** *Adj.* plausible; **jmdm. etw. ~ machen** make sth. seem convincing to sb. **2.** *adv.* plausibly

**Plauze** ['plautsə] **die; ~, ~n** *(salopp, bes. ostmd.)* **a)** *(Lunge)* lung; **b)** *(Bauch)* belly; **auf der ~ liegen** *(fig.)* be laid up

**Play·back** ['pleɪbæk] **das; ~s, ~s** *(Tontechnik)* **a)** *(Aufnahme)* pre-recorded version; recording; *(Begleitung)* [pre-recorded] backing; **b)** *(Verfahren) (beim Fernsehen)* miming to a recording; *(bei Schallplatten)* double-tracking

**Play·boy** ['pleɪbɔɪ] **der** playboy

**Plazenta** [pla'tsɛnta] **die; ~, ~s** *od.* **Plazenten** *(Med.)* placenta

**Plazet** ['pla:tsɛt] **das; ~s, ~s** *(geh.)* approval

**plazieren** [pla'tsi:rən] **1.** *tr. V.* **a)** place; position ⟨*loudspeakers*⟩; **Polizisten an den Ausgängen ~:** post policemen by the exits; **b)** *(Sport: gezielt werfen, schlagen usw.)* place ⟨*shot, ball*⟩; *(Boxen, Fechten)* land ⟨*blow, hit*⟩; **ein plazierter Schuß** a well-aimed shot; **c)** *(Wirtsch.: unterbringen, anlegen)* place ⟨*money*⟩. **2.** *refl. V.* **a)** *(sich setzen)* place *or* seat oneself (**auf** + *Akk. od. Dat.* on); *(sich stellen)* take up position (**an** + *Akk. od. Dat.* at, by); **b)** *(Sport)* be placed; **er konnte sich nicht ~:** he was unplaced

**Plazierung die; ~, ~en a)** *(das Plazieren)* placing; *(auf Sitzplätze)* seating; *(das Aufstellen)* positioning; *(von Polizisten usw.)* posting; **b)** *(Sport)* placing; place; **eine gute ~/gute ~en erreichen** be well placed

**Plebejer** [ple'be:jɐ] **der; ~s, ~ a)** *(hist.)* plebeian; **b)** *(abwertend)* common type

**plebejisch 1.** *Adj.* **a)** *(hist.)* plebeian; **b)** *(abwertend)* common. **2.** *adv. (abwertend)* in a common manner

**Plebiszit** [plebɪs'tsi:t] **das; ~[e]s, ~e** plebiscite

**plebiszitär** [plebɪstsi'tɛ:ɐ̯] **1.** *Adj.* plebiscitary; ⟨*decision, legislation, election*⟩ by plebiscite. **2.** *adv.* by plebiscite

**[1]Plebs** [plɛps] **die; ~** *(hist.)* plebs *pl. (of ancient Rome)*

**[2]Plebs der; ~es** *od. österr.:* **die; ~** *(abwertend)* **der ~:** common herd; the masses *pl.*

**pleite** ['plaitə] *(ugs.) in* **~ sein** ⟨*person*⟩ be broke *(coll.)*; ⟨*company*⟩ have gone bust *(coll.)*; **~ gehen** go bust *(coll.)*

**Pleite die; ~, ~n** *(ugs.)* **a)** *(Bankrott)* bankruptcy *no def. art.*; **vor der ~ stehen** be faced with bankruptcy; **~ machen** go bust *(coll.)*; **b)** *(Mißerfolg)* flop *(sl.)*; wash-out *(sl.)*

**Pleite·geier der** *(ugs.)* spectre of bankruptcy; **den ~ vertreiben** chase the wolf from the door

**Plejaden** [ple'ja:dn̩] *Pl. (Astron.)* Pleiades

**Plektron** ['plɛktrɔn], **Plektrum** ['plɛktrʊm] **das; ~s, Plektren** plectrum

**plempern** ['plɛmpɐn] *(ugs.)* **1.** *tr. V.* sprinkle; spatter. **2.** *itr. V.* potter

**plemplem** [plɛm'plɛm] *in* **~ sein** *(ugs.)* be nuts *(sl.) or* cuckoo *(sl.)*; **ich bin doch nicht ~:** I'm not crazy

**Plenar-** [ple'na:ɐ̯-]: **~saal der** plenary chamber; **~sitzung die** plenary session

**Plenum** ['ple:nʊm] **das; ~s** *(Versammlung)* plenary meeting; *(Sitzung)* plenary session

**Pleonasmus** [pleo'nasmʊs] **der; ~, Pleonasmen** *(Stilk.)* pleonasm

**pleonastisch** [pleo'nastɪʃ] *(Stilk.)* **1.** *Adj.* pleonastic. **2.** *adv.* pleonastically

**Pleuel·stange** ['plɔyəl-] **die** *(Technik)* connecting-rod

**Plexi·glas** Ⓦⓩ ['plɛksigla:s] **das;** *o. Pl.* ≈ Perspex (P)

**plieren** ['pli:rən] *itr. V. (nordd.)* squint

**plinkern** ['plɪŋkɐn] *itr. V. (nordd.)* blink

**Plissee** [plɪ'se:] **das; ~s, ~s a)** *(Falten)* accordion pleats *pl.*; **b)** *(Stoff)* accordion-pleated material

**Plissee·rock der** accordion-pleated skirt

**plissieren** *tr. V.* pleat

**PLO** [pe:|ɛl'o:] **die; ~** *Abk.* **Palästinensische Befreiungsorganisation** PLO

**Plombe** ['plɔmbə] **die; ~, ~n a)** *(Siegel)* [lead] seal; **b)** *(veralt.: Zahnfüllung)* filling

**plombieren** *tr. V.* **a)** *(versiegeln)* seal; **b)** *(veralt.)* fill ⟨*tooth*⟩

**Plombierung die; ~, ~en a)** *(Versiegelung)* sealing; **b)** *(veralt.: das Füllen)* filling

**Plörre** ['plœrə] **die; ~, ~n** *(nordd. abwertend)* dish-water *(coll.)*

**Plot** [plɔt] **der; ~s, ~s** *(Literaturw.)* plot

**plötzlich** ['plœtslɪç] **1.** *Adj.* sudden. **2.** *adv.* suddenly; **~ aufragen** rise up abruptly; **..., aber etwas** *od.* **ein bißchen ~** *(salopp)* ..., and jump to it; ..., and make it snappy *(coll.)*

**Plötzlichkeit die; ~:** suddenness

**Pluder·hose** ['plu:dɐ-] **die** pantaloons *pl.*; *(orientalischer Art)* Turkish trousers *pl.*; *(hist.)* slops *pl.*

**Plumeau** [ply'mo:] **das; ~s, ~s** duvet

**plump** [plʊmp] **1.** *Adj.* **a)** *(dick)* plump; podgy; massive ⟨*stone, lump*⟩; *(unförmig)* ungainly, clumsy ⟨*shape*⟩; *(rundlich)* bulbous; **b)** *(schwerfällig)* awkward, clumsy ⟨*movements, style*⟩; **c)** *(abwertend: dreist)* crude, blatant ⟨*lie, deception, trick*⟩; *(leicht durchschaubar)* blatantly obvious; *(unbeholfen)* clumsy ⟨*excuse, advances*⟩; crude ⟨*joke, forgery*⟩; **~e Vertraulichkeit** embarrassing over-familiarity. **2.** *adv.* **a)** *(schwerfällig)* clumsily; awkwardly; **b)** *(abwertend: dreist)* in a blatantly obvious manner; **~ gefälscht** crudely *or* clumsily forged

**Plumpheit die; ~, ~en a)** *o. Pl. (Dicke)* plumpness; podginess; *(Unförmigkeit)* ungainliness; clumsiness; *(Rundlichkeit)* bulbousness; **b)** *o. Pl. (Schwerfälligkeit)* clumsiness; awkwardness; *(eines dicken Menschen)* ponderousness; **c)** *o. Pl. (abwertend: Dreistigkeit)* blatant nature; *(primitive Art)* crudity; clumsiness

**plumps** *Interj.* bump; thud; *(ins Wasser)* splash; **~ machen** go bump

**Plumps der; ~es, ~e** *(ugs.)* bump; thud; *(ins Wasser)* splash

**plumpsen a)** *itr. V.* fall with a bump; thud; *(ins Wasser)* splash; **b)** *unpers.* **es plumpste** there was a thud *or* bump; *(ins Wasser)* there was a splash

**Plumps·klo[sett] das** *(ugs.)* earth-closet
**plump-vertraulich 1.** *Adj.* over-familiar; *(bei Männern)* hail-fellow-well-met. **2.** *adv.* with excessive familiarity
**Plunder** ['plʊndɐ] **der; ~s** *(ugs. abwertend)* junk; rubbish
**Plünderei die; ~, ~en** *s.* **Plünderung**
**Plünderer der; ~s, ~:** looter
**plündern** ['plʏndɐn] *itr., tr. V.* **a)** loot; plunder, pillage ‹*town*›; **b)** *(scherzh.: [fast] leeren)* raid ‹*larder, fridge, account*›; ‹*bird, animal*› strip ‹*tree, border*›
**Plünderung die; ~, ~en** looting; *(einer Stadt)* plundering; **~en** cases of looting/plundering
**Plünnen** *Pl. (bes. nordd. ugs.: Kleider)* gear *sing. (coll.)*
**Plural** ['plu:ra:l] **der; ~s, ~e a)** *o. Pl.* plural; **Atlanten ist [der] ~ von** *od.* **zu Atlas** 'Atlanten' is the plural of 'Atlas'; **b)** *(Wort)* word in the plural; plural form; **im ~ stehen** be [in the] plural
**Pluraletantum** [plurale'tantʊm] **das; ~s, Pluraliatantum** [pluralia'tantʊm] plural-only noun
**pluralisch** *(Sprachw.)* **1.** *Adj.* plural ‹*form, ending*›; ‹*word, clause*› in the plural. **2.** *adv.* in the plural
**Pluralismus der; ~:** pluralism
**pluralistisch 1.** *Adj.* pluralistic. **2.** *adv.* pluralistically; along pluralistic lines
**plus** [plʊs] **1.** *Konj. (Math.)* plus. **2.** *Adv.* **a)** *(bes. Math.)* plus; **b)** *(Elektrot.)* positive. **3.** *Präp. mit Dat. (Kaufmannsspr.)* plus
**Plus das; ~ a)** *(Überschuß)* surplus; *(auf einem Konto)* credit balance; **~ machen** make a profit; **im ~ sein** be in credit; **b)** *(Vorteil)* advantage; [extra] asset; **das ist ein ~ für dich** it's a point in your favour
**Plüsch** [ply:ʃ] **der; ~[e]s, ~e** plush
**Plüsch-: ~sessel der** plush chair; **~sofa das** plush sofa; **~tier das** cuddly toy
**Plus-: ~pol der** *(Physik)* positive pole; *(einer Batterie)* positive terminal; **~punkt der a)** [plus] point; **b)** *s.* **Plus b**
**Plusquam·perfekt** ['plʊskvampɛrfɛkt] **das** pluperfect [tense]
**plustern** ['plu:stɐn] **1.** *tr. V.* ruffle [up] ‹*feathers*›. **2.** *refl. V.* ‹*bird*› ruffle [up] its feathers
**Plus·zeichen das** plus sign
**¹Pluto** ['plu:to] **der; ~** *(Astron.)*, **²Pluto (der)** *(Myth.)* Pluto
**Plutokrat** [pluto'kra:t] **der; ~en, ~en** *(geh. abwertend)* plutocrat
**Plutokratie** [plutokra'ti:] **die; ~, ~n** *(geh. abwertend)* plutocracy
**Plutonium** [plu'to:ni̯ʊm] **das; ~s** *(Physik)* plutonium
**PLZ** *Abk.* **Postleitzahl**
**Pneu** [pnɔy] **der; ~s, ~s** *(bes. österr., schweiz.)* tyre
**¹Pneumatik** [pnɔy'ma:tɪk] **die; ~, ~en a)** *o. Pl.* pneumatics *sing., no art.*; **b)** *(Anlage)* pneumatic system
**²Pneumatik der; ~s, ~s,** *(österr.:)* **die; ~, ~en** *(österr., schweiz., veralt.)* tyre
**pneumatisch** *(Technik)* **1.** *Adj.* pneumatic. **2.** *adv.* pneumatically
**Po** [po:] **der; ~s, ~s** *(ugs.)* bottom
**Pöbel** ['pø:bl̩] **der; ~s** *(abwertend)* rabble
**pöbelhaft** *(abwertend)* **1.** *Adj.* loutish; uncouth. **2.** *adv.* in a loutish manner
**Pöbel·herrschaft die** mob rule
**pöbeln** *itr. V.* make rude *or* coarse remarks
**pochen** ['pɔxn̩] *itr. V.* **a)** *(meist geh.: klopfen)* knock (**gegen** at, on); *(kräftig)* rap; thump; **an die Tür ~:** knock at *or* on the door; **es pocht** somebody is knocking at *or* on the door; **b)** *(geh.: sich berufen)* **auf etw.** *(Akk.)* **~:** insist on sth.; **c)** *(geh.: pulsieren)* ‹*heart*› pound, thump; ‹*blood*› pound, throb
**pochieren** [pɔ'ʃi:rən] *tr. V. (Kochk.)* poach
**Pocke** ['pɔkə] **die; ~, ~n** pock
**Pocken** *Pl.* smallpox *sing.*
**pocken-, Pocken-: ~narbe die** pock-mark; **~narbig** *Adj.* pock-marked; **~schutz·impfung die** smallpox vaccination
**pockig** *Adj.* pock-marked ‹*face, surface*›; pimpled ‹*leather*›
**Podest** [po'dɛst] **das** *od.* **der; ~[e]s, ~e a)** rostrum; **b)** *(bes. nordd.: Treppenabsatz)* landing
**Podex der; ~[es], ~e** *(fam.)* bottom; behind
**Podium** ['po:di̯ʊm] **das; ~s, Podien a)** *(Plattform)* platform; *(Bühne)* stage; **b)** *(trittartige Erhöhung)* rostrum; podium
**Podiums·diskussion die, Podiums·gespräch das** panel discussion
**Po·ebene die;** *o. Pl. (Geogr.)* plain of the River Po
**Poem** [po'e:m] **das; ~s, ~e** *(veralt.)* poem
**Poesie** [poe'zi:] **die; ~, ~n a)** *o. Pl.* poetry; **ein Abend voller ~:** an evening full of magic; **b)** *(Gedicht)* poem
**Poesie·album das** autograph album *(with verses or sayings contributed by friends)*
**Poet** [po'e:t] **der; ~en, ~en** *(veralt.)* poet; bard *(literary)*
**Poetik** [po'e:tɪk] **die; ~, ~en a)** poetics *sing.*; **b)** *(Lehrbuch)* treatise on poetry
**poetisch 1.** *Adj.* poetic[al]. **2.** *adv.* poetically
**pofen** ['po:fn̩] *itr. V. (nordd. salopp)* kip *(Brit. sl.)*; snooze *(coll.)*
**Pogrom** [po'gro:m] **das** *od.* **der; ~s, ~e** pogrom
**Pogrom-: ~hetze die** hate campaign *(leading up to a pogrom)*; **~stimmung die** bloodthirsty mood
**Pointe** ['po̯ɛ̃:tə] **die; ~, ~n** *(eines Witzes)* punch line; *(einer Geschichte)* point; *(eines Sketches)* curtain line; **die ~ verderben** spoil the effect of the story/joke; **eine überraschende ~:** a surprising twist
**pointiert** [po̯ɛ̃'ti:ɐ̯t] **1.** *Adj.* pointed ‹*remark*›. **2.** *adv.* pointedly
**Pokal** [po'ka:l] **der; ~s, ~e a)** *(Trinkgefäß)* goblet; **b)** *(Siegestrophäe, ~wettbewerb)* cup
**Pokal-: ~sieger der** *(Sport)* cup-winners *pl.*; **~spiel das** *(Sport)* cup-tie; **~wettbewerb der** *(Sport)* cup competition
**Pökel-: ~fleisch das** salt meat; **~hering der** salt herring
**pökeln** ['pø:kl̩n] *tr. V.* salt
**Poker** ['po:kɐ] **das** *od.* **der; ~s** poker; *(fig.)* manoeuvrings *pl.*
**Poker-: ~gesicht das** poker-face; **ein ~gesicht machen** put on a poker-faced expression; **~miene die** poker-face
**pokern** *itr. V.* **a)** *(Poker spielen)* play poker; **b)** *(fig.)* **um etw. ~:** bid for sth.
**Pol** [po:l] **der; ~s, ~e** pole; **der ruhende ~** *(fig.)* the calming influence
**Polack** [pɔ'lak] **der; ~en, ~en, Polacke der; ~n, ~n** *(ugs. abwertend)* [dirty *(derog.)*] Pole
**polar** [po'la:ɐ̯] *Adj.* **a)** polar; **b)** *(gegensätzlich)* diametrically opposed; **~e Gegensätze** complete *or* polar opposites
**Polar-: ~eis das** polar ice; **~expedition die** polar expedition; **~front die** *(Met.)* polar front; **~fuchs der** Arctic fox
**Polarisation** [polariza'tsi̯o:n] **die; ~, ~en** polarization
**polarisieren 1.** *tr. V. (Chemie, Physik)* polarize. **2.** *refl. V. (in Gegensätzen hervortreten)* become polarized
**Polarisierung die; ~, ~en** *(auch Chemie, Physik)* polarization
**Polarität die; ~, ~en** *(auch Geogr., Astron., Physik)* polarity
**Polar-: ~kreis der** polar circle; **nördlicher/südlicher ~kreis** Arctic/Antarctic Circle; **~licht das;** *Pl.* **~lichter** aurora; polar lights *pl.*
**Polaroid·kamera** Ⓦⓩ [polaro'i:t-] **die** Polaroid camera **(P)**
**Polar-: ~station die** polar [research] station; **~stern der** polar star; pole-star; **~zone die** frigid zone; polar region
**Polder der; ~s, ~:** polder
**Pole der; ~n, ~n** Pole
**Polemik** [po'le:mɪk] **die; ~, ~en** polemic; **ein Pamphlet voller ~:** a pamphlet full of polemics
**polemisch 1.** *Adj.* polemic[al]. **2.** *adv.* polemically
**polemisieren** *itr. V.* polemize
**polen** *tr. V. (Physik, Elektrot.)* connect; **auf diesem Sektor sind Paris und Bonn nicht gleich gepolt** *(fig.)* in this area Paris and Bonn hold different views
**Polen (das); ~s** Poland; **noch ist ~ nicht verloren** *(fig.)* all is not [yet] lost; **da/dann ist ~ offen** *(fig.)* all hell is/will be let loose
**Polente** [po'lɛntə] **die; ~** *(salopp)* cops *pl. (coll.)*
**Police** [po'li:sə] **die; ~, ~n** *(Versicherungsw.)* policy
**Polier** [po'li:ɐ̯] **der; ~s, ~e** [site] foreman
**polieren** *tr. V.* polish; *(fig.)* polish up; **jmdm. die Fresse ~** *(derb)* smash sb.'s face in
**Polier-: ~mittel das** polish; **~tuch das;** *Pl.* **~tücher** polishing-cloth
**-polig** ['po:lɪç] *adj.* **ein~/drei~/mehr~:** single-/three-/multi-pin
**Poli·klinik die** out-patients' department *or* clinic
**Polin die; ~, ~nen** Pole; *s. auch* **-in**
**Polio** ['po:li̯o] **die; ~:** polio
**Polit-** political; **~blatt** politically oriented publication
**Polit·büro das** politburo
**Politesse** [poli'tɛsə] **die; ~, ~n** [woman] traffic warden
**Politik** [poli'ti:k] **die; ~, ~en a)** *o. Pl.* politics *sing., no art.*; **eine gemeinsame/neue ~:** a common/new policy; **b)** *(eine spezielle ~)* policy; **eine ~ der kleinen Schritte** a gradualist policy; **c)** *(Taktik)* tactics *pl.*
**-politik die ...** policy; **die unterschiedliche Schul~ der einzelnen Länder** the different education policies of the different States
**Politika** *s.* **Politikum**
**Politiker** [po'li:tikɐ] **der; ~s, ~, Politikerin die; ~, ~nen** politician
**Politikum** [po'li:tikʊm] **das; ~s, Politika** political issue; *(Ereignis)* political event
**Politik·wissenschaft die** political science *no art.*
**politisch 1.** *Adj.* **a)** political; **b)** *(klug u. berechnend)* politic. **2.** *adv.* **a)** politically; **b)** *(klug u. berechnend)* politicly; judiciously
**-politisch** *adj., adv.* concerning ... policy
**Politische der/die;** *adj. Dekl. (ugs.)* political prisoner
**politisieren 1.** *itr. V.* talk politics; politicize; **es wurde viel politisiert** there was a great deal of political discussion. **2.** *tr. V.* **a)** *(politisch aktivieren)* make politically active; **b)** *(politisch behandeln)* politicize
**Politisierung die; ~:** politicization
**Politologe** [polito'lo:gə] **der; ~n, ~n** political scientist
**Politologie die; ~:** political science *no art.*
**Politologin die; ~, ~nen** political scientist
**politologisch** *Adj.* ‹*analysis*› in terms of political science; ‹*sense*› of political science; **~es Studium** political studies *pl.*
**Politur** [poli'tu:ɐ̯] **die; ~, ~en** polish
**Polizei** [poli'tsai̯] **die; ~, ~en a)** police *pl.*; **er ist** *od.* **arbeitet bei der ~:** he is in the police force; **b)** *o. Pl. (Dienststelle)* police station
**Polizei-: ~apparat der** police force; **~auf·gebot das** police contingent; **trotz überdurchschnittlichen ~aufgebots** despite the larger than average police presence; **~auto das** police car; **~beamte der** police officer; **~behörde die** police authority; **~chef der** chief of police; chief constable *(Brit.)*; **~direktion die** police authority;

**~ein·satz der** police operation; **~eskorte die** police escort; **~funk der** police radio; **~gewahrsam der** [police] custody; **~gewalt die a)** *(Machtbefugnis)* police powers *pl.;* **b)** *o. Pl. (ausgeübte Gewalt)* use of force by the police; **~gewerkschaft die** police trade union; **~griff der** [police] arm hold *or* lock; **er wurde im ~griff abgeführt** he was frog-marched away; **~haupt·wacht·meister der** ≈ [police] superintendent; **~hund der** police dog; **~knüppel der** [policeman's] truncheon; **~kommissar,** *(südd., österr., schweiz.)* **~kommissär der** ≈ [police] superintendent; **~kontrolle die** police check; *(Kontrollpunkt)* police check-point; **~kräfte** *Pl.* police *pl.*

**polizeilich 1.** *Adj., nicht präd.* police; **~e Meldepflicht** obligation to register with the police. **2.** *adv.* by the police; **~ verboten** prohibited by order of the police

**polizei-, Polizei-: ~methoden** *Pl. (abwertend)* **das sind ja ~methoden!** that is sheer brutality *sing.;* **~präsident der** chief of police; chief constable *(Brit.);* **~präsidium das** police headquarters *sing. or pl.;* **~revier das a)** *(~dienststelle)* police station; **sich auf dem ~revier melden** report to the police; **b)** *(Bezirk)* police district; **~schutz der** police protection; **~sirene die** [police-car] siren; **~spitzel der** police informer; **~staat der** police state; **~streife die** police patrol; **~stunde die** closing time; **die ~stunde verlängern** extend the opening hours *pl.;* **die ~stunde aufheben** waive the restrictions on opening hours *pl.;* **~verordnung die** police regulation; **~wache die** police station; **~widrig 1.** *Adj.* against police regulations *postpos.;* illegal; **2.** *adv.* against police regulations; illegally

**Polizist** [poli'tsɪst] **der; ~en, ~en** policeman

**Polizistin die; ~, ~nen** policewoman

**Polka** ['pɔlka] **die; ~, ~s** polka

**Pollen** ['pɔlən] **der; ~s, ~** *(Bot.)* pollen

**Poller der; ~s, ~:** bollard

**Pollution** [pɔlu'tsi̯o:n] **die; ~, ~en** *(Med.)* [nocturnal] emission

**polnisch** ['pɔlnɪʃ] *Adj.* Polish; **eine ~e Wirtschaft** *(ugs. abwertend)* a shambles; *s. auch* **deutsch; Deutsch; ²Deutsche**

**Polo** ['po:lo] **das; ~s** polo

**Polo·hemd das** short-sleeved shirt

**Polonaise, Polonäse** [polo'nɛ:zə] **die; ~, ~n** polonaise

**Polster** ['pɔlstɐ] **das** *od. (österr.)* **der; ~s, ~** *od. (österr.)* **Pölster** ['pœlstɐ] **a)** *(Polsterung)* upholstery *no pl., no indef. art.;* **b)** *(Schulter~)* [shoulder-]pad; **c)** *(Rücklage)* reserves *pl.;* **d)** *(Bot.)* cushion; **e)** *(österr.: Kissen)* cushion; *(Kopfkissen)* pillow

**Pölsterchen das; ~s, ~:** bulge of fat

**Polsterer der; ~s, ~:** upholsterer

**Polster-: ~garnitur die** suite; **~möbel** *Pl.* upholstered furniture *sing.*

**polstern** *tr. V.* upholster ⟨*furniture*⟩; pad ⟨*door*⟩; **sie ist gut gepolstert** *(fig. ugs. scherzh.)* she is well-upholstered *(joc.);* **finanziell gut gepolstert sein** *(fig. ugs. scherzh.)* be comfortably off

**Polster-: ~sessel der** [upholstered] armchair; easy chair; **~stuhl der** upholstered chair; **~tür die** padded door

**Polsterung die; ~, ~en a)** *(Polster)* upholstery *no pl.; no indef. art.;* **b)** *(das Polstern)* upholstering

**Polter·abend der** *party on the eve of a wedding (at which crockery is smashed to bring good luck)*

**Polter·geist der** poltergeist

**poltern** ['pɔltɐn] **1.** *itr. V.* **a)** *(lärmen)* crash *or* thump about; **es poltert** there is a bang *or* crash; **ein ~der Lärm** a din *or* racket; **b)** *mit sein (sich laut bewegen)* **der Karren polterte über das Pflaster** the cart clattered over the cobble-stones; **er kam ins Zimmer gepoltert** he came clumping into the room; **c)** *(schimpfen)* rant [and rave]; **d)** *(ugs.: Polterabend feiern)* hold a **Polterabend. 2.** *tr. V.* **„Ruhe!" polterte er** 'Be quiet!' he bawled

**poly-, Poly-** [poly-] poly-

**poly-, Poly-: ~eder** [~'le:dɐ] **das; ~s, ~** *(Geom.)* polyhedron; **~ester** [~'lɛstɐ] **der; ~s, ~** *(Chemie)* polyester; **~gam** [~'ga:m] **1.** *Adj.* polygamous; **2.** *adv.* polygamously; **~gamie** [~ga'mi:] **die; ~:** polygamy; **~glott** [~'glɔt] *Adj.* polyglot

**Polynesien** [poly'ne:zi̯ən] **(das); ~s** Polynesia

**polynesisch** *Adj.* Polynesian

**Polyp** [po'ly:p] **der; ~en, ~en a)** *(Zool., Med.)* polyp; **b)** *(salopp: Polizist)* cop *(sl.);* copper *(Brit. sl.);* **c)** *(veralt.: Krake)* octopus

**poly-, Poly-: ~phonie** [~fo'ni:] **die; ~** *(Musik)* polyphony; **~technik die;** *o. Pl. (DDR),* **~technikum das** polytechnic; **~technisch 1.** *Adj.* polytechnic; **2.** *adv.* **er war ~technisch ausgebildet** he had a polytechnic training

**Pomade** [po'ma:də] **die; ~, ~n** pomade; hair-cream

**pomadig 1.** *Adj.* **a)** pomaded; greased down; *(fig.)* over-slick; **b)** *(bes. nordd.: blasiert)* blasé; **c)** *(ugs.: langsam)* sluggish. **2.** *adv.* **a)** *(bes. nordd.: blasiert)* in a blasé way; **b)** *(ugs.: langsam)* sluggishly

**Pomeranze** [pomə'rantsə] **die; ~, ~n** Seville *or* sour *or* bitter orange

**Pommer der; ~n, ~n** Pomeranian

**Pommern (das); ~s** Pomerania

**Pommes frites** [pɔm'frit] *Pl.* chips *pl. (Brit.);* French fries *pl. (Amer.)*

**Pomp** [pɔmp] **der; ~[e]s** pomp

**Pompeji** [pɔm'pe:ji] **(das); ~s** Pompeii

**pomphaft, pompös** [pɔm'pø:s] **1.** *Adj.* grandiose; ostentatious. **2.** *adv.* grandiosely; ostentatiously

**Poncho** ['pɔntʃo] **der; ~s, ~s** poncho

**Pond** [pɔnt] **das; ~s, ~** *(Physik)* gram-force

**Pontifikal-** [pɔntifi'ka:l-]: **~amt das, ~messe die** *(kath. Kirche)* Pontifical Mass

**Pontifikat** [pɔntifi'ka:t] **das** *od.* **der; ~[e]s, ~e** *(kath. Kirche)* pontificate

**Pontius** ['pɔntsi̯ʊs] *in* **von ~ zu Pilatus laufen** *(ugs.)* rush from pillar to post

**Ponton** [põ'tõ:] **der; ~s, ~s** pontoon

**¹Pony** ['pɔni] **das; ~s, ~s** pony

**²Pony der; ~s, ~s** *(Frisur)* fringe

**Pony·frisur die** [hair-style with a] fringe

**Pool** [pu:l] **der; ~s, ~s** *(Wirtsch.)* pool

**Pool·billard das** pool

**Pop** [pɔp] **der; ~[s]** pop

**Popanz der; ~es, ~e a)** *(abwertend)* bogey; bugbear; *(willenloser Mensch)* puppet; **b)** *(veralt.: Schreckgestalt)* scarecrow

**Pop-art** ['pɔpla:ɐ̯t] **die; ~:** pop art

**Popcorn** ['pɔpkɔrn] **das; ~s** popcorn

**Pope der; ~n, ~n** *(abwertend)* cleric

**Popel** ['po:pl̩] **der; ~s, ~** *(ugs.)* **a)** bogy *(sl.);* **b)** *(abwertend: Mensch)* nobody

**popelig** *(ugs. abwertend)* **1.** *Adj.* crummy *(coll.);* lousy *(sl.); (durchschnittlich)* second-rate. **2.** *adv.* crummily *(sl.)*

**Popelin** [popə'li:n] **der; ~s, ~e, Popeline der; ~s, ~** *od.* **die; ~, ~:** poplin

**Popeline·mantel der** poplin coat

**popeln** *itr. V. (ugs.)* **[in der Nase] ~:** pick one's nose

**Pop-: ~farbe die** brilliant colour; **~festival das** pop festival; **~gruppe die** pop group; **~konzert das** pop concert

**poplig** *s.* **popelig**

**Pop·musik die** pop music

**Popo** [po'po:] **der; ~s, ~s** *(fam.)* bottom

**Popo·scheitel der** *(ugs. scherzh.)* straight middle *or* centre parting

**Popper** ['pɔpɐ] **der; ~s, ~:** *fashion-conscious, apolitical young person*

**poppig** ['pɔpɪç] **1.** *Adj.* trendy. **2.** *adv.* trendily

**Pop·star der** pop star

**populär** [popu'lɛ:ɐ̯] **1.** *Adj.* popular **(bei** with); **in ~em Deutsch** in German which is comprehensible to the layman. **2.** *adv.* popularly; **etw. ~ ausdrücken** express sth. in layman's language

**popularisieren** *tr. V.* popularize

**Popularisierung die; ~, ~en** popularization

**Popularität die; ~:** popularity

**populär·wissenschaftlich 1.** *Adj.* popular science *attrib.;* **zu ~ sein** be too much on the popular-science level. **2.** *adv.* in a popular scientific way

**Population die; ~, ~en** population

**Populismus der; ~:** populism *no art.*

**Populist der; ~en, ~en** populist

**Pore** ['po:rə] **die; ~, ~n** pore

**poren·tief** *(Werbespr.)* **1.** *Adj.* deep-down. **2.** *adv.* pore-deep

**porig** *Adj.* porous

**Porno** ['pɔrno] **der; ~s, ~s** *(ugs.)* **a)** *(~graphie)* porn[o] *(coll.);* **b)** *(~film, ~heft usw.)* porn[o] film/magazine *etc.*

**porno-, Porno-: ~film der** *(ugs.)* porn[o] film *(coll.);* **~graphie** [~'-] **die; ~, ~n** pornography; **~graphisch** [~'--] **1.** *Adj.* pornographic; **2.** *adv.* pornographically

**porös** [po'rø:s] porous

**Porosität** [porozi'tɛ:t] **die; ~:** porousness

**Porphyr** ['pɔrfy:ɐ̯] **der; ~, ~e** [pɔr'fy:rə] *(Geol.)* porphyry

**Porree** ['pɔre] **der; ~s, ~s** leek; **ich mag ~:** I like leeks

**Portal** [pɔr'ta:l] **das; ~s, ~e** portal

**Portefeuille** [pɔrt(ə)'fø:j] **das; ~s, ~s** *(geh. veralt.)* wallet

**Portemonnaie** [pɔrtmɔ'ne:] **das; ~s, ~s** purse

**Porti** *Pl. s.* **Porto**

**Portier** [pɔr'ti̯e:] **der; ~s, ~s,** *österr.:* [pɔr'ti:ɐ̯] **der; ~s, ~e 1.** *(Pförtner)* porter. **2.** *(veralt.: Hausmeister)* caretaker; **stiller ~** *(bes. berlin.)* list of tenants' names

**portieren** *tr. V. (schweiz.)* put up; nominate

**Portier[s]·loge die** porter's lodge

**Portiers·frau die a)** *(woman)* porter; **b)** *(Frau des Portiers)* porter's wife

**Portion** [pɔr'tsi̯o:n] **die; ~, ~en a)** *(beim Essen)* portion; helping; **eine halbe ~** *(fig. ugs. spött.)* a feeble little titch *(coll.);* **eine ~ Eis** one ice-cream; **eine zweite ~:** a second helping; **b)** *(ugs.: Anteil)* amount; **eine große ~ Geduld** a fair amount of patience

**portionieren** *tr. V.* divide into portions

**portions·weise** *Adv.* in portions

**Porto** ['pɔrto] **das; ~s, ~s** *od.* **Porti** postage **(für** on, for); **„~ zahlt Empfänger"** 'postage will be paid by licensee'

**porto-, Porto-: ~frei** *Adj.* post-free; **~kasse die** *(Wirtsch.)* cash-box *(for postal expenses);* **~pflichtig** *Adj.* liable *or* subject to postage *postpos.*

**Portrait, Porträt** [pɔr'trɛ:] **das; ~s, ~s** portrait; **jmdm. ~ sitzen** sit for sb. [for a portrait]

**Porträt·aufnahme die** portrait [photograph]

**porträtieren** [pɔrtrɛ'ti:rən] *tr. V.* paint a portrait of/take a portrait [photograph] of; *(fig.)* portray

**Porträtist der; ~en, ~en** portrait-painter/-photographer; portraitist

**Portugal** ['pɔrtugal] **(das); ~s** Portugal

**Portugiese** [pɔrtu'gi:zə] **der; ~n, ~n, Portugiesin die; ~, ~nen** Portuguese; *s. auch* **-in**

**portugiesisch** *Adj.* Portuguese; *s. auch* **deutsch; Deutsch; ²Deutsche**

**Portwein** ['pɔrtvain] **der** port

**Porzellan** [pɔrtsɛ'la:n] **das; ~s, ~e a)** *o. Pl.* porcelain; china; **~ zerschlagen** *(fig. ugs.)* cause a lot of harm *or* trouble; **b)** *(Gegenstand aus ~)* piece of porcelain *or* china

**Porzellan-: ~erde die** china clay; kaolin;

~**geschirr** das china [crockery]; ~**laden** der china shop; *s. auch* Elefant

**pos.** *Abk.* positiv pos.

**Posaune** [po'zaunə] die; ~, ~n trombone

**posaunen** 1. *itr. V. (musizieren)* play the trombone. 2. *tr. V. (ugs. abwertend)* a) *(hinaus~)* etw. in die *od.* alle Welt ~: tell the whole world about sth.; b) *(laut sprechen)* bellow; bawl

**Posaunen-:** ~**chor** der brass ensemble; ~**engel** der a) *(Kunst)* angel with a trumpet; b) *(ugs. scherzh.)* chubby-cheeks *sing.*

**Posaunist** der; ~en, ~en trombonist

**Pose** ['po:zə] die; ~, ~n pose

**Posemuckel** [po:zə'mʊkl] *o. Art.;* ~s *(salopp abwertend)* the back of beyond

**posieren** *itr. V.* pose

**Position** [pozi'tsi̯o:n] die; ~, ~en a) position; in gesicherter ~ sein have a secure position; b) *(Wirtsch.: einzelner Posten)* item

**Positions-:** ~**lampe** die, ~**licht** das *(Seew., Flugw.)* navigation light; ~**wechsel** der change of position *or* attitude

**positiv** ['po:ziti:f] 1. *Adj.* positive; ~e Zahlen *(Math.)* positive *or* plus numbers; ist es schon ~, daß ...? *(ugs.)* is it definite *or* certain that ...? 2. *adv.* positively; einen Antrag ~ bescheiden accept an application; einer Sache *(Dat.)* ~ gegenüberstehen take a positive view of a matter; etw. ~ beeinflussen have a positive influence on sth.; etw. ~ bewerten judge sth. favourably; der Test verlief ~: the test proved successful; ich weiß das ~ *(ugs.)* I know that for certain *or* for sure; sich ~ verändern change for the better

**¹Positiv** der; ~s, ~e *(Sprachw.)* positive

**²Positiv** das; ~s, ~e a) *(Fot.)* positive; b) *(kleine Orgel)* positive organ

**Positiva** *s.* Positivum

**Positivismus** der; ~: positivism *no art.*

**positivistisch** *Adj.* positivist[ic]

**Positivum** ['po:ziti:vʊm] das; ~s, Positiva *(geh.)* positive aspect

**Positron** ['po:zitrɔn] das; ~s, -tronen *(Physik)* positron

**Positur** [pozi'tu:ɐ̯] die; ~, ~en a) pose; posture; sich in ~ setzen *od.* stellen *od.* werfen *(ugs. leicht spött.)* strike a pose; take up a posture; b) *(Sport)* stance; in ~ gehen/sein take up/have taken up one's stance

**Posse** ['pɔsə] die; ~, ~n farce

**Possen** der; ~s, ~ *(veralt.)* a) *Pl.* pranks; tricks; ~ reißen play tricks; b) jmdm. einen ~ spielen play a prank *or* trick on sb.

**Possen·reißer** der clown; buffoon

**possessiv** ['pɔsɛsi:f] *Adj. (Sprachw.)* possessive

**Possessiv** das; ~s, ~e, **Possessiv·pronomen** das, **Possessivum** [pɔsɛ'si:vʊm] das; ~s, Possessiva *(Sprachw.)* possessive pronoun

**possierlich** [pɔ'si:ɐ̯lɪç] 1. *Adj.* sweet; cute *(Amer.).* 2. *adv.* sweetly; cutely *(Amer.)*

**Post** [pɔst] die; ~, ~en a) post *(Brit.);* mail; er ist *od.* arbeitet bei der ~: he works for the Post Office; etw. mit der *od.* per ~ schicken send sth. by post *or* mail; ist ~ für mich da? is there any post *or* mail for me?; sonntags kommt *od.* gibt es keine ~: there is no post *or* delivery on Sundays; mit gleicher ~: by the same post; mit getrennter ~: under separate cover; auf [die] ~ warten *(ugs.)* wait for [the] post; *s. auch* ab 2 b; b) *(~amt)* post office; auf die *od.* zur ~ gehen go to the post office; c) *(veralt.: ~kutsche)* mail[-coach]; d) *(~bus)* post[-office] bus; e) *(veralt.: Botschaft)* news *sing.*

**Post·abholer** der caller *(for mail)*

**postalisch** [pɔs'ta:lɪʃ] *Adj.; nicht präd.* postal; auf ~em Wege by post

**Postament** [pɔsta'mɛnt] das; ~[e]s, ~e pedestal

**Post-:** ~**amt** das post office; ~**an·schrift** die postal address; ~**an·weisung** die a) *(Geldsendung) remittance paid in at a post office and delivered to the addressee by a postman;* b) *(Formular)* postal remittance form; ~**auto** das post-office *or* mail van; ~**beamte** der post-office official; ~**bote** der *(ugs.)* postman *(Brit.);* mailman *(Amer.);* ~**bus** der post[-office] bus

**Pöstchen** ['pœstçən] das; ~s, ~ *(abwertend)* little job *or* number *(coll.)*

**Post·dienst** der a) *o. Pl.* post office; ein Beamter im ~: a post-office official; b) *o. Pl. (die Post)* postal service; c) *(Service der Post)* postal service

**Posten** ['pɔstn̩] der; ~s, ~ a) *(bes. Milit.: Wach~)* post; auf dem ~ sein *(ugs.) (in guter körperlicher Verfassung sein)* be in good form; *(wachsam sein)* be on one's guard; sich nicht [ganz] auf dem ~ fühlen *(ugs.)* be a bit under the weather *(coll.);* auf verlorenem ~ stehen *od.* kämpfen be fighting a losing battle; b) *(bes. Milit.: Wachmann)* sentry; guard; ~ stehen *od. (Soldatenspr.:)* schieben stand guard *or* sentry; c) *(Anstellung)* post; position; job; d) *(Funktion)* position; e) *(bes. Kaufmannsspr.: Rechnungs~)* item; f) *(bes. Kaufmannsspr.: Waren~)* quantity

**Posten-:** ~**dienst** der *(bes. Milit.)* guard duty; ~**jäger** der *(salopp)* careerist

**Poster** ['po:stɐ] das *od.* der; ~s, ~[s] poster

**post-, Post-:** ~**fach** das a) *(im ~amt)* post-office *or* PO box; b) *(im Büro, Hotel o. ä.)* pigeon-hole; ~**flugzeug** das mail plane; ~**frisch** *Adj. (Philat.)* in mint condition *postpos.;* ~**gebühr** die [postal] charge *or* rate; ~**geheimnis** das secrecy of the post; ~**gewerkschaft** die post-office workers' union; ~**giro·amt** das post-office giro office; ≈ national giro[bank] centre *(Brit.);* ~**giro·konto** das post-office giro account; ≈ national giro[bank] account *(Brit.);* ~**horn** das post-horn

**posthum** [pɔst'hu:m] *s.* postum

**postieren** *tr. V.* a) *(aufstellen)* post; station; sich ~: station *or* position oneself; b) *(stellen)* position

**Postille** [pɔs'tɪlə] die; ~, ~n *(spött. abwertend) (Zeitschrift)* mag *(coll.); (Zeitung)* rag *(derog.)*

**Postillion** [pɔstɪl'jo:n] der; ~s, ~e *(veralt.)* mail-coach driver

**Postillon d'amour** [pɔstijõda'mu:r] der; ~ ~, ~s ~ *(scherzh.)* go-between

**post-, Post-:** ~**karte** die postcard; ~**karten·größe** die postcard size; in ~kartengröße postcard-sized; ~**kasten** der *(bes. nordd.)* post-box; mail box *(Amer.);* pillar box *(Brit.);* ~**kunde** der post-office user; ~**kutsche** die mail-coach; ~**lagernd** *Adj., adv.* poste restante; general delivery *(Amer.);* ~**leit·zahl** die postcode; postal code; Zip code *(Amer.);* ~**meister** der *(hist.)* postmaster; ~**minister** der Postmaster General; ~**paket** das parcel; per ~paket [by] parcel post; ~**sache** die; *o. Pl. (Amtsspr.)* item of post-office mail; ~**schalter** der post-office counter; ~**scheck** der post-office giro cheque; ≈ national giro[bank] cheque *(Brit.);* ~**scheck·amt** das *(veralt.) s.* ~giroamt; ~**scheck·konto** das *(veralt.) s.* ~girokonto; ~**sendung** die postal item

**Post·skriptum** [-'skrɪptʊm] das; ~s, Postskripta postscript

**Post-:** ~**spar·buch** das post-office savings book *(Brit.);* ~**spar·kasse** die post-office savings bank *(Brit.);* ~**stelle** die a) *(kleines ~amt)* sub-post office; b) *(in einem Betrieb)* post-room; ~**stempel** der a) *(Gerät)* stamp [for cancelling mail]; b) *(Abdruck)* postmark

**Postulat** [pɔstu'la:t] das; ~[e]s, ~e a) *(Forderung)* demand; b) *(Gebot)* decree

**postulieren** *tr. V.* a) *(fordern)* postulate; demand; b) *(behaupten)* assert

**postum** [pɔs'tu:m] 1. *Adj.; nicht präd.* posthumous. 2. *adv.* posthumously

**post-, Post-:** ~**wagen** der *(Eisenb.)* mail van *(Brit.);* mail car *(Amer.);* ~**weg** der: auf dem ~weg by post *or* mail; ~**wendend** *Adv.* by return [of post]; *(fig.)* immediately; ~**wert·zeichen** das *(Amtsspr.)* postage stamp; ~**wesen** das; *o. Pl.* postal operations *pl.;* ~**wurf·sendung** die direct-mail item; ~**zug** der mail train; ~**zu·stellung** die postal delivery *no def. art.*

**Pot** [pɔt] das; ~s *(Drogenjargon)* pot *(sl.)*

**potemkinsch** [po'tɛmki:nʃ] *Adj.; in* Potemkinsche Dörfer façade *sing.;* sham *sing.*

**potent** [po'tɛnt] *Adj.* a) *(zeugungsfähig)* potent; b) *(finanzstark)* [financially] strong; c) *(fähig)* capable; able

**Potentat** [potɛn'ta:t] der; ~en, ~en *(abwertend)* potentate

**Potential** [potɛn'tsi̯a:l] das; ~s, ~e a) *(Mittel, Möglichkeit)* potential; das ~ an Energie/Aggression energy resources *pl.*/aggressive capacity; b) *(Physik)* potential

**potentiell** [potɛn'tsi̯ɛl] 1. *Adj.* potential. 2. *adv.* potentially

**Potenz** [po'tɛnts] die; ~, ~en a) *o. Pl.* potency; b) *(Stärke)* power; c) *(Math.)* power; mit ~en rechnen do calculations involving powers; eine Zahl in die sechste ~ erheben raise a number to the power [of] six; das ist Blödsinn in [höchster] ~ *(fig.)* that is complete *or* utter nonsense; d) *(Med.: Grad der Verdünnung)* potency

**Potenz·angst** die impotence anxiety

**potenzieren** 1. *tr. V.* a) *(verstärken)* increase; b) *(Math.)* mit 5 ~: raise to the power [of] 5; mit diesem Rechner kann man auch ~: you can calculate *or* work out powers on this calculator. 2. *refl. V. (sich steigern)* increase

**potenz·steigernd** *Adj.* potency *attrib.;* to increase potency *postpos.*

**Potpourri** ['pɔtpʊri] das; ~s, ~s *od. österr.:* die; ~, ~s *(auch fig.)* pot-pourri, medley (aus, von of)

**Pott** [pɔt] der; ~[e]s, Pötte ['pœtə] *(ugs., bes. nordd.)* a) *(Topf)* pot; b) *(Nachttopf)* chamber-pot; po *(coll.);* potty *(coll.);* zu ~[e] kommen *(fig.)* get to the point; c) *(Schiff)* tub *(derog./joc.)*

**pott-, Pott-:** ~**asche** die potash; ~**häßlich** *(ugs.) Adj.* dead ugly *(coll.);* ⟨*person, face*⟩ [as] ugly as sin *(coll.);* ~**wal** der physeterid *(Zool.); (Spermwal)* sperm whale

**potz·tausend** *Interj. (veralt.)* a) *(überrascht)* upon my soul *(dated);* b) *(unwillig)* damn it [all]

**poussieren** [pu'si:rən] 1. *itr. V. (ugs. veralt.: flirten)* flirt. 2. *tr. V. (veralt.: umwerben)* curry favour with

**power** ['po:vɐ] *Adj. (veralt.)* miserable; eine ~e Gegend a poor area

**Powidl** ['pɔvidl̩] der; ~s *(österr.) s.* Pflaumenmus

**PR** *Abk.* Public Relations PR

**Prä** [prɛ:] das; ~s: [das] ~ haben have priority

**Präambel** [prɛ'ambl̩] die; ~, ~n preamble

**Pracht** [praxt] die; ~: splendour; magnificence; eine [wahre] ~ sein *(ugs.)* be [really] marvellous *or (coll.)* great; in voller ~: in all its/their splendour

**Pracht-:** ~**aus·gabe** die de luxe edition; ~**bau** der; *Pl.* ~bauten splendid *or* magnificent building; ~**exemplar** das *(ugs.)* magnificent specimen; beauty

**prächtig** ['prɛçtɪç] 1. *Adj.* a) *(prunkvoll)* splendid; magnificent; b) *(großartig)* splendid; marvellous; ein ~er Muskelriß *(iron.)* a terrific example of a torn muscle *(coll.).* 2. *adv.* a) *(prunkvoll)* splendidly; magnificently; b) *(großartig)* splendidly; marvellously

**pracht-, Pracht-:** ~**kerl** der *(ugs.)* great chap *or (Brit. coll.)* bloke *or (sl.)* guy; ein ~kerl [von einem Kind] a great kid *(sl.);*

**~straße die** boulevard; **~stück das** *(ugs.)* magnificent specimen; beauty; **ein ~stück von [einem] Karpfen** a beautiful specimen of a carp; **sie/er ist ein ~stück** *(Kind)* she/he is a really splendid girl/boy; *(Frau)* she is a magnificent *or* splendid woman; *(Mann)* he is a great chap *or (Brit. coll.)* bloke *or (sl.)* guy; **~voll** *Adj., adv. s.* **prächtig; ~weib das** *(ugs.)* magnificent *or* splendid woman; *(gutaussehend)* gorgeous female *(coll.)*
**Prädestination** [prɛdɛstina'tsio:n] **die; ~:** predestination
**prädestinieren** *tr. V.* predestine
**prädestiniert** *Adj.* predestined; **etw. ist für ein Ziel ~:** sth. is just right for a purpose; **er ist für diese Rolle einfach ~:** he is just the man for this part
**Prädikat** [prɛdi'ka:t] **das; ~[e]s, ~e a)** *(Auszeichnung)* rating; **das ~ „gut"** the rating of 'good'; **Qualitätswein mit ~:** *wine made from selected grapes of specified maturity;* **b)** *(Sprachw.)* predicate
**prädikativ** [prɛdika'ti:f] *(Sprachw.)* **1.** *Adj.* predicative. **2.** *adv.* predicatively
**Prädikativ das; ~s, ~e** *s.* **Prädikatsnomen**
**Prädikativ·satz der** *(Sprachw.)* predicate *or* predicative clause
**Prädikats·nomen das** *(Sprachw.)* predicate nominative *or* complement
**prä·disponieren** *tr. V. (Med.)* predispose (**für** to)
**Präferenz** [prɛfe'rɛnts] **die; ~, ~en** preference
**Präferenz-: ~liste die** priority list; **~stellung die** *(Wirtsch.)* privileged status
**Präfix** [prɛ'fɪks] **das; ~es, ~e** *(Sprachw.)* prefix
**Prag** [pra:k] **(das); ~s** Prague
**Präge die; ~, ~n** mint
**Präge-: ~druck der;** *o. Pl.* embossing; **~form die** *(Münzwesen)* coining die
**prägen** ['prɛ:gn̩] *tr. V.* **a)** emboss ⟨*metal, paper, leather*⟩; **b)** *(herstellen)* mint, strike ⟨*coin*⟩; **c)** *(auf~) (vertieft)* impress; *(erhaben)* emboss; **d)** *(fig.: beeinflussen)* shape; mould; **Tempo und Wagemut ~ seinen Stil** his style is characterized by speed and daring; **eine männlich geprägte Arbeitswelt** a male-oriented work environment; **e)** *(fig.: erfinden)* coin ⟨*word, expression, concept*⟩
**Präge-: ~stempel der** *(Druckw.)* die; **~stock der** *(Druckw.)* punch
**Pragmatik** [pra'gma:tɪk] **die; ~ a)** pragmatism; **b)** *(Sprachw.)* pragmatics *sing., no art.*
**Pragmatiker der; ~s, ~:** pragmatist
**pragmatisch 1.** *Adj.* pragmatic. **2.** *adv.* pragmatically
**Pragmatismus der; ~:** pragmatism
**prägnant** [prɛ'gnant] **1.** *Adj.* concise; succinct. **2.** *adv.* concisely; succinctly
**Prägnanz** [prɛ'gnants] **die; ~:** conciseness; succinctness
**Prägung die; ~, ~en a)** *(von Papier, Leder, Metall)* embossing; *(von Münzen)* minting; striking; **b)** *(auf Metall, Papier) (vertieft)* impression; *(erhaben)* embossing; **c)** *(Eigenart)* character; **d)** *(eines sprachlichen Ausdrucks)* coining; **e)** *(geprägter Ausdruck)* coinage
**prä·historisch** *Adj.* prehistoric
**prahlen** ['pra:lən] *itr. V.* boast, brag (**mit** about)
**Prahler der; ~s, ~:** boaster; braggart
**Prahlerei die; ~, ~en** *(abwertend)* boasting; bragging; **~en** boasts
**Prahlerin die; ~, ~nen** boaster; braggart
**Prahl·hans der; ~es, Prahlhänse** [-hɛnzə] *(ugs.)* show-off
**Prahm** [pra:m] **der; ~[e]s, ~e** *od.* **Prähme** ['prɛ:mə] pra[a]m
**Präjudiz** [prɛju'di:ts] **das; ~es, ~e** *(Rechtsw., Politik)* precedent
**präjudizieren** *tr. V. (Rechtsw., Politik)* prejudge
**Praktik** ['praktɪk] **die; ~, ~en** practice
**Praktika** *s.* **Praktikum**
**praktikabel** [prakti'ka:bl̩] *Adj.* practicable; practical
**Praktikant** [prakti'kant] **der; ~en, ~en, Praktikantin die; ~, ~nen a)** *(in einem Betrieb)* student trainee; trainee student; **b)** *(an der Hochschule)* physics/chemistry student *(doing a period of practical training)*
**Praktiker der; ~s, ~ a)** practical person; **b)** *(ugs.: praktischer Arzt)* general practitioner; GP
**Praktikum** ['praktikʊm] **das; ~s, Praktika** period of practical instruction *or* training
**praktisch** ['praktɪʃ] **1.** *Adj.* **a)** *(auf die Praxis bezogen)* practical; **~es Jahr** year of practical training; **~er Arzt** general practitioner; **b)** *(wirklich)* practical ⟨*result, problem, matter, etc.*⟩; concrete ⟨*example*⟩; **c)** *(nützlich)* practical ⟨*furniture, clothes, etc.*⟩; useful ⟨*present*⟩; **d)** *(geschickt, realistisch)* practical; **er hat einen ~en Verstand** he is practically minded. **2.** *adv.* **a)** *(auf die Praxis bezogen)* in practice; **~ experimentieren/arbeiten** do practical experiments/work; **b)** *(wirklich)* in practice; **c)** *(nützlich)* practically; **d)** *(geschickt, realistisch)* practically; **~ veranlagt** practically minded; practical; **e)** *(ugs.: so gut wie)* practically; virtually
**praktizieren** [prakti'tsi:rən] **1.** *tr. V.* **a)** *(anwenden)* practise; **~de Katholiken** practising Catholics; **b)** *(ugs.: irgendwohin bringen)* conjure; **jmdm. etw. in die Tasche/ins Essen ~:** slip sth. into sb.'s pocket/food. **2.** *itr. V. (als Arzt)* practise
**Prälat** [prɛ'la:t] **der; ~en, ~en** *(Kirche)* prelate
**Präliminarien** [prɛlimi'na:riən] *Pl.* preliminaries
**Praline** [pra'li:nə] **die; ~, ~n, Praliné, Pralinee** *(österr., schweiz., sonst veralt.)* [prali'ne:] **das; ~s, ~s** [filled] chocolate
**prall** [pral] **1.** *Adj.* **a)** *(fest und straff)* hard ⟨*ball*⟩; firm ⟨*tomato, grape*⟩; bulging ⟨*sack, wallet, bag*⟩; big strong *attrib.* ⟨*thighs, muscles, calves*⟩; well-rounded ⟨*buttocks*⟩; full, well-rounded ⟨*breasts*⟩; full, swollen ⟨*udder*⟩; full, chubby ⟨*cheeks*⟩; taut, full ⟨*sail*⟩; firm ⟨*pillow, bed*⟩; *(fig.)* intense ⟨*life*⟩; vivid ⟨*picture*⟩; full, rich ⟨*laughter*⟩; fully inflated ⟨*balloon*⟩; **b)** *(intensiv)* blazing ⟨*sun*⟩; strong ⟨*light*⟩. **2.** *adv.* **a)** *(fest und straff)* fully ⟨*inflated*⟩; **ein ~ gestopfter Rucksack** a rucksack filled to bursting; **eine ~ gefüllte Brieftasche** a wallet bulging with banknotes; **b)** *(intensiv)* **die Sonne scheint ~:** the sun is blazing [down]
**prallen** *itr. V.* **a)** *mit sein (hart auftreffen)* crash (**gegen/auf/an** + *Akk.* into); collide (**gegen/auf/an** + *Akk.* with); **der Ball prallte an den Pfosten** the ball hit the post; **b)** *(scheinen)* blaze
**prall·voll** *Adj. (ugs.)* ⟨*suitcase, rucksack*⟩ full to bursting; packed ⟨*room*⟩; bulging ⟨*wallet*⟩; very full ⟨*diary*⟩
**Präludium** [prɛ'lu:diʊm] **das; ~s, Präludien** [...iən] prelude
**Prämie** ['prɛ:miə] **die; ~, ~n a)** *(Leistungs~; Wirtschaft: ~ zum Grundlohn)* bonus; *(Belohnung)* reward; *(Spar~, Versicherungs~)* premium; **b)** *(einer Lotterie)* [extra] prize
**prämien-, Prämien-: ~begünstigt 1.** *Adj.* ≈ premium[-account] *attrib.*; **~begünstigtes Bausparen** ≈ saving with a building society premium account; **2.** *adv.* **~begünstigt sparen** ≈ save with a premium account; **~los das** ≈ Premium [Savings] Bond *(Brit.)*; **~sparen das; ~s** ≈ Premium Bond saving *(Brit.)*
**prämieren** [prɛ'mi:rən], **prämiieren** [prɛmi'i:rən] *tr. V.* award a prize to ⟨*person, film*⟩; give an award for ⟨*best essay etc.*⟩
**Prämierung, Prämiierung die; ~, ~en a)** *(Auszeichnung)* **er/der Film wurde zur ~ vorgeschlagen** it was proposed that he should be given a prize/that a prize should be given for the film; **b)** *(Preisverleihung)* **die ~ der besten Schüler/Filme** the presentation of prizes to the best pupils/for the best films
**Prämisse** [prɛ'mɪsə] **die; ~, ~n a)** *(auch Philos.)* premiss; **unter der ~, daß ...:** on the premiss that ...
**pränatal** [prɛna'ta:l] *Adj. (Med.)* pre-natal
**prangen** ['praŋən] *itr. V.* **a)** be prominently displayed; **auf dem Sofa prangte ein großes Kissen** a large cushion was placed eye-catchingly on the sofa; **b)** *(geh.: auffallen)* be resplendent; **Sterne ~ am Himmel** stars are glittering in the sky
**Pranger der; ~s, ~** *(hist.)* pillory; **jmdn./etw. an den ~ stellen** *(fig.)* pillory sb./sth.
**Pranke** ['praŋkə] **die; ~, ~n a)** *(Pfote)* paw; **b)** *(salopp: große Hand)* paw *(coll.)*
**Präparat** [prɛpa'ra:t] **das; ~[e]s, ~e a)** *(Mittel, Substanz)* preparation; **b)** *(Biol., Med.: präpariertes Objekt)* specimen
**Präparation** [prɛpara'tsio:n] **die; ~, ~en** preparation
**präparieren 1.** *tr. V.* **a)** *(Biol., Med.: konservieren)* preserve; **b)** *(Biol., Anat.: zerlegen)* dissect; **c)** *(vorbereitend bearbeiten, geh.: vorbereiten)* prepare. **2.** *refl. V. (geh.: sich vorbereiten)* prepare oneself
**Präposition** [prɛpozi'tsio:n] **die; ~, ~en** *(Sprachw.)* preposition
**präpositional** [prɛpozitsio'na:l] *Adj.* *(Sprachw.)* prepositional
**Präpositional-** *(Sprachw.)* prepositional
**präpotent** [prɛpo'tɛnt] *Adj. (österr.)* officiously impertinent
**Prärie** [prɛ'ri:] **die; ~, ~n** prairie
**Prärie·wolf der** prairie wolf; coyote
**Präsens** ['prɛ:zɛns] **das; ~, Präsentia** [prɛ'zɛntsia] *od.* **Präsenzien** [prɛ'zɛntsiən] *(Sprachw.)* present [tense]
**präsent** [prɛ'zɛnt] *Adj.* present; **Forderungen/Fragen ~ haben** have one's demands/questions ready; **ich habe den Vorfall** *od.* **der Vorfall ist mir im Augenblick nicht ~:** I do not recall the incident at the moment
**Präsent das; ~[e]s, ~e** *(geh.)* present; **jmdm. ein ~ machen** give sb. a present
**präsentabel** [prezɛn'ta:bl̩] *(veralt.)* presentable
**Präsentation** [prɛzɛnta'tsio:n] **die; ~, ~en a)** *(Vorstellung)* presentation; **b)** *(Wirtsch.)* presentment
**präsentieren 1.** *tr. V.* **a)** *(anbieten; überreichen)* offer; **b)** *(vorlegen)* present; **jmdm. die Rechnung [für etw.] ~:** present sb. with the bill [for sth.]; **c)** *(Milit.)* **präsentiert das Gewehr!** present arms! **2.** *refl. V. (sich zeigen)* present oneself; appear. **3.** *itr. V. (Milit.)* present arms
**Präsentier·teller der: auf dem ~ sitzen** *(ugs. abwertend)* be on show *or* display
**Präsent·korb der** gift hamper
**Präsenz** [prɛ'zɛnts] **die; ~:** presence
**Präsenz-: ~bibliothek die** reference library; **~liste die** [attendance] register; **~pflicht die** duty to attend
**Präser** ['prɛzɐ] **der, ~s, ~** *(salopp),* **Präservativ** [prɛzɛrva'ti:f] **das; ~s, ~e** condom
**Präses** ['prɛ:zɛs] **der; ~, Präsides** ['prɛ:zide:s] **a)** *(kath. Kirche)* chairman; **b)** *(ev. Kirche)* president *(of a synod)*
**Präsident** [prɛzi'dɛnt] **der; ~en, ~en** president
**Präsidenten·wahl die** presidential election
**Präsidentin die; ~, ~nen** president
**Präsidentschaft die; ~, ~en** presidency
**Präsidentschafts·kandidat der** candidate for the presidency
**präsidial** [prɛzi'dia:l] *Adj. (Politik)* presidential
**Präsidial·demokratie die** presidential democracy
**Präsidien** *Pl. s.* **Präsidium**

**präsidieren** 1. *itr. V.* preside. 2. *tr. V. (schweiz.)* **einen Verein** *usw.* **~:** be president of a society *etc.*

**Präsidium** [prɛ'zi:di̯ʊm] **das; ~s, Präsidien a)** *(Führungsgruppe)* committee; **im ~ sitzen** be on the committee; **b)** *(Vorsitz)* chairmanship; **c)** *(Polizei~)* police headquarters *sing. or pl.*

**prasseln** ['prasl̩n] *itr. V.* ⟨*rain, hail*⟩ pelt down; ⟨*shots*⟩ clatter; ⟨*fire*⟩ crackle; **Kies prasselte gegen das Auto** gravel rattled against the car; **~der Beifall** thunderous applause

**prassen** ['prasn̩] *itr. V.* live extravagantly; *(schlemmen)* feast

**Prasser der; ~s, ~:** spendthrift; extravagant person; *(Schlemmer)* glutton

**Prasserei die; ~, ~en a)** extravagant living *no pl.;* **b)** *(das Schlemmen)* gluttony *no pl.; (Gelage)* feasting *no pl.*

**präsumtiv** [prɛzʊm'ti:f] *Adj.* **a)** prospective; **b)** *(Rechtsw.)* presumptive

**Prätendent** [prɛtɛn'dɛnt] **der; ~en, ~en** pretender

**prätentiös** [prɛtɛn'tsi̯ø:s] *Adj.* pretentious

**Präteritum** [prɛ'te:ritʊm] **das; ~s, Präterita** *(Sprachw.)* preterite [tense]

**Pratze** ['pratsə] **die; ~, ~n** *(bes. südd.) s.* **Pranke**

**präventiv** [prɛvɛn'ti:f] 1. *Adj.* preventive. 2. *adv.* preventively; **~ vorgehen** take preventive measures

**Präventiv-: ~krieg der** preventive war; **~maßnahme die** preventive measure

**Praxis** ['praksɪs] **die; ~, Praxen a)** *o. Pl. (im Unterschied zur Theorie)* practice *no art.;* **in der ~:** in practice; **etw. in die ~ umsetzen** put sth. into practice; **Beispiele aus der ~:** practical examples; **er ist ein Mann der ~:** he is a practical man; **b)** *o. Pl. (Erfahrung)* [practical] experience; **c)** *(eines Arztes, Anwalts, Psychologen, Therapeuten usw.)* practice; **d)** *(~räume) (eines Arztes)* surgery *(Brit.);* office *(Amer.); (eines Anwalts, Psychologen, Therapeuten usw.)* office; **e)** *(Handhabung)* procedure

**praxis-: ~bezogen** 1. *Adj.* practical ⟨*experience, training*⟩*;* ⟨*project*⟩ based on practical work; 2. *adv.* practically; **~nah, ~orientiert** 1. *Adj.* practical; 2. *adv.* practically

**Präzedenz·fall** [prɛtse'dɛnts-] **der** precedent

**präzis** *(österr.),* **präzise** [prɛ'tsi:zə] 1. *Adj.* precise ⟨*definition, answer*⟩*;* specific ⟨*wishes, suspicion*⟩. 2. *adv.* precisely

**präzisieren** *tr. V.* make more precise; state more precisely; **ein Angebot näher ~:** give more precise details of an offer; **seine Wünsche ~:** specify one's wishes

**Präzision** [prɛtsi'zi̯o:n] **die; ~:** precision

**Präzisions-: ~arbeit die** precision work; *(genau nach Zeitplan)* precise timing; **~instrument das** precision instrument; **~uhr die** precision [stop-]watch/clock

**predigen** ['pre:dɪgn̩] 1. *itr. V. (Predigt halten)* deliver *or* give a/the sermon; **gegen etw. ~:** preach against sth. 2. *tr. V.* **a)** *(verkündigen)* preach; **b)** *(ugs.: auffordern zu)* preach; **c)** *(ugs.: belehrend sagen)* **wie oft habe ich dir das schon gepredigt!** how often have I told you that!

**Prediger der; ~s, ~, Predigerin die; ~, ~nen** preacher; **ein Prediger in der Wüste** *(fig.)* a voice [crying] in the wilderness

**Predigt** ['pre:dɪçt] **die; ~, ~en a)** sermon; **eine ~ halten** deliver *or* give a sermon; **b)** *(ugs.: Ermahnung)* lecture; **jmdm. eine ~ halten** lecture sb.; **ich bin deine endlosen ~en leid** I am tired of your endless lecturing

**Predigt·text der** text *(for a sermon)*

**Preis** [prais] **der; ~es, ~e a)** *(Kauf~)* price **(für** of); **das hat seinen ~:** it costs money; *(fig.)* there is a price to be paid for it; **im ~ steigen** rise in price; **jeden ~ für etw. zahlen** pay any price for sth.; **jmdm. einen guten ~ machen** give sb. a good price; **nach dem ~ fragen** ask the price; **eine Ware unter[m] ~ verkaufen** sell an article at a reduced *or* cut price; **etw. zum halben ~ erwerben** buy sth. at half-price; **hoch/gut im ~ stehen** fetch a high/good price; **diese Ausstellung möchte ich um jeden ~ besuchen** *(fig.)* I should like to go to this exhibition at all costs; **diese Einladung möchte ich um keinen ~ annehmen** *(fig.)* I wouldn't accept this invitation at any price; **b)** *(Belohnung)* prize; **einen ~ auf jmds. Kopf aussetzen** put a price on sb.'s head; **der Große ~ von Frankreich** *(Rennsport)* the French Grand Prix; **der ~ der Nationen** *(Reitsport)* Prix des Nations; **c)** *(geh.: Lob)* praise; **ein Gedicht zum ~e der Natur** a poem in praise of nature

**-preis der** price of ...

**preis-, Preis-: ~ab·schlag der** *(Kaufmannsspr.) s.* **~nachlaß; ~ab·sprache die** *(Wirtsch.)* price-fixing agreement; **~änderung die** price change *or* variation; **~an·gabe die** *(displayed or listed)* price; **~anstieg der** rise *or* increase in prices; **~auf·gabe die** [prize] competition; **eine ~aufgabe lösen** solve a puzzle *(in a prize competition);* **~auf·schlag der** *(Kaufmannsspr.)* additional *or* extra charge; **~auf·trieb der** *(Wirtsch.)* rise *or* increase in prices; **~aus·schreiben das** [prize] competition; **~aus·zeichnung die** labelling with a price/prices; **~bewegung die** movement of prices; **~bewußt** 1. *Adj.* price-conscious; 2. *adv.* price-consciously; **~bewußt tanken** be conscious of petrol *(Brit.) or (Amer.)* gasoline prices [when filling up]; **~bindung die** *(Wirtsch.)* price-fixing; **~bindung der zweiten Hand** resale price maintenance; **~boxer der** *(ugs. veralt.)* prize-fighter; **~brecher der** cut-price operator; **~ein·bruch der** *(Wirtsch.)* [massive] drop in prices

**Preisel·beere** ['praizl̩be:rə] **die** cowberry; cranberry *(Gastr.)*

**Preis·empfehlung die** *(Kaufmannsspr.)* recommended price

**preisen** *unr. tr. V. (geh.)* praise; **man pries ihn als den besten Kenner auf diesem Gebiet** he was acclaimed as the leading authority in this field; **sich glücklich ~ [können]** [be able to] count *or* consider oneself lucky

**Preis-: ~entwicklung die** price trend; **~erhöhung die** price increase *or* rise

**-preis·erhöhung die** increase in the price of ...

**preis-, Preis-: ~ermäßigung die** price reduction; **~explosion die** snowballing prices *pl.;* **~frage die a)** *(bei einem ~ausschreiben)* [prize] question; *(fig.)* big question; sixty-four thousand dollar question; **b)** *(Geldfrage)* question of price; **~gabe die** *(geh.)* **a)** *(Verzicht)* abandonment; **b)** *(von Geheimnissen)* revelation; giving away; **~|geben** *unr. tr. V. (geh.)* **a)** *(ausliefern)* **jmdn. einer Sache** *(Dat.)* **~geben** expose sb. to *or* leave sb. to be the victim of sth.; **die Bauten waren dem Verfall ~gegeben** the buildings were left to fall into ruin; **b)** *(aufgeben)* relinquish ⟨*ideal, independence*⟩*;* surrender ⟨*territory*⟩*;* **c)** *(verraten)* betray; give away; **~gebunden** *Adj. (Wirtsch.)* subject to price maintenance *postpos.;* **~gefälle das** difference *or* variation in prices; **~gefüge das** *(Wirtsch.)* price structure; **~gekrönt** *Adj.* prize- *or* award-winning; **er/sein Werk ist ~gekrönt** he has been given/his work has won a prize *or* an award; **~gericht das** jury; panel of judges; **~gestaltung die** pricing; **~grenze die** price limit; **obere/untere ~grenze** ceiling *or* maximum/floor *or* minimum price; **~günstig** 1. *Adj.* ⟨*goods*⟩ available at unusually low prices; ⟨*purchases*⟩ at favourable prices; inexpensive ⟨*holiday*⟩*;* **das ~günstigste Angebot** the best bargain *or* value; **das ist [sehr] ~günstig** that is [very] good value; 2. *adv.* **etw. ~günstig herstellen/verkaufen/bekommen** produce/sell/get sth. at a low price; **hier kann man ~günstig einkaufen** their prices are very reasonable here; **~index der** *(Wirtsch.)* price index; **~klasse die** price range; **~kontrolle die** price control; **~lage die** price range; **in jeder ~lage** at prices to suit every pocket; **~lawine die** *(ugs.)* snowballing prices *pl.*

**preislich** *Adj.; nicht präd.* price; in price *postpos.;* **in ~er Hinsicht** as regards price

**preis-, Preis-: ~nachlaß der** price reduction; discount; **mit erheblichem ~nachlaß** at a greatly reduced price; **~niveau das** *(Wirtsch.)* price level; **~politik die** policy on prices; **~rätsel das** [prize] competition; **~richter der** judge; **~schießen das** shooting competition *or* contest; **~schild das** price-tag; **~schlager der** *(ugs.)* bargain [offer]; **~schlager der Saison** best bargain of the season; **~schraube die;** *o. Pl. (Wirtschaftsjargon)* **an der ~schraube drehen** put [one's] prices up; **~schwankung die** price fluctuation; **~senkung die** price reduction *or* cut; **~skat der** skat competition; **~steigerung die** rise *or* increase in prices; **~steigerungs·rate die** *(Wirtsch.)* rate of increase in prices; **~stopp der** price freeze; **~sturz der** sharp drop *or* fall in prices; **~träger der, ~trägerin die** prize-winner; **~treiber der** *(abwertend)* person who/company which forces prices up; **dieses Reiseunternehmen gilt als ~treiber** this tour operator is known for forcing prices up; **~treiberei die** *(abwertend)* forcing up of prices; **~vergleich der** price comparison; **~vergleiche anstellen** compare prices; **~verleihung die** presentation [of prizes/awards]; award ceremony; **~vor·teil der** price benefit; **~wert** 1. *Adj.* good value *pred.;* **ein ~wertes Angebot** a bargain [offer]; **haben Sie ~wertere Schuhe?** do you have any shoes which are less expensive?; 2. *adv.* **sie hat ~wert eingekauft** she bought things at reasonable prices; **dort kann man ~wert einkaufen** you get good value for money there; **hier kann man ~wert essen** you can eat at a reasonable price here; **~würdig** *Adj. (geh.)* praiseworthy

**prekär** [pre'kɛ:ɐ̯] *Adj.* precarious

**Prell-: ~ball der** *(Sport) game similar to volleyball;* **~bock der** *(Eisenb.)* buffer

**prellen** ['prɛlən] 1. *tr. V.* **a)** *(betrügen)* cheat **(um** out of); **die Zeche ~:** avoid paying the bill; **b)** *(verletzen)* bash; bruise; **c)** *(Ballsport)* bounce. 2. *refl. V. (sich verletzen)* bruise oneself; **ich habe mich an der Schulter geprellt** I have bruised *or* bashed my shoulder

**Prellung die; ~, ~en** bruise

**Premier** [prə'mi̯e:] **der; ~s, ~s** premier

**Premiere** [prə'mi̯e:rə] **die; ~, ~n** opening night; first night; *(Uraufführung)* première; *(fig.)* first appearance; **das Stück hat morgen ~:** the play has its opening night/première tomorrow

**Premieren-: ~abend der** opening night; first night; *(eines neuen Stückes)* première; **~publikum das** audience at a/the première/opening *or* first night

**Premier-** [prə'mi̯e:-]: **~minister der, ~ministerin die** prime minister

**Presbyter** ['prɛsbytɐ] **der; ~s, ~** *(ev. Kirche)* presbyter; elder

**Presbyterianer** [prɛsbyte'ri̯a:nɐ] **der; ~s, ~:** Presbyterian

**presbyterianisch** *Adj.* Presbyterian

**preschen** ['prɛʃn̩] *itr. V.; mit sein* tear; **sie kam ins Zimmer geprescht** she came dashing into the room

**Presse** ['prɛsə] **die; ~, ~n a)** *(zum Zusammenpressen)* press; **b)** *(zum Auspressen) (von Obst, Knoblauch)* press; *(von Zitronen)*

squeezer; **c)** *o. Pl. (Zeitungen, ~kritik)* press; **d)** *(Druckw. veralt.: Druckmaschine)* press; **e)** *(ugs., abwertend: Schule)* crammer

**Presse-: ~agentur die** press agency; news agency; **~amt das** press office; **~ausweis der** press card; **~ball der** *celebrity dance held by a national or provincial journalists' association;* **~bericht der** press report; **~chef der** [chief] press officer; **~dienst der** regular press release; **~empfang der** press reception; **~erklärung die** press statement; **~fotograf der** press photographer; **~freiheit die** freedom of the press; **~gesetz das** press law; **~kampagne die** press campaign; **~karte die** press ticket; **~kommentar der** press commentary; **~konferenz die** press conference; **~konzentration die** concentration of the press; **~meldung die** press report

**pressen** *tr. V.* **a)** *(zusammendrücken)* press; **b)** *(auspressen)* press ⟨*fruit, garlic*⟩*;* squeeze ⟨*lemon*⟩*;* **c)** *(drücken)* press; **Kleider in einen Koffer ~:** squash *or* squeeze clothes into a suitcase; **jmdm. die Hand auf den Mund ~:** press one's hand over sb.'s mouth; **mit gepreßter Stimme** *(fig.)* in a strained voice; **d)** *(herstellen)* press ⟨*record*⟩; mould ⟨*plastic object*⟩; **e)** *(zwingen)* force; **f)** *(veralt.: unterdrücken)* oppress

**Presse-: ~notiz die** news item; **etw. in einer kurzen ~notiz erwähnen** give sth. a mention in the press; **~organ das** *(Zeitung)* newspaper; *(Zeitschrift)* journal; magazine; **die ~organe** the press; **~recht das** press legislation; **~referent der** press officer; **~sprecher der** spokesman; press officer; **~stelle die** press office; **~stimmen** *Pl.* press commentaries *or* reviews; **~tribüne die** press-box; **auf der ~tribüne** in the press-box; **~vertreter der** representative of the press; **~zentrum das** press centre

**Preß-: ~glas das;** *Pl.* **~gläser** pressed glass; **~holz das** compressed wood

**pressieren** *itr. V. (bes. südd.)* ⟨*matter*⟩ be urgent; **er ist sehr pressiert/mir pressiert's sehr** he is/I am in a great hurry

**Pression** [prɛ'si̯o:n] **die; ~, ~en** pressure

**Preß-: ~kohle die** compressed coal *no pl.;* **~kopf der;** *o. Pl.* brawn; head cheese *(Amer.);* **~luft die;** *o. Pl.* compressed air

**Preß·luft-: ~bohrer der** pneumatic drill; **~hammer der** *(Bauw.)* pneumatic *or* air hammer

**Pressung die; ~, ~en** *(das Pressen)* pressure; *(das Gepreßtwerden)* compression

**Preß·wehe die** *(Med.)* contraction *(in second stage of labour)*

**Prestige** [prɛs'ti:ʒə] **das; ~s** prestige

**Prestige-: ~denken das** desire to establish one's prestige; **~frage die** question *or* matter of prestige; **~verlust der** loss of prestige

**Pretiosen** [pre'tsi̯o:zn̩] *Pl.* valuables

**Preuße** ['prɔysə] **der; ~n, ~n** Prussian; **so schnell schießen die ~n nicht** *(fig.)* these things take time

**Preußen (das); ~s** Prussia

**Preußentum das; ~s a)** *(preußische Wesensart)* Prussian character; **b)** *(Volkszugehörigkeit)* Prussianness; **c)** *(die Preußen)* Prussian people *pl.;* Prussians *pl.*

**preußisch** ['prɔysɪʃ] *Adj.* Prussian; *s. auch* **deutsch; Deutsch; ²Deutsche**

**preußisch·blau** *Adj.,* **Preußisch·blau das** Prussian blue

**preziös** [pre'tsi̯ø:s] *Adj. (geh.)* precious

**Pricke** ['prɪkə] **die; ~, ~n** *(Seew.)* perch

**prickelig** *Adj.* tingling

**prickeln** ['prɪkl̩n] *itr. V.* **a)** *(kribbeln, kitzeln)* tingle; **es prickelte ihm in den Fingerspitzen** his fingertips were tingling; **b)** *(perlen)* sparkle; **c)** *(reizen)* **eine ~de Spannung** a tingling atmosphere; **der ~de Reiz des Unbekannten** the thrill of the unknown

**pricklig** *Adj. s.* **prickelig**

**Priel** [pri:l] **der; ~[e]s, ~e** narrow channel *(in mud-flats)*

**Priem** [pri:m] **der; ~[e]s, ~e a)** *(Kautabak)* chewing-tobacco; **~ kauen** chew tobacco; **b)** *(Stück Kautabak)* quid [of tobacco]

**priemen** *itr. V.* chew tobacco

**pries** [pri:s] *1. u. 3. Pers. Sg. Prät. v.* **preisen**

**Priester** ['pri:stɐ] **der; ~s, ~:** priest

**Priester·amt das** priesthood

**Priesterin die; ~, ~nen** priestess

**priesterlich** *Adj.* priestly ⟨*function*⟩; clerical ⟨*robe, collar*⟩; priest's ⟨*blessing*⟩

**Priester·rock der** cassock

**Priesterschaft die; ~:** priests *pl.*

**Priester·seminar das** seminary

**Priestertum das; ~s** priesthood

**Priester·weihe die** ordination [to the priesthood]

**prima** ['pri:ma] **1.** *indekl. Adj.* **a)** *(ugs.)* great *(coll.);* fantastic *(coll.);* **b)** *nicht präd. (Kaufmannsspr. veralt.)* first-class; top-quality. **2.** *adv. (ugs.)* ⟨*taste*⟩ great *(coll.),* fantastic *(coll.);* ⟨*sleep*⟩ fantastically *(coll.) or* really well; **es geht mir ~:** I feel great *(coll.);* **es lief alles ~:** everything went really well; **das finde ich ~:** that's fantastic *or* great *(coll.);* **das hast du ~ gemacht** well done indeed

**Prima die; ~, Primen** *(Schulw.)* **a)** *(veralt.)* eighth and ninth years *(of a Gymnasium);* **b)** *(österr.)* first year *(of a Gymnasium)*

**Prima-: ~ballerina die** *(Theater)* prima ballerina; **~donna** [~'dɔna] **die; ~, Primadonnen** prima donna

**Primaner** [pri'ma:nɐ] **der; ~s, ~** *(Schulw.)* **a)** *(veralt.)* pupil in the eighth and ninth years *(of a Gymnasium);* **wie ein ~** *(fig.)* like a schoolboy; **b)** *(österr.)* pupil in the first year *(of a Gymnasium)*

**primanerhaft 1.** *Adj.* schoolboyish/schoolgirlish. **2.** *adv.* like a schoolboy/schoolgirl

**Primanerin die; ~, ~nen** *s.* **Primaner**

**primär** [pri'mɛ:ɐ̯] **1.** *Adj.* primary. **2.** *adv.* primarily

**Primar·lehrer** [pri'ma:ɐ̯-] **der** *(schweiz.)* primary school teacher

**Primär·literatur die** primary literature

**Primar-: ~schule die** *(schweiz.)* primary school; **~stufe die** primary stage *(of education)*

**Primas** ['pri:mas] **der; ~, ~se** *od.* **Primaten a)** *(kath. Kirche)* primate; **b)** *Pl. nur* **~se** *(Geiger)* leading fiddle-player

**¹Primat** [pri'ma:t] **der** *od.* **das; ~[e]s, ~e a)** *(Vorrang)* primacy, priority **(vor** + *Dat.,* **über** + *Akk.* over); **b)** *(kath. Kirche)* primacy

**²Primat der; ~en, ~en** *(Zool.)* primate

**Prime** ['pri:mə] **die; ~, ~n** *(Musik)* **a)** *(Einklang)* unison; **b)** *(Ton)* keynote; tone

**Primel** ['pri:ml̩] **die; ~, ~n** primula; primrose; *(Schlüsselblume)* cowslip; **eingehen wie eine ~** *(salopp)* go completely to pot *(coll.)*

**Primi** *Pl. s.* **Primus**

**primitiv** [primi'ti:f] **1.** *Adj.* **a)** *(einfach, schlicht)* simple; crude *(derog.);* **die ~sten Regeln des Anstands** the most basic rules of behaviour; **b)** *(oft abwertend: dürftig)* primitive; **c)** *(abwertend: niveaulos, ungebildet)* primitive ⟨*person, behaviour*⟩; crude ⟨*expression, view, idea, speech*⟩; **d)** *(urtümlich, ursprünglich, naiv)* primitive. **2.** *adv.* **a)** *(einfach, schlicht)* in a simple manner; crudely *(derog.);* **b)** *(oft abwertend: dürftig)* primitively; **c)** *(abwertend: niveaulos, ungebildet)* ⟨*argue*⟩ primitively; ⟨*talk*⟩ crudely; **d)** *(urtümlich)* primitively

**Primitivität** [primitivi'tɛ:t] **die; ~:** *s.* **primitiv 1 b–d:** primitiveness; crudeness

**Primitivling der; ~s, ~e** *(abwertend)* peasant *(fig.)*

**Primus** ['pri:mʊs] **der; ~, Primi** *od.* **~se** *(veralt.)* top of the class

**Prim·zahl die** *(Math.)* prime [number]

**Printe** ['prɪntə] **die; ~, ~n** *kind of oblong sweet spiced cake*

**Prinz** [prɪnts] **der; ~en, ~en** prince

**Prinzessin die; ~, ~nen** princess

**Prinz·gemahl der** prince consort

**Prinzip** [prɪn'tsi:p] **das; ~s, ~ien** [-'tsi:pi̯ən] principle; **aus ~:** on principle; **er hat es aus ~ getan** he did it as a matter of principle; **im ~:** in principle; **ein Mensch von** *od.* **mit ~ien sein** be a man/woman of principle

**Prinzipal** [prɪntsi'pa:l] **der; ~s, ~e** *(veralt.)* **a)** *(eines Theaters)* [theatre] manager; *(einer Theatergruppe)* leader; **b)** *(Leiter eines Privatbetriebs)* proprietor; *(Lehrherr)* master

**prinzipiell** [prɪntsi'pi̯ɛl] **1.** *Adj.; nicht präd.* in principle *postpos., not pred.;* ⟨*rejection*⟩ on principle; **eine ~e Frage/Frage von ~er Bedeutung** a question of principle/of fundamental importance. **2.** *adv.* **a)** *(im Prinzip)* in principle; **b)** *(aus Prinzip)* on principle; as a matter of principle

**prinzipien-, Prinzipien-: ~los** *Adj.* unprincipled; **~losigkeit die; ~:** lack of principles; **~reiter der** *(abwertend)* person who sticks rigidly to his/her principles; **~reiterei die** *(abwertend)* rigid adherence to principles

**prinzlich** *Adj.; nicht präd.* prince's

**Prinz·regent der** Prince Regent

**Prior** ['pri:ɔr] **der; ~s, ~en** [pri'o:rən] *(kath. Kirche)* prior

**Priorin die; ~, ~nen** *(kath. Kirche)* prioress

**Priorität** [priori'tɛ:t] **die; ~, ~en a)** *o. Pl. (Vorrang)* priority; precedence; **~ vor etw.** *(Dat.)* **haben** have *or* take precedence over sth.; **b)** *Pl. (Rangfolge)* priorities; **~en setzen** establish priorities; **die richtigen ~en setzen** get one's priorities right

**Prise** ['pri:zə] **die; ~, ~n a)** pinch; **eine ~ Salz** a pinch of salt; **eine ~ Sarkasmus/Ironie** *(fig.)* a hint *or* touch of sarcasm/irony; **b)** *(Seew.)* prize; **eine ~ machen** take a prize

**Prisma** ['prɪsma] **das; ~s, Prismen** *(Math., Optik)* prism

**prismatisch** [prɪs'ma:tɪʃ] **1.** *Adj.* prismatic. **2.** *adv.* prismatically

**Prismen** *s.* **Prisma**

**Pritsche** ['prɪtʃə] **die; ~, ~n a)** *(Liegestatt)* plank bed; **b)** *(Ladefläche)* platform; **c)** *(Narren~)* slapstick

**Pritschen·wagen der** platform truck

**privat** [pri'va:t] **1.** *Adj.* private; personal ⟨*opinion, happiness, etc.*⟩; **eine Feier im ~en Kreis** a celebration restricted to one's intimate circle; **an/von Privat** to/from private individuals *pl.* **2.** *adv.* privately; **~ ist er ganz anders** he's completely different in private; **jmdn. ~ sprechen** speak to sb. in private *or* privately; **der Patient liegt ~:** the patient is in a/the private ward

**Privat-: ~adresse die** private *or* home address; **~an·gelegenheit die** private affair *or* matter; **das ist seine ~angelegenheit** that's his own business *or* his own private affair; **~audienz die** private audience; **~besitz der** private property; **das Gemälde befindet sich im ~besitz** the painting is privately owned *or* in private ownership; **~detektiv der** private detective *or* investigator; **~dozent der** *lecturer who is not a member of the salaried university staff;* **~druck der;** *Pl.* **~drucke** privately published edition; **als ~druck erscheinen** be published privately; **~eigentum das** private property; **das ~eigentum an den Produktionsmitteln** private ownership of the means of production; **~fernsehen das** privately operated television; ≈ commercial television; **~gelehrte der/die** *(veralt.)* scholar [working] on his/her own account; **~gespräch das** private conversation; *(Telefongespräch)* private call

**Privatier** [priva'ti̯e:] **der; ~s, ~s** *(veralt.)* man of private *or* independent means

**privatim** [pri'va:tım] *adv. (geh.)* privately

**Privat-:** **~initiative die** private initiative; **~interesse das** private interest

**privatisieren** **1.** *tr. V. (Wirtsch.)* privatize; transfer into private ownership. **2.** *itr. V. (geh.: als Privatier leben)* live on a private income

**Privatisierung die; ~, ~en** *(Wirtsch.)* privatization; transfer into private ownership

**privat-, Privat-:** **~klage die** *(Rechtsw.)* private action *or* prosecution; **~kläger der** *(Rechtsw.)* plaintiff [in a/the private action]; **~klinik die** private clinic *or* hospital; **~leben das;** *o. Pl.* private life; **sich ins ~leben zurückziehen** return to private life; **~lehrer der** private tutor; **~mann der;** *Pl.* **~leute** *s.* **~person; ~patient der** private patient; **~person die** private individual; **als ~person auftreten** appear in a private capacity; **~quartier das** private accommodation *no pl.;* **zahlreiche ~quartiere** plentiful private accommodation *sing.;* **~recht das;** *o. Pl. (Rechtsw.)* private *or* civil law; **~rechtlich** *(Rechtsw.)* **1.** *Adj.* civil-law *attrib.;* under private *or* civil law *postpos.;* **2.** *adv.* in private *or* civil law; **~sache die** *s.* **~angelegenheit; ~sammlung die** private collection; **~schule die** private school; *(Eliteschule in Großbritannien)* public school; **~sekretär der, ~sekretärin** private secretary **(von,** *Gen.* to); **~sphäre die** privacy; *(~leben)* private life; **~station die** private ward; **~stunde die** private lesson; **~unternehmen das** private concern *or* enterprise; **~unterricht der** private tuition; private lessons *pl.;* **~vergnügen das** *(ugs.)* **eine Dienstreise ist kein ~vergnügen** you don't go on business trips for your own enjoyment; **das ist doch mein ~vergnügen** that's my own business *or* affair; **~vermögen das** private fortune; **~vermögen/kein ~vermögen haben** have a/no private fortune; **~versichert** *Adj.* privately insured; covered by private insurance *postpos.;* **~versicherung die** private insurance; **in einer ~versicherung sein** be privately insured; be in a private insurance scheme; **~weg der** private way; **~wirtschaft die** private sector; **~wirtschaftlich 1.** *Adj.* private-sector *attrib.;* ⟨*enterprise, company, firm*⟩ in the private sector; **auf ~wirtschaftlicher Basis** on a private-enterprise basis; **2.** *adv.* **~wirtschaftlich orientiert/gesehen** orientated towards/from the point of view of the private sector; **~wirtschaftlich geführt** run as a private enterprise; **~wohnung die** private flat *(Brit.) or (Amer.)* apartment

**Privileg** [privi'le:k] **das; ~[e]s, ~ien** [-'le:giən] privilege

**privilegieren** *tr. V.* grant privileges to

**privilegiert** *Adj.* privileged

**pro** [pro:] *Präp. mit Akk.* per; **~ Jahr/Monat** per year *or* annum/month; **~ Person** per person; **~ Kopf** per head; **~ Stück** each; apiece; **~ Nase** *(ugs.)* each; a head

**Pro das** *in* **[das] ~ und [das] Kontra** the pros and cons *pl.*

**pro-:** pro-; **~westlich/~kommunistisch** pro-western/pro-communist

**Proband** [pro'bant] **der; ~en, ~en a)** *(Psych., Med.: Testperson)* subject; **b)** *(Strafentlassener)* offender on probation

**probat** [pro'ba:t] *Adj.* tried and tested; *(wirksam)* effective

**Probe** ['pro:bə] **die; ~, ~n a)** *(Prüfung)* test; **die ~ aufs Exempel machen** put it to the test; **auf ~ sein** be on probation; **ein Beamter/eine Ehe auf ~:** a probationary civil servant/a trial marriage; **jmdn./etw. auf die ~ stellen** put sb./sth. to the test; **jmds. Geduld/Liebe/Freundschaft auf eine harte ~ stellen** sorely try *or* test sb.'s patience/sorely test sb.'s love/friendship; **jmdn. auf ~ einstellen** employ sb. on a trial basis; **b)** *(Muster, Teststück)* sample; **eine ~ seines Könnens zeigen** *od.* **geben** *(fig.)* show what one can do; **c)** *(Theater~, Orchester~)* rehearsal

**probe-, Probe-:** **~ab·zug der** *(Druckw., Fot.)* proof; **~alarm der** practice alarm; *(Feueralarm)* fire-drill *or* -practice; **~aufnahme die a)** test take; **b)** *(bei der Auswahl von Filmschauspielern)* screen test; **mit jmdm. ~aufnahmen machen** screen-test sb.; **~bohrung die** test drilling *no indef. art., no pl.;* **~bohrungen/eine ~bohrung durchführen** drill test wells/a test well; **~druck der;** *Pl.* **~drucke** *(Druckw.)* proof; **~exemplar das** specimen copy; **~|fahren** *meist nur im Inf. u. 2. Part. gebr.; unr. tr. V.* test-drive ⟨*car*⟩; test ⟨*boat*⟩ out on the water; **~fahrt die** trial run; *(vor dem Kauf, nach einer Reparatur)* test drive; **eine ~fahrt machen** go for a trial run/test drive *or* test run; **hast du mit deinem neuen Boot schon eine ~fahrt gemacht?** have you tried out your new boat yet?; **~flug der** test flight; **~halber** *adv.* as a test; **jmdn. ~halber beschäftigen** employ sb. on a trial basis; **~jahr das** probationary year; **~lauf der** *(Technik)* test run

**proben** *tr., itr. V.* rehearse

**Proben·arbeit die** rehearsals *pl.* **(zu** for)

**probe-, Probe-:** **~nummer die** specimen copy; **~weise 1.** *Adv.* ⟨*employ*⟩ on a trial basis; **den Motor ~weise laufen lassen** test[-run] the engine; **2.** *adj.; nicht präd.* trial; **~zeit die a)** probationary *or* trial period; **b)** *(schweiz. Rechtsspr.: Bewährungsfrist)* period of probation; **eine ~zeit von drei Jahren** three years' probation

**probieren 1.** *tr. V.* **a)** *(versuchen)* try; have a go *or* try at; **~, ob der Schlüssel paßt** try the key to see whether it fits; **b)** *(kosten)* taste; try; sample; **c)** *(aus~)* try out; *(an~)* try on ⟨*clothes, shoes*⟩; **d)** *(Theaterjargon: proben)* rehearse. **2.** *itr. V.* **a)** *(versuchen)* try; have a go *or* try; **Probieren geht über Studieren** the proof of the pudding is in the eating *(prov.);* **b)** *(kosten)* have a taste; **willst du ~?** do you want a taste?; **probier mal!** have a taste!; try some!; **c)** *(Theaterjargon)* rehearse

**Problem** [pro'ble:m] **das; ~s, ~e** problem; **vor einem ~ stehen** be faced *or* confronted with a problem

**Problem-** problem; **ihr Kind war eine ~geburt** she had a difficult time with the birth of her child

**Problematik** [proble'ma:tık] **die; ~** *(Schwierigkeit)* problematic nature; *(Probleme)* problems *pl.*

**problematisch** *Adj.* problematic[al]

**problematisieren** *tr. V.* **etw. ~:** expound the problems of sth.

**problem-, Problem-:** **~bewußtsein das** awareness of the problem/problems **(für** of); **~film der** serious film; **~kind das** problem child; **~los 1.** *Adj.* problem-free; **2.** *adv.* without any problems; **~stellung die** way of looking at *or* posing a problem/problems; *(zu erörterndes Thema)* problem; **~stück das** problem play

**Produkt** [pro'dʊkt] **das; ~[e]s, ~e** *(auch Math., fig.)* product; **~e der Landwirtschaft** agricultural produce *sing. or* products; **das ~ aus fünf mal zwei** the product of five times two

**Produkten-:** **~börse die** *(Wirtsch.) s.* **Warenbörse; ~handel der** *(Kaufmannsspr.)* trade in agricultural commodities

**Produktion** [prodʊk'tsio:n] **die; ~, ~en** production; **die ~ steigern/stoppen** increase/stop production

**Produktions-:** **~ab·lauf der** production process; **~ab·teilung die** production department; **~an·lage die;** *meist Pl.* production unit; **~anlagen** production plant *sing.;* **~aus·fall der** loss of production; **~brigade die** *(DDR)* production brigade; **~genossenschaft die** *(DDR)* co-operative; **eine landwirtschaftliche ~genossenschaft** a collective farm; **~güter** *Pl. (Wirtsch.)* producer goods; **~kosten** *Pl.* production costs; **~leistung die** output; **~leiter der** production manager; **~mittel** *Pl. (marx.)* means of production; **~prozeß der** production process; **~verfahren das** production process; **~verhältnisse** *Pl. (marx.)* relations of production; **~weise die** production methods *pl.;* **~ziffern** *Pl.* production figures; **~zweig der** branch of production

**produktiv** [prodʊk'ti:f] **1.** productive; prolific ⟨*writer, artist, etc.*⟩. **2.** *adv.* ⟨*work, co-operate*⟩ productively

**Produktivität** [prodʊktivi'tɛ:t] **die; ~:** productivity

**Produktiv·kraft die** *(marx.)* productive force; force of production

**Produzent** [produ'tsɛnt] **der; ~en, ~en, Produzentin die; ~, ~nen** producer

**produzieren 1.** *tr. V.* **a)** *auch itr. (herstellen)* produce; **b)** *(ugs.: hervorbringen)* make ⟨*bow, noise*⟩; come up with ⟨*excuse, report*⟩. **2.** *refl. V. (ugs.: großtun)* show off

**Prof.** *Abk.* **Professor** Prof.

**profan** [pro'fa:n] **1.** *Adj.* **a)** *nicht präd. (weltlich)* profane; secular; secular ⟨*building*⟩; **b)** *(alltäglich)* mundane. **2.** *adv. (alltäglich)* mundanely; in a mundane way

**Profan·bau der;** *Pl.* **~bauten** *(Archit., Kunstwiss.)* secular building

**profanieren** *tr. V. (geh.)* **a)** *(entweihen)* profane; **b)** *(säkularisieren)* secularize

**Profession** [profɛ'sio:n] **die; ~, ~en** *(österr., sonst veralt.)* occupation; *(akademische, wissenschaftliche, medizinische ~)* profession; *(handwerkliche ~)* trade

**Professionalismus** [profɛsiona'lısmʊs] **der; ~:** professionalism

**professionell** [profɛsio'nɛl] **1.** *Adj.* professional. **2.** *adv.* professionally

**Professor** [pro'fɛsɔr] **der; ~s, ~en** [-'so:rən] **a)** *(Hochschul~)* professor; **ordentlicher ~:** [full] professor *(holding a chair);* **außerordentlicher ~:** extraordinary professor *(not holding a chair);* **außerplanmäßiger ~:** supernumerary professor; *s. auch* **zerstreut 1; b)** *(österr., sonst veralt.: Gymnasial~)* [grammar school] teacher; **Herr ~!** sir!

**-professor der a)** professor of ⟨*history, mathematics, etc.*⟩; **b)** *(österr., sonst veralt.: -lehrer)* ⟨*history, mathematics, etc.*⟩ teacher *(at a Gymnasium)*

**professoral** [profɛso'ra:l] *(auch abwertend) Adj.* professorial

**Professorenschaft die; ~:** professoriate

**Professorin** [profɛ'so:rın] **die; ~, ~nen a)** *(Hochschul~)* professor; *s. auch* **-in; b)** *(österr.: Studienrätin)* mistress

**Professur** [profɛ'su:ɐ̯] **die; ~, ~en** professorship, chair **(für** in)

**Profi der; ~s, ~s** *(ugs.)* pro *(coll.)*

**Profi·fußball der;** *o. Pl.* professional football

**profihaft 1.** *Adj.* professional. **2.** *adv.* professionally

**Profil** [pro'fi:l] **das; ~s, ~e a)** *(Seitenansicht)* profile; **im ~:** in profile; **b)** *(von Reifen, Schuhsohlen)* tread; **c)** *(ausgeprägte Eigenart)* image; **kein ~ haben** *od.* **besitzen** lack a distinctive image; **d)** *(Geol.)* profile

**Profi·lager das** *(Sportjargon)* **ins ~ überwechseln** turn professional

**profilieren 1.** *refl. V.* make one's name *or* mark; *(sich unterscheiden)* give oneself a clearer image. **2.** *tr. V.* profile ⟨*moulding, frame, etc.*⟩; put a tread on ⟨*tyre, shoe*⟩

**profiliert** *Adj.* **a)** *(markant, bedeutend)* prominent; **b) eine grob ~e Gummisohle** a rubber sole with a heavy tread

**Profilierung die; ~, ~en a)** *s.* **Profil a; b)** *(Unterscheidung)* image; **die politische ~ einer Gruppe** the political complexion of a group

**profil-, Profil-:** ~**los** *Adj.* ‹*politican, writer*› lacking any distinctive image; ~**neurose die** neurosis about one's image; ~**sohle die** treaded sole; ~**stahl der** *(Technik)* sectional steel; ~**träger der** *(Technik)* sectional beam

**Profi-:** ~**spieler der** professional player; ~**sport der** professional sport

**Profit** [pro'fi:t] **der;** ~[e]s, ~e profit; **etw. mit ~ verkaufen** sell sth. at a profit; **aus etw. ~ ziehen** *od.* **herausschlagen** turn sth. to one's profit *or* advantage; **~ machen** make a profit; **mit/ohne ~ arbeiten** run/not run at a profit

**profitabel** [profi'ta:bl] **1.** *Adj.* profitable. **2.** *adv.* profitably

**profit-, Profit-:** ~**bringend** *s.* **profitabel;** ~**gier die** *(abwertend)* greed for profit; ~**gierig** *Adj. (abwertend)* greedy for profit *postpos.*; profit-seeking

**profitieren** **1.** *itr. V.* profit **(von, bei** *by*); *(fig.)* profit, gain **(von, bei, an** + *Dat.* from, by); **ich kann dabei nur** ~: I can't lose. **2.** *tr. V.* **er hat bei diesem Geschäft nichts/wenig profitiert** he did not make a profit/much of a profit on the deal

**Profit-:** ~**jäger der** profiteer; ~**maximierung die** maximization of profits; ~**rate die** *(Wirtsch., marx.)* rate of profit; ~**streben das** *(abwertend)* profit-seeking

**pro forma** [pro: 'fɔrma] *Adv.* **a)** *(der Form halber)* as a matter of form; **b)** *(zum Schein)* for the sake of appearances

**profund** [pro'fʊnt] *Adj. (geh.)* profound; deep

**Prognose** [pro'gno:zə] **die;** ~, ~n *(auch Med.)* prognosis; *(Wetter~, Wirtschafts~)* forecast; **eine ~ stellen** make a prognosis/give *or* make a forecast

**prognostizieren** [prognɔsti'tsi:rən] *tr. V. (geh.)* forecast; predict

**Programm** [pro'gram] **das;** ~s, ~e **a)** programme; program *(Amer., Computing)*; *(Theater~ auch)* bill; *(bei Pferderennen)* card; *(Verlags~)* list; *(Ferns.: Sender)* channel; **das ~ für die kommende Woche** *(Ferns., Rundfunk)* the programmes *pl.* for the coming week; **etw. paßt jmdm. nicht ins** *od.* **in sein** ~: sth. doesn't fit in with sb.'s plans; **nach ~** *(fig.)* according to plan; **auf jmds./dem ~ stehen** *(fig.)* be on sb.'s/the programme *or* agenda; **auf dem ~ stehen** *(bei einer Sitzung, Versammlung)* be on the agenda; **b)** *(Kaufmannsspr.: Sortiment)* range

**-programm das** programme; program *(Amer., Computing)*; **Besuchs~:** programme of visits

**Programm·änderung die** change of programme

**Programmatik** [progra'ma:tɪk] **die;** ~, ~en *(Politik)* [political] objectives *pl.*

**programmatisch** **1.** *Adj.* programmatic ‹*speech, statement*›; **die ~en Ziele/Absichten der Regierung** the aims of the government's programme. **2.** *adv.* **die ~ festgelegten Ziele der Partei** the aims laid down in the party's programme

**programm-, Programm-:** ~**direktor der** *(Ferns.)* director of programmes; ~**folge die** *(Ferns.)* order of programmes; *(einer Show)* order of acts; running order; ~**gemäß 1.** *Adj.* **die ~gemäße Abfolge der Darbietungen** the order of acts as stated in the programme; **2.** *adv.* according to programme *or* plan; ~**gestaltung die** programme planning; ~**heft das** programme; ~**hinweis der** programme announcement

**programmieren** *tr. V.* **a)** *(DV)* program; **b)** *(auf etw. festlegen)* programme; condition; **auf Erfolg programmiert sein** be geared to achieving success; **c)** *(nach einem Programm ansetzen)* schedule

**Programmierer der;** ~s, ~, **Programmiererin die;** ~, ~nen *(DV)* programmer

**Programmier·sprache die** *(DV)* programming language

**Programmierung die;** ~, ~en *s.* **programmieren a–c:** programming; conditioning; scheduling

**Programm·punkt der** item on the programme; *(bei einer Sitzung)* item on the agenda

**Programmusik die** programme music

**Programm-:** ~**vor·schau die** *(im Fernsehen)* preview [of the week's/evening's *etc.* viewing]; *(im Kino)* trailers *pl.*; ~**zeitschrift die** radio and television magazine; ~**zettel der** programme

**Progression** [progrɛ'sjo:n] **die;** ~, ~en *(Steuerw.)* progressive tax system; **in die ~ kommen** move into a higher tax bracket

**progressiv** [progrɛ'si:f] **1.** *Adj.* progressive. **2.** *adv.* progressively; **er schreibt sehr** ~: he's a very progressive writer; **sie erziehen ihre Kinder sehr** ~: they are giving their children a very modern upbringing

**Progressiv·steuer die** *(Steuerw.)* progressive tax

**Prohibition** [prohibi'tsjo:n] **die;** ~: prohibition

**Projekt** [pro'jɛkt] **das;** ~[e]s, ~e project

**Projekt·gruppe die** project team *or* group

**projektieren** *tr. V. (entwerfen)* draw up the plans for; plan; *(planen)* project; plan

**Projektil** [projɛk'ti:l] **das;** ~s, ~e projectile

**Projektion** [projɛk'tsjo:n] **die;** ~, ~en *(Optik, Math., Geogr., Psych.)* projection

**Projektions-:** ~**apparat der** projector; ~**ebene die** *(Math.)* plane of projection; ~**wand die** projection screen

**Projekt·leiter der** project leader

**Projektor** [pro'jɛktɔr] **der;** ~s, ~en [-'to:rən] projector

**Projekt·planung die** project planning

**projizieren** [proji'tsi:rən] *tr. V. (Optik, Math., Psych.)* project

**Proklamation** [proklama'tsjo:n] **die;** ~, ~en proclamation

**proklamieren** *tr. V.* proclaim

**Pro-Kopf-** per head *or* capita *postpos.*

**Prokrustes·bett** [pro'krʊstɛs-] **das;** *o. Pl. (geh.)* Procrustean bed

**Prokura** [pro'ku:ra] **die;** ~, **Prokuren** *(Kaufmannsspr.)* [full] power of attorney; procuration *(formal)*

**Prokurist** [proku'rɪst] **der;** ~en, ~en, **Prokuristin die;** ~, ~nen ≈ authorized signatory; **~ bei einer Firma sein** ≈ have [full] signing powers in a firm

**Prolet** [pro'le:t] **der;** ~en, ~en **a)** *(abwertend: ungebildeter Mensch)* peasant; boor; **b)** *(ugs. veralt.: Proletarier)* prole *(coll.)*

**Proletariat** [proleta'ri̯a:t] **das;** ~[e]s proletariat

**Proletarier** [prole'ta:ri̯ɐ] **der;** ~s, ~: proletarian

**proletarisch** **1.** *Adj.* proletarian. **2.** *adv.* ‹*think, behave*› like a proletarian

**proletarisieren** *tr. V.* proletarianize

**proletenhaft** *(abwertend)* **1.** *Adj.* boorish. **2.** *adv.* boorishly

**Prolog** [pro'lo:k] **der;** ~[e]s, ~e *(auch Radsport)* prologue

**Prolongation** [prolɔŋga'tsjo:n] **die;** ~, ~en **a)** *(Wirtsch.)* renewal; **b)** *(bes. österr.)* prolonging; *(eines Vertrages)* extension

**prolongieren** *tr. V.* **a)** *(Wirtsch.: stunden)* renew; **b)** *(bes. österr.: verlängern)* extend ‹*contract, engagement*›

**Promenade** [promə'na:də] **die;** ~, ~n promenade

**Promenaden-:** ~**deck das** promenade deck; ~**konzert das** promenade concert; ~**mischung die** *(scherzh.)* mongrel

**promenieren** *itr. V.; auch mit sein (geh.)* promenade

**prometheisch** [prome'te:ɪʃ] *(geh.)* **1.** *Adj.* Promethean. **2.** *adv.* like Prometheus

**Promille** [pro'mɪlə] **das;** ~s, ~ **a)** *(Tausendstel)* **ein Blutalkoholgehalt von zwei** ~: a blood alcohol level of two parts per thousand; **bei 0,4/unter einem ~ liegen** be 0.4/less than one in a *or* per thousand; **b)** *(ugs.: Blutalkohol)* alcohol level; **Ich fahre! Du hast zuviel** ~: I'll drive. You're over the limit; **er fährt nur ohne** ~: he never drinks and drives

**Promille·grenze die** legal [alcohol] limit

**prominent** [promi'nɛnt] *Adj.* prominent

**Prominente der/die;** *adj. Dekl.* prominent figure

**Prominenz** [promi'nɛnts] **die;** ~: prominent figures *pl.*; *(das Prominentsein)* prominence; **er gehört zur politischen ~** he is a prominent political figure

**Promiskuität** [promiskui̯'tɛ:t] **die;** ~: promiscuity

**[1]Promotion** [promo'tsjo:n] **die;** ~, ~en **a)** *(Erlangung der Doktorwürde)* gaining of a/one's doctorate; **er schloß sein Studium mit der ~ ab** he completed his studies by gaining *or* obtaining his doctorate; **jmds. ~ [zum Doktor der Philosophie] feiern** celebrate the award of a doctorate *or* Ph.D. to sb.; **b)** *(österr.: offizielle Feier)* [doctoral] degree ceremony; **seine ~ zum Doktor der Philosophie** his Ph.D. ceremony

**[2]Promotion** [prə'moʊʃən] **die;** ~ *(Wirtsch.)* promotion; **für etw. ~ machen** promote sth.

**promovieren** [promo'vi:rən] **1.** *itr. V.* **a)** *(die Doktorwürde erlangen)* gain *or* obtain a/one's doctorate; **b)** *(eine Dissertation schreiben)* do a doctorate **(über** + *Akk.* on). **2.** *tr. V.* confer a doctorate *or* the degree of doctor on

**prompt** [prɔmpt] **1.** *Adj.* prompt. **2.** *adv.* **a)** *(umgehend)* promptly; **b)** *(ugs., meist iron.: wie erwartet)* [and] sure enough; **er ist auf den Trick ~ hereingefallen** and sure enough he fell for the trick; **„Gleich fällt er", dachte ich, und ~ fiel er** 'He's going to fall,' I thought and sure enough he did; **er wird ~ in die Falle hineinlaufen** as sure as fate he'll fall into the trap

**Promptheit die;** ~: promptness

**Pronomen** [pro'no:mən] **das;** ~s, ~ *od.* **Pronomina** [pro'no:mina] *(Sprachw.)* pronoun

**pronominal** [pronomi'na:l] *(Sprachw.)* **1.** *Adj.* pronominal. **2.** *adv.* pronominally

**Pronominal-** *(Sprachw.)* pronominal

**prononciert** [pronõ'si:ɐ̯t] *(geh.)* **1.** *Adj.* pronounced, definite, decided ‹*opinion, views*›; staunch, determined ‹*supporter, advocate, etc.*›. **2.** *adv. (entschieden)* clearly; **sich ~ über etw.** *(Akk.)* **äußern** express a definite opinion on sth.

**Propädeutik** [propɛ'dɔytɪk] **die;** ~, ~en *(Wissensch.)* **a)** *o. Pl.* preparatory instruction *no indef. art.*; **die philosophische** ~: philosophical propaedeutics *pl.*; **b)** *(Lehrbuch)* introductory textbook **(zu** on)

**propädeutisch** *Adj. (Wissensch.)* propaedeutic

**Propaganda** [propa'ganda] **die;** ~: **a)** *(auch fig. ugs.)* propaganda; **b)** *(Reklame)* publicity

**Propaganda-:** ~**apparat der** propaganda machine; ~**feld·zug der** propaganda campaign; ~**minister der** minister of propaganda; ~**sender der** *(abwertend) (Rundf.)* propaganda station; *(Ferns.)* propaganda channel

**Propagandist der;** ~en, ~en, **Propagandistin die;** ~, ~nen **a)** propagandist; **b)** *(Wirtsch.: Werbefachmann/-frau)* demonstrator; *(Vertreter)* representative

**propagandistisch** **1.** *Adj.* propagandist; propaganda *attrib.* ‹*purposes, measures, success, effort*›. **2.** *adv.* ‹*use, distort, etc.*› for propaganda purposes

**propagieren** *tr. V. (geh.)* propagate ‹*idea, view, belief, etc.*›; **ein vereinigtes Europa** ~: propagate the idea of a united Europe

**Propan** [pro'pa:n] **das; ~s, Propan·gas das;** *o. Pl.* propane

**Propeller** [pro'pɛlɐ] **der; ~s, ~ a)** propeller; airscrew; prop *(coll.)*; **b)** *(Seew.: Schiffsschraube)* propeller; screw

**Propeller-: ~an·trieb der** propeller drive; **mit ~antrieb** propeller-driven; **~flug·zeug das** propeller-driven aircraft

**proper** ['prɔpɐ] **1.** *Adj.* **a)** *(adrett)* smart; **b)** *(ordentlich und sauber)* neat and tidy; **c)** *(sorgfältig, genau)* meticulous. **2.** *adv.* **a)** *(ordentlich und sauber)* neatly and tidily; **b)** *(sorgfältig, genau)* meticulously

**Prophet** [pro'fe:t] **der; ~en, ~en** prophet; **ich bin doch kein ~!** *(ugs.)* I can't see into the future!; **der ~ gilt nichts in seinem Vaterland[e]** *(Spr.)* a prophet is without honour in his own country; *s. auch* **Bart a; Berg a**

**Prophetin die; ~, ~nen** prophetess

**prophetisch 1.** *Adj.* prophetic. **2.** *adv.* prophetically

**prophezeien** [profe'tsaiən] *tr. V.* prophesy *(Dat.* for); predict ⟨*result, weather*⟩; **das kann ich dir ~!** I can promise you that!

**Prophezeiung die; ~, ~en** *s.* **prophezeien:** prophecy; prediction

**prophylaktisch** [profy'laktɪʃ] *(Med.)* **1.** *Adj.* prophylactic. **2.** *adv.* prophylactically; as a prophylactic measure

**Prophylaxe** [profy'laksə] **die; ~, ~n** *(Med.)* prophylaxis

**Proportion** [propɔr'tsio:n] **die; ~, ~en** *(auch Math., Musik)* proportion

**proportional** [propɔrtsio'na:l] *(auch Math.)* **1.** *Adj.* proportional; **umgekehrt ~ zu ...:** in inverse proportion to ...; *(Math. auch)* inversely proportional to ... **2.** *adv.* proportionally; in proportion; **~ [zu** *od.* **mit] einer Sache** *(Dat.)* in proportion to sth.

**proportioniert** [propɔrtsio'ni:ɐt] *Adj.* proportioned

**Proporz** [pro'pɔrts] **der; ~es, ~e** *(Politik)* proportional representation *no art.*; **Ämter im** *od.* **nach dem ~ besetzen** fill posts in proportion to the number of votes received

**Proporz·wahl die** *(bes. österr. u. schweiz.) s.* **Verhältniswahl**

**Proppen** ['prɔpn̩] **der; ~s, ~: a)** *(nordd.) s.* **Pfropfen; b)** *(ugs.: Kind)* podge *(coll.)*

**proppen·voll** *(ugs.) Adj.* jam-packed *(coll.)*

**Propst** [pro:pst] **der; ~[e]s, Pröpste** [prø:pstə] *(kath., ev. Kirche)* provost

**Pro·rektor der** *(Hochschulw.)* ≈ pro-vice-chancellor

**Prosa** ['pro:za] **die; ~:** prose

**prosaisch 1.** *Adj.* **a)** *(geh., oft abwertend: nüchtern)* prosaic; plain ⟨*building*⟩; **b)** *(veralt.: in Prosa abgefaßt)* prose *attrib.* **2.** *adv.* *(geh., oft abwertend)* prosaically

**Prosaist der; ~en, ~en, Prosaistin die; ~, ~nen** prose-writer

**Proselyt** [proze'ly:t] **der; ~en, ~en** proselyte; **~en machen** *(geh. abwertend)* proselytize

**Pro·seminar das** *(Hochschulw.)* introductory seminar course *(for students in their first and second year)*

**prosit** ['pro:zɪt] *Interj.* your [very good] health; **~ Neujahr!** happy New Year!

**Prosit das; ~s, ~s** toast; **ein ~ dem Geburtstagskind!** here's to the birthday boy/girl!

**Prosodie** [prozo'di:] **die; ~, ~n** *(Verslehre)* prosody

**Prospekt** [pro'spɛkt] **der** *od.* *(bes. österr.)* **das ~[e]s, ~e a)** *(Werbeschrift)* brochure; *(Werbezettel)* leaflet; *(Verlags~)* illustrated catalogue; *(nur mit Neuerscheinungen)* seasonal list; **b)** *(Theater: Bühnenbild)* backdrop; backcloth; **c)** *(bild. Kunst: Ansicht)* perspective view; **d)** *(Wirtsch.)* prospectus

**prospektiv** [prospɛk'ti:f] *Adj.; nicht präd.* prospective

**prosperieren** [prospe'ri:rən] *itr. V. (geh.)* prosper; ⟨*art, science*⟩ prosper, flourish

**Prosperität** [prosperi'tɛ:t] **die; ~** *(geh.)* prosperity

**prost** [pro:st] *Interj.* *(ugs.)* cheers *(Brit. coll.)*; **na denn** *od.* **dann ~!** *(ugs. iron.)* that's brilliant! *(coll. iron.)*; *s. auch* **Mahlzeit**

**Prost das; ~[e]s, ~e** *(ugs.) s.* **Prosit**

**Prostata** ['prɔstata] **die; ~, Prostatae** ['prɔstatɛ] *(Anat.)* prostate [gland]

**prosten** *itr. V.* say cheers *(Brit. coll.)*

**Prösterchen** ['prø:stɐçən] *Interj.* *(fam.)* cheers *(Brit. coll.)*

**prostituieren** [prostitu'i:rən] **1.** *tr. V. (geh.)* prostitute. **2.** *refl. V. (auch fig., geh.)* prostitute oneself; **sich als Künstler ~** *(fig. geh.)* prostitute one's artistic talent

**Prostituierte die/der;** *adj. Dekl.* prostitute

**Prostitution** [prostitu'tsio:n] **die; ~** *(auch fig. geh.)* prostitution *no art.*

**Proszenium** [pro'stse:niʊm] **das; ~s, Proszenien** *(Theater)* proscenium

**Protagonist** [protago'nɪst] **der; ~en, ~en, Protagonistin die; ~, ~nen** *(geh.)* protagonist

**Protegé** [prote'ʒe:] **der; ~s, ~s** *(geh.)* protégé

**protegieren** [prote'ʒi:rən] *tr. V.* *(geh.)* sponsor; patronize ⟨*artist, composer, etc.*⟩

**Protein** [prote'i:n] **das; ~s, ~e** *(Biochemie)* protein

**Protektion** [protɛk'tsio:n] **die; ~, ~en** *(geh.)* patronage *no indef. art.*

**Protektionismus der; ~** *(Wirtsch.)* protectionism *no art.*

**Protektorat** [protɛkto'ra:t] **das; ~[e]s, ~e a)** *(geh.: Schirmherrschaft)* patronage; **b)** *(Völkerr.: Schutzherrschaft, Schutzgebiet)* protectorate

**Protest** [pro'tɛst] **der; ~[e]s, ~e a)** protest; **[bei jmdm.] ~ gegen jmdn./etw. erheben** *od.* **einlegen** make a protest [to sb.] against sb./sth.; **etw. aus ~ tun** do sth. as a *or* in protest; **unter [lautem] ~:** protesting [loudly]; **b)** *(Finanzw.)* protest; **der Wechsel ist zu ~ gegangen** the bill has been protested; **c)** *(DDR Rechtsw.)* protest

**Protest·aktion die** protest campaign

**Protestant** [protɛs'tant] **der; ~en, ~en, Protestantin die; ~, ~nen** Protestant

**protestantisch 1.** *Adj.* Protestant. **2.** *adv.* **[streng] ~ erzogen sein** have had a [strict] Protestant upbringing

**Protestantismus der; ~:** Protestantism *no art.*

**Protest-: ~bewegung die** protest movement; **~demonstration die** protest demonstration

**protestieren 1.** *itr. V.* protest, make a protest **(gegen** against, about). **2.** *tr. V.* *(Finanzw.)* protest

**Protest-: ~kundgebung die** protest rally; **~marsch der** protest march; **~note die** *(Dipl.)* protest note; **~ruf der** shout of protest; **~sänger der** protest singer; **~song der** protest song; **~streik der** protest strike; **~sturm der** storm of protest; **~versammlung die** protest meeting; **~welle die** wave of protest

**Prothese** [pro'te:zə] **die; ~, ~n a)** artificial limb; prosthesis *(Med.)*; **b)** *(Zahn~)* set of dentures; dentures *pl.*; prosthesis *(Med.)*

**Protokoll** [proto'kɔl] **das; ~s, ~e a)** *(wörtlich mitgeschrieben)* transcript; *(Ergebnis~)* minutes *pl.*; *(bei Gericht)* record; records *pl.*; *(einer Verhandlung auf diplomatischer Ebene)* protocol; **[das] ~ führen** make a transcript [of the proceedings]; *(bei einer Sitzung Notizen machen)* take *or* keep the minutes; **etw. zu ~ geben/zu ~ geben, daß ...:** make a statement about sth./to the effect that ...; **zu ~ nehmen** take down ⟨*statement etc.*⟩; *(bei Gericht)* enter ⟨*objection, statement*⟩ in the record; **b)** *(diplomatisches Zeremoniell)* protocol; **c)** *(Strafzettel)* ticket

**Protokollant** [protokɔ'lant] **der; ~en, ~en, Protokollantin die; ~, ~nen** transcript writer; *(eines Ergebnisprotokolls)* keeper of the minutes; *(bei Gericht)* court reporter

**protokollarisch** [protokɔ'la:rɪʃ] **1.** *Adj.* **a)** *nicht präd.* *(in Form, auf Grund eines Protokolls)* on record *postpos.*; *(bei einer Sitzung)* minuted; **b)** *(das diplomatische Zeremoniell betreffend)* **die ~en Vorschriften** the rules of protocol. **2.** *adv.* **a)** *(in Form, auf Grund eines Protokolls)* **etw. ~ niederschreiben** *(bei einer Sitzung)* take sth. down in the minutes; *(bei Gericht)* enter sth. in the *or* place sth. on record; **b)** *(das diplomatische Zeremoniell betreffend)* from the point of view of protocol

**Protokoll-: ~chef der** Chief of Protocol; **~führer der** *s.* **Protokollant**

**protokollieren 1.** *tr. V.* take down; minute, take the minutes of ⟨*meeting*⟩; minute, record in the minutes ⟨*remark*⟩. **2.** *itr. V.* *(bei einer Sitzung)* take *or* keep the minutes; *(bei Gericht)* keep the record; *(bei polizeilicher Vernehmung)* keep a record

**Proton** ['pro:tɔn] **das; ~s, ~en** [-'to:nən] *(Physik)* proton

**Proto·plasma** [proto'plasma] **das;** *o. Pl.* *(Biol.)* protoplasm

**Proto·typ** ['pro:toty:p] **der a)** *(geh.: Inbegriff)* archetype; epitome; **b)** *(Urform, erste Ausführung, Motorsport)* prototype

**Protozoon** [proto'tso:ɔn] **das; ~s, ...zoen** *(Biol.)* protozoan

**Protz** [prɔts] **der; ~en** *od.* **~es, ~en** *(ugs.)* **a)** *(Angeber)* swank[pot] *(coll.)*; show-off; **b)** *(Prunk)* swank *(coll.)*; show

**-protz der** *(ugs.)* **Bildungs~/Sex[ual]~** *usw.* swank[pot] *(coll.)* when it comes to education/sex *etc.*; **Muskel~:** muscleman

**protzen** *itr. V.* *(ugs.)* swank *(coll.)*; show off; **mit etw. ~:** show sth. off

**Protzerei die; ~, ~en** *(ugs.)* **a)** *o. Pl.* *(das Protzen)* swanking *(coll.)*; showing off; **b)** *(protzige Äußerung)* swanky remark *(coll.)*

**protzig** *(ugs. abwertend)* **1.** *Adj.* swanky *(coll.)*; showy. **2.** *adv.* swankily *(coll.)*

**Provenienz** [prove'niɛnts] **die; ~, ~en** *(geh.)* provenance

**provenzalisch** [provɛn'tsa:lɪʃ] *Adj.* Provençal

**Proviant** [pro'viant] **der; ~s, ~e** provisions *pl.*; **~ [für die Reise] mitnehmen** take some food for the journey

**Provinz** [pro'vɪnts] **die; ~, ~en a)** *(Verwaltungsbezirk)* province; **b)** *o. Pl.* *(oft abwertend: kulturell rückständige Gegend)* **aus der ~ kommen/in der ~ leben** come from/live in the provinces *pl.*; **finsterste** *od.* **hinterste ~ sein** be terribly provincial

**Provinz-: ~bewohner der** *(oft abwertend)* provincial; **~blatt das** *(abwertend)* provincial [news]paper; local rag *(derog.)*

**Provinzialismus** [provɪntsia'lɪsmʊs] **der; ~, Provinzialismen a)** *(Sprachw.)* provincialism; **b)** *o. Pl.* *(abwertend)* provincialism

**provinziell** [provɪn'tsiɛl] *(meist abwertend)* **1.** *Adj.* provincial; parochial ⟨*views*⟩. **2.** *adv.* provincially

**Provinzler** [pro'vɪntslɐ] **der; ~s, ~** *(ugs. abwertend)* [narrow-minded] provincial

**Provinz-: ~nest das** *(ugs. abwertend)* [tiny] provincial backwater; **~stadt die** provincial town

**Provision** [provi'zio:n] **die; ~, ~en** *(Kaufmannsspr.)* commission; **auf** *od.* **gegen ~ arbeiten** work on a commission basis

**provisorisch** [provi'zo:rɪʃ] **1.** *Adj.* temporary ⟨*accommodation, filling, bridge, etc.*⟩; provisional ⟨*status, capital, etc.*⟩; provisional, caretaker *attrib.* ⟨*government*⟩; provisional, temporary ⟨*measure, regulation, etc.*⟩; **bei uns ist alles noch sehr ~:** everything's still very makeshift in our house/flat *etc.* **2.** *adv.* temporarily; **etw. ~ reparieren** do *or* effect a temporary repair on sth.

**Provisorium** [provi'zo:riʊm] **das; ~s, Provisorien** *(geh.)* temporary measure

**provokant** [provo'kant] *(geh.) s.* **provokativ**
**Provokateur** [provoka'tø:ɐ̯] **der; ~s, ~e** agent provocateur; agitator
**Provokation** [provoka'tsi̯o:n] **die; ~, ~en** provocation
**provokativ** [provoka'ti:f], **provokatorisch** [provoka'to:rɪʃ] *(geh.)* **1.** *Adj.* provocative. **2.** *adv.* provocatively
**provozieren** [provo'tsi:rən] **1.** *tr. V.* **a)** *(herausfordern)* provoke; **b)** *(auslösen)* provoke; cause ⟨*accident, fight*⟩. **2.** *itr. V.* be provocative; **zum Nachdenken [über etw.** *(Akk.)*] **~:** provoke people into thinking [about sth.]
**Prozedur** [protse'du:ɐ̯] **die; ~, ~en** *(auch DV)* procedure
**Prozent** [pro'tsɛnt] **das; ~[e]s, ~e a)** *nach Zahlenangaben Pl. ungebeugt (Hundertstel)* per cent *sing.;* **fünf ~:** five per cent; **ich bin mir zu 90 ~ sicher** I'm 90 per cent certain; **der Plan wurde zu 90 ~ erfüllt** 90 per cent of the plan was fulfilled; **etw. in ~en ausdrücken** express sth. as a percentage; **60 ~ Alkohol enthalten** contain 60 per cent alcohol by volume; be 105 per cent proof; **b)** *Pl. (ugs.: Gewinnanteil)* share *sing.* of the profits; *(Rabatt)* discount *sing.;* **auf etw.** *(Akk.)* **~e bekommen** get a discount on sth.
**-prozentig** *adj.* -per-cent
**Prozent-: ~punkt der** percentage point; **~rechnung die** percentage calculation; **~satz der** percentage; **zu einem beträchtlichen ~satz** be to a considerable extent
**prozentual** [protsɛn'tu̯a:l] **1.** *Adj.; nicht präd.* percentage; **der ~e Anteil der Autobesitzer an der Bevölkerung** the percentage of car-owners in the population. **2.** *adv.* **~ am Gewinn beteiligt sein** have a percentage share in the profits
**Prozeß** [pro'tsɛs] **der; Prozesses, Prozesse a)** trial; *(Fall)* [court] case; **jmdm. den ~ machen** take sb. to court; **es wurde ihm wegen der Ermordung von X der ~ gemacht** he stood trial charged with the murder of X; **der ~ Meyer gegen Schulze** the case of Meyer versus Schulze; **einen ~ gewinnen/verlieren** win/lose a case *or* lawsuit; *s. auch* **anstrengen 2 c; führen 1 c; b)** *(Entwicklung, Ablauf)* process; **c)** *(fig.)* **mit jmdm./etw. kurzen ~ machen** *(ugs.)* make short work of sb./sth.; **jetzt wird kurzer ~ gemacht** *(ugs.)* we're going to sort this out once and for all
**prozeß-, Prozeß-: ~bevollmächtigte der/die** *(Rechtsspr.)* person with power of attorney in legal proceedings; **~führend** *Adj. (Rechtsspr.)* **die ~führenden Parteien** the litigants; **~gegner der** *(Rechtsspr.)* opposing party
**prozessieren** *itr. V.* go to court; **mit jmdm. um etw.** *od.* **wegen etw. ~:** be engaged in a court action *or* lawsuit with sb. about sth.; **gegen jmdn. ~:** bring an action *or* a lawsuit against sb.; *(seit längerer Zeit)* be engaged in an action *or* a lawsuit against sb.
**Prozession** [protse'si̯o:n] **die; ~, ~en** procession
**Prozeß·kosten** *Pl.* legal costs
**Prozessor** [pro'tsɛsɔr] **der; ~s, ~en** [-'so:rən] *(DV)* [central] processor
**Prozeß-: ~ordnung die** *(Rechtsw.)* code of procedure; **~rechner der** *(DV)* process-control computer; **~recht das;** *o. Pl. (Rechtsw.)* procedural law; **~vollmacht die** *(Rechtsw.)* power of attorney in legal proceedings; **~wärme die** *(Kerntechnik)* process heat
**prüde** ['pry:də] *(abwertend)* **1.** *Adj.* prudish. **2.** prudishly; **~ erzogen worden sein** have had a prudish upbringing
**Prüderie** [pry:də'ri:] **die; ~** *(abwertend)* prudery; prudishness
**prüfen** ['pry:fn̩] *tr. V.* **a)** *auch itr.* test ⟨*pupil*⟩ **(in +** *Dat.* in); *(beim Examen)* examine ⟨*pupil, student, etc.*⟩ **(in +** *Dat.* in); **ein geprüfter Elektrotechniker** a qualified electrician; **mündlich/schriftlich geprüft werden** have an oral/a written test/examination; **Latein/Anatomie ~:** be the examiner for Latin/Anatomy; **jmds. Kenntnisse ~:** test sb.'s knowledge; **b)** *(untersuchen)* examine **(auf +** *Akk.* for); check, examine ⟨*device, machine, calculation*⟩ **(auf +** *Akk.* for); investigate, look into ⟨*complaint*⟩; *(testen)* test **(auf +** *Akk.* for); test, inspect ⟨*goods, materials, food*⟩; test, check ⟨*temperature*⟩; **einen Fall nochmals ~:** re-examine a case; **c)** *(kontrollieren)* check ⟨*papers, passport, application, calculation, information, correctness, etc.*⟩; audit, check, examine ⟨*accounts, books*⟩; **d)** *(vor einer Entscheidung)* check ⟨*price*⟩; examine ⟨*offer*⟩; consider ⟨*application*⟩; **drum prüfe, wer sich ewig bindet** *(Spr.)* marry in haste, repent at leisure *(prov.)*; **e)** *(forschend ansehen)* scrutinize; **jmdn. ~d** *od.* **mit ~den Blicken ansehen** scrutinize sb.; **f)** *(geh.: großen Belastungen aussetzen)* try; **sie ist vom Leben schwer geprüft worden** her life has been a hard trial; **g)** *(Sport: stark fordern)* test. **3.** *refl. V.* search one's heart
**Prüfer der; ~s, ~, Prüferin die; ~, ~nen a)** tester; inspector; *(Buch~)* auditor; **b)** *(im Examen)* examiner
**Prüf·gerät das** *(Technik)* piece of test equipment; test instrument
**Prüfling** ['pry:flɪŋ] **der; ~s, ~e** examinee; [examination] candidate
**Prüf-: ~stand der** *(Technik)* test bed; test stand; **auf dem ~stand** *(fig.)* under the microscope *(fig.)*; **~stein der** touchstone **(für** for, of); measure **(für** of); **~stück das** test-piece; [test] specimen
**Prüfung die; ~, ~en a)** *(Examen)* examination; exam *(coll.)*; **eine ~ machen** *od.* **ablegen** take *or* do an examination; **b)** *(das [Über]prüfen) s.* **prüfen b–d:** examination; investigation; inspection; *(Kontrolle)* check; *(das Kontrollieren)* checking *no indef. art.; (Test)* test; *(das Testen)* testing *no indef. art.;* **klinische ~en** clinical trials; **nach/bei ~ Ihrer Beschwerde** after/on examining *or* investigating your complaint; **nach nochmaliger ~ Ihres Antrags** on reconsidering your application; **c)** *(geh.: schicksalhafte Belastung)* trial
**Prüfungs-: ~angst die** examination phobia; *(im Einzelfall)* examination nerves *pl.;* **~arbeit die** examination; exam *(coll.)*; **~auf·gabe die** problem set in an/the examination; **~aus·schuß der** board of examiners; **~ergebnis das** examination result; **~kandidat der** [examination] candidate; **~ordnung die** examination regulations *pl.;* **~termin der** date of an/the examination; **~unterlagen** *Pl.* documents required on entering for an/the examination
**Prüf·verfahren das** test procedure
**Prügel** ['pry:gl̩] **der; ~s, ~ a)** *(Knüppel)* stick; cudgel; **b)** *Pl. (Schläge)* beating *sing.; (als Strafe für Kinder)* hiding *(coll.)*; **~ bekommen** *od.* **beziehen** get a hiding *(coll.) or* beating
**Prügelei die; ~, ~en** *(ugs.)* punch-up *(coll.)*; fight
**Prügel·knabe der** whipping-boy
**prügeln 1.** *tr. (auch itr.) V.* beat; **mußt du immer gleich ~?** do you have to resort to beatings straight away? **2.** *refl. V.* **sich ~:** fight; **sich mit jmdm. [um etw.] ~:** fight sb. [over *or* for sth.]
**Prügel-: ~strafe die** corporal punishment *no art.;* **~szene die a)** *(im Film, Theaterstück)* fight scene; **b)** *(Prügelei)* fight
**Prunk** [prʊŋk] **der; ~[e]s** splendour; magnificence; *(einer Ausstattung, eines Saales usw. auch)* sumptuousness; *(eines Gebäudes, einer Architektur usw.)* magnificence; grandeur; *(einer Zeremonie)* splendour; pageantry; **~ entfalten** put on a display of splendour
**Prunk·bau der;** *Pl.* **~bauten** magnificent building
**prunken** *itr. V.* **a)** be resplendent; **~d** magnificent; **b)** *(prahlen, sich hervortun)* show off; **mit etw. ~:** flaunt *or* make a great show of sth.
**prunk-, Prunk-: ~stück das** showpiece; **~süchtig** *Adj.* ⟨*person*⟩ with a passion for splendour [and grandeur]; **~voll 1.** *Adj.* magnificent; splendid; **2.** *adv.* magnificently; splendidly; magnificently, splendidly, sumptuously ⟨*furnished, decorated*⟩
**prusten** ['pru:stn̩] *itr. V. (ugs.) (schnauben)* snort; *(keuchen)* puff and blow; **vor Lachen ~:** snort with laughter
**PS** [pe:'|ɛs] **das; ~, ~:** *Abk.* **a) Pferdestärke** h.p.; **b) Postskript[um]** PS
**Psalm** [psalm] **der; ~s, ~en** psalm
**Psalmist der; ~en, ~en** *(Rel.)* psalmist
**Psalter** ['psaltɐ] **der; ~s, ~ a)** *(Musik)* psaltery; **b)** *(Rel.)* psalter
**PSchA** *Abk.* **Postscheckamt**
**pscht** [pʃt] *s.* **pst**
**pseudo-, Pseudo-** [psɔydo-] *(abwertend)* pseudo-
**Pseudonym** [psɔydo'ny:m] **das; ~s, ~e** pseudonym; *(eines Schriftstellers)* pseudonym; nom de plume; pen-name
**pst** [pst] *Interj.* sh; hush
**Psyche** ['psy:çə] **die; ~, ~n a)** psyche; **b)** *(österr.: Frisiertoilette)* dressing-table
**psychedelisch** [psyçe'de:lɪʃ] **1.** *Adj.* psychedelic. **2.** *adv.* psychedelically
**Psychiater** [psy'çi̯a:tɐ] **der; ~s, ~:** psychiatrist
**Psychiatrie** [psyçi̯a'tri:] **die; ~, ~n a)** *o. Pl.* psychiatry *no art.;* **b)** *(ugs.) (Abteilung)* psychiatric department; *(Klinik)* psychiatric clinic
**psychiatrisch 1.** *Adj.; nicht präd.* psychiatric. **2.** *adv.* **jmdn. ~ untersuchen/behandeln** give sb. a psychiatric examination/psychiatric treatment
**psychisch 1.** *Adj.* psychological; psychological, mental ⟨*strain, disturbance, process*⟩; mental ⟨*illness*⟩. **2.** *adv.* psychologically; **~ gesund/krank sein** be mentally fit/ill; **ein ~ bedingtes Leiden** an illness of psychological origin
**psycho-, Psycho-** [psy:ço-]: **~analyse die** psychoanalysis *no art.;* **~analytiker der** psychoanalyst; **~analytisch 1.** *Adj.* psychoanalytical; **2.** *adv.* psychoanalytically; **~diagnostik die** psychodiagnostics *sing., no art.;* **~drama das a)** *(Literaturw.)* psychological drama; **b)** *(Psych.)* psychodrama; **~gen** [~'ge:n] *(Med., Psych.) Adj.* psychogenic; **~gramm das** *(Psych.)* psychograph; **~krimi** ['----] **der** *(ugs.)* psychological thriller; **~loge** [~'lo:gə] **der; ~n, ~n** psychologist; **~logie** [~lo'gi:] **die; ~:** psychology; **~login die** psychologist; **~logisch 1.** *Adj.* **a)** psychological; **b)** *(ugs.: psychologisch geschickt)* **das war nicht sehr ~logisch von dir** that wasn't very good psychology on your part; **2.** *adv.* psychologically; **~logisch geschult** trained in psychology; **~logisieren** *itr. (auch tr.) V. (abwertend)* psychologize; **~path** [~'pa:t] **der; ~en, ~en, ~pathin die; ~, ~nen** psychopath; **~pathie** [~pa'ti:] **die; ~, ~n** psychopathy *no art.;* **~pathisch 1.** *Adj.* psychopathic; **2.** *adv.* psychopathically; **~pathologie die** psychopathology *no art.;* **~pharmakon** [~'farmakɔn] **das; ~s, ~pharmaka** psychotropic drug
**Psychose** [psy'ço:zə] **die; ~, ~n** psychosis
**psycho-, Psycho-: ~somatisch** *(Med.)* **1.** *Adj.* psychosomatic; **2.** *adv.* **~somatisch bedingt** of psychosomatic origin *postpos.;* **~terror** ['----] **der** psychological intimidation; **~therapeut der** psychotherapist; **~therapeutisch 1.** *Adj.* psychotherapeutic; **2.** *adv.* **jmdn. ~therapeutisch behandeln** give sb. psychotherapeutic treatment;

**~therapie** die psychotherapy *no art.*; **~thriller** ['----] **der** psychological thriller

**Psychotiker** [psy'ço:tikɐ] **der; ~s, ~, Psychotikerin die; ~, ~nen** psychotic

**psychotisch** *Adj.* psychotic

**PTA** [pe:te:'|a:] **die; ~, ~[s]** *Abk.* **pharmazeutisch-technische Assistentin** pharmaceutical-laboratory assistent

**ptolemäisch** [ptole'mɛ:ɪʃ] *Adj.; nicht präd.* Ptolemaic

**Ptolemäus** [ptole'mɛ:ʊs] **(der)** Ptolemy

**PTT** *Abk.* **Schweizerische Post-, Telefon- und Telegrafenbetriebe** *Swiss postal, telephone, and telegraph services*

**pubertär** [pubɛr'tɛ:ɐ̯] **1.** *Adj.* pubertal; **sein Benehmen ist typisch ~:** his behaviour is typical for the age of puberty. **2.** *adv.* **~ bedingt** caused by puberty *postpos.*

**Pubertät** [pubɛr'tɛ:t] **die; ~:** puberty; **in die ~ kommen** reach puberty

**pubertieren** *itr. V.* reach puberty; **~d** pubescent

**Publicity** [pʌ'blɪsɪtɪ] **die; ~:** publicity

**publicity·scheu** *Adj.* publicity-shunning *attrib.*; **~ sein** shun publicity

**Public Relations** ['pʌblɪk rɪ'leɪʃənz] *Pl.* public relations

**publik** [pu'bli:k] *Adj. in* **~ sein/werden** be/become public knowledge; **die Sache ist längst ~:** that's long been common knowledge; **etw. ~ machen** make sth. public

**Publikation** [publika'tsi̯o:n] **die; ~, ~en** publication

**Publikum** ['pu:blikʊm] **das; ~s a)** *(Zuschauer, Zuhörer)* audience; *(bei Sportveranstaltungen)* crowd; **b)** *(Kreis von Interessierten)* public; *(eines Schriftstellers)* readership; **c)** *(Besucher)* clientele

**publikums-, Publikums-: ~erfolg der** success with the public; **~liebling der** idol of the public; **~verkehr der;** *o. Pl.* **„heute kein ~verkehr!"** 'closed to the public [today]'; **~wirksam** *Adj.* with public appeal *postpos., not pred.*; punchy ⟨*headline*⟩; ⟨*headline*⟩ with a strong appeal; effective, compelling ⟨*broadcast*⟩; **~wirksam sein** have public appeal

**publizieren** [publi'tsi:rən] *tr. (auch itr.) V.* publish; **in verschiedenen Fachzeitschriften ~:** have articles *or* work published in various journals

**Publizist der; ~en, ~en** commentator on politics and current affairs; publicist

**Publizistik die; ~:** mass communications *pl., no art.*; *(Journalismus)* journalism *no art.*

**Publizistin die; ~, ~nen** *s.* **Publizist**

**publizistisch 1.** *Adj.* **seine ~e Aktivität** his journalistic activities *pl.*; **die Reise war ein ~er Mißerfolg** the trip failed to get the media's attention. **2.** *adv.* **etw. ~ verbreiten** disseminate sth. via the media; **~ tätig sein** work in mass communications/as a journalist

**Publizität** [publitsi'tɛ:t] **die; ~:** publicity

**Puck** [pʊk] **der; ~s, ~s** *(Eishockey)* puck

**puckern** ['pʊkɐn] *itr. V. (ugs.)* throb

**Pudding** ['pʊdɪŋ] **der; ~s, ~e** *od.* **~s** *thick, usually flavoured, milk-based dessert;* ≈ blancmange; *s. auch* **hauen 2c**

**Pudding·pulver das** ≈ blancmange powder

**Pudel** ['pu:dl̩] **der; ~s, ~ a)** *(Hund)* poodle; **das war also des ~s Kern** *(fig.)* so 'that's what was behind it; **wie ein begossener ~ dastehen** *(ugs.)* stand there crestfallen; *(nach einer Zurechtweisung)* stand there sheepishly; **b)** *(ugs.: beim Kegeln)* miss; **einen ~ werfen** *od.* **schießen** miss

**pudel-, Pudel-: ~mütze die** bobble *or* pom-pom hat; **~naß** *Adj. (ugs.)* drenched; soaked to the skin; **~wohl** *Adv. (ugs.)* **sich ~wohl fühlen** feel on top of the world

**Puder** ['pu:dɐ] **der; ~s, ~:** powder

**Puder·dose die** powder compact

**pudern** *tr. V.* powder; **sich** *(Dat.)* **die Nase ~:** powder one's nose

**Puder-: ~quaste die** powder-puff; **~zucker der** icing sugar *(Brit.)*; confectioners' sugar *(Amer.)*

**Puertoricaner** [puɛrtori'ka:nɐ] **der; ~s, ~, Puertoricanerin die; ~, ~nen** Puerto Rican; *s. auch* **-in**

**puertoricanisch** *Adj.* Puerto Rican

**puff** [pʊf] *Interj.* bang

**[1]Puff der; ~[e]s, Püffe** ['pʏfə] *(ugs.)* **a)** *(Stoß)* thump; *(leichter/kräftiger Stoß mit dem Ellenbogen)* nudge/dig; **einen ~** *od.* **einige Püffe vertragen [können]** *(fig.)* be able to take a few knocks; **b)** *(Knall)* bang

**[2]Puff der** *od.* **das; ~s, ~s** *(salopp: Bordell)* knocking-shop *(Brit. sl.)*; brothel

**[3]Puff der; ~[e]s, ~e** *od.* **~s a)** *(Wäsche~)* linen-basket; **b)** *(Sitzkissen)* pouffe; **c)** *(veralt.: Bausch)* puff

**Puff·ärmel der** puff *or* puffed sleeve

**puffen** *(ugs.)* **1.** *tr. (auch itr.) V.* **a)** *(stoßen)* thump; *(mit dem Ellenbogen)* nudge; dig; **~ und schubsen** push and shove; **b)** *(irgendwohin befördern)* push; shove; *(mit dem Ellenbogen)* elbow; **jmdn. zur Seite ~:** push *or* shove/elbow sb. aside. **2.** *itr. V.* ⟨*locomotive*⟩ puff

**Puffer der; ~s, ~ a)** *(Vorrichtung)* buffer; **b)** *s.* **Kartoffel~**

**Puffer-: ~staat der** buffer state; **~zone die** buffer zone

**Puff-: ~mutter die** *(salopp)* madam; **~reis der** puffed rice

**puh** [pu:] *Interj.* ugh; *(erleichtert)* phew

**pulen** ['pu:lən] *(nordd. ugs.)* **1.** *itr. V.* pick **(an +** *Dat.* at); **[sich** *(Dat.)***] in der Nase ~:** pick one's nose. **2.** *tr. V.* pick **(aus** out of); **etw. von etw. ~:** pick sth. off sth.

**Pulk** [pʊlk] **der; ~[e]s, ~s** *od.* **~e a)** *(Milit.: Verband)* group; **b)** *(Menge)* crowd; *(Sport: Hauptfeld)* pack; bunch

**Pulle** ['pʊlə] **die; ~, ~n** *(salopp)* bottle; **volle ~** *(fig. salopp)* flat out

**pullen 1.** *itr. V. (Seemannsspr.)* row. **2.** *itr. V. (Pferdesport)* pull

**pullern** ['pʊlɐn] *itr. V. (fam., bes. ostmd.)* pee *(coll.)*

**Pulli** ['pʊli] **der; ~s, ~s** *(ugs.)*, **Pullover** [pʊ'lo:vɐ] **der; ~s, ~:** pullover; sweater

**Pullunder** [pʊ'lʊndɐ] **der; ~s, ~:** slipover

**Puls** [pʊls] **der; ~es, ~e a)** pulse; **jmds. ~ fühlen/messen** feel/take sb.'s pulse; **b)** *(Elektrot., Nachrichtent.)* pulse

**Puls·ader die** artery; **sich** *(Dat.)* **die ~n aufschneiden** slash one's wrists

**pulsen** *itr. V. (auch fig.)* pulse

**pulsieren** *itr. V. (auch fig.)* pulsate; ⟨*blood*⟩ pulse

**Puls-: ~schlag der** *(auch fig.)* pulse; *(einzelner ~schlag)* beat; **~wärmer der** wristlet; **~zahl die** *(Med.)* pulse rate

**Pult** [pʊlt] **das; ~[e]s, ~e a)** desk; *(Lese~)* lectern; desk; **b)** *(Schalt~)* control desk; console

**Pulver** ['pʊlfɐ] **das; ~s, ~ a)** powder; **b)** *(Schieß~)* [gun]powder; **das ~ hat er [auch] nicht [gerade] erfunden** *(ugs.)* he'll never set the world *or (Brit.)* the Thames on fire; **sein ~ verschossen haben** *(fig. ugs.)* have shot one's bolt; **c)** *(salopp: Geld)* dough *(sl.)*

**Pülverchen** ['pʏlfɐçən] **das; ~s, ~** *(spött.)* [medicinal] powder

**Pulver-: ~dampf der** gun-smoke; **~faß das** barrel of gunpowder; *(kleiner)* powder-keg; **auf einem** *od.* **dem ~faß sitzen** *(fig.)* be sitting on a powder-keg *or* on top of a volcano; **~form die** *in* **in ~form** in powder form

**pulverisieren** *tr. V.* pulverize; powder

**Pulver-: ~kaffee der** instant coffee; **~kammer die a)** *(Schiffbau)* powder-magazine; **b)** *(Milit. veralt.)* chamber

**pulvern** *tr. V.* **zuviel Geld in die Rüstung ~:** throw money away on arms

**Pulver·schnee der** powder snow

**Puma** ['pu:ma] **der; ~s, ~s** puma

**Pummel** ['pʊml̩] **der; ~s, ~** *(ugs.)*, **Pummelchen das; ~s, ~** *(ugs.)* podge

**pumm[e]lig** ['pʊm(ə)lɪç] *Adj. (ugs.)* chubby

**Pump** [pʊmp] **der; ~s** *(salopp)* **auf ~:** on tick *(coll.)*

**Pumpe** ['pʊmpə] **die; ~, ~n a)** pump; **b)** *(salopp: Herz)* ticker *(joc.)*

**pumpen** *tr., itr. V.* **a)** *(auch fig.)* pump; **b)** *(salopp: verleihen)* lend; **jmdm. etw. ~:** lend sb. sth.; **c)** *(entleihen)* borrow; **sich** *(Dat.)* **[bei** *od.* **von jmdm] etw. ~:** borrow sth. from *or (coll.)* off sb.

**Pumpen·schwengel der** pump-handle

**pumpern** ['pʊmpɐn] *itr. V. (südd., österr. ugs.)* thump; ⟨*heart*⟩ thump, pound; ⟨*heavy artillery*⟩ thud

**Pumper·nickel der** pumpernickel

**Pump·hose die** harem trousers *pl.*; *(veralt.: Knickerbocker)* knickerbockers *pl.*

**Pumps** [pœmps] **der; ~, ~:** court shoe

**Pump·station die** pumping-station

**Punier** ['pu:ni̯ɐ] **der; ~s, ~, Punierin die; ~, ~nen** Phoenician

**punisch** *Adj.* Punic

**Punk** [paŋk] **der; ~[s], ~s** punk

**Punker** ['paŋkɐ] **der; ~s, ~ a)** *(Musiker)* punk rocker; **b)** *(Anhänger)* punk

**Punk·rock der;** *o. Pl.* punk rock

**Punkt** [pʊŋkt] **der; ~[e]s, ~e a)** *(Tupfen)* dot; *(größer)* spot; **ein Stoff mit blauen ~en** a fabric with blue spots; **das ist [nicht] der springende ~** *(fig.)* that's [not] the point; **ein dunkler ~ [in jmds. Vergangenheit]** a dark chapter [in sb.'s past]; **b)** *(Satzzeichen)* full stop; period; **drei ~e bedeuten eine Auslassung im Zitat** three dots mean an omission in the quotation; **einen ~ machen** *od.* **setzen** put a full stop; **nun mach [aber] mal einen ~!** *(fig. ugs.)* come off it! *(coll.)*; **ohne ~ und Komma reden** *(ugs.)* talk nineteen to the dozen *(Brit.)*; rabbit *(Brit. coll.) or* talk on and on; **c)** *(I-Punkt)* dot; **den ~ auf dem i vergessen** forget to dot the i; **etw. auf den ~ genau wissen** know sth. quite precisely; *s. auch* **i, I; d)** *(Stelle)* point; **an einem ~ sein, wo ...** *(fig.)* have reached the point *or* stage where ...; **ein schwacher/wunder/neuralgischer ~** *(fig.)* a weak/sore/vulnerable *or* sensitive point; **die Unterhaltung war/die Verhandlungen waren an einem toten ~ angelangt** the conversation had come to a dead stop/the talks had reached deadlock *or* an impasse; **ein starker Kaffee half ihm über den toten ~ hinweg** a strong coffee helped him to get his second wind; **nachmittags um zwei Uhr habe ich meinen toten ~:** I'm at my lowest ebb at two o'clock in the afternoon; **e)** *(Gegenstand, Thema, Abschnitt)* point; *(einer Tagesordnung)* item; point; **in diesem/über diesen ~:** on this point; **sich in allen ~en einig sein** agree on all points; **~ für ~:** point by point; **etw. auf den ~ bringen** sum sth. up; put sth. in a nutshell; **jmdn. in allen ~en der Anklage freisprechen** acquit sb. on all counts; **f)** *(Bewertungs~)* point; *(bei einer Prüfung)* mark; **nach ~en siegen** win on points; **~e sammeln** *(fig.)* score points **(bei** with); **g)** *(Musik)* dot; **h)** *(Math.)* point; **i)** *(Zeit~)* point; **jetzt ist der ~ gekommen, wo ich ...:** the moment *or* time has now arrived when I ...; **~ 12 Uhr** at 12 o'clock on the dot; **j)** *nach Zahlenangaben ungebeugt (Druckw.)* point

**Pünktchen** ['pʏŋktçən] **das; ~s, ~:** little dot *or* spot; **rote ~:** little red dots *or* spots

**punkten** *itr. V. (bes. Boxen)* pick up points; score [points]

**punkt-, Punkt-: ~feuer das** *(Milit.)* precision fire; **~förmig** *Adj.* **eine ~förmige Lichtquelle** a point source of light; **~gewinn der** *(Sport, bes. Ballspiele)* **sie blieben im Turnier ohne ~gewinn** they failed to win any points in the competition; **~gleich**

*Adj.* *(Sport)* level on points *pred.*; **~gleich stehen** be level on points; **die ~gleichen Teams** the teams on equal points; **~gleichheit die** *(Sport)* **bei ~gleichheit** if the same number of points have been scored

**punktieren** *tr. V.* **a)** *(mit Punkten darstellen)* dot; **b)** *(Med.)* puncture; **c)** *(Musik)* **eine Rolle ~:** transpose individual notes in a vocal part; **d)** *auch itr. (Musik: verlängern)* dot ⟨*note*⟩

**Punktion** [pʊŋk'tsio:n] **die;** ~, ~**en** *(Med.)* puncture

**pünktlich** ['pʏŋktlɪç] **1.** *Adj.* **a)** punctual; **er ist immer ~:** he's always punctual *or* on time; **der Zug ist ~/nicht ~:** the train is on time/is late; **b)** *(veralt.: gewissenhaft genau)* meticulous. **2.** *adv.* **a)** punctually; on time; **das Konzert beginnt ~ um 20 Uhr** the concert will begin at 8 o'clock sharp; **~ auf die Minute** punctually to the minute; **b)** *(veralt.: gewissenhaft, genau)* meticulously

**Pụ̈nktlichkeit die;** ~: punctuality

**pụnkt-, Pụnkt-: ~nieder·lage die** *(Sport)* defeat on points; points defeat; **~richter der** *(Sport)* judge; **~schweißen** *tr., itr. V.; nur Inf. u. 2. Part. gebr.* spot weld; **~sieg der** *(Sport)* win on points; points win; **~spiel das** *(Mannschaftssport)* league game

**punktuell** [pʊŋk'tu̯ɛl] **1.** *Adj.* isolated ⟨*interventions, checks, approaches, initiatives, etc.*⟩; **einige ~e Verbesserungen** improvements in a few matters of detail. **2.** *adv.* **sich mit einem Thema nur ~ befassen** deal only with certain *or* particular points relating to a topic; **Kontrollen wurden nur ~ durchgeführt** only spot checks were carried out

**Pụnktum** *Interj. (veralt.)* in **[und damit] ~:** and that's that; and that's final *or* flat

**Pụnkt-: ~wertung die** points system; **~zahl die** score; number of points; *(beim Eiskunstlauf)* score; [number of] marks

**Punsch** [pʊnʃ] **der;** ~**[e]s,** ~**e** *od.* **Pünsche** ['pʏnʃə] punch

**Punze** ['pʊntsə] **die;** ~, ~**n a)** *(Werkzeug)* punch; *(zum Gravieren)* burin; **b)** *(Gütezeichen)* hallmark

**Pupille** [pu'pɪlə] **die;** ~, ~**n** pupil

**Püppchen** ['pʏpçən] **das;** ~**s,** ~ **a)** *([kleine] Puppe)* little doll *or (child lang.)* dolly; **b)** *(Kosewort)* pet; *(niedliches Mädchen)* little sweetie *(coll.)*; *(hübsches, aber nichtssagendes Mädchen)* dolly-bird *(Brit. sl.)*

**Puppe** ['pʊpə] **die;** ~, ~**n a)** doll[y]; **b)** *(Marionette)* puppet; marionette; *(fig.)* puppet; **die ~n tanzen lassen** *(fig. ugs.)* pull the strings; *(es hoch hergehen lassen)* paint the town red *(sl.)*; **c)** *(salopp: Mädchen)* bird *(sl.)*; *(als Anrede)* sweetie *(coll.)*; **d)** *(Zool.)* pupa; **e)** *(ostmd.: aus Getreidegarben)* stook; shock; **f)** *in* **bis in die ~n** *(ugs.)* till all hours

**Pụppen-: ~doktor der** *(ugs.)* doll-repairer; **etw. zum ~doktor bringen** take sth. to the dolls' hospital; **~gesicht das** baby-doll face; **~haus das** doll's house; dollhouse *(Amer.)*; **~spiel das a)** puppet theatre; **b)** *(Stück)* puppet show; **~spieler der** puppeteer; **~stube die** doll's house; dollhouse *(Amer.)*; **~theater das** puppet theatre; **~wagen der** doll's pram

**pụppig** *(ugs.) Adj.* **a)** *s.* **niedlich; b)** *(kinderleicht)* dead easy

**pur** [pu:ɐ̯] *Adj.* **a)** *(rein)* pure; **b)** *(unvermischt)* neat; straight; **bitte einen Whisky ~!** a neat whisky, please; **c)** *(bloß)* sheer; pure; **das ist ~er Wahnsinn** that's sheer *or* pure *or* absolute madness

**Püree** [py're:] **das;** ~**s,** ~**s a)** purée; **b)** *s.* **Kartoffelbrei**

**pürieren** [py'ri:rən] *(Kochk.) tr. V.* purée ⟨*potatoes, apples, etc.*⟩; *(zerstampfen)* mash

**Purịsmus der;** ~ *(Sprachw., Kunstw.)* purism

**Purịst der;** ~**en,** ~**en, Purịstin die;** ~, ~**nen** purist

**purịstisch 1.** *Adj.* purist; puristic. **2.** *adv.* puristically

**Puritaner** [puri'ta:nɐ] **der;** ~**s,** ~ **a)** Puritan; **b)** *(fig.)* puritan

**puritanisch** *Adj.* **a)** Puritan; **b)** *(fig.)* puritanical

**Puritanịsmus der;** ~: Puritanism *no art.*

**Purpur** ['pʊrpʊr] **der;** ~**s a)** *(Farbton)* crimson; **b)** *(Gewand)* purple

**pụrpur-, Pụrpur-: ~farben, ~farbig** *Adj.* crimson; **~mantel der** crimson *or* purple robe

**pụrpurn, pụrpur·rot** *Adj.* crimson

**Pụrzel·baum der** *(ugs.)* somersault; **einen ~ machen** *od.* **schlagen** do *or* turn a somersault

**purzeln** ['pʊrts̩ln] *itr. V.; mit sein (fam.)* tumble; **auf dem Eis ~:** fall over on the ice

**Puschen** ['pu:ʃn̩] **der;** ~**s,** ~ *(nordd.)* slipper

**pushen** ['pʊʃn̩] **1.** *tr. V.* **a)** *(Drogenjargon)* push; **b)** *(Journalistenjargon)* push. **2.** *itr. V.* *(Drogenjargon)* be a pusher

**Pusher der;** ~**s,** ~ *(Drogenjargon)* pusher

**pusselig** *Adj. (ugs., bes. nordd.)* **a)** *(Geduld fordernd)* fiddly *(coll.)* ⟨*work, task*⟩; **b)** *(übergenau)* pernickety *(coll.)*; *(umständlich)* fussy

**pusseln** ['pʊsl̩n] *itr. V. (ugs.)* potter about; mess about **(an** + *Dat.* with)

**Pußta** ['pʊsta] **die;** ~, **Pußten** puszta; *steppeland in Hungary*

**Puste** ['pu:stə] **die;** ~ *(salopp)* puff; breath; **ganz aus der** *od.* **außer ~ sein** be out of puff; be puffed [out]; *s. auch* **ausgehen 1 b**

**Puste-: ~blume die** *(ugs.)* dandelion clock; **~kuchen** *in* **[ja** *od.* **aber] ~kuchen** *(ugs.) (es ist/war nicht der Fall)* not a bit of it!; *(es hat nicht geklappt)* nothing doing!

**Pustel** ['pʊstl̩] **die;** ~, ~**n** pimple; spot; pustule *(Med.)*

**pusten** *(ugs.)* **1.** *itr. V.* **a)** *(blasen)* ⟨*person, wind*⟩ blow; **es pustet draußen ganz schön** *(ugs.)* there's a fair old wind blowing out there *(coll.)*; **~ müssen** *(ugs.: bei einer Verkehrskontrolle)* have to blow into the bag; **b)** *(keuchen)* puff [and pant *or* blow]. **2.** *tr. V. (blasen)* blow; **jmdm. was** *od.* **eins ~** *(salopp)* tell sb. where to get off *(coll.)*

**Puste·rohr das** *(ugs.)* pea-shooter

**putativ** [puta'ti:f] *Adj. (Rechtsspr.)* putative

**Putatịv·notwehr die** *(Rechtsw.)* **in ~ handeln** act in the mistaken belief that one is being attacked

**Pute** ['pu:tə] **die;** ~, ~**n a)** *(Truthenne)* turkey hen; *(als Braten)* turkey; **b)** *(salopp abwertend: Mädchen, Frau)* **eine dumme/extravagante ~:** a silly goose *or* creature/an extravagant creature; **eine eingebildete ~:** a stuck-up little madam

**Puter der;** ~**s,** ~: turkeycock; *(als Braten)* turkey

**puter·rot** *Adj.* scarlet; bright red

**Putsch** [pʊtʃ] **der;** ~**[e]s,** ~**e** putsch; coup [d'état]

**pụtschen** *itr. V.* organize a putsch *or* coup

**Putschịst der;** ~**en,** ~**en** putschist; rebel

**Pụtsch·versuch der** attempted putsch *or* coup

**Pütt** [pʏt] **der;** ~**s,** ~**e** *od.* ~**s** *(rhein., westfäl. Bergmannsspr.)* pit; mine; **auf dem ~ sein** work in the mine

**Putte** ['pʊtə] **die;** ~, ~**n** *(Kunstwiss.)* putto

**Putz** [pʊts] **der;** ~**es a)** *(Baumaterial)* plaster; *(für Außenmauern)* rendering; *(Rauh~)* roughcast; **eine Wand mit ~ bewerfen** *od.* **verkleiden** plaster/render/roughcast a wall; **die Rohre liegen über ~:** the pipes are exposed; **auf den ~ hauen** *(fig. salopp) (angeben)* boast; brag; *(ausgelassen feiern)* have a rave-up *(Brit. sl.)*; **b)** *(salopp: Streit)* row *(coll.)*; **wenn er spät nach Hause kommt, kriegt er ~ mit seiner Frau** when he gets home late, his wife starts rowing with him; **~ machen** *(salopp)* cause aggro *(Brit. sl.)*; **c)** *(veralt.: Kleidung)* finery

**pụtzen** *tr. V.* **a)** *(blank reiben)* polish; clean; **Schuhe/die Fenster ~:** polish *or* clean one's shoes/clean the windows; **den Teller blank ~** *(fig.)* clear one's plate; *s. auch* **Klinke a; b)** *(säubern)* clean; groom ⟨*horse*⟩; **[sich** *(Dat.)***] die Zähne/die Nase ~:** clean *or* brush one's teeth/blow one's nose; **er putzte seinem Kind die Nase** he wiped his child's nose; **sich ~** ⟨*cat*⟩ wash itself; ⟨*bird*⟩ preen itself; **c)** *auch itr. (bes. rhein., südd., schweiz.: saubermachen)* clean ⟨*room, shop, etc.*⟩; **~ gehen** work as a cleaner *or (Brit.)* char[woman]; **d)** *(zum Essen, Kochen vorbereiten)* wash and prepare ⟨*vegetables*⟩; **e)** *(Sportjargon: besiegen)* beat; **f)** *(beschneiden)* trim ⟨*wick, lamp, candle*⟩; **g)** *(österr.: chemisch reinigen)* [dry-]clean; **etw. ~ lassen** take sth. to the [dry-]cleaners; **h)** *(veralt.: schmücken)* dress ⟨*person*⟩ up; decorate ⟨*Christmas tree etc.*⟩; **sich ~:** dress [oneself] up; **i)** *auch itr. (veralt.: zieren)* decorate; adorn; **deine Schleife putzt aber ungemein!** your ribbon makes you look really pretty!

**Putzerei die;** ~, ~**en a)** *o. Pl. (ugs. abwertend: das Putzen)* [obsessive] cleaning; **b)** *(österr.: Reinigungsanstalt)* dry cleaner's

**Pụtz-: ~fimmel der;** *o. Pl. (ugs. abwertend)* mania for cleaning; **~frau die** cleaner; char[lady] *(Brit.)*

**pụtzig** *(ugs.)* **1.** *Adj.* **a)** *(entzückend)* sweet; cute *(Amer.)*; *(possierlich)* funny; comical; **b)** *(seltsam)* funny; peculiar. **2.** *adv.* **a)** *(entzückend)* sweetly; cutely *(Amer.)*; *(possierlich)* comically; **b)** *(seltsam)* peculiarly

**pụtz-, Pụtz-: ~lappen der** [cleaning-]rag; cloth; **~macherin die;** ~, ~**nen** milliner; **~mittel das** cleaning agent; **~mụnter** *(ugs.)* **1.** *Adj.* chirpy *(coll.)*; perky; **~munter sein** be as bright as a button; **2.** *adv.* chirpily *(coll.)*; perkily; **~tuch das;** *Pl.* **~tücher** cloth; *(Lappen)* [cleaning-]rag; **~wolle die** cotton waste

**puzzeln** ['pazl̩n] *itr. V.* do jigsaw puzzles/a jigsaw [puzzle]

**Puzzle** ['pazl̩] **das;** ~**s,** ~**s, Puzzle·spiel das** jigsaw [puzzle]

**PVC** [pe:fau̯'tse:] **das;** ~**[s]** *Abk.* **Polyvinylchlorid** PVC

**Pygmäe** [pʏ'gmɛ:ə] **der;** ~**n,** ~**n** pygmy

**pygmäenhaft** *Adj.* pygmy-like

**Pyjama** [pʏ'd͡ʒa:ma] **der** *(österr., schweiz. auch:* **das);** ~**s,** ~**s** pyjamas *pl.*

**Pyjama·hose die** pyjama trousers *pl.*

**Pykniker** ['pʏknikɐ] **der;** ~**s,** ~ *(Med., Anthrop.)* stocky person; pyknic *as tech. term*

**pỵknisch** *Adj. (Med., Anthrop.)* stocky; pyknic *as tech. term*

**Pylon** [pʏ'lo:n] **der;** ~**en,** ~**en, Pylone die;** ~, ~**n a)** *(Tempeleingang)* pylon; **b)** *(bei Brücken)* [suspension-bridge] tower; **c)** *(Straßenmarkierung)* traffic cone

**Pyramide** [pʏra'mi:də] **die;** ~, ~**n** pyramid

**pyramiden·förmig** *Adj.* pyramidal; pyramid-shaped

**Pyrenäen** [pʏre'nɛ:ən] *Pl.* Pyrenees

**Pyrenäen·halb·insel die** Iberian Peninsula

**pyro-, Pyro-** [pʏro-]: **~mane** [~'ma:nə] **der;** ~**n,** ~**n** *(Med., Psych.)* pyromaniac; **~manie die;** *o. Pl. (Med., Psych.)* pyromania; **~manin die;** ~, ~**nen** *s.* **~mane; ~techniker der** fireworks expert; pyrotechnist

**Pyrrhus·sieg** ['pʏrʊs-] **der** *(geh.)* Pyrrhic victory

**pythagoräisch** [pʏtago'rɛ:ɪʃ] *s.* **pythagoreisch**

**Pythagoras** [pʏ'ta:goras] **(der)** Pythagoras

**pythagoreisch** [pʏtago're:ɪʃ] *Adj.; nicht präd.* Pythagorean; **der ~e Lehrsatz** *(Geom.)* Pythagoras' theorem

**Python** ['pʏ:tɔn] **der;** ~**s,** ~**s** *od.* ~**en** [pʏ'to:nən], **Python·schlange die** python

# Q

**q, Q** [ku:] **das;** ~, ~ q, Q; **das Gütezeichen Q** *(DDR)* the grade A marking; *s. auch* **a, A**
**qm** *Abk.* **Quadratmeter** sq. m.
**qua** [kva] *(geh.)* **1.** *Präp., meist mit ungebeugtem Substantiv* **a)** *auch mit Gen. (mittels)* by means of; **b)** *(gemäß)* in accordance with; *(kraft)* by virtue of; ~ **Herkunft** by virtue of its/their *etc.* origins. **2.** *Konj. (als)* ~ **Beamter** [in his function] as an official
**quabbelig** ['kvabəlıç], **quabblig** *Adj. (nordd.)* jelly-like ⟨*frog-spawn*⟩; *(weich und dick)* flabby, podgy ⟨*face*⟩
**quackeln** ['kvak|n] *(bes. nordd. ugs.)* **1.** *itr. V.* chatter; *(dauernd)* natter on *(Brit. coll.)*. **2.** *tr. V.* **dummes Zeug** ~: talk drivel
**Quacksalber** ['kvakzalbɐ] **der; ~s,** ~ *(abwertend)* quack [doctor]
**Quacksalberei die;** ~, **~en** *(abwertend)* quackery
**Quaddel** ['kvad|] **die;** ~, **~n** [irritating] spot
**Quader** ['kva:dɐ] **der; ~s,** ~ *od. (österr.:)* **~n a)** *(Steinblock)* ashlar block; [rectangular] block of stone; **b)** *(Geom.)* rectangular parallelepiped; cuboid
**Quader·stein der** *s.* **Quader a**
**Quadrant** [kva'drant] **der; ~en, ~en** *(Geom., Geogr. Astron., Math.)* quadrant
[1]**Quadrat** [kva'dra:t] **das; ~[e]s, ~e a)** *(Geom.)* square; **6 cm im** ~: 6 cm. square; **b)** *(Math.: zweite Potenz)* square; **eine Zahl ins** ~ **erheben** square a number; **drei im** *od.* **zum** ~: three squared; **Pech/Glück im** ~ *(ugs.)* terrible [bad] luck/terrific luck *(coll.)*; **c)** *(bebaute Fläche)* block [of houses]; **ums** ~ **gehen** walk round the block
[2]**Quadrat das; ~[e]s, ~en** *(Druckw.)* quadrat
**quadrat-, Quadrat-** square ⟨*kilometre etc.*⟩
**quadratisch** *Adj.* **a)** square; **b)** *(Math.)* quadratic
**Quadrat-: ~latschen der** *(salopp)* **a)** *(Schuh)* dirty great shoe *(sl.)*; **b)** *(Pl.: Füße)* dirty great feet *(sl.)*; **~meter der** *od.* **das** square metre; **unsere Wohnung hat 92 ~meter** our flat *(Brit.) or (Amer.)* apartment has 92 square metres of floor space; **~schädel der a)** *(ugs.: Kopf)* dirty great nut *(sl.)*; **b)** *(ugs. abwertend: sturer Mensch)* mule; pigheaded type
**Quadratur** [kvadra'tu:ɐ̯] **die;** ~, **~en** *(Math., Astron.)* quadrature; **die** ~ **des Zirkels** *(geh.)* the achievement of the impossible
**Quadrat-: ~wurzel die** *(Math.)* square root **(aus** of); **~zahl die** square number
**quadrieren** *(Math.)* **1.** *tr. V.* square. **2.** *itr. V.* square numbers
**Quadriga** [kva'dri:ga] **die;** ~, **Quadrigen** quadriga
**Quadrille** [ka'drıljə] **die;** ~, **~n** *(Tanz, Musik)* quadrille
**Quadrillion** [kvadrı'li̯o:n] **die;** ~, **~en** quadrillion *(Brit.)*; septillion *(esp. Amer.)*
**quadro-, Quadro-** ['kva:dro-] quadraphonic ⟨*system, effect, sound, etc.*⟩
**quadro·phon** *(Akustik)* **1.** quadraphonic. **2.** *adv.* in quad[raphony]
**Quadro·phonie die;** ~ *(Akustik)* quadraphony
**Quai** [ke] **der** *od.* **das; ~s, ~s** *(schweiz.)* **a)** *s.* **Kai**; **b)** *(Uferstraße)* embankment [road]
**quak** *Interj.* ~! *(von Enten)* quack!; *(von Fröschen)* croak!
**quaken** ['kva:kn̩] *itr. V.* ⟨*duck*⟩ quack; ⟨*frog*⟩ croak; *(fig. abwertend)* ⟨*person, radio*⟩ squawk
**quäken** ['kvɛ:kn̩] **1.** *tr. V.* squawk; bawl out ⟨*song*⟩. **2.** *itr. V.* **a)** *(unangenehm tönen)* ⟨*voice*⟩ squawk; *(kreischen)* screech; ⟨*radio*⟩ blare; **b)** *(klagen)* ⟨*child*⟩ whine, whinge
**Quäker** ['kvɛ:kɐ] **der; ~s,** ~, **Quäkerin die;** ~, **~nen** Quaker
**Qual** [kva:l] **die;** ~, **~en a)** *o. Pl.* torment; agony *no indef. art.*; **[für jmdn.] eine ~/eine einzige** ~ **sein** be agony *or* torment/one long torment for sb.; **er macht uns** *(Dat.)* **das Leben/den Aufenthalt zur** ~: he's making our lives *pl.*/our stay a misery; **er hat die** ~ **der Wahl** *(scherzh.)* he is spoilt for choice; **b)** *meist Pl. (Schmerzen)* agony; **~en** pain *sing.*; agony *sing.*; *(seelisch)* torment *sing.*; **jmds. ~en lindern** ease sb.'s pain *or* suffering; **jmdn. von seinen ~en erlösen** put sb. out of his/her agony; **unter [schlimmsten] ~en sterben** die in [the most terrible] agony; **jmdm. [große] ~en bereiten** cause sb. [great] pain; torment sb.; **er konnte sein letztes Werk nur unter ~en vollenden** he could only complete his last work in great pain *or* suffering
**quälen** ['kvɛ:lən] **1.** *tr. V.* **a)** *(körperlich, seelisch)* torment ⟨*person, animal*⟩; maltreat, be cruel to ⟨*animal*⟩; *(foltern)* torture; **~de Schmerzen** agonizing *or* excruciating pain *sing.*; **ihn quälte der Gedanke[, daß ...]** he was tormented by the thought [that ...]; **~de Ungewißheit** agonizing uncertainty; **b)** *(plagen)* ⟨*cough etc.*⟩ plague; *(belästigen)* pester; *s. auch* **gequält**. **2.** *refl. V.* **a)** *(leiden)* suffer; **sich sehr** ~: suffer greatly; suffer agonies; **b)** *(sich abmühen)* struggle; **sich durch ein Buch** ~: struggle through a book
**Quälerei die;** ~, **~en a)** torment; *(Folter)* torture; *(Grausamkeit)* cruelty; **Tierversuche sind [eine] reine** ~: animal experiments are simply cruel; **b)** *(das Belästigen)* pestering; **c)** *o. Pl. (ugs.: große Anstrengung)* **das Treppensteigen ist eine** ~ **für ihn** climbing stairs is a terrible struggle for him
**quälerisch** *(geh.) Adj.* agonizing
**Quäl·geist der;** *Pl.* **~er** *(fam.)* pest
**Qualifikation** [kvalifika'tsi̯o:n] **die;** ~, **~en a)** *s.* **Qualifizierung a**; **b)** *(Befähigung)* capability; **c)** *(Sport)* qualification; *(Wettkampf zur ~)* qualifier; qualifying round; **sie schafften die** ~ **für die Endrunde** they managed to qualify for the final round
**Qualifikations-: ~runde die** *(Sport)* qualifying round; **~spiel das** *(Sport)* qualifier, qualifying match **(zu, für** for)
**qualifizieren** [kvalifi'tsi:rən] **1.** *refl. V.* **a)** *(sich bilden)* gain qualifications; **sich für einen Posten/zum Facharbeiter** ~: gain the qualifications needed for a post/to be a skilled worker; **b)** *(Sport)* qualify. **2.** *tr. V.* **a)** *(bes. DDR) (ausbilden)* **jmdn. [zu etw.]** ~: train sb. [to be sth.]; *(weiterbilden)* give sb. further training [for sth.]; **b)** *(befähigen)* qualify; **seine Berufserfahrung qualifiziert ihn zum** *od.* **als Abteilungsleiter** his experience gives him the necessary qualifications for the post of departmental manager
**qualifiziert 1.** *2. Part. v.* **qualifizieren. 2.** *Adj.* **a)** ⟨*work, post*⟩ requiring particular qualifications; **b)** *(sachkundig)* competent; skilled ⟨*work*⟩; **c) ~e Mitbestimmung** *(Wirtsch.)* full participation by employees in decision-making; **~e Straftat** *(Rechtsw.)* aggravated offence; *s. auch* **Mehrheit. 3.** *adv. (sachkundig)* competently
**Qualifizierung die;** ~, **~en a)** *(Ausbildung)* training; *(erworbene Qualifikation)* qualifications *pl.*; **b)** *(bes. DDR: Weiterbildung)* further training
**Qualität** [kvali'tɛ:t] **die;** ~, **~en a)** quality; **Waren guter/schlechter/erster** ~: goods of high/low/prime quality; ~ **kaufen** buy quality goods; **b)** *(Textilw.)* material *no pl.*; **schwere ~en** heavy fabrics; **c)** *(Schach)* **die** ~ **gewinnen** win the exchange
**qualitativ** [kvalita'ti:f] **1.** *Adj.* qualitative; ⟨*difference, change*⟩ in quality. **2.** *adv.* with regard to quality; ~ **gut** good-quality; of good quality *postpos.*; ~ **besser werden** improve in quality
**qualitäts-, Qualitäts-: ~arbeit die** high-quality workmanship; **~bewußt** *Adj.* quality-conscious; **~erzeugnis das** quality product; **~kontrolle die** quality control; **~unterschied der** difference in quality; **~ware die ~ware[n]** quality goods *pl.*; **~wein der** [high-]quality wine *(from a recognized growing area, and made with a permitted type of grape)*
**Qualle** ['kvalə] **die;** ~, **~n** jellyfish; **~n** jellyfish
**qualllig** *Adj. s.* **quabbelig**
**Qualm** [kvalm] **der; ~[e]s a)** [thick] smoke; *(~wolken)* clouds of [thick] smoke; **b)** *(bes. nordd.: Dampf)* steam
**qualmen 1.** *itr. V.* **a)** give off clouds of [thick] smoke; **aus dem Kamin qualmt es** clouds of [thick] smoke are coming from the fireplace; **~de Schornsteine** chimneys belching [thick] smoke; **b)** *(ugs.: rauchen)* puff away. **2.** *tr. V.* *(ugs.: rauchen)* puff away at ⟨*cigarette etc.*⟩
**qualmig** *Adj. (ugs.)* thick with smoke *postpos.*; smoke-filled
**qual·voll 1.** *Adj.* agonizing; **einen ~en Tod sterben** die in great pain. **2.** *adv.* agonizingly; ~ **sterben** die in great pain
**Quant** [kvant] **das; ~s, ~en** *(Physik)* quantum
**quanteln** ['kvant|n] *tr. V. (Physik)* quantize
[1]**Quanten** *s.* **Quant, Quantum**
[2]**Quanten** *Pl. (salopp)* dirty great feet *(sl.)*
**Quanten-: ~mechanik die** *(Physik)* quantum mechanics *sing.*, *no art.*; **~sprung der** *(Physik, fig.)* quantum leap; **~theorie die** *(Physik)* quantum theory *no art.*
**quantifizierbar** *Adj.* quantifiable
**quantifizieren** [kvantifi'tsi:rən] quantify
**Quantität** [kvanti'tɛ:t] **die;** ~, **~en** quantity; *(Zahl)* number
**quantitativ** [kvantita'ti:f] **1.** *Adj.* quantitative. **2.** *adv.* quantitatively
**Quantum** ['kvantʊm] **das; ~s, Quanten** quota **(an** + *Dat.* of); *(Dosis)* dose; **mein tägliches** ~ **Kaffee** my daily quota *or (joc.)* dose of coffee; **ein gehöriges** ~ **Glück** *(fig.)* a good helping *or* big slice of luck
**Quappe** ['kvapə] **die;** ~, **~n a)** *(Fisch)* burbot; **b)** *(Kaul~)* tadpole
**Quarantäne** [karan'tɛ:nə] **die;** ~, **~n** quarantine; **über jmdn./etw.** ~ **verhängen** put sb./sth. under quarantine; **unter** ~ **stellen** put into quarantine; **unter** ~ **stehen** be in quarantine
**Quarantäne·station die** isolation ward
**Quargel** ['kvarg|] **der** *od.* **das; ~s,** ~ *(österr.) soft, smelly sour-milk cheese*
[1]**Quark** [kvark] **der; ~s a)** quark; [sour skim milk] curd cheese; **b)** *(ugs. abwertend: Quatsch)* twaddle; piffle *(sl.)*; **so ein ~!** what a load of rubbish!; **sich über jeden** ~ **aufregen** make a fuss about every tiny *or (sl.)* piffling detail; **seine Nase in jeden** ~ **stecken** poke one's nose in everywhere
[2]**Quark** [kwɑ:k] **das; ~s, ~s** *(Physik)* quark
**Quark·speise die** quark dish
[1]**Quart** [kvart] **die;** ~, **~en a)** *(Musik) s.* **Quarte**; **b)** *(Fechten)* quart
[2]**Quart das; ~s, ~e a)** *(hist.: Hohlmaß) (in Preußen)* quart; *(in Bayern)* ≈ half-pint; **b)** *o. Pl. (Buchw.)* quarto
**Quarta** ['kvarta] **die;** ~, **Quarten** *(Schulw.)* **a)** *(veralt.)* third year *(of a Gymnasium)*; **b)** *(österr.)* fourth year *(of a Gymnasium)*
**Quartal** [kvar'ta:l] **das; ~s, ~e** quarter [of the year]; **in diesem/im nächsten ~:** this quarter/next quarter

**quartal[s]-, Quartal[s]-: ~ende** das end of a/the quarter; **~säufer der** *(ugs.)* periodic boozer *(coll.)*; **~weise** *Adv.* quarterly

**Quartaner** [kvar'ta:nɐ] **der; ~s, ~, Quartanerin die; ~, ~nen** *(Schulw.)* **a)** *(veralt.)* pupil in the third year *(of a Gymnasium)*; **b)** *(österr.)* pupil in the fourth year *(of a Gymnasium)*

**Quartär** [kvar'tɛ:ɐ̯] **das; ~s** *(Geol.)* Quaternary [Period]

**Quart·band der;** *Pl.* **~bände** quarto volume

**Quarte die; ~, ~n** *(Musik)* fourth

**Quarten** *s.* ¹**Quart, Quarta, Quarte**

**Quartett** [kvar'tɛt] **das; ~[e]s, ~e a)** quartet; **ein kriminelles ~:** a quartet of criminals; [a gang of] four criminals; **b)** *o. Pl. (Spiel) card-game in which one tries to get sets of four;* ≈ Happy Families; **c)** *(Spielkarten)* pack *(Brit.) or (Amer.)* deck of cards for *Quartett; (Satz von vier Spielkarten)* set of four *Quartett* cards; **d)** *(Verslehre)* quatrain

**Quart·format das** *(Buchw.)* quarto

**Quartier** [kvar'ti:ɐ̯] **das; ~s, ~e a)** *(Unterkunft)* accommodation *no indef. art.*; accommodations *pl. (Amer.)*; place to stay; *(Mil.)* quarters *pl.*; **die ~e der Truppen/der Athleten** the troops'/athletes' quarters; **ein billiges ~:** somewhere cheap to stay; **bei jmdm. ~ beziehen** put up *or* move in with sb.; **in einer Schule in ~ liegen** *(Milit. veralt.)* be quartered *or* billeted in a school; **b)** *(bes. schweiz., österr.: Stadtviertel)* quarter; district

**Quartier·macher der** *(Milit. veralt.)* billeting officer

**Quart·sext·akkord der** *(Musik)* six-four chord

**Quarz** [kva:ɐ̯ts] **der; ~es, ~e a)** *(Mineral)* quartz; **b)** *(~kristall)* quartz crystal

**quarz·gesteuert** *Adj.* quartz ⟨*clock, watch*⟩; crystal-controlled ⟨*transmitter*⟩

**Quarz·glas das;** *o. Pl.* quartz glass

**Quarzit** [kvar'tsi:t] **der; ~s, ~e** *(Geol., Mineral.)* quartzite

**Quarz-: ~kristall der** quartz crystal; **~lampe die** quartz lamp; **~steuerung die** *(Elektrot.)* [quartz-]crystal control; **~uhr die** quartz clock; *(Armbanduhr)* quartz watch

**Quasar** [kva'za:ɐ̯] **der; ~s, ~e** *(Astron.)* quasar

**quasi** ['kva:zi] *Adv.* **[so] ~:** more or less; *(so gut wie)* as good as; *(fast)* almost

**quasi-, Quasi-** quasi-⟨*military, religious, philosopher*⟩; *(fast)* semi-⟨*automatic, official*⟩

**Quasselei die; ~, ~en** *(ugs.)* [constant] prattling *or* jabbering

**quasseln** ['kvasl̩n] *(ugs.)* **1.** *itr. V.* chatter; rabbit on *(Brit. sl.)* **(von** about). **2.** *tr. V.* spout, babble ⟨*nonsense*⟩; **hör nicht auf sein Quasseln** don't listen to his blather *or* waffle

**Quassel·strippe die a)** *(ugs. scherzh.: Telefon)* blower *(Brit. coll.)*; **b)** *(ugs. abwertend: Schwätzer)* chatterbox

**Quaste die; ~, ~n a)** *(Troddel; auch fig.)* tassel; **b)** *(nordd.) s.* **Quast a**

**Quästur** [kvɛs'tu:ɐ̯] **die; ~, ~en** *(bes. Hochschulw.)* bursar's office

**Quatsch** [kvatʃ] **der; ~[e]s a)** *(ugs. abwertend: dumme Äußerung)* rubbish; **~ mit Soße** *(salopp)* absolute rubbish; stuff and nonsense *(coll.)*; **so ein ~!** what rubbish!; **b)** *(ugs. abwertend: dumme Handlung)* nonsense; *(ugs.: Unfug)* messing about; **laß den ~:** stop that nonsense; stop messing about; **mach keinen ~:** don't do anything stupid; **c)** *(ugs.: Jux)* lark *(coll.)*; **die Kinder haben nur ~ gemacht** the children were just larking about *(coll.) or* fooling around; **das habe ich aus ~ gesagt** I said it for a laugh; **d)** *(ugs.: wertloser Gegenstand)* trashy thing; *(wertloses Zeug)* trash *no indef. art.*

**quatschen 1.** *itr. V.* **a)** *(ugs.: dumm reden)* rabbit on *(Brit. coll.)*; blather; *(viel reden)* chatter; natter *(Brit. coll.)*; **im Unterricht ~:** chatter in class; **b)** *(ugs.: klatschen)* gossip; **es wird so viel gequatscht** there is so much gossip; **c)** *(ugs.: klatschen, berichten)* blab; open one's mouth; **d)** *(ugs.: sich unterhalten)* [have a] chat *or (coll.)* natter **(mit** with); *(ugs.: reden)* talk **(mit** to); **laß ihn erst mal ~:** let him say his bit *(coll.)*; **e)** *(landsch.: ein klatschendes Geräusch verursachen)* squelch. **2.** *tr. V.* **a)** *(ugs.: äußern)* spout ⟨*nonsense, rubbish*⟩; **was hast du da wieder gequatscht?** what sort of rubbish have you been talking?; **b)** *(salopp)* **jmdn. dämlich ~:** talk sb.'s head off

**Quatsch·kopf der** *(salopp)* stupid chatterbox; *(Schwätzer, Schwafler)* windbag

**quatsch·naß** *Adj. (ugs.)* sopping wet

**Queck·silber** ['kvɛk-] **das** mercury; *(fig.)* quicksilver; **~ im Leib** *od.* **im Hintern haben** *(fig. ugs.)* have ants in one's pants *(sl.)*

**quecksilber-, Quecksilber-: ~haltig** *Adj.* containing mercury *postpos., not pred.*; **~haltig sein** contain mercury; **~säule die** [column of] mercury; **~vergiftung die** mercury poisoning

**queck·silbrig** *Adj.* **a)** silvery; **b)** *(fig.: unruhig)* fidgety

**Quell** [kvɛl] **der; ~[e]s, ~e** *(geh.)* spring; *(fig.: Ursprung)* source; fount *(poet.)*

**Quell·bewölkung die** *(Met.)* cumulus clouds *pl.*

**Quelle** ['kvɛlə] **die; ~, ~n a)** spring; *(eines Baches, eines Flusses)* source; **b)** *(fig.)* source; **die ~ der Weisheit** the fount of wisdom *(poet.)*; **eine Mitteilung aus zuverlässiger ~:** a piece of information from a reliable source; **an der ~ sitzen** *(ugs.) (für Informationen)* have access to inside information; *(für günstigen Erwerb)* be at the source of supply

¹**quellen** *unr. itr. V.; mit sein* **a)** *(hervordringen)* ⟨*liquid*⟩ gush, stream; *(aus der Erde)* well up; ⟨*smoke*⟩ billow; ⟨*crowd*⟩ stream, pour; *(fig.)* ⟨*tears*⟩ well up; **b)** *(sich wölben)* bulge; **die Augen quollen ihm [fast] aus dem Kopf** his eyes nearly popped out [of his head]; **c)** *(sich ausdehnen)* swell [up]

²**quellen** *tr. V. (~ lassen)* soak ⟨*peas, beans*⟩; steep ⟨*barley*⟩

**Quellen-: ~an·gabe die** reference; **~forschung die** source research; **~nachweis der** *s.* **~angabe; ~sammlung die** collection of source materials; **~steuer die** *(Finanzw.)* tax deducted at source; **~studium das** study of [the] sources; **~verzeichnis das** list of references

**Quell-: ~fluß der** *(Geogr.)* headstream; **~gebiet das** *(Geogr.)* headwater region; **~wasser das;** *Pl.* **~wasser** spring water

**Quengelei die; ~** *(ugs.)* nagging; pestering

**quengelig** *(ugs.)* **1.** *Adj.* whining; fretful; **~ werden** start whining *or (coll.)* grizzling. **2.** *adv.* in a whining voice; fretfully

**quengeln** ['kvɛŋl̩n] *itr. (auch tr.) V. (ugs.)* **a)** *(weinen)* ⟨*baby*⟩ whimper, *(coll.)* grizzle; **b)** *(drängen)* nag; **c)** *(nörgeln)* carp

**Quentchen** ['kvɛntçən] **das; ~s, ~** *(veralt.)* scrap; **ein ~ Salz** a pinch of salt; **kein ~:** not an iota; **ein ~ Glück** *(fig. geh.)* a little bit of luck; **dieses ~ Hoffnung** *(fig. geh.)* this glimmer of hope

**quer** [kve:ɐ̯] *Adv.* sideways; crosswise; *(schräg)* diagonally; at an angle; **~ zu etw.** at an angle to sth.; *(rechtwinklig)* at right angles to sth.; **der Wagen steht ~ auf der** *od.* **zur Fahrbahn** the car is standing sideways across the road; **das Blatt/den Stoff ~ legen** lay the sheet/material crosswise; **die Streifen verlaufen ~:** the stripes are diagonal/ *(horizontal)* horizontal; **~ auf dem Bett liegen** lie across the bed; **~ durch/über** (+ *Akk.*) straight through/across; **~ über die Straße gehen** go straight across the road; *(schräg)* cross the road at an angle; **~ durch Amerika fahren** travel right across America; **~ durch die Parteien** *(fig.)* across all party boundaries

**quer-, Quer-: ~achse die** transverse axis; **~balken der a)** cross-beam; *(kleiner)* cross-piece; **b)** *(Musik)* stroke; **~beet** *Adv. ugs. (~feldein)* across country; *(ohne Ziel)* at random; *(fig.: überall)* everywhere and anywhere; **~denker der** lateral thinker; **~durch** [-'-] *Adv.* straight through [the middle of] it/them

**Quere die** *in* **jmdm./sich in die ~ kommen** *od.* **geraten** *(jmdm./sich begegnen)* bump into sb./one another *(coll.)*; **jmdm. in die ~ kommen** *od.* **geraten** *(fig.: jmdn. behindern)* get in sb.'s way *(coll.)*; **jmdm./einem Auto/ einem Flugzeug in die ~ geraten** cross sb.'s path/the path of a car/an aircraft

**Querele** [kve're:lə] **die; ~, ~n;** *meist Pl. (geh.)* squabble, wrangle **(um** about, over)

**queren** *tr. V. (geh.)* cross

**quer·feld·ein** *Adv.* across country

**Querfeldein-: ~lauf der** *(Wettbewerb)* cross-country [race]; *(Sportart)* cross-country running; **~rennen das** *(Wettbewerb)* cross-country [cycle] race; *(Sportart)* cyclo-cross *no def. art.*

**quer-, Quer-: ~flöte die** transverse flute; **~format das** landscape format; *(Bild/ Buch)* picture/book in landscape format; **~gestreift** *Adj.* diagonally striped; *(horizontal)* horizontally striped; **~kopf der** *(ugs.)* awkward cuss *(coll.)*; *(komischer Kauz)* oddball *(coll.)*; **~köpfig** *Adj.* awkward; perverse; **~lage die** *(Med.)* transverse presentation; **~latte die** horizontal slat; *(Fuß-, Handball)* crossbar; **~|legen** *refl. V. (ugs.)* make difficulties; *(hartnäckig)* dig in one's heels; **~paß der** *(Fuß-, Handball)* crossfield pass; cross; lateral pass *(Amer.)*; **~richtung die** transverse direction; **in [der] ~richtung** transversely; crosswise; *(schräg)* diagonally; **~ruder das** *(Flugw.)* aileron; **~|schießen** *unr. itr. V. (ugs.)* put a spanner in the works *(coll.)*; **~schiff das** *(Archit.)* transept; **~schläger der** *(Geschoß)* deflected shot; ricochet; **~schnitt der a)** cross-section; **im ~schnitt** in cross-section; **b)** *(Auswahl)* selection **(durch** from); **ein repräsentativer ~schnitt der Wähler** a representative cross-section of voters; **~schnitt[s]·gelähmt** *Adj. (Med.)* paraplegic; **~schnitt[s]·gelähmte der/die** *(Med.)* paraplegic; **~schnitt[s]·lähmung die;** *o. Pl. (Med.)* paraplegia *no indef. art.*; paraplegic condition; **~schuß der** *(ugs.)* spanner in the works *(coll.)*; **~schüsse gegen jmds. Politik** attempts at obstructing sb.'s policies; **~straße die** *(Abzweigung)* turning; *(Nebenstraße)* side-street; **die zweite ~straße links** the second turning on the left; **~streifen der** diagonal stripe; *(horizontal)* horizontal stripe; **~summe die** *(Math.)* sum of the digits **(von, aus** of); **eine Zahl, deren ~summe 19 ergibt** a number the sum of whose digits is 19; **~treiber der** *(ugs. abwertend)* trouble-maker

**Querulant** [kveru'lant] **der; ~en, ~en, Querulantin die; ~, ~nen** *(abwertend)* malcontent

**Quer-: ~verbindung die** connection, link **(zu** with); *(Verkehrsw.)* cross-country route; *(direkte Verbindung)* direct connection; **~verweis der** *(Buchw.)* cross-reference

¹**Quetsche** ['kvɛtʃə] **die; ~, ~n** *(bes. südd., westmd.) s.* **Zwetsche**

²**Quetsche die; ~, ~n a)** *(bes. nordd.)* potato-crusher; **b)** *(ugs. abwertend: Ort, Betrieb)* miserable hole

**quetschen 1.** *tr. V.* **a)** crush ⟨*person, limb, thorax*⟩; **sich** *(Dat.)* **den Arm/die Hand ~:** get one's arm/hand caught; **sich** *(Dat.)* **den Finger/die Zehe ~:** pinch one's finger/toe;

b) *(drücken, pressen)* squeeze, squash (**gegen, an** + *Akk.* against, **in** + *Akk.* into); *(bes. nordd.: auspressen)* squeeze ⟨*juice*⟩ (**aus** out of); **ein paar Zeilen an den Rand ~** *(ugs.)* squeeze a few lines into the margin; **c)** *(bes. nordd.: zerdrücken)* mash ⟨*potatoes*⟩. **2.** *refl. V.* **sich in/durch etw.** *(Akk.)* **~:** squeeze [one's way] into/through sth.

**Quetsch-: ~kartoffeln** *Pl. (bes. berlin.)* mashed potatoes; **~kommode die** *(salopp scherzh.: Akkordeon)* squeeze-box *(sl.)*

**Quetschung die; ~, ~en** bruise; contusion *(Med.)*

**Quetsch·wunde die** *(Med.)* contusion

**Queue** [kø:] **das** *od. (österr.)* **der; ~s, ~s** cue

**quick** [kvɪk] *(bes. nordd.)* **1.** *Adj.* lively. **2.** *adv.* in a lively way; animatedly

**quick·lebendig 1.** *Adj.* [very] lively; active; *(bes. im Alter)* sprightly; spry; vivacious ⟨*personality*⟩; frisky ⟨*small animal*⟩; **~ sein** be full of [the joys of] life; be bright as a button; ⟨*child*⟩ be full of beans *(coll.)*. **2.** *adv.* bright as a button; ⟨*talk*⟩ animatedly

**quiek[s]en** ['kvi:k(s)n̩] **1.** *itr. V.* squeak; ⟨*piglet, fig.: person*⟩ squeal (**vor** with); **zum Quiek[s]en sein** be a hoot *(coll.)*. **2.** *tr. V.* squawk

**Quietismus** [kvie'tɪsmʊs] **der; ~:** quietism *no def. art.*

**quietschen** ['kvi:tʃn̩] *itr. V.* ⟨*thing*⟩ squeak; ⟨*brakes, tyres, crane*⟩ squeal, screech; *(ugs.)* ⟨*person*⟩ squeal, shriek (**vor** + *Dat.* with)

**quietsch-, Quietsch-: ~fidel** *(ugs.)* **1.** *Adj.* [really] chirpy *(coll.) or (esp. Amer.)* chipper; *(gesund und munter)* bright-eyed and bushy-tailed *pred. (coll.)*; **2.** *adv.* [really] chirpy *(coll.)*; **~lebendig** *(ugs.) Adj.* bright-eyed and bushy-tailed *pred. (coll.)*; *(sehr aktiv)* full of beans *pred. (coll.)*; *(hellwach)* wide awake; **~ton der** *(ugs.)* screeching noise; *(bes. durch Reibung)* squeal; **~vergnügt** *(ugs.)* **1.** *Adj.* [really] chirpy *(coll.) or (esp. Amer.)* chipper; **2.** *adv.* as happily *or (coll.)* chirpily as could be

**Quinta** ['kvɪnta] **die; ~, Quinten** *(Schulw.)* **a)** *(veralt.)* second year *(of a Gymnasium)*; **b)** *(österr.)* fifth year *(of a Gymnasium)*

**Quintaner** [kvɪn'ta:nɐ] **der; ~s, ~, Quintanerin die; ~, ~nen** *(Schulw.)* **a)** *(veralt.)* pupil in the second year *(of a Gymnasium)*; **b)** *(österr.)* pupil in the fifth year *(of a Gymnasium)*

**Quinte** ['kvɪntə] **die; ~, ~n** *(Musik)* fifth

**Quinten·zirkel der** *(Musik)* circle of fifths

**Quint·essenz die** *(geh.)* substance; *(wesentlicher Punkt)* essential point; *(Schlußfolgerung)* conclusion; **als ~ bleibt festzuhalten, daß ...:** the essential point *or* conclusion to be drawn is that ...

**Quintett** [kvɪn'tɛt] **das; ~[e]s, ~e** *(Musik)* quintet

**Quint·sext·akkord der** *(Musik)* six-five chord

**Quirl** [kvɪrl] **der; ~[e]s, ~e a)** *(Küchengerät) long-handled blender with a star-shaped head;* **b)** *(Mensch)* live wire

**quirlen 1.** *tr. V.* ≈ whisk. **2.** *itr. V.* swirl [about]

**quirlig** *Adj.* lively; *(flink)* nimble

**quitt** [kvɪt] *Adj.; nicht attr. (ugs.)* quits; **mit jmdm. ~ sein** be quits with sb.; *(mit jmdm. gebrochen haben)* be finished with sb.; **damit sind wir ~:** that makes us quits

**Quitte** ['kvɪtə] **die; ~, ~n** quince

**quitte[n]·gelb** *Adj.* pale greenish-yellow

**quittieren** *tr. V.* **a)** *auch itr. (bescheinigen)* acknowledge, confirm ⟨*receipt, condition*⟩; receipt, give a receipt for ⟨*sum, invoice*⟩; **würden Sie bitte auf der Rückseite der Rechnung ~?** could you please receipt the bill on the back?; **b)** *(reagieren auf)* **etw. mit etw. ~:** react *or* respond to sth. with sth.; **ein Urteil mit Pfiffen ~:** greet a decision with catcalls; **c) den Dienst ~** *(veralt.)* resign one's position; ⟨*officer*⟩ resign one's commission

**Quittung die; ~, ~en a)** receipt (**für, über** + *Akk.* for); **b)** *(fig.)* come-uppance *(coll.)*; deserts *pl.*; **nun hast du die ~ für deine Faulheit** you've got what you deserve for being lazy

**Quittungs·block der;** *Pl.* **~s** receipt pad

**Quivive** [ki'vi:f] **das** *in* **auf dem ~ sein** *(ugs.)* be on the alert *or (coll.)* watch it

**Quiz** [kvɪs] **das; ~, ~:** quiz

**Quiz·sendung die** quiz programme

**quoll** [kvɔl] *1. u. 3. Pers. Sg. Prät. v.* **quellen**

**Quorum** ['kvo:rʊm] **das; ~s** *(bes. Politik)* quorum

**Quote** ['kvo:tə] **die; ~, ~n** *(Anteil)* proportion; *(Zahl)* number

**Quoten·regelung die** *requirement that women should be adequately represented*

**Quotient** [kvo'tsi̯ɛnt] **der; ~en, ~en** *(Math.)* quotient (**aus** of)

**quotieren** *tr., itr. V. (Börsenw.)* quote

# R

**r, R** [ɛr] **das; ~, ~:** r, R; **er rollt das R** he rolls his r's; *s. auch* **a, A**

**R** *Abk. (Physik)* **Reaumur** Réaum.

**Rabatt** [ra'bat] **der; ~[e]s, ~e** discount; **~ gewähren** give a discount

**Rabatte** [ra'batə] **die; ~, ~n** border

**rabattieren** *tr. V. (Kaufmannsspr.)* **[jmdm.] einen Auftrag mit 30 Prozent ~:** give [sb.] a discount of 30 per cent on an order

**Rabatt·marke die** trading stamp

**Rabatz** [ra'bats] **der; ~es** *(ugs.)* **a)** *(Lärm)* racket; din; **b)** *(Protest)* **~ machen** kick up a fuss, *(coll.)* raise a stink (**bei** with)

**Rabauke** [ra'baukə] **der; ~n, ~n** *(ugs.)* roughneck *(coll.)*; *(Rowdy)* hooligan

**Rabbi** ['rabi] **der; ~[s], ~nen** [ra'bi:nən] *od.* **~s a)** *(Titel)* Rabbi; **b)** *(Person)* rabbi

**Rabbinat das** rabbinate

**Rabbiner** [ra'bi:nɐ] **der; ~s, ~:** rabbi

**rabbinisch** *Adj.* rabbinical

**Rabe** ['ra:bə] **der; ~n, ~n** raven; **ein weißer ~** *(fig.)* a great rarity; **schwarz wie ein ~/wie die ~n** *(ugs.)* as black as pitch; *(schmutzig)* as black as soot; **stehlen** *od. (salopp)* **klauen wie ein ~/wie die ~n** *(ugs.)* pinch everything one can lay one's hands on *(coll.)*

**raben-, Raben-: ~aas das** *(salopp abwertend)* beast; wretch; **~eltern** *Pl. (abwertend)* uncaring [brutes of] parents; **~krähe die** carrion crow; **~mutter die** *(abwertend)* uncaring [brute of a] mother; **~schwarz** *Adj.* **a)** jet-black; raven-black ⟨*beard, hair*⟩; coal-black ⟨*man, woman*⟩; pitch-black ⟨*night*⟩; **b)** *(unheilvoll)* black ⟨*thoughts, soul, day*⟩; disastrous ⟨*day, year*⟩

**rabiat** [ra'bi̯a:t] **1.** *Adj.* **a)** *(gewalttätig)* violent; brutal; savage ⟨*kick*⟩; ruthless ⟨*methods*⟩; **b)** *(wütend)* furious; blistering, savage ⟨*attack*⟩; rabid ⟨*opponent*⟩. **2.** *adv.* **a)** *(gewalttätig)* violently; brutally; **b)** *(wütend)* furiously

**Rabulist** [rabu'lɪst] **der; ~en, ~en** *(geh.)* sophist; quibbler

**Rabulistik die; ~** *(geh.)* sophistry

**rabulistisch** *(geh.)* **1.** *Adj.* sophistical. **2.** *adv.* sophistically

**Rache** ['raxə] **die; ~:** revenge; **[an jmdm.] ~ nehmen** take revenge [on sb.]; **~ üben** take revenge; wreak vengeance *(literary)*; **aus ~:** in revenge; **~ ist süß** *od. (ugs. scherzh.)* **Blutwurst** revenge is sweet; **das ist die ~ des kleinen Mannes** *(ugs., oft scherzh.)* that's how ordinary mortals get their own back [on the powers that be] *(coll.)*; **die ~ ist mein** *(bibl.)* vengeance is mine

**Rache-: ~akt der** *(geh.)* act of revenge, reprisal (*Gen.* by, on the part of); **~durst der** *(geh.)* thirst for revenge *or (literary)* vengeance; **~engel der** avenging angel; **~gefühl das** desire *no pl.* for revenge

**Rachen** ['raxn̩] **der; ~s, ~ a)** *(Schlund)* pharynx *(Anat.)*; **jmdm. den ~ pinseln** paint sb.'s throat; **b)** *(Maul)* mouth; maw *(literary)*; *(fig.)* jaws *pl.*; **jmdm. den ~ stopfen** *(salopp)* shut sb. up *(coll.)*; **jmdm. etwas in den ~ werfen** *od.* **schmeißen** *(salopp)* give sb. sth. to keep him/her happy

**rächen** ['rɛçn̩] **1.** *tr. V.* avenge ⟨*person, crime*⟩; take revenge for ⟨*insult, crime*⟩; **jmds. Mord an jmdm. ~:** take revenge on sb. for sb.'s murder. **2.** *refl. V.* **a)** take one's revenge; **sich an jmdm. [für etw.] ~:** take one's revenge on sb. [for sth.]; get even with sb. [for sth.]; **b)** *(sich übel auswirken)* ⟨*mistake[s], bad behaviour*⟩ take its/their toll; **dein Leichtsinn wird sich noch ~/es wird sich noch ~, daß du das tust** you will have to pay [the penalty] for your recklessness/for doing that

**Rachen-: ~höhle die** *(Anat.)* pharyngeal cavity; **~mandel die** *(Anat.)* [pharyngeal] tonsil

**Rache·plan der** plan for revenge

**Rächer der; ~s, ~, Rächerin die; ~, ~nen** *(geh.)* avenger

**Rache·schwur der** *(geh.)* oath of revenge

**Rach·gier die** lust for revenge

**rach·gierig** *(geh.) s.* **rachsüchtig**

**Rachitis** [ra'xi:tɪs] **die; ~** *(Med.)* rickets *sing.*

**rachitisch** *Adj.* with rickets *postpos., not pred.*; rachitic *(Med.)*

**Rach·sucht die;** *o. Pl. (geh.)* lust for revenge

**rach·süchtig** *(geh.)* **1.** *Adj.* vengeful; **~ sein** ⟨*person*⟩ be out for revenge. **2.** *adv.* vengefully; seeking to exact revenge

**Racker der; ~s, ~** *(fam.)* rogue; rascal

**rackern** ['rakɐn] *itr. V. (ugs.)* drudge; toil

**Racket** ['rɛkət] **das; ~s, ~s** *(Tennis)* racket

**Raclette** ['raklɛt] **die; ~, ~s** *od.* **das; ~s, ~s** *(Kochk.)* raclette

[1]**Rad** [ra:t] **das; ~es, Räder** ['rɛ:dɐ] **a)** wheel; *(Zahn~)* gear; *(kleines Zahn~)* cog; *(einer Uhr)* [toothed] wheel; *(für Riemen)* pulley; **das ~ der Zeit/der Geschichte läßt sich nicht anhalten** *(fig.)* the march of time/of history cannot be halted; **fünftes** *od.* **das fünfte ~ am Wagen sein** *(fig. ugs.)* be superfluous; *(die Harmonie stören)* be in the way; **er kam unter die Räder des Lkws** he was run over by the lorry *(Brit.) or* truck; **unter die Räder kommen** *(fig. ugs.)* fall into bad ways; *(total verkommen)* go to the dogs *(coll.)*; **nur** *od.* **bloß ein ~ im Getriebe sein** be just a small cog in the machine; **b)** *(Fahr~)* bicycle; bike *(coll.)*; **mit dem ~ fahren** go by bicycle *or (coll.)* bike; *s. auch* **radfahren; c)** *(Turnen)* cart-wheel; **ein ~ schlagen** *od.* **ausführen** do *or* perform a cart-wheel; *s. auch* **radschlagen; d)** *(hist.: Foltergerät)* wheel; **jmdn. aufs ~ flechten** break sb. on the wheel; **e)** *(bei Vögeln: Schwanzfedern)* fan; **ein ~ schlagen** ⟨*peacock*⟩ fan out its tail

[2]**Rad das; ~[s], ~** *(Physik)* rad

**Rad·achse die** *(Technik)* axle

**Radar** [ra'da:ɐ̯] **der** *od.* **das; ~s** *(Technik)* radar

**Radar: ~an·lage die** radar installation; **~astronomie die** radar astronomy *no art.;* **~falle die** *(ugs.)* [radar] speed trap; **~gerät das** radar [system]; **~geräte** radar [equipment] *sing.;* **~kontrolle die** *(Verkehrsw.)* [radar] speed check; **~schirm der** radar screen

**Radau** [ra'dau] **der; ~s** *(ugs.)* row *(coll.);* racket

**Radau·bruder der** *(ugs. abwertend)* rowdy

**Rad·aufhängung die** *(Kfz-W.)* suspension

**Rädchen** ['rɛ:tçən] **das; ~s, ~ a)** [little] wheel; *(Zahnrad)* [small] cog; *s. auch* **Rad a; b)** *(Fahrrad)* [little] bicycle *or (coll.)* bike; **c)** *(für Schnittmuster)* tracing wheel; *(für Gebäckteig)* pastry-wheel

**Rad·dampfer der** paddle-steamer

**radebrechen 1.** *tr. V.* **Französisch/Deutsch** *usw.* **~:** speak broken French/German *etc.* **2.** *itr. V.* speak pidgin

**radeln** ['ra:dl̩n] *itr. (auch tr.) V.; mit sein (ugs., bes. südd.)* cycle; **irgendwohin ~:** go somewhere by bike *(coll.);* bike it somewhere *(coll.);* **50 km ~:** cycle 50 km

**Rädels·führer** ['rɛ:dls-] **der** *(abwertend)* ringleader

**-räderig** *s.* **-rädrig**

**rädern** ['rɛ:dɐn] *tr. V.* **jmdn. ~** *(hist.)* break sb. on the wheel; *s. auch* **gerädert**

**Räder·werk das** *(Mechanik)* mechanism; works *pl.; (Räder)* wheels *pl.; (Zahnräder)* gears *pl.;* cogs *pl.;* **das ~ der Justiz** *(fig.)* the wheels *pl. or* machinery of justice

**rad-, Rad-: ~|fahren** *unr. itr. V. (Zusammenschreibung nur im Inf. u. 2. Part.); mit sein* **a)** cycle; ride a bicycle *or (coll.)* bike; **er fährt gern Rad** he likes cycling; **b)** *(ugs. abwertend: unterwürfig sein)* suck up to people *(sl.);* **~fahrer der, ~fahrerin die a)** cyclist; **b)** *(ugs. abwertend: Schmeichler)* toady; crawler *(coll.);* **~fahr·weg der** cycle-path *or* -track

**Radi** ['ra:di] **der; ~s, ~** *(bayr., österr. ugs.)* [large white] radish

**radial** [ra'dia:l] **1.** *Adj.* radial. **2.** *adv.* radially; **~ verlaufend** radiating

**Radiator** [ra'dia:tɔr] **der; ~s, ~en** [-'to:rən] [central-heating] radiator

**Radicchio** [ra'dɪkio] **der; ~s** radicchio

**Radien** *s.* **Radius**

**radieren** [ra'di:rən] *tr. (auch itr.) V.* **a)** *(tilgen)* erase; **b)** *(Graphik)* etch

**Radierer der; ~s, ~ a)** *(ugs.) s.* **Radiergummi; b)** *(Künstler)* etcher

**Radier-: ~gummi der** rubber [eraser]; **~kunst die;** *o. Pl.* etching; **~nadel die** *(Graphik)* [dry-point] etching-needle

**Radierung die; ~, ~en** *(Graphik)* etching

**Radieschen** [ra'di:sçən] **das; ~s, ~:** radish; **sich** *(Dat.)* **die ~ von unten betrachten** *(salopp)* be pushing up the daisies *(sl.)*

**radikal** [radi'ka:l] **1.** *Adj.* radical; drastic ⟨*measure, method, cure*⟩; *(rücksichtslos)* ruthless ⟨*measure, method, hardness*⟩; **ein ~er Bruch mit der Vergangenheit** a complete break with the past. **2.** *adv.* radically; *(rücksichtslos)* ruthlessly; *(vollständig)* ⟨*abolish, eradicate*⟩ totally, completely; **~ gegen jmdn. vorgehen** adopt drastic *or* ruthless methods against sb.; **~ [links/rechts] denken/eingestellt sein** have radical [left-wing/right-wing] views

**Radikal das; ~s, ~e a)** *(Chemie)* [free] radical; **b)** *(Math., Sprachw.)* radical

**Radikale der/die;** *adj. Dekl.* radical

**Radikalen·erlaß der** *decree excluding members of extremist organizations from civil-service employment*

**radikalisieren 1.** *tr. V.* make [more] radical. **2.** *refl. V.* become more radical **(durch** owing to, as a result of**)**

**Radikalisierung die; ~, ~en** radicalization; *(das Radikalwerden)* growing radicalism, trend to radicalism (*Gen.* among)

**Radikalismus der; ~, Radikalismen** radicalism; *(Haltung)* radical attitude; *(Unnachgiebigkeit)* rigid attitude

**Radikalität** [radikali'tɛ:t] **die; ~:** radicalness; radical nature; *(Härte)* ruthlessness; *(Vollständigkeit)* completeness

**Radikal·kur die** *(auch fig.)* drastic remedy **(gegen** for)

**Radio** ['ra:dio] **das** *(südd., schweiz. auch:* **der); ~s, ~s** radio; **sie haben nicht einmal ~:** they don't even have a radio; **im ~:** on the radio; **~ hören** listen to the radio

**radio-, Radio-: ~aktiv 1.** *Adj.* radioactive; **2.** *adv.* radioactively; **~aktiv verseucht** contaminated by radioactivity *postpos.;* **~aktivität die;** *o. Pl.* radioactivity; **~apparat** ['-----] **der** radio set; **~astronomie die** radio astronomy *no art.;* **~biologie die** *s.* **Strahlenbiologie; ~gerät** ['----] **das** radio set; **~isotop das** *(Physik)* radioisotope; **~loge** [~'lo:gə] **der; ~n, ~n** radiologist; **~logie die; ~:** radiology *no art.;* **~login die; ~, ~nen** radiologist; **~musik** ['----] **die** music on the radio; **~sender** ['----] **der** radio station; **~therapie die;** *o. Pl. (Med.)* radiotherapy; **~wecker** ['----] **der** radio alarm clock; **~welle** ['----] **die** *(Technik, Physik)* radio wave

**Radium** ['ra:dium] **das; ~s** radium

**Radius** ['ra:dius] **der; ~, Radien** ['ra:diən] *(Math.)* radius

**Rad-: ~kappe die** hub-cap; **~kranz der** *(Technik)* **a)** *(beim Fahrrad)* wheel rim; **b)** *(beim Zahnrad)* toothed rim; **~lager das** wheel bearing

**Radler der; ~s, ~ a)** cyclist; **b)** *(bes. südd.: Getränk)* shandy

**Radler·hose die** cycle shorts *pl.*

**Radlerin die; ~, ~nen** cyclist

**Rad·nabe die** [wheel] hub

**Radon** ['ra:dɔn] **das; ~s** *(Chemie)* radon

**Rad-: ~renn·bahn die** cycle-racing track; *(Stadion)* velodrome; **~rennen das** cycle race; *(Sport)* cycle-racing; **~rennfahrer der** racing cyclist

**-rädrig** [-rɛ:drɪç] *Adj.* -wheeled; **drei/vier~:** three-/four-wheeled

**rad-, Rad-: ~|schlagen** *unr. itr. V. (Zusschr. nur im Inf. u. 2. Part.)* do a cartwheel; *(mehrmals)* do cart-wheels; **~sport der** cycling *no def. art.;* **~stand der** wheelbase; **~tour die** bicycle ride; *(länger)* cycling tour; **eine ~tour machen** go for a bicycle ride/on a cycling tour; **~wanderung die** cycling tour; **~wechsel der** wheel-change; **~weg der** cycle-path *or* -track

**RAF** [ɛrla:'lɛf] **die; ~:** *Abk.* **Rote-Armee-Fraktion** Red Army Faction

**raffen** ['rafn̩] *tr. V.* **a)** *(an sich reißen)* snatch; grab; rake in *(coll.)* ⟨*money*⟩; *(abwertend: in seinen Besitz bringen)* **etw. [an sich] ~:** seize sth.; *(eilig)* snatch *or* grab sth.; **b)** *(zusammenhalten)* gather ⟨*material, curtain*⟩; **c)** *(gekürzt wiedergeben)* condense ⟨*text*⟩; *(kürzen)* shorten ⟨*text, play, film*⟩

**Raff·gier die** rapacity; acquisitive greed

**raff·gierig 1.** *Adj.* greedy. **2.** *adv.* greedily

**Raffinement** [rafinə'mã:] **das; ~s, ~s** *(geh.)* **a)** *(Feinheit)* refinement; **b)** *o. Pl. s.* **Raffinesse a**

**Raffinerie** [rafinə'ri:] **die; ~, ~n** refinery

**Raffinesse** [rafi'nɛsə] **die; ~, ~n a)** *o. Pl. (Schlauheit)* guile; ingenuity; **b)** *meist Pl. (Finesse)* refinement

**raffinieren** [rafi'ni:rən] *tr. V. (bes. Chemie, Geol.)* refine

**raffiniert 1.** *Adj.* **a)** ingenious ⟨*plan, design*⟩; *(verfeinert)* refined, subtle ⟨*colour, scheme, effect*⟩; sophisticated ⟨*dish, cut (of clothes)*⟩; **b)** *(gerissen)* cunning, artful ⟨*person, trick*⟩. **2.** *adv.* **a)** ingeniously; cleverly; *(verfeinert)* with great refinement/sophistication; **eine ~ geschnittene Bluse** a blouse with a sophisticated cut; **b)** *(gerissen)* cunningly; artfully

**Raffiniertheit die; ~ a)** *(Klugheit)* ingenuity; *(Verfeinerung)* refinement; sophistication; *(der Kleidung)* stylishness; *(von Speisen)* subtle flavour; **b)** *(Gerissenheit)* cunning; artfulness

**Raffke** ['rafkə] **der; ~s, ~s** *(ugs. abwertend)* money-grubber

**Rage** ['ra:ʒə] **die; ~** *(ugs.)* fury; rage; **in [blinder] ~:** in a [blind] fury; **in ~ sein** be livid *(Brit. coll.) or* furious; **jmdn. in ~ bringen** make sb. hopping mad *(coll.) or* absolutely furious; **in ~ kommen** *od.* **geraten** fly into a rage; **immer mehr in ~ kommen** become more and more furious

**ragen** ['ra:gn̩] *itr. V.* **a)** *(vertikal)* rise [up]; ⟨*mountains*⟩ tower up; **aus dem Wasser ~:** stick *or* jut right out of the water; **in die Höhe** *od.* **in den Himmel ~:** tower *or* soar into the sky; **er ragte aus der Menge** he towered above the rest of the crowd; **b)** *(horizontal)* project, stick out **(in +** *Akk.* into; **über +** *Akk.* over)

**Raglan·ärmel** ['raglan-] **der** raglan sleeve

**Ragout** [ra'gu:] **das; ~s, ~s** *(Kochk.)* ragout

**Ragoût fin** [ragu'fɛ̃] **das; ~ ~, ~s ~s** *(Kochk.)* gourmet ragout *(in a scallop shell, in puff pastry, or au gratin)*

**Ragtime** ['rægtaɪm] **der; ~** *(Musik)* **a)** *(Stil, Musik)* ragtime *no art.;* **b)** *(Musikstück)* rag

**Rah[e]** ['ra:(ə)] **die; ~, Rahen** *(Seemannsspr.)* yard

**Rahm** [ra:m] **der; ~[e]s** *(bes. südd., österr., schweiz.)* cream; *s. auch* **abschöpfen**

**[1]rahmen** *tr. V.* frame

**[2]rahmen** *(bes. südd., österr., schweiz.) tr. V.* skim ⟨*milk*⟩

**Rahmen der; ~s, ~ a)** frame; *(Kfz-W.: Fahrgestell)* chassis; **b)** *(fig.: Bereich, Literaturw.: ~erzählung)* framework; *(szenischer Hintergrund)* setting; *(Zusammenhang)* context; *(Grenzen)* bounds *pl.;* limits *pl.;* **in großem/bescheidenem ~ feiern** celebrate on a grand/modest scale; **aus dem ~ fallen** be out of place; stick out; ⟨*behaviour*⟩ be unsuited to the occasion; **im ~ einer Sache** *(Gen.) (in den Grenzen)* within the bounds of sth.; *(im Zusammenhang)* within the context of sth.; *(im Verlauf)* in the course of sth.; **im ~ des Möglichen** within the bounds of possibility; **im ~ der Wiener Festwochen** as part of the Vienna Festival; **im ~ bleiben** stay within reasonable bounds; ⟨*person*⟩ not overdo it, not go too far; ⟨*prices*⟩ not be too high; **den ~ sprengen** be out of proportion; **den ~ einer Sache** *(Gen.)* **sprengen** go beyond the scope of sth.

**Rahmen-: ~abkommen das** basic agreement; **~antenne die** *(Funkw.)* frame aerial *or (Amer.)* antenna; **~bedingung die** prevailing condition *or* circumstance; *(Soziol.)* structural condition; **~erzählung die** *(Literaturw.)* framework story; **~gesetz das** *(Rechtsw.) law providing framework for more specific legislation;* **~gesetze** *Pl.* outline legislation *sing.;* **~handlung die** *(Literaturw.)* framework plot; sub-plot *(framing the main plot);* **~programm das** supporting programme; **~richt·linie die;** *meist Pl.* overall guideline

**rahmig** *Adj. (bes. südd., österr., schweiz.)* creamy

**Rahm-: ~käse der** cream cheese; **~soße die** *(bes. südd., österr., schweiz.)* cream sauce

**Rah·segel das** *(Seemannsspr.)* square sail

**Rain** [rain] **der; ~[e]s, ~e a)** *(geh.: Ackergrenze)* margin of a/the field; **b)** *(südd., schweiz.: Abhang)* slope

**räkeln** ['rɛ:kl̩n] *s.* **rekeln**

**Rakete** [ra'ke:tə] **die; ~, ~n** rocket; *(Milit.: gelenkte ~)* missile

**raketen-, Raketen-: ~ab·schuß·basis die** missile [launching] base; **~an·trieb der** rocket propulsion; **~basis die** *s.* **~abschußbasis; ~flug·zeug das** rocket plane;

**~getrieben** *Adj.* rocket-propelled; **~schlitten der** *(Technik)* rocket sled; **~start·rampe die** rocket launching pad; **~stufe die** *(Technik)* rocket stage; **~träger der** missile-carrier; **~trieb·werk das** *(Technik)* rocket engine; **~werfer der** *(Milit.)* rocket-launcher

**Raki** ['ra:ki] **der; ~[s], ~s** raki

**Ralle** ['ralə] **die; ~, ~n** *(Zool.)* rail

**Rallye** ['rali] **die; ~, ~s** *od. schweiz.* **das; ~s, ~s** *(Motorsport)* rally; **die ~ Monte Carlo** the Monte Carlo Rally; **eine ~ fahren** take part in a rally

**rạmm-, Rạmm-: ~bär der** *(Bauw.)* [pile-driver] ram; **~bock der a)** *(hist.)* battering-ram; **b)** *s.* **~bär; c)** *s.* **Ramme; ~dösig** *(salopp) Adj.* **a)** *(benommen)* dizzy; **b)** *(dumm)* dopey *(sl.)*

**Ramme** ['ramə] **die; ~, ~n** *(Bauw.) (Pfahl~)* pile-driver; *(für Erde, Steine)* rammer

**rammeln** ['ramḷn] **1.** *itr. V.* **a)** *(Jägerspr.)* mate; **b)** *(derb: koitieren)* have a screw *(vulg.).* **2.** *tr. V.* **a)** *(Jägerspr.)* serve; mount; **b)** *(derb: koitieren mit)* screw *(vulg.)*

**rạmmen 1.** *tr. V.* ram; **etw. in etw.** *(Akk.)* **~:** ram *or* jam sth. into sth. **2.** *itr. V.* *(stoßen)* ram, crash **(gegen, auf +** *Akk.* **into)**

**Rạmmler der; ~s, ~** *(Jägerspr.)* buck [rabbit]

**Rampe** ['rampə] **die; ~, ~n a)** *(waagrechte Fläche)* [loading] platform; **b)** *(schiefe Fläche)* ramp; *(Auffahrt)* [sloping] drive; *(Bergsteigen)* sloping slab of rock; **c)** *s.* **Startrampe; d)** *(Theater)* apron; forestage; **an** *od.* **vor die ~ treten** come to the front of the stage; **[nicht] über die ~ kommen** *(Theaterjargon)* [not] come across

**Rạmpen·licht das; ~[e]s, ~er** *(Theater)* **a)** *o. Pl. (Licht)* [light *sing.* from the] footlights *pl.*; **im ~ [der Öffentlichkeit] stehen** be in the limelight; **b)** *(Lichtquelle)* footlight

**ramponieren** [rampo'ni:rən] *tr. V. (ugs.)* batter; **ramponiert** battered, knocked-about ‹*furniture, phone-box*›; run-down, down-at-heel ‹*dwelling, room*›; shabby ‹*suit*›; dented ‹*confidence*›

**[1]Ramsch** [ramʃ] **der; ~[e]s, ~e** *(ugs. abwertend)* **a)** *(Ware)* trashy goods *pl.*; **b)** *(Kram)* junk

**[2]Rạmsch der; ~[e]s, ~e** *(Kartenspiel)* ramsch

**rạmschen** *tr., auch itr. V. (ugs.)* grab; **[Sachen] beim Schlußverkauf ~:** get masses of things cheap in a sale/the sales

**Rạmsch-: ~laden der** *(ugs. abwertend)* shop selling trashy goods; **~ware die** *(ugs. abwertend)* trashy goods *pl.*

**ran** [ran] *Adv. (ugs.)* **a)** *s.* **heran; b)** *(fang an)* off you go; get going; *(fangen wir an)* let's go; **los, ~ an die Arbeit!** come on, get down to work!; **c)** *(greif[t] an)* go at him/them!; *(beim Boxen)* let him/them have it!; *s. auch* **rangehen; ranhalten; rankommen** *usw.*

**Ranch** [rɛntʃ] **die; ~, ~[e]s** ranch

**Rancher** ['rɛntʃɐ] **der; ~s, ~[s]** rancher

**Rand** [rant] **der; ~[e]s, Ränder** ['rɛndɐ] **a)** edge; *(Einfassung)* border; *(Hut~)* brim; *(Brillen~, Gefäß~, Krater~)* rim; *(eines Abgrunds)* brink; *(auf einem Schriftstück)* margin; *(Weg~)* verge; *(Stadt~)* edge; outskirts *pl.*; **voll bis zum ~:** full to the brim; **etwas an den ~ schreiben** write sth. in the margin; *(fig.)* **etw. am ~e erwähnen** mention sth. in passing; **am ~e liegen** ‹*problem etc.*› be of marginal importance; **außer ~ und Band geraten/sein** *(ugs.)* go/be wild **(vor** with); *(rasen)* go/be berserk **(vor** with); **das versteht sich am ~e** it goes without saying; **am ~e der Pleite sein** be on the verge of bankruptcy; **jmdn. an den ~ des Wahnsinns/Ruins bringen** bring sb. to the verge *or* brink of insanity/ruin; **mit etw. [nicht] zu ~e kommen** *(ugs.)* [not] be able to cope with sth.; **mit jmdm. [nicht] zu ~e kommen** *(ugs.)* [not] get on with sb.; *s. auch* **Grab; b)** *(Schmutz~)* mark; *(rund)* ring; *(in der Wanne)* tide-mark *(coll.)*; **dunkle Ränder unter den/um die Augen haben** have dark lines under/dark rings round one's eyes; **c)** *(salopp: Mund)* gob *(sl.)*; trap *(sl.)*

**Randale** [ran'da:lə] **die** *(salopp)* riot; **~ machen/beginnen** riot/start to riot

**randalieren** *itr. V.* riot; rampage; *(Radau machen)* create an uproar; **~de Halbstarke** young hooligans on the rampage

**Randalierer der; ~s, ~:** hooligan

**Rạnd·bemerkung die** marginal note *or* comment; *(mündlich)* incidental remark; aside

**Rande** ['randə] **die; ~, ~n** *(schweiz.)* beetroot

**Rändel** ['rɛndl̩] **das; ~s, ~** *(Mech.)* knurl

**rändeln** *tr. V. (Mech.)* knurl; mill ‹*coins*›

**Ränder** *s.* **Rand**

**rạnd-, Rạnd-: ~erscheinung die** peripheral phenomenon; **~figur die** minor figure; *(Nebenrolle)* minor part; **~gebiet das** outlying district; *(Grenzgebiet)* frontier area *or* district; **die ~gebiete einer Stadt** the outskirts of a town; **ein ~gebiet der Medizin** a fringe area of medicine; **~gruppe die** *(Soziol.)* fringe *or* marginal group; **~los** *Adj.* rimless ‹*spectacles*›; brimless ‹*hat*›; ‹*paper*› with no margin; **~notiz die** marginal note; **~problem das** secondary problem; **~ständig** *Adj. (Soziol.)* marginal; **~stein der** kerb; **~streifen der** verge; *(auf Autobahnen)* hard shoulder

**rạnd·vọll 1.** *Adj.* ‹*glass etc.*› full to the brim **(mit** with); brim-full ‹*glass, cup, bowl*› **(mit** of); **~ mit Notizen** crammed full of notes. **2.** *adv.* **~ gefüllt** jam-packed *(coll.)*; chock-full; *(mit Flüssigkeit)* full to the brim

**Rạnd·zone die** outlying area; *(einer Stadt)* outskirts *pl.*; *(fig.)* fringe area

**rang** [raŋ] *1. u. 3. Pers. Sg. Prät. v.* **ringen**

**Rạng der; ~[e]s, Ränge** ['rɛŋə] **a)** *(Stellung, Stufe)* rank; *(in der Gesellschaft)* status; *(in bezug auf Bedeutung, Qualität)* standing; **im ~ eines Generals stehen** hold the rank of general; **jmdm. den ~ streitig machen** try to step [up] into sb.'s shoes; **jmdm./einer Sache den ~ ablaufen** leave sb./sth. far behind; **alles, was ~ und Namen hat** everybody who is anybody; **ein Physiker von ~:** an eminent physicist; **einen außerordentlichen künstlerischen ~ haben** be of exceptional artistic importance; **ersten ~es** of the greatest significance; *(qualitätsmäßig)* of the first order; **b)** *(im Theater)* circle; **erster ~:** dress circle; **zweiter ~:** upper circle; **dritter ~:** gallery; **die Zuschauer auf den Rängen** the audience in the circle [and gallery] seats; **vor überfüllten/fast leeren Rängen spielen** play to a packed/a nearly empty house; **c)** *(Sport) s.* **Platz f; d)** *(Gewinnklasse in Lotterien)* prize category

**Rạng-: ~ab·zeichen das** insignia [of rank]; **~älteste der/die;** *adj. Dekl.* senior officer *(holding a particular rank)*

**Range** ['raŋə] **die; ~, ~n** *(bes. md.)* [young] tearaway; **freche** *od.* **kesse ~n** cheeky brats

**ran|gehen** *unr. itr. V. (ugs.)* **a)** *s.* **herangehen; b)** *(erotisch)* **bei den Mädchen ~:** be a fast worker with the girls *(coll.)*

**Rangelei die; ~, ~en** *(ugs.) s.* **Gerangel**

**rangeln** ['raŋl̩n] *itr. V. (ugs.)* wrestle; struggle; *(kämpfen)* ‹*children*› scrap; **um etw. ~:** scramble *or* tussle for sth.; *(fig.: argumentieren)* wrangle over sth.

**Rạng-: ~folge die** order of precedence; *(finanziell)* order of merit; **~höchste der/die;** *adj. Dekl.* most senior person; *(Tier)* dominant animal

**Rangier·bahn·hof der** marshalling yard

**rangieren** [raŋ'ʒi:rən] **1.** *tr. V.* shunt ‹*trucks, coaches*›; switch ‹*cars*› *(Amer.)*. **2.** *itr. V.* be placed; **an letzter Stelle/auf Platz zwei ~:** be placed last/second; **hinter/vor jmdm. ~** *(bei der Arbeit usw.)* be junior/senior to sb.

**Rangierer der; ~s, ~:** shunter *(Brit.)*; switchman *(Amer.)*

**Rangier-: ~lok die** *(ugs.)*, **~lokomotive die** shunting *or (Amer.)* switch engine

**rạng-, Rạng-: ~liste die a)** *(Sport)* ranking list; **Nummer eins der internationalen ~liste** number one in the world rankings; **b)** *(von Offizieren, Beamten)* army/navy/civil-service list; **~mäßig 1.** *Adj.* according to rank *postpos.*; ‹*equality etc.*› with regard to rank; **~mäßige Unterschiede** differences of rank; **2.** *adv.* according to *or* with regard to rank; **~ordnung die** order of precedence; *(Verhaltensf.)* pecking order; **der ~ordnung nach unter/über jmdm. stehen** be below/above sb. in the pecking order *or* hierarchy; **~unterschied der** difference in [social] status; *(Milit.)* difference in rank

**ran|halten** *unr. refl. V. (ugs.)* get a move on *(coll.)*; *(bei der Arbeit)* get stuck in *(coll.)*

**rank** *Adj. (geh.)* lissom; **~ und schlank** lithe and lissom

**Ranke** ['raŋkə] **die; ~, ~n** *(Bot.)* tendril

**Ränke** ['rɛŋkə] *Pl. (geh. veralt.)* intrigues; **~ schmieden** *(geh.)* scheme; hatch plots

**rạnken 1.** *refl. V.* climb, grow **(an +** *Dat.* up, **über +** *Akk.* over); **sich um etw. ~:** entwine itself around sth.; *(fig. geh.)* ‹*legends, mysteries*› be woven around sth. **2.** *itr. V.* **a)** *mit sein s.* **ranken 1; b)** *(Ranken treiben)* put out tendrils

**Rạnken-: ~gewächs das** creeper; **~werk das;** *o. Pl.* **a)** *(verschlungene Ranken)* mass of entwined tendrils; **b)** *(Verzierung)* plant arabesques *pl.*

**Ränke-: ~schmied der** *(veralt.)* intriguer; schemer; **~spiel das** *(veralt.)* intrigues *pl.*

**rạn-: ~|klotzen** *itr. V. (salopp)* get stuck in *(coll.)*; pull one's finger out *(sl.)*; *(auf Dauer)* keep hard at it; **~|kommen** *unr. itr. V.*; *mit sein (ugs.) s.* **herankommen a, c; ~|können** *unr. itr. V. (ugs.)* **an etw.** *(Akk.)* **nicht ~können** be unable to get at sth.; **ich kann nicht ~:** I can't get at it/them

**Rankün̲e** [raŋ'ky:nə] **die; ~** *(geh. veralt.)* [sense of] rancour; acrimony

**rạn-: ~|lassen** *unr. tr. V.* **a)** *(ugs.: herankommen lassen)* **jmdn. ~lassen** let sb. get up close; *(salopp: sexuell)* **sie läßt ihn nicht ~:** she won't let him do it *(coll.)*; **sie läßt jeden ~:** she's anybody's; **jmdn. an etw.** *(Akk.)* **nicht ~lassen** not let sb. anywhere near sth.; **b)** *(ugs.: tätig werden lassen)* **jmdn. an etw.** *(Akk.)* **~lassen** let sb. have a go at sth.; **laß mich mal ~!** let me have a go!; **~|machen** *refl. V. (ugs.) s.* **heranmachen a, b; ~|müssen** *unr. itr. V. (ugs.: arbeiten müssen)* have to get stuck in *(coll.)*

**rann** [ran] *1. u. 3. Pers. Sg. Prät. v.* **rinnen**

**rannte** ['rantə] *1. u. 3. Pers. Sg. Prät. v.* **rennen**

**rạn-: ~|schmeißen** *unr. refl. V.* **sich an jmdn. ~schmeißen** *(ugs.)* throw oneself at sb.; **~|wollen** *unr. itr. V. (ugs.)* want to get down to work; **an etw.** *(Akk.)* **nicht ~wollen** not feel like getting on with sth.

**Ranzen** ['rantsn̩] **der; ~s, ~ a)** *(Schul~)* satchel; *(veralt.: Rucksack)* rucksack; **b)** *(salopp: Bauch)* [fat] belly

**rạnzig** *Adj.* rancid

**rapid** [ra'pi:t] *(südd., österr., schweiz.)*, **rapide 1.** *Adj.* rapid. **2.** *adv.* rapidly

**Rappe** ['rapə] **der; ~n, ~n** black horse

**Rappel** ['rapl̩] **der; ~s, ~** *(ugs.)* crazy turn *(coll.)*; **du hast wohl einen ~?** are you crazy?

**rạppelig** *Adj. (ugs.)* nervy; **das macht mich ganz ~:** it really irritates me

**rạppeln** *itr. V.* **a)** *(ugs.: klappern, rütteln)* rattle **(an +** *Dat.* at); ‹*alarm, telephone*› jangle; **es rappelt an der Tür** there's a rattling at the door; **bei ihm rappelt's** *(salopp)* he's got one of his crazy turns *(coll.)*; **b)** *mit sein (ugs.: sich fortbewegen)* clatter [along]; **c)** *(österr. ugs.: verrückt sein)* be a bit crackers *(Brit. coll.)*

**Rạppen der; ~s, ~:** [Swiss] centime
**rạpplig** *Adj. s.* **rappelig**
**Rạppen·spalter der; ~s, ~** *(schweiz. ugs.)* penny-pincher
**Rapport** [ra'pɔrt] **der; ~s, ~e a)** *(veralt.)* report; **jmdm. ~ erstatten** report to sb.; **sich zum ~ melden** report; **jmdn. zum ~ bestellen** ask sb. to give a report; **b)** *(Psych.)* rapport
**Raps** [raps] **der; ~es** *(Bot., Landwirtsch.)* rape
**Rạps·öl das** rape-oil
**Rapunzel** [ra'pʊnts̩l] **die; ~, ~n a)** *o. Pl. (Märchengestalt)* Rapunzel; **b)** *s.* **Feldsalat**
**rar** [ra:ɐ̯] *Adj. (knapp)* scarce; *(selten vorkommend; begehrt)* rare ‹*case, opportunity, stamp, etc.*›; **sich ~ machen** *(ugs.)* not be around much *(coll.)*; *(selten erscheinen)* make only rare appearances; **sie machten sich ~, als wir ihre Hilfe brauchten** they made themselves scarce when we needed their help; **du hast dich in letzter Zeit bei uns ~ gemacht** we haven't seen much of you at our place recently
**Rarität** [rari'tɛ:t] **die; ~, ~en** rarity
**Raritäten-: ~kabinett das** *room housing a display of rare specimens*; **~sammlung die** collection of rare specimens
**rasant** [ra'zant] **1.** *Adj.* **a)** *(ugs.) (sehr schnell)* tremendously fast *(coll.)* ‹*car, horse, runner, etc.*›; tremendous *(coll.)*, lightning *attrib.* ‹*speed, acceleration*›; meteoric, lightning *attrib.* ‹*development, progress, growth*›; hairy *(coll.)* ‹*driving*›; *(schnittig)* racy ‹*car, styling*›; **in ~em Tempo, in ~er Fahrt** at a terrific speed *(coll.)*; **b)** *(ugs.) (schwungvoll)* dynamic, lively ‹*show*›; action-packed, exciting ‹*film, story*›; *(fabelhaft)* terrific *(coll.)* ‹*film, show, dress, song, etc.*›; *(rassig)* classy *(sl.)* ‹*woman*›; dashing ‹*style, dress*›; **eine ~e Kür laufen** skate an exciting programme; **c)** *(Ballistik: flach)* flat ‹*trajectory*›. **2.** *adv.* **a)** *(ugs.) (sehr schnell)* at terrific speed *(coll.)*; ‹*increase*› by leaps and bounds; **~ beschleunigen** ‹*car*› have terrific acceleration *(coll.)*; ‹*car, driver*› accelerate like a mad thing *(coll.)*; **~ gestylt** *od.* **geschnitten** *(schnittig)* racily styled; with racy lines; **b)** *(ugs.) (schwungvoll)* dashingly; *(rassig)* stylishly; **c)** *(Ballistik: flach)* **~ verlaufen** ‹*trajectory*› be flat
**Rasanz** [ra'zants̩] **die; ~ a)** *(ugs.: Schnelligkeit)* terrific speed *(coll.)*; **die ~ der Beschleunigung** the terrific [rate of] acceleration *(coll.)*; **b)** *(ugs.: Dynamik)* verve; excitement
**rasch** [raʃ] **1.** *Adj.* quick; quick, rapid ‹*step, progress, decision, action*›; speedy, swift ‹*end, action, decision, progress*›; fast, quick ‹*service, work, pace, tempo, progress*›; **ein ~es Tempo** a fast pace; *(eines Fahrzeugs)* a high speed; **in ~er Folge** in rapid *or* swift succession. **2.** *adv.* quickly; ‹*drive, act*› quickly, fast; ‹*decide, end, proceed*› swiftly, rapidly; **das geht mir zu ~:** that's too quick for me; **notieren Sie das ~!** make a quick note of that
**rascheln** ['raʃl̩n] *itr. V.* rustle; **die Maus raschelte** the mouse made a rustling noise; **es raschelte im Stroh** there was a rustling in the straw; **mit der Zeitung ~:** rustle the newspaper
**rasen** ['ra:zn̩] *itr. V.* **a)** *mit sein (ugs.: eilen)* dash *or* rush [along]; *(fahren)* tear *or* race along; *(fig.)* ‹*pulse*› race; **gegen einen Baum ~:** crash [at full speed] into a tree; **ein Auto kam um die Ecke gerast** a car came tearing *or* racing round the corner; **die Zeit raste** *(fig.)* the time simply flew past; **b)** *(toben)* ‹*person*› rage; *(wie wahnsinnig)* rave; *(fig.)* ‹*storm, sea, war*› rage; **[vor Begeisterung] ~:** go wild [with enthusiasm]
**Rasen der; ~s, ~:** grass *no indef. art.*; *(gepflegte ~fläche)* lawn; *(eines Spielfeldes usw., Grassode)* turf; **in unserem Garten ist hauptsächlich ~:** our garden is mainly grass *or* lawn; **ihn deckt der kühle** *od.* **grüne ~** *(geh. verhüll.)* he has been laid to rest; **er mußte den ~ verlassen** *(Sportjargon)* he was sent off [the field *or (coll.)* park]
**rasend 1.** *Adj.* **a)** *(sehr schnell)* **in ~er Fahrt, mit ~er Geschwindigkeit** at breakneck speed; **b)** *(tobend)* raging; *(wie wahnsinnig)* raving; *(verrückt)* mad; **[vor Wut** *usw.*] **~ werden** be beside oneself [with rage *etc.*]; **die Schmerzen machen mich ~:** the pain is driving me mad; **c)** *(heftig)* violent ‹*jealousy, rage*›; violent, excruciating ‹*pain*›; tumultuous ‹*applause*›; **~e Kopfschmerzen haben** have a splitting headache. **2.** *adv. (ugs.)* incredibly *(coll.)* ‹*fast, funny, expensive*›; madly *(coll.)* ‹*in love*›; insanely ‹*jealous*›; **ich täte es ~ gern** I'd really love to do it
**Rasen-: ~fläche die** lawn; *(kleiner)* patch of grass; **~mäher** [~mɛ:ɐ] **der; ~s, ~:** lawn-mower; **~platz a)** *s.* **~fläche**; **b)** *(Fußball usw.)* pitch; *(Tennis)* grass court; **~schere die** grass-shears *pl.*; **~sprenger der; ~s, ~:** lawn-sprinkler; **~stück das** area of lawn
**Raser der; ~s, ~** *(ugs. abwertend)* speed-merchant *(coll.)*; *(rücksichtslos)* road hog
**Raserei die; ~, ~en a)** *(ugs.: schnelles Fahren)* tearing along *no art.*; **b)** *o. Pl. (das Toben)* [insane] frenzy; *(Wut)* rage; **jmdn. zur ~ bringen** drive sb. mad *or* to distraction
**Rasier-: ~apparat der** [safety] razor; *(elektrisch)* electric shaver *or* razor; **~creme die** shaving-cream
**rasieren** [ra'zi:rən] *tr. V.* **a)** shave; **sich ~:** shave; **sich naß/trocken/elektrisch ~:** have a wet/dry shave/use an electric shaver; **sich** *(Dat.)***/jmdm. die Beine** *usw.* **~:** shave one's/sb.'s legs; *(ab~)* **sich** *(Dat.)* **/jmdm. die Haare/den Bart ~:** shave off one's/sb.'s hair/beard; **b)** *(zerstören)* raze to the ground
**Rasierer der; ~s, ~** *(ugs.)* [electric] shaver
**Rasier-: ~klinge die** razor-blade; **~messer das** cutthroat razor; **~pinsel der** shaving-brush; **~schaum der a)** *(in der Sprühdose)* shaving-foam; **b)** *(der ~seife)* shaving-lather; **~seife die** shaving-soap; **~wasser das** *(nach der Rasur)* aftershave; *(vor der Rasur)* pre-shave lotion; **~zeug das** shaving things *pl.*
**Räson** [rɛ'zɔŋ] **die** *in* **zur ~ kommen,** *(veralt.)* **~ annehmen** come to one's senses; **jmdn. zur ~ bringen** make sb. see reason
**räsonieren** [rɛzo'ni:rən] *itr. V. (veralt. abwertend)* **a)** *(sich wortreich äußern)* reason [at length]; expatiate; **b)** *(nörgeln)* grumble **(über + Akk.** about)
**Raspel** ['raspl̩] **die; ~, ~n a)** *(grobe Feile)* rasp; **b)** *(Küchengerät)* grater
**rạspeln** *tr. V.* **a)** *auch itr. (mit einer Feile)* rasp; **an etw.** *(Dat.)* **~:** work away at sth. with a rasp; **b)** *(Kochk.)* grate
**raß** [ra:s], **räß** [rɛ:s] *(südd., österr., schweiz.)* highly-seasoned; hot ‹*curry, goulash*›
**Rasse** ['rasə] **die; ~, ~n a)** *(Biol.)* breed; **ein Pferd von edler ~:** a horse of noble pedigree; **b)** *(Anthrop.: Menschen~)* race; **c) ~ haben** *od.* **sein** *(ugs.)* be terrific *(coll.)*; *(Temperament haben)* have plenty of spirit *or* mettle; **von** *od.* **mit ~** *(ugs.)* terrific *(coll.)*; *(temperamentvoll)* [high-]spirited
**Rạsse·hund der** pedigree dog
**Rassel** ['rasl̩] **die; ~, ~n a)** *(Musikinstrument)* rattle, *esp.* maraca; **b)** *(Spielzeug)* rattle
**Rạssel·bande die** *(ugs. scherzh.)* [gang of] little rascals *pl.*
**rạsseln** *itr. V.* **a)** rattle; **mit seinen Ketten/seinem Schlüsselbund ~:** rattle one's chains/jangle one's bunch of keys; **der Wecker rasselt** the alarm goes off with a jangling sound; **~d atmen** *(fig.)* breathe stertorously; **seine Lunge rasselt** *(fig.)* he has a rattle in his lung; *s. auch* **Säbel**; **b)** *mit sein (sich ~d fortbewegen)* clatter; **gegen einen Baum ~** *(ugs.)* go smash into a tree *(coll.)*; **c)** *mit sein (salopp: durchfallen)* **durch eine Prüfung ~:** come unstuck in *or (Amer.)* flunk an exam *(coll.)*
**Rạssen-: ~diskriminierung die** racial discrimination *no art.*; **~frage die;** *o. Pl.* **die ~frage** the race issue *or* question; **~gesetze** *Pl.* race laws; **~haß der** racial hatred *no art.*; **~konflikt der** racial conflict; **~krawall der** race riot; **~problem das** racial problem; **das ~problem** the race problem; **~schranke die** racial barrier; **~trennung die;** *o. Pl.* racial segregation *no art.*; **~unruhen** *Pl.* racial unrest; **~vor·urteil das** racial prejudice
**Rạsse·pferd das** thoroughbred [horse]
**rạsse·rein** *Adj. s.* **reinrassig**
**rạssig** *Adj.* spirited, mettlesome ‹*horse*›; spirited, vivacious ‹*woman*›; sporty ‹*car*›; tangy ‹*wine, perfume*›; *(markant)* striking ‹*face, features, beauty*›
**rạssisch 1.** *Adj.* racial; **aus ~en Gründen** for reasons of race. **2.** *adv.* racially
**Rassịsmus der; ~:** racism; racialism
**Rassịst der; ~en, ~en, Rassịstin die; ~, ~nen** racist; racialist
**rassịstisch 1.** *Adj.* racist; racialist. **2.** *adv.* racialistically; **~ begründet** for racialist reasons *postpos.*; ‹*policy*› based on race; **~ gefärbt** with a racialist slant
**Rast** [rast] **die; ~, ~en** rest; **~ machen** stop for a break; **ohne ~ und Ruh** *(geh.)* without respite
**Rạste die; ~, ~n** *(Technik)* notch
**rạsten** *itr. V.* rest; take a rest *or* break; **eine Stunde ~:** have an hour's rest; **wer rastet, der rostet** *(Spr.)* if you don't keep at it, you get rusty; *s. auch* **ruhen d**
**Rạster der; ~s, ~ a)** *(Druckw.) (Platte, Linien)* screen; **b)** *(fig.)* [conceptual] framework; set pattern
**Rạster-: ~ätzung die** *(Druckw.)* half-tone engraving; **~fahndung die** *(Kriminologie) pinpointing of suspects by means of computer analysis of data on many people*
**rạstern** *tr. V.* screen; *(Ferns.)* scan
**Rạster·punkt der** *(Druckw.)* half-tone dot
**Rạsterung die; ~, ~en a)** *o. Pl. (das Rastern)* screening; *(Ferns.)* scanning; **b)** *(Struktur)* screen
**rạst-, Rạst-: ~haus das** roadside café; *(mit Hotelbetrieb)* roadside hotel; motel; *(an der Autobahn)* motorway restaurant; **~hof der** [motorway] motel [and service area]; **~los 1.** *Adj.* restless ‹*person, spirit*›; restless, unsettled ‹*life*›; *(ununterbrochen)* unremitting, ceaseless ‹*work, search*›; *(unermüdlich)* tireless, unflagging ‹*work, enthusiasm*›; **2.** *adv. s. Adj.:* restlessly; unremittingly; ceaselessly; tirelessly; unflaggingly; **~losigkeit die; ~:** restlessness; **~platz der a)** place to rest; **b)** *(an Autobahnen)* parking place *(with benches and WCs)*; picnic area; **~stätte die** service area
**Rasur** [ra'zu:ɐ̯] **die; ~, ~en a)** *(das Rasieren)* shave; **nach der ~:** after shaving; **b)** *(ausradierte Stelle)* erasure
**Rat** [ra:t] **der; ~[e]s, Räte** ['rɛ:tə] **a)** *o. Pl. (Empfehlung)* advice; **ein ~:** a piece *or* word of advice; **gib mir einen ~, was ich tun soll!** please tell me what I should do; **ich gab ihm den ~ zu ...:** I advised him to ...; **jmds. ~ einholen, sich** *(Dat.)* **bei jmdm. ~ holen** take advice from sb.; **bei jmdm. ~ suchen** seek sb.'s advice; **da ist guter ~ teuer** I/we *etc.* hardly know which way to turn; **jmdm. mit ~ und Tat zur Seite stehen** *od.* **beistehen** stand by sb. with moral and practical support; **mit sich zu ~[e] gehen** give the matter a lot of thought; **jmdn./etw. zu ~[e] ziehen** consult sb./sth.; **b)** *o. Pl. (Ausweg)* way out; solution; **[sich** *(Dat.)*] **keinen ~ wissen** not know what to do; **ich wußte [mir] keinen ~ mehr** I was at my wit's end *or* com-

pletely at a loss; **weiß jemand ~?** has anybody any ideas?; **c)** *(Gremium)* council; *(Sowjet)* soviet; **der ~ der Stadt** the town council; **~ für Gegenseitige Wirtschaftshilfe** Council for Mutual Economic Aid; COMECON; **d)** *(Ratsmitglied)* councillor; council member; **e)** *o. Pl. (Titel)* Councillor

**rät** [rɛ:t] *3. Pers. Sg. Präsens v.* **raten**

**Rate** ['ra:tə] **die, ~, ~n a)** *(Teilbetrag)* instalment; **etw. auf ~n kaufen** buy sth. by instalments *or (Brit.)* on hire purchase *or (Amer.)* on the installment plan; **b)** *(Statistik: Verhältnis)* rate

**Räte·demokratie die** government by soviets *no art.*; sovietism *no art.*

**raten 1.** *unr. itr. V.* **a)** *(einen Rat, Ratschläge geben)* **jmdm. ~:** advise sb.; **laß dir von einem Freund ~:** take the advice of a friend; **er läßt sich von niemandem ~:** he won't listen to anybody; **wem nicht zu ~ ist, dem ist [auch] nicht zu helfen** *(Spr.)* you can't help some people – they just won't listen; ≈ you can take a horse to the water, but you can't make him drink *(prov.)*; **sich** *(Dat.)* **nicht zu ~ wissen** be quite at a loss; **wozu rätst du mir?** what do you advise me to do?; **ich würde zu diesem Bewerber ~:** my advice would be to choose this applicant; **b)** *(schätzen)* guess; **richtig/falsch ~:** guess right/wrong; **dreimal darfst du ~** *(ugs. iron.)* I'll give you three guesses. **2.** *tr. V.* **a)** *(an~)* **jmdm. ~, etw. zu tun** advise sb. to do sth.; **was rätst du mir?** what do you advise [me to do]?; **laß dir das ge~ sein!** you better had [do that]!; *(tu das nicht)* don't you dare do that!; **das möchte ich dir auch ge~ haben!** I should hope so!; **b)** *(er~)* guess

**Raten-: ~kauf der** purchase by instalments *or (Amer.)* on the installment plan; **~zahlung die a)** payment by instalments; **b)** *(das Zahlen des Teilbetrags)* hire-purchase *(Brit.) or (Amer.)* installment plan payment; **die dritte ~zahlung ist fällig** the third instalment is due

**Räte·republik die** *(hist.)* soviet republic

**Rate·spiel das** guessing-game

**Rat-: ~geber der** adviser; *(Buch)* guide; **~geberin die; ~, ~nen** adviser; **~haus das** town hall; **jmdn. ins ~haus wählen** elect sb. to the town council; **die FDP ist wieder ins ~haus eingezogen** the FDP is again represented on the town council; **~haus·saal der** town hall council-chamber

**Ratifikation** [ratifika'tsi̯o:n] **die; ~, ~en** ratification

**ratifizieren** [ratifi'tsi:rən] *tr. V.* ratify

**Ratifizierung die; ~, ~en** ratification

**Rätin** ['rɛ:tɪn] **die; ~, ~nen** councillor

**Ratio** ['ra:tsi̯o] **die; ~** *(geh.)* [pure] reason *no art.*; rational logic *no art.*

**Ration** [ra'tsi̯o:n] **die; ~, ~en** ration; **jmdn. auf halbe/doppelte ~ setzen** *(ugs.)* put sb. on half/double rations; *s. auch* **eisern 1d**

**rational** [ratsi̯o'na:l] **1.** *Adj.* rational; **~e Zahlen** rational numbers. **2.** *adv.* rationally

**rationalisieren** *tr., itr. V.* rationalize

**Rationalisierung die; ~, ~en** rationalization; **~en** rationalization measures

**Rationalisierungs·maßnahme die** rationalization measure

**Rationalismus der; ~:** rationalism *no art.*

**Rationalist der; ~en, ~en** rationalist

**rationalistisch 1.** *Adj.* rationalistic; rationalist ⟨*principles*⟩; **das ~e Zeitalter** the age of reason. **2.** *adv.* rationalistically

**Rationalität** [ratsi̯onali'tɛ:t] **die; ~:** rationality

**rationell** [ratsi̯o'nɛl] **1.** *Adj.* efficient; *(wirtschaftlich)* economic. **2.** *adv.* efficiently; *(wirtschaftlich, kräftesparend)* economically

**rationieren** *tr. V.* ration

**Rationierung die; ~, ~en** rationing *no indef. art.*; **~en vornehmen** introduce rationing [measures]

**rat·los 1.** *Adj.* baffled; at a loss *pred.*; helpless ⟨*look*⟩; **einer Sache** *(Dat.)* **~ gegenüberstehen** not know what to do about sth. **2.** *adv.* helplessly; in a baffled way

**Rat·losigkeit die; ~:** perplexity; helplessness; **in meiner ~:** not knowing what to do

**Rätoromanisch** [rɛtoro'ma:nɪʃ] **das** Rhaeto-Romanic; Rhaeto-Romance

**ratsam** ['ra:tza:m] *Adj.; nicht attr.* advisable; *(weise)* prudent

**ratsch** [ratʃ] *Interj.* zip; *(beim Zerreißen)* rip; **es machte ~:** there was a ripping sound; *s. auch* **ritsch**

**Ratsche** ['ra:tʃə] *(bes. südd., österr.)*, **Rätsche** ['rɛ:tʃə] *(südd.)* **die; ~, ~n a)** *(Geräuschinstrument)* [football fan's] rattle; **b)** *(Technik: Sperre)* ratchet

**[1]ratschen** *(ugs.)* **1.** *itr. V. (Geräusch erzeugen)* rip. **2.** *refl. V. (landsch.: kratzen)* scratch oneself

**[2]ratschen** *(bes. südd., österr.)*, **rätschen** *(südd.) itr. V.* **a)** *(Ratsche drehen)* swing a/one's rattle; *(fig.)* make a rasping noise; **b)** *(ugs.: schwatzen)* gossip

**Rat-: ~schlag der** [piece of] advice; *(Hinweis)* tip; **auf meinen ~schlag hin** acting on my advice; **~schläge** advice/tips; **kluge ~schläge** *(iron.)* brilliant advice *sing. (iron.)*; **~schluß der** *(geh.)* counsel *(formal)*; **nach Gottes unerforschlichem ~schluß** in accordance with the unfathomable will of God

**Rätsel** ['rɛ:tsl̩] **das; ~s, ~ a)** *(Denkaufgabe)* riddle; *(Bilder~, Kreuzwort~ usw.)* puzzle; **das ist des ~s Lösung** *(fig.)* [so] that is the explanation; **jmdm. ~/ein ~ aufgeben** ask *or* set sb. riddles/a riddle; *(fig.: vor Probleme stellen)* puzzle *or* baffle sb.; **b)** *(Geheimnis)* mystery; enigma; **jmdm.** *od.* **für jmdn. ein ~ sein/bleiben** be/remain a mystery to sb.; **vor einem ~ stehen** be baffled

**Rätsel·ecke die** *(ugs.)* puzzle corner *(in a magazine/newspaper)*

**rätselhaft 1.** *Adj.* mysterious; *(unergründlich)* enigmatic ⟨*smile, expression, person*⟩; baffling ⟨*problem*⟩; **es blieb/es ist [mir] ~, warum ...:** it remained/is a mystery [to me] why .... **2.** *adv.* mysteriously; *(unergründlich)* enigmatically

**Rätselhaftigkeit die; ~:** enigmatic nature; mysteriousness

**Rätsel·heft das** puzzle magazine

**rätseln** *itr. V.* puzzle, rack one's brains **(über + Akk.** over); **~, wer .../ob ...:** try to work out who .../whether ...

**Rätsel·raten das a)** *s.* **Rätsel a**: solving puzzles/riddles *no art.*; **b)** *(das Rätseln)* puzzling; *(Raten)* guessing; **das ~, wer sein Nachfolger werden soll** the guessing-game as to who is to be his successor

**rätsel·voll 1.** *Adj.* mysterious; enigmatic ⟨*person*⟩. **2.** *adv.* mysteriously; ⟨*smile*⟩ enigmatically

**Rats-: ~herr der** [town/city] councillor; **~keller der** [restaurant in the] town-hall cellar; **~stube die** *(veralt.)* [town hall] council-chamber

**Rattan** ['ratan] **das; ~s** rattan [cane]

**Ratte** ['ratə] **die; ~, ~n** *(auch fig.)* rat; **die ~n verlassen das sinkende Schiff** the rats are leaving the sinking ship

**Ratten-: ~bekämpfung die** rat control; **~fänger der a)** rat-catcher; **der ~fänger von Hameln** *(Lit.)* the Pied Piper of Hamelin; **b)** *(abwertend: Volksverführer)* pied piper; **~gift das** rat poison; **~schwanz der a)** *(fig.: große Anzahl)* **ein ~schwanz von Änderungen/Gerüchten** a whole welter *or* string of changes/rumours; **b)** *(scherzh.: Zopf)* pigtail; **c)** *(Schwanz der Ratte)* rat's tail

**rattern** ['ratɐn] *itr. V.* **a)** *(knattern)* clatter; ⟨*sewing-machine, machine-gun*⟩ chatter; ⟨*engine*⟩ rattle; **b)** *mit sein (sich ~d fortbewegen)* clatter [along]

**Ratz** [rats] **der; ~es, ~e a)** *(südd., österr., schweiz.)* rat; **b)** *(volkst.: Siebenschläfer)* [edible] dormouse; **schlafen wie ein ~:** sleep like a log

**ratze·kahl** *Adv. (ugs.)* totally; completely

**ratzen** *itr. V. (ugs.)* [have a] kip *(Brit. sl.)*

**Raub** [raup] **der; ~[e]s a)** robbery; *(Entführung)* kidnapping; **jmdn. wegen ~es anklagen/verurteilen** accuse/convict sb. of robbery *or (jur.)* larceny [from the person]; **der ~ der Sabinerinnen** *(Myth.)* the rape of the Sabine women; **b)** *(Beute)* [robber's] loot; stolen goods *pl.*; **ein ~ der Flammen werden** *(geh.)* be consumed by the flames *(literary)*

**Raub-: ~bau der;** *o. Pl.* over-exploitation **(an + Dat.** of); *(beim Fischfang)* overfishing; *(beim Bergbau)* overworking; **~bau an etw.** *(Dat.)* **treiben** over-exploit sth.; **~bau mit seiner Gesundheit treiben** *(fig.)* ruin one's health by overdoing things; **~bau an seinen Kräften** *(fig.)* overtaxing one's strength; **~druck der;** *Pl.* **~drucke** pirated edition

**rauben 1.** *tr. V.* steal; kidnap ⟨*person*⟩; **jmdm. etw. ~:** rob sb. of sth.; *(geh.: wegnehmen)* deprive sb. of sth.; **jmdm. den Atem/die Sprache ~:** take sb.'s breath away/render sb. speechless; **er hat ihr die Unschuld geraubt** *(veralt.)* he deprived her of her virginity; he deflowered her *(dated)*. **2.** *itr. V.* rob; *(plündern)* plunder

**Räuber** ['rɔybɐ] **der; ~s, ~ a)** robber; *(Entführer)* kidnapper; *(fig. scherzh.)* rascal; **~ und Gendarm** cops and robbers; **anscheinend bin ich unter die ~ gefallen** *(ugs.)* it seems I'm being fleeced *(coll.)*; **b)** *(Zool.: Tier)* predator

**Räuber-: ~bande die** *(veralt.)* band of robbers; **~geschichte die a)** story about robbers; **b)** *(ugs.: erlogene Geschichte)* tall story; **~haupt·mann der** *(veralt.)* robber chief; **~höhle die** *(veralt.)* robber's den; **hier sieht es aus wie in einer ~höhle** it's a frightful mess in here *(coll.)*

**räuberisch 1.** *Adj.* **a)** rapacious, predatory ⟨*gang, horde, etc.*⟩; **~e Erpressung** *(Rechtsw.)* extortion by means of force or under threat of force; **b)** *(Zool.)* predatory ⟨*animal, fish, etc.*⟩. **2.** *adv. (Zool.)* **~ lebend** living as a predator/as predators; predatory

**räubern** *itr. V.* go robbing; *(plündern)* loot

**Räuber-: ~pistole die** *(ugs. scherzh.)* tall story; **~zivil das** *(ugs. scherzh.)* scruffy clothes *pl.*

**raub-, Raub-: ~fisch der** predatory fish; **~gier die** rapacity; **~gierig** *Adj.* rapacious; **~katze die** wild cat; **~mord der** *(Rechtsw.)* murder **(an + Dat.** of) in the course of a robbery *or* with robbery as motive; **~mörder der** robber and murderer; **~ritter der** *(hist.)* robber baron; **~tier das** predator; beast of prey; **~tier·käfig der** predators' cage; *(für Löwen und Tiger)* lions' and tigers' cage; **~über·fall der** robbery **(auf + Akk.** of); *(von einer Bande auf eine Bank o. ä.)* raid **(auf + Akk.** on); **~vogel der** bird of prey; **~wild das** *(Jägerspr.)* predators *pl. (hunted as game)*; **~zug der** plundering raid

**Rauch** [raux] **der; ~[e]s** smoke; **kein ~ ohne Flammen** *(Spr.)* there's no smoke without fire *(prov.)*; **in ~ [und Flammen] aufgehen** go up in smoke *or* flames; **sich in ~ auflösen, in ~ aufgehen** *(fig.)* go up in smoke

**Rauch-: ~ab·zug der** smoke outlet; *(Rohr, Schacht)* flue; **~bombe die** smoke-bomb

**rauchen 1.** *itr. V.* smoke; **es rauchte in der Küche** there was smoke in the kitchen; **sonst raucht es!** *(ugs.)* or there'll be trouble. **2.** *tr. (auch itr.) V.* smoke ⟨*cigarette, pipe, etc.*⟩; **~ Sie?** do you smoke?; **eine ~:** have a smoke; **stark** *od.* **viel ~:** be a heavy smoker; **„Rauchen verboten"** 'No smoking'

**Rauch·entwicklung die** build-up of smoke

**Raucher** der; ~s, ~ a) smoker; b) *o. Art. (~abteil)* smoker; smoking-compartment; **möchten Sie ~ oder Nichtraucher [fliegen]?** would you like smoking or no smoking?

**Räucher·aal** der smoked eel

**Raucher-:** **~ab·teil** das smoking-compartment; smoker; **~bein** das *(Med.) narrowing of the arteries of the leg as a result of heavy smoking*

**Räucher·hering** der smoked herring

**Raucher·husten** der smoker's cough

**Raucherin** die; ~, ~nen smoker

**Räucher-:** **~kammer** die smokehouse; **~lachs** der smoked salmon

**Raucher·lunge** die *(volkst.)* smoker's lung

**räuchern** ['rɔyçn̩] 1. *tr. V.* smoke ⟨*meat, fish*⟩. 2. *itr. V.* burn incense/joss-sticks *etc.*

**Räucher-:** **~schinken** der smoked ham; **~speck** der smoked [streaky] bacon; **~stäbchen** das joss-stick

**rauch-, Rauch-:** **~fahne** die plume of smoke; **~fang** der a) *(~abzug)* chimney hood; b) *(österr.: Schornstein)* chimney; **~fang·kehrer** der *(österr.)* chimney-sweep; **~farben, ~farbig** *Adj.* smoke-coloured; smoke-grey; **~faß** das *(kath. Kirche)* censer; **~gas** das flue gas; **~gas·entschwefelung** die flue gas desulphurization; **~geschwängert** *Adj.* smoke-filled; **die Luft war ~geschwängert** the air was heavy with smoke; **~geschwärzt** *Adj.* smoke-blackened; **~glas** das; *o. Pl.* smoked glass

**rauchig** *Adj.* smoky; husky ⟨*voice*⟩

**rauch-, Rauch-:** **~los** *Adj.* smokeless; **~melder** der smoke-detector; **~pilz** der mushroom cloud; **~salon** der smoking-room; **~säule** die column *or* pillar of smoke; **~schwaden** der cloud of smoke; **~signal** das smoke signal; **~tisch** der smoker's table; **~verbot** das ban on smoking; **aus Sicherheitsgründen herrscht ~verbot** smoking is prohibited for safety reasons; **~vergiftung** die poisoning *no art.* by smoke inhalation; **~verzehrer** der; ~s, ~: air cleaner [and freshener]; **~ware** die; ~, ~n a) *Pl. (Tabak)* tobacco products; b) *(Kürschnerei)* fur; **~wolke** die cloud of smoke; **~zeichen** das smoke signal

**Räude** ['rɔydə] die; ~, ~n mange *no art.*

**räudig** *Adj.* mangy; **ein ~es Schaf** *(fig.)* a bad apple *(fig.)*; **du ~er Hund!** *(derb)* you dirty rat! *(sl.)*

**rauf** [rauf] *Adv. (ugs.)* up; **~ mit euch!** up you go!; *s. auch* **herauf; hinauf**

**rauf-** *(ugs.)* up; **~brüllen/~klettern** shout/climb

**Raufbold** [-bɔlt] der; ~[e]s, ~e *(veralt.)* ruffian

**rauf|bringen** *unr. tr. V. (ugs.) (her)* bring up; *(hin)* take up

**Raufe** die; ~, ~n hay-rack

**raufen** 1. *itr., refl. V.* fight; **[sich] wegen** *od.* **um etw. ~:** fight [each other] over sth. 2. *tr. V.* pull up ⟨*weeds, plants, etc.*⟩; pull ⟨*flax*⟩; **sich** *(Dat.)* **die Haare/den Bart ~:** tear one's hair/at one's beard

**Rauferei** die; ~, ~en fight

**rauf|gehen** *unr. itr. V.; mit sein (ugs.)* go up

**Rauf·handel** der; ~s, Raufhändel *(veralt.)* brawl; fight

**rauf-:** **~|holen** *tr. V. (ugs.)* fetch *or* bring up; **~|kommen** *unr. itr. V.; mit sein (ugs.)* come up

**rauf·lustig** *Adj. (veralt.)* pugnacious; **er ist ein ~er Bursche** he is always spoiling for a fight

**rauh** [rau] 1. *Adj.* a) *(nicht glatt)* rough; **in einer ~en Schale steckt oft ein weicher Kern** *(Spr.)* behind a rough exterior there often beats a heart of gold; b) *(nicht mild)* harsh, raw ⟨*climate, winter*⟩; raw ⟨*wind*⟩; c) *(unwirtlich)* bleak, inhospitable ⟨*region, mountains, etc.*⟩; rough ⟨*weather*⟩; d) *(kratzig)* husky, hoarse ⟨*voice*⟩; e) *(entzündet)* sore ⟨*throat*⟩; f) *(grob, nicht feinfühlig)* rough; harsh ⟨*words, tone*⟩; **er ist ~, aber herzlich** he is a rough diamond; g) *(Ballspiele)* rough ⟨*play*⟩; h) *(ugs.)* **in ~en Mengen** in huge *or* vast quantities. 2. *adv.* a) *(kratzig)* ⟨*speak etc.*⟩ huskily, hoarsely; b) *(grob, nicht feinfühlig)* roughly; c) *(Ballspiele)* roughly; **~ spielen** play rough

**rauh-, Rauh-:** **~bauz** [~bauts] der; ~es, ~e *(ugs.) s.* **~bein; ~bauzig** *Adj. (ugs.) s.* **~beinig; ~bein** das *(ugs.)* rough diamond; **~beinig** *Adj. (ugs.)* gruff; rough and ready

**Rauheit** die; ~, ~en *s.* **rauh a–d:** roughness; harshness; rawness; bleakness; inhospitableness; huskiness; hoarseness

**Rauh-:** **~faser·tapete** die woodchip wallpaper; **~frost** der rime; **~haar·dackel** der wire-haired dachshund; **~putz** der roughcast; **~reif** der hoar-frost

**raum** [raum] *Adj. (Seemannsspr.)* a) *(weit)* open ⟨*sea*⟩; b) *(von hinten)* quartering, following ⟨*sea, current, wind*⟩

**Raum** der; ~[e]s, Räume ['rɔymə] a) *(Wohn~, Nutz~)* room; **im ~ stehen** *(fig.)* be in the air; ⟨*threat*⟩ be hanging in the air; **etw. im ~ stehen lassen** *(fig.)* leave sth. hanging in the air; **eine Anschuldigung im ~ stehen lassen** leave an accusation unanswered; b) *(nicht fest eingegrenztes Gebiet)* expanse; **~ und Zeit** *(Philos.)* space and time; c) *o. Pl. (Platz)* room; space; **5 m ~:** a space of 5 m; **auf engstem ~ leben** live in a very confined space; **einen zu breiten ~ einnehmen** *(fig.)* be given too much attention; d) *o. Pl. (Welt~)* space *no art.*; e) *(Gebiet)* area; region; **im ~ Hamburg** in the Hamburg area *or* region; f) *(Wirkungsfeld)* sphere; g) *(Math.)* space

**Raum-:** **~akustik** die *(Physik)* room acoustics *sing., no art.*; **~an·gabe** die *(Sprachw.)* adverbial expression of place; **~an·zug** der spacesuit; **~ausstatter** der a) *(Beruf)* interior decorator; b) *(Geschäft)* [firm of] interior decorators *pl.*; **~bild** das *(Optik)* stereoscopic picture; 3-D picture; **~deckung** die *(Ballspiele)* zonal defence

**räumen** ['rɔymən] 1. *tr. V.* a) *(entfernen)* clear [away]; clear ⟨*snow*⟩; **Minen ~:** clear mines; *(auf See)* sweep *or* clear mines; **etw. vom Tisch ~:** clear sth. off the table; **etw. aus dem Weg ~:** clear sth. out [of] the way; b) *(an einen Ort)* clear; move; **seine Sachen auf die Seite ~:** clear *or* move one's things to one side; **etw. in Schubfächer** *(Akk.)* **~:** put sth. away in drawers; c) *(frei machen)* clear ⟨*street, building, warehouse, stocks, etc.*⟩; d) *(verlassen)* vacate ⟨*hotel room*⟩; vacate, clear ⟨*hall, cinema, etc.*⟩; vacate, move out of ⟨*house, flat*⟩; evacuate, vacate ⟨*military position, area*⟩; e) *(durch die Polizei usw. frei machen)* clear ⟨*room, hall, street, etc.*⟩. 2. *itr. V.* clear up

**Raum~:** **~ersparnis** die saving of space; **~fähre** die space shuttle; **~fahrer** der astronaut; *(Kosmonaut)* cosmonaut; **~fahrt** die a) *o. Pl.* space flight; space travel; b) *(~flug)* space flight

**Raumfahrt-:** **~behörde** die space agency; **~medizin** die space medicine *no art.*; **~technik** die space technology *no art.*

**Raum·fahrzeug** das spacecraft

**Räum·fahrzeug** das bulldozer; *(für Schnee)* snow-plough

**raum-, Raum-:** **~flug** der space flight; **~forschung** die; *o. Pl.* space research *no art.*; **~gestalter** der interior designer; **~gleiter** der; ~s, ~ *(Raumf.)* space shuttle; **~greifend** *Adj. (Sport)* long ⟨*pass, stride, etc.*⟩; **~in·halt** der *(Math.)* volume; **~kapsel** die space capsule; **~klang** der stereophonic sound

**räumlich** 1. *Adj.* a) *(den Raum betreffend)* spatial; **aus ~en Gründen** for reasons of space; **wir sind ~ sehr beschränkt** we are cramped for space; **~e Nähe** physical proximity; b) *(dreidimensional)* three-dimensional; stereophonic ⟨*sound*⟩; stereoscopic ⟨*vision*⟩; **~ wirken** have a three-dimensional effect; **~es Vorstellungsvermögen** ability to visualize things in three dimensions. 2. *adv.* a) spatially; **in zeitlich und ~ enger Nachbarschaft** in close temporal and spatial proximity; b) *(dreidimensional)* three-dimensionally

**Räumlichkeit** die; ~, ~en a) *Pl.* rooms; **uns** *(Dat.)* **fehlen die ~en** we don't have enough space; **die ~en des Museums** the museum's premises; b) *o. Pl. (räumliche Wirkung)* three-dimensionality

**raum-, Raum-:** **~maß** das measure of capacity; **~meter** der *od.* das cubic metre *(of stacked wood, logs)*; **~not** die shortage *or* lack of space *(Gen.* in); **~ordnung** die *(Amtsspr.)* regional planning; **~ordnungs·plan** der *(Amtsspr.)* regional development plan; **~pfleger** der cleaner; **~pflegerin** die cleaning lady; cleaner; **~schiff** das spaceship; **~sonde** die space probe; **~sparend** *Adj. s.* **platzsparend; ~station** die space station; **~teiler** der room divider; **~transporter** der space shuttle

**Räumung** die; ~, ~en a) clearing; b) *(einer Wohnung, eines Hotelzimmers)* vacation; vacating; c) *(wegen Gefahr)* evacuation; d) *(von Vorräten, eines Geschäfts)* clearance

**Räumungs-:** **~klage** die *(Rechtsw.)* action for eviction; **~klage erheben** ≈ apply for an eviction order; **~verkauf** der *(Kaufmannsspr.)* clearance sale

**raunen** ['raunən] *tr., itr. V. (geh.)* whisper; **ein Raunen ging durch die Reihen** a murmur went through the ranks

**raunzen** ['rauntsn̩] *itr. V. (bes. südd., österr.)* grumble; grouse *(coll.)*

**Raupe** ['raupə] die; ~, ~n a) *(Larve)* caterpillar; b) *s.* **Planier~**; c) *s.* **Raupenkette**

**Raupen-:** **~fahrzeug** das Caterpillar vehicle; Caterpillar (P); **~kette** die Caterpillar track; **~schlepper** der Caterpillar tractor

**raus** [raus] *Adv. (ugs.)* out; **~ mit euch!** out you go!; **Nazis ~!** Nazis out!; *s. auch* **heraus; hinaus a**

**Rausch** [rauʃ] der; ~[e]s, Räusche ['rɔyʃə] a) *(durch Alkohol)* state of drunkenness; **sich** *(Dat.)* **einen ~ antrinken** get drunk; **einen [leichten/schweren] ~ haben** be [slightly/very] drunk; **seinen ~ ausschlafen** sleep off the effects of drink; sleep it off *(coll.)*; **etw. im ~ tun** do sth. while drunk; b) *(durch Drogen)* drugged state; **einen ~ haben** be drugged; be high *(coll.)* [on drugs]; **etw. im ~ tun** do sth. while drugged; c) *(starkes Gefühl)* transport; **der ~ des Erfolgs/Sieges** the exhilaration *or* intoxication of success/victory; **ein wilder/blinder ~:** a wild/blind frenzy; **der ~ der Geschwindigkeit** the exhilaration *or* thrill of speed

**rausch·arm** 1. *Adj.* low-noise. 2. *adv.* with a low noise-level

**Rausche·bart** der *(scherzh.)* a) full beard; b) *(Mann)* bearded [old] gentleman

**rauschen** *itr. V.* a) ⟨*water, wind, torrent*⟩ rush; ⟨*trees, leaves*⟩ rustle; ⟨*skirt, curtains, silk*⟩ swish; ⟨*waterfall, strong wind*⟩ roar; ⟨*rain*⟩ pour down; **ich hörte das Wasser ~:** I heard the sound of rushing water; **es rauscht im Radio** there's a hiss coming from the radio; **das Rauschen der Brandung/des Meeres** the roar of the surf/sea; **~der Beifall** *(fig.)* resounding applause; **~de Feste** *(fig.)* glittering parties; b) *mit sein (sich bewegen)* ⟨*water, river, etc.*⟩ rush; ⟨*bird, bullet, etc.*⟩ whoosh; **der Ball rauschte ins Tor** *(Sport ugs.)* the ball slammed into the back of the net; **sie rauschte aus dem Zimmer** she swept out of the room

**Rausch·gift** das drug; narcotic; **~ nehmen** take drugs; be on drugs

**rausch·gift-, Rausch·gift-: ~handel der** drug-trafficking; **~händler der** drug-trafficker; **~süchtig** *Adj.* drug-addicted; addicted to drugs *postpos.*; **sie war ~süchtig** she was addicted to drugs *or* a drug addict; **~süchtige Jugendliche** young drug addicts; **~süchtige der/die;** *adj. Dekl.* drug addict; **~tote der/die** person who dies/died as a result of drug abuse; **im vergangenen Jahr gab es 400 ~tote** last year 400 people died as a result of drug abuse

**Rausch·gold das** Dutch metal

**Rauschgold·engel der** angel *(made of Dutch metal)*

**rausch·haft** *Adj.* ecstatic

**Rausch·mittel das** *s.* **Rauschgift**

**raus-: ~|dürfen** *unr. itr. V. (ugs.) s.* **heraus-, hinausdürfen; ~|ekeln** *tr. V. (ugs.) s.* **hinausekeln; ~|fahren** *unr. tr. V.; mit sein (ugs.) s.* **heraus-, hinausfahren; ~|feuern** *tr. V. (ugs.)* chuck out *(coll.)*; **~|fliegen** *unr. itr. V.; mit sein (ugs.) s.* **heraus-, hinausfliegen; ~|gehen** *unr. itr. V.; mit sein (ugs.) s.* **heraus-, hinausgehen; ~|kommen** *unr. itr. V.; mit sein (ugs.) s.* **heraus-, hinauskommen; ~|können** *unr. itr. V. (ugs.)* be able to go/come out; *(sich befreien können)* be able to get out; **~|kriegen** *tr. V. (ugs.)* get out **(aus** of); **ich habe das Rätsel/die Aufgabe nicht ~gekriegt** I couldn't do the puzzle/exercise; **~|müssen** *unr. itr. V. (ugs.)* have got to go/come out; **wir müssen aus unserer Wohnung ~:** we have got to get out of our flat *(Brit.) or (Amer.)* apartment; **~|nehmen** *unr. tr. V. (ugs.) s.* **heraus-, hinausnehmen; ~|pauken** *tr. V. (ugs.)* **jmdn. ~pauken** get sb. off the hook *(sl.)*

**räuspern** ['rɔyspɐn] *refl. V.* clear one's throat

**raus-, Raus-: ~|schmeißen** *unr. tr. V. (ugs.)* chuck *(coll.) or* sling *(coll.)* ⟨*objects*⟩ out *or* away; give ⟨*employee*⟩ the push *(coll.) or* sack *(coll.) or* boot *(sl.)*; chuck *(coll.) or* throw ⟨*customer, drunk, tenant*⟩ out **(aus** of); **das ist ~geschmissenes Geld** that's money down the drain *(coll.)*; **~schmeißer der; ~s, ~** *(ugs.)* **a)** *(Person)* chucker-out *(coll.)*; bouncer *(coll.)*; **b)** *(Tanz)* last dance; **~schmiß der** *(ugs.) s.* **~schmeißen:** chucking out *(coll.)*; slinging out *(coll.)*; sacking *(coll.)*; chucking out *(coll.)*; throwing out; **nach dem ~schmiß des Angetrunkenen ...:** after the drunk had been chucked out; **nach unserem ~schmiß aus der Wohnung** after we were chucked *(coll.) or* thrown out of our flat; **~|sollen** *itr. V. (ugs.)* **der Zahn/Blinddarm soll ~:** the tooth/appendix is to come out; **wir sollen zum Jahresende aus unserer Wohnung ~:** we're to be out of our flat by the end of the year; **~|wollen** *unr. itr. V. (ugs.)* want to go/come out; **ich will ~!** I want to get out!

**Raute** ['rautə] **die; ~, ~n a)** *(Pflanze)* rue; **b)** *(Geom.)* rhombus

**rauten·förmig** *Adj.* rhombic; diamond-shaped

**rautiert** [rau'ti:ɐt] *Adj.* squared ⟨*paper*⟩

**Ravioli** [ra'vio:li] *Pl. (Kochk.)* ravioli *sing.*

**Rayon** [rɛ'jõ:] **der; ~s, ~s** *od. (österr.)* **~e a)** *(Warenhausabteilung)* department; **b)** *(österr., schweiz.: Bezirk)* district

**Rayons·inspektor der** *(österr. schweiz.)* district inspector

**Razzia** ['ratsia] **die; ~, Razzien** raid; **in dieser Kneipe führte die Polizei oft Razzien durch** the police has often raided this bar

**Re das; ~s, ~s** *(Skat)* redouble

**Reagens das; ~, Reagenzien** [rea'gɛntsiən], **Reagenz** [rea'gɛnts] **das; ~es, ~ien** *(Chemie)* reagent

**Reagenz-: ~glas das** test-tube; **~papier das** test paper

**reagieren** *itr. V.* **a)** react **(auf +** *Akk.* to); **b)** *(Chemie)* react; **miteinander ~:** react together

**Reaktanz** [reak'tants] **die; ~, ~en** *(Elektrot.)* reactance

**Reaktion** [reak'tsio:n] **die; ~, ~en** *(auch Politik abwertend, Chemie)* reaction **(auf +** *Akk.* to)

**reaktionär** [reaktsio'nɛ:r] *Adj. (Politik abwertend)* reactionary

**Reaktionär der; ~s, ~e, Reaktionärin die; ~, ~nen** *(Politik abwertend)* reactionary

**reaktions-, Reaktions-: ~fähig** *Adj.* **a)** capable of reacting *postpos.*; **durch den Alkoholgenuß war er nicht mehr voll ~fähig** his alcohol intake had impaired his reactions; **b)** *(Chemie)* reactive; **~fähigkeit die;** *o. Pl.* **a)** ability to react; **jmds. ~fähigkeit überprüfen** test sb.'s reactions; **b)** *(Chemie)* reactivity; **~geschwindigkeit die** *(Chemie)* reaction rate; **~schnell 1.** *Adj.* ⟨*person*⟩ with quick reactions; **~schnell sein** have quick reactions; **durch sein ~schnelles Abbremsen** through his quick reaction in braking; **2.** *adv.* **sie schrieb ~schnell die Autonummer auf** she reacted quickly and wrote down the car's number; **~schnelligkeit die** speed of reaction; **~vermögen das** *s.* **~fähigkeit; ~wärme die** *(Chemie)* heat of reaction; **~weg der** reaction distance; **~zeit die** *(Physiol.)* reaction time

**reaktiv** [reak'ti:f] **1.** *Adj.* reactive. **2.** *adv.* reactively

**reaktivieren** *tr. V.* **a)** *(wieder anstellen)* recall [to duty]; **b)** *(wieder in Gebrauch nehmen)* bring ⟨*vehicle, machine, etc.*⟩ back into service; *(fig.)* brush *or* polish up ⟨*knowledge, skill, etc.*⟩; **c)** *(Chemie)* reactivate ⟨*catalyst, serum*⟩

**Reaktivierung die a)** *(Wiedereinstellung)* recalling [to duty]; **b)** *(Wiederinbetriebnahme)* **die ~ einer Sache** *(Gen.)* **beschließen** decide to bring sth. back into service; **c)** *(Chemie)* reactivation

**Reaktor** [re'aktɔr] **der; ~s, ~en** [-'to:rən] reactor

**real** [re'a:l] **1.** *Adj.* **a)** real; **b)** *(wirklichkeitsbezogen)* realistic. **2.** *adv.* **a)** actually; **b)** *(wirklichkeitsbezogen)* realistically; **c)** *(Wirtsch.)* in real terms

**Real-: ~einkommen das** real income; **~enzyklopädie die** *(veralt.) s.* **~lexikon**

**Realien** [re'a:liən] *Pl.* **a)** *(Tatsachen)* realities *pl.*; facts *pl.*; **b)** *(veralt.: Naturwissenschaften)* natural sciences

**Real·injurie die** *(Rechtsw.)* assault and battery

**Realisation** [realiza'tio:n] **die; ~, ~en a)** *s.* **realisieren a:** realization; implementation; **b)** *(Film, Ferns.)* production

**realisierbar** *Adj. s.* **realisieren a, c:** realizable; implementable; sellable

**Realisierbarkeit die; ~:** practicability; feasibility

**realisieren** [reali'zi:rən] *tr. V.* **a)** *(geh.: verwirklichen)* realize ⟨*plan, idea, proposals, aim, project, wish*⟩; implement ⟨*plan, programme, decision*⟩; **b)** *(geh.: verstehen)* realize; **c)** *(Wirtsch.)* realize ⟨*profit, assets, etc.*⟩; sell ⟨*property*⟩

**Realisierung die; ~, ~en** *s.* **realisieren a, c:** realization; implementation; selling

**Realismus der; ~, Realismen** realism

**Realist der; ~en, ~en** realist

**Realistik die; ~:** realism

**Realistin die; ~, ~nen** realist

**realistisch 1.** *Adj.* realistic. **2.** *adv.* realistically

**Realität die; ~, ~en a)** reality; **b)** *Pl. (österr.) s.* **Immobilien**

**Realitäten-: ~händler der, ~vermittler der** *(österr.)* estate agent *(Brit.)*; real estate agent *(Amer.)*

**realitäts-, Realitäts-: ~bezogen** *Adj., adv. s.* **~nah; ~fern 1.** *Adj.* unrealistic; **2.** *adv.* unrealistically; **~nah 1.** *Adj.* realistic; **2.** *adv.* realistically; **~sinn der;** *o. Pl.* sense of reality

**realiter** [re'a:litɐ] *Adv. (geh.)* in reality

**Real-: ~kanzlei die** *(österr.)* estate agency *(Brit.)*; real estate office *(Amer.)*; **~katalog der** *(Bibliothekswesen)* subject catalogue; **~konkurrenz die** *(Rechtsw.)* accumulation of offences *(dealt with at the same trial)*; **~lexikon das** specialist encyclopaedia; **~lohn der** *(Wirtsch.)* real wages *pl.*; **~politik die** realpolitik; practical politics *sing.*; **~politiker der** practical politician; **~schule die** ≈ secondary modern school *(Brit. Hist.)*; **~schüler der** ≈ secondary modern school pupil *(Brit. Hist.)*; **~schul·lehrer der** ≈ secondary modern school teacher *(Brit. Hist.)*

**Reanimation die** *(Med.)* resuscitation

**reanimieren** *tr. V. (Med.)* resuscitate

**Reaumur** ['re:omy:ɐ] Réaumur; *s. auch* **Grad c**

**Rebbe** ['rɛbə] **der; ~[s], ~s** *(jidd.) s.* **Rabbi**

**Rebe** ['re:bə] **die; ~, ~n a)** *(Wein~)* vine shoot; **b)** *(geh.: Weinstock)* [grape] vine

**Rebell** [re'bɛl] **der; ~en, ~en** rebel; *(Aufständischer)* rebel; insurgent

**rebellieren** *itr. V.* rebel **(gegen** against)

**Rebellin die; ~, ~nen** *s.* **Rebell**

**Rebellion** [rebɛ'lio:n] **die; ~, ~en** rebellion; *(Aufstand)* rebellion; insurrection

**rebellisch 1.** *Adj.* rebellious. **2.** *adv.* rebelliously

**Reben·saft der;** *o. Pl. (geh.)* juice of the grape

**Reb-: ~huhn das** partridge; **~laus die** phylloxera; **~sorte die** type of grape; **~stock der** vine

**Rechaud** [re'ʃo:] **der** *od.* **das; ~s, ~s a)** *(Gastr.)* food/tea/coffee warmer; réchaud; **b)** *(südd., österr., schweiz.)* gas cooker

**rechen** ['rɛçn] *tr. V. (bes. südd.)* rake

**Rechen der; ~s, ~ a)** *(bes. südd.: Harke)* rake; **b)** *(Gitter an Gewässern)* grating

**Rechen-: ~an·lage die** computer; **~art die** type of arithmetical operation; **~aufgabe die** arithmetical problem; **~automat der** calculator; **~brett das** abacus; **~buch das** *(veralt.)* arithmetic book; **~exempel das: das ist doch ein ganz einfaches ~exempel** that's a matter of simple arithmetic; **~fehler der** arithmetical error; **~heft das** arithmetic book; **~künstler der** mathematical genius *or* wizard; **~lehrer der** *(veralt.)* arithmetic teacher; **~maschine die** calculator; **~operation die** arithmetical operation; **~papier das** arithmetic paper

**Rechenschaft die; ~:** account; **jmdm. über etw.** *(Akk.)* **~ geben** *od.* **ablegen** account to sb. for sth.; **von jmdm. ~ über etw.** *(Akk.)* **verlangen** demand an explanation *or* account from sb. about sth.; **jmdm. über etw.** *(Akk.)* **~ schuldig sein** *od.* **schulden** have to account to sb. for sth.; **ich bin Ihnen keine ~ schuldig** I am not answerable to you; I owe you no explanation; **jmdn. für etw. zur ~ ziehen** call *or* bring sb. to account for sth.

**Rechenschafts-: ~bericht der** report; **~legung die** report; **zur öffentlichen ~legung verpflichtet sein** be obliged to render public account

**Rechen-: ~schieber der, ~stab der** slide-rule; **~stunde die** arithmetic lesson; **~unterricht der** teaching of arithmetic; *(Fach)* arithmetic *no art.*; **~zentrum das** computer centre

**Recherche** [re'ʃɛrʃə] **die; ~, ~n** *(geh.)* investigation; enquiry; **~n über jmdn./etw. anstellen** make investigations *or* enquiries about sb./into sth.

**recherchieren** *(geh.)* **1.** *itr. V.* investigate; make investigations *or* enquiries. **2.** *tr. V.* investigate

**rechnen** ['rɛçnən] **1.** *tr. V.* **a) eine Aufgabe ~:** work out a problem; **b)** *(veranschlagen)* reckon; estimate; **wir ~ pro Person drei Fla-**

**schen Bier** we are reckoning on three bottles of beer per person; **wir müssen zwei Stunden ~:** we must reckon on two hours; **alles in allem gerechnet** all in all; altogether; **gut/rund gerechnet** at a generous/rough estimate; **das ist zu hoch/niedrig gerechnet** that's an over-/underestimate; **c)** *(berücksichtigen)* take into account; **ich rechne es mir zur Ehre** *(geh.)* I consider it *or* count it an honour; **d)** *(einbeziehen)* count; **jmdn. zu seinen Freunden ~:** count sb. among *or* as one of one's friends; **jmdn. zu den Fachleuten ~:** rate sb. as an expert. **2.** *itr. V.* **a)** *(addieren)* do *or* make a calculation/calculations; **an einer Aufgabe/auf der Tafel ~:** do *or* make calculations on a problem/the blackboard; **der Lehrer rechnet mit den Kindern** the teacher is doing arithmetic with the children; **gut/schlecht ~ können** be good/bad at figures *or* arithmetic; **b)** *(zählen)* reckon; **vom 1. April an gerechnet** reckoning from 1 April; **in Schillingen/nach Lichtjahren ~:** reckon in shillings/light years; **c)** *(ugs.: berechnen)* calculate; estimate; **das ist zuviel gerechnet** that's too high an estimate; **er ist ein klug ~der Kopf** he is a shrewdly calculating person; **d)** *(wirtschaften)* budget carefully; **mit jeder Mark** *od.* **jedem Pfennig ~ müssen** have to count *or* watch every penny; **e)** *(sich verlassen)* **auf jmdn./etw.** *od.* **mit jmdm./etw. ~:** reckon *or* count on sb./sth.; **f)** *(etw. einkalkulieren)* **mit etw. ~:** reckon with sth.; **mit einer Antwort ~:** expect an answer; **wir haben mit mehr Besuchern gerechnet** we reckoned on *or* expected more visitors; **man muß mit allem/mit dem Schlimmsten ~:** one has to be prepared for anything/for the worst. **3.** *refl. V.* *(sich rentieren)* **das rechnet sich nicht** it doesn't pay

**Rẹchnen das;** ~s arithmetic

**Rẹchner der;** ~s, ~ **a)** *(Mensch)* **ein guter/schlechter ~ sein** be good/bad at figures *or* arithmetic; **ein nüchterner ~ sein** *(fig.)* be shrewdly calculating; **b)** *(Gerät)* calculator; *(Computer)* computer

**Rechnerei die;** ~, ~en *(ugs.)* **a)** *o. Pl.* *(das Rechnen)* **das war eine komplizierte ~:** that was a complicated piece of figure-work; **dazu war eine ewige ~ nötig** it involved [some] endless calculations; **b)** *(Rechnung)* calculation

**rẹchner·gesteuert** *Adj.* *(Elektronik)* computer-controlled

**rẹchnerisch 1.** *Adj.* arithmetical; ‹*value*› in figures; **die ~e Ermittlung des Schadens** calculating the damage in figures. **2.** *adv.* ‹*determine*› by calculation, mathematically; **diese Ergebnisse sind ~ falsch** the figure-work in these results is wrong

**rẹchner·unterstützt** *Adj.* computer-aided

**Rẹchnung die;** ~, ~en **a)** *(Aus~)* calculation; **[jmdm.] eine ~ aufmachen** work it out [for sb.]; **seine ~ geht [nicht] auf** *(fig.)* his plans [do not] work out; **b)** *(schriftliche Kosten~)* bill; invoice *(Commerc.)*; **eine hohe/niedrige ~:** a large/small bill; **eine ~ über 500 Mark** a bill for 500 marks; **die ~ beträgt** *od.* **macht ...:** the bill is for ...; **die ~ ist überfällig** the account is overdue; **etw. [mit] auf die ~ setzen** put sth. on *or* add sth. to the bill; **das geht auf meine ~:** I'm paying for that; **diese Runde** *od.* **Lage geht auf meine ~:** this round's on me; this is my round; **etw. auf ~ bestellen/kaufen** order/buy sth. on account; **er hatte aber die ~ ohne den Wirt gemacht** *(fig.)* there was one thing he hadn't reckoned with; **[mit jmdm.] eine [alte] ~ begleichen** *(fig.)* settle a[n old] score [with sb.]; **auf seine** *od.* *(schweiz.)* **die ~ kommen** get one's money's worth; **auf eigene ~:** on one's own account; *(auf eigenes Risiko)* at one's own risk; **[jmdm.] etw. in ~ stellen** charge [sb.] for sth.; **c)** *(Be~, Überlegung)* calculation; **nach meiner ~:** according to my calculations; **einer Sache** *(Dat.)* **~ tragen, etw. in ~ stellen** *od.* **setzen** take sth. into account; *s. auch* **begleichen**

**Rẹchnungs-: ~art die** type of calculation; **~betrag der** amount of a/the bill/invoice; **~block der** receipt pad; **~buch das a)** accounts book *or* ledger; **b)** *(schweiz.)* *s.* **Rechenbuch; ~einheit die** *(Geldw.)* unit of account; **~fehler der** *(schweiz.)* *s.* **Rechenfehler; ~führung die** *s.* **Buchführung; ~hof der** audit office; **~jahr das** financial *or* fiscal year; **~prüfer der** auditor; **~prüfung die** *(Wirtsch., Politik)* audit; **~wesen das;** *o. Pl.* *(Wirtsch.)* accountancy *no art.*

**recht** [rɛçt] **1.** *Adj.* **a)** *(geeignet)* right; **b)** *(richtig)* right; **ganz ~!** quite right!; **das ist ~, so ist es ~,** *(ugs.)* **~ so** that's fine; **bin ich hier ~?** am I in the right place?; **c)** *(gesetzmäßig, anständig)* right; proper; **was dem einen ~ ist, ist dem anderen billig** *(Spr.)* what's sauce for the goose is sauce for the gander *(prov.)*; **~ und billig** right and proper; **alles, was ~ ist** *(das kann man nicht leugnen)* you've got to give him/it *etc.* his/its *etc.* due; *(das geht zu weit)* there is a limit; **d)** *(wunschgemäß)* **jmdm. ~ sein** be all right with sb.; **es war ihr nicht ~, daß ...:** she was not pleased that ...; **wenn es dir ~ ist** if it's all right with you; **e)** *(wirklich, echt)* real; **keine ~e Lust haben, etw. zu tun** not particularly *or* really feel like doing sth.; **f)** *(ziemlich)* **er hat sich ~e Mühe gegeben** he made quite an effort; **er ist noch ein ~es Kind** *(veralt.)* he is still a child. **2.** *adv.* **a)** *(geeignet)* **du kommst gerade ~, um zu ...:** you are just in time *or* you've come just at the right time to ...; **du kommst mir gerade ~** *(auch iron.)* you're just the person I needed; **b)** *(richtig)* correctly; **wenn ich es mir ~ überlege, dann ...:** if I really stop and think about it; **verstehen Sie mich bitte ~:** please don't misunderstand me; **habe ich ~ gehört?** did I hear right *or* correctly?; **ich denke, ich höre nicht ~** *(ugs.)* I think I must be hearing things; **gehe ich ~ in der Annahme, daß ...?** am I right in assuming that ...?; **c)** *(gesetzmäßig, anständig)* **~ handeln/leben** act/live properly; **tue ~ und scheue niemand** *(Spr.)* do what's right and fear no one; *s. auch* **Recht d; geschehen c; d)** *(wunschgemäß)* **man kann ihm nichts ~ machen** there's no pleasing him; **man kann es nicht allen ~ machen** you can't please everyone; **e)** *(wirklich, echt)* really; rightly; **er kann sich nicht ~ entscheiden** he cannot really *or* rightly decide; **die Wunde will nicht ~ heilen** the wound is not healing properly; *s. auch* **erst 2; f)** *(ziemlich)* quite; rather; **„~ herzliche Grüße, Dein Peter"** 'best wishes, Peter'

**recht...** *Adj.* **a)** right; right[-hand] ‹*edge*›; **die ~e Spur** the right-hand lane; **~er Hand, zur ~en Hand, auf der ~en Seite** on the right-hand side; **auf der ~en Seite gehen** walk on the right; **der ~e Außenstürmer/Verteidiger** *(Ballspiele)* the outside right/the right back; **b)** *(außen, sichtbar)* right ‹*side*›; **~e Maschen** *(Handarb.)* knit stitches; **eine ~e Masche stricken** knit one; **c)** *(in der Politik)* right-wing; rightist *(derog.)*; **der ~e Flügel einer Partei** the right wing of a party; **d)** *(Geom.)* **ein ~er Winkel** a right angle

**Rẹcht das;** ~[e]s, ~e **a)** *(Rechtsordnung)* law; **das ~ brechen/beugen** break/bend the law; **~ sprechen** administer the law; administer justice; **von ~s wegen** by law; *(ugs.: eigentlich)* by rights; **gegen ~ und Gesetz verstoßen** infringe *or* violate the law; **b)** *(Rechtsanspruch)* right; **das ~ haben, etw. zu tun** have the right to do sth.; **das ~ des Stärkeren** the law of the jungle; **das ist sein gutes ~:** that is his right; **alle ~e vorbehalten** all rights reserved; **mit welchem ~ hat er das getan?** by what right did he do that?; **gleiche ~e, gleiche Pflichten** *(Spr.)* equal rights mean equal obligations; **sein ~ fordern** *od.* **verlangen** demand one's rights; **der Körper verlangt sein ~:** the body demands its due; **zu seinem ~ kommen** *(fig.)* be given due attention; **auf sein ~ pochen** insist *or* stand on one's rights; **c)** *o. Pl.* *(Berechtigung)* right **(auf +** *Akk.* to); **gleiches ~ für alle!** equal rights for all!; **das ~ war auf seiner Seite** he had right on his side; **etw. mit [gutem] ~ tun** be [quite] right to do sth.; **das Gericht hat für ~ erkannt, daß ...:** the court has decided *or* has reached the verdict that ...; **im ~ sein** be in the right; **zu ~:** rightly; with justification; **d) recht haben** be right; **recht behalten** be proved right; **jmdm. recht geben** concede *or* admit that sb. is right; **e)** *Pl.* *(veralt.: Jura)* jurisprudence; **Doktor beider ~e** Doctor of Laws

**[1]Rẹchte der/die;** *adj. Dekl.* right-winger; rightist *(derog.)*; **die ~n** the right *sing.*

**[2]Rẹchte die;** *adj. Dekl.* **a)** *(Hand)* right hand; **seine ~ einsetzen** *(Boxen)* use one's right; **zur ~n des Königs** on *or* to the right of the king; **jmdm. zur ~n** to the right of sb.; **zur ~n** on the right; **b)** *(Politik)* right

**Rẹcht·eck das** rectangle

**rẹcht·eckig** *Adj.* rectangular

**Rechte·hạnd·regel die** *(Physik)* right-hand rule

**rẹchten** *itr. V.* *(geh.)* argue; dispute

**rẹchtens** *Adv.* *(von Rechts wegen)* legally; by law; *(zu od. mit Recht)* rightly

**Rẹchtens** *in* **~ sein** be legal

**rẹchter·seits** *Adv.* on the right[-hand side]

**rẹcht·fertigen 1.** *tr. V.* justify; **sein Handeln ist durch nichts zu ~:** nothing can justify his behaviour; **etw. vor jmdm. ~:** justify sth. to sb.; **er hat sich bemüht, das in ihn gesetzte Vertrauen zu ~:** he tried to live up to the trust placed in him. **2.** *refl. V.* justify oneself **(vor +** *Dat.* to)

**Rẹcht·fertigung die** justification; **er konnte nichts zu seiner ~ vorbringen** he could not say anything to justify himself

**Rẹchtfertigungs·grund der** justification

**rẹcht-, Rẹcht-: ~gläubig** *Adj.* orthodox; **~gläubigkeit die** orthodoxy; **~haber der;** ~s, ~ *(abwertend)* self-opinionated person; **er ist ein ~haber** he's self-opinionated; he always thinks he's right; **~haberei die;** ~ *(abwertend)* self-opinionatedness; **~haberisch** *(abwertend)* **1.** *Adj.* self-opinionated; **2.** *adv.* in a self-opinionated manner

**rẹchtlich 1.** *Adj.* **a)** legal; **b)** *(veralt.: rechtschaffen)* upright; honest. **2.** *adv.* **a)** legally; **~ nicht zulässig** not permissible in law; illegal; **etw. ~ verankern** establish sth. in law; **b)** *(veralt.: rechtschaffen)* uprightly; honestly; **ein ~ denkender Mensch** an honest-minded person

**Rẹchtlichkeit die;** ~: *s.* **Rechtmäßigkeit**

**rẹcht·los** *Adj.* without rights *postpos.*; **jmdn. ~ machen** deprive sb. of his/her *etc.* rights; **die ~e Stellung der Sklaven** the slaves' position without rights

**Rẹchtlosigkeit die;** ~: lack of rights

**rẹchtmäßig 1.** *Adj.* lawful; rightful; legitimate ‹*claim*›. **2.** *adv.* lawfully; rightfully; **das steht ihm ~ zu** that is his by right *or* rightfully his; **etw. ~ beanspruchen** have a legal *or* rightful claim to sth.

**Rẹchtmäßigkeit die;** ~: legality; lawfulness; *(eines Anspruchs)* legitimacy

**rẹchts 1.** *Adv.* **a)** *(auf der rechten Seite)* on the right; *(Theater)* stage left; **die zweite Straße ~:** the second street *or* turning on the right; **~ von jmdm./etw.** on sb.'s right *or* the right of sb./on *or* to the right of sth.; **von ~ kommen** come from the right; **nach ~ gehen/sich nach ~ wenden** go/turn to the right; **sich ~ halten** keep to the right; **sich ~ einordnen** move *or* get into the right-hand lane; *s. auch* **links a; b)** *(Politik)* on the right wing; ~ **stehen** *od.* **sein** be right-wing *or* on the right; ~ **eingestellt sein** have right-wing leanings; **weit** ~ **stehen** be on the far right; **c)** *(ugs.: ~händig)* right-handed; **alles mit** ~ **machen** do everything right-handed *or* with the right hand; **d)** *(Handarb.)* **ein glatt** ~ **gestrickter Pullover** a pullover in stocking stitch; *s. auch* **links 1 d**; **e)** *(~seitig)* on the right [side]; **etw. von** ~ **bügeln** iron sth. on the right side; **nach** ~ **wenden** turn ‹*dress, skirt, etc.*› right side out. **2.** *Präp. mit Gen.* ~ **des Rheins/der Straße** on the right side *or* bank of the Rhine/on the right-hand side of the road *or* to the right of the road

**Rechts-:** **~abbieger der** *(Verkehrsw.)* motorist/cyclist/car *etc.* turning right; **die ~abbieger** the traffic *sing.* turning right; *s. auch* **Linksabbieger; ~abbieger·spur die** *(Verkehrsw.)* right-turn lane; **~ab·teilung die** legal department; **~abweichler der** *(Politik)* right deviationist; **~an·gelegenheit die** legal matter; **~an·spruch der** legal right *or* entitlement; **einen ~anspruch auf etw.** *(Akk.)* **haben** have a legal right to *or* be legally entitled to sth.; **~anwalt der, ~anwältin die** lawyer; solicitor *(Brit.)*; attorney *(Amer.)*; *(vor Gericht)* barrister *(Brit.)*; attorney[-at-law] *(Amer.)*; advocate *(Scot.)*; **sich** *(Dat.)* **einen ~anwalt nehmen** get a lawyer *or (Amer.)* an attorney

**Rechtsanwalts-:** **~büro das, ~kanzlei die** *s.* **Anwaltsbüro**

**rechts-, Rechts-:** **~auf·fassung die** *(Rechtsw.)* conception of legality; **~aufsicht die** *state supervision of the legality of administrative acts;* **~auskunft die** piece of legal advice; **~auskünfte** legal advice *sing.*; **~ausleger der** *(Boxen)* southpaw *(coll.)*; **~außen** *Adv.* **a)** *(Ballspiele)* ‹*run, break through*› down the right wing; **nach ~außen spielen** play the ball out to the right wing; **b)** *(Politik ugs.)* ‹*move, drift*› to the extreme right; **ganz ~außen stehen** be on the extreme right [wing]; **~außen der; ~, ~ a)** *(Ballspiele)* right wing; outside right; **b)** *(Politik ugs.)* extreme right-winger; **~beistand der** legal adviser; **~beratung die** legal advice; **~beugung die** *(Rechtsw.)* perversion of justice *or* the law; **~bewußt·sein das** sense of [what is] right and wrong; **~brecher der; ~s, ~:** law-breaker

**recht-, Recht-:** **~schaffen 1.** *Adj.* honest; upright; honest, decent ‹*work*›; **2.** *adv.* **a)** *(ehrlich, redlich)* honestly; uprightly; **~schaffen leben** live an honest[, decent] life; **b)** *(intensivierend)* really ‹*tired, full, etc.*›; **~schaffenheit die; ~:** honesty, uprightness; **~schreib[e]·buch das** spelling-book; speller; *(Wörterbuch)* spelling dictionary; **~schreiben** *itr. V.; nur im Inf. gebr.* spell; **sie ist im Rechtschreiben schwach** she's poor at spelling; **~schreibfehler der** spelling mistake; **~schreibung die** orthography; **~schreib·wörter·buch das** spelling dictionary

**rechts-, Rechts-:** **~drall der a)** pull to the right; **der Wagen hatte einen ~drall** the car was pulling to the right; **der Tennisspieler gab dem Ball einen ~drall** the tennis player swerved the ball to the right; **b)** *(Waffent.)* right-handed twist; **c)** *(Politik ugs.)* tendency to the right; right-wing tendency; **~drehend** *Adj.* **a)** *(bes. Technik)* right-hand ‹*thread*›; **b)** *(Chemie, Physik)* dextrorotatory; **~drehung die** *(Chemie, Physik)* dextrorotation; **~empfinden das** sense of [what is] right and wrong; **~extremismus der** *(Politik)* right-wing extremism; **~extremist der** *(Politik)* right-wing extremist; **~fähig** *Adj.* *(Rechtsw.)* having legal capacity *postpos., not pred.*; **~fähigkeit die;** *o. Pl.* legal capacity; **~fall der** *(Rechtsw.)* legal case; court case; **~findung die;** *o. Pl. (Rechtsw.)* legal finding; **~frage die** *(Rechtsw.)* legal question *or* issue; **~gängig** *Adj. s.* **rechtsdrehend a; ~gefühl das;** *o. Pl.* sense of [what is] right and wrong; **~gelehrte der/die** jurist; **~gerichtet** *Adj. (Politik)* right-wing orientated; **~geschäft das** legal transaction; **~geschichte die** legal history; **~gewinde das** *(Technik)* right-hand thread; **~grund der** *(Rechtsw.)* cause in law; **~grund·satz der** *(Rechtsw.)* legal principle; **~gültig** *(Rechtsw.)* **1.** *Adj.* legally valid; **2.** *adv.* **etw. ~gültig abschließen** conclude sth. in legally valid form; **~gut das** *(Rechtsw.)* object/interest protected by law; **~handel der;** *Pl.* **~händel** *(geh.)* lawsuit; court case; **~händer** [~hɛndɐ] **der; ~s, ~, ~händerin die; ~, ~nen** right-hander; **~händer[in] sein** be right-handed; **~händig 1.** *Adj.* right-handed; **2.** *adv.* right-handed; with one's right hand; **~händigkeit die** right-handedness; **~handlung die** *(Rechtsw.)* legal act; **~hängigkeit die;** ~ *(Rechtsw.)* pendency; **~herum** *Adv.* [round] to the right; **etw. ~herum drehen** turn sth. clockwise *or* [round] to the right; **~hilfe die;** *o. Pl.* *(Rechtsw.)* [official] assistance between courts; **~kraft die;** *o. Pl. (Rechtsw.)* legal force; **einer Sache** *(Dat.)* **~kraft verleihen** make sth. law; give legal effect to sth.; **~kräfte** *Pl. (Politik)* right-wing forces; **~kräftig** *(Rechtsw.)* **1.** *Adj.* final [and absolute] ‹*decision, verdict, etc.*›; **~kräftig sein/werden** ‹*contract, agreement*› be in/come into force; **2.** *adv.* **jmdn. ~kräftig verurteilen** pass a final sentence on sb.; **die Ehe wurde ~kräftig geschieden** the divorce became absolute; **~kundig** *Adj.* versed in the law *postpos.*; **~kurve die** right-hand bend; **~lage die** *(Rechtsw.)* legal situation; **~lastig** *Adj.* **a)** ‹*ship*› listing to the right; ‹*car*› down at the right, leaning to the right; **b)** *(Politik ugs.)* rightist; **~läufig** *Adj. (bes. Technik)* running from left to right; **~lehre die** *s.* **~wissenschaft; ~liberal** *Adj.* right-wing liberal; **~liberale der/die** right-wing liberal; **~miß·brauch der** *(Rechtsw.)* abuse of a/one's right; **~mittel das** *(Rechtsw.)* appeal; **es ist kein ~mittel zulässig** there is no right of appeal; **~mittel einlegen** lodge an appeal; appeal; **~mittelbelehrung die** *(Rechtsw.)* information *no pl., no indef. art.* on one's right to appeal; **~nach·folge die a)** *(Rechtsw.)* succession [to rights and obligations]; **b)** *(Staatensukzession)* succession; **~norm die** *(Rechtsw.)* legal norm; **~ordnung die** legal system; **~partei die** *(Politik)* right-wing party; **~pflege die** *(Rechtsw.)* administration of justice; **~pfleger der** *official with certain administrative and judicial powers;* **~philosophie die** philosophy of law

**Rechtsprechung die; ~, ~en** administration of justice; *(eines Gerichts)* jurisdiction

**rechts-, Rechts-:** **~radikal** *(Politik)* **1.** *Adj.* radical right-wing; **2.** *adv.* **eine ~radikal orientierte Gruppe** a group with a radical right-wing orientation; **~radikale der/die** right-wing radical; **~radikalismus der** right-wing radicalism; **~rheinisch 1.** *Adj.; nicht präd.* on *or* to the right of the Rhine *postpos.*; **auf der ~rheinischen Seite** on the right side of the Rhine; **2.** *adv.* on *or* to the right of the Rhine; **~ruck der** *(Politik ugs.)* shift to the right; **~rum** *Adv. (ugs.) s.* **~herum; ~sache die** *(Rechtsw.)* legal matter; *(Streitsache)* case; **~schutz der** *(Rechtsw.)* legal protection; **~schutzversicherung die** insurance for legal costs; **~seitig 1.** *Adj.* ‹*paralysis*› of the right side; **die ~seitige Uferbefestigung** the reinforcement of the right bank; **2.** *adv.* on the right [side]; **~seitig gelähmt sein** be paralysed on *or* down the *or* one's right side; **~sicherheit die;** *o. Pl. (Rechtsw.)* certainty of the law; **~sprache die** *(Sprachw.)* legal terminology; **~spruch der** judgement; **~staat der** [constitutional] state founded on the rule of law; **~staatlich 1.** *Adj.* founded on the rule of law *postpos.*; **2.** *adv.* **~staatlich orientiert** oriented towards maintaining and promoting the rule of law *postpos.*; **~staatlich einwandfrei** legally correct; **~staatlichkeit die; ~:** rule of law; **~stehend** *Adj. (Politik)* right-wing; **~steuerung die** right-hand drive; **~streit der** lawsuit; **~titel der** *(Rechtsw.)* legal title; **~um** *Adv. (bes. Milit.)* to the right; **~um kehrt!** to the right about turn!; **~um machen** do a right turn; **~unsicherheit die;** *o. Pl. (Rechtsw.)* uncertainty regarding the law; **~verbindlich** *Adj. (Rechtsw.)* legally binding; **~verdreher der; ~s, ~ a)** *(abwertend)* person who twists the law; shyster *(Amer. sl.)*; **b)** *(ugs. scherzh.: ~anwalt)* legal eagle *(coll.)*; **~verkehr der** driving *no art.* on the right; **in Frankreich ist ~verkehr** they drive on the right in France; **~verletzung die** *(Rechtsw.)* infringement *or* violation of the law; **~verordnung die** *(Rechtsw.)* statutory instrument; **~vertreter der** *(Rechtsw.)* legal representative; **~weg der** *(Rechtsw.)* recourse to legal action *or* the courts *or* the law; **den ~weg beschreiten** *(geh.)* take legal proceedings *or* action; go to the courts *or* to court; **unter Ausschluß des ~wegs** without the possibility of recourse to legal action *or* the courts *or* the law; **~wesen das;** *o. Pl.* legal system; **~widrig 1.** *Adj.* unlawful; illegal; **2.** *adv.* unlawfully; illegally; **~widrigkeit die a)** *o. Pl.* unlawfulness; illegality; **b)** *(Handlung)* unlawful act; **~wirksam** *Adj. s.* **~gültig; ~wissenschaft die** jurisprudence; **Professor für ~wissenschaft** Professor of Law

**recht-:** **~wink[e]lig** *Adj.* right-angled; **~zeitig 1.** *Adj. (früh genug)* timely; *(pünktlich)* punctual; **wir bitten um ~zeitige Lieferung** please deliver in good time; **2.** *adv. (früh genug)* in time; *(pünktlich)* on time; **~zeitig zu/zum/zur** in [good] time for; **sagen Sie mir bitte ~zeitig Bescheid** please let me know in good time; **~zeitig zu Bett gehen** go to bed early

**Reck** [rɛk] **das; ~[e]s, ~e** *od.* **~s** horizontal bar; high bar

**Recke** ['rɛkə] **der; ~n, ~n** *(geh.)* warrior

**recken 1.** *tr. V.* **a)** stretch; **den Hals/Kopf ~:** crane one's neck; **die Faust ~:** raise one's fist; **b)** *(bes. nordd.: in Form ziehen)* **etw ~:** pull sth. back into shape. **2.** *refl. V.* stretch oneself; **sich ~ und strecken** have a good stretch

**Reck-:** **~stange die** horizontal *or* high bar; **~turnen das** horizontal-bar exercises *pl.*

**Recorder** [re'kɔrdɐ] **der; ~s, ~:** recorder

**Recycling** [ri'saiklɪŋ] **das; ~s** recycling

**Redakteur** [redak'tø:ɐ̯] **der; ~s, ~e, Redakteurin die; ~, ~nen** editor; **~ für Politik/Wirtschaft** political/economics editor; **~ vom Dienst** duty editor

**Redaktion** [redak'tsi̯o:n] **die; ~, ~en a)** *(Redakteure)* editorial staff; **b)** *(Büro)* editorial department *or* office/offices *pl.*; **c)** *(Fach~)* editorial department; **d)** *o. Pl. (das Redigieren)* editing; **bei der ~ des Textes** when the text is/was being edited

**redaktionell** [redaktsi̯o'nɛl] **1.** *Adj.* editorial; **die ~e Verantwortung tragen** be responsible for the editing. **2.** *adv.* editorially; **etw. ~ bearbeiten** edit sth.

**Redaktions·schluß der** time of going to press; **nach ~:** after going to press

**Redaktor** [re'daktɔr] **der; ~s, ~en** [-'to:rən] *(bes. schweiz.)* editor

**Rede** ['re:də] **die; ~, ~n a)** speech; *(Ansprache)* address; speech; **eine ~ halten** give *or* make a speech; **die ~ des Betriebsleiters** the manager's speech; *s. auch* **schwingen; b)** *o. Pl. (Vortrag)* rhetoric; **die Kunst/Gabe der**

~: the art/gift of rhetoric; **etw. in freier ~ vortragen** make a speech *or* speak about sth. without notes; **c)** *(Äußerung, Ansicht)* **~ und Gegenrede** dialogue; **„...", das war seine stehende** *od.* **ständige ~:** '...' was one of his favourite sayings; **der langen ~ kurzer Sinn ist, daß ...;** the long and the short of it is that ...; **das war schon immer meine ~** *(ugs.)* that is what I've always said; **lockere/kluge ~n** loose/clever talk *sing.*; **dumme ~n führen** talk nonsense; **die ~ auf ein anderes Thema bringen** turn the conversation to another subject; **von jmdm./etw. ist die ~:** there is some talk about sb./sth.; **es ist die ~ davon, daß ...:** it is being said *or* people are saying that ...; **davon kann keine ~ sein** it's out of the question; **nicht der ~ wert sein** be not worth mentioning; **jmdm. ~ und Antwort stehen** give a full explanation [of one's actions] to sb.; **jmdn. zur ~ stellen** make someone explain himself/herself; **die in ~ stehende Person/der in ~ stehende Fall** *(Papierdt.)* the person/case in question; **d)** *(Gerücht)* **es geht die ~, daß ...** *(geh.)* there is a rumour *or* it is rumoured that ...; **e)** *(Sprachw.)* **[direkte** *od.* **wörtliche/indirekte] ~:** [direct/indirect] speech; **gebundene/ungebundene ~:** verse/prose

**rede-, Rede-: ~duell das** duel of words; **~figur die** *(Rhet., Stilk.)* figure of speech; **~fluß der** *(abwertend)* flow of words; **~freiheit die;** *o. Pl.* freedom of speech; **~gewandt** *Adj.* eloquent; **~gewandtheit die** eloquence; **~kunst die** rhetoric

**reden 1.** *tr. V.* **a)** *(sagen)* say; speak; **kein Wort ~:** not say *or* speak a word; **b)** *(sprechen)* talk; **Unsinn/viel ~:** talk nonsense/ *(coll.)* a lot; **es wird immer viel geredet** there is always a lot of talk *(coll.)*; **es kann dir doch egal sein, was über dich geredet wird** it should not matter to you what people say about you; **etw. zu ~ haben** have sth. to talk about; **c) jmdn. besoffen ~** *(salopp)* drive sb. round the bend with one's nattering *(Brit. coll.) or* chattering. **2.** *itr. V.* **a)** *(sprechen)* talk; speak; **viel/wenig ~:** talk a lot *(coll.)*/not talk much; **er redete vor sich hin** he was talking to himself; **darüber ließe sich ~:** that's a possibility; **b)** *(sich äußern, eine Rede halten)* speak; **er läßt mich nicht zu Ende ~:** he doesn't let me finish what I'm saying; **wer redet heute abend?** who is to speak this evening?; **gut ~ können** be a good speaker; *s. auch* **gut 2 b; c)** *(sich unterhalten)* talk; **mit jmdm./über jmdn. ~:** talk to/about sb.; **darüber wird noch zu ~ sein** we shall have to come back to that; **miteinander ~:** have a talk [with one another]; **mit ihm kann man nicht ~:** you just can't talk to him; **sie ~ nicht mehr miteinander** they are no longer on speaking terms; **so lasse ich nicht mit mir ~:** I won't be spoken to like that; **~ wir nicht mehr darüber!** let's not talk about it any more; **was gibt es da groß zu ~?** so what?; **nicht zu ~ von ...:** not to mention ...; **mit sich ~ lassen** *(bei Geschäften)* be open to offers; *(bei Meinungsverschiedenheiten)* be willing to discuss the matter; **von sich ~ machen** make a name for oneself. **3.** *refl. V.* **sich heiser/in Wut ~:** talk oneself hoarse/into a rage

**Redens·art die a)** expression; *(Sprichwort)* saying; **b)** *Pl. (Phrase)* empty *or* meaningless words; **allgemeine ~en** empty generalizations; **jmdn. mit ~en abspeisen** put sb. off with [fine] words

**Reden·schreiber der** speech-writer

**Rederei die; ~, ~en a)** *o. Pl.* talking; talk; **b)** *(Pl.: Gerücht)* **die ~en über seine Vergangenheit** the gossip *sing.* about his past

**Rede-: ~schwall der** *(abwertend)* torrent of words; **~strom der** *s.* **~fluß; ~verbot das** ban on speaking; **~verbot haben/erhalten** be banned from speaking; **~weise die** manner of speaking; **~wendung die a)** *(Sprachw.)* idiom; idiomatic expression; **b)** *(Floskel)* expression; phrase; **~zeit die: die ~zeit auf zehn Minuten begrenzen** restrict speakers to ten minutes; **er mußte aufhören, seine ~zeit war abgelaufen** he had to stop speaking because he had run out of time

**redigieren** [redi'gi:rən] *tr. V.* edit

**redlich 1.** *Adj.* **a)** *(rechtschaffen, aufrichtig)* honest; honest, upright ⟨*person*⟩; **b)** *(intensivierend)* real ⟨*effort*⟩. **2.** *adv.* **a)** *(rechtschaffen, aufrichtig)* honestly; **sich ~ durchs Leben schlagen** make an honest living; **bleibe im Lande und nähre dich ~** *(Spr.)* stay here where you can earn a decent living; **b)** *(intensivierend)* really

**Redlichkeit die; ~:** honesty

**Redner der; ~s, ~ a)** *(Vortragender)* speaker; **b)** *(Rhetoriker)* orator; **er ist kein ~:** he is no orator; he is not a good speaker

**Redner·bühne die** [speaker's] platform *or* rostrum

**Rednerin die; ~, ~nen** *s.* **Redner**

**rednerisch 1.** *Adj.* oratorical; **eine ~e Glanzleistung** a masterpiece of oratory. **2.** *adv.* oratorically

**Redner-: ~liste die** list of speakers; **~pult das** lectern

**Redoute** [re'du:tə] **die; ~, ~n a)** *(veralt.: Festsaal)* ballroom; **b)** *(österr.) s.* **Maskenball**

**red·selig** *Adj.* talkative

**Red·seligkeit die** talkativeness

**Reduktion** [redʊk'tsi̯o:n] **die; ~, ~en** reduction

**redundant** [redʊn'dant] *Adj. (Sprachw., Kommunikationsf.)* redundant

**Redundanz** [redʊn'dants] **die; ~, ~en** *(Sprachw., Kommunikationsf.)* redundancy

**reduzieren** [redu'tsi:rən] **1.** *tr. V. (auch Chemie, Physik)* reduce **(auf + Akk.** to). **2.** *refl. V.* decrease; diminish

**Reduzierung die; ~, ~en** *s.* **Reduktion**

**Reede** ['re:də] **die; ~, ~n** *(Seew.)* roads *pl.*; roadstead; **das Schiff liegt auf der ~:** the ship is [lying] in the roads

**Reeder der; ~s, ~:** shipowner

**Reederei die; ~, ~en** shipping firm *or* company

**Reederei·flagge die** house flag

**Reederin die; ~, ~nen** *s.* **Reeder**

**reell** [re'ɛl] **1.** *Adj.* **a)** *(anständig)* honest, straight ⟨*person, deal, etc.*⟩; sound, solid ⟨*business, firm, etc.*⟩; straight ⟨*offer*⟩; **b)** *(wirklich)* real; **c)** *(ugs.: den Erwartungen entsprechend)* decent; realistic ⟨*price*⟩; **ein ~es Mittagessen** a solid *or* decent lunch. **2.** *adv.* **a)** *(anständig)* honestly; **b)** *(wirklich)* actually; really; **c)** *(ugs.: den Erwartungen entsprechend)* **der Wirt hat ~ eingeschenkt** the landlord poured [out] a decent measure/decent measures

**Reep** [re:p] **das; ~[e]s, ~e** *(Seemannsspr.)* rope

**Reet** [re:t] **das; ~s** *(nordd.)* reeds *pl.*

**Reet·dach das** thatched roof *(with reeds)*

**reet·gedeckt** *adj.* thatched

**REFA** ['re:fa] *Abk.* **Reichsausschuß für Arbeitszeitermittlung** *(heute:* **Verband für Arbeitsstudien)** work study organization

**REFA-Fachmann der** work-study expert

**Refektorium** [refɛk'to:ri̯ʊm] **das; ~s, Refektorien** refectory

**Referat** [refe'ra:t] **das; ~[e]s, ~e a)** *(umfangreichere Abhandlung)* paper; **ein ~ halten** give *or* present a paper; **b)** *(kurzer schriftlicher Bericht)* report **(+ *Gen.*** on); **c)** *(Abteilung, Fachgebiet)* department

**Referendar** [referɛn'da:ɐ̯] **der; ~s, ~e, Referendarin die; ~, ~nen** *candidate for a higher civil-service post who has passed the first state examination and is undergoing in-service training*

**Referendum** [refe'rɛndʊm] **das; ~s, Referenden** *od.* **Referenda** referendum

**Referent** [refe'rɛnt] **der; ~en, ~en a)** *(Vortragender)* person presenting a/the paper; *(Redner)* speaker; **b)** *(Gutachter)* examiner; **c)** *(Sachbearbeiter)* expert **(für** on); *(eines Ministers)* adviser **(für** on)

**Referentin die; ~, ~nen** *s.* **Referent**

**Referenz** [refe'rɛnts] **die; ~, ~en a)** *(Empfehlung)* reference; **b)** *(Person, Stelle)* referee; **jmdn. als ~ angeben** give sb.'s name *or* give sb. as a reference

**referieren** [refe'ri:rən] **1.** *itr. V.* **über etw.** *(Akk.)* **~:** give *or* present a paper on sth.; *(zusammenfassend)* give a report on sth. **2.** *tr. V.* **etw. ~:** give *or* present a paper on sth.; *(zusammenfassend)* give a report on sth.

[1]**Reff** [rɛf] **das; ~s, ~s** *(Seemannsspr.)* reef

[2]**Reff das; ~[e]s, ~e** *(ugs. abwertend)* old hag

**reffen** *tr. (auch itr.) V. (Seemannsspr.)* reef ⟨*sail*⟩; **wir müssen ~:** we must reef sail

**Refinanzierung die** *(Geldw.)* procurement of funds to provide credit

**reflektieren** [reflɛk'ti:rən] **1.** *tr. V. (zurückstrahlen)* reflect. **2.** *itr. V.* **a)** *(nachdenken)* reflect, ponder **(über + *Akk.*** [up]on); **b)** *(ugs.: streben nach)* **auf etw.** *(Akk.)* **~:** have [got] one's eye on sth. **3.** *tr. V. (nachdenken über)* reflect [up]on; ponder

**reflektiert 1.** *Adj.* reflective. **2.** *adv.* reflectively; in a reflective manner

**Reflektor** [re'flɛktɔr] **der; ~s, ~en** [-'to:rən] reflector

**reflektorisch** *Adj. (Physiol.)* reflex *attrib.*

**Reflex** [re'flɛks] **der; ~es, ~e a)** *(Physiol.)* reflex; **b)** *(Licht~)* reflection

**Reflex-: ~bewegung die** reflex movement; **~handlung die** reflex action

**Reflexion** [reflɛ'ksi̯o:n] **die; ~, ~en** reflection

**Reflexions·winkel der** *(Physik)* angle of reflection

**reflexiv** [reflɛ'ksi:f] **1.** *Adj.* **a)** *(Sprachw.)* reflexive; **b)** *(geh.: reflektiert)* reflective. **2.** *adv.* **a)** *(Sprachw.)* reflexively; **b)** *(geh.: reflektiert)* through reflection

**Reflexiv das; ~s, ~e, Reflexiv·pronomen das** *(Sprachw.)* reflexive pronoun

**Reform** [re'fɔrm] **die; ~, ~en** reform

**Reformation die** *o. Pl. (hist.)* Reformation

**Reformations·fest das** Reformation Day

**Reformator** [refɔr'ma:tɔr] **der; ~s, ~en** [-ma'to:rən] **a)** reformer; **b)** *(hist.)* Reformer

**reformatorisch** *Adj.* reformational; reformatory, reformative ⟨*zeal, attempts*⟩

**reform-, Reform-: ~bedürftig** *Adj.* in need of reform *postpos.*; **~bestrebungen** *Pl.* efforts towards reform; **~bewegung die** reform movement

**Reformer der; ~s, ~, Reformerin die; ~, ~nen** reformer

**reformerisch** *Adj.* reforming *attrib.* ⟨*government*⟩; ⟨*idea, policy, party, etc.*⟩ of reform; ⟨*efforts*⟩ towards reform

**reform·freudig** *Adj.* ⟨*person*⟩ eager for reform

**Reform·haus das** health-food shop

**reformieren** *tr. V.* reform; **die reformierte Kirche** the Reformed Church

**Reformierte der/die;** *adj. Dekl.* member of the Reformed Church

**Reformismus der; ~** *(bes. Politik)* reformism

**Reformist der; ~en, ~en, Reformistin die; ~, ~nen** *(bes. Politik)* reformist

**reformistisch** *Adj. (Politik)* reformist

**Reform-: ~kost die** health food; **~kurs der** policy of reform; **auf ~kurs** *(Akk.)* **gehen** embark on a policy of reform; **~politik die** policy of reform

**Refrain** [rə'frɛ̃:] **der; ~s, ~s** *(eines Lieds)* chorus; refrain; *(eines Gedichts)* refrain

**Refraktor** [re'fraktɔr] **der; ~s, ~en** [-'to:rən] *(Astron.)* refractor

**Refugium** [re'fu:gi̯ʊm] **das; ~s, Refugien** *(geh.)* refuge

[1]**Regal** [re'ga:l] **das; ~s, ~e** [set *sing.* of]

shelves *pl.;* **ein Buch aus dem ~ nehmen/ins ~ zurückstellen** take a book from/put a book back on the shelf

**²Regal das; ~s, ~e** *(Musik)* regal

**³Regal das; ~s, ~ien** [...li̯ən] *(hist.)* [royal] prerogative

**Regal·brett das** shelf

**Regatta** [re'gata] **die; ~, Regatten** *(Sport)* regatta

**Reg.-Bez.** *Abk.* **Regierungsbezirk**

**rege** ['re:gə] **1.** *Adj.* **a)** *(betriebsam)* busy ⟨*traffic*⟩; brisk ⟨*demand, trade, business, etc.*⟩; **[ein] ~s Treiben** bustling activity; hustle and bustle; **~ Beteiligung** *od.* **Teilnahme** good participation *or* attendance; **~r Briefwechsel** lively correspondence; **b)** *(lebhaft)* lively; lively, animated ⟨*discussion, conversation*⟩; keen ⟨*interest*⟩; **geistig noch sehr ~ sein** be still mentally alert *or* active; **eine ~ Phantasie** a lively *or* vivid imagination. **2.** *adv.* **a)** *(betriebsam)* actively; **~ an etw.** *(Akk.)* **teilnehmen** take an active part in sth.; **b)** *(lebhaft)* actively; **für sein Alter bewegt er sich noch sehr ~:** he is still very active for his age; **~ plaudern** chat animatedly

**Regel** ['re:gl] **die; ~, ~n a)** *(Vorschrift)* rule; **die ~n eines Spiels/der Rechtschreibung** the rules of a game/of spelling; **die ~n des Anstands** the rules of decency; **die ~n des Verkehrs** traffic regulations; **nach allen ~n der Kunst** *(fig.)* well and truly; **b)** *o. Pl. (Gewohnheit)* rule; custom; **die ~ sein** be the rule; **das ist bei ihm die ~:** that is his rule *or* custom; **sich** *(Dat.)* **etw. zur ~ machen** make a habit *or* rule of sth.; **[bei jmdm.] zur ~ werden** become a rule *or* habit [with sb.]; **in der** *od.* **aller ~:** as a rule; **c)** *(Menstruation)* period; **die** *od.* **ihre ~ haben/bekommen** have a *or* her period; **sie hat mit 13 ihre ~ bekommen** her periods started when she was 13

**regelbar** *Adj.* adjustable

**regel-, Regel-: ~fall der** rule; **im ~fall** as a rule; **~los 1.** *Adj.* disorderly; *(ungeregelt)* irregular; **ein ~loses Durcheinander** a confused muddle; **sie stürmten in ~loser Flucht davon** they fled pell-mell; **2.** *adv.* in a disorderly manner; *(ungeregelt)* irregularly; **~losigkeit die; ~, ~en** disorderliness; irregularity; **~mäßig 1.** *Adj.* regular; **2.** *adv.* regularly; **sie schreibt ~mäßig** she has even *or* regular handwriting; **~mäßigkeit die** regularity

**regeln 1.** *tr. V.* **a)** *(festsetzen, einrichten)* settle ⟨*matter, question, etc.*⟩; put ⟨*finances, affairs, etc.*⟩ in order; **etw. durch Gesetz ~:** regulate sth. by law; **wir haben die Sache so geregelt, daß ...:** we've arranged things so that ...; **er wird die Sache schon ~** *od. (nordd. ugs.)* **geregelt kriegen** he will see to it; **kriegst du das geregelt?** *(nordd. ugs.)* can you manage it/that?; **b)** *(einstellen, regulieren)* regulate; *(steuern)* control. **2.** *refl. V.* take care of itself; **die Sache hat sich [von selbst] geregelt** the matter has sorted itself out *or* resolved itself

**regel-, Regel-: ~recht 1.** *Adj.; nicht präd.* **a)** *(ugs.: richtiggehend)* proper *(coll.)*; real; real ⟨*shock*⟩; real, absolute ⟨*scandal*⟩; complete, utter ⟨*flop, disaster*⟩; real, downright ⟨*impertinence, insult*⟩; **eine ~rechte Schlägerei** a regular fight *or* brawl *(coll.)*; **ich hatte ~rechte Angst** I was really afraid; **b)** *(ordnungsgemäß)* proper; **2.** *adv. (ugs.: richtiggehend)* really; **ich habe mich ~recht mit ihm angefreundet** I became quite friendly with him; **jmdn. ~recht hinauswerfen** throw sb. out good and proper *(coll.)*; **~studien·zeit die** *(Hochschulw.) period within which a course must be completed;* **~technik die;** *o. Pl.* control engineering

**Regelung die; ~, ~en a)** *o. Pl. s.* **regeln 1 a, b:** settlement; putting in order; regulation; control; **b)** *(Vorschrift)* regulation

**Regelungs·technik die;** *o. Pl.* control engineering

**regel·widrig 1.** *Adj.* that is against the rules *postpos.; (gegen die Vorschriften)* that is against the regulations *postpos.; (Ballspiele)* improperly taken ⟨*penalty kick, throw-in, etc.*⟩; **~ sein** be against the rules/regulations; **~es Verhalten im Verkehr** breaking traffic regulations. **2.** *adv.* **sich [im Verkehr] ~ verhalten** break [traffic] regulations; **den Stürmer ~ attackieren** *(Ballspiele)* foul the forward

**Regel·widrigkeit die** breach of the rules/regulations

**regen** ['re:gn̩] **1.** *tr. V. (geh.)* move. **2.** *refl. V.* **a)** *(sich bewegen)* move; **kein Lüftchen/kein Blatt regte sich** not a breath of air/not a leaf stirred; **b)** *(geh.: sich bemerkbar machen)* ⟨*hope, doubt, desire, conscience*⟩ stir

**Regen der; ~s, ~ a)** rain; **bei strömendem ~:** in pouring rain; **bei ~ wird in der Halle gespielt** if it's raining the match will be played inside; **es wird ~ geben** it will rain; it is going to rain; **es sieht nach ~ aus** it looks like rain; **auf ~ folgt Sonnenschein** *(Spr.)* good times always follow bad; **ein warmer ~** *(fig.)* a windfall; **vom** *od.* **aus dem ~ in die Traufe kommen** *(fig.)* jump out of the frying-pan into the fire; **jmdn. im ~ stehen lassen** *od.* **in den ~ stellen** *(fig. ugs.)* leave sb. in the lurch; **b)** *(fig.)* shower; **ein ~ von Schimpfwörtern ging auf ihn nieder** curses rained down upon him

**regen·arm** *Adj.* ⟨*period, region, etc.*⟩ with little rain[fall], with low rainfall; **der letzte Sommer war so ~, daß ...:** there was so little rain last summer that ...

**Regen·bogen der** rainbow

**regen·bogen-, Regen·bogen-: ~farben, ~farbig** *Adj.* rainbow-coloured; **~haut die** *(Anat.)* iris; **~presse die** *(abwertend)* gossip magazines *pl.;* **~trikot das** *(Radsport)* rainbow jersey

**regen-, Regen-: ~cape das** rain cape; **~dach das** rain-canopy; **~dicht** *Adj.* rainproof

**Regeneration die a)** regeneration; **b)** *(Technik: Rückgewinnung)* reclamation

**regenerations·fähig** *Adj. (Biol., Med.)* capable of regeneration *postpos.*

**Regenerator der** *(Technik)* regenerator

**regenerieren** [regene'ri:rən] **1.** *refl. V. (Biol., Med.)* regenerate. **2.** *tr. V.* **a)** *(erneuern)* regenerate; **sich ~** ⟨*person*⟩ recuperate; ⟨*group, organization, etc.*⟩ regenerate itself; **b)** *(Technik: wiedergewinnen)* reclaim

**regen-, Regen-: ~fall der** fall of rain; **heftige/anhaltende ~fälle** heavy rains *or* heavy [falls *pl.* of] rain *sing.*/continuous rain *sing.;* **~frei** *Adj.* without rain *postpos.;* rainless; **~guß der** downpour; **~haut die** [light] plastic mackintosh *or (coll.)* mac; **~macher der** rain-maker; rain-doctor; **~mantel der** raincoat; mackintosh; mac *(coll.)*; **~naß** *Adj.* that is/are wet from the rain *postpos., not pred.;* **~naß sein** be wet from the rain; **~pfeifer der** *(Zool.)* plover; **~pfütze die** [rain] puddle; **~reich** *Adj.* ⟨*period, region, etc.*⟩ with high rainfall; **der letzte Frühling war so ~reich, daß ...:** there was so much rain last spring that ...; **~rinne die** gutter; **~schauer der** shower [of rain]; rain-shower; **~schirm der** umbrella

**Regent** [re'gɛnt] **der; ~en, ~en a)** *(Herrscher)* ruler; *(Monarch)* monarch; **b)** *(Stellvertreter)* regent

**Regen·tag der** rainy day

**Regentin die; ~, ~nen** *s.* **Regent**

**Regen·tonne die** water-butt

**Regentschaft die; ~, ~en** regency

**Regen-: ~um·hang der** rain cape; **~wald der** *(Geogr.)* rain forest; **~wasser das;** *o. Pl.* rainwater; **~wetter das;** *o. Pl.* rainy *or* wet weather; **er macht ein Gesicht wie drei Tage ~wetter** *(ugs.)* he looks as miserable as sin; **~wolke die** rain cloud; **~wurm der** earthworm; **~zeit die** rainy season

**Reggae** ['rɛgeɪ] **der; ~[s]** reggae

**Regie** [re'ʒi:] **die; ~ a)** *(Theater, Film, Ferns., Rundf.)* direction; **die ~ bei etw. haben** *od.* **führen** direct sth.; **unter der ~ von ...:** directed by ...; **b)** *(Leitung, Verwaltung)* management; **etw. in eigene ~ bekommen** *od.* **nehmen** take over control of sth.; **unter staatlicher ~:** under state control; **etw. in eigener ~ tun** *(ugs.)* do sth. oneself

**Regie-: ~an·weisung die** stage direction; **~assistent der** assistant director; **~fehler der** *(fig. scherzh.)* slip-up

**regieren** [re'gi:rən] **1.** *itr. V.* rule **(über +** *Akk.* over); ⟨*monarch*⟩ reign, rule **(über +** *Akk.* over); ⟨*party, administration*⟩ govern; *(fig.)* ⟨*peace, corruption, terror, etc.*⟩ reign; **der Regierende Bürgermeister von Berlin** the Governing Mayor of Berlin. **2.** *tr. V.* **a)** rule; govern; ⟨*monarch*⟩ reign over, rule; **ein demokratisch regierter Staat** a democratically governed state; **b)** *(Sprachw.)* govern, take ⟨*case*⟩

**Regierung die; ~, ~en a)** *(o. Pl.: Herrschaft)* rule; *(eines Monarchen)* reign; **die ~ übernehmen** *od.* **antreten** take over; come to power; **b)** *(eines Staates)* government

**regierungs-, Regierungs-: ~an·tritt der: bei ~antritt der Sozialisten** when the Socialists come/came to power; *(nach der Wahl auch)* when the Socialists take/took office; **~bank die** government bench; **~beamte der** government official; **~bezirk der** *largest administrative division of a Land;* **~bildung die** formation of a/the government; **mit der ~bildung betraut werden** be asked to form a government; **~chef der** head of government; **~erklärung die** government statement; *(in Großbritannien)* Queen's/King's Speech; **~feindlich** *Adj.* anti-government; **~form die** form of government; **~freundlich** *Adj.* pro-government; **~gebäude das** government building; **~gewalt die** government power *no art.;* **~kreise** *Pl.* government circles; **~krise die** government crisis; **~partei die** ruling *or* governing party; party in power; **~präsident der** *head of a Regierungsbezirk;* **~rat der a)** *(Amtstitel)* senior civil servant; **b)** *(schweiz.: Kantonsregierung)* canton government; **~sitz der** seat of government; **~sprecher der** government spokesman; **~sprecherin die** government spokeswoman; **~treu** *Adj.* loyal to the government *postpos.;* **~truppe die** government troops *pl.;* **~um·bildung die** government reshuffle; **~vor·lage die** government bill; **~wechsel der** change of government; **~zeit die** rule; *(eines Monarchen)* reign; *(einer Regierung, eines Regierungschefs)* period *or* term of office; **nach 12jähriger ~zeit** after 12 years in power *or* in office

**Regie·stuhl der** director's chair

**Regime** [re'ʒi:m] **das; ~s, ~** [re'ʒi:mə] *(abwertend)* regime

**Regime-: ~gegner der** opponent of a/the regime; **~kritiker der** critic of a/the regime; dissident

**Regiment** [regi'mɛnt] **das; ~[e]s, ~e** *od.* **~er a)** *Pl.* **~e** *(Herrschaft)* rule; **das ~ antreten/an sich reißen** come to/seize power; **das ~ führen** *(fig.)* give the orders; **ein strenges/straffes ~ führen** *(fig.)* be strict/run a tight ship *(coll.)*; **b)** *Pl.* **~er** *(Milit.)* regiment

**Regiments·kommandeur der** regimental commander

**Region** [re'gi̯o:n] **die; ~, ~en a)** region; **b)** *(geh.: Bereich, Sphäre)* sphere; **in höheren ~en schweben** have one's head in the clouds

**regional** [regi̯o'na:l] **1.** *Adj.* regional. **2.** *adv.* regionally; **~ verschieden sein** differ from region to region

**Regional·aus·gabe die** regional edition

**Regionalismus der; ~:** regionalism *no art.*
**Regional-: ~liga die** regional league; **~programm das** regional programme
**Regisseur** [reʒɪ'sø:ɐ̯] **der; ~s, ~e, Regisseurin die; ~, ~nen** *(Theater, Film)* director; *(Ferns., Rundf.)* director; producer
**Register** [re'gɪstɐ] **das; ~s, ~ a)** index; **b)** *(Daumen~)* thumb index; **c)** *(amtliche Liste)* register; **d)** *(Musik) (bei Instrumenten)* register; *(Orgel~)* stop; *(Tonbereich)* register; **alle ~ ziehen** *(fig.)* pull out all the stops; **e)** *(hist.: Urkundensammlung)* file; **f)** *(Druckw.)* register; **~ halten** be in register
**Register·tonne die** register tonne
**Registrator** [regɪs'tra:tɔr] **der; ~s, ~en** [-stra'to:rən] *(veralt.)* registrar
**Registratur** [regɪstra'tu:ɐ̯] **die; ~, ~en a)** *(das Registrieren)* registration; **b)** *(Büro)* filing-room; **c)** *(Schrank, Regal)* filing cabinet; **d)** *(Musik: Orgel~)* stop-mechanism
**registrieren** [regɪs'tri:rən] *tr. V.* **a)** *(eintragen, verzeichnen)* register; **b)** *(aufzeichnen)* register; **c)** *(bemerken)* note; register; **d)** *(feststellen)* note; **alle Zeitungen registrierten den Fall** all the papers mentioned the case; **es wurde sehr wohl registriert, daß er häufig unpünktlich war** it did not pass unnoticed that he often arrived late
**Registrier·kasse die** cash register
**Registrierung die; ~, ~en a)** *(Eintragung, Aufzeichnung)* registration; **b)** *(Feststellung)* **sich auf die ~ der Tatsachen beschränken** restrict oneself/itself to noting the facts
**Reglement** [reglə'mã:, *schweiz.:* reglə'mɛnt] **das; ~s, ~s** *od. (schweiz.)* **~e** rules *pl.*
**reglementieren** *tr. V.* regulate; regiment ⟨*people, life*⟩
**Reglementierung die; ~, ~en** regulation; *(Bevormundung)* regimentation
**Regler der; ~s, ~** *(Technik)* regulator; *(Kybernetik)* control
**Reglette** [re'glɛtə] **die; ~, ~n** *(Druckw.)* lead; reglet
**reg·los** *Adj. s.* **regungslos**
**Reglosigkeit die; ~** *s.* **Regungslosigkeit**
**regnen** ['re:gnən] **1.** *itr., tr. V. (unpers.)* rain; **es regnet** it is raining; **es regnet/regnete jeden Tag** it rains/rained every day; *s. auch* **Strom a. 2.** *itr. V.; mit sein (fig.)* rain down; **es regnete Steine** *(fig.)* stones rained down; **es regnete Briefe/Anfragen** *usw. (fig.)* there was a flood *or* deluge of letters/enquiries *etc.*
**Regner der; ~s, ~:** sprinkler
**regnerisch** *Adj.* rainy; **~-trüb** dull and rainy *or* wet
**regredieren** [regre'di:rən] *itr. V. (Psych.)* regress
**Regreß** [re'grɛs] **der; Regresses, Regresse a)** *(Rechtsw.)* recourse; **~ auf jmdn. nehmen** have recourse against sb.; **b)** *(Philos.)* regress
**Regreß-: ~an·spruch der** *(Rechtsw.)* right to compensation; **~forderung die** *(Rechtsw.)* demand *or* claim for compensation; **~forderungen stellen** demand *or* claim compensation
**Regression** [regrɛ'sio:n] **die; ~, ~en a)** **wirtschaftliche ~:** economic recession; **b)** *(Psych., Geol., Statistik, Biol.)* regression
**regressiv** [regrɛ'si:f] *Adj. (Psych., Geol., Statistik, Biol.)* regressive
**regreß·pflichtig** *Adj.* liable for compensation *postpos.*
**regsam** *Adj. (geh.)* lively; active; **geistig ~ sein** have a lively *or* active mind
**Regsamkeit die; ~** *(geh.)* liveliness; activeness
**regulär** [regu'lɛ:ɐ̯] *Adj.* **a)** *(vorschriftsmäßig)* in accordance with the regulations *postpos.*; *(richtig, gesetzlich)* proper; regular ⟨*troops*⟩; normal, regular ⟨*working hours*⟩; **die ~e Spielzeit** *(Sport)* normal time; **b)** *(normal, üblich)* normal; regular ⟨*flight*⟩; **c)** *(ugs.: regelrecht)* proper *(coll.)*; regular *(coll.)*

**Regularität** [regulari'tɛ:t] **die; ~, ~en** *(auch Sprachw.)* regularity
**Regulation** [regula'tsio:n] **die; ~, ~en a)** *s.* **Regulierung; b)** *(Biol., Med.)* regulation
**Regulativ** [regula'ti:f] **das; ~s, ~e a)** *(regulierendes Element)* regulative; regulator; **Angebot und Nachfrage sind ~e des Marktes** supply and demand have a regulating effect on the market; **b)** *(regelnde Vorschrift)* regulation
**Regulator** [regu'la:tɔr] **der; ~s, ~en** [-la'to:rən] **a)** *(regulierende Kraft, Technik)* regulator; **b)** *(veralt.: Pendeluhr)* pendulum clock
**regulierbar** *Adj.* regulable; adjustable ⟨*backrest*⟩
**regulieren** [regu'li:rən] **1.** *tr. V.* regulate; *(einstellen)* adjust; regulate; set ⟨*clock, watch*⟩; **automatisch regulierte Türen** automatically controlled doors. **2.** *refl. V.* regulate itself; **sich selbst ~d** self-regulating
**Regulierung die; ~, ~en** *s.* **regulieren:** regulation; adjustment; setting
**Regung die; ~, ~en** *(geh.)* **a)** *(Bewegung)* movement; **b)** *(Gefühl)* stirring; **seine erste ~ war Unmut** his first emotion was displeasure; **sie folgte einer ~ ihres Herzens** she followed the promptings of her heart; **c)** *(Bestrebung)* striving
**regungs·los** *Adj.* motionless
**Regungslosigkeit die; ~:** motionlessness; **in voller ~ verharren** stay completely motionless
**Reh** [re:] **das; ~[e]s, ~e** roe-deer
**Rehabilitand der; ~en, ~en** *(Med.)* person undergoing rehabilitation
**Rehabilitation die; ~, ~en** rehabilitation
**Rehabilitations·zentrum das** rehabilitation centre
**rehabilitieren** *tr. V.* rehabilitate
**Rehabilitierung die** rehabilitation
**reh-, Reh-: ~bock der** roebuck; **~braten der** *(Kochk.)* roast venison; **~braun** *Adj.* light reddish brown; **~keule die** *(Kochk.)* haunch of venison; **~kitz das** fawn *or* kid [of a/the roe-deer]; **~rücken der** *(Kochk.)* saddle of venison; **~wild das** *(Jägerspr.)* roe-deer *pl.*
**Reibach** ['raibax] **der; ~s** *(ugs.)* profits *pl.*; **einen [kräftigen] ~ machen** make a killing *(coll.)*
**Reib·ahle die** *(Technik)* reamer
**Reibe** ['raibə] **die; ~, ~n** grater
**Reib·eisen das** grater; **rauh wie ein ~:** as rough as sandpaper; **eine Stimme wie ein ~:** a voice like a rasp
**Reibe-: ~kuchen der** *(Kochk.) grated raw potatoes fried into a pancake;* **~laut der** *(Sprachw.)* fricative
**reiben 1.** *unr. tr. V.* **a)** rub; **jmdm./sich die Backen ~:** rub sb.'s/one's cheeks; **das Pferd rieb sich an der Mauer** the horse rubbed itself against the wall; **etw. sauber ~:** rub sth. clean; **etw. blank ~:** rub sth. until it shines; **einen Fleck aus einem Kleid ~:** rub a mark off a dress; **sich** *(Dat.)* **den Schlaf aus den Augen ~:** rub the sleep from one's eyes; **sich** *(Dat.)* **die Haut/die Hand wund ~:** chafe one's skin/hand; **b)** *(zerkleinern)* grate. **2.** *unr. itr. V.* **a)** rub; **mit einem Tuch über die Schuhe ~:** rub one's/sb.'s shoes with a cloth; **b)** *(scheuern)* ⟨*collar, shoes, etc.*⟩ rub (**an** + *Dat.* on). **3.** *unr. refl. V.* **sich an einem Problem ~:** come up against a problem; **sich mit jmdm. ~:** be at loggerheads with sb.; **sich [aneinander] ~:** rub each other up the wrong way
**Reiberei die; ~, ~en** friction *no pl.*; **er hatte ständig ~en mit seinen Eltern** there was constant friction between him and his parents
**Reib·fläche die** striking surface *(of matchbox)*
**Reibung die; ~, ~en a)** *(das Reiben)* rubbing; **b)** *s.* **Reiberei; c)** *(Physik)* friction
**reibungs-, Reibungs-: ~elektrizität die** *(Physik)* frictional electricity; **~fläche die** *(fig.)* source of friction; **~los 1.** *Adj.* smooth; **2.** *adv.* smoothly; **~wärme die** *(Physik)* frictional heat; **~wider·stand der** *(Physik)* frictional resistance

**reich** [raiç] **1.** *Adj.* **a)** *(vermögend)* rich; **~ heiraten** marry [into] money; **b)** *(prächtig)* costly ⟨*goods, gifts*⟩; rich ⟨*décor, ornamentation, finery, furnishings*⟩; **c)** *(üppig)* rich; rich, abundant ⟨*harvest*⟩; lavish, sumptuous ⟨*meal*⟩; abundant ⟨*mineral resources*⟩; productive ⟨*oil-well*⟩; **~ an etw.** *(Dat.)* **sein** be rich in sth.; **in ~em Maße** *(geh.)* in abundance; **d)** *(vielfältig)* rich ⟨*collection, possibilities, field of activity*⟩; wide, large, extensive ⟨*selection, choice*⟩; wide ⟨*knowledge, experience*⟩; full ⟨*life*⟩. **2.** *adv.* richly
**-reich** rich in ...; **variations~/kontrast~:** rich in variation/contrast; **wasser~ sein** have abundant water
**Reich das; ~[e]s, ~e a)** empire; *(König~)* kingdom; realm; **das [Deutsche] ~** *(hist.)* the German Reich *or* Empire; **das Russische ~** *(hist.)* the Russian Empire; **das Dritte ~** *(hist.)* the Third Reich; **b)** *(fig.)* realm; **ins ~ der Fabel gehören** belong to the realm[s] of fantasy; **das ~ der Pflanzen/Tiere** the plant/animal kingdom; **Dein ~ komme** *(bibl.)* thy Kingdom come
**Reiche der/die;** *adj. Dekl.* rich man/woman; **die ~n** the rich
**reichen 1.** *itr. V.* **a)** *(aus~)* be enough; **das Geld reicht nicht** I/we *etc.* haven't got enough money; **der Stoff reicht für ein** *od.* **zu einem Kostüm** there's enough material to make a suit; **das Brot muß noch bis Montag ~:** the bread must last till Monday; **die Farbe hat gerade gereicht** there was just enough paint; **das Seil reicht nicht** the rope's not long enough; **jetzt reicht's mir aber!** now I've had enough!; **danke, es reicht** that's enough, thank you; *s. auch* **langen; b)** *(sich erstrecken)* reach; ⟨*forest, fields, etc.*⟩ extend; **bis zu etw. ~:** extend as far as sth.; **er reicht mit dem Kopf bis zur Decke** his head touches the ceiling; **bis zum Horizont ~:** extend *or* stretch to the horizon; **sein Einfluß reicht sehr weit** his influence extends a long way; **soweit das Auge reicht** *(geh.)* as far as the eye can see; **jmdm. bis an die Schultern ~:** come up to sb.'s shoulder; **an die Grenze des Pathologischen ~:** verge on the pathological; **c) mit dem Geld/Brot** *usw.* **[nicht] ~:** [not] have enough money/bread *etc.*; **damit müssen wir ~:** we'll have to make it last. **2.** *tr. V.* **a)** *(geh.: entgegenhalten)* hand; *(herüber~, hinüber~)* pass; hand; **jmdm. die Hand ~:** hold out one's hand to sb.; **das Abendmahl ~:** administer *or* give Communion; **sich** *(Dat.)* **die Hand ~:** shake hands; **jmdm. Feuer ~:** give sb. a light; **b)** *(servieren)* serve ⟨*food, drink*⟩
**reich-, Reich-: ~geschmückt** *Adj. (präd. getrennt geschrieben)* richly decorated; richly adorned ⟨*façade, building*⟩; **~haltig** *Adj.* extensive; wide, large, extensive ⟨*range, selection*⟩; varied ⟨*programme*⟩; substantial ⟨*meal*⟩; **~haltigkeit die; ~:** extensiveness; *(eines Programms)* varied content; *(einer Mahlzeit)* substantialness; **die ~haltigkeit des Materials** the wealth of material
**reichlich 1.** *Adj.* large; substantial; ample ⟨*space, time, reward*⟩; plenty of ⟨*time, space*⟩; good ⟨*hour, year*⟩; generous ⟨*tip*⟩; **~e Niederschläge** heavy rain/hail/snow; **der Mantel ist ein bißchen ~** *(ugs.)* the coat is a bit on the large side. **2.** *adv.* amply; **~ Trinkgeld geben** tip generously; **Fleisch ist noch ~ vorhanden** there is still plenty of meat left; **~ Zeit/Platz/Gelegenheit haben** have plenty of *or* ample time/room/opportunity; **das ist ~ gerechnet** that's a generous estimate; **~ spenden** give *or* donate gener-

ously; ~ **zu leben haben** live well. **3.** *Adv.* **a)** *(mehr als)* over; more than; **nach ~ einer Stunde** a good hour later; ~ **vier Wochen** a good month; ~ **5000 Mark** a good 5,000 marks; **b)** *(ugs.: ziemlich, sehr)* ~ **frech/teuer/spät** a bit too cheeky/dear/late

**reichs-, Reichs-: ~acht die** *(hist.)* imperial ban; **~adel der** *(hist.)* nobility of the Empire; **~adler der** *(hist.)* Imperial Eagle; **~apfel der** *(hist.)* imperial orb; **~arbeits·dienst der** *(ns.)* Reich Labour Service; **~bahn die;** *o. Pl.* **a)** *(DDR)* **Deutsche ~bahn** [East German] State Railway; **b)** *(hist.)* German National Railway; **c) die schwedische/japanische ~bahn** the Swedish/Japanese National Railway; **~bank die a)** *(hist.)* German National Bank; **b) die schwedische/japanische ~bank** the National Bank of Sweden/Japan; **~deutsch** *Adj.* within the German Reich *postpos.;* **~deutsche der/die** German citizen living within the German Reich; **~grenze die** frontier of the Empire; **~insignien** *Pl. (hist.)* imperial insignia *pl.;* **~kanzler der a)** *(1871–1918)* Imperial Chancellor; **b)** *(Weimarer Republik)* Chancellor of the Republic; **c)** *(Drittes Reich)* Reich Chancellor; **~mark die** *(hist.)* Reichsmark; **~präsident der** *(hist.)* President of Germany; **~regierung die** government of a/the nation *(under a monarch);* **~stadt die** *(hist.)* free city *or* town of the [Holy Roman] Empire; **~stände** *Pl. (hist.)* estates of the Empire; **~tag der a)** *(in Schweden)* Riksdag; [Swedish] Diet; *(in Finnland)* Parliament; *(in Japan)* [Imperial *or* Japanese] Diet; **b)** *(hist.: bis 1806)* Imperial Diet; Diet of the Holy Roman Empire; **c)** *o. Pl. (1871–1945 in Deutschland)* Reichstag; **~tags·brand der;** *o. Pl. (hist.)* Reichstag Fire; **~unmittel·bar** *Adj. (hist.)* subordinate directly to the Kaiser *or* Emperor *postpos.;* **~verweser der** *(hist.)* Regent of the Empire; **~wehr die;** *o. Pl. (hist.)* German *or* Imperial Army *(1919–35);* Reichswehr

**Reichtum der; ~s, Reichtümer** ['raiçty:mɐ] **a)** *o. Pl. (Vermögen, Besitz)* wealth **(an +** *Dat.* of); **sein seelischer/innerer ~** *(fig.)* the richness of his spirit/inner life; **b)** *Pl. (Vermögenswerte)* riches; **die Reichtümer der Erde** the riches of the earth; **damit kann man keine Reichtümer erwerben** one cannot get rich that way; **c)** *o. Pl. (Reichhaltigkeit)* wealth **(an +** *Dat.* of); **der ~ an Singvögeln** the abundance of song-birds; **der ~ seiner Kompositionen** the richness of his compositions

**reich·verziert** *Adj. (präd. getrennt geschrieben)* highly ornate

**Reich·weite die a)** reach; *(eines Geschützes, Senders, Flugzeugs)* range ; **sich außer ~ halten** keep out of reach/range; **in ~ sein/kommen** be/come within reach/range; **Geschütze mit großer ~:** long-range guns; **b)** *(Physik: Strahlungsweite)* range

**reif** [raif] *Adj.* **a)** *(voll entwickelt)* ripe ⟨*fruit, grain, cheese*⟩; mature ⟨*brandy, cheese*⟩; **das Geschwür ist ~:** the boil has come to a head; ~ **für etw. sein** *(ugs.)* be ready for sth.; **er ist ~ fürs Irrenhaus** *(ugs.)* he belongs in the loony bin *(sl.);* **er brauchte nur die ~e Frucht zu pflücken** *(fig.)* it just fell into his lap; **b)** *(erwachsen, erfahren)* mature; **in [den] ~eren Jahren, im ~eren Alter** in one's mature years; **die ~eren Jahrgänge** those of mature age; **c)** *(ausgewogen, durchdacht)* mature; **eine ~e Leistung** *(ugs.)* a solid achievement; **~ für die** *od.* **zur Veröffentlichung sein** be ready for publication; **die Zeit ist noch nicht ~:** the time is not yet ripe

**-reif** ready for ...; **kino-/test-/olympia~:** ready for the cinema/for testing/for the Olympics; **aufführungs~:** ready to be performed

**[1]Reif der; ~[e]s** hoar-frost

**[2]Reif der; ~[e]s, ~e** *(geh.) (Fingerring)* ring; *(Arm~)* bracelet; *(Diadem)* circlet

**Reife die; ~ a)** *(das Reifsein)* ripeness; *(das Reifen)* ripening; **während der ~:** during ripening; **zur ~ kommen** ripen; **b)** *(von Menschen)* maturity; **Zeugnis der ~:** Abitur certificate; **c)** *(von Gedanken, Produkten)* maturity; **mittlere ~** *(Schulw.) school-leaving certificate usually taken after the fifth year of secondary school*

**Reife·grad der** degree of ripeness

**[1]reifen 1.** *itr. V.* **a)** *mit sein (reif werden)* ⟨*fruit, cereal, cheese*⟩ ripen; ⟨*ovum, embryo, cheese*⟩ mature; **b)** *mit sein (geh.: älter, reifer werden)* mature **(zu** into); **diese Erfahrungen haben ihn [zum Manne] ~ lassen** *(geh.)* these experiences made a man of him; **ein gereifter Mann** *(geh.)* a mature man; **c)** *mit sein* ⟨*idea, plan, decision*⟩ mature; ⟨*resistance*⟩ develop, grow; **zur Gewißheit ~** *(geh.)* grow *or* harden into certainty. **2.** *tr. V. (geh.)* ripen ⟨*fruit, cereal*⟩; mature ⟨*person*⟩

**[2]reifen** *itr. V.* **es hat gereift** there is/was a hoar-frost

**Reifen der; ~s, ~ a)** *(Metallband, Sportgerät)* hoop; **b)** *(Gummi~)* tyre; **c)** *(Schmuckstück) (Fingerring)* ring; *(Arm~)* bracelet; *(Diadem)* circlet

**Reifen-: ~druck der** tyre pressure; **~panne die** flat tyre; puncture; **~profil das** [tyre] tread; **~schaden der** tyre defect; faulty tyre; **~wechsel der** tyre change

**Reife-: ~prüfung die** *school-leaving examination for university entrance qualification;* **~zeugnis das** Abitur certificate

**Reif·glätte die** ice on the roads

**reiflich 1.** *Adj.* [very] careful; **bei/nach ~er Überlegung** on mature consideration/after [very] careful consideration. **2.** *adv.* [very] carefully; **über etw.** *(Akk.)* **~ nachdenken** give [very] careful thought *or* consideration to sth.; consider sth. [very] carefully

**Reif·rock der** *(hist.)* hooped skirt

**Reifung die; ~** *s.* **[1]reifen 1:** ripening; maturing; maturation

**Reifungs·prozeß der** *s.* **[1]reifen 1:** process of ripening *or* maturing; *(eines Menschen)* stage of becoming mature

**Reigen** ['raiɡn̩] **der; ~s, ~ a)** round dance; **den ~ eröffnen/anführen** lead off [in the round dance]; **b)** *(fig.)* **den ~ eröffnen** start off; **den ~ der Gratulanten eröffnen** be the first to offer congratulations; **den ~ schließen** close; finish off; **ein bunter ~ von Melodien** a medley of tunes

**Reihe** ['raiə] **die; ~, ~n a)** row; **Geräte in ~ schalten** *(Elektrot.)* connect pieces of equipment in series; **in ~n** *(Dat.)* **antreten** line up; *(Milit.)* fall in; **sich in fünf ~n aufstellen** line up in five rows; form five lines; **die ~n der älteren Generation lichten sich** *(fig.)* the ranks of the older generation are thinning out; **in Reih und Glied** *(Milit.)* in rank and file; **aus der ~ tanzen** *(fig. ugs.)* be different; **nicht in der ~ sein** *(fig. ugs.)* be feeling below par; **etw. in die ~ bringen** *(fig. ugs.)* put sth. straight *or* in order; **[wieder] in die ~ kommen** *(fig. ugs.)* get [back] on one's feet; **b)** *o. Pl. (Reihenfolge)* series; **die ~ ist an ihm/ihr** *usw.*, **er/sie** *usw.* **ist an der ~:** it's his/her *etc.* turn; **wer ist an der ~?** *(ugs.)* whose turn is it?; **Punkt drei der Tagesordnung ist jetzt an der ~:** we now come to the third item on the agenda; **du kommst jetzt an die ~** *(ugs.)* it's your turn now; **der ~ nach, nach der ~:** in turn; one after the other; **c)** *(größere Anzahl)* number; **eine ganze ~ Frauen** a whole lot of women *(coll.);* **d)** *(Gruppe)* ranks *pl.;* **die ~n schließen** close ranks; **aus den eigenen ~n** from one's/its own ranks; **e)** *(bes. Fußball)* **aus der zweiten ~ schießen** take a long shot/long shots [at goal]; **f)** *(Math.)* series; **g)** *(Schach)* rank; **h)** *(Musik)* series

**[1]reihen** *(geh.)* **1.** *tr. V. (auf~)* string; thread; **Perlen auf eine Schnur ~:** string pearls [on a thread]; **um etw. gereiht sein** be ranged around sth.; **Zahl an Zahl ~:** string numbers together. **2.** *refl. V. (sich an~, ein~)* follow; **sich um jmdn. ~:** gather round sb.

**[2]reihen** *tr. V. (heften)* tack; baste

**Reihen der; ~s, ~** *(veralt.) s.* **Reigen**

**reihen-, Reihen-: ~dorf das** *s.* **Straßendorf; ~folge die** order; **die ~folge einhalten** keep in order *or* sequence; **in kurzer ~folge** in quick succession; **~haus das** terraced house; **~schaltung die** *(Elektrot.)* series connection; **~untersuchung die** *(Med.)* mass screening; **~weise** *Adv.* **a)** *(ugs.: in großer Zahl)* by the dozen; **b)** *(in Reihen)* in rows *or* lines

**Reiher der; ~s, ~:** heron

**Reiher·feder die** heron feather

**reihern** *itr. V. (salopp)* puke *(coarse)*

**Reih·garn das** tacking *or* basting thread

**reih·um** *Adv.* **etw. ~ gehen lassen** pass sth. round; **die Flasche ging ~:** the bottle went *or* was passed round; **etw. ~ tun** do sth. in turn

**Reihung die; ~, ~en** *s.* **[1]reihen 1:** stringing; threading; ranging

**Reim** [raim] **der; ~[e]s, ~e** rhyme; **einen ~ auf ein Wort suchen** try to find something to rhyme with a word; **sich** *(Dat.)* **keinen ~ auf etw.** *(Akk.)* **machen [können]** *(fig.)* not [be able] to see rhyme or reason in sth.

**reimen 1.** *itr. V.* make up rhymes. **2.** *tr. V.* rhyme; **ein Wort auf ein anderes ~:** rhyme one word with another; **eine gereimte Fabel** a fable in rhyme. **3.** *refl. V.* rhyme **(auf +** *Akk.* with); **das reimt sich nicht** *(fig.)* that makes no sense

**Reimerei die; ~, ~en** *(abwertend)* **eine ~:** a piece of doggerel; **~en** doggerel *sing.*

**Reime·schmied der** *(abwertend)* rhymester

**reim-, Reim-: ~lexikon das** rhyming dictionary; **~los** *Adj.* unrhymed; rhymeless; **~paar das** *(Verslehre)* rhyming couplet

**Reimport der** *(Wirtsch.)* reimport

**Reim-: ~wort das** rhyme word; **~wörter·buch das** rhyming dictionary

**[1]rein** [rain] *(ugs.)* **~ mit dir!** in you go/come!

**[2]rein 1.** *Adj.* **a)** *(unvermischt)* pure; **~es Hochdeutsch sprechen** speak faultless *or* perfect German; **b)** *(nichts anderes als)* pure; sheer; **etw. aus ~em Trotz tun** do sth. out of sheer *or* pure contrariness; **~e Theorie/Mathematik** pure theory/mathematics; **die ~e Wahrheit sagen** tell the plain *or* unvarnished truth; **c)** *(ohne Ausnahme)* **es war ~e Männersache** it was exclusively a men's affair; **eine ~e Arbeitergegend** a purely *or* entirely working-class district; **d)** *(ugs.: intensivierend)* pure; sheer; **das ist der ~ste Quatsch** that's pure *or* sheer *or* absolute nonsense; **Sie sind der ~ste Dichter** you are a real poet; **dein Zimmer ist der ~ste Saustall** *(derb)* your room is a real pigsty; **e)** *(meist geh.: frisch, sauber)* clean; fresh ⟨*clothes, sheet of paper, etc.*⟩; pure, clean ⟨*water, air*⟩; clear, fresh ⟨*complexion*⟩; **ein ~es Gewissen haben** *(fig.)* have a clear conscience; **~ klingen** make *or* have a pure sound; **etw. ins ~e schreiben** make a fair copy of sth.; **etw. ins ~e bringen** clear sth. up; put sth. straight; **mit jmdm./etw. ins ~e kommen** get things straightened out with sb./get sth. sorted *or* straightened out; **mit sich [selbst] ins ~e kommen** sort things out in one's own mind; **mit etw. im ~en sein** have got sth. sorted out; **mit jmdm. im ~en sein** have got things straightened out with sb. **2.** *Adv.* **a)** *(ausschließlich)* purely; **b)** *(vor allem, besonders)* purely; **~ zufällig/unmöglich** purely *or* quite by chance/quite impossible; **~ zeitlich** purely from the point of view of time; **c)** *(ugs.: intensivierend)* **~ gar nichts** absolutely nothing

**rein-**: ~|**beißen** *unr. itr. V. (ugs.)* take a bite; **in etw.** *(Akk.)* **~beißen** take a bite of sth.; **zum Reinbeißen sein** *od.* **aussehen** *(ugs.)* ‹*cake etc.*› look tempting; *(fig.)* ‹*girl*› look good enough to eat; ~|**dürfen** *unr. itr. V.* be allowed in

**Reineclaude** [rɛ:nəˈklo:də] *s.* **Reneklode**

**Reineke** [ˈrainəkə] **der; ~s, ~s** Reynard *no art.*; **Meister ~, ~ Fuchs** Reynard the Fox

**Reine·mache·frau die** cleaning lady; cleaner

**Reine·machen das; ~s** *(bes. nordd.)* cleaning session; **beim ~ sein** be doing the cleaning; **eine Frau kommt zum ~:** a woman comes to do the cleaning

**rein-, Rein-**: ~**erbig** *Adj. (Biol.)* homozygous; ~**erlös der,** ~**ertrag der** net profits *pl. or* proceeds *pl.*

**Reinette** [rɛˈnɛtə] *s.* **Renette**

**reine·weg** *Adv. (ugs.)* really; *(ganz u. gar)* absolutely; **das ist ~ zum Verzweifeln** it's enough to drive you to despair

**Rein·fall der** *(ugs.)* let-down; **das Stück war ein böser ~:** the play was a complete flop *(coll.)*; **mit unserem letzten Auto haben wir einen großen ~ erlebt** our last car was a complete disaster

**rein|fallen** *unr. itr. V.; mit sein (ugs.) s.* **hereinfallen a, hineinfallen**

**Reinfektion die** *(Med.)* reinfection

**rein|gehen** *unr. itr. V.; mit sein (ugs.) s.* **hineingehen**

**Reingeschmeckte** [-gəʃmɛktə] **der/die;** *adj. Dekl. (scherzh.)* outsider

**Rein-**: ~**gewicht das** net weight; ~**gewinn der** net profit

**Rein·haltung die: die ~ der Seen/der Luft** keeping the lakes/air clean *or* pure; **die ~ der Sprache** keeping the language pure

**rein|hauen** *unr. tr. V. (salopp)* **a)** *(schlagen)* bash; **in die Tasten ~:** pound *or* thump the keys; **Kokain haut viel mehr rein** *(fig.)* cocaine gives you much more of a kick *(coll.)*; **jmdm. eine ~:** thump sb. [one] *(coll.)*; **b)** *(essen)* tuck in *(coll.)*

**Reinheit die; ~ a)** *(Klarheit)* purity; **b)** *(Sauberkeit)* cleanness; *(des Wassers, der Luft)* purity; *(der Haut)* clearness

**Reinheits-**: ~**gebot das** beer purity regulations *pl.*; ~**grad der** degree of purity

**reinigen** [ˈrainɪgn̩] *tr. V.* clean; clean, cleanse ‹*wound, skin*›; purify ‹*effluents, air, water, etc.*›; **Kleider [chemisch] ~ lassen** have clothes [dry-]cleaned; **das Gewitter hat die Luft gereinigt** the storm has cleared the air; **ein ~des Gewitter** *(fig.)* an argument that clears the air; **die Atmosphäre ~** *(fig.)* clear the air

**Reinigung die; ~, ~en a)** *s.* **reinigen:** cleaning; cleansing; purification; dry-cleaning; **b)** *(Betrieb)* [dry-]cleaner's

**Reinigungs-**: ~**creme die** cleansing cream; ~**milch die** cleansing milk; ~**mittel das** cleaning agent; *(für die Haut)* cleanser; cleansing product

**Reinkarnation die; ~, ~en** reincarnation

**rein-, Rein-**: ~|**knien** *refl. V. (ugs.) s.* **hineinknien;** ~|**kommen** *unr. itr. V.; mit sein (ugs.) s.* **herein-, hineinkommen;** ~|**können** *unr. itr. V.* be able to go/come in; ~|**kriechen** *unr. itr. V.; mit sein (ugs.)* crawl in; **in etw.** *(Akk.)* **~kriechen** crawl into sth.; **jmdm. hinten ~kriechen** *(derb)* lick sb.'s arse *(coarse)*; ~|**kriegen** *tr. V. (ugs.) s.* **hereinbekommen; hineinbekommen;** ~**kultur die a)** *(Landw.)* monoculture; **b)** *(Biol.)* pure culture; **Kitsch/Konservatismus in ~kultur** *(fig.)* pure *or* unadulterated kitsch/pure *or* sheer Conservatism; ~|**legen** *tr. V. (ugs.) s.* **hereinlegen;** ~**leinen** *Adj.* pure linen

**reinlich 1.** *Adj.* **a)** *(reinlichkeitsliebend)* cleanly; **b)** *(sauber)* clean; neat ‹*dress*›; **c)** *(gründlich)* clear[-cut] ‹*division, distinction, etc.*›. **2.** *adv.* **a)** *(sauber)* cleanly; neatly ‹*dressed, folded*›; **b)** *(gründlich)* clearly

**Reinlichkeit die; ~** *s.* **reinlich:** cleanliness; neatness; clearness

**rein-, Rein-**: ~**mache·frau die** *s.* **Reinemachefrau;** ~|**müssen** *unr. itr. V.* have to go/come in; ~**rassig** *Adj.* pure-bred, thoroughbred ‹*animal*›; ~**rassigkeit die** purity of breeding; ~|**reißen** *unr. tr. V. (ugs.)* **jmdn. ~reißen** drag sb. in *(fig.)*; ~|**reiten** *unr. tr. V. (ugs.)* **jmdn. ~reiten** drag sb. in *(fig.)*; ~|**riechen** *unr. itr. V. (ugs.)* **in die Exportabteilung ~riechen** get a taste of work in the export department; ~|**schauen** *itr. V. (ugs.)* look in; ~**schiff (das)** *(Seemannsspr.)* **in ~schiff machen** clean the decks [thoroughly]; ~|**schlagen** *unr. tr. V.* **a)** *(ugs.)* knock in; **etw. in etw.** *(Akk.)* **~schlagen** knock sth. into sth.; **b) jmdm. eine ~schlagen** *(salopp)* thump sb. [one] *(coll.)*; ~**schrift die** fair copy; ~**schriftlich** *Adj.* **eine ~schriftliche Fassung** a fair copy; ~**seiden** *Adj.* pure silk; ~|**sollen** *itr. V.* be supposed to go/come in; ~|**stecken** *itr. V.* put in; ~|**steigern** *refl. V. (ugs.)* work oneself up; become worked up; ~|**treten** *(ugs.)* **1.** *unr. itr. V.; mit sein (hineintreten)* **in etw.** *(Akk.)* **~treten** step in[to] sth.; **2.** *unr. tr., itr. V.* **jmdm.** *od.* **jmdn. hinten ~treten** kick sb. up the backside; ~|**waschen** *(ugs.)* **1.** *unr. tr. V.* **jmdn.** *od.* **jmds. Namen ~waschen** clear sb.; clear sb.'s name; **sein Gewissen ~waschen** appease one's conscience; **2.** *unr. refl. V.* clear oneself *or* one's name; ~**weg** *Adv. s.* **reineweg;** [1]~**wollen** *Adj.* pure wool; [2]~|**wollen** *unr. itr. V. (ugs.)* want to come/go in; **seltsam, daß so viele Leute ins Kino ~wollten** it's odd that so many people wanted to get into the cinema; ~|**würgen** *tr. V.* **a)** *(ugs.)* **sich** *(Dat.)* **~würgen** force ‹*food, medicine, etc.*› down; **etw. in sich** *(Akk.)* **~würgen** force sth. down; **b) jmdm. eine** *od.* **eins ~würgen** come down on sb. like a ton of bricks *(coll.)*; **er hat einen reingewürgt gekriegt** he/she/they *etc.* came down on him like a ton of bricks *(coll.)*

[1]**Reis** [rais] **der; ~es** rice

[2]**Reis das; ~es, ~er a)** *(geh.: Zweig)* twig; **~er** *(Reisig)* brushwood *sing.*; **b)** *(geh.: Sproß)* shoot; **c)** *(Propf~)* scion

**Reis-**: ~**auf·lauf der** *(Kochk.)* baked rice dish; *(süß) baked pudding of rice with layers of fruit etc.*; ~**bauer der** rice-grower; ~**brei der** rice pudding

**Reise** [ˈraizə] **die; ~, ~n a)** journey; *(kürzere Fahrt, Geschäfts~)* trip; *(Ausflug)* outing; excursion; trip; *(Schiffs~)* voyage; *(ins Weltall)* voyage; flight; *(im Flugzeug)* flight; *(Kreuzfahrt)* cruise; *(Überfahrt)* crossing; **eine ~ mit dem Auto/der Eisenbahn** a journey by car/train; a car/train journey; **eine ~ zur See** a sea voyage; *(Kreuzfahrt)* a cruise; **eine dienstliche ~:** a business trip; **eine ~ um die Welt** a journey round the world; **auf meinen ~n** on my travels; **eine ~ machen** make a journey/go on a trip/an outing; **auf ~n sein** travel; *(nicht zu Hause sein)* be away; **viel auf ~n sein** *od.* **gehen** travel a lot; do a lot of travelling; **jeden Sommer gehen wir auf die ~** *od.* **auf ~n** we travel every summer; **auf der ~ gab's viel zu sehen** there was a lot to see during *or* on the journey/trip; **wohin soll diesmal die ~ gehen?** where will you/shall we go this time?; **glückliche** *od.* **gute ~!** have a good journey; **wenn einer eine ~ tut, dann kann er was erzählen** *(Spr.)* travelling is always eventful; **die** *od.* **seine letzte ~ antreten** *(geh. verhüll.)* go to meet one's Maker; **b)** *(Drogenjargon)* trip *(coll.)*

**-reise die ...** journey/trip; **Schweiz~/Afrika~:** journey/trip to Switzerland/Africa; **Bus~:** bus trip *or* journey

**reise-, Reise-**: ~**an·denken das** souvenir; ~**apotheke die** [traveller's] first aid kit; ~**bedarf der** travel requisites *pl.*; ~**begleiter der** *(~gefährte)* travelling companion; *(~leiter)* courier; *(für Kinder)* chaperon; ~**bekanntschaft die** acquaintance made on a/the journey; **ich habe eine interessante ~bekanntschaft gemacht** I met somebody interesting on the journey; ~**bericht der** *(privat)* account of one's journey; *(offiziell)* report of one's journey; *(Buch)* travel book; *(Film)* travelogue; travel film; *(Artikel)* travel story; ~**beschreibung die** account of a journey/one's travels; *(Buch)* travel book; ~**büro das** travel agent's; travel agency; ~**bus der** coach; ~**decke die** travelling rug; ~**fähig** *Adj.* **~fähig sein** be able to travel; **ein ~fähiger Patient** a patient able to travel; ~**fertig** *Adj.* **~fertig sein** be ready to leave; ~**fieber das** *(ugs.)* nervous excitement about the journey; **~fieber haben** be nervous and excited about the journey; ~**führer der a)** *(~leiter)* courier; **b)** *(Buch)* guidebook; ~**führerin die** courier; ~**geld das a)** *(Geld für die Reise)* money for the journey; **b)** *s.* **~spesen;** ~**gepäck das** luggage *(Brit.)*; baggage *(Amer.)*; *(am Flughafen)* baggage; ~**gepäck·versicherung die** luggage/baggage insurance; ~**geschwindigkeit die** average speed for a/the journey; ~**gesellschaft die a)** *(~gruppe)* party of tourists; **eine deutsche ~gesellschaft** a party of German tourists; **b)** *(ugs.: ~veranstalter)* travel firm; tour operator; ~**gruppe die** *s.* **~gesellschaft a;** ~**kasse die** holiday fund; ~**koffer der** suitcase; ~**kosten** *Pl.* travel expenses; ~**kosten·abrechnung die** travel expenses claim; ~**krankheit die** travel sickness *no pl.*; ~**land das;** *Pl.:* **~länder: ein beliebtes/teures ~land sein** be a popular country with/an expensive country for tourists; **Spanien ist ~land Nr. 1 für die Deutschen** Spain is the most popular holiday destination for the Germans; ~**leiter der,** ~**leiterin die** courier; ~**leitung die a)** *(das Leiten)* **er hat die ~leitung übernommen** he has taken on the job of courier; **~leitung durch erfahrene Mitarbeiter** only experienced couriers are used; **b)** *(Person)* courier/couriers; ~**lektüre die** reading matter for the journey; **etw. als ~lektüre kaufen** buy sth. to read on the journey; ~**lustig** *Adj.* **~lustig sein** *(häufig Reisen unternehmend)* be a keen traveller; *(zum Reisen aufgelegt sein)* be keen to travel

**reisen** *itr. V.; mit sein* **a)** travel; **viel gereist sein** be well-travelled; **er reist für einige Tage nach Paris** he's going to Paris for a few days; **in Unterwäsche/Hundefutter** *usw.* **~** *(ugs.)* travel in underwear/dog food *etc.*; **b)** *(ab~)* leave; set off

**Reisende der/die;** *adj. Dekl.* **a)** traveller; *(Fahrgast)* passenger; **b)** *(Vertreter)* [travelling] sales representative; [commercial] traveller

**Reise-**: ~**necessaire das** sponge-bag *(Brit.)*; toiletries bag *(Amer.)*; ~**paß der** passport; ~**pläne** *Pl.* travel plans; ~**prospekt der** travel brochure; ~**route die** route; ~**ruf der** SOS message for travellers; ~**scheck der a)** traveller's cheque; **b)** *(DDR) coupon of entitlement to a holiday at a specified place;* ~**schreib·maschine die** portable typewriter; ~**spesen** *Pl.* travelling expenses; ~**tag der a)** *(Abreisetag)* departure day; **b) am dritten ~tag erreichten sie Athen** on the third day after setting out they reached Athens; ~**tasche die** hold-all; ~**verkehr der** holiday traffic; *(zwischen der Bundesrepublik Deutschland und der DDR)* transit traffic; ~**wecker der** travel alarm; ~**welle die** surge of holiday traffic; ~**wetter das** weather for travelling; **das ist ideales/kein ~wetter** that's ideal/no weather for travelling; ~**wetter·bericht der** holiday weather forecast; ~**zeit die a)** *(Zeit der An-, Abreise)* travelling time; **b)** *(günstige Zeit)* time to travel; **c)** *(Urlaubszeit)* holiday time *or* season; **~ziel das** destination; **unser ~ziel für diesen Sommer ist Mallorca** we're going on holiday to Mallorca this summer; **Paris ist ein beliebtes ~ziel** Paris is a popular holiday destination; **~zug der** *(Eisenb.)* holiday train

**Reis·feld das** paddy-field

**Reisig das; ~s** brushwood

**Reisig-: ~besen der** besom; **~bündel das** bundle of brushwood

**Reis-: ~korn das** grain of rice; **~mehl das** rice-flour; **~papier das** rice paper

**reiß-, Reiß-: ~ahle die** scriber; **~aus der** *in* **~aus nehmen** *(ugs.)* scram *(sl.)*; scarper *(Brit. sl.)*; **~brett das** drawing-board; **~brett·stift der** *s.* **~zwecke**

**reißen** ['raisn̩] **1.** *unr. tr. V.* **a)** *(zer~)* tear; *(in Stücke)* tear up; **ein Loch in die Hose ~:** tear *or* rip a hole in one's trousers; **b)** *(ab~, weg~)* tear; **eine Pflanze aus dem Boden ~:** tear a plant out of the ground; **jmdm. etw. aus den Händen/Armen ~:** snatch *or* tear sth. from sb.'s hands/arms; **der Sturm riß die Ziegel von den Dächern** the gale ripped *or* tore the tiles off the roofs; **sich** *(Dat.)* **die Kleider vom Leibe ~:** tear one's clothes off; **jmdn. aus seinen Gedanken ~** *(fig.)* awaken sb. rudely from his/her thoughts; **etw. aus dem Zusammenhang ~:** take sth. out of context; **c)** *(ziehen an)* pull; *(heftig)* yank *(coll.)*; **d)** *(werfen, ziehen)* **eine Welle riß ihn zu Boden** a wave knocked him to the ground; **er riß den Wagen zur Seite** he wrenched the [steering-]wheel over; **jmdn. in die Tiefe ~:** drag sb. down into the depths; **der Fluß hat die Brücke mit sich gerissen** the river swept *or* carried the bridge away; **das Boot wurde in den Strudel gerissen** the boat was sucked into the whirlpool; **er riß sie in seine Arme** he pulled her into his arms; **[innerlich] hin und her gerissen sein** *od.* **werden** *(fig.)* be torn [two ways]; **von Zweifeln hin und her gerissen werden** *(fig.)* be torn by doubt; **e)** *(töten)* ‹*wolf, lion, etc.*› kill, take ‹*prey*›; **f)** *(sich einer Sache bemächtigen)* **an sich ~:** seize ‹*object, power, control, advantage, etc.*›; **er will immer das Gespräch an sich ~:** he always wants to monopolize the conversation; **g)** *(ugs.: machen)* crack ‹*joke*›; make ‹*remark*›; **h)** *(Leichtathletik)* **die Latte/eine Hürde ~:** knock the bar down/knock a hurdle over; **i)** *unpers. (schmerzen)* **es reißt mich in den Waden** my calves are aching; **j)** *(veralt.: zeichnen)* draw; **k)** *in* **jmdm. eine ~** *(österr. salopp)* stick one on sb. *(sl.)*. **2.** *unr. itr. V.* **a)** *mit sein* ‹*paper, fabric*› tear, rip; ‹*rope, thread*› break, snap; ‹*film*› break; ‹*muscle*› tear; **wenn alle Stricke** *od.* **Stränge ~** *(fig.)* if all else fails; **b)** *(ziehen)* **an etw.** *(Dat.)* **~:** pull at sth.; **der Hund riß an der Leine** the dog strained at the leash; **c)** *(Leichtathletik)* bring the bar down/knock the hurdle over; **d)** *(Schwerathletik)* snatch. **3.** *unr. refl. V.* **a)** *(sich los~)* tear oneself/itself **(aus, von** from); **sich aus seinen Träumen ~:** jerk oneself out of one's reveries; **b)** *(ugs.: sich bemühen um)* **ich reiße mich nicht um diese Arbeit** I'm not all that keen on this work *(coll.)*; **sie ~ sich um die Eintrittskarten** they are scrambling to *or* fighting each other to get tickets; **sie ~ sich alle darum, mitzuspielen** they are all after the chance to play; **c)** *(sich verletzen)* scratch oneself; **d)** *(sich beibringen)* **sich eine Wunde ~:** cut oneself

**Reißen das; ~s** *(ugs.)* **ich habe ein ~ in allen Gliedern** all my limbs are aching; **das ~ haben** have got rheumatism

**reißend** *Adj.* rapacious ‹*animal*›; stabbing ‹*pain*›; **~en Absatz finden** sell like hot cakes; **ein ~er Fluß** a raging torrent

**Reißer der; ~s, ~ a)** *(ugs., oft abwertend)* thriller; **b)** *(ugs.: Verkaufserfolg)* big seller

**reißerisch** *(abwertend)* **1.** *Adj.* sensational; lurid ‹*headline*›; garish, lurid ‹*colour*›. **2.** *adv.* sensationally

**reiß-, Reiß-: ~feder die** ruling pen; **~fest** *Adj.* unbreakable; non-tear ‹*fabric*›; **~festigkeit die** breaking strength; **~leine die** *(Flugw.)* rip-cord; **~nadel die** scriber; **~nagel der** *s.* **~zwecke; ~schiene die** T-square; **~stift der** *s.* **~zwecke**

**Reis·stroh das** rice grass

**Reiß-: ~verschluß der** zip [fastener]; **den ~verschluß an etw.** *(Dat.)* **aufmachen/zumachen** undo/do up the zip on sth.; unzip/zip up sth.; **jmdm. den ~verschluß aufmachen** undo sb.'s zip; **~wolf der** shredder; *(Textilw.)* devil; **~wolle die** shoddy; **~zahn der** *(Zool.)* carnassial [tooth]; **~zeug das** drawing instruments *pl.*; **~zwecke die** drawing-pin *(Brit.)*; thumbtack *(Amer.)*

**Reis-: ~tafel die** *(Kochk.)* rijsttafel; **~wein der** rice wine

**Reit·bahn die** riding arena

**reiten** ['raitn̩] **1.** *unr. itr. V.; meist mit sein* ride; **auf etw.** *(Dat.)* **~:** ride [on] sth.; **im Schritt/Trab/Galopp ~:** ride at a walk/trot/gallop. **2.** *unr. tr. V.; auch mit sein* **a)** ride; **Schritt/Trab/Galopp ~:** ride at a walk/trot/gallop; **ein Pferd müde ~:** ride a horse until it is tired; **ein Turnier/einen Wettbewerb ~:** ride in a tournament/competition; **ein scharfes Tempo ~:** ride at a furious pace; **ich habe mir die Knie steif geritten** I rode until my knees were stiff; **was reitet denn den?** *(fig. ugs.)* what's eating him? *(coll.)*; **b)** *(begatten)* ride; mount. **3.** *unr. refl. V.* **im Regen reitet es sich schwerer** riding is more difficult in the rain

**Reiten das; ~s** riding *no art.*

**Reiter der; ~s, ~ a)** rider; **ich bin kein guter ~:** I'm not a good rider *or* horseman; *s. auch* **apokalyptisch; b)** *(Milit.: Absperrung)* barrier; **spanischer ~:** barbed-wire barricade; **c)** *(österr.: Heu~)* rickstand; **d)** *(an der Waage)* rider; **e)** *(Kartei~)* tab

**Reiterei die; ~, ~en a)** *(Kavallerie)* cavalry; **b)** *o. Pl. (ugs.: das Reiten)* riding *no art.*

**Reiterin die; ~, ~nen** rider; **sie ist eine gute ~:** she is a good rider *or* horsewoman

**Reiter·regiment das** *(Milit.)* cavalry regiment

**Reiters·mann der;** *Pl.* **~männer** *od.* **~leute** *(veralt.)* horseman

**Reiter·stand·bild das** equestrian statue

**Reit-: ~gerte die** riding whip; **~hose die** riding breeches *pl.*; **~knecht der** *(veralt.)* groom; **~kunst die** riding skills *pl.*; equestrian skills *pl.*; **~peitsche die** riding whip; **~pferd das** saddle-horse; **~schule die** riding school; **~sitz der a)** *(auf Pferd)* **im ~sitz auf etw.** *(Dat.)* **sitzen** sit astride sth.; **b)** *(Turnen)* straddle seat; **~sport der** [horse-]riding; **~stall der** riding stable; **~stiefel der** riding boot; **~stunde die** riding lesson; **~tier das** mount; **das ist ein ~tier** this animal is used for riding; **~turnier das** riding event; **~weg der** bridle-path; bridleway

**Reiz** [raits] **der; ~es, ~e a)** *(Physiol.)* stimulus; **b)** *(Anziehungskraft)* attraction; appeal *no pl.*; *(des Verbotenen, Fremdartigen, der Ferne usw.)* lure; **etw. übt einen großen ~ auf jmdn. aus** sth. holds *or* has great attraction *or* appeal for sb.; **in dieser Aufgabe liegt für mich ein besonderer ~:** this task has a particular attraction *or* appeal for me; **ich kann dieser Sache** *(Dat.)* **keinen ~ abgewinnen** this has no appeal for me; **die neue Aufgabe hat gewiß ihre ~e** the new job certainly has its attractions; **an ~ verlieren** lose some of its attraction *or* appeal; **c)** *(Zauber)* charm; **weibliche ~e** female charms; **sie ließ alle ihre ~e spielen** she used all her charms

**reizbar** *Adj.* **a)** *(leicht zu verärgern)* irritable; **leicht ~ sein** be very irritable; **b)** *(empfindlich)* sensitive

**Reizbarkeit die; ~ a)** *(Erregbarkeit)* irritability; **b)** *(Empfindlichkeit)* sensitivity

**reizen 1.** *tr. V.* **a)** annoy; tease ‹*animal*›; *(herausfordern, provozieren)* provoke; *(zum Zorn treiben)* anger; **jmds. Zorn ~, jmdn. zum Zorn ~:** provoke sb. to anger; **jmdn. bis aufs Blut ~:** make sb.'s blood boil; *s. auch* **gereizt; b)** *(anziehen)* attract; **jmds. Verlangen ~:** rouse sb.'s desire; **c)** *(Physiol.)* irritate; **seine Nerven waren zu sehr gereizt** his nerves were too much on edge; **d)** *(Interesse erregen bei)* **jmdn. ~:** attract sb.; appeal to sb.; **jmds. Haß/Widerspruch ~:** arouse sb.'s hatred/make sb. want to contradict; **es würde mich sehr ~, das zu tun** I'd love to do that; **das Angebot reizt mich** I find the offer tempting; **e)** *(Kartenspiele)* bid. **2.** *itr. V.* **a)** *(Physiol.)* irritate; **der Qualm reizt zum Husten** the smoke makes you cough; **b)** *(anregen)* **das reizt zum Lachen** it makes people laugh; **eine solche Ansicht reizt zum Widerspruch** such an opinion invites contradiction; **c)** *(Kartenspiele)* bid; **hoch ~** *(fig.)* play for high stakes

**reizend 1.** *Adj.* charming; delightful, lovely ‹*child*›; **das ist ja ~** *(iron.)* [that's] charming! *(iron.)*. **2.** *adv.* charmingly; **wir haben uns ~ unterhalten** we had a delightful chat

**Reiz-: ~gas das** irritant gas; **~husten der** *(Med.)* dry cough

**Reizker** ['raitskɐ] **der; ~s, ~** *(Bot.) Lactarius;* **Echter ~:** saffron milk cap

**reiz-, Reiz-: ~klima das** *(Med., Met.)* bracing climate; **~los 1.** *Adj.* unattractive ‹*person, face, task, etc.*›; ‹*landscape, scenery*› lacking in charm; bland ‹*food, diet*›; **2.** *adv.* unattractively; **~losigkeit die; ~** *s.* **~los:** unattractiveness; lack of charm; blandness; **~mittel das** *(Med.)* stimulant; **~schwelle die** *(Med., Psych.)* stimulus threshold; absolute threshold; **~stoff der** irritant; **~thema das** emotive issue; **~über·flutung die; ~, ~en** *(Psych.)* overstimulation

**Reizung die; ~, ~en a)** *o. Pl.* annoyance; *(Herausforderung)* provocation; *(eines Tieres)* teasing; **b)** *(Physiol., Med.)* irritation

**reiz-, Reiz-: ~voll 1.** *Adj.* **a)** *(hübsch)* charming; delightful; **b)** *(interessant)* attractive; **das ist wenig ~voll für ihn** it doesn't appeal to him much; **es wäre ~voll, mit ihm darüber zu sprechen** it would be interesting to talk to him about it; **die Aussicht ist nicht gerade ~voll** the prospect isn't exactly enticing. **2.** *adv. (hübsch)* charmingly; delightfully; **~wäsche die** *(ugs.)* sexy underwear; **~wort das a)** *(Emotionen hervorrufend)* emotive word; **b)** *(Psych.)* stimulus word

**Rekapitulation die** *(auch Biol.)* recapitulation

**rekapitulieren** *tr. V.* recapitulate

**rekeln** ['re:kl̩n] *refl. V. (ugs.)* stretch; **sich in der Sonne/im Liegestuhl ~:** stretch out in the sun/in the deck-chair

**Reklamation** [reklama'tsio:n] **die; ~, ~en** complaint **(wegen** about); **spätere ~[en] ausgeschlossen!** money cannot be refunded after purchase

**Reklame** [re'kla:mə] **die; ~, ~n a)** *o. Pl. (Werbung)* advertising *no indef. art.*; *(Ergebnis)* publicity *no indef. art;* **schlechte ~:** poor advertising/publicity; **~ für jmdn./etw. machen** promote sb./advertise *or* promote sth.; **b)** *(ugs.: Werbemittel)* advert *(Brit. coll.)*; ad *(coll.)*; advertisement; *(im Fernsehen, Radio auch)* commercial; **nichts als ~:** nothing but adverts/commercials; **die BBC bringt keine ~:** there are no adverts *etc.*/commercials on BBC

**Reklame-: ~rummel der** *(ugs. abwertend)* [publicity] ballyhoo, hype *(sl.)* **(um** surrounding); **~schild das** advertising sign; **~trommel die** *in* **für jmdn./etw. die ~trommel rühren** *(ugs.)* promote sb./advertise *or*

promote sth. in a big way; **~zettel der** advertising leaflet
**reklamieren 1.** *itr. V. (sich beschweren)* complain; make a complaint. **2.** *tr. V.* **a)** *(beanstanden)* complain about, make a complaint about (**bei** to, **wegen** on account of); **reklamierte Güter** goods about which there has been a complaint; **b)** *(beanspruchen)* claim; **jmdn. für sich ~:** monopolize sb.; **etw. für sich ~:** claim sth. for oneself
**rekognoszieren** [rekɔgnɔsˈtsi:rən] *tr. V. (österr., schweiz., Milit.)* reconnoitre
**Rekommandation** [rekɔmandaˈtsio:n] **die; ~, ~en a)** *(österr.)* recommendation; **b)** *(österr. Postw.)* registered letter
**rekommandieren** *tr. V. (österr. Postw.)* register
**rekonstruierbar** *Adj.* reconstructible; **leicht/schwer ~ sein** be easy/difficult to reconstruct
**rekonstruieren** *tr. V.* **a)** reconstruct; **b)** *(DDR: modernisieren)* modernize; renovate ⟨*building*⟩
**Rekonstruktion die a)** reconstruction; **b)** *(DDR: Modernisierung)* modernization/renovation
**Rekonvaleszent** [rekɔnvalɛsˈtsɛnt] **der; ~en, ~en, Rekonvaleszentin die; ~, ~nen** convalescent
**Rekonvaleszenz** [rekɔnvalɛsˈtsɛnts] **die** *(Med.)* convalescence *no art.*
**Rekord** [reˈkɔrt] **der; ~[e]s, ~e** record; **einen ~ aufstellen/innehaben** set up/hold a record
**Rekord-** record ⟨*harvest, temperature, fee*⟩
**Rekord-: ~besuch der** record number of visitors; **~halter der, ~inhaber der** record-holder; **~lauf der** record-breaking run; **~leistung die** record
**Rekordler** [reˈkɔrtlɐ] **der; ~s, ~, Rekordlerin die; ~, ~nen** record-holder
**Rekord-: ~marke die** record; **~versuch der** attempt at a/the record; **~zeit die** record time
**Rekrut** [reˈkru:t] **der; ~en, ~en** *(Milit.)* recruit
**rekrutieren 1.** *refl. V.* **sich aus einem bestimmten Kreis ~:** be drawn from a particular sphere; **sich aus Beamten/Selbständigen ~:** consist *or* be composed of civil servants/self-employed people; **2.** *tr. V. (Milit. veralt., auch fig.)* recruit (**aus** from)
**Rekrutierung die; ~, ~en** recruitment; recruiting
**Rekta** *s.* **Rektum**
**rektal** [rɛkˈta:l] *(Med.)* **1.** *Adj.* rectal. **2.** *adv.* rectally
**Rektion** [rɛkˈtsio:n] **die; ~, ~en** *(Grammatik)* **die ~ einer Präposition** the case governed by a preposition; **nur bei einigen Präpositionen schwankt die ~:** only a few prepositions can take more than one case
**Rektor** [ˈrɛktɔr] **der; ~s, ~en** [-ˈto:rən] **a)** *(Schulleiter)* head[master]; **b)** *(Universitäts~)* Rector; ≈ Vice-Chancellor *(Brit.)*; *(einer Fachhochschule)* principal
**Rektorat** [rɛktoˈra:t] **das; ~[e]s, ~e a)** *(Amt, Amtszeit)* headship; *(an der Universität)* Rectorship; ≈ Vice-Chancellorship *(Brit.)*; **b)** *(Amtszimmer)* head[master]'s room *or* office; *(an der Universität)* Rector's office; ≈ Vice-Chancellor's office *(Brit.)*
**Rektorin die; ~, ~nen a)** *(Schulleiterin)* head[mistress]; **b)** *s.* **Rektor b**
**Rektoskop** [rɛktoˈsko:p] **das; ~s, ~** *(Med.)* proctoscope; rectoscope
**Rektoskopie** [rɛktoskoˈpi:] **die; ~, ~n** *(Med.)* proctoscopy
**Rektum** [ˈrɛktʊm] **das; ~s, Rekta** [ˈrɛkta] *(Anat.)* rectum
**rekultivieren** *tr. V. (Landw.)* recultivate
**rekurrieren** [rekʊˈri:rən] *itr. V.* **a)** *(geh.: Bezug nehmen)* **auf etw.** *(Akk.)* **~:** refer back to sth.; **b)** *(österr. Rechtsspr.)* **gegen etw. ~:** appeal against sth.
**Rekurs der a)** *(geh.: Bezug)* reference (**auf** + *Akk.* to); **auf etw.** *(Akk.)* **~ nehmen** refer back to sth.; **b)** *(Rechtsspr.)* appeal; **~ einlegen** lodge an appeal
**Relais** [rəˈlɛ:] **das; ~** [rəˈlɛ:(s)], **~** [rəˈlɛ:s] *(Elektrot.)* relay
**Relais-: ~schaltung die** *(Elektrot.)* relay circuit; **~station die** *(Elektrot.)* relay station
**Relation** [relaˈtsio:n] **die; ~, ~en** *(auch Math.)* relation; **in einer/keiner ~ zu etw. stehen** bear a/no relation to sth.
**relativ** [relaˈti:f] **1.** *Adj.* relative; *s. auch* **Mehrheit; Gehör. 2.** *adv.* **a)** *(ziemlich)* relatively; **b)** *(vergleichsweise)* **~ zu** relative to
**relativieren** *tr. V.* relativize
**Relativierung die; ~, ~en** relativization
**Relativismus der; ~** *(Philos.)* relativism
**relativistisch** *Adj. (auch Philos., Physik)* relativistic
**Relativität** [relativiˈtɛ:t] **die; ~, ~en** relativity
**Relativitäts·theorie die;** *o. Pl. (Physik)* theory of relativity
**Relativ-: ~pronomen das** *(Sprachw.)* relative pronoun; **~satz der** *(Sprachw.)* relative clause
**Relaxans** [reˈlaksans] **das; ~, Relaxantien** *(Med.)* relaxant
**relaxed** [riˈlɛkst] *(salopp) Adj.; nicht attr.* laid-back *(coll.)*
**Relegation** [relegaˈtsio:n] **die; ~, ~en** expulsion
**relegieren** [releˈgi:rən] *tr. V.* expel
**relevant** [releˈvant] *Adj.* relevant (**für** to)
**Relevanz die; ~:** relevance (**für** to)
**Relief** [reˈliɛf] **das; ~s, ~s** *od.* **~e** *(bild. Kunst; Geogr.)* relief
**relief-, Relief-: ~artig 1.** *Adj.* raised in relief *postpos.*; **2.** *adv.* **~artig erhoben** raised in relief *postpos.*; **~druck der a)** *o. Pl. (Verfahren)* relief printing; **b)** *(Erzeugnis)* relief print; **~karte die** relief map
**Religion** [reliˈgio:n] **die; ~, ~en a)** *(auch fig.)* religion; **b)** *o. Pl.; o. Art. (Unterrichtsfach)* religious instruction *or* education; RI; RE
**religions-, Religions-: ~aus·übung die** practice of religion; **freie ~ausübung** freedom to practise one's religion; **~bekenntnis die** religion; denomination; [religious] confession; **~freiheit die;** *o. Pl.* religious freedom; **~friede der** religious peace; **~gemeinschaft die** denomination; **~geschichte die** history of religion; **~krieg der** religious war; **~lehre die;** *o. Pl. s.* **Religion b; ~lehrer der** religious instruction *or* education teacher; RI *or* RE teacher; **~los** *Adj.* **a)** ⟨*person*⟩ who has no religious beliefs; **ich bin ~los** I'm not religious; **b)** *(gottlos)* irreligious; **~philosophie die;** *o. Pl.* philosophy of religion; **~stifter der** founder of a/the religion; **~streit der** religious dispute; **~stunde die** religious instruction *or* education lesson; RI *or* RE lesson; **~unterricht der** *s.* **Religion b;** *s. auch* **Englischunterricht; ~wissenschaft die;** *o. Pl.* religious studies *pl., no art.*; **vergleichende ~wissenschaft** comparative religion; **~wissenschaftler der** religious scholar; **~zugehörigkeit die** religion; religious confession; **~zwang der;** *o. Pl. compulsion to belong to a particular denomination*
**religiös** [reliˈgiø:s] **1.** *Adj.* religious. **2.** *adv.* in a religious manner; **~ erzogen werden** have *or* receive a religious upbringing; **~ leben** live a religious life
**Religiosität** [religioziˈtɛ:t] **die; ~:** religiousness
**Relikt** [reˈlɪkt] **das; ~[e], ~e a)** *(auch Sprachw.)* relic; **b)** *(Biol.)* relict; relic
**Reling** [ˈre:lɪŋ] **die; ~, ~s** *od.* **~e** *(Seew.)* [deck-]rail
**Reliquie** [reˈli:kviə] **die; ~, ~n** *(Rel., bes. kath. Kirche)* relic
**Reliquien·schrein der** reliquary
**Rembours·geschäft** [rãˈbu:ɐ̯-] **das** *(Finanzw.)* documentary credit trading; **ein ~:** a documentary credit transaction
**Remigrant** [remiˈgrant] **der; ~en, ~en, Remigrantin die; ~, ~nen** returning emigrant; *(nach der Rückkehr)* returned emigrant; **türkische ~en** returning/returned Turkish emigrants
**remilitarisieren** *tr. V.* remilitarize
**Remilitarisierung die** remilitarization
**Reminiszenz** [reminɪsˈtsɛnts] **die; ~, ~en** *(geh.)* reminiscence (**an** + *Akk.* of)
**remis** [rəˈmi:] *(bes. Schach) indekl. Adj.; nicht attr.* drawn; **~ enden/ausgehen** end in a draw; **sie trennten sich ~:** they held each other to a draw; **~ spielen** draw
**Remis das; ~** [rəˈmi:(s)], **~** [rəˈmi:s] *od.* **~en** *(bes. Schach)* draw; **~ anbieten** offer a draw
**Remise** [reˈmi:zə] **die; ~, ~n a)** *(veralt.)* coach-house; *(Geräteschuppen)* shed; **b)** *(Schach) s.* **Remis**
**Remission die a)** *(Buchw.)* return; **b)** *(Med.)* remission
**Remittende** [remɪˈtɛndə] **die; ~, ~n** *(Buchw.)* return
**Remittent** [remɪˈtɛnt] **der; ~en, ~en** *(Finanzw.)* payee
**remittieren** [remɪˈti:rən] **1.** *tr. V. (Buchw.)* return. **2.** *itr. V. (Med.)* remit
**Remmidemmi** [rɛmiˈdɛmi] **das; ~** *(ugs.)* row *(coll.)*; racket; **~ machen** make a row *(coll.) or* racket
**Remoulade** [remuˈla:də] **die; ~, ~n, Remouladen·soße die** remoulade
**Rempelei die; ~, ~en** *(ugs.)* pushing and shoving; jostling; *(Sport)* pushing; **hören Sie doch mit der ~ auf!** stop pushing and shoving!
**rempeln** [ˈrɛmpl̩n] *(ugs.)* push; shove; jostle; *(Sport)* push
**Rempler der; ~s, ~** *(ugs.)* **jmdm. einen ~ geben** push against sb.
**Remuneration** [remuneraˈtsio:n] **die; ~, ~en** *(österr., sonst veralt.)* compensation
**Ren** [rɛn] **das; ~s, ~s** *od.* **~e** reindeer
**Renaissance** [rənɛˈsã:s] **die; ~, ~n a)** *o. Pl.* Renaissance; **b)** *(Wiederaufleben)* revival; **eine ~ erleben** enjoy a renaissance
**Renaissance·musik die** Renaissance music
**Rendezvous** [rãdeˈvu:] **das; ~** [...ˈvu:(s)], **~** [ˈrãdeˈvu:s] rendezvous
**Rendezvous·manöver das** *(Raumf.)* rendezvous manœuvre
**Rendite** [rɛnˈdi:tə] **die; ~, ~n** *(Wirtsch.)* [annual] yield *or* return
**Rendite·objekt das** investment property
**Renegat** [reneˈga:t] **der, ~en, ~en** *(abwertend)* renegade
**Renegatentum das; ~s** *(abwertend)* apostasy; **jmdm. ~ vorwerfen** accuse sb. of being a renegade
**Reneklode** [re:nəˈklo:də] **die; ~, ~n** greengage
**Renette** [reˈnɛtə] **die; ~, ~n** rennet
**renitent** [reniˈtɛnt] **1.** *Adj.* refractory. **2.** *adv.* refractorily
**Renitenz** [reniˈtɛnts] **die; ~** refractoriness
**Renn-: ~auto das** racing car; **~bahn die** *(Sport)* race-track; *(für Pferde)* racecourse; race-track; **~boot das** *(Motorboot)* powerboat; *(Segelboot)* racing yacht; *(Ruderboot)* racing shell
**rennen** [ˈrɛnən] **1.** *unr. itr. V.; mit sein* **a)** run; **um die Wette ~:** have a race; race each other; **wütend aus dem Zimmer ~:** storm out of the room; **in sein Verderben/den Tod ~** *(fig.)* rush headlong to one's doom/hasten to one's death; **meine Uhr rennt wieder** *(fig. ugs.)* my watch is fast again; **b)** *(ugs. abwertend: hingehen)* run [off]; **dauernd ins Kino/zur Polizei ~:** be always going to the cinema/running to the police; **c)** *(stoßen an)* **an/gegen jmdn./etw. ~:** run *or* bang into

sb./sth.; **mit dem Kopf an** *od.* **gegen etw.** *(Akk.)* ~: bang one's head against *or* on sth. **2.** *unr. tr. V.* **a)** *(sich zuziehen)* **sich** *(Dat.)* **an etw.** *(Dat.)* **ein Loch in den Kopf/ins Knie** ~: run *or* bang into sth. and hurt one's head/knee; **b)** *(ugs.: stoßen)* **jmdm. etw. in das Bein/die Rippen** ~: run sth. into sb.'s leg/ribs

**Rennen das;** ~**s,** ~ running; *(Pferde~, Auto~)* racing; *(einzelner Wettbewerb)* race; **zum ~ gehen** *(Pferde~)* go to the races; *(Auto~)* go to the racing; **gut im ~ liegen** be well placed; *(fig.)* be one of the front runners; **das ~ ist gelaufen** the race is over *or* has been run; *(fig.)* it's all over; **ein totes ~:** *(Sport)* a dead heat; **das ~ machen** *(ugs.)* win; **das ~ aufgeben** give up

**Renner der;** ~**s,** ~ **a)** *(ugs.: Verkaufserfolg)* big seller; **b)** *(Pferd)* racer

**Rennerei die;** ~, ~**en** *(ugs.)* running around; **du glaubst nicht, was das für eine ~ war** you wouldn't believe how much running *or* chasing around it involved; **die ~ mit den Weihnachtsgeschenken** running around getting the Christmas presents; **das Schlimmste ist die ewige ~ zum Klo** the worst thing is having to run to the loo *(Brit. coll.) or (Amer. coll.)* john all the time

**Renn-:** ~**fahrer der** racing driver; *(Radsport)* racing cyclist; *(Motorradsport)* racing motor-cyclist; ~**jacht die** racing yacht; ~**leitung die a)** *o. Pl. (das Leiten)* race organization; **b)** *(Personen)* race organizers *pl.;* ~**pferd das** racehorse; ~**platz der** *s.* ~**bahn;** ~**rad das** racing cycle; ~**sport der** racing *no art.;* ~**stall der a)** racing stable; *(die Pferde allein)* string; **b)** *(Mannschaft)* team; ~**strecke die** *(~bahn)* race-track; *(Distanz)* race distance; ~**wagen der** racing car

**Renommee** [renɔ'me:] **das;** ~**s,** ~**s** *(geh.)* reputation

**renommieren** [renɔ'mi:rən] *itr. V.* show off; **mit etw. ~:** brag about sth.; **mit seinem Titel/Wissen ~:** flaunt one's title/show off *or* flaunt one's knowledge

**Renommier-:** ~**stück das: das ~stück des Museums** the museum's showpiece [exhibit]; **ihr ~stück, das dreireihige Perlen hat** her finest piece of jewelry with its three rows of pearls; ~**sucht die** *(abwertend)* urge to show off

**renommiert** *Adj.* renowned (**wegen** for)

**renovieren** [reno'vi:rən] *tr. V.* renovate; redecorate ‹*room, flat*›

**Renovierung die;** ~, ~**en** renovation; *(eines Zimmers, einer Wohnung)* redecoration

**rentabel** [rɛn'ta:bl̩] **1.** *Adj.* profitable; ~ **sein** be profitable; ‹*equipment, machinery*› pay its way. **2.** *adv.* profitably

**Rentabilität** [rɛntabili'tɛ:t] **die;** ~ *(bes. Wirtsch.)* profitability; *(von Geräten usw.)* cost-effectiveness

**Rentabilitäts·prüfung die** *(Wirtsch.)* profitability analysis

**Rente** ['rɛntə] **die;** ~, ~**n a)** pension; **auf** *od.* **in ~ gehen** *(ugs.)* retire; **auf** *od.* **in ~ sein** *(ugs.)* be retired; **jmdn. auf ~ setzen** *(ugs.)* pension sb. off; **b)** *(Kapitalertrag)* annuity

**renten-, Renten-:** ~**alter das** pensionable age *no art.;* **im ~alter sein** *od.* **stehen** be of pensionable age; ~**anpassung die** index-linking of pensions *(to the average national wage);* ~**an·spruch der** pension entitlement; ~**berechtigt** *Adj.* entitled to a pension *postpos.;* ~**empfänger der** pensioner; ~**erhöhung die** pension increase; ~**markt der** *(Börsenw.)* fixed securities market; ~**papier das** *(Finanzw.)* fixed interest security; ~**pflichtig** *Adj.* responsible for providing a pension *postpos.;* ~**versicherung die a)** *(Versicherung)* pension scheme; **eine private ~versicherung abschließen** join a private pension scheme; **b)** *(Behörde) state pension authority*

**¹Ren·tier das** reindeer

**²Rentier** [rɛn'tie:] **der;** ~**s,** ~**s a)** *(veralt.: mit Vermögen)* man with a private income; **b)** *(selten: Rentner)* pensioner

**rentieren** [rɛn'ti:rən] *refl. V.* be profitable; ‹*equipment, machinery*› pay its way; ‹*effort, visit, etc.*› be worth while; **eine Geschirrspülmaschine rentiert sich für uns nicht** it's not worth our having *or* not worth our while to have a dishwasher

**Rentner** ['rɛntnɐ] **der;** ~**s,** ~, **Rentnerin die;** ~, ~**nen** pensioner

**Reorganisation die** reorganization

**reorganisieren** *tr. V.* reorganize

**Reorganisierung die** reorganization

**reparabel** [repa'ra:bl̩] *Adj.* repairable; **nicht mehr ~ sein** be no longer repairable; be beyond repair; **die Ehe ist nicht mehr ~** *(fig.)* the marriage has failed irretrievably

**Reparationen** [repara'tsio:nən] *Pl. (Politik)* reparations; ~ **leisten** *od.* **zahlen** make *or* pay reparations

**Reparations·zahlung die** reparation payment

**Reparatur** [repara'tu:ɐ̯] **die;** ~, ~**en** repair (**an** + *Dat.* to); **in ~ sein** be being repaired; **etw. in ~ geben** take sth. in to have it repaired

**reparatur-, Reparatur-:** ~**anfällig** *Adj.* prone to break down *postpos.;* ~**arbeit die** repair work; ~**en** repair work *sing.;* repairs; ~**bedürftig** *Adj.* ‹*device, appliance, vehicle, etc.*› [which is] in need of repair; ~**bedürftig sein** be in need of repair; need repairing; ~**kosten** *Pl.* repair costs; **die ~kosten für das Auto** the cost of repairing the car; ~**werkstatt die** repair [work]shop; *(für Autos)* garage

**reparieren** [repa'ri:rən] *tr. V.* repair; mend; *(bei komplexeren Geräten, größeren Schäden)* repair; **einen Fehler ~** *(fig.)* put right an error

**repatriieren** [repatri'i:rən] *tr. V. (Politik, Rechtsw.)* **a)** *(wieder einbürgern)* **jmdn. ~:** restore sb.'s citizenship; **b)** *(wieder heimführen)* repatriate

**Repatriierung die;** ~, ~**en a)** *(Wiedereinbürgerung)* **jmds.** ~ the restoration of sb.'s citizenship; **b)** *(Heimführung)* repatriation

**Repertoire** [repɛ'toa:ɐ̯] **das;** ~**s,** ~**s** *(auch fig.)* repertoire

**Repertoire·stück das** stock play

**Repertorium** [repɛr'to:ri̯ʊm] **das;** ~**s, Repertorien** reference work

**repetieren** [repe'ti:rən] *tr. V.* **a)** *(einüben)* learn by repetition; **b)** *(veralt.: wiederholen)* repeat ‹*year*›

**Repetier-:** ~**gewehr das** repeating rifle; repeater; ~**uhr die** repeating watch; repeater

**Repetitor** [repe'ti:tɔr] **der;** ~**s,** ~**en** [-ti'to:rən] **a)** *(für Studenten) private tutor who coaches (esp. law) students for examinations;* **b)** *(Musik)* répétiteur

**Replik** [re'pli:k] **die;** ~, ~**en a)** *(geh.: Erwiderung)* reply; rejoinder; **b)** *(Rechtsw.)* reply; replication; **c)** *(Kunst)* replica

**Replikat** [repli'ka:t] **das;** ~**[e]s,** ~**e** *(Kunst)* replica

**Report** [re'pɔrt] **der;** ~**[e]s,** ~**e a)** *(Bericht)* report; **b)** *(Finanzw.)* premium

**Reportage** [repɔr'ta:ʒə] **die;** ~, ~**n** report

**Reporter** [re'pɔrtɐ] **der;** ~**s,** ~, **Reporterin die;** ~, ~**nen** reporter; *s. auch* **-in**

**repräsentabel** [reprɛzɛn'ta:bl̩] **1.** *Adj.* imposing. **2.** *adv.* imposingly

**Repräsentant** [reprɛzɛn'tant] **der;** ~**en,** ~**en** representative

**Repräsentanten·haus das** House of Representatives

**Repräsentantin die;** ~, ~**nen** representative; *s. auch* **-in**

**Repräsentanz** [reprɛzɛn'tants] **die;** ~, ~**en a)** *o. Pl. (Interessenvertretung)* representation; **b)** *(Wirtsch.)* branch

**Repräsentation die;** ~, ~**en a)** *(bes. Politik)* representation; **b)** *o. Pl. (das Typischsein)* representativeness; **c)** *(Vertretung in der Öffentlichkeit)* **die Rolle des Präsidenten besteht vorwiegend in der ~:** the role of the President is primarily that of official figure-head; **die wichtigste Pflicht einer Diplomatenfrau ist die ~:** the most important duty of a diplomat's wife is attending official and social functions; **d)** *(aufwendiger Lebensstil)* **etw. dient nur der ~:** sth. is for prestige purposes only

**repräsentativ** [reprɛzɛnta'ti:f] **1.** *Adj.* **a)** *(auch Politik)* representative; **für etw. ~ sein** be representative of sth.; **b)** *(ansehnlich)* imposing; *(mit hohem Prestigewert)* prestigious; **eine ~e Erscheinung** a man/woman of distinguished *or* imposing appearance. **2.** *adv.* **a)** *(bes. Politik)* representatively; **ein ~ strukturiertes politisches System** a political system with a representative structure; **b)** *(luxuriös)* imposingly

**Repräsentativ·umfrage die** *(Statistik)* representative survey

**repräsentieren** [reprɛzɛn'ti:rən] **1.** *tr. V.* represent. **2.** *itr. V. (Repräsentation betreiben)* attend official and social functions

**Repressalie** [reprɛ'sa:li̯ə] **die;** ~, ~**n** repressive measure; *(Vergeltungsmaßnahme)* reprisal; ~**n anwenden** *od.* **ergreifen** resort to repressive measures/take reprisals

**Repression** [reprɛ'si̯o:n] **die;** ~, ~**en** repression

**repressions·frei 1.** *Adj.* free of repression *postpos.* **2.** *adv.* ~ **erzogen werden** have an upbringing that is/was free of repression

**repressiv** [reprɛ'si:f] **1.** *Adj.* repressive. **2.** *adv.* repressively

**Reprint** [re'prɪnt] **der;** ~**s,** ~**s** *(Buchw.)* reprint

**Reprise die a)** *(Theater)* revival; *(Film)* rerun; **b)** *(einer Schallplatte)* re-issue; **c)** *(Musik)* reprise; **d)** *(Börsenw.)* recovery

**reprivatisieren** *tr. V. (Wirtsch., Politik)* reprivatize

**Reprivatisierung die** *(Wirtsch., Politik)* reprivatization

**Repro** ['re:pro] **die;** ~, ~**s** *(Druckw.)* repro

**Reproduktion die** reproduction

**Reproduktions-:** ~**bedingung die;** *meist Pl. (polit. Ökonomie)* condition of reproduction *usu. pl.;* ~**kamera die** *(Druckw.)* process camera; ~**kosten** *Pl. (Wirtsch.)* reproduction costs; ~**prozeß der** *(polit. Ökonomie)* reproduction process; ~**verfahren das** *(Druckw.)* reproduction process

**reproduzieren** *tr. V. (auch Druckw., polit. Ökonomie)* reproduce

**Repro-:** ~**graphie** [~gra'fi:] **die;** ~, ~**n** *(Druckw.)* **a)** *(Verfahren)* reprography *no art.;* **b)** *(Erzeugnis)* reproduction; ~**technik** ['----] **die** the reproduction technology *no art.*

**Reps** [rɛps] *Pl. (ugs.)* Republicans

**Reptil** [rɛp'ti:l] **das;** ~**s,** ~**ien** [rɛp'ti:li̯ən] reptile

**Reptilien·fonds der** *(Politik)* slush fund

**Republik** [repu'bli:k] **die;** ~, ~**en** republic

**Republikaner** [republi'ka:nɐ] **der;** ~**s,** ~ **a)** republican; **b)** *(Angehöriger der republikanischen Partei)* Republican

**republikanisch 1.** *Adj.* **a)** republican; **b)** *(eine ~e Partei betreffend)* Republican. **2.** *adv.* **a) ein ~ aufgebauter Staat** a state with a republican structure; **b) ~ wählen** vote Republican

**Republik-:** ~**flucht die** *(DDR veralt.)* illegal emigration; ~**flüchtling der** *(DDR veralt.)* illegal emigrant

**Repulsions·motor** [repʊl'zi̯o:ns-] **der** *(Technik)* repulsion motor

**repulsiv** [repʊl'zi:f] *Adj. (Physik)* repulsive

**Repunze** [re'pʊntsə] **die;** ~, ~**n** hallmark

**Reputation** [reputa'tsi̯o:n] **die;** ~, ~**en** reputation; standing

**reputierlich** *Adj. (veralt.)* upright; decent

**Requiem** ['re:kviεm] **das;** ~, ~s requiem

**requirieren** [rekvi'ri:rən] *tr. V. (veralt.)* requisition

**Requisit** [rekvi'zi:t] **das;** ~[e]s, ~en **a)** *(Theater)* prop *(coll.);* property; **b)** *(fig.)* requisite

**Requisiten·kammer die** *(Theater)* prop store *or* room *(coll.);* property store *or* room

**Requisiteur** [rekvizi'tø:ɐ̯] **der;** ~s, ~e *(Theater)* prop-man *(coll.);* property man

**Requisition die;** ~, ~en *(veralt.)* requisition

**resch** [rεʃ] *(bayr., österr.) Adj.* **a)** *(knusprig)* crusty ⟨*rolls, bread*⟩; crisp ⟨*fried potatoes, batter*⟩; **b)** *(ugs.: lebhaft)* vivacious

**Reseda** [re'ze:da] **die;** ~, ~s, **Resede die;** ~, ~n Reseda; *(Garten~)* mignonette

**Reservat** [rezεr'va:t] **das;** ~[e]s, ~e **a)** *(Tier~)* reserve; **b)** *(für Volksstämme)* reservation

**Reserve** [re'zεrvə] **die;** ~, ~n **a)** *(Vorrat)* reserve (**an** + *Dat.* of); **etw. in ~ haben** have sth. in reserve; **etw. in ~ halten** keep *or* hold sth. in reserve; *s. auch* **eisern 1 d; still 1 f; b)** *(Milit.)* reserves *pl.;* **Offizier der ~:** reserve officer; **c)** *(Sport)* reserves *pl.;* **d)** *o. Pl. (Zurückhaltung)* reserve; **jmdn. aus der ~ [heraus]locken** *(ugs.)* bring sb. out of his/her shell; **e)** *(Bedenken)* reservation

**Reserve-: ~bank die** *Pl.* **~bänke** *(Sport)* substitutes' bench; **~fonds der** *(Wirtsch.)* reserve [fund]; **~kanister der** spare [petrol *(Brit.) or (Amer.)* gasoline] can; **~mann der;** *Pl.* **~männer** *od.* **~leute** replacement; *(Sport)* substitute; reserve; **~offizier der** reserve officer; **~rad das** spare wheel; **~reifen der** spare tyre; **~spieler der** *(Sport)* substitute; reserve; **~tank der** reserve [fuel] tank; **~truppe die** *(Milit.)* reserve troops *pl.;* **~übung die** *(Milit.)* reservists' exercise

**reservieren** *tr. V.* reserve

**reserviert 1.** *Adj.* reserved. **2.** *adv.* in a reserved way

**Reserviertheit die;** ~: reserve

**Reservierung die;** ~, ~en reservation

**Reservist der;** ~en, ~en *(Milit.)* reservist; *(Sportjargon)* substitute; reserve

**Reservisten·übung die** *(Milit.)* reservists' exercise

**Reservoir** [rezεr'voa:ɐ̯] **das;** ~s, ~e *(auch fig.)* reservoir (**an** + *Dat.* of)

**Residenz** [rezi'dεnts] **die;** ~, ~en **a)** *(Wohnsitz)* residence; **b)** *(Hauptstadt)* [royal] capital

**Residenz-: ~pflicht die a)** *(von Beamten)* obligation to live within a reasonable distance of one's place of work; **b)** *(ev. u. kath. Kirche)* obligation [on a clergyman] to live in the accommodation provided with the post; **~stadt die** *s.* **Residenz b**

**residieren** [rezi'di:rən] *itr. V.* reside

**Resignation** [rezɪgna'tsio:n] **die;** ~, ~en resignation; **in ~ versinken** become resigned

**resignativ** [rezɪgna'ti:f] *Adj.* ⟨*mood, atmosphere*⟩ of resignation

**resignieren** [rezɪ'gni:rən] *itr. V.* give up

**resigniert 1.** *Adj.* resigned. **2.** *adv.* resignedly

**Resistance** [rezis'tã:s] **die;** ~ *(hist.)* Resistance

**resistent** [rezɪs'tεnt] *Adj. (Biol., Med.)* resistant (**gegen** to)

**Resistenz** [rezɪs'tεnts] **die;** ~, ~en *(auch Biol., Med.)* resistance (**gegen** to)

**resolut** [rezo'lu:t] **1.** *Adj.* resolute. **2.** *adv.* resolutely

**Resolutheit die;** ~: resoluteness

**Resolution** [rezolu'tsio:n] **die;** ~, ~en resolution

**Resonanz** [rezo'nants] **die;** ~, ~en **a)** *(Physik, Musik)* resonance; **b)** *(Reaktion)* response (**auf** + *Akk.* to); **~/keine ~ finden, auf ~/auf keine ~ stoßen** meet with a/no response

**Resonanz-: ~boden der** *(Musik)* sounding-board; sound-board; **~körper der** *(Musik)* sound-box

**Resopal** Ⓦⓩ [rezo'pa:l] **das;** ~s ≈ melamine

**resorbieren** [rezɔr'bi:rən] *tr. V. (Biol., Med.)* absorb

**Resorption** [rezɔrp'tsio:n] **die;** ~, ~en *(Biol., Med.)* absorption

**resozialisierbar** *Adj. (bes. Rechtsspr.)* able to be reintegrated into society *postpos.*

**resozialisieren** *tr. V. (bes. Rechtsspr.)* reintegrate into society

**Resozialisierung die;** ~, ~en *(bes. Rechtsspr.)* reintegration into society

**Respekt** [re'spεkt] **der;** ~[e]s **a)** *(Achtung)* respect; **~ vor jmdm./etw. haben** have respect for sb./sth.; **jmdm. ~ einflößen** *od.* **abnötigen** command sb.'s respect; **bei allem ~:** with all due respect (**vor** + *Dat.* to); **allen ~!, ~, ~!** good for you!; well done!; **b)** *(Furcht)* **jmdm. ~ einflößen** intimidate sb.; **vor jmdm./etw. [größten] ~ haben** be [much] in awe of sb./sth.; **sich** *(Dat.)* **den nötigen ~ verschaffen** command proper respect; **c)** *(Schrift- u. Buchw., Kunstwiss.)* margin

**respektabel** [respεk'ta:bl̩] **1.** *Adj.* respectable. **2.** *adv.* respectably

**respekt·einflößend** *Adj.* impressive; fearsome ⟨*claws, teeth*⟩

**respektieren** *tr. V.* **a)** respect; **b)** *(Finanzw.)* honour ⟨*bill of exchange etc.*⟩

**respektierlich** *Adj. (veralt.)* respectable

**respektive** [rεspεk'ti:və] *Konj. (geh.)* **a)** *(oder)* or; **b)** *(oder vielmehr)* or rather; *(oder genauer gesagt)* or more precisely; **c)** *(und im anderen Fall)* **grün ~ blau** green and blue respectively

**respekt·los 1.** *Adj.* disrespectful. **2.** *adv.* disrespectfully

**Respektlosigkeit die;** ~, ~en **a)** *o. Pl. (Haltung)* disrespectfulness; lack of respect; **b)** *(Äußerung)* disrespectful remark; *(Handlung)* impertinence

**Respekts·person die** person who commands/commanded respect

**respekt·voll 1.** *Adj.* respectful. **2.** *adv.* respectfully

**Respiration** [respira'tsio:n] **die;** ~ *(Med.)* respiration

**Respirator** [rεspi'ra:tɔr] **der;** ~s, ~en [-ra'to:rən] *(Med.)* respirator

**respirieren** [rεspi'ri:rən] *itr. V. (Med.)* respire

**Ressentiment** [rεsãti'mã:] **das;** ~s, ~s **a)** *(geh.: Abneigung)* antipathy (**gegen** towards); **b)** *(Psych.)* resentment

**Ressort** [rε'so:ɐ̯] **das;** ~s, ~s area of responsibility; *(Abteilung)* department; **in jmds. ~ fallen** come within sb.'s area of responsibility; **das Abwaschen ist mein ~** *(scherzh.)* the washing-up is my department

**Ressort-: ~chef der, ~leiter, der** head of department; **~minister der** departmental minister

**Ressource** [rε'sʊrsə] **die;** ~, ~n **a)** resource; **b)** *Pl. (Ersparnisse)* resources

**Rest** [rεst] **der;** ~[e]s, ~e **a)** rest; *(~betrag)* rest; balance; **~e** *(historische ~e, Ruinen, Leiche)* remains; *(einer Kultur)* relics; **jmdm./einer Sache den ~ geben** *(ugs.)* finish sb./sth. off; **das ist der ~ von meinem Vermögen** this is all that's left of my fortune; **ein ~ von Farbe/Leim/Käse/Wein ist noch da** there's still a little bit of paint/glue/cheese/a little bit *or* a drop of wine left; **bis auf einen ~ ist es alles verbraucht** it's all been used up apart from a little bit; **der letzte ~** the last bit; **ein trauriger ~ von Käse/Kuchen** a few pathetic scraps *pl.* of cheese/cake; **morgen gibt es ~e** tomorrow we're having left-overs; **~ machen** *(nordd.)* finish up what's left; **machen Sie doch ~ mit dem Fleisch** *(nordd.)* do finish up the meat; **das ist der ~ vom Schützenfest** *(ugs.)* that's all there is left; **hast du den letzten ~ von Verstand verloren?** have you lost all the sense you had left?; **der ~ ist Schweigen** *(man schweigt besser darüber)* the less said, the better; *(das Weitere ist unbekannt)* the rest is a mystery; **b)** *(Endstück)* remnant; **c)** *(Math.)* remainder; **20 durch 6 ist 3, ~ 2** 20 divided by 6 is 3 with *or* and 2 left over

**Rest-: ~alkohol der** residual alcohol; **~auf·lage die** remaindered stock

**Restaurant** [rεsto'rã:] **das;** ~s, ~s restaurant

**Restauration** [restaura'tsio:n] **die;** ~, ~en **a)** *(auch Politik)* restoration; **b)** *(hist.)* Restoration; **c)** *(österr., sonst veralt.)* restaurant

**Restaurations-: ~arbeit die** restoration work; **~arbeiten** restoration work *sing.;* **~betrieb der** restaurant; **~zeit die** restoration; *(hist.)* Restoration

**restaurativ** [restaura'ti:f] **1.** *Adj.* **a)** *(Geschichte, Politik)* ⟨*efforts*⟩ to restore the old order; ⟨*phase, time*⟩ in which the old order is/was restored; ⟨*policies*⟩ aimed at restoring the old order; **b)** *(das Restaurieren betreffend)* restorative; **eine ~e Meisterleistung** a masterpiece of restoration. **2.** *adv. (das Restaurieren betreffend)* **etw. ~ aufarbeiten** restore sth.; **etw. ~ retten** save sth. by restoration

**Restaurator** [restau'ra:tɔr] **der;** ~s, ~en [-ra'to:rən], **Restauratorin die;** ~, ~nen restorer

**restaurieren** [restau'ri:rən] **1.** *tr. V.* restore. **2.** *refl. V. (ugs. scherzh.: sein Äußeres herrichten)* make oneself presentable

**Restaurierung die;** ~, ~en restoration

**Rest-: ~bestand der** remaining stock; *(an Büchern)* remaindered stock; **~betrag der** balance; amount *or* sum remaining

**Reste-: ~essen das** *(fam.)* left-overs *pl.;* **~verkauf der** remnants sale; **~verwertung die** making use of left-overs

**restituieren** [restitu'i:rən] *tr. V. (bes. Rechtsw.)* **a)** *(aufheben)* set aside ⟨*judgement, decision*⟩; **b)** *(erstatten)* **etw. ~:** make restitution for sth.

**Restitution** [restitu'tsio:n] **die;** ~, ~en **a)** *(bes. Rechtsw.: Wiederherstellung)* restitution; **b)** *(Rechtsw.: Aufhebung)* setting aside; **c)** *(Biol.)* regeneration

**Restitutions·klage die** *(Rechtsw.)* action for a retrial

**restlich** *Adj.; nicht präd.* remaining; **die ~en** the rest

**rest·los 1.** *Adj.; nicht präd.* complete; total. **2.** *adv.* completely; totally; **~ verzweifelt sein** be in complete *or* total despair; **alles ~ aufessen** eat every last morsel; **~ ausverkauft sein** be completely sold out

**Rest·posten der** *(Kaufmannsspr.)* remaining stock *no indef. art.*

**Restriktion** [restrɪk'tsio:n] **die;** ~, ~en *(auch Sprachw.)* restriction

**restriktiv** [restrɪk'ti:f] **1.** *Adj. (auch Sprachw.)* restrictive. **2.** *adv.* restrictively; **sich ~ auf etw.** *(Akk.)* **auswirken** have a restrictive effect on sth.

**restringieren** [restrɪŋ'gi:rən] *tr. V. (Sprachw.)* **restringierter Kode** restricted code

**Rest-: ~strafe die** the remainder of a/the/one's sentence; **~summe die** amount remaining; *(von Geld)* balance; **~zahlung die** payment of the balance; **eine ~zahlung von 500 Mark leisten** pay off the balance of 500 marks

**Resultante** [rezʊl'tantə] **die;** ~, ~n *(Physik)* resultant

**Resultat** [rezʊl'ta:t] **das;** ~[e]s, ~e result; **zum ~ kommen, daß ...:** come to the conclusion that ...

**resultieren** [rezʊl'ti:rən] *itr. V.* result (**aus** from); **daraus resultiert, daß ...:** the result *or* upshot of this is that ...

**Resultierende die; ~n, ~n** *(Physik)* resultant
**Resümee** [rezy'me:] **das; ~s, ~s** résumé
**resümieren** [rezy'mi:rən] **1.** *tr. V.* **etw. ~:** summarize sth.; give a résumé of sth. **2.** *itr. V.* sum up
**retardieren** [retar'di:rən] *tr. V.* retard; **~des Moment** *(Literaturw.)* retardation
**retirieren** [reti'ri:rən] *itr. V. (Milit.)* retreat; *(geh.: sich zurückziehen)* retire
**Retorte** [re'tɔrtə] **die; ~, ~n** *(Chemie)* retort; **aus der ~** *(ugs., oft abwertend)* artificial; **ein Baby aus der ~:** a test-tube baby
**Retorten·baby das** *(ugs.)* test-tube baby
**retour** [re'tu:ɐ̯] *Adv. (bes. südd., österr., schweiz.)* back; **~ laufen** walk back; **Sie bekommen 1,50 DM ~:** you get 1.50 marks back
**Retour-: ~fahr·karte die** *(österr.)* return ticket; **~gang der** *(österr.)* reverse gear; **~kutsche die** *(ugs.)* tit-for-tat response
**retournieren** [retʊr'ni:rən] **1.** *tr. V.* return. **2.** *itr. V. (Sport, bes. Tennis)* make a return; return the ball
**retrograd** [retro'gra:t] *Adj. (Med.)* **~e Amnesie** retroactive *or* retrograde amnesia
**Retrospektive** [retrospɛk'ti:və] **die; ~, ~n a)** *(Rückblick)* retrospective view; **in der ~** in retrospect; **b)** *(Ausstellung)* retrospective
**retten** ['rɛtn̩] **1.** *tr. V.* save; *(vor Gefahr)* save; rescue; *(befreien)* rescue; **jmdm. das Leben ~:** save sb.'s life; **jmdn. aus der Gefahr ~:** save sb. from danger; **jmdn. vor jmdm./etw. ~:** save sb. from sb./sth.; **jmdm. kommt die ~de Idee** sb. sees the perfect answer; **das ~de Ufer erreichen** reach the safety of the shore; **versuchen zu ~, was zu ~ ist** try to save what can be saved; **ist er noch zu ~?** *(ugs. fig.)* has he gone [completely] round the bend? *(coll.)*; **das alte Haus/der Patient ist nicht mehr zu ~:** the old house is past saving/the patient is beyond help; **nicht mehr zu ~ sein** *(ugs.)* be a hopeless case; **seine Habe über den Krieg ~:** manage to keep one's possessions through the war. **2.** *refl. V. (fliehen)* escape **(aus** from); **sich vor etw.** *(Dat.)* **~:** escape [from] sth.; **sich ans Ufer ~:** manage to reach the bank; **der Pilot rettete sich mit dem Schleudersitz** the pilot saved himself by using the ejector-seat; **rette sich, wer kann!** [it's] every man for himself!; **sich vor jmdm./etw. nicht [mehr]** *od.* **kaum [noch] ~ können** be besieged by sb./be swamped with sth.; **sich ins Ziel ~** *(Sport)* just hold on to cross the line first. **3.** *itr. V. (Ballspiele)* save
**Retter der; ~s, ~, Retterin die; ~, ~nen** rescuer; *(eines Landes, einer Bewegung o. ä.)* saviour; **der/ein ~ in der Not** the/a helper in my/our *etc.* hour of need; **Christ der ~:** Christ the Saviour
**Rettich** ['rɛtɪç] **der; ~s, ~e** radish
**Rettung die a)** rescue; *(Rel., eines Landes usw.)* salvation; *(vor Zerstörung)* saving; **jmdm. ~ bringen** rescue *or* save sb.; **die ~ kam in der letzten Minute** rescue came at the last moment *or* the eleventh hour; **er verdankt dem Medikament seine ~:** he owes his life to the medicine; **er dachte nur an seine eigene ~:** he thought only of saving himself *or* saving his own skin; **auf ~ warten/hoffen** wait for rescue/hope to be rescued; **für jmdn/etw. gibt es keine ~:** sb. is beyond help/sth. is past saving; **es war jmds. ~, daß ...:** sb. was saved by the fact that ...; **das war meine letzte ~:** that was my last hope [of salvation]; *(es hat mich schließlich gerettet)* that was my salvation; **b)** *(österr.: ~sdienst)* ambulance service; **c)** *(österr.: ~swagen)* ambulance
**rettungs-, Rettungs-: ~aktion die** rescue operation; **~anker der** sheet-anchor; **~boje die** *(Seew.)* lifebuoy; **~boot das** lifeboat; **~dienst der** ambulance service; *(Bergwacht, Seerettungsdienst, bei Katastrophen)* rescue service; **~flugzeug das** rescue aircraft *or* plane; **~gürtel der** lifebelt; **~hubschrauber der** rescue helicopter; **~insel die** *(Seew.)* [inflatable] life-raft; **~kommando das** rescue team; **~los 1.** *Adj.* hopeless; inevitable ⟨*disaster*⟩; **2.** *adv.* hopelessly; **~mannschaft die** rescue team; **~medaille die** life-saving medal; **~ring der a)** lifebelt; **b)** *(ugs.: Fettwulst)* spare tyre *(coll.)*; **~schuß der in finaler ~schuß** fatal shot fired to save lives; **~schwimmen das** life-saving *no art.*; **~schwimmer der, ~schwimmerin die** life-saver; *(am Strand, im Schwimmbad)* life-guard; **~trupp der** rescue team; **~versuch der** rescue attempt; **~wagen der** ambulance; *(der Bergwacht, bei Katastrophen)* rescue vehicle; **~weste die** *(Seew.)* life-jacket
**Retusche** [re'tʊʃə] **die; ~, ~n** *(bes. Fot., Druckw.)* retouching; *(Stelle)* retouch; **eine ~/~n vornehmen** retouch
**Retuscheur** [retʊ'ʃø:ɐ̯] **der; ~s, ~e** *(bes. Fot., Druckw.)* retoucher
**retuschieren** *tr. V. (bes. Fot., Druckw.)* retouch; *(fig.)* gloss over ⟨*statement, remark*⟩
**Reue** ['rɔyə] **die; ~:** remorse **(über +** *Akk.* for); *(Rel.)* repentance; *s. auch* **tätig**
**Reue·gefühl das** *(geh.)* feeling of remorse; **~ überkam sie** she was overcome by [feelings of] remorse
**reuen** *tr. V. (meist geh.)* **etw. reut jmdn.** sb. regrets sth.; **das Geld reut mich** I regret having spent the money
**reue·voll** *(geh.) s.* **reumütig**
**Reu·geld das** *(Rechtsw., Wirtsch., Pferderennen)* forfeit
**reuig** *(geh.) s.* **reumütig**
**reu·mütig 1.** *Adj.; nicht präd.* remorseful; repentant, penitent ⟨*sinner*⟩. **2.** *adv.* remorsefully; **~ gestand er seine Sünden** repentantly *or* penitently he confessed his sins; **du wirst ~ zurückkehren** you'll be back, saying you're sorry
**Reuse** ['rɔyzə] **die; ~, ~n** fish-trap
**reüssieren** [reʏ'si:rən] *itr. V.* be successful; succeed; achieve success
**Revalvation** [revalva'tsio:n] **die; ~, ~en** *(Wirtsch.)* revaluation
**Revanche** [re'vã:ʃ(ə)] **die; ~, ~n** revenge; *(Sport: Rückkampf, ~spiel)* return match/fight/game; **jmdm. ~ geben** give sb. his/her revenge; **~ nehmen** *od.* **üben** get one's revenge; **~ fordern** *(Sport, Spiel)* demand a return match/fight/game
**Revanche-: ~kampf der** *(Sport)* return fight; **~partie die** *(bes. Schach)* return match; **~politik die** revanchist policy
**revanchieren** *refl. V.* **a)** get one's revenge, *(coll.)* get one's own back **(bei** on); **b)** *(ugs.: sich erkenntlich zeigen)* **sich bei jmdm. für eine Einladung/seine Gastfreundschaft ~:** return sb.'s invitation/repay sb.'s hospitality; **ich werde mich für eure Hilfe beim Umzug ~:** I'll return your favour of helping me move
**Revanchismus der; ~** *(Politik)* revanchism *usu. no art.*
**Revanchist der; ~en, ~en** *(Politik)* revanchist
**revanchistisch** *Adj. (Politik)* revanchist
**Revenue** [rəvə'ny:] **die; ~, ~n** *(Wirtsch.)* revenue
**Reverenz** [reve'rɛnts] **die; ~, ~en a)** *(Hochachtung)* esteem, respect **(vor +** *Dat.* for); **jmdm. seine ~ erweisen** pay sb. one's respects; **b)** *(Verbeugung)* bow; **seine ~ vor jmdm. machen** bow to sb.
**[1]Revers** [rə've:ɐ̯] **das** *od. (österr.)* **der; ~** [rə've:ɐ̯(s)], **~** [rə've:ɐ̯s] lapel
**[2]Revers** [re'vɛrs] **der; ~es, ~e** *(Münzk.)* reverse
**[3]Revers** [re'vɛrs] **der; ~es, ~e** *(Rechtsw.)* [written] undertaking
**reversibel** [revɛr'zi:bl̩] *Adj. (Technik, Med.)* reversible
**reversieren** *itr. V. (österr.)* reverse
**Reversion** [revɛr'zio:n] **die; ~, ~en** *(Biol., Psych.)* reversion
**revidieren** [revi'di:rən] *tr. V.* **a)** *(abändern)* revise; amend ⟨*law, contract*⟩; **b)** *(kontrollieren)* check; *(Buchf.)* audit ⟨*accounts, books*⟩
**Revier** [re'vi:ɐ̯] **das; ~s, ~e a)** *(Aufgabenbereich)* province; **der Weinkeller ist mein ~** *(scherzh.)* the wine cellar is my province *or* preserve; **b)** *(Zool.)* territory; **c)** *(Polizei~) (Dienststelle)* [police] station; *(Bereich)* district; *(des einzelnen Polizisten)* beat; **d)** *(Forst~)* district; **e)** *(Jagd~)* preserve; shoot; **f)** *(Bergbau)* coalfield; **das ~:** the Ruhr/Saar coalfields *pl.*; **g)** *(Milit. veralt.: Unterkunft)* barracks *sing. or pl.*; **h)** *(Milit. veralt.: Kranken~)* sick-bay
**Revier-: ~förster der** forest warden; forester; **~stube die** *(Milit. veralt.)* sick-bay
**Revirement** [revirə'mã:] **das; ~s, ~s** reshuffle
**Revision** [revi'zio:n] **die; ~, ~en a)** *(das Ändern)* revision; *(eines Gesetzes, Vertrags)* amendment; **b)** *(Rechtsw.)* appeal [on a point/points of law]; **~ einlegen, in die ~ gehen** lodge an appeal [on a point/points of law]; **c)** *(Kontrolle)* inspection; *(Buchf.)* audit; **d)** *(Druckw.)* revision of the page proofs; **~ lesen** read the page proofs
**Revisionismus der; ~** *(Politik)* revisionism *usu. no art.*
**Revisionist der; ~en, ~en** *(Politik)* revisionist
**revisionistisch** *Adj. (Politik)* revisionist
**Revisions-: ~bogen der** *(Druckw.)* final page proof; **~gericht das** *(Rechtsw.)* court of appeal [dealing with points of law]; **~verfahren das** *(Rechtsw.)* appeal proceedings *pl.* [on a point/points of law]; **~verhandlung die** *(Rechtsw.)* hearing of an/the appeal [on a point/points of law]
**Revisor** [re'vi:zɔr] **der; ~s, ~en** [revi'zo:rən] **a)** *(Buchf.)* auditor; **b)** *(Druckw.)* reader of the page proofs
**Revolte** [re'vɔltə] **die; ~, ~n** revolt
**revoltieren** *itr. V.* revolt, rebel **(gegen** against); *(fig.)* ⟨*stomach*⟩ rebel
**Revolution** [revolu'tsio:n] **die; ~, ~en a)** *(auch fig.)* revolution; **b)** *(Skat)* revolution
**revolutionär** [revolutsio'nɛ:ɐ̯] **1.** *Adj.* revolutionary. **2.** *adv.* in a revolutionary way
**Revolutionär der; ~s, ~e, Revolutionärin die; ~, ~nen** revolutionary
**revolutionieren** *tr. V.* revolutionize; **eine ~de Entdeckung** a revolutionary discovery
**Revolutions-: ~rat der** *(Politik)* revolutionary council; **~regierung die** revolutionary government; **~tribunal das** *(hist.)* Revolutionary Tribunal
**Revoluzzer** [revo'lʊtsɐ] **der; ~s, ~** *(abwertend)* phoney revolutionary
**Revoluzzertum das; ~s** *(abwertend)* phoney revolutionary fervour
**Revolver** [re'vɔlvɐ] **der; ~s, ~ a)** revolver; **b)** *(Technik)* turret
**Revolver-: ~blatt das** *(abwertend)* scandal rag; **~held der** *(abwertend)* gun-slinger; **~kopf der** *(Technik)* turret; **~lauf der** revolver barrel; **~presse die** *(abwertend)* yellow press; scandal rags *pl.*; **~schnauze die** *(ugs. abwertend)* **a)** *(Mundwerk)* big trap *(sl.) or* mouth; **b)** *(Mensch)* loud-mouth; **~tasche die** holster
**Revue** [re'vy:] **die; ~, ~n a)** *(Theater)* revue; **b)** *(Truppe)* revue company; **c)** *(Zeitschrift)* review; **d)** *(Milit.)* review; **etw. ~ passieren lassen** *(fig.)* review sth.; **er ließ seine Freunde ~ passieren** *(fig.)* he brought back to mind *or* he recalled his friends
**Revue·theater das** revue theatre
**Rezensent** [retsɛn'zɛnt] **der; ~en, ~en, Rezensentin die; ~, ~nen** reviewer

**rezensieren** [retsɛn'zi:rən] **1.** *tr. V.* review. **2.** *itr. V.* write reviews
**Rezension** [retsɛn'zio:n] **die; ~, ~en** review
**Rezensions·exemplar das** review copy
**rezent** [re'tsɛnt] *Adj. (Geol.)* Recent
**Rezept** [re'tsɛpt] **das; ~[e]s, ~e a)** *(Med.)* prescription; *(fig.)* remedy **(gegen** for); **nur auf ~**: only on prescription; **b)** *(Anleitung)* recipe; *(fig.)* formula
**Rezept·block der;** *Pl.* **-blocks** prescription pad
**rezept·frei 1.** *Adj.* **~e Mittel** medicines obtainable without a prescription. **2.** *adv.* **etw. ~ verkaufen/erhalten** sell/obtain sth. without a prescription *or* over the counter
**rezeptieren** *tr. (auch itr.) V.* prescribe
**Rezeption** [retsɛp'tsio:n] **die; ~, ~en a)** *(im Hotel)* reception *no art.*; **b)** *(Aufnahme)* reception
**rezeptiv** [retsɛp'ti:f] *Adj.* receptive **(für** to)
**rezept·pflichtig** *Adj.* ⟨*medicine, drug, etc.*⟩ obtainable only on prescription; **nicht ~ sein** be obtainable without a prescription *or* over the counter
**Rezeptur** [retsɛp'tu:ɐ̯] **die; ~, ~en a)** *(das Rezeptieren)* prescription; **b)** *(für Nahrungsmittel)* recipe **(***Gen.* for); *(für Arzneimittel, Farbe, Baustoff)* formula
**Rezession** [retsɛ'sio:n] **die; ~, ~en** *(Wirtsch.)* recession
**rezessiv** [retsɛ'si:f] *(Biol.)* **1.** *Adj.* recessive. **2.** *adv.* recessively
**rezipieren** [retsi'pi:rən] *tr. V.* receive; *(übernehmen)* adapt
**reziprok** [retsi'pro:k] *(bes. Math., Sprachw.) Adj.* reciprocal
**Rezitation** [retsita'tsio:n] **die; ~, ~en** recitation
**Rezitations·abend der** [evening] recitation; *(mit Rezitation von Gedichten)* [evening] poetry-reading; poetry evening
**Rezitativ** [retsita'ti:f] **das; ~s, ~e** *(Musik)* recitative
**rezitieren** [retsi'ti:rən] *tr. (auch itr.) V.* recite; **er rezitierte aus seinem Roman** he gave a reading *or* he read from his novel; **er rezitiert gern** he enjoys giving recitations
**R-Gespräch** ['ɛr-] **das** *(Fernspr.)* reverse-charge call *(Brit.)*; collect call *(Amer.)*
**RGW** [ɛrge:'we:] **der; ~** *Abk.* **Rat für Gegenseitige Wirtschaftshilfe** COMECON
**rh** [ɛr'ha:] *Abk. (Med.)* **Rhesusfaktor negativ** Rh negative
**Rh** [ɛr'ha:] *Abk. (Med.)* **Rhesusfaktor positiv** Rh positive
[1]**Rhabarber** [ra'barbɐ] **der; ~s** rhubarb
[2]**Rhabarber das; ~s** *(ugs.)* **sie murmelten „~, ~"**: they mumbled 'rhubarb, rhubarb' *(coll.)*
**Rhapsode** [ra'pso:də] **der; ~n, ~n** *(Musik, Literaturw.)* rhapsodist; rhapsode; *(fig.)* rhapsodic composer
**Rhapsodie** [rapso'di:] **die; ~, ~n** *(Musik, Literaturw.)* rhapsody
**rhapsodisch** *Adj.* rhapsodic
**Rhein** [rain] **der; ~[e]s** Rhine
**Rhein·fall der** Rhine Falls
**rheinisch** *Adj.* Rhenish; **eine ~e Spezialität** a speciality of the Rhine region
**Rhein·land das; ~[e]s** Rhineland
**Rhein·länder der; ~s, ~** *(auch Tanz)* Rhinelander
**Rheinland-Pfalz** *o. Art.* the Rhineland-Palatinate
**rheinland-pfälzisch** *Adj.* ⟨*capital, citizen, etc.*⟩ of the Rhineland-Palatinate
**Rhein·wein der** Rhine wine; Rhenish [wine]; *(Weißwein auch)* hock
**Rhesus-** ['re:zʊs]: **~affe der** rhesus monkey; **~faktor der;** *o. Pl. (Med.)* rhesus factor; Rh factor
**Rhetorik** [re'to:rɪk] **die; ~, ~en** rhetoric
**Rhetoriker der; ~s, ~** rhetorician
**rhetorisch 1.** *Adj.* rhetorical; **eine ~e Frage** a rhetorical question. **2.** *adv.* rhetorically
**Rheuma** ['rɔyma] **das; ~s** *(ugs.)* rheumatism; rheumatics *pl. (coll.)*
**Rheuma-: ~decke die** thermal blanket; **~mittel das** *(ugs.)* rheumatism pills *pl.*/cream *etc.*; **~wäsche die;** *o. Pl.* thermal underwear
**Rheumatiker** [rɔy'ma:tikɐ] **der; ~s, ~** *(Med.)* rheumatic; rheumatism sufferer
**rheumatisch** *(Med.)* **1.** *Adj.* rheumatic. **2.** *adv.* rheumatically
**Rheumatismus** [rɔyma'tɪsmʊs] **der; ~, Rheumatismen** *(Med.)* rheumatism
**Rhinozeros** [ri'no:tserɔs] **das; ~[ses], ~se a)** *(Nashorn)* rhinoceros; rhino *(coll.)*; **b)** *(ugs.: Trottel)* nitwit *(coll.)*; fat-head *(coll.)*
**Rhizom** [ri'tso:m] **das; ~s, ~e** *(Bot.)* rhizome
**Rhododendron** [rodo'dɛndrɔn] **der** *od.* **das; ~s, Rhododendren** rhododendron
**Rhodos** ['ro:dɔs] **(das); ~** Rhodes
**Rhomben** *s.* **Rhombus**
**rhombisch** *Adj. (bes. Math.)* rhombic
**Rhomboid** [rɔmbo'i:t] **das; ~[e]s, ~e** *(Math.)* rhomboid
**Rhombus** ['rɔmbʊs] **der; ~, Rhomben** ['rɔmbn̩] rhombus
**Rhythmen** *s.* **Rhythmus**
**Rhythmik** ['rʏtmɪk] **die; ~ a)** *(auch Musik)* rhythm; **b)** *(Päd.)* rhythmics *sing., no art.*
**Rhythmiker der; ~s, ~** rhythmist
**rhythmisch 1.** *Adj.* rhythmical; rhythmic; **~e Instrumente** rhythm instruments; **~e Gymnastik** rhythmic gymnastics *sing.* **2.** *adv.* rhythmically
**Rhythmus** ['rʏtmʊs] **der; ~, Rhythmen** ['rʏtmən] *(auch fig.)* rhythm; **aus dem ~ kommen** lose the rhythm
**Rhythmus-: ~gitarre die** rhythm guitar; **~gruppe die** rhythm section; **~instrument das** rhythm instrument
**RIAS, Rias** ['ri:as] **der; ~** *Abk.* **Rundfunk im amerikanischen Sektor [Berlin]** RIAS; Radio in the American Sector [of Berlin]
**ribbeln** ['rɪbl̩n] *tr. V. (landsch.)* rub
**Ribisel** ['ri:bi:zl̩] **die; ~, ~[n]** *(österr.) s.* **Johannisbeere**
**Richt-: ~antenne die** directional aerial *or (Amer.)* antenna; **~baum der** *tree used for topping-out ceremony*; **~beil das** *(hist.)* executioner's axe; **~blei das** *(Bauw.)* plumb[-bob]; **~block der** [execution] block
**richten** ['rɪçtn̩] **1.** *tr. V.* **a)** *(lenken)* direct ⟨*gaze*⟩ **(auf + *Akk.*** at, towards); turn ⟨*eyes, gaze*⟩ **(auf + *Akk.*** towards); point ⟨*torch, telescope, gun*⟩ **(auf + *Akk.*** at); aim, train ⟨*gun, missile, telescope, searchlight*⟩ **(auf + *Akk.*** on); *(fig.)* direct ⟨*activity, attention*⟩ **(auf + *Akk.*** towards); **etw. nach jmdm./etw. ~**: arrange sth. to suit sb./sth.; **die Augen gen Himmel ~**: look heavenwards; **die Waffe gegen sich selbst ~**: turn the weapon on oneself; **das Schiff/den Kurs eines Schiffes nach Norden ~**: steer the ship on/steer a northerly course; **b)** *(zukommen lassen)* address ⟨*letter, remarks, words*⟩ **(an + *Akk.*** to); direct, level ⟨*criticism*⟩ **(an + *Akk.*** at); send ⟨*letter of thanks, message of greeting*⟩ **(an + *Akk.*** to); **eine Bitte/Frage an jmdn. ~**: put a request/question to sb.; **ein Gesuch an jmdn. ~**: petition sb.; **eine Mahnung an jmdn. ~**: give sb. a warning; **das Wort an jmdn. ~** *(geh.)* address sb.; **c)** *(gerade~)* straighten; set ⟨*fracture*⟩; **d)** *(einstellen)* aim ⟨*cannon, missile*⟩; direct ⟨*aerial*⟩; **e)** *(aburteilen)* judge; *(verurteilen)* condemn; **f)** *(bes. südd., österr., schweiz.: instand setzen, in Ordnung bringen)* fix; repair ⟨*shoes*⟩; *(einrichten)* arrange; fix; **[sich** *(Dat.)***] die Haare/den Schlips ~**: do one's hair/adjust *or* straighten one's tie; **es wird sich schon alles ~**: everything will sort itself out; **das läßt sich schon ~**: it can be arranged; **g)** *(bes. südd., österr., schweiz.: vorbereiten)* get ready; prepare; make ⟨*bed, nest*⟩; get ⟨*food, meal*⟩; **den Tisch/das Zimmer ~**: lay *or* set the table/get the room ready; **[jmdm.] ein Bad ~**: run a bath [for sb.]; **h)** *(geh. veralt.: hin~)* execute; **sich selbst ~**: die by one's own hand; *s. auch* **zugrunde a. 2.** *refl. V.* **a)** *(sich hinwenden)* **sich auf jmdn./etw. ~** *(auch fig.)* be directed towards sb./sth.; **ihre Augen richteten sich auf mich** her gaze was turned towards me; **b)** *(sich wenden)* **sich an jmdn./etw. ~** ⟨*person*⟩ turn on sb./sth.; ⟨*appeal, explanation*⟩ be directed at sb./sth.; **c)** *(kritisieren, schädigen)* **sich gegen jmdn./etw. ~** ⟨*person*⟩ criticize sb./sth.; ⟨*criticism, accusations, etc.*⟩ be aimed *or* levelled *or* directed at sb./sth.; **diese Lehre richtet sich gegen den Staat** this doctrine is directed against the state; **d)** *(sich orientieren)* **sich nach jmdm./jmds. Wünschen ~**: fit in with sb./sb.'s wishes; **sich nach jmds. Anweisungen ~**: comply with sb.'s instructions; **sich nach den Vorschriften ~**: keep to *or* follow the rules; **sich nach den Wünschen seiner Kunden ~**: be guided by one's customers' wishes; **e)** *(abhängen)* **sich nach jmdm./etw. ~**: depend on sb./sth.; **f)** *(Milit.)* **richt't euch!** right dress! **3.** *itr. V. (urteilen)* judge; pass judgement; **über jmdn. ~**: judge sb.; pass judgement on sb.; *(zu Gericht sitzen)* sit in judgement over sb.
**Richter der; ~s, ~** judge; **die ~** *(Richterschaft)* the judiciary *sing.*; **sich zum ~ über jmdn./etw. aufwerfen** presume to pass judgement *or* sit in judgement on sb./sth.; **jmdn. vor den ~ bringen** take sb. to court; **der himmlische/höchste ~**: the Heavenly/Supreme Judge; **vor dem höchsten ~ stehen** stand before the Judgement Seat *or* the Throne of Judgement
**Richter·amt das;** *o. Pl.* office of judge
**Richterin die; ~, ~nen** judge
**richterlich 1.** *Adj.*; *nicht präd.* judicial. **2.** *adv.* ⟨*examined, approved, etc.*⟩ by a judge
**Richterschaft die; ~, ~en** judiciary
**Richter-: ~spruch der** judge's verdict; *(Verkündigung der Strafe)* sentence; **~stuhl der;** *o. Pl.* bench; **der ~stuhl Gottes** the Judgement Seat; the Throne of Judgement
**Richt-: ~fest das** topping-out ceremony; **~funk der** *(Funkw.)* directional radio; **~geschwindigkeit die** *(Verkehrsw.)* recommended maximum speed
**richtig 1.** *Adj.* **a)** right; *(zutreffend)* right; correct; correct ⟨*realization*⟩; accurate ⟨*prophecy, premonition*⟩; **sehr ~!** quite right!; **bin ich hier ~ bei Schulzes?** is this the Schulzes' home?; **die ~e Haltung von Katzen** the right way to keep cats; **ich halte es für das ~ste, wenn du mitkommst** I think the best thing would be for you to come [too]; **das ist genau das ~e für mich** that's just right for me; **b)** *(ordentlich)* proper; **ein ~er Mann/Fachmann** a real man/expert; **er ist ~** *(ugs.)* he's OK *(coll.) or* all right; **nicht ganz ~ [im Kopf** *od. (ugs.)* **im Oberstübchen] sein** be not quite right in the head *(coll.) or* not quite all there *(coll.)*; **c)** *(wirklich, echt)* real; *(regelrecht)* real; proper *(coll.)*; **du bist ein ~er Esel** you're a right *or* proper idiot *(coll.)*. **2.** *adv.* **a)** right; correctly; **sehe ich das ~?** *(fig.)* am I right?; **habe ich ~ gehört?** *(fig.)* do my ears deceive me?; **~ sitzen** *od.* **passen** ⟨*clothes*⟩ fit properly; **meine Uhr geht ~**: my watch is right; **das Radio funktioniert nicht mehr ~**: the radio doesn't work properly anymore; **etw. ~ anpacken** tackle sth. the right way; **~ wählen** make the right choice; **du kommst [mir] gerade ~!** you've come at just the right moment; *(ugs. iron.)* nothing doing!; **b)** *(ordentlich)* properly; **~ ausschlafen/frühstücken** have a good sleep/breakfast; **c)** *(richtiggehend)* really; **d)** *(in der Tat)* yes; **ja ~!** yes, that's right!; **das habe ich doch ~ wieder versäumt** sure enough, I've missed it again
[1]**Richtige der/die;** *adj. Dekl.* right man/

woman/person; **sie sucht noch den ~n** she's still looking for Mr Right; **an die ~/den ~n geraten** *(iron.)* choose the wrong person to try it on with *(Brit. coll.)*; **du bist mir der ~!** *(ugs.)* you're a right one!

[2]**Richtige der;** *adj. Dekl.* **drei/sechs ~ im Lotto** three/six right in the lottery

[3]**Richtige das;** *adj. Dekl.* right thing; **das ~ sein** be right; **hast du was ~s gegessen?** have you eaten properly?; have you had a proper meal?; **nichts ~s gefunden haben** not have found anything suitable; **nichts ~s gelernt haben** have had no proper education

**richtig·gehend 1.** *Adj.; nicht präd.* **a)** accurate ⟨*clock, watch*⟩; **b)** *(regelrecht)* real; proper *(coll.)*. **2.** *adv. (regelrecht)* really

**Richtigkeit die;** **~:** correctness; *(einer Ahnung, Prophetie)* accuracy; **die ~ einer Abschrift bescheinigen** certify a copy as [being] accurate; **etw. hat seine ~, mit etw. hat es seine ~:** sth. is right; **das wird schon seine ~ haben** I'm sure it's all right *or (coll.)* OK

**richtig-, Richtig-: ~|liegen** *unr. itr. V. (ugs.)* **mit etw. ~liegen** get it right with sth.; **ich habe ~gelegen** I was right; **~|stellen** *tr. V.* correct; **~stellung die** correction

**Richt-: ~kranz der** *wreath used in the topping-out ceremony;* **~linie die** guideline; **~mikrophon das** directional microphone; **~platz der** place of execution; **~preis der** recommended price; **unverbindlicher ~preis** manufacturer's recommended price; **~scheit das** *(Bauw.)* straight-edge; **~schnur die;** *Pl.* **~schnuren a)** *(fig.)* guiding principle; **b)** *(Bauw.)* line; **~schwert das** *(hist.)* executioner's sword; **~spruch der a)** *(beim Richtfest) verse address at the topping-out ceremony;* **b)** *(veralt.: Urteilsspruch)* judgement; *(Verkündigung der Strafe)* sentence; **~stätte die** *(geh.) s.* **Richtplatz; ~strahler der** *(Funkt.)* directional aerial *or (Amer.)* antenna

**Richtung die;** **~, ~en a)** direction; **die ~ ändern** *od.* **wechseln** change direction; **in ~ Osten** in an easterly direction; eastwards; *(auf der Autobahn)* on the eastbound carriageway; **in ~ Ulm** in the direction of Ulm; **nach/aus allen ~en** in/from all directions; **der Zug/die Autobahn ~ Ulm** the train to Ulm/the motorway in the direction of Ulm; **eine ~ einschlagen** head in a direction; **eine andere ~ einschlagen** change direction; ⟨*ship, aircraft*⟩ change course; **~ auf den Wald nehmen, die ~ zum** *od.* **nach dem Wald einschlagen** head in the direction of the wood; **[in] ~** *(Akk.)* **Bad verschwinden** *(ugs.)* disappear in the direction of the bathroom *(coll.)*; **aus welcher ~ kam der Schuß?** from what direction did the shot come?; **wir gehen in diese ~:** we're going this way *or* in this direction; **ihre Gedanken nahmen eine andere ~** *(fig.)* her thoughts took a different turn; **ein erster Schritt in ~ auf die Integration** *(fig.)* a first step towards *or* in the direction of integration; **der Pullover lag nicht so ganz in meiner ~** *od.* **war nicht so ganz meine ~** *(fig.)* the pullover wasn't quite [to] my taste; **er hat Angst, sich in irgendeine ~ festzulegen** *(fig.)* he's afraid to commit himself in any way; **der erste Versuch in dieser ~** *(fig.)* the first experiment of this kind; **die ~ stimmt** *(fig. ugs.)* it's/he's *etc.* on the right lines; **ich hätte jetzt Lust auf Fisch oder irgend etwas in dieser ~:** I could just fancy some fish or something in that line; **b)** *(fig.: Tendenz)* movement; trend; *(die Vertreter einer ~) (in der Kunst, Literatur)* movement; *(in einer Partei)* faction; *(Denk~, Lehrmeinung)* school of thought; **die ganze ~ seiner Äußerungen** the whole tendency *or* drift of his remarks

**richtung·gebend** *s.* **richtungsweisend**

**richtungs-, Richtungs-: ~änderung die** change in *or* of direction; *(eines Schiffs, Flugzeugs)* change of course; **die politische ~änderung XYs** *(fig.)* XY's change of political course; **~gewerkschaft die** *trade union linked to one party, ideology, etc.;* **~kämpfe** *Pl.* factional struggles; **~los 1.** *Adj.* lacking [a sense of] direction *postpos.*; **~los sein** lack [a sense of] direction; **2.** *adv.* aimlessly; **~losigkeit die;** *o. Pl.* lack of [a sense of] direction

**richtung·weisend 1.** *Adj.* ⟨*idea, resolution, paper, speech*⟩ that points the way ahead; *(in der Mode)* trend-setting; **für jmdn./etw. ~ sein** point the way ahead for sb./sth. **2.** *adv.* **sie hat sich zu diesem Thema ~ geäußert** she set out ideas on this subject which point the way ahead; **Kunststoffe haben die heutige Technik ~ beeinflußt** plastics have had a determining influence on the direction in which today's technology has developed

**Richt·waage die** spirit-level

**Ricke** ['rɪkə] **die;** **~, ~n** *(Jägerspr.)* doe *(of roe-deer)*

**rieb** [ri:p] *1. u. 3. Pers. Sg. Prät. v.* **reiben**

**riechen** ['ri:çn̩] **1.** *unr. tr. V.* **a)** smell; **ich rieche Tabak gern** I like the smell of tobacco; **ich rieche Gas** I [can] smell gas; **jmdn./etw. nicht ~ können** *(fig. salopp)* not be able to stand sb./sth.; **b)** *(wittern)* ⟨*dog etc.*⟩ scent, pick up the scent of ⟨*animal*⟩; **er roch die Gefahr sofort** *(fig.)* he scented *or* sensed danger immediately; **ich konnte ja nicht ~, daß ...** *(fig.)* [I'm not psychic,] I couldn't know that ... **2.** *unr. itr. V.* **a)** *(Gerüche wahrnehmen)* smell; **Hunde können sehr gut ~:** dogs have a very good sense of smell; **an jmdm./etw. ~:** smell sb./sth.; **laß mich mal [daran] ~:** let me have a sniff; **b)** *(einen Geruch haben)* smell **(nach** of); **gut/schlecht ~:** smell good/bad; **diese Blumen ~ nicht** these flowers have no smell *or* scent; **hier riecht es verbrannt/nach Krankenhaus** there is a burnt/hospital smell *or* smell of burning/hospital here; **er roch aus dem Mund** he had bad breath; his breath smelt; **das riecht nach Betrug** *(fig.)* that smells *or* smacks of deceit

**Riecher der;** **~s, ~** *(salopp)* **a)** *(Nase)* conk *(sl.)*; **b)** *(fig.: Gespür)* nose; **einen guten ~ für etw. haben** have a sixth sense for sth.

**Riech-: ~fläschchen das** smelling-bottle; **~kolben der** *(salopp scherzh.)* conk *(sl.)*; **~organ das** olfactory organ; **~salz das** smelling-salts *pl.*

[1]**Ried** [ri:t] **das;** **~[e]s, ~e a)** *o. Pl. (Schilf)* reeds *pl.*; **b)** *(Gebiet)* reedy marsh

[2]**Ried die;** **~, ~en, Riede die;** **~, ~n** *(österr.)* [patch of] vineyard

**Ried·gras das** *(Bot.)* sedge

**rief** [ri:f] *1. u. 3. Pers. Sg. Prät. v.* **rufen**

**Riefe die;** **~, ~n** groove

**Riege** ['ri:gə] **die;** **~, ~n** *(Turnen)* squad; *(fig.)* team

**Riegel** ['ri:gl̩] **der;** **~s, ~: a)** *(an der Tür usw.)* bolt; **einer Sache** *(Dat.)* **einen ~ vorschieben** *(fig.)* put a stop to sth.; *(etw. verhindern)* not let sth. happen; **b) ein ~ Schokolade** a bar of chocolate; **c)** *(bes. Fußball: Abwehr)* packed defence; **d)** *(Milit.)* [defensive] wall; **e)** *(Schneiderei) (Lasche)* loop; *(an Jacke, Mantel usw.)* half-belt

**Riegel·haus das** *(schweiz.)* half-timbered house

**Riemchen das;** **~s, ~:** [small] strap *or* belt

**Riemen** ['ri:mən] **der;** **~s, ~ a)** *(Gurt)* strap; *(Treib~, Gürtel)* belt; **sich am ~ reißen** *(ugs.)* pull oneself together; get a grip on oneself; **den ~ enger schnallen** *(fig. ugs.)* tighten one's belt; **b)** *(Schnürsenkel)* leather shoe-lace; **c)** *(derb: Penis)* prick *(coarse)*; **d)** *(Ruder)* [long] oar; **sich [kräftig] in die ~ legen** *(auch fig.)* put one's back into it

**Riemen-: ~an·trieb der** belt drive; **~scheibe die** belt pulley

**Ries** [ri:s] **das;** **~es, ~e** *(bei Maßangaben ungebeugt)* two reams

**Riese** ['ri:zə] **der;** **~n, ~n a)** giant; **ein ~ von einem Menschen** a giant of a man/woman; *s. auch* **abgebrochen 2 b; b)** *(salopp: Tausender [Banknote])* thousand-mark/dollar *etc.* note; **das kostet drei ~n** that costs three grand [in marks *etc.*] *(sl.)*

**-riese der** giant; **Automobil~:** giant car manufacturer; **Chemie~:** giant chemical firm; **Branchen~:** giant of the industry

**Riesel·feld das** *(Landw.)* field irrigated with sewage

**rieseln** ['ri:zl̩n] *itr. V.; mit Richtungsangabe mit sein;* **a)** *(rinnen)* trickle; **b)** *(fallen)* ⟨*sand, lime*⟩ trickle [down]; ⟨*snow*⟩ fall gently *or* lightly; **der Kalk rieselte von den Wänden** lime was crumbling off the walls

**Riesen-** giant ⟨*building, tree, salamander, tortoise, etc.*⟩; enormous ⟨*task, selection, profit, sum, portion*⟩; tremendous *(coll.)* ⟨*effort, rejoicing, success, hit*⟩; *(abwertend: schrecklich)* terrific *(coll.)*, terrible *(coll.)* ⟨*stupidity, mess, scandal, fuss*⟩; **ich habe einen ~hunger** I am tremendously *or* terribly hungry *(coll.)*; **ein ~rindvieh** *(ugs.)* an almighty idiot *(sl.)*; **ein ~spaß** *(ugs.)* tremendous *or* terrific fun *(coll.)*

**riesen-, Riesen-: ~baby das** *(ugs.)* **a)** oversize baby *(joc.)*; **b)** *(abwertend) s.* **Elefantenküken; ~bock·wurst die** giant bockwurst; **~groß** *Adj.* enormous; huge; gigantic; terrific *(coll.)* ⟨*surprise*⟩; **eine ~große Dummheit** something terribly stupid *(coll.)*; **~haft** *Adj.* enormous; huge; gigantic; **~rad das** big wheel; Ferris wheel; **~rad fahren** go on the big wheel *or* Ferris wheel; **~saurier der** giant dinosaur; **~schlange die** boa; **~schritt der** giant stride; **~slalom der** *(Skisport)* giant slalom; **~stern der** *(Astron.)* giant [star]; **~wuchs der** *(Biol.)* gigantism

**riesig 1.** *Adj.* **a)** *(sehr groß)* enormous; huge; gigantic; vast ⟨*country*⟩; tremendous ⟨*joy, enthusiasm, effort, progress, strength*⟩; terrific *(coll.)*, terrible *(coll.)* ⟨*hunger, thirst*⟩; **~e Ausmaße haben** be of enormous size; **ein ~er Spaß** terrific *or* tremendous fun *(coll.)*; **b)** *(ugs.: großartig)* fabulous *(coll.)*, tremendous *(coll.)* ⟨*party, film, etc.*⟩. **2.** *adv. (ugs.)* tremendously *(coll.)*; terribly *(coll.)*

**Riesin die;** **~, ~nen** giantess

**Riesling** ['ri:slɪŋ] **der;** **~s, ~e** Riesling

**riet** [ri:t] *1. u. 3. Pers. Sg. Prät. v.* **raten**

[1]**Riff** [rɪf] **das;** **~[e]s, ~e** reef

[2]**Riff der;** **~s, ~s** *(Jazz)* riff

**Riffel** ['rɪfl̩] **die;** **~, ~n a)** corrugation; *(Vertiefung)* groove; *(in einer Säule)* flute; *(Erhöhung)* rib; **b)** *(Textilw.) (Maschine)* ripple [machine]; *(Kamm)* ripple

**riffeln** *tr. V.* **a)** rib ⟨*glass*⟩; ripple ⟨*lake*⟩; *s. auch* **geriffelt; b)** *(Textilw.)* ripple ⟨*flax*⟩

**Rififi** ['rɪfifi] **das;** **~s** *(ugs.)* master-crime

**Rigg** [rɪk] **das;** **~s, ~s** *(Seemannsspr.)* rig

**rigid** [ri'gi:t], **rigide 1.** *Adj. (geh., Med.)* rigid. **2.** *adv. (geh.)* rigidly

**Rigidität** [rigidi'tɛ:t] **die;** **~** *(geh., Med.)* rigidity

**Rigorismus** [rigo'rɪsmʊs] **der;** **~** *(geh.)* rigorism

**rigoros** [rigo'ro:s] **1.** *Adj.* rigorous. **2.** *adv.* rigorously; **etw. ~ ablehnen** reject sth. categorically

**Rigorosität die;** **~** *(geh.)* rigorousness

**Rigorosum** [rigo'ro:zʊm] **das;** **~s, Rigorosa** *od. bes. österr.* **Rigorosen** *(Hochschulw.)* oral part of the doctoral examination

**Rikscha** ['rɪkʃa] **die;** **~, ~s** rickshaw

**Rille** ['rɪlə] **die;** **~, ~n** groove; *(in einer Säule)* flute

**Rind** [rɪnt] **das;** **~[e]s, ~er a)** cow; *(Stier)* bull; **~er** cattle *pl.*; **20 ~er** twenty head of cattle; **ein gemästetes ~:** a fattened ox; **Hackfleisch/ein Steak vom ~:** minced *or (Amer.)* ground beef/a beef steak; **b)** *(ugs.: ~fleisch)* beef; **c)** *(Zool.)* bovine

**Rinde die; ~, ~n a)** *(Baum~)* bark; **b)** *(Brot~)* crust; *(Käse~)* rind; **c)** *(Hirn~)* cortex

**Rinder-: ~braten der** *(gebraten)* roast beef *no indef. art.; (roh)* roasting beef *no indef. art.;* **ein ~braten** a joint of roast beef; *(roh)* a joint of [roasting] beef; **~bremse die** horse-fly; **~brust die** brisket of beef; **~filet das** fillet of beef; **~herde die** herd of [beef] cattle; **~leber die** ox liver; **~lende die** loin of beef; **~pest die** rinderpest; cattle-plague; **~talg der** *(zum Kochen)* beef suet; *(für Salbe usw.)* beef tallow; **~wahnsinn der** mad cow disease; **~zucht die** cattle-breeding *or* -rearing *no art.*

**Rind-: ~fleisch das** beef; **~fleisch·brühe die** beef broth; **~fleisch·suppe die** beef soup

**rinds-, Rinds-: ~braten der** *(bes. südd., österr.) s.* **Rinderbraten; ~fett das** *(südd., österr.)* clarified butter; **~leber die** *(bes. südd., österr.) s.* **Rinderleber; ~leder das** cowhide; oxhide; **~ledern** *Adj.; nicht präd.* cowhide; oxhide; **~lende die** *(bes. südd., österr.) s.* **Rinderlende**

**Rind·vieh das;** *Pl.* **Rindviecher a)** *o. Pl.* cattle *pl.;* **20 Stück ~:** twenty head of cattle; **b)** *(ugs. abwertend)* ass; [stupid] fool; **ich ~!** what an idiot I am! *(coll.)*

**Ring** [rɪŋ] **der; ~[e]s, ~e a)** ring; **die ~e tauschen** *od.* **wechseln** *(geh.)* exchange rings; **an den ~en turnen** perform *or* exercise on the rings; **10 ~e schießen** shoot *or* score a ten; **einen ~ bilden** ⟨*spectators etc.*⟩ form a ring *or* circle; ⟨*stones, road*⟩ form a ring; **b)** *(~straße)* ring road; **den ~ fahren** take the ring road; **c)** *(Box~)* ring; **~ frei zur zweiten Runde** seconds out for the second round; **d)** *(Vereinigung)* **ein ~ für Theaterbesuche** a theatre-going circle; **ein ~ von Händlern** a ring of dealers; **e)** *(Wurf~)* hoop

**Ring-: ~bahn die** circle line; **~buch das** ring binder

**Ringel** ['rɪŋl̩] **der; ~s, ~:** [small] ring

**Ringel·blume die** marigold

**ringelig** *Adj.* curly; ⟨*hair*⟩ in ringlets

**Ringel·locke die** ringlet

**ringeln 1.** *tr. V.* curl; coil ⟨*tail*⟩; *s. auch* **geringelt. 2.** *refl. V.* curl

**Ringel-: ~natter die** ring-snake; **~piez** [-pi:ts] **der; ~[es], ~e** *(ugs. scherzh.)* **~piez [mit Anfassen]** hop *(coll.);* hoedown *(Amer.);* **~reigen, ~reihen der** ring-a-ring-o'-roses; **~reigen tanzen** *od.* **spielen** play ring-a-ring-o'-roses; **~schwanz der** curly tail; **~söckchen das, ~socke die** [horizontally] striped sock; **~spiel das** *(österr.)* merry-go-round; **~taube die** wood-pigeon; ring-dove; **~wurm der** *(Zool.)* annelid

**ringen 1.** *unr. tr. V. (Sport, fig.)* wrestle; *(fig.: kämpfen)* struggle, fight **(um** for); **gegen jmdn.** *od.* **mit jmdm. ~** *(Sport)* wrestle with sb.; *(fig.)* **mit den Tränen ~:** fight back one's tears; **die Ärzte ~ um sein Leben** the doctors are struggling *or* fighting to save his life; **nach Atem** *od.* **Luft ~:** struggle for breath; **nach** *od.* **um Fassung ~:** fight to maintain one's composure; **er rang nach Worten** *od.* **um Worte** he struggled to find the right words; **ich habe lange mit mir gerungen, ob ...:** I had a long struggle with my conscience to decide whether ... **2.** *unr. tr. V.* **a)** *(bes. Sport)* **den Gegner zu Boden ~:** bring one's opponent down; **b)** *(gewaltsam reißen)* **jmdm. etw. aus den Händen/der Hand ~:** wrest sth. from sb.'s hands/hand; **c)** *in* **die Hände ~:** wring one's hands. **3.** *unr. refl. V. (geh.)* **ein Seufzer rang sich aus ihrer Brust** a sigh forced its way up from deep within her

**Ringen das; ~s** *(Sport)* wrestling *no art.*

**Ringer der; ~s, ~:** wrestler

**ring-, Ring-: ~fahndung die** intensive man-hunt [over a wide area]; **~finger der** ring-finger; **~förmig 1.** *Adj.* in the shape of a ring *postpos.;* circular; annular ⟨*eclipse*⟩; **~förmige Verbindungen** *(Chem.)* ring *or* cyclic compounds; **2.** *adv.* ⟨*arrange*⟩ in a ring *or* circle; ⟨*spread out*⟩ in rings *or* circles; **die Straße verläuft ~förmig um die ganze Stadt** the road rings the whole town; **~kampf der a)** [stand-up] fight; **b)** *(Sport) (Wettbewerb)* wrestling bout; *(Sportart) s.* **Ringen; ~kämpfer der** wrestler

**Ringlein das; ~s, ~:** [little] ring

**Ringlotte** [rɪŋ'glɔtə] **die; ~, ~n** *(bes. österr.)* greengage

**Ring-: ~mauer die** ring-wall; **~muskel der** *(Anat.)* sphincter; **~richter der** *(Boxen)* referee

**rings** [rɪŋs] *Adv.* all around; **sich ~ im Kreise umsehen** look all around one; **~ von Bergen umgeben** completely surrounded by mountains

**Ring·schlüssel der** ring spanner

**rings·herum** *Adv.* all around [it/them *etc.*]; *s. auch* **rings**

**Ring·straße die** ring road; *(um den Stadtkern)* inner ring road

**rings-: ~um, ~umher** *Adv.* all around; *s. auch* **rings**

**Ring-: ~tennis das** deck tennis; **~wall der** *(Archäol.)* ring-wall

**Rinne** ['rɪnə] **die; ~, ~n** channel; *(Dach~, Rinnstein)* gutter; *(tiefer)* gully; *(Abfluß)* drainpipe; *(Rille)* groove; *(im Meeresboden)* trench

**rinnen** *unr. itr. V.* **a)** *mit sein* run; **das Geld rinnt ihm durch die Finger** money just slips through his fingers; **b)** *(südd.: undicht sein)* leak

**Rinnsal** ['rɪnza:l] **das; ~[e]s, ~e** *(geh.)* rivulet; **ein ~ von Blut/Öl** a trickle of blood/oil

**Rinn·stein der** gutter; **jmdn. aus dem ~ auflesen** *(fig.)* pick sb. out of the gutter; **im ~ enden** *od.* **landen** *(fig.)* end up in the gutter

**Riposte** [ri'pɔstə] **die; ~, ~n** *(Fechten)* riposte

**Rippchen das; ~s, ~** *(Kochk. südd.)* rib [of pork]

**Rippe** ['rɪpə] **die; ~, ~n a)** *(Anat., Bot., Technik, Textilw., Bautechnik, fig.)* rib; *(Technik: Kühl~)* fin; **sie hat nichts auf den ~n** *(ugs.)* she is only skin and bone; **bei ihm kann man die ~n zählen** *(ugs.)* you can see his ribs sticking out; **daß er was auf die ~n kriegt** *(ugs.)* to put some flesh on his bones; **ich kann es mir nicht aus den ~n schneiden** *(ugs.)* I can't just produce it out of thin air; **b)** *(einer Zitrusfrucht)* segment; *(einer Tafel Schokolade)* strip

**Rippen-: ~bogen der** *(Anat.)* costal arch; **~bruch der** *(Med.)* rib fracture; **~fell das** *(Anat.)* costal pleura; **~fell·entzündung die** *(Med.)* pleurisy *no indef. art.;* **~speer der** *od.* **das; ~[e]s** *o. Pl.* **[Kasseler] ~speer** cured rib of pork; **~stoß der** dig in the ribs; *(sanfter, auch fig.)* nudge; **~stück das** *(Kochk.)* piece of rib

**Ripp·samt der** corduroy

**Rips** [rɪps] **der; ~es, ~e** *(Textilw.)* rep[p]

**Risiko** ['ri:ziko] **das; ~s, Risiken** *od.* **~s** *od. österr.* **Risken** risk; **das ~ eingehen, daß etw. geschieht** run the risk of sth. happening; **ein/kein ~ eingehen** take a risk/not take any risks; **die Sache ist mit einem gewissen ~ verbunden** there is a certain amount of risk involved [in it]; **auf eigenes/dein/mein ~:** at one's/your/my own risk

**risiko-, Risiko-: ~faktor der** risk factor; **der ~faktor Alkohol** the risk factor represented by alcohol; **~frei** *s.* **~los; ~freudig 1.** *Adj.* risky ⟨*driving*⟩; ⟨*player, speculator*⟩ who likes taking risks; **er ist sehr ~freudig** he likes playing with fire *or* taking [a lot of] risks; **2.** *adv.* **er fährt/spielt sehr ~freudig** he likes to take [a lot of] risks when he drives/plays; **~geburt die** *(Med.)* difficult *or* complicated birth; **~los 1.** *Adj.* safe; without risk *postpos.;* **2.** *adv.* safely; without taking risks; **~reich** *Adj.* very risky; **~schwangerschaft die** pregnancy involving some risk

**riskant** [rɪs'kant] **1.** *Adj.* risky. **2.** *adv.* riskily; **er fährt zu ~:** he takes too many risks [in his driving]

**riskieren** [rɪs'ki:rən] *tr. V.* risk; venture ⟨*smile, remark*⟩; run the risk of ⟨*accident, thrashing, etc.*⟩; *(gefährden)* put ⟨*reputation, job*⟩ at risk; risk ⟨*life, reputation*⟩; **etwas/nichts ~:** take a risk/not take any risks; **einen verstohlenen Blick ~:** steal a furtive glance

**Rispe** ['rɪspə] **die; ~, ~n** *(Bot.)* panicle

**riß** [rɪs] *1. u. 3. Pers. Sg. Prät. v.* **reißen**

**Riß** [rɪs] **der; Risses, Risse a)** *(im Stoff, Papier, Gewebe)* tear; *(im Tonband)* break; **die Hose hat einen ~/du hast einen ~ in der Hose** the trousers/your trousers are torn *or* have a tear; **einen ~ bekommen** tear; **b)** *(Spalt, Sprung)* crack; *(fig.: Kluft)* rift; split; **einen ~ bekommen** become cracked; *(fig.)* ⟨*friendship*⟩ begin to break up; **c)** *(Zeichnung)* plan; *(Entwurf)* sketch

**rissig** *Adj.* cracked; chapped ⟨*lips*⟩

**Rist** [rɪst] **der; ~es, ~e** *(des Fußes)* instep; *(der Hand)* back [of the hand]

**Rist·griff der** *(Turnen)* overgrasp

**rite** ['ri:tə] *Adv. (Hochschulw.)* **~ bestehen** get a pass *(in one's doctoral examination);* **mit „~" bewertet werden** be given a pass

**Riten** *s.* **Ritus**

**ritsch** *Interj.* rip; zip; **~, ratsch** rip, rip

**ritt** *1. u. 3. Pers. Sg. Prät. v.* **reiten**

**Ritt der; ~[e]s, ~e** ride; **einen weiten/scharfen ~ machen** go for a long/hard ride; **auf einen** *od.* **in einem ~** *(ugs.)* in one go *(coll.)*

**Rittberger** ['rɪtbɛrgɐ] **der; ~s, ~** *(Sport)* loop jump; **einen ~ springen** do a loop jump

**Ritter der; ~s, ~ a)** knight; **jmdn. zum ~ schlagen** *(hist.)* knight sb.; dub sb. [a] knight; **fahrender ~** *(hist.)* knight errant; **~ ohne Furcht und Tadel** chevalier sans peur et sans reproche; *(fig. geh., oft scherzh.)* knight in shining armour; **b)** *(Adelstitel) (als Teil eines Namens)* Ritter; *(Ordens~)* Knight; **c)** *in* **arme ~** *(Kochk.)* French toast

**Ritter-: ~burg die** knight's castle; **~dichtung die** *(Literaturwiss.)* knightly poetry; **~gut das** *(hist.)* ≈ manor; feudal estate; **~kreuz das** *(ns.)* Knight's Cross

**ritterlich 1.** *Adj.* **a)** chivalrous; **b)** *(zum Rittertum gehörend)* knightly ⟨*life, culture, virtues, ideals*⟩. **2.** *adv.* chivalrously

**Ritterlichkeit die; ~:** chivalrousness; chivalry

**Ritter-: ~orden der** order of knights; knightly order; **~roman der** romance of chivalry; knightly romance

**Ritterschaft die; ~** *(hist.)* knighthood

**Ritter-: ~schlag der** *(hist.)* knightly accolade; **den ~schlag empfangen** be knighted; be dubbed [a] knight; **~sporn der** *(Bot.)* larkspur; *(Garten~sporn)* delphinium; **~stand der** *(hist.)* knighthood; **jmdn. in den ~stand aufnehmen** make sb. a knight

**Rittertum das; ~s** *(hist.)* knighthood

**Ritterzeit die;** *o. Pl.* days *pl.* of the knights; *(Zeit der Ritterlichkeit)* Age of Chivalry

**rittlings** ['rɪtlɪŋs] *Adv.* astride; **~ auf einem Stuhl sitzen** sit astride a chair

**Ritt·meister der** *(Milit. hist.)* cavalry captain

**Ritual** [ri'tu̯a:l] **das; ~s, ~e** *od.* **Ritualien** [-li̯ən] *(Rel., fig.)* ritual

**ritualisieren** *tr. V. (geh.)* ritualize

**Ritual·mord der** ritual murder

**rituell** [ri'tu̯ɛl] *(Rel., fig.)* **1.** *Adj.* ritual. **2.** *adv.* ritually

**Ritus** ['ri:tʊs] **der; ~, Riten** *(Rel., fig.)* rite

**Ritz** [rɪts] **der; ~es, ~e a)** *(Kratzer)* scratch; **b)** *s.* **Ritze**

**Ritze die; ~, ~n** crack; [narrow] gap; **durch**

**eine ~ spähen** peer through a crack *or* slit; **auf der ~ schlafen** *(ugs. scherzh.)* sleep on the join *(of a pair of [twin] beds)*
**Ritzel** ['rɪtsl̩] **das; ~s, ~** *(Technik)* pinion
**rịtzen** *tr. V.* **a)** scratch; *(tiefer)* cut; **sich** *(Dat.)* **das Kinn ~:** scratch/cut one's chin; **b)** *(einritzen)* carve ⟨*name etc.*⟩ (**in** + *Akk.* in); *(in eine Metallplatte)* engrave ⟨*drawing etc.*⟩
**Rivale** [ri'va:lə] **der; ~n, ~n, Rivalin die; ~, ~nen** rival
**rivalisieren** *itr. V.* **mit jmdm. um etw. ~:** compete with sb. for sth.; **~de Gruppen** rival groups
**Rivalität** [rivali'tɛ:t] **die; ~, ~en** rivalry *no indef. art.*
**Riviera** [ri'vi̯e:ra] **die; ~:** Riviera
**Rizinus** ['ri:tsinʊs] **der; ~, ~** *od.* **~se a)** *(Pflanze)* castor-oil plant; **b)** *(~öl)* castor oil
**Roastbeef** ['ro:stbi:f] **das; ~s, ~s a)** *(roh)* sirloin *(Brit.)*; **b)** *(gebraten)* roast [sirloin *(Brit.)* of] beef
**Robbe** ['rɔbə] **die; ~, ~n** seal
**rọbben** *itr. V.; meist, mit Richtungsangabe nur, mit sein* crawl
**Rọbben-: ~fang der** sealing; seal-hunting; **~schlag der** seal cull
**Robe** ['ro:bə] **die; ~, ~n a)** robe; *(schwarz)* gown; **b)** *(Abendkleid)* evening gown
**Robinie** [ro'bi:ni̯ə] **die; ~, ~n** *(Bot.)* robinia; false acacia
**Robinsonade** [robɪnzo'na:də] **die; ~, ~n** *(Roman/Abenteuer)* Robinson-Crusoe style novel/adventure
**roboten** ['rɔbɔtn̩] *itr. V. (ugs.)* slave [away]
**Roboter** ['rɔbɔtɐ] **der; ~s, ~:** robot
**robust** [ro'bʊst] *Adj.* robust
**Robụstheit die; ~:** robustness; *(Gesundheit)* robust constitution
**roch** [rɔx] *1. u. 3. Pers. Sg. Prät. v.* **riechen**
**Rochade** [rɔ'xa:də] **die; ~, ~n** *(Schach)* castling; **kleine/große ~:** short/long castling; **die ~ ausführen** castle
**röcheln** ['rœçl̩n] *itr. V.* breathe stertorously; ⟨*dying person*⟩ give the death-rattle
**Rochen** ['rɔxn̩] **der; ~s, ~** *(Zool.)* ray
**rochieren** [rɔ'xi:rən] *itr. V.* **a)** *(Schach)* castle; **b)** *mit Richtungsangabe mit sein (Sport)* change over; switch positions
[1]**Rock** [rɔk] **der; ~[e]s, Röcke** ['rœkə] **a)** skirt; *(Schotten~)* kilt; **hinter jedem ~ hersein** *od.* **herlaufen** *(ugs.)* be after *or* chase every bit of skirt *(sl.)*; **b)** *(landsch.: Jacke)* jacket; **der grüne ~ [des Försters]** the [forester's] green coat; **den bunten ~ anziehen/ausziehen** *(fig. veralt.)* go for a soldier *(arch.)*/leave the army; **des Königs ~ tragen** *(fig. veralt.)* be a soldier of the King; **der letzte ~ hat keine Taschen** *(fig.)* you can't take it with you
[2]**Rọck der; ~[s]** *(Musik)* rock [music]
**Rock and Roll** ['rɔk ɛnt 'rɔl] **der; ~ ~ ~[s], ~ ~ ~[s]** rock and roll *no pl.*
**Rọck·auf·schlag der** [jacket] lapel; **am ~:** in one's lapel
**Röckchen** ['rœkçən] **das; ~s, ~:** little skirt; *(kurz)* short skirt
**rọcken** *itr. V.* rock
**Rọcker der; ~s, ~:** rocker
**rọckig** *Adj.* rock ⟨*music*⟩; rock-like ⟨*jazz etc.*⟩
**Rọck·musik die** rock music
**Rọck-: ~oper die** rock opera; **~schoß der** coat-tail; *s. auch* **~zipfel; ~zipfel der** *in* **an jmds.** *od.* **jmdm. am ~zipfel hängen** cling *or* hang on to sb.; *(fig.: unselbständig sein)* lean on *or* be dependent on sb.; **jmdn. [gerade noch] am ~zipfel erwischen** just [manage to] catch sb.; *s. auch* [1]**Rock a**
**Rodel** ['ro:dl̩] **der; ~s, ~** *(südd.) s.* **Rodelschlitten**
**Rodel·bahn die** toboggan-run; *(bei sportlichen Veranstaltungen)* luge-run
**rodeln** ['ro:dl̩n] *itr. V.; meist, mit Richtungsangabe nur, mit sein* sledge; toboggan; *(als Sport)* luge
**Rodeln das; ~s** sledging *no art.;* tobogganing *no art.; (Sport)* luge
**Rodel·schlitten der** sledge; toboggan; *(bei sportlichen Veranstaltungen)* luge
**roden** ['ro:dn̩] **1.** *tr. V.* **a)** clear ⟨*wood, land*⟩; *(ausgraben)* grub up ⟨*tree*⟩; **b)** *(ernten)* lift ⟨*potatoes etc.*⟩. **2.** *itr. V.* clear the land
**Rodeo** [ro'de:o] **das** *od.* **der; ~s, ~s** rodeo
**Rodler** ['ro:dlɐ] **der; ~s, ~, Rodlerin die; ~, ~nen** tobogganer; *(bei sportlichen Veranstaltungen)* luger
**Rodung die; ~, ~en a)** *(das Roden)* clearing; clearance; *(das Ausgraben)* grubbing up; **b)** *(gerodete Fläche)* clearance
**Rogen** ['ro:gn̩] **der; ~s, ~:** roe
**Roggen** ['rɔgn̩] **der; ~s** rye
**Rọggen-: ~brot das** rye bread; **ein ~brot** a loaf of rye bread; **~brötchen das** rye-bread roll
**Rogner** ['ro:gnɐ] **der; ~s, ~:** spawner
**roh** [ro:] **1.** *Adj.* **a)** raw ⟨*food*⟩; unboiled ⟨*milk*⟩; raw, uncooked ⟨*ham*⟩; **jmdn./etw. wie ein ~es Ei behandeln** handle sb./sth. with kid gloves; **b)** *(nicht bearbeitet)* rough, unfinished ⟨*wood*⟩; rough, uncut ⟨*diamond*⟩; rough-hewn, undressed ⟨*stone*⟩; crude ⟨*ore, metal*⟩; unbleached ⟨*cloth*⟩; untreated ⟨*skin*⟩; raw ⟨*silk, sugar*⟩; **c)** *(ungenau)* rough; **d)** *(brutal)* brutish ⟨*person, treatment, etc.*⟩; *(grausam)* callous ⟨*person, treatment*⟩; *(grob)* coarse, uncouth ⟨*manners, words, joke*⟩; brute *attrib.* ⟨*force*⟩. **2.** *adv.* **a)** *(ungenau)* roughly; **~ zusammengeschlagen** crudely knocked together; **b)** *(brutal)* brutishly; *(grausam)* callously; *(grob)* coarsely; in an uncouth manner
**Roh-: ~bau der** shell [of a/the building]; **das Haus ist im ~bau fertig** the shell of the house is complete; **~diamant der** rough *or* uncut diamond; **~eisen das** pig-iron
**Roheit** ['ro:hai̯t] **die; ~, ~en a)** *o. Pl. (Brutalität)* brutishness; *(Grausamkeit)* callousness; *(Grobheit)* coarseness; uncouthness; **b)** *(Handlung)* brutish/callous deed; *(Äußerung)* callous remark
**Roh-: ~ertrag der** *(Wirtsch.)* gross return; **~erz das** crude ore; **~erzeugnis das** *s.* **~produkt; ~fassung die** unfinished version; **~kost die** raw fruit and vegetables *pl.*
**Rohköstler** ['ro:kœstlɐ] **der; ~s, ~, Rohköstlerin die; ~, ~nen** *person who eats raw fruit and vegetables only*
**Rohling** ['ro:lɪŋ] **der; ~s, ~e a)** *(abwertend: Mensch)* brute; beast; **b)** *(Technik)* blank
**Roh-: ~material das** raw material; **~öl das** crude oil; **~produkt das** natural product [requiring further treatment]; *(Rohstoff)* raw material
**Rohr** [ro:ɐ̯] **das; ~[e]s, ~e a)** *(Leitungs~)* pipe; *(als Bauteil)* tube; *(Geschütz~)* barrel; **das Schiff feuerte aus allen ~en** the ship fired with all its guns; **b)** *o. Pl. (Röhricht)* reeds *pl.*; **c)** *o. Pl. (Schilf usw. als Werkstoff)* reed; *(Bambus, Zucker~ usw.)* cane; **ein aus ~ geflochtener Korb/Stuhl** a reed basket/chair; **ein Korb/Stuhl aus ~** *(aus Peddigrohr)* a cane basket/chair; **spanisches ~:** rattan cane; **d)** *(Schilf-, Riedhalm)* reed; **e)** *(südd., österr.: Backofen)* oven
**Rohr-: ~ammer die** *(Zool.)* reed bunting; **~blatt das** reed; **~bruch der** burst pipe
**Röhrchen** ['rø:ɐ̯çən] **das; ~s, ~:** small pipe; *(Behälter)* small tube; *(Reagenzglas)* test-tube; **ins ~ blasen** take the breathalyser test
**Rohrdommel** [-dɔməl] **die** *(Zool.)* bittern
**Röhre** ['rø:rə] **die; ~, ~n a)** *(Rohr)* tube; *(Leitungs~)* pipe; *(Tunnel~)* bore; *(Jägerspr.: Gang eines Baus)* gallery; *s. auch* **kommunizieren a; b)** *(Leuchtstoff~)* [fluorescent] tube; *(Elektronen~)* valve *(Brit.)*; tube *(Amer.)*; *(ugs.: Bild~)* [picture] tube; **vor der ~ sitzen** sit in front of the box *(coll.)*; **c)** *(Behälter)* **eine ~ [mit] Tabletten** a tube of pills; **d)** *(eines Ofens)* oven; **in die ~ sehen** *od.* **gucken** *(fig. ugs.)* be left out [in the cold]
**röhren** *itr. V.* ⟨*stag etc.*⟩ bell; *(fig.)* roar
**röhren-, Röhren-: ~förmig** *Adj.* tubular; **~hose die** drainpipe trousers; **~knochen der** long bone; **~pilz der** boletus
**Rohr-: ~flöte die** reed-pipe; *(Panflöte)* pan-pipes *pl.*; **~geflecht das** woven cane
**Röhricht** ['rø:rɪçt] **das; ~s, ~e** reeds *pl.*
**Rohr-: ~kolben der** reed-mace; cat's-tail; **~krepierer der; ~s, ~:** barrel burst; **~leger der; ~s, ~:** pipe-layer; **~leitung die** pipe; *(über längere Entfernung)* pipeline
**Röhrling** ['rø:ɐ̯lɪŋ] **der; ~s, ~e** boletus
**Rohr-: ~post die** pneumatic dispatch; **etw. mit ~post befördern** convey sth. by pneumatic tube; **~sänger der** *(Zool.)* reed-warbler; **~spatz der** *in* **schimpfen wie ein ~spatz** *(ugs.)* really create *(coll.)*; **~stock der** cane [walking-stick]; **~zange die** foot-print; **~zucker der** cane-sugar
**Roh·seide die** raw silk
**roh·seiden** *Adj.* raw-silk *attrib.*
**Roh·stoff der** raw material
**Rohstoff-: ~mangel der;** *o. Pl.* lack of raw materials; **~preis der** raw material price; **~reserven** *Pl.* reserves of raw materials
**Roh-: ~übersetzung die** rough translation; **~zucker der** raw *or* unrefined sugar; **~zu·stand der** raw state; **im ~zustand** in a raw state; *(von Gütern)* in an unfinished state; *(von einem Schriftstück usw.)* in a rough draft
**Rokoko** ['rɔkoko] **das; ~[s]** rococo; *(Zeit)* rococo period
**Rọkoko·möbel das** rococo furniture
**Rolladen** ['rɔla:dn̩] **der; ~s, Rolläden** ['rɔlɛ:dn̩] [roller] shutter
**Roll·bahn die** *(Flugw.)* taxiway
**Röllchen** ['rœlçən] **das; ~s, ~ a)** *(Spule)* little reel *or* spool; **b)** *(etwas Zusammengerolltes)* little roll; **c)** *(Walze)* little roller; **d)** *s.* **Rolle d**
**Rolle** ['rɔlə] **die; ~, ~n a)** *(Spule)* reel; spool; **eine ~ Film** a spool of film; *(Schmalfilm)* a reel of film; **b)** *(zylindrischer [Hohl]körper; Zusammengerolltes)* roll; *(zum Verschicken von Plakaten o. ä.)* [cardboard] tube; *(von Papier zum Drucken)* reel; *(Schrift~)* scroll; **eine ~ Bindfaden/Drops/Markstücke/Kekse** a reel of string/tube of fruit drops/roll of one-mark pieces/[round] packet of biscuits; **c)** *(Walze)* roller; *(Teig~)* rolling-pin; **d)** *(Rad)* [small] wheel; *(an Möbeln usw.)* castor; *(für Gardine, Schiebetür usw.)* runner; *(mit einer Rille für ein Seil o. ä.)* pulley; **e)** *(Turnen, Kunstflug)* roll; **eine ~ [vorwärts/rückwärts] machen** do a [forward/backward] roll; **f)** *(Theater, Film usw., fig.)* role; part; *(Soziol.)* role; **sich in die ~ eines anderen versetzen** put oneself in sb. else's position; **[bei jmdm./einer Sache] eine entscheidende/überragende ~ spielen** be of crucial/overriding importance [to sb./for sth.]; **es spielt keine ~:** it is of no importance; *(es macht nichts aus)* it doesn't matter; *(es gehört nicht zur Sache)* it is irrelevant; **Geld spielt [bei ihm] keine ~:** money is no object [for him]; **solche Erwägungen dürfen dabei keine ~ spielen** such considerations must not be allowed to enter into it *or* influence things; **aus der ~ fallen** forget oneself; **g)** *(Radsport)* roller *(on a pacing motor cycle)*; *(fig. ugs.)* **von der ~ kommen** get left behind; lose ground
**rọllen 1.** *tr. V.* **a)** roll; *(im Rollstuhl)* wheel; **die Augen ~:** roll one's eyes; **das R ~:** roll one's r's; **sich** *(Dat.)* **eine Zigarette ~:** roll oneself a cigarette; **b)** *(auf~, zusammen~, ein~)* roll up ⟨*blanket, carpet, map, etc.*⟩; **jmdn./etw./sich in eine Decke ~:** roll sb./sth./oneself up in a blanket; **c)** *(aus~)* roll out ⟨*dough*⟩. **2.** *itr. V.* **a)** *mit sein* ⟨*ball, wheel, etc.*⟩ roll; ⟨*vehicle*⟩ move; ⟨*aircraft*⟩ taxi; **mit den Augen ~:** roll one's eyes; **ins Rollen kommen** start to move; get under

way *(lit. or fig.); (unbeabsichtigt)* start to move; **es werden Köpfe ~** *(fig.)* heads will roll; **etw. ins Rollen bringen** set sth. in motion; get sth. going *(lit. or fig.); (unbeabsichtigt)* set sth. moving; **b)** *(Seemannsspr.: schlingern [und stampfen])* ⟨*ship*⟩ roll [and pitch]; **c)** *(donnern) mit Richtungsangabe mit sein* ⟨*thunder, guns, echo*⟩ rumble. **3.** *refl. V.* **a)** *(sich ein~)* ⟨*paper, carpet*⟩ curl [up]; **b)** *(sich wälzen)* roll; **er rollte sich in die Rückenlage** he rolled over on to his back

**rollen-, Rollen-: ~fach das** *(Theater)* type of role; **das ~fach der Naiven** the ingénue type of role; **~förmig** *Adj.* cylindrical; **~konflikt der** *(Soziol.)* role conflict; **~lager das** *(Technik)* roller bearing; **~spiel das** *(Sozialpsych.)* role-playing *no pl., no art.*; role-play *no pl., no art.*; **~tausch der** exchange of roles; *(bei entgegengesetzten Rollen)* role reversal; **~verhalten das** role[-specific] behaviour; **~verteilung die** *(Sozialpsych.)* allocation of roles

**Roller der; ~s, ~ a)** scooter; **~ fahren** ride a/one's scooter; **b)** *(Fußball)* half-hit shot along the ground; **c)** *(Deo~)* roll-on [container]

**rollern** *itr. V.; meist. mit Richtungsangabe nur. mit sein* ride a/one's scooter

**Roll-: ~feld das** [operational] airfield; landing-field; **~film der** roll film; **~geld das** *(Eisenb.)* parcel freight [charge] *(for delivery to and collection from station or depot)*; **~gut das** *(Eisenb.)* freight *(delivered to and collected from station or depot)*; **~kommando das** party of bully-boys; **~kragen der** polo-neck; **~kragen·pullover der** polo-neck[ed] sweater; **~kur die** *(Med.) treatment in which the patient takes medicine and then lies in different positions;* **~laden der** *s.* **Rolladen**; **~mops der** rollmops

**Rollo** ['rɔlo] **das; ~s, ~s** [roller] blind

**Roll-: ~schinken der** rolled smoked ham; **~schuh der** roller-skate; **~schuh laufen** roller-skate

**Rollschuh-: ~bahn die** roller-skating rink; **~laufen das** roller-skating *no art.*; **~läufer der** roller-skater

**Roll-: ~splitt der** loose chippings *pl.*; **~sprung der** *(Leichtathletik)* Western roll; **~stuhl der** wheelchair; **~stuhl·fahrer der** person in a wheelchair; **~treppe die** escalator

[1]**Rom** [ro:m] *(das);* **~s** Rome; **viele Wege führen nach ~** *(Spr.)* there is more than one way to skin a cat *(prov.)*; **Zustände wie im alten ~** *(fig.)* everything in chaos; **~ ist auch nicht an einem Tag erbaut worden** *(Spr.)* Rome wasn't built in a day *(prov.)*

[2]**Rom** [rɔm] **der; ~s, ~a** European gypsy

**Roman** [ro'ma:n] **der; ~s, ~e** novel; **einen ganzen/langen ~ erzählen** *(fig.)* tell a very long story *or (derog.)* a long rigmarole; **erzähl keine ~e** *(fig.)* don't tell stories; *(faß dich kürzer)* we don't want any long rigmaroles

**Romancier** [romã'sie:] **der; ~s, ~s** novelist

**Romane** [ro'ma:nə] **der; ~n, ~n** speaker of a Romance language; Latin

**Roman-: ~figur die** character from *or* in a novel; **eine ~figur bei Dickens** a character from *or* in a Dickens novel; **~form die** novel form; **in ~form** in the form of a novel; **~heft das** [paper-covered] novelette

**Romani** ['romani] **das; ~s** *(Sprachw.)* Romany

**Romanik** [ro'ma:nɪk] **die; ~:** Romanesque; *(Zeit)* Romanesque period

**Romanin die; ~, ~nen** *s.* **Romane**; *s. auch* **-in**

**romanisch 1.** *Adj.* **a)** Romance ⟨*language, literature*⟩; Latin ⟨*people, country, charm*⟩; ⟨*Department*⟩ of Romance Studies; **b)** *(Kunstwiss.: der Romanik)* Romanesque. **2.** *adv.* ⟨*build*⟩ in a Romanesque style

**romanisieren** *tr. V.* **a)** *(romanisch machen)* give ⟨*town etc.*⟩ a Latin character; **b)** *(hist.: römisch machen)* romanize ⟨*country etc.*⟩

**Romanist der; ~en, ~en** Romance scholar; Romanist; *(Student)* student of Romance languages and literature

**Romanistik** [roma'nɪstɪk] **die; ~:** Romance studies *pl., no art.*; *(Sprache und Literatur)* Romance languages and literature *no art.*

**Romanistin die; ~, ~nen** *s.* **Romanist**

**romanistisch** *Adj.; nicht präd.* Romance ⟨*studies*⟩; ⟨*periodical*⟩ for Romance studies

**Romantik** [ro'mantɪk] **die; ~ a)** *(romantischer Charakter)* romanticism; romantic nature; **die ~ des Zigeunerlebens/der Straße** the romance of gypsy life/of the road; **b)** *(Literaturw., Musik usw.) (Bewegung)* Romanticism *no art.*; Romantic movement; *(Epoche)* Romantic period; **die jüngere/ältere ~:** the younger/older Romantics *pl.*

**Romantiker der; ~s, ~, Romantikerin die; ~, ~nen a)** *(Kunstwiss.)* Romantic; **b)** *(romantischer Mensch)* romantic

**romantisch 1.** *Adj.* **a)** romantic; **b)** *(Literaturw., Musik usw.)* Romantic. **2.** *adv.* romantically; **~ veranlagt sein** have a romantic disposition

**romantisieren** *tr. V.* romanticize

**Roman·werk das a)** *(Roman)* novel; **b)** *(Romane eines Autors)* novels *pl.*

**Romanze** [ro'mantsə] **die; ~, ~n** *(Literaturw., Musik, fig.)* romance

**Römer** ['rø:mɐ] **der; ~s, ~ a)** *(Person)* Roman; **die [alten] ~:** the [ancient] Romans; **b)** *(Weinglas)* rummer

**Römer·brief der** Epistle to the Romans

**Römerin die; ~, ~nen** Roman; *s. auch* **-in**

**Römer·topf** Ⓦⓩ **der** oval earthenware cooking pot; ≈ cooking brick

**römisch 1.** *Adj.* Roman. **2.** *adv.* **das ~ besetzte Gallien** the part of Gaul occupied by the Romans

**römisch-katholisch 1.** *Adj.* Roman Catholic. **2.** *adv.* **~ getauft** baptized into the Roman Catholic church

**röm.-kath.** *Abk.* **römisch-katholisch** RC

**Rommé** ['rɔme] **das; ~s, ~s** *(Kartenspiele)* rummy *no art.*

**Rondeau** [rõ'do] **das; ~s, ~s a)** *(Literaturw.)* rondeau; **b)** *(österr.: Beet, Platz) s.* **Rondell a, b**

**Rondell** [rɔn'dɛl] **das; ~s, ~e a)** *(Beet)* circular flower-bed; **b)** *(Platz)* circus; **c)** *(österr.: Weg)* circular path; **d)** *(Archit.: Turm)* round tower

**Rondo** ['rɔndo] **das; ~s, ~s a)** *(Literaturw.)* rondeau; **b)** *(Musik)* rondo

**röntgen** ['rœntgn̩] *tr. V.* X-ray; **sich** *(Akk.)*/**sich** *(Dat.)* **den Magen ~ lassen** have an X-ray/have one's stomach X-rayed

**Röntgen-: ~aufnahme die, ~bild das** X-ray [image/photograph *or* picture]; **~gerät das** X-ray apparatus

**röntgenisieren** *tr. V. (österr.) s.* **röntgen**

**Röntgenologe** [rœntgeno'lo:gə] **der; ~n, ~n** radiologist

**Röntgenologie die; ~:** radiology *no art.*

**Röntgenologin die; ~, ~nen** radiologist

**Röntgen-: ~schirm der** X-ray screen; **~strahlen** *Pl.* X-rays; **~therapie die** X-ray treatment *no indef. art.*; **eine ~therapie** a course of X-ray treatment; **~untersuchung die** X-ray examination

**Roquefort** ['rɔkfo:ɐ̯] **der; ~s, ~s** Roquefort

**Ro-Ro-Schiff** [ro'ro:-] **das** ro-ro *or* roll-on roll-off ship

**rosa** ['ro:za] **1.** *indekl. Adj.* pink; *s. auch* **Brille**. **2.** *adv.* pink

**Rosa das; ~s, ~** *od.* **~s** pink

**rosa-: ~farben, ~farbig** *Adj.* pink; **~rot** *Adj.* [deep] pink; *(fig.)* rosy; *s. auch* **Brille**

**rösch** [rø:ʃ] *Adj. (südd.)* crisp

**Röschen** ['rø:sçən] **das; ~s, ~ a)** *(kleine Rose)* [little] rose; **b)** *(Blumenkohl~)* [cauliflower] floweret; *(Rosenkohl~)* [Brussels] sprout

**Rose** ['ro:zə] **die; ~, ~n a)** rose; **sie sind nicht [gerade] auf ~n gebettet** their life is no bed of roses; **keine ~ ohne Dornen** *(Sprichw.)* no rose without a thorn; **b)** *(Fenster~)* rose-window; **c)** *(Jägerspr.)* burr

**rosé** [ro'ze:] **1.** *indekl. Adj.* pale pink. **2.** *adv.* pale pink

[1]**Rosé das; ~s, ~** *od.* **~s** pale pink

[2]**Rosé der; ~s, ~s** rosé [wine]

**rosen-, Rosen-: ~beet das** rose-bed; **~blatt das** rose-petal; *(Laubblatt)* rose-leaf; **~blüte die a)** rose[-bloom]; **b)** *o. Pl. (das Blühen)* flowering period for roses; **die ~blüte hat begonnen** the roses have started to flower *or* bloom; **~duft der** scent of roses; **~garten der** rose-garden; **~gewächs das** *(Bot.)* rose; rosaceous plant; **die ~gewächse** the Rosaceae; **~holz das** rosewood; **~kohl der;** *o. Pl.* [Brussels] sprouts *pl.*; **~kranz der** *(kath. Kirche)* rosary; **einen ~kranz beten** say a rosary; **~montag der** the day before Shrove Tuesday; **~montags·zug der** *carnival procession on the day before Shrove Tuesday;* **~öl das** attar of roses; **~quarz der** rose quartz; **~rot** *Adj.* deep pink; **~stock der** rose-tree; standard rose; **~strauß der** bunch *or* bouquet of roses; **~wasser das** *o. Pl.* rose-water; **~züchter der** rose-grower

**Rosette** [ro'zɛtə] **die; ~, ~n a)** *(Archit.)* rose-window; **b)** *(Verzierung, Bot.)* rosette

**Rosé·wein der** rosé wine

**rosig 1.** *Adj.* **a)** rosy ⟨*face, complexion, etc.*⟩; pink ⟨*piglet etc.*⟩; **~ und gesund aussehen** be glowing with health; **b)** *(fig.)* rosy; optimistic ⟨*mood*⟩; **etw. in den ~sten Farben schildern** paint sth. in the most glowing colours. **2.** *adv.* **ihm geht es nicht gerade ~:** things aren't too good with him

**Rosine** [ro'zi:nə] **die; ~, ~n** raisin; *(Korinthe)* currant; **[große] ~n im Kopf haben** *(fig. ugs.)* have big ideas; **sich** *(Dat.)* **die ~n herauspicken** *od.* **aus dem Kuchen picken** *(fig. ugs.)* take the pick of the bunch [for oneself]

**Rosinen-: ~brot** *das* currant bread; *(Laib)* currant loaf; **~kuchen der** currant cake

**Rosmarin** ['ro:smari:n] **der; ~s** rosemary

**Roß** [rɔs] **das; Rosses, Rosse** *od.* **Rösser** ['rœsɐ] **a)** *(geh.; südd., österr., schweiz. noch Normalspr.)* horse; steed *(poet./joc.)*; **hoch zu ~:** on horseback; *(scherzh.)* on one's [trusty] steed *(joc.)*; **auf dem** *od.* **seinem hohen ~ sitzen** be on one's high horse; **von seinem** *od.* **vom hohen ~ herunterkommen** *od.* **-steigen** get down off one's high horse; **~ und Reiter nennen** name names; **b)** *Pl.* **Rösser** *(ugs.: Trottel)* fool; idiot

**Roß-** *s. auch* **Pferde-**

**Rössel** ['rœsl̩] **das; ~s, ~ a)** *(landsch.)* small horse; **b)** *(Schach)* knight

**Rössel·sprung der** *puzzle in which certain syllables make up a phrase or saying when taken in a sequence of knight's moves in a squared diagram*

**Roß-: ~haar das** horsehair; **~kastanie die** horse-chestnut; **~kur die** *(ugs.)* drastic cure *or* remedy; **~täuscher der** *(abwertend)* con man *(coll.)*; **~täuscherei die** *(abwertend)* confidence *or (coll.)* con trick

[1]**Rost** [rɔst] **der; ~[e]s, ~e a)** *(Gitter)* grating; grid; *(eines Ofens, einer Feuerstelle)* grate; *(Brat~)* grill; *(im Freien)* barbecue; **vom ~** *(Gastr.)* fresh from the grill; **auf dem ~ gegrillte Steaks** grilled steaks; *(im Freien)* barbecued steaks; **b)** *(Bett~)* base; frame

[2]**Rost der; ~[e]s** *(auch Bot.)* rust; **~ ansetzen** begin to rust; go rusty

**rost-, Rost-: ~beständig** *Adj.* rust-resistant; *(absolut)* rust-proof; **~bildung die** rust-formation; rusting; **~braten der** grilled steak; *(österr.: Entrecote)* entrecôte; rib steak; **~brat·wurst die** grilled sausage; **~braun** *Adj.* reddish-brown; russet; auburn ⟨*hair*⟩

**Röst·brot** ['rœst-, 'rø:st-] **das** toast

**Röste** ['rø:stə] **die; ~, ~n** *(Hüttenw.)* roasting furnace

**rọsten** *itr. V.; auch mit sein* rust; *(auch fig.)* get rusty; **alte Liebe rostet nicht** *(scherzh.)* old habits die hard

**rösten** ['rœstn̩, 'rø:stn̩] *tr. V.* **a)** roast ‹*coffee, malt, chestnuts, etc.*›; toast ‹*bread*›; **sich [in der Sonne] ~ lassen** roast oneself in the sun; **b)** *(bes. südd., österr., schweiz.: braten)* roast ‹*meat*›; *(auf dem Grill)* grill ‹*meat*›; *(in der Pfanne)* fry ‹*meat, fish, egg, potatoes, etc.*›; *(in der heißen Asche/Glut)* bake ‹*potatoes*›; **c)** *(Hüttenw.)* roast, calcine ‹*ore*›

**Rọ̈ster der; ~s, ~ a)** *(Toaster)* toaster; **b)** *(österr.) (Zwetschgenmus)* plum purée; *(Holunderbeerenmus)* elderberry purée

**Rösterei die; ~, ~en** [coffee-/etc.] roasting establishment

**rọst-, Rọst-: ~farben, ~farbig** *Adj.* rust-coloured; russet; **~fleck der a)** rust stain; **b)** *(rostige Stelle)* rust spot; *(größer)* patch of rust; **~fraß der** rusting process; rusting *no art.*; **~frei** *Adj.* **a)** *(nicht rostend)* stainless ‹*steel*›; **b)** *(ohne Rost)* rust-free

**Rösti** ['rø:sti] **die; ~** *(schweiz. Kochk.)* thinly sliced fried potatoes *pl.*

**rọstig** *Adj.* rusty

**Rọ̈st·kartoffeln** *Pl.* fried potatoes

**rọst-, Rọst-: ~laube die** *(ugs.)* picturesque old rust-heap; **~rot** *Adj.* rust-coloured; russet; **~schutz der a)** protection *no art.* against rust; rust protection *no art.*; **b)** *(Mittel)* rust-proofing agent; **~schutzfarbe die** anti-rust paint; **~schutz·mittel das** *s.* **~schutz b; ~stelle die** patch of rust; *(kleiner)* rust spot

**rot** [ro:t] **1.** *Adj.* red; **ein Roter** *(ugs.: Wein)* a red [wine]; **ein Roter/eine Rote** *(ugs.) (Mensch mit roten Haaren)* a redhead; *(Sozialist)* a red *(coll.)*; a leftie *(coll.)*; **der Rote Platz** Red Square; **die Rote Armee** *(hist.)* the Red Army; **das Rote Meer** the Red Sea; **das Rote Kreuz** the Red Cross; **der Rote Halbmond/Löwe/Davidstern/die Rote Sonne** the Red Crescent/Lion/Star of David/Sun; **~ werden** turn red; ‹*person*› go red; blush; ‹*traffic-light*› change to red; **er bekam einen ~en Kopf** he went red in the face; he blushed; **heute ~, morgen tot** *(Spr.)* here today, gone tomorrow; **lieber ~ als tot** *(ugs.)* better red than dead; *s. auch* **Faden a; Zahl. 2.** *adv.* red; **~ gepunktet** with red dots *postpos., not pred.*; **etw. ~ schreiben/anstreichen** write/mark sth. in red; **[im Gesicht] ~ anlaufen** go red in the face

**Rọt das; ~s, ~** *od.* **~s a)** red; *(Schminke)* rouge; **die Ampel zeigt ~:** the traffic-lights are red; **bei ~ über die Kreuzung fahren** cross the junction on the red; **b)** *(Spielkartenfarbe)* hearts *pl.*; *s. auch* **²Pik**

**Rotarier** [ro'ta:ri̯ɐ] **der; ~s, ~:** Rotarian

**Rotarmist** ['ro:tarmɪst] **der; ~en, ~en** *(hist.)* Red Army soldier

**Rotation** [rota'tsi̯o:n] **die; ~, ~en** rotation

**Rotatiọns-: ~achse die** axis [of rotation]; **~druck der;** *o. Pl.* rotary printing *no art.*; **~fläche die** *(Math.)* surface of revolution; **~körper der** *(Math.)* solid of revolution; **~maschine die** *(Druckw.)* rotary press

**rọt-, Rọt-: ~auge das** *(Zool.)* roach; **~backig, ~bäckig** *Adj.* rosy-cheeked ‹*child, girl*›; ruddy-cheeked ‹*old man, farmer, etc.*›; **~barsch der** rose-fish; **~bart der** *(ugs.)* red-beard; red-bearded type *(coll.)*; **~blond** *Adj.* sandy ‹*hair*›; sandy-haired ‹*person*›; **~braun** *Adj.* reddish-brown; russet; **~buche die** [European] beech; **~dorn der** [pink] hawthorn

**Röte** ['rø:tə] **die; ~, ~n a)** *o. Pl.* red[ness]; **eine ~ stieg ihm ins Gesicht** his face reddened; he blushed; **b)** *(Bot.)* madder

**Rötel** ['rø:tl̩] **der; ~s, ~:** red chalk

**Röteln** ['rø:tl̩n] *Pl.* **[die] ~:** German measles *sing.*

**rọ̈ten 1.** *tr. V.* redden; make red; **Scham rötete ihr Gesicht** her face went red with embarrassment. **2.** *refl. V.* go *or* turn red

**rọt-, Rọt-: ~fuchs der a)** *(Tier, Pelz)* red fox; **b)** *(Pferd)* chestnut; *(heller)* sorrel; **c)** *(ugs.: Rothaariger)* redhead; **~gardist der, ~gardistin die** Red Guard; **~gesichtig** *Adj.* red-faced; *(gesund, mit roten Backen)* ruddy-cheeked; **~geweint** *Adj.* ‹*eyes*› red from crying; **~glühend** *Adj.* red-hot; **~glut die** red heat; **~gold das** red gold; **~grün** *Adj.* *(Politik)* ‹*coalition*› of Greens and Socialists; red-green ‹*coalition*›; **~grün·blindheit** [-'---] **die** *(Med.)* [red-green] colour-blindness; daltonism; **~guß der** red brass; **~haarig** *Adj.* red-haired; **eine Rothaarige/ein Rothaariger** a redhead; **~haut die** *(ugs. scherzh.)* redskin; **~hirsch der** red deer

**rotieren** [ro'ti:rən] *itr. V.* **a)** rotate; **b)** *(ugs.: hektisch sein)* flap *(coll.)*; get into a flap *(coll.)*; **er ist am Rotieren** he is in a flap *(coll.)*

**Rọt-: ~käppchen (das)** Little Red Riding Hood; **~kehlchen das; ~s, ~:** robin [redbreast]; **~kohl der,** *(bes. südd., österr.)* **~kraut das** red cabbage; **~kreuzschwester die** Red Cross nurse; **~lauf der** *(Tiermed.)* swine erysipelas

**rötlich** ['rø:tlɪç] *Adj.* reddish

**rọ̈tlich·braun** *Adj.* reddish-brown

**rọt-, Rọt-: ~licht das;** *o. Pl.* red light; **bei ~licht** under a red light; **~liegende das; ~n** *(Geol.)* Rothliegende; **~nasig** *Adj.* red-nosed

**Rotor** ['ro:tɔr] **der; ~s, ~en** [ro'to:rən] *(Technik)* rotor

**rọt-, Rọt-: ~schwanz der, ~schwänzchen das** redstart; **~|sehen** *unr. itr. V.* *(ugs.)* see red; **~stichig** [~ʃtɪçɪç] *Adj.* *(Fot.)* with a red cast *postpos., not pred.*; **~stichig sein** have a red cast; **~stift der** red pencil; *(Kugelschreiber)* red ballpoint; **dem ~stift zum Opfer fallen** *(aufgegeben werden)* be scrapped; *(gestrichen werden)* be deleted; **den ~stift ansetzen** *(fig.)* make economies; **~tanne die** common *or* Norway spruce

**Rotte** ['rɔtə] **die; ~, ~n a)** gang; mob; **b)** *(Milit.)* pair [operating together]; **c)** *(Jägerspr.) (von Wildschweinen)* herd; *(von Wölfen)* pack; **d)** *(Eisenb.)* gang

**rọtten** *tr. V.* *(Textilw.)* ret ‹*flax, hemp*›

**Rọtten·führer der** *(Eisenb.)* foreman

**Rottweiler** ['rɔtvai̯lɐ] **der; ~s, ~** *(Hunderasse)* Rottweiler

**Rotunde** [ro'tʊndə] **die; ~, ~n** *(Archit.)* rotunda

**Rötung die; ~, ~en** reddening

**rọt·wangig** [-vaŋɪç] *Adj.* *(geh.) s.* **rotbackig**

**Rọt·wein der** red wine

**Rọtwein-: ~glas das** glass for red wine; **~fleck der** red wine stain

**Rọtwelsch das; ~[s]** thieves' cant *or* argot

**Rọt-: ~wild das** *(Jägerspr.)* red deer; **~wurst die** blood sausage

**Rotz** [rɔts] **der; ~es** *(salopp)* **a)** snot *(sl.)*; **frech wie ~** *(salopp)* cheeky as anything; **~ und Wasser heulen** *(salopp)* cry one's eyes out; **der ganze ~** *(salopp)* the whole bloody *(Brit. sl.) or (coll.)* damn lot; **b)** *(Tiermed.)* glanders *pl.*

**Rọtz·bengel der** *(derb abwertend)* snotty brat *(sl.)*

**rọtzen** *(derb)* **1.** *itr. V.* **a)** blow one's nose loudly; **b)** *(Schleim in den Mund ziehen)* sniff back one's snot *(sl.)*; **c)** *(ausspucken)* gob *(coarse)*. **2.** *tr. V.* spit

**Rọtz·fahne die** *(derb)* snot-rag *(sl.)*

**rọtz·frẹch** *(salopp)* **1.** *Adj.* insolent; snotty *(sl.)*; **ein ~er Bengel** a snotty little brat *(sl.)*. **2.** *adv.* insolently; snottily *(sl.)*

**rọtzig 1.** *Adj.* **a)** *(derb)* snotty *(sl.)* ‹*nose, handkerchief, child*›; **b)** *(salopp: frech)* insolent; snotty *(sl.)*. **2.** *adv.* *(salopp abwertend)* insolently; snottily *(sl.)*

**Rọtz·nase die a)** *(derb)* snotty nose *(sl.)*; **b)** *(salopp abwertend: Bengel)* snotty little brat *(sl.)*

**rọtznäsig** [-nɛ:zɪç] *(derb abwertend)* **1.** *Adj.* **a)** snotty-nosed *(sl.)*; **b)** *(ungezogen)* snotty *(sl.)*. **2.** *adv.* snottily *(sl.)*

**Rouge** [ru:ʒ] **das; ~s, ~s** rouge

**Roulade** [ru:la:də] **die; ~, ~n** *(Kochk.)* [beef/veal/pork] olive

**Rouleau** [ru'lo:] **das; ~s, ~s** [roller] blind

**Roulett** [ru'lɛt] **das; ~[e]s, ~e, Roulette** [ru'lɛtə] **das; ~s, ~s** roulette

**Route** ['ru:tə] **die; ~, ~n** route

**Routine** [ru'ti:nə] **die; ~ a)** *(Erfahrung)* experience; *(Übung)* practice; *(Fertigkeit)* proficiency; expertise; **b)** *(gewohnheitsmäßiger Ablauf)* routine *no def. art.*; **in ~ erstarrt sein** have got into a rut

**routine-, Routine-: ~angelegenheit die** routine matter; **~mäßig 1.** *Adj.* routine; **2.** *adv.* as a matter of routine; **~sache die** *s.* **~angelegenheit; ~untersuchung die** routine examination

**Routinier** [ruti'ni̯e:] **der; ~s, ~s** experienced man; *(Experte)* expert

**routiniert** [ruti'ni:ɐ̯t] **1.** *Adj.* *(gewandt)* expert; skilled; *(erfahren)* experienced; **ihr Auftreten ist mir zu ~:** her manner is too slick for my taste. **2.** *adv.* expertly; skilfully

**Rowdy** ['rau̯di] **der; ~s, ~s** *(abwertend)* hooligan

**Rọwdytum das; ~s** *(abwertend)* hooliganism

**Royalist** [roaja'lɪst] **der; ~en, ~en** royalist

**royalịstisch 1.** *Adj.* royalist. **2.** *adv.* along royalist lines; **~ eingestellt sein** have royalist ideas

**Ruanda** ['ru̯anda] **(das); ~s** Rwanda

**rubbeln** ['rʊbl̩n] *tr., itr. V.* *(bes. nordd.)* rub [vigorously]

**Rübe** ['ry:bə] **die; ~, ~n a)** turnip; *(Zucker~)* [sugar-]beet; **rote ~:** beetroot; **gelbe ~** *(südd.)* carrot; **b)** *(salopp: Kopf)* nut *(sl.)*; **eins auf die ~ kriegen** get a bonk *or* bash on the nut *(sl.)*; **~ runter** *od.* **ab!** off with his/her head!

**Rubel** ['ru:bl̩] **der; ~s, ~:** rouble; **der ~ rollt** *(fig. ugs.)* the money keeps rolling in

**Rübẹn-: ~kraut das;** *o. Pl.* *(westdt.)* [sugar-beet] syrup; **~zucker der** beet sugar

**rüber** ['rʏbɐ] *Adv.* *(ugs.)* over

**rüber-: ~|dürfen** *unr. itr. V.* be allowed over; **über etw.** *(Akk.)* **~dürfen** be allowed to cross sth.; **~|gehen** *unr. itr. V.; mit sein* go over; **bei Rot ~gehen** cross over when the lights are red; **~|kommen** *unr. itr. V.; mit sein* **a)** come over; **komm doch einen Moment ~:** come over here a moment; **b)** *(~können)* manage to get over/across; **über die Straße/die Mauer nicht ~kommen** be unable to cross the road/get over the wall; **c)** *(salopp: verstanden werden)* come across; **~|können** *unr. itr. V.* be able to get over *or* across; **über etw.** *(Akk.)* **~können** be able to cross sth.; **~|müssen** *unr. itr. V.* have to get over *or* across; **über etw.** *(Akk.)* **~müssen** have to cross sth.; **er muß wieder ~ nach Amerika** he has to go back to America; **~|schicken** *tr. V.* send over; **~|sollen** *itr. V.* be supposed to go over; **soll der Schrank auch ~?** is the cupboard to go over there too?; **~|steigen** *unr. itr. V.; mit sein* **[über etw.** *(Akk.)***] ~steigen** climb over [sth.]; **~|wollen** *unr. itr. V.* want to get over *or* across; **über etw.** *(Akk.)* **~wollen** want to cross sth.; **[in den Westen/Osten] ~wollen** want to cross over to the West/East

**Rübezahl** ['ry:bətsa:l] **(der); ~s** Rübezahl *(spirit of the Sudeten Mountains)*

**Rubikon** ['ru:bikɔn] **der; ~s** *(hist.) in:* **den ~ überschreiten** *(geh.)* cross the Rubicon

**Rubin** [ru'bi:n] **der; ~s, ~e** ruby

**rubin·rot** *Adj.* ruby[-red]

**Rüb-** ['ry:p-]: **~kohl der** *(schweiz.)* kohlrabi; **~öl das** rape-oil

**Rubrik** [ru'bri:k] **die; ~, ~en** *(Spalte)* column; *(Zeitungs~)* column; section; *(fig.: Kategorie)* category; **unter der ~ ...:** under the heading [of] ...; *(in der Zeitung usw.)* in the ... section

**Rüb·samen der** oilseed rape

**Ruch** [ru:x] **der; ~[e]s** [bad] reputation; **im ~ der Korruption stehen** have the reputation of being corrupt

**ruch·bar** *Adj.* **in ~ werden** *(geh.)* become known

**ruch·los** *(geh.)* **1.** *Adj.* dastardly; heinous ⟨*crime*⟩. **2.** *adv.* in a dastardly fashion

**Ruchlosigkeit die; ~:** dastardliness

**Ruck** [rʊk] **der; ~[e]s, ~e** jerk; **ein ~ nach links** *(Politik)* a sudden swing to the left; **in einem ~** *(fig. ugs.)* in one go; **sich** *(Dat.)* **einen ~ geben** *(fig.)* pull oneself together

**Rück·antwort die** reply; **um ~ wird gebeten** please reply

**ruck·artig 1.** *Adj.* jerky. **2.** *adv.* *(mit einem Ruck)* with a jerk

**rück-, Rück-: ~besinnung die** recollection (**auf +** *Akk.* of); **eine ~besinnung auf bewährte Tugenden** a return to traditional virtues; **~bezüglich** *(Sprachw.)* **1.** *Adj.* reflexive; **2.** *adv.* reflexively; **~bildung die a)** *(Biol.)* atrophy; **b)** *(Med.)* regression; **c)** *(Sprachw.)* back-formation; **~blende die** flashback; **~blick der** look back (**auf +** *Akk.* at); retrospective view (**auf +** *Akk.* of); **im ~blick** in retrospect; **~blickend 1.** *Adj.* retrospective; **2.** *adv.* retrospectively; in retrospect; **~datieren** *tr. V.; nur im Inf. u. 2. Part.* backdate

**ruckeln** ['rʊkl̩n] *itr. V. (bes. nordd., mitteld.)* give a slight jolt

**rucken 1.** *itr. V.* jerk; give a jerk; ⟨*car*⟩ jolt; give a jolt; **2.** *tr. V.* jerk

**rücken** ['rʏkn̩] **1.** *tr. V.* move; **den Tisch an die Wand ~:** move *or* push the table against the wall; **es ließ sich nicht von der Stelle ~:** it was impossible to shift it; **etw. in ein völlig neues Licht ~** *(fig.)* show sth. in a completely new light. **2.** *itr. V.* **a)** *mit sein* move; **der Zeiger rückte auf 12** the hand moved up to 12; **mit seinem Stuhl näher an den Tisch ~:** move one's chair closer to the table; **jmdm. auf den Balg** *od.* **Pelz** *od.* **die Pelle ~** *(ugs.)* squeeze right up to sb; **die Polizei ist mir auf die Pelle** *od.* **den Pelz gerückt** *(fig.)* the police are breathing down my neck; **kannst du ein bißchen ~?** could you move up/over a bit?; **mit dem König ein Feld nach vorn ~** *(Schach)* move the king forwards one square; **ins Feld/ins Manöver ~** *(Milit.)* move into the field/go on manœuvres; **in weite Ferne ~** *(fig.)* recede into the distance; ⟨*project*⟩ become an increasingly remote possibility; **b) an etw.** *(Dat.)* **~** *(ziehen)* pull at sth.; *(schieben)* push at sth.; **an seiner Krawatte/Brille ~:** adjust one's tie/glasses; **hört auf, mit den Stühlen zu ~:** stop shifting your chairs

**Rücken der; ~s, ~: a)** back; **ein Stück vom ~** *(Rindfleisch)* a piece of chine; *(Hammel, Reh)* a piece of saddle; **auf dem ~ liegen** lie on one's back; **legen Sie sich bitte auf den ~!** please lie [down] on your back; **jmdm. die Hände auf den ~ binden** tie sb.'s hands behind his/her back; **~ gegen** *od.* **an ~ stehen** stand back to back; **es lief mir [heiß und kalt] über den ~:** [hot and cold] shivers ran down my spine; **die Sonne/den Wind im ~ haben** have the sun/wind behind one; **verlängerter ~** *(scherzh.)* backside; posterior *(joc.)*; **jmdm. den ~ zuwenden** turn one's back on sb.; **jmdm./einer Sache den ~ kehren** *(fig.)* turn one's back on sb./sth.; give sb./sth. up; **jmdm. den ~ stärken** *od.* **steifen** *(fig.)* give sb. moral support; **den ~ frei haben** *(fig.)* be free of any obligations; not be tied [down]; **sich** *(Dat.)* **den ~ freihalten** *(fig.)* not commit oneself; not enter into any obligations; **jmdm. den ~ freihalten** *od.* **decken** *(fig.)* ensure sb. is not troubled with other problems; **hinter jmds. ~** *(Dat.) (fig.)* behind sb.'s back; **im ~** *(fig.)* behind one; **er hat die Gewerkschaft im ~** *(fig.)* he has the backing of the union; **jmdm. in den ~ fallen** *(fig.)* stab sb. in the back; **mit dem ~ an der** *od.* **zur Wand** *(fig.)* with one's back to the wall; **mit dem ~ zur Wand stehen** *(fig.)* have one's back to the wall; **b)** *(Rückseite)* back; *(Buch~)* spine; *(der Nase)* bridge; *(des Berges)* ridge; **c)** *o. Pl. s.* **~schwimmen**

**rücken-, Rücken-: ~aus·schnitt der** back neckline; **mit tiefem ~ausschnitt** with a low[-cut] back; **~deckung die a)** *(bes. Mittel)* rear cover; **b)** *(Unterstützung)* backing; **jmdm. ~deckung geben** give sb. one's backing; **~flosse die** dorsal fin; **~frei** *Adj.* backless ⟨*dress*⟩; **~lage die** supine position; **in [der] ~lage** on one's back; **~lehne die** [chair/seat] back; **~mark das** *(Anat.)* spinal marrow *or* cord

**Rücken·mark[s]-: ~entzündung die** *(Med.)* myelitis *no indef. art.*; **~erweichung die** *(Med.)* myelomalacia *no indef. art.*; **~punktion die** *(Med.)* spinal puncture

**Rücken-: ~muskulatur die** back *or* *(Anat.)* dorsal muscles *pl.*; **~schild das** *(Bürow.)* spine label; **~schmerzen** *Pl.* backache *sing.*; **~schwimmen das** backstroke; **~stärkung die** [moral] support

**Rück·entwicklung die** *s.* **Rückbildung a, b**

**Rücken-: ~wind der** tail *or* following wind; **~wind haben** have a tail *or* following wind; *(fig.)* be making good progress; **mit ~wind spielen** play with the wind behind one; **~wirbel der** *(Anat.)* dorsal vertebra

**rück-, Rück-: ~erinnerung die** recollection; reminiscence; **~|erstatten** *tr. V.; nur im Inf. u. 2. Part.* repay; **jmdm. die Reisekosten ~erstatten** repay *or* reimburse sb. his/her travelling expenses; **~erstattung die** repayment; reimbursement; *(von Steuern)* rebate; **~fahr·karte die; ~fahr·schein der** return [ticket]; **~fahr·scheinwerfer der** *(Kfz-W.)* reversing light; **~fahrt die** return journey; **auf der ~fahrt** on the return journey *or* way back; **~fall der a)** *(Med., auch fig.)* relapse; **einen ~fall bekommen** *od.* **erleiden** have *or* suffer a relapse; **ein ~ in alte Gewohnheiten/in die Barbarei** *usw.* *(fig.)* a relapse into *or* return to old habits/to barbarism *etc.*; **b)** *(Rechtsspr.)* **Diebstahl/Einbruch im ~fall** subsequent *or* second offence of theft/burglary; **~fällig** *Adj.* **a)** *(Med., auch fig.)* relapsed ⟨*patient, alcoholic, etc.*⟩; **[wieder] ~fällig werden** have a relapse; ⟨*alcoholic etc.*⟩ go back to one's old ways; **b)** *(Rechtsspr.)*; **~fällig werden** commit a second offence; **~fall·täter der** *(Rechtsspr.)* recidivist; subsequent *or* second offender; **~flug der** return flight; **~fluß der** reflux; return flow; **~frage die** query; **nach telefonischer ~frage** after checking up on the telephone; **~|fragen** *itr. V.; nur im Inf. u. 2. Part.* query it; **bei jmdm. ~fragen** raise a query with sb.; check with sb.; **~front die** back; rear; **~führung die** return; *(in die Heimat)* repatriation; **~gabe die a)** return; **gegen ~gabe der Eintrittskarte** upon returning the [entrance] ticket; **b)** *(Ballspiele)* back pass; **~gaberecht das** right of return; **~gang der** drop, fall (+ *Gen.* in); *(qualitätsmäßig)* decline (+ *Gen.* in); **ein ~gang an Besuchern/Geburten** *usw.* a decrease in the number of visitors/births *etc.*

**-rückgang der** decrease in ...; **Preis-/Produktions~:** drop in price/fall in output

**rück-, Rück-: ~gängig** *Adj.* **a) ~gängig machen** cancel ⟨*agreement, decision, etc.*⟩; break off ⟨*engagement*⟩; **einen Kauf ~gängig machen** return what one has bought; **es läßt sich nicht mehr ~gängig machen** what's done cannot be undone; **b)** *(im ~gang begriffen)* on the decline *postpos.*; **~gebildet** *Adj.* **a)** *(Biol.)* atrophied; **b)** *(Sprachw.)* produced by back-formation; **~gewinnung die** recovery (**aus** from); **die ~gewinnung von Rohstoffen aus Müll** the recovery *or* reclaiming of raw materials from waste products; **der Partei ist die ~gewinnung des Rathauses nicht gelungen** the party did not succeed in regaining control of the town council; **~grat das** spine; *(bes. fig.)* backbone; **~grat haben/kein ~grat haben** have guts *(coll.)*/be spineless; **~grat zeigen** show [real] guts *(coll.) or* fight; **jmdm. das ~grat brechen** *(fig.)* break sb.'s resistance; **~grat[s]·verkrümmung die** *(Med.)* spinal curvature; **~griff der a)** recourse; **es bleibt immer noch der ~griff auf unsere Reserven** we can always have recourse to our reserves; **b)** *(das Wiederaufgreifen)* return (**auf +** *Akk.* to); **~halt der a)** support; backing; **er hat an seinen Freunden einen festen ~halt** he gets firm support *or* backing from his friends; **b)** *in* **ohne ~halt** without reservation; unreservedly; **~halt·los 1.** *Adj.* unreserved, unqualified ⟨*criticism, support*⟩; complete, absolute ⟨*frankness*⟩; ⟨*fight*⟩ with no holds barred; **2.** *adv.* unreservedly; without reservation; ⟨*trust*⟩ completely, absolutely; ⟨*confess*⟩ with complete frankness; ⟨*fight*⟩ with total commitment; **~hand die** *(Sport, bes. Tennis)* backhand; **einen Ball mit [der] ~hand schlagen/annehmen** hit/take the ball on one's backhand; **~kauf der** repurchase; *(einer Versicherung)* surrender; **~verkaufs·recht das** *(Rechtsw.)* right of repurchase

**Rückkehr** ['rʏkke:ɐ̯] **die; ~:** return; **jmdn. zur ~ [nach Litauen] bewegen** persuade sb. to return [to Lithuania]

**Rückkehrer der; ~s, ~:** home-comer; **~ aus dem Urlaub** people returning from holiday

**rückkoppeln** *tr. V.; nur im Inf. u. 2. Part.* *(Elektrot.)* feed back; **A mit B ~** *(fig.)* [re-]create links between A and B

**Rück·kopp[e]lung die** *(Elektrot.)* feedback; *(fig.)* [re-]creation of links

**Rückkunft** [-kʊnft] **die; ~** *(geh.)* return

**rück-, Rück-: ~lage die a)** *(Spargeld)* savings *pl.*; **eine kleine ~lage haben** have a small sum saved up; have a small nest-egg; **b)** *(Wirtsch.: Reserve)* reserves *pl.*; *(Sozialw.)* credit reserve; **~lauf der a)** *(~fluß)* return flow; **b)** *(~transport)* return; **c)** *(bei Maschinen)* return travel; *(beim Tonbandgerät)* rewind; **~läufig 1.** *Adj.* **a)** *(sinkend)* decreasing ⟨*number*⟩; declining ⟨*economic growth etc.*⟩; falling ⟨*rate, production, etc.*⟩; **~e Entwicklung** downward trend; decline; **b)** *(rückwärts verlaufend)* reverse ⟨*process, dictionary*⟩; reverse, retrograde ⟨*motion*⟩; **~läufiges Wachstum** reversal of growth; **2.** *adv.* in reverse order; **~licht das** rear- *or* tail-light

**rücklings** *Adv.* **a)** *(auf dem Rücken)* on one's back; **b)** *(mit dem Rücken nach vorn)* facing backwards

**Rück-: ~marsch der** march back; *(~zug)* retreat; **sich auf dem ~marsch befinden** ⟨*troops, tanks*⟩ be returning from the front/be retreating; **~nahme** [~na:mə] **die** taking back; *(einer Behauptung, einer Anordnung, einer Klage usw.)* withdrawal; *(eines Verbotes)* cancellation; **die ~nahme von etw. verweigern** refuse to take sth. back; **~paß der** *(Sport)* back pass; **~porto das** return postage; **~prall der** rebound; *(eines Geschosses)* ricochet; **~reise die** return journey; **~ruf der a)** *(Fernspr.)* return call; **ich erwarte deinen ~ruf** I shall wait for you to phone back; **b)** *(das Zurückbeordern)* recall

**Ruck·sack der** rucksack; *(Touren~)* backpack

**Rucksack·tourist** der back-packer

**rück-, Rück-: ~schau** die review (auf + *Akk.* of); ~schau halten look back; ~schau auf etw. *(Akk.)* halten pass sth. in review; review sth.; **~schlag** der a) set-back; in seinem Leben gab es immer wieder ~schläge throughout his life he suffered repeated set-backs; b) *(Tennis, Tischtennis usw.)* return; **~schlag·ventil** das *(Technik)* non-return valve; check-valve; **~schluß** der conclusion (auf + *Akk.* about); aus etw. ~schlüsse auf etw. *(Akk.)* ziehen draw conclusions from sth. about sth.; **~schritt** der retrograde step; das ist kein Fortschritt, sondern ein ~schritt that's not a forward, but a backward step; **~schrittlich** 1. *Adj.* reactionary; retrograde ⟨*development*⟩; 2. *adv.* ~schrittlich eingestellt sein have reactionary ideas; **~schwung** der *(Turnen)* backward swing; **~seite** die back; *(eines Gebäudes usw.)* back; rear; *(einer Münze usw.)* reverse; *(des Mondes)* far side; siehe ~seite see over[leaf]; auf der ~seite eines Tiefs *(Met.)* in the rear of *or* behind a depression; **~seitig** 1. *Adj.; nicht präd.* rear, back ⟨*entrance*⟩; ⟨*explanation etc.*⟩ overleaf; 2. *adv.* ~seitig gelegen situated at the back *or* rear; **~sendung** die return; **~sicht** die a) *o. Pl.* consideration; mit ~sicht auf etw. *(Akk.)* taking sth. into consideration; in view of sth.; ~sicht auf jmdn. nehmen show consideration for *or* towards sb.; *(Verständnis haben)* make allowances for sb.; ohne ~sicht auf etw. *(Akk.)* with no regard for *or* regardless of sth.; ohne ~sicht auf Verluste *(ugs.)* regardless; keine ~sicht kennen show no consideration; *(unbarmherzig sein)* be ruthless; b) *(Erwägung, Grund)* ~en considerations; aus finanziellen ~en for financial reasons; c) *o. Pl. (Sicht nach hinten)* rear view; **~sicht·nahme** die; ~: consideration; unter ~sichtnahme *(Dat.)* auf etw. *(Akk.)* taking sth. into consideration/making allowances for sth.; gegenseitige ~sichtnahme ist notwendig it is essential that people show mutual consideration

**rücksichts-, Rücksichts-: ~los** 1. *Adj.* a) inconsiderate; thoughtless; ein ~loser Autofahrer an inconsiderate driver; *(verantwortungslos)* a reckless driver; b) *(schonungslos)* ruthless; ein ~loser Kampf a bitter struggle; a fight with no holds barred; 2. *adv.* a) inconsiderately; thoughtlessly; *(verantwortungslos)* recklessly; sich ~los durch die Menge schieben shove one's way through the crowd regardless of anyone else; b) *(schonungslos)* ruthlessly; jmdm. ~los die Wahrheit sagen tell sb. the truth regardless of his/her feelings; **~losigkeit** die; ~, ~en a) lack of consideration; thoughtlessness; *(Verantwortungslosigkeit)* recklessness; so eine ~losigkeit! how inconsiderate *or* thoughtless!; b) *(Schonungslosigkeit)* ruthlessness; **~voll** *Adj.* considerate; thoughtful; 2. *adv.* considerately; thoughtfully

**rück-, Rück-: ~sitz** der back seat; auf dem ~sitz/den ~sitzen in the back; in *or* on the back seat/seats; **~spiegel** der rear-view mirror; **~spiel** das *(Sport)* second *or* return leg; **~sprache** die consultation; [mit jmdm.] ~sprache nehmen *od.* halten *(Papierdt.)* consult [sb.]; **~stand** der a) *(Übriggebliebenes, Rest)* residue; radioaktive ~stände traces of radioactivity; b) *(offener Rechnungsbetrag)* ~stände/ein ~stand arrears *pl.*; ~stände eintreiben collect outstanding debts; ein ~stand in der Miete rent arrears *pl.*; c) *(Zurückbleiben hinter dem gesetzten Ziel, Soll usw.)* backlog; *(bes. Sport: hinter dem Gegner)* deficit; [mit den Zahlungen/mit der Arbeit *usw.*] im ~stand sein/in ~stand *(Akk.)* geraten be/get behind [with one's payments/work *etc.*]; seinen/einen ~stand aufholen *(bei der Arbeit)* make up *or* catch up one's/a backlog; *(bei einem Spiel/Rennen/(fig.) bei der Rüstung usw.)* make up the deficit; close the gap; die Mannschaft lag mit 0:3 im ~stand *(Sport)* the team was trailing by three to nil; mit 38 Hundertstel Sekunden ~stand auf den zweiten Platz kommen *(Sport)* take second place .38 of a second behind; **~ständig** *Adj.* a) *(unterentwickelt)* underdeveloped; backward; b) *(überholt)* outdated; antiquated; ~ständig sein be behind the times; c) *(schon länger fällig)* outstanding ⟨*payment, amount*⟩; ⟨*wages*⟩ still owing; ~ständige Steuern tax arrears; **~ständigkeit** die; ~ a) backwardness; b) *(Überholtheit)* outdated nature; *(Ansichten)* old-fashioned *or* antiquated ideas *pl.*; **~stau** der *(von Wasser)* backing up; backwater; *(von Fahrzeugen)* tailback; **~stellung** die a) *(das Zurückstellen)* postponement (um by); eine ~stellung vom Wehrdienst a temporary exemption from military service; b) *(Wirtsch.)* reserve [fund]; **~stoß** der *(Physik)* reaction; *(einer Feuerwaffe)* recoil; **~strahler** der reflector; **~stufung** die downgrading; **~taste** die backspacer; backspace key; **~tausch** der: beim ~tausch [von Devisen] when changing currency back; **~tritt** der a) *(von einem Amt)* resignation (von from); *(von einer Kandidatur, von einem Vertrag usw.)* withdrawal (von from); b) *s.* ~trittbremse; **~tritt·bremse** die back-pedal brake

**Rücktritts-: ~drohung** die threat to resign; **~erklärung** die announcement of one's intention to resign; **~gesuch** das offer of resignation; sein ~gesuch einreichen hand in *or* tender one's resignation; **~recht** das right to withdraw [from a contract]

**rück-, Rück-: ~|übersetzen** *tr. V.; nur im Inf. u. 2. Part.* translate back; **~übersetzung** die back-translation; **~|vergüten** *tr. V.; nur im Inf. u. 2. Part.* refund; **~vergütung** die refund; **~versicherer** der a) *(ugs. abwertend)* cagey type *(coll.) (who does nothing without covering himself/herself)*; b) *(Versicherungsgesellschaft)* reinsurer; **~|versichern** *refl. V.; nur im Inf. u. 2. Part.* a) cover oneself [two ways]; hedge one's bets; b) *(Versicherungsw.)* reinsure; **~versicherung** die a) [double] insurance; *(Schutz)* safeguard; protection; b) *(Versicherungsw.)* reinsurance; **~wand** die back wall; *(eines Regals usw.)* back; **~wanderer** der repatriate

**rückwärtig** [-vɛrtɪç] 1. *Adj.* a) back; rear; die ~e Seite the back *or* rear; auf den ~en Verkehr achten keep an eye on the traffic behind [one]; b) *(Milit.)* rearward ⟨*lines of communication*⟩. 2. *adv.* die ~ gelegene Tür the door at the back

**rückwärts** [-vɛrts] *Adv.* a) backwards; ein Blick [nach] ~: a look back; a backward look; ein Salto/eine Rolle ~: a back somersault/backward roll; ~ fahren reverse; ~ einparken reverse *or* back into a parking-space; b) *(südd., österr.: hinten)* behind; [etwas] weiter ~: [a little] further back; ~ einsteigen! enter at the rear [of the vehicle]; sich nach ~ fallen lassen/lehnen fall/lean back

**rückwärts-, Rückwärts-: ~bewegung** die backward movement; **~drehung** die turn backwards; durch ~drehung einer Sache *(Gen.)* by turning sth. back; **~gang** der *(Kfz-W.)* reverse [gear]; im ~gang in reverse; den ~gang einlegen *(auch fig.)* go into reverse; **~|gehen** *unr. itr. V.; mit sein* go down; *(unpers.: schlechter werden)* get worse; es ist mit dem Umsatz immer mehr rückwärtsgegangen the turnover has gone down and down; **~gewandt** *Adj.* a) turned backwards *postpos.*; b) *(fig.: rückblickend)* backward-looking

**Rückweg** der return journey; auf dem ~: on the way back; den ~ antreten, sich auf den ~ machen set off *or* start on one's way back; jmdm. den ~ abschneiden cut off sb.'s line of retreat

**ruck·weise** 1. *Adv. (mit einem Ruck)* with a jerk; *(mit mehreren)* in a series of jerks. 2. *adj.* jerky

**rück-, Rück-: ~wendung** die reorientation; **~wirkend** 1. *Adj.* retrospective; backdated ⟨*pay increase*⟩; 2. retrospectively; ~wirkend vom *od.* zum 1. April in Kraft treten take effect [retrospectively] as from 1 April; die Gehaltserhöhung erfolgt ~wirkend vom 1. Januar the rise *(Brit.) or (Amer.)* raise is *or* has been backdated to 1 January; **~wirkung** die a) *(zeitlich)* retrospective force; mit ~wirkung vom ...: [retrospectively] as from ...; b) *(Auswirkung)* repercussion (auf + *Akk.* on); **~zahlbar** *Adj.* repayable; **~zahlung** die repayment; **~zahlungs·bedingungen** *Pl.* repayment terms; **~zieher** der; ~s, ~ a) *(Fußball)* overhead kick; b) *(fig. ugs.) (von Behauptungen, Forderungen usw.)* climb-down; *(von einem Vorhaben)* backing out *no art.*; einen ~zieher machen climb down/back out; *(salopp: Coitus interruptus)* pull out *(coll.)*

**ruck, zuck** [rʊk 'tsʊk] *Interj.* in no time; ~, ~ gehen only take a moment *or* second

**Rück·zug** der retreat; auf dem ~ sein be retreating; jmdn. zum ~ zwingen force sb. to retreat

**Rückzugs-: ~gebiet** das reserve *(for native inhabitants/wild animals)*; **~gefecht** das *(Milit., fig.)* rearguard action

**rüde** ['ry:də] 1. *Adj.* uncouth; coarse ⟨*language*⟩. 2. *adv.* in an uncouth manner

**Rüde** der; ~n, ~n a) *(Hund)* [male] dog; *(Fuchs/Wolf)* [male] fox/wolf; unser Hund ist ein ~: our dog is a male; b) *(Jägerspr.: Hetzhund)* hound; hunting dog

**Rudel** ['ru:dl̩] das; ~s, ~ *(von Hirschen, Gemsen)* herd; *(von Wölfen, Hunden)* pack; *(fig.: von Menschen)* horde

**Ruder** ['ru:dɐ] das; ~s, ~ a) *(Riemen)* oar; sich in die ~ legen *(kräftig rudern)* row strongly *or* vigorously; *(fig. ugs.: etw. in Angriff nehmen)* put one's back into it; b) *(Steuer~)* rudder; *(Steuerrad)* helm; am ~ sein/bleiben *(fig.)* be/stay at the helm; das ~ fest in der Hand haben *(fig.)* be firmly in control; das ~ herumwerfen *(fig.)* change course *or* tack; ans ~ kommen *(fig.)* take the helm; ⟨party, leader⟩ come to power; aus dem ~ laufen *(auch fig.)* go off course; c) *(eines Flugzeugs) (Höhen~)* elevator; *(Quer~)* aileron; *(Seiten~)* rudder

**Ruder-: ~bank** die; *Pl.* ~bänke thwart; *(einer Galeere)* oarsman's bench; **~blatt** das a) *(eines Steuerruders)* rudder [blade]; b) *(eines Riemens)* blade; **~boot** das rowboat; rowing-boat *(Brit.)*

**Ruderer** der; ~s, ~: oarsman; rower

**Ruder-: ~gänger** der; ~s, ~, **~gast** der *(Seemannsspr.)* helmsman; **~haus** das *(Seemannsspr.)* wheel-house

**-ruderig** *Adj.* -oared

**Ruderin** die; ~, ~nen oarswoman; rower

**rudern** 1. *itr. V.* a) *meist, mit Richtungsangabe nur, mit sein* row; b) *(fig.)* mit den Armen ~: swing one's arms [about]; c) *mit sein* ⟨*water-fowl*⟩ paddle. 2. *tr. V.* row ⟨*boat, person, object*⟩

**Ruder-: ~pinne** die tiller; **~regatta** die rowing regatta; **~sport** der rowing *no art.*

**Rudiment** [rudi'mɛnt] das; ~[e]s, ~e a) *(Biol., geh.)* vestige; b) *Pl. (veralt.: Grundbegriffe)* rudiments

**rudimentär** [rudimɛn'tɛ:ɐ̯] *(Biol., geh.)* 1. *Adj.* rudimentary. 2. *adv.* in a rudimentary form

**Ruf** [ru:f] der; ~[e]s, ~e a) call; *(Schrei)* shout; cry; *(Tierlaut)* call; b) *o. Pl. (fig.:*

*Aufforderung, Forderung)* call (**nach** for); **der ~ zu den Waffen** *(geh.)* the call to arms; **dem ~ des Herzens/Gewissens/der Natur folgen** *od.* **gehorchen** follow one's heart/listen to the voice of conscience/nature; **der ~ nach der Todesstrafe** the call for the death penalty; **c)** *(Berufung)* **sie bekam einen ~ an die Universität Bremen** *od.* **nach Bremen** she was offered a chair *or* professorship at Bremen University; **d)** *o. Pl. (Papierdt.: Telefonnummer)* telephone [number]; **~ 337 00** tel. [no.] 33700; **e)** *(Leumund)* reputation; **eine Firma von ~:** a firm of repute *or* with a good reputation; **ein Mann von gutem/schlechtem ~:** a man with a good/bad reputation; **jmdn./etw. in schlechten ~ bringen** give sb./sth. a bad name; **besser als sein ~ sein** be not as bad as one/it is made out to be; **ist der ~ erst ruiniert, lebt es sich ganz ungeniert** *(Spr.)* you needn't worry if you've no reputation to lose

**Rufe** ['ru:fə], **Rüfe** ['ry:fə] **die;** ~, ~n *(schweiz.)* landslide

**rufen 1.** *unr. itr. V.* **a)** call (**nach** for); *(schreien)* shout (**nach** for); ⟨*animal*⟩ call; **hast du sein Rufen nicht gehört?** didn't you hear him calling?; **jmdm. ~** *(südwestd., schweiz.)* call to sb.; **Mutter/der Gong ruft zum Essen** mother is calling [out] that lunch/dinner is ready/the gong is sounding for lunch/dinner; **die Glocke ruft zum Gottesdienst/Gebet** the bell is calling to worship/prayer; **die Pflicht/die Arbeit ruft** *(fig.)* duty calls; **b)** *(schweiz.: hervorrufen)* **einer Sache** *(Dat.)* **~:** cause sth.; give rise to sth. **2.** *unr. tr. V.* **a) etw. ~:** call sth.; *(schreien)* shout sth.; *(unpers.)* **aus dem Zimmer rief es: „Herein!"** from inside the room a voice called 'come in!'; **b)** *(herbei-)* **jmdn. ~:** call sb.; **jmdn. zu Hilfe ~:** call to sb. to help; **dringende Geschäfte riefen ihn nach München** *(fig.)* he was called to Munich on urgent business; **jmdm./sich** *(Dat.)* **etw. ins Gedächtnis** *od.* **in Erinnerung ~:** remind sb. of sth./recall sth.; **[jmdm.] wie gerufen kommen** *(ugs.)* come at just the right moment; **du kommst/der Wind kommt mir wie gerufen** you're just the person I wanted/the wind is just what I wanted; **c)** *(telefonisch)* call; **jmdn. [unter der Nummer 34 71 06] ~:** call *or* ring sb. [on 347106]; **~ Sie 88 86 66** ring 888 666; *(über Funk)* **Teddybär ruft Zeppelin** Teddy Bear calling Zeppelin; **d)** *(nennen)* **jmdn./***(südwestd., schweiz.:)* **jmdm. etw. ~:** call sb. sth.; **e)** *(geh., veralt.: anreden)* **jmdn. bei** *od.* **mit seinem Namen ~:** address sb. by name. **3.** *refl. V.* **sich heiser ~:** call until one is hoarse; *(schreien)* shout oneself hoarse

**Rufer der;** ~s, ~: person calling; **ein ~ in der Wüste** *(fig. geh.)* a voice [crying] in the wilderness

**Rüffel** ['rʏfl] **der;** ~s, ~ *(ugs.)* ticking-off *(coll.)*

**rüffeln** *tr. V. (ugs.)* **jmdn. ~:** tick sb. off *(coll.)*

**Ruf-: ~mord der** character assassination; **~mord·kampagne die** smear campaign; **~name der** first name *(by which one is generally known)*; **~nummer die** telephone number; **~säule die** emergency telephone *(mounted in a pillar)*; **~weite die: in/außer ~weite sein** be within/beyond hailing distance; **~zeichen das a)** *o. Pl. (Fernspr.)* ringing tone; **b)** *(österr.: Ausrufezeichen)* exclamation mark

**Rugby** ['rakbi] **das;** ~[s] rugby [football]

**Rüge** ['ry:gə] **die;** ~, ~n reprimand; **jmdm. eine ~ wegen etw.** *(Gen.)* **erteilen** reprimand sb. for sth.; **eine ~ erhalten** be reprimanded

**rügen** *tr. V.* reprimand ⟨*person*⟩ (**wegen** for); *(mit Nachdruck kritisieren)* censure ⟨*carelessness etc.*⟩; **Mängel ~:** complain about faults *or* defects

**Ruhe** ['ru:ə] **die;** ~ **a)** *(Stille)* silence; **im Saal herrschte absolute ~:** there was dead silence *or* a complete hush in the hall; **endlich war im Klassenzimmer ~ eingetreten** at last the classroom had become quiet; **die nächtliche ~ stören** disturb the nocturnal peace; **~ [bitte]!** quiet *or* silence [please]!; **[einen Moment] um ~ bitten** ask for [a moment's] silence; **jmdn. um ~ bitten** ask sb. to be quiet; **~ geben/halten** be/keep quiet; **jmdn. zur ~ ermahnen** tell sb. to be quiet; **b)** *(Ungestörtheit)* peace; **in ~ [und Frieden]** in peace [and quiet]; **vor jmdm. ~ haben** not be bothered by sb.; **ich möchte mal meine ~ haben** I should like [to have] some peace [and quiet]; **er braucht ~ bei seiner Arbeit** he needs peace and quiet *or* must not be disturbed while he is working; **die [öffentliche] ~ wiederherstellen** restore [law and] order; **für ~ und Ordnung sorgen** uphold *or* preserve law and order; **jmdn. in ~ lassen** leave sb. in peace; **laß mich in ~!** leave me alone!; **jmdn. mit etw. in ~ lassen** stop bothering sb. with sth.; **jmdn. nicht zur ~ kommen lassen** give sb. no peace; **keine ~ geben** not stop pestering; *(nicht nachgeben)* not give up; *(weiter protestieren)* go on protesting; **hier hast du fünf Mark, aber nun gib auch ~!** here's five marks, but now stop bothering me/us; **c)** *(Unbewegtheit)* rest; **zur ~ kommen** come to rest; ⟨*wheel*⟩ stop turning; **die ~ vor dem Sturm** the calm before the storm; **d)** *(Erholung, das Sichausruhen)* rest *no def. art.*; **der ~ pflegen** *(geh.)* take it *or* things easy; seek repose *(literary)*; **angenehme ~** *(geh.)* sleep well; **sich zur ~ begeben** *(geh.)* retire [to bed]; **die ewige ~** *(geh.)* eternal rest; **jmdn. zur letzten ~ betten** *(geh.)* lay sb. to rest; **e)** *(Ruhestand)* **sich zur ~ setzen** take one's retirement; retire (**in** + *Dat.* to); **f)** *(Gelassenheit)* calm[ness]; composure; **er ist die ~ selbst** *(ugs.)* he is calmness itself; **[die] ~ bewahren/die ~ verlieren** keep calm/lose one's composure; keep/lose one's cool *(coll.)*; **sich aus der ~ bringen lassen** let oneself get worked up; *(ängstlich werden)* let oneself get rattled *(sl.)*; **in [aller] ~:** [really] calmly; **lesen Sie sich die Prüfungsaufgaben in [aller] ~ durch** read through the examination questions calmly and in your own time; **ich muß mir das in [aller] ~ überlegen** I must have a quiet think about it; **jmdm. keine ~ lassen** not give sb. any peace; **der Gedanke läßt ihm keine ~ mehr** he can't stop thinking about it; **die ~ weghaben** *(ugs.)* be completely unflappable *(coll.)*; **~ ist die erste Bürgerpflicht** *(veralt.)* orderly behaviour is the first duty of the citizen; *(scherzh.)* the main thing is to keep calm; **immer mit der ~!** *(nur keine Panik)* don't panic!; *(nichts überstürzen)* one thing at a time; no need to rush

**ruhe-, Ruhe-: ~bank die;** *Pl.* **~bänke** bench; **~bedürfnis das;** *o. Pl.* need of rest; **~bedürftig** *Adj.* in need of rest *postpos.*; **~gehalt das** [retirement] pension; **~geld das** [old-age] pension; **~genuß der** *(österr. Amtsspr.)* [retirement] pension; **~kissen das** cushion; *(Kopfkissen)* pillow; *s. auch* **Gewissen; ~lage die a)** *(Körperlage)* [fully] relaxed position; **b)** *(eines beweglichen Gegenstands)* neutral position; *(unbeweglich)* immobile position; **~los 1.** *Adj.* restless; **2.** *adv.* restlessly; **~losigkeit die;** ~: restlessness

**ruhen** *itr. V.* **a)** *(aus~)* rest; **hier läßt es sich gut ~:** it's very restful here; **nach dem Essen sollst du ~ oder tausend Schritte tun** *(Spr.)* after a meal one should take either a rest or a good walk; **b)** *(geh.: schlafen)* sleep; **ich wünsche gut** *od.* **wohl zu ~:** I hope you sleep well; **c) im Grabe ~:** lie in one's grave; **in fremder Erde ~:** be buried in foreign soil; **„Ruhe sanft** *od.* **in Frieden!"** 'Rest in Peace'; **„Hier ruht in Gott ..."** 'Here lies ...'; **d)** *(stillstehen)* ⟨*work, business*⟩ have stopped; ⟨*production, firm*⟩ be at a standstill; ⟨*field*⟩ rest; ⟨*employment, insurance*⟩ be suspended; **der Verkehr ruht fast völlig** there is hardly any traffic; **die Waffen ~:** there is a cease-fire; **ihre Hände ~ nie** her hands are never still; **nicht ~ [und rasten]** *od.* **nicht ~ noch rasten** *od.* **weder ~ noch rasten, bis ...:** not rest until ...; **e)** *(liegen)* rest; **der Braten muß zehn Minuten ~:** the roast must be left to stand for ten minutes; **in sich** *(Dat.)* **[selbst] ~:** be a well-balanced [and harmonious] person

**ruhend** *Adj.; nicht präd. (unbeweglich)* stationary; *(liegend)* reclining ⟨*Venus etc.*⟩; **~er Verkehr** parked vehicles *pl.*

**ruhen|lassen** *unr. tr. V.; 2. Part. meist* **~:** let ⟨*matter etc.*⟩ rest; leave ⟨*problem etc.*⟩ [on one side]; *(vorläufig)* shelve ⟨*matter etc.*⟩

**ruhe-, Ruhe-: ~pause die** break; **eine ~pause einlegen** take a break; **~punkt der** resting-point; *(in einer Entwicklung)* restful *or* quiet point; **~stand der;** *o. Pl.* retirement; **in den ~stand gehen/versetzt werden** go into retirement/be retired; **er ist im ~stand/Lehrer im ~stand** he is retired/a retired teacher; **seine Versetzung in den ~stand** his retirement; **~ständler der, ~ständlerin die** retired person; **~statt die;** ~, **~stätten, ~stätte die** *(fig. geh.)* [last] resting-place; **~störend** *Adj.* **~störender Lärm** disturbance of the peace; **~störung die** disturbance; *(Rechtsw.)* disturbance of the peace; **jmdn. wegen ~störung anzeigen** report sb. [to the police] for disturbing the peace; **~strom der** *(Elektrot.)* closed-circuit current; **~tag der a)** *(einer Gaststätte)* closing day; **[wir haben] dienstags** *od.* **Dienstag ~tag** [we are] closed on Tuesdays; **b)** *(arbeitsfreier Tag)* day of rest; **~zeit die** rest period; time of rest; *(für Bäume usw.)* dormant period *or* season

**ruhig** ['ru:ıç] **1.** *Adj.* **a)** *(still, leise)* quiet; **seid doch mal ~!** do be quiet!; **um diese Angelegenheit/diesen Politiker ist es sehr ~ geworden** one does not hear much about this matter/politician any more; **b)** *(friedlich, ungestört)* peaceful ⟨*times, life, scene, valley, etc.*⟩; quiet ⟨*talk, reflection, life*⟩; **wir suchten uns ein ~es Plätzchen** we looked for a quiet *or* peaceful spot; **überleg es dir mal in einer ~en Stunde** think about it when you have a quiet moment; **er hat keine ~e Minute** he doesn't have a moment's peace; **ein ~er Job** *od.* **Posten** *(ugs.)* a cushy job *or* number *(coll.)*; **einen ~en Verlauf nehmen** go smoothly; be uneventful; **c)** *(unbewegt)* calm ⟨*sea, weather*⟩; still ⟨*air*⟩; *(fig.)* peaceful ⟨*melody*⟩; quiet ⟨*pattern*⟩; *(gleichmäßig)* steady ⟨*breathing, hand, flame, steps*⟩; smooth ⟨*flight, crossing*⟩; **d)** *(gelassen)* calm ⟨*voice etc.*⟩; quiet, calm ⟨*person*⟩; **er gab sich Mühe, ~ zu bleiben** he made an effort to keep calm *or (coll.)* keep his cool; **~en Gewissens** with an easy *or* a clear conscience; **sei ganz ~:** you needn't worry; **[nur immer] ~ Blut!** *(ugs.)* keep your hair on! *(sl.)*. **2.** *adv.* **a)** *(still, leise)* quietly; **wir wohnen sehr ~:** we live in a very quiet area; **sich ~ verhalten** keep quiet; **b)** *(friedlich, ohne Störungen)* ⟨*sleep*⟩ peacefully; ⟨*go off*⟩ smoothly, peacefully; *(ohne Zwischenfälle)* uneventfully; ⟨*work, think*⟩ in peace; **hier geht es sehr ~ zu** it is very peaceful here; **ich kann nicht ~ schlafen** I can't sleep properly; **c)** *(unbewegt)* ⟨*sit, lie, stand*⟩ still; *(gleichmäßig)* ⟨*burn, breathe*⟩ steadily; ⟨*run, fly*⟩ smoothly; **d)** *(gelassen)* ⟨*speak, watch, sit*⟩ calmly; **sie sahen ~ zu, wie das Kind geschlagen wurde** they watched unmoved as the child was beaten. **3.** *Adv.* by all means; **du kannst ~ mitkommen** by all means come along; you're welcome to come along; **streichle ihn ~ mal** go ahead and stroke him; **man kann ihm das ~ ganz direkt sagen** there's no harm in telling him to his face;

**du kannst es mir ~ glauben/sagen** it's OK, you can take my word for it/you can tell me; **du könntest dich ~ entschuldigen/ihm ~ etwas helfen** it wouldn't hurt you to apologize/to help him a bit; **lach mich ~ aus** all right *or* go ahead, laugh at me[, I don't care]; **soll er ~ meckern** *(ugs.)* let him moan[, I don't care]

**ruhig|stellen** *tr. V.* **a)** immobilize ‹*limb etc.*›; **b)** *(fig. verhüll.)* calm ‹*patient*›

**Ruhm** [ru:m] **der; ~[e]s** fame; **diese Erfindung begründete seinen ~:** this invention made him famous *or* made his name; **sich mit ~ bedecken** *(geh.)* cover oneself with glory; **er hat sich nicht [gerade] mit ~ bekleckert** *(ugs. iron.)* he didn't exactly cover himself with glory *or* distinguish himself; **der zweifelhafte ~ dieser Erfindung** *(fig.)* the dubious reputation of this invention

**rühmen** ['ry:mən] **1.** *tr. V.* praise. **2.** *refl. V.* **sich einer Sache** *(Gen.)* **~:** boast about sth.; **wenige dürfen sich ~, ihn gesehen zu haben** only a few can claim to have seen him

**rühmens·wert** *Adj.* laudable; praiseworthy

**Ruhmes·blatt das: das war kein ~ für ihn/die Bundesrepublik** it did not reflect any credit on him/the Federal Republic; it did him/the Federal Republic no credit

**rühmlich** *Adj.* laudable, praiseworthy ‹*behaviour, action, etc.*›; notable ‹*exception*›; **er hat kein ~es Ende genommen** he came to a discreditable end

**ruhm·los 1.** *Adj.* inglorious. **2.** *adv.* ingloriously

**ruhm·reich 1.** *Adj.* glorious ‹*victory, history*›; celebrated ‹*general, army, victory*›. **2.** *adv.* **~ kämpfen** fight with great glory; **~ siegen** win a famous *or* glorious victory

**Ruhr** [ru:ɐ̯] **die; ~, ~en** dysentery *no art.*

**Rühr·ei das** scrambled egg[s *pl.*]

**rühren** ['ry:rən] **1.** *tr. V.* **a)** *(um~)* stir ‹*sauce, dough, etc.*›; *(ein~)* stir ‹*egg, powder, etc.*› **(an, in** + *Akk.* into›; **b)** *(bewegen)* move ‹*limb, fingers, etc.*›; **ich konnte die Glieder nicht mehr ~:** I could no longer move; *s. auch* **Finger b; c)** *(erweichen)* move; touch; **jmdn. zu Tränen ~:** move sb. to tears; **es rührte ihn überhaupt nicht, daß ...:** it didn't bother him at all that ...; *s. auch* **gerührt; rührend; d)** *(geh. veralt.)* **die Trommel/die Leier ~:** beat the drum/play the lyre. **2.** *itr. V.* **a)** *(um~)* stir; **im Kaffee** *od.* **in der Kaffeetasse ~:** stir one's coffee; **b)** *(Milit.)* stand at ease; **c)** *(geh.: her~)* **das rührt daher, daß ...:** that stems from the fact that ...; **d)** *(geh.: vorsichtig anfassen)* **an etw.** *(Akk.)* **~:** touch sth.; *(fig.: im Gespräch berühren)* touch on sth.; **wir wollen nicht [mehr] daran ~:** let's not go into that [any further]. **3.** *refl. V.* **a)** *(sich bewegen)* move; **er rührte sich nicht von der Stelle** he did not budge *or* stir; **niemand rührte sich** nobody moved *or* stirred; *(fig.: unternahm etwas)* nobody did anything; **kein Blatt/kein Lüftchen rührte sich** not a leaf stirred/there was not a breath of wind; **es rührte sich nichts** there was no sign of movement; *(nichts geschah)* nothing happened; **er hat sich seit zwei Monaten nicht gerührt** *(ugs.: nicht geschrieben)* he has given no sign of life for two months; **b)** *(Milit.)* **rührt euch!** at ease!

**Rühren das; ~s a)** stirring *no art.*; **beim ~ des Teigs** when stirring the dough; **b) ein menschliches ~ verspüren** *(scherzh.)* feel the call of nature

**rührend 1.** *Adj.* touching; **er sorgt in ~er Weise für seine Eltern** it is touching how he looks after his parents; **das ist ~ von Ihnen** that is terribly sweet *or* kind of you *(coll.)*; **das ist ja ~!** *(auch iron.)* that's really charming! **2.** *adv.* touchingly; **er sorgt ~ für sie** it is touching the way he looks after her/them

**Ruhr·gebiet das;** *o. Pl.* Ruhr [district]

**rührig 1.** *Adj.* active; *(mit Unternehmungsgeist)* enterprising; go-ahead; *(emsig)* busy; industrious. **2.** *adv.* actively; *(mit Unternehmungsgeist)* enterprisingly; *(emsig)* busily; industriously

**Rührigkeit die; ~:** active nature; *(Unternehmungsgeist)* enterprise

**rühr-, Rühr-: ~löffel der** mixing-spoon; **~mich·nicht·an das; ~, ~** *(Bot.)* touch-me-not; *s. auch* **Kräutchen; ~selig 1.** *Adj.* **a)** emotional ‹*person*›; **b)** *(allzu gefühlvoll)* over-sentimental ‹*manner, mood, etc.*›; maudlin, *(coll.)* tear-jerking ‹*play, song, etc.*›; **2.** *adv.* in an over-sentimental manner; **der Film endete ~selig** the film had a tear-jerking *or* weepy ending *(coll.)*; **~seligkeit die;** *o. Pl.* sentimentality; **~stück das** *(Literaturw.)* sentimental drama; melodrama; **~teig der** [cake-]mixture

**Rührung die; ~:** emotion; **von tiefer ~ ergriffen** deeply moved

**Ruin** [ru'i:n] **der; ~s** ruin; **jmdn. an den Rand des ~s bringen** bring sb. to the brink of ruin; **du bist noch mein ~** *(ugs.)* you'll be the ruin *or* end of me

**Ruine die; ~, ~n** ruin

**Ruinen·feld das** [expanse *sing.* of] ruins *pl.*

**ruinieren** *tr. V.* ruin; **sich finanziell ~:** ruin oneself [financially]; **du ruinierst meine Nerven** you are turning me into a nervous wreck; *s. auch* **Ruf e**

**ruinös** [rui'nø:s] *Adj.* ruinous

**Ruländer** ['ru:lɛndɐ] **der; ~s, ~:** Ruländer [grape/wine]

**rülpsen** ['rʏlpsn̩] *itr. V. (ugs.)* belch

**Rülpser der; ~s, ~** *(ugs.)* belch

**rum** [rʊm] *Adv. (ugs.) s.* **herum**

**Rum** [rʊm] **der; ~s, ~s** rum

**Rumäne** [ru'mɛ:nə] **der; ~n, ~n** Romanian

**Rumänien (das); ~s** Romania

**Rumänin die; ~, ~nen** Romanian

**rumänisch 1.** *Adj.* Romanian. **2.** *adv.* Romanian; *s. auch* **deutsch; Deutsch;** [2]**Deutsche**

**Rumba** ['rʊmba] **die; ~, ~s** *od.* **der; ~s, ~s** rumba

**rum-: ~|ballern** *itr. V. (ugs.)* blast away; **~|brüllen** *itr. V. (ugs.) s.* **herumbrüllen; ~|fliegen** *(ugs.)* **1.** *unr. itr. V.; mit sein* **a)** *s.* **herumfliegen 1 a; b)** *(herumliegen)* lie about *or* around; **im Zimmer ~fliegen** litter the room; **2.** *unr. tr. V. s.* **herumfliegen 2; ~|fummeln** *itr. V. (ugs.) s.* **herumfummeln; ~|gammeln** *itr. V. (ugs.) s.* **gammeln b; ~|hampeln** *itr. V. (ugs.)* hop *or* jig about; **~|hängen** *unr. itr. V. (ugs.)* **a)** *(sich ziellos aufhalten/untätig od. arbeitslos sein)* hang about *or* around; **b)** *s.* **herumhängen a; ~|kriegen** *tr. V. (ugs.) s.* **herumkriegen; ~|labern** *itr. V. (salopp abwertend)* natter *(Brit. coll.) or* chatter away *(coll.)*; rabbit on *(Brit. sl.)*; **~|laufen** *unr. itr. V.; mit sein (ugs.) s.* **herumlaufen; ~|liegen** *unr. itr. V. (ugs.) s.* **herumliegen; ~|lungern** *itr. V. (salopp) s.* **herumlungern; ~|machen** *itr. V. (salopp)* **a)** *s.* **herummachen; b)** *s.* **herumfummeln a; c)** *(sich [sexuell] einlassen)* play around; *(koitieren)* do it *(sl.)*; *(schmusen)* neck *(sl.)*

**Rummel** ['rʊml̩] **der; ~s** *(ugs.)* **a)** *(laute Betriebsamkeit)* commotion; *(Aufhebens)* fuss, to-do **(um** about); **der ganze ~:** the whole business; **b)** *(bes. nordd.: Jahrmarkt)* fair; **auf den ~ gehen** go to the fair

**Rummel·platz der** *(bes. nordd.)* fairground

**Rummy** ['rœmi] **das; ~s, ~s** *(österr.) s.* **Rommé**

**rumoren** [ru'mo:rən] *itr. V. (ugs.)* **a)** *(rumpeln)* make a noise; *(poltern)* ‹*person*› bang about; **es rumorte in seinem Bauch** *(fig.)* his stomach rumbled; **b)** *(aufbegehren)* protest; stage a protest/protests

**Rumpel·kammer die** *(ugs.)* box-room *(Brit.)*; junk-room

**rumpeln** ['rʊmpl̩n] *itr. V. (ugs.)* **a)** *(poltern)* bump and bang about; **es rumpelte** *unpers.* there was banging and bumping; *(im Magen)* there was a rumble *or* rumbling; **b)** *mit sein (sich rumpelnd fortbewegen)* rumble; bump and bang

**Rumpelstilzchen** ['rʊmpl̩ʃtɪltsçən] **(das); ~s** Rumpelstiltskin *no art.*

**Rumpf** [rʊmpf] **der; ~[e]s, Rümpfe** ['rʏmpfə] **a)** *(bei Lebewesen)* trunk [of the body]; **den ~ drehen/beugen** turn one's body/bend from the hips; **b)** *(beim Schiff)* hull; **c)** *(beim Flugzeug)* fuselage

**Rumpf·beuge die** *(Gymnastik)* trunk-bend; bend from the hips; **~ rückwärts** arch

**rümpfen** ['rʏmpfn̩] *tr. V.* **die Nase [bei etw.] ~:** wrinkle one's nose at sth.; **über jmdn./etw. die Nase rümpfen** *(fig.)* look down one's nose at sb./turn up one's nose at sth.

**Rumpsteak** ['rʊmp-ste:k] **das; ~s, ~s** rump steak

**rums** [rʊms] *Interj. (Geräusch)* bump; *(lauter, heller)* bang; *(beim Zusammenstoß)* crash

**rumsen** *itr. V. (ugs.)* **a)** *unpers.* **es rumst** there's a bump *or* bang; *(wiederholt)* there's bumping and banging; *(laut, beim Zusammenstoß)* there's a crash; **b)** *mit sein (auftreffen)* **gegen etw. ~:** bang into sth.

**rum-: ~|sitzen** *unr. itr. V. (ugs.) s.* **herumsitzen; ~|stehen** *unr. itr. V. (ugs.) s.* **herumstehen; ~|toben** *itr. V. (ugs.)* **a)** *auch mit sein* ‹*child*› charge *or* romp [noisily] about; ‹*students etc.*› rag; **b)** *(wüten)* rant and rave

**Rum·topf der** *fruits preserved in rum and sugar*

**rum|treiben** *unr. refl. V. (ugs.) s.* **herumtreiben**

**Rum·verschnitt der** rum blend *(with other spirits)*

**rum|ziehen** *unr. tr., itr. V. (ugs.) s.* **herumziehen**

**Run** [rʌn] **der; ~s, ~s** [big] rush; **ein [starker] ~ auf etw.** *(Akk.)* a [big] run on sth.

**rund** [rʊnt] **1.** *Adj.* **a)** *(kreis~)* round; **~e Augen machen** *(ugs.)* ‹*child*› gaze wide-eyed; **ein Gespräch am ~en Tisch** *(fig.)* a round-table conference; **b)** *(dicklich)* plump ‹*arms etc.*›; chubby ‹*cheeks*›; fat ‹*stomach*›; **er ist dick und ~ geworden** he has become rather rotund *or* stout; **c)** *(ugs.: ganz)* round ‹*dozen, number, etc.*›; **~e drei Jahre** three years or as near as makes no difference; **d)** *(abgerundet)* full, rounded ‹*tone, sound, flavour*›; **eine ~e Sache** a nice piece of work. **2.** *adv.* **~ laufen** *(Kfz-W.)* ‹*engine*› run smoothly; *s. auch* **rundgehen. 3.** *Adv.* **a)** *(ugs.: etwa)* about; approximately; **b) ~ um jmdn./etw.** [all] around sb./sth.; **eine Sendung ~ um das Kind** a broadcast on all aspects of childhood; *s. auch* **Uhr**

**Rund das; ~[e]s, ~e** *(geh.)* **a)** *(runde Form)* round; *(Mond usw.)* orb *(literary)*; **b)** *(runde Fläche)* circle

**Rund-: ~bau der;** *Pl.* **~bauten** circular building; rotunda; **~blick der** panorama; view in all directions; **~bogen der** *(Kunstwiss., Archit.)* round arch; **~brief der** circular [letter]

**Runde** ['rʊndə] **die; ~, ~n a)** *(Sport: runde Strecke)* lap; **die schnellste ~ fahren** do the fastest lap; **seine ~n ziehen** *od.* **drehen** do one's laps; **b)** *(Sport: Durchgang, Partie; Boxen: Abschnitt)* round; **eine ~ Golf/Skat** a round of golf/skat; **über die ~n kommen** *(fig. ugs.)* get by; manage; **c)** *(Personenkreis)* circle; *(Gesellschaft)* company; **in fröhlicher ~ beisammensitzen** sit together in a happy circle *or* group; **d)** *(Umkreis)* **in der ~:** round about; **in die ~ blicken** look all around one; **e)** *(Rundgang)* round; *(Spaziergang)* walk; **eine ~ durch die Kneipen machen** go on a pub crawl *(Brit. coll.)*; go bar-hopping *(Amer.)*; **die ~ machen** *(ugs.)* ‹*drink, rumour*› go the rounds *pl.*; circulate; **f) eine ~ Bier schmeißen** *(ugs.)* buy *or* stand

a round of beer; **die ~ geht auf mich/auf den Wirt** this round is on me/on the house
**runden 1.** *tr. V.* **a)** *(rund machen)* round; **b)** *(fig.: abrunden)* round off, fill out ⟨*picture, impression*⟩. **2.** *refl. V.* become round
**Runden·rekord der** *(Motorsport)* lap record
**rund-, Rund-: ~erneuern** *tr. V. (Kfz-W.)* remould; retread; **~erneuerte Reifen** remoulds; retreads; **~erneuerung die** *(Kfz-W.)* remoulding; retreading; **~fahrt die** *(auch Sport)* tour **(durch** of); **eine ~fahrt durch Amsterdam** a circular tour of *or* a trip round Amsterdam; **eine ~fahrt machen** go on a [circular] tour; **~flug der** [short] circular flight; circuit; **~frage die** survey *(using a questionnaire)*; questionnaire
**Rund·funk der a)** radio; *(das Senden)* radio broadcasting *no art.*; **im ~:** on the radio; **~ hören** listen to the radio; **b)** *(Einrichtung, Gebäude)* radio station; **der Westdeutsche ~:** West German Radio; **sie ist** *od.* **arbeitet beim ~:** she works in radio
**Rundfunk-: ~ansager der** *(veralt.) s.* **~sprecher; ~anstalt die** broadcasting corporation; *(Sender)* radio station; **~empfang der** radio reception *no indef. art.*; **~empfänger der** radio receiver; **~gebühren** *Pl.* radio licence fees; **~gerät das** radio set; **~hörer der** [radio] listener; **~programm das a)** *(Sendefolge)* [schedule *sing.* of] radio programmes *pl.*; **b)** *(Programmheft)* radio programme guide; **~redakteur der** radio producer; **~reporter der** radio reporter; **~sender der** radio station; *(technische Anlage)* radio transmitter; **~sendung die** radio programme; **~sprecher der** radio announcer; **~station die** radio station; **~techniker der** radio engineer; **~teilnehmer der** radio licence holder; *(Hörer)* radio listener; **~übertragung die** radio broadcast
**rund-, Rund-: ~gang der a)** *(des Wachmanns, Chefarztes usw.)* round **(durch** of); **einen ~gang durch die Stadt machen** go for a walk round the town; **b)** *(Umgang)* gallery; **~|gehen** *unr. itr. V.; mit sein* **a)** *unpers. (ugs.)* **es geht rund** *(es ist viel Betrieb)* it's all go *(coll.)*; *(es geht flott zu)* things are going with a swing; **b)** *(herumgereicht werden)* be passed round; *(fig.)* ⟨*story, rumours*⟩ go *or* do the rounds; **er ließ die Flasche ~gehen** he passed the bottle round; **~heraus** *Adv.* straight out; ⟨*say, ask*⟩ bluntly; ⟨*refuse*⟩ flatly; **~herum** *Adv.* **a)** *(ringsum)* all around; *(darum herum)* all round it; **~herum an der Wand** all round the walls; **b)** *(völlig)* completely; *(fig.)* entirely ⟨*satisfied, practical*⟩; **~kurs der** *(bes. Motor-, Fahrradsport)* circuit
**rundlich** *Adj.* **a)** *(fast rund)* roundish; **b)** *(mollig)* plump; chubby
**rund-, Rund-: ~reise die** [circular] tour **(durch** of); **eine ~reise [mit dem Bus/Auto] durch den Schwarzwald machen** tour the Black Forest [by coach/car]; **~schädel der** *(Anthrop.)* round *or (as tech. term)* brachycephalic skull; **~schau die a)** *(geh.) s.* **~blick; b)** *(in Zeitungstiteln)* review; **~schlag der** *(Boxen, Faustball, Eishockey)* swing; *(fig.)* [general] broadside; **~schreiben das** *s.* **~brief; ~sicht die** *s.* **~blick; ~spruch der;** *o. Pl. (schweiz.) s.* **Rundfunk; ~strecke die** circuit; **~strick·nadel die** circular-knitting needle; **~stück das** *(nordd.)* [oval] roll; **~um** *Adv. s.* **~herum**
**Rundung die; ~, ~en** curve; *(hervortretend)* bulge
**rund·weg** *Adv.* ⟨*refuse, deny*⟩ flatly, point-blank
**Rund·weg der** circular path *or* walk
**Rune** ['ru:nə] **die; ~, ~n** rune
**Runen-: ~schrift die** runic alphabet; **~stein der** rune stone; **~zeichen das** runic character
**Runge** ['rʊŋə] **die; ~, ~n** [load-retaining] stanchion
**Runkel·rübe** ['rʊŋk|ry:bə] **die** mangel-wurzel
**runter** ['rʊntɐ] *Adv. (ugs.)* **~ [da, das ist mein Platz]!** get off [there, that's my seat]; **~ mit den Klamotten** off with your clothes; get those clothes off; **~ mit den Füßen** take your feet [down] off the table; **Kopf ~!** head/heads down; *s. auch* **herunter; hinunter**
**runter-: ~|bringen** *unr. tr. V. s.* **herunterbringen; ~|dürfen** *unr. itr. V. (ugs.)* be allowed to come down; *(hinausgehen dürfen)* be allowed out; **~|fallen** *unr. itr. V.; mit sein (ugs.)* fall down; *(von der Leiter usw.)* fall off; **die Leiter/von der Leiter ~fallen** fall off the ladder; **die Kreide fiel ihm ~:** he dropped the chalk; **~|gehen** *unr. itr. V.; mit sein (ugs.)* **a)** *(nach unten gehen)* go down; **b)** *(niedriger werden)* ⟨*price, temperature, pressure, etc.*⟩ go down, drop; **c)** *(die Höhe senken)* go down **(auf +** *Akk.* to); *(langsamer fahren)* slow down **(auf +** *Akk.* to); **wir müssen mit den Preisen ~gehen** we must reduce our prices; *s. auch* **heruntergehen d, e; hinuntergehen; ~|hauen** *unr. tr. V.* **jmdm. eine/ein paar ~hauen** *(salopp)* give sb. a clip/a couple of clips round the ear; **~|holen** *tr. V. (ugs.)* **a)** fetch down; *s. auch* **herunterholen b; b) sich/jmdm. einen ~holen** *(vulg.)* jerk off *(coarse) or (Brit. coarse)* wank/jerk *(coarse) or (Brit. coarse)* wank sb. off; **~|kommen** *unr. itr. V.; mit sein (ugs.)* come down; *s. auch* **herunterkommen b, c; ~|können** *unr. itr. V. (ugs.) s.* **herunterkönnen; ~|kriegen** *tr. V. (ugs.)* **a)** get down; **etw. ~kriegen [können]** manage to get sth. down; **b)** *(wegbekommen)* get off ⟨*dirt, sth. sticky*⟩; **~|lassen** *unr. tr. V. (ugs.) s.* **herunterlassen; hinunterlassen; ~|machen** *tr. V. (salopp) s.* **heruntermachen; ~|müssen** *unr. itr. V. (ugs.)* have to go/come down; **ich muß von der Autobahn ~** *(fig.)* I'll have to get off the motorway; **~|reißen** *unr. tr. V. (ugs.) s.* **herunterreißen; ~|rutschen** *itr. V.; mit sein (ugs.) s.* **herunterrutschen;** *s. auch* **Buckel a; ~|spülen** *tr. V. (ugs.) s.* **hinunterspülen**
**Runzel** ['rʊnts̩l] **die; ~, ~n** wrinkle
**runzelig** *Adj.* wrinkled
**runzeln 1.** *tr. V.* **die Stirn/die Brauen ~:** wrinkle one's brow/knit one's brows; *(ärgerlich)* frown; **mit gerunzelter Stirn** with wrinkled brow; *(ärgerlich)* frowning. **2.** *refl. V.* wrinkle
**runzlig** *Adj. s.* **runzelig**
**Rüpel** ['ry:pl̩] **der; ~s, ~** *(abwertend)* lout
**Rüpelei die; ~, ~en** *(abwertend)* **a)** *o. Pl. (Benehmen)* loutishness; loutish behaviour; **b)** *(Handlung)* piece of coarseness; **noch so eine ~ von dir, und wir gehen nach Hause** any more of that coarseness from you and we're going home; **~en** coarseness *sing.*
**rüpelhaft** *(abwertend)* **1.** *Adj.* loutish. **2.** *adv.* in a loutish manner
**rupfen** ['rʊpf̩n] *tr. V.* **a)** pluck ⟨*goose, hen, etc.*⟩; *s. auch* **Hühnchen; b)** *(abreißen)* pull up ⟨*weeds, grass*⟩; pull off ⟨*leaves etc.*⟩; **c)** *(ugs.: übervorteilen)* fleece ⟨*person*⟩ [of his/her money]
**Rupfen der; ~s** hessian
**Rupie** ['ru:pi̯ə] **die; ~, ~n** rupee
**ruppig** ['rʊpɪç] **1.** *Adj. (abwertend)* gruff ⟨*person, behaviour*⟩; sharp ⟨*tone*⟩; **er war ~ zu ihr** he was short with her; he snapped at her. **2.** *adv. (abwertend)* gruffly; **~ spielen** play rough *or* a rough game
**Ruppigkeit die; ~, ~en** *(abwertend)* **a)** *o. Pl. (Benehmen)* gruffness; **b)** *(Handlung)* piece of uncouthness; **~en** rough *or* uncouth behaviour *sing.*
**Ruprecht** *s.* **Knecht b**
**Rüsche** ['ry:ʃə] **die; ~, ~n** ruche; frill
**Ruß** [ru:s] **der; ~es** soot
**Russe** ['rʊsə] **der; ~n, ~n** Russian; **der ~** *(ugs.)* Russians *pl.*; *(die russische Regierung)* the Russians *pl.*
**Rüssel** ['rʏsl̩] **der; ~s, ~ a)** *(des Elefanten)* trunk; *(des Schweins)* snout; *(bei Insekten u. ä.)* proboscis; **b)** *(salopp: Nase)* conk *(sl.)*
**Rüssel·tier das** proboscidean
**rußen 1.** *itr. V.* give off sooty smoke. **2.** *tr. V. (schwärzen)* blacken with soot
**Russen·bluse die, Russen·kittel der** Russian blouse
**Ruß·fleck der** soot mark
**ruß·geschwärzt** *Adj.* blackened with soot *postpos.*
**rußig** *Adj.* sooty
**Russin die; ~, ~nen** Russian; *s. auch* **-in**
**russisch 1.** *Adj.* Russian; **~es Roulett** Russian roulette; *s. auch* **Ei a. 2.** *adv.* **a) ~ verwaltet/besetzt** administered/occupied by Russia; **b)** *(auf ~)* in Russian; *s. auch* **deutsch;** [2]**Deutsche**
**Russisch das; ~[s]** Russian; *s. auch* **Deutsch**
**Russisch Brot das; ~ ~[e]s** alphabet biscuits *pl. (Brit.) or (Amer.)* cookies
**Russisch·grün das** Russian green
**Ruß·land (das); ~s** Russia
**rüsten** ['rʏstn̩] **1.** *itr. V. (sich bewaffnen)* arm; **zum Krieg ~:** arm for war. **2.** *itr., refl. V. (geh.: sich bereit machen, auch fig.)* get ready; prepare; **sich zur Reise ~:** get ready *or* prepare oneself for the journey
**Rüster** ['ry:stɐ] **die; ~, ~n a)** *s.* **Ulme; b)** *s.* **Rüsternholz**
**Rüstern·holz das** elmwood
**rüstig 1.** *Adj.* **a)** *(leistungsfähig)* sprightly; active; **er ist noch ~:** he is still hale and hearty; **b)** *(geh.: kraftvoll)* strong. **2.** *adv. (geh.: kraftvoll)* strongly; **~ ausschreiten** stride out vigorously
**rustikal** [rʊsti'ka:l] **1.** *Adj.* country-style ⟨*food, inn, clothes, etc.*⟩; farmhouse *attrib.* ⟨*food*⟩; rustic ⟨*pattern*⟩; rustic, farmhouse *attrib.* ⟨*furniture*⟩; *(als Nachahmung)* rustic-style ⟨*furniture etc.*⟩; **ein Schrank aus Eiche ~:** a rustic-style oak cupboard. **2.** *adv.* in [a] country style; **~ essen** eat farmhouse *or* country-style food; ⟨*furnish*⟩ in a rustic *or* farmhouse style
**Rüst-: ~kammer die** *(hist.)* armoury; **~tag der** *(jüd. Rel.)* day of preparation
**Rüstung die; ~, ~en a)** *(Bewaffnung)* armament *no art.*; *(Waffen)* arms *pl.*; weapons *pl.*; **b)** *(hist.: Schutzbekleidung)* suit of armour; **in voller ~:** in full armour
**Rüstungs-: ~auftrag der** arms order; **~aus·gaben** *Pl.* arms expenditure *sing.*; **~begrenzung die** arms limitation; **~betrieb der, ~fabrik die** armaments factory; **~haus·halt der** armaments *or* arms budget; **~industrie die** armaments *or* arms industry; **~kontrolle die** arms control; **~politik die** arms policy; **~produktion die** arms production *no art.*; **~stopp der** arms freeze; **~wett·lauf der** arms race
**Rüst-: ~zeit die a)** *(ev. Kirche)* period of reflection; retreat; **b)** *(Arbeitswiss.)* set-up time; **~zeug das a)** *(Wissen)* requisite know-how; **b)** *(Ausrüstung)* equipment [for the job *or* task]
**Rute** ['ru:tə] **die; ~, ~n a)** *(Stock)* switch; *(Birken~, Angel~, Wünschel~)* rod; *(zum Züchtigen)* cane; *(Bündel)* birch; **b)** *(veralt.: Längenmaß)* rod; perch; **c)** *(Jägerspr.: männliches Glied)* penis; *(derb: menschlicher Penis)* prick *(vulg.)*; **d)** *(Jägerspr.: Schwanz)* tail
**Ruten-: ~bündel das a)** bundle of [birch] rods; **b)** *(altröm.: Faszes)* fasces *pl.*; **~gänger der; ~s, ~:** dowser; diviner
**Ruthenium** [ru'te:ni̯ʊm] **das; ~s** *(Chemie)* ruthenium
**Rutsch** [rʊtʃ] **der; ~[e]s, ~e a)** *(das Rutschen)* slide; **in einem** *od.* **auf einen ~** *(fig.*

*ugs.)* in one go; **b)** *(Erdmasse)* landslide; **c)** *(ugs.: Ausflug)* trip; jaunt; **guten ~ [ins neue Jahr]!** happy New Year!

**Rụtsch·bahn die** slide; *(auf dem Rummelplatz)* helter-skelter

**Rụtsche die; ~, ~n** chute

**rụtschen** *itr. V.; mit sein* **a)** slide; ⟨*clutch, carpet*⟩ slip; *(aus~)* ⟨*person*⟩ slip; ⟨*car etc.*⟩ skid; *(nach unten)* slip [down]; **rutsch mal zur Seite!** *(ugs.)* move up a bit *(coll.)*; **ins Rutschen kommen** ⟨*person*⟩ [start to] slip; ⟨*car etc.*⟩ go into a skid; **auf seinem Platz hin und her ~:** slide *or* shift about on one's seat; **von/aus etw. ~:** slip *or* slide off/out of sth.; **die Brille/der Rock rutscht** the glasses keep/skirt keeps slipping [down]; **das trockene Brot rutscht schlecht/will nicht ~** *(ugs.)* the dry bread doesn't go down easily/won't go down; **b)** *(ugs.: kurz verreisen)* slip off

**rụtsch·fest** *Adj.* **a)** *(strapazierfähig)* hard-wearing; **b)** *(nicht rutschig)* anti-skid ⟨*tyre*⟩; skid-proof ⟨*road surface*⟩; non-slip ⟨*mat, material*⟩

**Rụtsch·gefahr die** the danger of skidding

**rụtschig** *Adj.* slippery

**Rụtsch·partie die** *(ugs.)* succession of slides; *(im Auto)* succession of skids

**rütteln** ['rʏtl̩n] **1.** *tr. V.* **a)** shake; **jmdn. aus dem Schlaf** *od.* **wach ~:** shake sb. out of his/her sleep; **jmdn. am Arm/an der Schulter ~:** shake sb. by the arm/shoulder; **b)** *(Bauw.)* vibrate ⟨*concrete etc.*⟩. **2.** *itr. V.* **a)** shake; **an der Tür/den Fenstern ~:** shake the door/windows; *(so daß es klappert)* rattle at the door/windows; ⟨*wind*⟩ make the door/windows rattle; **an den Fundamenten von etw. ~** *(fig.)* rock *or* shake the foundations of sth.; **daran ist nicht** *od.* **gibt es nichts zu ~** *(fig.)* there's nothing you can do about that; **b)** *(sich ruckartig hin u. her bewegen)* shake about; ⟨*engine*⟩ hunt; run unevenly

**Rüttler** ['rʏtlɐ] **der; ~s, ~** *(Bauw.)* vibrator

# S

**s, S** [ɛs] **das; ~, ~:** s, S; *s. auch* **a, A**

**s** *Abk.* **Sekunde** sec.; s.

**S** *Abk.* **a) Süden** S.; **b)** *(österr.)* **Schilling** Sch.

**s.** *Abk.* **siehe**

**S.** *Abk.* **Seite** p.

**s. a.** *Abk.* **siehe auch**

**Sa.** *Abk.* **Samstag** Sat.

**SA** [ɛs'la:] **die; ~** *(ns.) Abk.* **Sturmabteilung** SA

**Saal** [za:l] **der; ~[e]s, Säle** ['zɛ:lə] **a)** hall; *(Ball~)* ballroom; *(für Konzerte)* **der große/kleine ~:** the large/small auditorium; **b)** *(Publikum)* audience

**Saal-: ~ordner der** steward; **~schlacht die** [violent] brawl, rough-house *(between rival political factions)*

**Saar·land** ['za:ɐ̯lant] **das; ~[e]s** Saarland; Saar *(esp. Hist.)*

**Saar·länder** [-lɛndɐ] **der; ~s, ~, Saarländerin die; ~, ~nen** Saarlander

**saar·ländisch** *Adj.* Saarland *attrib.* ⟨*government, population, etc.*⟩; ⟨*history*⟩ of the Saar

**Saat** [za:t] **die; ~, ~en a)** *(Getreide usw.)* [young] crops *pl.*; *(fachspr.: Pflanzgut)* seedlings *pl.*; young plants *pl.*; **die ~ des Bösen ist aufgegangen** *(fig. geh.)* the seeds of evil have borne fruit; **b)** *o. Pl. (das Säen)* sowing; **mit der ~ beginnen** start sowing; **c)** *(Samenkörner)* seed[s *pl.*]

**Saat-: ~gut das;** *o. Pl.* seed[s *pl.*]; **~kartoffel die** seed-potato; **~korn das a)** *o. Pl. (zum Aussäen)* seed-corn; **b)** *(Samenkorn)* grain; **~krähe die** rook

**Sabbat** ['zabat] **der; ~s, ~e** sabbath; **es ist ~:** it is the sabbath

**Sạbbat·jahr das** *(jüd. Rel.)* sabbatical year

**Sabbel** ['zabl̩] **der; ~s, ~** *(nordd. abwertend)* **a)** *(Mund)* gob *(sl.)*; **halt den ~:** shut your trap *(sl.)*; **b)** *o. Pl. s.* **Sabber**

**sạbbeln** *(nordd.)* **1.** *itr. V.* **a)** *(abwertend: sprechen)* natter *(Brit. coll.) or* chatter [on]; rabbit on *(Brit. sl.)*; **b)** *s.* **sabbern 1 a. 2.** *tr. V. (abwertend)* jabber ⟨*nonsense, rubbish*⟩

**Sabber** ['zabɐ] **der; ~s** *(ugs.)* slobber; *(eines Kindes)* dribble

**sạbbern 1.** *itr. V.* **a)** ⟨*dog, person*⟩ slaver, slobber; ⟨*baby*⟩ dribble; **b)** *(abwertend) s.* **sabbeln 1 a. 2.** *tr. V. (abwertend) s.* **sabbeln 2**

**Säbel** ['zɛ:bl̩] **der; ~s, ~:** sabre; **mit dem ~ rasseln** *(fig. abwertend)* rattle the sabre

**Säbel-: ~beine** *Pl. (ugs. scherzh.)* bandy *or* bow legs; **~fechten das** *(Fechten)* sabre fencing *no art.*; **Weltmeister im ~fechten** world champion at sabre; world sabre champion; **~gerassel das** *(abwertend)* sabre-rattling

**säbeln** *tr. V. (ugs.)* hack, saw ⟨*bread etc.*⟩

**Säbel·rasseln das; ~s** *(abwertend)* sabre-rattling

**säbel·rasselnd** *Adj.; nicht präd. (abwertend)* sabre-rattling

**Sabotage** [zabo'ta:ʒə] **die; ~, ~n** sabotage *no art.*; **Versuch der ~:** attempted sabotage

**Sabotage·akt der** act of sabotage

**Saboteur** [zabo'tø:ɐ̯] **der; ~s, ~e, Saboteurin die; ~, ~nen** saboteur

**sabotieren** *tr. V.* sabotage; disobey ⟨*order*⟩

**Saccharin** [zaxa'ri:n] **das; ~s** saccharin

**sạch-, Sạch-: ~bearbeiter der** person responsible **(für** for); *(Experte)* specialist, expert **(für** on); **~bereich der** area; field; **der ~bereich Öffentlichkeitsarbeit** the field of public relations; all matters *pl.* concerning public relations; **~beschädigung die** *(Rechtsw.)* wilful damage to property; **~bezogen 1.** *Adj.* relevant; pertinent ⟨*remark*⟩; **2.** *adv.* to the point; **~bezüge** *Pl.* payment *sing.* in kind; **~buch das** [popular] non-fiction *or* informative book; **~bücher lesen** read non-fiction *sing.*; **~dienlich** *Adj. (Papierdt.)* useful; helpful

**Sache** ['zaxə] **die; ~, ~n a)** *Pl.* things; **scharfe ~n trinken** drink the hard stuff *(coll.)*; **bewegliche/unbewegliche ~n** *(Rechtsspr., Wirtsch.)* movable/fixed assets; *(Rechtsw.: Eigentum)* movables *or* chattels/immovables *or* real estate *sing.*; **b)** *(Angelegenheit)* matter; business *(esp. derog.)*; **das ist eine andere ~/eine ~ für sich** that's a different/a separate matter; **eine ernste/schlimme/heikle/faule ~:** a serious/a bad/an awkward/a shady business; **es ist beschlossene ~[, daß ...]** it's [all] arranged *or* settled [that ...]; **es ist die einfachste ~ [von] der Welt** it's the simplest thing in the world; **das ist meine/seine ~:** that's my business/his own affair; **das ist so eine ~:** it's a bit tricky; **das ist nicht jedermanns ~:** it's not everyone's cup of tea; **du hast dir die ~ sehr leicht gemacht** you made it *or* things *pl.* very easy for yourself; **so kommen wir der ~ näher** we are getting warmer *or* coming to the point; **~n gibt's[, die gibt's gar nicht]!** *(ugs.)* would you believe *or* credit it!; **mach ~n!** you don't say!; **was sind denn das für ~n!** *(ugs.)* what's all this then!; what's going on!; **von dir hört man ja nette ~n!** *(iron.)* I've heard some things about you!; **[mit jmdm.] gemeinsame ~ machen** join forces [with sb.]; **sagen/jmdm. sagen, was ~ ist** *(ugs.)* come out with it/come clean with sb. *(coll.)*; *(die Dinge beim Namen nennen)* say/tell sb. what's what; *(sagen, worum es geht)* say/tell sb. what gives *(coll.)*; *(bestimmen)* say/tell sb. what goes *(coll.)*; **[sich** *(Dat.)***] seiner ~ sicher** *od.* **gewiß sein** be sure one is right; **bei der ~ sein/bleiben** concentrate/keep one's mind on it; *(im Gespräch usw.)* stick to the point; **nicht bei der ~ sein** let one's mind wander; **zur ~ kommen** come to the point; **das tut nichts zur ~:** that's irrelevant; that's got nothing to do with it; **c)** *(Rechts~)* case; **die Verhandlung in ~n Maier gegen Schulze** the hearing in the case of Maier versus Schulze; **Fragen/Angaben zur ~:** questions/statements about the case; **d)** *o. Pl. (Anliegen)* cause; **es dient der großen ~:** it's in a good cause; **e)** *Pl. (ugs.: Stundenkilometer)* **100 ~n** 100 kilometres per hour; **wieviel ~n hat er drauf gehabt?** how fast was he going?

**Sạch·ein·lage die** *(Wirtsch.)* investment in kind

**Sächelchen** ['zɛçl̩çən] **das; ~s, ~:** [little] thing

**Sạchen·recht das;** *o. Pl. (Rechtsw.)* law of property

**Sacher·torte** ['zaxɐ-] **die** *rich iced chocolate cake*; Sachertorte

**sạch-, Sạch-: ~frage die** question about the matter/issue itself *(as opposed to personalities, methods, etc.)*; **~gebiet das** subject [area]; field; **das ~gebiet Ornithologie** the field of ornithology; **~gemäß, ~gerecht 1.** *Adj.* proper; correct; **2.** *adv.* properly; correctly; **~katalog der** *(Buchw.)* subject catalogue; **~kenner der** expert; **~kenntnis die** expertise; knowledge of the subject; **von keiner ~kenntnis getrübt** *(scherzh.)* without having the faintest idea [what it's all about]; **~kunde die a)** *s.* **~kenntnis; b)** ≈ general subjects *pl.*; **~kundig 1.** *Adj.* with a knowledge of the subject *postpos., not pred.*; **sich ~kundig machen** acquaint oneself with the subject; **2.** *adv.* expertly; **~lage die;** *o. Pl.* situation; **~leistung die;** *meist Pl. (Amtsspr., Versicherungsw.)* benefit in kind

**sạchlich 1.** *Adj.* **a)** *(objektiv)* objective; *(nüchtern)* functional ⟨*building, style, etc.*⟩; matter-of-fact, down-to-earth ⟨*letter etc.*⟩; **b)** *nicht präd. (sachbezogen)* factual ⟨*error*⟩; actual, material ⟨*difference*⟩; material ⟨*consideration*⟩; **aus ~en Gründen** for practical reasons. **2.** *adv.* **a)** *(objektiv)* objectively; ⟨*state*⟩ as a matter of fact; *(nüchtern)* ⟨*furnished*⟩ in a functional style; ⟨*written*⟩ in a matter-of-fact way; **b)** *(sachbezogen)* factually ⟨*wrong*⟩; actually ⟨*justified*⟩

**sächlich** ['zɛçlɪç] *Adj. (Sprachw.)* neuter

**Sạchlichkeit die; ~:** objectivity; *(Nüchternheit)* functionalism; **Neue ~** *(Kunstwiss.)* new objectivity

**Sạch-: ~mangel der;** *meist Pl. (Rechtsw.)* material defect; **~register das** [subject] index; **~schaden der** damage [to property] *no indef. art.*; **ein ~schaden von 30 000 Mark** damage amounting to 30,000 marks

**Sachse** ['zaksə] **der; ~n, ~n** Saxon

**sächseln** ['zɛksl̩n] *itr. V.* **er sächselt** he speaks in Saxon dialect

**Sạchsen (das); ~s** Saxony

**Sạchsen-Ạnhalt (das); ~s** Saxony-Anhalt

**sächsisch** ['zɛksɪʃ] **1.** *Adj.* Saxon; ⟨*capital, economy, etc.*⟩ of Saxony. **2.** *adv.* ⟨*speak, write*⟩ in Saxon dialect; *s. auch* **badisch**

**Sạch·spende die** gift *or* contribution in kind

**sacht** [zaxt] **1.** *Adj.* **a)** *(behutsam)* gentle; *(langsam)* smooth ⟨*take-off*⟩; gentle, gradual ⟨*acceleration*⟩; **b)** *(leise)* quiet. **2.** *adv.* **a)** gently; **b)** *(leise)* quietly

**sạchte 1.** *s.* **sacht. 2.** *adv.* *(ugs.)* **a)** *(Beschwichtigung)* **~[, ~]** take it easy; *(nicht so hastig)* not so fast; **b) so [ganz] ~** *(allmählich)* gradually

**sạch-, Sạch-: ~verhalt der; ~[e]s, ~e** facts *pl.* [of the matter]; **~versicherung die** *(Versicherungsw.)* property insurance; **~verstand der** expertise; grasp of the subject; **~verständig 1.** *Adj.* expert ⟨*opinion etc.*⟩; knowledgeable ⟨*person*⟩; **2.** *adv.* expertly; knowledgeably; **~verständige der/die;** *adj. Dekl.* expert; **~verständigen·aus·schuß der** committee of experts; **~verständigen·gutachten das** expert's report; *(von mehreren)* experts' report; **~walter** [~valtɐ] **der; ~s, ~, ~walterin die; ~, ~nen a)** *(geh.: Fürsprecher)* champion; **b)** *(Rechtsw.: Interessenvertreter der Gläubiger)* trustee in bankruptcy; **~wert der a)** *o. Pl.* intrinsic *or* real value; **b)** *(Wertobjekt)* material asset; **~wissen das** specialist knowledge; **~wörter·buch das** specialist *or* subject dictionary; **ein ~wörterbuch der Literatur** a dictionary of literature; **~zwang der** [factual *or* material] constraint

**Sack** [zak] **der; ~[e]s, Säcke** ['zɛkə] **a)** *(Behältnis)* sack; *(aus Papier, Kunststoff)* bag; **ein ~ Zement** a bag of cement; **drei Säcke [voll] Kartoffeln** three sacks of potatoes; **einen ~ voll ...** *(fig.)* a [whole] load *or* mass of ... *(coll.)*; **den ~ schlägt man, den Esel meint man** *(Spr.)* he/she is being used as a scapegoat; **jmdn. im ~ haben** *(salopp)* have got round sb.; **etw. im ~ haben** *(salopp)* have sth. in the bag *(coll.)*; **jmdn. in den ~ stecken** *(ugs.)* put sb. in the shade; **mit ~ und Pack** with bag and baggage; *s. auch* **naß 1a; schlafen 1a; b)** *(Hautfalte)* **Säcke unter den Augen haben** have bags under one's eyes; **c)** *(derb: Hoden~)* balls *pl.* *(coarse)*; **d)** *(derb abwertend: Mensch)* sod *(Brit. sl.)*; **e)** *(bes. südd., österr., schweiz.)* *(Hosentasche)* [trouser-]pocket; *(Geldbeutel)* purse

**Sạck·bahn·hof der** *s.* **Kopfbahnhof**

**Säckchen** ['zɛkçən] **das; ~s, ~:** small sack; bag

**Säckel** ['zɛkl] **der; ~s, ~** *(bes. südd., österr.)* **a)** *(veralt.: Geldbeutel)* money-bag; purse; **b)** *(Hosentasche)* [trouser-]pocket; **c)** *s.* **Sack d**

**sạcken** *itr. V.; mit sein* ⟨*person*⟩ slump; ⟨*ship etc.*⟩ sink; ⟨*plane*⟩ drop rapidly, plummet; **er sackte in die Knie** his knees gave way

**sạcke·weise** *Adv. s.* **sackweise b**

**sạck-, Sạck-: ~gasse die** cul-de-sac; *(fig.)* impasse; **~hüpfen das; ~s** sack race; **beim ~hüpfen** in the sack race; **~kleid das** sack; **~leinen das, ~lein·wand die** sacking; **~pfeife die** bagpipes *pl.*; **~tuch das a)** *Pl.* **~tuche** *s.* **~leinen; b)** *Pl.* **~tücher** *(südd., österr., schweiz.)* handkerchief; **~weise** *Adv.* **a)** *(in Säcken)* in sacks; **b)** *(massenhaft)* loads *or* masses of *(coll.)*

**Sadismus** [za'dɪsmʊs] **der; ~, Sadịsmen a)** *o. Pl.* *(Veranlagung; abwertend: Quälerei)* sadism *no art.*; **b)** *(Handlung)* act of sadism

**Sadịst der; ~en, ~en, Sadịstin die; ~, ~nen** sadist

**sadịstisch 1.** *Adj.* sadistic. **2.** *adv.* sadistically; **~ veranlagt sein** have sadistic tendencies

**Sado·masochismus** [zadomazo'xɪsmʊs] **der** *(Med.)* sado-masochism *no art.*

**sado·masochịstisch** *(Med.)* **1.** *Adj.* sado-masochistic. **2.** *adv.* sado-masochistically; **~ veranlagt sein** have sado-masochistic tendencies

**säen** ['zɛ:ən] *tr. (auch itr.) V. (auch fig.)* sow; **dünn** *od.* **nicht gerade dicht gesät sein** *(fig.)* be thin on the ground

**Safari** [za'fa:ri] **die; ~, ~s** safari

**Safe** [seɪf] **der** *od.* **das; ~s, ~s a)** safe; **b)** *(Schließfach)* safe-deposit box

**Saffian** ['zafi̯an] **der; ~s, Sạffian·leder das** morocco [leather]

**Safran** ['zafran] **der; ~s, ~e** saffron

**Saft** [zaft] **der; ~[e]s, Säfte** ['zɛftə] **a)** juice; **jmdn. im eigenen ~ schmoren lassen** *(fig. ugs.)* let sb. stew in his/her own juice; **b)** *(in Pflanzen)* sap; **Blut ist ein ganz besonderer ~:** blood is thicker than water *(fig.)*; **ohne ~ und Kraft** *(abwertend)* weak and lifeless; *(adv.)* without any zest; **c)** *(salopp: Elektrizität)* juice *(sl.)*; **d)** *(veralt.: Körperflüssigkeit)* fluid; **e)** *(österr.: Soße)* gravy

**sạft·grün** *Adj.* lush green

**Sạft·heini der** *(ugs.)* right twit *(Brit. sl.)*; jerk *(sl.)*

**sạftig 1.** *Adj.* **a)** *(voll Saft)* juicy; sappy ⟨*stem*⟩; lush ⟨*meadow, green*⟩; *(fig.: lebensvoll)* lusty; **b)** *(ugs.: stark, intensiv)* hefty ⟨*slap, blow*⟩; good ⟨*thrashing*⟩; steep *(coll.)* ⟨*prices, bill*⟩; terrific, big ⟨*surprise, punch-up*⟩; crude, coarse ⟨*joke, song, etc.*⟩; strongly-worded ⟨*letter etc.*⟩; strong, juicy ⟨*curse*⟩. **2.** *adv.* **a) eine ~ grüne Wiese** a lush green meadow; **b)** *(ugs.: kräftig)* ⟨*curse, hit out*⟩ well and truly, good and proper

**Sạftigkeit die; ~, ~en a)** *o. Pl.* juiciness; **die ~ der Wiesen** the lushness of the meadows; **b)** *(Äußerung)* crude remark

**sạft-, Sạft-: ~kur die** juice diet; **~laden der;** *Pl.* **~läden** *(salopp abwertend)* lousy outfit *(sl.)*; **~los** *Adj.* **a)** juiceless; **~los sein** have *or* contain no juice; **b)** *(fig.)* feeble, anodyne ⟨*language*⟩; **~- und kraftlos** feeble; wishy-washy; *(adv.)* without any zest; **~presse die** juice extractor; **~sack der** *(derb abwertend)* bastard *(coll.)*; **~tag der** juice[-diet] day

**Saga** ['za(:)ga] **die; ~, ~s** *(Literaturw.)* saga

**Sage** ['za:gə] **die; ~, ~n** legend; *(bes. nordische)* saga; *(fig.: Gerücht)* rumour

**Säge** ['zɛ:gə] **die; ~, ~n a)** saw; **b)** *(bayr., österr.: ~werk)* sawmill

**Säge-: ~blatt das** saw-blade; **~bock der** saw-horse; **~fisch der** sawfish; **~mehl das** sawdust; **~mühle die** sawmill

**sagen 1.** *tr. V.* **a)** *(äußern, behaupten)* say; **so etwas sagt man nicht** it's not done to say things like that; **das kann man nicht [so ohne weiteres] ~:** you can't really say *or* tell; **das kann jeder ~:** anybody can claim that; it's easy to talk; **das ist nicht zu viel gesagt** that's not overstating the case *or* no exaggeration; **man sagt [von ihm** *od.* **über ihn], daß ...:** it is said [of him] that ...; **das sagst du so einfach!** that's easy to say *or* easily said; **da soll noch einer ~** *od.* **da sage noch einer, daß ...:** never let it be said that ...; **na, wer sagt's denn!** *(ugs.)* there you are[, I knew it]!; **sag dạs nicht!** *(ugs.)* don't [just] assume that; not necessarily; **das ist nicht gesagt** it's not necessarily the case; it's by no means certain; **dann will ich nichts gesagt haben** in that case forget I said anything; **was ich noch ~ wollte** [oh] by the way; before I forget; **unter uns gesagt** between you and me; **das oben Gesagte** what has been said above; the above remarks *pl.*; *(in einem Vortrag)* the foregoing [remarks]; **das mußte einmal gesagt werden** it had to be said; **wie gesagt** as I've said *or* mentioned; **das ist leichter gesagt als getan** that's easier said than done; **das kann man wohl ~, das kann man** *od.* **kannst du laut ~** *(ugs.)* you can say 'that again; **gesagt, getan** no sooner said than done; **das kostet Tausende, [ach,] was sage ich, Millionen!** it costs thousands, what am I talking about, millions!; **~ wir einmal** *od.* *(ugs.)* **mal** let's say; **wir treffen uns, ~ wir, um 10 vor 8** let's meet at, say, ten to eight; **sage und schreibe** *(ugs.)* believe it or not; would you believe; **um nicht zu ~:** not to say; **sag bloß, du hast es vergessen!** *(ugs.)* don't say you've forgotten it!; **b)** *(meinen)* say; **was ~ Sie dazu?** what do you think about that?; **was soll man dazu noch ~?** *(ugs.)* what 'can one say; **was sagst du nun?** *(ugs.)* now what do you say?; what do you say to that?; **c)** *(mitteilen)* **jmdm. etw. ~:** say sth. to sb.; *(zur Information)* tell sb. sth.; **[jmdm.] seinen Namen/seine Gründe ~:** give [sb.] one's name/reasons; **[jmdm.] die Wahrheit ~:** tell [sb.] the truth; **sag mal/~ Sie [mal], gibt es ...?** tell me, is there ...?; **ich habe mir ~ lassen, daß ...:** I've been told that ...; **das sag' ich dir** *(ugs.)* I'm telling *or* warning you; **ich hab's [dir] ja gleich gesagt!** *(ugs.)* I told you so!; *(habe dich gewarnt)* I warned you!; **ich will dir mal was ~:** let me tell you something; **laß dir das gesagt sein** *(ugs.)* make a note of *or* remember what I'm saying; **das sag' ich [deinen Eltern** *usw.*] *(Kinderspr.)* I'll tell on you [to your parents *etc.*]; **wem ~ Sie das!** *(ugs.)* you don't need to tell me [that]!; **das brauchst du mir nicht zu ~** *(ugs.)* you don't need to tell me that; I know that only too well; **was Sie nicht ~!** *(ugs., oft iron.)* you don't say!; **das kann ich dir ~!** *(ugs.)* you can be sure of that *or* bank on that; **wenn ich es [dir] sage!** *(ugs.)* I promise [you]; **jmdm. Grobheiten ~:** speak rudely to sb.; **und dann muß ich mir von ihm auch noch ~ lassen, daß ...:** and then I have to put up with him telling me that ...; **er läßt sich** *(Dat.)* **nichts ~:** he won't be told; you can't tell him anything; **d)** *(nennen)* **zu jmdm./etw. X ~:** call sb./sth. X; **du kannst du zu mir ~:** you can call me 'du' *or* say 'du' to me; **e)** *(formulieren, ausdrücken)* say; **das hast du gut gesagt** you put that well; that was well said; **so kann man es auch ~:** you could put it like that; **etw. in aller Deutlichkeit ~:** make sth. perfectly clear; **das sagt er nur so** he doesn't mean it; **es ist nicht zu ~, wie ...:** no words can express *or* say *or* there is no expressing how ...; **du sagst es!** very true!; **willst du damit ~, daß ...?** are you trying to say *or* do you mean [to say] that ...?; **das wollte ich damit nicht ~:** I didn't mean that; **will ~:** or rather; that is to say; **f)** *(bedeuten)* mean; **damit ist viel/wenig/nichts gesagt** that's saying a lot/not saying much/that doesn't mean anything; **das will** *od.* **hat nichts zu ~:** that doesn't mean anything; that isn't important; **hat das etwas zu ~?** does that mean anything?; **g)** *(anordnen, befehlen)* tell; **du hast mir gar nichts zu ~:** you've no right to order me about; **von ihm lasse ich mir nichts ~:** I'm not taking any orders from him; **sich** *(Dat.)* **etw. nicht zweimal ~ lassen** *(ugs.)* not need to be told *or* asked twice; **das lass'/ließ ich mir nicht zweimal ~:** I'd love to/I jumped at it; **etwas/nichts zu ~ haben** ⟨*person*⟩ have a/no say; *(zuständig/nicht zuständig sein)* be in authority/have no authority. **2.** *refl. V.* **a) sich** *(Dat.)* **etw. ~:** say sth. to oneself; **das hättest du dir damals schon ~ können** you should have realized [that] then; **b) das sagt sich so einfach** *(ugs.)* that's easy to say *or* easily said. **3.** *itr. V.* **wie sagt man [da]?** what does one say?; what's the [right] word?; *(Aufforderung an ein Kind)* what do you say [now]?; **wenn ich so ~ darf** if I may put it this way; *(bei einem etwas gewagten Ausdruck)* if you will pardon the expression; **sag bloß!** *(ugs.)* you don't say!

**sägen** ['zɛ:gn̩] **1.** *itr. V.* **a)** saw; *(fig.: auf einer Geige usw.)* saw away; **an jmds. Stuhl ~** *(fig.)* try to undermine sb.'s position; **b)** *(ugs. scherzh.: schnarchen)* snore loudly. **2.** *tr. V.* saw; *(zersägen)* saw up ⟨*tree etc.*⟩

**Sagen-: ~buch das** book of legends; **~gestalt die** legendary figure

**sagenhaft 1.** *Adj.* **a)** *(ugs.)* incredible *(coll.)* ⟨*wealth, mess, memory, etc.*⟩; fabulous *(coll.)* ⟨*party, wealth*⟩; **b)** *(der Sage angehörend)* legendary. **2.** *adv.* incredibly *(coll.)*

**sagen·umwoben** *Adj. (geh.)* ⟨*castle, place*⟩ steeped in legend; ⟨*historical figure*⟩ at the centre of many legends

**Sagen·welt die;** *o. Pl.* legendary world

**Säge-: ~späne** *Pl.* wood shavings; **~werk das** sawmill; **~zahn der** sawtooth

**Sago** ['za:go] **der** *od.* **das; ~s** sago

**sah** [za:] *1. u. 3. Pers. Sg. Prät. v.* **sehen**

**Sahel·zone** ['za:hɛl- *od.* za'he:l-] **die;** *o. Pl.* Sahel

**Sahne** ['za:nə] **die; ~:** cream

**Sahne-: ~bonbon der** *od.* **das** cream toffee; **~eis das** cream ice; **~quark der** creamy quark; quark with a high fat content; **~torte die** cream cake *or* gateau

**sahnig** *Adj.* creamy

**Saison** [zɛ'zõ:] **die; ~, ~s** season; **während/außerhalb der ~:** during the season/out of season *or* in the off-season; **~ haben** have one's busy time *or* season; ⟨*hotel*⟩ be open for the season; *(ugs.: sehr gefragt sein)* ⟨*goods*⟩ be much in demand

**saisonal** [zɛzo'na:l] **1.** *Adj.* seasonal. **2.** *adv.* ⟨*fluctuate*⟩ according to the season

**saison-, Saison-: ~arbeit die** seasonal work; **~arbeiter der** seasonal worker; **~aus·verkauf der** end-of-season sale; **~bedingt 1.** *Adj.* seasonal; **2.** *adv.* due to seasonal influences; **~zu·schlag der** seasonal supplement

**Saite** ['zaitə] **die; ~, ~n** *(Musik, Sport)* string; **das/sie brachte in mir eine verwandte ~ zum Klingen** *(fig.)* it/she struck a responsive chord in me; **andere** *od.* **strengere ~n aufziehen** *(fig.)* take stronger measures; get tough *(coll.)*

**Saiten-: ~halter der** *(Musik) (an der Geige)* tailpiece; *(an der Laute, Gitarre)* string-holder; **~instrument das** stringed instrument; **~spiel das** *(geh.)* string playing; *(Musik)* string music

**-saitig** [-zaitɪç] -string[ed]

**Sakko** ['zako] **der** *od.* **das; ~s, ~s** jacket

**sakral** [za'kra:l] *Adj.* religious; **~e Gewänder** priest's vestments; **~e Gesänge** sacred songs *or* chants

**Sakral·bau der;** *Pl.* **~bauten** *(Archit., Kunstwiss.)* religious building

**Sakrament** [zakra'mɛnt] **das; ~[e]s, ~e a)** *(christl., bes. kath. Kirche)* sacrament; **b) ~ [noch mal]!** for Heaven's sake

**sakramental** [zakramɛn'ta:l] *Adj.* sacramental

**Sakramentalien** [zakramɛn'ta:li̯ən] *Pl.* *(kath. Rel.)* sacramentals

**Sakrileg** [zakri'le:k] **das; ~s, ~e** act of sacrilege; **ist es ein ~?** is it sacrilege?

**Sakristan** [zakrɪs'ta:n] **der; ~s, ~e** sacristan

**Sakristei** [zakrɪs'tai] **die; ~, ~en** sacristy

**sakrosankt** [zakro'zaŋkt] *Adj.* sacrosanct

**säkular** [zɛku'la:ɐ̯] *Adj.* **a)** *(geh.: weltlich; auch Astron., Geol.)* secular; **b)** *(geh.: herausragend)* outstanding

**säkularisieren** *tr. V.* secularize ⟨*property, art, etc.*⟩; deconsecrate ⟨*church*⟩

**Salamander** [zala'mandɐ] **der; ~s, ~:** salamander; **einen** *od.* **den ~ reiben** *(Studentenspr.) scrape one's glass three times on the table, empty it, and after brief drumming put it down with a bang (as a mark of honour)*

**Salami** [za'la:mi] **die; ~, ~[s]** salami

**Salami·taktik die** step-by-step policy

**Salär** [za'lɛ:ɐ̯] **das; ~s, ~e** *(bes. schweiz., auch südd., österr., sonst veralt.)* salary

**Salat** [za'la:t] **der; ~[e]s, ~e a)** salad; **b)** *o. Pl.* **[grüner] ~:** lettuce; **ein Kopf ~:** a [head of] lettuce; **c)** *o. Pl. (ugs.: Wirrwarr)* muddle; mess; **jetzt haben wir den ~!** *(ugs. iron.)* now we're in a right mess

**Salat-: ~besteck das** salad-servers *pl.*; **~blatt das** lettuce-leaf; **~gurke die** cucumber; **~kartoffel die** *potato suitable for potato salad;* **~kopf der** lettuce; **~öl das** salad-oil; **~schüssel die** salad-bowl; **~soße die** salad-dressing

**salbadern** [zal'ba:dɐn] *tr. V. (ugs. abwertend)* waffle [pretentiously]

**Salbe** ['zalbə] **die; ~, ~n** ointment; *(gegen Muskelkater usw.)* embrocation

**Salbei** ['zalbai] **der** *od.* **die; ~:** sage

**salben** *tr. V.* **a)** *(einreiben)* put ointment on ⟨*part of body*⟩; **b)** *(kath. Kirche)* anoint ⟨*sick or dying person, (Hist.) king, emperor, etc.*⟩; *(hist.)* **jmdn. zum Kaiser ~:** anoint sb. emperor

**Salbung die; ~, ~en** *(Weihung)* anointing; *(kath. Kirche)* unction; **die letzte ~:** extreme unction

**salbungs·voll** *(abwertend)* **1.** *Adj.* unctuous. **2.** *adv.* unctuously

**saldieren** [zal'di:rən] **1.** *tr. V.* **a)** *(Buchf., Finanzw.)* balance ⟨*credit and debit sides*⟩; **einen Gewinn ~:** produce a profit balance; **b)** *(österr.: quittieren)* confirm payment of; give a receipt for. **2.** *itr. V.* **a)** *(Buchf., Finanzw.)* balance the books; **b)** *(österr.: quittieren)* confirm payment

**Saldo** ['zaldo] **der; ~s, ~s** *od.* **Saldi** *od.* **Salden** *(Buchf., Finanzw.)* balance; **im ~ sein/bleiben** be/remain in debt

**Saldo-: ~übertrag der, ~vortrag der** *(Buchf.)* balance brought forward

**Säle** *s.* **Saal**

**Salicylsäure** *(chem. fachspr.) s.* **Salizylsäure**

**Salier** ['za:li̯ɐ] **der; ~s, ~** *(hist.)* Salian

**Saline** [za'li:nə] **die; ~, ~n** salt-works *sing. or pl.*

**Salizyl·säure** [zali'tsy:l-] **die** *(Chemie)* salicylic acid

**Salm** [zalm] **der; ~[e]s, ~e** *(bes. rhein.)* salmon

**Salmiak** [zal'mi̯ak] **der** *od.* **das; ~:** sal ammoniac

**Salmiak-: ~geist der** [liquid] ammonia; ammonia water; **~pastille die** sal ammoniac pastille

**Salmonelle** [zalmo'nɛlə] **die; ~, ~n;** *meist Pl.* salmonella *sing.*

**Salomon** ['za:lomɔn] **(der)** Solomon

**Salomonen** [zalo'mo:nən] *Pl.* Solomon Islands

**salomonisch** *(geh.)* **1.** *Adj.* Solomon-like; **ein ~es Urteil** a judgment of Solomon. **2.** *adv.* with the wisdom of Solomon

**Salon** [za'lõ:] **der; ~s, ~s a)** *(Raum)* drawing-room; salon; **b)** *(Geschäft)* [hair- *etc.*] salon; **c)** *(veralt.: Zirkel)* [literary] salon; **d)** *(Ausstellung)* Salon

**salon-, Salon-: ~fähig 1.** *Adj.* socially acceptable; *(nach einem Bad o. ä.)* **ich bin noch nicht ~fähig** I am not yet presentable; **2.** *adv.* in a socially acceptable manner; properly ⟨*dressed*⟩; **~kommunist der** *(iron.)* parlour communist; **~löwe der** *(abwertend)* society man; **~musik die** salon music; **~wagen der** Pullman car *or* coach

**salopp** [za'lɔp] **1.** *Adj.* casual ⟨*clothes*⟩; free and easy, informal ⟨*behaviour, household, etc.*⟩; very colloquial, slangly ⟨*saying, expression, etc.*⟩. **2.** *adv.* ⟨*dress*⟩ casually; informally; **~ reden** use slangly *or* [very] colloquial language

**Salpeter** [zal'pe:tɐ] **der; ~s** saltpetre

**Salpeter·säure die** nitric acid

**salpetrig** *Adj.* **~e Säure** nitrous acid

**Salto** ['zalto] **der; ~s, ~s** *od.* **Salti a)** somersault; *(beim Turnen auch)* salto; **ein ~ vorwärts/rückwärts** a forward/backward somersault; **einen ~ springen** do *or* turn a somersault; **b)** *(Fliegerspr.) s.* **Looping**

**Salto mortale** [~ mɔr'ta:lə] **der; ~ ~, ~ ~** *od.* **Salti mortali** salto mortale

**Salut** [za'lu:t] **der; ~[e]s, ~e** *(Milit.)* salute; **~ schießen** fire a salute; **21 Schuß ~ abgeben** fire a twenty-one-gun salute

**salutieren** *itr. V. (bes. Milit.)* salute; **vor jmdm. ~:** salute sb.

**Salut·schuß der;** *meist Pl. (Milit.)* gun salute; **sieben Salutschüsse** a seven-gun salute

**Salvadorianer** [zalvado'ri̯a:nɐ] **der; ~s, ~:** Salvadoran

**Salve** ['zalvə] **die; ~, ~n** *(Milit.)* salvo; *(aus Gewehren)* volley; **eine ~ des Beifalls/von Gelächter** *(fig.)* a burst of applause/laughter

**Salz** [zalts] **das; ~es, ~e** salt; **das ~ der Ironie** *(fig.)* the spice of irony; **~ auf die** *od.* **in die Wunde streuen** *(fig.)* rub salt into the wound; **jmdm. nicht das ~ in der Suppe gönnen** *(ugs.)* begrudge sb. everything

**salz-, Salz-: ~arm 1.** *Adj.* low in salt *postpos.*; low-salt; **2.** *adv.* **~arm kochen** use little salt in cooking; **~arm essen** eat food containing little salt; **~berg·werk das** salt-mine; **~brezel die** [salted] pretzel

**salzen** *tr. V.* salt; **die Suppe ist stark/zu wenig/kaum gesalzen** the soup has a lot of/too little/hardly any salt in it

**salz-, Salz-: ~fäßchen das a)** salt-cellar; **b)** *(ugs. scherzh.: beim Menschen)* hollow between the collar-bones; **~fleisch das** *s.* **Pökelfleisch; ~haltig** *Adj.* containing salt *postpos., not pred.*; salty; **sehr ~haltig sein** have a high salt content; **~hering der** salted herring

**salzig** *Adj.* salty

**salz-, Salz-: ~kartoffel die;** *meist Pl.* boiled potato; **~korn das;** *Pl.* **~körner** grain of salt; **~lake die** brine; **~lecke die** *(Jägerspr.)* salt-lick; **~los 1.** *Adj.* salt-free; *(nicht gesalzen)* unsalted; **2.** *adv.* ⟨*cook*⟩ without any salt; **~los essen** eat unsalted food; **~lösung die** saline solution; **~mandel die** salted almond; **~napf der** salt-cellar; **~säule die** pillar of salt; **zur ~säule erstarren** *(fig.)* be rooted to the spot *or* turned to stone; **~säure die;** *o. Pl. (Chemie)* hydrochloric acid; **~see der** salt lake; *(ausgetrocknet)* salt flats *pl.*; **~sieder der; ~s, ~** *(veralt.)* salt-maker; **~sole die** brine; **~stange die** salt stick; **~streuer der; ~s, ~:** salt-sprinkler; salt-shaker *(Amer.)*; **~wasser das;** *Pl.* **~wässer a)** *o. Pl. (zum Kochen)* salted water; **b)** *(Meerwasser)* salt water; **c)** *(Lake)* brine; **~werk das** salt-works *sing. or pl.*; **~wüste die** salt desert

**SA-Mann** [ɛs'|a:-] **der;** *Pl.* **SA-Männer** *od.* **SA-Leute** *(ns.)* SA man; storm-trooper

**Sä·mann der;** *Pl.* **Sämänner** *(dichter.)* sower

**Samariter** [zama'ri:tɐ] **der; ~s, ~ a) [barmherziger] ~:** good Samaritan; **bei jmdm. ~ spielen** play *or* act the good Samaritan to sb.; **b)** *(schweiz.) s.* **Sanitäter**

**Samariter·dienst der** selfless act [of kindness]

**Sä·maschine die** seeder, *(esp.)* seed-drill

**Samba** ['zamba] **der; ~s, ~s** *od.* **die; ~, ~s** samba

**Sambesi** [zam'be:zi] **der; ~[s]** Zambezi

**Sambia** ['zambi̯a] **(das); ~s** Zambia

**Sambier** ['zambi̯ɐ] **der; ~s, ~, Sambierin die; ~, ~nen** Zambian

[1]**Same** ['za:mə] **der; ~n, ~n** *s.* **Lappe**

[2]**Same der; ~ns, ~n** *(geh.)* seed

**Samen** ['za:mən] **der; ~s, ~ a)** *(~korn)* seed; **b)** *o. Pl. (~körner)* seed[s. *pl.*]; **c)** *o. Pl. (Sperma)* sperm; semen

**Samen-: ~an·lage die** *(Bot.)* ovule; **~bank die;** *Pl.* **~banken** *(Med., Tiermed.)* sperm bank; **~erguß der** ejaculation; **~faden der** *s.* **Spermium; ~flüssigkeit die** seminal fluid; **~handlung die** seed merchant's [shop *or (Amer.)* store]; **~kapsel die** seed capsule; **~korn das;** *Pl.* **~körner** seed; **~leiter der** *(Anat.)* sperm[atic] duct; **~strang der** *(Anat.)* spermatic cord; **~zelle die** sperm cell

**Sämereien** [zɛ:mə'raiən] *Pl.* seeds

**sämig** ['zɛ:mɪç] *Adj.* thick ⟨*sauce, soup, etc.*⟩; viscous ⟨*liquid*⟩

**Sämisch·leder das** chamois leather

**Sämling** ['zɛ:mlɪŋ] **der; ~s, ~e** seedling

**Sammel-: ~album das** [collector's] album;

**~auftrag der** *(Postw.)* multiple *or* combined transfer; **~band der;** *Pl.* **~bände** anthology (**über** + *Akk.* of); **~becken das** collecting basin; reservoir; *(fig.)* gathering-point *or* -place; **~bestellung die** joint order; **~bezeichnung die** *(Sprachw.)* collective term; **~büchse die** collecting-box; **~fahr·schein der** group ticket; **~konto das** *(Buchf.)* collation account; **~lager das** assembly *or* transit camp; **~mappe die** folder; file

**sammeln** ['zaml̩n] **1.** *tr. (auch itr.) V.* **a)** collect; gather ‹*honey, firewood, fig.: material, experiences, impressions, etc.*›; gather, pick ‹*berries, herbs, mushrooms, etc.*›; **Kräfte ~:** summon up one's strength; **die gesammelten Werke Tolstois** Tolstoy's collected works; **b)** *(zusammenkommen lassen)* gather ‹*people*› [together]; assemble ‹*people*›; cause ‹*light rays*› to converge. **2.** *refl. V.* **a)** *(sich versammeln)* gather [together]; ‹*light rays*› converge; **sich um jmdn./etw. ~:** gather round sb./sth.; **b)** *(sich konzentrieren)* collect oneself; gather oneself together

**Sạmmel-: ~platz der** *(für Gegenstände)* collection *or* collecting point; *(für Menschen)* assembly point; **~punkt der a)** *(~platz)* assembly point; **b)** *(Brennpunkt)* focal point; **~stelle die** *s.* **~platz**

**Sammelsurium** [zaml̩'zu:ri̯ʊm] **das; ~s, Sammelsurien** *(abwertend)* hotchpotch; **ein ~ von alten Gläsern und Flaschen** a jumble of old glasses and bottles

**Sạmmel-: ~tasse die** [collector's] ornamental cup and saucer; **~transport der** *(von Menschen, Vieh)* mass transport; *(von Gütern)* bulk shipment; **~visum das** collective *or* group visa; **~wut die** collecting mania

**Sammet** ['zamət] **der; ~s, ~e** *(schweiz., sonst veralt.) s.* **Samt**

**Sammler** ['zamlɐ] **der; ~s, ~ a)** collector; *(von Pilzen, Kräutern, Beeren usw.)* gatherer; picker; **b)** *(Technik: Akkumulator)* accumulator; storage battery

**Sạmmler·fleiß der** keenness *or* dedication to collecting; **mit ~:** with the dedication of a true collector

**Sạmmlerin die; ~, ~nen** *s.* **Sammler a**

**Sạmmler-: ~objekt das, ~stück das** collector's item; **~wert der** value to collectors; **~wert haben** be of value to collectors

**Sạmmlung die; ~, ~en a)** collection; **b)** **[innere] ~:** composure

**Sạmmlungs·bewegung die** movement combining disparate elements; all-embracing movement

**Samoa·inseln** [za'mo:a-] *Pl.* **die ~** *(als Ganzes)* Samoa *sing.*; *(als einzelne Inseln)* the Samoan Islands

**Samoaner** [zamo'a:nɐ] **der; ~s, ~, Samoanerin die; ~, ~nen** Samoan

**samoanisch** *Adj.* Samoan

**Samowar** [zamo'va:ɐ̯] **der; ~s, ~e** samovar

**Samstag** ['zamsta:k] **der; ~[e]s, ~e** Saturday; **langer ~:** Saturday on which the shops stay open late; *s. auch* **Dienstag; Dienstag-**

**samstägig** ['zamstɛ:gɪç] *Adj.; nicht präd.* on Saturday *postpos.*

**sạmstäglich 1.** *Adj.; nicht präd.* [regular] Saturday. **2.** *adv.* on Saturdays

**sạmstags** *Adv.* on Saturdays

**samt** [zamt] **1.** *Präp. mit Dat.* together with. **2.** *Adv.* **~ und sonders** one and all; without exception

**Sạmt der; ~[e]s, ~e** velvet; **eine Haut wie ~:** a velvety skin; **in ~ und Seide** *(veralt.)* in all one's finery

**sạmt·artig 1.** *Adj.* velvety. **2.** *adv.* ‹*soft etc.*› as velvet

**Sạmt·band das;** *Pl.* **~bänder** velvet ribbon; *(breit)* velvet band

**sạmten** *Adj.; nicht präd.* **a)** *(aus Samt)* velvet; **b)** *(wie Samt)* velvety

**Sạmt·hand·schuh der** velvet glove; **jmdn. mit ~en anfassen** *(fig.)* handle sb. with kid gloves

**sạmtig** *Adj.* velvety

**Sạmt·kleid das** velvet dress

**sämtlich** ['zɛmtlɪç] *Indefinitpron. u. unbest. Zahlwort* **a)** *attr.* all the; **die Kleidung ~er Gefangener** *od.* **Gefangenen** all the prisoners' clothes; **Goethes ~e Werke** the complete works of Goethe; **b)** *alleinstehend* all

**Sạmt·pfötchen das** velvety paw; **wie auf ~ gehen** tread softly

**sạmt·weich** *Adj.* velvety[-soft]; soft as velvet *postpos.*

**Sanatorium** [zana'to:ri̯ʊm] **das; ~s, Sanatorien** sanatorium

**Sand** [zant] **der; ~[e]s, ~e** *od.* **Sände** ['zɛndə] **a)** *o. Pl.* sand; **... gibt es wie ~ am Meer** *(ugs.)* there are countless ...; ... are pretty thick on the ground *(coll.)*; **da ist ~ im Getriebe** *(fig. ugs.)* there's something gumming up the works *(coll.)*; **jmdm. ~ ins Getriebe streuen** *(fig. ugs.)* put a spanner in sb.'s works; **jmdm. ~ in die Augen streuen** *(fig.)* pull the wool over sb.'s eyes; **da habe ich auf ~ gebaut** *(fig.)* I was on shaky ground; **im ~[e] verlaufen** *(fig. ugs.)* come to nothing; **etw. [total] in den ~ setzen** *(fig. ugs.)* make a [complete] mess of sth.; **b)** *Pl.* **~e** *(bes. Geol.: ~art)* [type of] sand; **c)** *(Seemannsspr.)* sands *pl.*; sandbank; **auf [einen] ~ geraten** *od.* **laufen** run aground on a sandbank

**Sandale** [zan'da:lə] **die; ~, ~n** sandal

**Sandalette** [zanda'lɛtə] **die; ~, ~n** [high-heeled] sandal

**Sạnd-: ~bahn·rennen das** *(Motorradsport)* speedway racing; **~bank die;** *Pl.* **~bänke** sandbank; **~boden der** sandy soil; **~burg die** sand-castle; **~dorn der;** *Pl.* **~dorne** *(Bot.)* hippophaë; **[Echter] ~dorn** sea buckthorn

**Sandel-** ['zandl̩-]: **~holz das** sandalwood; **~öl das;** *o. Pl.* sandalwood oil

**sạnd-, Sạnd-: ~farben, ~farbig** *Adj.* sand-coloured; **~förmchen** [-fœrmçən] **das; ~s, ~:** sand mould; **~haufen der** pile of sand; **~hose die** sand-spout

**sạndig** *Adj.* sandy

**Sandinist** [zandi'nɪst] **der; ~en, ~en, Sandinịstin die; ~, ~nen** Sandinista

**Sạnd-: ~kasten der a)** [child's] sand-pit; sand-box *(Amer.)*; **b)** *(Milit.)* sand-table; **~kasten·spiel das** *(Milit.)* sand-table exercise; **~korn das;** *Pl.* **~körner** grain of sand; **~kuchen der** Madeira cake; **~mann der, ~männchen das;** *o. Pl.* sandman; **~papier das** sandpaper; **~sack der a)** sandbag; **b)** *(Boxen)* punching-bag; **~stein der a)** *o. Pl.* sandstone; **b)** *(als Baustein)* sandstone block; **~strahlen** *tr. V. (Technik)* sand-blast; **~strahl·gebläse das** *(Technik)* sand-blaster; **~strand der** sandy beach; **~sturm der** sandstorm

**sandte** ['zantə] *1. u. 3. Pers. Sg. Prät. v.* **senden**

**Sạnd·uhr die** sand-glass

**Sandwich** ['zɛntvɪtʃ] **der** *od.* **das; ~s, ~[e]s** sandwich

**Sạndwich·bau·weise die;** *o. Pl.* sandwich construction

**Sạnd·wüste die** [sandy] desert

**sanforisieren** ⓦ [zanfori'zi:rən] *tr. V.* Sanforize (P)

**sanft** [zanft] **1.** *Adj.* gentle; *(leise, nicht intensiv)* soft ‹*music, colour, light*›; *(friedlich)* peaceful; **kommen Sie mir bloß nicht auf die ~e [Tour]** *(ugs.)* it's no use trying to soft-soap me; **es auf die ~e Tour versuchen** *(ugs.)* try the gentle *or* diplomatic approach; *(bei Bitten)* try wheedling *or* cajolery. **2.** *adv.* gently; *(leise)* ‹*speak, play*› softly; *(friedlich)* peacefully; **ruhe ~** *(auf Grabsteinen)* rest in peace; **es regnete ~:** a gentle rain was falling

**Sänfte** ['zɛnftə] **die; ~, ~n** litter; *(geschlossen)* sedan-chair

**Sạnftheit die; ~:** gentleness; *(von Klängen, Licht, Farben)* softness

**Sạnft·mut die; ~:** gentleness; **mit ~:** gently; *(nachsichtig)* leniently

**sạnftmütig** [-my:tɪç] **1.** *Adj.* gentle; docile ‹*horse*›. **2.** *adv.* gently

**Sạnftmütigkeit die; ~:** gentleness; *(Fügsamkeit)* docility

**sang** [zaŋ] *1. u. 3. Pers. Sg. Prät. v.* **singen**

**Sạng der; ~[e]s** *(veralt.)* song; singing; **mit ~ und Klang** singing and playing [music]; **er ist mit ~ und Klang durchs Examen gefallen** *(ugs. iron.)* he failed the exam in style *(iron.)*

**Sänger** ['zɛŋɐ] **der; ~s, ~ a)** *(Singender)* singer; *(Vogel)* songbird; **darüber schweigt des ~s Höflichkeit** let's draw a veil over that; **b)** *(veralt.: Dichter)* bard; **ein fahrender** *od.* **wandernder ~** *(hist.)* a wandering minstrel

**Sänger-: ~bund der** choral union; **~fest das** choral *or* choir festival

**Sạ̈ngerin die; ~, ~nen** singer; *s. auch* **-in**

**Sạ̈nger·knabe der** *s.* **²Wiener**

**Sạnges·bruder der** *(geh., veralt.)* fellow choir-member

**sạng·los** *Adv. in* **sang- und klanglos** *(ugs.)* *(ohne viel Aufhebens)* simply; without any ado *or* fuss; *(unbemerkt)* unnoticed

**Sanguiniker** [zaŋ'gui:nikɐ] **der; ~s, ~, Sanguịnikerin die; ~, ~nen** sanguine person

**sanguịnisch 1.** *Adj.* sanguine. **2.** *adv.* sanguinely; **~ veranlagt sein** have a sanguine disposition

**sanieren** [za'ni:rən] **1.** *tr. V.* **a)** *(umgestalten)* redevelop ‹*area*›; rehabilitate ‹*building*›; *(renovieren)* renovate [and improve] ‹*flat etc.*›; **b)** *(Wirtsch.)* restore ‹*firm*› to profitability; *(rehabilitieren)* put ‹*firm*› back on its feet; rehabilitate ‹*agriculture, coal mining, etc.*›; **c)** *(Med.: heilen)* heal ‹*wound, ulcer, etc.*›; clear up the infection in, treat ‹*tooth etc.*›. **2.** *refl. V.* ‹*company etc.*› restore itself to profitability, get back on its feet again; ‹*person*› get oneself out of the red

**Sanierung die; ~, ~en a)** *s.* **sanieren a:** redevelopment; rehabilitation; renovation; **b)** *(Wirtsch.)* restoration to profitability; **c)** *(Med.: Heilung)* healing; *(Behandlung)* treatment

**Sanierungs-: ~gebiet das** redevelopment area; **~maßnahme die;** *meist Pl.* **a)** *(bei einem Stadtteil usw.)* redevelopment measure; **b)** *(Wirtsch.)* [financial] rehabilitation measure

**sanitär** [zani'tɛ:ɐ̯] *Adj.; nicht präd.* sanitary; **~e Anlagen** sanitary installations

**Sanitär-: ~bereich der** [field of] sanitation; **~installation die a)** *o. Pl. (das Einbauen)* fitting of sanitation *no indef. art.*; **b)** *(Anlage)* sanitary installation

**Sanität** [zani'tɛ:t] **die; ~, ~en** *(schweiz., österr.)* **a)** *o. Pl. (Milit.)* medical service; **b)** *(ugs.: Sanitätswagen)* ambulance

**Sanitäter** [zani'tɛ:tɐ] **der; ~s, ~ a)** *(Krankenpfleger)* first-aid man; *(im Krankenwagen)* ambulance man; **b)** *(Soldat)* medical orderly

**Sanitäts-: ~auto das** *(ugs.)* ambulance; **~dienst der a)** *o. Pl.* first-aid duty; *(im Krankenwagen)* ambulance duty; **b)** *(Milit.)* medical service *or* corps; **~kasten der** *(bes. Milit.)* first-aid box *or* kit; **~offizier der** *(Milit.)* medical officer; **~truppe die** *(Milit.)* medical corps; **~wache die** first-aid post; **~wagen der** ambulance; **~wesen das;** *o. Pl. (bes. Milit.)* medical service

**sank** [zaŋk] *1. u. 3. Pers. Sg. Prät. v.* **sinken**

**Sanktion** [zaŋk'tsi̯o:n] **die; ~, ~en a)** *(geh., Rechtsspr.: Billigung)* approval; sanction;

**b)** *meist Pl. (Völkerr., Soziol.)* sanction; *(geh.: Bestrafung)* punitive measure *or* sanction; **c)** *(Rechtsw.) (Gesetzesklausel)* penalty [clause]; sanction

**sanktionieren** *tr. V.* sanction

**Sanktionierung die;** ~, ~**en** sanctioning *no indef. art.*

**Sankt-Lorenz-Strom** [zaŋkt'lo:rɛnts-ʃtro:m] **der;** *o. Pl.* St Lawrence [river]

**Sankt-Nimmerleins-Tag** [zaŋkt'nɪmɐ-lains-] **der;** *o. Pl.: s.* **Nimmerleinstag**

**sann** [zan] *1. u. 3. Pers. Sg. Prät. v.* **sinnen**

**Sansibar** ['zanziba:ɐ̯] **(das);** ~**s** Zanzibar

**Sanskrit** ['zanskrɪt] **das;** ~**s** Sanskrit

**Saphir** ['za:fɪr] **der;** ~**s,** ~**e** sapphire

**sapperlot** [zapɐ'lo:t] *Interj. (veralt.)* upon my soul *(dated)*

**sapphisch** ['zapfɪʃ] **1.** *Adj.* **a)** Sapphic; ~**e Strophe** sapphic verse *or* stanza; **b)** *(geh.: lesbisch)* sapphic; lesbian. **2.** *adv.* **a)** *(wie Sappho)* in the style of Sappho; **b)** *(geh.)* ~ **veranlagt** with sapphic *or* lesbian tendencies

**Sarabande** [zara'bandə] **die;** ~, ~**n** *(Musik)* saraband

**Sarde** ['zardə] **der;** ~**n,** ~**n** Sardinian

**Sardelle** [zar'dɛlə] **die;** ~, ~**n** anchovy

**Sardẹllen·paste die** anchovy paste

**Sạrdin die;** ~, ~**nen** Sardinian

**Sardine** [zar'di:nə] **die;** ~, ~**n** sardine

**Sardinen·büchse die** tin of sardines; *(leer)* sardine-tin; **das Schiff war eine schwimmende** ~ *(fig.)* they were packed like sardines on the ship

**Sardinien** [zar'di:ni̯ən] **(das);** ~**s** Sardinia

**sạrdisch** *Adj.* Sardinian

**sardonisch** [zar'do:nɪʃ] *(geh.)* **1.** *Adj.* sardonic. **2.** *adv.* sardonically

**Sarg** [zark] **der;** ~**[e]s, Särge** ['zɛrgə] coffin; *s. auch* **Nagel b**

**Sạrg-: -deckel der** coffin lid; ~**nagel der** *(Nagel, ugs. scherzh.: Zigarette)* coffin-nail *(lit., or fig. sl.)*; ~**träger der** pallbearer

**Sari** ['za:ri] **der;** ~**[s],** ~**s** sari

**Sarkasmus** [zar'kasmʊs] **a)** *o. Pl. (Spott)* sarcasm; **b)** *(Äußerung)* sarcastic remark

**sarkạstisch 1.** *Adj.* sarcastic. **2.** *adv.* sarcastically

**Sarkophag** [zarko'fa:k] **der;** ~**s,** ~**e** sarcophagus

**saß** [za:s] *1. u. 3. Pers. Sg. Prät. v.* **sitzen**

**Satan** ['za:tan] **der;** ~**s,** ~**e a)** *o. Pl. (bibl.)* Satan *no def. art.; s. auch* **Teufel; b)** *(ugs. abwertend: Mensch)* fiend

**satạnisch 1.** *Adj.* satanic; fiendish. **2.** *adv.* satanically

**Sạtans·braten der** *(ugs.)* devil

**Satellit** [zatɛ'li:t] **der;** ~**en,** ~**en** *(Raumf., Astron., auch fig.)* satellite

**Satellịten-:** ~**bild das** *s.* ~**foto;** ~**fernsehen das** satellite television; ~**foto das** *(bes. Met.)* satellite picture; ~**staat der** *(abwertend)* satellite [state]; ~**übertragung die** *(Ferns.)* satellite transmission

**Satin** [za'tɛ̃:] **der;** ~**s,** ~**s** satin

**Satire** [za'ti:rə] **die;** ~, ~**n** satire

**Satịriker der;** ~**s,** ~ **a)** satirist; **b)** *(Spötter)* lampooner; mocker

**satịrisch 1.** *Adj.* **a)** satirical; **b)** *(spöttisch)* mocking ‹*remarks*›. **2.** *adv.* **a)** satirically; with a satirical touch; **b)** *(spöttisch)* mockingly; in a satirical vein

**Satisfaktion** [zatɪsfak'tsi̯o:n] **die;** ~, ~**en** *(geh. od. Studentspr. veralt.)* satisfaction

**satisfaktions·fähig** *Adj. (veralt.)* able to give/demand satisfaction [in a duel] *pred.*

**satt** [zat] **1.** *Adj.* **a)** full [up] *pred.*; well-fed; ~ **sein** be full [up]; have had enough [to eat]; ~ **werden** have enough [to eat]; eat one's fill; **von so einem Salat werde ich nicht** ~: a salad like that is not enough for me *or* to fill me up; **sich** ~ **essen/trinken** eat/drink as much as one wants; eat/drink one's fill; **etw. macht** ~: sth. is filling; **ich kann mich an ihr/an der Akropolis nicht** ~ **sehen** *(fig.)* I can't take my eyes off her/I can gaze endlessly at the Acropolis; **b)** *(selbstgefällig)* smug, self-satisfied ‹*person, smile, expression, etc.*›; **c) jmdn./etw.** ~ **haben** *(ugs.)* be fed up with sb./sth. *(coll.)*; **ich habe es** ~, **allein zu fahren** I'm fed up with travelling alone *(coll.)*; **etw.** ~ **bekommen** *od.* **kriegen** *(ugs.)* get fed up with sth.; **d)** *(intensiv)* rich, deep ‹*colour*›; rich, pure ‹*sound*›; **e)** *(ugs.: beeindruckend)* tremendous *(coll.)* ‹*price*›; **ein** ~**er Schuß** a super shot *(coll.)*; ~**e 100 000 Mark** a cool 100,000 marks *(coll.)*; ~**e 180 km/h** an impressive 180 k.p.h. **2.** *adv.* **a)** *(selbstgefällig)* smugly; complacently; **b)** *(reichlich)* **nicht** ~ **zu essen haben** not have enough to eat; **Hummer** ~: as much lobster as one can eat; **Tennis** ~ *(fig.)* as much tennis as one could possibly want; **c)** *(schweiz.: straff)* tightly

**sạtt·blau** *Adj.* deep blue

**Sạttel** ['zatl] **der;** ~**s, Sättel** ['zɛtl] **a)** saddle; **ohne** ~ **reiten** ride bareback; **jmdm. in den** ~ **helfen, jmdn. in den** ~ **heben** help sb. into the saddle; *(fig.: fördern)* give sb. a leg up; *(fig.: an die Macht bringen)* put sb. in the driving-seat; **jmdn. aus dem** ~ **heben** unseat sb.; *(fig.: jmdm. die Macht nehmen)* depose sb.; remove sb. from office; **fest im** ~ **sitzen** *(fig.)* be firmly in the saddle; **in allen Sätteln gerecht sein** *(fig.)* be able to turn one's hand to anything; **b)** *(Berg~)* saddle; col; **c)** *(Schneidern: Passe)* yoke; **d)** *(bei Saiteninstrumenten)* nut; **e)** *(Turnen: beim Seitpferd)* saddle

**sạttel-, Sạttel-:** ~**dach das** gable *or* saddle roof; ~**decke die** saddle-cloth; ~**fest** *Adj.* experienced; **in etw.** *(Dat.)* ~**fest sein** be au fait with sth.; be well up in sth.; **weniger** ~**feste Kandidaten** candidates less sure of their facts; ~**gurt der** girth

**sạtteln 1.** *tr. V.* saddle. **2.** *itr. V.* saddle the/one's horse

**Sạttel-:** ~**nase die** saddle nose; ~**punkt der** *(Math.)* saddle point; ~**schlepper der** tractor [unit]; *(mit Anhänger)* articulated lorry *(Brit.)*; semi[-trailer] *(Amer.)*; ~**tasche die** *(am Pferd, Fahrrad)* saddle-bag; ~**zeug das** saddle equipment; saddlery; ~**zug der** articulated vehicle

**Sạttheit die;** ~ **a)** repleteness *no def. art.*; **die** ~ **der Konsumgesellschaft** the satiety of the consumer society; **b)** *(Selbstgefälligkeit)* smugness; complacency; **c)** *(Intensität)* richness; fullness

**sättigen** ['zɛtɪgn̩] **1.** *itr. V.* be filling. **2.** *tr. V.* **a)** *(ausfüllen)* saturate ‹*market, colour*›; **b)** *(erfüllen)* **gesättigt sein von etw.** be filled with *or* full of sth.; **c)** *(geh.: satt machen)* fill ‹*sb.*›; satisfy ‹*sb., fig.: curiosity, ambition, etc.*›. **3.** *refl. V.* **sich mit** *od.* **an etw.** *(Dat.)* ~ *(geh.)* satisfy one's appetite with sth.

**sạ̈ttigend** *Adj.* filling

**Sạ̈ttigung die;** ~, ~**en a)** *(bes. Chemie, Physik)* saturation; **b)** *(das Sattsein)* repleteness *no def. art.; (das Sättigen)* satisfying; **die** ~ **der Hungernden** the feeding of the starving

**Sạ̈ttigungs-:** ~**grad der** *(Wirtsch.)* [degree of] saturation; ~**punkt der** *(Chemie)* saturation point

**Sattler** ['zatlɐ] **der;** ~**s,** ~: saddler; *(allgemein: Hersteller von Lederwaren)* leather-worker

**Sattlerei die;** ~, ~**en a)** *o. Pl. (Handwerk)* saddlery; **b)** *(Werkstatt)* saddler's workshop

**sạttsam** *Adv.* ad nauseam; ~ **bekannt** only too well known; notorious

**saturiert** [zatu'ri:ɐ̯t] *Adj. (geh.)* **a)** *(zufriedengestellt)* satisfied; **b)** *(abwertend: selbstgefällig)* ~**e Wohlstandsbürger** sated and self-satisfied members of the affluent society

**¹Saturn** [za'tʊrn] **der;** ~**s** *(Astron.)*, **²Satụrn (der)** *(Myth.)* Saturn *no def. art.*

**Satyr** ['za:tʏr] **der;** ~**s** *od.* ~**n,** ~**n** satyr

**Sạtyr·spiel das** satyric drama

**Satz** [zats] **der;** ~**es, Sätze** ['zɛtsə] **a)** *(sprachliche Einheit)* sentence; *(Teil~)* clause; **in** *od.* **mit einem** ~: in one sentence; briefly; **b)** *(Teil eines Musikwerks)* movement; *(Periode)* period; **c)** *(Musik: Kompositionsweise)* [method of] composition; **der vierstimmige/kontrapunktische** ~: four-part/contrapuntal writing; **d)** *(Sport) (Tennis, Volleyball)* set; *(Tischtennis, Badminton)* game; **e)** *(Sprung)* leap; jump; **einen** ~ **über etw.** *(Akk.)* **machen** *od.* **tun** jump *or* leap across sth.; **er war mit einem** ~ **an der Tür** in one bound he was at the door; **in** *od.* **mit wenigen Sätzen** in a few strides; **f)** *(Amtsspr.: Tarif)* rate; **g)** *(Set)* set; **ein** ~ **Reifen** a set of tyres; **h)** *(Boden~)* sediment; *(von Kaffee)* grounds *pl.*; **i)** *o. Pl. (Druckw.: das Setzen)* setting; *(Gesetztes)* type matter; **mit dem** ~ **beginnen** start setting; **das Manuskript ist in** ~**/geht in [den]** ~: the manuscript is being set/is being sent for setting; **j)** *(DV)* record

**Sạtz-:** ~**an·weisung die** *(Druckw.)* setting instructions *pl.*; ~**aus·sage die** *(Sprachw.)* predicate; ~**ball der** *(Tennis, Volleyball)* set point; *(Tischtennis, Badminton)* game point; ~**bau der;** *o. Pl.* sentence construction; ~**bau·plan der** *(Sprachw.)* sentence pattern

**Sätzchen** ['zɛtsçən] **das;** ~**s,** ~ **a)** *(Sprung)* little jump; **b)** *(Äußerung)* little sentence

**sạtz-, Sạtz-:** ~**ergänzung die** *(Sprachw.)* complement; ~**fehler der** *(Druckw.)* literal; printer's error; ~**fertig** *Adj. (Druckw.)* ready for setting *postpos.*; ~**gefüge das** *(Sprachw.)* complex sentence; ~**gegen·stand der** *(Sprachw.)* subject [of a/the sentence]; ~**glied das** *(Sprachw.)* component part [of a/the sentence]; ~**konstruktion die** *(Sprachw.)* sentence construktion; ~**lehre die a)** *(Sprachw.)* syntax *no art.*; **b)** *(Musik)* composition theory *no art.*; ~**rechner der** *(Druckw.)* composer; ~**reif** *Adj. (Druckw.)* ready for setting *postpos.*; ~**spiegel der** *(Druckw.)* type area; ~**technisch** *(Druckw.)* **1.** *Adj.* **aus** ~**technischen Gründen** for reasons of setting; **2.** *adv.* ~**technisch gesehen** from the typographic point of view; ~**teil der** *(Sprachw.) s.* ~**glied**

**Satzung** ['zatsʊŋ] **die;** ~, ~**en** articles of association *pl.*; statutes *pl.*

**sạtzungs-:** ~**gemäß** *Adj., adv.* in accordance with the articles of association *or* the statutes; ~**widrig** *Adj., adv.* contrary to the articles of association *or* the statutes

**sạtz-, Sạtz-:** ~**weise** *Adv.* sentence by sentence; ~**wertig** *Adj. (Sprachw.)* forming a clause *postpos.*; ~**wertiger Infinitiv/~wertiges Partizip** infinitive/participial clause; ~**zeichen das** *(Sprachw.)* punctuation mark; ~**zusammen·hang der** *(Sprachw.)* sentence correlation *or* interrelation

**Sau** [zau] **die;** ~, **Säue** ['zɔyə] **a)** *(weibliches Schwein)* sow; **b)** *(bes. südd.: Schwein)* pig; **jmdn. zur** ~ **machen** *(derb)* tear a strip off sb. *(sl.)*; **wie eine gesengte Sau fahren** *(derb)* drive like a madman; **unter aller** ~ *(derb abwertend)* bloody awful *(Brit. sl.)*; the pits *(sl.)*; **keine** ~ *(derb)* not a bloody *(Brit. sl.) or (coll.)* damn soul; **c)** *(derb abwertend: schmutziger Mensch) (Mann)* dirty pig; *(Frau)* dirty cow *(sl.)*; **d)** *(derb abwertend: gemeiner Mensch)* swine

**-sau die** *(derb)* ... pig *or* swine; pig *or* swine of a/an ...

**sau-, Sau-** *(salopp)* bloody ... *(Brit. sl.)*; damn ... *(coll.)*; *(sehr schlecht)* lousy ... *(sl.)*; ~**dreckig/~schwer** bloody *(Brit. sl.) or (coll.)* damn filthy/difficult

**Sau-:** ~**arbeit die** *(salopp)* bloody awful job *(Brit. sl.)*; hell of a job *(coll.)*; ~**bande die** *(salopp)* wretched swine *(derog.) pl.*;

*(mehr scherz.)* bunch of good-for-nothings *(sl.)*

**sauber** ['zaubɐ] **1.** *Adj.* **a)** clean; **~e Flüsse/Wälder** unpolluted rivers/forests; **das Kind ist ~:** the child is toilet-trained; **ein Glas ~ ausspülen** rinse [out] a glass; **der ~e Bildschirm** *(fig.)* the unpolluted TV screen; **mein Tor bleibt ~** *(fig. Fußball)* I'll keep a clean sheet; **b)** *(sorgfältig)* neat ‹*handwriting, division, work, etc.*›; **c)** *(fehlerlos)* perfect, faultless ‹*accent, technique, etc.*›; **d)** *(anständig)* upstanding ‹*attitude, person*›; upright ‹*young man*›; unsullied ‹*character*›; **er ist ~** *(ugs.)* he is straight; *(hat nichts Kriminelles gemacht)* he has a clean record; **~ bleiben** keep one's hands clean *(coll.)*; **nicht [ganz] ~ sein** *(ugs.)* be a bit shady *or* dodgy *(coll.)*; **also dann alles Gute, und bleib ~!** *(ugs. scherzh.)* all the best, and be good!; **e)** *(gerecht)* fair ‹*solution, description*›; equitable ‹*solution, plan*›; **f)** *nicht präd. (iron.: unanständig)* nice, fine *(iron.)*; *s. auch* **Früchtchen; g)** *(ugs., bes. südd., österr., schweiz.: beachtlich)* fantastic *(coll.)*; **ein ~es Sümmchen** a tidy little sum *(coll.)*; **h)** *(südd., österr., schweiz.: schmuck)* smart ‹*girl etc.*›. **2.** *adv.* **a)** *(sorgfältig)* neatly ‹*written, dressed, mended, etc.*›; **b)** *(fehlerlos)* **[sehr] ~:** [quite] perfectly *or* faultlessly; **c)** *(anständig)* conscientiously; **d)** *(gerecht)* ‹*judge etc.*› fairly; **e)** *(iron.: unanständig)* nicely *(iron.)*; **das hast du ~ hingekriegt** a nice *or* fine job you made of that

**sauber|halten** *unr. tr. V.* **a)** keep ‹*room, floor, etc.*› clean; **b)** *(freihalten)* **von bestimmten Personen ~:** keep ‹*room, district, etc.*› clear of certain people

**Sauberkeit die; ~ a)** cleanness; *(bes. der Person)* cleanliness; **ihre Wohnung blitzt vor ~:** her flat *(Brit.) or (Amer.)* apartment is sparkling clean; **b)** *(Sorgfältigkeit)* neatness; **c)** *(Anständigkeit)* uprightness

**Sauberkeits·fimmel der** *(ugs. abwertend)* mania for cleanliness; **einen ~ haben** have a thing about cleanliness *(coll.)*

**säuberlich** ['zɔybɐlɪç] **1.** *Adj.* neat. **2.** *adv.* neatly; **fein ~ geordnet/verpackt** *usw.* neatly arranged/packed *etc.*

**sauber|machen 1.** *tr. V.* clean. **2.** *itr. V.* clean; do the cleaning; **bei jmdm. ~:** clean for sb.

**Sauber·mann der;** *Pl.* **-männer** *(iron.)* decent and upright fellow; nice guy *(sl.)*; *(Moralapostel)* upholder of moral standards

**säubern** ['zɔybɐn] *tr. V.* **a)** *(saubermachen)* clean; **die Schuhe vom Lehm ~:** clean the mud off the shoes; **eine Wunde ~:** cleanse a wound; **das Wasser von Schadstoffen ~:** cleanse the water of pollutants; purify the water; **b)** *(befreien)* clear, rid **(von** of); purge ‹*party, government, etc.*› **(von** of); **Bibliotheken von verbotenen Büchern ~:** rid libraries of banned books

**Säuberung die; ~, ~en a)** *(das Saubermachen)* cleaning; **b)** *(Entfernung)* purging; **einer ~ zum Opfer fallen** be the victim of a purge

**Säuberungs·aktion die** purge; clean-up operation

**sau·blöd[e]** *(salopp abwertend)* **1.** *Adj.* bloody silly *or* stupid. **2.** *adv.* in an bloody silly *or* stupid manner *(sl.)*; **frag doch nicht so ~:** don't ask such bloody silly *or* stupid questions *(sl.)*

**Sauce** *s.* **Soße a**

**Saucier** [zo'si̯e:] **der; ~s, ~s** sauce chef

**Sauciere** [zo'si̯ɛ:rə] **die; ~, ~n** sauce-boat

**Saudi** [zaudi] **der; ~s, ~s, Saudi·araber der** Saudi

**Saudi-Arabien (das); ~s** Saudi Arabia

**saudiarabisch, saudisch** *Adj.* Saudi Arabian; Saudi

**sau·dumm** *s.* **saublöd**

**sauer** ['zauɐ] **1.** *Adj.* **a)** sour; sour, tart ‹*fruit*›; sharp-tasting ‹*bread, coffee, etc.*›; pickled ‹*herring, gherkin, etc.*›; acid[ic] ‹*wine, vinegar*›; **saure Drops** acid drops *(Brit.)*; **saure Nieren** *(Kochk.) dish of sliced kidneys with lemon-flavored sauce;* **saurer Regen** acid rain; *s. auch* **Apfel a; Bier; b)** *nicht attr. (ugs.: verärgert)* cross, annoyed **(auf + Akk.** with); *(verdrossen)* sour; **c)** *(bes. Landw.)* acidic; **d)** *(Chemie)* acid[ic]; **e)** *(mühselig)* hard; difficult; **gib ihm Saures!** *(ugs.)* let him have it! *(coll.)*. **2.** *adv.* **a)** *(in, mit Essig)* in vinegar; **b)** *(ugs.: verärgert)* crossly; **~ [auf jmdn./etw.] reagieren** get annoyed *or* cross [with sb./sth.]; **c)** *(Chemie)* **~ reagieren** react acidically; **d)** *(mühsam)* with difficulty; **~ erspartes/verdientes Geld** hard-saved/hard-earned money; **jmdn. ~ ankommen** be hard for sb. to take *or* accept; **e) ~ aufstoßen** belch *(with acid taste)*; **das wird ihm noch einmal ~ aufstoßen** *(fig. ugs.)* he will live to regret that

**Sauer-: ~ampfer** [~ampfɐ] **der** sorrel; **~braten der** *braised beef marinated in vinegar and herbs;* sauerbraten *(Amer.)*; **~brunnen der a)** *(Quelle)* mineral spring containing carbon dioxide; **b)** *(Wasser)* mineral water containing carbon dioxide

**Sauerei die; ~, ~en** *(salopp abwertend)* **a)** *(Unflätigkeit)* obscenity; **~en erzählen** tell filthy stories **b)** *(Gemeinheit)* bloody *(Brit. sl.) or (coll.)* damn scandal *(sl.)*

**Sauer-: ~kirsche die** sour cherry; **~klee der** wood sorrel; **~kohl der** *o. Pl. (bes. nordd.)*; **~kraut das** *o. Pl.* sauerkraut; pickled cabbage

**säuerlich 1.** *Adj.* **a) [leicht] ~:** slightly sour; slightly sharp ‹*sauce*›; slightly sour *or* tart ‹*fruit*›; **ein leicht ~er Riesling** a Riesling with a touch of acidity; **b)** *(verdorben)* sourish; slightly sour; **c)** *(mißvergnügt)* sourish; slightly sour. **2.** *adv. (mißvergnügt)* somewhat sourly

**Säuerling der; ~s, ~e a)** *(Mineralwasser) s.* Sauerbrunnen **b; b)** *(ugs.: Wein)* acidy wine

**Sauer·milch die** sour milk

**säuern** ['zɔyɐn] **1.** *tr. V.* **a)** *(gären lassen)* leaven ‹*bread, dough, etc.*›; pickle ‹*cabbage, cucumber, etc.*›; **b)** *(Kochk.: würzen)* give zest *or* piquancy to. **2.** *itr. V.; auch mit sein (gären)* turn sour; **der Kohl säuert in Fässern** the cabbage is pickling in vats

**Sauer-: ~rahm der** sour cream; **~rahm·butter die** butter made from sour cream

**Sauer·stoff der;** *o. Pl.* oxygen

**sauerstoff-, Sauerstoff-: ~apparat der** oxygen apparatus; **~arm** *Adj.* low in oxygen *postpos.*; **~flasche die** oxygen cylinder; **~gerät das** oxygen apparatus; **~haltig** *Adj.* containing oxygen *postpos., not pred.*; **~haltig sein** contain oxygen; **~mangel der;** *o. Pl.* lack of oxygen; **~mangel im Blut/Zellgewebe** oxygen deficiency in the blood/cell tissue; **~maske die** oxygen mask; **~zelt das** *(Med.)* oxygen tent; **~zufuhr die** oxygen supply

**Sauer·teig der** leaven

**sauer·töpfisch** [-tœpfɪʃ] *Adj. (ugs.: abwertend)* sour ‹*expression, look, etc.*›; sour-faced ‹*person*›

**Säuerung die; ~, ~en** *(von Brot, Teig)* leavening; *(von Kohl, Kraut usw.)* pickling

**Saufbold** [-bolt] **der; ~[e]s, ~e** *(veralt. abwertend)* drunkard; boozer *(coll.)*

**Sauf·bruder der** *(salopp, oft abwertend)* boozing companion *(coll.)*

**saufen** ['zaufn̩] **1.** *unr. itr. V.* **a)** drink; **b)** *(salopp) (trinken)* drink; swig *(coll.)*; *(Alkohol trinken)* drink; booze *(coll.)*; **~ wie ein Loch** drink like a fish; **c)** *(salopp: alkoholabhängig sein)* drink. **2.** *unr. tr. V.* **a)** drink; **b)** *(salopp: trinken)* drink; **er hat so viel [Schnaps] gesoffen, daß ...:** he knocked back so much booze that ... *(coll.)*; **einen ~ gehen** go for a drink. **3.** *unr. refl. V. (salopp)* **sich dumm/zu Tode ~:** drink oneself stupid/to death; **sich arm ~:** drink one's last penny away; **sich** *(Dat.)* **die Jacke** *od.* **Hucke voll ~:** get tanked up *(sl.)*;

**Säufer** ['zɔyfɐ] **der; ~s, ~** *(salopp, oft abwertend)* boozer *(coll.)*; piss artist *(sl.)*

**Sauferei die; ~, ~en** *(salopp)* **a)** *(Gelage)* booze-up *(coll.)*; **b)** *o. Pl. (das Saufen)* boozing *no def. art. (coll.)*

**Säuferin die; ~, ~nen** *(salopp, oft abwertend)* boozer *(coll.)*; drunkard

**Säufer-: ~leber die** *(ugs.)* hobnail[ed] liver; **~nase die** *(ugs.)* drinker's nose; **~wahn der** *(Med. veralt.)* delirium tremens

**Sauf-: ~gelage das** *(salopp)* booze-up *(coll.)*; **~kumpan der** *(salopp)* boozing companion *(coll.)*

**Sau·fraß der** *(salopp abwertend)* pigswill *(coll.)*; rubbish

**säufst** [zɔyfst] *2. Pers. Sg. Präsens v.* **saufen**

**säuft** [zɔyft] *3. Pers. Sg. Präsens v.* **saufen**

**saugen** ['zaugn̩] **1.** *tr. V.* **a)** *auch unr. (aufnehmen)* suck; *s. auch* **Finger b; b)** *auch itr. (mit dem Staubsauger)* vacuum; hoover *(coll.)*; **c)** *(entfernen)* suck up. **2.** *regelm. (auch unr.) itr. V.* **an etw.** *(Dat.)* **~:** suck [at] sth.; **an einer Pfeife/Zigarette ~:** draw on a pipe/cigarette. **3.** *unr. (auch regelm.) refl. V.* **a)** *(eindringen)* soak **(in + Akk.** into); **b)** *(aufnehmen)* **sich voll etw. ~:** become soaked with sth.

**säugen** ['zɔygn̩] *tr. V.* suckle

**Sauger der; ~s, ~ a)** *(auf Flaschen)* teat; **b)** *(Saugheber)* siphon; **c)** *s.* **Schnuller**

**Säuger** ['zɔygɐ] **der; ~s, ~, Säuge·tier das** *(Zool.)* mammal

**saug-, Saug-: ~fähig** *Adj.* absorbent; **~fähigkeit die** *o. Pl.* absorbency; **~glocke die** *(Med.)* suction cup; *(zur Geburtshilfe)* vacuum extractor; venteuse; **~heber der** siphon; **~kraft die** suction [strength]

**Säugling** ['zɔyklɪŋ] **der; ~s, ~e** baby; infant

**Säuglings-: ~alter das;** *o. Pl.* infancy; babyhood; **im ~alter** in *or* during infancy; **~heim das** home for babies; **~pflege die** baby care; **~schwester die** infant *or* baby nurse; **~station die** baby ward; **~sterblichkeit die** infant mortality

**Saug-: ~napf der** *(Zool.)* sucker; **~organ das** *(Biol.)* suctorial organ; **~reflex der** sucking reflex; **~rüssel der** *(Zool.)* proboscis; **~wurm der** *(Zool.)* trematode

**Sau-: ~hatz die** *(Jägerspr.)* [wild] boar hunt; **~haufen der** *(salopp abwertend)* bunch of layabouts *(sl.)*; **~hund der** *(derb abwertend)* bastard *(coll.)*; bloody *(Brit. sl.) or (coll.)* damn swine

**säuisch** ['zɔyɪʃ] *(salopp)* **1.** *Adj.* **a)** *(abwertend: unanständig)* obscene ‹*phone call*›; filthy, obscene ‹*book, joke, behaviour*›; **b)** *(stark, groß)* hellish *(coll.)*. **2.** *adv. (sehr)* hellishly *(coll.)*; **~ viel Glück haben** have a hell of a lot of luck *(coll.)*

**sau-, Sau-: ~kalt** *Adj. (salopp)* bloody cold *(Brit. sl.)*; damn cold *(coll.)*; **~kälte die** *(salopp)* bloody cold *(Brit. sl.) or (coll.)* damn cold weather; **das ist eine ~kälte** it's bloody *(Brit. sl.) or (coll.)* damn cold *or* freezing; **~kerl der** *(salopp abwertend)* bastard *(coll.)*; **~laden der** *(salopp abwertend)* dump *(coll.)*

**Säule** ['zɔylə] **die; ~, ~n a)** column; *(nur als Stütze, auch fig.)* pillar; **b)** *(Zapf~)* [petrol *(Brit.) or (Amer.)* gasoline] pump

**Säulen-: ~bau der;** *Pl.* **~bauten** building with columns; **~fuß der** base [of a/the column/pillar]; **~gang der** colonnade; **~halle die** columned hall; **~heilige der** stylite; **er ist ja kein ~heiliger** *(fig.)* he's no plaster saint; **~kaktus der** cereus; **~ordnung die** *(Archit.)* order [of columns]; **die dorische ~ordnung** the Doric order; **~portal das** *(Archit.)* columned doorway

**Saum** [zaum] **der; ~[e]s, Säume** ['zɔymə] hem; *(fig. geh.)* edge

**Sau·magen** der *(Kochk.)* stuffed pig's stomach

**sau·mäßig** *(salopp)* **1.** *Adj.* **a)** *(sehr groß)* **das ist eine ~e Arbeit/Hitze** that's a hell of a job/temperature *(coll.)*; **~es Glück haben** be damned lucky *(coll.)*; **b)** *(abwertend: schlecht)* lousy *(sl.)*. **2.** *adv.* **a)** *(sehr)* damned *(coll.)*; **~ viel verdienen** earn a hell of a lot *(coll.)*; **es tat ~ weh** it hurt like hell; **b)** *(abwertend: sehr schlecht)* lousily *(sl.)*

**[1]säumen** ['zɔymən] *tr. V.* hem; *(fig. geh.)* line

**[2]säumen** *itr. V. (geh.: zögern)* tarry *(literary)*

**säumig** *(geh.) Adj.* tardy; dilatory

**Säumigkeit** die; ~ *(geh.)* tardiness; dilatoriness

**Säumnis** ['zɔymnɪs] die; ~, ~se *od.* das; ~ses, ~se *(geh.)* **a)** delay; **b)** *(Unterlassung)* omission; failing

**saum-, Saum-: ~pfad** der mule-track; **~selig** *(geh.)* **1.** *Adj.* dilatory; slow; **2.** *adv.* in a dilatory manner; slowly; **~seligkeit** die *(geh.)* dilatoriness; slowness

**Saum·tier** das pack animal

**Sauna** ['zauna] die; ~, ~s *od.* Saunen sauna

**Sauna·bad** das sauna

**saunieren** [zau'ni:rən] *itr. V.* have *or* take a sauna

**Säure** ['zɔyrə] die; ~, ~n **a)** *o. Pl. (von Früchten)* sourness; tartness; *(von Wein, Essig)* acidity; *(von Soßen)* sharpness; **b)** *(Chemie)* acid

**säure-, Säure-: ~arm** *Adj.* low in acid *postpos.*; **~beständig,** *Adj.* acid-resistant; **~fest** *Adj.* acid-proof; **~frei** *Adj.* acid-free; **~gehalt** der acid content

**Saure·gurken·zeit** die *(ugs.)* slack *or* dead season; *(in den Medien)* silly season *(Brit.)*

**säure·haltig** *Adj.* acid[ic]

**Saurier** ['zauriɐ] der; ~s, ~: large prehistoric reptile

**Saus** [zaus] *in* **in ~ und Braus leben** live the high life

**Sause** die; ~, ~n *(ugs. veralt.)* **a)** *(Gelage)* booze-up *(coll.)*; **b)** *(Zug durch die Kneipen)* pub crawl *(Brit. coll.)*; **eine ~ machen** go on a pub crawl *(Brit. coll.)*; go bar-hopping *(Amer.)*

**säuseln** ['zɔyzl̩n] **1.** *itr. V. (rascheln)* 〈*leaves, branches, etc.*〉 rustle; 〈*wind*〉 murmur. **2.** *tr. V. (iron.: sagen)* whisper

**sausen** *itr. V.* **a)** *(Geräusch machen)* 〈*wind*〉 whistle; 〈*storm*〉 roar; 〈*head, ears*〉 buzz; 〈*propeller, engine, etc.*〉 whirr, **das Blut sauste ihm in den Ohren** blood was pounding in his ears; **b)** *mit sein (hinfahren, -gehen)* 〈*person*〉 rush; 〈*vehicle*〉 roar; **er sauste mit dem Fahrrad um die Ecke** he sped round the corner on his bike; **durchs Examen ~** *(fig.)* fail one's exam; **c)** *mit sein* 〈*whip, bullet, etc.*〉 whistle; **d) einen ~ lassen** *(salopp)* blow off *(sl.)*

**sausen|lassen** *unr. tr. V. (salopp)* **a) ein Konzert ~:** give a concert a miss; **eine Einladung ~:** not take up an invitation; **eine Stellung/ein Geschäft ~:** let a job/a business deal go; **ein Vorhaben ~:** not bother to follow up a plan; **b)** *(sich trennen von)* drop 〈*boy-friend, girl-friend, etc.*〉

**Sauser** der; ~s, ~ *(bes. südwestd., österr., schweiz.)* new wine

**Sause-: ~schritt** der *in* **im ~** *(ugs.)* at breakneck speed; **~wind** der **a)** *(Kindenspr.)* wind; **b)** *(ugs.: Mensch)* live wire

**sau-, Sau-: ~stall** der **a)** pigsty; **b)** *(fig. salopp abwertend)* hole *(coll.)*; dump *(coll.)*; **~wetter** das *(salopp abwertend)* lousy weather *(sl.)*; **~wohl** *Adj.; in* **sich ~wohl fühlen** *(salopp)* feel bloody *(Brit. sl.) or (coll.)* damn good *or* great; **~wut** die *(salopp)* **eine ~wut [auf jmdn.] haben** be bloody *(Brit. sl.) or (coll.)* damn mad [with sb.]

**Savanne** [za'vanə] die; ~, ~n savannah

**Savoyen** [za'vɔyən] (das); ~s Savoy

**Saxophon** [zakso'fo:n] das; ~s, ~e saxophone

**Saxophonist** der; ~en, ~en saxophonist

**S-Bahn** ['ɛs-] die city and suburban railway; S-bahn

**S-Bahn-: ~hof** der, **~-Station** die S-bahn station; **~-Surfen** das; ~s ≈ train surfing; **~-Zug** der city and suburban train; S-bahn train

**SBB** *Abk.* **Schweizerische Bundesbahn** Swiss Federal Railways

**SB-** [ɛs'be:-]: **~-Laden** der self-service shop; **~-Tank·stelle** die self-service petrol *(Brit.) or (Amer.)* gasoline station

**SBZ** [ɛsbe:'tsɛt] die; ~ *Abk.* **Sowjetische Besatzungszone** Soviet occupied zone

**Scampi** ['skampi] *Pl.* scampi

**Scanner** ['skænɐ] der; ~s, ~ *(Med., graph. Technik)* scanner

**Scene** [si:n] die; ~, ~s *(salopp)* scene

**sch** [ʃ] *Interj.* **a)** *(ruhig)* sh[h]; hush; **b)** *(weg da)* shoo

**Schabe** ['ʃa:bə] die; ~, ~n **a)** cockroach; **b)** *(südd., schweiz.: Motte)* moth

**Schabe·fleisch** das minced beef

**Schab·eisen** das scraper

**schaben 1.** *tr. V.* **a)** *(schälen)* scrape 〈*carrots, potatoes, etc.*〉; *(glätten)* shave 〈*leather, hide, etc.*〉; plane 〈*wood, surface, etc.*〉; **sich** *(Dat.)* **den Bart ~** *(ugs. scherzh.)* have a shave; shave; **b)** *(scheuern)* rub; **c)** *(entfernen)* scrape. **2.** *itr. V.* scrape; **an/auf etw.** *(Dat.)* **~:** scrape against sth./scrape sth.

**Schaber** der; ~s, ~: scraper

**Schabernack** ['ʃa:bɐnak] der; ~[e]s, ~e **a)** *(Streich)* prank; **mit jmdm. seinen ~ treiben** play a prank on sb.; **b)** *o. Pl. (Scherz, Spaß)* **aus ~ etw. tun** do sth. for a joke; **c)** *(scherzh.: Kind)* monkey; rascal

**schäbig** ['ʃɛ:bɪç] **1.** *Adj.* **a)** *(abgenutzt)* shabby; **b)** *(jämmerlich, gering)* pathetic; miserable; **~e Gehälter** paltry wages; **c)** *(gemein)* shabby; mean; **d)** *(geizig)* stingy. **2.** *adv.* **a)** *(abgenutzt)* shabbily; **b)** *(jämmerlich)* miserably; **~ bezahlen** pay poorly; **c)** *(gemein)* meanly

**Schäbigkeit** die; ~ shabbiness; *(des Gehalts)* paltriness; *(Geiz)* stinginess

**Schablone** [ʃa'blo:nə] die; ~, ~n **a)** pattern; **b)** *(fig., meist abwertend)* **in ~n denken/sprechen** *od.* **reden** think in stereotypes/speak in clichés; **nach ~ arbeiten** work according to a set pattern *or* routine

**schablonen-, Schablonen-: ~denken** das stereotyped way of thinking; **~druck** der **a)** *(Vervielfältigungsverfahren)* stencil printing; **b)** *(Siebdruck)* screen-printing; **~haft 1.** *Adj.* stereotyped 〈*thinking*〉; clichéd 〈*remark, expression, etc.*〉; **2.** *adv.* 〈*speak*〉 in a clichéd manner; 〈*think, act, argue, etc.*〉 in a stereotyped manner

**Schab·messer** das **a)** *(Schabeisen)* scraper; scraping-knife; **b)** *(zur Holzbearbeitung)* spokeshave

**Schabracke** [ʃa'brakə] die; ~, ~n **a)** *(Pferdedecke)* caparison; **b)** *(an Fenstern)* pelmet

**Schabsel** ['ʃa:psl̩] das; ~s, ~: shavings *pl.*

**Schab·technik** die mezzotint technique

**Schach** [ʃax] das; ~s, ~s **a)** *o. Pl. (Spiel)* chess; **b)** *(Schachspiel: Stellung)* check; **~ [dem König]!** check; **[dem gegnerischen König/dem Gegner] ~ bieten** check the opponent's king/the opponent; **der Turm/der Gegner bietet ~:** the rook/the opponent gives check; **ewiges ~:** perpetual check; **im ~:** in check; **jmdn./etw. in ~ halten** *(ugs. fig.)* keep sb./sth. in check; *s. auch* **matt 1 f**

**Schach-: ~auf·gabe** die chess problem; **~brett** das chessboard; **~brett·muster** das chequer-board pattern; *(auf Stoff)* chequered pattern; **~ecke** die *(ugs.)* chess column

**Schacher** ['ʃaxɐ] der; ~s *(abwertend)* haggling (**um** over); *(bes. Politik)* horse-trading (**um** about)

**Schächer** ['ʃɛçɐ] der; ~s, ~ *(bibl.)* thief

**schachern** *itr. V.* haggle (**um** over)

**schach-, Schach-: ~figur** die chess piece; chessman; **~matt** *Adj.* **a)** *(Schachspiel)* **~matt!** checkmate; **~matt sein** be checkmated; **jmdn. ~matt setzen** *(Schachspiel)* checkmate sb.; *(fig.: ausschalten)* render sb. powerless; **b)** *(erschöpft)* exhausted; **~partie** die game of chess; **~spiel** das **a)** *o. Pl. (Spiel)* chess; **b)** *o. Pl. (das Spielen)* chess-playing; **c)** *(Partie)* game of chess; **d)** *(Brett und Figuren)* chess set; **~spieler** der chess-player

**Schacht** [ʃaxt] der; ~[e]s, Schächte ['ʃɛçtə] shaft

**Schachtel** ['ʃaxtl̩] die; ~, ~n **a)** box; **eine ~ Zigaretten** a packet *or (Amer.)* pack of cigarettes; **eine ~ Pralinen/Streichhölzer** a box of chocolates/matches; **b)** *in* **alte ~** *(salopp abwertend)* old bag *(sl.)*

**Schächtelchen** ['ʃɛçtl̩çən] das; ~s, ~: [little] box

**Schachtel-: ~halm** der *(Bot.)* horsetail; **~satz** der *(Sprachw.)* involved sentence

**schächten** ['ʃɛçtn̩] *tr., itr. V.* slaughter according to Jewish rites

**Schach-: ~turnier** das chess tournament; **~zug** der **a)** *(Schachspiel)* move [in chess]; **b)** *(fig.)* move

**schade** ['ʃa:də] *Adj.; nicht attr.* **[ach, wie] ~!** [what a] pity *or* shame; **es/das ist [sehr] ~!** it's/that's a [terrible] pity *or* shame; **[es ist zu] ~, daß ...:** it's a [real] pity *or* shame that ...; **nur ~** *od.* **~ nur, daß ...:** it's just a pity *or* shame that ...; **[es ist] ~ um jmdn./etw.** it's a pity *or* shame about sb./sth.; **~ drum!** what a pity *or* shame; **um die Vase ist es nicht weiter ~:** it doesn't matter about the vase; the vase is no great loss; **für jmdn./für** *od.* **zu etw. zu ~ sein** be too good for sb./sth.; **sich** *(Dat.)* **zu ~ für** *od.* **zu etw./für jmdn. sein** consider oneself too good for sth./sb.

**Schade** *in* **es soll dein ~ nicht sein** *(veralt.)* it will not be to your disadvantage

**Schädel** ['ʃɛ:dl̩] der; ~s, ~ **a)** head; *(Skelett)* skull; **jmdm. eins auf** *od.* **über den ~ geben** *(ugs.)* hit *or* knock sb. over the head; **mir brummt der ~** *(ugs.)* my head is throbbing; **einen dicken** *od.* **harten ~ haben** *(fig.)* be stubborn *or* pigheaded; **sich** *(Dat.)* **[an etw.** *(Dat.)***] den ~ einrennen** *(fig.)* beat *or* run one's head against a brick wall [with sth.]; **b)** *(fig.: Verstand)* **streng deinen ~ mal an!** tax your brains a bit; **es geht** *od.* **will nicht in seinen ~ [hinein], daß ...** *(ugs.)* he can't get it into his head that ...

**Schädel-: ~basis·bruch** der *(Med.)* basal skull fracture; **~bruch** der *(Med.)* skull fracture; **~decke** die *(Anat.)* skull-cap; calvaria; **~lage** die *(Med.)* cephalic *or* head presentation; **~naht** die *(Anat.)* suture

**schaden** *itr. V.* **jmdm./einer Sache ~:** damage *or* harm sb./sth.; **Rauchen schadet Ihrer Gesundheit/Ihnen** smoking damages your health/is bad for you; **jmds. Ansehen [sehr] ~:** do [great] damage to sb.'s reputation; **das würde dir nichts ~** *(ugs.)* that wouldn't hurt you *or* do you any harm; **das schadet nichts** *(ugs.) (ist nicht schlimm)* that doesn't matter; *(ist ganz gut)* that won't do any harm; **es kann nichts ~, wenn ...** *(ugs.)* it would do no harm if ...

**Schaden** der; ~s, Schäden ['ʃɛ:dn̩] **a)** *(Beschädigung)* damage *no pl., no indef. art.*; **ein kleiner/großer ~:** little/major damage; **jmdm. [einen] ~ zufügen** harm sb.; **~ leiden** *(geh.)* suffer; **wer den ~ hat, braucht für den Spott nicht zu sorgen** *(Spr.)* the laugh is always on the loser; **aus ~ wird man klug** *(Spr.)* once bitten, twice shy *(prov.)*; **er hat an seiner Gesundheit ~ genommen** *(geh.)* his health has suffered; **b)** *(Nachteil)* disadvantage; **es ist dein eigener** *od.* **zu deinem ei-**

genen ~: it is to your own disadvantage; **es soll Ihr ~ nicht sein** it will not be to your disadvantage; **zu ~ kommen** suffer; be adversely affected; **c)** *(Defekt)* damage *no pl., no indef. art.;* **das Haus weist einige Schäden auf** the house has some defects; **d)** *(Verletzung)* injury; **zu ~ kommen** be hurt *or* injured

**schaden-, Schaden-: ~ersatz der** *(Rechtsw.)* damages *pl.; (Versicherungsw.)* **~ersatz leisten** pay damages/compensation; **jmdn. auf ~ersatz verklagen** sue sb. for damages/compensation; **~ersatz·anspruch der, ~ersatz·forderung die** *(Rechtsw.)* claim for damages; *(Versicherungsw.)* claim for compensation; **~freude die** *o. Pl.* malicious pleasure; **..., sagte er voller ~freude ...** he said gloatingly; **~froh 1.** *Adj.* gloating; **~froh sein** gloat; **2.** *adv.* with malicious pleasure

**Schadens·fall der** *(Rechtsw., Versicherungsw.)* case of damage; *(Verlust)* case of loss; **im ~:** in the event of damage/loss

**schadhaft** ['ʃa:thaft] *Adj.* defective

**Schadhaftigkeit die; ~:** defectiveness

**schädigen** ['ʃɛ:dɪgn̩] *tr. V.* damage ⟨*health, reputation, interests*⟩; harm, hurt ⟨*person*⟩; cause losses to ⟨*firm, industry, etc.*⟩; **er hat den Betrieb um mehrere tausend Mark geschädigt** he caused losses of several thousand marks to the firm; **jmdn. gesundheitlich ~:** damage sb.'s health

**Schädigung die; ~, ~en** damage *no pl., no indef. art.* (*Gen.* to); **materielle/gesundheitliche ~en** financial losses/damage to one's/your *etc.* health

**schädlich** ['ʃɛ:tlɪç] *Adj.* harmful; **~ für die Gesundheit** damaging *or* injurious to the health; **~e Folgen/Wirkungen/Einflüsse** damaging or detrimental consequences/effects/influences

**Schädlichkeit die; ~:** harmfulness

**Schädling** ['ʃɛ:tlɪŋ] **der; ~s, ~e** pest

**Schädlings-: ~bekämpfer der** pest control expert; **~bekämpfung die** pest control; **~bekämpfungs·mittel das** pesticide

**schadlos** *Adj.* **in sich an jmdm./etw. ~ halten** take advantage of sb./sth.

**Schad·stoff der** harmful chemical

**schadstoff·arm** *Adj. (bes. Kfz-W.)* low in harmful substances *postpos.;* clean-exhaust ⟨*vehicle*⟩; *(mit Katalysator)* ⟨*vehicle*⟩ with exhaust emission control

**Schaf** [ʃa:f] **das; ~[e]s, ~e a)** sheep; *s. auch* **Bock a; schwarz b; b)** *(ugs.: Dummkopf)* twit *(Brit. sl.);* idiot *(coll.)*

**Schaf·bock der** ram

**Schäfchen** ['ʃɛ:fçən] **das; ~s, ~ a)** [little] sheep; *(Lamm)* lamb; **sein[e] ~ ins trockene bringen** *(ugs.)* take care of number one *(coll.);* **sein[e] ~ im trockenen haben** *(ugs.)* have taken care of number one *(coll.);* **~ zählen** *(zum Einschlafen)* count sheep; **b)** *Pl. (ugs.: Schutzbefohlene)* flock *sing. or pl.;* **c)** *(fam.: einfältiger Mensch)* silly thing

**Schäfchen·wolke die** fleecy cloud

**Schäfer der; ~s, ~:** shepherd

**Schäfer·dichtung die** *(Literaturw.)* pastoral *or* bucolic poetry

**Schäferei die; ~, ~en a)** *o. Pl.* **[die] ~:** sheep-farming; sheep-rearing; **b)** *(Betrieb)* sheep-farm

**Schäfer·hund der a)** *(Rasse)* Alsatian *(Brit.);* German shepherd; **ein deutscher ~:** an Alsatian *(Brit.);* a German shepherd; **b)** *(Hirtenhund)* sheep-dog

**Schäferin die; ~, ~nen** shepherdess

**Schäfer-: ~spiel das** *(Literaturw.)* pastoral [play]; **~stündchen das** lovers' tryst

**Schaf·fell das** sheepskin

**schaffen** ['ʃafn̩] **1.** *unr. tr. V.* **a)** *(schöpferisch gestalten)* create; **der ~de Mensch** creative man; **für jmdn./etw.** *od.* **zu jmdm./etw. wie geschaffen sein** be made *or* perfect for sb./sth.; **b)** *auch regelm. (herstellen)* create ⟨*conditions, jobs, situation, etc.*⟩; make ⟨*room, space, fortune*⟩; **klare Verhältnisse ~:** clear things up; straighten things out; *s. auch* **Abhilfe; Ordnung a. 2.** *tr. V.* **a)** *(bewältigen)* **etw. ~:** manage to do sth.; **viel ~:** manage to do a great deal; **eine Arbeit ~:** get a job done; **wenn wir uns beeilen, ~ wir es vielleicht noch** we might still make it if we hurry; **das schafft er nie** he'll never manage it; **das hätten wir geschafft, das wäre geschafft** there, that's done; **er hat die Prüfung nicht geschafft** *(ugs.)* he didn't pass the exam; **b)** *(ugs.: erschöpfen)* wear out; **die Hitze/Arbeit hat mich geschafft** the heat/work took it out of me; **c)** *(befördern)* **etw. aus etw./in etw.** *(Akk.)* **~:** get sth. out of/into sth.; **die Kisten auf den Speicher/in den Keller ~:** take the boxes to the attic/cellar. **3.** *itr. V.* **a)** *(südd.: arbeiten)* work; **b) sich** *(Dat.)* **zu ~ machen** *(an etw. hantieren)* busy oneself; *(Tätigkeit vortäuschen)* fiddle *or* tinker about; **was machst du dir an meinem Schreibtisch zu ~?** what are you doing at my desk?; **mit ihm will ich nichts zu ~ haben** I don't want to have anything to do with him; **was habe ich mit dieser Angelegenheit zu ~?** what does this matter have to do with me?; **jmdm. zu ~ machen** cause sb. trouble

**Schaffen das; ~s** work; **im Zenit seines ~s** at the peak of his creative work

**Schaffens-: ~drang der;** *o. Pl.* energy; **~freude die** *o. Pl.* enthusiasm [for one's work]; *(eines Künstlers)* pleasure in creating things; **~kraft die** *o. Pl.* energy for work; *(eines Künstlers)* creativity; creative power

**Schaffer der; ~s, ~** *(bes. südd.)* hard worker

**Schafferei die; ~** *(bes. südd.)* hard work

**Schaf·fleisch das** mutton

**Schaffner** ['ʃafnɐ] **der; ~s ~** *(im Bus)* conductor; *(im Zug)* guard *(Brit.);* conductor *(Amer.); (der Fahrausweise verkauft/kontrolliert)* inspector

**Schaffnerin die; ~, ~nen** *(im Bus)* conductress *(Brit.); (im Zug)* guard *(Brit.);* conductress *(Amer.); (die Fahrausweise verkauft/kontrolliert)* inspector

**schaffner·los** *Adj. (Verkehrsw.)* ⟨*bus, tram, etc.*⟩ without a conductor; ⟨*train*⟩ without a guard *(Brit.) or (Amer.)* conductor/an inspector *postpos.*

**Schaffung die; ~:** creation

**Schaf-: ~garbe die** yarrow; **~herde die** flock of sheep; **~hirt der** shepherd; **~kälte die** *spell of cold weather frequently occurring in mid-June;* **~kopf** *s.* **Schafskopf**

**Schäflein** ['ʃɛ:flain] **das; ~s, ~** *s.* **Schäfchen a, b**

**Schafott** [ʃa'fɔt] **das; ~[e]s, ~e** scaffold

**Schaf·schur die** sheep-shearing

**Schafs-: ~käse der** sheep's milk cheese; **~kopf der a)** *o. Pl. (Kartenspiel)* sheep's head; **b)** *(ugs.: Trottel)* dope *(coll.);* idiot *(coll.);* **~pelz der** sheepskin

**Schaf·stall der** sheep-fold

**Schaft** [ʃaft] **der; ~[e]s, Schäfte** ['ʃɛftə] **a)** *(Griff; auch Archit.)* shaft; *(eines Messers, Beils, Meißels)* handle; *(eines Gewehrs usw.)* stock; **b)** *(eines Baumes, einer Feder)* shaft; **c)** *(am Schuh)* upper; **d)** *(am Stiefel)* leg; **e)** *(Bot.)* stem; stalk

**Schaft·stiefel der** high boot

**Schaf-: ~wolle die** sheep's wool; **~zucht die a)** *(das Züchten)* sheep-breeding *no art.;* **b)** *(Betrieb)* sheep-farm

**Schah** [ʃa:] **der; ~s, ~s** Shah

**Schakal** [ʃa'ka:l] **der; ~s, ~e** jackal

**Schäker** ['ʃɛ:kɐ] **der; ~s, ~** *(veralt.)* **a)** *(Witzbold)* joker; **b)** *(jmd., der flirtet)* flirt

**schäkern** *itr. V. (veralt.)* **a)** *(spaßen)* fool about; **b)** *(flirten)* flirt

**schal** [ʃa:l] *Adj.* stale ⟨*drink, taste, smell, joke*⟩; empty ⟨*words, feeling*⟩

**Schal der; ~s, ~s** *od.* **~e a)** *(Halstuch)* scarf; **b)** *(Vorhang~)* curtain

**Schälchen** ['ʃɛ:lçən] **das; ~s, ~:** small bowl *or* dish

**Schale** ['ʃa:lə] **die; ~, ~n a)** *(Obst~)* skin; *(abgeschälte ~)* peel *no pl.;* **Kartoffeln in der ~** *(Kochk.)* jacket potatoes; **b)** *(Nuß~, Eier~)* shell; **c)** *(tieferes Gefäß)* bowl; *(flacheres Gefäß)* dish; *(Waag~)* pan; scale; *(Sekt~)* champagne-glass; **d)** *in* **[groß] in ~ sein** *(ugs.)* be dressed up to the nines; **sich in ~ werfen** *od.* **schmeißen** *(ugs.)* get dressed [up] to the nines; **e)** *(Zool.)* shell; **f)** *(bes. österr.: Tasse)* [shallow] cup; **g)** *(des BH)* cup

**schälen** ['ʃɛ:lən] **1.** *tr. V.* peel ⟨*fruit, vegetable*⟩; shell ⟨*egg, nut, pea*⟩; skin ⟨*tomato, almond*⟩; **einen Baumstamm ~:** remove the bark from a tree-trunk; **den Knochen aus einem Schinken ~:** bone a ham; **etw. aus der Verpackung ~** *(fig.)* get sth. out of its wrappings; **sich aus den Kleidern ~** *(fig.)* get oneself out of one's clothes. **2.** *refl. V.* **a)** *(sich ~ lassen)* peel; **Tomaten/Eier ~ sich leichter** tomatoes/eggs can be skinned/shelled more easily; **b)** ⟨*person, skin, nose, etc.*⟩ peel; **du schälst dich am Rücken/auf der Nase/im Gesicht** your back/nose/face is peeling

**Schalen-: ~obst das** nuts *pl.;* **~sitz der** bucket seat; **~tier das** shell animal; **~wild das** *(Jägerspr.)* hoofed game

**Schalheit die; ~** *s.* **schal:** staleness; emptiness

**Schalk** [ʃalk] **der; ~[e]s, ~e** *od.* **Schälke** ['ʃɛlkə] rogue; prankster; **jmdm. sitzt der ~/jmd. hat den ~ im Nacken** *(fig.)* sb. is really roguish *or* mischievous; **jmdm. schaut der ~ aus den Augen** *(fig.)* sb. has a roguish *or* mischievous look in his eye

**schalkhaft** *(geh.)* **1.** *Adj.* roguish; mischievous. **2.** *adv.* roguishly; mischievously

**Schal·kragen der** shawl collar

**Schalks·narr der** *(veralt.)* **a)** *(Hofnarr)* jester; fool; **b)** *(Schalk)* rogue; prankster; wag

**Schall** [ʃal] **der; ~[e]s, ~e** *od.* **Schälle** ['ʃɛlə] **a)** *(Klang)* sound; **mit lautem ~:** loudly; **leerer ~ sein** be meaningless *or* irrelevant; **~ und Rauch sein** not mean anything; **Name ist ~ und Rauch** names mean nothing; **b)** *o. Pl. (Physik)* sound *no art.*

**schall-, Schall-: ~dämmend** *Adj.* sound-deadening; sound-absorbing; **~dämmung die** sound insulation; **~dämpfer der a)** *(am Auto, für Feuerwaffen)* silencer; **b)** *(Musik)* mute; **~dicht** *Adj.* sound-proof

**Schallehre die;** *o. Pl.* acoustics *sing., no art.*

**schallen** *regelm. (auch unr.) itr. V.* ring out; *(nachhallen)* resound; echo; **eine ~de Ohrfeige** a resounding slap; **~des Gelächter** ringing laughter; **~d lachen** roar with laughter

**Schall-: ~geschwindigkeit die** speed *or* velocity of sound; **~lehre** *s.* **Schallehre; ~loch** *s.* **Schalloch; ~mauer die** sound *or* sonic barrier

**Schalloch das a)** *(Musik)* sound-hole; **b)** *(an einem Turm usw.)* belfry window

**Schall·platte die** record

**Schallplatten-:** *s.* **Platten-**

**schall-, Schall-: ~quelle die** sound-source; **~schluckend** *Adj.* sound-absorbent; sound-deadening; **~trichter der** *(am Grammophon)* horn; *(am Blasinstrument)* bell; **~welle die** *(Physik)* sound-wave; **~wort das** *Pl.* **~wörter** *(Sprachw.)* onomatopoeic word

**Schalmei** [ʃal'mai] **die; ~, ~en** shawm

**Schalotte** [ʃa'lɔtə] **die; ~, ~n** shallot

**schalt** [ʃalt] *1. u. 3. Pers. Sg. Prät. v.* **schelten**

**Schalt·anlage die** *(Elektrot.)* switch-gear

**schalten** ['ʃaltn̩] **1.** *tr. V.* **a)** switch; **ein Gerät auf „aus" ~:** turn an appliance to 'off'; **b)** *(Elektrot.: verbinden)* connect; **in Reihe/parallel ~:** connect in series/in parallel. **2.** *itr. V.* **a)** *(Schalter betätigen)* switch, turn (**auf** + *Akk.* to); **du mußt zweimal ~:** you have to operate the switch twice; **er schaltet immer gleich auf stur** *(fig. ugs.)* he immediately digs his heels in *(fig.)*; **b)** ⟨*machine*⟩ switch (**auf** + *Akk.* to); ⟨*traffic light*⟩ change (**auf** + *Akk.* to); **c)** *(im Auto)* change [gear]; **in den 4. Gang ~:** change into fourth gear; **d)** *(geh.: verfahren)* act; **er kann mit dem Geld frei ~:** he can do as he pleases with the money; he has a free hand with the money; **~ und walten** manage one's affairs; **sie kann ~ und walten, wie sie will** she can manage things as she pleases; **e)** *(ugs.: begreifen)* twig *(coll.)*; catch on *(coll.)*. **3.** *refl. V. (sich ~ lassen)* **das Gerät schaltet sich leicht/schwer** the switch on this device is easy/difficult to operate; **der Wagen schaltet sich schlecht** it's difficult to change gear in this car

**Schalter** ['ʃaltɐ] **der; ~s, ~ a)** *(Strom~)* switch; **b)** *(Post~, Bank~, Fahrkarten~ usw.)* counter; *(mit Fenster auch)* window

**Schalter-: ~beamte der** counter clerk; *(im Bahnhof)* ticket clerk; **~halle die** hall; *(im Bahnhof)* booking-hall *(Brit.)*; ticket office; **~raum der** counter-room; *(im Bahnhof)* ticket office; **~schluß der** closing-time; **~stunden** *Pl.* business hours; hours of business

**Schalt-: ~getriebe das** *(Kfz-W.)* [manual] gearbox; **~hebel der a)** *(am Schalter)* switch; **an den ~hebeln der Macht sitzen** *(fig.)* hold the reins of power; **b)** *(im Auto)* gear-lever; gear-shift *(Amer.)*; **~jahr das** leap year; **alle ~jahre [ein]mal** *(ugs.)* once in a blue moon; **~knüppel der** [floor-mounted] gear-lever; **~kreis der** *(Elektrot.)* circuit; **~pause die** *(Rundfunk)* pause [in transmission]; **~plan der** *(Elektrot.)* wiring *or* circuit diagram; **~pult das** control desk; *(kleiner)* control panel; **~satz der** *(Sprachw.)* parenthetic clause; **~stelle die** control centre; **~tafel die** *(Elektrot.)* control panel; **~tag der** leap-day

**Schaltung die; ~, ~en a)** *(Rundfunk: Verbindung)* link-up; **b)** *(Gang~)* manual gear change; **c)** *(Elektrot.)* circuit; wiring system; **d)** *s.* **Schaltplan**

**Schalt·zentrale die** *(Technik)* control centre

**Schaluppe** [ʃa'lʊpə] **die; ~, ~n** *(Frachtschiff)* sloop

**Scham** [ʃa:m] **die; ~ a)** shame; **ohne/ohne jede ~:** unashamedly/without the slightest shame; **ich hätte vor ~ in den Boden versinken können** I could have sunk through the floor with embarrassment *or* shame; **aus/vor ~ erröten** blush with shame; **nur keine falsche ~:** no need for any false modesty; **b)** *(geh. verhüll.: ~gegend)* private parts *pl.*

**Schamane** [ʃa'ma:nə] **der; ~n, ~n** *(Völkerk.)* shaman

**Scham·bein das** *(Anat.)* pubic bone

**schämen** ['ʃɛ:mən] *refl. V.* be ashamed; **sich einer Sache** *(Gen.)* **od. für etw.** *od.* **wegen etw. ~:** be ashamed of sth.; **sich für jmdn. ~:** be ashamed for sb.; **du solltest dich [was** *(ugs.)*] **~!** you [really] should be ashamed of yourself; **schäm dich** shame on you

**Scham-: ~gefühl das;** *o. Pl.* sense of shame; **~haar das;** *o. Pl.* pubic hair

**schamhaft 1.** *Adj.* bashful ⟨*person, look, etc.*⟩; modest ⟨*clothing*⟩. **2.** *adv.* ⟨*look, smile, etc.*⟩ bashfully; ⟨*dress, behave*⟩ modestly

**Schamhaftigkeit die; ~:** modesty

**scham-, Scham-: ~lippe die** *(Anat.)* labium; **innere/äußere ~lippen** labia minora/majora; **~los 1.** *Adj.* **a)** *(skrupellos, dreist)* shameless; barefaced, shameless ⟨*lie, slander*⟩; **b)** *(unanständig)* indecent ⟨*gesture, remark, dress, etc.*⟩; shameless ⟨*person*⟩; **2.** *adv.* **a)** *(skrupellos, dreist)* shamelessly; **b)** *(unanständig)* indecently; **~losigkeit die; ~, ~en** *(Skrupellosigkeit, Dreistigkeit)* shamelessness; *(Unanständigkeit)* indecency; shamelessness; **ich kann solche ~losigkeiten nicht dulden** I cannot tolerate such shameless behaviour *sing.*

**Schamotte·stein** [ʃa'mɔte-] **der** fire-brick

**Schampon** ['ʃampɔn] *s.* **Shampoo**

**schamponieren** *tr. V.* shampoo

**Schampus** ['ʃampʊs] **der; ~** *(ugs.)* bubbly *(coll.)*; champers *sing. (Brit. coll.)*

**scham·rot** *Adj.* red with shame *postpos.*; **~ werden** blush with shame

**Scham·röte die: ihm stieg die ~ ins Gesicht** he blushed with shame

**schandbar** *s.* **schändlich**

**Schande** ['ʃandə] **die; ~:** disgrace; shame; **es ist eine [wahre] ~:** it is a[n absolute] disgrace; **es wäre doch eine ~, das wegzuwerfen** it would be a shame to throw it away; **zu meiner ~ muß ich sagen, daß ...:** it must be said to my shame that ...; **~ über dich!** shame on you!; **jmdm./einer Sache [keine] ~ machen** [not] disgrace sb./sth.; bring [no] disgrace *or* shame on sb./sth.; **etw. gereicht jmdm. zur ~** *(geh.)* sth. is a disgrace to sb.

**schänden** ['ʃɛndn̩] *tr. V.* **a)** dishonour, discredit ⟨*name, reputation, etc.*⟩; **b)** *(beschädigen)* defile ⟨*memorial, work of art, etc.*⟩; desecrate, defile ⟨*holy place, grave, relic*⟩; violate ⟨*corpse*⟩; **c)** *(veralt.: vergewaltigen)* violate; *s. auch* **Arbeit a**

**Schand·fleck der** blot; **ein ~ in der Landschaft sein** be a blot on the landscape; **er war schon immer der ~ [in] unserer Familie** he always 'was the disgrace of our family

**schändlich 1.** *Adj.* **a)** *(verwerflich)* shameful; disgraceful; **b)** *(ugs.: scheußlich)* disgraceful; dreadful *(coll.)*, terrible *(coll.)* ⟨*weather*⟩. **2.** *adv.* **a)** *(verwerflich)* shamefully; disgracefully; **b)** *(ugs.: überaus)* dreadfully *(coll.)*, terribly *(coll.)*

**Schändlichkeit die; ~, ~en a)** *o. Pl. (Eigenschaft)* shamefulness; disgracefulness; **b)** *(Handlung)* shameful action

**Schand-: ~mal das a)** *(hist.)* brand; **b)** *(geh.: Schandfleck)* blemish; **~tat die** disgraceful *or* abominable deed; **zu jeder ~tat** *od.* **zu allen ~taten bereit sein** *(ugs. scherzh.)* be game for anything

**Schändung die; ~, ~en a)** *s.* **schänden a, b:** dishonouring; discrediting; desecration; defilement; **b)** *(veralt.: Vergewaltigung)* violation

**Schanker** ['ʃaŋkɐ] **der; ~s, ~** *(Med.)* chancre; **harter/weicher ~:** hard/soft chancre

**Schank-: ~erlaubnis die** licence [to sell alcohol]; **~tisch der** bar; **~wirtschaft die** public house *(Brit.)*; bar *(Amer.)*

**Schanze** ['ʃantsə] **die; ~, ~n a)** *(Milit. veralt.)* entrenchment; fieldwork; **b)** *(Sprung~)* [ski-]jump

**Schanzen·rekord der** *(Skispringen)* ski-jump record

**Schar** [ʃa:ɐ̯] **die; ~, ~en** crowd; horde; *(von Vögeln)* flock; **in [großen** *od.* **hellen] ~en** in swarms *or* droves

**Scharade** [ʃa'ra:də] **die; ~, ~n** charade

**Schäre** ['ʃɛ:rə] **die; ~, ~n** skerry

**scharen 1.** *refl. V. (sich zusammenfinden)* gather. **2.** *tr. V.* **die Kinder/Klasse um sich ~:** gather the children/class around one[self]

**Schären·küste die** skerry coast

**scharen·weise** *Adv.* in swarms *or* hordes

**scharf** [ʃarf]; **schärfer** ['ʃɛrfɐ], **schärfst...** ['ʃɛrfst...] **1.** *Adj.* **a)** sharp; **b)** *(stark gewürzt, brennend, stechend)* hot; strong ⟨*drink, vinegar, etc.*⟩; caustic ⟨*chemical*⟩; pungent, acrid ⟨*smell*⟩; **c)** *(durchdringend)* shrill; *(hell)* harsh; *(kalt)* biting ⟨*cold, wind, air, etc.*⟩; sharp ⟨*frost*⟩; **d)** *(deutlich wahrnehmend)* keen; sharp; **e)** *(stark)* strong ⟨*spectacles*⟩; powerful ⟨*lens, microscope, telescope, etc.*⟩; **f)** *(deutlich hervortretend)* sharp ⟨*contours, features, nose, photograph*⟩; **g)** *(schonungslos)* tough, fierce ⟨*resistance, competition, etc.*⟩; sharp ⟨*criticism, remark, words, etc.*⟩; strong, fierce ⟨*opponent, protest, etc.*⟩; severe, harsh ⟨*sentence, law, measure, etc.*⟩; strict, tough ⟨*examiner, teacher*⟩; tough, rigorous ⟨*inquiry, interrogation*⟩; bitter, fierce ⟨*fighting, argument, etc.*⟩; fierce ⟨*dog*⟩; **eine ~e Zunge haben** have a sharp tongue; **jmdn./etw. in ~er Form kritisieren** criticize sb./sth. in strong terms; **h)** *(schnell)* fast; hard ⟨*ride, gallop, etc.*⟩; **ein ~es Tempo fahren** drive at quite a speed; **i)** *(explosiv)* live; *(Ballspiele)* powerful ⟨*shot*⟩; **~e Schüsse abgeben** fire live bullets; **j)** *(Sprachw.)* pronounced; clear; **das ~e S** *(bes. österr.)* the German letter 'ß'; **k)** *(ugs.: großartig)* great *(coll.)*; **l)** *(ugs. empörend)* outrageous; **m)** *(ugs.: geil)* sexy ⟨*girl, clothes, pictures, etc.*⟩; randy ⟨*fellow, thoughts, etc.*⟩; **n)** *in* **~ auf jmdn./etw. sein** *(ugs.)* really fancy sb. *(coll.)*/be really keen on sth. **2.** *adv.* **a) ~ würzen/abschmecken** season/flavour highly; **~ riechen** smell pungent *or* strong; **b)** *(durchdringend)* shrilly; *(hell)* harshly; *(kalt)* bitingly; **c)** *(deutlich wahrnehmend)* ⟨*listen, watch, etc.*⟩ closely, intently; ⟨*think, consider, etc.*⟩ hard; **~ aufpassen** pay close attention; **d)** *(deutlich hervortretend)* sharply; **einen Sender ~ einstellen** tune in a radio station properly; **etw. ~ umreißen** *(fig.)* outline sth. clearly *or* precisely; **e)** *(schonungslos)* ⟨*attack, criticize, etc.*⟩ sharply, strongly; ⟨*contradict, oppose, etc.*⟩ strongly, fiercely; ⟨*examine, investigate, etc.*⟩ rigorously; ⟨*watch, observe, etc.*⟩ closely; ⟨*fight, quarrel, etc.*⟩ fiercely, bitterly; **~ durchgreifen** take vigorous *or* strong action; **f)** *(schnell)* fast; **~ bremsen** brake hard *or* sharply; **das Auto fuhr ~ rechts heran** the car pulled up well over to the right; **g) das Gewehr ist ~ geladen** the rifle is loaded with live ammunition; **~ schießen** shoot with live ammunition; **den Ball ~ ins Netz schießen** hammer the ball into the net *(coll.)*; **h)** *(akzentuiert)* clearly; **i)** *(ugs.: großartig)* splendidly

**Scharf·blick der;** *o. Pl.* perspicacity

**Schärfe** ['ʃɛrfə] **die; ~, ~n a)** *o. Pl. (von Messer usw.)* sharpness; **b)** *o. Pl. (von Geschmack)* hotness; *(von Chemikalien)* causticity; *(von Geruch)* pungency; **c)** *o. Pl. (Intensität)* shrillness; *(von Licht, Farbe usw.)* harshness; *(des Windes)* bitterness; *(des Frostes)* sharpness; **d)** *o. Pl. (Empfindlichkeit, analytische Fähigkeit)* sharpness; keenness; **e)** *o. Pl. (Klarheit)* clarity; sharpness; **f)** *o. Pl. (Härte) s.* **scharf 1 g:** toughness; ferocity; sharpness; strength; severity; harshness; strictness; rigour; bitterness; **g)** *(Heftigkeit)* harshness; **h)** *o. Pl. (Ballspiele)* power

**schärfen 1.** *tr. V. (auch fig.)* sharpen. **2.** *refl. V.* become sharper *or* keener

**Schärfen·tiefe die** *(Fot.)* depth of focus

**schärfer** *s.* **scharf**

**scharf-, Scharf-: ~kantig** *Adj.* sharp-edged; **~|machen** *tr. V. (ugs.)* stir up; **einen Hund ~machen** urge a dog on; **~macher der** *(ugs.)* rabble-rouser; **~macherei** [~maxə'rai] **die; ~, ~en** *(ugs.)* rabble-rousing; **~richter der** hangman; executioner; **~schütze der** *(Milit.)* marksman; *(auch fig. Ballspiele)* sharpshooter; **~sichtig** [~zɪçtɪç] **1.** *Adj.* sharp-sighted; perspicacious; **2.** *adv.* with sharp-sightedness; **~sinn der** *o. Pl.* astuteness; acumen; **~sinnig 1.** *Adj.* astute; **2.** *adv.* astutely

**schärfst...** *s.* **scharf**

**Schärfung die; ~, ~en** sharpening

**scharfzüngig** [-tsʏŋɪç] **1.** *Adj.* sharp-tongued. **2.** *adv.* sharply; in a sharp-tongued manner

**Scharlach** ['ʃarlax] **der; ~s** *(Med.)* scarlet fever

**scharlach·rot** *Adj.* scarlet

**Scharlatan** ['ʃarlatan] **der; ~s, ~e** *(abwertend)* charlatan

**Scharlatanerie die; ~, ~n a)** *o. Pl.* charlatanism; **b)** *(einzelne Handlung)* charlatanry

**Scharmützel** [ʃar'mytsl̩] **das; ~s, ~** *(Milit.)* skirmish

**Scharnier** [ʃar'ni:ɐ̯] **das; ~s, ~e** hinge

**Schärpe** ['ʃɛrpə] **die; ~, ~n** sash

**scharren** ['ʃarən] **1.** *itr. V.* **a)** *(schaben, schleifen)* scrape; **die Pferde ~ ungeduldig** the horses are pawing at the ground impatiently; **der Hund scharrte an der Tür** the dog scratched *or* pawed at the door; **mit den Füßen ~:** scrape one's feet; **b)** *(wühlen)* scratch. **2.** *tr. V.* **a)** scrape ‹*fallen leaves, twigs, sand, dirt*›; **b)** *(herstellen)* scrape, scratch out ‹*hole, hollow, etc.*›

**Scharte** ['ʃartə] **die; ~, ~n a)** nick; **eine ~ auswetzen** *(fig.)* make good a/the mistake; **b)** *(Gebirgs~)* wind gap; **c)** *(Schieß~)* crenel

**Scharteke** [ʃar'te:kə] **die; ~, ~n** *(abwertend)* **a)** *(Buch)* trashy old tome; **b)** *(Frau)* [old] hag; [old] bag *(sl.)*

**schartig** *Adj.* nicked; jagged

**Schaschlik** ['ʃaʃlɪk] **der** *od.* **das; ~s, ~s** *(Kochk.)* shashlik

**schassen** ['ʃasn̩] *tr. V. (ugs.)* throw *or (coll.)* chuck out

**Schatten** ['ʃatn̩] **der; ~s, ~ a)** shadow; **nur noch ein ~ seiner selbst sein** *(fig.)* be only a shadow of one's former self; **einen** *od.* **seinen ~ auf etw.** *(Akk.)* **werfen** *(fig. geh.)* cast a *or* its shadow over sth.; **das große Ereignis wirft schon seine ~ voraus** *(fig.)* the big event is already making itself felt; **jmd./man kann nicht über seinen [eigenen] ~ springen** a leopard cannot change its spots *(prov.)*; **b)** *o. Pl. (schattige Stelle)* shade; **40° im ~:** 40° in the shade; **das Tal lag im ~:** the valley lay in shadow; **in jmds. ~ stehen** *(fig.)* be in sb.'s shadow; **jmdn./etw. in den ~ stellen** *(fig.)* put sb./sth. in the shade; **c)** *(dunkle Stelle, auch fig.)* shadow; **nicht der ~ eines Verdachts** not a shadow of suspicion; **d)** *(Gestalt)* shadow; **e) das Reich der ~** *(Myth.)* the realm of shades; **f)** *(Beobachter)* shadow

**Schatten-: ~bild das a)** *(Schatten)* shadow; **b)** *(Schattenriß)* silhouette; **~boxen das** shadow-boxing; **~dasein das** *in* **ein ~dasein fristen** lead a shadowy existence; **aus dem** *od.* **seinem ~dasein heraustreten** emerge from its/one's shadowy existence

**schattenhaft** *Adj.* shadowy; **etw. ist nur ~ zu erkennen** sth. is only vaguely recognizable

**schatten-, Schatten-: ~kabinett das** *(Politik)* shadow cabinet; **~los** *Adj.* shadeless; without shade *postpos.*; **~morelle** [~morɛlə] **die; ~, ~n** morello cherry; **~reich das** *(Myth.)* realm of shades; **~riß der** silhouette; **~seite die a)** shady side; **die ~seiten des Lebens kennenlernen** *(fig.)* get to know the dark side of life; **b)** *(Kehrseite)* disadvantage; negative aspect; **~spender der** *(geh.)* source of shade; **~spiel das a)** *o. Pl. (Theater)* shadow theatre; **b)** *(Stück)* shadow-play; shadow show; **c)** *(Kinderspiel)* **~spiele machen** make shadow-pictures; **~wirtschaft die** ≈ black economy [and social security scrounging]

**schattieren** *tr. V.* shade

**Schattierung die; ~, ~en a)** shading; **b)** *(Variante, Nuance)* shade; **aller ideologischen/religiösen ~en** of every ideological/religious shade *or (Amer.)* stripe

**schattig** *Adj.* shady

**Schatt·seite die** *(österr., schweiz.) s.* Schattenseite

**Schatulle** ['ʃa'tʊlə] **die; ~, ~n** casket

**Schatz** [ʃats] **der; ~es, Schätze** ['ʃɛtsə] **a)** treasure *no indef. art.*; **ein ~ von Erinnerungen/Erfahrungen** *(fig.)* a wealth of memories/experience; **b)** *Pl. (Bodenschätze)* natural resources; **c)** *(ugs.: Anrede)* love *(coll.)*; darling; **d)** *(ugs.: hilfsbereiter Mensch)* treasure *(coll.)*; **sei ein ~ und räum schnell auf** be a dear and clear up quickly

**Schätzchen** ['ʃɛtsçən] **das; ~s, ~:** darling

**schätzen** ['ʃɛtsn̩] **1.** *tr. V.* **a)** *(ein~, bewerten)* estimate; **wie alt schätzt du ihn?** how old do you think he is?; **sich glücklich ~:** deem oneself lucky; **grob geschätzt** at a rough estimate; **ein Haus/einen Gebrauchtwagen ~:** value a house/a second-hand car; **b)** *(ugs.: annehmen)* reckon; think; **c)** *(würdigen, hochachten)* **jmdn. ~:** hold sb. in high regard *or* esteem; **ein geschätzter Künstler** a highly regarded artist; **etw. zu ~ wissen** appreciate sth.; **ich weiß es zu ~, daß ...:** I appreciate the fact that ... **2.** *itr. V.* guess; **schätz mal** guess; have a guess

**schätzen|lernen** *tr. V.* come to appreciate *or* value

**Schätz-: ~kammer die** *(hist.)* treasure-chamber; **~kanzler der** Chancellor of the Exchequer *(Brit.)*; **~meister der** treasurer

**Schätzung die; ~, ~en** estimate; *(eines Gebäudes, Grundstückwerts usw.)* valuation; **nach grober/vorsichtiger ~:** at a rough/cautious estimate; **nach meiner ~:** according to my reckoning

**schätzungs·weise** *Adv.* roughly; approximately

**Schätz·wert der** estimated value

**Schau** [ʃau] **die; ~, ~en a)** *(Ausstellung)* exhibition; **b)** *(Vorführung)* show; **es war eine reine ~:** it was all show; **die** *od.* **eine ~ sein** *(Jugendspr.)* be really something; be something else *(coll.)*; **eine ~ machen** *od.* **abziehen** *(ugs.) (sich in Szene setzen)* put on a show; *(sich aufspielen)* show off; *(sich lautstark ereifern)* make a scene *or* fuss; **jmdm. die ~ stehlen** steal the show from sb.; **c)** *in* **zur ~ stellen** *(ausstellen)* exhibit; display; *(offen zeigen)* display; **seine Gefühle zur ~ tragen** make a show of one's emotions; **d)** *(geh.: Betrachtung)* vision; **e)** *(geh.: Blickwinkel)* perspective

**Schau-: ~bild das a)** *(Diagramm)* chart; **b)** *(Nachbildung)* diagram; **~bude die** show booth; **~bühne die** *(veralt.)* theatre

**Schauder** ['ʃaudɐ] **der; ~s, ~** *(vor Kälte, Angst)* shiver; *(vor Angst)* shudder; **mir lief ein ~ den Rücken hinunter** a shiver/shudder ran down my spine

**schauderbar** *(ugs. scherzh.) s.* **schauderhaft**

**schauder·erregend** *Adj.* terrifying; horrifying

**schauderhaft 1.** *Adj.* **a)** *(fürchterlich)* terrible; dreadful; awful; **b)** *(schaudererregend)* ghastly; terrible; horrifying. **2.** *adv.* **a)** *(fürchterlich)* terribly; dreadfully; **b)** *(überaus)* terribly *(coll.)*; dreadfully *(coll.)*

**schaudern** *itr. V.* **a)** *(vor Kälte)* shiver; **b)** *(vor Angst)* shudder; **c)** *unpers.* **es schauderte ihn [vor Kälte]** he shivered [with cold]; **bei dem Gedanken schauderte [es] ihn** he shuddered at the thought

**schauen 1.** *itr. V.* *(bes. südd., österr., schweiz.)* **a)** *(sehen)* look; **jmdm./einander [fest] in die Augen ~:** look [straight] into sb.'s/each other's eyes; **auf jmdn./etw. ~:** look at sb./sth.; *(fig.)* look to sb./sth.; **um sich ~:** look around [one]; **zu tief in den Becher** *od.* **ins Glas geschaut haben** have had a drop too much [to drink]; have had one too many; **b)** *(dreinblicken)* look; **der hat vielleicht geschaut, als er uns sah** his eyes opened wide when he saw us; **seine Augen schauten vergnügt/spöttisch** amusement/mockery showed in his eyes; **c) schau, schau!** well, well; what do you know; **da schau her!** *(Verwunderung ausdrückend)* well, well; how about that?; *(Empörung ausdrückend)* well, what about 'that?; **da schau her, was du ...:** just look what you ...; **schau [mal], ich finde, du solltest ...:** look, I think you should ...; **d)** *(sich kümmern um)* **nach jmdm./etw. ~:** take *or* have a look at sb./sth.; **die Nachbarn haben nach den Blumen geschaut** the neighbours looked after the flowers; **e)** *(achtgeben)* **auf etw.** *(Akk.)* **~:** set store by sth.; **er schaut darauf, daß alle pünktlich sind** he sets store by everybody being punctual; **f)** *(ugs.: sich bemühen)* **schau, daß du ...:** see *or* mind that you ...; **g)** *(nachsehen)* have a look. **2.** *tr. V.* **a)** *(sich ansehen)* **Fernsehen ~:** watch television; **schauen Sie, was ich gefunden habe** look what I've found; **b)** *(geh.: erfassen)* behold

**Schauer der; ~s, ~ a)** *(Met.)* shower; **b)** *(geh.) s.* **Schauder**

**schauer·artig** *(Met.) Adj.* **~e Regenfälle** showers; **~e Schneefälle** snow showers

**Schauer·geschichte die** horror story

**schauerlich 1.** *Adj.* **a)** *(schauererregend)* horrifying; ghastly; **b)** *(ugs.: fürchterlich)* terrible *(coll.)*; dreadful *(coll.)*. **2. a)** *(ugs.: fürchterlich)* dreadfully *(coll.)*, terribly *(coll.)*; **ein ~ gemusterter Teppich** a hideously patterned carpet; **b)** *(überaus)* terribly *(coll.)*; dreadfully *(coll.)*

**Schauer·roman der** Gothic novel

**Schaufel** ['ʃaufl̩] **die; ~, ~n a)** shovel; *(für Mehl usw.)* scoop; *(Kehr~)* dustpan; *(vom Schaufelrad, Mühlrad)* paddle; **zwei ~n Erde** two shovelfuls of soil; **b)** *(Jägerspr.: vom Geweih)* palm

**schaufeln** [ʃaufl̩n] *tr. V.* shovel; dig ‹*hole, grave, trench, etc.*›

**Schaufel-: ~rad das** paddle-wheel; **~rad·dampfer der** paddle-steamer; **~rad·bagger der** bucket excavator

**Schau·fenster das** shop-window

**Schaufenster~: ~aus·lage die** window display; **~bummel der** window-shopping expedition; **einen ~bummel machen** go window-shopping; **~puppe die** mannequin

**Schau-: ~flug der** air display; *(von einem Flugzeug)* aerobatics demonstration; **~geschäft das;** *o. Pl.* show business *no art.*; **~kampf der** *(Boxen)* exhibition fight; **~kasten der** display case; show-case

**Schaukel** ['ʃaukl̩] **die; ~, ~n a)** swing; **b)** *(bes. südd.: Wippe)* see-saw

**schaukeln 1.** *itr. V.* **a)** swing; *(im Schaukelstuhl)* rock; **auf einem Stuhl ~:** rock one's chair backwards and forwards; **b)** *(sich hin und her bewegen)* sway [to and fro]; *(sich auf und ab bewegen)* ‹*ship, boat*› pitch and toss; ‹*vehicle*› bump [up and down]; **c)** *(unpers.)* **auf der Überfahrt/in dem klapprigen Bus hat es ganz schön geschaukelt** the boat pitched and tossed quite a bit during the crossing/it was a pretty bumpy ride in the rickety bus. **2.** *tr. V.* **a)** rock; **ein Kind auf den Knien ~:** dandle a child on one's knee; **b)** *(ugs.: fahren)* take; **jmdn. durch die Gegend ~:** drive sb. round the area; **c)** *(ugs.: bewerkstelligen)* manage; **wir werden die Sache schon ~:** we'll manage it somehow

**Schaukel-: ~pferd das** rocking-horse; **~stuhl der** rocking-chair

**schau-, Schau-: ~laufen das** *(Eislauf)* exhibition skating *no art.*; **~lustig** *Adj.* curious; **~lustige der/die;** *adj. Dekl.* curious onlooker

**Schaum** [ʃaum] **der; ~s, Schäume** ['ʃɔymə] **a)** foam; *(von Seife usw.)* lather; *(von Getränken, Suppen usw.)* froth; **etw. zu ~ schlagen** *(Kochk.)* beat sth. until frothy; **den ~ von etw. abschöpfen** *(Kochk.)* skim sth.; **~ schlagen** *(fig. ugs.)* talk big; **b)** *(Geifer)* foam; froth; **~ vor dem Mund haben** *(auch fig.)* foam *or* froth at the mouth

**Schaum·bad das a)** *(Badezusatz)* bubble bath; **b)** *(Wannenbad)* bubble *or* foam bath

**schäumen** ['ʃɔymən] **1.** *itr. V.* **a)** *(Schaum bilden)* foam; froth; ‹*soap etc.*› lather; ‹*beer, fizzy drink, etc.*› froth [up]; **b)** *(mit Wasser)* produce lather; **stark/schwach ~:** produce a large amount of/little lather; **eine stark ~de Zahnpasta** a very frothy toothpaste; **c)** *(wütend sein)* fume; **vor Wut ~:** fume with anger. **2.** *tr. V. (Technik)* foam ‹*plastics, concrete, etc.*›; **geschäumter Kunststoff** foamed plastic

**Schaum-: ~gebäck das** meringues *pl.*; **~gummi der** foam rubber

**schaumig** *Adj.* frothy ‹*drink, dessert, etc.*›; sudsy, lathery ‹*water*›; **Butter und Zucker ~ rühren** beat butter and sugar until fluffy

**Schaum-: ~krone die a)** *(auf Wellen)* white crest; **b)** *(auf Bier)* head [of froth]; **~schläger der a)** *(abwertend)* boaster; **b)** *s.* **Schneebesen; ~schlägerei die;** *o. Pl. (abwertend)* boasting; **~stoff der** [plastic] foam; **~wein der** sparkling wine

**Schau-: ~platz der** scene; **direkt vom ~platz berichten** give an on-the-spot report; **~prozeß der** show trial

**schaurig** ['ʃaurɪç] **1.** *Adj.* **a)** *(furchtbar)* dreadful; frightful; *(unheimlich)* eerie; **eine ~e Geschichte** a blood-curdling story; **b)** *(ugs.: gräßlich, geschmacklos)* hideous; dreadful *(coll.)*. **2.** *adv.* **a)** *(fürchterlich)* dreadfully; *(unheimlich)* eerily; **b)** *(ugs.: gräßlich, geschmacklos)* hideously; horribly *(coll.)*; **c)** *(ugs.: überaus)* dreadfully *(coll.)*

**schau-, Schau-: ~spiel das a)** *o. Pl. (Drama)* drama *no art.*; **b)** *(ernstes Stück)* play; **c)** *(geh.: Anblick)* spectacle; **~spieler der** *(auch fig.)* actor; **~spielerei die a)** *(Beruf)* acting *no art.*; **b)** *(fig. ugs.: das Sichverstellen)* play-acting; **~spielerin die** *(auch fig.)* actress; **~spielerisch 1.** *Adj.; nicht präd.* acting ‹*career*›; **eine großartige ~spielerische Leistung** a great piece of acting; **eine ~spielerische Begabung** a gift of *or* talent for acting. **2.** *adv.* **etw. ~spielerisch darstellen** act sth.; **sie ist ~spielerisch begabt** she has acting talent

**schauspielern** *itr. V. (ugs.)* **a)** *(als Schauspieler)* act; **b)** *(fig.)* play-act

**Schauspiel-: ~führer der** theatre-goer's guide; **~haus das** theatre; playhouse; **~kunst die;** *o. Pl.* dramatic art

**Schausteller** [-ʃtɛlɐ] **der; ~s, ~:** showman

**Schau-: ~tafel die** illustrated chart; **~turnen das** gymnastic display

**Scheck** [ʃɛk] **der; ~s, ~s** cheque

**Scheck·buch das** *(veralt.)* cheque-book

[1]**Schecke** ['ʃɛkə] **der; ~n, ~n** *(Pferd)* piebald; *(Rind)* mottled bull

[2]**Schecke die; ~, ~n** *(Pferd)* piebald; *(Rind)* mottled cow

**Scheckheft das** cheque-book

**scheckig** *Adj.* **a)** *s.* **gescheckt; b)** *(voller Flecken)* blotchy ‹*face, skin, etc.*›; **sich ~ lachen** *(ugs.)* laugh oneself silly

**Scheck·karte die** cheque card

**scheel** [ʃe:l] *(ugs.)* **1.** *Adj.* disapproving; *(mißtrauisch)* suspicious; *(neidisch)* envious; jealous. **2.** *adv.* disapprovingly; *(mißtrauisch)* suspiciously; *(neidisch)* enviously; jealously

**Scheffel** ['ʃɛfl] **der; ~s, ~:** bushel; *s. auch* **Licht**

**scheffeln** *tr. V. (ugs.)* rake in *(coll.)* ‹*money, profits, etc.*›; pile up, accumulate ‹*medals, awards, etc.*›

**scheffel·weise** *Adv. (ugs.)* by the sackful; in large quantities; **~ Geld haben/verdienen** have/earn stacks of money *(coll.)*

**Scheibchen** ['ʃaipçən] **das; ~s, ~** *(von Fleisch, Brot usw.)* [small] slice; *(aus Kunststoff, Metall usw.)* [small] disc

**Scheibe** ['ʃaibə] **die; ~, ~n a)** *(flacher, runder Gegenstand)* disc; *(Sportjargon: Puck)* puck; *(Schieß~)* target; *(Wähl~)* dial; **b)** *(abgeschnittene ~)* slice; **etw. in ~n schneiden** slice sth. up; cut sth. [up] into slices; **sich** *(Dat.)* **von jmdm./etw. eine ~ abschneiden können** *(fig.)* be able to learn a thing or two from sb./sth.; **... in ~n** slices of *or* sliced ...; **c)** *(Glas~)* pane [of glass]; *(Fenster~)* [window-] pane; *(Windschutz~)* windscreen *(Brit.)*; windshield *(Amer.)*; *(Spiegel~)* glass; **die ~n des Wagens herunterdrehen** wind down the car windows; **d)** *(ugs.: Schallplatte)* disc; record

**Scheiben-: ~bremse die** *(Kfz-W.)* disc brake; **~gardine die** net curtain; **~honig der a)** comb honey; **b)** *s.* **~kleister; ~kleister der** *(ugs. verhüll.)* **~kleister!** blast [it]! *(coll.)*; damn it! *(coll.)*; **so ein ~kleister!** what a blasted nuisance *or* mess!; **~schießen das** *(Milit., Sport)* target-shooting; **~wasch·anlage die** *(Kfz-W.)* windscreen washer system *or* unit; **~wischer der** windscreen-wiper

**Scheich** [ʃaiç] **der; ~[e]s, ~s** *od.* **~e a)** sheikh; **b)** *(ugs.: Freund)* guy *(sl.)*; bloke *(Brit. sl.)*

**Scheichtum das; ~s, Scheichtümer** [-ty:mɐ] sheikhdom

**Scheide** ['ʃaidə] **die; ~, ~n a)** *(Waffen~)* sheath; *(des Schwerts, Säbels)* scabbard; sheath; **b)** *(Anat.)* vagina

**scheiden 1.** *unr. tr. V.* **a)** dissolve ‹*marriage*›; divorce ‹*married couple*›; **eine geschiedene Frau** a divorced woman; a divorcée; **sich [von jmdm.] ~ lassen** get divorced *or* get a divorce [from sb.]; **sie läßt sich nicht [von ihm] ~:** she won't give him a divorce; **ich bin [schuldig/unschuldig] geschieden** I am divorced [and I was the guilty/innocent party]; **b)** *(geh.: trennen)* divide; separate; **von dem Moment an waren wir geschiedene Leute** from that moment on, we went our separate ways; **wir sind geschiedene Leute!** you and I must part; **c)** *(geh.: unterscheiden)* distinguish; **d)** *(bes. Chemie)* separate; extract. **2.** *unr. itr. V.; mit sein (geh.)* **a)** *(auseinandergehen)* part; **b)** *(sich entfernen)* depart; leave; **von jmdm. ~:** part from sb.; **aus dem Dienst/Amt ~:** retire from service/ one's post *or* office; **aus dem Leben ~:** depart this life. **3.** *unr. refl. V. (sich unterscheiden)* diverge; differ; *s. auch* **Geist d**

**Scheide·weg der** *in* **am** *od.* **an einem ~ stehen** face a crucial decision

**Scheidung die; ~, ~en a)** *(Ehe~)* divorce; **die ~ einreichen** file [a petition] for divorce; **die ~ aussprechen** grant the divorce; **in ~ leben** be in the process of getting a divorce; **b)** *(Unterscheidung)* distinction

**Scheidungs-: ~grund der** grounds *pl.* for divorce; **sie war der ~grund** they got divorced because of her; **~klage die** petition for divorce; **~urkunde die** divorce certificate

**Schein** [ʃain] **der; ~[e]s, ~e a)** *o. Pl. (Licht~)* light; **der ~ des brennenden Hauses/der sinkenden Sonne** the glow of the burning house/setting sun; **b)** *o. Pl. (An~)* appearances *pl., no art.*; *(Täuschung)* pretence; **den ~ wahren** keep up appearances; **der ~ spricht gegen ihn** appearances are against him; **der ~ trügt** appearances are deceptive; **~ und Wirklichkeit** *od.* **Sein** appearances and reality; **etw. nur zum ~ tun** [only] pretend to do sth.; make a show of doing sth.; **c)** *(Bescheinigung)* receipt; *(vom Arzt)* doctor's certificate; *(Hochschulw.)* certificate; **d)** *(Geld~)* note

**Schein·argument das** spurious argument

**scheinbar 1.** *Adj. (nicht wirklich)* apparent; seeming. **2.** *adv.* **a)** *(nicht wirklich)* seemingly; **b)** *(ugs.) s.* **anscheinend**

**Schein·blüte die a)** *(Bot.)* composite flower; **b)** *(fig.)* illusory boom

**scheinen** *unr. itr. V.* **a)** *(Helligkeit ausstrahlen)* shine; **b)** *(den Eindruck erwecken)* seem; appear; **es scheint, daß .../als ob ...:** it appears that .../as if ...; **mir scheint, [daß] ...:** it seems *or* appears to me that ...; **wie es scheint ...:** apparently; **er kommt scheint's nicht mehr** *(ugs.)* it doesn't look as though he's coming now; **sie schienen es zufrieden zu sein** *(veralt.)* they seemed to be satisfied *or* happy with it

**schein-, Schein-: ~gefecht das** *(auch fig.)* mock fight *or* battle; **~heilig 1.** *Adj. (heuchlerisch)* hypocritical; *(Nichtwissen vortäuschend)* innocent; **2.** *adv. (heuchlerisch)* hypocritically; *(Nichtwissen vortäuschend)* innocently; **~heiligkeit die** hypocrisy; **~schwangerschaft die** *(Med.)* false pregnancy; **~tod der** *(Med.)* apparent death; **~tot** *Adj.* **a)** *(Med.)* apparently *or* seemingly dead; **b)** *(salopp: alt)* with one foot in the grave *postpos.*; **~tot sein** have one foot in the grave; **~welt die** illusory *or* unreal world; **~werfer der** floodlight; *(am Auto)* headlight; *(im Theater, Museum usw.)* spotlight; *(Suchscheinwerfer)* searchlight; **~werfer·licht das** floodlight; *(des Autos)* headlights *pl.*; *(im Theater, Museum usw.)* spotlight [beam]; *(des Suchscheinwerfers)* searchlight [beam]; **im ~werferlicht [der Öffentlichkeit] stehen** be in the [public] spotlight

**Scheiß** [ʃais] **der; ~** *(salopp)* shit *no indef. art. (coarse)*; crap *no indef. art. (coarse)*; **so ein ~!** oh, shit! *(coarse)*; **~ machen** *(Fehler machen)* make a bloody mess *(Brit. sl.)*; *(unklug handeln)* act in a bloody silly way *(Brit. sl.)*

**scheiß-, Scheiß-** *(derb)* bloody *(Brit. sl.)*

**Scheiß·dreck der** *(derb)* **a)** *(Kot)* shit *(coarse)*; crap *(coarse)*; **b)** *(Blödsinn, Minderwertiges)* shit *no indef. art. (coarse)*; crap *no indef. art. (coarse)*; *(Angelegenheiten)* bloody *(Brit.) or* damned business *(sl.)*; **red keinen ~!** don't talk carp! *(coarse)*; **das geht dich einen ~ an** that's none of your bloody business *(Brit. sl.)*; **einen ~ werde ich tun** like hell I will *(coll.)*

**Scheiße** ['ʃaisə] **die; ~** *(derb) (auch fig.)* shit *(coarse)*; crap *(coarse)*; **[bis zum Hals] in der ~ sitzen** *od.* **stecken** *(fig.)* be in the shit *(coarse)*; be up shit creek *(coarse)*; **der Film ist große ~** *(fig.)* the film is a load of shit *or* crap *(coarse)*; **verdammte/schöne ~!** shit *(coarse)*; bloody hell *(Brit. sl.)*

**scheiß·egal** *Adj.; nicht attr. in* **~ sein** not matter a damn *(sl.)*; **das ist mir ~:** I don't give a damn *(sl.) or (coarse)* shit; **das kann dir doch ~ sein** you needn't give a damn *(sl.) or (coarse)* shit about that

**scheißen** *unr. itr. V. (derb)* **a)** *(den Darm entleeren)* [have *or (Amer.)* take a] shit *(coarse)*; crap *(coarse)*; have a crap *(coarse)*; **in die Hose ~:** shit one's pants *(coarse)*; **auf jmdn./etw. ~** *(fig.)* not give a shit *(coarse) or (sl.)* damn about sb./sth.; **wir ~ auf ihn/drauf** *(fig.)* to hell with him/with it/that *(coll.)*; **b) [einen] ~** *(eine Blähung entweichen lassen)* fart *(coarse)*

**Scheißer der; ~s, ~ a)** *(derb)* bastard *(coll.)*; shithead *(coarse)*; **b)** *(salopp: unbedeutender Mensch)* arse- *(Brit.) or (Amer.)* ass-hole *(coarse)*; **c)** *(fam.: Kosewort)* monkey

**scheiß-, Scheiß-: ~freundlich** *Adj., adv. (derb)* as nice as pie; **~haufen der** *(derb)* pile of shit *(coarse)*; **~haus das** *(derb)* bog *(sl.)*; shithouse *(coarse)*; **~kerl der** *(derb)* bastard *(coll.)*; **~vornehm** *Adj. (derb)* bloody *(Brit. sl.) or (coll.)* damn posh

**Scheit** [ʃait] **der; ~[e]s, ~e** *od.* **~er** *s.* **Holzscheit**

**Scheitel** ['ʃaitl] **der; ~s, ~ a)** parting; *(geh.: Haar)* hair; **einen ~ ziehen** make a parting; **b)** *(oberste Stelle)* top of one's head; **vom ~ bis zur Sohle** from head to toe; **c)** *(höchster Punkt)* vertex; **d)** *(Math.: bei Winkel)* apex; vertex; **e)** *(Math.: bei Kurve)* vertex

**scheiteln** *tr. V.* part ‹*hair*›

**Scheitel-: ~punkt der** vertex; **~winkel der** *(Math.)* vertically opposite angle

**Scheiter·haufen der: auf dem ~ sterben/verbrannt werden** die/be burned at the stake; **einen ~ für die Hexe errichten** build a pile of wood on which the witch is to be burnt

**scheitern** ['ʃaitɐn] *itr. V.; mit sein* fail; ⟨*talks, marriage*⟩ break down; ⟨*plan, project*⟩ fail, fall through; **an jmdm./etw. ~:** fall through *or* fail because of sb./sth.; **die Partei scheiterte an der Fünfprozentklausel** the party was defeated by the five-per-cent clause; **jmds. Pläne zum Scheitern bringen** thwart *or* frustrate sb.'s plans; **zum Scheitern verurteilt sein** be doomed to failure; **eine gescheiterte Existenz sein** be a failure

**Schekel** ['ʃe:kl̩] **der; ~s, ~:** shekel

**Schelde** ['ʃɛldə] **die; ~:** Schelde [tributary]

**Schelf** [ʃɛlf] **der** *od.* **das; ~s, ~e** *(Geogr.)* continental shelf

**Schellack** ['ʃɛlak] **der; ~s, ~e** shellac

**Schelle** ['ʃɛlə] **die; ~, ~n a)** bell; **b)** *Pl.; o. Art. (Spielkartenfarbe)* bell; *s. auch* **²Pik**

**schellen** *itr. V. (westd.)* ring; **an der Tür dreimal ~:** ring the [door] bell three times; **nach jmdm. ~:** ring for sb.; **es schellt** the bell is ringing

**Schellen-: ~baum der** Turkish crescent; pavillon chinois; **~kranz der** tambourine *(without drumskin);* **~trommel die** tambourine

**Schell·fisch der** cod

**Schell·kraut das: [großes] ~:** [greater] celandine

**Schelm** [ʃɛlm] **der; ~[e]s, ~e** rascal; rogue

**Schelmen-: ~roman der** *(Literaturw.)* picaresque novel; **~streich der, ~ stück das** roguish prank

**Schelmerei die; ~, ~en a)** *o. Pl. (Eigenschaft)* roguishness; roguery; **b)** roguish prank

**schelmisch 1.** *Adj.* roguish; mischievous. **2.** *adv.* roguishly; mischievously

**Schelte** ['ʃɛltə] **die; ~, ~n** *(geh.)* scolding; **~ bekommen** be given *or* get a scolding; **sei pünktlich, sonst gibt es ~:** be punctual, otherwise you'll get a scolding

**schelten** *(bes. südd., sonst geh.)* **1.** *unr. itr. V.* **auf** *od.* **über jmdn./etw. ~:** moan about sb./sth.; **[mit jmdm.] ~:** scold [sb.]. **2.** *unr. tr. V.* **a)** *(tadeln)* scold; **b)** *(geh.: nennen)* call

**Schelt·wort das;** *Pl.* **~worte** *(geh.)* oath

**Schema** ['ʃe:ma] **das; ~s, ~s** *od.* **~ta** *od.* **Schemen a)** *(Muster)* pattern; **sie läßt sich in kein ~ pressen** *(fig.)* she does not fit into any pattern *or* mould; *s. auch* **F; b)** *(Skizze)* diagram

**schematisch 1.** *Adj.* **a)** *(einem Schema folgend)* diagrammatic; **b)** *(mechanisch)* mechanical. **2.** *adv.* **a)** *(als Schema)* in diagram form; **b)** *(mechanisch)* mechanically

**schematisieren** *tr. V.* **a)** schematize; **etw. schematisiert darstellen** describe sth. by means of a simple formula; **b)** *(vereinfachen)* simplify

**Schematisierung die; ~, ~en a)** schematization; **b)** *(Vereinfachung)* simplification

**Schemel** ['ʃe:ml̩] **der; ~s, ~ a)** *(Hocker)* stool; **b)** *(südd.: Fußbank)* footstool

**¹Schemen** *s.* Schema

**²Schemen** ['ʃe:mən] **der** *od.* **das; ~s, ~:** shadowy figure

**schemenhaft 1.** *Adj.* shadowy. **2.** *adv.* **etw. ~ erkennen/sehen** make out/see only the outline *or* silhouette of sth.

**Schenke** ['ʃɛŋkə] **die; ~, ~n** pub *(Brit. coll.);* bar *(Amer.); (bes. auf dem Lande)* inn

**Schenkel** ['ʃɛŋkl̩] **der; ~s, ~ a)** *(Ober~)* thigh; **sich** *(Dat.)* **auf die ~ schlagen** slap one's thigh; **dem Pferd die ~ geben** press one's horse on; **b)** *(Math.)* side; **c)** *(von einer Zange, Schere)* shank; *(vom Zirkel)* leg

**Schenkel-: ~bruch der** *(Med.)* fracture of the femur; **~druck der, ~hilfe die** *(Reiten)* knee pressure *no indef. art.*

**schenken 1.** *tr. V.* **a)** *(geben)* give; **jmdm. etw. [zum Geburtstag] ~:** give sb. sth. *or* sth. to sb. [as a birthday present *or* for his/her birthday]; **etw. geschenkt bekommen** be given sth. [as a present]; **sich gegenseitig etw. ~:** give each other presents; exchange presents; **den Rest des Geldes schenke ich dir** you can keep the rest of the money; **ich möchte nichts geschenkt haben** I don't want any presents; *(bevorzugt werden)* I don't want to be given special *or* preferential treatment; **das möchte ich nicht geschenkt haben, das wäre mir geschenkt zu teuer** *(ugs.)* I wouldn't want that if it was given to me; **das ist ja geschenkt!** *(ugs.)* it's a gift!; **geschenkt ist geschenkt** a gift is a gift; **sie schenkte ihm fünf Kinder** *(fig. geh.)* she bore him five children; *s. auch* **Gaul; b)** *(verleihen)* give; **c)** *(ugs.: erlassen)* **jmdm./sich etw. ~:** spare sb./oneself sth.; **ihr ist im Leben nichts geschenkt worden** she has never had it easy in life; **d) jmdm./einer Sache Beachtung/Aufmerksamkeit ~:** give sb./sth. one's attention; **jmdm. das Leben ~:** spare sb.'s life; **einem Kind das Leben ~** *(geh.)* give birth to a child; **e)** *(geh. veralt.: eingießen)* pour. **2.** *refl. V. (ugs.: erlassen)* **sich** *(Dat.)* **etw. ~:** give sth. a miss; **deine Ausreden kannst du dir ~:** you can save your excuses. **3.** *itr. V.* give presents *or* gifts

**Schenker der; ~s, ~, Schenkerin die; ~, ~nen a)** giver; **b)** *(Rechtsspr.)* donator

**Schenkung die; ~, ~en** *(Rechtsw.)* gift

**scheppern** ['ʃɛpɐn] *itr. V. (ugs.)* clank; ⟨*bell*⟩ clang; **es hat gescheppert** there was a clatter *or* clanking; *(beim Autounfall)* there was a smash *or* crash; *(es gab eine Ohrfeige)* he/she got a box on the ears

**Scherbe** ['ʃɛrbə] **die; ~, ~n** fragment; *(archäologischer Fund)* [pot]sherd; **die ~n zusammenkehren** sweep up the [broken] pieces; **die ~n des Tellers/Spiegels** the fragments *or* [broken] pieces of the plate/mirror; **beim Spülen hat es ~n gegeben** something got broken during the washing-up; **es gab ~n** *(fig.)* sparks flew; **in tausend ~n zerspringen** be smashed to smithereens; **die ~n ihrer Ehe** *(fig.)* the shattered remains of their marriage; **~n bringen Glück** *(Spr.)* break a thing, mend your luck

**Scherben-: ~gericht das** ostracism *no art.;* **ein ~gericht über jmdn. veranstalten** *(fig.)* judge sb. with unnecessary harshness; **~haufen der** pile of broken fragments *or* pieces; *(fig.)* shattered remains

**Schere** ['ʃe:rə] **die; ~, ~n a)** *(Werkzeug)* scissors *pl.;* **eine ~:** a pair of scissors; **b)** *(Zool.)* claw; **c)** *(Turnen)* scissors

**¹scheren** *unr. tr. V.* **a)** crop; *(von Haar befreien)* shear, clip ⟨*sheep*⟩; clip ⟨*dog, horse, etc.*⟩; **sich** *(Dat.)* **den Bart ~** *(veralt.)* trim one's beard; *(abrasieren)* shave one's beard; **b)** *(Textilind.)* shear; **c)** *(kürzen)* cut, mow ⟨*lawn*⟩; clip, trim ⟨*hedge, bush, etc.*⟩

**²scheren** *tr., refl. V.* **sich um jmdn./etw. nicht ~:** not care about sb./sth.; **es schert ihn [herzlich] wenig** *od.* **nicht im geringsten** he could not care less *or* in the least

**³scheren** *refl. V.* **scher dich in dein Zimmer** go *or* get [off] to your room; **~ Sie sich an die Arbeit/in Ihr Büro** get to work/[off] to your office; **sich ins Bett ~:** get [off] to bed; *s. auch* **Henker b; Teufel**

**Scheren-: ~gitter das** [folding] grille; **~griff der** *(Turnen)* scissors hold; **~schlag der** *(Fußball)* scissors kick; **~schleifer der** knife-grinder; **~schnitt der** silhouette

**Schererei die; ~, ~en** *(ugs.)* trouble *no pl.*

**Scherflein** ['ʃɛrflain] **das; ~s, ~** *(geh.)* mite; **[s]ein ~ [zu etw.] beitragen** *od.* **beisteuern** make one's/a little contribution [to sth.]

**Scherge** ['ʃɛrgə] **der; ~n, ~n** *(geh.)* henchman

**Scher-: ~messer das** [cutting] blade; **~sprung der** *(bes. Turnen)* scissors jump

**Scherung die; ~, ~en a)** *(Math.)* shearing; **b)** *(Mechanik)* shear[ing]

**Scherz** [ʃɛrts] **der; ~es, ~e** joke; **seine ~e mit jmdm. treiben** play jokes on sb.; **er versteht keinen ~:** he can't take a joke; **mach keine ~e** you must be joking; **seine ~e über jmdn./etw. machen** make *or* crack jokes about sb./sth.; **etw. aus** *od.* **zum ~ sagen** say sth. as a joke *or* in jest; **... und solche** *od.* **ähnliche ~e** *(ugs.)* ... and what have you *(coll.);* **~ beiseite** joking aside *or* apart; **[ganz] ohne ~** *(ugs.)* no kidding *(sl.)*

**Scherz·artikel der** joke article

**scherzen** *itr. V.* joke; **mit etw.** *od.* **über etw.** *(Akk.)* **~:** joke about sth.; **Sie belieben zu ~** *(geh., oft iron.)* you jest; **ich scherze nicht** I'm not joking; **mit jmdm./etw. ist nicht zu ~:** sb./sth. is not to be trifled with

**Scherz-: ~frage die** riddle; **~gedicht das** humorous poem

**scherzhaft 1.** *Adj.* jocular; joking *attrib.* **2.** *adv.* jocularly; jokingly; **etw. ~ sagen/meinen** say/mean sth. as a joke *or* in fun

**Scherzo** ['skɛrtso] **das; ~s, ~s** *od.* **Scherzi** *(Musik)* scherzo

**Scherz·wort das;** *Pl.* **-worte** joke; witticism

**schesen** ['ʃe:zn̩] *itr. V.; mit sein (bes. nordd.)* rush

**scheu** [ʃɔy] **1.** *Adj. (schüchtern)* shy; timid ⟨*animal*⟩; *(ehrfürchtig)* awed; **~ machen** frighten ⟨*animal*⟩; *s. auch* **Pferd. 2.** *adv.* **a)** *(schüchtern)* shyly; **b)** *(von Tieren)* timidly

**Scheu die; ~ a)** *(Schüchternheit)* shyness; *(Ehrfurcht)* awe; **voller ~ sein** be very shy *or* timid/be full of awe; **ohne jede ~:** without any inhibitions; **b)** *(von Tieren)* timidity

**Scheuche** ['ʃɔyçə] **die; ~, ~n** scarecrow

**scheuchen** *tr. V.* **a)** *(treiben)* shoo; drive; **b)** *(fig.)* force; **jmdn. zum Arzt/an die Arbeit ~:** make sb. go *or* urge sb. to go to the doctor/to work

**scheuen 1.** *tr. V. (meiden)* shrink from; shun ⟨*people, light, company, etc.*⟩; **weder Kosten noch Mühe ~:** spare neither expense nor effort; **Arbeit scheue ich nicht** I'm not afraid of work. **2.** *refl. V.* **sich vor etw.** *(Dat.)* **~:** be afraid of *or* shrink from sth. **3.** *itr. V.* ⟨*horse*⟩ shy (**vor** + *Dat.* at)

**Scheuer die; ~, ~n** *(bes. südd.)* barn

**Scheuer-: ~bürste die** scrubbing-brush; **~lappen der** cleaning-cloth *(for wiping surfaces);* **~leiste die a)** *(Fußleiste)* skirting[-board] *(Brit.);* baseboard *(Amer.);* **b)** *(Seew.)* rubbing strake; **~mittel das** scouring agent

**scheuern 1.** *tr., itr. V.* **a)** *(reinigen)* scour; scrub; **b)** *(reiben)* rub; chafe. **2.** *tr. V.* **a)** *(reiben an)* rub; **b) in jmdm. eine ~** *(ugs.)* give sb. a clout; clout sb.; **eine gescheuert kriegen** *(ugs.)* get a clout round the ears *(coll.).* **3.** *refl. V. (reiben)* **sich** *(Akk.)* **wund ~:** rub oneself raw; chafe oneself; **sich** *(Dat.)* **das Knie [wund] ~:** rub one's knee raw; chafe one's knee

**Scheuer-: ~pulver das** scouring powder; **~sand der** scouring sand; **~tuch das;** *Pl.* **~tücher** scouring cloth

**Scheu·klappe die** blinker; **~n haben** *od.* **tragen** wear blinkers; be blinkered *(also fig.)*

**Scheune** ['ʃɔynə] **die; ~, ~n** barn

**Scheunen: ~drescher der** *in* **wie ein ~drescher essen** *od.* **fressen** *(salopp)* eat like a horse *(coll.);* **~tor das** barn door; *s. auch* **dastehen a**

**Scheusal** ['ʃɔyza:l] **das; ~s, ~e** *od. (ugs.)* **Scheusäler** ['ʃɔyzɛ:lɐ] *(abwertend)* monster

**scheußlich** ['ʃɔyslɪç] **1.** *Adj.* **a)** dreadful; **b)** *(ugs.: äußerst unangenehm)* terrible *(coll.);* dreadful *(coll.);* dreadful *(coll.),* ghastly *(coll.)* ⟨*weather, taste, smell*⟩. **2.** *adv.* **a)** dreadfully; **b)** *(ugs.: sehr)* terribly *(coll.);* dreadfully *(coll.);* **sich ~ erkälten** catch a dreadful cold *(coll.)*

**Scheußlichkeit** die; ~, ~en a) *o. Pl.* dreadfulness; b) *meist Pl. (etw. Scheußliches)* dreadful thing; *(Grausamkeit)* atrocity

**Schi** [ʃi:] *usw. s.* **Ski** *usw.*

**Schicht** [ʃɪçt] die; ~, ~en a) *(Lage)* layer; *(Geol.)* stratum; *(von Farbe)* coat; *(sehr dünn)* film; b) *(Gesellschafts~)* stratum; **breite ~en [der Bevölkerung]** broad sections of the population; **in allen ~en** at all levels of society; **die besitzenden ~en** the propertied classes; c) *(Abschnitt eines Arbeitstages, Arbeitsgruppe)* shift; **~ haben, auf ~ sein** be working one's shift; **er geht morgens zur ~:** he's on the morning shift; **~ arbeiten** work shifts; be on shift work

**Schicht-:** ~**arbeit** die; *o. Pl.* shift work; ~**arbeiter** der shift worker

**schichten** *tr. V.* stack; **die Bretter zu einem Stapel ~:** stack the boards [up]

**Schicht-:** ~**gestein** das *(Geol.) s.* **Sedimentgestein;** ~**käse** der *low-fat quark containing a layer of higher-fat quark;* ~**stufe** die *(Geol.)* cuesta

**Schichtung** die; ~, ~en stacking; *(Geol., Met., Soziol.)* stratification

**schicht-, Schicht-:** ~**unterricht** der teaching *no art.* in shifts; ~**wechsel** der change of shifts; **~wechsel ist um 6** we/they *etc.* change shifts at 6; ~**weise** *Adv.* a) in layers; layer by layer; *(bei Farben)* in coats; b) *(in Gruppen)* in shifts

**schick** [ʃɪk] 1. *Adj.* a) stylish; stylish, chic ‹*clothes, fashions*›; *(elegant)* smart ‹*woman, girl, man*›; b) *(ugs.: großartig, toll)* great *(coll.)*; fantastic *(coll.)*. 2. *adv.* a) stylishly; stylishly, smartly ‹*furnished, decorated*›; **~ frisiert sein** have a fashionable hairstyle *or (coll.)* hair-do; b) *(ugs.: großartig, toll)* **abends sind wir ~ ausgegangen** we had a great evening out *(coll.)*

**Schick** der; ~[e]s a) style; *(von Frauenmode, Frau)* chic; style; b) *(oberd., niederd.)* **nun hat** *od.* **kriegt alles wieder seinen ~!** now everything's as it should be

**schicken** 1. *tr. V.* send; **jmdm. etw. ~, etw. an jmdn. ~:** send sth. to sb.; send sb. sth.; **jmdm. etw. ins Haus ~:** send sth. to sb.'s home; **jmdn. nach Hause/auf** *od.* **in die** *od.* **zur Schule/ins** *od.* **zu Bett/in den Krieg ~:** send sb. home/to school/to bed/to war; **jmdn. einkaufen** *od.* **zum Einkaufen ~:** send sb. to do the shopping. 2. *itr. V. (rufen, holen lassen)* **nach jmdm. ~:** send for sb. 3. *refl. V.* a) *(unpers. veralt.: sich ziemen)* be proper *or* fitting; **das schickt sich nicht für eine junge Dame** it does not befit *or* become a young lady; it is not proper for a young lady; b) *(geduldig ertragen)* **sich in etw.** *(Akk.)* **~:** resign *or* reconcile oneself to sth.

**Schickeria** [ʃɪkəˈri:a] die; ~ *(ugs.)* smart set

**Schicki[micki]** [ˈʃɪkɪ(ˈmɪkɪ)] der; ~s, ~s *(ugs.)* a) *(Mensch)* trendy *(coll.)*; b) *(Modisches)* trendy *(coll.)* goods *pl.*/clothes *pl.*/architecture *etc.*

**schicklich** *(veralt.)* 1. *Adj.* proper; fitting; *(dezent)* seemly. 2. *adv.* fittingly; *(dezent)* in a seemly way

**Schicksal** [ˈʃɪkza:l] das; ~s, ~e a) *(Geschick, Los)* fate; destiny; *(schweres Los)* fate; **ich habe manche schwere ~e miterlebt** I've witnessed many a hard fate; **[das ist] ~** *(ugs.)* it's just fate; **er hat ein schweres ~ gehabt** fate has been unkind to him; b) *o. Pl. (höhere Macht)* fate *no art.*; destiny *no art.*; **das ~ hat es mit ihm gut gemeint** fortune smiled on him; **~ spielen** play the role of fate *or* destiny

**-schicksal** das: **ein Emigranten~/Flüchtlings~/Behinderten~:** life *or* experiences as an emigré/a refugee/a handicapped person

**schicksalhaft** 1. *Adj.* fateful. 2. *adv.* **~ bedingt/verbunden** determined/linked by fate; **sie sind ~ aufeinander angewiesen** their fates are inextricably linked

**schicksals-, Schicksals-:** ~**drama** das *(Literaturw.)* fate drama; ~**frage** die crucial question; *(Angelegenheit)* fundamental issue; ~**gefährte** der companion in misfortune; **die drei waren ~gefährten** the three shared the same fate; ~**gemeinschaft** die: **sie bildeten** *od.* **waren eine ~gemeinschaft** they shared a common fate; ~**genosse** der *s.* **~gefährte;** ~**glaube** der fatalism; ~**göttin** die goddess of fate; **die ~göttinnen** the Fates; ~**schlag** der stroke of fate; ~**schwer** *Adj.* momentous ‹*day, decision*›; ~**tragödie** die *(Literaturw.) s.* **~drama**

**Schickse** [ˈʃɪksə] die; ~, ~n *(salopp abwertend)* floozie *(coll.)*

**Schickung** die; ~, ~en *(geh.)* stroke of fate

**Schiebe-:** ~**dach** das sliding roof; sunroof; ~**fenster** das sliding window

**schieben** [ˈʃi:bn̩] 1. *unr. tr. V.* a) push; push, wheel ‹*bicycle, pram, shopping trolley*›; *(drängen)* push; shove; **die Lokomotive schob die Waggons auf ein Nebengleis** the locomotive shunted the wagons into a siding; b) *(stecken)* put; *(gleiten lassen)* slip; **den Riegel vor die Tür ~:** slip the bolt across; **den Ball ins Tor ~** *(Fußballjargon)* slip the ball into the net; **etw. von einem Tag auf den anderen ~** *(fig.)* keep putting sth. off from one day to the next; c) **etw. auf jmdn./etw. ~:** blame sb./sth. for sth.; **die Schuld/die Verantwortung auf jmdn. ~:** put the blame on sb. *or* lay the blame at sb.'s door/lay the responsibility at sb.'s door; d) *(salopp: handeln mit)* traffic in; push ‹*drugs*›. 2. *unr. refl. V.* a) *(sich zwängen)* **sich durch die Menge ~:** push one's way through the crowd; b) *(sich bewegen)* move; **ihr Rock schob sich nach oben** her skirt slid up; **sich an die Spitze ~** *(Sportjargon)* move up to the front. 3. *unr. itr. V.* a) push; *(heftig)* push; shove; b) *mit sein (salopp: gehen)* mooch *(sl.)*; c) *(ugs.: mit etw. handeln)* **mit etw. ~:** traffic in sth.; d) *(Skat)* shove

**Schieber** der; ~s, ~ a) *(an einer Tür)* bolt; *(am Ofen)* damper; *(an Rohrleitungen)* sluice valve; b) *(ugs.: Schwarzhändler)* black marketeer; *(Drogen~)* pusher; *(Waffen~)* gun-runner; c) *(ugs.: Tanz)* one-step

**Schieber·mütze** die *s.* **Schlägermütze**

**Schiebe-:** ~**tür** die sliding door; ~**wand** die sliding partition

**Schieb-:** ~**lade** die *s.* **Schublade;** ~**lehre** die *(Technik)* vernier [calliper] gauge

**Schiebung** die; ~, ~en *(ugs.)* a) *(betrügerisches Geschäft)* shady deal; b) *(o. Pl.: Begünstigung)* pulling strings; *(bei einer Wahl, einem Wettbewerb)* rigging; *(bei einem Wettlauf, -rennen)* fixing; **„[das ist ja] ~!" riefen die Zuschauer** the spectators shouted '[it's a] fix!'

**schied** [ʃi:t] *1. u. 3. Pers. Sg. Prät. v.* **scheiden**

**schiedlich-friedlich** *Adv.* amicably

**Schieds-:** ~**gericht** das a) *(Rechtsw.)* arbitration tribunal; b) *(Sport)* panel of judges; *(Fechten)* jury; ~**kommission** die *(Rechtsw.) s.* **~gericht a;** ~**mann** der; *Pl.* **~leute** *od.* **~männer** arbitrator; ~**richter** der a) *(Sport)* referee; *(Tennis, Tischtennis, Hockey, Kricket, Federball)* umpire; *(Eislauf, Ski, Schwimmen)* judge; b) *(Rechtsw.)* arbitrator; ~**richter·ball** der *(Fußball)* drop ball; *(Basketball)* jump ball; *(Wasserball)* neutral throw; ~**richterlich** *Adj.* a) *(Sport)* ‹*decision, permission, etc.*› of the referee/umpire; b) *(Rechtsw.)* **die ~richterliche Entscheidung** the decision of the arbitrator/arbitrators; ~**richtern** *itr., tr. V.* *(Sport)* referee; *(Tennis, Tischtennis, Hokkey, Kricket, Federball)* umpire; ~**spruch** der *(Rechtsw.)* arbitration decision

**schief** [ʃi:f] 1. *Adj.* a) *(schräg)* leaning ‹*wall, fence, post*›; *(nicht parallel)* crooked; not straight *pred.*; crooked ‹*nose*›; sloping, inclined ‹*surface*›; worn[-down] ‹*heels*›; *(fig.)* wry ‹*smile, look*›; **eine ~e Schulter haben** have one shoulder higher than the other; **er hält den Kopf ~:** he holds his head to one side; **der Schiefe Turm von Pisa** the Leaning Tower of Pisa; **eine ~e Ebene** *(Math., Phys.)* an inclined plane; *s. auch* **Bahn a; Gesicht a;** b) *(fig.: verzerrt)* distorted ‹*picture, presentation, view, impression*›; false ‹*comparison*›. 2. *adv.* a) *(schräg)* **der Baum ist ~ gewachsen** the tree has grown crooked *or* hasn't grown straight; **das Bild hängt/der Teppich liegt ~:** the picture/carpet is crooked; **der Tisch steht ~:** the table isn't level; **sich** *(Dat.)* **die Mütze ~ aufsetzen** put one's cap on at an angle; **jmdn. ~ ansehen** *(ugs.)* look at sb. askance; *s. auch* **Haussegen;** b) *(fig.: verzerrt)* **etw. ~ darstellen** give a distorted account of sth.

**Schiefer** [ˈʃi:fɐ] der; ~s a) *(Gestein)* slate; b) *(südd., österr.: Splitter)* splinter

**schiefer-, Schiefer-:** ~**dach** das slate roof; ~**grau** *Adj.* slate-grey; ~**tafel** die slate

**schief-:** ~|**gehen** *unr. itr. V.; mit sein (ugs.)* go wrong; **es wird schon ~gehen** *(iron.)* it'll all turn out OK *(coll.)*; ~**gewickelt** *Adj.* in **~gewickelt sein** *(ugs.)* be very much mistaken; ~|**lachen** *refl. V. (ugs.)* kill oneself laughing *(coll.)*; laugh one's head off; ~|**laufen** 1. *unr. tr. V. (ablaufen)* wear down ‹*heels*› on one side; 2. *unr. itr. V.; mit sein (ugs.: ~gehen)* go wrong; ~|**liegen** *unr. itr. V. (ugs.)* be on the wrong track; ~|**treten** *unr. tr. V.* wear down ‹*heels*› on one side

**schielen** [ˈʃi:lən] *itr. V.* a) squint; have a squint; **leicht/stark ~:** have a slight/pronounced squint; **auf dem rechten Auge ~:** have a squint in one's right eye; b) *(ugs.: blicken)* look out of the corner of one's eye; **nach etw. ~:** steal a glance at sth.; *(fig.)* have one's eye on sth.; c) *(ugs.: spähen)* peep; **nach rechts und links ~:** glance right and left

**schien** [ʃi:n] *1. u. 3. Pers. Sg. Prät. v.* **scheinen**

**Schien·bein** das shinbone; **sich ans** *od.* **am ~ stoßen** bang one's shin; **jmdm.** *od.* **jmdn. vor das ~ treten** kick sb. on the shin

**Schiene** [ˈʃi:nə] die; ~, ~n a) rail; **~n legen** lay track; **aus den ~n springen** come off the rails; b) *(Gleit~)* runner; **in einer ~ laufen** move on a runner; c) *(Med.: Stütze)* splint; d) *(Reiß~)* T-square; e) *(schmale Leiste)* right-angle moulding; *(in Korbwaren)* rib; f) *(hist.: Teil der Rüstung)* splint

**-schiene** die: **Nord~/Süd~/Rhein~:** northern/southern/Rhine sector

**schienen** *tr. V.* **jmds. Arm/Bein ~:** put sb.'s arm/leg in a splint/splints; put a splint/splints on sb.'s arm/leg

**Schienen-:** ~**bus** der railbus; ~**fahrzeug** das track vehicle; ~**strang** der [railway] line *or* track; ~**verkehr** der rail traffic

[1]**schier** [ʃi:ɐ̯] *Adv. (veralt.: geradezu)* well-nigh; almost

[2]**schier** *Adj. (bes. nordd.)* pure; *(fig.)* sheer ‹*malevolence, stupidity*›

**Schierling** [ˈʃi:ɐ̯lɪŋ] der; ~s, ~e hemlock

**Schierlings·becher** der cup of hemlock

**Schieß-:** ~**befehl** der order to shoot; ~**bude** die shooting-gallery; ~**buden·figur** die target [in a shooting-gallery]; **du siehst aus wie eine ~budenfigur** *(ugs.)* you look a real clown; ~**eisen** das *(ugs.)* shooting-iron *(sl.)*

**schießen** [ˈʃi:sn̩] 1. *unr. itr. V.* a) shoot; ‹*pistol, rifle*› shoot, fire; **auf jmdn./etw. ~:** shoot/fire at sb./sth.; **gut/schlecht ~** ‹*person*› be a good/bad shot; **es wurde aus dem Fenster geschossen** a shot/shots came from the window; **sie schoß ihm/sich ins Bein** she shot him/herself in the leg; **mit Schrot/einem Pfeil ~:** fire shot/shoot an arrow; b)

*(Fußball)* shoot; **der Stürmer schoß hoch über das Tor** the forward's shot went high over the goal; **c)** *mit sein (ugs.: schnellen)* shoot; **er schoß vom Stuhl in die Höhe** he shot up out of his chair; **ein Gedanke schoß ihr durch den Kopf** *(fig.)* a thought flashed through her mind; **zum Schießen sein** *(ugs.)* be a scream *(sl.)*; **d)** *mit sein (fließen, heraus~)* gush; *(spritzen)* spurt; **ich spürte, wie mir das Blut in den Kopf schoß** I felt the blood rush to my head; **aus dem Dachstuhl schossen Flammen** flames were shooting from the attic; **e)** *mit sein (schnell wachsen)* shoot up; *(fig.)* ‹*building*› spring up; **der Junge ist sehr in die Höhe geschossen** the boy has shot up a lot; **die Preise ~ in die Höhe** *(fig.)* prices are shooting up *or* rocketing; **f)** *(Drogenjargon)* fix. **2.** *unr. tr. V.* **a)** shoot; fire ‹*bullet, missile, rocket*›; **jmdn./etw. in den Weltraum ~:** launch sb./sth. into space; **an der Schießbude einen Preis ~:** win a prize at the shooting-gallery; **jmdn. zum Krüppel ~:** shoot and maim sb.; **b)** *(Fußball)* score ‹*goal*›; **den Ball ins Netz ~:** put the ball in the net; **er schoß seine Mannschaft in Führung** he scored the goal that put his team ahead; **das 3:2 ~:** make it 3–2; **c)** *(ugs.: fotografieren)* **einige Aufnahmen ~:** take a few snaps

**schießen|lassen** *unr. tr. V. (salopp)* drop; ditch *(sl.)*, drop ‹*plan*›

**Schießerei die; ~, ~en a)** shooting *no indef. art., no pl.*; **b)** *(Schußwechsel)* gun-battle; **die ~ am Ende des Films** the shoot-out at the end of the film

**Schieß-: ~gewehr das** *(Kinderspr.)* rifle; **~hund der** *(Jägerspr., veralt.: Jagdhund)* gun dog; **aufpassen wie ein ~hund** *(ugs.)* be on one's toes; **~platz der** firing range; **~pulver das** gunpowder; **er hat das ~pulver [auch] nicht erfunden** *(ugs.)* he's not exactly a genius; **~scharte die** crenel; **~scheibe die** target; **~sport der** shooting *no art.*; **~stand der a)** shooting range; **b)** *s.* **~bude; ~übung die** target practice

**Schiff** [ʃɪf] **das; ~[e]s, ~e a)** ship; **mit dem** *od.* **per** *od.* **zu ~:** by ship *or* sea; **~ voraus!** ship ahead!; **das ~ der Wüste** *(fig.)* the ship of the desert; **b)** *(Archit.: Kirchen~) (Mittel~)* nave; *(Quer~)* transept; *(Seiten~)* aisle; **c)** *(Druckw.)* galley

**Schiffahrt die;** *o. Pl. (Schiffsverkehr)* shipping *no indef. art.*; *(Schiffahrtskunde)* navigation; **die ~ einstellen** suspend all shipping movements

**Schiffahrts-: ~gesellschaft die** shipping company; **~linie die** shipping route; **~straße die, ~weg der** [navigable] waterway

**schiffbar** *Adj.* navigable

**Schiffbarmachung die; ~: seit der ~ dieses Flusses** since this river was made navigable

**schiff-, Schiff-: ~bau der;** *o. Pl.* shipbuilding *no art.*; **~bauer der** shipbuilder; **~bruch der** *(veralt.)* shipwreck; **~bruch erleiden** ‹*ship*› be wrecked; ‹*person*› be shipwrecked; **[mit etw.] ~bruch erleiden** *(fig.)* fail [in sth.]; **~brüchig** *Adj.* shipwrecked; **~brüchige der/die;** *adj. Dekl.* shipwrecked man/woman; **die ~brüchigen** those shipwrecked

**Schiffchen das; ~s, ~ a)** *(Spielzeug)* [little] boat; **b)** *(ugs.: Kopfbedeckung)* forage cap; **c)** *(Weberei, Handarbeit, Nähen)* shuttle

**schiffen** *itr. V.* **a)** *mit sein (veralt.: mit dem Schiff fahren)* ship; travel by ship; **b)** *(derb: urinieren)* piss *(coarse)*; **c)** *(unpers. salopp: regnen)* **es schifft** it's pissing down *(sl.)*; it's chucking it down *(sl.)*

**Schiffer der; ~s, ~:** boatman; *(eines Lastkahns)* bargee; *(Kapitän)* skipper

**Schiffer-: ~klavier das** accordion; **~knoten der** seaman's knot; **~mütze die** [peaked] sailor's cap

**Schiff-fahrt** *Schreibung von* **Schiffahrt** *bei Silbentrennung*

**Schiffs-: ~arzt der** ship's doctor; **~ausrüster der; ~s, ~** ship's chandler; **~bau der;** *o. Pl. s.* **Schiffbau; ~bauch der** *(ugs.)* belly of a/the ship; **~brücke die** pontoon bridge

**Schiff·schaukel die** swing-boat; **~ fahren** go on a/the swing-boat

**Schiffs-: ~eigner der** shipowner; **~fahrt die** boat trip; *(länger)* cruise; **~führer der** *s.* **Schiffer; ~glocke die** ship's bell; **~junge der** ship's boy; **~ladung die** [ship's] cargo; **eine ganze ~ladung** an entire shipload; **~laterne die** *(Seemannsspr.)* ship's lantern; **~makler der** ship-broker; **~modell das** model ship; **~name der** ship's name; **~papiere** *Pl.* ship's papers; **~passage die** passage; **~reise die** voyage; *(Vergnügungsreise)* cruise; **~rumpf der** [ship's] hull; **~schraube die** ship's propeller *or* screw; **~taufe die** naming of a/the ship; **~verkehr der** shipping traffic; **auf dem Fluß war lebhafter** *od.* **reger ~verkehr** the river was busy with traffic; **~zimmermann der** ship's carpenter; **~zwieback der** hard tack; ship's biscuit

**Schiit** [ʃi'i:t] **der; ~en, ~en** Shiite

**schiitisch** *Adj.* Shiite

**Schikane** [ʃi'ka:nə] **die; ~, ~n a)** *(Bosheit)* harassment *no indef. art.*; **das ist eine ~:** that amounts to *or* is harassment; **aus reiner ~:** purely in order to harass him/her *etc.*; **Beschimpfungen und ~n** abuse and harassment; **b)** *in* **mit allen ~n** *(ugs.)* ‹*kitchen, house*› with all mod cons *(Brit. coll.)*; ‹*car, bicycle, stereo*› with all the extras; **c)** *(Motorsport)* chicane

**schikanieren** *tr. V.* **jmdn. ~:** harass sb.; mess sb. about *(coll.)*; **Rekruten/seine Ehefrau ~:** bully recruits/one's wife

**schikanös** [ʃika'nø:s] **1.** *Adj.* harassing ‹*action, measure*›; bullying ‹*husband, superior officer*›; **~e Behandlung** harassment/bullying. **2.** *adv.* **jmdn. ~ behandeln** harass sb.

**[1]Schild** [ʃɪlt] **der; ~[e]s, ~e a)** shield; **jmdn. auf den ~ [er]heben** *(geh.) (als Anführer)* make sb. one's leader; *(als Leitbild)* make sb. one's figurehead; **etw./nichts im ~e führen** be up to something/not be up to anything; **etwas gegen jmdn./etw. im ~e führen** be plotting sth. against sb./sth.; **b)** *(Wappen~)* shield; escutcheon; **c)** *s.* **Schirm c**

**[2]Schild das; ~[e]s, ~er** *(Verkehrs~)* sign; *(Nummern~)* number-plate; *(Namens~)* nameplate; *(Plakat)* placard; *(an einer Mütze)* badge; *(auf Denkmälern, Gebäuden, Gräbern)* plaque; *(Etikett)* label

**Schild-: ~bürger der** *(abwertend)* ≈ wise man of Gotham; Gothamite; fool; **~bürger·streich der** *(abwertend)* act of monumental dim-wittedness; **~drüse die** *(Med.)* thyroid [gland]

**Schilder-: ~brücke die** *(Verkehrsw.)* sign gantry; **~haus das, ~häuschen das** sentry-box

**schildern** ['ʃɪldɐn] *tr. V.* describe; *(in einer Erzählung)* portray; describe; **die Greuel dieses Krieges sind kaum zu ~:** the atrocities committed in this war beggar description; *s. auch* **Farbe b**

**Schilderung die; ~, ~en** description; *(von Ereignissen)* account; description; *(in einer Erzählung)* portrayal; description

**Schilder·wald der** *(Verkehrsw. abwertend)* maze of traffic-signs

**Schild-: ~knappe der** *(hist.)* squire; shield-bearer; **~kröte die** tortoise; *(Seeschildkröte)* turtle; **~kröten·suppe die** turtle soup; **~laus die** scale insect; **~patt das; ~[e]s** tortoiseshell; **~wache die** *(veralt.)* sentry; **~wache stehen** stand sentry

**Schilf** [ʃɪlf] **das; ~[e]s, ~e a)** *(~rohr)* reed; **b)** *o. Pl. (Röhricht)* reeds *pl.*

**Schilf-: ~dach das** roof thatched with reeds; **~gras das, ~rohr das** *s.* **Schilf a; ~rohr·sänger der** sedge warbler

**Schiller-: ~kragen der** large open-necked collar; **~locke die a)** *(Gebäck)* cream horn; **b)** *(Räucherfisch)* strip of smoked fish *(esp. dogfish)*

**schillern** ['ʃɪlɐn] *itr. V.* shimmer; **in allen Regenbogenfarben ~:** shimmer with all the colours of the rainbow; **ein ~der Charakter** *(fig.)* an ambivalent character; **ein ~der Begriff** *(fig.)* a shifting concept

**Schilling** ['ʃɪlɪŋ] **der; ~s, ~e** schilling; **das kostet 30 ~:** that costs 30 schillings

**Schillum** ['ʃɪlʊm] **das; ~s, ~s** chillum

**schilpen** ['ʃɪlpn̩] *s.* **tschilpen**

**schilt** [ʃɪlt] *3. Pers. Sg. Präsens v.* **schelten**

**Schimäre** [ʃi'mɛ:rə] **die; ~, ~n** chimera

**schimärisch** *Adj.* chimerical

**Schimmel** ['ʃɪml̩] **der; ~s, ~ a)** *o. Pl. (Belag)* mould; *(auf Leder, Papier)* mildew; **b)** *(Pferd)* white horse

**schimmelig** *Adj.* mouldy; mildewy ‹*paper, leather*›; **~ werden** go mouldy/get covered with mildew

**schimmeln** *itr. V.; auch mit sein* go mouldy; ‹*leather, paper*› get covered with mildew

**Schimmel·pilz der** mould

**Schimmer** ['ʃɪmɐ] **der; ~s a)** *(Schein)* gleam; *(von Perlmutt)* lustre; shimmer; *(von Seide)* shimmer; sheen; *(von Haar)* sheen; *(von Kerzen)* [soft] glow; **b)** *(Anflug, Hauch)* glimmer; **noch einen ~ [von] Anstand haben** still have a scrap of decency; **keinen [blassen]** *od.* **nicht den leisesten ~ [von etw.] haben** *(ugs.)* not have the faintest *or* foggiest idea [about sth.] *(coll.)*

**schimmern** *itr. V.* **a)** *(matt glänzen)* gleam; ‹*water, sea*› glisten, shimmer; ‹*teeth*› glisten; ‹*metal*› glint, gleam; ‹*silk, mother-of-pearl*› shimmer; **der Stoff/die Seide schimmert rötlich** the material has a reddish tinge/the silk has a reddish sheen; **b)** *(durch~)* show (**durch** through)

**schimmlig** *s.* **schimmelig**

**Schimpanse** [ʃɪm'panzə] **der; ~n, ~n** chimpanzee

**Schimpf der; ~[e]s** *(geh.)* affront; **jmdm. einen ~ antun/zufügen** affront sb.; **mit ~ und Schande** in disgrace

**Schimpfe die; ~** *(ugs.)* **~ bekommen** get an earful *(coll.)*

**schimpfen 1.** *itr. V.* **a)** carry on *(coll.)* (**auf, über** + *Akk.* about); *(meckern)* grumble, moan (**auf, über** + *Akk.* at); **b)** *(zurechtweisen)* **mit jmdm. ~:** tell sb. off; scold sb. **2.** *tr. V.* **a)** *(bes. md.: aus~)* **jmdn. ~:** tell sb. off; scold sb.; **b) jmdn. dumm/faul ~:** call sb. stupid/lazy. **3.** *refl. V. (spött.: vorgeben zu sein)* **sich Professor/Dichter ~:** call oneself a professor/poet

**Schimpferei die; ~, ~en** *(abwertend)* carrying on *(coll.)*; *(Meckerei)* grumbling; moaning; *(das Zurechtweisen)* telling off, scolding (**mit** of)

**schimpflich** *(geh.)* **1.** *Adj.* shameful, disgraceful ‹*behaviour, treatment*›; dishonourable ‹*occupation*›; *(entwürdigend)* humiliating ‹*defeat, terms, etc.*›. **2.** *adv.* shamefully; disgracefully; *(entwürdigend)* humiliatingly

**Schimpf-: ~name der** [abusive] nickname; **jmdn. mit ~namen belegen** call sb. names; **~wort das** *(Beleidigung)* insult; *(derbes Wort)* swear-word

**Schindel** ['ʃɪndl̩] **die; ~, ~n** shingle

**Schindel·dach das** shingle roof

**schinden** ['ʃɪndn̩] **1.** *unr. tr. V.* **a)** maltreat; ill-treat; *(ausbeuten)* slave-drive; **jmdn./ein Tier zu Tode ~:** work sb./an animal to death; **b)** *(ugs.: herausschlagen)* **Zeilen ~:** pad as much as possible; fill up space with as little as possible; **[bei jmdm.] Eindruck ~:** make an impression [on sb.]; **Applaus ~ wollen** fish for applause; **Zeit ~:** play for

time. **2.** *unr. refl. V. (ugs.: sich abplagen)* slave away; **sich mit einer Arbeit ~:** slave away at a job
**Schịnder der; ~s, ~ a)** slave-driver; **b)** *(veralt.: Abdecker)* knacker *(Brit.)*
**Schinderei die; ~, ~en a)** ill-treatment *no pl.; (Ausbeutung)* slave-driving *no pl.;* **b)** *(Strapaze, Qual)* struggle; *(Arbeit)* toil
**Schịnd-: ~luder das** *in* **mit etw. ~luder treiben** *(ugs.) (ausbeuten)* take advantage of *or* abuse sth.; *(vergeuden)* squander sth.; **wir dürfen nicht länger mit der Natur ~luder treiben** we must stop this appalling waste of natural resources; **~mähre die** *(abwertend)* nag
**Schinken** ['ʃɪŋkn̩] **der; ~s, ~ a)** ham; **b)** *(ugs.) (Buch)* great tome; *(Gemälde)* enormous painting; *(Film, Theaterstück)* epic
**Schịnken-: ~brot das** slice of bread and ham; *(zugeklappt)* ham sandwich; **~speck der** bacon
**Schintoismus** [ʃɪnto'ɪsmʊs] **der; ~:** Shintoism *no art.*
**Schippe** ['ʃɪpə] **die; ~, ~n a)** *(nordd., md.: Schaufel)* shovel; **~ und Eimer** bucket and spade; **~ und Handfeger** dustpan and brush; **jmdn. auf die ~ nehmen** *(fam.)* kid sb. *(sl.);* pull sb.'s leg; **dem Tod von der ~ springen** *(ugs.)* escape death by a hair's breadth; **b)** *(Kartenspiel) s.* **²Pik; c)** *(ugs.: Flunsch)* **eine ~ ziehen** *od.* **machen** pout
**schịppen** *tr. V. (nordd., md.)* **a)** shovel; **b)** *(ausheben)* dig ⟨*ditch, grave, etc.*⟩
**Schịpper der; ~s, ~** *(nordd.) s.* **Schiffer**
**schịppern** *(ugs.)* **1.** *itr. V.; mit sein* cruise. **2.** *tr. V.* ship ⟨*goods, materials*⟩; skipper ⟨*ship*⟩
**Schirm** [ʃɪrm] **der; ~[e]s, ~e a)** umbrella; brolly *(Brit. coll.); (Sonnen~)* sunshade; parasol; **b)** *(Lampen~)* shade; **c)** *(Mützen~)* peak; **d)** *(gegen Licht)* eyeshade; *(Ofen~, Kamin~)* guard; *(Strahlen~)* shield; *(beim Schweißen o. ä.)* mask; visor; **e)** *(Bild~)* screen; **f)** *(Schutz)* shield
**Schịrm-: ~bild das** *(Med.)* X-ray [picture]; **~bild·gerät das** *(Med.)* X-ray machine; **~herr der** patron; **~herrin die** patroness; **~herrschaft die** patronage; **die ~herrschaft über etw.** *(Akk.)* **übernehmen** become patron of sth.; **~mütze die** peaked cap; **~pilz der** parasol mushroom; **~ständer der** umbrella stand
**Schirokko** [ʃi'rɔko] **der; ~s, ~s** sirocco
**Schisma** ['ʃɪsma] **das; ~s, Schịsmen** *od.* **~ta** *(Kirche, Politik)* schism
**schiß** [ʃɪs] *1. u. 3. Pers. Sg. Prät. v.* **scheißen**
**Schịß der; Schịsses** *(salopp: Angst)* **[vor etw.] ~ haben** be shit-scared [of sth.] *(coarse);* **~ kriegen** get the shits *(coarse)*
**schizoid** [ʃɪtso'i:t] *(Med.)* **1.** *Adj.* schizoid. **2.** *adv.* **~ veranlagt sein** have schizoid tendencies
**schizophren** [ʃɪtso'fre:n] *(Med., auch fig.)* **1.** *Adj.* schizophrenic. **2.** *adv.* schizophrenically
**Schizophrenie die; ~, ~n** *(Med., auch fig.)* schizophrenia
**schlạbberig** *Adj. (ugs.)* **a)** *(locker fallend)* baggy ⟨*clothes*⟩; loose, limp ⟨*material*⟩; **b)** *(abwertend: wäßrig)* watery
**schlabbern** ['ʃlabɐn] **1.** *tr. V. (ugs.) (schlürfen)* ⟨*person*⟩ slurp; ⟨*animal*⟩ lap up. **2.** *itr. V.* **a)** *(abwertend)* slobber; **b)** *(schlenkern)* ⟨*dress*⟩ flap; ⟨*trousers*⟩ be baggy
**schlạbbrig** *Adj. s.* **schlabberig**
**Schlacht** [ʃlaxt] **die; ~, ~en** battle; **die ~ bei** *od.* **von/um X** the battle of/for X; **in die ~ ziehen** go into battle; **sich eine ~ liefern** do battle; **sich eine erbitterte ~ liefern** *(fig.)* fight fiercely; **jmdm. eine ~ liefern** do battle with sb.; **eine ~ schlagen** fight a battle
**Schlạcht·bank die;** *Pl.* **~bänke** slaughtering-block; **sich wie ein Lamm zur ~ führen lassen** *(geh.)* let oneself be led like a lamb to the slaughter
**schlạchten** *tr. (auch itr.) V.* slaughter; kill ⟨*rabbit, chicken, etc.*⟩; **sein Sparschwein ~** *(scherzh.)* raid one's piggy bank
**Schlạchtenbummler** [-bʊmlɐ] **der** *(Sportjargon)* away supporter; **die englischen ~:** the visiting English supporters
**Schlạchter der; ~s, ~, Schlạ̈chter der; ~s, ~** *(nordd.)* butcher
**Schlachterei die; ~, ~en, Schlächterei die; ~, ~en a)** *(nordd.: Fleischerei)* butcher's [shop]; **b)** *(abwertend: Gemetzel)* slaughter; butchery *no indef. art.*
**Schlạcht-: ~feld das** battlefield; **auf dem ~feld bleiben** *(veralt. verhüll.)* fall in battle; **das Zimmer sah wie ein ~feld aus** the room looked as if a bomb had hit it; **~fest das** *feast at which the meat of freshly slaughtered animals, esp. pork, is eaten;* **~haus das** slaughterhouse; **~hof der** slaughterhouse; abattoir; **~opfer das** *(Rel.)* animal sacrifice; **~ordnung die** *(Milit. hist.)* battle order; **~plan der** *(Milit.)* plan of battle; battle plan; *(fig.)* plan of action; **~platte die** *dish with assorted cooked meats, sausages, and sauerkraut;* **~reif** *Adj.* ready for slaughtering *postpos.;* **~roß das** *(veralt.)* war-horse; charger; **ein altes ~roß** *(fig. scherzh.)* an old war-horse; **~schiff das** *(Milit.)* battleship; **~tier das** animal kept for meat; *(kurz vor der Schlachtung)* animal for slaughter
**Schlạchtung die; ~, ~en** slaughter[ing]
**Schlạchtvieh das** animals *pl.* kept for meat; *(kurz vor der Schlachtung)* animals *pl.* for slaughter
**Schlacke** ['ʃlakə] **die; ~, ~n a)** cinders *pl.; (größere Stücke)* clinker; **b)** *Pl. (Physiol.: Ballaststoffe)* roughage *sing.;* **c)** *(Hochofen~)* slag; **d)** *(Geol.: Lava)* slag; clinker
**schlackern** ['ʃlakɐn] *itr. V. (nordd., westmd.)* **a)** *(schlenkern)* ⟨*dress*⟩ flap; ⟨*bag*⟩ dangle; ⟨*trousers*⟩ be baggy; **b)** *(wackeln, zittern)* shake; tremble; **mit den Armen ~:** flap one's arms about; *s. auch* **Ohr**
**Schlạck·wurst die** *s.* **Zervelatwurst**
**Schlaf** [ʃla:f] **der; ~[e]s** sleep; **einen leichten/festen/gesunden ~ haben** be a light/heavy/good sleeper; **keinen ~ finden** *(geh.)* be unable to sleep; **jmdn. um den** *od.* **seinen ~ bringen** ⟨*worry etc.*⟩ give sb. sleepless nights/a sleepless night; ⟨*noise*⟩ stop sb. from sleeping; **jmdn. in den ~ singen/wiegen** sing/rock sb. to sleep; **jmdn. aus dem ~ reißen** wake sb. up with a start; **den ~ des Gerechten schlafen** *(scherzh.)* sleep the sleep of the just; **das kann** *od.* **mache ich im ~** *(fig.)* I can do that with my eyes closed *or* shut; **halb im ~:** half asleep
**Schlaf-: ~an·zug der** pyjamas *pl.;* **ein ~anzug** a pair of pyjamas; **~bedürfnis das** need for sleep
**Schlạ̈fchen** ['ʃlɛ:fçən] **das; ~s, ~:** nap; snooze *(coll.);* **ein ~ halten** have a nap *or (coll.)* snooze
**Schlaf·couch die** bed-settee; sofa-bed
**Schläfe** ['ʃlɛ:fə] **die; ~, ~n** temple; **er hat/bekommt graue ~n** his hair has gone/is going grey at the temples
**schlafen 1.** *unr. itr. V.* **a)** *(auch fig.)* sleep; **tief** *od.* **fest ~** *(zur Zeit)* be sound asleep; *(gewöhnlich)* sleep soundly; be a sound sleeper; **lange ~:** sleep for a long time; *(am Morgen)* sleep in; **~ gehen** go to bed; **sich ~ legen** lie down to sleep; *(ins Bett gehen)* go to bed; **im Hotel/bei Bekannten ~:** stay in a hotel/with friends; **schlaf gut!** sleep well!; **hast du gut ge~?** did you sleep well?; **schläft sie immer noch?** is she still asleep?; **er schläft noch halb** he's still half asleep; **darüber muß ich noch ~:** I'd like to sleep on it; **~ wie ein Murmeltier** *od.* **Bär** *od.* **Sack** *od.* **Stein** *(ugs.)* sleep like a log *or* top; **bei jmdm. ~:** sleep at sb.'s house/in sb.'s room *etc.;* **mit jmdm. ~** *(verhüll.)* sleep with sb. *(euphem.);* **b)** *(ugs.: nicht aufpassen)* be asleep. **2.** *unr. refl. V. (unpers.)* **auf dem Sofa schläft es sich gut** the sofa's good to sleep on
**Schläfen·bein das** *(Anat.)* temporal bone
**Schlafen·gehen das; ~s** going *no def. art.* to bed
**Schlafens·zeit die** bedtime
**Schläfer** ['ʃlɛ:fɐ] **der; ~s, ~, Schläferin die; ~, ~nen** sleeper
**schlaff** [ʃlaf] **1.** *Adj.* **a)** *(nicht straff, nicht fest)* slack ⟨*cable, rope, sail*⟩; flaccid, limp ⟨*penis*⟩; loose, slack ⟨*skin*⟩; sagging ⟨*breasts*⟩; flabby ⟨*stomach, muscles*⟩; **die Fahne war ~:** the flag hung limply; **b)** *(schlapp, matt)* limp ⟨*body, hand, handshake*⟩; shaky ⟨*knees*⟩; feeble ⟨*blow*⟩; **c)** *(abwertend: träge)* lethargic; **~e Nachfrage** *(fig.)* weak demand. **2.** *adv.* **a)** *(locker, nicht straff)* slackly; **das Segel hing ~:** the sail hung limply; **ihre Brüste hingen ~:** her breasts sagged; **b)** *(schlapp, matt)* limply; **er saß ~ herum** *(ugs.)* he sat around listlessly
**Schlạffheit die; ~:** limpness; *(der Haut)* looseness, slackness; *(des Bauches, der Muskeln)* flabbiness
**Schlaf-: ~gast der** overnight guest; **~gelegenheit die** place to sleep; **~gewohnheiten** *Pl.* sleeping habits
**Schlafittchen** [ʃla'fɪtçən] **das** *in* **jmdn. am** *od.* **beim ~ kriegen** *od.* **fassen** *(ugs.)* collar *or (sl.)* nab sb.
**schlaf-, Schlaf-: ~krankheit die** sleeping sickness; **~lied das** lullaby; **~los** *Adj.* sleepless ⟨*night*⟩; **~los liegen** lie awake, unable to sleep; **~losigkeit die; ~:** sleeplessness; insomnia; **an ~losigkeit leiden** be an insomniac; suffer from insomnia; **~mittel das** sleep-inducing drug; soporific [drug]; **dieser Roman ist das reinste ~mittel** *(fig.)* this novel sends you [right off] to sleep; **~mütze die a)** *(ugs.)* sleepyhead; *(jmd., der unaufmerksam ist)* day-dreamer; **b)** *(veralt.: Nachtmütze)* nightcap; **~mützig** *Adj. (ugs.)* dozy *(coll.);* **~raum der** bedroom; *(in Heim o. ä.)* dormitory
**schläfrig** ['ʃlɛ:frɪç] **1.** *Adj.* sleepy; **~ sein/werden** ⟨*person*⟩ be/become sleepy *or* drowsy. **2.** *adv.* sleepily
**Schläfrigkeit die; ~:** sleepiness; drowsiness
**Schlaf-: ~rock der** *(veralt.)* nightgown; *s. auch* **Apfel a; ~saal der** dormitory; **~sack** sleeping-bag
**schläfst** [ʃlɛ:fst] *2. Pers. Sg. Präsens v.* **schlafen**
**Schlaf-: ~stadt die** dormitory town; **~stelle die** place to sleep; *(Bett)* bed; **~störungen** *Pl. (Med.)* insomnia *sing.*
**schläft** [ʃlɛ:ft] *3. Pers. Sg. Präsens v.* **schlafen**
**schlaf-, Schlaf-: ~tablette die** sleeping-pill *or* -tablet; **~trunk der** nightcap; **~trunken 1.** *Adj. (geh.)* drowsy; **2.** *adv.* drowsily; [still] half asleep; **~wagen der** sleeping-car; sleeper; **~wandeln** *itr. V.; auch mit sein* sleep-walk; **~wandler der; ~s, ~, ~wandlerin die; ~, ~nen** sleep-walker; **~wandlerisch** *Adj.* somnambulistic; **mit ~wandlerischer Sicherheit** with the sureness of a sleepwalker; with instinctive sureness; **~zimmer das** bedroom; *(Einrichtung)* bedroom suite; **~zimmerblick der;** *o. Pl. (scherzh.)* bedroom eyes *pl.;* seductive eyes *pl.*
**Schlag** [ʃla:k] **der; ~[e]s, Schläge** ['ʃlɛ:gə] **a)** blow; *(Faust~)* punch; blow; *(Klaps)* slap; *(leichter)* pat; *(als Strafe für ein Kind)* smack; *(Peitschenhieb)* lash; *(Tennis~, Golf~)* stroke; shot; **ein ~ auf den Kopf/ins Genick** a blow on the head/neck; **Schläge kriegen** *(ugs.)* get *or* be given a thrashing *or* beating; **~ auf ~** *(fig.)* in quick *or* rapid succession; **alles ging ~ auf ~:** everything went quickly; **die Fragen/Nachrichten kamen ~ auf ~:** the questions/news came

thick and fast; **ein ~ ins Gesicht sein** *(fig.)* be a slap in the face; **das war ein ~ ins Kontor** *(ugs.)* that was a real blow *(coll.)*; **ein ~ ins Wasser** a wash-out *(coll.)*; **einen ~ [weg]haben** *(salopp)* be round the bend *(coll.)*; be nuts *(sl.)*; **keinen ~ tun** *(ugs.)* not do a stroke [of work]; **jmdm. einen ~ versetzen** deal sb. a blow; *(fig.)* be a blow to sb.; **einen vernichtenden ~ gegen jmdn. führen** *(fig.)* deal sb. a crushing blow; **auf einen ~** *(ugs.)* at one go; all at once; **mit einem ~[e]** *(ugs.)* suddenly; all at once; **mit einem ~ berühmt werden** become famous overnight; **zum entscheidenden ~ ausholen** *(fig.)* prepare to deal the decisive blow; *s. auch* **Gürtellinie; b)** *(Auf~, Aufprall)* bang; *(dumpf)* thud; *(Klopfen)* knock; **c)** *o. Pl. (des Herzens, Pulses, der Wellen)* beating; *(eines Pendels)* swinging; **d)** *(einzelne rhythmische Bewegung) (Herz~, Puls~, Takt~)* beat; *(eines Pendels)* swing; *(Ruder~, Kolben~)* stroke; **e)** *o. Pl. (Töne) (einer Uhr)* striking; *(einer Glocke)* ringing; *(einer Trommel)* beating; *(eines Gongs)* clanging; **f)** *(einzelner Ton) (Stunden~)* stroke; *(Glocken~)* ring; *(Trommel~)* beat; *(Gong~)* clang; ~ *od. (österr., schweiz.)* **schlag acht Uhr** on the dot *or* stroke of eight; **g)** *o. Pl. (Vogelgesang)* song; **h)** *(Blitz~)* flash [of lightning]; **i)** *(Stromstoß)* shock; **j)** *(ugs.: ~anfall)* stroke; **jmdn. trifft** *od.* **rührt der ~** *(ugs.)* sb. is flabbergasted; **ich dachte, mich trifft** *od.* **rührt der ~** *(ugs.)* I was flabbergasted; you could have knocked me down with a feather; **wie vom ~ getroffen** *od.* **gerührt** *(ugs.)* as if thunderstruck; **k)** *(Schicksals~)* blow; **l)** *(Tauben~)* cote; **m)** *(ugs.: Portion)* helping; **[einen] ~ bei jmdm. haben** *(fig. ugs.)* be well in with sb. *(coll.)*; **n)** *o. Pl. (österr.: ~sahne)* whipped cream; **o)** *(Wagen~, Kutschen~)* door; **p)** *(Menschen~)* type; **ein Beamter vom alten ~**: a civil servant of the old school

**schlag-, Schlag-: ~ab·tausch der** exchange of blows; *(fig.)* clash; **~ader die** artery; **~anfall der** stroke; **einen ~anfall bekommen [haben]** have [had] a stroke; **~artig 1.** *Adj.; nicht präd.* very sudden; *(innerhalb kürzester Zeit geschehend)* instantaneous; **2.** *adv.* quite suddenly; *(innerhalb kürzester Zeit)* instantly; **~ball der a)** *o. Pl. (Ballspiel) ball game similar to rounders;* **b)** *(Ball) ball used in Schlagball;* **~baß der** *(Musik)* plucked bass; **~baum der** barrier; **~bohrer der, ~bohr·maschine die** percussion drill; hammer drill

**schlagen 1.** *unr. tr. V.* **a)** hit; beat; strike; *(mit der Faust)* punch; hit; *(mit der flachen Hand)* slap; *(mit der Peitsche)* lash; **ein Kind ~**: smack a child; *(aufs Hinterteil)* spank a child; **jmdn. bewußtlos/zu Boden ~**: beat sb. senseless/to the ground; *(mit einem Schlag)* knock sb. senseless/to the ground; **jmdn. zum Krüppel ~**: cripple sb. with a beating; **ich schlage dich zum Krüppel!** *(derb)* I'll beat you to a pulp *(coll.)*; **etw. in Stücke ~**: smash sth. to pieces; **die Hände vors Gesicht ~**: cover one's face with one's hands; **jmdm. einen Schirm auf den Kopf ~**: hit sb. over the head with an umbrella; **sie schlug ihm das Buch aus der Hand** she knocked the book out of his hand; **ein Loch ins Eis ~**: break *or* smash a hole in the ice; **er hat ihr ein Loch in den Kopf ge~**: he hit her and cut her head open; *s. auch* **grün a; b)** *(mit Richtungsangabe)* hit ⟨*ball*⟩; *(mit dem Fuß)* kick; **einen Nagel in etw.** *(Akk.)* **~**: knock a nail into sth.; **einen Pflock in den Boden ~**: knock a post into the ground; **die Eier in die Pfanne ~**: crack the eggs into the pan; **etw. durch ein Sieb ~**: press sth. through a sieve; **der Adler schlug die Fänge in seine Beute** the eagle sank its talons into its prey; **c)** *(rühren)* beat ⟨*mixture*⟩; whip ⟨*cream*⟩; *(mit einem Schneebesen)* whisk; **die Sahne steif ~**: beat the cream till stiff; **d)** *(läuten)* ⟨*clock*⟩ strike; ⟨*bell*⟩ ring; **die Uhr schlägt acht** the clock strikes eight; **eine geschlagene Stunde** *(ugs.)* a whole hour; **die Stunde der Rache/Wahrheit hat ge~** *(fig.)* the moment of revenge/truth has come; *s. auch* **dreizehn; Stunde a; e)** *(legen)* throw; **die Decke zur Seite ~**: throw aside the blanket; **ein Bein über das andere ~**: lay *or* put one leg over the other; cross one's legs; **f)** *(einwickeln)* wrap **(in +** *Akk.* in); **g)** *(besiegen, übertreffen)* beat; **jmdn. in etw.** *(Dat.)* **~**: beat sb. at sth.; **jmdn. um einige Meter ~**: beat sb. by a few metres; **eine Mannschaft [mit] 2 : 0 ~**: beat a team [by] 2–0; **sich geschlagen geben** admit defeat; **h)** *auch itr. (bes. Schach)* take ⟨*chessman*⟩; **i)** *(fällen)* fell ⟨*tree*⟩; **j)** *s.* **Alarm a; Bogen a; Falte a; Haken a; Krach c; Kreis a; Kreuz c; Lärm; ¹Rad c, e; k)** *(spielen)* beat ⟨*drum*⟩; *(geh.)* play ⟨*lute, zither, harp*⟩; **einen Wirbel auf der Trommel ~**: play a roll on the drum; **den Takt/Rhythmus ~**: beat time; **l)** *(hinzufügen)* annex ⟨*territory*⟩; **etw. in etw./auf etw.** *(Akk.)* **~**: add sth. to sth.; **m)** *(befestigen) (mit Nägeln)* nail; *(mit Reißzwecken)* pin; *(mit Krampen)* staple; **n)** *(prägen)* mint, strike ⟨*coin*⟩; strike ⟨*medal*⟩; **o)** *(geh.)* **ein geschlagener Mann** a broken man; **das Schicksal hat ihn schwer ge~**: fate has treated him cruelly; **Gott hat ihn mit Blindheit ge~**: God struck him blind. **2.** *unr. itr. V.* **a)** *(hauen)* **er schlug mit der Faust auf den Tisch/gegen die Tür** he beat the table/beat [on] the door with his fist; **jmdm. auf die Hand/ins Gesicht ~**: slap sb.'s hand/hit sb. in the face; **er hat nach mir ge~**: he hit *or* lashed out at me; **sie schlug wie wild um sich** she lashed *or* hit out wildly all round her; **b) mit den Flügeln ~** ⟨*bird*⟩ beat or flap its wings; **c)** *mit sein (prallen)* bang; **mit dem Kopf auf etw.** *(Akk.)***/gegen etw. ~**: bang one's head on/against sth.; **auf den Boden ~**: land with a thud on the floor; **die Wellen schlugen über den Deich** the waves broke over the dike; **d)** *mit sein (schädigen)* **jmdm. auf den Magen ~**: affect sb.'s stomach; **e)** *(pulsieren)* ⟨*heart, pulse*⟩ beat; *(heftig)* ⟨*heart*⟩ pound; ⟨*pulse*⟩ throb; **ihr schlug das Gewissen** *(fig.)* her conscience pricked her; **f)** *(läuten)* ⟨*clock*⟩ strike; ⟨*bell*⟩ ring; ⟨*funeral bell*⟩ toll; **g)** *auch mit sein (auftreffen)* **gegen/an etw.** *(Akk.)* **~** ⟨*rain, waves*⟩ beat against sth.; **das Segel schlug gegen den Mast** the sail flapped against the mast; **h)** *meist mit sein (einschlagen)* **in etw.** *(Akk.)* **~** ⟨*lightning, bullet, etc.*⟩ strike *or* hit sth.; **i)** *mit sein (ähnlich werden)* **nach dem Großvater/Onkel** *usw.* **~**: take after one's grandfather/uncle *etc.*; **j)** *(sich hin und her bewegen)* bang; ⟨*sail, flag*⟩ flap; **k)** *meist mit sein (sich irgendwohin bewegen)* ⟨*flames*⟩ shoot, leap; ⟨*smoke*⟩ billow; **l)** *mit sein (irgendwohin dringen)* **der Lärm schlug an mein Ohr** the noise reached my ears; **die Röte/das Blut schlug ihr ins Gesicht** the colour/blood rushed to her face; **m)** *(singen)* ⟨*nightingale, thrush, etc.*⟩ sing; **n)** *auch mit sein (gehören)* **in jmds. Fach/Gebiet/Branche ~**: be sb.'s line. **3.** *unr. refl. V.* **a)** *(sich prügeln)* fight; **sich mit jmdm. ~**: fight with sb.; **sich um etw. ~** *(auch fig.)* fight over sth.; **b)** *(ugs.: sich behaupten)* hold one's own; **sich gut** *od.* **wacker** *od.* **tapfer ~**: hold one's own well; put up a good showing; **c)** *(sich schädlich auswirken)* **sich/sich jmdm. auf das Gehirn/die Leber ~**: affect the/sb.'s brain/liver; **d)** *(veralt.: sich duellieren)* **sich mit jmdm. ~**: fight a duel with sb.; *s. auch* **Mensur a; e)** *(sich begeben)* make one's way; **sich ins Gebüsch/Kornfeld ~**: slip away into the bushes/corn

**schlagend 1.** *Adj.* cogent, compelling ⟨*argument, reason*⟩; cogent ⟨*comparison*⟩; conclusive ⟨*proof, evidence*⟩; *s. auch* **Verbindung j; ²Wetter c. 2.** *adv.* ⟨*prove, disprove*⟩ conclusively; ⟨*formulate*⟩ cogently

**Schlager der; ~s, ~ a)** *(Lied)* pop song; *(Hit)* hit; **b)** *(Erfolg) (Buch)* best seller; *(Ware)* best-selling line; *(Film, Stück)* hit

**Schläger** [ˈʃlɛːgɐ] **der; ~s, ~ a)** *(abwertend: Raufbold)* tough; thug; **b)** *(Tennis~, Federball~, Squash~)* racket; *(Tischtennis~, Kricket~)* bat; *([Eis]hockey~, Polo~)* stick; *(Golf~)* club; **c)** *(Baseball, Schlagball: Spieler)* batter; **d)** *(Fechten: Waffe)* straight-edged sabre

**Schlägerei die; ~, ~en** brawl; fight

**Schlager·musik die;** *o. Pl.* popular music; pop music

**Schläger·mütze die** *large soft peaked cap*

**Schlager-: ~sänger der** pop singer; **~spiel das** *(Sportjargon)* big match; **~text der** pop [song] lyric; **~texter der** pop [song] lyricist

**Schläger·typ der** *(abwertend)* tough; thug

**schlag-, Schlag-: ~fertig 1.** *Adj.* quick-witted ⟨*reply*⟩; ⟨*person*⟩ who is quick at repartee; **er ist ~fertig** he is quick at repartee; **2.** *adv.* **~fertig antworten/parieren** give a quick-witted reply/riposte; **~fertigkeit die;** *o. Pl.* quickness at repartee; **~fluß der** *(veralt.) s.* **~anfall; ~instrument das** percussion instrument; **~kraft die;** *o. Pl.* **a)** *(Kraft zum Schlagen)* weight of punch; **b)** *(Milit.: Kampfkraft)* strike power; **c)** *(fig.: Wirkungskraft)* effectiveness; *(von Argumenten)* compellingness; *(von Beispielen)* convincingness; **~kräftig 1.** *Adj.* **a)** *(Milit.: über große Kampfkraft verfügend)* powerful; **b)** *(überzeugend)* compelling ⟨*argument*⟩; convincing ⟨*example*⟩; **c)** *(effektiv)* strong, effective ⟨*support, back-up, team*⟩; **2.** *adv. (überzeugend)* ⟨*argue*⟩ compellingly; **~licht das;** *Pl.* **~lichter** *(Kunst, Phot.)* shaft of light; **ein ~licht auf etw. werfen** highlight sth.; **~loch das** pothole; **~mann der;** *Pl.* **~männer** *(Rudern)* stroke; **~obers** [~|oːbɐs] **das; ~** *(österr.)*, **~rahm der** *(bes. südd., österr., schweiz.) s.* **~sahne; ~ring der** knuckleduster; **~sahne die** whipping cream; *(geschlagen)* whipped cream; **~schatten der** [harsh] shadow; **~seite die;** *meist o. Art.* list; **[starke** *od.* **schwere] ~seite haben/bekommen** be listing [heavily] *or* have a [heavy] list/develop a [heavy] list; **~seite haben** *(ugs. scherzh.)* be rolling drunk; **~stock der** cudgel; *(für Polizei)* truncheon; **die Polizisten setzten ~stöcke ein** the police used their truncheons; **~werk das** striking mechanism; **~wetter** *Pl. (Bergbau)* firedamp *sing.*; **~wort das a)** *Pl. meist* **~worte** *(Parole)* slogan; catch-phrase; **b)** *Pl. meist* **~worte** *(abwertend: Redensart)* cliché; **c)** *Pl.* **~wörter** *(Buchw.: Stichwort)* headword; **nach ~wörtern und Verfassern katalogisieren** catalogue by subject and author; **~wort·katalog der** *(Buchw.)* subject catalogue; **~zeile die** *(Zeitungsw.)* headline; **~zeilen machen** *(fig.)* make headlines; **~zeug das** drums *pl.*; *(Schlaginstrumente)* percussion instruments *pl.*; **~zeuger der; ~s, ~, ~zeugerin die** drummer; *(Perkusionist[in])* percussionist

**schlaksig** [ˈʃlaːksɪç] *(ugs.)* **1.** *Adj.* gangling; lanky. **2.** *adv.* lankily

**Schlamassel** [ʃlaˈmasḷ] **der** *od.* **das; ~s** *(ugs.)* mess; **da haben wir den ~!** a right *or* fine mess we're in now!

**Schlamm** [ʃlam] **der; ~[e]s, ~e** *od.* **Schlämme** [ˈʃlɛmə] *(aufgeweichte Erde)* mud; **b)** *(Schlick)* sludge; silt

**Schlamm·bad das** *(Med.)* mud-bath

**schlammig** *Adj.* **a)** muddy; **b)** *(schlickig)* sludgy; muddy

**Schlämm·kreide** [ˈʃlɛm-] **die** whiting

**Schlamm·schlacht die** *(fig.)* mud-slinging *no indef. art.*

**Schlampe die; ~, ~n** *(ugs. abwertend)* slut

**schlampen** *itr. V. (ugs. abwertend)* be sloppy; **bei etw. ~:** do sth. sloppily; **sie haben bei der Reparatur geschlampt** they made a sloppy job of the repair

**Schlamperei die; ~, ~en** *(ugs. abwertend)* **a)** *(Unordentlichkeit)* sloppiness; *(Nachlässigkeit)* slackness; **eine unerhörte ~!** an outrageous example of sloppiness/slackness; **b)** *o. Pl. (Unordnung)* mess

**schlampert** ['ʃlampɐt] *(österr.),* **schlampig** *(ugs. abwertend)* **1.** *Adj.* **a)** *(liederlich)* slovenly; **b)** *(nachlässig)* sloppy, slipshod ‹*work*›. **2.** *adv.* **a)** *(liederlich)* in a slovenly way; **b)** *(nachlässig)* sloppily; in a sloppy *or* slipshod way

**Schlampigkeit die; ~, ~en** *(ugs. abwertend)* **a)** *o. Pl. (Liederlichkeit)* slovenliness; **b)** *(Nachlässigkeit)* sloppiness

**schlang** [ʃlaŋ] *1. u. 3. Pers. Sg. Prät. v.* **schlingen**

**Schlange die; ~, ~n a)** snake; *s. auch* **Busen a; b)** *(Menschen~)* queue; line *(Amer.);* **~ stehen** queue; stand in line *(Amer.);* **c)** *(Auto~)* tailback *(Brit.);* backup *(Amer.);* **d)** *(abwertend: Frau)* viper

**schlänge** ['ʃlɛŋə] *1. u. 3. Pers. Sg. Konjunktiv II v.* **schlingen**

**schlängeln** ['ʃlɛŋl̩n] *refl. V.* **a)** ‹*snake*› wind [its way]; ‹*road*› wind, snake [its way]; **eine geschlängelte Linie** a wavy line; **b)** *(sich irgendwo hindurch bewegen)* wind one's way

**Schlangen-: ~beschwörer der; ~s, ~:** snake-charmer; **~biß der** snake-bite; **~brut die** *(geh. abwertend)* brood of vipers; **~fraß der** *(salopp abwertend)* muck *(coll.);* **~gift das** snake venom *or* poison; **~haut die** snake's skin; **~leder das** snakeskin; **~linie die** wavy line; **er fuhr mit seinem Moped ~linien** he weaved along on his moped; **~mensch der** contortionist

**schlank** [ʃlaŋk] *Adj.* slim ‹*person*›*;* slim, slender ‹*build, figure*›*;* slender ‹*column, tree, limbs*›; **~ werden** get slimmer; slim down; **dieser Rock macht [dich] ~:** this skirt makes you look slim; **Joghurt macht ~:** yoghurt helps you slim; **sich ~ machen** *(fig.)* breathe in; *s. auch* **Linie a**

**Schlankheit die; ~** *s.* **schlank:** slimness; slenderness

**Schlankheits·kur die** slimming diet; **eine ~ machen/beginnen** be/go on a slimming diet; *(in einer Klinik usw.)* have/start a course of slimming treatment

**schlank·weg** *Adv. (ugs.)* ‹*refuse*› flatly, point-blank; ‹*accept*› straight away; **jmdn. ~ einen Lügner nennen** come right out and call sb. a liar; **das ist alles ~ erfunden** that's all pure invention

**schlankwüchsig** [-vy:ksıç] *Adj.* ‹*person*› of slender *or* slim build; slender ‹*tree*›

**schlapp** [ʃlap] **1.** *Adj.* **a)** worn out; tired out; *(wegen Schwüle)* listless; *(wegen Krankheit)* run-down; listless; **b)** *(ugs.: ohne Schwung)* wet *(sl.);* feeble; **c)** slack ‹*rope, cable*›*;* loose, slack ‹*skin*›*;* flabby ‹*stomach, muscles*›. **2.** *adv. (schlaff)* slackly; **das Segel hing ~:** the sail hung limply

**Schlappe die; ~, ~n** setback; **eine [schwere] ~ einstecken [müssen]** *od.* **erleiden** suffer a [severe] setback

**schlappen 1.** *itr. V.* **a)** *(zu weit sein)* ‹*shoe*› be too wide; **b)** *mit sein (schlurfend gehen)* shuffle. **2.** *tr. V. (schlabbern)* lap [up]

**Schlappen der; ~s, ~** *(ugs.)* slipper

**Schlappheit die; ~:** weariness; *(wegen Krankheit, Schwüle)* listlessness; *(ugs.: Schwunglosigkeit)* feebleness

**schlapp-, Schlapp-: ~hut der** slouch hat; **~|machen** *itr. V. (ugs.)* flag; *(zusammenbrechen)* flake out *(coll.); (aufgeben)* give up; **~ohr das** lop ear; **~schwanz der** *(salopp abwertend)* weed; wet *(sl.)*

**Schlaraffen·land** [ʃla'rafn̩-] **das;** *o. Pl.* Cockaigne

**schlau** [ʃlau] **1.** *Adj.* **a)** shrewd; astute; *(gerissen)* wily; crafty; cunning; **sich** *(Dat.)* **ein ~es Leben machen** *(ugs.)* make life cushy for oneself *(coll.);* **das war besonders ~ [von dir]** *(iron.)* that was very clever *or* bright [of you] *(iron.);* **b)** *(ugs.: gescheit)* clever; bright; smart; **aus etw. nicht ~ werden** *(ugs.)* not be able to make head or tail of sth.; **aus jmdm. nicht ~ werden** *(ugs.)* not be able to make sb. out; *s. auch* **Buch a. 2.** *adv.* shrewdly; astutely; *(gerissen)* craftily; cunningly

**Schlauberger** ['ʃlaubɛrgɐ] **der; ~s, ~** *(ugs. scherzh.)* wily *or* crafty customer *(coll.)*

**Schlauch** [ʃlaux] **der; ~[e]s, Schläuche** ['ʃlɔyçə] **a)** hose; **das war ein [ganz schöner] ~!** *(fig. ugs.)* it was a [real] slog; **b)** *(Fahrrad~, Auto~)* tube; **c)** *(für Wein usw.)* skin; **d)** *(ugs.: schmaler Raum)* tunnel

**Schlauch·boot das** rubber dinghy; inflatable [dinghy]

**schlauchen** *(ugs.) tr. V.* **a)** *auch itr. (anstrengen)* **jmdn. ~:** take it out of sb.; **geschlaucht sein** be whacked *(Brit. coll.);* be worn out; **b)** *(scharf herannehmen)* **jmdn. ~:** put sb. through the mill

**schlauch·los** *Adj.* tubeless ‹*tyre*›

**Schläue** ['ʃlɔyə] **die; ~:** shrewdness; astuteness; *(Gerissenheit)* wiliness; craftiness; cunning

**Schlaufe** ['ʃlaufə] **die; ~, ~n** *(zum Festhalten)* strap; *(Gürtel~, Verschluß)* loop

**Schlau-: ~kopf der** *(ugs.),* **~meier der** *(ugs. scherzh.) s.* **~berger**

**Schlawiner** [ʃla'vi:nɐ] **der; ~s, ~** *(ugs.)* trickster; *(scherzh.: Schlingel)* rogue; rascal

**schlecht** [ʃlɛçt] **1.** *Adj.* **a)** bad; poor, bad ‹*food, quality, style, harvest, health, circulation*›*;* poor ‹*salary, eater, appetite*›*;* poor-quality ‹*goods*›; bad, weak ‹*eyes*›; **nicht ~!** not bad!; **in Mathematik ~ sein** be bad at mathematics; **[ein] ~es Englisch sprechen** speak poor English; **~ für die Gesundheit sein** be bad for one's health; **das wäre nicht ~/das ~este** that wouldn't be a bad idea/a bad idea at all; **mit jmdm.** *od.* **um jmdn./mit etw. steht es ~:** sb./sth. is in a bad way; *(jmd./etw. hat schlechte Aussichten)* things look bad for sb./sth.; **b)** *(böse)* bad; wicked; **das Schlechte im Menschen/in der Welt** the evil in man/the world; **ich hatte nur Schlechtes über ihn gehört** I had heard only bad things about him; **sie ist nicht die Schlechteste** she's not too bad; *s. auch* **Eltern; c)** *nicht attr. (ungenießbar)* off; **die Milch/das Fleisch ist ~ geworden** the milk/meat has gone off; **d)** *(unwohl, elend)* **jmdm. ist [es] ~:** sb. feels ill *or* unwell *or* poorly; **in ~er Verfassung sein** be in a bad way; **da kann einem ja ~ werden!** *(fig. ugs.)* it's enough to make you ill. **2.** *adv.* **a)** badly; **er verdient ziemlich ~:** he is badly *or* poorly paid; **die Vorstellung war ~ besucht** the performance was poorly attended; **sie vertragen sich ~:** they don't get on well; **sie spricht ~ Englisch** she speaks poor English; **die Farben vertragen sich ~:** the colours don't go well together; **er sieht/hört ~:** his sight is poor/he has poor hearing; **sie waren nicht ~ beeindruckt** *(ugs.)* they weren't half impressed *(sl.);* **die Geschäfte gehen im Moment ~:** business is bad at the moment; **über jmdn.** *od.* **von jmdm. ~ sprechen** speak ill of sb.; **b)** *(schwer)* **heute geht es ~:** today is difficult; **heute paßt es mir ~:** it's not very convenient for me today; **das läßt sich ~ machen** that's difficult to manage; **das kann ich ~ sagen** I can't really say; **das wird sich ~ vermeiden lassen** it can hardly be avoided; **das kann er sich** *(Dat.)* **als Pfarrer ~ leisten** *od.* **erlauben** [in his position] as a vicar he really cannot afford to do that; **c)** *in* **~ und recht, mehr ~ als recht** after a fashion; **sie hat sich ~ und recht durchs Leben geschlagen** she got by in life as best she could

**schlecht-: ~beraten** *Adj. (präd. getrennt geschrieben)* badly-advised; **~bezahlt** *Adj. (präd. getrennt geschrieben)* badly *or* poorly paid

**schlechter·dings** *Adv.* simply

**schlecht-: ~|gehen** *unr. itr. V.; unpers.; mit sein* **es geht ihr/mir ~:** she is/I am doing badly; things are going badly for her/me; *(gesundheitlich)* she is/I am ill *or* unwell *or* poorly; **wenn sie das herausfindet, geht's dir ~!** *(ugs.)* if she finds out, you'll be [in] for it; **~gelaunt** [~gəlaunt] *Adj. (präd. getrennt geschrieben)* ill-tempered; bad-tempered; **~hin** *Adv.* **a)** *einem Subst. nachgestellt* **er war der Romantiker ~hin** he was the quintessential Romantic *or* the epitome of the Romantic; **das Prinzip des Privateigentums ~hin anfechten** attack the very principle of private property; **b)** *(geradezu, ganz einfach)* quite simply

**Schlechtigkeit die; ~, ~en a)** *o. Pl.* badness; wickedness; **b)** *(böse Tat)* bad *or* wicked deed

**schlecht-, Schlecht-: ~|machen** *tr. V.* **jmdn. ~machen** run sb. down; disparage sb.; **~sitzend** *Adj.; nicht präd.* ill-fitting; **~weg** *Adv. s.* **~hin b; ~wetter·geld** [-'---] **das** bad-weather allowance *(paid to building workers to make up for work lost due to bad weather);* **~wetter·periode** [-'-----] **die** *(Met.)* period of bad weather

**schlecken** ['ʃlɛkn̩] *(bes. südd., österr.)* **1.** *tr. V.* lap up. **2.** *itr. V.* **a) an etw.** *(Dat.)* **~:** lick sth.; **b)** *s.* **naschen 1 a**

**Schleckerei die; ~, ~en** *(bes. südd., österr.)* **a)** *o. Pl. (das Naschen) s.* **Nascherei; b)** *(Süßigkeit)* sweet

**Schlegel** ['ʃle:gl̩] **der; ~s, ~ a)** *(Werkzeug)* mallet; **b)** *(für Schlaginstrumente)* stick; **c)** *(südd., österr.) s.* **Keule c**

**Schleh·dorn der;** *Pl.* **~e** blackthorn; sloe

**Schlehe** ['ʃle:ə] **die; ~, ~n** sloe

**Schleiche die; ~, ~n** *(Zool.)* one of the Anguidae; **die ~n** the Anguidae

**schleichen** ['ʃlaiçn̩] **1.** *unr. itr. V.; mit sein* creep; *(heimlich)* creep; steal; sneak; ‹*cat*› slink, creep; *(langsam fahren)* crawl along; **die Zeit schlich** time crept by. **2.** *unr. refl. V.* creep; steal; sneak; ‹*cat*› slink, creep; **Mißtrauen schlich sich in ihr Herz** *(geh.)* distrust crept into her heart; **schleich dich!** *(ugs., bes. österr.)* get lost! *(sl.);* buzz off! *(sl.)*

**schleichend** *Adj.* insidious ‹*disease*›; slow[-acting], insidious ‹*poison*›*;* creeping ‹*inflation*›*;* gradual ‹*crisis*›

**Schleicher der; ~s, ~** *(abwertend)* toadying hypocrite

**Schleich-: ~handel der** black marketeering **(mit** in); **im ~handel** on the black market; **~katze die** viverrid *(Zool.);* **~weg der** secret path; **auf ~wegen, auf dem ~weg** *(fig.)* clandestinely; *(unrechtmäßig)* illicitly; by illicit means; **~werbung die** surreptitious advertising

**Schleie** ['ʃlaiə] **die; ~, ~n** *(Zool.)* tench

**Schleier** ['ʃlaiɐ] **der; ~s, ~ a)** *(durchsichtiges Gewebe)* veil; **den ~ nehmen** *(fig. geh.)* take the veil; **den ~ [des Geheimnisses] lüften** *(fig. geh.)* lift the veil of secrecy; **den ~ der Vergessenheit** *od.* **des Vergessens über etw.** *(Akk.)* **breiten** *(fig. geh.)* draw a veil over sth.; **b)** *(Nebel~, Dunst~)* veil of mist/smoke; **c)** *(Fot.: Farb~)* fog; **einen ~ haben** be fogged

**schleier-, Schleier-: ~eule die** barn owl; **~haft** *Adj.* **jmdm. [völlig** *od.* **vollkommen] ~haft sein/bleiben** be/remain a [total *or* complete] mystery to sb.; **~kraut das** *(Bot.)* baby's breath; **~schwanz der** *(Zool.)* fantail; **~tanz der** dance of the veils

**Schleife** ['ʃlaifə] **die; ~, ~n a)** bow; *(Fliege)* bow-tie; **b)** *(starke Biegung)* loop; *(eines Flusses)* loop; horseshoe bend; **c)** *(Kranz~)* [inscribed] ribbon *(attached to a wreath)*

**[1]schleifen** *unr. tr V* **a)** *(schärfen)* sharpen;

grind, sharpen ⟨*axe*⟩; **b)** *(glätten)* grind; cut ⟨*diamond, glass*⟩; *(mit Sand-/Schmirgelpapier)* sand; *s. auch* **geschliffen; c)** *(bes. Soldatenspr.: drillen)* **jmdn. ~:** drill sb. hard

²**schleifen 1.** *tr. V.* **a)** *(auch fig.)* drag; **jmdn. ins Kino ~** *(fig.)* drag sb. along to the cinema *(Brit.) or (Amer.)* movie; **b)** *(niederreißen)* **etw. ~:** raze sth. [to the ground]. **2.** *itr. V.; auch mit sein* drag; **die Kette schleift am Schutzblech** the chain scrapes the guard; **die Kupplung ~ lassen** *(Kfz-W.)* slip the clutch; **etw. ~ lassen** *(fig.)* let sth. slide; *s. auch* **Zügel**

**Schleifer der; ~s, ~ a)** grinder; *(Diamanten~)* cutter; **b)** *(Soldatenspr.)* slave-driver; **c)** *(Musik)* slur

**Schleiferei die; ~, ~en a)** *s.* ¹**schleifen a, b:** sharpening; grinding; cutting; sanding; **b)** *(bes. Soldatenspr.: das Drillen)* hard drilling; **c)** *(Betrieb)* grinding shop

**Schleif-: ~lack·möbel das;** *meist Pl.* matt-lacquered furniture; **~spur die** dragmark; **~stein der** grindstone; **dasitzen wie ein Affe auf dem ~stein** *(ugs. scherzh.)* sit crouched there looking a proper charlie *(coll.)*

**Schleifung die; ~, ~en** razing [to the ground]

**Schleim** [ʃlaim] **der; ~[e]s, ~e a)** mucus; *(im Hals)* phlegm; *(von Schnecken, Aalen)* slime; *(Bot.)* mucilage; **b)** *(sämiger Brei)* gruel

**Schleim-: ~beutel der** *(Anat.)* synovial bursa; mucous bursa; **~haut die** mucous membrane

**schleimig 1.** *Adj.* **a)** slimy; *(Physiol., Zool.)* mucous; **b)** *(abwertend: heuchlerisch)* slimy. **2.** *adv. (abwertend)* slimily

**schleim-, Schleim-: ~lösend** *Adj.* expectorant; **~pilz der** slime mould *or* fungus; **~suppe die** *(Kochk.)* gruel

**schleißen** [ˈʃlaisn̩] *regelm. (auch unr.) tr. V.* **a)** strip ⟨*feathers*⟩; **b)** *(bes. südd.: spalten)* split ⟨*wood*⟩

**Schlemihl** [ʃleˈmiːl] **der; ~s, ~e a)** *(Pechvogel)* unlucky devil; **b)** *(ugs.: Schlitzohr)* crafty devil

**schlemmen** [ˈʃlɛmən] **1.** *itr. V. (prassen)* have a feast. **2.** *tr. V. (verzehren)* feast on

**Schlemmer der; ~s, ~:** gourmet

**Schlemmerei die; ~, ~en** *(oft abwertend)* **a)** *o. Pl. (das Schlemmen)* feasting; gormandizing *(derog.)*; **b)** *s.* **Schlemmermahl**

**Schlemmerin die; ~, ~nen** *s.* **Schlemmer**

**Schlemmer-: ~lokal das** gourmet restaurant; **~mahl das** gourmet meal

**schlendern** [ˈʃlɛndɐn] *itr. V.; mit sein* stroll

**Schlendrian** [ˈʃlɛndriaːn] **der; ~[e]s** *(ugs. abwertend)* slackness

**Schlenker** [ˈʃlɛŋkɐ] **der; ~s, ~** *(ugs.)* **a)** *(Bogen)* swerve; **einen ~ machen** swerve; *(fig.)* dodge; **b)** *(Umweg)* detour

**schlenkern 1.** *itr. V.* **a)** swing; dangle; **mit den Armen/mit den Beinen ~:** swing *or* dangle one's arms/legs; **b)** ⟨*curtain, dress*⟩ flap; ⟨*car*⟩ swerve. **2.** *tr. V.* swing, dangle ⟨*arms, legs*⟩

**schlenzen** [ˈʃlɛntsn̩] *tr. V. (Sport, bes. [Eis]hockey, Fußball)* flick

**Schlepp** [ʃlɛp] **der** *in* **ein Fahrzeug in ~ nehmen** take a vehicle in tow

**Schlepp-: ~bügel der** *(Skisport)* T-bar; **~dampfer der** *(Seew.)* [steam-driven] tug

**Schleppe die; ~, ~n a)** train; **b)** *(Pferdesport, Jagdw.: künstliche Fährte)* drag

**schleppen 1.** *tr. V.* **a)** *(hinter sich herziehen)* tow ⟨*vehicle, ship*⟩; **b)** *(tragen)* carry; lug; **c)** *(ugs.: mitnehmen)* drag; **jmdn. vor den Richter ~:** haul sb. up before the judge. **2.** *refl. V.* **a)** drag *or* haul oneself; **b)** *(sich hinziehen)* ⟨*trial, negotiations, etc.*⟩ drag on; **c)** *(bes. nordostd.: sich abmühen)* **ich mußte mich allein mit dem Kasten ~:** I had to lug the box around by myself. **3.** *itr. V. (schleifen)* drag

**schleppend 1.** *Adj.* **a)** *(schwerfällig)* shuffling, dragging ⟨*walk, steps*⟩; **b)** *(gedehnt)* dragging ⟨*speech*⟩; slow ⟨*song, melody*⟩; **c)** *(nicht zügig)* slow ⟨*service*⟩; **er beklagte sich über die ~e Bearbeitung seines Antrags** he complained about the delays in processing his application; **die Unterhaltung wurde immer ~er** the conversation dragged more and more. **2.** *adv.* **a)** *(schwerfällig)* **~ gehen** shuffle along; **b)** *(gedehnt)* ⟨*speak*⟩ in a dragging voice; ⟨*sing, play*⟩ slowly; **c)** *(nicht zügig)* **die Unterhaltung kam nur ~ in Gang** conversation was slow to get going; **die Arbeiten gehen nur ~ voran** the work is progressing slowly

**Schlepper der; ~s, ~ a)** *(Schiff)* tug; **b)** *(Traktor)* tractor; **c)** *(ugs.: jmd., der Kunden zuführt)* tout; **d)** *(ugs.: Fluchthelfer) person who aids the entry of illegal immigrants or escape of illegal emigrants*

**Schlepperei die; ~, ~en** *(ugs. abwertend)* lugging around

**Schlepp-: ~kahn der** dumb barge; **~lift der** T-bar [lift]; **~netz das** trawl[-net]; **~seil das** *s.* **~tau; ~start der** *(Segelfliegen)* aero-tow; **~tau das** tow-line; row-rope; *(aus Draht)* tow-line; tow-cable; **etw. ins ~tau nehmen** take sth. in tow; **in jmds. ~tau** *(fig.)* in sb.'s wake; **~zug der** *(Schiffahrt)* train of barges

**Schlesien** [ˈʃleːzi̯ən] **(das); ~s** Silesia

**Schlesier** [ˈʃleːzi̯ɐ] **der; ~s, ~, Schlesierin die; ~, ~nen** Silesian

**schlesisch** *Adj.* Silesian

**Schleuder** [ˈʃlɔydɐ] **die; ~, ~n a)** sling; *(mit Gummiband)* catapult *(Brit.)*; slingshot *(Amer.)*; **b)** *s.* **Wäsche~; c)** *s.* **Zentrifuge**

**Schleuder-: ~ball der a)** *o. Pl.; team game played with a Schleuderball b;* **b)** *(Ball) leather ball with a strap attached for throwing;* **~honig der** extracted honey

**schleudern 1.** *tr. V.* **a)** *(werfen)* hurl; fling; **der Wagen wurde aus der Kurve geschleudert** the car was sent skidding off the bend; **jmdm. Beleidigungen ins Gesicht ~** *(fig.)* hurl insults at sb.; **b)** *(rotieren lassen)* centrifuge; spin ⟨*washing*⟩. **2.** *itr. V.* **a)** *mit sein (rutschen)* skid; **ins Schleudern geraten** *od.* **kommen** go into a skid; *(fig. ugs.)* run into trouble; **dein Argument hat ihn ins Schleudern gebracht** *(ugs.)* your argument completely threw him *(coll.)*; **b)** *(rotieren)* spin

**Schleuder-: ~preis der** *(ugs.)* knockdown price; **~sitz der** ejector seat; **~ware die;** *Pl. selten (ugs.)* cut-price item

**schleunig** [ˈʃlɔynɪç] **1.** *Adj.; nicht präd.* **a)** *(unverzüglich)* speedy; rapid; **b)** *(eilig)* hurried. **2.** *adv.* **a)** *(unverzüglich)* rapidly; speedily; **b)** *(eilig)* hurriedly

**schleunigst** *Adv.* **a)** *(auf der Stelle)* at once; immediately; straight away; **b)** *(eilends)* hastily; with all haste

**Schleuse** [ˈʃlɔyzə] **die; ~, ~n a)** sluice[-gate]; **die ~n des Himmels öffneten sich** *(fig.)* the heavens opened; **b)** *(Schiffs~)* lock; **c)** *(Luft~)* airlock

**schleusen** *tr. V.* **a) ein Schiff ~:** pass a ship through a/the lock; **b)** *(geleiten)* shepherd; **c)** *(schmuggeln)* smuggle ⟨*secrets*⟩; infiltrate ⟨*spy, agent, etc.*⟩ **(in + Akk.** into)

**Schleusen-: ~kammer die** lock chamber; **~tor das** lock gate; **~wärter der** lock-keeper

**schlich** [ʃlɪç] *1. u. 3. Pers. Sg. Prät. v.* **schleichen**

**Schlich der; ~[e]s, ~e** trick; **alle ~e kennen** know all the tricks; **jmdm. auf die ~e** *od.* **hinter jmds. ~e kommen** get on to sb.

**schlicht** [ʃlɪçt] **1.** *Adj.* **a)** simple; plain, simple ⟨*pattern, furniture*⟩; *(geh.: glatt)* smooth ⟨*hair*⟩; **in ~en Verhältnissen leben** live in modest circumstances; **b)** *(unkompliziert)* simple, unsophisticated ⟨*person, view, etc.*⟩; **c)** *nicht präd. (bloß, rein)* simple; pure; **ein ~es Ja oder Nein** a simple yes or no. **2.** *adv.* simply; simply, plainly ⟨*dressed, furnished*⟩; **wir haben ihn ~ Karl genannt** we gave him the plain, straightforward name Karl; **~ und einfach** *(ugs.)* quite *or* just simply; **er hat es ~ und ergreifend vergessen** *(ugs. scherzh.)* he just plain forgot

**schlichten 1.** *tr. V.* **a)** settle ⟨*argument, difference of opinion*⟩; settle ⟨*industrial dispute etc.*⟩ by mediation; **b)** *(fachspr.)* smooth ⟨*wood, metal*⟩; dress ⟨*stone, leather*⟩; size ⟨*warp threads*⟩. **2.** *itr. V.* mediate **(in + *Dat.*** in, **zwischen** between); **in einem Konflikt ~d eingreifen** intervene as mediator in a dispute

**Schlichter der; ~s, ~:** mediator; *(durch Schiedsspruch)* arbitrator

**Schlichtheit die; ~** *s.* **schlicht a, b:** simplicity; plainness; unsophisticatedness

**Schlichtung die; ~, ~en** settlement; *(in einem Arbeitskampf usw.)* mediation; *(durch Schiedsspruch)* arbitration

**Schlichtungs-: ~aus·schuß der** arbitration committee; **~verfahren das** arbitration process

**schlicht·weg** *Adv.* **er gab es ~ zu** he simply admitted it; **das ist ~ kriminell** that's just plain criminal

**Schlick** [ʃlɪk] **der; ~[e]s, ~e** silt

**schlief** [ʃliːf] *1. u. 3. Pers. Sg. Prät. v.* **schlafen**

**Schliere** [ˈʃliːrə] **die; ~, ~n** *(Technik, Optik, Geol.)* schliere

**Schließe** [ˈʃliːsə] **die; ~, ~n** clasp; *(Schnalle)* buckle

**schließen 1.** *unr. tr. V.* **a)** *(zumachen)* close; shut; put the top on ⟨*bottle*⟩; turn off ⟨*tap*⟩; fasten ⟨*belt, bracelet*⟩; do up ⟨*button, zip*⟩; close ⟨*street, route, electrical circuit*⟩; close off ⟨*pipe*⟩; *(fig.)* close ⟨*border*⟩; fill, close ⟨*gap*⟩; **mit geschlossenen Beinen** with one's legs together; **die Augen für immer geschlossen haben** *(geh. verhüll.)* have passed away; **b)** *(unzugänglich machen)* close, shut ⟨*shop, factory*⟩; *(außer Betrieb setzen)* close [down] ⟨*shop, school*⟩; close *or* shut [down] ⟨*factory*⟩; **c)** *(ein~)* **etw./jmdn./sich in etw.** *(Akk.)* **~:** lock sth./sb./oneself in sth.; **d)** *(beenden)* close ⟨*meeting, proceedings, debate*⟩; end, conclude ⟨*letter, speech, lecture*⟩; **die Rednerliste ist geschlossen** the list of speakers is closed; **e)** *(befestigen)* **etw. an etw.** *(Akk.)* **~:** connect sth. to sth.; *(mit Schloß)* lock sth. to sth.; **f)** *(eingehen, vereinbaren)* conclude ⟨*treaty, pact, cease-fire, agreement*⟩; reach ⟨*settlement, compromise*⟩; enter into ⟨*contract*⟩; **wann wurde Ihre Ehe geschlossen?** when did you get married?; **Freundschaft/Bekanntschaft mit jmdm. ~:** make friends with/get to know sb.; *s. auch* **Frieden; g)** *(umfassen)* **jmdn. in die Arme ~:** take sb. in one's arms; embrace sb.; **etw. in seine Hand ~:** clasp sth. in one's hand; **etw. in sich ~** *(fig.)* contain sth.; **h)** *(folgern)* **etw. aus etw. ~:** infer *or* conclude sth. from sth.; **aus etw. ~, daß ...:** infer *or* conclude from sth. that ... **2.** *unr. itr. V.* **a)** close; shut; **der Schlüssel/das Schloß schließt schlecht** the key won't turn properly/the lock doesn't work properly; **b)** ⟨*shop*⟩ close, shut; ⟨*stock exchange*⟩ close; *(den Betrieb einstellen)* ⟨*shop*⟩ close [down]; ⟨*factory*⟩ close *or* shut [down]; **c)** *(enden)* end; conclude; **d)** *(urteilen)* **[aus etw.] auf etw.** *(Akk.)* **~:** infer *or* conclude sth. [from sth.]; **die Symptome lassen auf Hepatitis ~:** the symptoms indicate hepatitis; **etw. läßt darauf ~, daß ...:** sth. indicates *or* suggests that ...; **vom Besonderen auf das Allgemeine ~:** proceed from the particular to the general; **von sich auf andere ~:** judge others by one's own standards. **3.** *unr. refl. V.* **a)** ⟨*door, window*⟩ close, shut; ⟨*wound, circle*⟩ close; ⟨*flower*⟩ close [up]; **sich um etw. ~:** close around sth.; *s. auch* **geschlossen; b)** *(sich an~)* **an den Vortrag schloß sich**

**eine Diskussion** the lecture was followed by a discussion

**Schließer der; ~s, ~ a)** *(Tür~)* doorkeeper; *(Vorrichtung)* [door-]closer; **b)** *(im Gefängnis)* warder

**Schließ-: ~fach das** locker; *(bei der Post)* post-office box; PO box; *(bei der Bank)* safe-deposit box; **~frucht die** *(Bot.)* indehiscent fruit; **~korb der** hamper

**schließlich** *Adv.* **a)** finally; in the end; *(bei Erwünschtem auch)* at last; **~ und endlich** *(ugs.)* in the end; finally; **b)** *(bei einer Aufzählung)* **..., und ~ ...:** ... and finally ...; **c)** *(immerhin, doch)* after all; **er ist ~ mein Freund** he is my friend, after all; **er hat ~ nur seine Pflicht getan** after all, he was only doing his duty

**Schließ·muskel der** *(Anat.)* sphincter

**Schließung die; ~, ~en a)** *(der Geschäfte, Büros usw.)* closing; shutting; *(Stillegung, Einstellung)* closure; closing; *(fig.: einer Grenze)* closing; **zur ~ seiner Haushaltslücke** to fill the gap in his budget; **b)** *(Beendigung)* **vor/nach ~ der Versammlung** before/after the meeting was closed; before/after the conclusion of the meeting; **die ~/einstweilige ~ der Debatte** the closure/adjournment of the debate; **c)** *s.* **schließen 1 f:** conclusion; reaching; **die ~ einer Ehe** the solemnization of a marriage

**schliff** [ʃlɪf] *1. u. 3. Pers. Sg. Prät. v.* **schleifen**

**Schliff der; ~[e]s, ~e a)** *o. Pl. (das Schleifen)* cutting; *(von Messern, Sensen usw.)* sharpening; **b)** *(Art, wie etw. geschliffen wird)* cut; *(von Messern, Scheren, Schneiden)* edge; **c)** *o. Pl. (Lebensart)* refinement; polish; **d)** *o. Pl. (Vollkommenheit)* **einem Brief/Text** *usw.* **den letzten ~ geben** put the finishing touches *pl.* to a letter/text *etc.*; **der Mannschaft den letzten ~ geben** put the finishing touches *pl.* to the team's training

**schlimm** [ʃlɪm] **1.** *Adj.* **a)** *(schwerwiegend)* grave, serious ⟨*error, mistake, accusation, offence*⟩; bad, serious ⟨*error, mistake*⟩; **man hat ihm die ~sten Dinge nachgesagt** the most terrible things have been said about him; **das ist ~ für ihn** that's serious for him; **b)** *(übel)* bad; nasty, bad ⟨*experience*⟩; **das war eine ~e Geschichte für ihn** that was a nasty business for him; **im ~sten Fall muß ich ...:** if the worst comes to the worst I'll have to ...; **ist es ~, wenn wir erst morgen kommen?** does it matter if we don't come till tomorrow?; **[das ist alles] halb so ~:** it's not as bad as all that; **das ~ste ist, daß ...:** the worst thing is *or* the worst of it is that...; **es wurde immer ~er** it got worse and worse; **es ist nichts Schlimmes** it's nothing serious; **wenn es nichts Schlimmeres ist!** if it's nothing worse than that!; **ist nicht ~!** [it] doesn't matter; **es gibt Schlimmeres** there are worse things; **c)** *(schlecht, böse)* wicked; *(ungezogen)* naughty ⟨*child*⟩; **er ist ein ganz Schlimmer** *(scherzh.)* he's really wicked; **d)** *(fam.: schmerzend, entzündet)* bad; sore; bad, nasty ⟨*wound*⟩. **2.** *adv.* *(übel, arg)* **~ d[a]ran sein** *(körperlich, geistig)* be in a bad way; *(in einer ~en Situation)* be in dire straits; **es steht ~ um jmdn.** things look bad *or* serious for sb.; **es hätte ~er ausgehen können** things could have turned out worse

**schlimmsten·falls** *Adv.* if the worst comes to the worst; **~ kriegt man eine Verwarnung** at worst you'll get a caution

**Schlinge** [ˈʃlɪŋə] **die; ~, ~n a)** *(Schlaufe)* loop; *(für den gebrochenen Arm o. ä.)* sling; *(zum Aufhängen)* noose; **jmdm. die ~ um den Hals legen** put a noose round sb.'s neck; **die ~ zusammenziehen** *(fig.)* tighten the noose; *s. auch* **Kopf a; b)** *(Fanggerät)* snare; **~n legen** lay *or* set snares; **sich in der eigenen ~ fangen** *(fig.)* be hoist with one's own petard; **in jmds. ~ geraten** *(fig.)* fall into sb.'s trap

**Schlingel** [ˈʃlɪŋl] **der; ~s, ~:** rascal; rogue

**schlingen 1.** *unr. tr. V.* **a)** *(winden)* **etw. um etw. ~:** loop sth. round sth.; *(und zusammenbinden)* tie sth. round sth.; **sich** *(Dat.)* **einen Schal um den Hals ~:** wrap a scarf round one's neck; **die Arme um jmdn./etw. ~:** wrap one's arms round sb./sth.; **b)** *(binden)* tie ⟨*knot*⟩; **etw. zu einem Knoten ~:** tie sth. up in a knot; **c)** *(flechten)* plait. **2.** *unr. refl. V.* *(sich winden)* **sich um etw. ~** ⟨*snake*⟩ wind *or* coil itself round sth.; ⟨*plant*⟩ wind *or* twine itself round sth. **3.** *unr. itr. V.* bolt one's food; wolf one's food [down]; **schling nicht so hastig!** don't bolt your food like that!

**Schlinger·bewegung die** *(Seew.)* rolling motion; **in ~en geraten** start to roll

**schlingern** [ˈʃlɪŋɐn] *itr. V.; meist, mit Richtungsangabe nur, mit sein* ⟨*ship, boat*⟩ roll; ⟨*train, vehicle*⟩ lurch from side to side; **ins Schlingern geraten** *od.* **kommen** *(ugs.)* run into trouble

**Schling·pflanze die** creeper

**Schlips** [ʃlɪps] **der; ~es, ~e** tie; **jmdm. auf den ~ treten** *(fig. ugs.)* tread on sb.'s toes; **sich auf den ~ getreten fühlen** *(fig. ugs.)* feel *or* be put out; **mit ~ und Kragen** *(fig. ugs.)* wearing a collar and tie; with a collar and tie on

**Schlitten** [ˈʃlɪtn] **der; ~s, ~ a)** sledge; sled; *(Pferde~)* sleigh; *(Rodel~)* toboggan; **~ fahren** go tobogganing; **die Kinder fuhren mit dem ~ den Hang hinunter** the children tobogganed down the slope; **mit jmdm. ~ fahren** *(fig. ugs.)* bawl sb. out *(coll.)*; **ich werde mit ihm ~ fahren** *(fig. ugs.)* I'm going to give him hell *(coll.)*; **b)** *(salopp: Auto)* car; motor *(Brit.)*; **ein alter ~:** an old banger *(Brit. sl.)*; a jalopy; **c)** *(Technik: Maschinenteil)* carriage

**Schlitten-: ~fahrt die** sleigh ride; **~hund der** sled dog

**schlittern** [ˈʃlɪtɐn] *itr. V.* **a)** *auch mit sein (rutschen)* slide; **b)** *mit sein (ins Rutschen kommen)* slip; slide; ⟨*vehicle*⟩ skid; ⟨*wheel*⟩ slip; **c)** *mit sein (fig.)* **in die Pleite ~:** slide into bankruptcy; **in ein Abenteuer ~:** stumble into an adventure

**Schlitt-: ~schuh der** [ice-]skate; **~schuh laufen** *od.* **fahren** [ice-]skate; **~schuh·laufen das** [ice-]skating *no art.*; **~schuh·läufer der** [ice-]skater

**Schlitz** [ʃlɪts] **der; ~es, ~e a)** slit; *(Briefkasten~, Automaten~)* slot; **seine Augen wurden zu ~en** *(fig.)* his eyes narrowed to slits; **b)** *(Hosen~)* flies *pl.*; fly; *(Jacken~)* vent

**Schlitz·auge das;** *meist Pl.* slit eye

**schlitzäugig** [-ɔygɪç] *Adj.* slit-eyed

**schlitzen** *tr. V.* slit; *(auf~)* slit open

**Schlitz·ohr das** *(ugs.)* wily *or* crafty devil

**schlitzohrig** *(ugs.)* **1.** *Adj.* wily; crafty. **2.** *adv.* craftily

**schloh·weiß** [ˈʃloːˈvais] *Adj.* snow-white ⟨*hair, head*⟩; **er ist ~:** he has snow-white hair

**schloß** [ʃlɔs] *1. u. 3. Pers. Sg. Prät. v.* **schließen**

**Schloß das; Schlosses, Schlösser** [ˈʃlœsɐ] **a)** *(Tür~, Gewehr~)* lock; **die Tür fiel/fiel krachend ins ~:** the door clicked/slammed to *or* shut; **b)** *(Vorhänge~)* padlock; **hinter ~ und Riegel** *(ugs.)* behind bars; **c)** *(Verschluß)* clasp; **d)** *(Wohngebäude)* castle; *(Palast)* palace; *(Herrschaftshaus)* mansion; *(in Frankreich)* château

**Schloß-: ~an·lage die a)** castle buildings *pl.*; **b)** *Pl.*; *s.* **~park; ~berg der** castle hill

**Schlößchen** [ˈʃlœsçən] **das; ~s, ~** *s.* **Schloß d:** small castle *etc.*

**Schloße** [ˈʃloːsə] **die; ~, ~n;** *meist Pl. (bes. md.)* hailstone

**Schlosser der; ~s, ~:** metalworker; *(Maschinen~)* fitter; *(für Schlösser)* locksmith; *(Auto~)* mechanic

**Schlosserei die; ~, ~en a)** *(Werkstatt)* metalworking shop; *(für Schlösser)* locksmith's workshop; **b)** *o. Pl.*; *s.* **~handwerk**

**Schlosser-: ~handwerk das;** *o. Pl.*; *s.* Schlosser: metalworking; fitter's trade; locksmithery; mechanic's trade; **das ~handwerk lernen** train to be a metalworker/fitter/locksmith/mechanic; **~werkstatt die** *s.* **Schlosserei a**

**Schloß-: ~garten der** castle *etc.* gardens *pl.*; **~herr der** owner of a/the castle *etc.*; **~hof der** castle *etc.* courtyard; **~hund der** *in* **heulen wie ein ~hund** *(ugs.)* cry one's eyes out; **~kapelle die** castle *etc.* chapel; **~park der** castle *etc.* grounds *pl.*; **~ruine die** ruined castle *etc.*

**Schlot** [ʃloːt] **der; ~[e]s, ~e** *od.* **Schlöte** [ˈʃløːtə] **a)** *(bes. md.: Schornstein)* chimney[-stack]; *(eines Schiffes)* funnel; **rauchen** *od.* **qualmen wie ein ~** *(ugs.)* smoke like a chimney; **b)** *(Geol.: Eruptionsschacht)* chimney; vent; **c)** *(ugs. abwertend: Nichtsnutz)* good-for-nothing

**Schlot·baron der** *(abwertend)* industrial baron *or* tycoon

**schlotterig** *s.* **schlottrig**

**schlottern** [ˈʃlɔtɐn] *itr. V.* **a)** shake; tremble; **jmdm. ~ die Knie** sb.'s knees are shaking *or* trembling; **am ganzen Leibe ~:** shake *or* tremble all over; **b)** ⟨*clothes*⟩ hang loose

**schlottrig** *Adj.* **a)** trembling; shaking; **b)** baggy ⟨*clothes*⟩

**Schlucht** [ʃlʊxt] **die; ~, ~en** ravine; gorge

**schluchzen** [ˈʃlʊxtsn̩] *itr. V.* sob; **unter** *od.* **mit Schluchzen** sobbing; **in heftiges Schluchzen ausbrechen** burst into heavy sobbing; **die ~den Klänge der Geigen** *(fig.)* the sobbing strains of the violins

**Schluchzer der; ~s, ~:** sob

**Schluck** [ʃlʊk] **der; ~[e]s, ~e** *od.* **Schlücke** [ˈʃlʏkə] **a)** swallow; mouthful; *(großer ~)* gulp; *(kleiner ~)* sip; **einen tüchtigen ~ [Bier] trinken** take a good *or* long swig [of beer] *(coll.)*; **sein Glas mit** *od.* **in einem** *od.* **auf einen ~ leeren** empty one's glass in one go *or (coll.)* swig; **hast du einen ~ zu trinken für uns?** have you got a drop of something for us to drink?; **b)** *(ugs.: Getränk)* **ein guter ~:** a good drop [of stuff] *(coll.)*; *(Wein)* a pleasant little number *(coll.)*

**Schluck·auf der; ~s** hiccups *pl.*; hiccoughs *pl.*; **[den** *od.* **einen] ~ haben/bekommen** have/get [the] hiccups *or* hiccoughs

**Schlückchen** [ˈʃlʏkçən] **das; ~s, ~:** sip; **du nimmst doch noch ein ~?** you'll have another drop, won't you?; **ich geh' zu Peter auf ein ~:** I'm off to Peter's for a drink

**schlucken 1.** *tr. V.* **a)** *(auch fig. ugs.)* swallow; **etw. hastig ~:** gulp sth. down; **b)** *(ugs.: einatmen)* swallow ⟨*dust*⟩; breathe in ⟨*gas*⟩; **c)** *(ugs. abwertend: in seinen Besitz bringen)* swallow [up]; **d)** *(ugs.: verbrauchen)* swallow up; guzzle ⟨*petrol*⟩. **2.** *itr. V.* *(auch fig.)* swallow; **Beschwerden beim Schlucken haben** have difficulty swallowing; **an etw.** *(Dat.)* **zu ~ haben** *(fig. ugs.)* find sth. hard to come to terms with

**Schlucken der; ~s** *s.* **Schluckauf**

**Schlucker der; ~s, ~:** *in* **armer ~** *(ugs.)* poor devil *or (Brit. coll.)* blighter

**Schluck·impfung die** oral vaccination

**schlucksen** [ˈʃlʊksn̩] *itr. V. (ugs.)* hiccup; hiccough

**schluck·weise** *Adv.* in sips

**Schluderei die; ~, ~en** *(ugs. abwertend)* **a)** *o. Pl.* sloppiness; slipshod work; **b)** *(Fall von Nachlässigkeit)* slipshod piece of work; botched job; **~en** slipshod work *sing.*; botching *sing.*

**schluderig** *s.* **schludrig**

**schludern** [ˈʃluːdɐn] *itr. V. (ugs. abwertend)* work sloppily; **bei etw. ~:** make a botched job of sth.; *(etw. oberflächlich bearbeiten)* skimp sth.; **es wird zuviel geschludert** too much work is being botched

**schludrig** *(ugs. abwertend)* **1.** *Adj.* **a)** *(nachlässig)* slipshod ⟨*work, examination*⟩; botched ⟨*job*⟩; slapdash ⟨*person, work*⟩; **eine ~e Schrift** a messy scrawl; **b)** *(schlampig [aussehend])* scruffy. **2.** *adv.* **a)** *(nachlässig)* in a slipshod *or* slapdash way; **b)** *(schlampig [aussehend])* scruffily

**Schludrigkeit die; ~, ~en** *(ugs. abwertend)* **a)** *o. Pl.* sloppiness; *(eines Menschen)* slapdash ways *pl.*; *(der Kleidung)* scruffiness; **b)** *(Fall von Nachlässigkeit)* sloppiness; **diese ~en im Detail** this sloppiness when it comes to detail; this slipshod treatment of detail

**schlug** [ʃluːk] *1. u. 3. Pers. Sg. Prät. v.* **schlagen**

**Schlummer** [ˈʃlʊmɐ] **der; ~s** *(geh.)* slumber *(poet./rhet.)*; *(Nickerchen)* doze; **nach langem ~:** after a long slumber *(poet./rhet.)*

**Schlummer·lied das** *(geh.)* lullaby; cradle-song

**schlummern** *itr. V.* **a)** *(geh.: schlafen)* slumber *(poet./rhet.)*; *(dösen)* doze; **tief ~d** in a deep slumber; **b)** *(fig.: verborgen liegen)* **[in jmdm.] ~:** lie dormant [in sb.]; **~des Talent/~de Energie** latent talent/energy

**Schlummer·rolle die** bolster

**Schlumpf** [ʃlʊmpf] **der; ~s, Schlümpfe** [ˈʃlʏmpfə] *(Comicfigur)* smurf

**Schlund** [ʃlʊnt] **der; ~[e]s, Schlünde** [ˈʃlʏndə] **a)** *(Rachen)* [back of the] throat; pharynx *(Anat.)*; *(eines Tieres)* maw; **b)** *(geh.: gähnende Öffnung)* [gaping] mouth; *(Abgrund)* chasm; abyss

**Schlunze** [ˈʃlʊntsə] **die; ~, ~n** *(salopp abwertend, bes. nordd.)* slut

**schlüpfen** [ˈʃlʏpfn̩] *itr. V.; mit sein* slip; **in ein/aus einem Kleid** *usw.* **~:** slip into *or* slip on/slip out of *or* slip off a dress *etc.*; **[aus dem Ei] ~:** ⟨*chick*⟩ hatch out; **keiner kann aus seiner Haut ~** *(fig.)* nobody can completely change his/her identity

**Schlüpfer der; ~s, ~** *(veralt.) (für Damen)* knickers *pl. (Brit.)*; panties *pl.*; *(für Herren)* [under]pants *pl. or* trunks *pl.*; **ein ~:** a pair of knickers/underpants

**Schlupf·loch** [ˈʃlʊpf-] **das a)** *(Schlupfwinkel)* hiding-place; **b)** *(Durchschlupf)* hole; *(Lücke im Gesetz usw.)* loophole

**schlüpfrig** [ˈʃlʏpfrɪç] *Adj.* **a)** *(feucht u. glatt)* slippery; **b)** *(abwertend: anstößig)* lewd

**Schlüpfrigkeit die; ~, ~en a)** *o. Pl. (feuchte Glätte)* slipperiness; **b)** *(Anstößigkeit)* lewdness

**Schlupf-: ~wespe die** ichneumon fly; **~winkel der** hiding-place; *(von Banditen, Flüchtlingen usw.)* hide-out

**schlurfen** [ˈʃlʊrfn̩] *itr. V.; mit sein* shuffle; *(ohne Richtungsangabe)* shuffle along

**schlürfen** [ˈʃlʏrfn̩] **1.** *tr. V. (geräuschvoll)* slurp [up] *(coll.)*; drink noisily; *(genußvoll)* savour; *(in kleinen Schlucken)* sip. **2.** *itr. V.* slurp *(coll.)*; drink noisily

**Schluß** [ʃlʊs] **der; Schlusses, Schlüsse** [ˈʃlʏsə] **a)** *o. Pl. (Endzeitpunkt)* end; *(eines Vortrags o. ä.)* conclusion; *(Laden~)* closing time; *(Dienst~)* knocking-off time; **nach/gegen ~ der Aufführung** after/towards the end of the performance; **mit etw. ist ~:** sth. is at an end *or* over; *(ugs.: etw. ist ruiniert)* sth. has had it *(coll.)*; **mit ihm ist ~** *(ugs.)* it's all up with him; *(das Verhältnis ist beendet)* it's all over with him; *(seine Karriere ist beendet)* he's past it; **mit dem Rauchen/Trinken ist jetzt ~:** there's to be no more smoking/drinking; you must stop smoking/drinking; *(auf sich bezogen)* I've given up smoking/drinking; **jetzt ist aber ~ [damit]!** that's enough of that; **~ jetzt!, ~ damit!** stop it!; that'll do!; **~ für heute!** that's it *or* that'll do for today; **am** *od.* **zum ~:** at the end; *(schließlich)* in the end; finally; **am** *od.* **zum ~ des Jahres** at the end of the year; **zum ~ möchte ich noch darauf hinweisen, daß ...:** finally *or* in conclusion I should like to mention that ...; **kurz vor ~:** just before closing time; *(im Büro)* just before knocking-off time; **~ machen** *(ugs.)* stop; *(Feierabend machen)* knock off; *(seine Stellung aufgeben)* pack in one's job *(sl.)*; *(eine Freundschaft usw. lösen)* break it off; *(sich das Leben nehmen)* end it all *(coll.)*; **ich mache ~ für heute** I'm calling it a day; **ich muß jetzt ~ machen** *(am Telefon)* I'll have to go now; *(am Briefende)* I must stop now; **mit etw. ~ machen** stop sth.; **mit jmdm. ~ machen** finish with sb.; break it off with sb.; **b)** *(letzter Abschnitt)* end; *(eines Zuges)* back; *(eines Buchs, Schauspiels usw.)* ending; **c)** *(Folgerung)* conclusion **(auf +** *Akk.* regarding); *(Logik: Ableitung)* deduction; **Schlüsse aus etw. ziehen** draw conclusions from sth.; **ich werde meine Schlüsse daraus ziehen** I shall draw my own conclusions; **d)** *o. Pl. (Technik, Bauw.)* **einen guten ~ haben** ⟨*piston*⟩ form a good seal; ⟨*door, window*⟩ be a good fit; **e)** *(Reiten) o. Pl.* **diese Reiterin hat einen guten ~:** this rider keeps a good leg position; **mit den Knien ~ nehmen** grip with one's knees; **f)** *(Musik)* cadence

**Schluß-: ~ab·stimmung die** *(Parl.)* final vote; **~akkord der** *(Musik)* final chord; *(geh. fig.: Ausklang)* conclusion; finale; **~akte die** *(Dipl.)* final communiqué; **~bemerkung die** concluding remark; **~bilanz die** *(Kaufmannsspr.)* annual balance sheet; *(nach Abwicklung eines Unternehmens)* final balance [sheet]; **~drittel das** *(Eishockey)* third *or* final period

**Schlüssel** [ˈʃlʏsl̩] **der; ~s, ~ a)** key; **der ~ zur Wohnung/Wohnungstür** the key of the flat *(Brit.) or (Amer.)* apartment/the front door key; **b)** *(Schrauben~)* spanner; **c)** *(Lösungsweg, Lösungsheft)* key; *(Kode)* code; cipher; **der ~ zum Erfolg** *(fig.)* the key to *or* secret of succes; **d)** *(Musik)* clef; **e)** *(Aufgliederungsschema)* scheme *or* pattern [of distribution]

**schlüssel-, Schlüssel-: ~bart der** bit [of a/the key]; **~anhänger der** key-fob; **~bein das** *(Anat.)* collar-bone; clavicle *(Anat.)*; **~blume die** cowslip; *(Primel)* primula; **~brett das** keyboard; **~bund der** *od.* **das** bunch of keys; **~erlebnis das** *(Psych.)* crucial experience; **~fertig** *Adj.* ready to move into *postpos.*; **~figur die** key figure; **~industrie die** *(Wirtsch.)* key industry; **~kind das** *(ugs.)* latchkey child; **~loch das** keyhole; **~position die** *s.* **~stellung; ~ring der** key-ring; **~roman der** *(Literaturw.)* roman à clef; **~stellung die** key position; **~wort das;** *Pl.* **~wörter** keyword; *(für ein Kombinationsschloß, fig.: verschlüsseltes Wort)* code word

**schluß-, Schluß-: ~endlich** *Adv. (bes. schweiz.)* finally; *(immerhin)* after all; **~folgern** *tr. V.* conclude **(aus** from); **~folgerung die** conclusion, inference **(aus** from); **~formel die** conventional ending

**schlüssig** [ˈʃlʏsɪç] **1.** *Adj.* **a)** conclusive ⟨*proof, evidence*⟩; convincing, logical ⟨*argument, conclusion, statement*⟩; **b) sich** *(Dat.)* **[darüber] ~ sein** have made up one's mind; **sich** *(Dat.)* **[darüber] ~ werden** make up one's mind. **2.** *adv.* conclusively

**Schlüssigkeit die; ~:** conclusiveness

**Schluß-: ~kapitel das** *(auch fig.)* final *or* closing chapter; **~läufer der** *(Leichtathletik)* last runner, anchor man *(in a relay team)*; **~leuchte die** *s.* **~licht; ~licht das;** *Pl.* **~lichter a)** *(an Fahrzeugen)* tail- *or* rear-light; **b)** *(ugs.: letzter einer Kolonne)* **das ~licht machen** *od.* **bilden/sein** bring up the rear; **c)** *(ugs.: Letzter, Schlechtester)* **das ~licht der Bundesliga/Klasse sein** be bottom of the [national] league table/class; **~mann der;** *Pl.* **~männer** *(Ballspiele)* goalie *(coll.)*; **~pfiff der** *(Ballspiele)* final whistle; **~phase die** final phase; final stages *pl.*; **~punkt der a)** *(Satzzeichen)* full stop; **b)** *(Abschluß)* conclusion; *(einer Feier)* finale; **einen ~punkt unter etw.** *(Akk.)* **setzen** put an end to sth. once and for all; *(etw. beendet sein lassen)* declare sth. to be over and done with; **~runde die** *(Sport: eines Rennens)* final *or* last lap; *(Boxen, Ringen, fig.: des Wahlkampfes usw.)* final *or* last round; **~satz der a)** *(abschließender Satz)* last *or* concluding sentence; **b)** *(Musik)* last movement; finale; **c)** *(bes. Philos.)* conclusion; **~sprung der** *(Turnen)* jump with legs together; **~stein der** *(Archit.)* keystone; *(im Rippengewölbe)* boss; **~strich der** [bottom] line; **einen ~strich ziehen/unter etw.** *(Akk.)* **ziehen** *(fig.)* make a clean break/draw a line under sth.; **~verkauf der** [end-of-season] sale[s *pl.*]; **~wort das;** *Pl.* **~worte** final word[s]; **ein kurzes ~wort** a few closing remarks; **das ~wort haben** make the closing speech; *(in einer Debatte)* wind up

**Schmach** [ʃmaːx] **die; ~** *(geh.)* ignominy; shame; *(Demütigung)* humiliation; **etw. als ~ empfinden** consider sth. a disgrace; regard sth. as ignominious; **jmdm. [eine] ~ antun** *od.* **bereiten** bring shame/humiliation upon sb.; **[mit] ~ und Schande** [in] deep disgrace

**schmachten** [ˈʃmaxtn̩] *itr. V. (geh.)* **a)** *(leiden)* languish; **in der Hitze ~:** fade away in the heat; **jmdn./einen Liebhaber ~ lassen** leave sb. to suffer *or (coll.)* stew/let a lover pine away; **b)** *(spött.: sich sehnen)* **nach jmdm./etw. ~:** pine *or* yearn for sb./sth.

**schmachtend** *(spött.)* **1.** *Adj.* soulful *(coll.)* ⟨*look, song*⟩; languishing ⟨*tones*⟩; schmaltzy *(coll.)* ⟨*song, music*⟩. **2.** *adv.* soulfully *(coll.)*

**Schmacht·fetzen der** *(salopp abwertend)* tear-jerker *(coll.)*

**schmächtig** *Adj.* slight; weedy *(coll. derog.)*; **einen ~en Körper haben** be of slight build

**Schmacht·locke die** *(ugs. spött.)* kiss-curl

**schmach·voll** *(geh.)* **1.** *Adj.* ignominious; *(erniedrigend)* humiliating. **2.** *adv.* ignominiously; *(erniedrigend)* humiliatingly; **~ untergehen** come to an ignominious end

**schmackhaft** [ˈʃmakhaft] **1.** *Adj.* tasty; **jmdm. etw. ~ machen** *(fig. ugs.)* make sth. palatable to sb. **2.** *adv.* in a tasty way; **etw. ~ zubereiten** make sth. tasty

**Schmäh der; ~s, ~[s]** *(österr. ugs.)* **a)** [tall] story; *(Trick)* con *(coll.)*; **einen ~ führen** entertain; tell jokes; **b)** *(Sarkasmus)* sarcasm; **Wiener ~:** Viennese snide humour *(coll.)*

**schmähen** [ˈʃmɛːən] *tr. V. (geh.)* revile

**schmählich 1.** *Adj.* shameful; *(verächtlich)* despicable. **2.** *adv.* shamefully; *(in verächtlicher Weise)* despicably

**Schmäh-: ~rede die** diatribe; **~schrift die** piece of invective; *(Pamphlet)* defamatory pamphlet

**Schmähung die; ~, ~en** diatribe; **~en** abuse *sing.*; invective *sing.*; **jmdn. mit ~en überschütten** heap invective *or* abuse on sb.

**Schmäh·wort das;** *Pl.* **~worte** term of abuse; **~e** abuse *sing.*

**schmal** [ʃmaːl]; **schmaler** *od.* **schmäler** [ˈʃmɛːlɐ]; **schmalst...** *od.* **schmälst...: 1.** *Adj.* **a)** narrow; slim, slender ⟨*hips, hands, figure, etc.*⟩; thin ⟨*lips, face, nose, etc.*⟩; **ein ~er Band, ein ~es Büchlein** a slim volume; **~er werden** ⟨*person, face*⟩ get thinner; **b)** *(geh.: knapp, karg)* meagre ⟨*income, profit, etc.*⟩; meagre, scanty ⟨*food, selection*⟩; **mit ~em Geldbeutel** of restricted means. **2.** *adv.* **a) eine ~ geschnittene Hose** slim-fit trousers; **b)** *(geh.: knapp, karg)* meagrely

**schmalbrüstig** [-brʏstɪç] narrow-chested; *(fig.)* narrow ⟨*cupboard, views, etc.*⟩

**schmäler** *s.* **schmal**

**schmälern** *tr. V.* diminish; reduce; restrict, curtail ⟨*rights*⟩; *(herabsetzen)* belittle

**Schmälerung die; ~, ~en** reduction; *(Herabsetzung)* belittlement
**Schmal-: ~film der** 8 mm/16 mm cine film; **~filmer der** cine photographer *(using 16 mm or 8 mm camera)*; **~film·kamera die** 8 mm/16 mm cine camera; **~hans** *in* **bei ihnen ist ~hans Küchenmeister** *(ugs. veralt.)* they are on short commons; **~seite die** short side; *(eines Korridors usw.)* end; **~spur die** *(Eisenb.)* narrow gauge
**Schmalspur-** *(ugs.)* small-time *(coll.)* ‹*politician, academic*›; *(dilettantisch)* lightweight ‹*academic*›; amateur ‹*engineer*›
**Schmalspur·bahn die** the narrow-gauge railway
**schmälst...** *s.* **schmal**
**schmal·wüchsig** *Adj.* slender ‹*person, tree, etc.*›; ‹*person*› of slender build
[1]**Schmalz** [ʃmalts] **das; ~es** *(Schweine~)* lard
[2]**Schmalz der; ~es** *(ugs. abwertend)* **a)** *(Sentimentalität)* schmaltz *(coll.)*; **mit viel ~:** with plenty of slushy *or* soppy sentimentality *(coll.)*; **b)** *(Lied o. ä.)* schmaltz *no indef. art. (coll.)*
**Schmalz·brot das** slice of bread and dripping
**schmalzig** *(abwertend)* **1.** *Adj.* schmaltzy *(coll.)*; slushy[-sentimental]. **2.** *adv.* with schmaltzy *(coll.) or* slushy sentimentality; **~ sprechen** talk in a slushy-sentimental way; ‹*lover*› talk in a lovey-dovey tone *(coll.)*
**Schmalzler** ['ʃmaltslɐ] **der; ~s** *(bayr.)* snuff *(containg a trace of animal fat)*
**Schmankerl** ['ʃmaŋkɐl] **das; ~s, ~n** *(bayr., österr.)* delicacy; *(fig.)* treat
**schmarotzen** [ʃma'rɔtsn̩] *itr. V.* **a)** *(abwertend)* sponge; free-load *(sl.)*; **bei jmdm. ~:** sponge on sb.; **b)** *(Biol.)* live as a parasite **(in/auf +** *Dat.* in/on); **~d** parasitic
**Schmarotzer der; ~s, ~ a)** *(abwertend)* sponger; free-loader *(sl.)*; **b)** *(Biol.)* parasite
**Schmarotzer·pflanze die** parasitic plant
**Schmarotzertum das; ~s a)** *(Biol.)* parasitism; **b)** *(abwertend)* sponging; free-loading *(sl.)*
**Schmarren** ['ʃmarən] **der; ~s, ~ a)** *(österr., auch südd.) pancake broken up with a fork after frying;* **b)** *(ugs. abwertend: Unsinn)* trash; rubbish; **das ist ein ~:** it's a load *(coll.)* of trash *or* rubbish; **c) einen ~** *(salopp: nichts)* not a thing; damn all *(sl.)*; *(adverbiell)* not at all; no way; **das geht dich einen ~ an** it's none of your damn business *(coll.)*
**Schmatz** [ʃmats] **der; ~es, ~e** *od.* **Schmätze** ['ʃmɛtsə] *(ugs.)* loud kiss; smacker *(sl.)*
**schmatzen** *itr. V.* smack one's lips; *(geräuschvoll essen)* eat/drink noisily; *(fig.)* ‹*mud, wet ground*› squelch; **sie küßten sich, daß es schmatzte** they gave one another a resounding kiss *or* a *(sl.)* real smacker
**schmauchen** ['ʃmauxn̩] **1.** *tr. V.* puff away at ‹*pipe, cigar, etc.*›. **2.** *itr. V.* puff away
**Schmaus** [ʃmaus] **der; ~es, Schmäuse** ['ʃmɔyzə] *(veralt., noch scherzh.)* [good] spread *(coll.)*; *(reichhaltig)* feast; **ein köstlicher ~:** a delicious repast *(formal/joc.) or (coll.)* spread
**schmausen** *(veralt.)* **1.** *itr. V.* eat with relish; **vergnügt ~:** tuck in contentedly *(coll.)*. **2.** *tr. V.* eat ‹*food*› with relish
**schmecken** ['ʃmɛkn̩] **1.** *itr. V.* taste **(nach** of); **[gut] ~:** taste good; **das hat geschmeckt** that was good; *(war köstlich)* that was delicious; **nach nichts ~:** not taste of anything; be tasteless; **das schmeckt nach mehr** *(ugs.)* it tastes *or* it's moreish *(coll.)*; **schmeckt es [dir]?** are you enjoying it *or* your meal?; [how] do you like it?; **wenn man krank ist, schmeckt es einem oft nicht [richtig]** when you're ill you're often off your food; **bei dir schmeckt es mir immer ausgezeichnet** your meals are always delicious; **laßt es euch ~!** enjoy your food!; tuck in *(coll.)!*; **wie schmeckt dir die Ehe?** *(fig.)* how do you like married life?; **diese Kritik schmeckte ihm gar nicht** *(fig.)* this criticism was not at all to his liking. **2.** *tr. V.* taste; *(kosten)* sample; **die Rute zu ~ bekommen** *(fig.)* get a taste of the rod
**Schmeichelei die; ~, ~en** flattering remark; blandishment; **die ~en, die er ihr sagte** the flattering things he said to her
**schmeichelhaft 1.** *Adj.* flattering; complimentary ‹*words, speech*›; **wenig ~:** not very flattering. **2.** *adv.* flatteringly
**schmeicheln** ['ʃmaiçln] *itr. V.* **a) jmdm. ~:** flatter sb.; **er schmeichelte ihr, sie sei ...** *od.* **daß sie ... sei** he flattered her by saying she was ...; **etw. in ~dem Ton sagen** say sth. in honeyed tones; **es schmeichelt ihm, daß ...:** he finds it flattering that ...; **„Zwerg" ist noch geschmeichelt** 'dwarf' is putting it mildly; **b)** *(liebkosen)* be affectionate; **die Katze strich ~d um ihre Füße** the cat rubbed affectionately against her feet
**Schmeichel·wort das;** *Pl.* **~worte;** *meist Pl.* blandishment; **~e** honeyed words; flattery *sing.*
**Schmeichler** ['ʃmaiçlɐ] **der; ~s, ~, Schmeichlerin die; ~, ~nen** flatterer
**schmeichlerisch 1.** *Adj.* flattering; honeyed ‹*words, tone*›; *(sich anbiedernd)* cajoling ‹*words, tone, glance*›. **2.** *adv.* cajolingly; *(im ~en Ton)* in honeyed tones
**schmeißen** ['ʃmaisn] *(ugs.)* **1.** *unr. tr. V.* **a)** *(werfen)* chuck *(coll.)*; sling *(coll.)*; *(schleudern)* fling; hurl; **etw. nach jmdm. ~:** throw *or (coll.)* chuck sth. at sb.; **die Tür [ins Schloß] ~:** slam the door; **jmdn. aus dem Zimmer/der Schule ~:** chuck sb. out of the room/school *(coll.)*; **b)** *(abbrechen, aufgeben)* chuck in *(coll.)* ‹*job, studies, etc.*›; **c)** *(spendieren)* stand ‹*drink*›; **eine Lage** *od.* **Runde [Bier] ~:** get *or* stand a round [of beer]; **[für jmdn.] eine Party ~:** throw a party [for sb.] *(coll.)*; **d)** *(bewältigen)* handle; deal with; **wir werden den Laden schon ~:** we'll manage OK *(coll.)*; **e)** *(Theater-, Fernsehjargon: mißlingen lassen)* fluff *(sl.)* ‹*scene, number*›; make a mess of ‹*performance*›. **2.** *unr. refl. V.* **a)** *(sich werfen)* throw oneself; *(mit Wucht)* hurl oneself; **sich jmdm. an den Hals ~** ‹*woman*› throw oneself at sb.; *s. auch* **Schale d; b) sich in seinen Smoking/in ein festliches Kleid** *usw.* **~:** get togged up *(sl.)* in one's dinner-jacket/a party dress *etc.* **3.** *unr. itr. V.* **mit Steinen/Tomaten** *usw.* **[nach jmdm.] ~:** chuck stones/tomatoes *etc.* [at sb.] *(coll.)*; **mit Geld um sich ~** *(fig.)* throw one's money around; lash out *(coll.)*; **mit Geschenken um sich ~** *(fig.)* lash out *(coll.)* on masses of presents
**Schmeiß·fliege die** blowfly; *(blaue ~)* bluebottle
**Schmelz der; ~es, ~e a)** *(Glasur)* glaze; *(Email, Zahn~)* enamel; **b)** *(geh.: Lieblichkeit) (der Jugend)* bloom; *(von Farben)* lustre; soft gleam; *(Wohlklang)* mellifluousness
**Schmelze die; ~, ~n a)** *(das [Zer]schmelzen)* [process of] melting; **b)** *(Technik: verflüssigtes Material)* melt
**schmelzen** ['ʃmɛltsn̩] **1.** *unr. itr. V.; mit sein* **a)** melt; *(fig.)* ‹*doubts, apprehension, etc.*› dissolve, fade away; **sein Vermögen war geschmolzen** *(fig.)* his fortune had melted away; **b)** *(fig.: weich werden)* soften; **ihm schmolz das Herz** his heart melted. **2.** *unr. tr. V.* melt; smelt ‹*ore*›; render ‹*fat*›
**schmelzend 1.** *Adj.* melting ‹*glance, tones*›; mellifluous, mellow ‹*voice, tones, etc.*›. **2.** *adv.* **~ singen** sing in melting tones
**Schmelz-: ~hütte die** smelting works *sing. or pl.*; **~käse der** processed cheese; **~ofen der** *(Technik)* smelting furnace; **~punkt der** melting-point; **~tiegel der** crucible; melting-pot *(esp. fig.)*; **~wasser das;** *Pl.* **~wasser** melted snow and ice; melt-water *(Geol.)*
**Schmerbauch** ['ʃme:ɐ̯-] **der** *(ugs.)* **a)** *(dicker Bauch)* pot-belly; paunch; **b)** *(dickbäuchiger Mensch)* pot-belly
**Schmerle** ['ʃmɛrlə] **die; ~, ~n** *(Zool.)* loach
**Schmerz** [ʃmɛrts] **der; ~es, ~en a)** *(physisch)* pain; *(dumpf u. anhaltend)* ache; **wo haben Sie ~en?** where does it hurt?; **~en im Rücken/Arm** pain in one's back/arm; *(an verschiedenen Stellen)* pains in one's back/arm; **~en haben** be in pain; **etw. mit** *od.* **unter ~en tun** do sth. in pain *or* agony; **vor ~[en] weinen/sich vor ~en winden** cry with/writhe in pain *or* agony; **~, laß nach!** *(ugs. scherzh.)* oh no! it can't be!; that's the last straw!; **b)** *(psychisch)* pain; *(Kummer)* grief; **ein seelischer ~:** mental anguish *or* suffering; **jmdm. ~en bereiten** cause sb. pain/grief; **der ~ um jmdn.** grief for sb.; **tiefen ~ über etw.** *(Akk.)* **empfinden** be deeply grieved by sth.; **etw. mit ~en erkennen** realize sth. with a sense of grief; **jmdn./etw. mit ~en erwarten** wait for sb./sth. in an agony of impatience; **hast du sonst noch ~en?** *(ugs. spött.)* is there anything else you want?
**schmerz·empfindlich** *Adj.* sensitive to pain *pred.*; **~ sein** have a low pain threshold
**Schmerz·empfindlichkeit die; ~:** sensitivity to pain
**schmerzen 1.** *tr. V.* **jmdn. ~:** hurt sb.; *(Kummer bereiten)* grieve sb.; cause sb. sorrow; **es schmerzt mich, daß ...:** it grieves *or* pains me that ... **2.** *itr. V.* hurt; **seine Wunde schmerzt** his wound is hurting *or* painful; **heftig ~:** be intensely painful
**Schmerzens-: ~geld das** *(Rechtsspr.)* compensation *(for pain and suffering caused)*; exemplary damages *(Law)*; **~laut der** cry of pain; *(stöhnend)* moan; **~mann der** *(Kunstwiss.)* Ecce Homo; **~mutter die** *(Kunstwiss.)* Mater Dolorosa; **~schrei der** cry of pain; *(laut)* scream [of pain]
**schmerz·frei** *Adj.* free of pain *pred.*; painless ‹*operation*›
**Schmerz·grenze die** *(fig.)* **jetzt/dann ist die ~ erreicht** this/that is the absolute limit
**schmerzhaft** *Adj.* painful; *(wund)* sore
**schmerzlich 1.** *Adj.* painful; distressing; **die ~e Gewißheit haben, daß ...:** be painfully aware that ...; **es ist mir eine ~e Pflicht, Ihnen mitteilen zu müssen, daß ...:** it is my painful duty to inform you that ... **2.** *adv.* painfully
**schmerz-, Schmerz-: ~lindernd 1.** *Adj.* pain-relieving; **~linderndes Mittel** pain-relieving drug; palliative; **2.** *adv.* **~lindernd wirken** relieve pain; **~los 1.** *Adj.* painless; **2.** *adv.* painlessly; *s. auch* **kurz 2c; ~schwelle die** *(Physiol.)* pain threshold; **~stillend 1.** *Adj.* pain-killing; analgesic *(Med.)*; **~stillendes Mittel** pain-killer; analgesic; **2.** *adv.* **~stillend wirken** have a pain-killing *or* analgesic effect; **~tablette die** pain-killing *or (Med.)* analgesic tablet; **~unempfindlich** *Adj.* insensitive to pain *pred.*; **~verzerrt** *Adj.* ‹*face, smile*› distorted *or* twisted with pain; **~voll 1.** *Adj.* **a)** *(physisch)* [very] painful; **b)** *(psychisch)* painful; distressing; **2.** *adv.* painfully
**Schmetter·ball der** *(Tennis usw.)* smash
**Schmetterling der; ~s, ~e a)** butterfly; *(Nachtfalter)* moth; **~e Europas** butterflies and moths of Europe; **b)** *o. Art. u. o. Pl. (Schwimmen)* butterfly
**Schmetterlingsblütler** [-bly:tlɐ] **der; ~s, ~:** papilionaceous plant
**Schmetterlings·stil der;** *o. Pl. (Schwimmen)* butterfly [stroke]
**schmettern** ['ʃmɛtɐn] **1.** *tr. V.* **a)** *(schleudern)* hurl **(an +** *Akk.* at, **gegen** against); **jmdn./etw. zu Boden ~:** send sb./sth. crashing to the ground; **die Tür ins Schloß ~:**

slam the door hard; **b)** *(laut spielen, singen usw.)* blare out ⟨*march, music*⟩; ⟨*person*⟩ sing lustily ⟨*song*⟩; bellow ⟨*order*⟩; **einen Tusch ~:** unleash a loud flourish; **c)** *(Tennis usw.)* smash ⟨*ball*⟩. **2.** *itr. V.* **a)** *mit sein (aufprallen)* crash; smash; **b)** *(schallen)* ⟨*trumpet, music, etc.*⟩ blare out; **ein ~der Klang** a blare

**Schmetter·schlag der** *(bes. Faustball, Volleyball)* smash

**Schmied** [ʃmi:t] **der; ~[e]s, ~e** blacksmith; *s. auch* **Glück b**

**schmiedbar** *Adj.* malleable

**Schmiede die; ~, ~en** smithy; forge

**schmiede-, Schmiede-: ~arbeit die** piece of wrought-iron work; **~arbeiten** [pieces *pl.* of] wrought-iron work *sing.*; **~eisen das** wrought iron; *(schmiedbares Eisen)* forgeable iron; **~eisern** *Adj.* wrought-iron; **~hammer der** drop-hammer; **~kunst die** blacksmith's craft

**schmieden** *tr. V. (auch fig.)* forge (**zu** into, **aus** from, out of); **Pläne/ein Komplott ~** *(fig.)* hatch plans/a plot; **Verse** *od.* **Reime ~** *(spött.)* concoct verses; **an eine Mauer** *usw.* **geschmiedet werden** ⟨*prisoner*⟩ be fettered to a wall *etc.*

**schmiegen** [ˈʃmi:gn̩] **1.** *refl. V.* snuggle, nestle (**in** + *Akk.* in); **sich an jmdn. ~:** snuggle [close] up to sb.; **sie schmiegte sich eng an seine Seite** she pressed *or* nestled close to his side; **sich an etw.** *(Akk.)* **~** *(fig.)* ⟨*road*⟩ hug sth.; ⟨*village*⟩ cling to sth.; **sich an jmds. Körper ~** *(fig.)* ⟨*dress*⟩ hug sb.'s figure. **2.** *tr. V.* press (**an** + *Akk.* against)

**schmiegsam** *Adj.* supple ⟨*leather, material*⟩

**Schmierage** [ʃmiˈra:ʒə] **die; ~** *(ugs. scherzh.) s.* **Schmiererei a**

[1]**Schmiere die; ~, ~n a)** *(Schmierfett)* grease; **b)** *(schwieriger Schmutz)* greasy *or* slimy mess; **c)** *(ugs. abwertend: Provinztheater)* flea-pit *(sl.)* of a provincial theatre; *(veralt.: Wanderbühne)* troop of second-rate barnstormers

[2]**Schmiere die; ~:** *in* **[bei etw.] ~ stehen** *(ugs.)* act as look-out [while sth. takes place]; *(in der Schule)* keep cave *(Sch. sl.)* [while sth. is going on]

**schmieren** [ˈʃmi:rən] **1.** *tr. V.* **a)** *(mit Schmiermitteln)* lubricate; *(mit Schmierfett)* grease; **[gehen** *od.* **laufen] wie geschmiert** *(ugs.)* [go] like clockwork *or* without a hitch; **b)** *(streichen, auftragen)* spread ⟨*butter, jam, etc.*⟩ (**auf** + *Akk.* on); **Salbe auf eine Wunde ~:** apply ointment to a wound; **sich** *(Dat.)* **Creme ins Gesicht/Pomade ins Haar ~:** rub cream into one's face/haircream into one's hair; **c)** *(mit Aufstrich)* **Brote/Schmalzbrote ~:** spread slices of bread/bread and dripping; **d)** *(abwertend: unsauber schreiben)* scrawl ⟨*essay, school work*⟩; *(schnell und nachlässig schreiben)* scribble, dash off ⟨*article, play, etc.*⟩; **Parolen an Wände** *usw.* **~:** scrawl *or* daub slogans on walls *etc.*; **e)** *(salopp: bestechen)* **jmdn. ~:** grease sb.'s palm; **f) jmdm. eine ~** *(salopp)* give sb. a clout *(coll.)*; **eine geschmiert kriegen** *(salopp)* get a clout *(coll.)*; **g)** *(Kartenspiel, bes. Skatjargon)* play ⟨*high-counting card*⟩ to a trick won by one's partner. **2.** *itr. V.* **a)** ⟨*oil, grease*⟩ lubricate; **b)** *(ugs. unsauber schreiben)* ⟨*person*⟩ scrawl, scribble; ⟨*pen, ink*⟩ smudge, make smudges

**Schmieren-: ~komödiant der** *(abwertend)* cheapjack play-actor; **~komödie die, ~theater das** *(abwertend)* shoddy farce

**Schmiererei die; ~, ~en** *(ugs. abwertend)* **a)** *o. Pl. (unsauberes Schreiben)* scrawling; scribbling; **eine einzige ~:** one long scrawl; *(Kleckserei)* nothing but a smudgy mess; **b)** *(unsauber Geschriebenes)* scrawl; scribble

**Schmier-: ~fett das** grease; **~film der a)** *(auf der Straße usw.)* greasy surface; **b)** *(Technik)* film of lubricant; **~fink der** *(ugs. abwertend)* **a)** *(im Schreiben)* messy writer; *(jmd., der Wände beschmiert)* graffiti-writer; *(jmd., der Diffamierendes schreibt)* muck-raker; **b)** *(Kind, das sich/etw. schmutzig macht)* mucky pup *(coll.)*; **~geld das** *(ugs. abwertend)* slush-money; **~heft das** rough-book

**schmierig** *Adj.* **a)** *(feucht-klebrig)* greasy ⟨*surface, clothes, hands, step, etc.*⟩; slimy ⟨*earth, surface*⟩; **b)** *(schmutzig)* mucky; *(dreckig)* filthy; **c)** *(abwertend: widerlich freundlich)* slimy, *(coll.)* smarmy ⟨*person*⟩; **d)** *(abwertend: zweideutig)* dirty, smutty ⟨*joke etc.*⟩

**Schmier-: ~käse der** *(bes. nordd.) s.* **Streichkäse; ~mittel das** lubricant; **~öl das** lubricating oil; **~papier das** scrap paper; **~seife die** soft soap

**schmilzt** [ʃmɪltst] *2. u. 3. Pers. Sg. Präsens v.* **schmelzen**

**Schminke** [ˈʃmɪŋkə] **die; ~, ~n** make-up

**schminken 1.** *tr. V.* make up ⟨*face, eyes*⟩; **die Lippen ~:** put lipstick on; **der Bericht ist stark geschminkt** *(fig.)* the report has been given a very favourable slant. **2.** *refl. V.* make oneself up; put on make-up; **sich leicht/stark** *od.* **kräftig ~:** put on a little/a lot of make-up

**Schmink-: ~stift der** stick of make-up *or* greasepaint; **~tisch der** make-up table; **~topf der** make-up jar

**Schmirgel** [ˈʃmɪrgl̩] **der; ~s** emery

**schmirgeln** [ˈʃmɪrgl̩n] *tr. V.* **a)** *(schleifen)* rub down; *(bes. mit Sandpapier)* sand; **b)** *(durch Schmirgeln entfernen)* remove ⟨*paint, rust*⟩ with emery-paper/sandpaper

**Schmirgel·papier das** emery-paper; *(Sandpapier)* sandpaper

**schmiß** [ʃmɪs] *1. u. 3. Pers. Sg. Prät. v.* **schmeißen**

**Schmiß der; Schmisses, Schmisse a)** *(Fechtwunde)* [sabre] cut; *(Narbe)* duelling scar; **b)** *o. Pl. (veralt.: Schwung, Elan)* punch; zip

**schmissig** *(veralt.)* **1.** *Adj.* rousing ⟨*march, song*⟩; zippy ⟨*couplets etc.*⟩. **2.** *adv.* rousingly; with a swing

**Schmock** [ʃmɔk] **der; ~[e]s, Schmöcke** [ˈʃmœkə] *(abwertend: Schreiberling)* hack writer

**Schmöker** [ˈʃmø:kɐ] **der; ~s, ~** *(ugs.)* lightweight adventure story/romance; **ein dicker ~:** a thick tome of light reading

**schmökern** *(ugs.)* **1.** *itr. V.* bury oneself in a book. **2.** *tr. V.* bury oneself in ⟨*book*⟩

**schmollen** [ˈʃmɔlən] *itr. V.* sulk; ⟨*lips, mouth*⟩ pout; **mit jmdm. ~:** be in a huff and refuse to speak to sb.

**Schmoll-: ~mund der** pouting mouth; **einen ~mund machen** *od.* **ziehen** pout; **~winkel der** *in* **sich in den ~winkel zurückziehen** *(ugs.)* go off into a corner to sulk; get a fit of the sulks; **im ~winkel sitzen** *(ugs.)* have [a fit of] the sulks

**schmolz** [ʃmɔlts] *1. u. 3. Pers. Sg. Prät. v.* **schmelzen**

**Schmonzes** [ˈʃmɔntsəs] **der; ~** *(ugs. abwertend)* idle chatter; silly talk

**Schmonzette** [ʃmɔnˈtsɛtə] **die; ~, ~n** *(ugs. abwertend)* trashy play; *(Film)* trashy film

**Schmor·braten der** pot roast; braised beef

**schmoren** [ˈʃmo:rən] **1.** *tr. V.* braise; **jmdn. [im eigenen Saft] ~ lassen** *(ugs.)* leave sb. to stew in his/her own juice. **2.** *itr. V.* **a)** *(garen)* braise; **b)** *(ugs.: schwitzen)* swelter; **in der Sonne ~:** roast in the sun

**Schmor·fleisch das** braising steak

**Schmu** [ʃmu:] **der; ~s** *(ugs.)* little game; **erzähl mir keinen ~!** don't tell me any stories *(coll.)*; **~ machen** cheat; work a fiddle *(sl.)*

**schmuck** [ʃmʊk] *(veralt.)* **1.** *Adj.* attractive; pretty; *(schick)* smart ⟨*clothes, house, ship, etc.*⟩. **2.** *adv.* attractively; smartly

**Schmuck der; ~[e]s a)** *(~stücke)* jewelry; jewellery *(esp. Brit.)*; **b)** *(~stück)* piece of jewelry/jewellery; **c)** *(Zierde)* decoration; **ornamentaler ~:** ornamentation; **die Stadt zeigte sich im ~ der Fahnen** *(geh.)* the town was decked with flags

**schmücken** [ˈʃmʏkn̩] *tr. V.* decorate; embellish ⟨*writings, speech*⟩; **sie schmückten sich mit Blumenkränzen** they adorned themselves with garlands; **~de Beiwörter/Zusätze** embellishments

**schmuck-, Schmuck-: ~kästchen das, ~kasten der** jewelry *or (esp. Brit.)* jewellery box; **ihr Haus ist das reinste ~kästchen** her house is an absolute picture; **~los** *Adj.* plain; bare ⟨*room*⟩; **ein ~loses Grab** an undecorated grave

**Schmucklosigkeit die; ~:** plainness; *(eines Zimmers)* bareness

**Schmuck-: ~sachen** *Pl.* jewelry *sing.*; jewellery *sing. (esp. Brit.)*; **~stein der** attractive stone *(used in jewelry)*; gemstone; **~stück das** piece of jewelry *or (esp. Brit.)* jewellery; **ein ~stück/das ~stück seiner Sammlung** *(fig.)* one of the jewels/the jewel of his collection; **~waren** *Pl.* jewelry *sing.*; jewellery *sing. (esp. Brit.)*

**Schmuddel der; ~s** *(ugs. abwertend)* muck *(coll.)*; grime

**schmuddelig** *Adj.* *(ugs. abwertend)* grubby; mucky *(coll.)*; *(schmutzig u. unordentlich)* messy; grotty *(Brit. sl.)*

**Schmuggel** [ˈʃmʊgl̩] **der; ~s** smuggling *no art.*; **~ treiben** smuggle

**schmuggeln** *tr. (auch itr.) V.* smuggle (**in** + *Akk.* into; **aus** out of); **jmdm. einen Zettel in die Handtasche ~** *(fig.)* smuggle a note into sb.'s handbag

**Schmuggel·ware die** smuggled goods *pl.*; contraband *no pl.*

**Schmuggler der; ~s, ~, Schmugglerin die; ~, ~nen** smuggler

**schmunzeln** [ˈʃmʊntsl̩n] *itr. V.* **[vor sich** *(Akk.)* **hin] ~:** smile [quietly] to oneself; **ein Schmunzeln unterdrücken** suppress a smile

**Schmus** [ʃmu:s] **der; ~es** *(ugs.)* *(Angeberei)* big talk; *(Geschwafel)* waffle; *(Schmeicheleien)* soft soap; **so ein ~!** what a load of waffle/soft soap

**Schmuse·katze die** *(fam.)* cuddly sort *(coll.)*; *(kleines Mädchen)* cuddly little thing *(coll.)*; **eine ~ sein** be the cuddly sort *(coll.)*

**schmusen** [ˈʃmu:zn̩] *itr. V. (ugs.)* **a)** *(zärtlich sein)* cuddle; ⟨*couple*⟩ kiss and cuddle; *(knutschen)* neck *(sl.)*; **mit jmdm. ~:** cuddle sb.; ⟨*lover*⟩ kiss and cuddle *or (sl.)* neck with sb.; **miteinander ~:** have a cuddle; ⟨*couple*⟩ have a kiss and a cuddle; **~de Pärchen** snogging *(Brit. sl.) or (sl.)* necking couples; **b)** *(abwertend: schmeicheln)* soft-soap

**Schmuser der; ~s, ~** *(ugs.)* affectionate type; cuddly sort *(coll.)*; **er ist ein kleiner ~:** he's a cuddly little thing

**Schmutz** [ʃmʊts] **der; ~es a)** dirt; *(Schlamm)* mud; **der ~ von den Malern** the mess left by the painters; **etw. macht viel/keinen ~:** sth. makes a great deal of/leaves no mess; **durch den dicksten ~ laufen** walk through the worst bit of mud; **jmdn./etw. durch den ~ ziehen** *od.* **in den ~ treten** *(fig.)* drag sb./sth. through the mud *(fig.)*; **b)** *(abwertend: minderwertige, geschmacklose Literatur, Filme usw.)* filth; **~ und Schund** trash and filth; *s. auch* **bewerfen a**

**schmutz·abweisend** *Adj.* dirt-resistant

**schmutzen** *itr. V.* get dirty

**Schmutz-: ~fänger der a)** *(etw., das Schmutz anzieht)* dirt-trap; **b)** *(bei Fahrzeugen)* mud-flap; **~fink der; ~en** *od.* **~s, ~en** *(ugs.)* **a)** *(unsauberer Mensch)* [dirty] pig *(coll.)*; *(Kind)* dirty brat; **b)** *(unmoralischer Mensch)* depraved type *(coll.)*; **alter ~fink** dirty old man; **~fleck der** dirty mark (**in** + *Dat.* on); *(in der Landschaft usw.)* blot

**schmutzig 1.** *Adj.* **a)** *(unsauber)* dirty; *(un-*

*gepflegt)* dirty, slovenly ⟨*person, restaurant, etc.*⟩; **sich/sich** *(Dat.)* **die Finger ~ machen** get [oneself] dirty/get one's fingers dirty *or* grubby; *s. auch* **Finger a; b)** *(abwertend: unverschämt)* cocky ⟨*remarks*⟩; **ein ~es Lächeln** a smirk; **c)** *(abwertend: obszön)* smutty ⟨*joke, song, story*⟩; dirty ⟨*thoughts*⟩; **d)** *(abwertend: unlauter)* dirty ⟨*business, war*⟩; crooked, shady ⟨*practices, deal*⟩; **eine ~e Gesinnung** a devious cast of mind. **2.** *adv. (abwertend)* **~ grinsen** smirk

**Schmụtzigkeit die; ~:** dirtiness

**Schmụtz-: ~titel der** *(Druckw.)* half-title; **~wäsche die** dirty washing; **~wasser das;** *Pl.* **~wässer** dirty water; *(Abwasser)* sewage

**Schnabel** ['ʃna:bl̩] **der; ~s, Schnäbel** ['ʃnɛ:bl̩] **a)** beak; **b)** *(ugs.: Mund)* gob *(sl.)*; **reden, wie einem der ~ gewachsen ist** say just what one thinks; **c)** *(an einer Kanne)* spout; *(an einem Krug)* lip; **d)** *(hist.: an Schiffen)* prow; **e)** *(Musik: Mundstück)* mouthpiece

**Schnabel·hieb der** peck

**schnäbeln** ['ʃnɛ:bl̩n] *itr. V.* **a)** ⟨*birds*⟩ bill; **b)** *(ugs. scherzh.: sich küssen)* bill and coo

**Schnabel-: ~schuh der** *(hist.)* pointed shoe *(often with turned-up toe)*; **~tier das** duck-billed platypus

**schnabulieren** [ʃnabu'li:rən] *tr., itr. V. (fam.)* eat with great enjoyment

**Schnack** [ʃnak] **der; ~[e]s, ~s** *od.* **Schnäcke** ['ʃnɛkə] *(nordd.)* **a)** *(Unterhaltung)* chat; **b)** *(abwertend: Gerede)* [idle] chatter; gossip; **c)** *(witziger Spruch)* witty saying; bon mot

**schnạckeln** *itr. V. (ugs.)* **a)** *(bes. bayr.: schnalzen)* **mit der Zunge/den Fingern ~:** click one's tongue/snap one's fingers; **b)** *(unpers.)* **es hat geschnackelt** *(bes. südd.) (es ist geglückt)* it's come off; success [at last]!; *(jmd. hat begriffen)* it's clicked *(sl.)*; **bei den beiden hat's geschnackelt** those two have fallen for one another *(coll.)*

**schnạcken** *itr. V. (nordd.)* chat; **platt ~:** talk in Low German dialect

**Schnake** ['ʃna:kə] **die; ~, ~n a)** daddy-long-legs; crane-fly; **b)** *(bes. südd.: Stechmücke)* mosquito

**Schnaken·stich der** *(bes. südd.)* mosquito bite

**Schnalle** ['ʃnalə] **die; ~, ~n a)** *(Gürtel~)* buckle; **b)** *(österr.: Türklinke)* door-handle; **c)** *(salopp: weibliche Person)* cow *(sl. derog.)*; *(Prostituierte)* tart *(sl.)*

**schnạllen** *tr. V.* **a)** *(mit einer Schnalle festziehen)* buckle ⟨*shoe, belt*⟩; fasten ⟨*strap*⟩; **den Gürtel/Riemen enger/weiter ~:** tighten/loosen one's belt/the strap; **b)** *(mit Riemen/Gurten befestigen)* strap (**auf** + *Akk.* on to); **c)** *(los~)* **etw. von etw. ~:** unstrap sth. from sth.; **d)** *(salopp: begreifen)* twig *(coll.)*

**Schnạllen·schuh der** buckle-shoe

**schnạlzen** *itr. V.* **[mit der Zunge/den Fingern] ~:** click one's tongue/snap one's fingers; **mit der Peitsche ~:** crack the whip

**schnạpp** *Interj.* click; *(beim Zufallen eines Deckels o. ä.)* bang; *(beim Schneiden)* snip; **~ machen** go click/bang/snip

**Schnäppchen** ['ʃnɛpçən] **das; ~s, ~** *(ugs.)* bargain; **ein ~ machen** get a bargain

**schnappen** ['ʃnapn̩] **1.** *itr. V.* **a) nach jmdm./etw. ~** ⟨*animal*⟩ snap *or* take a snap at sb./sth.; **nach Luft ~** *(fig.)* gasp for breath *or* air; **b)** *mit sein (schnellen)* **[in die Höhe] ~:** spring up [with a snap]; **ins Schloß ~** ⟨*door*⟩ click shut; ⟨*bolt*⟩ snap home; **c)** *(leise knallen)* snap; ⟨*scissors*⟩ snip. **2.** *tr. V.* **a)** ⟨*dog, bird, etc.*⟩ snatch; **[sich** *(Dat.)***] jmdn./etw. ~** *(ugs.)* ⟨*person*⟩ grab sb./sth.; *(mit raschem Zugriff)* snatch sb./sth.; *s. auch* **Luft a; b)** *(ugs.: festnehmen)* catch, *(sl.)* nab ⟨*thief etc.*⟩

**Schnạpper der; ~s, ~** *(Türfalle)* latch

**Schnạpp-: ~messer das a)** clasp-knife; **b)** *(Stichwaffe)* flick-knife; **~schloß das** spring lock; **~schuß der** snapshot

**Schnaps** [ʃnaps] **der; ~es, Schnäpse** ['ʃnɛpsə] **a)** spirit; *(Klarer)* schnapps; **zwei Schnäpse** two glasses of spirit/schnapps; **b)** *o. Pl. (Spirituosen)* spirits *pl.*

**Schnaps·brennerei die** distillery

**Schnạps·bruder der** *(ugs. abwertend)* boozer *(coll.)*

**Schnäpschen** ['ʃnɛpsçən] **das; ~s, ~** *(fam.)* small schnapps

**Schnạps·drossel die** *(scherzh.)* boozer *(coll.)*

**schnäpseln** ['ʃnɛpsl̩n] *itr. V. (ugs. scherzh.)* booze [the hard stuff] *(coll.)*

**Schnạps-: ~flasche die** spirits/schnapps bottle; **~glas das** schnapps glass; **~idee die** *(ugs.)* hare-brained idea; **~zahl die** *(scherzh.) number in which all the digits are the same*

**schnarchen** ['ʃnarçn̩] *itr. V.* snore

**Schnạrcher der; ~s, ~** *(ugs.)* **a)** *(Mensch)* snorer; **b)** *(Geräusch)* snore

**schnarren** ['ʃnarən] *itr. V.* ⟨*alarm clock, telephone, doorbell*⟩ buzz [shrilly]; **mit ~der Stimme** in a rasping voice

**schnattern** ['ʃnatɐn] *itr. V.* **a)** ⟨*goose etc.*⟩ cackle, gaggle; **b)** *(ugs.: eifrig schwatzen)* jabber [away]; chatter; **c)** *(bes. nordd.: zittern)* **er schnatterte vor Kälte** his teeth were chattering with the cold

**schnauben** ['ʃnaubn̩] *regelm. (auch unr.) itr. V.* **a)** ⟨*person, horse*⟩ snort (**vor** with); *(fig.)* ⟨*steam locomotive*⟩ puff, chuff; **heftig ~:** pant heavily; **wütend ~:** snort with fury; **b)** *(bes. südd.: atmen)* breathe

**schnaufen** ['ʃnaufn̩] *itr. V.* puff, pant (**vor** with); *(fig.)* ⟨*steam locomotive*⟩ puff, chuff

**Schnaufer der; ~s, ~** *(ugs.)* breath; **einen ~ lang** for a second; **den letzten ~ tun** *(verhüll.)* breathe one's last

**Schnauferl das; ~s, ~,** *(österr.:)* **~n** *(ugs. scherzh.)* venerable old vehicle; oldie *(coll.)*

**Schnauz** [ʃnauts] **der; ~es, Schnäuze** ['ʃnɔytsə] *(bes. schweiz.) s.* **Schnauzbart a**

**Schnauz·bart der a)** *(Bartform)* large moustache; mustachio *(arch.)*; *(an den Seiten herabhängend)* walrus moustache; **b)** *(ugs.: Bartträger)* heavily mustachioed fellow *(dated/literary)*

**schnauz·bärtig** *adj.* mustachioed *(dated/literary)*

**Schnäuzchen** ['ʃnɔytsçən] **das a)** *(von Tieren)* little nose; *(der Maus usw.)* little snout; **b)** *(von Menschen)* little mouth

**Schnauze die; ~, ~n a)** *(von Tieren)* muzzle; *(der Maus usw.)* snout; *(Maul)* mouth; **eine kalte ~:** a cold nose; **b)** *(derb: Mund, Mundwerk)* gob *(sl.)*; **jmdm. in die ~ hauen** smack sb. in the gob *(sl.)*; **die ~ voll haben** *(salopp)* be fed up to the back teeth *(coll.)*; **eine große ~ haben** shoot one's mouth off *(sl.)*; **eine freche/lose ~ haben** be a cheeky so-and-so *(coll.)*/have a loose tongue; **die ~ halten** keep one's trap shut *(sl.)*; **[halt die] ~!** shut your trap! *(sl.)*; **frei [nach] ~, nach ~** *(salopp)* as one thinks fit; as the mood takes one; *s. auch* **verbrennen 2 b; c)** *(ugs.) s.* **Schnabel c; d)** *(ugs.: Vorderteil) (eines Flugzeugs)* nose; *(eines Fahrzeugs)* front

**schnauzen** *tr., itr. V. (ugs.)* bark; *(ärgerlich)* snap; snarl

**Schnauzer der; ~s, ~ a)** *(Hund)* schnauzer; **b)** *(ugs.) s.* **Schnauzbart a**

**Schnecke** ['ʃnɛkə] **die a)** *(Tier)* snail; *(Nackt~)* slug; **jmdn. [so] zur ~ machen** *(ugs.)* give sb. [such] a good carpeting *(coll.)*; **b)** *(ugs.: Gebäck)* Belgian bun; **c)** *meist Pl. (Frisur)* coiled plait *(over the ear)*; earphone; **d)** *(Anat.: im Ohr)* cochlea; **e)** *(bei Streichinstrumenten)* scroll; **f)** *(Kunstwiss.) s.* **Volute**

**Schnẹcken-: ~frisur die** earphones *pl.*; **~gewinde das** *(Technik)* worm; **~haus das** snail-shell; **~nudel die** *(bes. südd.) s.* **Schnecke b; ~post die** *(scherzh.) in* **mit der ~post** at a crawl; **~tempo das** *(ugs.)* snail's pace; **im ~tempo** at a snail's pace

**Schnee** [ʃne:] **der; ~s a)** snow; **in tiefem ~ liegen** lie under deep snow; **~ von gestern** *(ugs.)* things *pl.*/a thing of the past; ancient history *(fig.)*; **anno ~, im Jahre ~** *(österr.)* in the year dot *(coll.)*; **b)** *(Eier~)* beaten egg-white; **das Eiweiß zu ~ schlagen** beat the egg-white until stiff; **c)** *(Jargon: Kokain)* snow *(sl.)*

**Schnee·ball der a)** snowball; **b)** *(Strauch)* snowball-tree; guelder rose

**Schneeball-: ~schlacht die** snowball fight; **eine ~schlacht machen** have a snowball fight; **~system das a)** *(Form des Warenabsatzes)* pyramid selling *no art.*; **b)** *(Verbreitungsart)* cumulative [distribution] process; snowball; *(Fernspr.)* cascade system; *(von Briefen)* chain-letter system

**schnee-, Schnee-: ~bedeckt** *Adj.* snow-covered; **~besen der** whisk; **~blind** *Adj.* snow-blind; **~blindheit die** snow-blindness; **~brett das** [stretch of] wind-slab; **~brille die** snow-goggles *pl.*; **~decke die** blanket *or* covering of snow; **~fall der** snowfall; fall of snow; **dichter ~fall setzte ein** thick snow began to fall; **~flocke die** snowflake; **~fräse die** rotary [snow-]plough; **~frei** *Adj.* free of snow *postpos.*; **~gestöber das** snow flurry; **~glatt** *Adj.* slippery with [packed] snow *postpos.*; **~glätte die** [slippery surface due to] packed snow; **bei ~glätte** when the roads are slippery because of packed snow; **~glöckchen das** snowdrop; **~grenze die** snow-line; *(beweglich)* snow limit; **~hase der** snow hare; **~huhn das** snow-grouse; ptarmigan

**schneeig** *Adj.* snowy

**schnee-, Schnee-: ~kette die** snow-chain; **~könig der** *in* **sich freuen wie ein ~könig** *(ugs.)* be as pleased as Punch; **~landschaft die** snowy *or* snow-covered landscape; **~mann der** snowman; **~matsch der** slush; **~pflug der** *(auch Ski)* snow-plough; **~raupe die** snowmobile *(for preparing ski-runs)*; **~regen der** sleet; **~schauer der** snow-shower; **~schmelze die** melting of the snow; thaw; **~schuh der a)** *(veralt.)* ski; **b)** *(Lauffläche)* snow-shoe; **~sturm der** snowstorm; **~treiben das** driving snow; **~verhältnisse** *Pl.* snow conditions; **~verwehung die: ~verwehung[en]** snow-drifts *pl.*; **eine ~verwehung** a mass of snow-drifts; **~wächte die** cornice; **~wehe die** snow-drift; **~weiß** *Adj.* snow-white; as white as snow *postpos.*

**Schneewittchen** [-'vɪtçən] **das; ~s** Snow White

**Schneid der; ~[e]s,** *südd., österr.:* **die; ~** *(ugs.)* guts *pl. (coll.)*; **ihm fehlt der ~:** he hasn't got the guts [to do it]; **dazu gehört ~:** that takes some nerve; **jmdm. den** *od.* **die ~ abkaufen** take the fight out of sb.

**Schneid·brenner der** *(Technik)* cutting torch; oxy-acetylene cutter

**Schneide** ['ʃnaidə] **die; ~, ~n** [cutting] edge; *(Klinge)* blade; **eine doppelte ~ haben** be two-edged

**schneiden 1.** *unr. itr. V.* **a)** cut (**in** + *Akk.* into); **b)** *(Medizinerjargon: operieren)* operate; **c)** *(beim Fahren)* **bei Überholmanövern ~:** cut in after overtaking; **d)** *(Schmerz verursachen)* ⟨*wind, cold*⟩ be biting; **~d** biting ⟨*wind, cold, voice, sarcasm*⟩; **es schnitt ihm ins Herz** *(fig.)* it cut him to the quick. **2.** *unr. tr. V.* **a)** cut; cut, reap ⟨*corn etc.*⟩; cut, mow ⟨*grass*⟩; *(in Scheiben)* slice ⟨*bread, sausage, etc.*⟩; *(klein ~)* cut up, chop ⟨*wood, vegetables*⟩; *(zu~)* cut out ⟨*dress*⟩; *(stutzen)* prune ⟨*tree, bush*⟩; trim ⟨*beard*⟩; **Kräuter in die Suppe/Wurst unter die Kartoffeln ~:** cut up herbs/sausage and add them/it to the soup/potatoes; **sich** *(Dat.)* **von jmdm. die Haare ~ lassen** have one's hair cut by sb.; **hier ist ei-**

**ne Luft zum Schneiden** *(fig.)* there's a terrible fug in here *(coll.)*; **ein eng/weit/gut geschnittenes Kleid** a tight-fitting/loose-fitting/well-cut dress; **ein regelmäßig geschnittenes Gesicht** *(fig.)* a face with regular features; **b)** *(Medizinerjargon: auf~)* operate on ‹*patient*›; cut [open] ‹*tumour, ulcer, etc.*›; lance ‹*boil, abscess*›; **c)** *(Film, Rundf., Ferns.: cutten)* cut, edit ‹*film, tape*›; **d)** *(beim Fahren)* **eine Kurve ~:** cut a corner; **jmdn./einen anderen Wagen ~:** cut in on sb./another car; **e)** *(kreuzen)* ‹*line, railway, etc.*› intersect, cross; **die Linien/Straßen ~ sich** the lines/roads intersect; **f)** *(Tennis usw.)* slice, put spin on ‹*ball*›; *(Fußball)* curve ‹*ball, free kick*›; *(Billard)* put side on ‹*ball*›; **g) eine Grimasse ~:** grimace; **h)** *(ignorieren)* **jmdn. ~:** cut sb. dead; send sb. to Coventry *(Brit.)*. **3.** *refl. V.* **ich habe mir** *od.* **mich in den Finger geschnitten** I've cut my finger; **wenn du das meinst, hast du dich geschnitten** *(fig.)* it you think that, you've made a big mistake

**Schneider der;** ~s, ~ **a)** tailor; *(Damen~)* dressmaker; **frieren wie ein ~** *(ugs.)* be frozen stiff; **b)** *(ugs.: Schneidegerät)* cutter; *(für Scheiben)* slicer; **c)** *(Skat: 30 Punkte)* schneider; **[im] ~ sein** have less than 30 points; be schneidered; **~ ansagen** declare schneider; **aus dem ~ sein** have made schneider; *(fig. ugs.: eine schwierige Situation überwunden haben)* be in the clear; be clear of trouble; **d)** *(Tischtennis: unter 11 Punkte)* [score of] less than 11 points

**Schneiderei die;** ~, ~en **a)** tailor's shop; *(Damen~)* dressmaker's shop; **b)** *o. Pl. (das Schneidern)* tailoring; *(von Damenkleidern)* dressmaking

**Schneiderin die;** ~, ~nen tailor; *(Damen~)* dressmaker

**Schneider-: ~kostüm das** tailor-made *or* tailored suit; **~kreide die** tailor's chalk; French chalk; **~meister der** master tailor; *(für Damenkleider)* master dressmaker

**schneidern 1.** *tr. V.* make ‹*dress, clothes*›; make, tailor ‹*suit*›; **sie schneidert ihre Sachen selbst** she makes her own clothes. **2.** *itr. V.* make clothes/dresses; *(beruflich)* work as a tailor; *(als Schneiderin)* work as a dressmaker

**Schneider-: ~puppe die** tailor's dummy; *(eines Damenschneiders)* dressmaker's dummy; **~sitz der** cross-legged position; **im ~sitz** cross-legged

**Schneide-: ~tisch der** *(Film, Ferns.)* editing *or* cutting table; **~zahn der** incisor

**schneidig 1.** *Adj.* **a)** *(forsch, zackig)* dashing; *(waghalsig)* daring; bold; rousing, brisk ‹*music*›; **b)** *(flott, sportlich)* dashing ‹*appearance, fellow*›; trim ‹*figure*›. **2.** *adv.* briskly; **~ spielen** play in a rousing/lively manner

**schneien** ['ʃnaiən] **1.** *itr., tr. V. (unpers.)* **es schneit** it is snowing; **es schneit/schneite jeden Tag** it snows/snowed every day; **es schneit dicke Flocken** *od.* **in dicken Flocken** big flakes of snow are falling; **es schneit auf dem Bildschirm** *(fig.)* there's a snowstorm on the screen. **2.** *itr. V.; mit sein (fig.)* ‹*blossom, confetti, etc.*› rain down, fall like snow

**Schneise** ['ʃnaizə] **die;** ~, ~n **a)** *(Wald~)* aisle; *(als Feuerschutz)* firebreak; **b)** *(Flug~)* [air] corridor

**schnell** [ʃnɛl] **1.** *Adj.* quick ‹*journey, decision, service, etc.*›; fast ‹*car, skis, road, track, etc.*›; quick, rapid, swift ‹*progress*›; quick, swift ‹*movement, blow, action*›; **ein ~es Tempo** a high speed; a fast pace; **um ~e Erledigung der Angelegenheit bitten** request that the matter be handled speedily; **sie ist sehr ~ bei der Arbeit** she is a very quick worker; **~es Geld** *(ugs.)* money for jam *(coll.)*; **die** *od.* **eine ~e Mark machen** *(salopp)* make a fast buck *(sl.)*; **auf die ~e** *(ugs.)* in a trice; *(übereilt)* in [too much of] a hurry; in a rush; *(kurzfristig)* at short notice; quickly; **auf die ~e ein Bier/eins auf die ~e trinken** have a quick beer/a quick one. **2.** *adv.* quickly; ‹*drive, move, etc.*› fast, quickly; ‹*spread*› quickly, rapidly; *(bald)* soon ‹*sold, past, etc.*›; **nicht so ~!** not so fast!; **mach ~!** *(ugs.)* move it! *(coll.)*; **so ~ macht ihm das keiner nach** nobody is going to equal that in a hurry; **wie heißt er noch ~?** *(ugs.)* what's his name again?; **es ging ~er, als man dachte** it went quicker than expected; **das geht mir zu ~:** that's too quick for me

**Schnell-: ~bahn die** *(Verkehrsw.)* municipal railway; **~boot das** high-speed patrol boat; *(Torpedoschnellboot)* motor torpedo boat; PT boat *(Amer.)*; **~dienst der** express service

**Schnelle die;** ~, ~n **a)** *o. Pl. (Schnelligkeit)* rapidity; *(Tempo)* speed; **b)** *(Geog.: Strom~)* rapids *pl.*

**schnellebig** [-le:bɪç] *Adj.* **a)** *(Biol.: kurzlebig)* short-lived ‹*animal, insect*›; **b)** *(hektisch, betriebsam)* fast-moving ‹*age*›

**schnellen 1.** *itr. V.; mit sein* shoot **(aus +** *Dat.* out of; **in +** *Akk.* into); **in die Höhe ~:** ‹*person*› leap to one's feet *or* up; ‹*rocket, fig.: prices etc.*› shoot up. **2.** *tr. V.* send ‹*ball, stone, etc.*› flying; hurl ‹*ball, stone, etc.*›; whip ‹*fishing-line*›; **sich mit dem Trampolin in die Höhe ~:** leap high into the air on a/the trampoline

**Schnell-: ~feuer das;** *o. Pl. (Milit.)* rapid fire; **~feuer·gewehr das** semi-automatic rifle; **~gast·stätte die** fast-food restaurant; *(~imbiß)* snack-bar; **~gericht das** convenience food; *(in Lokalen)* quick snack; **~hefter der** loose-leaf binder; quick-release file

**Schnelligkeit die;** ~, ~en **a)** *(Tempo)* speed; **die ~, mit der sie arbeitet** the speed at which she works; **b)** *o. Pl. (das Schnellsein)* rapidity; speed

**schnell-, Schnell-: ~imbiß der** snack-bar; **~koch·platte die** high-speed ring; **~koch·topf der** pressure-cooker; **~kraft die;** *o. Pl.* springiness; **~kurs der** crash course; **~lebig** *s.* **schnellebig; ~paket das** *(Postw.)* express parcel; **~reinigung die** express cleaner's

**schnellstens** *Adv.* as quickly as possible; *(möglichst bald)* as soon as possible

**schnellst·möglich 1.** *Adj.* quickest possible; **auf ~e Erledigung der Arbeit drängen** press for the earliest possible completion of the work. **2.** *adv. s.* **schnellstens**

**Schnell-: ~straße die** expressway *(on which slow-moving vehicles are prohibited)*; **~verfahren das a)** *(bes. Technik)* high-speed process; **im ~verfahren** *(fig.)* at high speed; in a crash programme; **b)** *(Rechtsw.)* summary trial; summary proceedings *pl.*; **im ~verfahren** in summary proceedings; **~verkehr der** *(Kfz-W.)* fast-moving traffic; *(~verkehrsnetz)* express services *pl.*; **~zug der** express [train]; **~zug·zuschlag der** express train supplement

**Schnepfe** ['ʃnɛpfə] **die;** ~, ~n **a)** *(Vogel)* snipe; *(Wald~)* woodcock; **b)** *(salopp abwertend: weibliche Person)* **[blöde] ~:** [silly] cow *(sl. derog.)*; **c)** *(salopp abwertend: Prostituierte)* tart *(sl.)*

**schnetzeln** ['ʃnɛtsl̩n] *(bes. südd.)* cut ‹*meat*› into thin strips

**schneuzen** ['ʃnɔytsn̩] **1.** *tr. V.* **einem Kind die Nase ~:** blow a child's nose; **sich** *(Dat.)* **die Nase ~:** blow one's nose. **2.** *refl. V. (geh.)* blow one's nose

**Schnick·schnack der** *(ugs.; meist abwertend)* **a)** *(wertloses Zeug)* trinkets *pl.*; *(Zierat)* frills *pl. (fig.)*; **überflüssiger ~:** superfluous paraphernalia *sing.*; **b)** *(Geschwätz)* waffle; *(Unsinn)* drivel; **~!** rubbish!

**schniefen** ['ʃni:fn̩] *itr. V.* sniffle; *(bes. beim Weinen)* snivel

**schniegeln** ['ʃni:gl̩n] *refl. V.* spruce oneself up; *s. auch* **geschniegelt**

**schnieke** ['ʃni:kə] **1.** *Adj. (berlin.)* **a)** *(schick, elegant)* snazzy *(sl.)* ‹*clothes, fashion, etc.*›; **b)** *(großartig)* super *(Brit. coll.)*. **2.** *adv.* snazzily *(sl.)*

**schnipp** *Interj.* snip; **~, schnapp!** snip, snip

**Schnippchen das;** ~s trick; **jmdm. ein ~ schlagen** *(ugs.)* outsmart sb. *(coll.)*; put one over on sb. *(sl.)*; **dem Tod/Schicksal ein ~ schlagen** *(ugs.)* cheat death/fate

**Schnippel der** *od.* **das;** ~s, ~ *(ugs.)* scrap; *(Papier~, Stoff~)* snippet; shred

**Schnippelchen das;** ~s, ~: tiny scrap; *(Papier~, Stoff~)* tiny snippet *or* shred

**schnippeln** *(ugs.)* **1.** *itr. V. (mit der Schere)* snip [away] **(an +** *Dat.* at); **an der Wurst ~** *(mit dem Messer)* cut little snippets of sausage. **2.** *tr. V.* **a)** *(ausschneiden)* snip [out]; **b)** *(zerkleinern)* shred ‹*vegetables*›; chop ‹*beans etc.*› [finely]

**schnippen** ['ʃnɪpn̩] **1.** *itr. V.* **a)** *(mit der Schere)* snip; **b)** *(mit den Fingern)* snap one's fingers **(nach** at); **mit Daumen und Mittelfinger ~:** snap one's thumb and middle finger together. **2.** *tr. V.* **a)** *(wegschleudern)* flick **(von** off, from); **die Asche von der Zigarette ~:** flick the ash off one's cigarette; **b)** *(herausschleudern)* tap ‹*cigarette, card, etc.*› **(aus** out of)

**schnippisch** *(abwertend)* **1.** *Adj.* pert ‹*reply, tone, etc.*›; *(anmaßend)* cocky ‹*girl, tone, expression*›. **2.** *adv.* pertly; *(anmaßend)* cockily

**Schnipsel** ['ʃnɪpsl̩] **der** *od.* **das;** ~s, ~: scrap; *(Papier~, Stoff~)* snippet; shred

**schnipseln** *s.* **schnippeln**

**schnitt** [ʃnɪt] *1. u. 3. Pers. Sg. Prät. v.* **schneiden**

**Schnitt der;** ~[e]s, ~e **a)** cut; *(Operations~)* incision; cut; **etw. mit einem [schnellen] ~ durchtrennen** divide sth. by cutting it [quickly]; **sich** *(Dat.)* **einen ~ beibringen** cut oneself; **b)** *(das Mähen) (von Gras)* mowing; cut; *(von Getreide)* harvest; **das Korn ist reif für den ~:** the corn is ready for reaping *or* harvesting; **einen** *od.* **seinen ~ [bei etw.] machen** *(fig. ugs.)* make a profit [from sth.]; **c)** *(Form von Kleidung, Haar, Edelsteinen usw.)* cut; **eine Wohnung mit gutem ~** *(fig.)* a well-planned flat *(Brit.)* or *(Amer.)* apartment; **ihr Profil hat einen klassischen ~** *(fig.)* she has a classical profile; **d)** *(Film, Ferns.)* editing; cutting; **ein harter/weicher ~:** editing with straight *or* sudden/gradual cuts; **~: Gisela Meyer** edited by *or* editor Gisela Meyer; **e)** *(~muster)* [dressmaking] pattern; **f)** *(Längs~, Quer~, Schräg~)* section; **etw. im ~ darstellen** show sth. in section; **g)** *(ugs.: Durch~)* average; **er fährt einen ~ von 200 km/h** he is driving at *or* doing an average [speed] of 125 m.p.h.; **im ~:** on average; **h)** *(Math.) s.* **golden 1c; i)** *(Geom.: ~fläche)* intersection; **j)** *(Ballspiele: Drall)* spin; **den Ball mit ~ spielen** *od.* **schlagen** put spin on the ball

**Schnitt-: ~blume die** cut flower; **~bohne die** French bean; **~brot das** cut *or* sliced bread

**Schnittchen das;** ~s, ~: canapé; [small] open sandwich

**Schnitte die;** ~, ~n **a)** *(bes. nordd.: Scheibe)* slice; **eine ~ [Brot]** a slice of bread; **eine [belegte] ~:** an open sandwich; **b)** *meist Pl. (österr.: Waffel)* wafer

**Schnitter der;** ~s, ~ *(veralt.)* reaper

**schnitt-, Schnitt-: ~fest** *Adj.* firm ‹*tomato, sausage, etc.*›; **~fläche die** cut surface; **die ~fläche des Käses** the cut end of the cheese; **~holz das** cut timber

**schnittig 1.** *Adj.* stylish, smart ‹*suit, appearance, etc.*›; *(sportlich)* racy ‹*car, yacht, etc.*›; *(stromlinienförmig)* streamlined ‹*car, bow, etc.*›. **2.** *adv.* stylishly; *(sportlich)* racily

**schnitt-, Schnitt-: ~käse der** cheese suitable for slicing; hard cheese; *(in Scheiben)* cheese slices *pl.*; **~lauch der** chives *pl.*; **~linie die** line of intersection; *(Linie, die eine andere kreuzt)* intersecting line; **~menge die** *(Math.)* **die ~menge A ∩ B** the intersection of the sets A and B; **~muster das a)** [dressmaking] pattern; **b)** *(ugs.) s.* **~musterbogen; ~muster·bogen der** pattern chart; **~punkt der** intersection; *(Geom.)* point of intersection; **~reif** *Adj.* ‹*corn etc.*› ready for reaping *or* harvesting; **~stelle die** *(DV)* interface; **~wunde die** cut; *(lang u. tief)* gash

**Schnitz·arbeit die** carving

**Schnitzel** ['ʃnɪtsl̩] **das; ~s, ~ a)** *(Fleisch)* [veal/pork] escalope; **b)** *(Stückchen) (von Papier)* scrap; snippet; *(von Holz)* shaving; *(von Früchten usw.)* sliver

**Schnitzel·jagd die** paper-chase

**schnitzeln** *tr. V.* chop up ‹*vegetables etc.*› [into small pieces]; shred ‹*cabbage*›

**schnitzen 1.** *itr. V.* carve; **an etw.** *(Dat.)* **~:** carve away at sth. **2.** *tr. V.* carve

**Schnitzer der; ~s, ~ a)** *(Handwerker)* carver; **b)** *(ugs.: Fehler)* boob *(Brit. sl.)*; goof *(sl.)*; **sich** *(Dat.)* **einen groben ~ leisten** make an awful boob *(Brit. sl.) or (sl.)* goof; *(mit einer Bemerkung)* drop an awful clanger *(sl.)*

**Schnitzerei die; ~, ~en a)** *(Geschnitztes)* carving (*Gen.* by); **b)** *o. Pl. (das Schnitzen)* carving *no art.*

**Schnitz-: ~messer das** wood-carving knife; **~werk das** carving; *(mehrere Stücke)* carvings *pl.*

**schnob** [ʃno:p] *1. u. 3. Pers. Sg. Prät. v.* **schnauben**

**schnöd** [ʃnø:t] *Adj. (bes. südd., österr.) s.* **schnöde**

**schnodderig** ['ʃnɔdərɪç] *(ugs. abwertend)* **1.** *Adj.* brash; **ein ~es Mundwerk haben** have a big mouth. **2.** *adv.* brashly

**Schnodderigkeit die; ~, ~en** *(ugs.)* **a)** *o. Pl. (Art, Wesen)* brashness; **b)** *(Äußerung/Handlung)* brash remark/action

**schnoddrig** *s.* **schnodderig**

**schnöde** *(geh. abwertend)* **1.** *Adj.* **a)** *(verachtenswert)* despicable; contemptible; base ‹*cowardice*›; *s. auch* **Mammon; b)** *(gemein)* contemptuous, scornful ‹*glance, reply, etc.*›; harsh ‹*reprimand*›; **~r Undank** blatant ingratitude. **2.** *adv. (gemein)* contemptuously; ‹*reprimand*› harshly; ‹*exploit, misuse*› flagrantly, blatantly

**Schnorchel** ['ʃnɔrçl̩] **der; ~s, ~:** snorkel

**Schnörkel** ['ʃnœrkl̩] **der; ~s, ~:** scroll; curlicue; *(der Handschrift, in der Rede)* flourish

**schnorren** ['ʃnɔrən] *tr., itr. V. (ugs.)* scrounge *(coll.)*; **etw. bei** *od.* **von jmdm. ~:** scrounge *(coll.) or* cadge sth. off sb.

**Schnorrer der; ~s, ~** *(ugs.)* scrounger *(coll.)*; sponger

**Schnösel** ['ʃnø:zl̩] **der; ~s, ~** *(ugs. abwertend)* young whippersnapper

**schnöselig** *(ugs. abwertend)* **1.** *Adj.* cheeky; insolent. **2.** *adv.* cheekily; insolently

**Schnuckelchen** ['ʃnʊkl̩çən] **das; ~s, ~** *(fam.)* sweetie[-pie] *(coll.)*; **mein kleines ~:** my little darling *or* pet

**schnuckelig** *Adj. (ugs.)* sweet; cute *(Amer. coll.)*

**Schnüffelei die; ~, ~en** *(ugs. abwertend)* **a)** *o. Pl.* [constant] snooping *(coll.)*; **b)** *(Vorfall von ~)* case of snooping *(coll.)*

**schnüffeln** ['ʃnʏfl̩n] **1.** *itr. V.* **a)** *(riechen)* sniff; **an etw.** *(Dat.)* **~:** sniff sth.; **b)** *(ugs. abwertend: heimlich suchen; spionieren)* snoop [about] *(coll.)*; **in etw.** *(Akk.)* **~:** pry into sth.; stick one's nose into sth. *(coll.)*; **in jmds. Papieren ~:** nose about in sb.'s papers; **c)** *(Drogenjargon: Dämpfe ~)* sniff [glue/paint etc.]; **d)** *(ugs.: die Nase hochziehen)* sniff. **2.** *tr. V. (Drogenjargon: zum Schnüffeln benutzen)* sniff ‹*glue etc.*›

**Schnüffler der; ~s, ~ a)** *(ugs. abwertend)* Nosey Parker; *(Spion)* snooper *(coll.)*; **b)** *(Drogenjargon)* [glue-, paint-, *etc.*]sniffer

**Schnuller** ['ʃnʊlɐ] **der; ~s, ~:** dummy *(Brit.)*; pacifier *(Amer.)*

**Schnulze** ['ʃnʊltsə] **die; ~, ~n** *(ugs. abwertend) (Lied/Melodie)* slushy song/tune; *(Theaterstück, Film, Fernsehspiel)* tear-jerker *(coll.)*; slushy play; **etw. als ~ singen** sing sth. in a slushy version

**schnupfen** ['ʃnʊpfn̩] **1.** *itr. V.* **a)** *(Tabak ~)* take snuff; **b)** *(bei Tränen, Nasenschleim)* sniff. **2.** *tr. V.* take a sniff of ‹*cocaine etc.*›; *(gewohnheitsmäßig)* sniff ‹*cocaine etc.*›; **Tabak ~:** take snuff

**Schnupfen der; ~s, ~:** [head] cold; **[den** *od.* **einen] ~ haben** have a [head] cold; **sich** *(Dat.)* **den ~ holen** catch a [head] cold

**Schnupfer der; ~s, ~:** snuff-taker

**Schnupf-: ~tabak der** snuff; **~tabak[s]·dose die** snuff-box

**schnuppe** ['ʃnʊpə] *in* **~ sein** *(ugs.)* be neither here nor there; **das/er ist mir ~/mir völlig ~** *(ugs.)* I don't care/I couldn't care less about it/him *(coll.)*

**schnuppern** ['ʃnʊpɐn] **1.** *itr. V.* sniff; **an etw.** *(Dat.)* **~:** sniff sth.. **2.** *tr. V.* sniff; **Seeluft ~** *(fig.)* get some sea air

**Schnur** ['ʃnu:ɐ̯] **die; ~, Schnüre** ['ʃny:rə] *od.* **Schnuren a)** *(Bindfaden)* piece of string; *(Kordel)* piece of cord; *(Zelt~)* guy[-rope]; *(für Marionette, Drachen usw.)* string; **eine ~ um ein Paket binden** tie string round a parcel; **Perlen auf eine ~ aufziehen** string pearls; **b)** *(Zierkordel)* piece of braid; **mit vielen Schnüren** with much braid[ing] *sing.*; **c)** *(ugs.: Kabel)* flex *(Brit.)*; lead; cord *(Amer.)*

**Schnür·boden der a)** *(Theater)* flies *pl.*; **b)** *(Schiffbau)* mould loft

**Schnürchen das; ~s, ~:** *in* **wie am ~ [gehen** *od.* **klappen]** *(ugs.)* [go] like clockwork *or* without a hitch; **ein Gedicht wie am ~ aufsagen** *(ugs.)* say a poem off pat

**schnüren** ['ʃny:rən] **1.** *tr. V.* **a)** tie ‹*bundle, string, sb.'s hands, etc.*›; tie [up] ‹*parcel, person*›; tie, lace up ‹*shoe, corset, etc.*›; **etw. zu Bündeln/Paketen ~:** tie sth. up in bundles/parcels; **etw. um/auf etw.** *(Akk.)* **~:** tie sth. round/[on] to sth.; **b) Angst schnürte ihm die Kehle/den Atem** *(fig.)* fear constricted his throat/almost stopped him from breathing. **2.** *refl. V. (sich hineindrücken)* **sich in das Fleisch** *usw.* **~:** cut into the flesh *etc.* **3.** *itr. V.* **a)** *(zu eng sein)* be too tight; pinch; **b)** *mit sein (Jägerspr.)* ‹*fox, lynx, wolf*› trot in a straight line; ‹*fig.: person*› trot

**schnur·gerade, schnur·grade** *(ugs.)* **1.** *Adj.* dead straight. **2.** *adv.* dead straight; **~ auf sein Ziel losgehen** *(fig.)* make straight for one's goal

**Schnur·keramik die;** *o. Pl. (Archäol.)* corded ware

**schnur·los** *Adj.* cordless

**Schnürl-** ['ʃny:ɐ̯l-]: **~regen der** *(österr.)* persistent rain; **~samt der** *(österr.)* corduroy

**Schnurr·bart der** moustache

**schnurr·bärtig** *Adj.* with a moustache *postpos.*; **~ sein** have a moustache

**Schnurre die; ~, ~n** *(veralt.)* anecdote

**schnurren** ['ʃnʊrən] *itr. V.* ‹*cat*› purr; ‹*machine*› hum; ‹*camera, spinning-wheel, etc.*› whirr

**Schnurr·haar das** *(Zool.)* whiskers *pl.*

**Schnür·riemen der a)** strap; **b)** *s.* **Schnürsenkel**

**schnurrig** *Adj. (veralt.)* droll; comic; funny; comic ‹*old man etc.*›

**Schnür-: ~schuh der** lace-up shoe; **~senkel** [~zɛŋkl̩] **der** *(bes. nordd.)* [shoe-]lace; *(für Stiefel)* bootlace; **sich** *(Dat.)* **die ~senkel binden** tie one's shoe-laces

**schnur·springen** *unr. itr. V.; nur im Inf. und 2. Partizip; mit sein (österr.)* skip

**Schnür·stiefel der** lace-up boot

**schnur·stracks** *Adv. (ugs.)* straight; **der Weg geht ~ geradeaus** the way goes straight ahead; **~ auf jmdn./etw. zugehen** make a bee-line for sb./sth.

**Schnürung die; ~, ~en** lacing; *(Schnürsenkel)* laces *pl.*

**schnurz** [ʃnʊrts] *Adj. (ugs.) in* **es ist [jmdm.] ~** *(salopp)* it doesn't matter a hoot [to sb.] *(sl.)*; **ihm ist jmd./etw./alles ~ [und piepe]** he doesn't give a damn *or* couldn't care less about sb./sth./anything *(coll.)*

**Schnute** ['ʃnu:tə] **die; ~, ~n** *(fam., bes. nordd.: Mund)* mouth; gob *(sl.)*; **eine ~ ziehen** *od.* **machen** make *or* pull a [sulky] face

**schob** [ʃo:p] *1. u. 3. Pers. Prät. v.* **schieben**

**Schober** ['ʃo:bɐ] **der; ~s, ~ a)** open-sided barn; **b)** *(Heuhaufen)* [hay-]stack; [hay-]rick

**¹Schock** [ʃɔk] **das; ~[e]s, ~e** *(bei Maßangaben ungebeugt)* **a)** *(veralt.: 60 Stück)* **ein ~:** three score; five dozen; **7 bis 8 ~ Eier** 35–40 dozen eggs; **b)** *(ugs.: Menge)* [whole] load of *(coll.)*

**²Schock der; ~[e]s, ~s** *(auch Med.)* shock; **jmdm. einen [schweren/leichten] ~ versetzen** *od.* **geben** give sb. a [nasty/slight] shock *or* a [nasty/bit of a] fright; **unter ~ stehen** be in [a state of] shock; be suffering from shock

**Schock·behandlung die** shock treatment

**schocken** *tr. V. (ugs.: schockieren)* shock

**Schocker der; ~s, ~** *(ugs.) (Roman/Film)* sensational book/film; shocker *(coll.)*; *(Mensch)* sensationalist

**Schock·farbe die** *(ugs.)* violent colour

**schockieren** *tr. V.* shock; **über etw.** *(Akk.)* **schockiert sein** be shocked at sth.

**schock-, Schock-: ~therapie die** *(auch fig.)* shock therapy *or* treatment; **~weise** *Adv.* **a)** *(in Schocks)* by the three score; five dozen at a time; **b)** *(ugs.: scharenweise)* in droves; **~wirkung die** shock effect; **unter ~wirkung stehen** be in a state of shock; be suffering from shock

**schofel** ['ʃo:fl̩], **schofelig** *(ugs. abwertend)* **1.** *Adj.* horrid *(coll.)*; beastly *(coll.)*; *(schändlich)* disgusting. **2.** *adv.* horridly

**Schöffe** ['ʃœfə] **der; ~n, ~n** lay judge *(acting together with another lay judge and a professional judge)*

**Schöffen·gericht das** *court presided over by a professional judge and two lay judges*

**Schöffin die; ~, ~nen** *s.* **Schöffe**

**Schokolade** [ʃoko'la:də] **die; ~, ~n a)** *(Süßigkeit)* chocolate; **b)** *(Getränk)* [drinking] chocolate

**schokolade[n]-, Schokolade[n]-: ~braun** *Adj.* chocolate[-brown]; **~eis das** chocolate ice-cream; **~farben** *Adj.* chocolate-coloured; chocolate ‹*brown*›; **~guß der** chocolate icing

**Schokoladen-: ~pudding der** chocolate blancmange; **~raspel** *Pl.* chocolate flakes; grated chocolate *sing.*; **~seite die** *(ugs.)* best side; **~torte die** chocolate cake *or* gateau

**Scholar** [ʃo'la:ɐ̯] **der; ~en, ~en** *(hist.)* [itinerant] scholar

**Scholastik** [ʃo'lastɪk] **die; ~** *(Philosophie)* scholasticism

**Scholastiker der; ~s, ~, Scholastikerin die; ~, ~nen** scholastic

**scholastisch** *Adj.* scholastic

**scholl** [ʃɔl] *1. u. 3. Pers. Sg. Prät. v.* **schallen**

**Scholle** ['ʃɔlə] **die; ~, ~n a)** *(Erd~)* clod [of earth]; **b)** *(Eis~)* [ice-]floe; **c)** *(Fisch) (Goldbutt)* flounder, *esp.* plaice; **die ~n** the plaice; *(als Familie)* the Pleuronectidae; **d)** *o. Pl. (Erdboden, Acker)* soil; **die heimatliche ~** *(fig.)* one's native soil; **auf eigener ~ sitzen** have a farm of one's own; **e)** *(Geol.)* massif

**Scholli** ['ʃɔli] *in* **mein lieber ~!** *(ugs.)* my goodness!; good heavens!

**Schöll·kraut** [ˈʃœl-] **das** *(Bot.)* celandine
**schon** [ʃo:n] **1.** *Adv.* **a)** *(bereits) (oft nicht übersetzt)* already; *(in Fragen)* yet; **er hat das ~ vergessen** he has already forgotten that; **hat Walter ~ angerufen?** has Walter telephoned yet?; **wollt ihr wirklich ~ gehen?** do you really mean to go already *or* so soon?; **er kommt ~ heute/ist ~ gestern gekommen** he's coming today/he came yesterday; **er ist ~ da/[an]gekommen** he is already here/has already arrived; **~ die Römer hatten gute Heizungen** even the Romans *or* the Romans already had good heating systems; **er ist ~ gestern angekommen** he arrived as early as yesterday; **ich bin ~ seit Mai/~ ein Jahr in Bremen** I've been here in Bremen since May/for a year; **wie lange bist du ~ hier?** how long have you been here?; **~ damals/jetzt** even at that time *or* in those days/even now; **~ [im Jahre] 1926** as early as 1926; back in 1926; **er war ~ immer faul** he always was lazy; **wie ~ gesagt ...:** as I have already said, ...; as I said before, ...; **gestern kam er, wie ~ so oft, zu spät zur Arbeit** yesterday he was late for work, as so often before *or* as has so often been the case; **b)** *(fast gleichzeitig)* there and then; **er schwang sich auf das Fahrrad, und ~ war er weg** he jumped on the bicycle and was away [in a flash]; **kaum hatte er sich umgedreht, ~ ging der Krach los** he had scarcely turned his back when the row broke out; **in demselben Augenblick ~:** at that very *or* at the selfsame moment; *s. auch* **kaum e; c)** *(jetzt)* **~ [mal]** now; *(inzwischen)* meanwhile; **wir treffen uns dann gleich, ihr könnt ja ~ mal vorgehen** we'll meet up in a minute, you can be going on ahead [meanwhile]; **d)** *(selbst, sogar)* even; *(nur)* only; **~ ein Tropfen von dem Gift kann tödlich sein** even a small amount *or* a mere drop of this poison can be fatal; **das weiß normalerweise ~ ein Zwölfjähriger** even a child of twelve would usually know that; **~ zwei Bier reichen aus, um ihn völlig betrunken zu machen** it only takes two beers to get him completely drunk; **das bekommt man ~ für 150 Mark** you can get it for as little as 150 marks; **für so ein Essen muß man ~ 30 Mark hinlegen** you have to pay as much as 30 marks for a meal like that; **e)** *(ohne Ergänzung, ohne weiteren Zusatz)* on its own; **das ist auch so ~ genug** that's [already] enough as it is; **[allein] ~ der Gedanke daran ist schrecklich** the mere thought *or* just the thought of it is dreadful; **~ der Name ist bezeichnend** the very name is significant; **~ darum** *od.* **aus diesem Grund** for this reason alone. **2.** *Partikel* **a)** *(verstärkend)* really; *(gewiß)* certainly; **du wirst ~ sehen!** you'll see!; **ich kann mir ~ denken, was du willst** I can well imagine what you want; **wenn wir ~ eine neue Maschine kaufen müssen, dann aber eine ordentliche** if we have to get a new machine, let's get a decent one; **wenn du ~ so früh gehen mußt** if you really have to go so early; **b)** *(ugs. ungeduldig: endlich)* **nun sagen Sie [doch] ~!** come on, out with it; **nun komm ~!** come on!; hurry up!; **du hast meine Zigaretten geklaut, nun gib's ~ zu!** you've pinched my cigarettes, go on, admit it *(coll.)*; **und wenn ~!** so what; what if he/she/it does/did/was *etc.*; **c)** *(beruhigend: wahrscheinlich)* all right; **es wird ~ gehen** *od.* **werden** it'll work out all right [in the end]; **er wird sich ~ wieder erholen** he'll recover all right; he's sure to recover; **doch, doch, das wird ~ stimmen** yes, yes, that must be right; **d)** *(zustimmend, aber etwas einschränkend)* **~ gut** OK *(coll.)*; **ich glaube dir ~:** I believe you all right; fair enough, I believe you; **Lust hätte ich ~, nur keine Zeit** I'd certainly like to, but I've no time; **das ist ~ möglich, nur ...:** that is quite possible, only ...; **er hat ~ recht, aber ...** he's right enough, but ...; **e)** *(betont: andererseits)* **er ist nicht besonders intelligent, aber sein Bruder ~:** he's not particularly intelligent, but his brother is; **ob Willy kommt, weiß ich nicht, aber ich [komme] ~:** I don't know whether Willy's coming, but 'I'm coming *or* 'I am; **f)** *(einschränkend, abwertend)* **was weiß der ~!** what does 'he know [about it]!; **was ist** *od.* **bedeutet ~ Geld!** what does money matter?; what's the good of money [anyway]?; **wem nützt das ~?** what's the use of that [to anybody]?; **Ist was? – Nee, was soll ~ sein?** *(ugs.)* Is anything the matter? – No, should anything be [wrong]?; **was soll das ~ heißen?** what's 'that supposed to mean?

**schön** [ʃø:n] **1.** *Adj.* **a)** *(anziehend, reizvoll)* beautiful; handsome ⟨*youth, man*⟩; **das ~e Geschlecht** the fair sex; **die ~en Künste** the fine arts; **sie ist ~ von Gestalt** *(geh.)* she has a lovely figure; **das Schöne** beauty; *(~e Dinge)* beautiful things *pl.*; **~e Literatur** belles-lettres *pl.*; **~e Frau, was wünschen Sie?** *(scherzh.)* what is your wish, my pretty one?; **ich finde das Buch ~:** the book appeals to me; **bring mir etwas Schönes mit** bring me back something nice; **b)** *(angenehm, erfreulich)* pleasant, nice ⟨*day, holiday, dream, relaxation, etc.*⟩; fine ⟨*weather*⟩; *(nett)* nice; **das war eine ~e Zeit** those were wonderful days; **einen ~en Tod haben** die peacefully; **das war alles nicht ~ für sie** it was all rather unpleasant for her; **mach dir ein paar ~e Stunden** enjoy yourself for a few hours; **das ist ~ von dir** it's nice of you; **das ist ein ~er Zug an ihm** that is one of the good *or* nice things about him; **das Schöne daran/an ihm** the nice thing about it/him; **das ist zu ~, um wahr zu sein** that is too good to be true; **alles war in ~ster Ordnung** everything was in perfect order; **was hier vor sich geht, das ist nicht mehr ~** *(ugs.)* the goings-on here are beyond a joke; **c)** *(gut)* good ⟨*wine, beer, piece of work, etc.*⟩; **~ schmecken/riechen** *(nordd. ugs.)* taste/smell really good *or (esp. Amer. coll.)* real good; **d)** *(in Höflichkeitsformeln)* **~e Grüße** best wishes; **[ich soll Ihnen einen] ~en Gruß von meiner Mutter [bestellen]** my mother sends you her kind regards; **recht ~en Dank für ...:** thank you very much for ...; many thanks for ...; **e)** *(ugs.: einverstanden)* OK *(coll.)*; all right; **also ~:** right then; **~ und gut** *(ugs.)* all well and good; **das ist alles ~ und gut, aber ...** *(ugs.)* that's all very well but ...; **f)** *(iron.: leer)* **eine ~e Floskel** a splendid platitude; **~e Worte** fine[-sounding] words; *(schmeichlerisch)* honeyed words; **g)** *(ugs.: beträchtlich)* handsome, *(coll.)* tidy ⟨*sum, fortune, profit*⟩; considerable ⟨*quantity, distance*⟩; pretty good ⟨*pension*⟩; **das hat ein ganz ~es Gewicht** it's quite a weight; **ein ~es Alter erreichen** reach a fine old age; **einen ~en Schrecken davontragen** get a real *or* quite a fright; **eine ~e Leistung** no mean *or* quite an achievement; **h)** *(iron.: unerfreulich)* nice *(coll. iron.)*; **das sind ja ~e Aussichten!** this is a fine look-out *sing. (iron.)*; what a delightful prospect! *sing. (iron.)*; **eine ~e Bescherung** a nice *or* fine mess *(coll. iron.)*; **ein ~er Reinfall** a real disaster; **du machst [mir] ja ~e Geschichten!** you do get up to some fine tricks *(iron.)*. **2.** *adv.* **a)** *(anziehend, reizvoll)* beautifully; **der Wein ist ~ klar** the wine is beautifully clear; **sie ist ~ eingerichtet** she has a lovely home; **sich ~ zurechtmachen** make oneself look nice; **b)** *(angenehm, erfreulich)* nicely; **~ warm/weich/langsam** nice and warm/soft/slow; **wir haben es ~ hier** we're very well off here; **c)** *(gut, ausgezeichnet)* well; **das habt ihr ~ gemacht** you did that well *or* nicely; you made a good job of that; **d)** *(in Höflichkeitsformeln)* **bitte ~, können Sie mir sagen, ...:** excuse me, could you tell me ...; **grüß deine Mutter ~ von mir** give your mother my kind regards; **e)** *(iron.)* **wie es so ~ heißt, wie man so ~ sagt** as they say; **f)** *(ugs.: beträchtlich)* really; *(vor einem Adjektiv)* pretty; **ganz ~ arbeiten müssen** have to work jolly hard *(Brit. coll.)*; **[ganz] ~ dämlich** damned stupid; **er sitzt [ganz] ~ in der Tinte** he's well and truly in the soup *(sl.)*; **ganz ~ trinken/lügen** drink like a fish *(coll.)*/lie like anything *(coll.)*. **3.** *Partikel (ugs. verstärkend)* **~ der Reihe nach!** one after the other in a nice orderly line; **~ ruhig bleiben/~ langsam fahren** be nice and quiet/drive nice and slowly; **bleib ~ liegen!** lie there and be good; **paßt ~ auf!** pay careful attention; **jetzt gehst du ~ nach Hause** now go home like a good boy/girl; **sei ~ brav** be a good boy/girl

**Schöne die;** *adj. Dekl.* beauty; *(iron.: Frau)* member of the fair sex; **die ~n der Nacht** *(geh.)* the ladies of the night

**schonen 1.** *tr. V.* treat ⟨*clothes, books, furniture, etc.*⟩ with care; *(schützen)* protect ⟨*hands, furniture*⟩; *(nicht strapazieren)* spare ⟨*voice, eyes, etc.*⟩; conserve ⟨*strength*⟩; *(nachsichtig behandeln)* go easy on, spare ⟨*person*⟩; **jmdm. eine Nachricht ~d beibringen** break news gently to sb.; **eine ~de Behandlung** gentle treatment. **2.** *refl. V.* take care of oneself; *(sich nicht überanstrengen)* take things easy; **sich mehr ~:** take things easier; **er schont sich nicht, wenn es um seine Patienten geht** he doesn't spare himself when it comes to his patients

**schönen** *tr. V.* brighten ⟨*colour*⟩; clarify ⟨*wine*⟩; *(mit Gelatine)* fine ⟨*wine*⟩; touch up ⟨*picture*⟩; enhance ⟨*picture, figure*⟩; **[idealistisch] geschönt** *(fig.)* idealized; flattering

**Schoner der; ~s, ~** *(Seemannsspr.)* schooner

**Schön·färberei die; ~, ~en** embellishment; **frei von jeder** *od.* **ohne jede ~:** without any whitewashing

**Schon-: ~frist die** period of grace; *(nach einer Operation)* period of convalescence; **~gang der a)** *(Kfz-W.)* high gear; *(Overdrive)* overdrive; **b)** *(bei Waschmaschinen)* programme for delicate fabrics

**Schön·geist der** aesthete

**schön·geistig** *Adj.* aesthetic; **die ~e Literatur** belletristic literature

**Schönheit die; ~, ~en** beauty; **die ~en der Umgebung** the attractions of the area

**Schönheits-: ~chirurgie die** cosmetic surgery *no art.*; **~farm die** health farm; **~fehler der** blemish; *(fig.)* minor defect; *(Nachteil)* slight drawback; **~ideal das** ideal of beauty; **~königin die** beauty queen; **~konkurrenz die** beauty contest; **~pflästerchen** [~pflɛstɐçən] **das** *(Kosmetik)* beauty spot; **~pflege die** beauty care *no art.*; **~reparatur die** cosmetic repair; *(in einem Haus/einer Wohnung)* redecorating *no pl.*; **~sinn der;** *o. Pl.* sense of beauty; aesthetic sense; **~wettbewerb der** beauty contest

**Schon-: ~klima das** benign climate; **~kost die** light food; **auf ~kost gesetzt werden** be put on a light diet

**schön|machen** *(ugs.)* **1.** *tr. V.* smarten ⟨*person, thing*⟩ up; make ⟨*person, thing*⟩ look nice; do up ⟨*building*⟩. **2.** *refl. V.* smarten oneself up; make oneself look smart. **3.** *itr. V.* ⟨*dog*⟩ [sit up and] beg

**Schon·platz der** *(DDR)* job given to someone temporarily incapacitated; light job

**schön-, Schön-: ~|reden** *itr. V. (abwertend)* turn on the smooth talk; sweet-talk *(Amer.)*; **das Schönreden** smooth talking; sweet talk *(Amer.)*; **~redner der** *(abwertend)* smooth *or (Amer.)* sweet talker; **~rednerei die; ~, ~en** *(abwertend)* smooth *or (Amer.)* sweet talk *no pl.*; **~en** blandishments; **~|schreiben** *unr. itr. (auch tr.) V.* write neatly; *(Schönschrift schreiben)* do calligraphy; **Schönschreiben** *(als Unterrichtsfach)* handwriting *no art.*; **~schreibheft das** writing-book; *(mit vorgedruckten Buchstaben)* copy-book; **~schrift die a)** *(Zierschrift)* calligraphy; *(sorgfältige Schrift)* neat handwriting; **etw. in ~schrift abschreiben** copy sth. out neatly *or* in one's best handwriting; **b)** *(ugs.: Reinschrift)* neat *or* clean copy; **~|tun** *unr. itr. V. (ugs.)* **jmdm. ~tun** soft-soap sb.; butter sb. up

**Scho̲nung die; ~, ~en a)** *o. Pl. (Nachsicht)* consideration; *(nachsichtige Behandlung)* considerate treatment; *(nach Krankheit/ Operation)* [period of] rest; *(von Gegenständen)* careful treatment; **sein Zustand/Magen verlangt ~:** his condition/his stomach needs careful treatment; **sie braucht noch ~:** she still needs to be treated considerately; *(muß sich selbst schonen)* she must still take things easy; **er kannte ihr gegenüber keine ~:** he knew no mercy towards her; he did not spare her; **b)** *(Jungwald)* [young] plantation

**-schonung die** ⟨*fir, spruce, etc.*⟩ plantation

**scho̲nungs-: ~bedürftig** *Adj.* in need of rest *postpos.*; **~bedürftig sein** need to take things carefully *or* easy; **~los 1.** *Adj.* unsparing, ruthless ⟨*criticism etc.*⟩; blunt ⟨*frankness*⟩; **eine ~lose Aufklärung der Affäre** a rigorous elucidation of the affair; **2.** *adv.* unsparingly; ⟨*say*⟩ without mincing one's words

**Scho̲nungslosigkeit die; ~:** ruthlessness; *(Strenge)* rigour

**Schön·wẹtter·periode die** spell of fine weather; fine spell

**Scho̲n·zeit die a)** *(Jagdw.)* close season; **b)** *(Schonung)* period of rest; *(Erholungszeit)* period of convalescence; recovery period; *(fig.: Anfangszeit, in der man nachsichtig behandelt wird)* honeymoon period

**Schopf** [ʃɔpf] **der; ~[e]s, Schöpfe** ['ʃœpfə] **a)** *(Haar~)* shock of hair; **die Gelegenheit beim ~[e] fassen** *od.* **nehmen** *od.* **packen** *od.* **ergreifen** *(ugs.)* seize *or* grasp the opportunity with both hands; **b)** *(Jägerspr.: Kopffedern)* crest

**[1]schöpfen** ['ʃœpfn̩] **1.** *tr. V.* **a)** scoop [up] ⟨*water, liquid*⟩; *(mit einer Kelle)* ladle ⟨*soup*⟩; **Wasser aus einem Brunnen ~:** draw water from a well; **Wasser aus dem Boot ~:** bale water out of the boat; **b)** *(geh.: einatmen)* draw, take ⟨*breath*⟩; **frische Luft ~:** take a breath of fresh air; **c)** *(geh.: für sich gewinnen)* draw ⟨*wisdom, strength, knowledge*⟩ **(aus** from); **neuen Mut/neue Hoffnung ~:** take fresh heart/find fresh hope; **Argwohn** *od.* **Vedacht ~:** become suspicious. **2.** *itr. V.* **aus der Phantasie/jahrelanger Erfahrung** *usw.* **~:** draw on one's imagination/on years of experience *etc.*

**[2]schöpfen** *tr. V. (veralt.: schaffen)* create; coin ⟨*word*⟩

**[1]Schöpfer der; ~s, ~:** creator; *(Gott)* Creator

**[2]Schöpfer der; ~s, ~** *(Kelle)* ladle

**Schọ̈pferin die; ~, ~nen** creator

**schọ̈pferisch 1.** *Adj.* creative; constructive ⟨*criticism*⟩; **der ~e Augenblick** the moment of inspiration; **eine ~e Pause** a pause for inspiration. **2.** *adv.* creatively; **~ tätig sein** be creative

**Schọ̈pferkraft die** creative powers *pl.*; creativity

**Schọ̈pf-: ~kelle die, ~löffel der** ladle

**Schọ̈pfung die; ~, ~en a)** *o. Pl. (geh.: Erschaffung)* creation; *(Erfindung)* invention; **b)** *(geh.: ~ der Welt)* **die ~:** the Creation; *(von Gott Erschaffenes)* Creation; **c)** *(geh.: Kunstwerk, ~ der Mode usw.)* creation; *(Werk)* work

**Schọ̈pfungs-: ~geschichte die** Creation story; **~tag der** day of the Creation

**Schöppchen** ['ʃœpçən] **das, ~s, ~:** small glass of wine/beer

**Schoppen** ['ʃɔpn̩] **der; ~s, ~ a)** [quarter-litre/half-litre] glass of wine/beer; **b)** *(veralt.: Hohlmaß)* **ein ~:** ≈ half a litre

**Schọppen·wein der** wine by the glass

**Schöps** [ʃœps] **der; ~es, ~e** *(österr.)* *s.* **Hammel a, b**

**Schöpserne** ['ʃœpsɐnə] **das;** *adj. Dekl.; o. Pl. (österr.)* mutton

**schor** [ʃoːɐ̯] *1. u. 3. Pers. Sg. Prät. v.* **scheren**

**Schorf** [ʃɔrf] **der; ~[e]s, ~e a)** *(Wund~)* scab; **b)** *(Pflanzenkrankheit)* scab *no art.*

**schọrfig** *Adj.* scabby ⟨*wound*⟩

**Schorle** ['ʃɔrlə] **die; ~, ~n** wine with mineral water; ≈ spritzer; *(mit Apfelsaft)* apple juice with mineral water

**Schorn·stein** ['ʃɔrn-] **der** chimney; *(Schiffs~, Lokomotiv~)* funnel; **der ~ raucht** *(fig.)* things are ticking over nicely; business is good; **Geld in den ~ schreiben** *(fig. ugs.)* write off money

**Schọrnstein·feger der; ~s, ~:** chimney-sweep

**schoß** [ʃɔs] *1. u. 3. Pers. Sg. Prät. v.* **schießen**

**Schoß** [ʃoːs] **der; ~es, Schöße** ['ʃøːsə] **a)** lap; **ein Kind auf den ~ nehmen** take *or* sit a child on one's lap; **seine Frau saß bei ihm auf dem ~:** his wife sat on his knee; **die Hände in den ~ legen** *(fig.)* sit back and do nothing; **jmdm. in den ~ fallen** *(fig.)* just fall into sb.'s lap; **im ~ der Familie/der Kirche** *(fig.)* in the bosom of the family/of Mother Church; *s. auch* **Abraham b; Hand f; b)** *(geh.: Mutterleib)* womb; **im ~ der Erde** *(fig.)* in the bowels of the earth; **c)** *(geh.: Vulva)* pudenda *pl.*; **d)** *(Rock~)* [coat-]tail

**Scho̲ß·hund der, Scho̲ß·hündchen das** lap-dog

**Schößling** ['ʃœslɪŋ] **der; ~s, ~e a)** *(Trieb)* shoot; **b)** *(Ableger zum Pflanzen)* cutting

**Schot** [ʃoːt] **die; ~, ~en** *(Seew.)* sheet

**Schote** ['ʃoːtə] **die; ~, ~n a)** pod; siliqua *(as tech. term)*; **fünf ~n Paprika** five peppers; **b)** *(landsch.: Erbse)* **~n** peas

**Schott** [ʃɔt] **das; ~[e]s, ~en** *(Seemannsspr.)* bulkhead; **die ~en dicht machen** *(fig. ugs.)* shut all the doors and windows

**Schotte** ['ʃɔtə] **der; ~n, ~n** Scot; Scotsman; **er ist ~:** he's a Scot; he's Scottish; **die ~n** the Scots; the Scottish

**Schọtten der; ~s, ~** *(Textilw.)* tartan [material]

**Schọtten-: ~muster das** tartan pattern; **~rock der** tartan skirt; *(Kilt)* kilt; **~witz der** Scottish joke *(concerning thriftiness)*

**Schotter** ['ʃɔtɐ] **der; ~s, ~ a)** *(für Straßen)* [road-]metal; gravel; *(für Schienen)* ballast; **b)** *(Geol.)* gravel; **c)** *o. Pl. (salopp: Geld)* dough *(sl.)*; lolly *(Brit. sl.)*

**Schọtter-: ~decke die** [loose] gravel surface; **~straße die** road with [loose] gravel surface

**Schọttin die; ~, ~nen** Scot; Scotswoman

**schọttisch 1.** *Adj.* Scottish; Scots, Scottish ⟨*dialect, accent, voice, etc.*⟩; **~er Whisky** Scotch whisky. **2.** *adv.* ⟨*speak*⟩ with a Scots *or* Scottish accent

**Schọttland (das); ~s** Scotland

**schraffieren** [ʃraˈfiːrən] *tr. V.* hatch; *(feiner)* shade ⟨*drawing*⟩

**Schraffi̲erung die; ~, ~en, Schraffur** [ʃraˈfuːɐ̯] **die; ~, ~en** hatching *no indef. art.*; *(feiner)* shading *no indef. art.*

**schräg** [ʃrɛːk] **1.** *Adj.* **a)** diagonal ⟨*line, beam, cut, etc.*⟩; sloping ⟨*surface, roof, wall, side, etc.*⟩; slanting, slanted ⟨*writing, eyes, etc.*⟩; tilted ⟨*position of the head etc., axis*⟩; *(nicht genau diagonal)* oblique ⟨*line etc.*⟩; **ein ~er Blick** *(fig. ugs.)* a sideways *or* sidelong glance; **b)** *(ugs.: unseriös)* off-beat; weird ⟨*ideas*⟩; *(wild)* hot ⟨*music*⟩; **c)** *(ugs.: zweifelhaft)* shady, *(coll.)* dodgy ⟨*type, firm, etc.*⟩. **2.** *adv.* at an angle; *(diagonal)* diagonally; *(nicht genau diagonal)* obliquely; **den Kopf ~ halten** hold one's head to one side; tilt one's head; **~ stehende Augen** slanting eyes; **~ gegenüber** diagonally opposite; **~ links fahren/abbiegen** bear left; **die Sonnenstrahlen fallen ~ ein** the sun is slanting in; **er saß ~ vor/hinter mir** he was sitting in front of/behind me and to one side; **das Boot liegt ~:** the boat is listing *or* down at one side; **~ gedruckt** [printed] in italics *postpos.*; **jmdn. ~ angucken** *(fig. ugs.)* look askance at sb.

**Schrä̲ge die; ~, ~n a)** *(schräge Fläche)* sloping surface; *(Hang)* slope; **das Zimmer hat eine ~:** the room has a sloping wall; **b)** *(Neigung)* slope; *(Dach~)* pitch; slope; **eine ~ von 10°** a 10° slope *or* incline

**Schrä̲g-: ~heck das** *(Kfz-W.)* *s.* **Fließheck; ~lage die** angle; *(eines Schiffes)* list; *(eines Kindes bei der Geburt)* oblique position *or* presentation; *(eines Flugzeugs)* bank; **etw. in ~lage bringen** tilt *or* slant sth.; **das Schiff hat ~lage** the ship is listing *or* is at an angle; **~streifen der** diagonal stripe; **~strich der** oblique stroke

**schrak** [ʃraːk] *1. u. 3. Pers. Sg. Prät. v.* **schrecken**

**Schramme** ['ʃramə] **die; ~, ~n** scratch

**Schrammel·musik** ['ʃraml̩-] **die** *Viennese popular music played on violins, guitar, and accordion;* Schrammeln ensemble music

**Schrạmmeln** *Pl. quartet playing violins, guitar, and accordion;* Schrammeln ensemble *sing.*

**schrạmmen** *tr. V.* scratch **(an + *Dat.*** on)

**Schrank** [ʃraŋk] **der; ~[e]s, Schränke** ['ʃrɛŋkə] **a)** cupboard; closet *(Amer.)*; *(Glas~; kleiner Wand~)* cabinet; *(Kleider~)* wardrobe; *(Bücher~)* bookcase; *(im Schwimmbad, am Arbeitsplatz usw.)* locker; **b)** *(ugs.: großer Mann)* **ein [ganz schöner] ~:** a hulking great fellow *(coll.)*

**Schrạnk·bett das** foldaway bed

**Schränkchen** ['ʃrɛŋkçən] **das; ~s, ~:** cabinet

**Schranke** ['ʃraŋkə] **die; ~, ~n a)** *(auch fig.)* barrier; **jmdn. in die ~ fordern** *(geh.)* throw down the gauntlet to sb.; **vor den ~n des Gerichts** before a/the court; **b)** *(fig.: Grenze)* limit; **er kennt keine ~n** he knows no limits *or* bounds; **die ~n der Konvention durchbrechen** break the bounds of convention; **jmdn. in die** *od.* **seine ~n [ver]weisen** *(geh.)* put sb. in his/her place

**Schrạnken der; ~s, ~** *(österr.)* barrier

**schrạnkenlos 1.** *Adj.* boundless, unbounded ⟨*admiration, confidence, loyalty, etc.*⟩; unlimited, limitless ⟨*power, freedom, etc.*⟩; unbridled, untrammelled ⟨*individualism, despotism*⟩; unrestrained, unrestricted ⟨*exploitation*⟩; unrestrained ⟨*brutality*⟩; **sein Egoismus/seine Habgier war ~:** his egoism/greed knew no bounds. **2.** *adv.* boundlessly; ⟨*exploit*⟩ without restraint

**Schrạnken·wärter der** level-crossing *(Brit.) or (Amer.)* grade-crossing attendant; crossing-keeper

**Schrạ̈nker der; ~s, ~** *(ugs.)* *s.* **Geldschrankknacker**

**schrạnk-, Schrạnk-: ~fach das** [cupboard *or (Amer.)* closet] shelf; **~fertig** *Adj.* laundered; washed and ironed ⟨*laundry*⟩; **~koffer der** wardrobe trunk; **~tür die** cupboard door; *(eines Kleiderschranks)* wardrobe door; **~wand die** shelf *or* wall unit

**Schranze** ['ʃrantsə] **die; ~, ~n** *(abwertend)* sycophantic courtier; *(fig.)* lackey

**Schrapnell** [ʃrapˈnɛl] **das; ~s, ~e** *od.* **~s** *(Milit.)* shrapnel [shell]

**Schrat** [ʃraːt], **Schratt** [ʃrat] **der; ~[e]s, ~e** forest goblin

**Schra̲t·segel das** *(Seew.)* fore-and-aft sail

**Schra̲ub·deckel der** screw-top

**Schraube** ['ʃraubə] **die; ~, ~n a)** *(Schlitz~)* screw; *(Sechskant~/Vierkant~)* bolt; **eine ~ ohne Ende** *(fig.)* a vicious *or* never-ending spiral; **bei ihm ist eine ~ locker** *od.* **los** *(fig. salopp)* he has [got] a screw loose *(coll.)*; **b)** *(Schiffs~)* propeller; screw; **c)** *(Turnen)* twist; *(Kunstspringen)* twist dive; **d)** *(Kunstflug)* vertical spin

**schrauben 1.** *tr. V.* **a)** *(befestigen)* screw **(an, auf +** *Akk.* on to); *(mit Sechskant-/Vierkantschrauben)* bolt **(an, auf +** *Akk.* [on] to); *(entfernen)* unscrew/unbolt **(von** from); **b)** *(drehen)* screw ‹*nut, hook, light-bulb, etc.*› **(auf +** *Akk.* on to; **in +** *Akk.* into); *(lösen)* unscrew ‹*cap etc.*› **(von** from); **den Deckel vom Marmeladenglas ~:** twist the top off the jam-jar; **c) etw. höher/niedriger ~:** screw sth. up/down; **die Preise/Erwartungen in die Höhe ~:** push prices up *or* make prices spiral/raise expectations. **2.** *refl. V.* **sich [in die Höhe] ~:** spiral upwards; *s. auch* **geschraubt**

**Schrauben-: ~dreher der; ~s, ~** *(Technik)* screwdriver; **~mutter die;** *Pl.* **~muttern** nut; **~schlüssel der** spanner; **~zieher der; ~s, ~:** screwdriver

**Schraub-: ~glas das** screw-top jar; **~stock der** vice; **~verschluß der** screw-top; **~zwinge die** screw-clamp

**Schreber-** ['ʃre:bɐ-]: **~garten der** ≈ allotment *(cultivated primarily as a garden)*; **~gärtner der** ≈ allotment-holder

**Schreck** [ʃrɛk] **der; ~[e]s, ~e** fright; scare; *(Schock)* shock; **jmdm. einen ~ einjagen** give sb. a fright *or* scare/shock; **vor ~:** with fright; ‹*run away*› in one's fright; **ein freudiger ~:** a thrill of joy; **ein heftiger ~ packte ihn** he was seized by a sudden terror; **auf den ~ [hin] muß ich einen trinken** *(ugs. scherzh.)* I must have a drink to get over the shock; **der ~ fuhr ihm in die Knochen** *od.* **Glieder** the fright/shock went right through him; **der ~ saß ihm noch in den Knochen** *od.* **Gliedern** he still hadn't recovered from the fright/shock; **krieg keinen ~!** *(ugs.)* don't be [too] shocked; **ach du ~!** *(ugs.)* oh my God!; **[oh] ~, laß nach!** *(scherzh.)* God help us!; oh no, not that!

**Schrẹck·bild das** terrible *or* frightening sight; *(Vorstellung)* terrible vision

**schrẹcken 1.** *tr. V.* **a)** *(geh.)* frighten; scare; **b)** *(auf~)* startle **(aus** out of); make ‹*person*› jump; **du hast mich aus meinen Gedanken geschreckt** you startled me – I was thinking. **2.** *regelm. (auch unr.) itr. V.* start [up]; **aus dem Schlaf ~:** awake with a start; start from one's sleep

**Schrẹcken der; ~s, ~ a)** *(Schreck)* fright; scare; *(Entsetzen)* horror; *(große Angst)* terror; **jmdm. einen ~ einjagen** give sb. a fright *or* scare; **ein jäher ~ durchfuhr ihn** *(geh.)* he was seized by a sudden terror; **jmdn. voll[er] ~ ansehen** look at sb. with fear *or* terror in one's eyes; **Angst und ~ verbreiten** spread fear and terror; **jmdn. in Angst und ~ versetzen** terrify sb.; **zu meinem [großen] ~:** to my [great] horror; **mit dem [bloßen] ~ davonkommen** escape with no more than a scare *or* fright; **lieber ein Ende mit ~ als ein ~ ohne Ende** it's better to make a painful break than draw out the agony; **b)** *(Schrecklichkeit, Schrecknis)* horror; **ein Bild des ~s** a terrible *or* terrifying picture; **c)** *(fig.: gefürchtete Sache, Person)* **der ~ des Volkes/** *(scherzh.)* **der Schule** *usw.* the terror of the nation/*(joc.)* the school *etc.*

**schrẹcken·erregend 1.** *Adj.* terrifying. **2.** *adv.* terrifyingly

**schrẹckens-, Schrẹckens-: ~bleich** *Adj. (geh.)* pale with terror *postpos.*; as white as a sheet *postpos.*; **~herrschaft die** reign of terror; **~nachricht die** terrible piece of news; **die ~nachricht vom ...:** the terrible news of ...; **~tat die** terrible deed *or* act; atrocity

**Schrẹck·gespenst das a)** spectre; *(gegenwärtig)* nightmare; **das ~ Aids** the spectre of Aids; **b)** *(ugs. abwertend: häßlicher Mensch) (Frau)* hideous hag; *(Mann)* ugly brute

**schrẹckhaft 1.** *Adj.* **a)** *(leicht zu erschrecken)* easily scared; **b)** *(erschrocken)* frightened, scared ‹*movement, reaction*›. **2.** *adv.* ‹*react*› in a frightened *or* scared way; ‹*start, gaze*› in fright

**Schrẹckhaftigkeit die; ~:** easily scared nature; tendency to take fright

**schrẹcklich 1.** *Adj.* **a)** terrible; **er war ~ in seinem Zorn** *(geh.)* he was terrible in his wrath; **b)** *(ugs.: unerträglich)* terrible *(coll.)*; **es war mir ~, es zu tun** I felt terrible about doing it; **c)** *(ugs.: sehr groß)* **es hat ihm ~en Spaß gemacht** he found it terrific fun *(coll.)*. **2.** *adv.* **a)** terribly; horribly; **b)** *(ugs. abwertend: unerträglich)* terribly *(coll.)*; dreadfully *(coll.)*; **c)** *(ugs.: sehr, äußerst)* terribly *(coll.)*; **ich habe es ~ eilig** I'm in a terrible *or* terrific hurry *(coll.)*

**Schrẹcknis das; ~ses, ~se** *(geh.)* horror

**Schrẹck-: ~schraube die** *(ugs. abwertend)* battleaxe; **~schuß der** *(auch fig.)* warning shot; **~schuß·pistole die** blank [cartridge] gun *or* pistol; **~sekunde die** moment of terror/shock; *(Reaktionszeit)* reaction time; **eine ~sekunde lang** for one horrifying moment

**Schrei** [ʃrai] **der; ~[e]s, ~e** cry; *(lauter Ruf)* shout; *(durchdringend)* yell; *(gellend)* scream; *(kreischend)* shriek; *(des Hahns)* crow; **der ~ nach Gerechtigkeit** *(fig. geh.)* the cry for justice; **der letzte ~** *(fig. ugs.)* the latest thing; **nach dem letzten ~ gekleidet** *(fig. ugs.)* dressed in the latest style

**Schreib-: ~arbeit die: an einer ~arbeit sitzen** sit doing some writing; **~arbeiten** clerical work *sing.*; **~automat der** word processor; **~bedarf der** stationery; **~block der;** *Pl.* **~blocks** *od.* **~blöcke** writing-pad

**Schreibe die; ~** *(ugs.: Schreibstil)* style [of writing]

**schreiben** ['ʃraibn̩] **1.** *unr. itr. V.* write; ‹*typewriter*› type; **orthographisch richtig ~:** spell correctly; **auf** *od.* **mit der Maschine ~:** type; **mit der Hand/mit dem Bleistift/mit Tinte ~:** write in longhand/in pencil/in ink; **hast du mal was zum Schreiben?** have you got anything to write with?; **der Bleistift schreibt weich/hart** the pencil is soft/hard *or* has a soft/hard lead; **die Feder schreibt zu breit** the nib is too broad; **er hat großes Talent zum Schreiben** he has great talent as a writer; **an einem Roman** *usw.* **~:** be writing a novel *etc.*; **jmdm.** *od.* **an jmdn. ~:** write to sb. **2.** *unr. tr. V.* **a)** write; **etw. mit der Hand/Maschine ~:** write sth. by hand *or* in longhand/type sth.; **wie schreibt man dieses Wort?** how is this word spelt?; **das Wort ist falsch/richtig/mit f geschrieben** the word is spelt wrongly *or* misspelt/spelt correctly/written *or* spelt with an f; **den Titel schreibt man groß** the title is written with capitals [at the beginning of each word]; **Noten ~:** write [out] music; **200 Anschläge pro Minute ~:** have a typing speed of 200 strokes *or* 40 words a minute; **wo steht das denn geschrieben?** *(fig.)* there's no law that says that, is there?; who says? *(coll.)*; **die geschriebene Sprache/das geschriebene Wort** the written language/word; **er schreibt einen guten Stil** he has a good style [of writing]; **eine Klausur/Klassenarbeit ~:** do an exam/a class test; **die Zeitungen ~ viel Unsinn** the newspapers print a lot of nonsense; **was schreibt denn die NZZ darüber?** what does the NZZ have to say about it?; **Karl hat geschrieben. – So, was schreibt er denn?** I've had a letter from Karl. – Oh, what does he say?; **ich werde es ihm sofort ~/ihm ~, daß ...:** I'll write and tell him at once/write and tell him that ...; **bitte ~ Sie mir den Betrag auf die Rechnung** please put the amount on my bill; **b)** *(veralt.)* **wir ~ heute den 21. September** today is 21 September; **man schreibt das Jahr 1925** the year is 1925; **den Wievielten ~ wir heute?** what is the date today *or* today's date?; **c)** *(erklären für)* **jmdn. gesund/krank ~:** certify sb. as fit/give sb. a doctor's certificate; **er wollte sich vom Arzt krank** *od.* **arbeitsunfähig ~ lassen** he wanted the doctor to give him a certificate. **3.** *unr. refl. V.* **a)** *(richtig geschrieben werden)* be spelt; **schreibst du dich mit ei oder mit ey?** is your name spelt with ei or ey?; **b) sich mit jmdm. ~** *(ugs.)* correspond with sb.; **c) sich** *(Dat.)* **die Finger wund ~:** write until one's fingers are weary

**Schreiben das; ~s, ~ a)** *o. Pl.* writing *no def. art.*; **b)** *(Brief)* letter; **mit ~ vom ...:** in a letter dated ...; **auf Ihr ~ vom ... teilen wir Ihnen mit, ...:** in reply to your letter of the ... we inform you ...

**Schreiber der; ~s, ~ a)** writer; *(Verfasser)* author; **er ist ein armseliger ~** *(abwertend)* he is a miserable hack [writer]; **b)** *(veralt.: Sekretär, Schriftführer)* secretary; clerk; **c)** *(ugs.: Schreibgerät)* **ich habe keinen ~ bei mir** I've got nothing to write with

**Schreiberin die; ~, ~en** writer; *(Verfasserin)* authoress

**Schreiberling** ['ʃraibɐlɪŋ] **der; ~s, ~e** *(abwertend)* hack [writer]; scribbler

**schreib-, Schreib-: ~faul** *Adj.* lazy about [letter-]writing *postpos.*; **ich bin [sehr] ~faul** I'm a poor correspondent *or* not much of a letter-writer; **~faulheit die** laziness about [letter-]writing; **~fehler der** spelling mistake; *(Versehen)* slip [of the pen]; **~gerät das** writing implement; **~heft das** *(usu. lined)* exercise-book; *(im Gegensatz zum Rechenheft)* writing-book; **~kraft die** clerical assistant; *([Steno]typistin)* [shorthand] typist; **~krampf der** writer's cramp; **einen ~krampf haben/bekommen** have/get writer's cramp; **~kundig** *Adj.* able to write *postpos.*; **~mappe die** writing-case; **~maschine die** typewriter; **etw. mit [der]** *od.* **auf der ~maschine schreiben** type sth.; **mit [der] ~maschine geschrieben** typewritten; typed; **sie kann gut ~maschine schreiben** she is a good typist; **~maschinen·papier das** typing paper; **~papier das** writing-paper; **~pult das** [writing-]desk; **~schrift die** cursive writing; *(gedruckt)* [cursive] script; **~stil der** written style; **~stube die a)** *(veralt.)* office *(for clerical staff)*; *(hist.)* scriptorium; **b)** *(Milit.)* orderly room; **~tafel die a)** *(hist.)* [writing-]tablet; **b)** *(für die Schule)* slate; **~tisch der** desk; **~tisch·täter der** mastermind behind the scenes; *(Beamter)* desk-bound director of operations; **~übung die** writing exercise

**Schreibung die; ~, ~en** spelling; **eine falsche ~:** a misspelling; an incorrect spelling

**Schreib-: ~unter·lage die** desk pad; **~verbot das** writing ban; **ihm wurde ~verbot erteilt** he was banned from writing; **~waren** *Pl.* stationery *sing.*; writing materials; **~waren·geschäft das** stationer's; stationery shop *or (Amer.)* store; **~weise die** spelling; **~zeug das** writing things *pl.*

**schreien 1.** *unr. itr. V.* ‹*person*› cry [out]; *(laut rufen/sprechen)* shout; *(durchdringend)* yell; *(gellend)* scream; ‹*baby*› yell, bawl; ‹*animal*› scream; ‹*owl, gull, etc.*› screech; ‹*cock*› crow; ‹*donkey*› bray; ‹*crow*› caw; ‹*cat*› howl; ‹*monkey*› shriek; **vor Lachen ~:** scream with laughter; **zum Schreien sein** *(ugs.)* be a scream *(sl.)*; **nach etw. ~:** yell for sth.; *(fig.)* cry out for sth.; *(fordern)* demand sth.; **die Kinder schrien nach der Mutter** the children were yelling *or* bawling for their mother. **2.** *unr. tr. V.* shout; **Hilfe ~:** shout for help. **3.** *unr. refl. V.* **sich heiser/müde ~:** shout *or* yell oneself hoarse/tire oneself out with shouting *or* yelling

**schreiend** *(fig.)* **1.** *Adj.* **a)** *(grell)* garish ‹*colour, poster, etc.*›; loud ‹*pattern*›; **b)** *(empö-*

*rend)* glaring, flagrant ⟨*injustice, anomaly*⟩; blatant ⟨*wrong*⟩. **2.** *adv.* **a)** *(grell)* garishly; **~ bunt** garishly coloured; **b)** *(empörend)* flagrantly; blatantly
**Schreier der; ~s, ~:** noisy person; bawler; **die größten ~:** the noisiest people; those who make/made the most noise
**Schrei-: ~hals der** *(ugs.)* **a)** *(Kind)* bawler; **b)** *(abwertend: Randalierer)* rowdy; **~krampf der** screaming fit
**Schrein** [ʃrain] **der; ~[e]s, ~e** *(geh.)* shrine
**Schreiner der; ~s, ~** *(bes. südd.) s.* **Tischler**
**Schreinerei die; ~, ~en** *(bes. südd.) s.* **Tischlerei**
**schreinern** *(bes. südd.)* **1.** *itr. V.* do joinery; **er kann gut ~:** he is good at joinery *or* woodworking. **2.** *tr. V.* make ⟨*furniture etc.*⟩
**schreiten** ['ʃraitn̩] *unr. itr. V.; mit sein (geh.)* **a)** walk; *(mit großen Schritten)* stride; *(marschieren)* march; **auf und ab ~:** pace up and down; **von Sieg zu Sieg ~** *(fig.)* march on from one victory to another; **b) zu etw. ~** *(fig.)* proceed to sth.; **zur Tat** *od.* **zum Werk ~:** go into action/get down to work
**schrickt** [ʃrɪkt] *3. Pers. Sg. Präsens v.* **schrecken**
**schrie** [ʃri:] *1. u. 3. Pers. Sg. Prät. v.* **schreien**
**schrieb** [ʃri:p] *1. u. 3. Pers. Sg. Prät. v.* **schreiben**
**Schrieb der; ~[e]s, ~e** *(ugs.)* missive *(coll.)*
**Schrift** [ʃrɪft] **die; ~, ~en a)** *(System)* script; *(Alphabet)* alphabet; **in kyrillischer/phonetischer ~:** in Cyrillic/phonetic script; in the Cyrillic/phonetic alphabet; **b)** *(Hand~)* [hand]writing; **er hat eine gute/unleserliche ~:** he has good/illegible handwriting; his writing is good/illegible; **c)** *(Druckw.: ~art)* [type-]face; **d)** *(Text)* text; *(wissenschaftliche Abhandlung)* paper; *(Werk)* work; *(Bitt~)* petition; **Karl Hubers [frühe/gesammelte] ~en** Karl Hubers [early/collected] writings; **die [Heilige] ~:** the Scriptures *pl.;* **e)** *Pl. (schweiz.: Ausweispapiere)* [identity] papers
**schrift-, Schrift-: ~art die** *(Druckw.)* [type-]face; **~bild das** *(bei Druckschrift)* [appearance of the] type; *(bei Handschrift)* [appearance of one's] writing; **~deutsch** *Adj.* **a)** written German; **b)** *s.* **hochdeutsch; ~deutsch das a)** written German; **das schweizerische ~deutsch** written Swiss German; **b)** *s.* **Hochdeutsch**
**Schriften·verzeichnis das** bibliography
**Schrift-: ~form die;** *o. Pl. (Rechtsspr.)* written form; **... bedarf der ~form ...** must be drawn up in writing [and signed] by the party in question; **~führer der** secretary; **~gelehrte der** scribe *(Bibl.); (Islam)* mullah; **~grad der, ~größe die** *(Druckw.)* type-size; **~leiter der** *(veralt.)* editor; **~leitung die** *(veralt.)* **a)** *(Funktion)* editorship; **b)** *(Abteilung)* editorial department
**schriftlich 1.** *Adj.* written; **das Schriftliche** written work; *(ugs.: die ~e Prüfung)* the written exam; **ich habe [darüber] leider nichts Schriftliches** I'm afraid I haven't got anything in writing. **2.** *adv.* in writing; **soll ich es ~ machen?** should I put it in writing?; **jmdn. ~ einladen** send sb. a written invitation; **das lasse ich mir ~ geben** I'll get that in writing; **das kann ich dir ~ geben** *(fig. ugs.)* you can take that from me
**schrift-, Schrift-: ~probe die a)** *(einer Handschrift)* sample *or* specimen of [one's] handwriting; **b)** *(Druckw.)* type specimen; **~rolle die** scroll; **~satz der a)** *(Druckw.)* type matter; **b)** *(Rechtsw.: Erklärung)* written statement; **~setzer der** typesetter; **~sprache die** written language; **die deutsche ~sprache** written German; **~sprachlich 1.** *Adj.* used in the written language *postpos.;* **2.** *adv.* in the written language; **sich ~sprachlich ausdrücken** express oneself in language appropriate to a written style; **~steller der** writer; **die antiken ~steller** the authors of classical antiquity; **~stellerei die; ~:** writing *no def. art.;* **~stellerin die; ~, ~nen** writer; **~stellerisch 1.** *Adj.* literary ⟨*work, activity*⟩; ⟨*talent*⟩ as a writer; **die ~stellerische Tätigkeit** working as a writer; **2.** *adv.* **~stellerisch begabt/tätig sein** be talented as a writer/work as a writer; **~stellern** *itr. V.* work as a writer; do literary work; **~stück das** [official] document
**Schrifttum das; ~s** literature; **das ~ zu diesem Thema** the literature on this subject
**Schrift-: ~verkehr der;** *o. Pl.* correspondence; **mit jmdm. in regem ~verkehr stehen** have an active correspondence with sb.; **~wechsel der** correspondence; **~zeichen das** character; **~zug der a)** *Pl.* lettering *sing.; (Handschrift)* handwriting *sing.;* **b)** *(Namenszug)* lettering; *(als Firmenzeichen)* logo
**schrill** [ʃrɪl] **1.** *Adj.* **a)** shrill; *(fig.)* strident ⟨*propaganda, colours, etc.*⟩; **b)** *(Jugendspr.)* fab *(sl.).* **2.** *adv.* shrilly
**schrillen** *itr. V.* shrill; sound shrilly
**Schrippe** ['ʃrɪpə] **die; ~, ~n** *(bes. berlin.)* long [bread] roll
**schritt** [ʃrɪt] *1. u. 3. Pers. Sg. Prät. v.* **schreiten**
**Schritt der; ~[e]s, ~e a)** step; **mit großen/gemessenen ~en** with big/measured strides; **die ersten ~e machen** *(auch fig.)* take one's first steps; **er verlangsamte/beschleunigte seine ~e** he slowed/quickened his pace; **die Freude beflügelte meine ~e** *(geh.)* joy gave me wings; **einen ~ zur Seite/nach vorn machen** *od.* **tun** take a step sideways/forwards; **der Schnee knirschte unter unseren ~en** the snow crunched under our footsteps; **~ für ~, ~ um ~** *(auch fig.)* step by step; **den ersten ~ machen** *od.* **tun** *(fig.) (den Anfang machen)* take the first step; *(als erster handeln)* make the first move; **in einem zweiten ~** *(fig.)* as a second stage; **den zweiten ~ vor dem ersten machen** *od.* **tun** *(fig.)* put the cart before the horse; **der erste ~ zur Diktatur** *usw.* the first step on the road to dictatorship *etc.;* **auf ~ und Tritt** wherever one goes; at every step; **er folgte ihr auf ~ und Tritt** he followed her wherever she went; **b)** *Pl. (Geräusch)* footsteps; **c)** *(auch ungebeugt: Entfernung)* pace; **nur ein paar ~e von uns entfernt** only a few yards away from us; **in etwa 100 ~[en] Entfernung** at [a distance of] about 100 paces; **ein paar ~e gehen** take a little walk; **einen ~ weiter gehen** *(fig.)* go a step *or* stage further; **einen ~ zu weit gehen** *(fig.)* go too far; overstep the mark; **jmdn. einen großen** *od.* **guten ~ weiterbringen** *(fig.)* take sb. a lot further; **er ist der Konkurrenz immer ein paar ~e voraus** *(fig.)* he is always a few steps ahead of the competition; **sich** *(Dat.)* **jmdn. drei ~e vom Leibe halten** *(fig. ugs.)* keep sb. at arm's length; **d)** *(Gleich~)* **aus dem ~ kommen** *od.* **geraten** get out of step; **im ~ gehen** walk in step; **e)** *o. Pl. (des Pferdes)* walk; **im ~:** at a walk; **f)** *o. Pl. (Gangart)* walk; **jmdn. am ~ erkennen** recognize sb. by his/her walk *or* gait; **seinen ~ verlangsamen/beschleunigen** slow/quicken one's pace; **[mit jmdm./etw.] ~ halten** *(auch fig.)* keep up *or* keep pace [with sb./sth.]; **g)** *(~geschwindigkeit)* walking pace; **[im] ~ fahren** go at walking pace *or* a crawl; **„~ fahren"** 'dead slow'; **h)** *(fig.: Maßnahme)* step; measure; **~e unternehmen** *od.* **veranlassen** take steps; **i)** *(Teil der Hose, Genitalbereich)* crotch
**Schrittempo das; ~s** walking pace; **[im] ~ fahren** go at walking pace *or* a crawl
**schritt-, Schritt-: ~geschwindigkeit die** walking pace; **[mit] ~geschwindigkeit fahren** go at walking pace *or* a crawl; **~macher der** *(Sport, Med.; auch fig.)* pacemaker; **~tempo** *s.* **Schrittempo; ~weise 1.** *Adv.* step by step; gradually; **2.** *adj.; nicht präd.* step by step; gradual
**schroff** [ʃrɔf] **1.** *Adj.* **a)** precipitous, sheer ⟨*rock etc.*⟩; **b)** *(plötzlich)* sudden, abrupt ⟨*transition, change*⟩; *(kraß)* stark ⟨*contrast*⟩; **im ~en Widerspruch zu etw. stehen** be totally incompatible with sth.; **c)** *(barsch)* abrupt, curt ⟨*refusal, manner*⟩; brusque ⟨*manner, behaviour, tone*⟩. **2.** *adv.* **a)** ⟨*rise, drop*⟩ sheer; ⟨*fall away*⟩ precipitously; **b)** *(plötzlich, unvermittelt)* suddenly; abruptly; **c)** *(barsch)* curtly; ⟨*interrupt*⟩ abruptly; ⟨*treat*⟩ brusquely
**Schroffheit die; ~, ~en a)** *o. Pl.* precipitousness; **b)** *o. Pl. (Plötzlichkeit)* suddenness; abruptness; *(Kraßheit)* starkness; **c)** *o. Pl. (Barschheit)* curtness; abruptness; brusqueness; **mit ~:** curtly; **d) seine ~en** his curt *or* brusque behaviour *sing.; (Bemerkungen)* his curt remarks
**schröpfen** ['ʃrœpfn̩] *tr. V.* **a)** *(ugs.)* fleece; **b)** *(Med.)* cup
**Schrot** [ʃro:t] **der** *od.* **das; ~[e]s, ~e a)** coarse meal; *(aus Getreide)* whole meal *(Brit.); (aus Malz)* grist; crushed malt; **b)** *(aus Blei)* shot; **einem Hasen eine Ladung ~ aufbrennen** pepper a hare with shot; **c)** *in* **ein Mann von echtem/bestem ~ und Korn** a man of sterling qualities; **ein Offizier/Kavalier** *usw.* **von altem ~ und Korn** an officer/a gentleman *etc.* of the old school
**schroten** *tr. V.* grind ⟨*grain etc.*⟩ [coarsely]; crush ⟨*malt*⟩ [coarsely]
**Schrot-: ~flinte die** shotgun; **~kugel die** pellet; **~ladung die** round of shot; small-shot charge
**Schrott** [ʃrɔt] **der; ~[e]s, ~e a)** scrap [-metal]; **das gehört auf den ~:** it belongs on the scrap-heap; **ein Auto zu ~ fahren** *(ugs.)* write a car off; **b)** *o. Pl. (salopp abwertend: minderwertiges Zeug)* rubbish; junk
**schrott-, Schrott-: ~händler der** scrap-dealer; scrap-merchant; **~haufen der** scrap-heap; *(ugs. fig.)* rusty heap; *(Unfallwagen)* heap of scrap; **~platz der** scrap-yard; **~reif** *Adj.* ready for the scrap-heap *postpos.;* fit for scrap *postpos.;* **ein Auto ~reif fahren** write a car off; **~wert der** scrap value
**schrubben** ['ʃrʊbn̩] *tr. (auch itr.) V.* scrub
**Schrubber der; ~s, ~:** [long-handled] scrubbing-brush
**Schrulle** ['ʃrʊlə] **die; ~, ~n a)** *(seltsame Idee)* cranky idea; *(Marotte)* quirk; **b)** *(ugs. abwertend: Frau)* **[alte] ~:** old crone
**schrullen·haft, schrullig** *Adj.* cranky ⟨*person, idea*⟩; zany *(coll.)* ⟨*story etc.*⟩
**Schrulligkeit die; ~:** crankiness; zaniness
**schrumpelig** *Adj. (ugs.)* wrinkly; wrinkled
**schrumpeln** ['ʃrʊmpl̩n] *itr. V.; mit sein (ugs.)* ⟨*skin*⟩ go wrinkled; ⟨*apple etc.*⟩ shrivel
**schrumpfen** ['ʃrʊmpfn̩] *itr. V.; mit sein* shrink; ⟨*metal, rock*⟩ contract; ⟨*apple etc.*⟩ shrivel; ⟨*skin*⟩ go wrinkled; *(abnehmen)* decrease; ⟨*supplies, capital, hopes*⟩ dwindle
**Schrumpf-: ~kopf der** *(Völkerk.)* shrunken head; **~leber die** cirrhotic liver; **eine ~leber haben/kriegen** have/get cirrhosis of the liver; **~niere die** cirrhotic kidney; **eine ~niere haben** have cirrhosis of the kidney
**schrumplig** *s.* **schrumpelig**
**Schrunde** ['ʃrʊndə] **die; ~, ~n** crack; *(von Kälte)* chap
**schrundig** *Adj.* cracked, chapped ⟨*skin, hands, etc.*⟩
**Schub** [ʃu:p] **der; ~[e]s, Schübe** ['ʃy:bə] **a)** *(Physik: ~kraft)* thrust; *(eines Kolbenmotors)* pulling power; **b)** *(Med.: Phase)* phase; stage; **c)** *(Gruppe, Anzahl)* batch; **~ auf** *od.* **um ~:** [in] one batch after another; **d)** *(bes. ostmd.: ~lade)* drawer
**Schuber** ['ʃu:bɐ] **der; ~s, ~ a)** slip-case; **b)** *(österr.: Riegel)* bolt
**Schub·fach das** *s.* **Schublade**
**Schub-: ~karre die, ~karren der** wheelbarrow; **~kasten der** drawer; **~kraft die**

thrust; ~**lade die** drawer; *(fig.: Kategorie)* pigeon-hole; **in der ~lade liegen** *(fig.)* be ready for use

**schubladisieren** *tr. V. (schweiz.)* pigeon-hole

**Schubs** [ʃʊps] **der; ~es, ~e** *(ugs.)* shove; *(fig.: Ermunterung)* prod

**Schub·schiff das** push boat; pusher

**schubsen** *tr. (auch itr.) V. (ugs.)* push; shove

**schub·weise 1.** *Adv.* **a)** in batches; **b)** *(Med.)* in phases *or* stages. **2.** *adj.; nicht präd.* **a)** in batches *postpos.;* **b)** *(Med.)* phased

**schüchtern** ['ʃʏçtɐn] **1.** *Adj.* **a)** shy ‹*person, smile, etc.*›; shy, timid ‹*voice, knock, etc.*›; **b)** *(fig.: zaghaft)* tentative, cautious ‹*attempt, beginnings, etc.*›; cautious ‹*hope*›. **2.** *adv.* **a)** shyly; ‹*knock, ask, etc.*› timidly; **er schwieg ~:** he was too shy to say anything; **b)** *(fig.: zaghaft)* tentatively; cautiously

**Schüchternheit die; ~:** shyness

**Schuft** [ʃʊft] **der; ~[e]s, ~e** *(abwertend)* scoundrel; swine

**schuften** *(ugs.)* **1.** *itr. V.* slave *or* slog away; **er schuftet für zwei** he does the work of two [people]. **2.** *refl. V.* **sich müde/krank** *usw.* **~:** tire oneself out/make oneself ill *etc.* with [over]work; **sich zu Tode ~:** work oneself to death

**Schufterei die; ~** *(ugs.)* slaving away *no indef. art.;* slog

**schuftig 1.** *Adj.* mean; despicable. **2.** *adv.* meanly; despicably

**Schuftigkeit die; ~, ~en a)** *o. Pl.* meanness; **b)** *(schuftige Handlung)* mean *or* despicable thing

**Schuh** [ʃu:] **der; ~[e]s, ~e a)** shoe; *(hoher ~, Stiefel)* boot; **umgekehrt wird ein ~ draus** *(fig. ugs.)* the reverse *or* opposite is true; **wo drückt der ~?** *(fig. ugs.)* what's on your mind?; what's bugging you? *(sl.);* **wissen, wo jmdn. der ~ drückt** *(fig. ugs.)* know where sb.'s problems lie; **jmdm. etw. in die ~e schieben** *(fig. ugs.)* pin the blame for sth. on sb.

**Schuh-: ~anzieher der; ~s, ~:** shoehorn; **~band das;** *Pl.* **~bänder** *(bes. südd.)* shoelace; **~bürste die** shoe-brush

**Schuhchen, Schühchen** ['ʃy:çən] **das; ~s, ~:** [little] shoe; *(Stiefelchen)* bootee

**Schuh-: ~creme die** shoe-polish; **~größe die** shoe size; **welche ~größe hast du?** what size shoe[s] do you take?; **~löffel der** shoehorn; **~macher der; ~s, ~:** shoemaker; *s. auch* **Bäcker; ~macherei die; ~, ~en a)** shoemaker's; **b)** *o. Pl. (Handwerk)* shoemaking *no art.;* **~nummer die** shoe size; **~plattler** [~platlɐ] **der; ~s, ~:** *folk dance in Tirol, Bavaria and Carinthia, involving the slapping of the thighs, knees, and shoe soles;* **~putzer der; ~s, ~:** shoeblack; shoe-cleaner; *(Gerät)* shoe-cleaning machine; **~riemen der a)** sandal-strap; **b)** *(bes. westmd.: Schnürsenkel)* shoe-lace; **~sohle die** sole [of a/one's shoe]; **sich** *(Dat.)* **etw. an den ~sohlen abgelaufen haben** *(fig. ugs.)* have found sth. out ages ago; **~spanner der** shoe-tree; **~werk das;** *o. Pl.* footwear; shoes *pl.;* **~wichse die** *(veralt.)* shoe-polish

**Schuko·stecker** Ⓦ ['ʃu:ko-] **der** two-pin earthed *(Brit.) or (Amer.)* grounded plug

**Schul-: ~abgänger der; ~s, ~:** school-leaver; **~ab·schluß der** school-leaving qualification; **~alter das;** *o. Pl.* school age; **Kinder im ~alter** children of school age; **er kommt bald ins ~alter** he will soon be of school age; **~amt das** education authority; **~an·fang der a)** *(Anfang des ~besuches)* first day at school; **etw. zum ~anfang bekommen** get sth. for starting school; **b)** *(Anfang des ~tages)* **um 8 Uhr ist ~anfang** school starts at 8 o'clock; **~an·fänger der** child [just] starting school; **~arbeit die a)** *s.* **~aufgabe; b)** *(österr.: Klassenarbeit)* [written] class test; **c)** *o. Pl. (Praxis des Unterrichts)* schoolwork *no art.;* **~atlas der** school atlas; **~auf·gabe die** item of homework; **~aufgaben** homework *sing.;* **~auf·satz der** school essay; **~aus·flug der** school outing; **~bank die;** *Pl.* **~bänke** [school] desk; **die ~bank drücken** *(ugs.)* go to *or* be at school; **~beginn der** *s.* **~anfang; ~beispiel das** textbook example (für of); **~besuch der** school attendance; **~bildung die;** *o. Pl.* [school] education; schooling; **~brot das** sandwich *(eaten during break);* **~buch das** school-book; **~bus der** school bus

**schuld** *s.* **Schuld b**

**Schuld** [ʃʊlt] **die; ~, ~en a)** *o. Pl. (das Schuldigsein)* guilt; **die Schwere einer ~:** the seriousness *or* degree of guilt; **er ist ohne [jede] ~:** he is [entirely] guiltless *or* blameless; **er ist sich** *(Dat.)* **keiner ~ bewußt** he is not conscious of having done any wrong; **~ und Sühne** crime and punishment; ... **und vergib uns unsere ~** *(bibl.)* ... and forgive us our sins *or* trespasses; **b)** *o. Pl. (Verantwortlichkeit)* blame; **es ist [nicht] seine ~:** it is [not] his fault; **ihn trifft keine ~:** no blame attaches to him; **er sucht die ~ immer zuerst bei anderen** he always tries to blame others first; **der Unfallgegner hat seine ~ anerkannt** the other party admitted liability for the accident; **er ist durch eigene ~ in diese Lage geraten** it was his own fault that he got into this situation; **jetzt hat er durch deine ~ seinen Zug verpaßt** now he has missed his train because of you; **[an etw.** *(Dat.)***] schuld haben** *od.* **sein** be to blame [for sth.]; **er ist nicht schuld daran** it is not his fault; he is not to blame [for this]; **sie ist an allem ~:** it's all her fault; **c)** *(Verpflichtung zur Rückzahlung)* debt; *(Hypothek)* mortgage; **ich habe [bei der Bank] 5 000 Mark ~en** I have debts of 5,000 marks [with the bank]; I owe [the bank] 5,000 marks; **das Haus ist frei von ~en** the house is unmortgaged *or* free of mortgage; **in ~en geraten/sich in ~en stürzen** get into debt/into serious debt; **ich mache ungern ~en** I don't like getting into debt *or* running up debts; **er hat mehr ~en als Haare auf dem Kopf** *(ugs.)* he is up to his eyes *or* ears in debt; **d)** *in* **[tief] in jmds. ~ stehen** *od.* **sein** *(geh.)* be [deeply] indebted to sb.

**Schuld·bekenntnis das a)** confession [of guilt]; **b)** *(Rechtsw.)* acknowledgement of indebtedness

**schuld·bewußt 1.** *Adj.* guilty ‹*look, face, etc.*›. **2.** *adv.* guiltily; **jmdn. ~ ansehen** give sb. a guilty look

**schulden** *tr. V.* owe ‹*money, respect, explanation*›; **was schulde ich Ihnen?** how much do I owe you?

**schulden-, Schulden-: ~berg der** *(ugs.)* pile of debts; **~frei** *Adj.* debt-free ‹*person etc.*›; unmortgaged ‹*house etc.*›; **ich bin/das Haus ist ~frei** I am free of debt/the house is free of mortgage; **~macher der** *(ugs. abwertend)* [habitual] debtor

**schuld-, Schuld-: ~frage die** question of guilt; **~gefühl das** feeling of guilt; guilty feeling; **~gefühle haben/bekommen** feel/start to feel guilty; **~haft 1.** *Adj.* culpable; **2.** *adv.* culpably

**Schul·dienst der;** *o. Pl.* [school-]teaching *no art.;* **in den ~ gehen** go into teaching; **im ~ tätig sein** be in the teaching profession

**schuldig** *Adj.* **a)** *(Schuld tragend)* guilty; **jmdn. ~ sprechen** *od.* **für ~ erklären** find sb. guilty; **er hat sich des Diebstahls ~ gemacht** he has been guilty of *or* committed theft; **er bekennt sich ~:** he admits his guilt; **er wurde/ist ~ geschieden** *(veralt.)* he was the guilty party in the divorce; **auf ~ plädieren** ‹*public prosecutor*› ask for a verdict of guilty; **das Gericht erkannte auf ~:** the court returned a verdict of guilty; **b)** *(verantwortlich)* **der [an dem Unfall] ~e Autofahrer** the driver to blame *or* responsible [for the accident]; **c) jmdm. etw. ~ sein/bleiben** owe sb. sth.; **was bin ich Ihnen ~?** what *or* how much do I owe you?; **jmdm. eine Erklärung/Dank** *usw.* **~ sein** owe sb. an explanation/a debt of gratitude *etc.;* **dafür bin ich dir keine Rechenschaft ~:** I don't have to account to you for that; **den Beweis bist du mir immer noch ~:** you have still not given *or* shown me any proof; **das bin ich ihm/der Partei ~:** I owe it to him/the party; **das ist er seiner gesellschaftlichen Stellung ~:** his social position requires it of him; **jmdm. die Antwort/Erklärung ~ bleiben** [still] owe sb. an answer/explanation; **er blieb ihnen die Antwort nicht ~:** he did not fail to give them an answer *or* leave them without an answer; **d)** *nicht präd. (gebührend)* due; proper; **jmdm. den ~en Respekt erweisen** show sb. due respect *or* the respect due to him/her

**Schuldige der/die;** *adj. Dekl.* guilty person; *(im Strafprozeß)* guilty party; **der an dem Unfall ~:** the person responsible for *or* to blame for the accident; **einer muß ja der ~ sein** 'someone must have done it

**Schuldiger der; ~s, ~** *(bibl.)* **wie wir vergeben unsern ~n** as we forgive those who sin *or* trespass against us

**Schuldigkeit die; ~, ~en** duty; **meine [verdammte] Pflicht und ~:** my bounden duty; **seine ~ getan haben** *(fig.)* have served its/his purpose

**Schuld·komplex der** guilt complex

**schuld·los** *Adj.* innocent (**an** + *Dat.* of); **er wurde/ist ~ geschieden** he was the innocent party in the divorce

**Schuldner der; ~s, ~, Schuldnerin die; ~, ~nen** debtor

**Schuld-: ~schein der** IOU; promissory note *(Commerc.); (formell)* bond; **~spruch der** verdict of guilty; **~turm der** *(hist.)* debtors' prison; **~verschreibung die** *(Wirtsch.)* debenture bond; **~zu·weisung die** recrimination

**Schule** ['ʃu:lə] **die; ~, ~n a)** school; **die ~ wechseln** change schools; **zur** *od.* **in die ~ gehen, die ~ besuchen** go to school; **zur** *od.* **in die ~ kommen** come to school; *(als Schulanfänger)* start school; **von der ~ abgehen** leave school; **auf** *od.* **in der ~:** at school; **er ist an der ~:** he is a [school-]teacher; he teaches school *(Amer.);* **er ist durch eine harte ~ gegangen** *(fig.)* he has been through a hard school; **aus der ~ plaudern** *(fig.)* reveal [confidential] information; spill the beans *(sl.);* **~ machen** *(fig.)* become the accepted thing; form a precedent; **ein Diplomat** *usw.* **alter** *od.* **der alten ~:** a diplomat *etc.* of the old school; **b)** *o. Pl. (Ausbildung)* training; **[keine] ~ haben** ‹*dog, singer, etc.*› [not] be trained; **Hohe ~** *(Reiten)* haute école; **c)** *(Lehr-, Übungsbuch)* manual; handbook; **eine ~ des Klavierspiels** a piano tutor; **eine ~ der Liebe** a handbook of *or* guide to love

**schulen** *tr. V.* train; **jmdn. politisch ~:** give sb. a political schooling; **er hat sich/seinen Stil an Adorno geschult** he modelled himself/his style on Adorno; **ein geschultes Auge** a practised *or* expert eye

**Schul-: ~englisch das** school English; **~entlassene der/die;** *adj. Dekl.* school-leaver *(Brit.);* school graduate *(Amer.)*

**Schüler** ['ʃy:lɐ] **der; ~s, ~ a)** pupil; *(Schuljunge)* schoolboy; **~ und Studenten** schoolchildren and students; **die ~ der Grundschule** the primary school children *or* pupils; **ein ehemaliger ~ [der Schule]** a former pupil *or* an old boy [of the school]; **er ist noch ~:** he is still at school; **als ~ bekomme ich ...:** as I am [still] at school, I receive ...; **b)** *(fig.: eines Meisters)* pupil; *(Jünger)* disciple

**schüler-, Schüler-: ~aus·tausch der** school exchange; **~ausweis der** schoolchild's pass; **~brigade die** *(DDR)* work team of schoolchildren *(usu. working on a farm)*; **~haft 1.** *Adj. (wie ein Schuljunge)* schoolboyish; *(wie ein Schulmädchen)* schoolgirlish; **2.** *adv.* like a schoolboy/schoolgirl
**Schülerin die; ~, ~nen** pupil; schoolgirl; **eine ehemalige ~ [der Schule]** a former pupil *or* an old girl [of the school]
**Schüler-: ~karte die** schoolchild's season ticket; **~lotse der** *pupil trained to help other schoolchildren to cross the road;* **~mit·verwaltung die** pupil participation *no art.* in school administration
**Schülerschaft die; ~, ~en** pupils *pl.*
**Schüler-: ~sprache die** school slang; **~zeitung die** school magazine
**schul-, Schul-: ~fach das** school subject; **... ist ~fach** ... is taught in schools *or* is a school subject; **~ferien** *Pl.* school holidays *or (Amer.)* vacation *sing.*; **es sind noch ~ferien** the schools are still on holiday *or (Amer.)* vacation; **~fest das** school open day; **~frei** *Adj.* ⟨*day*⟩ off school; **morgen ist/haben wir ~frei** there is/we have no school tomorrow; **~frei bekommen** be let off school; **~freund der** school-friend; **~funk der** schools broadcasting *no art.*; *(Sendungen)* [radio] programmes *pl.* for schools; **~gebäude das** school [building]; **~gebrauch der: für den ~gebrauch** for school use; for use in schools; **~gegenstand der** *(österr.) s.* **~fach**; **~gelände das** school grounds *pl. or* premises *pl.*; **~geld das** school fees *pl.*; **laß dir dein ~geld wiedergeben!** *(ugs.)* they can't have taught you a thing at school; **~grammatik die** grammar [book] for schools; **~haus das** schoolhouse; **~heft das** exercise book; **~hof der** school yard
**schulisch 1.** *Adj.; nicht präd.* ⟨*conflicts, problems, etc.*⟩ at school; school ⟨*work etc.*⟩; scholastic ⟨*questions etc.*⟩; **seine ~en Leistungen** [the standard of] his school work *sing.* **2.** *adv.* at school
**schul-, Schul-: ~jahr das a)** school year; **b)** *(Klasse)* year; **ein zehntes ~jahr** a tenth-year class; **~jugend die** schoolchildren *pl.*; **~junge der** schoolboy; **~kamerad der** *(veralt.)* schoolmate; **~kind das** schoolchild; **~klasse die** [school] class; **~landheim das** [school's] country hostel *(visited by school classes)*; **~lehrer der** schoolteacher; **~leiter der** headmaster; head teacher; **~leiterin die** headmistress; head teacher; **~leitung die a)** [school] headship; **b)** *(Person)* head teacher; *(Personen)* school management; **~lektüre die** school reading [material]; *(einzelner Text)* school text; **~mädchen das** schoolgirl; **~mann der;** *Pl.* **~männer** *(veralt.)* schoolteacher; **~mappe die** school-bag; **~medizin die;** *o. Pl.* orthodox *or* traditional medicine *no art.*; **~meister der a)** *(veralt., scherzh.)* schoolmaster; **b)** *(abwertend: Krittler)* schoolmasterly type; pedagogue; **~meistern** *(abwertend) tr. (auch itr.) V.* lecture; **er ~meistert gern** he likes lecturing people; **~musik die** music *no art.* in schools; **~orchester das** school orchestra; **~ordnung die** school rules *pl.*; **~pflicht die;** *o. Pl.* obligation to attend school; **die Einführung der [allgemeinen] ~pflicht** the introduction of compulsory school attendance [for all children]; **~pflichtig** *Adj.* required to attend school *postpos.*; **~pflichtig sein** have to attend school; **im ~pflichtigen Alter** of school age; **~praktikum das** teaching practice; **~ranzen der** [school] satchel; **~rat der** schools inspector; **~reif** *Adj.* ready for school *postpos.*; **~reife die** readiness for school; **~schiff das** training ship; **~schluß der;** *o. Pl.* end of school; **nach ~schluß** after school; **~schwänzer der** *(ugs.)* truant; **~speisung die** school meals *pl.*; **~sport der** sport *no art.* in schools; **~sprecher der** pupils' representative; ≈ head boy; **~sprecherin die** pupils' representative; ≈ head girl; **~stunde die** [school] period; lesson; **~system das** school system; **~tag der** school day; **der erste/letzte ~tag** the first/last day of school; **~tasche die** school-bag; *(Ranzen)* [school] satchel
**Schulter** [ˈʃʊltɐ] **die; ~, ~n** shoulder; **hängende ~n** drooping shoulders; *(als Merkmal)* round shoulders; **seine Frau reicht ihm gerade bis an die ~:** his wife only comes up to his shoulder; **er nahm das Kind auf die ~[n]** he lifted the child on to his shoulder[s]; **der Ringer zwang seinen Gegner auf die ~n** the wrestler forced his opponent on to his back; **~ an ~** *(auch fig.)* shoulder to shoulder; **mit den ~n** *od.* **die ~n zucken** shrug one's shoulders; **jmdn. über die ~ ansehen** *(fig.)* look down on sb.; look down one's nose at sb.; **jmdm. auf die ~ klopfen** pat sb. on the shoulder *or (fig.)* back; **sich** *(Dat.)* **selbst auf die ~ klopfen** *(fig.)* pat oneself on the back; **auf beiden ~n Wasser tragen** *(fig.)* have a foot in both camps; *s. auch* **kalt 1; leicht a**
**schulter-, Schulter-: ~blatt das** *(Anat.)* shoulder-blade; **~frei** *Adj.* off-the-shoulder ⟨*dress*⟩; **~halfter der** shoulder-holster; **~höhe die** shoulder height; **~klappe die** shoulder-strap; epaulette; **~lang** *Adj.* shoulder-length
**schultern** *tr. V.* shoulder; **das Gewehr ~:** shoulder arms; **etw. geschultert tragen** carry sth. on one's shoulder
**Schulter-: ~riemen der** shoulder-strap; *(Milit.)* shoulder-belt; **~schluß der** *(Solidarität)* solidarity; *(Zusammenarbeit)* collaboration; **~stand der** *(Turnen, Kunstfahren)* shoulder stand; **~stück das a)** *(~klappe)* shoulder-strap; epaulette; **b)** *(Stück Fleisch)* piece of shoulder
**Schultheiß** [ˈʃʊltai̯s] **der; ~en, ~en** *(hist.)* sheriff; *(im Dorf)* mayor
**Schul·tüte die** *cardboard cone of sweets given to a child on its first day at school*
**Schulung die; ~, ~en** training; *(Veranstaltung)* training course; **politische ~:** political schooling
**Schulungs·kurs der** training course
**Schul-: ~unterricht der** school lessons *pl., no art.*; **~weg der** way to school; **er hat einen ~weg von 10 km/Minuten** he lives 10 kilometres/minutes from his school; **~weisheit die** *(abwertend)* book-learning; **~wesen das;** *o. Pl.* school system
**Schulze** [ˈʃʊltsə] **der; ~n, ~n** *(hist.) s.* **Schultheiß**
**Schul-: ~zeit die** school-days *pl.*; **~zentrum das** school complex; **~zeugnis das** school report; **~zimmer das** schoolroom
**Schummel** [ˈʃʊml̩] **der; ~s** *(ugs.)* cheating *no indef. art.*
**Schummelei die; ~, ~en** *(ugs.) s.* **Mogelei**
**schummeln** *itr., tr., refl. V. (ugs.) s.* **mogeln**
**schummerig** [ˈʃʊmərɪç] **1.** *Adj.* dim ⟨*light etc.*⟩; dimly lit ⟨*room etc.*⟩. **2.** *adv.* dimly
**Schummler der; ~s, ~, Schummlerin die; ~, ~nen** *(ugs.)* cheat
**schummrig** *s.* **schummerig**
**Schund der; ~[e]s** *(abwertend)* trash
**Schund-: ~literatur die** *(abwertend)* trashy literature; **~roman der** *(abwertend)* trashy novel
**schunkeln** [ˈʃʊŋkl̩n] *itr. V.* rock to and fro together *(in time to music, with linked arms)*
**schupfen** [ˈʃʊpfn̩] *tr. V. (österr., schweiz., südd.)* **a)** *(stoßen)* give sb. a shove *or* push; **b)** *(werfen)* throw; chuck *(coll.)*
**Schupfen der; ~s, ~** *(österr., südd.)* shed; *(Wetterdach)* [wooden] shelter
**[1]Schupo** [ˈʃuːpo] **die; ~** *Abk.* **Schutzpolizei**
**[2]Schupo der; ~s, ~s** *(veralt. ugs.)* cop *(sl.)*
**Schuppe** [ˈʃʊpə] **die; ~, ~n a)** scale; **es fiel ihm wie ~n von den Augen** he had a sudden, blinding realization; the scales fell from his eyes; **b)** *Pl. (auf dem Kopf)* dandruff *sing.*; *(auf der Haut)* flaking skin *sing.*
**schuppen 1.** *tr. V.* scale ⟨*fish*⟩. **2.** *refl. V.* ⟨*skin*⟩ flake; ⟨*person*⟩ have flaking skin
**Schuppen der; ~s, ~ a)** shed; **b)** *(ugs. abwertend) (häßliches Gebäude)* dump *(coll.)*; *(kastenförmiger Bau)* box; **c)** *(ugs.: Lokal)* joint *(sl.)*
**schuppen·artig 1.** *Adj.* scale-like. **2.** *adv.* like scales
**Schuppen·flechte die** *(Med.)* psoriasis
**schuppig** *Adj.* **a)** scaly; **b)** *(mit Haut-, Kopfschuppen bedeckt)* flaky ⟨*skin*⟩; dandruffy ⟨*hair*⟩
**Schur** [ʃuːɐ̯] **die; ~, ~en a)** *(das Scheren)* shearing; **b)** *(Landw.: das Mähen, Schneiden)* cut
**Schür·eisen das** poker
**schüren** [ˈʃyːrən] *tr. V.* **a)** poke ⟨*fire*⟩; *(gründlich)* rake ⟨*fire, stove, etc.*⟩; **b)** *(fig.)* stir up ⟨*hatred, envy, etc.*⟩; fan the flames of ⟨*passion*⟩; **jmds. Hoffnung ~:** raise sb.'s hopes
**schürfen** [ˈʃʏrfn̩] **1.** *itr. V.* **a)** scrape; **b)** *(Bergbau)* dig [experimentally] **(nach** for); **nach Gold** *usw.* **~:** prospect for gold *etc.*; **tiefer ~** *(fig.)* dig deeper. **2.** *tr. V.* **a) sich** *(Dat.)* **das Knie** *usw.* **[wund/blutig] ~:** graze one's knee *etc.* [and make it sore/bleed]; **b)** *(Bergbau)* mine ⟨*ore etc.*⟩ open-cast *or (Amer.)* opencut. **3.** *refl. V.* graze oneself
**Schürf·wunde die** graze; abrasion
**Schür·haken der** poker *(with hooked end)*; *(für den Ofen)* rake
**schurigeln** [ˈʃuːriːgl̩n] *tr. V. (ugs. abwertend)* **jmdn. ~:** make life unpleasant for sb.; *(schikanieren)* bully sb.
**Schurke** [ˈʃʊrkə] **der; ~n, ~n** *(abwertend)* rogue; villain; **die Rolle des ~n** the part of the villain *or (coll.)* baddy
**Schurkerei die; ~, ~en** *(veralt. abwertend)* villainous deed
**schurkisch** *(veralt. abwertend)* **1.** *Adj.* villainous. **2.** *adv.* villainously
**Schur·wolle die: [reine] ~:** pure new wool
**Schurz** [ʃʊrts] **der; ~es, ~e a)** apron; **b)** *(Lenden~)* loincloth
**Schürze** [ˈʃʏrtsə] **die; ~, ~n** apron; *(Frauen~, Latz~)* pinafore; **jmdm. an der ~ hängen** *(fig.)* be tied to sb.'s apron-strings; **hinter jeder ~ hersein** *od.* **herlaufen** *(ugs.)* run *or* chase after anything in a skirt
**schürzen** *tr. V.* **a)** gather up; **b)** *(aufwerfen)* purse ⟨*lips, mouth*⟩; **c)** *(geh.: binden)* tie ⟨*knot*⟩; knot ⟨*thread etc.*⟩
**Schürzen-: ~band** *s.* **Schürzenzipfel; ~jäger der** *(ugs. abwertend)* skirt-chaser *(sl.)*; **~zipfel der** apron-string; **jmdm. am ~zipfel hängen** *(fig. ugs.)* be tied to sb.'s apron-strings
**Schuß** [ʃʊs] **der; Schusses, Schüsse** [ˈʃʏsə] *(bei Maßangaben ungebeugt)* **a)** shot **(auf +** *Akk.* at); **21 ~ Salut** a 21-gun salute; **zum ~ kommen** get a chance of a shot; get a shot in; **weit** *od.* **weitab vom ~** *(fig. ugs.) (in sicherer Entfernung)* well away from the action; at a safe distance; *(abseits)* far off the beaten track; **der ~ kann nach hinten losgehen** *(fig. ugs.)* it could backfire *or* turn out to be an own goal; **ein ~ ins Schwarze** *(fig.)* a bull's-eye; **ein ~ in den Ofen** *(fig.)* a complete waste of effort; **jmdm. einen ~ vor den Bug setzen** *od.* **geben** *(fig.)* fire a shot across sb.'s bows; **einen ~ haben** *(salopp)* be off one's rocker *(sl.)*; **b)** *(Menge Munition/Schießpulver)* round; **drei ~ Munition** three rounds of ammunition; **keinen ~ Pulver wert sein** *(fig. ugs.)* be worthless *or* not worth a thing; **c)** *(~wunde)* gunshot wound; **d)** *(mit einem Ball, Puck usw.)* shot **(auf +** *Akk.* at); **er ließ ihn nicht zum ~**

**kommen** he didn't let him get a shot in; **e)** *(kleine Menge)* dash; **ein ~ Whisky** a dash *or* shot of whisky; **Cola** *usw.* **mit ~:** Coke **(P)** *etc.* with something strong; brandy/rum *etc.* and Coke **(P)** *etc.*; **eine Weiße mit ~:** *a light top-fermented beer with a dash of fruit syrup, esp. raspberry-flavoured;* **f)** *(Drogenjargon)* shot; fix *(sl.)*; **jmdm./sich einen ~ setzen** give sb./oneself a fix; **der goldene ~:** the fatal shot; **g)** *(Skisport)* schuss; **~ fahren** schuss; **im ~ abfahren** schuss down; **in ~ kommen** *(fig.)* get speed up; **h)** *(ugs.)* **in ~ sein/kommen** be in/get into [good] shape; **etw. in ~ bringen** *od.* **kriegen/halten/haben** get sth. into/keep sth. in/have got sth. in [good] shape; **i)** *(Weberei)* weft

**schuß·bereit** *Adj.* ready to shoot *postpos.*

**Schussel** ['ʃʊsl̩] **der; ~s, ~** *(ugs.)* scatterbrain; wool-gatherer

**Schüssel** ['ʃʏsl̩] **die; ~, ~n** bowl; *(flacher)* dish; **vor leeren ~n sitzen** *(fig.)* go hungry; have nothing to eat

**schusselig** *(ugs.)* **1.** *Adj.* scatter-brained; *(fahrig)* dithery. **2.** *adv.* in a scatter-brained way

**Schusseligkeit die; ~** *(ugs.)* wool-gathering; muddle-headedness; *(schusselige Art)* scatter-brained way

**schusseln** *itr. V. (ugs.)* be scatter-brained; *(bei der Arbeit)* be careless; make careless *or* silly mistakes; **er hat mal wieder geschusselt** he's been wool-gathering again

**Schusser der; ~s, ~** *(bes. südd.) s.* **Murmel**

**schuß-, Schuß-: ~faden der** *(Weberei)* weft thread; **~fahrt die a)** *(Ski)* schuss; **b)** *(fig.)* wild career; headlong rush; **~feld das** field of fire; **er hatte freies ~feld** he had a clear view of the target; *(Fußball usw.)* he had a clear shot [at goal]; **ins ~feld geraten** *(fig.)* come under fire; **~fest** *Adj.* bulletproof

**schußlig** ['ʃʊslɪç] *s.* **schusselig**

**Schuß-: ~linie die** line of fire; **in die/jmds. ~linie geraten** *od.* **kommen** *(auch fig.)* come under fire/come under fire from sb.; **~verletzung die** gunshot wound; **~waffe die** weapon *(firing a projectile)*; *(Gewehr usw.)* firearm; **~waffen·gebrauch der** use of firearms; **~wechsel der** exchange of shots; **~wunde die** gunshot wound

**Schuster** ['ʃu:stɐ] **der; ~s, ~** *(ugs.)* shoemaker; *(Flick~)* shoe-repairer; cobbler *(dated)*; **auf ~s Rappen** *(scherzh.)* on Shanks's pony; **~, bleib bei deinem Leisten!** *(Spr.)* the cobbler should stick to his last *(prov.)*; don't meddle with things you don't understand; *s. auch* **Bäcker**

**Schuster-: ~ahle die** [shoemaker's] awl; **~draht der** waxed end; **~handwerk das;** *o. Pl.* shoemaking *no art.*

**schustern** *tr., itr. V. (veralt.)* cobble *(dated)*

**Schuster-: ~palme die** *(volkst.)* aspidistra; **~werkstatt die** shoemaker's workshop; *(für Schuhreparaturen)* shoe-repairer's workshop

**Schute** ['ʃu:tə] **die; ~, ~n a)** *(Wasserfahrzeug)* barge; lighter; **b)** *(Hut)* poke-bonnet

**Schutt** [ʃʊt] **der; ~[e]s a)** rubble; **„~ abladen verboten"** 'no tipping'; 'no dumping'; **in ~ und Asche liegen/sinken** *(geh.)* lie in ruins/be reduced to rubble; **b)** *(Geol.)* debris; detritus

**Schutt·ablade·platz der** rubbish dump *or (Brit.)* tip; garbage dump *(Amer.)*

**Schütte** ['ʃʏtə] **die; ~, ~n a)** *(Behälter)* [kitchen] drawer-container *(for flour etc.)*; **b)** *(Rutsche)* chute; **c)** *(landsch.: Bündel)* sheaf

**Schüttel·frost der** [violent] shivering fit; **~ haben** have violent shivers

**schütteln** ['ʃʏtl̩n] **1.** *tr. (auch itr.) V.* **a)** shake; **den Kopf [über etw.** *(Akk.)***]/die Faust [gegen jmdn.] ~:** shake one's head [over sth.]/one's fist [at sb.]; **jmdm. die Hand ~:** shake sb.'s hand; shake sb. by the hand; **das Fieber/die Angst/das Grauen schüttelte ihn** he was shivering *or* shaking with fever/fear/gripped with horror; **von Angst/Ekel geschüttelt sein/werden** be gripped with fear/filled with revulsion; **das von Katastrophen und Krieg geschüttelte Land** the country [that was] torn by catastrophe and war; **b)** *(unpers.)* **es schüttelte ihn [vor Kälte]** he was shaking [with *or* from cold]. **2.** *refl. V.* shake oneself/itself; **sich im Fieber/vor Lachen ~:** be racked with fever/shake with laughter; **ich könnte mich [vor Ekel] ~:** I feel utterly revolted. **3.** *itr. V.* **mit dem Kopf ~:** shake one's head

**Schüttel·reim der** *humorous rhyming couplet with two pairs of rhyming words having interchanging initial consonants*

**schütten** ['ʃʏtn̩] **1.** *tr. V.* **a)** pour ⟨*liquid, flour, grain, etc.*⟩; *(unabsichtlich)* spill ⟨*liquid, flour, etc.*⟩; tip ⟨*rubbish, coal, etc.*⟩; **jmdm./sich Wein über den Anzug ~:** spill wine on sb.'s/one's suit; **b) einen Eimer** *usw.* **voll Wasser** *usw. (Akk.)* **~** *(ugs.)* fill a bucket *etc.* with water *etc.* **2.** *itr. V. (unpers.) (ugs.: regnen)* pour [down]

**schütter** ['ʃʏtɐ] *Adj.* sparse; thin

**Schütter der; ~s, ~:** [coal-]hod

**Schütt·gut das** bulk goods *pl.*

**Schutt-: ~halde die** pile *or* heap of rubble; **~haufen der** pile of rubble; *(Abfallhaufen)* rubbish heap; **~platz der** [rubbish] dump *or (Brit.)* tip; garbage dump *(Amer.)*

**Schutz** [ʃʊts] **der; ~es, ~e a)** *o. Pl.* protection (**vor** + *Dat.*, **gegen** against); *(Feuer~)* cover; *(Zuflucht)* refuge; **im ~ der Dunkelheit/Nacht** under cover of darkness/night; **unter einem Baum ~ [vor dem Regen** *usw.***] suchen/finden** seek/find shelter *or* take refuge [from the rain *etc.*] under a tree; **jmdm. ~ gewähren** give *or* afford sb. protection; **jmdn. [vor jmdm.** *od.* **gegen jmdn./gegen etw.] in ~ nehmen** defend sb. *or* take sb.'s side [against sb./sth.]; *s. auch* **Trutz; b)** *(Vorrichtung)* guard

**schutz-, Schutz-: ~an·strich der** protective coating; **~bedürftig** *Adj.* in need of protection *postpos.*; **~befohlene der/die;** *adj. Dekl. (veralt.)* charge; **~behauptung die** *(bes. Rechtsw.)* attempt to justify one's behaviour; **~blech das** mudguard; **~brief der** *(Kfz-W.)* travel insurance; *(Dokument)* travel insurance certificate; **~brille die** [protective] goggles *pl.*; **~dach das** shelter; *(über der Haustür usw.)* canopy

**Schütze** ['ʃʏtsə] **der; ~n, ~n a)** marksman; **ein guter/schlechter ~:** a good/poor shot *or* marksman; **der ~ konnte ermittelt werden** it was possible to establish who fired the shot/shots; **b)** *(Fußball usw.: Tor~)* scorer; **c)** *(Mitglied eines Schützenvereins)* **er ist ~** *od.* **bei den ~n** he is a member of a/the shooting *or* rifle club; **d)** *(Milit.: einfacher Soldat)* private; **~ Arsch [im letzten** *od.* **dritten Glied]** *(derb)* the lowest of the low; **e)** *(DDR Milit.)* soldier in the motorized arm; **f)** *(Astrol., Astron.)* Sagittarius; **er/sie ist [ein] ~:** he/she is a Sagittarian

**schützen 1.** *tr. V.* protect (**vor** + *Dat.* from, **gegen** against); *(vor Regen, Wind usw.)* ⟨*roof, wall*⟩ shelter (**vor** + *Dat.* from); ⟨*coat*⟩ protect (**gegen** against); *(absichern)* protect (**vor** + *Dat.* from); safeguard ⟨*interest, property, etc.*⟩ (**vor** + *Dat.* from); **sich ~d vor jmdn./etw. stellen** stand protectively in front of sb./sth.; **ein geschützter Platz** a sheltered spot; **geschützte Arten/Tiere/Pflanzen** protected species/animals/plants; **etw. patentrechtlich/urheberrechtlich/als Warenzeichen ~ lassen** patent sth./copyright sth./register sth. as a trade-mark; **gesetzlich geschützt** registered [as a trademark]; **„vor Wärme/Kälte/Licht ~":** 'keep away from heat/cold/light'; **„vor Nässe ~":** 'keep dry'. **2.** *itr. V.* provide *or* give protection (**vor** + *Dat.* from, **gegen** against); *(vor Wind, Regen)* provide *or* give shelter (**vor** + *Dat.* from)

**Schützen-: ~bruder der** fellow-member of a/the shooting *or* rifle club; **~fest das** *shooting competition with fair*

**Schutz·engel der** guardian angel

**Schützen-: ~graben der** *(Milit.)* trench; **~haus das** [shooting *or* rifle club] clubhouse; **~hilfe die** *(ugs.)* support; **~könig der** shooting champion; champion marksman; **~panzer der** armoured personnel carrier; **~platz der** *fairground where the Schützenfest takes place;* **~stand der** *(Milit.)* firing-point *(in a foxhole)*; **~verein der** shooting *or* rifle club

**Schutz-: ~film der** protective film; **~gebiet das a)** [nature] reserve; **b)** *(hist.: Kolonie)* protectorate; **~gebühr die a)** token *or* nominal charge; **b)** *(verhüll.: erpreßte Zahlung)* protection money *no pl., no indef. art.*; **~gitter das** protective grid; **~gott der** tutelary *or* protective god; **~hafen der** port of refuge; **~haft die** preventive detention; **~heilige der/die** *(kath. Rel.)* patron saint; **~helm der** helmet; *(bei Renn-, Motorradfahrern)* crash-helmet; *(bei Bauarbeitern usw.)* safety helmet; **~herrschaft die** *(Völkerr.)* protectorate; **~hülle die** [protective] cover; *(für Dokumente usw.)* folder; *(~umschlag)* dust-jacket; **~hund der** guard-dog; **~hütte die a)** *(Unterstand)* shelter; **b)** *(Berghütte)* mountain hut; **~impfung die** vaccination; inoculation; **~kleidung die** protective clothing; **~kontakt der** *(Elektrot.)* earth contact; **~leute** *s.* **~mann**

**Schützling** ['ʃʏtslɪŋ] **der; ~s, ~e** protégé; *(Anvertrauter)* charge

**schutz-, Schutz-: ~los** *Adj.* defenceless; unprotected; **dem Gegner/Wind ~los ausgeliefert sein** be completely at the mercy of the enemy/the wind; **~mann der;** *Pl.* **~männer** *od.* **~leute** *(ugs. veralt.)* [police] constable; copper *(Brit. coll.)*; **~marke die: [eingetragene] ~marke** registered trademark; **~patron der** patron saint; **~polizei die** constabulary; police [force]; **~polizist der** *(veralt.)* police constable; **~raum der** shelter; **~schicht die** protective layer (**aus** of); *(flüssig aufgetragen)* protective coating; **~schild der** shield; *(der Polizei)* riot shield; **~suchend** *Adj.* seeking protection *postpos.*; **~truppe die a)** peace-keeping force; **b)** *(hist.: Kolonialtruppe)* colonial force *or* army; **~um·schlag der** dust-jacket; *(für Papiere)* cover; **~verband der** protective bandage *or* dressing; **~vorrichtung die** safety device; *(Geländer, Gitter usw.)* safety measure; **~wall der** protective wall; *(fig.)* [protective] barrier; **der antifaschistische ~wall** *(DDR Amtsspr.)* the Berlin Wall; **~weg der** *(österr.)* pedestrian crossing; **~zoll der** protective tariff

**Schwa** [ʃva:] **das; ~[s], ~[s]** *(Sprachw.)* schwa

**schwabbelig** ['ʃvabəlɪç] *Adj.* flabby ⟨*stomach, person, etc.*⟩; wobbly ⟨*jelly etc.*⟩

**schwabbeln** *itr. V. (ugs.)* wobble

**schwabblig** *s.* **schwabbelig**

**Schwabe** ['ʃva:bə] **der; ~n, ~n** Swabian

**schwäbeln** ['ʃvɛ:bl̩n] *itr. V.* **er schwäbelt** he speaks in Swabian dialect

**Schwaben (das); ~s** Swabia

**Schwaben·streich der** *(scherzh.)* piece of folly

**Schwäbin** ['ʃvɛ:bɪn] **die; ~, ~nen** Swabian

**schwäbisch 1.** *Adj.* Swabian; **die Schwäbische Alb** the Swabian Mountains *pl.* **2.** *adv.* in Swabian dialect; *(mit ~em Akzent)* with a Swabian accent; *s. auch* **badisch; deutsch; Deutsch**

**schwach** [ʃvax]; **schwächer** ['ʃvɛçɐ], **schwächst...** ['ʃvɛçst...] **1.** *Adj.* **a)** *(kraftlos)* weak; weak, delicate ⟨*child, woman*⟩; frail ⟨*invalid, old person*⟩; low-powered ⟨*engine,* *car, bulb, amplifier, etc.*⟩; weak, poor ⟨*eyesight, memory, etc.*⟩; poor ⟨*hearing*⟩; delicate ⟨*health, constitution*⟩; **die Birne/die Brille ist ziemlich ~:** the light-bulb is of rather a low wattage/the glasses are not very strong; **auf ~en Beinen stehen** *(fig.)* ⟨*theory, evidence, argument, etc.*⟩ be shaky; **~ werden** grow weak; *(fig.: schwanken)* weaken; waver; *(nachgeben)* give in; **mir wird [ganz] ~:** I feel [quite] faint; **in einem ~en Moment, in einer ~en Stunde** in a weak moment; **er hat einen ~en Willen/Charakter** he is weak-willed/lacks strength of character; **b)** *(nicht gut)* poor ⟨*pupil, player, runner, performance, result, effort, etc.*⟩; weak ⟨*candidate, argument, opponent, play, film, etc.*⟩; **sein schwächstes Buch/der schwächste Schüler** his worst book/the worst pupil; **er ist in Latein sehr ~:** he is very bad at Latin; **das ist aber ein ~es Bild!** *(fig. ugs.)* that's a poor show *(coll.)*; **die Party war ~** *(ugs.)* the party wasn't up to much *(coll.)*; **c)** *(gering, niedrig, klein)* poor, low ⟨*attendance etc.*⟩; sparse ⟨*population*⟩; slight ⟨*effect, resistance, gradient, etc.*⟩; light ⟨*wind, rain, current*⟩; faint ⟨*groan, voice, pressure, hope, smile, smell*⟩; weak, faint ⟨*pulse*⟩; lukewarm ⟨*applause, praise*⟩; faint, dim ⟨*light*⟩; pale ⟨*colour*⟩; low ⟨*fire, heat*⟩; **die zahlenmäßig schwächere Gruppe** the group which is/was smaller in number; **die Nachfrage/das Geschäft ist zur Zeit ~:** demand/business is slack at the moment; **das ist nur ein ~er Trost** that is only a slight consolation; *(ugs.: hilft nur wenig)* that is little consolation *or* cold comfort; **das Licht wird schwächer** the light is fading; **d)** *(wenig konzentriert)* weak ⟨*solution, acid, tea, coffee, beer, poison, etc.*⟩; **Sherry ist schwächer als Whisky** sherry is not as strong as whisky; **e)** *(Sprachw.)* weak ⟨*conjugation, verb, noun, etc.*⟩. **2.** *adv.* **a)** *(kraftlos)* weakly; **b)** *(nicht gut)* poorly; **sehr ~ argumentieren** offer very weak arguments; **c)** *(in geringem Maße)* poorly ⟨*attended, developed*⟩; sparsely ⟨*populated*⟩; slightly ⟨*poisonous, acid, alcoholic, sweetened, salted, inclined, etc.*⟩; ⟨*rain*⟩ slightly; ⟨*remember, glow, smile, groan*⟩ faintly; lightly ⟨*accented*⟩; ⟨*beat*⟩ weakly; **der Saal war nur ~ besetzt** there was only a small audience in the hall; **es war ~ windig** there was a light wind; **er wehrte sich nur ~:** he offered only faint resistance; **d)** *(Sprachw.)* **~ gebeugt/konjugiert** weak

**schwach-: ~besiedelt, ~bevölkert** *Adj.; präd. getrennt geschrieben* sparsely populated

**Schwäche** ['ʃvɛçə] **die; ~, ~n a)** *(Kraftlosigkeit)* weakness; *(plötzlich auftretend)* [feeling of] faintness; **allgemeine ~:** general debility *(Med.)*; **b)** *(Mangel an Können)* weakness; **seine ~ in Mathematik** *usw.* his lack of ability in mathematics *etc.*; **c)** *(Mangel)* weakness; failing; **d)** *o. Pl.* *(Vorliebe)* weakness; **eine ~ für jmdn./etw. haben** have a soft spot for sb./a weakness for sth.

**Schwäche-: ~anfall der** sudden feeling of faintness; **~gefühl das** feeling of faintness

**schwächen** *tr. V.* weaken

**schwächer** *s.* **schwach**

**Schwäche·zustand der** [state of] weakness; weak condition

**Schwachheit die; ~, ~en a)** *o. Pl.* weakness; **die ~ des Greises/des Alters** the frailty of the old man/of old age; **b)** *(Mangel, Fehler)* weakness; failing; **bilde dir nur keine ~en ein!** *(fig. ugs.)* don't kid yourself! *(sl.)*

**Schwach·kopf der** *(salopp abwertend)* bonehead *(sl.)*; dimwit *(coll.)*

**schwächlich** *Adj.* weakly, delicate ⟨*person*⟩; frail ⟨*old person, constitution*⟩; delicate ⟨*nerves, stomach, constitution*⟩

**Schwächlichkeit die; ~, ~en** weakness; *(der Nerven, der Konstitution)* delicateness

**Schwächling** ['ʃvɛçlɪŋ] **der; ~s, ~e** weakling

**schwach-, Schwach-: ~punkt der** weak point; **~sichtig** *Adj.* *(Med.)* weak-sighted; **~sichtigkeit die; ~:** dimness of sight; amblyopia; **~sinn der;** *o. Pl.* **a)** *(Med.)* mental deficiency; **b)** *(ugs. abwertend: Unsinn)* [idiotic *(coll.)*] rubbish *or* nonsense; **~sinnig 1.** *Adj.* **a)** *(Med.)* mentally deficient; **b)** *(ugs. abwertend: unsinnig)* idiotic *(coll.)*, nonsensical ⟨*measure, policy, etc.*⟩; rubbishy ⟨*film etc.*⟩; **2.** *adv.* *(ugs. abwertend)* idiotically *(coll.)*; stupidly

**schwächst...** *s.* **schwach**

**Schwach-: ~stelle die** weak spot *or* point; **~strom der** *(Elektrot.)* current of low amperage; *(mit niedriger Spannung)* low-voltage current

**Schwächung die; ~, ~en** weakening

**Schwaden** ['ʃva:dn̩] **der; ~s, ~:** [thick] cloud

**Schwadron** [ʃva'dro:n] **die; ~, ~en** *(Milit. hist.)* squadron

**Schwadroneur** [ʃvadro'nø:ɐ̯] **der; ~s, ~e** *(geh. abwertend)* windbag

**schwadronieren** *itr. V.* *(abwertend)* bluster; **von etw. ~:** sound off about sth. *(coll.)*

**Schwafelei die; ~, ~en** *(ugs. abwertend)* **a)** *o. Pl.* rabbiting on *(Brit. sl.)*; **b)** *(Bemerkung)* rubbishy remark; **~en** blether *sing.*

**schwafeln** ['ʃva:fl̩n] *(ugs. abwertend)* **1.** *itr. V.* rabbit on *(Brit. sl.)*, waffle **(von** about). **2.** *tr. V.* blether ⟨*nonsense*⟩

**Schwager** ['ʃva:gɐ] **der; ~s, Schwäger** ['ʃvɛ:gɐ] **a)** brother-in-law; **b)** *(veralt.: Postkutscher)* mail-coach driver

**Schwägerin** ['ʃvɛ:gərɪn] **die; ~, ~nen** sister-in-law

**Schwalbe** ['ʃvalbə] **die; ~, ~n a)** swallow; **eine ~ macht noch keinen Sommer** *(Spr.)* one swallow does not make a summer *(prov.)*; **b)** *(ugs.: Papierflieger)* paper aeroplane

**Schwalben-: ~nest das a)** swallow's nest; **b)** *(Seemannsspr.)* cockpit locker; **~schwanz der a)** swallow's tail; **b)** *(Schmetterling)* swallow-tail; **c)** *(scherzh. veralt.: Frack)* [swallow-]tails *pl.*; **d)** *(Tischlerei)* dovetail [joint]

**Schwall** [ʃval] **der; ~[e]s, ~e** torrent; flood; **ein ~ Wasser/***(fig.)* **von Lauten/Worten** a torrent of water/*(fig.)* sounds/words

**schwallen** *tr., itr. V.* *(salopp)* *s.* **schwafeln**

**schwamm** [ʃvam] *1. u. 3. Pers. Sg. Prät. v.* **schwimmen**

**Schwamm der; ~[e]s, Schwämme** ['ʃvɛmə] **a)** sponge; **~ drüber!** *(ugs.)* [let's] forget it; **b)** *(südd., österr.: Pilz)* mushroom; **giftige Schwämme** poisonous fungi; **c)** *(Pilzbefall)* dry rot *no art.*

**Schwammerl** ['ʃvamɐl] **das; ~s, ~[n]** *(bayr., österr.)* mushroom; *s. auch* **Pilz a**

**schwammig 1.** *Adj.* **a)** spongy; **b)** *(abwertend: aufgedunsen)* flabby, bloated ⟨*face, body, etc.*⟩; **c)** *(abwertend: unpräzise)* woolly ⟨*concept, manner of expression, etc.*⟩. **2.** *adv.* *(abwertend: unpräzise)* vaguely

**Schwammigkeit die; ~ a)** sponginess; **b)** *(abwertend: Aufgedunsenheit)* flabbiness; bloated appearence; **c)** *(abwertend: Vagheit)* woolliness

**Schwan** [ʃva:n] **der; ~[e]s, Schwäne** ['ʃvɛ:nə] **a)** swan; **mein lieber ~!** *(ugs.)* *(staunend)* my goodness!; good heavens!; *(warnend)* for heaven's sake!; **b)** *(Sternbild)* **der ~:** Cygnus

**schwand** [ʃvant] *1. u. 3. Pers. Sg. Prät. v.* **schwinden**

**schwanen** *itr. V.* *(ugs.)* **jmdm. schwant etw.** sb. senses sth.; **ihm schwante nichts Gutes** he had a sense of foreboding

**Schwanen-: ~gesang der** *(geh.)* swansong; **~hals der a)** swan's neck; **b)** *(oft scherzh.: langer Hals)* swan-like neck; **c)** *(Technik)* swan-neck

**schwang** [ʃvaŋ] *1. u. 3. Pers. Sg. Prät. v.* **schwingen**

**Schwang der** *in* **im ~[e] sein** be in vogue; ⟨*rumour*⟩ be going the rounds; **in ~ kommen** come into vogue; ⟨*rumour*⟩ come into circulation

**schwanger** ['ʃvaŋɐ] *Adj.* pregnant **(von** by); **sie ist im vierten Monat ~:** she is in her fourth month [of pregnancy]; **mit etw. ~ gehen** *(fig.)* be big with sth. *(literary)*; *(mit etw. erfüllt sein)* be full of sth.; *(scherzh.)* be mulling over sth.

**Schwangere die;** *adj. Dekl.* expectant mother; pregnant woman

**schwängern** ['ʃvɛŋɐn] *tr. V.* make ⟨*woman*⟩ pregnant; **sich von jmdm. ~ lassen** get [oneself] pregnant by sb.; **von Duft geschwängert sein** *(fig. geh.)* ⟨*air*⟩ be heavy with scent

**Schwangerschaft die; ~, ~en** pregnancy

**Schwangerschafts-: ~ab·bruch der** termination of pregnancy; abortion; **~streifen der** stretch mark

**schwank** *Adj. in* **wie ein ~es Rohr im Wind** *(geh.)* like a swaying reed

**Schwank** [ʃvaŋk] **der; ~[e]s, Schwänke** ['ʃvɛŋkə] **a)** *(Literaturw.: Erzählung)* comic tale; *(auf der Bühne)* farce; **b)** *(komische Episode)* comic event; **einen ~ aus seinem Leben erzählen** *(scherzh.)* tell the story of something funny that happened to one

**schwanken** *itr. V.* *(mit Richtungsangabe mit sein)* **a)** sway; ⟨*boat*⟩ rock; *(heftiger)* roll; ⟨*compass-needle etc.*⟩ swing [to and fro]; ⟨*ground, floor*⟩ shake; **mit ~den Schritten** with wavering steps; **b)** *(fig.: unbeständig sein)* ⟨*prices, temperature, etc.*⟩ fluctuate; ⟨*number, usage, etc.*⟩ vary; **c)** *(fig.: unentschieden sein)* waver; *(zögern)* hesitate; **zwischen zwei Möglichkeiten ~:** be unable to decide between two possibilities; **er schwankt noch, ob ...:** he is still undecided [as to] whether...; **~d werden, ins Schwanken kommen** *od.* **geraten** begin to waver *or* hesitate; become undecided; **jmdn. ~[d] machen** make sb. waver *or* uncertain

**Schwankung die; ~, ~en** variation; *(der Kurse usw.)* fluctuation

**Schwanz** [ʃvants] **der; ~es, Schwänze** ['ʃvɛntsə] **a)** tail; **ein Tier am** *od.* **beim ~ fassen** catch an animal by the tail; **den ~ des Festzugs bilden** *(fig.)* bring up the rear of the procession; **kein ~** *(fig. salopp)* not a bloody *(Brit. sl.)* *or (coll.)* damn soul; **den ~ einziehen** *od.* **einklemmen** *od.* **einkneifen** *(fig. salopp)* draw in one's horns; **jmdm. auf den ~ treten** *(fig. salopp)* tread *or* step on sb.'s toes; **da beißt sich die Katze in den ~** *(fig.)* that is a circular argument; **b)** *(salopp: Penis)* prick *(coarse)*; cock *(coarse)*

**Schwänzchen das; ~s, ~ a)** [little] tail; **b)** *(fam.: Penis)* willy *(sl.)*

**schwänzeln** ['ʃvɛntsl̩n] *itr. V.* **a)** wag its tail/their tails; **b)** *mit sein (~d laufen)* ⟨*dog etc.*⟩ run wagging its tail; **c)** *mit Richtungsangabe mit sein (ugs. iron.: tänzeln)* mince; trip; *(ugs. abwertend: herumscharwenzeln)* **vor jmdm. ~:** crawl to sb.

**schwänzen** ['ʃvɛntsn̩] *tr., itr. V.* *(ugs.)* skip, cut ⟨*lesson etc.*⟩; **[die Schule] ~:** play truant *or (Amer.)* hookey; **den Dienst ~:** skive [off] *(Brit. sl.)*

**schwanz-, Schwanz-: ~feder die** tail-feather; **~flosse die** *(Zool., Flugw.)* tail-fin; *(des Wals)* tail flukes *pl.*; **~lastig** *Adj.* tail-heavy; **~lurch der** *(Zool.)* caudate; **~wedelnd** *Adj.* tail-wagging *attrib.*; wagging its tail/their tails *postpos.*; **~wirbel der** *(Anat., Zool.)* caudal vertebra

**schwappen** ['ʃvapn̩] **1.** *itr. V.* **a) [hin und her] ~:** slosh [around]; **an die Bordwand ~:** splash *or* slap against the side of the boat; **b)** *mit Richtungsangabe mit sein* splash, slosh **(über + *Akk.*** over, **aus** out of). **2.** *tr. V.* slosh ⟨*water, beer, etc.*⟩ **(auf + *Akk.*** on)

**Schwäre** ['ʃvɛːrə] **die; ~, ~n** *(geh.)* [festering] ulcer

**schwären** *itr. V. (geh.)* fester; **eine ~de Wunde** *(auch fig.)* a festering wound *or (esp. fig.)* sore

**Schwarm** [ʃvarm] **der; ~[e]s, Schwärme** ['ʃvɛrmə] **a)** swarm; **ein ~ Krähen/Heringe** a flock of crows/shoal of herrings; **b)** *(fam.: Angebetete[r])* idol; heart-throb; **sie hat einen neuen ~:** she's got a new flame; **c)** *(Vorliebe)* **mein/sein** *usw.* **~** *(Tätigkeit)* my/his *etc.* passion; *(Gegenstand)* the apple of my/his *etc.* eye

**schwärmen** ['ʃvɛrmən] *itr. V.* **a)** *mit Richtungsangabe mit sein* swarm; **b)** *(begeistert sein)* **für jmdn./etw. ~:** be mad about *or* really keen on sb./sth.; **sie schwärmt für ihren Skilehrer** she has a crush on her skiing instructor *(sl.)*; **von etw. ~:** go into raptures about sth.; **ins Schwärmen geraten** go into raptures

**Schwärmer der; ~s, ~ a)** *(Phantast)* dreamer; *(Begeisterter)* [passionate] enthusiast; **b)** *(Zool.: Schmetterling)* hawkmoth; **c)** *(Feuerwerkskörper) firework emitting sparks and hopping short distances; ≈ jumping jack*

**Schwärmerei die; ~, ~en a)** *(Begeisterung)* [passionate *or* rapturous] enthusiasm; **eine ~ für jmdn./etw.** a passion for sb./sth.; **romantische ~:** romantic rapture *or* ecstasy; **b)** *(schwärmerische Worte)* **[überschwengliche] ~[en]** rapturous hyperbole; *(Beschreibung)* rapturous description **(von** of); **c)** *(Phantasterei)* fantasy

**schwärmerisch 1.** *Adj.* rapturous ‹*enthusiasm, admiration, letter, etc.*›; effusive ‹*person, language*›; *(begeistert)* wildly enthusiastic. **2.** *adv.* rapturously; ‹*speak*› effusively

**Schwarm·geist der** woolly-headed enthusiast; **b)** *(hist.)* adventist

**Schwarte** ['ʃvartə] **die; ~, ~n a)** *(Speck~)* rind; *(Haut~)* skin; **b)** *(ugs. abwertend: dickes Buch)* **[dicke] ~:** thick *or* weighty tome; **c)** *(salopp: menschliche Haut)* skin; hide *(joc.)*; **arbeiten, daß die ~ kracht** *(salopp)* work one's fingers to the bone; work until one drops; **d)** *(Jägerspr.: Tierhaut)* skin; hide; **e)** *(Brett mit Rinde)* slab

**Schwarten·magen der** *(Kochk.)* brawn

**schwarz** [ʃvarts]; **schwärzer** ['ʃvɛrtsɐ], **schwärzest...** ['ʃvɛrtsəst...] **1.** *Adj.* **a)** black; Black ‹*person*›; filthy[-black] ‹*hands, fingernails, etc.*›; **~ wie die Nacht/wie Ebenholz** as black as pitch/jet-black; **mir wurde ~ vor den Augen** everything went black; **der Kaffee/Tee ist mir zu ~:** the coffee/tea is too strong for me; **der Kuchen ist schon ganz ~:** the cake is quite burnt; **b)** *(fig.)* **der ~e Erdteil** *od.* **Kontinent** the Dark Continent; **die ~e Rasse** the Blacks *pl.*; **~e Blattern** *od.* **Pocken** smallpox *sing.*; **das ~e Schaf sein** be the black sheep; **~e Liste** blacklist; **~e Messe** Black Mass; **~e Gedanken** black *or* dismal thoughts; **das habe ich ~ auf weiß** *(fig.)* I've got it in black and white *or* in writing; **das kann ich dir ~ auf weiß geben** *(fig.)* you can take that from me; **er kann warten, bis er ~ wird** *(ugs.)* he can wait till the cows come home *(coll.)*; **~ werden** *(Skat ugs.)* lose every trick; get whitewashed *(coll.)*; **~ von Menschen** *(fig.)* packed with people; **die Schwarze Kunst** *(fig.)* [the art of] printing; *(Magie)* the black art; *(Kartenspiel)* **Schwarzer Peter** ≈ old maid *(with a black cat card instead of an old maid)*; **aus ~ weiß machen [wollen]** *(ugs.)* [try to] argue that black is white; **er sieht/malt alles ~ in ~:** he is deeply pessimistic about everything/paints a black picture of everything; **der Schwarze Tod** *(geh.)* the Black Death; **das Schwarze Meer** the Black Sea; *s. auch* **Mann a; c)** *(illegal)* illicit, shady ‹*deal, exchange, etc.*›; **eine ~e Kasse führen** run a separate account for underhand purposes; **der ~e Markt** the black market; **d)** *(ugs.: katholisch)* Catholic; **e)** *(ugs.: christdemokratisch)* Christian Democrat. **2.** *adv.* **a)** ‹*write, underline, etc.*› in black; **~ gestreift/gemustert** with black stripes/a black pattern; **b)** *(illegal)* illegally; illicitly; **etw. ~ kaufen/verkaufen** buy/sell sth. illegally *or* on the black market; **~ Straßenbahn fahren** go on the tram *(Brit.) or (Amer.)* streetcar without paying; **die Arbeiten lassen wir ~ machen** we're going to get the work done by a moonlighter *(coll.)*; **c)** *(ugs.: christdemokratisch)* ‹*vote*› Christian Democrat; ‹*ruled*› by the Christian Democrats

**Schwarz das; ~[es], ~:** black; **in ~ gehen, ~ tragen** wear black

**schwarz-, Schwarz-: ~afrika (das)** Black Africa; **~arbeit die;** *o. Pl.* work done on the side *(and not declared for tax)*; *(abends)* moonlighting *(coll.)*; **~|arbeiten** *itr. V.* do work on the side *(not declared for tax)*; *(abends)* moonlight *(coll.)*; **~arbeiter der** person who does work on the side; *(abends)* moonlighter *(coll.)*; **~äugig** *Adj.* black-eyed; **~bär der** black bear; **~beere die** *(südd., österr.)* bilberry; **~braun** *Adj.* blackish-brown; **~brenner der** illicit distiller; moonshiner *(Amer.)*; **~brot das** black bread; **ein [Laib] ~brot** a loaf of black bread; **~bunt** *Adj. (Landw.)* black pied, Frisian ‹*cattle*›; **~drossel die** blackbird

**[1]Schwarze der;** *adj. Dekl.* **a)** *(Neger)* Black; *(Dunkelhaariger)* dark-haired man/boy; **b)** *(österr.: Kaffee)* black coffee; **c)** *(ugs.: Konservativer)* Conservative

**[2]Schwarze die;** *adj. Dekl.* **a)** *(Negerin)* Black [woman/girl]; *(Dunkelhaarige)* dark haired woman/girl; **b)** *(ugs.: Konservative)* Conservative

**[3]Schwarze das;** *adj. Dekl.* **a)** *(der Zielscheibe)* bull's eye; **ins ~ treffen** hit the bull's eye; *(fig.)* hit the nail on the head; **b) er gönnt ihr nicht das ~ unter den Nägeln** *(ugs.)* he begrudges her everything; **c) ihr kleines ~s** her plain black dress; her little black number *(coll.)*

**Schwärze** ['ʃvɛrtsə] **die; ~, ~n a)** *o. Pl. (Dunkelheit)* blackness; **b)** *(Farbstoff)* black [dye]

**schwärzen** *tr. V.* blacken; black out ‹*words*›

**schwarz-, Schwarz-: ~|fahren** *unr. itr. V.; mit sein* travel without a ticket *or* without paying; dodge paying the fare; **~fahrer der** fare-dodger; **er ist ~fahrer** he's a fare-dodger; **~gerändert** *Adj.; präd. getrennt geschrieben* black-edged; edged in black *postpos.*; dark-rimmed ‹*eyes*›; **~haarig** *Adj.* black-haired; **~handel der** black market **(mit** in); *(Tätigkeit)* black marketeering **(mit** in); **~händler der** black marketeer; *(mit Eintrittskarten)* tout; **~|hören** *itr. V. (Radio)* use a radio without [having] a licence; dodge paying one's radio licence fee; **~hörer der** *(Radio)* radio user without a licence; radio licence dodger; **~kittel der a)** *(scherzh.: Wildschwein)* wild boar; **b)** *(abwertend: Geistlicher)* [Catholic] priest

**schwärzlich** *Adj.* blackish

**schwarz-, Schwarz-: ~|malen** *itr., tr. V.* **etw. ~malen** paint a black *or* gloomy picture of sth.; **vielleicht male ich zu ~:** perhaps I'm painting too black a picture; **~malerei die** pessimism; gloominess; **hör auf mit dieser ewigen ~malerei!** stop always painting things so black!; **~markt der** black market; **~markt·preis der** black-market price; **~pulver das** black powder; **~rot·golden** *Adj.* black, red, and gold; **~|schlachten 1.** *itr. V.* slaughter animals illegally; **2.** *tr. V.* slaughter ‹*animal*› illegally; **~|sehen** *unr. itr. V.* **a)** *(pessimistisch sein)* look on the black side; be pessimistic; **für jmdn./etw. ~sehen** be pessimistic about sb./sth.; **b)** *(Ferns.)* watch television without a licence; **~seher der a)** *(ugs.)* pessimist; **b)** *(Ferns.)* [television] licence dodger; **~sender der** pirate [radio] station; *(beim Amateurfunk)* pirate [radio] transmitter; **~specht der** black woodpecker; **~storch der** black stork

**Schwärzung die; ~, ~en** blackening

**Schwarz·wald der; ~[e]s** Black Forest

**Schwarzwälder** [-'vɛldɐ] **die; ~, ~** *(Torte)* Black Forest gateau

**schwarz·weiß** *Adj.* black and white

**schwarzweiß-, Schwarzweiß-: ~aufnahme die** black and white photograph; **~fernseher der, ~fernseh·gerät das** black and white television [set]; **~film der** black and white film; **~foto das** black and white photo; **~|malen** *itr. V.* paint *or* put things in [crude] black-and-white terms; **~malerei die: der Bericht ist eine einzige ~malerei** the report paints *or* puts things in [crude] black-and-white terms; **~rot** *Adj.* black, white, and red; **~zeichnung die** black-and-white drawing

**Schwarz-: ~wild das** *(Jägerspr.)* wild boars *pl.*; **~wurzel die** black salsify

**Schwatz** [ʃvats] **der; ~es, ~e** *(fam.)* chat; natter *(coll.)*; **einen ~ halten** have a chat *or (coll.)* natter

**Schwätzchen** ['ʃvɛtsçən] **das; ~s, ~** *(fam.)* [little] chat; [little] natter *(coll.)*; *s. auch* **Schwatz**

**schwatzen,** *(bes. südd.)* **schwätzen** ['ʃvɛtsn̩] **1.** *itr. V.* **a)** *(sich unterhalten)* chat; **schwatzt nicht über Politik** don't talk about politics; **b)** *(sich über belanglose Dinge auslassen)* chatter; natter *(coll.)*; **c)** *(etw. ausplaudern)* talk; blab; **d)** *(in der Schule)* talk. **2.** *tr. V.* say; talk ‹*nonsense, rubbish*›

**Schwätzer der; ~s, ~, Schwätzerin die; ~, ~nen** *(abwertend)* chatterbox; *(geistloser Redner)* windbag; *(klatschhafter Mensch)* gossip

**schwatzhaft** *Adj. (abwertend)* talkative; garrulous; *(klatschhaft)* gossipy

**Schwatzhaftigkeit die; ~:** *(abwertend)* talkativeness; garrulousness; *(Klatschsucht)* gossipiness

**Schwebe** ['ʃveːbə] **die** *in* **in der ~ bleiben, sich in der ~ halten** keep one's balance; ‹*balloon*› float in the air, hover; **in der ~ sein/bleiben** *(fig.)* be/remain in the balance; **eine Frage in der ~ lassen** *(fig.)* leave a question open *or* undecided

**Schwebe-: ~bahn die** *(Seilbahn)* cableway; *(Hängebahn)* [overhead] monorail; *(Magnetschwebebahn)* levitation railway; **~balken der** *(Turnen)* [balance] beam

**schweben** *itr. V.* **a)** ‹*bird, balloon, etc.*› hover; ‹*cloud, balloon, mist*› hang; *(im Wasser)* float; **ihr war, als ob sie schwebte** she felt as if she were standing on air; **in Gefahr ~** *(fig.)* be in danger; **zwischen Leben und Tod ~** *(fig.)* hover between life and death; **was mir vor Augen schwebt, ist ...** *(fig.)* what I have in mind is ...; **b)** *mit sein (durch die Luft)* float; *(herab~)* float [down]; *(mit dem Fahrstuhl)* glide; *(wie schwerelos gehen)* ‹*dancer etc.*› glide; **sich ~d fortbewegen** glide along; **c)** *(unentschieden sein)* be in the balance; **das Verfahren schwebt noch** the trial is still pending; **alle ~den Fragen/Probleme** all outstanding questions/problems

**Schwebe·zustand der** state of uncertainty

**Schweb·stoff der** matter in suspension; suspended matter

**Schwede** ['ʃveːdə] **der; ~n, ~n a)** Swede; **er ist ~:** he's a Swede; he's Swedish; **b)** *in* **[du] alter ~!** *(ugs.)* old mate *(coll.)*

**Schweden** ['ʃveːdn̩] **(das); ~s** Sweden

**Schweden-: ~bombe die** Ⓦⓩ *(österr.) s.* **Mohrenkopf a; ~platte die** *(Gastr.)* smorgasbord; **~punsch der** Swedish punch; arrack punch; **~stahl der** Swedish steel

**Schwedin die; ~, ~nen** Swede; *s. auch* **-in; Schwede a**

**schwedisch** ['ʃve:dɪʃ] *Adj.* **a)** Swedish; *s. auch* **deutsch; Deutsch; ²Deutsche; b)** *in* **hinter ~en Gardinen** *(ugs.)* behind bars *(coll.)*

**Schwefel** ['ʃve:fl] **der; ~s** sulphur

**schwefel-, Schwefel-: ~blume, ~blüte die** *(Chemie)* flowers of sulphur *pl.*; **~dioxyd das** *(Chemie)* sulphur dioxide; **~gelb** *Adj.* sulphur-yellow; **~haltig** *Adj.* containing sulphur *postpos., not pred.*; sulphurous ⟨*Quelle, Boden*⟩; **schwach ~haltig sein** have a low sulphur content; **~holz das** *(veralt.)* lucifer *(arch.)*; match

**schwefelig** *s.* **schweflig**

**schwefeln** *tr. V.* sulphurize

**Schwefel-: ~säure die** *(Chemie)* sulphuric acid; **~wasser·stoff der** *(Chemie)* hydrogen sulphide

**schweflig** *Adj.* sulphurous ⟨*acid*⟩

**Schweif** [ʃvaif] **der; ~[e]s, ~e** *(auch fig.: eines Kometen)* tail; *(eines Fuchses)* brush; *(fig.: von Anhängern, Fans o. ä.)* retinue

**schweifen 1.** *itr. V.; mit sein (geh.: umher~; auch fig.)* wander; roam. **2.** *tr. V. (formen)* curve

**Schweif·säge die** turning saw

**Schweige-: ~geld das** hush money; **er deckte die Geschäfte des Chefs und bekam dafür ~geld** he covered up his boss's deals and received a bribe to keep quiet; **~marsch der** silent [protest-]march; **~minute die** minute's silence

**schweigen** *unr. itr. V.* **a)** *(nicht sprechen)* remain *or* stay *or* keep silent; say nothing; **kannst du ~?** can you keep a secret?; **~ Sie!** be silent *or* quiet! hold your tongue!; **auf etw.** *(Akk.)* **od. zu etw. ~:** say nothing in reply to sth.; **ganz zu ~ von ...:** not to mention ...; let alone ...; **in ~der Andacht/Zustimmung** in silent worship/agreement; **die ~de Mehrheit** the silent majority; **b)** *(aufhören zu tönen usw.)* ⟨*music, noise, etc.*⟩ stop; **der Sender schwieg ab ein Uhr nachts** the radio station stopped broadcasting at 1 a.m.; **die Geschütze ~** *(geh.)* the guns are silent

**Schweigen das; ~s** silence; **das/sein ~ brechen** break the/one's silence; **..., da herrschte ~ im Lande** *od.* **Walde** ... [then] nobody said a word; **sich in ~ hüllen** maintain one's silence; **jmdn. zum ~ bringen** *(auch verhüll.)* silence sb.

**Schweige·pflicht die** *(eines Priesters)* obligation of secrecy; *(eines Arztes, Anwalts)* duty to maintain confidentiality

**schweigsam** *Adj.* silent; quiet; *(verschlossen)* taciturn; *(verschwiegen)* discreet

**Schweigsamkeit die; ~:** silence; quietness; *(Verschlossenheit)* taciturnity; *(Verschwiegenheit)* discretion

**Schwein** [ʃvain] **das; ~[e]s, ~e a)** pig; **Hackfleisch vom ~:** pork mince; **besoffen wie ein ~** *(derb)* pissed as a newt *(coarse)*; **wie ein ~ bluten** *(derb)* bleed like a stuck pig; **sich benehmen wie ein ~/die ~e** *(derb)* behave like a pig/like pigs; **haben wir mal zusammen ~e gehütet?** *(spött.)* since when have we been on such familiar terms?; **b)** *o. Pl. (Fleisch)* pork; **c)** *(salopp abwertend) (gemeiner Mensch)* swine; *(Schmutzfink)* dirty *or* mucky devil *(coll.)*; mucky pig *(coll.)*; **d)** *(salopp: Mensch)* **ein armes ~:** a poor devil; **kein ~ war da** there wasn't a bloody *(Brit. sl.) or (coll.)* damn soul there; **es macht kein ~ auf** nobody's opening the door; **e)** *(ugs.: Glück)* **[großes] ~ haben** have a [big] stroke of luck; *(davonkommen)* get away with it *(coll.)*; **hast du ein ~!** you're a lucky beggar!; **ich habe ~ gehabt** I was in luck

**-schwein das** *(derb abwertend)* pig; **Kapitalisten~/Kommunisten~:** capitalist pig/communist swine

**Schweine-** *(salopp)* **eine ~arbeit** a hell *(coll.) or (Brit. sl.)* sod of a job; **ein ~glück haben** be incredibly jammy *(Brit. coll.) or (coll.)* lucky; **heute ist wieder eine ~kälte** it's bloody *(Brit. sl.) or (coll.)* damn cold again today

**Schweine-: ~bande die** *(derb)* pack of so-and-sos *(coll.)*; *(stärker)* pack of bastards *(sl.)*; **~bauch der** *(Kochk.)* belly pork; **~braten der** *(Kochk.)* roast pork *no indef. art.*; **ein ~braten** a joint of pork; **~filet das** *(Kochk.)* fillet of pork; **~fleisch das** pork; **~fraß der** *(derb abwertend)* pigswill *(coll.)*; **~geld das;** *o. Pl. (salopp)* **ein ~geld kosten/verdienen** cost/earn a packet *(coll.) or* a fortune; **~hund der** *(derb abwertend)* bastard *(sl.)*; swine; **der innere ~hund** lack of willpower; **~koben der** *(Stall)* pigsty; pigpen *(Amer.)*; *(Verschlag)* pen *(in a sty)*; **~kotelett das** *(Kochk.)* pork chop; *(vom Nacken)* pork cutlet; **~lende die** *(Kochk.)* loin of pork; **~mast die** fattening of pigs; pig-fattening; **~pest die** swine fever

**Schweinerei die; ~, ~en** *(ugs. abwertend)* **a)** *(Schmutz)* mess; **so eine ~!** what a mess!; **b)** *(Gemeinheit)* mean *or* dirty trick; **es ist eine ~, daß das nicht erlaubt ist** it's disgusting that that's not allowed; **Er verdient mehr Geld als du? So eine ~!** He earns more money than you? Disgraceful!; **c)** *(Zote)* dirty *or* smutty joke; *(Handlung)* obscene act

**schweinern** *Adj.; nicht präd. (südd., österr.)* pork

**Schweinerne das;** *adj. Dekl. (südd., österr.)* pork

**Schweine-: ~schmalz das** lard; *(zum Streichen)* dripping; **~schnitzel das** *(Kochk.)* escalope of pork; **~stall der** *(auch fig.)* pigsty; pigpen *(Amer.)*; **ich halte es nicht länger aus in diesem ~stall** *(fig.)* I can't stand it any longer in this lousy joint *(sl.)*; **~steak das** pork steak; **~zucht die** pig-breeding *no art.*; **~zucht betreiben** breed pigs

**Schwein·igel der** *(ugs. abwertend)* **a)** *(Schmutzfink)* dirty *or* mucky devil *(coll.)*; mucky pig *(coll.)*; **b)** *(unanständiger Mensch)* dirty so-and-so *(coll.)*

**Schweinigelei die; ~, ~en** *(ugs. abwertend)* **a)** *o. Pl.* making *no art.* a [filthy] mess; *(Schmutz)* [filthy] mess; **b)** *(Zote)* dirty *or* smutty story

**schweinigeln** *itr. V. (ugs. abwertend)* **a)** *(Schmutz machen)* make a [filthy] mess; **b)** *(Zoten reißen)* tell dirty *or* smutty stories

**schweinisch** *(ugs. abwertend)* **1.** *Adj.* **a)** *(schmutzig)* filthy; **b)** *(unanständig)* dirty; smutty. **2.** *adv. (unanständig)* ⟨*behave*⟩ obscenely, disgustingly

**schweins-, Schweins-: ~äuglein das** piggy eye; **~braten der** *(Kochk., bes. südd., österr., schweiz.) s.* **Schweinebraten; ~galopp der** *im* **~galopp** *(scherzh.)* at a gallop; **im ~galopp angerannt kommen** come charging up [at a gallop]; **~hachse die,** *(bes. südd.)* **~haxe die** *(Kochk.)* knuckle of pork; **~kopf der** *(Kochk.)* pig's head; **~leder das** pigskin; **~ledern** *Adj.* pigskin; **~stelze die** *(österr.) s.* **~hachse**

**Schweiß** [ʃvais] **der; ~es a)** sweat; *(höflicher: Transpiration)* perspiration; **in ~ kommen** *od.* **geraten** start to sweat; **mir brach der ~ aus** I broke out in a sweat; **ihm brach der kalte ~ aus** he came out in a cold sweat; **in ~ gebadet sein** be bathed in sweat; **etw. im ~e seines Angesichts tun** *(geh.)* do sth. in *or* by the sweat of one's brow; **das hat viel ~ gekostet** that was a real sweat *(coll.)*; **b)** *(Jägerspr.: Blut)* blood

**schweiß-, Schweiß-: ~ausbruch der** sweat; **einen ~ausbruch bekommen** start to sweat; **~band das;** *Pl.* **~bänder** sweat-band; **~bedeckt** *Adj.* covered in *or* with sweat *postpos.*; **~brenner der** *(Technik)* welding torch; **~draht der** *(Technik)* filler wire; welding wire; **~drüse die** *(Anat.)* sweat gland

**schweißen** *tr., itr. V.* weld

**Schweißer der; ~s, ~, Schweißerin die; ~, ~nen** welder

**schweiß-, Schweiß-: ~fleck der** sweat stain; **~fuß der** sweaty foot; **~gebadet** *Adj.* bathed in sweat *postpos.*; **~geruch der** smell of sweat

**schweißig** *Adj.* sweaty

**schweiß- Schweiß-: ~naht die** *(Technik)* weld; **~naß** *Adj.* sweaty; damp with sweat *pred.*; **~perle die** bead of sweat; **~treibend** *Adj.* sudorific; diaphoretic; **Holzhacken ist eine ~treibende Arbeit** chopping wood makes you work up a sweat; **~tropfen der** drop of sweat; **~tuch das;** *Pl.* **~tücher** *(veralt.)* sudarium; **das ~tuch der Veronika** *(Bibl.)* the sudarium; the Veronica; Veronica's veil

**Schweiz** ['ʃvaits] **die; ~:** Switzerland *no art.*; **in die ~ reisen** travel to Switzerland; **aus der ~ stammen** come from Switzerland

**Schweizer der; ~s, ~ a)** *(Einwohner)* Swiss; **b)** *(Landw.: Melker)* dairyman; **c)** *(in der Schweizergarde)* Swiss Guard; **d)** *(~ Käse)* Swiss cheese

**schweizer- Schweizer-: ~bürger der** Swiss citizen; **~deutsch** *Adj.* Swiss German; *s. auch* **deutsch; Deutsch; ²Deutsche; ~garde die** Swiss Guard

**Schweizerin die; ~, ~nen** Swiss; *s. auch* **-in**

**schweizerisch** *Adj.* Swiss

**Schweizer Käse der** Swiss cheese

**Schweizer-: ~land das;** *o. Pl.* Switzerland *no art.*; **~psalm der;** *o. Pl.* Swiss national anthem; **~volk das;** *o. Pl.* **das ~volk** the Swiss people

**Schwel·brand der** smouldering fire

**schwelen** ['ʃve:lən] **1.** *itr. V. (auch fig.)* smoulder. **2.** *tr. V. (Technik)* carbonize ⟨*coal, peat, etc.*⟩ at low temperature

**schwelgen** ['ʃvɛlgn̩] *itr. V.* **a)** *(essen u. trinken)* feast; **in etw.** *(Dat.)* **~:** feast on sth.; **b) in Erinnerungen/Gefühlen** *usw.* **~:** wallow in memories/emotions *etc.*; **in Farben ~** *(geh.)* revel in colours

**schwelgerisch 1.** *Adj.* epicurean ⟨*person*⟩; sumptuous, opulent ⟨*meal, grandeur*⟩; rapturous ⟨*look, expression*⟩; luxuriant ⟨*blossom*⟩. **2.** *adv.* rapturously; with rapturous pleasure

**Schwelle** ['ʃvɛlə] **die; ~, ~n a)** *(auch Physiol., Psych., fig.)* threshold; **ich werde keinen Fuß mehr über seine ~ setzen** *(fig. geh.)* I shall not set foot in his house/flat *etc.* again; **jmdn. von der ~ weisen** *(fig. geh.)* turn sb. from one's door; **sich an der ~ des Todes befinden** *(fig. geh.)* be at death's door; **b)** *(Eisenbahn~)* sleeper *(Brit.)*; [cross-]tie *(Amer.)*; **c)** *(Geogr.)* swell; **d)** *(Bauw.)* sill; sole plate; abutment piece *(Amer.)*

**¹schwellen** *unr. itr. V.; mit sein* swell; ⟨*limb, face, cheek, etc.*⟩ swell [up], become swollen; ⟨*river*⟩ become swollen, rise; **~d** full ⟨*lips*⟩; ample ⟨*bosom*⟩; thick ⟨*cushion, carpet*⟩; bulging ⟨*wallet*⟩; **der Sturm schwoll zum Orkan** the storm rose to a hurricane force; *s. auch* **Kamm**

**²schwellen** *tr. V. (geh.)* belly, fill ⟨*sail, curtain*⟩; **der Stolz schwellte ihm die Brust** *(fig.)* his breast swelled with pride

**Schwellen-: ~angst die;** *o. Pl.* fear of entering a place; **~land das** *country at the stage of economic take-off*

**Schweller der; ~s, ~** *(Musik)* swell

**Schwell·körper** *(Physiol.)* **der** corpus cavernosum

**Schwellung die; ~, ~en** *(Med.)* swelling

**Schwemme** ['ʃvɛmə] **die; ~, ~n a)** *(Wirtsch.)* glut **(an** + *Dat.* of); **b)** *(Kneipe)* bar; [basic] pub *(Brit. coll.)*; **c)** *(für Tiere)* watering-place; **d)** *(österr.: im Warenhaus)* bargain basement

**-schwemme die** glut; **Tomaten~/Milch~:** tomato/milk glut; **Lehrer~/Juristen~:** glut of teachers/lawyers

**schwẹmmen** *tr. V.* **a)** *(treiben)* wash; **an Land geschwemmt werden** be washed ashore; **b)** *(bes. österr.: spülen)* rinse

**Schwẹmm-: ~land das;** *o. Pl.* alluvial land; **~sand der** alluvial sand

**Schwengel** ['ʃvɛŋl] **der; ~s, ~ a)** *(Glocken~)* clapper; **b)** *(Pumpen~)* handle; **c)** *(salopp: Penis)* tool *(sl.)*

**Schwenk** [ʃvɛŋk] **der; ~s, ~s a)** *(Drehung)* swing; **die Kolonne machte einen ~ nach rechts** the column swung *or* wheeled to the right; **die Partei macht einen ~ nach links** *(fig.)* the party is swinging *or* shifting to the left; **b)** *(Film, Ferns.)* pan; **die Kamera machte einen ~ auf den Helden** the camera panned to the hero

**Schwẹnk·arm der** swivel arm; swivelling arm

**schwẹnkbar** *Adj.* swivelling; **das Periskop ist ~:** the periscope can be swivelled round

**schwẹnken 1.** *tr. V.* **a)** *(schwingen)* swing; wave ⟨*flag, handkerchief*⟩; **b)** *(spülen)* rinse; **c)** *(drehen)* swing round; swivel; pan ⟨*camera*⟩; swing, traverse ⟨*gun*⟩; **d)** *(Kochk.)* toss. **2.** *itr. V.; mit sein* ⟨*marching column*⟩ swing, wheel; ⟨*camera*⟩ pan; ⟨*path, road, car*⟩ swing; **er schwenkte in den Hof** he turned into the courtyard; **rechts schwenkt!** *(Milit.)* right wheel!

**Schwẹnker der; ~s, ~:** balloon glass

**Schwẹnk·kran der** swing-jib crane

**Schwẹnkung die; ~, ~en** *s.* **Schwenk**

**schwer** [ʃveːɐ̯] **1.** *Adj.* **a)** heavy; heavy [-weight] ⟨*fabric*⟩; *(massiv)* solid ⟨*gold*⟩; **die Äste sind ~ von Früchten** the branches are heavy with fruit; **~es Geld kosten** *(fig. ugs.)* cost a packet *(coll.) or* a fortune; **mir wurden die Beine ~:** my legs grew heavy; **ihm wurde ~ ums Herz** *(geh.)* his heart grew heavy; **b)** *(bestimmtes Gewicht habend)* **2 Kilo ~ sein** weigh two kilos; **ein zwei Zentner ~er Sack** a two-centner sack; a sack weighing two centners; **wie ~ bist du?** how much do you weigh?; **eine mehrere Millionen ~e Frau** *(fig. ugs.)* a woman who's worth a few millions; **c)** *(anstrengend, mühevoll)* heavy ⟨*work*⟩; hard, tough ⟨*job*⟩; hard ⟨*day*⟩; difficult ⟨*birth*⟩; troubled ⟨*dream*⟩; **d)** *(schwierig)* difficult; hard; **es ~/nicht ~ haben** have it hard/easy; **sie hat es ~ mit ihrem Mann gehabt** she's had a hard time with her husband; **sich** *(Dat.)* **die Entscheidung ~ machen** find it hard to make a decision; find the decision a hard one; **Schweres durchmachen** go through hard times; **wir haben das Schwerste überstanden** we're over the worst; **e)** *(schlimm)* severe ⟨*shock, disappointment, strain, storm*⟩; serious, grave ⟨*wrong, injustice, error, illness, blow, reservation*⟩; serious ⟨*accident, injury*⟩; heavy ⟨*punishment, strain, loss, blow*⟩; grave ⟨*suspicion*⟩; **ein ~er Junge** *(ugs.)* a crook with a record *(coll.)*; **f)** *(~ verträglich)* heavy ⟨*food, wine*⟩; **g)** *(intensiv)* heavy ⟨*fragrance, perfume, etc.*⟩; **h)** *(anspruchsvoll)* heavy ⟨*book, music, etc.*⟩; **i)** *(Seemannsspr.)* heavy ⟨*sea, weather*⟩; **j)** *(schwül)* heavy; oppressive ⟨*air, atmosphere*⟩. **2.** *adv.* **a)** heavily ⟨*built, laden, armed*⟩; **~ wiegen** be heavy; **~ tragen** be carrying sth. heavy [with difficulty]; **~ heben** lift heavy weights; **~ zu tragen haben** have a heavy load to carry; **daran hat er ~ zu tragen** *(fig.)* it is a hard cross for him to bear; **~ auf jmdm./etw. liegen** *od.* **lasten** *(auch fig.)* weigh heavily on sb./sth.; **das Essen lag mir ~ im Magen** *(fig.)* the food lay heavily on my stomach; **b)** *(anstrengend, mühevoll)* ⟨*work*⟩ hard; ⟨*breathe*⟩ heavily; **~ erkämpft sein** be hard won; **das habe ich mir ~ erkämpft** I gained it at great cost; **~ erkauft** dearly bought; bought at great cost *postpos.*; **er lernt nur ~:** he is a slow learner; **~ hören** be hard of hearing; **c)** *(schwierig)* with difficulty; **ein ~ zu lesender Text** a text that is hard *or* difficult to read; **d)** *(sehr)* seriously ⟨*injured*⟩; greatly, deeply ⟨*disappointed*⟩; ⟨*punish*⟩ severely, heavily; **etw. ~ büßen** pay dearly for sth.; **~ aufpassen** *(ugs.)* take great care; **~ stürzen** fall heavily; have a heavy fall; **~ verunglücken** have a serious accident; **~ im Irrtum sein** *(ugs.)* be very much mistaken; **~ in Fahrt sein** *(ugs.)* be really worked up; **~ betroffen sein** be deeply affected; **~ beleidigt/betrunken sein** *(ugs.)* be deeply *or* very insulted/blind drunk; **sich ~ ärgern** *(ugs.)* get very annoyed; **sich ~ blamieren** *(ugs.)* make a proper fool of oneself; **das will ich ~ hoffen** *(ugs.)* I should jolly well think so *(Brit. coll.)*; **er ist ~ in Ordnung** *(ugs.)* he's a good bloke *(Brit. coll.) or (sl.)* guy; **wir haben ~ einen draufgemacht** *(ugs.)* we really painted the town red *(sl.)*; **e)** *(unverträglich)* **~ essen** eat heavy food; **sie kocht zu ~:** the food she cooks is too heavy

**schwẹr-, Schwẹr-: ~arbeit die;** *o. Pl.* heavy work; **~arbeiter der** worker engaged in heavy physical work; **~athlet der** weight-lifter/wrestler/boxer/judoka/shot-putter/discus-thrower; **~athletik die** weightlifting *no art.*/combat sports *no art.*/ shot-putting *no art.*/discus-throwing *no art.*; **~behindert** *Adj.* severely handicapped; *(körperlich auch)* severely disabled; **~behinderte der/die** severely handicapped person; *(körperlich auch)* severely disabled person; **die ~behinderten** the severely handicapped/disabled; **~behinderten·ausweis der** disabled person's pass; **~beladen** *Adj.; präd. getrennt geschrieben* heavily laden *or* loaded ⟨*vehicle*⟩; heavily laden ⟨*person, animal*⟩; **~beschädigt** *Adj.* **a)** *präd. getrennt geschrieben* badly damaged; **b)** *(veralt.: schwerbehindert)* severely disabled; **~beschädigte der/die;** *adj. Dekl.* severely disabled person; **die ~beschädigten** the severely disabled; **~bewaffnet** *Adj.; präd. getrennt geschrieben* heavily armed; **~blütig** *Adj.* stolid; phlegmatic

**Schwẹre die; ~: a)** weight; **eine ~ in den Gliedern** a heaviness in one's limbs; **b)** *(Physik: Schwerkraft)* gravity; **c)** *s.* **schwer 1e:** severity; seriousness; gravity; heaviness; **d)** *(Schwierigkeitsgrad)* difficulty; **e)** *(von Speisen, Parfums usw.)* heaviness

**Schwẹre·feld das** *(Geophysik)* gravitational field; field of gravity

**schwẹre·los 1.** *Adj.* weightless. **2.** *adv.* weightlessly

**Schwẹrelosigkeit die; ~:** weightlessness

**Schwerenöter** ['ʃveːrənøːtɐ] **der; ~s, ~** *(ugs. scherzh.)* lady-killer *(coll.)*

**schwẹr-, Schwẹr-: ~erziehbar** *Adj.; präd. getrennt geschrieben* difficult ⟨*child*⟩; **~|fallen** *unr. itr. V.; mit sein* **jmdm. fällt etw. ~:** sb. finds sth. difficult; **auch wenn's schwerfällt** whether you like it or not; **~fällig 1.** *Adj.* ponderous, slow-moving ⟨*animal*⟩; ponderous, heavy ⟨*movement, steps*⟩; *(auch geistig)* ponderous ⟨*person*⟩; *(fig.)* cumbersome ⟨*bureaucracy, procedure*⟩; ponderous ⟨*style, thinking*⟩; **2.** *adv.* ponderously; **~fällig denken/antworten** think/answer slowly and ponderously; **~fälligkeit die;** *o. Pl. s.* **~fällig:** ponderousness; heaviness; *(fig.)* cumbersomeness; ponderousness; **~gewicht das a)** *o. Pl.* heavyweight; **die Meisterschaften im ~gewicht** the heavyweight championships; **b)** *(Sportler)* heavyweight; **c)** *o. Pl. (Schwerpunkt)* main focus; emphasis; **sie studiert Russisch mit ~gewicht Sprachwissenschaft** she's studying Russian, specializing in linguistics; **d)** *(ugs. scherzh.: dicker Mensch)* heavyweight; **~gewichtig** *Adj.* heavyweight *attrib.*; **~gewichtler** ['gəvɪçtlɐ] **der; ~s, ~** *(Schwerathletik)* heavyweight; **~|halten** *unr. itr. V. (unpers.)* **es wird ~halten, das zu tun** it will be difficult to do it *or* that; **~hörig** *Adj.* hard of hearing *pred.*; **auf dem Ohr ist er ~hörig** *(fig.)* when it comes to that sort of thing, he doesn't want to know; **~hörige der/die;** *adj. Dekl.* person who is hard of hearing; **die ~n** the hard of hearing; **~hörigkeit die; ~:** hardness of hearing; **~industrie die** heavy industry; **~kraft die;** *o. Pl. (Physik, Astron.)* gravity; **~krank** *Adj.; präd. getrennt geschrieben* seriously ill; **~kranke der/die** seriously ill person; **die ~kranken** the seriously ill; **~kriegs·beschädigte der/die** severely war disabled person; **die ~kriegsbeschädigten** the severely war disabled

**schwẹrlich** *Adv.* hardly; **das wird dir ~ jemand glauben** it's hardly likely that anyone will believe you

**schwẹr-, Schwẹr-: ~|machen** *tr. V.* **jmdm./sich etw. ~machen** make sth. difficult for sb./oneself; **~metall das** heavy metal; **~mut die** melancholy; **~mütig 1.** *Adj.* melancholic; **2.** *adv.* melancholically; **er starrte ~ vor sich hin** he stared ahead full of melancholy; **~|nehmen** *unr. tr. V.* **etw. ~nehmen** take sth. seriously; **~öl das** heavy oil; **~punkt der** *(Physik)* centre of gravity; *(fig.)* main focus; *(Hauptgewicht)* main stress; **der ~punkt seiner Tätigkeit liegt in** *od.* **auf der Forschung** his activity centres on research; **den ~punkt auf etw.** *(Akk.)* **legen** *(fig.)* put the main stress on sth.; focus mainly on sth.; **~punkt·mäßig 1.** *Adj.; nicht präd.* selective ⟨*strike, action*⟩; **2.** *adv.* **im Lager und in der Packerei soll ~punktmäßig gestreikt werden** there are to be selective strikes in the warehouse and the packing department; **~punkt·programm das** programme of selective measures; **~reich** *Adj.; nicht präd. (ugs.)* immensely rich *(coll.)*

**Schwẹrst-: ~arbeiter der** worker engaged in very heavy work; **~behinderte der/die;** *adj. Dekl.* severely disabled person *(with a disablement of over 80%); s. auch* **Schwerbehinderte**

**Schwert** [ʃveːɐ̯t] **das; ~[e]s, ~er a)** sword; **das ~ ziehen** *od.* **zücken** draw one's sword; **~er zu Pflugscharen** swords to ploughshares; *s. auch* **zweischneidig; b)** *(Schiffbau)* centreboard

**schwẹrt-, Schwẹrt-: ~fisch der** swordfish; **~leite** ['laitə] **die; ~, ~n** *(hist.)* accolade; dubbing ceremony; **~lilie die** iris; **~schlucker der** sword-swallower

**schwẹr|tun** *unr. refl. V. (ugs.)* **sich** *(Akk. od. Dat.)* **mit** *od.* **bei etw. ~:** have trouble with sth.; **sich** *(Akk. od. Dat.)* **mit jmdm. ~:** not get along with sb.

**Schwert·wal der [großer] ~:** killer whale; **[kleiner] ~:** false killer whale

**schwẹr-, Schwẹr-: ~verbrecher der** serious offender; **ich lasse mich nicht wie ein ~verbrecher behandeln** I won't be treated like a common criminal; **~verdaulich** *Adj.; präd. getrennt geschrieben (auch fig.)* hard to digest *pred.*; **~verletzt** *Adj.; präd. getrennt geschrieben* seriously injured; **~verletzte der/die** seriously injured person; serious casualty; **die ~verletzten** the seriously injured; **~verständlich** *Adj.; präd. getrennt geschrieben* scarcely comprehensible; **~verwundet** *Adj.; präd. getrennt geschrieben* seriously wounded; **~verwundete der/die** seriously wounded person; **die ~verwundeten** the seriously wounded; **~wiegend** *Adj.* serious, grave ⟨*reservation, consequence, objection, accusation, etc.*⟩; momentous ⟨*decision*⟩; serious ⟨*case, problem*⟩

**Schwester** ['ʃvɛstɐ] **die; ~, ~n a)** sister; **b)** *(Nonne)* nun; *(als Anrede)* Sister; **~ Petra**

Sister Petra; **c)** *(Kranken~)* nurse; *(als Anrede)* Nurse; *(zur Oberschwester)* Sister; **d)** *(ugs.: ~firma)* associate firm
**Schwesterchen das, ~s, ~:** little sister; **ein kleines ~:** a little sister
**Schwester-: ~firma die** associate firm *or* company; **~herz das** *(veralt., noch scherzh.)* dear sister; **hör mal, ~herz** listen, sister dear
**schwesterlich 1.** *Adj.* sisterly. **2.** *adv.* **~ handeln** act in a sisterly way
**Schwester-: ~liebe die** sisterly love; **~mord der** sororicide; **~mörder der, ~mörderin die** sororicide
**Schwestern·helferin die** nursing auxiliary; auxiliary nurse
**Schwesternschaft die; ~:** nurses *pl.*; nursing staff
**Schwestern-: ~schülerin** *die* probationer; **~wohn·heim das** nurses' home *or* hostel
**Schwester-: ~partei die** sister party; **~schiff das** sister ship
**Schwib·bogen** ['ʃvɪp-] **der** *(Archit.)* flying buttress
**schwieg** [ʃvi:k] *1. u. 3. Pers. Prät. v.* **schweigen**
**Schwieger-:** ['ʃvi:gɐ-] **~eltern** *Pl.* parents-in-law; **~mutter die** mother-in-law; **~sohn der** son-in-law; **~tochter die** daughter-in-law; **~vater der** father-in-law
**Schwiele** ['ʃvi:lə] **die; ~, ~n** callus; **~n an den Händen** horny hands
**schwielig** *Adj.* callused; **~e Hände** horny hands
**schwierig** ['ʃvi:rɪç] *Adj.* difficult
**Schwierigkeit die; ~, ~en** difficulty; **in ~en** *(Akk.)* **geraten** get into difficulties; **jmdm. ~en machen** make difficulties for sb.; **Latein macht ihm ~en** he has difficulty *or* trouble with Latin; **mach keine ~en!** don't make difficulties!; don't be difficult *or* awkward!; **~en bekommen** have problems *or* trouble; **jmdn./sich in ~en** *(Akk.)* **bringen** get sb./oneself into trouble; **ohne ~en** without difficulty
**Schwierigkeits·grad der** degree of difficulty; *(von Lehrmaterial usw.)* level of difficulty
**Schwimm-: ~an·zug der** swim-suit; *(für Taucher)* wet suit; **~bad das** swimming-baths *pl. (Brit.)*; swimming-pool; **~bagger der** dredger; **~becken das** swimming-pool; **~blase die** swim bladder; air bladder; **~dock das** floating dock
**Schwimmeister der; ~s, ~:** swimming-supervisor [and instructor]
**schwimmen 1.** *unr. itr. V.* **a)** *meist mit sein* swim; **~ gehen** go swimming; **b)** *meist mit sein (treiben, nicht untergehen)* float; **die Kinder ließen ihre Schiffchen ~:** the children sailed their boats; **koreanische Schiffe ~ auf allen Meeren** Korean ships sail on all the seas of the world; **c)** *(ugs.: unsicher sein)* be all at sea; **ins Schwimmen geraten** *od.* **kommen** start to flounder; **d)** *(überschwemmt sein)* be awash; **f)** *mit sein (triefen von)* **in etw.** *(Dat.)* **~:** be swimming in sth.; **im [eigenen] Blut ~:** be bathed in [one's own] blood; **in** *od.* **im Geld ~** *(fig.)* be rolling in money *or* in it *(coll.)*; **g)** *mit sein (ver~)* swim; **mir schwimmt es vor den Augen** everything is swimming in front of my eyes; **h)** *in* **~des Fett** *(Kochk.)* deep fat; **etw. in ~dem Fett braten** deep-fry sth.; fry sth. in deep fat. **2.** *unr. tr. V.; auch mit sein* swim; **einen neuen Rekord ~:** swim a new record time
**Schwimmen das; ~:** swimming *no art.*
**Schwimmer der; ~s, ~: a)** swimmer; **b)** *(der Angel, Technik)* float
**Schwimmer·becken das** swimmers' pool
**Schwimmerin die; ~, ~nen** swimmer
**schwimm-, Schwimm-: ~fähig** *Adj.* buoyant ⟨*material*⟩; amphibious ⟨*vehicle*⟩; **~flosse die** flipper; **~fuß der** webbed foot; **~gürtel der** swimming-belt; **~halle die** indoor swimming-pool; **bevor man in die ~halle kommt, muß man durch den Duschraum gehen** before entering the pool area, you have to go through the showers; **~haut die** web *(of bird's webbed foot)*; **~kran der** floating crane; **~lehrer der** swimming instructor; **~meister der** *s.* **Schwimmeister**; **~sport der** [competitive] swimming *no art.*; **~stadion das** swimming stadium; **~stil der** stroke; **~vogel der** web-footed bird; **~weste die** life-jacket
**Schwindel** ['ʃvɪndl̩] **der; ~s a)** *(Gleichgewichtsstörung)* dizziness; giddiness; vertigo; **b)** *(Anfall)* dizzy *or* giddy spell; attack of dizziness *or* giddiness *or* vertigo; **c)** *(abwertend) (Betrug)* swindle; fraud; *(Lüge)* lie; **das ist alles ~, was er sagt** what he says is all lies; **den ~ kenne ich** *(ugs.)* that's an old trick; I know that trick; **er fällt auf jeden ~ rein** he'll fall for any trick; **d)** *in* **der ganze ~** *(ugs. abwertend)* the whole lot *(coll.) or (sl.)* shoot
**Schwindel·anfall der** *s.* **Schwindel b**
**Schwindelei die; ~, ~en** *(ugs.)* **a)** *o. Pl.* fibbing; **b)** *(Lüge)* fib
**schwindel-, Schwindel-: ~erregend** vertiginous ⟨*height, speed, depths*⟩; *(fig.)* meteoric ⟨*career, success*⟩; **in ~erregender Höhe** at a dizzy height; **die Preise kletterten in ~erregende Höhe** *(fig.)* the prices rose sky high; **~frei** *Adj.* **~frei sein** have a head for heights; not suffer from vertigo; **~gefühl das** feeling of dizziness *or* giddiness *or* vertigo
**schwindelig** *s.* **schwindlig**
**schwindeln 1.** *itr. V.* **a)** *(sich drehen)* **mich** *od.* **mir schwindelt** I feel dizzy *or* giddy; **in ~der Höhe** at a dizzy height; **ein ~der Abgrund** a vertiginous drop; **b)** *(lügen)* tell fibs. **2.** *tr. V. (lügen)* **„...", schwindelte sie** '...,' she said, lying; **das ist alles geschwindelt** that's all lies. **3.** *refl. V.* **sich ins Kino/durch den Zoll ~:** trick *or (coll.)* wangle one's way in to the cinema/through the customs; **sich durchs Examen ~:** wangle one's way through the exam *(coll.)*
**schwinden** ['ʃvɪndn̩] *unr. itr. V.; mit sein* **a)** *(geh.: abnehmen)* fade; ⟨*sound*⟩ die away, fade; ⟨*supplies, money*⟩ run out, dwindle; ⟨*effect*⟩ wear off; ⟨*interest*⟩ fade, wane, fall off; ⟨*fear, mistrust*⟩ lessen, diminish; ⟨*powers, influence*⟩ wane, decline; ⟨*courage, strength*⟩ fail; ⟨*years, time*⟩ pass by; ⟨*snow, illusion*⟩ disappear; **ihm schwand der Mut** his courage failed him; **im Schwinden [begriffen] sein** ⟨*effect*⟩ be wearing off; ⟨*interest, powers, influence*⟩ be on the wane; **b)** *(fachspr.: Volumen verlieren)* shrink; ⟨*metal*⟩ contract, shrink
**Schwindler der; ~s, ~** *(Lügner)* liar; *(Betrüger)* swindler; *(Hochstapler)* confidence trickster; con man *(coll.)*
**schwindlig** *Adj.* dizzy; giddy; **jmdm. wird es ~:** sb. gets dizzy *or* giddy; **da wird einem ja ~!** *(fig.)* it fairly makes your head spin
**Schwind·sucht die** *(veralt.)* consumption; tuberculosis; *s. auch* **galoppieren**
**schwind·süchtig** *Adj. (veralt.)* consumptive; tubercular
**Schwinge** ['ʃvɪŋə] **die; ~, ~n a)** *(geh.; auch fig.)* wing; **b)** *(bes. österr.: Korb)* shallow oval basket
**schwingen 1.** *unr. itr. V.* **a)** *mit sein (sich hin- u. herbewegen)* swing; **b)** *(vibrieren)* vibrate; **etw. zum Schwingen bringen** cause sth. to vibrate; **c)** *(Physik)* ⟨*wave*⟩ oscillate; **d)** *(geh.: anklingen)* **in ihren Worten schwang Kritik** her words had a tone of criticism; **e)** *(nachklingen)* linger; **f)** *mit sein (Skilaufen)* swing; **g)** *(schweiz.: ringen)* wrestle Swiss style *(with one's right hand on the belt of one's opponent's wrestling-suit and the left hand on his rolled-up right trouser-leg)*. **2.** *unr. tr. V.* **a)** *(hin- u. herbewegen)* swing; wave ⟨*flag, wand*⟩; *(fuchteln mit)* brandish ⟨*sword, axe, etc.*⟩; **eine Rede ~:** *(ugs.)* hold forth; **große Reden ~** *(ugs.)* talk big; *s. auch* **geschwungen 2; Tanzbein; b)** *(Landw.)* swingle ⟨*flax, hemp*⟩. **3.** *unr. refl. V.* **a)** *(sich schnell bewegen)* **sich über die Mauer ~:** swing oneself *or* vault over the wall; **sich aufs Pferd/Fahrrad ~:** swing oneself *or* leap on to one's horse/bicycle; **sich ins Auto/hinters Steuer ~** *(ugs.)* jump into one's car/get behind the wheel; **der Vogel schwang sich in die Luft** *(fig.)* the bird soared [up] into the air; **b)** *(geh.: in einem Bogen verlaufen)* arch
**Schwinger der; ~s, ~ a)** *(Boxen)* swing; **b)** *(schweiz.: Ringer)* [Swiss-style] wrestler; *see also* **schwingen 1 g**
**Schwing-: ~kreis der** *(Elektrot.)* oscillatory circuit; **~tür die** swing-door
**Schwingung die; ~, ~en a)** swinging; *(Vibration)* vibration; **etw. in ~ versetzen** set sth. swinging/vibrating; **b)** *(Physik)* oscillation
**Schwingungs·zahl die** *(Physik)* frequency of oscillation
**Schwipp-:** [ʃvɪp-] **~schwager der** *(ugs.)* husband's/wife's/brother's/sister's brother-in-law; **~schwägerin die** *(ugs.)* husband's/wife's/brother's/sister's sister-in-law
**Schwips** [ʃvɪps] **der; ~es, ~e** *(ugs.)* **einen [kleinen] ~ haben** be [a bit] tipsy *or (coll.)* merry
**schwirren** ['ʃvɪrən] *itr. V.* **a)** *(tönen)* ⟨*insect*⟩ buzz; ⟨*bowstring*⟩ twang; **b)** *mit sein* ⟨*arrow, bullet, etc.*⟩ whiz; ⟨*bird*⟩ whir; ⟨*insect*⟩ buzz; **allerlei schwirrte mir durch den Kopf** *(fig.)* all sorts of things buzzed through my head; **von den vielen Zahlen schwirrte mir der Kopf** *(fig.)* my head was buzzing *or* spinning from all the figures; **c)** *(erfüllt sein von)* **die Stadt schwirrt von Gerüchten** the town is buzzing with rumours
**Schwitz·bad das** sweat bath
**Schwitze die; ~, ~n** *(Kochk.)* roux
**schwitzen 1.** *itr. V.* **a)** *(auch fig.)* sweat; **ins Schwitzen kommen** *(auch fig.)* start to sweat; **b)** *(beschlagen)* steam up; **c)** *(Harz absondern)* sweat. **2.** *refl. V.* **sich bei der Arbeit klatschnaß ~:** get soaked with sweat from working; **sich halb tot ~** *(ugs.)* sweat like anything *(coll.)*. **3.** *tr. V. (Kochk.: in heißem Fett)* sweat
**schwitzig** *Adj. (ugs.)* sweaty
**Schwitz-: ~kasten der;** *o. Pl. (Ringen)* headlock; **jmdn. in den ~kasten nehmen** get sb. in a headlock; **~kur die** sweat cure
**schwofen** ['ʃvo:fn̩] *itr. V. (ugs.)* shake a leg *(coll.)*; **~ gehen** go and shake a leg
**schwor** [ʃvo:ɐ̯] *1. u. 3. Pers. Sg. Prät. v.* **schwören**
**schwören** ['ʃvø:rən] **1.** *unr. tr., itr. V.* swear ⟨*fidelity, allegiance, friendship*⟩; swear, take ⟨*oath*⟩; **ich schwöre es[, so wahr mir Gott helfe]** I swear it[, so help me God]; **jmdm./sich etw. ~:** swear sth. to sb./oneself. **2.** *unr. itr. V.* swear an/the oath; **auf die Bibel/die Verfassung ~:** swear on the Bible/the Constitution; **ich könnte darauf ~** *(ugs.)* I could swear to it; **sie schwört auf ihren Kräutertee** she swears by her herbal tea
**Schwuchtel** ['ʃvʊxtl̩] **die; ~, ~n** *(salopp)* queen *(sl.)*
**schwul** [ʃvu:l] *Adj. (ugs.)* gay *(coll.)*
**schwül** [ʃvy:l] *Adj.* **a)** *(feuchtwarm)* sultry; close; **b)** *(beklemmend)* oppressive; **c)** *(sinnlich)* sensuous ⟨*perfume, fantasy, etc.*⟩; steamy ⟨*eroticism*⟩; sultry ⟨*look*⟩; seductive ⟨*lighting, music*⟩
**Schwule der;** *adj. Dekl. (ugs.)* gay *(coll.)*; *(abwertend)* queer *(sl.)*
**Schwüle die; ~:** sultriness
**Schwulen-: ~bewegung die** *(ugs.)* gay rights movement; **~lokal das** *(ugs.)* gay bar *(coll.)*

**Schwulität** [ʃvuli'tɛ:t] **die;** ~, ~**en** *(ugs.)* **in ~en kommen** *od.* **geraten** get into a fix *or* jam *(coll.)*; **jmdn./sich in ~en bringen** get sb./oneself into a fix *or* jam *(coll.)*

**Schwulst** [ʃvʊlst] **der;** ~**[e]s** *(abwertend)* bombast; pompousness; *(im Baustil)* over-ornateness; **dieser Film ist sentimentaler ~:** this film is full of sentimental affectation

**schwülstig** ['ʃvʏlstɪç] **1.** *Adj.* bombastic, pompous ⟨*writing*⟩; bombastic, pompous, grandiloquent ⟨*speech*⟩; over-ornate ⟨*art, architecture*⟩. **2.** *adv.* bombastically; pompously; ⟨*speak*⟩ bombastically, pompously, grandiloquently

**schwumm[e]rig** ['ʃvʊmərɪç] *Adj. (ugs.)* **a)** *(unwohl)* queasy; funny *(coll.)*; **ihr wurde ~:** she started to feel queasy *or (coll.)* funny; **b)** *(bang)* jittery *(coll.)*; nervous; apprehensive; **mir wird schon ~:** I'm already starting to get the jitters *(coll.)*; I'm already getting butterflies [in my stomach]

**Schwund** [ʃvʊnt] **der;** ~**[e]s a)** decrease, drop (*Gen.* in); *(an Interesse)* waning; falling off; **einen ~ an Wählerstimmen befürchten** ⟨*party*⟩ fear a decline in its share of the vote; **b)** *(Kaufmannsspr.)* shrinkage; **c)** *(Technik: Ausschuß)* wastage; **d)** *(Med.)* atrophy; **e)** *(Rundfunkt., Funkt.)* fading

**Schwung** [ʃvʊŋ] **der;** ~**[e]s, Schwünge** ['ʃvʏŋə] **a)** *(Bewegung)* swing; **b)** *(Linie)* sweep; **der elegante ~ ihrer Brauen/ihrer Nase** the elegant arch of her eyebrows/curve of her nose; **mit kühnem ~ überspannt die Brücke das Tal** the bridge crosses the valley in a bold arc; **c)** *o. Pl. (Geschwindigkeit)* momentum; **~ holen** build *or* get up momentum; *(auf einer Schaukel usw.)* work up a swing; **~ in etw.** *(Akk.)* **bringen, etw. in ~ bringen** *(fig. ugs.)* get sth. going; **jmdn. in ~ bringen, jmdm. ~ geben** *(fig. ugs.)* put some life into sb.; get sb. going; **in ~ sein** *(fig. ugs.) (in guter Stimmung)* have livened up; *(wütend)* be worked up; *(gut laufen)* ⟨*business, practice*⟩ do a lively trade; *(gut vorankommen)* be getting on well; be right in the swing [of it]; **in ~ kommen** *(fig. ugs.) (in gute Stimmung kommen)* get going; liven up; *(wütend werden)* get worked up; *(gut vorankommen)* get right in the swing [of it]; ⟨*business*⟩ pick up; **jmdn./einen Betrieb in ~ haben** *od.* **halten** *(ugs.)* keep sb. on his/her toes/keep a firm doing a flourishing *or* good trade; **in die Sache kommt ~** *(ugs.)* things are picking up; **d)** *o. Pl. (Antrieb)* drive; energy; **e)** *o. Pl. (mitreißende Wirkung)* sparkle; vitality; **f)** *o. Pl. (ugs.: größere Menge)* stack *(coll.)*; *(von Menschen)* crowd; bunch *(sl.)*

**schwụng·haft 1.** *Adj.* thriving; brisk, flourishing ⟨*trade, business*⟩. **2.** *adv.* **die Aktien werden ~ gehandelt** there's a brisk *or* flourishing trade in the shares; **das Geschäft entwickelt sich ~:** business is booming

**schwụng-, Schwụng-: ~kraft die** *(Physik)* centrifugal force; **~los 1.** *Adj.* **a)** *(antriebsschwach)* lacking in energy *or* drive *postpos.*; listless; **b)** *(langweilig)* lack-lustre ⟨*speech, performance, etc.*⟩; **2.** *adv.* ⟨*sing, dance, etc.*⟩ in a lack-lustre way; **~rad das** *(Technik)* flywheel; *(an einer Nähmaschine)* band wheel; **~voll a)** *(mitreißend)* lively; spirited; spirited ⟨*words*⟩; lively, *(coll.)* snappy ⟨*tune*⟩; **b)** *(kraftvoll)* vigorous; **ein ~er Handel** a roaring trade; **c)** *(elegant)* sweeping ⟨*movement, gesture*⟩; bold ⟨*handwriting, line, stroke*⟩; **2.** *adv.* **a)** *(mitreißend)* spiritedly; with verve; ⟨*speak*⟩ spiritedly; **b)** *(kraftvoll)* with great vigour

**Schwur** [ʃvu:ɐ̯] **der;** ~**[e]s, Schwüre** ['ʃvʏ:rə] **a)** *(Gelöbnis)* vow; **b)** *(Eid)* oath; **die Hand zum ~ erheben** raise one's hand to take the oath

**Schwur·gericht das** *court with a jury;* **vor das ~ kommen** be tried by a jury

**Schwyzerdütsch** ['ʃvi:t͜sɐdy:t͜ʃ], **Schwyzertütsch** ['ʃvi:t͜sɐty:t͜ʃ] **das** *(schweiz.)* Swiss German

**Science-fiction** ['saɪəns'fɪkʃən] **die;** ~: science fiction

**Scotch·terrier** ['skɔtʃ-] **der** Scotch terrier

**Scylla** ['st͜sʏla] *s.* **Szylla**

**SDR** [ɛsde:'ɛr] **der;** ~: *Abk.* **Süddeutscher Rundfunk** South German Radio

**SDS** [ɛsde:'ɛs] **der;** ~: *Abk.* **Sozialistischer Deutscher Studentenbund** Socialist German Students' Federation

**Séance** [ze'ã:s(ə)] **die;** ~, ~**n** seance

**Seborrhö, Seborrhöe** [zebɔ'rø:] **die;** ~, **Seborrhöen** *(Med.)* seborrhoea

**sechs** [zɛks] *Kardinalz.* six; *s. auch* **acht**

**Sẹchs die;** ~, ~**en** six; **eine ~ schreiben/bekommen** *(Schulw.)* get a 'fail' mark; *s. auch* **[1]Acht a, b, d, e, g; Zwei b**

**sẹchs-, Sẹchs-: ~ạchtel·takt der** six-eight time; **im ~achteltakt** in six-eight time; **~eck das** hexagon; **~eckig** *Adj.* hexagonal; *s. auch* **achteckig**

**Sẹchser der;** ~**s,** ~ **a)** *(ugs.) (Ziffer, beim Würfeln)* six; *(Bahn, Bus)* [number] six; *(im Lotto)* six winning numbers; **b)** *(berlin.: Fünfpfennigstück)* five-pfennig piece

**sẹchserlei** *Gattungsz.; indekl.* **a)** *attr.* six kinds *or* sorts of; six different ⟨*sorts, kinds, sizes, possibilities*⟩; **b)** *subst.* six [different] things

**Sẹchser·pack der, Sẹchser·packung die** pack of six; *(bes. von Bier)* six-pack

**sẹchs-, Sẹchs-: ~fach** *Vervielfältigungsz.* sixfold; *s. auch* **achtfach; ~fache das;** *adj. Dekl.* **etw. um ein ~faches/um das ~fache erhöhen** increase sth. by a factor of six; *s. auch* **Achtfache; ~flach das;** ~**[e]s,** ~**e, ~flächner** [~flɛçnɐ] **der** hexahedron; **~hundert** *Kardinalz.* six hundred; **~jährig** *Adj. (6 Jahre alt)* six-year-old *attrib.*; six years old *postpos.*; *(6 Jahre dauernd)* six-year *attrib.*; *s. auch* **achtjährig; ~kantmutter die** hexagon nut; **~köpfig** *Adj.* six-headed ⟨*monster*⟩; ⟨*family, committee*⟩ of six

**Sechsling** ['zɛkslɪŋ] **der;** ~**s,** ~**e** sextuplet

**sẹchs-: ~mal** *Adv.* six times; *s. auch* **achtmal; ~malig** *Adj.; nicht präd.* **nach ~maliger Wiederholung konnte er es auswendig** after repeating it six times, he knew it by heart; *s. auch* **achtmalig; ~seitig** *Adj.* six-sided; six-page *attrib.* ⟨*letter, article*⟩; **~stellig** *Adj.* six-figure; *s. auch* **achtstellig; ~stöckig** *Adj.* six-storey *attrib.*; *s. auch* **achtstöckig**

**sechst** [zɛkst] *in* **wir waren zu ~:** there were six of us; *s. auch* **[2]acht**

**sẹchst...** *Ordinalz.* sixth; *s. auch* **acht...**

**sẹchs-, Sẹchs-: ~tage·rennen das** *(Radsport)* six-day race; **~tage·woche die** six-day week; **~tägig** *Adj. (6 Tage alt)* six-day-old *attrib.*; *(6 Tage dauernd)* six-day[-long] *attrib.*; *s. auch* **achttägig; ~tausend** *Kardinalz.* six thousand

**Sẹchste der/die;** *adj. Dekl.* sixth; *s. auch* **Achte**

**sẹchs·teilig** *Adj.* six-piece ⟨*tool-set etc.*⟩; six-part ⟨*serial*⟩; *s. auch* **achtteilig**

**sẹchstel** *Bruchz.* sixth

**Sẹchstel das,** *schweiz. meist* **der;** ~**s,** ~: sixth; *s. auch* **Achtel**

**sẹchstens** *Adv.* sixthly

**Sẹchs-: ~tonner der;** ~**s,** ~: six-tonner; **~und·sẹchzig das;** ~: sixty-six; **~zylịnder·motor der** six-cylinder engine

**sechzehn** ['zɛçt͜se:n] *Kardinalz.* sixteen; *s. auch* **achtzehn**

**sẹchzehn-, Sẹchzehn-: ~jährig** *Adj. (16 Jahre alt)* sixteen-year-old *attrib.*; sixteen years old *pred.*; *(16 Jahre dauernd)* sixteen-year *attrib.*; *s. auch* **achtjährig; ~meter·raum der** *(Fußball)* penalty area; **~millimeter·film der** sixteen-millimetre film; 16-mm film

**sechzehnt...** *Ordinalz.* sixteenth

**Sẹchzehntel das;** ~**s,** ~ sixteenth

**Sẹchzehntel·note die** sixteenth note

**sechzig** ['zɛçt͜sɪç] *Kardinalz.* sixty; *s. auch* **achtzig**

**sẹchziger** *indekl. Adj.; nicht präd.* **die ~ Jahre** the sixties; **zwei ~ Briefmarken/Zigarren** two sixty-pfennig stamps/cigars; **eine ~ Glühbirne** a 60-watt bulb

**[1]Sẹchziger der;** ~**s,** ~ **a)** *(60jähriger)* sixty-year-old; sexagenarian; **b)** *(Bus, Bahn)* number sixty; **c)** *(Wein von 1960)* **der ~:** the '60 vintage

**[2]Sẹchziger die;** ~, ~ **a)** *(Briefmarke)* sixty-pfennig/schilling *etc.* stamp; **b)** *(Zigarre)* sixty-pfennig cigar; *(Glühbirne)* 60-watt bulb

**[3]Sẹchziger** *Pl.* sixties; **in den ~n sein** be in one's sixties

**sẹchzig·jährig** *Adj. (60 Jahre alt)* sixty-year-old *attrib.*; sixty years old *postpos.*; *(60 Jahre dauernd)* sixty-year *attrib.*

**Sẹchzig·jährige der/die;** *adj. Dekl.* sixty-year-old

**sechzigst...** ['zɛçt͜sɪçst] *Ordinalz.* sixtieth; *s. auch* **achtzigst...**

**SED** [ɛs|e:'de:] **die;** ~: *Abk.* **Sozialistische Einheitspartei Deutschlands** Socialist Unity Party of Germany

**Sedativum** [zeda'ti:vʊm] **das;** ~**s, Sedativa** *(Med.)* sedative

**Sediment** [zedi'mɛnt] **das;** ~**[e]s,** ~**e** *(Geol., Chemie, Med.)* sediment

**Sedimẹnt·gestein das** *(Geol.)* sedimentary rock

**[1]See** [ze:] **der;** ~**s,** ~**n** lake; **der Baikalsee** Lake Baikal

**[2]See die;** ~, ~**n a)** *o. Pl. (Meer)* sea; **an die ~ fahren** go to the seaside; **an der ~:** by the sea[side]; **auf ~:** at sea; **er ist auf ~:** he is away at sea; **auf ~ bleiben** *(geh. verhüll.)* be lost at sea; **auf hoher ~:** on the high seas; **in ~ gehen** *od.* **stechen** put to sea; **Leutnant/Kapitän zur ~** *(Marine)* sub-lieutenant/[naval] captain; **zur ~ fahren** be a seaman; **zur ~ gehen** *(ugs.)* go to sea; **b)** *o. Pl. (Seemannsspr.: ~gang)* **ruhige/rauhe** *od.* **grobe** *od.* **schwere ~:** calm/rough or heavy sea; **c)** *(Seemannsspr.: Woge)* sea

**see-, See-: ~aal der;** *o. Pl.* flake; **~adler der** sea eagle; white-tailed [sea] eagle; **~anemone die** sea anemone; **~bad das** seaside health resort; **~bär der a)** *(Zool.)* fur seal; **b)** *(fam.: ~mann)* sea dog *(coll.)*; **~beben das** seaquake; **~bestattung die** burial at sea; **~blockade die** naval blockade; **~bühne die** lake stage; **~-Elefant der** elephant seal; **~fahrend** *Adj.; nicht präd.* seafaring; **~fahrer der** *(veralt.)* seafarer; **Sindbad der ~fahrer** Sindbad the Sailor; **~fahrer·volk das** seafaring people; **~fahrt die a)** *o. Pl.* seafaring *no art.*; sea travel *no art.*; *(~fahrtskunde)* navigation; *s. auch* **christlich; b)** *(~reise)* voyage; *(Kreuzfahrt)* cruise; **~fahrt[s]·buch das** *(Seew.)* seaman's discharge book; **~fahrt[s]·schule die** merchant navy college; **~fest** *Adj.* **a)** *s.* **~tüchtig; b)** *(nicht leicht ~krank)* **~fest sein** not suffer from seasickness; not get seasick; **c)** *(gesichert, fest angebracht)* secured [for sea]; **~fisch der** sea fish; salt-water fish; **~fracht die** sea freight; **~funk der** maritime radio; **~gang der;** *o. Pl.* **leichter/starker** *od.* **hoher** *od.* **schwerer ~gang** light/heavy *or* rough sea; **bei leichtem/schwerem ~gang** with a calm/heavy sea; **~gefecht das** naval engagement; sea battle; naval battle; **~gestützt** *Adj. (Milit.)* sea-based; **~gras das** eel grass; *(als Polstermaterial)* sea grass; **~hafen der a)** *(Hafenanlagen)* harbour; **b)** *(Stadt)* seaport; **~handel der** maritime trade; **~hase der** *(Zool.)* lumpsucker; **~herrschaft die;** *o. Pl.* maritime supremacy; **~hund der a)** common seal; **b)**

*o. Pl. (Pelz)* seal[skin]; **~igel der** sea-urchin; **~jung·frau die** *(Myth.)* mermaid; **~karte die** sea chart; **~klar** *Adj. (Seemannsspr.)* ready to sail *pred.;* **~klima das** *(Geogr.)* maritime climate; **~krank** *Adj.* seasick; **~krankheit die;** *o. Pl.* seasickness; **~krieg der** naval war; *(Kriegsführung)* naval warfare; **~lachs der** pollack

**Seelchen** ['ze'lçən] **das; ~s, ~** *(spött.)* tender soul

**Seele** ['zelə] **die; ~, ~n a)** *(auch Rel., fig.)* soul; *(Psyche)* mind; **nun hat die liebe ~ Ruh** *(ugs.)* now he's *etc.* satisfied at last; **zwei ~n, ein Gedanke** two minds with but a single thought; **sich** *(Dat.)* **die ~ aus dem Leib schreien** *(ugs.)* shout/scream one's head off *(coll.)*; **jmdm. auf der ~ lasten** *od.* **liegen** *(geh.)* weigh on sb.['s mind]; **jmdm. aus der ~ sprechen** *od.* **reden** *(ugs.)* take the words out of sb.'s mouth; **aus tiefster** *od.* **ganzer ~:** with all one's heart; ⟨*thank*⟩ from the bottom of one's heart; ⟨*sing*⟩ with all one's heart and soul; **jmdn. in tiefster ~ kränken/enttäuschen** cut sb. to the quick/ profoundly *or* deeply disappoint sb.; **das tut mir in der ~ weh** it hurts me deeply; **mit ganzer ~:** heart and soul; **sich** *(Dat.)* **etw. von der ~ reden** unburden oneself about sth.; **die ~ einer Sache** *od.* **von etw. sein** be the heart of sth.; **eine arme ~:** a poor soul; *s. auch* **aushauchen; Herz b; Leib a; Teufel; b)** *(Mensch)* soul; **eine ~ von Mensch** *od.* **von einem Menschen sein** be a good[-hearted] soul; **c)** *(Waffent.)* bore; **d)** *(Technik: eines Kabels usw.)* core

**seelen-, Seelen-: ~amt das** *(kath. Kirche)* requiem mass; **~arzt der** psychoanalyst; **~friede[n] der** peace of mind; **~heil das** *(christl. Rel.)* salvation of one's/sb.'s soul; **ich mache das, wenn dein ~heil davon abhängt** *(iron.)* I'll do it, if it's a matter of life and death *(joc.)*; **~hirt[e] der** *(veralt.)* pastor; **~leben das;** *o. Pl. (geh.)* inner life; **~los 1.** *Adj.* soulless; **2.** *adv.* soullessly; **~qual die** *(geh.)* mental anguish *or* torment *no pl.;* **~ruhe die** calmness; **in aller ~ruhe** calmly; **~ruhig 1.** *Adj.* calm; unruffled; **2.** *adv.* calmly; **~vergnügt 1.** *Adj.* cheerful; contented; **2.** *adv.* cheerfully; contentedly; **~verkäufer der** *(Seemannsspr. abwertend)* coffin-ship; **~verwandtschaft die unsere/ihre ~verwandtschaft** the fact that we/ they are kindred spirits; **~voll 1.** *Adj.* soulful; **2.** *adv.* soulfully; **~wanderung die** *(bes. ind. Religionen)* transmigration of souls; **~zu·stand der** mental state; state of mind

**seelisch 1.** *Adj.* psychological ⟨*cause, damage, tension*⟩; mental ⟨*equilibrium, breakdown, illness, health*⟩; mental [and emotional] ⟨*state, strain, low [point]*⟩. **2.** *adv.* **~ bedingt sein** have psychological causes; **~ krank** mentally ill

**See·löwe der** sea-lion

**Seel·sorge die;** *o. Pl.* pastoral care

**Seelsorger der; ~s, ~:** pastoral worker; *(Geistlicher)* pastor

**seelsorgerisch, seelsorg[er]lich 1.** *Adj.* pastoral. **2.** *adv.* **eine Gemeinde ~ betreuen** provide pastoral care for a parish

**See-: ~luft die** *o. Pl.* sea air; **~macht die** maritime *or* naval power; sea power; **~mann der;** *Pl.* **~leute** seaman; sailor

**seemännisch** ['ze:mɛnɪʃ] *Adj.* nautical

**Seemanns-: ~braut die** sailor's lass; **~garn das;** *o. Pl.* seaman's yarn; **~garn spinnen** spin yarns; **~grab das;** *o. Pl.* **ein ~grab finden** *(geh.)* go to a watery grave; **~heim das** sailors' home; **~lied das** sailors' song; **~sprache die** seaman's language; nautical language; **~tod der;** *o. Pl.* **den ~tod finden** *od.* **sterben** be drowned [at sea]

**See-: ~meile die** nautical mile; **~mine die** naval mine

**Seen-: ~gebiet das** lakeland [region]; **~kunde die;** *o. Pl.* limnology *no art.*

**See·not die;** *o. Pl.* distress [at sea]; **jmdn. aus ~ retten** rescue sb. in distress; **in ~ geraten** get into difficulties *pl.*

**Seen·platte** ['ze:ən-] **die** *(Geogr.)* lakeland area *(of glacial origin)*

**see-, See-: ~pferd[chen] das** sea-horse; **~räuber der** pirate; **~räuberei die;** *o. Pl.* piracy *no art.;* **~recht das;** *o. Pl.* maritime law; **~reise die** voyage; *(Kreuzfahrt)* cruise; **~rose die a)** *(Pflanze)* water-lily; **b)** *(Tier)* sea anemone; **~sack der** kitbag; **~sand der** sea sand; **~schiff das** sea-going ship; **~schiffahrt die** maritime shipping *no art.;* sea shipping *no art.;* **~schlacht die** sea battle; naval battle; **~schwalbe die** tern; **~stern der** starfish; **~streitkräfte** *Pl.* naval forces; **~stück das** *(Kunstwiss.)* seascape; *(mit Schiffen usw.)* marine; **~tang der** seaweed; **~tüchtig** *Adj.* seaworthy; **~ufer das** lake shore; shore of a/the lake; **~vogel der** sea-bird; **~wärts** *Adv.* seawards; **~weg der** sea route; **auf dem ~weg** by sea; **~wind der** onshore wind; **~zeichen das** sea-mark; navigation mark; **~zunge die** sole

**Segel** ['ze:gl̩] **das; ~s, ~:** sail; **mit vollen ~n** under full sail; *(fig.)* full speed ahead; **unter ~** *(Seemannsspr.)* under sail; **die ~ streichen** strike sail; *(fig.)* throw in the towel **(vor +** *Dat.* in the face of)

**segel-, Segel-: ~boot das** sailing-boat; **~fahrt die** sailing trip; sail; *(länger)* sailing voyage; **~fliegen** *itr. V.; nur im Inf.* **~fliegen lernen** learn to fly a glider *or* to be a glider pilot; **man kann heute nicht ~fliegen** one can't go gliding today; **~fliegen das;** *o. Pl.* gliding *no art.;* **~flieger der** glider pilot; **~flugzeug das** glider; **~jacht die** sailing-yacht; **~macher der** sail-maker

**segeln 1.** *itr. V.* **a)** *mit sein, ohne Richtungsangabe auch mit haben* sail; **~ gehen** go sailing; go for a sail; **b)** *mit sein (ugs.: fallen)* fall; go flying; **durch die Prüfung ~** *(fig.)* fail *or (Amer. coll.)* flunk the examination; **c)** *mit sein (schweben)* ⟨*cloud, bird, leaf*⟩ sail. **2.** *tr. V.; auch mit sein* sail in ⟨*regatta*⟩; **die Strecke in drei Stunden ~:** sail the course in three hours

**Segel-: ~regatta die** sailing regatta; **~schiff das** sailing ship; **~sport der** sailing *no art.;* **~tuch das** sailcloth

**Segen** ['ze:gn̩] **der; ~s, ~ a)** blessing; *(Gebet in der Messe)* benediction; **jmdm. den ~ erteilen** *od.* **spenden** ⟨*priest*⟩ pronounce the blessing on sb.; **über jmdn./etw. den ~ sprechen** bless sb./sth.; **[jmdm.] seinen ~ [zu etw.] geben** *(ugs.)* give [sb.] one's blessing [on sth.]; **meinen ~ hat er!** *(ugs.)* I have no objection [to his doing that]; *(iron.)* the best of luck to him!; **b)** *o. Pl. (Glück, Wohltat)* blessing; **ein wahrer ~:** a real blessing *or* boon; **darauf ruht kein ~** *(geh.)* no good will come of it; **etw. zum ~ der Menschheit nutzen** exploit sth. to the benefit of mankind; **c)** *o. Pl. (geh.: Ertrag)* yield; **der ganze ~** *(ugs.)* the whole lot *(coll.)*; **reichen ~ tragen** *(fig. geh.)* have rich rewards

**segen·bringend 1.** *Adj.* beneficent. **2.** *adv.* **sich auf etw.** *(Akk.)* **~ auswirken** have a beneficent effect on sth.

**segens·reich** *Adj.* **a)** prosperous ⟨*life, future*⟩; **b)** *s.* **segenbringend 1**

**Segens·wunsch der a)** *(Bitte)* blessing; **b)** *Pl. (geh.: Glückwünsche)* good wishes

**Segler der; ~s, ~ a)** *(Schiff)* sailing-ship *or* -vessel; **b)** *(Sportler)* yachtsman; **c)** *(Zool.)* swift

**Seglerin die; ~, ~nen** yachtswoman

**Segment** [zɛ'gmɛnt] **das; ~[e]s, ~e** segment

**segmentieren** *tr. V.* segment

**segnen** ['ze:gnən] *tr. V.* **a)** bless; **er hob ~d die Hände** he raised his hands in blessing; **b)** *(ausstatten mit)* **mit jmdm./etw. gesegnet sein** *(auch iron.)* be blessed with sb./sth.; **im gesegneten Alter von 88 Jahren** at the venerable age of 88 years; **gesegneten Leibes sein** *(geh. veralt.)* be with child; **einen gesegneten Appetit/Schlaf haben** *(fam.)* have a healthy appetite/sleep like a log

**Segnung die; ~, ~en a)** *(Wirkung)* blessing; *(iron.)* dubious blessing; **b)** *(das Segnen)* blessing

**seh·behindert** *Adj.* partially sighted; visually handicapped; **stark ~ sein** have severely impaired vision

**sehen** ['ze:ən] **1.** *unr. itr. V.* **a)** see; **schlecht/ gut ~:** have bad *or* poor/good eyesight; **sehe ich recht?** am I seeing things?; **hast du ge~?** did you see?; **mal ~, wir wollen** *od.* **werden ~** *(ugs.)* we'll see; **siehste!** *(ugs.)*, **siehst du wohl!** there, you see!; **laß mal ~:** let me *or* let's see; let me *or* let's have a look; **siehe oben/unten/Seite 80** see above/ below/page 80; **wie ich sehe, haben Sie zu tun** I see you're busy; **da kann man** *od. (ugs.)* **kannste mal ~, ...:** that just goes to show ...; **b)** *(hin~)* look; **auf etw.** *(Akk.)* **~:** look at sth.; **nach der Uhr ~:** look at one's watch; **jmdm. über die Schulter ~:** look over sb.'s shoulder; **sieh mal** *od.* **doch!** look!; **siehe da!** lo and behold!; **sieh einmal!** just look!; **alle Welt sieht auf Washington** *(fig.)* all eyes are turned on Washington; **in die Zukunft ~** *(fig.)* look into the future; **c)** *(zeigen, liegen)* **nach Süden/Norden ~:** face south/north; **d)** *(nach~)* have a look; see; **kannst du mal ~?** can you just have a look?; **nach der Post ~:** see whether there is any post; **e) nach jmdm. ~** *(betreuen)* keep an eye on sb.; *(besuchen)* drop by to see sb.; *(nach~)* look in on sb.; **nach etw. ~** *(betreuen)* keep an eye on sth.; *(nach~)* take a look at sth.; **f)** *(suchen)* **nach jmdm./ etw. ~:** look for sb./sth.; **g)** *(achten)* **auf Sauberkeit/Ordnung ~:** be particular about cleanliness/tidiness; **er sieht nur auf seinen Vorteil/aufs Geld** he's only out for himself/ he's only concerned about the money; **darauf ~, daß die Bestimmungen eingehalten werden** make sure that the regulations are adhered to; **h)** *(zu~, sich bemühen)* see; **wir müssen ~, daß wir pünktlich sind** we must see [to it] that we're on time; **man muß ~, wo man bleibt** *(ugs.)* you've got to take what chances you get; **i)** *(hervorragen)* show; **das Boot sah nur ein Stück aus dem Wasser** only a part of the boat showed above the water. **2.** *unr. tr. V.* **a)** *(erblicken)* see; **jmdn./etw. [nicht] zu ~ bekommen** [not] get to see sb./ sth.; **sich am Fenster ~ lassen** show oneself at the window; **siehst du meine Brille?** can you see my glasses?; **von ihm/davon ist nichts zu ~:** he/it is nowhere to be seen; **hier gibt es nichts/etwas zu ~:** there's nothing/something to see here; **ich habe ihn kommen [ge]~:** I saw him coming; **das sieht man** you can see that; **sieht man das?** does it show?; **den möchte ich ~, der das gern tut** I'd like to meet the person who 'does enjoy doing it; **wenn ich das schon sehe, wird mir übel** just looking at it makes me feel sick; I feel sick just looking at it; **hat man so was schon ge~!** did you ever see anything like it!; **er hat schon bessere Zeiten ge~:** he has seen better days; **ich habe ihn selten so fröhlich ge~:** I've rarely seen him so happy; **[überall] gern ge~ sein** be welcome [everywhere]; **jmdn. vom Sehen kennen** know sb. by sight; **etw. gern ~:** approve of sth.; **er sieht es nicht gern, wenn seine Frau raucht** he doesn't like his wife to smoke; **jmdn./ etw. nicht mehr ~ können** *(fig. ugs.)* not be able to stand the sight of sb./sth. any more; **kein Blut ~ können** *(ugs.)* not be able to stand the sight of blood; **er kann sich in dieser Gegend nicht mehr ~ lassen** he can't show his face around here any more; **mit ihm kann sie sich ~ lassen** she needn't be ashamed to be seen with him; **mit dieser Frisur kann ich mich nicht ~ lassen** I can't let people see me with my hair like this; **eine Leistung, die sich ~ läßt** an impressive *or* a considerable achievement; **du läßt dich ja überhaupt nicht mehr ~:** we never see anything of you any more; **b)** *(an~, betrachten)* watch ‹*television, performance*›; look at ‹*photograph, object*›; **hast du ihn gestern im Fernsehen ge~?** did you see him yesterday on television?; **c)** *(treffen)* see; **wann ~ wir uns?** when shall we see each other next?; **wir ~ uns morgen!** see you tomorrow!; **in letzter Zeit ~ wir Schulzes häufiger** we've seen more of the Schulzes [just] recently; **d)** *(sich vorstellen)* see; **er sah sich schon als neuen Chef** he already saw himself as the new boss *(coll.)*; **e)** *(feststellen, erkennen)* see; **ich möchte doch einmal ~, ob er es wagt** I'd just like to see whether he dares [to]; **das sieht man an der Farbe** you can tell by the colour; **er sieht nur seinen Vorteil** he's only out for himself; **ich sehe schon, ich komme zu spät** I see I've come too late; **wir sahen, daß wir nicht mehr helfen konnten** we saw that we could not help any more; **etw. in jmdm. ~:** see sth. in sb.; **das wollen wir [doch] erst mal ~!** we'll 'see about that; **man wird ~ [müssen]** we'll [just have to] see; **das sehe ich noch nicht** *(ugs.)* I can't see that happening; **da sieht man es [mal] wieder** it's the same old story; **f)** *(beurteilen)* see; **das sehe ich anders** I see it differently; **so sehe ich das nicht** that's not how I see it; **so darf man das nicht ~:** you mustn't look at it that way *or* like that; **das darfst du nicht so eng ~:** you mustn't take such a narrow view; **so ge~:** looked at that way *or* in that light; **dienstlich/menschlich/rechtlich ge~:** seen from a professional/human/legal point of view; **..., oder wie sehe ich das?** *(ugs.)* ..., am I right?; **ich werde ~, was ich für Sie tun kann** I'll see what I can do for you. **3.** *unr. refl. V.* **a) er kann sich nicht satt ~:** he can't see enough (**an** + *Dat.* of); **ich habe mich müde ge~:** I've seen more than enough; **b)** *(sich betrachten als)* **ich sehe mich getäuscht** I feel cheated; **sich genötigt/veranlaßt ~, ... zu ...:** feel compelled to ...; **sich in der Lage ~, ... zu ...:** feel able to ...; think one is able to ...; **ich sehe mich außerstande, Ihnen zu helfen** I do not feel able to help you

**sehens-, Sehens-: ~wert, ~würdig** *Adj.* worth seeing *postpos.*; **~würdigkeit die** sight; **die ~würdigkeiten [der Stadt] besichtigen** go sightseeing [in the town]; see the sights [of the town]

**Seher der; ~s, ~:** seer; prophet

**Seher·blick der;** *o. Pl.* prophetic *or* visionary powers *pl.*

**Seherin die; ~, ~nen** seer; prophetess

**Seh-: ~fehler der** sight defect; defect of vision; **~kraft die;** *o. Pl.* sight

**Sehne** ['ze:nə] **die; ~, ~n a)** *(Anat.)* tendon; sinew; **b)** *(Bogen~)* string; **c)** *(Geom.)* chord

**sehnen** *refl. V.* **sich nach jmdm./etw. ~:** long *or* yearn for sb./sth.; **sich [danach] ~, etw. zu tun** long *or* yearn to do sth.; **er sehnt sich nach Hause** he longs to go home; **~des Verlangen** *(geh.)* longing; yearning

**Sehnen das; ~s** *(geh.)* longing; yearning

**Sehnen·scheiden·entzündung die** *(Med.)* tendovaginitis *no indef. art.*

**Seh·nerv der** *(Anat.)* optic nerve

**sehnig** *Adj.* **a)** stringy ‹*meat*›; **b)** *(kräftig)* sinewy ‹*figure, legs, arms, etc.*›

**sehnlich 1.** *Adj.; nicht präd.* **das ist mein ~stes Verlangen/mein ~ster Wunsch** that's what I long for most/that's my dearest wish. **2.** *adv.* **etw. ~[st] herbeiwünschen** look forward longingly to sth.; **sich** *(Dat.)* **etw. ~st wünschen** long *or* yearn for sth.; **jmdn. ~st erwarten** look forward eagerly to sb. coming

**Sehn·sucht die** longing; yearning; **~ nach jmdm. haben** long *or* yearn to see sb.; **die ~ nach der Ferne** the longing for far-away parts

**sehn·süchtig 1.** *Adj.* longing *attrib.*, yearning *attrib.* ‹*desire, look, gaze, etc.*›; ‹*letter*› full of longing *or* yearning; *(wehmütig verlangend)* wistful ‹*gaze, sigh, etc.*›; **~es Verlangen** longing; yearning. **2.** *adv.* longingly; *(wehmütig verlangend)* wistfully; **jmdn./etw. ~ erwarten** look forward longingly to seeing sb./to sth.; long for sb. to come/for sth.

**sehnsuchts·voll** *(geh.)* **1.** *Adj.* longing *attrib.*, yearning *attrib.* ‹*desire, look, gaze, etc.*›; ‹*letter, lines, song*› full of longing *or* yearning; *(wehmütig)* wistful ‹*gaze, sigh, tremolo, etc.*›. **2.** *adv.* longingly; yearningly; *(wehmütig)* wistfully

**sehr** [ze:ɐ̯] *Adv.* **a)** *mit Adj. u. Adv.* very; **~ viel** a great deal; **ich bin ~ dafür/dagegen** I'm very much in favour/against [it]; **~ zu meiner Überraschung** [very] much to my surprise; **ich bin Ihnen ~ dankbar** I'm most grateful to you; **ich bin Ihnen ~ verbunden** I'm [very] much obliged to you; **jmdn. ~ gern haben** like sb. a lot *(coll.) or* a great deal; **er wäre ~ wohl imstande gewesen, es zu tun** he would perfectly well have been able to do it; **b)** *mit Verben* very much; greatly; **er hat ~ geweint** he cried a great deal *or (coll.)* a lot; **er hat sich darüber ~ geärgert** he was greatly *or* very annoyed about it; **das muß ich mir ~ überlegen** I'll have to give that a great deal of thought; I'll have to consider that very carefully; **du mußt dich ~ vorsehen** you must be very careful; **es regnet ~:** it's raining hard; **danke ~!** thank you *or* thanks [very much]; **bitte ~, Ihr Schnitzel!** here's your steak, sir/madam; **Danke ~! – Bitte ~!** Thank you – You're welcome; **er hat sich so ~ geärgert/gefreut, daß ...:** he was so annoyed/delighted that ...; **du glaubst nicht, wie ~ er sich gefreut hat** you wouldn't believe how delighted he was; **ja, ~!** yes, very much!; **nein, nicht ~!** no, not much!; **langweilst du dich? – Sehr sogar!** Are you bored? – Yes, very!; **zu ~:** too much; **Hat es ihr gefallen? – Nicht so ~!** Did she like it? – Not all that much!

**Seh-: ~rohr das** periscope; **~schärfe die** visual acuity; **~schwäche die** weak vision *or* sight *no indef. art.*; **~störung die** sight defect; visual defect; **~störungen** impaired vision *sing.*; **~test der** eye test; **~vermögen das;** *o. Pl.* sight

**sei** [zai] *1. u. 3. Pers. Sg. Präsens Konjunktiv u. Imperativ Sg. v.* **sein**

**seibern** ['zaibɐn] *itr. V.* dribble

**seichen** ['zaiçn̩] *itr. V. (bes. schwäb. salopp)* **a)** pee *(coll.)*; **ins Bett ~:** wet the bed; **b)** *(dummes Zeug reden)* talk drivel

**seicht** [zaiçt] **1.** *Adj.* shallow; *(fig.)* shallow; superficial. **2.** *adv. (fig.)* shallowly; superficially

**Seichtheit die; ~** *(auch fig.)* shallowness

**seid** [zait] *2. Pers. Pl. Präsens u. Imperativ Pl. v.* **sein**

**Seide** ['zaidə] **die; ~, ~n** silk

**Seidel** ['zaidl̩] **das; ~s, ~** *(half-litre)* beer-mug

**Seidel·bast der** daphne

**seiden 1. a)** *nicht präd. (aus Seide)* silk; **b)** *(wie Seide)* silky. **2.** *adv.* silkily

**seiden-, Seiden-: ~atlas der** silk satin; **~bau der;** *o. Pl.* sericulture *no art.*; **~kleid das** silk dress; **~papier das** tissue paper; **~raupe die** silkworm; **~raupen·zucht die** sericulture *no art.*; **~spinner der** *(Zool.)* silk[worm] moth; **~straße die** *(hist.)* silk road; **~strumpf der** silk stocking; **~weich** *Adj.* silky-soft

**seidig 1.** *Adj.* silky. **2.** *adv.* silkily

**Seiende** ['zaiəndə] **das;** *adj. Dekl. (Philos.)* **das ~:** that which exists

**Seife** ['zaifə] **die; ~, ~n a)** soap; **b)** *(Geol.)* alluvial deposit; placer

**Seifen-: ~blase die** soap bubble; *(fig.)* bubble; **~blasen machen** blow bubbles; **~kisten·rennen das** soap-box race; **~lauge die** [soap]suds *pl.*; **~oper die** *(ugs.)* soap opera; **~pulver das** soap powder; **~schale die** soap-dish; **~schaum der;** *o. Pl.* lather; **~sieder der** *(veralt.)* soap-boiler

**seifig** *Adj.* soapy

**seihen** ['zaiən] *tr. V.* strain

**Seil** [zail] **das; ~s, ~e** rope; *(Draht~)* cable; **auf dem ~ tanzen** dance on the high wire; **in den ~en hängen** *(Boxen)* be on the ropes; *(fig. ugs.: müde sein)* be knackered *(Brit. sl.) or* shattered *(Brit. coll.) or (Amer. coll.)* tuckered

**Seil·bahn die** cableway

**Seiler der; ~s, ~:** rope-maker

**Seilerei die; ~, ~en a)** *o. Pl. (Herstellung)* rope-making *no art.*; **b)** *(Betrieb)* rope-maker's

**seil·hüpfen** *itr. V.; nur im Inf. u. im 2. Part.; mit sein s.* **seilspringen**

**Seilschaft die; ~, ~en** *(Bergsteigen)* rope; *(fig.)* followers *pl.*

**seil-, Seil-: ~springen** *unr. itr. V.; nur im Inf. u. im 2. Part.; mit sein* skip; **~tanz der** tightrope *or* high-wire act; **~tanzen** *itr. V.; nur im Inf. u. im 2. Part.* walk the tightrope *or* high wire; **~tänzer der, ~tänzerin die** tightrope-walker; **~winde die** cable winch

**Seim** [zaim] **der; ~[e]s, ~e** *(geh.)* glutinous *or* viscid mass; *(Honig~)* honey

**seimig** *Adj.* glutinous; viscid

**¹sein** [zain] **1.** *unr. itr. V.* **a)** be; **wie ist der Wein?** how is the wine?; **wie ist das Wetter?** what is the weather like?; **wie wäre es mit einem Schnaps?** how about a schnaps?; **wie war das noch mit dem Scheck?** what was that again about a cheque?; **nun, wie ist es, gehst du mit oder nicht?** well, what about it? are you going too, or not?; **wie ist es mit dir, möchtest du ein Glas Glühwein?** how about you, would you like a glass of mulled wine?; **ist das kalt heute!** it's so cold today; **wie dem auch sei, sei es, wie es wolle** *(geh.)* be that as it may; **seien Sie bitte so freundlich und geben Sie mir ...:** [would you] be so kind as to give me ...; **das Buch ist meins** *od. (ugs.)* **mir** the book is mine; **die Sache ist die: ...:** it's like this: ...; **wenn ich du wäre ...:** if I were you ...; **das wären neun Mark** that will be nine marks; **hier wären wir** here we are; **das wär's** that's that; *(beim Einkaufen)* that's all; that's it *(coll.)*; **und das wäre?** and what might *or* would that be?; **er ist Schwede/Lehrer** he is Swedish *or* a Swede/a teacher; **was ist er [von Beruf]?** what does he do [for a living]?; **wo warst du so lange?** where have you been all this time?; **bist du es?** is that you?; **Karl war's** *(ist verantwortlich)* it was Karl [who did/said *etc.* it]; **keiner will es gewesen ~:** no one will admit it was him; **wer** *(ugs.)* *od.* **jemand ~:** be somebody; **nichts ~** *(ugs.)* be a nothing *or* a nonentity; **Everton ist Fußballmeister** Everton are football champions; **x sei 4** let x be 4; **b)** *(unpers.)* **mir ist kalt/besser** I am *or* feel cold/better; **mir ist schlecht** I feel sick; **ist dir etwas?** are you all right?; is something the matter?; **jmdm. ist, als [ob] ...:** sb. feels as if ...; *(jmd. hat den Eindruck [als])* sb. has a feeling that ...; **jmdm. ist nach etw.** *(ugs.)* sb. feels like *or* fancies sth.; **mir ist nicht nach Scherzen** *(ugs.)* I'm not in a mood for joking; **c)** *(ergeben)* be; make; **drei und vier ist** *od. (ugs.)* **sind sieben** three and four is *or* makes seven; **d)** *(unpers.) (bei Zeitangabe)* be; **es ist drei Uhr/Mai/Winter** it is three o'clock/May/winter; **e)** *(sich befinden)* be; **sind noch Tomaten da?** are there any tomatoes left?; **morgen bin ich zu Hause** I shall be [at] home tomorrow; **bist du schon**

**mal bei Eva gewesen?** have you ever been to Eva's?; **f)** *(stammen)* be; come; **er ist aus Berlin** he is *or* comes from Berlin; **g)** *(stattfinden)* be; *(sich ereignen)* be; happen; **es war an einem Sonntag im April** it was on a Sunday in April; **muß das ~?** is that really necessary?; **es hat nicht sollen ~** *(veralt., geh.)* it was not meant to be; **was darf es ~?** *(im Geschäft)* what can I get you?; **das kann schon ~:** that may well be; **das kann doch nicht ~!** that's just not possible!; **wenn etwas ist, ruf mich an** *(ugs.)* if anything comes up, give me a ring; **war etwas während meiner Abwesenheit?** did anything happen during my absence?; **es sei!** so be it; **was ~ muß, muß ~:** what must be, must be; **sei's drum!** all right!; **sei es ..., sei es ...** *(geh.)* whether ... or ...; **h)** *(existieren)* be; exist; **er ist nicht mehr** *(verhüll.)* he is no longer with us; **ist was?** *(ugs.)* is anything wrong *or* the matter?; **sie taten, als ob nichts wäre** they acted as if nothing had happened; **das war einmal** that's all past now; **es war einmal ein Prinz** once upon a time there was a prince; **es ist keine Hoffnung mehr** there is no hope [left]; **was nicht ist, kann noch werden** things can always change; **wenn du nicht gewesen wärest** if it hadn't been for you. **2.** *Hilfsverb* **a)** *(... werden können)* **es ist niemand zu sehen** there's no one to be seen; **das war zu erwarten** that was to be expected; **die Schmerzen sind kaum zu ertragen** the pain is hardly bearable; **mit ihm ist zu reden** he's quite approachable; **es ist zu verkaufen** it is for sale; **b)** *(... werden müssen)* **das Bemalen der Wände ist zu unterlassen** painting on the walls is prohibited; **die Richtlinien sind strengstens zu beachten** the guidelines are to be strictly followed; **c)** *(zur Perfektumschreibung)* have; **er ist gestorben** he has died; **sie sind gerade mit dem Wagen in die Stadt** *(ugs.)* they've just driven off into town; **gestern bin ich gleich von der Arbeit nach Hause** *(ugs.)* I went straight home from work yesterday; **die Kinder sind spielen** *(ugs.)* the children have gone off to play; **d)** *(zur Bildung des Zustandspassivs)* be; **wir waren gerettet** we were saved

**²sein** *Possessivpron.* **a)** *(vor Substantiven)* *(bei Männern)* his; *(bei Mädchen)* her; *(bei Dingen, Abstrakta)* its; *(bei Tieren)* its; *(bei Männchen auch)* his; *(bei Weibchen auch)* her; *(bei Ländern)* its; her; *(bei Städten)* its; *(bei Schiffen)* her; its; *(nach man)* one's; his *(Amer.)*; **jeder hat ~e Sorgen** everyone has his *or (coll.)* their troubles; **er trinkt am Tag ~e acht Tassen Kaffee** *(ugs.)* he regularly drinks eight cups of coffee a day; **das hat ~e zwei Millionen gekostet** *(ugs.)* it cost a good two million; **wenn man sich** *(Dat.)* **~er eigenen Unzulänglichkeit bewußt ist** when you're aware of your own inadequacy; when one is aware of one's own inadequacy; **dem Willi ~ Hund** *(salopp)* Willi's dog; **b)** *o. Subst.* his; **endlich war sie ~** *(geh. veralt.)* at last she was his; **der/die/das ~e** *(geh.)* his; **die Seine** *(veralt.)* his wife; **die Seinen** *(geh.)* his family; **das Seine** *(Eigentum)* what is his; **er hat das Seine getan** *(was er konnte)* he has done what *or* all he could; *(sein Teil)* he has done his part *or (coll.)* bit; **jedem das Seine** to each his own; *(jeder nach seinem Geschmack)* each to his own; **den Seinen gibt's der Herr im Schlaf** some people have all the luck

**³sein** *Gen. der Personalpronomen* **er, es** *(dichter. veralt.) s.* **seiner**

**Sein das;** **~s** *(Philos.)* being; *(Dasein)* existence; **~ und Schein** appearance and reality

**seiner** *(geh.)* **1.** *Gen. des Personalpronomens* **er: sich ~ erbarmen** have pity on him; **~ gedenken** remember him. **2.** *Gen. des Personalpronomens* **es: das Tier lag dort, bis sich jemand ~ annahm** the animal lay there until somebody came and looked after it

**seiner-: ~seits** *Adv.* for his part; *(von ihm)* on his part; **er ~seits wollte nichts davon wissen** he for his part wanted nothing to do with it; **er unternimmt auch ~seits nichts** he doesn't do anything himself either; **~zeit** *Adv.* **a)** *(damals)* at that time; in those days; **b)** *(österr. veralt.: später)* later; **~zeitig** *Adj.; nicht präd.* **der ~zeitige Präsident** the President at that time; the then President; **die ~zeitigen Verhältnisse** the conditions prevailing then *or* at that time

**seines·gleichen** *indekl. Pron.* **a)** *(nach er)* his own kind; people *pl.* like himself; **er verkehrt am liebsten mit ~:** he prefers to associate with his own kind; **der König hat mich wie ~ behandelt** the King treated me as an equal; **b)** *(nach man)* one's own kind; **c)** *(nach es)* **das Kind soll mit ~ spielen** the child should play with others its own age; **das sucht** *od.* **hat nicht ~:** it is without equal *or* is unequalled

**seinet-: ~halben** *(veralt.)*, **~wegen** *Adv.* **a)** *(wegen seiner)* because of him; on his account; **das Kind ist schon lange weg: die Mutter macht sich ~wegen Sorgen** the child's been gone for a long time: the mother is worried for him/her; **b)** *(ihm zuliebe, für ihn)* for his sake; for him; **c)** *(von ihm aus)* **er sagte, ~wegen sollten wir ruhig gehen** he said as far as he was concerned we could go; **~willen** *Adv. in* **um ~willen** for his sake; for him

**seinige** ['zainɪgə] *Possessivpron. (geh. veralt.)* **der/die/das ~:** his; **er hat das Seinige getan** *(was er konnte)* he had done what *or* all he could; *(sein Teil)* he has done his part; **die Seinige** his wife; **die Seinigen** his family

**sein|lassen** *unr. tr. V. (ugs.)* **a)** *(aufhören mit)* stop; **laß das sein!** stop it!; **lassen wir die Idee/das Ganze lieber sein** let's drop the idea/the whole thing; **b)** *(in Ruhe lassen)* **jmdn./etw. ~:** leave sb. alone *or (coll.)* be/leave sth. alone

**seismisch 1.** *Adj.* seismological; *(Erdbeben betreffend)* seismic. **2.** *adv.* seismologically

**Seismo-** [zaismo-]: **~gramm das** seismogram; **~graph der; ~en, ~en** seismograph; **~loge der; ~n, ~n** seismologist; **~logie die; ~:** seismology *no art.*; **~login die; ~, ~nen** seismologist

**seit** [zait] **1.** *Präp. mit Dat. (Zeitpunkt)* since; *(Zeitspanne)* for; **~ dem zweiten Weltkrieg/1955/dem Unfall** since the Second World War/1955/the accident; **~ Wochen/Jahren/einiger Zeit** for weeks/years/some time [past]; **ich bin ~ zwei Wochen hier** I've been here [for] two weeks; **er geht ~ vier Wochen zur Schule** he has been going to school for four weeks; **~ damals, ~ der Zeit** since then; **~ wann hast du ihn nicht mehr gesehen?** when was the last time you saw him?. **2.** *Konj.* since; **~ du hier wohnst** since you have been living here; **~ er das gehört hat** since he heard that

**seit·dem 1.** *Adv.* since then; **das Haus steht ~ leer** since then the house has stood empty. **2.** *Konj. s.* **seit 2**

**Seite** ['zaitə] **die; ~, ~n a)** side; **auf** *od.* **zu beiden ~n der Straße/des Tores** on both sides of the road/gate; **die hintere/vordere ~:** the back/front; **mit der ~ nach vorne** sideways [on]; **zur** *od.* **auf die ~ gehen** *od.* **treten** move aside *or* to one side; move out of the way; **zur ~!** make way!; **die ~n wechseln** *(Fußball)* change ends; **ein Auto auf die ~ winken** wave a car [over] to the side [of the road]; **jmdn. zur ~ nehmen** take sb. aside; **etw. zur ~ legen** *od.* **räumen** move *or* put sth. to one side *or* aside; **etw. auf die ~ schaffen** *(ugs.)* help oneself to sth.; **etw. auf die ~ legen** *(ugs.: sparen)* put sth. away *or* aside; **zur ~** *(Theater)* aside; **die eine/die andere ~ der Medaille** *(fig.)* the one/the other side of the coin; **alles** *od.* **jedes Ding hat seine zwei ~n** *(fig.)* there are two sides to everything; **ich schlafe auf der ~:** I sleep on my side; **er ist auf einer ~ gelähmt** he's paralysed down one side; **ich wünsche dir, daß du an seiner ~ glücklich wirst** *(geh.)* I hope you'll be happy with him; **halte dich an meiner ~:** stay beside me *or* by my side; **~ an ~:** side by side; **~ an ~ kämpfen** *(fig.)* stand shoulder to shoulder and fight; **jmdm. zur ~ stehen** stand by sb.; **jmdm. nicht von der ~ gehen** *od.* **weichen** not move from *or* leave sb.'s side; **setz dich an meine grüne ~!** *(scherzh.)* come and sit by me *or* by my side; **jmdn. von der ~ ansehen** look at sb. from the side; *(fig.)* look at sb. askance; **eine ~ Speck** a side of bacon; **b)** *(Richtung)* side; **von allen ~n** *(auch fig.)* from all sides; **nach allen ~n** in all directions; *(fig.)* on all sides; **c)** *(Buch~, Zeitungs~)* page; **die erste/letzte ~** *(eines Buchs)* the first/last page; *(einer Zeitung)* the front/back page; **d)** *(Eigenschaft, Aspekt)* side; **auf der einen ~, ... auf der anderen ~ ...:** on the one hand ... on the other hand ...; **von der ~ kenne ich ihn noch nicht** I haven't seen that side of him yet; **etw. ist jmds. schwache ~** *(ugs.)* sth. is not exactly sb.'s forte; *(ist jmds. Schwäche)* sb. has a weakness for sth.; **jmds. starke ~ sein** *(ugs.)* be sb.'s forte *or* strong point; **sich von der besten ~ zeigen** show one's best side; **e)** *(Partei)* side; **sich auf jmds. ~** *(Akk.)* **schlagen** take sb.'s side; **die ~n wechseln** *(fig.)* change sides; **auf jmds. ~ stehen** *od.* **sein** be on sb.'s side; **jmdn. auf seine ~ bringen** *od.* **ziehen** win sb. over; **auf/von seiten der Direktion** on/from the management side; **von anderer/offizieller ~ verlautete, daß ...:** it was learned from other/official sources that ...; **ich werde von meiner ~ aus nichts unternehmen** I for my part will not do anything; **f)** *(Familie)* side; **auf der väterlichen ~ stammt sie von ...:** on her father's side she descends from ...

**seiten** *in* **auf/von ~:** *s.* **Seite e**

**seiten-, Seiten-: ~altar der** side altar; **~ansicht die** side view; *(Aufriß)* side elevation; **~arm der** arm; branch; **~ausgang der** side exit; **~blick der** sidelong look; *(kurzer Blick)* sidelong glance; **~ein·gang der** side entrance; **~flügel der a)** *(eines Gebäudes)* wing; **b)** *(eines Flügelaltars)* side panel; **~gebäude das** annex; *(eines Bauernhofs o. ä.)* outbuilding; **~gewehr das** *(Milit.)* bayonet; **~halbierende die;** *adj. Dekl. (Math.)* median; **~hieb der a)** *(fig.)* side-swipe (**auf** + *Akk.* at); **b)** *(Fechten)* flank cut; **~lage die;** *o. Pl.* **in ~lage schlafen/schwimmen** sleep/swim on one's side; **den Verletzten in ~lage bringen** put the injured man on his side; **~lang 1.** *Adj.* ⟨letter⟩ that goes on for pages; **2.** *adv.* **so geht es ~lang weiter!** it goes on like that for pages; **~leit·werk das** *(Flugw.)* vertical tail; **~linie die a)** *(Geneal.)* offset; offshoot; **b)** *(Fußball, Rugby)* touch-line; *(Tennis, Hockey, Federball)* sideline; **~ruder das** *(Flugw.)* rudder

**seitens** *Präp. mit Gen. (Papierdt.)* on the part of; **~ der Arbeitgeber wird noch beraten** the employers are still discussing the matter

**seiten-, Seiten-: ~schiff das** [side] aisle; **~sprung der** infidelity; **einen ~sprung machen** have an affair; **~stechen das;** *o. Pl.* **~stechen haben/bekommen** have/get a stitch; **~straße die** side-street; **eine ~straße der Schillerstraße** a side-street off the Schillerstrasse; **~streifen der** verge; *(einer Autobahn)* hard shoulder; **„~streifen nicht befahrbar"** 'Soft Verges'; **~tal das** side valley; **~tasche die** side pocket; **~verkehrt** *Adj.* reversed; **~wand die** side wall; **~wechsel der** *(Ballspiele)* change of ends; **~wind der;** *o. Pl.* side wind; cross-wind; **~zahl die a)** page number; **b)** *(Anzahl der Seiten)* number of pages

**seit·her** *Adv.* since then; ~ **habe ich ihn nicht gesprochen** I haven't spoken to him since [then]
**seitherig** *Adj.; nicht präd.* **seine ~e Abwesenheit/Arbeit** his absence/work since then
**-seitig** *adj.* -page; **tausend~:** thousand-page *attrib.;* **ein mehrseitiger Brief/Bericht** a letter/report several pages long
**seitlich 1.** *Adj.* **der Eingang ist ~:** the entrance is at the side; **ein ~er Wind** a side wind; a cross-wind. **2.** *adv. (an der Seite)* at the side; *(von der Seite)* from the side; *(nach der Seite)* to the side; ~ **von jmdm. stehen** stand to the side of sb.; ~ **gegen etw. prallen** crash sideways into sth. **3.** *Präp. mit Gen.* beside; to the side of
**seitlings** ['zaitlɪŋs] *Adv. (veralt.)* ~ **reiten** ride side-saddle; ~ **schlafen/liegen/fallen** sleep/lie/fall on one's side
**Seit·pferd das** *(Turnen)* side horse; pommel horse
**-seits** *adv.* **französischer~:** from the French side; **ärztlicher~:** from the medical angle
**seit·wärts 1.** *Adv.* **a)** *(zur Seite)* sideways; **b)** *(an, auf der Straße)* to one side; ~ **von etw.** to the side of sth. **2.** *Präp. mit Gen.* beside; to the side of
**sek., Sek.** *Abk.* **Sekunde** sec.
**Sekante** [ze'kantə] **die; ~, ~n** *(Math.)* secant
**sekkant** [zɛ'kant] *(österr., sonst veralt.)* **1.** *Adj.* tiresome. **2.** *adv.* tiresomely
**sekkieren** *tr. V. (österr., sonst veralt.)* annoy; *(bedrängen)* pester
**Sekret** [ze'kre:t] **das; ~[e]s, ~e** *(Med., Biol.)* secretion
**Sekretär** [zekre'tɛ:ɐ̯] **der; ~s, ~e a)** secretary; **b)** *(Beamter)* middle-ranking civil servant; **c)** *(Schreibschrank)* secretaire; secretary; bureau *(Brit.);* **d)** *(Zool.)* secretary-bird
**Sekretariat** [zekreta'ria:t] **das; ~[e]s, ~e** [secretary's/secretaries'] office
**Sekretärin die; ~, ~nen** secretary
**Sekretion** [zekre'tsio:n] **die; ~, ~en** *(Med., Biol.)* secretion
**Sekt** [zɛkt] **der; ~[e]s, ~e** high-quality sparkling wine; ≈ champagne
**Sekte** ['zɛktə] **die; ~, ~n** sect
**Sekt·flasche die** champagne-bottle
**Sektierer der; ~s, ~, Sektiererin die; ~, ~nen** sectarian; *(Politik: Abweichler)* deviationist
**sektiererisch 1.** *Adj.* sectarian; *(Politik)* deviationist. **2.** *adv.* in a sectarian way; *(Politik)* in a deviationist way
**Sektierertum das; ~s** sectarianism; *(Politik)* deviationism
**Sektion** [zɛk'tsio:n] **die; ~, ~en a)** *(Abteilung)* section; *(im Ministerium)* department; **b)** *(DDR: an Hochschulen)* department; **c)** *(Med.)* autopsy; post mortem [examination] (+ *Gen.* on)
**Sektions·chef der** *(österr.) head of a ministry department*
**Sekt-: ~kellerei die** champagne-producer's; *(Gebäude)* champagne cellars *pl.;* **~kühler der** champagne-cooler
**Sektor** ['zɛktɔr] **der; ~s, ~en** [-'to:rən] **a)** *(Fachgebiet)* field; sphere; **industrieller/wirtschaftlicher ~:** industrial/economic sector; **b)** *(Geom.; Besatzungszone)* sector
**Sektoren·grenze die** sector boundary
**Sekunda** [ze'kʊnda] **die; ~, Sekunden** *(Schulw.)* **a)** *(veralt.)* sixth and seventh years *(of a Gymnasium);* **b)** *(österr.)* second year *(of a Gymnasium)*
**Sekundaner der; ~s, ~, Sekundanerin die; ~, ~nen** *(Schulw.)* **a)** *(veralt.) (Ober~)* pupil in the seventh year *(of a Gymnasium); (Unter~)* pupil in the sixth year *(of a Gymnasium);* **b)** *(österr.)* pupil in the second year *(of a Gymnasium)*
**Sekundant** [zekʊn'dant] **der; ~en, ~en** second *(in a duel or match)*
**sekundär** [zekʊn'dɛ:ɐ̯] **1.** *Adj.* secondary. **2.** *adv.* secondarily
**Sekundar·lehrer der** *(schweiz.)* secondary-school teacher
**Sekundär·literatur die** secondary literature
**Sekundar-: ~schule die** *(schweiz.)* secondary school; **~stufe die** secondary stage *(of education)*
**Sekunde** [ze'kʊndə] **die; ~, ~n a)** *(auch Math., Musik)* second; **es ist auf die ~ 12 Uhr** it is twelve o'clock precisely; **meine Uhr geht auf die ~ genau** my watch keeps perfect time; **b)** *(ugs.: Augenblick)* second; moment
**sekundenlang 1.** *Adj.* momentary. **2.** *adv.* for a moment; momentarily
**Sekunden-: ~schnelle die;** *o. Pl.* **in ~schnelle** in a matter of seconds; *(blitzschnell)* in a flash; **~zeiger der** second hand
**sekundieren** *itr. V. (geh.)* **jmdm. [bei etw.] ~:** support sb., back sb. up [in sth.]; **jmdm. [bei einem Duell] ~:** act as sb.'s second [in a duel]
**Sekurit** ® [zeku'ri:t] **das; ~s** [toughened] safety glass
**selb...** [zɛlp...] *s.* **derselbe**
**selber** ['zɛlbɐ] *indekl. Demonstrativpron. s.* **selbst 1**
**Selber·machen das; ~s** *(ugs.)* do-it-yourself *no art.;* **Möbel zum ~:** furniture to make oneself *or* for the do-it-yourselfer
**selbig** *Demonstrativpron. (veralt.)* [the] same; **am ~en Tag** that same *or* very day
**selbst** [zɛlpst] **1.** *indekl. Demonstrativpron.* **ich/du/er ~:** I myself/you yourself/he himself; **wir/ihr ~:** we ourselves/you yourselves; **sie ~:** she herself; *(Pl.)* they themselves; **Sie ~:** you yourself; *(Pl.)* you yourselves; **das Haus/der König ~:** the house itself/the king himself; **du hast es ~ gesagt** you said so yourself; *(betonter)* you yourself said so; **ich habe ihn nicht ~ gesprochen** I didn't speak to him myself; **sie backt/kocht ~:** she does the baking/cooking herself; **er denkt nur an sich ~:** he only thinks of himself; **Wie geht's dir? – Gut! Und ~?** *(ugs.)* How are you? – Fine! And how about you?; **von ~:** automatically; **etw. läuft ganz von ~:** sth. runs itself *or* requires no attention; **es versteht sich von ~:** it goes without saying; **die Ruhe/Bescheidenheit ~ sein** *(ugs.)* be calmness/modesty itself; **~ ist der Mann** you have to get on and do things for yourself. **2.** *adv.* even; ~ **wenn er wollte** even if he wanted [to]
**Selbst das; ~** *(geh.)* self; **das eigene ~:** one's own self
**Selbst-: ~abholer der; ~s, ~ a)** *(Kaufmannsspr.) buyer who collects the goods himself/herself;* **ein Möbelmarkt für ~abholer** a cash-and-carry furniture store; **b)** *(Postw.) person who collects his post himself;* **~abholer sein** collect the post oneself; **~achtung die** self-respect; self-esteem
**selb·ständig 1.** *Adj.* independent; **an ~es Arbeiten gewöhnt sein** be used to working on one's own *or* independently; **ein ~er Unternehmer** a self-employed business man; **sich ~ machen** set up on one's own; *(fig. scherzh.)* ⟨*pram, child, etc.*⟩ take off [on its/his/her own]. **2.** *adv.* independently; ~ **arbeiten** work on one's own *or* independently; ~ **denken** think for oneself
**Selbständige der/die;** *adj. Dekl.* self-employed [business] person
**Selbständigkeit die; ~:** independence
**selbst-, Selbst-: ~anzeige die** *(Rechtsw.)* self-denunciation; **~auf·opferung die** self-sacrifice *no art.;* **unter großer ~aufopferung** at the cost of considerable self-sacrifice; **~auslöser der** *(Fot.)* delayed-action shutter release; **~bedienung die** self-service *no art.;* **hier ist ~bedienung** it's self-service here; **~bedienungs·laden der** self-service shop; **~befriedigung die a)** masturbation *no art.;* **b)** *(fig.)* **er tut das aus reiner ~befriedigung** he only does it for self-gratification; **~behauptung die;** *o. Pl.* self-assertion *no art.;* **~beherrschung die** self-control *no art.;* **die ~beherrschung bewahren/verlieren** keep/lose one's self-control; **~beobachtung die** self-observation *no art.;* **~beschränkung die** self-restraint *no art.;* **in kluger ~beschränkung** wisely exercising self-restraint; **~besinnung die** *(geh.)* [inward] contemplation *no art.;* **~bestätigung die** *(Psych.)* self-affirmation *no art.;* **eine ~bestätigung** a boost to the ego; **~bestimmung die;** *o. Pl.* self-determination *no art.;* **~bestimmungs·recht das;** *o. Pl.* right of self-determination; **~beteiligung die** *(Versicherungsw.)* [personal] excess; **~betrug der** self-deception *no art.;* **~beweih·räucherung die** *(ugs.)* self-adulation *no art.;* **~bewußt 1.** *Adj.* **a)** self-confident; self-possessed; **b)** *(Philos.)* self-aware; **2.** *adv.* self-confidently; **~bewußt·sein das a)** self-confidence *no art.; (einer sozialen Schicht o. ä.)* self-assurance; **nationales ~bewußtsein** sense of national identity; **b)** *(Philos.)* self-awareness *no art.;* **~bildnis das** self-portrait; **~disziplin die;** *o. Pl.* self-discipline *no art.;* **~ein·schätzung die** self-assessment *no art.;* self-appraisal *no art.;* **~entfaltung die** blossoming of one's personality; **sie hatte keine Möglichkeit zur ~entfaltung** there was no opportunity for her to develop as an individual; **~entfremdung die** *(Soziol., Philos.)* self-alienation *no art.;* **~erfahrungs·gruppe die** *(Psych.)* sensitivity group; **~erhaltung die;** *o. Pl.* self-preservation *no art.;* **~erhaltungs·trieb der** instinct for self-preservation; survival instinct; **~erkenntnis die;** *o. Pl.* self-knowledge *no art.;* **~erkenntnis ist der erste Schritt zur Besserung** knowing your faults is the first step towards curing them; **~fahrer der a)** *person who drives a car himself/herself;* **Autovermietung an ~fahrer** self-drive car hire; **b)** *(Krankenfahrstuhl)* self-propelled wheelchair; **~findung die; ~:** self-discovery *no art.;* **~gebacken** *Adj.* home-made; home-baked; **~gebraut** *Adj.* home-brewed ⟨*beer*⟩; **~gedreht** *Adj.* **~gedrehte Zigaretten, Selbstgedrehte** [one's own] rolled cigarettes; **~gefällig** *(abwertend)* **1.** *Adj.* self-satisfied; smug; **2.** *adv.* smugly; in a self-satisfied way; **~gefälligkeit die;** *o. Pl.* self-satisfaction; smugness; **~gemacht** *Adj.* home-made ⟨*jam, liqueur, sausage, basket, etc.*⟩; self-made ⟨*dress, pullover, etc.*⟩; ⟨*dress, pullover, etc.*⟩ one has made oneself; **~genügsam 1.** *Adj.* modest [in one's demands]; **2.** *adv.* modestly; **~gerecht** *(abwertend)* **1.** *Adj.* self-righteous; **2.** *adv.* self-righteously; **~gespräch das** conversation with oneself; **~gespräche führen** talk to oneself; **~gestrickt** *Adj.* **a)** home-made; hand-knitted; **b)** *(fig. ugs.)* homespun ⟨*ideology etc.*⟩; **~haß der** self-hatred; **~herrlich 1.** *Adj.* high-handed; autocratic ⟨*ruler, decision*⟩; **2.** *adv.* high-handedly; in a high-handed manner; ⟨*decide, rule*⟩ autocratically; **~hilfe die;** *o. Pl.* self-help *no art.;* **Hilfe zur ~hilfe leisten** help people to help themselves; **~hilfe·gruppe die** self-help group; **~ironie die;** *o. Pl.* self-mockery; **~justiz die** self-administered justice; **~justiz üben** take the law into one's own hands; **~klebe·folie die** self-adhesive plastic sheeting; **~klebend** *Adj.* self-adhesive; **~kontrolle die** self-restraint; *(in den Medien)* self-regulation; **~kosten** *Pl. (Wirtsch.)* prime costs; **~kosten·preis der** *(Wirtsch.)* cost price; **zum [reinen] ~kostenpreis** at [no more than] cost; **etw. unter**

**dem ~kostenpreis abgeben** sell sth. below cost *or* at less than cost; **~kritik die;** *o. Pl.* self-criticism; **~kritisch 1.** *Adj.* self-critical; **2.** *adv.* self-critically; **~laut der** vowel; **~los 1.** *Adj.* selfless; **2.** *adv.* selflessly; unselfishly; **~mit·leid das** self-pity; **~mord der** suicide *no art.;* **~mord begehen** *od.* **verüben** commit suicide; **mit ~mord drohen** threaten [to commit] suicide; **~mord mit Messer und Gabel** *(ugs. scherzh.)* suicide by unhealthy eating; eating one's way to an early grave; **~mörder der** suicide; **~mörderisch** *Adj.* suicidal

**sẹlbstmord-, Sẹlbstmord-: ~gedanken** *Pl.* thoughts of suicide; **sich mit ~gedanken tragen** contemplate suicide; **~gefährdet** *Adj.* potentially suicidal; **~kandidat der** potential suicide; **~kommando das** suicide squad; **~versuch der** suicide attempt; **einen ~versuch unternehmen** attempt suicide

**sẹlbst-, Sẹlbst-: ~porträt das** self-portrait; **~redend** *Adv.* naturally; of course; **~schuß der;** *meist Pl.* automatic firing device; **~schutz der** self-protection *no art.;* **~sicher 1.** *Adj.* self-confident; **2.** *adv.* in a self-confident manner; full of self-confidence; **~sicherheit die;** *o. Pl.* self-confidence; **~studium das;** *o. Pl.* self-study; private study; **im ~studium** through self-study; by studying on one's own; **~sucht die;** *o. Pl.* selfishness; self-interest; **~süchtig 1.** *Adj.* selfish; **2.** *adv.* selfishly; **~tätig 1.** *Adj.* automatic; **2.** *adv.* automatically; **~täuschung die** self-deception; delusion; **~tötung die** *(Amtsspr.)* suicide; **~über·schätzung die** overestimation of one's abilities; **er leidet an ~überschätzung** *(ugs.)* he has an exaggerated opinion of himself; **~über·windung die** will-power *no indef. art.;* **das kostete mich viel ~überwindung** I really had to force myself to do it; **~verachtung die** self-contempt; **~verbrennung die** self-immolation *no art.* [by burning]; **~verdient** *Adj.* **~verdientes Geld** money one has earned oneself; **mein erstes ~verdientes Geld** the first money I earned myself; **~verfaßt** *Adj.* ⟨*poem, song*⟩ of one's own composition; **~vergessen** *(ugs.)* **1.** *Adj.; nicht präd.* oblivious of all around one *postpos.;* lost to the world *postpos.;* **2.** *adv.* obliviously; **~verlag der;** *o. Pl.* private publishing venture; **~verleugnung die** self-denial; **~vernichtung die** self-destruction; **~verschulden das** *(Amtsspr.)* **das war ~verschulden** it was his/their *etc.* own fault; **~verschuldet** *Adj.* **~verschuldete Unfälle** accidents for which people are themselves to blame; **deine Notlage ist ~verschuldet** you have brought your predicament on yourself; **~versorger der** self-sufficient person; *(im Urlaub)* self-caterer; **~verständlich 1.** *Adj.* natural; **es war für ihn ~verständlich** it was completely natural *or* a matter of course for him; **etw. für ~verständlich halten, etw. als ~verständlich betrachten** regard sth. as a matter of course; *(für gegeben hinnehmen)* take sth. for granted; **das ist doch ~verständlich** that goes without saying; **2.** *adv.* naturally; of course; **~verständlich nicht!** of course not!; **~verständlichkeit die** matter of course; **ein Badezimmer ist heute eine ~verständlichkeit** a bathroom is no longer considered a luxury; **etw. mit der größten ~verständlichkeit tun** do sth. as if it were the most natural thing in the world; **~verständnis das;** *o. Pl.* conception of oneself; **~verstümmelung die** self-mutilation; self-inflicted injury; **~verteidigung die** self-defence *no art.;* **~vertrauen das** self-confidence; **~verwaltung die** self-government *no art.;* **~verwirklichung die** self-realization *no art.;* **~wähl·ferndienst der** *(Postw.)* direct dialling; STD; **~wert·gefühl das;** *o. Pl. (Psych.)* [sense of] self-esteem; **~zerstörerisch** *Adj.* self-destructive; **~zerstörung die** self-destruction; **~zufrieden** *(oft abwertend)* **1.** *Adj.* self-satisfied; **2.** *adv.* in a self-satisfied manner; smugly; **~zweck der;** *o. Pl.* end in itself; **~zweck sein** be an end in itself

**selchen** ['zɛlçn̩] *tr. V. (bayr., österr.)* smoke ⟨*meat, ham, etc.*⟩

**selektieren** [zelɛk'ti:rən] **1.** *tr. V.* select; pick out. **2.** *itr. V.* make a choice; **~de Methoden** selective methods

**Selektion die;** ~, ~en selection

**selektiv 1.** *Adj.* selective. **2.** *adv.* selectively; on a selective basis

**Selen** [ze'le:n] **das;** ~s *(Chemie)* selenium

**Selfmademan** ['zɛlfme:tmɛn] **der;** ~s, **Sẹlfmademen** self-made man

**selig** ['ze:lɪç] **1.** *Adj.* **a)** *(Rel.)* blessed; **bis an sein ~es Ende** until his dying day; **Gott hab' ihn ~:** God rest his soul; *s. auch* **Angedenken; geben a; glauben b; b)** *(tot)* late [lamented]; **Schwester Modesta ~** *(veralt.)* Sister Modesta of blessed memory; **c)** *(kath. Kirche: seliggesprochen)* **die ~e Dorothea** the blessed Dorothy; **d)** *(glücklich)* blissful ⟨*idleness, slumber, etc.*⟩; blissfully happy ⟨*person*⟩; **~ [über etw.** *(Akk.)***] sein** be overjoyed *or (coll.)* over the moon [about sth.]; **werde ~ mit deinem Geld!** *(ugs.)* you can keep *or (sl.)* stuff your money. **2.** *adv.* blissfully

**Sẹlige der/die;** *adj. Dekl.* **a)** *o. Pl. (veralt., noch scherzh.)* **mein ~r/meine ~:** my late lamented *or* dear departed husband/wife; **b)** *Pl.* **die ~n** *(die Toten)* the blessed spirits [of the departed]; **die Gefilde der ~n** the Elysian fields; **c)** *(kath. Kirche: Seliggesprochene[r])* beatified person

**Sẹligkeit die;** ~, ~en **a)** *o. Pl. (Rel.)* [state of] blessedness; beatitude; **die ewige ~:** eternal bliss; **von dieser Reise hängt doch nicht seine ~ ab** *(fig.)* he won't be heartbroken if he doesn't go on this trip; **b)** *(Glücksgefühl)* bliss *no pl.;* [blissful] happiness *no pl.*

**sẹlig-, Sẹlig-: ~|preisen** *unr. tr. V.* **a)** *(geh.)* consider ⟨*person, oneself*⟩ incredibly fortunate; **b)** *(religiös)* declare blessed; **~preisung die: die ~preisungen** *(bibl.)* the Beatitudes; **~|sprechen** *unr. tr. V. (kath. Kirche)* beatify; **~sprechung die;** ~, ~en *(kath. Kirche)* beatification

**Sellerie** ['zɛləri] **der;** ~s, ~[s] *od.* **die;** ~, ~ *(Stauden~)* celeriac; *(Stangen~)* celery

**selten** ['zɛltn̩] **1.** *Adj.* rare; infrequent ⟨*visit, visitor*⟩; **in den ~sten Fällen** very rarely; **seine Besuche sind ~ geworden** his visits have become few and far between; **ein ~er Vogel** *(fig. ugs.)* an odd character; a queer fish *(coll.).* **2.** *adv.* **a)** rarely; **wir sehen uns nur noch ~:** we seldom *or* hardly ever see each other now; **ein Sommer wie ~ einer** a summer such as is only too rare; **~ so gelacht!** that was a good laugh!; *(iron.: gar nicht komisch)* very funny[, I don't think]; **b)** *(sehr)* exceptionally; uncommonly

**Sẹltenheit die;** ~, ~en rarity; **es ist eine ~, daß ...:** it is rare that ...

**Sẹltenheits·wert der;** ~[e]s rarity value; **~ haben** *(fig.)* be something of a rarity

**Selters·wasser** ['zɛltɐs-] **das** seltzer [water]

**sẹltsam 1.** *Adj.* strange; peculiar; odd; **alt und ~ werden** become rather odd in one's old age. **2.** *adv.* strangely; peculiarly

**sẹltsamerweise** *Adv.* strangely enough

**Sẹltsamkeit die;** ~, ~en **a)** *o. Pl. (Art)* strangeness; oddness; **b)** *(Ereignis, Merkmal)* peculiarity; oddity

**Semantik** [ze'mantɪk] **die;** ~ *(Sprachw.)* semantics *sing., no art.*

**semạntisch** *(Sprachw.)* **1.** *Adj.* semantic. **2.** *adv.* semantically

**Semasiologie** [zemazi̯olo'gi:] **die;** ~ *(Sprachw.)* semasiology *no art.*

**Semester** [ze'mɛstɐ] **das;** ~s, ~ **a)** semester; **er hat 14 ~ Jura studiert** he studied law for seven years; **Studenten des dritten ~s** students in their third semester; ≈ second-year students; **b)** *(ugs.: Student)* **ein höheres ~:** a senior student; **die ersten ~:** the first-year students; **ein älteres ~** *(fig. scherzh.)* a member of the older generation

**Semẹsterferien** *Pl.* [university] vacation *sing.*

**semi-, Semi-** [zemi-] semi-

**Sẹmi·finale das** *(Sport)* semi-final

**Semikolon** [zemi'ko:lɔn] **das;** ~s, ~s *od.* **Semikọla** semicolon

**Seminar** [zemi'na:ɐ̯] **das;** ~s, ~e, *österr., schweiz. auch* **~ien** [...i̯ən] **a)** *(Lehrveranstaltung)* seminar **(über +** *Akk.* on); **b)** *(Institut)* department; **das juristische ~/~ für Alte Geschichte** the Law Department/Department of Ancient History; **c)** *(Priester~)* seminary; **d)** *(für Referendare) course for student teachers prior to their second state examination*

**Seminạr·arbeit die** seminar paper

**Seminarịst der;** ~en, ~en seminarist

**Seminạr·schein der** certificate of attendance [at a seminar]

**Semiotik** [ze'mi̯o:tɪk] **die;** ~ *(Philos., Sprachw.)* semiotics *sing., no art.*

**Semit** [ze'mi:t] **der;** ~en, ~en, **Semịtin die;** ~, ~nen Semite

**semịtisch** *Adj.* Semitic

**Semmel** ['zɛml̩] **die;** ~, ~n *(bes. österr., bayr., ostmd.)* [bread] roll; **weggehen wie warme ~n** *(ugs.)* sell like hot cakes

**sẹmmel-, Sẹmmel-: ~blond** *Adj.* flaxen ⟨*hair*⟩; flaxen-haired ⟨*person*⟩; **~brösel der** *od. österr.:* **das;** *meist Pl.* breadcrumb; **~knödel der** *(bayr., österr.)* bread dumpling

**sen.** *Abk.* **senior** sen.

**Senat** [ze'na:t] **der;** ~[e]s, ~e **a)** *(Hist., Politik, Hochschulw.)* senate; **der US-~:** the US Senate; **b)** *(an Gerichten)* panel of judges

**Senạtor der;** ~s, ~en, **Senatọrin die;** ~, ~nen senator; **Herr ~ X** Senator X

**Senạts·aus·schuß der** senate committee

**Sẹnd·bote der** *(veralt.)* envoy; *(fig.)* ambassador

**Sende-** ['zɛndə-]: **~anlage die** *(Elektrot.)* transmitter; **~bereich der** *(Rundf., Ferns.)* transmitting area; **~folge die** *(Rundf., Ferns.)* **a)** *(Reihenfolge)* sequence [of programmes]; **b)** *(einer Geschichte)* episode; **~gebiet das** *(Rundf., Ferns.) s.* **~bereich; ~mast der** transmitter mast

[1]**sẹnden** *unr. (auch regelm.) tr. V. (geh.)* send; **jmdm. etw. ~:** send sb. sth.; **etw. an jmdn. ~:** send sth. to sb.; **wir ~ Ihnen die Waren ins Haus** we will despatch the goods to you at your home address

[2]**sẹnden** *regelm. (schweiz. unr.) tr., itr. V.* broadcast ⟨*programme, play, etc.*⟩; transmit ⟨*concert, signals, Morse, etc.*⟩; **Hilferufe ~:** send out distress signals

**Sẹnde·pause die** *(Rundf., Ferns.)* intermission

**Sẹnder der;** ~s, ~: [broadcasting] station; *(Anlage)* transmitter

**Sẹnde-: ~raum der** *(Rundf., Ferns.)* [broadcasting] studio; **~reihe die** *(Rundf., Ferns.)* series [of programmes]

**Sẹnder·such·lauf der** *(Rundf., Ferns.)* [automatic] station search

**Sẹnde-: ~saal der** *(Rundf., Ferns.)* [broadcasting] studio; **~schluß der** *(Rundf., Ferns.)* close-down; end of broadcasting; **zum ~schluß noch ein Krimi** now as our last programme, a thriller; **~station die** *(Funk, Rundf., Ferns.)* broadcasting station; *(Anlage)* transmitter; **~zeit die** *(Rundf., Ferns.)* broadcasting time; **die ~zeit um zehn Minuten überschreiten** overrun by ten minutes;

**~zentrale die** *(Rundf., Ferns.)* main studio; **wir geben zurück in die ~zentrale** we return you to the studio
**Sendschreiben das** *(veralt.)* circular letter; *(des Papstes)* encyclical
**Sendung die; ~, ~en a)** consignment; **b)** *o. Pl. (geh.: Aufgabe)* mission; **c)** *(Rundf., Ferns.: Darbietung)* programme; broadcast; **d)** *(Rundfunkt., Ferns.: Ausstrahlung)* transmission; broadcast[ing]; **auf ~ sein** be on the air
**Sendungs·bewußt·sein das** sense of mission
**Senegal** ['ze:negal] **(das); ~s** *od.* **der; ~[s]: [der] ~:** Senegal
**Senegalese** [zenega'le:zə] **der; ~n, ~n, Senegalesin die; ~, ~nen** Senegalese
**Seneschall** ['ze:nəʃal] **der; ~s, ~e** *(hist.)* seneschal
**Senf** [zɛnf] **der; ~[e]s, ~e** mustard; **seinen ~ dazugeben** *(fig. ugs.)* get one's word in *or* have one's say
**Senf-: ~gas das** mustard gas; **~gurke die** *gherkin pickled with mustard seeds;* **~korn das** mustard seed; **~soße die** mustard sauce; **~topf der** mustard pot
**Senge** ['zɛŋə] *Pl. (ostmd. ugs.) s.* **Prügel b**
**sengen 1.** *tr. V.* singe. **2.** *itr. V.* **a)** *(brennen)* singe; **b)** *(heiß sein)* be scorching; **eine ~de Hitze** a scorching heat; **c) ~ und brennen** *(veralt.)* burn and pillage
**senil** [ze'ni:l] **1.** *Adj. (Med., auch abwertend)* senile. **2.** *adv.* in a senile manner
**Senilität die; ~** *(Med., auch abwertend)* senility
**senior** ['ze:ni̯ɔr] *indekl. Adj.; nach Personennamen* senior
**Senior der; ~s, ~en** [ze'ni̯o:rən] **a)** *(Kaufmannsspr.)* senior partner; **b)** *(Sport)* senior [player]; **c)** *(Rentner)* senior citizen; **d)** *(Ältester)* oldest member; **e)** *(scherzh.: Vater)* old man *(coll.);* **f)** *(Werbesprache: älterer Mensch)* older person
**Senior·chef der** *(Kaufmannsspr.)* boss *(coll.) (in a family firm)*
**Senioren-: ~heim das** home for the elderly; **~mannschaft die** senior team; **~meister der** senior champion; *(Mannschaft)* senior champions
**Seniorin** [ze'ni̯o:rɪn] **die; ~, ~nen** *s.* **Senior a, b, d**
**Senk·blei das** *(Bauw.)* plumb[-bob]
**Senke** ['zɛŋkə] **die; ~, ~n** hollow
**Senkel** ['zɛŋkl̩] **der; ~s, ~ a)** *(Schnür~)* shoe-lace; **b) jmdn. in den ~ stellen** *(ugs.)* put sb. in his/her place
**senken 1.** *tr. V.* **a)** lower; *(Bergbau)* sink ‹*shaft*›; lower ‹*flag*›; drop ‹*starting flag*›; **den Kopf ~:** bow one's head; **die Augen** *od.* **den Blick/die Stimme ~:** lower one's eyes *or* glance/voice; **mit gesenktem Blick** with [one's] eyes cast down; **b)** *(herabsetzen)* reduce ‹*fever, pressure, prices, etc.*›; **c)** *(Technik)* countersink ‹*hole*›. **2.** *refl. V.* ‹*curtain, barrier, etc.*› fall, come down; ‹*ground, building, road*› subside, sink; ‹*water-level*› fall, sink; ‹*lift-cage*› go down, descend; **sein Brustkorb hob und senkte sich** his chest rose and fell
**senk-, Senk-: ~fuß der** *(Anat.)* flat foot; **~grube die** *(Bauw.)* cesspit; **~kasten der** *(Technik)* caisson; **~lot das** *(Technik)* plumb[-bob]; **~recht 1.** *Adj.* vertical; **~rechte Linie** *(Geom.)* perpendicular line; perpendicular; **in ~rechter Stellung** in an upright position; **bleib** *od.* **halt dich ~recht!** *(ugs.)* stay upright *or (coll.)* on your two pins; **das ist das einzige Senkrechte** *(ugs.)* that's the only thing worth doing/eating/reading *etc.;* **2.** *adv.* vertically; **~recht aufeinander stehen** *(Geom.)* be perpendicular *or* at right angles to each other; **~recht von oben** from vertically above; **~rechte die a)** *(Geom.)* perpendicular; **b)** vertical line; vertical; upright; **~recht·starter der; ~s, ~ a)** *(Flugzeug)* vertical take-off aircraft; **b)** *(ugs.) (Aufsteiger)* whizz-kid *(coll.); (Sache)* instant success
**Senkung die; ~, ~en a)** *o. Pl.* lowering; **b)** *o. Pl. (Reduzierung)* reduction; lowering; **eine ~ des Preises um 5%** a reduction of the price by 5%; **c)** *(Geol.)* [case of] subsidence; **d)** *(Verslehre)* unstressed syllable
**Senk·waage die** hydrometer
**Senne** ['zɛnə] **die; ~, ~n** *(bayr., österr.)* Alpine pasture
**Senner der; ~s, ~** *(bayr., österr.) Alpine herdsman and dairyman*
**Sennerin die; ~, ~nen** *(bayr., österr.) Alpine herdswoman and dairywoman*
**Sennes·blätter** ['zɛnəs-] *Pl.* senna leaves
**Senn·hütte die** *(bayr., österr.)* Alpine hut
**Sensation** [zɛnza'tsi̯o:n] **die; ~, ~en** sensation; *(Darbietung)* sensational performance; **~en sehen wollen** want to see something sensational *or* spectacular
**sensationell 1.** *Adj.* sensational. **2.** *adv.* in a sensational manner; sensationally; **eine ~ aufgemachte Story** a sensationalized story
**Sensations-: ~gier die** *(abwertend)* craving for sensation; **~meldung die** sensational report *or* piece of news; **~prozeß der** sensational trial
**Sense** ['zɛnzə] **die; ~, ~n a)** scythe; **b)** *(salopp)* **jetzt ist ~:** this really is [the end of] it *(coll.)*
**Sensen·mann der;** *o. Pl. (verhüll.)* Great Reaper
**sensibel** [zɛn'zi:bl̩] **1.** *Adj.* sensitive. **2.** *adv.* sensitively
**sensibilisieren** *tr. V.* **a)** *(geh.)* make ‹*person*› more sensitive (**für** to); **b)** *(Physiol.)* sensitize
**Sensibilität die; ~:** sensitivity
**sensitiv** [zɛnzi'ti:f] *Adj.* sensitive
**Sensor** ['zɛnzɔr] **der; ~s, ~en** [-'zo:rən] *(Technik)* **a)** sensor; **b)** *s.* **~taste**
**sensorisch** *Adj. (Physiol.)* sensory
**Sensorium** [zɛn'so:ri̯ʊm] **das; ~s, Sensorien** [...ri̯ən] *(Physiol.)* sensorium
**Sensor·taste die** *(Technik)* touch panel; touch pad *(Computing)*
**Sensualismus der; ~** *(Philos.)* sensationalism
**Sentenz** [zɛn'tɛnts] **die; ~, ~en** aphorism; maxim
**sentimental** [zɛntimɛn'ta:l] **1.** *Adj.* sentimental. **2.** *adv.* sentimentally
**Sentimentalität die; ~, ~en** sentimentality; **das sind bloße/überflüssige ~en** that is mere/unnecessary sentimentality
**separat** [zepa'ra:t] **1.** *Adj.* separate; **~e Wohnung** self-contained flat *(Brit.) or (Amer.)* apartment. **2.** *adv.* separately; **er wohnt ~:** he has self-contained accommodation
**Separat·friede[n] der** separate peace [treaty]
**Separatismus der; ~:** separatism *no art.*
**Separatist der; ~en, ~en, Separatistin die; ~, ~nen** separatist
**separatistisch** *Adj.* separatist
**Séparée** [zepa're:] **das; ~s, ~s** private room
**separieren** *tr. V.* separate
**Sepia** ['ze:pi̯a] **die; ~, Sepien a)** *(Tier)* cuttlefish; **b)** *o. Pl. (Farbstoff)* sepia
**Sepia·zeichnung die** sepia drawing
**Sepp[e]l·hose** ['zɛpl̩-] **die** *(scherzh.)* lederhosen *pl.*
**Sepsis** ['zɛpsɪs] **die; ~, Sepsen** *(Med.)* sepsis
**Sept.** *Abk.* **September** Sept.
**September** [zɛp'tɛmbɐ] **der; ~[s], ~:** September; *s. auch* **April**
**Septett** [zɛp'tɛt] **das; ~[e]s, ~e** *(Musik)* septet
**Septime** [zɛp'ti:mə] **die; ~, ~n** *(Musik)* seventh
**septisch** *Adj. (Med.)* septic
**Septuaginta** [zɛptu̯a'gɪnta] **die; ~:** Septuagint
**Sequenz** [ze'kvɛnts] **die; ~, ~en** sequence
**sequestrieren** [zekvɛs'tri:rən] *tr. V. (Rechtsw.)* sequestrate; sequester
**Serail** [ze'ra:j] **das; ~s, ~s** seraglio
**Seraph** ['ze:raf] **der; ~s, ~e** *od.* **~im** *(Rel.)* seraph
**Serbe** ['zɛrbə] **der; ~n, ~n** Serb; Serbian; **~ sein** be a Serb *or* Serbian
**Serbien** ['zɛrbi̯ən] **(das); ~s** Serbia
**Serbin die; ~, ~nen** *s.* **Serbe**
**serbisch** *Adj.* Serbian; *s. auch* **deutsch; Deutsch; [2]Deutsche**
**serbo·kroatisch** [zɛrbokro'a:tɪʃ] *Adj.* Serbo-Croat; *s. auch* **deutsch; Deutsch; [2]Deutsche**
**Serenade** [zere'na:də] **die; ~, ~n** *(Musik)* serenade
**Sergeant** [zɛr'ʒant] **der; ~en, ~en** *od. (bei engl. Ausspr.:)* ['sɑ:dʒənt] **~s, ~s** *(Milit.)* sergeant
**Serie** ['ze:ri̯ə] **die; ~, ~n** series; **eine ~ Briefmarken** a set of stamps; **etw. in ~ herstellen** *od.* **fertigen** produce *or* manufacture sth. in series; **in ~ gehen** go into [series *or* full-scale] production
**seriell** *Adj. (Musik)* serial
**serien-, Serien-: ~fertigung die** series production; **~mäßig 1.** *Adj.* standard ‹*product, model, etc.*›; *(immer eingebaut)* ‹*feature, accessory*› fitted as standard; **2.** *adv.* **a) ~mäßig gefertigt** *od.* **gebaut** produced in series; **b)** *(nicht als Sonderausstattung)* ‹*fitted, supplied, etc.*› as standard; **~mäßig mit etw. ausgerüstet sein** have sth. as a standard fitting; **~mörder der** serial killer; **~produktion die** series production; **~reif** *Adj.* ready for [series] production *postpos.;* production ‹*version, model*›; **~weise** *Adv.* **a) ~weise hergestellt werden** be in series production; **b)** *(ugs.: in großer Zahl)* en masse; wholesale
**Serigraphie** [zerigra'fi:] **die; ~, ~n** serigraphy *no art.*
**seriös** [ze'ri̯ø:s] **1.** *Adj.* **a)** *(solide)* respectable ‹*person, hotel, etc.*›; *(vertrauenswürdig)* reliable, trustworthy ‹*firm, partner, etc.*›; **b)** *(ernstgemeint)* serious ‹*offer, applicant, artist, etc.*›. **2.** *adv.* **a)** *(solide)* respectably; *(vertrauenswürdig)* in a trustworthy manner; **b)** *(ernstgemeint)* seriously
**Seriosität** [zeri̯ozi'tɛ:t] **die; ~** *(geh.)* **a)** *(Solidität)* respectability; *(Vertrauenswürdigkeit)* reliability; trustworthiness; *(eines Geschäftsmanns, einer Firma)* probity; **b)** *(Ernsthaftigkeit)* seriousness
**Sermon** [zɛr'mo:n] **der; ~s, ~e a)** *(veralt.: Predigt)* sermon; **b)** *(abwertend: langatmige Rede)* [long] lecture
**serologisch** *Adj.* serological
**Serpentine** [zɛrpɛn'ti:nə] **die; ~, ~n a)** *(Weg)* zigzag mountain road *(with numerous hairpin bends);* **b)** *(Kehre)* hairpin bend
**Serum** ['ze:rʊm] **das; ~s, Seren** *od.* **Sera** *(Med., Physiol.)* serum
**[1]Service** [zɛr'vi:s] **das; ~, ~:** [dinner *etc.*] service
**[2]Service** ['zø:ɐ̯vɪs] **der** *od.* **das; ~, ~s** ['zø:ɐ̯vɪsɪs] **a)** *o. Pl. (Bedienung, Kundendienst)* service; *(Kundendienstabteilung)* service department; **b)** *(Tennis: Aufschlag)* serve; service; **beim ~:** when serving
**servieren** [zɛr'vi:rən] **1.** *tr. V.* **a)** *(auftragen)* serve ‹*food, drink*›; *(fig.)* serve up ‹*information*›; deliver ‹*line, punchline, etc.*›; **jmdm. etw. ~:** serve sb. sth.; **b)** *(Ballspiele)* **jmdm. den Ball ~:** feed/*(Tennis)* serve the ball to sb. **2.** *itr. V.* **a)** serve [at table]; **gleich wird serviert** dinner/lunch *etc.* is [about to be] served; **b)** *(Fußball)* pass; make a pass; *(Tennis)* serve
**Serviererin die; ~, ~nen** waitress
**Servier-: ~tochter die** *(schweiz.)* waitress; **~wagen der** [serving-]trolley
**Serviette** [zɛr'vi̯ɛtə] **die; ~, ~n** napkin; serviette *(Brit.)*

**Serviẹtten·ring der** napkin *or (Brit.)* serviette ring
**servil** [zɛr'vi:l] *(geh. abwertend)* **1.** *Adj.* obsequious; servile. **2.** *adv.* obsequiously; in a servile manner
**Servilität die;** ~ *(geh. abwertend)* servility; obsequiousness
**Servo-** ['zɛrvo-]: **~bremse die** servo [-assisted] brake; **~lenkung die** power [-assisted] steering *no indef. art.*
**Servus** ['zɛrvʊs] *Interj. (bes. südd., österr.) (beim Abschied)* goodbye; so long *(coll.); (zur Begrüßung)* hello
**Sesam** ['ze:zam] **der; ~s, ~s a)** *(Pflanze)* sesame; *(Samen)* sesame seeds *pl.;* **b) ~, öffne dich!** open sesame!
**Sesam·brötchen das** sesame-seed roll
**Sessel** ['zɛsl̩] **der; ~s, ~ a)** easy chair; *(mit Armlehne)* armchair; **b)** *(österr.: Stuhl)* chair
**Sẹssel-: ~lehne die** chair-back; **~lift der** chair-lift
**seßhaft** ['zɛshaft] *Adj.* settled ⟨*tribe, way of life*⟩; **~ werden** settle [down]
**Sẹßhaftigkeit die; ~:** settled way of life
**Session** [zɛ'si̯o:n] **die; ~, ~en** *(bes. Parl.)* [parliamentary *etc.*] session
**Set** [zɛt] **das** *od.* **der; ~[s], ~s a)** *(Satz)* set, combination **(aus** of**); b)** *(Deckchen)* table- *or* place-mat; **c)** *(Sozialpsych.)* set
**Sẹtter der; ~s, ~:** setter
**Sẹtz·ei das** *(bes. nordostd.) s.* **Spiegelei**
**setzen** ['zɛtsn̩] **1.** *refl. V.* **a)** *(hin~)* sit [down]; **setz dich/setzt euch/setzen Sie sich** sit down; take a seat; **sich aufs Sofa/in den Sessel/in den Schatten** *usw.* **~:** sit on the sofa/in the chair/in the shade *etc.;* **sich zu jmdm. ~:** [go and] sit with sb.; join sb.; **setz dich zu uns** come and sit with us; **der Vogel setzte sich auf seine Schulter** the bird landed *or* alighted on his shoulder; **sich an den Tisch** *od.* **zu Tisch ~:** sit [down] at the table; **b)** *(sinken)* ⟨*coffee, solution, froth, etc.*⟩ settle; ⟨*sediment*⟩ sink to the bottom; **das Erdreich setzt sich** there is some settlement *or* subsidence; **c)** *(in präp. Verbindungen)* **sich mit jmdm. ins Einvernehmen ~:** come to an agreement with sb.; *s. auch* **Spitze d, e; Unrecht b; Verbindung h; Wehr; d)** *(dringen)* **der Staub/Geruch/Rauch setzt sich in die Kleider** the dust/smell/smoke gets into one's clothes. **2.** *tr. V.* **a)** *(plazieren)* put; **ein Kind jmdm. auf den Schoß ~:** put *or* sit a child on sb.'s lap; **ein Schiff auf Grund ~:** run a ship aground; **eine Figur/einen Stein ~:** move a piece/man; *s. auch* **Fuß a; b)** *(einpflanzen)* plant ⟨*tomatoes, potatoes, etc.*⟩; **c)** *(aufziehen)* hoist ⟨*flag etc.*⟩; set ⟨*sails, navigation lights*⟩; **d)** *(Druckw.)* set ⟨*manuscript etc.*⟩; **e)** *(schreiben)* put ⟨*name, address, comma, etc.*⟩; **seinen Namen unter etw.** *(Akk.)* **~:** put one's signature to sth.; sign sth.; **einen Punkt/ein Komma [falsch] ~:** put a full stop/comma [in the wrong place]; **f)** *(in präp. Verbindungen)* **jmdn. auf schmale Kost ~:** put sb. on short rations; **in/außer Betrieb ~:** start up/stop ⟨*machine etc.*⟩; put ⟨*lift etc.*⟩ into operation/take ⟨*lift etc.*⟩ out of service; *(ein-/ausschalten)* switch on/off; **jmdn. in Erstaunen ~** *(geh.)* astonish sb.; *s. auch* **Fuß b; Musik a; Stelle a; Szene a; Trab; Umlauf b; Werk a; Wort b; Zeitung; g)** *(aufstellen)* put up, build ⟨*stove*⟩; stack ⟨*logs, bricks*⟩; *s. auch* **Denkmal; h) sein Geld auf etw.** *(Akk.)* **~:** put one's money on sth.; **seine Hoffnungen auf jmdn. ~:** place one's hopes in sb.; *s. auch* **Vertrauen; i)** *(festlegen)* set ⟨*limit, deadline*⟩; **einer Sache** *(Dat.)* **Grenzen** *od.* **Schranken ~:** keep sth. within limits; **sich** *(Dat.)* **ein Ziel ~:** set oneself a goal; *s. auch* **Akzente; Ende; Priorität; Zeichen b; j)** *(ugs.)* **es setzt was** *od.* **Prügel** *od.* **Hiebe** he/she *etc.* gets a hiding *(coll.) or* thrashing; **k)** *(Jägerspr.: zur Welt bringen)* give birth to. **3.** *itr. V.* **a)** *meist mit sein (im Sprung)* leap, jump **(über +** *Akk.* over); **über einen Fluß ~** *(mit einer Fähre o. ä.)* cross a river; **b)** *(beim Wetten)* bet; **auf ein Pferd/auf Rot ~:** back a horse/put one's money on red; **c)** *(Jägerspr.: Junges, Junge zur Welt bringen)* give birth
**Sẹtzer der; ~s, ~** *(Druckw.)* [type]setter
**Setzerei die; ~, ~en** *(Druckw.)* composing-room
**Sẹtzerin die; ~, ~nen** *s.* **Setzer**
**Sẹtz-: ~fehler der** *(Druckw.)* setting error; misprint; **~holz das** dibber; dibble; **~kasten der a)** *(Gartenbau)* seedling box; **b)** *(Druckw.)* [type-]case
**Setzling** ['zɛtslɪŋ] **der; ~s, ~e a)** *(Pflanze)* seedling; **b)** *(Fisch)* young fish; **~e** fry *pl.*
**Sẹtz·maschine die** *(Druckw.)* composing *or* typesetting machine
**Seuche** ['zɔyçə] **die; ~, ~n** epidemic; *(fig.)* scourge
**seuchen-, Seuchen-: ~artig 1.** *Adj.* epidemic-like; **2.** *adv.* ⟨*spread*⟩ like an epidemic; **~bekämpfung die** epidemic control *no art.;* **~gefahr die;** *o. Pl.* danger of an epidemic; **~herd der** source of the epidemic
**seufzen** ['zɔyftsn̩] *itr., tr. V.* sigh; **schwer/erleichtert ~:** give *or* heave a deep sigh/a sigh of relief
**Seufzer der; ~s, ~:** sigh; **seinen letzten ~ tun** *(verhüll.)* breathe one's last
**Seufzer·brücke die** Bridge of Sighs
**Sevilla** [ze'vɪlja] **(das); ~s** Seville
**Sex** [zɛks] **der; ~[es]** sex *no art.; (Anziehungskraft)* sex appeal; sexiness
**Sẹx-: ~-Appeal** [~ ə'pi:l] **der; ~s** sex appeal; **~bombe die** *(salopp)* sex-bomb *(coll.);* sexpot *(coll.);* **~boutique die** sex shop; **~film der** sex film
**Sexịsmus der; ~:** sexism *no art.*
**sexịstisch 1.** *Adj.* sexist. **2.** *adv.* ⟨*behave, think, etc.*⟩ in a sexist manner
**Sẹx·muffel der** *(scherzh.) person not interested in sex;* sexless wonder *(joc.)*
**Sexologie die; ~:** sexology *no art.*
**Sẹx·shop der; ~s, ~s** sex shop
**Sexta** ['zɛksta] **die; ~, Sẹxten** *(Schulw.)* **a)** *(veralt.)* first year *(of a Gymnasium);* **b)** *(österr.)* sixth year *(of a Gymnasium)*
**Sextaner der; ~s, ~** *(Schulw.)* **a)** *(veralt.)* pupil in the first year *(of a Gymnasium);* **b)** *(österr.)* pupil in the sixth year *(of a Gymnasium)*
**Sextaner·blase die** *(ugs. scherzh.)* bladder of a five-year-old
**Sextanerin die; ~, ~nen** *s.* **Sextaner**
**Sextant** [zɛks'tant] **der; ~en, ~en** sextant
**Sẹxte die; ~, ~n** *(Musik)* sixth
**Sextett** [zɛks'tɛt] **das; ~[e]s, ~e** *(Musik)* sextet
**Sexual-** [zɛ'ksu̯a:l-]: **~erziehung die** sex education; **~ethik die;** *o. Pl.* sexual ethics *pl.;* **~hormon das** sex hormone
**Sexualität** [zɛksu̯ali'tɛ:t] **die; ~:** sexuality *no art.*
**Sexual-: ~kunde die;** *o. Pl. (Schulw.)* sex education *no art.;* **~leben das;** *o. Pl.* sex life; **~mord der** sex murder; **~mörder der** sex killer; **~objekt das** sex object; **~partner der** sexual partner; **~trieb der** sex[ual] drive *or* urge; **~verbrechen das** sex crime; **~verbrecher der** sex offender; **~wissenschaft die;** *o. Pl.* sexology *no art.*
**sexuẹll 1.** *Adj.* sexual. **2.** *adv.* sexually; **sich ~ befriedigen** get sexual satisfaction; *(masturbieren)* masturbate
**Sexus** ['zɛksu:s] **der; ~, ~** *(geh.)* sexuality *no art.*
**sexy** ['zɛksi] *(ugs.)* **1.** *indekl. Adj.* sexy. **2.** *adv.* sexily
**Seychellen** [ze'ʃɛlən] *Pl.* Seychelles
**Sezession** [zetse'si̯o:n] **die; ~, ~en** secession
**Sezessionịst der; ~en, ~en** secessionist
**sezessionịstisch** *Adj.* secessionist
**Sezessions·krieg der;** *o. Pl.* [American] Civil War
**sezieren** [ze'tsi:rən] **1.** *tr. V.* dissect ⟨*corpse*⟩; *(fig.)* analyse ⟨*policy etc.*⟩; dissect ⟨*language etc.*⟩. **2.** *itr. V.* perform dissections/a dissection
**Sezier·messer das** dissecting-knife
**SFB** [ɛsɛf'be:] **der; ~** *Abk.* **Sender Freies Berlin** Radio Free Berlin
**S-förmig** ['ɛs-] *Adj.* S-shaped
**sfr.,** *(schweiz. nur:)* **sFr.** *Abk.* **Schweizer Franken**
**Sg.** *Abk.* **Singular** sing.
**SGB** [ɛsge:'be:] **der; ~** *Abk.* **schweizerischer Gewerkschaftsbund** Swiss Trades Union Federation
**Shampoo** [ʃam'pu:], **Shampoon** [ʃam'po:n] **das; ~s, ~s** shampoo
**shampoonieren** [ʃampo'ni:rən] shampoo
**Sheriff** ['ʃɛrɪʃ] **der; ~s, ~s** sheriff
**Shẹriff·stern der** sheriff's star
**Sherry** ['ʃɛrɪ] **der; ~s, ~s** sherry; *s. auch* **Bier**
**Shetland-** ['ʃɛtlənd-]: **~inseln** *Pl.* Shetland Islands; Shetlands; **~pony das** Shetland pony; **~wolle die** Shetland wool
**Shop** [ʃɔp] **der; ~s, ~s** shop
**Shorts** [ʃɔrts] *Pl.* shorts
**Show** [ʃoʊ] **die; ~, ~s** show; *s. auch* **Schau**
**Show·master** ['-ma:stə] **der; ~s, ~:** compère
**Siam** [zi:am] **(das); ~s** *(hist.)* Siam
**Siamese** [zia'me:zə] **der; ~n, ~n, Siamesin die; ~, ~nen** Siamese
**siamesisch** *Adj.* Siamese
**Siam·katze die** Siamese cat
**Sibirien** [zi'bi:ri̯ən] **(das); ~s** Siberia
**sibịrisch** *Adj.* Siberian; **~e Kälte** Arctic temperatures *pl.*
**Sibylle** [zi'bʏlə] **die; ~, ~n** sibyl; fortune-teller
**sibyllinisch** *(geh.)* **1.** *Adj.* sibylline, mysterious ⟨*words, expression*⟩. **2.** *adv.* in a sibylline manner; mysteriously
**sich** [zɪç] *Reflexivpron. der 3. Pers. Sg. und Pl. Akk. und Dat.* **1.** *Akk.* **a)** *(nach* **man** *od. Inf.)* oneself; *(3. Pers. Sg.)* himself/herself/itself; *(3. Pers. Pl.)* themselves; *(Höflichkeitsform Sg./Pl.)* yourself/yourselves; **er/sie hat ~ umgebracht** he killed himself/she killed herself; **sie versteckten ~:** they hid [themselves]; **b)** *(bei reflexiven Verben)* **~ freuen/wundern/schämen/täuschen** be pleased/surprised/ashamed/mistaken. **2.** *Dat.* **a)** *(nach* **man** *od. Inf.)* oneself; *(3. Pers. Sg.)* himself/herself/itself; *(3. Pers. Pl.)* themselves; *(Höflichkeitsform Sg./Pl.)* yourself/yourselves; **b)** *(bei reflexiven Verben)* **~ etw. einbilden** imagine sth.; **~ etw. erhoffen** hope for sth. [for oneself]; **sie hat ~ den Fuß verstaucht/verrenkt** she sprained/twisted her ankle. **3.** *nach Präp. (nach* **man** *od. Inf.)* oneself; *(3. Pers. Sg.)* himself/herself/itself; *(3. Pers. Pl.)* themselves; *(Höflichkeitsform Sg./Pl.)* yourself/yourselves; **die Schuld auf ~ nehmen** take the blame upon oneself; **das ist eine Sache für ~:** that is a separate question; **das hat nichts auf ~:** that is of no consequence; **das hat etwas/viel für ~:** there is something/a great deal in that; **das Ding an ~** *(Philos.)* the thing in itself; **von ~ aus** on one's own initiative; without being told to; *s. auch* **an 2b; für 1a; kommen q. 4.** *(in unpers. Ausdrucksweisen für* **man** *od. passivisch)* **auf dieser Straße fährt es ~ gut** this is a good road to drive on; **es läßt ~ nicht schneiden/öffnen** it cannot be cut/opened; it is impossible to cut/open it. **5.** *(einander)* one another; each other; **sie küßten ~:** they kissed [one another]; **sie sind ~ spinnefeind** they are at daggers drawn [with one another]; **sie sehen ~ ähnlich** they look alike

**Sichel** ['zɪçl] **die;** ~, ~**n** sickle

**sichel·förmig 1.** *Adj.* crescent- *or* sickle-shaped. **2.** *adv.* in [the shape of] a crescent *postpos.*

**sicher** ['zɪçɐ] **1.** *Adj.* **a)** *(ungefährdet)* safe ⟨*road, procedure, etc.*⟩; secure ⟨*job, investment, etc.*⟩; **in ~em Abstand** at a safe distance; **vor jmdm./etw. ~ sein** be safe from sb./sth.; **~ ist ~:** it's better to be on the safe side; better safe than sorry; *s. auch* **Nummer a; b)** *(zuverlässig)* reliable ⟨*evidence, source*⟩; secure ⟨*income*⟩; certain, undeniable ⟨*proof*⟩; *(vertrauenswürdig)* reliable, sure ⟨*judgment, taste, etc.*⟩; **eine ~e Hand** a sure *or* steady hand; **c)** *(selbstbewußt)* [self-]assured, [self-]confident ⟨*person, manner*⟩; **d)** *(gewiß)* certain; sure; **der ~e Sieg/Tod** certain victory/death; **er war sich** *(Dat.)* **seines Erfolges ~:** he was confident of success; **eine Strafe ist ihm ~:** he is certain *or* sure to be punished; **seiner** *(Gen.)* **selbst sehr ~ sein** be very sure of oneself. **2.** *adv.* **a)** *(ungefährdet)* safely; **~ die Straße überqueren** cross the street in safety; **Geld ~ aufbewahren** keep money in a safe place; **um ganz ~ zu gehen** to be quite sure; **b)** *(zuverlässig, vertrauenswürdig)* reliably; **~ [Auto] fahren** be a safe driver; **[nicht mehr] ~ auf den Beinen stehen** be [un]steady on one's legs; **c)** *(selbstbewußt)* [self-]confidently; **~ auftreten** behave in a self-assured *or* self-confident manner. **3.** *Adv.* certainly; *(plädierend)* surely; **Kommst du? – Aber ~:** Are you coming? – Certainly; Of course; **du hast ~ schon gehört, daß ...:** you are bound to *or* must have heard that ...; **~ kommt er bald** he is sure to come soon

**sicher|gehen** *unr. itr. V.; mit sein* play safe; **um sicherzugehen** to be on the safe side

**Sicherheit die;** ~, ~**en a)** *o. Pl.* safety; *(der Öffentlichkeit)* security; **die ~ der Arbeitsplätze** job security; **ein Gefühl der ~:** a sense of security; **in ~ sein** be safe; **jmdn./etw. in ~ [vor etw.** *(Dat.)*] **bringen** save *or* rescue sb./sth. [from sth.]; **sich vor etw.** *(Dat.)* **in ~ bringen** escape from sth.; **zur ~:** to be on the safe side; for safety's sake; **jmdn./sich in ~ wiegen** lull sb./[allow oneself to] be lulled into a [false] sense of security; *s. auch* **öffentlich 1; b)** *o. Pl. (Gewißheit)* certainty; **mit an ~** *(Akk.)* **grenzender Wahrscheinlichkeit** with almost complete certainty; almost certainly; **mit ~!** *(als Antwort)* certainly!; of course!; **c)** *(Wirtsch.: Bürgschaft)* security; **d)** *o. Pl. (Zuverlässigkeit, Vertrauenswürdigkeit)* reliability; soundness; **e)** *o. Pl. (Selbstbewußtsein)* [self-]confidence; [self-]assurance; **~ im Auftreten/Benehmen** [self-]confidence of manner

**sicherheits-, Sicherheits-: ~ab·stand der** *(Verkehrsw.)* safe distance between vehicles; **einen zu geringen ~abstand einhalten** drive too close to the vehicle in front; **~beauftragte der/die** security officer; **~bindung die** *(Ski)* safety binding; **~glas das** safety glass; **~gurt der a)** *(im Auto, Flugzeug)* seat-belt; **b)** *(für Bauarbeiter, Segler)* safety harness; **~halber** *Adv.* to be on the safe side; for safety's sake; **~kette die** safety *or* door chain; **~maßnahme die** safety measure; precaution; **~nadel die** safety-pin; **~organe** *Pl.* security service *sing. or* services *pl.*; **~rat der;** *o. Pl.* Security Council; **~risiko das** security risk; **~schloß das** safety lock; **~ventil das** *(Technik)* safety-valve; **~verschluß der** safety-catch; **~vorkehrung die** [safety] precaution; safety measure; **~vorschrift die** safety regulation

**sicherlich** *Adv.* certainly; **er wird es ~ tun** he is certain *or* sure to do it

**sichern 1.** *tr. V.* **a)** make ⟨*door etc.*⟩ secure; *(garantieren)* safeguard ⟨*rights, peace*⟩; *(schützen)* protect ⟨*rights etc.*⟩; **etw./sich gegen etw.** *od.* **vor etw.** *(Dat.)* **~:** protect sth./oneself against sth.; **ein gesichertes Einkommen** a secure *or* guaranteed income; **eine Schußwaffe ~:** put the safety-catch on a firearm; **b)** *(verschaffen; polizeilich ermitteln)* secure ⟨*ticket, clue, etc.*⟩; **[sich** *(Dat.)*] **etw. ~:** secure sth. **2.** *itr. V. (Jägerspr.)* scent; test the wind

**sicher|stellen** *tr. V.* **a)** *(beschlagnahmen)* impound ⟨*goods, vehicle*⟩; seize ⟨*stolen goods*⟩; confiscate ⟨*licence etc.*⟩; **b)** *(gewährleisten)* guarantee ⟨*supply, freedom, etc.*⟩; **c)** *(beweisen)* establish [beyond doubt]

**Sicher·stellung die a)** *s.* **sicherstellen a:** impounding; seizure; confiscation; **b)** *(Gewährleistung)* guarantee

**Sicherung die;** ~, ~**en a)** *o. Pl. (das Sichern)* safeguarding **(vor** + *Dat.*, **gegen** from, against); *(das Schützen)* protection **(vor** + *Dat.*, **gegen** from, against); **b)** *(Elektrot.)* fuse; *s. auch* **durchbrennen a; c)** *(techn. Vorrichtung)* safety-catch; **d)** *(Schutz)* safeguard **(gegen** against)

**Sicherungs-: ~kasten der** fuse-box; **~verwahrung die** *(Rechtsw.)* preventive detention

**Sicht** [zɪçt] **die;** ~, ~**en a)** *o. Pl. (~weite)* visibility *no art.*; *(Ausblick)* view **(auf** + *Akk.*, **in** + *Akk.* of); **gute** *od.* **klare/schlechte ~:** good/poor visibility; **die ~ beträgt nur fünfzig Meter** visibility is down to fifty metres; **in ~ kommen** come into sight; **außer ~ sein** be out of sight; **Land in ~!** land ahoy!; **auf ~ fliegen** fly by VFR; **b)** *o. Pl. (Kaufmannsspr.)* **Wechsel auf ~:** bill payable on demand *or* at sight; **c) auf lange/kurze ~:** in the long/short term; **auf lange** *od.* **weite ~ planen** plan on a long-term basis; **d)** *(Betrachtungsweise)* point of view; **aus meiner ~/in der ~ des Historikers** as I see it/as the historian sees it; in my/the historian's view

**sichtbar 1.** *Adj.* visible; *(fig.)* apparent ⟨*reason*⟩; **für jedermann ~ sein** be obvious *or* evident to everyone; **sich** *(Dat.)* **~e Mühe geben** go to obvious *or* appreciable trouble; **etw. ~ machen** clarify sth. **2.** *adv.* visibly; **immer ~er zutage treten** *(fig.)* become increasingly obvious *or* apparent

**Sicht·blende die** screen; *(Jalousie)* blind

**sichten** *tr. V.* **a)** *(erspähen)* sight; **b)** *(durchsehen)* sift [through]; *(prüfen)* examine

**Sicht-: ~flug der** contact *or* VFR flying; **~gerät das** VDU; **~grenze die: die ~grenze liegt bei 30 Metern** [maximum] visibility is 30 metres; **~karte die** pass

**sichtlich 1.** *Adj.* obvious; evident. **2.** *adv.* obviously; evidently; visibly ⟨*impressed*⟩

**Sicht·linie die** *(Verkehrsw.)* sight-line; **bis zur ~ vorfahren** drive up to a/the point where one can see what is coming

**Sichtung die;** ~, ~**en a)** *o. Pl.* sighting; **b)** *(das Durchsehen)* sifting; *(das Prüfen)* examination; inspection

**Sicht-: ~verhältnisse** *Pl.* visibility *sing.*; **~vermerk der** visa; **~weite die** visibility *no art.*; **außer/in ~weite sein** be out of/in sight; **in ~weite kommen** come into sight

**sickern** ['zɪkɐn] *itr. V.; mit sein* seep; *(spärlich fließen)* trickle; *(fig.)* ⟨*money*⟩ leak away

**Sicker·wasser das;** *o. Pl.* **a)** *(im Boden)* gravitational *or* drainage water; **b)** *(aus einem Damm o. ä.)* seepage *(from a dam etc.)*

**sie** [ziː] **1.** *Personalpron.; 3. Pers. Sg. Nom. Fem. (bei weiblichen Personen und Tieren)* she; *(bei Dingen, Tieren)* it; *(bei Behörden)* they *pl.*; **Wer hat es gemacht? – Sie war es/Sie** Who did it? – It was her/She did; **ich weiß mehr als ~:** I know more than she does; I know more than her *(coll.)*; *s. auch* **[1]ihr; ihrer a. 2.** *Personalpron.; 3. Pers. Pl. Nom.* **a)** they; **Wer hat es gemacht? – Sie waren es/Sie** Who did it? – It was them/They did; **ich weiß mehr als ~:** I know more than they do; I know more than them *(coll.)*; *s. auch* **ihnen; ihrer b; b)** *(ugs.: man)* **mir haben ~ mein Rad gestohlen** somebody's stolen my bike; **hier wollen ~ das neue Rathaus bauen** here's where they are going to build the new town hall; **den haben ~ verhaftet** he's been arrested. **3.** *Akk. des Personalpron.* **sie 1** *(bei weiblichen Personen und Tieren)* her; *(bei Dingen und Tieren)* it; *(bei Behörden)* them *pl.* **4.** *Akk. des Personalpron.* **sie 2 a** them

**[1]Sie** *Personalpron.* **a)** *Anrede an eine od. mehrere Personen* you; **jmdn. mit ~ anreden** address sb. as 'Sie'; use the polite form of address to sb.; **kommen ~ her!** come here!; **b)** *(veralt.: Anrede an eine Untergebene)* you

**[2]Sie die;** ~, ~**s** *(ugs.)* she

**Sieb** [ziːp] **das;** ~**[e]s,** ~**e a)** sieve; *(Kaffee~, Tee~)* strainer; *(für Sand, Kies usw.)* riddle; *(Technik: Filter)* filter; **er hat ein Gedächtnis wie ein ~:** he's got a memory like a sieve; **b)** *(Druckw.)* screen

**Sieb·druck der;** *Pl.* ~**e a)** *o. Pl. (Verfahren)* [silk-]screen printing *no art.*; **b)** *(Erzeugnis)* [silk-]screen print

**[1]sieben 1.** *tr. V.* **a)** *(durch~)* sieve ⟨*flour etc.*⟩; riddle ⟨*sand, gravel, etc.*⟩; **b)** *(auswählen)* screen ⟨*candidates, visitors, etc.*⟩. **2.** *itr. V.* **a)** use a sieve/strainer/riddle; **b)** *(auswählen)* pick and choose; **bei der Prüfung haben sie [schwer] gesiebt** *(ugs.)* they weeded out [a lot of] people in the examination

**[2]sieben** *Kardinalz.* seven; **die ~ fetten/mageren Jahre** the seven years of plenty/lean years; **die Sieben Freien Künste** the liberal arts; *s. auch* **acht**

**Sieben die;** ~, ~**en a)** *(Ziffer)* seven; **b)** *(Spielkarte)* seven; **c)** *(ugs.: Bus-, Bahnlinie)* number seven; *s. auch* **Acht a, g; böse 1 b**

**sieben·armig** *Adj.* seven-armed; **~er Leuchter** *(jüd. Rel.)* seven-branched candelabrum; menorah

**Sieben·bürgen (das);** ~**s** Transylvania

**Sieben·eck das** heptagon

**sieben·eckig** *Adj.* heptagonal

**Siebener der;** ~**s,** ~ *(ugs.)* **a)** *(im Lotto usw.)* seven winning numbers *pl.*; **b)** *s.* **Sieben a, b, c**

**siebenerlei** *Gattungsz.; indekl.* **a)** *attr.* seven kinds *or* sorts of; seven different ⟨*sorts, kinds, sizes, possibilities*⟩; **b)** *subst.* seven [different] things

**sieben-, Sieben-: ~fach** *Vervielfältigungsz.* sevenfold; *s. auch* **achtfach; ~fache das;** *adj. Dekl.* **das ~fache** seven times as much; *s. auch* **Achtfache; ~gestirn das;** *o. Pl.* Pleiades *pl.*; **~hundert** *Kardinalz.* seven hundred; **~jährig** *Adj.* **a)** *(7 Jahre alt)* seven-year-old *attrib.*; seven years old *pred.*; **b)** *(7 Jahre dauernd)* seven-year *attrib.*; **der Siebenjährige Krieg** the Seven Years War; *s. auch* **achtjährig; ~köpfig** *Adj.* seven-headed ⟨*monster*⟩; ⟨*family, committee*⟩ of seven; **~mal** *Adj.* seven times; *s. auch* **achtmal; ~malig** *Adj.; nicht präd.* **nach ~maligem Versuch** after the seventh attempt; *s. auch* **achtmalig; ~meilenstiefel** *Pl. (scherzh.)* seven-league boots; **~meilenstiefel anhaben** *(ugs. scherzh.)* have got one's seven-league boots on; **mit ~meilenstiefeln** *(ugs. scherzh.)* with giant strides; **~meter der** *(Hockey)* penalty [shot]; *(Hallenhandball)* penalty [throw]; **~monatskind das** child born two months prematurely; **~sachen** *Pl. (ugs.)* **meine/deine** *usw.* **~sachen** my/your *etc.* belongings *or (coll.)* bits and pieces; **~schläfer der a)** *(Tier)* dormouse; **b)** *(volkst.: Tag)* 27 June *(rain on which is supposed to foretell rain for seven weeks)*; ≈ St. Swithin's Day; **~seitig** *Adj.* seven-sided ⟨*figure*⟩; seven-page ⟨*letter, article, etc.*⟩; **~stöckig** *Adj.* seven-storey ⟨*building*⟩; *s. auch* **achtstöckig**

**siebent** *s.* **siebt**

**siebent...** *Ordinalz. s.* **siebt...**

**sieben·tausend** *Kardinalz.* seven thousand

**Siebente der/die;** *adj. Dekl. s.* **Siebte**

**sieben·teilig** *Adj.* seven-piece ⟨*tool-set etc.*⟩; seven-part ⟨*serial*⟩; *s. auch* **achtteilig**

**siebentel** ['zi:bn̩tl̩] *s.* **siebtel**

**Siebentel das;** ~s, ~ *s.* **Siebtel**

**siebentens** *Adv. s.* **siebtens**

**sieben·zehn** *(veralt., zur Verdeutlichung) s.* **siebzehn**

**siebt** [zi:pt] *in* **wir waren zu ~:** there were seven of us; *s. auch* **²acht**

**siebt...** [zi:pt...] *Ordinalz.* seventh; *s. auch* **acht...**

**Siebte der/die;** *adj. Dekl.* seventh; *s. auch* **Achte**

**siebtel** ['zi:ptl̩] *Bruchz.* seventh

**Siebtel das** *(schweiz. meist* **der);** ~s, ~: seventh

**siebtens** *Adv.* seventhly

**sieb-, Sieb-: ~zehn** *Kardinalz.* seventeen; **~zehn·jährig** *Adj. (17 Jahre alt)* seventeen-year-old *attrib.*; seventeen years old *postpos.*; *(17 Jahre dauernd)* seventeen-year *attrib.*; *s. auch* **achtjährig; ~zehnt...** *Ordinalz.* seventeenth; **~zehntel das** seventeenth; **~zehn·und·vier das;** ~: vingt-et-un

**siebzig** ['zi:ptsɪç] *Kardinalz.* seventy; *s. auch* **achtzig**

**¹Siebziger der;** ~s, ~ **a)** *(70jähriger)* seventy-year-old; **b)** *(ugs.: Autobus usw.)* number seventy; **c)** *(Wein)* '70 vintage

**²Siebziger die;** ~, ~ *(ugs.)* **a)** *(Briefmarke)* seventy-pfennig/centimes *etc.* stamp; **b)** *(Zigarre)* seventy-pfennig cigar; **c)** *Pl. (ugs.: 70er Jahre)* seventies

**siebzig·jährig** *Adj. (70 Jahre alt)* seventy-year-old *attrib.*; seventy years old *pred.*; *(70 Jahre dauernd)* seventy-year *attrib.*; *s. auch* **achtjährig**

**siebzigst...** *Ordinalz.* seventieth

**siech** [zi:ç] *Adj. (geh.)* infirm; ailing

**Siechtum das;** ~s *(geh.)* [long] infirmity

**siedeln** ['zi:dl̩n] *itr. V.* settle

**sieden** ['zi:dn̩] **1.** *unr. od. regelm. itr. V.* (*bes. südd.; fachspr. nur:* **siedete, gesiedet**) boil. **2.** *unr. od. regelm. tr. V.* **a)** *(meist:* **sott, gesotten;** *bes. südd.)* boil; **b)** *(veralt.)* obtain ⟨*salt, soap, etc.*⟩ by boiling

**siedend·heiß** *Adj. (präd. getrennt geschrieben)* boiling hot

**Siede-: ~punkt der** *(Physik; auch fig.)* boiling-point; **auf den ~punkt steigen** *(fig.)* reach boiling point; **~wasser·reaktor der** *(Kerntechnik)* boiling-water reactor

**Siedler der;** ~s, ~, **Siedlerin die;** ~, ~nen settler

**Siedlung die;** ~, ~en **a)** *(Wohngebiet)* [housing] estate; **b)** *(Niederlassung)* settlement

**Siedlungs·haus das** house on an estate; estate house

**Sieg** [zi:k] **der;** ~[e]s, ~e victory, *(bes. Sport)* win (**über** + *Akk.* over); **auf ~ spielen** go for a win; **den ~ davontragen** *od.* **erringen** *(geh.)* be victorious; *(Sport)* be the winner/winners; **ein ~ der Vernunft** *(fig.)* a victory for common sense

**Siegel** ['zi:gl̩] **das;** ~s, ~: seal; *(von Behörden)* stamp; *(des Gerichtsvollziehers)* bailiff's seal; **unter dem ~ der Verschwiegenheit** *(fig.)* under the seal of secrecy

**Siegel·lack der** sealing-wax

**siegeln** *tr. V.* seal

**Siegel·ring der** signet-ring

**siegen** *itr. V.* win; **über jmdn. ~:** gain *or* win a victory over sb.; *(bes. Sport)* win against sb.; beat sb.; **mit 2:0 ~** *(Sport)* win 2–0 *or* by two goals to nil

**Sieger der;** ~s, ~: winner; *(Mannschaft)* winners *pl.*; *(einer Schlacht)* victor; **als ~ hervorgehen** emerge victorious (**aus** from); **zweiter ~ sein** *(Sportjargon)* be runner-up/runners-up

**Sieger·ehrung die** presentation ceremony; awards ceremony

**Siegerin die;** ~, ~nen *s.* **Sieger**

**Sieger-: ~macht die** victorious power; **~podest das** winners' rostrum; **~urkunde die** winner's certificate

**sieges-, Sieges-: ~bewußt 1.** *Adj.* confident of victory *postpos.*; *(erfolgssicher)* confident of success *postpos.*; **2.** *adv.* confident of victory; confidently; **~gewiß** *(geh.) s.* **~sicher; ~göttin die** *(Myth.)* goddess of victory; **~palme die** palm [of victory]; **die ~palme davontragen** *(fig.)* carry off the palm; **~säule die** victory column; **~sicher 1.** *Adj.* certain *or* confident of victory *pred.*; *(erfolgssicher)* certain *or* confident of success *pred.*; **2.** *adv.* confident of victory; ⟨*say, smile*⟩ confidently; **~trunken** *(geh.)* **1.** *Adj.* intoxicated *or* drunk with victory *pred.*; **2.** *adv.* intoxicated *or* drunk with victory; **~zug der** *(auch fig.)* triumphant progress

**sieg-, Sieg-: ~gewohnt** *Adj.* ⟨*army*⟩ accustomed to victory; ⟨*team*⟩ used to winning; **~los** *Adj.* without a victory *postpos.*; *(Sport)* without a win *postpos.*; **~reich** *Adj.* victorious; winning ⟨*team*⟩; successful ⟨*campaign*⟩; **nach einer ~reichen Schlacht** after winning a battle; **~treffer der** *(bes. Fußball)* winning goal

**sieh** [zi:], **siehe** *Imperativ Sg. v.* **sehen**

**siehst** [zi:st] *2. Pers. Sg. Präsens v.* **sehen**

**sieht** [zi:t] *3. Pers. Sg. Präsens v.* **sehen**

**Siel** [zi:l] **der** *od.* **das;** ~[e]s, ~e *(nordd.)* **a)** *(Deichschleuse)* dike sluice *or* floodgate; **b)** *(Abwasserkanal)* sewer

**Siele die;** ~, ~n *(veralt.)* breast harness; **in den ~n sterben** *(fig.)* die in harness

**siena** ['zi̯e:na] *indekl. Adj.* sienna

**siezen** ['zi:tsn̩] *tr. V.* call 'Sie' *(the polite form of address)*; **sich ~:** call each other 'Sie'; **sich mit jmdm. ~:** call sb. 'Sie'

**Sigel** ['zi:gl̩] **das;** ~s, ~ *(Zeichen)* logogram; *(in der Stenographie)* grammalogue; *(Kürzel)* abbreviation

**Signal** [zɪ'gna:l] **das;** ~s, ~e signal; **das ~ zum Angriff geben** give the signal to attack; **~e setzen** *(fig.)* set a new direction; **das ~ steht auf „Halt"** the signal is at 'stop'

**Signal-: ~an·lage die** *(Verkehrsw.)* signals *pl.*; **~brücke die** *(Eisenb.)* [signal] gantry

**Signalement** [zɪgnalə'mɛnt] **das;** ~s, ~e *(schweiz.)* personal description *or* details *pl.*

**Signal-: ~flagge die** *(Seew.)* signal flag; **~horn das** horn; hooter *(Brit.)*

**signalisieren** *tr. V.* indicate ⟨*danger, change, etc.*⟩; *(fig.: übermitteln)* signal ⟨*message, warning, order*⟩ (+ *Dat.* to)

**Signal-: ~lampe die** indicator light; **~mast der a)** *(Seew.)* signalling mast; **b)** *(Eisenb.)* signal post *or* mast; **~wirkung die** knock-on effect

**Signatar·macht** [zɪgna'ta:ɐ̯-] **die** *(Politik)* signatory power

**Signatur** [zɪgna'tu:ɐ̯] **die;** ~, ~en **a)** *(Namenszeichen)* initials *pl.*; *(Kürzel)* abbreviated signature; *(des Künstlers)* autograph; **b)** *(veralt.: Unterschrift)* signature; **c)** *(in einer Bibliothek)* shelf-mark; **d)** *(auf Landkarten)* [map] symbol

**Signet** [zɪn'je] **das;** ~s, ~s *(Buchw.)* [publisher's] imprint

**signieren 1.** *tr. V.* sign; autograph ⟨*one's own work*⟩. **2.** *itr. V.* sign *or* autograph one's work

**signifikant** [zɪgnifi'kant] *(geh.)* **1.** *Adj.* **a)** *(wesentlich)* significant; **b)** *(typisch)* characteristic, typical (**für** of). **2.** *adv.* significantly

**Signifikanz die;** ~ *(geh.)* significance

**Sigrist** ['zi:grɪst] **der;** ~en, ~en *(schweiz.)* sexton

**Silbe** ['zɪlbə] **die;** ~, ~n syllable; **etw. mit keiner ~ erwähnen** not say a word about sth.

**Silben-: ~rätsel das** *puzzle in which syllables must be combined to form words;* **~trennung die** word-division *(by syllables)*

**Silber** ['zɪlbɐ] **das;** ~s **a)** *(Edelmetall, Farbe)* silver; **b)** *(silbernes Gerät)* silver[ware]; **c)** *o. Art. (Sport: ~medaille)* silver [medal]; **sie hat schon zweimal olympisches ~ geholt** she has already won two Olympic silver medals

**silber-, Silber-: ~ader die** vein of silver; **~arbeit die** silverwork; *(Gegenstand)* piece of silverwork; **~auf·lage die** silver plating *no indef. art.*; **~barren der** silver bar *or* ingot; **~blech das** rolled silver; **~besteck das** silver cutlery; **~blick der;** *o. Pl. (ugs. scherzh.)* [slight] squint; **~blond** *Adj.* silver-blond; **~distel die** carline thistle; **~farben, ~farbig** *Adj.* silver; **~fischchen das** silver-fish; **~fuchs der** silver fox; **~führend** *Adj. s.* **~haltig; ~gehalt der** silver content; **~geld das;** *o. Pl.* silver; **~geschirr das** silver plate; silverware; **~grau** *Adj.* silver-grey; **~haar das** *(geh.)* silvery hair; **~haltig** *Adj.* silver-bearing; argentiferous; **~hoch·zeit die** silver wedding; **~kette die** silver necklace; **~legierung die** silver alloy

**Silberling der;** ~s, ~e *(veralt.)* piece of silver

**Silber-: ~medaille die** silver medal; **~mine die** silver mine; **~möwe die** herring-gull; **~münze die** silver coin

**silbern 1.** *Adj.* **a)** *nicht präd. (aus Silber)* silver; **b)** *(silberfarben)* silver; silvery ⟨*moonlight, shade, gleam, etc.*⟩. **2.** *adv.* **a)** *(mit Silber)* ⟨*ornament, coat, etc.*⟩ with silver; **b)** ⟨*shine, shimmer, etc.*⟩ with a silvery lustre; **c)** *(wohltönend)* ⟨*chime etc.*⟩ with a silvery sound

**silber-, Silber-: ~papier das** silver paper; **~pappel die** white poplar; **~streif der, ~streifen der** silver line *or* strip; **ein ~streifen am Horizont** *(fig.)* a ray of hope on the horizon; **~weiß** *Adj.* silvery-white; **~zwiebel die** *s.* **Perlzwiebel**

**-silbig** *Adj.* -syllable

**silbrig** *Adj. (geh.)* silvery

**Silhouette** [zi'lu̯ɛtə] **die;** ~, ~n **a)** silhouette; **b)** *(Mode)* line; **mit** *od.* **in modischer ~:** with a fashionable line *or* shape

**Silicat** *(fachspr.) s.* **Silikat**

**Silicium** [zi'li:tsi̯ʊm] **das;** ~s silicon

**Silicon** *(fachspr.) s.* **Silikon**

**Silikat** [zili'ka:t] **das;** ~[e]s, ~e *(Chemie)* silicate

**Silikon** [zili'ko:n] **das;** ~s, ~e *(Chemie)* silicone

**Silikose** [zili'ko:zə] **die;** ~, ~n *(Med.)* silicosis

**Silizium** *s.* **Silicium**

**Silo** ['zi:lo] **der** *od.* **das;** ~s, ~s silo

**Silur** [zi'lu:ɐ̯] **das;** ~s *(Geol.)* Silurian

**Silvaner** [zɪl'va:nɐ] **der;** ~s, ~: silvaner [wine]

**Silvester** [zɪl'vɛstɐ] **der** *od.* **das;** ~s, ~: New Year's Eve; **~ feiern** see the New Year in

**Silvester·nacht die** night of New Year's Eve

**Simbabwe** [zɪm'ba:bvə] **(das);** ~s Zimbabwe

**Simili·stein** ['zi:mili-] **der** *(bes. Mineralogie)* imitation stone

**Simmer·ring** Ⓦⓩ ['zɪmɐ-] **der** *(Technik)* ring-type oil seal

**Simonie** [zimo'ni:] **die;** ~, ~n *(kath. Kirche)* simony

**simpel** ['zɪmpl̩] **1.** *Adj.* **a)** *(einfach)* simple ⟨*question, task*⟩; **b)** *(abwertend: beschränkt)* simple-minded ⟨*person*⟩; simple ⟨*mind*⟩; **c)** *(oft abwertend: schlicht)* basic ⟨*toy, dress, etc.*⟩. **2.** *adv.* **a)** *(einfach)* simply; **b)** *(abwertend: beschränkt)* in a simple-minded manner; **c)** *(oft abwertend: schlicht)* simply; basically

**Simpel der;** ~s, ~ *(bes. südd. ugs.)* simpleton; fool; **ich ~:** fool that I am/was

**Simplex** ['zɪmplɛks] **das;** ~, ~e *od.* **Simplizia** [zɪm'pli:tsi̯a] *(Sprachw.)* simplex

**simplifizieren** *tr., itr. V.* over-simplify

**Simplizität die;** ~: simplicity

**Sims** [zɪms] **der** *od.* **das; ~es, ~e** ledge; sill; *(Kamin~)* mantelpiece

**Simse** ['zɪmzə] **die; ~, ~n** *(Bot.)* bulrush

**Simson** ['zɪmzɔn] **(der); ~s** Samson

**Simulant** [zimu'lant] **der; ~en, ~en, Simulantin die; ~, ~nen** malingerer

**Simulator** [zimu'la:tɔr] **der; ~s, ~en** [-'to:rən] *(Technik)* simulator

**simulieren 1.** *tr. V.* feign, sham ‹*illness, emotion, etc.*›; simulate ‹*situation, condition, etc.*›. **2.** *itr. V. (Krankheit vortäuschen)* feign illness; pretend to be ill; **er simuliert nur** he's just putting it on

**simultan** [zimʊl'ta:n] **1.** *Adj.* simultaneous. **2.** *adv.* simultaneously

**Simultan-: ~dolmetschen das** simultaneous interpreting *no art.;* **~dolmetscher der** simultaneous interpreter

**Sinai·halb·insel** ['zi:nai-] **die** Sinai Peninsula

**sind** [zɪnt] *1. u. 3. Pers. Pl. Präsens v.* **sein**

**sine tempore** ['zi:nə 'tɛmporə] *(Hochschulw.)* at the time stated

**Sinfonie** [zɪnfo'ni:] **die; ~, ~n** *(auch fig.)* symphony

**Sinfonie-: ~konzert das** symphony concert; **~orchester das** symphony orchestra

**Sinfoniker** *Pl. (Orchester)* symphony orchestra *sing.*

**sinfonisch** *(Musik)* **1.** *Adj.* symphonic. **2.** *adv.* symphonically

**Singapur** ['zɪŋgapu:ɐ̯] **(das); ~s** Singapore

**Sing·drossel die** song-thrush

**singen** ['zɪŋən] **1.** *unr. itr. V.* **a)** sing; **einen ~den Tonfall haben** have a lilting cadence; **b)** *(salopp: vor der Polizei aussagen)* squeal *(sl.);* **jmdn. zum Singen bringen** make sb. talk; **c)** *(dichter. veralt.)* **von etw. ~** ‹*poet, poem*› sing of sth.. **2.** *unr. tr. V.* **a)** sing ‹*song, aria, contralto, tenor, etc.*›; **jmds. Lob/Ruhm ~** *(fig. geh.)* sing sb.'s praises; **das kannst du ~** *(fig. ugs.)* you can bet your life on that; **b) sich heiser/müde ~:** sing until one is hoarse/tired; **jmdn. in den Schlaf ~:** sing sb. to sleep

**¹Single** ['zɪŋl̩] **die; ~, ~s** *(Schallplatte)* single

**²Single der; ~[s], ~s** single person; **~s** single people *no art.*

**³Single das; ~[s], ~[s]** *(Badminton, Tennis)* singles *sing. or pl.*

**Sing-: ~sang der; ~[e]s a)** *(das Singen)* singsong; **b)** *(Melodie)* simple tune; **~spiel das** *(Musik)* Singspiel; **~stimme die** voice

**Singular** ['zɪŋgula:ɐ̯] **der; ~s, ~e a)** *o. Pl.* singular; **Sinto ist der ~ von** *od.* **zu Sinti** 'Sinto' is the singular of 'Sinti'; **b)** *(Wort)* word in the singular

**singulär** *(geh.)* **1.** *Adj.* **a)** rare; **b)** *(einzigartig)* unique; singular. **2.** *adv.* rarely

**Singularetantum** [zɪŋgula:rə'tantʊm] **das; ~s, Singulariatantum** singular-only noun

**singularisch** *(Sprachw.)* **1.** *Adj.* singular ‹*form, ending*›. **2.** *adv.* in the singular

**Sing·vogel der** songbird

**sinken** ['zɪŋkn̩] *unr. itr. V.; mit sein* **a)** ‹*ship, sun*› sink, go down; ‹*plane, balloon*› descend, go down; *(geh.)* ‹*leaves, snowflakes*› fall; **die ~de Sonne** the setting sun; **er ist tief gesunken** *(fig.)* he has sunk low; **er wäre am liebsten in den Boden gesunken** he wished the earth would [open and] swallow him up; **ins Bett/in einen Sessel ~** *(fig.)* fall into bed/sink into a chair; **in Ohnmacht ~** *(geh.)* swoon; fall into a faint; **in Schlaf ~** *(geh.)* sink into a sleep; **b)** *(nieder~)* fall; **jmdm. an die Brust ~:** fall upon sb.'s breast; **den Kopf ~ lassen** let one's head drop; **der Kopf sank ihm auf die Brust** his head dropped to his chest; **auf** *od.* *(geh.)* **in die Knie ~:** sink or fall to one's knees; **die Hände in den Schoß ~ lassen** let one's hands drop to one's lap; **c)** *(niedriger werden)* ‹*temperature, level*› fall, drop; **das Thermometer/Barometer sinkt** the temperature is falling/the barometer is going back; **d)** *(an Wert verlieren)* ‹*price, value*› fall, go down; **in jmds. Gunst/Achtung ~:** go down in sb.'s favour/estimation; **e)** *(nachlassen, abnehmen)* fall; go down; ‹*excitement, interest*› diminish, decline; **jmds. Mut/Vertrauen sinkt** sb. loses courage/confidence; **ihre gute Laune sank** her good mood gradually disappeared

**Sinn** [zɪn] **der; ~[e]s, ~e a)** sense; **den** *od.* **einen sechsten ~ [für etw.] haben** have a sixth sense [for sth.]; **seine fünf ~e nicht beisammenhaben** *(ugs.)* be not quite right in the head; **b)** *Pl. (geh.: Bewußtsein)* senses; mind *sing.;* **ihm schwanden die ~e** he lost consciousness; **nicht bei ~en sein** be out of one's senses *or* mind; **bist du noch bei ~en?** have you gone out of your mind?; have you taken leave of your senses?; **wie von ~en** as if he/she had gone out of his/her mind; **c)** *o. Pl. (Gefühl, Verständnis)* feeling; **einen ~ für Schönheit/Stil/Gerechtigkeit/Humor** *usw.* **haben** have a sense of beauty/style/justice/humour *etc.;* **er hatte wenig ~ für Familienfeste** he didn't care much for family parties; **d)** *o. Pl. (geh.: Gedanken, Denken)* mind; **er hat ganz in meinem ~ gehandelt** he acted correctly to my mind *or* my way of thinking; **das ist nach meinem ~:** I like that; I agree with that; **mir steht der ~ [nicht] danach/nach etw.** I [don't] feel like it/sth.; **sich** *(Dat.)* **etw. aus dem ~ schlagen** put [all thoughts of] sth. out of one's mind; **etw. im ~ haben** have sth. in mind; **jmdm. in den ~ kommen** come to sb.'s mind; **das will mir nicht in den ~** *(veralt.)* I simply can't understand it; **e)** *o. Pl. (geh.: Denkungsart)* mind; way of thinking; **f)** *o. Pl. (~gehalt, Bedeutung)* meaning; **im strengen/wörtlichen ~:** in the strict/literal sense; **jmds. Rede dem ~e nach wiedergeben** convey the gist of sb.'s speech; **g)** *(Ziel u. Zweck)* point; **der ~ des Lebens** the meaning of life; **ohne ~ sein** be pointless *or* meaningless; **ohne ~ und Verstand** without thinking [about it/them]; **h)** *Pl. (sexuelles Verlangen)* desire *sing.;* desires

**Sinn·bild das** symbol

**sinn·bildlich 1.** *Adj.* symbolic. **2.** *adv.* symbolically

**sinnen** *(geh.) unr. itr. V.* **a)** *(nachdenken)* think; ponder; **sie schaute ~d aus dem Fenster** she looked thoughtfully out of the window; **b)** *(planen)* **auf etw.** *(Akk.)* **~:** plan *or* plot sth.; **auf Rache ~:** be out for revenge

**sinnen-, Sinnen-: ~freude die** *(geh.)* joie de vivre; zest for life; **~froh** *(geh.) Adj.* sensuous; **~lust die;** *o. Pl.* sensuality; **~rausch der;** *o. Pl. (geh.)* [sensual] passion

**sinn·entstellend 1.** *Adj.* which distorts/distorted the meaning *postpos., not pred.* **2.** *adv.* ‹*translate, shorten*› so that the *or* its meaning is distorted

**Sinnes-: ~art die** disposition; **~eindruck der** sense impression; sensation; **~organ das** sense-organ; sensory organ; **~täuschung die** trick of the senses; **~wandel der** change of mind *or* heart

**sinn-, Sinn-: ~fällig 1.** *Adj.* obvious; visible ‹*expression*›; **2.** *adv.* **etw. ~fällig zum Ausdruck bringen** express sth. intelligibly *or* in an easily understood way; **~gebung** [~ge:bʊŋ] **die** *(geh.)* meaning; **~gedicht das** *(Literaturw.)* epigram; **~gehalt der** *s.* **Sinn f; ~gemäß 1.** *Adj.* **a) eine ~gemäße Übersetzung** a translation which conveys the general sense; **b)** *(folgerichtig)* logical; **2.** *adv.* **a)** *(inhaltlich)* **etw. ~gemäß übersetzen/wiedergeben** translate the general sense of sth./give the gist of sth.; **b)** *(folgerichtig)* logically

**sinnieren** *itr. V.* ponder **(über** + *Akk.* over); muse **(über** + *Akk.* [up]on)

**sinnig** *Adj. (meist spött. od. iron.)* clever; sensible *(iron.)*

**sinnlich 1.** *Adj.* **a)** sensory ‹*impression, perception, stimulus*›; **b)** *(sexuell)* sensual ‹*love, mouth*›; **~es Verlangen** sexual desire; **c)** *(sinnenfroh)* sensuous ‹*pleasure, passion*›. **2.** *adv.* **a)** ‹*perceive, understand*› through the senses; **die ~ wahrnehmbare Welt** the world perceived by the senses; **b)** *(sexuell)* sensually; **jmdn. ~ erregen** arouse sb. sexually

**Sinnlichkeit die; ~ a)** sensuality; **b)** *(sinnliche Wahrnehmbarkeit)* sensuousness

**sinn·los 1.** *Adj.* **a)** *(unsinnig)* senseless; **b)** *(zwecklos)* pointless; **c)** *(abwertend: übermäßig)* mad; wild. **2.** *adv.* **a)** *(unsinnig)* senselessly; **b)** *(zwecklos)* pointlessly; **c)** *(abwertend: übermäßig)* like mad; **~ betrunken** blind drunk; **sich ~ besaufen** *(salopp)* get completely plastered *(sl.)*

**Sinnlosigkeit die** *(Wesen, Art)* senselessness; **b)** *(Zwecklosigkeit)* pointlessness

**sinn-, Sinn-: ~reich** *Adj.* **a)** *(zweckmäßig)* useful; **b)** *(tiefsinnig)* profound; **~spruch der** saying; **~stiftung die: ~stiftung durch Kunst** the endowment of life with meaning through art; **~verwandt** *Adj. (Sprachw.)* synonymous ‹*words*›; **~verwandte Wörter** synonyms; **~voll 1.** *Adj.* **a)** *(vernünftig)* sensible; **b)** *(mit Sinn erfüllt, einen Sinn ergebend)* meaningful; **dieser Satz ist nur ~voll, wenn ...:** this sentence only makes sense if ...; **2.** *adv.* **a)** *(vernünftig)* sensibly; **b)** *(mit Sinn erfüllt, einen Sinn ergebend)* meaningfully; **~widrig** *Adj. (geh.)* nonsensical; **~zusammenhang der** context

**Sinologe** [zino'lo:gə] **der; ~n, ~n** sinologist; sinologue

**Sinologie die; ~:** sinology *no art.*

**Sinologin die; ~, ~nen** *s.* **Sinologe**

**sinte·mal** ['zɪntə'ma:l] *Konj. (veralt., noch scherzh.)* because; since

**Sinter** ['zɪntɐ] **der; ~s, ~:** sinter

**sintern** *(Technik) tr., itr. V.* sinter

**Sint·flut** ['zɪnt-] **die** Flood; Deluge; **nach mir/uns die ~:** I/we don't care what happens after I've/we've gone

**sintflut·artig 1.** *Adj.* torrential. **2.** *adv.* in torrents

**Sinto** ['zɪnto] **der; ~, Sinti** Sinte

**Sinus** ['zi:nʊs] **der; ~, ~** *od.* **~se a)** *(Math.)* sine; **b)** *(Anat.)* sinus

**Sinus·kurve die** sine curve

**Siphon** ['zi:fõ] **der; ~s, ~s a)** siphon; **b)** *(Geruchsverschluß)* [anti-siphon] trap; **c)** *(österr.: Sodawasser)* soda[-water]

**Sippe** ['zɪpə] **die; ~, ~n a)** *(Völkerk.)* sib; **b)** *(meist scherzh. od. abwertend: Verwandtschaft)* clan; **c)** *(Biol.)* species

**Sippen·haft die** *punishment of other members of a family or group for the crimes of one member*

**Sippschaft die; ~, ~en a)** *(meist abwertend: Sippe)* clan; **b)** *(abwertend: Gesindel)* bunch *(coll.);* crowd *(coll.)*

**Sirene** [zi're:nə] **die; ~, ~n a)** siren; **b)** *(Zool.)* sirenian

**Sirenen·geheul das** wail of a/the siren/of sirens

**sirren** ['zɪrən] *itr. V.* buzz

**Sirtaki** [zɪr'ta:ki] **der; ~, ~s** syrtos

**Sirup** ['zi:rʊp] **der; ~s, ~e** syrup; *(streichfähig auch)* treacle *(Brit.);* molasses *sing. (Amer.)*

**Sisal** ['zi:zal] **der; ~s** sisal

**sistieren** [zɪs'ti:rən] *tr. V. (Rechtsw.)* detain

**Sistierung die; ~, ~en** *(Rechtsw.)* detention

**Sisyphus·arbeit** ['zi:zyfʊs-] **die** Sisyphean task; never-ending task

**Sitte** ['zɪtə] **die; ~, ~n a)** *(Brauch)* custom; tradition; **es ist in England [nicht] ~ ...:** it is [not] the custom in England ...; **die ~n und Gebräuche eines Volkes** the customs and traditions of a people; **nach alter ~:** in the traditional way *or* manner; **b)** *(moralische Norm)* common decency; **gegen die guten ~n verstoßen** offend [against] common decency; **c)** *Pl. (Benehmen)* manners; **das sind**

**ja feine ~n!** *(iron.)* that's a nice way to behave! *(iron.)*; **d)** *o. Pl. (ugs.: Sittenpolizei)* vice squad

**sitten-, Sitten-: ~dezernat das** vice squad; **~geschichte die** history of life and customs; **~lehre die** ethics *sing.;* moral philosophy; **~los 1.** *Adj.* immoral; **2.** *adv.* immorally; **~polizei die** *(volkst.)* vice squad; **~richter der** *(oft abwertend)* moralist; moralizer; **sich zum ~richter erheben** sit in moral judgement [over sb.]; **~streng** *Adj. (veralt.)* morally strict; puritanical; **~strolch der** *(Pressejargon)* [sexual] molester; **~verfall der** moral decline; decline in moral standards; **~widrig 1.** *Adj.* **a)** *(Rechtsw.)* illegal ⟨*methods, advertising, etc.*⟩; **b)** *(unmoralisch)* immoral ⟨*behaviour*⟩; **2.** *adv. s.* **1:** illegally; immorally

**Sittich** ['zɪtɪç] **der; ~s, ~e** parakeet

**sittlich 1.** *Adj.* moral; **ihm fehlt die ~e Reife** he is morally immature. **2.** *adv.* morally

**Sittlichkeit die;** *o. Pl.* morality; morals *pl.*

**Sittlichkeits-: ~verbrechen das** sexual crime; **~verbrecher der** sex offender

**sittsam** *(veralt.)* **1.** *Adj.* **a)** well-behaved ⟨*child etc.*⟩; decorous ⟨*behaviour*⟩; **b)** *(keusch)* demure. **2.** *adv.* **a)** in a well-behaved way; **b)** *(keusch)* demurely

**Situation** [zitu̯a'tsi̯o:n] **die; ~, ~en** situation

**Situations·komik die** comedy deriving from a/the situation

**situiert** *Adj.* **gut/schlechter ~ [sein]** [be] well off/worse off

**Sitz** [zɪts] **der; ~es, ~e a)** seat; **er hat sich einen Stein als ~ ausgesucht** he picked a rock to sit on; **b)** *(mit Stimmrecht)* seat; **~ und Stimme haben** have a seat and a vote; **c)** *(Regierungs~)* seat; *(Verwaltungs~)* headquarters *sing. or pl.; (einer Firma)* head office; headquarters *sing. or pl.;* **d)** *(sitzende Haltung)* sitting position; *(beim Reiten)* seat; **e)** *(von Kleidungsstücken)* fit; **f) auf einen ~** *(ugs.)* in *or* at one go

**Sitz-: ~bad das** sitz-bath; hip-bath; **~bade·wanne die** sitz-bath; hip-bath; **~bank die** bench; **~blockade die** sit-down blockade; **~ecke die** sitting area; *(Möbelstück)* corner seating unit

**sitzen** *unr. itr. V.; südd., österr., schweiz. mit sein* **a)** sit; **eine ~de Lebensweise** a sedentary life; **bleiben Sie bitte ~:** please don't get up; please remain seated; **er saß den ganzen Tag an der Schreibmaschine/in der Kneipe** he spent the whole day at the typewriter/in the pub *(Brit. coll.)*; **auf der Anklagebank ~:** be in the dock; **er sitzt noch bei Tisch** *od.* **beim Essen** he is still eating *or* having his meal; **ich habe stundenlang beim Friseur ~ müssen** I had to spend hours at the hairdresser's; **im Sattel ~:** be in the saddle; **er sitzt viel über den Büchern** he spends a lot of time sitting over his books; **auf etw.** *(Dat.)* **~** *(salopp: etw. nicht hergeben)* hang on to sth.; not let go of sth.; **jmdm. auf der Pelle** *od.* **dem Pelz ~** *(salopp)* keep bothering sb.; keep on at sb. *(coll.)*; **b)** *(sein)* be; **die Firma sitzt in Berlin** the firm is based in Berlin; **die Tür sitzt schief in den Angeln** the door is not hanging straight; **der Schreck sitzt ihr noch in den Gliedern** she is still suffering from the shock; **einen ~ haben** *(salopp)* have had one too many; **c)** *([gut] passen)* fit; **die Krawatte sitzt nicht** the tie isn't straight; **d)** *(ugs.: gut eingeübt sein)* **Lektionen so oft wiederholen, bis sie ~:** keep on repeating lessons till they stick *(coll.)*; **wir hatten so lange geübt, bis jede Schrittkombination wie im Schlafe saß** we had practised till we could do every step in our sleep; **e)** *(ugs.: wirksam treffen)* hit home; **f)** *(Mitglied sein)* be, sit (**in** + *Dat.* on); **g)** *(ugs.: eingesperrt sein)* be in prison *or (sl.)* inside

**sitzen-, Sitzen-: ~|bleiben** *unr. itr. V. (ugs.)* **a)** *(nicht versetzt werden)* stay down [a year]; have to repeat a year; **b)** *(abwertend: als Frau unverheiratet bleiben)* be left on the shelf; **c)** *(keinen Käufer finden)* **auf etw.** *(Dat.)* **~bleiben** be left *or (coll.)* stuck with sth.; **~bleiber der; ~s, ~** *(ugs. abwertend)* pupil repeating a year; pupil who has to repeat a year; **~|lassen** *unr. tr. V. (ugs.)* **a)** *(nicht heiraten)* jilt; **b)** *(im Stich lassen)* leave in the lurch; **er hat Frau und Kinder ~lassen** *od. (seltener:)* **~gelassen** he left his wife and children; **c) jmdn. ~lassen** *(vergeblich warten lassen)* stand sb. up *(coll.)*; *(warten lassen)* leave sb. waiting; **d)** *(hinnehmen)* **etw. nicht auf sich** *(Dat.)* **~lassen** not take sth.; not stand for sth.

**Sitz-: ~fleisch das** *(ugs. scherzh.)* **kein ~fleisch haben** not have the staying power; not be able to stick at it; *(nicht stillsitzen können)* not be able to sit still; **~gelegenheit die** seat; **~gruppe die** group of seats; **~kissen das** *(im Sessel, Sofa)* [seat] cushion; *(auf dem Fußboden)* [floor] cushion; **~ordnung die** seating plan *or* arrangement; **~platz der** seat; **~riese der** *(ugs. scherzh.) person who looks tall when sitting down;* **~stange die** perch; **~streik der** sit-down strike

**Sitzung die; ~, ~en a)** meeting; *(Parlaments~)* sitting; session; **b)** *(beim Zahnarzt)* visit; *(beim Psychotherapeuten)* session; *(ugs. scherzh.: Toilettenbesuch)* session; **c)** *(das Porträtsitzen)* sitting

**Sitzungs-: ~bericht der** minutes *pl.;* **~periode die** session; **~saal der** conference hall; *(eines Gerichts)* court-room; **~zimmer das** conference room

**sixtinisch** [zɪks'ti:nɪʃ] *Adj.* Sistine

**Sizilianer** [zitsi'li̯a:nɐ] **der; ~s, ~, Sizilianerin die; ~, ~nen** Sicilian; *s. auch* **-in**

**sizilianisch** [zitsi'li̯a:nɪʃ] *Adj.* Sicilian

**Sizilien** [zi'tsi:li̯ən] **(das); ~s** Sicily

**Skagerrak·schlacht** ['ska:gərak-] **die** *(hist.)* Battle of Jutland

**Skala** ['ska:la] **die; ~, Skalen a)** *(Maßeinteilung, Musik)* scale; **b)** *(Reihe)* range

**Skalar der; ~s, ~s** *(Math., Physik)* scalar

**Skalde** ['skaldə] **der; ~n, ~n** skald

**Skalden·dichtung die** skaldic poetry

**Skalp** [skalp] **der; ~s, ~e** scalp

**Skalpell** [skal'pɛl] **das; ~s, ~e** scalpel

**skalpieren** *tr. V.* scalp

**Skandal** [skan'da:l] **der; ~s, ~e a)** scandal; **b)** *(bes. nordd.: Lärm)* row *(coll.)*

**Skandal-: ~geschichte die** [piece of] scandal; **~nudel die** *(ugs.)* **sie ist eine ~nudel** she is always involved in some scandal or other

**skandalös** *Adj.* scandalous

**skandieren** [skan'di:rən] *tr. V.* **a)** chant; **b)** *(Verslehre)* scan

**Skandinavien** [skandi'na:vi̯ən] **(das); ~s** Scandinavia

**Skandinavier** [skandi'na:vi̯ɐ] **der; ~s, ~, Skandinavierin die; ~, ~nen** Scandinavian; *s. auch* **-in**

**skandinavisch** *Adj.* Scandinavian

**Skarabäus** [skara'bɛ:ʊs] **der; ~, Skarabäen** scarab

**Skat** [ska:t] **der; ~[e]s, ~e** *od.* **~s** skat; **~ dreschen** *od.* **klopfen** *(salopp)* play skat

**Skat·blatt das** skat pack *(Brit.) or (Amer.)* deck

**skaten** *itr. V. (ugs.)* play skat

**Skat·spieler der** skat-player

**Skeet·schießen** ['ski:t-] **das; ~s** *(Sport)* skeet [shooting] *no art.*

**Skelett** [ske'lɛt] **das; ~[e]s, ~e** skeleton; **er ist nur noch ein ~** *od.* **das reinste ~:** he is little more than a skeleton

**Skelett·bauweise die** *(Bauw.)* skeleton construction

**Skepsis** ['skɛpsɪs] **die; ~:** scepticism

**Skeptiker der; ~s, ~:** sceptic

**skeptisch 1.** *Adj.* sceptical. **2.** *adv.* sceptically

**Skeptizismus der; ~:** scepticism

**Sketch** [skɛtʃ] **der; ~[es], ~e[s]** *od.* **~s** sketch

**Ski** [ʃi:] **der; ~s, ~er** *od.* **~:** ski; **~ laufen** *od.* **fahren** ski; **er läuft** *od.* **fährt gut ~:** he is a good skier; **~ Heil!** ski heil!; good skiing!

**Ski-: ~bindung die** ski binding; **~bob der** ski-bob; **~fliegen das, ~flug der** ski flying *no art.;* **~haserl das; ~s, ~** *(südd., österr. scherzh.)* girl skier; **~lauf der, ~laufen das** skiing *no art.;* **~läufer der** skier; **~lehrer der** ski-instructor; **~lift der** ski-lift; **~springen das; ~s, ~:** ski-jumping *no art.;* **~springer der** ski-jumper; **~stiefel der** ski boot; **~stock der** skistick; ski pole; **~zirkus der** *(Sportjargon)* ski circus

**Skizze** ['skɪtsə] **die; ~, ~n a)** *(Zeichnung)* sketch; **b)** *(Konzept)* outline; **c)** *(kurze Aufzeichnung)* [brief] account

**Skizzen·block der** sketch-pad; sketch-block

**skizzen·haft 1.** *Adj.* rough ⟨*drawing, outline*⟩. **2.** *adv.* roughly

**skizzieren** *tr. V.* **a)** *(zeichnen)* sketch; **b)** *(aufzeichnen)* outline; **c)** *(entwerfen)* draft

**Sklave** ['skla:və] **der; ~n, ~n** slave; **jmdn. zum ~n machen** make a slave of sb.; **er ist der ~ seiner Gewohnheiten** *(fig. abwertend)* he is a slave to habit

**Sklaven-: ~arbeit die a)** slavery *no art.;* work as slaves *no art.;* **b)** *(abwertend: schwere Arbeit)* drudgery *no art.;* **~halter der** slave-owner; **~halter·gesellschaft die;** *o. Pl. (bes. marx.)* slave-owning society; **~händler der** *(auch fig. abwertend)* slave-trader

**Sklaverei die; ~ a)** *(auch fig. abwertend)* slavery *no art.;* **b)** *(oft abwertend: harte Arbeit)* drudgery *no art.*

**Sklavin die; ~, ~nen** *s.* **Sklave;** *s. auch* **-in**

**sklavisch** ['skla:vɪʃ] *(abwertend)* **1.** *Adj.* slavish. **2.** *adv.* slavishly

**Sklerose** [skle'ro:zə] **die; ~, ~n** *(Med.)* sclerosis *no art.*

**skontieren** [skɔn'ti:rən] *tr. V. (Kaufmannsspr.)* **eine Rechnung ~:** allow a [cash] discount on a bill

**Skonto** ['skɔnto] **der** *od.* **das; ~s, ~s** *(Kaufmannsspr.)* [cash] discount; **bei Barzahlung binnen 10 Tagen gewähren wir 3 % ~ auf den Rechnungsbetrag** we allow a 3 % discount if payment is made in cash within ten days

**Skooter** ['sku:tɐ] **der; ~s, ~:** dodgem; bumper car

**Skorbut** [skɔr'bu:t] **der; ~[e]s** *(Med.)* scurvy *no art.*

**Skorpion** [skɔr'pi̯o:n] **der; ~s, ~e a)** *(Tier)* scorpion; **b)** *(Astrol.)* Scorpio; *s. auch* **Fisch**

**Skribent** [skri'bɛnt] **der; ~en, ~en** *(veralt. abwertend)* scribbler

**Skript** [skrɪpt] **das; ~[e]s, ~en** *od.* **~s** script; *(Manuskript)* manuscript

**Skript·girl das** *(Film)* script girl

**Skriptum** ['skrɪptʊm] **das; ~s, Skripten** *od.* **Skripta** *(österr., sonst veralt.)* manuscript

**Skrotum** ['skro:tʊm] **das; ~s, Skrota** *(Anat.)* scrotum

**Skrupel** ['skru:pl̩] **der; ~s, ~:** scruple; **~ haben** *od.* **kennen** have scruples

**skrupel·los** *(abwertend)* **1.** *Adj.* unscrupulous. **2.** *adv.* unscrupulously

**Skrupellosigkeit die; ~** *(abwertend)* unscrupulousness

**skrupulös** [skrupu'lø:s] *(veralt.) Adj.* scrupulous

**Skull** [skʊl] **das; ~s, ~s** *(Seemannsspr., Rudersport)* scull

**skullen** *itr. V.; auch mit sein (Seemannsspr., Rudersport)* scull

**Skulptur** [skʊlp'tu:ɐ̯] **die; ~, ~en** sculpture

**skurril** [skʊ'ri:l] **1.** *Adj.* absurd; droll ⟨*person*⟩. **2.** *adv.* absurdly

**Skurrilität die; ~, ~en** absurdity

**S-Kurve** ['ɛs-] **die** S-bend; double bend

**Slalom** ['sla:lɔm] **der; ~s, ~s** *(Ski-, Kanusport)* slalom; **im ~ fahren** *(fig.)* zigzag

**Slang** [slæŋ] **der;** ~**s a)** *(oft abwertend: Umgangssprache)* slang; **b)** *(Jargon)* jargon

**S-Laut** ['ɛs-] **der** *(stimmlos)* s-sound; *(stimmhaft)* z-sound

**Slawe** ['sla:və] **der;** ~**n,** ~**n, Slawin die;** ~, ~**nen** Slav; *s. auch* **-in**

**slawisch** *Adj.* Slav[ic]; Slavonic

**Slawist der;** ~**en,** ~**en** Slavicist; Slavist

**Slawistik die;** ~: Slavonic studies *pl., no art.*

**Slibowitz** ['sli:bovɪts] **der;** ~**[e]s,** ~**e** slivovitz

**Slip** [slɪp] **der;** ~**s,** ~**s** briefs *pl.*

**Slipper der;** ~**s,** ~**[s]** slip-on [shoe]

**Slogan** ['slo:gn̩] **der;** ~**s,** ~**s** slogan

**Slowake** [slo'va:kə] **der;** ~**n,** ~**n** Slovak

**Slowakei die;** ~: Slovakia *no art.*

**Slowakin die;** ~, ~**nen** Slovak

**slowakisch** *Adj.* Slovak; Slovakian

**Slowene** [slo've:nə] **der;** ~**n,** ~**n** Slovene; Slovenian

**Slowenien (das);** ~**s** Slovenia

**Slowenin die;** ~, ~**nen** Slovene; Slovenian

**Slowenisch das;** ~**en** Slovene; Slovenian; *s. auch* **Deutsch**

**Slow·fox** ['slo:fɔks] **der** slow foxtrot

**Slum** [slam] **der;** ~**s,** ~**s** slum

**Smaragd** [sma'rakt] **der;** ~**[e]s,** ~**e** emerald

**Smaragd·eidechse die** green lizard

**smaragden** *Adj.* emerald

**smaragd·grün** *Adj.* emerald green

**smart** [sma:ɐ̯t] *Adj.* smart

**Smog** [smɔk] **der;** ~**[s],** ~**s** smog

**Smog·alarm der** smog warning; **bei** ~: if there is a smog warning

**Smoking** ['smo:kɪŋ] **der;** ~**s,** ~**s** dinner-jacket *or (Amer.)* tuxedo and dark trousers

**Smutje** ['smʊtjə] **der;** ~**s,** ~**s** *(Seemannsspr.)* ship's cook

**Snob** [snɔp] **der;** ~**s,** ~**s** *(abwertend)* snob

**Snobismus der;** ~ *(abwertend)* snobbery; snobbishness

**snobistisch** *Adj. (abwertend)* snobbish

**so** [zo:] **1.** *Adv.* **a)** *meist betont (auf diese Weise; in, von dieser Art)* like this/that; this/that way; **schreibe den Brief so, wie ich es dir gesagt habe** write the letter as I told you; **er hat sich nicht so verhalten, wie allgemein erwartet wurde** he did not behave in the way that was generally expected; **so ist sie nun einmal** that's the way she is; **ist das [wirklich] so?** is that [really] true?; **wenn dem so ist** if that's the case; **sei doch nicht so** don't be like that; **ich will [mal] nicht so sein** I don't want to be awkward; **so ist das!** *(resigniert)* that's the way it goes!; that's how it goes!; **so ist es!** *(zustimmend)* that's correct *or* right!; **ach, so ist das!** *(erfassend)* oh, I 'see!; **recht so!, gut so!** right!; that's fine!; **mir ist so, als ob ...:** I have a feeling that ...; **so kann es einem gehen, wenn ...:** that's what can happen if ...; **und das kam so** and this is what happened; and it happened like this; **du mußt dich entscheiden, so oder so** you must make up your mind one way or the other; **so oder so gerät der Minister unter Druck** either way the minister will come under pressure; **weiter so!** carry on in the same way!; **b)** *(meist betont) (dermaßen)* so; **eine so große Frau** such a big woman; **er ist nicht so dumm, das zu tun** he is not so stupid as to do that; **er schlug die Tür zu, daß es nur so knallte** he slammed the door shut; **c)** *betont (überaus)* so; **d)** *meist betont (genauso)* as; **so gut ich konnte** as best I could; **so gut es geht** as best I/he *etc.* can; **er ist [nicht] so groß wie du** he is [not] as tall as you [are]; **ihr sollt alles so lassen, wie es ist** you are to leave everything the way it is; **so weiß wie Schnee** as white as snow; **e)** *meist betont (ugs.: solch[e])* such; **so ein Mann/so eine Frau/so ein Kind** such a man/woman/child; a man/woman/child like that; **ein so schönes Fest** such a lovely party; **so ein Pech/eine Frechheit!** what bad luck/a cheek!; **so ein Idiot!** what an idiot!; **hast du so etwas schon mal gesehen?** have you ever seen such a thing *or* anything like it?; **so etwas kann passieren** such things *pl.* can happen; **so etwas ist mir noch nie passiert** a thing like that has never *or* nothing like that has ever happened to me before; **so was von fett habe ich noch nie gesehen** I've never seen anyone so fat; **die Suppe war so was von ekelhaft** the soup was absolutely disgusting; **er ist so was von dämlich** he is so stupid; **so was von dämlich!** talk about stupidity! *(coll.)*; **ist sie nicht Kontoristin oder so was?** isn't she a clerk or something?; **[na** *od.* **nein** *od.* **also] so was!** *(überrascht/empört)* well, I never!; **so etwas Schönes** something as beautiful as that; such a beautiful thing; **und so was nennt** *od.* **schimpft sich Wissenschaft/Mutter** and they call that science/she calls herself a mother; **so einer/eine/eins** one like that; one of those; **mit so einer würde ich mich nicht einlassen** I wouldn't get mixed up with that sort of woman *or* a woman of that sort; **so einer** *od.* **jemand wie Schmidt** somebody like Schmidt; **Ein Grahambrötchen? – Nein, so eins** A granary roll? – No, one of those *or* one like that; **das ist so ein** *od.* **so'n kleiner Dicker** *(ugs.)* he's a little fat man; **so nennt man das also** so 'that's what it's called; **so einer bist du also!** so 'that's the sort of person you are!; **f)** *betont (eine Zäsur ausdrückend)* right; OK *(coll.)*; **so, und nun?** right, [and] now what?; **g)** *(ugs.: schätzungsweise)* about; **so** *od.* **so um die** *od.* **so an die** *od.* **so etwa** *od.* **so ungefähr 50 Mark** about 50 marks; **h)** *unbetont (bei Zitaten od. Quellenangaben)* **die Religion, so Marx, ist ...:** religion, according to Marx is ...; **„die Ausgaben", so der Minister, „...":** 'the expenditure', said the minister *or* the minister said, '...'; **i)** *unbetont (ugs.: und/oder ähnliches)* **Banker und so** bankers and people like that; **heißt sie nicht Karobowski oder so?** isn't her name Karobowski or something like that?; **ich spiele ein bißchen Tischtennis, Billard und so** I play a bit of table tennis, billiards and that sort of thing; **j)** *betont (erstaunt, zweifelnd)* **so?** really?; **so, so** *(meist iron.)* oh, I see; **k)** *betont (ohne Hilfsmittel)* **ich brauche keine Leiter, da komme ich auch so ran** *(ugs.)* I don't need a ladder, I can reach it [without one]; **geht es so, oder soll ich Ihnen eine Tüte geben?** can you manage, or shall I give you a bag?; **l)** *betont (ohne Zutaten)* just as it is; **einfach** ~: just as it is; **m)** *betont (ugs.: umsonst)* for nothing; **die können Sie so mitnehmen** you can take these – they're free. **2.** *Konj.* **a)** *(konsekutiv, in Verbindung mit „daß")* **so daß ...** *(damit)* so that ...; *(und deshalb)* and so ...; **er war krank, so daß er die Reise verschieben mußte** he was sick, [and] so he had to postpone the trip; **b)** *(konzessiv)* however; **so sehr ich ihn auch immer unterstützt habe, dieses Mal kann ich ihm nicht helfen** however much I have always supported him, this time I can't help him ; **so leid es mir tut, ich muß absagen** much as I regret it, I'll have to cry off; **c)** *(geh.: falls)* if; **so Gott will** God willing. **3.** *Partikel* **a)** just; **wie ich so ging, da sah ich ...:** I was just walking along, when I saw ...; **ich weiß nicht so recht, ob ich gehen soll** I'm not really sure if I should go; **Warum fragst du? – Ach, nur so** Why do you ask? – Oh, no particular reason; **ach, das hab' ich nur so gesagt** oh, I didn't mean anything by that; **das ist mir nur so rausgerutscht** *(ugs.)* it just slipped out; **wie ist der neue Chef denn so?** *(ugs.)* what's the new boss like, then? *(coll.)*; **b)** *(in Aufforderungssätzen verstärkend)* **so halt doch endlich deinen Mund!** just hold your tongue, will you!; **so komm doch** come on now; **so glaub mir doch** you must believe me

**So.** *Abk.* **Sonntag** Sun.

**s. o.** *Abk.* **siehe oben**

**SO** *Abk.* **Südost[en]** SE

**sobald** *Konj.* as soon as

**Söckchen** ['zœkçən] **das;** ~**s,** ~ **a)** [little] sock; **b)** *(Damen-, Kinderstrumpf)* [short] sock; ankle-sock

**Socke** ['zɔkə] **die;** ~, ~**n** sock; **sich auf die** ~**n machen** *(ugs.)* get going; **von den** ~**n sein** *(ugs.)* be flabbergasted

**Sockel** ['zɔkl̩] **der;** ~**s,** ~ **a)** *(einer Säule, Statue)* plinth; **b)** *(unterer Teil eines Hauses, Schrankes)* base; **c)** *(Elektrot.)* base

**Sockel·betrag der** *(Wirtsch.)* basic sum

**Socken der;** ~**s,** ~ *(südd., österr., schweiz.) s.* **Socke**

**Socken·halter der** [sock] suspender

**Soda** ['zo:da] **die;** ~ *od.* **das;** ~**s** soda

**so·dann** *Adv.* **a)** *(danach)* then; thereupon; **b)** *(außerdem)* and furthermore

**so daß** *(österr. auch:* **sodaß)** *s.* **so 2 a**

**Soda·wasser das;** *Pl.* **Sodawässer** soda; soda-water

**Sod·brennen das;** ~**s** heartburn; pyrosis

**Sodom** ['zo:dɔm] **das;** ~: Sodom; ~ **und Gomorrha** Sodom and Gomorrah

**Sodomie die;** ~: sodomy *no art.*

**sodomitisch** *Adj.* sodomitic[al]

**so·eben** *Adv.* just; **die Nachricht kam** ~: the news came just now

**Sofa** ['zo:fa] **das;** ~**s,** ~**s** sofa; settee

**Sofa·kissen das** [sofa] cushion; scatter cushion

**so·fern** *Konj.* provided [that]

**soff** [zɔf] *1. u. 3. Pers. Sg. Prät. v.* **saufen**

**so·fort** *Adv.* immediately; at once; **er war** ~ **tot** he died instantly; **komm** ~ **her!** come here this instant *or* at once!; **diese Regelung gilt ab** ~: this ruling has immediate effect *or* takes effect immediately; **Ingenieure ab** ~ **gesucht** engineers required, should be ready to start immediately; **ich bin** ~ **fertig** I'll be ready in a moment; *(mit einer Arbeit)* I'll be finished in a moment; **[ich] komme** ~: [I'm] just coming; *(Bedienung)* I'll be right with you

**Sofort·bild·kamera die** *(Fot.)* instant-picture camera

**Sofort·hilfe die** emergency relief *or* aid

**sofortig** *Adj. (unmittelbar)* immediate

**Sofort·maß·nahme die** immediate measure

**Soft-Eis** ['zɔftlais] **das** soft ice-cream

**Softie** ['zɔfti] **der;** ~**s,** ~**s** *(ugs.)* softy

**Software** ['zɔftvɛ:ɐ̯] **die;** ~, ~**s** *(DV)* software

**sog** [zo:k] *1. u. 3. Pers. Sg. Prät. v.* **saugen**

**Sog der;** ~**[e]s,** ~**e a)** *(saugende Strömung)* suction; *(bei Schiffen)* wake; *(bei Fahr-, Flugzeugen)* slip-stream; *(von Wasser, auch fig.)* current; **b)** *(Meeresk.)* undertow

**sog.** *Abk.* **sogenannt**

**so·gar** *Adv.* even; **sie ist krank,** ~ **schwer krank** she is ill, in fact *or* indeed seriously ill

**so·genannt** *Adj. (oft spött.)* so-called

**so·gleich** *Adv.* immediately; at once

**Sohle** ['zo:lə] **die;** ~, ~**n a)** *(Schuh~)* sole; **eine kesse** *od.* **heiße** ~ **aufs Parkett legen** *(ugs.)* put up a good show on the dance-floor; **auf leisen** ~**n** softly; noiselessly; **b)** *(Fuß~)* sole [of the foot]; **auf** *od.* **mit nackten** ~**n** barefoot; with bare feet; **c)** *(Tal~)* bottom; *(eines Flusses)* bottom; bed; **d)** *(Bergmannsspr.)* level; *(Gruben~)* floor; **e)** *(Einlege~)* insole

**sohlen** *tr. V.* sole

**Sohn** [zo:n] **der;** ~**es, Söhne** ['zø:nə] **a)** *(männlicher Nachkomme)* son; **der** ~ **Gottes** the Son of God; **der verlorene** ~: the prodigal son; **b)** *o. Pl. (fam.: Anrede an einen Jüngeren)* son; boy

**Söhnchen** ['zø:nçən] **das;** ~**s,** ~: little son; little boy

**Sohne·mann der;** *o. Pl. (fam.)* son

**soigniert** [zoan'ji:ɐt] *Adj. (geh.)* soigné ⟨*man, appearance*⟩; soignée ⟨*woman*⟩
**Soiree** [zoa're:] **die; ~, ~n** *(geh.)* soirée
**Soja-** ['zo:ja-]: **~bohne die** soy[a] bean; **~soße die** soy[a] sauce
**Sokrates** ['zo:krates] **(der); Sokrates'** Socrates
**Sokratiker** [zo'kra:tikɐ] **der; ~s, ~:** Socratic
**sokratisch** *Adj.* Socratic
**Sol das; ~s, ~e** *(Chemie)* sol
**so·lang[e]** *Konj.* so *or* as long as; **~ du nicht alles aufgegessen hast** unless *or* until you have eaten everything up
**solar** [zo'la:ɐ] *Adj.* solar
**Solar-: ~batterie die** *(Elektrot.)* solar battery; **~energie die** *(Physik)* solar energy
**Solarium** [zo'la:rium] **das; ~s, Solarien** [...iən] solarium
**Solar-: ~kraftwerk das** *s.* **Sonnenkraftwerk; ~plexus** [~plɛksʊs] **der** *(Anat.)* solar plexus; **~technik die** *(Energietechnik)* solar technology *no art.*; **~zelle die** *(Physik, Elektrot.)* solar cell
**Sol·bad das a)** *(Kurort)* salt-water spa; **b)** *(Bad)* salt-water bath; brine-bath
**solch** [zɔlç] *Demonstrativpron.* **a)** *attr.* such; **~e Leute** such people; people like that; **[ein] ~er Glaube** such a belief; **ich habe ~en Hunger** I am so hungry; **ich habe ~e Kopfschmerzen** I've got such a headache; **das macht ~en Spaß!** it's so much fun!; **b)** *selbständig* **~e wie die** people like that; **sie ist keine ~e** she is not like that; **die Sache als ~e** the thing as such; **es gibt ~e und ~e** *(ugs.)* it takes all sorts *or* kinds [to make a world]; **Ärzte gibt es ~e und ~e** there are doctors and doctors; **c)** *ungebeugt (geh.: so [ein])* such; **bei ~ einem herrlichen Wetter** when the weather is so beautiful
**solcher-: ~art 1.** *indekl. Demonstrativpron.* such; **2.** *Adv.* thus; **~gestalt** *Adv.* thus; in such a way
**solcherlei** *indekl. Adj.*; *s.* **derlei**
**solcher·maßen** *Adv.* in such a way; in this way; *(in solchem Grade)* to such an extent
**Sold** [zɔlt] **der; ~[e]s, ~e a)** *(veralt.)* pay; **in jmds. ~ stehen** be in the pay of sb. *or* sb.'s pay; **im ~e des Kaisers stehen** be in the service of the emperor; **b)** *s.* **Wehrsold**
**Soldat** [zɔl'da:t] **der; ~en, ~en** soldier; **~ auf Zeit** soldier serving for a fixed period
**Soldaten-: ~fried·hof der** military *or* war cemetery; **~sprache die** army *or* soldiers' slang
**Soldatin die; ~, ~nen** [female *or* woman] soldier; **sie ist ~:** she is a soldier
**soldatisch 1.** *Adj.* military ⟨*discipline, expression, etc.*⟩; soldierly ⟨*figure, virtue*⟩. **2.** *adv.* in a military *or* soldierly manner
**Sold·buch das** *(hist.)* [military] pay-book
**Söldner** ['zœldnɐ] **der; ~s, ~:** mercenary
**Söldner-: ~heer das** mercenary army; army of mercenaries; **~truppe die** mercenary force; force of mercenaries
**Sole** ['zo:lə] **die; ~, ~n** salt water; brine
**Sol·ei das** pickled egg
**solid** [zo'li:t] *s.* **solide**
**Solidar·gemeinschaft die** mutually supportive group; *(die Gesellschaft)* caring society
**solidarisch 1.** *Adj.* **~es Verhalten zeigen** show one's solidarity; **sich mit jmdm. ~ erklären** declare one's solidarity with sb. **2.** *adv.* **~ handeln/sich ~ verhalten** act in/show solidarity
**solidarisieren** *refl. V.* show [one's] solidarity
**Solidarität die; ~:** solidarity
**Solidaritäts·streik der** solidarity strike
**solide 1.** *Adj.* **a)** *(massiv, gediegen)* solid ⟨*rock, wood, house*⟩; sturdy ⟨*shoes, shed, material, fabric*⟩; solid, sturdy ⟨*furniture*⟩; [good-]quality ⟨*goods*⟩; **b)** *(gut fundiert)* sound ⟨*work, workmanship, education, knowledge*⟩; solid ⟨*firm, business*⟩; **c)** *(anständig)* respectable ⟨*person, life, occupation, profession*⟩. **2.** *adv.* **a)** *(gediegen)* solidly ⟨*built*⟩; sturdily ⟨*made*⟩; **b)** *(gut fundiert)* soundly ⟨*educated, constructed*⟩; **c)** *(anständig)* ⟨*live*⟩ respectably, steadily
**Solidität die; ~** *s.* **solide 1 a–c:** solidness; sturdiness; soundness; respectability
**Solipsismus** [zolɪ'psɪsmʊs] **der; ~** *(Philos.)* solipsism *no art.*
**Solist** [zo'lɪst] **der; ~en, ~en** soloist
**solistisch** *Adj.* solo
**Solitär** [zoli'tɛ:ɐ] **der; ~s, ~e** solitaire
**soll** *1. u. 3. Pers. Sg. Präsens v.* **sollen**
**Soll** [zɔl] **das; ~[s], ~[s] a)** *(Kaufmannsspr., Bankw.: Schulden)* debit; **~ und Haben** debit and credit; **im ~:** in debit; **b)** *(Kaufmannsspr.: linke Buchführungsseite)* debit side; **etw. im ~ verbuchen** enter sth. on the debit side; **c)** *(Wirtsch.: Arbeits~)* quota; **sein ~ erfüllen** *od.* **erreichen** achieve *or* meet one's target; **d)** *(Wirtsch.: Plan~)* quota; target
**Soll-Bruch·stelle die** *(Technik)* predetermined breaking-point
**sollen 1.** *unr. Modalverb; 2. Part.* **~ a)** *(bei Aufforderung, Anweisung, Auftrag)* **er soll sofort kommen** he is to come immediately; **solltest du nicht bei ihm anrufen?** were you not supposed to ring him?; **was soll ich als nächstes tun?** what should I do next?; what do you want me to do next?; **du sollst Vater und Mutter ehren** *(bibl.)* honour thy father and thy mother; **du sollst das lassen!** stop that *or* it!; **soll ich dir mal erzählen, was mir gestern passiert ist?** shall I tell you what happened to me yesterday?; **du weißt, daß du das nicht tun sollst** you know that you shouldn't *or* are not supposed to do that; **sie sagte, daß das nicht mehr vorkommen soll** she said it wouldn't happen again; **[sagen Sie ihm,] er soll hereinkommen** tell him to come in; **der soll mir nur mal kommen, dem werde ich's schon zeigen!** *(ugs.)* just let him come and I'll show him what for! *(sl.)*; **und da soll man nicht böse werden/nicht lachen** and I'm not supposed to get angry/laugh; **ich soll dir schöne Grüße von Herrn Meier bestellen** Herr Meier asked me to give you *or* sends his best wishes; **b)** *(bei Wunsch, Absicht, Vorhaben)* **es soll ihm nützen** may it be of use to him; **du sollst dich hier wie zu Hause fühlen** I/we should like you to feel at home here; **niemand soll sagen, daß ich meine Pflicht vernachlässigt hätte** let no one say *or* no one shall say [that] I neglected my duty; **das soll dich doch nicht stören** don't let it bother you; **~ wir heute ein wenig früher gehen?** should we leave a little earlier today?; **du sollst alles haben, was du brauchst** you shall have everything you require; **der Schal soll zum Mantel passen** the scarf is to *or* should match the coat; **er hat alles für sich behalten; soll er doch!** *(ugs. abwertend)* he has kept everything to himself; well, let him, if he wants to!; **das sollte ein Witz sein** that was meant to be a joke; **was soll denn das heißen?** what is that supposed to mean?; **wozu soll denn das gut sein?** what's the good of that?; **c)** *(bei Ratlosigkeit)* **was soll ich nur machen?** what am I to do?; **was soll nur aus ihm werden?** what is to become of him?; **er wußte nicht, wie er aus der Situation herauskommen sollte** he didn't know how to get out of the situation; **d)** *(Notwendigkeit ausdrückend)* **man soll so etwas nicht unterschätzen** it's not to be taken *or* it shouldn't be taken so lightly; **e)** *häufig im Konjunktiv II (Erwartung, Wünschenswertes ausdrückend)* **du solltest dich schämen** you ought to be ashamed of yourself; **das hättest du besser nicht tun ~:** it would have been better if you hadn't done that; **mit deiner Erkältung solltest du besser zu Hause bleiben** with your cold you had better stay at home; **wie sollte ich das wissen?** how was I to know that?; **f)** *(jmdm. beschieden sein)* **er sollte seine Heimat nicht wiedersehen** he was never to see his homeland again; **es hat nicht sein ~** *od.* **nicht ~ sein** it was not to be; **es sollte ganz anders kommen, als man erwartet hatte** things were to turn out quite differently than expected; **g)** *im Konjunktiv II (eine Möglichkeit ausdrückend)* **sollte es regnen, [dann] bleiben wir zu Hause** if it should rain, we will stay at home; **sollte ich mich geirrt haben, tut es mir leid** if I have made *or* should I have made a mistake, I'm sorry; **wenn du ihn sehen solltest, sage ihm bitte ...:** if you should see him, please tell him ...; **ich versuche es, und sollte ich auch verlieren** *(geh.)* I'll try, even though I may lose; **h)** *im Präsens (sich für die Wahrheit nicht verbürgend)* **das Restaurant soll sehr teuer sein** the restaurant is supposed *or* said to be very expensive; **wir ~ eine Gehaltserhöhung bekommen** we are supposed to be getting a pay rise; **das soll vorkommen** things like that can happen; **i)** *im Konjunktiv II (Zweifel ausdrückend)* **sollte das sein Ernst sein?** is he really being serious?; **sollte das wirklich wahr sein?** is that really true?; **j)** *(können)* **mir soll es gleich sein** it's all the same to me; it doesn't matter to me; **man sollte glauben, daß ...:** you would think that ...; **so etwas soll es geben** it's not unheard of. **2.** *tr., itr. V.* **was soll das?** what's the idea?; **Was soll's? Ich kann ja doch nichts ändern** So what? I can't change anything anyway; **Soll ich? – Ja, du sollst!** Should I? – Yes, you should!; **was soll ich dort?** what would I do there?; **was soll der Unsinn?** what's all this nonsense about?; **warum soll ich das?** why am I to do that?; why should I do that?; **was man nicht alles soll/sollte!** the things one has to do!/is supposed to do!
**Söller** ['zœlɐ] **der; ~s, ~** *(Archit.)* balcony
**Soll-: ~seite die** *(Kaufmannsspr., Bankw.)* debit side; **~zinsen** *Pl.* interest *sing.* on [one's] debit balance
**Solmisation** [zɔlmiza'tsio:n] **die; ~** *(Musik)* solmization
**solo** ['zo:lo] *indekl. Adj.; nicht attr.* **a)** *(bes. Musik: als Solist)* solo; **b)** *(ugs., oft scherzh.: ohne Begleitung)* on one's own *postpos.*
**Solo** ['zo:lo] **das; ~s, ~s** *od.* **Soli** ['zo:li] **a)** *(bes. Musik)* solo; **b)** *(bes. Fußballjargon)* solo run
**Solo-: ~gesang der** solo; **~tänzer der, ~tänzerin die** soloist
**Sol·quelle die** salt-water *or* brine spring
**solvent** [zɔl'vɛnt] *Adj. (bes. Wirtsch.)* solvent
**Solvenz** [zɔl'vɛnts] **die; ~, ~en** *(bes. Wirtsch.)* solvency
**Somalia** [zo'ma:lia] **(das); ~s** Somalia
**Somalier der; ~s, ~, Somalierin die; ~, ~nen** Somali
**somatisch** [zo'ma:tɪʃ] *Adj. (Physiol.)* somatic
**Sombrero** [zɔm'bre:ro] **der; ~s, ~s** sombrero
**so·mit** [auch: '--] *Adv.* consequently; therefore; **... und somit kommen wir zu Punkt 3** ... and so *or* thus we come to number 3
**Sommer** ['zɔmɐ] **der; ~s, ~:** summer; *s. auch* **Frühling**
**Sommer-: ~abend der** summer['s] evening; **~anfang der** beginning of summer; **~an·zug der** summer suit; **~fahr·plan der** summer timetable; **~fell das** summer coat; **~ferien** *Pl.* summer holidays; **~frische die** *(veralt.)* **a)** *(Aufenthalt)* summer holiday; **~frische machen** be on one's summer holiday; **b)** *(Ort)* summer [holiday] resort; **~frischler der; ~s, ~** *(veralt.)* summer holiday-maker; **~gast der** summer

visitor *or* holiday-maker; **~getreide das** *(Landw.)* summer cereal *or* corn; **~halbjahr das** summer season; **~haus das** [summer] holiday house; **~kleid das** summer dress; **~kleidung die** summer clothes *pl.* *or* clothing

**sommerlich 1.** *Adj.* summer; summery ⟨*warmth, weather*⟩; summer's *attrib.* ⟨*day, evening*⟩; **draußen ist es schon ganz ~:** it is already quite summery outside. **2.** *adv.* **es war oft schon ~ warm** it was often as warm as summer; **sich ~ kleiden** wear summer clothes

**Sommer-: ~loch das** *(ugs.)* summer recess; **~mantel der** summer coat; **~mode die** summer fashions *pl.*; *(eines Modehauses)* summer collection; **~monat der** summer month; **~nacht die** summer['s] night; **~olympiade die** Summer Olympics *pl.*; **~pause die** summer break; *(im Parlament)* summer recess; **das Theater hat ~pause** the theatre is closed for the summer; **~reifen der** standard tyre; **~residenz die** summer residence

**sommers** *Adv.* in summer

**sommer-, Sommer-: ~saison die** summer season; **~schluß·verkauf der** summer sale/sales; **wann ist ~schlußverkauf?** when are the summer sales?; **~semester das** summer semester; **~sonnen·wende die** summer solstice; **~spiele** *Pl.* **a)** *(Theater)* summer festival *sing.*; **b)** *(Olympische ~spiele)* Summer Olympics; **~sprosse die** freckle; **~sprossig** *Adj.* freckled; **~tag der** summer['s] day; **~wetter das** summer weather; **~zeit die a)** *o. Pl.* *(Jahreszeit)* summer-time; **zur ~zeit** in summer-time; **b)** *(Uhrzeit)* summer time

**Somnambulismus der; ~** *(Med.)* somnambulism *no art.*

**son** [zo:n] *Demonstrativpron.* *(salopp)* **~e nette Person/~ altes Haus** such a nice person/an old house; **~ Idiot!** what an idiot!

**so·nach** *Adv.* *(veralt.)* therefore; consequently

**Sonate** [zo'na:tə] **die; ~, ~n** *(Musik)* sonata

**Sonatine die; ~, ~n** *(Musik)* sonatina

**Sonde** ['zɔndə] **die; ~, ~n a)** *(Med.)* *(zur Untersuchung)* probe; *(zur Ernährung)* tube; **b)** *(Raum~)* [space] probe

**sonder** ['zɔndɐ] *Präp. mit Akk.* *(veralt.)* without; **~ Zahl** innumerable

**Sonder-: ~ab·schreibung die** *(Wirtsch., Steuerw.)* *(das Abschreiben)* special amortization; *(Betrag)* special depreciation provision; **~an·fertigung die** special design; **das Auto ist eine ~anfertigung** the car has been custom-built *or* specially made; **~angebot das** special offer; **etw. im ~angebot anbieten** have a special offer on sth.; **~aus·gabe die a)** special edition; **b)** *(Steuerw.: private Aufwendungen)* tax-deductible expenditure *(e.g. pensions, insurance contributions, interest payment)*; **c)** *(Extraausgabe)* extra expense

**sonderbar 1.** *Adj.* strange; odd. **2.** *adv.* strangely; oddly

**sonderbarer·weise** *Adv.* strangely *or* oddly enough

**Sonderbarkeit die; ~:** strangeness; oddness

**Sonder-: ~behandlung die a)** special treatment; **b)** *(ns. verhüll.: Liquidierung)* liquidation; **~bewacher der** *(Sport)* marker; **er hat einen ~bewacher** a player has been specially assigned to mark him; **~botschafter der** ambassador extraordinary; **~druck der;** *Pl.* **~e** offprint; **~fahrt die** special excursion; **~fall der** special case; exception; **~genehmigung die** special permit

**sonder·gleichen** *Adv., nachgestellt* **eine Frechheit/Unverschämtheit ~:** the height of cheek/impudence; **mit einer Hartnäckigkeit ~:** with unparalleled obstinacy

**Sonder-: ~kommando das** special unit; **~konto das** special account

**sonderlich 1.** *Adj.* **a)** *(besonders groß, stark)* particular; [e]special; **b)** *(sonderbar)* strange; peculiar; odd. **2.** *adv.* **a)** *(besonders, sehr)* particularly; especially; **ihm geht es nicht ~:** he is not particularly *or* *(coll.)* all that well; **b)** *(sonderbar)* strangely

**Sonderling der; ~s, ~e** strange *or* odd person

**Sonder-: ~marke die** special issue [stamp]; **~maschine die** special plane *or* aircraft; **~meldung die** *(Rundf., Ferns.)* news flash; **~müll der** hazardous waste

[1]**sondern** *tr. V.* *(geh.)* separate (**von** from)

[2]**sondern** *Konj.* but; **nicht er hat es getan, ~ sie** 'he didn't do it, 'she did; **nicht nur ..., ~ [auch] ...:** not only ... but also ...; **Er ist kein Linguist. – Sondern?** He is not a linguist. – What is he then?; **es ist kein Original, ~ nur eine Reproduktion** it is not an original, but only a reproduction

**Sonder-: ~nummer die** special edition *or* issue; **~preis der** special *or* reduced price; **~reg[e]lung die** special ruling

**sonders** *s.* **samt 2**

**Sonder-: ~schule die** special school; **~stempel der** special postmark; **~urlaub der a)** *(Milit.)* special leave; **b)** *(zusätzlicher Urlaub)* special *or* extra holiday; **~wunsch der** special request *or* wish; **~ziehungs·rechte** *Pl.* *(Wirtsch.)* special drawing rights; **~zug der** special train

**sondieren** [zɔn'di:rən] *tr. V.* **a)** sound out; **das Terrain ~:** see *or* find out how the land lies; **b)** *(Med.)* probe

**Sondierungs·gespräch das** exploratory talks *pl.*

**sone** *s.* **son**

**Sonett** [zo'nɛt] **das; ~[e]s, ~e** sonnet

**Song** [sɔŋ] **der; ~s, ~s** song

**Sonn·abend** ['zɔn|a:bn̩t] **der** *(bes. nordd.)* Saturday; **an ~en und Sonntagen** on Saturdays and Sundays; **der verkaufsoffene** *od.* **lange ~:** Saturday on which the shops are open all day; *s. auch* **Dienstag; Dienstag-**

**sonn·abends** *Adv.* on Saturday[s]; *s. auch* **dienstags**

**Sonne die; ~, ~n** sun; *(Licht der ~)* sun[light]; **das Zimmer hat den ganzen Tag über ~:** the room gets sun[light] all day long

**sonnen** *refl. V.* sun oneself; **sich in etw.** *(Dat.)* **~** *(fig.)* bask in sth.

**sonnen-, Sonnen-: ~anbeter der; ~s, ~** *(scherzh.)* sun-worshipper; **~auf·gang der** sunrise; **~bad das** sunbathing *no pl., no indef. art.*; **ein ~bad nehmen** sunbathe; **~baden** *itr. V.* sunbathe; **das Sonnenbaden** sunbathing *no art.*; **~bahn die** *(Astron.)* path of the sun; sun's path; **~bank die** sunbed; **~beschienen** *Adj.* *(geh.)* sunny; **~bestrahlung die: bestimmte Pflanzen dürfen keiner direkten ~bestrahlung ausgesetzt werden** certain plants are not supposed to be put in direct sunlight; **~blende die a)** *(Fot.)* lens-hood; **b)** *(im Auto)* sun visor; **~blume die** sunflower; **~blumen·kern der** sunflower seed; **~brand der** sunburn *no indef. art.*; **~bräune die** sun-tan; **~brille die** sun-glasses *pl.*; **~dach das** sun-canopy; **~deck das** sun-deck; **~durchflutet** *Adj. (geh.)* sunny; **~ein·strahlung die** *(Met.)* insolation; **~energie die** *(Physik)* solar energy; **~finsternis die** *(Astron.)* solar eclipse; eclipse of the sun; **~fleck der** *(Astron.)* sunspot; **~gebräunt** *Adj.* sun-tanned; **~geflecht das** *(Anat.)* solar plexus; **~gott der** *(Rel.)* sun-god; **~hut der** sun-hat; **~klar** *Adj. (ugs.)* crystal-clear; **die Sache ist ~klar, er ist der Dieb** he is the thief – it's as clear as daylight; **~kollektor der** *(Energietechnik)* solar collector; **~kraft·werk das** solar power station; **~licht das** sunlight; **~öl das** sun-tan oil; sun-oil; **~schein der a)** *o. Pl.* sunshine; **bei ~schein** in sunshine; **bei ~schein steigen die Temperaturen bis auf 24 °C** where the sun shines temperatures will rise to 24 °C; **b)** *(fam.: geliebtes Kind)* [little] ray of sunshine; **~schirm der** sunshade; *(zum Tragen)* parasol; sunshade; **~schutz·creme die** sun tan lotion; **~segel das a)** *(Schutzdach)* awning; **b)** *(bei Raumflugkörpern)* solar sail; **~seite die** sunny side; **die ~seite des Lebens** *(fig.)* the bright side of life; **~stich der** *(Med.)* sunstroke *no indef. art.*; **du hast wohl einen ~stich** *(fig. salopp)* you must be mad; **~strahl der** ray of sun[shine]; **~system das** *(Astron.)* solar system; **~tag der a)** sunny day; day of sunshine; **b)** *(Astron.)* solar day; **~tau der** *(Bot.)* sundew; **~uhr die** sundial; **~unter·gang der** sunset; **~wende die** solstice; **~wind der** *(Astron.)* solar wind; **~zelle die** *(Physik, Elektrot.)* solar cell

**sonnig** *Adj.* **a)** sunny; *(fig.)* happy ⟨*youth, childhood, time*⟩; cheerful ⟨*sense of humour, ways*⟩; **b)** *(iron.: naiv)* naive

**Sonn·tag der** Sunday; *s. auch* **Dienstag; Dienstag-**

**sonn·täglich 1.** *Adj.* Sunday *attrib.* **2.** *adv.* **~ gekleidet sein** be dressed in one's Sunday best

**sonntags** *Adv.* on Sunday[s]; *s. auch* **dienstags**

**Sonntags-: ~arbeit die;** *o. Pl.* Sunday working *no art.*; **~aus·flug der** Sunday outing; **~aus·gabe die** Sunday issue *or* edition; **~bei·lage die** Sunday supplement; **~braten der** Sunday roast; **~dienst der** Sunday duty; **~fahrer der** *(abwertend)* Sunday driver; **~kind das a)** Sunday's child; **b)** *(Glückskind)* lucky person; **er ist ein ~kind** he was born lucky *or* under a lucky star; **~predigt die** Sunday sermon; **~reden** *Pl.* *(abwertend)* soap-box oratory *no pl., no art.*; **~schule die** Sunday school; **~staat der;** *o. Pl.* *(scherzh.)* Sunday best; **im ~staat** in one's Sunday best; **~zeitung die** Sunday [news]paper

**Sonnwend·feier die** midsummer/midwinter festival *or* celebrations *pl.*

**Sonny·boy** ['sʌnɪ-] **der; ~s, ~s** golden boy

**sonor** [zo'no:ɐ̯] *Adj.* sonorous

**sonst** [zɔnst] *Adv.* **a) der ~ so freundliche Mann ...:** the man, who is/was usually so friendly, ...; **er hat es wie ~ gemacht/besser als ~ gemacht** he did it as usual/better than usual; **alles war wie ~:** everything was [the same] as usual; **war das auch ~ so?** has it always been like that?; **~ war alles unverändert** otherwise nothing had changed; **wie geht's ~?** how are things otherwise?; **haben Sie ~ noch Fragen?** have you any other questions?; **kommt ~ noch jemand** *od.* **wer?** is anybody else coming?; **es wußte ~ niemand** nobody *or* no one else knew; **hat er ~ nichts erzählt?** [apart from that,] he didn't say anything else?; **er war ganz gut in Mathematik, aber ~?** he was quite good in mathematics, but apart from that?; **~ noch was?** *(ugs., auch iron.)* anything else?; **~ nichts, nichts ~:** nothing else; **und wer weiß wer ~ noch** and goodness knows who else; **[aber] ~ geht's dir gut** *od.* **~ tut dir nichts weh?** *(salopp iron.)* anything else [you'd want]? *(iron.)*; **wer/was/wie/wo [denn] ~?** who/what/how/where else?; **b)** *(andernfalls)* otherwise; or

**sonstig...** *Adj.; nicht präd.* other; further; **sein ~es Verhalten war gut** his behaviour was otherwise good; **„Sonstiges"** 'miscellaneous'

**sonst-: ~jemand** *Indefinitpron.* *(ugs.)* somebody else; *(fragend, verneinend)* anybody else; **da könnte ja ~jemand kommen** anybody could *or* might come; **~was** *Indefinitpron.* *(ugs.)* anything else; **er hat ~was unternommen** he has tried all sorts of things; **man hätte annehmen können, die Kinder hätten ~was angestellt** you would have thought the children had done something terrible; **~wer** *Indefinitpron. (ugs.)* somebody else; *(fragend, verneinend)* anybody else; **er meint, er ist ~wer** he thinks he's really something *(coll.)*; he thinks he's the bee's knees *(coll.)*; **~wie** *Adv. (ugs.)* in some other way; *(fragend, verneinend)* in any other way; **~wo** *Adv. (ugs.)* somewhere else; *(fragend, verneinend)* anywhere else; **~woher** *Adv. (ugs.)* [from] somewhere else; *(fragend, verneinend)* [from] anywhere else; **~wohin** *Adv. (ugs.)* somewhere else; *(fragend, verneinend)* anywhere else

**so·oft** *Konj.* whenever; **ich komme, ~ du es wünschst** I'll come as often as you wish

**Soor** [zo:ɐ̯] **der; ~[e]s, ~e** *(Med.)* thrush *no art.*

**Sophismus** [zo'fɪsmʊs] **der; ~, Sophismen** *(Philos.)* sophism

**Sophisterei die; ~, ~en** *(abwertend)* sophistry

**Sophistik die; ~** *(Philos.)* sophistry

**sophistisch 1.** *Adj.* sophistic[al]. **2.** *adv.* sophistically

**Sophokles** ['zo:foklɛs] **der; Sophokles'** Sophocles

**Sopran** [zo'pra:n] **der; ~s, ~e** *(Musik)* **a)** *(Stimmlage)* soprano [voice]; **b)** *o. Pl. (im Chor)* sopranos *pl.*; **c)** *(Sängerin)* soprano

**Sopranist der; ~en, ~en** sopranist

**Sopranistin die; ~, ~nen** soprano

**Sorbe** ['zɔrbə] **der; ~n, ~n** Sorb

**Sorbet** ['zɔrbɛt] **der** *od.* **das; ~s, ~s** *(Gastr.)* sorbet

**Sore** ['zo:rə] **die; ~, ~n** *(Gaunerspr.)* loot

**Sorge** ['zɔrgə] **die; ~, ~n a)** *o. Pl. (Unruhe, Angst)* worry; **keine ~:** don't [you] worry; **[keine] ~ haben, daß ...:** [not] be worried that ...; **in ~ um jmdn./etw. sein** be worried about sb./sth.; **etw. erfüllt jmdn. mit ~:** sth. worries sb.; **b)** *(sorgenvoller Gedanke)* worry; **ich mache mir ~n um dich/um deine Gesundheit** I am worried about you/about your health; **mach dir darum** *od.* **darüber** *od.* **deswegen keine ~:** don't worry about that; **der hat ~n!** *(ugs. iron.)* and he thinks 'he's got problems *(coll. iron.)*; **lassen Sie das meine ~ sein** let 'me worry about that; **er ertränkte seine ~n im Alkohol** he drowned his sorrows in alcohol; **c)** *o. Pl. (Mühe, Fürsorge)* care; **die ~ für die Familie** caring for the family; **die ~ um das tägliche Brot** the worry of providing one's daily bread; **für etw./***(schweiz. auch:)* **einer Sache** *(Dat.)* **~ tragen** *(geh.)* take care of sth.; **ich werde dafür ~ tragen, daß ...:** I will see to it *or* make sure that ...; **das laß nur meine ~ sein** let that be 'my concern *or* responsibility

**sorgen 1.** *refl. V.* worry, be worried **(um** about); **sie sorgt sich wegen jeder Kleinigkeit** she worries about every little detail. **2.** *itr. V.* **a) für jmdn./etw. ~:** take care of *or* look after sb./sth.; **für das Essen/Ruhe und Ordnung/gute Laune ~:** look after the food/make sure that law and order prevail/make sure that people are in a good mood; **für die Zukunft der Kinder ist gesorgt** the children's future is provided for; **b)** *(verblaßt: bewirken)* **für etw. ~:** cause sth.

**sorgen-, Sorgen-: ~frei 1.** *Adj.* carefree ⟨*person, future, existence, etc.*⟩; **2.** *adv.* **~frei leben** live in a carefree manner; **~kind das** *(auch fig.)* problem child; **~voll 1.** *Adj.* worried; anxious; **2.** *adv.* worriedly; anxiously

**Sorge-: ~pflicht die;** *o. Pl.* **eine ~pflicht gegenüber seinen Kindern haben** have a duty to provide for one's children; **~recht das;** *o. Pl. (Rechtsw.)* custody **(für** of)

**Sorg·falt** ['zɔrkfalt] **die; ~:** care; **große ~ auf etw.** *(Akk.)* **verwenden** *od.* **legen** take great *or* a great deal of care over sth.

**sorg·fältig 1.** *Adj.* careful; **eine ~e Arbeit** a job/piece of work done with care. **2.** *adv.* carefully

**Sorgfältigkeit die; ~:** carefulness

**Sorgfalts·pflicht die** duty of care

**sorg·los 1.** *Adj.* **a)** *(ohne Sorgfalt)* careless; **b)** *(unbekümmert)* carefree. **2.** *adv.* **~ mit etw. umgehen** treat sth. carelessly

**Sorglosigkeit die; ~ a)** *(Mangel an Sorgfalt)* carelessness; **b)** *(Unbekümmertheit)* carefreeness

**sorgsam 1.** *Adj.* careful. **2.** *adv.* carefully

**Sorte** ['zɔrtə] **die; ~, ~n a)** sort; type; kind; *(Marke)* brand; **bitte ein Pfund von der besten ~:** a pound of the best quality, please; **b)** *Pl. (Devisen)* foreign currency *sing.*

**Sorten·kurs der** *(Bankw.)* exchange rate

**sortieren** *tr. V.* sort [out] ⟨*pictures, letters, washing, etc.*⟩; grade ⟨*goods etc.*⟩; *(fig.)* arrange ⟨*thoughts*⟩; **die Stücke werden nach der Größe sortiert** the pieces are sorted according to size

**Sortier·maschine die** sorter; sorting-machine

**sortiert** *Adj.* **a) ein gut/schlecht ~es Lager** a well-stocked/badly stocked warehouse; **dieses Geschäft ist sehr gut in französischen Rotweinen ~:** this shop has a good range of French red wines; **b)** *(erlesen)* selected

**Sortiment** [zɔrti'mɛnt] **das; ~[e]s, ~e a)** range **(an + *Dat.*** of); **b)** *(Buchhandel)* retail book trade

**Sortimenter der; ~s, ~, Sortimenterin die; ~, ~nen** retail bookseller; book retailer

**Sortiments-: ~buch·handel der** retail book trade; **~buch·handlung die** retail bookshop

**SOS** [ɛs/o:'/ɛs] **das; ~:** SOS; **~ funken** send *or* put out an SOS

**so·sehr** *Konj.* however much

**so·so 1.** *Interj.* **a)** *(ironisch, zweifelnd)* I see; **b)** *(gleichgültig)* oh yes?; really? **2.** *Adv. (ugs.)* so-so

**SOS-Ruf** [ɛs/o:'/ɛs-] **der** SOS [call]

**Soße** ['zo:sə] **die; ~, ~n a)** sauce; *(Braten~)* gravy; sauce; *(Salat~)* dressing; **b)** *(salopp abwertend: schmutzige Flüssigkeit)* muck *(coll.)*

**Soßen-: ~löffel der** gravy- *or* sauce-ladle; **~schüssel die** gravy- *or* sauce-boat

**sott** [zɔt] *1. u. 3. Pers. Sg. Prät. v.* **sieden**

**Soubrette** [zu'brɛtə] **die; ~, ~n** *(Musik, Theater)* soubrette

**Soufflé** [zu'fle:] **das; ~s, ~s** *(Gastr.)* soufflé

**Souffleur** [zu'flø:ɐ̯] **der; ~s, ~e** *(Theater)* prompter

**Souffleur·kasten der** prompt-box

**Souffleuse** [zu'flø:zə] **die; ~, ~n** prompter

**soufflieren** [zu'fli:rən] *tr. V.* prompt; **jmdm. etw. ~:** prompt sb. by whispering sth.

**Soul·musik** ['soʊl-] **die** soul music

**so·und·so 1.** *Adv.; vorangestellt* **~ groß/breit/lang** [of] such-and-such a size/width/length; **~ viel kosten** cost such-and-such; cost so-and-so much. **2.** *Adj.; nachgestellt* **Paragraph ~:** paragraph such-and-such *or* so-and-so; **Fanny ~:** Fanny something-or-other; **die Soundso** what's-her-name

**Souper** [zu'pe:] **das; ~s, ~s** *(geh.)* dinner[-party]

**soupieren** *itr. V. (geh.)* dine

**Soutane** [zu'ta:nə] **die; ~, ~n** soutane

**Souterrain** ['zu:tɛrɛ̃] **das; ~s, ~s** basement

**Souvenir** [zuvə'ni:ɐ̯] **das; ~s, ~s** souvenir

**souverän** [zuvə'rɛ:n] **1.** *Adj.* **a)** *(unabhängig)* sovereign; **b)** *(geh.: überlegen)* superior. **2.** *adv.* **die Lage ~ meistern** be in total command of the situation; **er siegte ganz ~:** he won in a very impressive way

**Souverän der; ~s, ~e a)** *(Herrscher, Fürst)* sovereign; **b)** *(schweiz.: die Stimmbürger)* electorate

**Souveränität die; ~** sovereignty

**so·viel 1.** *Konj.* **a)** *(nach dem, was)* as *or* so far as; **~ mir bekannt ist** so far as I know; **~ ich sehe** as far as I can see; **b)** *(in wie großem Maße auch immer)* however much. **2.** *Indefinitpron.* **~ wie** *od.* **als** as much as; **das war ~ wie eine Zusage** that was tantamount to a commitment; **das ist ~ wie gar nichts** this is almost nothing; **nimm, ~ [wie] du willst** take as much as you like; **noch einmal ~:** the same again; **halb/doppelt ~:** half/twice as much; **~ für heute** *(ugs.)* that's all *or* enough for today

**Sowchose** ['zɔfço:zə] **die; ~, ~n** sovkhoz

**so·weit 1.** *Konj.* **a)** *(nach dem, was)* as *or* so far as; **~ mir bekannt ist** so far as I know; **~ ich sehe** as far as I can see; **b) dazu** *(in dem Maße, wie)* [in] so far as; **~ ich dazu in der Lage bin, will ich gerne helfen** [in] so far as I am in a position to do so *or* am able to, I should like to help. **2.** *Adv.* by and large; on the whole; *(bis jetzt)* up to now; **~ wie** *od.* **als möglich** as far as possible; **~ sein** *(ugs.)* be ready; **es ist ~:** the time has come

**so·wenig 1.** *Konj.* however little. **2.** *Indefinitpron.* **~ wie** *od.* **als möglich** as little as possible; **ich kann es ~ wie du** I can't do it any more than you can

**so·wie** *Konj.* **a)** *(und auch)* as well as; **b)** *(sobald)* as soon as

**so·wie·so** *Adv.* anyway; **das ~!** *(ugs.)* that goes without saying!; of course!; **Herr Soundso** Mr What's-his-name

**Sowjet** [zɔ'vjɛt] **der; ~s, ~s a)** *(Behörde)* soviet; **der Oberste ~:** the Supreme Soviet; **b)** *Pl. (Führung)* Soviets; Russians

**Sowjet-: ~armee die;** *o. Pl.* Soviet army; **~bürger der** Soviet citizen

**sowjetisch** *Adj.* Soviet

**sowjetisieren** *tr. V.* sovietize

**Sowjet·mensch der** Soviet citizen

**Sowjetologie die; ~:** sovietology *no art.*

**Sowjet-: ~republik die a)** *(Gliedstaat)* Soviet republic; **Union der Sozialistischen ~republiken** Union of Soviet Socialist Republics; **b)** *(hist.)* soviet republic; **~russe der** Soviet Russian; **~stern der** Soviet star; star of the Soviets; **~union die** Soviet Union; **~zone die** *(hist.)* Soviet zone

**so·wohl** *Konj.* **~ ... als** *od.* **wie [auch] ...:** both ... and ...; ... as well as ...

**Sozi** ['zo:tsi] **der; ~s, ~s** *(ugs., auch abwertend)* socialist

**sozial** [zo'tsia:l] **1.** *Adj.* social; **die ~e Frage** *(hist.)* the social question; **~e Einrichtungen** public amenities; **ich habe heute meinen ~en Tag** *(ugs.)* I'm feeling charitable *or* generous today; **dieses Verhalten ist nicht sehr ~:** this behaviour is not very public-spirited; **~e Marktwirtschaft** social market economy. **2.** *adv.* socially; **~ denken** be socially minded; **~ handeln** act in a socially conscious *or* public-spirited way

**sozial-, Sozial-: ~ab·bau der** cutting back of the welfare state; **~ab·gaben** *Pl.* social welfare contributions; **~amt das** social welfare office; **~arbeit die;** *o. Pl.* social work; **~arbeiter der, ~arbeiterin die** social worker; **~beruf der** social services profession; **in ~berufen arbeiten** work for *or* in the social services; **~demokrat der** Social Democrat; **~demokratie die** social democracy *no art.*; **~demokratisch** *Adj.* social democratic; **Sozialdemokratische Partei [Deutschlands]** [German] Social Democratic Party; **~ethik die** social ethics *sing.*; **~fall der** hardship case; **~gericht das** social welfare court; **~geschichte die** social history; **~gesetz·gebung die** social welfare legislation; **~hilfe die** social welfare; **~hygiene die** community medicine; **~imperialismus der** social imperialism

**Sozialisation die; ~** *(Soziol., Psych.)* socialization

**sozialisieren** *tr. V.* **a)** *(Wirtsch.: vergesellschaften)* nationalize; **b)** *(Soziol., Psych.:*

*zum Gemeinschaftsleben befähigen)* socialize

**Sozialịsmus der;** ~ socialism *no art.*

**Sozialịst der; ~en, ~en, Sozialịstin die; ~, ~nen** socialist

**sozialịstisch 1.** *Adj.* socialist. **2.** ~ **regierte Länder** countries with socialist governments

**soziạl-, Soziạl-: ~kritisch** *Adj.* socially critical; critical of society *postpos.;* **~kunde die;** *o. Pl.* social studies *sing., no art.;* **~leistungen** *Pl.* social welfare benefits; **~liberal** *Adj.* **a)** *(sozial und liberal)* liberal socialist ‹*politician etc.*›; **b)** *(aus SPD und FDP)* liberal-social democrat ‹*coalition etc.*›; **~pädagogik die** social education *no art.;* **~partner der: die ~partner** employers and employees *or* trade unions; **~plan der** *written agreement between employer and works council which seeks to protect employees;* **~politik die** social policy; **~prestige das** social status; **~produkt das** *(Wirtsch.)* national product; **~psychologie die** social psychology *no art.;* **~rente die** state pension; **~rentner der** old-age pensioner; **~staat der** welfare state; **~struktur die** social structure; **~union die** unified social welfare system; *s. auch* **Währungsunion; ~versicherung die** social security; **~wissenschaft die** social science *no art.;* **die ~wissenschaften** the social sciences; **~wohnung die** ≈ council flat *(Brit.);* municipal housing unit *(Amer.)*

**Sozietät** [zotsi̯e'tɛ:t] **die; ~, ~en a)** *(Soziol.)* society *no art.;* **b)** *(Verhaltensf.)* society; social unit; **c)** *(gemeinsame Praxis)* joint practice

**sozio·kulturẹll** *Adj.* sociocultural

**Soziolẹkt** [zotsi̯o'lɛkt] **der; ~[e]s, ~e** *(Sprachw.)* sociolect; social dialect

**Sozio·linguịstik die** sociolinguistics *sing.*

**Soziolo̲ge** [zotsi̯o'lo:gə] **der; ~n, ~n** sociologist

**Soziologi̲e die; ~:** sociology; **die ~ lehrt uns, daß ...:** sociology teaches us that ...

**Soziolo̲gin die; ~, ~nen** sociologist

**soziolo̲gisch 1.** *Adj.* sociological. **2.** *adv.* sociologically

**sozio·ökono̲misch** *Adj.* socio-economic

**Sozius** ['zo:tsi̯ʊs] **der; ~, ~se a)** *Pl. auch:* Sozii ['zo:tsii] *(Wirtsch.: Teilhaber)* partner; **b)** *(beim Motorrad)* pillion

**So̲zius·sitz der** pillion

**so·zu·sa̲gen** *Adv.* so to speak; as it were; **es geschah ~ offiziell** it took place officially, so to speak *or* as it were

**Spachtel** ['ʃpaxtl̩] **der; ~s, ~** *od.* **die; ~, ~n a)** *(für Kitt)* putty-knife; *(zum Abkratzen von Farbe)* paint-scraper; *(zum Malen)* palette-knife; spatula; **b)** *(~masse)* filler

**Spạchtel·masse die** filler

**spạchteln** *tr. V.* **a)** stop, fill ‹*hole, crack, etc.*›; smooth over ‹*wall, panel, surface, etc.*›; smooth ‹*filler, putty*› **(in +** *Akk.* into); apply ‹*paints*› with a palette-knife; **b)** *(ugs.: essen)* put away *(coll.)* ‹*food, meal*›

**¹Spagat** [spa'ga:t] **der** *od.* **das; ~[e]s, ~e** splits *pl.;* **[einen] ~ machen** do the splits

**²Spaga̲t der; ~[e]s, ~e** *(südd., österr.)* string

**¹Spaghetti** [ʃpa'gɛti] *Pl.* spaghetti *sing.*

**²Spaghẹtti der; ~[s], ~s** *(salopp abwertend) s.* **Spaghettifresser**

**Spaghẹtti-: ~fresser der** *(salopp abwertend)* Eyetie *(sl. derog.);* wop *(sl. derog.);* **~träger der** *(Mode)* spaghetti strap

**spähen** ['ʃpɛ:ən] *itr. V.* peer; *(durch ein Loch, eine Ritze usw.)* peep

**Späher der; ~s, ~** *(Milit.)* scout; *(Posten)* look-out; *(Spitzel)* informer

**Spä̲h·trupp der** *(Milit.)* reconnaissance *or* scouting patrol *or* party

**Spalett** [ʃpa'lɛt] **das; ~[e]s, ~e** *(österr.)* [wooden] shutter

**Spalier** [ʃpa'li:ɐ̯] **das; ~s, ~e a)** trellis; *(für Obstbäume)* espalier; **b)** *(aus Menschen)* double line; *(Ehren~)* guard of honour; ~ **stehen** line the route; ‹*soldiers*› form a guard of honour

**Spali̲er·obst das a)** *(Früchte)* espalier fruit; **b)** *(Pflanzen)* espalier

**Spalt** [ʃpalt] **der; ~[e]s, ~e** opening; *(im Fels)* fissure; crevice; *(zwischen Vorhängen)* chink; gap; *(langer Riß)* crack; **die Tür einen ~ [weit] öffnen** open the door a crack *or* slightly; **einen ~ [weit] offen sein** ‹*door*› be open a crack, be *or* stand slightly ajar

**spalt-, Spalt-: ~bar** *Adj. (Physik)* fissionable ‹*material, element, etc.*›; **~breit** *Adj.* narrow ‹*opening*›; **~breit der** crack

**Spạlte die; ~, ~n a)** crack; *(Fels~)* crevice; cleft; *(Gletscher~)* crevasse; crack; **b)** *(Druckw.: Druck~)* column; **c)** *(derb: Scham-, Gesäßspalte)* crack *(coarse);* **d)** *(österr.: Scheibe)* slice

**spạlten 1.** *unr. (auch regelm.) tr. V.* **a)** *(auch Physik, fig.)* split; **Holz ~:** chop wood; **b)** *(Chemie)* split; break down. **2.** *unr. (auch regelm.) refl. V.* **a)** *(auch Physik, fig.)* split; **b)** *(Chemie)* split; break down

**-spaltig** *adj. (Druckw.)* -column

**Spạlt-: ~pilz der a)** *(Biol.)* bacterium; **b)** *(fig.)* divisive tendency; **~produkt das** *(Physik)* fission product

**Spạltung die; ~, ~en a)** *(auch fig.)* splitting; *(fig.: durch eine Grenze)* division; **b)** *(fig.: das Gespaltensein)* split **(***Gen.* in; **zwischen +** *Dat.* between); *(durch eine Grenze)* division; **c)** *(Physik)* fission; splitting; **d)** *(Chemie)* splitting; breaking down

**Span** [ʃpa:n] **der; ~[e]s, Späne** ['ʃpɛ:nə] *(Hobel~)* shaving; *(Feil~)* filing *usu. in pl.; (beim Bohren)* boring *usu. in pl.; (beim Drehen)* turning *usu. in pl.; (zum Feueranzünden)* splint; **feine [Metall]späne** swarf *sing.;* **wo gehobelt wird, [da] fallen Späne** *(Spr.)* you cannot make an omelette without breaking eggs *(prov.)*

**spänen** ['ʃpɛ:nən] *tr. V. (Technik)* scour with steel wool

**Spa̲n·ferkel das** sucking pig

**Spange** ['ʃpaŋə] **die; ~, ~n** clasp; *(Haar~)* hair-slide *(Brit.);* barrette *(Amer.); (Arm~)* bracelet; bangle

**Spạngen·schuh der** strap shoe

**Spaniel** ['ʃpa:ni̯əl] **der; ~s, ~s** spaniel

**Spanien** ['ʃpa:ni̯ən] **(das); ~s** Spain

**Spanier** ['ʃpa:ni̯ɐ] **der; ~s, ~:** Spaniard; **die ~:** the Spanish *or* Spaniards; **seid ihr ~?** are you Spanish?; **stolz wie ein ~** *(scherzh.)* as proud as a peacock

**spa̲nisch 1.** *Adj.* Spanish; **das kommt mir/dir** *usw.* **~ vor** *(ugs.)* that strikes me/you *etc.* as odd. **2.** *adv.* **sich ~ unterhalten** talk Spanish; *s. auch* **deutsch; Deutsch; Reiter a; Rohr c; Wand b**

**Spa̲n·korb der** chip basket; chip

**spann** [ʃpan] *1. u. 3. P. Sing. Prät. v.* **spinnen**

**Spạnn der; ~[e]s, ~e** instep

**Spạnn·beton der** *(Bauw.)* pre-stressed concrete

**Spạnne die; ~, ~n a)** *(Zeit~)* span of time; **eine ~ von 12 Tagen/fünfzig Jahren** a period of twelve days/span *or* period of fifty years; **b)** *(veralt.: Längenmaß)* span; **c)** *(Handels~)* margin

**spạnnen 1.** *tr. V.* **a)** tighten, tauten ‹*violin string, violin bow, etc.*›; draw ‹*bow*›; tension ‹*spring, tennis net, drumhead, saw-blade*›; stretch ‹*fabric, shoe, etc.*›; draw *or* pull ‹*line*› tight *or* taut; tense, flex ‹*muscle*›; cock ‹*gun, camera shutter*›; **eine Kamera ~:** cock the shutter on a camera; **seine Nerven waren zum Zerreißen gespannt** *(fig.)* his nerves were stretched to breaking-point; **b)** *(befestigen)* put up ‹*washing-line*›; stretch ‹*net, wire, tarpaulin, etc.*› **(über +** *Akk.* over); **einen Bogen Papier in die Schreibmaschine ~:** insert *or* put a sheet of paper in the typewriter; **etw. in einen Schraubstock ~:** clamp sth. in a vice; **c)** *(schirren)* hitch up, harness **(vor, an +** *Akk.* to); **d)** *(bes. südd., österr.: merken)* notice; *s. auch* **Lage c. 2.** *refl. V.* **a)** become *or* go taut; ‹*muscles*› tense; **b)** *(geh.: sich wölben)* **sich über etw.** *(Akk.)* ~ ‹*bridge, rainbow*› span sth. **3.** *itr. V.* **a)** *(zu eng sein)* ‹*clothing*› be [too] tight; ‹*skin*› be taut; **b) auf jmdn./etw. ~** *(ugs.) (warten)* wait [impatiently] for sb./sth.; *(lauern)* lie in wait for sb./sth.

**spạnnend 1.** *Adj.* exciting; *(stärker)* thrilling; **mach's nicht so ~!** *(ugs.)* don't keep me/us in suspense. **2.** *adv.* excitingly; *(stärker)* thrillingly

**spạnnen·lang** *Adj. (veralt.)* a span tall/in length *postpos.*

**Spạnner der; ~s, ~ a)** *(Schuh~)* shoe-tree; *(Stiefel~)* boot-tree; *(Hosen~)* [trouser-] hanger; *(Gardinen~)* curtain-stretcher; *(für Tennisschläger)* [racket-]press; **b)** *(Zool.)* geometer; **c)** *(ugs.: Voyeur)* peeping Tom

**Spạnn·kraft die;** *o. Pl.* vigour

**Spạnnung die; ~, ~en a)** *o. Pl.* excitement; *(Neugier)* suspense; tension; **jmdn. mit** *od.* **voll ~ erwarten** await sb. eagerly; **b)** *o. Pl. (eines Romans, Films usw.)* suspense; **c)** *(Zwistigkeit, Nervosität)* tension; **d)** *(das Straffsein)* tension; tautness; **e)** *(elektrische ~)* tension; *(Voltzahl)* voltage; **unter ~ stehen** be live; **f)** *(Mechanik)* stress

**spạnnungs-, Spạnnungs-: ~gebiet das** *(Politik)* area of tension; **~geladen** *Adj.* **a)** *(gespannt)* ‹*atmosphere etc.*› charged with tension; **b)** *(spannend)* ‹*novel, film, etc.*› full of suspense; **~messer der** *(Elektrot.)* voltmeter; **~verhältnis das** relationship of tension; **~zu·stand der a)** *(Psych.)* state of tension; **b)** *(Mechanik)* condition of stress

**Spạnn·weite die a)** *(Zool.: Flügel~)* [wing-]span; wing-spread; *(eines Flugzeugs)* [wing-]span; **b)** *(Bauw.)* span

**Spa̲n-: ~platte die** chipboard; **~schachtel die** small box made of thin strips of wood *(for storing jewellery, letters, etc.)*

**Spant** [ʃpant] **das** *od.* **der; ~[e]s, ~en** *(eines Schiffs)* rib; *(eines Flugzeugs)* frame; former

**Spa̲r-: ~brief der** *(Bankw.)* savings certificate; **~buch das** *(Bankw.)* savings book; passbook; *(bei der Bank auch)* bank-book; **~büchse die** money-box; **~ein·lage die** *(Bankw.)* savings deposit

**sparen** ['ʃpa:rən] **1.** *tr. V.* save; *(zurücklegen)* save, put away ‹*money*›; **die Mühe/den Ärger hätten wir uns sparen können** we could have saved *or* spared ourselves the effort/trouble; **du kannst dir jedes Wort ~:** you can save your breath; **deine Ratschläge kannst du dir ~:** you can keep your advice. **2.** *itr. V.* **a)** *(Geld zurücklegen)* save; **für** *od.* **auf etw.** *(Akk.)* **~:** save up for sth.; **spare in der Zeit, so hast du in der Not** *(Spr.)* waste not, want not *(prov.);* **b)** *(sparsam wirtschaften)* economize **(mit** on); **er sparte nicht mit Lob** *(fig.)* he was unstinting *or* generous in his praise; **an etw.** *(Dat.)* **~** *(weniger nehmen)* be sparing with sth.; *(Billigeres nehmen)* economize on sth.; **am falschen Ort** *od.* **Ende ~:** make a false economy/false economies

**Spa̲rer der; ~s, ~, Spa̲rerin die; ~, ~nen** saver

**Spa̲r·flamme die;** *o. Pl.* low flame *or* heat; **auf ~:** on a low flame *or* heat

**Spargel** ['ʃpargl̩] **der; ~s, ~,** *schweiz. auch* **die; ~, ~n** asparagus *no pl., no indef. art.;* **ein ~:** an asparagus stalk

**Spạrgel-: ~creme·suppe die** cream of asparagus soup; **~kraut das;** *o. Pl.* asparagus fern; **~spitze die** asparagus tip

**Spa̲r-: ~groschen der** *(ugs.)* nest-egg; savings *pl.;* **~gut·haben das** credit balance *(in a savings account);* **ein ~guthaben von 500 Mark haben** have 500 marks in one's savings *or* deposit account; **~kasse die** savings bank; **~kassen·buch das** savings book; passbook; **~konto das** savings *or* deposit account

**spärlich** ['ʃpɛːɐ̯lɪç] **1.** *Adj.* sparse ⟨*vegetation, beard, growth*⟩; thin ⟨*hair, applause*⟩; scanty ⟨*left-overs, knowledge, news, evidence*⟩; scanty, skimpy ⟨*clothing*⟩; slack ⟨*demand*⟩; scattered ⟨*remains, remnants*⟩; poor ⟨*lighting, harvest, result, source*⟩; meagre ⟨*income, salary*⟩; meagre, frugal ⟨*food, meal*⟩. **2.** *adv.* sparsely, thinly ⟨*populated, covered*⟩; poorly ⟨*lit, attended*⟩; scantily, skimpily ⟨*dressed*⟩; **die Nachrichten kamen/die Geldmittel flossen nur ~:** news/money was only coming in in dribs and drabs

**Spar-: ~maßnahme die** economy measure; **~pfennig der** *(ugs.) s.* **~groschen; ~prämie die** savings premium; **~programm das a)** *(bes. Politik)* programme of economy measures; **b)** *(Technik)* economy programme

**Sparren** ['ʃparən] **der; ~s, ~ a)** *(Dach~)* rafter; **b)** *(Her.)* chevron; **c)** *(ugs.: Spleen)* daft idea; **er hat einen ~ [zuviel** *od.* **zuwenig im Kopf]** *(ugs.)* he has a screw loose *(coll.)*

**Sparring** ['ʃparɪŋ] **das; ~s** *(Boxen)* sparring *no art.*

**Sparrings·partner der** *(Boxen)* sparring partner

**sparsam 1.** *Adj.* **a)** thrifty ⟨*person*⟩; *(wirtschaftlich)* economical; **durch ~en Umgang mit dem Material** by being economical *or* sparing with the material; **durch ~es Wirtschaften** by economizing; **mit etw. ~ sein** be economical with sth.; **er ist mit Worten/Lob immer sehr ~** *(fig.)* he is a man of few words/he is very sparing in his praise; **b)** *(im Verbrauch)* economical; **c)** *(fig.: gering, wenig, klein)* sparse ⟨*detail, decoration, interior, etc.*⟩; economical ⟨*movement, manner of expression, etc.*⟩; **er machte von dieser Möglichkeit nur ~en Gebrauch** he made little use of this opportunity; **die Wirkung ist schon bei ~ster Dosierung groß** even the most sparing dose has a strong effect. **2.** *adv.* **a) ~ mit der Butter/dem Papier umgehen** use butter/paper sparingly; economize on butter/paper; **~ leben** live frugally; **~ mit seinen Kräften umgehen** conserve one's energy; **~ wirtschaften** economize; budget carefully; **b)** *(wirtschaftlich)* economically; **c)** *(fig.: in geringem Maße)* ⟨*use*⟩ sparingly; sparsely ⟨*decorated, furnished*⟩; **etw. ~ dosieren** use sth. in small doses

**Sparsamkeit die; ~ a)** thrift[iness]; **das ist ~ am falschen Platze** that's a false economy; **aus ~:** for the sake of economizing; **b)** *(Wirtschaftlichkeit)* economicalness; **c)** *(fig.: geringes Maß)* economy

**Spar-: ~schwein das** piggy bank; **~strumpf der** stocking for keeping one's savings in

**Spartakiade** [ʃparta'ki̯aːdə] **die; ~, ~n** Spartakiad

**Spartakist** [ʃparta'kɪst] **der; ~en, ~en** Spartacist; Spartakist

**Spartaner** [ʃpar'taːnɐ] **der; ~s, ~** *(hist.)* Spartan

**spartanisch 1.** *Adj. (auch fig.).* Spartan. **2.** *adv.* **~ leben** lead a Spartan life

**Sparte** ['ʃpartə] **die; ~, ~n a)** *(Teilbereich)* area; branch; *(eines Geschäfts)* line [of business]; *(des Wissens)* branch; field; speciality; *(des Sports, der Kunst)* discipline; **b)** *(Rubrik)* section; *(Spalte)* column

**Spar-: ~vertrag der** savings agreement; **~zins der;** *Pl.* **~en** interest *no pl.* on a savings account

**spasmisch** ['ʃpasmɪʃ] *(Med.)* **1.** *Adj.* spasmodic. **2.** *adv.* spasmodically

**Spasmus** ['ʃpasmʊs] **der; ~, Spasmen** *(Med.)* spasm

**Spaß** [ʃpaːs] **der; ~es, Späße** ['ʃpɛːsə] **a)** *o. Pl. (Vergnügen)* fun; **wir hatten alle viel ~:** we all had a lot of fun *or* a really good time; we all really enjoyed ourselves; **~ an etw.** *(Dat.)* **haben** enjoy sth.; **verdirb ihm doch nicht seinen ~:** don't spoil his fun; **laß ihn doch, wenn er ~ dran hat!** let him, if it makes him happy; **meinetwegen, wenn du ~ daran hast** all right, if you want to; **~ an etw.** *(Dat.)* **finden** find sth. fun; **[jmdm.] ~/keinen ~ machen** be fun/no fun [for sb.]; **die Schule macht ihm großen/keinen/nicht viel ~:** he likes *or* enjoys school a great deal/doesn't like school/doesn't like school very much; **du machst mir [vielleicht] ~!** *(iron.)* you must be joking *or (sl.)* kidding; **sich** *(Dat.)* **einen ~ daraus machen, etw. zu tun** take great delight in doing sth.; **ein teurer ~** *(ugs.)* an expensive business; **was kostet der ~?** *(ugs.)* how much will that little lot cost? *(coll.)*; **viel ~!** have a good time!; *(iron.)* have fun!; **das ist kein ~!** it's no fun; **b)** *(Scherz)* joke; *(Streich)* prank; antic; **er macht nur ~:** he's only joking *or (sl.)* kidding; **~ beiseite!** joking aside *or* apart; **~ muß sein!** there's no harm in a joke; **da hört [für mich] der ~ auf** that's getting beyond a joke; **~/keinen ~ verstehen** be able/not be able to take a joke; have a/have no sense of humour; **in Gelddingen versteht er keinen ~:** he won't stand for any nonsense where money is concerned; **laß diese albernen Späße!** stop fooling around!; **er ist immer zu Späßen aufgelegt** he's always ready for a laugh; **im** *od.* **zum** *od.* **aus ~:** as a joke; for fun; **aus ~ an der Freude** *(scherzh.)* for the [sheer] fun of it; **sich** *(Dat.)* **einen ~ mit jmdm. machen** *od.* **erlauben** play a joke on sb.; **macht keine Späße!** surely you don't mean it; **aus [lauter] ~ und Tollerei** *(ugs.)* [just] for a laugh; just for the hell of it *(coll.)*; **das ist kein ~ mehr!** that's gone beyond a joke; **seine Späße mit jmdm. treiben** get a laugh at sb.'s expense

**Späßchen** ['ʃpɛːsçən] **das; ~s, ~:** little joke

**spaßen** ['ʃpaːsn̩] *itr. V.* **a)** *(Spaß machen)* joke; kid *(coll.)*; **Sie ~ wohl!** you must be joking *or (coll.)* kidding; **b) er läßt nicht mit sich ~:** he won't stand for any nonsense; **mit ihm/damit ist nicht zu ~:** he/it is not to be trifled with; **mit so einer Entzündung ist nicht zu ~:** an inflammation like that shouldn't be shrugged off lightly

**spaßes·halber** *Adv.* for the fun of it; for fun

**spaßhaft** *Adj.* amusing; comical; funny

**spaßig 1.** *Adj.* funny; comical; amusing. **2.** *adv.* in an amusing way

**Spaß-: ~macher der** joker; **~verderber der; ~s, ~:** spoil-sport; killjoy; wet blanket; **~vogel der** joker; **du bist vielleicht ein ~vogel!** you must be joking *or (coll.)* kidding

**spastisch** *(Med.)* **1.** *Adj.* spastic. **2.** *adv.* **~ gelähmt sein** suffer from spastic paralysis; **ein ~ Gelähmter** a spastic

**Spat** [ʃpaːt] **der; ~[e]s, ~e** *od.* **Späte** ['ʃpɛːtə] *(Mineral)* spar

**spät** [ʃpɛːt] **1.** *Adj.* late; belated ⟨*fame, repentance*⟩; **am ~en Abend** in the late evening; **bis in die ~e Nacht** until late into the night; **die Werke des ~en Goethe** Goethe's late works; **wie ~ ist es?** what time is it?; **bei der Party ist es ziemlich ~ geworden** the party went on until quite late; **er kam zu ~er Stunde** *(geh.)* he came at a late hour; **ein ~es Mädchen** *(scherzh.)* an old maid; **ein ~es Glück** happiness late in life. **2.** *adv.* late; **~ am Abend** late in the evening; **du kommst aber ~!** you're very late; **wenn ich jetzt nicht losfahre, komme ich zu ~:** if I don't leave now I'll be late; **wir sind eine Station zu ~ ausgestiegen** we got out one station too far down the line; **wir sind [schon ziemlich] ~ dran** *(ugs.)* we're late [enough already]; **so ~ am Tage** so late in the day; **er hat erst ~ angefangen zu studieren** he began studying late in life; *s. auch* **früh 2**

**spät-, Spät-: ~abends** *Adv.* [-'--] late in the evening; in the late evening; **~aussiedler der** *person of German origin who emigrated from countries East of the Oder-Neisse border relatively late after 1945;* **~barock das** *od.* **der** *(Kunstwiss.)* late Baroque; **~dienst der** late duty; *(im Betrieb)* late shift; **~ dienst haben** be on late shift

**Spatel** ['ʃpaːtl̩] **der; ~s, ~ a)** spatula; **b)** *s.* **Spachtel a**

**Spaten** ['ʃpaːtn̩] **der; ~s, ~:** spade

**Spaten·stich der** cut of the spade; **das Foto zeigt den Oberbürgermeister beim ersten ~:** the photo shows the mayor digging the first turf

**Spät·entwickler der** late developer

**später 1.** *Adj.; nicht präd.* **a)** *(nachfolgend, kommend)* later ⟨*years, generations, etc.*⟩; **b)** *(zukünftig)* future ⟨*owner, wife, etc.*⟩. **2.** *Adv.* later; **er soll ~ [einmal] die Leitung der Firma übernehmen** he is to take over management of the firm at some future date; **was willst du denn ~ [einmal] werden?** what do you want to do when you grow up?; **jmdn. auf ~ vertrösten** put sb. off until later; **ich hebe es mir für ~ auf** I'll save it for later [on]; **[also dann] bis ~!** see you later!

**später·hin** *Adv. (geh.)* later [on]

**spätestens** *Adv.* at the latest; **~ gestern/[am] Freitag** yesterday/[by] Friday at the latest

**Spät-: ~folge die** long-term consequence; *(Med.)* late sequela; **~geburt die** post-term birth; **~gotik die** *(Kunstwiss.)* late Gothic; **~heimkehrer der** late returnee *(from a prisoner-of-war camp)*; **~herbst der** late autumn *or (Amer.)* fall; **~lese die** late vintage; **~nach·mittag der** late afternoon; **~schaden der** long-term damage *no pl., no indef. art.*; **~schalter der** *counter that is open late*; **~schicht die** late shift; **~sommer der** late summer; **~vorstellung die** *(Film)* late showing; *(Theater)* late performance; **~werk das** late work

**Spatz** [ʃpats] **der; ~en, ~en a)** sparrow; **er ißt wie ein ~:** he eats like a bird; **besser ein ~ in der Hand als eine Taube auf dem Dach** *(Spr.)* a bird in the hand is worth two in the bush *(prov.)*; **die ~en pfeifen es von den** *od.* **allen Dächern** it's common knowledge; **b)** *(fam.: Liebling)* pet; **c)** *(fam.: kleines Kind)* mite; tot *(coll.)*

**Spätzchen** ['ʃpɛtsçən] **das; ~s, ~ a)** little sparrow; **b)** *s.* **Spatz b, c**

**Spätzeit die** end; **in der ~ der Renaissance** in the late Renaissance; **Dürers Bildnisse der ~:** Dürer's late portraits

**Spatzen·[ge]hirn das** *(salopp abwertend)* birdbrain *(coll.)*; **sie hat ein ~:** she's birdbrained *(coll.)*; she's a birdbrain *(coll.)*

**Spätzle** ['ʃpɛtslə] *Pl.* spaetzle; spätzle; *kind of noodles*

**Spät-: ~zug der** late train; **~zünder der** *(ugs. scherzh.)* **ein ~zünder sein** be slow on the uptake; **~zündung die** *(Technik)* retarded ignition

**spazieren** [ʃpa'tsiːrən] *itr. V.; mit sein* **a)** stroll; **b)** *(veralt.: spazierengehen)* go for a walk *or* a stroll; **wir sind ~ gewesen** we went for a walk *or* a stroll

**spazieren-: ~|fahren 1.** *unr. itr. V.; mit sein (im Auto)* go for a drive *or* ride *or* spin; *(im Bus usw., mit dem Fahrrad od. Motorrad)* go for a ride; *(mit einem Schiff)* go for a [boat-]trip; *(mit einem Ruderboot)* go for a row; *(mit einem Segelboot)* go for a sail. **2.** *tr. V.* **jmdn. ~fahren** *(im Auto)* take sb. for a drive *or* ride *or* spin; **ein Kind [im Kinderwagen] ~fahren** take a baby for a walk [in a pram]; **die Kinder mit dem Schlitten/im Boot ~fahren** take the children out on the sledge/on a boat-trip; **~|gehen** *unr. itr. V.; mit sein* go for a walk *or* stroll; **ein Stück ~gehen** go for a little walk *or* stroll; **hier kann man schön ~gehen** you can go for pleasant walks here; **eine schöne Gegend zum Spazierengehen** a pleasant area for walks

**Spazier-: ~fahrt die** *(mit dem Auto)* drive; ride; spin; *(mit dem Bus usw., mit dem Fahrrad od. Motorrad)* ride; *(mit einem Schiff)* [boat-]trip; *(mit einem Ruderboot)* row; *(mit einem Segelboot)* sail; **~gang der** walk; stroll; **~gänger der; ~s, ~, ~gängerin die; ~, ~nen** person out for a walk *or* stroll; **~ritt der** ride; **~stock der;** *Pl.* **~stöcke** walking-stick; **~weg der** footpath

**SPD** [ɛspe:ˈde:] **die; ~** *Abk.* **Sozialdemokratische Partei Deutschlands** SPD

**Specht** [ʃpɛçt] **der; ~[e]s, ~e** woodpecker

**Speck** [ʃpɛk] **der; ~[e]s, ~e a)** bacon fat; *(Schinken~)* bacon; **durchwachsener ~:** streaky bacon; **fetter ~:** bacon fat; **ran an den ~!** *(ugs.)* get stuck in! *(coll.)*; get to it! *(coll.)*; **mit ~ fängt man Mäuse** *(Spr.)* if the bait is tempting enough, the fish will bite; **b)** *(von Walen, Robben)* blubber; **c)** *(ugs. scherzh.: Fettpolster)* fat; flab *(sl.)*; **er hat ganz schön ~ auf den Rippen** he's well padded

**Speck·bauch der** *(ugs.)* pot-belly; paunch

**speckig** *Adj.* greasy

**Speck-: ~nacken der** *(ugs.)* fat neck; **~scheibe die** rasher *or* slice of bacon; **~schwarte die** bacon rind; **~seite die** side of bacon; **~stein der** *(Mineral)* lard stone; soapstone; steatite

**Spediteur** [ʃpediˈtø:ɐ̯] **der; ~s, ~e a)** *(Vermittler)* forwarding agent; *(per Schiff)* shipping agent; *(per Flugzeug)* air freight agent; **b)** *(Beförderer)* carrier; haulier; haulage contractor; *(per Schiff)* carrier; *(Möbel~)* furniture-remover

**Spedition** [ʃpediˈtsio:n] **die; ~, ~en a)** *(Beförderung)* carriage; transport; **b)** *s.* **Speditionsfirma**

**Speditions-: ~firma die** forwarding agency; *(per Schiff)* shipping agency; *(Transportunternehmen)* haulage firm; firm of hauliers; *(per Schiff)* firm of carriers; *(Möbelspedition)* removal firm; **~kaufmann der** forwarding agent; shipping agent; *(für Möbelspedition)* furniture-remover

**Speedway·rennen** [ˈspi:dweɪ-] **das** *(Motorsport)* speedway racing; *(Veranstaltung)* speedway race

**Speer** [ʃpe:ɐ̯] **der; ~[e]s, ~e a)** spear; **b)** *(Sportgerät)* javelin

**Speer-: ~spitze die a)** *(auch fig.)* spearhead; **b)** *(des Sportgeräts)* tip of a/the javelin; **~werfen das; ~s** *s.* **~wurf a; ~werfer der** *(Sport)* javelin-thrower; **~wurf der a)** *o. Pl. (Disziplin)* javelin-throwing; **b)** *(Wurf)* javelin-throw

**Speiche** [ˈʃpaiçə] **die; ~, ~n a)** spoke; **b)** *(Anat.)* radius

**Speichel** [ˈʃpaiçl̩] **der; ~s** saliva; spittle

**Speichel-: ~drüse die** salivary gland; **~fluß der a)** salivation *no art.*; **b)** *(Med.: übermäßige Sekretion)* salivation *no art.*; ptyalism *no art.*

**speicheln** *itr. V.* salivate

**Speicher** [ˈʃpaiçɐ] **der; ~s, ~ a)** storehouse; *(Lagerhaus)* warehouse; *(~becken)* reservoir; *(fig.)* store; **b)** *(südd.: Dachboden)* loft; attic; **auf dem ~:** in the loft *or* attic; **c)** *(Elektronik)* memory; store

**Speicher·kapazität die** storage capacity; *(DV)* memory *or* storage capacity

**speichern** *tr. V.* store

**Speicherung die; ~, ~en** storing; storage

**speien** [ˈʃpaiən] *(geh.) unr. tr., itr. V.* **a)** *(spucken)* spit; spew [forth] ⟨*lava, fire, etc.*⟩; belch ⟨*smoke*⟩; spout ⟨*water*⟩; **der Drache spie Feuer** the dragon breathed fire; **b)** *(erbrechen)* vomit

**Speise** [ˈʃpaizə] **die; ~, ~n a)** *(Gericht)* dish; **~n und Getränke** food and drink; **„kalte/warme ~n"** 'cold/hot dishes'; **b)** *o. Pl. (geh.: Nahrung)* food; **c)** *(nordd.: süße Nachspeise)* dessert; sweet *(Brit.)*

**Speise-: ~eis das** ice-cream; **~fett das** edible fat; **~fisch der** food fish; **~gaststätte die** restaurant; **~kammer die** larder; pantry; **~karte die** menu; **~lokal das** restaurant

**speisen 1.** *itr. V. (geh.)* eat; *(dinieren)* dine; **haben Sie schon gespeist?** have you eaten yet?; **zu Mittag/Abend ~:** lunch *or* have lunch/dine *or* have dinner. **2.** *tr. V.* **a)** *(geh.: verzehren)* eat; *(dinieren)* dine on; **was wünschen Sie zu ~?** what do you wish to eat?; **b)** *(geh.) (ernähren, auch fig.)* feed; *(bewirten)* dine; **c)** *(Technik)* **etw. mit Strom/Wasser ~:** supply sth. with electricity/water; **ein von Batterien gespeister Elektromotor** an electric motor powered by batteries; **Strom in das öffentliche Netz ~:** feed electricity [in]to the national grid. **3.** *refl. V.* be fed **(aus, von** by)

**Speisen-: ~auf·zug der** dumb waiter; **~folge die** *(geh.)* menu

**Speise-: ~öl das** edible oil; **~plan der** menu *(for the week etc.)*; **~reste** *Pl.* leftovers; *(zwischen den Zähnen)* food particles; **~röhre die** *(Anat.)* gullet; oesophagus *(Anat.)*; **~saal der** dining-hall; *(im Hotel, in einer Villa usw.)* dining-room; *(auf Schiffen)* dining-saloon; dining-room; **~schrank der** food-cupboard; **~wagen der** dining-car; restaurant car *(Brit.)*; **~würze die** seasoning additive; **~zettel der** menu; **auf dem ~zettel des Eichhörnchens stehen auch Vogeleier** *(fig.)* the squirrel's diet also includes birds' eggs; **~zimmer das** dining-room

**Speisung die; ~, ~en a)** *(geh.)* feeding; **b)** *(Technik)* supplying

**spei·übel** *Adj.; nicht attr.* **mir ist ~:** I think I'm going to be violently sick

**Spektabilität** [ʃpɛktabiliˈtɛ:t] **die; ~, ~en** *(Hochschulw.) title of the dean of a university;* **an seine ~ den Dekan der ... Fakultät** to the Dean of the Faculty of ...

**[1]Spektakel** [ʃpɛkˈta:kl̩] **der; ~s, ~** *(ugs.)* **a)** *(Lärm)* row *(coll.)*; rumpus *(coll.)*; racket; **b)** *(laute Auseinandersetzung, Theater)* fuss; **einen ~ machen** kick up *or* make a fuss

**[2]Spektakel das; ~s, ~ a)** *(veralt.)* spectacle; show; **b)** *(fig.)* spectacle

**spektakulär** [ʃpɛktakuˈlɛ:ɐ̯] **1.** *Adj.* spectacular; *(sensationell)* sensational. **2.** *adv.* spectacularly; *(sensationell)* sensationally

**Spektral-: ~analyse die** *(Technik)* spectral analysis; **~farbe die** colour of the spectrum

**Spektren** *s.* **Spektrum**

**Spektroskop** [ʃpɛktroˈsko:p] **das; ~s, ~e** *(Technik)* spectroscope

**Spektrum** [ˈʃpɛktrʊm] **das; ~s, Spektren** *(auch fig.)* spectrum

**Spekula** *s.* **Spekulum**

**Spekulant** [ʃpekuˈlant] **der; ~en, ~en** speculator

**Spekulation** [ʃpekulaˈtsio:n] **die; ~, ~en a)** *(Mutmaßung, Erwartung; auch Philos.)* speculation; **das sind alles nur ~en** that is all merely speculation *sing. or* conjecture *sing.*; **b)** *(Wirtsch.)* speculation **(mit** in); **die ~ mit Grundstücken** property speculation

**Spekulations-: ~geschäft das** *(Wirtsch.)* speculative deal; **~objekt das** object of speculative investment

**Spekulatius** [ʃpekuˈla:tsiʊs] **der; ~, ~:** *spiced biscuit in the shape of a human or other figure, eaten at Christmas*

**spekulativ** [ʃpekulaˈti:f] **1.** *Adj.* speculative. **2.** *adv.* speculatively

**spekulieren** [ʃpekuˈli:rən] *itr. V.* **a)** *(ugs.)* **darauf ~, etw. tun zu können** count on being able to do sth.; **er spekuliert auf den Laden** he's counting on getting the shop; **b)** *(mutmaßen)* speculate; **c)** *(Wirtsch.)* speculate **(mit** in); *s. auch* **Baisse; Hausse**

**Spekulum** [ˈʃpe:kulʊm] **das; ~s, Spekula** *(Med.)* speculum

**Spelunke** [ʃpeˈlʊŋkə] **die; ~, ~n** *(ugs. abwertend)* dive *(coll.)*

**Spelze** [ˈʃpɛltsə] **die; ~, ~n** *(des Getreidekorns)* husk; *(der Grasblüte)* glume

**spelzig** *Adj.* full of husks *postpos.*

**spendabel** [ʃpɛnˈda:bl̩] *Adj.* generous; open-handed

**Spende** [ˈʃpɛndə] **die; ~, ~n** donation; contribution; **eine kleine ~ bitte!** would you like to make a small donation?

**spenden** *tr., itr. V.* **a)** donate; give; contribute; **[etw.] fürs Rote Kreuz ~:** contribute [sth.] to *or* for the Red Cross; **Blut/eine Niere ~:** give blood/donate a kidney; **b)** *(fig. geh.)* give ⟨*light*⟩; afford, give ⟨*shade*⟩; give off ⟨*heat*⟩; provide ⟨*water*⟩; administer ⟨*communion, baptism*⟩; give, bestow ⟨*blessing*⟩; confer ⟨*holy orders*⟩; **jmdm. Beifall/Trost ~:** give sb. applause/comfort; applaud/comfort sb.

**Spenden-: ~aktion die** campaign for donations; **~auf·ruf der** appeal for donations; **~konto das** donations account

**Spender der; ~s, ~ a)** donor; donator; contributor; *(Organ~, Blut~)* donor; **wer war der edle ~?** to whom am I indebted?; **b)** *(Behälter)* dispenser

**Spenderin die; ~, ~nen** *s.* **Spender a**

**spendieren** *tr. V. (ugs.)* get, buy ⟨*drink, meal, etc.*⟩; stand ⟨*round*⟩; **jmdm. ein Bier/eine Tafel Schokolade ~:** stand *or* get sb. a beer/buy *or* get sb. a bar of chocolate

**Spendier·hosen** *Pl.* **in die/seine ~ anhaben** be in a generous mood; be feeling generous

**Spengler** [ˈʃpɛŋlɐ] **der; ~s, ~** *(südd., österr., schweiz.) s.* **Klempner**

**Spenzer** [ˈʃpɛntsɐ] **der; ~s, ~ a)** *(Jacke)* spencer; **b)** *(Unterhemd)* tight-fitting short-sleeved vest

**Sperber** [ˈʃpɛrbɐ] **der; ~s, ~:** sparrow-hawk

**Sperenzchen** [ʃpeˈrɛntsçən] *Pl. (ugs.)* **~ machen** give trouble; **mach keine ~!** don't be difficult!

**Sperling** [ˈʃpɛrlɪŋ] **der; ~s, ~e** sparrow; **besser ein ~ in der Hand als eine Taube auf dem Dach** *(Spr.)* a bird in the hand is worth two in the bush *(prov.)*

**Sperma** [ˈʃpɛrma] **das; ~s, Spermen** *od.* **Spermata** sperm; semen

**Spermium** [ˈʃpɛrmiʊm] **das; ~s, Spermien** *(Biol.)* spermatozoon; sperm

**sperr·angel·weit** *Adv. (ugs.)* **~ offen** *od.* **geöffnet** wide open

**Sperr·bezirk der a)** restricted *or* prohibited area; **b)** *(für Prostituierte) area in which prostitution is prohibited;* **c)** *(Gesundheitswesen)* infected area

**Sperre die; ~, ~n a)** *(Barriere)* barrier; *(Straßen~)* road-block; **b)** *(Milit.)* obstacle; *(Draht~)* entanglement; **c)** *(Eisenb.)* barrier; **d)** *(fig.: Verbot, auch Sport)* ban; *(Handels~)* embargo; *(Import~, Export~)* blockade; *(Nachrichten~)* [news] blackout; **e)** *(Psych.: Blockierung, Hemmung)* block; **f)** *(Technik)* locking device

**sperren 1.** *tr. V.* **a)** close ⟨*road, tunnel, bridge, entrance, border, etc.*⟩; close off ⟨*area*⟩; **etw. für jmdn./etw. ~:** close sth. to sb./sth.; **b)** *(blockieren)* block ⟨*entrance, access, etc.*⟩; **c)** *(Technik)* lock ⟨*mechanism etc.*⟩; **d) jmdm. das Gehalt/den Urlaub ~:** stop sb.'s salary/leave; **einem Soldaten den Ausgang ~:** confine a soldier to barracks; **e)** cut off, disconnect ⟨*water, gas, electricity, etc.*⟩; **jmdm. den Strom/das Telefon ~:** cut off *or* disconnect sb.'s electricity/telephone; **f)** *(Bankw.)* stop ⟨*cheque, overdraft facility*⟩; freeze ⟨*bank account*⟩; **jmdm. das Konto ~:** freeze sb.'s account; **g)** *(ein~)* **ein Tier/jmdn. in etw.** *(Akk.)* **~:** shut *or* lock an animal/sb. in sth.; **jmdn. ins Gefängnis ~:**

put sb. in prison; lock sb. up [in prison]; **h)** *(Sport: behindern)* obstruct; **i)** *(Sport: von der Teilnahme ausschließen)* ban; **j)** *(Druckw.: spationieren)* print ⟨*word, text*⟩ with the letters spaced. **2.** *refl. V.* **sich [gegen etw.] ~:** balk *or* jib [at sth.]. **3.** *itr. V. (Sport)* obstruct; **Sperren ohne Ball** obstruction off the ball

**Sperr-: ~feuer das** *(Milit.)* barrage; **~frist die** *(auch Rechtsspr.)* waiting period; **~gebiet** *s.* **~bezirk**; **~gürtel der** cordon; **~holz das** plywood

**sperrig** *Adj.* unwieldy

**Sperr-: ~konto das** *(Bankw.)* blocked account; **~minorität die** *(Wirtsch., Politik)* blocking minority; **~müll der** bulky refuse *(for which there is a separate collection service)*; **morgen ist ~müll** *(ugs.)* they're collecting bulky refuse tomorrow; **~sitz der** *(im Kino)* seat in the back stalls; *(im Zirkus)* front seat; *(im Theater)* seat in the front stalls; **wir saßen ~sitz** we sat in the back stalls/front seats/front stalls; **~stunde die** closing time

**Sperrung die; ~, ~en** *s.* **sperren 1 a–f, i:** closing; closing off; blocking; locking; stopping; cutting off; disconnection; freezing; banning

**Sperr·vermerk der** restriction note *(regarding sale of property, withdrawal of investment, disclosure of information, etc.)*

**Spesen** ['ʃpe:zn̩] *Pl.* expenses; **auf ~:** on expenses; **~ machen** incur expenses; **außer ~ nichts gewesen** *(scherzh.)* [it was] a waste of time and effort

**Spezerei** [ʃpe:tsə'rai] **die; ~, ~en** *(veralt.)* spice

**Spezi** ['ʃpe:tsi] **der; ~s, ~[s] a)** *(südd., österr., schweiz. ugs.)* [bosom] pal *(coll.)*; chum *(coll.)*; **b)** *(ugs.: Getränk)* lemonade and cola

**Spezial-: ~gebiet das** special *or* specialist field; **~geschäft das** specialist shop

**spezialisieren** *refl. V.* specialize **(auf +** *Akk.* in)

**Spezialist der; ~en, ~en, Spezialistin die; ~, ~nen** specialist

**Spezialität** [ʃpetsiali'tɛ:t] **die; ~, ~en** speciality; specialty

**Spezialitäten·restaurant das** speciality restaurant

**Spezial·slalom der** *(Ski)* special slalom

**speziell** [ʃpe'tsiɛl] **1.** *Adj.* special; specific ⟨*question, problem, etc.*⟩; specialized ⟨*book, knowledge, etc.*⟩; **er ist mein ~er Freund** he's a special friend of mine; *(iron.)* we're the best of enemies *(joc.)*; **auf dein Spezielles!** your very good health!. **2.** *Adv. (besonders, gerade)* especially; *(eigens)* specially; **~ du** you especially; you of all people

**Spezies** ['ʃpe:tsiɛs] **die; ~, ~:** species; **eine besondere ~ [von] Mensch** a special type of person

**Spezifikation** [ʃpetsifika'tsio:n] **die; ~, ~en** specification

**Spezifikum** [ʃpe'tsi:fikʊm] **das; ~s, Spezifika a)** *(Besonderheit)* specific characteristic; **b)** *(Pharm.)* specific

**spezifisch 1.** *Adj.* specific; characteristic ⟨*smell, style*⟩; **~es Gewicht/~e Wärme** *(Phys.)* specific gravity/heat. **2.** *adv.* specifically

**spezifizieren** *tr. V.* specify; *(einzeln aufführen)* itemize ⟨*bill, expenses, etc.*⟩

**Spezifizierung die; ~, ~en** specification; *(einer Rechnung, von Kosten)* itemization

**Sphäre** ['sfɛ:rə] **die; ~, ~n** *(auch fig.)* sphere; **in höheren ~n schweben** *(scherzh.)* have one's head in the clouds

**Sphären·harmonie die** *(Philos.)* harmony of the spheres

**sphärisch** *Adj.* **a)** spherical; **b)** *(fig.: himmlisch)* heavenly

**Sphäroid** [sfɛro'i:t] **das; ~[e]s, ~e** *(Geom.)* spheroid

**[1]Sphinx** [sfɪŋks] **die** *od.* **der; ~, ~e** *od.* **Sphingen** ['sfɪŋən] *(Ägyptologie, Kunstwiss.)* sphinx; **die ~ von Gise** the Sphinx at Giza

**[2]Sphinx die; ~, ~e** *od.* **Sphingen** *(griech. Myth., Kunstwiss.)* Sphinx

**Spick·aal der** *(bes. nordd.)* smoked eel

**spicken** ['ʃpɪkn̩] **1.** *tr. V.* **a)** *(Kochk.)* lard; **jmdn. ~** *(fig. ugs.)* grease sb.'s palm; **b)** *(fig. ugs.: reichlich versehen)* **eine Rede mit Zitaten ~:** lard a speech with quotations; **das Diktat war mit Fehlern gespickt** the dictation was full of mistakes. **2.** *itr. V. (bes. südd. ugs.)* crib *(coll.)*

**Spick-: ~nadel die** larding-needle; **~zettel der** *(bes. südd. ugs.)* crib *(coll.)*; *(fig.: eines Redners)* notes *pl.*

**spie** [ʃpi:] *1. u. 3. Pers. Sg. Prät. v.* **speien**

**Spiegel** ['ʃpi:gl̩] **der; ~s, ~ a)** mirror; **in den ~ sehen** *od.* **schauen** look in the mirror; **im ~ der Presse** *(fig.)* as mirrored *or* reflected in the press; **dieser Roman ist ein ~ unserer Zeit** *(fig.)* this novel is a reflection of our time; **jmdm. den ~ vorhalten** *(fig.)* hold the mirror up to sb.; **das kannst du dir hinter den ~ stecken!** *(fig. ugs.)* you'll do well to remember that!; **b)** *(Wasserstand, Blutzucker~, Alkohol~ usw.)* level; *(Wasseroberfläche)* surface; **c)** *(am Frack, Smoking)* [silk] lapel; **d)** *(am Kragen)* tab; **e)** *(Jägerspr., Zool.) (bei Rehen, Hirschen usw.)* [white] rump patch; *(bei Vögeln)* speculum; **f)** *(fig.: Übersicht)* breakdown

**spiegel-, Spiegel-: ~bild das** *(auch fig., Math.)* reflection; **~bildlich 1.** *Adj.* **eine ~bildliche Abbildung** a mirror image; **2.** *adv.* **~bildlich abgebildet** reproduced as a *or* in mirror image; **~blank** *Adj.* shining; **den Fußboden ~blank bohnern** polish the floor until it shines [like a mirror]; **~ei das** fried egg; **~fechterei die; ~, ~en: das ist ~fechterei/sind ~fechtereien** that's all a sham; **~glas das** mirror glass; **~glatt** *Adj.* like glass *postpos.*; as smooth as glass *postpos.*; **die Straße war ~glatt gefroren** the road was like a sheet of glass; **~karpfen der** mirror carp

**spiegeln 1.** *itr. V.* **a)** *(glänzen)* shine; gleam; **b)** *(als Spiegel wirken)* reflect the light; **nicht ~des Glas** non-reflective glass. **2.** *tr. V.* **a)** *(reflektieren)* reflect; mirror; **b)** *(Med.)* examine ⟨*body cavity*⟩ with a speculum. **3.** *refl. V. (auch fig.)* be mirrored *or* reflected; **in ihrem Gesicht spiegelte sich Freude** *(fig.)* her face shone with delight

**Spiegel-: ~reflex·kamera die** reflex camera; **~saal der** hall of mirrors; **~schrank der** wardrobe/cupboard/cabinet with mirror doors; **~schrift die** mirror writing; **~teleskop das** reflecting telescope; reflector

**Spiegelung die; ~, ~en a)** *(auch fig., Math.)* reflection; **b)** *(Med.)* speculum examination

**spiegel·verkehrt 1.** *Adj.* back-to-front ⟨*lettering*⟩; **eine ~e Abbildung** a mirror image. **2.** *adv.* **etw. ~ abbilden** reproduce sth. as a *or* in mirror image

**Spiel** [ʃpi:l] **das; ~[e]s, ~e a)** *(das Spielen, Spielerei)* play; **er treibt ein ~ mit ihr** he's playing games *pl.* with her; **für ihn ist alles nur ein ~:** everything's just a game to him; **paß auf, daß du das ~ nicht zu weit treibst** be careful that you don't push your luck too far; **das ist doch ein ~ mit dem Leben** that's risking your/his *etc.* life; **wie im ~:** as if it were child's play; **ein ~ mit dem Feuer** *(fig.)* playing with fire; **ein [merkwürdiges] ~ des Zufalls/Schicksals** a whim of chance/fate; **ein seltsames ~ der Natur** a freak of nature; **freies ~ haben** be able to do what one wants *or* as one pleases; **genug des grausamen ~s!** *(scherzh.)* enough is enough!; **b)** *(Glücks~; Gesellschafts~)* game; *(Wett~)* game; match; **ein ~ spielen/gewinnen** play/win a game; **einen Spieler aus dem ~ nehmen/ins ~ schicken** take a player off/send a player on; **dem ~ verfallen sein** be addicted to gambling *or* gaming; **sein Geld beim ~ verlieren** gamble one's money away; **machen Sie Ihr ~!** *(Roulette)* place your bets; faites vos jeux; **das ~ ist aus** the game is up; **gewonnenes ~ haben** be home and dry; **leichtes ~ [mit jmdm.] haben** have an easy job [with sb.]; **mit Frauen ihres Typs hat ein Casanova wie er leichtes ~:** women like her are easy game for a Casanova like him; **das ~ verloren geben** give the game up for lost; *(fig.)* throw in the towel *or* one's hand; **auf dem ~ stehen** be at stake; **etw. aufs ~ setzen** put sth. at stake; risk sth.; **ein falsches/doppeltes/unfaires ~ spielen** *od.* **treiben** play sb. false/double-cross sb./treat sb. unfairly; **jmdn./etw. aus dem ~ lassen** *(fig.)* leave sb./sth. out of it; **aus dem ~ bleiben** *(fig.)* ⟨*person*⟩ stay out of it; **jmdn./etw. ins ~ bringen** *(fig.)* bring sb./sth. into it; **ins ~ kommen** *(fig.)* ⟨*factor*⟩ come into play; ⟨*person, authorities, etc.*⟩ become involved; ⟨*matter, subject, etc.*⟩ come into it; **im ~ sein** *(fig.)* be involved; *s. auch* **Hand f**; **c)** *(Utensilien)* game; **ein ~ Karten** a pack of cards; **das ~ ist nicht mehr vollständig** there's something missing from the set; **ein ~ Stricknadeln/Saiten** *(fig.)* a set of knitting-needles/strings; **d)** *o. Pl. (eines Schauspielers)* performance; **e)** *(eines Musikers)* performance; playing; *s. auch* **klingend 2**; **f)** *(Sport: ~weise)* game; **g)** *(Schau~)* play; **h)** *(Technik: Bewegungsfreiheit)* [free] play; **i)** *o. Pl. (fig.: Bewegung)* play

**Spiel-: ~alter das** playing stage; **~anzug der** play-suit; rompers *pl.*; **~art die** variety; **~automat der** gaming-machine; *(Geschicklichkeitsspiel)* amusement machine; **~ball der a)** *(Sport) (Tennis)* game point; *(Volleyball)* match ball; **b)** *(Billard)* red [ball]; **c)** *(fig.)* plaything; **das Boot war ein ~ball der Wellen** the boat was at the mercy of *or* was tossed about by the waves; **sie ist der ~ball ihrer Leidenschaften** she allows herself to be torn hither and thither by her passions; **d)** *(Ball, mit dem gespielt wird)* match ball; **~bank die** casino; **~bein das** *(Sport)* free leg; *(Fußball)* striking leg; **~dose die** musical box *(Brit.)*; music box *(Amer.)*

**spielen 1.** *itr. V.* **a)** play; **~ gehen** go off to play; **der Wind spielte mit ihrem Haar** *(fig.)* the wind played in her hair; **um die Meisterschaft ~:** play for the championship; **sie haben 1:0/unentschieden gespielt** the match ended 1–0/in a draw; **er spielt in der Abwehr/als Libero** he plays in defence/as sweeper; **auf der Gitarre ~:** play the guitar; **er kann vom Blatt/nach Noten ~:** he can sight-read/play from music; **vierhändig ~:** play a [piano] duet/[piano] duets; **sie spielt nur mit ihm/seinen Gefühlen** she's only playing a game with him/playing with his feelings; **du darfst nicht mit deinem Leben ~:** you mustn't gamble with *or* risk your life; **b)** *(um Geld)* play; **er begann zu trinken und zu ~:** he began to drink and to gamble; **um Geld ~:** play for money; **mit hohem Einsatz ~:** play for high stakes; **an einem Spielautomaten ~:** play a fruit machine/*(Geschicklichkeitsspiel)* an amusement machine; *s. auch* **Lotto**; **c)** *(als Schauspieler)* act; perform; **d)** *(sich abspielen)* **der Roman/Film spielt im 17. Jahrhundert/in Berlin** the novel/film is set in the 17th century/in Berlin; **e)** *(fig.: sich bewegen)* ⟨*wind, water, etc.*⟩ play; **ein Lächeln spielte um ihre Lippen** *(fig.)* a smile played on her lips; **seine Muskeln ~ lassen** flex one's muscles; **seinen Charme/seine Beziehungen ~ lassen** *(fig.)* bring one's charm/connections to bear; **seine Phantasie ~ lassen** use one's imagination; **f)** *(fig.: übergehen)* **das Blau spielt ins Violette** the blue is tinged with purple; **ein ins Bräunliche ~des Rot** a red with a brownish tinge. **2.** *tr. V.* **a)** play; **Räuber und Gendarm ~:** play cops and robbers; **Cowboy ~:** play at being a cowboy; **er spielt hervorragend Schach/Tennis** he's an excellent chess-/tennis-player; **Geige/Akkordeon/Gitarre** *usw.* **~:** play the violin/accordion/guitar *etc.*; **er spielt hervorragend Gitarre** he's an outstanding guitarist; **Trumpf/Pik/ein As ~:** play a trump/spades/an ace; **b)** *(aufführen, vorführen)* put on ‹*play*›; show ‹*film*›; perform ‹*piece of music*›; play ‹*record*›; **spiel doch mal die Beatles** put the Beatles on; **das Radio spielte Jazz** there was jazz on the radio; **was wird hier gespielt?** *(fig. ugs.)* what's going on here?; **c)** *(schauspielerisch darstellen)* play ‹*role*›; **den Beleidigten/Unschuldigen ~** *(fig.)* act offended/play the innocent; **sie spielt gern die große Dame** *(fig.)* she likes playing *or* acting the grand lady; **[für jmdn.] den Chauffeur ~:** act as chauffeur for sb.; **[bei jmdm.] Babysitter ~** *(fig.)* be baby-sitter *or* do the baby-sitting [for sb.]; **sie reagierte mit gespielter Gleichgültigkeit** she reacted with feigned indifference; **sein Interesse war [nur] gespielt** he [only] pretended to be interested; his interest was [merely] feigned; **in gespieltem Ernst** with mock seriousness; **d)** *(Sport: werfen, treten, schlagen)* play; **einen Ball mit Rückhand/mit dem linken Fuß ~:** play a ball backhand/with the left foot; **den Ball ins Aus/vors Tor ~:** put the ball out/play the ball in towards the goal; **einen Ball mit dem Kopf ~:** head a ball. **3.** *refl. V.* **sich warm ~:** warm up; **sich hungrig/müde ~:** work up an appetite/tire oneself out playing

**spielend 1.** *Adj.; nicht präd.* **mit ~er Leichtigkeit** with consummate *or* effortless ease. **2.** *adv.* easily; **etw. ~ beherrschen** master sth. effortlessly; **~ leicht** without the slightest effort

**Spieler der; ~s, ~ a)** *(auch Sport, Musik)* player; **b)** *(Glücks~)* gambler; **c)** *(Schau~)* actor

**Spielerei die; ~, ~en a)** *o. Pl.* playing *no art.*; *(im Glücksspiel)* gambling *no art.*; *(das Herumspielen)* playing *or* fiddling about *or* around (**an** + *Dat.* with); **b)** *(müßiges Tun, Spiel)* **eine ~ mit Worten/Zahlen** playing [around] with words/numbers; **eine mathematische ~:** a mathematical game; **für ihn ist das nur eine ~:** he's just playing about; **c)** *(Kinderspiel, Leichtigkeit)* child's play *no art.*; **das ist keine ~:** it has to be taken seriously; **d)** *(Tand)* gadget; **technische ~en** technical gadgetry *sing.*

**Spielerin die; ~, ~nen a)** *s.* **Spieler a, b; b)** *(Schau~)* actress

**spielerisch 1.** *Adj.* **a)** playful; **mit ~er Leichtigkeit** with consummate *or* effortless ease; **b)** *nicht präd. (Sport)* **sein ~es Können** his skill as a player; **~e Elemente** playing skills; **eine ausgezeichnete ~e Leistung** an outstanding [playing] performance; **c)** *nicht präd. (Musik)* **~es Können** playing ability. **2.** *adv.* **a)** playfully; **seine Hände glitten ~ über die Tasten** his hands glided lightly and easily over the keys; **b)** *(Sport)* in playing terms; **c)** *(Musik)* in terms of performance

**spiel-, Spiel-: ~feld das** *(Fußball, Hockey, Rugby usw.)* field; pitch *(Brit.)*; *(Tennis, Squash, Federball, Volleyball usw.)* court; **~figur die** piece; **~film der** feature film; **~frei** *Adj.* **ein ~freier Tag** *(Theater)* a day when there is no performance/are no performances; *(Sport)* a day without a match; **~führer der** *(Sport)* [team] captain; **~gefährte der, ~gefährtin die** *(geh.)* playmate; playfellow; **~geld das** play *or* toy money; **~hölle die** *(ugs. abwertend)* gambling-den

**Spieliothek** [ʃpi:lio'te:k] **die; ~, ~en** games library

**Spiel-: ~kamerad der** playmate; playfellow; **~karte die** playing-card; **~kasino das** casino; **~leidenschaft die** passion for gambling; **~leiter der a)** *(im Fernsehen)* quiz-master; *(im Roulett)* tourneur; **b)** *s.* **Regisseur; ~macher der** *(Sportjargon)* key player; **~mann der** *Pl.* **~leute a)** *(hist.: fahrender Sänger)* minstrel; **b)** *(Mitglied eines ~mannszuges)* bandsman; **~manns·zug der** marching band; **~marke die** chip; jetton; **~minute die** *(Sport)* minute [of play]

**Spielothek** [ʃpi:lo'te:k] **die; ~, ~en** games library

**Spiel-: ~phase die** stage of the game; **~plan der a)** *(Theater)* programme; **das Stück steht noch bis nächsten Monat auf dem ~plan** the play will continue running until next month; **b)** *(eines Brettspiels)* board; **~platz der** playground; **~raum der a)** room to move *(fig.)*; scope; latitude; *(bei Ausgaben, Budget)* leeway; **b)** *(Technik)* clearance; **~regel die** *(auch fig.)* rule of the game; **gegen die ~regeln verstoßen** *(auch fig.)* break the rules; **~runde die** round [of the game]; **~saal der** gambling-room; **~sachen** *Pl.* toys; **~salon der** gaming-room; **~schuld die** gambling debt; **~stand der: beim ~stand 1 : 1** with the score at 1–1; **bei diesem ~stand muß Schwarz gewinnen** as the game stands, Black must win; **~stärke die: der FC Sachsenfurt demonstrierte seine ~stärke** FC Sachsenfurt demonstrated the strength of its play; **~stein der** piece; *(beim Damespiel, Schach)* piece; man; **~straße die** play street; **~tag der** day of play; **~teufel der: dem ~teufel verfallen** *od.* **vom ~teufel besessen sein** have been bitten by the gambling bug *(coll.)*; **~tisch der a)** games table; *(für Glücksspiele)* gaming-table; *(für Kartenspiele)* card-table; **b)** *(der Orgel)* console; **~trieb der** play instinct; **~uhr die a)** musical clock; **b)** musical box *(Brit.)*; music box *(Amer.)*; **~verderber der; ~s, ~, ~verderberin die; ~, ~nen** spoil-sport; **~verlauf der** *(Sport)* **der weitere ~verlauf** the rest of the game; **~waren** *Pl.* toys; **~waren·geschäft das** toyshop; **~wiese die** grass play area; *(fig.)* playground; **~zeit die a)** *(Theater: Saison)* season; **b)** *(Aufführungsdauer)* run; **c)** *(Sport)* playing time; **die normale ~zeit** normal time; **~zeug das a)** toy; *(fig.)* toy; plaything; **b)** *o. Pl. (~sachen, ~waren)* toys *pl.*; **~zeug·eisen·bahn die** [toy] train set; **~zimmer das** playroom; **~zug der** *(Sport, in einem Brettspiel)* move

**Spieß** [ʃpi:s] **der; ~es, ~e a)** *(Waffe)* spear; **den ~ umdrehen** *od.* **umkehren** *(ugs.)* turn the tables; **wie am ~ schreien** *od.* **brüllen** *(ugs.)* scream one's head off; scream blue murder *(sl.)*; **b)** *(Brat~)* spit; *(Schaschlik~)* skewer; *(Cocktail~)* cocktail stick; **ein am ~ gebratener Ochse** an ox roasted on the spit; a spit-roasted ox; **c)** *(Fleisch~)* kebab; **d)** *(Soldatenspr.: Kompaniefeldwebel)* [company] sergeant-major; **e)** *(Jägerspr.)* spike; pricket

**spieß-, Spieß-: ~bürger der** *(abwertend)* [petit] bourgeois; **~bürgerlich** *s.* **spießig; ~bürgertum das** *(abwertend)* **a)** [petit] bourgeois existence; *(spießiges Wesen)* [petit] bourgeois conformism; **b)** *(die Spießbürger)* [petite] bourgeoisie

**Spießchen das; ~s, ~ a)** *(Cocktailspieß)* cocktail stick; **b)** *(Schaschlikspieß)* skewer; **c)** *(Fleischspieß)* kebab

**spießen** *tr. V.* **a) die Fleischstücke werden auf einen Schaschlikspieß gespießt** the pieces of meat are pushed on to a skewer; **ein Stück Käse/eine Olive auf einen Cocktailspieß ~:** spear a piece of cheese/an olive with a cocktail stick; **etw. in etw.** *(Akk.)* **~:** stick sth. in sth.

**Spießer der; ~s, ~** *(abwertend)* [petit] bourgeois

**spießerhaft** *s.* **spießig**

**Spießertum das; ~s** *(abwertend) s.* **Spießbürgertum**

**Spieß·geselle der a)** *(abwertend: Komplize)* accomplice; **b)** *(veralt.: Kumpan)* companion

**spießig** *(abwertend)* **1.** *Adj.* [petit] bourgeois; **~e Kleinbürgerlichkeit** petit bourgeois narrow-mindedness. **2.** *adv.* ‹*think, behave, etc.*› in a [petit] bourgeois way; **eine ~ eingerichtete Wohnung** a flat *(Brit.) or (Amer.)* apartment furnished in a typically petit bourgeois style

**Spießigkeit die; ~** *(abwertend)* [petit] bourgeois narrow-mindedness; *(einer Wohnungseinrichtung)* [petit] bourgeois style

**Spieß·rute die** *in* **~n laufen** *(auch fig.)* run the gauntlet

**Spike** [ʃpaik] **der; ~s, ~s a)** spike; **b)** *Pl. (Schuhe)* spikes; **c)** *(eines Reifens)* stud; **d)** *Pl. (Reifen)* studded tyres

**Spike[s]·reifen der** studded tyre

**spillerig** ['ʃpɪlərɪç] *Adj. (bes. nordd.)* spindly, skinny ‹*limbs*›; skinny ‹*person*›

**spinal** [ʃpi'na:l] *(Anat.)* **1.** *Adj.* spinal; **~e Kinderlähmung** infantile paralysis; polio [myelitis]. **2.** *adv.* **~ gelähmt sein** suffer from spinal paralysis

**Spinat** [ʃpi'na:t] **der; ~[e]s, ~e** spinach

**Spinat·wachtel die** *(ugs. abwertend)* skinny old bag *(sl.)*

**Spind** [ʃpɪnt] **der** *od.* **das; ~[e]s, ~e** locker

**Spindel** ['ʃpɪndl̩] **die; ~, ~n a)** spindle; **b)** *(einer Treppe)* newel

**spindel·dürr** *Adj.* skinny ‹*person*›; spindly, skinny ‹*limbs, finger*›; **sie ist ~:** she's as thin as a rake

**Spinett** [ʃpi'nɛt] **das; ~[e]s, ~e** spinet

**Spinnaker** ['ʃpɪnakɐ] **der; ~s, ~** *(Seemannsspr.)* spinnaker

**Spinne** ['ʃpɪnə] **die; ~, ~n** spider

**spinne·feind** *Adj. (ugs.)* **jmdm. ~ sein** hate sb.'s guts *(coll.)*

**spinnen** ['ʃpɪnən] **1.** *unr. tr. V.* **a)** spin *(fig.)*; plot ‹*intrigue*›; think up ‹*idea*›; hatch ‹*plot*›; **ein Lügengewebe/Netz von Intrigen ~:** weave a tissue of lies/a web of intrigue; **b)** *(ugs.: lügen)* make up; **das spinnst du!** you're making it up!. **2.** *unr. itr. V.* **a)** spin; **an einer Intrige ~:** plot an intrigue; **b)** *(ugs.: verrückt sein)* be crazy *or (sl.)* nuts *or (sl.)* crackers; **Ich soll bezahlen? Du spinnst wohl!** [What,] me pay? You must be joking *or (sl.)* kidding; **ich glaube, ich spinne!** I don't believe it!; **du spinnst wohl [,das zu tun]** you must be crazy [to do it]; **c)** *(ugs.: Unsinn reden)* talk rubbish; **d)** *(ugs.: lügen)* make it up

**Spinnen-: ~gewebe das** *s.* **Spinngewebe; ~netz das** spider's web

**Spinner der; ~s, ~ a)** *(Beruf)* spinner; **b)** *(ugs. abwertend)* nut-case *(sl.)*; idiot; **c)** *(Zool. veralt.)* silk-moth; **d)** *(Angeln)* spinner

**Spinnerei die; ~, ~en a)** *o. Pl.* spinning *no art.*; **b)** *(Werkstatt)* spinning mill; **c)** *(ugs. abwertend)* crazy idea

**Spinnerin die; ~, ~nen a)** *(Beruf)* spinner; **b)** *(ugs. abwertend)* nut-case *(sl.)*; idiot

**spinnert** ['ʃpɪnɐt] *Adj. (ugs., bes. südd.)* slightly potty *(sl.)*

**Spinn·gewebe das** cobweb

**spinnig** *Adj. (ugs.)* slightly potty *(sl.)*

**Spinn-: ~rad das** spinning-wheel; **~rocken der** distaff; **~webe die; ~, ~n** cobweb; **~wirtel der** whorl; wharve

**spintisieren** [ʃpɪnti'zi:rən] *itr. V. (ugs.)* get weird *or* crazy ideas *(coll.)*

**Spintisiererei die; ~, ~en** *(ugs.)* crazy fantasizing *no indef. art.*

**Spion** [ʃpi'o:n] **der; ~s, ~e a)** spy; **b)** *(Guckloch)* spyhole; **c)** *(Spiegel am Fenster)* telltale mirror

**Spionage** [ʃpio'na:ʒə] **die; ~:** spying; espionage; **~ treiben** spy; carry out espionage

**Spionage-: ~abwehr die a)** *(Tätigkeit)* counter-espionage; counter-intelligence; **b)** *(Dienst)* counter-espionage *or* counter-intelligence service; **er arbeitet in der ~abwehr** he works in counter-espionage *or* counter-intelligence; **~fall der** spy *or* espionage case; **~netz das** spy *or* espionage network; **~ring der** spy ring

**spionieren** *itr. V.* **a)** spy **(gegen** against**)**; **b)** *(fig. abwertend)* spy; snoop [about] *(coll.)*

**Spioniererei die; ~, ~en** *(fig. abwertend)* snooping [about] *no pl. (coll.)*

**Spionin die; ~, ~nen** spy

**Spiral·bohrer der** twist drill *or* bit

**Spirale** [ʃpiˈraːlə] **die; ~, ~n a)** *(auch Geom., fig.)* spiral; *(Heiz~)* coil; **b)** *(zur Empfängnisverhütung)* coil

**Spiral·feder die** coil spring

**spiral·förmig 1.** *Adj.* spiral[-shaped]. **2.** *adv.* spirally

**spiralig 1.** *Adj.* spiral. **2.** *adv.* spirally

**Spiral·nebel der** *(Astron.)* spiral nebula

**Spirant** [spiˈrant] **der; ~en, ~en** *(Sprachw.)* spirant

**Spiritismus** [ʃpiritɪsmʊs] **der; ~:** spiritualism; spiritism

**Spiritist der; ~en, ~en** spiritualist; spiritist

**spiritistisch 1.** *Adj.* spiritualist[ic]; spiritistic. **2.** *adv.* spiritualistically; spiritistically

**Spiritual** [ˈspɪrɪtjʊəl] **das** *od.* **der; ~s, ~s** [negro] spiritual

**spiritualisieren** *tr. V.* spiritualize

**Spiritualismus** [spiritu̯aˈlɪsmʊs] **der; ~** *(Philos.)* spiritualism

**spiritualistisch 1.** *Adj.* spiritualist[ic]. **2.** *adv.* spiritualistically

**Spiritualität** [spiritu̯aliˈtɛːt] **die; ~:** spirituality

**Spirituose** [spiriˈtu̯oːzə] **die; ~, ~n** spirit *usu. in pl.*

**Spiritus** [ˈʃpiːritʊs] **der; ~, ~se** spirit; ethyl alcohol; **ein Organ in ~ konservieren** preserve an organ in alcohol; **mit ~ kochen** cook on a spirit stove

**Spiritus·kocher der** spirit stove

**Spital** [ʃpiˈtaːl] **das; ~s, Spitäler** [ʃpiˈtɛːlɐ] *(bes. österr., schweiz.)* hospital; *(veralt.: Altersheim)* old people's home; *(veralt.: Armenhaus)* almshouse

**Spittel** [ˈʃpɪtl̩] **das,** *(schweiz.:)* **der; ~s, ~** *(bes. schweiz. ugs.)* hospital

**spitz** [ʃpɪts] **1.** *Adj.* **a)** *(nicht stumpf)* pointed ‹*tower, arch, shoes, nose, beard, etc.*›; sharp ‹*pencil, needle, stone, etc.*›; fine ‹*pen nib*›; *(Geom.)* acute ‹*angle*›; **b)** *(schrill)* shrill ‹*cry etc.*›; **c)** *(ugs.: abgezehrt)* haggard; haggard, pinched ‹*face*›; **d)** *(boshaft)* cutting ‹*remark, etc.*›; **~ werden** get spiteful; **e)** *(ugs.: geil)* randy; horny *(sl.)*; **~ auf jmdn. sein** really fancy sb. **2.** *adv.* **a) ~ zulaufen** taper to a point; **~ zulaufend** pointed; **b)** *(boshaft)* cuttingly

**Spitz der; ~es, ~e** *(Hund)* spitz

**spitz-, Spitz-: ~ahorn der** Norway maple; **~bart der a)** goatee; pointed beard; **b)** *(Mann)* man with a/the goatee *or* pointed beard; **~bauch der** pot-belly; **~|bekommen** *unr. tr. V. (ugs.) s.* **~kriegen; ~bogen der** pointed arch; **~bogen·fenster das** lancet window; **~bube der a)** *(veralt. abwertend: Gauner)* rogue; scoundrel; **b)** *(scherzh.: Schlingel)* rascal; scallywag; scamp; **c)** *(österr.: Plätzchen) sandwich of two or three biscuits stuck together with jam;* **~büberei** [~byːbəˈrai̯] **die; ~, ~en a)** piece of roguery; **b)** *o. Pl.* roguery; **~bübisch 1.** *Adj.* **a)** *(verschmitzt)* roguish; mischievous; **b)** *(veralt. abwertend: schurkisch)* villainous; **2.** *adv.* **a)** *(verschmitzt)* roguishly; mischievously; **b)** *(veralt. abwertend: schurkisch)* villainously

**spitze** *indekl. Adj. (ugs.) s.* **klasse**

**Spitze die; ~, ~n a)** *(Nadel~, Bleistift~ usw.)* point; *(Pfeil~, Horn~ usw.)* tip; **einer Sache** *(Dat.)* **die ~ nehmen** *od.* **abbrechen** *(fig.)* take the sting out of sth. *(fig.)*; **b)** *(Turm~, Baum~, Mast~ usw.)* top; *(eines Dreiecks, Kegels, einer Pyramide)* top; apex; vertex *(Math.)*; *(eines Berges)* summit; top; **ein auf der ~ stehendes Dreieck** an inverted triangle; **c)** *(Zigarren~, Haar~, Zweig~)* end; *(Schuh~)* toe; *(Finger~, Nasen~, Schwanz~, Flügel~, Spargel~)* tip; *(Lungen~)* apex; **die südliche ~ der Insel** the southern tip of the island; **d)** *(vorderes Ende)* front; **an der ~ des Zuges/der Kolonne marschieren** march at the head of the procession/column; **an der ~ liegen** *(Sport)* be in the lead *or* in front; **sich an die ~ [des Feldes] setzen** *(Sport)* go into *or* take the lead; **e)** *(führende Position)* top; **an der ~ [der Tabelle] stehen** *od.* **liegen** *(Sport)* be [at the] top [of the table]; **sich an die ~ [einer Bewegung] setzen** put oneself at the head [of a movement]; **die ~ halten/übernehmen** stay top/go to the top; **f)** *(einer Firma, Organisation usw.)* head; *(einer Hierarchie)* top; *(leitende Gruppe)* management; **an der ~ des Unternehmens/der Partei stehen** be at the head of the company/party; **die ~n der Gesellschaft/der Partei** the leading figures of society/in the party; **g)** *(Höchstwert)* maximum; peak; *(ugs.: Spitzenzeit)* peak period; **das Auto fährt 160 km ~:** the car has *or* does a top speed of 160 km. per hour; **wir wollen die Sache doch nicht auf die ~ treiben** we don't want to carry things too far; **h) [absolute/einsame] ~ sein** *(ugs.)* be [absolutely] great *(coll.)*; **i)** *(fig.: Angriff)* dig **(gegen** at**)**; **~n austeilen** make pointed remarks; **j)** *(Textilwesen)* lace; **k)** *(Sport: Sturm~)* striker; **l)** *(Zigaretten~, Zigarrenhalter)* [cigarette/cigar] holder; **m)** *(Wirtsch.: Überschuß)* surplus

**Spitzel der; ~s, ~** *(abwertend)* informer; **ein ~ der Polizei** a police informer; a copper's nark *(Brit. sl.)*

**Spitzel·dienste** *Pl. (abwertend)* **für jmdn. ~ leisten** act as an informer for sb.; **für ~ bin ich mir zu schade** I couldn't stoop to acting as *or* being an informer

**spitzeln** *itr. V. (abwertend)* act as an informer

**spitzen 1.** *tr. V.* sharpen ‹*pencil*›; purse ‹*lips, mouth*›; **die Ohren ~** ‹*dog*› prick up its ears; *(fig.)* ‹*person*› prick up one's ears. **2.** *refl. V.* **sich auf etw.** *(Akk.)* **~** *(ugs.)* look forward [expectantly] to sth.; *(dringlich erhoffen)* have one's heart set on sth. **3.** *(landsch.: aufmerken)* prick up one's ears

**Spitzen-: ~bluse die** lace blouse; **~deckchen das** lace mat; **~erzeugnis das** top-quality product; **~funktionär der** top official; **~gehalt das** top-level salary; **~geschwindigkeit die** top speed; **~kandidat der** leading *or* top candidate; **~klasse die a)** top class; **ein Hotel der ~klasse** a top-class hotel; **zur ~klasse gehören** be top-class; **b) ~klasse sein** *(ugs.)* be really great *(coll.)*; **~könner der** top-class talent; **~kraft die** top-class *or* top-flight professional; **~kragen der** lace collar; **~leistung die** top-class performance; **eine ~leistung der Ingenieurskunst** a supreme achievement of engineering; **~politiker der** top *or* leading politician; **~position die a)** *(Sport)* leading position; **b)** *(leitende Position)* top position; **~qualität die** top quality; **Erzeugnisse in ~qualität** top-quality products; **~reiter der** top rider; *(fig.)* leader; *(Ware)* top *or* best seller; *(Mannschaft)* top team; **~spiel das** *(Sport)* top match *or* game; **~spieler der** top[-class] player; **~sportler der** top sportsman; **~stellung die** top position; **~tanz der** dancing *no art.* on points *or* on [full] point; **~technologie die** state-of-the-art technology; **~wert der** peak; maximum [value]; **~zeit die a)** peak time *or* period; **b)** *(Sport) (beste Zeit)* best time; *(sehr gute Zeit)* outstanding *or* excellent time

**Spitzer der; ~s, ~:** [pencil-]sharpener

**spitz-, Spitz-: ~findig 1.** *Adj.*; hair-splitting, over-subtle; quibbling ‹*distinction*›; pettifogging ‹*quibble*›; **jetzt wirst du [zu] ~ findig** now you're splitting hairs *or* being too subtle; **2.** *adv.* in an over-subtle way; **[zu] ~findig argumentieren** be over-subtle in one's arguments; split hairs; **~findigkeit die; ~, ~en a)** *o. Pl.* over-subtlety; *(Haarspalterei)* hair-splitting; **b)** *(etwas Spitzfindiges)* nicety; *(Äußerung)* hair-splitting remark; **~hacke die** pick; pickaxe

**spitzig** *Adj. (veralt.) s.* **spitz 1a–d, 2**

**spitz-, Spitz-: ~kehre die a)** *(Haarnadelkurve)* hairpin bend; **b)** *(Ski)* kick turn; **~|kriegen** *tr. V. (ugs.)* tumble to *(coll.)*; get wise to *(sl.)*; **[es] ~kriegen, daß ...:** tumble to *or* get wise to the fact that ...; **~maus die a)** shrew; **b)** *(ugs. abwertend)* weasel-faced female *(derog.)*; **~name der** nickname; **~wegerich** [~veːgərɪç] **der** *(Bot.)* ribwort; **~winklig 1.** *Adj.* acute-angled ‹*triangle*›; **2.** *adv.* at an acute angle; **~züngig 1.** *Adj.* sharp-tongued; **2.** *adv.* ‹*reply*› sharply

**Spleen** [ʃpliːn] **der; ~s, ~e** *od.* **~s** strange *or* peculiar habit; eccentricity; **du hast ja einen ~!** there must be something the matter with you!; you must be dotty *(coll.)*; **die Lexikographen haben doch alle einen kleinen ~:** lexicographers are all a bit cracked *(coll.)*

**spleenig** *Adj.* eccentric; dotty *(coll.)*

**spleißen** [ˈʃplai̯sn̩] *(Seemannsspr.)* **1.** *unr. od. regelm. tr. V.* splice ‹*rope*›. **2.** *unr. od. regelm. itr. V.* make a splice/splices

**splendid** [ʃplɛnˈdiːt] *(veralt.)* **1.** *Adj.* **a)** generous; **b)** *(kostbar)* sumptuous; magnificent. **2.** *adv.* **a)** generously; **b)** *(kostbar)* sumptuously; magnificently

**Splint** [ʃplɪnt] **der; ~[e]s, ~e** *(Technik)* split pin

**Splint·holz das** sapwood; alburnum

**spliß** [ʃplɪs] *1. u. 3. Pers. Sg. Prät. v.* **spleißen**

**Splitt** [ʃplɪt] **der; ~[e]s, ~e** [stone] chippings *pl.*; *(zum Streuen)* grit; *(in Beton)* aggregate

**splitten** *tr. V. (Wirtsch.)* **a)** split ‹*shares*›; **b)** *(Politik)* **die Stimmen ~:** *give one's first vote to a particular candidate and one's second to a party other than that of the chosen candidate*

**Splitter der; ~s, ~:** splinter; *(Granat~, Bomben~)* splinter; fragment; **du siehst den ~ im fremden Auge, aber nicht den Balken im eigenen** *(geh.)* you can see a mote in another's eye but not the beam that is in your own

**splitter-, Splitter-: ~bombe die** fragmentation bomb; **~bruch der** *(Med.)* comminuted fracture; **~faser·nackt** *Adj. (ugs.)* absolutely stark naked; completely starkers *pred. (Brit. sl.)*; **~frei** *Adj.* shatterproof; **~gruppe die** splinter group

**splitterig** *Adj.* **a)** *(leicht splitternd)* ‹*wood, plastic, etc.*› that splinters easily; **~ sein** splinter easily; **b)** *(voller Splitter)* splintery

**splittern** *itr. V.* **a)** *(Splitter bilden)* splinter; **b)** *mit sein (in Splitter zerbrechen)* ‹*glass, windscreen, etc.*› shatter

**splitter·nackt** *Adj. (ugs.)* stark naked; starkers *pred. (Brit. sl.)*

**Splitter·partei die** splinter party

**Splitting** [ˈʃplɪtɪŋ] **das; ~s, ~s a)** *o. Pl. (Steuerw.) taxation of husband and wife whereby each is taxed on half the total of their combined incomes;* **b)** *(Wirtsch.)* splitting; **c)** *(Politik) division of one's first and second votes between a particular candidate and a party other than that of the chosen candidate*

**Splitting·system das** *(Steuerw.) tax system in which husband and wife each pay income tax on half the total of their combined incomes*

**splittrig** *s.* **splitterig**
**SPÖ** [ɛspe:'ø:] **die;** ~: *Abk.:* **Sozialistische Partei Österreichs** Austrian Socialist Party
**Spoiler** ['ʃpɔylɐ] **der;** ~**s,** ~ *(Kfz-W.)* spoiler
**Spökenkieker** ['ʃpø:knki:kɐ] **der;** ~**s,** ~ **a)** *(nordd.: Hellseher)* clairvoyant; person who has second sight; **b)** *(ugs.: spintisierender Mensch)* crazy fantasist
**Spökenkiekerei die;** ~, ~**en** *(ugs.)* crazy fantasizing *no indef. art.*
**Spondeus** [ʃpɔn'de:ʊs] **der;** ~, **Spondeen** *(Verslehre)* spondee
**sponsern** ['ʃpɔnzɐn] *tr. V.* sponsor
**Sponsor** ['ʃpɔnzɐ] **der;** ~**s,** ~**s** *od.* ~**en** [-'zo:rən] sponsor
**spontan** [ʃpɔn'ta:n] **1.** *Adj.* spontaneous. **2.** *adv.* spontaneously
**Spontaneität** [ʃpɔntanei'tɛ:t] **die;** ~ *(auch Psych., Med.)* spontaneity
**Sponti** ['ʃpɔnti] **der;** ~**s,** ~**s** *(ugs.) member of an undogmatic leftist group*
**sporadisch** [ʃpo'ra:dɪʃ] **1.** *Adj.* sporadic. **2.** *adv.* sporadically
**Spore** ['ʃpo:rə] **die;** ~, ~**n** *(Biol.)* spore
**Sporen** *s.* **Spore, Sporn**
**sporen-, Sporen-:** ~**klirrend** *adv.* with a clatter of spurs; ~**pflanze die** *(Bot.)* cryptogam; ~**tierchen das** *(Zool.)* sporozoan
**Sporn** [ʃpɔrn] **der;** ~**[e]s,** ~**e** *od.* **Sporen** ['ʃpo:rən] **a)** *Pl.* **Sporen** *od. (Zool.)* ~**e** spur; **einem Pferd die Sporen geben** spur a horse; **sich die [ersten] Sporen verdienen** *(fig.)* win one's spurs; **b)** *Pl.* ~**e** *(hist.: am Schiff)* ram; **c)** *Pl.* ~**e** *(eines Flugzeugs)* tail-skid
**spornen** *tr. V.* spur ‹*horse*›
**sporn·streichs** *Adv. (veralt.)* straight away
**Sport** [ʃpɔrt] **der;** ~**[e]s a)** sport; *(als Unterrichtsfach)* sport; physical education; PE; ~ **treiben** do sport; **beim** ~: while doing sport; **und hier noch eine Meldung vom** ~: and finally an item of sports news; **b)** *(~art)* sport; **c)** *(Hobby, Zeitvertreib)* hobby; pastime; **sich** *(Dat.)* **einen** ~ **aus etw. machen** get a kick *(coll.)* out of sth.
**Sport-:** ~**ab·zeichen das** sports badge; ~**angler der** club angler; ~**an·lage die** sports complex; ~**art die** [form of] sport; ~**artikel der** piece of sports equipment; ~**artikel** *Pl.* sports equipment *sing.;* ~**arzt der** sports doctor; ~**bericht der** sports report; ~**bericht·erstattung die** sports reporting; ~**boot das** sports boat; ~**coupé das** sports coupé; ~**dreß der** *s.* **Dreß a**
**Sport-:** ~**feld das** sports ground; *(Stadion)* sports stadium; ~**fest das** sports festival; *(einer Schule)* sports day; ~**fischen das** club fishing *no art. or* angling *no art.;* ~**flieger der** sports pilot; ~**flugzeug das** sports plane; ~**freund der a)** sports fan; **b)** *(Kamerad)* sporting friend; ~**funktionär der** sports official; ~**geist der;** *o. Pl.* sportsmanship; sporting spirit; ~**gerät das** piece of sports apparatus; ~**geräte** *(als Gesamtheit)* sports apparatus *sing.;* ~**hemd das** sports shirt; ~**hoch·schule die** college of physical education
**sportiv** [spɔr'ti:f] **1.** *Adj.* sporty. **2.** *adv.* sportily
**Sport-:** ~**journalist der** sports journalist; ~**kamerad der** sporting friend; ~**kleidung die** sportswear; sports clothes *pl.;* ~**lehrer der** sports instructor; *(in einer Schule)* PE *or* physical education teacher; games teacher
**Sportler** ['ʃpɔrtlɐ] **der;** ~**s,** ~: sportsman
**Sportler·herz das** athletic heart
**Sportlerin die;** ~, ~**nen** sportswoman
**sportlich 1.** *Adj.* **a)** sporting *attrib.* ‹*success, performance, interests, etc.*›; ~**e Veranstaltungen** sports events; sporting events; **auf** ~**em Gebiet** in the field of sport; **b)** *(fair)* sportsmanlike; sporting; **c)** *(fig.: flott, rasant)* sporty ‹*car, driving, etc.*›; **d)** *(zu sportlicher Leistung fähig)* sporty, athletic ‹*person*›; **e)** *(jugendlich wirkend)* sporty, smart but casual ‹*clothes*›; smart but practical ‹*hair-style*›. **2.** *adv.* **a)** as far as sport is concerned; ~ **aktiv sein** be an active sportsman/sportswoman; **b)** *(fair)* sportingly; **c)** *(fig.: flott, rasant)* in a sporty manner
**sportlich-elegant 1.** *Adj.* casually elegant. **2.** *adv.* casually but elegantly ‹*dressed*›
**sport-, Sport-:** ~**maschine die** sports plane; ~**medizin die** sports medicine *no art.;* ~**medizinisch** *Adj.* ~**medizinische Betreuung/Forschung** medical care of sportsmen/research into sports medicine; ~**nachrichten** *Pl.* sports news *sing.;* ~**platz der** sports field; *(einer Schule)* playing field/fields *pl.;* ~**presse die** sports press; ~**schuh der a)** sports shoe; **b)** *(sportlicher Schuh)* casual shoe; ~**sendung die** sports programme
**Sports-:** ~**freund der** sports enthusiast; **Hallo,** ~**freund! Wie geht's?** *(ugs.)* hello, mate *(coll.),* how are you?; ~**kanone die** *(ugs.)* sporting ace; ~**mann der;** *Pl.* ~**männer** *od.* ~**leute** sportsman
**Sport-:** ~**stadion das** [sports] stadium; ~**student der** sports student; ~**taucher der** skin-diver; ~**un·fall der** sporting *or* sports accident; ~**verband der** sports association; ~**verein der** sports club; ~**verletzung die** sports injury; ~**wagen der a)** *(Auto)* sports car; **b)** *(Kinderwagen)* pushchair *(Brit.);* stroller *(Amer.);* ~**wissenschaft die** sports science *no art.*
**Spot** [spɔt] **der;** ~**s,** ~**s a)** *(Werbe~)* commercial; advertisement; ad *(coll.);* **b)** *(Leuchte)* spotlight; spotlamp; **c)** *(Theat., Film, Fernsehen)* spot[light]
**Spot·markt der** *(Wirtsch.)* spot market
**Spott** [ʃpɔt] **der;** ~**[e]s** mockery; *(höhnischer)* ridicule; derision; ~ **und Hohn** scorn and derision; **jmdn./etw. dem** ~ **preisgeben** hold sb./sth. up to ridicule; **seinen** ~ **mit jmdm./etw. treiben** make fun of sb./sth.
**spott-, Spott-:** ~**bild das** travesty; mockery; *(eines Menschen)* caricature; ~**billig** *(ugs.)* **1.** *Adj.* dirt cheap; **2.** *adv.* **da kann man** ~**billig einkaufen** you can get *or* buy things dirt cheap there; ~**drossel die a)** mocking-thrush; **[Eigentliche]** ~**drossel** mocking-bird; **b)** *(fig.) s.* **Spötter**
**Spöttelei die;** ~, ~**en a)** *o. Pl.* [gentle] mocking; [gentle] mockery; **b)** *(spöttelnde Äußerung)* mocking remark
**spötteln** ['ʃpœtl̩n] *itr. V.* mock [gently]; poke *or* make [gentle] fun; **über jmdn./etw.** ~: mock sb./sth. gently; poke gentle fun at *or* make [gentle] fun of sb./sth.
**spotten** ['ʃpɔtn̩] *itr. V.* **a)** mock; poke *or* make fun; *(höhnischer)* ridicule; be derisive; **über jmdn./etw.** ~: mock sb./sth.; make fun of sb./sth.; *(höhnischer)* ridicule sb./sth.; be derisive about sb./sth.; **du hast gut/leicht** ~: it's easy *or* all very well for you to mock *or* laugh; **jmds./einer Sache** ~ *(geh.)* mock sb./sth.; **b)** *(fig.)* be contemptuous of; scorn; **er spottete der Gefahr** *(Gen.) (geh.)* he was contemptuous of *or* scorned the danger; **das spottet jeder Beschreibung** *(ugs.)* it defies *or* beggars description
**Spötter** ['ʃpœtɐ] **der;** ~**s,** ~: mocker
**Spötterei die;** ~, ~**en a)** *o. Pl.* mockery; mocking; making fun; **b)** *(spottende Äußerung)* mocking remark
**Spott-:** ~**geburt die** *(geh. abwertend)* monstrosity; ~**gedicht das** satirical poem, verse satire **(auf** + *Akk.* about); ~**geld das;** *o. Pl. (ugs.)* **etw. für** *od. (veralt.)* **um ein** ~**geld bekommen** get sth. dirt cheap
**spöttisch** ['ʃpœtɪʃ] **1.** *Adj.* mocking ‹*smile, remark, speech, etc.*›; *(höhnischer)* derisive, ridiculing ‹*remark, speech, etc.*›; **ein** ~**er Mensch** a person who likes poking fun. **2.** *adv.* mockingly; ~ **lächeln** give a mocking smile
**Spott-:** ~**lust die;** *o. Pl.* love of *or* delight in mockery *or* poking fun; ~**name der** [derisive] nickname; ~**preis der** *(ugs.)* ridiculously low price; **etw. für einen** *od.* **zu einem** ~**preis bekommen** get sth. dirt cheap *or* for a song
**sprach** [ʃpra:x] *1. u. 3. Pers. Sg. Prät. v.* **sprechen**
**Sprach-:** ~**barriere die** *(Soziol.)* language barrier; *(zwischen Gesellschaftsklassen)* linguistic barrier; ~**bau der** *(Sprachw.)* linguistic structure; ~**begabung die;** *o. Pl.* talent *or* gift for languages; ~**denkmal das** linguistic monument
**Sprache** ['ʃpra:xə] **die;** ~, ~**n a)** language; **in englischer** ~: in English; **die** ~ **der Jäger/Mediziner** the language of the hunt/of medicine; hunting/medical language; **ihm blieb die** ~ **weg** *(ugs.)* he was speechless; he was at a loss for words; **es verschlug** *od.* **raubte mir die** ~: it took my breath away; **hast du die** ~ **verloren?** *(ugs.)* haven't you got a tongue in your head?; **b)** *(Sprechweise)* way of speaking; speech; *(Stil)* style; **eine deutliche/unmißverständliche** ~ **[mit jmdm.] sprechen** speak bluntly [to sb.]; **c)** *(Rede)* **die** ~ **auf jmdn./etw. bringen** bring the conversation round to sb./sth.; **etw. zur** ~ **bringen** bring sth. up; raise sth.; **zur** ~ **kommen** be brought up *or* raised; come up; **mit der** ~ **herausrücken/herauswollen** come out/want to come out with it; **heraus mit der** ~! come on, out with it!
**spräche** ['ʃprɛ:çə] *1. u. 3. Pers. Sg. Konjunktiv II v.* **sprechen**
**Sprachen-:** ~**schule die** language school; ~**studium das** language studies *pl., no art.*
**sprach-, Sprach-:** ~**entwicklung die** development of a/the language; ~**erwerb der** *(Sprachw.)* language acquisition; ~**familie die** language family; family of languages; ~**fehler der** speech impediment *or* defect; ~**forscher der** linguistic researcher; ~**führer der** phrase-book; ~**gebrauch der** [linguistic] usage; **im** ~**gebrauch der Nazis** in Nazi usage *or* language; in the language of the Nazis; ~**gefühl das;** *o. Pl.* feeling for language; ~**genie das** linguistic genius; ~**geographie die** linguistic geography *no art.;* ~**geschichte die a)** history of a/the language; *(Teilgebiet der* ~*wissenschaft)* historical linguistics *sing., no art.;* **b)** *(Buch)* history of a/the language; ~**geschichtlich 1.** *Adj.* historical-linguistic ‹*studies, dissertation, etc.*›; **2.** *adv.* from the point of view of historical linguistics; ~**gewaltig** *Adj.* powerfully eloquent; ~**grenze die** language boundary; ~**insel die** linguistic enclave *or* island; ~**kenntnisse** *Pl.* knowledge *sing.* of a language/languages; **seine französischen** ~**kenntnisse** his knowledge of French; ~**kompetenz die** linguistic competence; ~**kritik die** critique of language; ~**kultur die;** *o. Pl.* level of compliance with linguistic norms; ~**kundig** *Adj.* proficient in *or* conversant with the language *postpos.;* ~**kurs der** language course; ~**labor das** language laboratory *or (coll.)* lab; ~**lehre die a)** grammar; **b)** *(Buch)* grammar [book]
**sprachlich 1.** *Adj.* linguistic; ~**e Feinheiten** subtleties of language. **2.** *adv.* linguistically; **ein** ~ **hervorragender Aufsatz** an excellently written essay
**sprach-, Sprach-:** ~**los** *Adj.* **a)** *(überrascht)* speechless; dumbfounded; **b)** *(wortlos)* silent ‹*protest*›; silent, tacit ‹*agreement*›; ~**losigkeit die a)** *(Überraschtheit)* speechlessness; dumbfoundedness; **b)** *(Wortlosigkeit) (eines Protests)* silence; ~**mittler der** mediator between languages; ~**norm die** linguistic norm; ~**pflege die** language cultivation; ~**philosophie die** philosophy of language; ~**raum der** language area; ~**regelung die** instructions *pl.*

as to the wording to be used; **nach der offiziellen ~regelung ist er „aus gesundheitlichen Gründen" zurückgetreten** according to the official version *or* as the official version has it, he resigned 'for reasons of health'; **~rohr das** *(Repräsentant)* spokesman; *(Propagandist)* mouthpiece; **~schöpfer der** linguistic innovator; **~schöpferisch** *Adj.* linguistically innovative *or* creative; **~silbe die** word element; element of word-formation; **~spiel das** *(Sprachw.)* language game; **~spielerei die** game with words; **~störung die** *(Med., Psych.)* language disorder; *(Sprechstörung)* speech disorder; **~studium das** *s.* **Sprachenstudium; ~übung die** language exercise; linguistic exercise; **~unterricht der** language teaching *or* instruction; **~verwirrung die** linguistic confusion; **~wissenschaft die** linguistics *sing., no art.*; **~wissenschaftler der** linguist; **~wissenschaftlich 1.** *Adj.* linguistic; **eine ~wissenschaftliche Abhandlung** a linguistics dissertation; **2.** *adv.* linguistically; **~wissenschaftlich interessierte Laien** laymen interested in linguistics

**sprang** [ʃpraŋ] *1. u. 3. Pers. Sg. Prät. v.* **springen**

**spränge** ['ʃprɛŋə] *1. u. 3. Pers. Sg. Konjunktiv II v.* **springen**

**Spray** [ʃpre:] **das** *od.* **der; ~s, ~s** spray

**Spray·dose die** aerosol [can]

**sprayen** *tr., itr. V.* spray

**Sprech-: ~an·lage die** intercom *(coll.)*; **~blase die** balloon *(coll.)*; **~bühne die** theatre staging plays only; **~chor der** chorus; **im ~chor rufen** shout in chorus; chant ⟨*slogan*⟩

**sprechen** ['ʃprɛçn̩] **1.** *unr. itr. V.* speak **(über** + *Akk.* about; **von** about, of); *(sich unterhalten, sich besprechen auch)* talk **(über** + *Akk.*, **von** about); ⟨*parrot etc.*⟩ talk; **deutsch/flüsternd ~:** speak German/in a whisper *or* whispers; **er spricht wenig** he doesn't say *or* talk much; **Das war das Hörspiel „...". Es sprachen: ...:** That was the play for radio '...'. Taking part were: ...; **es spricht Pfarrer N.** the speaker is the Revd. N.; **für/gegen etw. ~:** speak in favour of/against sth.; **das Sprechen fiel ihr noch schwer** she still found it difficult to speak; **mit jmdm. ~:** speak *or* talk with *or* to sb.; **seit dem Streit ~ sie nicht mehr miteinander** since the quarrel they are no longer on speaking terms *or* haven't been speaking to each other; **ich muß mit dir ~:** I must talk *or* speak with you; **er spricht mit sich selbst** he talks to himself; **wie sprichst du mit mir?** who do you think you're talking to?; **so spricht man nicht mit seiner Mutter** that's no way to talk *or* speak to one's mother; **sie spricht nicht mit jedem** she doesn't speak *or* talk to just anybody; **mit wem spreche ich?** who is speaking please?; to whom am I speaking, please?; **~ Sie noch?** *(am Telefon)* are you still there?; **er spricht gerade** *(telefoniert)* he's on the phone *(coll.)*; **worüber habt ihr gesprochen?** what were you talking about?; **es wurde über alles mögliche gesprochen** we/they *etc.* talked about all sorts of things; **darüber spricht er nicht gern** he doesn't like talking about that; **gut/schlecht von jmdm.** *od.* **über jmdn. ~:** speak well/ill of sb.; **für jmdn. ~:** speak for sb.; speak on *or (Amer.)* in behalf of sb.; **ich kann nur für mich ~:** I can only speak for myself; **vor einer Hörerschaft/der Betriebsversammlung ~:** speak in front of an audience/speak to *or* address a meeting of the work-force; **zu einem** *od.* **über ein Thema ~:** speak on *or* about a subject; **frei ~:** extemporize; speak without notes; **~ Sie!/bitte ~!** *(am Telefon)* you're through [now]; go ahead, please; **sprich!** *(geh.)* speak! *(literary)*; **also sprach der Herr/Buddha/Zarathustra** *(dichter.)* thus spake the Lord/Buddha/Zarathustra *(Bibl./literary)*; **laß Blumen ~!** say it with flowers!; **sein Herz ~ lassen** follow the dictates of one's heart; **aus seinen Worten/seinem Blick sprach Haß/Neid/Angst** *usw.* his words/the look in his eyes expressed hatred/envy/fear *etc.*; **auf jmdn./etw. zu ~ kommen** get to talking about sb./sth.; **auf jmdn. schlecht/nicht gut zu ~ sein** be ill-disposed towards sb.; **für/gegen jmdn./etw. ~** *(in günstigem/ungünstigem Licht erscheinen lassen)* be a point in sb.'s/sth.'s favour/against sb./sth.; **es scheint alles dafür/dagegen zu ~, daß die Regierung im Amt bleiben wird** it seems there is every reason to believe that the government will/won't stay in power; **was spricht denn dafür/dagegen?** what is there to be said for/against it?; **für sich [selbst] ~** *(fig.)* speak for itself/themselves. **2.** *unr. tr. V.* **a)** speak ⟨*language, dialect*⟩; say ⟨*word, sentence*⟩; **~ Sie Französisch?** do you speak French?; **„Hier spricht man Deutsch"** 'German spoken'; 'we speak German'; **b)** *(rezitieren)* say, recite ⟨*poem, text*⟩; say ⟨*prayer*⟩; recite ⟨*spell*⟩; pronounce ⟨*blessing, oath*⟩; **ein Schlußwort ~:** give *or* make a concluding speech; *s. auch* **Recht a; Urteil; c) jmdn. ~:** speak to sb.; **Sie haben mich ~ wollen?** you wanted to see me *or* speak to me?; **ich bin heute für niemanden mehr zu ~:** I can't see anyone else today; **kann ich Sie mal einen Moment ~?** can I see you for a moment?; can I have a quick word?; **wir [beide] ~ uns noch!** you haven't heard the last of this; **d)** *(aus~)* pronounce ⟨*name, word, etc.*⟩; **sprich ...:** *(auszusprechen)* pronounced ...; *(das heißt)* that is to say ...; **e)** *(sagen)* say; **und Gott sprach: „Es werde Licht!"** and God said, 'Let there be light'; **die Wahrheit ~:** speak the truth; **was spricht denn die Uhr?** *(fig. scherzh.)* what's the time?

**sprechend** *Adj.* convincing ⟨*example, evidence*⟩; expressive ⟨*face, eyes*⟩; eloquent ⟨*facial expression, glance, portrayal*⟩; descriptive ⟨*name*⟩

**Sprecher der; ~s, ~ a)** spokesman; **b)** *(Ansager)* announcer; *(Nachrichten~)* newscaster; news-reader; **c)** *(Kommentator, Erzähler)* narrator; **d)** *(Sprachw.: Sprachteilhaber, Sprechender)* speaker

**Sprecherin die; ~, ~nen a)** spokeswoman; **b)** *s.* **Sprecher b, c, d**

**sprech-, Sprech-: ~erziehung die** speech training; elocution; **~faul** *Adj.* uncommunicative; reluctant to talk *pred.*; **~funk der** radio-telephone system; **~funk·gerät das** radio-telephone; *(Walkie-talkie)* walkie-talkie; **~gesang der** sprechgesang; **sein Vortrag war eine Art ~gesang** he delivered his speech in a kind of singsong; **~muschel die** mouthpiece; **~platte die** spoken-word record; **~rolle die** speaking part; **~silbe die** [phonological] syllable; **~stimme die** speaking voice; *(Mus.)* sprechstimme; **~stunde die** consultation hours *pl.*; *(eines Arztes)* surgery; consulting hours *pl.*; *(eines Rechtsanwalts usw.)* office hours *pl.*; **wann haben Sie ~stunde?** when are your consultation hours/when is your surgery *or* what are your surgery hours?; **zum Zahnarzt/zu einem Abgeordneten in die ~stunde gehen** go to the dentist's/MP's surgery; **~stunden·hilfe die** *(eines Arztes)* receptionist; *(eines Zahnarztes)* assistant; **~tag der** *day on which authorities' offices are open to the public;* **heute ist kein ~tag** we/they are not open today; **~übung die** elocution *or* speech exercise; *(zu therapeutischen Zwecken)* speech exercise; **~weise die** manner of speaking; **~werkzeuge** *Pl.* speech-organs; organs of speech; **~zeit die** visiting time; **~zelle die** telephone booth; **~zimmer das** consulting-room

**Spree-Athen (das)** *(scherzh.)* Berlin

**Spreißel** ['ʃpraisl̩] **der,** *(österr.)* **das; ~s, ~ a)** *(bes. südd.: Splitter)* splinter; **b)** *(bes. österr.: Span)* splint

**Spreiz·dübel der** expanding anchor

**Spreize** ['ʃpraitsə] **die; ~, ~n a)** *(Bauw.)* horizontal stay *or* brace; **b)** *(Turnen)* **in der ~ stehen** stand with one leg extended behind/forward/to the side

**spreizen 1.** *tr. V.* spread ⟨*fingers, toes, etc.*⟩; **die Flügel/den Schwanz ~** ⟨*bird*⟩ spread its wings/tail; **die Beine ~:** spread one's legs apart; open one's legs; **mit gespreizten Beinen stehen/sitzen** stand/sit with one's legs apart; **das rechte Bein vorwärts/seitwärts ~:** extend one's right leg in front/to the side. **2.** *refl. V. (geh.)* **a)** *(sich zieren)* **sie spreizte sich erst dagegen, dann stimmte sie zu** she made a fuss at first, [but] then agreed; **b)** *(sich aufspielen)* give oneself airs; put on airs; **sie spreizte sich vor ihren Bewunderern** she strutted about in front of her admirers

**Spreiz-: ~fuß der** *(Med.)* spread foot; **~hose die** ≈ Frejka pillow *(kind of romper incorporating a padded steel splint for keeping an infant's legs in the frog position)*

**Spreng·bombe die** high-explosive bomb

**Sprengel** ['ʃprɛŋl̩] **der; ~s, ~ a)** *(Kirchen~)* parish; *(Diözese)* diocese; **b)** *(österr.)* administrative district

**sprengen** ['ʃprɛŋn̩] **1.** *tr. V.* **a)** blow up; blast ⟨*rock*⟩; **etw. in die Luft ~:** blow sth. up; **b)** *(gewaltsam öffnen, aufbrechen)* force [open] ⟨*door*⟩; force ⟨*lock*⟩; break open ⟨*burial chamber etc.*⟩; burst, break ⟨*bonds, chains*⟩; *(fig.)* break up ⟨*meeting, demonstration*⟩; **Eis sprengt den Felsen** ice is breaking up the rock; **die Freude sprengte ihm fast die Brust** *(fig.)* his heart was bursting with joy; *s. auch* **²Bank b; Rahmen b; c)** *(be~)* water ⟨*flower-bed, lawn*⟩; sprinkle ⟨*street, washing*⟩ with water; *(verspritzen)* sprinkle; *(mit dem Schlauch)* spray. **2.** *itr. V.* **a) im Steinbruch wird wieder gesprengt** they're blasting again in the quarry; **b)** *mit sein (geh.)* ⟨*rider*⟩ thunder

**Spreng-: ~kammer die** blast *or* charge chamber; **~kapsel die** blasting cap; **~kommando das** demolition squad; **~kopf der** warhead; **~kraft die** explosive power; **~ladung die** explosive charge; **~meister der** *(im Steinbruch)* blaster; shot firer; *(bei Abbrucharbeiten)* demolition expert; **~satz der** explosive charge

**Sprengsel** ['ʃprɛŋzl̩] **der** *od.* **das; ~s, ~** *(ugs.) s.* **Sprenkel**

**Spreng-: ~stoff der** explosive; **~stoff·anschlag der** bomb attack

**Sprengung die; ~, ~en a)** blowing-up; *(im Steinbruch)* blasting; **er drohte mit der ~ des Gebäudes** he threatened to blow up the building; **b)** *s.* **sprengen 1b:** forcing [open]; forcing; breaking open; bursting; breaking; *(fig.)* breaking up; **c)** *(das Besprengen)* sprinkling; *(mit dem Schlauch)* spraying

**Spreng·wagen der** watering-cart; [street-]sprinkler

**Sprenkel** ['ʃprɛŋkl̩] **der; ~s, ~:** spot; dot; speckle

**sprenkeln** *tr. V.* **a)** *(mit Flecken versehen)* sprinkle spots of ⟨*colour*⟩; **b)** *(spritzen)* sprinkle ⟨*water*⟩

**Spreu** [ʃprɔy] **die; ~:** chaff; **die ~ vom Weizen trennen** *od. (geh.)* **sondern** *(fig.)* separate the wheat from the chaff

**sprich** [ʃprɪç] *Imperativ Sg. v.* **sprechen**

**sprichst** [ʃprɪçst] *2. Pers. Sg. Präsens v.* **sprechen**

**spricht** [ʃprɪçt] *3. Pers. Sg. Präsens v.* **sprechen**

**Sprich·wort das;** *Pl.* **Sprichwörter** proverb

**sprich·wörtlich 1.** *Adj.* **a)** proverbial; **b)** *(fig.: notorisch)* proverbial. **2.** *adv.* **a) ..., so heißt es ~:** ..., as the proverb has it; **b)** *(fig.: notorisch)* proverbially

**sprießen** ['ʃpri:sn̩] *unr. itr. V.; mit sein* ⟨*leaf,*

*bud*⟩ shoot, sprout; ⟨*seedlings*⟩ come *or* spring up; ⟨*beard*⟩ sprout; *(fig.)* ⟨*mistrust, envy, etc.*⟩ well up; ⟨*club, organization, etc.*⟩ spring up

**Spriet** [ʃpri:t] **das; ~[e]s, ~e** *(Seemannsspr.)* sprit

**Spriẹt·segel das** *(Seemannsspr.)* spritsail

**Sprịng·brunnen der** fountain

**springen** ['ʃprɪŋən] **1.** *unr. itr. V.* **a)** *mit sein* jump; *(mit Schwung)* leap; spring; jump; ⟨*frog, flea*⟩ hop, jump; **vom Fünfmeterbrett ~:** dive from the five-metre board; **mit Anlauf/aus dem Stand ~:** take a running/standing jump; **jmdm. an die Kehle ~:** leap at sb.'s throat; **auf die Beine** *od.* **Füße ~:** jump to one's feet; **b)** *meist mit sein (Sport)* jump; *(beim Stabhochsprung, beim Kasten, Pferd)* vault; *(beim Turm~, Kunst~)* dive; **c)** *mit sein (sich in Sprüngen fortbewegen)* bound; **wenn sie einen Wunsch hat, springt die ganze Familie** when she wants something the whole family jumps to it; **d)** *(ugs.) in* **eine Runde Bier ~ lassen** stand a round of beer; **er könnte ruhig mal was ~ lassen** he could easily fork out something just once in a while *(sl.)*; **e)** *mit sein (fig.: schnellen, hüpfen, fliegen)* ⟨*pointer, milometer, etc.*⟩ jump **(auf +** *Akk.* to); ⟨*traffic-lights*⟩ change **(auf +** *Akk.* to); ⟨*spark*⟩ leap; ⟨*ball*⟩ bounce; ⟨*cork*⟩ pop out **(aus +** *Dat.* of); ⟨*spring*⟩ jump out; **[von etw.] ~** ⟨*fan belt, bicycle-chain, button, tyre, etc.*⟩ come off [sth.]; **die Lokomotive ist aus dem Gleis gesprungen** the locomotive jumped the rails; **f)** *mit sein (zer~, zerbrechen, zerreißen)* ⟨*string, glass, porcelain, etc.*⟩ break; **g)** *mit sein (aufplatzen, bersten)* ⟨*seed-pod*⟩ burst [open]; **gesprungene Lippen** cracked *or* chapped lips; **h)** *mit sein (Risse, Sprünge bekommen)* crack; **i)** *mit sein (fig. geh.: spritzen, sprudeln)* ⟨*fountain, jet of water, blood, etc.*⟩ spurt; **j)** *mit sein (südd.: laufen)* run; *(eilen)* hurry. **2.** *unr. tr. V.; auch mit sein (Sport)* perform ⟨*somersault, twist dive, etc.*⟩; **5,20 m/einen neuen Rekord ~:** jump 5.20m/make a record jump

**Springer der; ~s, ~ a)** *(Weit~, Hoch~, Ski~)* jumper; *(Stabhoch~)* [pole-]vaulter; *(Kunst~, Turm~)* diver; *(Fallschirm~)* parachutist; **b)** *(Schachfigur)* knight; **c) junger ~** *(ugs.)* greenhorn; **d)** *(Arbeiter)* worker who is moved from job to job as required

**Sprịngerin die; ~, ~nen** *s.* **Springer a, d**

**sprịng-, Sprịng-: ~flut die** spring tide; **~form die** spring form; **~ins·feld der; ~[e]s, ~e** *(scherzh.) (leichtsinniger junger Mensch)* [young] madcap; *(lebhaftes Kind)* lively little nipper *(Brit. sl.)*; **~kraut das** impatience; **~lebẹndig** *Adj.* extremely lively; full of beans *pred. (coll.)*; **er ist trotz seines hohen Alters noch ~lebendig** he is still extremely sprightly despite his age; **~maus die** jerboa; **~messer das** flick-knife; **~pferd das** jumper; **~quell der** *(dichter.)* fountain; **~reiten das** show-jumping *no art.*; **~rollo das** roller blind; **~seil das** skipping-rope *(Brit.)*; jump-rope *(Amer.)*; **~turnier das** *(Reiten)* show-jumping competition

**Sprinkler** ['ʃprɪŋklɐ] **der; ~s, ~:** sprinkler

**Sprint** [ʃprɪnt] **der; ~s, ~s** *(auch Sport)* sprint; **die letzten 100 Meter im ~ zurücklegen** sprint the last 100 metres

**sprịnten** *itr. (auch tr.) V.; meist, mit Richtungsangaben nur, mit sein (Sport; ugs.: schnell laufen)* sprint

**Sprịnter der; ~s, ~, Sprịnterin die; ~, ~nen** *(Sport)* sprinter

**Sprịnt·strecke die** sprint distance

**Sprit** [ʃprɪt] **der; ~[e]s, ~e a)** *(ugs.: Treibstoff)* gas *(Amer. coll.)*; juice *(sl.)*; petrol *(Brit.)*; **b)** *(ugs.: Schnaps)* shorts *pl.*; **c)** *(Äthylalkohol)* ethanol; ethyl alcohol

**Spritze** ['ʃprɪtsə] **die; ~, ~n a)** *(zum Vernichten von Ungeziefer)* spray; *(Teig~, Torten~, Injektions~)* syringe; **b)** *(Injektion)* injection; jab *(coll.)*; **eine ~ bekommen** have an injection *or (coll.)* jab; **an der ~ hängen** *(salopp)* be on the needle *(sl.)*; **c)** *(Feuer~)* hose; *(Löschfahrzeug)* fire engine

**spritzen** ['ʃprɪtsn̩] **1.** *tr. V.* **a)** *(versprühen)* spray; *(ver~)* splash ⟨*water, ink, etc.*⟩; spatter ⟨*ink etc.*⟩; *(in Form eines Strahls)* spray, squirt ⟨*water, foam, etc.*⟩; pipe ⟨*cream etc.*⟩; **b)** *(be~, besprühen)* water ⟨*lawn, tennis-court*⟩; water, spray ⟨*street, yard*⟩; spray ⟨*plants, crops, etc.*⟩; pump ⟨*concrete*⟩; *(mit Lack)* spray ⟨*car etc.*⟩; **jmdn. naß ~:** splash sb.; *(mit Wasserpistole, Schlauch)* spray sb.; **den Fußboden/die Wände naß ~:** splash/spray water over the floor/walls; **jmdn. ~** *(ugs.: naß~)* squirt sb.; **c)** *(injizieren)* inject ⟨*drug etc.*⟩; **d)** *(~d herstellen)* create ⟨*ice-rink*⟩ by spraying; pipe ⟨*cake-decoration etc.*⟩; produce ⟨*plastic article*⟩ by injection moulding; **e)** *(ugs.: einer Injektion unterziehen)* **jmdn./sich ~:** give sb. an injection/inject oneself; **er hat sich mit einer Überdosis Heroin zu Tode gespritzt** he gave himself a fatal shot of heroin; **jmdm. ein Schmerzmittel ~:** give sb. a pain-killing injection; **f)** *(verdünnen)* dilute ⟨*wine etc.*⟩ with soda-water/lemonade *etc.* **2.** *itr. V.* **a) die Kinder planschten und spritzten** the children splashed and threw water about; **in meinem Garten wird nicht gespritzt** chemical sprays aren't used in my garden; **b)** *mit Richtungsangabe mit sein* ⟨*hot fat*⟩ spit; ⟨*mud etc.*⟩ spatter, splash; ⟨*blood, water*⟩ spurt; **das Wasser spritzte ihm ins Gesicht** the water splashed up into his face; **c)** *mit sein (ugs.: rennen)* dash; *(diensteifrig)* dash *or* chase about; **d)** *(ugs.: sich Rauschgift injizieren)* shoot *(sl.)*; **e)** *(derb: ejakulieren)* come [off] *(coll.)*

**Sprịtzen·haus das** *(veralt.)* fire station

**Sprịtzer der; ~s, ~** *(kleiner Tropfen)* splash; *(von Farbe)* splash; spot; *(Schuß)* dash; splash; **ein paar ~ Spülmittel** a few squirts of washing-up liquid

**Sprịtz-: ~flasche die a)** spray-bottle; **b)** *(Chemie)* wash-bottle; **~gebäck das** *biscuit[s]/small cake[s] made by squeezing the dough through a piping bag;* **~guß der;** *o. Pl.* injection moulding *no art.*

**sprịtzig 1.** *Adj.* **a)** sparkling ⟨*wine*⟩; tangy ⟨*fragrance, perfume*⟩; **b)** *(lebendig)* lively ⟨*show, music, article*⟩; sparkling ⟨*production, performance*⟩; racy ⟨*style*⟩; **c)** *(temperamentvoll)* nippy *(coll.)*; zippy ⟨*car, engine*⟩; **d)** *(flink)* agile, nimble ⟨*person*⟩. **2.** *adv.* sparklingly ⟨*produced, performed, etc.*⟩; racily ⟨*written*⟩; **die Mannschaft spielte sehr ~:** the team played with great speed and agility

**Sprịtz-: ~lack der** spray paint; **~pistole die** spray-gun; **~tour die** *(ugs.)* spin

**spröd, spröde** [ʃprø:t] *Adj.* **a)** brittle ⟨*glass, plastic, etc.*⟩; dry ⟨*hair, lips, etc.*⟩; *(rissig)* chapped ⟨*lips, skin*⟩; *(rauh)* rough ⟨*skin*⟩; **b)** *(fig.: rauh klingend)* harsh, rough ⟨*voice*⟩; **c)** *(fig.: schwer handhabbar)* unwieldy ⟨*subject, problem*⟩; refractory ⟨*material*⟩; **d)** *(fig.: abweisend)* aloof ⟨*person, manner, nature*⟩; **eine Landschaft von spröder Schönheit** a landscape of forbidding beauty

**Sprödheit, Sprödigkeit die; ~ a)** *s.* **spröde a:** brittleness; dryness; roughness; **b)** *(fig.: rauher Klang)* harshness; roughness; **c)** *s.* **spröde c:** unwieldiness; refractoriness; **d)** *(fig.: abweisendes Wesen)* aloofness

**sproß** [ʃprɔs] *1. u. 3. Pers. Sg. Prät. v.* **sprießen**

**Sprọß der; Sprọsses, Sprọsse** *od.* **Sprọssen a)** *Pl.* **Sprosse** *(Bot.)* shoot; **b)** *Pl.* **Sprosse** *(geh.: Nachkomme)* scion; **c)** *Pl.* **Sprossen** *(Jägerspr.) s.* **Sprosse c**

**Sprọsse die; ~, ~n a)** *(auch fig.)* rung; **b)** *(eines Fensters)* glazing bar; sash bar; **c)** *(Jägerspr.)* point; tine

**sprọssen** *itr. V.* ⟨*plant*⟩ shoot, put forth shoots

**Sprọssen-: ~fenster das** window with glazing bars; **~kohl der** *(österr.) s.* **Rosenkohl; ~wand die** wall bars *pl.*

**Sprößling** ['ʃprœslɪŋ] **der; ~s, ~e** *(ugs. scherzh.)* offspring; **seine ~e** his offspring *pl.*

**Sprọß·vokal der** *(Sprachw.)* svarabhakti

**Sprotte** ['ʃprɔtə] **die; ~, ~n** sprat; **Kieler ~n** smoked [Kiel] sprats

**Spruch** [ʃprʊx] **der; ~[e]s, Sprüche** ['ʃprʏçə] **a)** *(Wahl~)* motto; *(Sinn~)* maxim; adage; *(Aus~)* saying; aphorism; *(Zitat)* quotation; quote; *(Parole)* slogan; *(Bibel~)* quotation; saying; **b)** *Pl. (ugs. abwertend: Phrase)* **das sind doch alles nur Sprüche** that's just talk *or* empty words *pl.*; **Sprüche machen** *od.* **klopfen** talk big *(coll.)*; **c)** *(Gedicht, Lied)* medieval lyric poem; **das Buch der Sprüche** *od.* **die Sprüche Salomos** *(bibl.)* [the Book of] Proverbs; **d)** *(Richter~)* judgement; *(Schieds~)* ruling; *(Orakel~)* oracle

**Sprụch-: ~band das;** *Pl.* **~bänder a)** banner; **b)** *(auf einem Bild)* banderol[e]; **~dichtung die** [medieval] didactic poetry

**Sprüche·klopfer der; ~s, ~** *(ugs. abwertend)* big mouth *(coll.)*

**Sprụch·kammer die** *(Rechtsw. hist.)* denazification court

**Sprüchlein** ['ʃprʏçlain] **das; ~s, ~ a)** *(kleiner Spruch)* short maxim; **b)** *(vorgefertigter Text)* little piece

**sprụch·reif** *Adj.* **das ist noch nicht ~:** that's not definite, so people mustn't start talking about it yet; **die Angelegenheit ist jetzt ~:** the matter can now be discussed/decided

**Sprụch·weisheit die** wise saying

**Sprudel** ['ʃpru:dl̩] **der; ~s, ~ a)** *(Selterwasser)* sparkling mineral water; **b)** *(österr.: Erfrischungsgetränk)* fizzy drink

**sprudeln 1.** *itr. V.* **a)** *mit sein* ⟨*spring, champagne, etc.*⟩ bubble **(aus** out of); **b)** *(beim Kochen)* bubble; **c)** *(beim Entweichen von Gas)* ⟨*lemonade, champagne, etc.*⟩ fizz, effervesce; **ein ~des Getränk** a fizzy drink; **d)** *(fig.: überschäumen)* ⟨*person*⟩ bubble [over] **(vor +** *Dat.* with); **ein ~des Temperament** a bubbly *or* an effervescent temperament. **2.** *tr. V. (österr.: quirlen)* whisk

**Sprudel·wasser das;** *Pl.* **-wässer** sparkling mineral water

**Sprudler der; ~s, ~** *(österr.)* whisk

**Sprüh·dose die** aerosol [can]

**sprühen** ['ʃpry:ən] **1.** *tr. V.* spray; **Wasser auf die Blätter ~:** spray the leaves with water; **ich sprühte mir etwas Spray aufs Haar** I put some spray on my hair; **seine Augen sprühten Feuer** *od.* **Funken/Haß** *(fig.)* his eyes flashed fire/hatred. **2.** *itr. V.* **a)** *mit Richtungsangabe mit sein* ⟨*sparks, spray*⟩ fly; ⟨*flames*⟩ spit; ⟨*waterfall*⟩ send out a fine spray; *(fig.)* ⟨*eyes*⟩ sparkle **(vor +** *Dat.* with); ⟨*intellect, wit*⟩ sparkle; **ein feiner Regen sprühte gegen die Scheibe** a fine rain drifted against the window pane; **aus seinen Augen sprühte Feuer/Zorn** *(fig.)* fire/anger flashed in his eyes; **~der Witz** sparkling wit; **ein ~des Temperament** a bubbly *or* effervescent temperament; **von Ideen/vor Witz** *(Dat.)* **~** *(fig.)* bubble [over] with ideas/sparkle with wit; **b)** *unpers. (regnen)* **es sprüht** it is drizzling

**Sprüh-: ~flasche die** spray-bottle; **~pflaster das** spray dressing; **~regen der** drizzle; fine rain

**Sprung** [ʃprʊŋ] **der; ~[e]s, Sprünge** ['ʃprʏŋə] **a)** *(auch Sport)* jump; *(schwungvoll)* leap; *(Satz)* bound; *(Sprung über das Pferd)* vault; *(Wassersport)* dive; *(fig.)* leap; **zum ~ ansetzen** ⟨*tiger etc.*⟩ get ready to pounce; **sein Herz machte vor Freude einen ~** *(fig.)* his heart leapt for joy; **ein [großer] ~ nach vorn** *(fig.)* a [great] leap forward; **sie hat den ~ zum Film nicht geschafft** *(fig.)* she didn't manage to move into films; **ein qualitativer ~** *(Philos.)* a qualitative leap; **~ auf, marsch, marsch!** *(Milit.)* on your feet, quick march!; **ein ~ ins kalte Wasser** *(fig.)* jumping in at the deep end; **keine großen Sprünge machen können** *(fig. ugs.)* not be able to afford many luxuries; **auf einen ~** *(fig. ugs.)* for a few minutes; **auf dem ~[e] sein** *(fig. ugs.)* be in a rush; **b)** *(ugs.: kurze Entfernung)* stone's throw; *(mit dem Auto)* short drive; **c)** *(Riß)* crack; **einen ~ haben/bekommen** be cracked/crack; **einen ~ in der Schüssel haben** *(salopp)* be cracked *(coll.)*; **d)** *in* **jmdm. auf die Sprünge helfen** *(ugs.)* help sb. on his/her way; **jmds. Gedächtnis auf die Sprünge helfen** jog sb.'s memory; **jmdm. auf** *od.* **hinter die Sprünge kommen** *(fig. ugs.)* get on to sb.; **e)** *(Jägerspr.: Gruppe von Rehen)* herd; **f)** *(Geol.)* fault

**sprụng-, Sprụng-: ~bein das a)** take-off leg; **b)** *(Anat.)* ankle bone; **~bereit** *Adj.* ready to jump *pred.*; ‹*cat*› ready to pounce *pred.*; **~brett das** *(auch fig.)* springboard; **~deckel der** spring lid; **~feder die** [spiral] spring; **~gelenk das** *(Anat.)* ankle joint

**sprụnghaft 1.** *Adj.* **a)** *(unstet)* erratic ‹*person, character, manner*›; **b)** *(unzusammenhängend)* disjointed ‹*conversation, thoughts*›; **c)** *(unvermittelt)* sudden; abrupt; **d)** *(ruckartig)* rapid ‹*change*›; sharp ‹*increase*›. **2.** *adv.*; *s.* **1 b–d**: disjointedly; suddenly; abruptly; rapidly; sharply

**Sprụnghaftigkeit die; ~:** *s.* **sprunghaft 1 a, b:** erraticness; disjointedness

**Sprụng-: ~höhe die** height; **~lauf der** *(Ski)* ski-jumping *no art.*; **~rahmen der** spring bed-frame; **~schanze die** *(Ski)* ski-jumping hill; **~seil das** skipping-rope *(Brit.)*; jump-rope *(Amer.)*; **~tuch das;** *Pl.* **~tücher** safety blanket; **~turm der** *(Sport)* diving-platform

**Spụcke die; ~:** spit; **mir blieb die ~ weg** *(ugs.)* it took my breath away; I was speechless; *s. auch* **Geduld**

**spucken** [ˈʃpʊkn̩] **1.** *itr. V.* **a)** spit; **in die Hände ~** *(fig.: an die Arbeit gehen)* go to work with a will; **b)** *(ugs.: erbrechen)* throw up *(coll.)*; be sick *(Brit.)*; **c) auf etw.** *(Akk.)* **~** *(salopp)* not give a damn about sth. **2.** *tr. V.* spit; spit [up], cough up ‹*blood, phlegm*›; spew out ‹*lava*›; **Feuer ~:** breathe fire; ‹*volcano*› belch fire; *s. auch* **²Ton d**

**Spụck·napf der** spittoon

**Spuk** [ʃpu:k] **der; ~[e]s, ~e a)** [ghostly *or* supernatural] manifestation; **b)** *(abwertend: schreckliches Geschehen)* horrific episode

**spu̲ken** *itr. V.* **a)** *auch unpers.* **in dem Haus spukt ein Geist** this house is haunted by a ghost; **hier/in dem Haus spukt es** this place/ the house is haunted; **gestern hat es wieder gespukt** there was another manifestation *or* haunting yesterday; **dieser Aberglaube spukt noch immer in den Köpfen vieler Menschen** *(fig.)* this superstition still lurks in many people's minds; **b)** *mit sein* **durch die Gänge ~:** walk *or* haunt the corridors

**Spu̲k-: ~gestalt die** ghostly figure; **~schloß das** haunted castle

**Spü̲l-: ~becken das a)** sink; **b)** *(beim Zahnarzt usw.)* basin; **~bürste die** washing-up brush

**Spule** [ˈʃpu:lə] **die; ~, ~n a)** spool; bobbin; *(für Tonband, Film)* spool; reel; **b)** *(Elektrot.)* coil

**Spü̲le die; ~, ~n** sink unit; *(Becken)* sink

**spu̲len** *tr., itr. V.* spool; *(am Tonbandgerät)* wind; **etw. auf etw.** *(Akk.)* **~:** wind sth. on to sth.

**spülen** [ˈʃpy:lən] **1.** *tr. V.* **a)** rinse; bathe ‹*wound*›; **b)** *(landsch.: abwaschen)* wash up ‹*dishes, glasses, etc.*›; **Geschirr ~:** wash up; **c)** *(schwemmen)* wash. **2.** *itr. V.* **a)** *(beim WC)* flush [the toilet]; **b)** *(den Mund ausspülen)* rinse out [one's mouth]; **c)** *(landsch.) s.* **abwaschen 2**

**Spü̲l-: ~kasten der** cistern; **~maschine die** dishwasher; **~mittel das** washing-up liquid; **~schwamm der** washing-up sponge; **~tuch das;** *Pl.* **~tücher** dish cloth

**Spü̲lung die, ~, ~en a)** *(Med.)* irrigation; *(der Vagina)* douche; **b)** *(beim WC)* flush

**Spü̲l·wasser das;** *Pl.* **~wässer a)** rinse water; **b)** *(Abwaschwasser)* dish-water

**Spu̲l·wurm der** ascarid

**Spụnd** [ʃpʊnt] **der; ~[e]s, ~e/Spünde** [ˈʃpʏndə] **a)** *Pl.* **Spünde** *(Zapfen)* bung; **b)** *Pl.* **~e** *(ugs.)* **[junger** *od.* **grüner] ~:** young greenhorn *or* tiro

**Spụnd-: ~loch das** bung-hole; **~wand** *(Bauw.)* sheet-pile wall

**Spur** [ʃpu:ɐ̯] **die; ~, ~en a)** *(Abdruck im Boden)* track; *(Folge von Abdrücken)* tracks *pl.*; *(Blut~, Schleim~ usw.)* trail; **von dem Vermißten fehlt jede ~:** there is no trace of the missing person; **eine heiße ~** *(fig.)* a hot trail; **eine heiße ~ haben** *(fig.)* have a really good lead; **jmdm./einer Sache auf die ~ kommen** get on to the track of sb./sth.; **jmdm./einer Sache auf der ~ sein** be on the track *or* trail of sb./sth.; **b)** *(Anzeichen)* trace; *(eines Verbrechens)* clue (*Gen.* to); **die ~en des Krieges/häufigen Gebrauchs** the marks of war/frequent use; **c)** *(sehr kleine Menge; auch fig.)* trace; **da fehlt noch eine ~ Paprika** it needs just a touch of paprika; **er hat keine ~ [von] Ehrgefühl** he has not the slightest sense of honour; **von Reue/Mitgefühl keine ~/nicht die leiseste ~:** not a trace *or* sign/not the slightest trace *or* sign of penitence/sympathy; **keine** *od.* **nicht die ~** *(ugs.: als Antwort)* not in the slightest; **d)** *(Verkehrsw.: Fahr~)* lane; **die ~ wechseln** change lanes; **in** *od.* **auf der rechten/linken ~ fahren** drive in the right-hand/left-hand lane; **e)** *(Fahrlinie)* **[die] ~ halten** stay on its line; **aus der ~ kommen** be thrown off its line; **f)** *(Technik) s.* **~weite; g)** *(Elektrot., DV)* track

**spü̲rbar 1.** *Adj.* noticeable; perceptible; distinct, perceptible ‹*improvement*›; evident ‹*relief, embarrassment*›. **2.** *adv.* noticeably; perceptibly; *(sichtlich)* clearly ‹*relieved, on edge*›; **die Temperatur ist ~ gesunken/ gestiegen** there has been a noticeable drop/ rise in temperature; **~ besser/schlechter werden** distinctly improve/deteriorate

**Spu̲r·breite die** *s.* **~weite**

**spu̲ren 1.** *itr. V. (ugs.)* toe the line *(coll.)*; do as one's told. **2.** *tr. V. (Ski)* prepare ‹*cross-country course*›

**spüren** [ʃpy:rən] **1.** *tr. V.* feel; *(instinktiv)* sense; *(merken)* notice; **nach der Anstrengung spürte ich alle Knochen** I could feel every bone in my body after the exertion; **ich spüre mein Kreuz/meinen Magen** I have a pain in my back/my stomach; **die Peitsche zu ~ bekommen** get a taste of the whip; **jmds. Haß zu ~ bekommen** suffer sb.'s hatred; **von Kameradschaft war nichts zu ~:** there wasn't a sign *or* trace of comradeship; **er ließ uns seine Verärgerung nicht ~:** he gave [us] no sign of his annoyance; **sie ließ ihn ~, daß sie ihn nicht mochte** she made it plain [to him] *or* let him see that she didn't like him. **2.** *itr. V. (Jägerspr.)* **[nach einem Tier] ~:** track [an animal]

**Spu̲ren-: ~element das;** *meist Pl. (Biochemie)* trace element; **~sicherung die** *(Polizeiw.)* **a)** *(Vorgang)* collection of evidence; **b)** *(Abteilung)* scene-of-crime *or* forensic unit

**Spü̲r·hund der** tracker dog; *(fig.: Spitzel)* bloodhound; snooper *(coll.)*

**spu̲r·los 1.** *Adj.*; *nicht präd.* total, complete ‹*disappearance*›. **2.** *adv.* ‹*disappear*› completely *or* without trace; **an jmdm. ~ vorübergehen** leave sb. untouched; have no effect on sb.; **es ist nicht ~ an ihm vorübergegangen** it has not failed to leave its mark on him

**Spü̲r-: ~nase die** *(ugs.)* **a)** *(Geruchssinn, fig.)* nose; **b)** *(Person)* bloodhound; snooper *(coll.)*; **~sinn der;** *o. Pl. (feiner Instinkt)* intuition

**Spurt** [ʃpʊrt] **der; ~[e]s, ~s** *od.* **~e a)** spurt; **b)** *o. Pl. (Sport.: ~vermögen)* turn of speed

**spụrten** *itr. V.* **a)** *mit Richtungsangabe mit sein* spurt; **b)** *mit sein (ugs.: schnell laufen)* sprint

**spụrt·stark** *Adj. (bes. Sport)* capable of putting on a strong spurt *or* of sprinting strongly *postpos.*; nippy *(coll.)* ‹*car*›

**Spu̲r-: ~wechsel der** change of lane; **~weite die** *(Kfz-W.)* track; *(Eisenb.)* gauge

**sputen** [ˈʃpu:tn̩] *refl. V. (veralt.)* make haste

**Sputnik** [ˈʃpʊtnɪk] **der; ~s, ~s** sputnik

**Squash** [skvɔʃ] **das; ~:** *(Sport)* squash *no art.*

**Squaw** [skwɔ:] **die; ~, ~s** squaw

**SR** *Abk.* **Saarländischer Rundfunk** Saarland Radio

**SRG** *Abk.* **Schweizerische Radio- und Rundfunkgesellschaft** Swiss Broadcasting Company

**Sri Lanka** [ˈsri: ˈlaŋka] **(das); ~s** Sri Lanka

**Srilạnker der; ~s, ~, Srilạnkerin die; ~, ~nen** Sri Lankan

**srilạnkisch** *Adj.* Sri Lankan

**¹SS** [ɛsˈ/ɛs-] *(ns.)* **die; ~** *Abk.* **Schutzstaffel** SS

**²SS** *Abk.* **Sommersemester**

**SSD** [ɛs/ɛsˈde:] *(DDR)* **der; ~** *Abk.* **Staatssicherheitsdienst**

**SS-Mann der;** *Pl.* **-Männer** *od.* **-Leute** SS man

**SSO** *Abk.* **Südsüdost[en]** SSE

**SSV** *Abk.* **Sommerschlußverkauf**

**SSW** *Abk.* **Südsüdwest[en]** SSW

**St.** *Abk.* **a) Sankt** St.; **b) Stück**

**s. t.** *Abk.* **sine tempore**

**Staat** [ˈʃta:t] **der; ~[e]s, ~en a)** state; **die ~en** *(die USA)* the States; **von ~s wegen** on the part of the [state] authorities; **beim ~ [angestellt] sein** be a civil servant *or* in the civil service; **s. auch Vater a; b)** *o. Pl. (ugs.: Festkleidung, Pracht)* finery; **in vollem ~:** in all one's finery; **damit ist kein ~ zu machen** *(fig.)* it's not up to much *(coll.)*; **mit diesem Mantel ist kein ~ mehr zu machen** *(fig. ugs.)* this coat is past it *(coll.)*; **c)** *(Zool.: Insekten~)* colony

**sta̲aten-, Sta̲aten-: ~bildend** *Adj.; nicht präd. (Zool.)* social ‹*insect*›; **~bund der** confederation; **~los** *Adj.* stateless; **~lose der/die;** *adj. Dekl.* stateless person *or* subject

**sta̲atlich 1.** *Adj.* state *attrib.* ‹*sovereignty, institutions, authorities, control, etc.*›; ‹*power, unity, etc.*› of the state; state-owned ‹*factory etc.*›; **~e Mittel** government *or* public money *sing.* **2.** *adv.* by the state; **~ anerkannt/geprüft/gelenkt/finanziert** state-approved/-certified/-managed/-financed; **~ subventioniert werden** receive a state subsidy

**sta̲ats-, Sta̲ats-: ~affäre die: eine ~affäre aus etw. machen** *(ugs.)* make a song and dance about sth. *(coll.)*; **~akt der a)** *(Festakt)* state ceremony; **b)** *(Rechtsvorgang)* act of state; **~aktion die: eine ~aktion aus etw. machen** *(ugs.)* make a song and dance about sth. *(coll.)*; **~amateur der** *(Sport) state-sponsored, nominally amateur, sportsman*; **~amt das** public office; **~angehörige der/die** national; **~angehörigkeit die** nationality; **~anleihe die** government bond; **~anwalt der** public prosecutor; **~anwaltschaft die** public prosecutor's office; **~apparat der** state machine; **~aus·gaben** *Pl.* public expenditure *sing.*; **~bank die** national bank; **~beamte der** civil servant; **~begräbnis das** state funeral; **~besuch der** state visit; **~bürger der** citizen; **er ist deutscher ~bürger** he is a German citizen *or* national; *s. auch* **Uni-**

form; **~bürger·kunde die** *(DDR) school subject involving ideological education of socialist citizens;* ≈ civics *sing. no art.*; **~bürgerlich** *Adj.; nicht präd.* civil ‹*rights*›; civic ‹*duties, loyalty*›; ‹*education, attitude*› as a citizen; **~bürgerschaft die** *s.* **~angehörigkeit; ~chef der** head of state; **~diener der** *(meist scherzh.)* public servant; **~dienst der** civil service; **~eigen** *Adj.* state-owned; **~eigentum das** state property; **~examen das** *final university examination;* **~examen machen** ≈ take one's finals; **~feind der** enemy of the state; **~feindlich** *Adj.* anti-state; ‹*organization, attitude*› hostile to the state; **~finanzen** *Pl.* public finances; **~flagge die** state flag; *(Nationalflagge)* national flag; **~form die** type of state; state system; **~gebiet das** territory [of a/the state]; **~gefährdend** *Adj.* subversive; anti-state; **~gefährdung die** subversion [of the state]; **~geheimnis das** *(auch fig.)* state secret; **~geschäft das;** *meist Pl.* affair of state; **~gewalt die** *o. Pl.* authority of the state; *(Exekutive)* executive power; **~grenze die** state frontier *or* border; **~haushalt der** national budget; **~hoheit die** sovereignty; **~hymne die** *(bes. DDR)* national anthem; **~kanzlei die** *(BRD)* Minister-President's Office; *(Schweiz)* Cantonal Chancellory; **~karosse die** state coach; *(fig. scherzh.)* prestige limo *(Amer. coll.) or* limousine; **~kasse die a)** public purse ; **b)** *(Fiskus)* treasury; **~kirche die** state *or* established church; **~kosten** *Pl.* **auf ~kosten** at public expense; **~kunst die;** *o. Pl. (geh.)* statemanship; statecraft; **~macht die** power [of government]; **~mann der;** *Pl.* **-männer** statesman; **~männisch** [~mɛnɪʃ] **1.** *Adj.* statesmanlike ‹*wisdom, far-sightedness, etc.*›; ‹*abilities, skill*› of a statesman; **2.** *adv.* in a statesmanlike manner; **~minister der** minister of state; *(Minister ohne Ressort)* minister without portfolio; *(BRD: Staatssekretär)* secretary of state; **~ober·haupt das** head of state; **~oper die** State Opera; **~organ das** organ *or* instrument of state; **~partei die** [totalitarian] government party; **~politisch 1.** *Adj.* ‹*aims, tasks, etc.*› of national policy; **2.** *adv.* from the point of view of national policy; **~polizei die** state police; **~präsident der** [state] president; **~prüfung die** state examination; **~raison die, ~räson die** reasons *pl.* of State *no def. art.*; **aus [Gründen der] ~:** for reasons of state; **~recht das;** *o. Pl.* constitutional law; **~rechtler** [...rɛçtlɐ] **der** expert in constitutional law; **~regierung die** national government; **~religion die** state religion; **~säckel der** *(scherzh.)* state coffers *pl.*; **~schatz der** national *or* state reserves *pl.*; **~schiff das** *(geh.)* ship of state; **~schuld die;** *meist Pl.* national debt; **~sekretär der** permanent secretary; **~sicherheit die;** *o. Pl.* **a)** state security; **b)** *(DDR ugs.) s.* **~sicherheitsdienst; ~sicherheits·dienst der** *(DDR)* State Security Service; **~streich der** coup d'état; **~theater das** state theatre; **~trauer die** national mourning *no indef. art.*; **~verbrechen das** crime against the state; **~verschuldung die** national debt; **~vertrag der** international treaty; *(zwischen Gliedstaaten)* inter-state treaty *or* agreement; **der Österreichische ~vertrag** the Austrian State Treaty; **~wesen das** state [system]; **~wohl das** welfare *or* good of the state

**Stab** [ʃta:p] **der; ~[e]s, Stäbe** ['ʃtɛ:bə] **a)** rod; *(länger, für ~hochsprung o. ä.)* pole; *(eines Käfigs, Gitters, Geländers)* bar; *(Staffel~; geh.: Taktstock)* baton; *(Bischofs~)* crosier; *(Hirten~)* crook; **den ~ über jmdn./etw. brechen** *(geh.)* condemn sb./sth. out of hand; **b)** *(Milit.)* staff; **c)** *(Team)* team

**Stäbchen** ['ʃtɛ:pçən] **das; ~s, ~ a)** *(kleiner Stab)* little rod; [small] stick; **b)** *(Eß~)* chopstick

**Stabelle** [ʃta'bɛlə] **die; ~, ~n** *(schweiz.)* stool

**Stab-: ~hoch·springen das** pole-vaulting *no art.*; **~hoch·springer der** pole-vaulter; **~hoch·sprung der a)** *o. Pl. (Disziplin)* pole-vaulting *no art.*; **im ~hochsprung** in the pole-vault; **b)** *(Sprung)* pole-vault

**stabil** [ʃta'bi:l] **1.** *Adj.* **a)** *(solide, kräftig)* sturdy ‹*chair, cupboard*›; solid, sturdy ‹*construction*›; robust, sound ‹*health, constitution*›; **b)** *(beständig, dauerhaft)* stable ‹*prices, government, economy, Chem.: solution, etc.*›. **2.** *adv.* **~ gebaut** solidly built

**Stabilisator** [ʃtabili 'za:tɔr] **der; ~s, ~en** [-'to:rən] *(Technik, Chemie)* stabilizer; *(Kfz-W.)* anti-roll bar

**stabilisieren 1.** *tr. V.* stabilize. **2.** *refl. V.* **a)** stabilize; become more stable; **b)** ‹*health, circulation, etc.*› become stronger

**Stabilisierung die; ~, ~en a)** stabilization; **b)** *(Kräftigung)* strengthening

**Stabilität** [ʃtabili'tɛ:t] **die; ~ a)** *(einer Konstruktion)* sturdiness; *(von Gesundheit, Konstitution usw.)* robustness; soundness; **b)** *(das Beständigsein)* stability

**Stab-: ~lampe die** torch *(Brit.)*; flashlight *(Amer.)*; **~magnet der** bar magnet; **~reim der** *(Verslehre)* stave-rhyme; head rhyme

**Stabs-: ~arzt der** *(Milit.)* medical officer, MO *(with the rank of captain)*; **~feldwebel der** *(Milit.)* warrant-officer 2nd class; **~offizier der** *(Milit.)* staff officer

**Staccato** [sta'ka:to] *s.* **Stakkato**

**stach** [ʃta:x] *1. u. 3. Pers. Sg. Prät. v.* **stechen**

**Stachel** ['ʃtaxl̩] **der; ~s, ~n a)** spine; *(Dorn)* thorn; **b)** *(Gift~)* sting; **c)** *(spitzes Metallstück)* spike; *(von ~draht)* barb; *s. auch* **löcken; d)** *(geh.: etw. Quälendes)* barb; **der ~ der Eifersucht** the torment of jealousy; **einer Sache** *(Dat.)* **den ~ nehmen** take the sting out of sth.; **ein ~ im Fleisch** a thorn in the flesh; **e)** *(etw. Stimulierendes)* **der ~ des Ehrgeizes** the spur of ambition

**Stachel-: ~beere die** gooseberry; **~draht der** barbed wire; **~häuter** [-hɔytɐ] **der; ~s, ~** *(Zool.)* echinoderm

**stachelig** *Adj.* prickly

**stacheln** *itr. V.* prick; ‹*beard*› prickle

**Stachel·schwein das** porcupine

**stachlig** *s.* **stachelig**

**Stadel** [ʃta:dl̩] **der; ~s, ~** *od. (schweiz.)* **Städel** *od. (österr.)* **~n** *(südd., österr., schweiz.)* barn

**Stadion** ['ʃta:di̯ɔn] **das; ~s, Stadien** stadium

**Stadium** ['ʃta:di̯ʊm] **das; ~s, Stadien** stage

**Stadt** [ʃtat] **die; ~, Städte** ['ʃtɛ(:)tə] **a)** town; *(Groß~)* city; **die ~ Basel** the city of Basel; **in die ~ gehen** go into town; go downtown *(Amer.)*; **~ und Land** town and country; **in ~ und Land** throughout the country; **b)** *(Verwaltung)* town council; *(in der Großstadt)* city council; city hall *no art. (Amer.)*; **bei der ~ [angestellt] sein/arbeiten** work for the council *or (Amer.)* for city hall

**stadt-, Stadt-: ~auswärts** *Adv.* out of town; **~auto·bahn die** urban motorway *(Brit.) or (Amer.)* freeway; **~bahn die** urban railway; **~bekannt** *Adj.* well known in the town/city *postpos.*; known all over the town/city *postpos.*; *(berüchtigt)* notorious throughout the town/city *postpos.*; **~bevölkerung die** urban population; *(einer bestimmten Stadt)* townspeople *pl.*; **~bewohner der** town-/city-dweller; **~bibliothek die** municipal library; **~bild das** townscape; *(einer Großstadt)* cityscape; **~bücherei die** municipal [lending] library; **~bummel der** *(ugs.)* **einen ~bummel machen** take a stroll through the town/city centre

**Städtchen** ['ʃtɛ(:)tçən] **das; ~s, ~:** little town; **andere ~, andere Mädchen** move to a new town and you find a new girl

**Stadt·chronik die** history of the town/city

**Städte·bau der;** *o. Pl.* urban building *or* development *no art.*; *(Planung)* town planning *no art.*

**städte·baulich 1.** *Adj.; nicht präd.* ‹*development*› of urban building/town planning; town-planning ‹*measure*›. **2.** *adv.* from the point of view of town planning

**stadt·einwärts** *Adv.* into town; downtown *(Amer.)*

**Städte·partnerschaft die** twinning *(Brit.) or (Amer.)* sister-city arrangement *(between towns/cities)*

**Städter der; ~s, ~, Städterin die; ~, ~nen a)** town-dweller; *(Großstädter, -städterin)* city-dweller; **b)** *(Stadtmensch)* townie *(coll.)*

**Stadt-: ~flucht die** migration from the city; **~führer der** town/city guidebook; **~gas das** town gas; **~gespräch das a)** *(Telefongespräch)* local call; **b)** *in* **~gespräch sein** be the talk of the town; **[1]~guerilla die** urban guerilla group; **[2]~guerilla der** urban guerrilla; **~halle die** civic *or* municipal hall; **~haus das a)** *(Verwaltungsgebäude)* council office building; **b)** *(Wohnhaus)* town house

**städtisch 1.** *Adj.* **a)** *(kommunal)* municipal; **das Altersheim ist ~:** the old people's home is owned by the town/city; **b)** *(urban)* urban ‹*life, way of life, etc.*›; town ‹*clothes*›; ‹*manners, clothes*› of a town-dweller. **2.** *adv.* **a)** *(kommunal)* municipally; **~ verwaltet** run by the town/city council; **b)** *(urban)* **~/ausgesprochen ~ gekleidet** wearing town clothes/wearing clothes with a decidedly town style

**Stadt-: ~kämmerer der** town/city treasurer; **~kasse die a)** *(Geldmittel)* municipal funds *pl., no art.*; **b)** *(Stelle)* town/city treasurer's office; **~kern der** *s.* **~mitte; ~kind das a)** town/city child; **b)** *(~mensch)* townie *(coll.)*; **~kreis der** urban district; **~landschaft die** townscape; urban landscape; **~mauer die** town/city wall; **~mensch der** townie *(coll.)*; **~mission die** town/city mission; **~mitte die** town centre; *(einer Großstadt)* city centre; downtown area *(Amer.)*; **~park der** municipal park; **~parlament das** city council; **~plan der** [town/city] street plan *or* map; **~planung die** town planning *no art.*; **~rand der** outskirts *pl.* of the town/city; **am ~:** on the outskirts of the town/city; **~rat der a)** town/city council; **b)** *(Mitglied)* town/city councillor; **~recht das** town ordinances and privileges *pl.*; **~recht erhalten** receive its town charter; **~rund·fahrt die** sightseeing tour round a/the town/city; **~sanierung die** town/city redevelopment; **~schreiber der a)** *(hist.)* town clerk; **b)** *(Schriftsteller)* writer-in-residence *(living in a town/city and writing about it)*; **~staat der** city-state; **~streicher der** town/city tramp; **~teil der** district; part [of a/the town]; **~theater das** municipal theatre; **~tor das** town/city gate; **~väter** *Pl. (ugs. scherzh.)* city fathers; **~verkehr der** town/city traffic; **~verordnete der/die;** *adj. Dekl.* town/city councillor; **~verwaltung die** municipal authority; town/city council; **~viertel das** district; **~wappen das** town/city coat-of-arms; **~werke** *Pl.* municipal *or* council services; **~wohnung die** town/city flat *(Brit.) or (Amer.)* apartment; **~zentrum das** town/city centre; downtown area *(Amer.)*

**Stafette** [ʃta'fɛtə] **die; ~, ~n a)** *(hist.: reitender Bote)* courier *(as one of a relay)*; **b)** *(Gruppe von Kurieren)* relay; **c)** *(Formation als Begleitung)* formation of outriders

**Staffage** [ʃta'fa:ʒə] **die; ~, ~n, a)** *(Beiwerk)* accessories *pl.*; *(Dekoration)* decoration; **b)** *(bild. Kunst)* staffage

**Staffel** ['ʃtafl̩] **die; ~, ~n a)** *(Sport: Mannschaft)* team; *(für den ~lauf)* relay team; **b)** *(Sport: ~lauf)* relay race; **c)** *(Luftwaffe: Einheit)* flight; **d)** *(Formation von Schiffen, begleitenden Polizisten, usw.)* escort formation

**Staffelei die; ~, ~en** easel

**Stạffel-: ~lauf der** *(Sport)* relay race; **~läufer der** *(Sport)* relay runner/skier

**stạffeln** *tr. V.* **a)** *(aufstellen, formieren)* arrange in a stagger *or* in an echelon; **gestaffelte Abwehr** *(Fußball)* staggered defence [line-up]; **b)** *(einteilen, abstufen)* grade ‹*salaries, fees, prices*›; stagger ‹*times, arrivals, starting-places*›

**Stạffelung die; ~, ~en a)** *(Anordnung)* staggered arrangement; **b)** *(Einteilung, Abstufung) (von Gebühren, Gehältern, Preisen)* grad[u]ation; *(von Vorgängen)* staggering

**Stag** [ʃta:k] **das; ~[e]s, ~e[n]** *(Seew.)* stay

**Stagflation** [ʃtakfla'tsio:n] **die; ~, ~en** *(Wirtsch.)* stagflation

**Stagnation** [ʃtagna'tsio:n] **die; ~, ~en** stagnation

**stagnieren** *itr. V.* stagnate

**Stag·segel das** *(Seew.)* staysail

**stahl** [ʃta:l] *1. u. 3. Pers. Sg. Prät. v.* **stehlen**

**Stahl der; ~[e]s, Stähle** ['ʃtɛ:lə] *od.* **~e a)** steel; **Nerven wie** *od.* **aus ~ haben** have nerves of steel; **b)** *(dichter.: Dolch, Schwert)* blade

**stahl-, Stahl-: ~arbeiter der** steelworker; **~bau der;** *Pl.* **~bauten a)** *o. Pl. (Bautechnik)* steel construction *no art.*; **b)** *(Gebäude)* steel-frame building; **~besen der** *(Musik)* wire brush; **~beton der** *(Bauw.)* reinforced concrete; ferroconcrete; **~beton·bau der;** *o. Pl.* reinforced concrete construction; **~blau** *Adj.* steel-blue; **~blech das** sheet steel

**stählen** *tr. V. (geh.)* toughen; harden

**stählern** *Adj.* **a)** *nicht präd. (aus Stahl)* steel; **b)** *(fig. geh.)*‹*muscles, nerves*› of steel; ‹*will*› of iron

**stahl-, Stahl-: ~grau** *Adj.* steel-grey; **~hart** *Adj.* as hard as steel *postpos.*; **~helm der** *(Milit.)* steel helmet; **~kammer die** strong-room; **~kocher der** *(ugs.)* steelworker; **~mantel·geschoß das** *(Milit.)* steel-jacketed bullet; **~rohr das** steel tube; **~rohr·möbel das;** *meist Pl.* tubular steel furniture *no pl.*; **~roß das** *(ugs. scherzh.)* bike *(coll.)*; trusty steed *(coll. joc.)*; **~stich der** *(Graphik)* steel engraving; **~verarbeitend** *Adj.; nicht präd.* steel-processing; steel ‹*industry, firm*›; **~waren** *Pl.* steelware *sing.*; **~wolle die** steel wool

**stak** [ʃta:k] *1. u. 3. Pers. Sg. Prät. v.* **stecken**

**Stake die; ~, ~n, Staken der; ~s, ~** *(nordd.)* pole

**staken 1.** *tr. V.* punt ‹*boat*›. **2.** *itr. V.; mit sein* punt

**Staket** [ʃta'ke:t] **das; ~[e]s, ~e a)** *(Lattenzaun)* paling [fence]; **b)** *(Latte)* pale

**Stakete die; ~, ~n** *(bes. österr.) s.* **Staket b**

**Staketen·zaun der** paling fence

**Stakkato** [ʃta'ka:to] **das; ~s, ~s** *od.* **Stakkati** *(Musik; auch fig.)* staccato

**staksen** ['ʃta:ksn̩] *itr. V.; mit sein (ugs.)* stalk; *(taumelnd)* teeter

**staksig** *(ugs.)* **1.** *Adj.* spindly, shaky-legged ‹*foal etc.*›; teetering ‹*steps*›; **einen ~en Gang haben** walk as though on stilts. **2.** *adv.* **~ gehen** walk as though on stilts; *(unsicher)* walk with teetering steps

**Stalagmit** [ʃtalak'mi:t] **der; ~s** *od.* **~en, ~e[n]** *(Geol.)* stalagmite

**Stalaktit** [ʃtalak'ti:t] **der; ~s** *od.* **~en, ~e[n]** *(Geol.)* stalactite

**Stalinismus** [stalinɪsmʊs] **der; ~:** Stalinism *no art.*

**Stalinist der; ~en, ~en** Stalinist

**stalinịstisch 1.** *Adj.* Stalinist. **2.** *adv.* in a Stalinist way; along Stalinist lines

**Stalin·orgel die** *(Soldatenspr.)* multiple rocket launcher

**Stall** [ʃtal] **der; ~[e]s, Ställe** ['ʃtɛlə] **a)** *(Pferde~, Renn~)* stable; *(Kuh~)* cowshed; *(Hühner~)* [chicken-]coop; *(Schweine~)* [pig]sty; *(für Kaninchen, Kleintiere)* hutch; *(für Schafe)* pen; **aus einem guten/demselben ~ kommen** *(fig. ugs. scherzh.)* have a good/the same background; **ein ganzer ~ voll Kinder** *(ugs.)* a whole horde of kids *(coll.)*; *s. auch* **Pferd a**; **b)** *(Sportjargon: Rennfahrermannschaft* [racing] team

**Stallaterne die** stable lamp

**Stall·bursche der** stable lad

**Ställchen** ['ʃtɛlçən] **das; ~s, ~** *s.* **Stall a:** little stable/cowshed/coop/sty/hutch/pen

**Stall-: ~dung der** *(von Kühen/Schweinen/Schafen)* cow/pig/sheep dung; *(von Pferden)* horse manure; **~hase der** *(ugs.)* domestic rabbit; **~knecht der** *(veralt.)* stable lad; *(für Kühe)* cowhand; **~laterne die** *s.* **Stallaterne; ~meister der** head groom; **~mist der** *s.* **~dung**

**Stallung die; ~, ~en;** *meist Pl. (Pferdestall)* stable; *(Kuhstall)* cow-shed; *(Schweinestall)* [pig]sty; **die ~en** the stables and other animal buildings

**Stallwache die** *(fig.)* caretakers *pl.*; **~ halten** keep an eye on things; hold the fort

**Stamm** [ʃtam] **der; ~[e]s, Stämme a)** *(Baum~)* trunk; **eine Hütte aus rohen Stämmen** a hut of rough-hewn boles; *s. auch* **Apfel a**; **b)** *(Volks~, Geschlecht)* tribe; **der ~ Davids** the house of David; **vom ~e Nimm sein** *(ugs. scherzh.)* be out for what one can get *(coll.)*; **c)** *o. Pl. (fester Bestand)* core; *(von Fachkräften, Personal)* permanent staff; **zum ~ gehören** be one of the regulars *(coll.)*; *(der Belegschaft einer Firma)* be a permanent member of staff; **ein [fester] ~ von Kunden/Gästen** a number of regular customers/patrons; **d)** *(Sprachw.)* stem; **e)** *(Biol.: Kategorie)* phylum; *(Mikrobiol.: Bakterien~; Tierzucht)* strain

**Stamm-: ~aktie die** *(Wirtsch.)* ordinary share; **~baum der** family tree; *(eines Tieres)* pedigree; *(Biol.)* phylogenetic tree; **~buch das a) jmdm. etw. ins ~buch schreiben** *(fig.)* make sb. take sth. to heart; **b)** *(Familien~buch)* family album *(recording births, marriages, deaths, etc.)*

**stammeln** ['ʃtamln̩] *tr., itr. V.* stammer

**Stamm·eltern** *Pl.* progenitors

**stammen** *itr. V.* come **(aus, von** from); *(datieren)* date **(aus, von** from); **aus einem alten Geschlecht ~:** be descended from an ancient lineage; **der Schmuck stammt von meiner Mutter** the jewellery used to belong to my mother; **der Satz/die Idee stammt nicht von ihm** the saying/idea isn't his

**stammes-, Stammes-: ~fürst der** tribal chieftain; **~geschichte die;** *o. Pl. (Biol.)* phylogenesis *no art.* **~geschichtlich 1.** *Adj.; nicht präd.* phylogenetic; **2.** *adv.* phylogenetically; **~häuptling der** tribal chief

**stamm-, Stamm-: ~essen das** set meal; **~form die;** *meist Pl. (Sprachw.)* principal part; **~gast der** *(im Lokal/Hotel)* regular customer/visitor; regular *(coll.)*; **~gericht das** set dish; **~halter der** *(oft scherzh.)* son and heir *(esp. joc.)*; **~haus das** original building; **~hirn das** *(Anat.) s.* **Hirnstamm; ~holz das** *(Forstw.)* round timber

**stämmig** ['ʃtɛmɪç] *Adj.* burly; sturdy ‹*arms, legs*›

**stamm-, Stamm-: ~kapital das** *(Wirtsch.)* authorized *or* registered capital; **~kneipe die** *(ugs.)* favourite *or* usual pub *(Brit. coll.) or (Amer.)* bar; **~kunde der** regular customer; **~land das;** *Pl.* **~länder** *od. (geh.)* **~e** ancestral homeland; *(fig.)* home territory; **~lokal das** favourite *or* usual restaurant/pub *(Brit.) or* bar *(Amer.)*/café; **dieses Café ist sein ~:** this café is his favourite haunt; **~personal das** permanent staff; **~platz der** *(auch fig.)* regular place; *(Sitz)* regular *or* usual seat; *(für Wohnwagen, Zelt usw.)* regular site; **~schloß das** ancestral castle; **~silbe die** *(Sprachw.)* stem syllable; **~sitz der a)** *(eines Adelsgeschlechts)* family seat; **b) der ~sitz der Firma ist [in] X** the firm's head office is in X; **~tafel die** genealogical table; **~tisch der a)** *(Tisch)* regulars' table *(coll.)*; **b)** *(~tischrunde)* group of regulars *(coll.)*; **c)** *(Treffen)* get-together with the regulars *(coll.)*; **~tisch·politik die;** *o. Pl. (abwertend)* bar-room politics *pl.*; **~tisch·runde die** group of regulars *(coll.)*; **~vater der** progenitor; **~vokal der** *(Sprachw.)* stem vowel; **~wähler der** committed *or* loyal voter; **~würze die** *(Brauerei)* original wort; *(Gehalt)* original gravity

**Stamperl** ['ʃtampɐl] **das; ~s ~n** *(südd., österr. ugs.)* [small] schnaps glas; **trinken wir ein ~:** let's have a snifter *(sl.)*

**stampfen** ['ʃtampfn̩] **1.** *itr. V.* **a)** *(laut auftreten)* stamp; **mit den Füßen/dem Fuß/den Hufen ~:** stamp one's feet/foot/its hoofs; **b)** *mit sein (sich fortbewegen)* tramp; *(mit schweren Schritten)* trudge; **c)** *(mit wuchtigen Stößen sich bewegen)* ‹*machine, engine, etc.*› pound; **d)** *(Seemannsspr.)* ‹*ship*› pitch. **2.** *tr. V.* **a) mit den Füßen den Rhythmus ~:** tap the rhythm with one' s feet; **etw. aus dem Boden** *od.* **der Erde ~** *(fig.)* produce sth. out of thin air; **b)** *(fest~)* compress; *(rammen)* drive ‹*pile*› **(in + Akk.** into); **c)** *(zerkleinern)* mash ‹*potatoes*›; pulp ‹*fruit*›; crush ‹*sugar*›; pound ‹*millet, flour*›

**Stampfer der; ~s, ~ a)** *(für Erde usw.)* tamper; *(Stößel)* pestle; **b)** *(Küchengerät)* masher

**Stampf·kartoffeln** *Pl. (nordd.)* mashed potatoes

**stand** [ʃtant] *1. u. 3. Pers. Sg. Prät. v.* **stehen**

**Stand der; ~[e]s, Stände** ['ʃtɛndə] **a)** *o. Pl. (das Stehen)* standing position; **keinen guten/sicheren ~ haben** not have a good/secure footing; **aus dem ~** *(Sport)* from a standing position; **ein Sprung/Start aus dem ~:** a standing jump/start; **[bei jmdm.** *od.* **gegen jmdn.] einen schweren/keinen leichten ~ haben** *(fig.)* have a tough/not have an easy time [of it] [with sb.]; **etw. aus dem ~ [heraus] beantworten** *(ugs.)* answer sth. off the top of one's head *(coll.)*; **die neue Partei schaffte aus dem ~ [heraus] fast 7%** starting from scratch, the new party managed to get almost 7% [of the vote]; **b)** *(~ort)* position; **c)** *(Verkaufs~; Box für ein Pferd)* stall; *(Messe~, Informations~)* stand; *(Zeitungs~)* [newspaper] kiosk; *(Taxi~)* rank *(Brit.)*; stand; **d)** *o. Pl. (erreichte Stufe; Zustand)* state; **jmdn. in den ~ setzen, etw. zu tun** put sb. in a position *or* enable sb. to do sth.; **der heutige ~ der Technik** the state of technological development today; **etw. auf den neu[e]sten ~ [der Wissenschaft] bringen** bring sth. up to date *or* update sth. [in line with the latest scientific research]; **ich werde Sie über den ~ der Dinge informieren** I'll keep you informed about how things stand; **bei dem jetzigen ~ der Dinge** as things stand *or* are now; **e)** *(des Wassers, Flusses)* level; *(des Thermometers, Zählers, Barometers)* reading; *(der Kasse, Finanzen)* state; *(eines Himmelskörpers)* position; **den ~ des Thermometers ablesen** take the thermometer reading; **f)** *o. Pl. (Familien~)* status; **in den [heiligen] ~ der Ehe treten** *(geh., auch scherzh.)* enter the state of [holy] matrimony; **g)** *(Gesellschaftsschicht)* class; *(Berufs~)* trade; *(Ärzte, Rechtsanwälte)* [professional] group; **der geistliche ~:** the clergy; **Leute von ~:** persons of rank; **der dritte ~** *(hist.)* the third estate; **die Stände** *(hist.)* the estates; **h)** *(schweiz.: Kanton)* canton

**Standard** ['ʃtandart] **der; ~s, ~s** standard

**Standard-:** standard ‹*equipment, example,*

*letter, form, solution, model, work, language*›
**standardisieren** *tr. V.* standardize
**Standardisierung die;** ~, ~**en** standardization
**Stạndard·situation die** *(Sport)* set piece
**Standarte** [ʃtan'dartə] **die;** ~, ~**n a)** *(Feldzeichen, Fahne)* standard; **b)** *(ns.: Verband)* [SA/SS] unit; **c)** *s.* **Lunte b**
**Stạnd-:** ~**bein das** *(bes. Sport)* support leg; *(Fechten)* rear leg; *(Basketball)* pivot leg; *(Eislauf)* tracing leg; ~**bild das** statue
**Ständchen** ['ʃtɛntçən] **das;** ~**s,** ~: serenade; **jmdm. ein** ~ **bringen** serenade sb.
**Stạ̈nde·ordnung die** *(hist.)* system of estates
**Stander** ['ʃtandɐ] **der;** ~**s,** ~: pennant
**Ständer** ['ʃtɛndɐ] **der;** ~**s,** ~ **a)** *(Gestell, Vorrichtung)* stand; *(Kleider~)* coat-stand; *(Wäsche~)* clothes-horse; *(Kerzen~)* candle-holder; *(Pfeifen~, Platten~, Geschirr~)* rack; **b)** *(Elektrot.)* stator; **c)** *(salopp: erigierter Penis)* hard-on *(sl.)*
**Stạ̈nde·rat der** *(schweiz.)* **a)** *o. Pl. (Vertretung)* upper chamber; **b)** *(Mitglied)* member of the upper chamber
**Stạ̈nder·pilz der** basidiomycete
**stạndes-, Stạndes-:** ~**amt das** registry office; ~**amtlich 1.** *Adj.; nicht präd.* registry office ‹*wedding, document*›; **2.** *adv.* **sich** ~**amtlich trauen lassen,** ~**amtlich heiraten** get married in a registry office; ~**beamte der** registrar; ~**bewußt** *Adj.* conscious of one's social standing *or* rank *postpos.;* ~**bewußtsein das** consciousness of one's social standing *or* rank; ~**dünkel der** *(abwertend)* snobbery; ~**gemäß 1.** *Adj.* befitting sb.'s station *or* social standing *postpos.;* ~**gemäß sein** befit sb.'s station *or* social standing; **2.** *adv.* as befits one's station *or* social standing; ~**organisation die** professional association; ~**person die** *(veralt.)* person of rank; ~**schranke die;** *meist. Pl.* class barrier
**Stạ̈nde·staat der** *(hist.)* corporative state
**Stạndes·unterschied der** difference of rank; class difference
**Stạ̈nde·wesen das;** *o. Pl.* corporative system
**stạnd-, Stạnd-:** ~**fest** *Adj.* **a)** *(fest stehend)* steady; stable; strong ‹*stalk, stem*›; **nicht mehr ganz** ~**fest sein** *(ugs. scherzh.)* be a bit wonky *(Brit. sl.) or* shaky on one's feet; **b)** *(standhaft)* steadfast; ~**festigkeit die a)** stability; *(eines Gebäudes)* structural strength; **b)** *(Standhaftigkeit)* steadfastness; ~**foto das** *(Film)* still; ~**gas das** *(Kfz-W.)* idling speed; ~**geld das** stall fee; ~**gericht das** drumhead court martial; ~**haft 1.** *Adj.* steadfast; **2.** *adv.* steadfastly; ~**haftigkeit die;** ~: steadfastness; ~|**halten** *unr. itr. V.* stand firm; **einer Sache** *(Dat.)* ~**halten** withstand *or* stand up to sth.; **der Kritik** ~**halten** stand [up to] criticism; **einer näheren Überprüfung nicht** ~**halten** not stand [up to] *or* bear closer scrutiny
**stạ̈ndig 1.** *Adj.; nicht präd.* **a)** *(andauernd)* constant ‹*noise, worry, pressure, etc.*›; **mit jmdm. in** ~**er Feindschaft leben** live in a permanent state of enmity with sb.; **b)** *(fest)* permanent ‹*residence, correspondent, staff, member, etc.*›; standing ‹*committee*›; regular ‹*income*›. **2.** *adv.* constantly; **mußt du sie** ~ **unterbrechen?** do you have to keep [on] interrupting her?; **sie kommt** ~ **zu spät/ist** ~ **krank** she's forever coming late/[being] ill; **Macht er das oft? – Ständig** Does he do that often? – All the time
**stạ̈ndisch 1.** *Adj.* corporative; **eine** ~**e Gesellschaftsordnung** a social order based on privilege. **2.** *adv.* corporatively
**stạnd-, Stạnd-:** ~**licht das;** *Pl.* ~**lichter** *(Kfz-W.) (Beleuchtung)* sidelights *pl.; (Leuchte, Lampe)* sidelight; **mit** ~**licht fahren** drive on sidelights; ~**ort der;** *Pl.* ~**orte a)** position; *(eines Betriebes o. ä.)* location; site; **von seinem** ~**ort aus konnte er nichts sehen** he couldn't see anything from where he was standing; **jmds. politischer** ~**ort** *(fig.)* sb.'s political stance *or* position; **b)** *(Milit.: Garnison)* garrison; base; ~**ort·kommandant der** *(Milit.)* garrison commander; ~**pauke die** *(ugs.)* dressing down; **jmdm. eine [gehörige]** ~**pauke halten** give sb. a [good] dressing down; ~**punkt der** *(fig.)* point of view; viewpoint; **den** ~**punkt vertreten/auf dem** ~**punkt stehen/ sich auf den** ~**punkt stellen, daß ...:** take the view that ...; **das ist doch kein** ~**punkt!** *(ugs.)* that's no attitude to take!; ~**quartier das** base; ~**rechtlich 1.** *Adj.; nicht präd.* summary ‹*execution, shooting*›; **2.** *adv.* **jmdn.** ~**rechtlich erschießen** shoot sb. summarily; ~**spur die** *(Verkehrsw.)* hard shoulder; ~**uhr die** grandfather clock; ~**vogel der** *(Zool.)* sedentary bird
**Stạnge** ['ʃtaŋə] **die;** ~, ~**n a)** *(aus Holz)* pole; *(aus Metall)* bar; *(dünner)* rod; *(Kleider~)* rail; *(Vogel~)* perch; **Kleider/Anzüge von der** ~ *(ugs.)* off-the-peg-dresses/suits; **von der** ~ **kaufen** *(ugs.)* buy off the peg clothes; **jmdm. die** ~ **halten** *(ugs.)* stick up for sb. *(coll.);* **jmdn. bei der** ~ **halten** *(ugs.)* keep sb. at it *(coll.);* **bei der** ~ **bleiben** *(ugs.)* keep at it *(coll.)* ; **eine** ~ **Zimt/Vanille/Lakritze** *usw.* a stick of cinnamon/vanilla/liquorice *etc.;* **eine** ~ **Zigaretten** *a carton containing ten packets of cigarettes;* **eine [schöne]** ~ **Geld** *(ugs.)* a small fortune *(coll.);* **b)** *(bes. md.: zylindrisches Glas)* [straight] glass; **c)** *meist Pl. (Jägerspr.: Teil des Geweihs)* beam
**Stạngen-:** ~**bohne die** runner bean; ~**brot das** French bread; **ein französisches** ~**brot** a baguette; ~**spargel der** asparagus spears *pl. or* stalks *pl.*
**stank** [ʃtaŋk] *1. u. 3. Pers. Sg. Prät. v.* **stinken**
**Stạ̈nkerer der;** ~**s,** ~ *(ugs. abwertend)* grouser *(coll.);* stirrer
**stänkern** ['ʃtɛŋkɐn] *itr. V. (ugs. abwertend)* stir *(coll.);* **gegen jmdn./etw.** ~: go on about sb./sth.
**Stanniol** [ʃta'ni̯o:l] **das;** ~**s,** ~**e** tin foil; *(Silberpapier)* silver paper
**Stanniol·papier das** silver paper
**stante pede** ['stantə 'pe:də] *Adv. (ugs. scherzh.)* post-haste; lickety-split *(coll.)*
[1]**Stanze** ['ʃtantsə] **die;** ~, ~**n** *(Verslehre)* ottava rima *(with eleven-syllable lines)*
[2]**Stạnze die;** ~, ~**n** press; *(Prägestempel)* die; *(zum Lochen)* punch
**stạnzen** *tr. V.* press; *(prägen)* stamp; *(ausstanzen)* punch ‹*holes, numbers, punchcards, discs, etc.*›
**Stapel** ['ʃta:pl̩] **der;** ~**s,** ~ **a)** pile; **ein** ~ **Holz** a pile *or* stack of wood; **b)** *(Schiffbau)* stocks *pl.;* **vom** ~ **laufen** be launched; **vom** ~ **lassen** launch ‹*ship*›; *(ugs. abwertend: von sich geben)* trot out *(coll. derog.)* ‹*sayings, jokes, slogans, etc.*›
**Stapel·lauf der** launch[ing]
**stapeln 1.** *tr. V. (schichten)* pile up; stack; *(fig.: ansammeln)* accumulate. **2.** *refl. V.* pile up; *(gestapelt sein)* be piled up
**stapel·weise** *Adv.* ~ **Briefe** piles *or* stacks of letters; **ich habe sie** ~: I have piles of them
**Stapfe** ['ʃtapfə] **die;** ~, ~**n, Stạpfen der;** ~**s,** ~: footprint
**stạpfen** *itr. V.; mit sein* tramp; **in jede Pfütze** ~: stamp in every puddle
[1]**Star** [ʃta:ɐ̯] **der;** ~**[e]s,** ~**e** *od. (schweiz.)* ~**en** *(Vogel)* starling
[2]**Stạr der;** ~**s,** ~**s** *(berühmte Persönlichkeit)* star
[3]**Stạr der;** ~**[e]s,** ~**e: der graue** ~: cataract; **der grüne** ~: glaucoma; **er ist am** ~ **operiert worden** he has been operated on for cataract/glaucoma
**Stạr-:** star ‹*conductor, guest singer, etc.*›; top ‹*lawyer, model, agent*›
**Stạr·allüren** *Pl.* prima donna behaviour *sing.;* ~ **zeigen/haben** put on the airs of a star
**starb** [ʃtarp] *1. u. 3. Pers. Sg. Prät. v.* **sterben**
**Stạr·besetzung die** all-star cast
**Staren·kasten der** starlings' nest-box
**stark** [ʃtark]; **stärker** ['ʃtɛrkɐ], **stärkst...** ['ʃtɛrkst...] **1.** *Adj.* **a)** strong ‹*man, current, structure, team, drink, verb, pressure, wind, etc.*›; potent ‹*drink, medicine, etc.*›; powerful ‹*engine, lens, voice, etc.*›; *(ausgezeichnet)* excellent ‹*runner, player, performance*›; **den** ~**en Mann markieren** *od.* **mimen** *(ugs.)* put on a strong-man act *(coll.);* **sein stärkstes Werk/Theaterstück** his best work/play; **jetzt heißt es** ~ **bleiben** we must not yield now; **sich für jmdn./etw.** ~ **machen** *(ugs.)* throw one's weight behind sb./sth.; *s. auch* **Seite d; Stück c; Tobak; b)** *(dick)* thick; stout ‹*rope, string*›; *(verhüll.: korpulent)* well-built *(euphem.);* **Kleidung für stärkere Damen** clothes for the fuller figure; **eine 20 cm** ~**e Wand** a wall 20 cm thick; **c)** *(zahlenmäßig groß, umfangreich)* sizeable, large ‹*army, police, presence, entourage*›; big ‹*demand*›; **wir hoffen auf** ~**e Beteiligung** we hope a large number of people will take part; **eine 100 Mann** ~**e Truppe** a 100-strong unit; **das Kontingent ist 1400 Mann** ~: the contingent is 1,400 strong; **d)** *(heftig, intensiv)* heavy ‹*rain, snow, traffic, smoke, heat, cold, drinker, smoker, demand, pressure*›; severe ‹*heat, cold, frost, pain*›; strong ‹*impression, influence, current, resistance, sign, dislike*›; grave ‹*doubt, reservations*›; great ‹*heat, hunger, thirst, exaggeration, interest*›; hearty ‹*eater, appetite*›; loud ‹*applause*›; ~**es Fieber** high temperature; **unter** ~**er Anteilnahme der Bevölkerung** with large numbers of the population attending; ~**er Widerhall** *(fig.)* a considerable response; **das ist [wirklich]** ~ *(ugs.)* that [really] is a bit much! *(coll.);* **e)** *(Jugendspr.: großartig)* great *(coll.);* fantastic *(coll.).* **2.** *adv.* **a)** *(sehr, überaus, intensiv) (mit Adj.)* very; heavily ‹*indebted, stressed*›; greatly ‹*increased, reduced, enlarged*›; strongly ‹*emphasized, characterized*›; badly ‹*damaged, worn, affected*›; thickly, densely ‹*populated*›; *(mit Verb)*‹*rain, snow, drink, smoke, bleed*› heavily; ‹*exaggerate, impress*› greatly; ‹*enlarge, reduce, increase*› considerably; ‹*support, oppose, suspect*› strongly; ‹*remind*› very much; ~ **wirkend** with a powerful effect *postpos.;* **es erinnert** ~ **an ...:** it is very reminiscent of ...; ~ **riechen/duften** have a strong smell/scent; ~ **gewürzt** strongly seasoned; **es ist** ~**/zu** ~ **gesalzen** it is very/too salty; ~ **erkältet sein** have a heavy *or* bad cold; **er geht** ~ **auf die Sechzig zu** *(ugs.)* he's pushing sixty *(coll.);* **b)** *(Jugendspr.: großartig)* fantastically *(coll.);* **c)** *(Sprachw.)* ~ **flektieren** *od.* **flektiert werden** be a strong noun/verb
**Stạrk·bier das** strong beer
**Stärke** ['ʃtɛrkə] **die;** ~, ~**n a)** *o. Pl.* strength; *(eines Motors)* power; *(einer Glühbirne)* wattage; **eine Politik der** ~: power politics *sing.;* **b)** *(Dicke)* thickness; *(Technik)* gauge; **c)** *o. Pl. (zahlenmäßige Größe)* strength; size; **eine Truppe von 300 Mann** ~: a 300-strong unit; **d)** *(besondere Fähigkeit, Vorteil)* strength; **jmds.** ~**/nicht jmds.** ~ **sein** be sb.'s forte/not be sb.'s strong point; **e)** *(von Wind, Strömung, Eindruck, Einfluß, Nachfrage, Empfindung, Widerstand usw.)* strength; *(von Hitze, Kälte, Licht, Druck, Regenfall, Sturm, Schmerzen, Abneigung)* intensity; *(von Frost)* severity; *(von Lärm, Verkehr)* volume; *(von Appetit)* heartiness; **f)** *(organischer Stoff)* starch
**stärke·haltig** *Adj.* starchy
**Stärke·mehl das** cornflour *(Brit.);* cornstarch *(Amer.)*

**stạrken 1.** *tr. V.* **a)** *(kräftigen, festigen; auch fig.)* strengthen; boost ⟨*power, prestige*⟩; ⟨*drink, food, etc.*⟩ fortify ⟨*person*⟩; **die** *od.* **jmds. Gesundheit ~:** fortify *or* strengthen sb.'s constitution; **jmds. Selbstbewußtsein ~** *(fig.)* give sb.'s self-confidence a boost; **jmdn. in seinem Glauben~:** reinforce sb.'s faith; *s. auch* **Rücken a; b)** *(steif machen)* starch ⟨*washing etc.*⟩. **2.** *refl. V. (sich erfrischen)* fortify *or* refresh oneself; **nun stärkt euch erst mal** have something to give you strength. **3.** *itr. V.* **ein ~des Mittel** a tonic

**stạ̈rker** *s.* **stark**

**Stạ̈rke·zucker der** glucose

**stạ̈rkst...** *s.* **stark**

**Stạrk-: ~strom der** *(Elektrot.)* heavy current; *(mit hoher Spannung)* high-voltage current; **~strom·leitung die** *(Elektrot.)* power line; **~ton der** *(Sprachw.)* stress

**Stạr·kult der** *(abwertend)* star worship **(um** of)

**Stạ̈rkung die; ~, ~en a)** *o. Pl.* strengthening; **zur ~ trank er erst mal einen Whisky** he drank a whisky to fortify himself; **die ~ des Parlaments** the increase in the power *or* influence vested in parliament; **b)** *(Erfrischung)* refreshment

**Stạ̈rkungs·mittel das** tonic

**Starlet[t]** ['ʃtɑ:lɛt] **das; ~s, ~s** *(spött. abwertend)* starlet

**starr** [ʃtar] **1.** *Adj.* **a)** rigid; *(steif)* stiff **(vor +** *Dat.* with); fixed ⟨*expression, smile, stare*⟩; **~ vor Schreck** paralysed with terror; **b)** *(nicht abwandelbar)* inflexible, rigid ⟨*law, rule, principle*⟩; **c)** *(unnachgiebig)* inflexible, obdurate ⟨*person, attitude, etc.*⟩. **2.** *adv.* **a)** rigidly; *(steif)* stiffly; **jmdn. ~ ansehen/~ geradeaus schauen** look at sb./look straight in front of one with a fixed stare; **b)** *(unnachgiebig)* **~ bleibt er bei seiner Meinung** he sticks obdurately to his opinion

**Stạrre die; ~:** *s.* **Starrheit**

**stạrren** *itr. V.* **a)** *(starr blicken)* stare **(in +** *Akk.* into, **auf, an, gegen +** *Akk.* at); **jmdm. ins Gesicht ~:** stare sb. in the face; **b)** *(ganz bedeckt sein mit)* **vor/von Schmutz** *od.* **Dreck ~:** be filthy; be covered in filth; **vor Perlen und Diamanten/Gold und Geschmeiden ~:** be covered in *or* laden with pearls and diamonds/gold and precious stones; **vor Waffen ~:** be bristling with weapons

**Stạrrheit die; ~:** *s.* **starr 1: a)** rigidity; stiffness; fixity; **b)** inflexibility; rigidity; **c)** inflexibility; obduracy

**stạrr-, Stạrr-: ~kopf der** *(abwertend)* pig-headed person; **ein ~kopf sein** be pig-headed; **~köpfig** *Adj. (abwertend)* pig-headed; **~krampf der** *s.* **Wundstarrkrampf; ~sinn der;** *o. Pl.* pig-headedness; **~sinnig** *Adj. (abwertend)* pig-headed

**Start** [ʃtart] **der; ~[e]s, ~s a)** *(Sport; auch fig.)* start; **einen guten/schlechten/langsamen ~ haben** get off to *or* make a good/bad/slow start; **den ~ freigeben** give clearance to start; **das Zeichen zum ~ geben** give the starting signal; **b)** *(Sport: ~platz)* start; **an den ~ gehen/am ~ sein** *(fig.: teilnehmen)* start; **c)** *(Sport: Teilnahme)* participation; **sein ~ ist in Frage gestellt** it is uncertain whether he will start; **d)** *(eines Flugzeugs)* take-off; *(einer Rakete)* launch; **den ~ der Maschine freigeben** give the aircraft clearance for take-off; **zum** *od.* **an den ~ rollen** taxi to the runway for take-off

**stạrt-, Stạrt-: ~automatik die** *(Kfz-W.)* automatic choke; **~bahn die** [take-off] runway; **~bereit** *Adj.* ready to start *postpos.*; ⟨*aircraft*⟩ ready for take-off; *(zum Aufbruch bereit)* ready to set off *postpos.*; **~block der;** *Pl.* **~blöcke** *(Leichtathletik, Schwimmen)* starting-block

**stạrten 1.** *itr. V.; mit sein* **a)** start; ⟨*aircraft*⟩ take off; ⟨*rocket*⟩ blast off, be launched; **zu früh ~** *(Sport)* jump the start; **gut/schnell ~** *(Sport)* make a good/quick start; get away well/quickly; **b)** *(an einem Wettkampf teilnehmen)* compete; *(bei einem Rennen)* start **(bei, in +** *Dat.* in); **c)** *(den Motor anlassen)* start the engine; **d)** *(aufbrechen)* set off; set out; **in den Urlaub ~:** set off on holiday; **e)** *(beginnen)* start; begin. **2.** *tr. V.* start ⟨*race, campaign, tour, production, etc.*⟩; launch ⟨*missile, rocket, satellite, attack*⟩; start [up] ⟨*engine, machine, car*⟩

**Stạrter der; ~s, ~** *(Sport, Kfz-W.)* starter

**Stạrter·klappe die** *(Kfz-W.)* choke flap

**stạrt-, Stạrt-: ~erlaubnis die a)** *(Sport)* authorization to compete; **b)** *(Flugw.)* clearance [for take-off]; **~geld das** *(Sport)* **a)** *(vom Teilnehmer bezahlt)* entry fee; **b)** *(vom Veranstalter bezahlt)* starting money; **~hilfe die a)** *(Unterstützung)* financial help, backing *(to get a project off the ground)*; **jmdm. [finanzielle] ~hilfe geben** help sb. [financially] to get started; **b) ich brauche ~hilfe** I need help to get my car started; **~hilfe·kabel das** jump leads *pl.*; **~kapital das** starting capital; **~klar** *Adj.* ready to start *postpos.*; ⟨*aircraft*⟩ clear *or* ready for take-off; **~kommando das** *(Sport)* starter's order[s]; **~linie die** *(Sport)* starting-line; **~loch das;** *meist Pl. (Leichtathletik)* **in die ~löcher gehen** get on one's marks; **in den ~löchern kauern/hocken** *(fig.)* be waiting in the wings; **~nummer die** *(Sport)* [start] number; **~platz der** *(Sport)* starting position; **~rampe die** *(Raumflug; auch fig.)* launching pad; **~schuß der** *(Sport)* **der ~schuß fiel** the starter's gun went off; **den ~schuß zum 100-m-Lauf geben** fire the gun for the start of the 100 metres; **vor dem ~schuß loslaufen** jump the gun; **den ~schuß zu** *od.* **für etw. geben** *(fig.)* give sth. the go-ahead *or* the green light

[1]**Stasi** ['ʃta:zi] **die; ~** *od.* **der; ~s** *(DDR ugs.) Abk.* **Staatssicherheit**

[2]**Stạsi der; ~s, ~s** *(DDR ugs.)* state security man

**Statement** ['steɪtmənt] **das; ~s, ~s** statement

**Statik** ['ʃta:tɪk] **die; ~ a)** *(Physik)* statics *sing., no art.*; **b)** *(Bauw.)* static equilibrium; **c)** *(geh.: statischer Zustand)* stasis

**Stạtiker der; ~s, ~:** structural engineer [concerned with statics]

**Station** [ʃta'tsi̯o:n] **die; ~, ~en a)** *(Haltestelle)* stop; **b)** *(Bahnhof, Sender, Forschungs~, Raum~)* station; **c)** *(Zwischen~, Aufenthalt)* stopover; **die ~en seiner Reise waren ...:** the places where he stopped [off] on his journey were ...; **~ machen** stop over *or* off; make a stopover; **d)** *(Kranken~)* ward; **auf ~ sein** ⟨*doctor*⟩ be on ward duty; **e)** *(einer Entwicklung, Karriere usw.)* stage

**stationär** [ʃtatsi̯o'nɛ:ɐ̯] **1.** *Adj.* **a)** *(Med.)* ⟨*admission, examination, treatment*⟩ in hospital, as an in-patient; **ein ~er Patient** an in-patient; **b)** *(ortsfest)* permanently stationed ⟨*troops, units*⟩; **c)** *(Raumf.)* fixed ⟨*orbit*⟩; **ein ~er Satellit** a satellite in a fixed orbit. **2.** *adv.* **a)** *(Med.)* in hospital; **jmdn. ~ behandeln/aufnehmen** treat/admit sb. as an in-patient; **b)** *(ortsfest)* in one place

**stationieren** *tr. V.* station ⟨*troops*⟩; deploy ⟨*weapons, bombers, etc.*⟩

**Stationierung die; ~, ~en** stationing; *(von Waffen, Raketen usw.)* deployment

**Statiọns-: ~arzt der** ward doctor; **~schwester die** ward sister; **~taste die** *(Rundf.)* preset [tuning] button; preset; **~vorsteher der** *(Eisenb.)* station-master

**statisch** ['ʃta:tɪʃ] **1.** *Adj.* static; ⟨*laws*⟩ of statics; **~er Auftrieb** *(Physik)* static lift; **~e Berechnungen** *(Bauw.)* calculations relating to static equilibrium. **2.** *adv. (Bauw.)* with regard to static equilibrium

**Statist** [ʃta'tɪst] **der; ~en, ~en** *(Theater, Film)* extra; *(fig.)* bystander; supernumerary; **zum ~en degradiert werden** *(fig.)* be demoted to the role of a mere accessory

**Statịsten·rolle die** *(Theater, Film)* walk-on part

**Statistik** [ʃta'tɪstɪk] **die; ~, ~en a)** *o. Pl. (Wissenschaft)* statistics *sing., no art.*; **b)** *(Zusammenstellung)* statistics *pl.*; **eine ~:** a set of statistics; **eine ~ über etw.** *(Akk.)* **erstellen** make a statistical study of sth.

**statịstisch 1.** *Adj.* statistical; **~es Amt/~e Behörde** office of statistics. **2.** *adv.* statistically

**Stativ** [ʃta'ti:f] **das; ~s, ~e** tripod

**statt** [ʃtat] **1.** *Konj. s.* **anstatt 1. 2.** *Präp. mit Gen.* instead of; **~ dessen** instead [of this]

**Stạtt die; ~** *(veralt., geh.)* abode *(arch.)*; **an jmds./einer Sache ~:** in sb.'s place/in place of sb./sth.; instead of sb./sth.; *s.* **auch Eid; Kind a**

**Stätte** ['ʃtɛtə] **die; ~, ~n** *(geh.)* place; **eine heilige/historische ~:** a holy/historic site; **die ~ des Sieges/der Niederlage** the scene of the victory/defeat

**stạtt-, Stạtt-: ~|finden** *unr. itr. V.* take place; ⟨*process, development*⟩ occur; **~|geben** *unr. itr. V. (Amtsspr.)* **einer Sache** *(Dat.)* **~geben** accede to sth.; **einer Klage ~geben** uphold a complaint; **~|haben** *unr. itr. V. (veralt.) s.* **~finden; ~haft** *Adj.; nicht attr.* permissible; **~halter der** *(hist.)* governor; **~halterschaft die; ~** *(hist.)* governorship

**stạttlich 1. a)** well-built; strapping ⟨*lad*⟩; *(beeindruckend)* imposing ⟨*figure, stature, building, etc.*⟩; fine ⟨*farm, estate*⟩; impressive ⟨*trousseau, collection*⟩; **ein ~er Mann/eine ~e Frau** a fine figure of a man/woman; **b)** *(beträchtlich)* considerable; sizeable ⟨*part*⟩; considerable, appreciable ⟨*sum, number*⟩; **~e 8000 Mark** an impressive 8,000 marks; all of 8,000 marks *(coll.)*. **2.** *adv.* impressively; splendidly

**Stạttlichkeit die; ~:** imposing nature; *(von Statur)* fine build *or* figure; **seine ~/die ~ seiner Erscheinung** his fine build *or* imposing stature

**Statue** ['ʃta:tu̯ə] **die; ~, ~n** statue

**statuenhaft 1.** *Adj.* statuesque. **2.** *adv.* like a statue; statuesquely

**Statuette** [ʃta'tu̯ɛtə] **die; ~, ~n** statuette

**statuieren** *tr. V. (geh.)* establish ⟨*principle, purpose*⟩; lay down ⟨*right, principle*⟩; *s. auch* **Exempel**

**Statur** [ʃta'tu:ɐ̯] **die; ~, ~en** build; **kräftig von ~** *od.* **von kräftiger ~ sein** have a powerful build; **seine große/kleine/imponierende ~:** his tall/small/imposing stature

**Status** ['ʃta:tʊs] **der; ~, ~** ['ʃta:tu:s] **a)** *(geh.: Stand, Zustand)* state; **b)** *([rechtliche] Stellung)* status

**Status quo** ['sta:tʊs kvo:] **der; ~ ~** *(geh.)* status quo

**Stạtus·symbol das** status symbol

**Statut** [ʃta'tu:t] **das; ~[e]s, ~en** statute

**Stau der; ~[e]s, ~s** *od.* **~e a)** *(von Wasser, Blut usw.)* build-up; **b)** *(von Fahrzeugen)* tailback *(Brit.)*; backup *(Amer.)*; **3 km ~:** a tailback *(Brit.)* *or* backup *(Amer.)* *or* jam stretching for three kilometres; **im ~ stehen** sit *or* be stuck in a jam

**Staub** [ʃtaup] **der; ~[e]s** dust; **[im ganzen Haus] ~ wischen** dust [the whole house]; **[im Wohnzimmer] ~ saugen** vacuum *or* *(Brit. coll.)* hoover [the sitting-room]; **[viel] ~ aufwirbeln** *(fig. ugs.)* stir things up [quite a bit] *(coll.)*; cause [a lot of] aggro *(Brit. sl.)*; **sich aus dem ~[e] machen** *(fig. ugs.)* make oneself scarce *(coll.)*

**Staub-: ~beutel der a)** *(Bot.)* anther; **b)** *(eines Staubsaugers)* dust-bag; **~blatt das** *(Bot.)* stamen

**Stäubchen** ['ʃtɔypçən] **das; ~s, ~:** speck of dust

**Stau·becken das** reservoir

**stauben** *itr. V.* cause dust; ⟨*person*⟩ cause *or* raise dust; **es staubt sehr/mehr** there is a lot of dust/more dust; **er galoppierte davon,**

**daß es nur so staubte** he galloped off raising clouds of dust
**stäuben** ['ʃtɔybn̩] **1.** *tr. V.* **etw. auf/über etw.** *(Akk.)* **~:** sprinkle sth. on/over sth.; **dem Baby Puder auf die Haut ~:** dust the baby's skin with powder. **2.** *itr. V.* **a)** *(zerstieben)* scatter; ⟨*water*⟩ form spray, spray out; ⟨*sparks*⟩ fly; **b)** *s.* **stauben**
**Staub-: ~faden der** *(Bot.)* filament; **~fänger der** *(abwertend)* dust-trap; **ein ~fänger sein** catch the dust; **~gefäß das** *(Bot.)* stamen
**staubig** *Adj.* dusty
**staub-, Staub-: ~korn das;** *Pl.* **~körner** speck *or* particle of dust; **~lappen der** duster; **~lunge die: eine ~lunge haben** have pneumoconiosis *(Med.)*; **~saugen 1.** *tr. V.* vacuum, *(Brit. coll.)* hoover ⟨*room, carpet, etc.*⟩; **2.** *itr. V.* hoover *(Brit. coll.)*; **~sauger der** vacuum cleaner; Hoover *(Brit.* P); **~tuch das;** *Pl.* **~tücher** duster; **~wedel der** feather duster; **~wolke die** cloud of dust; **~zucker der** *(veralt., südd., österr.) s.* **Puderzucker**
**stauchen** ['ʃtaʊxn̩] *tr. V.* **a)** compress; *(Technik)* upset ⟨*metal*⟩; **b)** *(stoßen)* thrust; jab ⟨*stick, arms, etc.*⟩
**Stau·damm der** dam
**Staude** ['ʃtaʊdə] **die; ~, ~n a)** *(Bot.)* herbaceous perennial; **b)** *(bes. südd.: Strauch)* bush
**Stauden·gewächs das** *(Bot.)* herbaceous perennial
**stauen** ['ʃtaʊən] **1.** *tr. V.* **a)** dam [up] ⟨*stream, river*⟩; staunch *or* stem flow of ⟨*blood*⟩; **b)** *(Seemannsspr.: verladen)* stow. **2.** *refl. V.* ⟨*water, blood, etc.*⟩ accumulate, build up; ⟨*people*⟩ form a crowd; ⟨*traffic*⟩ form a tailback/tailbacks *(Brit.)* or *(Amer.)* backup/backups; *(fig.)* ⟨*anger*⟩ build up
**Stauer der; ~s, ~:** stevedore
**Staufer** ['ʃtaʊfɐ] **der; ~s, ~** *(hist.)* Hohenstaufen; **die ~:** the Hohenstaufen dynasty *sing.*
**Stau·mauer die** dam [wall]
**staunen** ['ʃtaʊnən] *itr. V.* be amazed *or* astonished **(über +** *Akk.* at); *(beeindruckt sein)* marvel **(über +** *Akk.* at); **er staunte nicht schlecht, als er das hörte/sah** *(ugs.)* he was flabbergasted when he heard it/saw it; **da staunst du, was?** *(ugs.)* quite a shock, isn't it?; shattered, eh? *(coll.)*; **da kann man nur [noch] ~:** one can only marvel *or* wonder at it; **~d** with *or* in amazement; **sie betrachtete ihn mit ~den Augen** she gazed at him wide-eyed with amazement; *s. auch* **Bauklotz; hören 2c**
**Staunen das; ~s** amazement, astonishment **(über +** *Akk.* at); *(staunende Bewunderung)* wonderment; **jmdn. in ~ [ver]setzen** astonish *or* amaze sb.; **er kam aus dem ~ nicht mehr heraus** he couldn't get over it
**Staupe** ['ʃtaʊpə] **die; ~, ~n** distemper *no art.*
**Stau-: ~see der** reservoir; **~stufe die** barrage
**Stauung die; ~, ~en a)** *(eines Bachs, Flusses)* damming; *(des Blutes, Wassers)* stemming the flow; *(das Sichstauen)* build-up; **b)** *(Verkehrsstau)* tailback *(Brit.)*; backup *(Amer.)*; jam
**Stau·werk das** barrage
**Std.** *Abk.* **Stunde** hr.
**Steak** [ste:k] **das; ~s, ~s** steak
**Stearin** [ʃtea'ri:n] **das; ~s, ~e** stearin
**Stech·apfel der** *(Bot.)* thorn-apple; **[Gemeiner] ~:** jimson weed
**stechen** ['ʃtɛçn̩] **1.** *unr. itr. V.* **a)** ⟨*thorn, thistle, spine, needle*⟩ prick; ⟨*wasp, bee*⟩ sting; ⟨*mosquito*⟩ bite; ⟨*fig.: sun*⟩ be scorching; **das Insekt hat ihm ins Bein gestochen** the insect bit him in the leg; **sich** *(Dat.)* **in den Finger ~:** prick one's finger; **b)** *(hinein~)* **mit etw. in etw.** *(Akk.)* **~:** stick *or* jab sth. into sth.; **jmdm. mit einer Nadel in den Hintern ~:** jab a needle into sb.'s behind; **nach jmdm. ~:** stab at sb.; try to stab sb.; **c)** *(die Stechuhr betätigen) (bei Arbeitsbeginn)* clock on; *(bei Arbeitsende)* clock off; **d)** *(Kartenspiel)* ⟨*suit*⟩ be trumps; **e)** *(Sport)* jump-off; **f)** *s.* ²**See a. 2.** *unr. tr. V.* **a)** *(mit dem Messer, Schwert)* stab; *(mit der Nadel, mit einem Dorn usw.)* prick; ⟨*bee, wasp*⟩ sting; ⟨*mosquito*⟩ bite; *(Fischereiw.: fangen)* spear ⟨*eel, pike*⟩; *(ab~)* stick ⟨*pig, calf*⟩; **sich an etw.** *(Dat.)* **~:** prick oneself on sth.; **sich in den Finger ~:** prick one's finger; **b)** *(hervorbringen)* make ⟨*hole, pattern*⟩; **jmdm. Löcher in die Ohren ~:** pierce sb.'s ears; **c)** *(unpers.)* **es sticht mich in der Seite** I've got a stabbing pain in my side; **d)** *(herauslösen)* cut ⟨*peat, turf, asparagus, etc.*⟩; pick ⟨*lettuce, mushrooms*⟩; **e)** *(gravieren)* engrave ⟨*design etc.*⟩; **f)** *(Kartenspiel)* take ⟨*card*⟩
**Stechen das; ~s, ~** *(Sport)* jump-off
**stechend** *Adj.* penetrating, pungent ⟨*smell*⟩; penetrating ⟨*glance, eyes*⟩
**Stech-: ~fliege die** stomoxyine fly; *(Wadenstecher)* stable-fly; **~ginster der** *(Bot.)* gorse; **~kahn der** punt; **~karte die** clocking-on card; **~mücke die** mosquito; gnat; **~palme die** holly; **~schritt der** *(Milit.)* goose-step; **im ~schritt marschieren** goose-step; **~uhr die** time clock; **~zirkel der** dividers *pl.*
**steck-, Steck-: ~brief der** description [of a/the wanted person]; *(Plakat)* 'wanted' poster; *(fig.: eines Menschen)* personal details *pl.*; *(fig.: eines Geräts)* [brief] specification; **~brieflich** *Adv.* **der ~brieflich Gesuchte** the wanted man; **der Mörder wird ~brieflich gesucht** descriptions/'wanted' posters of the murderer have been circulated; **~dose die** socket; power point
**stecken** ['ʃtɛkn̩] **1.** *tr. V.* **a)** put; **etw. in die Tasche ~:** put *or (coll.)* stick sth. in one's pocket; **steck dein Hemd in die Hose** tuck your shirt in[to your trousers]; **ein Kind ins Bett ~:** put a child to bed; **sein ganzes Vermögen in etw.** *(Akk.)* **~:** put *or* invest all one's money in sth.; **sich hinter etw. ~** *(ugs.)* set to work on sth. with a will; **b)** *(mit Nadeln)* pin ⟨*hem, lining, etc.*⟩; pin [on] ⟨*badge*⟩; pin up ⟨*hair*⟩; **c)** *(pflanzen)* put in, plant ⟨*potatoes, onions, beans*⟩; **d)** *(ugs.: mitteilen)* **etw. der Polizei** *usw.* **~:** tip the police *etc.* off about sth.; **es jmdm. ~** *(ugs.)* give sb. a piece of one's mind *(coll.)*. **2.** *regelm. (geh. auch unr.) itr. V.* be; **der Schlüssel steckt [im Schloß]** the key is in the lock; **voller Ideen ~:** be full of ideas; **wo hast du denn so lange gesteckt?** *(ugs.)* where did you get to *or* have you been all this time?; **wo steckt meine Brille?** *(ugs.)* where have my glasses got to *or* gone?; **er steckt in Schwierigkeiten** *(ugs.)* he's having problems; **in den Anfängen ~:** be in the early stages; **ein Abzeichen steckte an seinem Revers** a badge was pinned to his lapel; **hinter etw.** *(Dat.)* **~** *(fig. ugs.)* be behind sth.
**Stecken der; ~s, ~** *(bes. südd.)* stick
**stecken-, Stecken-: ~|bleiben** *unr. itr. V.; mit sein* get stuck; *(fig.)* ⟨*negotiations etc.*⟩ get bogged down; **die Kugel ist in der Lunge steckengeblieben** the bullet lodged in the lung; **es blieb in den Anfängen ~** *(fig.)* it never got beyond the early stages; **das Wort blieb ihm vor Angst im Halse** *od.* **in der Kehle ~:** he was speechless with fear; **~|lassen 1.** *unr. tr. V.* **den Schlüssel [im Schloß] ~lassen** leave the key in the lock; **2.** *unr. itr. V.* **lassen Sie ~!** *(ugs.: lassen Sie mich bezahlen)* put your money away!; **~pferd das a)** *(Spielzeug)* hobby-horse; **b)** *(Liebhaberei)* hobby; **sein ~pferd reiten** go on about one's hobby-horse; *(sich seinem Hobby widmen)* pursue one's [favourite] hobby
**Stecker der; ~s, ~:** plug
**Steck·kissen das** papoose-carrier; carrynest
**Steckling** ['ʃtɛklɪŋ] **der; ~s, ~e** cutting
**Steck-: ~nadel die** pin; **es ist so still, man könnte eine ~nadel fallen hören** it's so quiet you could hear a pin drop; **jmdn./etw. suchen wie eine ~nadel** *(ugs.)* search high and low for sb./sth.; **eine ~nadel im Heuhaufen suchen** *(ugs.)* look for a needle in a haystack; **~nadel·kopf der** pinhead; **~rübe die** *(bes. nordd.)* swede; **~schloß das** safety lock *(inserted in main lock)*; **~schlüssel der** socket spanner; **~schuß der** *internal gunshot wound with bullet;* **er hat einen ~schuß in der Lunge** he has a bullet/pellet lodged in his lung; **~tuch das** dress handkerchief
**Steg** [ʃte:k] **der; ~[e]s, ~e a)** *(schmale Brücke)* [narrow] bridge; *(Fußgänger~)* foot-bridge; *(Laufbrett)* gangplank; *(Boots~)* landing-stage; **b)** *(veralt.: Pfad)* path; **c)** *(bei Saiteninstrumenten, Brillen)* bridge
**Steg·reif der: aus dem ~:** impromptu; **er hielt aus dem ~ eine kleine Rede** he gave a short speech extempore *or* off the cuff; **etw. aus dem ~ beantworten** answer sth. off the top of one's head *(coll.)*; **aus dem ~ spielen** improvise; ad-lib
**Stegreif·rede die** impromptu *or* extempore speech
**Steh-: ~auf·männchen das** tumbling figure; tumbler; **er/sie ist ein [richtiges] ~aufmännchen** *(fig. ugs.)* nothing gets him/her down *(coll.)*; **~bierhalle die** stand-up beer hall; **~empfang der** stand-up reception
**stehen** ['ʃte:ən] **1.** *unr. itr. V.; südd., österr., schweiz. mit sein* **a)** stand; **den ganzen Tag am Herd ~:** stand over the cooker all day; **er arbeitet ~d** *od.* **im Stehen** he works standing up; **sie steht zwischen ihnen** *(fig.)* she comes between them; **mit jmdm./etw. ~ und fallen** *(fig.)* stand or fall with sb./sth.; **das Haus steht noch** the house is still standing; **er steht ihm** *(salopp)* he's got a hard-on *(sl.)*; **b)** *(sich befinden)* be; ⟨*upright object, building*⟩ stand; **das Verb steht am Satzende** the verb comes at the end of the sentence; **wo steht dein Auto?** where is your car [parked]?; **sie haben dort einen Schrank ~:** they have a cupboard *or (Amer.)* closet [standing] there; **Schweißperlen standen auf seiner Stirn** beads of sweat stood out on his brow; **ich tue alles, was in meinen Kräften** *od.* **meiner Macht steht** I'll do everything in my power; **im Rentenalter ~:** be of pensionable age; **vor einer Entscheidung/dem Bankrott ~:** be faced with a decision/with bankruptcy; **c)** *(einen bestimmten Stand haben)* **auf etw.** *(Dat.)* **~** ⟨*needle, hand*⟩ point to sth.; **das Barometer steht hoch/tief/auf Regen** the barometer is reading high/low/indicating rain; **die Uhr steht auf 12** the clock shows 12; **die Ampel steht auf Rot** the traffic lights are [on] red; **es steht mir bis zum Hals[e]** *od.* **bis oben** *od.* **bis hier[hin]** I'm fed up to the back teeth with it *(sl.)*; I'm sick to death of it *(coll.)*; **der Wind steht günstig/nach Norden** *(Seemannsspr.)* the wind stands fair/is from the north; **das Spiel/es steht 1 : 1** *(Sport)* the score is one all; **wie steht es/ das Spiel?** *(Sport)* what's the score?; **die Chancen ~ fifty-fifty** the chances are fifty-fifty; **die Sache steht gut/schlecht** things are going well/badly; **[wie geht's,] wie steht's?** how are things?; **wie steht es mit deinen Finanzen/mit deiner Gesundheit?** how are your finances/how is your health?; **wie steht es mit deinen Ferien?** what is happening about your holidays?; **der Weizen steht gut** the wheat is growing well; **in Blüte ~:** be in bloom; **d)** *(einen bestimmten Kurs, Wert haben)* ⟨*currency*⟩ stand **(bei** at); **wie steht das Pfund?** what is the rate for the pound?; how is the pound doing? *(coll.)*; **der Schweizer Franken steht am besten** the Swiss franc is currently stron-

gest; **die Aktie steht gut/schlecht** the share price is high/low; **e)** *(nicht in Bewegung sein)* be stationary; ⟨*machine etc.*⟩ be at a standstill; **meine Uhr steht** my watch has stopped; **ein ~der Zug** a stationary train; **etw./den Verkehr zum Stehen bringen** stop sth./bring traffic to a standstill; **zum Stehen kommen** come to a standstill; **f)** *(geschrieben, gedruckt sein)* be; **auf einer Liste ~:** be *or* appear on a list; **was steht in dem Brief?** what does it say in the letter?; **in der Zeitung steht, daß ...:** it says in the paper that ...; **das Zitat steht bei Schiller** the quotation is from Schiller; **g)** *(Sprachw.: gebraucht werden)* ⟨*subjunctive etc.*⟩ occur; be found; **mit dem Dativ ~:** be followed by *or* take the dative; **h) zu jmdm./etw. ~:** stand by sb./sth.; **wie stehst du dazu?** what's your view on this?; **hinter jmdm./etw. ~** *(jmdn. unterstützen)* be [right] behind sb./sth.; support sb./sth.; **i) jmdm. [gut] ~** ⟨*dress etc.*⟩ suit sb. [well]; **Lächeln steht dir gut** *(fig.)* it suits you *or* you look nice when you smile; **j)** *(sich verstehen)* **mit jmdm. gut/schlecht ~:** be on good/bad terms *or* get on well/badly with sb.; **k) das** *od.* **die Entscheidung steht [ganz] bei Ihnen** that's [entirely] up to you; it's for you to decide; **l) auf etw.** *(Akk.)* **steht Gefängnis** sth. is punishable by imprisonment; **m)** *(ugs.: fertig-, zusammengestellt sein)* ⟨*plan, speech, team, programme, etc.*⟩ be finalized; **n) für etw. ~** *(Gewähr bieten)* be a guarantee of sth.; *(stellvertretend)* stand for sth.; **o) auf etw.** *(Akk.)* **~** *(ugs., bes. Jugendspr.: mögen)* be into sth. *(coll.)*; **sie steht total auf ihn** she's nuts about him *(sl.)*; *s. auch* **Modell; Pate a; Posten b; Spalier b; Wache a. 2.** *unr. refl. V.; südd., österr., schweiz. mit sein (ugs.)* **a)** *(in bestimmten Verhältnissen leben)* **sich gut/schlecht/auf 3000 Mark monatlich ~:** be comfortably/badly off/on 3,000 marks a month; **b)** *(sich verstehen)* **sich gut/schlecht mit jmdm. ~:** be on good/bad terms *or* get on well/badly with sb. **3.** *tr. V. (Skisport, Eislauf)* **einen Sprung ~:** perform a jump without falling

**stehen:** **~|bleiben** *unr. itr. V.; mit sein* **a)** *(anhalten)* stop; ⟨*traffic*⟩ come to a standstill; *(fig.)* ⟨*time*⟩ stand still; **~bleiben!** *(Milit.)* halt!; **wo sind wir ~geblieben?** *(fig.)* where had we got to?; where were we?; **das Kind ist in der Entwicklung ~geblieben** the child is a case of arrested development; **mir blieb das Herz fast ~:** my heart nearly stopped; **b)** *(unverändert gelassen werden)* stay; be left; *(zurückgelassen werden)* be left behind; *(der Zerstörung entgehen)* ⟨*building*⟩ be left standing; **~|lassen** *unr. tr. V.* **a)** *(belassen, nicht entfernen)* leave; **du kannst es nicht so ~lassen** you can't leave it as it is; **laß die Vase ~:** leave the vase where it is; **den Teig ca. eine Stunde ~lassen** leave the dough to stand for about an hour; **alles ~ und liegenlassen** drop everything; **sich** *(Dat.)* **einen Bart ~lassen** *(ugs.)* grow a beard; **b)** *(vergessen)* leave [behind]; **c)** *(sich abwenden von)* **jmdn. ~lassen** walk off and leave sb. standing there

**Steher der; ~s, ~ a)** *(Pferdesport)* stayer; **b)** *(Radsport)* motor-paced racer

**Steher·rennen das** *(Radsport)* motor-paced race

**Steh-:** **~geiger der** café violinist; **~kneipe die** stand-up bar; **~konvent der** *(scherzh. fig.)* [stand-up] chat; **einen ~konvent halten** *od.* **machen** stand around chatting *or (Brit. coll.)* having a good natter; **~kragen der** stand-up collar; *(für Herrenhemden)* choker; *(mit Ecken)* wing collar; **~lampe die** standard lamp *(Brit.)*; floor lamp *(Amer.)*; **~leiter die** step-ladder

**stehlen** ['ʃteːlən] **1.** *unr. tr., itr. V.* steal; **jmdm. etw. ~:** steal sth. from sb.; **jmdm. das Portemonnaie ~:** steal sb.'s purse; **jmdm. die Zeit ~** *(fig.)* take up *or* waste sb.'s time; *s. auch* **gestohlen 2; nehmen a. 2.** *unr. refl. V.* steal; creep

**Steh-:** **~platz der** *(im Theater/Stadion)* standing place; *(im Bus)* space to stand; **40 ~plätze** standing-room for 40; **es gab nur noch ~plätze** there was standing-room only; **~pult das** high desk; **~vermögen das;** *o. Pl.* stamina; staying-power

**Steiermark** ['ʃtaiɐmark] **die; ~:** Styria *no art.*

**steif** [ʃtaif] **1.** *Adj.* **a)** stiff; *(ugs.: erigiert)* erect ⟨*penis*⟩; **~ vor Kälte** stiff with cold; **~ gefroren** frozen stiff; **die Sahne ~ schlagen** beat the cream until stiff; **der Pudding ist noch nicht ~:** the blancmange has not set yet; **~ wie ein Stock** as stiff as a ramrod; **er kam uns mit ~en Schritten entgegen** he walked towards us stiffly; **b)** *(förmlich)* stiff, formal ⟨*person, greeting, style*⟩; formal ⟨*reception*⟩; **c)** *(Seemannsspr.: stark)* stiff ⟨*wind, breeze*⟩; **d)** *(ugs.: stark)* strong ⟨*coffee*⟩; stiff, strong ⟨*alcoholic drink*⟩. **2.** *adv.* **a)** stiffly; **bei ihnen geht es sehr ~ zu** things are very formal at their house; **b)** *(Seemannsspr.: stark)* **der Wind steht** *od.* **weht ~ aus Südost** there's a stiff wind blowing from the south-east; **c) ~ und fest behaupten/glauben, daß ...** *(ugs.)* swear blind/be completely convinced that ...

**steif|halten** *unr. tr. V. s.* **Nacken; Ohr b**

**Steifheit die; ~:** stiffness; *(Förmlichkeit)* formality; stiffness

**Steif·leinen das** buckram

**Steig der; ~[e]s, ~e** [mountain] path

**Steig-:** **~bügel der** *(auch Anat.)* stirrup; **~bügel·halter der** *(abwertend)* backer; **die ~bügelhalter für Xs Karriere** those who advance/advanced X's career

**Steige die; ~, ~n a)** *(bes. südd., österr.: Steig)* [mountain] path; **b)** *(bes. nordd.: Treppe)* steps *pl.*; *(Leiter)* ladder; **c)** *(bes. südd., österr.: Lattenkiste)* open crate

**Steig·eisen das** *(in Schächten usw.)* step-iron; *(am Schuh anschnallbar)* climbing-iron; *(Bergsteigen)* crampon

**steigen** ['ʃtaign̩] **1.** *unr. itr. V.; mit sein* **a)** ⟨*person, animal, aircraft, etc.*⟩ climb; ⟨*mist, smoke, sun, object*⟩ rise; ⟨*balloon*⟩ climb, rise; **Drachen ~ lassen** fly kites; **ins Tal/in den Keller ~:** climb *or* go down into the valley/go down into the cellar; **auf einen Turm/eine Leiter ~:** climb a tower/ladder; **auf die Leiter ~:** get on to the ladder; **aus dem Wasser/Auto/Bett/aus der Wanne ~:** get out of the water/out of the car/out of bed/out of the bath; **ins Wasser/ins Auto/in die Wanne/ins Bett ~:** get into the water/car/bath/into bed; **in den/aus dem Bus/Zug ~:** board *or* get on/get off *or* out of the bus/train; **ins/aus dem Flugzeug ~:** board/leave the aircraft; **aufs/vom Fahrrad ~:** get on [to]/off one's bicycle; **aufs Pferd/aus dem Sattel** *od.* **vom Pferd ~:** mount *or* get on [to]/get off one's horse; **auf die Bremse/aufs Gas ~** *(ugs.)* step on the brakes/the gas *(coll.)*; **in die Kleider ~** *(ugs.)* slip into one's clothes; **das Blut/eine Röte stieg ihm ins Gesicht** the blood rose into *or* rushed to his face/he blushed; **der Duft steigt mir in die Nase** the scent gets up my nose; *s. auch* **Kopf a; b)** *(ansteigen, zunehmen)* rise **(auf + *Akk.*** to, **um** by) ⟨*price, cost, salary, output*⟩ increase, rise; ⟨*debts, tension*⟩ increase, mount; ⟨*chances*⟩ improve; **~de Preise** rising prices; **~de Ansprüche** growing *or* increasing demands; **in jmds. Achtung ~** *(fig.)* go up *or* rise in sb.'s estimation; **c)** *(ugs.: stattfinden)* be on; **morgen soll ein Fest ~:** there's to be a party tomorrow; **d)** *(Reitsport: sich aufbäumen)* ⟨*horse*⟩ rear. **2.** *unr. tr. V.; mit sein* climb ⟨*stairs, steps*⟩

**Steiger der; ~s, ~** *(Bergbau)* overman

**steigern 1.** *tr. V.* **a)** increase ⟨*speed, value, sales, consumption, etc.*⟩ **(auf + *Akk.*** to); step up ⟨*demands, production, etc.*⟩; raise ⟨*standards, requirements*⟩; *(verstärken)* intensify ⟨*fear, tension*⟩; heighten, intensify ⟨*effect*⟩; exacerbate ⟨*anger*⟩; **das Tempo ~:** step up the pace; **seine Leistung ~:** improve one's performance; **b)** *(Sprachw.)* compare ⟨*adjective*⟩. **2.** *refl. V.* **a)** ⟨*confusion, speed, profit, etc.*⟩ increase; ⟨*pain, excitement, tension*⟩ become more intense; ⟨*excitement, tension*⟩ mount; ⟨*hate, anger*⟩ grow, become more intense; ⟨*costs*⟩ escalate; ⟨*effect*⟩ be heightened *or* intensified; **der Sturm steigerte sich zum Orkan** the gale increased to hurricane strength; **sich** *od.* **seine Leistung[en] ~:** improve one's performance; **b)** *(hineinsteigern)* **sich [mehr und mehr] in Wut/Zorn/einen Erregungszustand ~:** work oneself up into [more and more of] a fury/rage/state [of excitement]

**Steigerung die; ~, ~en a)** increase (+ *Gen.* in); *(Verstärkung)* intensification; *(einer Wirkung)* heightening; *(des Zorns)* exacerbation; *(Verbesserung)* improvement (+ *Gen.* in); *(bes. Sport: Leistungs~)* improvement [in performance]; **~ der Produktion/des Absatzes** increase in production/in sales; **b)** *(Sprachw.)* comparison

**Steigerungs-:** **~form die** *(Sprachw.)* comparative [form]; **~stufe die** *(Sprachw.)* degree of comparison

**Steigung die; ~, ~en** gradient; *(ansteigende Strecke)* gradient; climb; **in sanfter ~:** climbing gently

**Steigungs·winkel der** [angle of] gradient

**steil** [ʃtail] **1.** *Adj.* **a)** steep; upright, straight ⟨*handwriting, flame*⟩; meteoric ⟨*career*⟩; rapid ⟨*rise*⟩; **b)** *nicht präd. (Jugendspr. veralt.: beeindruckend)* fabulous *(coll.)*; super *(coll.)*; **c)** *(Ballspiele)* deep ⟨*pass, ball*⟩. **2.** *adv.* **a)** steeply; **sie saß ~ aufgerichtet** she sat bolt upright; **b)** *(Ballspiele)* **jmdn. ~ anspielen** play a deep ball to sb.; **er spielt [immer wieder] zu ~:** he's playing too many deep balls

**Steil·hang der** steep escarpment

**Steilheit die; ~:** steepness

**Steil-:** **~küste die** *(Geogr.)* cliffs *pl.*; **~paß der** *(Fußball)* deep [forward] pass; **~ufer das** steep bank; **~wand die** rock wall; **~wand·fahrer der** wall-of-death rider; **~wand·zelt das** frame tent

**Stein** [ʃtain] **der; ~[e]s, ~e a)** *o. Pl.* stone; *(Fels)* rock; **ihr Gesicht war zu ~ geworden** *(fig.)* her face had hardened; **b)** *(losgelöstes Stück, Kern, Med., Edel~, Schmuck~)* stone; *(Kiesel~)* pebble; **der ~ der Weisen** *(geh.)* the philosophers' stone; **ein ~ des Anstoßes** *(geh.)* a bone of contention; **mir fällt ein ~ vom Herzen** that's a weight off my mind; **es friert ~ und Bein** *(ugs.)* it's freezing hard; **~ und Bein schwören** *(ugs.)* swear blind; **den ~ ins Rollen bringen** *(fig.)* set the ball rolling; **jmdm. [die** *od.* **alle] ~e aus dem Weg räumen** *(fig.)* smooth sb.'s path; make things easy for sb.; **jmdm. ~e in den Weg legen** *(fig.)* create obstacles *or* make things difficult for sb.; **eine Uhr mit 12 ~en** a 12-jewel watch; *s. auch* **Krone a; c)** *(Bau~)* [stone] block; *(Ziegel~)* brick; **keinen ~ auf dem anderen lassen** not leave one stone upon another; **d)** *(Spiel~)* piece; *(rund, flach)* counter; **bei jmdm. einen ~ im Brett haben** *(fig.)* be in sb.'s good books; **e)** *(Grab~)* gravestone

**stein-, Stein-:** **~adler der** golden eagle; **~alt** *Adj.* aged; ancient; **~alt werden** live to a great age; **~axt die** *(hist.)* stone axe; **~bau der;** *Pl.* **~bauten** stone building; **~block der;** *Pl.* **~blöcke** block of stone; **~bock der a)** *(Tier)* ibex; **b)** *(Astrol.)* Capricorn; the Goat; *s. auch* **Fisch c; ~boden der** stone floor; **~brech** [~brɛç] **der; ~[e]s, ~e** *(Bot.)* saxifrage; **~bruch der** quarry; **~butt der** turbot

**Steinchen das; ~s, ~:** little stone; *(Kiesel~)* pebble

**Stein·druck der;** *Pl.* ~**drucke a)** *o. Pl. (Verfahren)* lithography *no art.;* **b)** *(Graphik)* lithograph; ~**eiche die** holm-oak

**steinern** *Adj.* **a)** *nicht präd.* stone ⟨*floor, bench, etc.*⟩; **b)** *(wie versteinert)* stony ⟨*face, features*⟩; **ein ~es Herz** a heart of stone

**stein-, Stein-: ~erweichen das: zum ~erweichen** so as to make your heart bleed; heart-rendingly; **~frucht die** *(Bot.)* stone-fruit; **~fuß·boden der** *s.* ~**boden; ~garten der** rockery; rock-garden; **~gut das** earthenware; **~hart** *Adj.* rock-hard

**steinig** *Adj.* stony

**steinigen** *tr. V.* stone ⟨*person*⟩

**stein-, Stein-: ~kauz der** little owl; **~kohle die** [hard] coal; **~krug der** earthenware jug; **~marder der** stone marten; **~metz** [~mɛts] **der** stonemason; **~obst das** stone-fruit; **~pilz der** cep; **~reich** *Adj. (ugs.)* filthy rich; **~reich sein** be rolling [in money] *(coll.);* **~reich werden** make pots of money *(coll.);* **~salz das** rock-salt; **~schlag der** *(Fachspr.)* rock fall; **„Achtung ~schlag"** 'beware falling rocks'; **~schleuder die** catapult *(Brit.);* slingshot *(Amer.);* **~topf der** earthenware pot; **~wurf der: jmdn. mit ~würfen wegjagen** chase sb. away by throwing stones [at him/her]; **[nur] einen ~wurf weit [entfernt]** *(fig.)* [only] a stone's throw away; **~wüste die** rocky desert; *(fig.: leere Stadt)* waste land of stone and concrete; **~zeit die** Stone Age; *(fig.)* stone age; **~zeitlich** *Adj.* Stone-Age *attrib.; (fig.: völlig veraltet)* antediluvian *(coll.);* **~zeug das** stoneware

**Steirer** ['ʃtairɐ] **der; ~s, ~, Steierin die; ~, ~nen** Styrian

**steirisch** ['ʃtairɪʃ] *Adj.* Styrian

**Steiß** [ʃtais] **der; ~es, ~e a)** *(~bein)* coccyx; **b)** *(ugs.: Gesäß)* backside; behind *(coll.)*

**Steiß-: ~bein das** *(Anat.)* coccyx; **~lage die** *(Med.)* breech presentation

**Stellage** [ʃtɛ'la:ʒə] **die; ~, ~n** rack

**Stell·dich·ein das; ~[s], ~[s]** *(veralt.)* rendezvous; tryst *(arch./literary);* **sich** *(Dat.)* **ein ~ geben** *(fig.)* gather; assemble

**Stelle** ['ʃtɛlə] **die; ~, ~n a)** place; **eine schöne ~ zum Campen** a nice spot for camping; **an dieser ~ ereignete sich der Unfall** this is the spot where the accident happened; **die Truhe ließ sich nicht von der ~ rücken** the chest could not be shifted *or* would not budge; **sich nicht von der ~ rühren** not budge *or* move; **an jmds. ~ treten** take sb.'s place; **ich an deiner ~ würde das nicht machen** I wouldn't do it if I were you; **ich möchte nicht an deiner ~ sein** I shouldn't like to be in your place; **A an die ~ von B setzen** replace B with A; **an ~ +** *Gen.* instead of; **auf der ~:** immediately; **er war auf der ~ tot** he died instantly; **ich könnte auf der ~ einschlafen** I could go to sleep here and now; **auf der ~ treten** *(ugs.),* **nicht von der ~ kommen** *(fig.)* make no headway; not get anywhere; **zur ~ sein** be there *or* on the spot; **pünktlich zu ~ sein** arrive punctually; **Gefreiter Schulz meldet sich zur ~!** *(Milit.)* Lance-Corporal Schulz reporting; **b)** *(begrenzter Bereich)* patch; *(am Körper)* spot; **eine kahle ~:** a bare patch; *(am Kopf)* a bald patch; **seine empfindliche ~** *(fig.)* his sensitive *or* sore spot; **eine schwache ~ in der Argumentation** *(fig.)* a weak point in the argument; **c)** *(Passage)* passage; **an anderer ~:** elsewhere; in another passage; **d)** *(Punkt im Ablauf einer Rede usw.)* point; **an dieser/früherer ~:** at this point *or* here/earlier; **e)** *(Platz in einer Rangordnung, Reihenfolge)* place; **an achter ~ liegen** be in eighth place; **er steht an führender ~:** he has a leading position; **etw. kommt an vorderster** *od.* **oberster ~:** sth. has top priority; **an erster ~ geht es hier um ...:** here it is primarily a question of ...; **f)** *(Math.)* figure; **die erste ~ hinter** *od.* **nach dem Komma** the first decimal place; **etw. bis auf zwei ~n hinter dem Komma ausrechnen** calculate sth. to two decimal places; **g)** *(Arbeits~)* job; *(formeller)* position; *(bes. als Beamter)* post; **eine halbe/ganze ~:** a half-time/full-time job; **ohne ~ sein** be unemployed; **eine freie ~:** a vacancy; **h)** *(Dienst~)* office; *(Behörde)* authority; **die zuständige ~:** the competent authority

**stellen 1.** *tr. V.* **a)** put; *(mit Sorgfalt, ordentlich)* place; *(aufrecht hin~)* stand; **die Stühle um den Tisch ~:** place *or* put the chairs round the table; **wie sollen wir die Möbel ~?** how should we position the furniture?; **man soll die Flaschen ~, nicht legen** one should stand the bottles [up], not lay them down; **jmdn. wieder auf die Füße ~** *(fig.)* put sb. back on his/her feet; **jmdn. vor eine Entscheidung ~** *(fig.)* confront sb. with a decision; **auf sich [selbst] gestellt sein** *(fig.)* be thrown back on one's own resources; **etw. in den Mittelpunkt der Diskussion ~** *(fig.)* make sth. the focus of discussion; **b)** *(ein~, regulieren)* set ⟨*points, clock, scales*⟩; set ⟨*clock*⟩ to the right time; **den Wecker auf 6 Uhr ~:** set the alarm for 6 o'clock; **den Schalter auf Null ~:** turn the switch to zero; set the switch at zero; **das Radio lauter/leiser ~:** turn the radio up/down; **die Heizung höher/niedriger ~:** turn the heating up/down; **c)** *(bereit~)* provide; produce ⟨*witness*⟩; **jmdm. etw. ~:** provide sb. with sth.; *s. auch* **Verfügung b; d) jmdn. besser ~:** ⟨*firm*⟩ improve sb.'s pay; **gut/schlecht/besser gestellt** comfortably/badly/better off; **e)** *(auf~)* set ⟨*trap*⟩; lay ⟨*net*⟩; **f) kalt ~:** put ⟨*food, drink*⟩ in a cold place; leave ⟨*champagne etc.*⟩ to chill; **warm ~:** put ⟨*plant*⟩ in a warm place; keep ⟨*food*⟩ warm *or* hot; **g)** *(fassen, festhalten)* catch ⟨*game*⟩; apprehend ⟨*criminal*⟩; **h)** *(aufrichten)* ⟨*dog, horse, etc.*⟩ prick up ⟨*ears*⟩; stick up ⟨*tail*⟩; **i)** *(erstellen)* prepare ⟨*horoscope, bill*⟩; make ⟨*diagnosis, prognosis*⟩; **j)** *verblaßt* put ⟨*question*⟩; set ⟨*task, essay, topic, condition*⟩; make ⟨*application, demand, request*⟩; **jmdm. eine Frage/Aufgabe ~:** ask sb. a question/set sb. a task; **jmdn. unter Aufsicht/etw. unter Denkmalschutz ~:** place sb. under supervision/sth. under a conservation order; **jmdn. vor Gericht/unter Anklage ~:** take sb. to court/charge sb.; **k)** *(bes. Theater, Film: arrangieren)* block in the moves for ⟨*scene*⟩; **das Foto wirkt gestellt** the photo looks posed. **2.** *refl. V.* **a)** place oneself; **sie stellte sich auf eine Leiter** she got on a ladder; **stell dich neben mich/ans Ende der Schlange/in die Reihe** come and stand by me/go to the back of the queue *(Brit.) or (Amer.)* line/get into line; **sich auf die Zehenspitzen ~:** stand on tiptoe; **ich stelle mich lieber** *(ugs.)* I'd rather stand; **sich gegen jmdn./etw. ~** *(fig.)* oppose sb./sth.; **sich hinter jmdn./etw. ~** *(fig.)* give sb./sth. one's backing; **sich vor jmdn. ~** *(fig.)* take sb.'s part; *(verteidigen)* defend sb.; *s. auch* **Standpunkt; b) sich schlafend/taub** *usw.* **~:** feign sleep/deafness *etc.;* pretend to be asleep/deaf *etc.; s. auch* **dumm 1 a; c)** *(sich ausliefern)* **sich [der Polizei] ~:** give oneself up [to the police]; **d)** *(nicht ausweichen)* **sich einem Herausforderer/der Presse ~:** face a challenger/the press; **sich einer Disskusion ~:** consent to take part in a discussion; **er stellte sich der Kamera** he made himself available for photographs; **e)** *(Stellung beziehen)* **sich positiv/negativ zu jmdm./etw. ~:** take a positive/negative view of sb./sth.; **sich mit jmdm. gut ~:** try to get on good terms with sb.

**stellen-, Stellen-: ~angebot das** offer of a job; *(Inserat)* job advertisement; **„~angebote"** 'situations vacant'; **~anzeige die** job advertisement; **~gesuch das** 'situation wanted' advertisement; **„~gesuche"** 'situations wanted'; **~markt der** job market; **~suche die** job-hunting *no art.;* search for a job; **auf ~suche sein** be looking for a job; be job-hunting; **~weise** *Adv.* in places; **~weise Nebel/Schauer** fog patches/scattered showers; **~wert der a)** *(Math.)* place value; **b)** *(fig.: Bedeutung)* standing; status

**-stellig** -figure ⟨*number, salary*⟩; -place ⟨*decimal*⟩

**Stell-: ~macher der** cartwright; **~platz der** space; *(auf einem Campingplatz)* pitch; site; **~probe die** *(Theater)* blocking rehearsal; **~schraube die** adjusting screw

**Stellung die; ~, ~en a)** position; **in gebückter/kniender ~:** in a bent/kneeling posture; **die ~ der Frau in der Gesellschaft** the position *or* standing of women in society; **in ~ gehen** *(Milit.)* take up [one's] position; **geh nur, ich halte in der Zwischenzeit die ~** *(fig.)* you can go while I hold the fort; **[zu/gegen etw.] ~ beziehen** *(fig.)* take a stand [on/against sth.]; **b)** *(Posten)* job; *(formeller)* position; *(bes. als Beamter)* post; **c)** *o. Pl. (Einstellung)* attitude (**zu** to, towards); **zu etw. ~ nehmen** express one's opinion *or* state one's view on sth.; **er hat zu dem Vorschlag offiziell ~ genommen** he made an official statement on the proposal

**Stellungnahme die; ~, ~n** opinion; *(kurze Äußerung)* statement; **eine ~ zu etw. abgeben** give one's opinion *or* views on sth.; *(sich kurz zu etw. äußern)* make a statement on sth.

**stellungs-, Stellungs-: ~befehl der** *(Milit.)* call-up papers *pl.;* draft card *(Amer.);* **~krieg der** positional warfare *no pl., no indef. art.;* **~los** *Adj.* unemployed; jobless; **~spiel das;** *o. Pl. (Fußball)* positioning; **~suche die** *s.* **Stellensuche; ~suchende der/die;** *adj. Dekl.* job-hunter; **~wechsel der** change of position; *(Wechsel der Arbeitsstelle)* change of job

**stell-, Stell-: ~vertretend 1.** *Adj.; nicht präd.* acting; *(von Amts wegen)* deputy ⟨*minister, director, etc.*⟩; **2.** *adv.* as a deputy; **~vertretend für jmdn.** deputizing for sb.; on sb.'s behalf; **~vertreter der** deputy; **jmdn. als seinen ~vertreter schicken** send sb. as one's representative; **der ~vertreter Christi** *(kath. Rel.)* the Vicar of Christ; **~vertreter·krieg der** proxy war; **~vertretung die** deputizing *no art.;* acting as deputy *no art.;* **die ~vertretung für jmdn.** *od.* **jmds. ~vertretung übernehmen** stand in *or* deputize for sb.; **~wand die** partition; **~werk das** *(Eisenb.)* signal-box *(Brit.);* switch-tower *(Amer.); (Anlage)* control gear for signals and points *(Brit.) or (Amer.)* switches

**Stelze die; ~, ~n a)** *meist Pl.* stilt; **b)** *(ugs.: Bein)* leg; **der hat vielleicht ~n!** what long skinny legs *or* spindle-shanks he's got!

**stelzen** *itr. V.; mit sein* strut; stalk

**Stemm-: ~bogen der** *(Skisport)* stem [turn]; **~eisen das** chisel

**stemmen** ['ʃtɛmən] **1.** *tr. V.* **a)** *(hoch~)* lift [above one's head]; *(Gewichtheben)* lift ⟨*weight*⟩; **b)** *(drücken)* brace ⟨*feet, knees*⟩ **(gegen** against); **die Arme in die Hüften/Seiten ~:** place one's arms akimbo; put one's hands on one's hips; **die Arme in die Hüften gestemmt** with arms akimbo; **c)** *(meißeln)* chisel ⟨*hole etc.*⟩. **2.** *refl. V.* **sich gegen etw. ~:** brace oneself against sth.; *(fig.: sich auflehnen)* resist sth.; **sich in die Höhe ~:** haul oneself to one's feet. **3.** *itr. V. (Skisport)* stem

**Stempel** ['ʃtɛmpl] **der; ~s, ~ a)** stamp; *(Post~)* postmark; **jmdm./einer Sache seinen** *od.* **den ~ aufdrücken** *(fig.)* leave one's mark on sb./sth.; **den ~ einer Person/Sache tragen** *(fig.)* bear the stamp *or* imprint of sb./sth.; **b)** *(Punze)* hallmark; **c)** *(Bot.: Teil der Blüte)* pistil; **d)** *(Technik) (zum Stanzen)* punch; *(zum Formen)* die; **e)** *(Bauw., Berg-*

*bau: Stütze)* prop; **f)** *(salopp: dicke Beine)* **[richtige] ~ haben** have legs like tree-trunks
**Stẹmpel-: ~farbe die** stamp-pad ink; **~geld das;** *o. Pl. (ugs. veralt.)* dole [money] *(coll.)*; **~kissen das** stamp pad; ink-pad
**stẹmpeln 1.** *tr. V.* **a)** stamp ⟨*passport, form*⟩; postmark ⟨*letter*⟩; cancel ⟨*postage stamp*⟩; **das Eingangsdatum auf die Briefe ~:** stamp the letters with the date of receipt; **b)** hallmark ⟨*gold, silver, ring, brooch, etc.*⟩; **c)** *(brandmarken)* **jmdn. zum Verbrecher ~:** brand sb. [as] a criminal. **2.** *itr. V. (ugs. veralt.)* be on the dole *(coll.)*; **~ gehen** be on the dole *(coll.)*; **er muß ~ gehen** he has to go on the dole
**stẹmpelpflichtig** [-pflɪçtɪç] *Adj. (österr.) s.* **gebührenpflichtig**
**Stẹmpel·schneider der** punch-cutter
**Stengel** [ˈʃtɛŋl] **der; ~s, ~:** stem; stalk
**¹Steno** [ˈʃteːno] **die; ~;** *meist o. Art. (ugs.)* shorthand; **kannst du ~?** do you know shorthand?
**²Steno das; ~s, ~s** *(ugs.) s.* **Stenogramm**
**steno-, Steno-: ~block** [ˈ---] **der** *s.* **~grammblock; ~grạmm das** shorthand text; **ein ~gramm aufnehmen** take a dictation in shorthand; **~grạmm·block der;** *Pl.* **~blöcke** *od.* **~blocks** shorthand pad; **~graph der; ~en, ~en** stenographer; **~graphie die; ~, ~n** stenography *no art.*; shorthand *no art.*; **~graphie lernen/können** learn shorthand/be able to do shorthand; **~graphieren 1.** *itr. V.* do shorthand; **sie kann gut ~graphieren** her shorthand is good; **2.** *tr. V.* **etw. ~graphieren** take sth. down in shorthand; **~graphisch 1.** *Adj.; nicht präd.* **a)** shorthand *attrib.*; stenographic ⟨*symbols*⟩; **2.** *adv.* **~graphisch abgefaßte Notizen** shorthand notes; **~stift** [ˈ---] **der** shorthand pencil; **~typịstin die** shorthand typist
**Stentor·stimme** [ˈʃtɛntɔr-] **die** stentorian voice; **mit ~:** in a stentorian voice
**Stenz** [ʃtɛnts] **der; ~es, ~e** *(ugs. abwertend)* dandy; fop
**Step** [ʃtɛp] **der; ~s, ~s** tap-dance
**Stẹpp·decke die** quilt
**Steppe** [ˈʃtɛpə] **die; ~, ~n** steppe
**¹stẹppen** *tr. (auch itr.) V. (nähen)* backstitch; **eine gesteppte Jacke** a quilted jacket
**²stẹppen** *itr. V. (tanzen)* tap-dance
**Stẹppen-: ~fuchs der** corsac; **~wolf der** *s.* **Präriewolf**
**Stepperei die; ~, ~en** backstitching *no pl.*
**Stẹpp-: ~futter das** quilted lining; **~jacke die** quilted jacket
**Steppke** [ˈʃtɛpkə] **der; ~[s], ~s** *(ugs., bes. berlin.)* lad; nipper *(coll.)*
**Stẹpp-: ~naht die** backstitched seam; **~stich der** backstitch
**Stẹp-: ~tanz der** tap-dance; **~tänzer der, ~tänzerin die** tap-dancer
**Stẹrbe-: ~bett das** death-bed; **auf dem ~bett liegen** be on one's death-bed; **~datum das** date of death; **~fall der** *s.* **Todesfall; ~geläut das** death-knell; **~glocke die** funeral bell; **~hilfe die** *s.* **Euthanasie**
**sterben** [ˈʃtɛrbn̩] **1.** *unr. itr. V.; mit sein* die; **eines sanften Todes ~** *(geh.)* die peacefully; **er starb als Christ** he died a Christian; **im Sterben liegen** lie dying; **und wenn sie nicht gestorben sind, dann leben sie noch heute** and they lived happily ever after; **davon stirbt man/stirbst du nicht gleich** *(ugs.)* it/they won't kill you; **zum Sterben langweilig/müde** deadly boring/dead tired; **er ist für mich gestorben** *(fig.)* he's finished *or* he doesn't exist as far as I'm concerned; **gestorben!** *(Film-, Fernsehjargon) (abgeschlossen)* [OK,] in the can!; *(abgebrochen)* cut!; **vor Angst/Scham/Neugier ~** *(ugs.)* die of fright/shame/be dying of curiosity. **2.** *unr. tr. V.; mit sein* **den Hungertod ~:** die of starvation; starve to death; **den Heldentod ~:** die a hero's death
**stẹrbens-, Stẹrbens-: ~ạngst die** terrible fear; **eine ~angst haben** be scared to death; be terribly afraid; be terrified; **~ẹlend** *Adj.* wretched; **~krạnk** *Adj.* **a)** *s.* **~elend; b)** *(sehr krank)* mortally ill; **~lạngweilig** *Adj.* deadly boring; **~wort, ~wörtchen das** *in* **kein** *od.* **nicht ein ~wort** *od.* **~wörtchen** not a [single] word; **darüber haben wir kein ~wort** *od.* **~wörtchen gesagt** we didn't breathe a word [of it]
**Stẹrbe-: ~sakramente** *Pl. (kath. Kirche)* last rites; **~stunde die** *s.* **Todesstunde; ~urkunde die** death certificate; **~zimmer das: sein ~zimmer** the room in which he died
**stẹrblich** *Adj.* mortal; *s. auch* **Hülle a; Überrest**
**Stẹrbliche der/die;** *adj. Dekl.* **a)** *(dichter.)* mortal; **b) ein gewöhnlicher ~r** an ordinary mortal *or* person
**Stẹrblichkeit die; ~:** mortality
**stereo** [ˈʃteːreo] *Adv. (Akustik)* in stereo
**Stẹreo das; ~s** *(Akustik)* stereo
**stẹreo-, Stẹreo-** stereo-
**stẹreo-, Stẹreo-: ~anlage die** stereo [system]; **~aufnahme die** stereo recording; **~empfang der;** *o. Pl.* stereo reception; **~kamera die** stereocamera; stereoscopic camera; **~metrie** [~meˈtriː] **die; ~** *(Math.)* stereometry *no art.*; **~phon** [~ˈfoːn] *(Akustik)* **1.** *Adj.* stereophonic; **2.** *adv.* stereophonically; **~phonie** [~foˈniː] **die; ~** *(Akustik)* stereophony *no art.*; **~skop** [~ˈskoːp] **das; ~s, ~e** stereoscope; **~skopie** [~skoˈpiː] **die; ~:** stereoscopy *no art.*; **~skọpisch** *Adj.* stereoscopic; **~ton der** stereo sound; **~typ** [---ˈ-] **1.** *Adj.* **a)** stereotyped ⟨*discussion, pattern, etc.*⟩; stereotyped, stock ⟨*question, reply, phrase, utterance*⟩; mechanical ⟨*smile*⟩; **b)** *(Druckw.)* stereotype; **2.** *adv.* **a)** in a stereotyped way; **b)** *(Druckw.)* in stereotype; **~typie** [~tyˈpiː] **die; ~ a)** *(Druckw.)* stereotyping *no art.*; **b)** *(Psychiatrie, Med.)* stereotypy
**steril** [ʃteˈriːl] **1.** *Adj. (auch fig. abwertend)* sterile; **etw. ~ machen** sterilize sth. **2.** *adv.* **a)** *(keimfrei)* **~ verpackt sein** be in a sterile pack/sterile packs; **etw. ~ auskochen** sterilize sth. by boiling; **b)** *(fig. abwertend: unschöpferisch, nüchtern)* sterilely
**Sterilisation** [ʃterilizaˈtsi̯oːn] **die; ~, ~en** sterilization
**sterilisieren** *tr. V.* sterilize
**Sterilität** [ʃteriliˈtɛːt] **die; ~** *(auch fig. abwertend)* sterility
**Sterling** [ˈstɛːlɪŋ] **der; ~s, ~e: 2 Pfund ~:** £2 sterling; **einen Betrag in Pfund ~ tauschen** change a sum into sterling
**Stẹrling·silber das** sterling silver
**Stern** [ʃtɛrn] **der; ~[e]s, ~e a)** star; **~e sehen** *(ugs.)* see stars; **unter fremden ~en** *(geh.)* in foreign parts; **nach den ~en greifen** *(geh.)* reach for the moon; **in den ~en stehen** *(fig.)* be in the lap of the gods; **unter einem guten** *od.* **günstigen/ungünstigen ~ stehen** *(geh.)* have an auspicious start/be ill-starred; **b)** *(Orden, Auszeichnung)* star; **ein Hotel mit fünf ~en** a five-star hotel; **c)** *(bei Pferden, Rindern)* blaze; **d)** *(Jägerspr.)* iris
**Stẹrn·bild das** constellation
**Stẹrnchen das; ~s, ~ a)** [little] star; **b)** *(als Verweis)* asterisk; **c)** *s.* **Starlet[t]**
**Stẹrn-: ~deuter** [~dɔytɐ] **der; ~s, ~:** astrologer; **~deutung die;** *o. Pl.* astrology *no art.*
**stẹrnen-, Stẹrnen-: ~banner das** Star-spangled Banner, Stars and Stripes *pl.*; **~himmel der** *(geh.)* starry sky; **~klar** *Adj.* starlit, starry ⟨*sky, night*⟩; **~licht das;** *o. Pl. (geh.)* starlight; **~zelt das;** *o. Pl. (dichter.)* starry canopy
**stẹrn-, Stẹrn-: ~fahrt die** rally *(in which the participants converge from various starting-points)*; **eine ~fahrt nach X** a rally converging on X; **~förmig** *Adj.* star-shaped; stellate ⟨*leaf*⟩ *(Bot.)*; **~globus der** *(Astron.)* celestial globe; **~gucker der; ~s, ~** *(ugs. scherzh.: Astronom)* star-gazer; **~hagel·vọll** *Adj. (salopp)* paralytic *(Brit. sl.)*; blotto *(sl.)*; **~haufen der** *(Astron.)* star cluster; **~hell** *Adj. (geh.)* starlit; starry; **~himmel der** starry sky; **~jahr das** sidereal year; **~karte die** *s.* **Himmelskarte; ~klar** *Adj.* starlit, starry ⟨*sky, night*⟩; **~kunde die;** *o. Pl.* astronomy *no art.*; **~kundig** *Adj.* **~kundig sein** have a knowledge of astronomy; **~los** *Adj.* starless; **~marsch der** [protest] march *(with marchers converging from various starting points)*; **~miere** [~miːrə] **die** *(Bot.)* starwort; **~schnuppe die; ~, ~n** shooting star; **~stunde die** *(geh.)* great moment; **seine ~stunde haben** have one's moment *or* hour of glory; **~tag der** *(Astron.)* sidereal day; **~warte die** observatory; **~zeichen das** *s.* **Tierkreiszeichen; ~zeit die** sidereal time
**¹Sterz** [ʃtɛrts] **der; ~es, ~e** *(südd., österr.: Speise) (boiled or fried)* dumpling pieces *pl.*
**²Stẹrz der; ~es, ~e** *(Bürzel)* rump
**stet** [ʃteːt] *Adj. (geh.)* **a)** constant ⟨*goodwill, devotion, companion*⟩; steady ⟨*rhythm*⟩; **b)** *(ständig)* constant; continous
**Stethoskop** [ʃtetoˈskoːp] **das; ~s, ~e** *(Med.)* stethoscope
**stetig** [ˈʃteːtɪç] **1.** *Adj.* steady ⟨*growth, increase, decline*⟩; constant, continuous ⟨*movement, vibration*⟩. **2.** *adv.* ⟨*grow, increase, drop*⟩ steadily; ⟨*move, vibrate*⟩ constantly, continuously
**Stẹtigkeit die; ~** *s.* **stetig:** steadiness; constancy; continuousness
**stets** [ʃteːts] *Adv.* always
**¹Steuer** [ˈʃtɔyɐ] **das; ~s, ~** *(von Fahrzeugen)* [steering-]wheel; *(von Schiffen)* helm; **ins ~ greifen** grab the [steering-]wheel; **sich ans** *od.* **hinters ~ setzen** get behind the wheel; **das ~ herumreißen** pull the [steering-]wheel over hard; **das ~ übernehmen** take over the wheel *or* the driving; *(bei Schiffen, fig.)* take over the helm; **Trunkenheit am ~:** drunken driving; being drunk at the wheel; **das ~ fest in der Hand haben** *(fig.)* have one's hand firmly on the helm
**²Steuer die; ~, ~n a)** tax; **~n zahlen** *(Lohn-/Einkommensteuer)* pay tax; **etw. von der ~ absetzen** set sth. off against tax; **etw. mit einer ~ belegen** impose a tax on sth.; **b)** *o. Pl. (ugs.: Behörde)* tax authorities *pl.*
**steuer-, Steuer-: ~aufkommen das** *(Steuerw.)* tax revenue; **~bar** *Adj.* controllable; **~behörde die** tax authorities *pl.*; **~berater der** *(Steuerw.)* tax consultant *or* adviser; **~bescheid der** *(Steuerw.)* tax assessment; **~bevollmächtigte der/die;** *adj. Dekl. (Steuerw.)* tax consultant *or* adviser; **~bord das** *od. österr.* **der;** *o. Pl. (Seew., Flugw.)* starboard; **nach ~bord gehen** turn to starboard; **~bord[s]** *Adv. (Seew., Flugw.)* to starboard; **~erhöhung die** *(Steuerw.)* tax increase; **~erklärung die** *(Steuerw.)* tax return; **~ermäßigung die** *(Steuerw.)* tax relief; **~erstattung die** *(Steuerw.)* tax refund; **~fahnder der** tax investigator; **~fahndung die** *(Steuerw.)* tax investigation; **~flucht die** *(Steuerw.)* tax evasion *(by transferring capital out of the country or living abroad)*; **~frei** *Adj. (Steuerw.)* tax-free; free of tax *pred.*; **~frei·betrag der** *(Steuerw.)* tax allowance; **~gelder** *Pl. (Steuerw.)* taxes; **~gerät das a)** *(Rundfunkt.)* receiver; **b)** *(Elektrot.)* control device *or* unit; **~gesetz das;** *meist Pl. (Steuerw.)* tax law; **~hinter·ziehung die** *(Steuerw.)* tax evasion; **~klasse die** *(Steuerw.)* tax category *(dependent on marital status [and number of children]*; **~knüppel der** control column; joystick *(coll.)*
**steuerlich 1.** *Adj.; nicht präd.* tax ⟨*advant-*

*ages, benefits, etc.*⟩. **2.** *adv.* ~ **absetzbar** tax-deductible

**steuer-, Steuer-: ~los** *Adj.* out of control; **~mann der;** *Pl.* **~leute** *od.* **~männer a)** *(Seew. veralt.)* helmsman; steersman; **b)** *(Seew.) s.* **Bootsmann b; c)** *(Rudersport)* cox; **Vierer mit/ohne ~mann** coxed/coxless fours; **Einer mit ~mann** coxed single; **d)** *(Elektrot.)* controller; **~marke die** revenue stamp; *(für Hunde)* licence disc; **~moral die** tax-payer honesty; attitude to paying tax

**steuern 1.** *tr. V.* **a)** *(fahren)* steer; *(fliegen)* pilot, fly ⟨*aircraft*⟩; fly ⟨*course*⟩; **b)** *(Technik)* control; **c)** *(beeinflussen)* control, regulate ⟨*process, activity, price, etc.*⟩; steer ⟨*discussion etc.*⟩; influence ⟨*opinion etc.*⟩. **2.** *itr. V.* **a)** *(im Fahrzeug)* be at the wheel; *(auf dem Schiff)* be at the helm; **b)** *mit sein (Kurs nehmen, ugs.: sich hinbewegen; auch fig.)* head; **c)** *(geh.: entgegenwirken)* **jmdm./einer Sache ~:** curb sb./remedy sth.

**steuer-, Steuer-: ~oase die** *(ugs.)* tax haven; **~pflicht die;** *o. Pl. (Steuerw.)* liability to [pay] tax; **~pflichtig** *Adj. (Steuerw.)* ⟨*person*⟩ liable to [pay] tax; taxable ⟨*goods, assets, income, profits, etc.*⟩; **~pflichtige der/die;** *adj. Dekl. (Steuerw.)* person liable to [pay] tax; **~progression die** progressive taxation; **~prüfer der** *s.* **Wirtschaftsprüfer; ~pult das** *(Elektrot.) s.* **Schaltpult; ~rad das a)** *s.* **Lenkrad; b)** *(Seew.)* [ship's] wheel; helm; **~recht das** tax law; **~rechtlich** *Adj. (Steuerw.)* under the tax laws *postpos.*; **~ruder das** *(Seew.)* rudder; **~satz der** *(Steuerw.)* tax rate; rate of tax; **~schraube die** *in* **die ~schraube anziehen/überdrehen** *(ugs.)* squeeze the taxpayer/squeeze the taxpayer too hard *(coll.)*; **~schuld die** *(Steuerw.)* tax[es] owing *no indef. art.*; *(Verpflichtung)* tax liability; **~senkung die** *(Steuerw.)* tax cut; reduction in taxation; **~system das** *(Technik) s.* **Steuerung a; ~tabelle die** *(Steuerw.)* ≈ tax table

**Steuerung die;** ~, **~en a)** *(System)* controls *pl.*; **die automatische ~** *(Flugw.)* the automatic pilot; the autopilot; **b)** *o. Pl. s.* **steuern 1 a, c, d:** steering; piloting; flying; control; regulation; steering; influencing; **die ~ übernehmen** *(Flugw.)* take over the controls; **c)** *s.* **Steuergerät b**

**Steuer-: ~verkürzung die** *(Steuerw.)* tax evasion; **~vorteil der** *(Steuerw.)* tax advantage; **~zahler der;** ~s, ~: taxpayer

**Steven** ['ʃte:vn̩] **der;** ~s, ~ *(Vorder~)* stem; *(Achter~)* stern-post

**Steward** ['stju:ɐt] **der;** ~s, ~s steward

**Stewardeß** ['stju:ɐdɛs] **die;** ~, **Stewardessen** stewardess

**StGB** *Abk.* **Strafgesetzbuch**

**stibitzen** [ʃti'bɪtsn̩] *tr. V. (fam.)* pinch *(sl.)*; swipe *(sl.)*

**stich** [ʃtɪç] *Imper. Sg. v.* **stechen**

**Stich der;** ~[e]s, ~e **a)** *(mit einer Waffe)* stab; *(fig.: böse Bemerkung)* dig; gibe; **b)** *(Dornen~, Nadel~)* prick; *(von Wespe, Biene, Skorpion usw.)* sting; *(Mücken~ usw.)* bite; **c)** *(~wunde)* stab wound; **d)** *(beim Nähen)* stitch; **e)** *(Schmerz)* stabbing *or* shooting *or* sharp pain; **es gab mir einen ~ [ins Herz]** *(fig.)* I was cut to the quick; **f)** *(Kartenspiel)* trick; **g) jmdn. im ~ lassen** leave sb. in the lurch; **mein Gedächtnis hat mich im ~ gelassen** my memory has failed me; **etw. im ~ lassen** abandon sth.; **~ halten** ⟨*argument, alibi, etc.*⟩ hold water; **h)** *(Fechten)* hit; **i)** *(bild. Kunst)* engraving; **j)** *o. Pl. (Farbschimmer)* tinge; **ein ~ ins Blaue** a tinge of blue; **sie hat einen ~ ins Ordinäre** *(fig.)* she is a touch vulgar; **k) einen [leichten] ~ haben** *(ugs.)* ⟨*food, drink*⟩ be off, have gone off; *(salopp)* ⟨*person*⟩ be nuts *(sl.)*; be round the bend *(coll.)*; **l)** *(Kochk. landsch.)* **ein ~ Butter** a knob of butter

**Stichel der;** ~s, ~: graver; burin

**Stichelei die;** ~, **~en** *(ugs. abwertend)* **a)** *(Bemerkung)* dig; gibe; **b)** *o. Pl.* **hör auf mit deiner ~:** stop getting at me/him *etc. (coll.)*

**sticheln** *itr. V.* **a)** *(Anspielungen machen)* make snide remarks *(coll.)* **(gegen** about**)**; **b)** *(nähen)* sew; *(sticken)* embroider

**stich-, Stich-: ~fest** *s.* **hiebfest; ~flamme die** tongue *or* jet of flame; **~|halten** *(österr.) s.* **Stich g; ~haltig,** *(österr.)* **~hältig 1.** *Adj.* sound, valid ⟨*argument, reason*⟩; valid ⟨*assertion, reply*⟩; conclusive ⟨*evidence*⟩; **dieses Argument ist nicht ~haltig** this argument doesn't hold water; **2.** *adv.* **etw. ~haltig begründen** back sth. with sound *or* valid reasons; **~haltigkeit,** *(österr.)* **~hältigkeit die;** ~ *s.* **~haltig:** soundness; validity; conclusiveness; **~kampf der** *(Sport)* play-off **(um** for**)**

**Stichling** ['ʃtɪçlɪŋ] **der;** ~s, ~e stickleback

**Stich-: ~probe die** [random] sample; *(bei Kontrollen)* spot check; **~säge die** compass saw

**stichst** [ʃtɪçst] *2. Pers. Sg. Präsens v.* **stechen**

**Stich·straße die** cul-de-sac

**sticht** [ʃtɪçt] *3. Pers. Sg. Präsens v.* **stechen**

**Stich-: ~tag der** set date; *(letzter Termin)* deadline; **~waffe die** stabbing weapon; **~wahl die** final *or* deciding ballot; run-off; **~wort das a)** *Pl.* **~wörter** headword; *(in Registern)* entry; **b)** *Pl.* **~worte** *(Theater)* cue; **c)** *Pl.* **~worte** *(Äußerung)* cue **(zu** for**)**; **d)** *Pl.* **~worte** *(Gedächtnisstütze)* keyword; *(Notiz)* note; **~wort·verzeichnis das** [subject] index; **~wunde die** stab wound

**Stick·arbeit die** *(Handarb.)* piece of embroidery

**sticken** ['ʃtɪkn̩] **1.** *itr. V.* do embroidery. **2.** *tr. V.* embroider

**[1]Sticker der;** ~s, ~: embroiderer

**[2]Sticker** ['stɪkɐ] **der;** ~s, ~ *(Aufkleber)* sticker

**Stickerei die;** ~, **~en** *(Handarb.)* **a)** *(Verzierung)* embroidery *no pl.*; embroidered pattern; **~en** embroidery *sing.*; **b)** *(gestickte Arbeit)* piece of embroidery

**Stickerin die;** ~, **~nen** embroiderer; embroideress

**Stick·garn das** embroidery thread

**stickig** *Adj.* stuffy; stale ⟨*air*⟩

**stick-, Stick-: ~luft die** stale air; **~muster das** *(Handarb.)* embroidery pattern; **~rahmen der** embroidery frame; **~stoff der** nitrogen; **~stoff·haltig** *Adj.* nitrogenous; containing nitrogen *postpos.*; **~stoffoxid das** *(Chem.)* nitrogen oxide

**stieben** ['ʃti:bn̩] *unr. (auch regelm.) itr. V. (geh., veralt.)* **a)** *auch mit sein (auseinanderwirbeln)* ⟨*dust, snow*⟩ be thrown up in a cloud; ⟨*sparks*⟩ fly; ⟨*water*⟩ spray; **sie rannten davon, daß es nur so stiebte** you couldn't see them for dust; **b)** *mit sein* **Schnee stiebt durch die Ritzen** snow blows through the cracks; **c)** *mit sein (davoneilen)* dash; **nach allen Seiten ~:** scatter in all directions

**Stief·bruder** ['ʃti:f-] **der** stepbrother; *(ugs.: Halbbruder)* half-brother

**Stiefel** ['ʃti:fl̩] **der;** ~s, ~ **a)** boot; **das sind zwei Paar ~** *(fig.)* they are totally different things; **er kann einen [tüchtigen** *od.* **gehörigen] ~ vertragen** *(ugs.)* he can really put away the beer *(coll.)*; **b) einen ~ zusammenreden/-schreiben** *(ugs. abwertend)* talk/write a lot of nonsense *or* a load of rubbish; **seinen** *od.* **den [alten] ~ weitermachen** *(ugs.)* carry on in the same old way

**Stiefelette** [ʃti:fə'lɛtə] **die;** ~, **~n** ankle-boot

**Stiefel·knecht der** bootjack

**stiefeln** *itr. V.; mit sein (ugs.)* stride

**Stiefel·schaft der** boot-leg; leg of a/the boot

**stief-, Stief-: ~eltern** *Pl.* step-parents; **~geschwister** *Pl.* **a)** stepbrother[s] and [step]sister[s]; *(ugs.: Halbgeschwister)* half-brother[s] and -sister[s]; **~kind das** stepchild; *(fig.)* poor relation *(fig.)*; **sie ist ein ~kind des Glücks** *(geh.)* she's always having bad luck; **~mutter die** stepmother; **~mütterchen das** *(Bot.)* pansy; **~mütterlich 1.** *Adj.* poor, shabby ⟨*treatment*⟩; **2.** *adv.* **~mütterlich behandeln** treat ⟨*person*⟩ poorly *or* shabbily; neglect ⟨*pet, flowers, doll, problem*⟩; **~schwester die** stepsister; *(ugs.: Halbschwester)* half-sister; **~sohn der** stepson; **~tochter die** stepdaughter; **~vater der** stepfather

**stieg** [ʃti:k] *1. u. 3. Pers. Sg. Prät. v.* **steigen**

**[1]Stiege die;** ~, **~n a)** *(Holztreppe)* [wooden] staircase; [wooden] stairs *pl.*; **b)** *(südd., österr.: Treppe)* stairs *pl.*; steps *pl.*; **c)** *(Kiste für Gemüse, Obst)* [wooden] box; *(größer)* [wooden] crate

**[2]Stiege die;** ~, **~n** *(nordd. veralt.)* score

**Stiegen·haus das** *(südd., österr.) s.* **Treppenhaus**

**Stieglitz** ['ʃti:glɪts] **der;** ~es, ~e goldfinch

**stiehl** [ʃti:l] *Imp. Sg. v.* **stehlen**

**stiehlst** *2. Pers. Sg. Präsens v.* **stehlen**

**stiehlt** *3. Pers. Sg. Präsens v.* **stehlen**

**stiekum** ['ʃti:kʊm] *Adv. (ugs.)* secretly; on the quiet

**Stiel** [ʃti:l] **der;** ~[e]s, ~e **a)** *(Griff)* handle; *(Besen~)* [broom-]stick; *(für Süßigkeiten)* stick; **ein Eis am ~:** an ice-lolly *(Brit.)*; a Popsicle *(Amer.* **P)**; **b)** *(bei Gläsern)* stem; **c)** *(bei Blumen)* stem; stalk; *(an Obst, Obstblüten usw.)* stalk

**Stiel-: ~auge das** stalked eye; **er machte** *od.* **bekam ~augen** *(ugs. scherzh.) (erstaunt)* his eyes nearly popped out of his head; he stared goggle-eyed; *(begehrlich)* his eyes stood out on stalks; **~kamm der** tail comb; **~stich der** *(Handarb.)* stem stitch

**stier 1.** *Adj.* vacant. **2.** *adv.* vacantly

**Stier** [ʃti:ɐ̯] **der;** ~[e]s, ~e **a)** bull; **brüllen wie ein ~:** bellow like a bull; **den ~ bei den Hörnern fassen** *od.* **packen** take the bull by the horns; **b)** *(Astrol.)* Taurus; the Bull; **er/sie ist [ein] ~:** he/she is a Taurus *or* Taurean

**stieren** *itr. V.* stare [vacantly] **(auf +** *Akk.* at); **in die Luft** *od.* **vor sich hin ~:** stare [vacantly] into space

**Stier-: ~kampf der** bullfight; **~kämpfer der** bullfighter; **~nacken der** *(fig.)* bull-neck

**Stiesel** ['ʃti:zl̩] **der;** ~s, ~ *(ugs.: abwertend)* boor; churl

**stieß** [ʃti:s] *1. u. 3. Pers. Sg. Prät. v.* **stoßen**

**[1]Stift** [ʃtɪft] **der;** ~[e]s, ~e **a)** *(aus Metall)* pin; *(aus Holz)* peg; **b)** *(Blei~, Bunt~, Zeichen~)* pencil; *(Mal~)* crayon; *(Schreib~)* pen; **c)** *(ugs.: Lehrling)* apprentice

**[2]Stift das;** ~[e]s, ~e **a)** *(christl. Kirche: Institution)* foundation; **b)** *(österr.: Kloster)* monastery; **c)** *(Schule)* seminary; *(für Mädchen)* convent [school]; **d)** *(Altenheim)* home for elderly gentlewomen

**stiften** *tr. V.* **a)** found, establish ⟨*monastery, hospital, prize, etc.*⟩; endow ⟨*prize, professorship, scholarship*⟩; *(als Spende)* donate, give **(für** to**)**; **b)** *(herbeiführen)* cause, create ⟨*unrest, confusion, strife, etc.*⟩; bring about ⟨*peace, order, etc.*⟩; arrange ⟨*marriage*⟩

**stiften|gehen** *unr. itr. V.; mit sein (ugs.)* disappear; hop it *(sl.)*; do a bunk *(sl.)*

**Stifter der;** ~s, ~: founder; *(Spender)* donor

**Stifter·figur die** *(bild. Kunst)* likeness of the founder/donor

**Stifts-: ~hütte die** *(jüd. Rel.)* tabernacle; **~kirche die** collegiate church

**Stiftung die;** ~, **~en a)** *(Rechtsspr.)* foundation; endowment; **b)** *(Anstalt)* foundation; **c)** *(Spende)* donation *(Gen.* by*)*; **d)** *(o. Pl.: das Spenden)* donation *(Gen.,* **von** of*)*

**Stift·zahn der** *(Zahnmed.)* post crown

**Stigma** ['stɪgma] **das;** ~s, **Stigmen** *od.* **~ta** *(auch fig., kath. Kirche)* stigma

**Stigmatisation** [stɪgmatiza'tsio:n] **die; ~, ~en** stigmatization

**stigmatisieren** *tr. V.* stigmatize

**Stigmen** *s.* Stigma

**Stil** [ʃti:l] **der; ~[e]s, ~e a)** style; **einen flüssigen ~ schreiben** write in a flowing style; **das ist schlechter politischer ~:** that is bad form politically; **in dem ~ ging es weiter** *(ugs.)* it went on in that vein; **im großen** *od.* **in großem ~:** on a grand scale; **b) alten/neuen ~s** according to the old *or* Julian calendar/ new *or* Gregorian calendar

**-stil der** style of ...; **Schreib~:** style of writing

**stil-, Stil-: ~bildend** *Adj.* that influences *or* shapes style *postpos., not pred.;* **~bildend wirken** influence *or* shape style; **~blüte die** howler *(coll.);* **~bruch der** inconsistency of style; **~ebene die** style level; **~echt 1.** *Adj.* period *attrib.* ‹*furniture*›; **2.** *adv.* true to style; **~element das** stylistic element

**Stilett** [ʃti'lɛt] **das; ~s, ~e** stiletto

**Stil·gefühl das;** *o. Pl.* sense of *or* feeling for style

**stilisieren** *tr. V.* stylize

**Stilisierung die; ~, ~en** stylization

**Stilist der; ~en, ~en** stylist

**Stilistik die; ~, ~en a)** *o. Pl. (Lehre)* stylistics *sing., no art.;* **b)** *(Buch)* book on stylistics

**Stilistin die; ~, ~nen** stylist

**stilistisch 1.** *Adj.* stylistic. **2.** *adv.* stylistically

**Stil·kunde die** *s.* **Stilistik a, b**

**still** [ʃtɪl] **1.** *Adj.* **a)** *(ruhig, leise)* quiet; *(ganz ohne Geräusche)* silent; still; quiet, peaceful ‹*valley, area, etc.*›; **sei ~!** be quiet!; **im Saal wurde es ~:** the hall went quiet; **um ihn ist es ~ geworden** *(fig.)* you don't hear much about him any more; **in ~em Gedenken** in loving memory; **b)** *(reglos)* still; **~es [Mineral-/Tafel-]wasser** still [mineral/table] water; **c)** *(ohne Aufregung, Hektik)* quiet ‹*day, life*›; quiet, calm ‹*manner*›; **in einer ~en Stunde** in a quiet moment; **d)** *(nicht gesprächig)* quiet; *s. auch* **Wasser b; e)** *(wortlos)* silent ‹*reproach, grief, etc.*›; **f)** *(heimlich)* secret; **im ~en** in secret; **~e Reserven** *(Wirtsch.)* secret *or* hidden reserves; *(ugs.)* [secret] savings; **g) der Stille Ozean** the Pacific [Ocean]. **2.** *adv.* **a)** *(ruhig, leise)* quietly; *(geräuschlos)* silently; **b)** *(zurückhaltend)* quietly; **c)** *(wortlos)* in silence

**Still-BH der** nursing bra

**Stille die; ~ a)** *(Ruhe)* quiet; *(Geräuschlosigkeit)* silence; stillness; **in der ~ der Nacht** in the still of the night; **tiefe ~:** deep silence; **gefräßige ~** *(scherzh.)* silence of people too busy eating to talk; **b)** *(Regungslosigkeit) (des Meeres)* calm[ness]; *(der Luft)* stillness; **c) in aller ~ heiraten** have a quiet wedding; **die Beerdigung fand in aller ~ statt** it was a quiet funeral

**Stilleben das** *(bild. Kunst)* still life

**stillegen** *tr. V.* close *or* shut down; close ‹*railway line*›; lay up ‹*ship, vehicle, fleet*›; **eine stillgelegte Bahn** a disused railway

**Stillegung die; ~, ~en** closure; shut-down; *(von Schiff, Fahrzeug, Flotte)* laying up; *(einer Eisenbahnstrecke)* closure

**stillen 1.** *tr. V.* **a) ein Kind ~:** breast-feed a baby; **ich muß das Baby jetzt ~:** I must feed the baby *or* give the baby a feed now; **b)** *(befriedigen)* satisfy ‹*hunger, desire, curiosity*›; quench ‹*thirst*›; still *(literary)* ‹*hunger, thirst, desire*›; **c)** *(eindämmen)* stop ‹*bleeding, tears, pain*›; stanch ‹*blood*›. **2.** *itr. V.* breast-feed; **~de Mütter** nursing mothers

**Still·halte·abkommen das** *(Polit., Finanzw.)* moratorium; standstill agreement

**still|halten** *unr. itr. V.* **a)** *(sich nicht bewegen)* keep *or* stay still; **b)** *(nicht reagieren)* keep quiet

**still-, Still-: ~leben das** *s.* **Stilleben; ~|legen** *s.* **stillegen; ~legung die** *s.* **Stillegung**

**stil·los 1.** *Adj.* **a)** *(ohne Stil)* lacking *or* without any definite *or* recognizable style *postpos.;* **b)** *(gegen den Stil)* in bad *or* poor style *postpos.;* lacking in style *postpos.;* styleless; **Wein aus Biergläsern zu trinken ist ~:** drinking wine out of beer glasses shows a lack of style. **2.** *adv.* **a)** *(ohne Stil)* without any definite *or* recognizable style; **b)** *(gegen den Stil)* in bad *or* poor style; stylelessly

**Stillosigkeit die; ~, ~en a)** *o. Pl.* lack of any definite *or* recognizable style; **b)** *o. Pl. s.* **stillos b:** bad *or* poor style; lack of style; stylelessness; **c)** *(stilloses Verhalten)* [piece of] styleless behaviour

**still-, Still-: ~schweigen das a)** *(Schweigen)* silence; **mit ~schweigen** in silence; **b)** *(Diskretion)* **~schweigen bewahren** maintain silence; keep silent; **~schweigend 1.** *Adj.; nicht präd.* **a)** *(wortlos)* silent; **b)** *(ohne Abmachung)* tacit ‹*assumption, agreement*›; **2.** *adv.* **a)** *(wortlos)* in silence; **b)** *(ohne Abmachung)* tacitly; **das Projekt wurde ~schweigend eingestellt** the project was quietly shelved; **~|sitzen** *unr. itr. V.* sit still; **~stand der;** *o. Pl.* standstill; **den Motor/die Entzündung/den Zug/den Verkehr zum ~stand bringen** stop the engine/inflammation/train/bring the traffic to a standstill; **die Blutung ist zum ~stand gekommen** the bleeding has stopped; **~|stehen** *unr. itr. V.* **a)** ‹*factory, machine*› be *or* stand idle; ‹*traffic*› be at a standstill; ‹*heart etc.*› stop; **ihr Mundwerk steht nie ~** *(ugs.)* she never stops talking; **die Zeit schien ~zustehen** time seemed to stand still; **b)** *(Milit.)* stand at *or* to attention; **~gestanden!** attention!

**Stillung die; ~** *s.* **stillen 1 b, c:** satisfying; quenching; stilling *(literary);* stopping; stanching; relieving

**still·vergnügt 1.** *Adj.* inwardly contented. **2.** *adv.* ‹*listen, smile, etc.*› with inner contentment

**Still·zeit die** lactation period

**stil-, Stil-: ~mittel das** stylistic device; **~möbel** *Pl.* period furniture *sing.;* **~richtung die** style; **~voll 1.** *Adj.* stylish; **2.** *adv.* stylishly

**stimm-, Stimm-: ~ab·gabe die** voting *no art.;* **zur ~abgabe erscheinen** come to vote *or* to cast one's vote; **~band das;** *meist Pl.* vocal cord; **~berechtigt** *Adj.* entitled to vote *postpos.;* **~bruch der: er ist im ~bruch** his voice is breaking; **~bürger der** *(schweiz.)* voter; elector

**Stimmchen das; ~s, ~:** little *or* small voice

**Stimme** ['ʃtɪmə] **die; ~, ~n a)** voice; **die ~ des Blutes** *(fig.)* the call of the blood; **der ~ der Vernunft folgen** *(fig.)* listen to the voice of reason; **der ~ des Herzens/Gewissens folgen** *(fig. geh.)* follow [the dictates of] one's heart/conscience; **mit stockender ~:** in a faltering voice; **mit halber ~ singen** sing at half-power; **gut/nicht bei ~ sein** be in good/ bad voice; **b)** *(Meinung)* voice; **die ~n in der Presse waren kritisch** press opinion was critical; **c)** *(bei Wahlen, auch Stimmrecht)* vote

**stimmen 1.** *itr. V.* **a)** *(zutreffen)* be right *or* correct; **stimmt es, daß ...?** is it true that ...?; **das kann unmöglich ~:** that can't possibly be right; **stimmt's, oder hab' ich recht?** *(ugs. scherzh.)* am I not right?; **b)** *(in Ordnung sein)* ‹*bill, invoice, etc.*› be right *or* correct; **stimmt so** that's all right; keep the change; **hier stimmt etwas nicht** there's something wrong here; **bei ihm stimmt es** *od.* **etwas nicht** *(salopp)* there must be something wrong with him; **c)** *(seine Stimme geben)* vote; **mit Ja ~:** vote yes *or* in favour. **2.** *tr. V.* **a)** *(in eine Stimmung versetzen)* make; **das stimmt mich traurig** that makes me [feel] sad; **sentimental gestimmt sein** be feeling sentimental; **b)** *(Musik)* tune ‹*instrument*›; **eine Gitarre höher/tiefer ~:** raise/lower the pitch of a guitar

**Stimmen-: ~fang der;** *o. Pl.* vote-catching *no art.;* **er ist auf ~fang** he is out to catch votes; **~gewinn der** gain in votes; **~gewirr das** babble of voices; **~gleichheit die** tied vote; tie; **bei ~gleichheit** in the event of a tied vote *or* a tie; **~kauf der** vote-buying *no art.;* buying votes *no art.;* **~mehrheit die** majority [of votes]

**Stimm·enthaltung die** abstention; **~ üben** abstain; **bei vier ~en angenommen** accepted with four abstentions

**Stimmen·verlust der** loss of votes; **~e erleiden** lose votes

**Stimm·gabel die** *(Musik)* tuning-fork

**stimm·gewaltig 1.** *Adj.* ‹*singer etc.*› with a strong *or* powerful voice; strong, powerful ‹*bass, contralto, etc.*›. **2.** *adv.* ‹*sing, speak*› with *or* in a strong *or* powerful voice

**stimmhaft** *(Sprachw.)* **1.** *Adj.* voiced. **2.** *adv.* **~ gesprochen werden** be voiced

**stimmig** *Adj.* harmonious; **die Argumentation ist [in sich** *(Dat.)***] ~:** the argument is consistent

**Stimm·lage die a)** voice; **b)** *(Musik)* voice; register

**stimmlich 1.** *Adj.* vocal. **2.** *adv.* vocally

**stimm-, Stimm-: ~los** *(Sprachw.)* **1.** *Adj.* voiceless; unvoiced; **2.** *adv.* **~los ausgesprochen werden** not be voiced; **~recht das** right to vote; **~um·fang der** vocal range

**Stimmung die; ~, ~en a)** mood; **er ist in gereizter ~:** he is in a very touchy mood; **in ~ sein** be in a good mood; **in ~ kommen** get in the mood; liven up; **jmdn. in ~ bringen** liven sb. up; **jmdm. die ~ verderben** spoil sb.'s [good] mood; **nicht in der [rechten] ~ sein, etw. zu tun** not be in the [right] mood to do sth.; **~en unterworfen sein** be moody; **für gute ~ sorgen** ensure a good atmosphere; **b)** *(Atmosphäre)* atmosphere; **c)** *(öffentliche Meinung)* opinion; **~ für/gegen jmdn./etw. machen** stir up [public] opinion in favour of/against sb./sth.; **d)** *(Musik)* pitch

**stimmungs-, Stimmungs-: ~barometer das** *in* **das ~barometer steht auf Null** *(ugs.)* the mood is bleak; **~bild das: ein ~bild von dem Ball geben** report on the atmosphere at the ball; **~kanone die** *(ugs. scherzh.)* entertainer who is always the life and soul of the party; **~um·schwung der** change of mood; **~voll 1.** *Adj.* atmospheric; **2.** *adv.* ‹*describe, light*› atmospherically; ‹*sing, recite*› with great feeling

**Stimm-: ~vieh das** *(abwertend)* **für ihn sind die Wähler doch nur ~vieh** he sees voters as nothing more than a means of getting to power; **~zettel der** ballot-paper

**Stimulans** ['sti:mulans] **das; ~, Stimulanzien** *od.* **Stimulantia** [stimu'lantsia] *(auch fig.)* stimulant

**Stimuli** *s.* **Stimulus**

**stimulieren** *tr. V.* stimulate

**Stimulus** ['sti:mulʊs] **der; ~, Stimuli** *(Psych., fig.)* stimulus **(für** to)

**stink-, Stink-** *(salopp)* stinking *(sl.)* ‹*drunk, mood*›; terribly *(coll.)* ‹*bourgeois, posh*›

**Stink·bombe die** stink-bomb

**stinken** ['ʃtɪŋkn̩] *unr. itr. V.* **a)** *(abwertend)* stink; pong *(coll.);* **nach etw. ~:** stink *or* reek of sth.; **es stinkt nach Chemikalien/ faulen Eiern** there's a stink *or* reek *or* stench of chemicals/bad eggs; **nach Geld ~** *(fig. ugs.)* be stinking rich *(sl.);* **vor Faulheit/Selbstgerechtigkeit ~** *(fig. ugs.)* be bone idle *(coll.)*/appallingly self-righteous; **b)** *(ugs.: Schlechtes vermuten lassen)* **die Sache/es stinkt** it smells; it's fishy *(coll.);* **c)** *(salopp: mißfallen)* **die Hausarbeit stinkt mir** I'm fed up to the back teeth with housework *(sl.);* **mir stinkt's** I'm fed up to the back teeth *(sl.)*

**stink·faul** *Adj. (salopp abwertend)* bone idle *(coll.)*

**stinkig** *Adj. (salopp abwertend)* **a)** *(stinkend)* stinking; smelly; **b)** *(widerwärtig)* vile *(coll.)*, stinking *(sl.)* ⟨*mood*⟩; **du bist heute so ~** *(fig.)* you're in such a vile *or* stinking mood today

**stink-, Stink-:** **~langweilig** *(ugs.)* **1.** *Adj.* deadly boring; **2.** *adv.* in a deadly boring way; **~morchel die** *(Bot.)* stink-horn; **~normal** *(salopp)* **1.** *Adj.* dead *(coll.) or* boringly ordinary; **2.** *adv.* in a dead ordinary way *(coll.)*; **~reich** *Adj. (salopp)* stinking rich *(sl.)*; **~tier das** skunk; **~vornehm** *Adj. (salopp)* terribly posh *(coll.)*; **~wut die** *(salopp)* towering rage; **eine ~wut [auf jmdn.] haben** be livid *(Brit. coll.) or* furious [with sb.]

**Stint** [ʃtɪnt] **der; ~[e]s, ~e** **a)** *(Fisch)* smelt; **b)** *(nordd.: Junge)* boy; lad

**Stipendiat** [ʃtipɛn'dia:t] **der; ~en, ~en** person receiving a scholarship/grant

**Stipendium** [ʃtipɛndi̯ʊm] **das; ~s, Stipendien** *(als Auszeichnung)* scholarship; *(als finanzielle Unterstützung)* grant

**Stippe die; ~, ~n** *(bes. nordd.)* [thick] gravy

**stippen** ['ʃtɪpn̩] *tr. V. (bes. nordd.)* dunk

**Stipp·visite die** *(ugs.)* flying visit

**stipulieren** [stipu'li:rən] *tr. V.* establish; lay down; *(als Bedingung)* stipulate

**stirb** [ʃtɪrp] *Imp. Sg. v.* **sterben**

**stirbst** *2. Pers. Sg. Präsens v.* **sterben**

**stirbt** *3. Pers. Sg. Präsens v.* **sterben**

**Stirn** ['ʃtɪrn] **die; ~, ~en** forehead; brow; **sich** *(Dat.)* **die Haare aus der ~ kämmen** comb one's hair from one's forehead; **jmdm./einer Sache die ~ bieten** *(fig.)* stand *or* face up to sb./sth.; **die ~ haben, etw. zu tun** *(fig.)* have the nerve *or* gall to do sth.; **jmdm. an** *od.* **auf der ~ geschrieben stehen** *(geh.)* be written in *or* all over sb.'s face

**Stirn-:** **~band das;** *Pl.* **~bänder** headband; **~bein das** *(Anat.)* frontal bone

**Stirne die; ~, ~n** *s.* **Stirn**

**Stirn-:** **~falte die** wrinkle [on one's forehead]; **~höhle die** *(Anat.)* frontal sinus; **~höhlen·vereiterung die** suppurative *or* purulent frontal sinusitis; **~locke die** quiff *(Brit.)*; cow-lick; **~rad das** *(Technik)* spur wheel; spur gear; **~runzeln das; ~s** frown; **mit ~runzeln** with a frown; **~seite die** front [side]

**stob** [ʃto:p] *1. u. 3. Pers. Sg. Prät. v.* **stieben**

**stöbern** [ʃtø:bɐn] *itr. V. (ugs.)* rummage

**stochern** ['ʃtɔxɐn] *itr. V.* poke; **sich** *(Dat.)* **in den Zähnen ~:** pick one's teeth; **mit dem Feuerhaken im Feuer ~:** poke the fire; **im Essen ~:** pick at one's food

**[1]Stock** [ʃtɔk] **der; ~[e]s, Stöcke** ['ʃtœkə] **a)** *(Ast, Spazier~)* stick; *(Zeige~)* pointer; stick; *(Takt~)* baton; **steif wie ein ~:** as stiff as a poker; **den ~ gebrauchen/zu spüren bekommen** use/get the stick *or* cane; **am ~ gehen** walk with a stick; *(ugs.: erschöpft sein)* be whacked *(Brit. coll.) or* dead-beat; *(ugs.: finanzielle Schwierigkeiten haben)* be [completely] broke *(coll.)*; **b)** *(Ski~)* pole; stick; **c)** *(Pflanze) (Rosen~)* [rose-]bush; *(Reb~)* vine; **d)** *(Eishockey, Hockey, Rollhockey)* stick; **e)** *(veralt.: Baumstumpf)* stump [and roots]; **über ~ und Stein** over hedge and ditch

**[2]Stock der; ~[e]s, ~** *(Etage)* floor; storey; **das Haus hat vier ~:** the house is four storeys high; **in welchem ~?** on which floor?; **im fünften ~:** on the fifth *(Brit.) or (Amer.)* sixth floor

**stock-:** **~besoffen** *Adj. (derb)* pissed as a newt/as newts *pred. (coarse)*; blind drunk; **~blind** *Adj. (ugs.)* as blind as a bat *pred. (coll.)*; totally blind

**Stöckchen** ['ʃtœkçən] **das; ~s, ~:** little stick

**stock·dunkel** *Adj. (ugs.)* pitch-dark

**Stöckel·ab·satz der** high *or* stiletto heel

**stöckeln** ['ʃtœkl̩n] *itr. V.; mit sein (ugs.)* totter [on high heels]

**Stöckel·schuh der** high- *or* stiletto-heeled shoe; **~e** high heels; high- *or* stiletto-heeled shoes

**stocken** *itr. V.* **a)** *(aussetzen, stillstehen)* **ihm stockte das Herz/der Puls** his heart/pulse missed *or* skipped a beat; **ihm stockte der Atem** he caught his breath; **das Blut stockte ihm in den Adern** *(fig.)* the blood froze in his veins; **b)** *(unterbrochen sein)* ⟨*traffic*⟩ be held up, come to a halt; ⟨*conversation, production*⟩ stop; ⟨*business*⟩ slacken *or* drop off; ⟨*journey*⟩ be interrupted; **die Antwort kam ~d** he/she gave a hesitant reply; **ins Stocken geraten** ⟨*traffic*⟩ be held up, come to a halt; ⟨*conversation, production*⟩ stop; ⟨*talks, negotiations, etc.*⟩ grind to a halt; **c)** *(innehalten)* falter; **er sprach ein wenig ~d** he faltered a little; **d)** *auch mit sein (bes. südd., österr., schweiz.: gerinnen)* ⟨*milk*⟩ curdle

**stock-, Stock-:** **~ente die** mallard; **~finster** *Adj. (ugs.)* pitch-dark; **~fisch der** **a)** stockfish; **b)** *(ugs. abwertend: Mensch)* boring *or* dull old stick; **~fleck der** mildew *or* mould spot; **~fleckig** *Adj.* mildewed; mouldy

**stockig** *Adj.* **a)** *(muffig)* musty ⟨*clothes, smell, etc.*⟩; **b)** *(stockfleckig)* mildewed; mouldy

**-stöckig** ['ʃtœkɪç] -storey *attr.*; -storeyed

**stock-, Stock-:** **~konservativ** *Adj. (ugs.)* arch-conservative; **~nüchtern** *Adj. (ugs.)* stone-cold sober; **~sauer** *Adj.; nicht attr. (salopp)* pissed off *(Brit. sl.)* **(auf +** *Akk.* with); **~schirm der** walking-length umbrella; **~schnupfen der** heavy cold; **~steif** *(ugs.)* **1.** *Adj.* extremely stiff ⟨*gait*⟩; **2.** *adv.* extremely stiffly; as stiff as a poker; **~taub** *Adj. (ugs.)* stone-deaf; as deaf as a post

**Stockung die; ~, ~en** **a)** *(Unterbrechung)* hold-up (+ *Gen.* in); **b)** *(des Pulses, der Atmung)* stoppage

**Stockwerk das** floor; storey; **im dritten ~:** on the third *(Brit.) or (Amer.)* fourth floor; **ein Haus mit fünf ~en** a five-storey[ed] house

**Stoff** [ʃtɔf] **der; ~[e]s, ~e** **a)** *(für Textilien)* material; fabric; **b)** *(Materie)* substance; **c)** *o. Pl. (Philos.)* matter; **d)** *(Thema)* subject[-matter]; **~ für einen Roman sammeln** collect material for a novel; **einen ~ in der Schule durchnehmen** do a subject at school; **e)** *(Gesprächsthema)* topic; **viel ~ zum Nachdenken** much food for thought; **f)** *o. Pl. (salopp: Alkohol)* booze *(coll.)*; **g)** *o. Pl. (salopp: Rauschgift)* stuff *(sl.)*; dope *(sl.)*

**Stoff·druck der;** *o. Pl.* textile printing

**Stoffel** ['ʃtɔfl̩] **der; ~s, ~** *(ugs. abwertend)* boor; churl

**stoffelig** *Adj. (ugs. abwertend)* boorish; churlish

**stofflich** *Adj.; nicht präd.* **a)** *(materiell)* material; **b)** *(thematisch)* thematic ⟨*effect etc.*⟩; **die ~e Fülle des Buches** the richness *or* breadth of the book's subject-matter

**Stofflichkeit die; ~:** materiality

**Stoff-:** **~muster das** **a)** *(Zeichnung)* pattern; **b)** *(kleines Stück)* swatch; sample of material; **~puppe die** rag doll; **~rest der** remnant; **~wechsel der;** *o. Pl.* metabolism; **~wechsel·krankheit die** metabolic disease; **~wechsel·produkt das** product of metabolism

**stöhnen** ['ʃtø:nən] *itr. V.* moan; *(vor Schmerz)* groan

**Stoiker** ['ʃto:ikɐ] **der; ~s, ~** *(Philos.)* Stoic; *(fig.)* stoic

**stoisch** **1.** *Adj. (Philos.)* Stoic; *(fig.)* stoic. **2.** *adv.* stoically

**Stoizismus der; ~** *(Philos.)* Stoicism *no art.*; *(fig.)* stoicism

**Stola** ['ʃto:la] **die; ~, Stolen** **a)** shawl; *(Pelz~)* stole; **b)** *(bes. kath. Kirche)* stole

**Stolle die; ~, ~n** *(bes. nordd.)* stollen

**Stollen** ['ʃtɔlən] **der; ~s, ~** **a)** *(Kuchen)* Stollen; **b)** *(unterirdischer Gang)* gallery; tunnel; **c)** *(Bergbau)* gallery; **d)** *(bei Sportschuhen)* stud; **e)** *(beim Hufeisen)* calk; **f)** *(Verslehre)* stollen *(in Meistergesang)*

**stolpern** ['ʃtɔlpɐn] *itr. V.; mit sein* **a)** stumble; trip; **ins Stolpern kommen** stumble; trip; *(fig.)* lose one's thread; **über jmdn. ~** *(fig. ugs.)* bump *or* run into sb.; **ich bin über dieses Wort/diesen Satz gestolpert** *(fig.)* I was puzzled by that word/sentence; **b)** *(fig.: straucheln)* come to grief, *(coll.)* come unstuck **(über +** *Akk.* over)

**Stolper·stein der** stumbling-block; **jmdm. ~e in den Weg legen** put obstacles in sb.'s way

**stolz** [ʃtɔlts] **1.** *Adj.* **a)** proud **(auf +** *Akk.* of); **b)** *(überheblich)* proud[-hearted]; **warum so ~?** don't you know me any more?; **c)** *(imposant)* proud ⟨*building, castle, ship, etc.*⟩; **d)** *(ugs.: beträchtlich)* steep *(coll.)*, hefty *(coll.)* ⟨*price*⟩; tidy *(coll.)* ⟨*sum*⟩; **~ wie ein Spanier** as proud as can be; **~ wie ein Pfau** as proud as a peacock. **2.** *adv.* proudly

**Stolz der; ~es** **a)** pride; **sie setzte ihren ganzen ~ daran** she made it a point of pride; **b)** *(Freude über etw.)* pride **(auf +** *Akk.* in); **die Rosen sind sein ganzer ~:** his roses are his pride and joy

**stolzgeschwellt** [-gəʃvɛlt] *Adj.* **mit ~er Brust** his/her breast swelling with pride

**stolzieren** *itr. V.; mit sein* strut

**stop** [stɔp] *Interj.* stop; *(Verkehrsw.)* halt

**Stop der; ~s, ~s** *s.* **Stoppball**

**Stopf·ei das** darning-egg

**stopfen** ['ʃtɔpfn̩] **1.** *tr. V.* **a)** darn ⟨*socks, coat, etc., hole*⟩; **b)** *(hineintun)* stuff; **jmdm./sich etwas in den Mund ~:** stuff sth. into sb.'s/one's mouth; **die ganze Familie ins Auto ~** *(ugs.)* cram the whole family into the car; **c)** *(füllen)* stuff ⟨*cushion, quilt, etc.*⟩; fill ⟨*pipe*⟩; **der Saal war gestopft voll** *(fig. südd.)* the hall was cram-full; **d)** *(ausfüllen, verschließen)* plug, stop [up] ⟨*hole, leak*⟩; **jmdm. das Maul ~** *(salopp)* shut sb. up; **er hat fünf hungrige Mäuler zu ~** *(fig. ugs.)* he has five hungry mouths to feed; **e)** *(mästen)* stuff, cram ⟨*poultry*⟩. **2.** *itr. V.* **a)** *(den Stuhlgang hemmen)* cause constipation; **b)** *(ugs.: sehr sättigen)* be very filling

**Stopfen der; ~s, ~** *(bes. westmd.)* stopper; *(Korken)* cork

**Stopf-:** **~garn das** darning-cotton *or* -thread; **~nadel die** darning-needle

**Stopp der; ~s, ~s** **a)** *(das Anhalten)* stop; **ohne ~:** without stopping; **die Fahrer mußten zum ~ an die Boxen** the drivers had to make a pit-stop; **b)** *(Einstellung)* freeze (*Gen.* on)

**Stopp·ball der** *(Badminton, [Tisch]tennis)* drop-shot

**[1]Stoppel** ['ʃtɔpl̩] **die; ~, ~n;** *meist Pl. (auch Bart~)* stubble *no pl.*

**[2]Stoppel der; ~s, ~[n]** *(österr.)* stopper; *(Korken)* cork

**Stoppel-:** **~bart der** *(ugs.)* stubble; **~feld das** stubble-field

**stoppelig** *Adj.* stubbly

**stoppen** **1.** *tr. V.* **a)** stop; **den Ball ~** *(Fußball)* trap *or* stop the ball; **er war nicht mehr zu ~** *(fig.)* there was no stopping him; **b)** time ⟨*athlete, run*⟩; **ich habe 11 Sekunden/103 km/h gestoppt** I made the time 11 seconds/the speed 103 k.p.h. **2.** *itr. V.* stop; **der Angriff stoppte** *(fig.)* the attack got no further *or* fizzled out

**Stopper der; ~s, ~** *(Fußball)* centre-half; stopper

**Stopp·licht das;** *Pl.* **~er** stop-light

**stopplig** *Adj. s.* **stoppelig**

**Stopp-:** **~schild das** stop sign; **~signal das** stop signal; signal to stop; **~straße die** side-road; road with a stop sign/stop signs; **~uhr die** stop-watch

**Stöpsel** ['ʃtœpsl̩] **der; ~s, ~** **a)** plug; *(einer*

*Karaffe usw.)* stopper; **b)** *(Elektrot.)* [jack-] plug

**stöpseln** *(Fernspr.)* **1.** *tr. V.* **jmdm. eine Verbindung ~:** put sb. through (**nach** to). **2.** *itr. V.* operate the plugs

**Stör** [ʃtø:ɐ̯] **der; ~s, ~e** sturgeon

**stör·an·fällig** *Adj.* susceptible to faults *postpos.;* liable to break down *postpos.; (fig.)* liable to break down *postpos.*

**Storch** [ʃtɔrç] **der; ~[e]s, Störche** ['ʃtœrçə] stork; **wie ein ~ im Salat gehen** walk clumsily and stiff-leggedly; **da brat' mir einer einen ~** *(ugs.)* well, I'll be damned *(coll.)*

**Storchen·nest das** stork's nest

**Storch·schnabel der a)** *(Pflanze)* crane's-bill; **b)** *(Zeichenhilfe)* pantograph

**Store** [ʃto:ɐ̯] **der; ~s, ~s** net curtain

**stören 1.** *tr. V.* **a)** *(behindern)* disturb; disrupt ⟨*court proceedings, lecture, church service, etc.*⟩; **bitte lassen Sie sich nicht ~:** please don't let me disturb you; **jmdn. in seiner Ordnung ~:** upset sb.'s routine; **b)** *(stark beeinträchtigen)* disturb ⟨*relation, security, law and order, peaceful atmosphere, etc.*⟩; interfere with ⟨*transmitter, reception*⟩; *(absichtlich)* jam ⟨*transmitter*⟩; **ein gutes Verhältnis ~:** spoil a good relationship; **hier ist der Empfang oft gestört** there is often interference [with reception] here; **c)** *(mißfallen)* bother; **das stört mich nicht** I don't mind; that doesn't bother me; **das stört mich an ihr** that's what I don't like about her; **stört es Sie, wenn ich das Fenster aufmache?** do you mind *or* will it bother you if I open the window? **2.** *itr. V.* **a) darf ich reinkommen, oder störe ich?** may I come in, or am I disturbing you?; **entschuldigen Sie bitte, daß** *od.* **wenn ich störe** I'm sorry to bother you; **bitte nicht ~!** [please] do not disturb; **wenn ich störe, müßt ihr es mir sagen!** if I'm in the way, you must tell me; **sein Verhalten/seine Anwesenheit empfinde ich als ~d** I find his behaviour/presence irritating *or* annoying; **der Lärm machte sich sehr störend bemerkbar** the noise was very intrusive; **b)** *(als Mangel empfunden werden)* spoil the effect; **c)** *(Unruhe stiften)* make *or* cause trouble. **3.** *refl. V.* **sich an jmdm./etw. ~:** take exception to sb./sth.

**Störenfried** ['ʃtø:rənfri:t] **der; ~[e]s, ~e** *(abwertend)* trouble-maker

**Störer der; ~s, ~:** trouble-maker

**Stör-: ~faktor der** disruptive factor *or* influence; **~fall der** *(Technik)* fault

**stornieren** *tr. V.* **a)** *(Finanzw., Kaufmannsspr.)* reverse ⟨*wrong entry*⟩; **b)** *(Kaufmannsspr.)* cancel ⟨*order, contract*⟩

**Storno** ['ʃtɔrno] **der** *od.* **das; ~s, Storni** *(Finanzw., Kaufmannsspr.)* reversal

**störrisch** ['ʃtœrɪʃ] **1.** *Adj.* stubborn; obstinate; refractory ⟨*child, horse*⟩; unmanageable ⟨*hair*⟩; **~ wie ein Esel** as stubborn as a mule. **2.** *adv.* stubbornly; obstinately

**Stör·sender der** jammer

**Störung die; ~, ~en a)** disturbance; *(einer Gerichtsverhandlung, Vorlesung, eines Gottesdienstes)* disruption; **bitte entschuldigen Sie die ~, aber ...:** I'm sorry to bother you, but ...; **b)** *(Beeinträchtigung)* disturbance; disruption; **eine technische ~:** a technical fault; **eine nervöse ~:** a nervous disorder; **atmosphärische ~** *(Met.)* atmospheric disturbance; *(Rundf.)* atmospherics *pl.*

**Story** ['stɔrɪ] **die; ~, ~s** *od.* **Stories** story

**Stoß** [ʃto:s] **der; ~es, Stöße** ['ʃtø:sə] **a)** *(mit der Faust)* punch; *(mit dem Fuß)* kick; *(mit dem Kopf, den Hörnern)* butt; *(mit dem Ellbogen)* dig; **jmdm. einen kleinen ~ mit dem Ellenbogen geben** nudge sb.; give sb. a nudge; **die Fahrgäste spürten einen leichten ~:** the passengers felt a slight bump; **jmdm. einen ~ versetzen** *(fig.)* give sb. a jolt; **b)** *(mit einer Waffe)* *(Stich)* thrust; *(Schlag)* blow; **c)** *(beim Schwimmen, Rudern)* stroke; **d)** *(Stapel)* pile; stack; **e)** *(beim Kugelstoßen)* put; throw; **f)** *(stoßartige Bewegung)* thrust; *(Atem~)* gasp; **g)** *(Erd~)* tremor; **h)** *(Technik)* joint; **i)** *(Jägerspr.)* tail [feathers]

**Stoß-: ~band das;** *Pl.* **~bänder** edging tape; **~dämpfer der** *(Kfz-W.)* shock absorber

**Stößel** ['ʃtø:sl] **der; ~s, ~:** pestle

**stoß·empfindlich** *Adj.* sensitive to shock *postpos.;* **meine Uhr ist nicht ~:** my watch is shock-proof

**stoßen 1.** *unr. tr. V.* **a)** *auch itr. (mit der Faust)* punch; *(mit dem Fuß)* kick; *(mit dem Kopf, den Hörnern)* butt; *(mit dem Ellbogen)* dig; **jmdn.** *od.* **jmdm. in die Seite ~:** dig sb. in the ribs; *(leicht)* nudge sb. in the ribs; **b)** *(hineintreiben)* plunge, thrust ⟨*dagger, knife*⟩; push ⟨*stick, pole*⟩; **jmdm. ein Messer in die Rippen ~:** plunge *or* thrust a knife into sb.'s ribs; **c)** *(stoßend hervorbringen)* knock, bang ⟨*hole*⟩; **d)** *(schleudern)* push; **den Ball mit dem Kopf ~:** head the ball; **die Kugel ~:** *(beim Kugelstoßen)* put the shot; *(beim Billard)* strike the ball; **jmdn. von der Leiter/aus dem Zug ~:** push sb. off the ladder/out of the train; **man muß ihn immer erst darauf ~** *(fig.)* he always has to have things pointed out to him; **e)** *(zer~)* pound ⟨*sugar, cinnamon, pepper*⟩; **f)** *(ugs.: hinweisen)* **jmdm. etw. ~:** hammer sth. home to sb.; hammer sth. into sb.'s head. **2.** *unr. itr. V.* **a)** *mit sein (auftreffen)* bump (**gegen** into); **mit dem Kopf gegen etw. ~:** bump one's head on sth.; **b)** *mit sein (begegnen)* **auf jmdn. ~:** bump *or* run into sb.; **c)** *mit sein (entdecken)* **auf etw.** *(Akk.)* **~:** come upon *or* across sth.; **auf Erdöl ~:** strike oil; **auf Ablehnung ~** *(fig.)* meet with disapproval; **d)** *mit sein* **zu jmdm. ~** *(jmdn. treffen)* meet up with sb.; *(sich jmdm. anschließen)* join sb.; **e)** *mit sein (zuführen)* **auf etw.** *(Akk.)* **~:** ⟨*path, road*⟩ lead [in]to sth.; **f)** *(grenzen)* **an etw.** *(Akk.)* **~** ⟨*room, property, etc.*⟩ be [right] next to sth.; **g)** *mit sein (Jägerspr.)* **auf etw.** *(Akk.)* **~** ⟨*bird*⟩ swoop down on sth.; **h)** *(veralt.: blasen)* **in die Trompete/ins Horn** *usw.* **~:** blow *or* sound the trumpet/horn *etc.* **3.** *unr. refl. V.* bump *or* knock oneself; **ich habe mich am Kopf gestoßen** I bumped *or* banged my head; **sich** *(Dat.)* **den Kopf blutig ~:** bang one's head and cut it; **sich an etw.** *(Dat.)* **~** *(fig.)* object to *or* take exception to sth.

**stoß-, Stoß-: ~fest** *Adj.* shock-proof ⟨*watch, container, etc.*⟩; hard-wearing ⟨*fabric, wallpaper, etc.*⟩; **~gebet das** quick prayer; **~kraft die a)** force of the impact; **b)** *o. Pl. (vorwärtsdrängende Kraft)* force and momentum; *(Milit.)* strike power; *(Sport)* striking power; **~seufzer der** heartfelt groan; **~stange die** bumper

**stößt** [ʃtø:st] *3. Pers. Sg. Präsens v.* **stoßen**

**stoß-, Stoß-: ~trupp der** *(Milit.)* unit of shock troops; **~verkehr der;** *o. Pl.* rush-hour traffic; **~waffe die** thrust weapon; **~weise** *Adv.* **a)** *(ruckartig)* spasmodically; ⟨*breathe*⟩ spasmodically, jerkily; **b)** *(in Stapeln)* by the pile; in piles; **~zahn der** tusk

**Stotterer der; ~s, ~:** stutterer; stammerer

**stottern** ['ʃtɔtɐn] **1.** *itr. V.* stutter; stammer; **sie stottert stark** she has a strong *or* bad stutter *or* stammer; **ins Stottern kommen** *od.* **geraten** start stuttering *or* stammering; **der Motor stottert** *(fig.)* the engine is spluttering. **2.** *tr. V.* stutter [out]; stammer [out]

**Stövchen** ['ʃtø:fçən] **das; ~s, ~:** [teapot *etc.*] warmer

**StPo** *Abk.* **Strafprozeßordnung**

**Str.** *Abk.* **Straße** St./Rd.

**StR.** *Abk.* **Studienrat**

**stracks** [ʃtraks] *Adv.* **a)** *(direkt)* straight; **b)** *(sofort)* straight away

**Stradivari** [stradi'va:ri] **die; ~, ~[s]** Stradivarius

**straf-, Straf-: ~an·drohung die** threat of punishment; **~anstalt die** penal institution; prison; **~antrag der a)** *(des Klägers)* action; legal proceedings *pl.;* **~antrag stellen** bring an action; institute legal proceedings; **b)** *(des Staatsanwalts)* petition for a penalty *or* sentence; **~anzeige die** reporting of an offence; **[eine] ~anzeige erstatten** report an offence; **~arbeit die** imposition *(Brit.);* **~auf·schub der** *(Rechtsw.)* **[bedingter] ~ aufschub** [conditional] deferral of sentence; **~aussetzung die** suspension of sentence; **~bank die;** *Pl.* **~bänke** *(Eishockey, Handball)* penalty bench; **~bar** *Adj.* punishable; **das ist ~bar** that is a punishable offence; **sich ~bar machen** make oneself liable to prosecution

**Strafe** ['ʃtra:fə] **die; ~, ~n** punishment; *(Rechtsspr.)* penalty; *(Freiheits~)* sentence; *(Geld~)* fine; **auf dieses Delikt steht eine hohe ~:** this offence carries a heavy penalty; **sie empfand die Arbeit als ~:** she found the work a real drag *or (coll.)* bind; **das ist bei ~ verboten/steht unter ~:** it is a punishable offence; **etw. unter ~ stellen** make sth. punishable; **die ~ folgt auf dem Fuße** punishment is swift to follow; **~ muß sein!** discipline is necessary; you'll/he'll *etc.* have to be punished; **das ist die ~ [dafür]** that's what you get; **das ist ja eine ~ Gottes!** it's a real pain [in the neck]; **es ist eine ~, mit ihm arbeiten zu müssen** it's a pain having to work with him; **zur ~:** as a punishment

**strafen** *tr. V.* punish; **ein ~der Blick** a reproachful look; **jmdn. ~d ansehen** give sb. a reproachful look; **jmdn. mit Verachtung ~:** treat sb. with contempt as a punishment; **er ist gestraft genug** *(fig.)* he has been punished enough; **Gott strafe mich, wenn ich lüge!** *(veralt.)* may God strike me down if I am lying; **mit ihm/dieser Arbeit sind wir gestraft** he/this work is a real pain; **das Schicksal hat ihn schwer gestraft** fate has been hard on him; *s. auch* **Lüge**

**Straf-: ~entlassene der/die;** *adj. Dekl.* ex-convict; ex-prisoner; **~erlaß der** *(Rechtsw.)* remission [of a/the sentence]; **bedingter ~erlaß** conditional remission; **~expedition die** punitive expedition

**straff** [ʃtraf] **1.** *Adj.* **a)** *(fest, gespannt)* tight, taut ⟨*rope, lines, etc.*⟩; firm ⟨*breasts, skin*⟩; erect ⟨*posture, figure*⟩; tight ⟨*rein[s]*⟩; **b)** *(energisch)* tight ⟨*organization, planning, etc.*⟩; strict ⟨*discipline, leadership, etc.*⟩. **2.** *adv.* **a)** *(fest, gespannt)* **die Saiten sind ~ gespannt** the strings are tight; **[zu] ~ sitzen** ⟨*clothes*⟩ be [too] tight; **die Jacke ~ über die Schultern ziehen** pull one's jacket tightly round one's shoulders; **er zog die Zügel ~ an** he pulled the reins tight; **~ zurückgekämmtes Haar** hair combed back tightly; **b)** *(energisch)* tightly, strictly ⟨*organized, planned, etc.*⟩

**straf·fällig** *Adj.* **~ werden** commit a criminal offence; **die Zahl der Straffälligen** the number of offenders; **~e Jugendliche** young offenders

**straffen 1.** *tr. V.* **a)** *(spannen)* tighten; **diese Creme strafft die Haut** this cream firms the skin; **sich** *(Dat.)* **das Gesicht ~ lassen** have a face-lift; **den Körper ~:** straighten oneself; draw oneself up; **b)** *(raffen)* tighten up ⟨*text, procedure, organization, etc.*⟩. **2.** *refl. V.* ⟨*person*⟩ straighten oneself, draw oneself up; ⟨*rope etc.*⟩ tighten; ⟨*body, back*⟩ stiffen; ⟨*posture, bearing*⟩ straighten

**straf-, Straf-: ~frei** *Adj.* **jmdn. für ~frei erklären** declare sb. exempt from punishment; **~frei ausgehen** go unpunished; get off [scot-]free *(coll.);* **~freiheit die;** *o. Pl.* exemption from punishment; **~gefangene der/die** prisoner; **~gericht das** *(fig.)* judgement; **ein ~gericht des Himmels** divine judgement; **ein grausames ~gericht abhalten** mete out cruel judgement; **~gesetz das** criminal *or* penal law; **~gesetz·buch**

das criminal *or* penal code; **~justiz die** criminal *or* penal justice; **~kammer die** *(Rechtsw.)* criminal division *(of a district court)*; **~kolonie die** penal colony; **~kompanie die** punishment battalion; **~lager das** penal camp

**sträflich** ['ʃtrɛːflɪç] **1.** *Adj.* criminal. **2.** *adv.* criminally

**Sträfling** ['ʃtrɛːflɪŋ] **der; ~s, ~e** prisoner

**Sträflings·kleidung die** prison clothing; prison clothes *pl.*

**straf-, Straf-: ~los** *Adj.* unpunished; **~mandat das** [parking, speeding, *etc.*] ticket; **~maß das** sentence; **~minute die a)** *(bes. Eishockey, Handball)* minute of penalty time; **die drei ~minuten** the three-minute penalty *sing.*; **b)** *(Rennsport, Springreiten, Biathlon, usw.)* penalty minute; **~mündig** *Adj. (Rechtsw.)* of the age of criminal responsibility *postpos.*; **er ist noch nicht ~mündig** he is under the age of criminal responsibility; **~porto das** surcharge; **~predigt die** *(ugs.)* lecture; **jmdm. eine ~predigt halten** lecture sb.; **~prozeß der** criminal proceedings *pl.*; **~prozeß·ordnung die** *(Rechtsw.)* code of criminal procedure; **~punkt der** *(Sport)* penalty point; **~raum der** *(bes. Fußball)* penalty area; **~recht das** criminal law; **~rechtlich 1.** *Adj.* criminal *attrib.* ⟨*case, investigation, responsibility*⟩; **~rechtliche Fragen/Probleme** questions/problems of criminal law; **im ~rechtlichen Sinne** according to criminal law; **2.** *adv.* under criminal law; **etw. ~rechtlich verfolgen** prosecute sth.; **~register das** criminal records *pl.*; **~richter der** *(Rechtsw.)* criminal judge; **~sache die** criminal case; **~stoß der** *(Fußball) s.* **Elfmeter; ~tat die** criminal offence; **~täter der** offender; **~verbüßung die** serving [of] one's sentence; **~verfahren das** criminal proceedings *pl.*; **~verfolgung die** *(Rechtsw.)* [criminal] prosecution; **~|versetzen** *tr. V. nur im Inf. u. Part. gebr.* transfer for disciplinary reasons; **~versetzung die** disciplinary transfer; **~verteidiger der** defence lawyer *or* counsel; **~vollzug der** penal system; **~würdig** *Adj. (Rechtsw.)* punishable; **~zettel der** *(ugs.)* [parking-, speeding-, *etc.*] ticket

**Strahl** [ʃtraːl] **der; ~[e]s, ~en a)** *(Licht, fig.)* ray; *(von Scheinwerfern, Taschenlampen)* beam; **ein ~ fiel durch den Türspalt** a shaft of light came through the crack of the door; **b)** *(Flüssigkeit)* jet; **ein dünner ~ Wasser** a thin trickle of water; **c)** *(Math., Phys.)* ray

**Strahl·an·trieb der** *(Technik)* jet propulsion

**strahlen** *itr. V.* **a)** shine; **ein ~d heller Morgen** a gloriously bright morning; **bei ~dem Wetter/Sonnenschein** in glorious sunny weather/in glorious sunshine; **eine ~de Schönheit/Stimme** *(fig.)* a radiant beauty/marvellously pure voice; **~d weiß** sparkling white; **b)** *(glänzen)* sparkle; **c)** *(lächeln)* beam (**vor +** *Dat.* with); **er strahlte über das ganze Gesicht** *od. (ugs.)* **über beide Backen** he was beaming all over his face; **d)** *(Physik)* radiate; emit rays

**strahlen-, Strahlen-: ~behandlung die** *(Med.)* radiotherapy *no art.*; **~belastung die** radioactive contamination; **~biologie die** radiobiology *no art.*; **~bündel das** *(Optik, Math.)* pencil of rays; **~förmig 1.** *Adj.* radial; **2.** *adv.* radially; **~pilz der;** *meist Pl. (Biol.)* ray fungus; **~schutz der** radiation protection; **~therapie die** *(Med.)* radiotherapy *no art.*; **~tierchen das** radiolarian; **~unfall der** radiation accident

**Strahler der; ~s, ~ a)** radiator; **b)** *(Heiz~)* radiant heater

**strahlig 1.** *Adj.* radial. **2.** *adv.* radially

**Strahl·triebwerk das** jet engine

**Strahlung die; ~, ~en** radiation

**Strahlungs-: ~energie die** *(Physik)* radiant energy; **~gürtel der** *(Physik)* radiation belt; **~intensität die** *(Physik)* intensity of radiation

**Strähne** ['ʃtrɛːnə] **die; ~, ~n a)** *(Haare)* strand; **eine graue ~:** a grey streak; **b)** *(fig.: Zeitspanne)* streak

**strähnig 1.** *Adj.* straggly ⟨*hair*⟩. **2.** *adv.* in strands

**stramm** [ʃtram] **1.** *Adj.* **a)** *(straff)* tight, taut ⟨*rope, line, etc.*⟩; tight ⟨*clothes*⟩; **b)** *(kräftig)* strapping ⟨*girl, boy*⟩; sturdy ⟨*legs, body*⟩; *s. auch* **Max; c)** *(gerade)* upright, erect ⟨*posture, etc.*⟩; **eine ~e Haltung einnehmen** stand to attention; **d)** *(energisch)* strict ⟨*discipline*⟩; strict, staunch ⟨*Marxist, Catholic, etc.*⟩; brisk ⟨*step*⟩. **2.** *adv.* **a)** *(straff)* tightly; **die Hose saß ziemlich ~:** the trousers were rather tight; **der Gurt soll ~ am Körper anliegen** the belt is supposed to be tight; **b)** *(kräftig)* sturdily ⟨*built*⟩; **c)** *(energisch)* ⟨*bring up*⟩ strictly; strictly, staunchly ⟨*Marxist, Catholic, etc.*⟩; ⟨*hold out*⟩ resolutely; **d)** *(ugs.: zügig)* ⟨*work*⟩ hard; ⟨*walk, march*⟩ briskly; ⟨*drive*⟩ fast, hard

**stramm|stehen** *unr. itr. V.* stand to *or* at attention

**Strampel·höschen das, Strampel·hose die** rompers *pl.*; romper suit; playsuit

**strampeln** ['ʃtrampl̩n] *itr. V.* **a)** ⟨*baby*⟩ kick [his/her feet] [and wave his/her arms about]; **b)** *mit sein (ugs.: mit dem Rad)* pedal; **c)** *(ugs.: sich sehr anstrengen)* sweat; struggle

**Strampler der; ~s, ~:** *s.* **Strampelhöschen**

**Strand** [ʃtrant] **der; ~[e]s, Strände** ['ʃtrɛndə] beach; *(geh. veralt.: Flußufer)* bank; strand; *(geh. veralt.: Seeufer)* shore; strand; **am ~:** on the beach; **an den ~ gehen** go to the beach; **auf ~ laufen** ⟨*ship*⟩ run aground; **ein Schiff auf ~ setzen** beach a ship

**Strand-: ~bad das** bathing beach *(on river, lake)*; **~burg die** sand den *(built as a windbreak)*; **~café das** beach café; **~distel die** sea holly

**stranden** *itr. V.; mit sein* **a)** *(festsitzen)* ⟨*ship*⟩ run aground; *(fig.)* be stranded; **b)** *(geh.: scheitern)* fail

**Strand-: ~gut das;** *o. Pl.* flotsam and jetsam; **~haubitze die** *in* **voll** *od.* **blau wie eine ~haubitze sein** *(ugs.)* be dead drunk; **~hotel das** beach hotel; **~kleid das** beach dress; **~korb der** basket chair; **~leben das** beach life; **~promenade die** promenade; **~räuber der** wrecker; **~segeln das** *(Sport)* sand-yachting

**Strang** [ʃtraŋ] **der; ~[e]s, Stränge** ['ʃtrɛŋə] **a)** *(Seil)* rope; **jmdn. zum Tod durch den ~ verurteilen** *(geh.)* sentence sb. to be hanged; **b)** *(von Wolle, Garn usw.)* hank; skein; **c)** *(Nerven~, Muskel~, Sehnen~)* cord; *(der DNS)* strand; **d)** *(Leine)* trace; **über die Stränge schlagen** *(ugs.)* kick over the traces; *s. auch* **reißen 2 a; ziehen 2 a**

**strangulieren** [ʃtraŋgu'liːrən] *tr. V.* strangle

**Strapaze** [ʃtra'paːtsə] **die; ~, ~n** strain *no pl.*; **sich von den ~n erholen** recover from the strain *sing.*

**strapaz·fähig** *Adj. (österr.) s.* **strapazierfähig**

**strapazieren 1.** *tr. V.* be a strain on ⟨*person, nerves*⟩; **die tägliche Rasur strapaziert die Haut** shaving daily is hard on the skin; **die Reise würde ihn zu sehr ~:** the journey would be too much [of a strain] for him; **jmds. Geduld ~** *(fig.)* tax sb.'s patience; **wir haben unsere Wanderschuhe/Wintermäntel stark strapaziert** we gave our walking-shoes/winter coats a great deal of hard wear; **diese Ausrede ist schon zu oft strapaziert worden** *(fig.)* this excuse has been flogged to death. **2.** *refl. V.* strain *or* tax oneself

**strapazier·fähig** *Adj.* hard-wearing ⟨*clothes, shoes*⟩; hard-wearing, durable ⟨*material*⟩; sturdy ⟨*book*⟩

**Strapazier·fähigkeit die;** *o. Pl. s.* **strapazierfähig:** hard-wearingness; durability; sturdiness

**strapaziös** [ʃtrapa'tsiøːs] *Adj.* wearing

**Straps** [ʃtraps] **der; ~es, ~e** suspender

**Straß** [ʃtras] **der; ~** *od.* **Strasses, Strasse a)** *o. Pl. (Glasfluß)* paste; **b)** *(Nachbildung aus ~)* paste gem

**Straßburg** ['ʃtraːsbʊrk] **(das); ~s** Strasbourg

**Sträßchen** ['ʃtrɛːsçən] **das; ~s, ~:** little *or* narrow street

**Straße** ['ʃtraːsə] **die; ~, ~n a)** *(in Ortschaften)* street; road; *(außerhalb)* road; *(fig. abwertend: Pöbel)* mob; rabble; **auf offener ~:** in [the middle of] the street; **man traut sich abends kaum noch auf die ~:** you hardly dare go out in the evenings any more; **Verkauf über die ~:** take-away sales *pl.*; *(von alkoholischen Getränken)* off-licence sales *pl.*; **Jugendliche von der ~ holen** get young people off the streets; **der Mann auf der ~** *(fig.)* the man in the street; **mit jugendlichen Arbeitslosen/Prostituierten kann man hier die ~n pflastern** *(ugs.)* the place is full of young unemployed people/prostitutes *(coll.)*; **jmdn. auf die ~ setzen** *od.* **werfen** *(ugs.) (aus einer Stellung)* sack sb. *(coll.)*; give sb. the sack *(coll.)*; *(aus einer Wohnung)* turn sb. out on to the street; **auf der ~ liegen** *od.* **sitzen** *od.* **stehen** *(ugs.) (arbeitslos sein)* be out of work; *(ohne Wohnung sein)* be on the streets; **auf die ~ gehen** *(ugs.) (demonstrieren)* take to the streets; *(der Prostitution nachgehen)* go on *or* walk the streets; **jmdn. auf die ~ schicken** *(ugs.)* send sb. out on the streets; **sich [nicht] dem Druck der ~ beugen** [not] bow to mob rule; **b)** *(Meerenge)* strait[s *pl.*]; **die ~ von Gibraltar/Hormus** the Straits of Gibraltar/Strait of Hormuz

**Straßen-: ~anzug der** lounge suit *(Brit.)*; business suit *(Amer.)*; **~bahn die** tram *(Brit.)*; streetcar *(Amer.)*; **~bahner der; ~s, ~, ~bahnerin die; ~, ~nen** *(ugs.)* tramway employee *(Brit.)*

**Straßen·bahn-: ~fahrer der a)** *(Führer)* tram driver *(Brit.)*; **b)** *(Benutzer)* tram passenger *(Brit.)*; **~halte·stelle die** tram stop *(Brit.)*; **~linie die** tram route *(Brit.)*; **die ~linie 24** the number 24 tram *(Brit.)*; **~schaffner der** tram conductor *(Brit.)*; **~schiene die** tramline *(Brit.)*; **~wagen der** tram[car] *(Brit.)*

**Straßen-: ~bau der;** *o. Pl.* road building *no art.*; road construction *no art.*; **~bekanntschaft die: sie ist nur eine ~bekanntschaft** she is just someone I talk to when I meet her in the street; **~beleuchtung die** street lighting; **~benutzungs·gebühr die** *s.* **Maut; ~bild das** street scene; **mehr und mehr gehörten Uniformen wieder zum ~bild** uniforms were increasingly seen in the streets again; **~café das** pavement café; street café; **~decke die** road surface; **~dorf das** street village; **~ecke die** street corner; **~fahrer der** *(Rennsport)* road racer; **~feger der a)** *(bes. nordd.)* road-sweeper; **b)** *(ugs. scherzh.: spannende Fernsehsendung)* programme/series which pulls a huge audience; **~fest das** street party; **~glätte die** slippery road surface; **~graben der** ditch [at the side of the road]; **~händler der** street trader; **~junge der** *(abwertend)* street urchin; **~kampf der a)** street fight; street battle; **b)** *o. Pl. (Taktik, Strategie)* streetfighting; **~kämpfer der** streetfighter; **~karte die** road-map; **~kehrer der; ~s, ~** *(bes. südd.) s.* **~feger a; ~kreuzer der** *(ugs. veralt.)* limousine; **~kreuzung die** crossroads *sing.*; **~lage die** road-holding *no indef. art.*; **eine gute ~lage haben** have good road-holding; hold the road well; **~lärm der** street noise;

**~laterne die** street lamp; **~mädchen das** *(abwertend)* street-walker; **~musikant der** street musician; busker; **~name der** street-name; name of a/the street; **~netz das** road network; **~rand der** roadside; side of the road; **~raub der** street robbery; *(gewalttätig)* mugging; **~räuber der** street robber; *(gewalttätig)* mugger; **~reinigung die** street-cleaning; **~rennen das** *(Rennsport)* road race; **~sammlung die** street collection; **~schild das** street-name sign; **~schlacht die** street battle; **~schmutz der** *(auf der Straße)* dirt in the street/streets; *(von der Straße)* dirt from the street/streets; **~schuh der** walking-shoe; **~seite die** side of the street/road; *(eines Gebäudes)* street side; **das Fenster ging zur ~seite** the window looked out on [to] the street/road; **~sperre die** road-block; **~sperrung die** closing [off] of a/the street/road; **~staub der** dust of the street/road; **~theater das a)** *o. Pl. (Institution)* street theatre; **b)** *(Ensemble)* street theatre group; **~tunnel der** road tunnel; **~über·führung die** *(für Fußgänger)* footbridge; *(für Fahrzeuge)* road bridge; **~unter·führung die** *(für Fußgänger)* subway; *(für Fahrzeuge)* underpass; **~verhältnisse** *Pl.* road conditions; **~verkauf der a)** *(auf der Straße)* street trading; **b)** *(über die Straße)* take-away sales *pl.; (von alkoholischen Getränken)* off-licence sales *pl.;* **~verkäufer der** street vendor; **~verkehr der** traffic; **im ~verkehr** in traffic; **~verkehrs·ordnung die** road traffic act; **~zoll der** *s.* **Maut; ~zug der** street; **~zu·stand der** road conditions *pl.*

**Stratege** [ʃtra'te:gə] **der; ~n, ~n** strategist

**Strategie** [ʃtrate'gi:] **die; ~, ~n** strategy

**strategisch 1.** *Adj.* strategic. **2.** *adv.* strategically

**Strato·sphäre** [ʃtrato-] **die** stratosphere

**Stratus** ['ʃtra:tʊs] **der; ~, Strati** *(Met.)* stratus

**Stratus·wolke die** stratus cloud

**sträuben** ['ʃtrɔybn̩] **1.** *tr. V.* ruffle [up] ⟨*feathers*⟩; bristle ⟨*fur, hair*⟩. **2.** *refl. V.* ⟨*hair, fur*⟩ bristle, stand on end; ⟨*feathers*⟩ become ruffled; **bei dieser Nachricht sträubten sich mir die Haare** the news made my hair stand on end; **b)** *(sich widersetzen)* resist; **sich ~, etw. zu tun** resist doing sth.; **sie hat sich mit Händen und Füßen gegen die Versetzung gesträubt** she resisted the transfer with all her might; **die Feder sträubt sich, das zu schildern** *(fig. geh.)* one hesitates *or* is reluctant to put it on paper

**Strauch** [ʃtraux] **der; ~[e]s, Sträucher** ['ʃtrɔyçɐ] shrub

**Strauch·dieb der** *(veralt. abwertend)* footpad *(hist.);* **wie ein ~ aussehen** *(ugs.)* look like a tramp

**straucheln** ['ʃtrauxl̩n] *itr. V.; mit sein (geh.)* **a)** *(stolpern)* stumble; **sein Fuß strauchelte** *(geh.)* he stumbled; **b)** *(scheitern)* fail; **c)** *(straffällig werden)* go astray

**Strauch·werk das** shrubbery; bushes *pl.*

[1]**Strauß** [ʃtraus] **der; ~es, Sträuße** ['ʃtrɔysə] bunch of flowers; *(bes. als Geschenk, zu offiziellem Anlaß)* bouquet [of flowers]; *(von kleinen Blumen)* posy

[2]**Strauß der; ~es, ~e** *(Vogel)* ostrich; **wie der Vogel ~:** like an ostrich

[3]**Strauß der; ~es, Sträuße** *(veralt.)* **a)** *(Kampf)* battle; **b)** *(Streit)* quarrel; **ich habe einen ~ mit dir auszufechten** I have a bone to pick with you

**Sträußchen** ['ʃtrɔysçən] **das; ~s, ~:** posy

**Straußen-: ~ei das** ostrich egg; **~feder die** ostrich feather *or* plume

**Strauß·wirtschaft die** *(bes. südd.) [temporarily opened] bar selling new wine when a bundle of twigs is displayed*

**Strebe** ['ʃtre:bə] **die; ~, ~n** brace; strut

**Strebe-: ~balken der** shore; prop; **~bogen der** *(Archit.)* flying buttress

**streben** *itr. V.* **a)** *mit sein (hinwollen)* make one's way briskly; **er strebte zur Tür** he made briskly for the door; **die Pflanzen ~ zum Licht** the plants reach up towards the light; **die Partei strebt an die Macht** the party is reaching out for power; **b)** *(trachten)* strive **(nach** for); **danach ~, etw. zu tun** strive to do sth.; **das Streben nach Vollkommenheit** [the] striving for perfection; **c)** *(abwertend)* ⟨*pupil*⟩ swot *(Brit. sl.);* cram

**Strebe·pfeiler der** *(Archit.)* buttress

**Streber der; ~s, ~** *(abwertend)* over-ambitious *or* pushing *or (coll.)* pushy person; *(in der Schule)* swot *(Brit. sl.);* cram

**streberhaft, streberisch** *(abwertend) Adj.* over-ambitious; pushing; pushy *(coll.);* **ein ~er Schüler** a swot *(Brit. sl.);* grind *(Amer. sl.)*

**Streberin die; ~, ~nen** *s.* **Streber**

**Strebe·werk das** *(Archit.)* [system *sing.* of] buttresses *pl.*

**strebsam** *Adj.* ambitious and industrious

**Strebsamkeit die; ~:** ambition and industriousness

**Streck·bett das** *(Med.)* orthopaedic bed

**Strecke** ['ʃtrɛkə] **die; ~, ~n a)** *(Weg~)* distance; **über weite ~n sah man kein einziges Dorf** for long distances there was not a single village to be seen; **das Land war über weite ~n überschwemmt** large parts of the countryside were flooded; **auf der ~ bleiben** *(ugs.)* fall by the wayside; **b)** *(Abschnitt, Route)* route; *(Eisenbahn~)* line; **er fliegt diese ~ oft** he often flies this route; **der Zug hielt auf freier** *od.* **offener ~:** the train stopped between stations; **c)** *(Sport)* distance; **viele Zuschauer waren an der ~:** there were a lot of spectators lining the route/track; **die Läufer gehen auf die ~:** the runners are setting off; **d)** *(Geom.)* line segment; **e)** *(Bergbau)* gallery; **f)** *(Jägerspr.)* bag; kill; **ein Tier zur ~ bringen** bag *or* kill an animal; **jmdn. zur ~ bringen** *(fig.)* hunt sb. down

**strecken 1.** *tr. V.* **a)** *(gerade machen)* stretch ⟨*arms, legs*⟩; **ein gebrochenes Bein ~:** straighten a broken leg; **b)** *(dehnen)* stretch [out] ⟨*arms, legs, etc.*⟩; **den Hals ~:** crane one's neck; **c)** *(lehnen)* stick *(coll.);* **den Kopf aus dem Fenster ~:** stick one's head out of the window *(coll.);* **d)** *(größer, länger, breiter machen)* stretch; hammer/roll out ⟨*metal*⟩; **e)** *(verdünnen)* thin down; **f)** *(rationieren)* eke out ⟨*provisions, fuel, etc.*⟩. **2.** *refl. V.* stretch out

**strecken-, Strecken-: ~ab·schnitt der** section; **~arbeiter der** platelayer; track worker; **~begehung die** track inspection; **~führung die** routing; *(Strecke)* route; **~netz das** route network; *(Eisenbahnw.)* rail network; **~wärter der** track inspector; **~weise** *Adv.* in places; *(fig.: zeitweise)* at times; **das Buch war ~weise langweilig** the book was boring in parts

**Strecker der; ~s, ~** *(Anat.)* extensor

**Streck-: ~muskel der** *(Anat.)* extensor [muscle]; **~verband der** *(Med.)* extension *or* traction bandage

**Streich** [ʃtraiç] **der; ~[e]s, ~e a)** *(geh.: Hieb)* blow; **jmdm. einen ~ versetzen** strike sb.; **auf einen ~** *(veralt.)* at one blow; *(fig.)* at one fell swoop; at one go; **b)** *(Schabernack)* trick; prank; **jmdm. einen ~ spielen** play a trick on sb.; **mein Gedächtnis hat mir wieder einen ~ gespielt** my memory has been playing tricks on me again

**Streichel·einheiten** *Pl. (ugs.)* share *sing.* of kindness and affection; *(bei Mitarbeitern)* share *sing.* of encouragement and appreciation

**streicheln** ['ʃtraiçl̩n] *tr. (auch itr.) V.* stroke; *(liebkosen)* stroke; caress; **einen Hund über den Rücken ~:** stroke a dog's back; **er streichelte ihr übers Haar** he stroked her hair

**streichen 1.** *unr. tr. V.* **a)** stroke; **die Geige ~** *(geh.)* play the violin; *s. auch* **gestrichen 2, 3; b)** *(an~)* paint; **eine Wand grün/beige** *usw.* **~:** paint a wall green/beige *etc.;* **„frisch gestrichen"** 'wet paint'; **c)** *(wegstreifen)* sweep ⟨*crumbs etc.*⟩; **sich** *(Dat.)* **das Haar aus der Stirn ~:** push *or* smooth the hair back from one's forehead; **d)** *(drücken)* **Kitt in die Fugen ~:** press putty into the joints; **Tomaten durch ein Sieb ~:** rub *or* press tomatoes through a sieve; **e)** *(auftragen)* spread ⟨*butter, jam, ointment, etc.*⟩; **f)** *(be~)* **ein Brötchen [mit Butter]/mit Honig ~:** butter a roll/spread honey on a roll; **g)** *(aus~, tilgen)* delete; cross out; cancel ⟨*train, flight*⟩; **jmdn. von der Liste ~:** cross sb. off the list; **Nichtzutreffendes bitte ~!** please delete as appropriate *or* applicable; **etw. aus seinem Gedächtnis** *od.* **seiner Erinnerung ~:** erase sth. from one's memory *or* mind; **einen Auftrag/Zuschuß ~:** cancel an order/a subsidy; **h)** *(Rudern)* **die Riemen ~:** back water; **i)** *(Seemannsspr. veralt.)* strike ⟨*sail*⟩; *s. auch* **Flagge; Segel. 2.** *unr. itr. V.* **a)** stroke; **jmdm. durch die Haare/über den Kopf ~:** run one's fingers through sb.'s hair/stroke sb.'s head; **er strich sich** *(Dat.)* **nachdenklich über den Bart** he stroked his beard thoughtfully; **mit der Hand über die Tischdecke ~:** smooth the tablecloth with one's hand; **b)** *(an~)* paint; **c)** *mit sein (umhergehen)* wander; **d)** *(Geol.)* ⟨*stratum*⟩ strike; *(Geogr.)* ⟨*mountain range*⟩ stretch; **e)** *mit sein (bes. Jägerspr.)* ⟨*bird*⟩ wing

**Streicher der; ~s, ~** *(Musik)* string-player; **die ~:** the strings

**streich·fähig** *Adj.* easy to spread *pred.*

**Streich·holz das** match; *(als Spielzeug)* matchstick; **eine Schachtel Streichhölzer** a box of matches

**Streichholz-: ~briefchen das** book of matches; **~spiel das** game with matchsticks

**Streich-: ~instrument das** string[ed] instrument; **~käse der** cheese spread; **~orchester das** string orchestra; **~quartett das** string quartet; **~trio das** string trio

**Streichung die; ~, ~en a)** *(Tilgung)* deletion; *(Kürzung)* cutting *no indef. art.;* **~en vornehmen** make deletions/cuts; **b)** *(gestrichene Stelle)* deletion; *(Kürzung)* cut

**Streich·wurst die** [soft] sausage for spreading; ≈ meat spread

**Streif** [ʃtraif] **der; ~[e]s, ~e** *(geh.)* strip; *(Licht~)* shaft

**Streif·band das;** *Pl.* **~bänder** wrapper

**Streife die; ~, ~n a)** *(Personen)* patrol; **b)** *(Streifengang)* patrol; **auf ~ gehen/sein** go/be on patrol

**streifen 1.** *tr. V.* **a)** *(leicht berühren)* touch; brush [against]; ⟨*shot*⟩ graze; **jmdn. am Arm/an der Schulter ~:** touch sb. on the arm *or* brush against sb.'s arm/touch sb. on the shoulder; **mit dem Wagen das Garagentor ~:** scrape the garage door with the car; **ein Windhauch streifte ihre Wangen** *(geh.)* she felt a breath of wind on her cheeks; **jmdn. mit einem Blick ~** *(fig.)* glance fleetingly at sb.; **b)** *(kurz behandeln)* touch [up]on ⟨*problem, subject, etc.*⟩; **c) den Ring auf den/vom Finger ~:** slip the ring on/off one's finger; **die Ärmel nach oben ~:** pull/push up one's sleeves; **die Butter vom Messer ~:** wipe the butter off the knife; **sich** *(Dat.)* **die Kapuze/den Pullover über den Kopf ~:** pull the hood/slip the pullover over one's head; **sich die Strümpfe von den Beinen ~:** slip one's stockings off; **die Blätter von den Zweigen ~:** strip the leaves from the twigs; strip the twigs of leaves. **2.** *itr. V. mit sein* roam; **durch die Wälder ~:** roam the forests

**Streifen der; ~s, ~ a)** *(Linie)* stripe; *(auf der Fahrbahn)* line; **ein heller ~ am Horizont** a streak of light on the horizon; **graue**

~ **im Haar haben** have grey streaks in one's hair; **b)** *(Stück, Abschnitt)* strip; *(Speck~)* rasher; *(Tresse)* braid; **c)** *(ugs.: Film)* film

**Streifen-:** ~**beamte der** policeman on patrol duty; ~**dienst der** patrol duty; ~**gang der** patrol; ~**muster das** striped pattern; **ein Hemd mit ~muster** a striped shirt; ~**wagen der** patrol car

**streifig** *Adj.* streaky

**Streif-:** ~**licht das;** *Pl.* ~**er** streak of light; **ein ~licht auf etw.** *(Akk.)* **werfen** *(fig.)* highlight sth.; ~**schuß der** grazing shot; *(Wunde)* graze; ~**zug der** expedition; *(fig.)* expedition; journey; *(eines Tieres)* prowl

**Streik** [ʃtraik] **der;** ~[e]s, ~s strike; **in den ~ treten** come out *or* go on strike; **den ~ ausrufen** call a strike; **jmdn. zum ~ aufrufen** call sb. out on strike; **mit ~ drohen** threaten to strike; threaten strike action; *s. auch* **wild 1 b**

**Streik-:** ~**auf·ruf der** strike call; ~**brecher der** strike-breaker; blackleg *(derog.)*; scab *(derog.)*; ~**drohung die** strike threat; threat of strike action

**streiken** *itr. V.* **a)** strike; be on strike; *(in den Streik treten)* come out *or* go on strike; strike; **b)** *(ugs.: nicht mitmachen)* go on strike; **c)** *(ugs.: nicht funktionieren)* pack up *(coll.)*; **der Kühlschrank streikt** the fridge has packed up *(coll.)*

**Streikende der/die;** *adj. Dekl.* striker

**Streik-:** ~**front die** strike; **an der ~front** in the strike/strikes; ~**geld das** strike pay; ~**kasse die** strike fund; ~**leitung die** strike leadership; strike leaders *pl.*; ~**posten der** picket; **~posten beziehen** picket; stand on the picket-line; **vor einer Fabrik ~posten stehen** picket a factory; ~**recht das** right to strike

**Streit** [ʃtrait] **der;** ~[e]s **a)** quarrel; argument; *(Zank)* squabble; quarrel; *(Auseinandersetzung)* dispute; argument; **~ anfangen** start a quarrel *or* an argument; **sie sind im ~ auseinandergegangen** they parted in disharmony; **er sucht immer ~:** he is always looking for an argument *or* a quarrel; **die beiden haben oft ~:** those two are always arguing *or* quarrelling *or* fighting; **ein ~ der Meinungen** a clash of opinions; **mit jmdm. ~ bekommen** get into an argument *or* a quarrel with sb.; **er hat ihn im ~ erschlagen** he beat him to death during a quarrel; **miteinander in ~ leben** be always at loggerheads with each other; **ein ~ um des Kaisers Bart** an argument over nothing; **b)** *(veralt.: Kampf)* battle

**Streit·axt die** battleaxe

**streit·bar** *Adj. (geh.)* **a)** pugnacious; **b)** *(veralt.: tapfer)* brave; valiant

**streiten 1.** *unr. itr., refl. V.* quarrel; argue; *(sich zanken)* squabble; quarrel; *(sich auseinandersetzen)* argue; have an argument; **die Erben stritten [sich] um den Nachlaß** the heirs argued *or* fought over *or* disputed the estate; **darüber läßt sich ~:** one can argue about that; that's a debatable point; **die ~den Parteien in einem Prozeß** the litigants in a lawsuit; **die Streitenden** the quarrellers. **2.** *unr. itr. V. (geh.: kämpfen)* fight

**Streiter der;** ~s, ~ *(geh.: Kämpfer)* fighter (**für** for, **gegen** against); champion (**für** of)

**Streiterei die;** ~, ~**en** arguing *no pl., no indef. art.*; *(Gezänk)* quarrelling *no pl.*; **bei ihnen gibt es immer ~en** they are always quarrelling

**Streiterin die;** ~, ~**nen** *s.* **Streiter**

**Streit-:** ~**fall der** *(Rechtsw.)* case; *(Kontroverse)* dispute; conflict; **das ist ein ~fall** that is a disputed point; **im ~fall** in [the] case of dispute *or* conflict; ~**frage die** disputed question *or* issue; ~**gespräch das** debate; disputation; ~**hahn der;** *meist Pl. (ugs., oft scherzh.)* quarreller; squabbler; *(fig.: Kampfhahn)* fighter; brawler; ~**hammel der** *(fam.)* quarreller

**streitig** *Adj.* **a)** disputed ⟨*question, issue*⟩; **jmdm. jmdn./etw. ~ machen** dispute sb.'s right to sb./sth.; **b)** *(Rechtsw.)* disputed

**Streitigkeit die;** ~, ~**en** *meist Pl.* **a)** quarrel; argument; **b)** *(Streitfall)* dispute

**streit-, Streit-:** ~**kräfte** *Pl.* armed forces; ~**macht die;** *o. Pl. (veralt.)* forces *pl.*; ~**punkt der** contentious issue; ~**roß das** *(veralt.) s.* **Schlachtroß**; ~**sache die a)** dispute; **b)** *(Rechtsw.) s.* **Rechtsstreit**; ~**schrift die** polemical treatise; ~**sucht die** quarrelsomeness; ~**süchtig** *Adj.* quarrelsome; ~**wagen der** chariot; ~**wert der** amount in dispute

**streng** [ʃtrɛŋ] **1.** *Adj.* **a)** *(hart)* strict ⟨*teacher, parents, upbringing, principle*⟩; severe ⟨*punishment*⟩; stringent, strict ⟨*rule, regulation, etc.*⟩; stringent ⟨*measure*⟩; rigorous ⟨*examination, check, test, etc.*⟩; stern ⟨*reprimand, look*⟩; **b)** *nicht präd. (strikt)* strict ⟨*order, punctuality, diet, instruction, Catholic*⟩; absolute ⟨*discretion*⟩; complete ⟨*rest*⟩; **~ gegen sich selbst sein** be strict with oneself; **im ~en Sinne** in the strict sense; **c)** *nicht präd. (schnörkellos)* austere, severe ⟨*cut, collar, style, etc.*⟩; severe ⟨*hairstyle*⟩; **der ~e Aufbau eines Romans** the tight structure of a novel; **d)** *(herb)* severe ⟨*face, features, etc.*⟩; **e)** *(durchdringend)* pungent, sharp ⟨*taste, smell*⟩; **er riecht etwas ~:** he smells a bit strong; **f)** *(rauh)* severe ⟨*winter*⟩; sharp, severe ⟨*frost*⟩. **2.** *adv.* **a)** *(hart)* ⟨*mark, judge, etc.*⟩ strictly, severely; ⟨*punish*⟩ severely; ⟨*look, reprimand*⟩ sternly; **~ durchgreifen** take rigorous action; **b)** *(strikt)* strictly; **~ verboten** strictly prohibited; **c)** *(schnörkellos)* **sie trug ein ~ geschnittenes Kostüm** she wore a severe suit; **d)** *(durchdringend)* ⟨*smell*⟩ strongly

**Strenge die;** ~ **a)** *s.* **streng a:** strictness; severity; stringency; rigour; sternness; **jmdn. mit äußerster ~ bestrafen** punish sb. extremely severely; **b)** *(Striktheit)* strictness; **c)** *(von [Gesichts]zügen)* severity; **d)** *(von Geruch, Geschmack)* pungency; sharpness; **ein Geruch von beißender ~:** a bitingly pungent smell; **e)** *s.* **streng f.:** severity; sharpness; **f)** *(Schnörkellosigkeit)* austerity; severity

**streng-, Streng-:** ~**genommen** *adv.* strictly speaking; ~**gläubig** *Adj.* strict; ~**gläubigkeit die** strict beliefs *pl.*

**strengstens** ['ʃtrɛŋstn̩s] *Adv.* [most] strictly

**Streptokokkus** [ʃtrɛptoˈkɔkʊs] **der;** ~, **Streptokokken** streptococcus

**Strese·mann der** *formal suit with dark jacket, grey waistcoat, and striped trousers*

**Streß** [ʃtrɛs] **der; Stresses, Stresse** stress; **im ~ sein** be under stress

**stressen** *(ugs.)* **1.** *tr. V.* **jmdn. ~:** put sb. under stress; **vollkommen gestreßt sein** be under an enormous amount of stress; **die gestreßten Großstädter** the stressed city-dwellers. **2.** *itr. V.* be stressful

**stressig** *Adj. (ugs.)* stressful

**Streß·situation die** stress situation

**Stretch** [strɛtʃ] **der;** ~[e]s, ~**es** stretch fabric *or* material

**Streu** [ʃtrɔy] **die;** ~, ~**en** straw

**Streu·büchse die** shaker; *(für Zucker)* shaker; castor; *(für Mehl)* dredger

**streuen 1.** *tr. V.* **a)** spread ⟨*manure, sand, grit*⟩; sprinkle ⟨*salt, herbs, etc.*⟩; strew, scatter ⟨*flowers*⟩; *(fig.)* spread ⟨*rumour*⟩; **den Vögeln Futter ~:** scatter food for the birds; **weit gestreut** *(fig.)* scattered *or* spread over a wide area; **b)** *(auch itr.) (mit Streugut)* **die Straßen [mit Sand/Salz] ~:** grit/salt the roads; put grit/salt down on the roads; **[den Weg] ~:** put grit/salt *etc.* down [on the path]. **2.** *itr. V.* **a)** *(beim Schießen)* scatter; **b)** *(bes. Physik)* ⟨*particles, ions, etc.*⟩ scatter; **c)** *(Med.)* spread

**Streu-:** ~**fahr·zeug das** gritter; gritting-lorry; ~**gut das** *o. Pl.* grit/salt *(for icy roads etc.)*

**streunen** *itr. V.; meist mit sein (oft abwertend)* wander *or* roam about *or* around; **~de Katzen/Hunde** stray cats/dogs; **durch die Straßen/Felder ~:** roam *or* wander the streets/across the fields

**Streuner der;** ~s, ~ *(abwertend)* tramp

**Streu-:** ~**salz das** salt *(for icy roads etc.)*; ~**sand der a)** grit *(for icy roads etc.)*; **b)** *(veralt.: zum Trocknen)* sand

**Streusel der** *od.* **das;** ~s, ~ *crumble [topping] made of butter, sugar, flour;* streusel

**Streusel·kuchen der** streusel cake

**Streuung die;** ~, ~**en a)** *(Verbreitung)* dissemination; **b)** *(Ballistik)* scattering; **c)** *(Med.)* generalization; metastasis *(Med.)*

**Streu·zucker der** granulated sugar

**strich** [ʃtrɪç] *1. u. 3. Pers. Sg. Prät. v.* **streichen**

**Strich der;** ~[e]s, ~e **a)** *(Linie)* line; *(in einer Zeichnung)* stroke; line; *(Gedanken~)* dash; *(Schräg~)* diagonal; slash; *(Binde~, Trennungs~)* hyphen; *(Markierung)* mark; **beim Lesen ~e an den Rand machen** sideline passages when reading; **etw. mit groben** *od.* **in großen ~en zeichnen** *od.* *(fig.)* **umreißen** sketch sth. in broad strokes *(lit. or fig.)*; **er ist nur noch ein ~ [in der Landschaft]** *(ugs.)* he's as thin as a rake; **keinen ~ tun** *od.* **machen** *od.* **arbeiten** not do a stroke *or* a thing; **jmdm. einen ~ durch die Rechnung/durch etw.** *(Akk.)* **machen** *(ugs.)* mess up *or* wreck sb.'s plans/mess up sb.'s plans for sth.; **dem werden wir einen ~ durch die Rechnung machen!** we'll put a stop to his little game; **einen ~ unter etw.** *(Akk.)* **machen** *od.* **ziehen** put sth. behind one; make a [clean] break with sth.; **unter dem ~:** at the end of the day; all things considered; **unter dem ~ sein** *(ugs.)* not be up to scratch; be below par; **b)** *(Winkeleinheit)* point; **c)** *o. Pl.* **der ~** *(salopp) (Prostitution)* [street] prostitution; street-walking; *(Gegend)* the street-walkers' patch; the red-light district; **auf den ~ gehen** walk the streets; **d)** *(streichende Bewegung)* stroke; **e)** *o. Pl. (Pinselführung)* strokes *pl.*; **van Goghs kräftiger ~:** van Gogh's powerful brush-strokes *pl. or* brush; **f)** *(Streichung)* deletion; **g)** *o. Pl. (Bogen~)* bowing *no indef. art.*; **h)** *o. Pl. (Haar~, Fell~)* lie; *(eines Teppichs)* pile; *(von Samt o. ä.)* nap; **gegen den/mit dem ~ bürsten** brush ⟨*hair, fur*⟩ the wrong/right way; brush ⟨*carpet*⟩ against/with the pile; brush ⟨*velvet*⟩ against/with the nap; **jmdm. gegen den ~ gehen** *(ugs.)* go against the grain [with sb.]; **nach ~ und Faden** *(ugs.)* good and proper *(coll.)*; well and truly; **jmdn. nach ~ und Faden belügen** *(ugs.)* lie through one's teeth to sb.; **i)** *(bes. Jägerspr.) (Flug)* flight; *(Schwarm)* flock

**Strich·ätzung die** *(Druckw.)* line block *or* plate

**Strichelchen das;** ~s, ~: little line; *(dünn)* fine line

**stricheln** ['ʃtrɪçl̩n] *tr. V.* **a)** *(zeichnen)* sketch in [with short lines]; **eine gestrichelte Linie** a broken line; **b)** *(schraffieren)* hatch

**Strich-:** ~**junge der** *(salopp)* [young] male prostitute; ~**kode der** bar code

**strichlieren** *(österr.) s.* **stricheln**

**strich-, Strich-:** ~**mädchen das** *(salopp)* street-walker; hooker *(Amer. sl.)*; ~**männchen das** matchstick man; ~**punkt der** semicolon; ~**vogel der** *(Zool.)* flocking bird; ~**weise** *(bes. Met.)* **1.** *Adv.* ⟨*rain etc.*⟩ in places; **2.** *adj.; nicht präd.* in places *postpos.*; local; ~**zeichnung die** line-drawing

[1]**Strick** [ʃtrɪk] **der;** ~[e]s, ~e **a)** cord; *(Seil)* rope; **jmdm. aus etw. einen ~ drehen** *(fig.)* use sth. against sb.; **da kann ich mir ja gleich einen ~ nehmen** *od.* **kaufen!** I might as well end it all now; *s. auch* **reißen 2 a; ziehen 2 a**; **b)** *(fam.: Schlingel)* rascal

[2]**Strick das;** ~[e]s *(bes. Mode)* knitted material; **in lässigem ~:** knitted in casual style

**Strick-: ~arbeit die** [piece of] knitting; **~bündchen das** knitted welt

**stricken** *tr., itr. V.* knit; **an etw.** *(Dat.)* **~:** be knitting sth.; **eine sauber gestrickte Story** *(fig.)* a neatly constructed story

**Strickerei die; ~, ~en a)** *o. Pl. (Tätigkeit)* knitting; **b)** *(Produkt)* piece of knitting

**Strickerin die; ~, ~en** knitter

**Strick-: ~jacke die** cardigan; **~kleid das** knitted dress; **~leiter die** rope-ladder; **~maschine die** knitting-machine; **~mode die** knitwear fashion; **~muster das** knitting-pattern; *(fig.)* formula; **~nadel die** knitting-needle; **~waren** *Pl.* knitwear *sing.*; **~zeug das** knitting

**Striegel** ['ʃtri:gl] **der; ~s, ~:** curry-comb

**striegeln** *tr. V.* groom ⟨*horse*⟩; **gestriegelt und gebügelt** *(fig.)* all spruced up

**Strieme** ['ʃtri:mə] **die; ~, ~n, Striemen der; ~s, ~:** weal

**Striezel** ['ʃtri:tsl] **der; ~s, ~** *(bes. ostd.)* long plaited bun

**strikt** [ʃtrɪkt] **1.** *Adj.* strict; exact ⟨*opposite*⟩. **2.** *adv.* strictly; **ich bin ~ dagegen** I am totally opposed to it

**stringent** [ʃtrɪŋ'gɛnt] *(geh.)* **1.** *Adj.* compelling ⟨*conclusion, reasoning, proof, argument*⟩. **2.** *adv.* ⟨*prove, deduce*⟩ by compelling logic; ⟨*prove, argue*⟩ compellingly

**Stringenz** [ʃtrɪŋ'gɛnts] **die; ~** *(geh.)* compelling nature

**Strip** [ʃtrɪp] **der; ~s, ~s a)** *(Striptease)* strip[tease]; **b)** *(Pflaster)* strip [of sticking-plaster]

**Strippe** ['ʃtrɪpə] **die; ~, ~n** *(ugs.)* string; **an der ~ hängen** *(fig.)* be on the phone *(coll.)*; *(dauernd)* hog the phone *(coll.)*; **jmdn. an der ~ haben** *(fig.)* have sb. on the phone *(coll.) or* line; **jmdn. an die ~ kriegen** *(fig.)* get sb. on the phone *(coll.)*; **sich an die ~ hängen** *(fig.)* get on the phone *(coll.)*

**strippen** *itr. V. (ugs.)* do strip-tease; strip

**Stripperin die; ~, ~nen** *(ugs.)* stripper

**Striptease** ['ʃtrɪpti:s] **der** *od.* **das; ~:** strip-tease

**Striptease·tänzerin die** strip-tease dancer

**stritt** [ʃtrɪt] *1. u. 3. Pers. Sg. Prät. v.* **streiten**

**strittig** *Adj.* contentious ⟨*point, problem*⟩; disputed ⟨*territory*⟩; ⟨*question*⟩ in dispute, at issue; **~ ist nur, ob ...:** the only point at issue is whether ...

**Strizzi** ['ʃtrɪtsi] **der; ~s, ~s** *(bes. südd., österr.)* **a)** *(Zuhälter)* pimp; **b)** *(Strolch)* rascal

**Stroh** [ʃtro:] **das; ~[e]s** straw; **mit ~ gedeckt** ⟨*roof, cottage*⟩ thatched with straw; **es brannte wie ~:** it went up like dry tinder; **~ im Kopf haben** *(ugs.)* have sawdust between one's ears *(coll.)*

**stroh-, Stroh-: ~ballen der** bale of straw; straw bale; **~blond** *Adj.* flaxen-haired ⟨*person*⟩; straw-coloured, flaxen ⟨*hair*⟩; **~blume die a)** *(Immortelle)* immortelle; everlasting [flower]; **b)** *(Korbblütler)* strawflower; **~dach das** roof thatched with straw; **~dumm** *Adj. (ugs.)* witless *(coll.)*; thick-headed; **~feuer das: wie ein ~feuer aufflammen** flare up briefly; **das war nur ein ~feuer** *(fig.)* it was just a flash in the pan; **~gedeckt** *Adj.* ⟨*roof, house*⟩ thatched with straw; **~gelb** *Adj.* straw-coloured; flaxen ⟨*hair*⟩; **~halm der** straw; **sich [wie ein Ertrinkender] an einen ~halm klammern** *(fig.)* grasp at a straw [like a drowning man]; **der letzte ~halm** *(fig.)* the last ray of hope; **nach einem/jedem ~halm greifen** *(fig.)* clutch at a/any straw; **~hut der** straw hat

**strohig** *Adj.* strawy; **eine ~e Apfelsine** a dried-up orange; **~ sein/werden/schmecken** be/become/taste like straw

**stroh-, Stroh-: ~kopf der** *(ugs. abwertend)* thickhead; **~mann der;** *Pl.* **~männer** *(fig.)* front man; **~puppe die** straw doll; **~sack der** palliasse; **[ach du] heiliger ~sack!** *(ugs.)* jeepers creepers! *(coll.)*; goodness gracious [me]!; **~witwe die** *(ugs. scherzh.)* grass widow; **~witwer der** *(ugs. scherzh.)* grass widower

**Strolch** [ʃtrɔlç] **der; ~[e]s, ~e a)** *(veralt.)* ruffian; **b)** *(fam. scherzh.: Junge)* rascal

**strolchen** *itr. V.; mit sein* roam *or* wander [aimlessly] about; **durch die Straßen ~:** roam the streets

**Strom** [ʃtro:m] **der; ~[e]s, Ströme** ['ʃtrø:mə] **a)** river; *(von Blut, Schweiß, Wasser, fig.: Erinnerungen, Menschen, Autos usw.)* stream; *(große Menge)* torrent; *(fig.: von Tränen)* flood; **ein reißender ~:** a raging torrent; **in Strömen regnen** *od. (ugs.)* **gießen** pour with rain; **in Strömen fließen** *(fig.)* flow freely; **das Blut floß in Strömen** *(fig.)* there was heavy bloodshed; **b)** *(Strömung)* current; **mit dem/gegen den ~ schwimmen** *(fig.)* swim with/against the tide *(fig.)*; **c)** *(Elektrizität)* current; *(~versorgung)* electricity; **das Kabel führt** *od.* **steht unter ~:** the cable is live; **jmdm. den ~ sperren** *od.* **abstellen** cut off sb.'s electricity supply; **mit ~ betrieben sein** run on electricity; be electric; **der ~ ist ausgefallen** there has been a power failure

**strom-, Strom-: ~ab** *Adv.* downstream; **~abnehmer** ['----] **der** *(Technik)* current-collector; **~abwärts** *Adv.* downstream; **~auf[wärts]** *Adv.* upstream; **~aus·fall** ['---] **der** power failure

**strömen** ['ʃtrø:mən] *itr. V.; mit sein* stream; *(intensiv)* pour; *(fließen)* flow; **~der Regen** pouring rain

**Stromer der; ~s, ~** *(ugs.)* vagabond; roamer

**stromern** *itr. V.; mit Richtungsangabe mit sein (ugs.)* roam *or* wander around; **durch die Gegend/Stadt ~:** roam *or* wander around the place/through the town

**strom-, Strom-: ~führend** *Adj.* live; **~kreis der** [electric] circuit; **~leitung die** power line *or* cable; **~linien·form die** streamlined shape; streamlining *no indef. art.*; **~linien·förmig** *Adj.* streamlined; **~netz das** electricity supply; mains [network]; **~rechnung die** electricity bill; **~schlag der** electric shock; **~schnelle die** rapids *pl.*; **~stärke die** current strength; **~stoß der** electric shock

**Strömung die; ~, ~en a)** current; *(Met.)* airstream; **b)** *(fig.) (Bewegung)* movement; *(Tendenz)* trend

**Strom-: ~verbrauch der** electricity consumption; **~verbraucher der** *(Technik)* current-consuming device; **~versorgung die** electricity *or* power supply; **~zähler der** electricity meter

**Strontium** ['ʃtrɔntsiʊm] **das; ~s** strontium

**Strophe** ['ʃtro:fə] **die; ~, ~n** verse; *(einer Ode)* strophe

**Strophen·form die a)** verse form; **b)** *(strophische Form)* strophic form

**-strophig** *adj.* **drei~ sein** have three verses; **ein mehr~es/drei~es Lied** a song with several verses/a three-verse song

**strophisch 1.** *Adj.* strophic. **2.** *adv.* **~ gestaltet/gebaut** in strophic form

**strotzen** ['ʃtrɔtsn] *itr. V.* **von** *od.* **vor etw.** *(Dat.)* **~:** be full of sth.; **von** *od.* **vor Kraft/Gesundheit ~:** be bursting with strength/health

**strubbelig** ['ʃtrʊb(ə)lɪç] *Adj.* tousled; **du bist ja so ~!** your hair is in such a mess

**Strubbel·kopf der** *(ugs.)* **a)** mop *or* shock of [tousled] hair; **b)** *(Mensch)* tousle-head

**strubblig** *s.* **strubbelig**

**Strudel** ['ʃtru:dl] **der; ~s, ~ a)** whirlpool; *(kleiner)* eddy; **der ~ der Ereignisse** *(fig.)* the whirl of events; **b)** *(bes. südd., österr.: Gebäck)* strudel

**strudeln** *itr. V.* ⟨*water*⟩ eddy, swirl

**Struktur** [ʃtrʊk'tu:ɐ] **die; ~, ~en a)** structure; **b)** *(von Stoffen usw.)* texture

**Strukturalismus** [ʃtrʊktura'lɪsmʊs] **der; ~:** structuralism *no art.*

**strukturalistisch 1.** *Adj.* structuralist. **2.** *adv.* structuralistically

**Struktur·analyse die** structural analysis

**strukturell** [ʃtrʊktu'rɛl] **1.** *Adj.* structural. **2.** *adv.* structurally

**Struktur·formel die** *(Chemie)* structural formula

**strukturieren** *tr. V.* structure; **neu ~:** restructure

**Strukturierung die; ~, ~en a)** *o. Pl.* structuring; organization; **b)** *(Struktur)* structure

**struktur-, Struktur-: ~politik die** economic development policy; structural policy; **~schwach** *Adj. (Wirtsch.)* economically underdeveloped; **~wandel der** structural change

**Strumpf** [ʃtrʊmpf] **der; ~[e]s, Strümpfe** ['ʃtrʏmpfə] stocking; *(Socke, Knie~)* sock; **lange Strümpfe** stockings; **auf Strümpfen** in stockinged feet/in one's socks

**Strumpf·band das;** *Pl.* **~bänder** garter; *(Straps)* suspender *(Brit.)*; garter *(Amer.)*

**Strümpfchen** ['ʃtrʏmpfçən] **das; ~s, ~:** little stocking; *(Socke, Kniestrumpf)* little sock

**Strumpf-: ~halter der** suspender *(Brit.)*; garter *(Amer.)*; **~hose die** tights *pl. (Brit.)*; pantyhose *(esp. Amer.)*; **eine ~hose** a pair of tights *(Brit.)*; **~maske die** stocking mask

**Strunk** [ʃtrʊŋk] **der; ~[e]s, Strünke** ['ʃtrʏŋkə] stem; stalk; *(Baum~)* stump

**struppig** ['ʃtrʊpɪç] *Adj.* shaggy ⟨*coat, dog, beard*⟩; tangled, tousled ⟨*hair*⟩

**Struwwel·peter** ['ʃtrʊvl-] **der** tousle-head

**Strychnin** [ʃtrʏç'ni:n] **das; ~s** strychnine

**Stübchen** ['ʃty:pçən] **das; ~s, ~:** [little] room

**Stube** ['ʃtu:bə] **die; ~, ~n a)** *(veralt.: Wohnraum)* [living-]room; parlour *(dated)*; **in der ~ hocken** *(ugs.)* sit around indoors; **die gute ~:** the front room *or (dated)* parlour; **immer rein in die gute ~!** *(ugs.)* come on in!; **b)** *(Milit.)* [barrack-]room

**stuben-, Stuben-: ~älteste der/die;** *adj. Dekl. (Milit.)* senior man/woman in a/the barrack-room; **~arrest der** *(ugs.)* detention *(in one's room)*; **[zwei Tage] ~arrest bekommen** be kept in [for two days]; **~fliege die** [common] house-fly; **~hocker der** *(ugs. abwertend)* stay-at-home; **~hockerei die; ~** *(ugs. abwertend)* sticking *(coll.) or* sitting around indoors *no art.*; **~kamerad der** room-mate; **~rein** *Adj.* **a)** house-trained; **b)** *(scherzh.: nicht zotig)* clean ⟨*joke etc.*⟩; **~wagen der** bassinet; wicker cot

**Stuck** [ʃtʊk] **der; ~[e]s** stucco

**Stück** [ʃtʏk] **das; ~[e]s, Stücke a)** piece; *(kleines)* bit; *(Teil, Abschnitt)* part; **ein ~ Kuchen** a piece *or* slice of cake; **ein ~ Zucker/Seife** a piece *or* lump of sugar/ a piece *or* bar of soap; **ein ~ [Weg** *od. (geh.)* **Weges]** a little [way]; a short distance; **ein ~ spazierengehen** go for a little walk; **ein [gutes] ~ weiterkommen** get a [good] bit further; **ein ~ Autobahn** a section *or* stretch of motorway *(Brit.) or (Amer.)* freeway; **jmdn. wie ein ~ Dreck/Mist behandeln** *(ugs. abwertend)* treat sb. like dirt; **ein ~ Heimat** a bit of home; **ein gewaltiges/hartes ~ Arbeit** a really big/tough job; **ein ~ Hoffnung/Wahrheit** a ray of hope/a grain of truth; **alles in ~e schlagen** smash everything [to pieces]; **es ist nur ein ~ Papier** it's only a scrap of paper; **sich für jmdn. in ~e reißen lassen** *(ugs.)* do anything for sb.; **im** *od.* **am ~:** unsliced ⟨*sausage, cheese, etc.*⟩; **aus einem ~ gemeißelt** carved from the solid; **in einem ~** *(ugs.)* ⟨*talk, rain*⟩ non-stop; **b)** *(Einzel~)* item; article; *(Exemplar)* specimen; *(Möbel~)* piece [of furniture]; **zwanzig ~ Vieh** twenty head of cattle; **ich nehme 5 ~/5 ~ von den Rosen** I'll take five [of them]/five of the roses; **30 Pfennig das ~, das ~ 30**

**Pfennig** thirty pfennigs each; ~ **für** ~: piece by piece; *(eins nach dem andern)* one by one; **das gute** ~ *(oft iron.)* the precious thing; **große ~e auf jmdn. halten** *(ugs.)* think the world of sb.; **Vater, unser bestes** ~ *(scherzh.)* father, our pride and joy; *s. auch* **frei 1 q; c) das ist [ja] ein starkes** *od.* **tolles** ~ *(ugs.)* that's a bit much *or* a bit thick *(coll.);* **da hast du dir aber ein [tolles] ~ geleistet** you've [really] gone too far there; **das ist ja ein ~ aus dem Tollhaus!** that's [a piece of] pure lunacy; **d)** *(salopp abwertend: Person)* **ein faules/freches** ~: a lazy/cheeky thing *or* devil; **ein dummes** *od.* **blödes** ~: a stupid thing; **e)** *(Bühnen~)* play; **f)** *(Musik~)* piece

**Stückchen das;** ~s, ~: [little] piece; bit; **es ist bloß noch ein kleines** ~: it's only another few yards

**Stuck·decke die** stucco[ed] ceiling

**stückeln 1.** *tr. V.* put together ‹*sleeve, curtain*› with patches. **2.** *itr. V.* sew on patches

**Stücke·schreiber der** playwright

**stück-, Stück-: ~gut das** [individually] packaged goods *pl.;* **~lohn der** *(Wirtsch.)* piece-work pay; *(Akkordsatz)* piece-rate; **~preis der** unit price; **~weise** *Adv.* piece by piece; *(einzeln)* ‹*sell*› separately; **~werk das: ~werk sein/bleiben** be/remain incomplete; ‹*book, work of art*› remain a torso; **unsere Korrekturen sind nur ~werk, wir müssen das ganze Buch neu bearbeiten** our corrections are only half-measures, we must revise the whole book; **~zahl die** *(Wirtsch.)* number of units; **in hohen ~zahlen produzieren** manufacture in large numbers; **eine ~zahl von 300** an output of 300 units

**Student** [ʃtu'dɛnt] **der; ~en, ~en a)** student; **b)** *(österr.: Schüler)* [secondary-school] pupil

**Studenten-: ~ausweis der** student card; **~bewegung die** student movement; **~bude die** *(ugs.)* student's room; **~heim das** student hostel; students' [hall of] residence; **~lokal das** students' [favourite] haunt; **~parlament das:** students' assembly

**Studentenschaft die;** ~, **~en** student body; **die verfaßte** ~ *(Hochschulw.)* the students' assembly

**Studenten·verbindung die** society; *(für Männer)* fraternity *(Amer.); (für Frauen)* sorority *(Amer.)*

**Studentin die; ~, ~nen** *s.* **Student;** *s. auch* **-in**

**studentisch** *Adj.; nicht präd.* student

**Studie** ['ʃtu:diə] **die; ~, ~n** study

**studien-, Studien-: ~assessor der** *graduate teacher who has recently passed the second State Examination;* ≈ probationary teacher; **~aufenthalt der** study visit (**in** + *Dat.* to); **~bewerber der** *applicant for a place in higher education;* **~direktor der a)** *(Bundesrepublik Deutschland)* deputy headmaster; **b)** *(DDR) honorary title conferred on a secondary-school teacher;* **~fach das** subject [of study]; **~freund der, ~freundin die** university/college friend; **~gang der** course of study; **~gebühr die** tuition fee; **~halber** *Adv.* for study purposes; **~kolleg das** *(Hochschulw.)* preparatory course *(esp. for foreign students);* **~platz der** university/college place; **~rat der, ~rätin die a)** *(Bundesrepublik Deutschland) established graduate secondary-school teacher (Brit.); graduate high-school teacher with tenure (Amer.);* **b)** *(DDR) honorary title conferred on a teacher;* **~referendar der** probationary graduate teacher; **~reise die** study trip; **~zeit die a)** *(Zeit als Student)* time as a student; student days *pl.;* **b)** *(Dauer)* period of study

**studieren** [ʃtu'di:rən] **1.** *itr. V.* study; **er studiert in Berlin** he is studying *or* at university in Berlin; **er studiert noch** he is still a student. **2.** *tr. V.* study

**Studierende der/die;** *adj. Dekl.* student

**Studier·stube die** *(veralt., scherzh.)* study

**studiert** *Adj. (ugs.)* ‹*person*› who has been to university; ‹*painter etc.*› with an academic training

**Studierte der/die;** *adj. Dekl. (ugs.)* person with a university education

**Studio** ['ʃtu:dio] **das; ~s, ~s a)** studio; **b)** *(Einzimmerwohnung)* [one-room] flatlet *(Brit.);* studio flat *(Brit.);* studio apartment *(Amer.)*

**Studio·bühne die** studio theatre

**Studiosus** [ʃtu'dio:zʊs] **der;** ~, **Studiosi** *(veralt., scherzh.)* student

**Studium** ['ʃtu:diʊm] **das; ~s, Studien a)** *o. Pl.* study; *(Studiengang)* course of study; **zum ~ der Medizin zugelassen werden** get a place to study medicine; **das ~ mit dem Staatsexamen abschließen** complete one's studies *or* course [of study] with the State Examination; **neben dem ~ arbeitet sie als Kellnerin** she works as a waitress while she is studying; **während seines ~s** *(als er Student war)* in his student days; **b)** *(Erforschung)* study; **Studien über etw.** *(Akk.)* **betreiben** carry out studies into sth.; **c)** *o. Pl. (genaues Lesen)* study; **beim ~ der Akten** while studying the files

**Studium generale das;** ~ ~: general studies course

**Stufe** ['ʃtu:fə] **die; ~, ~n a)** step; *(einer Treppe)* stair; *(Gelände~)* terrace; **„Achtung** *od.* **Vorsicht, ~!"** 'mind the step'; **b)** *(Raketen~, Geol., fig.: Stadium)* stage; *(Niveau)* level; *(Steigerungs~, Grad)* degree; *(Rang)* grade; **eine ~ der Entwicklung** a stage of development; **auf einer hohen ~ stehen** be of a high standard; **auf der gleichen ~ stehen [wie ...]** be of the same standard [as ...]; have the same status [as ...]; *(gleichwertig sein)* be equivalent [to ...]; **jmdn./etw. mit jmdm./etw. auf eine** *od.* **auf die gleiche ~ stellen** equate sb./sth. with sb./sth.; **zwei Dinge auf die gleiche ~ stellen** equate two things; **sich mit jmdm./etw. auf eine** *od.* **auf die gleiche ~ stellen** put oneself on a level with sb./sth.; **c)** *(Technik) (Funktions~)* mark; position; *(Geschwindigkeits~)* speed; *(Heiz~)* heat-setting; **Gas: ~ III** gas mark III; **d)** *(Musik)* degree; **die erste ~ der Tonleiter** the first step on the scale

**stufen** *tr. V.* **a)** step; terrace ‹*slope*›; **b)** *(ab~)* grade ‹*salaries*›; graduate ‹*prices*›

**stufen-, Stufen-: ~barren der** *(Turnen)* asymmetric bars *pl.;* **~heck das** *(Kfz-W.)* booted rear; **~leiter die** *(fig.)* hierarchy; ladder *(fig.);* **~los 1.** *Adj.* continuously variable; **2.** *adv.* **~los verstellbar** continuously adjustable; **~plan der** phased plan; **~pyramide die** *(Kunstwiss.)* step pyramid; **~weise 1.** *Adv.* in stages *or* phases; **2.** *adj.; nicht präd.* phased

**stufig 1.** *Adj.* layered ‹*hair [style]*›; terraced ‹*terrain*›. **2.** *adv.* ~ **geschnittenes Haar** layered hair; hair cut in layers; **~ gegliedertes Gelände** terraced terrain

**-stufig** *adj.* -step; *(fig.)* -stage ‹*development, rocket, filter, etc*›; -phase ‹*plan*›

**Stuhl** [ʃtu:l] **der; ~[e]s, Stühle** ['ʃty:lə] **a)** chair; **b)** *(fig.)* **sein ~ wackelt** his position is threatened *or* no longer secure; **der Minister klebt an seinem** ~ *(ugs.)* the minister is not to be shifted [from office]; **jmdm. den ~ vor die Tür setzen** kick sb. out; show sb. the door; **[fast] vom ~ fallen** *(ugs.)* [nearly] have a fit *(coll.);* **jmdn. vom ~ reißen** *od.* **jagen/hauen** *(ugs.)* get sb. excited/take sb.'s breath away; **das hat mich fast** *od.* **bald vom ~ gehauen** *(ugs.)* you could have knocked me down with a feather; **sich zwischen zwei Stühle setzen/zwischen zwei Stühlen sitzen** fall/have fallen between two stools; *s. auch* **elektrisch 1; c)** *(kath. Kirche)* see; **der ~ Petri** the Holy See *or* See of Rome; *s. auch* **apostolisch b; heilig a; d)** *(Med.)* stool; **e)** *s.* **Stuhlgang a**

**Stuhl·bein das** chair-leg

**Stühlchen** ['ʃty:lçən] **das; ~s, ~:** little chair

**Stuhl-: ~gang der;** *o. Pl.* **a)** bowel movement[s]; **b)** *(Kot)* stool; **~lehne die a)** *(Rückenlehne)* chair-back; **b)** *(Armlehne)* chair-arm; **~verstopfung die** constipation

**Stuka** ['ʃtu:ka] **der; ~s, ~s** *(Milit.)* dive-bomber; *(Ju 87)* stuka

**Stukkateur** [ʃtʊka'tø:ɐ̯] **der; ~s, ~e** [stucco] plasterer

**Stulle** ['ʃtʊlə] **die; ~, ~n** *(nordostd.)* slice of bread; *(Butter~)* piece of bread and butter; *(belegt)* sandwich

**Stulpe** ['ʃtʊlpə] **die; ~, ~n** *(am Ärmel)* turned-up cuff; *(am Stiefel)* bucket-top

**stülpen** ['ʃtʏlpn̩] *tr. V.* **etw. auf** *od.* **über etw.** *(Akk.)* ~: pull/put sth. on to *or* over sth.; **die Taschen nach außen ~:** turn the/one's pockets inside out

**Stulpen·stiefel der** bucket-top boot

**stumm** [ʃtʊm] *Adj.* dumb ‹*person*›; *(schweigsam)* silent ‹*person, reproach, greeting, prayer, etc.*›; *(wortlos)* wordless ‹*greeting, complaint, prayer, gesture, dialogue*›; mute ‹*glance, gesture*›; *(Theater)* non-speaking ‹*part, character*›; **~ vor Schreck** speechless with fear; **sie sahen sich ~ an** they looked at one another without speaking *or* in silence; **ein ~er Konsonant/Vokal** *(Sprachw.)* a silent *or* mute consonant/vowel; **das ~e h** the silent h; the h mute; **~er Diener** *(Kleiderständer)* valet; *(Serviertisch)* dumb waiter

**Stumme der/die;** *adj. Dekl.* mute; **die ~n** the dumb

**Stummel** ['ʃtʊml̩] **der; ~s, ~:** stump; *(Bleistift~)* stub; *(Zigaretten~/Zigarren~)* [cigarette-/cigar-]butt

**Stummel·schwanz der** stumpy tail

**Stumm·film der** silent film

**Stummheit die** dumbness; *(Schweigsamkeit)* silence

**Stumpen** ['ʃtʊmpn̩] **der; ~s, ~:** stumpy cigar

**Stümper** ['ʃtʏmpɐ] **der; ~s, ~** *(abwertend)* botcher; bungler

**Stümperei die; ~, ~en** *(abwertend)* **a)** *o. Pl.* botching; incompetence; **b)** *(Ergebnis)* botched job; piece of incompetence

**stümperhaft** *(abwertend)* **1.** *Adj.* incompetent; botched ‹*job*›; *(laienhaft)* amateurish ‹*attempt, drawing*›. **2.** *adv.* incompetently; *(laienhaft)* amateurishly

**stümpern** *itr. V. (abwertend)* work incompetently; *(pfuschen)* bungle

**stumpf** [ʃtʊmpf] **1.** *Adj.* **a)** blunt ‹*pin, needle, knife, etc.*›; snub ‹*nose*›; flat-topped ‹*tower*›; *(Math.)* truncated ‹*cone, pyramid*›; obtuse ‹*angle*›; **b)** *(glanzlos, matt)* dull ‹*paint, hair, metal, colour, etc.*›; *(rauh)* rough ‹*stone, wood*›; **c)** *(Verslehre)* masculine ‹*rhyme*›; **d)** *(abgestumpft, teilnahmslos)* impassive, lifeless ‹*person, glance*›; impassive, apathetic ‹*indifference, resignation*›; dulled ‹*senses*›; blank ‹*look, despair*›; **e)** *(Med.)* contused ‹*wound*›. **2.** *adv. (abgestumpft)* ‹*sit, stare*› impassively

**Stumpf der; ~[e]s, Stümpfe** ['ʃtʏmpfə] stump; **etw. mit ~ und Stiel ausrotten/vernichten** eradicate/destroy sth. root and branch

**Stümpfchen** ['ʃtʏmpfçən] **das; ~s, ~:** [little] stump

**Stumpfheit die; ~ a)** bluntness; **b)** *(Abgestumpftheit)* impassiveness; apathy; *(des Blickes)* lifelessness; blankness; *(der Sinne)* dullness

**stumpf-, Stumpf-: ~sinn der;** *o. Pl.* **a)** apathy; **b)** *(Monotonie)* monotony; tedium; **~sinnig 1.** *Adj.* **a)** apathetic; vacant ‹*look*›; **b)** *(monoton)* tedious; dreary; soul-destroying ⟨*job, work*⟩. **2.** *adv.* **a)** apathetically; ⟨*stare*⟩ vacantly; **b)** *(monoton)* tediously; monotonously; **~winklig** *Adj.* obtuse-angled ⟨*triangle, intersection*⟩

**Stund** [ʃtʊnt] *s.* **Stunde b**

**Stündchen** [ˈʃtʏntçən] **das; ~s, ~** *(fam.)* **[für** *od.* **auf] ein ~:** for an hour or so; **jmds. letztes ~ ist gekommen** *od.* **hat geschlagen** sb.'s last hour has come

**Stunde** [ˈʃtʊndə] **die; ~, ~n a)** hour; **eine ~ Aufenthalt/Pause** an hour's stop/break; a stop/break of an hour; **drei ~n zu Fuß/mit dem Auto** three hours' walk/drive; **120 km in der ~ fahren** do 120 kilometres per hour; **20 Mark [für] die** *od.* **in der** *od.* **pro ~ bekommen** get 20 marks an hour *or* per hour; **jede ~:** once an hour; **nach Stunden bezahlt werden** be paid by the hour; **zur vollen ~:** on the hour; **alle halbe ~:** every half hour; **~ um ~, ~n und ~n** [for] hours; [for] hour after hour; **jmds. letzte ~ hat geschlagen** *od.* **ist gekommen** sb.'s last hour has come; **wissen, was die ~ geschlagen hat** *(fig.)* know how things [really] stand; *(wissen, was einem bevorsteht)* know what's in store *or* what one is in for; **die Männer und Frauen der ersten ~** *(einer Partei o. ä.)* the founder members; **b)** *(geh.) (Zeitpunkt)* hour; *(Zeit)* time; *(Augenblick)* moment; **in ~n der Not/Gefahr** in times of need/danger; **in einer stillen ~:** in a quiet moment; **zu früher/vorgerückter** *od.* **später ~:** at an early/a late hour; **zur ~:** at the present time; **die Gunst der ~ nutzen** make hay while the sun shines *(fig.)*; strike while the iron is hot *(fig.)*; **seine [große] ~ war gekommen** his big moment had come; **die ~ der Wahrheit** the moment of truth; **die ~ Null** [the time of] the new beginning *(esp. in Germany after World War II)*; **von Stund an** *(geh. veralt.)* thenceforth *(arch.)*; *s. auch* **blau; Gebot e; c)** *(Unterrichts~)* lesson; **in der dritten ~:** in the third period; **eine freie ~:** a free period

**stünde** [ˈʃtʏndə] *1. u. 3. Pers. Sg. Konjunktiv II v.* **stehen**

**stunden** *tr. V.* **jmdm. einen Betrag/eine Rate** *usw.* **~:** give sb. [extra] time to pay *or* allow sb. to defer payment of a sum/an instalment *etc.*; **können Sie mir den Rest bis morgen ~?** will you give me until tomorrow to pay you the rest?

**stunden-, Stunden-: ~buch das** *(Hist., Kunstwiss.)* book of hours; **~gebet das** *(kath. Kirche) prayer said at the canonical hours;* **~geschwindigkeit die: bei/mit einer ~geschwindigkeit von 60 km** at a speed of 60 k.p.h.; **~glas das** *(veralt.)* hourglass; **~hotel das** sleazy hotel *(which lets rooms by the hour)*; **~kilometer der** *(ugs.)* kilometre per hour; k.p.h.; **er fuhr 120 ~kilometer** he was driving at *or* doing 120 k.p.h.; **~lang 1.** *Adj.; nicht präd.* lasting hours *postpos.*; **das ~lange Warten/Stehen** the hours of waiting/standing; **2.** *adv.* for hours; **~lohn der** hourly wage; **sie bekommt 12 Mark ~lohn** she gets paid 12 marks an hour *or* per hour; **~plan der** timetable; **~schlag der** stroke [of the clock]; **mit dem ~schlag** on the stroke of the hour; **~weise 1.** *Adv.* for an hour or two [at a time]; **er wird ~weise bezahlt** he is paid by the hour; **2.** *adj.; nicht präd.* ⟨*hiring, payment*⟩ by the hour; **~zahl die** number of hours; *(von Unterrichtsstunden)* number of lessons; **~zeiger der** hour-hand

**-stündig** *adj.* -hour

**Stündlein das; ~s, ~** *s.* **Stündchen**

**-stündlich** *adj.* -hourly; **zwei~/halb~:** two-hourly/half-hourly; *adv.* every two hours/half an hour

**stündlich 1.** *Adj.* hourly. **2.** *adv.* **a)** hourly; once an hour; **sich ~ verändern** change from hour to hour *or* from one hour to the next; **b)** *(jeden Augenblick)* at any moment; **etw. ~ erwarten** expect sth. hourly

**Stundung die; ~, ~en** deferment of payment

**Stunk** [ʃtʊnk] **der; ~s** *(ugs.)* trouble; **~ machen/anfangen** cause/start trouble

**stupid[e]** [ʃtuˈpi:də] *(abwertend)* **1.** *Adj.* **a)** moronic, empty-headed ⟨*person*⟩; moronic, vacuous ⟨*expression*⟩; **b)** *(monoton)* soul-destroying. **2.** *adv.* moronically

**Stupidität** [ʃtupidiˈtɛ:t] **die; ~** *(abwertend)* **a)** moronic stupidity *or* vacuity; **b)** *(Monotonie)* deadly monotony *or* tedium

**Stups** [ʃtʊps] **der; ~es, ~e** *(ugs.)* push; shove; *(leicht)* nudge

**stupsen** *tr. V. (ugs.)* push; shove; *(leicht)* nudge

**Stups·nase die** snub nose

**stur** *(ugs.)* **1.** *Adj.* **a)** *(abwertend) (eigensinnig, unnachgiebig)* obstinate; pig-headed; obstinate, dogged ⟨*insistence*⟩; *(phlegmatisch)* stolid; dour; **ein ~er Bock** a pig-headed so-and-so *(coll.)*; **du ~er Bock!** you're as obstinate as a mule!; **~ wie ein Panzer** stubborn as a mule; **auf ~ schalten** dig one's heels in; **sich ~ stellen, ~ bleiben** not give in; **b)** *(unbeirrbar)* dogged; persistent; **~es Geradeausgehen** just keeping straight on; **c)** *(abwertend: stumpfsinnig)* tedious; **~es Auswendiglernen** soul-destroying *or* mechanical learning by rote. **2.** *adv.* **a)** *(abwertend: eigensinnig, unnachgiebig)* obstinately; **b)** *(unbeirrbar)* doggedly; **sie las/redete ~ weiter** she carried on reading/kept on talking regardless; **c)** *(abwertend: stumpfsinnig)* tediously; ⟨*learn, copy*⟩ mechanically

**stürbe** [ˈʃtʏrbə] *1. u. 3. Pers. Sg. Konjunktiv II v.* **sterben**

**Sturheit die; ~** *(ugs. abwertend)* **a)** *(Eigensinnigkeit, Unnachgiebigkeit)* obstinacy; pig-headedness; *(phlegmatisches Wesen)* stolidity; dourness; **b)** *(Stumpfsinnigkeit)* deadly monotony

**Sturm** [-] **der; ~[e]s, Stürme** [ˈʃtʏrmə] **a)** storm; *(heftiger Wind)* gale; **bei** *od.* **in ~ und Regen** in the wind and rain; **ein ~ im Wasserglas** a storm in a teacup; **das Barometer steht auf ~** *(fig.)* there's a storm brewing; **ein ~ der Begeisterung/des Protests** tumultuous *or* tempestuous applause/a storm of protest; **~ und Drang** *(Literaturw.)* Storm and Stress; *s. auch* **Ruhe c; b)** *(Milit.: Angriff)* assault **(auf** + *Akk.* on); **der ~ auf die Bastille** *(hist.)* the storming of the Bastille; **etw. im ~ erobern** *od.* **nehmen** *(auch fig.)* take sth. by storm; **gegen etw. ~ laufen** *(fig.)* be up in arms against sth.; **~ klingeln** ring the [door]bell like mad; lean on the [door]bell; **c)** *(Sport: die Stürmer)* forward line; **im ~ spielen** play up front; **d)** *o. Pl. (österr.: Most) s.* **Federweiße**

**Sturm-: ~ab·teilung die** *(ns.) armed and uniformed branch of the NSDAP;* SA; **~an·griff der** *(Milit.)* assault **(auf** + *Akk.* on); **~bock der** *(hist.)* battering-ram

**stürmen** [ˈʃtʏrmən] **1.** *itr. V.* **a)** *unpers.* **es stürmt [heftig]** it's blowing a gale; **b)** *mit sein (rennen)* rush; *(verärgert)* storm; **zum Ausgang ~:** make a rush for the exit; **c)** *(Sport: als Stürmer spielen)* play up front *or* as a striker; **d)** *(Sport, Milit.: angreifen)* attack. **2.** *tr. V. (Milit.)* storm ⟨*town, position, etc.*⟩; *(fig.)* besiege ⟨*booking-office, shop, etc.*⟩; **den Saal ~:** force one's way into the hall

**Stürmer** [ˈʃtʏrmɐ] **der; ~s, ~ a)** *(Sport)* striker; forward; **b) ~ und Dränger** *(Literaturw.)* Storm and Stress writer; **die ~ und Dränger in der Partei** *(fig.)* the radical faction in the party

**sturm-, Sturm-: ~flut die** storm tide; **~frei** *Adj. (scherzh.)* **eine ~freie Bude haben** have a place where one can do as one likes [without interference/objections]; **~gepäck das** *(Milit.)* combat pack; **~gepeitscht** *Adj. (geh.)* ⟨*forest, trees*⟩ bending before the storm; storm-tossed ⟨*sea*⟩

**stürmisch** [ˈʃtʏrmɪʃ] **1.** *Adj.* **a)** stormy; *(fig.)* tempestuous, turbulent ⟨*days, life, times, years*⟩; **b)** *(ungestüm)* tempestuous ⟨*nature, outburst, welcome*⟩; tumultuous ⟨*applause, welcome, reception*⟩; wild ⟨*enthusiasm*⟩; passionate ⟨*lover, embrace, temperament*⟩; vehement ⟨*protest*⟩; **~es Gelächter** gales of laughter; **er näherte sich mit ~en Schritten** he approached with impetuous steps; **nicht so ~!** calm down!; take it easy!; **c)** *(rasant)* meteoric ⟨*development, growth*⟩; lightning, breakneck ⟨*speed*⟩. **2.** *adv.* **a)** ⟨*protest*⟩ vehemently; ⟨*embrace*⟩ impetuously, passionately; ⟨*demand*⟩ clamorously; ⟨*applaud*⟩ wildly; **jmdn. ~ begrüßen/empfangen** give sb. a tumultuous welcome/reception; **b)** *(rasant)* at a tremendous rate *or* speed; at lightning speed

**sturm-, Sturm-: ~laterne die** storm-lantern *(Brit.)*; hurricane-lamp; **~lauf der: im ~lauf** at the double; **~leiter die** *(Milit. hist.)* scaling-ladder; **~möwe die** seamew; common gull; **~reif** *Adj. (Milit. hist.)* ready to be stormed *postpos.*; **die Stadt ~reif schießen** soften the town up with a bombardment [preparatory to the assault]; **~schaden der** gale *or* storm damage *no pl., no indef. art.*; **~schritt der: im ~schritt** at the double; **~segel das** storm-sail; **~tief das** *(Met.)* deep low

**Sturm-und-Drang-Zeit die;** *o. Pl. (Literaturw.)* Storm and Stress period; **in meiner ~** *(fig. scherzh.)* [in the days] when I was sowing my wild oats

**Sturm-: ~vogel der** *(Zool.)* petrel; **~warnung die** *(Seew.)* gale warning; **~wind der** *(dichter., geh.)* tempest *(literary)*

**Sturz** [ʃtʊrts] **der; -es, Stürze** [ˈʃtʏrtsə] **a)** fall **(aus, von** from); *(Unfall)* accident; **ein ~ in die Tiefe** a plunge into the depths; **bei einem ~ vom Pferd** falling off a horse; **b)** *(fig.: von Preis, Temperatur usw.)* [sharp] fall, drop **(***Gen.* in); **c)** *(Verlust des Amtes, der Macht)* fall; *(Absetzung)* overthrow; *(Amtsenthebung)* removal from office; **d)** *(Kfz-W.)* camber; **e)** *Pl. auch* **~e** *(Fenster~, Tür~)* lintel

**Sturz·bach der** [mountain] torrent; *(fig.: von Fragen usw.)* torrent

**stürzen** [ˈʃtʏrtsn̩] **1.** *itr. V.; mit sein* **a)** fall **(aus, von** from); *(in die Tiefe)* plunge; plummet; *(fig.)* ⟨*temperature, exchange rate, etc.*⟩ drop [sharply]; ⟨*prices*⟩ tumble; ⟨*government*⟩ fall, collapse; **beim Rollschuhlaufen/auf dem Eis ~:** have a fall while roller-skating/on the ice; **mit dem Pferd/Fahrrad ~:** come off one's horse/bicycle; **b)** *(laufen)* rush; dash; **er stürzte ins Zimmer** he burst into the room; **jmdm. in die Arme ~:** hurl *or* fling oneself into sb.'s arms; **c)** *(fließen)* stream; pour; **d)** *(geh.: steil abfallen)* plunge. **2.** *refl. V.* **sich auf jmdn./etw. ~** *(auch fig.)* pounce on sb./sth.; **sich in etw.** *(Akk.)* **~:** throw oneself *or* plunge into sth.; **sich in die Arbeit ~:** throw oneself into one's work; **sich ins Vergnügen ~:** abandon oneself to pleasure. **3.** *tr. V.* **a)** throw; *(mit Wucht)* hurl; **sich aus dem Fenster/von der Brücke ~:** hurl oneself *or* leap out of the window/off the bridge; **sich in die Tiefe ~:** plunge into the depths; **jmdn. ins Verderben/Unglück ~:** plunge sb. into ruin/misfortune; **b)** *(umdrehen)* upturn, turn upside-down ⟨*mould, pot, box, glass, cup*⟩; turn out ⟨*pudding, cake, etc.*⟩; **„[bitte] nicht ~"** 'this way up'; **c)** *(des Amtes entheben)* oust ⟨*person*⟩ [from office]; *(gewaltsam)* overthrow, topple ⟨*leader, government*⟩

**Sturz-: ~flug der** *(Flugw.)* [nose-]dive; **im ~flug** in a [nose-]dive; **~geburt die** *(Med.)* precipitate delivery; **~helm der** crash-helmet; **~kampf·flugzeug das** dive-bomber; **~regen der** torrential downpour; **~see die, ~welle die** breaking wave; [heavy] sea; *(am Strand usw.)* breaker

**Stuß** [ʃtʊs] **der; Stusses** *(ugs. abwertend)* rubbish; twaddle *(coll.)*

**Stute** ['ʃtu:tə] **die; ~, ~n** mare; *(Esel~)* she-ass

**Stuten der; ~s, ~** *(nordd.)* currant bread; fruit loaf

**Stut[en]-: ~fohlen das, ~füllen das** filly

**Stütz der; ~es, ~e** *(Geräteturnen)* support

**Stütze die; ~, ~n a)** *(auch fig.)* support; *(für die Wäscheleine)* prop; **~n für Kopf, Arme und Füße** head-, arm-, and foot-rests; **an jmdm. eine ~ haben** *(fig.)* get support *or* help from sb.; **er ist die ~ der Familie** *(fig.)* he is he mainstay of the family; **die ~n der Gesellschaft** *(fig.)* the pillars of society; **b)** *(salopp: Arbeitslosengeld)* dole *(coll.)*; **von der ~ leben** live on the dole *(Brit. coll.)*

[1]**stutzen** ['ʃtʊtsn̩] *itr. V.* stop short

[2]**stutzen** *tr. V.* trim; dock ‹*tail*›; clip ‹*ear, hedge, wing*›; prune ‹*tree, bush*›

**Stutzen der; ~s, ~ a)** *(Gewehr)* carbine; **b)** *(Technik: Rohrstück)* pipe-end; spout; *(zum Einfüllen)* filler pipe; **c)** *(Kniestrumpf)* [knee-]sock *(without a foot)*; *(Fußball)* [football]sock

**stützen** ['ʃtʏtsn̩] **1.** *tr. V.* **a)** support; *(mit Pfosten o.ä.)* prop up; *(aufstützen)* rest ‹*head, hands, arms, etc.*› **(auf +** *Akk.* **on); die Hände in die Seiten/den Kopf in die Hände gestützt** hands on hips/head in hands; **wo sind die Beweise, auf die Sie Ihre Anschuldigungen ~?** where is the evidence to support your accusations *or* on which your accusations are based?; **b)** *(Wirtsch.)* support ‹*currency, exchange rate, price*›; *(DDR: niedrig halten)* peg ‹*prices*›. **2.** *refl. V.* **sich auf jmdn./etw. ~:** lean *or* support oneself on sb./sth.; **sich auf Fakten** *(Akk.)* **~** *(fig.)* ‹*theory, statement etc.*› be based on facts; **er kann sich auf keinerlei Fakten ~:** he has no facts to support his case

**Stutzer der; ~s, ~** *(veralt. abwertend)* dandy; fop

**stutzerhaft 1.** *Adj.* dandyish. **2.** *adv.* like a dandy

**Stutz·flügel der** *(Musik)* baby grand [piano]

**Stütz·gewebe das** *(Anat., Biol.)* stroma

**stutzig** *Adj.* **~ werden** begin to wonder; get suspicious; **jmdn. ~ machen** make sb. wonder; make sb. suspicious

**Stütz-: ~korsett das** [support] corset; **~mauer die** supporting wall; **~pfeiler der** [supporting] pillar; **~punkt der** *(bes. Milit.)* base; **~rad das** stabilizer *(for bicycle)*; **~strumpf der** support stocking

**Stützung die; ~, ~en a)** support; **zur ~ seiner Behauptung sagte er ...:** in support of his statement, he said ...; **b)** *(Wirtsch.) (von Währung, Kursen)* support; *(DDR: von Preisen)* pegging

**Stützungs·kauf der** *(Wirtsch.)* support purchase

**Stütz·verband der** *(Med.)* support bandage

**StVO** [este vau'o:] **die; ~** *Abk.* **Straßenverkehrsordnung**

**stylen** ['stailən] *tr. V. (ugs.)* style ‹*car etc.*›; do up ‹*person*›; **ein hervorragend gestyltes Modell** a model with outstanding lines

**Styling** ['stailɪŋ] **das; ~s, ~s** styling

**Styropor** Ⓦ [ʃtyro'po:ɐ̯] **das; ~s** polystyrene [foam]

**Styx** [ʃtʏks] **der; ~** *(griech. Myth.)* Styx

**s.u.** *Abk.* **siehe unten** see below

**SU** *Abk.* **Sowjetunion**

**Suada** ['zu̯a:da] **die; ~, Suaden** *(geh. abwertend)* harangue; diatribe

**Suaheli** [zu̯a'he:li] **das; ~[s]** Swahili; *s. auch* **Deutsch**

**subaltern** [zʊp|al'tɛrn] *(geh.)* **1.** *Adj.* **a)** *(untergeordnet)* subordinate; **b)** *(abwertend) (unselbständig)* unoriginal ‹*mind, literature*›; *(unterwürfig)* servile. **2.** *adv. (abwertend: unterwürfig)* in a servile manner

**Subbotnik** [zʊ'bɔtnɪk] **der; ~[s], ~s** *(DDR) voluntary work (usually on a Saturday) done without payment*

**Sub·dominante** ['zʊp-] **die** *(Musik)* subdominant; *(Dreiklang)* subdominant chord

**Subjekt** [zʊp'jɛkt] **das; ~[e]s, ~e a)** subject; **b)** *(abwertend: Mensch)* creature; type *(coll.)*

**subjektiv** [zʊpjɛk'ti:f] **1.** *Adj.* subjective. **2.** *adv.* subjectively

**subjektivieren** *tr. V. (geh.)* subjectivize

**Subjektivismus der; ~:** subjectivism

**Subjektivität** [zʊpjɛktivi'tɛ:t] **die; ~:** subjectivity

**Subjekt·satz der** *(Sprachw.)* subject clause

**Sub-: ~kontinent der** *(Geogr.)* subcontinent; **~kultur die** *(Soziol.)* subculture

**subkutan** [zʊpku'ta:n] *(Anat., Med.)* **1.** *Adj.* subcutaneous. **2.** *adv.* subcutaneously

**sublim** [zu'bli:m] *(geh.)* **1.** *Adj.* subtle; *(erhaben)* sublime. **2.** *adv.* subtly

**Sublimation** [zublima'tsio:n] **die; ~, ~en** *(Chemie)* sublimation

**sublimieren** *tr., itr. V.* sublimate

**Sublimierung die; ~, ~en** sublimation

**Sublimität** [zublimi'tɛ:t] **die; ~** *(geh.)* subtlety

**submarin** *Adj.* submarine

**Subordination die** *(bes. Logik)* subordination **(unter +** *Akk.* **to)**

**subsidiär** [zʊpzi'di̯ɛ:ɐ̯] *(bes. Rechtsw.)* **1.** *Adj.* **a)** *(unterstützend)* supplementary ‹*measures*›; **b)** *(als Behelf dienend)* provisional ‹*law etc.*›. **2.** *adv.* **a) ~ tätig werden** play a supporting role; **b)** *(behelfsmäßig)* on a provisional basis

**Subsidiarität** [zʊpzidi̯ari'tɛ:t] **die; ~** *(Politik, Soziol.)* subsidiarity *no art.*

**Subskribent** [zʊpskri'bɛnt] **der, Subskribentin die** *(Buchw.)* subscriber

**subskribieren** [zʊpskri'bi:rən] *(Buchw.)* **1.** *tr. V.* subscribe to. **2.** *itr. V.* take out a subscription

**Subskription** [zʊpskrɪp'tsio:] **die; ~, ~en** *(Buchw.)* subscription

**Subskriptions·preis der** *(Buchw.)* subscription price

**substantiell** [zʊpstan'tsiɛl] *(geh.)* **1.** *Adj.* substantial. **2.** *adv.* substantially

**Substantiv** ['zʊpstanti:f] **das; ~s, ~e** *(Sprachw.)* noun

**substantivieren** *tr. V. (Sprachw.)* nominalize

**substantivisch** *(Sprachw.)* **1.** *Adj.* nominal. **2.** *adv.* **~ gebraucht** used as nouns/a noun; nominalized

**Substanz** [zʊp'stants] **die; ~, ~en a)** *(auch fig.)* substance; **b)** *(Grundbestand)* **die ~:** the reserves *pl.*; **etw. geht an die ~** *(fig. ugs.) (seelisch, nervlich)* sth. gets you down; *(körperlich)* sth. takes it out of you; **von der ~ zehren** live off one's reserves *or* capital

**substituieren** [zʊpstitu'i:rən] *tr. V. (geh., fachspr.)* replace

**Substitut** [zʊpsti'tu:t] **der; ~en, ~en** assistant manager

**Substitution** [zʊpstitu'tsio:n] **die; ~, ~en** *(geh., fachspr.)* replacement

**Substrat** [zʊp'stra:t] **das; ~[e]s, ~e** *(geh., fachspr.)* substratum

**subsumieren** [zʊpzu'mi:rən] *tr. V. (geh.)* subsume **(unter +** *Dat. od. Akk.* under)

**subtil** [zʊp'ti:l] *(geh.)* **1.** *Adj.* subtle. **2.** *adv.* subtly

**Subtilität** [zʊptili'tɛ:t] **die; ~, ~en** *(geh.)* subtlety

**Subtrahend** [zʊptra'hɛnt] **der; ~en, ~en** *(Math.)* subtrahend

**subtrahieren** *tr., itr. V. (Math.)* subtract

**Subtraktion** [zʊptrak'tsio:n] **die; ~, ~en** *(Math.)* subtraction

**Sub·tropen** *Pl. (Geogr.)* subtropics

**sub·tropisch** *Adj.* subtropical

**Subvention** [zʊpvɛn'tsio:n] **die; ~, ~en** *(Wirtsch.)* subsidy

**subventionieren** *tr. V. (Wirtsch.)* subsidize

**Sub·version die** *(Politik)* subversion

**subversiv** [zʊpvɛr'zi:f] *(Politik)* **1.** *Adj.* subversive. **2.** *adv.* subversively

**Such-: ~aktion die** search [operation]; **~anzeige die a)** missing-person report; **b)** *(in der Zeitung)* 'lost' advertisement; **~bild das** *s.* **Vexierbild**

**Suche** ['zu:xə] **die; ~, ~n** search **(nach** for); **auf der ~ [nach jmdm./etw.] sein** be looking/ *(intensiver)* searching [for sb./sth.]; **sich [nach jmdm./etw.] auf die ~ machen, [nach jmdm/etw.] auf die ~ gehen** start searching *or* start a search [for sb./sth.]

**suchen 1.** *tr. V.* **a)** look for; *(intensiver)* search for; **gesucht wird der 54jährige XY** a search is going on for the 54-year-old XY; **„Kellner/Leerzimmer gesucht“** 'waiter/unfurnished room wanted'; **„Gesucht: Jesse James“** 'Wanted: Jesse James'; **die beiden haben sich gesucht und gefunden** *(ugs.)* those two were made for each other; **solche Menschen/jemanden wie ihn kann man ~** *(ugs.)* you don't come across people like that/someone like him every day; **seinesgleichen ~:** be without equal *or* unequalled; **b)** *(bedacht sein auf, sich wünschen)* seek ‹*protection, advice, company, warmth, etc.*›; look for ‹*adventure*›; **Kontakt** *od.* **Anschluß ~:** try to get to know people; **Streit ~:** seek a quarrel; **was sucht er denn hier?** what does he want here?; **er hat hier nichts zu ~** *(ugs.)* he has no business [to be] here; **an meinem Schreibtisch hat sie nichts zu ~** *(ugs.)* she's got no right *or* business to be at my desk; **c)** *(geh.: trachten)* **~, etw. zu tun** seek *or* endeavour to do sth. **2.** *itr. V.* search; **ich habe überall gesucht** I've looked everywhere; **nach jmdm./etw. ~:** look/search for sb./sth.; **da kannst du lange ~!** *(ugs.)* you're wasting your time looking for that; **sich ~d umsehen** look around; **such, such!** *(an einen Hund)* seek, seek!; **wer sucht, der findet** he who seeks shall find; seek, and ye shall find *(Bibl.)*; **Suchen spielen** *(landsch.)* play hide-and-seek

**Sucher der; ~s, ~** *(Fot.)* viewfinder

**Sucherei die; ~, ~en** *(ugs., oft abwertend)* [endless] searching *no pl.*

**Such-: ~hund der** tracker dog; **~meldung die** announcement about a missing or wanted person; **~schein·werfer der** searchlight

**Sucht** [zʊxt] **die; ~, Süchte** [zʏçtə] *od.* **~en a)** addiction **(nach** to); **[bei jmdm.] zur ~ werden** *(auch fig.)* become addictive [in sb.'s case]; **b)** *Pl.* **Süchte** *(übermäßiges Verlangen)* craving, obsessive desire **(nach** for); **ihre krankhafte ~, immer alles besser zu wissen** her pathological obsession with knowing better all the time

**süchtig** ['zʏçtɪç] *Adj.* **a)** addicted; **~ machen** *(auch fig.)* be addictive; **~ [nach etw.] sein** *(auch fig.)* be an addict *or* addicted [to sth.]; **b)** *(versessen, begierig)* obsessive; **nach etw. ~ sein** be obsessed with sth.

**-süchtig a)** ‹*drug-, heroin-, morphine-, etc.*› addicted; **alkohol~ sein** be an alcoholic; **b)** *(fig.)* addicted to ‹*television*›; obsessed with ‹*death*›; craving for ‹*liberation, love, home, sex*›

**Süchtige der/die;** *adj. Dekl.,* **Sucht·kranke der/die** addict

**Sud** [zu:t] **der; ~[e]s, ~e a)** stock; **b)** *(Extrakt)* decoction

[1]**Süd** [zy:t] *o. Art.; o. Pl.* **a)** *(Seemannsspr., Met.: Richtung)* **nach ~:** southwards; to the south; **aus** *od.* **von ~:** from the south; **b)** *(südliches Gebiet, Politik)* South; *s. auch* [1]**Nord b; c)** *einem Subst. nachgestellt* **Autobahnausfahrt Frankfurt-~:** Frankfurt South motorway *(Brit.) or (Amer.)* freeway exit; **Europa ~** *(Milit.)* Southern Europe

**[2]Süd der; ~[e]s, ~e** *(Seemannsspr., dichter.)* southerly

**süd-, Süd-: ~afrika (das)** South Africa; **~afrikanisch** *Adj.* South African; **~amerika (das)** South America; **~amerikaner der** South American; **~amerikanisch** *Adj.* South American

**Sudan** [zu'da:n] **(das); ~s** *od.* **der; ~s** Sudan

**Sudanese der; ~n, ~n** Sudanese

**süd·deutsch** *Adj.* South German; *s. auch* **norddeutsch**

**Süd·deutschland (das)** South Germany

**Sudelei die; ~, ~en** *(ugs. abwertend)* **a)** *(das Sudeln)* making *no art.* a [disgusting] mess; **b)** *(gesudelte Arbeit)* **[eine] ~ sein** be a [disgusting] mess

**sudeln** ['zu:dl̩n] *itr. V. (ugs. abwertend)* make a [disgusting] mess; *(pfuschen)* make a mess of it; botch it

**Süden der; ~s a)** *(Richtung)* south; *s. auch* **Norden a; b)** *(Gegend)* southern part; **aus dem ~:** from the south; **c)** *(Geogr.)* South; **der tiefe/tiefste ~:** the far South

**Süd·england (das)** Southern England; the South of England

**Sudeten** [zu'de:tn̩] *Pl.* **die ~:** the Sudeten [Mountains]

**Sudeten·deutsche der/die** Sudeten German

**Sudeten·land das; ~[e]s** Sudetenland

**süd-, Süd-: ~europa (das)** Southern Europe; **~europäisch** *Adj.* Southern European; **~flanke die** *(Met., Milit.)* southern flank; *(Geogr.: eines Gebirges)* southern escarpment; **~frucht die** tropical [or subtropical] fruit; **~hang der** southern slope

**Sud·haus das** mashhouse

**Süd-: ~insel die** South Island; **~korea (das)** South Korea; **~küste die** south coast

**Südländer** ['zy:tlɛndɐ] **der; ~s, ~:** Southern European; Mediterranean type

**südländisch** *Adj.* Southern [European]; Mediterranean; Latin ⟨*temperament*⟩; **~ aussehen** have Latin looks; look like a Southern European

**südlich 1.** *Adj.* **a)** *(im Süden gelegen)* southern; *s. auch* **Eismeer; nördlich 1a; Polarkreis; Wendekreis a; b)** *(nach Süden gerichtet, von Süden kommend)* southerly; **c)** *(aus dem Süden kommend, für den Süden typisch)* Southern. **2.** *adv.* southwards; *s. auch* **nördlich 2. 3.** *Präp. mit Gen.* [to the] south of

**süd-, Süd-: ~licht** ['--] **das;** *Pl.* **~lichter a)** *(Polarlicht)* southern lights *pl.; (einzelne Erscheinung)* display of the southern lights; **b)** *(iron.: Mensch aus Süddeutschland)* South German type; **[1]~ost** *o. Art.; o. Pl. (Seemannsspr., Met.)* south-east; *s. auch* **[1]Nord a; [1]Nordost; [2]~ost der** *(Seemannsspr.)* southeaster[ly]; south-easter[ly] [wind]; **~osten der** south-east; **der ~osten [Englands]** the South-East [of England]; *s. auch* **Norden; ~östlich 1.** *Adj.* south-eastern; south-easterly ⟨*direction, wind, course*⟩; **2.** *adv.* **~östlich [von X] liegen** be to the south-east [of X]; **3.** *Präp. mit Gen.* [to the] south-east of; **~ost·wind der** south-east[erly] wind; **~pol** ['--] **der a)** South Pole; **b)** *(eines Magneten)* south pole

**Süd·polar-: ~gebiet das** Antarctic [Region]; **~meer das; ~[e]s** Antarctic Ocean

**süd-, Süd-: ~pol·expedition** ['-------] **die** expedition to the South Pole; **~rand** ['--] **der** southern edge; **~see** ['--] **die; ~: die ~:** the South Seas *pl.;* **~see·insel** ['----] **die** South Sea island; **~seite** ['---] **die** south side; **~staaten** ['---] *Pl.* southern States; **[1]~süd·ost** *o. Art.; o. Pl. (Seemannsspr., Met.)* south-south-east; *s. auch* **[1]Nord a; [2]~süd·ost der;** *Pl. selten (Seemannsspr.)* south-south-easterly; **~süd·osten der** south-south-east; *s. auch* **Norden a; [1]~süd·west** *o. Art.; o. Pl. (Seemannsspr., Met.)* south-south-west[erly]; *s. auch* **[1]Nord a; [2]~süd·west der,** *Pl. selten (Seemannsspr.)* south-south-westerly; **~süd·westen der** south-south-west; *s. auch* **Norden a; ~tirol** ['---] **(das)** South Tirol; **~wand** ['--] **die** south face; **~wärts** ['--] *Adv.* southwards; **~wein** ['--] **der** dessert wine; **[1]~west** *o. Art.; o. Pl.* south-west; *s. auch* **[1]Nord a; [1]Nordwest; [2]~west der;** *Pl. selten (Seemannsspr.)* southwester[ly]; *(dichter.)* south-west[erly] wind; **~west·afrika (das)** South-West Africa; **~westen der** south-west; **der ~westen [Deutschlands]** the South-West [of Germany]; *s. auch* **Norden a; ~wester der; ~s, ~:** sou'wester; **~west·funk der** South West German Radio; **~westlich 1.** *Adj.* south-western; south-westerly ⟨*direction, course, wind*⟩; **2.** *adv.* **~ [von X] liegen** be to the south-west [of X]; **3.** *Präp. mit Gen.* [to the] south-west of; **~west·wind der** south-west[erly] wind; **~wind** ['--] **der** south *or* southerly wind

**Sues·kanal** ['zu:ɛs-] **der; ~s** Suez Canal

**Suff** [zʊf] **der; ~[e]s** *(salopp)* **a) im ~:** while under the influence *(coll.);* **b)** *(Trunksucht)* boozing *(coll.);* **dem ~ verfallen sein/sich dem ~ ergeben** be/become a victim of the demon drink; be on/take to the bottle *(coll.)*

**süffeln** ['zʏfl̩n] *tr., itr. V. (ugs.)* tipple *(coll.)*

**süffig** *Adj. (ugs.)* [very] drinkable; **dieser Wein ist sehr ~:** this wine goes down very well

**Süffisance** [zʏfi'zã:s] **die; ~** *s.* **Süffisanz**

**süffisant** [zʏfi'zant] *(geh. abwertend)* **1.** *Adj.* smug. **2.** *adv.* smugly

**Süffisanz** [sʏfi'zants] **die; ~** *(geh. abwertend)* smugness

**Suffix** [zʊ'fɪks] **das; ~es, ~e** *(Sprachw.)* suffix

**Suffragette** [zʊfra'gɛtə] **die; ~, ~n** *(hist.)* suffragette; *(veralt. abwertend: Frauenrechtlerin)* campaigner for women's rights

**suggerieren** [zʊge'ri:rən] *tr. V.* **a)** *(geh., Psych.)* suggest; **jmdm. etw. ~:** suggest sth. to sb.; put sth. into sb.'s mind; **b)** *(geh.: den Eindruck erwecken)* suggest; give the *or* an impression of; **das mußte ~, daß ...:** this was bound to give the impression that ...

**Suggestion** [zʊgɛs'ti̯o:n] **die; ~, ~en a)** *(geh., Psych.)* suggestion; **b)** *o. Pl. (geh.: suggestive Wirkung)* suggestive effect *or* power

**suggestiv** [zʊgɛs'ti:f] *(geh., Psych.)* **1.** *Adj.* suggestive. **2.** *adv.* suggestively

**Suggestiv·frage die** leading question

**Suhle** ['zu:lə] **die; ~, ~n** muddy pool

**suhlen** *refl. V.* wallow

**Sühne** ['zy:nə] **die; ~, ~n** *(geh.)* atonement; expiation; **~ [für etw.] leisten** make atonement *or* atone [for sth.]

**sühnen 1.** *tr., itr. V. (abbüßen)* **[für] etw. ~:** atone for *or* pay the penalty for sth. **2.** *tr. V. (bestrafen)* punish ⟨*wrongdoing*⟩

**Sühne-: ~opfer das** *(Rel.)* expiatory sacrifice; **~termin der** *(Rechtsw.)* conciliation hearing

**Sühn·opfer das** *s.* **Sühneopfer**

**Suite** ['svi:t(ə)] **die; ~, ~n** suite

**Suizid** [zui'tsi:t] **der** *od.* **das; ~[e]s, ~e** *(bes. Med., Psych.)* suicide

**Sujet** [zy'ʒe] **das; ~s, ~s** *(bes. Literaturw., bild. Kunst)* subject

**Sukkade** [zʊ'ka:də] **die; ~, ~n** candied peel

**Sukkulente** [zʊkʊ'lɛntə] **die; ~, ~n** *(Bot.)* succulent

**sukzessiv** [zʊktsɛ'si:f] **1.** *Adj.* gradual. **2.** *adv.* gradually

**sukzessive** *Adv.* gradually

**Sulfat** [zʊl'fa:t] **das; ~[e]s, ~e** *(Chemie)* sulphate

**Sulfid** [zʊl'fi:t] **das; ~[e]s, ~e** *(Chemie)* sulphide

**Sulfit** [zʊl'fi:t] **das; ~s, ~e** *(Chemie)* sulphite

**Sulfonamid** [zʊlfona'mi:t] **das; ~[e]s, ~e** *(Pharm.)* sulphonamide

**Sulky** ['zʊlki] **das; ~s, ~s** *(Pferdesport)* sulky

**Sultan** ['zʊlta:n] **der; ~s, ~e** sultan

**Sultanat** [zʊlta'na:t] **das; ~[e]s, ~e** sultanate

**Sultanine** [zʊlta'ni:nə] **die; ~, ~n** sultana

**Sülze** ['zʏltsə] **die; ~, ~n a)** diced meat/fish in aspic; *(vom Schweinskopf)* brawn; **b)** *(Aspik)* aspic

**sülzen** ['zʏltsn̩] *tr., itr. V. (salopp) s.* **quatschen 1 a, 2**

**Sülz·kotelett das** boned pork chop in aspic

**Sumerer** [zu'me:rɐ] **der; ~s, ~:** Sumerian

**summ** [zʊm] *Interj.* buzz

**summa cum laude** ['zʊma kʊm 'laudə] *Adv. (Hochschulw.)* with the utmost distinction; *highest of four grades of successful doctoral examination*

**Summand** [zʊ'mant] **der; ~en, ~en** *(Math.)* summand

**summarisch** [zʊ'ma:rɪʃ] *(geh.)* **1.** *Adj.* summary; brief ⟨*summary*⟩; **ein ~es Verfahren** *(Rechtsw.)* summary proceedings *pl.* **2.** *adv.* summarily; briefly

**summa summarum** ['zʊma zʊ'ma:rʊm] *Adv.* in all; altogether

**Sümmchen** ['zʏmçən] **das; ~s, ~** *(ugs.)* **ein hübsches** *od.* **nettes ~:** a tidy little sum *(coll.)*

**Summe** ['zʊmə] **die; ~, ~n** sum

**summen 1.** *itr. V.* hum; *(lauter, heller)* buzz; **es summt** there's a hum/buzzing. **2.** *tr., auch itr. V.* hum ⟨*tune, song, etc.*⟩

**Summer der; ~s, ~:** buzzer

**summieren** *refl. V.* add up **(auf +** *Akk.* to); *(anwachsen)* ⟨*number*⟩ grow, increase **(auf +** *Akk.* to)

**Summ·ton der** buzzing [tone]; *(leiser)* hum

**Sumpf** [zʊmpf] **der; ~[e]s, Sümpfe** ['zʏmpfə] marsh; *(bes. in den Tropen)* swamp; *(fig.)* morass; quagmire; **im ~ steckenbleiben** be stuck in the mire

**Sumpf·dotter·blume die** marsh marigold

**sumpfen** *itr. V. (salopp)* make whoopee *(coll.) or* live it up into the small hours

**Sumpf-: ~fieber das** malaria; **~gas das** marsh gas; **~gebiet das** marsh[land]; *(bes. in den Tropen)* swamp[land]; **~huhn das** crake

**sumpfig** *Adj.* marshy

**Sumpf·pflanze die** marsh plant

**Sums** [zʊms] **der; ~es** *(ugs.)* **viel ~ um etw. machen** make a lot of fuss about sth.

**Sund** [zʊnt] **der; ~[e]s, ~e** *(Geogr.)* sound

**Sünde** ['zʏndə] **die; ~, ~n** sin; *(fig.)* misdeed; transgression; **in ~ leben** *(veralt.)* live in sin; **faul wie die ~:** bone idle; **eine ~ wert sein** *(scherzh.)* be worth a little transgression; ⟨*food*⟩ be naughty but nice; **es ist eine ~ [und Schande]** it's a crying shame

**Sünden-: ~babel das** sink of iniquity; **~bekenntnis das** confession of one's sins; **~bock der** *(ugs.)* scapegoat; **~fall der** *(christl. Rel.)* Fall of Man; *(fig.)* fall from grace; **~geld das: ein ~geld** *(ugs.)* a small fortune; **~pfuhl der** *(abwertend)* sink of iniquity; **~register das** *(ugs. scherzh.)* catalogue of misdeeds

**Sünder der; ~s, ~, Sünderin die; ~, ~nen** sinner

**Sünd·flut die;** *o. Pl. s.* **Sintflut**

**sündhaft 1.** *Adj.* **a)** sinful; **b)** *(ugs.)* **ein ~er Preis/~es Geld** an outrageous price/amount of money. **2.** *adv.* **a)** sinfully; **b)** *(ugs.: sehr)* outrageously ⟨*expensive*⟩; stunningly ⟨*beautiful*⟩; **~ faul** bone idle

**Sündhaftigkeit die; ~:** sinfulness

**sündig 1.** *Adj.* sinful; *(lasterhaft)* wicked. **2.** *adv.* sinfully

**sündigen** *itr. V.* sin; *(scherzh.: viel essen)* indulge oneself [sinfully]; **gegen die Natur ~** *(fig.)* offend against nature

**Sunnit** [zʊ'ni:t] **der; ~en, ~en** Sunnite

**sunnitisch** *Adj.* Sunnite

**super** *(salopp)* **1.** *indekl. Adj.* super *(coll.);* fantastic *(coll.);* **~ aussehen/ sich ~ fühlen**

look/feel great *(coll.)*. **2.** *adv.* fantastically *(coll.)*
**Super** ['zu:pɐ] **das;** ~**s,** ~: four star *(Brit.)*; premium *(Amer.)*; *s. auch* **Normal**
**super-** ultra-⟨*long, high, fast, modern, masculine, etc.*⟩; ~**geheim** top secret; ~**günstig** extra cheap
**Super-** super-⟨*hero, figure, car, group, etc.*⟩; terrific *(coll.)*, tremendous *(coll.)* ⟨*success, offer, chance, idea, etc.*⟩
**Super-8-Film der** super 8 film
**superb** [zu'pɛrp], **süperb** [zy'pɛrp] *(geh.)* **1.** *Adj.* superb. **2.** *adv.* superbly
**Super·benzin das** four-star petrol *(Brit.)*; premium *(Amer.)*
**Super·ding das;** *Pl.* ~**er** *(salopp)* terrific thing *(coll.)*
**Superintendent** [zupɐlɪntɛn'dɛnt] **der;** ~**en,** ~**en** *(ev. Kirche)* dean
**Superiorität** [zuperi̯orit'tɛ:t] **die;** ~ *(geh.)* **a)** superiority **(über** + *Akk.* in relation to); **b)** *(Vormachtstellung)* supremacy **(über** + *Akk.* over)
**super·klug** *(iron.)* **1.** *Adj.* extra clever; smart-aleck *(coll. derog.)*. **2.** *adv.* in a smart-aleck way *(coll. derog.)*
**Superlativ** ['zu:pelati:f] **der;** ~**s,** ~**e** *(Sprachw.)* superlative
**superlativisch** *Adj. (Sprachw.)* superlative
**super-, Super-:** ~**mann der;** *Pl.* ~**männer** *(ugs.)* superman; ~**markt der** supermarket; ~**modern 1.** *Adj.* ultra-modern; **2.** *adv.* ⟨*furnished, dressed*⟩ in ultra-modern style; ~**schlau** *Adj. (iron.) s.* ~**klug;** ~**schnell** *(ugs.)* **1.** *Adj.* ultra-fast; **2.** *adv.* at tremendous speed; ~**star der** superstar
**Süppchen** ['zʏpçən] **das;** ~**s,** ~: soup; **sein** ~ **am Feuer anderer kochen** *(ugs.)* use others for one's own ends
**Suppe** ['zʊpə] **die;** ~; ~**n** soup; **jmdm. die** ~ **versalzen** *(ugs.)* put a spoke in sb.'s wheel; put a spanner in sb.'s works; **jmdm. in die** ~ **spucken** *(salopp)* mess things up for sb.; *s. auch* **auslöffeln a; einbrocken**
**Suppen-:** ~**ein·lage die** *rice, noodles, dumplings, etc. put into a clear soup;* ~**fleisch das** beef for making soup; ~**grün das** green vegetables for making soup *(comprising parsley, carrots, celery, and leeks)*; ~**huhn das** boiling fowl; ~**kasper der** *(ugs.)* poor *or* finicky eater; ~**kelle die** soup-ladle; ~**knochen der** soup bone; ~**löffel der** soup-spoon; ~**nudel die;** *meist Pl.* noodle *(for use in soup)*; ~**schüssel die** soup-tureen; ~**tasse die** soup-bowl *(with handles)*; ~**teller der** soup-plate; ~**terrine die** soup-tureen; ~**würfel der** stock cube
**suppig** *Adj.* watery; thin
**Supplement** [zʊple'mɛnt] **das;** ~**[e]s,** ~**e** supplement
**Suppositorium** [zʊpozi'to:ri̯ʊm] **das;** ~**s, Suppositorien** *(Pharm.)* suppository
**Supremat** [zupre'ma:t] **der** *od.* **das;** ~**[e]s,** ~**e** supreme authority
**Sure** ['zu:rə] **die;** ~, ~**n** sura
**Surf·brett** ['sə:f-] **das** surf-board
**surfen** ['sə:fn̩] *itr. V.* surf
**Surfer** ['sə:fɐ] **der;** ~**s,** ~: surfer
**Sur·realismus** [zʊrea'lɪsmʊs] **der;** ~: surrealism *no art.*
**Sur·realist der** surrealist
**surrealistisch 1.** *Adj.* surrealist ⟨*movement, painting, literature*⟩; surrealistic ⟨*image, story, scene*⟩. **2.** *adv.* surrealistically; ⟨*paint*⟩ in a surrealistic style; ⟨*influenced*⟩ by surrealism
**surren** ['zʊrən] *itr. V.* **a)** *(summen)* hum; ⟨*camera, fan*⟩ whirr; **es surrt** there's a hum/whirr; **b)** *mit sein (schwirren)* whirr
**Surrogat** [zʊro'ga:t] **das;** ~**[e]s,** ~**e** *(geh.)* surrogate
**suspekt** [zʊs'pɛkt] **1.** *Adj.* suspicious; **jmdm.** ~ **sein** seem suspicious to sb.; arouse sb.'s suspicions. **2.** *adv.* suspiciously

**suspendieren** [zʊspɛn'di:rən] *tr. V.* suspend; *(entlassen)* dismiss; **jmdn. vom Dienst/von seinem Amt** ~: suspend/dismiss sb. from his/her post
**Suspendierung, Suspension** [zʊspɛn'zi̯o:n] **die;** ~, ~**en** suspension; *(Entlassung)* dismissal
**Suspensorium** [zʊspɛn'zo:ri̯ʊm] **das;** ~**s, Suspensorien** *(Med.)* suspensory [bandage]
**süß** [zy:s] **1.** *Adj.* sweet; *(geh.: lieblich klingend)* melodious; sweet; *(fig.: übertrieben freundlich)* sweet, sugary ⟨*smile, words*⟩; **er ißt gern Süßes** he likes sweet things; he has a sweet tooth; **na, mein Süßer/meine Süße?** well, sweetheart? **2.** *adv.* sweetly; ~ **duften** give off a sweet scent; **den Salat** ~ **anmachen** sweeten the salad-dressing; **träum** ~! sweet dreams!; **das hast du** ~ **gemalt** *(fam.)* you've painted this enchantingly
**Süße die;** ~: sweetness
**süßen 1.** *tr. V.* sweeten. **2.** *itr. V.* sweeten things; **mit Saccharin** ~: use saccharine as a sweetener
**Süß·holz das;** *o. Pl.* liquorice [plant]; ~ **raspeln** *(fig. ugs.)* ooze charm
**Süßholz·raspler der;** ~**s,** ~ *(ugs.)* smoothie *(coll.)*
**Süßigkeit die;** ~, ~**en a)** *meist Pl. (Bonbon usw.)* sweet *(Brit.)*; candy *(Amer.)*; ~**en** sweets *(Brit.)*; candy *sing. (Amer.)*; *(als Ware)* confectionery *sing.*; **b)** *o. Pl. (fig. geh.: Süße)* sweetness
**Süß·kirsche die** sweet cherry
**süßlich 1.** *Adj.* **a)** [slightly] sweet; on the sweet side *pred.*; **ein widerlich** ~**er Geruch/Geschmack** an unpleasantly sickly *or* cloying smell/taste; **b)** *(abwertend) (sentimental)* sickly mawkish ⟨*film*⟩; *(heuchlerisch freundlich)* sugary ⟨*smile etc.*⟩; smarmy *(coll.)* ⟨*expression, manners*⟩; honeyed ⟨*words*⟩. **2.** *adv. (abwertend)* ⟨*write, paint*⟩ mawkishly *or* in a sickly-sentimental style; ⟨*smile*⟩ smarmily *(coll.)*
**süß-, Süß-:** ~**most der** unfermented fruit juice; ~**rahm·butter die** sweet cream butter; ~**sauer 1.** *Adj.* sweet-and-sour; *(fig.)* wry ⟨*smile, face*⟩; **etw. gern** ~**sauer essen** like eating sth. with a sweet-and-sour sauce; **2.** *adv.* **a) etw.** ~**sauer zubereiten** give sth. a sweet-and-sour flavour; **b)** *(fig.)* ⟨*smile*⟩ wryly; ~**speise die** sweet; dessert; ~**stoff der** sweetener; ~**waren** *Pl.* confectionery *sing.*; candy *sing. (Amer.)*; ~**wasser das;** *Pl.* ~**wasser** fresh water; ~**wasser·fisch der** freshwater fish; ~**wein der** sweet wine
**Sutane** *s.* **Soutane**
**Sütterlin·schrift** ['zʏtɐli:n-] **die;** *o. Pl.* Sütterlin script
**SV** ['ɛsfau] **der;** ~ *Abk.* **Sportverein** SC
**SVP** [ɛsfau'pe:] **die;** ~ *Abk.* **Schweizer Volkspartei**
**svw.** *Abk.* **soviel wie**
**SW** *Abk.* **Südwest[en]** SW
**Swahili** [sva'hi:li] *s.* **Suaheli**
**Swastika** ['svastika] **die;** ~, **Swastiken** swastika
**Sweatshirt** ['swɛt-ʃə:t] **das;** ~**s,** ~**s** sweatshirt
**SWF** [ɛsve:'ɛf] **der;** ~: *Abk.* **Südwestfunk**
**Swimmingpool, Swimming-pool** ['svɪmɪŋpu:l] **der;** ~**s,** ~**s** [swimming-]pool
**Swing** [svɪŋ] **der;** ~**[s] a)** *(Musik)* swing *no art.*; **b)** *(Wirtsch.)* swing
**swingen** *itr. V.* **a)** *(Musik)* ⟨*player*⟩ swing [it]; ⟨*music*⟩ have a swing [to it]; **b)** *(tanzen)* swing
**Syllogismus** [zʏlo'gɪsmʊs] **der;** ~**s, Syllogismen** *(Philos.)* syllogism
**Sylphe** ['zʏlfə] **der;** ~**n,** ~**n** sylph
**Symbiose** [zʏm'bi̯o:zə] **die;** ~, ~**n** *(Biol., fig.)* symbiosis **(zwischen** + *Dat.* of); **eine** ~ **eingehen** *(fig.)* form a symbiotic relationship
**symbiotisch** *Adj. (Biol., fig.)* symbiotic

**Symbol** [zʏm'bo:l] **das;** ~**s,** ~**e** symbol
**symbolhaft 1.** *Adj.* symbolic **(für** of). **2.** *adv.* symbolically
**Symbolik** [zʏm'bo:lɪk] **die;** ~: symbolism
**symbolisch 1.** *Adj.* symbolic. **2.** *adv.* symbolically
**symbolisieren 1.** *tr. V.* symbolize. **2.** *refl. V.* be symbolized **(in** + *Dat.* by)
**Symbolismus der;** ~: symbolism; *(Kunstrichtung)* Symbolism *no art.*
**Symbolist der;** ~**en,** ~**en** Symbolist
**symbolistisch** *Adj.* Symbolist
**Symbol·sprache die** *(DV)* assembly language
**Symmetrie** [zʏme'tri:] **die;** ~, ~**n** symmetry
**Symmetrie·achse die** axis of symmetry
**symmetrisch 1.** *Adj.* symmetrical. **2.** *adv.* symmetrically
**Sympathie** [zʏmpa'ti:] **die;** ~, ~**n** sympathy; ~ **für jmdn. haben** sympathize with *or* have sympathy with sb.; **sich** *(Dat.)* **jmds./alle** ~**n verscherzen** forfeit sb.'s/everybody's sympathy; **bei aller** ~: with the best will in the world
**Sympathie·streik der** sympathy strike; **in** ~ **[mit jmdm.] treten** strike in sympathy [with sb.]
**Sympathikus der;** ~ *(Anat., Physiol.)* sympathetic nervous system
**Sympathisant** [zʏmpati'zant] **der;** ~**en,** ~**en, Sympathisantin die;** ~, ~**nen** sympathizer (*Gen.* with)
**sympathisch 1.** *Adj.* **a)** congenial, likeable ⟨*person, manner*⟩; appealing, agreeable ⟨*voice, appearance, material*⟩; **jmdm.** ~ **sein** appeal to sb.; **er war mir gleich** ~: I took to him at once; I took an immediate liking to him; **b)** *(Anat., Physiol.)* sympathetic ⟨*nerve, nervous system, etc.*⟩. **2.** *adv.* in a likeable *or* appealing way; *(angenehm)* agreeably
**sympathisieren** *itr. V.* sympathize **(mit** with); **mit einer Partei** ~: be sympathetic towards a party
**Symphonie** [zʏmfo'ni:] *usw. s.* **Sinfonie** *usw.*
**Symposion** [zʏm'po:zi̯ɔn], **Symposium** [zʏm'po:zi̯ʊm] **das;** ~**s, Symposien** symposium **(über** + Akk., **zu** on)
**Symptom** [zʏmp'to:m] **das;** ~**s,** ~**e** *(Med., geh.)* symptom (*Gen.*, **für, von** of)
**Symptomatik** [zʏmpto'ma:tɪk] **die;** ~ *(Med., geh.)* symptoms *pl.*; symptom complex
**symptomatisch** *(Med., geh.)* **1.** *Adj.* symptomatic **(für** of). **2.** *adv.* symptomatically
**Synagoge** [zyna'go:gə] **die;** ~, ~**n** synagogue
**Synästhesie** [zynɛste'zi:] **die;** ~, ~**n** *(Med., Literaturw.)* synaesthesia
**synchron** [zʏn'kro:n] **1.** *Adj.* **a)** synchronous; **b)** *(Sprachw.)* synchronic. **2.** *adv.* **a)** synchronously; **b)** *(Sprachw.)* synchronically
**Synchronisation** [zʏnkroniza'tsi̯o:n] **die;** ~, ~**en** *s.* **Synchronisierung**
**synchronisch** *Adj. (Sprachw.)* synchronic
**synchronisieren** *tr. V.* **a)** *(Film)* dub ⟨*film*⟩; **b)** *(Technik, fig.)* synchronize ⟨*watches, operations, etc.*⟩; fit synchromesh to ⟨*gearbox*⟩; **alle Gänge sind synchronisiert** *(Kfz-W.)* there is synchromesh on all gears; **synchronisiertes Getriebe** synchromesh gearbox
**Synchronisierung die;** ~, ~**en a)** *(Film)* dubbing; **b)** *(Technik, fig.)* synchronization; *(Kfz-W.)* fitting of synchromesh (*Gen.* to)
**Synchron·schwimmen das** *(Sport)* synchronized swimming
**Synchron·sprecher der** dubbing actor
**Synchrotron** ['zʏnkrotro:n] **das;** ~**s,** ~**e** *od.* ~**s** *(Kernphysik)* synchrotron
**Syndikalismus** [zʏndika'lɪsmʊs] **der;** ~: syndicalism *no art.*

**syndikalịstisch** *Adj.* syndicalist
**Syndikat** [zyndi'ka:t] **das; ~[e]s, ~e** *(bes. Wirtsch.)* syndicate
**Syndikus** ['zyndikʊs] **der; ~s, ~e** *od.* **Syndizi** ['zynditsi] *(Rechtsspr.)* legal adviser; *(Rechtsanwalt einer Firma)* company lawyer *or (Amer.)* attorney
**Syndrom** [zyn'dro:m] **das; ~s, ~e** *(Med.)* syndrome
**Synkope die; ~, ~n a)** [zyn'ko:pə]; *(Musik)* syncopation; **b)** ['zynkope] *(Sprachw.)* syncope
**synkopieren** [zynko'pi:rən] *tr. V. (Musik, Sprachw.)* syncopate
**synkọpisch** *Adj. (Musik)* syncopated
**Synodale** [zyno'da:lə] **der/die;** *adj. Dekl.* synod member
**Synode** [zy'no:də] **die; ~, ~n** *(ev., kath. Kirche)* synod
**synonym** [zyno'ny:m] *(Sprachw.)* **1.** *Adj.* synonymous. **2.** *adv.* synonymously
**Synonym** [zyno'ny:m] **das; ~s, ~e** *(Sprachw.)* synonym
**Synonomie** [zynony'mi:] **die; ~, ~n** *(Sprachw.)* synonymity
**Synonym·wörterbuch das** dictionary of synonyms
**Synopse** [zy'nɔpsə], **Synopsis** ['zy:nɔpsɪs] **die; ~, Synopsen a)** textual comparison; **b)** *(bibl.)* comparative parallel text of the Synoptic Gospels; **c)** *(geh.: Zusammenschau)* overall view; survey
**Synọptiker der; ~s, ~** *meist Pl.* synoptist
**syntaktisch** [zyn'taktɪʃ] *(Sprachw.)* **1.** *Adj.* syntactic. **2.** *adv.* syntactically
**Syntax** ['zyntaks] **die; ~, ~en** *(Sprachw.)* syntax
**Synthese** [zyn'te:zə] **die; ~, ~n** synthesis (*Gen.*, **von, aus** of)
**Synthesizer** ['sɪntəsaizɐ] **der; ~s, ~** *(Musik)* synthesizer
**Synthetik** [zyn'te:tɪk] **das; ~s** *(ugs.)* synthetic material
**synthetisch 1.** *Adj.* synthetic. **2.** *adv.* synthetically
**Syphilis** ['zy:filɪs] **die; ~** *(Med.)* syphilis
**Syrakus** [zyra'ku:s] **(das); Syrakus'** Syracuse
**Syrer** ['zy:rɐ] **der; ~s, ~, Syrerin die; ~, ~nen** Syrian
**Syrien** ['zy:riən] **(das); ~s** Syria
**syrisch** ['zy:rɪʃ] *Adj.* Syrian
**System** [zys'te:m] **das; ~s, ~e** system; **~ in etw.** *(Akk.)* **bringen** introduce some system into sth.; get sth. into some sort of order; **~ haben** be methodical; have system; **hinter etw.** *(Dat.)* **steckt ~:** there's method in sth.
**System-: ~analyse die** systems analysis; **~analytiker der** systems analyst
**Systematik** [zyste'ma:tɪk] **die; ~, ~en a)** systematics *sing.;* **b)** *(Biol.)* taxonomy
**systematisch** [zyste'ma:tɪʃ] **1.** *Adj.* systematic. **2.** *adv.* systematically
**systematisieren** *tr. V.* systematize
**system-, System-: ~immanent 1.** *Adj.* part of the system *pred.;* **~immanente Faktoren** factors inherent in the system; **2.** *adv.* in a manner inherent in the system; **~kritiker der** critic of the system; **~los 1.** *Adj.* unsystematic; **2.** *adv.* unsystematically; **~veränderung die** change in the system; **~wette die** betting based on an agreed system of permutations; **~zwang der** pressure imposed by the system
**Systole** ['zystole] **die; ~, ~n** *(Med.)* systole
**Szenario** [stse'na:rio] **das; ~s, ~s, Szenarium** [stse'na:riʊm] **das; ~s, Szenarien** *(Theater, Film)* scenario
**Szene** ['stse:nə] **die; ~, ~n a)** scene; **hinter der ~:** backstage; behind the scenes; **er erhielt Beifall auf offener ~:** he was applauded during the scene; **die ~ beherrschen** *(fig.)* dominate the scene; **ein Theaterstück in ~ setzen** stage a play; **sich in ~ setzen** *(fig.)* put oneself in the limelight; **b)** *(Auseinandersetzung)* scene; **[jmdm.] eine ~ machen** make a scene [in front of sb.]; **c)** *(ugs.: bestimmtes Milieu)* scene *(coll.)*
**-szene** *(ugs.)* scene *(coll.);* **die Terror[isten]~/Literatur~:** the terrorist/literary scene
**Szenen-: ~applaus der** applause during the scene; spontaneous burst of applause; **~folge die** sequence of scenes; **~wechsel der** *(Theater)* scene-change
**Szenerie** [stsenə'ri:] **die; ~, ~n a)** *(Bühnendekoration)* set (*Gen.* for); **b)** *(Schauplatz)* scene; *(eines Romans)* setting
**szenisch** *Adj.* dramatic; **~e Gestaltung/Effekte** staging/stage effects
**Szepter** ['stsɛptɐ] **das; ~s, ~** *s.* **Zepter**
**Szientismus** [stsiɛn'tɪsmʊs] **der; ~:** *(Fachspr.)* scientism *no art.*
**Szilla** ['stsɪla] **die; ~, Szịllen** *(Bot.)* scilla
**Szylla** ['stsyla] *in* **zwischen ~ und Charybdis** *(geh.)* between Scylla and Charybdis

# T

**t, T** [te:] **das; ~, ~,** *(ugs.)* **~s, ~s** t/T; *s. auch* **a, A**
**t** *Abk.* **Tonne** t
**Tab.** *Abk.* **Tabelle**
**Tabak** ['ta(:)bak] **der; ~s, ~e** tobacco
**Tabak·monopol das** *(Wirtsch.)* tobacco monopoly
**Tabaks-: ~beutel der** tobacco-pouch; **~dose die** tobacco-tin; **~pfeife die** [tobacco-]pipe
**Tabak-: ~steuer die** duty *or* tax on tobacco; **~trafik** [-'---] **die** *(österr.)* tobacconist['s] [shop]; **~waren** *Pl.* tobacco *sing.*
**Tabatiere** [taba'tie:rə] **die; ~, ~n a)** *(veralt.)* snuff-box; **b)** *(österr.) s.* **Tabaksdose; c)** *(österr.) s.* **Zigarettenetui**
**tabellarisch** [tabɛ'la:rɪʃ] **1.** *Adj.* tabular; **ein ~er Lebenslauf** a curriculum vitae in tabular form. **2.** *adv.* in tabular form
**Tabelle** [ta'bɛlə] **die; ~, ~n a)** *(Übersicht)* table; **b)** *(Sport)* [league/championship] table; **die ~ anführen** be at the top of the [league/championship] table
**Tabẹllen-: ~führer der** *(Sport)* top team/player in the [league/championship] table; **~führer sein** be top of the table; **~platz der** *(Sport)* position *or* place in the [league/championship] table; **~stand der** *(Sport)* state of the [league/championship] table
**tabellieren** *tr. V. (Fachspr.)* tabulate
**Tabernakel** [tabɛr'na:kl] **das** *od.* **der; ~s, ~** *(kath. Kirche, Archit.)* tabernacle
**Tableau** [ta'blo:] **das; ~s, ~s** *(bes. Literaturw.)* tableau
**Tablett** [ta'blɛt] **das; ~[e]s, ~s** *od.* **~e** tray; **jmdm. etw. auf einem silbernen ~ servieren** *(fig.)* hand sth. to sb. on a silver platter
**Tablẹtte die; ~, ~n** tablet
**tablẹtten-, Tablẹtten-: ~form die** tablet form; **~röhrchen das** tablet tube; **~süchtig** *Adj.* addicted to pills *postpos.*
**tabu** [ta'bu:] *Adj.* taboo
**Tabu das; ~s, ~s** taboo
**tabuieren, tabuisieren** *tr. V. (geh.)* **etw. ~:** taboo sth.; make sth. taboo
**tabula rasa** ['ta:bula 'ra:za] *in* **~ ~ machen** make a clean sweep
**Tabulatur** [tabula'tu:ɐ] **die; ~, ~en** *(Musik)* tablature
**Taburett** [tabu'rɛt] **das; ~[e]s, ~e** *(schweiz., sonst veralt.)* tabouret
**Tabu·wort das** *(Sprachw., Psych.)* taboo word
**Tacheles** ['taxələs] *in* **[mit jmdm.] ~ reden** *(ugs.)* do some straight talking [to sb.]
**tachinieren** [taxi'ni:rən] *itr. V. (österr. ugs.)* loaf [about]
**Tachinierer der; ~s, ~** *(österr. ugs.)* slacker *(coll.);* loafer
**Tachismus** [ta'ʃɪsmʊs] **der; ~** *(Kunstwiss.)* tachism *no art.*
**Tacho** ['taxo] **der; ~s, ~s** *(ugs.)* speedo *(coll.)*
**Tacho·meter der** *od.* **das** speedometer
**Tạcho·nadel die** speedometer needle
**Tạcho·stand der** *(ugs.: Kilometerstand)* mileometer *or* odometer reading
**Tadel** ['ta:dl] **der; ~s, ~ a)** censure; **jmdm. einen ~ erteilen** give sb. a rebuke; rebuke sb.; **ihn trifft kein ~:** he is not to blame; **öffentlicher ~** *(DDR Rechtsw.)* public censure; **b)** *(im Klassenbuch)* black mark; **c)** *(geh.: Mangel, Makel)* blemish; flaw; **ohne ~:** perfect, flawless ⟨*figure, copy, etc.*⟩; impeccable ⟨*dress, appearance, etc.*⟩; irreproachable ⟨*life, character, person, etc.*⟩
**tadel·los 1.** *Adj.* **a)** *(makellos)* impeccable; immaculate ⟨*hair, clothing, suit, etc.*⟩; perfect ⟨*condition, teeth, pronunciation, German, etc.*⟩; **b)** *(ugs.: sehr gut)* excellent; **c)** ['--'-] *(ugs.: als Ausruf der Zustimmung)* splendid *(coll.).* **2.** *adv.* **a)** *(makellos)* ⟨*dress*⟩ impeccably, immaculately; ⟨*fit, speak, etc.*⟩ perfectly; ⟨*live, behave, etc.*⟩ irreproachably; **b)** *(ugs.: sehr gut)* **hier wird man ~ bedient** the service is excellent here
**tadeln** *tr. V.* **jmdn. [für sein Verhalten** *od.* **wegen seines Verhaltens] ~:** rebuke sb. [for his/her behaviour]; **jmds. Arbeit ~:** criticize sb.'s work; **er hatte an ihr/ihrer Handlungsweise etw. zu ~:** he found some fault with her/the way she behaved; **~de Worte/~der Blick** reproachful words/look
**tadelns·wert** *Adj.* reprehensible
**Tadels·antrag der** *(Parl.)* censure motion
**Tafel** ['ta:fl] **die; ~, ~n a)** *(Schiefer~)* slate; *(Wand~)* blackboard; **b)** *(plattenförmiges Stück)* slab; **eine ~ Schokolade** a bar of chocolate; **c)** *(Gedenk~)* plaque; **d)** *(geh.: festlicher Tisch)* table; **die ~ aufheben** *(fig.)* rise from the table; **e)** *(Druckw.)* plate
**Tafel-: ~apfel der** *(Kaufmannsspr.)* dessert apple; **~auf·satz der** centre-piece; **~berg der** *(Geol.)* mesa; **~besteck das** cutlery *or (Amer.)* flatware service; **~bild das** *(bild. Kunst)* panel painting
**Täfelchen** ['tɛ:flçən] **das; ~s, ~:** *s.* **Tafel b:** [small] slab; [small] bar
**tafel-, Tafel-: ~fertig** *Adj. (Kochk.)* ready to serve *postpos.; (noch zu erwärmen)* ready to heat and serve *postpos.;* **~fertige Gerichte** ready-to-serve/ready-to-heat-and-serve dishes; **~freuden** *Pl. (geh.)* culinary delights; **~lappen der** blackboard cloth; **~musik die** musical entertainment *(provided at a banquet, festive dinner, etc.)*
**tafeln** *itr. V. (geh.)* feast
**täfeln** ['tɛ:fl̩n] *tr. V.* panel
**Tafel-: ~obst das** [dessert] fruit; **~runde die** *(geh.)* gathering [round a table]; **die ~runde des Königs Artus** King Arthur's Round Table; **~salz das** table salt; **~spitz der** *(österr.)* boiled fillet of beef
**Täfelung die; ~, ~en a)** *(das Täfeln)* panelling; **b)** *(Paneel)* [wooden] panelling
**Tafel-: ~wasser das;** *Pl.* **~wässer** [bottled] mineral water; **~wein der** table wine

**Taft** [taft] **der; ~[e]s, ~e** taffeta

**Tag** [ta:k] **der; ~[e]s, ~e a)** day; **es wird/ist ~:** it's getting/it is light; **solange es noch ~ ist** while it's still light; **der ~ bricht an** *od.* **graut** *od.* **erwacht/neigt sich** *(geh.)* the day breaks/draws to an end *or* a close; **die ~e nehmen ab/zu** the days are getting shorter/longer; **am ~[e]** during the day[time]; **am hellichten ~:** in broad daylight; **bei ~[e] reisen/ankommen** travel during the day/arrive while it's light; **[drei Stunden] vor ~** *(geh.)* [three hours] before daylight; **er redet viel, wenn der ~ lang ist** *(ugs.)* you can't put any trust in what he says; **sie sind wie ~ und Nacht** they are as different as chalk and cheese; **man soll den ~ nicht vor dem Abend loben** *(Spr.)* don't count your chickens before they're hatched *(prov.)*; **es ist noch nicht aller ~e Abend** we haven't yet seen the end of the matter; **guten ~!** hello; *(bei Vorstellung)* how do you do?; *(nachmittags auch)* good afternoon; **jmdm. einen guten ~ wünschen** wish sb. good day; **~!** *(ugs.)* hello; hi *(Amer. coll.)*; *(nachmittags auch)* afternoon; **bei jmdm. guten ~ sagen** *(ugs.)* pop in to sb. to say 'hello' *(coll.)*; **etw. an den ~ legen** display sth.; **etw. an den ~ bringen** *od. (geh.)* **ziehen** bring sth. to light; reveal sth.; **an den ~ kommen** come to light; **unter ~s** *(landsch.)* during the day [time]; **über/unter ~[e]** *(Bergmannsspr.)* above ground/underground; **b)** *(Zeitraum von 24 Stunden)* day; **~ und Stunde des Treffens stehen fest** the date and time of the meeting are fixed; **welchen ~ haben wir heute?** *(Wochentag)* what day is it today? what's today?; *(Datum)* what date is it today?; **heute in/vor drei ~en** three days from today/three days ago today; **den ~ über** during the day; **einen ~ um den anderen** every other day; **jmdm. den ~ stehlen** waste sb.'s time; **an diesem ~:** on this day; **dreimal am ~:** three times a day; **früh/spät am ~[e]** early/late in the day; **am ~e vorher** on the previous day; the day before; **auf den ~ [genau]** on the [very] day; **~ für ~:** every [single] day; **von ~ zu ~:** day by day; **in den nächsten ~en** in the next few days; **der ~ X** the great day; **am folgenden ~:** the next day; **heute ist sein [großer] ~:** it's his big day today; **er hatte heute einen schlechten ~:** today was one of his bad days; **sich** *(Dat.)* **einen schönen/faulen ~ machen** *(ugs.)* have a nice/lazy day; **den lieben langen ~:** all day long; **der ~ des Herrn** *(christl. Rel.)* the Lord's Day; **~ der offenen Tür** open day; **der Brief muß/kann jeden ~ ankommen** the letter will surely/can arrive any day now; **eines ~es** one day; some day; **eines schönen ~es** one of these days; **dieser ~e werde ich ...:** in the next few days, I will ...; **dieser ~e kam ein Mann ...:** the other day *or* recently, a man came ...; **von einem ~ auf den anderen** from one day to the next; overnight; **jmdn. von einem ~ auf den anderen vertrösten** put sb. off from day to day; **in den ~ hinein leben** live from day to day; **den ~ über** during the day; **c)** *(Ehren~, Gedenk~)* **~ der deutschen Einheit** *(Bundesrepublik Deutschland)* Day of German Unity; **~ der Republik** *(DDR veralt.)* Republic Day; **d)** *Pl. ([Lebens]zeit)* days; **sie hat schon bessere ~e gesehen** she has seen better days; **seine ~e sind gezählt** his days are numbered; **bis in unsere ~e** until our day; **auf meine/deine** *usw.* **alten ~e** in my/your *etc.* old age; **e)** *Pl. (ugs.: verhüll.: Menstruation)* period *sing.*; **wenn sie ihre ~e hat** when it's her time of the month

**tag-, Tag-: ~aktiv** *Adj. (Zool.)* diurnal; **~aus** *Adv.* **~aus, tagein** day in, day out; day after day; **~dienst der** day duty; **~dienst haben** be on day duty

**Tage-: ~bau der;** *Pl.* **~e** *(Bergbau)* **a)** *o. Pl. (Bergbau über Tage)* opencast mining *no art.*; **b)** *(Anlage)* opencast mine; **~blatt das a)** *(veralt.: Tageszeitung)* daily [news]paper; **b)** *(in Namen)* **das Offenburger ~blatt** the Offenburg Daily News; **~buch das** diary; **[über etw.** *(Akk.)***] ~buch führen** keep a diary [about sth.]; **~buch·auf·zeichnung die** diary entry; **~dieb der** *(abwertend)* idler; lazy-bones *sing.*; **~geld das a)** *(Verpflegungsbetrag)* daily [expense] allowance; **b)** *Pl. (Diäten)* daily [parliamentary] allowance *sing.*; **c)** *(Tagesvergütung)* daily compensation

**tag·ein** *Adv. s.* **tagaus**

**tage-, Tage-: ~lang 1.** *Adj.; nicht präd.* lasting for days *postpos.*; **das ~lange Warten** the days of waiting; **nach ~langem Regen** after days of rain; **2.** *adv.* for days [on end]; **~lohn der** daily *or* day's wage[s]; **im ~lohn arbeiten** be paid by the day; **~löhner** [~lø:nɐ] **der; ~s, ~:** day-labourer

**tagen** *itr. V.* **a)** *(konferieren)* meet; **das Gericht/Parlament tagt** the court/parliament is in session; **über etw.** *(Akk.)* **~:** confer about *or* meet to discuss sth.; **bis in den frühen Morgen hinein ~** *(fig.)* celebrate until the early hours; **b)** *(geh.: dämmern)* **es tagt** day is breaking *or* dawning

**Tage·reise die** day's journey; **nach Passau sind es zehn ~n** it's a ten-day journey to Passau

**Tages-: ~ab·lauf der** day; daily routine; **~an·bruch der** daybreak; dawn; **~arbeit die** day's work; **~aus·flug der** day's outing; **~aus·zug der** *(Bankw.)* daily statement of account transactions; **~bedarf der** daily requirement; **~befehl der** *(Milit.)* order of the day; **~creme die** *(Kosmetik)* day cream; **~decke die** bedspread; **~dessert das** dessert *or (Brit.)* sweet of the day; **~einnahme die** day's takings *pl.*; **~ereignis das** event of the day; **~fahrt die** day trip; day excursion; **~gespräch das** topic of the day; **~karte die a)** *(Gastron.)* menu of the day; **b)** *(Fahr-, Eintrittskarte)* day ticket; **~kasse die a)** box-office *(open during the day)*; **b)** *(~einnahme)* day's takings *pl.*; **~kilometer·zähler der** trip mileage recorder; **~kurs der** *(Börsenw.)* current rate of exchange; **~lauf der** daily routine; **~licht das;** *o. Pl.* daylight; **bei ~licht** in [the] daylight; **das ~licht scheuen** *(fig.)* shun the light of day; **etw. ans ~licht bringen** *od.* **ziehen** *(fig.)* bring sth. to light; **ans ~licht kommen** *(fig.)* come to light; **~losung die** day's password; **~marsch der a)** *(Fußmarsch)* day's hike; **b)** *(Strecke eines ~marsches)* day's march; **drei ~märsche entfernt** three days' march away; **~menü das** set menu of the day; **~mutter die;** *Pl.* **~mütter** child-minder; **~ordnung die** agenda; **einen Punkt auf die ~ordnung setzen/von der ~ordnung absetzen** place an item on the agenda/delete an item from the agenda; **an der ~ordnung sein** *(fig.)* be the order of the day; **zur ~ordnung übergehen** *(fig.)* proceed as if nothing had happened; **~ordnungs·punkt der** item on the agenda; **~politik die;** *o. Pl.* day-to-day politics *sing.*; **~preis der** *(Wirtsch.)* current price; **~presse die;** *o. Pl.* daily press; **~ration die** daily ration; **~raum der** day-room; **~satz der a)** *(Rechtsw.: Geldstrafe) unit, based on net daily income etc., used to calculate a fine;* **b)** *(Unterbringungskosten)* daily rate; **~suppe die** soup of the day; **~tour die** *s.* **~fahrt; ~wanderung die** day's hike; **~wanderungen** one-day hikes; **~zeit die** time of day; **um diese ~zeit** at this time; **jmdm. die ~zeit [ent]bieten** *(veralt.)* give sb. the time of day; **zu jeder ~- und Nachtzeit** at any time of the day or night; **~zeitung die** daily newspaper; daily

**Tagetes** [ta'ge:tɛs] **die; ~, ~:** tagetes

**tage·weise** *Adv.* on some days

**Tage·werk das;** *o. Pl. (veralt. geh.)* day's labour

**Tag·falter der** *(Zool.)* butterfly

**tag·hell 1.** *Adj.; nicht attr.* **a)** *(durch Tageslicht)* [day]light; **b)** *(wie am Tag)* bright as daylight *postpos.* **2.** *adv.* **etw. ist ~ erleuchtet** sth. is very brightly lit [up]

**-tägig** [-tɛ:gɪç] **a)** *(... Tage alt)* **ein sechstägiges Küken** a six-day-old chick; **b)** *(... Tage dauernd)* **nach dreitägiger Vorbereitung** after three days' preparation; **mit dreitägiger Verspätung** three days late

**täglich** ['tɛ:klɪç] **1.** *Adj.; nicht präd.* daily. **2.** *adv.* every day; **zweimal ~:** twice a day; **~ zwei Stunden** for two hours a day; **~ drei Tabletten einnehmen** take three tablets daily

**Tag·pfauen·auge das** *(Zool.)* peacock butterfly

**tags** *Adv.* **a)** by day; in the daytime; **b) ~ zuvor/davor** the day before; **~ darauf** the next *or* following day; the day after

**Tag·schicht die** day shift; **~ haben** be on [the] day shift; **in ~ arbeiten** work a day shift

**tags·über** *Adv.* during the day

**tag·täglich** *(intensivierend)* **1.** *Adj.* day-to-day; daily. **2.** *adv.* every single day

**Tag-: ~träumer der** day-dreamer; **~und·nacht·gleiche die; ~, ~n** equinox

**Tagung die; ~, ~en** conference

**Tagungs-: ~ort der;** *Pl.* **~orte** venue [for a/the conference]; **~teilnehmer der** participant in a/the conference

**Taifun** [tai'fu:n] **der; ~s, ~e** typhoon

**Taiga die; ~:** taiga

**Taille** ['taljə] **die; ~, ~n** waist; **in der ~:** at the waist

**Taillen·weite die** waist measurement

**Tailleur** [ta'jø:ɐ̯] **das; ~s, ~s** *(schweiz.)* tailored suit/coat *(fitted at the waist)*

**taillieren** [ta'ji:rən] *tr. V.* fit [at the waist]; **ein tailliertes Kostüm** a suit with the jacket fitted at the waist

**Taiwan** ['taivan] **(das); ~s** Taiwan

**Taiwaner der; ~s, ~, Taiwanerin die; ~, ~nen** Taiwanese

**Takelage** [takə'la:ʒə] **die; ~, ~n** *(Seew.)* masts and rigging

**takeln** ['ta:kl̩n] *tr. V. (Seemannsspr.)* rig

**Takelung die; ~, ~en** *(Seemannsspr.)* rig

**Takt** [takt] **der; ~[e]s, ~e a)** *(Musik)* time; *(Einheit)* bar; measure *(Amer.)*; **im ~ bleiben** stay in time; **den ~ [ein]halten** keep in time; **den ~ angeben/schlagen/wechseln** give the beat/beat time/change the time *or* beat; **aus dem ~ kommen** lose the beat; **sich nicht aus dem ~ bringen lassen** not lose the beat; **mit ihm muß ich mal ein paar ~e reden** *(fig. ugs.)* I need to have a serious talk with him; **b)** *o. Pl. (rhythmischer Bewegungsablauf)* rhythm; **im/gegen den ~:** in/out of rhythm; **im ~ bleiben** keep the rhythm; **aus dem ~ kommen** lose the rhythm; **c)** *o. Pl. (Feingefühl)* tact; **etw. aus ~ tun** do sth. out of tact[fulness]; **d)** *(Verslehre)* foot

**takt·fest** *(Musik)* **1.** *Adj.* **ein nicht ganz ~er Pianist** a pianist who has some difficulty keeping time; **~ sein** keep good time. **2.** *adv.* in time

**Takt·gefühl das;** *o. Pl.* sense of tact; **etw. mit großem ~ tun** do sth. with great delicacy

**taktieren** *itr. V.* proceed tactically; **vorsichtig/klug ~:** use caution/clever tactics

**Taktik** ['taktɪk] **die; ~, ~en: [eine] ~:** tactics *pl.*; **die ~ der verbrannten Erde** *(Milit.)* scorched-earth tactics

**Taktiker der; ~s, ~:** tactician

**taktisch 1.** *Adj.* tactical. **2.** *adv.* tactically; **~ klug vorgehen** use clever *or* good tactics

**takt·los 1.** *Adj.* tactless. **2.** *adv.* tactlessly

**Taktlosigkeit die; ~, ~en a)** *o. Pl. (taktlose Art)* tactlessness; **b)** *(taktlose Handlung)* piece of tactlessness; **derartige ~en** such tactlessness *sing.*

**Takt-: ~stock der** baton; **den ~stock schwingen** *(scherzh.)* wield the baton; **~strich der** *(Musik)* bar[-line]

**tạkt·voll 1.** *Adj.* tactful. **2.** *adv.* tactfully
**Tạkt·wechsel der** *(Musik)* change of time
**Tal** [ta:l] **das; ~[e]s, Täler** ['tɛ:lɐ] valley; **das Vieh zu ~ treiben** drive the cattle down into the valley
**tal·ạbwärts** *Adv.* down the valley
**Talar** [ta'la:ɐ̯] **der; ~s, ~e** robe
**tal·aufwärts** *Adv.* up the valley
**Tal·brücke die** bridge across a/the valley
**Tälchen** ['tɛ:lçən] **das; ~s, ~:** [little] valley
**Talent** [ta'lɛnt] **das; ~[e]s, ~e a)** *(Befähigung)* talent **(zu, für** for); **~ für Sprachen haben** have a gift for languages; **sie hat das ~, immer das richtige Wort zu finden** she has a gift for always finding the right word; **b)** *(Mensch)* talented person; **junge ~e fördern** promote young talent
**talentiert** [talɛn'ti:ɐ̯t] *Adj.* talented
**Talẹnt·suche die** search for talent; **zur ~ in die Provinz kommen** come in search of talent in the provinces
**Taler** ['ta:lɐ] **der; ~s, ~** *(hist.)* thaler
**Tal·fahrt die a)** *(Schiffahrt)* passage downstream; **b)** *(Fahrt abwärts)* drive down into the valley; *(mit dem Lift)* descent into the valley; *(mit Skiern)* skiing down into the valley; *(fig.)* fall; plunge; **die Wirtschaft befindet sich auf einer ~** *(fig.)* the economy is on the decline
**Talg** [talk] **der; ~[e]s, ~e a)** *(Speisefett)* suet; *(zur Herstellung von Seife, Kerzen usw.)* tallow; **b)** *(Haut~)* sebum
**Tạlg-: ~drüse die** sebaceous gland; **~licht das;** *Pl.* **~er** tallow candle
**Talisman** ['ta:lɪsman] **der; ~s, ~e** talisman
**Talk** [talk] **der; ~[e]s** talc
**Talk-Show** ['tɔ:kʃoʊ] **die** *(Ferns.)* talk show; chat show
**Talmi** ['talmi] **das; ~s a)** *(wertloser Schmuck)* imitation *or* cheap jewellery; *(fig.)* tinsel; **b)** *(vergoldete Legierung)* pinchbeck
**Tạlmi·glanz der** glitter
**Talmud** ['talmu:t] **der; ~[e]s, ~e** Talmud
**Tạlschaft die; ~, ~en** *(schweiz., westösterr.)* valley people *pl. or* inhabitants *pl.*
**Tal-: ~sohle die** valley floor *or* bottom; *(fig.)* depression; **die Wirtschaft befindet sich auf** *od.* **in einer ~sohle** the economy is going through a depression; **~sperre die** dam *(with associated reservoir and powerstation);* **~station die** valley station
**Tamarinde** [tama'rɪndə] **die; ~, ~n** tamarind
**Tamariske** [tama'rɪskə] **die; ~, ~n** tamarisk
**Tambour** ['tambu:ɐ̯] **der; ~s, ~e** *od.* *(schweiz.)* **~en** *(veralt.)* drummer
**Tambour·major der** drum major
**Tamburin** [tambu'ri:n] **das; ~s, ~e** tambourine
**Tampon** ['tampɔn] **der; ~s, ~s a)** *(Med.: Wattebausch)* tampon; plug; **b)** *(Menstruations~)* tampon
**tamponieren** *tr. V. (Med.)* plug
**Tamtam** [tam'tam] **das; ~s, ~s a)** *(Musikinstrument)* tam-tam; **b)** *o. Pl. (ugs. abwertend: großer Aufwand)* **[großes] ~:** [a big] fuss; **~ machen** make a fuss
**Tand** [tant] **der; ~[e]s** trumpery
**Tändelei die; ~, ~en a)** *(Spielerei)* dalliance; **b)** *(Liebelei)* flirtation
**tändeln** ['tɛndl̩n] *itr. V.* **a)** *(spielen)* dally; **b)** *(schäkern)* flirt
**Tandem** ['tandɛm] **das; ~s, ~s** tandem; *(fig.)* pair; **als ~ arbeiten** work in tandem
**Tang** [taŋ] **der; ~[e]s, ~e** seaweed
**Tanga** ['taŋga] **der; ~s, ~s** tanga
**Tangens** ['taŋgɛns] **der; ~, ~** *(Math.)* tangent
**Tangente** [taŋ'gɛntə] **die; ~, ~n a)** *(Math.)* tangent; **b)** *(Straße)* ring road; bypass
**tangential** [taŋgɛn'tsi̯a:l] *(Math.)* **1.** *Adj.* tangential. **2.** *adv.* tangentially
**Tanger** ['taŋɐ] **(das); ~s** Tangier
**tangieren** [taŋ'gi:rən] *tr. V.* **a)** affect; **b)** *(Math.)* be tangent to

**Tango** ['taŋgo] **der; ~s, ~s** tango
**Tank** [taŋk] **der; ~s, ~s,** *(seltener)* **~e** tank
**tạnken** *tr., itr. V.* fill up; **Benzin/Öl ~:** fill up with petrol *(Brit.) or (Amer.)* gasoline/oil; **er tankte dreißig Liter [Super]** he put in thirty litres [of four-star]; **hast du schon getankt?** have you already put petrol *(Brit.) or (Amer.)* gasoline in?; **frische Luft/Sonne ~** *(fig.)* get one's fill of fresh air/sun; **er hat aber reichlich getankt** *(fig. salopp)* he really got tanked up *(sl.)*
**Tạnker der; ~s, ~:** tanker
**Tạnker·flotte die** fleet of tankers
**Tạnk-: ~fahr·zeug das** tanker; **~füllung die a)** *(das Füllen)* filling of the tank; **b) eine ~füllung reicht für ...:** one full tank is enough for ...; **~lager das** tank farm; **~säule die** petrol-pump *(Brit.);* gasoline pump *(Amer.);* **~stelle die** petrol station *(Brit.);* gas station *(Amer.);* **freie ~stelle** unbranded petrol/gas station; **~wagen der** tanker; **~wart** [~vart] **der; ~s, ~e** petrol-pump attendant *(Brit.)*
**Tann** [tan] **der; ~[e]s, ~e** *(dichter.)* [pine] forest
**Tanne** ['tanə] **die; ~, ~n a)** fir[-tree]; **schlank wie eine ~:** slender as a reed; **b)** *(Holz)* fir
**Tạnnen-: ~baum der a)** *(ugs.: Tanne a)* firtree; **b)** *(Weihnachtsbaum)* Christmas tree; **~grün das;** *o. Pl.* fir sprigs *pl.;* **~holz das** fir; **~nadel die** fir-needle; **~wald der** fir forest; **~zapfen der** fir-cone; **~zweig der** fir branch
**Tansania** [tan'za:ni̯a] **(das); ~s** Tanzania
**Tansanier** [tan'za:ni̯ɐ] **der; ~s, ~, Tansanierin die; ~, ~nen** Tanzanian
**Tantalus·qualen** ['tantalʊs-] *Pl.* **~ leiden** suffer agonizing frustration *sing.*
**Tạntchen das; ~s, ~:** auntie *(coll.)*
**Tante** ['tantə] **die; ~, ~n a)** aunt; **b)** *(Kinderspr.: Frau)* lady; **c)** *(ugs.: Frau)* woman
**Tante-Ẹmma-Laden der** [small] corner shop
**tạntenhaft 1.** *Adj.* old-maidish; *(belehrend)* nannyish. **2.** *adv.* like an old maid; *(belehrend)* nannyishly
**Tantieme** [tã'ti̯e:mə] **die; ~, ~n a)** *(Gewinnbeteiligung)* percentage of the profits; **b)** *(von Künstlern)* royalty
**Tanz** [tants] **der; ~es, Tänze** ['tɛntsə] **a)** dance; **jmdn. zum ~ auffordern** ask sb. to dance *or* for a dance; **ein ~ auf dem Vulkan** *(fig.)* sitting on a powder-keg; **der ~ ums Goldene Kalb** *(fig.)* worship of the golden calf; **b)** *o. Pl. (~veranstaltung)* dance; **heute Abend ist ~:** there is dancing this evening; **zum ~ gehen** go dancing; **ein ~ in den Mai/Frühling** a dance to mark the beginning of May/Spring; **c)** *(Zank, Auftritt)* song and dance *(fig. coll.)*
**Tạnz-: ~abend der** evening dance; **~bar die** night-spot *(coll.)* with dancing; **~bär der** dancing bear; **~bein das** *in* **das ~bein schwingen** *(ugs. scherzh.)* shake a leg *(coll.);* **~boden der** dance-floor; **~café das** coffee-house with dancing
**Tänzchen** ['tɛntsçən] **das; ~s, ~:** [little] dance; **ein ~ wagen** take a turn around the floor
**Tạnz·diele die** *(veralt.)* dance-hall
**tänzeln** ['tɛntsl̩n] *itr. V.* **a)** prance; **jmdm. mit ~den Schritten entgegenkommen** skip towards sb.; **b)** *mit sein* **sie tänzelte ins Zimmer** she skipped into the room
**tạnzen 1.** *itr. V.* **a)** dance; **~ gehen** go dancing; **auf dem Seil ~:** walk the tightrope; **das Schiff tanzt auf den Wellen** the ship is bobbing up and down on the waves; **sich heiß/müde ~:** dance until one is hot/tired; **b)** *mit sein (sich ~d fortbewegen)* dance; skip. **2.** *tr. V.* **Walzer/Tango ~:** dance a waltz/tango; waltz/tango
**Tänzer** ['tɛntsɐ] **der; ~s, ~ a)** dancer; **b)** *(Tanzpartner)* dancing-partner; **c)** *(Ballettänzer)* ballet-dancer

**Tanzerei die; ~, ~en a)** *(ugs.)* [small] dancing-party; **b)** *(oft abwertend: dauerndes Tanzen)* [continual] dancing *no pl.*
**Tänzerin die; ~, ~nen** *s.* **Tänzer**
**tänzerisch 1.** *Adj.* dance-like ⟨*movement, rhythm, step*⟩; **~e Begabung** talent for dancing. **2.** *adv.* **~ begabt sein** have a talent for dancing; **~ ausgebildet sein** be trained as a dancer; **eine ~ hervorragende Leistung** an outstanding achievement in dance
**Tạnz-: ~fläche die** dance-floor; **~gruppe die** dance group; **~kapelle die** dance band; **~kurs der** dancing-class; **~lehrer der** dancing-teacher; **~lokal das** café/restaurant with dancing; **~musik die** dance music; **~orchester das** dance band; **~partner der** dancing-partner; **~platte die** record of dance music; **~platz der** [open-air] dance-floor; **~saal der** dancehall; *(in hotel, castle, etc.)* ballroom; **~schritt der** dance-step; **~schuh der** dance- *or* dancing-shoe; **~schule die** dancing-school; school of dancing; **~sport der** ballroom *or* competition dancing *no art.;* **~stunde die a)** *(~kurs)* dancing-class; **~stunde nehmen, in die ~stunde gehen** take dancing lessons; go to dancing-class; **b)** *(einzelne Stunde)* dancing lesson; **~tee der** tea dance; thé dansant; **~turnier das** dancing competition; **~veranstaltung die** dance; **~vergnügen das** dance
**Taoismus** [tao'ɪsmʊs] **der; ~:** Taoism *no art.*
**Tapẹt das** *in* **aufs ~ kommen** *(ugs.)* be brought up; come up [for discussion]; **etw. aufs ~ bringen** *(ugs.)* bring sth. up; broach sth.
**Tapete** [ta'pe:tə] **die; ~, ~n** wallpaper; **die ~n wechseln** *(ugs.)* have a change of scene
**Tapẹten-: ~rolle die** roll of wallpaper; **~tür die** concealed door; **~wechsel der** *(ugs.)* change of scene
**tapezieren** [tape'tsi:rən] *tr. V.* [wall]paper
**Tapezierer der; ~s, ~:** paper-hanger
**Tapezier-: ~nagel der** tack; **~tisch der** pasteboard; paper-hanger's bench
**tapfer** ['tapfɐ] **1.** *Adj.* brave; courageous; brave ⟨*child*⟩; **~en Widerstand leisten** resist bravely. **2.** *adv.* **a)** bravely; courageously; *(von Kindern)* bravely; **sich ~ halten** be brave; **b)** *(kräftig)* ⟨*eat, drink*⟩ heartily; **~ zulangen** have *or* take a big helping
**Tạpferkeit die; ~:** courage; bravery
**Tapioka** [ta'pi̯o:ka] **die; ~:** tapioca
**Tapir** ['ta:pi:ɐ̯] **der; ~s, ~e** *(Zool.)* tapir
**Tapisserie** [tapɪsə'ri:] **die; ~, ~n** tapestry
**tapp** [tap] *Interj.* patter; **~, ~!** pitter patter!
**tạppen** *itr. V.* **a)** *mit sein* patter; **in eine Falle ~** *(fig.)* stumble into a trap; **b)** *(tastend greifen)* grope **(nach** for)
**täppisch** ['tɛpɪʃ] **1.** *Adj.* awkward; clumsy. **2.** *adv.* awkwardly; clumsily
**Taps** [taps] **der; ~es, ~e** *(ugs. abwertend)* clumsy oaf
**tạpsig** *(ugs.)* **1.** *Adj.* awkward; clumsy. **2.** *adv.* awkwardly; clumsily
**Tarantel** [ta'rantl̩] **die; ~, ~n** *(Zool.)* tarantula; **er sprang wie von der ~ gestochen auf** he jumped up as if something had bitten him
**Tarantella** [taran'tɛla] **die; ~, ~s** *od.* **Tarantẹllen** *(Musik)* tarantella
**Tarif** [ta'ri:f] **der; ~s, ~e a)** *(Preis, Gebühr)* charge; *(Post~, Wasser~)* rate; *(Verkehrs~)* fares *pl.;* *(Zoll~)* tariff; **b)** *(~verzeichnis)* list of charges/rates/fares; tariff; **der Fahrpreis beträgt laut ~ 1,20 DM** the fare is fixed at DM 1.20; **c)** *(Lohn~)* [wage] rate; *(Gehalts~)* [salary] scale; **weit über/unter ~ verdienen** earn well above/far below the agreed rate
**Tarịf-: ~autonomie die** free collective bargaining *no art.;* **~gruppe die** *(Lohngruppe)* wage group; *(Gehaltsgruppe)* salary

group; **~kommission die** wages commission

**tariflich 1.** *Adj.; nicht präd.* wage ‹*demand, dispute, etc.*›. **2.** *adv.* **Löhne und Gehälter sind ~ festgelegt** there are fixed rates for wages and salaries; **die Arbeitszeit ist ~ geregelt** the number of working hours is fixed [by collective agreement]

**tarif-, Tarif-: ~lohn der** wage under the collective agreement; **~los** *Adj.* **es herrscht ein ~loser Zustand** no wage agreement is in force; **~partner der: die ~partner** union and management; employers and employees; **wegen der Unnachgiebigkeit des ~partners** because of the inflexibility of management/the union; **~verhandlung die** pay negotiations *pl.*; **~vertrag der** pay agreement

**tarnen** ['tarnən] **1.** *tr., itr. V.* camouflage; **seine Aufregung ~** *(fig.)* disguise one's excitement. **2.** *refl. V.* camouflage oneself; *(fig.)* disguise oneself

**Tạrn-: ~farbe die** camouflage [colour]; **etw. mit ~farbe bemalen** paint sth. with camouflage paint; **~kappe die** *(Myth.)* magic hat *(making the wearer invisible)*

**Tạrnung die; ~, ~en** *(auch fig.)* camouflage; **zur ~ dienen** serve as camouflage

**Tarock** [ta'rɔk] **das** *(österr. nur so)* *od.* **der** taroc

**Tartan·bahn** ['tartan-] **die** Tartan track **(P)**

**Täschchen** ['tɛʃçən] **das; ~s, ~:** *s.* **Tasche:** [little] bag/pocket

**Tasche** ['taʃə] **die; ~, ~n a)** bag; **b)** *(in Kleidung, Koffer, Rucksack usw.)* pocket; **c)** *(fig.)* **jmdm. die ~n leeren** *(ugs.)* fleece sb.; **sich** *(Dat.)* **die eigenen ~n füllen** *(ugs.)* line one's own pockets *or* purse; **jmdm. auf der ~ liegen** *(ugs.)* live off sb.; **etw. aus eigener** *od.* **der eigenen ~ bezahlen** pay for sth. out of one's own pocket; **jmdm. etw. aus der ~ ziehen** *(ugs.)* wangle money out of sb. *(coll.)*; **[für etw.] tief in die ~ greifen [müssen]** *(ugs.)* [have to] dig deep in *or* into one's pocket [for sth.]; **etw. in die eigene ~ stecken** *(ugs.)* pocket sth.; put sth. in one's own pocket; **in die eigene ~ arbeiten** *od.* **wirtschaften** *(ugs.)* line one's own pocket[s]; **jmdn. in die ~ stecken** *(ugs.)* put sb. in the shade; **sich** *(Dat.)* **in die eigene ~ lügen** *(ugs.)* fool oneself; **etw. in der ~ haben** *(ugs.)* have sth. in one's pocket

**Tạschen-: ~buch das** paperback; **~buch·ausgabe die** paperback edition; **~dieb der** pickpocket; **~fahr·plan der** pocket timetable; **~format das** pocket size; **ein Wörterbuch im ~format** a pocket-size dictionary; **~geld das** pocket-money; **~kalender der** pocket calendar; **~krebs der** edible crab; **~lampe die** [pocket] torch *(Brit.) or (Amer.)* flashlight; **~messer das** pocket-knife; penknife; **~rechner der** pocket calculator; **~schirm der** telescopic umbrella; **~spiegel der** pocket mirror; **~spieler der** *(veralt.)* conjurer; **~spieler·trick der** *(abwertend)* trick; **~tuch das;** *Pl.* **~tücher** handkerchief; **~uhr die** pocket-watch; **~wörter·buch das** pocket dictionary

**Täßchen** ['tɛsçən] **das; ~s, ~:** [small] cup

**Tasse** ['tasə] **die; ~, ~n a)** cup; **eine ~ Tee** a cup of tea; **trübe ~** *(ugs. abwertend)* drip *(coll.)*; **komm, du trübe ~!** come on, don't be such a drip *(coll.)*; **b)** *(~ mit Untertasse)* cup and saucer; **nicht alle ~n im Schrank haben** *(ugs.)* not be right in the head *(coll.)*

**Tastatur** [tasta'tu:ɐ̯] **die; ~, ~en** keyboard

**Taste** ['tastə] **die; ~, ~n a)** *(eines Musikinstruments, einer Schreibmaschine)* key; **[mächtig] in die ~n greifen** start to play with great gusto; **b)** *(Fuß~)* pedal [key]; **c)** *(am Telefon, Radio, Fernsehgerät, Taschenrechner usw.)* button

**Tạst·empfindung die** sense of touch

**tạsten 1.** *itr. V. (fühlend suchen)* grope, feel (**nach** for); **~de Versuche/Fragen** *(fig.)* tentative attempts/questions. **2.** *refl. V. (sich tastend bewegen)* grope *or* feel one's way. **3.** *tr. V.* **a)** *(über eine Tastatur eingeben)* key in; **b)** *(tastend feststellen)* feel

**Tạsten-: ~druck der;** *o. Pl.* touch of a/the button; **auf ~druck** at the touch of a/the button; **~instrument das** keyboard instrument; **~telefon das** push-button telephone

**Tạster der; ~s, ~ a)** *(Technik: Maschine)* keyboard; **b)** *(Fachspr.: Mensch)* keyboard operator; **c)** *(Druck~)* button

**Tạst·sinn der;** *o. Pl.* sense of touch

**tat** [ta:t] *1. u. 3. Pers. Sg. Prät. v.* **tun**

**Tat die; ~, ~en a)** *(Handlung)* act; *(das Tun)* action; **ein Mann der ~:** a man of action; **jmdm. mit Wort und ~ beistehen** stand by sb. in word and deed; **etw. durch ~en beweisen** prove sth. by one's actions; **zur ~ schreiten** proceed to action; **die gute Absicht/den guten Willen für die ~ nehmen** take the will for the deed; **jmdn. auf frischer ~ ertappen** catch sb. red-handed *or* in the act; **etw. in die ~ umsetzen** put sth. into action *or* effect; **das ist die ~ eines Wahnsinnigen** that is the action of a madman; **eine verbrecherische ~:** a crime; a criminal act; **eine gute ~ vollbringen** do a good deed; **ein Buch über Leben und ~en des ...:** a book on the life and exploits of ...; **zu seiner ~ stehen** stand by one's action; **b) in der ~** *(verstärkend)* actually; *(zustimmend)* indeed

**[1]Tatar** [ta'ta:ɐ̯] **der; ~en, ~en** Tartar

**[2]Tatar das; ~[s], Tatar·beefsteak das** steak tartare

**tatarisch** *Adj.* Tartar

**tatauieren** [tatau'i:rən] *(Völkerk.)* *s.* **tätowieren**

**Tat-: ~bestand der a)** facts *pl.* [of the matter *or* case]; **einen ~bestand feststellen** establish the facts [of a matter *or* case]; **b)** *(Rechtsw.)* elements *pl.* of an offence; **der ~bestand der vorsätzlichen Tötung** the offence of premeditated murder; **~einheit die;** *o. Pl. (Rechtsw.)* concomitance of offences; **Mord in ~einheit mit Raub** murder [in concomitance] with robbery

**taten-, Tạten-: ~drang der** desire *or* thirst for action; **trotz seines hohen Alters war er noch voller ~drang** in spite of his old age he was still full of energy; **~durst der** *(geh.)* thirst for action; **er brennt vor ~durst** he is thirsting for action; **~durstig** *Adj.* *(geh.)* thirsty *or* eager for action *postpos.*; **~los 1.** *Adj.* idle; **2.** *adv.* idly; **einer Sache** *(Dat.)* **~los zusehen** watch sth. without taking any action

**Täter** ['tɛ:tɐ] **der; ~s, ~:** culprit; **wer ist der ~?** who did it?; **der ~ hat sich der Polizei gestellt** the person who committed the crime gave himself/herself up to the police; **nach dem ~ fahnden** search *or* look for the person responsible [for the crime]; **die Polizei hat die ~ noch nicht gefunden** the police have not yet found those responsible [for the crime]

**Täterin die; ~, ~nen** *s.* **Täter**

**Täter·kreis der** group of people involved in a/the crime; *(bei mehreren Verbrechen)* group of offenders

**Täterschaft die; ~ a) seine ~ ist erwiesen** his responsibility for the crime has been proved; **b)** *(schweiz.: Täter)* culprit/culprits

**Tat-: ~form die** *(Sprachw.)* *s.* **[1]Aktiv;** **~her·gang der** [course *sing.* of] events *pl.*

**tätig** ['tɛ:tɪç] *Adj.* **a) ~ sein** work; **der in unserer Firma ~e Ingenieur** the engineer who works for our firm; **~ werden** *(bes. Amtsspr.)* take action; **~e Reue** *(Rechtsw.)* *remorse for one's crime, accompanied by action to avert its effects;* **b)** *(rührig, aktiv)* active; **~e Nächstenliebe** charity [to one's neighbour]; brotherly love; **ein ~er Vulkan** an active vulcano

**tätigen** ['tɛ:tɪgn̩] *tr. V. (Kaufmannsspr., Papierdt.)* transact ‹*business, deal, etc.*›; **Einkäufe ~:** effect purchases; **Anrufe ~:** put through [telephone] calls

**Tätigkeit die; ~, ~en a)** activity; *(Arbeit)* job; **eine fieberhafte ~:** a frenzy of activity; **das gehört zu den ~en einer Hausfrau** that is part of a housewife's work *sing.*; **eine ~ ausüben** do work; do a job; **seine ~ aufnehmen** start work; **nach zweijähriger ~:** after two years' work; **b)** *o. Pl. (das In-Betrieb-Sein)* operation; **in ~ treten** come into operation

**Tätigkeits-: ~bereich der** sphere *or* field of activity; **~bericht der** progress report; **~form die** *(Sprachw.)* *s.* **[1]Aktiv;** **~merkmal das** key activity; **~wort das** *(Sprachw.)* *s.* **Verb**

**Tat·kraft die** energy; drive

**tat·kräftig 1.** *Adj.* energetic, active ‹*person*›; active ‹*help, support*›. **2.** *adv.* energetically; actively

**tätlich** ['tɛ:tlɪç] **1.** *Adj.* physical ‹*clash, attack, resistance, etc.*›; **gegen jmdn. ~ werden** become violent towards sb. **2.** *adv.* physically; **jmdn. ~ angreifen** attack sb. physically; assault sb.

**Tätlichkeit die; ~, ~en** act of violence; **es kam zu ~en** violence occurred

**Tat-: ~mensch der** man/woman of action; **~motiv das** motive [for a/the crime]; **~ort der;** *Pl.* **~e** scene of a/the crime

**tätowieren** [tɛto'vi:rən] *tr. V.* tattoo; **sich** *(Dat.)* **etw. ~ lassen** have oneself tattooed with sth.

**Tätowierung die; ~, ~en a)** tattoo; **b)** *(das Tätowieren)* tattooing

**Tat·sache die** fact; **es ist [eine] ~, daß ...:** it's a fact that ...; **~!** *(ugs.)* it's true; it's a fact; **~?** *(ugs.)* really?; is that true?; **den ~n entsprechen** be true; **nackte ~n** hard facts; *(scherzh.)* naked bodies; **den ~n ins Auge sehen** face facts; **vollendete ~n schaffen** create a fait accompli; **jmdn. vor die vollendete ~** *od.* **vollendete ~n stellen** present sb. with a fait accompli; *s. auch* **Vorspiegelung**

**Tatsachen-: ~bericht der** factual report; **~material das** facts *pl.*

**tatsächlich** ['ta:tzɛçlɪç] **1.** *Adj.* actual; real; **der ~e Grund** the real reason. **2.** *adv.* actually; really; **ist das ~ wahr?** is that really true?; **~?** really?; **ich habe mich ~ geirrt** I was indeed mistaken; **Er hat es geschafft. – Tatsächlich!** He made it. – So he did!

**tätscheln** ['tɛtʃl̩n] *tr. V.* pat

**tatschen** ['tatʃn̩] *itr. V. (ugs. abwertend)* **an/auf etw.** *(Akk.)* **~:** paw sth.

**Tattergreis** ['tatɐ-] **der** *(ugs. abwertend)* doddery old man

**Tatterich** ['tatərɪç] **der; ~s** *(ugs.)* **einen ~ kriegen** get shaking hands; **er hat einen ~:** his hands are shaking

**tạtterig, tạttrig** *Adj. (ugs.)* shaky ‹*hands, movements, etc.*›; doddery ‹*person*›

**tatütata** [ta'ty:ta'ta:] *Interj.* pah-paw-pah-paw; **mit „Tatütata" und Blaulicht** with siren wailing and blue light flashing

**tat·verdächtig** *Adj.* suspected; **[dringend] ~ sein** be under [strong] suspicion

**Tat·waffe die** weapon [used in the crime]

**Tatze** ['tatsə] **die; ~, ~n** *(auch fig. ugs.)* paw

**Tat·zeit die: [zur] ~:** [at the] time of the crime

**[1]Tau** [tau] **der; ~[e]s** dew; **vor ~ und Tag** *(dichter.)* before dawn of day

**[2]Tau das; ~[e]s, ~e** *(Seil)* rope

**taub** [taup] *Adj.* **a)** deaf; **~ werden** go deaf; **er war ~ gegen** *od.* **für alle Bitten** *(fig.)* he was deaf to all requests; **auf diesem Ohr ist er ~** *(ugs. scherzh.)* he's deaf to that sort of thing; **b)** *(wie abgestorben)* numb; **c)** *(leer, unbefruchtet usw.)* empty ‹*nut*›; unfruitful ‹*ear of corn*›; unfertilized ‹*bird's egg*›; dead ‹*rock*›

**taub·blind** *Adj.* deaf and blind

**Täubchen** ['tɔypçən] **das; ~s, ~:** [little] pigeon; *(Turtel~)* [little] dove; **mein ~** *(fig.)* my little dove

**¹Taube die; ~, ~n** pigeon; *(Turtel~; auch Politik fig.)* dove

**²Taube der/die;** *adj. Dekl.* deaf person; deaf man/woman; **die ~n** the deaf

**tauben·blau** *Adj.* greyish-blue

**Tauben·ei das** pigeon['s] egg

**taubenei·groß** *Adj.* as big as *or* the size of a golf ball *postpos.*; **~e Stücke** pieces as big as *or* the size of golf balls

**Tauben·schlag der** pigeon-loft; *(für Turteltauben)* dovecot; **hier geht es zu wie in einem** *od.* **im ~** *(ugs.)* it's like Piccadilly Circus here *(Brit. coll.)*; it's like being in the middle of Times Square *(Amer.)*

**Tauber der; ~s, ~, Täuberich** ['tɔybərɪç] **der; ~s, ~e** cock pigeon

**Taubheit die; ~:** deafness

**taub-, Taub-: ~nessel die** dead nettle; **~stumm** *Adj.* deaf and dumb; **~stumme der/die;** *adj. Dekl.* deaf mute; **~stummen·sprache die** deaf-and-dumb language

**tauchen 1.** *itr. V.* **a)** *auch mit sein* dive **(nach** for); **früher habe ich viel getaucht** I used to do a lot of skin-diving *or* underwater swimming; **er kann zwei Minuten [lang] ~:** he can stay under water for two minutes; **er ist 3 Meter tief getaucht** he dived down three metres; **die Sonne tauchte unter den Horizont** *(fig.)* the sun disappeared *or* sank below the horizon; **b)** *mit sein (ein~)* dive; *(auf~)* rise; emerge; **er tauchte ins Dunkel des Gartens** *(fig.)* he plunged into the darkness of the garden. **2.** *tr. V.* **a)** *(ein~)* dip; **der Raum war in Licht getaucht** *(geh.)* the room was bathed in light; **die Landschaft war in Dunkelheit getaucht** *(geh.)* the countryside was shrouded in darkness; **b)** *(unter~)* duck

**Tauch·ente die** scaup [duck]

**Taucher der; ~s, ~:** diver; *(mit Flossen und Atemgerät)* skin-diver

**Taucher-: ~an·zug der** diving-suit; **~aus·rüstung die** diving equipment; **~brille die** diving-goggles *pl.*; **~glocke die** diving-bell

**Taucherin die; ~, ~nen** *s.* **Taucher**

**Tauch-: ~gerät das** diving equipment *no pl., no indef. art.*; **~maske die** diving-mask; **~sieder der; ~s, ~:** portable immersion heater; **~sport der** skin-diving *no art.*; **~station die: auf ~station gehen** *(auf dem U-Boot)* go to one's diving station; *(fig. ugs.)* go to ground; **~tiefe die** diving depth

**tauen 1.** *itr. V.* **a)** *(unpers.)* **es taut** it's thawing; **b)** *mit sein (schmelzen)* melt. **2.** *tr. V.* melt; thaw

**Tauf·becken das** font

**Taufe die; ~, ~n a)** *o. Pl. (christl. Rel.: Sakrament)* baptism; **b)** *(christl. Rel.: Zeremonie)* christening; baptism; **jmdn. über die ~ halten** *od. (veralt.)* **aus der ~ heben** be [a] godparent to sb.; **etw. aus der ~ heben** *(fig. ugs.)* launch sth.

**taufen** *tr. V.* **a)** *(die Taufe vollziehen an)* baptize; **katholisch getauft sein** be baptized a Catholic; **b)** *(einen Namen geben)* christen ⟨*child, ship, animal, etc.*⟩; **ein Kind auf den Namen Peter ~:** christen a child Peter; **er wurde nach seinem Großvater [Hermann] getauft** he was named [Hermann] after *or (Amer.)* for his grandfather

**Tauf-: ~kapelle die** baptistery; **~kleid das** christening robe *or* gown

**Täufling** ['tɔyflɪŋ] **der; ~s, ~e** child to be baptized; *(Erwachsener)* person to be baptized

**Tauf-: ~name der** Christian name; **~pate der** godparent; *(männlicher ~pate)* godfather; **~patin die** godmother; **~register das** register of baptisms; baptismal register

**tau·frisch a)** *(feucht vom Tau)* dew-covered; dewy; **b)** *(ganz frisch)* fresh; **sie ist auch nicht mehr ganz ~** *(fig.)* she's not exactly a spring chicken any more

**Tauf-: ~schein der** certificate of baptism; baptismal certificate; **~stein der** font

**taugen** ['taugn̩] *itr. V.* **nichts/wenig** *od.* **nicht viel/etwas ~:** be no/not much/some good *or* use; **zu** *od.* **für etw. ~** ⟨*person*⟩ be suited to sth.; ⟨*thing*⟩ be suitable for sth.; **zu einem** *od.* **zum Lehrer ~** ⟨*person*⟩ make a good teacher; **dazu ~, etw. zu tun** be good at doing sth.; **nicht wissen, was etw. wirklich taugt** not know how useful sth. really is

**Taugenichts der; ~[es], ~e** *(veralt. abwertend)* good-for-nothing

**tauglich** *Adj.* **a)** *(geeignet, brauchbar)* **[nicht] ~:** [un]suitable; **der Arzt hat ihn für ~ erklärt, ein Auto zu führen** the doctor has pronounced him fit to drive a car; **b)** *(für Militärdienst)* fit [for service]

**Taumel der; ~s a)** *(Schwindel, Benommenheit)* [feeling of] dizziness *or* giddiness; **ein ~ überkam ihn** he was overcome by a feeling of dizziness *or* giddiness; **b)** *(Begeisterung, Rausch)* frenzy; fever; **ein ~ der Begeisterung/Leidenschaft** a fever of excitement/passion; **ein ~ des Entzückens/Glücks** a transport of delight/happiness

**taumelig 1.** *Adj.* dizzy; giddy; **ihm war/wurde ~ vor Glück** he was transported with happiness/went into transports of happiness. **2.** *adv.* **~ gehen** reel *or* stagger

**taumeln** ['tauml̩n] *itr. V.* **a)** *auch mit sein (wanken)* reel, sway **(vor +** *Dat.* with); **das Flugzeug begann zu ~:** the aircraft began to roll; **b)** *mit sein (sich ~d bewegen)* stagger; **in den Abgrund/ins Unglück ~:** tumble into the abyss/plunge into disaster

**tau·naß** *Adj.* wet with dew *postpos.*

**Tau·punkt der** *(Physik)* dew-point

**Tausch der; ~[e]s, ~e** exchange; **ein guter/schlechter ~:** a good/bad deal; **im ~ gegen** *od.* **für etw.** in exchange for sth.; **etw. durch ~ erwerben** acquire sth. through an exchange; **etw. zum ~ anbieten** offer to exchange sth. for sth.; **etw. im ~ erhalten** receive sth. in exchange

**tauschen 1.** *tr. V.* exchange **(gegen** for); **Briefmarken/Münzen ~:** exchange *or* swap stamps/coins; **sie tauschten die Partner/Pferde/Plätze** they changed *or* swapped partners/horses/places; **wollen wir ~:** shall we swap *(coll.)*; **Küsse ~** *(geh.)* kiss; **einen Händedruck ~:** shake hands. **2.** *itr. V.* **mit den Rollen/Plätzen/Partnern ~:** change *or* swap roles/places/partners; **mit jmdm. ~** *(fig.)* change *or* swap places with sb.

**täuschen** ['tɔyʃn̩] **1.** *tr. V.* deceive; **ich sah mich in meinen Erwartungen getäuscht** I was disappointed in my expectations; **der Schüler versuchte zu ~:** the pupil tried to cheat; **der Schein täuscht uns oft** appearances are often deceiving; **wenn mich nicht alles täuscht** unless I'm completely mistaken. **2.** *itr. V.* **a)** *(irreführen)* be deceptive; **b)** *(bes. Sport: ablenken)* make a feint. **3.** *refl. V.* be wrong *or* mistaken **(in +** *Dat.* about); **ich habe mich in ihm getäuscht** I was wrong about him; he disappointed me; **da täuschst du dich aber [gewaltig]** but that's where you're [very much] mistaken

**täuschend 1.** *Adj.* remarkable, striking ⟨*similarity, imitation*⟩. **2.** *adv.* remarkably; **jmdm. ~ ähnlich sehen** look remarkably like sb.

**Täuscher der; ~s, ~:** swindler

**Tausch-: ~geschäft das** exchange [deal]; **ein gutes ~geschäft machen** make a good deal in an/the exchange; **~gesellschaft die** *(Soziol.)* barter society; **~handel der a)** bartering; **~handel treiben** barter; **b)** *(Wirtsch.)* trade by barter; **~objekt das** object of barter[ing]

**Täuschung die; ~, ~en a)** *(das Täuschen)* deception; **auf eine ~ hereinfallen** be deceived; **b)** *(Selbst~)* delusion; illusion; **einer ~ unterliegen** be under an illusion; **er gibt sich der ~ hin, daß ...:** he mistakenly believes that ...; **optische ~:** optical illusion

**Täuschungs-: ~absicht die** intent to deceive; **~manöver das** ploy

**tausend** ['tauznt] *Kardinalz.* **a)** a *or* one thousand; **einige/mehrere ~ Zuschauer** a few/several thousand spectators; **~ und aber ~ Ameisen** thousands and thousands of ants; *s. auch* **acht; b)** *(ugs.: sehr viele)* thousands of; **noch ~ Sachen zu erledigen haben** still have thousands of *or* a thousand things to do; **~ Dank/Küsse** a thousand thanks/kisses

**¹Tausend das; ~s, ~e** *od.* **~ a)** *nicht in Verbindung mit Kardinalzahlen; Pl.: ~ (Einheit von tausend Stück)* thousand; **ein volles/halbes ~:** a full/half a thousand; a thousand/five hundred; **vom ~:** per thousand; **b)** *Pl. (eine unbestimmte große Zahl)* thousands; **~e Zuschauer** thousands of spectators; **die Kosten gehen in die ~e** *(ugs.)* the costs run into thousands; **die Tiere starben zu ~en** the animals died in [their] thousands

**²Tausend die; ~, ~en** thousand

**tausend·ein[s]** *Kardinalz.* a *or* one thousand and one

**Tausender der; ~s, ~ a)** *(ugs.) (Tausendmarkschein usw.)* thousand-mark/-dollar *etc.* note; *(Betrag)* thousand marks/dollars *etc.*; **b)** *(Math.)* thousand

**tausenderlei** *Gattungsz.; indekl. (ugs.)* **a)** *(von verschiedener Art)* a thousand and one different ⟨*answers, kinds, etc.*⟩; **b)** *(viele)* a thousand and one; *s. auch* **hunderterlei**

**tausendfach** *Vervielfältigungsz.* thousandfold; *(ugs.: sehr häufig)* a thousand and one times; **die ~e Menge** a thousand times the amount; **~en Dank** a thousand thanks; *s. auch* **achtfach**

**Tausendfüßer** ['tauzntfy:sɐ], **Tausendfüßler der; ~s, ~:** millipede

**Tausend·gülden·kraut das** *(Bot.)* centaury

**Tausend·jahr·feier die** millenary; millennial; *(Festlichkeit auch)* millenary *or* millennial celebrations *pl.*; *s. auch* **Hundertjahrfeier**

**tausend·jährig** *Adj.; nicht präd.* **a)** *(tausend Jahre alt)* [one-]thousand-year-old; **b)** *(tausend Jahre dauernd)* thousand-year[-long]; **~es Reich** *(ns.)* thousand-year Reich; **Tausendjähriges Reich** *(Theol.)* millennium

**tausendköpfig** *Adj.; nicht präd.* thousand-strong; *(fig.)* thousands strong *postpos.*

**Tausend·künstler der** *(ugs. scherzh.)* jack of all trades

**tausend·mal** *Adv.* a thousand times; **ich bitte [dich] ~ um Entschuldigung** *(ugs.)* a thousand pardons *or* apologies; *s. auch* **achtmal**

**Tausend·mark·schein der** thousand-mark note

**Tausendsas[s]a** ['tauzntsasa] **der; ~s, ~[s]** jack of all trades

**Tausendschönchen** [-ʃø:nçən] **das; ~s, ~:** daisy

**tausendst...** *Ordinalz.* thousandth; *s. auch* **acht...**

**tausendstel** ['tauzntstl̩] *Bruchz.* thousandth; *s. auch* **achtel**

**Tausendstel das** *(schweiz. meist* **der); ~s, ~:** thousandth

**Tausendstel·sekunde die; ~, ~n** thousandth of a second

**tausend·und·ein[s]** *Kardinalz. s.* **tausendein[s]**

**Tautologie** [tautolo'gi:] **die; ~, ~n** *(Rhet., Stilk.)* tautology

**tautologisch** *Adj. (Rhet., Stilk.)* tautological; tautologous

**Tau-: ~tropfen der** dew-drop; **~wasser das;** *Pl.* **~:** meltwater; **~werk das;** *o. Pl.* **a)**

*(Material)* rope; **b)** *(auf einem Schiff)* rigging; **~wetter das** *(auch fig.)* thaw; **gestern war bei uns ~wetter** yesterday we had a thaw; **~ziehen das; ~s** *(auch fig.)* tug-of-war

**Taverne** [ta'vɛrnə] **die; ~, ~n** taverna

**Taxa·meter** [taxa-] **der** [taxi]meter

**Taxator** [ta'ksa:tɔr] **der; ~s, ~en** [taksa'to:rən] *(Wirtsch.)* valuer

**Taxe** ['taksə] **die; ~, ~n a)** taxi; **b)** *(Gebühr)* charge; **c)** *(taxierter Preis)* valuation

**Taxi** ['taksi] **das; ~s, ~s** taxi; **mit dem ~:** by taxi *or* in a taxi; **~ fahren** drive a taxi; *(als Fahrgast)* go by taxi

**taxieren** *tr. V.* **a)** *(ugs.: schätzen)* estimate **(auf** + *Akk.* at); **er hat falsch taxiert** his estimate is wrong; **etw. zu hoch/niedrig ~:** overestimate/underestimate sth.; **b)** *(den Wert ermitteln von)* value **(auf** + *Akk.* at); **etw. zu hoch/niedrig ~:** overvalue/undervalue sth.; **c)** *(ugs.: mustern, prüfen)* size up *(coll.)*; **d)** *(einschätzen)* assess

**Taxi-: ~fahrer der** taxi-driver; **~fahrt die** taxi ride; **~stand der** taxi-rank *(Brit.)*; taxi-stand

**Taxus** ['taksʊs] **der; ~, ~:** yew[-tree]

**Tb, Tbc** [te:'be:, te:be:'tse:] **die; ~** *Abk.* **Tuberkulose** TB

**Tb-krank** [te:'be:-] *Adj.* suffering from TB *postpos.*; **~e Patienten** patients with TB

**Tb-Kranke** [te:'be:-] **der/die;** *adj. Dekl.* TB patient; patient with TB

**Teak** [ti:k] **das; ~s, Teak·holz das** teak

**Team** [ti:m] **das; ~s, ~s** team

**Team·chef der** *(Sport)* team manager

**Teamwork** ['ti:mwə:k] **das; ~s** team-work

**Tea-Room** ['ti:ru:m] **der; ~s, ~s** *(schweiz.)* tea-room *(without alcoholic drinks)*

**Technik** ['tɛçnɪk] **die; ~, ~en a)** *o. Pl.* technology; *(Studienfach)* engineering *no art.*; **auf dem neuesten Stand der ~:** incorporating the latest technical advances; **im Zeitalter der ~ leben** live in the technological age *or* age of technology; **b)** *o. Pl. (technische Ausrüstung)* equipment; machinery; **c)** *(Arbeitsweise, Verfahren)* technique; **d)** *o. Pl. (eines Gerätes)* workings *pl.*

**Techniker der; ~s, ~, Technikerin die; ~, ~nen a)** technical expert; **b)** *(im Sport, in der Kunst)* technician

**Technikum** ['tɛçnikʊm] **das; ~s, Technika** *od.* **Techniken** technical college

**technisch** ['tɛçnɪʃ] **1.** *Adj.* technical; technological ⟨*progress, age*⟩; **ein ~er Fehler** a technical fault. **2.** *adv.* technically; ⟨*interested*⟩ in technology; technologically ⟨*advanced*⟩; **~ begabt sein** have a technical flair

**technisieren** [tɛçni'zi:rən] *tr. V.* mechanize

**Technisierung die; ~, ~en** mechanization

**Technokrat** [tɛçno'kra:t] **der; ~en, ~en** technocrat

**Technokratie** [tɛçnokra'ti:] **die; ~:** technocracy

**Technokratin die; ~, ~nen** technocrat

**technokratisch** *Adj.* technocratic

**Technologie** [tɛçnolo'gi:] **die; ~, ~n** technology

**Technologie·park der** science park

**technologisch 1.** *Adj.* technological. **2.** *adv.* technologically

**Techtelmechtel** [tɛçtl̩'mɛçtl̩] **das; ~s, ~:** affair

**Teckel** ['tɛkl̩] **der; ~s, ~** dachshund

**Teddy·bär** ['tɛdi-] **der** teddy bear

**Tedeum** [te'de:ʊm] **das; ~s, ~s** Te Deum

**TEE** [te:le:'le:] **der; ~[s], ~[s]** *Abk.* **Trans-Europ-Express** TEE

**Tee** [te:] **der; ~s,** *(Sorten:)* **~s** tea; **der ~ muß noch ziehen** the tea must stand *or* brew a while; **einen ~ machen** make some tea; **einen ~ geben** *(geh.)* give a tea-party; **einen im ~ haben** *(fig. ugs.)* be tipsy; have had one over the eight *(sl.)*; **abwarten und ~ trinken** *(fig. ugs.)* just wait and see

**Tee-: ~beutel der** tea-bag; **~butter die** *(österr.) s.* **Markenbutter; ~-Ei das** tea-ball; tea-egg; **~gebäck das** [tea] biscuits *pl. (Brit.) or (Amer.)* cookies *pl.*; **~glas das;** *Pl.* **~gläser** tea-glass; **~kanne die** teapot; **~kessel der a)** tea-kettle; **b)** *(Spiel) game in which homonymous words must be guessed;* **~küche die** [small] kitchen; **~licht das;** *Pl.* **~er** *od.* **~e** tea-warmer; **~löffel der** teaspoon

**Teen** [ti:n] **der; ~s, ~s, Teenager** ['ti:neɪdʒə] **der; ~s, ~:** teenager

**Tee-: ~pause die** tea-break; **~pflücker der, ~pflückerin die** tea-picker

**Teer** [te:ɐ̯] **der; ~[e]s,** *(Arten:)* **~e** tar

**Teer·decke die** tar surface

**teeren** *tr. V.* tar; **jmdn. ~ und federn** tar and feather sb.

**teer-, Teer-: ~farb·stoff der** aniline dye; **~faß das** tar barrel; **~haltig** *Adj.* containing tar *postpos., not pred.*

**Tee·rose die** tea-rose

**Teer·pappe die** bituminous roofing-felt

**Tee-: ~service das** tea-service; tea-set; **~sieb das** tea-strainer; **~strauch der** tea-plant; **~stube die** tea-room; **~tasse die** teacup; **~trinker der** tea-drinker; **~wagen der** tea-trolley; **~wasser das** water for the tea; *s. auch* **Kaffeewasser; ~wurst die** *soft German smoked sausage for spreading;* ≈ meat-spread

**Teich** [taiç] **der; ~[e]s, ~e** pond; **der große ~** *(ugs. scherzh.: das Meer)* the [herring-]pond *(joc.)*

**Teig** [taik] **der; ~[e]s, ~e** dough; *(Kuchen~, Biskuit~)* pastry; *(Pfannkuchen~, Waffel~)* batter; *(in Rezepten auch)* mixture; **~ für Fleischklößchen** meat-ball mixture; **den ~ gehen lassen** let the dough rise

**teigig** *Adj.* **a)** *(wie Teig)* doughy; **b)** *(blaß u. schwammig)* pasty ⟨*face, skin, complexion*⟩

**Teig-: ~rolle die a)** *(Rolle aus Teig)* roll of dough; **b)** *(Nudelholz)* rolling-pin; **~waren** *Pl.* pasta *sing.*

**Teil** [tail] **a) der; ~[e]s, ~e** *(etw. von einem Ganzen)* part; **weite ~e des Landes** wide areas of the country; **ein [großer** *od.* **guter] ~ der Presse/Bevölkerung** a [large] section of the press/population; **ich habe das Buch zum größten ~ gelesen** I have read most of the book; **zum ~:** partly; **es waren zum ~ schöne Exemplare** some of them were beautiful specimens; **fünfter ~:** fifth; **den größten ~ des Weges hat er zu Fuß zurückgelegt** he walked most of the way; **ein gut ~ Glück/Mut** a lot of *or* a good bit of luck/courage *(coll.)*; **b) der** *od.* **das; ~[e]s, ~e** *(Anteil)* share; **sein[en] ~ [schon noch] bekommen** *od.* **kriegen** get one's comeuppance *(coll.)*; **sein[en] ~ weghaben** *(ugs.)* have [already] had one's due; *(die verdiente Strafe bekommen haben)* have got what was coming to one; **sich** *(Dat.)* **sein ~ denken** have one's own thoughts on the matter; **ich für mein ~ ...:** for my part, I ...; **c) der** *od.* **das; ~[e]s, ~e** *(Beitrag)* share; **ich will gerne mein[en] ~ dazu beisteuern** I should like to do my share *or* bit; **sein[en] ~ geben** *od.* **[zu etw.] tun** do one's share *or* bit [towards sth.]; **d) der; ~[e]s, ~e** *(beteiligte Person[en]; Rechtsw.: Partei)* party; **e) das; ~[e]s, ~e** *(Einzel~)* part; **~e des Motors** [component] parts of the engine; **etw. in seine ~e zerlegen** take sth. apart *or* to pieces

**Teil-: ~ansicht die** partial view; **~aspekt der: nur ein ~aspekt des Problems** only one aspect of the problem

**teil·bar** *Adj.* divisible **(durch** by)

**Teilbarkeit die; ~:** divisibility

**Teil-: ~bereich der** *(eines Fachs)* branch; *(einer Organisation)* section; **~betrag der** instalment; *(einer Rechnung)* item

**Teilchen das; ~s, ~ a)** *(kleines Stück)* [small] part; **b)** *(Partikel)* particle; **c)** *(bes. nordd.: Gebäckstück)* tart

**Teilchen·beschleuniger der; ~s, ~** *(Kerntechnik)* particle accelerator

**teilen 1.** *tr. V.* **a)** *(zerlegen, trennen)* divide [up]; **b)** *(dividieren)* divide **(durch** by); **c)** *(auf~)* share **(unter** + *Dat.* among); **d)** *(teilweise überlassen, gemeinsam nutzen, teilhaben an)* share; **e)** *(in zwei Teile ~)* divide; **das Schiff teilt die Wellen** *(geh.)* the ship cuts through the waves; *s. auch* **Leid a. 2.** *refl. V.* **a) sich** *(Dat.)* **etw. [mit jmdm.] ~:** share sth. [with sb.]; **sich** *(Dat.)* **[mit jmdm.] in etw.** *(Akk.)* **~** *(geh.)* share sth. [with sb.]; **b)** *(auseinandergehen)* **der Vorhang teilt sich** the curtain opens; **der Weg teilt sich** the road forks; **geteilter Meinung sein** have different views *or* opinions. **3.** *itr. V.* share

**Teiler der; ~s, ~** *(Math.)* factor

**Teil-: ~erfolg der** partial success; **~gebiet das** branch; **~habe die** participation **(an** + *Dat.* in)

**teil|haben** *unr. itr. V.* share **(an** + *Dat.* in)

**Teilhaber der; ~s, ~:** partner; **stiller ~:** sleeping partner

**Teilhaberschaft die; ~, ~en** participation, *(Anteil)* share **(an** + *Dat.* in)

**teilhaftig** [-'haftɪç] *Adj.* **in einer Sache** *(Gen.)* **~ werden/sein** *(geh. veralt.)* be blessed with sth.; **eines Anblicks ~ werden** be privy to a sight

**Teil·kasko·versicherung die** *insurance giving limited cover*

**teil·möbliert 1.** *Adj.* partially furnished. **2.** *adv.* **~ wohnen** live in partly furnished accommodation

**Teilnahme** ['tailna:mə] **die; ~, ~n a)** *(das Mitmachen)* participation **(an** + *Dat.* in); **~ an einem Kurs** attendance at a course; **b)** *(Interesse)* interest **(an** + *Dat.* in); **c)** *(geh.: Mitgefühl)* sympathy

**teilnahme·berechtigt** *Adj.* eligible **(bei** for)

**Teilnahme·berechtigung die** eligibility

**teilnahms·los** *Adj. (gleichgültig)* indifferent; *(apathisch)* apathetic

**Teilnahmslosigkeit die** *(Gleichgültigkeit)* indifference; *(Apathie)* apathy

**teilnahms·voll 1.** *Adj.* compassionate. **2.** *adv.* compassionately; **jmdn. ~ ansehen** look at sb. with compassion

**teil|nehmen** ['tailne:mən] *unr. itr. V.* **a)** *(dabei sein bei)* **[an etw.** *(Dat.)***] ~:** attend [sth.]; **b)** *(beteiligt sein)* **[an etw.** *(Dat.)***] ~:** take part [in sth.]; **am Krieg ~:** fight in the war; **an einem Wettkampf ~:** take part in *or* enter a competition; **c)** *(als Lernender)* **[an einem Lehrgang] ~:** attend [a course]; **am Unterricht ~:** attend lessons; **d)** *(Teilnahme zeigen)* **an jmds. Schmerz/Glück ~:** share sb.'s pain/happiness

**teilnehmend** *s.* **teilnahmsvoll**

**Teilnehmer der; ~s, ~ a)** participant *(Gen.,* **an** + *Dat.* in); *(bei Wettbewerb auch)* competitor, contestant **(an** + *Dat.* in); **b)** *(Fernspr.)* subscriber; **der ~ meldet sich nicht** there is no reply

**Teilnehmerin die; ~, ~nen** *s.* **Teilnehmer**

**Teilnehmer·zahl die** number of participants; *(Sport)* number of competitors

**teils** [tails] *Adv.* partly; **~ ... ~ ...:** partly ... partly ...; **Kostüme, ~ mit Seitenschlitzen** costumes, some with side slits; **Wie hat es dir gestern gefallen? – Teils, ~** *(ugs.)* How did you like it yesterday? – So so

**Teil-: ~strecke die** *(einer Straße)* stretch; *(einer Buslinie usw.)* stage; *(Rennsport)* stage; **~strich der** graduation line; **~stück das** piece; part

**Teilung die; ~, ~en** division

**teil·weise 1.** *Adv.* partly; **~ gut** good in parts. **2.** *adj.* partial

**Teil-: ~zahlung die** instalment; **etw. auf ~zahlung kaufen** buy sth. on hire-purchase *(Brit.) or (Amer.)* on installment plan; **~zeit·arbeit die** part-time work *no indef. art.*; *(Stelle)* part-time job; **~zeit·be-**

**schäftigung die** part-time employment *or* work *no indef. art.; (Stelle)* part-time job
**Teint** [tɛ̃:] **der; ~s, ~s** complexion
**Tektonik** [tɛk'to:nɪk] **die;** ~ *(Geol.)* tectonics *sing., no art.*
**tektonisch** *Adj.* tectonic
**tele-, Tele-** ['te:le-] tele-
**Tele·brief der** fax message
**Tele·fax das** fax
**Telefon** ['te:lefo:n, *auch* tele'fo:n] **das; ~s, ~e** telephone; phone *(coll.);* **ans ~ gehen** answer the [tele]phone; **jmdn. ans ~ rufen** call sb. to the [tele]phone; **am ~ verlangt werden** be wanted on the [tele]phone; **am ~ hängen** *(ugs.)* be on the [tele]phone; **sich ans ~ hängen** *(ugs.)* get on the phone *(coll.)*
**Telefon-: ~an·ruf der** [tele]phone call; **~an·schluß der** telephone; line; **~apparat der** telephone
**Telefonat** [telefo'na:t] **das; ~[e]s, ~e** telephone call
**Telefon-: ~buch das** [tele]phone book *or* directory; **~gebühr die** telephone charge; **~gespräch das** telephone conversation; **~häuschen das** *s.* **~zelle; ~hörer der** telephone receiver
**telefonieren** [telefo'ni:rən] *itr. V.* make a [tele]phone call; **mit jmdm. ~:** talk to sb. [on the telephone]; **nach einem Taxi ~:** [tele]phone a taxi; **du telefonierst zu viel** you're on the phone too much; you're making too many [tele]phone calls; **nach Hause ~:** phone home; **nach England ~:** make a [tele]phone call to England; **lange [mit jmdm.] ~:** be on the telephone [to sb.] for a long time; **er telefoniert gerade** he is on the phone at the moment; **bei jmdm. ~:** use sb.'s [tele]phone
**telefonisch 1.** *Adj.* telephone; **die ~e Zeitansage** the speaking clock *(Brit. coll.);* the telephone time service; **~e Bestellung** telephone order; order by telephone. **2.** *adv.* by telephone; **jmdm. etw. ~ mitteilen** inform sb. of sth. over the *or* by telephone; **ich bin ~ zu erreichen** *od.* **erreichbar** I can be contacted by telephone; **er hat sich ~ entschuldigt** he telephoned to apologize
**Telefonist** [telefo'nɪst] **der; ~en, ~en, Telefonistin die; ~, ~nen** telephonist; *(in einer Firma)* switchboard operator
**Telefon-: ~leitung die** telephone line; **~nummer die** [tele]phone number; **~rechnung die** [tele]phone bill; **~seelsorge die** pastoral advice service; **die ~seelsorge** ≈ the Samaritans *(Brit.);* **~überwachung die** telephone surveillance; **~verbindung die** telephone line; **~verzeichnis das** telephone list; **~zelle die** [tele]phone-booth *or (Brit.)* -box; call-box *(Brit.);* **~zentrale die** telephone exchange
**tele·gen** [tele'ge:n] *Adj.* telegenic
**Telegraf** [tele'gra:f] **der; ~en, ~en** telegraph
**Telegrafen-: ~amt das** telegraph office; **~mast der** telegraph-pole
**Telegrafie die; ~:** telegraphy *no art.*
**telegrafieren** [telegra'fi:rən] *itr., tr. V.* telegraph; **jmdm. ~:** send a telegram to sb.; **nach Berlin ~:** send a telegram to Berlin
**telegrafisch 1.** *Adj.* telegraphic; **eine ~e Mitteilung** a message by telegraph *or* telegram. **2.** *adv.* by telegraph *or* telegram; **~ überwiesenes Geld** money sent by telegram *or* cable
**Telegramm das** telegram
**Telegrammstil der;** *o. Pl.* telegram style; telegraphese [style]; **im ~:** in telegraphese
**Telegraph, Telegraphie** *usw. s.* **Telegraf, Telegrafie** *usw.*
**Telekinese** [teleki'ne:zə] **die;** ~ *(Parapsych.)* telekinesis *no art.*
**Tele·kolleg das** ≈ Open University *(Brit.)*
**Tele·objektiv das** *(Fot.)* telephoto lens
**Teleologie** [teleolo'gi:] **die;** ~ *(Philos.)* teleology *no art.*
**teleo·logisch** [teleo'lo:gɪʃ] **1.** *Adj.* teleological. **2.** *adv.* teleologically
**Telepathie** [telepa'ti:] **die; ~:** telepathy *no art.*
**telepathisch 1.** *Adj.* telepathic; **auf ~em Weg** by telepathic means. **2.** *adv.* telepathically
**Telephon, telephonieren** *usw. s.* **Telefon, telefonieren** *usw.*
**tele·scheu** *Adj.* camera-shy
**Tele·skop** [tele'sko:p] **das; ~s, ~e** telescope
**Teleskop·antenne die** telescopic aerial *or (Amer.)* antenna
**Tele·spiel das** video game
**Tele·vision** [televi'zi̯o:n] **die; ~:** television *no art.*
**Telex** ['te:lɛks] **das; ~, ~[e]** telex
**telexen** *itr. V.* telex
**Teller** ['tɛlɐ] **der; ~s, ~ a)** plate; **ein ~ Suppe** a plate of soup; **b)** *(beim Skistock)* basket
**Teller-: ~eisen das** *(Jagdw.)* steel jaw trap; **~fleisch das** *(bes. österr.) pieces of boiled beef or pork served in soup;* **~gericht das** *(Gastr.)* one-course meal; **~mine die** Teller mine; anti-tank mine; **~rand der** rim; edge of a/the plate; **über den eigenen ~rand** *(fig.)* beyond one's own nose; **~wäscher der** dishwasher; **vom ~wäscher zum Millionär [werden]** [go] from rags to riches
**Tellur** [tɛ'lu:ɐ̯] **das; ~s** *(Chemie)* tellurium
**Tempel** ['tɛmpl̩] **der; ~s, ~:** temple
**Tempel-: ~herr der** *(hist.)* Templar; **~orden der** *(hist.)* Order of the Knights Templars; **~ritter der** *(hist.)* Templar; **~schändung die** desecration of a/the temple
**Tempera-** ['tɛmpəra-]: **~farbe die** tempera colour; distemper; **~malerei die a)** *o. Pl. (Maltechnik)* tempera painting *no art.;* painting *no art.* in distemper; **b)** *(Bild)* tempera painting
**Temperament** [tɛmpəra'mɛnt] **das; ~[e]s, ~e a)** *(Wesensart)* temperament; **die vier ~e** the four humours; **eine Sache des ~s** a matter *or* question of temperament; **b)** *o. Pl. (Schwung, Lebhaftigkeit)* **eine Frau mit ~:** a lively *or* vivacious woman; a woman with spirit; **[viel] ~ haben** be [very] lively; have [plenty of] spirit; **sie hat kein/wenig ~:** she is not a lively/not a very lively person; **sein ~ reißt alle mit** his vivacity infects everyone; **c)** *o. Pl. (Erregbarkeit)* **das ~ geht oft mit mir durch** I often lose my temper; **sein ~ zügeln** control one's temper
**temperament·los** *Adj.* spiritless; lifeless
**Temperaments-: ~aus·bruch der** temperamental outburst; **~sache die** *in* **etw./das ist ~sache** sth./that is a matter *or* question of temperament
**temperament·voll** *Adj.* spirited ‹*person, speech, dance, etc.*›; lively ‹*start etc.*›; nippy *(coll.)* ‹*car*›
**Temperatur** [tɛmpəra'tu:ɐ̯] **die; ~, ~en a)** *(Wärmezustand)* temperature; **die richtige ~ haben** be [at] the right temperature; **b)** *(Körper~)* temperature; **[erhöhte] ~ haben** have *or* be running a temperature; **jmds. ~ messen** take sb.'s temperature
**Temperatur-: ~anstieg der** rise in temperature; **~regler der** thermostat; **~rück·gang der** drop *or* fall in temperature; **~schwankung die** fluctuation in temperature; **~sturz der** [sudden] fall *or* drop in temperature; **~unterschied der** difference in temperature
**temperieren** [tɛmpə'ri:rən] *tr. V.* bring to the right temperature; **das Zimmer angenehm/richtig ~:** bring the room to a pleasant/the right temperature; **das Wasser ist gut temperiert** the water is [at] the right temperature; **ein schlecht temperierter Wein** a wine at the wrong temperature
**Templer** ['tɛmplɐ] **der; ~s, ~** *(hist.)* Templar
**¹Tempo** ['tɛmpo] **das; ~s, ~s** *od.* **Tempi a)** *Pl.* **~s** speed; **das ~ erhöhen** speed up; accelerate; **in** *od.* **mit hohem ~:** at high speed; **hier gilt ~ 100** there is a 100 k.p.h. speed limit here; **der hat ein ~ drauf!** *(ugs.)* he's going at quite a *or (Brit. coll.)* at a fair old speed!; **~ [~]!** *(ugs.),* **macht mal ein bißchen ~** *(ugs.)* get a move on; **b)** *(Musik)* tempo; time; **c)** *(Fechten)* period; *(Hieb)* stop cut; *(Stoß)* stop thrust *or* point
**²Tempo** ⓦ **das; ~s, ~s** *(ugs.)* tissue
**Tempo·limit das** *(Verkehrsw.)* speed limit
**Tempora** *s.* **Tempus**
**temporal** [tɛmpo'ra:l] *(Sprachw.)* temporal
**Temporal·satz der** *(Sprachw.)* temporal clause
**temporär** [tɛmpo'rɛ:ɐ̯] *(geh.)* **1.** *Adj.* temporary. **2.** *adv.* temporarily
**Tempo·taschen·tuch das** *(ugs.)* paper tissue *or* handkerchief
**Tempus** ['tɛmpʊs] **das; ~, Tempora** ['tɛmpora] *(Sprachw.) s.* **Zeitform**
**Tendenz** [tɛn'dɛnts] **die; ~, ~en a)** trend; **es herrscht die ~/die ~ geht dahin, ... zu ...:** there is a tendency to ...; the trend is to ...; **die Preise haben eine steigende/fallende ~:** prices are rising/falling; **b)** *(Hang, Neigung)* tendency; **die ~ haben, etw. zu tun** have a tendency to do sth.; **seine Ansichten haben eine ~ zum Dogmatismus** his attitudes tend towards dogmatism; **c)** *(oft abwertend: Darstellungsweise)* slant; bias
**tendenziell** [tɛndɛn'tsi̯ɛl] **1.** *Adj.* **der ~e Fall der Profitrate** the [general] trend towards a drop in profit margins. **2.** *adv.* **~ scheint sich eine Verschärfung dieser Krise abzuzeichnen** the trend seems to indicate a deepening of the crisis; **eine ~ faschistische Haltung** an attitude tending towards fascism
**tendenziös** [...'tsi̯ø:s] *Adj.* tendentious
**Tendenz·wende die** change in a/the trend *or* in direction
**Tender** ['tɛndɐ] **der; ~s, ~** *(Eisenb., Seew.)* tender
**tendieren** [tɛn'di:rən] *itr. V.* tend **(zu** towards); **er tendiert zu solchen Auffassungen** he tends to [hold] such opinions; **nach links/rechts ~:** tend to[wards] the left/right; **der nach links ~de Flügel dieser Partei** the branch of the party with left-wing leanings
**Teneriffa** [tene'rɪfa] **(das); ~s** Tenerife
**Tenne** ['tɛnə] **die; ~, ~n** threshing-floor *(in barn)*
**Tennis** ['tɛnɪs] **das; ~:** tennis *no art.*
**Tennis-: ~arm der** *(Med.)* tennis elbow; **~ball der** tennis-ball; **~platz der** tennis-court; **~schläger der** tennis-racket; **~schuh der** tennis-shoe; **~spiel das a)** *o. Pl. (Tennis)* tennis *no art.;* **b)** *(Einzelspiel)* game of tennis; **~spielen das; ~s** tennis *no art.;* **~spieler der** tennis-player
**¹Tenor** [te'no:ɐ̯] **der; ~s, Tenöre** [te'nø:rə], *(österr. auch:)* **~e** *(Musik)* **a)** *(Stimmlage, Sänger)* tenor; **den ~ singen** sing tenor *or* the tenor part; **b)** *o. Pl. (im Chor)* tenors *pl.;* tenor voices *pl.*
**²Tenor** ['te:nɔr] **der; ~s** tenor
**Tenor·schlüssel der** *(Musik)* tenor clef
**Tentakel** [tɛn'ta:kl̩] **der** *od.* **das; ~s, ~** *(Zool., Bot.)* tentacle
**Tenü, Tenue** [tə'ny] **das; ~s, ~s** *(schweiz.)* style of dress
**Teppich** ['tɛpɪç] **der; ~s, ~e** carpet; *(kleiner)* rug; **auf dem ~ bleiben** *(fig. ugs.)* keep one's feet on the ground; **etw. unter den ~ kehren** *(fig. ugs.)* sweep sth. under the carpet
**Teppich-: ~boden der** fitted carpet; **~fliese die** carpet tile; **~kehrer der** carpet-sweeper; **~klopfer der** carpet-beater; **~stange die** *frame for beating carpets*
**Term** [tɛrm] **der; ~s, ~e** *(Math., Logik, Physik)* term
**Termin** [tɛr'mi:n] **der; ~s, ~e a)** *(festgelegter Zeitpunkt)* date; *(Anmeldung)* appointment; *(Verabredung)* engagement; **der letz-**

te *od.* **äußerste ~ für die Zahlung** the deadline *or* final date for payment; **sich** *(Dat.)* **einen ~ geben lassen** make an appointment; **b)** *(Rechtsw.)* hearing; **heute ist ~ in Sachen ...:** the ... case comes on today

**Terminal** ['tø:ɐminəl] **das; ~s, ~s** terminal

**termin-, Termin-: ~gebunden** *Adj.* scheduled; **~gebunden sein** have a deadline; **~gemäß 1.** *Adj.* on time *postpos.;* **~gemäße Fertigstellung** completion on time *or* schedule; **2.** *adv.* on time; on schedule; **~gemäß beginnen** start punctually; **~geschäft das** *(Börsenw.)* forward transaction *or* operation

**Termini** *s.* **Terminus**

**terminieren** [tɛrmi'ni:rən] *tr. V.* **a)** *(befristen)* limit the duration of (**auf** + *Akk.* to); **b)** *(zeitlich festlegen)* **eine Veranstaltung** *usw.* **~:** set *or* fix a date for an event *etc.*

**Terminierung die; ~, ~en** scheduling

**Termini technici** *s.* **Terminus technicus**

**Termin·kalender der** appointments book; *(für gesellschaftliche Termine)* engagements diary; **den ~ einhalten** *(fig.)* keep to the schedule

**terminlich 1.** *Adj.; nicht präd.* **~e Schwierigkeiten/Grenzen** difficulties/limits with regard to schedule; **~e Gründe** reasons of schedule. **2.** *adv.* **es läßt sich ~ vereinbaren** it fits in with the/our/their *etc.* schedule

**Terminologie** [tɛrminolo'gi:] **die; ~, ~n** terminology

**terminologisch** [tɛrmino'lo:gɪʃ] *Adj.; nicht präd.* terminological

**Terminus** ['tɛrminʊs] **der; ~, Termini** term

**Terminus technicus** [- 'tɛçnikʊs] **der; ~ ~, Termini technici** [...nitsi] technical term

**Termite** [tɛr'mi:tə] **die; ~, ~n** termite

**Termiten·hügel der** termite hill

**Terpentin** [tɛrpɛn'ti:n] **das,** *(österr. meist:)* **der; ~s a)** *(Harz)* turpentine; **b)** *(ugs.: Terpentinöl)* turps *sing. (coll.)*

**Terpentin·öl das** oil of turpentine

**Terrain** [tɛ'rɛ̃:] **das; ~s, ~s a)** *(Gelände)* terrain; **~ verlieren** lose ground; **es ist für ihn ein unbekanntes ~** *(fig.)* it is unknown territory to him; **das ~ sondieren** *(fig. geh.)* sound out the situation; **b)** *(Baugelände)* building land

**Terrakotta** [tɛra'kɔta] **die; ~, Terrakotten, Terrakotte die; ~, ~n** terracotta

**Terrarium** [tɛ'ra:riʊm] **das; ~s, Terrarien** terrarium

**Terrasse** [tɛ'rasə] **die; ~, ~n** terrace

**terrassen·förmig 1.** *Adj.* terraced. **2.** *adv.* in terraces

**Terrassen·haus das** block of flats *(Brit.) or (Amer.)* apartments/house built in terraces on a slope

**Terrazzo** [tɛ'ratso] **der; ~[s], Terrazzi** terrazzo

**terrestrisch** [tɛ'rɛstrɪʃ] *Adj.* terrestrial

**Terrier** ['tɛriɐ] **der; ~s, ~:** terrier

**Terrine** [tɛ'ri:nə] **die; ~, ~n** tureen

**territorial** [tɛrito'ria:l] *Adj.* territorial

**Territorial-: ~hoheit die;** *o. Pl.* territorial sovereignty; **~staat der** *(hist.)* territorial state

**Territorium** [tɛri'to:riʊm] **das; ~s, Territorien a)** *(Gebiet, Land)* land; territory; **ein unbesiedeltes ~:** uninhabited land *or* territory; **ein riesiges ~:** a huge area *or* region; **b)** *(Hoheitsgebiet)* territory

**Terror** ['tɛrɔr] **der; ~s a)** terrorism *no art.;* **blutiger ~:** terror and bloodshed; **~ ausüben** use terror tactics; **b)** *(ugs.: Zank u. Streit)* trouble; **c)** *(ugs.: großes Aufheben)* big row *(coll.) or* fuss; **~ machen** raise hell *(coll.)*

**Terror-: ~akt der** act of terrorism; **~an·schlag der** terrorist attack

**terrorisieren** *tr. V.* **a)** *(durch Terror unterdrücken)* terrorize; **b)** *(ugs.: belästigen)* pester

**Terrorismus der; ~:** terrorism *no art.*

**Terrorist der; ~en, ~en, Terroristin die; ~, ~nen** terrorist

**terroristisch** *Adj.; nicht präd.* terrorist

**Terror·welle die** wave of terror

**Tertia** ['tɛrtsia] **die; ~, Tertien** *(Schulw.)* **a)** *(veralt.)* fourth and fifth year *(of a Gymnasium);* **b)** *(österr.)* third year *(of a Gymnasium)*

**Tertianer** [tɛr'tsia:nɐ] **der; ~s, ~, Tertianerin die; ~, ~nen** *(Schulw.)* **a)** *(veralt.) (Ober~)* pupil in the fifth year *(of a Gymnasium); (Unter~)* pupil in the forth year *(of a Gymnasium);* **b)** *(österr.)* pupil in the third year *(of a Gymnasium)*

**tertiär** [tɛr'tsiɛ:ɐ] *Adj. (Geol.)* Tertiary

**Tertiär das; ~s** *(Geol.)* Tertiary [Period]

**Tertium comparationis** ['tɛrtsiʊm kɔmpara'tsio:nɪs] **das; ~ ~, Tertia ~** *(geh.)* common element *(as a basis for comparison)*

**Terz** [tɛrts] **die; ~, ~en a)** *(Musik)* third; **b)** *(Fechten)* tierce

**Terzett** [tɛr'tsɛt] **das; ~[e]s, ~e a)** *(Musik)* trio; **[im] ~ singen** sing a trio; **b)** *(Verslehre)* triplet

**Terzine** [tɛr'tsi:nə] **die; ~, ~n** *(Verslehre)* terza rima

**Tesa·film** ® ['te:za-] **der; ~[e]s** Sellotape *(Brit.)* **(P)**; Scotch tape *(Amer.)* **(P)**

**Test** [tɛst] **der; ~[e]s, ~s** *od.* **~e** test

**Testament** [tɛsta'mɛnt] **das; ~[e]s, ~e a)** *(letzte Verfügung eines Erblassers)* will; **das ~ eröffnen** read the will; **ohne Hinterlassung eines ~s sterben** die intestate; **das politische ~** *(fig.)* the political legacy; **er kann sein ~ machen** *(fig. ugs.)* he is [in] for it *(coll.);* **b)** *(christl. Rel.)* Testament; **das Alte/Neue ~:** the Old/New Testament

**testamentarisch** [tɛstamɛn'ta:rɪʃ] **1.** *Adj.; nicht präd.* testamentary. **2.** *adv.* **etw. ~ bestimmen** *od.* **festlegen** *od.* **verfügen** write sth. in one's will

**Testaments-: ~eröffnung die** reading of a/the will; **~vollstrecker der** executor

**Testat** [tɛs'ta:t] **das; ~[e]s, ~e a)** certification; **b)** *(Hochschulw. veralt.: Vorlesungsnachweis)* certificate of attendance

**Test·bild das** *(Ferns.)* test card

**testen** *tr. V.* test (**auf** + *Akk.* for)

**Test-: ~fall der** test case; **~frage die** test question

**testieren** *tr. V. (Hochschulw. veralt.)* certify

**Testosteron** [tɛstoste'ro:n] **das; ~s** *(Physiol.)* testosterone

**Test-: ~pilot der** test pilot; **~verfahren das** test[ing] procedure

**Tetanus** ['te:tanʊs] **der; ~** *(Med.)* tetanus *no art.*

**Tetanus·schutz·impfung die** tetanus vaccination

**Tête-à-tête** [tɛta'tɛ:t] **das; ~s, ~s** *(veralt., scherzh.)* tête-à-tête

**Tetraeder** [tetra'le:dɐ] **das; ~s, ~** *(Geom.)* tetrahedron

**Tetralogie** [tetralo'gi:] **die; ~, ~n** tetralogy

**teuer** ['tɔyɐ] **1.** *Adj.* **a)** expensive; dear *usu. pred.;* **wie ~ war das?** how much did that cost?; **das ist mir zu ~:** that's too expensive *or* too much [for me]; **Kaffee soll wieder teurer werden** coffee is supposed to be going up again; **zu teuren Preisen** at high prices; **teures Geld** *(fig.)* good money; **das ist ihn ~ zu stehen gekommen** *(fig.)* that cost him dear; *s. auch* **Rat a; b)** *(veralt.: geschätzt)* dear; **teurer Freund!** [my] dear friend!; **[mein] Teuerster!** [my] dearest; *(von Mann zu Mann)* [my] dearest friend; *s. auch* **lieb 1 d. 2.** *adv.* expensively; dearly; **etw. ~ kaufen/verkaufen** pay a great deal for sth./sell sth. at a high price; **~ essen gehen** eat in an expensive restaurant/expensive restaurants; **sie haben ihren Sieg ~ erkauft** they paid a high price for their victory; **ein ~ erkaufter Sieg** a victory won at a high price; **diese Gemeinheit wird er [mir] ~ bezahlen!** I'll make him pay for that dirty trick!

**Teuerung die; ~, ~en** rise in prices

**Teuerungs-: ~rate die** the rate of price increases; **~zu·schlag der** cost-of-living supplement

**Teufel** ['tɔyfl̩] **der; ~s, ~:** devil; **der ~:** the Devil; **wie der ~ fahren/reiten** drive/ride in daredevil fashion; **armer ~:** poor devil; **der ~ steckt im Detail** it's [always] the little things that cause all the problems; **der ~ ist los** all hell's let loose *(coll.);* **dich reitet wohl der ~!** what's got into you?; **ich weiß auch nicht, was für ein ~ mich da geritten hat** I don't know what got into me; **hol' dich/ihn** *usw.* **der ~!** *(salopp)* sod *(Brit. sl.) or (coll.)* damn you/him *etc.;* **hol's der ~!** *(salopp)* sod *(Brit. sl.) or (coll.)* damn it!; **der ~ soll dich/ihn/es** *usw.* **holen!** *(salopp)* sod *(Brit. sl.) or (coll.)* damn you/him/it *etc.;* **in ihn/dich** *usw.* **ist wohl der ~ gefahren** *(salopp) (er ist/du bist usw. frech)* what does he think he's/do you think you're *etc.* doing?; *(er ist/du bist usw. leichtsinnig)* he/you *etc.* must be mad; **~ auch!** *(salopp)* damn [it all]! *(coll.);* **das weiß der ~!** *(salopp)* God [only] knows; **weiß der ~, was/wie/wo ...** *(salopp)* God knows what/how/where ...; **hinter etw. hersein wie der ~ hinter der armen Seele** *(ugs.)* be greedy for sth.; **etw. fürchten/scheuen wie der ~ das Weihwasser** *(ugs.)* fear nothing more than sth./avoid sth. like the plague; **den ~ werde ich [tun]!** *(salopp)* like hell [I will]! *(coll.);* **mal bloß nicht den ~ an die Wand!** *(ugs.)* don't invite trouble/ *(stärker)* disaster by talking like that!; **des ~s sein** *(ugs.)* be mad; have taken leave of one's senses; **des ~s Gebetbuch** *od.* **Gesangbuch** *(scherzh.)* a pack *or (Amer.)* deck of cards; **in ~s Küche kommen** *(ugs.)* get into a hell of a mess *(coll.);* **jmdn. in ~s Küche bringen** *(ugs.)* put sb. in a hell of a mess *(coll.);* **warum mußt du den jetzt auf ~ komm raus überholen?** *(ugs.)* why are you so hell-bent on overtaking him now? *(coll.);* **vom ~ besessen sein** *(fig.) (verrückt, wahnsinnig)* be mad; *(wild, ungestüm)* be wild; **zum ~ gehen** *(ugs.: kaputtgehen)* be ruined; **scher dich** *od.* **geh zum ~!** *(salopp)* go to hell! *(coll.);* **er soll sich zum ~ scheren!** *(salopp)* he can go to hell *(coll.) or* blazes *(coll.);* **zum** *od.* **beim ~ sein** *(ugs.: kaputt sein)* have had it *(coll.);* be ruined; **jmdn./etw. zum ~ wünschen** *(salopp)* wish sb. in hell/curse sth.; **jmdn. zum ~ jagen** *od.* **schicken** *(salopp)* send sb. packing; **zum ~!** *(salopp)* damn it! *(coll.);* **zum ~ mit dir/damit!** *(salopp)* to hell with you/it! *(coll.);* **wer/wo** *usw.* **zum ~ ...** *(salopp)* who/where *etc.* the hell ... *(coll.);* **wenn man vom ~ spricht[, dann ist er nicht weit]** *(scherzh.)* speak *or* talk of the devil [and he will appear]

**Teufelei die; ~, ~en a)** *o. Pl.* devilry; **b)** *(Handlung)* piece of devilry; **diese ~en** this devilry *sing.*

**Teufelin die; ~, ~nen** *(abwertend)* she-devil

**Teufels-: ~austreibung die** *(Rel.)* casting-out of devils; exorcism; **~braten der** *(ugs.)* devil; **~kerl der** *(ugs.)* amazing fellow; **~kreis der** vicious circle; **~messe die** Black Mass; **~rochen der** *(Zool.)* devil ray; **~weib das** *(ugs.)* **a)** *(bewundernd)* **sie ist ein ~weib** she's some woman *(coll.);* **b)** *(abwertend)* she-devil; **~werk das** devil's work *no indef. art.;* **~zeug das** *(ugs.)* terrible stuff *(coll.)*

**teuflisch 1.** *Adj.* **a)** devilish, fiendish ‹*plan, trick, etc.*›; fiendish, diabolical ‹*laughter, pleasure, etc.*›; **das Teuflische an dieser Krankheit** the devilish *or* diabolical thing about this illnes; **b)** *(ugs.: groß, intensiv)* terrible *(coll.);* dreadful *(coll.).* **2.** *adv.* **a)** fiendishly; diabolically; **b)** *(ugs.)* terribly *(coll.);* dreadfully *(coll.)*

**Teutone** [tɔy'to:nə] **der; ~n, ~n** Teuton

**teutonisch** *(auch fig.)* **1.** *Adj.* Teutonic. **2.** *adv.* Teutonically; in a Teutonic way

**Text** [tɛkst] **der; ~[e]s, ~e a)** text; *(eines Gesetzes, auf einem Plakat)* wording; *(eines Theaterstücks)* script; *(einer Oper)* libretto; **ein Telegramm mit folgendem ~: ...:** a telegram which reads/read ...; **weiter im ~!** *(ugs.)* [let's] carry on!; **b)** *(eines Liedes, Chansons usw.)* words *pl.*; *(eines Schlagers)* words *pl.*; lyrics *pl.*; **c)** *(zu einer Abbildung)* caption

**Text-: ~analyse die** *(Sprachw.)* text analysis; *(Literaturw.)* textual analysis; **~aufgabe die** *(Schule)* problem; **~buch das** libretto; **~dichter der** librettist

**texten 1.** *tr. V.* write ⟨*song, advertisement, etc*⟩. **2.** *itr. V.* ⟨*composer*⟩ write one's own words

**Texter der; ~s, ~:** writer; *(in der Werbung)* copy-writer

**Text·erfassung die** text capture

**textil** *Adj.* textile

**textil-, Textil-: ~frei** *(ugs. scherzh.) Adj.* nude; **~gewerbe das** textile trade *or* industry; **~handwerk das** textile trade

**Textilien** *Pl.* **a)** textiles; **b)** *(Fertigwaren)* textile goods

**Textil-: ~industrie die** textile industry; **~ingenieur der** textile engineer; **~strand der** *(ugs. scherzh.)* beach where there is no nude bathing; **~waren** *Pl.* textile goods

**text-, Text-: ~kritik die** textual criticism; **~kritisch** *Adj.* textual ⟨*study, commentary*⟩; critical ⟨*edition*⟩; **~linguistik die** text linguistics *sing., no art.*; **~sorte die** *(Sprachw.)* type of text; **~stelle die** passage [in a/the text]

**Textur** [tɛks'tu:ɐ̯] **die; ~, ~en** *(geh., Geol.)* texture

**Text·verarbeitung die** text processing; word processing

[1]**Thai** [tai] **der; ~[s], ~[s]** Thai

[2]**Thai das; ~s** *(Sprache)* Thai

**Thailand (das); ~s** Thailand

**Thailänder der; ~s, ~, Thailänderin die; ~, ~nen** Thai

**thailändisch** *Adj.* Thai

**Thalamus** ['ta:lamʊs] **der; ~, Thalami** *(Anat.)* thalamus

**Thälmann·pionier** ['tɛ:l-] **der** *(DDR)* Thälmann Pioneer

**Theater** [te'a:tɐ] **das; ~s, ~ a) ins ~ gehen** got to the theatre; **im ~:** at the theatre; **zum ~ gehen** *(ugs.)* go into the theatre; tread the boards; **beim** *od.* **am ~ sein** be *or* work in the theatre; **das englische ~:** English theatre; **~ spielen** act; *(fig.)* play-act; pretend; put on an act; **b)** *o. Pl. (fig. ugs.)* fuss; **mach [mir] kein ~!** don't make a fuss; **das ist doch alles nur ~:** that's all just play-acting; **dieses ~ mache ich nicht mehr mit** I'm not having any more to do with this farce; **das war vielleicht ein ~[, bis ich mein Visum hatte]** what a performance *or (coll.)* palaver [it was, getting my visa]; **jetzt geht das ~ wieder los!** now we have to go through all 'that performance again

**Theater-: ~abonnement das** theatre subscription [ticket]; **~besuch der** visit to the theatre; **~besucher der** theatre-goer; **~ferien** *Pl.* theatre holidays; **~karte die** theatre ticket; **~kasse die** theatre box-office; **~kritiker der** theatre *or* drama critic; **~stück das** [stage] play; **~wissenschaft die** theatre studies *pl., no art.*; study of theatre arts

**theatralisch** [tea'tra:lɪʃ] *(auch fig.)* **1.** *Adj.* theatrical. **2.** *adv.* theatrically

**Thebaner** [te'ba:nɐ] **der; ~s, ~:** Theban

**Theben** ['te:bn̩] **(das); ~s** Thebes

**Theismus** [te'ɪsmʊs] **der; ~** *(Philos., Rel.)* theism *no art.*

**Theist** [te'ɪst] **der; ~en, ~en** *(Philos., Rel.)* theist

**theistisch** *(Philos., Rel.)* **1.** *Adj.* theistic. **2.** *adv.* theistically

**Theke** ['te:kə] **die; ~, ~n a)** *(Schanktisch)* bar; **b)** *(Ladentisch)* counter; **unter der ~** *(fig.)* under the counter

**Thema** ['te:ma] **das; ~s, Themen** *od.* **~ta a)** subject; topic; *(einer Abhandlung)* subject; theme; *(Leitgedanke)* theme; **das ist für uns kein ~:** that's not a matter for discussion [as far as we are concerned]; **das ~ wechseln** change the subject; **vom ~ abkommen** *od.* **abschweifen** wander off the subject *or* point; **beim ~ bleiben** stick to the subject *or* point; **das ~ verfehlen** go completely off the subject; **damit ist das ~ [für mich] erledigt** [as far as I'm concerned] that's the end of the matter; **lassen wir das ~!** let's drop the subject; *s. auch* **Nummer a; b)** *(Musik)* theme

**Thematik** [te'ma:tɪk] **die; ~, ~en** theme; *(Themenkreis)* themes *pl.*; *(Themenkomplex)* complex of themes

**thematisch 1.** *Adj. (auch Musik)* thematic; **etw. nach ~en Gesichtspunkten ordnen** arrange sth. according to subject. **2.** *adv. (auch Musik)* thematically; *(was das Thema betrifft)* as regards subject matter

**thematisieren** *tr. V.* take as a *or* one's/its theme

**Themen** *s.* **Thema**

**Themen-: ~kreis der** group of themes; **~stellung die** presentation of a/the subject; *(Thema)* subject; **~wahl die** choice of subject

**Themse** ['tɛmzə] **die; ~:** Thames

**Theologe** [teo'lo:gə] **der; ~n, ~n** theologian

**Theologie** [teolo'gi:] **die; ~, ~n** theology *no art.*

**Theologin die; ~, ~nen** theologian

**theologisch 1.** *Adj.* theological. **2.** *adv.* theologically

**Theorem** [teo're:m] **das; ~s, ~e** theorem

**Theoretiker** [teo're:tɪkɐ] **der; ~s, ~:** theoretician; theorist

**theoretisch** [teo're:tɪʃ] **1.** *Adj.* theoretical. **2.** *adv.* theoretically

**theoretisieren** *itr. V. (geh.)* theorize

**Theorie** [teo'ri:] **die; ~, ~n** theory; **das ist graue ~:** that's just pure theory

**Theosophie** [teozo'fi:] **die; ~, ~n** theosophy *no art.*

**theosophisch 1.** *Adj.* theosophical. **2.** *adv.* theosophically

**Therapeut** [tera'pɔyt] **der; ~en, ~en** therapist; therapeutist

**Therapeutik** [tera'pɔytɪk] **die; ~** *(Med.)* therapeutics *no art.*

**Therapeutikum das; ~s, Therapeutika** *(Med.)* therapeutic agent

**Therapeutin die; ~, ~nen** therapist; therapeutist

**therapeutisch 1.** *Adj.* therapeutic. **2.** *adv.* therapeutically

**Therapie** [tera'pi:] **die; ~, ~n** therapy **(gegen** for); *(fig.)* remedy **(gegen** for); **eine ~ machen** *(ugs.)* undergo *or* have therapy *or* treatment

**therapieren** *tr V.* treat

**Thermal-: ~bad das a)** *(Ort)* thermal spa; **b)** *(Bad)* thermal bath; **~quelle die** thermal spring

**Therme** ['tɛrmə] **die; ~, ~n a)** *(Quelle)* thermal spring; **b)** *Pl. (Bäder)* baths; thermae

**Thermik** ['tɛrmɪk] **die; ~** *(Met.)* thermal

**thermisch 1.** *Adj.* thermal. **2.** *adv.* thermally

**thermo-, Thermo-** [tɛrmo-]: **~dynamik die** thermodynamics *sing., no art.*; **~dynamisch 1.** *Adj.* thermodynamic; **2.** *adv.* thermodynamically; **~meter das** *(österr. u. schweiz.* **der** *od.* **das)** thermometer

**Thermos·flasche** Ⓦᶻ ['tɛrmɔs-] **die** Thermos flask **(P)**; vacuum flask

**Thermostat** [tɛrmo'sta:t] **der; ~[e]s** *od.* **~en, ~e** *od.* **~en** thermostat

**Thesaurus** [te'zaurʊs] **der; ~, Thesauren** *od.* **Thesauri** thesaurus

**These** ['te:zə] **die; ~, ~n** thesis

**Thing** [tɪŋ] **das; ~[e]s, ~e** *(hist.)* thing

**Thing·platz der** *(hist.)* thingstead

**Thomas** ['to:mas] **der; ~, ~se** *in* **ungläubiger ~:** doubting Thomas

**Thora** [to'ra:] **die; ~** *(jüd. Rel.)* Torah

**Thora·rolle die** *(jüd. Rel.)* Torah [scroll]

**Thriller** ['θrɪlə] **der; ~s, ~:** thriller

**Thrombose** [trɔm'bo:zə] **die; ~, ~n** thrombosis

**Thron** [tro:n] **der; ~[e]s, ~e a)** throne; **sein ~ wackelt** *(fig.)* his position is becoming very shaky; **b)** *(ugs. scherzh.: Nachttopf)* pot *(coll.)*

**Thron-: ~an·wärter der** heir apparent; **~besteigung die** accession [to the throne]

**thronen** *itr. V.* sit enthroned; *(fig.: erhöht liegen)* tower

**Thron-: ~folge die;** *o. Pl.* succession [to the throne]; **die ~folge antreten** succeed [to the throne]; **~folger der; ~s, ~:** heir to the throne; **~rede die** King's/Queen's speech; **~saal der** throne room

**Thuja** ['tu:ja], *österr. auch:* **Thuje** ['tu:jə] **die; ~, Thujen** *(Bot.)* thuja

**Thun·fisch** ['tu:n-] **der** tuna

**Thüringen** ['ty:rɪŋən] **(das); ~s** Thuringia

**Thüringer Wald der** Thuringian Forest

**thüringisch** *Adj.* Thuringian; *s. auch* **badisch**

**Thusnelda** [tʊs'nɛlda] **die; ~** *(salopp abwertend)* bird *(sl.)*

**Thymian** ['ty:mia:n] **der; ~s, ~e** thyme

**Thymus·drüse** ['ty:mʊs-] **die** *(Anat.)* thymus [gland]

**Tiara** [ti'a:ra] **die; ~, Tiaren** tiara

**Tibet** ['ti:bɛt] **(das); ~s** Tibet

**Tibetaner** [tibe'ta:nɐ] **der; ~s, ~** *s.* **Tibeter**

**tibetanisch** *Adj. s.* **tibetisch**

**Tibeter** [ti'be:tɐ] **der; ~s, ~, Tibeterin die; ~, ~nen** Tibetan

**tibetisch** *Adj.* Tibetan; *s. auch* **deutsch; Deutsch;** [2]**Deutsche**

**Tic** [tɪk] **der; ~s** *(Med.)* tic

**Tick der; ~[e]s, ~s a)** *(ugs.: Schrulle)* quirk; thing *(coll.)*; **du hast wohl einen kleinen ~:** you must be round the bend *(coll.)*; **b)** *(Med.)* tic; c) *(ugs.: Nuance)* tiny bit; shade

**ticken 1.** *itr. V.* tick; **du tickst wohl nicht richtig** *(salopp)* you must be off your rocker *(sl.)*. **2.** *tr. V. (salopp: erkennen, merken)* catch on to *(coll.)*

**Ticker der; ~s, ~** *(bes. Pressejargon)* teleprinter; telex

**Ticket** ['tɪkət] **das; ~s, ~s** ticket

**tick tack** ['tɪk 'tak] *Interj.* tick-tock

**Tide** ['ti:də] **die; ~, ~n** *(nordd., bes. Seemannsspr.)* tide

**Tiden·hub der** tidal range

**tief** [ti:f] **1.** *Adj.* **a)** *(auch fig.)* deep; low ⟨*neckline, bow*⟩; long ⟨*fall*⟩; **eine fünf Meter ~e Grube** a pit five metres deep; **~es Einatmen** breathing in deeply; **b)** *(niedrig)* low ⟨*table, chair, temperature, tide, level, cloud*⟩; **den Sattel/die Heizung etwas ~er stellen** lower the saddle/turn the heating down a bit; **c)** *(intensiv, stark)* deep; intense ⟨*pain, suffering*⟩; utter ⟨*misery*⟩; great ⟨*need, want*⟩; **d)** *(weit im Innern gelegen)* **im ~en/~sten Afrika** in the depths of/in darkest Africa; **es freut mich aus ~stem Herzen/~ster Seele** I really am delighted; **in ~er/~ster Nacht** in the *or* at dead of night; **im ~en/~sten Winter** in the depths of winter; **im ~sten Mittelalter** in the depths of the middle Ages. **2.** *adv.* **a)** *(weit unten)* deep; **100 m ~ in/unter der Erde** 100 metres [down] under the earth; **er war ~ in Gedanken** he was deep in thought; **die Mütze saß ihm ~ in der Stirn** the cap was low over his forehead; **b)** *(weit nach unten)* ⟨*dig, drill*⟩ deep; ⟨*fall, sink*⟩ a long way; ⟨*stoop, bow*⟩ low; **~er graben/bohren** dig/drill deeper *or* more deeply; **ein ~ ausgeschnittenes Kleid** a low-cut dress; *s. auch* [1]**Glas b; c)** *(in nur geringer Höhe)* ⟨*fly, hover, etc.*⟩ low; ~

liegen be at a lower level; **er wohnt einen Stock ~er** he lives one floor down; **d)** *(nach unten)* ⟨*hang etc.*⟩ low; **~er gehen** ⟨*pilot*⟩ go lower ; **einen Stock ~er gehen** go one floor down; **~ herabhängende Äste** low-hanging branches; **e)** *(weit innen)* deep; **~ in Afrika/im Dschungel** deep in Africa/in the jungle; **f)** *(weit nach innen)* deep; ⟨*breathe, inhale*⟩ deeply; **er sah ihr ~ in die Augen** he looked deep into her eyes; **~er ins All vorstoßen** push deeper into space; **bis ~ in die Nacht/in den Winter** *(fig.)* until deep *or* late into the night/well into winter; **das geht bei ihm nicht sehr ~** *(ugs.)* it doesn't go very deep with him; **g) er sprach ganz ~:** he spoke in a deep voice; **zu ~ gestimmt** tuned too low; **zu ~ singen** sing flat; **er spielt das Lied ~er/eine Terz ~er** he plays the song in a lower key *or* lower/a third lower; **h)** *(intensiv, stark)* ⟨*feel etc.*⟩ deeply; ⟨*sleep*⟩ deeply, soundly

**Tief das; ~s, ~s** *(Met.)* low; depression; *(fig.)* low

**tief-, Tief-: ~bau der;** *o. Pl.* civil engineering *no art.* *(at or below ground level)*; **~betrübt** *Adj. (präd. getrennt geschrieben)* deeply distressed *or* saddened; **~bewegt** *Adj. (präd. getrennt geschrieben)* deeply moved; **~blau** *Adj.* deep blue; **[1]~druck der;** *o. Pl. (Met.)* low pressure; **[2]~druck der;** *Pl.* **~drucke a)** *o. Pl.* intaglio *or* gravure [printing]; **b)** *(Erzeugnis)* intaglio *or* gravure [print]; **~druck·gebiet das** *(Met.)* area of low pressure; depression

**Tiefe die; ~, ~n a)** *(Ausdehnung, Entfernung nach unten)* depth; **eine ~ von 300 m** a depth of 300 metres; **in großen ~n** at great depths; **b)** *(weit unten, im Innern gelegener Bereich; auch fig.)* depths *pl.*; **in die ~ stürzen** plunge into the depths; **in der ~ ihres Herzens** *(fig.)* deep down in her heart; *s. auch* **Höhe h; c)** *(Ausdehnung nach hinten)* depth; **der Schrank hat eine ~ von 60 cm** the cupboard is 60 cm deep; **d)** *o. Pl. s.* **tief 1 c:** depth; intensity; greatness; **e)** *(von Tönen, Klängen, Stimmen)* deepness; **f)** *o. Pl. (fig.: Tiefgründigkeit)* depth; profundity; **g)** *Pl. (Akustik)* bass *sing.*; **h)** *(Geogr.: Meeres~)* deep

**Tief·ebene die** *(Georgr.)* lowland plain

**tief·empfunden** *Adj. (präd. getrennt geschrieben)*; **tiefer empfunden, am tiefsten empfunden** *od.* **tiefstempfunden** deep[ly]-felt; heartfelt ⟨*thanks, sympathy*⟩

**Tiefen-: ~gestein das** *(Geol.)* plutonic rock; **~psychologie die** depth psychology *no art.*; **~schärfe die** *(Fot.) s.* **Schärfentiefe; ~wirkung die a)** deep action; **b)** *(optisch)* effect of depth

**tief-, Tief-: ~ernst 1.** *Adj.* deadly serious; **2.** *adv.* deadly seriously; **~flieger der** low-flying aircraft; **~flug der** low-altitude flight *no art.*; flying *no art.* at low altitude; **im ~flug** at low altitude; **~gang der** *(Schiffbau)* draught; *(fig.)* depth; **~garage die** underground car park; **~gefrieren** *unr. tr. V.* [deep-]freeze; **~gehend; tiefer gehend, am tiefsten gehend** *od.* **tiefstgehend, ~greifend; tiefer greifend, am tiefsten greifend** *od.* **tiefstgreifend 1.** *Adj.* profound; far-reaching; profound, deep ⟨*crisis*⟩; far-reaching ⟨*improvement*⟩; **2.** *adv.* profoundly; **~gründig** [~grʏndɪç] **1.** *Adj.* profound; **2.** *adv.* ⟨*discuss, examine*⟩ in depth; **~gründigkeit die; ~:** profundity; **~kühlen** *tr. V.* [deep-]freeze

**Tief·kühl-: ~fach das** freezer [compartment]; **~kost die** frozen food; **~truhe die** [chest] freezer *or* deep-freeze

**tief-, Tief-: ~lader der** low-loader; **~land das;** *Pl.* **~länder** *od.* **~lande** lowlands *pl.*; **~liegend** *Adj.; nicht präd.*; **tiefer liegend, am tiefsten liegend** *od.* **tiefstliegend** low-lying ⟨*area*⟩; deep-set ⟨*eyes*⟩; **~punkt der a)** *(fig.)* low [point]; **b)** *(Math.: Minimum)* minimum; **~religiös** *Adj.* deeply religious; **~schlaf der** deep sleep; **~schlag der** *(Boxen)* low punch; punch below the belt *(lit. or fig.)*; **~schürfend; tiefer schürfend, am tiefsten schürfend** *od.* **tiefstschürfend 1.** *Adj.* profound; **2.** *adv.* profoundly; **~schwarz** *Adj.* jet-black; **~see die** *(Geogr.)* deep sea; **~see·graben der** deep-sea trench; **~sinn der;** *o. Pl.* profundity; **~sinnig 1.** *Adj.* profound; **2.** *adv.* profoundly; **~stand der** *(auch fig.) (tiefer Stand)* low level; *(tiefster Stand)* lowest level; **~stapelei** [~ʃtaːpəˈlai] **die; ~:** understatement; **~|stapeln** *itr. V.* understate the case; *(aus Bescheidenheit)* be modest; **~stehend** *Adj.; nicht präd.*; **tiefer stehend, am tiefsten stehend** *od.* **tiefststehend: die ~stehende Sonne** the sun low down on the horizon; **ein moralisch ~stehender Mensch** a person of little moral principle; **~strahler der** floodlight

**Tiefst-: ~temperatur die** minimum *or* lowest temperature; **~wert der** minimum *or* lowest value

**tief-: ~traurig** *Adj.* very *or* deeply sad; **~verschneit** *Adj. (präd. getrennt geschrieben)* covered in deep snow *postpos.*; deep in snow *postpos.*

**Tiegel** [ˈtiːgl̩] **der; ~s, ~** *(zum Kochen)* pan; *(Schmelz~)* crucible; *(Behälter)* pot

**Tier** [tiːɐ̯] **das; ~[e]s, ~e** animal; *(in der Wohnung gehaltenes)* pet; **niedere/höhere ~e** lower/higher animals; **er ist ein ~** *(fig.)* he is an animal; **das ist das ~ im Menschen** that's the beast in man; **ein hohes** *od.* **großes ~** *(ugs.)* a big noise *(sl.) or* shot *(sl.)*

**tier-, Tier-: ~art die** animal species; species of animal; **~arzt der** veterinary surgeon; vet; **~ärztlich 1.** *Adj.; nicht präd.* veterinary; **2.** *adv.* by a veterinary surgeon/veterinary surgeons; **~asyl das** animal home

**Tierchen das; ~s, ~:** [little] animal; **was für ein possierliches ~!** what a funny little creature!; **jedem ~ sein Pläsierchen** *(ugs.)* each to his own; if that's what he/she wants

**Tier-: ~fabel die** animal fable; **~fänger der** animal-collector; **~freund der** animal-lover; **~garten der** zoo; zoological garden; **~geschichte die** animal story

**tierhaft** *Adj.* animal *attrib.* ⟨*behaviour, warmth, etc.*⟩

**Tier-: ~halter der** animal-owner; **~halter sein** keep an animal/animals; **~haltung die;** *o. Pl.* keeping of animals; **~handlung die** pet shop; **~heil·kunde die** *s.* **~medizin; ~heim das** animal home

**tierisch 1.** *Adj.* **a)** animal *attrib.*; bestial, savage ⟨*cruelty, crime*⟩; **b)** *(ugs.: unerträglich groß)* terrible *(coll.)*; **~er Ernst** deadly seriousness; **c)** *(Jugendspr.: sehr gut, sehr schön)* great *(coll.)*. **2.** *adv.* **a)** ⟨*roar*⟩ like an animal; savagely ⟨*cruel*⟩; **b)** *(ugs.: unerträglich)* terribly *(coll.)*; deadly ⟨*monotonous, serious*⟩; baking ⟨*hot*⟩; perishing *(coll.)* ⟨*cold*⟩; **c)** *(Jugendspr.: sehr)* really; **es hat ~ Spaß gemacht** it was great fun

**tier-, Tier-: ~kind das** baby animal; **~kreis der;** *o. Pl. (Astron., Astrol.)* zodiac; **~kreis·zeichen das** *(Astron., Astrol.)* sign of the zodiac; **er ist im ~kreiszeichen der Jungfrau geboren** he was born under [the sign of] Virgo; **~kunde die** zoology *no art.*; **~lieb** *Adj.* animal-loving *attrib.*; fond of animals *postpos.*; **~liebe die;** *o. Pl.* love of animals; **~liebend** *Adj. s.* **~lieb; ~medizin die;** *o. Pl.* veterinary medicine; **~park der** zoo; **~pfleger der** animal-keeper; **~quäler der; ~s, ~:** person who is cruel to animals; **ein ~quäler sein** be cruel to animals; **~quälerei** [---'-] **die** cruelty to animals; **das ist ~quälerei** *(fig. ugs. scherzh.)* that's cruelty to dumb animals *(joc.)*; **~reich das;** *o. Pl.* animal kingdom; **~schau die** menagerie; **~schützer der; -s, ~:** animal protectionist; animalist; **~schutz·verein der** society for the prevention of cruelty to animals; animal protection society; **~versuch der** animal experiment; **~welt die** fauna; **~zucht die;** *o. Pl.* [animal] breeding *no art.*

**Tiger** [ˈtiːgɐ] **der; ~s, ~:** tiger

**Tiger-: auge das** tiger['s] eye; **~hai der** tiger shark

**Tigerin die; ~, ~nen** tigress

**Tiger·katze die** tiger-cat; margay

**tigern** *itr. V.; mit sein (ugs.)* walk; go

**Tilde** [ˈtɪldə] **die; ~, ~n** tilde

**tilgen** [ˈtɪlgn̩] *tr. V.* **a)** *(geh.)* delete ⟨*word, letter, error*⟩; erase ⟨*record, endorsement*⟩; *(fig.)* wipe out ⟨*shame, guilt, traces*⟩; **b)** *(Wirtsch., Bankw.)* repay; pay off

**Tilgung die; ~, ~en a)** *(geh.) s.* **tilgen a:** deletion; erasure; wiping out; **b)** *(Wirtsch., Bankw.)* repayment

**Till** [tɪl] **(der)** *in* **~ Eulenspiegel** Till Eulenspiegel; *(fig.)* practical joker

**Tilsiter** [ˈtɪlzɪtɐ] **der; ~s, ~:** Tilsit [cheese]

**Timbre** [ˈtɛ̃ːbr(ə)] **das; ~s, ~s** timbre

**timen** [ˈtaimən] *tr. V.* time

**Timing** [ˈtaimɪŋ] **das; ~s, ~s** timing

**tingeln** [ˈtɪŋl̩n] *itr. V.* **a)** play the [small] clubs/theatres/pubs *etc.*; **b)** *mit sein* **er tingelte durch die Hamburger Clubs** he played the Hamburg clubs

**Tingeltangel** [ˈtɪŋl̩taŋl̩] **das** *od.* **der; ~s, ~** *(veralt. abwertend)* **a)** *(Lokal)* cheap nightclub/dance-hall; honky-tonk *(coll.)*; **b)** *(Unterhaltung)* cheap night-club entertainment

**Tinktur** [tɪŋkˈtuːɐ̯] **die; ~, ~en** tincture

**Tinnef** [ˈtɪnɛf] **der; ~s** *(ugs. abwertend)* **a)** *(wertloses Zeug)* rubbish; junk; **b)** *(Unsinn)* rubbish; nonsense

**Tinte** [ˈtɪntə] **die; ~, ~n** ink; **das ist klar wie dicke ~** *(ugs.)* that's as clear as daylight; that's crystal-clear; **in der ~ sitzen** *(ugs.)* be in the soup *(coll.)*

**tinten-, Tinten-: ~blau** *Adj.* deep blue; **~faß das** ink-pot; *(eingelassen)* ink-well; **~fisch der** cuttlefish; *(Kalmar)* squid; *(Krake)* octopus; **~fleck der** ink stain; **~klecks der** ink blot; **~kleckser der** *(ugs. abwertend)* scribbler; **~stift der** *s.* **Kopierstift**

**Tip** [tɪp] **der; ~s, ~s a)** *(ugs.: Fingerzeig)* tip; *(an die Polizei)* tip-off; **b)** *(bei Toto, Lotto usw.)* [row of] numbers

**Tippel·bruder** [ˈtɪpl̩-] **der** *(fam.)* tramp

**tippeln** *itr. V.; mit sein (ugs.)* walk; **wir mußten nach Hause ~:** we had to foot it home

**tippen** [ˈtɪpn̩] **1.** *itr. V.* **a) an/gegen etw.** *(Akk.)* **~:** tap sth.; **an seine Mütze ~:** touch one's cap; **sich** *(Dat.)* **an die Stirn ~:** tap one's forehead; **aufs Gaspedal ~:** touch the accelerator; **daran ist nicht zu ~** *(ugs.)* there's no question about that; **b)** *(ugs.: maschineschreiben)* type; **c)** *(ugs.: vermuten)* reckon; **auf jmds. Sieg ~:** tip sb. to win; **darauf hätte ich nicht getippt** I hadn't reckoned with that; **du hast gut/richtig getippt** you were right; **d)** *(wetten)* do the pools/lottery *etc.*; **im Lotto ~:** do the lottery. **2.** *tr. V.* **a)** tap; **jmdn. auf die Schulter ~:** tap sb. on the shoulder; **b)** *(ugs.: mit der Maschine schreiben)* type; **c)** *(bei der Registrierkasse)* ring up; **d)** *(setzen auf)* choose; **sechs Richtige ~:** make six correct selections

**Tipper der; ~s, ~:** person who does the pools/lottery *etc.*

**Tipp-: ~fehler der** typing error *or* mistake; **~gemeinschaft die** poools/lottery *etc.* syndicate; **~schein der** [pools/lottery *etc.*] coupon

**Tippse** [ˈtɪpsə] **die; ~, ~n** *(ugs. abwertend)* typist

**tipp, tapp** *Interj.* pitter-patter; pit-a-pat

**tipp·topp** *(ugs.)* **1.** *Adj. (tadellos)* immaculate; *(erstklassig)* tip-top. **2.** *adv.* immaculately; **~ in Ordnung** in immaculate *or* tip-top order

**Tipp·zettel der** *(ugs.) s.* Tippschein

**Tirade** [ti'ra:də] **die; ~, ~n** *(geh. abwertend)* interminable speech; **sich in langen ~n ergehen** talk interminably

**tirilieren** [tiri'li:rən] *itr. V.* trill; warble

**Tirol** [ti'ro:l] **(das); ~s** [the] Tyrol

**Tiroler der; ~s, ~, Tirolerin die; ~, ~nen** Tyrolese; Tyrolean

**Tisch** [tɪʃ] **der; ~[e]s, ~e a)** table; *(Schreib~)* desk; **er zahlte bar auf den ~:** he paid cash down; **vor/nach ~:** before/after lunch/dinner/the meal *etc.*; **bei ~ sein** *od.* **sitzen** be at table; **zu ~ sein** be having one's lunch/dinner *etc.*; **zu ~ gehen** go to lunch/dinner *etc.*; **vom ~ aufstehen** get up from the table; ‹*child*› get down [from the table]; **bitte zu ~:** please take your places for lunch/dinner; **es wird gegessen, was auf den ~ kommt!** [you'll] eat what's put on the table!; **ein Gespräch am runden ~:** round-table talks *pl.*; **b)** *(fig.)* **am grünen ~, vom grünen ~ aus** merely academically; **reinen ~ machen** *(ugs.)* clear things up; sort things out; **reinen ~ mit etw. machen** *(ugs.)* clear sth. up; sort sth. out; **sich [mit jmdm.] an einen ~ setzen** get round the table [with sb.]; **auf den ~ hauen** *(ugs.)* take a hard line; **etw. auf den ~ legen** *(Angebot machen)* put sth. on the table; *(bezahlen)* lay sth. out; **jmdn. über den ~ ziehen** *(ugs.)* outmanœuvre sb.; **unter den ~ fallen** *(ugs.)* go by the board; **jmdn. unter den ~ trinken** *(ugs.)* drink sb. under the table; **die Füße** *od.* **Beine unter jmds. ~** *(Akk.)* **strecken** *(ugs.)* live under sb.'s roof and eat at sb.'s table; **vom ~ sein** *(ugs.)* be out of the way; ‹*subject, topic*› be closed; *s. auch* **fegen 1 b**

**Tisch·bein das** table-leg; leg of the table

**Tischchen das; ~s, ~:** [little] table

**Tisch-: ~dame die** dinner partner; **~decke die** table-cloth; **~feuerzeug das** table lighter; **~fußball der** table-football; **~gebet das** grace; **ein/das ~gebet sprechen** say grace; **~gespräch das** breakfast/lunch/dinner conversation; **~herr der** dinner partner; **~karte die** place card; **~lampe die** table-lamp

**Tischlein·deck·dich das; ~:** easy life; **was er sucht, ist so eine Art ~:** he's looking to get on the gravy train *(sl.)*

**Tischler der; ~s, ~:** joiner; *(bes. Kunst~)* cabinet-maker

**Tischlerei die; ~, ~en a)** *(Werkstatt)* joiner's/cabinet-maker's [workshop]; **b)** *o. Pl. (Handwerk)* joinery/cabinet-making

**tischlern 1.** *itr. V.* do woodwork. **2.** *tr. V.* make ‹*shelves, cupboard, etc.*›

**Tisch-: ~manieren** *Pl.* table manners; **~nachbar der** person next to one [at table]; **wer ist dein ~nachbar?** who is sitting next to you?; **~platte die** table-top; **~rede die** after-dinner speech; **~rücken das; ~s** table-turning *no art. or* -lifting *no art.*; **~tennis das** table tennis

**Tisch·tennis-: ~platte die** table-tennis table; **~schläger der** table-tennis bat

**Tisch-: ~tuch das;** *Pl.* **~tücher** table-cloth; **~vor·lage die** hand-out; **~wäsche die** table-linen; **~wein der** table wine; **~zeit die** lunch-time; **wir haben eine halbe Stunde ~zeit** we have half an hour for lunch

**[1]Titan** [ti'ta:n] **der; ~en, ~en** *(Myth., fig.)* Titan

**[2]Titan das; ~s** *(Chemie)* titanium

**titanenhaft** *Adj.* titanic

**titanisch** *Adj. (Myth., fig.)* titanic

**Titel** ['ti:tl̩] **der; ~s, ~ a)** title; **unter dem ~ „...“** under the title '...'; **b)** *(ugs.: Musikstück, Song usw.)* number

**Titel-: ~an·wärter der** *(Sport)* title contender; contender for the title; **~bild das a)** cover picture; **b)** *(Frontispiz)* frontispiece; **~blatt das** title-page

**Titelei die; ~, ~en** *(Buchw.)* prelims *pl.*

**Titel-: ~geschichte die** cover story *or* article; **~held der** eponymous hero; **~kampf der** *(Sport)* final; *(Boxen)* title fight; **~rolle die** title-role; **~schutz der;** *o. Pl. (Rechtsw.)* copyright *(in a title)*; **~seite die a)** *(einer Zeitung, Zeitschrift)* [front] cover; **b)** *(eines Buchs)* title-page; **~sucht die** mania for titles; **~träger der a)** titled person; person with a title; **b)** *(Sport)* title-holder; **~verteidiger der** *(Sport)* title-holder; *(Mannschaft)* title-holders *pl.*

**Titoismus** [tito'ɪsmʊs] **der; ~** *(Politik)* Titoism *no art.*

**Titte** ['tɪtə] **die; ~, ~n** *(derb)* tit *(coarse)*

**titulieren** [titu'li:rən] *tr. V.* **a)** *(bezeichnen)* call; **jmdn. als** *od.* **mit „Flasche“ ~:** call sb. a dead loss *(coll.)*; **b)** *(veralt.: mit dem Titel anreden)* address; **jmdn. [als** *od.* **mit] Herr Doktor ~:** address sb. as Doctor

**Titulierung die; ~, ~en a)** *(Bezeichnung)* name; **gegen seine ~ als ... hatte er nichts einzuwenden** he had no objection to being called ...; **b)** *(veralt.: Anrede mit dem Titel, Nennung des Titels)* title

**Tizian** ['ti:tsia:n] **(der); ~s** Titian

**tizianrot** *Adj.* Titian [red]

**tja** [tja(:)] *Interj.* [yes] well; *(Resignation ausdrückend)* oh, well

**Toast** [to:st] **der; ~[e]s, ~e** *od.* **~s a)** *(getoastetes Brot)* toast; *(Scheibe ~)* piece of toast; **b)** *(Trinkspruch)* toast

**Toast·brot das;** *o. Pl.* [sliced white] bread for toasting

**toasten** *tr. V.* toast

**Toaster der; ~s, ~:** toaster

**Tobak** ['to:bak] **der; ~s in starker ~ sein** *(ugs.)* be a bit thick *(Brit. coll.) or (coll.)* much; *s. auch* **Anno**

**Tobel** ['to:bl̩] **der** *od.* **das** (*österr.* **das**)**; ~s, ~** *(Geogr., österr., schweiz., südd.)* ravine

**toben** ['to:bn̩] *itr. V.* **a)** go wild (**vor** + *Dat.* with); *(fig.)* ‹*storm, sea, battle*› rage; **wie ein Wilder** *od.* **Berserker ~:** go wild *or* berserk; **b)** *(tollen)* romp *or* charge about; **c)** *mit sein (laufen)* charge

**Toberei die; ~:** romping *or* charging about

**tob-, Tob-: ~sucht die;** *o. Pl.* frenzied *or* mad rage; [mad] frenzy; **~süchtig** *Adj.* frenzied; raving mad; **~suchts·anfall der** fit of frenzied *or* mad rage; **einen ~suchtsanfall bekommen** *od.* **erleiden** fly into a fit of frenzied rage *or* into a frenzy

**Toccata** [tɔ'ka:ta] *s.* **Tokkata**

**Tochter** ['tɔxtɐ] **die; ~, Töchter** ['tœçtɐ] **a)** daughter; **die ~ des Hauses** the daughter *or* young lady of the house; **Ihre Frau/Ihr Fräulein ~:** your daughter; **höhere ~:** young lady; **b)** *(schweiz.: Mädchen, Bedienstete)* girl; **c)** *(Wirtschaftsjargon)* subsidiary

**Töchterchen** ['tœçtɐçən] **das; ~s, ~:** little daughter; *(Kleinkind)* baby daughter

**Tochter-: ~geschwulst die** *(Med.)* secondary tumour; **~gesellschaft die** *(Wirtsch.)* subsidiary [company]

**Tod** [to:t] **der, ~[e]s, ~e** *(auch fig.)* death; **es wäre unser aller sicherer ~:** it would mean certain death for us all; **diese Krankheit führt zum ~:** this illness is fatal; **eines natürlichen/gewaltsamen ~es sterben** die a natural/violent death; **jmdn. zum ~e/zum ~ durch den Strang/zum ~ durch Erschießen verurteilen** sentence sb. to death/to death by hanging/to death by firing-squad; **~ durch Ersticken/Erfrieren** death by suffocation/freezing to death; **jmdm. den ~ wünschen** wish sb. dead; **bis in den ~:** till death; **das ist kein schöner ~:** that's not a pleasant way to die; **in den ~ gehen** go to one's death; **für jmdn./etw. in den ~ gehen** die for sb./sth.; **jmdn. vom ~[e] erretten** save sb.'s life; **sich zu ~e stürzen/trinken** fall to one's death/drink oneself to death; **zu ~e kommen, den ~ finden** die; lose one's life; **des ~es sein** *(veralt.)* be doomed; **jmdn./etw. auf den ~ nicht leiden/ausstehen können** *(ugs.)* not be able to stand or abide sb./sth.; **er haßte ihn auf den ~:** he utterly detested him; **sich zu ~e schämen/langweilen** be utterly ashamed/bored to death; **zu ~e betrübt** extremely distressed; **etw. zu ~e reiten** *(fig. ugs.)* flog sth. to death *(coll.)*; **tausend ~e sterben** *(ugs.)* die a thousand deaths; **sich** *(Dat.)* **den ~ holen** *(ugs.)* catch one's death [of cold]; **der Schwarze ~:** the Black Death; **der Weiße ~:** death in the snow; **~ und Teufel!** *(veralt.)* by the devil!; **weder ~ noch Teufel fürchten** fear nothing

**tod-: ~bringend** *Adj.* fatal ‹*illness, disease, etc.*›; deadly, lethal ‹*poison etc.*›; **~elend** *Adj.* utterly miserable; **~ernst 1.** *Adj.* deadly serious; **2.** *adv.* deadly seriously; **etw. ~ernst sagen** say sth. in deadly seriousness

**todes-, Todes-: ~ahnung die** presentiment *or* premonition of death; **~angst die a)** fear of death; **b)** *(große Angst)* extreme fear; **~ängste ausstehen** be scared to death; **~anzeige die a)** *(in einer Zeitung)* death notice; **„~anzeigen“** 'Deaths'; **b)** *(Karte)* card announcing a person's death; **~art die: eine schreckliche ~:** a terrible way to die; **~erklärung die** *(Rechtsw.)* declaration of death *(of missing person)*; **~fall der a)** death; *(in der Familie)* bereavement; **b)** *(Versicherungsw.)* **im ~fall** in [the] case *or* in the event of death; **~folge die;** *o. Pl. (Rechtsw.)* **Körperverletzung mit ~folge** physical injury resulting in death; **~furcht die** *(geh.)* fear of death; **~gefahr die** mortal danger; **~jahr das** year of death; **in seinem ~jahr** in the year of his death; **~kampf der** death throes *pl.*; **~kandidat der** *(Verurteilter)* condemned man/woman; *(Schwerkranker)* terminal case; **~mutig 1.** *Adj.* utterly fearless; **2.** *adv.* utterly fearlessly; **~nachricht die** the news of his/her/their *etc.* death; **~not die** *(geh.)* mortal danger; **in ~not** *od.* **~nöten** in mortal danger; **~opfer das** death; fatality; **der Unfall forderte drei ~opfer** the accident claimed three lives; **~qual die** *(geh.)* [terrible] agony; **~schrei der** death cry; **~schuß der** fatal shot; **war die Abgabe eines ~schusses zulässig?** was it permissible to shoot to kill?; **~schütze der** person who fired the fatal shot; *(Attentäter)* assassin; killer; **~sehn·sucht die** longing to die; **~spirale die** *(Eis-, Rollkunstlauf)* death spiral; **~stoß der** death-blow; **jmdm./*(fig.)* einer Sache den ~stoß geben** deal sb. the death-blow/the death-blow to sth.; **~strafe die** death penalty; **~streifen der** death strip; **~stunde die** hour of death; **~tag der: sein ~tag** the date of his death; **~ursache die** cause of death; **~urteil das** death sentence; **~verachtung die** [utter] fearlessness in the face of death; **etw. mit ~verachtung essen/trinken** *(ugs.)* force sth. down [without showing one's distaste]; **~zelle die** death cell

**tod-, Tod-: ~feind** *Adj.; nicht attr.* **jmdm./sich** *od.* **einander ~feind sein** be sb.'s deadly enemy/be deadly enemies; **~feind der** deadly enemy; **~geweiht** *Adj. (geh.)* doomed [to die]; **~krank** *Adj.* critically ill

**tödlich** ['tø:tlɪç] **1.** *Adj.* **a)** fatal ‹*accident, illness, outcome, etc.*›; lethal, deadly ‹*poison, bite, shot, trap, etc.*›; lethal ‹*dose*›; deadly, mortal ‹*danger*›; **b)** *(sehr groß, ausgeprägt)* deadly. **2.** *adv.* **a)** fatally; **er ist ~ verunglückt/abgestürzt** he was killed in an accident/he fell to his death; **die Krankheit verläuft in der Regel ~:** the illness is usually fatal; **b)** *(sehr)* terribly *(coll.)*; **sich ~ langweilen** be bored stiff *or* to death *(coll.)*

**tod-, Tod-: ~müde** *Adj.* dead tired; **~schick** *(ugs.)* **1.** *Adj.* dead smart *(coll.)*; **2.** *adv.* dead smartly *(coll.)*; **~sicher** *(ugs.)* **1.** *Adj.* sure-fire *(coll.)* ‹*system, method, tip, etc.*›; **eine ~sichere Sache** a dead certainty *or (coll.)* cert; **2.** *adv.* for certain *or* sure;

**~sterbens·krank** *Adj. (ugs.)* critically ill; **~sünde die** *(auch fig.)* deadly *or* mortal sin; **~traurig 1.** *Adj.* extremely sad; **2.** *adv.* extremely sadly; with extreme sadness; **~unglücklich** *Adj. (ugs.)* extremely *or* desperately unhappy

**Toffee** ['tɔfi] **das; ~s, ~s** toffee

**Toga** ['to:ga] **die; ~, Togen** toga

**Togo** ['to:go] **(das); ~s** Togo

**Togoer der; ~s, ~:** Togolese

**togoisch** *Adj.* Togolese

**Tohuwabohu** ['to:huva'bo:hu] **das; ~s, ~s** chaos; **im ganzen Haus war ein großes ~:** the whole house was in total *or* utter chaos

**Toilette** [toa'lɛtə] **die; ~, ~n a)** toilet; lavatory; **auf die** *od.* **zur ~ gehen** go to the toilet *or* lavatory; **eine öffentliche ~:** a public lavatory *or* convenience; **b)** *o. Pl. (geh.: das Sichzurechtmachen)* toilet; **~ machen** make one's toilet; **c)** *(geh.: Aufzug)* dress; toilet *(arch.)*; **in großer ~:** in full dress

**Toilette-** *(österr.)*, **Toiletten-: ~artikel der** toiletry; **~becken das** lavatory *or* toilet bowl *or* pan; **~frau die, ~mann der** lavatory attendant; **~papier das** toilet paper; **~seife die** toilet soap; **~sitz der** lavatory *or* toilet seat

**toi, toi, toi** ['tɔy 'tɔy 'tɔy] *Interj.* **a)** *(gutes Gelingen!)* good luck!; **~ für deine Prüfung!** good luck in your exam! *(coll.)*; **b)** *(unberufen!)* touch wood!

**Tokaier** [to'kaiɐ] **der; ~s ~:** Tokay

**Tokio** ['to:kio] **(das); ~s** Tokyo

**Tokioter** [to'kio:tɐ] **1. der; ~s, ~:** Tokyoite. **2.** *Adj.; nicht präd.* Tokyo *attrib.*; *s. auch* **Kölner**

**Tokkata** [tɔ'ka:ta] **die; ~, Tokkaten** *(Musik)* toccata

**tolerant** [tole'rant] **1.** *Adj.* tolerant **(gegen** of). **2.** *adv.* tolerantly

**Toleranz die; ~, ~en a)** *o. Pl. (auch Med.)* tolerance; **b)** *(Technik)* tolerance

**Toleranz·grenze die a)** limit of tolerance; **b)** *(Med.)* tolerance level; **c)** *(Technik)* tolerance limit

**tolerierbar** *Adj.* tolerable

**tolerieren** [tole'ri:rən] *tr. V.* tolerate

**toll** [tɔl] **1.** *Adj.* **a)** *(ugs.) (großartig)* great *(coll.)*; fantastic *(coll.)*; *(erstaunlich)* amazing; *(heftig, groß)* enormous ⟨*respect*⟩; terrific *(coll.)* ⟨*noise, storm*⟩; **b)** *(wild, ausgelassen, übermütig)* wild; wild, mad ⟨*tricks, antics*⟩; **die [drei] ~en Tage** the [last three] days of Fasching; **c)** *(ugs.: schlimm, übel)* terrible *(coll.)*; **d)** *(veralt.) s.* **verrückt 1 a**; **e)** *(veralt.: tollwütig)* rabid. **2.** *adv.* **a)** *(ugs.: großartig)* terrifically well *(coll.)*; **~ hast du das gemacht** you've made a great job of that *(coll.)*; **b)** *(ugs.: heftig, sehr)* ⟨*rain, snow*⟩ like billy-o *(coll.)*; **es regnet immer ~er** it's chucking it down harder and harder *(coll.)*; **c)** *(wild, ausgelassen, übermütig)* **bei dem Fest ging es ~ zu** it was a wild party; **d)** *(ugs.: schlimm, übel)* **treibt es nicht zu ~:** don't go too mad; **aber es kommt noch ~er** but that's not all

**Tolle die; ~, ~n** quiff

**tollen** *itr. V.* **a)** romp about; **b)** *mit sein* romp

**Tollerei die; ~, ~en** *(ugs.)* romping about

**Toll·haus das** *(veralt.)* lunatic asylum *(Hist.)*; **hier geht es ja zu wie in einem ~:** it's like a madhouse here

**Tollheit die; ~, ~en** *(veralt.) s.* **Verrücktheit**

**toll-, Toll-: ~kirsche die** Atropa; **Schwarze ~kirsche** deadly nightshade; belladonna; **~kühn 1.** *Adj.* daredevil *attrib.*; daring; **2.** *adv.* daringly; **~kühnheit die a)** *o. Pl.* daring; **b)** *(tollkühne Handlung)* daredevil *or* daring exploit; **~wut die** rabies *sing.*; **~wütig** *Adj.* rabid

**Tolpatsch** [tɔlpatʃ] **der; ~[e]s, ~e** *(ugs.)* clumsy *or* awkward creature

**tolpatschig** *(ugs.)* **1.** *Adj.* clumsy; awkward. **2.** *adv.* clumsily; awkwardly

**Tölpel** ['tœlpḷ] **der; ~s, ~ a)** *(abwertend; einfältiger Mensch)* fool; **b)** *(Zool.) (Gattung Sula)* booby; *(Gattung Morus)* gannet

**tölpelhaft** *(abwertend)* **1.** *Adj.* foolish. **2.** *adv.* foolishly

**Tomahawk** ['tɔmaha:k] **der; ~s, ~s** tomahawk

**Tomate** [to'ma:tə] **die; ~, ~n** tomato; **du hast wohl ~n auf den Augen!** *(salopp)* you must be blind!; **er wurde rot wie eine ~** *(ugs. scherzh.)* he turned *or* went as red as a beetroot; **du [bist vielleicht eine] treulose ~** *(ugs. scherzh.)* a fine friend you are

**Tomaten-** tomato ⟨*juice, salad, sauce, soup, etc.*⟩

**Tomaten·mark das** tomato purée

**tomaten·rot** *Adj.* brilliant red

**Tombola** ['tɔmbola] **die; ~, ~s** *od.* **Tombolen** raffle

**Tommy** ['tɔmi] **der; ~s, ~s** *(ugs.: Engländer)* Tommy

**Tomographie** [tomogra'fi:] **die; ~** *(Med.)* tomography *no art.*

[1]**Ton** [to:n] **der; ~[e]s, ~e** clay

[2]**Ton der; ~[e]s, Töne** ['tø:nə] **a)** *(auch Physik, Musik; beim Telefon)* tone; *(Klang)* note; **der ~ macht die Musik** *(fig. ugs.)* it's not what you say but the way that you say it; **den ~ angeben** *(Musik)* give the note; *(fig.) (in der Mode, Kunst usw.)* set the tone; *(in einer Gruppe o. ä.)* have the most *or* greatest say; **jmdn./etw. in den höchsten Tönen loben** praise sb./sth. to the skies; **b)** *(Film, Ferns. usw., ~wiedergabe)* sound; **~ ab!** turn over sound!; **~ läuft** sound running; **c)** *(Sprechweise, Umgangs~)* tone; **den richtigen ~ finden** strike the right note; **ich verbitte mir diesen ~!** I will not be spoken to like that!; **sich im ~ vergreifen** adopt the wrong tone; strike the wrong note; **einen unverschämten/frechen** *usw.* **~ anschlagen** adopt an impudent/a cheeky tone; **der gute ~:** good form; **das gehört zum guten ~:** it is considered good form; **hier gehört es zum guten ~, ... zu ...** *(iron.)* here it's the done thing to ... *(coll.)*; **d)** *(ugs.: Äußerung)* word; **ich möchte keinen ~ mehr hören** I don't want to hear another word; **er konnte keinen ~ herausbringen** he couldn't say a word; **hast du/hat der Mensch [da noch] Töne?** that's just unbelievable; **große Töne reden** *od.* **spucken** *(ugs.)* talk big; **e)** *(Farb~)* shade; tone; **~ in ~ gehalten** colour co-ordinated; **f)** *(Akzent)* stress; **g)** *(Sprachw.: ~höhe)* tone

**Ton·abnehmer der; ~s, ~:** pick-up

**tonal** [to'na:l] *(Musik) Adj.* tonal

**Tonalität** [tonali'tɛ:t] **die; ~** *(Musik)* tonality

**ton-, Ton-: ~angebend** *Adj.* predominant; **~angebend sein** *(in der Mode, Kunst usw.)* set the tone; *(in einer Gruppe o. ä.)* have the most *or* greatest say; **~arm der** pick-up arm; **~art die a)** *(Musik)* key; **b)** *(fig.)* tone; **eine andere/schärfere** *usw.* **~art anschlagen** take a stronger *or* tougher line; **~aufnahme die** [sound] recording; **~band das;** *Pl.* **~bänder a)** tape; **b)** *(ugs.: ~bandgerät)* tape recorder

**Ton·band-: ~aufnahme die** tape recording; **~gerät das** tape recorder; **~protokoll das** tape transcript

**Ton-: ~blende die** *(Rundf., Ferns.)* tone control; **~dichtung die** tone-poem

**tonen** *tr. V. (Fot.)* tone

**tönen** ['tø:nən] **1.** *itr. V.* **a)** *(geh.)* sound; ⟨*bell*⟩ sound, ring; *(schallen, widerhallen)* resound; **mit ~der Stimme** in a resounding voice; **~de Worte/Phrasen** empty words/phrases; **b)** *(ugs. abwertend)* boast. **2.** *tr. V. (färben)* tint

**Ton·erde die** *s.* **essigsauer**

**tönern** ['tø:nɐn] *Adj.; nicht präd.* clay; *s. auch* **Fuß c**

**Ton-: ~fall der** tone; *(Intonation)* intonation; **~film der** sound-film; talkie *(coll.)*; **~folge die** sequence of notes; **~frequenz die** *(Akustik)* sound frequency; audio frequency; **~gefäß das** earthen[ware] vessel; **~geschlecht das** *(Musik)* scale; **~höhe die** pitch

**Toni** *s.* **Tonus**

**Tonic** ['tɔnɪk] **das; ~[s], ~s** tonic [water]

[1]**Tonika** *s.* **Tonikum**

[2]**Tonika** ['to:nika] **die; ~, Toniken** *(Musik)* tonic

**Tonika-Do das; ~** *(Musik)* Tonika-Doh [method]

**Tonikum** ['to:nikʊm] **das; ~s, Tonika** tonic

**Ton·ingenieur der** sound engineer

**tonisch** *Adj. (Physiol.)* tonic

**ton-, Ton-: ~kopf der** head; **~kunst die;** *o. Pl. (geh.)* music; **~künstler der** *(geh.)* composer; **~lage die** *(Musik)* pitch; **~leiter die** *(Musik)* scale; **~los 1.** *Adj.* toneless; **2.** *adv.* tonelessly; **~meister der** sound engineer, recording engineer

**Tonnage** [tɔ'na:ʒə] **die; ~, ~n** *(Seew.)* tonnage

**Tönnchen** ['tœnçən] **das; ~s, ~** *(ugs.: dicker Mensch)* dumpling *(coll.)*

**Tonne** ['tɔnə] **die; ~, ~n a)** *(Behälter)* drum; *(Müll~)* bin; *(Regen~)* water-butt; **b)** *(Gewicht)* tonne; metric ton; **c)** *(ugs.: dicker Mensch)* fatty *(coll.)*; **d)** *(Seew.)* buoy

**Tonnen·gewölbe das** *(Archit.)* barrel *or* tunnel vault

**tonnen·weise 1.** *Adv.* by the tonne *or* metric ton; *(in großer Menge)* by the ton; **ich habe das Zeug ~:** I've got tons of the stuff *(coll.)*. **2.** *adj.* by the ton *postpos.*

**Ton-: ~pfeife die** clay pipe; **~setzer der** *(veralt.)* composer

**Ton-: ~spur die** sound-track; **~störung die** *(Rundf., Film, Ferns.)* sound interference; *(durch Geräteschaden usw.)* fault on sound; **~stufe die** *(Musik)* note

**Tonsur** [tɔn'zu:ɐ] **die; ~, ~en** tonsure

**Ton-: ~system das** *(Musik)* tone *or* tonic system; **~tafel die** clay tablet; **~tauben·schießen das** clay-pigeon shooting *no art.*; **~techniker der** *(Rundf., Ferns., Film)* sound technician; **~träger der** sound[-recording and] storage medium; **~umfang der** *(Musik)* register; range

**Tönung die; ~, ~en a)** *(das Tönen)* tinting; **b)** *(Farbton)* tint; shade

**Tonus** ['to:nʊs] **der; ~, Toni** *(Physiol.)* tone

**Ton·ware die** earthenware *no pl.*

**Top** [tɔp] **das; ~s, ~s** *(Mode)* top

**top-** ultra ⟨*modern, topical*⟩

**Top-** top; outstanding ⟨*location, performance, time*⟩

**Topas** [to'pa:s] **der; ~es, ~e** topaz

**Topf** [tɔpf] **der; ~es, Töpfe** ['tœpfə] **a)** pot; *(Braten~, Schmor~)* casserole; *(Stielkasserolle)* saucepan; **alles in einen ~ werfen** *(fig. ugs.)* lump everything together; **b)** *(zur Aufbewahrung)* pot; jar; **c)** *(Krug)* jug; **d)** *(Nacht~)* chamber pot; po *(coll.)*; *(für Kinder)* potty *(Brit. coll.)*; **e)** *(Blumen~)* [flower]pot; **f)** *(salopp: Toilette)* loo *(Brit. coll.)*; john *(Amer. coll.)*

**Topf·blume die** [flowering] pot plant

**Töpfchen** ['tœpfçən] **das; ~s, ~** *s.* **Topf a–d:** [small] pot/saucepan/jug *etc.*; *(Nachttopf)* po *(coll.)*; *(für Kinder)* potty *(Brit. coll.)*

**Topfen der; ~s** *(bayr., österr.) s.* [1]**Quark a**

**Töpfer** ['tœpfɐ] **der; ~s, ~:** potter

**Töpferei die; ~, ~en a)** *o. Pl. (Handwerk)* pottery *no art.*; **b)** *(Werkstatt)* pottery; potter's workshop; **c)** *(Erzeugnis)* piece of pottery; **~en** pottery *sing.*

**Töpferin die; ~, ~nen** potter

**töpfern 1.** *itr. V.* do pottery. **2.** *tr. V.* make ⟨*vase, jug, etc.*⟩; **getöpferte Teller** handmade pottery plates

**Töpfer-: ~scheibe die** potter's wheel; **~ware die** piece of pottery; **~waren** pottery *sing.*

**Topf·gucker der; ~s, ~** *(scherzh.)* Nosy

*Parker who looks into all the pots and saucepans to see what's cooking*
**top·fit** *Adj.* in *or* on top form *postpos. (gesundheitlich)* in fine fettle; as fit as a fiddle; **jetzt ist der Wagen wieder ~:** the car is in perfect order again now
**Topf-: ~kuchen der** *s.* **Napfkuchen; ~lappen der** oven cloth; **~pflanze die** pot plant; **~reiniger der** [pot-]scourer; scouring-pad
**Topinambur** [topinam'bu:ɐ̯] **der; ~s, ~s** *od.* **~e** *od.* **die; ~, ~en** Jerusalem artichoke
**Topographie** [topogra'fi:] **die; ~, ~n** *(Geogr.)* topography *no art.*
**topographisch** *(Geogr.)* **1.** *Adj.* topographic[al]. **2.** *adv.* topographically
**Topologie** [topolo'gi:] **die; ~** *(Math.)* topology *no art.*
**topologisch** *(Math.) Adj.* topological
**Topos** ['tɔpɔs] **der; ~, Topoi** ['tɔpɔy] **a)** *(Literaturw.)* topos; **b)** *(geh.: Gemeinplatz)* commonplace
**topp** [tɔp] *Interj. (veralt.)* done! agreed!
**Topp der; ~s, ~e[n]** *od.* **~s** *(Seemannsspr.)* masthead; **das Schiff war über die ~en geflaggt** the ship was dressed overall
**Topp·segel das** *(Seew.)* topsail
**Topspin** ['tɔpspɪn] **der; ~s, ~s** *(bes. Golf, Tennis, Tischtennis)* top spin
**[1]Tor** [to'ɐ̯] **das; ~[e]s, ~e a)** gate; *(einer Garage, Scheune)* door; *(fig.)* gateway; **vor den ~en der Stadt** just outside the town; *s. auch* **dastehen; b)** *(Ballspiele)* goal; **mit 3 : 2 ~en gewinnen** *od.* **siegen** win 3–2 *or* by three goals to two; **im ~ stehen** be in goal; **c)** *(Ski)* gate
**[2]Tor der; ~en, ~en** *(geh.: Narr)* fool
**Tor-: ~aus das** *(Ballspiele)* **der Ball ging ins ~aus** the ball went over the by-line *or* went behind; **~bogen der** arch[way]
**Torero** [to're:ro] **der; ~[s], ~s** torero
**Tores·schluß der** *in* **kurz vor ~** *(ugs.)* at the last minute *or* the eleventh hour
**Torf** [tɔrf] **der; ~[e]s, ~e** peat
**Torf-: ~ballen der** bale of peat; **~moor das** peat bog; **~mull der** [loose] garden peat; **~stecher der** peat-cutter
**Torheit die; ~, ~en** *(geh.)* **a)** *o. Pl.* foolishness; **b)** *(Handlung)* foolish act; **eine [große] ~ begehen** do something [extremely] foolish
**Tor·hüter der** *(Ballspiele)* goalkeeper
**töricht** ['tø:rɪçt] *(geh.)* **1.** *Adj.* foolish ⟨*behaviour, action, hope*⟩; stupid ⟨*person, question, smile, face*⟩. **2.** *adv.* ⟨*behave, act*⟩ foolishly; ⟨*smile, ask*⟩ stupidly
**törichterweise** *Adv. (geh.)* foolishly
**Törin** ['tø:rɪn] **die; ~, ~nen** fool
**Tor·jäger der** *(Ballspiele)* goal-scorer
**torkeln** ['tɔrkl̩n] *itr. V.; mit sein* stagger; reel
**tor-, Tor-: ~linie die** *(Ballspiele)* [goal-]line; **~los** *Adj. (Ballspiele)* goalless; **~mann der;** *Pl.* **~männer** *od.* **~leute** *(Ballspiele)* goalkeeper
**Törn** [tœrn] **der; ~s, ~s** *(Seemannsspr.)* trip
**Tornado** [tɔr'na:do] **der; ~s, ~s** tornado
**Tornister** [tɔr'nɪstɐ] **der; ~s, ~ a)** knapsack; **b)** *(Schulranzen)* satchel
**torpedieren** [tɔrpe'di:rən] *tr. V. (Milit., fig.)* torpedo
**Torpedierung die; ~, ~en** *(Milit., fig.)* torpedoing
**Torpedo** [tɔr'pe:do] **der; ~s, ~s** torpedo
**Torpedo·boot das** torpedo-boat
**Tor-: ~pfosten der** *(Ballspiele)* [goal-]post; **~raum der** *(Ballspiele)* goal area; **~schluß der** *s.* **Toresschluß; ~schlußpanik die** last-minute panic; *(Furcht, keinen Partner mehr zu finden)* fear of being left on the shelf; **~schlußpanik haben** *od.* **bekommen** *od.* **kriegen** panic at the last minute/be frightened of being left on the shelf; **~schuß der** *(Ballspiele)* shot [at goal]; **~schütze der** *(Ballspiele)* [goal-]scorer
**Torsi** *s.* **Torso**
**Torsion** [tɔr'zio:n] **die; ~, ~en** *(Physik, Technik, Math.)* torsion
**Torso** ['tɔrzo] **der; ~s, ~s** *od.* **Torsi** *(Kunstwiss., auch fig. geh.)* torso
**Tort** [tɔrt] **der; ~[e]s** *(ugs. veralt.)* wrong; injury; **jmdm. einen ~ antun** do sb. wrong; **jmdm. etw. zum ~ tun** do sth. to spite sb.
**Törtchen** ['tœrtçən] **das; ~s, ~:** tartlet
**Torte** ['tɔrtə] **die; ~, ~n** *(Creme~, Sahne~)* gateau; *(Obst~)* [fruit] flan
**Tortelett** [tɔrtə'lɛt] **das; ~s, ~s, Tortelette die; ~, ~n** tartlet
**Torten-: ~boden der** flan case; *(ohne Rand)* flan base; **~guß der** glaze; **~heber der** cake-slice; **~platte die** cake-plate; **~schaufel die** *s.* **~heber**
**Tortur** [tɔr'tu:ɐ̯] **die; ~, ~en a)** ordeal; **b)** *(veralt.: Folter)* torture
**Tor-: ~verhältnis das** *(Ballspiele)* goal average; **~wächter der a)** gatekeeper; **b)** *(Ballspiele)* goalkeeper; **~wart der; ~[e]s, ~e** *(Ballspiele)* goalkeeper; **~weg der** gateway
**tosen** ['to:zn̩] *itr. V.; mit Richtungsangabe mit sein* ⟨*sea, surf*⟩ roar, rage; ⟨*storm*⟩ rage; ⟨*torrent, waterfall*⟩ roar, thunder; ⟨*wind*⟩ roar; **~der Lärm/Beifall** *(fig.)* thunderous noise/applause
**Toskana** [tɔs'ka:na] **die; ~:** Tuscany
**tot** [to:t] *Adj.* **a)** dead; **das Kind wurde ~ geboren** the baby was stillborn; **er war auf der Stelle ~:** he died instantly; **~ zusammenbrechen** collapse and die; **~ umfallen** drop dead; **ich will auf der Stelle ~ umfallen, wenn das nicht wahr ist** may I be struck down if it isn't true; **er ist [politisch] ein ~er Mann** *(fig.)* he is finished [as a politician]; **er ist ein ~er Mann** he is a dead man *or (coll.)* a goner; **halb ~ vor Angst/Schrecken** *usw. (ugs.)* paralysed with fear/shock; **den ~en Mann machen** *(ugs.)* float on one's back; **b)** *(abgestorben)* dead ⟨*tree, branch, leaves, etc.*⟩; **c)** *(fig.)* dull ⟨*colour*⟩; bleak ⟨*region etc.*⟩; dead ⟨*town, telephone line, socket, language*⟩; disused ⟨*railway line*⟩; extinct ⟨*volcano*⟩; dead, quiet ⟨*time, period*⟩; useless ⟨*knowledge*⟩; **ein ~er Flußarm** a backwater; *(Schleife)* an ox-bow lake; **das Tote Meer** the Dead Sea; *s. auch* **Briefkasten b; Hose b; Punkt d; Winkel a**
**total** [to'ta:l] **1.** *Adj.* total. **2.** *adv.* totally
**Total·aus·verkauf der** clearance sale
**Totale die; ~, ~n** *od. adj. Dekl.* complete view; *(Film)* long shot
**Totalisator** [totali'za:tɔr] **der; ~s, ~en** [-za'to:rən] totalizator; tote *(coll.)*
**totalitär** [totali'tɛ:ɐ̯] *(Politik)* **1.** *Adj.* totalitarian. **2.** *adv.* in a totalitarian way; ⟨*organized, run*⟩ along totalitarian lines
**Totalitarismus** [totalita'rɪsmʊs] **der; ~** *(Politik)* totalitarianism *no art.*
**totalitaristisch** *s.* **totalitär**
**Totalität** [totalitɛ:t] **die; ~, ~en** *(geh.)* totality
**Total-: ~operation die** *(Med.)* extirpation; *(Gynäkologie)* hysterectomy; **~schaden der** *(Versicherungsw.)* **an beiden Fahrzeugen entstand ~schaden** both vehicles were a write-off
**tot-: ~|arbeiten** *refl. V. (ugs.)* work oneself to death; **~|ärgern** *refl. V. (ugs.)* get livid *(coll.)*; **ich könnte mich ~ärgern** I'm livid *(coll.) or* really furious
**Tote** ['to:tə] **der/die;** *adj. Dekl.* dead person; dead man/woman; **die ~n** the dead; **es gab zwei ~:** two people died *or* were killed; there were two fatalities; **wie ein ~r schlafen** sleep like a log; **na, bist du von den ~n auferstanden?** *(ugs. scherzh.)* oh, you're back in the land of the living, are you?; **die ~n soll man ruhen lassen** *(ugs.)* let the dead rest in peace
**Totem** ['to:tɛm] **das; ~s, ~s** *(Völkerk.)* totem
**Totem·pfahl der** totem-pole
**töten** ['tø:tn̩] *tr., itr. V.* kill; deaden ⟨*nerve etc.*⟩; **einen kranken Hund ~ lassen** have a sick dog put down; *s. auch* **Blick a; Nerv a**
**toten-, Toten-: ~acker der** *(veralt.)* graveyard; **~ähnlich** *Adj.* deathlike ⟨*sleep*⟩; **~amt das** *(kath. Kirche) s.* **~messe; ~bahre die** bier; **~bett das** deathbed; **~blaß, ~bleich** *Adj.* deathly pale; pale as death *postpos.*; **~feier die** memorial service; **~glocke die** death-knell; **~gräber der a)** grave-digger; **b)** *(Zool.)* grave-digger; burying-beetle; **~hemd das** shroud; **~klage die a)** lamentation *or* bewailing of the dead; **b)** *(Literaturw.)* lament; dirge; **~kopf der a)** skull; **b)** *(als Symbol)* death's head; *(mit gekreuzten Knochen)* skull and cross-bones; **~kult der** *(Völkerk.)* cult of the dead; **~maske die** death-mask; **~messe die** *(kath. Kirche)* requiem [mass]; **~reich das** kingdom of the dead; **~schädel der** skull; **~schein der** death certificate; **~sonntag der** *(ev. Kirche) Sunday before Advent on which the dead are commemorated;* **~starre die** rigor mortis; **~still** *Adj.* deathly quiet *or* silent; **~stille die** deathly quiet *or* silence; **~tanz der** *(bild. Kunst)* Dance of Death; **~wache die** vigil by the body; **die ~wache halten** keep vigil by the body
**tot-, Tot-: ~|fahren 1.** *unr. tr. V.* [run over and] kill; **2.** *unr. refl. V.* kill oneself; **~geboren** *Adj. (präd. getrennt geschrieben)* stillborn; **ein ~geborenes Kind sein** *(fig.)* ⟨*project*⟩ be stillborn, not get off the ground; **~geburt die a)** still birth; **b)** *(Kind)* still birth; stillborn baby; **ihr erstes Kind war eine ~geburt** her first child was stillborn; **~geglaubte der/die;** *adj. Dekl.* person believed dead; **~gesagte der/die;** *adj. Dekl.* person declared dead; **~|kriegen** *tr. V. (ugs.)* kill; kill, get rid of ⟨*insect pests, weeds, etc.*⟩; **er/dieser Mantel ist nicht ~zukriegen** *(fig.)* he's irrepressible/this coat just never wears out; **~|lachen** *refl. V. (ugs.)* kill oneself laughing; **zum Totlachen sein** be killing *(coll.)*; be killingly funny *(coll.)*; **~|laufen** *unr. refl. V. (ugs.)* ⟨*movement, trend, fashion*⟩ peter *or* die out; ⟨*talks, discussions*⟩ peter out; **~|machen** *tr. V. (ugs.)* kill
**Toto** ['to:to:] **das** *od.* **der; ~s, ~s a)** *(Pferde~)* tote *(sl.)*; **im ~:** on the tote; **b)** *(Fußball~)* [football] pools *pl.*; **[im] ~ spielen** do the pools
**Toto-: ~gewinn der** win on the pools/*(sl.)* tote; **~schein der** pools coupon/*(sl.)* tote ticket
**tot-, Tot-: ~|sagen** *tr. V.* declare ⟨*person*⟩ dead; **eine Partei** *usw.* **~sagen** *(fig.)* say a party *etc.* is dead *or* finished; **~|schießen** *unr. tr. V. (ugs.)* **jmdn. ~schießen** shoot sb. dead; **~schlag der** *(Rechtsw.)* manslaughter *no indef. art.*; **~|schlagen** *unr. tr. V.* beat to death; **und wenn du mich totschlägst** for the life of me; **eher/lieber lasse ich mich ~schlagen** *(ugs.)* I'd rather die *or* be dead; **die Zeit ~schlagen** kill time; **~schläger der a)** *(Mensch)* manslaughterer; **b)** *(Waffe)* cosh *(Brit. coll.)*; blackjack *(Amer.)*; **~|schweigen** *unr. tr. V.* hush up; **jmdn. ~schweigen** keep quiet about sb.; **~|stellen** *refl. V.* pretend to be dead; play dead; **~|treten** *unr. tr. V.* trample ⟨*person*⟩ to death; step on and kill ⟨*insect*⟩
**Tötung die; ~, ~en** killing; **fahrlässige ~** *(Rechtsspr.)* manslaughter by culpable negligence
**Tötungs-: ~absicht die** *(Rechtsw.)* intent *or* intention to kill; **~versuch der** *(Rechtsw.)* attempted murder
**Touch** [tatʃ] **der; ~s, ~s** *(ugs.)* touch
**Toupet** [tu'pe:] **das; ~s, ~s** toupee
**toupieren** [tu'pi:rən] *tr. V.* backcomb
**Tour** [tu:ɐ̯] **die; ~, ~en a)** tour (**durch** of); *(Kletter~)* [climbing] trip; *(kürzere Fahrt, Ausflug)* trip; *(mit dem Auto)* drive; *(mit*

*dem Fahrrad)* ride; *(Zech~)* pub-crawl *(Brit. coll.)*; **eine ~ machen** go on a tour/trip *or* outing; *(Zech~)* go on a pub-crawl *(Brit. coll.)*; bar-hop *(Amer.)*; **das ist 'ne ganz schöne ~** *(ugs.)* it's a fair *or (Brit. coll.)* fair old way; **b)** *(feste Strecke)* route; **die ~ Hamburg-Neapel** the run from Hamburg to Naples; **c)** *(Tournee)* tour; **auf ~ gehen** go on tour; **eine ~ durch Europa** a European tour; **d)** *(ugs.: Methode)* ploy; **die ~ zieht bei mir nicht** that [one] won't work with me; **etw. auf die sanfte/gemütliche ~ machen** get sth. by soft-soaping/take one's time doing sth.; **seine ~ kriegen/haben** *(ugs.)* get/be in one of one's moods; *s. auch* **krumm 1 b; e)** *(ugs.: Unternehmen)* plan; **jmdm. die ~ vermasseln** *(ugs.)* put paid to sb.'s [little] plans; **f)** *(Technik: Umdrehung)* revolution; rev *(coll.)*; **die Maschine kam schnell auf ~en** the machine/engine was soon running at full speed; **jmdn. auf ~en bringen** *(ugs.)* really get sb. going; *(jmdn. böse machen)* get sb. worked up; **auf vollen/höchsten ~en laufen** *(ugs.)* ⟨*production, preparations, work, etc.*⟩ be in full swing; **g)** *in* **in einer ~** *(ugs.)* the whole time

**Touren-: ~ski der** touring ski; **~wagen der** *(Motorsport)* touring car; **~zahl die** *(Technik)* number of revolutions *or (coll.)* revs

**Tourismus** [tu'rɪsmʊs] **der; ~:** tourism *no art.*

**Tourist der; ~en, ~en** tourist

**Touristen·klasse die** tourist class

**Touristik die; ~:** tourism *no art.*; tourist industry *or* business

**Touristin die; ~, ~nen** tourist

**touristisch 1.** *Adj.* tourist *attrib.* **2.** *adv.* **das Land ist ~ noch kaum erschlossen** the country is still scarcely developed as a tourist area

**Tournedos** [tʊrnə'do:] **das; ~** [tʊrnə'do:(s)], **~s** tournedos

**Tournee** [tʊr'ne:] **die; ~, ~s** *od.* **~n** [tʊr'ne:ən] tour; **auf ~ sein/gehen** be/go on tour **-tournee die** ... tour; **auf Europa~/Deutschland~** on a European/German tour

**Tower** ['taʊə] **der; ~[s], ~s** *(Flugw.)* [control] tower

**toxisch** ['tɔksɪʃ] *Adj.* toxic

**Trab** [tra:p] **der; ~[e]s** trot; **im ~:** at a trot; **im ~ reiten** trot; **in [den] ~ fallen** drop into a trot; **sich in ~ setzen** *(ugs.)* get going; get a move on *(coll.)*; **jmdn. auf ~ bringen** *(ugs.)* make sb. get a move on; **jmdn. in ~ halten** *(ugs.)* keep sb. on the go *(coll.)*

**Trabant** [tra'bant] **der; ~en, ~en a)** *(Astron.)* satellite; **b)** *Pl. (fam. scherzh. veralt.: Kinder)* kids *(coll.)*

**Trabanten·stadt die** satellite town

**traben** *itr. V.; mit sein (auch ugs.: laufen)* trot

**Traber der; ~s, ~:** trotter

**Trab·rennen das** trotting; *(einzelne Veranstaltung)* trotting race

**Tracht** [traxt] **die; ~, ~en a)** *(Volks~)* traditional *or* national costume; *(Berufs~)* uniform; **die ~ der Nonnen** the nuns' dress *or* habit; **b)** *in* **eine ~ Prügel** a beating *or* thrashing; *(als Strafe für ein Kind)* a hiding; **c)** *(Imkerei)* yield

**trachten** *itr. V. (geh.)* strive **(nach** for, after); **all sein** *od.* **sein ganzes Trachten** all his striving *or* endeavours; *s. auch* **Leben a**

**Trachten-: ~anzug der** *suit in the style of a traditional or national costume;* **~fest das** *festival at which traditional or national costume is worn;* **~kapelle die** *band in traditional or national costume*

**trächtig** ['trɛçtɪç] pregnant

**Trächtigkeit die; ~, ~en** pregnancy

**tradieren** [tra'di:rən] *tr. V. (geh.)* hand down, pass on ⟨*ideas, customs, values, etc.*⟩

**Tradition** [tradi'tsio:n] **die; ~, ~en** tradition; **~ sein/haben** be a tradition

**Traditionalismus** [traditsiona'lɪsmʊs] **der; ~** *(geh.)* traditionalism *no art.*

**Traditionalist der; ~en, ~en** *(geh.)* traditionalist

**traditionell** [traditsio'nɛl] **1.** *Adj.* traditional. **2.** *adv.* traditionally

**traditions-: ~bewußt 1.** *Adj.* tradition-conscious; conscious of tradition *postpos.*; **2.** *adv.* in a tradition-conscious way; **~reich** *Adj.* rich in tradition *postpos.*

**traf** [tra:f] *1. u. 3. Pers. Sg. Prät. v.* **treffen**

**träfe** ['trɛ:fə] *1. u. 3. Pers. Sg. Konjunktiv II v.* **treffen**

**Trafik** [tra'fɪk] **die; ~, ~en** *(österr.)* tobacconist's [shop]

**Trafikant** [trafi'kant] **der; ~en, ~en** *(österr.)* tobacconist

**Trafo** ['tra:fo] **der; ~s, ~s** transformer

**träg** [trɛ:k] *s.* **träge**

**Trag·bahre die** stretcher

**tragbar** *Adj.* **a)** portable; **b)** wearable ⟨*clothes*⟩; **c)** *(finanziell)* supportable ⟨*cost, debt, etc.*⟩; **d)** *(erträglich, tolerierbar)* bearable; tolerable; **er ist für die Partei nicht mehr ~:** the party can no longer tolerate him

**Trage die; ~, ~n a)** *(Bahre)* stretcher; **b)** *(Traggestell)* pannier

**träge** ['trɛ:gə] **1.** *Adj.* **a)** sluggish; *(geistig)* lethargic; **b)** *(Physik)* inert. **2.** *adv. s.* **träge 1:** sluggishly; lethargically

**Trage·korb der** pannier

**tragen** [tra:gn̩] **1.** *unr. tr. V.* **a)** carry; **das Auto wurde aus der Kurve getragen** *(fig.)* the car went off the bend; **b)** *(bringen)* take; **vom Wasser/Wind getragen** *(fig.)* carried by water/[the] wind; **c)** *(ertragen)* bear ⟨*fate, destiny*⟩; bear, endure ⟨*suffering*⟩; **d)** *(halten)* hold; **einen/den linken Arm in der Schlinge ~:** have one's arm/one's left arm in a sling; **e)** *(von unten stützen)* support; **die Schwimmweste trägt dich** the life-jacket will hold you up; **zum Tragen kommen** ⟨*advantage, improvement, quality*⟩ become noticeable; **ein solcher Boykott kann nur zum Tragen kommen, wenn ...:** such a boycott can be effective only if ...; *s. auch* **tragend 2 a–c; f)** *(belastbar sein durch)* be able to carry *or* take ⟨*weight*⟩; **der Ast trägt dich nicht** the branch won't take your weight; **g)** *(übernehmen, aufkommen für)* bear, carry ⟨*costs etc.*⟩; take ⟨*blame, responsibility, consequences*⟩; *(unterhalten, finanzieren)* support; maintain, support ⟨*school*⟩; **er trägt die Schuld** he is to blame; **die Versicherung trägt den Schaden** the insurance will pay for the damage; **die Organisation trägt sich selbst** the organisation is self-supporting; **h)** *(am Körper)* wear ⟨*clothes, wig, glasses, jewellery, etc.*⟩; have ⟨*false teeth, beard, etc.*⟩; **man trägt [wieder] Hüte** hats are in fashion [again]; **getragene Kleider** second-hand clothes; **i)** *(fig.: haben)* have ⟨*label etc.*⟩; have, bear ⟨*title*⟩; bear, carry ⟨*signature, inscription, seal*⟩; **j)** *(hervorbringen)* ⟨*tree*⟩ bear ⟨*fruit*⟩; ⟨*field*⟩ produce ⟨*crops*⟩; *(fig.)* yield ⟨*interest*⟩; **gut/wenig ~** ⟨*tree*⟩ produce a good/poor crop; ⟨*field*⟩ produce a good/poor yield; **k)** *(geh.: schwanger sein mit)* be carrying; *s. auch* **Bedenken b; getragen 2, 3; Sorge c. 2.** *unr. itr. V.* **a)** carry; **wir hatten schwer zu ~:** we were heavily laden; **schwer an etw.** *(Dat.)* **zu ~ haben** have difficulty carrying sth.; find sth. very heavy to carry; *(fig.)* find sth. hard to bear; **das Eis trägt noch nicht** the ice is not yet thick enough to skate/walk *etc.* on; **b)** *(am Körper)* **man trägt [wieder] kurz/lang** short/long skirts are in fashion [again]; **c) der Baum trägt gut** the tree produces a good crop; *(in diesem Sommer)* the tree has a lot of fruit on it ; **d)** *(trächtig sein)* be carrying young; **eine ~de Sau/Kuh** a pregnant sow/cow; **e)** *([weit] reichen)* ⟨*voice*⟩ carry; *s. auch* **tragend 2 d. 3.** *unr. refl. V.* **a) sich gut/schlecht** *usw.* **~** ⟨*load*⟩ be easy/difficult *or* hard *etc.* to carry; **zu zweit trägt sich der Korb besser** two can carry the basket more easily; **b) der Mantel/Stoff trägt sich angenehm** the coat/material is pleasant to wear; **c)** *in* **sich mit etw. ~:** be contemplating sth.; **er trägt sich mit dem Gedanken** *od.* **der Absicht, auszuwandern** he is contemplating [the idea of] emigrating; **d)** *(sich kleiden)* dress

**tragend 1.** *1. Part. von* **tragen. 2.** *Adj.* **a)** *(Stabilität gebend)* load-bearing; supporting ⟨*wall, column, function, etc.*⟩; **b)** *(fig.: grundlegend)* basic, main ⟨*idea, motif*⟩; **c)** *(fig.: wichtig, zentral)* leading, major ⟨*role, figure*⟩; **d)** *(weithin hörbar)* ⟨*voice*⟩ that carries [a long way]

**Träger** ['trɛ:gɐ] **der; ~s, ~ a)** porter; *(Sänften~, Sarg~)* bearer; **b)** *(Zeitungs~)* paper boy/girl; delivery boy/girl; **c)** *(Bauw.)* girder; [supporting] beam; **d)** *(an Kleidung)* strap; (Hosen~) braces *pl.*; **e)** *(Inhaber) (eines Amts)* holder; *(eines Namens, Titels)* bearer; *(eines Preises)* winner; **f)** *(fig.: Urheber, treibende Kraft)* moving force; **g)** *(fig.: Unterhalter)* **die Schule hat einen privaten ~:** the school is privately maintained; **~ der Arbeitslosenversicherung ist der Staat** unemployment insurance is financed *or* funded by the state; **h)** *(fig.: einer Substanz, eines Erregers usw.)* carrier; **i)** *(Flugzeug~)* carrier; **j)** *(jmd., der etw. als Kleidung, Schmuck usw. trägt)* wearer

**Trägerin die; ~, ~nen** *s.* **Träger a, b, e, f, g, h, j**

**träger-, Träger-: ~kleid das** pinafore dress; **~los** *Adj.* strapless; **~rakete die** carrier vehicle *or* rocket; **~rock der** skirt with straps

**Trägerschaft die; ~, ~en** *(einer Schule)* maintenance; **in freier ~ sein** be privately maintained

**Trage-: ~tasche die** carrier-bag; **~zeit die** gestation [period]

**trag-, Trag-: ~fähig** *Adj.* able to take a load *or* weight *postpos.*; **eine ~fähige Mehrheit** *(fig.)* a workable majority; **~fähigkeit die** load- *or* weight-bearing capacity; **~fläche die** wing; *(eines Boots)* hydrofoil; **~flächen·boot das** hydrofoil; **~flügel der** *s.* **~fläche; ~flügel·boot das** hydrofoil

**Trägheit die; ~, ~en a)** *o. Pl. s.* **träge 1 a:** sluggishness; lethargy; **b)** *(Physik)* inertia

**Trägheits-: ~gesetz das** *(Physik)* law of inertia; **~moment das** *(Physik)* moment of inertia

**Tragik** ['tra:gɪk] **die; ~** tragedy

**Tragiker der; ~s, ~:** tragedian

**tragi-, Tragi-** [tragi-]: **~komik die** tragicomedy; **~komisch 1.** *Adj.* tragicomic; **2.** *adv.* tragicomically; **~komödie die** tragicomedy

**tragisch** ['tra:gɪʃ] **1.** *Adj.* tragic; **das ist nicht [so] ~** *(ugs.)* it's not the end of the world *(coll.)*; **etw. ~ nehmen** take sth. to heart *(coll.)*. **2.** *adv.* tragically; **der Film/die Tour endete ~:** the film had a tragic ending/the trip ended in tragedy

**Trag-: ~kraft** *s.* **~fähigkeit; ~last die** load; **~luft·halle die** air hall

**Tragöde** [tra'gø:də] **der; ~n, ~n** tragedian

**Tragödie** [tra'gø:diə] **die; ~, ~n** tragedy; **er macht immer gleich eine ~ daraus** *(ugs.)* he always acts as if it's the end of the world *(coll.)*

**Tragödien·dichter der** tragedian

**Tragödin die; ~, ~nen** tragedienne

**Trag-: ~sessel der** sedan[-chair]; **~weite die;** *o. Pl.* consequences *pl.*; **von großer ~weite sein** have far-reaching consequences; **ein Ereignis von großer/weltpolitischer ~:** an event of great consequence *or* moment/of moment in world politics; **~zeit die** gestation [period]

**Trainer** ['trɛ:nɐ] **der; ~s, ~ a)** coach;

trainer; *(eines Schwimmers, Tennisspielers)* coach; *(einer Fußballmannschaft)* manager; **b)** *(Pferdesport)* trainer

**Trainer·bank die** *(Sport)* trainer's bench

**Trainerin die; ~, ~nen** *s.* **Trainer**

**trainieren 1.** *tr. V.* **a)** train; coach; coach ‹*swimmer, tennis-player*›; train ‹*horse*›; manage ‹*football team*›; exercise ‹*muscles etc.*›; **sein Gedächtnis ~** *(fig.)* train one's memory; **darauf trainiert sein, etw. zu tun** be trained to do sth.; **jmdn./ein Tier darauf ~, etw. zu tun** train sb./an animal to do sth.; **ein trainierter Schwimmer/Radfahrer/Bergsteiger** *usw.* a swimmer/cyclist/mountaineer *etc.* [who is] in training; **ein trainierter Körper** a body made fit by training; **b)** *(üben, einüben)* practise ‹*exercise, jump, etc.*›; **c)** *(zu Trainingszwecken ausüben)* **Fußball/Tennis ~:** do football/tennis training. **2.** *itr. V.* train; *(Motorsport)* practise; **mit jmdm. ~:** ‹*trainer*› coach sb.; ‹*player*› train with sb.

**Training** ['trɛ:nɪŋ] **das; ~s, ~s** *(Fitneß~, auch fig.: Ausbildung)* training *no indef. art.*; *(Motorsport, fig.)* practice; **Radfahren ist ein gutes ~:** cycling is a good form of training *or* exercise; **sich einem strengen ~ unterziehen** submit oneself to a rigorous training programme; **er hat sich beim ~ verletzt** he injured himself in training/practice; **geistiges ~** *(fig.)* mental exercises *pl.*; **er hat das ~ der Mannschaft übernommen** he has taken over the coaching of the team *or* as coach to the team; **im ~ sein/bleiben** be/keep in training; *s. auch* **autogen**

**Trainings-: ~anzug der** track suit; **~hose die** track-suit bottoms *pl.*; **~jacke die** track-suit top; **~lager das;** *Pl.* **~lager** training camp; **~rück·stand der** lack of training; **einen ~rückstand haben** be behind with one's training; **~runde die** *(Rennsport)* practice lap; **~schuh der** training-shoe; trainer

**Trakehner** [tra'ke:nɐ] **der; ~s, ~** *(Pferd)* Trakehner

**Trakt** [trakt] **der; ~[e]s, ~e** section; *(Flügel)* wing

**Traktat** [trak'ta:t] **der** *od.* **das; ~[e]s, ~e a)** *(Abhandlung)* treatise; **b)** *(religiöse Flugschrift)* tract

**Traktätchen** [trak'tɛ:tçən] **das; ~s, ~** *(abwertend)* tract

**traktieren** *tr. V.* **a)** set about ‹*person, thing*›; **jmdn. mit Ohrfeigen/Faustschlägen ~:** slap sb. round the face/punch sb.; **b)** *(veralt.: bewirten)* ply **(mit** with)

**Traktor** ['traktɔr] **der; ~s, ~en** [-'to:rən] tractor

**Traktorist der; ~en, ~en** *(DDR)* tractor-driver

**trällern** ['trɛlɐn] *itr., tr. V.* warble

**Tram** [tra:m] **die; ~, ~s** *od. schweiz.* **das; ~s, ~s** *(bes. südd., schweiz.),* **Tram·bahn die** *(südd.)* tram *(Brit.)*; streetcar *(Amer.)*

**Traminer** [tra'mi:nɐ] **der; ~s, ~ a)** *o. Pl. (Rebsorte)* Traminer [grape]; **b)** *(Weißwein)* Traminer [white wine]

**Tramp** [trɛmp] **der; ~s, ~s** tramp; hobo *(Amer.)*

**Trampel der** *od.* **das; ~s, ~** *(ugs. abwertend)* clumsy clot *(Brit. sl.)* *or* oaf

**trampeln 1.** *itr. V.* **a)** *(aufstampfen)* **[mit den Füßen] ~:** stamp one's feet; **b)** *mit sein (abwertend: treten)* trample **(auf +** *Akk.* on). **2.** *tr. V.* trample

**Trampel-: ~pfad der** [beaten] path; **~tier das a)** *(Kamel)* Bactrian camel; **b)** *(salopp abwertend)* clumsy clot *(Brit. sl.)* *or* oaf

**trampen** ['trɛmpn̩] *itr. V. mit sein* hitch-hike

**Tramper der; ~s, ~, Tramperin die; ~, ~nen** hitch-hiker

**Trampolin** ['trampoli:n] **das; ~s, ~e** trampoline

**Tramway** ['tramve] **die; ~, ~s** *(österr.)* tram *(Brit.)*; streetcar *(Amer.)*

**Tran** [tra:n] **der; ~[e]s a)** *(vom Wal)* train-oil; *(von Fischen)* fish-oil; **b) im ~** *(ugs.)* befuddled; in a daze; *(durch Alkohol, Drogen)* stoned *(sl.)*

**Trance** ['trã:s(ə)] **die; ~, ~n** trance; **in ~:** in a trance; **in ~ fallen** go into a trance

**Trance·zustand der** trance

**Tranche** ['trã:ʃ(ə)] **die; ~, ~n a)** *(Kochk.)* thick slice; **b)** *(Wirtsch.)* tranche

**Tränchen** ['trɛ:nçən] **das; ~s, ~:** [little] tear

**tranchieren** *tr. V. (Kochk.)* carve

**Tranchier·messer das** carving-knife

**Träne** ['trɛ:nə] **die; ~, ~n** tear; **~ traten ihr in die Augen** tears came into her eyes; **seine ~n trocknen** dry one's eyes; wipe away one's tears; **ihr kommen leicht die ~n** she cries easily; **~n lachen** laugh till one cries *or* till the tears run down one's cheeks; **in ~n aufgelöst sein** be in floods of tears; **in ~n zerfließen** dissolve in tears; **mit einer ~ im Knopfloch** *(scherzh.)* wiping away a tear *(fig.)*; **jmdm./einer Sache keine ~ nachweinen** not shed any tears over sb./sth.

**tränen** *itr. V.* ‹*eyes*› water

**Tränende Herz das; ~n ~ens, ~n ~en** bleeding heart; lyre-flower

**tränen-, Tränen-: ~drüse die** *(Anat.)* tear-gland; **auf die ~drüsen drücken** *(fig.)* lay on the agony; **~erstickt** *Adj. (geh.)* **mit ~ ersticker Stimme** in a voice choked with tears; **~gas das** tear-gas; **~sack der** *(Anat.)* lachrymal sac; **~säcke [unter den Augen]** bags under the eyes; **~überströmt** *Adj.* tear-stained ‹*face*›

**Tran·funzel die** *(ugs. abwertend)* **a)** *(trübe Lampe)* miserable lamp; **b)** *(langweiliger Mensch)* ponderous dim-wit *(coll.)*; *(langsamer Mensch)* slowcoach; slowpoke *(Amer.)*

**tranig** *Adj.* **a)** *(voller Tran)* ‹*meat, fish*› full of train-oil; **b)** *(wie Tran)* ‹*taste*› like *or* of train-oil; **c)** *(ugs. abwertend: langsam)* sluggish; slow

**trank** [traŋk] *1. u. 3. Pers. Sg. Prät. v.* **trinken**

**Tränke** ['trɛŋkə] **die; ~, ~n** watering-place; *(Gefäß)* drinking-trough

**tränken** *tr. V.* **a)** *(auch fig.)* water; **b)** *(sich vollsaugen lassen)* soak; **ein mit Hohn getränkter Brief** *(fig.)* a letter brimming with scorn

**Tranquilizer** ['træŋkwɪlaɪzə] **der; ~s, ~** *(Pharm.)* tranquillizer

**trans-, Trans-** [trans-]: **~aktion die** transaction; **~alpin, ~alpinisch** *Adj.* transalpine; **~atlantisch** *Adj.* transatlantic; across the Atlantic *postpos.*; **~-Europ-Express der** Trans-Europe Express

**Transfer** [trans'fe:ɐ̯] **der; ~s, ~s** *(bes. Wirtsch., Sport)* transfer

**transferieren** *tr. V. (bes. Wirtsch., Sport)* transfer **(auf +** *Akk.,* **in +** *Akk.,* **zu** to)

**Transfer·liste die** *(Fußball)* transfer list

**trans-, Trans-: ~formation die** transformation; **~formations·grammatik die** *(Sprachw.)* transformational grammar; **~formator** [~fɔr'ma:tɔr] **der; ~s, ~en** [-'to:rən] transformer; **~formator·häuschen das** transformer station; **~formieren** *tr. V.* transform **(in +** *Akk.* into, **auf +** *Akk.* to); **~fusion die** *(Med.)* transfusion

**Transistor** [tran'zɪstɔr] **der; ~s, ~en** [-'to:rən] **a)** *(Elektronik)* transistor; **b)** *s.* **~radio**

**Transistor·radio das** transistor radio

[1]**Transit** *[auch:* '--] **der; ~s, ~e** transit

[2]**Transit** [tran'zi:t, *auch:* 'tranzɪt] **das; ~s, ~s** transit visa

**Transit·handel der** transit trade

**transitiv** ['tranziti:f] *(Sprachw.)* **1.** *Adj.* transitive. **2.** *adv.* transitively

**Transit·verkehr der** transit traffic

**transkribieren** [transkri'bi:rən] *tr. V. (Sprachw.)* transcribe

**Transkription** [transkrɪp'tsio:n] **die; ~, ~en** *(Sprachw.)* transcription

**Trans-: ~literation** [~lɪtera'tsio:n] **die; ~, ~en** *(Sprachw.)* transliteration; **~mission die** *(Technik)* transmission; **~missions·riemen der** transmission belt

**transparent** [transpa'rɛnt] *Adj.* **a)** transparent; *(Licht durchlassend)* translucent, diaphanous ‹*curtain, fabric, etc.*›; **b)** *(fig.: verständlich)* intelligible

**Transparent das; ~[e]s, ~e a)** *(Spruchband)* banner; **b)** *(Bild)* transparency

**Transparenz die; ~ a)** transparency; *(von Gewebe, Porzellan usw.)* translucence; **b)** *(fig.: Verständlichkeit)* intelligibility

**Transpiration** [transpira'tsio:n] **die; ~, ~en a)** *(geh.)* perspiration; **b)** *(Bot.)* transpiration

**transpirieren** *itr. V. (bes. Med.)* perspire

**trans-, Trans-: ~plantation** [~planta'tsio:n] **die; ~, ~en** *(Med.)* transplant; *(von Haut)* graft; **~plantieren** [~plan'ti:rən] *tr. V. (Med.)* transplant ‹*organ, tissue*›; graft ‹*skin*›; **~ponieren** [~po'ni:rən] *tr. V. (Musik)* transpose

**Transport** [trans'pɔrt] **der; ~[e]s, ~e a)** *(Beförderung)* transportation; **beim** *od.* **auf dem ~:** during carriage; **b)** *(beförderte Lebewesen od. Sachen) (mit dem Zug)* trainload; *(mit mehreren Fahrzeugen)* convoy; *(Fracht)* consignment; shipment; **c)** *(Technik)* transport

**transportabel** [transpɔr'ta:bl̩] *Adj.* transportable; mobile ‹*field kitchen*›; *(tragbar)* portable

**Transport·behälter der** container

**Transporter der; ~s, ~** *(Flugzeug)* transport aircraft; *(Auto)* goods vehicle; *(Schiff)* cargo ship

**Transporteur** [...'tø:ɐ̯] **der; ~s, ~e** carrier

**transportfähig** *Adj.* moveable

**Transport·flugzeug das** transport aircraft

**transportieren 1.** *tr. V.* **a)** transport ‹*goods, people*›; move ‹*patient*›; *(fig.)* convey ‹*feeling, information, knowledge*›; **b)** *(Technik: weiterschieben)* transport, wind on ‹*film*›. **2.** *itr. V. (Technik)* ‹*camera*› wind on

**Transport-: ~kosten** *Pl.* carriage *sing.*; transport costs; **~mittel das** means *sing.* of transport; **~unter·nehmen das** haulage firm *or* contractor

**Trans·uran das** *meist Pl. (Chemie, Physik)* transuranic element

**Tran·suse die** *(ugs. abwertend) s.* **Tranfunzel b**

**Transvestit** [transvɛs'ti:t] **der; ~en, ~en** transvestite

**transzendent** [transtsɛn'dɛnt] *Adj.* **a)** *(Philos.)* transcendent; **b)** *(Math.)* transcendental

**transzendental** [transtsɛndɛn'ta:l] *Adj. (Philos.)* transcendental

**Transzendental·philosophie die;** *o. Pl.* transcendental philosophy *no art.*

**Transzendenz** [transtsɛn'dɛnts] **die; ~ a)** transcendency; transcendent nature; **b)** *(Philos.)* transcendence

**transzendieren** *tr. V. (geh.)* transcend

**Trapez** [tra'pe:ts] **das; ~es, ~e a)** *(Geom.)* trapezium *(Brit.)*; trapezoid *(Amer.)*; **b)** *(im Zirkus o. ä.)* trapeze

**Trapez-: ~akt der** trapeze act; **~künstler der** trapeze artist

**Trapezoid** [trapetso'i:t] **das; ~[e]s, ~e** *(Geom.)* trapezoid *(Brit.)*; trapezium *(Amer.)*

**Trappe** ['trapə] **die; ~, ~n** bustard

**trappeln** ['trapl̩n] *itr. V.; mit sein* patter [along]; ‹*feet*› patter; ‹*hoofs*› go clip-clop

**Trapper** ['trapɐ] **der; ~s, ~:** trapper

**Trappist** [tra'pɪst] **der; ~en, ~en** Trappist

**Trappisten-: ~käse der** Trappist cheese; **~orden der** order of Trappists

**Trappistin die; ~, ~nen** Trappistine

**trapsen** ['trapsn̩] *itr. V.; mit sein (ugs.)* tramp; clump; *s. auch* **Nachtigall**

**trara** [tra'ra:] *Interj.* tantara

**Trara das; ~s** *(ugs. abwertend)* razzmatazz *(coll.)*; **viel ~ um etw.** *(Akk.)* **machen** make a great song and dance about sth. *(coll.)*

**Traß** [tras] **der; Trasses, Trasse** *(Geol.)* trass

**Trassant** [tra'sant] **der; ~en, ~en** *(Finanzw.)* drawer

**Trassat** [tra'sa:t] **der; ~en, ~en** *(Finanzw.)* drawee

**Trasse** ['trasə] **die; ~, ~n a)** *(Verkehrsweg)* [marked-out] route *or* line; **b)** *(Damm)* [railway/road] embankment

**trat** [tra:t] *1. u. 3. Pers. Sg. Prät. v.* **treten**

**Tratsch** [tra:tʃ] **der; ~[e]s** *(ugs. abwertend)* gossip; tittle-tattle

**tratschen** *itr. V. (ugs. abwertend)* gossip; *(schwatzen)* chatter

**Tratscherei die; ~, ~en** *(ugs. abwertend)* gossiping

**Tratte** ['tratə] **die; ~, ~n** *(Finanzw.)* bill [of exchange]

**Trau·altar der** *in* **[mit jmdn.] vor den ~ treten** *(geh.)* enter into matrimony [with sb.]; **jmdn. zum ~ führen** *(geh. veralt.)* lead sb. to the altar

**Träubchen** ['trɔypçən] **das; ~s, ~:** little grape

**Traube** ['traubə] **die; ~, ~n a)** *(Beeren)* bunch; *(von Johannisbeeren o. ä.)* cluster; **b)** *(Wein~)* grape; **jmdm. sind die ~n zu sauer** *(fig.)* it's just sour grapes on sb.'s part; **c)** *(Menschenmenge)* bunch; cluster; **d)** *(Bot.: Blütenstand)* raceme

**Trauben-: ~hyazinthe die** grape hyacinth; **~lese die** grape harvest; **~saft der** grape-juice; **~zucker der** glucose

**trauen** ['trauən] **1.** *itr. V.* **jmdm./einer Sache ~:** trust sb./sth.; **ich traue dem Braten nicht** *(ugs.)* I think something's up *(coll.)*; it seems fishy to me *(coll.)*; **trau, schau, wem!** make sure you know who you're dealing with; mind you're not taken for a ride *(sl.)*; *s. auch* **Auge a. 2.** *refl. V.* dare; **sich** *(Akk., selten Dat.)* **~, etw. zu tun** dare [to] do sth.; **du traust dich ja nicht!** you haven't the courage *or* nerve; **sich irgendwohin ~:** dare [to] go somewhere; **ich traue mich nicht in seine Nähe** I daren't go near him. **3.** *tr. V. (verheiraten)* ⟨*vicar, registrar, etc.*⟩ marry; *s. auch* **kirchlich 1 b, 2; standesamtlich 2**

**Trauer** ['trauɐ] **die; ~ a)** grief **(über +** *Akk.* over); *(um einen Toten)* mourning **(um +** *Akk.* for); **~ haben, in ~ sein** be in mourning; **in stiller/tiefer ~ X** *(in Todesanzeigen)* [much loved and] sadly mourned by X; **b)** *(~zeit)* [period of] mourning; **c)** *(~kleidung)* mourning

**Trauer-: ~akt der** memorial ceremony; *(beim Begräbnis)* funeral ceremony; **~arbeit die;** *o. Pl. (Psychol.)* process of grieving; **~fall der** bereavement; **~feier die** memorial ceremony; *(beim Begräbnis)* funeral ceremony; **~flor der** mourning-band; black [crape] ribbon; **~gemeinde die** [congregation *sing.* of] mourners *pl.*; **~gottes·dienst der** funeral service; **~haus das** house of mourning; **~jahr das** year of mourning; **~karte die** [pre-printed] card of condolence; **~kleidung die** mourning clothes *pl.*; mourning; **~kloß der** *(ugs. scherzh.)* wet blanket; **~mantel der** *(Zool.)* Camberwell Beauty; mourning cloak [butterfly] *(Amer.)*; **~marsch der** *(Musik)* funeral march; **~miene die** *(ugs.)* long face

**trauern** *itr. V.* **a)** mourn; **um jmdn. ~:** mourn for sb.; **die ~den Hinterbliebenen** the bereaved; **b)** *(Trauer tragen)* be in mourning

**Trauer-: ~rand der** black border *or* edging; **~ränder unter den Nägeln haben** *(fig. scherzh.)* have black *or* grubby fingernails; **~rede die** funeral oration; **~schleier der** black veil; mourning veil; **~spiel das** tragedy; *(fig. ugs.)* deplorable business; **es ist doch ein ~ spiel, daß ...:** it's quite pathetic that ...; **~weide die** weeping willow; **~zeit die** period of mourning; **~zug der** funeral procession

**Traufe** ['traufə] **die; ~, ~n** eaves *pl.*

**träufeln** ['trɔyfl̩n] *tr. V.* [let] trickle **(in +** *Akk.* into); drip ⟨*ear-drops etc.*⟩

**traulich** ['traulɪç] **1.** *Adj.* cosy; **in ~er Runde** in a friendly *or* an intimate circle. **2.** *adv.* cosily; *(vertraut)* intimately

**Traulichkeit die; ~:** cosiness; *(Vertrautheit)* intimacy; friendliness

**Traum** [traum] **der; ~[e]s, Träume** ['trɔymə] dream; **sie ist mir im ~ erschienen** she appeared to me in a dream; **wir denken nicht im ~ daran, hier wegzuziehen** we wouldn't dream of moving away from here; **nicht im ~ habe ich mit der Möglichkeit gerechnet, zu gewinnen** I didn't imagine in my wildest dreams that I could win; **Träume sind Schäume** *(Spr.)* dreams are but shadows; **Fliegen war schon immer sein ~:** he had always dreamed of flying; **der ~ ist ausgeträumt,** *(ugs.)* **aus [ist] der ~!** that's the end of 'that dream; 'that dream is over; *s. auch* **kühn b**

**Traum-** dream ⟨*house, hotel, job, etc.*⟩; ⟨*house, hotel, woman*⟩ of one's dreams; ideal, perfect ⟨*couple, job*⟩

**Trauma** ['trauma] **das; ~s, Traumen** *od.* **~ta** *(Psych., Med.)* trauma

**traumatisch** *(Psych., Med.)* **1.** *Adj.* traumatic. **2.** *adv.* traumatically

**Traum-: ~bild das** vision; *(Wunschbild)* dream; *(idealisiert)* ideal; **~deutung die** interpretation of dreams

**Traumen** *s.* **Trauma**

**träumen** ['trɔymən] **1.** *itr. V.* dream **(von** of, about); *(unaufmerksam sein)* [day-]dream; **[schlaf gut und] träum süß** [sleep well and] sweet dreams; **träum nicht!** pay attention; stop day-dreaming. **2.** *tr. V.* dream; **etwas Schreckliches/Schönes ~:** have a terrible/beautiful dream; **er träumte** *od. (geh.)* **ihm träumte, er sei ...:** he dreamt that he was ...; **das hast du doch nur geträumt!** you must have imagined that; **ich hätte mir nie ~ lassen, daß ...:** I should never have imagined it possible that ...; I never imagined that ...

**Träumer der; ~s, ~:** dreamer

**Träumerei die; ~, ~en** day-dream; reverie

**Träumerin die; ~, ~nen** dreamer

**träumerisch 1.** *Adj.* dreamy; *(sehnsüchtig)* wistful. **2.** *adv.* dreamily; *(sehnsüchtig)* wistfully

**Traum·fabrik die** dream-factory

**traumhaft 1.** *Adj.* **a)** dreamlike; **b)** *(ugs.: schön)* marvellous; fabulous *(coll.)*; **~es Glück haben** have a fantastic piece of luck *(coll.)*. **2.** *adv.* **a)** as if in a dream; **b)** *(ugs.: schön)* fabulously *(coll.)*; **eine ~ eingerichtete Wohnung** a superbly furnished flat

**traum-, Traum-: ~tänzer der** *(abwertend)* wooly-headed idealist; fantasizer; **~verloren 1.** *Adj.* dreamy; **2.** *adv.* in a dream; dreamily; **~wandlerisch** *Adj.* somnambulistic; **mit ~wandlerischer Sicherheit** with the sureness of a sleep-walker; with instinctive sureness; **~welt die** dream world

**traurig** ['traurɪç] **1.** *Adj.* **a)** sad; sad, sorrowful ⟨*eyes, expression*⟩; unhappy ⟨*childhood, youth*⟩; unhappy, painful ⟨*duty*⟩; **ein ~es Kapitel** *(fig.)* a sad story; **b)** *(kümmerlich)* sorry, pathetic ⟨*state etc.*⟩; miserable ⟨*result*⟩; pitiful, wretched ⟨*conditions*⟩; down-at-heel ⟨*area*⟩; **eine ~e Berühmtheit/Rolle** an unfortunate notoriety/role. **2.** *adv.* sadly

**Traurigkeit die; ~:** sadness; sorrow; **eine große/allgemeine ~:** a great/general feeling of sadness

**Trau-: ~ring der** wedding-ring; **~schein der** marriage certificate

**traut** *Adj.; nicht präd. (geh.)* **a)** *(heimelig)* cosy; secure; **das ~e Familienglück** happiness in the bosom of a/the family; **b)** *(vertraut)* familiar; close, intimate ⟨*friend, family circle*⟩

**Traute** ['trautə] **die; ~** *(ugs.)* guts *(coll.)*

**Trauung die; ~, ~en** wedding [ceremony]

**Trau·zeuge der** witness *(at wedding ceremony)*

**Traveller·scheck** ['trɛvəlɐʃɛk] **der** traveller's cheque

**Traverse** [tra'vɛrzə] **die; ~, ~n a)** *(Technik)* cross-beam; **b)** *(Fechten)* sideways movement to avoid opponent's attack

**Travers·flöte** [tra'vɛrs-] **die** transverse flute

**Travestie** [travɛs'ti:] **die; ~, ~n** travesty

**Trebe** ['tre:bə] **die** *in* **auf ~ sein** *(ugs.)* be a runaway

**Trebegänger** [-gɛŋɐ] **der; ~s, ~** *(ugs.)* runaway

**Treber** *Pl.* **a)** *(Brauereiwesen)* draff *sing.*; **b)** *(Weinbau)* marc *sing.*

**Treck** [trɛk] **der; ~s, ~s** train, column *(of refugees etc.)*

**Trecker der; ~s, ~:** tractor

**¹Treff das; ~s, ~s** *(Spielkartenfarbe)* clubs *pl.*; *s. auch* **²Pik**

**²Treff** [trɛf] **der; ~s, ~s** *(ugs.)* **a)** *(Treffen)* rendezvous; *(bes. von mehreren Personen)* get-together *(coll.)*; **b)** *(Ort)* meeting-place

**treffen 1.** *unr. tr. V.* **a)** *(erreichen [und verletzen/schädigen])* hit; ⟨*punch, blow, object*⟩ strike; **jmdn. am Kopf/ins Gesicht ~:** hit *or* strike sb. on the head/in the face; **von einer Kugel tödlich getroffen** fatally wounded by a bullet; **vom Blitz getroffen** struck by lightning; **er fühlte sich von den Vorwürfen nicht getroffen** he did not consider that the reproaches applied to him; **ihn trifft keine Schuld** he is in no way to blame; **b)** *(erraten)* hit on; hit ⟨*right tone*⟩; **du hast genau das Richtige getroffen** you've hit on just the right thing; *(das stimmt haargenau)* you've got it exactly right; **getroffen!** you've got it!; **mit dem Geschenk hast du seinen Geschmack getroffen/nicht getroffen** that present is just the sort of thing he likes/not the sort of thing he likes; **auf dem Foto ist er gut getroffen** the photo is a good likeness of him; that's a good photo of him; **c)** *(erschüttern)* affect [deeply]; *(verletzen)* hurt; **jmdn. tief** *od.* **schwer ~:** affect sb. deeply; **es hat ihn in seinem Stolz getroffen** it hurt his pride; **d)** *(schaden)* hit; damage; **warum muß es immer mich ~?** why does it always have to be me [who is affected *or* gets it]?; **e)** *(begegnen)* meet; **jmdn. zum Mittagessen ~:** meet sb. for lunch; **ich traf ihn zufällig auf der Straße** I happened to run into him in the street; **ihre Blicke trafen sich** *(fig.)* their eyes met; **f)** *(vorfinden)* come upon, find ⟨*anomalies etc.*⟩; **es gut/schlecht ~:** be *or* strike lucky/be unlucky; **g)** *(als Funktionsverb)* make ⟨*arrangements, choice, preparations, decision, etc.*⟩; **eine Vereinbarung** *od.* **Absprache ~:** conclude an agreement. **2.** *unr. itr. V.* **a)** ⟨*person, shot, etc.*⟩ hit the target; **nicht ~:** miss [the target]; **ins Schwarze ~:** score a bull's eye; **b)** *mit sein* **auf etw.** *(Akk.)* **~:** come upon sth.; **auf Widerstand/Ablehnung/Schwierigkeiten ~:** meet with *or* encounter resistance/rejection/difficulties; **auf jmdn./eine Mannschaft ~** *(Sport)* come up against sb./a team. **3.** *unr. refl. V.* **a) sich mit jmdm. ~:** meet sb.; **b)** *(unpers.)* **es trifft sich gut/schlecht** it is convenient/inconvenient

**Treffen das; ~s, ~ a)** meeting; **ein ~ alter Kameraden** a reunion of old comrades; **b)** *(Sport)* encounter; **ein faires/spannendes ~:** a fair/exciting contest; **c)** *(Milit. veralt.)* encounter; **etw. ins ~ führen** *(fig. geh.)* bring sth. into the attack

**treffend 1.** *Adj.* apt; apposite ⟨*remark*⟩; **ein ~es Urteil** an accurate assessment. **2.** *adv.* aptly; **kurz und ~ sagte er ...:** he said, short and to the point, ...

**Trẹffer der; ~s, ~ a)** *(Milit., Boxen, Fechten usw.)* hit; *(Schlag)* blow; *(Ballspiele)* goal; **schwere ~ an Kopf und Körper einstecken** *(Boxen)* take heavy blows *or* punches to the head and body; **er hatte auf zehn Schüsse acht ~:** of his ten shots eight were on target; **b)** *(Gewinn)* win; *(Los)* winner
**trẹfflich** *(geh.)* **1.** *Adj.* excellent; splendid ⟨*person*⟩; first-rate ⟨*scholar*⟩. **2.** *adv.* excellently; splendidly
**trẹff-, Trẹff-: ~punkt der a)** *(Stelle, Ort)* meeting-place; rendezvous; **b)** *(Geom.)* point of incidence; *(Schnittpunkt)* point of intersection; **~sicher 1.** *Adj.* with a sure aim *postpos., not pred.;* accurate ⟨*marksman*⟩; *(fig.)* accurate ⟨*language, mode of expression*⟩; unerring ⟨*judgement*⟩; **2.** *adv. (auch fig.)* accurately; with unerring accuracy; **~sicherheit die;** *o. Pl. s.* **~sicher 1:** accuracy; sureness of aim; *(fig.)* accuracy; unerringness
**Tre̲ib-: ~anker der** *(Seew.)* sea anchor; **~ball der a)** *o. Pl. (Spiel) [informal] ball game played by two teams trying to throw the ball over the back line of the opposing team;* **b)** *(Badminton)* drive; **~eis das** drift-ice
**treiben** ['tra̲ibn̩] **1.** *unr. tr. V.* **a)** drive ⟨*animals, people, leaves, etc.*⟩; *(Fußball)* dribble ⟨*ball*⟩; **er ließ sich von der Strömung ~:** he let himself be carried along by the current; **die Arbeit trieb ihm den Schweiß auf die Stirn** the effort brought the sweat to his brow; **die Preise in die Höhe ~:** push *or* force up prices; **jmdn. in den Wahnsinn** *od.* **zur Raserei/zur Verzweiflung/in den Tod ~:** drive sb. mad/to despair/to his/her death; **b)** *(an~)* drive ⟨*wheels etc.*⟩; **die ~de Kraft [des Ganzen] ist ...** the moving spirit [behind the whole affair] is ...; **jmdn. zur Eile ~:** make sb. hurry up; **c)** *(einschlagen)* drive ⟨*nail, wedge, stake, etc.*⟩ **(in +** *Akk.* into); **d)** *(durch Bohrung schaffen)* drive, cut ⟨*tunnel, gallery*⟩ **(in +** *Akk.* into; **durch** through); sink ⟨*shaft*⟩ **(in +** *Akk.* into); **e)** *(durchpressen)* force; press; **f)** *(sich beschäftigen mit)* go in for ⟨*farming, cattle-breeding, etc.*⟩; study ⟨*French etc.*⟩; carry on, pursue ⟨*studies, trade, craft*⟩; **viel Sport ~:** do a lot of sport; go in for sport in a big way; **Handel ~:** trade; **Unfug ~:** get up to mischief; **Unsinn ~:** mess *or* fool about; **was treibt ihr denn hier?** *(ugs.)* what are you up to *or* doing here?; **was habt ihr den ganzen Tag getrieben?** *(ugs.)* what did you do with yourself *or* get up to all day?; *s. auch* **Aufwand b; Mißbrauch a; Scherz; Spionage; Spott; g)** *(ugs. abwertend: in Verbindung mit „es“:)* **es wüst/übel/toll ~:** lead a dissolute/bad life/live it up; **es zu toll ~:** overdo it; take things too far; **er hat es zu weit getrieben** he overstepped the mark; he went too far; **es [mit jmdm.] ~** *(ugs. verhüll.: koitieren)* have it off [with sb.] *(sl.);* **h)** *(formen)* beat ⟨*metal, object*⟩; chase ⟨*silver, gold*⟩; **i)** *(Gartenbau)* force ⟨*plants*⟩; **j)** *(aufgehen lassen)* cause ⟨*dough*⟩ to rise. **2.** *unr. itr. V.* **a)** *meist, mit Richtungsangabe nur, mit sein* drift; **die Dinge ~ lassen** *(fig.)* let things take their course; **sich ~ lassen** *(fig.)* drift; go with the tide; **b)** *(ugs.) (harntreibend sein)* get the bladder going; *(schweißtreibend sein)* make you sweat; **ein ~des Mittel** a diuretic/sudorific; **c)** *(ausschlagen)* ⟨*tree, plant*⟩ sprout
**Tre̲iben das; ~s, ~ a)** *o. Pl. (Durcheinander)* bustle; **in der Fußgängerzone herrscht ein lebhaftes ~:** the pedestrian precinct is full of bustling activity; *s. auch* **närrisch 1c; b)** *o. Pl. (Tun)* activities *pl.;* doings *pl.; (Machenschaften)* wheelings and dealings *pl.;* **c)** *(Jägerspr.) s.* **Treibjagd**
**Tre̲iber der; ~s, ~** *(Jägerspr.)* beater
**Tre̲ib-: ~gas das a)** *(für Motoren)* liquefied petroleum gas; LPG; **b)** *(in Spraydosen)* propellant; **~gut das** flotsam; **~haus das** hothouse; **~haus·effekt der** greenhouse effect; **~haus·luft die;** *o. Pl.* hothouse atmosphere; *(im Freien)* sultry atmosphere; **~holz das;** *o. Pl.* driftwood; **~jagd die** *(Jägerspr.)* battue; shoot *(in which game is sent up by beaters);* **eine ~jagd auf kritische Journalisten** *(fig.)* a witch-hunt against critical jounalists; **~mittel das a)** *(Kochk.)* raising agent; **b)** *(Chemie: für feste Stoffe)* foaming agent; **c)** *s.* **~gas b; ~riemen der** *(Technik)* drive belt; **~sand der** quicksand; **~satz der** *(Technik)* [solid] rocket propulsion element; **~schlag der** *(Badminton, Golf, Tennis, Tischtennis)* drive; **~stoff der** fuel
**treideln** ['tra̲idl̩n] *tr. V. (veralt.)* tow ⟨*barge*⟩ upstream
**treife** ['tra̲ifə] *Adj.* trefa; not kosher *pred.*
**Trema** ['tre:ma] **das; ~s, ~s** *od.* **~ta** *(Sprachw.)* diaeresis
**tremoli̲eren** *itr. V. (Musik)* play/sing with a tremolo
**Tremolo** ['tre:molo] **das; ~s, ~s** *od.* **Tremoli** *(Musik)* tremolo
**Trenchcoat** ['trɛntʃkoʊt] **der; ~[s], ~s** trench coat
**Trend** [trɛnt] **der; ~s, ~s** trend **(zu +** *Dat.* towards); *(Mode)* vogue; **im ~ liegen** be in vogue
**Trẹnd·setter der; ~s, ~** *(bes. Werbejargon)* trend-setter (*Gen.* in)
**trẹnnbar** *Adj.* **a)** *(nicht fest zusammengesetzt)* separable ⟨*verb, prefix*⟩; **b)** *(sich trennen lassend)* **dieses Wort ist [nicht] ~:** this word can[not] be split *or* divided
**trennen** ['trɛnən] **1.** *tr. V.* **a)** separate **(von** from); *(abschneiden)* cut off; sever ⟨*head, arm*⟩; **der Krieg hatte die Familie getrennt** the war had split up the family; **das Kind von der Mutter ~:** take the child away from the mother; **das Futter aus der Jacke ~:** cut the lining out of the jacket; **nur noch wenige Tage ~ uns von den Ferien** the holidays are only a few days away; **b)** *(auf~)* unpick ⟨*dress, seam*⟩; **c)** *(teilen)* divide ⟨*word, parts of a room etc., fig.: people*⟩; **ein Zaun trennte die Grundstücke** a fence divided the plots from one another; a fence formed the boundary between the plots; **uns ~ Welten** *(fig.)* we are worlds apart; **„st“ darf nicht getrennt werden** 'st' cannot be split *or* divided; **d)** *(beim Telefon)* **wir wurden getrennt** we were cut off; **e)** *(zerlegen)* separate ⟨*mixture*⟩; **f)** *(auseinanderhalten)* differentiate *or* distinguish between; make a distinction between ⟨*terms*⟩; **die Arbeit von der Freizeit ~:** keep work separate from leisure. **2.** *itr. V. (Rundf., Funkw.)* **gut** *od.* **scharf ~** ⟨*radio*⟩ have good selectivity. **3.** *refl. V.* **a)** *(voneinander weggehen)* part [company]; *(fig.)* **die Mannschaften trennten sich 0 : 0** the game ended in a goalless draw; the two teams drew 0 : 0; **die Firma hat sich von ihm getrennt** the company has dispensed with his services; **b)** *(eine Partnerschaft auflösen)* ⟨*couple, partners*⟩ split up; **sich in Güte ~:** part on good terms; **sie hat sich von ihrem Mann getrennt** she has left her husband; *s. auch* **getrennt; c)** *(hergeben)* **sich von etw. ~:** part with sth.
**Trẹnn-: ~schärfe die;** *o. Pl. (Rundf., Funkw.)* selectivity; **~scheibe die** glass partition
**Trẹnnung die; ~, ~en a)** *(von Menschen)* separation **(von** from); **in ~ leben** have separated; **die ~ von Tisch und Bett** separation from bed and board; separation without divorce; **b)** *(von Gegenständen)* parting; **die ~ von allem irdischen Besitz** parting with all one's worldly goods; **c)** *(von Wörtern)* division; **d)** *(von Begriffen)* distinction **(von** between)
**Trẹnnungs-: ~linie die** *(auch fig.)* dividing line; **~schmerz der;** *o. Pl.* pain of separation; **~strich der a)** hyphen; **b)** *(fig.)* **einen ~strich ziehen** *od.* **machen** make a [clear] distinction; draw a [clear] line; **er zog einen ~strich zwischen sich und seiner Vergangenheit** he made a clean break with the past
**Trẹnn·wand die** partition
**Trense** ['trɛnzə] **die; ~, ~n a)** *(Gebiß)* snaffle-bit; **b)** *(Zaumzeug)* snaffle
**trepp-** [trɛp'-]: **~ạb** *Adv.* down the stairs; **~a̲uf** *Adv.* up the stairs
**Trẹppchen das; ~s, ~ a)** small staircase; **b)** *(Sportjargon)* [winner's] rostrum
**Treppe** ['trɛpə] **die; ~, ~n a)** staircase; [flight *sing.* of] stairs *pl.; (im Freien, auf der Bühne)* [flight *sing.* of] steps *pl.;* **~n steigen** climb stairs; **eine ~ höher/tiefer** one floor *or* flight up/down; **die ~ hinauffallen** *(fig. ugs.)* rise in the world; **die ~ runtergefallen sein** *(fig. ugs. scherzh.)* have been to the sheep-shearer's *(joc.);* **b)** *(in der Frisur)* step
**Trẹppen-: ~ab·satz der** half-landing; **~geländer das** banisters *pl.;* **~giebel der** *(Archit.)* stepped gable; **~haus das** stairwell; **das Licht im ~haus** the light on the staircase; **~steigen das; ~s** climbing stairs *no art.;* **~stufe die** stair; *(im Freien)* step; **~witz der: ein ~witz der [Welt]geschichte** one of history's cruel ironies
**Tresen** ['tre:zn̩] **der; ~s, ~** *(bes. nordd.)* **a)** *(Theke)* bar; **b)** *(Ladentisch)* counter
**Tresor** [tre'zo:ɐ̯] **der; ~s, ~e a)** safe; **b)** *(~raum)* strong-room
**Tresse** ['trɛsə] **die; ~, ~n;** *meist Pl.* [strip of] braid; *(Rangabzeichen)* stripe
**Trester** ['trɛstɐ] *Pl. (Landw.)* **a)** *(von Trauben)* marc; **b)** *(von Äpfeln o. ä.)* pomace
**Trẹster·brannt·wein der** marc
**Tre̲t-: ~boot das** pedalo; **~eimer der** pedal bin
**treten** ['tre:tn̩] **1.** *unr. itr. V.* **a)** *mit sein (einen Schritt, Schritte machen)* step **(in +** *Akk.* into, **auf +** *Akk.* on to); **ins Zimmer/in einen Laden ~:** enter the room/a shop; **ans Fenster ~:** go to the window; **zur Seite ~:** step *or* move aside; **von einem Fuß auf den anderen ~:** shift from one foot to the other; **der Schweiß ist ihm auf die Stirn getreten** *(fig.)* the sweat came to his brow; **der Fluß ist über die Ufer getreten** *(fig.)* the river has overflowed its banks; *s. auch* **Stelle a; b)** *(seinen Fuß setzen)* **auf etw.** *(Akk.)* **~** *(absichtlich)* tread on sth.; *(unabsichtlich; meist mit sein)* step *or* tread on sth.; **jmdm. auf den Fuß ~:** step/tread on sb.'s foot *or* toes; **auf das Gas[pedal]/die Bremse ~:** step on the accelerator/the brake; **kräftig in die Pedale ~:** pedal hard; **c)** *mit sein (verblaßt in Verbindungen mit Substantiven)* **in jmds. Dienste ~:** enter sb.'s service; **in Kontakt** *od.* **Verbindung ~:** get in touch; **in den Ruhestand ~:** go into retirement; *s. auch* **Aktion c; Ehestand; Hungerstreik; Streik; d)** *(ausschlagen)* kick; **jmdm. an** *od.* **gegen das Schienbein ~:** kick sb. on the shin; **gegen die Tür ~:** kick the door. **2.** *unr. tr. V.* **a)** *(Tritt versetzen)* kick ⟨*person, ball, etc.*⟩; **jmdn. in den Bauch ~:** kick sb. in the stomach; **eine Ecke ~** *(Fußball)* take a corner; **man muß ihn immer ~, damit er etwas tut** *(fig.)* you always have to give him a kick to make him do anything; **b)** *(trampeln)* trample, tread ⟨*path*⟩; **sich** *(Dat.)* **einen Dorn in den Fuß ~:** get a thorn in one's foot; **sich** *(Dat.)* **den Lehm von den Schuhen ~:** stamp the mud off one's shoes; **c)** *(mit dem Fuß niederdrücken)* step on ⟨*brake, pedal*⟩; operate ⟨*bellows, clutch*⟩; **die Pedale ~:** pedal; **d)** *(bei Geflügel: begatten)* tread; mate with
**Tre̲ter der; ~s, ~** *(ugs., oft abwertend)* casual shoe; casual
**Tre̲t-: ~mine die** anti-personnel mine; **~mühle die** *(fig. ugs. abwertend)* treadmill; **in die ~mühle zurückkehren** return to the daily grind *(coll.);* **~roller der** pedalscooter
**treu** [trɔy] **1.** *Adj.* **a)** *(beständig)* faithful,

loyal ⟨*friend, dog, customer, servant, etc.*⟩; faithful ⟨*husband, wife*⟩; loyal ⟨*ally, subject*⟩; *(unbeirrt)* staunch, loyal ⟨*supporter*⟩; **jmdm. ~ sein/bleiben** be/remain true to sb.; **eine ~e Seele** a faithful *or* devoted soul; **jmdm. ~e Dienste leisten** serve sb. faithfully; **b) sich selbst** *(Dat.)***/seinem Glauben ~ bleiben** be true to oneself/one's faith; **seinen Grundsätzen ~ bleiben** stick to one's principles; **das Glück/der Erfolg ist ihm ~ geblieben** his luck has held out/success keeps coming his way; *s. auch* **Hand f; c)** *(ugs.: ~herzig)* ingenuous, trusting ⟨*eyes, look*⟩. **2.** *adv.* **a)** *(beständig)* faithfully; loyally; **jmdm. ~ ergeben sein** *(veralt., sonst scherzh.)* be utterly devoted to sb.; **b)** *(ugs.: ~herzig)* trustingly; **alles ~ und brav tun** do everything unquestioningly

**Treu** *s.* Treue a

**treu-, Treu-: ~bruch der a) landesverräterischer ~bruch** *(DDR Rechtsw.)* state treason; **b)** *(hist.: Bruch der Lehnstreue)* felony *(Law Hist.)*; **~deutsch** *(ugs.) Adj.* typically German; **~doof** *(ugs.)* **1.** *Adj.* gormlessly naïve *(coll.)*; gormless *(coll.)*; **2.** *adv.* gormlessly *(coll.)* and naïvely

**Treue die;** ~ **a)** loyalty; *(von [Ehe]partnern)* fidelity; **jmdm. ~ schwören** swear to be true *or* faithful to sb.; **jmdm. die ~ halten** keep faith with sb.; be loyal to sb.; **meiner Treu!** *(veralt.)* upon my word! *(dated)*; **Treu und Glauben** *(Rechtsw.)* equity; **auf Treu und Glauben** *(ugs.)* in good faith; **b)** *(Genauigkeit)* accuracy

**Treue·gelöbnis das** pledge of loyalty; *(von Ehepartnern)* pledge of fidelity

**Treu·eid der** oath of allegiance; *(hist.: im Lehnswesen)* oath of fealty

**Treue-: ~pflicht die** *(Rechtsw.)* loyalty to one's employer; *(des Arbeitgebers)* loyalty to one's employee; **~prämie die** long-service bonus

**treu·ergeben** *Adj. (präd. getrennt geschrieben) (veralt.)* devoted

**Treue·schwur der** oath of loyalty *or* allegiance

**treu-, Treu-: ~hand die;** *o. Pl. (Rechtsw.)* trusteeship; **~hand[anstalt] die;** *o. Pl. (Wirtschaft)* German privatization agency; **~händer** [~'hɛndɐ] **der; ~s, ~** *(Rechtsw.)* trustee; **~händerisch 1.** *Adj.* fiduciary; **~händerische Übertragung** assignment on trust. **2.** *adv.* on trust; **etw. ~händerisch verwalten** hold sth. in trust; **~herzig 1.** *Adj.* ingenuous; *(naiv)* naïve; *(unschuldig)* innocent; **2.** *adv.* ingenuously; *(naiv)* naïvely; *(unschuldig)* innocently; **~herzigkeit die;** ~: ingenuousness; *(Naivität)* naivety; *(Unschuld)* innocence

**treulich** *(veralt.)* **1.** *Adj.* faithful. **2.** *adv.* faithfully

**treu-, Treu-: ~los 1.** *Adj.* disloyal, faithless ⟨*friend, person*⟩; unfaithful ⟨*husband, wife, lover*⟩; **2.** *adv.* faithlessly; **~losigkeit die;** ~: disloyalty; faithlessness; *(von [Ehe]partnern)* infidelity; **~sorgend** *Adj.; nicht präd.* devoted

**Trevira** Ⓦⓩ [tre'vi:ra] **das;** ~: Trevira **(P)**

**Triangel** ['tri:aŋl] **der;** *österr.* **das; ~s, ~** *(Mus.)* triangle

**Trias** ['tri:as] **die; ~, ~ a)** *o. Pl. (Geol.)* Triassic; Trias; **b)** *(geh.)* trio; trinity

**Trias·formation die;** *o. Pl. (Geol.)* Triassic system

**Tribun** [tri'bu:n] **der; ~s** *od.* **~en, ~e[n]** *(hist.)* tribune

**Tribunal** [tribu'na:l] **das; ~s, ~e a)** tribunal; **b)** *(im antiken Rom)* tribune *(for the municipal authorities in the Forum Romanum)*

**Tribüne** [tri'by:nə] **die; ~, ~n** [grand]stand

**Tribut** [tri'bu:t] **der; ~[e]s, ~e a)** *(hist.)* tribute *no indef. art.*; **b)** *(fig.)* due; **einer Leistung ~ zollen** give an achievement its due; **einen hohen ~ [an Menschenleben] fordern** take a heavy toll [of human lives]

**Trichine** [trɪ'çi:nə] **die; ~, ~n** trichina

**trichinös** [trɪçi'nø:s] *Adj.* trichinous

**Trichter** ['trɪçtɐ] **der; ~s, ~ a)** funnel; **auf den [richtigen] ~ kommen** *(fig. ugs.)* get the message *(coll.)*; *s. auch* **Nürnberger; b)** *(Granat~, Bomben~, Geogr.)* crater

**Trick** [trɪk] **der; ~s, ~s** trick; *(fig.: List)* ploy; **technische ~s** cunning techniques; **den ~ heraushaben** have got the knack

**trick-, Trick-: ~betrüger der** confidence trickster; **~film der** animated cartoon [film]; **~kiste die** *(ugs.)* repertoire of tricks/ploys; bag of tricks; **in die ~kiste greifen** dip into one's bag of tricks; **~reich 1.** *Adj.* wily; **2.** *adv.* artfully; ⟨*play*⟩ trickily; **~reich geschlagene Bälle** cunningly hit shots

**tricksen** ['trɪksn̩] *(ugs., bes. Sportjargon)* **1.** *itr. V.* use tricks; work a fiddle *(sl.)*; ⟨*footballer*⟩ play trickily. **2.** *tr. V.* fiddle *(sl.)*

**Trick·ski·laufen das** acrobatic *or (Amer. sl.)* hot-dog skiing *no art.*

**Tricktrack** ['trɪktrak] **das; ~s, ~s** tric-trac

**trieb** [tri:p] *1. u. 3. Pers. Sg. Prät. v.* **treiben**

**Trieb der; ~[e]s, ~e a)** *(innerer Antrieb)* impulse; *(Drang)* urge; *(Verlangen)* [compulsive] desire; **b)** *(Sproß)* shoot; **c)** *(Technik: Übertragung)* transmission; drive

**trieb-, Trieb-: ~befriedigung die** [*esp.* sexual] gratification; **~feder die** mainspring; *(fig.)* driving *or* motivating force; *(Beweggrund)* motive (+ *Gen.* behind); **~haft 1.** *Adj.* compulsive ⟨*need, behaviour, action, etc.*⟩; carnal ⟨*sensuality*⟩; **ein ~hafter Mensch** a person ruled by his/her [physical] impulses; **2.** *adv.* compulsively; **~handlung die** compulsive act; *(bei Tieren)* instinctive act; **~kraft die** *(bes. Soziol.)* driving *or* motivating force; **~stoff der** *(schweiz.) s.* **Treibstoff; ~täter der, ~verbrecher der** *offender committing a crime in gratifying a compulsive desire; (Sexualtäter)* sexual offender; **~wagen der** *(Eisenb.)* railcar; **~werk das** engine

**Trief·auge das** watery eye; *(eitrig)* bleary *or (Med.)* blear eye

**triefen** ['tri:fn̩] *unr. od. regelm. itr. V.* **a)** *mit sein (fließen) (in Tropfen)* drip; *(in kleinen Rinnsalen)* trickle; **b)** *(naß sein)* be dripping wet; ⟨*nose*⟩ run; **~d naß** dripping wet; *(durchnäßt)* wet through; **von** *od.* **vor Fett/Nässe ~:** be dripping with fat/be dripping wet; **von** *od.* **vor Edelmut ~** *(fig. iron.)* be oozing with nobility

**Trief·nase die** runny nose

**triezen** ['tri:tsn̩] *tr. V. (ugs.)* torment; *(plagen)* pester; plague

**triff** [trɪf] *Imperativ Sg. v.* **treffen**

**trifft** *3. Pers. Sg. Präsens v.* **treffen**

**Trift** [trɪft] **die; ~, ~en a)** *(Strömung)* drift [current]; **b)** *(Weide)* common [*esp.* mountain] pasturage; **c)** *(Weg)* cattle-track

**triften** *tr. V.* raft ⟨*tree-trunks*⟩

**triftig 1.** *Adj.* good ⟨*reason, excuse*⟩; valid, convincing ⟨*motive, argument*⟩. **2.** *adv.* convincingly

**Triftigkeit die;** ~: validity

**Trigonometrie** [trigonome'tri:] **die;** ~: trigonometry *no art.*

**trigonometrisch** *Adj.* trigonometric; **~er Punkt** triangulation point

**[1]Trikot** [tri'ko] **der** *od.* **das; ~s, ~s** *(Stoff)* cotton jersey

**[2]Trikot das; ~s, ~** *(ärmellos)* singlet; *(eines Tänzers)* leotard; *(eines Fußballspielers)* shirt; **das gelbe ~** *(Radsport)* the yellow jersey

**Trikotage** [triko'ta:ʒə] **die; ~, ~n;** *meist Pl.* [cotton] jersey garments *pl.*; *(Unterwäsche)* cotton [jersey] underwear

**Triller** ['trɪlɐ] **der; ~s, ~:** trill

**trillern 1.** *itr. V. (Musik)* trill; *(mit vielen Trillern singen)* ⟨*bird, person*⟩ warble. **2.** *tr. V.* warble ⟨*song*⟩

**Triller·pfeife die** police/referee's whistle

**Trillion** [trɪ'li̯o:n] **die; ~, ~en** trillion *(Brit.)*; quadrillion *(Amer.)*

**Trilogie** [trilo'gi:] **die; ~, ~n** trilogy

**Trimester** [tri'mɛstɐ] **das; ~s, ~** *(Hochschulw.)* term

**Trimm-dich-Pfad der** keep-fit *or* trim trail

**trimmen** ['trɪmən] *tr. V.* **a)** *(durch Sport)* get ⟨*person*⟩ into shape; **trimm dich durch Sport** keep fit with sport; **b) etw. auf alt/„Wild-West" usw. ~:** do sth. up to look old/like the wild west *etc.*; **c)** *(durch Scheren)* clip ⟨*dog*⟩; *(durch Bürsten)* groom ⟨*dog*⟩; **d)** *(Seew., Flugw.)* trim ⟨*ship, aircraft, cargo*⟩; stow ⟨*barrels, bales, etc.*⟩ properly; **Kohlen ~:** take on [a load of] coal

**Trimm-: ~gerät das** exerciser; **~trab der** jogging *no art.*

**Trinität** [trini'tɛ:t] **die;** ~ *(christl. Rel.)* Trinity

**Trinitatis** [trini'ta:tɪs] **(das); ~, Trinitatis·fest das** Trinity Sunday *no art.*

**trinkbar** *Adj.* drinkable; **hast du was Trinkbares im Haus?** *(ugs.)* have you anything to drink in the house?

**trinken** ['trɪŋkn̩] **1.** *unr. itr. V.* drink; **in** *od.* **mit kleinen Schlucken/in großen Zügen ~:** drink in little sips/in big gulps; **laß mich mal [von dem Saft] ~:** let me have a drink [of the juice]; **jmdm. etw. zu ~ geben** give sb. sth. to drink; **was ~ Sie?** what are you drinking?; *(was möchten Sie ~?)* what would you like to drink?; **man merkte, daß er getrunken hatte** one could see that he had been drinking; **auf jmdn./etw. ~:** drink to sb./sth.; **ich trinke auf deine Gesundheit** I'll drink [to] your health; **das Trinken lassen** give up drink. **2.** *unr. tr. V.* drink; **einen Kaffee/ein Bier** *usw.* **~:** have a coffee/beer *etc.*; **ich trinke keinen Tropfen [Alkohol]** I don't drink; I don't touch alcohol; **einen Schluck Wasser ~:** have a drink of water; **einen ~:** have a drink; **einen ~ gehen** *(ugs.)* go for a drink. **3.** *refl. V.* **der Wein trinkt sich gut** the wine is pleasant to drink; **sich satt ~:** drink one's fill; **sich krank/zu Tode ~:** make oneself ill through drink/drink oneself to death

**Trinker der; ~s, ~:** alcoholic; **ein heimlicher/starker ~:** a secret/heavy drinker

**Trinkerei die; ~, ~en** drinking *no art.*

**Trinker·heil·anstalt die** drying-out clinic; detoxification centre

**Trinkerin die; ~, ~nen** *s.* **Trinker**

**trink-, Trink-: ~fest** *Adj.* **~fest sein** be able to hold one's drink; **ein ~fester Matrose** a sailor used to hard drinking; **~festigkeit die** ability to hold one's drink; **~freudig** *Adj.* fond of drinking *pred.*; **~gefäß das** drinking-vessel *(formal)*; **~gelage das** *(oft scherzh.)* drinking spree; **~geld das** tip; **wieviel ~geld gibst du ihm?** how much do you tip him?; how big a tip do you give him?; **~glas das;** *Pl.* **~gläser** [drinking-] glass; **~halle die a)** *(in einem Heilbad)* pump-room; **b)** *(Kiosk)* refreshment kiosk; *(größer)* refreshment stall; **~halm der** [drinking-]straw; **~lied das** *(veralt.)* drinking-song; **~milch die** low-fat pasteurized milk; **~spruch der** toast **(auf** + *Akk.* to); **einen ~spruch auf jmdn. ausbringen** propose a toast to sb.; **~wasser das;** *Pl.* **~wässer** drinking-water; **„kein ~wasser"** 'not for drinking'; **~wasser·aufbereitung die** purification of drinking-water

**Trio** ['tri:o] **das; ~s, ~s** *(Musik, fig.)* trio

**Triole** [tri'o:lə] **die; ~, ~n** *(Musik)* triplet

**Trio·sonate die** *(Musik)* trio sonata

**Trip** [trɪp] **der; ~s, ~s a)** *(ugs.: Ausflug)* trip; jaunt; *(untertreibend:)* **ein ~ in die Staaten** a little trip to the States; **b)** *(Drogenjargon: Rausch)* trip *(coll.)*; **auf dem ~ sein** be tripping *(coll.)*; **auf dem religiösen/anarchistischen** *usw.* **~ sein** *(fig. ugs.)* be going through a religious/anarchist *etc.* phase; **c)** *(Drogenjargon: Dosis)*; fix *(sl.)*; **~s werfen**

*od.* **schmeißen** pop LSD *(or other hallucinogen) (sl.)*
**Tripel-:** triple ⟨*fugue, concerto, etc.*⟩; **~allianz** Triple Alliance
**trippeln** ['trɪpl̩n] *itr. V.; mit sein* trip; ⟨*child*⟩ patter; *(affektiert)* mince
**Trippel·schritt der** short, rapid step; *(affektiert)* mincing step
**Tripper** ['trɪpɐ] **der; ~s, ~:** gonorrhoea; **sich** *(Dat.)* **einen ~ holen** *(ugs.)* get a dose of the clap *(coarse)*
**Triptik** *s.* **Triptyk**
**Triptychon** ['trɪptyçɔn] **das; ~s, Triptychen** *od.* **Triptycha** *(Kunstwiss.)* triptych
**Triptyk** ['trɪptʏk] **das; ~s, ~s** triptyque
**trist** [trɪst] *Adj.* dreary; dismal
**Tristheit die; ~:** dreariness
**Tritons·horn** ['tri:tɔns-] **das;** *Pl.* **~hörner** *(Zool.)* triton *or* trumpet shell
**tritt** [trɪt] *Imperativ Sg. u. 3. Pers. Sg. Präsens v.* **treten**
**Tritt der; ~[e]s, ~e a)** *(Aufsetzen des Fußes)* step; *(einmalig)* [foot]step; **mit festem ~:** with a firm step *or* tread; *s. auch* **Schritt a; b)** *(Gleichschritt)* **im ~ marschieren** march in step; **aus dem ~ geraten** *od.* **kommen** get out of step; **ohne ~, marsch!** break step!; **~ fassen** fall in step; *(fig.: sich fangen)* recover oneself; **c)** *(Fuß~)* kick; **jmdm. einen ~ versetzen** give sb. a kick; kick sb.; **einen ~ bekommen** *od.* **kriegen** *(fig. ugs.)* be given the push *(Brit. sl.)*; get kicked out; **d)** *(~brett)* step; **e)** *(Bergsteigen) (Halt für Füße)* foothold; *(im Eis)* step; **f)** *(Gestell)* small step-ladder; *(in der Bibliothek)* library steps *pl.*; **g)** *(Jägerspr.: Abdruck)* footprint
**Tritt-: ~brett das** step; *(an älterem Auto)* running-board; **~brett·fahrer der** *(fig. abwertend)* ≈ free rider *(Amer.)*; *person who profits from another's work;* **~leiter die** step-ladder
**Triumph** [tri'ʊmf] **der; ~[e]s, ~e** triumph; **~e/einen großen ~ feiern** have a series of triumphs/a great triumph *or* success; be hugely successful/a huge success; **im ~:** in triumph
**triumphal** [triʊm'fa:l] *Adj.* **a)** *(begeisternd)* triumphant ⟨*success etc.*⟩; **~ sein** be a triumph; **b)** *(mit Jubel)* triumphal ⟨*entry etc.*⟩; **jmdm. einen ~en Empfang bereiten** give sb. a hero's welcome
**Triumphator** [triʊm'fa:tɔr] **der; ~s, ~en** [-'to:rən] **a)** *(hist.)* triumphator; **b)** *(geh.: Sieger)* conquering hero
**Triumph-: ~bogen der** *(Archit.)* triumphal arch; **~geschrei das** triumphant cheering *no indef. art.*
**triumphieren** *itr. V.* **a)** *(Genugtuung empfinden)* exult; **~d** triumphant; exultant; **~d lachen** laugh triumphantly; **b)** *(siegen)* be triumphant *or* victorious; triumph *(lit. or fig.)* **(über** + *Akk.* over)
**Triumph·zug der** *(hist.)* triumph; **im ~** *(fig.)* in a triumphal procession
**Triumvirat** [triʊmvi'ra:t] **das; ~[e]s, ~e** *(hist.)* triumvirate
**trivial** [tri'vi̯a:l] **1.** *Adj.* **a)** *(platt)* banal; trite; *(unbedeutend)* trivial; **b)** *(alltäglich)* humdrum ⟨*life, career*⟩. **2.** *adv. (platt)* banally; ⟨*say etc.*⟩ tritely; ⟨*written*⟩ in a banal style
**Trivialität die; ~, ~en a)** *o. Pl. (Plattheit, Alltäglichkeit)* banality; triteness; **b)** *(platte Äußerung)* banality; *(Gemeinplatz)* commonplace [remark]
**Trivial·roman der** light [trashy] novel
**Trochäus** [trɔ'xɛ:ʊs] **der; ~, Trochäen** *(Verslehre)* trochee
**trocken** ['trɔkn̩] **1.** *Adj.* **a)** dry; **~en Auges** *(geh.)* dry-eyed; without shedding a tear; **etw. ~ bügeln/reinigen** dry-iron/dry-clean sth.; **sich ~ rasieren** use an electric razor; **noch ~ nach Hause kommen** get home without getting wet; **wieder auf dem Trock[e]nen sein** be on dry land *or* terra firma again; **auf dem trock[e]nen sitzen** *od.* **sein** *(ugs.)* be completely stuck *(coll.)*; *(pleite sein)* be skint *(Brit. sl.)*; **b)** *(ohne Zutat)* **~es** *od.* *(ugs.)* **~ Brot essen** eat dry bread; **c)** *(sachlich-langweilig)* dry, factual ⟨*account, report, treatise*⟩; bare ⟨*words, figures*⟩; dull, dry ⟨*person*⟩; **d)** *(unverblümt)* dry ⟨*humour, remark, etc.*⟩; **e)** *(dem Klang nach)* dry ⟨*laugh, cough, sound*⟩; sharp ⟨*crack*⟩; clear ⟨*acoustics*⟩; **f)** *(Sportjargon, bes. Boxen, Fußball)* sharp ⟨*blow*⟩; snappy ⟨*shot*⟩; **eine ~e Rechte** a straight right. **2.** *adv.* **a)** *(sachlich-langweilig)* ⟨*speak, write*⟩ drily, in a matter-of-fact way; **b)** *(unverblümt)* drily; **c)** *(dem Klang nach)* **das Gewehr knallte kurz und ~:** the rifle went off with a short, sharp report
**Trocken-: ~beeren·aus·lese die** *wine made from selected grapes left to dry on the vine at the end of the season;* **~blume die;** *meist Pl.* dried flower; **~boden der** attic drying-room; **~dock das** dry dock; **~eis das** dry ice; **~futter das** *(Landw.)* dry fodder; **~gebiet das** *(Geogr.)* arid region; **~gestell das** *(für Wäsche)* clothes-airer *or* -horse; **~haube die** [hood-type] hair-drier
**Trockenheit die; ~, ~en a)** *o. Pl. (auch fig.)* dryness; **b)** *(Dürreperiode)* drought
**trocken-, Trocken-: ~kurs der** dry-skiing course; **~|legen** *tr. V.* **a) ein Baby ~legen** change a baby's nappies *(Brit.) or (Amer.)* diapers; **b)** *(entwässern)* drain ⟨*marsh, pond, etc.*⟩; **~legung die; ~, ~en** draining; **~milch die** dried milk; **~rasierer der** *(ugs.)* **a)** *(Rasierapparat)* electric razor; **b)** *(Person)* user of an electric razor; **~|reiben** *unr. tr. V.* rub ⟨*hair, child, etc.*⟩ dry; wipe ⟨*crockery, window, etc.*⟩ dry; **~reinigung die** dry-cleaning; **~|schleudern** *tr. V.* spin-dry; **~schwimmen das** preparatory swimming exercises *pl.* [on land] *(for learners)*; **~|sitzen** *unr. itr. V.* *(ugs.)* have nothing to drink; **~spiritus der** solid fuel *(for camping-stove)*; **~übung die** preliminary [swimming/skiing] exercise; *(fig.)* dry run; **~zeit die** dry season
**trocknen 1.** *itr. V.; meist mit sein* dry. **2.** *tr. V.* dry; **die Kleider zum Trocknen aufhängen** hang up the clothes to dry
**Trockner der; ~s, ~:** drier; *(Trockengestell)* airer
**Troddel** ['trɔdl̩] **die; ~, ~n** tassel
**Trödel** ['trø:dl̩] **der; ~s** *(ugs., oft abwertend)* junk; *(für den Flohmarkt)* jumble
**Trödelei die; ~, ~en** *(ugs. abwertend)* dawdling *no pl.*
**trödeln** *itr. V.* **a)** *(ugs., oft abwertend)* dawdle **(mit** over); **b)** *mit sein (ugs.: schlendern)* saunter
**Trödler der; ~s, ~, Trödlerin die; ~, ~nen a)** *(ugs. abwertend)* dawdler; slowcoach; slowpoke *(Amer.)*; **b)** *(ugs.: Händler[in])* junk-dealer; **etw. beim ~ kaufen** buy sth. from *or* at the junk-shop
**troff** [trɔf] *1. u. 3. Pers. Sg. Prät. v.* **triefen**
**trog** [tro:k] *1. u. 3. Pers. Sg. Prät. v.* **trügen**
**Trog der; ~[e]s, Tröge** ['trø:gə] *(auch Geol.)* trough
**Troika** ['trɔyka] **die; ~, ~s** troika; *(fig.: Führungsgruppe)* triumvirate
**Troja** ['tro:ja] **(das); ~s** Troy
**Trojaner der; ~s, ~:** Trojan
**trojanisch** *Adj.* Trojan; **das Trojanische Pferd** *(Myth.; auch fig.)* the Trojan Horse
**Troll** [trɔl] **der; ~[e]s, ~e** *(Myth.)* troll
**Troll·blume die** globe-flower
**trollen** *(ugs.) refl. V.* push off *(coll.)*; **der Junge trollte sich in sein Zimmer** the boy took himself off to his room
**Trolley·bus** ['trɔli-] **der** *(bes. schweiz.)* trolleybus
**Trollinger** ['trɔlɪŋɐ] **der; ~s, ~:** Trollinger [grape/wine]
**Trommel** ['trɔml̩] **die; ~, ~n a)** *(Schlaginstrument)* drum; **die ~ für jmdn./etw. rühren** *(ugs.)* beat the drum for sb./sth.; **b)** *(Behälter; Kabel~, Seil~)* drum
**Trommel-: ~bremse die** *(Kfz-W.)* drum brake; **~fell das a)** *(bei Trommeln)* drumhead; **b)** *(im Ohr)* ear-drum; **~feuer das** *(Milit.; auch fig.)* [constant] barrage
**trommeln 1.** *itr. V.* **a)** beat the drum; *(als Beruf, Hobby usw.)* play the drums; **b)** *([auf etw.] schlagen, auftreffen)* drum **(auf** + *Akk.* on, **an** + *Akk.* against); **sie trommelte mit den Fäusten gegen die Tür** she hammered the door with her fists. **2.** *tr. V.* **a)** beat [out] ⟨*march, rhythm, etc.*⟩; **b) jmdn. aus dem Bett/Schlaf ~:** get sb. out of bed/wake sb. up by hammering on the door
**Trommel-: ~revolver der** revolver; **~schlag der** drum-beat; **~schlegel der, ~stock der** drumstick; **~wirbel der** drum-roll
**Trommler der; ~s, ~, Trommlerin die; ~, ~nen** drummer
**Trompete** [trɔm'pe:tə] **die; ~, ~n** trumpet; **[eine Melodie] auf der ~ blasen** play [a tune on] the trumpet
**trompeten 1.** *itr. V.* **a)** play the trumpet; *(fig.)* ⟨*elephant*⟩ trumpet; **b)** *(ugs. scherzh.: sich laut schneuzen)* blow one's nose like a fog-horn. **2.** *tr. V.* play ⟨*piece*⟩ on the trumpet; *(fig.)* proclaim ⟨*news etc.*⟩ loudly
**Trompeten·stoß der** blast on a/the trumpet
**Trompeter der; ~s, ~, Trompeterin die; ~, ~nen** trumpeter
**Tropen** *Pl.* tropics
**Tropen-** tropical
**Tropen-: ~fieber das** [falciparum] malaria *(Med.)*; **~helm der** sun-helmet; **~koller der** tropical madness; **~tauglichkeit die** fitness for service/travel in the tropics
**[1]Tropf** [trɔpf] **der; ~[e]s, Tröpfe** ['trœpfə] *(abwertend)* twit *(Brit. sl.)*; moron *(coll.)*; **armer ~:** poor devil
**[2]Tropf der; ~[e]s, ~e** *(Med.)* drip; **am ~ hängen** be on a drip
**Tröpfchen** ['trœpfçən] **das; ~s, ~:** droplet; *(kleine Menge)* drop; *(scherzh.: Wein)* **ein wahrhaft edles ~:** a really fine vintage
**Tröpfchen·infektion die** *(Med.)* droplet infection
**tröpfchen·weise** *Adv.* in small drops
**tröpfeln** ['trœpfl̩n] **1.** *itr. V.* **a)** *mit sein* drip **(auf** + *Akk.* on to, **aus, von** from); **b)** *(unpers.) (ugs.: leicht regnen)* **es tröpfelt** it's spitting [with rain]. **2.** *tr. V.* let ⟨*sth.*⟩ drip **(in** + *Akk.* into, **auf** + *Akk.* on to)
**tropfen 1.** *itr. V.; mit Richtungsangabe mit sein* drip; ⟨*tears*⟩ fall; **seine Nase tropft** his nose is running; *(unpers.)* **es tropft [vom Dach** *usw.***]** water is *or* it's dripping from the roof *etc.*; **es tropft** *(es regnet)* it's spitting [with rain]. **2.** *tr. V.* let ⟨*sth.*⟩ drip **(in** + *Akk.* into, **auf** + *Akk.* on to); **jmdm. eine Tinktur auf die Wunde ~:** pour drops of a tincture into sb.'s wound
**Tropfen der; ~s, ~ a)** drop; **ein paar ~ Parfüm** a few drops of perfume; **es regnet dicke ~:** the rain is falling in large drops *or* spots; **die ersten ~ fallen** the first spots [of rain] are falling; **er hat keinen ~ [Alkohol] getrunken** he hasn't touched a drop; **steter ~ höhlt den Stein** *(Spr.)* constant dropping wears away the stone *(prov.)*; persistence gets there in the end; **ein ~ auf den heißen Stein sein** *(fig. ugs.)* be a drop in the ocean; **b) ein guter/edler ~:** a good/fine vintage
**Tropfen·form die;** *o. Pl.* tear shape; **in ~:** tear-shaped *attrib.*
**tropfen·weise** *Adv.* drop by drop; a drop at a time
**tropf-, Tropf-: ~infusion die** *(Med.)* intravenous drip; **~naß** *Adj.* dripping *or* soaking wet; **~stein·höhle die** limestone cave with stalactites and/or stalagmites
**Trophäe** [tro'fɛ:ə] **die; ~, ~n** *(hist., Jagd, Sport)* trophy
**tropisch 1.** *Adj.* tropical. **2.** *adv.* tropically ⟨*warm*⟩

**Tropo·sphäre** [tropo'sfɛ:rə] **die;** ~ *(Meteor.)* troposphere
**Troß** [trɔs] **der;** **Trọsses, Trọsse a)** *(Milit.)* baggage train; **b)** *(Gefolge)* retinue; *(fig.: Zug)* procession [of hangers-on]
**Trosse** ['trɔsə] **die;** ~, ~**n** hawser *(Naut.)*
**Trost** [tro:st] **der;** ~**[e]s** consolation; *(bes. geistlich)* comfort; **jmdm.** ~ **zusprechen** *od.* **spenden** comfort *or* console sb.; **jmdm. ein/kein** ~ **sein** be a/no comfort to sb.; **ein schwacher** ~! that's little *or* not much consolation; **in der Arbeit** ~ **suchen/finden** seek/find solace in work; **als** ~: as a consolation; **nicht [ganz** *od.* **recht] bei** ~ **sein** *(ugs.)* be out of one's mind; have taken leave of one's senses
**trösten** ['trø:stn̩] **1.** *tr. V.* comfort, console **(mit** with); **sie wollte sich nicht** ~ **lassen** she was not to be *or* refused to be comforted; she was inconsolable; ~**de Worte** words of comfort; comforting words; ~**d den Arm um jmdn. legen** put one's arm around sb. to comfort him/her; **etw. tröstet jmdn.** sth. is a comfort to sb.; **der Gedanke konnte ihn nicht** ~: the thought was no comfort to him. **2.** *refl. V.* console oneself; **sich damit** ~, **daß ...:** console oneself with the thought that ...; **sich mit einer anderen Frau** ~: find consolation with another woman
**Tröster der;** ~**s,** ~, **Trọ̈sterin die;** ~, ~**nen** comforter; *(fig.: Sache)* consolation
**tröstlich** *Adj.* comforting
**trọst-, Trọst-:** ~**los** *Adj.* **a)** *(ohne Trost)* hopeless; without hope *postpos.; (verzweifelt)* in despair *postpos.;* **mir war** ~**los zumute, ich fühlte mich** ~**los** I was in despair; **b)** *(deprimierend, öde)* miserable, dreary ⟨*time, weather, area, food, etc.*⟩; hopeless ⟨*situation*⟩; ~**losigkeit die;** ~ **a)** *(einer Person, der Lage usw.)* hopelessness; *(Verzweiflung)* despair; **b)** *(Öde)* dreariness; ~**pflaster das** *(scherzh.)* consolation; ~**preis der** consolation prize; ~**reich 1.** *Adj.* comforting; **2.** *adv.* comfortingly
**Tröstung die;** ~, ~**en** comfort *no indef. art.;* **mit den** ~**en der Kirche versehen sterben** die after having received the last rites
**Trost·wort das;** *Pl.* ~**e** word of comfort
**Trott** [trɔt] **der;** ~**[e]s,** ~**e a)** *(Gangart)* trot; **im** ~ **gehen** [go at a] trot; **b)** *(leicht abwertend: Ablauf)* routine; **in den alten** ~ **verfallen** fall back into the same old rut
**Trottel der;** ~**s,** ~ *(ugs. abwertend)* fool; wally *(sl.)*
**trọttelhaft** *(ugs. abwertend)* **1.** *Adj.* bumbling ⟨*idiot, person*⟩; oafish ⟨*behaviour*⟩. **2.** *adv.* oafishly
**trọttelig** *(ugs. abwertend)* **1.** *Adj.* doddery; gaga *pred. (sl.)* **2.** *adv.* in a feeble-minded *or* doddery way
**Trọtteligkeit die;** ~ *(ugs. abwertend)* doddery state; feeble-mindedness
**trọtten** *itr. V.; mit sein* trot [along]; *(freudlos)* trudge
**Trottoir** [trɔ'to̯a:ɐ̯] **das;** ~**s,** ~**e** *od.* ~**s** pavement
**trotz** [trɔts] *Präp. mit Gen., seltener mit Dat.* in spite of; despite; ~ **Frost[s] und Schnee[s]** despite the frost and snow; ~ **allem** *od.* **alledem** in spite of everything
**Trọtz der;** ~**es** defiance; *(eines Pferdes)* disobedience; *(Oppositionsgeist)* cussedness *(coll.);* contrariness; **jmdm./einer Sache zum** ~: in defiance of sb./sth.
**Trọtz·alter das** difficult age
**trọtz·dem** [*auch:* '-'-] **1.** *Adv.* nevertheless; **er tat es** ~: he did it all *or* just the same. **2.** [-'-] *Konj. (ugs.)* although; even though
**trọtzen** *itr. V.* **a)** *(geh.: widerstehen)* **jmdm./einer Sache** ~ *(auch fig.)* defy sb./sth.; **Gefahren/der Kälte** ~: brave dangers/the cold; **b)** *(trotzig sein)* be contrary
**trọtzig 1.** *Adj.* defiant; *(widerspenstig)* contrary; bolshie *(coll.);* difficult ⟨*child*⟩. **2.** *adv.* defiantly
**Trotzkismus** [trɔts'kɪsmʊs] **der;** ~: Trotskyism *no art.*
**Trotzkịst der;** ~**en,** ~**en** Trotskyist
**Trọtz-:** ~**kopf der** bolshie [little] so-and-so *(coll.);* ~**phase die** *(Psych.) s.* ~**alter;** ~**reaktion die** act of defiance
**Troubadour** ['tru:badu:ɐ̯] **der;** ~**s,** ~**e** *od.* ~**s** *(hist.)* troubadour; *(fig.: Schlagersänger)* songster
**Trouble** ['trʌbl̩] **der;** ~**s** *(ugs.)* trouble; ~ **haben wegen Drogen** be in trouble over drugs
**trüb[e]** ['try:b(ə)] **1.** *Adj.* **a)** *(nicht klar)* murky ⟨*stream, water*⟩; cloudy ⟨*liquid, wine, juice*⟩; *(schlammig)* muddy ⟨*puddle*⟩; *(schmutzig)* dirty ⟨*glass, window-pane*⟩; dull ⟨*eyes*⟩; **im trüben fischen** *(ugs.)* fish in troubled waters; **b)** *(nicht hell)* dim ⟨*light*⟩; dull, dismal ⟨*day, weather*⟩; grey, overcast ⟨*sky*⟩; dull, dingy ⟨*red, yellow*⟩; **c)** *(gedrückt)* gloomy ⟨*mood, voice, etc.*⟩; dreary ⟨*time*⟩; *s. auch* **Tasse a; d)** *(unerfreulich)* unfortunate, bad ⟨*experience etc.*⟩; *(zweifelhaft)* dubious ⟨*sources*⟩. **2.** *adv.* **a)** *(nicht hell)* ⟨*shine, light*⟩ dimly; **b)** *(gedrückt)* ⟨*smile, look*⟩ gloomily; **c)** *(unerfreulich)* ~ **laufen** go badly
**Trubel** ['tru:bl̩] **der;** ~**s** [hustle and] bustle; **sie stürzten sich in den dicksten** ~: they plunged into the thick of the hurly-burly; **im** ~ **der Ereignisse** *(fig.)* in the excitement of the moment; in the rush of events
**trụ̈ben 1.** *tr. V.* **a)** make ⟨*liquid*⟩ cloudy; cloud ⟨*liquid*⟩; *s. auch* **Wässerchen a; b)** *(beeinträchtigen)* dampen, cast a cloud over ⟨*mood*⟩; mar ⟨*relationship*⟩; cloud ⟨*judgement*⟩; **jmds. Blick [für etw.]** ~: blind sb. [to sth.]. **2.** *refl. V.* **a)** ⟨*liquid*⟩ become cloudy; ⟨*eyes*⟩ become dull; ⟨*sky*⟩ darken; **b)** *(sich verschlechtern)* ⟨*relationship*⟩ deteriorate; ⟨*awareness, memory, etc.*⟩ become dulled *or* dim
**Trübsal** ['try:pza:l] **die;** ~, ~**e** *(geh.)* **a)** *(Leiden)* affliction; **b)** *o. Pl. (Kummer)* grief; ~ **blasen** *(ugs.)* mope **(wegen** over, about)
**trüb-, Trüb-:** ~**selig 1.** *Adj.* **a)** *(öde)* dreary, depressing ⟨*place, area, colour*⟩; dismal ⟨*house*⟩; **b)** *(traurig)* gloomy, melancholy ⟨*thoughts, mood*⟩; gloomy, miserable ⟨*face*⟩; **2.** *adv. (traurig)* gloomily; ~**seligkeit die;** ~ **a)** *(Ödheit)* dreariness; **b)** *(Traurigkeit)* gloom; ~**sinn der;** *o. Pl.* melancholy; gloom; ~**sinnig 1.** *Adj.* melancholy; gloomy; **2.** *adv.* gloomily
**Trụ̈bung die;** ~, ~**en a)** clouding; *(des Auges)* dimming; **b)** *(Beeinträchtigung)* deterioration; *(der Stimmung)* dampening
**trudeln** ['tru:dl̩n] *itr. V.* **a)** *mit sein (rollen)* roll; **auf die Erde** ~: flutter *or* twirl to the ground; **das Flugzeug geriet ins Trudeln** the plane went into a spin; **b)** *(bes. berlin.: würfeln)* play dice
**Trüffel** ['trʏfl̩] **die;** ~, ~**n** *od. (ugs.)* **der;** ~**s,** ~: truffle
**Trụ̈ffel·leber·wurst die** liver sausage with truffles
**trug** [tru:k] *1. u. 3. Pers. Prät. v.* **tragen**
**Trụg der;** ~**[e]s** *(geh.)* deception **(um** over, concerning); *s. auch* **Lug**
**Trụg·bild das** hallucination; illusion; *(Bild der Phantasie)* figment of the imagination
**trüge** ['try:gə] *1. u. 3. Pers. Sg. Konjunktiv II v.* **tragen**
**trụ̈gen 1.** *unr. tr. V.* deceive; **dieses Gefühl hatte uns getrogen** this feeling had been a delusion; **wenn mich nicht alles trügt** unless I am very much mistaken. **2.** *unr. itr. V.* be deceptive; ⟨*feeling, deception*⟩ be a delusion; *s. auch* **Schein b**
**trụ̈gerisch 1.** *Adj.* **a)** deceptive; false ⟨*hope, sign, etc.*⟩; treacherous ⟨*ice*⟩; **b)** *(veralt.: auf Betrug zielend)* deceitful; **in** ~**er Absicht** with intent to deceive. **2.** *adv.* **a)** deceptively; **b)** *(veralt.: auf Betrug zielend)* deceitfully
**Trụg·schluß der a)** wrong conclusion; *(Irrtum)* fallacy; **b)** *(Musik)* false *or* deceptive cadence
**Truhe** ['tru:ə] **die;** ~, ~**n** chest
**Trumm** [trʊm] **das;** ~**[e]s, Trümmer** ['trʏmɐ] *(bes. südd., österr., schweiz.)* large lump; *(großes Exemplar)* whopper *(coll.);* **ein** ~ **von ...:** a whopping great ... *(coll.)*
**Trümmer** ['trʏmɐ] *Pl.* *(eines Gebäudes)* rubble *sing.; (Ruinen)* ruins; *(eines Flugzeugs usw.)* wreckage *sing.; (kleinere Teile)* debris *sing.;* **die Stadt lag in** ~**n** the town lay in ruins; **eine Stadt in** ~ **legen** reduce a town to rubble; flatten a town [completely]; **er stand vor den** ~**n seines Lebens** *(fig.)* he contemplated the ruins of what had once been his life
**Trụ̈mmer-:** ~**feld das** expanse of rubble; ~**frau die** *(hist.) woman who cleared away rubble after World War II;* ~**grund·stück das** bomb-site; *(nach einem Erdbeben)* ruined site; ~**haufen der** pile *or* heap of rubble; **der** ~**haufen seiner Ehe** *(fig.)* the ruins *pl.* of what had been his marriage
**Trumpf** [trʊmpf] **der;** ~**[e]s, Trümpfe** ['trʏmpfə] *(auch fig.)* trump [card]; *(Farbe)* trumps *pl.;* **was ist** ~**?** what are trumps?; **lauter** ~ *od.* **Trümpfe haben** have nothing but trumps; **seinen [letzten]** ~ **ausspielen** *(fig.)* play one's [last] trump card; **alle Trümpfe in der Hand haben** *(fig.)* hold all the [trump] cards; **seine besten Trümpfe aus der Hand geben** *(fig.)* throw away one's greatest advantages; **einen** ~ **in der Hinterhand haben** *(fig.)* have a card up one's sleeve; ~ **sein** *(fig.) (das Nötigste sein)* be what matters; be the order of the day; *(Mode sein)* be the in thing
**trụmpfen** *itr. V.* play a trump
**Trụmpf·karte die** *(auch fig.)* trump card
**Trunk** [trʊŋk] **der;** ~**[e]s, Trünke** ['trʏŋkə] *(geh.)* **a)** *(Getränk)* drink; beverage *(formal);* **b)** *(das Trinken)* **er ist dem** ~ **verfallen** he is a victim of the demon drink; **sich dem** ~ **ergeben** take to drink
**trụnken** *Adj. (geh.; auch fig.)* drunk, intoxicated **(von, vor** + *Dat.* with); **jmdn.** ~ **machen** make sb. drunk; *(fig.)* intoxicate sb.
**Trụnkenbold** [-bɔlt] **der;** ~**[e]s,** ~**e** *(abwertend)* drunkard
**Trụnkenheit die;** ~ **a)** drunkenness; **im Zustand der** ~: in a state of intoxication; in an intoxicated state; ~ **am Steuer** drunken driving; **b)** *(geh.: Begeisterung)* [state of] intoxication
**Trụnk·sucht die;** *o. Pl.* alcoholism *no art.*
**trụnk·süchtig** *Adj.* alcoholic; ~ **sein** be an alcoholic
**Trupp** [trʊp] **der;** ~**s,** ~**s** troop; *(von Arbeitern, Gefangenen)* gang; *(von Soldaten, Polizisten)* detachment; squad
**Trüppchen** ['trʏpçən] **das;** ~**s,** ~: [small] group; *(von Soldaten)* small detachment
**Trụppe die;** ~, ~**n a)** *(Einheit der Streitkräfte)* unit; **nicht von der schnellen** ~ **sein** *(fig. ugs.)* not be exactly a fast worker; **b)** *Pl. (Soldaten)* troops; **c)** *o. Pl. (Streitkräfte)* [armed] forces *pl.; (Heer)* army; **die kämpfende** ~: the front-line *or* combat troops *pl.;* **der Dienst bei der** ~: military service; **d)** *(Gruppe von Schauspielern, Artisten)* troupe; company; *(von Sportlern)* squad; *(Mannschaft)* team
**Trụppen-:** ~**ab·zug der** withdrawal of troops; troop withdrawal; ~**bewegung die;** *meist Pl.* troop movement; ~**gattung die** arm [of the service]; corps; ~**konzentration die** massing of troops; ~**parade die** military parade; ~**teil der** unit; ~**übungs·platz der** military training area
**Trust** [trast] **der;** ~**[e]s,** ~**e** *od.* ~**s** *(Wirtsch.)* trust
**Trut-** ['tru:t-]: ~**hahn der** turkey [cock]; *(als Braten)* turkey; ~**henne die** turkey [hen]
**Trutz** [trʊts] **der;** ~**es** *(veralt.)* resistance; **Schutz und** ~: protection and shelter

**Trutz·burg die** *(hist.) castle built to besiege an enemy castle*
**trutzig** *(veralt.)* **1.** *Adj.* massive, formidable ⟨*wall, building*⟩. **2.** *adv.* defiantly
**Tschad** [tʃat] **(der); ~s** Chad *no art.*
**Tschador** [tʃa'dɔr] **der; ~s, ~s** chador
**Tschako** ['tʃako] **der; ~s, ~s** *(hist.)* shako
**tschau** [tʃau] *(ugs.)* ciao *(coll.)*; so long *(coll.)*
**Tscheche** ['tʃɛçə] **der; ~n, ~n** Czech
**Tschechei die; ~** *(ugs. veralt.)* Czechoslovakia *no art.*
**Tschechien (das); ~s** Czech Republic
**tschechisch 1.** *Adj.* Czech. **2.** *adv.* **~ sprechend** Czech-speaking; *s. auch* **deutsch; Deutsch; ²Deutsche**
**Tschechoslowakei** [tʃɛçoslova'kai] **die; ~** *(Hist.)* Czechoslovakia *no art.*
**tschechoslowakisch** *Adj.* Czechoslovak[ian]
**Tschick** [tʃɪk] **der; ~s, ~** *(österr. ugs.)* fag *(Brit. sl.)*; *(Zigarettenstummel)* fag-end *(Brit. sl.)*
**tschilpen** ['tʃɪlpn̩] *itr. V.* chirp
**Tschinelle** [tʃi'nɛlə] **die; ~, ~n;** *meist Pl. (veralt., noch südd., österr.)* cymbal
**tschingderassabum** [tʃɪŋdərasa'bʊm] *Interj.* crash! crash! boom! boom! *(onomatopoeic for cymbals and drums)*
**tschüs** [tʃy:s] *(ugs.)* bye *(coll.)*; so long *(coll.)*
**Tsd.** *Abk.* **Tausend**
**Tsetse·fliege** ['tse:tse-] **die** tsetse fly
**T-Shirt** ['ti:ʃə:t] **das; ~s, ~s** T-shirt
**T-Träger der** *(Bauw.)* T-girder
**TU** *Abk.* **technische Universität**
**Tuba** ['tu:ba] **die; ~, Tuben** tuba
**Tube** ['tu:bə] **die; ~, ~n** tube; **eine ~ Zahnpasta** a tube of toothpaste; **auf die ~ drücken** *(fig. ugs.)* step on it *(coll.)*
**Tuberkel·bazillus** [tu'bɛrkl̩-] **der** *(Med.)* tubercle bacillus
**tuberkulös** [tubɛrku'lø:s] *Adj. (Med.)* tubercular
**Tuberkulose** [tubɛrku'lo:zə] **die; ~, ~n** *(Med.)* tuberculosis *no art.*
**Tuch** [tu:x] **das; ~[e]s, Tücher** ['ty:çɐ] *od.* **~e a)** *Pl.* **Tücher** cloth; *(Geschirr~)* dish-cloth; *(Bade~)* [bath-]towel; *(Kopf~, Hals~)* – scarf; **das rote ~ des Matadors** the matador's red cape; **ein rotes ~ für jmdn. sein** *(ugs.)* be like a red rag to a bull for sb.; make sb. see red; **b)** *Pl.* **~e** *(Gewebe)* cloth; **c)** *Pl.* **~e** *(Seemannsspr.) s.* **Segeltuch**
**Tuchent** ['tʊxn̩t] **die; ~, ~en** *(österr.)* feather bed
**Tuch·fühlung die** *(scherzh.)* physical contact; *(fig.: Kontakte)* [close] contact; **auf** *od.* **mit ~:** close together
**Tüchlein das; ~s, ~:** [little] handkerchief
**tüchtig** ['tʏçtɪç] **1.** *Adj.* **a)** efficient ⟨*secretary, assistant, worker, etc.*⟩; *(fähig)* capable, competent **(in +** *Dat.* at); **freie Bahn dem Tüchtigen!** let ability win through; **b)** *(von guter Qualität)* excellent ⟨*performance, piece of work, etc.*⟩; **~, ~!** *(auch iron.)* well done!; **c)** *nicht präd. (ugs.: beträchtlich)* sizeable ⟨*piece, portion*⟩; big ⟨*gulp*⟩; hearty ⟨*eater, appetite*⟩; **eine ~e Tracht Prügel** a good hiding *(coll.)*; **ein ~er Schrecken** quite a fright. **2.** *adv.* **a)** efficiently; *(fähig)* competently; **~ arbeiten** work hard; **b)** *(ugs.: sehr)* really ⟨*cold, warm*⟩; ⟨*snow, rain*⟩ good and proper *(coll.)*; ⟨*eat*⟩ heartily; **~ heizen** have the heating up good and high *(coll.)*
**Tüchtigkeit die; ~ a)** efficiency; *(Fähigkeit)* ability; competence; *(Fleiß)* industry; **b) körperliche ~:** physical fitness
**Tücke** ['tʏkə] **die; ~, ~n a)** *o. Pl. (Hinterhältigkeit)* deceit[fulness]; *(List)* guile; scheming *no indef. art.*; *(fig.: des Schicksals)* fickleness; **die ~ des Objekts** the perversity *or (coll.)* cussedness of inanimate objects; *s. auch* **List b; b)** *meist Pl. (hinterhältige Handlung)* wile; ruse; *(Betrug)* deception; **c)** *meist Pl. ([verborgene] Gefahr/Schwierigkeit)* [hidden] danger/difficulty; *(unberechenbare Eigenschaft)* vagary; **seine ~n haben** ⟨*engine, machine*⟩ be temperamental; have its vagaries; ⟨*mountain, river, course*⟩ be treacherous
**tuckern** ['tʊkɐn] *itr. V.; mit Richtungsangabe mit sein* chug
**tückisch 1.** *Adj.* **a)** *(hinterhältig)* wily; *(betrügerisch)* deceitful; **b)** *(gefährlich)* treacherous ⟨*bend, slope, spot, etc.*⟩; *(Gefahr signalisierend)* menacing ⟨*look, eyes*⟩. **2.** *adv.* **a)** *(hinterhältig)* craftily; **b)** *(Gefahr signalisierend)* menacingly
**Tuff** [tʊf] **der; ~s, ~e** *(Geol.)* **a)** tuff; **b)** *s.* **Sinter**
**Tuff·stein der** tuff
**Tüftel·arbeit die** *(ugs.)* fiddly job *(coll.)*
**Tüftelei die; ~, ~en** *(ugs.)* **a)** *o. Pl.* fiddling [about]; *(geistig)* racking one's brains; **b)** *(tüftelige Arbeit)* fiddly job *(coll.)*
**Tüfteler der; ~s, ~** *s.* **Tüftler**
**tüfteln** ['tʏftl̩n] *itr. V. (ugs.)* fiddle **(an +** *Dat.* with); do finicky work **(an +** *Dat.* on); *(geistig)* rack one's brains, puzzle **(an +** *Dat.* over)
**Tüftler der; ~s, ~** *(ugs.) person who likes finicky jobs/niggling problems; (jmd., der gern Rätselspiele macht)* puzzle freak *(coll.)*
**Tugend** ['tu:gn̩t] **die; ~, ~en** virtue; **auf dem Pfad der ~ wandeln** keep to the path of virtue *or* the straight and narrow
**tugendhaft 1.** *Adj.* virtuous. **2.** *adv.* virtuously; **~ leben** live a life of virtue
**Tukan** ['tu:kan] **der; ~s, ~e** toucan
**Tüll** [tʏl] **der; ~s, ~e** tulle
**Tülle die; ~, ~n** *(bes. nordd.)* spout
**Tüll-: ~gardine die** net curtain; **~spitze die** tulle lace
**Tulpe** ['tʊlpə] **die; ~, ~n a)** *(Pflanze)* tulip; **b)** *(Glas)* tulip glas
**Tulpen-: ~baum der** tulip-tree; **~zwiebel die** tulip-bulb
**tumb** [tʊmp] *(scherzh.) Adj.* guileless; naïve; **~er Tor** simple Simon
**Tumbheit die; ~** *(scherzh.)* guilelessness; ingenuousness
**tummeln** ['tʊml̩n] *refl. V.* **a)** *(umhertollen)* romp [about]; *(im Wasser)* splash about; **b)** *(bes. westmd., österr., sich beeilen)* stir one's stumps *(coll.)*; get a move on *(coll.)*
**Tummel·platz der** *(auch fig.)* playground; **ein ~ der Linksradikalen** *(fig.)* a happy hunting-ground for left-wing radicals
**Tümmler** ['tʏmlɐ] **der; ~s, ~ a)** *(Delphin)* bottle-nosed dolphin; **b)** *(Taube)* tumbler
**Tumor** ['tu:mɔr] **der; ~s, ~en** [tu'mo:rən], *ugs. auch* **~e** [tu'mo:rə] *(Med.)* tumour
**Tümpel** ['tʏmpl̩] **der; ~s, ~:** pond
**Tumult** [tu'mʊlt] **der; ~[e]s, ~e** tumult; commotion; *(Protest)* uproar; **schwere ~e** serious disturbances
**tumultuarisch** [tumʊl'tu̯a:rɪʃ] *Adj. (geh.)* turbulent; ⟨*scenes*⟩ of uproar
**tun** [tu:n] **1.** *unr. tr. V.* **a)** *(machen)* do; **er tat, wie ihm befohlen** he did as he was told; **ich habe anderes zu ~, als hier herumzusitzen** I can't sit around here [all day], I've other things to do; **er tut nichts als meckern** *(ugs.)* he does nothing but moan; **ich weiß nicht, was ich ~ soll** I don't know what to do; **so etwas tut man nicht** that is just not done; **so tu doch etwas!** well, do something [about it], then!; **er hat sein möglichstes getan** he did his [level] best; **du kannst ~ und lassen, was du willst** you can do just as you please; **was tust du hier/mit dem Messer?** what are you doing here/with that knife?; **dagegen kann man nichts ~:** there is nothing one can do about it; **es hat sich so ergeben, ohne daß ich etwas dazu getan hätte** it turned out that way without my having done anything [towards it]; **was ~?** what is to be done?; **was tut denn die tote Fliege in meiner Suppe?** what's that dead fly doing in my soup?; **man tut, was man kann** one does what one can; one tries one's best; **ich will sehen, was sich ~ läßt** I'll see what can be done; **was tut man nicht alles [...]!** the things I/you *etc.* do [...]!; **b)** *(erledigen)* do ⟨*work, duty, etc.*⟩; **er tut nichts** he doesn't do a thing; **ich muß noch etwas [für die Schule] ~:** I've still got some [school-]work to do; **tu's doch!** go on, do it!; **nach getaner Arbeit** when the work is/was done; **mit Geld/einer Entschuldigung** *usw.* **ist es nicht getan** money/an apology *etc.* is not enough; **es ~** *(ugs. verhüll.: koitieren)* do it *(sl.)*; *s. auch* **Handschlag b; c) [etwas] zu ~ haben** have something to do ; **ich hatte dort zu ~/dort geschäftlich zu ~:** I had things/business to do there; **es mit jmdm./etw. zu ~ haben** be dealing with sb./sth.; **wir haben es mit einem gefährlichen Verbrecher zu ~:** we're up against a dangerous criminal; **er hat es mit dem Herzen zu ~** *(ugs.)* he's got heart trouble; **[es] mit jmdm. zu ~ bekommen** *od. (ugs.)* **kriegen** get into trouble with sb./sth.; **mit sich [selbst] zu ~ haben** have problems [of one's own]; **[etwas] mit etw./jmdm. zu ~ haben** be concerned with sth./have dealings with sb.; **er hat noch nie [etwas] mit der Polizei zu ~ gehabt** he has never been involved with the police; **mit etw. nichts zu ~ haben** have nothing to do with sth.; not be concerned with sth.; **er hat mit dem Mord nichts zu ~:** he had nothing to do with *or* was not involved in the murder; **mit Kunst hat das kaum etwas zu ~:** that has very little to do with art; **mit jmdm./etw. nichts zu ~ haben wollen** not want [to have] anything to do with sb./sth.; **es ist mir um dich/deine Gesundheit zu ~** *(geh.)* I'm concerned about you/your health; **d)** *nimmt die Aussage eines vorher gebrauchten Verbs auf* **ich riet ihm zu verschwinden, was er schleunigst tat** I advised him to disappear, which he did at the double *or* and he did so at the double; **es sollte am nächsten Tag regnen, und das tat es dann auch** it was expected to rain the next day, and it did [so]; **e)** *als Funktionsverb* make ⟨*remark, catch, etc.*⟩; take ⟨*step, jump*⟩; do ⟨*deed*⟩; **einen Blick aus dem Fenster ~:** glance out of the window; *(unpers.)* **plötzlich tat es einen furchtbaren Knall** suddenly there was a dreadful bang; **f)** *(bewirken)* work, perform ⟨*miracle*⟩; **seine Wirkung ~:** have its effect; **was tut's?, was tut das schon?** *(ugs.)* so what?; what does it matter?; **das tut nichts** it doesn't matter; *s. auch* **Sache b; g)** *(an~)* **jmdm. etw. ~:** do sth. to sb.; **jmdm. einen Gefallen ~:** do sb. a favour; **er tut dir nichts** he won't hurt *or* harm you; **der Hund tut nichts** the dog doesn't bite; **h) es ~** *(ugs.: genügen)* be good enough; **die Schuhe ~ es noch einen Winter** the shoes will do for another winter; **i)** *(ugs.: irgendwohin bringen)* put; **Salz an** *od.* **in die Suppe ~:** put salt in *or* add salt to the soup; **den Kleinen zur Oma ~:** take the little boy to granny *(coll.)*. **2.** *unr. itr. V.* **a)** *(ugs.: funktionieren)* work; **die Kaffeemaschine tut nicht mehr** the coffee-machine has had it *(coll.)*; **b) freundlich/geheimnisvoll ~:** pretend to be *or (coll.)* act friendly/act mysteriously; **vornehm ~:** act all genteel *(coll.)*; **er tut [so], als ob** *od.* **als wenn** *od.* **wie wenn er nichts wüßte** he pretends not to know anything; **er tut nur so [als ob]** he's only pretending; **tu doch nicht so!** stop pretending!. **3.** *unr. refl. V. (unpers.) (geschehen)* **es hat sich einiges getan** quite a bit has happened; **es tut sich nichts** there's nothing happening. **4.** *Hilfsverb* **a)** *betonend (ugs.)* **rechnen tut er gut** he's good at arithmetic; **kennen tue ich sie nicht** I don't know her; *(in nicht korrektem Sprachgebrauch)* **ich tu' den Fleck einfach nicht wegkriegen** I simply can't get rid of the stain; **b)** *zur Umschreibung des Konjunktivs (ugs.)* **das täte**

**mich interessieren/freuen** I'd be interested in/pleased about that

**Tun das;** ~s action; activity; **unser nächtliches** ~: our nocturnal activities *pl.*; **jmds.** ~ **und Treiben** *(geh.)* [all] sb.'s doings

**Tünche** ['tʏnçə] **die;** ~, ~n **a)** *(Farbe)* distemper; wash; **[weiße]** ~: whitewash; **b)** *o. Pl., (abwertend: Oberfläche)* veneer *(fig.)*

**tünchen** *tr. (auch itr.) V.* distemper; **weiß** ~: whitewash

**Tüncher der;** ~s, ~ *(veralt.)* decorator

**Tundra** ['tʊndra] **die;** ~, **Tundren** tundra

**Tunell** [tu'nɛl] **das;** ~s, ~s *(südd., österr., schweiz.) s.* **Tunnel**

**tunen** ['tju:nən] *tr. V. (Kfz-W.)* tune

**Tuner** ['tju:nɐ] **der;** ~s, ~ **a)** *(Elektronik)* tuner; **b)** *(Kfz-W.)* tuner; tuning expert

**Tunesien** [tu'ne:ziən] **(das);** ~s Tunisia

**Tunesier der;** ~s, ~: Tunisian

**tunesisch** *Adj.* Tunisian

**Tu·nicht·gut der;** ~ *od.* ~[e]s, ~e good-for-nothing; ne'er-do-well

**Tunika** ['tu:nika] **die;** ~, **Tuniken** tunic; *(hist.)* tunica; tunic

**Tunke** ['tʊŋkə] **die;** ~, ~n *(bes. ostmd.)* sauce; *(Bratensoße)* gravy

**tunken** *tr. V. (bes. ostmd.)* dip; dip, dunk ⟨*biscuit, piece of bread, etc.*⟩

**tunlichst** ['tu:nlɪçst] *Adv. (geh.)* **a)** *(möglichst)* as far as possible; **b)** *(unbedingt)* at all costs; **das hat in Zukunft ~ zu unterbleiben** this must not happen in future at any cost

**Tunnel** ['tʊnl] **der;** ~s, ~ *od.* ~s tunnel

**tunnelieren** *tr. V. (österr.)* tunnel through ⟨*mountain etc.*⟩

**Tunte** ['tʊntə] **die;** ~, ~n **a)** *(ugs. abwertend: Frau)* female; **b)** *(salopp, auch abwertend: Homosexueller)* queen *(sl.)*

**tuntenhaft, tuntig 1.** *Adj.* **a)** *(ugs. abwertend: tantenhaft)* prissy; **b)** *(salopp abwertend: feminin)* poofy *(Brit. coll.)*. **2.** *adv.; s.* **1: a)** prissily; **b)** poofily *(Brit. coll.)*

**Tüpfelchen** ['tʏpflçən] **das;** ~s, ~: dot; **das ~ auf dem i** the final touch

**tüpfeln** *tr. V.* stipple; *(sprenkeln)* speckle

**tupfen** ['tʊpfn̩] *tr. V.* **a)** dab; **sich** *(Dat.)* **den Schweiß von der Stirn** ~: dab the sweat from one's brow; **etw. auf etw.** *(Akk.)* ~: dab sth. on to sth.; **b)** *(mit Tupfen versehen)* dot; **ein getupftes Kleid** a spotted dress

**Tupfen der;** ~s, ~: dot; *(größer)* spot

**Tupfer der;** ~s, ~ **a)** *(ugs.) s.* **Tupfen; b)** *(Med.)* swab

**Tür** [ty:ɐ̯] **die;** ~, ~en door; *(Garten~)* gate; **an die ~ gehen** *(öffnen)* [go and] answer the door; **in der ~ stehen** stand in the doorway; **den Kopf zur ~ hereinstecken** put one's head round the door; **mach die ~ von außen zu!** *(ugs.)* out with you!; out you go!; **jmdm. die ~ einlaufen** *od.* **einrennen** *(fig. ugs.)* keep badgering sb.; **jmdm. die ~ vor der Nase zuschlagen** *(fig.)* slam the door in sb.'s face; **einer Sache** *(Dat.)* **~ und Tor öffnen** *(fig.)* open the door *or* way to sth.; **hinter verschlossenen ~en** behind closed doors; **mit der ~ ins Haus fallen** *(fig. ugs.)* blurt out what one is after; **vor verschlossener ~ stehen** be locked out; **zwischen ~ und Angel** *(fig. ugs.)* in passing; **[ach,] du kriegst die ~ nicht zu!** *(fig. ugs.)* Good Lord!; well I never!; **jmdm. die ~ weisen** *(fig. geh.)* show sb. the door; **vor die ~ gehen** go outside; **jmdn. vor die ~ setzen** *(fig. ugs.)* chuck *(coll.) or* throw sb. out; **vor seiner eigenen ~ kehren** *(fig. ugs.)* set one's own house in order; **Pfingsten steht/die Sommerferien stehen vor der ~** *(fig.)* Whitsun is/the summer holidays are [just] coming up; **der Winter steht vor der ~** *(fig.)* winter is just around the corner

**Tür·angel die** door-hinge

**Turban** ['tʊrba:n] **der;** ~s, ~e turban

**Turbine** [tʊr'bi:nə] **die;** ~, ~n *(Technik)* turbine

**turbinen-, Turbinen-:** ~**antrieb der** turbine propulsion; ~**flugzeug das** turbo-jet aircraft; ~**getrieben** *Adj.* turbine-propelled ⟨*ship, aircraft*⟩; turbine-driven ⟨*generator*⟩

**Turbo-** ['tʊrbo-]: *(Technik)* turbo-

**Turbo-Prop-Flugzeug das** turbo-prop aircraft

**turbulent** [tʊrbu'lɛnt] **1.** *Adj. (auch Physik, Astron., Met.)* turbulent; *(allzu lebhaft)* chaotic. **2.** *adv. (auch Physik, Astron., Met.)* turbulently; *(allzu lebhaft)* chaotically; **bei uns/an den Devisenmärkten geht es ~ zu** things are chaotic [around] here/the exchange markets are in turmoil

**Turbulenz** [tʊrbu'lɛnts] **die;** ~, ~en *(auch Physik, Astron., Met.)* turbulence *no pl.*

**Tür·drücker der;** ~s, ~ **a)** doorknob; **b)** *(Türöffner)* [automatic] door-opener

**Turf** [tʊrf] *(Pferdesport Jargon)* turf

**Tür·griff der** door-handle

**Türke** ['tʏrkə] **der;** ~n, ~n **a)** Turk; **b)** *(ugs.)* **einen ~n bauen** tell a cock-and-bull story/cock-and-bull stories

**Türkei die;** ~: Turkey *no art.*

**türken** *tr. V. (ugs.)* fake ⟨*scene, letter, document, etc.*⟩; make up ⟨*story, report*⟩

**Türken·bund·lilie die** turk's-cap lily

**türkis** [tʏr'ki:s] *indekl. Adj.* turquoise

**[1]Türkis der;** ~es, ~e *(Mineral.)* turquoise

**[2]Türkis das;** ~ *(Farbe)* turquoise

**türkisch** *Adj.* Turkish; **~er Honig** nougat; *s. auch* **deutsch; Deutsch; [2]Deutsche**

**türkis·farben** *Adj.* turquoise

**Tür-:** ~**klinke die** door-handle; ~**klopfer der** door-knocker

**Turkologie** [tʊrkolo'gi:] **die;** ~: Turkish studies *pl., no art.*

**Turk-:** ~**sprache die** Turkic language; ~**volk das** Turkic people

**Turm** [tʊrm] **der;** ~[e]s, **Türme** ['tʏrmə] **a)** tower; *(spitzer Kirch~)* spire; steeple; **b)** *(Schach)* rook; castle; **c)** *s.* **Sprung~; d)** *(hist.) s.* **Schuld~; Hunger~; e)** *(Milit.)* turret

**Turmalin** [tʊrma'li:n] **der;** ~s, ~e *(Mineral.)* tourmaline

**Turm·bau der;** *o. Pl.* building of a/the tower; **der ~ zu Babel** the building of the Tower of Babel

**Türmchen** ['tʏrmçən] **das;** ~s, ~: turret

**[1]türmen 1.** *tr. V. (stapeln)* stack up; *(häufen)* pile up. **2.** *refl. V.* be piled up; ⟨*clouds*⟩ gather

**[2]türmen** *itr. V.; mit sein (salopp)* scarper *(Brit. sl.)*; do a bunk *(Brit. sl.)*; beat it *(sl.)*; **aus dem Knast ~:** do a bunk from prison

**Türmer der;** ~s, ~ *(hist.)* tower-keeper

**turm-, Turm-:** ~**falke der** kestrel; ~**haube die** *(Archit.)* cupola; ~**hoch 1.** *Adj.* towering; **2.** *adv.* **sich ~hoch stapeln** be piled high; **~hoch mit etw. beladen** piled high with sth.; ~**springen das;** *o. Pl.* high diving *no art.*; ~**uhr die** tower clock

**Turn-:** ~**an·zug der** leotard; ~**beutel der** PE bag

**turnen** ['tʊrnən] **1.** *itr. V.* **a)** *(Sport)* do gymnastics; *(Schulw.)* do gym *or* PE; **sie turnt gut** she's good at gymnastics *or* a good gymnast; *(Schulw.)* she's good at gym *or* PE; **er turnte am Reck/auf der Matte** he was doing *or* performing exercises *or* was working on the horizontal bar/the mat; **b)** *mit sein (ugs.: klettern)* clamber; **c)** *(ugs.: herumklettern)* clamber about. **2.** *tr. V. (Sport)* do, perform ⟨*exercise, routine*⟩

**Turnen das;** ~s gymnastics *sing., no art.*; *(Schulw.)* gym *no art.*; PE *no art.*

**Turner der;** ~s, ~, **Turnerin die;** ~, ~nen gymnast

**turnerisch 1.** *Adj.; nicht präd.* gymnastic. **2.** *adv.* gymnastically

**Turn-:** ~**fest das** gymnastics festival; ~**gerät das** gymnastics apparatus; ~**halle die** gymnasium; ~**hemd das** [gym] singlet; *(für Turnunterricht)* gym *or* PE vest; ~**hose die** *(mit langem Bein)* gym trousers *pl.*; *(mit kurzem Bein)* gym shorts *pl.*; *(für Turnunterricht)* gym *or* PE shorts *pl.*

**Turnier** [tʊr'ni:ɐ̯] **das;** ~s, ~e *(auch hist.)* tournament; *(Reit~)* show; *(Tanz~)* competition; **ein ~ reiten** ride in a tournament

**Turnier-:** ~**pferd das** show horse; ~**tanz der a)** *o. Pl. (Tanzsport)* competitive ballroom dancing; **b)** *(Tanz)* ballroom dance

**Turn-:** ~**lehrer der** gym *or* PE teacher; ~**schuh der** gym shoe; *(Trainingsschuh)* training shoe; trainer *(coll.)*; ~**schuh·generation die;** *o. Pl.* youth of the '80s; ~**stunde die** gym *or* PE lesson; ~**übung die** gymnastics exercise; ~**unterricht der** gym *no art.*; PE *no art.*

**Turnüre** [tʊr'ny:rə] **die;** ~, ~n *(Mode, hist.)* bustle

**Turnus** ['tʊrnʊs] **der;** ~, ~se **a)** regular cycle; **in einem 4jährigen ~ stattfinden** take place on a four-year cycle; **er führt das Amt im ~ mit seinen Kollegen** he and his colleagues hold the office in rotation; **b)** *(österr.) s.* **Schicht c**

**turnus-:** ~**gemäß 1.** *Adj.* **die ~gemäße Ablösung des Vorsitzenden erfolgt im April** the chairmanship rotates in April; **2.** *adv.* **er wird den Vorsitz ~gemäß am ersten Januar übernehmen** it will be his turn to take over the chair on 1 January; **~gemäß finden die Verhandlungen in X statt** it is the turn of X to host the negotiations; ~**mäßig 1.** *Adj.* regular ⟨*inspection, check, etc.*⟩; **2.** *adv.* on a regular cycle; **~mäßig hat er morgen Nachtdienst** according to the rota he's on duty tomorrow night

**Turn-:** ~**verein der** gymnastics club; ~**zeug das** gym *or* PE kit

**Tür-:** ~**öffner der** door-opener; ~**öffnung die** doorway; ~**pfosten der** doorpost; door-jamb; ~**rahmen der** door-frame; ~**schild das** sign on a/the door; *(Namensschild)* name-plate; door-plate; ~**schloß das** door-lock; ~**schnalle die** *(österr.)* door-handle; ~**schwelle die** threshold; ~**spalt der** crack [of the door]; ~**sturz der** *(Bauw.)* lintel

**turteln** *itr. V.* **a)** *(scherzh.: zärtlich sein)* bill and coo; **b)** *(veralt.: gurren)* coo

**Turtel·taube** ['tʊrtl̩-] **die** turtle-dove; *(fig.)* love-bird

**Tür·vorleger der** doormat

**Tusch** [tʊʃ] **der;** ~[e]s, ~e fanfare

**Tusche die;** ~, ~n **a)** Indian *(Brit.) or (Amer.)* India ink; **b)** *(nordd., md.: Wasserfarbe)* water-colour; **c)** *(ugs.: Wimpern~)* mascara

**Tuschelei die;** ~, ~en **a)** *o. Pl. (das Tuscheln)* whispering; **b)** *(Äußerung)* whisper

**tuscheln** ['tʊʃl̩n] *itr., tr. V.* whisper

**tuschen 1.** *tr. V.* **a) etw. ~:** draw sth. in Indian *(Brit.) or (Amer.)* India ink/paint sth. in water-colours; **b) sich** *(Dat.)* **die Wimpern ~:** put one's mascara on. **2.** *itr. V.* paint in water-colours

**Tusch-:** ~**kasten der** *(nordd., md.)* box of water-colours; **die ist der reinste ~kasten** *(fig.)* she's got all her war-paint on *(coll. joc.)*; ~**zeichnung die** pen-and-ink drawing

**Tussi** ['tʊsi] **die;** ~, ~s *(salopp)* female *(derog.)*; *(Mädchen)* bird *(sl.)*; chick *(coll.)*

**tut** [tu:t] *Interj. (Kinderspr.)* beep; toot

**Tütchen** ['ty:tçən] **das;** ~s, ~: small bag

**Tüte** ['ty:tə] **die;** ~, ~n **a)** bag; **~n kleben** *od.* **drehen** *(fig. ugs.)* be doing time; **das kommt nicht in die ~!** *(fig. ugs.)* not on your life! *(coll.)*; no way!; **b)** *(Eis~)* cone; cornet; **c)** *(ugs.: beim Alkoholtest)* bag; **in die ~ blasen müssen** be breathalysed; **d)** *(salopp: Person)* jerk *(sl.)*

**tuten** ['tu:tn̩] *itr. V.* hoot; ⟨*siren, [fog-]horn*⟩ sound; **das Schiff tutet** the ship sounds its fog-horn/hooter; **er wählte die Nummer,**

**und es tutete** he dialled the number, and heard the ringing tone; **er tutete auf seiner Spielzeugtrompete** he tooted on his toy trumpet; *s. auch* **Ahnung c**

**Tutor** ['tu:tɔr] **der; ~s, ~en** [tu'to:rən] *(Päd.)* **a)** *senior student who helps beginners integrate into student life;* **b)** *(Mentor)* tutor

**Tutorium** [tu'to:ri̯ʊm] **das; ~, Tutorien** *(Päd.) seminar conducted by a postgraduate*

**TÜV** [tʏf] **der; ~** *Abk.* **Technischer Überwachungsverein** ≈ MOT *(Brit.);* **ein Auto durch** *od.* **über den TÜV bringen** ≈ get a car through its MOT

**Tu·wort** ['tu:-] **das;** *Pl.* **Tuwörter** doing word

**Twen** [tvɛn] **der; ~[s], ~s** twenty-to-thirty-year-old; **Mode für ~s** fashions for people in their 20s

**[1]Twist** [tvɪst] **der; ~[e]s, ~e** *(Faden)* twist

**[2]Twist der; ~s, ~s a)** *(Tanz)* twist; **~ tanzen** dance the twist; **b)** *(Tennis)* spin

**twisten** *itr. V.* twist; dance the twist

**Tympanon** ['tʏmpanɔn] **das; ~s, Tympana** *(Archit.)* tympanum

**Typ** [ty:p] **der; ~s, ~en a)** type; **sie ist genau mein ~** *(ugs.)* she's just my type; **dein ~ wird verlangt** *(salopp)* you're wanted; **dein ~ ist hier nicht gefragt** *(salopp)* we don't want your sort here; **er ist ein dunkler/blonder ~:** he's dark/fair; **die beiden sind ganz verschiedene ~en** they're very different sorts of people; **b)** *Gen. auch* **~en** *(ugs.: Mann)* bloke *(Brit. sl.);* guy *(sl.);* **c)** *(Technik: Modell) (Auto)* model; *(Flugzeug)* type; **d)** *(bes. Philos.)* type

**Type** ['ty:pə] **die; ~, ~n a)** *(Druck~, Schreibmaschinen~)* type; **b)** *(ugs.) (Person)* type; sort; character; *(seltsame Person)* odd type *or* sort *or* character; **eine seltsame/originelle ~:** an odd sort *or* character/an oddball; **c)** *(bes. österr.) s.* **Typ d; d)** *(Fachspr.: Mehl~)* grade

**Typen-: ~hebel der** type-bar; **~rad das** daisy wheel; **~rad·schreib·maschine die** daisy-wheel typewriter

**Typhus** ['ty:fʊs] **der; ~** typhoid [fever]

**Typhus·epidemie die** typhoid epidemic

**typisch 1.** *Adj.* typical (**für** of). **2.** *adv.* typically; **das ist ~ Mann/Frau** that's just typical of a man/woman; **~ Gisela!** typical Gisela!; that's Gisela all over!

**Typographie** [typogra'fi:] **die; ~, ~n** *(Druckw.)* typography

**typographisch** *(Druckw.)* **1.** *Adj.* typographical. **2.** *adv.* typographically

**Typologie** [typolo'gi:] **die, ~, ~n** *(bes. Psych.)* typology

**typologisch** *(bes. Psych.)* **1.** *Adj.* typological. **2.** *adv.* typologically

**Typo·skript das;** *Pl.* **~e** typescript

**Typus** ['ty:pʊs] **der; ~, Typen** *(auch Literaturw., bild. Kunst, Philos.)* type

**Tyrann** [ty'ran] **der; ~en, ~en** *(auch fig.)* tyrant

**Tyrannei die; ~, ~en** *(auch fig.)* tyranny

**Tyrannen-: ~herrschaft die** tyranny; tyrannical rule; **~mord der** tyrannicide

**Tyrannis die; ~** *(hist.)* tyranny

**tyrannisch 1.** *Adj.* tyrannical. **2.** *adv.* tyrannically

**tyrannisieren** *tr. V.* tyrannize

**tyrrhenisch** [tʏ're:nɪʃ] *Adj.* **Tyrrhenisches Meer** Tyrrhenian Sea

# U

**u, U** [u:] **das; ~, ~:** u, U; *s. auch* **a, A; X**

**ü, Ü** [y:] **das; ~, ~:** u umlaut; *s. auch* **a, A**

**U** *Abk.* **Umleitung**

**u.** *Abk.* **und**

**u. a.** *Abk.* **unter anderem**

**u. ä.** *Abk.* **und ähnliche[s]**

**u. a. m.** *Abk.* **und andere[s] mehr** etc.

**u.** *od.* **U. A. w. g.** *Abk.* **um Antwort wird gebeten** RSVP

**UB** [u'be:] *Abk.* **die; ~, ~s: Universitätsbibliothek**

**U-Bahn die** underground *(Brit.);* subway *(Amer.); (bes. in London)* tube

**U-Bahnhof der, U-Bahn-Station die** underground station *(Brit.);* subway station *(Amer.); (bes. in London)* tube station

**übel** ['y:bl̩] **1.** *Adj.* **a)** foul, nasty ⟨*smell, weather*⟩; bad, nasty ⟨*headache, cold, taste*⟩; nasty ⟨*situation, consequences*⟩; sorry ⟨*state, affair*⟩; foul, *(coll.)* filthy ⟨*mood*⟩; **nicht ~** *(ugs.)* not bad at all; **ein übles Ende nehmen** come to a bad end; **b)** *(unwohl)* **jmdm. ist/wird ~:** sb. feels sick; **es kann einem ~ werden, wenn man so was hört** hearing that sort of thing is enough to make you sick; **c)** *(verwerflich)* bad; wicked; nasty, dirty ⟨*trick*⟩; **ein übler Bursche** a bad sort *(coll.) or* lot; **in üble Gesellschaft geraten** fall in with a bad crowd. **2.** *adv.* **a) Wie geht's? – Danke, nicht ~:** How are things? – Not so bad, thanks; **nicht ~ Lust haben, etw. zu tun** have a good mind to do sth.; **etw. ~ aufnehmen** take sth. badly; **~ gelaunt sein** be in a bad mood; **er spielt nicht ~:** he plays pretty well; **b)** *(nachteilig, schlimm)* badly; **er ist ~ dran** he's in a bad way; **etw. ~ vermerken** take sth. amiss; **jmdn. ~ zurichten** give sb. a working over *(coll.);* **c)** *(verwerflich)* wickedly

**Übel das; ~s, ~ a)** *(Mißstand, Ärgernis)* evil; **zu allem ~:** on top of everything else; to make matters [even] worse; **ein notwendiges ~:** a necessary evil; **das kleinere ~:** the lesser evil; **das sind nur kleinere ~:** they are just minor annoyances *or* irritations; **b)** *(veralt.: Krankheit)* illness; malady; **c)** *(veralt.: das Böse)* evil *no art.;* **von** *od.* **vom ~ sein** be an evil

**übel-: ~gelaunt 1.** *Adj. (präd. getrennt geschrieben)* ill-humoured; ill-tempered; *s. auch* **übel 2 a; 2.** *adv.* ill-humouredly; ill-temperedly; **~gesinnt** *Adj. (präd. getrennt geschrieben)* ill-disposed

**Übelkeit die; ~, ~en** nausea; **von einer plötzlichen ~ befallen werden** have a sudden feeling of nausea

**übel-, Übel-: ~launig 1.** *Adj.* ill-humoured; ill-tempered; **2.** *adv.* ill-humouredly; ill-temperedly; **~|nehmen** *unr. tr. V.* **jmdm. etw. ~nehmen** hold sth. against sb.; take sth. amiss; **etw. ~nehmen** take offence at sth.; take sth. amiss; **nehmen Sie es [mir] bitte nicht ~, wenn ich ...:** please don't take it amiss *or* be offended if I ...; **~riechend** *Adj.; nicht präd.* foul-smelling; evil-smelling; **~stand der** evil; **~tat die** *(geh.)* evil *or* wicked deed; misdeed; **~täter der** wrongdoer; *(Verbrecher)* criminal; *(Verantwortlicher)* culprit; **~|wollen** *unr. itr. V.* **jmdm. ~wollen** wish sb. ill; **~wollend** malevolent ⟨*intentions*⟩

**üben** ['y:bn̩] **1.** *tr. V.* **a)** *(auch itr.)* practise; rehearse ⟨*scene, play*⟩; practise on ⟨*musical instrument*⟩; **b)** *(trainieren, schulen)* exercise ⟨*fingers*⟩; train ⟨*memory*⟩; **mit geübten Händen** with practised hands; **c)** *(geh.: bekunden, tun)* exercise ⟨*patience, restraint, etc.*⟩; commit ⟨*treason*⟩; take ⟨*revenge, retaliation*⟩; **Kritik an etw.** *(Dat.)* **~:** criticize sth. **2.** *refl. V.* **sich in etw.** *(Dat.)* **~:** practise sth.; **sich in Geduld/Zurückhaltung ~** *(geh.)* exercise patience/restraint

**über** ['y:bɐ] **1.** *Präp. mit Dat.* **a)** *(Lage, Standort)* over; above; *(in einer Rangfolge)* above; **das Bild hängt ~ dem Sofa** the picture hangs above the sofa; **~ jmdm. wohnen** live above sb.; **Nebel lag ~ der Wiese** fog hung over the meadow; **zehn Grad ~ Null/dem Gefrierpunkt** ten degrees above zero/freezing point; **sie trug eine Jacke ~ dem Kleid** she wore a jacket over her dress; **~ jmdm. stehen** *(fig.)* be above sb.; **b)** *(während)* during; **~ dem Lesen/der Arbeit einschlafen** fall asleep over one's book/magazine *etc.*/over one's work; **c)** *(infolge)* because of; as a result of; **~ der Aufregung vergaß ich, daß ...:** in all the excitement I forgot that ... **2.** *Präp. mit Akk.* **a)** *(Richtung)* over; *(quer hinüber)* across; **~ die Straße gehen** go across the road; cross the road; **~ Karlsruhe nach Stuttgart** via Karlsruhe to Stuttgart; **Tränen liefen ihr ~ die Wangen** tears ran down her cheeks; **ihr Rock reicht ~ die Knie** her skirt comes down to below the knee; **ein Wettlauf ~ eine Distanz von 5 000 Metern** a race over a distance of 5,000 metres; **er zog sich** *(Dat.)* **die Mütze ~ die Ohren** he pulled the cap down over his ears; **bis ~ die Knöchel im Schlamm versinken** sink up past one's ankles in mud; **es ist zwei Stunden ~ die Zeit** it should have happened two hours ago; *(er/sie/es hat schon zwei Stunden Verspätung)* he/she/it is two hours late; **Tennis/seine Tochter geht ihm ~ alles** tennis/his daughter means more to him than anything; **italienisches Essen geht ihm ~ alles** he loves Italian food more than anything else; **b)** *(während)* over; **~ Mittag** over lunchtime; **~ das Wochenende nach Hause fahren/zu Hause sein** go/be home for the weekend; **~ Wochen/Monate** for weeks/months; **~ Ostern/Weihnachten** over Easter/Christmas; **die ganze Zeit ~:** the whole time; **die Woche/den Sommer ~:** during the week/summer; **den ganzen Winter/Tag ~:** all winter/day long; **c)** *(betreffend)* about; **~ etw. reden/schreiben** talk/write about sth.; **ein Buch ~ die byzantinische Kunst** a book about *or* on Byzantine art; **ein Scheck/eine Rechnung ~ 1 000 Mark** a cheque/bill for 1,000 marks; **d) Kinder ~ 10 Jahre** children over ten [years of age]; **e) Gewalt ~ jmdn. haben** have power over sb.; **Wellingtons Sieg ~ Napoleon** Wellington's victory over Napoleon; **f) das geht ~ meine Kraft** that's too much for me; **jmdm. ~ den Verstand gehen** be beyond sb.; **g) sie macht Fehler ~ Fehler** she makes mistake after mistake; **er hat Schulden ~ Schulden** he's up to his ears in debt; **h)** *(mittels, durch)* through ⟨*person*⟩; by ⟨*post, telex, etc.*⟩; over ⟨*radio, loudspeaker*⟩; **ich bin ~ die Autobahn gekommen** I came along the motorway; **etw. ~ alle Sender bringen/ausstrahlen** broadcast sth. on all stations; **i)** *(geh. veralt.: bei Verwünschungen)* on; **Schande/Fluch ~ ihn!** shame/a curse on him! **3.** *Adv.* **a)** *(mehr als)* over; **b) ~ und ~:** all over; **sie war ~ und ~ mit Schmutz bedeckt** she was covered all over in dirt. **4.** *Adj.; nicht attr. (ugs.)* **a)** *(überlegen)* **jmdm. ~ sein** have the edge on sb. *(coll.);* **b)** *(übrig)* left [over]; **c)** *(zuviel, lästig)* **das ist mir ~:** I'm fed up with it *(coll.)*

**über·all** [*od.* --'-] *Adv.* **a)** *(an allen Orten)* everywhere; **sie weiß ~ Bescheid** *(auf allen*

*Gebieten)* she knows about everything; **b)** *(bei jeder Gelegenheit)* always
**überall-: ~her** *Adv.* from all over the place; **~hin** *Adv.* everywhere
**über·altert** [y:bɐ'|altɐt] *Adj.* **a)** ⟨*population*⟩ containing a disproportionately high proportion of elderly people; **das Kabinett ist ~:** the cabinet has too many elderly members; **b)** *(überholt)* outdated; obsolete ⟨*machine, vehicle, etc.*⟩
**Über·alterung die; ~, ~en a)** increase in the proportion of elderly people/workers/members *etc.;* **b)** *s.* **überaltert b:** outdatedness; obsolescence
**Über·angebot das** surplus **(an** + *Dat.* of); *(Schwemme)* glut **(an** + *Dat.* of)
**über·ängstlich 1.** *Adj.* over-anxious. **2.** *adv.* over-anxiously
**über·anstrengen** *tr. V.* overtax ⟨*person, energy*⟩; strain ⟨*eyes, nerves, heart*⟩; **sich ~:** overstrain *or* over-exert oneself; **überanstreng dich nicht!** *(iron.)* don't strain yourself!
**Über·anstrengung die** over-exertion; **~ der Augen/des Herzens** strain on the eyes/heart; **vermeiden Sie jede ~ der** *od.* **Ihrer Augen** avoid straining your eyes
**über·antworten** *tr. V. (geh.)* **a)** *(anvertrauen)* **jmdn./etw. jmdm. ~:** entrust sb./sth. to sb.; **die Funde wurden dem Museum überantwortet** the finds were handed over to the museum; **b)** *(ausliefern)* **jmdn. dem Gericht ~:** hand sb. over to the courts
**über·arbeiten 1.** *tr. V.* rework; revise ⟨*text, edition*⟩. **2.** *refl. V.* overwork
**Über·arbeitung die; ~, ~en a)** reworking; *(von Text, Manuskript, Ausgabe usw.)* revision; *(überarbeitete Fassung)* revised version; **b)** *(Überanstrengung)* overwork
**über·aus** *Adv. (geh.)* extremely
**über·backen** *unr. tr. V.* **etw. mit Käse** *usw.* **~:** top sth. with cheese *etc.* and brown it lightly [under the grill/in a hot oven]; **ein mit Käse ~er Auflauf** a soufflé au gratin
**Über·bau der;** *Pl.* **~e** *(Philos., Soziol.)* superstructure
**überbeanspruchen**[1] *tr. V.* put too great a strain on ⟨*heart, circulation, etc.*⟩; strain ⟨*nerves*⟩; overstrain, overstress ⟨*material*⟩; overburden, overstretch ⟨*facilities, services*⟩; overload ⟨*machine*⟩; make excessive use of ⟨*right, privilege*⟩; overtax ⟨*person, body, strenght*⟩; *(mit Arbeit)* overwork ⟨*person*⟩; *(psychisch)* put too great a strain on ⟨*person*⟩
**Über·beanspruchung die** *s.* **überbeanspruchen:** straining; overstraining; overstressing; overburdening; overloading; excessive use; overtaxing, overworking; **die ~ des Herzens führt zu ...:** putting too great a strain on the heart leads to ...
**über|behalten** *unr. tr. V. (ugs.) s.* **übrigbehalten**
**Über·bein das** *(Med.)* ganglion
**über|bekommen** *unr. tr. V. (ugs.)* **a)** *(satt bekommen)* get fed up with *(sl.);* **b) einen** *od.* **eins ~:** get a clout
**überbelasten**[2] *tr. V.* **a)** overload; **b)** *(zu stark in Anspruch nehmen)* overburden ⟨*person*⟩; place too much strain on ⟨*bodily organ*⟩
**Über·belastung die a)** overloading; **b)** *(zu starke Inanspruchnahme)* overburdening; **die ~ der Leber führt zu ...:** placing too much strain on the liver leads to ...
**über·belegt** *Adj.* overcrowded; over-subscribed ⟨*course*⟩
**Über·belegung die** overcrowding; **wegen der ~ des Kurses** because the course is/was over-subscribed

[1] *ich überbeanspruche, überbeansprucht, überzubeanspruchen*
[2] *ich überbelaste, überbelastet, überzubelasten*

**überbelichten**[1] *tr. V. (Fot.)* over-expose
**Über·belichtung die** *(Fot.)* over-exposure
**Über·beschäftigung die;** *o. Pl. (Wirtsch.)* over-employment
**überbetonen**[2] *tr. V.* overstress
**Über·bevölkerung die;** *o. Pl.* over-population
**überbewerten**[3] *tr. V.* overvalue; *(überschätzen)* overvalue; overrate; mark ⟨*pupil, piece of work, gymnast, skater, etc.*⟩ too high; **er warnte davor, diesen Faktor überzubewerten** he warned people not to attach too much significance to this factor
**Über·bewertung die** overvaluation; *(Überschätzung)* overvaluation; overrating
**überbezahlen**[4] *tr. V.* overpay
**Über·bezahlung die** overpayment
**überbietbar** *Adj.* **kaum noch ~ sein** take some beating; **das ist ein kaum ~es Beispiel für Intoleranz** as an example of intolerance that takes some beating
**über·bieten** *unr. tr. V.* **a)** outbid **(um** by); **b)** *(übertreffen)* surpass; outdo ⟨*rival*⟩; break ⟨*record*⟩ **(um** by); exceed ⟨*target*⟩ **(um** by); **das ist kaum noch zu ~:** that takes some beating
**über|bleiben** *unr. itr. V.; mit sein (ugs.) s.* **übrigbleiben**
**Überbleibsel** [-blaipsl] **das; ~s, ~:** remnant; *(einer Kultur)* relic
**über|blenden** *tr. V. (Rundf., Ferns., Film)* dissolve
**Über·blick der a)** view; **einen guten ~ über etw.** *(Akk.)* **haben** have a good view over sth.; **b)** *(Abriß)* survey; **c)** *o. Pl. (Einblick)* overall view *or* perspective; **den ~ über etw.** *(Akk.)* **verlieren** lose track of sth.; **einen ~ über etw.** *(Akk.)* **gewinnen/haben** gain/have an overview of sth.
**über·blicken** *tr. V. s.* **[2]übersehen a, b**
**über·bordend** *Adj.* exuberant
**über|braten** *unr. tr. V.* **jmdm. eins** *od.* **einen ~** *(ugs.)* belt sb. one
**Über·breite die: Transport/Ladung mit ~:** wide load; **~ haben** be over normal width
**über·bringen** *unr. tr. V.* deliver; convey ⟨*greetings, congratulations*⟩
**Über·bringer der; ~s, ~:** bearer
**über·brücken** *tr. V.* **a)** *(veralt.)* bridge ⟨*river, ravine, etc.*⟩; **b)** *(fig.)* bridge ⟨*gap, gulf*⟩; reconcile ⟨*difference*⟩; **um die finanzielle Notlage zu ~, mußte sie ...:** to tide herself over the financial crisis, she had to ...
**Überbrückung die; ~, ~en** *(fig.)* bridging; *(von Gegensätzen)* reconciliation; **zur ~ der finanziellen Notlage mußte sie ...:** to tide herself over the financial crisis, she had to ...
**Überbrückungs-: ~hilfe die: jmdm. eine ~hilfe gewähren** give sb. interim financial help; **~kredit der** *(Finanzw.)* bridging loan
**über·dachen** *tr. V.* roof over; **überdacht** covered ⟨*terrace, station platform, etc.*⟩
**über·dauern** *tr. V.* survive ⟨*war, separation, hardship*⟩
**Über·decke die** cover; *(auf einem Bett)* bedspread
**[1]über|decken** *tr. V. (ugs.)* **jmdm. etw. ~:** cover sb. [up] with sth.
**[2]über|decken** *tr. V.* **a)** *(bedecken)* cover; **b)** *(verdecken)* cover up
**über·dehnen** *tr. V.* overstretch; strain ⟨*muscle*⟩
**über·denken** *unr. tr. V.* **etw. ~:** think sth. over
**über·deutlich 1.** *Adj.* unusually clear. **2.** *adv.* unusually clearly; with unusual clarity; **er hat mir ~ klargemacht, daß ...:** he made it only too plain to me that ...

[1] *ich überbelichte, überbelichtet, überzubelichten*
[2] *ich überbetone, überbetont, überzubetonen*
[3] *ich überbewerte, überbewertet, überzubewerten*
[4] *ich überbezahle, überbezahlt, überzubezahlen*

**über·dies** *Adv.* moreover; what is more
**über·dimensional 1.** *Adj.* inordinately large ⟨*spectacles, table, statue, etc.*⟩; inordinate ⟨*love, influence*⟩. **2.** *adv.* enormously ⟨*enlarged*⟩
**überdosieren**[1] *tr. V.* **ein Medikament ~:** give/take too large a dose/doses of a medicine
**Über·dosis die** overdose
**über·drehen** *tr. V.* **a)** overwind ⟨*watch*⟩; over-tighten ⟨*screw, nut*⟩; **b)** *(Technik)* over-rev *(coll.)* ⟨*engine*⟩; **einen Wagen ~:** over-rev *(coll.)* the engine of a car
**überdreht** *Adj. (ugs.)* wound up; *(verrückt)* crazy
**[1]Über·druck der;** *Pl.* **~drücke** excess pressure; **der Reifen hat ~:** the tyre is over-inflated
**[2]Über·druck der;** *Pl.* **~e** *(Philat.)* overprint
**über·drucken** *tr. V.* overprint
**Überdruck·ventil das** pressure-relief valve
**Überdruß** [-drʊs] **der; Überdrusses** surfeit **(an** + *Dat.* of); **etw. bis zum ~ tun** do sth. until one has wearied of it; **das habe ich schon bis zum ~ gehört!** I'm tired of hearing that
**überdrüssig** [-drʏsɪç] *Adj.* **jmds./einer Sache ~ sein/werden** be/grow tired of sb./sth.
**über·durchschnittlich 1.** *Adj.* above average. **2.** *adv.* **sie ist ~ begabt** she is more than averagely gifted *or* talented; **er verdient ~ gut** he earns more than the average
**über·eck** *Adv.* across a/the corner; **die Decke liegt ~ auf dem Tisch** the table-cloth lies diagonally on the table
**Über·eifer der** over-eagerness; *(zu große Emsigkeit)* over-zealousness
**über·eifrig 1.** *Adj.* over-eager; *(zu emsig)* over-zealous. **2.** *adv.* over-eagerly; *(zu emsig)* over-zealously
**über·eignen** *tr. V.* **jmdm. etw. ~:** transfer sth. *or* make sth. over to sb.
**Über·eignung die** transfer **(an** + *Akk.* to)
**über·eilen** *tr. V.* rush; **übereilt** over-hasty
**über·einander** *Adv.* **a)** *(räumlich)* one on top of the other; **sie wohnen ~:** they live one above the other; **b)** *(fig.: voneinander)* about each other; about one another
**übereinander-: ~|legen** *tr. V.* **Holzscheite** *usw.* **~legen** lay pieces of wood *etc.* one on top of the other; **~|liegen** *unr. itr. V.; südd., österr. schweiz. mit sein* lie one on top of the other; **ihre Wohnungen liegen ~:** their flats *(Brit.) or (Amer.)* apartments are situated over each other; **~|schichten** *tr. V.* **Bretter** *usw.* **~schichten** pile boards *etc.* one on top of the other; **~|schlagen** *unr. tr. V.* **die Enden des Tuches ~schlagen** fold the edges of the cloth over; **die Arme/Beine ~schlagen** fold one's arms/cross one's legs; **mit ~geschlagenen Armen** with [one's] arms folded; **~|stehen** *unr. itr. V.* stand one on top of the other; **~|stellen** *tr. V.* **Teller** *usw.* **~stellen** put plates *etc.* one on top of the other
**überein|kommen** *unr. itr. V.; mit sein* agree; come to an agreement
**Überein·kommen das; ~s, ~, Übereinkunft** [-'ainkʊnft] **die; ~, Übereinkünfte** agreement; **ein Übereinkommen** *od.* **eine Übereinkunft treffen/erzielen** enter into *or* make an agreement/reach [an] agreement
**überein|stimmen** *itr. V.* **a)** *(einer Meinung sein)* agree; **mit jmdm. in etw.** *(Dat.)* **~:** agree with sb. on sth.; **wir stimmen darin überein, daß ...:** we are in agreement that ...; **b)** *(sich gleichen)* ⟨*colours, styles*⟩ match; ⟨*figures, statements, reports, results*⟩ tally, agree; ⟨*views, opinions*⟩ coincide; *(Sprachw.: kongruieren)* agree

[1] *ich überdosiere, überdosiert, überzudosieren*

**übereinstimmend 1.** *Adj.; nicht präd.* concurrent ⟨*views, opinions, statements, reports*⟩. **2.** *adv.* **sie stellten ~ fest, daß ...:** they agreed in stating that ...; **wir sind ~ der Meinung, daß ...:** we share the view that ...

**Überein·stimmung die a)** *(von Meinungen)* agreement (**in** + *Dat.* on); **b)** *(Einklang, Gleichheit, Sprachw.: Kongruenz)* agreement (*Gen.* between); **die ~ von** *od.* **zwischen Theorie und Praxis** the correspondence between theory and practice; **in ~ mit einem Vertrag stehen** be in accordance with a contract; **etw. mit etw. in ~ bringen** reconcile sth. with sth.

**über·empfindlich 1.** *Adj.* over-sensitive (**gegen** to); *(Med.)* hypersensitive (**gegen** to). **2.** *adv.* over-sensitively; *(Med.)* hypersensitively

**Über·empfindlichkeit die** over-sensitivity (**gegen** to); *(Med.)* hypersensitivity (**gegen** to)

**übererfüllen**[1] *tr. V.* overfulfil

**Über·erfüllung die** overfulfilment

**[1]über|essen** *unr. tr. V.* **sich** *(Dat.)* **Hamburger/Nougat ~:** eat too many hamburgers/ too much nougat

**[2]über·essen** *unr. refl. V.* **sich [an etw.** *(Dat.)***] ~:** gorge oneself [on sth.]

**[1]über|fahren 1.** *unr. tr. V.* **jmdn. ~:** ferry *or* take sb. over. **2.** *unr. itr. V.; mit sein* cross over

**[2]über·fahren** *unr. tr. V.* **a)** run over; **b)** *(übersehen u. weiterfahren)* go through ⟨*red light, stop-signal, etc.*⟩; **c)** *(hinwegfahren über)* cross; go over ⟨*crossroads*⟩; **d)** *(ugs.: überrumpeln)* **jmdn. ~:** catch *or* take sb. unawares

**Über·fahrt die** crossing (**über** + *Akk.* of)

**Über·fall der** attack (**auf** + *Akk.* on); *(aus dem Hinterhalt)* ambush (**auf** + *Akk.* on); *(mit vorgehaltener Waffe)* hold-up; *(auf eine Bank o. ä.)* raid (**auf** + *Akk.* on); *(fig. ugs.)* surprise visit

**über·fallen** *unr. tr. V.* **a)** attack; raid ⟨*bank, enemy position, village, etc.*⟩; *(hinterrücks)* ambush; *(mit vorgehaltener Waffe)* hold up; *(fig.: besuchen)* descend on; **jmdn. mit Wünschen/Fragen ~** *(fig.)* bombard sb. with requests/questions; **b)** *(überkommen)* ⟨*tiredness, homesickness, fear*⟩ come over; **ein Schauder überfiel mich** a shiver ran through me

**über·fällig** *Adj.* overdue

**Überfall·kommando,** *(österr.)* **Überfalls·kommando das** flying squad

**über·fischen** *tr. V.* overfish

**über·fliegen** *unr. tr. V.* **a)** *(hinwegfliegen über)* fly over; overfly *(formal)*; **b)** *(flüchtig lesen)* skim [through]

**über|fließen** *unr. itr. V.; mit sein s.* **überlaufen a, b; sein Herz floß über** *(fig.)* his heart was full

**über·flügeln** *tr. V.* outshine; outstrip

**Über·fluß der;** *o. Pl.* abundance (**an** + *Dat.* of); *(Wohlstand)* affluence; **etw. im ~ haben** have sth. in abundance; **im ~ vorhanden sein** be in abundant *or* plentiful supply; **zu allem ~:** to cap *or* crown it all

**Überfluß·gesellschaft die;** *o. Pl.* affluent society

**über·flüssig** *Adj.* superfluous; unnecessary ⟨*purchase, words, work*⟩; *(zwecklos)* pointless; **~e Pfunde** *(ugs. scherzh.)* excess weight *sing.*; **~ zu erwähnen, daß ...:** needless to say, ...

**überflüssiger·weise** *Adv.* unnecessarily; *(sinnloserweise)* pointlessly

**über·fluten** *tr. V. (auch fig.)* flood

**über·fordern** *tr. V.* **jmdn. [mit etw.] ~:** overtax sb. [with sth.]; ask *or* demand too much of sb. [with sth.]; **mit diesem Posten ist er überfordert** this job is too much for him; he is not up to this job

---

[1] *ich übererfülle, übererfüllt, überzuerfüllen*

**Über·forderung die a) eine [körperliche] ~ für jmdn. sein** be too much for sb. [physically]; **eine intellektuelle ~ für jmdn. sein** ask *or* demand too much of sb. intellectually; **b)** *o. Pl. (das Überfordern)* overtaxing

**über·frachten** *tr. V.* overload; *(fig.)* overcharge

**über·fragen** *tr. V.* **da bin ich überfragt** I don't know the answer to that

**über·fremden** *tr. V.* **überfremdet werden/ sein** ⟨*language, culture, etc.*⟩ be swamped [by foreign influences]; ⟨*economy*⟩ be dominated [by foreign firms/capital]; ⟨*country*⟩ be dominated [by foreign influences]

**Über·fremdung die; ~, ~en** domination [by foreign influences]; **eine amerikanische ~ des Marktes** domination of the market by American capital

**über·fressen** *unr. refl. V.* overeat; **der Hund/***(salopp)* **sie hat sich an Schokolade ~:** the dog gorged itself/she gorged herself on chocolate

**über·frieren** *unr. itr. V.; mit sein* freeze over; **~de Nässe** black ice

**Über·fuhr die; ~, ~en** *(österr.)* ferry

**[1]über|führen** *tr. V.* **a)** *(an einen anderen Ort bringen)* transfer; **der Tote wurde in seine Heimat übergeführt** the body of the dead man was brought back to his home town/ country; **b)** *(in einen anderen Zustand bringen)* convert; **etw. in die Praxis ~:** give sth. practical application

**[2]über·führen** *tr. V.* **a)** *s.* **[1]überführen a; b) jmdn. [eines Verbrechens] ~:** find sb. guilty [of a crime]; convict sb. [of a crime]; **c)** *s.* **[1]überführen b**

**Über·führung die a)** transfer; **die ~ des Toten in seine Heimat** bringing back the body of the dead man to his home town/country; **b)** *(eines Verdächtigen)* conviction; **c)** *(Brücke)* bridge; *(Hochstraße)* overpass; *(Fußgänger~)* [foot-]bridge

**Über·fülle die** superabundance; **die ~ des Angebots** the excessive amount on offer

**über·füllt** *Adj.* crammed full, chock-full (**von** with); *(mit Menschen)* overcrowded, packed (**von** with); over-subscribed ⟨*course*⟩

**Über·füllung die;** *o. Pl.* overcrowding; **„Wegen ~ geschlossen"** 'Full up'

**Über·funktion die** *(Med.)* hyperfunction

**über·füttern** *tr. V.* overfeed

**Über·gabe die a)** handing over (**an** + *Akk.* to); *(einer Straße, eines Gebäudes)* opening; *(von Macht)* handing over; transfer; **b)** *(Auslieferung an den Gegner)* surrender (**an** + *Akk.* to)

**Über·gang der a)** crossing; **b)** *(Stelle zum Überqueren)* crossing; *(Bahn~)* level crossing *(Brit.)*; grade crossing *(Amer.)*; *(Fußgängerbrücke)* foot-bridge; *(an der Grenze, eines Flusses)* crossing-point; **c)** *(Wechsel, Überleitung)* transition (**zu, auf** + *Akk.* to); **ohne ~:** without any transition

**übergangs-, Übergangs-: ~bestimmung die** interim regulation; **~erscheinung die** transitional phenomenon; **~los 1.** *Adj.; nicht präd.* without any transition *postpos.*; **2.** *adv.* without any transition; **~lösung die** interim *or* temporary solution; **~mantel der** coat for spring and autumn; **~stadium das** transitional stage; **~zeit die a)** transitional period; **b)** *(Frühling)* spring; *(Herbst)* autumn; *(Frühling und Herbst)* spring and autumn

**Über·gardine die** curtain

**über·geben 1.** *unr. tr. V.* **a)** hand over; pass ⟨*baton*⟩; **etw. den Flammen ~** *(fig. geh.)* consign sth. to the flames; **b)** *(übereignen)* transfer, make over (*Dat.* to); **c)** *(ausliefern)* surrender (*Dat.*, **an** + *Akk.* to); **d) eine Straße dem Verkehr ~:** open a road to traffic; **das neue Gemeindezentrum wurde seiner Bestimmung ~:** the new community centre was [officially] opened; **e)** *(abgeben, überlassen)* **er hat sein Amt ~:** he has handed over his position; **jmdm. etw. ~:** entrust sb. with sth.; **ich übergebe diese Angelegenheit meinem Anwalt** I am placing this matter in the hands of my lawyer. **2.** *unr. refl. V. (sich erbrechen)* vomit

**[1]über|gehen** *unr. itr. V.; mit sein* **a)** pass; **an jmdn./in jmds. Besitz ~:** become sb.'s property; *s. auch* **Fleisch a; b) zu etw. ~:** go over to sth.; **dazu ~, etw. zu tun** go over to doing sth.; **zu einem anderen Thema ~:** move on to another subject; **c) in etw.** *(Akk.)* **~** *(zu etw. werden)* turn into sth.; **in Gärung/Verwesung ~:** begin to ferment/ decompose; **ineinander ~** *(sich vermischen)* merge; **d) uns gingen die Augen über** we were overwhelmed by the sight; **e)** *(Seemannsspr.)* ⟨*wave*⟩ break over the side

**[2]über·gehen** *unr. tr. V.* **a)** *(nicht beachten)* ignore; *(nicht eingehen auf)* **etw. [mit Stillschweigen] ~:** pass sth. over in silence; **b)** *(auslassen, überspringen)* skip [over]; **c)** *(nicht berücksichtigen)* pass over; **jmdn. bei der Beförderung ~:** pass sb. over for promotion; **jmdn. im Testament ~:** leave sb. out of one's will

**über·genau 1.** *Adj.* over-meticulous. **2.** *adv.* over-meticulously

**über·genug** *Adv.* more than enough

**über·geordnet 1.** *s.* **überordnen. 2.** *Adj.* higher ⟨*authority, position, court*⟩; greater ⟨*significance*⟩; superordinate ⟨*concept*⟩; **einer Sache** *(Dat.)* **~ sein** ⟨*authority, position, court*⟩ be higher than sth.

**Über·gepäck das** *(Flugw.)* excess baggage

**Über·gewicht das a)** excess weight; *(von Person)* overweight; **[5 kg] ~ haben** ⟨*person*⟩ be [5 kilos] overweight; **b)** *(fig.)* predominance; **das ~ [über jmdn./etw.] haben/gewinnen** be/become predominant [over sb./sth.]; **militärisches ~ haben/gewinnen** have/ achieve military superiority; **c) das ~ bekommen** *od.* **kriegen** *(ugs.)* ⟨*person*⟩ overbalance

**über·gewichtig** *Adj.* overweight

**[1]über|gießen** *unr. tr. V.* **jmdm. etw. ~:** pour sth. over sb.

**[2]über·gießen** *unr. tr. V.* **etw. mit Wasser/ Soße ~:** pour water/sauce over sth.; **sich mit etw. ~:** pour sth. over oneself; **von Licht übergossen sein** *(fig.)* be flooded with light

**über·glücklich** *Adj.* blissfully happy; *(hoch erfreut)* overjoyed

**über·golden** *tr. V.* gild; *(fig. dichter.)* ⟨*sun*⟩ bathe ⟨*countryside*⟩ in gold

**über|greifen** *unr. itr. V.* **a)** *(bes. beim Klavierspiel, Turnen)* cross one's hands over; **b)** *(sich ausdehnen)* **auf etw.** *(Akk.)* **~:** spread to sth.; **auf** *od.* **in jmds. Machtbereich ~:** encroach on sb.'s area of authority

**übergreifend** *Adj.* predominant; *(allumfassend)* all-embracing

**Über·griff der** *(unrechtmäßiger Eingriff)* encroachment (**auf** + *Akk.* on); infringement (**auf** + *Akk.* of); *(Angriff)* attack (**auf** + *Akk.* on)

**über·groß** *Adj.* huge; enormous; overwhelming ⟨*majority*⟩

**Über·größe die** outsize; **Kleider/Schuhe** *usw.* **in ~n** outsize dresses/shoes *etc.*

**über|haben** *unr. tr. V. (ugs.)* **a)** *(übergezogen haben)* have ⟨*coat, jacket, etc.*⟩ on; be wearing ⟨*coat, jacket, etc.*⟩; **b)** *(satthaben)* be fed up with *(coll.)*; **c)** *(übrig haben)* **etw. ~:** have sth. left [over]

**überhand|nehmen** *unr. itr. V.* get out of hand; ⟨*attacks, muggings, etc.*⟩ increase alarmingly; ⟨*weeds*⟩ run riot

**Über·hang der a)** *(Überschuß)* surplus (**an** + *Dat.* of); **b)** *(Fels~, Archit.)* overhang

**[1]über|hängen** *unr. itr. V.; südd., österr., schweiz. mit sein* ⟨*part of building*⟩ overhang; ⟨*branch*⟩ hang over; ⟨*rock face*⟩ form an overhang

**[2]über|hängen** *tr. V.* **sich** *(Dat.)* **eine Jacke**

~: put a jacket round one's shoulders; **sich** *(Dat.)* **das Gewehr/die Tasche ~:** hang *or* sling the rifle/bag over one's shoulder
**Überhang·mandat das** *(Politik) seat won in addition to the number a party has gained through proportional representation*
**über·hasten** *tr. V.* rush; **überhastet handeln** act hastily *or* hurriedly
**über·häufen** *tr. V.* **jmdn. mit etw. ~:** heap *or* shower sth. on sb.; **jmdn. mit Ratschlägen/Vorwürfen ~:** bombard sb. with advice/pour reproaches on sb.
**überhaupt 1.** *Adv.* **a)** *(insgesamt, im allgemeinen)* in general; **soweit es ~ Zweck hat** as far as there's any point in it at all; **~ fühlte er sich jetzt wohler** he felt better all round; **er ist ~ selten zu Hause** he's not at home much at all; **b)** *(meist bei Verneinungen: gar)* **~ nicht** not at all; **das ist ~ nicht wahr** that's not true at all; **~ keine Zeit haben** have no time at all; not have any time at all; **das kommt ~ nicht in Frage** it's quite *or* completely out of the question; **~ nichts** nothing at all; nothing what[so]ever; **wenn ~:** if at all; **wenn ~, dann komme ich morgen** if I come at all, it will be tomorrow; **c)** *(überdies, außerdem)* besides; **d)** *(besonders)* particularly. **2.** *Partikel* anyway; **wer sind Sie ~?** who are you anyway?; **wer hat dir das ~ gesagt?** who told you that anyway?; **was willst du hier ~?** what ar you doing here anyway?; **wie konnte das ~ passieren?** how could it happen in the first place?; **das klingt verlockend, aber haben wir ~ Geld dafür?** that sounds tempting, but have we got the money for it?; **wissen Sie ~, mit wem Sie reden?** do you realize who you're talking to?
**über·heben** *unr. refl. V.* **a)** *s.* **verheben; b)** *(überheblich sein)* be arrogant
**überheblich** [-'he:plɪç] **1.** *Adj.* arrogant; supercilious ⟨*grin*⟩. **2.** *adv.* arrogantly; ⟨*grin*⟩ superciliously
**Überheblichkeit die; ~:** arrogance
**über·heizen** *tr. V.* overheat
**über·hitzen** *tr. V. (auch fig.)* overheat
**über·höhen** *tr. V.* raise ⟨*dike, embankment, etc.*⟩; bank ⟨*track, curve*⟩
**überhöht** [y:bɐ'hø:t] *Adj. (zu hoch)* excessive
**[1]über|holen 1.** *tr., itr. V.* **jmdn. ~:** ferry sb. across. **2.** *itr. V. (Seemannsspr.)* keel over
**[2]über·holen 1.** *tr. V.* **a)** overtake *(esp. Brit.)*; pass *(esp. Amer.)*; **b)** *(übertreffen)* outstrip; **c)** *(wieder instand setzen)* overhaul. **2.** *itr. V.* overtake *(esp. Brit.)*; pass *(esp. Amer.)*
**Überhol-: ~manöver das** overtaking *(esp. Brit.) or (esp. Amer.)* passing manœuvre; **~spur die** overtaking lane *(esp. Brit.)*; pass lane *(esp. Amer.)*
**überholt** *Adj. (veraltet)* outdated; **durch etw. ~ sein** have become outdated as a result of sth.
**Überholung die; ~, ~en** overhaul; **der Wagen muß zur ~ in die Werkstatt** the car has to go into the garage for an overhaul
**Überhol-: ~verbot das** prohibition of overtaking; **„~"** 'no overtaking' *(esp. Brit.)*; 'no passing' *(Amer.)*; **hier besteht ~verbot** overtaking is prohibited here; **~vorgang der** overtaking *no art.*; **während des ~vorgangs** while overtaking
**über·hören** *tr. V.* not hear; **das möchte ich überhört haben** I'll pretend I didn't hear that
**Über-Ich das** *(Psych.)* super-ego
**über·irdisch 1.** *Adj.* **a)** *(himmlisch)* celestial; heavenly; *(übernatürlich)* supernatural; ethereal ⟨*beauty*⟩; **b)** *(veralt.) s.* **oberirdisch 1. 2.** *adv.* **a)** *(himmlisch)* celestially; *(übernatürlich)* supernaturally; ethereally ⟨*beautiful*⟩; **b)** *(veralt.) s.* **oberirdisch 2**
**über·kandidelt** [-kandi:dl̩t] *Adj. (ugs.)* affected
**Über·kapazität die;** *meist Pl. (Wirtsch.)* over-capacity *no pl.*
**über|kippen** *itr. V.; mit sein* tip over
**über·kleben** *tr. V.* **die alten Plakate mit neuen ~:** stick new posters over the old ones; **wir überklebten die Anschrift** we stuck something over the address; we covered the address by sticking something over it
**über·klettern** *tr. V.* climb over
**über|kochen** *itr. V.; mit sein (auch fig. ugs.)* boil over
**[1]über|kommen** *unr. itr. V.; mit sein (Seemannsspr.)* ⟨*water*⟩ wash over the deck; ⟨*wave*⟩ break over the side
**[2]über·kommen** *unr. tr. V.* **Mitleid/Ekel/Furcht überkam mich** I was overcome by pity/revulsion/fear; **ein Gefühl der Verlassenheit überkam sie** a feeling of desolation came over her
**[3]überkommen** *Adj. (geh.)* traditional
**über·kompensieren**[1] *tr. V. (bes. Psych., Wirtsch.)* over-compensate for
**über·kreuzen 1.** *tr. V. s.* **kreuzen 1 a. 2.** *refl. V.* cross; **sich ~de Linien** intersecting lines
**über|kriegen** *tr. V. (ugs.)* **jmdn./etw. ~:** get fed up with sb./sth. *(coll.)*
**über·kronen** *tr. V. (Zahnmed.)* crown
**über·krusten** *tr. V.* **das Salz hatte den Boden überkrustet** the ground was encrusted with salt *or* covered with a crust of salt; **von Dreck überkrustete Stiefel** boots caked with dirt
**[1]über·laden** *unr. tr. V. (auch fig.)* overload
**[2]überladen** *Adj.* over-ornate ⟨*façade, style, etc.*⟩; overcrowded ⟨*shop window*⟩
**über·lagern** *tr. V.* **a)** overlie; *(fig.)* combine with; **sich ~:** combine; **von Sedimentschichten überlagertes Gestein** rock with overlying sedimentary strata; **sich ~de Gesteinsschichten** superimposed rock strata; **b)** *(Physik)* ⟨*wave*⟩ interfere with; ⟨*force, field*⟩ be superimposed on; **sich ~** ⟨*waves*⟩ interfere; ⟨*forces, fields*⟩ be superimposed
**Über·lagerung die a)** superposition; *(fig.)* combination; **b)** *(Physik) (von Wellen)* interference; *(von Kräften, Feldern)* superposition
**Überland-** [*od.* --'-]: **~bus der** country bus; **~leitung die** transmission line
**über·lang** *Adj.* unusually long
**Über·länge die: ~ haben** be unusually long; **eine Ladung mit ~:** a long load; **„wegen ~ geänderte Anfangszeiten"** 'starting times changed due to the unusually long running-time of the film'
**über·lappen** *tr. V. (auch fig.)* overlap
**[1]über|lassen** *unr. tr. V. (ugs.)* **etw. ~:** leave sth. over
**[2]über·lassen 1.** *unr. tr. V.* **a)** *(geben)* **jmdm. etw. ~:** let sb. have sth.; **er hat mir sein Auto übers Wochenende ~:** he let me use his car over the weekend; **er hat es mir billig ~:** he let me have it cheap; **b) jmdn. jmds. Fürsorge ~:** leave sb. in sb.'s care; **sich** *(Dat.)* **selbst ~ sein** be left to one's own devices; **c) etw. jmdm. ~** *(etw. jmdn. entscheiden/tun lassen)* leave sth. to sb.; **das bleibt [ganz] dir ~:** that's [entirely] up to you; **überlaß das bitte mir** let that be my concern; let me worry about that; **jmdm. alle Arbeit ~:** leave sb. to do all the work; **etw. dem Zufall ~:** leave sth. to chance; **d) jmdn. seinem Kummer ~:** leave sb. to cope with his/her grief alone. **2.** *unr. refl. V.* **sich der Leidenschaft/dem Gefühl/den Träumen** *usw.* **~:** abandon oneself to one's passions/emotions/dreams *etc.*
**über·lasten** *tr. V.* overload; overburden, overstretch ⟨*facilities, authorities*⟩; put too great a strain on ⟨*heart, circulation, etc.*⟩; strain ⟨*nerves*⟩; overstress ⟨*structure, material*⟩; overtax ⟨*person*⟩; *(mit Arbeit)* overwork ⟨*person*⟩; *(psychisch)* put too great a strain on ⟨*person*⟩
**Überlastung die; ~, ~en** *s.* **überlasten:** overloading; overstretching; straining; overstressing; overtaxing; overworking; **die ständige ~ führte schließlich zu seinem Zusammenbruch** the continuous strain he was under led eventually to collapse
**Über·lauf der** *(auch DV)* overflow
**[1]über|laufen** *unr. itr. V.; mit sein* **a)** ⟨*liquid, container*⟩ overflow; **b)** *(auf die gegnerische Seite überwechseln)* defect; ⟨*partisan*⟩ go over to the other side; **zum Feind/zu den Rebellen ~:** go over *or* desert to the enemy/the rebels
**[2]über·laufen** *unr. tr. V.* **a)** *(befallen)* seize; **ein Frösteln/Schauer überlief mich, es überlief mich [eis]kalt** a cold shiver ran down my spine; **es überlief sie heiß** a hot flush came over her; **b)** *(Sport: hinauslaufen über)* run past; **c)** *(Sport: umspielen)* run through, beat ⟨*defence*⟩
**[3]überlaufen** *Adj.* overcrowded; over-subscribed ⟨*course, subject*⟩; **der Arzt ist sehr ~:** the doctor's list is very full
**Über·läufer der** *(auch fig.)* defector
**Überlauf·rohr das** overflow pipe
**über·laut 1.** *Adj.* too loud *pred.*; over-loud ⟨*voice, laugh*⟩; ⟨*engine*⟩ too noisy *pred.* **2.** *adv.* too loudly
**über·leben 1.** *tr., auch itr. V.* survive; **das überleb' ich nicht!** I'll never get over it!; **du wirst es schon** *od.* **wohl ~** *(iron.)* you'll survive; **jmdn. ~:** survive *or* outlive sb. **(um** by). **2.** *refl. V.* become outdated *or* outmoded; **sich überlebt haben** have become outdated; have had its day; **überlebt** outdated; out-of-date
**Über·lebende der/die;** *adj. Dekl.* survivor
**Überlebens·chance die** chance of survival
**über·lebens·groß** *Adj.* larger than life-size
**Überlebens·training das** survival training; **ein ~training** a survival-training course
**[1]über|legen 1.** *tr. V.* **a) jmdm. etw. ~:** put sth. over sb.; **b)** *(ugs.: verhauen)* **jmdn. ~:** put sb. over one's knee. **2.** *refl. V.* lean over; ⟨*ship*⟩ list
**[2]über·legen 1.** *tr. V.* consider; think over *or* about; **etw. noch einmal ~:** reconsider sth.; **das muß gut überlegt werden** that needs some careful consideration *or* thought; **es wäre zu ~, ob ...:** one might consider whether ...; **es sich anders ~:** change one's mind; **wenn ich es mir recht überlege, ...:** now I come to think of it, ...; **das hättest du dir auch vorher ~ können** you could have thought about that *or* given that some thought before. **2.** *itr. V.* think; reflect; **überleg doch mal!** think about it!; **ohne zu ~** *(unbedacht)* without thinking; *(spontan)* without a moment's thought; **ohne lange zu ~:** without much reflection; **laß mich mal ~:** let me think; **lange hin und her ~:** agonize for ages; **ich habe hin und her überlegt** I've turned it over and over in my mind; **am Überlegen sein, ob ...:** be thinking over whether ...
**[3]überlegen 1.** *Adj.* **a)** superior; clear, convincing ⟨*win, victory*⟩; **jmdm. ~ sein** be superior to sb. **(an +** *Dat.* in); **zahlenmäßig ~ sein** be superior in numbers; **b)** *(herablassend)* supercilious; superior. **2.** *adv.* **a)** in a superior manner; ⟨*play*⟩ much the better: ⟨*win, argue*⟩ convincingly; **b)** *(herablassend)* superciliously; superiorly
**Überlegenheit die; ~** superiority
**überlegt** [y:bɐ'le:kt] **1.** *Adj.* carefully considered. **2.** *adv.* in a carefully considered way
**Überlegung die; ~, ~en a)** *o. Pl.* thought; reflection; **nach reiflicher ~:** on careful consideration; **mit ~ handeln** act in a con-

[1] *ich überkompensiere, überkompensiert, überzukompensieren*

sidered way; einer ~ wert sein be worth considering; b) *(Gedanke)* idea; ~en *(Gedankengang)* thoughts; reflections; ~en zu etw. anstellen give one's thoughts on sth.

**über|leiten** *itr. V.* zum nächsten/zu einem neuen Thema ~ ⟨*speaker*⟩ move on to the next topic; in etw. *(Akk.)* ~: lead into sth.; in eine andere Tonart ~ ⟨*player*⟩ change key

**Über·leitung** die transition; eine ~ zum nächsten Thema suchen look for a way of moving on to the next subject

**über·lesen** *unr. tr. V.* overlook; miss

**über·liefern** *tr. V.* hand down; überlieferte Sitten/Formen *usw.* traditional customs/forms *etc.*; in alten Chroniken ist überliefert, daß ...: it is recorded in ancient chronicles that ...

**Über·lieferung** die a) *(etw. Überliefertes)* tradition; schriftliche ~en written records; b) *(Brauch)* tradition; custom; c) *o. Pl. (das Überliefern)* handing down

**überlisten** *tr. V.* outwit

**überm** *Präp. + Art.* = über dem

**Über·macht** die; *o. Pl.* superior strength; *(zahlenmäßig)* superior numbers *pl.*; in der ~ sein, die ~ haben be superior in strength/numbers

**über·mächtig** 1. *Adj.* a) superior; b) *(nicht mehr bezähmbar)* overpowering ⟨*desire, hatred, urge, etc.*⟩. 2. *adv.* ~ loderte das Feuer der Leidenschaft in ihnen the fire of passion blazed uncontrollably in them; es zog ihn ~ in die Ferne he felt an overpowering desire to travel

**über·malen** *tr. V.* etw. ~: paint sth. over

**über·mannen** *tr. V.* overcome

**Über·maß** das; *o. Pl.* excessive amount, excess (an + *Dat.* of); ein ~ an Arbeit *od.* Arbeit im ~ haben have an excessive amount of work *or* more than enough work; etw. im ~ produzieren produce sth. in excess; produce an excess of sth.

**über·mäßig** 1. *Adj.* a) excessive; b) *(Musik)* ein ~es Intervall an augmented interval. 2. *adv.* excessively; ~ viel essen eat to excess *or* excessively; nicht ~ attraktiv not especially attractive; man braucht sich nicht mal ~ zu beeilen you don't even need to hurry overmuch

**Über·mensch** der superman

**über·menschlich** *Adj.* superhuman; er hat Übermenschliches geleistet he has achieved the almost impossible

**über·mitteln** *tr. V.* send; *(als Mittler weitergeben)* pass on, convey ⟨*greetings, regards, etc.*⟩

**Übermitt[e]lung** die sending

**über·morgen** *Adv.* the day after tomorrow

**über·müde** *Adj.* overtired; exhausted

**über·müden** *tr. V.* overtire; übermüdet overtired; exhausted

**Übermüdung** die; ~: overtiredness; exhaustion

**Über·mut** der high spirits *pl.*; etw. aus [lauter] *od.* im ~ tun do sth. out of [pure] high spirits; ~ tut selten gut *(Spr.)* high spirits mustn't get out of hand

**übermütig** ['y:bɐmy:tɪç] 1. *Adj.* high-spirited; in high spirits *pred.*; in ~er Stimmung high-spirited; in high spirits. 2. *adv.* high-spiritedly

**übern** *Präp. + Art.* = über den

**über·nächst...** *Adj.; nicht präd.* im ~en Jahr, ~es Jahr the year after next; ~e Woche the week after next; am ~en Tag two days later; the next day but one; ~en Montag a week on Monday; Monday week; er wohnt im ~en Haus he lives in the next house but one *or* lives two doors away

**über·nachten** *itr. V.* stay overnight; bei jmdm. ~: stay *or* spend the night at sb.'s house/flat *(Brit.) or (Amer.)* apartment *etc.*; im Hotel ~: stay the night at the hotel; im Freien ~: sleep in the open air

**übernächtigt** [y:bɐ'nɛçtɪçt] *Adj.* ⟨*person*⟩ tired *or* worn out [through lack of sleep]; tired ⟨*face, look, etc.*⟩

**Übernachtung** die; ~, ~en overnight stay; ~ und Frühstück bed and breakfast; sechs ~en kosten ...: six nights cost ...

**Übernahme** ['y:bɐna:mə] die; ~, ~n a) *o. Pl. (von Waren, einer Sendung)* taking delivery *no art.*; *(des Staffelstabs)* receiving *no indef. art.*; *(einer Idee, eines Themas, von Methoden)* adoption, taking over *no indef. art.*; *(einer Praxis, eines Geschäfts, der Macht)* takeover; *(von Wörtern, Ausdrücken)* borrowing (von from); er erklärt sich zur ~ der Kosten/des Falles bereit he says he is prepared to meet the cost himself/to take on the case; b) *(etw. Übernommenes)* borrowing; *(Sendung)* re-broadcast; *(Live-Sendung)* relay

**über·natürlich** *Adj.* supernatural

**über·nehmen** 1. *unr. tr. V.* a) take delivery of ⟨*goods, consignment*⟩; receive ⟨*relay baton*⟩; take over ⟨*power, practice, business, building, school class*⟩; take on ⟨*job, position, task, role, case, leadership*⟩; undertake to pay ⟨*costs*⟩; es ~, etw. zu tun take on the job of doing sth.; das laß mich ~: let me do that; *s. auch* Befehl b; Bürgschaft a; Garantie a; Gewähr; Kommando b; [1]Steuer; Verantwortung a; Verpflichtung a; b) *(bei sich einstellen)* take on ⟨*staff*⟩; c) *(Seemannsspr.: an Bord nehmen)* take on board; d) *(sich zu eigen machen)* adopt, take over ⟨*ideas, methods, subject, etc.*⟩ (von from); borrow ⟨*word, phrase*⟩ (von from); eine Textstelle wörtlich ~: use a passage verbatim; das ZDF hat die Sendung vom britischen Fernsehen übernommen the programme was re-transmitted/*(als Live-Sendung)* relayed from British television by ZDF; e) *(österr. ugs.) s.* übertölpeln. 2. *unr. refl. V.* overdo things *or* it; er hat sich beim Training übernommen he overdid things *or* it [while] training; sich mit etw. ~: take on too much with sth.; übernimm dich nur nicht *(iron.)* don't strain yourself!

**über|ordnen** *tr. V.* a) etw. einer Sache *(Dat.)* ~: give sth. precedence over sth.; b) jmdn. jmdm. ~: place sb. above sb.; *s. auch* übergeordnet 2

**über·örtlich** *(Amtsspr.)* 1. *Adj.* regional. 2. *adv.* regionally

**über·parteilich** *Adj.* non-party *attrib.*; ein ~es Komitee an all-party committee; das Amt des Bundespräsidenten ist ~: the office of Federal President is *or* stands above party politics. 2. *adv.* in a non-partisan way

**über·pinseln** *tr. V. (ugs.)* paint over

**Über·produktion** die *(Wirtsch., Med.)* over-production

**über·prüfbar** *Adj.* checkable; die Angaben waren nicht ~: the details could not be checked

**über·prüfen** *tr. V.* a) check (auf + *Akk.* for); check [over], inspect, examine ⟨*machine, device*⟩; check, inspect, examine ⟨*papers, luggage*⟩; review ⟨*issue, situation, results*⟩; *(Finanzw.)* examine, inspect ⟨*accounts, books*⟩; b) *(überdenken)* think over; consider; etw. noch mal ~: think sth. over again; reconsider sth.

**Über·prüfung** die a) *o. Pl. s.* überprüfen a: checking *no indef. art.* (auf + *Akk.* for); checking [over] *no indef. art.*; inspection; examination; b) *(Kontrolle)* check; *(des Ausweises, der Geschäftsbücher)* examination; inspection; *(einer Lage, Frage, der Ergebnisse)* review; c) *(das Überdenken)* consideration; erneute ~: reconsideration

**über|quellen** *unr. itr. V.; mit sein* a) spill over; b) *(zu voll sein)* be brimming; die Tribüne quoll von Zuschauern über *(fig.)* the stand was overflowing with spectators

**über·queren** *tr. V.* cross; *(schneiden)* cut across; cross

[1]**über|ragen** *itr. V.* jut out; project

[2]**über·ragen** *tr. V.* a) *(hinausragen über)* jmdn./etw. ~: tower above sb./sth.; jmdn. um Kopfeslänge ~: be a head taller than sb.; der Berg überragt die Ebene the mountain towers over the plain; b) *(übertreffen)* jmdn. an etw. *(Dat.)* ~: be head and shoulders above sb. in sth.

**überragend** 1. *Adj.* outstanding. 2. *adv.* outstandingly

**überraschen** *tr. V.* surprise; ⟨*storm, earthquake*⟩ take by surprise; *(durch einen Angriff)* take by surprise; catch unawares; jmdn. beim Rauchen/Stehlen ~: catch sb. smoking/stealing; jmdn. überrascht ansehen look at sb. in surprise; überrascht tun pretend to be surprised; lassen wir uns ~: let's wait and see; vom Gewitter/vom Regen überrascht werden be caught in the thunderstorm/caught [out] in the rain

**überraschend** 1. *Adj.* surprising; surprise *attrib.* ⟨*attack, visit*⟩; *(unerwartet)* unexpected. 2. *adv.* surprisingly; *(unerwartet)* unexpectedly; die Nachricht kam ~: the news came as a surprise

**überraschender·weise** *Adv.* surprisingly; *(unerwartet)* unexpectedly

**Überraschung** die; ~, ~en surprise; zu meiner [großen] ~: to my [great] surprise; für eine ~ sorgen cause a surprise; jmdm. eine kleine ~ mitbringen bring sb. a little something as a surprise

**Überraschungs·moment** das element of surprise

**über·reden** *tr. V.* persuade; jmdn. ~, etw. zu tun persuade sb. to do sth.; talk sb. into doing sth.; jmdn. zum Mitmachen/zu einer Fahrt ~: persuade sb. to take part/make a journey; talk sb. into taking part/making a journey; ich habe mich zum Kauf eines neuen Autos ~ lassen I was persuaded to buy *or* was talked into buying a new car

**Überredung** die; ~: persuasion

**Überredungs·kunst** die powers *pl.* of persuasion

**über·regional** 1. *Adj.* national ⟨*newspaper, radio station*⟩; eine Angelegenheit von ~er Bedeutung a matter of more than just regional importance; ~e Veranstaltungen events involving several regions. 2. *adv.* nationally; ~ bekannt werden become known outside one's/its own region

**über·reich** 1. *Adj.* lavish ⟨*meal, decoration*⟩; abundant, very rich ⟨*harvest*⟩; ~ an Bodenschätzen sein be very rich in mineral resources; eine an Ereignissen ~e Zeit an extremely eventful time; in ~em Maß vorhanden sein be there in great quantity. 2. *adv.* jmdn. ~ beschenken/belohnen lavish gifts on sb./reward sb. lavishly; ~ verziert sein be lavishly decorated

**über·reichen** *tr. V.* [jmdm.] etw. ~: present sth. [to sb.]

**über·reichlich** 1. *Adj.* over-ample; etw. ist in ~er Fülle vorhanden there is an over-abundance of sth. 2. *adv.* over-amply

**Überreichung** die; ~: presentation

**über·reif** *Adj.* over-ripe

**über·reizen** 1. *tr. V.* a) overtax ⟨*person*⟩; overstrain ⟨*eyes, nerves, etc.*⟩; [nervlich] überreizt overwrought; b) *(bes. Skat)* overbid ⟨*hand*⟩. 2. *refl. V. (bes. Skat)* overbid

**Überreiztheit** die; ~: *s.* überreizen 1: overtaxed/-strained/-wrought state

**Über·reizung** die *s.* überreizen 1: overtaxing; overstraining; ein Zeichen nervöser ~: a sign of nervous strain

**über·rennen** *unr. tr. V.* a) *(Milit.)* overrun; b) *(umrennen)* run down

**über·repräsentiert** *Adj.* over-represented

**Über·rest** der; *meist Pl.* remnant; ~e *(eines Gebäudes)* remains; ruins; *(einer Mahlzeit)* left-overs; die sterblichen ~e *(geh. verhüll.)* the mortal remains

**Überroll·bügel** der roll-bar

**über·rollen** *tr. V.* a) *(Milit.)* overrun; *(fig.)*

overwhelm ⟨person⟩; ⟨fashion, craze⟩ sweep through ⟨country⟩; **b)** *(hinwegrollen über)* run down

**über·rụmpeln** *tr. V.* **jmdn. ~:** take sb. by surprise; *(bei einem Angriff)* catch sb. unawares; take sb. by surprise; **jmdn. mit etw. ~:** surprise sb. with sth.; take sb. by surprise with sth.

**Überrụmp[e]lung die; ~, ~en** surprise attack

**über·rụnden** *tr. V.* **a)** *(Sport)* lap; **b)** *(übertreffen)* outstrip

**übers** *Präp. + Art.* **a) = über das; b) ~ Jahr** one year later

**übersät** [y:bɐˈzɛ:t] *Adj.* **mit** *od.* **von etw. ~ sein** be covered with sth.; *(abwertend)* be strewn with sth.; **mit** *od.* **von Sternen ~:** star-studded; studded with stars *postpos.*

**über·sạttigen** *tr. V.* supersaturate ⟨*solution*⟩; glut ⟨*market*⟩; satiate ⟨*public*⟩

**Überschall-: ~flugzeug das** supersonic aircraft; **~geschwindigkeit die** supersonic speed

**über·schạtten** *tr. V.* overshadow; cast its/their shadow over; *(fig.)* cast a shadow over

**über·schätzen** *tr. V.* overestimate; overrate ⟨*writer, performer, book, performance, talent, ability*⟩

**Über·schạ̈tzung die** *s.* **überschätzen:** overestimation; overrating

**überschaubar** *Adj.* **eine ~e Menge/Zahl** a manageable quantity/number; **das sind ~e Größen** these are quantities one can grasp; **das Risiko ist nicht ~:** the risks cannot be calculated; **ein ~er Zeitraum/~es Gebiet** a reasonably short period/small area

**über·schauen** *tr. V. s.* **²übersehen a, b**

**über|schäumen** *itr. V.; mit sein* froth over; **~de Begeisterung** bubbling enthusiasm

**über·schlafen** *unr. tr. V.* sleep on ⟨*matter, problem, etc.*⟩

**Über·schlag der a)** rough calculation *or* estimate; **b)** *(Turnen)* handspring; *(am Barren)* forward roll; **c)** *s.* **Looping**

**¹über|schlagen 1.** *unr. tr. V.* **die Beine ~:** cross one's legs; **mit übergeschlagenen Beinen** with [one's] legs crossed. **2.** *unr. itr. V.; mit sein* ⟨*wave*⟩ break; ⟨*spark*⟩ jump

**²über·schlagen 1.** *unr. tr. V.* **a)** *(auslassen)* skip ⟨*chapter, page, etc.*⟩; **b)** *(ungefähr berechnen)* calculate *or* estimate roughly; make a rough calculation *or* estimate of. **2.** *unr. refl. V.* **a)** go head over heels; ⟨*car*⟩ turn over; **sich vor Höflichkeit ~** *(fig.)* fall over oneself to be polite *(coll.)*; **b)** ⟨*voice*⟩ crack; **c)** ⟨*events, reports, etc.*⟩ come thick and fast; **die Gedanken überschlugen sich in meinem Kopf** the thoughts raced round and round in my head

**³überschlagen** *Adj. (bes. md.)* lukewarm ⟨*liquid*⟩; moderately warm ⟨*room*⟩

**überschlägig** [-ʃlɛ:gɪç] **1.** *Adj.* [roughly] estimated; rough, approximate ⟨*estimate*⟩. **2.** *adv.* ⟨*calculate, estimate*⟩ roughly, approximately

**über|schnappen** *itr. V.; mit sein* **a)** *(ugs.: den Verstand verlieren)* go crazy; go round the bend *(coll.)*; **b)** *(ugs.: sich überschlagen)* ⟨*voice*⟩ crack

**über·schneiden** *unr. refl. V.* ⟨*lines, rays*⟩ cross, intersect; *(fig.)* ⟨*problems, areas of responsibility, events, etc.*⟩ overlap

**Überschneidung die; ~, ~en** *s.* **überschneiden:** intersection; *(fig.)* overlapping

**über·schreiben** *unr. tr. V.* **a)** entitle; head ⟨*chapter, section*⟩; **b)** *(übertragen)* **etw. jmdm.** *od.* **auf jmdn. ~:** transfer sth. to sb.; make sth. over to sb.

**über·schreien** *unr. tr. V.* shout down

**über·schreiten** *unr. itr. V.* **a)** cross; *(fig.)* pass; **Überschreiten der Gleise verboten!** do not cross the line!; **er hat die Siebzig überschritten** *(fig.)* he is past seventy; **b)** *(hinausgehen über)* exceed ⟨*authority, powers, budget, speed, limit, deadline, etc.*⟩; **das überschreitet jedes Maß** that's going too far; **die Grenzen des Erlaubten ~:** go beyond what is permissible

**Über·schrift die** heading; *(in einer Zeitung)* headline; *(Titel)* title

**Über·schuh der** overshoe; galosh *usu. pl. (Brit.)*

**über·schụldet** *Adj.* heavily indebted ⟨*person, firm, country*⟩; heavily mortgaged ⟨*house, property, etc.*⟩; **hoffnungslos ~ sein** ⟨*person*⟩ be hopelessly in debt

**Überschụldung die; ~, ~en** heavy indebtedness

**Über·schuß der** surplus (**an** + *Dat.* of)

**überschüssig** [ˈy:bɐʃʏsɪç] *Adj.* surplus

**¹über|schütten** *tr. V. (ugs.)* spill

**²über·schụ̈tten** *tr. V.* cover; **jmdn./etw. mit Wasser ~:** throw water over sb./sth.; **jmdn. mit Vorwürfen/Lob/Ehrungen ~:** heap reproach/praise/honours on sb.; **jmdn. mit Fragen ~:** fire questions at sb.; **jmdn. mit Geschenken/Geld ~:** shower sb. with presents/lavish money on sb.

**Überschwang der; ~[e]s** exuberance; **im ~ der Begeisterung** in one's exuberant enthusiasm; **im ~ der Gefühle** out of sheer exuberance

**über|schwappen** *itr. V.; mit sein* ⟨*liquid, container*⟩ slop over

**über·schwẹmmen** *tr. V. (auch fig.)* flood; **von Touristen überschwemmt werden** *(fig.)* be flooded *or* swamped with tourists; **den Markt mit Waren ~** *(fig.)* flood *or* swamp the market/with goods

**Überschwẹmmung die; ~, ~en** flood; *(das Überschwemmen)* flooding *no pl.*; **zu ~en führen** lead to flooding *or* floods

**Überschwẹmmungs-: ~gebiet das** flood area; **~ gefahr die** the danger of flooding; **~ katastrophe die** the disastrous floods *pl.*

**über·schwenglich** [-ʃvɛŋlɪç] **1.** *Adj.* effusive ⟨*words, manner, etc.*⟩; wild ⟨*joy, enthusiasm*⟩. **2.** *adv.* effusively

**Überschwenglichkeit die; ~:** effusiveness

**Über·see** *o. Art.* **aus** *od.* **von ~:** from overseas; **in ~ leben** live overseas; **nach ~ auswandern** emigrate overseas; **Exporte/Post nach ~:** overseas exports/mail; **Besitzungen in ~:** overseas possessions

**Übersee-: ~dampfer der** ocean-going steamer; **~gebiet das** overseas territory; **Britische ~gebiete** British territories overseas; **~hafen der** international port; **~handel der** overseas trade

**überseeisch** [ˈy:bɐze:ɪʃ] *Adj.; nicht präd.* overseas

**Übersee-: ~kabel das** transoceanic cable; **~koffer der** cabin trunk

**übersehbar** *Adj. (abschätzbar)* assessable; **der Schaden ist noch nicht ~:** the damage cannot yet be assessed

**¹über|sehen** *unr. refl. V. (ugs.)* **sich** *(Dat.)* **etw. ~:** get fed up *(coll.) or* tired of seeing sth.; **diese Tapete habe ich mir übergesehen** I'm fed up with the sight of this wallpaper

**²über·sehen** *unr. tr. V.* **a)** look out over; *(fig.)* survey ⟨*subject*⟩; **man kann von hier die ganze Bucht ~:** you can look [right] out over the whole bay from here; **etw. gut** *od.* **leicht ~ können** have a good view of sth.; **b)** *(abschätzen)* assess ⟨*damage, situation, consequences, etc.*⟩; **c)** *(nicht sehen)* overlook; miss; miss ⟨*turning, signpost*⟩; **mit seinen roten Haaren ist er nicht zu ~:** you can't miss him with his red hair; **d)** *(ignorieren)* ignore

**über·sẹnden** *unr. (auch regelm.) tr. V.* send; remit, send ⟨*money*⟩; **die übersandten Waren sind fehlerhaft** the goods sent are faulty; **anbei übersende ich Ihnen ...:** please find enclosed ...

**Über·sẹndung die** sending; *(von Geld)* remittance; sending

**übersẹtzbar** *Adj.* translatable; **schwer/leicht ~ sein** be difficult/easy to translate

**¹über|setzen 1.** *tr. V.* ferry over. **2.** *itr. V.; auch mit sein* cross [over]

**²über·sẹtzen** *tr., itr. V. (auch fig.)* translate; **etw. ins Deutsche/aus dem Deutschen ~:** translate sth. into/from German

**Über·sẹtzer der, Übersẹtzerin die; ~, ~nen** translator; *s. auch* **-in**

**übersẹtzt** *Adj.* **a)** *(bes. schweiz.: überhöht)* excessive; **b)** *(Technik)* **hoch/niedrig ~ sein** have a high/low transmission ratio

**Übersẹtzung die; ~, ~en a)** translation; **b)** *(Technik)* transmission ratio

**Übersẹtzungs-: ~büro das** translation agency; **~fehler der** translation error

**Über·sicht die a)** *o. Pl.* overall view, overview (**über** + *Akk.* of); **die ~ [über etw.** *(Akk.)***] verlieren** lose track [of sth.]; **b)** *(Darstellung)* survey; *(Tabelle)* summary

**über·sichtlich 1.** *Adj.* clear; ⟨*crossroads*⟩ which allows a clear view. **2.** *adv.* clearly

**Übersichtlichkeit die; ~:** clarity; *(einer Kreuzung)* clear lay-out

**Übersichts·karte die** outline map

**¹über|siedeln, ²über·siedeln** *itr. V.; mit sein* move (**nach** to)

**Über·sied[e]lung** [*od.* --ˈ(-)-] **die** move (**nach** to)

**Über·siedler der** *German native moving to the Federal Republic from East Germany*

**über·sinnlich** *Adj.* supersensory; *(übernatürlich)* supernatural

**über·spạnnen** *tr. V.* **a)** *(bespannen)* cover; **b)** *(zu stark spannen)* over-tension, overtighten ⟨*string, cable*⟩; overdraw ⟨*bow*⟩; over-tension ⟨*spring*⟩; *s. auch* **Bogen c; c)** *(sich spannen über)* span ⟨*river, valley, etc.*⟩

**überspạnnt** *Adj.* exaggerated ⟨*ideas, behaviour, gestures*⟩; extreme ⟨*views*⟩; inflated ⟨*demands, expectations*⟩

**über·spielen** *tr. V.* **a)** *(hinweggehen über)* cover up; cover up, gloss over ⟨*mistake*⟩; smooth over ⟨*difficult situation*⟩; **b)** *(aufnehmen)* **[auf ein Tonband] ~:** transfer ⟨*record*⟩ to tape; put ⟨*record*⟩ on tape; **[auf ein anderes Tonband] ~:** transfer to another tape; **c)** *(Funkw., Ferns.)* transfer; **d)** *(Sport)* outplay; **die Abwehr ~:** beat the defence

**über·spịtzen** *tr. V.* **etw. ~:** push *or* carry sth. too far; **überspitzt ausgedrückt, könnte man sagen, daß ...:** to exaggerate, one might say that ...

**über·sprẹchen** *unr. tr. V.* **etw. ~:** talk *or* speak over sth.

**¹über|springen** *unr. itr. V.; mit sein* **a)** ⟨*spark, fire*⟩ jump across; **seine Begeisterung sprang auf uns alle über** *(fig.)* his enthusiasm communicated itself to all of us; **b)** *(unvermittelt übergehen zu)* **auf etw.** *(Akk.)* **~:** switch abruptly to sth.

**²über·sprịngen** *unr. tr. V.* **a)** jump ⟨*obstacle*⟩; **b)** *(auslassen)* miss out; skip; **eine Klasse ~:** jump a class

**über|sprudeln** *itr. V.; mit sein (auch fig.)* bubble over (**von** with)

**über·spülen** *tr. V.* ⟨*water, waves*⟩ wash over; **bei Flut überspült** covered at high tide

**über·staatlich** *Adj.* supranational

**¹über|stehen** *unr. itr. V.; südd., österr., schweiz. mit sein* jut out; project

**²über·stehen** *unr. tr. V.* come through ⟨*danger, war, operation*⟩; get over ⟨*illness*⟩; withstand ⟨*heat, strain*⟩; ⟨*boat*⟩ weather, ride out ⟨*storm*⟩; *(überleben)* survive; **das Schlimmste ist jetzt überstanden** we're/they're *etc.* over the worst; the worst is over; **nach überstandener Gefahr** when the danger was over; **das hätten wir** *od.* **das wäre überstanden** that's 'that over with

**über·steigen** *unr. tr. V.* **a)** climb over; **b)** *(fig.: hinausgehen über)* exceed; **jmds. Fähigkeiten/Kräfte/Mittel ~:** be beyond sb.'s abilities/strength/means; **das übersteigt meinen Horizont** that's above my head

**über·steigern** *tr. V.* push up ⟨*demands, speed*⟩ too far *or* high; **ein übersteigertes Ehrgefühl** an exaggerated sense of honour

**Über·steigerung die** excessive increase; *(einer Forderung)* excessive pushing-up

**über·stellen** *tr. V.* transfer ⟨*convict*⟩; *(an Gericht, Polizei)* hand over (**an** + *Akk.* to)

**über·steuern 1.** *tr. V. (Elektrot.)* overdrive. **2.** *itr. V. (Kfz-W.)* ⟨*vehicle*⟩ oversteer

**über·stimmen** *tr. V.* outvote

**über·strahlen** *tr. V.* **a)** *(geh.)* light up; illuminate; **Freude überstrahlte sein Gesicht** *(fig.)* his face lit up with joy; **b)** *(fig.: in den Schatten stellen)* outshine

**überstrapazieren**[1] *tr. V.* overtax ⟨*person*⟩; overstrain ⟨*nerves*⟩; make excessive demands on ⟨*patience, willingness*⟩; treat ⟨*car*⟩ too roughly; **das Prinzip wird überstrapaziert** the principle is overworked

**über·streichen** *unr. tr. V.* paint over

**über|streifen** *tr. V.* **[sich** *(Dat.)***] etw. ~:** slip sth. on

**[1]über|strömen** *itr. V.; mit sein* **a)** *(über den Rand strömen)* overflow; **er strömt über vor Glück/Dankbarkeit** *(fig.)* he is brimming *or* bursting with happiness/gratitude; **b)** *(geh.: übergehen)* ⟨*mood, feeling, etc.*⟩ communicate itself, spread (**auf** + *Akk.* to)

**[2]über·strömen** *tr. V.* flood; **von Tränen/Blut überströmt [sein]** [be] streaming with tears/blood; **eine Welle des Glücks überströmte ihn** *(fig.)* a wave of happiness flooded over him

**über|stülpen** *tr. V.* pull on ⟨*hat etc.*⟩

**Über·stunde die: er hat eine ~/drei ~n gearbeitet** he did one hour's/three hours' overtime; **~n machen** *od.* **leisten** *od. (salopp)* **schieben** do overtime

**Überstunden·zuschlag der** overtime supplement; **der ~ beträgt 50 %** overtime is paid at time and a half

**über·stürzen 1.** *tr. V.* rush; **nur nichts ~:** don't rush things; take it easy. **2.** *refl. V.* rush; *(rasch aufeinanderfolgen)* ⟨*events, news, etc.*⟩ come thick and fast; **sich bei etw. ~:** rush sth.

**überstürzt 1.** *Adj.* hurried ⟨*escape, departure*⟩; over-hasty ⟨*decision*⟩. **2.** *adv.* ⟨*decide, act*⟩ over-hastily; ⟨*depart*⟩ hurriedly

**über·tariflich 1.** *Adj.* **~e Bezahlung/Zulagen** payment/bonuses above agreed rates. **2.** *adv.* **jmdn. ~ bezahlen** pay sb. above agreed rates

**über·teuert** *Adj.* over-expensive

**übertölpeln** *tr. V.* dupe; con *(coll.)*

**Übertölpelung die; ~, ~en** duping; conning *(coll.)*

**über·tönen** *tr. V.* drown out

**Über·topf der** [decorative] outer pot

**Übertrag** ['y:bɐtra:k] **der; ~[e]s, Überträge** [-trɛ:gə] *(bes. Buchf.)* carry-over

**über·tragbar** *Adj.* transferable (**auf** + *Akk.* to); *(auf etw. anderes anwendbar)* applicable (**auf** + *Akk.* to); *(übersetzbar)* translatable; *(ansteckend)* communicable, infectious ⟨*disease*⟩

**über·tragen 1.** *unr. tr. V.* **a)** transfer (**auf** + *Akk.* to); transmit ⟨*power, torque, etc.*⟩ (**auf** + *Akk.* to); communicate ⟨*disease, illness*⟩ (**auf** + *Akk.* to); carry over ⟨*subtotal*⟩; *(auf etw. anderes anwenden)* apply (**auf** + *Akk.* to); *(übersetzen)* translate; render; **ein Stenogramm in Langschrift ~:** write a piece of shorthand out in longhand; *(mit der Schreibmaschine)* type out a piece of shorthand; **eine Erzählung in Verse ~:** put a story into verse; **etw. ins reine** *od.* **in die Reinschrift ~:** make a fair copy of sth.; **etw. in ein Heft ~:** copy sth. out into a book; **seine Begeisterung** *usw.* **auf jmdn. ~:** communicate one's enthusiasm *etc.* to sb.; **etw. vom** *od.* **aus dem Englischen ins Deutsche ~:** translate sth. from English into German; **in ~er Bedeutung, im ~en Sinne** in a transferred sense; **b)** *(senden)* broadcast ⟨*concert, event, match, etc.*⟩; *(im Fernsehen)* televise; **etw. direkt** *or* **live ~:** broadcast/televise sth. live; **etw. im Fernsehen ~:** televise sth.; **c)** *(geben)* **jmdm. Aufgaben/Pflichten** *usw.* **~:** hand over tasks/duties *etc.* to sb.; *(anvertrauen)* entrust sb. with tasks/duties *etc.*; **jmdm. ein Recht ~:** confer a right on sb.; **d)** *(Med.: zu lange nicht gebären)* **sie hat ihr Kind ~:** she had a post-term birth; **ein ~es Kind** a post-term infant. **2.** *refl. V.* **sich auf jmdn. ~** ⟨*disease, illness*⟩ be communicated *or* be passed on to sb.; *(fig.)* ⟨*enthusiasm, nervousness, etc.*⟩ communicate itself to sb.

**Über·träger der** *(Med.)* carrier

**Übertragung die; ~, ~en a)** *s.* **übertragen 1 a:** transference; transmission; communication; carrying over; application; translation; rendering; **die ~ einer Erzählung in Verse** putting a story into verse; **die ~ der Krankheit erfolgt über das Trinkwasser** the disease is spread through drinking-water; **b)** *(das Senden)* broadcasting; *(Programm, Sendung)* broadcast; *(im Fernsehen)* televising/television broadcast; **c)** *(von Aufgaben, Pflichten usw.)* entrusting; *(von Rechten)* conferral; **d)** *(Med.: eines Kindes)* post-term birth

**Übertragungs·wagen der** outside broadcast vehicle; OB vehicle

**über·trainiert** *Adj.* overtrained

**über·treffen** *unr. tr. V.* **a)** surpass, outdo (**an** + *Dat.* in); break ⟨*record*⟩; **jmdn. an Ausdauer ~:** be superior to sb. in stamina; **jmdn. an Fleiß/Intelligenz ~:** be more diligent/intelligent than sb.; **jmdn. in einem Fach/einem Sport ~:** be better than sb. at a subject/a sport; **in etw.** *(Dat.)* **nicht zu ~ sein** be unbeatable at sth.; **sich selbst ~:** excel oneself; **b)** *(übersteigen)* exceed; exceed, surpass ⟨*expectations*⟩

**über·treiben** *unr. tr. V.* **a)** *auch itr.* exaggerate; **b)** *(zu weit treiben)* overdo; take *or* carry too far; take *or* push ⟨*claim, demand*⟩ too far; **es mit etw. ~:** take *or* carry sth. too far; **man kann es auch ~:** you can take things *or* go too far

**Übertreibung die; ~, ~en** exaggeration; **er neigt zu ~en** he tends to exaggerate

**[1]über|treten** *unr. itr. V.; mit sein* **a)** *auch mit haben (Sport)* step over the line/step out of the circle; **b)** *(überwechseln)* change sides; **zu einer anderen Partei ~:** join another party; switch parties; **[von der KPD] zur SPD ~:** switch [from the KPD] to the SPD; **zum Katholizismus/Islam ~:** convert to Catholicism/Islam; **c)** *(gelangen)* **in etw.** *(Akk.)* **~:** enter sth.

**[2]über·treten** *unr. tr. V.* break, contravene ⟨*law*⟩; infringe, violate ⟨*regulation, prohibition*⟩

**Übertretung die; ~, ~en a)** *s.* **[2]übertreten:** breaking; contravention; infringement; violation; **b)** *(Vergehen)* misdemeanour

**Übertretungs·fall der: im ~[e]** *(Amtsspr.)* if the law is contravened; in the event of an infringement *or* a violation

**übertrieben** [-tri:bn] **1.** *2. Part. v.* **übertreiben. 2.** exaggerated; *(übermäßig)* excessive ⟨*care, thrift, etc.*⟩; **das finde ich reichlich ~:** I really think that's going too far. **3.** *adv.* excessively

**Über·tritt der** change of allegiance, switch (**zu** to); *(Rel.)* conversion (**zu** to)

**über·trumpfen** *tr. V.* **a)** *(Kartenspiel)* trump; **b)** *(übertreffen)* outdo

**über·tünchen** *tr. V.* cover with whitewash; *(fig.)* cover up

**über·übermorgen** *Adv.* in three days' time

**übervölkern** [-'fœlkɐn] *tr. V.* over-populate

**Übervölkerung die; ~:** over-population

**über·voll** *Adj.* overfull; overcrowded, packed ⟨*room, train, tram, etc.*⟩; packed ⟨*theatre, cinema*⟩

**über·vorsichtig 1.** *Adj.* over-cautious. **2.** *adv.* over-cautiously

**über·vor·teilen** *tr. V.* cheat

**über·wachen** *tr. V.* watch, keep under surveillance ⟨*suspect, agent, area, etc.*⟩; supervise ⟨*factory, workers, process*⟩; control ⟨*traffic*⟩; monitor ⟨*progress, production process, experiment, patient*⟩; **die Polizei überwacht sein Telefon** the police are monitoring his telephone calls; **er überwacht jeden ihrer Schritte** he watches her every move

**über·wachsen** *unr. tr. V.* overgrow

**Überwachung die; ~, ~en** *s.* **überwachen:** surveillance; supervision; controlling; monitoring

**überwältigen** [-'vɛltɪgn̩] *tr. V.* **a)** overpower; **b)** *(fig.)* ⟨*sleep, emotion, fear, etc.*⟩ overcome; ⟨*sight, impressions, beauty, etc.*⟩ overwhelm; **von Rührung überwältigt werden** be overcome with emotion

**überwältigend 1.** *Adj.* overwhelming ⟨*sight, impression, victory, majority, etc.*⟩; overpowering ⟨*smell*⟩; stunning ⟨*beauty*⟩; **das ist nicht [gerade] ~:** that isn't [exactly] anything to write home about *(coll.)*. **2.** *adv.* stunningly ⟨*beautiful*⟩; **das hat er ~ gespielt** he played that quite magnificently

**über·wälzen** *tr. V. (bes. Wirtsch.)* pass on ⟨*costs etc.*⟩ (**auf** + *Akk.* to); shift ⟨*burden, blame, responsibility*⟩ (**auf** + *Akk.* on to)

**über|wechseln** *itr. V.; mit sein* **a)** cross over (**auf** + *Akk.* to); **auf eine andere Spur ~:** change lanes; move to another lane; **b)** *(übertreten)* change sides; **ins feindliche Lager/zur anderen Partei ~:** go over to the enemy/the other party; **von der SPD zur KPD ~:** switch from the SPD to the KPD; **c)** *(mit etw. anderem beginnen)* **zu etw. ~:** change over to sth.; **zu einem anderen Thema ~:** turn to another topic; **aufs Gymnasium ~:** go on to grammar school

**über·weisen** *unr. tr. V.* **a)** transfer ⟨*money*⟩ (**an, auf** + *Akk.* to); **er bekommt sein Gehalt [auf sein Konto] überwiesen** his salary is paid into his account; **b)** *(zu einem anderen Arzt schicken)* refer (**an** + *Akk.* to); **jmdn. in die Klinik ~:** refer sb. to the clinic; **c)** *(zuleiten)* refer ⟨*proposal*⟩ (**an** + *Akk.* to); pass on ⟨*file, application*⟩ (**an** + *Akk.* to)

**Über·weisung die a)** *o. Pl.* transfer (**an, auf** + *Akk.* to); **b)** *(Summe)* remittance; **c)** *(eines Patienten)* referral (**an** + *Akk.* to); **d)** *s.* **Überweisungsschein**

**Überweisungs-: ~auftrag der** *(Bankw.)* [credit] transfer order; **~formular das** *(Bankw.)* [credit] transfer form; **~schein der** *(Med.)* certificate of referral

**Über·weite die** outsize; **Röcke in ~n** outsize skirts

**[1]über|werfen** *unr. tr. V.* throw on ⟨*clothes*⟩; **er warf dem Pferd eine Decke über** he threw a blanket over the horse

**[2]über·werfen** *unr. refl. V.* **sich mit jmdm. ~:** fall out with sb.; **sie haben sich überworfen** they have fallen out

**über·wiegen 1.** *unr. itr. V.* predominate; **es überwog die Einsicht, daß ...:** the recognition prevailed that ... **2.** *unr. tr. V.* ⟨*advantages, disadvantages, etc.*⟩ outweigh; ⟨*emotion, argument*⟩ prevail over

**überwiegend 1.** [*auch* --'--] *Adj.* overwhelming; **der ~e Teil der Bevölkerung** the majority of the population. **2.** *adv.* mainly

**über·winden 1.** *unr. tr. V.* **a)** overcome ⟨*resistance*⟩; overcome, surmount ⟨*difficulty, obstacle, gradient*⟩; conquer ⟨*capitalism, apartheid, etc.*⟩; overcome, get over ⟨*fear, inhibitions, disappointment, grief*⟩; get past ⟨*stage*⟩; **b)** *(aufgeben)* overcome ⟨*doubt, misgivings, reservations, suspicions*⟩; give up ⟨*way of thinking, point of view*⟩; **c)**

---

[1] *ich überstrapaziere, überstrapaziert, überzustrapazieren*

*(geh.: besiegen)* overcome; vanquish *(literary)*. **2.** *unr. refl. V.* overcome one's reluctance; **sich [dazu] ~, etw. zu tun** bring oneself to do sth.; **ich konnte mich nur schwer [dazu] ~, es zu tun** I could hardly bring myself to do it; **dazu konnte ich mich nicht ~:** I could not bring myself to do that

**Über·windung die a)** *s.* **überwinden 1 a:** overcoming; surmounting; conquest; getting over/past; **b)** *(Besiegung)* overcoming; vanquishing *(literary)*; **c)** *(das Sichüberwinden)* **es war eine große ~ für ihn** it cost him a great effort; **das hat mich viel ~ gekostet** that was a real effort of will for me

**über·wintern 1.** *itr. V.* [over]winter; spend the winter. **2.** *tr. V.* overwinter ⟨*plant*⟩

**über·wölben** *tr. V.* arch over

**über·wuchern** *tr. V.* overgrow

**Über·wurf der a)** *(Umhang)* wrap; **b)** *(österr.) s.* **Zierdecke; c)** *(Ringen)* shoulder throw

**Über·zahl die;** *o. Pl.* majority; **in der ~ sein** be in the majority; ⟨*army, enemy*⟩ be superior in numbers

**überzählig** [-tsɛːlɪç] *Adj.* surplus; spare; **einige Damen waren ~:** there were a few ladies too many

**über·zeichnen** *tr. V.* **a)** *(Börsenw.)* oversubscribe; **b)** *(zugespitzt darstellen)* overdraw ⟨*figure, character, etc.*⟩

**Über·zeit die** *(schweiz.)* overtime

**überzeugen 1.** *tr. V.* convince; *(umstimmen)* persuade; convince; **jmdn. von etw. ~:** convince/persuade sb. of sth. **2.** *itr. V.* be convincing. **3.** *refl. V.* convince *or* satisfy oneself; **sich persönlich** *od.* **mit eigenen Augen [von etw.] ~:** see [sth.] for oneself

**überzeugend 1.** *Adj.* convincing; convincing, persuasive ⟨*arguments, proof, words, speech*⟩. **2.** *adv.* convincingly; ⟨*argue, speak*⟩ convincingly, persuasively

**überzeugt** *Adj.* **a)** *nicht präd.* convinced; **b) von etw. ~ sein** *(etw. hoch einschätzen)* be convinced by sth.; **er ist sehr von sich [selbst] ~:** he's very sure of himself

**Über·zeugung die a)** *o. Pl.* convincing; *(das Umstimmen)* persuasion; **b)** *(feste Meinung)* conviction; **der festen ~ sein, daß ...:** be firmly convinced that ...; **zu der ~ kommen** *od.* **gelangen, daß ...:** become convinced that ...; **meiner ~ nach ...:** I am convinced that ...

**Überzeugungs-: ~arbeit die** propaganda work; **~kraft die;** *o. Pl.* power[s] of persuasion; persuasiveness; **mit ~kraft reden** speak persuasively; **~täter der** *(Rechtsspr.)* offender who has acted on grounds of conscience

[1]**über|ziehen** *unr. tr. V.* **a)** pull on ⟨*clothes*⟩; **b) jmdm. eins** *od.* **ein paar ~** *(ugs.)* give sb. a clout

[2]**über·ziehen 1.** *unr. tr. V.* **a) etw. mit etw. ~:** cover sth. with sth.; **die Torte mit Guß ~:** glaze the gateau; **die Betten frisch ~:** put clean sheets on the beds; change the sheets on the beds; **das Land mit Krieg ~** *(fig.)* spread war over the land; **b)** overdraw ⟨*account*⟩ **(um** by); **sie hat ihr Konto [um 300 Mark] überzogen** she is [300 marks] overdrawn; **seinen Urlaub ~:** take too much time off; **die Mittagspause um 10 Minuten ~:** take an extra ten minutes over lunch; **die vorgesehene Sendezeit [um drei Minuten] ~:** overrun the programme time [by three minutes]; **c)** *(übertreiben)* overdo ⟨*criticism etc.*⟩; **überzogene Leistungen/Erwartungen/Preiserhöhungen** *usw.* excessive payments/expectations/price increases *etc.* **2.** *unr. itr. V.* **a)** overdraw one's account; go overdrawn; **b)** *(bei einer Sendung, einem Vortrag)* overrun. **3.** *unr. refl. V.* ⟨*sky*⟩ cloud over, become overcast

**Überzieher der; ~s, ~ a)** *(veralt.: Herrenmantel)* [light] overcoat; **b)** *(salopp: Kondom)* johnny *(Brit. sl.)*; rubber *(sl.)*

**Überziehungs·kredit der** *(Finanzw.)* overdraft facility

**überzüchtet** [yːbɐˈtsʏçtət] *Adj.* overbred; over-sophisticated ⟨*engines, systems*⟩

**über·zuckern** *tr. V.* sugar

**Überzug der a)** *(Beschichtung)* coating; **b)** *(Bezug)* cover

**üblich** [ˈyːplɪç] *Adj.* usual; *(normal)* normal; *(gebräuchlich)* customary; **das ist hier so ~:** that's the accepted *or (coll.)* done thing here; **das ist nicht mehr ~:** that's no longer done *(coll.)*; **wie ~:** as usual; **sie gebrauchte die ~e Ausrede** she used the same old excuse

**üblicher·weise** *Adv.* usually; generally

**U-Boot das** submarine; sub *(coll.)*

**übrig** [ˈyːbrɪç] *Adj.* remaining *attrib.*; *(ander...)* other; **alle ~en Gäste sind bereits gegangen** all the other guests have already gone; **das/alles ~e erzähle ich dir später** I'll tell you the rest/all the rest later; **die/alle ~en** the/all the rest *or* others; **im ~en** besides; **ein ~es tun** *(geh.)* do one last thing; **es ist etwas ~:** there is some left; **es ist noch Suppe ~:** there is some soup left [over]; **ich habe noch Geld ~:** I [still] have some money left; *(ich habe mehr Geld, als ich brauche)* I [still] have some money to spare; **hast du vielleicht eine Mark [für mich] ~?** can you spare me a mark?; **für jmdn./etw. wenig/nichts ~ haben** have little/no time for sb./sth. *(fig.)*

**übrig-: ~|behalten** *unr. tr. V.* have left over; **~|bleiben** *unr. itr. V.; mit sein* be left; remain; ⟨*food, drink*⟩ be left over; **ihm bleibt nichts [anderes** *od.* **weiter] ~, als zu ...:** he has no [other] choice but to ...; there is nothing he can do but to ...

**übrigens** [ˈyːbrɪgn̩s] *Adv.* by the way; incidentally

**übrig|lassen** *unr. tr. V.* leave; leave ⟨*food, drink*⟩ over; **laßt mir etwas davon übrig** leave some of it for me; **zu wünschen ~:** leave something to be desired; **sehr** *od.* **viel/nichts zu wünschen ~:** leave much *or (coll.)* a lot/nothing to be desired

**Übung** [ˈyːbʊŋ] **die; ~, ~en a)** exercise; **b)** *o. Pl. (das Üben, Geübtsein)* practice; **das erfordert ~:** that takes practice; **das macht die ~, das ist alles nur ~:** it's [just] a question of practice; **etw. zur ~ tun** do sth. for practice; **außer ~ sein** be out of practice; **~/viel ~/keine ~ haben** have had some/a lot of *(coll.)*/no practice; **aus der ~ kommen** get out of practice; **in der ~ sein/bleiben** be/stay in practice; **~ macht den Meister** *(Spr.)* practice makes perfect *(prov.)*; **c)** *(Lehrveranstaltung)* class; seminar

**übungs-, Übungs-: ~buch das** book of exercises; *(Lehrbuch)* textbook with exercises; **~halber** *Adv.* for practice; **~munition die** *(Milit.)* blank ammunition; **~sache die: ~sache sein** be a matter of practice

**UdSSR** [uːdeːlɛslɛslˈɛr] *Abk.* **die; ~: Union der Sozialistischen Sowjetrepubliken** USSR

**UEFA** [uˈeːfaː] *Abk.* **die; ~** *(Fußball)* UEFA

**U-Eisen das** channel iron

**Ufer** [ˈuːfɐ] **das; ~s, ~:** bank; *(des Meers)* shore; **ans ~ gespült werden** be washed ashore; **der Fluß trat über die ~:** the river burst its banks; **das sichere ~ erreichen** reach dry land; **das Haus liegt direkt am ~:** the house is right by the lake/river/sea

**ufer-, Ufer-: ~befestigung die** bank reinforcement; **~böschung die** [river/canal] embankment; **~los** *Adj.* limitless; boundless ⟨*love, indulgence, etc.*⟩; endless ⟨*discussions, talks, quarrel, subject*⟩; **ins ~lose gehen** ⟨*plans, ambitions, etc.*⟩ know no bounds; **~promenade die** riverside walk; *(am Meer)* promenade; **~straße die** riverside/lakeside road; *(am Meer)* coast road

**uff** [ʊf] *Interj.* oof; phew

**UFO, Ufo** [ˈuːfo] **das; ~[s], ~s** UFO

**U-förmig** *Adj.* U-shaped

**UG** *Abk.* **Untergeschoß**

**Uganda** [uˈganda] **(das); ~s** Uganda

**Ugander** [uˈgandɐ] **der; ~s, ~, Uganderin die; ~, ~nen** Ugandan; *s. auch* **-in**

**ugandisch** *Adj.* Ugandan

**U-Haft die** *s.* **Untersuchungshaft**

**Uhr** [uːɐ̯] **die; ~, ~en a)** clock; *(Armband~, Taschen~)* watch; *(Wasser~, Gas~)* meter; *(an Meßinstrumenten)* dial; gauge; **auf die** *od.* **nach der ~ sehen** look at the time; **ein Arbeiter, der dauernd auf die ~ sieht** a worker who is always clock-watching; **nach meiner ~:** by *or* according to my clock/watch; **jmds. ~ ist abgelaufen** *(fig.)* the sands of time have run out for sb.; **wissen, was die ~ geschlagen hat** *(fig.)* know what's what; know how things stand; **rund um die ~** *(ugs.)* round the clock; **b)** *(bei Uhrzeitangaben)* **acht ~:** eight o'clock; **acht ~ dreißig** half past eight; 8.30 [eɪtˈθɜːtɪ]; **wieviel ~ ist es?** what's the time?; what time is it?; **um wieviel ~ treffen wir uns?** [at] what time shall we meet?; when shall we meet?

**Uhr·armband das** watch-strap

**Uhren·industrie die** clock- and watchmaking industry

**Uhr-: ~glas das** watch-glass; **~kette die** watch-chain; **~macher der** watchmaker/clockmaker; **~werk das** clock/watch mechanism; **~zeiger der** clock-/watch-hand; **~zeiger·sinn der: im ~zeigersinn** clockwise; **entgegen dem ~zeigersinn** anticlockwise; **~zeit die** time; **jmdn. nach der ~zeit fragen** ask sb. the time; **hast du [die] genaue ~zeit?** do you have the exact time?

**Uhu** [ˈuːhu] **der; ~s, ~s** eagle owl

**Ukas** [ˈuːkas] **der; ~ses, ~se** *(scherzh.)* edict

**Ukraine** [ukraːinə] **die; ~:** Ukraine

**Ukrainer der; ~s, ~, Ukrainerin die; ~, ~nen** Ukrainian

**ukrainisch** *Adj.* Ukrainian; *s. auch* **deutsch**

**UKW** [uːkaːˈveː] *o. Art.; Abk.* **Ultrakurzwelle** VHF

**UKW-Sender der** VHF station; ≈ FM station

**Ulan** [uˈlaːn] **der; ~en, ~en** *(hist.)* uhlan

**Ulk** [ʊlk] **der; ~s, ~e** lark *(coll.)*; *(Streich)* trick; [practical] joke; **etw. aus ~ sagen/tun** say/do sth. for fun *or (coll.)* for a laugh

**ulken** *itr. V.* clown *or (coll.)* lark about; **über jmdn./etw. ~:** make fun of sb./sth.

**ulkig** *(ugs.)* **1.** *Adj.* funny. **2.** *adv.* in a funny way

**Ulkus** [ˈʊlkʊs] **das; ~, Ulzera** [ˈʊltsera] *(Med.)* ulcer

**Ulme** [ˈʊlmə] **die; ~, ~n** elm

**Ultima ratio** [ˈʊltima ˈraːtsio] **die; ~ ~** *(geh.)* last resort

**ultimativ** [ʊltimaˈtiːf] **1.** *Adj.* ⟨*demand*⟩ made as an ultimatum; **~en Charakter haben** constitute an ultimatum. **2.** *adv.* **etw. ~ fordern** demand sth. in [the form of] an ultimatum; **jmdn. ~ auffordern, etw. zu tun** give sb. an ultimatum to do sth.

**Ultimatum** [ʊltiˈmaːtʊm] **das; ~s, Ultimaten** ultimatum; **[jmdm.] ein ~ stellen** give *or* set [sb.] an ultimatum

**Ultimo** [ˈʊltimo] **der; ~s, ~s** last day of the month

**Ultra** [ˈʊltra] **der; ~s, ~s** extremist

**Ultra·kurz·welle** [ʊltraˈkʊrtsvɛlə] **die a)** *(Phys., Funkw., Rundf.)* ultra-short wave; **b)** *(Rundf.: Wellenbereich)* very high frequency; VHF

**Ultrakurzwellen·sender der** very high frequency station; VHF station; ≈ FM station

**ultra-, Ultra-: ~marin** *indekl. Adj.* ultramarine; **~marin das; ~s** ultramarine; **~montan** *Adj. (geh.)* ultramontane; **~schall** [ˈ---] **der** *(Physik, Med.)* ultrasound

**Ultraschall~: ~behandlung die** *(Med.)* ultrasound therapy *or* treatment; *(Technik)* ultrasound treatment; **~untersuchung die** *(Med.)* ultrasound examination

**ụltra·violett** *Adj. (Physik)* ultraviolet
**Ulzera** *s.* **Ulkus**
**um** [ʊm] **1.** *Präp. mit Akk.* **a)** *(räumlich)* [a]round; **um etw. herum** [a]round sth.; **um das Haus gehen** walk round the house; **das Rad dreht sich um seine Achse** the wheel turns on its axle; **um die Ecke** round the corner; **um sich schlagen** lash *or* hit out; **er warf mit Steinen um sich** he threw stones around *or* about; *s. auch* **greifen 2 a; scharen 2; b)** *(zeitlich) (genau)* at; *(etwa)* around [about]; **der Unterricht beginnt um acht [Uhr]** lessons start at eight [o'clock]; **um den 20. August [herum]** around [about] 20 August; **um die Mittagszeit [herum]** around midday; **c) Tag um Tag/Stunde um Stunde** day after day/hour after hour; **Meter um Meter/Schritt um Schritt** metre by metre/step by step; **d)** *(bei Maß- u. Mengenangaben)* by; **die Temperatur stieg um 5 Grad** the temperature rose [by] five degrees; **um 3 cm zu lang sein** be 3 cm too long; **um nichts/einiges/vieles besser sein** be no/somewhat/a lot better; **e)** *(südd., österr.: bei Preisangaben)* for. **2.** *Adv.* around; about; **um [die] 10 Mark/50 Personen [herum]** around *or* about *or* round about ten marks/50 people. **3.** *Konj.* **a)** *(final)* **um ... zu** [in order] to; **um es gleich zu sagen, ich kann nicht lange bleiben** I'd better say straight away that I can't stay for long; **b)** *(konsekutiv)* **er ist groß genug/ist noch zu klein, um ... zu ...:** he is big enough/is still too young to ...; **sie heirateten, um sich schon nach einem Jahr wieder scheiden zu lassen** they got married, only to get divorced again after just one year; **c)** *(desto)* **je schneller der Wagen, um so größer die Gefahr** the faster the car, the greater the danger; **je länger ..., um so besser ...:** the longer ..., the better ...; **um so besser/schlimmer!** all the better/worse!; **um so mehr, als ...** *(zumal, da ...)* all the more so, as *or* since ...
**ụm|ackern** *tr. V.* plough over
**ụm|adressieren** *tr. V.* redirect
**ụm|ändern** *tr. V.* change; alter; revise ⟨*text, novel*⟩; alter ⟨*garment*⟩
**ụm|arbeiten** *tr. V.* alter ⟨*garment*⟩; revise, rework ⟨*text, novel, music*⟩; **einen Roman zu einem Drama/Drehbuch ~:** adapt a novel for the stage/screen
**Ụmarbeitung die; ~, ~en** *(eines Kleidungsstücks)* alteration; *(eines Romans, Textes, Musikstücks)* revision; reworking; *(zu einem Drehbuch, Drama o. ä.)* adaptation
**umạrmen** *tr. V.* embrace; put one's arms around; *(an sich drücken)* hug; **sie umarmten sich** they embraced/hugged; **sei umarmt [von Deiner/Deinem ...]** *(als Briefschluß)* lots of love [from ...]
**Umạrmung die; ~, ~en** *s.* **umarmen:** embrace; hug
**Ụm·bau der; ~[e]s, ~ten a)** rebuilding; reconstruction; *(kleinere Änderung)* alteration; *(zu etw. anderem)* conversion; *(fig.: eines Systems, einer Verwaltung)* reorganization; **„wegen ~[s] geschlossen"** 'closed for alterations'; **das Gebäude befindet sich im ~:** the building is being rebuilt/altered/converted; **b)** *(das Umgebaute) s.* **a:** reconstruction/altered building/conversion
**¹ụm|bauen** *tr., auch itr. V.* rebuild; reconstruct; *(leicht ändern)* alter; *(zu etw. anderem)* convert (**zu** into); *(fig.)* reorganize ⟨*system, administration, etc.*⟩; **das Bühnenbild ~:** change the set; **wir bauen um** we're rebuilding/making alterations
**²um·bauen** *tr. V.* surround; **umbauter Raum** interior space
**ụm|behalten** *unr. tr. V.* keep ⟨*apron, scarf, etc.*⟩ on
**ụm|benennen** *unr. tr. V.* change the name of, rename ⟨*street, square, etc.*⟩; **etw. in etw.** *(Akk.)* **~:** change the name of sth. to sth.; rename sth. sth.
**ụm|beschreiben** *unr. tr. V. (Geom.)* circumscribe
**ụm|besetzen** *tr., auch itr. V.* change ⟨*team*⟩; recast ⟨*role, play*⟩; re-allocate ⟨*post, position*⟩
**ụm|bestellen** *itr. V.* change the order
**ụm|betten** *tr. V.* **a) jmdn. ~:** move sb. to another bed; **b)** *(in ein anderes Grab legen)* move *or* transfer ⟨*body*⟩ to another grave
**ụm|biegen 1.** *unr. tr. V.* bend. **2.** *unr. itr. V.; mit sein* turn; ⟨*path*⟩ bend, turn
**ụm|bilden** *tr. V.* reorganize, reconstruct ⟨*department etc.*⟩; reshuffle ⟨*government, cabinet*⟩; **etw. zu etw. ~** *(Biol.)* develop sth. into sth.
**ụm|binden** *unr. tr. V.* put on ⟨*tie, apron, scarf, etc.*⟩
**ụm|blasen** *unr. tr. V.* blow over
**ụm|blättern 1.** *tr. V.* turn [over] ⟨*page*⟩. **2.** *itr. V.* turn the page/pages
**ụm|blicken** *refl. V.* **a)** look around; **sich nach allen Seiten ~:** look all around; **b)** *(zurückblicken)* [turn to] look back (**nach** at)
**Umbra** ['ʊmbra] **die; ~** *(Farbe)* umber
**um·brạnden** *tr. V. (geh.)* surge around
**um·brausen** *tr. V.* roar around
**¹ụm|brechen 1.** *unr. tr. V.* **a)** bring down ⟨*telephone pole, tree, etc.*⟩; **b)** *(umpflügen)* break up, turn over ⟨*land*⟩; plough up ⟨*field*⟩. **2.** *unr. itr. V.; mit sein* collapse; fall down
**²um·brẹchen** *unr. tr. V. (Druckw.)* make up
**ụm|bringen** *unr. tr. V.* kill; **dieses Material ist nicht umzubringen** *(fig. ugs.)* this material is indestructible; **diese Packerei bringt mich fast um** *(fig. ugs.)* all this packing's nearly killing me *(coll.)*; **sich vor Höflichkeit ~** *(fig. ugs.)* fall over oneself to be polite *(coll.)*; **sich für jmdn. ~** *(fig. ugs.)* do everything for sb.
**Ụm·bruch der a)** radical change; *(Umwälzung)* upheaval; **im ~ sein** be in a state of flux; **b)** *o. Pl. (Druckw.)* make-up; *(Ergebnis)* page proofs *pl.*
**ụm|buchen 1.** *tr. V.* **a)** change ⟨*flight, journey route*⟩ (**auf** + *Akk.* to); **b)** *(Finanzw.)* transfer (**auf** + *Akk.* to). **2.** *itr. V.* change one's booking (**auf** + *Akk.* to)
**Ụm·buchung die a)** change of booking; **eine ~ Ihres Fluges ist jederzeit möglich** you can change your flight at any time; **b)** *(Finanzw.)* transfer (**auf** + *Akk.* to)
**ụm|datieren** *tr. V.* change the date of; redate ⟨*contract, letter, etc.*⟩
**ụm|denken** *unr. itr. V.* revise one's thinking; rethink; **ein Prozeß des Umdenkens** a process of rethinking
**ụm|deuten** *tr. V.* reinterpret; give a new interpretation to
**ụm|dichten** *tr. V.* adapt, recast ⟨*poem, song, etc.*⟩
**ụm|disponieren** *itr. V.* change one's arrangements; make new arrangements
**um·drạngen** *tr. V.* crowd round; mob ⟨*actor, pop star, etc.*⟩
**ụm|drehen 1.** *tr. V.* turn round; turn over ⟨*coin, hand, etc.*⟩; turn ⟨*key*⟩; turn ⟨*pockets, bag, garment, sock, etc.*⟩ inside out; **jede Mark** *od.* **jeden Pfennig [dreimal] ~** *(ugs.)* watch every penny; **einen Spion ~** *(fig.)* turn a spy. **2.** *refl. V.* turn round; *(den Kopf wenden)* turn one's head; **sich nach jmdm. ~:** turn/turn one's head to look at sb.; **ein Mädchen, nach dem sich die Männer ~:** a girl who turns men's heads. **3.** *itr. V.; auch mit sein (ugs.: umkehren)* turn back; *(ugs.: wenden)* turn round
**Um·drehung die** turn; *(eines Motors usw.)* revolution; rev *(coll.)*; *(eines Planeten)* rotation
**um·einạnder** *Adv.* **sich ~ kümmern/sorgen** take care of/worry about each other *or* one another; **~ besorgt sein** be concerned about each other *or* one another; **sich ~ drehen** revolve around each other
**ụm|erziehen** *tr. V.* re-educate; **jmdn. zu etw. ~:** re-educate sb. to be *or* as sth.
**¹ụm|fahren** *unr. tr. V.* knock over *or* down
**²um·fahren** *unr. tr. V.* go round; make a detour round ⟨*obstruction, busy area*⟩; *(im Auto)* drive *or* go round; *(im Schiff)* sail *or* go round; *(auf einer Umgehungsstraße)* bypass ⟨*town, village, etc.*⟩
**Umfahrungs·straße die** *(österr., schweiz.) s.* **Umgehungsstraße**
**Ụm·fall der** *(ugs. abwertend)* about-face; U-turn
**ụm|fallen** *unr. itr. V.; mit sein* **a)** *(umstürzen)* fall over; **b)** *(zusammenbrechen)* collapse; **tot ~:** fall down dead; **~ wie die Fliegen** go down like flies; **ich falle vor Müdigkeit um** I'm just about ready to drop; **vor Hunger/Durst fast ~:** be faint with hunger/thirst; **vor Schreck fast ~:** nearly die with fright; nearly have a heart attack *(coll.)*; **c)** *(ugs. abwertend: seine Meinung ändern)* do an about-face; do a U-turn
**Ụm·fang der a)** circumference; *(eines Quadrats usw.)* perimeter; *(eines Baums, Menschen usw.)* girth; circumference; **er hat einen ganz schönen ~** *(scherzh.)* he has quite a girth; **b)** *(Größe)* size; **der Band hat einen ~ von 250 Seiten** the volume contains 250 pages *or* is 250 pages thick; **c)** *(Ausmaß)* extent; *(von Wissen)* range; extent; *(einer Stimme)* range; *(einer Arbeit, Untersuchung)* scope; **in vollem ~:** fully; completely; **in großem ~:** on a large scale
**um·fạngen** *unr. tr. V. (geh.)* embrace; *(fig.)* ⟨*silence, warmth, etc.*⟩ envelop
**umfänglich** ['ʊmfɛŋlɪç] *Adj.* extensive; ⟨*case, parcel, etc.*⟩ of considerable size; voluminous, extensive ⟨*correspondence*⟩
**ụmfang·reich** *Adj.* extensive; substantial ⟨*book*⟩
**um·fạssen** *tr. V.* **a)** grasp; *(umarmen)* embrace; **jmds. Arme/Taille/Knie ~:** grasp *or* clasp sb. round the arms/waist/knees; **jmdn. umfaßt halten** hold sb. in one's arms *or* in an embrace; **b)** *(enthalten)* contain; *(einschließen)* include; take in; span, cover ⟨*period*⟩; **c)** *(umgeben)* enclose; surround; **d)** *(Milit.: umzingeln)* surround; encircle
**umfạssend 1.** *Adj.* full ⟨*reply, information, survey, confession*⟩; extensive, wide, comprehensive ⟨*knowledge, powers*⟩; broad ⟨*education*⟩; extensive ⟨*preparations, measures*⟩. **2.** *adv.* ⟨*inform*⟩ fully
**Um·fạssung die** enclosure
**Ụm·feld das a)** *(Psych., Soziol.)* milieu; **b)** *s.* **Umgebung a**
**um·flẹchten** *unr. tr. V.* put wicker round; **eine umflochtene Flasche** a wickered bottle; **eine mit Bast umflochtene Flasche** a raffia-covered bottle
**¹ụm|fliegen** *unr. itr. V.; mit sein (salopp)* go flying *(coll.)*
**²um·fliegen** *unr. tr. V.* fly round
**um·fließen** *unr. tr. V.* flow round
**ụm|formen** *tr. V.* **a)** reshape; remodel; recast, revise ⟨*poem, novel*⟩; transform ⟨*person*⟩; **b)** *(Elektrot.)* convert
**Ụm·former der** *(Elektrot.)* converter
**Ụm·formung die a)** *s.* **umformen a:** reshaping; remodelling; recasting; revision; transformation; **b)** *(Elektrot.)* conversion
**Ụm·frage die** survey; *(Politik)* opinion poll; **eine ~ machen** *od.* **veranstalten** carry out a survey/conduct an opinion poll
**um·fried[ig]en** *tr. V. (geh.) s.* **einfried[ig]en**
**Umfried[ig]ung die; ~, ~en** *(geh.) s.* **Einfried[ig]ung**
**ụm|füllen** *tr. V.* **etw. in etw.** *(Akk.)* **~:** transfer sth. into sth.; **der Kaffee muß umgefüllt werden** the coffee has to be put into another container
**ụm|funktionieren** *tr. V.* change the function of; **etw. zu etw. ~:** turn sth. into sth.
**Ụm·gang der a)** *o. Pl. (gesellschaftlicher*

*Verkehr)* contact; dealings *pl.;* **jmd. hat guten/schlechten ~:** sb. keeps good/bad company; **mit jmdm. ~ haben/pflegen** associate with sb.; **mit jmdm. keinen ~ haben** have nothing to do with sb.; **er ist kein ~ für dich!** he is not suitable *or* fit company for you; **b)** *o. Pl. (das Umgehen)* **den ~ mit Pferden lernen** learn how to handle horses; **im ~ mit Kindern erfahren sein** be experienced in dealing with children; **c)** *(bild. Kunst, Archit.)* gallery
**umgänglich** ['ʊmgɛŋlɪç] *Adj. (verträglich)* affable; friendly; *(gesellig)* sociable
**ụmgangs-, Ụmgangs-: ~form die;** *meist Pl.* **gute/schlechte/keine ~formen haben** have good/bad/no manners; **~sprache die** colloquial language; **die englische ~sprache** colloquial English; **~sprachlich 1.** *Adj.* colloquial; **2.** *adv.* colloquially
**um·gạrnen** *tr. V.* beguile
**um·gẹben** *unr. tr. V.* **a)** surround; ⟨*hedge, fence, wall, etc.*⟩ enclose; ⟨*darkness, mist, etc.*⟩ envelop; **b) etw. mit etw. ~:** surround sth. with sth.; *(einfrieden)* enclose sth. with sth.; **sich mit jmdm./etw. ~:** surround oneself with sb./sth.
**Umgẹbung die; ~, ~en a)** surroundings *pl.; (Nachbarschaft)* neighbourhood; *(eines Ortes)* surrounding area; **die nähere/weitere ~ Mannheims** the immediate/broader environs *pl.* of Mannheim; **Wiesbaden und ~:** Wiesbaden and the surrounding area; **b)** *(fig.)* milieu; **jmds. nähere ~:** those *pl.* close to sb.; **das Kind braucht seine vertraute ~:** the child needs familiar faces around it
**Ụm·gegend die** *(ugs.)* surrounding area; **die ~ der Stadt** the area surrounding the town
**¹ụm|gehen** *unr. itr. V.; mit sein* **a)** *(im Umlauf sein)* ⟨*list, rumour, etc.*⟩ go round, circulate; ⟨*illness, infection*⟩ go round; **Angst geht in der Bevölkerung um** fear is spreading in the population; **b)** *(spuken)* **hier geht ein Gespenst um** this place is haunted; **im Schloß geht ein Gespenst um** a ghost haunts this castle; the castle is haunted; **c)** *(behandeln)* **mit jmdm. freundlich/liebevoll** *usw.* **~:** treat sb. kindly/lovingly *etc.;* **mit etw. sorgfältig/nachlässig** *usw.* **~:** treat sth. carefully/carelessly *etc.;* **er versteht es, mit Kindern umzugehen** he knows how to handle children; **er kann mit Geld nicht ~:** he can't handle money; **mit Pinsel und Farbe ~ können** be able to use a brush and paint; **d)** *(verkehren)* **mit jmdm. ~:** associate with sb.; **e) mit dem Plan/Gedanken ~, etw. zu tun** think of doing sth.; **f)** *(bes. nordd.: einen Umweg machen)* make a detour
**²um·gẹhen** *unr. tr. V.* **a)** *(herumgehen, -fahren um)* go round; make a detour round ⟨*obstruction, busy area*⟩; *(auf einer Umgehungsstraße)* bypass ⟨*town, village, etc.*⟩; **b)** *(vermeiden)* avoid; avoid, get round ⟨*problem, difficulty*⟩; evade ⟨*question, issue*⟩; **c)** *(nicht befolgen)* get round, circumvent ⟨*law, restriction, etc.*⟩; evade ⟨*obligation, duty*⟩
**ụmgehend 1.** *Adj.; nicht präd.* immediate. **2.** *adv.* immediately
**Umgẹhung die; ~, ~en a) durch ~ der Innenstadt** by bypassing *or* avoiding the town centre; **b)** *s.* **²umgehen c:** circumvention; evasion; **das ließe sich nur unter ~ der Bestimmung durchführen** that could only be done by circumventing the regulations; **c)** *s.* **Umgehungsstraße**
**Umgẹhungs·straße die** the bypass
**ụmgekehrt 1.** *Adj.* inverse ⟨*ratio, proportion*⟩; reverse ⟨*order*⟩; opposite ⟨*sign*⟩; **es verhält sich** *od.* **ist genau ~:** the very opposite *or* reverse is true *or* the case. **2.** *adv.* inversely ⟨*proportional*⟩; **vom Englischen ins Deutsche und ~ übersetzen** translate from English into German and vice versa; **~ wirst du kaum erwarten können, daß ...:** conversely you can hardly expect that ...
**ụm|gestalten** *tr. V.* reshape; remodel; redesign ⟨*square, park, room, etc.*⟩; rework ⟨*text, music, etc.*⟩; *(reorganisieren)* reorganize; *(verändern)* change; **der Garten wurde zu einem Park umgestaltet** the garden was turned into a park
**ụm|gießen** *unr. tr. V.* **a) etw. ~:** pour sth. into another container/into bottles *etc.;* **etw. in etw.** *(Akk.)* **~:** pour sth. into sth.; **b)** *(in eine andere Form gießen)* recast
**um·glạ̈nzen** *tr. V. (dichter.)* **etw. ~:** bathe sth. in light
**ụm|graben** *unr. tr. V.* dig over
**um·grẹnzen** *tr. V.* ⟨*wall, fence, etc.*⟩ surround, enclose; *(fig.)* define; delimit
**Umgrẹnzung die; ~, ~en a)** *s.* **umgrenzen:** surrounding; enclosing; *(fig.)* definition; delimitation; **b)** *(Grenzlinie)* boundary
**ụm|gruppieren** *tr. V.* rearrange
**Ụm·gruppierung die** rearrangement
**ụm|gucken** *refl. V. (ugs.) s.* **umsehen**
**ụm|gürten** *tr. V. (veralt.)* put on ⟨*belt*⟩; [**sich** *(Dat.)*] **das Schwert ~:** gird on one's sword
**ụm|haben** *unr. tr. V.* **etw. ~:** have sth. on
**um·hạlsen** *tr. V.* embrace; **sie umhalsten sich** they embraced
**Ụm·hang der** cape
**ụm|hängen** *tr. V.* **a) etw. ~:** hang sth. somewhere else; **die Bilder müssen umgehängt werden** the pictures must be changed around; **b) jmdm./sich einen Mantel/eine Decke ~:** drape a coat/blanket round sb.'s/one's shoulders; **sich** *(Dat.)* **ein Gewehr ~:** sling a rifle from one's shoulder; **sich** *(Dat.)* **einen Fotoapparat ~:** hang *or* sling a camera round one's neck; **jmdm. eine Medaille ~:** hang a medal round sb.'s neck
**Ụmhänge·tasche die** the shoulder-bag
**ụm|hauen** *unr. tr. V.* **a)** *(fällen)* fell; **b)** *(ugs.: niederwerfen)* knock down; floor; **diese Hitze haut einen glatt um** *(salopp)* this heat is enough to knock you over *(coll.);* **schon ein Bier haut mich um** *(salopp)* just one beer's enough to put me under the table *(coll.);* **es hat mich fast umgehauen, als ich davon hörte** *(salopp)* I was flabbergasted when I heard
**um·hẹgen** *tr. V. (geh.)* care lovingly for; **sie umhegt die Kinder mit mütterlicher Liebe** she looks after the children with maternal love
**um·hẹr** *Adv.* around; **weit ~:** all around
**umhẹr-:** *s.* **herum-**
**umhịn|können** *unr. itr. V.* **sie konnte nicht/kaum umhin, das zu tun** she had no/scarcely had any choice but to do it; *(einem inneren Zwang folgend)* she couldn't help/could scarcely help but do it
**ụm|hören** *refl. V.* keep one's ears open; *(direkt fragen)* ask around; **ich werde mich danach bei** *od.* **unter meinen Kollegen ~:** I'll ask around my workmates *(Brit.) or (esp. Amer.)* fellow workers
**um·hụ̈llen** *tr. V.* wrap; *(fig.)* ⟨*mist, fog, etc.*⟩ shroud; **jmdn./etw. mit etw. ~:** wrap sb./sth. in sth.
**um·jụbeln** *tr. V.* cheer
**um·kạ̈mpfen** *tr. V.* fight over ⟨*position, village, etc.*⟩; contest ⟨*victory*⟩; **ein heiß umkämpfter Sieg** a hotly contested victory
**Umkehr** ['ʊmke:ɐ̯] **die;** ~ *(auch fig.)* turning back; **zur ~ gezwungen werden** be forced to turn back
**ụmkehr·bar** *Adj.* reversible
**ụm|kehren 1.** *itr. V.; mit sein* turn back; *(fig. geh.: sich wandeln)* change one's ways; **auf halbem Wege ~** *(fig.)* stop half-way. **2.** *tr. V.* **a)** turn upside down; turn over ⟨*sheet of paper*⟩; *(nach links drehen)* turn ⟨*garment etc.*⟩ inside out; *(nach rechts drehen)* turn ⟨*garment etc.*⟩ right side out; **das ganze Haus [nach etw.] ~** *(fig.)* turn the whole house upside down [looking for sth.]; **b)** *(ins Gegenteil verkehren)* reverse; invert ⟨*ratio, proportion*⟩; **c)** *(Musik)* invert; **d)** *(Logik)* convert ⟨*proposition*⟩. **3.** *refl. V.* be reversed; **der Magen kehrte sich ihm um** *(fig.)* his stomach turned over
**Ụmkehr·film der** *(Fot.)* reversal film
**Ụmkehrung die a)** reversal; **b)** *(Musik)* inversion; **c)** *(Logik)* conversion
**ụm|kippen 1.** *itr. V.; mit sein* **a)** fall over; ⟨*boat*⟩ capsize, turn over; ⟨*vehicle*⟩ overturn; **b)** *(ugs.: ohnmächtig werden)* keel over; **c)** *(ugs. abwertend) s.* **umfallen c; d)** *(ugs.: umschlagen)* ⟨*wine*⟩ go off; **e)** *(Ökologie)* ⟨*river, lake*⟩ reach the stage of biological collapse; **f)** *(ugs.: ins Gegenteil umschlagen)* ⟨*mood*⟩ turn; ⟨*voice*⟩ crack. **2.** *tr. V.* tip over; knock over ⟨*lamp, vase, glass, cup*⟩; capsize ⟨*boat*⟩; turn ⟨*boat*⟩ over; overturn ⟨*vehicle*⟩
**um·klạmmern** *tr. V.* clutch; clasp; **seine Hände umklammerten den Griff** his hands gripped *or* clasped the handle; **die Ringer/Boxer ~ sich** the wrestlers are locked together/the boxers are in a clinch; **etw./jmdn. fest umklammert halten** keep a firm grip on sth./clutch sb. tightly
**Umklạmmerung die; ~, ~en** clutch; clasp; *(mit den Händen)* clutch; grip; clasp; *(Umarmung)* firm embrace; *(Boxing)* clinch
**ụm·klappbar** *Adj.* fold-down ⟨*seat*⟩; **~ sein** fold down
**ụm|klappen 1.** *tr. V.* fold down. **2.** *itr. V.; mit sein (ugs.: ohnmächtig werden)* keel over
**Ụmkleide·kabine die** changing-cubicle
**¹ụm|kleiden** *(geh.)* **1.** *refl. V.* change; change one's clothes. **2.** *tr. V.* **jmdn. ~:** change sb.; change sb.'s clothes
**²um·kleiden** *tr. V.* cover
**Ụmkleide·raum der** changing-room *(Brit.); (im Theater)* green-room
**ụm|knicken 1.** *itr. V.; mit sein* **a) [mit dem Fuß] ~:** go over on one's ankle; **b)** ⟨*tree, stalk, blade of grass, etc.*⟩ bend; ⟨*branch*⟩ bend and snap; **umgeknickte Äste/Halme** snapped branches/bent straws. **2.** *tr. V.* **a)** *(falten)* fold ⟨*page, sheet of paper*⟩ over; **b)** *(abknicken)* bend over; break ⟨*flower, stalk*⟩
**ụm|kommen** *unr. itr. V.; mit sein* **a)** die; *(bei einem Unglück, durch Gewalt)* get killed; die; **ich komme um vor Hitze** *(fig. ugs.)* I'm dying in this heat *(coll.);* **ich komme um vor Hunger/Durst** *(fig. ugs.)* I'm dying of hunger/thirst *(coll.);* **vor Langeweile ~** *(fig. ugs.)* be bored to death *(coll.);* die of boredom *(coll.);* **b)** *(ungenießbar werden)* ⟨*food*⟩ go off
**umkrạ̈nzen** [ʊm'krɛntsn̩] *tr. V.* garland; *(fig.: umgeben)* encircle
**Ụm·kreis der a)** *o. Pl.* surrounding area; **im ~ von 5 km** within a radius of 5 km.; **der ~ der Stadt** the city's environs *pl. or* immediate surroundings *pl.;* **im [näheren] ~ der Stadt** in the [immediate] vicinity of the town; **aus dem ~ des Vorsitzenden hört man, ...** *(fig.)* one learns from those close to the chairman ...; **b)** *(Geom.)* circumcircle
**um·kreisen** *tr. V.* circle; ⟨*spacecraft, satellite*⟩ orbit; ⟨*planet*⟩ revolve [a]round; **seine Gedanken umkreisten das Thema** *(fig.)* he kept turning the matter over in his mind
**ụm|krempeln** *tr. V.* **a)** *(aufkrempeln)* turn up ⟨*cuff*⟩; roll up ⟨*sleeve, trouser-leg*⟩; **b) das ganze Haus [nach etw.] ~** *(ugs.)* turn the whole house upside down [looking for sth.]; **c)** *(ugs.: von Grund auf ändern)* **etw. ~:** give sth. a shake-up; **jmdn. ~:** [completely] change sb.
**ụm|laden** *unr. tr. V.* transfer ⟨*goods etc.*⟩
**Ụm·lage die: ~[n]** share of the cost[s]; *(bei einer Wohnung)* share of the bill[s]; **die ~ beträgt 30 Mark pro Person** the cost is 30 marks per person
**um·lạgern** *tr. V.* besiege
**Ụm·land das;** *o. Pl.* surrounding area; **das ~ von Köln** the area around Cologne

**ụm|lassen** *unr. tr. V. (ugs.)* leave ⟨*garment, watch, etc.*⟩ on

**Ụm·lauf der a)** rotation; **ein ~ [der Erde um die Sonne] dauert ein Jahr** one revolution [of the earth around the sun] takes a year; **b)** *o. Pl. (Zirkulation)* circulation; **in** *od.* **im ~ sein** ⟨*magazine, report, etc.*⟩ be circulating; ⟨*coin, banknote*⟩ be in circulation; **in ~ bringen** *od.* **setzen** circulate ⟨*report, magazine, etc.*⟩; circulate, put about, start ⟨*rumour*⟩; bring ⟨*coin, banknote*⟩ into circulation; **c)** *(Rundschreiben)* circular

**Ụmlauf·bahn die** *(Astron., Raumf.)* orbit; **etw. in eine ~ bringen** put sth. into orbit

**¹ụm|laufen 1.** *unr. tr. V.* knock over. **2.** *unr. itr. V.; mit sein* **a)** *(rotieren)* rotate; revolve; ⟨*planet, satellite, etc.*⟩ orbit; **b) ~d** *(ringsherum verlaufend)* surrounding; **c)** *(kursieren, zirkulieren)* circulate

**²um·laufen** *unr. tr. V.* run around; ⟨*planet, satellite, etc.*⟩ orbit

**Ụm·laut der** *(Sprachw.)* umlaut

**ụm|lauten** *tr. V. (Sprachw.)* **ein umgelautetes a** an a umlaut; **das „a" wird hier umgelautet** the 'a' takes an umlaut in this case

**ụm|legen** *tr. V.* **a)** *(um einen Körperteil)* put on; **jmdm. etw. ~:** put sth. on sb.; **sich** *(Dat.)* **etw. ~:** put sth. on; **jmdm. eine Stola/Decke ~:** put a stole round sb.'s shoulders/put a blanket round sb.; **b)** *(auf den Boden, die Seite legen)* lay down; flatten ⟨*corn, stalks, etc.*⟩; *(fällen)* fell; **c)** *(umklappen)* fold down; turn down ⟨*collar*⟩; turn up ⟨*cuff*⟩; throw ⟨*lever*⟩; turn over ⟨*calendar-page*⟩; **d)** *(ugs.: zu Boden werfen)* floor, knock down ⟨*person*⟩; **e)** *(salopp: ermorden)* **jmdn. ~:** do sb. in *(sl.)*; bump sb. off *(sl.)*; **f)** *(verlegen)* transfer ⟨*patient, telephone call*⟩; **den Termin ~:** change the date **(auf +** *Akk.* to); **g)** *(anteilmäßig verteilen)* split, share ⟨*costs*⟩ **(auf +** *Akk.* between); **h)** *(derb: koitieren mit)* lay *(sl.)*

**ụm|leiten** divert; re-route; divert ⟨*river, stream*⟩

**Ụm·leitung die** diversion; re-routing; **die ~ fahren** take the diversion

**ụm|lernen** *itr. V.* **a)** *(beruflich)* retrain; **auf Feinmechaniker ~:** retrain as a precision engineer; **b)** *(seine Anschauungen ändern)* learn to think differently

**ụmliegend** *Adj.* surrounding ⟨*area, district*⟩; *(nahe)* nearby ⟨*building*⟩

**Ụm·luft die;** *o. Pl. (Technik)* recirculated air

**um·mauern** *tr. V.* surround with a wall; **ummauert** walled ⟨*garden, town*⟩

**ụm|melden** *tr. V.* **sich ~:** report a change of address; **ein Auto ~:** inform the authorities of a change of ownership of a car/*(am neuen Wohnort)* of the new address of a car's owner

**ụm|modeln** *tr. V. (ugs.)* change ⟨*house, flat*⟩ round; refashion, alter ⟨*jacket etc.*⟩

**ụm|münzen** *tr. V.* **etw. in etw.** *(Akk.)* **~:** convert sth. into sth.; **eine Niederlage in einen Sieg ~** *(fig.: umdeuten)* make a defeat out to be victory

**um·nạchtet** *Adj. (geh.)* **[geistig] ~ sein** be [mentally] deranged

**Umnạchtung die; ~, ~en** *(geh.)* derangement; **im Zustand der ~, in geistiger ~:** in a state of mental derangement *or* insanity

**um·nebeln** *tr. V. (fig.)* cloud ⟨*senses, glance*⟩; befog ⟨*thoughts*⟩; **leicht umnebelt** slightly befuddled

**ụm|organisieren** *tr. V.* reorganize

**ụm|packen 1.** *itr. V.* repack. **2.** *tr. V.* repack; **seine Sachen aus der Reisetasche in einen Koffer ~:** take one's things out of the holdall and pack them into a suitcase

**ụm|pflanzen** *tr. V.* transplant

**ụm|pflügen** *tr. V.* plough up

**ụm|polen** *tr. V. (Elektrot.)* reverse the polarity/connections of; *(fig. ugs.: umwandeln)* convert ⟨*homosexual*⟩

**ụm|quartieren** *tr. V.* re-accommodate ⟨*person*⟩ **(in +** *Akk.* in); re-quarter, re-billet ⟨*troops*⟩ **(in +** *Akk.* in); move ⟨*patient*⟩

**um|rạhmen** *tr. V.* frame ⟨*face etc.*⟩; **eine Feier mit Musik** *od.* **musikalisch ~** *(fig.)* begin and end a ceremony with music; give a ceremony a musical framework

**Um|rạhmung die; ~, ~en a)** *(das Umrahmen)* bordering; **musikalische ~** *(fig.)* musical framework; music before and after; **b)** *(Umrahmendes)* border; *(fig.)* setting

**um·rạnden** *tr. V.* ring ⟨*letter, error, etc.*⟩; border ⟨*handkerchief, flower-bed, etc.*⟩

**umrändert** [ʊmˈrɛndɐt] *Adj.* **schwarz ~:** with a black border; **rot ~e Augen** red-rimmed eyes

**Umrạndung die; ~, ~en a)** bordering; **b)** *(Umrandendes)* border; surround

**ụm|räumen 1.** *tr. V.* rearrange. **2.** *itr. V.* rearrange things

**ụm|rechnen** *tr. V.* convert **(in +** *Akk.* into); **Waren im Wert von umgerechnet 300 Mark** goods worth the equivalent of 300 marks

**Ụm·rechnung die** conversion **(in +** *Akk.* into)

**Ụmrechnungs·kurs der** exchange rate

**¹ụm|reißen** *unr. tr. V.* pull ⟨*mast, tree*⟩ down; knock ⟨*person*⟩ down; ⟨*wind*⟩ tear ⟨*tent etc.*⟩ down

**²um·reißen** *unr. tr. V.* outline; summarize ⟨*subject, problem, situation*⟩; **fest** *od.* **klar** *od.* **scharf umrissen** clearly defined ⟨*programme*⟩; clear-cut ⟨*ideas, views*⟩

**ụm|rennen** *unr. tr. V.* [run into and] knock down

**um·rịngen** *tr. V.* surround; *(in großer Zahl)* crowd round

**Ụm·riß der** *(auch fig.)* outline; **in Umrissen** in outline

**ụm|rühren** *tr. (auch itr.) V.* stir; **unter ständigem Umrühren** [while] stirring constantly

**um·rụnden** *tr. V.* go round ⟨*lake, town*⟩; *(Raumf.)* orbit; *(Seew.)* round ⟨*cape*⟩

**ụm|rüsten 1.** *tr. V.* **a)** *(Technik)* convert **(auf +** *Akk.* **to, zu** into); **b)** *(Milit.)* **eine Armee [auf Atomwaffen] ~:** re-equip an army [with nuclear weapons]. **2.** *itr. V.* re-equip; **auf etw.** *(Akk.)* **~:** change over to sth.

**ums** [ʊms] *Präp. + Art.* **a) = um das; b) ~ Leben kommen** lose one's life; **ein Jahr ~ andere** *(geh.)* one year after another; year after year

**ụm|satteln** *itr. V. (ugs.)* change jobs; ⟨*student*⟩ change courses; **[von etw.] auf etw.** *(Akk.)* **~:** switch [from sth.] to sth.

**Ụm·satz der** turnover; *(Verkauf)* sales *pl.* **(an +** *Dat.* of); **~ machen** *(ugs.)* make money; **1000 Mark ~ machen** turn over 1,000 marks

**Ụmsatz-: ~beteiligung die** share of the turnover; *(eines Verkäufers)* commission; **~steuer die** turnover *or (Amer.)* sales tax

**¹ụm|säumen** *tr. V.* hem

**²um·säumen** *tr. V. (fig.)* surround

**ụm|schalten 1.** *tr. V. (auch fig.)* switch [over] **(auf +** *Akk.* to); move ⟨*lever*⟩. **2.** *itr. V.* **a)** *(auch fig.)* switch *or* change over **(auf +** *Akk.* to); **in den zweiten Gang ~:** change into second gear; **wir schalten jetzt ins Stadion um** now we're going over to the stadium; **b)** *(umgeschaltet werden)* **die Ampel schaltet [auf Grün] um** the traffic lights are changing [to green]

**Ụmschalt·hebel der** [change-over] lever

**Ụm·schau die: [nach jmdm./etw.] ~ halten** look round *or* out [for sb./sth.]; **„Politische ~"** 'Political Review'

**ụm|schauen** *refl. V. (bes. südd., österr., schweiz.) s.* **umsehen**

**ụm|schichten 1.** *tr. V.* **a)** restack; **b)** *(Wirtsch.)* restructure ⟨*investments*⟩; reinvest ⟨*capital*⟩. **2.** *refl. V. (Soziol.)* be restructured

**ụm·schichtig 1.** *Adv.* ⟨*work*⟩ in shifts; **wir müssen ~ essen gehen** we have to eat on a rota basis. **2.** *adj.* shift *attrib.* ⟨*work*⟩; ⟨*work*⟩ in shifts; ⟨*lunch-break*⟩ taken on a rota basis

**Ụm·schichtung die** *s.* **umschichten 1, 2:** restacking; *(Wirtsch.)* restructuring; reinvestment; *(Soziol.)* restructuring

**um·schịffen** *tr. V.* round ⟨*headland, cape*⟩; steer clear of ⟨*rocks, fig.: obstacle*⟩

**Ụm·schlag der a)** cover; **b)** *(Brief~)* envelope; **c)** *(Schutz~)* jacket; *(einer Broschüre, eines Heftes)* cover; **d)** *(Med.: Wickel)* compress; *(warm)* poultice; **e)** *(Hosen~)* turn-up; *(Ärmel~)* cuff; **f)** *(Veränderung)* [sudden] change *(Gen.* in); **g)** *(Wirtsch.: Güter~)* transfer; trans-shipment

**Ụmschlag·bahnhof der** transfer station

**ụm|schlagen 1.** *unr. tr. V.* **a)** *(umklappen)* turn up ⟨*sleeve, collar, trousers*⟩; turn over ⟨*page*⟩; **b)** *(umladen, verladen)* turn round, trans-ship ⟨*goods*⟩. **2.** *unr. itr. V.; mit sein* ⟨*weather, mood*⟩ change **(in +** *Akk.* into); ⟨*wind*⟩ veer [round]; ⟨*voice*⟩ break; ⟨*wine*⟩ go off; **ins Gegenteil ~:** change completely; become the opposite

**Ụmschlage·tuch das;** *Pl.* **~tücher** shawl

**Ụmschlag-: ~hafen der** port of trans-shipment; **~platz der** trans-shipment centre; **~tuch das** *s.* **Umschlagetuch**

**um·schließen** *unr. tr. V.* **a)** ⟨*river, wall*⟩ surround; ⟨*shell, husk, etc.*⟩ enclose; ⟨*hand, fingers, tentacles*⟩ clasp, hold; **er umschloß sie mit beiden Armen** he put both arms around her; **b)** *(einschließen, umzingeln)* surround, encircle ⟨*position, enemy*⟩; **c)** *(zum Inhalt haben)* embrace

**um·schlịngen** *unr. tr. V.* **a) jmdn./etw. [mit den Armen] ~:** put one's arms around sb./sth.; embrace sb./sth.; **sich umschlungen halten** hold one another in an embrace; **eng umschlungen** in a tight embrace *postpos.*; **b)** *(sich schlingen um)* twine [itself] round

**Umschlịngung die; ~, ~en** embrace; *(einer Boa o. ä.)* grip

**Ụm·schluß der** *(Rechtsw.)* limited freedom of association *(for prisoners awaiting trial)*

**um·schmeicheln** *tr. V.* heap flattery on; *(fig.)* caress ⟨*part of body*⟩

**ụm|schmeißen** *unr. tr. V. (ugs.) s.* **umwerfen a, b**

**ụm|schnallen** *tr. V.* **[sich** *(Dat.)***] ~:** buckle on ⟨*belt, sword*⟩; **jmdm./einem Tier etw. ~:** buckle *or* strap sth. on to sb./an animal

**¹ụm|schreiben** *unr. tr. V.* **a)** rewrite; **b)** *(übertragen)* transfer ⟨*money, property*⟩ **(auf +** *Akk.* to); **c)** *(transkribieren)* transcribe

**²um·schreiben** *unr. tr. V.* **a)** *(in Worte fassen)* describe; *(definieren)* define ⟨*meaning, sb.'s task, etc.*⟩; *(paraphrasieren)* paraphrase ⟨*word, expression*⟩; **b)** *(Sprachw.)* construct **(mit** with); **das Perfekt wird mit „sein" umschrieben** the perfect is conjugated with 'sein'; **c)** *(mit einer Linie umgeben)* outline; *(andeuten)* indicate; **umschrieben** *(Med.)* localized ⟨*eczema etc.*⟩

**Um·schreibung die a)** description; *(Definition)* definition; *(Verhüllung)* circumlocution *(Gen.* for); **b)** *s.* **²umschreiben b:** construction; conjugation

**Ụm·schrift die a)** *(Sprachw.)* transcription; **b)** *(bes. Münzk.)* circumscription

**ụm|schulden** *tr. (auch itr.) V. (Finanzw.)* convert ⟨*loan*⟩; *(mit längerer Laufzeit)* reschedule ⟨*loan, debt*⟩

**Ụmschuldung die; ~, ~en** *(Finanzw.)* loan conversion; *(mit längerer Laufzeit)* extension of credit; rescheduling [of a/the loan/loans]

**ụm|schulen 1.** *tr. V.* **a) ein Kind [auf eine andere Schule] ~:** transfer a child [to another school]; **b)** *(beruflich)* retrain; **jmdn. auf** *od.* **zum Monteur ~:** retrain sb. as a fitter. **2.** *itr. V.* retrain **(auf +** *Akk.* as)

**Ụmschulung die a)** transfer [to another school]; **b)** *(beruflich)* retraining *no pl.* **(auf +** *Akk.* as)

**um|schütten** *tr. V.* **a)** pour [into another container]; decant ⟨*liquid*⟩; **b)** *(verschütten)* spill

**um·schwärmen** *tr. V.* **a)** swarm around; **von Moskitos umschwärmt werden** be besieged by mosquitoes; **b)** *(fig.)* flock around; **sie war sehr** *od.* **von vielen umschwärmt** she had many admirers

**Um·schweif der** circumlocution; **ohne ~e** without beating about the bush; **mach keine [langen] ~e!** get on with it!

**um|schwenken** *itr. V.; mit sein* **a)** ⟨*person, column*⟩ swing round; ⟨*wind*⟩ veer [round]; **b)** *(fig.)* do an about-face

**um·schwirren** *tr. V.* buzz around

**Um·schwung der a)** complete change; *(in der Politik usw.)* U-turn; volte-face; **b)** *(Turnen)* circle

**um·segeln** *tr. V.* sail round ⟨*world, island, etc.*⟩; circumnavigate ⟨*world*⟩; *(fig.)* negotiate ⟨*obstacle etc.*⟩

**um|sehen** *unr. refl. V.* **a)** look; **sich im Zimmer ~:** look [a]round the room; **sehen Sie sich ruhig um** *(im Geschäft usw.)* by all means have a look round; **du wirst dich noch ~!** *(ugs.)* you're in for a [nasty] shock; **sich nach etw. ~** *(fig.)* be looking *or* on the look-out for sth.; **b)** *(zurücksehen)* look round *or* back; **eine Frau, nach der sich alle Männer ~:** a woman who makes every man turn his head

**um|sein** *unr. itr. V. (Zusschr. nur im Inf. u. Part.) (ugs.)* ⟨*time*⟩ be up

**umseitig 1.** *Adj.* ⟨*text, illustration, etc.*⟩ overleaf. **2.** *adv.* overleaf

**umsetz·bar** *Adj. (fig.: umwandelbar)* convertible (**in** + *Akk.* into); **der Vorschlag ist kaum in die Praxis ~:** the suggestion can scarcely be translated into practice

**um|setzen 1.** *tr. V.* **a)** move; *(auf anderen Sitzplatz)* move to another seat/other seats; *(im Restaurant)* move to another table; *(auf anderen Posten, Arbeitsplatz usw.)* move, transfer (**in** + *Akk.* to); *(in andere Wohnung)* rehouse (**in** + *Akk.* in); *(umpflanzen)* transplant ⟨*bush etc.*⟩; *(in anderen Topf)* repot ⟨*plant*⟩; **b)** *(verwirklichen)* implement ⟨*plan*⟩; translate ⟨*plan, intention, etc.*⟩ into action *or* reality; realize ⟨*ideas*⟩; **Erlebnisse in Literatur ~:** give experiences literary form; *s. auch* **Praxis a; Tat a; c)** *(in Waren, Geld usw.)* spend, dispose of ⟨*money*⟩; **etw. in Geld/Bares ~:** turn sth. into money/cash; **Geld in Schnaps/Geschenke ~:** spend money on schnapps/presents; **d)** *(Wirtsch.)* turn over, have a turnover of ⟨*x marks etc.*⟩; sell ⟨*shares, goods*⟩. **2.** *refl. V.* **a)** *(den Sitzplatz wechseln)* move to another seat/other seats; change seats; *(den Tisch wechseln)* move to another table; change tables; **b)** *(sich verwandeln)* transform itself, *(Physik)* be converted (**in** + *Akk.* into)

**Umsetzung die; ~, ~en a)** *(auf einen anderen Posten)* transfer (**in** + *Akk.* to); *(in eine andere Wohnung)* rehousing (**in** + *Akk.* in); *(Umpflanzung)* transplant[ing]; *(in einen anderen Topf)* repotting; **durch die ~ des Schülers** by moving the pupil [to another seat/desk]; **b)** *(Verwirklichung)* realization; *(eines Plans)* implementation; *(Umformung)* transformation (**in** + *Akk.* into); *(bes. Technik, Physik)* conversion (**in** + *Akk.* into); **chemische ~en** chemical changes; **c)** *(Wirtsch.: Verkauf)* turnover; sale

**Um·sicht die;** *o. Pl.* circumspection; prudence

**um·sichtig 1.** *Adj.* circumspect; prudent. **2.** *adv.* circumspectly; prudently

**um|siedeln 1.** *tr. V.* resettle; **nach X umgesiedelt werden** be moved to X. **2.** *itr. V.; mit sein* move (**in** + *Akk.*, **nach** to); **in ein anderes Land ~:** settle in another country; emigrate

**Um·siedler der** resettled person; *(freiwillig)* resettler

**Um·siedlung die** resettlement; **seit meiner ~ aus der DDR in den Westen** since I moved to the West from the GDR

**um|sinken** *unr. itr. V.; mit sein* sink *or* fall to the ground

**um·sonst** *Adv.* **a)** *(unentgeltlich)* free; for nothing; **für ~** *(ugs.)* free, gratis, and for nothing *(joc.)*; **~ sein** *(ugs.)* be free [of charge]; not cost anything; **das hast du nicht ~ getan!** *(ugs.)* you'll pay for that!; **b)** *(vergebens)* in vain; **c) nicht ~ hat er davor gewarnt** not for nothing did he warn of that

**um·sorgen** *tr. V.* care for; look after

**um·spannen** *tr. V.* **a)** clasp ⟨*hand, wrist, ankle, etc.*⟩; put one's hands round ⟨*neck etc.*⟩; **b)** *(fig.: einschieben)* encompass ⟨*subjects, period*⟩; **alles ~d** all-embracing

**Umspann·werk das** *(Elektrot.)* transformer station

**um·spielen** *tr. V.* **a)** ⟨*smile, light*⟩ play about; ⟨*waves*⟩ lap about *or* around; ⟨*skirt etc.*⟩ swirl about *or* around; **b)** *(Ballspiele)* go round ⟨*defender*⟩

**um|springen** *unr. itr. V.; mit sein* **a)** ⟨*wind*⟩ veer round (**auf** + *Akk.* to); ⟨*traffic-light, fig.: mood*⟩ change; **b)** *(ugs. abwertend)* **mit jmdm. grob/übel** *usw.* **~:** treat sb. roughly/badly *etc.*

**um|spulen** *tr. V.* rewind ⟨*tape, film*⟩

**um·spülen** *tr. V.* wash round; **ein von den Wellen umspültes Riff** a reef washed by the waves

**Um·stand der a)** *(Gegebenheit)* circumstance; *(Tatsache)* fact; **die näheren Umstände** the particular circumstances; *(Einzelheiten)* the details; **ein glücklicher ~:** a lucky *or* happy chance; **den Umständen entsprechend** as one would expect [in *or* under the circumstances]; **den Umständen entsprechend gut** *(ugs.)* as well as can be expected [given the circumstances]; **das kommt unter gar keinen Umständen in Frage** there is no question of that under any circumstances; **unter allen Umständen** whatever happens; **unter Umständen** possibly; **in anderen Umständen sein** *(ugs.)* be expecting; be in the family way *(coll.)*; **b)** *(Aufwand)* business; hassle *(coll.)*; **macht keine [großen] Umstände** please don't go to any bother *or* trouble; **das macht gar keine Umstände** it's no bother *or* trouble at all

**umstände·halber** *Adv.* owing to circumstances; „**~ zu verkaufen**" 'forced to sell'; 'genuine reason for sale'

**umständlich** [ˈʊmʃtɛntlɪç] **1.** *Adj.* involved, elaborate ⟨*procedure, method, description, explanation, etc.*⟩; elaborate, laborious ⟨*preparation, check, etc.*⟩; awkward, difficult ⟨*journey, job*⟩; *(kompliziert)* involved; complicated; *(weitschweifig)* long-winded; *(Umstände machend)* awkward, *(coll.)* pernickety ⟨*person*⟩; **das ist mir zu ~:** that is too much trouble *or (coll.)* hassle [for me]; **es ist etwas ~, mit dem Auto dorthin zu kommen** getting there by car is rather awkward *or* rather a business. **2.** *adv.* in an involved *or* roundabout way; *(weitschweifig)* ⟨*explain etc.*⟩ at great length *or* in a long-winded way; **sie drückt sich manchmal etwas ~ aus** she is sometimes rather long-winded; **er verabschiedete/entschuldigte sich ~:** he made a meal of saying 'goodbye'/'sorry'; **warum einfach, wenn's auch ~ geht?** *(iron.)* why do things the easy way if you can make them difficult? *(iron.)*

**Umstands-: ~an·gabe, ~bestimmung die** *(Sprachw.)* adverbial qualification; **~ergänzung die** *(Sprachw.)* adverbial complement; **~für·wort das** *(Sprachw.)* pronominal adverb; **~kleid das** maternity dress; **~kleidung die** maternity wear; **~krämer der** *(ugs. abwertend)* fuss-pot *(coll.)*; **~moden** *Pl.* maternity styles; **~satz der** *(Sprachw.)* adverbial clause; **~wort das** *(Sprachw.)* adverb

**um·stehen** *unr. tr. V.* stand round; surround

**umstehend 1.** *Adj.; nicht präd.* **a)** standing round *postpos.*; **die ~en Personen, die Umstehenden** the bystanders; **b)** *(umseitig)* overleaf *postpos.* **2.** *adv.* overleaf

**um|steigen** *unr. itr. V.* **a)** change (**in** + *Akk.* [on] to); **nach Frankfurt ~:** change for Frankfurt; **b)** *(fig. ugs.)* change over, switch (**auf** + *Akk.* to)

**[1]um|stellen 1.** *tr. V.* **a)** *(anders stellen)* rearrange, change round ⟨*furniture, books, etc.*⟩; reorder ⟨*words etc.*⟩; transpose ⟨*two words*⟩; reshuffle ⟨*team*⟩; **b)** *(anders einstellen)* reset ⟨*lever, switch, points, clock*⟩; **c)** *(ändern)* change *or* switch over (**auf** + *Akk.* to). **2.** *refl. V.* adjust (**auf** + *Akk.* to); **er hat sich auf Rohkost umgestellt** he has changed his diet to raw fruit and vegetables. **3.** *itr. V.* switch over (**auf** + *Akk.* to)

**[2]um·stellen** *tr. V.* surround

**Um·stellung die** *s.* **[1]umstellen 1, 2: a)** rearrangement; reordering; transposition; redeployment; reshuffle; **b)** resetting; **c)** change-over, switch (**auf** + *Akk.* to); **d)** *(das Sichumstellen)* change; [re-]adjustment

**um|stimmen** *tr. V. (fig.: zu einer anderen Haltung bewegen)* win ⟨*person*⟩ round; **er ließ sich nicht ~:** he was not to be persuaded; he refused to change his mind

**um|stoßen** *unr. tr. V.* **a)** knock over; **b)** *(rückgängig machen)* reverse ⟨*judgement, decision*⟩; change ⟨*plan, decision*⟩; **c)** *(zunichte machen)* upset, wreck ⟨*plan, theory*⟩

**umstritten** *Adj.* disputed; controversial ⟨*bill, book, author, proposal, policy, etc.*⟩

**um|strukturieren** *tr. V.* restructure

**um|stülpen** *tr. V.* **a)** turn inside out; *(umkrempeln)* turn *or* roll up ⟨*trousers, sleeves, etc.*⟩; **b)** *(auskippen)* turn out, empty ⟨*purse, bag, etc.*⟩; **c)** *(umdrehen)* turn upside down; *(fig.)* turn on its head

**Um·sturz der** coup

**um|stürzen 1.** *tr. V.* overturn; knock over; *(fig.)* topple, overthrow ⟨*political system, government*⟩. **2.** *itr. V.* overturn; ⟨*wall, building, chimney*⟩ fall down

**Umstürzler** [ˈʊmʃtʏrtslɐ] **der; ~s, ~** *(abwertend)* subversive agent

**umstürzlerisch** *(abwertend)* **1.** *Adj.* subversive. **2.** *adv.* **sich ~ betätigen** engage in subversive activities

**Umsturz·versuch der** attempted coup

**um|taufen** *tr. V.* **jmdn./***(ugs.)* **etw. ~:** rename sb./sth.; change sb.'s name/the name of sth. (**auf** + *Akk.* to)

**Um·tausch der** exchange; **beim ~:** when exchanging goods/changing money; **reduzierte Ware ist vom ~ ausgeschlossen** sale goods cannot be exchanged

**um|tauschen** *tr. V.* exchange ⟨*goods, article*⟩ (**gegen** for); change ⟨*dollars, pounds, etc.*⟩ (**in** + *Akk.* into)

**um|topfen** *tr. V.* repot ⟨*plant*⟩

**um·tosen** *tr. V. (geh.)* surge around; **von etw. umtost** buffeted by sth.

**Um|triebe** *Pl. (abwertend)* [subversive] intrigues; subversion *sing.*

**Um·trunk der** communal drink

**um|tun** *unr. refl. V. (ugs.)* look [a]round; **sich nach etw. ~:** be on the look-out *or* looking for sth.

**U-Musik die;** *o. Pl.* light music

**um|verteilen** *tr. V.* redistribute

**Um·verteilung die** redistribution

**um|wälzen** *tr. V.* **a)** roll over; **~d** *(fig.)* revolutionary ⟨*ideas, effect*⟩; epoch-making ⟨*events*⟩; **b)** *(zirkulieren lassen)* circulate ⟨*water, air*⟩

**Umwälz·pumpe die** circulating pump

**Umwälzung die; ~, ~en** *(fig.)* revolution

**um|wandeln 1.** *tr. V.* convert ⟨*substance, building, etc.*⟩ (**in** + *Akk.* into); commute ⟨*sentence*⟩ (**in** + *Akk.* to); *(ändern)* change; alter; **er ist wie umgewandelt** he is a changed man. **2.** *refl. V.* be converted (**in** + *Akk.* into)

**Um·wandlung die** conversion (**in** + *Akk.* into); *(einer Strafe)* commutation (**in** + *Akk.* to); *(der Gesellschaft usw.)* transformation

**um|wechseln** *tr. V.* change ⟨*marks, note, etc.*⟩ (**in** + *Akk.* into)

**Um·weg der** detour; **auf einem ~ nach Hause fahren** go a long way round *or* make a detour to get home; **auf ~en** by a circuitous *or* roundabout route; *(fig.)* in a roundabout way; **auf dem ~ über** (+ *Akk.*) *(fig.)* [indirectly] via

**Um·welt die a)** environment; **b)** *(Menschen)* people *pl.* around sb.; **meine/deine/seine ~:** those *pl.* around me/you/him

**umwelt-, Umwelt-: ~bedingt** *Adj.* caused by the *or* one's environment *postpos.*; **~belastung die** environmental pollution *no indef. art.*; **~feindlich 1.** *Adj.* inimical to the environment *postpos.*; ecologically undesirable; **2.** *adv.* in an ecologically undesirable way; ⟨*drive, behave*⟩ without regard for the environment; **~forschung die**; *o. Pl.* **a)** *(Biol.)* ecology; **b)** *(Soziol.)* environmental studies *pl.*, *no art. or* science *no art.*; **~freundlich 1.** *Adj.* environment-friendly; ecologically desirable; **2.** *adv.* in an ecologically desirable way; ⟨*act*⟩ with some regard for the environment; **~kriminalität die** environmental crime; **~politik die** ecological policy; **~schäden** *Pl.* environmental damage *sing.*; damage *sing.* to the environment; **~schädlich 1.** *Adj.* harmful to the environment *postpos.*; ecologically harmful; **2.** *adv.* in an ecologically harmful way; **~schutz der** environmental protection *no art.*; conservation of the environment; **~schützer der** environmentalist; conservationist; **~sünder der** *(ugs.)* deliberate polluter of the environment; **~verschmutzung die** pollution [of the environment]

**um|wenden 1.** *regelm. (auch unr.) tr. V.;* **a)** *(auf die andere Seite)* turn over ⟨*page, joint, etc.*⟩; **b)** *(in die andere Richtung)* turn round ⟨*vehicle, horse*⟩; **c)** *(von innen nach außen)* turn ⟨*garment*⟩ inside out. **2.** *unr. od. regelm. refl. V.* turn round

**um·werben** *unr. tr. V.* court; woo

**um|werfen** *unr. tr. V.* **a)** knock over; knock ⟨*person*⟩ down *or* over; *(fig. ugs.: aus der Fassung bringen)* bowl ⟨*person*⟩ over; stun ⟨*person*⟩; *(fig. ugs.: betrunken machen)* knock ⟨*person*⟩ out *(sl.)*; **das wirft selbst den stärksten Mann um!** it's more than even the strongest man can take; **b)** *(fig. ugs.; umstoßen)* knock ⟨*plan*⟩ on the head *(coll.)*; **c)** *(umlegen, umhängen)* throw *or* put sth. round sb.'s/one's shoulders

**umwerfend** *(ugs.)* **1.** *Adj.* fantastic *(coll.)*; stunning *(coll.)*. **2.** *adv.* fantastically [well] *(coll.)*; brilliantly; **~ komisch** hilariously funny; **~ schön** stunningly beautiful *(coll.)*

**um·wickeln** *tr. V.* wrap; bind; *(mit einem Verband)* bandage; **etw. mit Schnur/Draht ~:** wind string/wire round sth.

**um|widmen** *tr. V. (Verwaltung)* redesignate (**in** + *Akk.*, **zu** as)

**Um·widmung die** *(Verwaltung)* redesignation (**in** + *Akk.* as)

**um·wittern** *tr. V. (geh.)* **von Gefahren/einem Geheimnis umwittert sein** be beset *or* fraught with danger/shrouded in mystery

**umwohnend** *Adj.; nicht präd.* living in the neighbourhood *postpos.*

**um·wölken** [ʊmˈvœlkn̩] **1.** *refl. V. (geh.)* ⟨*sky*⟩ cloud over; *(fig.)* ⟨*brow, look*⟩ darken. **2.** *tr. V.* shroud; veil

**um|wühlen** *tr. V.* churn *or* plough up

**um·zäunen** *tr. V.* fence round *or* off

**Umzäunung die; ~, ~en a)** *(das Umzäunen)* fencing round *or* off; **b)** *(Zaun)* fence, fencing (*Gen.* round)

**um|ziehen 1.** *unr. itr. V.; mit sein* move (**an** + *Akk.*, **in** + *Akk.*, **nach** to). **2.** *unr. tr. V. (umkleiden)* **jmdn./sich ~:** change sb. *or* get sb. changed/change *or* get changed; **sich zum Essen ~:** change for dinner

**um·zingeln** [ʊmˈtsɪŋl̩n] *tr. V.* surround; encircle

**Umzingelung die**; **~:** encirclement

**Um·zug der a)** move; *(von Möbeln)* removal; **jmdm. beim ~ helfen** help sb. move; help with the removal; **b)** *(Festzug)* procession; *(Demonstrationszug)* demonstration

**Umzugs·kosten** *Pl.* removal costs

**UN** [uːˈɛn] *Pl.* UN *sing.*

**unabänderlich** [ʊnǀapˈlɛndɐlɪç] **1.** *Adj.* unalterable; irrevocable ⟨*decision*⟩; **sich in das Unabänderliche fügen** resign oneself to the inevitable. **2.** *adv.* irrevocably; **das steht ~ fest** that is absolutely certain

**unabdingbar** [ʊnǀapˈdɪŋbaːɐ̯] *Adj.* **a)** *(geh.)* indispensable; **b)** *(Rechtsspr.)* inalienable

**unabhängig 1.** *Adj.* independent (**von** of); *(unbeeinflußt)* unaffected (**von** by); **sich ~ machen** go one's own way; ⟨*colony*⟩ become independent. **2.** *adv.* independently (**von** of); **~ voneinander** independently [of one another]; separately; **es kostet 20 Pfennig, ~ von der Gesprächsdauer** it costs 20 pfennigs irrespective *or* regardless of the length of the call; **~ davon, ob .../was .../wo ...** *usw.* irrespective *or* regardless of whether .../ what .../where ... *etc.*

**Unabhängigkeit die** independence

**Unabhängigkeits·erklärung die** declaration of independence

**unabkömmlich** [ʊnǀapˈkœmlɪç] *Adj.* indispensable; **sie ist im Moment ~:** she is otherwise engaged

**unablässig** [ˈʊnǀaplɛsɪç] **1.** *Adj.* incessant; constant ⟨*repetition*⟩; unremitting ⟨*effort*⟩. **2.** *adv.* incessantly; constantly

**unabsehbar 1.** *Adj.* **a)** *(fig.)* incalculable, immeasurable ⟨*extent, damage, etc.*⟩; **in ~er Ferne** *(zeitlich)* in the unforeseeable future; **auf ~e Zeit** far into the future; **b)** *(noch nicht vorauszusehen)* unforeseeable ⟨*consequences*⟩. **2.** *adv.* **a)** incalculably; immeasurably; **b)** *(in einem noch nicht erkennbaren Ausmaß)* to an unforeseeable extent

**unabsichtlich 1.** *Adj.* unintentional. **2.** *adv.* unintentionally

**unabweisbar 1.** *Adj.* irrefutable; absolute ⟨*necessity*⟩. **2.** *adv.* irrefutably; undeniably

**unabwendbar** *Adj.* inevitable

**unachtsam 1.** *Adj.* **a)** inattentive; **einen Augenblick ~ sein** let one's attention wander for a moment; **b)** *(nicht sorgfältig)* careless. **2.** *adv. (ohne Sorgfalt)* carelessly

**Unachtsamkeit die; ~ a)** inattentiveness; **b)** *(mangelnde Sorgfalt)* carelessness

**unähnlich** *Adj.* dissimilar; **jmdm./einer Sache ~ sein** be unlike sb./sth.

**unanfechtbar** *Adj.* incontestable

**unangebracht** *Adj.* inappropriate; misplaced

**unangefochten** *Adj.* unchallenged ⟨*victor, leadership, etc.*⟩; *(unbestritten)* undisputed, unchallenged ⟨*assertion, thesis*⟩; *(Rechtsw.)* uncontested ⟨*verdict, will, etc.*⟩

**unangemeldet** *Adj.* **a)** *(unangekündigt)* unexpected ⟨*visit, guest*⟩; unauthorized ⟨*demonstration*⟩; **~ kommen** come unannounced; **~ zum Arzt gehen** go to the doctor without an appointment; **b)** *(nicht registriert)* unregistered ⟨*person, participant*⟩; unlicensed ⟨*television set, radio*⟩

**unangemessen 1.** *Adj.* unsuitable; inappropriate; unreasonable, disproportionate ⟨*demand, claim, sentence, etc.*⟩. **2.** *adv.* unsuitably; inappropriately; disproportionately ⟨*high, low*⟩; **er reagierte völlig ~:** his reaction was out of all proportion; *(unpassend)* his reaction was entirely inappropriate

**unangenehm 1.** *Adj.* unpleasant (+ *Dat.* for); *(peinlich)* embarrassing, awkward ⟨*question, situation*⟩; **es ist mir sehr ~, daß ich mich verspätet habe** I am most upset about being late; **die Frage war ihm sichtlich ~:** he clearly found the question embarrassing; **~ werden** ⟨*person*⟩ get *or* turn nasty. **2.** *adv.* unpleasantly; *(peinlich)* **die Frage schien ihn ~ zu berühren** the question appeared to embarrass him; **~ auffallen** make a bad impression

**unangepaßt 1.** *Adj.* nonconformist. **2.** *adv.* in a nonconformist way

**unangetastet** *Adj.* untouched

**unangreifbar** *Adj. (auch fig.)* unassailable; impregnable ⟨*fortress*⟩; *(unanfechtbar)* irrefutable ⟨*argument, thesis*⟩; incontestable ⟨*judgement etc.*⟩

**unannehmbar** *Adj.* unacceptable

**Unannehmlichkeit die** trouble; **mit/durch etw. ~en bekommen** get [a lot of *(coll.)*] trouble with sth./as a result of sth.; **~en auf sich** *(Akk.)* **nehmen** take on unpleasant business; **jmdm. ~en bereiten** cause sb. [a lot of *(coll.)*] problems *or* difficulties

**unansehnlich** *Adj.* unprepossessing; plain ⟨*girl*⟩

**unanständig 1.** *Adj.* **a)** improper; *(anstößig)* indecent ⟨*behaviour, remark*⟩; dirty ⟨*joke*⟩; rude ⟨*word, song*⟩; **b)** *(verwerflich)* immoral. **2.** *adv.* **a)** improperly; **~ kurze Röcke** indecently short skirts; **b)** *(verwerflich)* immorally; **c)** *(ugs.; unmäßig, allzu)* disgustingly ⟨*fat*⟩; indecently ⟨*often*⟩; **~ viel essen** eat a disgusting amount

**Unanständigkeit die a)** *o. Pl.* impropriety; indecency; *(Obszönität)* obscenity; **b)** *(anstößige Handlung)* impropriety; *(anstößige Äußerung)* obscenity; indecent remark; **c)** *o. Pl. (Verwerflichkeit)* immorality; **d)** *(verwerfliche Handlung)* immoral action

**unantastbar** *Adj.* inviolable

**unappetitlich 1.** *Adj.* unappetizing; *(fig.)* unsavoury ⟨*joke*⟩; unsavoury-looking ⟨*person*⟩; disgusting ⟨*wash-basin, nails, etc.*⟩. **2.** *adv.* unappetizingly

**Unart die** bad habit

**unartig 1.** *Adj.* naughty. **2.** *adv.* naughtily; ⟨*behave*⟩ badly

**unartikuliert 1.** *Adj.* inarticulate; *(fig.: nicht ausgedrückt)* unexpressed ⟨*feeling, thought, desire, etc.*⟩. **2.** *adv.* inarticulately

**unästhetisch 1.** *Adj.* unpleasant, unsavoury ⟨*sight etc.*⟩; ugly ⟨*building etc.*⟩; *(abstoßend)* disgusting. **2.** *adv.* in an unsavoury/a disgusting way

**unaufdringlich 1.** *Adj.* unassuming ⟨*person*⟩; *(fig.)* unobtrusive, discreet ⟨*music, décor, etc.*⟩; discreet ⟨*perfume, colour, elegance, etc.*⟩. **2.** *adv.* discreetly

**unauffällig 1.** *Adj.* inconspicuous; unobtrusive ⟨*scar, defect, skill, behaviour, surveillance, etc.*⟩; discreet ⟨*signal, elegance*⟩; **sie ist eine eher ~e Erscheinung** she is not at all striking. **2.** *adv.* inconspicuously; unobtrusively; ⟨*behave, follow, observe, disappear, leave*⟩ unobtrusively, discreetly

**unauffindbar** *Adj.* untraceable; **~ sein** *od.* **bleiben** be nowhere to be found

**unaufgefordert** *Adv.* without being asked; **~ eingesandte Manuskripte** unsolicited manuscripts

**unaufgeklärt** *Adj.* **a)** unresolved ⟨*misunderstanding*⟩; unsolved ⟨*crime, mystery*⟩; **b)** *(ignorant)* unenlightened ⟨*age, person*⟩; *(sexualkundlich)* ignorant of the facts of life *postpos.*

**unaufhaltsam 1.** *Adj.* inexorable. **2.** *adv.* inexorably

**unaufhörlich 1.** *Adj.; nicht präd.* constant; incessant; continuous ⟨*rain*⟩. **2.** *adv.* constantly; ⟨*rain, snow*⟩ continuously; **das Telefon klingelte ~:** the telephone was for ever ringing *or* never stopped ringing

**unauflöslich** *Adj.* irreconcilable ⟨*contradiction etc.*⟩; indissoluble ⟨*marriage, link*⟩

**ụnaufmerksam** 1. *Adj.* inattentive (**gegenüber** to); careless ⟨*driver*⟩. 2. *adv.* **sich seinen Gästen gegenüber ~ verhalten** not pay enough attention to one's guests
**Ụnaufmerksamkeit die** inattentiveness; *(Fahrlässigkeit)* carelessness
**ụnaufrichtig** *Adj.* insincere; **jmdm. gegenüber ~ sein** not be honest with sb.
**Ụnaufrichtigkeit die a)** *o. Pl.* insincerity; **b)** *(Handlung)* insincere action
**unaufschiebbar** *Adj.* **es war ~:** it could not be put off *or* postponed
**unausbleiblich** *Adj.* inevitable; unavoidable
**unausdẹnkbar** *Adj.* unimaginable
**ụnausgefüllt** *Adj.* uncompleted, blank ⟨*form*⟩; *(fig.)* unfulfilled ⟨*person*⟩; unfilled ⟨*time*⟩; empty ⟨*life*⟩
**ụnausgeglichen** *Adj.* **a)** *(emotional)* [emotionally] unstable ⟨*person, behaviour*⟩; **b)** *(Wirtsch.)* ⟨*balance of payments*⟩ not in balance; unsettled ⟨*account, debt*⟩; **c)** *(unausgewogen)* unbalanced ⟨*report, relationship, etc.*⟩; unequal ⟨*distribution*⟩; *(ungleichmäßig)* uneven, changeable ⟨*climate*⟩
**Ụnausgeglichenheit die a)** *(eines Menschen)* instability; **b)** *(Wirtsch.)* imbalance; **c)** *(Unausgewogenheit)* imbalance; *(Ungleichmäßigkeit)* unevenness; inconsistency
**ụnausgegoren** *Adj. (abwertend)* immature
**ụnausgeschlafen** *Adj.* **[völlig] ~ sein/aussehen** have not had/look as though one has not had [anything like] enough sleep; **~ zur Schule kommen** come to school tired through lack of sleep
**unauslọ̈schlich** 1. *Adj. (geh.)* indelible ⟨*impression*⟩; unforgettable ⟨*experience*⟩. 2. *adv.* indelibly
**unaussprẹchlich** 1. *Adj.* **a)** inexpressible; **b)** *(geh.: unbeschreiblich)* indescribable ⟨*misery, joy*⟩; unutterable ⟨*misery, sorrow*⟩. 2. *adv. (geh.)* unutterably; indescribably; ⟨*suffer, love*⟩ beyond expression
**unausstehlich** 1. *Adj.* unbearable ⟨*person, noise, smell, etc.*⟩; insufferable ⟨*person*⟩; intolerable ⟨*noise, smell*⟩. 2. *adv.* unbearably; intolerably; insufferably ⟨*stupid, curious*⟩
**unausweichlich** *Adj.* unavoidable; inevitable
**ụnbändig** ['ʊnbɛndɪç] 1. *Adj.* **a)** boisterous ⟨*person, horse, temperament*⟩; **b)** *(überaus groß/stark)* unbridled, unrestrained ⟨*desire, longing, joy, merriment*⟩; unbridled, uncontrollable ⟨*fury, hate, anger*⟩; ravenous ⟨*hunger*⟩. 2. *adv.* **a)** wildly; **b)** *(sehr, äußerst)* unrestrainedly; tremendously *(coll.)*; **~ jubeln** *od.* **jauchzen, sich ~ freuen** jump for joy
**ụnbar** 1. *Adj.; nicht präd.* cashless. 2. *adv.* ⟨*pay*⟩ without using cash
**ụnbarmherzig** 1. *Adj. (auch fig.)* merciless; remorseless, unsparing ⟨*severity*⟩; *(fig.)* very severe ⟨*winter, cold*⟩; **jmdm. gegenüber** *od.* **gegen jmdn. ~ sein** show sb. no mercy. 2. *adv.* mercilessly; without mercy
**ụnbeabsichtigt** 1. *Adj.* unintentional. 2. *adv.* unintentionally
**ụnbeachtet** *Adj.* unnoticed; obscure ⟨*existence*⟩; **~ leben** live in obscurity; **jmdn./etw. ~ lassen** not take any notice of sb./sth.
**ụnbeanstandet** 1. *Adj.* **etw. ~ lassen** let sth. pass; **~ bleiben** be allowed to pass. 2. *adv.* without objection; **~ durch die Gütekontrolle gehen** be allowed to pass through quality control [without any problems]
**ụnbeantwortet** *Adj.* unanswered
**ụnbearbeitet** *Adj.* **a)** undealt with *pred.*; which has/have not been dealt with *postpos.*; **b)** *(roh)* untreated ⟨*wood, leather, metal*⟩; *(unbestellt)* uncultivated ⟨*land, field*⟩; *(nicht redigiert)* unedited ⟨*manuscript*⟩; *(nicht verändert, adaptiert)* unchanged, unadapted ⟨*play, version*⟩
**ụnbebaut** *Adj.* **a)** undeveloped ⟨*site, land*⟩; **b)** *(unbestellt)* uncultivated ⟨*land, area*⟩
**ụnbedacht** 1. *Adj.* rash; thoughtless. 2. *adv.* rashly; thoughtlessly
**ụnbedarft** 1. *Adj. (ugs.)* **a)** inexpert; lay; **er ist literarisch [völlig/ziemlich] ~:** he has no/little idea about literature; **b)** *(naiv)* naïve; *(dümmlich)* gormless *(coll.)*. 2. *adv.* naïvely; *(dümmlich)* gormlessly *(coll.)*
**ụnbedeckt** *Adj.* uncovered; bare; **mit ~em Kopf** bare-headed
**ụnbedenklich** 1. *Adj.* **a)** harmless, safe ⟨*substance, drug*⟩; ⟨*state of health, situation*⟩ giving no cause for concern; unobjectionable ⟨*joke, plan, reading matter*⟩; **es ist nicht ganz ~:** it is to some extent open to objection; **b)** *(hemmungslos, skrupellos)* unthinking; unconsidered. 2. *adv.* without second thoughts
**ụnbedeutend** 1. *Adj.* insignificant; minor ⟨*artist, poet*⟩; slight, minor ⟨*improvement, change, error*⟩. 2. *adv.* slightly
**ụnbedingt** 1. *Adj.* **a)** absolute ⟨*trust, faith, reliability, secrecy, etc.*⟩; complete ⟨*rest*⟩; **b)** *(Physiol.)* **~e Reflexe** unconditioned reflexes. 2. *Adv.* absolutely; *(auf jeden Fall)* whatever happens; **etw. ~ tun müssen/wollen** really *or* absolutely have to/be absolutely determined to do sth.; **der Brief muß ~ heute noch weg** the letter really must be posted today; **ich brauche ~ neue Reifen** I need new tyres whatever happens; I really have to have new tyres; **nicht ~:** not necessarily; **nicht ~ nötig** not absolutely necessary; **~!** absolutely!; of course!
**ụnbeeidigt** *Adj. (Rechtsw.)* unsworn; **der Zeuge blieb ~:** the witness was not on *or* under oath
**ụnbeeindruckt** *Adj.* unimpressed
**ụnbeeinflußt** *Adj.* uninfluenced; **von jeder Propaganda ~:** not influenced by any propaganda *postpos.*
**ụnbefahrbar** *Adj.* **a)** *(für Landfahrzeuge)* impassable; **b)** *(für Wasserfahrzeuge)* unnavigable; not navigable *pred.*
**ụnbefangen** 1. *Adj.* **a)** *(ungehemmt)* uninhibited; natural, uninhibited ⟨*behaviour*⟩; **er ist anderen gegenüber ganz ~:** he is perfectly natural with other people; **b)** *(unvoreingenommen)* impartial. 2. *adv.* freely; without inhibition; ⟨*behave*⟩ naturally; **jmdm./einer Sache ~ gegenübertreten** approach sb./sth. with an open mind
**Ụnbefangenheit die** *s.* **unbefangen 1 a, b:** uninhibitedness; naturalness; impartiality
**ụnbefleckt** *Adj. (geh.)* undefiled; unsullied *(literary)*; **die Unbefleckte Empfängnis** *(christl. Rel.)* the Immaculate Conception
**ụnbefriedigend** *Adj.* unsatisfactory
**ụnbefriedigt** *Adj.* dissatisfied (**von** with); unsatisfied ⟨*need, curiosity, desire, etc.*⟩; *(unausgefüllt)* unfulfilled (**von** by); *(sexuell)* [sexually] unsatisfied *or* frustrated
**ụnbefristet** 1. *Adj.* for an indefinite *or* unlimited period *postpos.*; indefinite ⟨*strike*⟩; unlimited ⟨*visa*⟩. 2. *adv.* for an indefinite *or* unlimited period
**ụnbefugt** 1. *Adj.* unauthorized; **ein Unbefugter** an unauthorized person. 2. *adv.* without authorization
**ụnbegabt** *Adj.* ungifted; untalented; **für Sprachen ~ sein** have no talent for languages
**unbegreiflich** 1. *Adj.* incomprehensible (+ *Dat.*, **für** to); incredible ⟨*love, goodness, stupidity, carelessness, etc.*⟩; **auf ~e Weise** in a baffling *or* mysterious manner
**unbegreiflicherweise** *Adv.* inexplicably
**ụnbegrenzt** 1. *Adj.* unlimited; **ein zeitlich ~er Vertrag** a contract with no time limit; **Kosten in ~er Höhe** costs up to an unlimited amount. 2. *adv.* ⟨*stay, keep, etc.*⟩ indefinitely; ⟨*trust*⟩ absolutely; **ich habe nicht ~ Zeit** I don't have unlimited time
**ụnbegründet** *Adj.* unfounded, groundless ⟨*fear, accusation, suspicion*⟩
**ụnbehaart** *Adj.* hairless; bald ⟨*head*⟩
**Ụnbehagen das** uneasiness, disquiet; *(Sorge)* concern (**an** + *Dat.* about); **etw. mit ~ feststellen/betrachten** note/watch sth. with concern; **ein leichtes körperliches ~:** a slight physical discomfort; **das bereitet mir ~:** it makes me feel uneasy
**ụnbehaglich** 1. *Adj.* uneasy, uncomfortable ⟨*feeling, atmosphere*⟩; uncomfortable ⟨*thought, room*⟩; **mir war ~ zumute** I was *or* felt uneasy; **er/es war mir ~:** he/it made me feel uneasy *or* uncomfortable. 2. *adv.* uneasily; uncomfortably; **~ kühl** uncomfortably *or* unpleasantly cool
**ụnbehauen** *Adj.* unhewn
**ụnbehelligt** *Adj.* unmolested; *(ohne Störung)* ⟨*read, work*⟩ undisturbed, in peace; **er gelangte ~ von Journalisten in das Gebäude** he got into the building without being intercepted by journalists; **die Zollbeamten ließen uns ~ passieren** the customs let us through without stopping us
**ụnbeherrscht** 1. *Adj.* uncontrolled; intemperate, wild ⟨*reaction, behaviour, remark*⟩; **er ist ~:** he has no self-control. 2. *adv.* without any self-control
**Ụnbeherrschtheit die; ~, ~en a)** *o. Pl.* lack of self-control; **b)** *(Handlung)* uncontrolled fit; *(Äußerung)* wild outburst
**ụnbehindert** *Adj.* unhindered; unimpeded
**ụnbeholfen** 1. *Adj.* clumsy; awkward. 2. *adv.* clumsily; awkwardly
**unbeirrbar** 1. *Adj.* unwavering. 2. *adv.* unwaveringly; unswervingly
**unbeirrt** 1. *Adj.* unwavering. 2. *adv.* without wavering
**ụnbekannt** 1. *Adj.* **a)** unknown; *(nicht vertraut)* unfamiliar; unidentified ⟨*caller, donor, flying object*⟩; **das war mir bisher ~:** I didn't know that until now; **es ist mir nicht ~, daß ...:** I am not unaware that ...; **sie ist hier ~:** she is not known here; **~e Täter** unknown *or* unidentified culprits; **„Empfänger ~"** 'not known at this address'; **eine ~e Größe** *(Math.; auch scherzh.: Mensch)* an unknown quantity; **ich bin hier ~** *(ugs.)* I'm a stranger here; **[Straf]anzeige gegen Unbekannt** *(Rechtsw.)* charge against person or persons unknown; **b)** *(nicht vielen bekannt)* little known; obscure ⟨*poet, painter, etc.*⟩. 2. *adv.* **„Empfänger ~ verzogen"** 'moved'; 'address unknown'
[1]**Ụnbekannte der/die;** *adj. Dekl.* unknown *or* unidentified man/woman; *(Fremde[r])* stranger; **er ist [hier/dem Fernsehpublikum] kein ~er [mehr]** he is no stranger [here/to television viewers]; **der große ~** *(scherzh.)* the mystery man *or* person
[2]**Ụnbekannte die;** *adj. Dekl. (Math.; auch fig.)* unknown
**ụnbekannter·weise** *Adv.* **grüßen Sie ihn/sie ~ [von mir]** give him/her my regards, although we haven't met
**ụnbekleidet** *Adj.* without any clothes on *postpos.*; bare ⟨*torso etc.*⟩; naked ⟨*corpse*⟩
**ụnbekümmert** 1. *Adj. (unbeschwert)* carefree; *(ohne Bedenken, lässig)* casual; **sie ist [ziemlich] ~:** she doesn't worry [much]; she is [pretty] unconcerned; **um etw. ~ sein** be unconcerned about sth. 2. *adv.* **a)** *(unbeschwert)* in a carefree way; without a care in the world; **~ leben** live a carefree life; **b)** *(ohne Bedenken)* without caring *or* worrying; **ganz** *od.* **völlig ~:** entirely unconcerned; without a second thought; **er raucht ~ weiter** he happily goes on smoking
**Ụnbekümmertheit die; ~ a)** carefree manner *or* attitude; carefreeness; **b)** *(Bedenkenlosigkeit)* lack of concern
**ụnbelastet** *Adj.* **a)** not under load *postpos.*; **im ~en Zustand** when not under load; **b)** *(von Sorgen, Problemen usw.)* free from care *or* worries *postpos.*; **von Sorgen ~:** free from worries; **c)** *(ohne Schuld)* **~ sein** have a clean record; **d)** *(schuldenfrei)* unmortgaged ⟨*property, land*⟩

**unbelebt** *Adj.* **a)** inanimate ⟨*nature*⟩; *(anorganisch)* inorganic ⟨*matter*⟩; **b)** *(ohne Lebewesen)* uninhabited; deserted; empty ⟨*streets*⟩

**unbeleckt** *Adj. (salopp)* **von etw. ~ sein** not have a clue about sth. *(coll.)*; **sie sind von jeder Kultur ~:** they are complete savages

**unbelehrbar** *Adj.* incorrigible; not accessible to reason *postpos.*; **er ist ~:** he will not learn

**unbeleuchtet** *Adj.* unlit ⟨*street, corridor, etc.*⟩; ⟨*vehicle*⟩ without [any] lights

**unbelichtet** *Adj. (Fot.)* unexposed

**unbeliebt** *Adj.* unpopular (**bei** with)

**Unbeliebtheit die** unpopularity

**unbemannt** *Adj.* **a)** unmanned; **b)** *(scherzh.) (ohne Mann)* husbandless *(joc.)*; *(ohne Freund)* without a man *postpos.*

**unbemerkt** *Adj., adv.* unnoticed

**unbemittelt** *Adj.* penniless; impecunious; **nicht ganz ~:** not exactly penniless

**unbenommen** *Adj. in* **es ist/bleibt jmdm. ~, zu ...:** sb. is/remains free *or* at liberty to ...; **dieses Recht bleibt Ihnen ~:** this remains your right

**unbenutzbar** *Adj.* unusable

**unbenutzt** *Adj.* unused

**unbeobachtet** *Adj.* unobserved; **in einem ~en Augenblick** *od.* **Moment** when no one is/was watching; **wenn er sich ~ fühlt** *od.* **glaubt** when he thinks no one is looking

**unbequem 1.** *Adj.* **a)** uncomfortable; **b)** *(lästig)* awkward, embarrassing ⟨*question, opinion*⟩; awkward, troublesome ⟨*politician etc.*⟩; unpleasant ⟨*criticism, truth, etc.*⟩; **er wurde ihnen ~:** he became a nuisance *or* an embarrassment to them. **2.** *adv.* uncomfortably

**Unbequemlichkeit die a)** *o. Pl.* lack of comfort; **b)** *o. Pl. (Lästigkeit)* awkwardness; **c)** *(etw., was unbequem ist)* discomfort

**unberechenbar 1.** *Adj.* unpredictable. **2.** *adv.* unpredictably

**unberechtigt 1.** *Adj.* **a)** *(ungerechtfertigt)* unjustified; **b)** *(unbefugt)* unauthorized. **2.** *adv.* **a)** *(unbefugt)* without authorization; **b)** *(ungerechtfertigt)* without justification; unjustifiably ⟨*expensive etc.*⟩

**unberücksichtigt** *Adj.* unconsidered; **etw. ~ lassen** leave sth. out of consideration; ignore sth.; **~ bleiben** not be considered; be ignored

[1]**unberufen** *Adj.* **in ~e Hände fallen** fall into the wrong hands

[2]**unberufen** *Interj.* **~ [toi, toi, toi]!** touch wood!; knock on wood! *(Amer.)*

**Unberührbare der/die;** *adj. Dekl. (Rel.)* untouchable

**unberührt** *Adj.* **a)** untouched; virgin ⟨*snow, forest, wilderness*⟩; **ein Stück ~er Natur** a stretch of unspoilt countryside; **b)** *(geh.: jungfräulich)* in the virgin state; **sie ist noch ~:** she is still a virgin; **c)** *(unbeeindruckt)* unmoved (**von** by); **die Nachricht ließ ihn ~:** he was unmoved by the news

**Unberührtheit die; ~ a)** *(natürlicher Zustand)* unspoiled state; **b)** *(geh.: Jungfräulichkeit)* virginity; **c)** *(das Unbeeindrucktsein)* lack of emotion; impassivity

**unbeschadet 1.** *Präp. mit Gen.* regardless of; notwithstanding. **2.** *Adj., nicht attr. (veralt.) s.* **unbeschädigt a, b**

**unbeschädigt** *Adj.* **a)** undamaged; **b)** *(veralt.: unverletzt)* unharmed

**unbescheiden** *Adj.* presumptuous; **wenn ich mir die ~e Frage/Bitte erlauben darf** if you don't mind my asking; **ist es sehr ~, wenn ich Sie bitte ...?** I hope you don't mind my asking you ...

**unbescholten** *Adj.* respectable; *(veralt.: keusch)* chaste ⟨*girl*⟩; **~ sein** *(Rechtsspr.)* have no [previous] convictions

**Unbescholtenheit die; ~:** *s.* **unbescholten:** respectability; chastity; absence of [previous] convictions

**unbeschrankt** *Adj.* ⟨*crossing*⟩ without gates, with no gates

**unbeschränkt 1.** *Adj.* unlimited; limitless ⟨*possibilities, power*⟩; *(hist.)* absolute ⟨*ruler*⟩; **die Teilnehmerzahl ist ~:** there is no limit on the number of participants. **2.** *adv.* **für etw. ~ haften** have unlimited liability for sth.

**unbeschreiblich 1.** *Adj.* indescribable; unimaginable ⟨*fear, beauty*⟩; ⟨*fear, beauty*⟩ beyond description. **2.** *adv.* indescribably ⟨*beautiful*⟩; unbelievably ⟨*busy*⟩; **~ viele Menschen** an incredible number of people; **sich ~ freuen** be overjoyed

**unbeschrieben** *Adj.* blank, empty ⟨*piece of paper, page*⟩; *s. auch* **Blatt b**

**unbeschwert 1.** *Adj.* carefree. **2.** *adv.* free from care; ⟨*dance, play*⟩ with a light heart

**unbesehen 1.** *Adj.* unquestioning ⟨*acceptance*⟩. **2.** *adv.* without hesitation; **das glaube ich ~:** I don't doubt it for a moment

**unbesiegbar** *Adj.* invincible

**unbesiegt** *Adj.* undefeated ⟨*army*⟩; unbeaten ⟨*team, player*⟩

**unbesonnen 1.** *Adj.* impulsive ⟨*person, nature*⟩; unthinking ⟨*remark*⟩; *(übereilt)* ill-considered, rash ⟨*decision, action*⟩. **2.** *adv.* ⟨*act*⟩ without thinking; *(übereilt)* rashly

**unbesorgt** *Adj.* unconcerned; **seien** *od.* **bleiben Sie ~!** don't [you] worry; you can set your mind at rest; **du darfst ~ nach Hause gehen** you can go home without worrying/with an easy mind

**unbespielbar** *Adj. (Sport)* unplayable ⟨*pitch*⟩

**unbespielt** *Adj.* blank ⟨*tape, cassette*⟩

**unbeständig** *Adj.* changeable, unsettled ⟨*weather*⟩; erratic, inconsistent ⟨*performance, person, etc.*⟩; inconstant, fickle ⟨*lover etc.*⟩; *(vergänglich)* transitory ⟨*love, luck*⟩

**unbestätigt** *Adj.* unconfirmed

**unbestechlich** *Adj.* **a)** incorruptible; **b)** *(fig.)* uncompromising ⟨*critic*⟩; incorruptible ⟨*character*⟩; unerring ⟨*judgement*⟩; unwavering ⟨*honesty, love of truth*⟩

**unbestimmbar** *Adj.* unidentifiable ⟨*plant, sound, colour, etc.*⟩; indeterminable ⟨*age, distance*⟩; *(Bot., Zool.)* unclassifiable

**unbestimmt 1.** *Adj.* **a)** *(nicht festgelegt)* indefinite; indeterminate ⟨*age, number*⟩; *(ungewiß)* uncertain; **auf ~e Zeit** for an indefinite period; **b)** *(ungenau)* vague; **c)** *(Sprachw.)* indefinite ⟨*article, pronoun*⟩; non-finite ⟨*verb form*⟩. **2.** *adv. (ungenau)* vaguely

**Unbestimmtheit die a)** *(Ungenauigkeit)* vagueness; **b)** *(Ungewißheit)* uncertainty

**unbestreitbar 1.** *Adj.* indisputable; unquestionable. **2.** *adv.* indisputably; unquestionably

**unbestritten 1.** *Adj.* undisputed; **~ ist, daß ...:** it is undisputed that ...; there is no disputing that ... **2.** *adv.* indisputably

**unbeteiligt 1.** *Adj.* **a)** *(passiv, nicht mitwirkend)* uninvolved; **~e Passanten/Zuschauer** passers-by/onlookers who are/were not involved; **ein Unbeteiligter** someone who is/was not involved; an outsider; *(ein Unschuldiger)* an innocent party; **b)** *(gleichgültig)* indifferent; detached ⟨*manner, expression*⟩. **2.** *adv.* with a detached *or* indifferent air; **~ dabeistehen** stand by without taking any interest in the proceedings

**unbetont** *Adj.* unstressed

**unbeträchtlich 1.** *Adj.* insignificant; **nicht ~:** not inconsiderable. **2.** *adv.* insignificantly; slightly; **nicht ~:** not inconsiderably

**unbeugsam** *Adj.* uncompromising; tenacious; indomitable, unshakeable ⟨*will, pride*⟩; unwavering, resolute ⟨*character*⟩

**unbewacht** *Adj.* unsupervised ⟨*pupils, prisoners, etc.*⟩; unattended ⟨*car-park*⟩; **in einem ~en Moment** when no one is/was watching

**unbewaffnet** *Adj.* unarmed

**unbewältigt** *Adj.* unmastered, uncompleted ⟨*task*⟩; unresolved ⟨*conflict, problem*⟩; **unsere ~e Vergangenheit** the past with which we have not come to terms

**unbeweglich** *Adj.* **a)** *(bewegungslos)* motionless; still ⟨*air, water*⟩; fixed ⟨*gaze, expression*⟩; **~ sitzen/stehen** sit/stand motionless; **b)** *(starr)* immovable, fixed ⟨*part, joint, etc.*⟩; **~es Eigentum** real estate; **ein ~es Fest** an immovable feast; **c)** *(nicht mobil)* immobile; **d)** *(schwerfällig) (geistig)* ponderous; *(körperlich)* slow-moving; slow on one's feet *pred.*

**unbewegt** *Adj.* motionless; fixed ⟨*expression*⟩

**unbeweibt** *Adj. (ugs. scherzh.)* wifeless

**unbewiesen** *Adj.* unproved

**unbewohnbar** *Adj.* uninhabitable; **ein Gebäude für ~ erklären** declare a building unfit for human habitation

**unbewohnt** *Adj.* uninhabited ⟨*area*⟩; unoccupied ⟨*house, flat*⟩

**unbewußt 1.** *Adj.* **a)** unconscious; **b)** *(ungewollt)* unconscious, unintentional ⟨*distortion, exaggeration, etc.*⟩. **2.** *adv.* **a)** unconsciously; **b)** *(ungewollt)* unconsciously; unintentionally

**Unbewußte das;** *adj. Dekl. (Psych.)* unconscious

**unbezahlbar** *Adj.* **a)** *(teuer)* prohibitive; *(zu teuer)* prohibitively expensive ⟨*article*⟩; **b)** *(kostbar)* priceless ⟨*painting, china*⟩; **meine Sekretärin ist einfach ~** *(ugs.)* my secretary is worth her weight in gold

**unbezahlt** *Adj.* unpaid; ⟨*goods etc.*⟩ not [yet] paid for

**unbezähmbar** *Adj.* uncontrollable; insatiable ⟨*hunger, thirst, curiosity*⟩

**unbezwinglich** *Adj.* **a)** impregnable ⟨*fortress*⟩; invincible ⟨*enemy, opponent*⟩; **b)** *(fig.: unbezähmbar)* uncontrollable ⟨*urge*⟩; insatiable ⟨*hunger, thirst, curiosity, desire*⟩

**Unbilden** ['ʊnbɪldn̩] *Pl. (geh.)* rigours

**Unbill** ['ʊnbɪl] **die; ~** *(geh.) (Unrecht)* wrong; injustice; *(Beschwernis)* rigours *pl.*

**unblutig 1.** *Adj.* **a)** bloodless; **b)** *(Med.: nichtoperativ)* non-surgical. **2.** *adv.* **a)** without bloodshed; **b)** *(Med.: nichtoperativ)* without [the need for] surgery

**unbot·mäßig 1.** *Adj.* insubordinate; **~e Kritik** disrespectful criticism. **2.** *adv.* insubordinately

**Unbot·mäßigkeit die** insubordination

**unbrauchbar** *Adj.* unusable; *(untauglich)* useless ⟨*method, person*⟩; **~ machen** make ⟨*machine*⟩ unserviceable; put ⟨*machine*⟩ out of action; **er ist dafür ~:** he is no use for this

**unbürokratisch 1.** *Adj.* unbureaucratic; **auf möglichst ~e Weise** with as little red tape as possible. **2.** *adv.* unbureaucratically; without a great deal of red tape

**unbuß·fertig** *Adj.* impenitent; unrepentant

**unchristlich 1.** *Adj.* **a)** unchristian; **b) zu ~er Zeit** at an ungodly hour *(coll.)*. **2.** *adv.* in an unchristian way

**und** [ʊnt] *Konj.* **a)** *(nebenordnend)* and; *(folglich)* [and] so; **das deutsche ~ das französische Volk** the German and French peoples; **zwei ~ drei ist fünf** two and *or* plus three makes five; **es wollte ~ wollte nicht gelingen** it simply *or* just wouldn't work; **es gibt Konservative ~ Konservative** there are conservatives and conservatives; **hoch ~ höher** higher and higher; **~ die anderen/ich?** [and] what about the others/about me?; **~ warum?** why [is that]?; **der ~ der** so-and-so; **zu der ~ der Zeit** at such-and-such a time; **so ~ so ist es gewesen** it was like this; **~?** and?; well?; **ich ~ tanzen?** what, me dance?; **der ~ arbeiten/arm?** what, him work/poor?; *s. auch* **na a;** [1]**ob c; wie 1 c; b)** *(unterordnend) (konsekutiv)* **tu mir den Gefallen ~ komm mit** be so kind as to come too; **sei so gut ~ mach das Fenster zu** be so good as to shut the window; **warum bist du auch so leichtsinnig ~ schließt dein Fahrrad nicht ab?** why are you so careless as to leave your bicycle unlocked?; **es fehlte nicht viel, ~ der Deich wäre gebrochen** it wouldn't have taken much to breach the dike; *(konzessiv)* **du mußt es tun, ~ fällt es dir noch so schwer** you must do it however difficult you may find it; *s. auch* **wenn c**

**Ụndank der** ingratitude; **nur ~ ernten** get no thanks; meet only with ingratitude; **~ ist der Welt Lohn** *(Spr.)* that's all the thanks you get

**ụndankbar** 1. *Adj.* **a)** ungrateful ⟨*person, behaviour*⟩; **b)** *(wenig lohnend)* thankless ⟨*task*⟩; unrewarding ⟨*role, subject, job, etc.*⟩. 2. *adv.* ungratefully

**ụndatiert** *Adj.* undated

**undefinierbar** *Adj.* **a)** indefinable; **b)** *(nicht bestimmbar)* unidentifiable; indeterminable ⟨*feeling*⟩; indeterminate ⟨*colour*⟩

**undeklinierbar** *Adj.* *(Sprachw.)* indeclinable

**undẹnkbar** *Adj.* unthinkable; inconceivable

**undẹnklich** *Adj.* in **vor ~er Zeit** *od.* **~en Zeiten** an eternity ago; **seit ~er Zeit** *od.* **~en Zeiten** since time immemorial

**ụndeutlich** 1. *Adj.* unclear; indistinct; *(ungenau)* vague ⟨*idea, memory, etc.*⟩. 2. *adv.* indistinctly; *(ungenau)* vaguely; **du schreibst zu ~**: you don't write clearly enough

**ụndicht** *Adj.* leaky; leaking; **~ werden** start to leak; develop a leak; **eine ~e Stelle** *(auch fig.)* a leak; **~e Fenster/Türen** windows/doors which do not fit tightly

**ụndifferenziert** 1. *Adj.* **a)** *(geh.)* indiscriminate ⟨*criticism*⟩; ⟨*criticism*⟩ which fails to discriminate; over-generalized, simplistic ⟨*account*⟩; **b)** *(Biol.)* undifferentiated. 2. *adv.* *(geh.)* in an over-generalized *or* indiscriminate way

**Ụnding das** *in* **ein ~ sein** be preposterous *or* ridiculous

**ụndiplomatisch** 1. *Adj.* undiplomatic. 2. *adv.* undiplomatically

**ụndiszipliniert** 1. *Adj.* undisciplined; ⟨*pupils, class*⟩ lacking in discipline. 2. *adv.* in an undisciplined way

**ụndogmatisch** 1. *Adj.* undogmatic. 2. *adv.* undogmatically

**ụnduldsam** 1. *Adj.* intolerant. 2. *adv.* intolerantly

**undurchdrịnglich** *Adj.* **a)** impenetrable; pitch-dark ⟨*night*⟩; **b)** *(undurchschaubar)* inscrutable ⟨*person, expression, mask*⟩

**undurchfụ̈hrbar** *Adj.* impracticable

**ụndurchlässig** *Adj.* impermeable; *(wasserdicht)* watertight; waterproof; *(luftdicht)* airtight

**-undurchlässig** *adj.* **licht~/wasser~/luft~**: lightproof/waterproof/airtight

**undurchschaubar** *Adj.* inscrutable ⟨*person, plan, etc.*⟩; unfathomable ⟨*cause, etc.*⟩; **für jmdn. ~ sein** be baffling to sb.

**ụndurchsichtig** *Adj.* **a)** opaque ⟨*glass*⟩; non-transparent ⟨*fabric etc.*⟩; dense, impenetrable ⟨*fog, mist*⟩; **b)** *(fig.)* unfathomable, inscrutable ⟨*plan, intention, role*⟩; shady ⟨*character, business*⟩

**ụneben** *Adj.* uneven; *(holprig)* bumpy ⟨*road, track*⟩

**Ụnebenheit die; ~, ~en a)** *o. Pl.* unevenness; *(Holprigkeit)* bumpiness; **b)** *(unebene Stelle)* lumpy *or* uneven patch

**ụnecht** *Adj.* **a)** *(falsch, imitiert)* artificial ⟨*fur, hair*⟩; false ⟨*teeth*⟩; imitation ⟨*jewellery, marble, etc.*⟩; *(gefälscht)* counterfeit ⟨*notes*⟩; bogus, fake ⟨*painting*⟩; **b)** *(gespielt, vorgetäuscht)* false, insincere ⟨*friendliness, sympathy, smile, etc.*⟩; simulated ⟨*enthusiasm, affection, etc.*⟩; **c)** *(Math.)* improper ⟨*fraction*⟩

**ụnehelich** *Adj.* illegitimate ⟨*child*⟩; unmarried ⟨*mother*⟩; **~ geboren sein** be born out of wedlock

**Ụnehre die;** ~ *(geh.)* dishonour; **etw. macht jmdm. ~** *od.* **gereicht jmdm. zur ~**: sth. brings dishonour on sb.

**ụnehrenhaft** 1. *Adj.* dishonourable. 2. *adv.* dishonourably; **er wurde ~ aus der Armee entlassen** *(Milit.)* he was given a dishonourable discharge from the army

**ụnehrlich** 1. *Adj.* dishonest; **ein ~es Spiel treiben** play a double game. 2. *adv.* dishonestly; by dishonest means

**Ụnehrlichkeit die a)** *o. Pl.* dishonesty; **b)** *(Handlung)* dishonest action

**ụneigennützig** 1. *Adj.* unselfish; selfless. 2. *adv.* unselfishly; selflessly; ⟨*help*⟩ from selfless motives

**Ụneigennützigkeit die** unselfishness; selflessness

**ụneingeschränkt** 1. *Adj.* unlimited ⟨*freedom, power, etc.*⟩; absolute ⟨*trust, authority*⟩; unreserved ⟨*praise, admiration, recognition*⟩. 2. *adv.* ⟨*agree*⟩ without reservation

**ụneingeweiht** *Adj.* uninitiated

**ụneinig** *Adj.* ⟨*party*⟩ divided by disagreement; **[sich** *(Dat.)***] ~ sein** disagree; be in disagreement; **ich bin [mir] mit ihm darin ~**: I disagree with him on that

**Ụneinigkeit die** disagreement **(in** + *Dat.* on)

**uneinnẹhmbar** *Adj.* impregnable

**ụneins** *Adj.; nicht attr.* **~ sein** be divided **(in** + *Dat.* on); ⟨*persons, bodies*⟩ be at variance *or* at cross purposes **(in** + *Dat.* over); **mit jmdm. ~ sein[, wie ...]** be unable to agree with sb. [how ...]; **er ist mit sich [selbst] ~**: he is undecided *or* cannot decide

**ụnempfänglich** *Adj.* unreceptive **(für** to)

**ụnempfindlich** *Adj.* **a)** insensitive **(gegen** to); **b)** *(nicht anfällig, immun)* immune **(gegen** to, against); **c)** *(strapazierfähig)* hard-wearing; *(pflegeleicht)* easy-care *attrib.*

**unẹndlich** 1. *Adj.* infinite, boundless ⟨*space, sea, expanse, fig.: love, care, patience, etc.*⟩; *(zeitlich)* endless; never-ending; *(Math.)* infinite ⟨*number etc.*⟩; **das Unendliche** the infinite *(Philos.)*; infinity *(Math.)*; **sich im Unendlichen schneiden** *(Math.)* meet at infinity; **auf ~ stellen** *(Fot.)* focus ⟨*lens*⟩ on infinity; **bis ins Unendliche** *(auch fig.)* endlessly. 2. *adv.* infinitely ⟨*lovable, sad*⟩; immeasurably ⟨*happy*⟩; ⟨*happy*⟩ beyond measure; **~ langsam** with infinite slowness; **~ lang** endless; **~ groß/hoch** of infinite size/height *postpos.*; immensely *(coll.)* large/high; **sich ~ freuen** be tremendously pleased; **~ viele Menschen/Elemente** countless people/an infinite number of elements; **ein ~ ferner Punkt** *(Math.)* a point at an infinite distance; **~ klein** *(Math.)* infinitesimal

**Unẹndlichkeit die; ~ a)** infinity *no def. art.*; *(des Himmels/Ozeans)* infinite expanse; boundlessness; **b)** *(geh.: Ewigkeit)* eternity *no def. art.*

**unentbẹhrlich** *Adj.* indispensable *(Dat.,* **für** to)

**unentgẹltlich** [*od.* '----] 1. *Adj.* free; **~ sein** be free of charge. 2. *adv.* free of charge; ⟨*work*⟩ for nothing, without pay

**unentrịnnbar** *(geh.)* 1. *Adj.* inescapable. 2. *adv.* inescapably

**ụnentschieden** 1. *Adj.* **a)** unsettled ⟨*case, matter*⟩; undecided ⟨*question*⟩; **b)** *(Sport, Schach)* drawn ⟨*game, match*⟩; **bei ~em Spielausgang** if the game ends in a draw; **der Spielstand ist ~**: the scores are level; **c)** *(unentschlossen)* indecisive ⟨*person*⟩. 2. *adv.* *(Sport, Schach)* **~ spielen** draw; **~ enden** end in a draw; **das Spiel steht 0:0 ~**: the game is a goalless draw [so far]

**Ụnentschieden das; ~s, ~** *(Sport, Schach)* draw

**ụnentschlossen** *Adj.* **a)** undecided; **b)** *(entschlußunfähig)* indecisive

**Ụnentschlossenheit die a)** indecision *no def. art.*; **b)** *(Entschlußunfähigkeit)* indecisiveness

**unentschụldbar** 1. *Adj.* inexcusable. 2. *adv.* inexcusably

**ụnentschuldigt** 1. *Adj.* without giving any reason *postpos., not pred.*; **~es Fernbleiben vom Unterricht/Arbeitsplatz** absence from school/work. 2. *adv.* without giving any reason

**ụnentwegt** [*od.* --'-] 1. *Adj.* **a)** *(beharrlich, ausdauernd)* persistent ⟨*fighter, champion, efforts*⟩; **ein paar Unentwegte** a few stalwarts; **b)** *(unaufhörlich)* constant; incessant. 2. *adv.* **a)** *(beharrlich)* persistently; **b)** *(unaufhörlich)* constantly; incessantly

**unentwịrrbar** 1. *Adj.* inextricable ⟨*tangle*⟩; ⟨*threads, tangle*⟩ that cannot be unravelled; *(fig.)* irredeemable ⟨*muddle, chaos*⟩. 2. *adv.* inextricably

**unerbịttlich** 1. *Adj.* *(auch fig.)* inexorable; unsparing, unrelenting ⟨*critic*⟩; relentless ⟨*battle, struggle*⟩; implacable ⟨*hate, enemy*⟩; **gegen jmdn. ~ sein** be completely unyielding towards sb. 2. *adv.* *(auch fig.)* inexorably; relentlessly; **~ durchgreifen** take uncompromising action; **~ gegen jmdn./etw. vorgehen** take ruthless action against sb./sth.

**ụnerfahren** *Adj.* inexperienced

**unerfịndlich** *Adj.* *(geh.)* unfathomable; inexplicable; **es ist mir ~, warum/wie** *usw.* **...**: it is a mystery to me why/how *etc.* ...

**unerfọrschlich** *Adj.* *(geh.)* unfathomable; *s. auch* **Ratschluß**

**ụnerfreulich** 1. *Adj.* unpleasant; bad ⟨*news*⟩; **[etwas] Unerfreuliches** something unpleasant; *(schlechte Nachricht)* bad news. 2. *adv.* unpleasantly; **~ verlaufen** take a disagreeable course

**unerfụ̈llbar** *Adj.* unrealizable

**ụnergiebig** *Adj.* *(auch fig.)* unproductive; *(fig.: nicht lohnend)* unrewarding ⟨*work, subject*⟩

**unergrụ̈ndlich** *Adj.* unfathomable, inscrutable ⟨*motive, mystery, etc.*⟩; inscrutable ⟨*expression, smile*⟩

**ụnerheblich** 1. *Adj.* insignificant; **nicht ~**: not inconsiderable; **es ist ~, ob ...**: it is of no significance *or* importance whether ... 2. *adv.* insignificantly; [very] slightly

**unerhọ̈rt** 1. *Adj.* **a)** enormous, tremendous ⟨*sum, quantity, etc.*⟩; incredible *(coll.)*, phenomenal ⟨*speed, effort, performance, increase*⟩; incredible *(coll.)*, fantastic *(coll.)* ⟨*splendour, luck*⟩; **b)** *(abwertend: empörend)* outrageous; scandalous. 2. *adv.* **a)** *(überaus)* incredibly *(coll.)*; **~ viel arbeiten** do a fantastic *or* incredible amount of work *(coll.)*; **b)** *(abwertend: empörend)* outrageously

**ụnerkannt** 1. *Adj.* unrecognized; *(nicht identifiziert)* unidentified. 2. *adv.* without being recognized/identified

**unerklärlich** *Adj.* inexplicable; **es ist mir ~, wie das geschehen konnte** I simply cannot understand how that could happen

**unerläßlich** [ʊnɛɐ̯'lɛslɪç] *Adj.* indispensable; essential; **es ist ~, ... zu ...**: it is essential *or* imperative to ...

**ụnerlaubt** 1. *Adj.* ⟨*entry, parking, absenteeism*⟩ without permission; unauthorized ⟨*parking, entry*⟩; *(illegal)* illegal ⟨*act*⟩. 2. *adv.* without authorization *or* permission; *(illegal)* illegally; **der Schule** *(Dat.)* **~ fernbleiben** play truant

**ụnerledigt** *Adj.* not dealt with *postpos.*; ⟨*work*⟩ not done; unanswered ⟨*mail, letters*⟩; unprocessed ⟨*application*⟩

**unermẹßlich** 1. *Adj.* *(geh.)* **a)** *(räumlich)* immeasurable ⟨*expanse, distance*⟩; boundless ⟨*spaces*⟩; **b)** *(mengen-, zahlenmäßig)* immeasurable, immense ⟨*wealth, fortune*⟩; **ins ~e** beyond measure; **c)** *(überaus groß)* untold ⟨*suffering, misery, damage*⟩; inestimable ⟨*value, importance*⟩. **2.** *adv.* immeasurably; ⟨*rich*⟩ beyond measure; ~ **viel** an inestimable amount

**unermụ̈dlich 1.** *Adj.* tireless, untiring (**bei, in** + *Dat.* in). **2.** *adv.* tirelessly

**ụnernst** *Adj.* frivolous

**ụnerquicklich** *(geh.) Adj.* unpleasant

**unerreichbar 1.** *Adj.* **a)** inaccessible; **in ~er Ferne** *od.* **Entfernung** so distant as to be beyond reach; **sie ist für ihn** ~ *(fig.)* she is beyond his reach; **b)** *(nicht kontaktierbar)* unobtainable; **c)** *(fig.)* unattainable ⟨*aim, ideal, accuracy, etc.*⟩. **2.** *adv.* **a)** *(räumlich)* inaccessibly; **b)** *(fig.)* unattainably

**ụnerreicht** *Adj.* unequalled ⟨*record, achievement*⟩; ~ **bleiben** remain unequalled; ⟨*goal*⟩ not be attained

**unersạttlich** *Adj.* insatiable

**ụnerschlossen** *Adj.* unexploited, undeveloped ⟨*area*⟩; unexploited, untapped ⟨*market, resources, deposits*⟩

**unerschọ̈pflich** *Adj.* inexhaustible; **ihre Geduld war** ~: there was no end to her patience

**ụnerschrocken 1.** *Adj.* intrepid; fearless. **2.** *adv.* intrepidly; fearlessly

**unerschụ̈tterlich 1.** *Adj.* unshakeable; imperturbable ⟨*calm, equanimity*⟩; tenacious ⟨*fighter*⟩. **2.** *adv.* unshakeably

**unerschwịnglich 1.** *Adj.* prohibitively expensive; prohibitive ⟨*price*⟩; **für jmdn.** ~ **sein** be beyond sb.'s means. **2.** *adv.* prohibitively ⟨*expensive, high*⟩

**unersẹtzlich** *Adj.* irreplaceable; irretrievable, irrecoverable ⟨*loss*⟩; irreparable ⟨*harm, damage, loss of person*⟩

**ụnersprießlich** *Adj. (geh.)* unprofitable; unproductive

**unerträglich** [*od.* '----] **1.** *Adj.* unbearable ⟨*pain, heat, person, etc.*⟩; intolerable ⟨*situation, conditions, moods, etc.*⟩; **er/es ist mir** ~: I find him/it unbearable; I cannot stand him/it. **2.** *adv.* unbearably

**ụnerwähnt** *Adj.* unmentioned; **völlig** ~ **bleiben** not be mentioned at all

**ụnerwartet 1.** *Adj.* unexpected; **es war** *od.* **kam für alle** ~: it came as a surprise to everybody; **etwas Unerwartetes** something unexpected. **2.** *adv.* unexpectedly

**ụnerwidert** *Adj.* unreturned ⟨*visit*⟩; unrequited ⟨*love*⟩; ~ **bleiben** ⟨*greetings*⟩ receive no response

**ụnerwünscht** *Adj.* unwanted; unwelcome ⟨*interruption, visit, visitor*⟩; undesirable ⟨*side-effects*⟩; **Sie sind hier** ~: you are not wanted *or* welcome here; **ein ~er Ausländer** an undesirable alien

**ụnerzogen** *Adj.* badly behaved

**UNESCO** [u'nɛsko] **die;** ~: UNESCO

**ụnfähig** *Adj.* **a)** ~ **sein, etw. zu tun** *(ständig)* be incapable of doing sth.; *(momentan)* be unable to do sth.; **er ist solch eines Verbrechens** ~: he is incapable of such a crime; **b)** *(abwertend: inkompetent)* incompetent

**Ụnfähigkeit die a)** inability; **b)** *(Inkompetenz)* incompetence

**ụnfair 1.** *Adj.* unfair (**gegen** to). **2.** *adv.* unfairly

**Ụnfall der** accident; **bei einem** ~: in an accident

**ụnfall-, Ụnfall-: ~arzt der** casualty doctor; **zum ~arzt gehen** go to the doctor in the casualty department *or* casualty; **~flucht die** *(Rechtsspr.)* **wegen ~flucht** for failing to stop after [being involved in] an accident; **~flucht begehen** fail to stop after [being involved in] an accident; **~folge die** consequence *or* effect of an/the accident; **er starb an den ~folgen** he died as a result of the accident; **~frei 1.** *Adj.* accident-free; free from accidents *postpos.*; **2.** *adv.* without an accident; **~gefahr die** risk of accidents/an accident; accident risk; **~kranken·haus das** accident *or* casualty hospital; **~opfer das** accident victim; **~rente die** disability pension *(paid by an accident insurance)*; **~station die** accident *or* casualty department; **~stelle die** scene of an/the accident; **~tod der** accidental death; death in an accident; **~ursache die** cause of an/the accident; **~versicherung die** accident insurance; **~wagen der a)** *(Rettungswagen)* incident vehicle; *(Krankenwagen)* ambulance; **b)** *(beschädigter Wagen)* car [that has been] damaged in an/the accident

**unfạßbar 1.** *Adj.* incomprehensible; *(unglaublich)* incredible, unimaginable ⟨*poverty, cruelty, etc.*⟩; **es ist mir ~, wie ...:** it is incomprehensible to me *or* I cannot understand how ... **2.** *adv.* incomprehensibly; incredibly, unimaginably ⟨*cruel*⟩

**unfẹhlbar** *Adj.* infallible

**Unfẹhlbarkeit die;** ~: infallibility

**ụnfein 1.** *Adj.* ill-mannered, unrefined ⟨*behaviour etc.*⟩; unrefined, coarse ⟨*manner, word*⟩; bad ⟨*manners*⟩; **das gilt als** ~: it's considered bad manners. **2.** *adv.* ⟨*behave*⟩ badly, in an ill-mannered way

**ụnfertig** *Adj.* **a)** unfinished ⟨*manuscript, article, etc.*⟩; **b)** *(fig.: unreif)* immature

**ụnfest** *(Sprachw.)* **1.** *Adj.* separable. **2.** *adv.* ~ **zusammengesetzte Verben** separable [compound] verbs

**Unflat** ['ʊnfla:t] **der;** ~**[e]s** *(geh. veralt.)* filth

**unflätig** ['ʊnflɛ:tɪç] *(geh. abwertend)* **1.** *Adj.* coarse ⟨*behaviour, manners, speech, etc.*⟩; obscene ⟨*expression, word, curse*⟩; dirty ⟨*song*⟩. **2.** *adv.* coarsely; obscenely

**ụnflektiert** *Adj. (Sprachw.)* uninflected

**ụnflott** *Adj. in* **nicht** ~ *(ugs.)* not bad; *(modisch, schick)* quite with it *(coll.)*. **2.** *adv.* **nicht** ~: not at all badly; **sie tanzt nicht** ~ *(ugs.)* she's a pretty useful dancer *(coll.)*

**ụnförmig 1.** *Adj.* shapeless ⟨*lump, shadow, etc.*⟩; huge ⟨*legs, hands, body*⟩; bulky, ungainly ⟨*shape, shoes, etc.*⟩. **2.** *adv.* ~ **dick** fat and unshapely *or* bulky; ~ **angeschwollen** swollen and unsightly

**ụnfrankiert** *Adj.* unstamped

**ụnfrei 1.** *Adj.* **a)** not free *pred.*; subject, dependent ⟨*people*⟩; ⟨*life*⟩ of bondage *or* without liberty; **die Bauern waren noch** ~ *(hist.)* the peasants were still serfs; **sich etwas** ~ **fühlen** feel a bit tied *or* unable to act freely; **b)** *(gehemmt)* inhibited; **c)** *(keine Freiheit gewährend)* restrictive ⟨*education, regime*⟩; **d)** *(Postw.)* unstamped. **2.** *adv.* *(gehemmt)* in an inhibited manner

**Ụnfreie der/die;** *adj. Dekl. (hist.)* serf

**Ụnfreiheit die;** *o. Pl.* slavery *no art.*; bondage *(esp. Hist./literary) no art.*; **ein Leben in** ~: a life of bondage *or* without freedom

**ụnfreiwillig 1.** *Adj.* involuntary; *(erzwungen)* enforced ⟨*stay*⟩; *(nicht beabsichtigt)* unintended ⟨*publicity, joke, humour*⟩. **2.** *adv.* involuntarily; without wanting to; *(unbeabsichtigt)* unintentionally

**ụnfreundlich 1.** *Adj.* **a)** unfriendly (**zu, gegen** to); unkind ⟨*words, remark*⟩; **ein ~er Akt** *(Politik)* an unfriendly *or* a hostile act; **b)** *(fig.)* unpleasant ⟨*area, climate, environment*⟩; unpleasant, inclement ⟨*weather, summer*⟩; cheerless ⟨*room*⟩. **2.** *adv.* in an unfriendly way

**Ụnfreundlichkeit die a)** *o. Pl.* unfriendliness; **sie behandelte ihn mit einer solchen ~, daß ...:** she treated him in such an unfriendly way that ...; **b)** *(Handlung)* unfriendly act; *(Äußerung)* unkind remark

**Ụnfriede[n] der** discord; **in ~ leben/auseinandergehen** live in a state of strife/part in hostility

**ụnfrisiert** *Adj.* ungroomed ⟨*hair*⟩; **sie war** ~: she had not done her hair

**ụnfruchtbar** *Adj.* **a)** infertile ⟨*soil, field, land*⟩; **meine Anregungen fielen auf ~en Boden** *(fig.)* my suggestions fell on stony ground; **b)** *(Biol.)* infertile; sterile; **ein Tier** ~ **machen** sterilize *or* neuter an animal; **die ~en Tage der Frau** the days of infertility; **c)** *(fig.)* unfruitful, unproductive ⟨*discussion, comparison, etc.*⟩; infertile ⟨*years, period*⟩; ⟨*idea*⟩ which does not lead anywhere

**Ụnfruchtbarkeit die a)** infertility; **b)** *(Biol.)* infertility; sterility; **c)** *(fig.)* unproductiveness

**Unfug** ['ʊnfu:k] **der;** ~**[e]s a)** [piece of] mischief; **allerlei ~ anstellen** get up to all kinds of mischief *or (coll.)* monkey business; **grober** ~: public nuisance; **was soll dieser ~?** what's this monkey business? *(coll.)*; **laß diesen ~!** stop monkeying about *(coll.) or* making a nuisance of yourself; **b)** *(Unsinn)* nonsense

**Ungar** ['ʊŋgar] **der; ~n, ~n, Ụngarin die; ~, ~nen** Hungarian; *s. auch* **-in**

**ụngarisch 1.** *Adj.* Hungarian. **2.** *adv.* in Hungarian; *s. auch* **deutsch; ²Deutsche**

**Ụngarisch das;** ~**[s]** Hungarian; *s. auch* **Deutsch**

**Ụngarn (das); ~s** Hungary

**ụngastlich 1.** *Adj.* inhospitable. **2.** *adv.* inhospitably

**ụngeachtet** *Präp. mit Gen. (geh.)* notwithstanding; despite

**ụngeahnt 1.** *Adj.* unsuspected; *(stärker)* undreamt-of *attrib.* **2.** *adv.* unexpectedly

**ụngebärdig 1.** *Adj.* unruly ⟨*child, horse, etc.*⟩; wild ⟨*temperament, mountain stream, etc.*⟩. **2.** *adv.* wildly

**ụngebeten 1.** *Adj.* uninvited; *(nicht gern gesehen)* unwelcome. **2.** *adv.* uninvited

**ụngebeugt** *Adj. (Sprachw.)* uninflected

**ụngebildet** *Adj.* uneducated; **ein Ungebildeter** an uneducated person

**ụngeboren** *Adj.* unborn

**ụngebräuchlich** *Adj.* uncommon; rare; rarely used ⟨*method, process*⟩

**ụngebraucht** *Adj.* unused; mint ⟨*stamp*⟩

**ụngebrochen** *Adj.* **a)** *(Physik)* unrefracted ⟨*rays, waves*⟩; **b)** *(fig.)* unbroken ⟨*will, person*⟩; undiminished ⟨*strength, courage*⟩

**Ụngebühr die;** *o. Pl. (geh.)* impropriety; ~ **vor Gericht** *(Rechtsspr.)* contempt of court

**ụngebührlich** *(geh.)* **1.** *Adj.* improper, unseemly ⟨*behaviour*⟩; unreasonable ⟨*demand*⟩. **2.** *adv.* ⟨*behave*⟩ improperly; unreasonably ⟨*high, long, etc.*⟩

**ụngebunden 1.** *Adj.* **a)** unbound ⟨*book etc.*⟩; **b)** *(Literaturw.)* **in ~er Rede** in prose; **c)** *(frei von Bindungen)* independent; without ties *postpos.*; *(ohne Partner/Partnerin)* unattached. **2.** *adv.* ~ **leben** live an independent life *or* a life without ties

**ụngedeckt** *Adj.* **a)** uncovered ⟨*cheque, bill of exchange, etc.*⟩; unsecured ⟨*bond*⟩; **b)** unlaid ⟨*table*⟩; **c)** *(ungeschützt)* unprotected; **d)** *(Ballspiele)* unmarked ⟨*player*⟩

**Ụngeduld die** impatience

**ụngeduldig 1.** *Adj.* impatient. **2.** *adv.* impatiently

**ụngeeignet** *Adj.* unsuitable; *(für eine Aufgabe, Stellung)* unsuited (**für, zu** to, for)

**ungefähr** ['ʊngəfɛ:ɐ̯] **1.** *Adj.*; *nicht präd.* approximate; rough ⟨*idea, outline*⟩. **2.** *Adv.* approximately; roughly; *(mit nachgestellter Zahl)* about; roughly; ~ **so** something like this; **so** ~ *(ugs.)* more or less; **kannst du mir so ~ sagen, wie/wann** *usw.* **...?** can you give me some idea *or* a rough idea how/when *etc.* ...?; **wann wirst du ~ zurückkommen?** roughly *or* about when will you be back?; **wo ~ ...?** whereabouts ...?; **kannst du es ~ beschreiben?** can you give a rough description?; **ich kann es mir ~ vorstellen** I can imagine; **[wie] von ~:** [as if] by chance; **es kommt nicht von ~[, daß ...]** it's no accident [that ...]

**ụngefährdet** *Adj.* safe; *(gesichert)* assured ⟨*promotion etc.*⟩; ⟨*play, swim, etc.*⟩ in safety

**ụngefährlich 1.** *Adj.* safe; harmless ⟨*animal, person, illness, etc.*⟩; **nicht ~ sein** be not without danger. **2.** *adv.* safely

**ụngefällig 1.** *Adj.* disobliging, churlish (**ge-**

genüber to). **2.** *adv.* in a disobliging way; churlishly

**ụngefärbt** *Adj.* **a)** undyed 〈*wool, hair*〉; 〈*food, drink*〉 without colouring matter; **b)** *(fig.)* unvarnished 〈*truth*〉; uncoloured, undistorted 〈*account*〉

**ụngefragt** *Adj.; nicht attr.* unasked

**ụngefüge** *(geh.) Adj.* **a)** cumbersome 〈*furniture*〉; massive, bulky 〈*chunk, stature*〉; massive 〈*wall, stone*〉; ungainly 〈*person*〉; **b)** *(schwerfällig)* ponderous 〈*style*〉

**ụngehalten** *(geh.)* **1.** *Adj.* annoyed (**über** + *Akk.*, **wegen** about); *(entrüstet)* indignant. **2.** *adv.* indignantly; 〈*reply, say*〉 in an aggrieved tone

**ụngeheizt** *Adj.* unheated

**ụngehemmt 1.** *Adj.* **a)** uninhibited 〈*person*〉; **b)** *(uneingeschränkt)* unrestricted, unimpeded 〈*movement*〉; *(fig.)* unrestrained 〈*joy, anger, etc.*〉. **2.** *adv.* **a)** without inhibition; **b)** *(uneingeschränkt)* 〈*develop*〉 unhindered, without hindrance; *(fig.)* 〈*cry, laugh, drink, etc.*〉 without restraint

**ụngeheuer 1.** *Adj.* enormous; immense; tremendous 〈*strength, energy, effort, enthusiasm, fear, success, pressure, etc.*〉; vast, immense 〈*fortune, knowledge*〉; *(schrecklich)* terrible *(coll.)*, terrific *(coll.)* 〈*pain, rage*〉; **ungeheure Ausgaben** an enormous amount of expense. **2.** *adv.* tremendously; terribly *(coll.)* 〈*difficult, clever*〉

**Ụngeheuer das; ~s, ~** *(auch fig.)* monster

**ungeheuerlich 1.** *Adj.* monstrous; outrageous. **2.** *adv. (ugs.)* terribly *(coll.)*

**Ungeheuerlichkeit die; ~, ~en a)** *o. Pl.* monstrous nature; outrageousness; **b)** *(Vorgang)* monstrous *or* outrageous thing

**ụngehindert** *Adj.* unimpeded

**ụngehobelt 1.** *Adj.* **a)** unplaned 〈*wood*〉; **b)** *(grob)* uncouth. **2.** *adv.* uncouthly

**ụngehörig 1.** *Adj.* improper 〈*behaviour*〉; *(frech)* impertinent 〈*tone, answer*〉. **2.** *adv.* improperly; *(frech)* impertinently

**ụngehorsam** *Adj.* disobedient (**gegenüber** to)

**Ụngehorsam der** disobedience (**gegenüber** to)

**ụngehört** *Adj.; nicht attr.* unheard

**Ụngeist der;** *o. Pl. (geh. abwertend)* pernicious ideology

**ụngekämmt** *Adj.* uncombed

**ụngeklärt** *Adj.* **a)** unsolved 〈*question, problem*〉; unknown 〈*cause*〉; **die Angelegenheit ist noch ~:** the matter has yet to be cleared up; **b)** *(ungereinigt)* untreated 〈*sewage*〉

**ụngekrönt** *Adj. (auch fig.)* uncrowned

**ụngekündigt** *Adj.* **in ~er Stellung** not under notice *postpos.*

**ụngekünstelt 1.** *Adj.* natural; unaffected. **2.** *adv.* naturally; unaffectedly

**ụngekürzt** *Adj.* unabridged 〈*edition, book*〉; uncut 〈*film, speech*〉

**ụngeladen** *Adj.* **a)** unloaded 〈*gun, camera*〉; **b)** *(nicht eingeladen)* uninvited 〈*guest*〉

**ụngelegen 1.** *Adj.* inconvenient, awkward 〈*time*〉; 〈*visit etc.*〉 at an awkward *or* inconvenient time; **das kommt mir sehr ~/nicht ~:** that is very inconvenient *or* awkward/quite convenient for me. **2.** *adv.* inconveniently; **komme ich ~?** have I come at an inconvenient *or* awkward time?

**Ụngelegenheit die** inconvenience; **jmdm. große ~en machen** *od.* **bereiten** inconvenience sb. greatly

**ụngelegt** *Adj. in* **kümmere dich nicht um ~e Eier** *(ugs.)* don't cross your bridges before you get to them

**ụngelenk 1.** *Adj.* clumsy; ungainly. **2.** *adv.* clumsily

**ụngelenkig** *Adj.* stiff-jointed

**ụngelernt** *Adj.* unskilled

**Ụngelernte der/die;** *adj. Dekl.* unskilled worker

**ụngeliebt** *Adj.* unloved; *(verhüll.: verhaßt)* hateful, odious 〈*task*〉; odious 〈*school etc.*〉

**ụngelogen** *Adv. (ugs.)* honestly

**ụngelöscht** *Adj. (Chemie)* unslaked 〈*lime*〉

**Ụngemach das; ~[e]s** *(geh. veralt.)* trouble

**ụngemacht** *Adj.* unmade

**ụngemein 1.** *Adj.; nicht präd.* exceptional 〈*progress, popularity*〉; tremendous 〈*advantage, pleasure*〉. **2.** *adv.* exceptionally; **~ fleißig** extraordinarily industrious; **das freut mich ~:** that pleases me no end *(coll.)*

**ụngemütlich 1.** *Adj.* **a)** uninviting, cheerless 〈*room, flat*〉; uncomfortable, unfriendly 〈*atmosphere*〉; **b)** *(unangenehm)* unpleasant 〈*situation*〉; **es wird jetzt ~:** things are getting nasty; **es wurde ihnen zu ~:** things got too unpleasant for them. **2.** *adv.* uncomfortably 〈*furnished*〉; **hier sitzt es sich ~:** it's not comfortable sitting here

**ụngenannt** *Adj.* anonymous; **ein Ungenannter** an anonymous person

**ụngenau 1.** *Adj.* **a)** inaccurate 〈*measurement, estimate, thermometer, translation, etc.*〉; imprecise, inexact 〈*definition, formulation, etc.*〉; *(undeutlich)* vague 〈*memory, idea, impression*〉; **b)** *(nicht sorgfältig)* careless 〈*work, worker*〉. **2.** *adv.* **a)** inaccurately; 〈*define*〉 imprecisely, inexactly; 〈*remember*〉 vaguely; **die Uhr geht ~:** the clock does not keep good time; **b)** *(nicht sorgfältig)* 〈*work*〉 carelessly

**Ụngenauigkeit die a)** *o. Pl.* inaccuracy; *(einer Definition)* imprecision; inexactness; **b)** *(etwas Ungenaues)* inaccuracy

**ungeniert** ['ʊnʒeni:ɐt] **1.** *Adj.* free and easy; uninhibited; **er war ganz ~:** he was not at all embarrassed *or* concerned. **2.** *adv.* openly; 〈*yawn*〉 unconcernedly; *(ohne Scham)* 〈*undress etc.*〉 without any embarrassment

**ungenießbar** *Adj.* **a)** *(nicht eßbar)* inedible; *(nicht trinkbar)* undrinkable; **b)** *(fig. ugs.)* unbearable 〈*person*〉; **er ist heute ~:** he's in a foul mood today *(sl.)*

**ụngenügend 1.** *Adj.* inadequate; **die Note „~"/ein Ungenügend** *(Schulw.)* the/an 'unsatisfactory' [mark]. **2.** *adv.* inadequately

**ụngenutzt, ụngenützt** *Adj.* unused; unexploited 〈*resource, energy*〉; **eine Gelegenheit ~ vorübergehen lassen** let an opportunity slip *or* pass by

**ụngepflegt** *Adj.* neglected 〈*garden, park, car, etc.*〉; unkempt 〈*person, appearance, hair*〉; uncared-for 〈*hands*〉

**ụngerade** *Adj.* odd 〈*number*〉

**ụngerecht 1.** *Adj.* unjust, unfair (**gegen, zu, gegenüber** to). **2.** *adv.* unjustly; unfairly

**ungerechterweise** *Adv.* unjustly; unfairly; **er verdient ~ genausoviel wie sie** he earns as much as she does, which is unfair

**ụngerechtfertigt** *Adj.* unjustified; unwarranted

**Ụngerechtigkeit die; ~, ~en** injustice; **der Vorwurf der ~:** the reproach of being unjust; **so eine ~!** how unjust *or* unfair!

**ụngeregelt** *Adj.* irregular; disorganized

**ụngereimt** *Adj.* **a)** *(nicht stimmig)* inconsistent; illogical; *(ugs. abwertend: sinnlos, verworren)* muddled; **b)** *(reimlos)* unrhymed

**Ụngereimtheit die; ~, ~en** *(Unstimmigkeit)* inconsistency; *(ugs. abwertend: Unsinnigkeit, Verworrenheit)* muddle

**ụngern** *Adv.* reluctantly; **etw. ~ tun** not like *or* dislike doing sth.; **Würdest du das bitte tun? – Ungern** Would you do that, please? – I'd rather not

**ụngerufen** *Adv.* without being called

**ụngerührt** *Adj.* unmoved

**ụngesalzen** *Adj.* unsalted

**ụngesättigt** *Adj. (Chemie)* unsaturated; **mehrfach ~:** polyunsaturated

**ụngesäuert** *Adj.* unleavened 〈*bread*〉

**ụngeschält** *Adj.* unpeeled 〈*fruit*〉; unstripped 〈*tree-trunk*〉; **~er Reis** paddy rice

**ụngeschehen** *Adj. in* **etw. ~ machen** undo sth.

**Ụngeschick das** clumsiness; **~ läßt grüßen!** *(ugs.)* butter-fingers!

**Ụngeschicklichkeit die; ~, ~en a)** *o. Pl.* clumsiness; ineptitude; **b)** *(etwas Ungeschicktes)* piece of clumsiness; *(Fehler)* clumsy mistake

**ụngeschickt 1.** *Adj.* clumsy; awkward 〈*movement, formulation, etc.*〉; **technisch ~:** technically inept. **2.** *adv.* clumsily; 〈*bow, express oneself, etc.*〉 awkwardly; **sich ~ anstellen** show a lack of skill; show oneself to be inept

**ụngeschlacht** *(geh.)* **1.** *Adj.* **a)** *(unförmig, massig)* huge and ungainly 〈*man, animal*〉; huge, clumsy 〈*hands*〉; clumsy, ungainly 〈*limbs, movement*〉; massive 〈*building etc.*〉; **b)** *(grob, unkultiviert)* coarse; uncouth. **2.** *adv.* in an uncouth way

**ụngeschlechtlich** *(Biol.)* **1.** *Adj.* asexual. **2.** *adv.* asexually

**ụngeschliffen 1.** *Adj.* **a)** uncut 〈*diamond etc.*〉; **b)** *(fig. abwertend)* unrefined 〈*behaviour, manners*〉. **2.** *adv. (fig. abwertend)* in an unrefined manner

**ụngeschmälert** *Adj. (geh.)* undiminished; in full measure *postpos.*; *(voll anerkannt)* appreciated to the full *postpos.*

**ụngeschminkt 1.** *Adj.* **a)** not made-up *pred.*; without make-up *postpos.*; **b)** *(fig.)* unvarnished 〈*truth*〉; uncoloured 〈*account*〉. **2.** *adv.* without holding anything back; **jmdm. ~ seine Meinung sagen** give sb. one's honest opinion

**ụngeschoren** *Adj.* **a)** unshorn; **b)** *nicht attr. (fig.)* **~ bleiben** be left in peace; be spared; **~ davonkommen** get away with it; *(ohne Schaden)* get away unscathed

**ụngeschrieben** *Adj.* unwritten

**ụngeschützt** *Adj.* unprotected; *(Wind und Wetter ausgesetzt)* exposed

**ụngesehen** *Adj.; nicht attr.* unseen

**ụngesellig 1.** *Adj.* **a)** unsociable; **b)** *(Zool.)* non-gregarious. **2.** *adv. (Zool.)* non-gregariously

**ụngesetzlich 1.** *Adj.* unlawful; illegal. **2.** *adv.* unlawfully; illegally

**Ụngesetzlichkeit die** illegality

**ụngesittet 1.** *Adj.* uncivilized. **2.** *adv.* in an uncivilized manner

**ụngestalt** *Adj.* **a)** *(geh.)* shapeless; **b)** *(veralt.: mißgestaltet)* misshapen

**ụngestempelt** *Adj.* unstamped 〈*licence etc.*〉; uncancelled 〈*stamp*〉

**ụngestillt** *Adj. (geh.)* unquenched, unslaked 〈*thirst*〉; unsatisfied, unsated 〈*curiosity, desire, greed*〉

**ụngestört** *Adj.* undisturbed; uninterrupted 〈*development*〉; **~ arbeiten** work in peace *or* without interruption

**ụngestraft 1.** *Adj.; nicht attr.* unpunished. **2.** *adv.* with impunity

**ungestüm** ['ʊngəʃty:m] *(geh.)* **1.** *Adj.* impetuous, tempestuous 〈*person, embrace, nature, etc.*〉; wild 〈*imagination*〉; violent, fierce 〈*wind*〉; stormy 〈*sea*〉. **2.** *adv.* impetuously

**Ụngestüm das; ~[e]s** impetuosity

**ụngesühnt** *Adj. (geh.)* unatoned

**ụngesund 1.** *Adj. (auch fig.)* unhealthy; *(fig.: übermäßig)* excessive 〈*ambition, activity*〉; **Rauchen ist ~:** smoking is bad for you *or* for your health. **2.** *adv.* unhealthily; **er lebt sehr ~:** he lives *or* leads a very unhealthy life

**ungesüßt** ['ʊngəzy:st] *Adj.* unsweetened

**ụngetan** *Adj.* still to be done *postpos.*; **etw. ~ lassen** leave sth. undone

**ụngeteilt** *Adj.* **a)** undivided; **b)** *(fig.)* unrestricted, absolute 〈*power*〉; undivided 〈*attention, interest*〉; *(einmütig)* unanimous; universal 〈*approval, agreement, etc.*〉

**ụngetreu** *Adj. (geh.)* disloyal

**ụngetrübt** *Adj.* unclouded, perfect 〈*happiness*〉; unalloyed 〈*pleasure*〉; unspoilt, perfect 〈*days, relationship*〉; **seine Freude blieb**

**nicht lange ~:** his pleasure did not long remain unsullied

**Ungetüm** ['ʊngəty:m] **das; ~s, ~e** monster

**ungeübt** *Adj.* unpractised ⟨*hand*⟩; **in etw. ~ sein** lack practice in sth.

**ungewaschen** *Adj.* unwashed

**ungewiß** *Adj.* uncertain; **eine Fahrt ins Ungewisse** a journey into the unknown; **über etw.** *(Akk.)* **im ungewissen sein** be uncertain *or* unsure about sth.; **jmdn. [über etw.** *(Akk.)***] im ungewissen lassen** leave sb. in the dark *or* keep sb. guessing [about sth.]

**Ungewißheit die** uncertainty; **in ~ sein** be in a state of uncertainty

**ungewöhnlich 1.** *Adj.* **a)** unusual; **b)** *(sehr groß)* exceptional ⟨*strength, beauty, ability, etc.*⟩; outstanding ⟨*achievement, success*⟩. **2.** *adv.* **a)** *(unüblich)* ⟨*behave*⟩ abnormally, strangely; **b)** *(enorm)* exceptionally

**ungewohnt 1.** *Adj.* unaccustomed ⟨*exertion, heat, cold, load, etc.*⟩; unaccustomed, unusual ⟨*sight, time*⟩; *(nicht vertraut)* unfamiliar ⟨*method, work, surroundings, etc.*⟩; **sie sagte es mit ~er Schärfe** she said it with a sharpness [that was] unusual for her; **die Arbeit ist ihr** *od.* **für sie noch ~:** she is still not used to *or* familiar with the work. **2.** *adv.* unusually

**ungewollt 1.** *Adj.* unwanted; *(unbeabsichtigt)* unintentional; inadvertent. **2.** *adv.* unintenionally; inadvertently

**ungezählt** *Adj.* **a)** *nicht präd. (unzählig)* countless; **b)** *(nicht gezählt)* uncounted

**Ungeziefer** ['ʊngətsi:fɐ] **das; ~s** vermin *pl.*

**ungezogen 1.** *Adj.* naughty; badly behaved; bad ⟨*behaviour*⟩; *(frech)* cheeky; **zu jmdm. ~ sein** behave badly towards sb.; be cheeky to sb. **2.** *adv.* naughtily; ⟨*behave*⟩ badly

**Ungezogenheit die; ~, ~en a)** *o. Pl.* naughtiness; bad behaviour; **b)** *(ungezogene Bemerkung)* **~en** insolent remarks; **das ist eine ~:** that's very naughty/cheeky

**ungezügelt 1.** *Adj.* unbridled. **2.** *adv.* without restraint

**ungezwungen 1.** *Adj.* natural, unaffected ⟨*person, behaviour, cheerfulness*⟩; *(nicht förmlich)* informal, free and easy ⟨*tone, conversation, etc.*⟩. **2.** *adv.* ⟨*behave*⟩ naturally, unaffectedly; ⟨*talk*⟩ freely

**Ungezwungenheit die; ~** *s.* **ungezwungen 1:** naturalness; unaffectedness; informality

**ungiftig** *Adj.* non-poisonous; non-toxic ⟨*gas, substance*⟩

**Unglaube[n] der a)** disbelief; incredulity; **b)** *(Rel.)* unbelief

**unglaubhaft** *Adj.* implausible

**ungläubig 1.** *Adj.* **a)** disbelieving; incredulous; **~er Thomas** doubting Thomas; **b)** *(Rel.)* unbelieving. **2.** *adv.* incredulously; in disbelief

**Ungläubige der/die** *(Rel.)* unbeliever

**unglaublich 1.** *Adj.* **a)** incredible; **b)** *(ugs.: sehr groß)* incredible *(coll.)*, fantastic *(coll.)* ⟨*speed, amount, luck, etc.*⟩. **2.** *adv. (ugs.: äußerst)* incredibly *(coll.)*; *(empörend)* ⟨*behave*⟩ in an incredible fashion *(coll.)*

**unglaubwürdig** *Adj.* implausible; untrustworthy, unreliable ⟨*witness etc.*⟩

**ungleich 1.** *Adj.* **a)** unequal; unequal, different ⟨*sizes*⟩; odd, unmatching ⟨*socks, gloves, etc.*⟩; *(unähnlich)* dissimilar ⟨*characters etc.*⟩; odd ⟨*couple*⟩; **a [ist] ~ b** *(Math.)* a is not equal to *or* does not equal b; **b)** *(ungleichmäßig)* uneven ⟨*distribution etc.*⟩. **2.** *adv.* **a)** unequally; **~ geartet** of different dispositions; **b)** *(ungleichmäßig)* unevenly. **3.** *Adv. (mit Komparativ)* far ⟨*larger, more difficult*⟩; *(unvergleichlich)* incomparably ⟨*better, more beautiful*⟩. **4.** *Präp. mit Dat. (geh.)* unlike

**Ungleichgewicht das** imbalance

**Ungleichheit die a)** *o. Pl.* inequality; **b)** *(Unterschied)* difference; dissimilarity

**ungleichmäßig 1.** *Adj.* uneven. **2.** *adv.* **a)** unevenly; **b)** *(verschieden)* **~ lang** of different lengths

**ungleichnamig** *Adj.* **a)** *(Math.)* ⟨*fractions*⟩ with different denominators; **b)** *(Physik)* opposite ⟨*poles*⟩

**Unglück das; ~[e]s, ~e a)** *(Unfall)* accident; *(Flugzeug~, Zug~)* crash; accident; *(Mißgeschick)* mishap; **das ist [doch] kein ~!** that's not a disaster; it doesn't really matter; **b)** *o. Pl. (Not)* misfortune; *(Leid)* suffering; distress; **jmdn. ins ~ stürzen** bring ruin *or* disaster on sb.; **sich ins ~ stürzen, in sein ~ rennen** rush headlong into disaster *or* to one's ruin; **es ist ein ~, daß ...:** it is a real shame *or* a great pity that ...; **c)** *(Pech)* bad luck; misfortune; **~ haben** be unlucky; **das bringt ~:** that's unlucky; **zum ~:** unfortunately; **zu allem ~:** to make matters worse; **das ~ wollte es, daß ...:** as luck would have it ...; **~ im Spiel, Glück in der Liebe** unlucky at cards, lucky in love; **d)** *(Schicksalsschlag)* misfortune; **ein ~ kommt selten allein** *(ugs.)* it never rains but it pours

**unglücklich 1.** *Adj.* **a)** *(traurig)* unhappy; unhappy, unrequited ⟨*love*⟩; **er ist ~ darüber, daß ...:** he is unhappy that ...; **mach dich nicht ~!** don't do it!; **b)** *(nicht vom Glück begünstigt)* unfortunate ⟨*person*⟩; *(bedauernswert, arm)* hapless ⟨*person, animal*⟩; **ich Unglücklicher/Unglückliche!** *(geh.)* poor me!; woe is me! *(literary)*; **der/die Unglückliche** the unfortunate *or* poor man/woman; **c)** *(ungünstig, ungeschickt)* unfortunate ⟨*moment, combination, meeting, etc.*⟩; unhappy ⟨*end, choice, solution*⟩; unfortunate, unhappy ⟨*coincidence, formulation*⟩; clumsy ⟨*movement*⟩; *(unverdient)* unlucky ⟨*defeat*⟩; **[bei** *od.* **in etw.** *(Dat.)***] eine ~e Hand haben** get it wrong [when doing sth.]; **eine ~e Figur abgeben** cut a sorry figure. **2.** *adv.* **a)** unhappily; **~ verliebt sein** be unhappy in love; **b)** *(ungünstig)* unfortunately; *(ungeschickt)* unhappily, clumsily ⟨*translated, expressed*⟩; **~ enden** come to an unfortunate end; ⟨*love affair*⟩ end unhappily; **er stürzte so ~, daß ...:** he fell so awkwardly that ...; he had such a bad fall that ...

**unglücklicherweise** *Adv.* unfortunately

**Unglücks·botschaft die** bad news *sing.*; bad tidings *pl.*

**unglück·selig** *Adj.* **a)** *(bedauernswert)* unfortunate, hapless ⟨*person*⟩; **b)** *(verhängnisvoll)* unfortunate, fateful ⟨*coincidence, combination*⟩; ill-starred, fateful ⟨*time*⟩; fateful ⟨*predilection*⟩

**Unglücks-: ~fall der** accident; **~rabe der** *(ugs.)* unlucky sort *(coll.)*; luckless individual *(coll.)*; **~stelle die** scene of an/the accident; **~zahl die** unlucky number

**Ungnade die** *in* **[bei jmdm.] in ~** *(Akk.)* **fallen/in ~** *(Dat.)* **sein** fall/be out of favour [with sb.]

**ungnädig 1.** *Adj.* bad-tempered; grumpy; *(geh.: schlimm)* unkind ⟨*fate*⟩. **2.** *adv.* in a bad-tempered way; grumpily

**ungültig** *Adj.* invalid; void *(esp. Law)*; spoilt ⟨*vote, ballot-paper*⟩; disallowed ⟨*goal*⟩; **~e Banknoten** banknotes which are not legal tender; **eine Ehe/ein Tor für ~ erklären** annul a marriage/disallow a goal

**Ungunst die a)** *(geh. veralt.)* disfavour; **b)** *in* **zu jmds. ~en** to sb.'s disadvantage

**ungünstig 1.** *Adj.* **a)** unfavourable; unfavourable, poor ⟨*climate, weather*⟩; *(unglücklich)* unfortunate ⟨*consequence*⟩; unfortunate, bad ⟨*shape, layout*⟩; *(unvorteilhaft)* unfavourable, unflattering ⟨*light, perspective, impression*⟩; unflattering ⟨*cut of dress*⟩; inconvenient ⟨*position*⟩; *(schädlich)* harmful ⟨*effect*⟩; **b)** *(unpassend)* inconvenient ⟨*time*⟩; *(ungeeignet)* inappropriate, inconvenient ⟨*time, place*⟩; unsuitable ⟨*colour etc.*⟩. **2.** *adv.* **a)** unfavourably; badly ⟨*designed, laid out*⟩; *(unvorteilhaft)* unflatteringly ⟨*cut*⟩; **sich ~ auswirken** have a harmful effect; **b)** *(unpassend, ungeeignet)* inconveniently

**ungut** *Adj.* **a)** uneasy ⟨*feeling, premonition*⟩; negative ⟨*impression, expectation*⟩; *(unangenehm)* unpleasant ⟨*after-taste, recollection, memories*⟩; **b)** *in* **nichts für ~!** no offence [meant]! *(coll.)*

**unhaltbar** *Adj.* **a)** untenable ⟨*thesis, statement, etc.*⟩; **b)** *(unerträglich)* unbearable, intolerable ⟨*conditions, situation*⟩; **c)** *(Ballspiele)* unstoppable ⟨*shot, goal, etc.*⟩

**unhandlich** *Adj.* unwieldy

**Unheil das** disaster; **~ anrichten** *od.* **stiften** wreak havoc

**unheilbar 1.** *Adj.* incurable. **2.** *adv.* incurably; **~ krank** suffering from an incurable disease *postpos.*; incurably ill

**unheil·voll** *Adj.* disastrous; *(verhängnisvoll)* fateful; ominous ⟨*development*⟩

**unheimlich 1.** *Adj.* **a)** eerie ⟨*story, figure, place, sound*⟩; eerie, uncanny ⟨*feeling*⟩; **das/er ist mir ~:** it/he gives me an eerie feeling *or (coll.)* the creeps; **mir ist/wird [es] ~:** I have an eerie *or* uncanny feeling; **b)** *(ugs.) (schrecklich)* terrible *(coll.)* ⟨*coward, idiot, hunger, headache, etc.*⟩; *(enorm)* terrific *(coll.)* ⟨*fun, sum, amount, etc.*⟩. **2.** *adv.* **a)** eerily; uncannily; **b)** *(ugs.; äußerst, sehr)* terribly *(coll.)* ⟨*fat, nice, etc.*⟩; terrifically *(coll.)* ⟨*important, large*⟩; incredibly *(coll.)* ⟨*quick, long*⟩; **~ viel** an incredible *or* a terrific amount *(coll.)*; **es macht ~ Spaß** it's terrific fun *(coll.)*

**unhöflich 1.** *Adj.* impolite. **2.** *adv.* impolitely

**Unhöflichkeit die** impoliteness

**Unhold der; ~[e]s, ~e a)** fiend; demon; **b)** *(abwertend: böser Mensch)* monster

**unhörbar 1.** *Adj.* inaudible. **2.** *adv.* inaudibly

**unhygienisch 1.** *Adj.* unhygienic. **2.** *adv.* unhygienically

**uni** ['yni] *indekl. Adj.* plain, single-colour ⟨*material etc.*⟩; plain ⟨*tie*⟩

**Uni** ['ʊni] **die; ~, ~s** *(ugs.)* university

**UNICEF** ['u:nitsɛf] **die; ~:** UNICEF

**uni·farben** *Adj. s.* **uni**

**Uniform** ['ʊnifɔrm] **die; ~, ~en** uniform; **[Staats]bürger in ~:** soldier [in the Bundeswehr]; citizen in uniform; **die ~ ausziehen** *(fig.)* put aside one's uniform; leave the service

**uniformieren** *tr. V.* uniform; **uniformiert** in uniform *postpos.*; uniformed

**Uniformierte der/die;** *adj. Dekl.* man/woman in uniform; *(Polizist)* uniformed [police]man/woman

**Unikat** [uni'ka:t] **das; ~[e]s, ~e** *s.* **Unikum a**

**Unikum** ['u:nikʊm] **das; ~s, Unika** *od.* **~s a)** *(geh.)* **ein ~ sein** be unique; **ein botanisches ~:** a unique botanical specimen; **b)** *(ugs.: Original)* [real] character

**uninteressant** *Adj.* **a)** uninteresting; *(nicht von Belang)* of no interest *postpos.*; unimportant; **nicht ~:** quite interesting; **b)** *(nicht lohnend, nicht attraktiv)* untempting, unattractive ⟨*offer*⟩; **[für jmdn.] ~ sein** be of no interest [to sb.]

**uninteressiert** *Adj.* uninterested; not interested (**an** + *Dat.* in); **er ist politisch völlig ~:** he is not at all interested in politics

**Union** [u'nio:n] **die; ~, ~en** union; **die ~** *(Bundesrepublik Deutschland)* the Union of Christian Democrats and Christian Socialists; the CDU and CSU

**Unions·republik die** republic [of the USSR]

**unisono** [uni'zo:no] *Adv. (Musik; auch fig.)* in unison; *(einmütig)* unanimously

**universal** *Adj.* universal; all-embracing ⟨*education*⟩

**Universal-: ~erbe der** sole heir; **~genie das** *(fig.)* universal genius; **~lexikon das** general encyclopaedia

**universell** [univɛr'zɛl] **1.** *Adj.* universal. **2.** *adv.* universally; ~ **gebildet sein** have an all-embracing education

**Universität** [univɛrzi'tɛ:t] **die;** ~, ~**en** university; **die ~ Marburg, die Marburger ~:** the University of Marburg; Marburg University; **an der ~** ⟨*meet, study, etc.*⟩ at university; **auf die ~ gehen** *(ugs.),* **die ~ besuchen** go to university

**Universitäts-: ~bibliothek die** university library; **~buch·handlung die** university bookshop *or (Amer.)* bookstore; **„~buchhandlung C. F. Meyer"** 'C. F. Meyer, university booksellers'; **~dozent der** university lecturer; **~klinik die** university hospital; **~stadt die** university town; **~studium das** study *no art.* at university

**Universum** [uni'vɛrzʊm] **das; ~s** universe

**ụnkameradschaftlich 1.** *Adj.* uncomradely. **2.** *adv.* in an uncomradely way

**Unke** ['ʊnkə] **die; ~, ~n a)** fire-bellied toad; **b)** *(ugs. abwertend: Schwarzseher[in])* Jeremiah; prophet of doom

**ụnken** *itr. V. (ugs.)* prophesy doom [and destruction] *(joc.)*

**ụnkenntlich** *Adj.* unrecognizable ⟨*person, face*⟩; indecipherable ⟨*writing, stamp*⟩

**Ụnkenntlichkeit die; ~:** unrecognizable state; *(einer Schrift, eines Stempels)* indecipherable state; **bis zur ~ entstellt** disfigured to the point of being unrecognizable

**Ụnkenntnis die;** *o. Pl.* ignorance; **~ auf einem Gebiet** ignorance of a subject; **etw. aus ~ tun** do sth. from *or* out of ignorance; **jmdn. [über etw.** *(Akk.)***] in ~ lassen** leave sb. in ignorance [of sth.]; **~ schützt nicht vor Strafe** ignorance [of the law] is no excuse *or* defence

**Ụnken·ruf der** *(fig.)* prophecy of doom

**ụnkeusch** *(geh.)* **1.** *Adj.* unchaste. **2.** *adv.* unchastely

**Ụnkeuschheit die** unchastity *no art.*

**ụnklar 1.** *Adj.* **a)** *(undeutlich)* unclear; indistinct; *(fig.: unbestimmt)* vague ⟨*feeling, recollection, idea*⟩; **b)** *(nicht klar verständlich)* unclear; **c)** *(nicht durchschaubar)* unclear ⟨*origin, situation, etc.*⟩; *(ungewiß)* uncertain ⟨*outcome*⟩; **sich** *(Dat.)* **über etw.** *(Akk.)* **im ~en sein** be unclear *or* unsure about sth.; **ich bin mir noch im ~en, ob ...:** I am still not sure *or* certain whether ...; **jmdn. über etw.** *(Akk.)* **im ~en lassen** keep sb. guessing about sth.

**Ụnklarheit die a)** *o. Pl. (Undeutlichkeit)* lack of clarity; indistinctness; **b)** *o. Pl. (Unverständlichkeit)* lack of clarity (*Gen.* in); **c)** *o. Pl. (Undurchschaubarkeit, Ungewißheit)* uncertainty; **es herrscht noch ~ darüber** it is still uncertain; **d)** *(unklarer Punkt)* unclear *or* outstanding point; **falls noch ~en bestehen** if anything is still unclear

**ụnklug 1.** *Adj.* unwise. **2.** *adv.* unwisely

**ụnkollegial 1.** *Adj.* inconsiderate *or* unhelpful [to one's colleagues]; **er ist [sehr] ~:** he is not [at all] a good colleague. **2.** *adv.* not ⟨*behave*⟩ like a good colleague

**ụnkompliziert 1.** *Adj.* uncomplicated, straightforward ⟨*person, mechanism, etc.*⟩; straightforward, simple ⟨*matter, case, problem*⟩; simple ⟨*fracture*⟩ *(Med.).* **2.** *adv.* ⟨*express*⟩ straightforwardly, simply

**ụnkontrollierbar** *Adj.* impossible to check *or* supervise *postpos.*; *(nicht zu beherrschen)* uncontrollable

**ụnkontrolliert** *Adj.* **a)** unsupervised; ⟨*route*⟩ without check-points; **b)** *(unbeherrscht)* uncontrolled ⟨*emotions, feelings, outburst*⟩; intemperate ⟨*words*⟩

**ụnkonventionell 1.** *Adj.* unconventional. **2.** *adv.* unconventionally

**ụnkonzentriert 1.** *Adj.* lacking in concentration *postpos.*; **du bist heute sehr ~:** you aren't concentrating today. **2.** *adv.* without concentrating; **sie arbeitet sehr ~:** she doesn't concentrate at all on her work

**Ụnkosten** *Pl.* **a)** [extra] expense *sing.;* expenses; **mit großen ~ verbunden sein** involve a great deal of expense; **sich in ~ stürzen** dig deep into one's pocket; [really] lash out *(coll.);* **sich in geistige ~ stürzen** *(scherzh.)* strain one's grey matter *(coll.);* **b)** *(ugs.: Ausgaben)* costs; expenditure *sing.*

**Ụnkosten·beitrag der** contribution towards expenses

**Ụnkraut das a)** *o. Pl.* weeds *pl.;* **~ vergeht nicht** *(ugs. scherzh.)* it would take a great deal to finish off his/her/our sort *(coll.);* **b)** *(Art)* weed

**Ụnkraut·vertilgungsmittel das** weed-killer

**ụnkritisch 1.** *Adj.* uncritical. **2.** *adv.* uncritically

**ụnkultiviert** *Adj.* uncultivated

**unkụ̈ndbar** *Adj.* permanent ⟨*position, contract*⟩; irredeemable ⟨*loan*⟩; **er ist ~:** he cannot be given notice

**ụnkundig** *Adj. (geh.)* ignorant; **einer Sache** *(Gen.)* **~ sein** have no knowledge of sth.; **des Lesens/Schreibens/Deutschen ~:** unable to read/to write/to speak German

**ụnlängst** *Adv. (geh.)* not long ago; recently; **noch ~, ~ noch** only recently

**ụnlauter** *Adj. (geh.)* dishonest; **~er Wettbewerb** *(Rechtsspr.)* unfair competition

**ụnleidlich 1.** *Adj.* tetchy. **2.** *adv.* tetchily

**unlẹsbar** *Adj.* unreadable

**ụnleserlich 1.** *Adj.* illegible. **2.** *adv.* illegibly

**unleugbar 1.** *Adj.* undeniable; indisputable. **2.** *adv.* undeniably; indisputably

**ụnliebsam 1.** *Adj.* unpleasant; **~es Aufsehen erregen** attract the wrong sort of attention. **2.** *adv.* **er ist ~ aufgefallen** he made a bad impression

**ụnlogisch 1.** *Adj.* illogical. **2.** *adv.* illogically

**Ụnlust die** *(Widerwille)* reluctance; *(Lustlosigkeit)* lack of enthusiasm; **mit ~:** with reluctance/without enthusiasm

**ụnlustig 1.** *Adj.* listless; *(ohne Begeisterung)* unenthusiastic. **2.** *adv.* listlessly; *(ohne Begeisterung)* unenthusiastically

**ụnmännlich** *(abwertend)* **1.** *Adj.* unmanly; *(weibisch)* effeminate. **2.** *adv.* in an unmanly way

**ụnmaßgeblich** *Adj.* of no consequence *postpos.*; inconsequential; **nach meiner ~en Meinung** *(scherzh.)* in my humble opinion

**ụnmäßig 1.** *Adj.* **a)** *(übermäßig, maßlos)* immoderate; excessive; **~ im Essen/Trinken sein** eat/drink to excess; **~ in seinen Ansprüchen/Forderungen sein** make excessive claims/demands; **b)** *(enorm)* tremendous ⟨*desire, thirst, fear, etc.*⟩. **2.** *adv.* **a)** *(übermäßig, allzusehr)* excessively; ⟨*eat, drink*⟩ to excess; **~ viel essen/Geld ausgeben** eat/spend far too much; **b)** *(überaus, sehr)* tremendously *(coll.),* terribly ⟨*surprised, pleased, fond, etc.*⟩

**Ụnmäßigkeit die** immoderation *no art.*

**Ụnmenge die** mass; enormous number/amount; **eine ~ Geld/Bücher, eine ~ von** *od.* **an Geld/Büchern** an enormous amount of money/number of books; **er trinkt ~n [von] Tee** he drinks enormous quantities *or (coll.)* gallons of tea

**Ụnmensch der** brute; **ich bin/man ist ja kein ~** *(ugs.)* I'm not inhuman

**ụnmenschlich 1.** *Adj.* **a)** inhuman; brutal; subhuman, appalling ⟨*conditions*⟩; **b)** *(entsetzlich)* terrible *(coll.),* appalling ⟨*pain, heat, suffering, etc.*⟩. **2.** *adv.* **a)** in an inhuman way; **b)** *(entsetzlich)* appallingly *(coll.)*

**unmẹrklich 1.** *Adj.* imperceptible. **2.** *adv.* imperceptibly

**ụnmißverständlich 1.** *Adj.* **a)** *(eindeutig)* unambiguous; **b)** *(offen, direkt)* blunt ⟨*answer, refusal*⟩; unequivocal ⟨*language*⟩. **2.** *adv.* **a)** *(eindeutig)* unambiguously; **b)** *(offen, direkt)* bluntly; unequivocally

**ụnmittelbar 1.** *Adj.* **a)** *nicht präd.* immediate ⟨*vicinity, past, future*⟩; immediate, next-door ⟨*neighbour etc.*⟩; **in ~er Strandnähe** right next to the beach; **aus ~er Nähe** ⟨*shoot*⟩ at close quarters, from point-blank range; **b)** *(direkt)* direct ⟨*contact, connection, influence, etc.*⟩; immediate ⟨*cause, consequence, predecessor, successor*⟩. **2.** *adv.* **a)** immediately; right ⟨*behind, next to*⟩; **~ bevorstehen** be imminent; be almost upon us *etc.*; **b)** *(direkt)* directly; **ich fahre von dort ~ zum Bahnhof** I'll go straight from there to the station; **etw. ~ erleben** experience sth. at first hand

**ụnmöbliert** *Adj.* unfurnished

**ụnmodern 1.** *Adj.* old-fashioned; *(nicht modisch)* unfashionable; **~ werden** go out of fashion. **2.** *adv.* in an old-fashioned way; *(nicht modisch)* unfashionably

**unmọ̈glich 1.** *Adj.* **a)** impossible; **ich verlange ja nichts Unmögliches [von dir]** I'm not asking [you] for the impossible; **es ist mir ~:** it is impossible for me; **du machst es ihm/mir ~[, zu ...]** you are making it impossible for him/me [to ...]; **b)** *(ugs.: nicht akzeptabel, unangebracht)* impossible ⟨*person, behaviour, colour, ideas, place, etc.*⟩; **~ aussehen** look ridiculous; **jmdn./sich ~ machen** make a fool of sb./oneself; make sb./oneself look ridiculous; **sich bei jmdm. ~ machen** lose sb.'s respect; **c)** *(ugs.: erstaunlich, seltsam)* incredible; **an den ~sten Orten** in the most impossible *or* incredible places. **2.** *adv. (ugs.)* ⟨*behave*⟩ impossibly; ⟨*dress*⟩ ridiculously; **~ angezogen sein** be wearing impossible clothes. **3.** *Adv. (ugs.: unter keinen Umständen)* **ich/es** *usw.* **kann ~ ...:** I/it *etc.* can't possibly ...; **mehr ist ~ zu erreichen** it's impossible to do any more; **das geht ~:** that's out of the question

**Ụnmoral die** immorality *no art.*

**ụnmoralisch 1.** *Adj.* immoral. **2.** *adv.* immorally

**ụnmotiviert 1.** *Adj.* unmotivated. **2.** *adv.* without reason; for no reason

**ụnmündig** *Adj.* **a)** under-age; **~ sein** be under age *or* a minor; **b)** *(fig.: geistig unselbständig)* dependent

**Ụnmündigkeit die; ~** *(fig.)* dependence

**ụnmusikalisch** *Adj.* unmusical

**Ụnmut der** *(geh.)* displeasure; annoyance; **seinen ~ an jmdm. auslassen** take it out on sb.

**ụnnachahmlich 1.** *Adj.* inimitable. **2.** *adv.* inimitably

**ụnnachgiebig** *Adj.* intransigent; **in diesem Punkt ~ sein** be uncompromising in this respect; refuse to yield on this point

**Ụnnachgiebigkeit die** intransigence

**ụnnachsichtig 1.** *Adj.* merciless; unmerciful; unrelenting ⟨*severity*⟩. **2.** *adv.* mercilessly; ⟨*punish*⟩ unmercifully

**unnahbar** *Adj.* unapproachable

**ụnnatürlich 1.** *Adj.* unnatural; forced ⟨*laugh*⟩; artificial ⟨*material*⟩; ⟨*death*⟩ from unnatural causes; violent ⟨*death*⟩. **2.** *adv.* unnaturally; ⟨*laugh*⟩ in a forced way; ⟨*speak*⟩ affectedly; **er trinkt/schläft ~ viel** he drinks/sleeps an abnormal amount

**Ụnnatürlichkeit die** unnaturalness; *(von Material)* artificiality

**ụnnormal 1.** *Adj.* abnormal. **2.** *adv.* abnormally

**ụnnötig 1.** *Adj.* unnecessary; needless, pointless ⟨*heroism*⟩; **~ zu sagen, daß ...:** needless to say ... **2.** *adv.* unnecessarily

**ụnnütz 1.** *Adj.* useless ⟨*stuff, person, etc.*⟩; pointless ⟨*talk*⟩; wasted ⟨*words*⟩; pointless, wasted ⟨*expense, effort*⟩; vain ⟨*attempt*⟩; **es ist ~, darüber zu streiten** it is no use arguing about it. **2.** *adv. (unnötig)* needlessly

**UNO** ['u:no] **die: die ~:** the UN

**ụnökonomisch 1.** *Adj.* uneconomical. **2.** *adv.* uneconomically; in an uneconomical way

**unordentlich** 1. *Adj.* **a)** untidy; **b)** *(ungeregelt)* disorderly ⟨*life*⟩. **2.** *adv.* untidily; ⟨*tie, treat, etc.*⟩ carelessly

**Unordnung die** disorder; mess; **so eine ~!** what a mess *or* muddle!; **in dem Zimmer herrschte eine fürchterliche ~:** the room was terribly untidy *or* in a terrible mess *(coll.)*; **etw. in ~ bringen** muddle *or* mess sth. up; **in ~ geraten** get into a mess *or* muddle; *(fig.)* ⟨*equilibrium*⟩ become upset

**unorthodox** 1. *Adj.* unorthodox. **2.** in an unorthodox way

**Unpaarhufer der** *(Zool.)* odd-toed ungulate

**unpaarig** *(Biol.)* **1.** *Adj.* unpaired; azygous. **2.** *adv.* dissimilarly

**unparteiisch** 1. *Adj.* impartial. **2.** *adv.* impartially

**Unparteiische der/die;** *adj. Dekl. (Sport) s.* **Schiedsrichter a**

**unpassend** 1. *Adj.* inappropriate; unsuitable ⟨*dress etc.*⟩. **2.** *adv.* inappropriately; unsuitably ⟨*dressed etc.*⟩

**unpassierbar** *Adj.* impassable

**unpäßlich** ['ʊnpɛslɪç] *Adj.* indisposed

**Unpäßlichkeit die; ~, ~en** indisposition

**Unperson die** unperson

**unpersönlich** 1. *Adj.* impersonal; distant, aloof ⟨*person*⟩. **2.** *adv.* impersonally; ⟨*answer, write*⟩ in impersonal terms

**Unpersönlichkeit die;** *o. Pl.* impersonal nature

**unpolitisch** *Adj.* unpolitical; apolitical

**unpopulär** *Adj.* unpopular

**unpraktisch** 1. *Adj.* unpractical. **2.** *adv.* in an unpractical way

**unproblematisch** 1. *Adj.* unproblematic; straightforward; **nicht ganz ~:** not without its problems. **2.** *adv.* without any problems

**unproduktiv** 1. *Adj.* unproductive. **2.** *adv.* unproductively

**unpünktlich** 1. *Adj.* **a)** unpunctual ⟨*person*⟩; **b)** *(verspätet)* late, unpunctual ⟨*payment*⟩. **2.** *adv.* late

**Unpünktlichkeit die** lateness; lack of punctuality

**unqualifiziert** 1. *Adj.* **a)** unqualified, unskilled ⟨*person*⟩; unskilled ⟨*work*⟩; **b)** *(abwertend: nicht fundiert)* inept ⟨*remark, criticism*⟩. **2.** *adv. (abwertend)* ineptly

**unrasiert** *Adj.* unshaven; **~ und fern der Heimat** *(scherzh.)* away from it all and looking pretty disreputable

**Unrast die;** *o. Pl. (geh.)* restlessness

**Unrat der; ~[e]s** *(geh.)* garbage *(lit. or fig.)*; refuse *(Brit.)*; **~ wittern** smell a rat *(fig.)*

**unrationell** 1. *Adj.* inefficient. **2.** *adv.* inefficiently

**unrealistisch** 1. *Adj.* unrealistic. **2.** *adv.* unrealistically

**unrecht** 1. *Adj.* wrong; **auf ~e Gedanken kommen** get wicked ideas. **2.** *adv.* wrongly; **~ tun** do wrong; *s. auch* **Unrecht a**

**Unrecht das;** *o. Pl.* **a)** *in* **unrecht haben** be wrong; **jmdm. unrecht tun** do sb. an injustice; do wrong by sb.; **unrecht bekommen** be shown to be in the wrong; **jmdm. unrecht geben** disagree with sb.; **b)** wrong; **im ~ sein** be [in the] wrong; **sich ins ~ setzen** put oneself in the wrong; **ihm ist ein ~ geschehen** he has been wronged; **zu ~:** wrongly; **nicht zu ~** *(wohlbegründet)* not without [good] reason

**unrechtmäßig** 1. *Adj.* unlawful; illegal. **2.** *adv.* unlawfully; illegally

**unredlich** *(geh.)* **1.** *Adj.* dishonest. **2.** *adv.* dishonestly

**Unredlichkeit die a)** *o. Pl.* dishonesty; **b)** *(Handlung)* dishonest act

**unreell** *Adj.* unfair ⟨*deal, price*⟩

**unreflektiert** 1. *Adj. (geh.)* unthinking; *(spontan)* spontaneous ⟨*tradition*⟩. **2.** *adv.* without thinking; unthinkingly

**unregelmäßig** 1. *Adj.* irregular. **2.** *adv.* irregularly

**Unregelmäßigkeit die** irregularity

**unregierbar** *Adj.* ungovernable

**unreif** *Adj.* **a)** unripe; **b)** *(nicht erwachsen)* immature

**Unreife die** *s.* **unreif a, b:** unripeness; immaturity

**unrein** *Adj.* **a)** *(auch fig.)* impure; bad ⟨*breath, skin*⟩; *(nicht sauber)* dirty, polluted ⟨*water, air*⟩; unclear ⟨*sound*⟩; **b)** *(Rel.)* unclean; **c)** *in* **etw. ins ~e schreiben** make a rough copy of sth.; write sth. [out] in rough; **ins ~e sprechen** *od.* **reden** *(ugs. scherzh.)* talk off the top of one's head

**Unreinheit die a)** *o. Pl. s.* **unrein a:** impurity; badness; dirtiness; polluted state; lack of clarity; **b) ~en der Haut** skin disorders

**unrentabel** 1. *Adj.* unprofitable. **2.** *adv.* unprofitably

**unrettbar** 1. *Adj.* unsavable; beyond hope *pred.* **2.** *adv.* irretrievably ⟨*lost*⟩

**unrichtig** 1. *Adj.* incorrect; inaccurate. **2.** *adv. (fehlerhaft)* incorrectly

**Unrichtigkeit die a)** *o. Pl. (das Unzutreffendsein)* incorrectness; inaccuracy; **b)** *o. Pl. (Fehlerhaftigkeit)* incorrectness; **c)** *(etw. Unzutreffendes, Fehler)* inaccuracy

**Unruh** ['ʊnru:] **die; ~, ~en** *(Technik)* balance[-wheel] *(of clock)*

**Unruhe die a)** *(auch fig.)* unrest; *(Lärm)* noise; commotion; *(Unrast)* restlessness; agitation; *(Besorgnis)* anxiety; disquiet; **unter den Zuschauern entstand ~:** the audience became restless; **b)** *(Unfrieden)* unrest; **~ stiften** stir up trouble; **c)** *Pl. (Tumulte)* disturbances; unrest *sing.*

**Unruhe-: ~herd der** seat of unrest; trouble-spot; **~stifter der** *(abwertend)* trouble-maker

**unruhig** 1. *Adj.* **a)** restless; *(besorgt)* anxious; *(nervös)* agitated; jittery; *(fig.)* choppy ⟨*sea*⟩; busy ⟨*pattern*⟩; busy, eventful ⟨*life*⟩; unsettled, troubled ⟨*time*⟩; **er ist ein ~er Geist** he's a restless creature; **hier ist es mir zum Arbeiten viel zu ~:** there is too much going on [for me] to work here; **b)** *(laut)* noisy ⟨*area etc.*⟩; **c)** *(ungleichmäßig)* uneven ⟨*breathing, pulse, running, etc.*⟩; fitful ⟨*sleep, motion*⟩; disturbed ⟨*night*⟩; unsettled ⟨*life*⟩. **2.** *adv.* **a)** restlessly; *(besorgt)* anxiously; **hier geht es sehr ~ zu** there is too much going on here; **b)** *(ungleichmäßig)* ⟨*breathe, run*⟩ unevenly; ⟨*sleep*⟩ fitfully

**unrühmlich** 1. *Adj.* inglorious; ignominious. **2.** *adv.* ignominiously

**unrund** *Adj. (Technik)* **a)** not perfectly round *pred.*; **b)** *(ungleichmäßig)* uneven, rough ⟨*running of engine*⟩

**uns** [ʊns] **1. a)** *Akk. des Personalpron.* **wir** us; **b)** *Dat. des Personalpron.* **wir; gib es ~:** give it to us; **gib ~ das Geld** give us the money; **wie geht es ~ heute?** *(fam.)* how are we today? *(joc.)*; **kommst du zu ~?** are you coming to our place? *(coll.)*; **Freunde von ~:** friends of ours; **von ~ aus** as far as we're concerned; **bei ~:** at our home *or (coll.)* place; *(in der Heimat)* where I/we live *or* come from; **bei ~ gegenüber, gegenüber von ~:** opposite us *or* our house. **2.** *Reflexivpron. der 1. Pers. Pl.* **a)** *refl.* ourselves; **wir schämen ~:** we are ashamed [of ourselves]; **wir waschen ~/~ die Hände** we are washing [ourselves]/our hands; **von ~ aus** *(aus eigenem Antrieb)* on our own initiative; **b)** *reziprok* one another; **wir kennen ~ schon** we know one another; we've met; **wir haben ~ gestritten** we had an argument *or* quarrel

**unsachgemäß** 1. *Adj.* improper. **2.** *adv.* improperly

**unsachlich** 1. *Adj.* unobjective; **~ werden** lose one's objectivity. **2.** *adv.* without objectivity

**Unsachlichkeit die** the lack of objectivity

**unsagbar, unsäglich** [ʊn'zɛ:klɪç] *(geh.)* **1.** *Adj.* indescribable; unutterable. **2.** *adv.* indescribably; unutterably

**unsanft** 1. *Adj.* rough; hard ⟨*push, impact*⟩. **2.** *adv.* roughly; **~ geweckt werden** be rudely awoken; **jmdn. ~ zurechtweisen** reprimand sb. curtly *or* rudely

**unsauber** 1. *Adj.* **a)** *(schmutzig)* dirty; **b)** *(nachlässig)* untidy, sloppy ⟨*work, writing, etc.*⟩; **c)** *(unklar)* unclear ⟨*sound*⟩; *(ungenau)* inexact, woolly ⟨*definition*⟩; **d)** *(unlauter)* shady ⟨*practice, deal, character, etc.*⟩; underhand, dishonest ⟨*method, means, intention*⟩; *(Sport: unfair)* unsporting, unfair ⟨*play*⟩. **2.** *adv.* **a)** *(nachlässig)* untidily; carelessly; **b)** *(unklar)* ⟨*sing, play*⟩ inaccurately; **c)** *(Sport: unfair)* unsportingly; unfairly

**Unsauberkeit die;** *o. Pl.* **a)** dirtiness; lack of cleanliness; **b)** *(Nachlässigkeit)* untidiness; sloppiness; **c)** *(Unklarheit)* lack of clarity; *(Ungenauigkeit)* woolliness; **d)** *(Unehrlichkeit)* shadiness; *(Sport: Unfairneß)* unfairness

**unschädlich** *Adj.* harmless; **~ machen** render harmless, neutralize ⟨*toxic substance, germ. etc.*⟩; put ⟨*weapon, person*⟩ out of action; render ⟨*bomb etc.*⟩ safe; *(verhüll.: durch Tötung)* eliminate ⟨*person*⟩

**unscharf** 1. *Adj.* **a)** blurred, fuzzy ⟨*photo, picture*⟩; **b)** *(ungenau)* woolly ⟨*formulation*⟩; **die Grenzen sind ~:** there are no clear-cut borderlines; **c)** *(ein ~es Bild ergebend)* ⟨*lens, optical instrument*⟩ with poor definition; *(falsch eingestellt)* out-of-focus. **2.** *adv.* **a)** blurred; **durch diese Brille sehe ich alles ganz ~:** everything looks blurred *or* out of focus [to me] through these spectacles; **b)** *(ungenau)* unclearly

**unschätzbar** *Adj.* inestimable ⟨*value etc.*⟩; invaluable ⟨*service*⟩; priceless ⟨*riches etc.*⟩

**unscheinbar** *Adj.* inconspicuous; nondescript; unspectacular ⟨*plumage, blossom*⟩

**unschicklich** *(geh.)* **1.** *Adj.* unseemly; improper. **2.** *adv.* improperly

**unschlagbar** *Adj.* unbeatable ⟨*opponent, prices, etc.*⟩

**Unschlitt** ['ʊnʃlɪt] **das; ~[e]s, ~e** *(veralt.)* tallow

**unschlüssig** *Adj.* undecided *pred.*; undecisive ⟨*gesture, attitude*⟩; **ich bin [mir] noch ~, ob ...:** I cannot decide whether ...

**unschön** 1. *Adj.* **a)** ugly; unattractive ⟨*colour, voice*⟩; **b)** *(unerfreulich, unfair)* unpleasant, nasty ⟨*business, incident, weather, conduct, etc.*⟩; ugly ⟨*scene*⟩. **2.** *adv.* **a)** unattractively; **b)** *(unfreundlich, unfair)* badly

**Unschuld die;** *o. Pl.* **a)** innocence; **wegen erwiesener ~:** having been proved innocent; **seine Hände in ~ waschen** *(fig.)* wash one's hands in innocence; **b)** *(Naivität)* innocence; *(Jungfräulichkeit)* virginity; **in aller ~:** in all innocence; **eine ~ vom Lande** *(ugs. scherzh.)* a naïve country girl

**unschuldig** 1. *Adj.* **a)** innocent; **an etw.** *(Dat.)* **~ sein** be not guilty of sth.; **er ist an dem Unfall völlig ~:** he was in no way responsible for the accident; **b)** *(unverdorben)* innocent; **ein ~es Mädchen** a virgin; **er/sie ist noch ~:** he/she is still a virgin; **den Unschuldigen/die Unschuldige spielen** play the innocent. **2.** *adv.* innocently

**Unschulds-: ~beteuerung die** protestation of innocence; **~lamm das** *(spött.)* little innocent; **sie sind auch keine ~lämmer** they're no angels; **~miene die** innocent expression; **mit ~miene** with an air of innocence

**unschwer** *Adv. (geh.)* easily; without difficulty

**unselbständig** 1. *Adj.* **a)** dependent [on other people]; **sei doch nicht immer so ~!** try to be a bit more independent!; **b)** *(abhängig)* [financially/economically] dependent; not self-supporting *pred.*; **~e Arbeit** [paid] employment. **2.** *adv.* **a) [sehr] ~ denken/handeln** not think [at all] for oneself *or* independently/not act [at all] on one's own *or* independently; **b)** *(abhängig)* **~ beschäftig-**

te Personen *od.* **Beschäftigte** persons in employment; employed persons

**Ụnselbständigkeit die a)** lack of independence; **b)** *(Abhängigkeit)* dependence

**ụnselig** *Adj. (geh.)* wretched ⟨*fate, person, etc.*⟩*;* [extremely] unfortunate ⟨*situation*⟩*;* ill-starred ⟨*inheritance*⟩*; (verhängnisvoll)* disastrous ⟨*journey, decision, etc.*⟩

[1]**unser** ['ʊnzɐ] *Possessivpron. der 1. Pers. Pl.* our; **Vater ~** *(bibl.)* Our Father; **das ist ~s** *od. (geh.)* **~es** *od. (geh.)* **das ~e** that is ours; **sein Wagen stand neben ~[e]m** *od.* **unsrem** his car was next to ours; **die Unseren** our family; **wir haben das Unsere getan** we have done our share *or* part

[2]**ụnser** *Gen. des Personalpronomens* **wir** *(geh.)* of us; **wir waren ~ drei** there were three of us; **erbarme dich ~!** have mercy upon us!; **in ~ aller/beider Interesse** in the interest of all/both of us

**ụnser·einer, ụnsereins** *Indefinitpron. (ugs.)* the likes of us *pl.*; our sort *(coll.)*

**ụnserer·seits** *Adv.* for our part

**ụnseres·gleichen** *indekl. Indefinitpron.* people *pl.* like us; *attr.* **Menschen ~:** people like us

**ụnseret·halben, ụnseret·wegen** *Adv. s.* **unsertwegen**

**ụnseret·willen** *Adv. s.* **unsertwillen**

**ụnserige** *subst. Possessivpron. s.* **unsrige**

**ụnseriös** *(abwertend)* **1.** *Adj.* **a)** not [quite] the proper thing *pred.*; casual; ⟨*appearance, manner*⟩*;* **b)** *(niveaulos)* low-quality ⟨*newspaper*⟩*;* down-market ⟨*publisher*⟩*;* **c)** *(unlauter)* shady, dubious ⟨*practice, deal*⟩*; (unredlich)* questionable, dishonest ⟨*method etc.*⟩*; (nicht reell)* dubious ⟨*firm, pseudo-scientist, faith-healer*⟩*;* dishonest, shady ⟨*business man*⟩. **2.** *adv.* **a)** ⟨*behave, dress*⟩ casually; **b)** *(unlauter, unredlich)* dishonestly; unfairly

**ụnser·seits** *s.* **unsererseits**

**ụnsers·gleichen** *s.* **unseresgleichen**

**ụnsert·wegen** *Adv.* **a)** because of us; on our account; **b)** *(was uns angeht)* as far as we are concerned

**ụnsert·willen** *Adv. in* **um ~:** for our sake[s]

**ụnsicher 1.** *Adj.* **a)** *(gefährlich)* unsafe; dangerous; *(gefährdet)* at risk *pred.*; insecure ⟨*job*⟩*;* **einen Ort ~ machen** *(scherzh.)* honour a place with one's presence *(joc.); (sich vergnügen)* have a good time in a place; *(sein Unwesen treiben)* get up to one's tricks in a place; **b)** *(unzuverlässig)* uncertain, unreliable ⟨*method*⟩*;* unreliable ⟨*source, person*⟩*;* **c)** *(zögernd)* uncertain, hesitant ⟨*step*⟩*; (zitternd)* unsteady, shaky ⟨*hand*⟩*; (nicht selbstsicher)* insecure; diffident; unsure of oneself *pred.*; **ich fühle mich ~:** I don't feel sure of myself; **er ist im Rechnen noch ~:** he still lacks confidence in arithmetic; **jmdn. ~ machen** put sb. off his/her stroke; **d)** *(keine Gewißheit habend)* unsure; uncertain; **[sich** *(Dat.)***] ~ sein[, ob ...]** ⟨*person*⟩ be unsure *or* uncertain [whether ...]; **e)** *(ungewiß)* uncertain; **das ist mir zu ~:** that's too uncertain *or (coll.)* dodgy for my liking. **2.** *adv. (mit Schwierigkeiten)* ⟨*walk, stand, etc.*⟩ unsteadily; **~ fahren** drive without [much] confidence; **b)** *(nicht selbstsicher)* ⟨*smile, look*⟩ diffidently

**Ụnsicherheit die a)** *o. Pl. (Gefährlichkeit)* dangerousness; *(Gefahren)* dangers *pl.*; **b)** *o. Pl. (Unzuverlässigkeit)* uncertainty; unreliability; **c)** *o. Pl. (Zaghaftigkeit)* unsureness; *(der Schritte o. ä.)* unsteadiness; **d)** *o. Pl. (fehlende Selbstsicherheit)* insecurity; lack of [self-]confidence; **e)** *o. Pl. (Ungewißheit)* uncertainty; **f)** *o. Pl. (der Arbeitsplätze)* insecurity; *(des Friedens)* instability; **g)** *(Unwägbarkeit)* uncertainty

**Ụnsicherheits·faktor der** element of uncertainty

**ụnsichtbar** *Adj.* invisible **(für** to)

**Ụnsinn der;** *o. Pl.* **a)** nonsense; **rede doch keinen ~!** don't talk nonsense *or* rubbish!; **es wäre ~ zu glauben, ...:** it would be ridiculous to believe ...; **b)** *(Unfug)* tomfoolery; fooling about *no art.*; **~ machen** *od.* **treiben** mess *or* fool about; **mach [ja] keinen ~:** don't do anything silly; no messing about

**ụnsinnig 1.** *Adj.* **a)** nonsensical ⟨*statement, talk, etc.*⟩*;* absurd, ridiculous ⟨*demand etc.*⟩*;* **b)** *(ugs.: übermäßig)* terrible *(coll.)* ⟨*rage, fear, thirst, etc.*⟩. **2.** *adv.* **a)** foolishly; stupidly; **b)** *(ugs.: übermäßig)* insanely *(coll.)*, terribly *(coll.)* ⟨*expensive*⟩

**Ụnsitte die** bad habit; *(allgemein verbreitet)* bad practice

**ụnsittlich 1.** *Adj.* indecent. **2.** *adv.* indecently; **sich jmdm. ~ nähern** make indecent advances to sb.

**ụnsolid[e] 1.** *Adj.* **a)** flimsy ⟨*structure*⟩*;* shoddy ⟨*work, repair*⟩*; (fig.)* superficial ⟨*education*⟩*;* **b)** *(ausschweifend)* dissolute ⟨*person, life*⟩. **2.** *adv.* **a)** flimsily ⟨*made*⟩*;* shoddily ⟨*executed*⟩*;* **b)** *(ausschweifend)* **~ leben** live a dissolute life

**ụnsozial 1.** *Adj.* unsocial ⟨*policy, measure, rent, etc.*⟩*;* antisocial ⟨*behaviour*⟩. **2.** *adv.* unsocially; ⟨*behave*⟩ antisocially

**ụnsportlich 1.** *Adj.* **a)** unathletic ⟨*person*⟩*;* **b)** *(unfair)* unsporting, unsportsmanlike ⟨*behaviour, play*⟩. **2.** *adv. (unfair)* in an unsporting way

**unsr...** *s.* [1]**unser**

**ụnsrer·seits** *s.* **unsererseits**

**ụnsres·gleichen** *s.* **unseresgleichen**

**unsrige** ['ʊnzrɪgə] *Possessivpron. (geh. veralt.)* **der/die/das ~:** ours; our one; **das Unsrige** *(unser Anteil)* our share *or* part; *(unser Besitz)* what is/was ours; **die Unsrigen** our family *sing.*

**ụnstatthaft** *Adj.* inadmissible

**unstẹrblich 1.** *Adj.* immortal; *(fig.)* undying ⟨*love*⟩*;* **seine Kompositionen sind ~** *(fig.)* his compositions will live for ever. **2.** *adv. (ugs.: außerordentlich)* incredibly *(coll.)*; **sich ~ in jmdn. verlieben** fall madly in love with sb.; **sich ~ blamieren** make a complete ass of oneself

**Unstẹrbliche der/die;** *adj. Dekl.* immortal

**Unstẹrblichkeit die** immortality

**Ụnstern der;** *o. Pl. (geh.)* unlucky star; **unter einem ~ stehen** be ill-starred

**ụnstet** *(geh.)* **1.** *Adj.* **a)** *(ruhelos)* restless ⟨*person, glance, thoughts, etc.*⟩*;* unsettled ⟨*life*⟩*;* **b)** *(unbeständig)* vacillating ⟨*person, nature*⟩*; (labil)* unstable ⟨*person, character*⟩. **2.** *adv. (ruhelos)* restlessly

**ụnstimmig** *Adj.* inconsistent [with the facts]; **[in sich] ~:** inconsistent

**Ụnstimmigkeit die; ~, ~en a)** *o. Pl.* inconsistency; **b)** *(etw. Unstimmiges)* discrepancy; **c)** *(Meinungsverschiedenheit)* difference [of opinion]

**ụnstreitig 1.** *Adj.* indisputable. **2.** *adv.* indisputably

**ụnstrittig 1.** *Adj.* **a)** uncontentious; **b)** *s.* **unstreitig 1. 2.** *adv. s.* **unstreitig 2**

**Ụnsumme die** vast *or* huge sum

**ụnsympathisch** *Adj.* uncongenial, disagreeable ⟨*person*⟩*;* unpleasant ⟨*characteristic, nature, voice*⟩*;* **er ist mir ~/nicht ~:** I find him disagreeable/quite likeable; I don't like/I quite like him; **der Plan ist mir ~:** the plan is not to my liking

**ụnsystematisch 1.** *Adj.* unsystematic. **2.** *adv.* unsystematically

**ụntad[e]lig 1.** *Adj.* impeccable ⟨*behaviour, reputation, etc.*⟩*;* irreproachable ⟨*person, life*⟩. **2.** *adv.* impeccably; irreproachably

**Ụntat die** misdeed; evil deed

**ụntätig** *Adj.* idle; **~ herumsitzen/zusehen** sit around doing nothing/stand idly by

**Ụntätigkeit die** idleness; inactivity

**ụntauglich** *Adj.* **a)** unsuitable ⟨*applicant*⟩*;* **~er Versuch** *(Rechtsw.)* attempt doomed to failure; **b)** *(für Militärdienst)* unfit [for service] *postpos.*

**unteilbar** *Adj.* **a)** indivisible; **b)** *(Math.: nicht dividierbar)* prime ⟨*number*⟩

**unten** ['ʊntn̩] *Adv.* **a)** down; **hier/da ~:** down here/there; **weiter ~:** further down; **nach ~** *(auch fig.)* downward; **der Weg nach ~:** the way down; **mit dem Gesicht nach ~:** face downwards; **von ~:** from below; **~ liegen** be down below; *(darunter)* lie underneath; **[im Bett] ~ schlafen** sleep in the bottom; **b)** *(in Gebäuden) (im Erdgeschoß)* downstairs; *(im Hochhaus)* on the bottom floor; **nach ~:** downstairs; **hier ~:** down here; **der Aufzug fährt nach ~/kommt von ~:** the lift *(Brit.) or (Amer.)* elevator is going down/coming up; **c)** *(am unteren Ende, zum unteren Ende hin)* at the bottom; **nach ~ [hin]** towards the bottom; **~ [links] auf der Seite/im Schrank** at the bottom [left] of the page/cupboard; **in der dritten Zeile von ~:** on the third line from the bottom; **die Abbildung ~ links** the illustration bottom left; *(als Bildunterschrift)* **„~ [rechts]"** 'below [right]'; *(auf einem Karton o. ä.)* **„~"** 'other side up'; **wo** *od.* **was ist [bei dem Karton] ~?** which is the bottom [of the cardboard box]?; **sich ~ herum waschen** wash one's nether regions *or* lower parts *(joc.)*; **~ am Tisch** *(fig.)* at the bottom of the table; **100 km weiter ~ am Fluß** 100 km. further downstream; **zwei Häuser weiter ~:** two houses further down [the road]; **d)** *(an der Unterseite)* underneath; **e)** *(in einer Hierarchie, Rangfolge)* **ziemlich weit/ganz ~ auf der Liste** rather a long way down/right at the bottom of the list; **f)** *([weiter] hinten im Text)* below; **weiter ~:** further on; below; **wie ~ angeführt** as stated below; **g)** *(ugs.: im Süden)* **~ in Sizilien/im Süden** down in Sicily/in the south; **hier/dort ~:** down here/there [in the south]; **weiter ~:** further south

**unten·drụnter** *Adv. (ugs.)* underneath [it/them]

**unten-: ~durch** *Adv.* through underneath; *s. auch* **durchsein; ~erwähnt, ~genannt** *Adj.; nicht präd.* undermentioned *(Brit.)*; mentioned below *postpos.*; **von den Untengenannten** of the undermentioned *(Brit.)*; of those mentioned below; **~herụm, ~rụm** *Adv. (ugs.)* down below; **~stehend** *Adj.; nicht präd.* following; given below *postpos.*

**unter** ['ʊntɐ] **1.** *Präp. mit Dat.* **a)** *(Lage, Standort, Abhängigkeit, Unterordnung)* under; **~ jmdm. wohnen** live below sb.; **unter der Devise ...:** according to the motto ...; **b)** *(weniger, niedriger usw. als)* **Mengen ~ 100 Stück** quantities of less than 100; *s. auch* **Durchschnitt b; Gefrierpunkt; Preis a; Wert a; c)** *(während)* **~ Mittag/Tags/der Woche** *(bes. südd.)* at *or* around midday/during the day/during the week; **d)** *(modal)* **~ Angst/Tränen** in *or* out of fear/in tears; **~ Zittern** trembling; **~ dem Beifall der Menge** applauded by the crowd; *s. auch* **Aufbietung a; Einbeziehung; Schmerz a; Verwendung a; e)** *(aus einer Gruppe)* among[st]; **~ anderem** among[st] other things; **einer ~ 40 Bewerbern** one of *or* among[st] 40 applicants; **f)** *(zwischen)* among[st]; **~ sich** by themselves; **~ uns gesagt** between ourselves *or* you and me; **g)** *(Zustand)* **~ Druck/Strom stehen** be under pressure/be live; *s. auch* **Dampf a; leiden a, b; h) ~ dem Datum des 1. März 1850** *(veralt.)* on 1 March 1850. **2.** *Präp. mit Akk.* **a)** *(Richtung, Ziel, Abhängigkeit, Unterordnung)* under; **sich ~ einen Baum setzen** sit under a tree; **die Scheuer war bis ~ die Decke mit Heu gefüllt** the barn was full of hay right up to the roof; **b)** *(niedriger als)* **~ Null sinken** drop below zero; **c)** *(zwischen)* among[st]; **er geht zu wenig ~ Menschen** he has too little to do with people; **~ Strom/Dampf setzen** switch on/put under steam. **3.** *Adv.* less than; **~ 30**

**[Jahre alt] sein** be under 30 [years of age]; **ein Kind von ~ 4 Jahren** a child of less than *or* under four years

**unter...** *Adj.* **a)** lower; bottom; *(ganz unten)* bottom; **das ~e/~ste Stockwerk** the lower/bottom storey; **das Unterste zuoberst kehren** *(ugs.)* turn everything upside down; **b)** lower ⟨*Rhine, Nile, etc.*⟩; **c)** *(in der Rangfolge o. ä.)* lower; lesser ⟨*authority*⟩; **die ~en Klassen der Schule** the junior classes *or* forms of the school; **d)** *(der Oberfläche abgekehrt)* **die ~e Seite [von etw.]** the bottom [of sth.]; **auf der ~en Seite** underneath

**unter-, Unter-: ~ab·teilung die a)** department; **b)** *(Bot.)* subdivision; **~arm der** forearm; **~art die** *(Biol.)* subspecies; **~bau der**; *Pl.* **~bauten a)** *(Fundament)* foundations *pl.*; **b)** *o. Pl.* *(Grundlage, Basis)* foundation; basis; **c)** *(Sockel)* base; **d)** *(Straßenbau, Eisenb.)* road-bed; **~bauch der** *(Anat.)* lower abdomen; **~belegt** *Adj.* under-subscribed; half-empty ⟨*hotel, hospital, etc.*⟩; **~belegung die** under-subscription; **~belichten**[1] *tr. V.* *(Fot.)* underexpose; **geistig ~belichtet sein** *(fig. salopp)* be a bit thick *or (coll.)* dim; **~belichtung die** *(Fot.)* underexposure; **~beschäftigung die**; *o. Pl.* *(Wirtsch.)* underemployment; **~besetzt** *Adj.* understaffed; **~bett das** underblanket; **~bewerten**[2] *tr. V.* undervalue; underrate; mark ⟨*gymnast, skater*⟩ too low; **die Mark wurde ~bewertet** the mark was undervalued; **~bewertung die** *s.* **~bewerten:** undervaluation; underrating *no pl.*; **~bezahlen**[3] *tr. V.* underpay; **~bezahlung die** underpayment

**unter-, Unter-: ~bieten** *unr. tr. V.* **a)** *(weniger fordern)* undercut **(um** by); **etw. ist [im Niveau] kaum noch zu ~bieten** *(fig.)* sth. is simply rock-bottom [in quality]; **b)** *(bes. Sport)* beat ⟨*record*⟩; **jmds. Rekord ~bieten** be faster than sb.; **~binden** *unr. tr. V.* stop; **~bindung die** ending; stopping; **~bleiben** *unr. itr. V.*; *mit sein* **etw. ~bleibt** sth. does not occur *or* happen; **das hat zu ~bleiben!** this must stop

**Unter·boden der** *(Kfz-W.)* under-side

**Unterboden-** *(Kfz-W.)*: **~schutz der** underseal; **~wäsche die** underbody wash; **der Wagen braucht eine ~wäsche** the under-side of the car needs washing

**unter·brechen** *unr. tr. V.* interrupt; break ⟨*journey, silence*⟩; interrupt, break off ⟨*negotiations, studies*⟩; interrupt, cut off ⟨*electricity supply*⟩; terminate ⟨*pregnancy*⟩; **die Telefonverbindung ist unterbrochen worden** the telephone connection has been cut; **wir sind unterbrochen worden** *(im Telefongespräch)* we've been cut off

**Unter·brechung die** *s.* **unterbrechen:** interruption; break *(Gen.* in); termination

**unter·breiten** *tr. V.* *(geh.)* present; **Vorschläge ~:** put suggestions *or* proposals forward

**unter|bringen** *unr. tr. V.* **a)** put; **sie konnten die Sachen nicht alle im Kofferraum ~:** they couldn't get *or* fit all the things in the boot *(Brit.) or (Amer.)* trunk; **er wußte nicht, wo er dieses Gesicht ~ sollte** *(fig.)* he knew the face but couldn't quite place it; **b)** *(beherbergen)* put up; **die Kinder sind gut untergebracht** the children are well looked after; **c)** *(ugs.)* **jmdn. bei einer Firma/beim Film/als Lehrling ~:** get sb. a job in a company/in films/as an apprentice; **d)** *(ugs.: einen Interessenten finden für)* place

**Unterbringung die; ~, ~en** accommodation *no indef. art.*

---

[1] *ich unterbelichte, unterbelichtet, unterzubelichten*

[2] *ich unterbewerte, unterbewertet, unterzubewerten*

[3] *ich unterbezahle, unterbezahlt, unterzubezahlen*

**unter|buttern** *tr. V.* *(ugs.)* **a)** *(unterdrücken)* push aside *(fig.)*; **b)** *(zusätzlich verbrauchen)* use up

**Unter·deck das** lower deck

**unter·der·hand** *Adv.* on the quiet ; **etw. ~ erfahren** hear sth. on the grape-vine; **jmdm. etw. ~ mitteilen** tell sb. sth. secretly

**unter·dessen** *s.* **inzwischen**

**Unter·druck der;** *Pl.* **~drücke** *(Physik, Technik)* low pressure

**unter·drücken** *tr. V.* **a)** suppress; hold back ⟨*comment, question, answer, criticism, etc.*⟩; **ein unterdrücktes Kichern** suppressed giggling; **b)** *(niederhalten)* suppress ⟨*revolution etc.*⟩; oppress ⟨*minority etc.*⟩

**Unter·drücker der** *(abwertend)* oppressor

**Unterdrückung die; ~, ~en a)** *(das Unterdrücken)* suppression; **b)** *(das Unterdrücktwerden, -sein)* oppression

**unter·durchschnittlich 1.** *Adj.* below average. **2.** *adv.* below the average; **~ verdienen** have below average earnings; **~ häufig** with below average frequency

**unter·einander** *Adv.* **a)** *(räumlich)* one below the other; **b)** *(miteinander)* among[st] ourselves/themselves *etc.*; **sie vertrugen sich gut ~:** they had a good relationship with each other; **die Leitungen ~ verbinden** join the wires together; **sich** *(Dat.)* **~ helfen** help each other *or* one another

**untereinander-: ~|liegen** *unr. itr. V.* lie *or* be one below *or* underneath the other; **~|stehen** *unr. itr. V.* **im Fahrplan stehen die einzelnen Stationen ~:** the timetable lists the individual stations one below the other

**unter-, Unter-: ~entwickelt** *Adj.* underdeveloped; **~ernährt** *Adj.* undernourished; suffering from malnutrition *postpos.*; **~ernährung die** malnutrition

**unter-, Unter-: ~fahren** *unr. tr. V.* drive *or* go under; **~fangen 1.** *unr. refl. V.* *(geh.)* **a)** *(wagen)* dare; venture; **b)** *(sich erdreisten)* have the audacity; **2.** *unr. tr. V.* *(Bauw.)* underpin; **~fangen das; ~s** *(geh.)* venture; undertaking

**unter|fassen** *tr. V.* *(ugs.)* **a)** *(einhaken)* **jmdn. ~:** take sb.'s arm; **sie gingen untergefaßt** they walked arm in arm; **b)** *(stützen)* support

**unter·fertigen** *tr. V.* *(Amtsspr.)* sign

**Unterfertiger der; ~s, ~, Unterfertigte der/die;** *adj. Dekl.* *(Amtsspr.)* signatory

**unter-, Unter-: ~fordern** *tr. V.* **jmdn. [mit etw.] ~fordern** ask *or* demand too little of sb. [with sth.]; **~führen** *tr. V.* *(Schrift- u. Druckw.)* put ditto marks for; **~führung die** underpass; *(für Fußgänger)* subway *(Brit.)*; [pedestrian] underpass *(Amer.)*

**Unter·funktion die** *(Med.)* hypofunction; **[eine] ~ der Schilddrüse** thyroid insufficiency

**unter·füttern** *tr. V.* **a)** line ⟨*garment*⟩; **b)** *(unterlegen)* **Fliesen mit einer Dämmschicht ~:** back tiles with a layer of insulating material

**Unter·gang der a)** *(Sonnen~, Mond~ usw.)* setting; **b)** *(von Schiffen)* sinking; **c)** *(das Zugrundegehen)* decline; *(plötzlich)* destruction; *(von Personen)* downfall; *(der Welt)* end; **der ~ des Römischen Reiches** the fall of the Roman Empire; **er war ihr ~:** he was her ruin; **der Alkohol war ihr ~:** alcohol was the ruin of her *or* was her downfall; **vom ~ bedroht sein** be threatened by destruction; **etw. geht seinem ~ entgegen** sth. is heading for disaster; **etw. ist dem ~ geweiht** sth. is doomed

**Untergangs·stimmung die** feelings *pl.* of doom

**unter·gärig** [-gɛːrɪç] *Adj.* bottom-fermented ⟨*beer*⟩; bottom-fermenting ⟨*yeast*⟩

**unter·geben** *Adj.* subordinate

**Untergebene der/die;** *adj. Dekl.* subordinate; **jmds. ~r sein** be subordinate to sb.; **die ~n des Königs** the subjects of the king

**unter-, Unter-: ~|gehen** *unr. itr. V.*; *mit sein* **a)** ⟨*sun, star, etc.*⟩ set; ⟨*ship*⟩ sink, go down; ⟨*person*⟩ drown, go under; *(fig.)* **sein Stern ist im Untergehen** his star is on the wane; **die Musik ging/seine Worte gingen in dem Lärm ~:** the music was/his words were drowned by *or* lost in the noise; **jmd. geht im Gedränge** *od.* **Gewühl ~:** sb. gets lost in the crowds; **b)** *(zugrunde gehen)* come to an end; **davon geht die Welt nicht ~:** it's not the end of the world; **~geordnet 1.** *s.* **unterordnen; 2.** *Adj.* **a)** *(weniger wichtig)* secondary ⟨*role, importance, etc.*⟩; subordinate ⟨*position, post, etc.*⟩; **b)** *(Sprachw.)* subordinate; **~geschoß das** basement; **~gestell das a)** *(Fahrgestell)* undercarriage; **b)** *(salopp scherzh.: Beine)* legs *pl.*; **~gewicht das;** *o. Pl.* underweight; **[5 kg] ~gewicht haben** be [5 kilos] underweight; **~gewichtig** *Adj.* underweight

**unter-, Unter-: ~gliedern** *tr. V.* subdivide; **~gliederung die** subdivision; **[1]~graben** *unr. tr. V.* undermine *(fig.)*

**unter-, Unter-: [2]~graben** *unr. tr. V.* dig in; **~grenze die** lower limit; **~grund der a)** *(bes. Landw.)* subsoil; **b)** *(Bauw.: Baugrund)* foundation; **c)** *(Farbschicht)* background; **d)** *o. Pl.* *(bes. Politik)* underground; **in den ~grund gehen** go underground; **im ~grund** underground

**Untergrund-: ~bahn die** underground [railway] *(Brit.)*; subway *(Amer.)*; **mit der ~bahn fahren** travel on the *or* by underground *(Brit.) or (Amer.)* subway; **~bewegung die** *(Politik)* underground movement

**unter-, Unter-: ~gründig** *Adj.* hidden ⟨*connection, sense*⟩; **~|haken** *tr. V.* *(ugs.)* **jmdn. ~haken** take sb.'s arm; **mit jmdm. ~gehakt gehen** walk arm in arm with sb.; **sich ~haken** link arms; **~halb 1.** *Adv.* below; **weiter ~halb** further down; **~halb von** below; **2.** *Präp. mit Gen.* below; **~halt der;** *o. Pl.* **a)** living; **b)** *(~haltszahlung)* maintenance; **c)** *(Instandhaltung[skosten])* upkeep; **[1]~|halten** *unr. tr. V.* *(ugs.)* hold underneath

**[2]unter·halten 1.** *unr. tr. V.* **a)** *(versorgen)* support; **b)** *(instand halten)* maintain ⟨*building*⟩; **c)** *(betreiben)* run, keep ⟨*car, hotel*⟩; **d)** *(pflegen)* maintain, keep up ⟨*contact, correspondence*⟩; **e)** entertain ⟨*guest, audience*⟩; **ein ~des Buch** an entertaining book. **2.** *unr. refl. V.* **a)** talk; converse; **mit ihm kann man sich gut ~:** he is easy to talk to; one can have a pleasant conversation with him; **b)** *(sich vergnügen)* enjoy oneself; **habt ihr euch gut ~?** did you have a good time?

**unterhaltsam** *Adj.* entertaining

**unterhalts-, Unterhalts-: ~an·spruch der** maintenance claim; claim for maintenance; **~berechtigt** *Adj.* entitled to maintenance *postpos.*; **~kosten** *Pl.* maintenance *sing.*; **~pflicht die** obligation to pay maintenance; **~pflichtig** *Adj.* obliged to pay maintenance *postpos.*; **~zahlung die** maintenance payment

**Unterhaltung die a)** *o. Pl.* *(Versorgung)* support; **b)** *o. Pl.* *(Instandhaltung)* maintenance; upkeep; **etw. ist in der ~ sehr teuer** the maintenance *or* upkeep of sth. is very expensive; **c)** *o. Pl.* *(Aufrechterhaltung)* maintenance; **d)** *(Gespräch)* conversation; **e)** *(Zeitvertreib)* entertainment; **ich wünsche gute** *od.* **angenehme ~:** enjoy yourself/yourselves; **ich schreibe zu meiner eigenen ~ Geschichten** I write stories for my own enjoyment

**Unterhaltungs-: ~elektronik die;** *o. Pl.* home electronics *sing., no art.* *(for entertainment purposes)*; **~kosten** *Pl.* maintenance costs; *(Kfz-W.)* running costs; **~lektüre die** light reading *no art.*; **~literatur die** popular fiction; **~musik die** light music; **~sendung die** entertainment programme

**unter·handeln** *itr. V. (bes. Politik)* negotiate (**über** + *Akk.* on)

**Unter·händler der** *(bes. Politik)* negotiator

**Unter·handlung die** *(bes. Politik)* negotiation

**Unter·haus das** *(Parl.)* lower house *or* chamber; *(in Großbritannien)* House of Commons; Lower House

**Unter·hemd das** vest *(Brit.)*; undershirt *(Amer.)*

**unter·höhlen** *tr. V.* **a)** hollow out; erode; **b)** *(untergraben)* undermine *(fig.)*

**Unter·holz das;** *o. Pl.* underwood; undergrowth

**Unter·hose die** *(Herren~)* [under]pants *pl.*; *(Damen~)* panties; knickers *(Brit.)*; briefs *pl.*; **lange ~n** long underpants; long johns *(coll.)*

**unter·irdisch 1.** *Adj.* underground; underground, subterranean ‹*river, spring, etc.*›. **2.** *adv.* underground

**unter·jochen** *tr. V.* subjugate

**Unter·jochung die;** ~: subjugation

**unter|jubeln** *tr. V. (ugs.)* **jmdm. etw. ~:** palm sth. off on sb.

**unter·kellern** *tr. V.* **das Haus ist nicht unterkellert** the house doesn't have a cellar

**unter-, Unter-: ~kiefer der** lower jaw; **~kleid das** [full-length] slip; **~kleidung die** underwear; **~|kommen** *unr. itr. V.; mit sein* **a)** *(Unterkunft finden)* find accommodation; **b)** *(ugs.: eine Stelle finden)* find *or* get a job; **c)** *(ugs.: Interesse finden)* **er versuchte, mit seiner Story woanders ~zukommen** he tried to get his story accepted somewhere else; **d)** *(bes. südd., österr.: begegnen)* **so etwas/ein solcher Dummkopf ist mir noch nicht ~gekommen** I've never come across 'anything like it/such a 'fool; **~kommen das; ~s, ~:** accommodation *no indef. art.*; **~körper der** lower part of the body; **~|kriechen** *unr. itr. V.; mit sein (ugs.)* find shelter; **bei jmdm. ~kriechen** put up at sb.'s *(coll.)*; **~|kriegen** *tr. V. (ugs.)* **a)** *(entmutigen, besiegen)* bring *or* get down; **sich nicht ~kriegen lassen** not let things get one down; **b)** *s.* **unterbringen a, c**

**unter-, Unter-: ~kühlen** *tr. V.* **jmdn. ~kühlen** reduce sb.'s temperature [below normal]; **er war stark ~kühlt** he was suffering from hypothermia *or* exposure; **~kühlt** *Adj.* dry, factual ‹*style*›; cool ‹*person*›; icy ‹*tone*›; **~kühlung die** reduction of body temperature; **er mußte mit ~kühlungen in ein Krankenhaus gebracht werden** he was taken to hospital suffering from exposure *or* hypothermia

**Unterkunft** ['ʊntɐkʊnft] **die; ~, Unterkünfte** [...kʏnftə] accommodation *no indef. art.*; lodging *no indef. art.*; **eine gute ~ haben** have good accommodation *or* lodgings; **~ und Frühstück** bed and breakfast; **~ und Verpflegung** board and lodging; **die Unterkünfte der Soldaten** the soldiers' quarters

**Unter·lage die a)** *(Schreib~, Matte o. ä.)* pad; *(für eine Schreibmaschine usw.)* mat; *(unter einer Matratze, einem Teppich)* underlay; *(zum Schlafen usw.)* base; **ich brauche eine feste ~ zum Schreiben** I need something to rest my paper on so that I can write; **sorgen Sie für eine gute ~** *(ugs. scherzh.)* make sure you've got something in your stomach; **b)** *Pl. (Akten, Papiere)* documents; papers

**Unter·länge die** descender

**Unter·laß der** *in* **ohne ~:** incessantly

**unter·lassen** *unr. tr. V.* refrain from [doing]; **Zwischenrufe sind zu ~:** no heckling; **unterlaß gefälligst diese Albernheiten** *(ugs.)* kindly stop being so silly; **warum haben Sie es ~, die Angelegenheit zu melden?** why did you omit *or* fail to report the matter?

**Unterlassung die; ~, ~en** omission; failure; **~ der Deklination** *(Sprachw.)* omission of declensional inflexion

**Unterlassungs-: ~klage die** *(Rechtsw.)* application for a restrictive injunction; **~sünde die** *(ugs.)* sin of omission

**Unter·lauf der** lower reaches *pl.*

**unter·laufen 1.** *unr. tr. V.; mit sein* **a)** occur; **jmdm. ist ein Fehler/Irrtum ~:** sb. made a mistake; **b)** *(ugs.: begegnen) s.* **unterkommen d. 2.** *unr. tr. V.* **a)** evade; get round; **b)** *(bes. Fuß-, Handball)* **einen Gegner ~:** charge an opponent who is in the air and knock him to the ground; **c)** *mit sein* ‹*skin tissue*› suffuse with blood; **das Auge war mit Blut** *od.* **blutig ~:** the eye was completely bloodshot

**¹unter|legen** *tr. V.* **a)** *(unter etw. legen)* put under[neath]; **jmdm. etw. ~:** put sth. under[neath] sb.; **einer Henne** *(Dat.)* **Eier [zum Brüten] ~:** set a hen [on eggs]; **b) einem Text einen anderen Sinn ~:** read another meaning into a text

**²unter·legen** *tr. V.* **a)** *(mit Stoff, Watte o. ä.)* underlay (**mit** with); **b) einem Film Musik ~:** put music to a film; **einer Melodie einen Text ~:** put words to a tune

**³unter·legen 1.** *2. Part. v.* **unterliegen. 2.** *Adj.* inferior; **jmdm. ~ sein** be inferior to sb. (**an** + *Dat.* in); **jmdm. zahlenmäßig ~ sein** be outnumbered by sb.

**Unterlegene der/die;** *adj. Dekl.* loser

**Unter-: ~leib der a)** *(unterer Bauchteil)* lower abdomen; **b)** *(verhüll.: weibliche Geschlechtsteile)* pudenda; **~leibs·schmerzen** *Pl.* abdominal pain *sing.*; **~lid das** lower [eye]lid

**unter·liegen** *unr. itr. V.* **a)** *mit sein (besiegt werden)* lose; be beaten *or* defeated; **in einem Kampf ~:** lose a fight; **die unterlegene Mannschaft** the losing team; **b)** *(unterworfen sein)* be subject to; **es unterliegt keinem Zweifel, daß ...:** there is *or* can be no doubt that ...; **einer Täuschung ~:** be mistaken *or* deceived

**Unter·lippe die** lower lip

**unterm** *Präp.* + *Art.* = **unter dem**

**unter·malen** *tr. V.* accompany; **etw. mit Musik ~:** accompany sth. with music

**Unter·malung die; ~, ~en** accompaniment (*Gen.* to)

**unter·mauern** *tr. V.* **a)** *(mit Mauern stützen)* underpin; **b)** *(mit Argumenten, Fakten absichern)* back up; support

**Untermauerung die; ~, ~en a)** underpinning; *(Mauerwerk)* foundation; **b)** *(stützende Argumente)* back-up; support

**unter-, Unter-: ~|mengen** *tr. V.* mix in; **~mensch der** *(abwertend)* **a)** *(brutaler Mensch)* brute; **b)** *(ns.: minderwertiger Mensch)* inferior person; subhuman creature; **~miete die;** *o. Pl.* subtenancy; sublease; **bei jmdm. in** *od.* **zur ~miete wohnen** be sb.'s subtenant; lodge with sb.; **jmdn. in** *od.* **zur ~miete nehmen** sublet to sb.; **~mieter der** subtenant; lodger

**unterminieren** [ʊntɐmi'niːrən] *tr. V.* undermine

**unter|mischen** *tr. V.* mix in

**untern** *(ugs.) Präp.* + *Art.* = **unter den**

**unter·nehmen** *unr. tr. V.* **a)** *(durchführen)* undertake; make; make ‹*attempt*›; take ‹*steps*›; **b)** *(Unterhaltsames machen, eingreifen)* do; **viel zusammen ~:** do many things together; **etwas gegen die Mißstände ~:** do something about the bad state of affairs

**Unter·nehmen das; ~s, ~ a)** *(Vorhaben)* enterprise; venture; undertaking; *(militärische Operation)* operation; **b)** *(Firma)* enterprise; concern

**unternehmend** *Adj.* enterprising; active

**Unternehmens-: ~berater der** management consultant; **~form die** form *or* type of enterprise; **~führung die, ~leitung die** management; **~politik die** management policy

**Unternehmer der; ~s, ~:** employer; *(in der Industrie)* industrialist

**unternehmerisch 1.** *Adj.* entrepreneurial. **2.** *adv.* ‹*think*› in an entrepreneurial *or* business-like way

**Unternehmerschaft die; ~, ~en** employers *pl.*

**Unternehmertum das; ~s a)** employers *pl.*; **b)** *(das Unternehmersein)* enterprise *no art.*

**Unternehmung die; ~, ~en** *s.* **Unternehmen**

**Unternehmungs·geist der;** *o. Pl.* spirit of enterprise; **er war voller ~:** he was full of initiative

**unternehmungs·lustig** *Adj.* active; **sie ist sehr ~:** she is always out doing things

**unter-, Unter-: ~offizier der a)** non-commissioned officer; **~offizier vom Dienst** duty NCO; **b)** *o. Pl. (Dienstgrad)* corporal; **~ordnen 1.** *tr. V.* subordinate; **jmdm./einem Ministerium ~geordnet sein** be [made] subordinate to sb./a ministry; **2.** *refl. V.* **sich [anderen] nicht ~ordnen können** not be able to accept a subordinate role; **die Politik hat sich der Moral ~zuordnen** politics has to be subordinated to morality; **~ordnend** *Adj. (Sprachw.)* subordinating ‹*conjunction*›; **~ordnung die a)** subordination; **b)** *(Sprachw.)* hypotaxis; **c)** *(Biol.: ~gruppe)* suborder; **~pfand das** *(geh.)* pledge (**für** of); **~|pflügen** *tr. V.* plough in *or* under; **~prima die** *(Schulw. veralt.)* eighth year *(of a Gymnasium)*; **~primaner der** *(Schulw. veralt.)* pupil in the eighth year *(of a Gymnasium)*; **~privilegiert** *Adj. (geh.)* underprivileged; **~privilegierte der/die;** *adj. Dekl. (geh.)* underprivileged person; **die ~privilegierten** the underprivileged; **~punkt der a)** subsidiary point; **b)** *(unter einem Buchstaben o. ä.)* dot underneath

**unter·queren** *tr. V.* cross under

**unter·reden** *refl. V. (geh.)* confer (**mit** with)

**Unterredung die; ~, ~en** discussion; **er bat ihn um eine ~:** he asked to see him to discuss something [with him]

**unter·repräsentiert** *Adj.* under-represented

**Unterricht** ['ʊntɐrɪçt] **der; ~[e]s, ~e** instruction; *(Schul~)* teaching; *(Schulstunden)* classes *pl.*; lessons *pl.*; **der ~ ist beendet** classes *or* lessons are over; **jmdm. ~ [in Musik** *usw.***] geben** give sb. [music *etc.*] lessons; teach sb. [music]; **bei jmdm. ~ [in Russisch] nehmen** have [Russian] lessons from sb.; **zu spät zum ~ kommen** be late for class

**-unterricht der: Geschichts-/Musik-** *usw.* **~:** history/music *etc.* teaching; *(Unterrichtsstunde)* history/music *etc.* lesson; *s. auch* **Englischunterricht**

**unterrichten 1.** *tr. V.* **a)** *(lehren)* teach; **er unterrichtet Englisch** he teaches Englisch; **sie unterrichtet ihre Kinder im Malen** she is teaching her children how to paint; **b)** *(informieren)* inform (**über** + *Akk.* of, about); **ich bin bestens/schlecht unterrichtet** I am fully/not well informed. **2.** *itr. V. (Unterricht geben)* teach. **3.** *refl. V. (sich informieren)* inform oneself (**über** + *Akk.* about)

**unterrichtlich** *Adj.; nicht präd.* instructional ‹*purpose, problem*›; teaching ‹*success, work*›

**unterrichts-, Unterrichts-: ~einheit die** *(Päd.)* teaching unit; **~fach das** subject; **~frei** *Adj.* free ‹*day, hour*›; **der Samstag ist ~frei** there are no lessons on Saturday; **nächsten Samstag haben wir ~frei** there is no school this Saturday; **~methode die** teaching method; **~stoff der** subject-matter; **~stunde die** lesson; period

**Unterrichtung die; ~, ~en** instruction; *(Information)* information

**Unter·rock der a)** [half] slip; **b)** *s.* **Unterkleid**
**unter|rühren** *tr. V.* stir in
**unters** *Präp.* + *Art.* = **unter das**
**unter·sagen** *tr. V.* forbid; prohibit; **der Arzt untersagte ihm, Alkohol zu trinken** the doctor ordered him not to drink any alcohol; **Rauchen ist strengstens untersagt** smoking is strictly prohibited
**Unter·satz der** *s.* **Untersetzer**
**unter-, Unter-: ~schätzen** *tr. V.* underestimate ⟨*amount, effect, meaning, distance, etc.*⟩; underrate ⟨*writer, performer, book, performance, talent, ability*⟩; **~schätzung die** underestimation; **~scheidbar** *Adj.* distinguishable; **~scheiden 1.** *unr. tr. V.* distinguish; **Weizen von Roggen nicht ~scheiden können** not be able to tell the difference between wheat and rye *or* tell wheat from rye; **die Zwillinge sind kaum zu ~scheiden** you can hardly tell the twins apart; **2.** *unr. itr. V.* distinguish; differentiate; **zwischen Richtigem und Falschem ~scheiden** tell the difference between right and wrong; **3.** *unr. refl. V.* differ **(durch** in, **von** from); **sich durch nichts ~scheiden** be in no way different; **sich dadurch ~scheiden, daß ...:** differ in that ...; **in diesem Punkt ~scheiden sich die Parteien überhaupt nicht** on this point there is no difference at all between the parties; **~scheidung die** *(Vorgang)* differentiation; *(Resultat)* distinction
**Unterscheidungs-: ~merkmal das** distinguishing feature; **~vermögen das;** *o. Pl.* ability to distinguish; discernment
**unter-, Unter-: ~schenkel der** shank; lower leg; **~schicht die** *(Soziol.)* lower class; **der ~schicht angehören** be a member of the lower classes *pl.*; **¹~|schieben** *unr. tr. V.* push under[neath]
**²unter·schieben** *unr. tr. V.* **a)** *(heimlich zuschieben)* **jmdm. etw. ~:** foist sth. on sb.; **b)** *(unterstellen)* **jmdm. etw. ~:** attribute sth. falsely to sb.
**Unter·schied der; ~[e]s, ~e** difference; **es lebe der kleine ~!** *(ugs. scherzh.)* vive la petite différence!; **das ist ein ~ wie Tag und Nacht** it's like the difference between black and white; **es ist [schon] ein [großer] ~, ob ...:** it makes a [big] difference whether ...; **bei der Beurteilung der Schüler ~e machen** use different methods when assessing the pupils; **ohne ~ der Rasse/des Geschlechts** without regard to *or* discrimination against race/sex; **im ~ zu ihm/zum ~ von ihm** in contrast to him; **zwischen Arbeit und Arbeit ist noch ein ~** *(ugs.)* there is work and there is work *(coll.)*
**unter·schieden** *Adj.* different
**unterschiedlich 1.** *Adj.* different; *(uneinheitlich)* variable; varying. **2.** *adv.* **[sehr/ganz] ~:** in [very/quite] different ways; **~ hohe Erträge** yields of varying amount; **etw. sehr ~ einschätzen** give greatly varying estimates of sth.
**Unterschiedlichkeit die; ~, ~en** difference (*Gen.* between); *(Uneinheitlichkeit)* variability
**unterschieds·los 1.** *Adj.* uniform; equal ⟨*treatment*⟩. **2.** *adv.* ⟨*treat*⟩ equally; *(ohne Benachteiligung)* without discrimination
**¹unter|schlagen** *unr. tr. V.* cross ⟨*legs*⟩; fold ⟨*arms*⟩
**²unter·schlagen 1.** *unr. tr. V.* embezzle, misappropriate ⟨*money, funds, etc.*⟩; *(unterdrücken)* intercept ⟨*letter*⟩; withhold, suppress ⟨*fact, news, information, etc.*⟩. **2.** *unr. itr. V.* **er hat ~:** he embezzled money
**Unterschlagung die; ~, ~en** *s.* **²unterschlagen:** embezzlement; misappropriation; withholding; suppression; **~en begehen** embezzle sums of money/funds *etc.*
**Unter·schlupf der; ~[e]s, ~e** shelter; *(Versteck)* hiding-place; hide-out
**unter|schlupfen** *(südd.),* **unter|schlüpfen** *itr. V.; mit sein (ugs.)* hide out; *(Obdach finden)* take shelter **(vor** + *Dat.* from)
**unter·schneiden** *unr. tr. V. ([Tisch]tennis)* chop
**Unter·schnitt der** *([Tisch]tennis)* back spin; underspin
**unter·schreiben 1.** *unr. itr. V.* sign; **mit vollem Namen ~:** sign one's full name. **2.** *unr. tr. V.* sign; **diese Behauptung kann ich nicht ~** *(fig. ugs.)* I cannot subscribe to *or* approve this statement
**unter·schreiten** *unr. tr. V.* fall below; **wir haben die veranschlagten Summen/Kosten um 2 Prozent unterschritten** we stayed 2 per cent below the estimated amounts/costs
**Unter·schrift die a)** signature; **seine ~ unter etw.** *(Akk.)* **setzen** put one's signature to sth.; sign sth.; **b)** *(Bild~)* caption
**Unterschriften-: ~aktion die** petition; **~liste die** list of signatures; **~mappe die** signature folder
**unter·schriftlich** *Adv.* by one's signature; **~ bestätigt** signed
**unterschrifts-: ~berechtigt** *Adj.* **~berechtigt sein** be authorized to sign; have power to sign; **~reif** *Adj.* ready to be signed *pred.*; **ein ~reifer Vertrag** a contract which is ready to be signed
**unterschwellig** [-ʃvɛlɪç] **1.** *Adj.* subliminal. **2.** *adv.* subliminally
**unter-, Unter-: ~see·boot das** submarine; **~seite die** under-side; *(eines Stoffes)* wrong side; **~sekunda die** *(Schulw. veralt.)* sixth year *(of a Gymnasium)*; **~sekundaner der** *(Schulw. veralt.)* pupil in the sixth year *(of a Gymnasium)*; **~|setzen** *tr. V.* put underneath; **~setzer der** mat; *(für Gläser)* coaster; *(für Bügeleisen)* stand
**untersetzt** *Adj.* stocky
**unter|sinken** *unr. itr. V.; mit sein* sink
**unter·spülen** *tr. V.* undermine and wash away
**unterst ...** *s.* **unter ...**
**Unter·stand der a)** *(Schutzbunker)* dugout; **b)** *(Unterschlupf)* shelter
**¹unter|stehen** *unr. itr. V.; südd., österr., schweiz. mit sein* take shelter
**²unter|stehen 1.** *unr. itr. V.* **jmdm. ~:** be subordinate *or* answerable to sb.; **jmdm. untersteht eine Abteilung** sb. is responsible for a department; **diese Ämter ~ dem Ministerium** these offices are under the control of *or* come under the ministry; **ständiger Kontrolle ~:** be under constant supervision. **2.** *unr. refl. V.* dare; **untersteh dich!** [don't] you dare!; **was ~ Sie sich!** how dare you!
**¹unter|stellen 1.** *tr. V.* **a)** *(zur Aufbewahrung)* keep; store ⟨*furniture*⟩; **b)** *(unter etw.)* put underneath. **2.** *refl. V.* take shelter
**²unter·stellen** *tr. V.* **a)** *(jmdm. unterordnen, übertragen)* **jmdm. ein Sachgebiet/eine Abteilung ~:** put sb. in charge of a subject/a department; **die Behörde ist dem Ministerium unterstellt** the office is under the ministry; **b)** *(annehmen, vermuten)* assume; suppose; **ich unterstelle [einmal], daß ...:** I'll [first of all] assume that ...; **c)** *(unterschieben)* **jmdm. böse Absichten/ schlechte Motive** *usw.* **~:** insinuate *or* imply that sb.'s intentions/motives are bad; **was ~ Sie mir?** what are you trying to accuse me of?
**Unter·stellung die a)** subordination **(unter** + *Akk.* to); **b)** *(falsche Behauptung)* insinuation
**unter·steuern** *itr. V. (Kfz-W.)* understeer
**unter·streichen** *unr. tr. V.* **a)** underline; **b)** *(hervorheben)* emphasize; **das kann ich nur ~!** I can only agree with that!
**Unter·streichung die; ~, ~en a)** underlining; **b)** *(das Betonen)* emphasizing
**Unter·stufe die** *(Schulw.)* lower school
**unter·stützen** *tr. V.* support; **vom Staat unterstützte Einrichtungen** state-funded institutions; **das Mittel unterstützt den Heilungsprozeß** the medicine promotes the healing process
**Unter·stützung die a)** support; **der Plan fand bei vielen ~:** the plan was supported by many; **b)** *(finanzielle Hilfe)* allowance; *(für Arbeitslose)* [unemployment] benefit *no art.*; **staatliche ~:** state aid
**Unterstützungs·empfänger der** person receiving [unemployment] benefit/an allowance
**unter·suchen** *tr. V.* **a)** *(zu erkennen suchen)* examine; **b)** *(überprüfen)* test **(auf** + *Akk.* for); **c)** *(ärztlich)* examine; **sich ärztlich ~ lassen** have a medical examination *or* check-up; **jmdn. auf seine Arbeitsfähigkeit [hin] ~:** test sb.'s fitness for work; **d)** *(aufzuklären suchen)* investigate; **einen Fall gerichtlich ~:** try a case [in court]; **e)** *(durchsuchen)* search **(auf** + *Akk.*, **nach** for)
**Untersuchung die; ~, ~en a)** *s.* **untersuchen:** examination; test; investigation; search; **b)** *(wissenschaftliche Arbeit)* study
**Untersuchungs-: ~aus·schuß der** investigating committee; *(für Unfälle usw.)* committee of inquiry; **~ergebnis das** *(der Polizei, des Gerichts)* results *pl.* of an/the investigation; *(Med.)* results *pl.* of a/the test; **~gefängnis das** prison *(for people awaiting trial)*; **~haft die** imprisonment *or* detention while awaiting trial; **jmdn. in ~haft nehmen** commit sb. for trial; **in ~haft sein** *od.* **sitzen** be held on remand; **~häftling der** prisoner awaiting trial; remand prisoner; **~kommission die** *s.* **~ausschuß**; **~zimmer das** examination room
**unter·tags** *Adv. (bes. österr.)* during the day
**untertan** [-ta:n] *Adj.* **in sich** *(Dat.)* **jmdn./etw. ~ machen** *(geh.)* subjugate sb./dominate sth.; **jmdm./einer Sache ~ sein** *(veralt.)* be dominated by sb./be subject to sth.
**Untertan der; ~s** *od.* **~en, ~en** *(hist.)* subject
**Untertanen·geist der;** *o. Pl. (abwertend)* servile *or* subservient spirit
**untertänig** [-tɛ:nɪç] **1.** *Adj.* subservient; **Ihr ~ster Diener** *(veralt.)* your most obedient *or* humble servant. **2.** *adv.* subserviently
**Unter·tasse die** saucer; **fliegende ~** *(fig.)* flying saucer
**unter|tauchen 1.** *itr. V.; mit sein* **a)** *(im Wasser)* dive [under]; **b)** *(verschwinden)* disappear; **c)** *(unerkannt leben)* disappear; go underground; **er mußte vor der Gestapo [bei Freunden] ~:** he had [to seek shelter with friends] to hide from the Gestapo. **2.** *tr. V.* duck
**Unter·teil das** *od.* **der** bottom part
**unter·teilen** *tr. V.* **a)** *(aufteilen)* divide; **b)** *(einteilen, gliedern)* subdivide
**Unter·teilung die; ~, ~en** [sub]division
**Unter·temperatur die** subnormal temperature of the body; **der Patient hat ~:** the patient's temperature is below normal
**unter-, Unter-: ~tertia die** *(Schulw. veralt.)* fourth year *(of a Gymnasium)*; **~tertianer der** *(Schulw. veralt.)* pupil in the fourth year *(of a Gymnasium)*; **~titel der a)** subtitle; **b)** *(Bildunterschrift)* caption; **~ton der** *(auch Physik, Musik)* undertone; **~tourig** [~tu:rɪç] *(Technik)* **1.** *Adj.* ⟨*driving*⟩ with *or* at low revs *(coll.)*. **2.** *adv.* at low revs *(coll.)*
**unter·treiben** *unr. itr. V.* play things down
**Untertreibung die; ~, ~en** understatement
**unter·tunneln** *tr. V.* tunnel under; tunnel through *or* under ⟨*mountain*⟩
**unter-, Unter-: ~vermieten** *tr., itr. V.* sublet; **~vermietung die** subletting; **~versichern** *tr. V.* under-insure; **~versicherung die** under-insurance; **~versorgen** *tr. V.* under-supply; **ärztlich ~versorgt sein** not be given proper medical treatment;

**~versorgung die** under-supply (**mit** of); **die ~versorgung der Zellen mit Sauerstoff** the under-supply of the cells with oxygen
**unter·wandern** *tr. V.* infiltrate; **kommunistisch unterwandert** infiltrated by communists
**Unter·wanderung die** infiltration *no indef. art.*
**unterwärts** ['ʊntɐvɛrts] *Adv. (ugs.)* underneath
**Unter·wäsche die;** *o. Pl.* underwear
**Unter·wasser-: ~jagd die** *(Tauchsport)* underwater harpooning; **~massage die** underwater massage
**unterwegs** *Adv.* **a)** *(auf dem Wege irgendwohin)* on the *or* one's/its way; **er ist den ganzen Tag/geschäftlich viel ~:** he is away all day/a great deal on business; **bei ihr ist etwas Kleines ~** *(ugs.)* she is expecting [a happy event]; **b)** *(auf, während der Reise)* on the way; **sie waren vier Wochen ~:** they travelled for four weeks; the journey took them four weeks; **sie schickten eine Karte von ~:** they sent a card while they were away; **c)** *(nicht zu Hause)* out [and about]
**unter·weisen** *unr. tr. V. (geh.)* instruct (**in** + *Dat.* in)
**Unter·weisung die** instruction
**Unter·welt die;** ~ *(griech. Myth., Verbrechermilieu)* underworld
**unter·weltlich** *Adj.* underworld *attrib.*
**unter·werfen 1.** *unr. tr. V.* **a)** subjugate ⟨*people, country*⟩; **b)** *(unterziehen)* subject (*Dat.* to); **jmds. Post einer genauen Kontrolle ~:** make a close scrutiny of sb.'s correspondence; **c)** *(abhängig machen)* **jmdm./einer Sache unterworfen sein** be subject to sb./sth. **2.** *unr. refl. V.* **sich [jmdm./einer Sache] ~:** submit [to sb./sth.]
**Unterwerfung die;** ~, **~en a)** *(das Unterwerfen)* subjugation (**unter** + *Akk.* to); **b)** *(das Sichunterwerfen)* submission (**unter** + *Akk.* to)
**unterwürfig** [-vʏrfɪç] *(abwertend)* **1.** *Adj.* obsequious. **2.** *adv.* obsequiously
**Unterwürfigkeit die;** ~ *(abwertend)* obsequiousness
**unter·zeichnen 1.** *tr. V.* sign. **2.** *refl. V. (veralt.)* sign
**Unter·zeichner der, Unterzeichnete der/die;** *adj. Dekl. (Amtsspr.)* signatory
**Unterzeichnung die** signing
**Unter·zeug das;** *o. Pl. (ugs.)* underwear
**¹unter|ziehen** *unr. tr. V.* **a)** put ⟨*underwear, jumper, etc.*⟩ on underneath; **b)** *(Kochk.: vermengen)* fold in
**²unter·ziehen 1.** *unr. refl. V.* **sich einer Sache** *(Dat.)* **~:** undertake sth.; **sich einer Operation** *(Dat.)* **~:** undergo *or* have an operation. **2.** *unr. tr. V.* **etw. einer Untersuchung/Überprüfung/Reinigung** *(Dat.)* **~:** examine/check/clean sth.
**Untiefe die a)** *(seichte Stelle)* shallow; **b)** *(große Tiefe)* depth
**Untier das** monster; **dieses ~ von einer Katze** *(scherzh.)* this beast of a cat
**untilgbar** *Adj. (geh.)* lasting; indelible ⟨*impression, memory*⟩
**Untote der/die** zombie; *(Vampir)* vampire; **die ~n** the undead
**untragbar** *Adj.* unbearable; intolerable; **wirtschaftlich/finanziell ~:** no longer economically/financially viable
**Untragbarkeit die;** ~: intolerableness
**untrainiert** *Adj.* untrained; *(nicht mehr trainiert)* out of training *postpos.*
**untrennbar** *Adj.* inseparable
**untreu** *Adj.* **a)** disloyal; **jmdm. ~ werden** be disloyal to sb.; **du bist uns ~ geworden** *(scherzh.)* you've abandoned us *(joc.)*; **sich selbst ~ werden** be untrue to oneself; **seinen Grundsätzen ~ werden** abandon one's principles; **b)** *(in der Ehe, Liebe)* unfaithful; **jmdm. ~ werden** be unfaithful to sb.
**Untreue die a)** disloyalty; **b)** *(in der Ehe, Liebe)* unfaithfulness; **c)** *(Rechtsspr.: Veruntreuung)* embezzlement
**untröstlich** *Adj.* inconsolable; **ich bin ~, daß ...:** I am extremely sorry that ...
**untrüglich** *Adj.* unmistakable
**untüchtig** *Adj.* incompetent
**Untugend die** bad habit
**untunlich** *Adj. (veralt.)* impracticable; not sensible; *(unklug)* imprudent
**untypisch 1.** *Adj.* untypical (**für** of). **2.** *adv.* unusually
**unüberbietbar** *Adj.* unparalleled
**unüberbrückbar** *Adj.* irreconcilable ⟨*differences, contradictions*⟩
**unüberhörbar** *Adj.* unmistakable
**unüberlegt 1.** *Adj.* rash. **2.** *adv.* rashly
**Unüberlegtheit die;** ~, **~en a)** *o. Pl.* rashness; **b)** *(unüberlegte Handlung)* rash act
**unüberschaubar** *s.* **unübersehbar 1 b, 2**
**unübersehbar 1.** *Adj.* **a)** *(offenkundig)* conspicuous; obvious; **b)** *(sehr groß)* enormous; immense. **2.** *adv. (sehr)* extremely
**unübersetzbar** *Adj.* untranslatable
**unübersichtlich 1.** *Adj.* unclear; confusing ⟨*arrangement*⟩; blind ⟨*bend*⟩; broken ⟨*country etc.*⟩; *(fig.)* confused ⟨*affair, matter, conditions, etc.*⟩. **2.** *adv.* unclearly; confusingly ⟨*arranged*⟩
**Unübersichtlichkeit die;** ~: **die ~ der Karte/des Geländes** the unclear map/broken country
**unübertragbar** *Adj.* non-transferable; not transferable *pred.*
**unübertrefflich 1.** *Adj.* superb. **2.** *adv.* superbly
**unübertroffen** *Adj.* unsurpassed
**unüberwindbar, unüberwindlich** *Adj.* insuperable, insurmountable ⟨*problem, fear, mistrust, etc.*⟩; invincible ⟨*opponent*⟩
**unüblich** *Adj.* not usual *or* customary *pred.*; unusual
**unumgänglich** *Adj.* [absolutely] necessary
**Unumgänglichkeit die;** ~: absolute necessity
**unumschränkt** ['ʊn|ʊmʃrɛŋkt] *Adj.* absolute; **~ herrschen** have absolute rule
**unumstritten** *Adj.* undisputed
**unumwunden** ['ʊn|ʊmvʊndn̩] **1.** *Adj.* frank. **2.** *adv.* frankly; openly
**ununterbrochen 1.** *Adj.* incessant. **2.** *adv.* incessantly
**unveränderbar, unveränderlich** *Adj.* unchangeable, unchanging ⟨*law, principle*⟩; constant ⟨*quantity etc.*⟩; permanent ⟨*mark, scar*⟩; *(nicht zu verändern)* unalterable
**Unveränderlichkeit die;** ~: *s.* **unveränderlich:** unchangeableness; unchangingness; constancy; permanence; unalterableness
**unverändert** *Adj.* unchanged ⟨*appearance, weather, condition*⟩; unaltered, unrevised ⟨*edition etc.*⟩; **in seinem Aussehen war er ~:** he had not changed in [his] appearance
**unverantwortlich. 1.** *Adj.* irresponsible. **2.** *adv.* irresponsibly
**Unverantwortlichkeit die;** ~: irresponsibility
**unverarbeitet** *Adj.* **a)** raw, unprocessed ⟨*material*⟩; crude ⟨*iron, oil, etc.*⟩; **b)** *(nicht bewältigt)* raw ⟨*impression*⟩; raw, undigested ⟨*thoughts*⟩
**unveräußerlich** *Adj.* **a)** *(geh.)* inalienable ⟨*rights, principles*⟩; **b)** *(unverkäuflich)* ⟨*property*⟩ not for sale
**unverbaubar** *Adj.* ⟨*view*⟩ that cannot be spoiled *or* obstructed
**unverbesserlich** *Adj.* incorrigible
**unverbildet** *Adj.* unspoiled
**unverbindlich 1.** *Adj.* **a)** *(nicht bindend)* not binding *pred.*; without obligation *postpos.*; ⟨*information*⟩ without guarantee of correctness; **b)** *(zurückhaltend, reserviert)* non-committal ⟨*answer, words*⟩; detached, impersonal ⟨*attitude, person*⟩. **2.** *adv.* ⟨*send, reserve*⟩ without obligation
**Unverbindlichkeit die;** ~, **~en a)** *o. Pl. (eines Angebots usw.)* freedom from obligation; *(einer Person)* detached *or* impersonal manner; **die ~ der Auskunft** the fact that the information is not guaranteed correct; **b)** *(unverbindliche Äußerung)* non-committal remark
**unverblümt** [ʊnfɛɐ̯'bly:mt] **1.** *Adj.* blunt; undisguised, open ⟨*distrust*⟩. **2.** *adv.* bluntly
**unverbraucht** *Adj.* untouched; unspent ⟨*energy*⟩; fresh ⟨*air*⟩; **sie ist noch jung und ~:** she is still young and full of energy
**unverbrüchlich** [ʊnfɛɐ̯'brʏçlɪç] *Adj. (geh.)* inviolable; steadfast
**unverbürgt** *Adj.* unconfirmed ⟨*report, news, etc.*⟩
**unverdächtig 1.** *Adj.* free from suspicion *postpos.* **2.** *adv.* in a way that does/did not arouse suspicion
**unverdaulich** *Adj.* indigestible
**unverdaut** *Adj.* undigested
**unverdient 1.** *Adj.* undeserved ⟨*luck, praise*⟩; undeserved, unjust ⟨*accusation, punishment, etc.*⟩. **2.** *adv.* undeservedly
**unverdientermaßen** *Adv.* undeservedly
**unverdorben** *Adj.* unspoilt
**Unverdorbenheit die;** ~ *(von Früchten, Speisen usw.)* freshness; *(sittliche ~)* innocence
**unverdrossen 1.** *Adj.* undeterred; *(unverzagt)* undaunted. **2.** *adv.* **~ weitermachen** carry on undaunted
**unverdünnt** *Adj.* undiluted; **er trinkt Whisky ~:** he drinks whisky neat
**unverehelicht** *Adj. (bes. Amtsspr.)* unmarried
**unvereinbar** *Adj.* incompatible (**mit** with)
**Unvereinbarkeit die;** ~: incompatibility (**mit** with)
**unverfälscht 1.** *Adj.* genuine; unadulterated ⟨*wine etc.*⟩; pure ⟨*dialect*⟩; unaltered ⟨*custom, text*⟩. **2.** *adv.* in pure/unaltered form
**unverfänglich** *Adj.* harmless
**unverfroren 1.** *Adj.* insolent; impudent. **2.** *adv.* insolently; impudently
**Unverfrorenheit die;** ~, **~en a)** *o. Pl. (Art)* insolence; impudence; **b)** *(Äußerung)* insolent remark; impertinence
**unvergänglich** *Adj.* immortal ⟨*fame*⟩; unchanging ⟨*beauty*⟩; abiding ⟨*recollection*⟩
**Unvergänglichkeit die** *s.* **unvergänglich:** immortality; unchangingness; abidingness
**unvergessen** *Adj.* unforgotten
**unvergeßlich 1.** *Adj.* unforgettable; **dieses Erlebnis wird mir ~ bleiben** *od.* **sein** I shall never forget this experience. **2.** *adv.* unforgettably
**unvergleichbar** *Adj.* incomparable (*Dat.* to, with)
**unvergleichlich 1.** *Adj.* incomparable (*Dat.* to, with). **2.** *adv.* incomparably
**unverhältnismäßig** *Adv.* unusually
**unverheiratet** *Adj.* unmarried
**unverhofft** ['ʊnfɛɐ̯hɔft] **1.** *Adj.* unexpected. **2.** *adv.* unexpectedly; **~ kommt oft** *(Spr.)* always expect the unexpected
**unverhohlen 1.** *Adj.* unconcealed. **2.** *adv.* openly
**unverhüllt 1.** *Adj.* **a)** *(ohne Umhüllung)* uncovered; **b)** *(unverhohlen)* unconcealed. **2.** *adv.* openly
**unverkäuflich** *Adj.* **a)** *(nicht zum Verkauf bestimmt)* **~e Ausstellungsstücke** display items that are not for sale; **diese Vase ist ~:** this vase is not for sale; **~es Muster** free sample; **b)** *(nicht absetzbar)* unsaleable
**unverkennbar 1.** *Adj.* unmistakable. **2.** *adv.* unmistakably
**unverlangt 1.** *Adj.* unsolicited ⟨*manuscript, photograph*⟩. **2.** *adv.* **~ eingesandt** unsolicited
**unvermählt** *Adj. (geh.)* unmarried; unwedded

**unvermeidbar** *Adj.* unavoidable
**unvermeidlich** *Adj.* **a)** *(nicht vermeidbar)* unavoidable; *(spött.: obligatorisch)* inevitable; **sich ins Unvermeidliche fügen** submit to *or* accept the inevitable; **b)** *(sich als Folge ergebend)* inevitable
**unvermindert** *Adj., adv.* undiminished
**unvermittelt 1.** *Adj.* sudden; abrupt. **2.** *adv.* suddenly; abruptly
**Unvermögen das** lack of ability; **jmds. ~, etw. zu tun** sb.'s inability to do sth.
**unvermögend** *Adj.* without means *postpos.*
**unvermutet 1.** *Adj.* unexpected. **2.** *adv.* unexpectedly
**Unvernunft die** stupidity
**unvernünftig 1.** *Adj.* stupid; foolish. **2.** *adv.* **er raucht/trinkt ~ viel** he smokes/drinks more than is good for him
**unveröffentlicht** *Adj.* unpublished
**unverpackt** *Adj.* unpacked; unwrapped
**unverputzt** *Adj.* unplastered
**unverrichtet** *Adj. in* **~er Dinge** without having achieved anything
**unverrückbar 1.** *Adj.* unshakeable; immovable; unalterable ⟨*fact, truth*⟩. **2.** *adv.* unshakeably; immovably; **mein Entschluß steht ~ fest** my decision is absolutely final
**unverschämt 1.** *Adj.* **a)** *(respektlos, impertinent)* impertinent, impudent ⟨*person, manner, words, etc.*⟩; barefaced, blatant ⟨*lie*⟩; **b)** *(ugs.: sehr groß)* outrageous ⟨*price, luck, etc.*⟩. **2.** *adv.* **a)** impertinently; impudently; ⟨*lie*⟩ barefacedly; blatantly; **b)** *(ugs.: sehr)* outrageously ⟨*expensive*⟩; **du siehst ~ gut aus** you are looking disgustingly well *(joc.)*
**Unverschämtheit die; ~, ~en a)** *o. Pl.* *(Art)* impertinence; impudence; *(einer Lüge)* barefacedness; blatancy; **b)** *(Äußerung o. ä.)* [piece of] impertinence; **das ist eine ~!** that's outrageous!
**unverschlossen** *Adj.* unlocked; unsealed ⟨*letter*⟩
**unverschuldet** *Adj.* **ein ~er Verkehrsunfall** an accident which happened through no fault of one's own; **eine ~e Notlage** a plight which is no fault of one's own
**unverschuldetermaßen** *Adv.* through no fault of one's own
**unversehens** *Adv.* suddenly
**unversehrt** *Adj.* unscathed; unhurt; *(unbeschädigt)* undamaged
**Unversehrtheit die; ~:** intactness; **körperliche ~:** freedom from bodily harm
**unversöhnlich** *Adj.* irreconcilable
**Unversöhnlichkeit die** irreconcilability
**unversorgt** *Adj.* ⟨*children, family, etc.*⟩ unprovided for
**Unverstand der** foolishness; stupidity; **so ein ~!** what foolishness *or* stupidity!
**unverstanden** *Adj.* misunderstood
**unverständig** *Adj.* without understanding *postpos;* ignorant ⟨*child*⟩
**Unverständigkeit die** lack of understanding
**unverständlich** *Adj.* incomprehensible; *(undeutlich)* unclear ⟨*pronunciation, presentation, etc.*⟩; **es ist [mir] ~, warum er nicht kommt** I cannot *or* do not understand why he hasn't come
**Unverständlichkeit die** incomprehensibility
**Unverständnis das** lack of understanding
**unverstellt** *Adj.* normal ⟨*voice*⟩; unfeigned, genuine ⟨*joy, passion, etc.*⟩
**unversteuert** *Adj.* untaxed ⟨*earnings etc.*⟩; duty-free ⟨*goods, cigarettes*⟩
**unversucht** *in* **nichts ~ lassen** try everything; leave no stone unturned
**unverträglich** *Adj.* **a)** *(unbekömmlich)* indigestible; unsuitable ⟨*medicine*⟩; **b)** *(streitsüchtig)* quarrelsome; **c)** *(nicht harmonierend)* incompatible ⟨*blood groups, medicines, transplant tissue*⟩
**Unverträglichkeit die** *s.* **unverträglich:** indigestibility; unsuitability; quarrelsomeness; incompatibility
**unvertraut** *Adj.* unfamiliar
**unvertretbar** *Adj.* unjustifiable
**unverwandt 1.** *Adj.* fixed; steadfast ⟨*gaze*⟩. **2.** *adv.* fixedly; steadfastly; **jmdn. ~ anstarren** stare at sb. with a fixed gaze
**unverwechselbar** *Adj.* unmistakable; distinctive
**Unverwechselbarkeit die** distinctiveness
**unverwundbar** *Adj.* invulnerable
**Unverwundbarkeit die** invulnerability
**unverwüstlich** *Adj.* indestructible; *(fig.)* irrepressible ⟨*nature, humour*⟩; robust ⟨*health*⟩
**Unverwüstlichkeit die; ~:** *s.* **unverwüstlich:** indestructibility; irrepressible nature/humour; robustness
**unverzagt** *Adj.* undaunted
**unverzeihlich** *Adj.* unforgivable; inexcusable
**unverzichtbar** *Adj.* indispensable, essential ⟨*goods, requirements, etc.*⟩; essential ⟨*measure*⟩; inalienable ⟨*right*⟩
**unverzinslich** *(Bankw.)* interest-free
**unverzollt** *Adj.* undeclared; **~ Ware** goods on which duty has not been paid
**unverzüglich 1.** *Adj.* prompt; immediate. **2.** *adv.* promptly; immediately
**unvollendet** *Adj.* unfinished
**unvollkommen 1.** *Adj.* **a)** imperfect; **b)** *(unvollständig)* incomplete ⟨*collection, account, etc.*⟩. **2.** *adv.* **a)** imperfectly; **sie beherrscht diese Arbeit nur ~:** she does not have perfect *or* complete command of this work; **b)** *(unvollständig)* incompletely
**Unvollkommenheit die a)** *(Fehlerhaftigkeit)* imperfectness; **b)** *(Unvollständigkeit)* incompleteness
**unvollständig 1.** *Adj.* incomplete. **2.** *adv.* **die Tatsachen nur ~ wiedergeben** give an incomplete rendering of the facts; **~ informiert sein** not be fully informed
**Unvollständigkeit die** incompleteness
**unvorbereitet** *Adj.* unprepared
**unvoreingenommen 1.** *Adj.* unbiased; impartial. **2.** *adv.* impartially
**Unvoreingenommenheit die** impartiality
**unvorhergesehen 1.** *Adj.* unforeseen ⟨*difficulty, event, expenditure*⟩; unexpected ⟨*visit*⟩. **2.** *adv.* **etw. kommt ganz ~:** sth. happens quite unexpectedly; **~ Besuch bekommen** have an unexpected visitor/unexpected visitors
**unvorhersehbar** *Adj.* unforeseeable
**unvorschriftsmäßig 1.** *Adj.* contrary to *or* not in accordance with [the] regulations *postpos.;* **die ~e Anwendung eines Geräts** the improper use of a piece of equipment. **2.** *adv.* contrary to [the] regulations; ⟨*use etc.*⟩ improperly; ⟨*park etc.*⟩ illegally
**unvorsichtig 1.** *Adj.* careless; *(unüberlegt)* rash. **2.** *adv.* carelessly; *(unüberlegt)* rashly
**unvorsichtigerweise** *Adv.* carelessly; *(unüberlegt)* without thinking
**Unvorsichtigkeit die** *s.* **unvorsichtig 1: a)** *o. Pl.* *(Art)* carelessness; rashness; **b)** *(Handlung usw.)* **eine ~ begehen** do sth. careless/rash; **die ~ begehen, ...:** be careless/rash enough ...
**unvorstellbar 1.** *Adj.* inconceivable; unimaginable. **2.** *adv.* unimaginably; **~ leiden** suffer terribly
**unvorteilhaft** *Adj.* **a)** *(nicht attraktiv)* unattractive ⟨*figure, appearance*⟩; **das Kleid/die Frisur ist sehr ~ für dich** that dress/hairstyle doesn't suit you in the least; **b)** *(ohne Vorteil)* unfavourable, poor ⟨*purchase, exchange*⟩; unprofitable ⟨*business*⟩
**unwägbar** *Adj.* imponderable; incalculable ⟨*quantity, behaviour*⟩
**Unwägbarkeit die; ~, ~en a)** *o. Pl.* imponderability; *(eines Verhaltens)* incalculability; **wegen der ~ der Risiken** because of the incalculable risks; **b)** *(etw. Unwägbares)* uncertainty; imponderability
**unwahr** *Adj.* untrue
**unwahrhaftig** *Adj. (geh.)* untruthful
**Unwahrheit die a)** *o. Pl.* *(Art)* untruthfulness; **b)** *(Äußerung)* untruth
**unwahrscheinlich 1.** *Adj.* **a)** *(kaum möglich, unglaublich)* improbable; unlikely; **es ist ~, daß er so spät noch kommt** it is unlikely that he'll come so late; **ich halte es für ~[, daß ...:]** I think it [is] unlikely that ...; **b)** *(ugs.: sehr viel)* incredible *(coll.)*. **2.** *adv.* *(ugs.: sehr)* incredibly *(coll.)*; **er hat sich ~ gefreut** he was really thrilled *(coll.)*
**Unwahrscheinlichkeit die** improbability
**unwandelbar** *(geh.)* **1.** *Adj.* unwavering, steadfast ⟨*loyalty, love, friendship, attitude, etc.*⟩; immutable ⟨*laws*⟩. **2.** *adv.* steadfastly
**unwegsam** *Adj.* [almost] impassable
**unweiblich** *Adj.* unfeminine
**unweigerlich** [ʊnˈvaigɐlɪç] **1.** *Adj.* inevitable. **2.** *adv.* inevitably
**unweit 1.** *Präp. mit Gen.* not far from. **2.** *Adv.* not far (**von** from)
**Unwesen das;** *o. Pl.* dreadful state of affairs; **sein ~ treiben** *(abwertend)* be up to one's mischief *or* one's tricks
**unwesentlich 1.** *Adj.* unimportant; insignificant. **2.** *adv.* slightly; marginally
**Unwetter das** [thunder]storm
**unwichtig** *Adj.* unimportant; **Geld ist dabei ~:** the money is irrelevant; **etw. ist jmdm.** *od.* **für jmdn. ~:** sth. is unimportant *or* not important to sb.
**Unwichtigkeit die a)** *o. Pl.* unimportance; lack of importance; **b)** *(etw. Unwichtiges)* unimportant thing; triviality
**unwiderlegbar 1.** *Adj.* irrefutable. **2.** *adv.* irrefutably
**unwiderruflich 1.** *Adj.* irrevocable. **2.** *adv.* irrevocably
**unwidersprochen** *Adj.* unchallenged
**unwiderstehlich** *Adj.* irresistible
**Unwiderstehlichkeit die; ~:** irresistibility
**unwiederbringlich** *(geh.)* **1.** *Adj.* irretrievable. **2.** *adv.* irretrievably
**Unwiederbringlichkeit die; ~:** irretrievability
**Unwille[n] der;** *o. Pl.* displeasure; indignation; **jmds. ~n erregen** *od.* **hervorrufen** incur sb.'s displeasure
**unwillig 1.** *Adj.* indignant; angry; *(widerwillig)* unwilling; reluctant. **2.** *adv.* indignantly; angrily; *(widerwillig)* unwillingly; reluctantly
**unwillkommen** *Adj.* unwelcome
**unwillkürlich 1.** *Adj.* **a)** spontaneous ⟨*cry, sigh*⟩; instinctive ⟨*reaction, movement, etc.*⟩; **b)** *(Physiol.)* involuntary ⟨*movement etc.*⟩. **2.** *adv.* **a)** ⟨*shout etc.*⟩ spontaneously; ⟨*react, move, etc.*⟩ instinctively; **b)** *(Physiol.)* ⟨*move etc.*⟩ involuntarily
**unwirklich** *(geh.)* **1.** *Adj.* unreal. **2.** *adv.* **seine Stimme klang ~ fern** his voice sounded distant and unreal
**Unwirklichkeit die; ~, ~en** unreality
**unwirksam** *Adj.* ineffective
**Unwirksamkeit die** ineffectiveness
**unwirsch 1.** *Adj.* surly; ill-natured. **2.** *adv.* ill-naturedly
**unwirtlich** *Adj.* inhospitable; rough ⟨*weather*⟩
**Unwirtlichkeit die; ~:** inhospitableness; inhospitality; *(des Wetters)* roughness
**unwirtschaftlich 1.** *Adj.* uneconomic ⟨*procedure etc.*⟩; *(nicht sparsam)* uneconomical ⟨*driving etc.*⟩. **2.** *adv.* ⟨*work, drive, etc.*⟩ uneconomically
**Unwirtschaftlichkeit die** economic inefficiency; lack of economy; **der Betrieb mußte wegen ~ geschlossen werden** the firm had to be closed down because it was uneconomic

**Unwissen das** ignorance
**unwissend** *Adj.* **a)** *(unerfahren)* ignorant; innocent ‹*child*›; **b)** *(unbewußt)* unwitting; unknowing
**Unwissenheit die;** ~ **a)** *(Unkenntnis)* ignorance; ~ **schützt nicht vor Strafe** ignorance is no defence; **b)** *(mangelndes Wissen)* lack of education; *(auf einem bestimmten Gebiet)* lack of knowledge
**unwissenschaftlich 1.** *Adj.* unscientific. **2.** *adv.* unscientifically
**Unwissenschaftlichkeit die;** ~: unscientific nature
**unwissentlich 1.** *Adj.* unconscious. **2.** *adv.* unknowingly; unwittingly
**unwohl** *Adv.* **a)** *(nicht wohl)* unwell; **mir ist** ~: I don't feel well; **b)** *(unbehaglich)* uneasy; **mir ist** ~ **bei dem Gedanken** the thought makes me feel uneasy
**Unwohlsein das;** ~**s** indisposition; **ein heftiges** ~ **überkam ihn** he suddenly felt very unwell
**unwohnlich** *Adj.* uncomfortable; unhomely
**Unwucht die;** ~, ~**en** *(Technik)* imbalance
**unwürdig** *Adj.* **a)** *(verachtungswürdig)* undignified ‹*person, behaviour*›; degrading ‹*treatment*›; **b)** *(unangemessen)* unworthy
**Unzahl die;** *o. Pl.* huge *or* enormous number
**unzählbar** *Adj. (auch Sprachw.)* uncountable
**unzählig 1.** *Adj.* innumerable; countless. **2.** *adv.* ~ **viele Besucher** a huge *or* an enormous number of visitors
**unzähligemal** *Adv.* countless times; over and over again
**unzähmbar** *Adj.* untameable ‹*animal*›; *(fig.)* indomitable ‹*person*›
**unzart 1.** *Adj.* indelicate. **2.** *adv.* indelicately
**Unze** ['ʊntsə] **die;** ~, ~**n** ounce
**Unzeit die** *in* **zur** ~ *(geh.)* at an inopportune moment
**unzeitgemäß** *Adj.* anachronistic
**unzensiert** *Adj.* uncensored; *(unbenotet)* unmarked; ungraded *(Amer.)*
**unzerbrechlich** *Adj.* unbreakable
**unzerkaut** *Adj.* unchewed
**unzerstörbar** *Adj.* indestructible
**Unzerstörbarkeit die;** ~: indestructibility
**unzertrennlich** *Adj.* inseparable
**unziemlich** *Adj. (geh.)* unseemly
**unzivilisiert** *Adj. (abwertend)* uncivilized
**Unzucht die;** *o. Pl. (veralt.)* **das ist** ~: this is a sexual offence; ~ **[mit jmdm.] treiben** fornicate [with sb.]; ~ **mit Abhängigen/Kindern/Tieren** illicit sexual relations *pl.* with dependants/children/animals; **widernatürliche** ~: unnatural sexual act[s]; **gewerbsmäßige** ~: prostitution
**unzüchtig 1.** *Adj.* obscene ‹*letter, gesture*›. **2.** *adv.* ‹*touch, approach, etc.*› indecently; ‹*speak*› obscenely
**unzufrieden** *Adj.* dissatisfied; *(stärker)* unhappy
**Unzufriedenheit die** dissatisfaction; *(stärker)* unhappiness
**unzugänglich** *Adj.* inaccessible ‹*area, building, etc.*›; unapproachable ‹*character, person, etc.*›
**Unzugänglichkeit die;** ~: *s.* **unzugänglich:** inaccessibility; unapproachability
**unzukömmlich** ['ʊntsu:kœmlɪç] *Adj. (österr.)* **a)** *(nicht zukommend)* undeserved; **b)** *(unzulänglich)* inadequate
**unzulänglich** *(geh.)* **1.** *Adj.* insufficient; inadequate. **2.** *adv.* insufficiently; inadequately
**Unzulänglichkeit die;** ~, ~**en a)** *o. Pl.* insufficiency; inadequacy; **b)** *(etw. Unzulängliches)* inadequacy; shortcoming
**unzulässig** *Adj.* inadmissible; undue ‹*influence, interference, delay*›; improper ‹*method, use, etc.*›
**Unzulässigkeit die** inadmissibility
**unzumutbar** *Adj.* unreasonable
**Unzumutbarkeit die;** ~, ~**en a)** *o. Pl. (das Unzumutbarsein)* unreasonableness; **b)** *(etw. Unzumutbares)* unreasonable demand
**unzurechnungsfähig** *Adj.* not responsible for one's actions *pred.*; *(geistesgestört)* of unsound mind *postpos.*; **für** ~ **erklärt werden** be certified insane
**Unzurechnungs·fähigkeit die;** *o. Pl. (Geistesgestörtheit)* unsoundness of mind
**unzureichend** *Adj.* insufficient; inadequate
**unzusammenhängend** *Adj.* disconnected; incoherent ‹*words, ideas*›
**unzustellbar** *Adj. (Postw.)* undeliverable ‹*mail*›; **„falls** ~, **bitte zurück an Absender"** 'if undelivered, please return to sender'; **„**~**":** 'not known [at this address]'
**unzuträglich** *Adj. in* **jmdm./einer Sache** ~ **sein** *(geh.)* be detrimental to sb./sth.
**Unzuträglichkeit die;** ~: detrimental effect; detrimentalness
**unzutreffend** *Adj.* inappropriate; inapplicable; *(falsch)* incorrect; **„Unzutreffendes bitte streichen"** 'please delete as appropriate'
**unzuverlässig** *Adj.* unreliable
**Unzuverlässigkeit die** unreliability
**unzweckmäßig 1.** *Adj.* unsuitable; *(unpraktisch)* impractical. **2.** *adv.* unsuitably; *(unpraktisch)* impractically
**Unzweckmäßigkeit die** *s.* **unzweckmäßig 1:** unsuitability; impracticality
**unzweideutig 1.** *Adj.* unambiguous; unequivocal; **etw. mit** ~**en Worten sagen** say sth. in no uncertain terms. **2.** *adv.* unambiguously; unequivocally; **jmdm.** ~ **zu verstehen geben, daß ...:** tell sb. in no uncertain terms that ...
**Unzweideutigkeit die;** *o. Pl.* unambiguousness
**unzweifelhaft 1.** *Adj.* unquestionable; undoubted. **2.** *adv.* unquestionably; undoubtedly
**üppig 1.** *Adj.* **a)** *(voll, dicht)* lush, luxuriant ‹*vegetation*›; thick ‹*hair, beard*›; *(fig.)* sumptuous, opulent ‹*meal*›; rich ‹*colour*›; **b)** *(rundlich, voll)* full ‹*bosom, lips*›; voluptuous ‹*figure, woman*›. **2.** *adv.* luxuriantly; *(fig.)* sumptuously
**Üppigkeit die;** ~: *s.* **üppig 1:** lushness; luxuriance; thickness; sumptuousness; opulence; richness; fullness; voluptuousness
**up to date** ['ʌp tə 'deɪt] up to date; **er ist modisch** ~: he wears fashionable clothes; he is fashionably dressed
**Ur** [u:ɐ] **der;** ~**[e]s,** ~**e** aurochs
**Ur·ab·stimmung die** [*esp.* strike] ballot
**Ur·adel der** ancient nobility
**Ur·ahn[e] der a)** *(Vorfahr)* oldest known ancestor; **b)** *(veralt.: Urgroßvater)* great-grandfather
**Ur·ahne die a)** *(Vorfahrin)* oldest known ancestress; **b)** *(veralt.: Urgroßmutter)* great-grandmother
**Ural der;** ~**[s]** Urals *pl.*; Ural Mountains *pl.*
**ur·alt** *Adj.* very old; ancient; **in** ~**en Zeiten** very long ago; **ein Märchen aus** ~**en Zeiten** a story of long, long ago
**Uran** [u'ra:n] **das;** ~**s** *(Chemie)* uranium
**Uran·erz das** uranium ore
**Ur·angst die** primeval fear
**[1]Uranus** ['u:ranʊs] **der;** ~ *(Astron.)*, **[2]Uranus (der)** *(Myth.)* Uranus *no def. art.*
**ur·auf·führen** *tr. V.* première, give the first performance of ‹*play, concerto, etc.*›; première ‹*film*›; **uraufgeführt werden** ‹*film*› have its première
**Ur·auf·führung die** première; first night *or* performance; *(eines Films)* première; first showing
**urban** [ʊr'ba:n] *Adj. (geh.)* **a)** *(weltmännisch)* urbane; **b)** *(städtisch)* urban
**Urbanisation** [ʊrbaniza'tsio:n] **die;** ~, ~**en** urbanization
**urbanisieren** *tr. V.* urbanize
**Urbanistik** [ʊrba'nɪstɪk] **die;** ~: town planning and urban development *no art.*; *(Studienfach)* urban studies *pl., no art.*
**Urbanität** [ʊrbani'tɛ:t] **die;** ~: urbanity
**urbar** *in* **ein Stück Land/einen Sumpf/eine Wüste** ~ **machen** cultivate a piece of land/reclaim a swamp/desert
**Urbarmachung die;** ~: *(von Land)* cultivation; *(von Sumpf, Wüste)* reclamation
**Ur·bevölkerung die** native population; native inhabitants *pl.*
**Ur·bild das a)** *(Vorbild)* archetype; prototype; **b)** *(Inbegriff, Ideal)* perfect example; epitome
**urchig** ['ʊrçɪç] *Adj. (schweiz.) s.* **urig**
**Ur·christentum das** early Christianity *no art.*
**ur·christlich** *Adj.* early Christian
**ur·deutsch** *Adj.* thoroughly *or* totally German
**ur·eigen** *Adj.; nicht präd.* very own; **seine** ~**en Interessen** his own best interests
**Ur·einwohner der** native inhabitant; **die australischen** ~: the Australian Aborigines
**Ur·eltern** *Pl.* original ancestors
**Ur·enkel der** great-grandson
**Ur·enkelin die** great-granddaughter
**Ur·fassung die** original version; original
**Ur·fehde die** *(MA.)* oath of truce
**Ur·form die** prototype
**Ur·gemeinde die** early Christian community
**ur·gemütlich 1.** *Adj. (ugs.) (behaglich)* extremely cosy; *(bequem)* extremely comfortable. **2.** *adv.* extremely cosily/comfortably
**ur·germanisch** *Adj.* proto-Germanic
**Ur·geschichte die** prehistory
**ur·geschichtlich** *Adj.* prehistoric
**Ur·gesellschaft die** primitive society
**Ur·gestein das** primitive *or* primary rocks *pl.*; **er ist politisches** ~ *(fig.)* he is a founding father among politicians
**Ur·gewalt die** *(geh.)* elemental force
**urgieren** [ʊr'gi:rən] *tr., itr. V. (bes. österr.)* press; urge
**Urgroß-:** ~**eltern** *Pl.* great-grandparents; ~**mutter die** great-grandmother; ~**vater der** great-grandfather
**Ur·grund der** basis; source; **der** ~ **alles Seins** the source of all being
**Ur·heber der;** ~**s,** ~ **a)** *(Initiator)* originator; initiator; **b)** *(bes. Rechtsspr.: Verfasser, Autor)* author
**Urheber·recht das** copyright
**urheber·rechtlich 1.** *Adj.* copyright *attrib.* **2.** *adv.* ~ **geschützt** copyright[ed]
**Urheberschaft die;** ~: authorship
**Ur·heimat die** original home[land]
**urig** ['u:rɪç] *Adj.* natural ‹*person*›; real ‹*beer*›; cosy ‹*pub*›; **sie ist einfach** ~: she is just different *or* an original
**Urin** [u'ri:n] **der;** ~**s,** ~**e** *(Med.)* urine; **etw. im** ~ **haben** *(salopp)* feel sth. in one's bones; have a gut feeling about sth.
**Urinal** [uri'na:l] **das;** ~**s,** ~**e** urinal
**urinieren** *itr. V.* urinate (**an** + *Akk.* against)
**Ur·instinkt der** basic instinct
**Ur·kanton der** original canton
**Ur·kirche die;** *o. Pl.* early Church
**Ur·knall der;** *o. Pl.* big bang
**ur·komisch** *Adj.* extremely funny; hilarious
**Ur·kraft die** elemental force
**Ur·kunde die;** ~, ~**n** document; *(Bescheinigung, Sieger~, Diplom~ usw.)* certificate
**Urkunden·fälschung die** forgery *or* falsification of documents/of a/the document
**urkundlich 1.** *Adj.* documentary. **2.** *adv.* ~ **erwähnt** mentioned in a document/in documents; ~ **übereignen** transfer by deed
**Urkunds·beamte der** *(Rechtsw.)* registrar

**Urlaub der; ~[e]s, ~e** holiday[s] *(Brit.);* vacation; *(bes. Milit.)* leave; **~ haben** have a holiday/have leave; **[sich** *(Dat.)***] ~ nehmen** take a holiday; **auf** *od.* **in** *od.* **im ~ sein** be on holiday/leave; **in ~ gehen/fahren** go on holiday; **unbezahlter ~:** unpaid leave; **~ von der Familie machen** have a holiday away from one's family; **sie machen ~:** they are on holiday; **sie ist noch nicht aus dem ~ zurück** she is still not back from holiday
**-urlaub der: Schweiz~/Österreich~** *usw.* holiday in Switzerland/Austria *etc.;* **Billig~/Neckermann~:** cheap *or* budget/Neckermann holiday
**urlauben** *itr. V. (ugs.)* holiday; be/go on holiday
**Urlauber der; ~s, ~:** holiday-maker
**-urlauber der: Sommer~/Winter~/Wochenend~:** summer/winter/weekend holiday-maker; **Billig~/Neckermann~:** person on a cheap *or* budget/Neckermann holiday; **Kreta~/Spanien~:** holiday-maker in *or* on Crete/in Spain
**Urlauberin die; ~, ~nen** *s.* **Urlauber**
**urlaubs-, Urlaubs-: ~an·schrift die** holiday address; **~an·spruch der** holiday entitlement; **~geld das** holiday pay *or* money; *(gespartes Geld)* holiday money; **~lektüre die** holiday reading *no indef. art.;* **~ort der;** *Pl.* **~orte** holiday resort; **~pläne** *Pl.* holiday plans; **~reif** *Adj. in* **~reif sein** *(ugs.)* be ready for a holiday; **~reise die** holiday [trip]; **eine ~reise ans Meer/ins Gebirge machen** go on holiday to the seaside/go for a holiday in the mountains; **~reisende der/die** holiday-maker; **~schein der** *(Milit.)* [leave] pass; **~sperre die a)** *(Milit.)* ban on leave; **b)** *(österr.)* holiday closure; **~tag der** day of holiday; **zehn ~tage** ten days' holiday; **~vertretung die** holiday replacement; **er übernimmt die ~vertretung seines Chefs** he stands in *or* deputizes for his boss when the latter is on holiday; **~zeit die a)** *(Ferienzeit)* holiday period *or* season; **b)** *(Zeit des eigenen Urlaubs)* holiday
**Ur·laut der** elemental sound; *(schrill)* elemental cry
**Ur·mensch der** prehistoric *or* primitive man *no art., no pl.;* early hominid *(as tech. term)*
**Ur·meter das** *(hist.)* standard metre
**Urne** ['ʊrnə] **die; ~, ~n a)** urn; **b)** *(Wahl~)* [ballot-]box; **zu den ~n gerufen werden** be called to the polls; **c)** *(Verlosungs~)* box; *(Lostrommel)* drum
**Urnen-: ~feld das** urnfield; **~fried·hof der** urn cemetery; cinerarium; **~grab das** urn grave
**Urologe** [uro'lo:gə] **der; ~n, ~n, Urologin die; ~, ~nen** urologist
**urologisch** *Adj.; nicht präd.* urological
**Ur·oma die** *(fam.)* great-granny *(coll./child lang.)*
**Ur·opa der** *(fam.)* great-grandpa *(coll./child lang.)*
**ur·plötzlich 1.** *Adj.* extremely sudden. **2.** *adv.* quite suddenly
**Ur·quell der** *(geh.)* [primary] source
**Ur·sache die** cause; **aus unbekannter ~:** for no apparent reason; for reasons *pl.* as yet unknown; **die ~ für etw.** the cause of sth.; the reason for sth.; **alle ~ haben, etw. zu tun** have every reason to do sth.; **keine ~!** don't mention it; you're welcome; **kleine ~, große Wirkung** *(Spr.)* great oaks from little acorns grow *(prov.)*
**ur·sächlich** *Adj.* causal; **in ~em Zusammenhang stehen** be causally related **(mit** to); **~ für etw. sein** be the cause of sth.
**Ur·sächlichkeit die; ~, ~en** causality
**Ur·schlamm der, Ur·schleim der** primeval slime; **vom ~ an** *(ugs.)* from the very beginning
**Ur·schrei der** *(Psych.)* primal scream
**Ur·schrift die** original
**ur·schriftlich** *Adj.* original ⟨*version etc.*⟩
**Ur·sendung die** *(Rundf.)* first broadcast performance
**Ur·sprache die a)** *(Sprachw.: Grundsprache)* protolanguage; **b)** *(Originalsprache)* original language; **in der ~:** in the original
**Ur·sprung der** origin; **vulkanischen ~s sein** be of volcanic origin; **seinen ~ in etw.** *(Dat.)* **haben** originate from sth.
**ur·sprünglich 1.** *Adj.* **a)** *(anfänglich)* original ⟨*plan, price, form, material, etc.*⟩; initial ⟨*reaction, trust, mistrust, etc.*⟩; **b)** *(unverfälscht, natürlich)* natural. **2.** *adv.* **a)** *(anfänglich)* originally; initially; **b)** *(unverfälscht, natürlich)* naturally
**Ursprünglichkeit die; ~:** naturalness
**Ursprungs·land das** *(einer Ware)* country of origin *(Commerc.); (einer Person)* native land; *(einer Bewegung, Sitte, Religion usw.)* birthplace
**urst** [u:ɐ̯st] *Adv. (DDR Jugendspr.)* terrifically *(coll.)*
**Urständ** ['u:ɐ̯ʃtɛnt] **die** *in* **[fröhliche] ~ feiern** be [coming] back with a vengeance
**Ur·strom·tal das** *(Geol.)* glacial valley
**Ur·suppe die** *(Biol.)* primordial soup
**Urteil das; ~s, ~e** judgement; *(Ansicht)* opinion; *(Strafe)* sentence; *(Gerichts~)* verdict; **das ~ lautete auf 10 Jahre Freiheitsstrafe** the sentence was ten years' imprisonment; **über jmdn. das ~ sprechen** pass *or* pronounce judgement on sb.; **sich** *(Dat.)* **selbst das ~ sprechen** sentence oneself; **sich** *(Dat.)* **ein ~ bilden** form an opinion **(über +** *Akk.* about); **ein ~ über etw. fällen** pass *or* pronounce judgement on sth.
**Ur·teilchen das** *s.* **[2]Quark**
**urteilen** *itr. V.* form an opinion; judge; **nach etw. ~:** form an opinion *or* judge according to sth.; **nach seinem Äußeren zu ~:** to judge from his appearance; **über etw./jmdn. ~:** judge sth./sb.; give one's opinion on sth./sb.; **hart ~:** give a harsh opinion; judge harshly; **fachmännisch ~:** give an expert opinion; **~ Sie selbst** judge for yourself/yourselves
**urteils-, Urteils-: ~begründung die** opinion; reasons *pl.* for judgement; **~fähig** *Adj.* competent *or* able to judge *postpos.;* **~fähigkeit die;** *o. Pl.* competence *or* ability to judge; **~findung die** *(Rechtsspr.)* reaching a/the verdict *no art;* **~kraft die;** *o. Pl.* [power of] judgement; **~spruch der** judgement; *(Strafe)* sentence; *(der Geschworenen)* verdict; **~verkündung die** pronouncement of judgement; **~vermögen das;** *o. Pl.* competence *or* ability to judge
**Ur·text der** original
**Ur·tierchen das** protozoan
**urtümlich** ['u:ɐ̯ty:mlɪç] *Adj.* natural ⟨*landscape etc.*⟩; primitive ⟨*culture etc.*⟩; *(urweltlich)* primeval ⟨*plant, animal, landscape*⟩
**Uruguay** [uru'gu̯a:i] **(das); ~s** Uruguay
**Uruguayer** [uru'gu̯a:jɐ] **der; ~s, ~:** Uruguayan
**Ur·ur-: ~enkel der** great-great-grandson; **~enkelin** *die* great-great-granddaughter; **~groß·mutter die** great-great-grandmother; **~groß·vater der** great-great-grandfather
**Ur·väter·zeit die** olden days *or* times *pl.*
**Ur·vertrauen das** *(Päd., Psych.)* sense of basic trust
**Ur·viech das** *(salopp scherzh.)* real character
**Ur·vogel der** *(Paläont.)* archaeopteryx
**Ur·volk das** original people
**Ur·wald der** primeval forest; **tropischer Urwald** tropical forest; jungle
**ur·weltlich** *Adj.* primeval
**ur·wüchsig** ['u:ɐ̯vy:ksɪç] *Adj.* natural ⟨*landscape, power*⟩; earthy ⟨*language, humour*⟩
**Urwüchsigkeit die; ~:** *s.* **urwüchsig:** naturalness; earthiness
**Ur·zeit die** primeval times *pl.;* **vor ~en** in ages past; **seit ~en** since primeval times; *(ugs.: seit längerer Zeit)* since the year dot *(coll.)*
**ur·zeitlich** *Adj.* primeval
**Ur·zelle die** primeval cell; *(fig.)* initial germ
**Ur·zeugung die** abiogenesis; spontaneous generation
**Ur·zustand der** original state
**USA** [u:|ɛs'|a:] *Pl.* USA
**Usambara·veilchen** [uzam'ba:ra-] **das** African violet
**Usance** [y'zã:s] **die; ~, ~n,** *(schweiz.),* **Usanz** [u'zants] **die; ~, ~en** *(bes. Kaufmannsspr.)* practice
**usf.** *Abk.* **und so fort** etc.
**Usurpator** [uzʊr'pa:tɔr] **der; ~s, ~en** [...pa'to:rən] usurper
**usurpieren** *tr. V.* usurp
**Usus** ['u:zʊs] **der; ~** *(ugs.)* custom; **das ist hier so ~:** that's the custom here
**usw.** *Abk.* **und so weiter** etc.
**Utensil** [utɛn'zi:l] **das; ~s, ~ien** [...i̯ən] piece of equipment; **~ien** equipment *sing.*
**Uterus** ['u:terʊs] **der; ~, Uteri** [... ri] *(Anat.)* uterus
**Utilitarismus** [utilita'rɪsmʊs] **der; ~** *(Philos.)* utilitarianism *no art.*
**utilitaristisch** *Adj.* utilitarian
**Utopia** [u'to:pi̯a] **(das); ~s** Utopia
**Utopie** [uto'pi:] **die; ~, ~n a)** *(Idealvorstellung)* utopian dream; **b)** *(ideale Gesellschaftsform)* utopia; *(literarisches Werk)* utopian *or* futuristic work
**utopisch** *Adj.* utopian
**Utopist der; ~en, ~en, Utopistin die; ~, ~nen** utopian dreamer; *(Autor[in])* utopian [author]
**utopistisch** *Adj.* [absurdly] utopian
**u. U.** *Abk.* **unter Umständen**
**UV** *Abk.* **Ultraviolett** UV
**UV-: ~-Filter der** *(Fot.)* UV filter; ultraviolet filter; **~-Strahlen** *Pl.* UV rays; ultraviolet rays
**Ü-Wagen der** *(Rundf., Ferns.)* OB van or vehicle
**Uz** [u:ts] **der; ~es, ~e** *(ugs.)* joke
**u. Z.** *Abk. (bes. DDR)* **unserer Zeitrechnung** AD
**uzen** *tr., itr. V. (ugs.)* tease; kid
**Uz·name der** *(ugs.)* nickname

# V

**v, V** [fau̯] **das; ~, ~:** v, V
**v.** *Abk.* **von** *(in Familiennamen)* von
**V** *Abk.* **Volt** V
**Vabanque·spiel** [va'bã:k-] **das;** *o. Pl. (geh.)* dangerous *or* risky game
**Vademekum** [vade'me:kʊm] **das; ~s, ~s** *(geh. veralt.)* vade-mecum
**vag** [va:k] *s.* **vage**
**Vagabund** [vaga'bʊnt] **der; ~en, ~en** *(veralt.)* vagabond

**vagabundieren** *itr. V.* **a)** live as a vagabond/as vagabonds; **b)** *mit sein (umherziehen)* wander *or* travel around
**Vagant** [va'gant] **der; ~en, ~en** goliard
**Vaganten·dichtung die;** *o. Pl. (Literaturw.)* goliardic poetry *or* verse
**vage 1.** *Adj.* vague. **2.** *adv.* vaguely
**Vagheit die; ~:** vagueness
**Vagina** [va'gi:na] **die; ~, Vaginen** *(Anat.)* vagina
**vaginal** *Adj. (Anat.)* vaginal
**vakant** [va'kant] *Adj.* vacant
**Vakanz** [va'kants] **die; ~, ~en** *(geh.)* vacancy
**Vakuum** ['va:kuʊm] **das; ~s, Vakua** ['va:kua] *od.* **Vakuen** [... kuən] *(bes. Physik, auch fig.)* vacuum; **im ~:** in a vacuum
**vakuum·verpackt** *Adj.* vacuum-packed
**Valentins·tag** ['va:lɛnti:ns-] **der** [St] Valentine's Day
**Valenz** [va'lɛnts] **die; ~,~en a)** *(Sprachw.)* valency; **b)** *(Chemie)* valence; valency *(Brit.)*
**Valet** [va'lɛt] **das; ~s, ~s** *(veralt., noch scherzh.)* farewell
**Valuta** [va'lu:ta] **die; ~, Valuten** *(Wirtsch., Bankw.)* foreign currency
**Vamp** [vɛmp] **der; ~s, ~s** vamp
**Vampir** ['vampi:ɐ̯] **der; ~s, ~e a)** vampire; **b)** *(Tier)* vampire [bat]
**Vandale der** *s.* **Wandale**
**Vanille** [va'nɪljə] **die; ~:** vanilla
**Vanille-: ~eis das** vanilla ice-cream; **~geschmack der** vanilla flavour; **Eis mit ~geschmack** vanilla-flavoured ice-cream; **~pudding der** vanilla pudding; **~zucker der** vanilla sugar
**Vanillin** [vani'li:n] **das; ~s** vanillin
**variabel** [va'ria:bl] **1.** *Adj.* variable. **2.** *adv.* variably
**Variabilität** [variabili'tɛ:t] **die; ~** *(geh.)* variability
**Variable** [va'ria:blə] **die;** *adj. Dekl. (Math., Physik)* variable
**Variante** [va'riantə] **die; ~, ~n** *(geh.)* variant; variation
**Variation** [varia'tsio:n] **die; ~, ~en** *(auch Musik)* variation *(Gen.,* **über, zu** on)
**Varietät** [varie'tɛ:t] **die; ~, ~en** *(bes. Biol.)* variety
**Varieté** [varie'te:] **das; ~s, ~s** variety theatre; *(Aufführung)* variety show; **ins ~ gehen** go to a variety show
**variieren** *tr., itr. V.* vary
**Vario·objektiv** ['va:rio-] **das** *(Fot.)* zoom lens
**Vasall** [va'zal] **der; ~en, ~en** *(hist., auch fig. abwertend)* vassal
**Vasallen·staat der** *(abwertend)* vassal state
**Väschen** ['vɛ:sçən] **das; ~s, ~:** [little] vase
**Vase** ['va:zə] **die; ~, ~n** vase
**Vasektomie** [vazɛkto'mi] **die; ~, ~n** *(Med.)* vasectomy
**Vaseline** [vaze'li:nə] **die; ~:** Vaseline **(P)**
**Vasen·malerei die** vase-painting
**vasomotorisch** [vazomo'to:rɪʃ] *Adj. (Physiol.)* vaso-motor
**Vater** ['fa:tɐ] **der; ~s, Väter** ['fɛ:tɐ] **a)** father; **er ist ~ von drei Kindern** he is the father of three children; **er ist ~ geworden** he has become a father; **ein werdender ~** *(scherzh.)* an expectant father *(joc.)*; **grüßen Sie Ihren Herrn ~!** remember me to your father; **er ist ganz der ~:** he is just like his father; **er ist der [geistige] ~ dieser Idee** *(fig.)* he thought up this idea; this idea is his; **die Väter der amerikanischen Verfassung** *(fig.)* the [founding] fathers of the American constitution; **~ Staat** *(scherzh.)* the State; **~ Rhein** *(dichter.)* the Rhine; Father Rhine *(literary)*; **Heiliger ~** *(kath. Kirche)* Holy Father; **ach, du dicker ~** *(ugs.)* oh my goodness!; oh heavens!; **b)** *(Tier)* sire; **c)** *o. Pl. (Rel.)* Father; **Gott ~:** God the Father
**Väterchen** ['fɛ:tɐçən] **das; ~s, ~ a)** *(Koseform)* daddy *(coll.)*; **b) [altes] ~:** little old man; **c) ~ Frost** *(scherzh.)* Jack Frost
**Vater-: ~figur die** father-figure; **~freuden** *Pl.* **~freuden entgegensehen** *(meist scherzh.)* be expecting a happy event; be going to be a father; **~haus das** *(geh.)* parental home; **das ~haus verlassen** leave one's parents' house; **~land das;** *Pl.* **~länder** fatherland
**vaterländisch** [-lɛndɪʃ] *Adj. (geh.)* patriotic; **der Große Vaterländische Verdienstorden** *(DDR)* the Order of Patriotic Merit
**Vaterlands-: ~liebe die** *(geh.)* love of one's fatherland; patriotism; **~verräter der** *(abwertend)* traitor to one's fatherland
**väterlich** ['fɛ:tɐlɪç] **1.** *Adj.* **a)** *nicht präd. (vom Vater)* his/her *etc.* father's; *(verallgemeinernd)* the father's; *(eines Vaters)* paternal ⟨*line, love, instincts, etc.*⟩; **das ~e Geschäft übernehmen** take over one's father's business; **die ~en Pflichten** the duties of a father; **b)** *(fürsorglich)* fatherly. **2.** *adv.* in a fatherly way
**väterlicherseits** *Adv.* on the/his/her *etc.* father's side; **meine Großeltern ~:** my paternal grandparents; my grandparents on my father's side
**Väterlichkeit die; ~:** fatherliness; *(väterliche Gefühle)* fatherly feeling
**vater-, Vater-: ~los** *Adj.* fatherless; **~los aufwachsen** grow up without a father; **~mord der** patricide; **~mörder der a)** patricide; **b)** *(veralt. scherzh.: Stehkragen)* choker [collar]; **~schaft die; ~, ~en** fatherhood; *(bes. Rechtsw.)* paternity; **~schafts·klage die** paternity suit; **~stadt die** *(geh.)* home town; **~stelle die: bei** *od.* **an jmdm. ~stelle vertreten** take the place of a father to sb.; **~tag der** Father's Day *no def. art.*; **~tier das** *(Landw.)* sire; **~unser das; ~s, ~:** Lord's Prayer; **das ~unser sprechen** say the Lord's Prayer; **drei ~unser beten** say three Our Fathers
**Vati** ['fa:ti] **der; ~s, ~s** *(fam.)* dad[dy] *(coll.)*
**Vatikan** [vati'ka:n] **der; ~s** Vatican
**vatikanisch** *Adj.; nicht präd.* Vatican
**Vatikan·stadt die;** *o. Pl.* Vatican City
**V-Ausschnitt** ['fau-] **der** V-neck
**VB** *Abk.* **Verhandlungsbasis: VB 7800 DM** 7,800 marks o.n.o *(Brit.)*
**v. Chr.** *Abk.* **vor Christus** BC
**VEB** [faue:'be:] *(DDR) Abk.* **Volkseigener Betrieb**
**Vegetarier** [vege'ta:riɐ] **der; ~s, ~, Vegetarierin die; ~, ~nen** vegetarian
**vegetarisch 1.** *Adj.* vegetarian. **2.** *adv.* **er ißt** *od.* **lebt** *od.* **ernährt sich ~:** he is a vegetarian; he lives on a vegetarian diet
**Vegetarismus der; ~:** vegetarianism *no art.*
**Vegetation** [...'tsio:n] **die; ~, ~en** vegetation *no indef. art.*
**vegetativ** [vegeta'ti:f] *Adj.* **a)** *(Biol.: ungeschlechtlich)* vegetative; **b)** *(Physiol., Biol.: unbewußt ablaufend)* autonomic
**vegetieren** *itr. V. (oft abwertend)* vegetate; **am Rande der Existenz ~:** eke out a miserable existence
**vehement** [vehe'mɛnt] *(geh.)* **1.** *Adj.* vehement. **2.** *adv.* vehemently
**Vehemenz** [...'mɛnts] **die; ~** *(geh.)* vehemence
**Vehikel** [ve'hi:kl] **das; ~s, ~ a)** *(oft abwertend: Auto)* vehicle; **ein altes/klappriges ~:** an old crock *(sl.)*; **b)** *(geh.: Ausdrucksmittel)* vehicle
**Veilchen** ['failçən] **das; ~s, ~ a)** *(Blume)* violet; **wie ein ~ im Verborgenen blühen** be modesty itself; go unnoticed; *s. auch* **blau; b)** *(ugs. scherzh.: blaues Auge)* black eye; shiner *(sl.)*
**veilchen-, Veilchen-: ~blau** *Adj.* violet; **~duft der** violet fragrance *or* scent; **~strauß der** bunch *or* bouquet of violets
**Veits·tanz** ['faits-] **der;** *o. Pl.* St Vitus's dance; **einen ~ kriegen** *(ugs.) od.* **aufführen** *(fig.)* kick up a terrible fuss
**Vektor** ['vɛktɔr] **der; ~s, ~en** [-'to:rən] *(Math., Physik)* vector
**Vektor·rechnung die;** *o. Pl.* vector algebra; *(im weiteren Sinne)* vector analysis
**velar** [ve'la:ɐ̯] *(Sprachw.)* **1.** *Adj.* velar. **2.** *adv.* ⟨*pronounce*⟩ as a velar sound
**Velar der; ~s, ~e, Velar·laut der** *(Phon.)* velar sound
**Velo** ['ve:lo] **das; ~s, ~s** *(schweiz.)* bicycle; bike *(coll.)*
[1]**Velours** [və'lu:ɐ̯] **der; ~** [və'lu:ɐ̯s], **~** [və'lu:ɐ̯s] *(Stoff)* velour[s]
[2]**Velours das; ~** [və'lu:ɐ̯s], **~** [və'lu:ɐ̯s], **Velours·leder das** suede
**Vene** ['ve:nə] **die; ~, ~n** *(Anat.)* vein
**Venedig** [ve'ne:dɪç] **(das); ~s** Venice
**Venen·entzündung die** phlebitis *no indef. art.*
**venerisch** [ve'ne:rɪʃ] *Adj. (Med.)* venereal
**Venezianer** [vene'tsia:nɐ] **der; ~s, ~, Venezianerin die; ~, ~nen** Venetian
**venezianisch** *Adj.* Venetian
**Venezolaner** [venetso'la:nɐ] **der; ~s, ~, Venezolanerin die; ~, ~nen** Venezuelan
**venezolanisch** *Adj.* Venezuelan
**Venezuela** [vene'tsue:la] **(das); ~s** Venezuela
**Venia legendi** ['ve:nia le'gɛndi] **die; ~ ~** *(geh.) authorization to teach at university after habilitation*
**venös** *Adj. (Med.)* venous
**Ventil** [vɛn'ti:l] **das; ~s, ~e** valve; *(fig.)* outlet; **b)** *(einer Orgel)* pallet
**Ventilation** [vɛntila'tsio:n] **die; ~, ~en** ventilation
**Ventilator** [vɛnti'la:tɔr] **der; ~s, ~en** [...la'to:rən] ventilator
**ventilieren** *tr. V. (geh.)* consider
[1]**Venus** ['ve:nʊs] **die; ~** *(Astron.)*, [2]**Venus (die)** *(Myth.)* Venus *no def. art.*
**Venus·hügel der** *(Anat.)* mons Veneris
**verabfolgen** *tr. V. (Papierdt. veralt.) s.* **verabreichen**
**verabreden 1.** *tr. V.* arrange; **ein Erkennungszeichen ~:** agree on a sign to recognize each other by; **am verabredeten Ort** at the agreed place. **2.** *refl. V.* **sich im Park/zum Tennis/für den folgenden Abend ~:** arrange to meet in the park/for tennis/next evening; **sich mit jmdm. ~:** arrange to meet sb.; **mit jmdm. verabredet sein** have arranged to meet sb.; *(formell)* have an appointment with sb.; *(mit dem Freund/der Freundin)* have a date with sb. *(coll.)*
**Verabredung die; ~, ~en a)** *(Absprache)* arrangement; **eine ~ treffen** arrange to meet *or* a meeting; **wie auf ~:** as if by arrangement; **b)** *(verabredete Zusammenkunft)* appointment; **eine ~ absagen** call off a meeting *or* an engagement; **ich habe eine ~:** I am meeting sb.; *(formell)* I have an appointment; *(mit meinem Freund/meiner Freundin)* I have a date *(coll.)*; **eine ~ für den Abend haben** have an engagement in the evening
**verabreichen** *tr. V.* administer ⟨*medicine*⟩; give ⟨*injection, thrashing*⟩
**Verabreichung die; ~, ~en** administration; administering
**verabsäumen** *tr. V. (Papierdt.)* neglect; omit
**verabscheuen** *tr. V.* detest; loathe
**verabscheuenswürdig** *Adj. (geh.)* detestable; loathsome
**verabschieden 1.** *tr. V.* **a)** say goodbye to; **sie wurde am Bahnhof verabschiedet** she was seen off at the station; **der Staatsgast wurde auf dem Bonner Flughafen verabschiedet** the official guest was given a farewell at the airport in Bonn; **b)** *(aus dem Dienst)* retire ⟨*general, civil servant, etc.*⟩; **c)** *(annehmen)* adopt ⟨*plan, budget*⟩; pass ⟨*law*⟩. **2.** *refl. V.*

sich [von jmdm.] ~: say goodbye [to sb.]; *(formell)* take one's leave [of sb.]
**Verabschiedung die; ~, ~en a)** leave-taking; **b)** *(aus dem Dienst)* retirement; **c)** *(eines Plans, Etats)* adoption; *(eines Gesetzes)* passing
**verabsolutieren** *tr. V.* make absolute
**verachten** *tr. V.* despise; **ihre Süßspeisen sind nicht zu ~:** her sweets are not to be scoffed at *or (coll.)* sneezed at
**Verächter** [fɛɐ̯'lɛçtɐ] **der; ~s, ~:** opponent; critic
**verächtlich** [fɛɐ̯'lɛçtlɪç] **1.** *Adj.* **a)** *(abschätzig)* contemptuous; **b)** *(verachtenswürdig)* contemptible; despicable; **jmdn./etw. ~ machen** disparage sb./sth.; run sb./sth. down. **2.** *adv.* contemptuously
**Verächtlichkeit die; ~:** contempt; contemptuousness
**Verächtlich·machung die; ~** *(Papierdt.)* disparagement
**Verachtung die; ~:** contempt; **seine ~ aller** *od.* **für alle Konventionen** his contempt for all forms of convention; **jmdn. mit ~ strafen** treat sb. with contempt
**verachtungs·voll** *(geh.) s.* **verächtlich 1 a, 2**
**veralbern** *tr. V.* **a)** *(aufziehen)* **jmdn. ~:** make fun of sb.; **willst du mich ~?** are you trying to make fun of me?; **b)** *(verspotten)* mock
**verallgemeinern** *tr., itr. V.* generalize
**Verallgemeinerung die; ~, ~en** generalization
**veralten** *itr. V.; mit sein* become obsolete; **veraltete Methoden/Wörter** obsolete *or* antiquated methods/obsolete *or* archaic words
**Veranda** [vɛ'randa] **die; ~, Veranden** veranda; porch
**veränderbar** *Adj.* changeable; *(Physik)* variable; **nicht mehr ~:** unalterable
**veränderlich** *Adj.* **a)** changeable ‹*weather*›; variable ‹*character, star*›; **das Barometer steht auf ~:** the barometer says 'changeable'; **b)** *(veränderbar)* variable
**Veränderliche die; ~n, ~n** *(Math.)* variable
**Veränderlichkeit die; ~, ~en** *s.* **veränderlich:** changeability; variability
**verändern 1.** *tr. V.* change; **der Bart verändert ihn stark** the beard makes him look very different. **2.** *refl. V.* **a)** *(anders werden)* change; **sich zu seinem Vorteil/Nachteil ~:** change for the better/worse; *(nur im Aussehen)* look better/worse; **b)** *(die Stellung wechseln)* **sich [beruflich] ~:** change one's job
**Veränderung die** change *(Gen.* in); **an etw.** *(Dat.)* **eine ~ vornehmen** change sth.; **berufliche ~:** change of job; **bei uns ist eine ~ eingetreten** our situation has changed
**verängstigen** *tr. V.* frighten; scare; **völlig verängstigt** terrified
**verankern** *tr. V.* fix ‹*tent, mast, pole, etc.*›; *(mit einem Anker)* anchor; *(fig.)* embody ‹*right etc.*›
**Verankerung die; ~, ~en a)** *(das Befestigen)* fixing; *(mit einem Anker)* anchoring; *(fig.)* embodiment; **b)** *(Halterung)* anchorage; fixture
**veranlagen** *tr.V. (Steuerw.)* assess **(mit** at)
**veranlagt** *Adj.* **künstlerisch/praktisch/romantisch ~ sein** have an artistic bent/be practically minded/have a romantic disposition; **ein homosexuell ~er Mann** a man with homosexual tendencies
**Veranlagung die; ~, ~en a)** [pre]disposition; **seine homosexuelle/künstlerische/praktische/romantische ~:** his homosexual tendencies *pl.*/artistic bent/practical nature/romantic disposition; **er hat eine ~ zur Fettsucht** he has a tendency towards obesity; **b)** *(Steuerw.)* assessment
**veranlassen** *tr. V.* **a)** cause; induce; **was hat dich zu diesem Schritt/dieser Bemerkung veranlaßt?** what caused *or* led you to take this step/make this remark?; **ich fühlte mich veranlaßt einzugreifen** I felt obliged to intervene; **b)** *(dafür sorgen, daß etw. getan wird)* **etw. ~:** see to it that sth. is done *or* is carried out; **ich werde alles Weitere/das Nötige ~:** I will take care of *or* see to everything else/I will see [to it] that the necessary steps are taken
**Veranlassung die; ~, ~en a)** reason, cause **(zu** for); **äußere ~:** outward reason; **b) auf jmds. ~ [hin]** on sb.'s orders
**veranschaulichen** *tr. V.* illustrate
**Veranschaulichung die; ~, ~en** illustration; **zur ~:** as an illustration/as illustrations
**veranschlagen** *tr. V.* estimate **(mit** at); **etw. zu hoch/niedrig ~:** overestimate/underestimate sth.
**Veranschlagung die; ~, ~en** estimate
**veranstalten** *tr. V.* **a)** *(stattfinden lassen)* organize; hold, give ‹*party*›; hold ‹*auction*›; do ‹*survey*›; **b)** *(ugs.: machen, aufführen)* make ‹*noise, fuss*›
**Veranstalter der; ~s, ~, Veranstalterin die; ~, ~nen** organizer
**Veranstaltung die; ~, ~en a)** *(das Veranstalten)* organizing; organization; **b)** *(etw., was veranstaltet wird)* event
**Veranstaltungs·kalender der** calendar of events; *(für kürzeren Zeitraum)* diary of events
**verantworten 1.** *tr. V.* **etw. ~:** take responsibility for sth.; **ich kann das vor Gott/mir selbst/meinem Gewissen nicht ~:** I cannot be responsible for that before God/I cannot justify it to myself/I cannot square that with my conscience. **2.** *refl. V.* **sich für etw. ~:** answer for sth.; **sich vor jmdm. ~:** answer to sb.; **sich vor Gericht für etw. ~:** answer to the courts for sth.; **der Angeklagte hat sich wegen Mordes zu ~:** the accused faces a charge of murder
**verantwortlich** *Adj.* responsible; **der ~e Redakteur** the managing editor; **der für den Einkauf ~e Mitarbeiter** the person responsible for purchasing; **ich fühle mich dafür ~, daß alles klappt** I feel responsible for making sure that everything goes off all right; **für etw. ~ zeichnen** be responsible for *or* in charge of sth.; **jmdm. [gegenüber] ~ sein** be responsible to sb.; **jmdn. für etw. ~ machen** hold sb. responsible for sth.
**Verantwortlichkeit die; ~, ~en** responsibility
**Verantwortung die; ~, ~en a)** responsibility **(für** for); **die Eltern haben** *od.* **tragen die ~ für ihre Kinder** the parents have *or* bear the responsibility for their children; **die ~ für etw. übernehmen** take *or* accept [the] responsibility for sth.; **ich tue es auf deine ~:** you must take responsibility; on your own head be it; **in eigener ~:** on one's own responsibility; off one's own bat *(Brit.)*; **jmdn. [für etw.] zur ~ ziehen** call sb. to account [for sth.]; **die Gruppe hat die ~ für den Anschlag übernommen** the group has accepted *or* admitted responsibility for the attack; **b)** *o. Pl. (~sgefühl)* sense of responsibility
**verantwortungs-, Verantwortungs-: ~bewußt** *Adj.* responsible; **er handelt sehr ~bewußt** he acts in a very responsible manner; **~bewußtsein das;** *o. Pl.*, **~gefühl das;** *o. Pl* sense of responsibility; **~los** *Adj.* irresponsible; **~losigkeit die; ~:** irresponsibility; **~voll** *Adj.* responsible
**veräppeln** [fɛɐ̯'lɛpl̩n] *tr. V. (ugs.)* **jmdn. ~:** have *(Brit. coll.) or (Amer. coll.)* put sb. on; **willst du mich ~?** are you having *(Brit. coll.) or (Amer. coll.)* putting me on?
**verarbeiten** *tr. V.* **a)** use; **~de Industrie** processing industry; **im** *od.* **vom Gehirn verarbeitet** *(fig.)* processed by the brain; **etw. zu etw. ~:** make sth. into sth.; use sth. to make sth.; **b)** *(verdauen)* digest ‹*food*›; **c)** *(geistig bewältigen)* digest, assimilate ‹*film, experience, impressions*›; come to terms with ‹*disappointment*›
**-verarbeitend** *adj.* -processing
**verarbeitet** *Adj.* **gut/schlecht** *usw.* **~:** well/badly *etc.* finished ‹*suit, dress, car, etc.*›
**Verarbeitung die; ~, ~en a)** *(das Verarbeiten)* use; **b)** *(Art der Fertigung)* finish; **Schuhe in erstklassiger ~:** shoes with a first-class finish
**-verarbeitung die** -processing
**verargen** *tr. V. (geh.)* **jmdm. etw. ~:** hold sth. against sb.
**verärgern** *tr. V.* annoy; **verärgert wandte er sich ab** he turned away in annoyance
**Verärgerung die; ~, ~en** annoyance; **aus ~ über die verspätete Einladung nahm er an dem Empfang nicht teil** he did not attend the reception, because he was annoyed about the late invitation
**verarmen** *itr. V.; mit sein* become poor *or* impoverished; **verarmte Provinzen/verarmter Adel** impoverished provinces/aristocracy
**Verarmung die; ~:** impoverishment
**verarschen** *tr.V. (derb)* **jmdn. ~:** take the piss *(coarse) or (Brit. sl.)* mickey out of sb.; **willst du mich ~?** are you taking the piss *(coarse) or (Brit. sl.)* mickey?
**verarzten** *tr. V. (ugs.)* patch up *(coll.)* ‹*person*›; fix *(coll.)* ‹*wound, injury, etc.*›
**verästeln** [fɛɐ̯'lɛstl̩n] *refl. V. (auch fig.)* branch out
**Veräst[e]lung die; ~, ~en** *(auch fig.)* ramification
**verätzen** *tr. V.* corrode ‹*metal etc.*›; burn ‹*skin, face, etc.*›
**Verätzung die** corrosion; *(der Haut)* burn
**verausgaben 1.** *tr. V. (Papierdt.)* spend. **2.** *refl. V.* wear oneself out; **sie hat sich total verausgabt** *(finanziell)* she has completely spent out
**veräußerlich** *Adj. (bes. Rechtsspr.)* alienable; **nicht ~:** inalienable
**veräußern** *tr. V. (bes. Rechtsspr.)* dispose of, sell ‹*property*›; alienate ‹*right*›
**Veräußerung die** *(bes. Rechtsspr.) (von Eigentum)* disposal; sale; *(eines Rechts)* alienation
**Verb** [vɛrp] **das; ~s, ~en** *(Sprachw.)* verb
**Verba** *s.* **Verbum**
**verbacken** *unr. tr. V.* use ‹*flour, butter, sugar, etc.*› [in baking]
**verbal** [vɛr'ba:l] *Adj.* **1.** *(auch Sprachw.)* verbal. **2.** *adv.* verbally
**Verbal·injurie die; ~** *(auch Rechtsw.)* verbal injury
**verbalisieren** *tr. V. (geh.)* verbalize
**verballhornen** [fɛɐ̯'balhɔrnən] *tr. V.* corrupt ‹*word, phrase*›
**Verballhornung die; ~, ~en** misuse; corruption
**Verbal-: ~phrase die** *(Sprachw.)* verbal phrase; **~substantiv das** *(Sprachw.)* verbal noun
**Verband der a)** *(Binde)* bandage; dressing; **einen ~ anlegen** apply a dressing; **b)** *(von Vereinen, Clubs o. ä.)* association; **c)** *(Milit.: vereinigte Truppenteile)* unit; **d)** *(Milit.: Fahrzeug~, Flugzeug~)* formation; **e)** *(Gruppe)* group; unit
**Verband-: ~kasten der** first-aidbox; **~material das** dressing materials *pl.*; **~päckchen das** packet of dressings
**Verbands·kasten** *usw. s.* **Verbandkasten** *usw.*
**Verband[s]·stoff der** dressing [material]
**Verband·zeug das** first-aid things *pl.*
**verbannen** *tr. V. (auch fig.)* banish
**Verbannte der/die;** *adj. Dekl.* exile
**Verbannung die; ~, ~en** banishment; exile; **in die ~ gehen** go into exile
**Verbannungs·ort der** place of exile

**verbarrikadieren** 1. *tr. V.* barricade. 2. *refl. V.* barricade oneself

**verbauen** *tr. V.* a) *(versperren)* obstruct; block; **jmdm./sich die Zukunft ~** *(fig.)* spoil sb.'s/one's prospects for the future; b) *(abwertend: unschön bebauen)* spoil; c) *(zum Bauen verwenden)* use; **sein ganzes Geld ~** *(fig.)* use [up] one's entire money for *or* on building

**verbauern** *itr. V.; mit sein* become a country bumpkin

**verbeamten** *tr. V.* make ‹person› a civil servant; *(fig. abwertend)* [over-]bureaucratize

**verbeißen** 1. *unr. tr. V.* a) *(unterdrücken)* suppress ‹*pain, laughter, anger, feelings*›; hold back ‹*tears etc.*›; b) *(bes. Jägerspr.: beschädigen)* bite; chew. 2. *refl. V.* **sich in etw. ~:** bite into sth.; ‹*dog*› sink its teeth into sth.; *(fig.)* get stuck into sth. *(sl.)*

**verbellen** *tr. V. (Jägerspr.)* **der Jagdhund verbellte den Bock** the hunting dog barked to show where the buck was

**verbergen** *unr. tr. V.* a) *(verstecken, auch fig.)* hide; conceal; **jmdn. vor der Polizei verborgen halten** harbour sb.; **sich ~:** hide; **sein Gesicht in den Händen ~:** bury *or* hide one's face in one's hands; b) *(verheimlichen)* hide; **jmdm. etw. ~, etw. vor jmdm. ~:** keep sth. from sb.; **ich will dir nicht ~, daß ...:** I want you to know that ...; I want to make it clear that ...

**verbessern** 1. *tr. V.* a) improve ‹*machine, method, quality*›; improve [up]on, better ‹*achievement*›; beat ‹*record*›; reform ‹*schooling, world*›; b) *(korrigieren)* correct. 2. *refl. V.* a) improve; **er hat sich im Skilauf stark verbessert** his skiing has improved a great deal; b) *([beruflich] aufsteigen)* better oneself

**Verbesserung die** a) improvement; **eine ~ der Lage** an improvement in the situation; b) *(Korrektur)* correction

**verbesserungs·fähig** *Adj.* capable of improvement *postpos.*; **es ist noch ~:** it could be improved [on]

**Verbesserungs·vorschlag der** suggestion for improvement

**verbeugen** *refl. V.* bow (**vor** + *Dat.* to)

**Verbeugung die; ~, ~en** bow; **eine ~ vor jmdm. machen** bow to sb.

**verbeulen** *tr. V.* dent

**verbiegen** 1. *unr. tr. V.* bend. 2. *unr. refl. V.* bend; buckle; **eine verbogene Wirbelsäule** a curved spine

**Verbiegung die** bending; buckling; *(der Wirbelsäule)* curvature

**verbiestern** [fɛɐ̯ˈbiːstɐn] *tr. V. (bes. nordd.: verwirren)* confuse; bewilder

**verbiestert** *Adj. (ugs.)* grumpy

**verbieten** 1. *unr. tr. V.* a) forbid; **jmdm. etw. ~:** forbid sb. sth.; **du hast mir gar nichts zu ~:** you have no right to forbid me [to do] anything; **sie hat ihm das Haus verboten** she forbade him to enter the house; **der Arzt hat mir das Rauchen verboten** the doctor forbade me to smoke; **„Betreten des Rasens/Rauchen verboten"!** 'keep off the grass'/'no smoking'; **das verbietet mir mein Ehrgefühl** *(fig.)* my sense of honour prevents me from doing that; **das verbietet mir mein Geldbeutel** *(fig. scherzh.)* my resources don't run to that; b) *(für unzulässig erklären)* ban; **so viel Ignoranz müßte verboten werden** *(scherzh.)* such ignorance ought not to be allowed *(joc.)*. 2. *unr. refl. V.* **sich [von selbst] ~:** be out of the question

**verbilden** *tr. V.* bring up wrongly, miseducate ‹*person*›; **verbildeter Geschmack** *(abwertend)* misguided taste

**verbilligen** 1. *tr. V.* bring down *or* reduce the cost of; bring down *or* reduce the price of, reduce ‹*goods*›; **verbilligte Butter/Waren** butter at a reduced price/reduced goods; **verbilligter Eintritt** reduced admission. 2. *refl. V.* become *or* get cheaper; ‹*goods*› come down in price, become *or* get cheaper

**Verbilligung die** *(von Kosten)* reduction; **eine ~ der Einfuhren** a reduction in the cost of imports; **zur ~ der Einfuhren** to reduce the cost of imports

**verbimsen** [fɛɐ̯ˈbɪmzn̩] *tr. V. (ugs.)* bash; hit

**verbinden** 1. *unr. tr. V.* a) *(bandagieren)* bandage; dress; **jmdm./sich den Fuß ~:** bandage *or* dress sb.'s/one's foot; **jmdn./sich ~:** dress sb.'s/one's wounds; b) *(zubinden)* bind; **jmdm. die Augen ~:** blindfold sb.; **mit verbundenen Augen** blindfold[ed]; c) *(zusammenfügen)* join ‹*wires, lengths of wood, etc.*›; join up ‹*dots*›; d) *(zusammenhalten)* hold ‹*parts*› together; e) *(in Beziehung bringen)* connect (**durch** by); link ‹*towns, lakes, etc.*› (**durch** by); **ein paar ~de Worte sprechen** *(fig.)* say a few words as a link; f) *(verknüpfen)* combine ‹*abilities, qualities, etc.*›; **die damit verbundenen Anstrengungen/Kosten** *usw.* the effort/cost *etc.* involved; g) *auch itr. (telefonisch)* **jmdn. [mit jmdm.] ~:** put sb. through [to sb.]; **Moment, ich verbinde** one moment, I'll put you through; **falsch verbunden sein** have got the wrong number; h) *auch itr. (in bezug auf menschliche Beziehungen)* **er war ihr freundschaftlich verbunden** he was bound to her by ties of friendship; **uns verbindet nichts mehr** nothing holds us together any longer; **gemeinsame Erlebnisse ~:** shared experiences draw people together; i) *(assoziieren)* associate (**mit** with); j) *(geh. veralt.)* **jmdm. [für etw.] verbunden sein** be obliged to sb. [for sth.]. 2. *unr. refl. V.* a) *(zusammenkommen) (auch Chemie)* combine (**mit** with); b) *(in Zusammenhang stehen)* be connected *or* associated (**mit** with); c) *(sich zusammentun)* join [together]; join forces; **sich zu einer Koalition ~:** join together *or* join forces to form a coalition *or* in a coalition; d) *(in Gedanken)* be associated (**mit** with); **mit dieser Melodie sind für mich schöne Erinnerungen verbunden** this tune has happy memories for me

**verbindlich** 1. *Adj.* a) *(freundlich)* friendly; *(entgegenkommend)* forthcoming; **eine ~e Verkäuferin** an obliging sales assistant; **~sten Dank!** *(geh.)* a thousand thanks; b) *(bindend)* obligatory; compulsory; binding ‹*agreement, decision, etc.*›. 2. *adv.* a) *(freundlich)* in a friendly manner; *(entgegenkommend)* in a forthcoming manner; b) **~ zusagen** definitely agree; **jmdm. etw. ~ zusagen** make sb. a firm offer of sth.

**Verbindlichkeit die; ~, ~en** a) *o. Pl. (Freundlichkeit)* friendliness; *(Entgegenkommen)* forthcomingness; b) *o. Pl. (verpflichtender Charakter)* obligatory *or* compulsory nature; **rechtlich [gesehen] keine ~ haben** have no binding force in law; c) *(freundliche Äußerung, Handlung)* friendly remark/act; *(entgegenkommende Äußerung, Handlung)* forthcoming comment/gesture; **ein paar ~en sagen** say a few friendly words; d) *meist Pl. (Pflicht)* obligation; commitment; e) *Pl. (Kaufmannsspr.: Schulden)* liabilities (**gegen** to)

**Verbindung die** a) *(das Verknüpfen)* linking; b) *(Zusammenhalt)* join; connection; c) *(verknüpfende Strecke)* link; **die kürzeste ~ zwischen zwei Punkten** the shortest line between two points; d) *(Anschluß durch Telefon, Funk)* connection; **keine ~ mit jmdm./einem Ort bekommen** not be able to get through to sb./a place; **unsere ~ wurde unterbrochen** we were cut off; e) *(Verkehrs~)* connection (**nach** to); **die ~ zur Außenwelt** connections *pl.* with the outside world; f) *(Kombination)* combination; **in ~ mit etw.** in conjunction with sth.; g) *(Bündnis)* association; **eheliche ~** *(geh.)* marriage; **eine ~ mit jmdm. eingehen** enter into association with sb.; *(erotisch)* begin a liaison with sb.; h) *(Kontakt)* contact; **sich mit jmdm. in ~ setzen, ~ mit jmdm. aufnehmen** get in touch *or* contact with sb.; contact sb.; **in ~ bleiben** keep in touch; **die ~ mit jmdm./etw. nicht abreißen lassen** not lose touch *or* contact with sb./sth.; **seine ~en spielen lassen** pull a few strings *(coll.)*; i) *(Zusammenhang)* connection; **jmdn. mit etw. in ~ bringen** connect sb. with sth.; j) *(Studenten~)* society; *(für Männer)* fraternity *(Amer.)*; *(für Frauen)* sorority *(Amer.)*; **eine schlagende ~:** a duelling society *or* *(Amer.)* fraternity; k) *o. Pl. (das Zusammenfügen)* joining; l) *(das Zusammengefügtwerden)* bonding; m) *(bes. Chemie) (Stoff)* compound; *(Prozeß)* combination

**Verbindungs-: ~linie die** a) *(verbindende Linie)* connecting line; b) *(Milit.)* communication line; line of communication; **~mann der;** *Pl.* **~männer** *od.* **~leute** intermediary; *(Agent)* contact [man] (**zu** with); **~offizier der** *(Milit.)* liaison officer; **~straße die** link road; **~stück das** connecting piece; **~student der** member of a students' society; *s. auch* **Verbindung j; ~tür die** connecting door

**Verbiß der** *(Jägerspr.)* damage caused by browsing animals

**verbissen** 1. *2. Part. v.* **verbeißen.** 2. *Adj.* a) *(hartnäckig)* dogged; doggedly determined; b) *(verkrampft)* grim. 3. *adv.* a) *(hartnäckig)* doggedly; with dogged determination; b) *(verkrampft)* grimly; c) *(ugs.: engherzig)* **etw. nicht so ~ sehen** not take sth. so seriously

**Verbissenheit die; ~:** doggedness; dogged determination

**verbitten** *unr. refl. V.* **sich** *(Dat.)* **etw. ~:** refuse to tolerate sth.; **ich verbitte mir diesen Ton** I will not be spoken to in that tone of voice; **das möchte ich mir verbeten haben** I will not have it

**verbittern** *tr. V.* embitter; make bitter; **verbittert** embittered; bitter

**Verbitterung die; ~, ~en** bitterness; embitterment

**verblassen** *itr. V.; mit sein* a) *(auch fig. geh.)* fade; b) *(die Leuchtkraft verlieren)* ‹*star etc.*› fade, pale; ‹*sky*› grow dim; *(fig.)* pale; ‹*memory*› fade

**Verbleib der; ~[e]s** *(geh.)* a) *(Ort)* whereabouts *pl.*; b) *(das Verbleiben)* staying; **ein weiterer ~:** a longer stay

**verbleiben** *unr. itr. V.; mit sein* a) *(sich einigen)* **wie seid ihr denn nun verblieben?** what did you arrange?; **wir sind so verblieben, daß er sich bei mir meldet** we left it that he would contact me; b) *(geh.: bleiben)* remain; stay; **niemand wußte, wo Sie verblieben waren** nobody knew where you were; **im Amt ~:** remain *or* continue in office; c) *(im Briefschluß)* remain; **... verbleibe ich Ihr ...:** ... I remain, Yours truly, ...; **ich verbleibe mit freundlichen Grüßen Ihr ...:** I remain, Yours sincerely, ...; d) *(übrigbleiben)* remain; **etw. verbleibt jmdm.** sb. has sth. left

**verbleichen** *unr. od. regelm. itr. V.; mit sein* a) *(auch fig.) (blaß werden)* fade; b) *(allmählich erlöschen)* ‹*moon*› grow pale

**verbleien** [fɛɐ̯ˈblaiən] *tr. V. (Technik)* lead ‹*petrol*›

**verblenden** *tr. V.* a) blind; **ein verblendeter Revolutionär** a blind revolutionary; b) *(Archit.: verkleiden)* face ‹*wall, façade, etc.*›

**Verblendung die; ~, ~en** a) blindness; b) *(bes. Archit.: Verkleidung)* facing

**verbleuen** *tr. V. (ugs.)* bash *or* beat up; do over *(sl.)*

**Verblichene** [fɛɐ̯ˈblɪçənə] **der/die;** *adj. Dekl. (geh.)* deceased; **unser teurer Verblichener** our dear departed brother/leader/friend *etc.*

**verblöden** *itr. V.; mit sein* a) *(veralt.:*

*schwachsinnig werden)* become feeble-minded; **b)** *(ugs.: stumpfsinnig werden)* become a zombie *(coll.)*
**verblüffen** [fɛɐ̯'blʏfn̩] *tr. (auch itr.) V.* astonish; amaze; astound; *(verwirren)* baffle; **seine Offenheit verblüfft** his openness is astonishing; **ich war über seine Antwort verblüfft** I was taken aback by his answer
**verblüffend 1.** *Adj.* astonishing; amazing; astounding. **2.** *adv.* astonishingly; amazingly; astoundingly
**Verblüffung die; ~, ~en** astonishment; amazement
**verblühen** *itr. V.; mit sein (auch fig.)* fade; **sie war schon verblüht** *(geh.)* her beauty had already faded
**verblümt** [fɛɐ̯'bly:mt] **1.** *Adj.* oblique. **2.** *adv.* **sich ~ ausdrücken** express oneself in a roundabout *or* an oblique way
**verbluten** *itr. (auch refl.) V.; mit sein* bleed to death
**verbocken** *tr. V. (ugs.)* botch; bungle; make a botch-up of
**verbohren** *refl. V. (ugs.)* become obsessed **(in** + *Akk.* with)
**verbohrt** *Adj. (abwertend)* pigheaded; stubborn; obstinate; *(unbeugsam)* inflexible
**Verbohrtheit die; ~** *(abwertend)* pigheadedness; stubbornness; obstinacy; *(Unbeugsamkeit)* inflexibility
[1]**verborgen** *tr. V.* lend out
[2]**verborgen 1.** *2. Part. v.* **verbergen. 2.** *Adj.* **a)** *(abgelegen)* secluded; **b)** *(nicht sichtbar)* hidden; **es wird ihm nicht ~ bleiben** he shall hear of it; *(nicht entgehen)* it will not escape his notice; **im Verborgenen** out of the public eye; **im Verborgenen blühen** flourish undetected
**Verborgenheit die; ~** *(Abgelegenheit)* seclusion
**Verbot das; ~[e]s, ~e** ban *(Gen.,* **von** on); **er hat gegen mein ausdrückliches ~ geraucht** he smoked although I had expressly forbidden him to do so; **trotz ärztlichen ~s** against doctor's orders
**Verbots-: ~schild das;** *Pl.* **~schilder a)** sign *(prohibiting sth.)*; **b)** *(Verkehrsw.)* prohibitive sign; **~tafel die** [large] sign *(prohibiting sth.)*
**verbrämen** [fɛɐ̯'brɛ:mən] *tr. V.* **a)** *(einfassen)* trim **(mit** with); **b)** *(verschleiern)* dress up *(fig.)*; **wissenschaftlich verbrämter Unsinn** nonsense dressed up as scientific fact
**verbraten** *unr. tr. V. (salopp)* blow *(sl.)* ⟨*money*⟩ **(für** on)
**Verbrauch der; ~[e]s a)** consumption; **die Seife ist sparsam im ~:** the soap is economical to use; **zum alsbaldigen ~ bestimmt** for immediate consumption; **b)** *(verbrauchte Menge)* consumption **(von, an** + *Dat.* of)
**verbrauchen 1.** *tr. V.* **a)** *(verwenden)* use; consume ⟨*food, drink*⟩; use up ⟨*provisions*⟩; spend ⟨*money*⟩; consume, use ⟨*fuel*⟩; *(fig.)* use up ⟨*strength, energy*⟩; **das Auto verbraucht 10 Liter [auf 100 Kilometer]** the car does 10 kilometres to the litre; **b)** *(verschleißen)* wear out ⟨*clothing, shoes, etc.*⟩; **die Luft in den Räumen ist verbraucht** the air in the rooms is stale. **2.** *refl. V. (sich abarbeiten)* wear oneself out; **verbraucht aussehen** look worn out *or* exhausted
**Verbraucher der; ~s, ~:** consumer
**verbraucher-: ~feindlich** *Adj.* not in the interests of consumers *postpos.*; **~freundlich** *Adj.* favourable to consumers *postpos.*
**Verbraucherin die; ~, ~nen** consumer
**Verbraucher-: ~preis der** consumer price; **~schutz der** consumer protection
**Verbrauchs·gut das** consumer item; **Verbrauchsgüter** consumer goods
**Verbrauch[s]·steuer die** *(Steuerw.)* excise [tax]
**verbrechen** *unr. tr. V. (scherzh.)* **ich habe nichts verbrochen!** I haven't been up to *or* haven't done anything!; **was hast du verbrochen?** what have you been up to *or* been doing?; **wer hat denn dieses Gedicht verbrochen?** who's responsible for *or* who's the perpetrator of this poem?
**Verbrechen das; ~s, ~** *(auch Untat)* crime **(an** + *Dat.,* **gegen** against)
**Verbrechens·bekämpfung die** combating of crime; combating crime *no art.*; **für die aktive ~:** for actively combating crime
**Verbrecher der; ~s, ~:** criminal; **du kleiner ~!** *(scherzh.)* you little rascal!
**Verbrecher-: ~album das** *(veralt.) s.* **~kartei; ~bande die** gang *or* band of criminals
**Verbrecherin die; ~, ~nen** criminal
**verbrecherisch** *Adj.* criminal
**Verbrecher-: ~jagd die** *(ugs.)* chase after a/the criminal/criminals; **~kartei die** criminal records *pl.*; **~syndikat das** criminal syndicate
**Verbrechertum das; ~s** criminality
**verbreiten 1.** *tr. V.* **a)** *(bekannt machen)* spread ⟨*rumour, lies, etc.*⟩; **er verbreitete, daß ...:** he spread it about that ...; **eine Nachricht über den Rundfunk ~:** broadcast an item of news on the radio; **b)** *(weitertragen)* spread ⟨*disease, illness, etc.*⟩; disperse ⟨*seeds, spores, etc.*⟩; **c)** *(erwecken)* radiate ⟨*optimism, happiness, calm, etc.*⟩; spread ⟨*fear*⟩; **ihre Gewalttaten verbreiteten überall Entsetzen** their deeds of violence horrified everyone. **2.** *refl. V.* **a)** *(bekannt werden)* ⟨*rumour*⟩ spread; **b)** *(sich ausbreiten)* ⟨*smell, illness, religion, etc.*⟩ spread; **c)** *(häufig abwertend: sich äußern)* go on **(über** + *Akk.* about)
**verbreitern 1.** *tr. V.* widen; *(fig.)* broaden ⟨*basis*⟩. **2.** *refl. V.* widen out; get wider
**Verbreiterung die; ~, ~en a)** widening; **b)** *(Stelle)* widened section
**Verbreitung die; ~, ~en a)** *s.* **verbreiten 1a, b, c:** spreading; broadcasting; dispersal; radiation; **nicht für allgemeine ~ bestimmt** not [intended] for general circulation; **b)** *(Ausbreitung)* spread
**Verbreitungs·gebiet das** area of distribution; *(einer Tierart)* range
**verbrennen 1.** *unr. itr. V.; mit sein* **a)** burn; ⟨*person*⟩ burn to death; **die Dokumente sind verbrannt** the documents were destroyed by fire; **es riecht verbrannt** *(ugs.)* there's a smell of burning; **b)** *(verkohlen)* burn; **der Kuchen ist verbrannt** the cake got burnt; **c)** *(ausdorren)* scorch; **d)** *(Chemie: sich umwandeln)* be converted **(zu** into). **2.** *tr. V.* **a)** *(ins Feuer geben)* burn; burn, incinerate ⟨*rubbish*⟩; cremate ⟨*dead person*⟩; **b)** *(verletzen)* burn; **sich** *(Dat.)* **an der heißen Suppe die Zunge ~:** burn *or* scald one's tongue on the hot soup; **sich** *(Dat.)* **den Mund** *od. (derb)* **das Maul** *od. (salopp)* **die Schnauze ~** *(fig.)* say too much; *s. auch* **Finger b; c)** *(ugs.: verbrauchen)* use ⟨*gas, electricity, etc.*⟩; **d)** *(Chemie: umwandeln)* convert
**Verbrennung die; ~, ~en a)** *s.* **verbrennen 2 a:** burning; incineration; cremation; **b)** *(Kfz-W.)* combustion; **c)** *(Wunde)* burn
**Verbrennungs·motor der** internal-combustion engine
**verbriefen** *tr. V.* attest
**verbringen** *unr. tr. V.* **a)** spend ⟨*time, holiday, weekend, year, etc.*⟩; **b)** *(Papierdt.: bringen)* take
**verbrüdern** *refl. V.* avow friendship and brotherhood; ⟨*troops*⟩ fraternize **(mit** with); *(Politik)* ally oneself/itself
**Verbrüderung die; ~, ~en** avowal of friendship and brotherhood; *(von Truppen)* fraternization; *(Politik)* alliance
**verbrühen** *tr. V.* scald; **sich** *(Dat.)* **den Arm ~:** scald one's arm; **sich ~:** scald oneself
**Verbrühung die; ~, ~en a)** *(das Verbrühen)* scalding; **b)** *(Wunde)* scald
**verbuchen** *tr. V. (Kaufmannnsspr., Finanzw.)* enter; *(fig.)* notch up ⟨*success, score, etc.*⟩; **etw. auf einem Konto/im Haben ~:** credit sth. to an account/enter sth. on the credit side
**verbuddeln** *tr. V. (ugs.)* bury
**Verbum** ['vɛrbʊm] **das; ~s, Verben** *od. (Sprachw. veralt.)* **Verba** verb
**verbummeln** *tr. V. (ugs., oft abwertend)* **a)** *(verbringen)* waste, fritter away ⟨*time, day, afternoon, etc.*⟩; **sie wollten einmal einen ganzen Tag ~:** they wanted to spend a whole day lazing around doing nothing; **b)** *(vergessen)* forget [all] about; clean forget; *(verlieren)* lose; *(verlegen)* mislay
**Verbund der; ~[e]s, ~e a)** *(Wirtsch.)* association; **im ~ arbeiten** co-operate; **b)** *(Technik)* composite
**Verbund·bau·weise die** composite construction
**verbünden** [fɛɐ̯'bʏndn̩] *refl. V.* form an alliance
**Verbundenheit die; ~:** closeness **(mit** to); *(mit einem Ort, einer Tradition)* attachment **(mit** to); **aus alter ~:** for the sake of old ties/attachments; **in herzlicher ~:** with deepest sympathy
**verbündet** *Adj.* **[miteinander] ~:** in alliance *postpos.*
**Verbündete der/die;** *adj. Dekl.* ally
**Verbund-: ~glas das** *(Technik)* laminated glass; **~netz das** grid [system]; **~stein der** interlocking paving-stone
**verbürgen 1.** *refl. V. (bürgen)* vouch **(für** for); **sich für die Kosten ~:** accept liability for the costs. **2.** *tr. V.* **a)** *(garantieren)* guarantee; **verbürgte Rechte** established rights; **b)** *nur im Perf., Plusq. u. im 2. Part. gebr. (authentisieren)* verify; authenticate
**verbürgerlichen 1.** *itr. V.; mit sein* become bourgeois. **2.** *tr. V.* make bourgeois
**verbüßen** *tr. V.* serve ⟨*sentence*⟩
**Verbüßung die; ~:** serving
**verchromen** *tr. V.* chromium-plate
**Verdacht** [fɛɐ̯'daxt] **der; ~[e]s, ~e** *od.* **Verdächte** [fɛɐ̯'dɛçtə] suspicion; **mein ~ hat sich bestätigt/war begründet** my suspicion was confirmed/was well founded; **der ~ der Polizei fiel auf/richtete sich gegen ...:** the police suspected ...; **ein ~ stieg in mir auf** I began to suspect something *or* to be suspicious; **er wurde wegen ~s der Steuerhinterziehung verhaftet** he was arrested on suspicion of tax evasion; **~ schöpfen** become suspicious; **jmdn. auf [einen] bloßen ~ hin verhaften lassen** have sb. arrested purely on suspicion; **wen hast du in ~?** who do you suspect?; **ich geriet in [den] ~, das Geld gestohlen zu haben** I was suspected of having stolen the money; **er ist über jeden ~ erhaben** he is above suspicion; **bei dem Patienten besteht ~ auf Meningitis** the patient is suspected of having meningitis; **etw. auf ~ tun** *(ugs.)* do sth. just in case
**verdächtig** [fɛɐ̯'dɛçtɪç] **1.** *Adj.* suspicious; **sich ~ machen** arouse suspicion; **er ist dringend der Tat ~:** he is strongly suspected of being the perpetrator. **2.** *adv.* suspiciously
**-verdächtig a)** *(unter Verdacht stehend)* suspected of ...; **mord~:** suspected of murder; **b)** *(erwarten lassend)* expected to ...; **ein hit~es Lied** a song expected to be a hit; **der medaillen~e Sportler** the sportsman expected to win a/the medal
**Verdächtige der/die;** *adj. Dekl.* suspect
**verdächtigen** *tr. V.* suspect *(Gen.* of)
**Verdächtigte der/die;** *adj. Dekl.* suspect
**Verdächtigung die; ~, ~en** suspicion
**Verdachts·moment das** incriminating factor
**verdammen** *tr. V.* **a)** *(verwerfen)* condemn; *(Rel.)* damn ⟨*sinner*⟩; **[Gott] verdamm' mich!** damn it *(coll.)*; **b)** *(zwingen)* condemn **(zu** to); **das ist zum Scheitern verdammt** it is doomed to failure
**verdämmern** *(geh.)* **1.** *itr. V.; mit sein* fade. **2.** *tr. V.* drowse away

**Verdammnis die;** ~ *(christl. Theol.)* damnation *no art.*
**verdammt 1.** *Adj.; nicht präd.* **a)** *(salopp abwertend)* bloody *(Brit. sl.)*; damned *(coll.)*; ~ **[noch mal** *od.* **noch eins]!** damn [it all] *(coll.)*; bloody hell *(Brit. sl.)*; ~ **und zugenäht!** damn and blast [it]! *(coll.)*; **so ein ~er Mist!** bloody hell *(Brit. sl.)*; **b)** *(ugs.: sehr groß)* **einen ~en Hunger haben** be damned hungry *(coll.)*; **[ein] ~es Glück haben** be damn[ed] lucky *(coll.)*. **2.** *adv. (ugs.: sehr)* damn[ed] *(coll.)* ‹*cold, heavy, beautiful, etc.*›; **ich mußte mich ~ beherrschen** I had to keep a bloody good grip on myself *(Brit. coll.)*
**Verdammte der/die;** *adj. Dekl.* damned person/man/woman; **die ~n** the damned
**Verdammung die;** ~, ~en condemnation; damnation
**verdammungs·würdig** *(geh.)* **1.** *Adj.* damnable. **2.** *adv.* damnably
**verdampfen 1.** *itr. V.; mit sein* evaporate; vaporize; *(fig.)* ‹*anger*› abate; ‹*person*› make oneself scarce *(coll.)*. **2.** *tr. V.* evaporate; vaporize
**verdanken** *tr. V.* **jmdm./einer Sache etw. ~:** owe sth. to sb./sth.; **ich verdanke meiner Frau wertvolle Anregungen** I have to thank my wife for valuable suggestions; **daß Sie bei uns sind, verdanken wir ...:** it is thanks *or* due to ... that you are here with us
**verdarb** [fɛɐ̯'darp] *1. u. 3. Pers. Sg. Prät. v.* **verderben**
**verdaten** *tr. V. (DV)* convert into data; *(erfassen)* store away on computer
**verdattert** [fɛɐ̯'datɐt] *(ugs.) Adj. (überrascht)* flabbergasted; *(verwirrt)* dazed; stunned; ~ **dastehen** stand there flabbergasted/in a daze
**verdauen** [fɛɐ̯'daʊ̯ən] **1.** *tr. V. (auch fig.)* digest; *(fig.)* get over ‹*bad experience, shock, blow of fate*›; *(Boxerjargon)* take ‹*blow*›. **2.** *itr. V.* digest [one's food]
**verdaulich** [fɛɐ̯'daʊ̯lɪç] *Adj.* digestible
**Verdaulichkeit die;** ~: digestibility
**Verdauung die;** ~: digestion
**Verdauungs-: ~beschwerden** *Pl.* digestive trouble *sing.*; **~spaziergang der** *(ugs.)* after-dinner walk; **~störung die** poor digestion *no pl.*; **~trakt der** *(Anat.)* digestive *or* alimentary tract
**Verdeck das;** ~[e]s, ~e top; hood *(Brit.)*; *(bei Kinderwagen)* hood; **mit offenem ~ fahren** drive with the top *or* hood down
**verdecken** *tr. V.* **a)** *(nicht sichtbar sein lassen)* hide; cover; **jmdm. die Sicht ~:** block sb.'s view; **b)** *(verbergen)* cover; conceal; *(fig.)* conceal ‹*intentions etc.*›
**verdenken** *unr. tr. V.* **jmdm. etw. nicht ~ [können]** not [be able to] hold sth. against sb.; **kann man ihnen verdenken, daß sie ... hassen?** can one blame them for hating ...?
**Verderb der;** ~s **a)** *(von Lebensmitteln)* spoilage; **b)** *s.* **Gedeih**
**verderben 1.** *unr. itr. V.; mit sein* ‹*food, harvest*› go bad *or* off, spoil; **verdorbene Lebensmittel** food which has gone bad *or* off. **2.** *unr. tr. V.* **a)** *(unbrauchbar machen)* spoil; *(stärker)* ruin; **daran ist nichts mehr zu ~:** it's in a pretty sorry state anyway; **b)** *(zunichte machen)* ruin; spoil ‹*appetite, enjoyment, fun, etc.*›; **jmdm. die gute Laune ~:** spoil sb.'s good mood; **jmdm. den Abend ~:** ruin sb.'s evening; **c)** *(geh.: negativ beeinflussen)* corrupt; deprave; **er will es mit niemandem ~:** he tries to please everybody; he likes to keep in with everybody. **3.** *unr. refl. V.* **sich** *(Dat.)* **den Magen/die Augen ~:** give oneself an upset stomach/ruin one's eyesight
**Verderben das;** ~s undoing; ruin; *(Theol.)* destruction; **sie sind ins/in ihr ~ gerannt** they rushed headlong towards ruin
**verderben·bringend** *Adj.* disastrous ‹*policy*›; deadly ‹*weapon, disease, etc.*›
**Verderber der;** ~s, ~: destroyer; **ein ~ der Jugend** a corrupter of youth
**verderblich** *Adj.* **a)** perishable ‹*food*›; **leicht ~:** highly perishable; **b)** *(unheilvoll)* pernicious; *(moralisch schädlich)* corrupting; pernicious ‹*influence, effect, etc.*›
**Verderblichkeit die;** ~: *s.* **verderblich:** perishableness; perniciousness; corrupting effect
**verderbt** *Adj.* **a)** *(geh. veralt.: verdorben)* corrupt; depraved; **b)** *(Literaturw.)* illegible
**Verderbtheit die;** ~ *(geh. veralt.: Verdorbenheit)* corruptness; depravity
**verdeutlichen** *tr. V.* **etw. ~:** make sth. clear; *(erklären)* explain sth.; **etw. näher ~:** clarify sth. further
**verdeutschen** *tr. V.* **a)** *(veralt.: übersetzen)* translate into German; *(eindeutschen)* Germanize ‹*name*›; **b)** *(ugs.: erläutern)* put ‹*facts etc.*› more plainly; translate ‹*instruction, officialese, etc.*› into everyday *or* ordinary language
**verdichten 1.** *refl. V.* ‹*fog, smoke*› thicken, become thicker; *(fig.)* ‹*suspicion, rumour*› grow; ‹*feeling*› intensify. **2.** *tr. V.* **a)** *(Physik, Technik)* compress; *(fig.)* condense ‹*events etc.*› **(zu** into); **b)** *(ausbauen)* increase the density of ‹*road network, public transport*›
**verdicken 1.** *refl. V.* ‹*hard skin*› thicken, become thicker; *(anschwellen)* ‹*finger, jaw, etc.*› swell. **2.** *tr. V.* thicken ‹*sauce*›; *(gelieren lassen)* cause ‹*fruit juice etc.*› to set
**Verdickung die;** ~, ~en **a)** thickening; *(Schwellung)* swelling; **b)** *(verdickte Stelle) (einer Arterie)* thickened section; *(Schwellung)* swelling
**verdienen 1.** *tr. V.* **a)** *(in Form von Geld)* earn; **sauer/ehrlich verdientes Geld** hard-/honestly-earned money; **b)** *(wert sein)* deserve; **er verdient kein Vertrauen** he doesn't deserve to be trusted; **er hat es nicht besser/nicht anders verdient** he didn't deserve any better/anything else; **womit habe ich das verdient?** what have I done to deserve that?; **er hat die verdiente Strafe bekommen** he got the punishment he deserved. **2.** *itr. V.* **beide Eheleute ~:** husband and wife are both wage-earners *or* are both earning; **gut ~:** have a good income
**Verdiener der;** ~s, ~: wage-earner; **die Mutter ist der ~:** the mother is the breadwinner
**[1]Verdienst der** income; earnings *pl.*
**[2]Verdienst das;** ~[e]s, ~e merit; **sich** *(Dat.)* **etw. als** *od.* **zum ~ anrechnen** take the credit for sth.; **er hat sich** *(Dat.)* **große ~e um die Stadt erworben** he made a great contribution to the town
**Verdienst-: ~aus·fall der** loss of earnings; **~kreuz das** *national decoration awarded for service to the community*; **~orden der** order of merit
**verdienst·voll 1.** *Adj.* **a)** *(lobenswert)* commendable; **b)** *nicht präd. (verdient)* ‹*person*› of outstanding merit. **2.** *adv. (lobenswert)* commendably
**verdient 1.** *Adj.* **a)** ‹*person*› of outstanding merit; **sich um etw. ~ machen** render outstanding services to sth.; **b)** *(gerecht, zustehend)* well-deserved. **2.** *adv.* deservedly
**verdientermaßen** *Adv.* deservedly
**Verdikt** [vɛr'dɪkt] **das;** ~[e]s, ~e *(geh.)* verdict
**verdingen** *unr. od. regelm. refl. V. (veralt.)* go into service **(bei** with); go to work **(bei** for)
**verdinglichen** *(Philos.) tr. V.* reify
**Verdinglichung die;** ~, ~en *(Philos.)* reification
**verdolmetschen** *tr. V. (ugs.)* interpret, translate **(***Dat.* for)
**verdonnern** *tr. V. (salopp)* sentence; **zu einem Bußgeld verdonnert werden** be ordered to pay a fine; **jmdn. dazu ~, etw. zu tun** order *or* make sb. do sth. [as a punishment]; **jmdn. zu einer Strafarbeit ~:** give sb. an imposition
**verdoppeln 1.** *tr. V.* double; *(fig.)* double, redouble ‹*efforts etc.*›. **2.** *refl. V.* double
**Verdoppelung die;** ~, ~en doubling
**verdorben** [fɛɐ̯'dɔrbn̩] *2. Part. v.* **verderben**
**Verdorbenheit die;** ~: depravity
**verdorren** [fɛɐ̯'dɔrən] *itr. V.; mit sein* wither [and die]; ‹*meadow*› scorch
**verdrängen** *tr. V.* **a)** *(wegdrängen)* drive out ‹*inhabitants*›; *(fig.: ersetzen)* displace; **das Schiff verdrängt 15 000 Tonnen** the ship displaces 15,000 tons; **jmdn. aus seiner Stellung ~:** oust sb. from his/her job; **b)** *(Psych.)* repress/*(bewußt)* suppress ‹*experience, desire, etc.*›
**Verdrängung die;** ~, ~en **a)** *s.* **verdrängen a:** driving out; displacement; ousting; **b)** *(Psych.)* repression; *(bewußt)* suppression
**Verdrängungs·wettbewerb der** *(Kaufmannsspr.)* competition for markets
**verdrecken** *(ugs. abwertend)* **1.** *tr. V.* make filthy dirty. **2.** *itr. V.; mit sein* get *or* become filthy dirty
**verdrehen** *tr. V.* **a)** twist ‹*joint*›; roll ‹*eyes*›; **den Hals ~:** twist one's head round; **sich** *(Dat.)* **den Hals ~:** crick one's neck; **jmdm. das Handgelenk ~:** twist sb.'s wrist; *s. auch* **Kopf e**; **b)** *(ugs. abwertend: entstellen)* twist ‹*words, facts, etc.*›; distort ‹*sense*›
**verdreht** *Adj. (ugs. abwertend)* crazy
**Verdrehtheit die;** ~ *(ugs. abwertend) (Verrücktheit)* craziness; *(Verwirrung)* confusion
**verdreifachen** *refl., tr. V.* treble; triple
**verdreschen** *unr. tr. V. (ugs.)* thrash
**verdrießen** [fɛɐ̯'dri:sn̩] *unr. tr. V. (geh.)* irritate; annoy; **es sich nicht ~ lassen** *(geh.)* not be put off
**verdrießlich 1.** *Adj.* **a)** *(mißmutig)* morose; **b)** *(geh., veralt.: unangenehm)* irksome ‹*task, matter, etc.*›. **2.** *adv. (mißmutig)* morosely
**Verdrießlichkeit die;** ~, ~en **a)** *o. Pl. (Mißmut)* moroseness; **b)** *meist Pl. (unangenehmer Vorgang)* irksome thing/matter *etc.*
**verdroß** [fɛɐ̯'drɔs] *1. u. 3. Pers. Sg. Prät. v.* **verdrießen**
**verdrossen 1.** *2. Part. v.* **verdrießen. 2.** *Adj. (mißmutig)* morose; *(mißmutig und lustlos)* sullen. **3.** *adv. (mißmutig)* morosely; *(mißmutig und lustlos)* sullenly
**Verdrossenheit die;** ~ *s.* **verdrossen 2:** moroseness; sullenness
**verdrücken** *(ugs.)* **1.** *tr. V.* **a)** *(essen)* polish off *(coll.)*; **b)** *(verknautschen)* crumple ‹*clothes*›. **2.** *refl. V.* slip away
**Verdruß** [fɛɐ̯'drʊs] **der; Verdrusses, Verdrusse** annoyance; *(Unzufriedenheit)* dissatisfaction; discontentment; **jmdm. ~ bereiten** annoy sb.
**verduften** *itr. V.; mit sein* **a)** *(Duft verlieren)* ‹*coffee*› lose its aroma; ‹*aroma*› go; **b)** *(salopp: sich entfernen)* hop it *(Brit. sl.)*; clear off *(coll.)*
**verdummen 1.** *tr. V.* **jmdn. ~:** dull sb.'s mind. **2.** *itr. V.; mit sein* become stultified
**Verdummung die;** ~ **a) die ~ der Massen zum Ziel haben** be aimed at dulling the mind of the masses; **b)** *(das Dummwerden)* stultification
**verdunkeln 1.** *tr. V.* **a)** darken; *(vollständig)* black out ‹*room, house, etc.*›; **b)** *(verdecken)* darken; *(fig.)* cast a shadow on ‹*happiness etc.*›; **c)** *(bes. Rechtsw.)* obscure ‹*facts, situation, etc.*›. **2.** *refl. V.* darken; grow darker; *(fig.)* ‹*expression etc.*› darken
**Verdunkelung die;** ~, ~en **a)** *(das Verdunkeln)* darkening; *(vollständig)* black-out; **b)** *(Vorrichtung)* black-out blind[s]/curtain[s]; **c)** *o. Pl. (bes. Rechtsw.)* obscuring; obscuration
**Verdunkelungs·gefahr die;** *o. Pl. (Rechtsw.)* danger of suppression of evidence

**Verdunklung die; ~, ~en** *s.* **Verdunkelung**
**verdünnen** *tr. V.* **a)** dilute; *(mit Wasser)* water down; dilute; thin [down] ⟨*paint etc.*⟩; **b)** *(dünner machen)* taper [off] ⟨*stick etc.*⟩; **c)** *(Militärjargon)* reduce the number of ⟨*troops etc.*⟩ [in an/the area]
**verdünnisieren** *refl. V. (salopp)* clear off *(coll.)*
**Verdünner der; ~s, ~, Verdünnungsmittel das** thinner; *(in der Industrie)* diluent
**Verdünnung die; ~, ~en a)** dilution; *(der Luft)* rarefaction; **b)** *(chem. Mittel)* thinner
**verdunsten 1.** *itr. V.; mit sein* evaporate. **2.** *tr. V.* evaporate; ⟨*plant*⟩ transpire ⟨*water*⟩
**Verdunstung die; ~:** evaporation
**verdursten** *itr. V.; mit sein (auch fig.)* die of thirst
**verdüstern 1.** *tr. V.* darken; *(fig. geh.)* cast a shadow across. **2.** *refl. V.* darken; grow dark; *(fig.)* darken
**verdutzt** [fɛɐ̯ˈdʊtst] *Adj.* taken aback *pred.*; nonplussed; *(verwirrt)* baffled; **~ hielt er inne** taken aback *or* nonplussed, he paused
**Verdutztheit die; ~:** bafflement
**verebben** *itr. V.; mit sein (geh.)* subside
**veredeln** *tr. V.* **a)** *(geh.)* ennoble; improve ⟨*taste*⟩; **b)** *(Technik)* refine; beneficiate ⟨*coal*⟩; **c)** *(Gartenbau)* graft
**Vered[e]lung die; ~, ~en a)** *(geh.)* ennoblement; *(des Geschmacks)* improvement; **b)** *(Technik)* refinement; *(von Kohle)* beneficiation; **c)** *(Gartenbau)* grafting
**verehelichen** *refl. V. (Papierdt., veralt.)* **sich jmdm. ~:** marry sb.; **Else Müller, verehelichte Meyer** Else Meyer, née Müller
**Verehelichung die; ~, ~en** *(Papierdt., veralt.)* marriage **(mit** to)
**verehren** *tr. V.* **a)** *(vergöttern)* venerate; revere; **[sehr] verehrte Anwesende!** Ladies and Gentlemen; *(in Briefanreden)* **verehrte gnädige Frau!** [Dear] Madam; **verehrte Frau Müller!** Dear Frau Müller; **b)** *(geh.: bewundern)* admire; *(ehrerbietig lieben)* worship; adore; **c)** *(scherzh.: schenken)* give; **darf ich Ihnen dieses Buch ~?** may I make you a little gift of this book?
**Verehrer der; ~s, ~, Verehrerin die; ~, ~en** admirer
**Verehrung die;** *o. Pl.* **a)** veneration; reverence; **b)** *(Bewunderung)* admiration
**verehrungs·würdig** *Adj.* admirable
**vereidigen** [fɛɐ̯ˈ|aidɪgn̩] *tr. V.* swear in; **einen Zeugen vor Gericht ~:** swear in a witness; **jmdn. auf etw.** *(Akk.)* **~:** make sb. swear to sth.; **ein vereidigter Sachverständiger** a sworn expert
**Vereidigung die; ~, ~en** swearing in
**Verein der; ~s, ~e a)** organization; *(zur Förderung der Denkmalspflege usw.)* society; *(der Kunstfreunde usw.)* association; society; *(Sport~)* club; *(fig. ugs.)* crowd *(coll.)*; *(kleiner)* bunch *(coll.)*; **b) im ~ [mit]** in conjunction with; together with; **in trautem ~ [mit]** *(scherzh.)* in an unlikely twosome/group [with]
**vereinbar** *Adj.; nicht attr.* compatible **(mit** with); **nicht ~:** incompatible; **etw. ist mit etw. nur schwerlich ~:** it is difficult to reconcile sth. with sth.
**vereinbaren** *tr. V.* **a)** *(festlegen)* agree; arrange ⟨*meeting etc.*⟩; **b)** *(harmonieren)* **[nicht] zu ~ sein, sich [nicht] ~ lassen** be [in]compatible *or* [ir]reconcilable; **etw. mit etw. [nicht] ~ können** [not] be able to reconcile sth. with sth.
**Vereinbarung die; ~, ~en a)** *(das Festlegen)* agreeing; *(eines Termins usw.)* arranging; **b)** *(Abmachung)* agreement; **eine ~ treffen** come to an agreement
**vereinbarungs·gemäß 1.** *Adj.* as agreed/arranged *postpos.* **2.** *adv.* as agreed/arranged
**vereinen 1.** *tr. V.* **a)** *(zusammenfassen)* unite; merge ⟨*businesses*⟩ **(zu** into); **b)** *(harmonisieren)* reconcile; **c)** *(besitzen)* combine; **er vereint alle Kompetenzen in seiner Hand** he combines all responsibilities. **2.** *refl. V.* **a) sich zu gemeinsamem Handeln ~:** join forces; **b)** *(vorhanden sein)* combine; **in ihr ~ sich Geist und Anmut** in her, beauty and intellect are united
**vereinfachen** *tr. V.* simplify
**Vereinfachung die; ~, ~en** simplification
**vereinheitlichen** *tr. V.* standardize
**Vereinheitlichung die; ~, ~en** standardization
**vereinigen 1.** *tr. V.* **a)** *(zusammenschließen)* unite; merge ⟨*businesses*⟩; **b)** *(zusammenfassen)* bring together; **alle Ämter sind in einer Person vereinigt** all offices are held by the same person; **die Mehrheit der Stimmen auf sich ~:** receive the majority of the votes. **2.** *refl. V.* **a)** *(sich zusammenschließen)* unite; ⟨*organizations, firms*⟩ merge; *(fig.)* be combined; **b)** *(zusammentreffen)* assemble **(zu** for); ⟨*rivers*⟩ meet, merge; **Fulda und Werra ~ sich zur Weser** the Fulda and the Werra meet and form the Weser; **c)** *(geh.: sich paaren)* couple
**vereinigt** *Adj.* **Vereinigte Arabische Emirate** United Arab Emirates; **Vereinigtes Königreich [Großbritannien und Nordirland]** United Kingdom [of Great Britain and Northern Ireland]; **Vereinigte Staaten [von Amerika]** United States *sing.* [of America]
**Vereinigung die a)** *(Rechtsw.)* organization; **b)** *(Zusammenschluß)* uniting; *(von Unternehmen)* merging; **c)** *(geh.: Koitus)* union; **d)** *(Zusammentreffen)* assembly; *(von Flüssen)* meeting; merging
**Vereinigungs-: ~freiheit die** *s.* **Koalitionsfreiheit; ~menge die** *(Math.)* union of sets
**vereinnahmen** *tr. V. (Kaufmannsspr.)* take; collect ⟨*dividend*⟩; *(fig.)* monopolize
**vereinsamen** *itr. V.; mit sein* become [increasingly] lonely *or* isolated
**Vereinsamung die; ~:** loneliness; isolation
**Vereins-: ~freiheit die** freedom of association; **~kamerad der** fellow club *etc.* member; **~lokal das** club's *etc.* local pub *(Brit. coll.)*/meeting room; **~meier der** *(ugs. abwertend)* [real] clubman; enthusiast for club life; **~meierei die;** *o. Pl. (ugs. abwertend)* enthusiasm for club life
**vereinzeln** *tr. V.* **a)** *(geh.)* isolate; **b)** *(Forstw., Landw.)* thin out
**vereinzelt 1.** *Adj.; nicht präd.* occasional; isolated, occasional ⟨*shower, outbreak of rain, etc.*⟩; **in ~en Fällen** in isolated cases. **2.** *adv. (zeitlich)* occasionally; now and then; *(örtlich)* here and there
**Vereinzelung die; ~, ~en** isolation
**vereisen 1.** *itr. V.; mit sein* freeze *or* ice over; ⟨*wing*⟩ ice up; ⟨*lock*⟩ freeze up; **eine vereiste Fahrbahn** an icy carriageway. **2.** *tr. V. (Med.)* freeze
**Vereisung die; ~, ~en a)** freezing *or* icing over; *(einer Tragfläche)* icing up; *(eines Schlosses)* freezing up; **b)** *(Med.)* freezing
**vereiteln** *tr. V.* thwart; prevent; thwart, foil ⟨*attempt, plan, etc.*⟩; thwart, frustrate ⟨*efforts, intentions, etc.*⟩
**Vereitelung die; ~** *s.* **vereiteln:** thwarting; prevention; foiling; frustrating
**vereitern** *itr. V.; mit sein* go septic; **vereitert sein** be septic; **dieser Zahn ist vereitert** this tooth has an abscess
**Vereiterung die** suppuration; *(eines Zahns)* abscess
**verekeln** *tr. V.* **jmdm. etw. ~:** put sb. off sth.
**verelenden** *itr. V.; mit sein (geh., Soziol.)* sink into poverty
**Verelendung die; ~, ~en** *(geh., Soziol.)* impoverishment
**Verelendungs·theorie die** *(Soziol.)* theory of the pauperization of the proletariat
**verenden** *itr. V.; mit sein* perish; die
**verengen 1.** *refl. V.* narrow; become narrow; ⟨*pupils*⟩ contract; ⟨*blood-vessel*⟩ constrict, become constricted. **2.** *tr. V.* make narrower; narrow; restrict, narrow ⟨*field of vision etc.*⟩; make ⟨*circle, loop*⟩ smaller
**Verengung die; ~, ~en a)** *(das [Sich]verengen)* narrowing; *(eines Blutgefäßes)* constriction; **b)** *(verengte Stelle)* narrow part
**vererben 1.** *tr. V.* **a)** leave, bequeath ⟨*property*⟩ *(Dat.,* **an** + *Akk.* to); *(fig.: schenken)* bequeath *(joc.) (Dat.* to); **b)** *(Biol., Med.)* transmit, pass on ⟨*characteristic, disease*⟩; pass on ⟨*talent*⟩ *(Dat.,* **auf** + *Akk.* to). **2.** *refl. V. (Biol., Med.)* ⟨*disease, tendency*⟩ be passed on *or* transmitted **(auf** + *Akk.* to)
**vererblich** *Adj.* heritable ⟨*goods, property*⟩
**Vererbung die; ~, ~en** *(Biol., Med.)* heredity *no art.*; **das ist ~:** it runs in the family
**Vererbungs·lehre die** genetics *sing., no art.*
**verewigen 1.** *tr. V.* immortalize; *(andauern lassen)* perpetuate ⟨*situation etc.*⟩; preserve ⟨*text*⟩ for posterity. **2.** *refl. V. (ugs.: Spuren hinterlassen)* leave one's mark
[1]**verfahren 1.** *unr. refl. V.* lose one's way. **2.** *unr. tr. V.* use up ⟨*petrol*⟩; **50 DM mit dem Taxi ~:** spend 50 marks on a taxi/taxis. **3.** *unr. itr. V.; mit sein* **a)** *(handeln)* proceed; **b)** *(umgehen)* **mit jmdm./etw. ~:** deal with sb./sth.
[2]**verfahren** *Adj.* dead-end ⟨*situation*⟩
**Verfahren das; ~s, ~ a)** procedure; *(Technik)* process; *(Methode)* method; **b)** *(Rechtsw.)* proceedings *pl.*
**Verfahrens-: ~frage die** question *or* matter of procedure; procedural question *or* matter; **~technik die** process engineering *no art.*; **~weise die** procedure; method of proceeding; modus operandi
**Verfall der;** *o. Pl.* **a)** decay; dilapidation; *(fig.: der Preise, einer Währung)* collapse; **mit der Pensionierung begann sein gesundheitlicher ~:** on retirement his health started to deteriorate; **b)** *(Auflösung)* decline; **sittlicher ~:** moral degeneracy; **c)** *(das Ungültigwerden)* expiry
**-verfall der: Dollar-/Währungs-~:** collapse of the dollar/currency; **Preis-~:** collapse of prices
**verfallen** *unr. itr. V.; mit sein* **a)** *(baufällig werden)* fall into disrepair; become dilapidated; **b)** *(körperlich)* ⟨*strength*⟩ decline; **der Kranke verfiel zusehends** the patient went into a rapid decline; **c)** *(untergehen)* ⟨*empire*⟩ decline; ⟨*morals, morale*⟩ deteriorate; **d)** *(ungültig werden)* expire; **e)** *(hörig werden)* **jmdm. ~:** become a slave; **einem Irrtum ~:** fall a victim to an error; **dem Alkohol ~:** become addicted to alcohol; **jmdm. ~ sein** be completely captivated by sb.; **f)** *(geraten)* **in einen Schlummer ~:** sink into a doze; **in den alten Fehler/Ton ~:** make the same old mistake/adopt the same old tone; **g)** *(übergehen)* **in seinen Dialekt ~:** lapse into one's dialect; **das Pferd verfiel in [einen] Trab** the horse broke into a trot; **h) auf jmdn./etw. ~:** think of sb./sth.; **auf einen sonderbaren Gedanken ~:** hit upon a strange idea; **warum seid ihr gerade auf uns ~?** what made you turn to us?; **i)** *(zufallen)* **dem Staat ~:** be forfeited to the state
**Verfalls-: ~datum das** use-by date; *(ugs.: Mindesthaltbarkeitsdatum)* best-before date; **~erscheinung die** symptom of decline *(Gen.* in); *(in der Sprache)* sign of deterioration
**verfälschen** *tr. V.* distort, misrepresent ⟨*statement, message*⟩; falsify, misrepresent ⟨*facts, history, truth*⟩; falsify ⟨*painting, banknote*⟩; adulterate ⟨*wine, milk, etc.*⟩
**Verfälschung die** *s.* **verfälschen:** distortion; misrepresentation; falsification; adulteration

**verfangen 1.** *unr. refl. V.* get caught; *(fig.)* become entangled (**in** + *Dat.* in); **sich in Widersprüchen ~** *(fig.)* contradict oneself. **2.** *unr. itr. V.* have the desired effect; **wenig/nicht ~:** have little/no effect; **solche Tricks ~ bei mir nicht** such tricks cut no ice with me *(sl.)*; such tricks won't get you/him *etc.* anywhere *or* won't work with me

**verfänglich** [fɛɐ̯'fɛŋlɪç] *Adj.* awkward, embarrassing ‹*situation, question, etc.*›; incriminating ‹*evidence, letter, etc.*›

**verfärben 1.** *refl. V.* change colour; ‹*washing*› become discoloured; ‹*leaves*› turn; **sich rot ~:** change colour to red/be stained red/turn red. **2.** *tr. V.* discolour

**Verfärbung die a)** *(das [Sich]verfärben)* change of colour; **b)** *(verfärbte Stelle)* discoloration; discoloured patch

**verfassen** *tr. V.* write; write, compose ‹*poetry*›; write, draw up ‹*document, law, etc.*›; draw up ‹*resolution*›

**Verfasser der; ~s, ~, Verfasserin die; ~, ~nen** writer; *(eines Buchs, Artikels usw.)* author; writer

**Verfasserschaft die; ~:** authorship

**Verfassung die a)** *(Politik)* constitution; **b)** *o. Pl. (Zustand)* state [of health/mind]; **in guter/schlechter ~ sein** be in good/poor shape; **in bester ~:** on top form; **nicht in der ~ sein, Witze zu machen** not be in a joking mood; be in no mood to joke *or* to make jokes

**verfassung·gebend** *Adj.; nicht präd.* constituent ‹*assembly, power, etc.*›

**verfassungs-, Verfassungs-: ~änderung die** constitutional amendment; **~beschwerde die** *(Rechtsw.)* complaint about an infringement/infringements of the constitution *(committed by the State)*; **~bruch der** breach of the constitution; **~feindlich** *Adj.* anticonstitutional; **~gericht das** constitutional court; **~konform** *Adj.; nicht attr.* in conformity with the constitution; **~mäßig 1.** *Adj.* constitutional; **2.** *adv.* constitutionally; in accordance with a/the constitution; **~schutz der a)** defence *or* protection of the constitution; **b)** *(Ämter)* authorities responsible for the defence *or* protection of the constitution

**verfaulen** *itr. V.; mit sein* rot; *(fig.)* ‹*system, social order*› decay; *(fig.: moralisch)* degenerate

**verfechten** *unr. tr. V. (eintreten für)* advocate, champion ‹*theory, hypothesis, etc.*›; uphold ‹*view*›; *(verteidigen)* defend

**Verfechter der, Verfechterin die; ~, ~nen** advocate; champion

**verfehlen** *tr. V.* **a)** *(verpassen)* miss ‹*train, person, etc.*›; **b)** *(vorbeigehen)* miss ‹*goal, target, etc.*›; **er hat seinen Beruf verfehlt** *(fig.)* he has missed his true vocation *or* is in the wrong job; **eine verfehlte Politik** *(fig.)* an unsuccessful policy; *s. auch* **Thema a**

**Verfehlung die; ~, ~en** misdemeanour; *(Rel.: Sünde)* transgression

**verfeinden** *refl. V.* **sich ~ mit** make an enemy of; **verfeindet sein** be enemies; **sie hatten sich wegen einer Kleinigkeit verfeindet** they had fallen out over a trifling matter

**verfeinern** [fɛɐ̯'fainɐn] **1.** *tr. V.* improve; refine ‹*method, procedure, sense*›. **2.** *refl. V.* improve; ‹*method, procedure, sense*› be refined

**Verfeinerung die; ~, ~en a)** *s.* **verfeinern 1, 2:** improvement; refinement; **etw. zur ~ tun** do sth. as a refinement; **b)** *(etwas Verfeinertes)* refinement

**verfemen** *tr. V. (geh.)* outlaw ‹*person, act*›; *(verbieten)* ban; *(innerhalb einer Gruppe)* ostracize ‹*person*›

**Verfemte der/die;** *adj. Dekl. (geh.)* outlaw; *(fig.)* ostracized person

**verfertigen** *tr. V.* produce; make; produce ‹*document*›

**Verfertigung die** production

**verfestigen 1.** *tr. V.* harden; *(verstärken)* reinforce; strengthen. **2.** *refl. V.* harden; *(verstärkt werden)* be reinforced *or* strengthened; *(sich etablieren)* become firmly established (**zu** + *Dat.* as)

**Verfestigung die** hardening; *(Verstärkung)* reinforcement; strengthening

**verfetten** *itr. V.; mit sein* become [too] fat

**verfeuern** *tr. V.* **a)** burn; **alles Holz verfeuert haben** have used up all the wood; **b)** *(verschießen)* fire; **alle Munition war verfeuert** all the ammunition had been used up

**verfilmen** *tr. V.* **a)** film; make a film of; **der Roman wird jetzt verfilmt** the novel is now being made into a film; **b)** *(auf Mikrofilm aufnehmen)* microfilm

**Verfilmung die; ~, ~en a)** *(das Verfilmen)* filming; **b)** *(Film)* film [version]

**verfilzen** *itr. V.; mit sein* ‹*fabric, garment*› felt; become felted; ‹*hair*› become matted

**verfinstern 1.** *tr. V.* obscure ‹*sun etc.*›. **2.** *refl. V. (auch fig.)* darken

**Verfinsterung die; ~, ~en** darkening

**verflachen 1.** *itr. V.; mit sein* ‹*ground*› flatten *or* level out, become flatter; ‹*water*› become shallow; *(fig.)* ‹*discussion*› become superficial *or* trivial. **2.** *refl. V.* ‹*ground*› flatten *or* level out. **3.** *tr. V.* flatten; level

**verflechten** *unr. tr. V.* interweave; intertwine; interlace; *(verwickeln)* involve; **[eng/innig] miteinander verflochten sein** *(fig.)* be [closely/intimately] interlinked

**Verflechtung die; ~, ~en** interconnection; *(Verwicklung)* involvement; **eine gegenseitige finanzielle ~:** a financial link-up

**verfliegen 1.** *unr. refl. V.* ‹*pilot*› lose one's way; ‹*aircraft*› get off course. **2.** *unr. itr. V.; mit sein* **a)** *(verschwinden)* ‹*smoke*› disperse, vanish; ‹*scent, smell*› fade, disappear; ‹*mood, tiredness*› evaporate; **b)** *(sich verflüchtigen)* ‹*alcohol etc.*› evaporate; **c)** *(vorübergehen)* ‹*time*› fly by; ‹*anger*› pass

**verfließen** *unr. itr. V.; mit sein* **a)** *(verschwimmen)* merge; ‹*colours*› run; **b)** *(geh.: vergehen)* go by; pass

**verflixt** [fɛɐ̯'flɪkst] *(ugs.)* **1.** *Adj.* **a)** *(ärgerlich)* akward, unpleasant ‹*situation, business, etc.*›; **b)** *(abwertend: verdammt)* blasted *(Brit.)*; blessed; confounded; **~ [noch mal]!, ~ noch eins!, ~ und zugenäht!** [damn and] blast *(Brit. coll.)*; **c)** *nicht präd. (sehr groß)* **er hat ~es Glück gehabt** he was damned lucky *(coll.)*. **2.** *adv. (sehr)* damned *(coll.)*; **das sieht ~ nach Betrug aus** that looks damned close to fraud *(coll.)*

**verflossen 1.** *2. Part. v.* **verfließen. 2.** *Adj. (ugs.)* former; **seine ~e Freundin** his ex-girlfriend; **mein Verflossener/meine Verflossene** my ex *(coll.)*

**verfluchen** *tr. V.* curse

**verflucht 1.** *Adj. (salopp)* **a)** *(verdammt)* damned *(coll.)*; bloody *(Brit. sl.)*; **verflucht [noch mal]!, verflucht und zugenäht!** *(derb)* damn [it] *(coll.)*; **b)** *nicht präd. (sehr groß)* **wir hatten ~es Glück/Pech** we were damned lucky/unlucky *(coll.)*. **2.** *adv. (sehr)* damned *(coll.)*

**verflüchtigen 1.** *tr. V. (bes. Chemie)* evaporate. **2.** *refl. V.* **a)** *(in Gas übergehen)* ‹*alcohol etc.*› evaporate; **b)** *(sich auflösen)* disperse; ‹*smell*› disappear; *(fig.)* ‹*fear, astonishment*› subside; ‹*cheerfulness, mockery*› vanish; ‹*time of youth*› be dissipated; **c)** *(ugs. scherzh.: sich davonmachen)* make oneself scarce *(coll.)*

**verflüssigen** *(bes. Chemie, Physik)* **1.** *tr. V.* liquefy. **2.** *refl. V.* liquefy; become liquid

**Verflüssigung die; ~, ~en** liquefaction

**verfolgen** *tr. V.* **a)** pursue; hunt, track ‹*animal*›; **jmdn. auf Schritt und Tritt ~:** follow sb. wherever he/she goes; **der Gedanke daran verfolgte ihn** *(fig.)* the thought of it haunted him; **vom Pech verfolgt sein** *(fig.)* be dogged by bad luck; **jmdn. mit Blicken** *od.* **den Augen ~** *(fig.)* follow sb. with one's eyes; **b)** *(bedrängen)* plague; **jmdn. mit Bitten ~:** badger sb. with requests; **er verfolgte sie mit seiner Eifersucht** because he was jealous, he would not leave her in peace; **c)** *(bedrohen)* persecute; **politisch verfolgt sein** *od.* **werden** be a victim of political persecution; **d)** *(folgen)* follow ‹*path etc.*›; **e)** *(zu verwirklichen suchen)* pursue ‹*policy, plan, career, idea, purpose, etc.*›; **f)** *(beobachten)* follow ‹*conversation, events, trial, developments, etc.*›; **g) etw. [strafrechtlich] ~:** prosecute sth.

**Verfolger der; ~s, ~, Verfolgerin die; ~, ~nen** pursuer; *(Häscher)* persecutor

**Verfolgte der/die;** *adj. Dekl.* victim of persecution

**Verfolgung die; ~, ~en a)** *(das Hinterhereilen)* pursuit; **die ~ aufnehmen** take up the chase; **b)** *(Bedrohung)* persecution; **c)** *s.* **verfolgen e:** pursuance; **d) [strafrechtliche] ~:** prosecution

**Verfolgungs-: ~jagd die** pursuit; chase; **~rennen das** *(Radsport)* pursuit race; **~wahn der** *(Psych.)* persecution mania

**verformbar** *Adj.* malleable; workable

**verformen 1.** *tr. V.* **a)** make ‹*object*› go out of shape; distort; **b)** *(Technik)* work ‹*steel, plastic, etc.*›. **2.** *refl. V.* go out of shape; distort; become distorted

**Verformung die** distortion

**verfrachten** *tr. V.* transport; *(mit dem Schiff)* ship; **jmdn. ins Bett/in einen Streifenwagen ~** *(fig.)* bundle sb. into bed/into a patrol car

**verfranzen** [fɛɐ̯'frantsn̩] *refl. V.* **a)** *(Fliegerjargon)* stray off course; **b)** *(ugs.: sich verirren)* lose one's way

**verfremden** *tr. V.* **[jmdm.] etw. ~:** make sth. [appear] unfamiliar [to sb.]; *(Theaterw., Kunstw.)* distance sth. [from sb.]

**Verfremdung die; ~, ~en** *(Theaterw., Kunstw.)* alienation; distancing

**Verfremdungs·effekt der** *(Theaterw.)* alienation *or* distancing effect

[1]**verfressen** *unr. tr. V. (salopp)* blow *(sl.)* ‹*money*› on food

[2]**verfressen** *Adj. (salopp abwertend)* piggish *(coll.)*; greedy

**Verfressenheit die; ~** *(salopp abwertend)* piggishness *(coll.)*; greediness

**verfroren** *Adj.* **a)** *(durchgefroren)* frozen; freezing cold; **b)** *(leicht frierend)* sensitive to the cold; **~ sein** feel the cold

**verfrühen** *refl. V.* arrive *or* come *or* be too early; **diese Maßnahme halte ich für verfrüht** I consider this measure to be premature

**verfügbar** *Adj.* available; **nicht ~:** unavailable

**Verfügbarkeit die; ~:** availability

**verfügen 1.** *tr. V. (anordnen)* order; *(dekretieren)* decree; **in seinem Testament ~, daß ...:** decree in one's will that .... **2.** *itr. V.* **a)** *(bestimmen)* **über etw.** *(Akk.)* **[frei] ~ können** be free to decide what to do with sth.; **über jmdn. ~:** tell sb. what to do; **bitte ~ Sie über mich!** *(geh.)* I am at your disposal; **b)** *(haben)* **über etw.** *(Akk.)* **~:** have sth. at one's disposal; **über gute Beziehungen/große Erfahrung ~:** have good connections/great experience. **3.** *refl. V. (veralt., scherzh.: sich begeben)* proceed

**Verfügung die; ~, ~en a)** *(Anordnung)* order; *(Dekret)* decree; **eine ~ erlassen** issue a decree; **seine letztwilligen ~en** his last will and testament; **~en treffen** make provision *sing.*; **„~ von Todes wegen"** *(Amtsspr.)* 'Last Will and Testament'; *s. auch* **einstweilig; b)** *o. Pl. (Disposition)* **etw. zur ~ haben** have sth. at one's disposal; **jmdm. etw. zur ~ stellen** put sth. at sb.'s disposal; **sein Amt zur ~ stellen** offer to give up one's post *or* office; **jmdm. zur ~ stehen** be at sb.'s disposal; **sich zur ~ halten** hold oneself ready

**Verfügungs·gewalt die** power of dis-

posal; ~ **über etw.** *(Akk.)* **haben** *(fig.)* have power over sth.
**verführen 1.** *tr. V.* **a)** *(verleiten)* tempt; **jmdn. zum Trinken ~:** encourage sb. to take up drinking; **jmdn. zu einem Bier ~** *(scherzh.)* tempt sb. to a beer; **b)** *(sexuell)* seduce. **2.** *itr. V.* **zu etw. ~:** be a temptation to sth.
**Verführer der** seducer
**Verführerin die** seductress
**verführerisch 1.** *Adj.* **a)** *(verlockend)* tempting; **b)** *(aufreizend)* seductive. **2.** *adv.* **a)** *(verlockend)* temptingly; **b)** *(aufreizend)* seductively
**Verführung die a)** temptation; **b)** *(sexuell)* seduction; **c)** *(Reiz)* enticement
**verfüttern** *tr. V.* **a)** feed (+ *Dat.* to); **b)** *(verbrauchen)* use [up] as animal/bird food
**Vergabe die** allocation; *(eines Auftrages)* placing; awarding; *(eines Stipendiums, eines Preises)* award
**vergackeiern** [fɛɐ̯'gak|aiɐn] *tr. V. (salopp)* **jmdn. ~:** pull sb.'s leg *(coll.)*
**vergaffen** *refl. V. (ugs.)* **sich in jmdn. ~:** fall for sb.
**vergällen** [fɛɐ̯'gɛlən] *tr. V.* **a)** *(verderben)* spoil ⟨*enjoyment etc.*⟩; sour ⟨*life*⟩; **b)** *(bes. Chemie)* denature; denaturalize
**vergaloppieren** *refl. V. (ugs.)* drop a clanger *(sl.)*; *(zu schnell vorgehen)* fall over oneself
**vergammeln** *(ugs.)* **1.** *itr. V.; mit sein* ⟨*food*⟩ go bad. **2.** *tr. V.* waste ⟨*time*⟩; **den ganzen Sonntag im Bett ~:** idle away the whole of Sunday in bed
**vergammelt** *Adj. (ugs. abwertend)* scruffy *(coll.)*; tatty *(coll.)*; tatty *(coll.)*, decrepit ⟨*vehicle*⟩
**vergangen** [fɛɐ̯'gaŋən] **1.** *2. Part. v.* **vergehen. 2.** *Adj.; nicht präd.* **a)** *(vorüber, vorbei)* bygone, former ⟨*times, years, etc.*⟩; **die ~e Sitzung** the previous *or* last meeting; **b)** *(letzt...)* last ⟨*year, Sunday, week, etc.*⟩; **c)** *(ehemalig)* former
**Vergangenheit die; ~, ~en a)** *o. Pl. (Zeit)* past; **die jüngste ~:** the recent past; **etw. gehört der ~ an** sth. is a thing of the past; **einen Strich unter die ~ ziehen** let bygones be bygones; **b)** *(Leben)* past; *(einer Stadt usw.)* past; history; **eine Frau mit ~:** a woman with a past; **c)** *(Grammatik)* past tense
**Vergangenheits·bewältigung die;** *o. Pl.* coming to terms with the past
**vergänglich** [fɛɐ̯'gɛŋlɪç] *Adj.* transient; transitory; ephemeral; **alles Irdische ist ~:** all earthly things will pass away
**Vergänglichkeit die; ~:** transience; transitoriness
**vergären 1.** *unr. od. regelm. tr. V.* ferment **(zu** into). **2.** *unr. od. regelm. itr. V.; mit sein* *(bes. Chemie)* ferment
**vergasen** *tr. V.* **a)** *(bes. Physik)* gasify; **b)** *(töten)* gas
**Vergaser der; ~s, ~** *(Kfz-W.)* carburettor
**vergaß** [fɛɐ̯'ga:s] *1. u. 3. Pers. Sg. Prät. v.* **vergessen**
**Vergasung die; ~, ~en a)** *(von Kohle)* gasification; **b)** *(Tötung)* gassing; **c) bis zur ~** *(ugs.)* ad nauseam
**vergattern** *tr. V. (bes. Milit.)* remind ⟨*soldier*⟩ of his duties; *(fig.)* reprimand; **jmdn. ~, etw. zu tun** *(fig.)* enjoin sb. to do sth.; **jmdn. zu Stillschweigen ~** *(fig.)* swear sb. to silence
**vergeben** *unr. tr. V.* **a)** *auch itr. (geh.: verzeihen)* forgive; **jmdm. etw. ~:** forgive sb. [for] sth.; **b)** throw away ⟨*chance, goal, etc.*⟩; **einen Elfmeter ~:** waste a penalty; **c)** *(geben)* place ⟨*order*⟩ **(an +** *Akk.* with); award ⟨*grant, prize*⟩ **(an +** *Akk.* to); **seine Töchter sind alle schon ~:** his daughters are all married [or engaged] already; **b) sich** *(Dat.)* **etwas/nichts ~:** lose/not lose face
**vergebens 1.** *Adv.* in vain; vainly. **2.** *adj.* **es war ~:** it was of *or* to no avail
**vergeblich 1.** *Adj.* futile; vain, futile ⟨*attempt, efforts*⟩; **alles Bitten/Zureden war ~:** all pleading/encouragement was of *or* to no avail; no amount of pleading/encouragement did any good. **2.** *adv.* in vain; vainly
**Vergeblichkeit die; ~:** futility
**Vergebung die; ~, ~en** *(geh.)* forgiveness
**vergegenständlichen** *(bes. Philos.) tr. V.* reify; hypostatize
**vergegenwärtigen** [od. ---'---] *refl. V.* **sich** *(Dat.)* **etw. ~:** imagine sth.; *(erinnern)* recall sth.
**Vergegenwärtigung die; ~, ~en** *s.* **vergegenwärtigen:** imagining; recalling
**vergehen 1.** *unr. itr. V.; mit sein* **a)** *(verstreichen)* ⟨*time*⟩ pass [by], go by; **es vergeht kein Tag, an dem er nicht anruft** not a day passes by without him ringing up *(Brit.) or (coll.)* phoning; **wie [doch] die Zeit vergeht!** how time flies!; **b)** *(nachlassen)* ⟨*pain*⟩ wear off, pass; ⟨*pleasure*⟩ fade; **ihr verging der Appetit** she lost her appetite; **c)** *(sich verflüchtigen)* ⟨*cloud, scent*⟩ disappear; ⟨*fog*⟩ lift; **d)** *(geh.: sterben)* pass away; die; **e)** *(verschmachten)* die **(vor +** *Dat.* of); **vor Sehnsucht ~:** pine away. **2.** *unr. refl. V.* **a)** *(verstoßen)* **sich gegen das Gesetz ~:** violate the law; **sich an fremdem Eigentum ~** *(geh.)* steal another's property; **b)** *(sexuell)* **sich an jmdm. ~:** commit indecent assault on sb.; indecently assault sb.
**Vergehen das; ~s, ~:** crime; *(Rechtsspr.)* offence
**vergeigen** *(ugs.) tr. V.* botch up ⟨*test, performance, etc.*⟩; lose ⟨*game, match*⟩
**vergeistigt** *Adj.* spiritual
**vergelten** *unr. tr. V.* repay **(durch** with); **jmdm. etw. ~:** repay sb. for sth.; **jmds. Freundlichkeit ~:** return sb.'s kindness; **eine Niederlage blutig ~:** take bloody revenge for a defeat; **vergelt's Gott!** God bless you!
**Vergeltung die a)** repayment; **b)** *(Rache)* revenge; **~ an jmdm./etw. üben** take revenge on sb./sth.; **die ~ eines Unrechts** the avenging of a wrong
**Vergeltungs-: ~maßnahme die** retaliatory measure; **~schlag der** retaliatory strike
**vergesellschaften** *tr. V.* socialize
**Vergesellschaftung die; ~, ~en** socialization
**vergessen** [fɛɐ̯'gɛsn̩] **1.** *unr. tr. (auch itr.) V.* forget; *(liegenlassen)* forget; leave behind; **seine Umgebung/sich völlig ~:** become totally engrossed; **er wird noch einmal seinen Kopf ~** *(ugs.)* he'd forget his head if it wasn't screwed on; **... und nicht zu ~ Tante Erna ...:** and not forgetting Aunt Erna; **das kannst du ~!** *(ugs.)* forget it!; you can forget about that!; **auf etw.** *(Akk.)* **~** *(südd., österr.)* forget sth.. **2.** *refl. V. (sich nicht beherrschen)* forget oneself
**Vergessenheit die; ~:** oblivion; **in ~ geraten** fall into oblivion
**vergeßlich** [fɛɐ̯'gɛslɪç] *Adj.* forgetful
**Vergeßlichkeit die; ~:** forgetfulness
**vergeuden** [fɛɐ̯'gɔydn̩] *tr. V.* waste; squander, waste ⟨*money*⟩
**Vergeudung die; ~, ~en** waste; squandering; **so eine ~!** what a waste!
**vergewaltigen** *tr. V.* **a)** rape; **b)** *(fig.)* oppress ⟨*nation, people*⟩; violate ⟨*truth, conscience, law, language, etc.*⟩
**Vergewaltigung die; ~, ~en a)** rape; **b)** *s.* **vergewaltigen b:** oppression; violation
**vergewissern** [fɛɐ̯gə'vɪsɐn] *refl. V.* make sure (+ *Gen* of); **der Lehrer vergewisserte sich durch Fragen, ob ...:** the teacher ascertained by asking questions whether ...
**Vergewisserung die; ~:** ascertainment; **nur zur ~:** just as a check
**vergießen** *unr. tr. V.* **a)** *(verschütten)* spill; **b) Tränen ~:** shed tears; **viel Schweiß ~:** sweat blood *(fig.)*; *s. auch* **Blut**
**vergiften** *tr. V. (auch fig.)* poison
**Vergiftung die; ~, ~en a)** *(das Vergiften)* poisoning; **~ durch Nahrungsmittel** food poisoning; **b)** *(Erkrankung)* poisoning; **~en behandeln** treat cases of poisoning; **an einer ~ sterben** die of poisoning
**Vergil** [vɛr'gi:l] **(der)** Virgil
**vergiß** [fɛɐ̯'gɪs] *Imper. Sg. v.* **vergessen**
**Vergiß·mein·nicht das; ~[e]s, ~[e]** forget-me-not
**vergißt** *2. u. 3. Pers. Sg. Präs. v.* **vergessen**
**vergittern** *tr. V.* put a grille on ⟨*window etc.*⟩; *(mit Stangen)* put bars over ⟨*window etc.*⟩; **ein vergittertes Fenster** a barred window
**verglasen** *tr. V.* glaze; **das Fenster neu ~:** put new glass in the window
**Verglasung die; ~, ~en a)** *o. Pl.* glazing; **b)** *(Glasscheiben)* panes *pl.* of glass
**Vergleich der; ~[e]s, ~e a)** comparison; **dieser ~ drängt sich einem geradezu auf** one cannot help making this comparison; **dieser ~ hinkt** this is a poor comparison; **das ist doch kein ~!** there is no comparison; **einen ~ anstellen** *od.* **ziehen** draw *or* make a comparison; **er hält dem ~ mit seinem Bruder nicht stand** he doesn't compare *or* stand comparison with his brother; **im ~ zu** *od.* **mit etw.** in comparison with sth.; compared with *or* to sth.; **etw. zum ~ heranziehen** use sth. by way of comparison; **b)** *(Sprachw.)* simile; **c)** *(Rechtsw.)* settlement; **einen ~ schließen** reach a settlement
**vergleichbar** *Adj.* comparable
**Vergleichbarkeit die; ~:** comparability
**vergleichen 1.** *tr. V.* compare **(mit** with, to); **die Uhrzeit ~:** check that one has the correct time; **das ist [doch gar] nicht zu ~:** that [really] doesn't stand comparison *or* compare; **vergleiche Seite 77** compare page 77; **~de Literaturwissenschaft** comparative literature. **2.** *refl. V.* **a) sich mit jmdm. ~:** compete with sb.; **b)** *(Rechtsw.)* reach a settlement; settle
**Vergleichs-: ~form die** *(Sprachw.)* comparative/superlative form; **~kampf der** *(Sport)* friendly match; **~maß·stab der** standard *or* yardstick of comparison; **~möglichkeit die** opportunity for comparison; **~partikel die** *(Sprachw.)* comparative particle; **~verfahren das** *(Rechtsw.)* composition proceedings *pl.*; **~weise** *Adv.* comparatively
**vergletschern** *itr. V.; mit sein* become glaciated; **vergletschert** glaciated
**verglimmen** *unr. od. regelm. itr. V.; mit sein* ⟨*fire etc.*⟩ [die down and] go out; ⟨*cigarette, embers*⟩ go out
**verglühen** *itr. V.; mit sein* ⟨*log, wick, fire, etc.*⟩ smoulder and go out; ⟨*glow of sunset*⟩ fade; ⟨*satellite, rocket, wire, etc.*⟩ burn out
**vergnügen** [fɛɐ̯'gny:gn̩] **1.** *refl. V.* enjoy oneself; have a good time; **sich beim Tanzen ~:** enjoy oneself dancing. **2.** *tr. V.* amuse
**Vergnügen das; ~s, ~:** pleasure; *(Spaß)* fun; **ein teueres ~** *(ugs.)* an expensive bit of fun *(coll.)*; **ein kindliches ~ bei etw. empfinden** take a childlike pleasure *or* delight in sth.; **es ist mir ein ~:** it's a pleasure; **es war mir ein ~, Sie kennenzulernen** it was a pleasure meeting you; **das ~ ist ganz meinerseits** *od.* **auf meiner Seite** the pleasure is all mine; **mit wem habe ich das ~?** with whom do I have the pleasure of speaking?; **etw. macht jmdm. [großes] ~:** sth. gives sb. [great] pleasure; sb. enjoys sth. [very much]; **sich ein ~ daraus machen, etw. zu tun** derive pleasure from doing sth.; **ich wünsche dir viel ~:** I hope you have a good time *or* enjoy yourself; **viel ~!** *(auch iron.)* have fun!; **mit [dem größten] ~:** with [the greatest of] pleasure; **etw. aus reinem ~** *od.* **nur zum ~ tun** do sth. just for the fun of it *or* for pleasure; **zu meinem ~:** to my great joy

**vergnüglich 1.** *Adj.* amusing, entertaining ⟨*play, programme*⟩. **2.** *adv.* amusingly; entertainingly
**vergnügt 1.** *Adj.* **a)** *(in guter Laune)* cheerful; happy ⟨*smile*⟩; merry ⟨*group of people*⟩; **b)** *(unterhaltsam)* enjoyable. **2.** *adv. (in guter Laune)* cheerfully; ⟨*smile*⟩ happily
**Vergnügtheit die;** ~: cheerfulness
**Vergnügung die;** ~, ~**en a)** *(Zeitvertreib)* pleasure; **b)** *(Veranstaltung)* entertainment
**vergnügungs-, Vergnügungs-:** ~**fahrt die** pleasure-trip; ~**industrie die** entertainment industry; ~**lokal das** bar providing entertainment; *(Nachtlokal)* night-club; ~**park der** amusement park; ~**reise die** pleasure-trip; ~**steuer die** entertainment tax; ~**sucht die;** *o. Pl. (oft abwertend)* craving for pleasure; ~**süchtig** *Adj.* pleasure-hungry; ~**viertel das** pleasure district
**vergolden** *tr. V.* **a)** gold-plate ⟨*jewellery etc.*⟩; *(mit Blattgold)* gild ⟨*statue, dome, etc.*⟩; *(mit Gold bemalen)* paint ⟨*statue, dome, etc.*⟩ gold; *(fig.)* ⟨*evening sun*⟩ bathe ⟨*roof-tops etc.*⟩ in gold; **b)** *(geh.: verklären)* brighten up
**vergönnen** *tr. V.* grant; **es war ihm nicht vergönnt** it was not granted him
**vergotten** *tr. V.* deify
**vergöttern** [fɛɐ̯'gœtɐn] *tr. V.* idolize
**Vergötterung die;** ~, ~**en** idolization
**vergöttlichen** *tr. V.* *(göttlich machen)* deify; *(als Gott verehren)* worship [as God]
**vergraben 1.** *unr. tr. V.* bury; **sein Gesicht in beide Hände** *od.* **in beiden Händen** ~: bury one's face in one's hands. **2.** *unr. refl. V.* ⟨*animal*⟩ bury itself (**in** + *Akk. od. Dat.* in); *(fig.)* withdraw from the world; hide oneself away; **sich in die Arbeit/in seine Bücher** ~ *(fig.)* bury oneself in one's work/books
**vergrämen** *tr. V.* **a)** antagonize; **b)** *(Jägerspr.)* scare [off]
**vergrämt** *Adj.* care-worn
**vergraulen** *tr. V. (ugs.)* put off; **jmdm. etw.** ~: put sb. off sth.
**vergreifen** *unr. refl. V.* **a) sich im Ton/Ausdruck** ~: adopt the wrong tone/use the wrong expression; **sich in der Wahl seiner Mittel** ~: choose *or* select the wrong means; **b) sich an etw.** *(Dat.)* ~ *(an fremdem Eigentum)* misappropriate sth.; **sich an der Kasse** ~: put one's hand in the till *(euphem.)*; **c)** *(tätlich werden)* **sich an jmdm.** ~: assault sb.; *(geschlechtlich mißbrauchen)* [indecently] assault sb.; **ich werde mich an der Maschine nicht** ~ *(ugs.)* I'm not touching the machine; **d)** *(danebengreifen)* ⟨*musician*⟩ play a wrong note
**vergreisen** *itr. V.; mit sein* **a)** go senile; **vergreist** senile; **b)** *(überaltern)* ⟨*population*⟩ age
**Vergreisung die;** ~ **a)** senescence; **b)** *(Überalterung)* ageing
**vergriffen 1.** *2. Part. v.* **vergreifen. 2.** *Adj.* out of print *pred.*
**vergröbern** [fɛɐ̯'grø:bɐn] **1.** *tr. V.* coarsen. **2.** *refl. V.* become coarser
**Vergröberung die;** ~, ~**en** coarsening; **die Boulevardpresse arbeitet mit** ~**en** the popular press operates with crude generalizations
**vergrößern** [fɛɐ̯'grø:sɐn] **1.** *tr. V.* **a)** *(erweitern)* extend ⟨*room, area, building, etc.*⟩; increase ⟨*distance*⟩; **sein Repertoire** ~: extend *or* increase *or* enlarge one's repertoire; **b)** *(vermehren)* increase; **das Übel** ~: make the trouble worse; **c)** *(größer reproduzieren)* enlarge ⟨*photograph etc.*⟩. **2.** *refl. V.* **a)** *(größer werden)* ⟨*firm, business, etc.*⟩ expand; **eine krankhaft vergrößerte Leber** a pathologically enlarged liver; **b)** *(zunehmen)* increase; **c)** *(ugs.: durch Umzug)* give oneself more space. **3.** *itr. V.* ⟨*lens etc.*⟩ magnify
**Vergrößerung die;** ~, ~**en a)** *s.* **vergrößern 1, 2:** extension; increase; enlargement; expansion; **b)** *(Foto)* enlargement; **in 100facher** ~: enlarged 100fold
**Vergrößerungs-:** ~**apparat der** *(Fot.)* enlarger; ~**glas das** magnifying glass; ~**spiegel der** magnifying mirror
**vergucken** *refl. V. (ugs.)* **a)** *(sich verlieben)* **sich in jmdn./etw.** ~: fall for sb./sth. *(coll.)*; **b)** *(falsch sehen)* be mistaken [about what one saw]
**Vergünstigung die;** ~, ~**en** privilege
**vergüten** *tr. V.* **a)** *(erstatten)* **jmdm. etw.** ~: reimburse sb. for sth.; **jmdm. seine Unkosten/Auslagen** ~: reimburse sb. for his/her costs/reimburse *or* refund sb.'s expenses; **b)** *(bes. Papierdt.: bezahlen)* remunerate, pay for ⟨*work, services*⟩; **etw.** ~: pay for sth.
**Vergütung die;** ~, ~**en a)** *(Rückerstattung) (von Unkosten)* reimbursement; *(von Auslagen)* reimbursement; refunding; **b)** *(Geldsumme)* remuneration
**verh.** *Abk.* **verheiratet** m.
**verhackstücken** *tr. V. (ugs.)* **a)** *(abwertend: kritisieren)* ⟨*critic etc.*⟩ tear *or* pull to pieces; **b)** *(nordd.: besprechen)* discuss
**verhaften** *tr. V.* arrest; **Sie sind verhaftet** you are under arrest
**verhaftet** *Adj.* **einer Sache** *(Dat.)* ~ **sein** be trapped in sth.
**Verhaftete der/die;** *adj. Dekl.* person under arrest; man/woman under arrest; arrested man/woman
**Verhaftung die;** ~, ~**en** arrest
**verhageln** *itr. V.; mit sein* be destroyed by hail; *s. auch* **Petersilie**
**verhaken 1.** *tr. V.* **a)** *(zuhaken)* hook up; **b)** *(in etw. haken)* hook ⟨*needle etc.*⟩ (**in** + *Dat.* in). **2.** *refl. V.* ⟨*person*⟩ get hooked *or* caught up; ⟨*zip*⟩ get caught
**verhallen** *itr. V.; mit sein* ⟨*sound*⟩ die away; **[ungehört]** ~ *(fig.)* ⟨*call, words, etc.*⟩ go unheard *or* unheeded
[1]**verhalten 1.** *unr. refl. V.* **a)** *(reagieren)* react; **sich still** *od.* **ruhig** ~: keep quiet; **ich verhielt mich abwartend** I decided to wait and see; **b)** *(sich benehmen)* behave; **c)** *(beschaffen sein)* be; **die Sache verhält sich nämlich so** this is how things stand *or* the matter stands; **d)** *(im Verhältnis stehen)* **a verhält sich zu b wie x zu y** a is to b as x is to y; **die beiden Größen** ~ **sich zueinander wie 1:10** the two values are in a ratio of 1:10. **2.** *unr. tr. V.* **a)** *(geh.: zurückhalten)* restrain, contain ⟨*anger*⟩; restrain ⟨*mockery*⟩; contain ⟨*laughter*⟩; hold back ⟨*tears, urine*⟩; **b)** *(Reiten) s.* [2]**parieren c; c)** *auch itr. (geh.)* **[den Schritt]** ~: slow down; check one's pace; *(stehenbleiben)* stop
[2]**verhalten 1.** *Adj.* **a)** *(unterdrückt)* restrained; **mit** ~**em Tempo** at a measured pace; **mit** ~**en Schritten** treading quietly; **mit** ~**em Atem** with bated breath; **b)** *(dezent)* restrained, subdued, muted ⟨*colours*⟩; muted, soft ⟨*notes, voice, etc.*⟩; **c)** *(zurückhaltend)* reserved; **eine** ~**e Fahrweise** a cautious way of driving. **2.** *adv.* **a)** *(unterdrückt)* in a restrained manner; **b)** *(zurückhaltend)* in a reserved manner; ~ **fahren** drive cautiously; **c)** *(dezent)* ⟨*speak, play, etc.*⟩ softly
**Verhalten das;** ~**s** behaviour; *(Vorgehen)* conduct
**verhaltens-, Verhaltens-:** ~**forschung die;** *o. Pl.* behavioural research *no art.*; *(Ethologie)* ethology *no art.*; ~**gestört** *Adj. (Psych.)* ⟨*person, child*⟩ with a behavioural disorder; ~**maß·regel die;** *meist Pl.* rule of conduct; ~**maßregeln für den Notfall** rules governing emergencies; ~**muster das** behaviour pattern; pattern of behaviour; ~**störung die;** *meist Pl. (Psych.)* behavioural disorder; ~**therapie die** behavioural therapy; ~**weise die** behaviour; ~**weisen** behaviour patterns; patterns of behaviour
**Verhältnis** [fɛɐ̯'hɛltnɪs] **das;** ~**ses,** ~**se a) ein** ~ **von drei zu eins** a ratio of three to one; **im** ~ **zu früher** in comparison with *or* compared to earlier times; **der Aufwand stand in keinem** ~ **zum Erfolg** the expenditure was out of all proportion to the result; **b)** *(persönliche Beziehung)* relationship (**zu** with); **zwischen uns** *(Dat.)* **herrscht ein vertrautes** ~: we are on intimate terms; **ein gutes** ~ **zu jmdm. haben** get on well with sb.; **er hat** *od.* **findet kein [rechtes]** ~ **zur Musik** he cannot relate to music; **c)** *(ugs.: intime Beziehung)* affair; relationship; **mit jmdm. ein** ~ **haben** have an affair with sb.; **ein** ~ **mit jmdm. beenden** break up with sb.; break off a relationship with sb.; **d)** *(ugs.) (Geliebte)* ladyfriend; *(Geliebter)* man; **e)** *Pl. (Umstände)* conditions; **in bescheidenen** *od.* **einfachen/gesicherten** ~**sen leben** live in modest circumstances/be financially secure; **aus bescheidenen** *od.* **einfachen** ~**sen kommen** come from a humble background; **sie kommt aus kleinen** ~**sen** she comes from a lower middle-class background; **über seine** ~**se leben** live beyond one's means
**verhältnis-, Verhältnis-:** ~**gleichung die** *(Math.)* proportion; ~**mäßig** *Adv.* relatively; comparatively; ~**wahl die** proportional representation; ~**wahl·recht das;** *o. Pl.* [system of] proportional representation; ~**wort das;** *Pl.* ~**wörter** *(Sprachw.)* preposition
**verhandeln 1.** *itr. V.* **a)** negotiate (**über** + *Akk.* about); **b)** *(strafrechtlich)* try a case; *(zivilrechtlich)* hear a case; **das Gericht verhandelt gegen die Terroristen** the court is trying the terrorists. **2.** *tr. V.* **a) etw.** ~: negotiate over sth.; **b)** *(strafrechtlich)* try ⟨*case*⟩; *(zivilrechtlich)* hear ⟨*case*⟩
**Verhandlung die a)** *(Besprechung)* ~**en** negotiations; **mit jmdm. in** ~ **stehen** be negotiating with sb.; be [involved *or* engaged] in negotiations *pl.* with sb.; **zu** ~**en bereit sein** be open to negotiation *sing.*; **b)** *(strafrechtlich)* trial; *(zivilrechtlich)* hearing; **die** ~ **gegen X** the trial of X
**verhandlungs-, Verhandlungs-:** ~**basis die** *s.* ~**grundlage;** ~**bereit** *Adj.* ready *or* willing to negotiate *pred.*; ~**bereitschaft die;** *o. Pl.* readiness *or* willingness to negotiate; ~**gegen·stand der** subject for/under negotiation; **kein** ~**gegenstand sein** not be a matter for negotiation; ~**grundlage die** basis for negotiation[s]; ~**partner der** opposite number [in the negotiations]; **die beiden** ~**partner** *(die miteinander verhandeln)* the two sides in the negotiations; ~**tisch der** negotiating table; ~**weg der** *in* **auf dem** ~**weg** by negotiation
**verhangen** *Adj.* overcast
**verhängen** *tr. V.* **a)** *(zuhängen)* cover (**mit** with); **b)** *(anordnen)* impose ⟨*fine, punishment*⟩ (**über** + *Akk.* on); declare ⟨*state of emergency, state of siege*⟩; *(Sport)* award, give ⟨*penalty etc.*⟩
**Verhängnis** [fɛɐ̯'hɛŋnɪs] **das;** ~**ses,** ~**se** undoing; **jmdm. zum** ~ **werden** be sb.'s undoing; **das** ~ **brach über ihn herein** disaster overtook him
**verhängnis·voll** *Adj. (unheilvoll)* disastrous; fatal, disastrous ⟨*mistake, weakness, hesitation, etc.*⟩; *(schicksalsschwer)* fateful
**Verhängung die;** ~, ~**en** imposition; *(des Ausnahme-, Belagerungszustandes)* declaration
**verharmlosen** *tr. V.* play down
**Verharmlosung die;** ~, ~**en** playing down
**verhärmt** [fɛɐ̯'hɛrmt] *Adj.* care-worn
**verharren** *itr. V. (geh.)* **a)** *(innehalten)* remain; *(plötzlich, kurz)* pause; **b)** *(beharren)* **auf seinem Standpunkt** ~: persist in one's view; **in Resignation/Gleichgültigkeit** ~: remain resigned/indifferent
**verharschen** *itr. V.; mit sein* ⟨*snow*⟩ form a crust; ⟨*wound*⟩ form a scab

**verhärten** [fɛɐ̯'hɛrtn̩] **1.** *tr. V.* **a)** *(festigen)* harden ⟨*material etc.*⟩; **b)** *(unbarmherzig machen)* harden; make ⟨*person*⟩ hard. **2.** *refl. V.* **a)** *(hart werden)* ⟨*tissue*⟩ become hardened; ⟨*tumour*⟩ become scirrhous; **b)** *(gefühllos werden)* harden one's heart (**gegen** against); **die Fronten haben sich verhärtet** the positions of the opposing parties have become entrenched

**Verhärtung die;** ~, ~**en a)** hardening; **b)** *(fig.)* becoming hardened; **die ~ der Positionen auf beiden Seiten** the hardening of attitudes on both sides

**verhaspeln** *refl. V. (ugs.)* **a)** *(sich versprechen)* stumble over one's words; **b)** *(sich verwickeln)* become *or* get tangled up

**verhaßt** *Adj.* hated; detested; **es war ihm ~:** he hated *or* detested it; **nichts ist mir so ~ wie ...:** there is nothing I detest so much as ...

**verhätscheln** *tr. V. (ugs.)* pamper

**Verhätschelung die;** ~, ~**en** *(ugs.)* pampering

**Verhau** [fɛɐ̯'hau̯] **der** *od.* **das;** ~**[e]s,** ~**e a)** tangle of branches; *(Dickicht)* thicket; **b)** barrier [made of branches]; *(bes. Milit.)* entanglement

**verhauen** *(ugs.)* **1.** *unr. tr. V.* **a)** *(verprügeln)* beat up; *(als Strafe)* beat; **jmdm. den Hintern ~:** give sb.'s bottom a good smack[ing]; **b)** *(falsch machen)* make a mess of; muck up *(Brit. sl.).* **2.** *unr. refl. V. (sich verrechnen)* make a mistake *or* slip; **sich bei etw. mächtig ~:** slip up badly in sth.

**verheben** *unr. refl. V.* do oneself an injury [while lifting sth.]

**verheddern** [fɛɐ̯'hɛdɐn] *refl. V.* **a)** *(hängenbleiben)* **sich in etw.** *(Dat.)* ~: get tangled up in sth.; **b)** *(sich verhaspeln)* get muddled up

**verheeren** [fɛɐ̯'he:rən] *tr. V.* devastate; lay waste [to]

**verheerend** *Adj.* **a)** *(katastrophal)* devastating; disastrous; **b)** *(ugs.: scheußlich)* ghastly *(coll.)*; dreadful *(coll.)*

**Verheerung die;** ~, ~**en** devastation *no pl.*; ~**[en] anrichten** cause devastation; wreak havoc

**verhehlen** *tr. V. (geh.)* conceal; hide; **jmdm. etw. ~:** conceal *or* hide sth. from sb.; **ich kann/will** *od.* **möchte [es] nicht ~, daß ...:** there is no denying/I have no wish to deny that ...

**verheilen** *itr. V.; mit sein* ⟨*wound*⟩ heal [up]

**verheimlichen** *tr. V.* **[jmdm.] etw. ~:** keep sth. secret [from sb.]; conceal *or* hide sth. [from sb.]

**Verheimlichung die;** ~, ~**en** concealment

**verheiraten 1.** *refl. V.* get married; **sich mit jmdm. ~:** marry sb.; get married to sb.; **er ist mit seiner Firma/Gitarre verheiratet** *(fig.)* he has no time for anything except his company/guitar. **2.** *tr. V. (veralt.)* marry (**mit, an** + *Akk.* to); **er hatte zwei Töchter zu ~:** he had two daughters to marry off

**Verheiratete der/die;** *adj. Dekl.* married person; married man/woman; ~ *Pl.* married people; married men/women

**Verheiratung die;** ~, ~**en** marriage

**verheißen** *unr. tr. V. (geh.; auch fig.)* promise; **man verhieß ihm eine große Zukunft** a great future was predicted for him; **nichts Gutes ~:** not bode *or* augur well

**Verheißung die;** ~, ~**en** *(geh.)* promise

**verheißungs·voll 1.** *Adj.* promising; **ein ~er Anfang** a promising *or* an auspicious start. **2.** *adv.* full of promise

**verheizen** *tr. V.* **a)** burn; use as fuel; **b)** *(abwertend: rücksichtslos einsetzen)* burn out ⟨*athlete, skier, etc.*⟩; use ⟨*troops*⟩ as cannon-fodder; run ⟨*employee, subordinate, etc.*⟩ into the ground

**verhelfen** *unr. itr. V.* **jmdm./einer Sache zu etw. ~:** help sb./sth. to get/achieve sth.; **jmdm. zur Flucht/zum Sieg ~:** help sb. to escape/win

**verherrlichen** *tr. V.* glorify ⟨*war, violence, deed, etc.*⟩; extol ⟨*virtues, leader, etc.*⟩; celebrate ⟨*nature, freedom, peace, etc.*⟩

**Verherrlichung die;** ~, ~**en** *s.* **verherrlichen:** glorification; extolling; celebration

**verhetzen** *tr. V.* incite; stir up; **die verhetzten Massen** the inflamed masses

**Verhetzung die;** ~, ~**en** incitement; stirring up

**verheult** [fɛɐ̯'hɔy̯lt] *Adj. (ugs.)* ⟨*eyes*⟩ red from crying; ⟨*face*⟩ puffy *or* swollen from crying

**verhexen** *tr. V. (auch fig.)* bewitch; cast a spell on; **jmdn. in etw.** *(Akk.)* ~: turn sb. into sth. [by magic]; **es ist wie verhext: kaum setze ich mich hin, klingelt das Telefon** there seems to be a jinx on me today: the moment I sit down, the telephone rings

**verhindern** *tr. V.* prevent; prevent, avert ⟨*war, disaster, etc.*⟩; **es ließ sich nicht ~, daß er losfuhr** he couldn't be prevented from driving off; no one could stop him [from] driving off; **er ist [dienstlich] verhindert** he is prevented from coming [by business commitments]; he is unable to come [for business reasons]; **ein verhinderter Künstler/Schauspieler** *(ugs.)* a would-be artist/actor

**Verhinderung die;** ~, ~**en** *s.* **verhindern:** prevention; averting

**verhohlen** [fɛɐ̯'ho:lən] *Adj.* concealed; **kaum ~e Neugier** ill-concealed curiosity

**verhöhnen** [vɛr'hø:nən] *tr. V.* mock; deride; ridicule

**verhohnepipeln** [fɛɐ̯'ho:nəpi:pl̩n] *tr. V. (ugs.)* send up *(coll.)*

**Verhohnepipelung die;** ~, ~**en** send-up *(coll.)*

**Verhöhnung die;** ~, ~**en a)** mockery; ridiculing; **b)** *(Äußerung)* mocking remark

**verhökern** [fɛɐ̯'hø:kɐn] *tr. V. (salopp)* flog *(Brit. sl.)*

**Verhör** [fɛɐ̯'hø:ɐ̯] **das;** ~**[e]s,** ~**e** interrogation; questioning; *(bei Gericht)* examination; **jmdn. ins ~ nehmen** interrogate *or* question sb.; *(fig.)* grill *or* quiz sb.

**verhören 1.** *tr. V. (befragen)* interrogate; question; *(bei Gericht)* examine. **2.** *refl. V. (falsch hören)* mishear; hear wrongly; **Hier ist niemand. Du mußt dich verhört haben** There's nobody here. You must have been hearing things

**verhornen** *itr. V.; mit sein* keratinize; ⟨*skin*⟩ become horny

**verhüllen** *tr. V.* **a)** *(verbergen)* cover; *(fig.)* disguise; mask; **eine verhüllte Drohung** *(fig.)* a veiled threat; **b)** *(umgeben)* enshroud; **Wolken verhüllten die Bergspitzen** the mountain-tops were veiled *or* shrouded in cloud

**verhüllend** *Adj. (Literaturw.)* euphemistic

**Verhüllung die;** ~, ~**en** covering; *(fig.)* disguising

**verhundertfachen** *tr., refl. V.* increase a hundredfold

**verhungern** *itr. V.; mit sein* die of starvation; starve [to death]; **ich bin am Verhungern** *(ugs.)* I'm starving *(fig. coll.)*; **Verhungernde** *Pl.* people starving to death; **verhungert aussehen** look half-starved

**verhunzen** [fɛɐ̯'hʊntsn̩] *tr. V. (ugs. abwertend)* ruin; mess up; ruin ⟨*landscape, townscape, etc.*⟩

**verhüten** *tr. V.* prevent; prevent, avert ⟨*disaster*⟩; **der Himmel verhüte, daß ...:** heaven forbid that ...; ~, **daß jmd. etw. tut** prevent sb. [from] doing sth.

**Verhüterli das;** ~**s,** ~**s** *(ugs. scherzh.)* French letter

**verhütten** *tr. V.* smelt

**Verhüttung die;** ~, ~**en** smelting

**Verhütung die;** ~, ~**en** prevention; *(Empfängnis~)* contraception

**Verhütungs-:** ~**maßnahmen** *Pl.* contraceptive precautions; ~**mittel das** contraceptive

**verhutzelt** [fɛɐ̯'hʊtsl̩t] *Adj. (ugs.)* wizened ⟨*person, face*⟩; shrivelled ⟨*fruit, plant*⟩

**verifizieren** [verifi'tsi:rən] *tr. V.* verify

**Verifizierung die;** ~, ~**en** verification

**verinnerlichen** *tr. V. (Soziol., Psych.)* internalize

**verinnerlicht** *Adj. (vergeistigt)* spiritualized; *(introvertiert)* introverted

**Verinnerlichung die;** ~, ~**en** *(Soziol., Psych.)* internalization

**verirren** *refl. V.* **a)** *(abkommen)* get lost; lose one's way; ⟨*animal*⟩ stray; **verirrte Gewehrkugeln** *(fig.)* stray bullets; **b)** *(irgendwohin gelangen)* stray (**in, an** + *Akk.* into)

**Verirrung die;** ~, ~**en** aberration

**veritabel** [veri'ta:bl̩] *Adj.; nicht präd. (geh.)* veritable; real

**verjagen** *tr. V.* chase away; *(fig.)* dispel ⟨*thoughts, cares, etc.*⟩; **jmdn. von Haus und Hof ~:** drive sb. out of house and home

**verjähren** [fɛɐ̯'jɛ:rən] *itr. V.; mit sein* come under the statute of limitations; **dieses Verbrechen ist inzwischen verjährt** this crime was committed too long ago to be punishable now

**Verjährung die;** ~, ~**en** limitation; **für Verbrechen wie Völkermord gibt es keine ~:** there is no statute of limitations for crimes like genocide

**Verjährungs·frist die** limitation period

**verjazzen** *tr. V.* play in a jazz style; jazz up

**verjubeln** *tr. V. (ugs.)* blow *(sl.)* ⟨*money*⟩

**verjüngen** [fɛɐ̯'jʏŋən] **1.** *tr. V.* rejuvenate ⟨*person, skin, etc.*⟩; *(jünger aussehen lassen)* make ⟨*person*⟩ look younger; recruit younger blood into ⟨*team, company, etc.*⟩. **2.** *refl. V. (schmaler werden)* taper; become narrower; narrow

**Verjüngung die;** ~, ~**en a)** *(Jüngerwerden)* rejuvenation; **eine ~ des Politbüros** a recruitment of younger blood into the politburo; **b)** *(Schmalerwerden)* tapering; narrowing

**Verjüngungs·kur die: ich fühle mich reif für eine ~:** I feel in need of being rejuvenated; **die neue Freundin wirkt auf ihn wie eine ~:** his new girl-friend has given him a new lease of life

**verjuxen** *tr. V. (ugs.)* **a)** *(verjubeln)* blow *(sl.)* ⟨*money*⟩; **b)** *(verulken)* poke fun at

**verkabeln** *tr. V.* connect up [by cable]

**Verkabelung die;** ~, ~**en** installation of cables (*Gen.* in)

**verkalken** *itr. V.; mit sein* **a)** ⟨*tissue*⟩ calcify, become calcified; ⟨*arteries*⟩ become hardened; ⟨*bone*⟩ thicken; ⟨*pipe, kettle, coffee-machine, etc.*⟩ fur up; **b)** *(ugs.: senil werden)* become senile; **er ist schon ziemlich verkalkt** he is already pretty gaga *(sl.)*

**verkalkulieren** *refl. V.* **a)** *(falsch berechnen)* miscalculate; **b)** *(falsch einschätzen)* miscalculate; make a miscalculation

**Verkalkung die;** ~, ~**en a)** *s.* **verkalken a:** calcification; hardening; thickening; furring-up; **b)** *(ugs.: Senilität)* senility

**verkannt** [fɛɐ̯'kant] *2. Part. v.* **verkennen**

**verkanten 1.** *tr. V.* tilt; edge ⟨*ski*⟩. **2.** *itr., refl. V. (sich festklemmen)* get jammed

**verkappt** *Adj.* disguised; ~**e Anarchisten** anarchists in disguise

**verkarsten** *itr. V.; mit sein* be karstified

**Verkarstung die;** ~, ~**en** karstification

**verkatert** [fɛɐ̯'ka:tɐt] *Adj. (ugs.)* hung-over *(coll.)*; ~ **aufwachen** wake up with a hang-over

**Verkauf der a)** sale; *(das Verkaufen)* sale; selling; **zum ~ stehen** be [up] for sale; **etw. zum ~ anbieten** offer sth. for sale; **b)** *o. Pl. (Kaufmannsspr.)* sales *sing. or pl., no art.*

**verkaufen 1.** *tr. V. (auch fig.)* sell (*Dat.*, **an** + *Akk.* to); **sie verkauft ihren Körper** she's a prostitute; **„zu verkaufen"** 'for sale'. **2.** *refl. V.* **a)** ⟨*goods*⟩ sell; **sich schlecht/gut ~** ⟨*goods*⟩ sell badly/well; **b)** *(ugs.: falsch kaufen)* make a bad buy; **ich habe mich bei den**

**Möbeln verkauft** the furniture was a bad buy

**Verkäufer der, Verkäuferin die a)** seller; vendor *(formal);* **b)** *(Berufsbez.)* sales *or* shop assistant; salesperson; *(im Außendienst)* salesman/saleswoman; salesperson

**verkäuflich** *Adj.* **a)** *(zum Verkauf geeignet)* saleable; marketable; **schwer/leicht ~ sein** be hard/easy to sell; **b)** *(zum Verkauf bestimmt)* for sale *postpos.;* **dieses Mittel ist frei ~:** this medicine is available over the counter

**verkaufs-, Verkaufs-: ~aus·stellung die** exhibition and sale of works; **~automat der** vending-machine; **~förderung die** sales promotion; **~leiter der** sales manager; **~offen** *Adj.* **der ~offene Samstag** *od.* **Sonnabend** Saturday on which *or* when the shops are open all day; **~personal das** sales staff; **~preis der** retail price; **~schlager der** big seller; *(Buch)* best seller; **~stand der** stall

**Verkehr der; ~s a)** traffic; **den ~ regeln** regulate *or* control the [flow of] traffic; **etw. dem [öffentlichen] ~ übergeben** open sth. to public use; **aus dem ~ ziehen** take ⟨*coin, banknote*⟩ out of circulation; take ⟨*product*⟩ off the market; **jmdn. aus dem ~ ziehen** *(ugs. scherzh.)* put sb. out of circulation *(joc.);* **in [den] ~ bringen** put ⟨*coin, banknote*⟩ into circulation; **b)** *(Kontakt)* contact; communication; **diplomatischer ~:** diplomatic relations *pl.;* **keinen ~ mit jmdm. pflegen/den ~ mit jmdm. abbrechen** not/no longer associate with sb.; **c)** *(Geschlechts~)* intercourse

**verkehren 1.** *itr. V.* **a)** *auch mit sein (fahren)* run; ⟨*aircraft*⟩ fly; **der Dampfer verkehrt zwischen Hamburg und Helgoland** the steamer plies *or* operates *or* goes between Hamburg and Heligoland; **der Bus verkehrt alle 15 Minuten** the bus runs *or* goes every 15 minutes; there's a bus every 15 minutes; **b)** *(in Kontakt stehen)* **mit jmdm. ~:** associate with sb.; **wir ~ nur noch über unsere Anwälte/schriftlich miteinander** we only deal with each other through our solicitors/we only have written correspondence with each other; **c)** *(zu Gast sein)* **bei jmdm. ~:** visit sb. regularly; **in einem Lokal ~:** frequent a pub *(Brit. coll.);* **in den besten Kreisen ~:** move in the best circles; **d)** *(verhüll.: koitieren)* have intercourse; **sexuell ~:** have sexual intercourse. **2.** *tr. V. (verdrehen)* turn (**in +** *Akk.* into); **den Sinn einer Aussage ins Gegenteil ~:** twist the meaning of a statement right round. **3.** *refl. V. (sich verwandeln)* turn (**in +** *Akk.* into); **sich ins Gegenteil ~:** change to the opposite

**verkehrs-, Verkehrs-: ~ader die** traffic artery; **~ampel die** traffic lights *pl.;* **~amt das** tourist information office; **~aufkommen das** volume of traffic; **~beruhigt** *Adj. (Verkehrsw.)* **~beruhigte Zone, ~beruhigter Bereich** *zone in which traffic is limited to a walking pace and pedestrians have priority;* **~beruhigung die;** *o. Pl.* traffic calming; **~betrieb der;** *meist Pl.* transport services *pl.;* **~büro das** tourist office; **~chaos das** traffic chaos *no indef. art.;* chaos *no indef. art.* on the roads; **~dichte die** traffic density; **~erziehung die** road safety training; **~flug·zeug das** commercial aircraft; **~fluß der** flow of traffic; **~funk der** radio traffic service; **~gefährdung die** constituting *no art.* a hazard to other traffic; **eine ~gefährdung darstellen** be *or* constitute a hazard to other traffic; **~hindernis das** obstruction to traffic; **~insel die** traffic island; refuge; **~knoten·punkt der** [traffic] junction; **~kontrolle die** traffic check; **~lage die a)** *(Situation)* traffic situation; **b)** *(Ortslage)* situation with regard to road and rail links; **eine gute ~lage haben** be well situated with regard to road and rail links; **~lärm der** traffic noise; **~meldung die** traffic announcement *or* flash; **~minister der** minister of transport; **~ministerium das** ministry of transport; **~mittel das** means of transport; **die öffentlichen ~mittel** public transport *sing.;* **~netz das** transport system; **~opfer das** road accident *or* traffic accident victim; **~polizei die** traffic police *pl.;* **~polizist der** traffic policeman; **~regel die;** *meist Pl.* traffic regulation; **~reich** *Adj.* busy ⟨*crossing, street, etc.*⟩; **~schild das;** *Pl.* **~schilder** traffic sign; road sign; **~sicher** *Adj.* roadworthy ⟨*vehicle, condition*⟩; **~sicherheit die;** *o. Pl.* road safety; *(eines Fahrzeugs)* roadworthiness; **~sprache die** lingua franca; **~stockung die** traffic hold-up; **~sünder der** *(ugs.)* traffic offender; **~teil·nehmer der** road-user; **~tote der/die;** *meist Pl.* person killed on the roads; **weniger ~tote** fewer deaths on the roads; **~unfall der** road accident; **~unterricht der** road safety instruction; **~verbindung die** transport link; **~verhältnisse** *Pl.* **a)** *(~verbindungen)* transport links; **b)** *(~lage)* traffic conditions; **~weg der** traffic route; **~widrig 1.** *Adj.* contrary to road traffic regulations *postpos.;* **2.** *adv.* contrary to road traffic regulations; **~zeichen das** traffic sign; road sign

**verkehrt 1.** *Adj.* wrong; **das ist gar nicht so ~:** that's not such a bad idea; **es ist sicher nicht ~, das zu tun** there's no harm in doing that; **an den Verkehrten/die Verkehrte kommen** *od.* **geraten** *(ugs.)* come to the wrong person. **2.** *adv.* wrongly; **alles ~ machen** do everything wrong; **sich ~ verhalten** do the wrong thing; *s. auch* **herum a**

**Verkehrung die; ~, ~en** reversal; **eine ~ ins Gegenteil** a change to the opposite

**verkeilen 1.** *tr. V.* wedge. **2.** *refl. V.* become wedged (**in +** *Akk.* in); **sich ineinander ~:** become wedged together

**verkennen** *unr. tr. V.* fail to recognize; misjudge ⟨*situation*⟩; fail to appreciate ⟨*efforts, achievement, etc.*⟩; **es ist nicht zu ~, daß ...:** it cannot be denied *or* is undeniable that ...; **ihre Absicht war nicht zu ~:** her intention was unmistakable; **ein verkanntes Genie** an unrecognized genius

**Verkennung die; ~, ~en** *s.* **verkennen:** failure to recognize/appreciate; misjudgement; **in völliger ~ der Situation** completely misjudging the situation

**verketten** *refl. V.* become interlinked

**Verkettung die; ~, ~en** *(von Zufällen usw.)* chain

**verketzern** *tr. V.* denounce

**Verketzerung die; ~, ~en** denunciation

**verkitschen** *tr. V.* turn ⟨*novel, film, etc.*⟩ into kitsch; sentimentalize ⟨*song, tune, etc.*⟩

**verkitten** *tr. V.* fill ⟨*crack, hole, joint, etc.*⟩; put putty round ⟨*window*⟩

**verklagen** *tr. V.* sue; take proceedings against; take to court; **eine Firma auf Schadenersatz ~:** sue a company for damages

**verklammern** *tr. V. (Med.)* close ⟨*wound*⟩ with a clamp/clamps

**verklappen** *tr. V.* dump ⟨*waste*⟩ [at sea]

**Verklappung die; ~, ~en** dumping [at sea]

**verklären 1.** *tr. V. (auch Rel.)* transfigure. **2.** *refl. V. (auch fig.)* be transfigured; ⟨*eyes*⟩ shine blissfully

**verklärt 1.** *Adj.* transfigured, blissful ⟨*expression, face, etc.*⟩. **2.** *adv.* blissfully

**Verklärung die** transfiguration

**verklausulieren** [fɛɐ̯klauzu'li:rən] *tr. V.* **a)** *(mit Klauseln versehen)* hedge ⟨*contract etc.*⟩ with qualifying clauses; **b)** *(verbergen)* hedge ⟨*admission of guilt etc.*⟩ round with qualifications; **in verklausulierter Form** in a roundabout way

**Verklausulierung die; ~, ~en a)** *(das Verklausulieren)* involved formulation; **b)** *(Formulierung)* qualification

**verkleben 1.** *itr. V.; mit sein* stick together; **der Pinsel ist verklebt** the bristles of the brush are stuck together. **2.** *tr. V.* **a)** *(zusammenkleben)* stick ⟨*eyelids, eyelashes*⟩ together; **verklebte Hände/Haare** sticky hands/matted *or* sticky hair; **b)** *(zukleben)* seal up ⟨*hole*⟩; **eine Wunde mit Heftpflaster ~:** cover a wound with sticking-plaster; **c)** *(festkleben)* stick [down] ⟨*floor-covering etc.*⟩; **das Schaufenster mit Papier ~:** paper over the shop-window; **d)** *(verbrauchen)* use up ⟨*posters, rolls of wallpaper, etc.*⟩

**verkleckern** *tr. V. (ugs.)* spill

**verkleiden** *tr. V.* **a)** disguise; *(kostümieren)* dress up; **sich ~:** disguise oneself/dress [oneself] up; **b)** *(umhüllen, verdecken)* cover; *(verschalen)* line; face ⟨*façade*⟩

**Verkleidung die a)** *o. Pl.* disguising; *(das Kostümieren)* dressing up; **b)** *(Kostüm) (als Tarnung)* disguise; *(bei einer Party usw.)* fancy dress; **c)** *s.* **verkleiden b:** covering; lining; facing; **d)** *(Umhüllung)* cover

**verkleinern** [fɛɐ̯'klainɐn] **1.** *tr. V.* **a)** *(kleiner machen)* make smaller; reduce the size of; **den Abstand ~:** reduce *or* decrease the distance; **etw. in verkleinertem Maßstab darstellen** represent sth. on a smaller scale; scale sth. down; **b)** *(verringern)* reduce ⟨*size, number, etc.*⟩; **c)** *(schmälern)* belittle ⟨*person, achievements*⟩; minimize ⟨*importance, significance*⟩; **d)** *(kleiner reproduzieren)* reduce ⟨*photograph etc.*⟩. **2.** *refl. V.* **a)** *(ugs.: sich einschränken)* ⟨*company etc.*⟩ move to smaller premises; ⟨*family etc.*⟩ move to a smaller place; **b)** *(kleiner werden)* ⟨*space, area, etc.*⟩ become smaller; **c)** *(sich verringern)* ⟨*number*⟩ decrease, grow smaller; ⟨*circle of friends*⟩ grow smaller, shrink. **3.** *itr. V.* ⟨*lens etc.*⟩ make things look *or* appear smaller

**Verkleinerung die; ~, ~en** reduction in size; making smaller; *(des Formats, der Anzahl, des Maßstabs, durch eine Linse)* reduction; *(das Kleinerwerden)* becoming smaller

**Verkleinerungs·form die** *(Sprachw.)* diminutive form

**verkleistern** *tr. V. (ugs.)* **a)** *(zukleben)* fill ⟨*crack, hole*⟩; *(fig.)* cover up; **b)** *(zusammenkleben)* make into a sticky mass

**verklemmen** *refl. V.* get *or* become stuck; ⟨*door, window*⟩ jam, get *or* become jammed

**verklemmt 1.** *Adj.* inhibited. **2.** *adv.* in an inhibited manner

**Verklemmtheit die; ~:** inhibitedness

**verklickern** *tr. V. (salopp)* **jmdm. etw. ~:** make sth. clear to sb.; spell sth. out to sb.; *(erklären)* explain sth. to sb. in every detail

**verklingen** *unr. itr. V.; mit sein* ⟨*sound, voice, song, etc.*⟩ fade away; *(fig.)* ⟨*mood*⟩ wear off

**verklumpen** *itr. V.; mit sein* ⟨*gravy, sauce, etc.*⟩ go lumpy

**verknacken** *tr. V. (salopp)* **jmdn. zu Gefängnis/einer Geldstrafe ~:** put sb. inside *(sl.)*/slap a fine on sb. *(coll.);* **er wurde zu 18 Monaten verknackt** he got 18 months; **er wurde wegen ein paar Brüchen verknackt** he was done for a couple of break-ins *(sl.)*

**verknacksen** [fɛɐ̯'knaksn̩] *refl. V. (ugs.)* twist, sprain ⟨*ankle, wrist*⟩; **sich** *(Dat.)* **den Fuß ~:** twist *or* sprain one's ankle

**verknallen 1.** *tr. V. (ugs.: verschießen)* let off ⟨*firework*⟩; use up ⟨*ammunition*⟩; **zu Silvester werden unglaubliche Summen verknallt** incredible amounts of money are squandered on fireworks on New Year's Eve. **2.** *refl. V. (ugs.: sich verlieben)* fall head over heels in love (**in +** *Akk.* with); **in jmdn. verknallt sein** be crazy about sb. *(coll.)*

**verknappen 1.** *tr. V.* cut back [on] ⟨*imports*⟩; **das würde das Wasser noch weiter ~:** that would create even more water shortages. **2.** *refl. V.* run short

**Verknappung die; ~, ~en** cutting back (*Gen.* on); *(der Liquidität)* loss

**verkneifen** *unr. refl. V. (ugs.)* **a) sich** *(Dat.)* **eine Frage/Bemerkung ~:** bite back a question/remark; **ich konnte mir das Lachen/ein Lächeln kaum ~:** I could hardly keep a straight face; I could hardly stop myself laughing/smiling; **b)** *(verzichten)* manage *or* do without; **es sich** *(Dat.)* **~, etw. zu tun** stop oneself doing sth.

**verkniffen 1.** *2. Part. v.* **verkneifen. 2.** *Adj.* strained ⟨*expression*⟩*;* pinched ⟨*mouth, lips*⟩. **3.** *adv.* in a strained manner; **~ grinsen** force a grin

**verknittern** *tr. V.* crumple; **ein verknittertes Gesicht** *(fig.)* a wrinkled face

**verknöchern** [fɛɐ̯ˈknœçɐn] *itr. V.; mit sein* ⟨*person*⟩ become fossilized

**verknorpeln** *itr. V.; mit sein (Med.)* become cartilaginous

**Verknorpelung die; ~, ~en** cartilaginification

**verknoten 1.** *tr. V.* **a)** *(verknüpfen)* tie; knot; **zwei Fäden [miteinander] ~:** tie two threads together; **b)** *(festbinden)* tie **(an +** *Akk.* to). **2.** *refl. V.* become knotted

**verknüpfen 1.** *tr. V.* **a)** *(knoten)* tie; knot; **die beiden Fäden miteinander ~:** tie *or* knot the two threads together; **b)** *(zugleich tun)* combine; **c)** *(in Beziehung setzen)* link; *(unwillkürlich)* associate. **2.** *refl. V.* be associated

**Verknüpfung die; ~, ~en a)** *s.* **verknüpfen 1:** tying; knotting; combination; linking; association; **b)** *(Knoten)* knots *pl.*

**verknusen** [fɛɐ̯ˈknu:zn̩] *in* **jmdn./etw. nicht ~ können** *(ugs.)* not be able to stick *(sl.) or* stand sb./sth.

**verkochen 1.** *itr. V.;* mit sein **a)** *(verdampfen)* boil away; **b)** *(breiig werden, zerfallen)* boil down to a pulp. **2.** *tr. V.* boil **(zu +** *Dat.* to make)

**¹verkohlen 1.** *itr. V.* char; become charred. **2.** *tr. V.* burn ⟨*wood*⟩ to charcoal; char

**²verkohlen** *tr. V. (ugs.) s.* **veräppeln**

**¹verkommen** *unr. itr. V.; mit sein* **a)** *(verwahrlosen)* go to the dogs; *(moralisch, sittlich)* go to the bad; ⟨*child*⟩ go wild; **im tiefsten Elend ~:** sink deeper and deeper into poverty; **b)** *(verfallen)* ⟨*building etc.*⟩ go to rack and ruin, fall into disrepair, become dilapidated; ⟨*garden*⟩ run wild; ⟨*area*⟩ become run down; **c)** *(herabsinken)* degenerate **(zu** into); **d)** *(verderben)* ⟨*food*⟩ go bad; ⟨*wine, beer*⟩ go off

**²verkommen 1.** *2. Part. v.* **¹verkommen. 2.** *Adj.* depraved; **ein ~es Subjekt** a dissolute character

**Verkommenheit die; ~:** depravity

**verkomplizieren** *tr. V.* complicate

**verkonsumieren** *tr. V. (ugs.)* get through; consume

**verkoppeln** *tr. V.* couple; ⟨*spacecraft*⟩ link up

**Verkoppelung die; ~, ~en** coupling; *(von Flugkörpern)* link-up

**verkorken 1.** *tr. V.* cork [up]. **2.** *itr. V.; mit sein (Bot.)* suberize

**verkorksen** [fɛɐ̯ˈkɔrksn̩] *(ugs.)* **1.** *tr. V.* make a mess of; mess up; **eine verkorkste Gesellschaft** a screwed-up society *(sl.).* **2.** *refl. V.* **sich** *(Dat.)* **den Magen ~:** upset one's stomach

**verkörpern 1.** *tr. V.* **a)** *(als Schauspieler)* play [the part of]; **b)** *(bilden)* embody; ⟨*person*⟩ embody, personify. **2.** *refl. V.* be embodied **(in +** *Dat.* in)

**Verkörperung die; ~, ~en** embodiment; *(Mensch)* embodiment; personification

**verkosten** *tr. V.* **a)** *(bes. österr.: kosten)* try; taste; **b)** *(prüfend schmecken)* taste ⟨*wine*⟩

**verköstigen** [fɛɐ̯ˈkœstɪgn̩] *tr. V.* feed; provide with meals

**Verköstigung die; ~, ~en a)** *o. Pl.* feeding; **die ~ der Kinder** the provision of the children with meals; **b)** *(Kost)* foods; meals *pl.*

**verkrachen** *refl. V. (ugs.)* fall out

**verkracht** *Adj.* failed; **er war ein ~er Student** he had been a failure at university/college; *s. auch* **Existenz c**

**verkraften** *tr. V.* cope with; **sie hat dieses Erlebnis nie verkraftet** she's never come to terms with this experience

**verkrallen** *refl. V.* dig one's fingers **(in +** *Akk.* into); *(festhalten)* cling **(in +** *Akk./ Dat.* to)

**verkramen** *tr. V. (ugs.)* mislay

**verkrampfen** *refl. V.* ⟨*muscle*⟩ become cramped; ⟨*person*⟩ go tense, tense up; **verkrampft sitzen/lächeln** sit tensed up/smile tensely

**Verkrampfung die; ~, ~en** tenseness; tension

**verkratzen** *tr. V.* scratch; **sich** *(Dat.)* **die Beine ~:** scratch one's legs

**verkrebst** [fɛɐ̯ˈkre:pst] *Adj. (ugs.)* cancerous

**verkriechen** *unr. refl. V.* ⟨*animal*⟩ creep [away]; ⟨*person*⟩ hide [oneself away]; **sich unter die** *od.* **der Bank ~:** crawl *or* creep under the bench; **sich ins Bett ~** *(ugs.)* crawl into bed *(coll.);* **am liebsten hätte ich mich [in den hintersten Winkel] verkrochen** I'd have liked to crawl away and hide in a corner; I wished the ground would open and swallow me up

**verkrümeln** *refl. V. (ugs.: sich entfernen)* slip off *or* away

**verkrümmen 1.** *refl. V.* double up; ⟨*spine*⟩ become curved. **2.** *tr. V.* bend ⟨*finger etc.*⟩

**verkrümmt** *Adj.* bent ⟨*person*⟩*;* crooked ⟨*finger*⟩*;* curved ⟨*spine*⟩

**Verkrümmung die** crookedness; **~ der Wirbelsäule** curvature of the spine

**verkrüppeln 1.** *itr. V.; mit sein* ⟨*tree*⟩ become stunted; **verkrüppelt** stunted. **2.** *tr. V.* cripple ⟨*person*⟩*;* **verkrüppelte Arme/Füße** deformed arms/crippled feet

**Verkrüppelung die; ~, ~en** deformity

**verkrusten** *itr. V.; mit sein* form a crust; ⟨*wound*⟩ form a scab; **mit Blut verkrustet** encrusted with blood

**verkühlen** *refl. V.* catch a chill

**Verkühlung die** chill

**verkümmern** *itr. V.; mit sein* **a)** ⟨*person, animal*⟩ go into a decline; ⟨*plant etc.*⟩ become stunted; ⟨*muscle, limb*⟩ waste away, atrophy; **seelisch ~** ⟨*person*⟩ become emotionally stunted; **b)** ⟨*talent, emotional life, etc.*⟩ wither away; ⟨*strength*⟩ decline, fade; ⟨*relationship*⟩ become less close; ⟨*trade, initiative*⟩ dwindle

**Verkümmerung die; ~, ~en** *s.* **verkümmern b:** withering away; declining; fading; becoming less close; dwindling

**verkünden** *tr. V.* announce; pronounce ⟨*judgement*⟩; promulgate ⟨*law, decree*⟩; ⟨*sign, omen*⟩ presage; **die Menschenrechte ~:** proclaim the rights of man; **seine Miene verkündete nichts Gutes** *(fig.)* his expression did not augur well

**verkündigen** *tr. V. (geh.)* **a)** *(predigen)* preach; **b)** *(bekanntmachen)* announce; proclaim; *(mit Nachdruck sagen)* announce; **c)** *(ankündigen)* ⟨*sign, omen*⟩ presage

**Verkündigung die a)** *(das Predigen)* preaching; **b)** *(Bekanntmachung)* announcement; proclamation; **c)** *(das Wort Gottes)* word of God; **die kirchliche ~:** the Church's message

**Verkündung die; ~, ~en** announcement; *(von Urteilen)* pronouncement; *(von Gesetzen, Verordnungen)* promulgation

**verkuppeln** *tr. V.* pair off **(mit** with)

**verkürzen 1.** *tr. V.* **a)** *(verringern)* reduce; *(abkürzen)* shorten; **die Linie erscheint verkürzt** this line appears foreshortened; **b)** *(abbrechen)* cut short ⟨*stay, life*⟩*;* put an end to, end ⟨*suffering*⟩*;* **verkürzte Arbeitszeit** reduced *or* shorter working hours *pl.;* **c) sich** *(Dat.)* **die Zeit ~:** while away the time; make the time pass more quickly; **jmdm. die Winterabende ~:** help sb. while away the winter evenings. **2.** *refl. V. (kürzer werden)* become shorter; shorten; ⟨*perspective*⟩ become foreshortened. **3.** *itr. V. (Ballspiele)* close the gap **(auf +** *Akk.* to)

**Verkürzung die** *s.* **verkürzen 1 a, b:** shortening; reduction; foreshortening; cutting short; ending; **eine ~ der Arbeitszeit** a reduction in working hours; **starkes Rauchen hat eine ~ der Lebenserwartung um ... zur Folge** heavy smoking reduces life expectancy by ...

**verlachen** *tr. V.* laugh at; **etw. als Unsinn ~:** ridicule sth. as nonsense

**verladen** *unr. tr. V.* **a)** *(laden)* load; **b)** *(ugs.: betrügen)* **jmdn. ~:** take sb. for a ride *(sl.);* con sb. *(sl.); (Ballspiele)* out-trick sb.

**Verlade·rampe die** loading platform

**Verladung die** loading

**Verlag** [fɛɐ̯ˈla:k] **der; ~[e]s, ~e** publishing house *or* firm; publisher's; **in welchem ~ ist das Buch erschienen?** who published the book?; who is the publisher of the book?

**verlagern 1.** *tr. V.* shift ⟨*weight, centre of gravity*⟩*; (an einen anderen Ort)* move; *(fig.)* transfer; shift ⟨*emphasis*⟩. **2.** *refl. V. (auch fig.)* shift; ⟨*area of high/low pressure etc.*⟩ move

**Verlagerung die** moving; **eine ~ des Schwergewichts** *(fig.)* a shift in emphasis

**Verlags-: ~anstalt die** publishing house *or* firm; firm of publishers; **~buch·händler der** publisher; **~haus das** publishing house *or* firm; **~programm das** [publisher's] list; **~wesen das** publishing *no art.*

**verlanden** *itr. V.; mit sein* silt up

**Verlandung die** silting up

**verlangen 1.** *tr. V.* **a)** *(fordern)* demand; *(wollen)* want; **man kann von ihm nicht ~, daß er alles bezahlt** one can't ask *or* expect him to pay everything; **das ist zuviel verlangt** that's asking too much; that's too much to expect; **du verlangst Unmögliches** you're asking the impossible; **die Firma verlangt [von den Bewerbern] EDV-Kenntnisse** the company asks for [applicants with] a knowledge of computers; **die Rechnung ~:** ask for the bill; **von jedem wird Pünktlichkeit verlangt** everyone is required *or* expected to be punctual; **b)** *(nötig haben)* ⟨*task etc.*⟩ require, call for ⟨*patience, knowledge, experience, skill, etc.*⟩*;* **diese Aufgabe verlangt den ganzen Menschen** this task makes demands of the whole person; **c)** *(gebieten)* ⟨*situation, decency*⟩ demand; **d)** *(berechnen)* charge; **sie verlangte 200 Mark von ihm** she charged him 200 marks; **wieviel verlangst du dafür?** how much are you asking for it?; **e)** *(sehen wollen)* ask for, ask to see ⟨*passport, driving-licence, etc.*⟩*;* **f)** *(am Telefon)* ask for; ask to speak to; **du wirst am Telefon verlangt** you're wanted on the phone *(coll.);* **g)** *unpers. (geh.)* **es verlangt mich, ihn noch einmal zu sehen** I long *or* yearn to see him again. **2.** *itr. V. (geh.)* **a)** *(bitten)* **nach einem Arzt/Priester** *usw.* **~:** ask for a doctor/ priest *etc.;* **nach einem Glas Wasser ~:** ask for a glass of water; **b)** *(sich sehnen)* **nach jmdm./etw. ~:** long for sb./sth.

**Verlangen das; ~s, ~ a)** *(Bedürfnis)* desire **(nach** for); **ein starkes ~ nach Schokolade haben** *od.* **verspüren** have a craving for chocolate; **b)** *(Forderung)* demand; **auf ~:** on request; **auf jmds. ~:** at sb.'s request

**verlängern** [fɛɐ̯ˈlɛŋɐn] **1.** *tr. V.* **a)** *(länger machen)* lengthen, make longer ⟨*skirt, sleeve, etc.*⟩*;* extend ⟨*flex, cable, road, etc.*⟩*; s. auch* **Arm a; Rücken a; b)** *(länger gültig sein lassen)* renew ⟨*passport, driving-licence, etc.*⟩*;* extend, renew ⟨*contract*⟩*;* **c)** *(länger dauern lassen)* extend, prolong ⟨*stay, life, suffering, etc.*⟩ **(um** by); **ein verlängertes**

**Wochenende** a long weekend; **d)** *(verdünnen)* add water *etc.* to ⟨*sauce, gravy, etc.*⟩ *(to make it go further)*; **e)** *(Ballspiele)* touch ⟨*cross, corner-kick, etc.*⟩ on. **2.** *refl. V.* **a)** *(länger werden)* become longer; ⟨*stay, life, suffering, etc.*⟩ be prolonged **(um** by); *(länger gültig bleiben)* ⟨*contract etc.*⟩ be extended. **3.** *itr. V. (Ballspiele)* touch [the ball] on; **mit dem Kopf ~:** head [the ball] on

**Verlängerung die; ~, ~en a)** *s.* **verlängern 1 a–c:** lengthening; renewal; extension; prolongation; **b)** *(Ballspiele)* extra time *no indef. art.*; *(nachgespielte Zeit)* injury time *no indef. art.*; **in der/nach ~:** in/after extra time; **c)** *(Teilstück)* extension

**Verlängerungs·schnur die** extension lead *or (Amer.)* cord

**verlangsamen 1.** *tr. V.* **die Fahrt** *od.* **das Tempo/seine Schritte ~:** reduce speed/slacken one's pace; slow down. **2.** *refl. V.* slow down; ⟨*pace*⟩ slacken

**Verlangsamung die; ~, ~en** slowing down; *(des Tempos)* slackening; **zu einer ~ des Tempos gezwungen sein** be forced to slow down

**Verlaß der** *in* **auf jmdn./etw. ist [kein] ~:** sb./sth. can[not] be relied *or* depended [up]on; **auf ihn ist kein ~:** you can't rely *or* depend on him

**[1]verlassen 1.** *unr. refl. V. (vertrauen)* rely, depend (**auf** + *Akk.* on); **er verläßt sich darauf, daß du kommst** he's relying on you to come; **darauf kannst du dich ~/worauf du dich ~ kannst** you can depend on *or* be sure of that. **2.** *unr. tr. V.* **a)** leave; **die Patientin konnte das Bett ~:** the patient was able to get up; **b)** *(sich trennen von)* desert; abandon; forsake; leave, desert ⟨*wife, family, etc.*⟩; **Großvater hat uns für immer ~** *(verhüll.)* grandfather has been taken from us *(euphem.)*; **und da/dann verließen sie ihn** *(ugs.)* and after that I/he *etc.* was at a loss; **der Mut/alle Hoffnung hatte mich ~** *(fig.)* my courage/all hope had deserted me

**[2]verlassen 1.** *2. Part. v.* **[1]verlassen. 2.** *Adj.* deserted ⟨*street, square, village, etc.*⟩; empty ⟨*house*⟩; *(öd)* desolate ⟨*region etc.*⟩; **einsam und ~:** all alone; **~ daliegen** be deserted

**Verlassenheit die; ~:** desertedness; *(Öde)* desolation; **ein Gefühl von ~:** a feeling of desolation

**verläßlich** [fɛɐ̯ˈlɛslɪç] **1.** *Adj.* reliable; reliable, dependable ⟨*person*⟩. **2.** *adv.* reliably

**Verläßlichkeit die; ~:** reliability; *(eines Menschen)* reliability; dependability

**verlästern** *tr. V.* malign

**Verlaub** [fɛɐ̯ˈlaup] **der** *in* **mit ~** *(geh.)* with your permission; **mit ~ [gesagt** *od.* **zu sagen]** if you will pardon *or* forgive my saying so

**Verlauf der; ~[e]s, Verläufe** course; **im ~e des Sommers/ihrer Rede** during *or* in the course of the summer/her speech; **der glückliche ~ der Revolution** the fortunate outcome of the revolution

**verlaufen 1.** *unr. itr. V.; mit sein* **a)** *(sich erstrecken)* run; **b)** *(ablaufen)* ⟨*test, rehearsal, etc.*⟩ go; ⟨*party etc.*⟩ go off; **es ist alles gut ~:** everything went [off] well; **die Untersuchung ist ergebnislos ~:** the investigation yielded no results; **c)** ⟨*butter, chocolate, etc.*⟩ melt; ⟨*make-up, ink*⟩ run. **2.** *unr. itr. (auch refl.) V.; mit sein (sich verlieren)* ⟨*track, path*⟩ disappear (**in** + *Dat.* in). **3.** *unr. refl. V.* **a)** *(sich verirren)* get lost; lose one's way; **b)** *(auseinandergehen)* ⟨*crowd etc.*⟩ disperse; **c)** *(abfließen)* ⟨*floods*⟩ subside

**Verlaufs·form die** *(Sprachw.)* progressive *or* continuous form

**verlausen** *itr. V.; mit sein* become infested with lice; **verlaust** louse-ridden; infested with lice *postpos.*

**verlautbaren 1.** *tr. V.* announce [officially]; **offen ~:** state openly; **die Ärzte verlautbarten, daß ...:** the doctors issued a bulletin to the effect that .... **2.** *itr. V.; mit sein (geh.)* become known; **es verlautbarte, der Staatschef sei krank** it was reported *or* said that the head of state was ill

**Verlautbarung die; ~, ~en** announcement; *(inoffizielle Meldung)* [unofficial] report

**verlauten 1.** *tr. V.* announce; **er hütete sich davor, ein Wort davon zu ~:** he was careful not to say a word about it. **2.** *itr. V.; mit sein* be reported; **wie verlautet** according to reports; **aus amtlicher Quelle verlautet, daß ...:** official reports say that ...; **über ihr Privatleben ließ sie nichts ~:** she let nothing be known about her private life

**verleben** *tr. V.* **a)** *(verbringen)* spend; **b)** *(ugs.: verbrauchen)* spend ⟨*money*⟩ on everyday needs

**verlebendigen** *tr. V.* make ⟨*text, past, etc.*⟩ come alive; imbue ⟨*portrait, figure*⟩ with life

**verlebt** *Adj.* dissipated

**[1]verlegen 1.** *tr. V.* **a)** *(nicht wiederfinden)* mislay; **b)** *(verschieben)* postpone (**auf** + *Akk.* until); *(vor~)* bring forward (**auf** + *Akk.* to); **einen Termin ~:** alter an appointment; **c)** *(verlagern)* move; transfer ⟨*patient*⟩; **die Handlung ins 18. Jahrhundert ~:** transpose *or* shift the action to the 18th century; **d)** *(legen)* lay ⟨*cable, pipe, carpet, etc.*⟩; **e)** *(versperren)* block, bar ⟨*way etc.*⟩; block off ⟨*retreat*⟩; **jmdm. den Weg ~:** block *or* bar sb.'s way; **f)** *(veröffentlichen)* publish. **2.** *refl. V. (sich ausrichten)* take up ⟨*subject, activity, occupation, etc.*⟩; resort to ⟨*guesswork, flattery, silence, lying, etc.*⟩; **sich auf eine andere Taktik ~:** change [one's] tactics; resort to a different tactic

**[2]verlegen 1.** *Adj.* **a)** embarrassed; **b) um etw. ~ sein** *(etw. nicht zur Verfügung haben)* be short of sth.; *(etw. benötigen)* be in need of sth.; **nicht/nie um Worte/eine Ausrede ~ sein** not/never be at a loss for words/an excuse. **2.** *adv.* in embarrassment

**Verlegenheit die; ~, ~en a)** *o. Pl. (Befangenheit)* embarrassment; **in ~ geraten** get *or* become embarrassed; **jmdn. in ~ bringen** embarrass sb.; **b)** *(Unannehmlichkeit)* embarrassing situation; **in finanzieller ~ sein** be in financial difficulties; be financially embarrassed; **ich bin nie in die ~ gekommen** I've never been in that embarrassing situation

**Verlegenheits·lösung die** makeshift solution

**Verleger der; ~s, ~, Verlegerin die; ~, ~nen** publisher; *s. auch* **-in**

**verlegerisch 1.** *Adj.; nicht präd.* publishing; **~e Kenntnisse** knowledge of publishing; **~e Anstrengungen** efforts on the part of the publishers. **2.** *adv.* from the publishing standpoint

**Verlegung die; ~, ~en a)** *(Verschiebung)* postponement; *(Vor~)* bringing forward *no art.*; **um eine ~ des Termins bitten** ask to change the appointment; **b)** *s.* **[1]verlegen 1 c:** moving; transfer; transposition; shifting; **c)** *(von Kabeln, Rohren, Teppichen usw.)* laying

**verleiden** *tr. V.* **jmdm. etw. ~:** spoil sth. for sb.

**Verleih der; ~[e]s, ~e a)** *o. Pl. (das Verleihen)* hiring out; *(von Autos)* renting *or* hiring out; **b)** *(Unternehmen)* hire firm *or* company; *(Film~)* distribution company; *(Video~)* video library; *(Auto~)* rental *or* hire firm

**verleihen** *unr. tr. V.* **a)** hire out; rent *or* hire out ⟨*car*⟩; *(umsonst)* lend [out]; **b)** *(überreichen)* award; bestow, confer ⟨*award, honour*⟩; **jmdm. einen Orden/Titel ~:** decorate sb./confer a title on sb.; **jmdm. die Ehrenbürgerrechte ~:** give sb. the freedom of the city/town; **c)** *(verschaffen)* give; lend; **er verlieh seinen Worten mit Drohungen Nachdruck** he used threats to lend weight to his words

**Verleiher der; ~s, ~:** hirer; *(Film~)* distributor

**Verleihung die; ~, ~en a)** *s.* **verleihen a:** hiring out; renting out; lending [out]; **b)** *s.* **verleihen b:** awarding; bestowing; conferring; *(Zeremonie)* award; conferment; bestowal

**verleimen** *tr. V.* glue

**verleiten** *tr. V.* **jmdn. dazu ~, etw. zu tun** lead *or* induce sb. to do sth.; *(verlocken)* tempt *or* entice sb. to do sth.; **jmdn. zum Trinken/Stehlen ~:** lead sb. into drinking/stealing; **sich zu voreiligen Schlußfolgerungen ~ lassen** allow oneself to be led into drawing hasty conclusions

**Verleitung die: sie beschuldigte ihn der ~ zum Meineid** she accused him of inducing *or* encouraging her to commit perjury; **das wäre ~ zum Diebstahl** it would be encouraging theft

**verlernen** *tr. V.* forget; **das Kochen ~:** forget how to cook; **sie hat das Lachen verlernt** *(fig.)* she has forgotten how to laugh

**[1]verlesen 1.** *unr. tr. V.* read out. **2.** *unr. refl. V. (falsch lesen)* make a mistake/mistakes in reading; **er hat sich wohl ~:** he must have read it wrongly

**[2]verlesen 1.** *2. Part. v.* **[1]verlesen. 2.** *unr. tr. V. (auslesen)* sort ⟨*fruit, vegetables*⟩

**Verlesung die; ~, ~en** reading out

**verletzbar** *Adj.* **leicht ~ sein** be easily hurt

**Verletzbarkeit die; ~: seine ~ war groß** he was very easily hurt; **sie kannte meine ~:** she knew how easily I could be hurt

**verletzen** [fɛɐ̯ˈlɛtsn̩] *tr. V.* **a)** *(beschädigen)* injure; *(durch Schuß, Stich)* wound; **ich habe mich am Kopf/mir das Bein verletzt** I injured *or* hurt my head/leg; **b)** *(kränken)* hurt, wound ⟨*person, feelings*⟩; **verletzte Eitelkeit/verletzter Stolz** injured *or* wounded vanity/pride; **eine ~de Bemerkung** a wounding remark; **sich in seinem Stolz verletzt fühlen** feel that one's pride has been hurt *or* has taken a blow; **c)** *(verstoßen gegen)* violate; infringe; infringe ⟨*regulation*⟩; break ⟨*agreement, law*⟩; **das Wahlgeheimnis ~:** breach the secrecy of the vote; **den guten Geschmack ~:** offend against good taste; **d)** *(eindringen in)* violate ⟨*frontier, airspace, etc.*⟩

**verletzlich** *Adj.* vulnerable; *(empfindlich)* sensitive

**Verletzlichkeit die; ~:** vulnerability; *(Empfindlichkeit)* sensitivity

**Verletzte der/die;** *adj. Dekl.* injured person; casualty; *(durch Schuß, Stich)* wounded person; **die ~n** the injured/wounded; the casualties; **bei dem Unfall gab es einen Toten und zwei ~:** one person died and two were injured in the accident; **es gab keine ~n bei der Demonstration** nobody was hurt during the demonstration

**Verletzung die; ~, ~en a)** *(Wunde)* injury; **eine ~ am Knie haben** have an injury to one's knee *or* an injured knee; **b)** *(Kränkung)* hurting; wounding; **c)** *s.* **verletzen c:** violation; infringement; breaking; **d)** *(Grenz~, Luftraum~ usw.)* violation

**verleugnen** *tr. V.* deny; disown ⟨*friend, relation*⟩; **er kann seine Herkunft nicht ~:** it is obvious where he comes from; **sich selbst ~:** go against *or* betray one's principles

**Verleugnung die** denial; *(eines Freundes, Verwandten)* disownment

**verleumden** [fɛɐ̯ˈlɔymdn̩] *tr. V.* slander; *(schriftlich)* libel

**Verleumder der; ~, ~:** slanderer; *(schriftlich)* libeller

**verleumderisch** *Adj.* slanderous; *(in Schriftform)* libellous

**Verleumdung die; ~, ~en a)** *o. Pl.* slander; *(in Schriftform)* libelling; **b)** *(Bemerkung usw.)* slander; *(in Schriftform)* libel

**Verleumdungs·kampagne die** smear campaign

**verlieben** *refl. V.* fall in love (**in** + *Akk.* with); **ein verliebtes Pärchen** a pair of lovers; **jmdm. verliebte Blicke zuwerfen** make eyes at sb.; **er ist ganz verliebt in seine Idee** *(fig.)* he is infatuated with his idea; **zum Verlieben sein/aussehen** *(ugs.)* be/look perfectly sweet
**Verliebte der/die;** *adj. Dekl.* lover; **die beiden ~n** the [two] lovers
**Verliebtheit die;** ~: being *no art.* in love; **die ~ dauerte bei ihr nur drei Wochen** she was only in love for three weeks; **in ihrer ~ hatte sie ...:** being so much in love, she had ...
**verlieren** [fɛɐ̯'li:rən] **1.** *unr. tr. V.* lose; ⟨*plant, tree*⟩ lose, shed ⟨*leaves*⟩; **sich** *(Dat.)* **verloren vorkommen** feel lost; **für jmdn./etw. verloren sein** be lost to sb./sth.; **die Katze verliert Haare** the cat is moulting; **nichts [mehr] zu ~ haben** have nothing [more] to lose; **jmdn./etw. verloren geben** give sb./sth. up for lost; **das hat hier nichts verloren** it has no business to be here. **2.** *unr. itr. V.* lose; **an etw.** *(Dat.)* ~: lose sth.; **sie hat an Reiz verloren** she has lost some of her attraction; **bei jmdm. ~:** become less highly regarded by sb. **3.** *unr. refl. V.* **a)** *(weniger werden)* ⟨*enthusiasm*⟩ subside; ⟨*reserve etc.*⟩ disappear; **b)** *(entschwinden)* vanish; ⟨*sound*⟩ die away; **c)** *(sich verirren)* lose one's way; get lost; **d)** *(sich hingeben)* **er war in Gedanken verloren** he was lost in thought; **e)** *(abschweifen)* digress; **sich in Detailschilderungen ~:** digress into detailed descriptions
**Verlierer der;** ~s, ~: loser; **ein schlechter ~:** a bad loser; **der ~ des Autoschlüssels** the person who has lost the car key
**Verlies** [fɛɐ̯'li:s] **das;** ~es, ~e dungeon
**verloben 1.** *refl. V.* become *or* get engaged, *(arch.)* become betrothed (**mit** to); **verlobt sein** be engaged. **2.** *tr. V. (veralt.)* **jmdn. mit jmdm. ~:** betroth sb. to sb. *(arch.)*
**Verlöbnis** [fɛɐ̯'lø:pnɪs] **das;** ~ses, ~se *(geh.)* engagement, *(arch.)* betrothal (**mit** to)
**Verlobte der/die;** *adj. Dekl.* **mein ~r** my fiancé *or (arch.)* betrothed; **meine ~:** my fiancée *or (arch.)* betrothed; **die ~n** the engaged *or (arch.)* betrothed couple
**Verlobung die;** ~, ~en engagement, betrothal *(arch.)*; *(Feier)* engagement party
**Verlobungs·anzeige die** engagement announcement
**verlocken** *tr. V. (geh.)* tempt; entice; **der See verlockt zum Baden** the lake tempts *or* entices one to bathe in it
**verlockend** *Adj.* tempting; enticing; **das Wetter war nicht gerade ~:** the weather wasn't exactly enticing
**Verlockung die** temptation; enticement; **der ~ widerstehen** resist the temptation
**verlogen** [fɛɐ̯'lo:gn̩] *(abwertend)* **1.** *Adj.* lying, mendacious ⟨*person*⟩; false ⟨*morality, phrases, romanticism, etc.*⟩; insincere ⟨*compliment*⟩. **2.** *adv.* mendaciously; falsely
**Verlogenheit die;** ~, ~en *(eines Menschen)* mendacity; *(einer Moral, Romantik, von Phrasen usw.)* falseness; *(von Komplimenten)* insincerity
**verlohnen** *(geh.)* **1.** *refl. (auch itr.) V.* be worth while; **es verlohnt sich nicht, das zu tun** it is not worth [while] doing that. **2.** *tr. (od. veralt. itr.) V.* **das verlohnt die/***(veralt.)* **der Mühe nicht** it is not worth the trouble
**verlor** [fɛɐ̯'lo:ɐ̯] *1. u. 3. Pers. Sg. Prät. v.* **verlieren**
**verloren 1.** *2. Part. v.* **verlieren. 2.** *Adj.* lost; **[eine] ~e Mühe** a wasted effort; **Laß uns aufhören! Die Sache ist ~:** Let's give up! It's hopeless; **er ist ~:** that's the end of him now; **ohne meine Brille bin ich ~** *(fig.)* I'm lost without my glasses; **~e Eier** poached eggs; **der ~e Sohn** *(bibl.)* the Prodigal Son
**verloren|gehen** *unr. itr. V.; mit sein* **a)** *(abhanden kommen)* get lost; **deine Postkarte muß wohl verlorengegangen sein** your postcard must have got lost *or* gone astray; **durch diesen Umweg ging uns/ging viel Zeit verloren** we lost a lot of time/a lot of time was lost by this detour; **ein verlorengegangenes Buch** a lost book; a book that has gone missing; **an dir ist ein Künstler verlorengegangen** you ought to have been an artist; you would have made a good artist; **b)** *(nicht gewonnen werden)* ⟨*war, battle, etc.*⟩ be lost
**Verlorenheit die;** ~: loneliness; isolation
**verlöschen** *unr. itr. V.; mit sein* ⟨*light, fire, etc.*⟩ go out; ⟨*comet, shooting star*⟩ die
**verlosen** *tr. V.* raffle
**Verlosung die;** ~, ~en raffle; draw; *(Ziehung)* draw; *(Vorgang)* raffling
**verlottern** [fɛɐ̯'lɔtɐn] *itr. V.; mit sein (abwertend)* ⟨*building, town, area, etc.*⟩ become run-down; ⟨*person*⟩ go to seed; ⟨*firm, business*⟩ go downhill, go to the dogs
**Verlust der;** ~[e]s, ~e loss (**an** + *Dat.* of); **bei ~** in the case *or* event of loss; **schwere ~e erleiden** ⟨*army etc.*⟩ suffer heavy losses *or* casualties; **etw. mit ~ verkaufen** sell sth. at a loss
**Verlust·geschäft das** loss-making deal *or* transaction; **sonst mache ich ein ~:** otherwise I'll be making a loss
**verlustieren** *refl. V. (scherzh.)* amuse oneself; **wir haben uns auf der Party verlustiert** we had fun *or* enjoyed ourselves at the party; **sich mit jmdm. im Bett ~:** have a good time in bed with sb.
**verlustig** *Adj.* **in einer Sache** *(Gen.)* **~ gehen** *(Papierdt.)* lose sth.; *(verwirken)* forfeit *or* lose sth.
**verlust-, Verlust-: ~liste die** list of casualties and losses; *(fig.)* casualty list; **~meldung die** casualty report; **~reich** *Adj.* **a)** *(mit vielen Toten)* ⟨*battle etc.*⟩ involving heavy losses; **b)** *(mit finanziellen ~en)* heavily loss-making ⟨*product, project, etc.*⟩
**vermachen** *tr. V.* **jmdm. etw. ~:** leave *or* bequeath sth. to sb.; *(fig.: schenken, überlassen)* give sth. to sb.; let sb. have sth.
**Vermächtnis** [fɛɐ̯'mɛçtnɪs] **das;** ~ses, ~se **a)** *(Rechtspr.: Legat)* bequest; legacy; *(fig.)* legacy; **b)** *(Letzter Wille)* last wish
**vermählen** [fɛɐ̯'mɛ:lən] *(geh.)* **1.** *refl. V.* **sich [jmdm.** *od.* **mit jmdm.] ~:** marry *or* wed [sb.]; *(fig.)* be wedded (**mit** to); **frisch vermählt** newly married. **2.** *tr. V. (veralt.)* **seine Tochter mit jmdm. ~:** marry one's daughter to sb.; give one's daughter to sb. in marriage
**Vermählte der/die;** *adj. Dekl.; meist Pl. (geh.)* bridegroom/bride; **die ~n** the bride and bridegroom; **die beiden frisch ~n** the newly-married couple; the newly-weds *(coll.)*
**Vermählung die;** ~, ~en *(geh.)* **a)** marriage; wedding; **b)** *(Fest)* wedding ceremony
**vermaledeit** [fɛɐ̯male'dait] *Adj.; nicht präd. (ugs. veralt.)* damned; blasted *(Brit.)*
**vermännlichen** *tr. V.* masculinize
**vermarkten** *tr. V.* **a)** *(als Ware verkaufen)* exploit commercially; **b)** *(Wirtsch.)* market ⟨*goods etc.*⟩
**Vermarktung die;** ~, ~en **a)** commercial exploitation; **b)** *(Wirtsch.)* marketing
**vermasseln** [fɛɐ̯'masl̩n] *tr. V. (salopp)* **a)** *(verderben)* muck up *(Brit. sl.)*; mess up; ruin; **b)** *(verhauen)* make a cock-up *(Brit. sl.) or* mess of ⟨*exam etc.*⟩
**Vermassung die;** ~, ~en *(abwertend)* loss of individuality
**vermauern** *tr. V.* **a)** *(zumauern)* wall up ⟨*entrance*⟩; brick up ⟨*hole, window, etc.*⟩; **b)** *(verbrauchen)* use up ⟨*bricks, sand, etc.*⟩ in building a/the wall *etc.*
**vermehren 1.** *tr. V. (größer machen)* increase (**um** by). **2.** *refl. V.* **a)** *(größer werden)* increase; **b)** *(sich fortpflanzen)* reproduce; ⟨*bacterium, virus*⟩ multiply
**vermehrt 1.** *Adj.* increased. **2.** *adv.* increasingly; **~ auftreten** occur with increasing frequency
**Vermehrung die;** ~, ~en **a)** increase (*Gen.* in); **b)** *(Fortpflanzung)* reproduction; *(von Bakterien, Viren)* multiplying
**vermeidbar** *Adj.* avoidable; **die Niederlage wäre ~ gewesen** the defeat could have been avoided
**vermeiden** *unr. tr. V.* avoid; **es läßt sich nicht ~:** it is unavoidable; **es ~, etw. zu tun** avoid doing sth.; **er hatte gehofft, daß der Krieg zu ~ sei** he had hoped that war could be avoided; **ein Gegentor ~:** avoid conceding a goal
**Vermeidung die;** ~, ~en avoidance
**vermeinen** *tr. V. (geh.)* think; **er vermeinte, ihre Stimme zu hören** he thought he heard her voice
**vermeintlich** [fɛɐ̯'maintlɪç] **1.** *Adj.; nicht präd.* supposed. **2.** *adv.* supposedly
**vermelden** *tr. V.* report; ⟨*report*⟩ announce
**vermengen 1.** *tr. V.* **a)** *(mischen)* mix (**miteinander** together); **b)** *(durcheinanderbringen)* mix up; confuse. **2.** *refl. V. (sich mischen)* mingle
**vermenschlichen** *tr. V.* anthropomorphize
**Vermenschlichung die;** ~, ~en anthropomorphization
**Vermerk** [fɛɐ̯'mɛrk] **der;** ~[e]s, ~e note; *(amtlich)* remark; *(Stempel)* stamp; *(im Kalender)* entry
**vermerken** *tr. V.* **a)** *(notieren)* make a note of; note [down]; *(in Akten, Wachbuch usw.)* record; **das sei aber nur am Rande vermerkt** but that is only by the way; **b)** *(feststellen)* note; *s. auch* **übel 2 b**
**¹vermessen 1.** *unr. tr. V.* measure; survey ⟨*land, site*⟩. **2.** *unr. refl. V.* **a)** *(falsch messen)* measure wrongly; **b)** *(geh.: sich anmaßen)* **sich ~, etw. zu tun** presume *or* have the presumption to do sth.; **wie konnte er sich ~!** what presumption!
**²vermessen** *Adj. (geh.)* presumptuous; **darf ich so ~ sein anzunehmen, daß ...:** may I be so bold as to assume that ...
**Vermessenheit die;** ~, ~en *(geh.)* presumption; presumptuousness; **das ist eine große ~ von dir** that is very presumptuous of you
**Vermessung die** measurement; *(Land~)* surveying
**vermiesen** *tr. V. (ugs.)* **jmdm. etw. ~:** spoil sth. for sb.; **jmdm. die Laune/das Vergnügen ~:** spoil sb.'s mood/enjoyment
**vermieten** *tr. (auch itr.) V.* rent [out], let [out] ⟨*flat, room, etc.*⟩ (**an** + *Akk.* to); hire [out] ⟨*boat, car, etc.*⟩; **wir ~ auch an Studenten** we also rent *or* let to students; **„Zimmer zu ~"** 'room to let'
**Vermieter der** landlord
**Vermieterin die** landlady
**Vermietung die;** ~, ~en *s.* **vermieten:** renting [out]; letting [out]; hiring [out]
**vermindern 1.** *tr. V.* reduce; decrease; reduce, lessen ⟨*danger, stress*⟩; lessen ⟨*admiration, ability*⟩; lower ⟨*resistance*⟩; reduce ⟨*debt*⟩. **2.** *refl. V.* decrease; ⟨*influence, danger*⟩ decrease, diminish; ⟨*resistance*⟩ diminish
**vermindert** *Adj.* **a) ~e Zurechnungsfähigkeit** *(Rechtsw.)* diminished responsibility; **b)** *(Mus.)* diminished
**Verminderung die** *s.* **vermindern 1:** reduction; decreasing; lessening; lowering; **eine ~ der Einnahmen** a decrease in revenues
**verminen** *tr. V.* mine
**vermischen 1.** *tr. V.* mix (**miteinander** together); blend ⟨*teas, tobaccos, etc.*⟩; **Wahres und Erdachtes miteinander ~:** mingle truth and fiction. **2.** *refl. V.* mix; *(fig.)* mingle; ⟨*races, animals*⟩ interbreed; **unter der Rubrik „Vermischtes"** under the heading 'Miscellaneous'

**Vermịschung die** *s.* **vermischen:** mixing; blending; *(fig.)* mingling

**vermịssen** *tr. V.* **a)** *(sich sehnen nach)* miss; **b)** *(nicht haben)* **ich vermisse meinen Ausweis** my identity card is missing; **nach dem Brand wurde er vermißt** he was unaccounted for after the fire; **ich vermisse in deiner Küche einen Kühlschrank** I notice that you do not have a fridge in your kitchen; **etw. ~ lassen** lack sth.; be lacking in sth.; **er gilt als** *od.* **ist vermißt** *(fig.)* he is listed as a missing person; **der vermißte Soldat** the missing soldier; **man hat dich in der Vorlesung vermißt** your absence from the lecture was noticed

**Vermịßte der/die;** *adj. Dekl.* missing person

**Vermịßten·anzeige die ~ [von jmdm.] erstatten** report sb. [as] missing

**vermịtteln 1.** *itr. V.* mediate, act as [a] mediator (**in** + *Dat.* in); **~d eingreifen** act as [a] mediator; **~de Worte** conciliating words. **2.** *tr. V.* **a)** *(herbeiführen)* arrange; negotiate ⟨*transaction, cease-fire, compromise*⟩; **b)** *(besorgen)* **jmdm. eine Stelle ~:** find sb. a job; find a job for sb.; **jmdm. ein Haus ~:** locate a house for sb.; **c)** *(als Mittler tätig sein für)* **das Arbeitsamt vermittelt die Arbeitskräfte an die Firmen** the job centre *(Brit.) or (Amer.)* employment office places workers with firms; **d)** *(weitergeben)* impart ⟨*knowledge, insight, values, etc.*⟩; communicate, pass on ⟨*message, information, etc.*⟩; convey, give ⟨*feeling*⟩; pass on ⟨*experience*⟩; **jmdm. ein genaues Bild von etw. ~:** convey a precise picture of sth. to sb.; **jmdm. Bildung ~:** educate sb.

**vermịttels[t]** *Präp. mit Gen. (Papierdt.)* by means of; **~ eines Wörterbuchs** with the help of a dictionary

**Vermịttler der; ~s, ~ a)** *(Mittler)* mediator; **b)** *(Träger) s.* **vermitteln 2d:** imparter; communicator; conveyer; **c)** *(von Berufs wegen)* agent; **der ~ eines Geschäfts** the negotiator of a transaction

**Vermịttler·rolle die** role of mediator

**Vermịttlung die; ~, ~en a)** *(Schlichtung)* mediation; **seine ~ anbieten** offer to mediate; **b)** *s.* **vermitteln 2a:** arrangement; negotiation; **durch die ~ eines Beamten** through the good offices of an official; **c)** *(das Besorgen)* **die ~ einer Stelle** finding a job for sb.; **die ~ eines Hauses für jmdn.** locating a house for sb.; **d)** *s.* **vermitteln 2d:** imparting; communicating; passing on; conveying; **e)** *(Telefonzentrale)* exchange; *(in einer Firma)* switchboard; *(Telefonist)* operator

**Vermịttlungs-: ~aus·schuß der** mediation committee [between the two houses of parliament]; **~gebühr die** commission

**vermö̱beln** *tr. V. (ugs.)* beat up; *(als Strafe)* thrash

**vermo̱dern** *itr. V.; mit sein* decay; rot

**vermö̱ge** *Präp. mit Gen. (geh.)* by virtue of

**vermö̱gen** *(geh.) unr. tr. V.* **etw. zu tun ~:** be able to do sth.; be capable of doing sth.; **er vermochte [es] nicht, mich zu überzeugen** he was not able to convince me; **wir werden alles tun, was wir [zu tun] ~:** we will do everything we can; **wer vermöchte zu sagen, ob ...:** who can say whether ...; **er vermochte nichts dagegen** he could do nothing to prevent it

**Vermö̱gen das; ~s, ~ a)** *o. Pl. (geh.: Fähigkeit)* ability; **b)** *(Besitz)* fortune; **er hat ~:** he has money; he is a man of means; **das kostet ja ein ~** *(ugs.)* it costs a fortune; **sein ganzes ~:** all his money

**vermö̱gend** *Adj.* wealthy; well-off; **sie ist eine ~e Frau** she is a woman of means *or* a wealthy woman

**Vermö̱gens-: ~ab·gabe die** capital levy; **~bildung die** *(wider) creation of wealth by participation of employees in savings and share-ownership schemes;* **~steuer die** wealth tax

**Vermö̱gen·steuer die** *s.* **Vermögenssteuer**

**vermö̱gens-, Vermö̱gens-: ~verhältnisse** *Pl.* financial circumstances; **~werte** *Pl.* investments; **~wirksam 1.** *Adj.* ⟨*saving*⟩ under the employee's savings scheme; **~wirksame Leistungen** employer's contributions to employees' savings schemes; **2.** *adv.* ⟨*invest*⟩ profitably

**vermummen** [fɛɐ̯'mʊmən] *tr. V.* **a)** *(einhüllen)* wrap up [warmly]; **b)** *(verbergen)* disguise; **vermummte Jugendliche** masked youths

**Vermụmmung die; ~, ~en a)** *o. Pl.* **zur ~ hatten wir ...:** in order to disguise ourselves we had ...; **~ soll unter Strafe gestellt werden** wearing a mask is to be made a punishable offence; **b)** *(Kleidung)* disguise

**Vermụmmungs·verbot das** ban on wearing masks [during demonstrations]

**vermụrksen** *tr. V. (ugs.)* mess up; muck up *(Brit. sl.)*

**vermu̱ten** *tr. V.* suspect; **das ist zu ~:** that is what one would suppose *or* expect; we may assume that; **die Untersuchung läßt ~, daß ...:** the investigation leads one to suppose that ...; **ich vermute/vermutete ihn in der Bibliothek** I suspect *or* presume he is/supposed *or* presumed he was in the library

**vermu̱tlich 1.** *Adj.* probable; probable, likely ⟨*result*⟩; **der ~e Täter** the suspect. **2.** *Adv.* presumably; *(wahrscheinlich)* probably; **[ja,] ~:** [yes,] I suppose so

**Vermu̱tung die; ~, ~en** supposition; *(Verdacht)* suspicion; **es liegt die ~ nahe, daß ...:** it seems a likely supposition that ...; there are grounds for supposing that ...; **die ~ haben, daß ...:** presume *or* suppose that ...

**verna̱chlässigen** *tr. V.* **a)** neglect; **b)** *(unberücksichtigt lassen)* ignore; disregard

**Verna̱chlässigung die; ~, ~en** neglect; *(das Nichtberücksichtigen)* disregard; **unter ~ dieser Erkenntnisse** ignoring these perceptions

**verna̱geln** *tr. V.* nail up, cover ⟨*hole etc.*⟩; **mit Brettern vernagelt** boarded up

**vernä̱hen** *tr. V.* **a)** stitch [up] ⟨*tear, wounds*⟩; **den Faden gut ~:** sew the thread in firmly; **b)** *(beim Nähen verbrauchen)* use up ⟨*thread, material*⟩

**vernạrben** *itr. V.; mit sein* [form a] scar; heal *(lit. or fig.)*

**Vernạrbung die; ~, ~en** formation of a scar; **die ~ der Wunde dauerte Wochen** the wound took weeks to form a scar

**vernạrren** *refl. V.* **sich in jmdn./etw. ~:** become besotted *or* infatuated with sb./sth.; **in jmdn./etw. vernarrt sein** be infatuated with *or (coll.)* crazy about sb./be crazy *(coll.)* abouth sth.

**Vernạrrtheit die; ~, ~en** infatuation (**in** + *Akk.* with)

**vernạschen** *tr. V.* **a)** *(für Süßigkeiten ausgeben)* spend on sweets *(Brit.) or (Amer.)* candy; **b)** *(salopp: geschlechtlich verkehren mit)* lay ⟨*girl*⟩ *(sl.)*; **c)** *(salopp: bezwingen, ausschalten)* wipe the floor with *(sl.)* ⟨*opponent, competitors*⟩

**verne̱beln** *tr. V.* shroud ⟨*area*⟩ in fog; *(mit Rauch)* cover ⟨*area*⟩ with a smoke-screen; *(fig.)* obscure ⟨*facts*⟩; **jmdm. das Gehirn ~** *(fig.)* ⟨*alcohol*⟩ befuddle sb.'s brain

**Verne̱belung die; ~, ~en** shrouding in fog/smoke; *(fig.: des Kopfes)* befuddling; clouding; *(der Tatsachen)* obscuration

**verne̱hmbar** *Adj. (geh.)* audible

**verne̱hmen** *unr. tr. V.* **a)** *(geh.: hören, erfahren)* hear; **über seine Absichten nichts ~ lassen** not say anything *or* keep quiet about one's intentions; **b)** *(verhören)* question; *(vor Gericht)* examine

**Verne̱hmen das** *in* **dem/allem ~ nach** from what/all that one hears; **sicherem ~ nach** according to reliable sources

**verne̱hmlich 1.** *Adj.* [clearly] audible. **2.** *adv.* audibly; **laut und ~:** loud and clear

**Verne̱hmung die; ~, ~en** questioning; *(vor Gericht)* examination

**verne̱hmungsfähig** *Adj.* in a condition *or* fit to be questioned/examined *postpos.*

**verne̱igen** *refl. V. (geh.)* bow (**vor** + *Dat.* to, *(literary)* before)

**Verne̱igung die; ~, ~en** *(geh.)* bow

**verne̱inen** *tr. (auch itr.) V.* **a)** say 'no' to ⟨*question*⟩; answer ⟨*question*⟩ in the negative; **er verneinte [es]** he said 'no'; **eine ~de Antwort** a negative answer; an answer in the negative; **er schüttelte ~d den Kopf** he shook his head to say 'no'; **b)** *(ablehnen)* reject; **c)** *(Sprachw.)* negate

**Verne̱inung die; ~, ~en a) ~ einer Frage** negative answer to a question; **b)** *(Ablehnung)* rejection; **c)** *(Sprachw.)* negation

**Verne̱inungs-: ~fall der** *in* **im ~falle** *(Papierdt.)* should the answer be in the negative; **~wort das;** *Pl.* **~wörter** *(Sprachw.)* negative [word]

**vernẹtzen** *tr. V. (Chemie, Technik)* interlink

**vernịchten** *tr. V.* destroy; exterminate ⟨*pests, vermin*⟩

**vernịchtend 1.** *Adj.* crushing ⟨*defeat*⟩; shattering ⟨*blow*⟩; *(fig.)* devastating ⟨*criticism*⟩; devastating, withering ⟨*glance*⟩. **2.** *adv.* **den Feind ~ schlagen** inflict a crushing defeat on the enemy

**Vernịchtung die; ~, ~en** destruction; *(von Schädlingen)* extermination

**Vernịchtungs-: ~lager das** extermination camp; **~potential das** destructive potential; **~waffe die** weapon of annihilation

**verni̱e̱dlichen** *tr. V.* trivialize ⟨*matter, situation, etc.*⟩; play down ⟨*guilt, error*⟩

**Verni̱e̱dlichung die; ~, ~en** trivialization

**Vernissage** [vɛrnɪ'sa:ʒə] **die; ~, ~n** *(geh.)* private view *(of contemporary artist's exhibition)*

**Vernunft** [fɛɐ̯'nʊnft] **die; ~:** reason; **gegen alle [Regeln der] ~:** contrary to all [dictates of] common sense; **ohne ~ handeln** act rashly *or* without thinking; **~ annehmen, zur ~ kommen** see reason; come to one's senses; **jmdn. zur ~ bringen** make sb. see reason

**vernụnft-, Vernụnft-: ~begabt** *Adj.* rational; **~ehe die, ~heirat die** the marriage of convenience

**vernünftig** [fɛɐ̯'nʏnftɪç] **1.** *Adj.* **a)** sensible; **es wäre das ~ste gewesen, zu ...:** the most sensible thing would have been to ...; **mit ihm kann man kein ~es Wort reden** one can't have a sensible conversation with him; **b)** *(ugs.: ordentlich, richtig)* decent; **einen ~en Beruf lernen** learn a proper trade. **2.** *adv.* **a)** sensibly; **über etw.** *(Akk.)* **~ diskutieren** have a sensible discussion about sth.; **b)** *(ugs.: ordentlich, richtig)* ⟨*talk, eat*⟩ properly; ⟨*dress*⟩ sensibly

**vernü̱nftigerwe̱ise** *Adv.* sensibly; **etw. ~ tun** ⟨*person*⟩ have the [good] sense to do sth.

**Vernụnft·mensch der** [purely] rational person

**vernụnft·widrig 1.** *Adj.* irrational. **2.** *adv.* irrationally

**veröden 1.** *itr. V.; mit sein* **a)** *(menschenleer werden)* become deserted; **verödet** deserted ⟨*houses, streets, etc*⟩; **b)** *(unfruchtbar werden)* ⟨*land*⟩ become barren *or* desolate. **2.** *tr. V. (Med.)* treat ⟨*varicose veins*⟩ by injection

**Verö̱dung die; ~, ~en** *s.* **veröden:** desertion; desolation; *(Med.)* injection treatment

**verö̱ffentlichen** *tr. V.* publish

**Verö̱ffentlichung die; ~, ~en** publication

**verọrdnen** *tr. V.* **[jmdm. etw.] ~:** prescribe [sth. for sb.]; **der Arzt hat mir Bettruhe verordnet** the doctor ordered me to stay in bed

**Verọrdnung die** prescribing; prescription

**verpạchten** *tr. V.* lease

**Verpächter der** landlord; lessor *(Law)*

**Verpachtung die; ~, ~en** leasing

**verpacken** *tr. V.* pack; wrap up ⟨*present, parcel*⟩; **etw. als Geschenk ~:** gift-wrap sth.

**Verpackung die a)** *o.Pl.* packing; **b)** *(Umhüllung)* packaging *no pl.*; wrapping

**Verpackungs·material das** packaging [material]

**verpassen** *tr. V.* **a)** miss ⟨*train, person, entry (Mus.), chance, etc.*⟩; **b)** *(ugs.: geben)* **jmdm. etw. ~:** give sb. sth.; **jmdm. eins ~:** clout sb. one *(coll.)*

**verpatzen** *tr. V. (ugs.)* make a mess of; muck up *(Brit. sl.)*; botch ⟨*job*⟩; **du hast mir alles verpatzt** you've spoilt it all for me; **eine verpatzte Gelegenheit** a wasted opportunity

**verpennen** *(salopp)* **1.** *itr. V.* oversleep. **2.** *tr. V.* **a)** *(vergessen)* forget; **b)** *(verschlafen)* sleep through ⟨*morning etc.*⟩

**verpennt** *Adj. (salopp)* half asleep *pred.*; *(fig.)* dozy ⟨*place*⟩; **total ~:** in a complete sleepy daze

**verpesten** *tr. V. (abwertend)* pollute

**Verpestung** *(abwertend)* **die; ~, ~en** pollution

**verpetzen** *tr. V. (abwertend)* **jmdn. [beim Lehrer** *usw.*] **~:** tell *or (sl.)* split on sb. [to the teacher *etc.*]

**verpfänden** *tr. V.* pawn ⟨*article*⟩; mortgage ⟨*house*⟩; *(fig.)* pledge ⟨*word, honour*⟩

**Verpfändung die** pawning; *(von Hausbesitz)* mortgaging; mortgage

**verpfeifen** *unr. tr. V. (ugs. abwertend)* grass *or* split on ⟨*person*⟩ *(sl.)* **(bei** to); sing about ⟨*plan etc.*⟩ *(sl.)*

**verpflanzen** *tr. V.* **a)** transplant ⟨*tree, bush*⟩; *(fig.)* uproot and move ⟨*person*⟩; **b)** *(Med.)* transplant ⟨*heart etc.*⟩; graft ⟨*skin*⟩

**Verpflanzung die; ~, ~en a)** transplanting; **b)** *(Med.)* transplant[ing]; *(von Haut)* graft

**verpflegen** *tr. V.* cater for; feed; **sich selbst ~:** cater for oneself; **nur kalt/im Heim verpflegt werden** only be served cold food/be served one's food in the hostel

**Verpflegung die; ~, ~en a)** *o.Pl.* catering *no indef. art.* (*Gen.* for); **b)** *(Nahrung)* food; **Unterkunft und ~:** board and lodging

**Verpflegungs·kosten** *Pl.* cost *sing.* of food *or* meals

**verpflichten 1.** *tr. V.* **a)** oblige; commit; *(festlegen, binden)* bind; *(durch Eid)* swear; **jmdn. auf die Verfassung ~:** make sb. swear *or* promise to uphold the constitution; **zur Verschwiegenheit verpflichtet** sworn to secrecy; **der Kauf des ersten Bandes verpflichtet zur Abnahme des gesamten Werkes** purchase of the first volume is a commitment *or* obliges one to take the complete work; **sich verpflichtet fühlen [, etw. zu tun]** feel obliged [to do sth.]; **das verpflichtet dich zu nichts** that doesn't commit you to anything; **jmdm. verpflichtet sein** be indebted to sb.; **ich bin Ihnen zu Dank verpflichtet** I am indebted *or* obliged to you; **b)** *(einstellen, engagieren)* engage ⟨*actor, manager, etc.*⟩; *(Sport)* sign ⟨*player*⟩; **jmdn. ans Stadttheater/nach Berlin ~:** take sb. on *or* engage sb. at the Municipal Theatre/for Berlin. **2.** *refl. V.* undertake; promise; **sich zu einer Zahlung ~:** commit oneself to making a payment; **sich vertraglich ~:** sign a contract; bind oneself by contract; **sich bei der Bundeswehr auf 8 Jahre ~:** sign on with the [Federal] Armed Forces for eight years

**Verpflichtung die; ~, ~en a)** obligation; commitment; **eine ~ übernehmen** take on an obligation *or* a commitment; **[finanzielle] ~en** [financial] commitments; liabilities; **dienstliche/gesellschaftliche** *usw.* **~en** official/social *etc.* commitments; **ich habe keine anderweitigen ~en** I am not otherwise engaged; I have no other engagements; **b)** *(Engagement)* engaging; engagement; *(Sport: eines Spielers)* signing

**verpfuschen** *tr. V. (ugs.)* make a mess of; muck up *(Brit. sl.)*; **sich** *(Dat.)* **das Leben/die Karriere ~:** make a mess of one's life/career

**verpissen** *refl. V. (salopp)* piss off *(Brit. sl.)*; beat it *(sl.)*

**verplanen** *tr. V.* **a)** *(falsch planen)* get the plans wrong for; **b)** *(festlegen, einteilen)* book ⟨*person, time*⟩ up; commit ⟨*money, reprint*⟩; **er hat sein Geld/seine Freizeit schon verplant** his money is already fully committed/his spare time is fully booked

**verplappern** *refl. V. (ugs.)* blab *(coll.)*; let the cat out of the bag

**verplaudern 1.** *tr. V.* chat away ⟨*time*⟩; spend ⟨*time*⟩ chatting. **2.** *refl. V.* go on chatting too long

**verplempern** [fɛɐ̯'plɛmpɐn] *(ugs.)* **1.** *tr. V.* fritter away. **2.** *refl. V.* fritter away one's time/opportunities

**verplomben** *tr. V.* seal

**Verplombung die; ~, ~en a)** sealing; **b)** *(Plombe)* seal

**verpönt** *Adj.:* scorned; *(tabu)* taboo

**verpoppen** *tr. V.* popularize; *(aufmöbeln)* jazz up

**verprassen** *tr. V.* squander, *(sl.)* blow ⟨*money, fortune*⟩

**verprellen** *tr. V.* alienate

**verproviantieren 1.** *tr. V.* supply with food *or* provisions. **2.** *refl. V.* stock up [with food *or* provisions]

**verprügeln** *tr. V.* beat up; *(zur Strafe)* thrash

**verpuffen** *itr. V.; mit sein* go phut; *(fig.)* fizzle out; ⟨*joke*⟩ fall flat

**verpulvern** *tr. V. (ugs.)* blow *(sl.)* ⟨*money*⟩; *(allmählich)* fritter away ⟨*money*⟩

**verpuppen** *refl. V. (Zool.)* pupate

**Verputz der** plaster; *(auf Außenwänden)* rendering; *(Rauhputz)* roughcast

**verputzen** *tr. V.* **a)** *(mit Putz versehen)* plaster; render ⟨*outside wall*⟩; *(mit Rauhputz)* roughcast; **b)** *(ugs.: aufessen)* polish off *(coll.)* ⟨*food*⟩

**Verputzer der; ~s, ~:** plasterer

**verqualmen 1.** *itr. V.; mit sein* ⟨*cigar, cigarette*⟩ go out. **2.** *tr. V. (ugs. abwertend)* fill ⟨*room*⟩ with smoke; **verqualmt** smoke-filled

**verquält** [fɛɐ̯'kvɛ:lt] *Adj.* tormented; in torment *or* agony *pred.*

**verquatschen** *(ugs.)* **1.** *tr. V.* natter away *(coll.)* ⟨*time*⟩; spend ⟨*time*⟩ nattering *(coll.)*. **2.** *refl. V.* blab *(coll.)*; let the cat out of the bag

**verquer 1.** *Adj.* **a)** *(schief)* angled, crooked ⟨*position*⟩; **b)** *(absonderlich)* weird, outlandish ⟨*idea*⟩. **2.** *adv.* **a)** *(schief)* at an angle; crookedly; **b)** *(absonderlich)* ⟨*behave*⟩ weirdly; **c) jmdm. geht etw./alles ~:** sth./everything is going wrong for sb.

**verquicken** [fɛɐ̯'kvɪkn̩] *tr. V.* combine

**Verquickung die; ~, ~en** combination

**verquirlen** *tr. V.* mix [with a whisk]; whisk

**verquollen** [fɛɐ̯'kvɔlən] *Adj.* swollen

**verrammeln** *tr. V.* barricade

**verramschen** *tr. V. (ugs. abwertend) s.* **verschleudern a**

**verrannt** [fɛɐ̯'rant] *Adj.* obsessed

**Verrat der; ~[e]s** betrayal **(an +** *Dat.* of); **~ begehen** *(Politik)* commit [an act of] treason; **~ an jmdm. begehen** betray sb.

**verraten 1.** *unr. tr. V.* **a)** betray ⟨*person, cause*⟩; betray, give away ⟨*secret, plan, etc.*⟩ **(an +** *Akk.* to); **wer hat dir das Versteck ~?** who told you about the hiding-place?; **~ und verkauft sein** be well and truly in the soup *or* sunk *(coll.)*; **b)** *(ugs.: mitteilen)* **jmdm. den Grund** *usw.* **~:** tell sb. the reason *etc.*; **c)** *(erkennen lassen)* show, betray ⟨*feelings, surprise, fear, etc.*⟩; show ⟨*influence, talent*⟩; **d)** *(zu erkennen geben)* give ⟨*person*⟩ away. **2.** *unr. refl. V.* **a)** ⟨*person*⟩ give oneself away; **b)** *(sich zeigen)* show itself; be revealed

**Verräter** [fɛɐ̯'rɛ:tɐ] **der; ~s, ~:** traitor (*Gen.*, **an +** *Dat.* to)

**Verräterei die; ~, ~en** treachery

**Verräterin die; ~, ~en** traitress

**verräterisch** *Adj.* **a)** treacherous ⟨*plan, purpose, act, etc.*⟩; **b)** *(erkennen lassend)* tell-tale, give-away ⟨*look, gesture*⟩; **die Röte in ihrem Gesicht war ~:** her red face gave her away

**verrauchen 1.** *itr. V.; mit sein* ⟨*smoke, cloud, etc.*⟩ clear [away], disappear; *(fig.)* ⟨*anger etc.*⟩ blow over, subside. **2.** *tr. V.* spend ⟨*money*⟩ on smoking

**verräuchern** *tr. V.* fill with smoke; **verräuchert** smoke-filled; smoky

**verraucht** *Adj.* smoke-filled; smoky

**verrauschen** *itr. V.; mit sein* die *or* fade [away]

**verrechnen 1.** *tr. V.* include, take into account ⟨*amount etc.*⟩; *(gutschreiben)* credit ⟨*cheque etc.*⟩ to another account. **2.** *refl. V.* *(auch fig.)* miscalculate; make a mistake/mistakes

**Verrechnung die** settlement **(mit** by means of); **„nur zur ~"** *(Bankw.)* 'not negotiable'; 'a/c payee [only]'

**Verrechnungs-: ~einheit die** *(Wirtsch.)* clearing unit; **~scheck der** *(Wirtsch., Bankw.)* crossed cheque

**verrecken** *itr. V.; mit sein (salopp)* die [a miserable death]; **das tu ich ums Verrecken nicht** there's no way I'll do that

**verregnen** *itr. V.; mit sein* be spoilt *or* ruined by rain; **verregnet** rainy, wet ⟨*spring, summer, holiday, etc.*⟩; ⟨*harvest*⟩ spoilt by rain

**verreiben** *unr. tr. V.* rub in

**verreisen** *itr. V.; mit sein* go away; **verreist sein** be away

**verreißen** *unr. tr. V.* **a)** *(ugs.)* tear ⟨*book, play, etc.*⟩ to pieces; **b)** *(ugs.: beim Lenken)* **den Wagen/die Lenkung/das Steuer ~:** snatch at the steering; *(als Ausweichmanöver)* swerve

**verrenken** [fɛɐ̯'rɛŋkn̩] *tr. V.* **a)** *(verletzen)* dislocate; **sich** *(Dat.)* **den Fuß ~:** twist one's ankle; **b)** *(biegen)* **sich** *od.* **seine Glieder ~:** go into *or* perform contortions

**Verrenkung die; ~, ~en a)** *(Verletzung)* dislocation; **b)** *(Biegung des Körpers)* contortion; **~en machen** go into *or* perform contortions

**verrennen** *unr. refl. V.* get on the wrong track *or* off course; **sich in etw.** *(Akk.)* **~:** become obsessed with sth.

**verrenten** *tr. V. (Amtsspr.)* retire [on a pension]

**Verrentung die; ~, ~en** *(Amtsspr.)* retirement [on a pension]

**verrichten** *tr. V.* perform ⟨*work, duty, etc.*⟩; **seine Notdurft ~:** relieve oneself

**Verrichtung die** carrying out; performance; **gute ~!** *(scherzh. wenn jmd. zur Toilette geht)* have fun!; **die täglichen ~en** one's daily tasks

**verriegeln** *tr. V.* bolt

**Verriegelung die; ~, ~en a)** *(das Verriegeln)* bolting; **b)** *(Vorrichtung)* bolt mechanism; *(Schloß)* lock

**verringern** [fɛɐ̯'rɪŋɐn] **1.** *tr. V.* reduce. **2.** *refl. V.* decrease

**Verringerung die; ~:** reduction; decrease (*Gen.*, **von** in)

**verrinnen** *unr. itr. V.; mit sein* **a)** *(versickern)* seep away; **b)** *(geh.: verstreichen)* pass [by]; ⟨*year, month*⟩ elapse, pass

**Verriß der** *(ugs.)* damning review *or* criticism **(über +** *Akk.* of)

**verrocken** *tr. V.* produce a rock arrangement of ⟨*piece*⟩

**verrohen 1.** *tr. V.* brutalize. **2.** *itr. V.; mit sein* become brutal

**Verrohung die; ~, ~en** brutalization

**verrosten** *itr. V.; mit sein* rust; **verrostet** rusty

**verrọtten** *itr. V.; mit sein* rot; ⟨*building etc.*⟩ decay
**verrucht** [fɛɐ̯'ru:xt] *Adj.* **a)** *(veralt.: ruchlos)* despicable; **b)** *(scherzh.: verworfen)* disreputable, seedy ⟨*quarter etc.*⟩
**Verruchtheit die; ~: a)** despicableness; **b)** *(scherzh.: Verworfenheit)* disreputableness; seediness
**verrụ̈cken** *tr. V.* move; shift
**verrụ̈ckt** *(ugs.)* **1.** *Adj.* **a)** mad; **~ werden** go mad *or* insane; **jmdn. ~ machen** drive sb. mad; **mach dich doch nicht ~!** don't get yourself into a state!; **du bist wohl ~!** you must be mad *or* crazy!; **bei diesem Lärm kann man ja ~ werden!** this noise is enough to drive you mad *or (coll.)* round the bend; **wie ~:** like mad *or (coll.)* crazy; **ich werde ~!** I'll be blowed *(sl.) or (coll.)* damned; **~ spielen** *(salopp)* ⟨*person*⟩ act crazy *(coll.)*; ⟨*car, machine, etc.*⟩ play up *(coll)*; ⟨*watch, weather*⟩ go crazy; **b)** *(überspannt, ausgefallen)* crazy ⟨*idea, fashion, prank, day, etc.*⟩; **so was Verrücktes!** what a crazy idea!; **c)** *(begierig, geil)* crazy; **sie macht die Männer ~:** she drives men crazy [with desire]; **auf jmdn.** *od.* **nach jmdm/auf etw.** *(Akk.)* **~ sein** be crazy *(coll.) or* mad about sb./sth. **2.** *adv.* crazily; ⟨*behave*⟩ crazily *or* like a madman; ⟨*paint, dress, etc.*⟩ in a mad *or* crazy way
**Verrụ̈ckte der/die;** *adj. Dekl. (ugs.)* madman/madwoman; lunatic
**Verrụ̈cktheit die; ~, ~en a)** *o.Pl.* madness; insanity; *(Überspanntheit)* craziness; **b)** *(irre Handlung)* act of madness; folly; *(überspannte Idee)* crazy idea
**Verrụ̈ckt·werden das** *(ugs.) in* **zum ~ sein** be enough to drive you mad *or (coll.)* round the bend; **es ist zum ~ mit ihm** he's enough to drive anyone scatty *(Brit. sl.)*
**Verruf der** *in* **in ~ kommen** *od.* **geraten** fall into disrepute; **jmdn./etw. in ~ bringen** bring sb./sth. into disrepute
**verrufen** *Ad.* disreputable
**verrühren** *tr. V.* stir together; mix
**verrunzelt** *Adj.* wrinkled
**verrußen 1.** *itr. V.; mit sein* become sooty; ⟨*sparking-plug*⟩ soot up; **verrußt** sooty; *(von Ruß bedeckt)* covered in soot *postpos.* **2.** *tr. V.* make sooty
**verrutschen** *itr. V.* slip
**Vers** [fɛrs] **der; ~es, ~e** verse; *(Zeile)* line; **~e schreiben** *od.* *(ugs.)* **schmieden** write verse *or* poetry; **etw. in ~e setzen** *od.* **bringen** put sth. into verse; **ein Epos in ~en** a verse epic; **sich** *(Dat.)* **einen ~ auf etw.** *(Akk.)***/darauf machen** *(fig.)* make sense of sth./put two and two together
**versạchlichen** *tr. V.* make [more] objective
**Versạchlichung die; ~: zur ~ der Diskussion beitragen** help to make the discussion more objective
**versạcken** *itr. V.; mit sein (ugs.)* **a)** sink; **b)** *(fig.)* **s. versumpfen b, c**
**versagen 1.** *itr. V.* fail; ⟨*machine, engine*⟩ stop [working], break down; **menschliches Versagen** human error; **ihre Stimme versagte** her voice failed. **2.** *tr. V. (geh.) (nicht gewähren)* **jmdm./sich etw. ~:** deny *or* refuse sb. sth./deny oneself sth.; **ein Kind blieb ihr versagt** a child was denied her; **es war ihm versagt, das mitzuerleben** circumstances did not allow him to witness it; **ich konnte es mir nicht ~, darauf zu antworten** I could not refrain from answering; *s. auch* **Dienst d. 3.** *refl. V.* **sich jmdm. ~:** refuse to give oneself *or* surrender to sb.
**Versager der; ~s, ~:** failure
**Versagung die; ~, ~en** refusal
**versalzen 1.** *unr. tr. V.* **a)** put too much salt in/on; **die Suppe ist versalzen** there is too much salt in the soup; the soup is too salty; **b)** *(fig. ugs.)* spoil; **jmdm. etw. ~:** spoil sth. for sb.; *s. auch* **Suppe. 2.** *itr. V.; mit sein (bes. Ökologie; Bodenk.)* become salty
**versạmmeln 1.** *tr. V.* assemble; gather [together]; **seine Leute um sich ~:** gather one's people around one. **2.** *refl. V.* assemble; *(weniger formell)* gather; **sich um jmdn./etw. ~:** gather round sb./sth.; **vor versammelter Belegschaft sprechen** speak to the assembled staff; *s. auch* **Mannschaft c**
**Versạmmlung die a)** meeting; *(Partei~)* assembly; *(unter freiem Himmel, bes. politisch)* rally; **auf einer ~ sprechen** speak at a meeting/rally; **b)** *(Gremium)* assembly; **gesetzgebende/verfassunggebende ~:** legislative/constituent assembly; **c)** *o.Pl. (das Sichversammeln)* assembly; bringing together *no art.*
**Versạmmlungs-: ~freiheit die;** *o.Pl.* freedom of assembly; **~lokal das** meeting-place
**Versạnd der; ~[e]s a)** dispatch; **zum ~ fertigmachen** prepare for dispatch; **b)** *(Abteilung)* dispatch department; **c)** *(ugs.: ~haus)* mail-order firm
**Versạnd·buch·handel der** mail-order trade
**versạnden** *itr. V.; mit sein* **a)** fill with sand; ⟨*harbour etc.*⟩ silt up; *(mit Sand bedeckt werden)* be covered with sand; **b)** *(fig. ugs.)* peter *or* fizzle out
**Versạnd-: ~geschäft das, ~handel der** mail-order business; **~haus das** mail-order firm; **~haus·katalog der** mail-order catalogue; **~kosten** *Pl.* dispatch costs; carriage *sing.*; *(Post u. Verpackung)* postage and packing
**Versatz-: ~amt das** *(südd.; österr.)* pawnshop; **~stück das a)** *(Theater)* [movable] piece of scenery; set piece; **b)** *(fig.)* cliché; hackneyed idea; **c)** *(österr.: Pfand)* security
**versaubeuteln** *tr. V. (ugs.)* **a)** *(verderben)* mess up; **b)** *(verlieren, verlegen)* lose; mislay
**versauen** *tr. V. (salopp)* **a)** *(verschmutzen)* mess up; make mucky *(coll.)*; **b)** *(verderben)* foul up *(coll.)*
**versauern** *itr. V.; mit sein (ugs.)* waste away; stagnate
**versaufen 1.** *unr. tr. V. (salopp)* drink one's way through. **2.** *unr.itr. V.; mit sein* **a)** *(ugs.: ertrinken)* drown; **b)** *(Bergmannsspr.)* flood
**versäumen** *tr. V.* **a)** *(verpassen)* miss; lose ⟨*time, sleep*⟩; **da hast du nichts/nicht viel versäumt** you didn't miss anything/miss much; **den versäumten Schlaf nachholen** catch up on lost sleep; **b)** *(vernachlässigen, unterlassen)* neglect ⟨*duty, task*⟩; **das Versäumte/Versäumtes nachholen** make up for *or* catch up on what one has neglected *or* failed to do; **er versäumte [es] nicht, X zu erwähnen** he did not omit *or* fail to mention X
**Versäumnis das; ~ses, ~se** omission; **die ~se der Eltern gegenüber ihren Kindern** the parents' sins of omission towards their children
**verschạchern** *tr. V. (abwertend)* sell off
**verschạchtelt** *Adj.* higgledy-piggledy ⟨*streets, town*⟩; **ein ~er Satz** *(fig.)* an encapsulated sentence
**verschạffen** *tr. V.* **jmdm. Arbeit/Geld/Unterkunft** *usw.* **~:** provide sb. with work/money/accommodation *etc.*; get sb. work/money/accommodation *etc.*; **sich** *(Dat.)* **etw. ~:** get hold of sth.; obtain sth.; **sich** *(Dat.)* **Respekt ~:** gain respect; **sich Gewißheit ~:** make sure *or* certain; **es verschaffte mir die Möglichkeit, zu ...:** it gave me the opportunity to ...; **was verschafft mir die Ehre?** *(iron.)* to what do I owe this honour?
**verschalen** *tr. V.* line ⟨*wall, shaft, etc.*⟩ [with boards]; *(bedecken)* board up ⟨*window, hole*⟩
**Verschalung die; ~, ~en a)** *(das Verschalen)* lining; boarding; *(eines Fensters)* boarding up; **b)** *(Produkt)* lining; *(aus Brettern)* boarding
**verschämt** [fɛɐ̯'ʃɛ:mt] **1.** *Adj.* bashful. **2.** *adv.* bashfully
**verschạndeln** *tr. V. (ugs.)* spoil; ruin; **das Gebäude verschandelt die Landschaft** the building is a blot on the landscape
**Verschạndelung die; ~, ~en** *(ugs.)* ruination *no indef. art.*; **eine solche ~ der Gegend** ruining the area like this
**verschạnzen 1.** *refl. V. (Milit.)* take up a [fortified] position; *(in einem Graben)* entrench oneself; dig [oneself] in; *(in einem Gebäude)* barricade oneself **(in +** *Dat.* into); **sich in seinem Büro/hinter einer Zeitung ~** *(fig.)* take refuge in one's office/take cover *or* hide behind a newspaper; **sich hinter einer Ausrede/seiner Müdigkeit ~** *(fig.)* hide behind an excuse/use one's tiredness as an excuse **2.** *tr. V. (Milit.)* fortify
**Verschạnzung die; ~, ~en** *(Milit.)* fortification; *(in Gräben)* entrenchment
**verschärfen 1.** *tr. V.* **a)** *(steigern)* intensify ⟨*conflict, difference, desire, etc.*⟩; increase, step up ⟨*pace, pressure*⟩; **b)** *(strenger machen)* tighten ⟨*law, control, restriction, etc.*⟩; make ⟨*penalty*⟩ more severe; **c)** *(verschlimmern)* make ⟨*unemployment etc.*⟩ worse; aggravate ⟨*situation, crisis, etc.*⟩. **2.** *refl. V.* **a)** *(sich steigern)* ⟨*pace, pressure, etc.*⟩ increase; ⟨*pain, tension, conflict, difference*⟩ intensify; **b)** *(sich verschlimmern)* get worse
**verschärft 1.** *Adj.; nicht präd.* **a)** *(gesteigert)* increased ⟨*pressure*⟩; intensified ⟨*conflict*⟩; more intense ⟨*training*⟩; **b)** *(strenger)* tighter, stricter ⟨*control, check, restriction*⟩; more severe ⟨*reprimand, punishment*⟩; **c)** *(schlimmer geworden)* aggravated. **2.** *adv.* *(strenger)* more strictly
**Verschärfung die; ~, ~en** *s.* **verschärfen 1 a–c:** intensification; increase; tightening; greater severity; aggravation; worsening
**verschạrren** *tr. V.* bury *(just below the surface)*; bury ⟨*person*⟩ in a shallow grave
**verschätzen 1.** *refl. V.* **sich in etw.** *(Dat.)* **~:** misjudge sth.; **wenn du dich da mal nicht verschätzt!** unless you've got it all wrong!. **2.** *tr. V.* misjudge
**verschauen** *refl. V. (österr. ugs.) s.* **vergucken a**
**verschaukeln** *tr. V. (ugs.)* **jmdn. ~:** take sb. for a ride *(sl.)*
**verscheiden** *unr.itr. V.; mit sein (geh.)* pass away
**verscheißen** *(derb)* **1.** *unr. tr. V.* cover with shit *(coarse)*; **verschissene Unterhosen** shitty *(coarse)* underpants. **2.** *unr. itr. V. in* **bei jmdm. verschissen haben** *(fig.)* have had it as far as sb. is concerned *(coll.)*
**verscheißern** *tr. V. (derb)* **jmdn. ~:** have *(Brit. coll.) or (Amer. coll.)* put sb. on; **du willst mich wohl ~!** pull the 'other one[, it's got bells on] *(sl.)*
**verschẹnken 1.** *tr. V.* **a)** give away; **etw. an jmdn. ~:** give sth. to sb.; **b)** *(ungewollt vergeben)* waste ⟨*space*⟩; give away ⟨*points*⟩; **den Sieg ~:** throw away one's chance of winning. **2.** *refl. V. (geh.)* **sich [an jmdn.] ~:** throw oneself away [on sb.]
**verscherbeln** [fɛɐ̯'ʃɛrbl̩n] *tr. V. (ugs.)* flog *(Brit. sl.)* *(Dat.*, **an +** *Akk.* to)
**verschẹrzen** *refl. V.* **sich** *(Dat.)* **etw. ~:** lose *or* forfeit sth. [through one's own folly]
**verscheuchen** *tr. V.* chase away *(lit. or fig.)*; *(durch Erschrecken)* frighten *or* scare away
**verscheuern** *tr. V. (ugs.)* flog *(Brit. sl.)* *(Dat.*, **an +** *Akk.* to)
**verschịcken** *tr. V.* **a)** *s.* **versenden; b) jmdn. zur Kur/an die See** *usw.* **~:** send sb. away to take a cure/to the seaside *etc.*
**Verschịckung die a)** *s.* **Versendung; b)** *(zur Erholung)* sending away [for health reasons] *no indef. art.*
**verschiebbar** *Adj.* **a)** movable; *(verstellbar)* adjustable; **b)** *(aufschiebbar)* which can be put off *postpos., not pred.*
**Verschiebe·bahnhof der** marshalling yard

**verschieben 1.** *unr. tr. V.* **a)** shift; move; **die Grenze wurde um 5 km nach Süden verschoben** the boundary was moved five kilometres to the south *or* further south; **die Perspektive/das ganze Bild ~** *(fig.)* alter *or* change the perspective/the whole picture; **b)** *(aufschieben)* put off, postpone (**auf** + *Akk.* till); **etw. um eine Woche/auf unbestimmte Zeit ~:** postpone sth. for a week/indefinitely; *s. auch* **besorgen c; c)** *(ugs.: illegal verkaufen)* traffic in ⟨*goods*⟩; *(beiseite schaffen)* move illegally; **Waren/Devisen ins Ausland ~:** smuggle goods/currency to a foreign country. **2.** *unr. refl. V.* **a)** get out of place; *(rutschen)* slip; *(Geol.)* ⟨*continent etc.*⟩ shift; **das Kräfteverhältnis hat sich verschoben** *(fig.)* the balance of power has shifted; **b)** *(erst später stattfinden)* be postponed (**um** for); ⟨*start*⟩ be put back *or* delayed (**um** by)

**Verschiebung die a)** movement; *(fig.: Änderung)* alteration, shift (*Gen.* in); **die ~ der Kontinente** *(Geol.)* the continental shift; **b)** *(zeitlich)* postponement; **c)** *(ugs.: illegaler Handel)* trafficking (**von** in); *(ins Ausland)* smuggling

**verschieden 1.** *2. Part. v.* **verscheiden. 2.** *Adj.* **a)** *(nicht gleich)* different (**von** from); **er hat zwei ~e Socken an** he is wearing two odd socks *or* two socks that don't match; **das ist von Fall zu Fall/von Land zu Land ~:** that varies from one case to another/from country to country; **b)** *nicht präd. (vielfältig)* various; **auf ~e Weise** in various ways; **die ~sten ...:** all sorts of ...; **die ~sten Theorien** the most diverse theories; **in den ~sten Farben** in the most varied colours; in a whole variety of colours; **die ~en ...:** the various ...; **c)** *alleinstehend* **~e** various people; **~e der Anwesenden** several of those present; **~es** various things *pl.*; **„Verschiedenes"** 'miscellaneous'; *(Tagesordnungspunkt)* 'any other business'. **3.** *adv.* differently; **~ groß** of different sizes *postpos.*; different-sized; ⟨*people*⟩ of different heights; **~ schwer/lang** of different weights/lengths *postpos.*

**verschieden·artig 1.** *Adj.* different in kind *pred.*; *(mehr als zwei)* diverse; **~e Werkzeuge** tools of various [different] kinds; **~e Mittel anwenden** use various different means. **2.** *adv.* diversely; *(auf verschiedene Weise)* in various different ways; **sehr ~ interpretiert werden** be subjected to very diverse interpretations

**Verschiedenartigkeit die; ~:** difference in nature; *(unter mehreren)* diversity; **die ~ der beiden Systeme** the different nature of the two systems

**verschiedene·mal** *Adv.* on various occasions

**verschiedenerlei** *unbest. Gattungsz.; indekl.*: **a)** *attr.* various different; **b)** *alleinstehend* various different things; **~ Käse** various different kinds of cheese

**verschieden·farbig 1.** *Adj.* different-coloured; of different colours *postpos.* **2.** *adv.* ⟨*paint etc*⟩ in different colours

**Verschiedenheit die; ~, ~en** difference; dissimilarity; *(unter mehreren)* diversity; *(Unterschied)* difference

**verschiedentlich** *Adv.* on various occasions

**verschießen 1.** *unr. tr. V.* **a)** *(als Geschoß verwenden)* fire ⟨*shell, cartridge, etc.*⟩; **b)** *(verbrauchen)* use up ⟨*ammunition*⟩; **verschossene/nicht verschossene Patronen** spent/unspent *or* live cartridges; *s. auch* **Pulver b; c) einen Strafstoß ~** *(Fußball)* miss with a penalty. **2.** *unr. refl. V. (ugs.)* **[in jmdn.] verschossen sein** be madly in love [with sb.] *(coll.)*. **3.** *unr. itr. V.; mit sein (verblassen)* fade

**verschiffen** *tr. V.* ship ⟨*goods, coal*⟩; transport ⟨*troops, emigrants, etc.*⟩ by ship

**Verschiffung die; ~, ~en** shipment; *(von Personen)* transportation [by ship]

**verschimmeln** *itr. V.; mit sein* go mouldy; **verschimmelt** mouldy

**¹verschlafen 1.** *unr.itr. (auch refl.)V.* oversleep. **2.** *unr. tr. V.* **a)** *(schlafend verbringen)* sleep through ⟨*morning, journey, etc.*⟩; **sein halbes Leben ~:** doze away half one's life; **b)** *(versäumen)* sleep through ⟨*concert*⟩; not wake up in time for ⟨*appointment*⟩; not wake up in time to catch ⟨*train, bus*⟩; *(einschlafen und versäumen)* fall asleep and miss; **c)** *(ugs.: vergessen)* forget about ⟨*appointment etc.*⟩

**²verschlafen** *Adj.* **a)** half-asleep; **b)** *(fig.: ruhig, langweilig)* sleepy ⟨*town, village*⟩

**Verschlag der** shed; *(angebaut)* lean-to; *(für Kaninchen)* hutch

**¹verschlagen** *unr. tr. V.* **a) [jmdm.] die Seite ~:** lose sb.'s place *or* page; **die Seite ~** *(im eigenen Buch)* lose one's place *or* page; **b) jmdm. den Appetit ~:** rob sb. of his/her appetite; **jmdm. die Sprache** *od.* **Rede/den Atem ~:** leave sb. speechless/take sb.'s breath away; **c)** *(Ballspiele)* mishit ⟨*ball*⟩; **d) das Leben/Schicksal hat ihn nach X ~:** the vagaries of life caused/fate caused him to end up in X; **vom Sturm an eine Küste ~ werden** be driven on to a coast by the gale; **es hat ihn nach Berlin ~:** he landed [up] *or* ended up in Berlin.

**²verschlagen 1.** *Adj.* **a)** *(abwertend: gerissen)* sly; shifty; **b)** *(bes. nordd.: lauwarm)* lukewarm; tepid. **2.** *adv. (abwertend: gerissen)* slyly; shiftily

**Verschlagenheit die; ~** *(abwertend)* slyness; shiftiness

**verschlammen** *itr. V.* become *or* get muddy; ⟨*ditch, river*⟩ silt up; **verschlammt** muddy

**verschlampen** *(ugs., bes. südd.)* **1.** *tr. V.* succeed in losing *(iron.)*. **2.** *itr. V.; mit sein (abwertend)* ⟨*person*⟩ let oneself go; ⟨*house etc.*⟩ get into a bad state; **verschlampt** slovenly; in a slovenly state *postpos.*

**verschlanken** *tr. V. (Wirtschaftsjargon)* trim [down], reduce ⟨*production etc.*⟩

**verschlechtern 1.** *tr. V.* make worse. **2.** *refl. V.* get worse; deteriorate; **sich [finanziell/wirtschaftlich** *usw.*] **~:** be worse off [financially/economically *etc.*]; **er hat sich verschlechtert** he is worse off [now]

**Verschlechterung die; ~, ~en** worsening, deterioration (*Gen.* in); **der Wohnungswechsel bedeutet für ihn keine ~:** his change of flat *(Brit.) or (Amer.)* apartment leaves him no worse off

**verschleiern 1.** *tr. V.* **a)** veil; *(fig.)* cover, veil ⟨*sky, moon, etc.*⟩; obscure ⟨*view*⟩; cloud ⟨*consciousness*⟩; **Dunst verschleierte die Berge** *(fig.)* a veil of mist hid the mountains; **Tränen verschleierten ihre Augen** *od.* **ihr den Blick** *(fig.)* she could scarcely see through her tears; her vision was blurred by tears; **b)** *(fig.: verbergen)* draw a veil over, cover up ⟨*deception, facts, scandal, etc.*⟩; hide ⟨*intentions*⟩. **2.** *refl. V.* ⟨*vision etc.*⟩ become blurred; ⟨*sky*⟩ cloud over

**verschleiert 1.** *Adj.* veiled; misty ⟨*vision etc.*⟩; fogged ⟨*photograph*⟩; **mit ~er Stimme** in a husky voice; *(vor Rührung)* in a voice choked with emotion. **2.** *adv.* **ohne Brille sieht er [alles] nur ~:** without [his] glasses he sees everything as in a mist

**Verschleierung die; ~, ~en a)** *o. Pl.* veiling; **ohne ~:** without a veil; **b)** *(fig.: von Sachverhalten, Motiven)* covering up

**Verschleierungs·taktik die** cover-up tactics *pl.*

**verschleifen** *unr. tr. V.* smooth; *(fig.)* slur ⟨*consonants, vowels*⟩

**verschleimt** *Adj.* congested with phlegm *postpos.*

**Verschleimung die; ~, ~en** mucous congestion

**Verschleiß** [fɛɐ̯'ʃlais] **der; ~es, ~e a)** *(Abnutzung)* wear *no indef. art.*; wear and tear *sing., no indef. art;* **der Auspuff unterliegt einem sehr hohen/raschen ~:** the exhaust is subject to a great deal of wear and tear/does not last very long; **einen höheren ~ haben** wear more rapidly; have a higher rate of wear; **b)** *(Verbrauch)* consumption (**an** + *Dat.* of); **einen hohen ~ an etw.** *(Dat.)* **haben** use up a large amount of sth.; **sie hat einen unheimlichen ~ an Männern** *(ugs. scherzh.)* she gets through men at an incredible rate *(coll.)*; **c)** *(österr. veralt.: Vertrieb)* sale; retailing

**verschleißen 1.** *unr. itr. V.; mit sein* wear out. **2.** *unr. tr. V.* **a)** wear out; *(fig.)* run down, ruin ⟨*one's nerves, one's health*⟩; use up ⟨*energy, ability, etc.*⟩; **verschlissen** worn ⟨*material, suit, etc.*⟩; worn out ⟨*machine parts etc.*⟩; **sich ~:** wear oneself out; use up all one's energy (**bei** on); **b)** *(ugs. scherzh.: verbrauchen)* get through ⟨*men friends, cleaning-women, etc.*⟩. **3.** *unr. (auch regelm.) tr. V. (österr. veralt.: verkaufen)* sell; retail

**Verschleißer** der; ~s, ~ *(österr. veralt.)* retailer

**Verschleiß·erscheinung die** sign of wear; *(an einem Menschen)* sign of wear and tear *or* exhaustion

**verschleppen** *tr. V.* **a)** carry off ⟨*valuables, animals*⟩; take away ⟨*person*⟩; *(bes. nach Übersee)* transport ⟨*convicts, slaves, etc.*⟩; **in die Sklaverei verschleppt werden** be carried off into slavery; **b)** *(weiterverbreiten)* carry, spread ⟨*disease, bacteria, mud, etc.*⟩; **c)** *(verzögern)* delay; *(in die Länge ziehen)* draw out; **d)** *(unbehandelt lassen)* let ⟨*illness*⟩ drag on [and get worse]; **verschleppte Krankheit** illness aggravated by neglect

**Verschleppung die; ~, ~en** *s.* **verschleppen: a)** carrying off; transportation; **b)** carrying; spreading; **c)** delaying; drawing out; **d)** aggravation by neglect

**verschleudern** *tr. V.* **a)** *(billig verkaufen)* sell dirt cheap; *(mit Verlust)* sell at a loss; **b)** *(abwertend: verschwenden)* squander

**verschließbar** *Adj.* **a)** closable; **[luftdicht] ~:** sealable ⟨*container etc.*⟩; **b)** *(abschließbar)* lockable ⟨*suitcase, drawer, etc.*⟩

**verschließen 1.** *unr. tr. V.* **a)** close ⟨*package, tin, pores, mouth, etc*⟩; close up ⟨*bloodvessel, aperture, etc.*⟩; stop ⟨*bottle*⟩; put a/the bung in ⟨*barrel*⟩; *(mit einem Korken)* cork ⟨*bottle*⟩ ; **hermetisch verschlossen** hermetically sealed; **etw. luftdicht ~:** make sth. airtight; put an airtight seal on sth.; **die Augen/Ohren [vor etw.** *(Dat.)***] ~** *(fig.)* close one's eyes *or* be blind/turn a deaf ear *or* be deaf [to sth.]; **b)** *(abschließen)* lock ⟨*door, cupboard, drawer, etc.*⟩; lock up ⟨*house etc.*⟩; *s. auch* **Tür; c)** *(wegschließen)* lock away (**in** + *Dat. od. Akk.* in); **d)** *(versperren)* bar ⟨*way etc.*⟩; **viele berufliche Möglichkeiten blieben ihm verschlossen** many possible professions remained barred *or* closed to him. **2.** *unr. refl. V.* **a) sich jmdm. ~:** be closed to sb.; ⟨*person*⟩ shut oneself off from sb.; **er verschloß sich** he shut up like a clam; **der tiefere Sinn verschloß sich ihm** the deeper meaning remained obscure to him; *s. auch* **verschlossen 2; b)** *in* **sich einer Sache** *(Dat.)* **~:** close one's mind to sth.; *(ignorieren)* ignore sth.

**verschlimmbessern** *tr. V. (ugs. scherzh.)* make worse with so-called corrections

**Verschlimmbesserung die; ~, ~en** *(ugs. scherzh.)* so-called correction *(which is wrong)*; **das ist eine ~!** that so-called correction has made things worse

**verschlimmern 1.** *tr. V.* make worse; aggravate ⟨*state of health*⟩. **2.** *refl. V.* get worse; worsen; ⟨*position, conditions*⟩ deteriorate, worsen

**Verschlimmerung die; ~, ~en** worsening

**verschlingen 1.** *unr. tr. V.* **a)** [inter]twine

⟨*threads, string, etc.*⟩ *(***zu** into); **miteinander ~**: intertwine ⟨*threads, ropes, etc.*⟩; **b)** *(essen, fressen)* devour ⟨*food*⟩; *(fig.)* devour, consume ⟨*novel, money, etc.*⟩; **jmdn. mit den Augen ~**: devour sb. with one's eyes; **die tobende See verschlang das Schiff** the raging sea engulfed the ship. **2.** *unr. refl. V.* **sich ineinander ~**: become entwined *or* intertwined; *s. auch* **verschlungen**

**verschlissen** *2. Part. v.* **verschleißen 2**

**verschlossen 1.** *2. Part. v.* **verschließen. 2.** *Adj. (wortkarg)* taciturn, tight-lipped; *(zurückhaltend)* reserved

**Verschlossenheit die; ~**: taciturnity; *(Zurückhaltung)* reserve

**verschlucken 1.** *tr. V.* **a)** swallow ⟨*food, bone, word, etc.*⟩; *(fig.)* absorb, deaden ⟨*sound*⟩; absorb, eliminate ⟨*rays*⟩; **b)** *(fig.: unterdrücken)* choke back ⟨*anger, tears*⟩; hold back ⟨*remark*⟩. **2.** *refl. V.* choke; **er verschluckte sich beim Essen/Lachen** he choked over his food/with laughing

**verschludern** *tr. V. (ugs. abwertend)* **1.** *tr. V.* **a)** *(verlieren)* lose; *(verlegen)* mislay; **b)** *(vergeuden)* waste ⟨*material*⟩; throw away ⟨*money*⟩; **c)** *(verderben)* ruin, mess up ⟨*exercise book*⟩ **2.** *itr. V.* go to rack and ruin

**verschlungen 1.** *2. Part. v.* **verschlingen. 2.** *Adj.* entwined ⟨*ornamentation*⟩; winding ⟨*path etc.*⟩; **er saß mit ~en Armen da** he sat there with arms folded

**Verschluß der a)** *(am BH, an Schmuck usw.)* fastener; fastening; *(an Taschen, Schmuck)* clasp; *(an Schuhen, Gürteln)* buckle; *(am Schrank, Fenster, Koffer usw.)* catch; *(an Flaschen)* top; *(Stöpsel)* stopper; *(Schraub~)* [screw-]top; [screw-]cap; *(Tank~)* cap; **b)** *(einer Feuerwaffe)* breechblock; **c)** *(einer Kamera)* shutter; **d)** *(Med.: einer Arterie)* blockage; occlusion; **e)** *in* **unter ~ sein/bleiben** be under lock and key; **etw. unter ~ halten** keep sth. under lock and key *or* locked away

**verschlüsseln** *tr. V.* [en]code

**Verschlüsselung die; ~, ~en** [en]coding

**Verschluß: ~kappe die** top; cap; **~laut der** *(Sprachw.)* stop; **~sache die** [item of] confidential information; **~sachen** condidential information *sing.*

**verschmachten** *itr. V.; mit sein (geh.)* fade away (**vor** + *Dat.* from); *(vor Sehnsucht)* pine away

**verschmähen** *tr. V. (geh.)* spurn; **verschmähte Liebe** unrequited love

**verschmälern 1.** *tr. V.* narrow; make narrower (**um** by). **2.** *refl. V.* narrow; become narrower

**verschmausen** *tr. V. (ugs. scherzh.)* dig *or* tuck into *(coll.)*; *(aufessen)* eat up

**verschmelzen 1.** *unr. tr. V.* **a)** fuse ⟨*metals*⟩; *(fig.)* fuse, merge (**zu** into, to form); **Kupfer und Zink zu Messing ~**: fuse copper and zinc to make brass; **b)** *(verschweißen)* weld together ⟨*metal parts*⟩. **2.** *unr. itr. V.; mit sein* ⟨*metals, cells*⟩ fuse; *(fig.)* ⟨*firms, images, towns, etc.*⟩ merge (**zu** into, to form); **zu einem Ganzen ~**: blend into one

**Verschmelzung die, ~, ~en a)** fusing, fusion *(lit. or fig.)* (**zu** into); *(von Städten, Firmen usw.)* merging, merger (**zu** into, to form); **b)** *(Verschweißung)* weld

**verschmerzen** *tr. V.* get over ⟨*defeat, disappointment*⟩

**verschmieren** *tr. V.* **a)** smear ⟨*window etc.*⟩; *(beim Schreiben)* mess up ⟨*paper*⟩; scrawl all over ⟨*page*⟩; **b)** *(verteilen)* spread ⟨*butter etc.*⟩; smudge ⟨*ink*⟩; **c)** *(verbrauchen)* use up ⟨*butter, oil, plaster, etc.*⟩; **d)** *(zuschmieren)* fill [in] ⟨*crack, hole, etc.*⟩

**verschmitzt** [fɛɐ̯ˈʃmɪtst] **1.** *Adj.* mischievous; roguish. **2.** *adv.* mischievously; roguishly

**Verschmitztheit die; ~**: mischievousness; roguishness

**verschmoren** *itr. V.; mit sein (ugs.)* burn; **es riecht verschmort** there's a smell of burning *or* a burnt smell

**verschmust** [fɛɐ̯ˈʃmu:st] *Adj. (ugs.)* ⟨*child, cat, etc.*⟩ that always wants to be cuddled; **er ist [sehr] ~**: he always wants to be cuddled

**verschmutzen 1.** *itr. V.; mit sein* ⟨*material*⟩ get dirty; ⟨*river etc.*⟩ become polluted. **2.** *tr. V.* dirty, soil ⟨*carpet, clothes*⟩; pollute ⟨*air, water, etc.*⟩

**Verschmutzung die; ~, ~en a)** *(der Umwelt)* pollution; **b)** *(von Stoffen, Teppichen usw.)* soiling; **c)** *(Schmutz)* dirt *no. pl.*; **~en** [cases *pl.* of] soiling *sing.*

**verschnaufen** *itr. (auch refl.) V.* have *or* take a breather

**Verschnauf·pause die** breather; rest; **eine ~ einlegen** have *or* take a breather

**verschneiden** *unr. tr. V.* **a)** *(durch Schneiden verderben)* cut ⟨*hair, roses, etc.*⟩ all wrong; ruin ⟨*wood, material, film*⟩ by bad/wrong cutting; **b)** *(mischen)* blend ⟨*rum, whisky, etc.*⟩; **c)** *(kastrieren)* castrate, geld ⟨*animal*⟩

**verschneit** *Adj.* snow-covered *attrib.*; covered with snow *postpos.*

**Verschnitt der; ~[e]s, ~e a)** *o.Pl. (das Mischen)* blending; **b)** *(Mischung)* blend (**aus** of); *(fig., meist abwertend)* mixture; combination; **c)** *(Abfall)* waste; *(von Holz usw.)* off-cuts *pl.*

**-verschnitt der: ein James-Bond-~**: a second-rate James Bond

**verschnörkelt** *Adj.* ornate

**Verschnörkelung die; ~, ~en** ornamentation; *(Schnörkel)* flourish

**verschnupft** [fɛɐ̯ˈʃnʊpft] **1.** *Adj.* **a)** suffering from a cold *postpos.*; **[ganz] ~ sein** have a [bad] cold; **b)** *(fig. ugs.: gekränkt)* peeved *(coll.)*. **2.** *adv.* in a peeved way *(coll.)*; peevishly

**verschnüren** *tr. V.* tie up (**zu** into)

**Verschnürung die; ~, ~en a)** *o. Pl. (das Verschnüren)* tying up; **b)** *(Schnur)* string

**verschollen** [fɛɐ̯ˈʃɔlən] *Adj.* missing; **er ist ~**: he has disappeared; *(wird vermißt)* he is missing; **sie ließ ihren Mann für ~ erklären** she had her husband declared missing, presumed dead; **er galt seit langem als ~**: for a long time it had been thought he had disappeared

**verschonen** *tr. V.* spare; **von etw. verschont bleiben** be spared by sth.; escape sth.; **jmdn. mit etw. ~**: spare sb. sth.

**verschönen** *tr. V.* brighten up

**verschönern** [fɛɐ̯ˈʃø:nɐn] *tr. V.* brighten up

**Verschönerung die; ~, ~en** brightening up; beautification *(joc.)*

**Verschonung die** sparing; **er flehte um ~ seines Lebens/der Kinder** he pleaded that his life/the children be spared

**verschorfen** *itr. V.; mit sein* form a scab; **eine verschorfte Wunde** a wound with a scab

**verschrammen 1.** *tr. V.* scratch. **2.** *itr. V.; mit sein* scratch; get scratched

**verschränken** [fɛɐ̯ˈʃrɛŋkn̩] *tr. V.* fold ⟨*arms*⟩; cross ⟨*legs*⟩; clasp ⟨*hands*⟩; **mit verschränkten Armen/Händen** with one's arms folded/hands clasped

**Verschränkung die; ~, ~en** *s.* **verschränken**: folding; crossing; clasping

**verschrauben** *tr. V.* screw on; **[miteinander] ~**: screw together

**Verschraubung die; ~, ~en a)** *o. Pl. (das Verschrauben)* screwing [together]; **b)** *(Schraubverbindung)* screw fixing

**verschrecken** *tr. V.* frighten *or* scare [off *or* away]

**verschreiben 1.** *unr. tr. V.* **a)** *(verbrauchen)* use up ⟨*paper, ink, pencils, etc.*⟩; **b)** *(Med.: verordnen)* prescribe ⟨*medicine, treatment, etc.*⟩; **jmdm. ein Medikament ~**: prescribe a medication for sb.; **sich** *(Dat.)* **etw. für** *od.* **gegen sein Rheuma ~ lassen** get the doctor to prescribe sth. for one's rheumatism; **c)** *in* **sich/seine Seele dem Teufel ~**: give oneself/sell one's soul to the devil; **d)** *(falsch schreiben)* write incorrectly *or* wrongly. **2.** *unr. refl. V.* **a)** *(einen Fehler machen)* make a slip of the pen; **sich beim Datum ~**: make a mistake when writing the date; **b)** *(sich widmen)* **sich einer Sache** *(Dat.)* **~**: devote oneself to sth.

**Verschreibung die; ~, ~en** prescription; **mit der ~ von Pillen allein ist es nicht getan** it is not enough simply to prescribe pills

**verschreibungs·pflichtig** *Adj.* available only on prescription *postpos.*

**verschrie[e]n** [fɛɐ̯ˈʃri:[ə]n] *Adj.* notorious (**wegen** for); **als etw. ~ sein** have the reputation of being sth. (**bei** with)

**verschroben** [fɛɐ̯ˈʃro:bn̩] **1.** *Adj.* eccentric, cranky ⟨*person*⟩; cranky, weird ⟨*ideas*⟩. **2.** *adv.* eccentrically; weirdly

**Verschrobenheit die; ~, ~en** eccentricity

**verschrotten** *tr. V.* scrap

**Verschrottung die; ~, ~en** scrapping

**verschrumpeln** *itr. V.; mit sein (ugs.)* go shrivelled; **verschrumpelt** shrivelled

**verschüchtern** *tr. V.* intimidate; **verschüchtert** timid; *(adverbial)* timidly

**verschulden 1.** *tr. V.* be to blame for ⟨*accident, death, etc.*⟩; *(Fußball usw.)* give away ⟨*goal, corner*⟩; **sein Unglück selbst ~**: have only oneself to blame for one's misfortune. **2.** *refl. V.* get into debt; **er hat sich dafür hoch ~ müssen** he had to borrow heavily to do that; **sich auf Jahre hinaus ~**: incur debts/a debt that will take years to pay off

**Verschulden das; ~s** guilt; **durch eigenes/fremdes ~**: through one's own/someone else's fault; **ohne mein ~**: through no fault of my own

**verschuldet** *Adj.* **a)** in debt *postpos.* (**bei** to); **hoch ~**: deeply in debt; **b)** *(belastet)* mortgaged; **hoch ~**: heavily mortgaged

**Verschuldung die; ~, ~en** indebtedness *no. pl.*; **die hohe ~ des Staates** the state's heavy debts *pl.*

**Verschulung die; ~, ~en** organization on school lines

**verschusselt** *Adj. (ugs.) s.* **schusselig**

**verschütten** *tr. V.* **a)** spill; **b)** *(begraben)* bury ⟨*person*⟩ [alive]; submerge, bury ⟨*road etc.*⟩; *(fig.)* submerge; **die verschütteten Bergleute** the trapped miners; **ein Verschütteter** one of those buried/trapped; **die Verschütteten** those buried/trapped; **verschüttete Erinnerungen** memories buried in the subconscious

**verschütt|gehen** *unr. itr. V.; mit sein (ugs.)* do a vanishing trick *or* disappearing act *(coll.)*; *(salopp: umkommen)* go for a burton *(Brit. sl.)*

**verschwägert** [fɛɐ̯ˈʃvɛ:gɐt] *Adj.* related by marriage *postpos.*

**verschweigen** *unr. tr. V.* conceal ⟨*truth etc.*⟩; *(verheimlichen)* keep quiet about; **jmdm. etw. ~**: hide *or* conceal sth. from sb.; **du verschweigst mir doch etwas** you're keeping something from me; *s. auch* **verschwiegen 2**

**verschweißen** *tr. V.* weld [together]; **etw. mit etw. ~**: weld sth. to sth.

**verschwenden** *tr. V.* waste (**an** + *Akk.* on); **du verschwendest deine Worte** you are wasting your breath; **sie verschwendete keinen Blick an ihn** she did not give him a single glance

**Verschwender der; ~s, ~** *(von Geld)* spendthrift; *(von Dingen)* wasteful person

**verschwenderisch 1.** *Adj.* **a)** wasteful, extravagant ⟨*person*⟩; ⟨*life*⟩ of extravagance; **b)** *(üppig)* lavish; sumptuous. **2.** *adv.* **a)** wastefully, extravagantly; **sie geht ~ mit ihrem Geld um** she is lavish *or* extravagant with her money; **b)** *(üppig)* lavishly; sumptuously

**Verschwendung** die; ~, ~en wastefulness; extravagance; **so eine ~!** what a waste!; ~ **von Steuergeldern** waste *or* squandering of taxpayers' money

**Verschwendungs·sucht** die; *o. Pl.* love of extravagance; squandermania *(coll.)*

**verschwiegen** 1. *2. Part. v.* **verschweigen.** 2. *Adj.* **a)** *(diskret)* discreet; *s. auch* **Grab; b)** *(still, einsam)* secluded ⟨*place, bay*⟩; quiet ⟨*restaurant etc.*⟩; **auf dem ~en Örtchen** *(ugs. scherzh.)* in the smallest room *(joc.)*

**Verschwiegenheit** die; ~: secrecy; *(Diskretion)* discretion; *s. auch* **Siegel b**

**verschwimmen** *unr. itr. V.; mit sein* blur; become blurred; **die Zeilen/Buchstaben verschwammen mir vor den Augen** the lines/letters swam in front of my eyes; **ineinander/in eins ~:** merge into one another/into one; *s. auch* **verschwommen 2**

**verschwinden** *unr. itr. V.; mit sein* **a)** disappear; vanish; ⟨*pain, spot, etc.*⟩ disappear, go [away]; **seine Zahnschmerzen sind von selbst verschwunden** his toothache went away *or* stopped of its own accord; **die Maus verschwand in ihrem Loch** *od.* **in ihr Loch** the mouse disappeared into its hole; **es ist besser, wir ~/laß uns hier ~:** we'd better/let's make ourselves scarce *(coll.)*; **verschwinde [hier]!** off with you!; go away!; hop it! *(sl.)*; **ich muß mal ~** *(ugs. verhüll.)* I have to pay a visit *(coll.) or (Brit. coll.)* spend a penny; **der Müll muß hier ~:** this rubbish must be removed; **jmdn. ~ lassen** take sb. away; *(in einer Anstalt usw.)* put sb. away; *(ermorden)* eliminate sb.; do away with sb.; **etw. ~ lassen** *(wegzaubern)* ⟨*conjurer*⟩ make sth. disappear *or* vanish; *(stehlen)* help oneself to sth. *(coll.)*; *(verstecken)* hide sth.; *(unterschlagen, beiseite schaffen)* dispose of sth.; **Zigaretten in seiner Tasche/Karten in seinem Ärmel ~ lassen** slip cigarettes into one's pocket/cards up one's sleeve; **b)** *(verborgen sein)* **unter etw.** *(Dat.)* **~:** disappear under sth.; be hidden by sth.; **c) neben jmdm./etw. ~** *(sehr klein wirken)* be dwarfed by sb./sth.; *(unbedeutend wirken)* pale into insignificance beside sb./sth.

**verschwindend** 1. *Adj.* tiny. 2. *adv.* **~ klein** tiny; minute; **~ wenig** a tiny amount

**verschwistert** [fɛɐ̯'ʃvɪstɐt] *Adj.* **[miteinander] ~ sein** *(Bruder u. Schwester sein)* be brother and sister; *(Brüder u. Schwestern sein)* be brothers and sisters; *(Brüder/Schwestern sein)* be brothers/sisters

**verschwitzen** *tr. V.* **a)** make ⟨*shirt, dress, etc.*⟩ sweaty; **verschwitzt** sweaty; **total verschwitzt** soaked in sweat *or* perspiration; **b)** *(ugs.: vergessen)* forget; **ich habe es völlig verschwitzt** I clean forgot

**verschwollen** [fɛɐ̯'ʃvɔlən] *Adj.* swollen

**verschwommen** 1. *2. Part. v.* **verschwimmen.** 2. *Adj.* blurred ⟨*photograph, vision*⟩; blurred, hazy ⟨*outline*⟩; vague, woolly ⟨*idea, concept, formulation, etc.*⟩; vague ⟨*hope*⟩. 3. *adv.* ⟨*express, formulate, refer*⟩ vaguely; ⟨*remember*⟩ hazily; **ich sehe alles ganz ~:** everything looks blurred to me

**Verschwommenheit** die; ~, ~en *s.* **verschwommen 2:** blurring; haziness; vagueness; woolliness

**verschworen** 1. *2. Part. v.* **verschwören.** 2. *Adj.* **a)** *(fest zusammenhaltend)* sworn; **ein ~er Haufen** a band of blood-brothers; **b)** *in* **einer Idee/Sache** *(Dat.) usw.* **~ sein** be dedicated to an idea/a cause *etc.*

**verschwören** *unr. refl. V.* **a)** conspire, plot **(gegen** against); **alles scheint sich gegen uns verschworen zu haben** *(fig.)* everything seems to have conspired against us; **b)** *(sich verschreiben)* **sich jmdm./einer Sache ~:** dedicate *or* devote oneself to sb./sth.; *s. auch* **verschworen**

**Verschworene** der/die; *adj. Dekl.,* **Verschwörer** der; ~s, ~, **Verschwörerin** die; ~, ~nen conspirator

**verschwörerisch** 1. *Adj.* conspiratorial. 2. *adv.* conspiratorially

**Verschwörung** die; ~, ~en conspiracy; plot

**versehen** 1. *unr. tr. V.* **a)** *(ausstatten)* provide; equip ⟨*car, factory, machine, etc.*⟩; **b)** *(ausüben, besorgen)* perform ⟨*duty etc.*⟩; **bei jmdm. den Haushalt ~:** keep house for sb.; **c)** *(innehaben)* hold ⟨*post, job*⟩; **d)** *(kath. Kirche)* administer the last rites *or* sacraments to ⟨*dying person*⟩. 2. *unr. refl. V.* **a)** *(einen Fehler machen)* make a slip; slip up; **b)** *in* **ehe man sich's versieht** before you know where you are; **ehe ich mich's versah** before I knew what was happening

**Versehen** das; ~s, ~: oversight; slip; **aus ~:** by mistake; inadvertently

**versehentlich** 1. *Adv.* by mistake; inadvertently. 2. *adj.; nicht präd.* inadvertent

**versehrt** [fɛɐ̯'ze:rt] *Adj.* disabled

**Versehrte** der/die; *adj. Dekl.* disabled person; **die ~n** the disabled

**Versehrten·sport** der sport *no art.* for the disabled

**verselbständigen** *refl. V.* become independent; **sich zu einer eigenen wissenschaftlichen Disziplin ~:** become an independent scientific discipline

**Verselbständigung** die; ~, ~en gaining *or* achievement of independence

**versenden** *unr. (auch regelm.) tr. V.* send ⟨*letter, parcel*⟩; send out ⟨*invitations*⟩; dispatch ⟨*goods*⟩

**Versendung** die *s.* **versenden:** sending; sending out; dispatch

**versengen** *tr. V.* scorch; singe ⟨*hair*⟩

**versenkbar** *Adj. (Technik)* foldaway ⟨*sewing-machine*⟩; telescopic ⟨*aerial*⟩

**versenken** 1. *tr. V.* **a)** sink ⟨*ship*⟩; sink, dump ⟨*waste*⟩; lower ⟨*body, coffin*⟩; **das eigene Schiff ~:** scuttle one's ship; **b)** *(verschwinden lassen)* lower, retract ⟨*aerial, rostrum, etc.*⟩; sink ⟨*nail, rivet*⟩ [flush]; countersink ⟨*screw*⟩; **die Hände in die Taschen ~:** sink one's hands [deep] into one's pockets. 2. *refl. V. (fig.)* **sich in etw.** *(Akk.)* **~:** immerse oneself *or* become engrossed in sth.; **sich in den Anblick von etw. ~:** lose oneself in the contemplation of sth.

**Versenkung** die **a)** *s.* **versenken 1 a, b:** sinking; dumping; lowering; scuttling; retraction; countersinking; **b)** *(fig.: das Sichversenken)* immersion, absorption **(in +** *Akk.* in); **mystische ~:** mystic contemplation; **c)** *(Theater)* trap; **in der ~ verschwinden** *(fig. ugs.)* vanish from the scene; sink into oblivion; **aus der ~ auftauchen** *(fig. ugs.)* re-emerge on the scene

**Vers·epos** das epic poem

**Verse·schmied** der *(scherzh., abwertend)* rhymester; poetaster

**versessen** [fɛɐ̯'zɛsn̩] *Adj.* **auf jmdn./etw. ~ sein** be dead keen on *or* crazy about sb./sth. *(coll.)*; **auf peinlichste Genauigkeit ~:** obsessed with scrupulous accuracy; **darauf ~ sein, etw. zu tun** be dying to do sth.

**versetzen** 1. *tr. V.* **a)** move; transfer, move ⟨*employee*⟩; *(auf einen anderen Platz)* move ⟨*pupil*⟩ [to another seat]; *(in die nächsthöhere Klasse)* move ⟨*pupil*⟩ up, *(Amer.)* promote ⟨*pupil*⟩ **(in +** *Akk.* to); *(umpflanzen)* transplant, move ⟨*plant*⟩; *(fig.)* transport **(in +** *Akk.* to); **sich ins vorige Jahrhundert versetzt fühlen** *(fig.)* be taken back to the last century; **b)** *(nicht geradlinig anordnen)* stagger; **versetzt angeordnet sein** be staggered; **c)** *(verpfänden)* pawn; **d)** *(verkaufen)* sell; **e)** *(ugs.: vergeblich warten lassen)* stand ⟨*person*⟩ up *(coll.)*; **f)** *(vermischen)* mix; **g)** *(erwidern)* retort; **h) etw. in Bewegung/Tätigkeit ~:** set sth. in motion/operation; **jmdn. in Erstaunen/Unruhe/Angst/Begeisterung ~:** astonish sb./make sb. uneasy/frighten sb./fill sb. with enthusiasm; **jmdn. in die Lage ~, etw. zu tun** put sb. in a position to do sth.; **jmdm. einen Stoß/Fußtritt/Schlag** *usw.* **~:** give sb. a push/kick/deal sb. a blow *etc.*; **jmdm. eine** *od.* **eins ~** *(ugs.)* belt sb. one *(coll.)*. 2. *refl. V.* **sich an jmds. Stelle** *(Akk.) od.* **in jmds. Lage** *(Akk.)* **~:** put oneself in sb.'s position *or* place; **sich in jmdn. ~:** put oneself in sb.'s shoes *or* position

**Versetzung** die; ~, ~en **a)** moving; *(einer Pflanze)* transplanting; *(eines Schülers)* moving up, *(Amer.)* promotion **(in +** *Akk.* to); *(eines Angestellten)* transfer; move; *(fig.)* transporting; **b)** *(Verpfändung)* pawning; **c)** *(Verkauf)* selling; sale; **d)** *(das Mischen)* mixing; *s. auch* **Ruhestand**

**Versetzungs-:** **~konferenz** die *(Schulw.)* *staff meeting to discuss moving pupils to higher classes;* **~zeugnis** das *(Schulw.)* end-of-year report *(confirming pupil's move to a higher class)*

**verseuchen** *tr. V. (auch fig.)* contaminate; **radioaktiv ~:** contaminate with radioactivity

**Verseuchung** *(auch fig.)* die; ~, ~en contamination

**Vers·fuß** der *(Verslehre)* [metrical] foot

**Versicherer** der; ~s, ~: insurer

**versichern** 1. *tr. V.* **a)** *(als wahr hinstellen)* assert, affirm ⟨*sth.*⟩; **etw. hoch und heilig/eidesstattlich ~:** swear blind to sth./attest sth. in a statutory declaration; **jmdm. etw.** *od. (geh.)* **jmdn. einer Sache** *(Gen.)* **~:** assure sb. of sth.; **jmdm.** *od. (geh.)* **jmdn. ~, daß ...** assure sb. that ...; **seien Sie versichert, daß ...** *(geh.)* you may rest assured that ...; **b)** *(vertraglich schützen)* insure **(bei** with); **sein Leben ist hoch/mit 50 000 DM versichert** his life is assured *or* insured for a large sum/50,000 marks. 2. *refl. V. (geh.)* **a) sich jmds./einer Sache ~:** make sure *or* certain of sb./sth.; **b)** *(veralt.: sich bemächtigen)* **sich einer Sache** *(Gen.)* **~:** seize sth.

**Versicherte** der/die; *adj. Dekl.* insured [person]

**Versicherung** die **a)** *(Beteuerung)* assurance; **eine eidesstattliche ~:** a statutory declaration; **b)** *(Schutz durch Vertrag)* insurance; *(Vertrag)* insurance [policy] **(über +** *Akk.* for); *(ugs.: Beitrag, Prämie)* insurance [premium]; **eine ~ abschließen** take out an insurance [policy]; **c)** *(Gesellschaft)* insurance [company]

**versicherungs-, Versicherungs-:** **~agent** der insurance broker; **~beitrag** der insurance premium; **~betrug** der insurance fraud; **~fall** der event giving rise to a claim; **~gesellschaft** die insurance company; **~karte** die **a)** *(Sozialversicherung)* insurance *or* contribution card; **b)** *(Kfz.-Versicherung)* **die grüne ~karte** the green card; **~kaufmann** der insurance salesman; **~mathematiker** der actuary; **~nehmer** der policy-holder; **~pflichtig** *Adj.* **a)** *(Sozialversicherung)* ⟨*person*⟩ liable for [insurance] contributions; ⟨*earnings*⟩ subject to [insurance] contributions; **b)** *(individuell)* subject to compulsory insurance *postpos.*; **~police** die, **~schein** der insurance policy; **~schutz** der insurance cover; **~summe** die sum insured

**versickern** *itr. V.; mit sein* **a)** ⟨*river etc.*⟩ drain *or* seep away; **b)** *(fig.: enden)* ⟨*conversation*⟩ fade away; ⟨*money*⟩ drain away

**versieben** *tr. V. (ugs.)* **a)** *(verlegen)* mislay; **b)** *(verderben)* ruin; waste ⟨*chance*⟩

**versiegeln** *tr. V.* **a)** seal; **jmdm. den Mund** *od.* **die Lippen ~** *(fig.)* seal sb.'s lips; silence sb.; **b)** *(lackieren, überziehen)* seal ⟨*floor, paintwork, etc.*⟩

**Versiegelung** die; ~, ~en **a)** *o. Pl. (das Versiegeln)* sealing; **b)** *(Siegel)* seal; **c)** *(Schutzschicht)* protective coating; seal

**versiegen** *itr. V.; mit sein (geh.)* dry up; run dry; ⟨*tears*⟩ cease [to flow]; *(fig.)* peter out; ⟨*energy*⟩ run out; **sein nie ~der Humor** his inexhaustible fund of humour

**versiert** [vɛrˈziːɐ̯t] *Adj.* experienced [and knowledgeable]; **in etw.** *(Dat.)* **~ sein** be well versed in sth.

**Versiertheit die; ~:** experience (**in +** *Dat.* in); *(Wissen)* knowledge (**in +** *Dat.* of)

**versifft** [fɛrˈzɪft] *Adj. (ugs.)* dirty

**versilbern** *tr. V.* **a)** silver-plate; *(dichter.)* silver; **b)** *(ugs.: verkaufen)* turn into cash; flog *(Brit. sl.)*

**versinken** *unr. itr. V.; mit sein* **a)** sink; **im Schlamm/Schnee ~:** sink into the mud/snow; **in den Wellen ~:** sink beneath the waves; **im Moor ~:** be sucked into the bog; **ich wäre am liebsten im Erdboden versunken** I wished the ground would [open and] swallow me up; **die Stadt versank im Dunkel** *(fig. geh.)* darkness descended over the town; **eine versunkene Kultur** *(fig.)* a long-vanished civilization; **b)** *(fig.)* **~ in** *(+ Akk.)* become immersed in *or* wrapped up in ‹*memories, thoughts*›; subside, lapse into ‹*melancholy, silence, etc.*›; **in Gedanken versunken, nickte er** deep *or* lost in thought, he nodded; **er war ganz in ihren Anblick versunken** he was completely absorbed in looking at her

**versinnbildlichen** *tr. V.* symbolize

**Versinnbildlichung die; ~, ~en** symbolic representation

**Version** [vɛrˈzi̯oːn] **die; ~, ~en** version

**versippt** *Adj.* related by marriage *postpos.* (**mit** to)

**versklaven** *tr. V.* enslave

**Versklavung die; ~, ~en** enslavement

**Vers·maß das** metre

**versnoben** *itr. V.; mit sein (abwertend)* become snobbish; turn into a snob; **versnobt** snobbish

**versoffen** [fɛɐ̯ˈzɔfn̩] **1.** *2. Part. v.* **versaufen. 2.** *Adj. (salopp abwertend)* boozy *(coll.)*

**versohlen** *tr. V. (ugs.)* belt ‹*person, backside, etc.*›; **er muß mal ordentlich versohlt werden** he needs a good hiding *(coll.)*

**versöhnen** [fɛɐ̯ˈzøːnən] **1.** *refl. V.* **sich [miteinander] ~:** become reconciled; make it up; **sich mit jmdm. ~:** make it up with sb.; **sich mit seinem Schicksal ~:** come to terms with one's fate. **2.** *tr. V.* reconcile; **jmdn. mit jmdm. ~:** reconcile sb. with sb.; **jmdn. mit seinem Schicksal ~:** reconcile sb. to his/her fate; **b)** *(besänftigen)* placate; appease

**versöhnlich 1.** *Adj.* **a)** conciliatory; **b)** *(erfreulich)* positive; optimistic. **2.** *adv.* **a)** in a conciliatory way; ‹*say*› in a conciliatory tone; **b)** *(erfreulich)* ‹*end*› positively, optimistically

**Versöhnlichkeit die; ~: a)** conciliatory nature; **b)** *(Erfreulichkeit)* positive nature; optimism

**Versöhnung die; ~, ~en a)** reconciliation; **b)** *(das Besänftigen)* appeasement; **zu ihrer ~:** in order to placate her

**Versöhnungs·fest das** *(jüd. Rel.)* Day of Atonement

**versonnen 1.** *Adj.* dreamy; *(in Gedanken versunken)* lost in thought *postpos.* **2.** *adv.* dreamily; *(in Gedanken)* lost in thought

**Versonnenheit die, ~;** dreaminess

**versorgen** *tr. V.* **a)** supply; **jmdn. mit etw. ~:** supply *or* provide sb. with sth.; **danke, ich bin noch versorgt** I still have plenty, thank you; **seid ihr da drüben noch alle [mit Getränken] versorgt?** have you all got enough to drink over there?; are we looking after you over there?; **hast du den Hund/die Blumen schon versorgt?** have you fed the dog/watered the flowers?; **ich muß mich für die Reise mit Lesestoff ~:** I must get myself something to read on the journey; **das Gehirn ist nicht ausreichend mit Blut versorgt** the blood-supply to the brain is not sufficient; **b)** *(unterhalten, ernähren)* provide for ‹*children, family*›; **er hat eine Familie zu ~:** he has a family to support *or* provide for; **versorgt sein** be provided for; **c)** *(sorgen für)* look after; attend to, see to ‹*heating, garden, etc.*›; **er versorgt sich selbst** he looks after himself; he does his own housework; **sie versorgt ihn** *od.* **versorgt ihm den Haushalt** she keeps house for him; **jmdn. ärztlich ~:** give sb. medical care; *(kurzzeitig)* give sb. medical attention

**Versorger der; ~s, ~, Versorgerin die; ~, ~nen** breadwinner; provider

**Versorgung die; ~, ~en a)** *o. Pl.* supply[ing]; **die ~ einer Stadt/eines Gebiets/eines Organs mit etw.** the supply of sth. to a town/an area/an organ; **die ~ der Insel erfolgt auf dem Luftwege** the island is supplied by air; supplies reach the island by air; **die ~ des Hundes/der Blumen übernehmen** see to the feeding of the dog/watering of the flowers; **b)** *(Unterhaltung, Ernährung)* support[ing]; **zur ~ einer Familie ausreichen** be enough to provide for *or* support a family; **die ~ der Kriegerwitwen/der pensionierten Beamten** making provision for war widows/retired civil servants; **c)** *(Bedienung, Pflege)* care; **die ~ des Haushalts** the housekeeping; **die ~ der Heizung/des Gartens** seeing *or* attending to the heating/garden; **die ~ der Heimbewohner ist gut** the people living in the home are well looked after; **ärztliche ~:** medical care *or* treatment; *(kurzzeitig)* medical attention; **die ~ der Wunde** the treatment of the wound; **d)** *(Bezüge)* maintenance; *(Sozialhilfe)* benefit

**Versorgungs-: ~anspruch der** entitlement to benefit/maintenance; **~ausgleich der** *(Rechtsw.)* maintenance settlement; **~lage die** supply situation (**bei** with regard to); **~netz das** supply network *or* grid

**verspachteln** *tr. V.* **a)** fill, put filler in ‹*holes, cracks*›; **b)** *(ugs.: aufessen)* scoff *(coll.)*

**verspannen 1.** *refl. V.* ‹*muscle*› tense up; **verspannt** taut ‹*muscle*›; *(völlig verkrampft)* seized-up ‹*back*›. **2.** *tr. V.* brace ‹*mast etc.*›

**Verspannung die a)** *(Med.: der Muskulatur)* tension; **b)** *(eines Mastes o. ä.)* bracing; *(Seile)* stays *pl.*

**verspäten** *refl. V.* be late; **ich habe mich leider etwas/[um] fünf Minuten verspätet** I am unfortunately a little/five minutes late

**verspätet** *Adj.* late ‹*arrival, rose, butterfly*›; belated ‹*greetings, thanks*›; **~ eintreffen** *od.* **ankommen** arrive late

**Verspätung die; ~, ~en** lateness; *(verspätetes Eintreffen)* late arrival; **[fünf Minuten] ~ haben** be [five minutes] late; **eine fünfminütige ~:** a five-minute delay; **mit [fünfminütiger] ~ abfahren/ankommen** leave/arrive [five minutes] late; **seine** *od.* **die ~ aufholen** make up the lost time; **mit dreimonatiger ~:** three months late

**verspeisen** *tr. V. (geh.)* consume; partake of

**verspekulieren 1.** *refl. V.* make a bad speculation; back the wrong horse *(fig.)*; **wenn du gedacht hast, ich vergesse das, hast du dich verspekuliert** *(ugs.)* if you thought I would forget about it, you've got another think coming *(coll.)*. **2.** *tr. V.* lose through speculation

**versperren** *tr. V.* **a)** block ‹*road, entrance*›; obstruct ‹*view*›; **jmdm. den Weg/die Sicht ~:** block sb.'s path/block *or* obstruct sb.'s view; **b)** *(bes. österr.: abschließen)* lock

**verspiegeln** *tr. V.* **a)** cover ‹*wall*› with mirrors; **b)** *(beschichten)* cover with a reflective surface

**verspielen 1.** *tr. V.* **a)** gamble away; *(fig.: vertun, verwirken)* squander, throw away ‹*opportunity, chance*›; forfeit ‹*right, credibility, sb.'s trust, etc*›; **b)** *(spielend verbringen)* spend ‹*hours, day*› playing. **2.** *itr. V.* **in [bei jmdm.] verspielt haben** *(ugs.)* have had it [so far as sb. is concerned] *(coll.)*. **3.** *refl. V.* play a wrong note/wrong notes

**verspielt 1.** *Adj. (auch fig.)* playful; fanciful, fantastic ‹*form, design, etc.*›; **das Kleid ist/wirkt etwas zu ~:** the dress is/seems a little too fanciful. **2.** *adv.* playfully *(lit. or fig.)*; ‹*dress, designed*› fancifully, fantastically

**verspießern** *itr. V.; mit sein (abwertend)* become typically bourgeois

**verspinnen** *unr. tr. V.* spin ‹*wool*› (**zu** into)

**versponnen 1.** *2. Part. v.* **verspinnen. 2.** *Adj.* eccentric, odd ‹*person*›; odd, weird ‹*idea*›

**Versponnenheit die; ~:** eccentricity; oddness; *(einer Idee)* weirdness

**verspotten** *tr. V.* mock; ridicule

**Verspottung die; ~, ~en** mocking; ridiculing

**versprechen 1.** *unr. tr. V.* **a)** promise; **jmdm. etw. ~:** promise sb. sth.; **was er verspricht, hält er auch** he keeps his promises; **versprich [mir], pünktlich zu sein** *od.* **daß du pünktlich bist** promise [me] you will be on time; **sich jmdm. ~** *(veralt.)* promise oneself to sb.; **seine Miene/sein Blick versprach nichts Gutes** his expression/glance was ominous; **b) sich** *(Dat.)* **etw. von etw./jmdm. ~:** hope for sth. *or* to get sth. from sth./sb.; **ich würde mir nicht zuviel davon ~:** I wouldn't set my hopes too high. **2.** *unr. refl. V.* make a slip/slips of the tongue; **ich habe mich nur versprochen** it was just a slip of the tongue [on my part]

**Versprechen das; ~s, ~:** promise; **jmdm. das ~ geben, etw. zu tun** promise sb. *or* give sb. a promise to do sth.

**Versprecher der; ~s, ~:** slip of the tongue; **ein Freudscher ~:** a Freudian slip

**Versprechung die; ~, ~en** promise

**versprengen** *tr. V.* **a)** *(bes. Milit.)* disperse; scatter; **versprengte Soldaten** soldiers who have/had lost contact with their units; **b)** *(verspritzen)* sprinkle ‹*water*›

**verspritzen** *tr. V.* **a)** spray; **darüber ist schon viel Tinte verspritzt worden** *(fig.)* a lot of ink has been spilt over that; **b)** *(bespritzen)* spatter ‹*windscreen, coat, etc.*›

**versprühen** *tr. V.* spray; **Funken ~:** send out a shower of sparks; **Geist** *od.* **Witz ~** *(fig.)* show sparkling wit; scintillate

**verspüren** *tr. V.* feel; **Lust/keine Lust zu etw./Verlangen/kein Verlangen nach etw. ~:** have *or* feel a desire/no desire for sth.

**verstaatlichen** *tr. V.* nationalize

**Verstaatlichung die; ~, ~en** nationalization

**verstädtern** [fɛɐ̯ˈʃtɛːtɐn] *itr. V.; mit sein* become urbanized

**Verstädterung die; ~, ~en** urbanization

**Verstand der; ~[e]s** *(Fähigkeit zu denken)* reason *no art.*; *(Fähigkeit, Begriffe zu bilden)* mind; *(Vernunft)* [common] sense *no art.*; **Tiere haben keinen ~:** animals do not have the power *or* faculty of reason; **der menschliche ~:** the human mind; **mein** *od.* **der ~ sagt mir, daß ...:** reason *or* common sense tells me that ...; **wenn du deinen ~ gebraucht hättest** if you had used your brain *or* had been thinking; **er hat einen klaren ~:** he has a lucid mind; **ich hätte ihm mehr ~ zugetraut** I thought he would have had more sense; **er mußte all seinen ~ zusammennehmen** he had to summon up all his mental powers *or* rack his brains; **manchmal zweifle ich an seinem ~:** I sometimes doubt his sanity; **bei klarem ~ bleiben** keep one's mental faculties; **~ und Vernunft** understanding and reason; **~ und Gefühl** head and heart; **das schreckliche Erlebnis hat ihren ~ verwirrt** the terrible experience threw her mind into confusion; **ich verliere noch den ~:** I'll go out of my mind; **hast du denn den ~ verloren** *(ugs.)* have you taken leave of your senses?; are you out of your mind?; **du bist wohl nicht [ganz] bei ~!** *(ugs.)* you must be out of your mind!; **das geht**

**über meinen ~:** that's beyond me; **der Schmerz hat ihn um den ~ gebracht** the pain drove him out of his mind; **seinen ~ versaufen** *(salopp)* drink oneself stupid; **etw. mit ~ trinken/essen/rauchen** really savour sth. [while drinking/eating/smoking it]; *s. auch* **Glück a; Sinn g**

**verstandes-, Verstandes-: ~kraft die** mental *or* intellectual powers *pl.*; **~mäßig 1.** *Adj.* rational; intellectual ⟨*inferiority, superiority*⟩; **2.** *adv.* rationally; intellectually ⟨*inferior, superior*⟩; **~mensch der** rational person

**verständig** [fɛɐ̯ˈʃtɛndɪç] **1.** *Adj.* sensible; intelligent. **2.** *adv.* sensibly; intelligently

**verständigen** [fɛɐ̯ˈʃtɛndɪgn̩] **1.** *tr. V.* notify, inform (**von, über** + *Akk.* of). **2.** *refl. V.* **a)** make oneself understood; **sich mit jmdm. ~:** communicate with sb.; **b)** *(sich einigen)* **sich [mit jmdm.] über/auf etw.** *(Akk.)* **~:** come to an understanding *or* reach agreement [with sb.] about *or.* on sth.

**Verständigkeit die; ~:** understanding; intelligence

**Verständigung die; ~, ~en a)** notification; **b)** *(das Sichverständlichmachen)* communication *no art.*; **wegen des Lärms war eine ~ praktisch unmöglich** because of the noise, it was almost impossible to make oneself understood; **c)** *(Einigung)* understanding; **eine Politik der ~:** a policy of rapprochement; **über diesen Punkt kam es zu keiner ~:** no agreement was reached on this point

**Verständigungs-: ~bereitschaft die;** *o. Pl.* readiness to come to an understanding; **~schwierigkeit die** difficulty of communication

**verständlich 1.** *Adj.* **a)** comprehensible; *(deutlich)* clear ⟨*pronunciation, presentation, etc.*⟩; **[leicht] ~:** easily understood; **schwer ~:** difficult to understand; *(bei Lärm)* difficult to make out; **sich ~ machen** make oneself understood; **sich seinen Zuhörern ~ machen** get [one's message] across to one's listeners; **jmdm. etw. ~ machen** make sth. clear to sb.; **b)** *(begreiflich, verzeihlich)* understandable; **seine Verärgerung ist mir durchaus ~:** I can fully understand his annoyance. **2.** *adv.* comprehensibly; in a comprehensible way; *(deutlich)* ⟨*speak, express oneself, present*⟩ clearly

**verständlicher·weise** *Adv.* understandably

**Verständlichkeit die; ~:** comprehensibility; clarity

**Verständnis das; ~ses, ~se** understanding; **dem Leser das ~ erleichtern** make it easier for the reader to understand; **ein ~ für Kunst/Musik** an appreciation of *or* feeling for art/music; **ich habe volles ~ dafür, daß ...:** I fully understand that ...; **für so etwas habe ich kein ~:** I have no time for that kind of thing; **für die Unannehmlichkeiten bitten wir um [Ihr] ~:** we ask for your forbearance *or* we apologize for the inconvenience caused

**verständnis-, Verständnis-: ~innig 1.** *Adj.* knowing, meaningful ⟨*glance*⟩; **2.** *adv.* knowingly; meaningfully; **~los 1.** *Adj.* uncomprehending; **der modernen Kunst steht er völlig ~los gegenüber** he has no understanding of *or* feeling for modern art at all; **2.** *adv.* uncomprehendingly; **~losigkeit die** incomprehension; **voller ~losigkeit** uncomprehendingly; with a complete lack of understanding; **~voll 1.** *Adj.* understanding; **2.** *adv.* understandingly

**verstärken 1.** *tr. V.* **a)** strengthen; **die Socken sind an den Fersen verstärkt** the socks have reinforced heels; **b)** *(zahlenmäßig)* reinforce ⟨*troops, garrison, etc.*⟩ (**um** by); enlarge, augment ⟨*orchestra, choir*⟩ (**um** by); **die Truppen auf 1 500 Mann ~:** bring the troops up to a strength of 1,500 men; **c)** *(intensiver machen)* intensify, increase ⟨*effort, contrast*⟩; strengthen, increase ⟨*impression, suspicion*⟩; *(größer machen)* increase ⟨*pressure, voltage, effect, etc.*⟩; *(lauter machen)* amplify ⟨*signal, sound, guitar, etc.*⟩. **2.** *refl. V.* increase; *s. auch* **verstärkt**

**Verstärker der; ~s, ~:** amplifier

**verstärkt 1.** *Adj.*; *nicht präd.* **a)** increased; *(größer)* greater ⟨*efforts, vigilance, etc.*⟩; **in ~em Maße** to a greater *or* increased extent; **b)** *(zahlenmäßig)* enlarged, augmented ⟨*orchestra, choir, etc.*⟩; reinforced *(Mil.)* ⟨*unit*⟩. **2.** *adv.* to an increased extent

**Verstärkung die; ~, ~en a)** strengthening; **b)** *(zahlenmäßig)* reinforcement *(esp. Mil.)*; *(eines Orchesters usw.)* enlargement; **c)** *(Intensivierung, Zunahme)* increase *(Gen.* in); *(der Lautstärke)* amplification; **zur ~ einer Sache** *(Gen.)* to increase/amplify sth.; **d)** *(zusätzliche Person[en])* reinforcements *pl.*; **e)** *(verstärkendes Element)* reinforcement

**verstauben** *itr. V.*; *mit sein* get dusty; gather dust *(lit. or fig.)*; *s. auch* **verstaubt**

**verstäuben** [fɛɐ̯ˈʃtɔybn̩] *tr. V.* spray ⟨*insecticide etc.*⟩

**verstaubt** *Adj.* dusty; covered in dust *postpos.*; *(fig. abwertend)* old-fashioned; outmoded

**verstauchen** *tr. V.* sprain; **sich** *(Dat.)* **den Fuß/die Hand ~:** sprain one's ankle/wrist

**Verstauchung die; ~, ~en** sprain

**verstauen** *tr. V.* pack (**in** + *Dat. od. Akk.* in[to]); *(bes. im Boot/Auto)* stow (**in** + *Dat. od. Akk.* in); **etw. auf dem Boden/in einem** *od.* **einen Schrank ~:** put *or (coll.)* stash sth. away in the loft/a cupboard; **etw. in der Hosentasche ~:** stuff sth. into one's trouser pocket; **er verstaute seine Familie im Auto** *(scherzh.)* he packed his family into the car

**Versteck das; ~[e]s, ~e** hiding-place; *(eines Flüchtlings, Räubers usw.)* hide-out; **~ spielen** play hide-and-seek; **[vor jmdm./voreinander** *od.* **mit jmdm./miteinander] ~ spielen** *(fig.)* hide *or* keep things [from sb./one another]

**verstecken 1.** *tr. V.* hide (**vor** + *Dat.* from); **jmdn. versteckt halten** keep sb. hidden; **das Haus war in einem Wäldchen versteckt** the house was tucked away in a small wood. **2.** *refl. V.* **sich [vor jmdm./etw.] ~:** hide [from sb./sth.]; **sich versteckt halten** be [in] hiding; *(versteckt bleiben)* remain in hiding; **ich möchte bloß wissen, wo sich meine Brille schon wieder versteckt hat** I should love to know where my glasses have got to; **sich vor** *od.* **neben jmdm. nicht zu ~ brauchen** *od.* **nicht ~ müssen** *(fig.)* not need to fear comparison with sb.; **das ist eine Leistung, mit der er sich nicht ~ muß** it is a performance of which he has no need to be ashamed; **sich vor** *od.* **neben jmdm. ~ müssen** *(fig.)* not be able to compare with sb.; not be a patch on sb. *(coll.)*; **sich hinter seinem Chef/seinen Vorschriften** *usw.* **~** *(fig.)* use one's boss *(coll.)*/one's rules and regulations to hide behind; *s. auch* **versteckt**

**Verstecken das; ~s** hide-and-seek *no art.*

**Versteck·spiel das** game of hide-and-seek; *(fig.)* charade; pretence

**versteckt** *Adj.* hidden; concealed ⟨*polemics*⟩; veiled ⟨*threat*⟩; *(heimlich)* secret ⟨*malice, activity, etc.*⟩; disguised ⟨*foul*⟩; *(verstohlen)* furtive ⟨*glance, smile*⟩

**verstehen 1.** *unr. tr. V.* **a)** *(wahrnehmen)* understand; make out; **ich konnte ihn bei dem Lärm nicht ~:** I couldn't make out what he was saying because of the noise; **man versteht [vor Lärm] sein eigenes Wort nicht** one cannot hear oneself speak; **er war am Telefon gut/schlecht/kaum zu ~:** it was easy/difficult/barely possible to understand *or* make out what he was saying on the telephone; **b)** *auch itr. (begreifen, interpretieren)* understand; **das mußt du schon ~:** you must understand *or* see that; **ich verstehe** I understand; I see; **[ich habe] verstanden** understood; I've got it; **wir ~ uns schon** we understand each other; we see eye to eye; **das verstehe [nun] einer!** what is one supposed to make of that?; **du bleibst hier, verstanden** *od.* **verstehst du!** you stay here, understand!; **jmdm. etw. zu ~ geben** give sb. to understand sth.; **das ist in dem Sinne** *od.* **so zu ~, daß ...:** it is supposed to mean that ...; **wie soll ich das ~?** how am I to interpret that?; what am I supposed to make of that?; **jmdn./etw. falsch ~:** misunderstand sb./sth.; **versteh mich bitte richtig** *od.* **nicht falsch** please don't misunderstand me *or* get me wrong; **wenn ich [es] recht verstehe** if I understand rightly; **falsch verstandene Loyalität** misunderstood loyalty; **etw. unter etw.** *(Dat.)* **~:** understand sth. by sth.; **was ~ Sie darunter?** what do you think that means?; **jmdn./sich als etw. ~:** see sb./oneself as sth.; consider sb./oneself to be sth.; **er will sich als Christ verstanden wissen** he wants to be seen as *or* to be considered a Christian; *s. auch* **Bahnhof; Spaß b; c)** *(beherrschen, wissen)* **es ~, etw. zu tun** know how to do sth.; **er versteht zu genießen** he knows how to enjoy himself *or* things; **er versteht eine Menge von Autos** he knows a lot about cars; he is quite an expert on cars; **davon verstehe ich nichts/nicht viel** I don't know anything/know much about it. **2.** *unr. refl. V.* **a) sich mit jmdm. ~:** get on with sb.; **sie ~ sich** they get on well together; **b)** *(selbstverständlich sein)* **das versteht sich [von selbst]** that goes without saying; **versteht sich!** *(ugs.)* of course!; **c)** *(Kaufmannsspr.: gemeint sein)* **der Preis versteht sich einschließlich Mehrwertsteuer** the price is inclusive of VAT; **d) sich auf Pferde/Autos** *usw.* *(Akk.)* **~:** know what one is doing with horses/cars; know all about horses/cars; **er versteht sich aufs Dichten** he knows how to write poetry; **e) sich zu etw. ~** *(veralt.)* agree [reluctantly] to sth.

**versteifen 1.** *tr. V.* **a)** stiffen ⟨*collar, part of body, etc.*⟩; **b)** *(Bauw.: abstützen)* shore up ⟨*wall, house, excavation, etc.*⟩; brace ⟨*fence*⟩. **2.** *itr. V.*; *mit sein* stiffen [up]; become stiff. **3.** *refl. V.* **a)** stiffen [up]; become stiff; **b)** *in* **sich auf etw.** *(Akk.)* **~:** insist on sth.

**Versteifung die; ~, ~en a)** stiffening; **b)** *(Bauw.)* shoring [up]

**versteigen** *unr. refl. V.* **a)** *(sich verirren)* get lost [while climbing]; *(nicht mehr herunterkönnen)* get stuck; get into difficulties; **b) sich zu einer Behauptung/zu Angriffen gegen jmdn.** *usw.* **~:** have the presumption to make an assertion/attacks on sb. *etc.*; **wie konnte ich mich zu solcher Schwärmerei ~?** how could I get so carried away?; *s. auch* **verstiegen 2**

**versteigern** *tr. V.* auction; **etw. ~ lassen** put sth. up for auction; **auf einer Auktion meistbietend versteigert werden** be sold to the highest bidder at an auction

**Versteigerung die a)** auction *no indef. art.*; **zur ~ kommen** *od.* **gelangen** *(Amtsspr.)* be auctioned; **b)** *(Veranstaltung)* auction; **auf einer ~:** at an auction

**versteinern 1.** *itr. V.*; *mit sein* ⟨*plant, animal*⟩ fossilize, become fossilized; ⟨*wood etc.*⟩ petrify, become petrified; *(fig. geh.)* ⟨*person*⟩ go rigid; ⟨*expression, face*⟩ harden, become stony; **sie blieb [wie] versteinert stehen** she stopped in her tracks, as rigid as a statue. **2.** *refl. V. (geh.)* ⟨*face, features*⟩ harden

**Versteinerung die; ~, ~en a)** *(das Versteinern)* fossilization; *(von Holz)* petrification; **b)** *(Fossil)* fossil

**verstellbar** *Adj.* adjustable

**verstellen 1.** *tr. V.* **a)** *(falsch plazieren)* misplace; put [back] in the wrong place; **b)** *(anders einstellen)* adjust ⟨*seat etc.*⟩; alter [the adjustment of] ⟨*mirror etc.*⟩; reset ⟨*alarm clock, points, etc.*⟩; **der Sitz läßt sich in der Höhe ~:** the seat can be adjusted for height; **c)** *(versperren)* block, obstruct ⟨*entrance, exit, view, etc.*⟩; **er verstellte mir den Weg** he blocked my path; he stood in my way; **[jmdm.] den Blick für etw. ~** *(fig.)* obscure sb.'s view of sth.; **d)** *(zur Täuschung verändern)* disguise, alter ⟨*voice, handwriting*⟩. **2.** *refl. V.* **a)** *(seine Einstellung, Position verändern)* alter; *(so daß es falsch eingestellt ist)* get out of adjustment; **b)** *(sich anders geben als man ist)* pretend; play-act; **sich vor jmdm. ~:** pretend to sb.

**Verstellung die** play-acting; pretence; *(der Stimme, Schrift)* disguising; alteration

**Verstellungs·kunst die** [art of] play-acting *no. pl.*

**versteppen** *itr. V.; mit sein* become steppe

**versterben** *unr. itr. V.; mit sein (geh.)* die; pass away; **mein verstorbener Mann** my late husband; *s. auch* **Verstorbene**

**versteuern** *tr. V.* pay tax on

**verstiegen 1.** *2. Part. v.* **versteigen. 2.** *Adj.* whimsical ⟨*idealist, person*⟩; extravagant, fantastic ⟨*idea, expectation, etc.*⟩; wild ⟨*dream, desire*⟩

**Verstiegenheit die; ~, ~en a)** *o. Pl.* extravagance; **b)** *(etw. Verstiegenes)* extravagant *or* fantastic idea/remark

**verstimmen 1.** *tr. V.* **a)** *(Musik)* put ⟨*instrument*⟩ out of tune; **b)** *(schlechtgelaunt machen)* put ⟨*person*⟩ in a bad mood; *(verärgern)* annoy. **2.** *refl. V.* get *or* go out of tune

**verstimmt** *Adj.* **a)** *(Musik)* out of tune *pred.*; **b)** *(verärgert)* put out, peeved, disgruntled **(über +** *Akk.* by, about); **ein ~er Magen** an upset stomach

**Verstimmung die** disgruntled *or* bad mood; **eine leichte ~ hinterlassen** leave a slight sense of annoyance

**verstockt 1.** *Adj.* obdurate; stubborn. **2.** *adv.* obdurately; stubbornly

**Verstocktheit die; ~:** obduracy; stubbornness

**verstohlen** [fɛɐ̯ˈʃto:lən] **1.** *Adj.* furtive; surreptitious. **2.** *adv.* furtively; surreptitiously

**verstolpern** *tr. V. (Sportjargon)* stumble and miss ⟨*ball, chance, etc.*⟩

**verstopfen 1.** *tr. V.* block; **verstopft sein** ⟨*pipe, drain, jet, nose, etc.*⟩ be blocked **(durch, von** with); *(Med.: keinen Stuhlgang haben)* be constipated; **die vielen Autos ~ die Altstadt** the large number of cars causes congestion in the old quarter. **2.** *itr. V.; mit sein* become blocked

**Verstopfung die; ~, ~en** *(Med.: Stuhl~)* constipation

**verstorben** [fɛɐ̯ˈʃtɔrbn̩] *2. Part. v.* **versterben**

**Verstorbene der/die;** *adj. Dekl. (geh.)* deceased

**verstören** *tr. V.* distress

**verstört** *Adj.* distraught; **einen ~en Eindruck machen** appear distraught *or* distressed

**Verstörtheit die; ~:** distressed *or* distraught state; distress

**Verstoß der** violation, infringement **(gegen** of); **~ gegen die Etikette/den guten Geschmack** breach of etiquette/offense against good taste

**verstoßen 1.** *unr. tr. V.* disown; **aus dem Elternhaus ~ werden** be turned out of one's parents' house; **ein Verstoßener** an outcast. **2.** *unr. itr. V.* **gegen etw. ~:** infringe *or* contravene sth.; **gegen die Etikette/den guten Geschmack~:** commit a breach of etiquette/offend against good taste

**Verstoßung die; ~, ~en** disowning; *(aus dem Elternhaus)* turning out

**verstrahlen** *tr. V.* **a)** radiate; **b)** *(radioaktiv verseuchen)* contaminate with radiation

**Verstrebung die; ~, ~en** struts *pl.*; *(einzelne Strebe)* strut

**verstreichen 1.** *unr. tr. V.* **a)** *(verteilen)* apply, put on ⟨*paint*⟩; spread ⟨*butter etc.*⟩; **b)** *(verbrauchen)* use [up] ⟨*paint*⟩; **c)** *(zustreichen)* fill ⟨*hole, crack*⟩. **2.** *unr. itr. V.; mit sein (geh.)* ⟨*time*⟩ pass [by]

**verstreuen** *tr. V.* **a)** *(verteilen)* scatter; put down ⟨*bird food, salt*⟩; *(unordentlich)* strew; **seine Kleider lagen im ganzen Zimmer verstreut** his clothes were scattered *or* strewn all over the room; **verstreute Gehöfte/Aufsätze** isolated *or* scattered farms/isolated essays; **b)** *(versehentlich)* spill

**verstricken 1.** *tr. V.* **a)** *(verbrauchen)* use ⟨*wool*⟩ [in knitting]; **b)** *(geh.: verwickeln)* **jmdn. in etw.** *(Akk.)* **~:** involve sb. in sth.; draw sb. into sth.; **in etw.** *(Akk.)* **verstrickt [sein]** [be] mixed up *or* involved in sth. **2.** *refl. V.* **a)** *(falsch stricken)* make a mistake/mistakes [in knitting]; **b)** *(fig.)* **sich in etw.** *(Akk.)* **~:** become entangled *or* caught up in sth.

**Verstrickung die; ~, ~en** involvement **(in +** *Akk.* in)

**verströmen** *tr. V.* exude

**verstrubbeln** *tr. V. (ugs.)* tousle

**verstümmeln** *tr. V.* mutilate; *(fig.)* garble ⟨*report*⟩; chop, mutilate ⟨*text*⟩; mutilate, do violence to ⟨*name*⟩; **sich selbst ~:** maim oneself

**Verstümmelung die; ~, ~en** mutilation; *(Selbst~)* self-mutilation; *(fig.: einer Meldung usw.)* garbling

**verstummen** *itr. V.; mit sein (geh.)* fall silent; ⟨*music, noise, conversation*⟩ cease; *(allmählich)* die *or* fade away; *(fig.)* ⟨*rumour, question*⟩ go away; **er verstummte vor Schreck** he broke off, terrified; **jmdn. zum Verstummen bringen** silence sb.; **jeder Zweifel verstummte** *(fig.)* every doubt was stilled

**Versuch der; ~[e]s, ~e a)** attempt; **beim ~, etw. zu tun** in attempting to do sth.; **er hat es gleich beim ersten ~ geschafft** he made it *or* succeeded at the first attempt; **er hat schon mehrmals den ~ gemacht zu ...:** he has already made several attempts to ...; **das käme auf einen ~ an** we'll have to try it and see; **einen ~ wäre es wert** it's worth a try; **ich will noch einen letzten ~ mit ihm/damit machen** I'd like to give him/it one more try; **b)** *(Experiment)* experiment **(an +** *Dat.* on); *(Probe)* test; **c)** *(literarisches Produkt)* attempt; **seine ersten lyrischen/literarischen ~e** his first attempts at poetry/literature; **„~ über das Schöne"** 'Essay on Beauty'; **d)** *(Rugby)* try; **einen ~ erzielen** *od.* **legen** score a try

**versuchen 1.** *tr. V.* **a)** try; attempt; **versuch's doch!** *(drohend)* just you try!; *(ermunternd)* just try it!; **es mit jmdm./etw. ~:** give sb./sth. a try; **es bei jmdm. ~:** try sb.; **versuchter Mord** *(Rechtsspr.)* attempted murder; **laß mich mal ~, ob ...:** *(ugs.)* let me [try and] see if ...; *s. auch* **Glück a; b)** *(auch bibl.: in Versuchung führen)* tempt; **versucht sein, etw. zu tun** be tempted to do sth. **2.** *tr., itr. V. (probieren)* **den Kuchen/von dem Kuchen ~:** try the cake/some of the cake. **3.** *refl. V.* **sich in/an etw.** *(Dat.)***/auf einem Instrument/als etw. ~:** try one's hand at sth./at playing an instrument/at being sth.

**Versucher der; ~s, ~:** *(bibl.)* tempter

**versuchs-, Versuchs-: ~anordnung die** set-up for an/the experiment/for experiments; **~anstalt die** research institute; **~ballon der a)** *(Met.)* sounding-balloon; **b)** *(fig.)* try-out; *(Gerücht, Vorschlag usw.)* feeler; **einen ~ballon [auf]steigen lassen** fly a kite *(fig.)*; put out feelers *(fig.)*; **~gelände das** testing-ground; *(für nukleare Waffen usw.)* test site; **~kaninchen das** *(fig.)* guinea-pig; **~person die** *(bes. Med., Psych.)* test *or* experimental subject; **~stadium das** experimental stage; **~tier das** experimental animal; **~weise 1.** *Adv.* on a trial basis; as an experiment; **2.** *adj.; nicht präd.* experimental; **~zweck der** experimental purpose; **zu ~zwecken gehaltene Tiere** animals kept for experiments

**Versuchung die; ~, ~en** temptation; **jmdn. in ~ führen** lead sb. into temptation *(esp. Rel.)*; put sb. in the way of temptation; **in ~** *(Akk.)* **kommen** *od.* **geraten[, etw. zu tun]** be *or* feel tempted [to do sth.]

**versumpfen** *itr. V.* **a)** become marshy *or* boggy; **versumpft** marshy; boggy; **b)** *(ugs. abwertend: verwahrlosen)* go to seed *or* to the dogs; **c)** *(ugs.; lange bleiben und trinken)* stay out late boozing *(coll.)*

**versündigen** *refl. V.* **sich an jmdm./etw. ~:** sin against sb./sth.; **sich an seiner Gesundheit ~:** abuse one's health; **versündige dich nicht!** *(als Antwort)* what a [wicked] thing to say/do!

**Versunkenheit die; ~** *(geh.)* [state of] contemplation; deep meditation; **in seiner ~ hatte er ihr Kommen gar nicht bemerkt** he was so deep in thought *or* so engrossed that he had not noticed her coming

**versüßen** *tr. V.* **jmdm./sich etw. ~** *(fig.)* make sth. more pleasant for sb./oneself; *(erträglicher machen)* make sth. more bearable for sb./oneself

**vertäfeln** *tr. V.* panel

**Vertäfelung die; ~, ~en** panelling

**vertagen 1.** *tr. V.* adjourn ⟨*meeting, debate, etc.*⟩ **(auf +** *Akk.* until); postpone ⟨*decision, verdict*⟩ **(auf +** *Akk.* until). **2.** *refl. V.* ⟨*court*⟩ adjourn; ⟨*meeting*⟩ be adjourned

**vertändeln** *tr. V. (auch Sport)* fritter away ⟨*time, chance*⟩

**vertäuen** [fɛɐ̯ˈtɔyən] *tr. V. (Seemannsspr.)* moor

**vertauschen** *tr. V.* **a)** exchange; switch; reverse, switch ⟨*roles*⟩; reverse, transpose ⟨*poles*⟩; **etw. mit** *od.* **gegen etw. ~:** exchange sth. for sth.; **die Kanzel mit dem Ministersessel ~:** exchange the pulpit for a ministerial post; **die Buchstaben eines Wortes ~:** transpose *or* switch round the letters in a word; **b)** *(verwechseln)* mix up

**Vertauschung die; ~, ~en a)** exchange; *(von Buchstaben, Polen usw.)* transposition; *(von Rollen)* reversal; switching; **b)** *(Verwechslung)* mixing up; **eine ~:** a mix-up

**Vertäuung die; ~, ~en** *(Seemannsspr.)* mooring

**verteidigen** [fɛɐ̯ˈtaidɪgn̩] **1.** *tr. V.* defend; **der Angeklagte wird sich selbst ~:** the accused will conduct his own defence. **2.** *itr. V. (Ballspiele)* defend; *(Verteidiger sein)* be a defender

**Verteidiger der; ~s, ~, Verteidigerin, die; ~, ~nen a)** *(auch Sport)* defender; **[als] ~ spielen** *(Sport)* play as a defender; **b)** *(Rechtsw.)* defence counsel

**Verteidigung die, ~, ~en** *(auch Sport, Rechtsw.)* defence; **zur ~ seiner Meinung/der Stadt bereit sein** be ready to defend one's opinion/the town; **jmdn. in die ~ drängen** force sb. on [to] the defensive

**Verteidigungs-: ~bereitschaft die;** *o. Pl.* readiness to defend; **~bündnis das** defensive alliance; **~drittel das** *(Eishockey)* defence zone; **~haushalt der** defence budget; **~minister der** minister of defence; **~ministerium das** ministry of defence; **~rede die** *(vor Gericht)* speech for the defence; *(Apologie)* apologia; **~waffe die** defensive weapon

**verteilen 1.** *tr. V.* **a)** *(austeilen)* distribute, hand out ⟨*exercise books, leaflets, prizes, etc.*⟩ **(an +** *Akk.* to, **unter +** *Akk.* among); share [out], distribute ⟨*money, food*⟩ **(an +** *Akk.* to, **unter +** *Akk.* among); allocate ⟨*work*⟩; cast, allocate ⟨*parts*⟩; **Karten an die Spieler ~:** deal out cards to the players; **ein Drama mit verteilten Rollen lesen** read a play with each part allocated to a different person; **b)** *(an verschiedene Plätze bringen)* distribute ⟨*weight etc.*⟩ **(auf +** *Akk.* over); spread ⟨*cost*⟩ **(auf +** *Akk.* among); distribute, spread out ⟨*cushions etc.*⟩; **Flüchtlinge auf drei Lager ~:** divide up refugees and send them to three camps; **c)** *(verstreichen, verstreuen, verrühren usw.)* distribute, spread ⟨*butter, seed, dirt, etc.*⟩. **2.** *refl. V.* **a)** spread out; **b)** *(sich ausbreiten, verteilt sein)* be distributed (**auf** + *Akk.* over)

**Verteiler der; ~s, ~ a)** *(Person)* distributor; **b)** *(Technik: Zündverteiler)* distributor; **c)** *(Bürow.)* distribution list; „~" 'copies to'

**Verteiler·schlüssel der** *(Bürow.)* distribution list

**Verteilung die** distribution; *(der Rollen, der Arbeit)* allocation; **etw. zur ~ bringen** *(Papierdt.)* distribute sth.; **zur ~ kommen** *od.* **gelangen** *(Papierdt.)* be distributed

**vertelefonieren** *tr. V. (ugs.)* spend ⟨*time*⟩ telephoning *or* on the phone; spend ⟨*money*⟩ on telephoning

**verteuern 1.** *tr. V.* make ⟨*goods*⟩ more expensive. **2.** *refl. V.* become more expensive; **die Lebenshaltung verteuert sich** the cost of living is going up

**Verteuerung die** increase *or* rise in price; **die ~ des Kaffees** the increase in the price of coffee

**verteufeln** *tr. V.* condemn; denigrate

**verteufelt 1.** *Adj. (ugs.)* **a)** *(verzwickt)* extremely tricky ⟨*situation, business*⟩; **b)** *nicht präd. (äußerst)* fiendish ⟨*thirst, pain, etc.*⟩ **2.** *adv. (ugs.)* damned; fiendishly ⟨*cold*⟩; terribly *(coll.)* ⟨*similar*⟩; **~!** damn!

**Verteufelung die; ~, ~en** condemnation; denigration

**vertiefen 1.** *tr. V.* **a)** deepen (**um** by); make deeper; **eine vertiefte Stelle** a depression; a hollow; **b)** *(intensivieren)* deepen ⟨*knowledge, understanding, love*⟩; deepen, strengthen ⟨*dislike, friendship, collaboration, etc.*⟩; **ein vertieftes Verständnis** a deeper understanding. **2.** *refl. V.* **a)** deepen; become deeper; **b)** *(sich konzentrieren)* **sich ~ in** (+ *Akk.*) bury oneself in ⟨*book, work, etc.*⟩; become deeply involved in ⟨*conversation*⟩; **in etw.** *(Akk.)* **vertieft sein** be engrossed *or* absorbed in sth.; **in Gedanken vertieft** deep in thought; **c)** *(intensiver werden)* ⟨*friendship*⟩ deepen; ⟨*relations*⟩ become closer; ⟨*hate, conflict*⟩ deepen, become more intense

**Vertiefung die; ~, ~en a)** deepening; *(von Freundschaft, Abneigung)* deepening; strengthening; *(von Zusammenarbeit, Beziehungen)* strengthening; *(von Wissen)* consolidation; reinforcement; *(von Haß, Konflikten)* intensification; **b)** *(in Gedanken)* absorption (**in** + *Akk.* in); **c)** *(Mulde)* depression; hollow

**vertieren** *itr. V.; mit sein* become brutalized; **vertiert** brutalized

**vertikal** [vɛrti'ka:l] **1.** *Adj.* vertical; **in ~er Richtung** vertically. **2.** *adv.* vertically

**Vertikale die; ~; ~n a)** *(Linie)* vertical line; **b)** *o. Pl. (Lage)* **die ~:** the vertical *or* perpendicular; **etw. in die ~ bringen** *od.* **bewegen** move sth. into a vertical position

**Vertiko** ['vɛrtiko] **das,** *auch* **der; ~s, ~s** *small decorated cabinet with a drawer and display shelf on top*

**vertilgen** *tr. V.* **a)** *(vernichten)* exterminate ⟨*vermin*⟩; kill off ⟨*weeds*⟩; **b)** *(ugs.: verzehren)* devour, *(joc.)* demolish ⟨*food*⟩

**Vertilgung die; ~, ~en a)** *(von Ungeziefer)* extermination; *(von Unkraut)* killing off; **b)** *(ugs.: das Verzehren)* demolition *(joc.)*

**Vertilgungs·mittel das** *(gegen Unkraut)* weed-killer; *(gegen Insekten)* pesticide

**vertippen 1.** *refl. V.* **a)** make a typing mistake/typing mistakes; *(auf der Rechenmaschine, dem Tastentelefon usw.)* press the wrong number; **b)** *(im Lotto, Toto, bei Vorhersagen)* get it wrong. **2.** *tr. V.* mistype ⟨*word*⟩; type ⟨*word, letter*⟩ wrongly; *(auf der Rechenmaschine, dem Tastentelefon usw.)* get ⟨*number*⟩ wrong

**vertonen** *tr. V.* set ⟨*text, poem*⟩ to music; set, write the music to ⟨*libretto*⟩; add sound to ⟨*slides*⟩; add a sound-track to ⟨*film*⟩

**Vertonung die; ~, ~en a)** setting [to music]; **die ~ eines Librettos** writing the music to a libretto; **die ~ von Dias/eines Films** adding sound to slides/a sound-track to a film; **b)** *(Werk)* setting

**vertrackt** [fɛɐ̯'trakt] *(ugs.) Adj.* **a)** complicated, involved ⟨*situation, business, etc.*⟩; tricky, intricate ⟨*job*⟩; **b)** *(ärgerlich)* confounded; infuriating; **das ~e Gefühl haben, daß ...:** have a nasty feeling that ...

**Vertracktheit die; ~, ~en** *(ugs.)* **a)** complexity; **b)** *(Ärgerlichkeit)* maddening *or* infuriating nature

**Vertrag der; ~[e]s, Verträge** [...trɛ:gə] contract; *(zwischen Staaten)* treaty; **mündlicher ~:** verbal agreement; **laut ~:** according to the terms of the contract; **ein ~ auf drei Jahre** a three-year contract; **jmdn. unter ~ nehmen** contract sb.; put sb. under contract; **[bei jmdm.] unter ~ stehen** be under contract [to sb.]

**vertragen 1.** *unr. tr. V.* **a)** endure; tolerate *(esp. Med.)*; *(aushalten, leiden können)* stand; bear; take ⟨*joke, criticism, climate, etc.*⟩; **die Pflanze verträgt keinen Zug/kann Sonne ~:** the plant will not tolerate draughts/can tolerate some sun; **Rauch/Lärm/Belastungen/Aufregung schlecht ~:** not be able to stand too much smoke/noise/strain/excitement; **das Klima [nicht] gut ~:** [not] be able to take the climate; **ich vertrage keinen Kaffee/kein fettes Essen** coffee/fatty food disagrees with me; **den Wein/das Medikament habe ich gut vertragen** I was able to drink the wine/take the medicine with no ill effects; **sie verträgt dieses Medikament schlecht/nicht** this medicine doesn't really agree with her/does not agree with her at all; **ich könnte jetzt einen Whisky ~** *(ugs.)* I could do with *or* wouldn't say no to a whisky; **er verträgt eine Menge [Alkohol]/nichts/nicht viel** *(ugs.)* he can hold a lot of drink *(coll.)*/can't hold his drink/can't hold much drink; **er verträgt keine Kritik/keinen Spaß** he cannot take criticism/a joke; **ich kann alles ~, nur nicht das** I can put up with anything but not that; **die Sache verträgt keinen Aufschub** *(geh.)* the matter brooks no delay; **b)** *(landsch.: abtragen)* wear out. **2.** *unr. refl. V.* **a) sich mit jmdm. ~:** get on *or* along with sb.; **sich gut [miteinander] ~:** get on well together; **er verträgt sich mit keinem** he never gets on with anybody; **sie ~ sich wieder** they are friends again; they have made it up; **wir wollen uns wieder ~:** let's make it up *or* let bygones be bygones; **so Kinder, nun vertragt euch wieder** come on children, stop squabbling and call a truce; *s. auch* [2]**Pack; b)** *(passen)* **sich mit etw. ~:** go with sth.; **die Farben ~ sich nicht [miteinander]** the colours do not go together; **wie verträgt sich das mit seinen christlichen Überzeugungen** how does this square with his Christian convictions?; **so ein Verhalten verträgt sich nicht mit seinem liberalen Anspruch** such behaviour is not consistent with his liberal pretensions

**vertraglich 1.** *Adj.* contractual. **2.** *adv.* contractually; by contract

**verträglich** [fɛɐ̯'trɛ:klɪç] *Adj.* **a)** digestible ⟨*food*⟩; **leicht/schwer ~:** easily digestible/indigestible; **ein gut ~es Medikament** a drug which has no side-effects; **b)** *(umgänglich)* good-natured; easy to get on with *pred.*

**Verträglichkeit die; ~, ~en a)** digestibility; **die ~ eines Medikaments** a drug's lack of side-effects; **b)** *(Umgänglichkeit)* good nature

**vertrags-, Vertrags-: ~abschluß der** completion of [a/the] contract; **~bruch der** breach of contract; **~brüchig** *Adj.* in breach of contract *postpos.*; **~brüchig werden/sein** be in breach of contract

**vertrag·schließend** *Adj.; nicht präd.* contracting

**vertrags-, Vertrags-: ~entwurf der** draft contract/treaty; **~gemäß** *adv.* as per contract; as stipulated in the contract; **~händler der** authorized *or* appointed dealer; **~partner der** party to a/the contract; **unser ~partner** our contractual partner; **~schluß der** *s.* **~abschluß; ~spieler der** *(Fußball)* semi-professional *(under contract to a club)*; **~werk das** major agreement; *(international)* treaty; **~werkstatt die** authorized garage

**vertrauen** *itr. V.* **jmdm./einer Sache ~:** trust sb./sth.; **auf etw.** *(Akk.)* **~:** [put one's] trust in sth.; **auf sein Glück ~:** trust to luck; **ich vertraue darauf, daß ...:** I am confident *or* have confidence that ...; **auf Gott ~:** put one's trust in God

**Vertrauen das; ~s** trust; confidence; **~ zu jmdm./etw. haben/fassen** have/come to have confidence in sb./sth.; trust/come to trust sb./sth.; **er hat kein ~ zu sich selbst** he has no confidence in himself *or* self-confidence; **er hat mein volles ~:** I have complete confidence in him; **jmdm. [sein] ~ schenken** put one's trust in sb.; **jmdm. das** *od.* **sein ~ entziehen** withdraw the trust *or* confidence one has/had [placed] in sb.; **jmds. ~ enttäuschen/erschüttern** betray sb.'s trust/destroy sb.'s confidence [in one]; **das Parlament sprach dem Kanzler das ~ aus** parliament passed a vote of confidence in the Chancellor; **sein ~ in jmdn./etw. setzen** put *or* place one's trust in sb./sth.; **sein** *od.* **das ~ zu jmdm. verlieren** lose confidence in sb.; **im ~ [gesagt]** [strictly] in confidence; between you and me; **im ~ auf etw.** *(Akk.)* trusting to *or* in sth.; **im ~ darauf, daß ...:** trusting that ...; **ein Mann seines ~s** a man whom he trusts; **jmdn. ins ~ ziehen** take sb. into one's confidence

**vertrauen·erweckend** *Adj.* inspiring *or* that inspires confidence *postpos.*; **einen ~en Eindruck machen** inspire confidence [by one's/it's appearance]; look trustworthy

**vertrauens-, Vertrauens-: ~arzt der** independent examining doctor *(working for health service, health insurance, etc.)*; **~beweis der** show of confidence (**für** in); **~bildend** *Adj.* **~bildende Maßnahmen** measures designed to build up trust; **~bruch der** breach of trust; *(wenn man Vertrauliches weitersagt)* breach of confidence; **~frage die** *(Parl.)* question of confidence; **die ~frage stellen** ask for a vote of confidence; **~frau die a)** spokeswoman (*Gen.* for); representative; **b)** *(in der Gewerkschaft)* [union] representative; *(in einer Fabrik o.ä.)* shop steward; **~krise die** crisis of confidence; **~lehrer der** *(Schulw.)* liaison teacher *(liaising between staff and pupils)*; **~mann der a)** *Pl.* **~männer** *od.* **~leute** spokesman (*Gen.* for); representative; **b)** *Pl.* **~leute** *(in der Gewerkschaft)* [union] representative; *(in einer Fabrik o. ä.)* shop steward; **~person die** person in a position of trust; **~sache die** matter *or* question of trust; **~sache sein** be a matter *or* question of trust; **~selig** *Adj.* all too trustful *or* trusting; **~seligkeit die;** *o. Pl.* excessive trustfulness; **~stellung die** position of trust; **~verhältnis das** relationship based on trust; **~voll 1.** *Adj.* trusting ⟨*relationship*⟩; ⟨*collaboration, co-operation*⟩ based on trust; *(zuversichtlich)* confident; **2.** *adv.* trustingly; *(zuversichtlich)* confidently; **sich ~voll an jmdn. wenden** turn to sb. with complete confidence; **~würdig** *Adj.* trustworthy; **~würdigkeit die** trustworthiness

**vertrauern** *tr. V. (geh.)* spend ⟨*time*⟩ in grieving

**vertraulich 1.** *Adj.* **a)** confidential; **b)** *(freundschaftlich, intim)* familiar ⟨*manner, tone, etc.*⟩; intimate ⟨*mood, conversation, whisper*⟩; **er wird gleich ~:** he gets familiar straight away. **2.** *adv.* **a)** confidentially; in confidence; **b)** *(freundschaftlich, intim)* in a familiar way; familiarly

**Vertraulichkeit die; ~, ~en a)** *o. Pl.* confidentiality; **b)** *(vertrauliche Information)* confidence; **c)** *o. Pl. (distanzloses Verhalten)* familiarity; *(Intimität)* intimacy; **d)** *(vertrauliche Handlung)* act of familiarity; *(Äußerung)* familiar remark

**verträumen** *tr. V.* [day-]dream away ⟨*time*⟩

**verträumt 1.** *Adj.* dreamy; **sie ist zu ~:** she lives too much in a world of dreams. **2.** *adv.* dreamily; idyllically ⟨*situated*⟩

**Verträumtheit die; ~:** dreaminess; *(idyllischer Charakter)* idyllic nature

**vertraut** [fɛɐ̯ˈtraut] *Adj.* **a)** close ⟨*friend etc.*⟩; intimate ⟨*circle, conversation, etc.*⟩; **sie sind sehr/ein wenig ~ miteinander** they are very close/quite friendly; **mit jmdm. ~ werden** become very friendly *or* close friends with sb.; **auf ~em Fuße** on intimate terms; **b)** *(bekannt)* familiar; **jmdm. ~ sein/werden** be/become familiar to sb.; **er ist mit Pferden ~:** he knows about horses; **mit etw. gut/wenig ~ sein** be well acquainted/have little knowledge of sth.; **jmdn./sich mit etw. ~ machen** familiarize sb./oneself with sth.; **mit diesem Gedanken solltest du dich ~ machen** you should get used to this idea

**Vertraute der/die;** *adj. Dekl.* close friend; **enger ~:** intimate friend

**Vertrautheit die; ~** *s.* **vertraut:** closeness; intimacy; familiarity

**vertreiben** *unr. tr. V.* **a)** drive out **(aus** of); *(wegjagen)* drive away ⟨*animal, smoke, clouds, etc.*⟩ **(aus** from); **aus der Heimat vertrieben werden** be driven out of *or* expelled from one's homeland; **die vertriebenen Juden** the exiled *or* expelled Jews; **von Haus und Hof vertrieben werden** be turned out of house and home; **jmdn. aus seinem Amt ~:** oust sb. from office; **jmdn. [von seinem Platz] ~:** take sb.'s seat; **bleiben Sie doch ruhig sitzen, ich wollte Sie nicht ~:** please don't get up, I didn't mean to take your place *or* chase you away; **die Müdigkeit/Sorgen ~** *(fig.)* fight off tiredness/drive troubles away; *s. auch* **Zeit a; b)** *(verkaufen)* sell

**Vertreibung die; ~, ~en** driving out; *(das Wegjagen)* driving away; *(aus dem Amt)* ousting; *(aus der Heimat)* expulsion

**vertretbar** *Adj.* defensible ⟨*risk etc.*⟩; tenable, defensible ⟨*standpoint*⟩; justifiable ⟨*costs*⟩

**vertreten 1.** *unr. tr. V.* **a)** stand in *or* deputize for ⟨*colleague etc.*⟩; ⟨*teacher*⟩ cover for ⟨*colleague*⟩; **er läßt sich von seinem Staatssekretär ~:** he is sending his permanent secretary as his representative; **b)** *(eintreten für, repräsentieren)* represent ⟨*person, firm, interests, constituency, country, etc.*⟩; *(Rechtsw.)* act for ⟨*person, prosecution, etc.*⟩; **er läßt sich durch einen Anwalt ~:** he is getting a lawyer to act for him; **den Fall vertritt Rechtsanwalt Müller** the lawyer defending the case is Müller; **~ sein** be represented **(mit, durch** by); *(anwesend sein)* be present; **schwach/stark ~:** poorly/well represented; **c)** *(einstehen für, verfechten)* support ⟨*point of view, principle*⟩; hold ⟨*opinion*⟩; advocate ⟨*thesis etc.*⟩; pursue ⟨*policy*⟩; **er vertritt den Standpunkt** *od.* **die Meinung, daß ...:** he takes *or* holds the view that ...; **etw. zu ~ haben** be responsible for sth.; **d) jmdm. den Weg ~:** bar sb's way. **2.** *unr. refl. V.* **sich** *(Dat.)* **den Fuß ~:** twist one's ankle; **sich** *(Dat.)* **die Füße** *od.* **Beine ~** *(ugs.: sich Bewegung verschaffen)* stretch one's legs

**Vertreter der; ~s, ~ a)** *(Stell~)* deputy; stand-in; *(eines Arztes)* locum *(coll.);* **b)** *(Interessen~, Repräsentant)* representative; *(Handels~)* sales representative; commercial traveller; **ein ~ für Staubsauger** a traveller in vacuum cleaners; **c)** *(Verfechter, Anhänger)* supporter; advocate; **d)** *(ugs. abwertend: Kerl, Bursche)* **du bist ein übler/sauberer ~!** you're a nasty piece of work *(coll.)*/a fine one! *(iron.)*

**Vertreterin die; ~, ~nen** *s.* **Vertreter a–c**

**Vertretung die; ~, ~en a)** deputizing; **jmds. ~ übernehmen** stand in *or* deputize for sb.; ⟨*doctor*⟩ act as locum for sb. *(coll.);* **in ~ von Herrn N.** in place of *or* standing in for Mr. N.; **in ~ unterschreiben** sign as a proxy; **in ~ M. Schmidt** *(am Schluß eines Briefes usw.)* p.p. M. Schmidt; **b)** *(Vertreter[in])* deputy; stand-in; *(eines Arztes)* locum *(coll.);* **ich brauche für morgen eine ~:** I need somebody to take my place *or* stand in for me tomorrow; *(als Lehrer)* I need cover for tomorrow; **c)** *(Delegierte[r])* representative; *(Delegation)* delegation; **eine diplomatische ~:** a diplomatic mission; **die deutsche ~** *(Sport)* the German team *or* squad; **d)** *(Handels~)* [sales] agency; *(Niederlassung)* agency; branch; **e)** *(Interessen~)* representation; **f)** *(Verfechtung)* advocacy

**Vertretungs·stunde die** *(Schulw.)* cover lesson

**vertretungs·weise** *Adv.* as a [temporary] replacement *or* stand-in

**Vertrieb der a)** *o. Pl.* sale; marketing; **b)** *(Abteilung)* sales [department]

**Vertriebene der/die;** *adj. Dekl.* expellee [from his/her homeland]

**Vertriebs·gesellschaft die** sales *or* marketing company

**vertrimmen** *tr. V. (ugs.)* wallop *(sl.)*

**vertrinken** *unr. tr. V.* spend ⟨*money*⟩ on drink

**vertrocknen** *itr. V.; mit sein* dry up; *(fig.)* ⟨*person*⟩ wither, shrivel up

**vertrödeln** *tr. V. (ugs. abwertend)* dawdle away, waste ⟨*time*⟩

**vertrösten** *tr. V.* put ⟨*person*⟩ off **(auf +** *Akk.* until)

**Vertröstung die** prevarication

**vertrotteln** *itr. V.; mit sein* go gaga *(sl.);* **vertrottelt** gaga

**vertun 1.** *unr. tr. V.* waste; **die Mühe war vertan** it was a waste of effort. **2.** *unr. refl. V. (ugs.)* make a slip; **wenn du dich da mal nicht vertust!** I think you're a bit wide of the mark there

**vertuschen** *tr. V.* hush up ⟨*scandal etc.*⟩; keep ⟨*truth etc.*⟩ secret

**Vertuschung die; ~, ~en** hushing up; **eine ~:** a hush-up *or* cover-up

**verübeln** *tr. V.* **jmdm. eine Äußerung** *usw.* **~:** take sb.'s remark *etc.* amiss; **Sie werden es mir nicht ~, wenn ich ....** I hope you won't take it amiss *or* mind if I ...; **das kann man ihm kaum ~:** one can hardly blame him for that

**verüben** *tr. V.* commit ⟨*crime etc.*⟩; **Streiche ~:** get up to pranks

**verulken** *tr. V. (ugs.)* make fun of; take the mickey out of *(Brit. coll);* **du willst mich wohl ~!** you're pulling my leg *(coll.)*

**verunfallen** *itr. V.; mit sein (Amtsspr., bes. schweiz.)* have an accident

**Verunfallte der/die;** *adj. Dekl. (Amtsspr., bes. schweiz.)* accident victim

**verunglimpfen** [fɛɐ̯ˈʊnglɪmpfn̩] *tr. V. (geh.)* denigrate ⟨*person, etc.*⟩; sully ⟨*honour, name, memory*⟩

**Verunglimpfung die; ~, ~en** *(geh.) s.* **verunglimpfen:** denigration; sullying

**verunglücken** *itr. V.; mit sein* **a)** have an accident; ⟨*car etc.*⟩ be involved in an accident; **mit dem Auto/Flugzeug ~:** be in a car/an air accident *or* crash; **beim Segeln ~:** have a sailing accident *or* an accident while sailing; **der verunglückte Fahrer** the driver involved in the accident; **b)** *(scherzh.: mißlingen)* go wrong; ⟨*attempt*⟩ fail; ⟨*cake, sauce, etc.*⟩ be a disaster; **verunglückt** unsuccessful

**Verunglückte der/die;** *adj. Dekl.* accident victim; casualty

**verunmöglichen** [*od.* --ˈ---] *tr. V. (bes. schweiz.)* **[jmdm.] etw. ~:** make sth. impossible [for sb.]

**verunreinigen 1.** *tr. V.* **a)** pollute; contaminate ⟨*water, milk, flour, oil*⟩; **~de Stoffe** pollutants/contaminants; **b)** *(geh.: beschmutzen)* dirty, soil ⟨*clothes, floor, etc.*⟩; *(durch Fäkalien)* foul ⟨*pavement etc.*⟩. **2.** *refl. V. (verhüll.)* soil oneself

**Verunreinigung die a)** *o. Pl.* pollution; *(von Wasser, Milch, Mehl, Öl)* contamination; **b)** *(Stoff)* pollutant/contaminant; **c)** *o. Pl. (von Kleidern, Fußböden usw.)* soiling; *(von Straßen usw.)* fouling

**verunsichern** *tr. V.* **jmdn. ~:** make sb. feel unsure *or* uncertain; *(so daß er sich gefährdet fühlt)* undermine sb.'s sense of security; **verunsichert** insecure; *(nicht selbstsicher)* unsure of oneself

**Verunsicherung die a)** *(das Verunsichern)* **die argumentative ~ der Richter** making the judges uncertain by means of argument; **zur ~ der Bevölkerung dienen** serve to undermine the people's sense of security; **b)** *(Unsicherheit)* [feeling of] insecurity

**verunstalten** [fɛɐ̯ˈʊnʃtaltn̩] *tr. V.* disfigure; **du verunstaltest dich mit dieser Frisur** this hair-style spoils your looks *or* makes you look terrible

**Verunstaltung die; ~, ~en** disfigurement

**veruntreuen** *tr. V.* embezzle

**Veruntreuung die; ~, ~en** embezzlement

**verunzieren** *tr. V.* spoil the look of

**verursachen** *tr. V.* cause; **es hat ihm viel Arbeit verursacht** it caused *or* gave him a great deal of work

**Verursacher der; ~s, ~:** cause; person responsible; **der ~ des Unfalls** the person responsible for the accident

**Verursacher·prinzip das** *principle that the person who causes damage must bear the cost*

**Verursachung die; ~:** causing

**verurteilen** *tr. V.* **a)** pass sentence on; sentence; **jmdn. zu Gefängnis** *od.* **einer Haftstrafe/drei Monaten Haft ~:** sentence sb. to imprisonment/to three months' imprisonment; **jmdn. zu einer Geldstrafe ~:** impose a fine on sb.; **jmdn. zum Tode ~:** sentence *or* condemn sb. to death; **jmdn. wegen Diebstahl** *usw.* **~:** sentence sb. for theft *etc.;* **der zum Tode Verurteilte** the condemned man; **zum Scheitern verurteilt sein** *(fig.)* be condemned to failure *or* bound to fail; **zum Schweigen verurteilt sein** *(fig.)* be condemned to silence; **b)** *(fig.: negativ bewerten)* condemn ⟨*behaviour, action*⟩

**Verurteilte der/die;** *adj. Dekl.* convicted man/woman

**Verurteilung die; ~, ~en a)** sentencing; **eine ~ zu fünf Jahren Zuchthaus** a sentence of five years' imprisonment; **b)** *(fig.)* condemnation

**veruzen** *tr. V. (ugs.) s.* **verulken**

**Verve** [ˈvɛrvə] **die; ~:** *(geh.)* enthusiasm; verve; **mit ~:** enthusiastically

**vervielfachen 1.** *tr. V.* greatly increase; *(multiplizieren)* multiply ⟨*number*⟩; **wir müssen unsere Anstrengungen ~:** we must redouble our efforts. **2.** *refl. V.* multiply [several times]; *(fig.)* ⟨*efforts*⟩ be redoubled

**Vervielfachung die; ~, ~en** multiplication; *(fig.: der Anstrengungen)* redoubling

**vervielfältigen** *tr. V.* duplicate, make copies of ⟨*document etc.*⟩

**Vervielfältigung die; ~, ~en a)** duplicating; copying; **b)** *(Kopie)* copy

**Vervielfältigungs·zahl·wort das** *(Sprachw.)* multiplicative

**vervollkommnen** [fɛɐ̯'fɔlkɔmnən] **1.** *tr. V.* perfect. **2.** *refl. V.* become perfected
**Vervọllkommnung die;** ~, ~**en** perfecting; *(Zustand)* perfection
**vervọllständigen 1.** *tr. V.* complete; *(vollständiger machen)* make ⟨*library etc.*⟩ more complete. **2.** *refl. V.* become complete/more complete
**Vervọllständigung die;** ~, ~**en** completion/making more complete
[1]**verwạchsen** *Adj.* deformed
[2]**verwạchsen** *unr. itr. V.; mit sein* **a)** ⟨*wound, scab*⟩ heal [up *or* over]; **b)** *(zusammenwachsen)* grow together (**mit** with); **zu etw.** ~: grow together to form sth.; grow into sth.; **c)** *(fig.)* grow closer (**mit** to); **zu einer Gemeinschaft** ~: grow into a community; **sich mit seiner Umwelt** ~ **fühlen** feel at one with one's environment
**Verwạchsung die;** ~, ~**en** deformity
**verwạckeln** *(ugs.)* **1.** *tr. V.* make ⟨*picture*⟩ blurred; **verwackelt** blurred; shaky. **2.** *itr. V.; mit sein* turn out blurred
**verwählen** *refl. V.* misdial; dial the wrong number
**verwahren 1.** *tr. V.* **a)** keep [safe]; *(verstauen)* put away [safely]; **b)** *(gefangen halten)* detain, hold ⟨*person*⟩. **2.** *refl. V.* protest
**verwahrlosen** *itr. V.; mit sein* **a)** get in a bad state; ⟨*house, building*⟩ fall into disrepair, become dilapidated; ⟨*garden, hedge*⟩ grow wild, become overgrown; ⟨*person*⟩ let oneself go, *(coll.)* go to pot; **etw.** ~ **lassen** neglect sth.; allow sth. to get in a bad state; **verwahrlost** neglected; overgrown ⟨*hedge, garden*⟩; dilapidated ⟨*house, building*⟩; unkempt ⟨*person, appearance, etc.*⟩; *(in der Kleidung)* ragged ⟨*person*⟩; **b)** *(sittlich ~)* fall into bad ways; **[sittlich] verwahrlost** depraved
**Verwahrlosung die;** ~: *(eines Gebäudes)* dilapidation; *(einer Person)* advancing decrepitude; *(sittliche ~)* decline into depravity; **[Zustand der]** ~: state of dilapidation/decrepitude/depravity
**Verwahrung die a)** keeping [in a safe place]; **etw. in** ~ **geben/nehmen/haben** give/take sth. into safe keeping/hold sth. in safe keeping; **jmdm. etw. in** ~ **geben** give sth. to sb. for safe keeping; **b)** *(Arrest)* detention *no def. art.*; **c)** *(Einspruch, Protest)* protest
**verwaisen** *itr. V.* be orphaned; become an orphan; **verwaist** orphaned ⟨*child*⟩; *(fig.)* lonely, deserted ⟨*person, place*⟩; unoccupied ⟨*house*⟩; vacant ⟨*professorship*⟩
**verwạlken** *tr. V. (ugs.) s.* **vertrimmen**
**verwạlten** *tr. V.* **a)** *(betreuen)* administer, manage ⟨*estate, property, etc.*⟩; run, look after ⟨*house*⟩; hold ⟨*money*⟩ in trust; **b)** *(leiten)* run, manage ⟨*hostel, kindergarten, etc.*⟩; *(regieren)* administer ⟨*area, colony, etc.*⟩; govern ⟨*country*⟩; **die Kanalinseln** ~ **sich selbst** the Channel Islands are self-governing; **c)** *(versehen)* hold ⟨*office*⟩; carry out, perform ⟨*task, duty*⟩; **d)** *(bürokratisch beherrschen)* **eine verwaltete Gesellschaft** a bureaucratized society
**Verwạlter der;** ~**s,** ~, **Verwạlterin die;** ~, ~**nen** administrator; *(eines Amts usw.)* manager; *(eines Nachlasses)* trustee
**Verwạltung die;** ~, ~**en a)** *(Betreuung, Leitung)* administration; management; **etw. unter staatliche** ~ **stellen** put sth. under State control; **in eigener** ~: under one's own control; **b)** *(eines Gebiets)* administration; *(eines Landes)* government; **unter britischer** ~: under British administration *or* rule; **c)** *(eines Amtes)* tenure; *(einer Aufgabe)* performance; **d)** *(Organ, Behörde, Apparat)* administration; *(eines Betriebes)* management; **die öffentliche/staatliche** ~: the public/state authority
**Verwạltungs-:** ~**apparat der** administrative machine; ~**beamte der** administrative official; administrator; ~**bezirk der** administrative district; ~**gebühr die** administrative charge *or* fee; ~**gericht das** administrative court; ~**kosten** *Pl.* administrative costs; ~**organ das** administrative organ; ~**rat der a)** governing body; administrative council; **b)** *(schweiz. Wirtsch.)* board of directors
**verwamsen** [fɛɐ̯'vamzn̩] *tr. V. (ugs.)* wallop *(coll.)* ⟨*child*⟩
**verwạndelbar** *Adj.* convertible
**verwạndeln 1.** *tr. V.* **a)** convert (**in** + *Akk.*, **zu** into); *(völlig verändern)* transform (**in** + *Akk.*, **zu** into); **er ist/ich fühlte mich wie verwandelt** he's/I felt a different person *or* transformed; **das Sofa läßt sich in ein Bett** ~: the sofa can be converted into a bed; **der Prinz wurde in einen Frosch verwandelt** the prince was turned *or* transformed into a frog; **b)** *(Ballspiele)* score from ⟨*corner, free kick*⟩; convert ⟨*penalty*⟩. **2.** *refl. V.* **sich in etw.** *(Akk.)* *od.* **zu etw.** ~: turn *or* change into sth.; *(bei chemischen Vorgängen usw.)* be converted into sth.; **die Raupe verwandelt sich in einen Schmetterling** the caterpillar metamorphoses into a butterfly. **3.** *itr. V.* *(Ballspiele)* **er verwandelte [zum 2:0]** he scored [to make it 2–0]
**Verwạndlung die;** ~, ~**en a)** *(das Verwandeln)* conversion (**in** + *Akk.*, **zu** into); *(völlige Veränderung)* transformation (**in** + *Akk.*, **zu** into); **b)** *(das Sichverwandeln)* transformation; *(Metamorphose)* metamorphosis
**Verwạndlungs·künstler der** quick-change artist
[1]**verwandt** [fɛɐ̯'vant] *2. Part. v.* **verwenden**
[2]**verwạndt** *Adj.* **a)** *(auch fachspr.)* related (**mit** to); **mit jmdm.** *od. (schweiz.)* **jmdm.** ~ **sein** be related to sb.; **b)** *(fig.: ähnlich)* similar ⟨*views, ideas, forms*⟩
**Verwạndte der/die;** *adj. Dekl.* relative; relation
**Verwạndten·besuch der** *(Besuch bei Verwandten)* visit to relatives; *(Besuch von Verwandten)* visit from *or* by relatives; **einen** ~ **machen** visit relatives; **wir erwarten** ~: we are expecting relatives
**Verwạndtschaft die;** ~, ~**en a)** relationship (**mit** to); *(fig.: Ähnlichkeit)* affinity; **zwischen ihnen besteht keine** ~: they are not related [to one another]; **b)** *o. Pl.* *(Verwandte)* relatives *pl.*; relations *pl.*; **die ganze** ~: all one's relatives; **eine große** ~ **haben** have a large number of relatives; **zur** ~ **gehören** be one of the family
**verwạndtschaftlich 1.** *Adj.* family ⟨*ties, relationships, etc.*⟩. **2.** *adv.* ~ **miteinander verbunden sein** be related [to each other]
**Verwạndtschafts-:** ~**grad der** degree of relationship; ~**verhältnis das** family relationship; **in einem** ~**verhältnis zu jmdm. stehen** be related to sb.
**verwạnzen 1.** *itr. V.; mit sein* **verwanzt** bug-ridden. **2.** *tr. V. (fig.)* bug
**verwạrnen** *tr. V.* warn, caution (**wegen** for)
**Verwạrnung die;** ~, ~**en** warning; caution
**verwạschen** *Adj.* **a)** washed out, faded ⟨*jeans, material, inscription, etc.*⟩; **b)** *(blaß)* washy, watery ⟨*colour*⟩; blurred ⟨*lines, contours*⟩; **c)** *(fig.)* wishy-washy ⟨*idea, formulation*⟩
**verwạ̈ssern** *tr. V. (auch fig.)* water down; **verwässert schmecken** taste watery
**Verwạ̈sserung die** *(auch fig.)* watering down
**verweben 1.** *tr. V.* **a)** weave with; use [for weaving]; **b)** *auch unr.* **[miteinander]** ~: interweave ⟨*threads*⟩; **etw. in etw.** *(Akk.)* ~ *(auch fig.)* weave sth. into sth.; **mit etw. verwoben** *(fig.)* bound *or* caught up with sth. **2.** *unr. refl. V. (dichter.)* **sich [zu etw.]** ~: become interwoven [to form *or* into sth.]
**verwẹchselbar** *Adj.* mistakable (**mit** for); **leicht** ~: easily confused (**mit** with)
**verwẹchseln** *tr. V.* **a) [miteinander]** ~: confuse ⟨*two things/people*⟩; **du mußt da irgendetwas** ~: you must be getting mixed up; **er verwechselt immer rechts und links** he always gets mixed up between *or* mixes up right and left; **etw. mit etw./jmdn. mit jmdm.** ~: mistake sth. for sth./sb. for sb.; confuse sth. with sth./sb. with sb.; **Entschuldigung, ich habe Sie [mit jemandem] verwechselt/ich habe die Tür[en] verwechselt** sorry, I thought you were *or* I mistook you for somebody else/I've got the wrong door; **jmdm. zum Verwechseln ähnlich sehen** be the spitting image of sb.; **leicht mit etw. zu** ~ **sein** be easily confused with sth.; **nicht zu** ~ **mit ...:** not to be confused with ...; **b)** *(vertauschen)* mix up; **jemand hat meinen Regenschirm verwechselt** somebody has taken my umbrella by mistake
**Verwẹchslung die;** ~, ~**en a)** [case of] confusion; mistake; **um** ~**en auszuschließen** to avoid any possibility of confusion; **b)** *(Vertauschung)* mixing up; **eine** ~: a mix-up
**verwegen 1.** *Adj.* daring; *(auch fig.)* audacious. **2.** *adv. (auch fig.)* audaciously
**Verwegenheit die;** ~, ~**en a)** *o. Pl.* daring; *(auch fig.)* audacity; **b)** *(Tat)* act of daring
**verwehen 1.** *tr. V.* **a)** *(zudecken)* cover [over] ⟨*track, path*⟩; **der Wind verwehte die Spur im Sand** the wind covered up the track in the sand; **vom Schnee verweht** covered in snow; **b)** *(wegwehen)* blow away; scatter; **vom Winde verweht** *(fig.)* gone with the wind. **2.** *itr. V.; mit sein (geh.)* **im Wind** ~: drift away *or* be lost on the wind
**verwehren** *tr. V.* **jmdm. etw.** ~: refuse *or* deny sb. sth.; **jmdm.** ~, **etw. zu tun bar** sb. from doing sth.; *(verbieten)* forbid sb. to do sth.; **es verwehrt uns die Sicht** *(fig.)* it obstructs our view
**Verwehung die;** ~, ~**en** [snow]drift
**verweichlichen 1.** *itr. V.; mit sein* grow soft; **ein verweichlichter Mensch** a weakling. **2.** *tr. V.* make soft; **ein verweichlichter Junge** a mollycoddled boy
**Verweichlichung die;** ~, ~**en a)** *(Vorgang)* **die** ~ **der Jugendlichen verhindern** prevent young people from becoming soft; **b)** *(Zustand)* softness; **eine solche Lebensweise führt zur** ~: this way of life makes one soft
**Verweigerer der;** ~**s,** ~ **a)** rebel; dissident; **b)** *(des Kriegsdienstes usw.)* objector (*Gen.* to)
**verweigern 1.** *tr. V.* refuse; **jmdm. die Erlaubnis/eine Hilfeleistung** ~: refuse sb. permission/assistance; **„Annahme verweigert"** 'delivery refused'; **die Aussage/einen Befehl/die Nahrungsaufnahme** ~: refuse to make a statement/to obey an order/to take food; **den Kriegsdienst** ~: refuse to do military service; be a conscientious objector; **[jmdm.] den Gehorsam** ~: refuse to obey [sb.]; **ein Hindernis** ~ *(Pferdesport)* refuse at a jump. **2.** *refl. V.* object; refuse to co-operate; **sich jmdm./einer Sache** ~: refuse to accept sb./sth.; **sich der Gesellschaft** ~: contract out of society; **sich jmdm. [sexuell]** ~ *(geh.)* refuse [to have sexual intercourse with] sb. **3.** *itr. V.* **a)** *(ugs.: den Kriegsdienst ~)* refuse [to do military service]; be a conscientious objector; **b)** *(Pferdesport)* refuse
**Verweigerung die;** ~, ~**en** refusal; *(Protest)* protest; ~ **des Kriegsdienstes** refusal to do military service; conscientious objection
**Verweil·dauer die** length of stay; time spent (*Gen.* by); **die** ~ **der Speisen im Magen** the period during which food remains in the stomach
**verweilen** *itr. V. (geh.)* stay; *(länger als nötig)* linger; **verweile doch** tarry awhile *(literary)*; **bei einem Thema/Gedanken** ~ *(fig.)* dwell on a theme/thought
**verweint** [fɛɐ̯'vaint] *Adj.* tear-stained ⟨*face*⟩; ⟨*eyes*⟩ red with tears *or* from crying;

⟨*person*⟩ with a tear-stained face; **sie sah ~ aus/war ~:** she looked as if she had been crying/she had a tear-stained face

**Verweis der; ~es, ~e a)** reference **(auf +** *Akk.* to); *(Quer~)* cross-reference; **b)** *(Tadel)* reprimand; rebuke; **jmdm. einen ~ erteilen** *od.* **aussprechen** reprimand *or* rebuke sb.

**verweisen** *unr. tr. V.* **a) jmdn./einen Fall** *usw.* **an jmdn./etw. ~** *(auch Rechtsspr.)* refer sb./a case *etc.* to sb./sth.; **b)** *(wegschicken)* **jmdn. von der Schule/aus dem Saal ~:** expel sb. from the school/send sb. out of the room; **jmdn. des Landes ~:** exile *or (Hist.)* banish sb.; **einen Spieler vom Platz ~:** send a player off [the field]; **c)** *(Sport)* **jmdn. auf den zweiten Platz ~:** relegate sb. to *or* push sb. into second place; **d)** *auch itr. (hinweisen)* **[jmdn.] auf etw.** *(Akk.)* **~:** refer [sb.] to sth.; *(durch Querverweis)* cross-refer [sb.] to sth.

**verwelken** *itr. V.; mit sein* ⟨*flower, leaf*⟩ wilt; *(fig.)* ⟨*fame*⟩ fade; **verwelkt** wilted ⟨*flowers*⟩; withered ⟨*hands, face*⟩; *(fig.)* faded ⟨*beauty*⟩

**verweltlichen 1.** *tr. V.* secularize. **2.** *itr. V.; mit sein (geh.)* become worldly *or* secularized

**Verweltlichung die; ~, ~en** secularization

**verwendbar** *Adj.* usable **(zu, für** for); **es ist mehrfach ~:** it has several uses *or* applications

**Verwendbarkeit die; ~:** usability

**verwenden 1.** *unr. od. regelm. tr. V.* **a)** use **(zu, für** for); **ich kann es nicht mehr ~** *od.* **zu nichts mehr ~:** it is no use to me any more; **jmdn./etw. als etw. ~:** use *or* employ sb./sth. as sth.; **b)** *(aufwenden)* spend ⟨*time*⟩ **(auf +** *Akk.* on); **viel Energie/Mühe auf etw.** *(Akk.)* **~:** put a lot of energy/effort into sth.; **du solltest mehr Sorgfalt auf deine Schularbeiten ~:** you should take more care with *or* over your school-work. **2.** *unr. od. regelm. refl. V. (geh.)* **sich [bei jmdm.] für jmdn./etw. ~:** intercede [with sb.] for sb./use one's influence [with sb.] on behalf of sth.

**Verwendung die; ~, ~en a)** use; **bei ~ dieses Materials** when using this material; **~ finden** be used; **unter ~ einer Sache** *(Gen.) od.* **von etw.** using sth.; **~/keine ~ für etw. haben** have a/no use for sth.; **etw. in ~ nehmen** *(österr.)* put sth. into use *or* service; **b)** *(geh.: Fürbitte)* intercession

**verwendungs-, Verwendungs-: ~fähig** *Adj.* employable; *(als Soldat usw.)* fit for service *postpos.*; **~möglichkeit die** [possible] application *or* use; **~weise die** application; **es hängt von der ~weise ab** it depends how it is used; **~zweck der** application; purpose; **„~zweck"** *(auf Zahlkarten usw.)* 'as payment for'

**verwerfen 1.** *unr. tr. V.* **a)** reject; dismiss ⟨*thought*⟩; **etw. als unsittlich ~:** condemn sth. as [being] immoral; **einen Antrag/Vorschlag** *usw.* **~:** reject *or* turn down an application/suggestion *etc.*; **b)** *(Rechtsw.)* dismiss ⟨*appeal, action*⟩; overturn, quash ⟨*judgement*⟩; **c)** *(geh., bibl.: verstoßen)* reject ⟨*person, people*⟩. **2.** *unr. refl. V.* **a)** *(sich verziehen)* warp; **b)** *(Geol.)* fault; **c)** *(Kartenspiel)* put down the wrong cards/cards

**verwerflich** *(geh.)* **1.** *Adj.* reprehensible. **2.** *adv.* reprehensibly

**Verwerflichkeit die; ~** *(geh.)* reprehensibility; reprehensible *or* despicable nature

**Verwerfung die; ~, ~en** *(Geol.)* fault

**verwertbar** *Adj.* utilizable; usable

**Verwertbarkeit die; ~:** usability; **etw. auf seine ~ untersuchen** examine sth. to see if it can/could be utilized

**verwerten** *tr. V.* utilize, use **(zu** for); make use of, exploit ⟨*suggestion, experience, knowledge, etc.*⟩; put ⟨*idea*⟩ into practice; *(bes. kommerziell)* exploit ⟨*idea, invention, place, etc.*⟩; **es ist noch zu ~:** it can still be put to good use

**Verwertung die** utilization; use; *(bes. kommerziell)* exploitation

**verwesen** *itr. V.; mit sein* decompose

**verweslich** *Adj.* decomposable

**Verwesung die; ~:** decomposition; **in ~ übergehen** start to decompose

**verwestlichen** *itr. V.; mit sein* become westernized

**verwetten** *tr. V.* spend ⟨*money*⟩ on betting; **seinen Kopf für etw. ~:** bet anything on sth.

**verwichsen** *tr. V. (ugs.)* beat ⟨*person*⟩ up; *(zur Strafe)* give ⟨*person*⟩ a hiding *(coll.)*

**verwickeln 1.** *refl. V.* **a)** get tangled up *or* entangled; **b)** *(sich verfangen)* **sich in etw.** *(Akk. od. Dat.)* **~:** get caught [up] in sth.; **sich in Widersprüche ~** *(fig.)* tie oneself up in contradictions. **2.** *tr. V.* involve; **in etw.** *(Akk.)* **verwickelt werden/sein** get/be mixed up *or* involved in sth.

**verwickelt 1.** *Adj.* involved; complicated. **2.** *adv.* in an involved *or* a complicated way

**Verwicklung die; ~, ~en** complication

**verwiegen** *unr. refl. V.* get the weight wrong

**verwildern** *itr. V.* **a)** ⟨*garden*⟩ become overgrown, go wild; ⟨*domestic animal*⟩ go wild, return to the wild; ⟨*plant*⟩ go *or* grow wild; **b)** *(unkultiviert werden)* ⟨*person*⟩ turn wild; *(verwahrlosen)* go to seed; let oneself go

**verwildert** *Adj.* **a)** overgrown ⟨*garden*⟩; ⟨*animal, plant*⟩ which has gone wild; **b)** *(unkultiviert)* unkempt, dishevelled ⟨*person, appearance, etc.*⟩; *(ungehobelt)* uncouth ⟨*person*⟩; *(ausschweifend)* morally decadent ⟨*person, society*⟩

**Verwilderung die; ~, ~en a)** return to the wild [state]; **die ~ des Gartens schreitet weiter fort** the garden is continuing to get more and more overgrown; **b)** *(geh.: von Menschen)* reversion to a primitive state; **die ~ der Sitten** moral decadence

**verwinden** *unr. tr. V. (geh.)* get over

**verwinkelt** *Adj.* [narrow and] winding ⟨*street, corridor*⟩; ⟨*flat, old quarter*⟩ full of nooks and crannies

**verwirken** *tr. V. (geh.)* forfeit

**verwirklichen 1.** *tr. V.* realize ⟨*dream*⟩; realize, put into practice ⟨*plan, proposal, idea, etc.*⟩; carry out ⟨*project, intention*⟩. **2.** *refl. V.* **a)** ⟨*hope, dream*⟩ be realized *or* fulfilled; **b)** *(sich voll entfalten)* **sich [selbst] ~:** realize one's [full] potential; fulfil oneself

**Verwirklichung die; ~, ~en** realization; *(eines Wunsches, einer Hoffnung)* fulfilment; **er begann mit der ~ seines Plans** he started to put his plan into practice; **jmdm. bei der ~ eines Projekts helfen** help sb. carry out a project

**verwirren 1.** *tr. V.* entangle, tangle up ⟨*thread etc.*⟩; tousle, ruffle ⟨*hair*⟩. **2.** *tr. (auch itr.) V.* confuse; bewilder; **jmds. Geist ~** *(geh.)* upset sb.'s mental balance; **das verwirrt [den Zuhörer] nur** it is only confusing [for the listener]; **verwirrt** confused; bewildered; **„Träume ich?", dachte er verwirrt** 'Am I dreaming?' he thought in confusion *or* bewilderment; **~d** bewildering; **~d viele Möglichkeiten** a bewildering number of possibilities. **3.** *refl. V.* ⟨*thread etc.*⟩ become entangled; ⟨*hair*⟩ become tousled *or* ruffled; ⟨*person, mind*⟩ become confused; *(fig.: kompliziert werden)* become confused *or* complicated

**Verwirr·spiel das** deliberate confusion *no indef. art.*; **ein ~ mit jmdm. treiben** use intentionally confusing tactics on sb.; **zu einem ~ für jmdn. werden** confuse sb. completely

**Verwirrtheit die; ~:** [state of] confusion *or* bewilderment

**Verwirrung die; ~, ~en** confusion; **jmdn. in ~ bringen** make sb. confused *or* bewildered; **in ~ geraten** become confused *or* bewildered; **im Zustand geistiger ~:** in a disturbed *or* confused mental state

**verwirtschaften** *tr. V.* squander ⟨*money*⟩ by mismanagement

**verwischen 1.** *tr. V.* smudge ⟨*signature, writing, etc.*⟩; smear ⟨*paint*⟩; **alle Spuren ~** *(fig.)* cover up all [one's] tracks. **2.** *refl. V.* become blurred

**verwissenschaftlichen** *tr. V.* make ⟨*teaching, life*⟩ highly scientific; put ⟨*research, procedure*⟩ on a scientific basis

**verwittern** *itr. V.; mit sein* weather

**Verwitterung die; ~, ~en** weathering

**verwitwet** [fɛɐ̯'vɪtvət] *Adj.* widowed; **Frau Meier, ~e Schmidt** Mrs Meier, the widow of the late Mr Schmidt

**verwohnen** *tr. V.* ruin, make a mess of ⟨*house, flat*⟩; **das Zimmer sieht verwohnt aus** the room looks badly knocked about

**verwöhnen** [fɛɐ̯'vø:nən] *tr. V.* spoil; **~ Sie sich mit einer Tasse X-Kaffee!** treat yourself to a cup of X coffee; **das Schicksal hat ihn nicht gerade verwöhnt** *(fig.)* fate has not exactly smiled upon him

**verwöhnt** *Adj.* spoilt; *(anspruchsvoll)* discriminating; ⟨*taste, palate*⟩ of a gourmet

**Verwöhnung die; ~:** spoiling

**verworfen** [fɛɐ̯'vɔrfn̩] **1.** *2. Part. v.* **verwerfen. 2.** *Adj. (geh.)* depraved ⟨*person*⟩; dastardly ⟨*act*⟩

**Verworfenheit die; ~:** depravity

**verworren** [fɛɐ̯'vɔrən] *Adj.* confused, muddled ⟨*ideas, situation, etc.*⟩; confused ⟨*sound*⟩

**Verworrenheit die; ~:** confused nature; confusion

**verwundbar** *Adj.* open to injury *pred.*; *(fig.)* vulnerable; **eine sehr ~e Stelle treffen** *(fig.)* touch a very sensitive spot

**Verwundbarkeit die** vulnerability

[1]**verwunden** *2. Part. v.* **verwinden**

[2]**verwunden** *tr. V.* wound; injure; *(fig. geh.)* wound ⟨*person, feelings, etc.*⟩

**verwunderlich** *Adj.* surprising

**verwundern 1.** *tr. V.* **a)** surprise; *(erstaunen)* astonish; **verwundert** surprised/astonished **(über +** *Akk.* at); *adv.* in surprise *or* wonderment/astonishment; **b)** *in* **zu/nicht zu ~ sein** be surprising/not surprising; be a/no wonder. **2.** *refl. V.* be surprised **(über +** *Akk.* at); *(erstaunt sein)* be astonished **(über +** *Akk.* at)

**Verwunderung die; ~:** surprise; *(Staunen)* astonishment; **jmdn. in ~ setzen** surprise/astonish sb.

**Verwundete der/die;** *adj. Dekl.* wounded person; casualty; **die ~n** the wounded

**Verwundung die; ~, ~en a)** wounding; **b)** *(Wunde, Verletzung)* wound

**verwunschen** *Adj.* enchanted; bewitched

**verwünschen** *tr. V.* **a)** curse; **b)** *(veralt.) s.* **verzaubern a**

**verwünscht** *Adj.* **a)** *(vermaledeit)* accursed; wretched; **b)** *(verzaubert)* enchanted; bewitched

**Verwünschung die; ~, ~en a)** *(das Verfluchen)* cursing; **b)** *(Fluch)* curse; oath; **c)** *(veralt.) s.* **Verzauberung a**

**verwurschteln** [fɛɐ̯'vʊrʃtl̩n], **verwursteln** *(ugs.)* **1.** *tr. V.* get ⟨*thing*⟩ in a muddle *or* a tangle. **2.** *refl. V.* get in a muddle *or* a tangle

**verwurzelt** *Adj.* [deeply] rooted; **in etw.** *(Dat.)* **~ sein** have one's roots in sth.; *(in der Tradition, im Glauben usw.)* be [deeply] rooted in *or* committed to sth.

**Verwurzelung die; ~:** deep rootedness **(mit, in +** *Dat.* in); **trotz seiner ~ in der Tradition** although deeply rooted in tradition

**verwüsten** *tr. V.* devastate

**Verwüstung die; ~, ~en** devastation; **die ~en des Krieges** the ravages of war

**verzagen** *itr. V.; mit sein od. haben* despair; lose heart; **verzagt sein** be despondent

**Verzạgtheit die; ~:** despondency; despair
**verzählen** *refl. V.* miscount; **ich verzähle mich dauernd** I keep losing count
**verzahnen** *tr. V.* connect up (**mit** to); *(fig.)* link, dovetail (**mit** with); **miteinander verzahnt** *(fig.)* interconnected
**Verzahnung die; ~, ~en** connection; *(fig.)* link
**verzạnken** *refl. V. (ugs.)* **sich [mit jmdm. wegen etw.] ~:** fall out [with sb. over sth.]
**verzạpfen** *tr. V.* **a)** *(landsch.: zapfen)* pull, draw ⟨*beer etc.*⟩; **b)** *(Tischlerei)* tenon; **c)** *(ugs. abwertend)* **Blödsinn** *od.* **Mist ~:** come out with *or* produce rubbish
**verzärteln** [fɛɐ̯ˈtsɛːɐ̯tl̩n] *tr. V.* mollycoddle
**Verzärtelung die; ~:** mollycoddling
**verzaubern** *tr. V.* **a)** cast a spell on; bewitch; **jmdn. in etw.** *(Akk.)* **~:** transform sb. into sth.; **eine verzauberte Prinzessin** a bewitched princess; **b)** *(fig.)* enchant
**Verzauberung die; ~, ~en a)** casting of a/the spell (*Gen.* on); **b)** *(fig.)* enchantment
**verzehnfachen** *tr., refl. V.* increase tenfold
**Verzehr** [fɛɐ̯ˈtseːɐ̯] **der; ~[e]s** consumption; **zum alsbaldigen ~ bestimmt** for immediate consumption
**Verzehr·bon der** meal voucher; *(für Getränke)* drinks voucher
**verzehren 1.** *tr. V. (auch fig. geh.)* consume; ⟨*illness etc.*⟩ exhaust, debilitate ⟨*person*⟩; consume, drain [away] ⟨*strength*⟩; **der Gram verzehrt sie** she is consumed with grief. **2.** *refl. V. (geh.)* ⟨*energy etc.*⟩ be consumed; ⟨*person*⟩ eat one's heart out; **sich [in Sehnsucht] nach jmdm. ~:** pine away for sb.; **sich in ohnmächtiger Wut ~:** be consumed with *or* by helpless rage
**Verzehr·zwang der** obligation to order *(in a restaurant)*
**verzeichnen** *tr. V.* **a)** *(falsch zeichnen)* draw wrongly; **b)** *(aufführen)* list; *(eintragen)* enter; *(registrieren)* record; **der Ort ist auf der Karte nicht verzeichnet** the place is not [marked] on the map; **das Wörterbuch verzeichnet das Wort nicht** the dictionary does not list *or* include the word; **große Erfolge/Verluste zu ~ haben** have scored great successes/suffered great losses; **Fortschritte/Erfolge sind nicht zu ~:** no progress was made/there were no successes; **c)** *(fig. geh.: zur Kenntnis nehmen)* note; **d)** *auch itr. (Optik)* ⟨*lens*⟩ distort
**Verzeichnis** [fɛɐ̯ˈtsaiçnɪs] **das; ~ses, ~se** list; *(Register)* index; **ein ~ der lieferbaren Titel** a list *or* catalogue of available titles
**verzeihen** *unr. tr., itr. V.* forgive; *(entschuldigen)* excuse ⟨*behaviour, remark, etc.*⟩; **jmdm. [etw.] ~:** forgive sb. [sth. *or* for sth.]; **es sei dir verziehen, ich will es [dir] ~:** you are *or* shall be forgiven; **ich kann es mir nicht ~, daß ich das nicht verhindert habe** I can't *or* I'll never forgive myself for not preventing it; **das ist nicht zu ~:** that's unforgivable/inexcusable; **kannst du mir noch einmal ~?** *(auch iron.)* can you ever forgive me?; **~ Sie [bitte] die Störung** pardon the intrusion; [please] excuse me for disturbing you; **~ Sie [bitte], können Sie mir sagen ...?** excuse me, could you tell me ...?
**verzeihlich** *Adj.* forgivable; excusable; **kaum ~:** almost unforgivable
**Verzeihung die; ~:** forgiveness; **~, können Sie mir sagen, ...?** excuse me, could you tell me ...?; **~!** sorry!; **jmdn. um ~ bitten** apologize to sb.; **ich bitte vielmals um ~:** I do apologize *or* [do] beg your pardon
**verzẹrren 1.** *tr. V.* **a)** contort ⟨*face etc.*⟩ (**zu** into); **b)** *(zerren, überdehnen)* **sich** *(Dat.)* **einen Muskel/eine Sehne ~:** pull *or* strain a muscle/tendon; **c)** *(akustisch, optisch)* distort ⟨*sound, image*⟩; **etw. verzerrt darstellen** *(fig.)* present a distorted account *or* picture of sth.; **seine Stimme klang verzerrt** his voice sounded distorted. **2.** *itr. V.* ⟨*loudspeaker, mirror, etc.*⟩ distort. **3.** *refl. V.* ⟨*face, features*⟩ become contorted (**zu** into)
**Verzẹrrung die; ~, ~en a)** *(des Gesichts usw.)* contortion; **b)** *(eines Muskels usw.)* strain; pull; **c)** *(des Klangs, eines Bildes, der Realität usw.)* distortion
[1]**verzẹtteln 1.** *tr. V.* fritter away ⟨*time, money*⟩; dissipate ⟨*energy*⟩. **2.** *refl. V.* dissipate one's energies; try to do too many things at once
[2]**verzẹtteln** *tr. V. (auf Zettel schreiben)* put ⟨*words etc.*⟩ on slips
**Verzẹttelung die; ~, ~en** *(auf Zettel)* transfer to slips
**Verzicht** [fɛɐ̯ˈtsɪçt] **der; ~[e]s, ~e a)** renunciation (**auf +** *Akk.* of); **ich bin zum ~ auf meinen Anteil bereit** I am prepared to give up my share; **auf etw.** *(Akk.)* **~ leisten** *(geh.)* renounce sth.; **b)** *(auf Reichtum, ein Amt usw.)* relinquishment (**auf +** *Akk.* of)
**verzịchten** *itr. V.* do without; **~ auf** (**+** *Akk.*) *(auskommen ohne)* do without; *(sich enthalten)* refrain *or* abstain from; *(aufgeben)* give up ⟨*share, smoking, job, etc.*⟩; renounce ⟨*inheritance*⟩; renounce, relinquish ⟨*right, privilege*⟩; *(opfern)* sacrifice ⟨*holiday, salary*⟩; **wenn es nicht mehr für alle reicht, verzichte ich freiwillig** if there isn't enough for everybody I will gladly go without; **auf weitere Ansprüche ~:** waive *or* relinquish further claims; **auf den Thron ~:** renounce one's right to the throne; **auf einen Ministersessel ~:** refuse a ministerial post; **ich verzichte auf deine Hilfe/Ratschläge** I can do without *or* you can keep your help/advice; **[nein danke,] ich verzichte** not for me[, thanks]; **darauf möchte ich nicht [mehr] ~:** I wouldn't be without it now; **darauf kann ich ~** *(iron.)* I can do without that; **auf eine Strafanzeige ~:** not bring a charge; **ich könnte dazu noch einiges sagen, aber ich will darauf ~:** I could add a few things to that, but I will refrain; **auf eine förmliche Vorstellung ~:** dispense with a formal introduction
**Verzịcht[s]·erklärung die** waiver; disclaimer
[1]**verziehen** *2. Part. v.* **verzeihen**
[2]**verziehen 1.** *unr. tr. V.* **a)** screw up ⟨*face, mouth, etc.*⟩; **er verzog sein Gesicht zu einer Grimasse/zu einem spöttischen Lächeln** he pulled a face *or* grimaced/put on a derisive smile; *see also* **Miene**; **b)** *(schlecht erziehen)* spoil; **so ein verzogener Bengel!** what a badly brought up *or* spoilt brat!; **c)** *(Ballspiele)* mishit ⟨*ball*⟩; **d)** *(Landw.)* thin out ⟨*seedlings etc.*⟩. **2.** *unr. refl. V.* **a)** twist; be contorted; **sein Gesicht verzog sich zu einer Grimasse** his face twisted *or* screwed itself into a grimace; **b)** *(aus der Form geraten)* go out of shape; ⟨*wood*⟩ warp; **ein verzogener Rahmen** a distorted frame; **total verzogen sein** be completely out of shape; **c)** *(wegziehen)* ⟨*clouds, storm*⟩ move away, pass over; ⟨*fog, mist*⟩ disperse; **d)** *(ugs.: weggehen)* take oneself off; **ich verziehe mich jetzt [ins Bett]** I'm off to bed now; **verzieh dich!** *(salopp)* clear *(coll.) or (sl.)* push off. **3.** *unr. itr. V.; mit sein* move [away]; **„Empfänger [unbekannt] verzogen"** 'no longer at this address'
**verzieren** *tr. V.* decorate
**Verzierung die; ~, ~en** decoration; **überflüssige ~en** superfluous ornamentation *sing.*; **brich dir [bloß/nur] keine ~ ab!** *(fig. ugs.)* don't make [such] a fuss!
**verzịnsen 1.** *tr. V.* pay interest on ⟨*sum, capital, etc.*⟩; **etw. mit 6 % ~:** pay 6 % interest on sth. **2.** *refl. V.* **sich [mit 6 %] ~:** yield *or* bear [6 %] interest
**verzịnslich** *Adj.* bearing *or* yielding interest *postpos., not pred.* (**mit, zu** at a rate of)
**Verzịnsung die; ~, ~en** [payment of] interest (*Gen.* on)
**verzögern 1.** *tr. V.* **a)** delay (**um** by) ; delay, postpone ⟨*departure etc.*⟩; **den Baubeginn um zwei Jahre ~:** put back the start of building work [by] two years; **b)** *(verlangsamen)* slow down. **2.** *refl. V.* be delayed (**um** by). **3.** *itr. V.* slow down; decelerate
**Verzögerung die; ~, ~en a)** delaying; delay (*Gen.* in); **b)** *(Verlangsamung)* slowing down; *(Technik)* deceleration; **c)** *(Verspätung)* delay; hold-up
**Verzögerungs·taktik die** delaying tactics *pl.*
**verzọllen** *tr. V.* pay duty on
**Verzọllung die; ~, ~en** payment of duty (*Gen.* on)
**verzücken** *tr. V. (geh.)* enrapture; send into ecstasies; **verzückt** enraptured; in rapture; *(ekstatisch)* ecstatic; **mit verzückter Miene** with a look of ecstasy [on his/her face]
**verzụckern** *tr. V.* **a)** sugar ⟨*almonds*⟩; *(kandieren)* candy ⟨*fruit*⟩; **b)** *(fig.) s.* **versüßen**
**Verzückung die; ~:** ecstasy; rapture; **in ~ geraten** go into ecstasies
**Verzug der; ~[e]s a)** delay; **~ der Zahlung** delay in payment; late payment; **[mit etw.] im ~ sein/in ~ kommen** *od.* **geraten** be/fall behind [with sth.]; **jmdn./etw. in ~ bringen** delay sb./sth.; hold sb. up/put sth. back; **ohne ~:** without delay; **b) es ist Gefahr im ~** *(ugs.)* danger is imminent
**Verzugs·zinsen** *Pl.* interest *sing.* on arrears *or* for late payment
**verzweifeln** *itr. V.; meist mit sein* despair; **über etw./jmdn. ~:** despair at sth./of sb.; **am Leben/an den Menschen ~:** despair of life/humanity; **es ist zum Verzweifeln!** it's enough to drive you to despair; **es ist zum Verzweifeln mit dir** you're enough to drive anyone to despair
**verzweifelt 1.** *Adj.* **a)** despairing ⟨*person, animal*⟩; **~ sein** be in despair *or* full of despair; **ich bin [ganz] verzweifelt** *(ratlos)* I'm at my wit's end; **b)** desperate ⟨*situation, attempt, effort, struggle, etc*⟩. **2.** *adv.* **a)** *(entmutigt)* despairingly; **b)** *(sehr angestrengt)* desperately
**Verzweiflung die; ~** despair; **etw. aus ~ tun** do sth. out of despair; **jmdn. zur ~ treiben/bringen** drive sb. to despair
**Verzweiflungs·tat die** act of despair
**verzweigen** *refl. V.* branch [out]; **ein weit verzweigtes System/Netz** *(fig.)* a widely branching system/network; **das Unternehmen ist stark verzweigt** *(fig.)* the firm is very diversified
**Verzweigung die; ~, ~en a)** branching; **b)** *(schweiz.) (Gabelung)* fork; *(Kreuzung)* crossroads *sing.*; *(Autobahn~)* intersection
**verzwickt** [fɛɐ̯ˈtsvɪkt] *(ugs.) Adj.* tricky; complicated
**Vesper** [ˈfɛspɐ] **die; ~, ~n a)** vespers *pl.*; **in die** *od.* **zur ~ gehen** go to vespers; **b)** *auch* **das; ~s, ~** *(südd.: Zwischenmahlzeit)* snack; **~ machen** have a snack
**Vẹsper·brot das** *(südd.)* sandwiches *pl.*
**vẹspern** *(bes. südd.)* **1.** *itr. V.* have a snack. **2.** *tr. V.* **etw. ~:** have a snack of sth.
**Vestibül** [vɛstiˈbyːl] **das; ~s, ~e** *(veralt.)* vestibule
**Vesuv** [veˈzuːf] **der; ~s** Vesuvius
**Veteran** [veteˈraːn] **der; ~en, ~en** *(auch fig.)* veteran
**Veterinär** [veteriˈnɛːɐ̯] **der; ~s, ~e** veterinary surgeon
**Veterinär·medizin die;** *o. Pl. s.* **Tiermedizin**
**Veto** [ˈveːto] **das; ~s, ~s** veto; **ein ~ gegen etw. einlegen** veto sth.
**Veto·recht das** right of veto
**Vetter** [ˈfɛtɐ] **der; ~s, ~n** cousin
**Vẹttern·wirtschaft die;** *o. Pl. (abwertend)* nepotism
**Vexier·bild** [vɛˈksiːɐ̯-] **das** puzzle picture
**V-förmig** [ˈfau̯-] *Adj.* V-shaped
**vgl.** *Abk.* **vergleiche** cf.

**v. H.** *Abk.* **vom Hundert** per cent

**VHB** *Abk.* **Verhandlungsbasis: ~ 800 DM** 800 marks o.n.o. *(Brit.)*

**VHS** *Abk.* **Volkshochschule**

**via** ['vi:a] *Präp.* via

**Viadukt** [vi̯a'dʊkt] **das** *od.* **der; ~[e]s, ~e** viaduct

**Vibraphon** [vibra'fo:n] **das; ~s, ~e** *(Musik)* vibraphone

**Vibration** [vibrə'tsi̯o:n] **die; ~, ~en** vibration

**Vibrato** [vi'bra:to] **das, ~s, ~s** *od.* **Vibrati** *(Musik)* vibrato

**Vibrator der; ~s, Vibratoren** vibrator

**vibrieren** [vi'bri:rən] *itr. V.* vibrate; ⟨*voice*⟩ quiver, tremble

**video-, Video-** ['vi:deo-]: video

**Video das; ~s, ~s** *(ugs.)* video

**Video-: ~auf·zeichnung die** video recording; **~band das;** *Pl.* **~bänder** videotape; **~clip** [~klɪp] **der; ~s, ~s** video; **~film der** video [film]; **~kamera die** video camera; **~kassette die** video cassette; **~recorder der** video recorder; **~technik die** video technology *no art.*

**Videothek** [vi:deo'te:k] **die; ~, ~en** video library

**Viech** [fi:ç] **das; ~[e]s, ~er a)** *(ugs., oft abwertend: Tier)* creature; **b)** *(derb abwertend: Mensch)* bastard *(coll.)*

**Viecherei die; ~, ~en** *(ugs.)* hard grind *or* slog

**Vieh** [fi:] **das; ~[e]s a)** *(Nutztiere)* livestock *sing. or pl.*; **jmdn. wie ein Stück ~ behandeln** treat sb. like an animal; **b)** *(Rind~)* cattle *pl.*; **c)** *(derb abwertend: Mensch)* bastard; **d)** *(ugs.: Tier)* creature

**Vieh-: ~bestand der** stocks *pl.* of animals/cattle; **wie hoch ist der ~bestand dieses Betriebs?** how much livestock does this farm have?; **~futter das** animal/cattle feed *or* fodder; **~händler der** livestock/cattle dealer; **~hirt der** herdsman; *(von Rindern)* cowherd

**viehisch 1.** *Adj.* **a)** *(abwertend: brutal)* brutish; **b)** *(ugs.: immens)* terrible *(coll.)* ⟨*fear, stupidity, pain*⟩. **2.** *adv.* **a)** *(abwertend)* ⟨*beat, torment*⟩ brutally; **b)** *(ugs.)* ⟨*hurt*⟩ like hell *(coll.)*; **~ kalt** perishing cold *(coll.)*

**Vieh-: ~markt der** livestock/cattle market; **~salz das;** *o. Pl.* rock salt; *(als Streusalz)* road salt; **~stall der** cowshed; **~tränke die** cattle-trough; **~treiber der** [cattle] drover; **~waggon der** cattle-truck; **~wirtschaft die;** *o. Pl.* livestock farming *no art.*; **~zeug das** *(ugs.)* **a)** *(Kleinvieh)* animals *pl.*; **b)** *(abwertend: lästige Tiere)* creatures *pl.*; **~zucht die;** *o. Pl.* [live]stock/cattle breeding *no art.*; **~züchter der** [live]stock/cattle breeder

**viel** [fi:l] **1.** *Indefinitpron. u. unbest. Zahlw.* **a)** *Sg.* a great deal of; a lot of *(coll.)*; **so/wie/nicht/zu ~:** that/how/not/too much; **~[es]** *(viele Dinge, vielerlei)* much; **er weiß ~es, aber nicht alles** he knows a great deal, but not everything; **ich kann mich an ~es nicht mehr erinnern** there's much I can't remember; **der ~e Regen** all the rain; **sein ~es Geld** all his money; **gleich ~ Geld/Wasser** the same amount of money/water; **gleich ~ verdienen** earn the same; **in ~er Hinsicht** *od.* **Beziehung** in many respects; **um ~es jünger** a great deal younger; **das ist ein bißchen [sehr] ~!** that's rather too much; **~ Erfreuliches** a great many pleasant things; **er hat in ~em recht** he is right on many points; **er ist nicht ~ über fünfzig** he is not much more than *or* much over fifty; **b)** *Pl.* many; **gleich ~[e]** the same number of; **~e hundert** many hundreds of; **die ~en Bäume/Menschen/Probleme** all the trees/people/problems; **seine ~en Kinder** all his children; **~e** *(viele Menschen)* many people; **das wissen nicht ~e** not many people know that; **das wissen ~e nicht** many people don't know that. **2.** *Adv.* **a)** *(oft, lange)* a great deal; a lot *(coll.)*; **man redet ~ vom Fortschritt** there is much *or (coll.)* a lot of talk of progress; **er spielt ~ Golf** he plays a lot of golf; **er fährt [nicht] ~ Rad** he does[n't do] a lot of cycling; **b)** *(wesentlich)* much; a great deal; a lot *(coll.)*; **es geht ihm sehr ~ besser** he is very much better; **~ mehr/weniger** much more/less; **~ zu klein** much too small

**viel-, Viel-: ~befahren** *Adj., präd. getrennt geschrieben* busy, much-used ⟨*road*⟩; **~beschäftigt** *Adj., präd. getrennt geschrieben* very busy; **~besucht** *Adj., präd. getrennt geschrieben* much-frequented ⟨*restaurant, etc.*⟩; much-visited ⟨*resort, museum, etc.*⟩; **~deutig** [~dɔytɪç] **1.** *Adj.* ambiguous; **2.** *adv.* ambiguously; **~deutigkeit die; ~:** ambiguity; **~eck das** polygon; **~ehe die** polygamy *no art.*

**vielerlei** *indekl. unbest. Gattungsz.* **a)** *attr.* many different; all kinds *or* sorts of; **b)** *subst.* all kinds *or* sorts of things

**vieler·orts** *Adv.* in many places

**viel-, Viel-: ~fach 1.** *Adj.* **a)** multiple; **die ~fache Menge** many times the amount; **ein ~facher Millionär** a multimillionaire; **er ist ~facher Weltmeister** he has been world champion many times over; **auf ~fachen Wunsch unserer Zuschauer** at the request of many of our viewers; **b)** *(vielfältig)* manifold; many kinds of; **2.** *adv.* many times; *(ugs.: oft)* often; frequently; **ein ~fach geäußerter Wunsch** a wish many times expressed; **~fache das; ~n;** *adj. Dekl.* **a) ein ~faches** many times the amount/number; **die Preise werden ein ~faches von dem betragen, was ...:** the prices will be many times greater than ...; **um ein ~faches** many times over; **um ein ~faches schneller/teurer** many times faster/more expensive; **b)** *(Math.)* multiple; **~falt die; ~:** diversity; wide variety; **~fältig** [~fɛltɪç] **1.** *Adj.* many and diverse; **2.** *adv.* in many different ways; **~farbig,** *(österr.)* **~färbig** *Adj.* multicoloured; **~flach das; ~[e]s, ~e** polyhedron; **~fraß der a)** *(ugs.: Mensch)* glutton; [greedy-]guts *sing. (sl.)*; **b)** *(Tier)* wolverine; **~gefragt** *Adj., präd. getrennt geschrieben* **ein ~gefragter Artikel** *usw.* an article *etc.* that is in great demand *or* much in demand; **ein ~gefragter Spezialist** a specialist who is in great demand; **~gekauft** *Adj., präd. getrennt geschrieben* widely-bought; **~gelesen** *Adj., präd. getrennt geschrieben* much-read; **~gepriesen** *Adj., präd. getrennt geschrieben* much-praised; **~geschmäht** *Adj., präd. getrennt geschrieben (geh.)* much-maligned; much-abused; **~gestaltig** *Adj.* varied *or* diversified in form *postpos.*; **~gestaltig sein** be varied *or* diversified in form; have many different forms; **~götterei** [~gœtə'rai̯] **die; ~:** polytheism *no art.*

**vielleicht** [fi'lai̯çt] **1.** *Adv.* **a)** perhaps; maybe; **~ kommt er morgen** perhaps *or* maybe he will come tomorrow; he might come tomorrow; **du hast dich ~ geirrt** perhaps you were wrong; you may have been mistaken; **~, daß alles nur ein Mißverständnis war** perhaps it was all just a misunderstanding; **hast du den Schirm ~ im Büro liegenlassen?** could it be that you left your umbrella in the office?; **b)** *(ungefähr)* perhaps; about; **ein Mann von ~ fünfzig Jahren** a man of perhaps *or* about fifty. **2.** *Partikel* **a) kannst du mir ~ sagen, ...?** could you possibly tell me ...?; **hast du ~ meinen Bruder gesehen?** have you seen my brother by any chance? **b)** *(wirklich)* really; **ich war ~ aufgeregt** I was terribly excited *or* as excited as anything *(coll.)*; **du bist ~ ein Blödmann!** what a stupid idiot you are! *(coll.)*; **c)** *(ich bitte dringend, daß ...)* **~ hilfst du mir mal!** would you mind helping me!; **d)** *(etwa)* **ist das ~ eine Lösung?** is that supposed to be a solution?; **ist das ~ dein Ernst?** you don't mean that, do you?

**viel-, Viel-: ~mals** *Adv.* **ich bitte ~mals um Entschuldigung** I'm very sorry; I do apologize; **sie läßt ~mals grüßen** she sends her best regards *or* wishes; **danke ~mals** thank you very much; many thanks; **~männerei** [~mɛnə'rai̯] **die; ~:** polyandry *no art.*; **~mehr** [*od.* -'-] *Konj. u. Adv.* rather; *(im Gegenteil)* on the contrary; **~sagend 1.** *Adj.* meaningful; **2.** *adv.* meaningfully; **~schichtig** *Adj.* multi-layered; *(fig.: komplex)* complex; **~schreiber der** *(abwertend)* [over-]prolific writer; **~seitig 1.** *Adj.* versatile ⟨*person*⟩; varied ⟨*work, programme, etc.*⟩; **auf ~seitigen Wunsch** by popular request; **diese Küchenmaschine ist sehr ~seitig** this food processor has many uses; **2.** *adv.* **~seitig begabt sein** be versatile; **sich ~seitig verwenden lassen** have many uses; **~seitigkeit die; ~** *s.* **~seitig 1:** versatility; variedness; **Kombiwagen sind vor allem wegen ihrer ~seitigkeit so beliebt** estate cars are popular above all because of their many uses; **~sprachig** Adj. multilingual; polyglot; **~staaterei** [~ʃta:tə'rai̯] **die;** ~ *s.* **Partikularismus; ~stimmig 1.** *Adj.* many-voiced; **ein ~stimmiger Chor** a choir of many voices; **2.** *adv.* in many voices; **~versprechend 1.** *Adj.* [very] promising; **2.** *adv.* [very] promisingly; **~völker·staat** [-'---] **der** multinational state; **~weiberei** [~vai̯bə'rai̯] **die; ~:** polygyny *no art.*; polygamy *no art.*; **~zahl die;** *o. Pl.* large number; multitude

**vier** [fi:ɐ̯] *Kardinalz.* four; **alle ~e von sich strecken** *(ugs.)* put one's feet up; **auf allen ~en** *(ugs.)* on all fours; *s. auch* **acht**

**Vier die; ~, ~en** four; **eine ~ schreiben/bekommen** *(Schulw.)* get a D; *s. auch* **¹Acht; Zwei**

**vier-, Vier~** *(s. auch* **acht-, Acht-***)*: **~achser der; ~s, ~:** four-axle vehicle; **~achsig** *(Technik)* four-axle *attrib.*; **~ sein** have four axles; **~achtel·takt** [-'---] **der** *(Musik)* four-eight time; **~augen·gespräch das** *(ugs.)* private talk *or* discussion; **~beiner der; ~s, ~** *(ugs.)* four-legged friend; **~beinig** *Adj.* four-legged; **~blättrig** *Adj.* four-leaf *attrib.*; four-leaved; **~eck das** quadrilateral; *(Rechteck)* rectangle; *(Quadrat)* square; **~eckig** *Adj.* quadrilateral; *(rechteckig)* rectangular; *(quadratisch)* square

**Vierer der; ~s ~ a)** *(Rudern)* four; **b)** *(ugs.: im Lotto)* four winning numbers *pl.*; **c)** *(ugs.: Ziffer, beim Würfeln)* four; **d)** *(landsch.: Schulnote)* D; **e)** *(ugs.: Autobus)* [number] four; **f)** *(Golf)* foursome

**Vierer·bob der** four-man bob

**viererlei** *Gattungsz.; indekl.* **a)** *attr.* four kinds *or* sorts of; four different ⟨*sorts, kinds, sizes, possibilities*⟩; **b)** *subst.* four [different] things

**vier·fach** *Vervielfältigungsz.* fourfold; quadruple; **der ~e Olympiasieger** quadruple Olympic winner; *s. auch* **achtfach**

**Vier·fache das; ~n;** *adj. Dekl.* **um das ~** fourfold; by four times the amount; **die Preise sind um das ~ gestiegen** the prices have quadrupled *or* increased four times; **sie verlangen das ~ des normalen Tarifs** they are demanding four times the normal rate; *s. auch* **Achtfache**

**vier-, Vier-: ~farben·druck** [-'---] **der;** *Pl.* **-drucke a)** *o. Pl. (Verfahren)* four-colour printing *no art.*; **b)** *(einzelnes Stück)* four-colour print; **~farb[en]·stift der** four-colour pen **~flach das; ~[e]s, ~e, ~flächner** [~flɛçnɐ] **der** *(Math.)* tetrahedron; **~füßer** [~fy:sɐ] **der; ~s, ~** *(Zool.)* quadruped; **~füßig** *Adj.* **a)** four-legged; **b)** *(Verslehre)* tetrameter; **~füßig sein** be a tetrameter; **~gang·getriebe das** *(Technik)* four-speed gearbox; **~händig** [~hɛndɪç] **1.** *Adj.; nicht präd.* **~händiges Klavierspiel**

üben practise piano duets *or* duets on the piano; **2.** *adv.* ‹*play*› as a duet; **~händig Klavier spielen** play a duet/duets on the piano; **~hundert** *Kardinalz.* four hundred; **~jährig** *Adj. (4 Jahre alt)* four-year-old *attrib.*; four years old *pred.*; *(4 Jahre dauernd)* four-year *attrib.*; *s. auch* **achtjährig; ~jährlich 1.** *Adj.* four-yearly; *s. auch* **achtjährlich; 2.** *adv.* every four years

**Vierkant-: ~eisen das** square iron; **~holz das** squared timber; **~schlüssel der** square-section key

**vier·köpfig** *Adj.* four-headed ‹*monster*›; ‹*family, staff*› of four

**Vierling der; ~s, ~e** quadruplet

**vier-, Vier-: ~mal** *Adv.* four times; *s. auch* **achtmal; ~malig** *Adj.; nicht präd.* **nach ~maliger Aufforderung** at the fourth request; after being asked four times; *s. auch* **achtmalig; ~master der; ~s, ~:** four-master; **~motorig** *Adj.* four-engined ‹*aircraft etc.*›; **~rad·an·trieb der** *(Kfz-W.)* four-wheel drive; **~räd[e]rig** [~rɛːd[ə]rɪç] *Adj.* four-wheeled; **~schrötig** [~ʃrøːtɪç] *Adj.* thickset; **~seitig** *Adj.* **a)** four-sided ‹*figure, object, etc.*›; four-page *attrib.* ‹*letter, article, etc.*›; **b)** *(zwischen vier Beteiligten)* quadripartite ‹*agreement, talks, etc.*›; **~sitzer der; ~s, ~:** four-seater; **~spänner** [~ʃpɛnɐ] **der; ~s, ~:** four-in-hand; **~spännig 1.** *Adj.* four-horse ‹*coach, carriage, etc.*›; **2.** *adv.* with a team of four horses; **~spurig 1.** *Adj.* four-lane ‹*road, motorway*›; **~spurig sein** have four lanes; **2.** *adv.* **~spurig befahrbar sein** have all four lanes open; **eine Straße ~spurig ausbauen** widen a road into four lanes; **~stellig** *Adj.* four-figure *attrib.*; *s. auch* **achtstellig; ~sterne·general** [-ˈ-----] **der** *(Militärjargon)* four-star general; **~sterne·hotel** [-ˈ----] **das** four-star hotel; **~stimmig 1.** *Adj.* four-part ‹*harmony, song, etc.*›; four-voice ‹*choir, group*›; **2.** *adv.* **etw. ~stimmig singen** sing sth. in four voices; **~stöckig** *Adj.* four-storey; *s. auch* **achtstöckig; ~stündig** *Adj.; nicht präd.* four-hour *attrib.*; *s. auch* **achtstündig**

**viert** [fiːɐ̯t] *in* **wir waren zu ~:** there were four of us; **zu ~ verreisen** go away *or* on holiday in a foursome; *s. auch* **[2]acht**

**viert...** *Ordinalz.* fourth; *s. auch* **acht...**

**vier-, Vier-: ~tägig** *Adj.* four-day *attrib.*; *s. auch* **achttägig; ~takter der; ~s, ~** *(Auto)* car with a four-stroke engine; *(Motor)* four-stroke engine; **~takt·motor der** *(Kfz-W.)* four-stroke engine; **~tausend** *Kardinalz.* four thousand

**Vierte der/die;** *adj. Dekl.* fourth; *s. auch* **Achte**

**vier-: ~teilen** *tr. V.* quarter; **~teilig** *Adj.* four-part ‹*serial, documentary, etc.*›; **~teilig sein** be in four parts

**viertel** [ˈfɪrtl̩] *Bruchz.* quarter; **ein ~ Pfund/eine ~ Million** a quarter of a pound/million

**Viertel** [ˈfɪrtl̩] **das** (*schweiz. meist* **der**); **~s, ~ a)** quarter; **ein ~ Leberwurst** *(ugs.)* a quarter of liver sausage; **ein ~ Wein** *(ugs.)* a quarter-litre of wine; **~ vor/nach eins** [a] quarter to/past one; **drei ~:** three-quarters; **um ~ /drei ~ acht** *(landsch.)* at [a] quarter past seven/at [a] quarter to eight; *s. auch* **akademisch 1; b)** *(Musik)* crotchet *(Brit.)*; quarter note *(Amer.)*; **c)** *(Stadtteil)* quarter; district

**viertel-, Viertel-: ~drehung die** quarter-turn; **~finale das** *(Sport)* quarter-final; **sich für das ~finale qualifizieren** qualify for the quarter-finals; **~jahr das** three months *pl.*; **~jährlich 1.** *Adj.* quarterly; **2.** *adv.* quarterly; every three months; **~kreis der** quadrant; **~liter der** quarter of a litre; **~note die** *(Musik)* crotchet *(Brit.)*; quarter note *(Amer.)*; **~pause die** crotchet rest *(Brit.)*; quarter rest *(Amer.)*; **~pfund das** quarter [of a] pound; **~stunde die** quarter of an hour; **~stündig** *Adj.; nicht präd.* quarter-of-an-hour; fifteen-minute; **~stündlich 1.** *Adj.; nicht präd.* quarter-hourly; every quarter of an hour *postpos.*; **2.** *adv.* every quarter of an hour; **~ton der;** *Pl.* **~töne** *(Musik)* quarter tone

**viertens** [ˈfiːɐ̯tn̩s] *Adv.* fourthly; *s. auch* **zweitens**

**Viertonner der; ~s, ~:** four-tonner

**viertürig** [-tyːrɪç] *Adj.* four-door *attrib.*; **~ sein** have four doors

**Vierung die; ~, ~en** *(Archit.)* crossing

**Vier·viertel·takt** [-ˈ---] **der** *(Musik)* four-four time

**Vierwaldstätter See,** *(schweiz.:)* **Vierwaldstättersee der** Lake Lucerne

**vier-, Vier-: ~wöchig** *Adj.* four-week [-long]; **~zehn** [ˈfɪr-] *Kardinalz.* fourteen; *s. auch* **achtzehn; ~zehnjährig** *Adj. (14 Jahre alt)* fourteen-year-old *attrib.*; fourteen years old *pred.*; *(14 Jahre dauernd)* fourteen-year *attrib.*

**vierzehnt...** [ˈfɪr-] *Ordinalz.* fourteenth; *s. auch* **acht...**

**vier-, Vier-** [ˈfɪr-]: **~zehn·tägig** *Adj.; nicht präd.* two-week; **unser ~zehntägiger Urlaub** our two-week *or* two weeks' *or* fortnight's holiday; **~zehn·täglich 1.** *Adj.; nicht präd.* fortnightly; **2.** *adv.* fortnightly; every two weeks

**vierzig** [ˈfɪrtsɪç] *Kardinalz.* forty; *s. auch* **achtzig**

**vierziger** [ˈfɪrtsɪɡɐ] *indekl. Adj.; nicht präd.* **die ~ Jahre** the forties; *s. auch* **achtziger**

**[1]Vierziger** [ˈfɪrtsɪɡə] **der; ~s, ~ a)** *(40jähriger)* forty-year-old; **b)** *(ugs.: Autobus)* number forty; **c)** *(Wein)* '40's vintage

**[2]Vierziger die; ~, ~** *(ugs.)* **a)** *(Briefmarke)* forty-pfennig/-schilling *etc.* stamp; **b)** *(Zigarre)* forty-pfennig cigar; **c)** *(Glühbirne)* 40-watt bulb

**[3]Vierziger** *Pl.* forties; *s. auch* **[3]Achtziger**

**Vierzigerin die; ~, ~nen** forty-year-old

**vierzig·jährig** [ˈfɪrtsɪç-] *Adj. (40 Jahre alt)* forty-year-old *attrib.*; forty years old *pred.*; *(40 Jahre dauernd)* forty-year *attrib.*

**vierzigst ...** [ˈfɪrtsɪçst ...] *Ordinalz.* fortieth; *s. auch* **acht ...**

**Vierzig·stunden·woche die** forty-hour week

**vier-, Vier-: ~zimmer·wohnung die** four-room flat *(Brit.)* or *(Amer.)* apartment; **~zylinder der** *(ugs.)* four-cylinder; **~zylinder·motor der** four-cylinder engine

**Vietnam** [viɛtˈnam] **(das); ~s** Vietnam

**Vietnamese** [viɛtnaˈmeːzə] **der; ~n, ~n, Vietnamesin, die; ~, ~nen** Vietnamese

**vietnamesisch 1.** *Adj.* Vietnamese. **2.** *adv.* **wir waren ~ essen** we went to a Vietnamese restaurant *or* for a Vietnamese meal; *s. auch* **deutsch; Deutsch; [2]Deutsche**

**Vietnamisierung die; ~:** Vietnamization

**Vietnam·krieg der;** *o. Pl.* Vietnam war

**vif** [viːf] *(veralt.)* **1.** *Adj.* lively; brisk. **2.** *adv.* briskly

**Vigil** [viˈɡiːl] **die; ~, ~ien** *(kath. Kirche)* vigil

**Vignette** [vɪnˈjɛtə] **die; ~, ~n** vignette

**Vikar** [viˈkaːɐ̯] **der; ~s, ~e a)** *(kath. Kirche)* locum tenens; **b)** *(ev. Kirche)* ≈ [trainee] curate

**Viktimologie** [vɪktimoloˈɡiː] **die; ~:** victimology *no art.*

**Viktoria** [vɪkˈtoːria] **(die)** Victoria

**viktorianisch 1.** *Adj.* Victorian. **2.** *adv.* in a Victorian manner

**Villa** [ˈvɪla] **die; ~, Villen** villa

**Villen·viertel das** exclusive residential district

**Vinaigrette** [vinɛˈɡrɛtə] **die; ~, ~n** vinaigrette [dressing]

**Viola** [ˈvi̯oːla] **die; ~, Violen** *(Musik)* viola

**violett** [vi̯oˈlɛt] purple; violet

**Violett das; ~s, ~e** *od. ugs.* **~s** purple; violet; *(im Spektrum)* violet

**Violine** [vi̯oˈliːnə] **die; ~, ~n** *(Musik)* violin

**Violinist der; ~en, ~en, Violinistin, die; ~, ~nen** violinist

**Violin-: ~konzert das** violin concerto; **~schlüssel der** treble clef

**Violon·cello** [vi̯olɔnˈtʃɛlo] **das** violoncello

**Viper** [ˈviːpɐ] **die; ~, ~n** viper; adder

**Viren** *s.* **Virus**

**Virologie** [viroloˈɡiː] **die; ~:** virology *no art.*

**virtuell** [vɪrˈtu̯ɛl] **1.** *Adj.; nicht präd.* **a)** potential; **b)** *(DV, Optik)* virtual ‹*memory, image*›. **2.** *adv.* virtually

**virtuos** [vɪrˈtu̯oːs] **1.** *Adj.* virtuoso ‹*performance etc.*›. **2.** *adv.* in a virtuoso manner

**Virtuose** [vɪrˈtu̯oːzə] **der; ~n, ~n** virtuoso

**Virtuosität die; ~:** virtuosity

**virulent** [viruˈlɛnt] *Adj. (Med., geh.)* virulent

**Virus** [ˈviːrʊs] **das; ~, Viren** [ˈviːrən] virus

**Virus·infektion die** virus infection

**Visa** *s.* **Visum**

**Visage** [viˈzaːʒə] **die; ~, ~n** *(salopp abwertend)* mug *(sl.)*; *(Miene)* expression

**vis-à-vis** [vizaˈviː] **1.** *Präp. mit Dat.* opposite. **2.** *Adv.* opposite; **~ von etw./jmdm.** opposite sth./sb.

**Visavis** [vizaˈviː] **das; ~** [vizaˈviː(s)], **~** [vizaˈviːs] **mein ~:** the person opposite me; **jmdn. zum ~ haben** have sb. opposite one

**Visen** *s.* **Visum**

**Visier** [viˈziːɐ̯] **das; ~s, ~e a)** *(am Helm)* visor; **das ~ herunterlassen** *(fig.)* put up one's guard; **mit offenem ~ kämpfen** *(fig.)* fight out in the open; **b)** *(an der Waffe)* backsight; **jmdn. ins ~ nehmen** *(fig. ugs.)* start to keep close tabs on sb.

**visieren** *itr. V.* take aim

**Vision** [viˈzi̯oːn] **die; ~, ~en** vision

**visionär** [vizi̯oˈnɛːɐ̯] **1.** *Adj.* visionary. **2.** *adv.* in a visionary manner

**Visite** [viˈziːtə] **die; ~, ~n a)** round; **~ machen** do one's round; **um 10 Uhr war ~:** at 10 o'clock, the doctor did his round; **b)** *(veralt.: Besuch)* visit; **zu einer ~:** on a visit

**Visiten·karte die** visiting-card; **diese gepflegten Grünanlagen sind eine gute ~ für die Stadt** these well-tended parks and gardens are a good advertisement for the town; **seine ~ hinterlassen** *(fig.)* leave one's visiting-card *(joc.)*

**Visit·karte die** *(österr.) s.* **Visitenkarte**

**viskos** [vɪsˈkoːs], **viskös** [vɪsˈkøːs] *Adj. (Chemie)* viscous

**Viskose** [vɪsˈkoːzə] **die; ~** *(Chemie)* viscose

**Viskosität die; ~** *(Chemie)* viscosity

**visuell** [viˈzu̯ɛl] *(geh.)* **1.** *Adj.* visual. **2.** *adv.* visually

**Visum** [ˈviːzʊm] **das; ~s, Visa** [ˈviːza] *od.* **Visen** [ˈviːzn̩] visa

**Visum·zwang der;** *o. Pl.* visa requirement

**vital** [viˈtaːl] **1.** *Adj.* **a)** *(voller Energie)* vital; energetic; vigorous; **~ sein** be full of life *or* vigour; **b)** *(wichtig)* vital. **2.** *adv. (voller Energie)* energetically

**Vitalität die; ~:** vitality

**Vitamin** [vitaˈmiːn] **das; ~s, ~e a)** vitamin; **b) ~ B** *(ugs. scherzh.)* connections *pl.*; **etw. durch ~ B kriegen** get sth. through knowing the right people

**vitamin-, Vitamin-: ~arm** *Adj.* ‹*food, diet, etc.*› low in vitamins; **~gehalt der** vitamin content; **~mangel der;** *o. Pl.* vitamin deficiency; **~reich** *Adj.* rich in vitamins *postpos.*; vitamin-rich; **~stoß der** large dose of vitamins; **~tablette die** vitamin tablet *or* pill

**Vitrine** [viˈtriːnə] **die; ~, ~n** display case; show-case; *(Möbel)* display cabinet

**Vivi·sektion** [vivi-] **die** *(bes. Med.)* vivisection *no art.*

**vivi·sezieren** *tr. V. (bes. Med.)* vivisect

**Vize** [ˈfiːtsə] **der; ~s, ~s** *(ugs.)* number two *(coll.)*

**Vize-:** [ˈfiːtsə] **~kanzler der** vice-chancellor; **~könig der** viceroy; **~präsident der** vice-president

**Vlies** [fliːs] **das; ~es, ~e** fleece

**V-Mann** ['fau-] **der; ~[e]s, V-Männer** *od.* **V-Leute** contact [man]; *(Informant)* informer

**Vogel** ['fo:gl] **der; ~s, Vögel** ['fø:gl] **a)** bird; **friß, ~, oder stirb!** *(ugs.)* [you can] like it or lump it! *(coll.)*; **der ~ ist ausgeflogen** *(ugs.)* the bird has flown; **[mit etw.] den ~ abschießen** *(ugs.)* take the biscuit [with sth.] *(coll.)*; **einen ~ haben** *(salopp)* be off one's rocker *or* head *(sl.)*; **jmdm. den ~ zeigen** tap one's forehead at sb. *(as a sign that one thinks he/she is stupid)*; **b)** *(salopp, oft scherzh.: Mensch)* character; **ein seltsamer** *od.* **komischer ~:** an odd bird *or* character; **c)** *(Fliegerspr.: Flugzeug)* machine

**Vogel-: ~bauer das** *od.* **der** birdcage; **~beer·baum der** rowan[-tree]; mountain ash; **~beere die** rowan-berry

**Vögelchen** ['fø:glçən] **das; ~s, ~:** little *or* small bird

**Vogel-: ~dreck der** *(ugs.)* bird droppings *pl.*; **~ei das** bird's egg

**Vögelei die; ~, ~en** *(derb)* screwing *(coarse)*

**vogel-, Vogel-: ~flug der** flight of the birds; **~frei** *Adj. (hist.)* outlawed; **jmdn./etw. für ~frei erklären** outlaw sb./sth.; **~futter das** bird food; **~häuschen das** bird-house; **~käfig der** birdcage; **~kunde die;** *o. Pl.* ornithology *no art.*

**vögeln** ['fø:gln] *tr., itr. V. (derb)* screw *(coarse)*; **jmdn./mit jmdm. ~:** screw sb.

**Vogel-: ~nest das** bird's nest; **~perspektive die** bird's eye view; **Manhattan aus der ~perspektive** a bird's-eye view of Manhattan; **~scheuche** [-ʃɔyçə] **die; ~, ~n** scarecrow; **~schutz der** protection of birds; **~-Strauß-Politik** [--'----] **die;** *o. Pl.* head-in-the-sand-policy; **~-Strauß-Politik treiben** pursue a policy of burying one's head in the sand; **~warte die** ornithological institute; **~zug der** bird migration

**Vogesen** [vo'ge:zn] *Pl.* Vosges [Mountains]

**Vöglein** ['fø:glain] **das; ~s, ~:** little bird

**Vogt** [fo:kt] **der; ~[e]s, Vögte** ['fø:ktə] *(hist.) (eines Gutes, einer Burg usw.)* steward; *(Land~)* governor

**Vogtei** [fo:k'tai] **die; ~, ~en** *(hist.) s.* **Vogt:** *(Amt)* stewardship; governorship; *(Sitz)* steward's office; governor's residence

**Vokabel** [vo'ka:bl] **die; ~, ~n** *od. österr. auch* **das; ~s, ~:** word; vocabulary item; **~n** vocabulary *sing.*; vocab *sing. (Sch. coll.)*

**Vokabel·heft das** vocabulary *or (coll.)* vocab book

**Vokabular das; ~s, ~e** vocabulary

**vokal** *Adj. (Musik)* vocal

**Vokal** [vo'ka:l] **der; ~s, ~e** *(Sprachw.)* vowel

**Vokalisation die; ~, ~en** *(Musik)* vocalization

**vokalisch** *(Sprachw.)* **1.** *Adj.* vocalic; **mit ~em Anlaut** beginning with a vowel. **2.** *adv.* **~ auslauten** end in *or* with a vowel

**Vokalismus der; ~** *(Sprachw.)* vocalism

**Vokalist der; ~en, ~en, Vokalistin die; ~, ~nen** vocalist

**Vokal·musik die** vocal music

**Vokativ** ['vo:kati:f] **der; ~s, ~e** *(Sprachw.)* vocative

**Volant** [vo'lã:] **der,** *schweiz., österr. meist* **das; ~s, ~s a)** *(an Kleidungsstücken)* flounce; **b)** *(Lenkrad)* steering-wheel

**Voliere** [vo'lie:rə] **die; ~, ~n** aviary

**Volk** [fɔlk] **das; ~[e]s, Völker** ['fœlkɐ] **a)** people; **das ~ der Kurden** the Kurdish people; **das irische und das deutsche ~:** the Irish and German peoples; **b)** *o. Pl. (Bevölkerung)* people *pl.*; *(Nation)* people *pl.*; nation; **im ~e** among the people; **das ~ befragen** ask the people *or* nation; **das arbeitende/unwissende ~:** the working people/the ignorant masses *pl.*; **c)** *o. Pl. (einfache Leute)* people *pl.*; **ein Mann aus dem ~:** a man of the people; **dem ~ aufs Maul schauen** listen to the way the ordinary man speaks; **d)** *o. Pl. (ugs.: Leute)* people *pl.*; **viel junges ~:** many young people; **sich unters ~ mischen** go among the people; **etw. unters ~ bringen** make sth. [known to the] public; **e)** *o. Pl. (Gruppe)* lot; crowd *(coll.)*; **die Spatzen sind ein freches ~** *(fig.)* sparrows are a cheeky lot; **f)** *(Bienen~)* colony

**Völkchen** ['fœlkçən] **das; ~s, ~:** lot; crowd *(coll.)*

**völker-, Völker-: ~ball der** *ball game in which two teams try to get the other side's players out by hitting them with a ball*; **~bund der;** *o. Pl.* League of Nations; **~familie die;** *o. Pl. (geh.)* family of nations; **~freundschaft die;** *o. Pl.* international friendship *no art.*; **~kunde die;** *o. Pl.* ethnology *no art.*; **~kundler** [~kʊntlɐ] **der; ~s, ~:** ethnologist; **~mord der** genocide; **~recht das;** *o. Pl.* international law *no art.*; **~rechtlich 1.** *Adj.*; *nicht präd.* ⟨*issue, problem, etc.*⟩ of international law; **~rechtliche Verträge** agreements in *or* under international law; **die ~rechtliche Anerkennung eines Staates** the recognition of a state under international law; **2.** *adv.* ⟨*settle*⟩ in accordance with international law; ⟨*control, regulate*⟩ by international law; ⟨*recognize*⟩ under international law

**Völkerschaft die; ~, ~en** people; *(Volksstamm)* tribe

**völker-, Völker-: ~verbindend** ⟨*idea, event*⟩ which brings nations together; **der ~verbindende Charakter des Sports** the ability of sport to bring nations together; **~verständigung die** international understanding; understanding between nations; **~wanderung die a)** *(hist.)* migration of peoples; völkerwanderung; **b)** *(ugs.)* mass migration; *(Zug)* mass progression

**völkisch** *Adj. (veralt., bes. ns.)* national

**volk·reich** *Adj.* heavily populated

**volks-, Volks-: ~ab·stimmung die** plebiscite; **~armee die** People's Army; **~armist** [~armɪst] **der; ~en, ~en** member of the People's Army; **~auf·stand der** national uprising; **~aus·gabe die** *(veralt.)* popular edition; **~befragung die** *(Politik)* referendum; **~begehren das** *(Politik)* petition for a referendum; **~belustigung die** public entertainment; **~brauch der** popular custom; **~bücherei die** public library; **~demokratie** people's democracy; **~deutsche der/die;** *adj. Dekl.* ethnic German; **~dichtung die** *(Literaturw.)* folk literature *no indef. art.*; **eine ~dichtung** a piece of folk literature; **~eigen** *Adj. (DDR)* publicly *or* nationally owned; **~er Betrieb** publicly *or* nationally owned company; **~eigentum das** *(DDR)* national[ly owned] property; **~einkommen das** *(Wirtsch.)* national income; **~empfinden das: das [gesunde] ~empfinden** popular sentiment *or* opinion; **~entscheid der** *(Politik)* referendum; **~etymologie die** *(Sprachw.)* folk *or* popular etymology; **~feind der** enemy of the people; **~fest das** public festival; *(Jahrmarkt)* fair; **~front die** *(Politik)* popular front; **~gemeinschaft die** *(bes. ns.)* national community; **~gemurmel das** *(ugs. scherzh.)* mutterings *pl.*; **~genosse der** *(ns.)* national comrade; **~gerichts·hof der** *(ns.)* People's Court; **~gesundheit die** public health; **~glaube[n] der** *(Volksk.)* popular belief; **~held der** folk hero; **~hoch·schule die** adult education centre; **ein Kurs an der ~hochschule** an adult education class; **~initiative die** *(schweiz. Politik)* petition for a referendum; **~kammer die** *(DDR)* **die ~kammer** the Volkskammer; the People's Chamber; **~kunde die** folklore; **~kundler der; ~s, ~:** folklorist; **~kundlich** *Adj.* folkloric; **~kundliche Bücher** books on folklore; **~kunst die;** *o. Pl.* folk art; **~lied das** folk-song; **~märchen das** folk-tale; **~masse die a) die ~massen** the people; the masses; **b)** *(versammeltes Volk)* crowd [of people]; **~medizin die;** *o. Pl.* folk medicine *no art.*; **~mund der;** *o. Pl.* **im ~mund wird das ... genannt** in the vernacular it is called ...; **~musik die** folk-music; **~nahrungs·mittel das** staple food; **~polizei die;** *o. Pl. (DDR)* People's Police; **~polizist der** *(DDR)* People's Policeman; member of the People's Police; **~rede die** *(veralt.)* public address *or* speech; **~ reden halten** *(ugs. abwertend)* make a long speech; **halt keine ~reden!** no speechifying! *(coll.)*; no long speeches!; **~republik die** People's Republic; **die ~republik China** the People's Republic of China; **~schicht die;** *meist Pl.* social class; **~schule die a)** *(Bundesrepublik Deutschland und Schweiz veralt.) school providing basic primary and secondary education*; **b)** *(österr.)* primary school; **~schüler der, ~schülerin die** pupil at a 'Volksschule'; **~schullehrer der** teacher at a 'Volksschule'; **~seele die;** *o. Pl.* soul of the people; **die russische ~seele** the soul of the Russian people; **~seuche die** national epidemic; **~souveränität die** *(Politik)* sovereignty of the people; **~sprache die** vernacular [language]; **~stamm der** tribe; **~stück das** *(Theater)* folk play; **~sturm der;** *o. Pl. (ns.) German territorial army created towards the end of World War II to help defend the fatherland*; **~tanz der** folk-dance; **~tracht die** traditional costume; *(eines Landes)* national costume; **~trauer·tag der** *(Bundesrepublik Deutschland)* national remembrance day; **~tribun der** *(hist.)* tribune [of the people]

**Volkstum das; ~:** national character; *(Traditionen)* national customs and traditions

**volkstümlich** ['fɔlksty:mlɪç] **1.** *Adj.* popular; **ein ~er Politiker** a politician of the people *or* with the common touch; **der ~e Name einer Pflanze** the vernacular name of a plant; **~e Preise** popular prices; **eine ~e Einführung** an introduction readily comprehensible to the layman; **sich ~ geben** act the man/woman of the people. **2.** *adv.* **~ schreiben** write in terms readily comprehensible to the layman

**volks-, Volks-: ~verdummung die** *(ugs. abwertend)* deliberate deception of the public; **~verhetzung die** incitement of the people; **~vermögen das** *(Wirtsch.)* national wealth; **~versammlung die a)** public meeting; **b)** *(Parlament)* national assembly; **~vertreter der** representative of the people; **~vertretung die** representative body of the people; **~wahl die** *(DDR Politik)* general election; **~weise die** folk-tune; **~weisheit die** old saying; **~wirt der** economist; **~wirtschaft die** national economy; *(Fach)* economics *sing., no art.*; **~wirtschaftler der; ~s, ~:** economist; **~wirtschaftlich 1.** *Adj.* economic; **2.** *adv.* economically; **~wirtschaftslehre die;** *o. Pl.* economics *sing., no art.*; **~wohl das** welfare *or* well-being of the people; **~zählung die** [national] census; **~zorn der** public anger; **~zugehörigkeit die** ethnic origin

**voll** [fɔl] **1.** *Adj.* **a)** full; **der Saal ist ~ Menschen** the room is full of people **ein Korb ~ [roter] Äpfel** a basket full of [red] apples; **~ von** *od.* **mit etw. sein** be full of sth.; **das Glas ist halb ~:** the glass is half full; **beide Hände ~ haben** have both hands full; **~ [von] Dankbarkeit sein** be full of *or* filled with gratitude; **~ Güte/Tatkraft sein** be full of goodness/vigour; **den Kopf ~ haben** *(ugs.)* be preoccupied (mit with); **der Saal ist brechend/gestopft ~** *(ugs.)* the room is jam-packed *(coll.)*; **die Straßen lagen ~ Schnee** *(ugs.)* the streets were deep in snow; **jeder bekam einen Korb ~:** everybody received a basketful; **mit ~en Backen kauen** eat with bulging cheeks; **aus dem ~en schöpfen** draw on abundant *or* plentiful resources; **aus dem ~en leben** *od.* **wirtschaften** live off *or* on the fat of the land; **~e Pulle** *od.* **~[es] Rohr** *(salopp)* ⟨*drive*⟩ flat out; **das Radio auf ~e Pulle drehen** *(salopp)* turn the radio on full blast *(coll.); s. auch* **Lob; Mund; b)** *(salopp: betrunken)* plastered *(sl.);* canned *(Brit. sl.);* **c)** *(üppig)* full ⟨*figure, face, lip*⟩; thick ⟨*hair*⟩; ample ⟨*bosom*⟩; **im Gesicht ~er geworden sein** have filled out *or* be fuller in the face; **d)** *(ganz, vollständig)* full; complete ⟨*seriousness, success*⟩; **etw. mit ~em Recht tun** be quite right to do sth.; **einen ~en Tag/Monat warten** wait a full *or* whole day/month; **in ~er Fahrt** at full speed; **in ~em Gange sein** be in full swing; **die ~ Wahrheit** the full *or* whole truth; **mit dem ~en Namen unterschreiben** sign one's full name *or* one's name in full; **das Dutzend ist ~:** it's a round dozen; **~es/~stes Verständnis für jmdn. haben** have full/the fullest understanding for sb.; **~e Gewißheit über etw.** *(Akk.)* **haben** be completely certain about sth.; **der Mond ist ~:** the moon is full; **jmdn. nicht für ~ nehmen** not take sb. seriously; **in die ~en gehen** *(ugs.)* go all out; **s. auch Brust a; Hals b; Kehle a; e)** *(kräftig)* full, rich ⟨*taste, aroma*⟩; rich ⟨*voice*⟩; **f)** *(ugs.: bei Uhrzeitangaben)* **die Uhr schlug ~:** the clock struck the hour; **fünf nach ~:** five past the hour. **2.** *adv.* **a)** *(völlig, ganz)* fully; **~ und ganz** completely; **etw. ~ auslasten** make full use of sth.; **~ verantwortlich für etw. sein** be wholly responsible *or* bear full responsibility for sth.; **~ arbeiten** *(ugs.)* work full-time; **er ist mir ~ in die Seite gefahren** *(salopp)* he drove straight into my side; **b)** *(kräftig)* richly; **~ klingen** have a full, rich sound; *s. auch* **voller**

**vọlladen** *unr. tr. V., trennbar* load up completely; **vollgeladen** fully laden

**Vọll·akademiker der** university graduate

**voll·auf** [*od.* '--] *Adv.* completely; fully; **~ genügen/reichen** be quite enough

**vọllaufen** *unr. itr. V., trennbar* fill up; **etw. ~ lassen** fill sth. [up]; **sich ~ lassen** *(salopp)* get completely paralytic *or* canned *(Brit. sl.)*

**vọll-, Vọll-: ~automatisch 1.** *Adj.* fully automatic; **2.** *adv.* fully automatically; **~bad das** bath; **~bart der** full beard; **~bärtig** *Adj.* ⟨*man*⟩ with a full beard; **~beschäftigung die;** *o. Pl. (Wirtsch.)* full employment *no art.;* **~besitz der: im ~besitz seiner [geistigen und körperlichen] Kräfte sein** be in full possession of one's [mental and physical] faculties; **~bild das** *(Med.)* complete picture; **~blut das a)** thoroughbred; **b)** *(Med.)* whole blood; **~blut-** true; **er ist ein ~blutpolitiker/-schauspieler** he is a true politician/actor *or* a politician/actor through and through; **~blüter** [~bly:tɐ] **der; ~s, ~:** thoroughbred; **~blütig** *Adj.* thoroughbred ⟨*horse*⟩; *(fig.)* full-blooded ⟨*person*⟩; **~bremsung die: eine ~bremsung machen** put the brakes full on; **~bringen** [-'--] *unr. tr. V. (geh.)* accomplish; achieve; **es ist vollbracht** *(bibl.)* it is finished; **~busig** [~bu:zıç] full-bosomed; buxom; **~dampf der;** *o. Pl. (Seemannsspr.)* full steam; **mit ~dampf** at full steam *or* speed; *(fig. ugs.)* flat out

**Vö̱lle·gefühl** ['fœlə-] **das;** *o. Pl.* feeling of fullness

**voll·ẹnden 1.** *tr. V.* complete; finish; **mit vollendetem** *od.* **dem vollendeten 16. Lebensjahr** on reaching the age of 16 *or* completing one's sixteenth year; **vollendeter Mord/Landesverrat** consummated murder/treason; **sein Leben ~** *(fig. geh. verhüll.)* pass away; depart this life; *s. auch* **vollendet. 2.** *refl. V. (geh.) (seinen Abschluß finden)* ⟨*process, transformation, etc.*⟩ reach its conclusion; *(vollkommen werden)* reach [its] completion

**vollẹndet 1.** *Adj.* accomplished ⟨*performance*⟩; perfect ⟨*gentleman, host, manners, reproduction*⟩; **vollendete Gegenwart/Vergangenheit/Zukunft** *(Sprachw.)* perfect/pluperfect/future perfect; *s. auch* **Tatsache. 2.** *adv.* ⟨*play*⟩ in an accomplished manner; **~ schön sein** be perfectly beautiful

**vollends** ['fɔlɛnts] *Adv.* completely; **~ für Behinderte ist das unzumutbar** for disabled people in particular *or* especially it is unreasonable

**Voll·ẹndung die a)** completion; **kurz vor der ~ stehen** be nearing completion; **mit/nach ~ des 65. Lebensjahres** on reaching the age of 65 *or* completing one's sixty-fifth year; **b)** *(geh.: Krönung)* culmination; **c)** *o. Pl. (Vollkommenheit)* perfection

**vọller** *indekl. Adj.* full of; *(erfüllt von)* full of; filled with; **sein Anzug war ~ Flecken** his suit was covered with stains; **ein Leben ~ Arbeit** a life full of *or* filled with work; **~ Widersprüche sein** be full of contradictions

**Völlerei** [fœlə'rai] **die; ~, ~en** *(abwertend)* gluttony *no pl., no art.*

**volley** ['vɔli] *Adv. (bes. Fußball, Tennis)* on the volley

**Vọlley·ball der** volleyball

**vọll-, Vọll-: ~fett** *Adj.* full-fat; **~|fressen** *unr. refl. V.* ⟨*animal*⟩ eat its fill; *(derb: sich satt essen)* ⟨*person*⟩ stuff oneself *or* one's face *(sl.);* **~ gefressen sein** *(derb)* ⟨*person*⟩ be stuffed *(sl.);* **~führen** [-'--] *tr. V.* perform, execute ⟨*somersault, movement*⟩; perform ⟨*dance, deed*⟩; **~|füllen** *tr. V.* fill up; **~gas das;** *o. Pl.* **~gas geben** put one's foot down; **~gas fahren** drive flat out; **mit ~gas** at full throttle; **~|gießen** *unr. tr. V.* **a)** *(füllen)* fill [up]; **b)** *(ugs.: begießen);* **den Teppich/sich** *(Dat.)* **die Hose mit Rotwein** *usw.* **~:** spill red wine *etc.* all over the carpet/one's trousers; **~gummi·reifen der** solid rubber tyre; **~idiot der** *(salopp abwertend)* complete idiot *(coll.)*

**völlig** ['fœlıç] **1.** *Adj.; nicht präd.* complete; total. **2.** *adv.* completely; totally; **du hast ~ recht** you are absolutely right; **das ist ~ unmöglich** that is absolutely impossible; **mit etw. ~ einverstanden sein** be in complete agreement with sth.

**vọll-, Vọll-: ~inhaltlich 1.** *Adj.; nicht präd.* complete; full; **2.** *adv.* fully; **~jährig** *Adj.* of age *pred.;* **~jährig werden** come of age; attain one's majority; **sie hat zwei ~jährige Kinder** she has two children who are of age; **~jährigkeit die; ~:** majority *no art.;* **~jurist der** [fully-]qualified lawyer *(who has attained the qualifications necessary to become a judge);* **~kasko·versicherung die** fully comprehensive insurance; **~klimatisiert** *Adj.* fully air-conditioned

**voll·kommen 1.** *Adj.* **a)** [-'-- *od.* '---] *(vollendet)* perfect; **b)** ['---] *(vollständig)* complete; total. **2.** ['---] *adv.* completely; totally

**Vollkọmmenheit die; ~:** perfection

**vọll-, Vọll-: ~korn·brot das** wholemeal *(Brit.) or (Amer.)* wholewheat bread; **~|laden** *s.* **volladen; ~|laufen** *s.* **vollaufen; ~|machen 1.** *tr. V.* **a)** *(ugs.: füllen)* fill up; **um das Maß ~zumachen** *(fig.)* to crown *or* cap it all; **b)** *(ugs.: beschmutzen)* **etw. ~machen** get or make sth. dirty; **[sich** *(Dat.)***] die Hosen/Windeln ~machen** mess one's pants/nappy; **c)** *(vollständig machen)* complete; **das Dutzend ~machen** make up a round dozen; **~macht die; ~, ~en a)** authority; **jmdm. [die] ~macht geben/erteilen** give/grant sb. power of attorney; **seine ~macht[en] überschreiten** exceed one's authority; **in ~macht** per procurationem; **b)** *(Urkunde)* power of attorney; **~mast** *Adv. (Seemannsspr.)* full mast; **auf ~mast** at full mast; **~mast flaggen** hoist a flag/flags to full mast; **~matrose der** able-bodied seaman; **~milch die** full-cream milk; **~milch·schokolade die** full-cream milk chocolate; **~mond der;** *o. Pl.* full moon; **es ist/wir haben heute ~mond** there is a full moon tonight; **bei ~mond** at full moon; **~mond·gesicht das** *(ugs.)* moon face; **~mundig 1.** *Adj.* **a)** *(voll im Geschmack)* full-bodied ⟨*wine, flavour, etc.*⟩; **b)** *(abwertend: wichtigtuerisch)* pompous; **2.** *adv. (abwertend: wichtigtuerisch)* pompously; **~narkose die** *(Med.)* general anaesthetic; **unter ~narkose** under a general anaesthetic; **~|packen** *tr. V.* pack full; **~pension die;** *meist o. Art.; o. Pl.* full board *no art.;* **~pfropfen** *tr. V. (auch fig.)* cram full; **mit etw. ~gepfropft sein** be crammed full of sth.; **~|pumpen** *tr. V.* pump up ⟨*tyre*⟩; fill up ⟨*reservoir*⟩; **sich** *(Dat.)* **mit Tabletten/Drogen ~pumpen** *(fig. ugs.)* pump oneself full of tablets/drugs; **~|qualmen** *tr. V. (ugs.)* fill with smoke; **~rausch der: sich** *(Dat.)* **einen ~rausch antrinken** get completely drunk; **etw. im ~rausch tun** do sth. while completely drunk; **~reif** *Adj.* fully ripe; **~|saufen** *unr. refl. V. (salopp)* get completely plastered *(sl.);* **~|saugen** *regelm. (auch unr.) refl. V.* ⟨*leech*⟩ suck itself full **(mit** of); ⟨*sponge*⟩ become saturated **(mit** with); **~|schlagen 1.** *unr. itr. V.; mit sein (Seemannsspr.)* become swamped; **2.** *unr. tr. V. (salopp)* **sich** *(Dat.)* **den Bauch [mit etw.] ~schlagen** stuff oneself *or* one's face [with sth.] *(sl.);* **~schlank** *Adj.* with a fuller figure *postpos., not pred.;* **ein Modell für ~schlanke Damen** a model for the fuller figure; **~schlank sein** have a fuller figure; **~|schmieren** *(ugs.) tr. V.* **a)** *(beschmutzen)* smear; **sich** *(Dat.)* **das ganze Gesicht mit etw. ~schmieren** get *or* smear sth. all over one's face; **b)** *(abwertend: ~schreiben, ~malen)* scrawl/draw all over ⟨*wall etc.*⟩; fill ⟨*exercise book etc.*⟩ with scrawl; **die Mauern mit Parolen ~schmieren** scrawl *or* daub slogans all over the walls; **~|schreiben** *unr. tr. V.* fill [with writing]; **~sperrung die** *(Verkehrsw.)* complete closure; **~|spritzen** *tr. V.* **jmdn./etw. ~spritzen** splash water *etc.* all over sb./sth.; *(mit Schlauch usw.)* spray water *etc.* all over sb./sth.; **jmdn./etw. mit etw. ~spritzen** splash sth. all over sb./sth.; *(mit Schlauch usw.)* spray sth. all over sb./sth.; **~ständig 1.** *Adj.* complete; full ⟨*text, address, etc.*⟩; **nicht ~ständig** incomplete; **2.** *adv.* completely; ⟨*list*⟩ in full; **~ständigkeit die; ~:** completeness; **der ~ständigkeit halber** for the sake of completeness; **~|stopfen 1.** *tr. V. (ugs.)* stuff *or* cram full; **jmdn. mit Fakten ~stopfen** *(fig.)* pump sb. full of facts; **2.** *refl. V. (ugs.)* stuff oneself *or* one's face *(sl.);* **~streckbar** [-'--] *Adj.* (Rechtsw.) enforceable; implementable ⟨*sentence*⟩; **~strecken** [-'--] *tr. V.* enforce ⟨*penalty, fine, law*⟩; carry out ⟨*sentence*⟩ **(an** + *Dat.* on); **die ~streckende Gewalt** the executive [power]; **ein Testament ~strecken** execute a will; **~strecker** [-'--] **der; ~s, ~** *(des Gesetzes)* enforcer; *(eines Testaments)* executor; **~streckung** [-'--] **die; ~, ~en** *s.* **vollstrecken:** enforcement; carrying out; execution

**Vollstrẹckungs·befehl der** *(Rechtsw.)* enforcement order; writ of execution

**vọll-, Vọll-: ~|tanken** *tr. (auch itr.) V.* fill up; **bitte ~tanken** fill it up, please; **~tönend 1.** *Adj.* sonorous; **2.** *adv.* sonorously; **~treffer der** direct hit; **ein ~treffer sein** *(fig.)* hit the bull's eye; **~trunken** *Adj.* completely *or* blind drunk; **in ~trunkenem Zustand** in a state of total inebriation; **~trunkenheit die** total inebriation *or* intoxication; **~verb das** *(Sprachw.)* full verb; **~versammlung die** general meeting; **~waise die** orphan; **~wertig** *Adj.* full ⟨*job, member*⟩; [fully] adequate ⟨*replace-*

*ment, substitute, nourishment, diet*⟩; **~zählig** [~tsɛ:lıç] *Adj.* complete; **wir bitten um ~zähliges Erscheinen** we request everyone to attend; **sie waren ~zählig erschienen** they had turned out in full strength; **als wir ~zählig [versammelt] waren** when everyone was present

**voll·ziehen 1.** *unr. tr. V.* carry out ⟨*instruction, action, will*⟩; carry out ⟨*sentence*⟩ **(an** + *Dat.* on); execute, carry out ⟨*order*⟩; perform ⟨*sacrifice, ceremony, sexual intercourse*⟩; **die Ehe ~:** consummate the marriage; **die ~de Gewalt** the executive [power]; **2.** *unr. refl. V.* take place; **in ihm hatte sich eine Wandlung ~zogen** a change had come over him *or* taken place in him

**Voll·zug der** *s.* **vollziehen 1:** carrying out; execution; performance; consummation

**Vollzugs-: ~anstalt die** penal institution; **~beamte der** [prison] warder; **~meldung die** *report that an instruction has been carried out*

**Volontär** [volɔn'tɛ:ɐ̯] **der; ~s, ~e** trainee *(receiving a low salary in return for training)*

**Volontariat** [volɔnta'ria:t] **das; ~[e]s, ~e a)** *(Zeit)* period of training; **b)** *(Stelle)* traineeship; *s. auch* **Volontär**

**Volontärin die; ~, ~nen** *s.* **Volontär**

**volontieren** *itr. V.* work as a trainee **(bei** with); *s. auch* **Volontär**

**Volt** [vɔlt] **das; ~** *od.* **~[e]s, ~:** *(Physik, Elektrot.)* volt

**Volte** ['vɔltə] **die; ~, ~n a)** *(beim Kartenspiel)* sleight of hand; **die** *od.* **eine ~ schlagen** *(fig.)* do a volte-face *or* an about-turn; **b)** *(Reiten, Fechten)* volte

**voltigieren** [volti'ʒi:rən] *itr. V.* perform acrobatics on horseback

**Volt·meter das; ~s, ~** *(Elektrot.)* voltmeter

**Volumen** [vo'lu:mən] **das; ~s, ~:** volume

**Volumen-: ~gewicht das** *s.* **Volumgewicht; ~prozent das** *s.* **Volumprozent**

**Volum·gewicht das** weight per [unit] volume

**voluminös** [volumi'nø:s] *Adj.* voluminous; bulky ⟨*tome*⟩

**Volum·prozent das** per cent by volume

**vom** [fɔm] *Präp.* + *Art.* **a)** = **von dem; b)** *(räumlich)* from the; **links/rechts ~ Eingang** to the left/right of the entrance; **~ Stuhl aufspringen** jump up out of one's chair; **c)** *(zeitlich)* **~ Morgen bis zum Abend** from morning till night; **~ ersten Januar an** [as] from the first of January; **d)** *(zur Angabe der Ursache)* **das kommt ~ Rauchen/Alkohol** that comes from smoking/drinking alcohol; **müde ~ Arbeiten/wund ~ Liegen** tired from working/sore from lying; **jmdn. ~ Sehen kennen** know sb. by sight

**Vom·hundert·satz der** percentage

**von** [fɔn] *Präp. mit Dat.* **a)** *(räumlich)* from; **nördlich/südlich ~ Mannheim** to the north/south of Mannheim; **rechts/links ~ mir** on my right/left; **~ hier an** *od. (ugs.)* **ab** from here on[ward]; **~ Mannheim aus** from Mannheim; **etw. ~ etw. [ab]wischen/[ab]brechen/[ab]reißen** wipe/break/tear sth. off sth.; *s. auch* **aus 2 c; her a; ¹vorn; b)** *(zeitlich)* from; **~jetzt an** *od. (ugs.)* **ab** from now on; **~ heute/morgen an** [as] from today/tomorrow; starting today/tomorrow; **~ Kindheit an** from *or* since childhood; **in der Nacht ~ Freitag auf** *od.* **zu Samstag** during Friday night *or* the night of Friday to Saturday; **das Brot ist ~ gestern** it's yesterday's bread; *s. auch* **her b; klein 1 b; ¹Mal; c)** *(anstelle eines Genitivs)* of; **ein Stück ~ dem Kuchen** a slice of the cake; **acht ~ hundert/zehn** eight out of a hundred/ten; **ein Teufel ~ einem Vorgesetzten** a devil of a boss *(coll.)*; **die Stimme ~ Caruso** *(ugs.)* Caruso's voice; **d)** *(zur Angabe des Urhebers, der Ursache, beim Passiv)* by; **der Roman ist ~ Fontane** the novel is by Fontane; **müde ~ der Arbeit sein** be tired from work[ing]; **etw. ~ seinem Taschengeld kaufen** buy sth. with one's pocket-money; **sie hat ein Kind ~ ihm** she has a child by him; *s. auch* **wegen 2; e)** *(zur Angabe von Eigenschaften)* of; **eine Fahrt ~ drei Stunden** a three-hour drive; **Kinder [im Alter] ~ vier Jahren** children aged four; **~ bester Qualität** of the best quality; **ein Mann/eine Frau ~ Charakter** a man/woman of character; **~ größter Bedeutung/Wichtigkeit sein** be of the utmost importance; **f)** *(bestehend aus)* of; **ein Ring ~ Gold** a ring of gold; **g)** *(als Adelsprädikat)* von; **Alexander ~ Humboldt** Alexander von Humboldt; **mit einer ~ verheiratet sein** *(ugs.)* be married to a woman with a title; **h)** *(in bezug auf)* **er ist ~ Beruf Lehrer** he is a teacher by profession; **klein ~ Statur sein** be small in stature; *s. auch* **her c; i)** *(über)* about; **~ diesen Dingen spricht man besser nicht** it's better not to speak of such things *s. auch* **Haus g; davon; wovon**

**von·einander** *Adv.* from each other *or* one another; **sich ~ trennen** separate *or* part from each other; **sie sind ~ enttäuscht** they are disappointed in each other *or* in one another; **sie halten viel ~:** they think highly of each other

**vonnöten** [fɔn'nø:tn̩] *Adj.* **in ~ sein** be necessary

**vonstatten** [fɔn'ʃtatn̩] *Adv.* **in ~ gehen** proceed; **der Umzug kann am 15. Juni ~ gehen** the removal can go ahead on 15 June

**¹Vopo** ['fo:po] **der; ~s, ~s** *(ugs.) s.* **Volkspolizist**

**²Vopo die; ~** *(ugs.) s.* **Volkspolizei**

**vor** [fo:ɐ̯] **1.** *Präp. mit Dat.* **a)** *(räumlich)* in front of; *(weiter vorn)* ahead of; in front of; *(nicht ganz so weit wie)* before; *(außerhalb)* outside; **~ einem Hintergrund von ...:** against a background of ...; **zwei Schritte ~ jmdm. gehen** walk two paces ahead of *or* in front of sb.; **kurz/200 m ~ der Abzweigung** just/200 m. before the turn-off; **~ der Stadt/den Toren der Stadt** outside the town/the gates of the town; **etw. ~ sich haben** *(fig.)* have sth. before one; **das liegt noch ~ mir** *(fig.)* I still have that to come *or* have that ahead of me; **b)** *(zeitlich)* before; **~ Christus** before Christ; B C; **es ist fünf [Minuten] ~ sieben** it is five [minutes] to seven; **c)** *(bei Reihenfolge, Rangordnung)* before; **knapp ~ jmdm. siegen** win just ahead *or* in front of sb.; **d)** *(in Gegenwart von)* before; in front of; **etw. ~ Zeugen erklären** state sth. before *or* in the presence of witnesses; **sie tanzte ~ ausverkauftem Haus** she danced before *or* to a full house; **e)** *o. Art. (auf Grund von)* with; **~ Freude strahlen** beam with joy; **~ Kälte zittern** shiver with cold; **~ Hunger/Durst umkommen** die of hunger/thirst; **~ Arbeit/Schulden nicht mehr aus und ein wissen** not know which way to turn for work/debts; **f) ~ fünf Minuten/10 Jahren/Wochen** *usw.* five minutes/ten years/weeks ago; **heute/gestern/morgen ~ einer Woche** a week ago today/yesterday/tomorrow. **2.** *Präp. mit Akk.* in front of; **keinen Schritt ~ die Tür tun** *od.* **setzen** not set foot outside the door; **er fuhr bis ~ die Haustür** he drove right up to the front door; **~ sich hin** to oneself; **still ~ sich hin arbeiten** work away quietly; *s. auch* **davor; wovor. 3.** *Adv. (voran)* forward; **Freiwillige ~!** volunteers to the front!; **~ und zurück** backwards and forwards

**vor·ab** *Adv.* beforehand

**Vorab·druck der;** *Pl.* **Vorabdrucke a)** *o. Pl.* preprinting; **b)** *(gedruckter Text)* preprint

**Vor·abend der** evening before; *(fig.)* eve; **das war am ~:** that was the evening before

**Vor·ahnung die** premonition; presentiment; **dunkle/schlimme ~en** dark forebodings

**vor·an** [fo'ran] **1.** *Adv. (vorwärts)* forward[s]. **2.** *Präp. mit Dat., nachgestellt* ahead; first; **dem Festzug ~:** at the head of the parade; **allem ~:** first and foremost

**voran-: ~|bringen** *unr. tr. V.* make progress with ⟨*work, project, etc.*⟩; **die Sache des Friedens ~bringen** advance *or* further the cause of peace; **jmdn./etw. ein gutes Stück ~bringen** bring sb./sth. a good step further; **~|gehen** *unr. itr. V.; mit sein* **a)** go first *or* ahead; **jmdm. ~gehen** go ahead of sb.; **[jmdm.] mit gutem Beispiel ~gehen** *(fig.)* set [sb.] a good example; **b)** *(Fortschritte machen)* make progress; **rasch/nur schleppend ~gehen** make rapid/only slow progress; **es geht mit der Arbeit/dem Schreiben nicht [so recht] ~:** the work/writing is not making [much] progress; **c)** *s.* **vorausgehen b; ~|kommen** *unr. itr. V.; mit sein* **a)** make headway; **gut ~kommen** make good headway *or* progress; **b)** *(Fortschritte machen)* make progress; **die Arbeit kommt gut/nicht ~:** the work is making good progress *or* coming along well/not making any progress; **beruflich ~kommen** get on in one's job

**Vor·ankündigung die** advance announcement; **ohne ~:** without any advance *or* prior notice

**Vor·anmeldung die** booking; *(für einen Kursus)* registration

**voran-: ~|schreiten** *unr. itr. V.; mit sein (geh.)* **a)** lead the way; **b)** *(fortschreiten)* progress; advance; **~|stellen** *tr. V.* place *or* put first; **dem Buch ist eine Einleitung ~gestellt** the book starts *or* begins with an introduction; **~|treiben** *unr. tr. V.* push ahead

**Vor·anzeige die** advance announcement

**Vor·arbeit die** preliminary work *no pl.*

**vor|arbeiten 1.** *itr. V.* put in some hours in advance; **einen Tag/zwei Tage ~:** work a day/two days in advance. **2.** *refl. V.* work one's way forward; **sich auf den zweiten Platz ~:** work one's way up to second place

**Vor·arbeiter der** foreman

**vor·aus 1.** [-'-] *Präp. mit Dat., nachgestellt* in front; **jmdm. weit ~ sein** be a long way in front *or* far ahead of sb.; **jmdm./seiner Zeit ~ sein** *(fig.)* be ahead of sb./one's time. **2.** *Adv.* **a) im ~** ['--] in advance; **b)** *(Seemannsspr.)* ahead; **Volldampf ~!** full steam ahead!

**voraus-, Voraus-: ~|ahnen** *tr. V.* have a presentiment of; **~ahnen, daß ...:** have a presentiment that ...; **~|berechnen** *tr. V. (auch fig.)* calculate in advance; **~|bestimmen** *tr. V.* determine in advance; **~|eilen** *itr. V.; mit sein* hurry on ahead **jmdm. ~eilen** hurry on ahead of sb.; **~|fahren** *unr. itr. V.; mit sein: s.* **vorfahren c; ~|gehen** *unr. itr. V.; mit sein* **a)** go [on] ahead; **ihm geht der Ruf ~, sehr streng zu sein** *(fig.)* he has the reputation of being very strict; **b)** *(zeitlich)* **einem Ereignis ~gehen** precede an event; **dem Entschluß gingen lange Überlegungen ~:** the decision was preceded by *or* followed lengthy deliberations; **~gegangene Mißerfolge** previous failures; **wie im ~gehenden bereits dargestellt worden ist** as has already been shown above; **~|haben** *unr. tr. V.* **jmdm./einer Sache etw. ~haben** have the advantage of sth. over sb./sth.; **er hat ihm [an diplomatischem Geschick] viel/nichts ~:** he has a great/no advantage over him [with regard to diplomatic skill]; **~|laufen** *unr. itr. V.; mit sein* run on ahead *or* in front; **~|planen 1.** *itr. V.* plan ahead; **2.** *tr. V.* **etw. ~planen** plan sth. in advance; **~sage die** *s.* **Vorhersage; ~|sagen** *tr. V.* predict; **jmdm. die Zukunft ~sagen** foretell *or* predict sb.'s future; **~|schauen** *itr. V.* look ahead; **~schauende Planung/Politik** foresighted planning/policy; **~|schicken** *tr. V.* **a)** send [on] ahead; **b)** *(einleitend sagen)* say first; **ich muß folgendes ~schicken** I must start *or* begin by saying the following; **~sehbar** *Adj.* foreseeable; **~|sehen** *unr. tr. V.* foresee; **das war [doch] ~zusehen/ließ sich nicht ~sehen** that was foreseeable/unforeseeable; **~|setzen** *tr. V.* **a)** *(als gegeben ansehen)* assume; **etw. als bekannt ~setzen** assume sth. is known; **er setzte stillschweigend/als selbstverständlich ~, daß ...:** he took it for granted that ...; **Ihr Einverständnis ~setzend** assuming *or* provided that you agree; **~gesetzt, [daß] ...:** provided [that] ...; **b)** *(erfordern)* require ⟨*skill, experience, etc.*⟩; presuppose ⟨*good organization, planning, etc.*⟩; **~setzung die; ~, ~en a)** *(Annahme)* assumption; *(Prämisse)* premiss; **b)** *(Vorbedingung)* prerequisite; **unter der ~setzung, daß ...:** on condition *or* on the pre-condition that ...; **etw. zur ~setzung haben/machen** have sth. as/make sth. a pre-condition *or* prerequisite; **er hat die besten ~setzungen für den Job** he has the best qualifications for the job; **~sicht die** foresight; **aller ~sicht nach** in all probability; **in weiser ~sicht** *(scherzh.)* with great foresight; **~sichtlich 1.** *Adj.; nicht präd.* anticipated; expected; **2.** *adv.* probably; **der Abflug wird sich ~sichtlich verzögern** the departure is expected to be delayed; **~zahlung die** advance payment

**Vo̲r·bau der;** *Pl.* **~ten a)** porch; **b)** *o. Pl. (salopp scherzh.: Busen)* [well-developed] bust

**vo̲r|bauen** *itr. V.* make provision; **der kluge Mann baut vor** *(Spr.)* a wise man makes provision for the future; **um vorzubauen, habe ich gleich gesagt, daß ...:** to avoid any problems, I said straight away that ...

**Vo̲r·bedacht der** *in* **mit** *od. (seltener)* **aus ~:** intentionally; deliberately

**Vo̲r·bedingung die** [pre-]condition; **~en stellen** set pre-conditions

**Vorbehalt** ['fo:ɐ̯bəhalt] **der; ~[e]s, ~e** reservation; **etw. nur unter ~ tun** do sth. only with reservations; **unter dem ~, daß ...:** with the reservation that ...; **ohne ~:** unreservedly; without reservation

**vo̲r|behalten** *unr. tr. V.* reserve; **sich** *(Dat.)* **etw. ~:** reserve oneself sth.; reserve sth. [for oneself]; **sich** *(Dat.)* **das Recht ~, etw. zu tun** reserve the right to do sth.; **„Änderungen ~"** 'subject to alterations'; **alle Rechte ~** *(Druckw.)* all rights reserved; **jmdm. ~ sein/bleiben** ⟨*decision*⟩ be left [up] to sb.; ⟨*discovery, revision work, etc.*⟩ be left to sb.; **die ersten Sitzreihen waren den Ehrengästen ~:** the first rows of seats were reserved for the guests of honour

**vo̲rbehaltlich** *Präp. mit Gen. (Papierdt.)* subject to

**vo̲rbehalt·los 1.** *Adj.* unreserved; unconditional. **2.** *adv.* unreservedly; without reservation[s]

**vor·be̲i** *Adv.* **a)** *(räumlich)* past; by; **der Wagen war schon [an uns] ~:** the car was already past [us] *or* had already gone past *or* by [us]; **an etw.** *(Dat.)* **~:** past sth.; **[wieder] ~!** missed [again]!; **b)** *(zeitlich)* past; over; *(beendet)* finished; over; **es ist acht Uhr ~** *(ugs.)* it is past *or* gone eight o'clock; **~ ist ~:** what's past is past; *s. auch* **aus 2a**

**vorbe̲i-: ~|bringen** *unr. tr. V. (ugs.)* drop off; drop round with; **kannst du mir das Buch heute abend ~bringen?** can you drop the book off at my place this evening?; **~|dürfen** *unr. itr. V. (ugs.)* be allowed past *or* by; **an jmdm./etw. ~dürfen** be allowed past *or* by sb./sth.; **darf/dürfte ich mal bitte ~?** can/could I come *or* get past *or* by, please?; **~|fahren 1.** *unr. itr. V.; mit sein* **a)** drive/ride past; pass; **an jmdm. ~fahren** drive/ride past *or* pass sb.; **b)** *(ugs.: einen kurzen Besuch machen)* **[bei jmdm./der Post] ~fahren** drop in *(coll.)* [at sb.'s/at the post office]; **2.** *tr. V. (ugs.)* **kannst du mich schnell beim Bahnhof ~fahren?** can you just run me to the station?; *(absetzen)* can you just drop me off at the station?; **~|führen** *itr. V.* ⟨*path, road, etc.*⟩ go *or* run past; **an etw.** *(Dat.)* **~führen** go *or* run past sth.; **daran führt kein Weg ~** *(fig.)* there's no getting around it; **~|gehen** *unr. itr. V.; mit sein* **a)** pass; go past; **an jmdm./etw. ~gehen** pass *or* go past sb./sth.; **der Schuß/Schlag ist [am Ziel] ~gegangen** the shot/blow missed [its mark *or* target]; **an der Wirklichkeit ~gehen** *(fig.)* miss the truth; **im Vorbeigehen** *(auch fig.)* in passing; **b)** *(ugs.: einen kurzen Besuch machen)* **[bei jmdm./der Post] ~gehen** drop in *(coll.)* [at sb.'s/at the post office]; **c)** *(vergehen)* pass; **keine Gelegenheit ~gehen lassen** not let an *or* let no opportunity slip *or* pass; **d)** *(Sport)* **an jmdm. ~gehen** pass *or* go past *or* overtake sb.; **~|kommen** *unr. itr. V.; mit sein* **a)** pass; **an etw.** *(Dat.)* **~kommen** pass sth.; **b)** *(ugs.: einen kurzen Besuch machen);* **[bei jmdm.] ~kommen** drop in *(coll.)* [at sb.'s]; **c)** *(vorbeigehen, -fahren können)* get past *or* by; **daran kommt man nicht ~** *(fig.)* there's no getting around *or* away from that; **~|können** *unr. itr. V. (ugs.)* be able to get past *or* by; **~|lassen** *unr. tr. V. (ugs.)* let past *or* by; **jmdn. an etw.** *(Dat.)* **~lassen** let sb. past *or* by sth.; **~|marschieren** *itr. V.; mit sein* march past; **an jmdm./etw. ~marschieren** march past sb./sth.; **~|müssen** *unr. itr. V. (ugs.)* have to pass *or* go past; **an jmdm./etw. ~müssen** have to pass *or* go past sb./sth.; **~|planen** *itr. V.* **an etw.** *(Dat.)* **~planen** plan without regard to sth.; **~|reden** *itr. V.* **an etw.** *(Dat.)* **~reden** talk round sth. without getting to the point; **am Wesentlichen ~reden** miss the essential point; **aneinander ~reden** talk at cross purposes; **~|schießen 1.** *unr. itr. V.* **a)** *(danebenschießen)* miss; **[am Ziel] ~schießen** miss [the target]; **b)** *mit sein (vorbeifahren, -fliegen)* ⟨*car etc.*⟩ shoot past; **an jmdm./etw. ~schießen** shoot past sb./sth.; **2.** *unr. tr. V.* **den Ball am Tor ~schießen** shoot wide of the goal; **~|ziehen** *unr. itr. V.; mit sein* pass by; *(überholen)* pass; go past; overtake; **an jmdm./etw. ~ziehen** pass by sb./sth.; *(jmdn./etw. überholen)* pass *or* go past *or* overtake sb.

**vo̲r·belastet** *Adj.* handicapped **(durch** by); **erblich ~ sein** have an inherited defect

**Vo̲r·bemerkung die** preliminary remark

**vo̲r|bereiten** *tr. V.* **a)** prepare; **jmdn./sich auf** *od.* **für etw. ~:** prepare sb./oneself for sth.; **sich [in Latein] nicht vorbereitet haben** not be prepared [in Latin]; **auf diese Reaktion war ich nicht vorbereitet!** I was unprepared for that reaction!; **b)** *(die Vorarbeiten machen für)* prepare for; **ein Fest/eine Reise ~:** prepare for *or* make preparations for a party/trip

**Vo̲r·bereitung die; ~, ~en** preparation; **~en [für** *od.* **zu etw.] treffen** make preparations for sth.; **in ~ sein** be in preparation

**Vo̲r·besitzer der** previous owner

**Vo̲r·besprechung die a)** preliminary discussion[s *pl.*]; **b)** *(Rezension)* advance review

**vo̲r|bestellen** *tr. V.* order in advance

**Vo̲r·bestellung die** advance order

**vo̲r·bestimmt** *Adj.* predestined

**vo̲r·bestraft** *Adj. (Amtsspr.)* with a previous conviction/previous convictions *postpos., not pred.;* **[zweimal/mehrfach] ~ sein** have [two/several] previous convictions

**Vo̲r·bestrafte der/die;** *adj. Dekl.* person with a previous conviction/previous convictions

**vo̲r|beten 1.** *itr. V.* lead the prayer/prayers. **2.** *tr. V.* **a) jmdm. das Vaterunser** *usw.* **~:** say the Lord's Prayer *etc.* [aloud] to sb.; **b)** *(ugs.)* reel off ⟨*list, text, explanation, etc.*⟩

**Vo̲rbeuge·haft die** preventive custody

**vo̲r|beugen 1.** *tr. V.* bend ⟨*head, upper body*⟩ forward; **sich ~:** lean *or* bend forward. **2.** *itr. V.* **einer Sache** *(Dat.)* *od.* **gegen etw. ~:** prevent sth.; **einer Gefahr ~:** avert a danger; **~de Maßnahmen** preventive measures; **Vorbeugen ist besser als Heilen** *(Spr.)* prevention is better than cure *(prov.)*

**Vo̲r·beugung die** prevention **(gegen** of); **zur ~:** as a preventive

**Vo̲rbeugungs·maßnahme die** preventive measure

**Vo̲r·bild das** model; **jmdm. als ~ dienen** serve sb. as a model; **jmdm. ein gutes ~ sein** be a good example to sb.; set sb. a good example; **sich** *(Dat.)* **jmdn./etw. zum ~ nehmen** take sb. as a model *or* model oneself on sb./take sth. as a model

**vo̲r·bildlich 1.** *Adj.* exemplary. **2.** *adv.* in an exemplary way *or* manner

**Vo̲r·bildung die;** *o. Pl.* **die nötige/theoretische ~ besitzen** have the necessary knowledge and training/the theoretical background; **über eine mangelhafte ~ verfügen** have inadequate knowledge and training; have an inadequate background

**vo̲r|bohren** *tr. V.* pre-drill

**Vo̲r·bote der** harbinger

**vo̲r|bringen** *unr. tr. V.* say; **eine Frage/Forderung/ein Anliegen ~:** ask a question/make a demand/express a desire; **Argumente ~:** present *or* state arguments; **Beweise ~:** produce evidence; **dagegen läßt sich viel ~:** there's much to be said against it

**vo̲r·christlich** *Adj.* pre-Christian; **das dritte ~e Jahrhundert** the third century before Christ

**Vo̲r·dach das** canopy

**vo̲r|datieren** *tr. V.* **a)** postdate ⟨*cheque, letter, etc.*⟩; **b)** *(zurückdatieren)* antedate

**vor|dẹm** *[od. '--] Adv.* **a)** *(geh.: zuvor)* before; **b)** *(veralt.: früher)* in [the] olden days

**Vo̲r·denker der** *(Politikjargon)* guiding intellectual force

**vorder...** ['fɔrdɐ...] *Adj.; nicht präd.* front; **die ~en Reihen** the front rows; **die ~sten Reihen** the rows at the very front; **der Vordere Orient** the Middle East

**vọrder-, Vọrder-: ~achse die** front axle; **~ansicht die** front view; **~asien (das)** the Middle East; the Near East; **~bein das** foreleg; **~gebäude das** front building; **~grund der** foreground; **im ~grund stehen** *(fig.)* be prominent *or* to the fore; **bei seiner Entscheidung standen diese Überlegungen im ~grund** *(fig.)* these considerations were uppermost in his mind when taking his decision; **etw. in den ~grund stellen** *od.* **rücken** *(fig.)* give priority to sth.; place special emphasis on sth.; **in den ~grund treten** *od.* **rücken** *(fig.)* come to the fore; **sich in den ~grund spielen** *od.* **schieben** *od.* **drängen** *(fig.)* push oneself forward; **~gründig** [~gryndɪç] **1.** *Adj.* superficial; **2.** *adv.* superficially; **~hand** *Adv.* for the time being; for the present; **~haus das** house facing the street/square *etc.*

**Vọrder·indien (das)** the Indian Peninsula

**vọrder-, Vọrder-: ~lader der** *(Waffenkunde)* muzzle-loader; **~lastig** *Adj.* bow-heavy ⟨*ship*⟩; nose-heavy ⟨*aircraft*⟩; **~lauf der** *(Jägerspr.)* foreleg; **~mann der;** *Pl.* **~männer** person in front; **ihr/sein ~mann** the person in front of her/him; **jmdn. auf ~mann bringen** *(ugs.)* lick sb. into shape; **den Garten/Haushalt auf ~mann bringen** *(ugs.)* get the garden/house ship-shape; **~pfote die** front paw; **~rad das** front wheel; **~rad·antrieb der** front-wheel drive; **~reifen der** front tyre; **~seite die** front; *(einer Münze, Medaille)* obverse; **~sitz der** front seat

**vọrderst...** *s.* **vorder...**

**Vọrder-: ~steven der** *(Seemannsspr.)* stem; **~teil das** *od* **der** front [part]; **~zahn der** front tooth

**vo̲r|drängen** *refl. V.* push [one's way] forward *or* to the front; *(fig.)* push oneself forward; **sich bis an etw.** *(Akk.)* **~:** push [one's way] forward to sth.; **sich an der Kasse/in der Schlange ~:** push to the front at the check-out/push to the front of the queue *or (Amer.)* line

**vo̱r|dringen** *unr. itr. V.; mit sein* push forward; advance; **in den Weltraum ~:** push forward into space; **bis zu jmdm. ~** *(fig.)* reach sb.; get as far as sb.

**vo̱r·dringlich 1.** *Adj.* **a)** priority *attrib.* ‹*treatment*›; **eine ~e Angelegenheit** a matter of priority; **b)** *(dringlich)* urgent; **unser ~stes Anliegen ist es, ...:** our main *or* overriding concern is ... **2.** *adv.* **a)** as a matter of priority; **b)** as a matter of urgency

**Vo̱r·druck der;** *Pl.* **Vordrucke** form

**vo̱r·ehelich** *Adj.* pre-marital

**vo̱r·eilig 1.** *Adj.* rash. **2.** *adv.* rashly; **~ den Schluß ziehen, daß ...:** jump to the conclusion that ...

**vor·einạnder** *Adv.* **a)** one in front of the other; **b)** *(einer dem anderen gegenüber)* opposite each other; face to face; **Geheimnisse ~ haben/Gefühle ~ verbergen** have secrets/hide feelings from each other; **Hochachtung/Furcht ~ haben** have great respect for each other/be afraid of each other

**vo̱r·eingenommen** *Adj.* prejudiced; biased; **für/gegen jmdn. ~ sein** be prejudiced in sb.'s favour/against sb.; **jmdm. gegenüber ~ sein** be prejudiced towards sb.

**Vo̱r·eingenommenheit die; ~, ~en** prejudice; bias; **politische ~:** political bias

**vo̱renthalten**[1] *unr. tr. V.* **jmdm. etw. ~:** withhold sth. from sb.; **jmdm. eine Nachricht ~:** keep *or* withhold news from sb.

**Vo̱r·entscheidung die** preliminary decision; **mit diesem Tor war eine ~ gefallen** this goal decided the course of the match

**vo̱r·erst** [*od.* -'-] *Adv.* for the present; for the time being

**Vo̱r·essen das** *(schweiz.)* stew

**vo̱r|exerzieren** *tr. V. (ugs.)* demonstrate

**vo̱rfabriziert** *adj.* pre-fabricated; *(fig.)* ready-made ‹*opinion, solution*›

**Vo̱rfahr** [-fa:ɐ̯] **der; ~en** *od. selten* **~s, ~en, Vo̱rfahre der; ~n, ~n** forefather; ancestor

**vo̱r|fahren** *unr. itr. V.; mit sein* **a)** *(ankommen)* drive/ride up; **vor dem Hotel/Haus ~:** drive/ride up outside the hotel/house; **b)** *(weiter nach vorn fahren)* ‹*person*› drive *or* move forward; ‹*car*› move forward; **c)** *(vorausfahren)* drive *or* go on ahead

**Vo̱r·fahrt die;** *o. Pl. (Verkehrsw.)* right of way; **„~ beachten/gewähren!"** 'give way'; **weil er die ~ nicht beachtete** because he failed to give way; **jmdm. die ~ nehmen** fail to give way to sb.

**Vo̱rfahrt[s]-: ~schild das** *(Verkehrsw.)* right-of-way sign; **~straße die** main road; **~zeichen das** *(Verkehrsw.) s.* **~schild**

**Vo̱r·fall der a)** incident; occurrence; **b)** *(Med.)* prolapse

**vo̱r|fallen** *unr. itr. V.; mit sein* **a)** *(sich ereignen)* happen; occur; **ist etwas [Besonderes] vorgefallen?** has anything [special] happened?; **b)** *(nach vorn fallen)* fall forward

**vo̱r|feiern** *tr., itr. V.* celebrate early *or* ahead of time

**Vo̱r·feld das a)** *(eines Flughafens)* apron; **b)** *(Basketball)* front court; **c)** *(fig.)* **im ~:** in advance; **im ~ des Parteitages** in the run-up to the party conference

**Vo̱r·film der** supporting film

**vo̱r|finden 1.** *unr. tr. V.* find. **2.** *unr. refl. V.* be to be found

**vo̱r|flunkern** *tr. V. (ugs.)* **jmdm. ~, daß ...:** spin sb. a yarn that ...; **sie flunkerte ihm irgend etwas vor** she told him some fib or other

**Vo̱r·form die** early form

**Vo̱r·freude die** anticipation; **voller ~ auf etw.** *(Akk.)* **sein** be full of [happy] anticipation of sth.

**Vo̱r·frühling der** early spring

**vo̱r|fühlen** *itr. V.* **bei jmdm. ~:** sound sb. out; **ich habe bei ihnen vorgefühlt, was ...:** I sounded them out about *or* as to what ...

**vo̱r|führen** *tr. V.* **a)** bring forward; **jmdn. dem Richter ~:** bring sb. before the judge; **er wurde zur Vernehmung vorgeführt** he was brought for questioning; **b)** *(zeigen)* show; **wann führst du uns deinen Freund vor?** when are you going to introduce your boy-friend to us?; **c)** *(demonstrieren)* demonstrate; **jmdm. etw. ~:** demonstrate sth. to sb.; **d)** *(darbieten)* show ‹*film, slides, etc.*›; present ‹*circus act, programme*›; perform ‹*play, trick, routine*›

**Vo̱rführ·gerät das** *(Projektor)* projector

**Vo̱r·führung die a)** bringing forward; **der Richter ordnete die ~ des Gefangenen an** the judge ordered the prisoner to be brought forward; **b)** *(das Zeigen)* showing; exhibiting; **c)** *(das Demonstrieren)* demonstration; **d)** *(das Darbieten) s.* **vorführen d:** showing; presentation; performance; **e)** *(Veranstaltung) s.* **vorführen d:** show; presentation; performance

**Vo̱rführ·wagen der** demonstration car *or* model

**Vo̱r·gabe die a)** *(Sport)* handicap; **b)** *(Richtlinie)* guideline

**Vo̱rgabe·zeit die** *(Wirtsch.)* [target] time for the job/project *etc.*

**Vo̱r·gang der a)** occurrence; event; **chemische/physikalische** *usw.* **Vorgänge** chemical/physical *etc.* processes; **b)** *(Amtsspr.)* file; **der ~ XY** the file on XY

**Vo̱rgänger** [-gɛŋɐ] **der; ~s, ~, Vo̱rgängerin die; ~, ~nen** *(auch fig.)* predecessor

**Vo̱r·garten der** front garden

**vo̱r|gaukeln** *tr. V.* **jmdm. ~, daß ...:** lead sb. to believe that ...; **jmdm. eine heile Welt ~:** lead sb. to believe in a perfect *or* an ideal world

**vo̱r|geben** *unr. tr. V.* **a)** *(vortäuschen)* pretend; **b)** *(Sport)* **jmdm. eine Runde/50 m/15 Punkte ~:** give sb. a lap [start]/[a start of] 50 m/[a lead of] 15 points; **c)** *(im voraus festlegen)* set in advance; **vorgegebene Normen/Werte** pre-determined standards/pre-set values; **ein vorgegebenes Programm** a preset programme

**Vo̱r·gebirge das** promontory

**vo̱r·geblich** *Adj.; adv. s.* **angeblich**

**vo̱r·gedruckt** *Adj.* pre-printed

**vo̱r·gefaßt** *Adj.; nicht präd.* preconceived

**vo̱rgefertigt** *Adj. s.* **vorfabriziert**

**Vo̱r·gefühl das** presentiment; **im ~ solchen Glücks** in anticipation of such happiness

**vo̱r|gehen** *unr. itr. V.; mit sein* **a)** *(ugs.: nach vorn gehen)* go forward; **an die Tafel/zum Altar ~:** go up to the blackboard/the altar; **b)** *(vorausgehen)* go on ahead; **jmdn. ~ lassen** let sb. go first; **c)** ‹*clock*› be fast; *s. auch* **nachgehen d; d)** *(einschreiten)* **gegen jmdn./etw. ~:** take action against sb./sth.; **gesetzlich gegen jmdn./etw. ~:** take legal action *or* proceedings against sb./sth.; **mit etw./mit Strenge gegen jmdn./etw. ~:** use sth. on/take strict measures against sb./sth.; **e)** *(verfahren)* proceed; **f)** *(sich abspielen)* happen; go on; **was geht hier vor?** what is happening *or* going on here?; **in jmdm. ~:** go on inside sb.; **mit ihm war eine Veränderung vorgegangen** there had been a change in him; a change had taken place in him; **g)** *(Vorrang haben)* have priority; come first; **allem anderen ~:** have priority *or* take precedence over everything else

**Vo̱r·gehen das; ~s** action

**vo̱r·gelagert** *Adj.* **die [der Küste] ~en Inseln** the offshore islands; the islands situated off the coast

**vo̱r·genannt** *Adj.; nicht präd. (Amtsspr.)* aforementioned; aforesaid

**Vo̱r·geplänkel das** preliminary skirmishing *no indef. art.*

**Vo̱r·gericht das** *s.* **Vorspeise**

**Vo̱r·geschichte die a)** *o. Pl.* prehistory *no art.*; **b)** *(Begebenheiten)* history

**vo̱r·geschichtlich** *Adj.* prehistoric

**Vo̱r·geschmack der;** *o. Pl.* foretaste

**vo̱r·geschritten** *Adj. (geh.)* late ‹*hour*›; advanced ‹*age*›

**Vo̱r·gesetzte der/die;** *adj. Dekl.* superior

**Vo̱r·gespräch das** preliminary discussion

**vo̱r·gestern** *Adv.* the day before yesterday; **~ mittag/~ abend/~ früh** the day before yesterday at midday/the evening before last/the morning of the day before yesterday; **er ist von ~** *(ugs.)* he is old-fashioned *or* behind the times; **Ansichten/Konventionen von ~** *(ugs.)* old-fashioned *or* outdated views/conventions

**vo̱r·gestrig** *Adj.; nicht präd.* of the day before yesterday *postpos.*

**vo̱r|glühen** *tr., itr. V. (Kfz-W.)* pre-heat

**vo̱r|greifen** *unr. itr. V.* **a) jmdm. [bei** *od.* **in/mit etw.] ~:** anticipate sb. *or* jump in ahead of sb. [in/with sth.]; **einer Sache** *(Dat.)* **~:** anticipate sth.; **b)** *(in einer Erzählung)* jump ahead

**Vo̱r·griff der** anticipation **(auf +** *Akk.* of); *(bei einer Erzählung)* jump *or* leap ahead **(auf +** *Akk.* to); **im ~ auf etw.** *(Akk.)* in anticipation of sth.

**vo̱r|haben** *unr. tr. V.* intend; *(geplant haben)* plan; **er hat eine Reise vor** *od.* **er hat vor, eine Reise zu machen** he intends going on a journey/plans to go on a journey; **hast du heute abend etwas vor?** have you anything planned *or* any plans for this evening?; are you doing anything this evening?; **wenn du nichts Besseres vorhast** if you have nothing better to do; **er hat Großes mit seinem Sohn vor** he has great plans for his son

**Vo̱r·haben das; ~s, ~** *(Plan)* plan; *(Projekt)* project

**Vo̱r·halle die** *(eines Tempels)* portico; *(Eingangshalle)* entrance hall; *(eines Theaters, Hotels)* foyer

**vo̱r|halten 1.** *unr. tr. V.* **a)** hold up; **sich** *(Dat.)* **etw. ~:** hold sth. [up] in front of oneself; **jmdn. mit vorgehaltener Schußwaffe bedrohen** threaten sb. at gunpoint; *s. auch* **Hand f; b)** *(zum Vorwurf machen)* **jmdm. etw. ~:** reproach sb. for sth. **2.** *unr. itr. V. (ugs., auch fig.)* last

**Vo̱r·haltungen** *Pl.* **jmdm. [wegen etw.] ~ machen** reproach sb. [for sth.]

**Vo̱r·hand die;** *o. Pl.* **a)** *(Sport, bes. Tennis)* forehand; *s. auch* **Rückhand; b)** *(beim Pferd)* forehand; **c)** *(Kartenspiel)* lead; **in der ~ sein** have the lead

**vorhanden** [-'handn̩] *Adj.* existing; *(verfügbar)* available; **~ sein** exist *or* be in existence/be available; **ein Vorratsraum ist hier leider nicht ~:** unfortunately there is no store-room here; **von dieser Sorte ist noch genügend ~:** there's still plenty of this sort left

**Vorhạnden·sein das; ~s** existence

**Vo̱r·hang der** *(auch Theater)* curtain; **viele Vorhänge bekommen** *(Theater)* get a large number of curtain-calls; *s. auch* **eisern 1a**

**Vo̱rhänge·schloß das** padlock

**Vorhang-: ~stange die** curtain-rod; **~stoff der** curtain material; curtaining

**Vo̱r·haut die** foreskin; prepuce

**vo̱r|heizen** *tr. V.* put the heating on in ‹*room etc.*› [to warm it up in advance]; **im vorgeheizten Ofen** in a pre-heated oven

**vor·he̱r** [*od.* '-'-] beforehand; *(davor)* before; **am Abend ~:** [on] the evening before; [on] the previous evening; **das ist drei Wochen ~ passiert** it happened three weeks earlier *or* before

**vorhe̱r-, Vorhe̱r-: ~|bestimmen** *tr. V.* determine in advance; predetermine; **alles ist vom Schicksal/von Gott ~bestimmt**

[1] *ich enthalte vor (od. seltener: vorenthalte), vorenthalten, vorzuenthalten*

everything is foreordained by fate/preordained by God; **~bestimmung die;** *o. Pl.* predetermination; *(Prädestination)* predestination; **~|gehen** *unr. itr. V.; mit sein* **in den ~gehenden Wochen** in the preceding weeks; in the weeks before; **wie im ~gehenden erläutert** as explained above
**vorherig** *[od. '---] Adj.; nicht präd.* prior ⟨*notice, announcement, warning*⟩; previous ⟨*discussion, agreement*⟩; **um ~e Bezahlung bitten** request payment in advance
**Vor·herrschaft die;** *o. Pl.* supremacy; dominance
**vor|herrschen** *itr. V.* predominate; **die ~de Meinung/der ~de Geschmack** the predominant *or* prevailing opinion/taste
**vorher-, Vorher-: ~sage die** prediction; *(des Wetters)* forecast; **~|sagen** *tr. V.* predict; forecast ⟨*weather*⟩; **~sehbar** *Adj. s.* **voraussehbar; ~|sehen** *unr. tr. V. s.* **voraussehen**
**vor|heucheln** *tr. V.* **[jmdm.] etw. ~:** feign sth. [to sb.]; **er heuchelte ihr Liebe vor** he pretended to love her
**vor·hin** [*od.* -'-] *Adv.* a short time *or* while ago; **sie ist ~ erst angekommen** she has only just arrived; **das ist der Junge von ~** *(ugs.)* that's the boy who we saw a short time ago *or* just now
**vor·hinein** *Adv.* *in* **im ~** *(bes. österr.)* in advance
**Vor·hof der a)** *(Anat.)* atrium; **b)** *(vorderer Hof)* forecourt; **für uns war es schon der ~ zur Seligkeit** *(fig.)* to us it was almost perfect bliss
**Vor·hölle die;** *o. Pl. (kath. Rel.)* limbo *no art.*
**Vor·hut die;** ~, ~**en** advance guard; *(fig.)* vanguard
**vorig** *Adj.* **a)** *nicht präd.* last; **b)** *(schweiz.) (übrig)* left over *postpos.*; *(verfügbar)* spare; **etw. ~ lassen** leave sth. over; **~e Zeit haben** have some spare time
**vor·industriell** *Adj.* pre-industrial
**Vor·jahr das** previous year
**vor·jährig** *Adj.* of the previous year
**vor|jammern** *tr. V. (ugs.)* **jmdm. etw. ~:** moan *or* whine to sb. about sth.
**Vor·kämpfer der** pioneer; **ein ~ der Freiheit** a pioneering champion of freedom
**vor|kauen** *tr. V. (fig. ugs.)* spell out; **jmdm. etw. ~:** spell sth. out for sb.; spoon-feed sth. to sb.
**Vorkaufs·recht das** *(Rechtsw.)* right of first refusal
**Vorkehr** [-ke:ɐ̯] **die;** ~, ~**en** *(schweiz.)* precaution
**Vorkehrungen** *Pl.* precautions; **~ [gegen etw.] treffen** take precautions [against sth.]
**Vor·kenntnis die** background knowledge
**vor|knöpfen** *tr. V. (ugs.)* **sich** *(Dat.)* **jmdn. [ordentlich/kräftig] ~:** give sb. a [proper/good] talking-to *(coll.)*
**vor|kochen** *tr., itr. V.* cook in advance
**vor|kommen** *unr. itr. V.; mit sein* **a)** *(sich ereignen)* happen; **daß mir so etwas nicht wieder vorkommt!** I hope I never experience anything like that again; **so etwas ist mir noch nie vorgekommen** nothing like that has ever happened to me before; **b)** *(vorhanden sein)* occur; **das Tier/die Pflanze kommt nur im Gebirge vor** the animal/plant is found only in the mountains; **in einer Erzählung ~** ⟨*character, figure*⟩ appear in a story; **c)** *(erscheinen)* seem; **das Lied kommt mir bekannt vor** I seem to know the song; **es kam mir [so] vor, als ob ...:** I felt *or* it seemed as if...; **du kommst dir wohl schlau vor** I suppose you think you're clever; **das kommt dir nur so vor** it just seems like that to you; **ich komme mir überflüssig vor** I feel [as if I am] superfluous; **wie kommst du mir eigentlich vor?** *(ugs.)* who do you think you are?; **d)** *(ugs.: nach vorne kommen)* come forward; **an die Tafel ~:** come up to the blackboard; **e)** *(hervorkommen)* come out; **hinter/unter etw.** *(Dat.)* **~:** come out from behind/under sth.; **unter dem Schnee ~** ⟨*flower*⟩ come up out of the snow
**Vorkommen das;** ~s, ~ **a)** *o. Pl. (das Auftreten)* occurrence; *(einer Krankheit)* incidence; **b)** *(Geol.: Lagerstätte)* deposit
**Vorkommnis** [-kɔmnɪs] **das;** ~**ses,** ~**se** incident; occurence
**vor|kosten** *tr. V.* sample in advance
**Vor·kriegszeit die** pre-war period
**vor|laden** *unr. tr. V.* summon; summon, subpoena ⟨*witness*⟩
**Vor·ladung die** summons; **eine ~ vor Gericht** a summons to appear in court; **eine gerichtliche/polizeiliche ~:** a court/police summons; **die ~ eines Zeugen beantragen** apply for a witness to be summoned *or* subpoenaed
**Vor·lage die a)** *o. Pl.; s.* **vorlegen 1a:** presentation; showing; production; submission; tabling; introduction; **gegen ~ einer Sache** *(Gen.)* on production *or* presentation of sth.; **b)** *(Entwurf)* draft; *(Gesetzentwurf)* bill; **c)** *(Muster)* pattern; *(Modell)* model; **~n zum Stricken** knitting patterns; **etw. von einer ~ abschreiben** copy sth.; **etw. als ~ benutzen** use sth. as a model; **nach einer/ohne ~ zeichnen** draw from/without a model; **d)** *(Ballspiele, bes. Fußball)* forward pass; **eine ~ geben/schlagen** make a forward pass; lay the ball forward; **e)** *o. Pl. (Skisport)* vorlage; forward lean; **f)** *(Kaufmannsspr.)* advance; **[für etw.] in ~ treten** advance the money [for sth.]
**Vor·land das;** *o. Pl.* **a)** *(vor einem Gebirge)* foothills *pl.*; **b)** *(Deich~)* foreshore
**vor|lassen** *unr. tr. V.* **a)** *(ugs.: den Vortritt lassen)* **jmdn. ~:** let sb. go first *or* in front; **b)** *(empfangen)* admit; let in
**vor|laufen** *unr. itr. V.; mit sein (ugs.)* **a)** *(ugs.: nach vorn laufen)* run forward; **b)** *s.* **vorauslaufen**
**Vor·läufer der** precursor; forerunner
**vor·läufig 1.** *Adj.* temporary; provisional ⟨*diagnosis, settlement, result, successor*⟩; interim ⟨*order, agreement*⟩. **2.** *adv.* for the time being; for the present; **jmdn. ~ festnehmen** detain sb. temporarily; take sb. into temporary custody
**vor·laut 1.** *Adj.* forward. **2.** *adv.* forwardly
**vor|leben** *tr. V.* **jmdm. etw. ~:** set sb. an example of sth. [in the way one lives]
**Vor·leben das;** *o. Pl.* past life; past
**Vorlege-: ~besteck das** [set of] serving cutlery; **~gabel die** serving fork; **~löffel der** serving spoon
**vor|legen 1.** *tr. V.* **a)** present; show, produce ⟨*certificate, identity card, etc.*⟩; show ⟨*sample*⟩; submit ⟨*evidence*⟩; table, introduce ⟨*parliamentary bill*⟩; *(veröffentlichen)* publish; **jmdm./sich eine Frage ~:** pose sb./oneself a question; **c)** *(anbringen vor)* **eine Kette/einen Riegel ~:** put a chain on *or* across/a bolt across; **d)** *(geh.: aufgeben)* serve ⟨*food*⟩; **jmdm. etw. ~:** serve sb. with sth.; serve sth. to sb.; **e)** *(bes. Fußball)* **jmdm./sich den Ball ~:** lay the ball on for sb./tap the ball on; **f) ein scharfes Tempo ~:** set a fast pace. **2.** *refl. V.* lean forward
**Vorleger der;** ~s, ~ *(vor der Badewanne, dem Waschbecken)* mat; *(vor dem Bett)* rug
**Vor·leistung die** advance concession
**vor|lesen** *unr. tr., itr. V.* read aloud *or* out; read ⟨*story, poem, etc.*⟩ aloud; **jmdm. [etw.] ~:** read [sth.] to sb.; **lies schon vor!** read it out!; read out what it says!; **aus seinen Werken ~:** read from one's works
**Vor·lesung die** lecture; *(~sreihe)* series *or* course of lectures
**Vorlesungs·verzeichnis das** lecture timetable
**vor·letzt...** *Adj.; nicht präd.* last but one; next to last; penultimate ⟨*page, episode, etc.*⟩; **mein ~es Exemplar** my last copy but one; my next to last copy; **~es Mal** the time before last; **im ~en Jahr/Sommer** the year/summer before last; **seit ~er Woche** since the week before last
**Vor·liebe die** preference; [special] fondness *or* liking; **eine ~ für jmdn./etw. haben** be fond of sb./be fond of *or* partial to sth.; **etw. mit ~ tun** particularly like doing sth.
**vorlieb|nehmen** *unr. itr. V.* **mit jmdm./etw. ~:** put up with sb./sth.; *(sich mit jmdm./etw. begnügen)* make do with sb./sth.
**vor|liegen** *unr. itr. V.* **a) jmdm. ~** ⟨*application, complaint, plans, etc.*⟩ be with sb.; **das Beweismaterial liegt dem Gericht vor** the evidence is before *or* has been submitted to the court; **die Ergebnisse liegen uns noch nicht vor** we do not have the results yet; **die mir ~de Ausgabe/~den Ergebnisse** the edition/results in front of me; **im ~den Fall, in ~dem Fall** in the present case; **b)** *(bestehen)* be [present]; exist; ⟨*symptom*⟩ be present; ⟨*book*⟩ be available; **gegen ihn liegt nichts vor** there is nothing against him; **hier liegt ein Irrtum/Mißverständnis vor** there is a mistake/misunderstanding here; **ein Verschulden des Fahrers liegt nicht vor** the driver is/was not to blame; **c)** *südd., österr., schweiz. mit sein (ugs.: vorgelegt sein)* ⟨*chain, bolt, etc.*⟩ be on *or* across
**vor|lügen** *unr. tr. V. (ugs.)* **jmdm. etwas ~:** lie to sb.; **er hat uns vorgelogen, daß er die Prüfung bestanden habe** he lied to us, pretending he had passed the examination
**vorm** [fo:ɐ̯m] *Präp. + Art.* **a) = vor dem; b)** *(räumlich)* in front of the; **c)** *(zeitlich, bei Reihenfolge, Rangordnung)* before the; **~ Frühstück** before breakfast
**vor|machen** *tr. V. (ugs.)* **a)** *(vorführen)* **jmdm. etw. ~:** show sb. sth.; **ihm macht niemand was vor** there is no one better than him; no one can teach him anything; **b)** *(vortäuschen)* **jmdm. etwas ~:** kid *(coll.) or* fool sb.; **mir kannst du nichts ~:** you can't kid *(coll.) or* fool me; **wir wollen uns nichts ~:** let's not kid *(coll.) or* fool ourselves; **mach mir doch nichts ~:** don't try and kid me *(coll.)*; **der läßt sich von keinem was ~:** he's nobody's fool; *s. auch* **Dunst b; X**
**Vor·macht die;** *o. Pl.* supremacy *no art.*
**Vormacht·stellung die;** *o. Pl.* [position of] supremacy *no art.*; **sich** *(Dat.)* **eine ~ sichern** secure [a position of] supremacy
**vormalig** [-ma:lɪç] *Adj.; nicht präd.* former
**vormals** [-ma:ls] *Adv.* formerly
**Vor·mann der;** *Pl.* **Vormänner** foreman
**Vor·marsch der** *(auch fig.)* advance; **auf dem** *od.* **im ~ sein** ⟨*army*⟩ be advancing *or* on the advance; *(fig.)* ⟨*ideas, new development, etc.*⟩ be gaining ground
**Vor·märz der;** *o. Pl. (hist.) period in German history from 1815 until the March 1848 revolution*
**vor|merken** *tr. V.* make a note of; **ein Zimmer ~ lassen** reserve a room; **ich habe Sie für den Kurs/für Montag vorgemerkt** I've put you down for the course/for Monday
**Vor·mieter der** previous tenant
**vor·mittag** *Adv.* **heute/morgen/Freitag ~:** this/tomorrow/Friday morning
**Vor·mittag der** morning; **am [späten] ~:** [late] in the morning; **am frühen ~:** during the first part of the morning
**vor·mittäglich** *Adj.; nicht präd.* morning
**vor·mittags** *Adv.* in the morning
**Vormittags·stunde die** morning hour
**Vor·monat der** previous *or* preceding month
**Vor·mund der;** *Pl.* **Vormunde** *od.* **Vormünder** guardian; **einen ~ bestellen** appoint a guardian; **ich brauche keinen ~** *(fig.)* I don't need anyone telling me what to do
**Vormundschaft die;** ~, ~**en** guardianship; **die ~ über** *od.* **für jmdn. übernehmen** become sb.'s guardian; **jmdn. unter jmds. ~ stellen** place sb. under sb.'s guardianship

**Vormundschafts·gericht das** *court dealing with matters of guardianship*

**¹vorn** ['fɔrn] *Adv.* at the front; **das Zimmer liegt nach ~ [raus]** *(ugs.)* the room faces the front; **~ am Haus/in der Schlange** at the front of the house/queue *or (Amer.)* line; **ganz ~ sitzen** sit right at the front; **das Kleid wird ~ zugeknöpft** the dress buttons up at the front *or* in front; **~ im Bild** in the foreground of the picture; **nach ~ schauen** look in front *or* to the front; **nach ~ gehen/kommen** go/come to the front; **~ im Buch** at the front of the book; **[gleich] da ~:** [just] over there; **weiter ~:** up ahead; a bit further on; **der Wind/Schlag kam von ~:** the wind/blow came from the front; **noch einmal von ~ anfangen** start afresh; start from the beginning again; **es geht wieder von ~ los** it is starting all over again; **von ~ bis hinten** *(ugs.)* from beginning to end; **das ist von ~ bis hinten gelogen** it's all lies from beginning to end

**²vorn** [foːɐ̯n] *Präp.* + *Art. (ugs.)* = **vor den**

**Vor·name der** first *or* Christian name

**vorne** *Adv. s.* **¹vorn**

**vornehm** ['foːɐ̯neːm] **1. Adj. a)** *(nobel)* noble ⟨*character, behaviour, gesture, etc.*⟩; **~e Gesinnung** noble-mindedness; **b)** *(der Oberschicht angehörend, kultiviert)* distinguished; **zur ~en Welt/Gesellschaft/zu den ~en Kreisen gehören** be part of high society; **~e Blässe/~es Getue** genteel pallor/behaviour; **c)** *(von adliger Herkunft)* noble; **d)** *(elegant)* exclusive ⟨*district, hotel, restaurant, resort*⟩; elegant ⟨*villa, clothes*⟩; elegant, distinguished ⟨*appearance*⟩; **e)** *nicht präd.* **~st...** *(geh.: vorrangig)* primary ⟨*duty, task, function, source of income, etc.*⟩. **2.** *adv.* **a)** *(nobel)* nobly; **b)** *(elegant)* elegantly

**vor|nehmen** *unr. tr. V.* **a) sich** *(Dat.)* **etw. ~:** plan sth.; **sich** *(Dat.)* **~, etw. zu tun** plan to do sth.; **sich** *(Dat.)* **~, mit dem Rauchen aufzuhören** resolve to give up smoking; **b)** *(ugs.: sich beschäftigen mit)* get busy with; **nimm dir ein Buch vor und lies!** pick up a book and read!; **c)** *(ugs.: zur Rede stellen)* **sich jmdn. ~:** give sb. a talking-to *(coll.)*; **d)** *(durchführen)* carry out, make ⟨*examination, search, test*⟩; perform ⟨*action, ceremony*⟩; make ⟨*correction, change, division, choice, selection*⟩; take ⟨*measurements*⟩

**Vornehmheit die; ~:** *s.* **vornehm 1 a–d:** nobility; exclusivity; elegance; **seine ~ beeindruckte sie** she was impressed by his distinguished manner; **die ~ seiner Erscheinung** his distinguished appearance

**vornehmlich** *Adv. (geh.)* above all; primarily

**Vornehm·tuerei** [*od.* ----'-] **die; ~** *(abwertend)* affectation

**vor|neigen** *tr., refl. V.* lean forward; **in vorgeneigter Haltung** bent forward

**vorne·weg** *Adv. s.* **vorweg**

**vorn-: ~herein** *in* **von** *od. (schweiz.)* **zum** *od.* **im ~herein** from the start *or* outset *or* beginning; **~über** *Adv.* forwards

**vornüber|fallen** *unr. itr. V.; mit sein* fall forwards

**Vor·ort der** suburb

**Vorort·zug der** suburban train

**Vor·platz der** forecourt

**Vor·posten der** *(Milit., auch fig.)* outpost

**vor|preschen** *itr. V.; mit sein (fig.)* rush ahead

**Vor·programm das** supporting programme

**vor|programmieren** *tr. V. (auch fig.)* preprogramme

**vor|ragen** *itr. V.* project; jut out

**Vor·rang der; o. Pl. a) [den] ~ [vor jmdm./etw.] haben** have priority *or* take precedence [over sb./sth.]; **jmdn. mit ~ bedienen** give sb. priority service; **jmdm./einer Sache den ~ geben** give sb./sth. priority; **b)** *(bes. österr.: Vorfahrt)* right of way

**vorrangig** [-raŋɪç] **1.** *Adj.* priority *attrib.* ⟨*treatment, task, objective*⟩; **~ sein** be a matter of priority *or* of prime importance; **von ~er Bedeutung** of prime *or* utmost importance; **jmds. ~es Anliegen/Ziel sein** be sb.'s primary concern/goal; **zu den ~sten Aufgaben gehören** be one of the prime *or* most important tasks. **2.** *adv.* **jmdn. ~ behandeln** give sb. priority treatment; **etw. ~ erledigen** deal with sth. as a matter of priority

**Vorrang·stellung die** position of prime importance; *(eines Landes)* supremacy

**Vor·rat der** supply, stock (**an** + *Dat.* of); **etw. auf ~ kaufen/herstellen** stock up with *or* on sth./produce stocks of sth.; **ein ~ an Witzen** *(fig.)* a stock of jokes; **solange der ~ reicht** while stocks last

**vorrätig** [-rɛːtɪç] *Adj.* in stock *postpos.*; **etw. ~ haben** have sth. in stock; **etw. nicht ~ haben** be out of [stock of] sth.

**Vorrats-: ~kammer die** pantry; larder; **~keller der** cellar store-room; **~raum der** store-room

**Vor·raum der** anteroom

**vor|rechnen** *tr. V.* **jmdm. etw. ~:** work sth. out *or* calculate sth. for sb.; **jmdm. seine Fehler ~** *(fig.)* enumerate sb.'s mistakes

**Vor·recht das** privilege

**Vor·rede die a)** *(Vorwort)* preface; foreword; **b)** *(einleitende Worte)* introductory remarks *pl.*; **sich nicht lange bei** *od.* **mit der ~ aufhalten** not take long over the introductions

**Vor·redner der** previous speaker; **mein ~:** the previous speaker

**vor|reiten** *unr. itr. V.; mit sein* ride on ahead

**Vor·reiter der: den ~ machen, ~ sein** lead the way

**Vor·richtung die** device

**vor|rücken 1.** *tr. V.* move forward; advance ⟨*chess piece*⟩. **2.** *itr. V.; mit sein* move forward; *(Milit.)* advance; **mit dem Turm ~** *(Schach)* advance the rook; **auf den 5. Platz ~:** move up to fifth place; **zu vorgerückter Stunde** *(geh.)* at a late hour

**Vor·ruhestand der** early retirement

**Vor·ruhestands·regelung die** regulation enabling employees to take early retirement

**Vor·runde die** *(Sport)* preliminary *or* qualifying round

**vors** *Präp.* + *Art.* **a) = vor das; b)** in front of the; **jmdm. ~ Auto laufen** run in front of sb.'s car

**vor|sagen** *tr. V.* **a)** *auch itr.* **jmdm. [die Antwort] ~:** tell sb. the answer; *(flüsternd)* whisper the answer to sb.; **b)** *(aufsagen)* recite; **sich** *(Dat.)* **etw. ~:** recite sth. to oneself

**Vor·saison die** start of the season; early [part of the] season

**Vor·satz der** intention; **den ~ fassen, etw. zu tun** resolve to do sth.; make a resolution to do sth.; **den ~ haben, etw. zu tun** intend to do sth.; have the intention of doing sth.; **mit ~:** with intent; **der Weg zur Hölle ist mit guten Vorsätzen gepflastert** *(Spr.)* the road to hell is paved with good intentions *(prov.)*

**Vorsatz·blatt das** *(Buchw.)* endpaper

**vorsätzlich** [-zɛtslɪç] **1.** *Adj.* intentional; deliberate; wilful ⟨*murder, arson, etc.*⟩. **2.** *adv.* intentionally; deliberately

**Vor·schau die** preview

**Vor·schein der** *in* **etw. zum ~ bringen** reveal sth.; bring sth. to light; **zum ~ kommen** appear; *(entdeckt werden)* come to light; **sie griff in ihre Tasche und brachte eine Tüte zum ~:** she delved into her pocket and produced a bag; **wieder zum ~ kommen** reappear

**vor|schieben 1.** *unr. tr. V.* **a)** push ⟨*bolt*⟩ across; *s. auch* **Riegel a; b)** *(nach vorn schieben)* push forward; **den Kopf/die Schultern ~:** stick one's head forward/put one's shoulders forward; **die Unterlippe ~:** stick out one's bottom lip; **c)** *(für sich handeln lassen)* **jmdn. ~:** use sb. as a front man; **d)** *(als Vorwand nehmen)* use as a pretext *or* excuse; **die Verabredung war nur vorgeschoben** the appointment was only an excuse. **2.** *unr. refl. V.* push forward; ⟨*air mass, glacier*⟩ advance

**vor|schießen** *unr. tr. V.* **jmdm. Geld ~:** advance sb. money

**vor|schlafen** *unr. itr. V. (ugs.)* stock up on sleep

**Vorschlag der** suggestion; proposal; **das ist ein** *od.* **das nenn' ich einen ~!:** what a good *or (coll.)* great suggestion *or* idea!; **auf ~ von ...:** at the suggestion of ...; **ein ~ zur Güte** *(scherzh.)* a conciliatory proposal

**vor|schlagen** *unr. tr. V.* **[jmdm.] etw. ~:** suggest *or* propose sth. [to sb.]; **jmdn. für/als etw. ~:** propose sb. for/as sth.

**Vorschlag·hammer der** sledge-hammer

**vor|schmecken** *itr. V.* **der Knoblauch schmeckt vor** there is too strong a taste of garlic; it tastes too strongly of garlic; **das Gewürz soll nicht ~:** [the flavour of] the spice should not stand out

**vor·schnell** *Adj., adv. s.* **voreilig**

**vor·schreiben** *unr. tr. V.* stipulate, lay down, set ⟨*conditions*⟩; lay down ⟨*rules*⟩; prescribe ⟨*dose*⟩; **er wollte uns ~, was wir zu tun hätten** he wanted to tell us *or* dictate to us what to do; **ich lasse mir [von dir] nichts ~:** I won't be told what to do [by you]; I won't be dictated to [by you]; **das Gesetz schreibt vor, daß ...:** the law lays down *or* provides that ...; **wie es der Brauch vorschreibt** as custom dictates *or* demands; **die vorgeschriebene Geschwindigkeit/Zahl/Dosis** the prescribed speed/number/dose

**Vor·schrift die** instruction; order; *(gesetzliche od. amtliche Bestimmung)* regulation; **ich lasse mir von dir keine ~en machen** I won't be told what to do by you; I won't be dictated to by you; **das ist ~:** that's/those are the regulations; **das verstößt** *od.* **ist gegen die ~:** it's against the rules *or* regulations; **die Medizin nach ~ einnehmen** take the medicine as directed; **Dienst nach ~ machen** work to rule

**vorschrifts·mäßig 1.** *Adj.* correct; proper. **2.** *adv.* correctly; properly

**Vor·schub der** *in* **jmdm./einer Sache ~ leisten** encourage sb./encourage *or* promote *or* foster sth.

**Vorschul·alter das** pre-school age

**Vor·schule die** nursery school

**Vorschul·erziehung die** pre-school education

**vor·schulisch** *Adj.* pre-school

**Vor·schuß der** advance; **er bekam 500 Mark ~:** he received an advance of 500 marks

**Vorschuß·lorbeeren** *Pl.* premature praise *sing.*

**vor|schützen** *tr. V.* plead as an excuse; **wichtige Geschäfte/Krankheit ~:** pretend one has important business/feign illness; **Unwissenheit ~:** plead ignorance; *s. auch* **Müdigkeit**

**vor|schwärmen** *tr. V.* **jmdm. von jmdm./etw. ~:** rave about sb./sth. to sb. *(coll.)*

**vor|schweben** *itr. V.* **jmdm. schwebt etw./jmd. vor** sb. has sth./sb. in mind

**vor|schwindeln** *tr. V. (ugs.)* **jmdm. ~, daß ...:** kid sb. that ... *(coll.)*; **sie wollte den anderen nichts ~:** she didn't want to kid the others *(coll.)*

**vor|sehen 1.** *unr. tr. V.* **a)** *(planen)* plan; **wie vorgesehen** as planned; **die Eröffnung ist für den 21. März vorgesehen** the opening is scheduled *or* planned for 21 March; **b)** *(einsetzen, verwenden wollen)* **etw. für/als etw. ~:** intend sth. for/as sth.; **die Gelder sind für den Neubau einer Schule vorgesehen** the money is earmarked for the building of a school; **jmdn. für/als etw. ~:** designate sb.

for/as sth.; **c)** *(festlegen)*〈*law, plan, contract, etc.*〉provide for. **2.** *unr. refl. V.* *(sich in acht nehmen)* **sich [vor jmdm./etw.] ~:** be careful [of sb./sth.]; **sieh dich vor dem Hund vor** be careful of *or* mind the dog; **sieh dich vor, daß du nicht krank wirst** be careful *or* take care you don't become ill

**Vorsehung die; ~:** Providence *no art.*

**vor|setzen** *tr. V.* **a)** *(nach vorn setzen)* move forward; **den rechten/linken Fuß ~:** put one's right/left foot forward; **sich ~** *(ugs.)* come/go and sit at the front; **b)** *(zu essen, trinken geben)* **jmdm. etw. ~:** serve sb. sth.; *(fig.)* serve *or* dish sb. up sth.

**Vor·sicht die;** *o. Pl.* care; *(bei Risiko, Gefahr)* caution; care; *(Umsicht)* circumspection; caution; **hier ist ~ geboten/nötig** caution/care is advisable/needed here; **alle ~ außer acht lassen** throw [all] caution to the winds; **zur ~:** as a precaution; to be on the safe side; **er ist mit ~ zu genießen** *(ugs.)* you should be wary of *or* careful with him; **was er sagt, ist mit ~ zu genießen** *(ugs.)* what he says should be taken with caution; **~!** be careful!; watch *or* look out!; **„~, Glas"** 'glass – handle with care'; **„~, bissiger Hund"** 'beware of the dog'; **~ an der Bahnsteigkante** stand back from the edge of the platform; **„~, Stufe!"** 'mind the step!'; **„~, Steinschlag"** 'danger, falling rocks'; **„~, frisch gestrichen"** 'wet paint'; **~ ist die Mutter der Porzellankiste** *(ugs.)*, **~ ist besser als Nachsicht** *(ugs. scherzh.)* better safe than sorry

**vorsichtig** [-zıçtıç] **1.** *Adj.* careful; *(bei Risiko, Gefahr)* cautious; careful; *(umsichtig)* circumspect; cautious; guarded〈*remark, hint, question, optimism*〉; cautious, conservative〈*estimate*〉; **sei ~!** be careful!; take care! **2.** *adv.* carefully; with care; **~ optimistisch** guardedly *or* cautiously optimistic; **etw. ~ andeuten** hint at sth. cautiously; **~ geschätzt** at a conservative estimate

**vorsichts·halber** *Adv.* as a precaution; to be on the safe side

**Vorsichts·maßnahme die** precautionary measure; precaution

**Vor·silbe die** [monosyllabic] prefix

**vor|singen 1.** *unr. tr. V.* **[jmdm.] etw. ~:** sing sth. [to sb.]; **ich singe euch die erste Strophe vor** I'll sing you the first verse. **2.** *unr. itr. V.* **a) [jmdm.] ~:** sing [to sb.]; **wenn er ~ soll** when he has to sing in public *or* in front of people; **b)** *(zur Prüfung)* have *or* take a singing test; **bei der Oper ~:** audition for *or* have an audition with the opera company

**vor·sintflutlich** *Adj. (ugs.)* antiquated

**Vor·sitz der** chairmanship; **den ~ haben** *od.* **führen** be the chairman; be in the chair; *(im Gericht)* preside over the trial; **er hat** *od.* **führt bei der Tagung den ~:** he is chairing the conference; **den ~ übernehmen** *(eines Vereins)* take over the chairmanship *or* presidency; *(bei einer Tagung, Sitzung)* take the chair; **unter dem ~ von ...:** under the chairmanship of ...

**vor|sitzen** *unr. itr. V.* **einer Versammlung/ Kommission** *(Dat.)* **~:** chair a *or* preside over a meeting/commission

**Vorsitzende der/die;** *adj. Dekl.* chair[person]; *(bes. Mann)* chairman; *(Frau auch)* chairwoman

**Vor·sorge die;** *o. Pl.* precautions *pl.*; *(für den Todesfall, Krankheit, Alter)* provisions *pl.*; *(Vorbeugung)* prevention; **~ treffen** take precautions (**gegen** against)/make provisions (**für** for); **für den Fall einer Krankheit ~ treffen** make provisions in case of illness; **~ treffen, daß ...:** take precautions/make provisions so that ...

**vor|sorgen** *itr. V.* **für etw. ~:** make provisions for sth.; provide for sth.

**Vorsorge·untersuchung die** *(Med.)* medical check-up

**vorsorglich 1.** *Adj.* precautionary〈*measure, check-up, etc.*〉. **2.** *adv.* as a precaution; to be on the safe side

**Vor·spann der** *(Film, Ferns.)* opening credits *pl.*

**Vor·speise die** starter; hors d'œuvre

**vor|spiegeln** *tr. V.* **jmdm. ~, daß ...:** delude sb. into believing that ...; **er spiegelte ihnen eine Notlage vor** he deluded them into believing *or* led them to believe that he was in a plight; **Unwissenheit/Krankheit ~:** feign ignorance/illness

**Vor·spiegelung die: das ist [eine] ~ falscher Tatsachen** these are falsehoods presented as if they were facts; **unter ~ falscher Tatsachen** under false pretences

**Vor·spiel das a)** *(Theater)* prologue; *(Musik)* prelude; **b)** *(vorm Geschlechtsakt)* foreplay; **c)** *(als Prüfung)* practical examination; *(bei Bewerbungen)* audition

**vor|spielen 1.** *tr. V.* **a) jmdm. ein Musikstück/eine Szene ~:** play a piece of music to *or* for sb./act out *or* perform a scene for *or* in front of sb.; **b)** *(vorspiegeln)* **jmdm. etw. ~:** feign sth. to sb.; **spiel uns doch nichts vor!** don't try and fool us!; **jmdm. Theater/ eine Komödie ~:** put on an act for sb. **2.** *itr. V.* **a) jmdm. ~:** play to *or* for sb.; **einer Jury ~:** perform in front of a jury; **b)** *(bei einer Bewerbung)* audition, have an audition (**bei** for); **jmdn. ~ lassen** audition sb.

**Vor·sprache die** *(österr.)* visit (**bei** to)

**vor|sprechen 1.** *unr. tr. V.* **a)** *(zum Nachsprechen)* **jmdm. etw. ~:** pronounce *or* say sth. first for sb.; **einem Zeugen den Eid ~:** say the oath for the witness to repeat; **b)** *(zur Prüfung)* recite. **2.** *unr. itr. V.* **a)** *(zur Prüfung)* recite one's examination piece; *(bei Bewerbungen)* audition; **am Staatstheater ~:** audition for the State Theatre; **jmdn. ~ lassen** audition sb.; **b)** *(einen Besuch machen)* **bei jmdm. [in einer Angelegenheit] ~:** call on sb. about a matter; **bei** *od.* **auf einer Behörde ~:** call at an office

**vor·springen** *unr. itr. V.; mit sein* **a)** *(ugs.)* **hinter einem Auto ~:** jump out from behind a car; **b)** *(weit hervorstehen)* jut out; project; **ein ~des Kinn** a prominent chin

**Vor·sprung der a)** *(vorspringender Teil)* projection; *(Fels~)* ledge; **b)** *(räumlicher, zeitlicher Vorteil)* lead; **einen [knappen] ~ [vor jmdm.] haben** have a [slight] lead [over sb.]; be [slightly] ahead [of sb.]; **jmdm. einen ~ geben** give sb. a start; **jmdm. zehn Schritte/einen zehnminütigen ~ geben** give sb. ten paces'/ten minutes' start

**Vor·stadt die** suburb; **in der ~ wohnen** live in the suburbs

**vor·städtisch** *Adj.* suburban

**Vor·stand der a)** *(leitendes Gremium) (einer Firma)* board [of directors]; *(eines Vereins, einer Gesellschaft)* executive committee; *(einer Partei)* executive; **im ~ sein** be on the board/executive committee/executive; **b)** *(Leiter)* chairman

**Vorstands·mitglied das** *s.* **Vorstand a:** member of the board; board member; member of the executive committee; member of the executive

**vor|stehen** *unr. itr. V.* **a)** *(hervorstehen)*〈*house, roof, etc.*〉project, jut out;〈*teeth, chin*〉stick out;〈*cheek-bones*〉be prominent; **~de Zähne/Augen** buck-teeth *or* projecting teeth/bulging eyes; **b)** *(geh.: leiten)* **einer Institution/dem Haushalt ~:** be the head of an institution/the household; **einem Geschäft/einer Abteilung ~:** be in charge of *or* run a business/department

**vorstehend** *Adj.* above *attrib.*〈*explanation, remarks, etc.*〉; **im ~en** above; **das Vorstehende** the above

**Vorsteher der; ~s, ~:** head; *(einer Schule)* headmaster; *(einer Gemeinde)* chairman; *(eines Klosters)* abbot

**Vorsteher·drüse die** prostate [gland]

**Vorsteherin die; ~, ~nen** head; *(einer Schule)* headmistress; *(eines Klosters)* abbess

**Vorsteh·hund der** pointer; *(langhaarig)* setter

**vorstell·bar** *Adj.* conceivable; imaginable; **es ist durchaus/[nur] schwer ~, daß ...:** it is quite/scarcely conceivable that ...

**vor|stellen 1.** *tr. V.* **a)** *(nach vorn stellen)* put〈*leg, foot, etc.*〉out *or* forward; **die Uhr [um eine Stunde] ~:** put the clock forward [one hour]; **b)** *(bekannt machen mit; auch fig.)* introduce; **jmdn./sich jmdm. ~:** introduce sb./oneself to sb.; **c)** *(bei Bewerbung)* **sich ~:** come/go for [an] interview; **sich beim Personalleiter ~:** go for an interview with the personnel director; **d)** *(darstellen)* represent; **er stellt etwas vor** *(ugs.) (sieht gut aus)* he looks good; *(gilt als Persönlichkeit)* he is somebody; **e)** *(zur Untersuchung)* **sich dem Arzt ~:** go to see the doctor. **2.** *refl. V.* **a) sich** *(Dat.)* **etw. ~:** imagine sth.; **stell dir vor, wir würden gewinnen** imagine we won; **ja, stell dir vor!** just imagine!; **ich habe mir das Wochenende ganz anders vorgestellt** the weekend was not at all what I had imagined; **ich kann ihn mir gut als Lehrer ~:** I can easily imagine *or* see him as a teacher; **was haben Sie sich** *(Dat.)* **als Preis vorgestellt?** what price did you have in mind?; **man stelle sich** *(Dat.)* **bitte einmal vor, daß ...:** just imagine that ...; **das muß man sich** *(Dat.)* **[ein]mal ~!** just imagine *or* picture it!; **b) sich** *(Dat.)* **unter etw.** *(Dat.)* **etw. ~:** understand sth. by sth.; **darunter kann ich mir nichts ~:** it doesn't mean anything to me

**vorstellig** ['fo:ɐ̯ʃtɛlıç] *Adj.* in **bei jmdm./ etw. ~ werden** *(Papierdt.)* approach sb./sth.

**Vor·stellung die a)** *(Begriff)* idea; **jmdm. eine ~ von etw. geben** give sb. an idea of sth.; **sich** *(Dat.)* **von jmdm./etw. eine ~ machen** picture sb./sth.; **er macht sich** *(Dat.)* **keine ~ [davon], welche Mühe das kostet** he has no idea how much effort that costs; **das entspricht ganz/nicht meinen ~en** that is exactly/not what I had in mind; **b)** *o. Pl.* *(Phantasie)* imagination; **das geht über alle ~ hinaus** it is unimaginable; **c)** *(Aufführung)* performance; *(im Kino)* showing; **eine starke/schwache ~ geben** *(fig.)* perform well/ badly; **d)** *(das Bekanntmachen)* introduction; **e)** *(Präsentation)* presentation; **f)** *(bei einer Bewerbung)* interview; **zur ~ kommen** come for [an] interview

**Vorstellungs-: ~gespräch das** interview; **~kraft die;** *o. Pl.* [powers *pl.* of] imagination; **~vermögen das;** *o. Pl. s.* **~kraft**

**Vor·stopper der** *(Fußball)* central defender

**Vor·stoß der** advance; **einen ~ in ein Gebiet/in den Weltraum unternehmen** push forward *or* advance into an area/venture into space; **einen ~ bei der Geschäftsleitung unternehmen** *(fig.)* make an approach to management

**vor|stoßen** *unr. itr. V.; mit sein* advance; push forward; **in den Weltraum ~:** venture into space

**Vor·strafe die** *(Rechtsw.)* previous conviction

**Vorstrafen·register das** *s.* **Strafregister**

**vor|strecken** *tr. V.* **a)** stretch〈*arm, hand*〉out; stick out〈*stomach*〉; **den Kopf/Hals ~:** crane one's neck forward; **b)** *(auslegen)* advance〈*money, sum*〉

**vor|streichen** *unr. tr. V.* **etw. ~:** give sth. an undercoat; undercoat sth.

**Vor·stufe die** preliminary stage

**vor|stürmen** *itr. V.; mit sein* rush *or* charge forward

**Vor·tag der** day before; previous day; **am ~ der Prüfung** the day before *or* on the eve of the examination

**vor|tanzen 1.** *tr. V.* **der Tanzlehrer tanzte ihnen den Foxtrott vor** the dancing-teacher showed them *or* demonstrated how to dance the foxtrot. **2.** *itr. V.* demonstrate one's dancing ability; **jmdm. ~:** dance in front of sb.

**vor|tasten** *refl. V. (auch fig.)* feel one's way forward

**vor|täuschen** *tr. V.* feign ⟨*interest, illness, etc.*⟩; simulate ⟨*reality etc.*⟩; fake ⟨*crime*⟩

**Vor·täuschung die** *s.* **vortäuschen:** feigning; simulation; faking; **unter ~ falscher Tatsachen** under false pretences

**Vor·teil** [*od.* 'fɔrtail] **der a)** advantage; **~e und Nachteile einer Sache gegeneinander abwägen** weigh up the pros and cons *or* the advantages and disadvantages of sth.; **einen ~ aus etw. ziehen** derive an *or* some advantage from sth.; benefit from sth.; **auf seinen [eigenen] ~ bedacht sein** have an eye to the main chance *or* to one's own interests; **jmdm. gegenüber im/sehr im ~ sein** have an/a great advantage over sb.; **[für jmdn.] von ~ sein** be advantageous [to sb.]; **sich zu seinem ~ verändern** change for the better; **b)** *(Fußball, Hockey, Rugby usw.)* advantage; **~ gelten lassen, auf ~ erkennen** ⟨*referee*⟩ play advantage; **c)** *(Tennis)* advantage; **~ Aufschläger** ad in

**vorteilhaft 1.** *Adj.* advantageous. **2.** *adv.* advantageously; **sich auf etw.** *(Akk.)* **~ auswirken** have a favourable *or* beneficial effect on sth.; **sich ~ kleiden** wear clothes that suit one

**Vortrag** [-tra:k] **der; ~[e]s, Vorträge** [-trɛ:gə] **a)** *(Rede)* talk; *(wissenschaftlich)* lecture; **einen ~ halten** give a talk/lecture; **b)** *(Darbietung)* presentation; performance; *(eines Gedichts)* recitation; rendering

**vor|tragen** *unr. tr. V.* **a)** *(darbieten)* perform ⟨*gymnastic routine etc.*⟩; sing ⟨*song*⟩; perform, play ⟨*piece of music*⟩; recite ⟨*poem*⟩; **b)** *(darlegen)* present ⟨*case, matter, request, demands*⟩; lodge, make ⟨*complaint*⟩; express ⟨*wish, desire*⟩; **ich habe ihm die Gründe für meinen Entschluß vorgetragen** I told him the reasons for my decision

**Vortragende der/die;** *adj. Dekl.* speaker; *(bei wissenschaftlichem Vortrag)* lecturer

**Vortrags-: ~reihe die** series of lectures/talks; **~reise die** lecture tour

**vor·trefflich 1.** *Adj.* excellent; splendid; superb ⟨*singer, player, swimmer, etc.*⟩; **~ schmecken** taste excellent *or* superb. **2.** *adv.* excellently; splendidly; ⟨*sing, play, swim, etc.*⟩ superbly; **sich ~ für etw. eignen** be perfectly *or* excellently suited for sth.

**Vortrefflichkeit die; ~:** excellence

**vor|treiben** *unr. tr. V.* drive ⟨*tunnel, shaft*⟩

**vor|treten** *unr. itr. V.; mit sein* step forward

**Vor·tritt der;** *o. Pl.* **a) jmdm. den ~ lassen** *(auch fig.)* let sb. go first; **Damen haben den ~:** ladies first; **b)** *(schweiz.) s.* **Vorfahrt**

**Vortrupp der** advance guard; *(fig.)* vanguard

**vor|turnen** *tr. V.* **[jmdm.] eine Übung ~:** perform a gymnastic exercise [in front of sb.]; *(zur Nachahmung)* demonstrate a gymnastic exercise [to sb.]

**Vor·turner der** demonstrator [gymnast]

**vorüber** *Adv.* **a)** *(zeitlich)* over; **~ sein** be over; ⟨*pain*⟩ be gone; ⟨*danger*⟩ be past; **die Gelegenheit ist noch nicht ~:** the opportunity has not yet passed *or* is still there; **das ist aus und ~** *(ugs.)* that is [all] over and done with; **b)** *(räumlich)* past; **an etw.** *(Dat.)* **~:** past sth.

**vorüber|gehen** *unr. itr. V.; mit sein* **a)** go *or* walk past; pass by; **an jmdm./etw. ~:** go past sb./sth.; pass sb./sth.; *(achtlos)* pass sb./sth. by; **im Vorübergehen** in passing; *(fig.: nebenbei)* in a trice; **b)** *(fig.)* **an jmdm./etw. ~:** ignore sb./sth.; **die Krise ist an uns** *(Dat.)* **vorübergegangen** the crisis passed us by *or* left us untouched; *s. auch* **Kelch a; spurlos 2; c)** *(vergehen)* pass; ⟨*pain*⟩ go; ⟨*storm*⟩ pass, blow over; **das geht vorüber** *(ugs.) (tröstend)* it'll pass; *(scherzh. iron.)* that won't last long; **eine Gelegenheit ~ lassen** let an opportunity slip; miss an opportunity

**vorübergehend 1.** *Adj.* temporary; passing ⟨*interest, infatuation*⟩; brief ⟨*illness, stay*⟩. **2.** *adv.* temporarily; *(auf kurze Zeit)* for a short time; briefly

**Vor·urteil das** bias; *(voreilige Schlußfolgerung)* prejudice **(gegen** against, towards); **gegen etw. ~e haben** *od. (geh.)* **hegen** be biased/prejudiced against *or* towards sth.

**vorurteils-, Vorurteils-: ~frei, ~los 1.** *Adj.* open-minded; **2.** *adv.* open-mindedly; **~losigkeit die; ~:** open-mindedness

**Vor·väter** *Pl.* forefathers

**Vor·vergangenheit die** *(Sprachw.)* pluperfect

**Vor·verkauf der** advance sale of tickets; advance booking; **Karten im ~ besorgen** buy tickets in advance; **im ~ kosten die Karten 20 Mark** the tickets cost 20 marks if bought in advance

**Vorverkaufs·kasse die** advance ticket-office; *(im Theater)* box-office

**vor|verlegen** *tr. V.* **a)** *(zeitlich)* bring forward **(auf +** *Akk.* to; **um** by); **b)** *(räumlich)* move forward; *(Milit.)* push forward ⟨*front, position*⟩

**vor·veröffentlichen** *tr. V.* arrange advance publication of; **vorveröffentlicht werden** appear in advance publication

**Vor·verurteilung die** condemnation in advance of trial

**vor·vor·gestern** *Adv. (ugs.)* three days ago; the day before the day before yesterday

**vor|wagen** *refl. V.* dare to go forward *or (Mil.)* advance; **sich zu weit ~:** venture too far forward; *(fig.)* stick one's neck out too far *(coll.)*

**Vorwahl die a)** *(Politik)* preliminary election; *(in den USA)* primary; **b)** *(Fernspr.)* dialling code

**Vor·wahlkampf der** *(Polit.)* advance election campaign

**Vorwähl·nummer die** *(Fernspr.)* dialling code

**Vorwand der; ~[e]s, Vorwände** pretext; *(Ausrede)* excuse; **etw. zum ~ nehmen** use sth. as a pretext/an excuse; **unter dem ~, daß ...:** giving as one's pretext that ...

**vor|wärmen** *tr. V.* warm ⟨*bed, room, teapot, etc.*⟩ beforehand; *(bes. Technik)* pre-heat ⟨*air, oven, etc.*⟩

**vor|warnen** *tr. V.* **jmdn. ~:** give sb. advance warning; warn sb. [in advance]; **vorgewarnt sein** be forewarned

**Vor·warnung die** [advance] warning; **~ geben** give an early *or* advance warning

**vor·wärts** *Adv.* forwards; *(weiter)* onwards; *(mit der Vorderseite voran)* facing forwards; **~ marsch!** *(Milit.)* forward, march!; **~!** *(weiter!)* come on!; **den Wagen ~ einparken** park the car nose first; **ein Schritt ~** *(auch fig.)* a step forwards; **mach mal [etwas] ~!** *(ugs.)* get a move on! *(coll.)*; **eine Rolle/ein Salto ~:** a forward roll/somersault; **das Buch kenne ich ~ und rückwärts** I know the book inside out

**vorwärts-, Vorwärts-: ~|bringen** *unr. tr. V.* advance ⟨*process, cause, plan*⟩; **jmdn. ~bringen** allow sb. to make progress; **~gang der** forward gear; **~|gehen** *unr. itr. V.; mit sein* make progress; **mit der Arbeit will es nicht ~gehen** the work just isn't getting anywhere; **~|kommen** *unr. itr. V.; mit sein* make progress; *(im Beruf, Leben)* get on; get ahead; **~strategie die** strategy of attack; **~verteidigung die** *(Milit.)* forward defence

**Vor·wäsche die** prewash

**Vorwasch·gang der** prewash programme

**Vor·weg der** *in* **im ~[e]** in anticipation

**vor·weg** *Adv.* **a)** *(vorher)* beforehand; **um es ~ zu sagen ...:** let me say right away ...; **b)** *(voraus)* in front; ahead; **~ marschieren** march at the head of the column; **c)** *(vor allem)* above all

**Vorwegnahme die; ~:** anticipation

**vorweg|nehmen** *unr. tr. V.* anticipate; **um das Ergebnis vorwegzunehmen, ...** to come straight to the result ...

**Vor·wehe die** *(Med.)* early contraction

**vor·weihnachtlich 1.** *Adj.* pre-Christmas. **2.** *adv.* **~ gestimmt** in a pre-Christmas mood; **~ dekoriert** adorned with Christmas decorations

**Vor·weihnachtszeit die** pre-Christmas period

**vor|weisen** *unr. tr. V.* produce; **~ können, vorzuweisen haben** *(fig.)* possess ⟨*knowledge, experience, etc.*⟩

**vor|werfen** *unr. tr. V.* **a)** *(zum Vorwurf machen)* **jmdm. etw. ~:** reproach sb. with sth.; *(beschuldigen)* accuse sb. of sth.; **jmdm. ~, etw. getan zu haben** reproach sb. with *or* accuse sb. of doing *or* having done sth.; **jmdm. Parteilichkeit/Rücksichtslosigkeit ~:** accuse sb. of being biased/careless; **ich habe mir nichts vorzuwerfen** I've nothing to reproach myself for; **sie haben sich** *(Dat.)* **[gegenseitig] nichts vorzuwerfen** one is as bad as the other; **b)** *(hinwerfen)* **etw. den Tieren [zum Fraß] ~:** throw sth. to the animals [as food]; **c)** *(nach vorn werfen)* throw ⟨*head, ball, etc.*⟩ forward

**Vor·werk das a)** *(veralt.: eines Guts)* outlying farm; **b)** *(hist.: einer Festung)* outworks *pl.*

**vor|wiegen** *unr. itr. V.* predominate

**vor·wiegend** *Adv.* mainly

**Vor·wissen das** previous *or* existing knowledge; *(über einen bestimmten Sachverhalt)* foreknowledge; prior knowledge

**Vor·witz der;** *o. Pl.* bumptiousness; *(eines Kindes)* pertness; *(Anmaßung)* presumption; *(Neugier)* excessive curiosity

**vor·witzig 1.** *Adj.* bumptious; pert ⟨*child*⟩; *(anmaßend)* presumptuous ⟨*speech etc.*⟩; *(neugierig)* curious. **2.** *adv. (anmaßend)* presumptuously

**vor|wölben 1.** *tr. V.* push out ⟨*stomach etc.*⟩. **2.** *refl. V.* bulge; ⟨*curtain, sail*⟩ billow [out]; **vorgewölbt** puffed-out ⟨*chest*⟩; pouting ⟨*lips*⟩

**Vor·wort das;** *Pl.* **~e** foreword; preface

**Vor·wurf der** reproach; *(Beschuldigung)* accusation; **jmdm. etw. zum ~ machen** reproach sb. with sth.; **jmdm. [wegen etw.] einen ~/Vorwürfe machen** reproach sb. [for sth.]; **sich** *(Dat.)* **[wegen etw.] [bittere] Vorwürfe machen** reproach *or* blame oneself [bitterly] [for sth.]; **..., sagte er mit leisem ~ [in der Stimme]** ..., he said in a tone of gentle reproach

**vorwurfs·voll 1.** reproachful. **2.** *adv.* reproachfully

**vor|zählen** *tr. V.* **[jmdm.] Geld** *usw.* **~:** count out money *etc.* for sb.

**Vor·zeichen das a)** *(Omen)* omen; **b)** *(Math.)* [algebraic] sign; **unter anderen/mit veränderten ~** *(fig.)* under different/changed conditions; **c)** *(Musik)* sharp/flat [sign]; *(für Tonart)* key signature

**vor|zeichnen** *tr. V.* **a)** make a preparatory sketch for ⟨*picture etc.*⟩; **b)** *(zur Nachahmung)* **jmdm. etw ~:** draw sth. for sb. to copy; **c)** *(im voraus festlegen)* lay down, set out ⟨*policy etc.*⟩; *(vorschreiben)* prescribe ⟨*path*⟩

**vorzeigbar** *Adj.* presentable

**vor|zeigen** *tr. V.* produce, show ⟨*passport, ticket, etc.*⟩; show ⟨*hands, finger-nails*⟩

**Vor·zeit die** prehistory; **in grauer ~:** in the dim and distant past

**vorzeitig 1.** *Adj.* premature ⟨*birth, death, ageing*⟩; early ⟨*retirement*⟩. **2.** prematurely; **~ pensioniert werden** be retired early

**Vorzeitigkeit die; ~** *(Sprachw.)* anteriority

**vor·zeitlich** *Adj.* prehistoric
**Vor·zensur die a)** preliminary censorship; **b)** *(Schulw.)* classwork mark *(to be combined with examination marks in deciding the final grading)*
**vor|ziehen** *unr. tr. V.* **a)** *(lieber mögen)* prefer; *(bevorzugen, besser behandeln)* favour, give preference to ⟨*person*⟩; **etw. einer Sache** *(Dat.)* ~: prefer sth. to sth.; **ich ziehe ihn seinem Bruder vor** I prefer him to *or* like him better than his brother; **das jüngste Kind wird oft [den anderen] vorgezogen** the youngest child is often given preference [over the others]; **b)** *(zuziehen)* draw ⟨*curtain*⟩; **c)** *(vorverlegen)* bring forward ⟨*date*⟩ **(um** by); **der Arzt hat mich vorgezogen** *(ugs.)* the doctor gave me priority; **vorgezogene Wahlen** early elections; **d)** *(nach vorn ziehen)* pull forward; *(Milit.)* move ⟨*troops*⟩ forward
**Vor·zimmer das a)** outer office; anteroom; **b)** *(österr.: Diele)* hall
**Vorzimmer·dame die** receptionist
**Vor·zug der a)** *o. Pl.* preference **(gegenüber** over); **jmdm./einer Sache den ~ geben** prefer sb./sth.; *(Vorrang)* give precedence to sb./sth.; **den ~ haben** be preferred/take precedence; **b)** *(gute Eigenschaft)* good quality; merit; *(Vorteil)* advantage; **c)** *(österr. Schulw.: Auszeichnung)* distinction; **d)** *(Vorrecht, Vergünstigung)* privilege
**vorzüglich** [fo:ɐ̯'tsy:klɪç] **1.** *Adj.* excellent; first-rate; *(in Briefen)* **mit ~er Hochachtung** *(veralt.)* yours faithfully; your obedient servant *(dated)*; **~ schmecken** taste excellent. **2.** *adv.* excellently; **~ speisen** have an excellent meal
**Vorzüglichkeit die; ~, ~en** excellence
**vorzugs-, Vorzugs-: ~aktie die** *(Wirtsch.)* preference share; **~milch die** best quality milk; **~weise** *Adv.* *(hauptsächlich)* primarily; *(besonders)* especially; particularly; *(am liebsten)* preferably
**Vota, Voten** *s.* **Votum**
**votieren** [vo'ti:rən] *itr. V.* *(geh.)* vote
**Votiv·bild das** votive picture
**Votum** ['vo:tʊm] **das; ~s, Vota** *od.* **Voten a)** vote; **b)** *(geh.: Urteil)* judgment
**Voyeur** [vọa'jø:ɐ̯] **der; ~s, ~e** voyeur
**VP** *Abk.* *(DDR)* **Volkspolizei**
**VR** *Abk.* **Volksrepublik**
**vulgär** [vʊl'gɛ:ɐ̯] **1.** *Adj.* vulgar. **2.** *adv.* in a vulgar way; **er drückt sich sehr ~ aus** he uses very vulgar language
**Vulgarität** [vʊlgari'tɛ:t] **die; ~, ~en** vulgarity
**Vulgär·latein das** vulgar Latin
**Vulkan** [vʊl'ka:n] **der; ~s, ~e** volcano; **wie auf einem ~ leben** be sitting on a powder-keg; *s. auch* **Tanz a**
**Vulkan·ausbruch der** volcanic eruption
**vulkanisch** *Adj.* volcanic
**Vulkanisier·anstalt die** *(veralt.)* vulcanizing plant
**vulkanisieren** *tr. V.* vulcanize
**Vulkanismus der; ~:** volcanism *no art.*
**Vulva** ['vʊlva] **die; ~, Vulven** vulva
**v. u. Z.** *Abk.* **vor unserer Zeit[rechnung]** BC

# W

**w, W** [ve:] **das; ~s, ~:** w, W
**W** *Abk.* **a) West, Westen** W.; **b) Watt** W.
**WAA** *Abk.* **Wiederaufbereitungsanlage**
**Waadt** [va[:]t] **die; ~, Waadt·land das** Vaud *no art.*
**Waage** ['va:gə] **die; ~, ~n** [pair *sing.* of] scales *pl.*; *(Gold~, Apotheker~ usw.)* balance; *(Brücken~)* weighbridge; **etw. mit der ~ wiegen** weigh sth. on the scales; **er bringt 80 kg auf die ~** *(ugs.)* he tips the scales at 80 kilos; **sich** *(Dat.)* *od.* **einander die ~ halten** balance out; balance one another; *s. auch* **Zünglein b; b)** *(Astrol., Astron.)* **[die] ~:** Libra; **er ist [eine] ~:** he is a Libra *or* Libran
**waage-, Waage-: ~balken der** balance *or* scale beam; **~recht 1.** *Adj.* horizontal; **2.** *adv.* horizontally; **~rechte die;** *adj. Dekl.* **a)** *(Linie)* horizontal line; horizontal; **b)** *o. Pl.* *(Lage)* horizontal position; **in der ~n** horizontal; level; *(flach liegend)* flat
**waag·recht** *s.* **waagerecht**
**Waag·schale die** scale pan; **etw. in die ~schale werfen** *(fig.)* bring sth. to bear
**wabb[e]lig** ['vab(ə)lɪç] *Adj.* *(ugs.)* wobbly; flabby ⟨*muscles, flesh*⟩
**Wabe** ['va:bə] **die; ~, ~n** honeycomb
**Waben·honig der** comb honey
**wabern** *itr. V.* *(geh.)* **a)** ⟨*smoke, mist, cloud*⟩ swirl, drift; ⟨*steam*⟩ billow; *(fig.)* fluctuate; **b)** *(flackern, lodern)* ⟨*flames etc.*⟩ flicker
**wach** [vax] **1.** *Adj.* **a)** awake; **in ~em** *od.* **im ~en Zustand** in a state of wakefulness; **jmdn. ~ machen** wake sb. up; **jmdn. ~ küssen** wake sb. with a kiss; **sich ~ halten** stay awake; **er wurde früh ~:** he woke up early; **b)** *(aufmerksam, rege)* alert ⟨*mind, eyes, etc.*⟩; attentive ⟨*audience*⟩; lively, keen ⟨*interest*⟩; **mit ~em Verstand** with an alert *or* lively mind. **2.** *adv.* alertly; attentively
**Wach-: ~ablösung die** the changing of the guard/watch; **eine politische ~ablösung** *(fig.)* a change of political leadership; **~boot das** patrol boat; **~dienst der** *(Milit.)* guard *or* sentry duty; *(Seew.)* watch [duty]; **~dienst haben** *(Milit.)* be on guard *or* sentry duty; *(Seew.)* be on watch; have the watch
**Wache** ['vaxə] **die; ~, ~n a)** *(Wachdienst)* *(Milit.)* guard *or* sentry duty; *(Seew.)* watch [duty]; *(Seew.: Zeitabschnitt)* watch; **~ haben** *od.* **halten** *(Milit.)* be on guard *or* sentry duty; *(Seew.)* be on watch; have the watch; **~ schieben** *(ugs.)* do sentry duty; **~ gehen** *(Seemannsspr.)* do watch duty; **~ stehen** *(Milit.)* stand on guard; *(Ausschau halten)* keep look-out; **b)** *(Wächter)* guard; *(Milit.: Posten)* sentry; **eine ~ aufstellen** post a guard/sentry; **c)** *(Mannschaft)* *(Milit.)* guard; *(Seew.)* watch; **d)** *(Wachlokal)* guardroom; *(Gebäude)* guardhouse; *(Polizei~)* police station
**wachen** *itr. V.* **a)** *(geh.: wach sein)* be awake; **b)** *(um jmdn. zu betreuen)* **bei jmdm. ~:** stay up at sb.'s bedside; sit up with sb.; **c) über etw.** *(Akk.)* **~:** watch over *or* keep an eye on sth.; *(überwachen)* supervise sth.; **er wachte darüber, daß ...:** he watched carefully to ensure that ...
**wach-, Wach-: ~habend** *Adj.* **~habender Offizier** *(Milit.)* duty officer; *(Seew.)* officer of the watch; **~habende der;** *adj. Dekl.* *(Milit.)* person on guard; guard; *(Seew.)* watch; **~|halten** *unr. tr. V.* keep ⟨*interest, memory, etc.*⟩ alive
**Wachheit die; ~:** alertness; *(Scharfsinn)* acuity
**Wach-: ~hund der** guard-dog; watch-dog; **~lokal das** *(Milit.)* guardroom; **~mann der;** *Pl.* **~männer** *od.* **~leute a)** watchman; **b)** *(österr.: Polizist)* policeman; **~mannschaft die** *(Milit.)* guard detachment
**Wacholder** [va'xɔldɐ] **der; ~s, ~ a)** juniper; **b)** *(Schnaps)* *spirit from juniper berries;* ≈ gin
**Wacholder-: ~beere die** juniper berry; **~schnaps der** *s.* **Wacholder b**
**wach-, Wach-: ~posten der** *(Milit.)* guard; sentry; **~|rufen** *unr. tr. V.* awaken, rouse ⟨*enthusiasm, ambition, etc.*⟩; evoke, bring back ⟨*memory, past*⟩; **~|rütteln** *tr. V.* rouse *or* shake ⟨*person*⟩ out of his/her apathy; stir ⟨*conscience*⟩
**Wachs** [vaks] **das; ~es, ~e** wax; **er wurde weich wie ~:** he became really amenable; **~ in jmds. Hand** *od.* **Händen sein** *(fig.)* be like wax in sb.'s hands
**Wachs·abdruck der** wax impression
**wachsam** ['vaxza:m] **1.** *Adj.* watchful; vigilant; **sei ~!** be on your guard!. **2.** *adv.* vigilantly
**Wachsamkeit die; ~:** vigilance
**wachs-, Wachs-: ~bild das** wax relief; **~bohne die** wax bean
[1]**wachsen** *unr. itr. V.; mit sein* **a)** grow; ⟨*shadow*⟩ lengthen; ⟨*building*⟩ rise; **sich** *(Dat.)* **einen Bart ~ lassen** grow a beard; **sich** *(Dat.)* **die Haare/die Fingernägel ~ lassen** let one's hair/finger-nails grow long; **ein schlank gewachsener Mann** a slimly-built man; **er ist mit** *od.* **an seiner Verantwortung gewachsen** *(fig.)* he has grown with his responsibilities; **b)** *(fig.: allmählich entstehen)* evolve [naturally]; **eine gewachsene Stadt** a city which has evolved naturally; **eine gewachsene Ordnung** an organic order; **c)** *(fig.: größer werden)* grow; ⟨*wealth, danger, etc.*⟩ grow, increase; ⟨*flood, tide*⟩ rise; ⟨*tension, excitement, anger, astonishment*⟩ grow, mount
[2]**wachsen** *tr. V.* wax; *(polieren)* wax-polish
**wächsern** ['vɛksɐn] *Adj.* *(geh.: bleich)* waxen
**Wachs-: ~figur die** waxwork; wax figure; **~figuren·kabinett das** waxworks *sing. or pl.*; waxworks museum; **wir waren im ~figurenkabinett** we went to see the waxworks; **~kerze die** wax candle; **~malerei die** encaustic; **~mal·kreide die** wax crayon
**Wach·soldat der a)** sentry; **b)** *(eines Garderegiments)* Guard
**Wachspapier das** waxed paper
**wächst** [vɛkst] *2. u. 3. Pers. Sg. Präsens v.* **wachsen**
**Wachs·tafel die** wax tablet
**Wach·stube die a)** *(Milit.)* guardroom; **b)** *(Polizeiwache)* duty room
**Wachs·tuch das a)** *Pl.* **~tuche** *(Material)* oilcloth; **b)** *Pl.* **~tücher** oilcloth tablecloth
**Wachstum** ['vakstu:m] **das; ~s** growth; **im ~ zurückgeblieben** stunted ⟨*tree etc.*⟩; underdeveloped ⟨*person*⟩
**wachstums-, Wachstums-: ~fördernd** *Adj.* promoting growth *postpos.*; **~fördernd wirken** promote growth; **~hemmend** *Adj.* inhibiting growth *postpos.*; **~hemmend wirken** inhibit growth; **~hormon das** growth hormone; **~rate die** *(bes. Wirtsch.)* growth rate; **~störung die** growth disorder
**wachs·weich 1.** *Adj.* **a)** as soft as butter *postpos.*; **b)** *(fig.: ängstlich, gefügig)* [weak and] submissive
**Wacht** [vaxt] **die; ~, ~en** *(geh.)* guard *or* sentry duty; **~ haben** *od.* **halten** be on guard *or* sentry duty

**Wächte** ['vɛçtə] **die; ~, ~n** [snow] cornice
**Wachtel** ['vaxtl̩] **die; ~, ~n** quail
**Wächter** ['vɛçtɐ] **der; ~s, ~:** guard; *(Leib~)* bodyguard; *(Nacht~, Turm~)* watchman; *(Park~)* [park-]keeper; *(fig.)* guardian
**Wacht-: ~meister der a)** *(Dienstgrad der Polizei)* constable *(Brit.);* patrolman *(Amer.);* **b)** *(ugs.: Polizist)* policeman; *(als Anrede)* **Herr ~meister** officer; **c)** *(Milit. hist.)* sergeant; **~posten der** *s.* **Wachposten**
**Wach·traum der** day-dream; waking dream
**Wach[t]·turm der** watch-tower
**Wach- und Schließgesellschaft die** property security company
**Wach-: ~zimmer das** *(österr.)* [police] duty room; **~zustand der** waking state
**wackelig 1.** *Adj.* **a)** *(nicht stabil)* wobbly ‹*chair, table, etc.*›; loose ‹*tooth*›; shaky, rickety ‹*structure*›; rickety ‹*car, furniture*›; **b)** *(ugs.: kraftlos, schwach)* frail ‹*person*›; frail, doddery ‹*old person*›; **~ auf den Beinen sein** be a bit shaky on one's feet; **c)** *(fig. ugs.: gefährdet, bedroht)* dodgy *(Brit. coll.)* ‹*business*›; insecure, shaky ‹*job*›; **er steht in der Schule/in Latein ziemlich ~:** things are dodgy for him at school *(Brit. coll.)*/his Latin is somewhat shaky. **2.** *adv.* **~ stehen** be wobbly; *(nicht festgefügt sein)* be shaky/rickety
**Wackel·kontakt der** *(Elektrot.)* loose connection
**wackeln** ['vakl̩n] *itr. V.* **a)** wobble; ‹*post etc.*› move about; ‹*tooth etc.*› be loose; ‹*house, window, etc.*› shake; **mit dem Kopf/den Ohren/den Hüften ~:** waggle *or* wag one's head/ears/wiggle one's hips; **der Hund wackelte mit dem Schwanz** the dog wagged its tail; **b)** *mit sein (ugs.: gehen)* ‹*person*› totter; **c)** *(ugs.: gefährdet, bedroht sein)* ‹*job, government*› be insecure; ‹*firm*› be in a dodgy *(Brit. coll.) or* shaky state
**Wackel·peter der; ~s, ~** *(ugs.)* wobbly jelly
**wacker** ['vakɐ] *(veralt.)* **1.** *Adj.* **a)** *(rechtschaffen)* upright; decent; *(iron.)* trusty; worthy; **b)** *(tüchtig)* good; **ein ~er Zecher/Esser** a hearty drinker/eater; **c)** *(tapfer, mutig)* valiant. **2.** *adv.* **a)** *(tapfer)* valiantly; **sich ~ halten/schlagen** put up a good show; **b)** *(tüchtig)* ‹*eat, drink, etc.*› heartily
**Wacker·stein der** *(veralt.)* lump of rock
**wacklig** ['vaklɪç] *s.* **wackelig**
**Wade** ['va:də] **die; ~, ~n** *(Anat.)* calf
**Waden-: ~bein das** *(Anat.)* fibula; **~krampf der** cramp in one's calf; **einen ~krampf bekommen** get cramp in one's calf; **~wickel der** leg compress
**Waffe** ['vafə] **die; ~, ~n a)** *(auch fig.)* weapon; *(Feuer~)* firearm; **~n tragen** bear arms; **der Kriegsdienst mit der ~:** service under arms; **unter ~n stehen** *od.* **sein** be under arms; **jmdn. zu den ~n rufen** call sb. to arms; **zu den ~n rufen** issue a call to arms; **die ~n strecken** lay down one's arms; *(fig.)* give up the struggle; **jmdn. mit seinen eigenen ~n schlagen** *(fig.)* defeat sb. with his own arguments; **b)** *o. Pl. (veralt.: Waffengattung)* arm [of the service]
**Waffel** ['vafl̩] **die; ~, ~n a)** waffle; *(dünne ~, Eis~)* wafer; **b)** *(Eistüte)* cone
**Waffel·eisen das** waffle-iron
**waffen-, Waffen-: ~arsenal das** arsenal [of weapons]; *(Versteck)* cache of arms; **~besitz der** possession of a firearm/firearms; **~bruder der** *(geh.)* brother- *or* comrade-in-arms; **~gang der** *(geh.)* engagement; *(fig.)* clash; **~gattung die a)** *(Truppengattung)* arm [of the service]; **b)** *(Teilstreitkraft)* armed service; **~gewalt die;** *o. Pl.* armed force; **mit ~gewalt** by force of arms; **~handel der** arms trade; arms trading; **~händler der** arms dealer; **~kammer die** *(Milit.)* armoury; **~lager das** arsenal; **~rock der** *(veralt.)* tunic; **~ruhe die** cease-fire; **~schein der** firearms licence; **~schmied der** armourer; **~schmiede die** *(geh.)* armoury; **~schmuggel der** gun-running; **~-SS die** *(ns.) armed divisions of the SS;* Waffen-SS; **~starrend** *Adj. (geh.)* armed to the teeth *postpos.;* **~still·stand der** armistice; [permanent] cease-fire; **~stillstands·abkommen das** armistice agreement; **~stillstands·linie die** cease-fire line; **~technik die** arms technology *no art.*
**wägbar** ['vɛ:kba:ɐ̯] *Adj.* **nicht ~:** imponderable; **ein kaum ~es Risiko** a risk which it is barely possible to gauge
**Wage·mut der;** *o. Pl.* daring; audacity
**wage·mutig** *Adj.* daring; audacious
**wagen** ['va:gn̩] **1.** *tr. V.* risk; **[es] ~, etw. zu tun** dare to do sth.; **einen Versuch/eine Wette ~:** dare to make an attempt/a bet; risk an attempt/a bet; **eine Bitte/Behauptung ~:** venture a request/statement; **wer nicht wagt, der nicht gewinnt** *(Spr.),* **frisch gewagt ist halb gewonnen** *(Spr.)* nothing ventured, nothing gained; *s. auch* **gewagt 2. 2.** *refl. V.* **sich irgendwohin/nicht irgendwohin ~:** venture somewhere/not dare to go somewhere; **sich an etw.** *(Akk.)* **~:** dare to tackle sth.; venture to tackle sth.
**Wagen der; ~s, ~: a)** *(PKW)* car; *(Omnibus)* bus; *(LKW)* truck; lorry *(Brit.); (Liefer~)* van; **b)** *(Pferde~)* cart; *(Kutsche)* coach; carriage; *(Plan~)* wagon; *(Zirkus~, Wohn~)* caravan *(Brit.);* trailer *(esp. Amer.);* **der Große ~** *(Astron.)* the Plough; the Big Dipper *(Amer.); (Ursa Major)* the Great Bear; **der Kleine ~** *(Astron.)* the Little Dipper *(Amer.); (Ursa Minor)* the Little Bear; **jmdm. an den ~ fahren** *(fig. ugs.)* give sb. what for *(sl.);* pitch into sb. *(coll.);* **sich [nicht] vor jmds. ~** *(Akk.)* **spannen lassen** *(fig. ugs.)* not let sb. lead one by the nose; **c)** *(Eisenbahn~) (Personen~)* coach; carriage; *(Güter~)* truck; wagon; car *(Amer.); (Straßenbahn~)* car; **d)** *(Kinder~, Puppen~)* pram *(Brit.);* baby carriage *(Amer.); (Sport~)* push-chair *(Brit.);* stroller *(Amer.);* **e)** *(Hand~)* handcart; **f)** *(Einkaufs~)* [shopping] trolley; **g)** *(Schreibmaschinen~)* carriage; **h)** *(Servier~, Tee~)* trolley
**wägen** ['vɛ:gn̩] *unr. od. regelm. tr. V.* **a)** *s.* [1]**wiegen 2; b)** *(geh.: abwägen)* weigh up ‹*pros and cons etc.*›
**Wagen-: ~burg die** *(hist.)* defensive circle of wagons; **~führer der** tram-driver; **~heber der** jack; **~ladung die** truckload; lorry-load *(Brit.);* **~park der** vehicle pool; **~pflege die** car care; **~plane die** tarpaulin; **~rad das** cartwheel; **~rennen das** *(hist.)* chariot-race; **~schlag der** *(geh.) s.* **~tür**; **~schmiere die** cart-grease; **~tür die a)** *(einer Kutsche)* carriage door; **b)** *(eines Autos)* car door; **~wäsche die** car wash
**Waggon** [va'gɔŋ, *südd., österr.:* va'go:n] **der; ~s, ~s,** *südd., österr.:* **~s, ~e a)** *(Güterwagen)* wagon; truck *(Brit.);* car *(Amer.);* **b)** *(veralt.: Personenwagen)* carriage; coach
**waggon·weise** *Adv.* by the wagon-load
**waghalsig 1.** *Adj.* daring; risky ‹*speculation*›; *(leichtsinnig)* reckless ‹*driver, rider*›. **2.** *adv.* daringly; ‹*speculate*› riskily; *(leichtsinnig)* recklessly
**Wagnerianer** [va:gnə'ri̯a:nɐ] **der; ~s, ~, Wagnerianerin die; ~, ~nen** Wagnerian
**wagnerianisch** *Adj.* Wagnerian
**Wagnis** ['va:knɪs] **das; ~ses, ~se** daring exploit *or* feat; *(Risiko)* risk
**Wahl** [va:l] **die; ~, ~en a)** *o. Pl.* choice; **eine/seine ~ treffen** make a/one's choice; **jmdm. die ~ lassen** let sb. choose; **es gibt/mir bleibt** *od.* **ich habe keine [andere] ~:** there is/I have no choice *or* alternative; **vor die ~ gestellt, nach A oder B zu fahren** faced with the choice between going to A or B; **es stehen drei Menüs zur Wahl** there are three set meals to choose from; **die ~ fiel auf ihn** the choice fell on him; **in die engere ~ kommen** be short-listed *or* put on the short list *(Brit.);* **das Mädchen seiner ~** *(geh.)* his intended; **wer die ~ hat, hat die Qual** *(Spr.)* it's agonizing to have to choose; **b)** *(in ein Gremium, Amt usw.)* election; **die ~[en] zum Bundestag vom 6. März** the election[s] [to the Bundestag] of 6 March; **in Hessen ist ~** *od.* **sind ~en** there are elections in Hessen; **ich werde nicht zur ~ gehen** I am not going to vote; **sich zur ~ stellen** stand *or (Amer.)* run for election; **jmdn. zur ~ vorschlagen** suggest sb. as a candidate; nominate sb.; **seine ~ zum Präsidenten** his election as President *or* to the Presidency; **geheime ~:** secret ballot; **c)** *(Güteklasse)* **erste/zweite/dritte ~:** best/second/third quality; **die Socken sind zweite ~:** the socks are seconds
**Wahl-** *in* **~berliner/~bayer** *usw. (scherzh.)* Berliner/Bavarian *etc.* by adoption
**Wahl-: ~alter das** voting age; **~aus·gang der** election result
**wählbar** *Adj.* **a)** eligible for election *postpos.;* **diese Partei ist für mich einfach nicht ~:** I just couldn't vote for this party; **b)** *(passiv wahlberechtigt)* eligible to stand for election *postpos.*
**wahl-, Wahl-: ~benachrichtigung die** polling card; **~berechtigt** *Adj.* eligible *or* entitled to vote *postpos.;* **~berechtigte der/die;** *adj. Dekl.* person entitled to vote; **~beteiligung die** turn-out; **die ~beteiligung lag bei 81%** there was an 81% turn-out; **~bezirk der** ward
**wählen** ['vɛ:lən] **1.** *tr. V.* **a)** choose; *(aus~)* select ‹*station, programme, etc.*›; **seine Worte [sorgfältig/genau] ~:** choose one's words [carefully]; **sich** *(Dat.)* **jmdn. zum Vorbild ~:** take sb. as one's model; model oneself on sb.; *s. auch* **gewählt 2, 3; b)** *(Fernspr.)* dial ‹*number*›; **c)** *(durch Stimmabgabe)* elect; **jmdn. ins Parlament/in den Vorstand ~:** elect sb. to Parliament/to the board; **jmdn. zum Vorsitzenden ~:** elect sb. as chairman; **d)** *(stimmen für)* vote for ‹*party, candidate*›. **2.** *itr. V.* **a)** choose; **zwischen zwei Möglichkeiten** *(Dat.)* **~:** choose between two possibilities; **haben Sie schon gewählt?** *(im Lokal)* are you ready to order?; **b)** *(Fernspr.)* dial; **c)** *(stimmen)* vote; **konservativ/grün ~:** vote Conservative/for the Greens; **wann wird in Hessen gewählt?** when are the elections in Hessen?
**Wähler der; ~s, ~:** voter
**Wähler·auftrag der** mandate [given by the electorate]
**Wahl·ergebnis das** election result
**Wählerin die; ~, ~nen** voter
**Wähler·initiative die a)** voters' campaign; **b)** *(Gruppe)* voters' action group
**wählerisch** *Adj.* choosy; particular (**in +** *Dat.* about); **er war in seiner Ausdrucksweise nicht sehr ~:** his choice of vocabulary was not exactly refined
**Wählerschaft die; ~, ~en** electorate; **die ~ der SPD** the SPD's voters *pl.;* those who vote for the SPD
**Wähler-: ~stimme die** vote; **~verzeichnis das** electoral register *or* roll
**wahl-, Wahl-: ~fach das** *(Schulw.)* optional subject; **~frei** *Adj.* optional; **~gang der** ballot; **~geheimnis das** secrecy *or* confidentiality of the ballot; **~geschenk das** pre-election bonus; **~gesetz das** electoral law; **~heimat die** adopted country/place of residence; **~helfer der a)** election worker; **b)** *(Unterstützer einer Partei)* supporter *(at election time);* **~kabine die** polling-booth; **~kampf der** election campaign; **~kreis der** constituency; **~leiter der** returning officer *(Brit.);* election official *(Amer.);* **~liste die** list of candidates; **~lokal das** polling-station; **~los 1.** *Adj.*

indiscriminate; random; **2.** *adv.* indiscriminately; at random; **~los durcheinander** ⟨*eat, drink, read*⟩ in any *or (coll.)* any old order; **~mann der;** *Pl.* **~männer** elector *(elected by and representing other voters);* **~möglichkeit die** choice; *(Alternative)* alternative; **~nacht die** election night; **~niederlage die** election defeat; **~periode die** legislative period; *(eines Amtsträgers)* term in office; **~pflicht die** compulsory voting; **~plakat das** election poster; **~programm das** election manifesto; **~propaganda die** election propaganda; **~recht das a)** *o.Pl.* **[aktives] ~recht** right to vote; *(einer Gruppe)* franchise; **[passives] ~recht** right to stand [as a candidate] for election; **b)** *(Rechtsvorschriften)* electoral law; **~rede die** election speech

**Wähl·scheibe die** *(Fernspr.)* dial

**wahl-, Wahl-: ~schein der** voting permit *(esp. for postal voter);* **~sieg der** election victory; **~spruch der** motto; **~system das** electoral system; **~tag der** election day; polling day; **~urne die** ballot-box; **~verfahren das** electoral procedure; **~verhalten das** voting habits *pl.;* **~versammlung die** election meeting; **~versprechen das** election promise; **~verteidiger der** *(Rechtsw.) defence lawyer chosen by the defendant;* **~verwandschaft die** *(geh.)* feeling of affinity; **~vorschlag der** nomination; **~weise** *Adv.* as desired; to choice; **~weise ... oder ...:** either ... or ... [as desired]

**Wahn** [va:n] **der; ~[e]s a)** mania; **b)** *(Täuschung)* delusion; **sie ließ ihn in diesem ~:** she let him go on believing this; **er ist in dem ~ befangen** *od.* **lebt in dem ~, daß ...:** he is labouring under the delusion that ...

**wähnen** ['vɛ:nən] *tr. V. (geh.)* think [mistakenly]; imagine; **jmdn. in Sicherheit** *od.* **sicher ~:** imagine *or* think sb. is safe

**wahn-, Wahn-: ~idee die** *s.* **~vorstellung; ~sinn der;** *o. Pl.* **a)** insanity; madness; **jmdn. in den ~sinn treiben** drive sb. insane; **in ~sinn** *od.* **dem ~sinn verfallen** go insane; **b)** *(ugs.: Unvernunft)* madness; lunacy; **das ist ja ~sinn!** that's just crazy!; **c)** *(salopp)* **~sinn!** incredible! *(coll.);* amazing!; **dieser Film ist einfach ~sinn** this film is just fantastic *(coll.);* **~sinnig 1.** *Adj.* **a)** *(geistesgestört)* insane; mad; **~sinnig werden** go insane; **du machst mich noch ~sinnig!** *(ugs.)* you're driving me round the bend *(coll.);* **wie ~sinnig** *(ugs.)* like mad *or (coll.)* crazy; **ich werde ~sinnig!** *(ugs.)* fantastic! *(coll.);* **b)** *(ugs.: ganz unvernünftig)* mad; crazy; **so etwas Wahnsinniges!** what a crazy idea!; **c)** *(ugs.: groß, heftig, intensiv)* terrific *(coll.)* ⟨*effort, speed, etc.*⟩; terrible *(coll.)* ⟨*fright, job, pain*⟩. **2.** *adv. (ugs.)* incredibly *(coll.);* terribly *(coll.);* **ich habe ~sinnig viel zu tun** I'm terribly *or* terrifically busy *(coll.)*

**Wahnsinnige der/die;** *adj. Dekl.* maniac; madman/madwoman

**Wahnsinnig·werden** *in* **es ist zum ~/zum ~ mit ihm** it's/he's enough to drive you round the bend *or* up the wall *(coll.)*

**Wahn·sinns-: ~idee die a)** crazy idea *(coll.);* **b)** *(salopp: großartige Idee)* great *or* fantastic idea *(coll.);* **~tat die** insane act; act of madness

**wahn-, Wahn-: ~vorstellung die** delusion; **~witz der** lunacy; insanity; **~witzig 1.** *Adj.* **a)** insane; **b)** *(ugs.: allzu groß, stark usw.)* insane, lunatic ⟨*speed*⟩; terrible *(coll.),* awful ⟨*pain*⟩. **2.** *adv. (ugs.)* insanely *(coll.)* ⟨*fast, expensive*⟩; incredibly *(coll.)* ⟨*high*⟩; ⟨*hurt*⟩ like hell *(coll.)*

**wahr** [va:ɐ̯] **1.** *Adj.* **a)** true; **[das] ist ja gar nicht ~!** that's just not true!; **davon ist kein Wort ~:** there isn't a word of truth in it; **nicht ~?** *translation depends on preceding verb-form;* **du hast Hunger, nicht ~?** you're hungry, aren't you?; **nicht ~, er weiß es doch?** he does know, doesn't he?; **du hast es vergessen, nicht ~?** you've forgotten it, haven't you?; **das darf [doch] nicht ~ sein!** I don't believe it!; **etw. ~ machen** carry sth. out; **so ~ ich hier stehe** as surely as I stand here; **so ~ mir Gott helfe** so help me God; **was ~ ist, muß ~ bleiben** facts are facts; **das ist schon gar nicht mehr ~** *(ugs.)* that was donkey's years ago *(coll.);* **daran ist etwas Wahres** there's a grain of *or* some truth in that; **b)** *nicht präd. (wirklich)* real ⟨*reason, motive, feelings, joy, etc.*⟩; actual ⟨*culprit*⟩; *(echt)* true, real ⟨*friend, friendship, love, art*⟩; *(regelrecht)* veritable ⟨*miracle*⟩; **es war eine ~e Pracht** it was really *or* truly magnificent; **im ~sten Sinne des Wortes** in the truest sense of the word; **das ist nicht das Wahre** *(ugs.)* it's not exactly ideal; it's not quite the thing; **das ist doch das einzig Wahre** *(ugs.)* that's just what the doctor ordered *(coll.);* **s. auch Jakob. 2.** *adv.* **~ sprechen** *(geh.)* speak true *(literary)*

**wahren** *tr. V. (geh.)* preserve, maintain ⟨*balance, equality, neutrality, etc.*⟩; maintain, assert ⟨*authority, right*⟩; keep ⟨*promise, secret*⟩; *(verteidigen)* defend, safeguard ⟨*interests, rights, reputation*⟩; **Anstand ~:** observe the proprieties; *s. auch* **Distanz b; Form e; [1]Gesicht a; Schein b**

**währen** ['vɛ:rən] *itr. V. (geh.)* last; **ein lange ~der Prozeß** a process of long duration; **was lange währt, wird endlich gut** *(Spr.)* it will be/was worth it in the end

**während** ['vɛ:rənt] **1.** *Konj.* **a)** *(zeitlich)* while; **b)** *(adversativ)* whereas. **2.** *Präp. mit Gen.* during; *(über einen Zeitraum von)* for; **~ des ganzen Tages** all day [long]

**während·dem** *(ugs.),* **während·des** *(geh.),* **während·dessen** *Adv.* in the mean time; meanwhile

**wahr|haben** *unr. tr. V. in* **etw. nicht ~ wollen** not want to admit sth.

**wahrhaft** *(geh.)* **1.** *Adj.* true; genuine. **2.** *adv.* truly

**wahrhaftig 1.** *Adj. (geh.)* truthful ⟨*person*⟩; *(wahr)* true, truthful ⟨*statement*⟩; **der ~e Gott** the true God; **~er Gott!** good God!. **2.** *adv.* really; genuinely; **das habe ich nicht gewollt, ~ nicht!** I didn't want that, really I didn't!; **wirklich und ~:** really and truly

**Wahrhaftigkeit die; ~** *(geh.)* truthfulness

**Wahrheit die; ~, ~en** truth; **die ~ eines Berichts** the accuracy *or* faithfulness of an account; **in ~:** in truth; in reality; **die ~ sagen** *od. (geh.)* **sprechen** tell *or* speak the truth; **um der ~ willen ...** to be truthful ...

**wahrheits-; Wahrheits-: ~beweis der** proof of truth; **~findung die** *(Rechtsw.)* ascertainment of the truth; **~gehalt der** truth; **~gemäß 1.** *Adj.* truthful; accurate ⟨*information*⟩; **2.** *adv.* truthfully; **~getreu 1.** *Adj.* truthful; faithful, accurate ⟨*account*⟩; **2.** *adv.* truthfully; ⟨*portray*⟩ faithfully, accurately; **~liebe die** love of truth; **~liebend** *Adj.* honest

**wahrlich** *Adv. (geh.)* really; truly; **~, ich sage euch: ...** *(bibl.)* verily I say unto you, ...

**wahrnehmbar** *Adj.* perceptible; *(hörbar)* audible

**wahr|nehmen** *unr. tr. V.* **a)** *(mit den Sinnen erfassen)* perceive; discern; *(spüren)* feel; detect ⟨*sound, smell*⟩; *(bemerken)* notice; be aware of; *(erkennen, ausmachen)* make out; discern; detect, discern ⟨*atmosphere, undertone*⟩; **er nimmt alles, was um ihn herum vorgeht, genau wahr** he takes in everything going on around him; **b)** *(nutzen)* take advantage of ⟨*opportunity*⟩; exploit ⟨*advantage*⟩; exercise ⟨*right*⟩; **die Vorfahrt ~:** exercise one's right of way; **c)** *(vertreten)* look after ⟨*sb.'s interests, affairs*⟩; **d)** *(erfüllen, ausführen)* carry out, perform ⟨*function, task, duty*⟩; fulfil ⟨*responsibility*⟩

**Wahrnehmung die; ~, ~en a)** perception; *(eines Sachverhalts)* awareness; *(eines Geruchs, eines Tons)* detection; **b)** *(Nutzung) (eines Rechts)* exercise; *(einer Gelegenheit, eines Vorteils)* exploitation; **c)** *(Vertretung)* representation; **in ~ von jmds. Interessen** in sb's interest; **d)** *(einer Funktion, Aufgabe, Pflicht)* performance; execution; *(einer Verantwortung)* fulfilment

**Wahrnehmungs·vermögen das;** *o. Pl.* faculty of perception

**wahr·sagen, wahr|sagen 1.** *itr. V.* tell fortunes; **sich** *(Dat.)* **[von jmdm.] ~ lassen** have one's fortune told [by sb.]; **aus den Karten/den Handlinien ~:** read the cards/palms. **2.** *tr. V.* predict, foretell ⟨*future*⟩; **sie hat ihm gewahrsagt, daß er ...:** she predicted that he ...

**Wahrsager der; ~s, ~:** fortune-teller

**Wahrsagerei die; ~:** fortune-telling *no def. art.*

**Wahrsagerin die; ~, ~nen** fortune-teller

**Wahrsagung die; ~, ~en** prediction

**währschaft** ['vɛ:ɐ̯ʃaft] *Adj. (schweiz.)* durable ⟨*material*⟩; solid ⟨*roof*⟩; wholesome ⟨*food*⟩; strong ⟨*coffee*⟩; reliable ⟨*workman*⟩

**wahrscheinlich 1.** *Adj.* probable; likely; **~ klingen** sound plausible; **wenig ~:** not very likely; **das halte ich für das Wahrscheinlichste** I think that's the most likely answer; **nicht im Bereich des Wahrscheinlichen liegen** be beyond the bounds of probability. **2.** *adv.* probably

**Wahrscheinlichkeit die; ~, ~en** probability *(also Math.);* likelihood; **mit einiger/hoher** *od.* **großer ~:** quite/very probably; **aller ~ nach** in all probability

**Wahrscheinlichkeits-: ~grad der** degree of probability; **~rechnung die** *(Math.)* probability calculus

**Wahrung die; ~:** preservation; maintenance; *(eines Versprechens, Geheimnisses)* keeping; *(von Interessen, Rechten, Ruf)* defence; safeguarding; **die ~ des Anstandes** the observation of the proprieties

**Währung die; ~, ~en** currency

**Währungs-: ~block der,** *Pl.* **~blöcke** currency bloc; **~einheit die** currency unit; monetary unit; **~reform die** currency reform; **~reserve die** currency reserve; **~schlange die** *(Wirtsch.)* [EEC] currency snake; **~system das** currency system; **~union die** currency union; **Währungs-, Wirtschafts- und Sozialunion** social, economic, and currency union

**Wahr·zeichen das** symbol; *(einer Stadt, einer Landschaft)* [most famous] landmark

**Waise** ['vaizə] **die; ~, ~n** orphan; **er/sie ist ~:** he/she is an orphan

**Waisen-: ~haus das** orphanage; **~kind das** orphan; **~knabe der** *(veralt.)* orphaned boy; **gegen jmdn. der reinste ~knabe sein** *(ugs.)* be a mere novice compared to sb.; **~rente die** orphan's [social] benefit

**Wal** [va:l] **der; ~[e]s, ~e** whale

**Wald** [valt] **der; ~[e]s, Wälder** ['vɛldɐ] wood; *(größer)* forest; **die Tiere des ~es** the animals of the forest; **im ~ spazierengehen** go walking in the woods; **viel ~:** a great deal of woodland; **in/durch ~ und Feld** *od.* **Flur** in/through woods and fields; **ein ~ von Masten/Antennen** *(fig.)* a forest of masts/aerials; **ich glaub', ich steh' im ~** *(salopp)* I don't believe this!; you can't be serious!; **den ~ vor [lauter] Bäumen nicht sehen** *(fig.)* not see the wood for the trees; **wie man in den ~ hineinruft, so schallt es heraus** *(Spr.)* you are treated as you treat others

**Wald-: ~ameise die** wood ant; **~arbeiter der** forestry worker; **~bestand der** forests *pl.; (Fläche)* area of forest; **~brand der** forest fire

**Wäldchen** ['vɛltçən] **das** copse; spinney

**Wald·einsamkeit die** *(dichter.)* woodland solitude

**Wald·erdbeere die** wild strawberry

**Waldes-: ~rauschen das** *(dichter.)* forest

murmurs *pl.;* **~saum der** *(dichter.)* edge of the woods/forest

**Wald-: ~frevel der** *s.* **Forstfrevel; ~gebiet das** forest area; **~geist der;** *Pl.* **~er** woodland sprite; **~gott der** *(Myth.)* forest god; **~horn das** *Pl.* **~hörner** French horn; *(Jagdhorn)* [large] hunting-horn

**waldig** *Adj.* wooded

**Wald-: ~land das;** *o. Pl.* woodland; **~lauf der: [einen] ~lauf machen** go jogging through the woods; **~lehr·pfad der** woodland nature trail; **~meister der;** *o. pl. (Bot.)* woodruff

**Waldorf-** ['valdɔrf]-: **~salat der** *(Kochk.)* Waldorf salad; **~schule die** Rudolf Steiner school

**wald-, Wald-: ~rand der** edge of the woods *or* the forest; **~reich** *Adj.* densely wooded; **~schrat der** hobgoblin; woodland gnome; **~spaziergang der** walk in the woods; **~sterben das** death of the forest [as a result of pollution]; **~stück das** piece of woodland; **~tier das** forest *or* woodland animal

**Waldung die; ~, ~en** forest

**Wald·weg der** forest path; *(für Fahrzeuge)* forest track

**Wales** [weɪlz] **(das); Wales'** Wales

**Wal-: ~fang der;** *o. Pl.* whaling *no def. art.;* **auf ~fang gehen/sein** go/be whaling; **~fänger der** whaler; **~fisch der** *(ugs.)* whale

**Walhall, Walhalla** [val'hal(a)] **(das); ~s** Valhalla

**Waliser** [va'li:zɐ] **der; ~s, ~:** Welshman

**Waliserin die; ~, ~nen** Welshwoman

**walisisch** [va'li:zɪʃ] **1.** *Adj.* Welsh; **das Walisische** Welsh. **2.** *adv.* **etw. ~ aussprechen** pronounce sth. the Welsh way

**walken** ['valkn̩] *tr. V.* full ⟨*cloth*⟩; roll ⟨*sheet metal*⟩*;* tumble ⟨*leather*⟩

**Walküre** [val'ky:rə] **die; ~, ~n** *(nord. Myth., fig.)* Valkyrie

**Wall** [val] **der; ~[e]s, Wälle** ['vɛlə] earthwork; embankment; rampart *(esp. Mil.); (fig.)* wall

**Wallach** ['valax] **der; ~[e]s, ~e** gelding

**wallen** *itr. V.* **a)** *(brodeln)* boil; **der Zorn brachte sein Blut zum Wallen** *(fig. geh.)* anger made his blood boil; **b)** *(geh.: aufgewühlt sein)* ⟨*sea, waves*⟩ seethe, churn; **c)** *mit Richtungsangabe mit sein (geh.)* ⟨*mist, steam*⟩ swirl; **d) ~des Haar/~de Gewänder** *(geh.)* flowing hair/robes

**wall-, Wall-: ~fahren** *itr. V.; mit sein* make a pilgrimage; **~fahrer der, ~fahrerin die** pilgrim; **~fahrt die** pilgrimage; **eine ~fahrt machen** go on a pilgrimage

**Wall·fahrts-: ~kirche die** pilgrimage church; **~ort der** place of pilgrimage

**Wall·graben der** moat

**Wallis** ['valɪs] **das; ~:** Valais; **im/aus dem ~:** in/from Valais

**Wallone** [va'lo:nə] **der; ~n, ~n** Walloon

**Wallonien** [va'lo:niən] **(das); ~s** Wallonia

**Wallonin die; ~, ~nen** Walloon

**wallonisch** *Adj.* Walloon

**Wallung die; ~, ~en a)** *(geh.)* **in ~ sein** be seething *or* churning; **in ~ geraten** start to seethe *or* churn; **in ~ bringen** make ⟨*sea, water, etc.*⟩ churn; **b)** *(fig. geh.)* **er** *od.* **sein Blut war/geriet in ~:** he *or* his blood was seething/began to seethe; *(vor Leidenschaft)* his feelings were in turmoil *or* inflamed/became inflamed; **jmdn.** *od.* **jmds. Blut in ~ bringen** *(vor Wut, Ärger)* make sb.'s blood boil; *(vor Leidenschaft)* inflame sb. *or.* sb.'s feelings; **c)** *(Med.) s.* **Hitzewallung**

**Walm·dach** ['valm-] **das** hipped roof

**Wal·nuß** ['valnʊs] **die** walnut

**Walnuß·baum der** walnut tree

**walnuß·groß** *Adj.* walnut-sized

**Walpurgis·nacht** [val'pʊrgɪs-] **die** Walpurgis Night *no art.*

**Wal·roß** ['valrɔs] **das;** *Pl.* **~rosse** walrus

**Wal·statt die** *(dichter. veralt.)* field of battle; **auf der ~ bleiben** *(veralt.)* fall in battle

**walten** ['valtn̩] **1.** *itr. V. (geh.)* **a)** ⟨*good sense, good spirit*⟩ prevail; ⟨*peace, silence, harmony, etc.*⟩ reign; **rohe Kräfte haben hier gewaltet** brutal forces have been at work here; **Vorsicht/Gnade/Milde/Strenge** *usw.* **~ lassen** exercise caution/mercy/leniency/rigour *etc.;* **Vernunft ~ lassen** be reasonable; **b)** *(veralt.: das Regiment führen)* rule **(über +** *Akk.* over); *s. auch* **Amt b, schalten 2 d. 2.** *tr. V. in* **das walte Gott** *(geh.)/(salopp scherzh.)* **Hugo** may God grant that this be so/I hope to God it is

**Walz die; ~:** *s.* **Walze e**

**Walze** ['valtsə] **die; ~, ~n a)** roller; *(Straßen~)* [road-]roller; *(Schreib~)* platen; *(Tiefdruck~)* gravure cylinder; **b)** *(eines mechanischen Musikinstruments)* barrel; *(hist.: eines Phonographen)* cylinder; **er spielt immer wieder die alte ~** *(ugs.)* he always comes out with the same old story; **c)** *(Geom.)* cylinder; **d)** *(Walzwerk)* rolling-mill; **e)** *o. Pl. (veralt.) in* **auf der ~ sein/auf die ~ gehen** be on/take to the road; **ein Handwerksbursche auf der ~:** an itinerant journeyman

**walzen 1.** *tr. V.* roll ⟨*field, road, steel, etc.*⟩. **2.** *itr. V. (veralt., scherzh.)* **a)** *mit Richtungsangabe mit sein (Walzer tanzen)* waltz; **b)** *mit sein (reisen)* rove; *(zu Fuß)* hike

**wälzen** ['vɛltsn̩] **1.** *tr. V.* **a)** roll ⟨*round object*⟩; heave ⟨*heavy object*⟩; *(drehen)* roll ⟨*person etc.*⟩ over; *(fig.)* shove ⟨*blame, responsibility*⟩ **(auf +** *Akk.* on); **die Arbeit auf jmdn. ~:** lumber sb. with the work; **b)** *(ugs.: studieren)* pore over ⟨*books etc.*⟩; **c)** *(Kochk.: wenden)* **etw. in Mehl** *usw.* **~:** toss sth. in flour *etc.;* **d)** *(ugs.: diskutieren, nachdenken über)* mull over ⟨*plans, problem, etc.*⟩. **2.** *refl. V.* roll; *(auf der Stelle)* roll about *or* around; *(im Krampf, vor Schmerzen)* writhe around; **sich schlaflos im Bett ~:** toss and turn in bed, unable to sleep; **sich vor Lachen ~** *(ugs.)* fall about laughing; **Menschenmengen wälzten sich durch die Straßen** crowds of people thronged through the streets

**walzen·förmig** *Adj.* cylindrical

**Walzer der; ~s, ~:** waltz; **kannst du ~ tanzen?** can you waltz?

**Wälzer der; ~s, ~** *(ugs.)* hefty tome

**Walzer-: ~musik die** waltz music; **~takt der** waltz time

**Walz-: ~stahl der** rolled steel; **~straße die** *(Technik)* roll train; **~werk das** rolling-mill

**Wampe** ['vampə] **die; ~, ~n** *(ugs. abwertend)* pot belly

**Wams** [vams] **das; ~es, Wämser** ['vɛmzɐ] **a)** *(hist.: Untergewand zur Rüstung)* gambeson; **b)** *(veralt.: Jacke)* doublet

**wand** *1. u. 3. Pers. Sg. Prät. v.* **winden**

**Wand** [vant] **die; ~, Wände** ['vɛndə] **a)** wall; *(Trenn~)* partition; **die eigenen vier Wände** one's own four walls; **..., daß die Wände wackeln** *(ugs.)* ... almost fit to raise the roof *(coll.);* **jmdn. an die ~ stellen** *(verhüll. ugs.)* put sb. up against a wall *(euphem.);* **da kann man die Wände hochgehen** *(fig.)* it's enough to drive you up the wall *(coll.);* **jmdn. an die ~ drücken** *(fig.)* push sb. into the background; **jmdn. an die ~ spielen** *(fig.)* outclass sb.; *(durch Manöver ausschalten)* outmanœuvre sb.; **bei ihm redet man gegen eine ~** *(fig.)* talking to him is like talking to a brick wall; **sie wohnen ~ an ~:** they live next door to one another; they are neighbours; **die Wände haben Ohren** *(ugs.)* walls have ears; **b)** *(bewegliche Trenn~)* screen; **spanische ~:** folding screen; **c)** *(eines Behälters, Schiffs)* side; *(eines Zeltes)* wall; side; *(Biol.)* septum; *(Anat.)* wall; **d)** *(Fels~)* face; wall; **e)** *(Wolken~)* bank of cloud

**Wandale** [van'da:lə] **der; ~n, ~n a)** *(hist.)* Vandal; **b)** *(fig.)* vandal

**Wandalismus** [vanda'lɪsmʊs] **der; ~:** vandalism

**Wand·behang der** wall hanging

**Wandel** ['vandl̩] **der; ~s** change; **im ~ der Zeiten/der Jahrhunderte** through the ages/over the centuries

**Wandel·anleihe die** *(Bankw.)* convertible loan

**wandelbar** *Adj.* changeable; variable ⟨*size, number*⟩

**Wandel-: ~gang der** promenade; *(im Theater)* foyer; **~halle die** lobby; *(im Theater)* foyer

**wandeln 1.** *refl. V.* change **(in +** *Akk.* into). **2.** *tr. V. (verändern)* change; **etw. in etw.** *(Akk.)* **~** *(geh.)* change *or* turn sth. into sth. **3.** *itr. V.; mit sein (geh.)* stroll; *s. auch* **Leiche; Lexikon a**

**Wander-: ~ameise die** army ant; **~ausstellung die** touring exhibition; **~bühne die** touring company; **~bursche der** journeyman *(travelling from place to place);* **~düne die** wandering dune

**Wanderer der; ~s, ~: a)** walker; *(der weite Wege zurücklegt)* rambler; hiker; **b)** *(dichter.: Reisender)* traveller

**Wander-: ~falke der** peregrine falcon; **~gewerbe das** itinerant trade; **~heuschrecke die** migratory locust

**Wanderin die; ~, ~nen** *s.* **Wanderer**

**Wander-: ~jahr das** year of travel; *(eines Handwerkers)* journeyman year; **~karte die** rambler's [path] map; **~kleidung die** rambling *or* hiking clothes *pl.;* **~leben das** unsettled life; *(von Nomaden)* nomadic life; **~lied** ramblers' *or* hikers' song

**wandern** ['vandɐn] *itr. V.; mit sein* **a)** hike; ramble; *(ohne Angabe des Ziels)* go hiking *or* rambling; **b)** *(ugs.: gehen)* wander *(lit. or fig.); (fig.)* ⟨*glance, eyes, thoughts*⟩ roam, wander; **c)** *(ziehen, reisen)* travel; *(ziellos)* roam; ⟨*exhibition, circus, theatre*⟩ tour, travel; ⟨*animal, people, tribe*⟩ migrate; *(fig.)* ⟨*cloud, star*⟩ drift; **~de Stämme** nomadic tribes; **d)** *(sich verlagern)* ⟨*glacier, dune, island*⟩ move, shift; *(innerhalb des Körpers)* ⟨*kidney etc.*⟩ be displaced; ⟨*foreign body*⟩ migrate; **e)** *(ugs.: befördert werden)* land; **in den Papierkorb/Müll** *usw.* **~:** land *or* be thrown in the waste-paper basket/rubbish-bin *etc.;* **g)** *(fig.: weitergegeben werden)* be handed *or* passed on

**Wander-: ~niere die** *(Med.)* floating kidney; **~pokal der** challenge cup; **~prediger der** itinerant preacher; **~ratte die** brown rat

**Wanderschaft die; ~:** travels *pl.;* **die Zeit der ~:** the years *pl.* of travel; **auf [der] ~ sein/auf [die] ~ gehen** be on/set off on one's travels; **ein Handwerksbursche auf [der] ~:** a travelling *or* an itinerant journeyman

**Wander·schuh der** hiking shoe

**Wanders·mann der;** *Pl.* **~leute** *(veralt.)* wayfarer

**Wander-: ~stock der** staff; **~tag der** day's hike *(for a class or school)*

**Wanderung die; ~, ~en a)** hike; walking tour; *(sehr lang)* trek; **eine ~ machen** go on a hike/tour/trek; **b)** *(Zool., Soziol.)* migration

**Wanderungs·bewegung die** *(Soziol.)* migration; migratory movement

**Wander-: ~verein der** ramblers' association; **~vogel der a)** *(ugs.: begeisterter Wanderer)* keen hiker; **b)** *in* **der ~vogel** *(hist.) ramblers' association, founded 1895, precursor of the German youth movement;* **c)** *(Mitglied)* member of the *Wandervogel;* **~weg der** footpath *(constructed for ramblers);* **~zirkus der** travelling circus

**Wand-: ~gemälde das** mural; **~haken der** [wall-]hook; **~kalender der** calendar; **~lampe die, ~leuchte die** wall-light

**Wandlung die; ~, ~en a)** change; *(grundle-*

*gend)* transformation; **b)** *(kath. Rel.)* transubstantiation; *(in der Messe)* consecration of the bread and wine

**wạndlungs·fähig** *Adj.* adaptable

**Wạnd·malerei die** mural painting; wall-painting; *(Bild)* mural; wall-painting

**Wạndrer der; ~s, ~** *s.* **Wanderer**

**Wạndrerin die; ~, ~nen** *s.* **Wanderin**

**Wạnd-: ~schirm der** folding screen; **~schrank der** wall cupboard *or (Amer.)* closet; *(Einbauschrank)* built-in cupboard *or (Amer.)* closet; *(für Kleidung)* built-in wardrobe *or (Amer.)* closet; **~spiegel der** wall mirror; **~tafel die** [wall] blackboard

**wandte** ['vantə] *1. u. 3. Pers. Prät. v.* **wenden**

**Wạnd-: ~teller der** wall [display] plate; **~teppich der** wall-hanging; tapestry; **~uhr die** wall clock

**Wạndung die; ~, ~en** *(von Gefäßen usw.)* side; *(von Organen)* wall

**Wạnd-: ~verkleidung die** *(außen)* facing; *(innen)* wall covering; *(Täfelung)* wall panelling; **~zeitung die** wall newspaper

**Wange** ['vaŋə] **die; ~, ~n a)** *(geh.)* cheek; **~ an ~:** cheek to cheek; **ihm stieg das Blut in die ~n** the blood rose to his cheeks; **b)** *(Technik)* cheek; *(einer Treppe)* stringer; *(einer Leiter)* stile

**Wạngen·kuß der: jmdm. einen ~ geben** kiss sb's cheek

**Wạnkel·motor der** Wankel engine

**Wạnkel·mut der** *(geh.)* vacillation

**wạnkelmütig** [-my:tıç] *Adj. (geh.)* vacillating

**wanken** ['vaŋkn̩] *itr. V.* **a)** *(schwanken)* sway; ⟨*person*⟩ totter; *(unter einer Last)* stagger; **ins Wanken geraten** *od.* **kommen** begin to sway/totter; **nicht ~ und nicht weichen** *(geh.)* not budge an inch; **b)** *mit sein (unsicher gehen)* stagger; totter; **~den Schrittes** *(geh.)* with unsteady gait; **c)** *(geh.: bedroht sein)* ⟨*government, empire, etc.*⟩ totter; **ins Wanken geraten** begin to totter; ⟨*theory, faith, etc.*⟩ become shaky; **ins Wanken bringen** make ⟨*monarchy, government, etc.*⟩ totter; shake ⟨*resolve, faith*⟩; **d)** *(geh.: unsicher sein/werden)* ⟨*person*⟩ waver, vacillate; **[in etw.** *(Dat.)***] ~d werden** begin to waver *or* vacillate [in sth.]; **jmdn. ~d machen** make sb. waver

**wann** [van] *Adv.* when; **~ kommst du morgen?** when *or* [at] what time are you coming tomorrow?; **~ ist dieses Jahr Ostern?** when *or* on what date does Easter fall this year?; **seit ~ wohnst du dort?** how long have you been living there?; **seit ~ sind Delphine Fische/bin ich dein Laufbursche?** *(iron.)* since when have dolphins been fish/have I been your errand boy?; **bis ~ kann ich noch anrufen?** until when *or* how late can I still phone?; **von ~ an ...?** from when ...?; **von ~ bis ~ gilt es?** for what period is it valid?; **bis ~ ist das Essen fertig?** [by] when will the food be ready?; **ich weiß nicht, ~:** I don't know when; **du kannst kommen, ~ du willst** you can come when[ever] you like; **~ [auch] immer** *(geh.)* whenever

**Wạnne die; ~, ~n** bath[tub]; *(Öl~)* sump; *(Fot.)* [wash-]tank; **in die ~ steigen** get into the bath

**Wạnnen·bad das** bath

**Wanst** [vanst] **der; ~[e]s, Wänste** ['vɛnstə] *(ugs. abwertend)* belly; *(dicker Bauch)* potbelly; **sich den ~ vollschlagen** stuff oneself *(coll.)*

**Want** [vant] **die; ~, ~en** *(Schiffbau)* shroud

**Wanze** ['vantsə] **die; ~, ~n** *(Bett~, Abhör~)* bug *(coll.)*

**Wappen** ['vapn̩] **das; ~s, ~:** coat of arms; **~ oder Zahl?** heads or tails?

**Wappen-: ~feld das** *(Her.)* quarter; **~kunde die;** *o. Pl.* heraldry *no art.*; **~schild der** *od.* **das** *(Her.)* shield; **~spruch der** motto; **~tier das** heraldic beast

**wạppnen** *refl. V. (geh.)* **a)** forearm oneself; **sich gegen etw. ~:** prepare [oneself] for sth.; **[gegen etw.] gewappnet sein** be forearmed [against sth.]

**war** [va:ɐ̯] *1. u. 3. Pers. Sg. Prät. v.* **sein**

**Waran** [va'ra:n] **der; ~s, ~e** *(Zool.)* monitor lizard

**warb** [varp] *1. u. 3. Pers. Sg. Prät. v.* **werben**

**ward** [vart] *(geh.) 1. u. 3. Pers. Sg. Prät. v.* **werden**

**Ware** ['va:rə] **die; ~, ~n a) ~[n]** goods *pl.*; **b)** *(einzelne ~)* article; commodity *(Econ., fig.)*; *(Erzeugnis)* product; **neue ~ bekommen** receive new stock; **die Händler preisen ihre ~n an** the traders are vaunting the excellence of their wares; **heiße ~** *(ugs.)* hot goods; **c)** *(Kaufmannsspr.: Stoff)* material

**Wa̲ren-: ~an·gebot das** supply [of goods]; *(Sortiment)* range of goods; **~annahme die a)** acceptance of goods; **„keine ~annahme"** no deliveries; **b)** *(Annahmestelle)* goods reception; **„~annahme"** 'goods in'; **~auf·zug der** goods lift *(Brit.) or (Amer.)* elevator; **~ausfuhr die** export of goods; **~aus·gabe die a)** issue of goods; **b)** *(Ausgabestelle)* goods collection point; **~begleit·schein der** *(Zollw.)* [customs] bond note; **~bestand der** stock; **~börse die** *(Wirtsch.)* commodity exchange; **~einfuhr die** import of goods; **~haus das** department store; **~korb der** *(Statistik)* basket of goods; **~lager das** *(einer Fabrik o.ä.)* stores *pl.*; *(eines Geschäftes)* stock-room; *(größer)* warehouse; *(Bestand)* stocks *pl.*; **~muster das, ~probe die** sample; **~sendung die** *(Postw.)* parcel containing samples *(sent at a special rate)*; **~test der** product test; **~umsatz der** turnover of goods; **~umschlag der** volume of goods handled; **~zeichen das** trade mark

**warf** [varf] *1. u. 3. Pers. Sg. Prät. v.* **werfen**

**warm** [varm]; **wärmer** ['vɛrmɐ], **wärmst ...** ['vɛrmst ...] **1.** *Adj.* **a)** warm; hot ⟨*meal, food, bath, spring*⟩; hot, warm ⟨*climate, country, season, etc.*⟩; **~e Küche** hot food; **das Essen ~ machen/stellen** heat up the food/keep the food warm *or* hot; **im Warmen sitzen/ins Warme kommen** sit in/come into the warm; **~ halten** ⟨*coat, blanket, etc.*⟩ keep one warm; **etw. ~ halten** keep sth. warm; **mir ist/wird ~:** I feel warm/I'm getting warm; *(zu ~)* I feel hot/I'm getting hot; **sich ~ laufen** warm up; **„~"** *(auf Wasserhahn)* 'hot'; **~e Miete** *s.* **Warmmiete; b)** *(herzlich)* warm ⟨*sympathy, appreciation, words, etc.*⟩; *(lebhaft)* enthusiastic ⟨*agreement*⟩; keen, lively ⟨*interest*⟩; **[mit jmdm./etw.] ~ werden** *(ugs.)* warm [to sb./sth.]; **mir wurde ganz ~ ums Herz** *(geh.)* I felt a warm glow [of emotion]; **c)** *(salopp abwertend: homosexuell)* gay *(coll.)*; queer *(sl.)*; **ein ~er Bruder** *(salopp abwertend)* a queer *(sl.)*; a fag *(Amer. sl.)*. **2.** *adv.* warmly; **~ essen/duschen** have a hot meal/shower; **~ sitzen/schlafen** sit/sleep in the warm; **sich ~ anziehen/zudecken** dress up/cover oneself up warmly

**wạrm-, Wạrm-: ~blut das** *cross between heavy and light breeds*; ≈ cross-bred horse; **~blüter** [~bly:tɐ] **der; ~s, ~** *(Zool.)* warm-blooded creature; **~blütig** [~bly:tıç] *Adj. (Zool.)* warm-blooded

**Wạrme der;** *adj. Dekl. (salopp abwertend)* queer *(sl.)*; fag *(Amer. sl.)*

**Wärme** ['vɛrmə] **die; ~:** warmth; *(Hitze; auch Physik)* heat; **wir haben drei Grad ~:** it is three degrees above zero; **spezifische ~** *(Physik)* specific heat

**wạ̈rme-, Wạ̈rme-: ~austauscher der; ~s, ~** *(Technik)* heat-exchanger; **~belastung die a)** *(Ökologie)* thermal pollution; **b)** *(Technik)* thermal stress; **~beständig** *Adj.* heat-resistant; **~dämmend** *Adj.* insulating [against heat loss]; **~einheit die** thermal unit; **~energie die** thermal energy; **~gewitter das** *(Met.)* heat thunderstorm; **~grad der a)** *Pl.* degrees above zero; **wir hatten ~grade** the temperature was above zero; **b)** *(Temperatur)* temperature; **~haushalt der a)** *(der Erde)* heat balance; **b)** *(des Körpers)* heat regulation; **~isolation die** thermal insulation; **~kraftwerk das** thermal power station; **~lehre die** *(Physik)* theory of heat; *(Thermodynamik)* thermodynamics *sing.*, *no art.*

**wạ̈rmen 1.** *tr. V.* warm; *(aufwärmen)* warm up ⟨*food, drink*⟩; **jmdn./sich/sich [gegenseitig] ~:** warm sb./oneself/each other up. **2.** *itr. V.* be warm; *(warm halten)* keep one warm; **die Sonne wärmt kaum noch** the sun has hardly any warmth now

**Wạ̈rme-: ~pumpe die** *(Technik)* heat pump; **~speicher der** thermal store; **~strahlung die** thermal radiation; **~technik die** heat technology *no art.*; **~verlust der** heat loss

**Wạ̈rm·flasche die** hot-water bottle

**wạrm-, Wạrm-: ~front die** *(Met.)* warm front; **~|halten** *unr. refl. V. (ugs.)* **sich** *(Dat.)* **jmdn. ~halten** keep on the right side of sb.; **~halte·platte die** hotplate; **~herzig 1.** *Adj.* warm-hearted; **2.** *adv.* warm-heartedly; **~herzigkeit die** warm-heartedness; warmth; **~|laufen** *unr. itr. V.; mit sein* warm up; **~laufen lassen** warm up ⟨*engine*⟩; **~luft die;** *o. Pl.* warm air; **~miete die** *(ugs.)* rent inclusive of heating; **es kostet 500 Mark ~miete** the rent, inclusive of heating, is 500 marks

**wärmstens** ['vɛrmstn̩s] *Adv.* **~ empfehlen** warmly recommend

**Warm·wạsser das;** *o. Pl.* hot water

**Warm·wạsser-: ~bereiter der; ~s, ~:** water-heater; boiler; **~heizung die** hot-water heating; **~versorgung die** hot-water supply

**Wạrn-: ~blink·anlage die** *(am Bahnübergang)* flashing warning lights *pl.*; *(am Kfz)* hazard warning lights *pl.*; **~blinker der** *(ugs.)* hazard warning lights *pl.*; **~blink·leuchte die** flashing warning light; **~dreieck das** *(Kfz-W.)* hazard warning triangle

**warnen** ['varnən] *tr. (auch itr.) V.* warn **(vor** + *Dat.* of, about); **jmdn. [davor] ~, etw. zu tun** warn sb. against doing sth.; **vor dem Betreten des Eises wird gewarnt** you are warned to beware of thin ice; **die Polizei warnt vor Nebel/vor Taschendieben** the police have issued a fog warning/a warning against pickpockets; **ich bin jetzt gewarnt** I have been warned; I know now to be careful; **ein ~des Beispiel** a cautionary example; **er hob ~d den Zeigefinger** he raised an admonitory finger

**Wạrn-: ~kreuz das** *(Verkehrsw.)* warning cross; **~lampe die** warning light; **~ruf der a)** warning shout; **b)** *(eines Tiers)* warning cry; **~schild das** warning sign; **~schuß der** warning shot; **~signal das** warning signal; **~streik der** token strike; **~system das** warning system

**Wạrnung die; ~, ~en** warning **(vor** + *Dat.* of, about); **laß dir das eine ~ sein!** let that be a warning to you!; **das ist meine letzte ~:** that's the last warning I shall give you; I shan't warn you again

**Wạrn·zeichen das** warning sign; *(Schall~, Leuchtzeichen)* warning signal

**Warschau** ['varʃau] **(das); ~s** Warsaw

**Wạrschauer 1. der; ~s, ~:** citizen of Warsaw; *(geborener ~)* native of Warsaw. **2.** *indekl. Adj.* Warsaw; **der ~ Pakt** *od.* **Vertrag** the Warsaw Pact; **die ~-Pakt-** *od.* **Vertrags-Staaten** the Warsaw Pact countries

**Warte** ['vartə] **die; ~, ~n** *(geh.)* **[hohe] ~:** vantage-point; *(fig.: Standpunkt)* **von jmds. ~ aus [gesehen]** [seen] from sb.'s standpoint

**Wạrte-: ~frau die** *(veralt.)* [*esp.* toilet] attendant; **~frist die** *s.* **~zeit b; ~halle die** waiting room; *(Flugw.)* departure lounge;

**~liste die** waiting list; **auf ~liste** *(Flugw.)* on stand-by

**warten** ['vartn̩] **1.** *itr. V.* wait (**auf** + *Akk.* for); **warte mal!** wait a moment!; just a moment!; **na warte!** *(ugs.)* just you wait!; **„bitte warten!"** 'wait'; *(am Telefon)* 'hold the line please'; **da kannst du lange ~!** *(iron.)* you'll have a long wait; you'll be lucky *(iron.)*; **auf sich ~ lassen** take one's/its time; **nicht lange auf sich ~ lassen** not be long in coming; **das lange Warten war völlig umsonst gewesen** the long wait had been all for nothing; **wir wollen mit dem Essen ~, bis alle da sind** we'll hold the meal until everybody's here; **sie wollen mit dem Heiraten noch [etwas] ~:** they want to wait a little before getting married; **darauf habe ich schon lange gewartet** *(iron.)* I've seen that coming [for a long time]; **auf dich/den haben wir gerade noch gewartet** *(iron.)* you were/he was all we needed; **Sie können [gleich] drauf ~:** you might as well wait for it; **so lange ~/mit etw. ~, bis es zu spät ist** leave it/leave sth. until it's too late. **2.** *tr. V.* service ⟨*car, machine, etc.*⟩

**Wärter** ['vɛrtɐ] **der; ~s, ~:** attendant; *(Tier~, Zoo~, Leuchtturm~)* keeper; *(Kranken~)* orderly; *(Gefängnis~)* warder; *(Schranken~)* crossing-keeper

**Wạrte·raum der** waiting-room

**Wärter·häuschen das** attendant's hut; *(Schranken~)* crossing-keeper's hut

**Wärterin die; ~, ~nen** *s.* **Wärter**

**Wạrte-: ~saal der** waiting-room; **~schleife die** *(Flugw.)* turning loop; **~zeit die a)** wait; **nach einer ~zeit von einer Stunde** after waiting for an hour; **b)** *(festgesetzte Frist)* waiting period; **~zimmer das** waiting-room

**-wärts** [-vɛrts] *adv.* ⟨*north-, south-, up-, down-, etc.*⟩wards; **seit~:** sideways

**Wạrtung die; ~, ~en** service*; (das Warten)* servicing; *(Instandhaltung)* maintenance; **der Wagen muß zur ~:** the car has to go to be serviced *or* go for servicing

**wạrtungs·frei** *Adj.* maintenance-free

**warum** [va'rʊm] *Adv.* why; **~ nicht?** why not?; **~ nicht gleich so?** why not do that in the first place?; **nach dem Warum fragen** ask the reason why

**Warze** ['vartsə] **die; ~, ~n a)** wart; **b)** *(Brust~)* nipple

**Wạrzen-: ~hof der** *(Anat.)* nipple areola; **~schwein das** wart-hog

**wạrzig** *Adj.* warty

**was** [vas] **1.** *Interrogativpron. Nom. u. Akk. u. (nach Präp.) Dat. Neutr.; s. auch (Gen.)* **wessen 1 b** what; **~ kostet das?** what *or* how much does that cost?; **~ ist er [von Beruf]?** what's his job?; **[das ist] gut, ~?** *(ugs.: nicht?)* not bad, eh?; **~ ist?, ~ denn?** *(was ist denn los?)* what is it?; what's up?; **~ denn, willst du etwa schon gehen?** you're not going already, are you?; **ach ~!** *(ugs.)* oh, come on!; of course not!; **für ~ brauchst du es?** *(ugs.)* what do you need it for?; **mit ~ beschäftigt er sich?** *(ugs.)* how does he occupy his time?; **~ der alles weiß!** what a lot he knows!; **~ es [nicht] alles gibt!** *(Ding)* what will they think of next?; *(Ereignis)* the things people will do!; **und ~ nicht alles** *(ugs.)* and so on ad infinitum; **~ [auch] immer** whatever; **~ für ein .../~ für ...:** what sort *or* kind of ...; **~ für ein Auto hat er?**, *(ugs.)* **~ hat er für ein Auto?** what kind of car has he got?; **~ für Möglichkeiten haben wir?** *(ugs.)* what possibilities do we have?; **Hast du den Apfel gegessen? – Was für'n Apfel?** *(ugs.)* Did you eat the apple? – What apple?; **~ für ein Unsinn/Glück/gemeiner Kerl!** *(ugs.)* what nonsense/luck/ *(coll.)* what a mean so-and-so!; **War's ein Sturm? – Und ~ für einer!** Was it a storm? – Not half! *(coll.) or* And then some! *(coll.)*. **2.** *Relativpron. Nom. u. Akk. u. (nach Präp.) Dat. Neutr.; s. auch (Gen.)* **wessen 2 b: a)** **[das,] ~:** what; **alles, was ...:** everything *or* all that ...; **alles, ~ ich weiß** all [that] I know; **das Beste, was du tun kannst** the best thing that you can do; **das, ~ du nicht mehr brauchst** the things *pl. or* what you no longer need; **~ er nicht kennt, [das] ißt er nicht** he won't eat anything he doesn't know; **vieles/manches/nichts/dasselbe/etwas, ~ ...:** much/many things/nothing/the same one/something that ...; **~ mich betrifft/das anbelangt, [so] ...:** as far as I'm/that's concerned, ...; **b)** *weiterführend* which; **er hat zugesagt, ~ mich gefreut hat** he agreed, which pleased me; **es hat geregnet, ~ uns aber nicht gestört hat** it rained, but that didn't bother us; **c)** *(ugs.: wer)* **~ ein ganzer Kerl ist, [der] wehrt sich** anyone worth his salt will put up a fight; **d)** *(landsch.: derjenige, der/diejenige, die)* **~ unser Vater ist, der sagt immer ...:** our father always says ...; **e)** *(landsch.: der, die, das)* **die Frieda, ~ unsere Jüngste ist** Frieda, who is our youngest. **3.** *Indefinitpron. Nom. u. Akk. u. (nach Präp.) Dat. Neutr. (ugs.)* **a)** *(etwas)* something; *(in Fragen, Verneinungen)* anything; **er hat kaum ~ gesagt** he hardly said anything *or* a thing; **ist ~?** is anything wrong?; **wenn er ~ gesehen hätte ...:** if he had seen anything; **haben die ~ miteinander?** is there something between them?; **so ~:** such a thing; something like that; **nein, so ~!** you don't say!; **so ~ könnte mir nicht passieren** nothing like that could happen to me; **gibt es hier so ~ wie'n Klo?** there isn't a loo *(Brit.) or (Amer.)* john here, is there? *(coll.)*; **er ist so ~ wie'n Professor** he's a professor *or* something of the sort; **so ~ Dummes/Ärgerliches!** how stupid/annoying!; **gibt es ~ Neues?** Is there any news?; **aus ihm wird mal/wird nie ~:** he'll make something of himself/he'll never come to anything; **das will ~ heißen** that really means something; **b)** *(ein Teil)* some; **ich bekomme auch ~:** I get some too; **c)** *(landsch.: ein wenig)* a little; a bit; **noch ~ Geld/Milch** some more money/milk; **~ lauter** a bit louder. **4.** *Adv. (ugs.)* **a)** *(warum, wozu)* why; what ... for; **~ stehst du hier herum?** what are you standing around here for?; **b)** *(wie)* how; **~ hast du dich verändert!** how you've changed; **lauf, ~ du kannst!** run as fast as you can!; **c)** *(inwiefern)* **~ kümmert's dich?** what does it matter to you?

**wạsch-, Wạsch-: ~aktiv** *Adj.* detergent; **~an·lage die** washing plant; *(Autowaschanlage)* car-wash; *(Scheibenwaschanlage)* windscreen-washer; **~an·leitung die** washing instructions *pl.*; **~automat der** washing-machine

**wasch·bar** *Adj.* washable

**Wạsch-: ~bär der** racoon; **~becken das** wash-basin; **~benzin das** cleaning fluid *(with petrol base)*; **~beton der** exposed aggregate concrete; **~brett das** washboard

**Wäsche** ['vɛʃə] **die; ~, ~n a)** *o. Pl. (zu waschende Textilien)* washing; *(für die Wäscherei)* laundry; **jmdm. die ~ machen** do sb.'s washing; **schmutzige ~ waschen** *(fig.)* wash [one's] dirty linen in public; **b)** *o. Pl. (Unter~)* underwear; **dumm/verdutzt aus der ~ gucken** *(ugs.)* look stupid/flabbergasted; **jmdm. an die ~ gehen/wollen** *(salopp)* go for sb./try to get at sb.; **c)** *(das Waschen)* washing *no pl.*; *(einmalig)* wash; **bei/nach der ersten ~:** when washed for the first time/after the first wash; **in der ~ sein** be in the wash; **etw. in die** *od.* **zur ~ tun** put sth. in the wash; **bei uns ist heute große ~:** we're doing a big wash today; **d)** *(Waschanlage)* washing plant

**Wäsche·beutel der** laundry-bag

**wạsch·echt** *Adj.* **a)** colour-fast ⟨*textile, clothes*⟩; fast ⟨*colour*⟩; **b)** *(fig.: echt)* genuine; pukka *(coll.)*

**Wäsche-: ~garnitur die** set of underwear; **~klammer die** clothes-peg *(Brit.)*; clothes-pin *(Amer.)*; **~korb der** laundry-basket; *(für nasse Wäsche)* clothes-basket; **~leine die** clothes-line

**wạschen 1.** *unr. tr.V.* **a)** wash; **sich ~:** wash [oneself]; have a wash; **jmdm./sich die Hände/das Gesicht** *usw.* **~:** wash sb.'s/one's hands/face *etc.*; **Wäsche ~:** do the/some washing; **sich ge~ haben** *(fig. ugs.)* be quite something; **b)** *(fig. ugs.)* launder ⟨*money*⟩. **2.** *unr. itr. V.* do the washing

**Wäsche·puff der** linen-basket *(Brit.)*, clothes hamper *(Amer.) (with upholstered lid)*

**Wäscherei die; ~, ~en** laundry

**Wäscherin die; ~, ~nen** laundrywoman

**Wäsche-: ~schleuder die** spin-drier; **~spinne die** rotary clothes-drier; **~ständer der** clothes-airer; **~tinte die** marking-ink; **~trockner der a)** *(Maschine)* tumble-drier; **b)** *(Gestell)* clothes-airer; **~zeichen das** linen-mark

**wạsch-, Wạsch-: ~frau die** washerwoman; **~gang der** washing cycle; **~gelegenheit die** washing facilities *pl.*; **~hand·schuh der** flannel mitt *(Brit.)*; shower/bath mitt *(Amer.)*; **~küche die a)** laundry-room; **b)** *(ugs.: dichter Nebel)* pea-souper; **~lappen der a)** [face] flannel; washcloth *(Amer.)*; **b)** *(ugs. abwertend) (Weichling)* softie *(coll.)*; *(Feigling)* sissy; **~lauge die** soapy water; soapsuds *pl.*; **~maschine die** washing-machine; **~maschinen·fest** *Adj.* machine-washable; **~mittel das** detergent; **~muschel die** *(österr.)* wash-basin; **~programm das** washing-programme; **~pulver das** washing-powder; **~raum der** washing-room; **~salon der** launderette; laundromat *(Amer.)*; **~schüssel die** washing-bowl; **~straße die** [automatic] car-wash

**wäscht** [vɛʃt] *3. Pers. Sg. Präsens v.* **waschen**

**Wạsch-: ~tag der** wash-day; **~tisch der** wash-stand

**Wạschung die; ~, ~en** *(Rel., Med.)* ablution

**Wạsch-: ~wasser das;** *o. Pl.* washing water; **~weib das** *(salopp abwertend: Klatschbase)* gossip; **~zettel der** *(Buchw.)* blurb; **~zeug das;** *o. Pl.* washing things *pl.*; **~zwang der** *(Psych.)* obsession with washing oneself

**Wasser** ['vasɐ] **das; ~s, ~/Wässer** ['vɛsɐ] **a)** *o. Pl.* water; **ins ~ gehen** enter the water; *(zum Schwimmen)* go for a swim; *(verhüll.: sich ertränken)* drown oneself; **warst du schon im ~?** have you been in the water?; *(zum Schwimmen)* have you been for a swim?; **sich über ~ halten** *(auch fig.)* keep one's head above water *(lit. or fig.)*; **direkt am ~:** right by the water; *(am Meer)* right by the sea; **ein Boot zu ~ lassen** put out *or* launch a boat; **auflaufendes/ablaufendes ~:** incoming/outgoing tide; **unter ~ stehen** be under water; be flooded; **etw. unter ~ setzen** flood sth.; **zu ~:** by sea; **ihre Überlegenheit zu ~:** their naval superiority; **der Transport zu ~:** transport by water; **~ treten** paddle *(for therapeutic purposes)*; *(strampeln)* tread water; **b)** *(fig.)* **ins ~ fallen** fall through; **das ~ steht ihm bis zum Hals** he's up to his neck in trouble; *(verschuldet sein)* he's up to his eyes in debt; **reinsten ~s** par excellence; **bis dahin fließt noch viel ~ den Bach** *od.* **Fluß** *od.* **Rhein** *usw.* **hinunter** a lot of water will have flowed under the bridge by then; **nahe am ~ gebaut haben** *(ugs.)* be rather weepy *or* tearful; **mit allen ~n gewaschen sein** know all the tricks; **jmdm. das ~ abgraben** pull the carpet from under sb.'s feet; leave sb. high and dry; **~ ziehen** *(ugs.)* ⟨*stockings, socks*⟩ be at half-mast; **~ hat keine Balken** *(Spr.)* you must either sink or swim; **stille ~ sind tief** *(Spr.)* still waters run deep *(prov.)*; **die kochen auch nur mit ~** *(ugs.)* they're no different from the rest of us; **bei ~ und Brot sitzen** be doing time [in prison]; **jmdm. nicht das ~ reichen können** not be able to hold a candle to sb.; not be a patch on sb. *(coll.)*; *s. auch* **Mühle a; c)** *Pl.* **Wässer** *(bei Maßangaben unflektiert) (Mineral~, Tafel~)* mineral water; *(Heil~)* water; **d)** *Pl.* **die ~ des Ganges** *(geh.)* the waters of the Ganges; **e)** *o. Pl. (Gewässer)* **ein fließendes/stehendes ~:** a moving/stagnant stretch of water; **f)** *o. Pl. (Schweiß)* sweat; *(Urin)* water; urine; *(Speichel)* saliva; *(Gewebsflüssigkeit)* fluid; **~ lassen** pass water; **sein ~ abschlagen** *(salopp)* have a slash *(sl.)*; **ihm lief das ~ im Munde zusammen** his mouth watered; **~ in den Beinen haben** have fluid in one's legs; *s. auch* **Blut; Rotz a; g)** *Pl.* **Wässer** *(Lösung, Lotion usw.)* lotion; *(Mund~)* mouthwash; *(Duft~)* scent; *(Kölnisch ~)* cologne

**wasser-, Wasser-: ~abweisend** *Adj.* water-repellent; **~ader der** [underground] watercourse; **~arm** *Adj.* ‹*area*› suffering from a water shortage; **~aufbereitung die** water treatment; **~bad das** *(Kochk.)* bain-marie; **~ball der a)** beach-ball; **b)** *o. Pl. (Spiel)* water polo; **~baller der; ~s, ~:** water-polo player; **~bau der;** *o. Pl.* hydraulic engineering *no art.*; **~becken das** pool; *(~tank)* water-tank; **~bett das** water-bed; **~büffel der** water-buffalo; **~burg die** moated castle

**Wässerchen** ['vɛsɐçən] **das; ~s, ~ a) er sieht aus, als könnte er kein ~ trüben** *(fig.)* he looks as though butter wouldn't melt in his mouth; **b)** *s.* **Wasser g; c)** *(scherzh.: Wodka)* vodka

**wasser-, Wasser-: ~dampf der** steam; **~dicht** *Adj.* **a)** waterproof ‹*clothing, watch, etc.*›; watertight ‹*container, seal, etc.*›; **b)** *(fig. ugs.)* watertight ‹*alibi, contract*›; **~druck der;** *Pl.* **~drücke** water pressure; **~eimer der** bucket; **~fahrzeug das** vessel; water-craft; **~fall der** waterfall; **reden wie ein ~** *(ugs.)* talk non-stop; **~farbe die** water-colour; **~fläche die** expanse of water; **~flasche die** water-bottle; **~floh der** water-flea; **~flugzeug das** seaplane; **~führend** *Adj.* water-bearing; **~gehalt der** water content; **~gekühlt** *Adj.* water-cooled; **~glas das a)** *(Gefäß)* glass; tumbler; *s. auch* **Sturm a; b)** *(Chemie)* water-glass; **~glätte die: bei ~glätte** in wet and slippery conditions; **~graben der a)** ditch; *(um eine Burg)* moat; **b)** *(Reiten, Leichtathletik)* water-jump; **~hahn der** water-tap; faucet *(Amer.)*; **~haushalt der a)** *(Physiol.)* water balance; **b)** *(Ökologie, Bodenk.)* hydrologic balance; **~hose die** *(Met.)* waterspout; **~huhn das** coot

**wässerig** ['vɛsərɪç] *s.* **wäßrig**

**wasser-, Wasser-: ~kasten der** water-tank; *(im WC)* cistern; **~kessel der** kettle; **~kopf der** hydrocephalus *(Med.)*; **der ~kopf der Bürokratie** *(fig.)* excessive bureaucracy; **~kraft die** water-power; **~kraftwerk das** hydroelectric power-station; **~kreislauf der** water cycle; **~krug der** water-jug; **~kühlung die** water-cooling system; **mit ~kühlung** water-cooled; **~lache die** puddle [of water]; **~lauf der** watercourse; *(Bach)* stream; **~leiche die** *(ugs.)* body of a drowned person; **~leitung die a)** water-pipe; *(Hauptleitung)* water-main; **unter der/die ~leitung** *(ugs.)* under the tap; **die ~leitung aufdrehen/zudrehen** *(ugs.)* turn the tap on/off; **b)** *(Aquädukt)* aqueduct; **~linie die** *(Schiffahrt)* water-line; **~loch das** water-hole; **~mann der;** *Pl.* **~männer a)** *(Myth.)* merman; **b)** *(Astron., Astrol.)* **[der] ~mann** Aquarius; **c)** *(Astrol.: Mensch)* Aquarian; **~masse die** mass *or* torrent of water; **~melone die** water-melon; **~messer der** water meter; **~mühle die** water-mill

**wassern** *itr. V.; mit sein (Flugw., Zool.)* land [on the water]; *(Raumf.)* splash down

**wässern** ['vɛsɐn] **1.** *tr. V.* **a)** *(einweichen)* soak; *(Phot.)* wash ‹*negative, print*›; **b)** *(bewässern)* water. **2.** *itr. V. (geh.)* water; **eine ~de Wunde** a suppurating wound

**wasser-, Wasser-: ~nixe die** *(Myth.)* water-nymph; **~ober·fläche die** surface of the water; **~pfeife die** hookah; water-pipe; **~pflanze die** aquatic plant; **~pistole die** water-pistol; **~pumpe die** water-pump; **~rad das** water-wheel; **~ratte die a)** water-rat; **b)** *(ugs. scherzh.)* keen swimmer; *(Kind)* water-baby; **~rohr das** water-pipe; **~rohr·bruch der** burst pipe; **~säule die** head of water; **~schaden der** water damage *no pl., no indef. art.*; *(durch Überschwemmung)* flood damage *no pl., no indef. art.*; **~scheide die** *(Geogr.)* watershed; **~scheu** *Adj.* scared of water; **~schlange die** water snake; **~schlauch der** [water-]hose; **~schloß das** *(mit Wassergraben)* moated [residential] castle; *(an einem kleinen See o. ä.)* [residential] castle set on a lake; **~schutz·gebiet das** water conservation area; **~schutz·polizei die** river/lake police; [1]**~ski der** water-ski; **~ fahren** water-ski; [2]**~ski das; ~s** water-skiing *no art.*; **~speier der** *(Archit.)* gargoyle; **~spiegel der a)** *(Oberfläche)* surface [of the water]; **b)** *(Niveau)* water-level; **~spiele** *Pl.* waterworks *pl.*; **~sport der** water-sport *no art.*; **~sportler der** water-sports enthusiast; **~spülung die** flush; flushing system; **~stand der** water-level; **~stands·anzeiger der** water-gauge; **~stands·meldung die** water-level report *(on the radio)*; **~stelle die** watering-place

**Wasser·stoff der;** *o. Pl.* hydrogen

**Wasser·stoff-: ~bombe die** hydrogen bomb; **~per·oxid, ~super·oxid das** *(Chemie)* hydrogen peroxide

**Wasser-: ~strahl der** jet of water; **~straße die** waterway; **~sucht die;** *o. Pl. (Med.)* dropsy; **~tank der** water-tank; **~temperatur die** water-temperature; **~tiefe die** depth of the water; **bei einer ~tiefe von nur 0,50 m** when the water is/was only 0.5 m. deep; **~träger der** water-carrier; *(fig.)* dogsbody *(coll.)*; **~treten das; ~s** treading water *no art.*; **~tropfen der** drop of water; **~turm der** water-tower; **~uhr die a)** water-clock; **b)** *(volkst.: Wassermesser)* water meter; **~verbrauch der** water-consumption; **~verdunster der; ~s, ~:** humidifier; **~verschmutzung die** water-pollution; **~versorgung die** water-supply; **~vogel der** water-bird; aquatic bird; **~vorrat der** water-reserves *pl.*; water-supply; **~waage die** water-level; **~weg der** water-route; **auf dem ~weg** by water; **~welle die** shampoo and set; **~werfer der** water-cannon; **~werk das** waterworks *sing.*; **~wirtschaft die** water-management; **~zähler der** water meter; **~zeichen das** watermark

**wäßrig** ['vɛs(ə)rɪç] *Adj.* **a)** watery; *s. auch* **Mund; b)** *(Chemie)* aqueous ‹*solution*›

**waten** ['va:tn̩] *itr. V.; mit sein* wade

**Waterkant** ['va:tɐkant] **die; ~** *(nordd.)* [North German] coast

**watscheln** ['vatʃl̩n] *itr. V.; mit sein* waddle

**Watschen** ['va:tʃn̩] **die; ~, ~** *(bayr., österr. ugs.) s.* **Ohrfeige**

[1]**Watt** [vat] **das; ~[e]s, ~en** mud-flats *pl.*

[2]**Watt das; ~s, ~** *(Technik, Physik)* watt; **die Glühlampe hat 100 ~:** it is a 100-watt lightbulb

**Watte** ['vatə] **die; ~, ~n** cotton wool; *(als Polsterung)* wadding

**Watte·bausch der** wad of cotton wool

**Watten·meer das** tidal shallows *pl.* *(covering mud-flats)*

**wattieren** *tr. V.* wad; *(gesteppt)* quilt ‹*garment*›; pad ‹*shoulder etc.*›

**wattiert** *Adj.* quilted; padded ‹*shoulder etc., envelope*›

**Watt·sekunde die** *(Physik, Technik)* joule; watt-second

**Wat·vogel der** *(Zool.)* wading bird; wader

**wau, wau** [vau̯, vau̯] *Interj. (Kinderspr.)* bow-wow; woof-woof

**Wauwau der; ~s, ~s** *(Kinderspr.)* bow-wow *(child lang.)*

**WC** [ve:'tse:] **das; ~[s], ~[s]** toilet; WC

**WC-Becken das** toilet bowl

**WDR** [ve:de:'ɛr] **der; ~** *Abk.* **Westdeutscher Rundfunk** West German Radio

**weben** ['ve:bn̩] **1.** *regelm. (geh., fig. auch unr.) tr., itr. V.* weave. **2.** *unr. refl. V. (geh.)* ‹*legend*› be woven **(um** around)

**Weber der; ~s, ~:** weaver

**Weberei die; ~, ~en a)** *o. Pl.* weaving *no art.*; **b)** *(Betrieb)* weaving-mill

**Weberin die; ~, ~nen** weaver

**Weber·knecht der** *(Zool.)* daddy-long-legs

**Web-: ~fehler der** flaw [in the weave]; **~kante die** selvage; **~stuhl der** loom

**Wechsel** ['vɛksl̩] **der; ~s, ~ a)** *(das Auswechseln)* change; *(Geld~)* exchange; *(Ballspiele) (Seiten~)* change-over; *(Spieler~)* substitution; **fliegender ~** *(Handball, Eishockey)* substitution without stopping play; **b)** *(Aufeinanderfolge)* alternation; **der ~ der Jahreszeiten** the rotation *or* succession of the seasons; **im ~:** alternately; *(bei mehr als zwei)* in rotation; **im ~ mit ...:** alternating with ...; **in täglichem/regelmäßigem ~:** in daily/regular rotation; **im ~ der Zeiten/Jahre/Jahreszeiten** over the ages/years/through the changing seasons; **c)** *(das Überwechseln)* move; *(Sport)* transfer; **d)** *(Bankw.)* bill of exchange **(über** + *Akk.* for); **e)** *(ugs. veralt.: monatliches Unterhaltsgeld)* monthly allowance; **f)** *(Jägerspr.)* game path

**Wechsel-: ~bad das: ein ~bad nehmen, ~bäder machen** dip one's feet/arms *etc.* in alternate hot and cold water; **~balg der** changeling; **~beziehung die** interrelation; **in [einer] ~beziehung zueinander** *od.* **miteinander stehen** be interrelated; **~dienst der** shift-work; **im ~dienst arbeiten** work shifts; **~fälle** *Pl.* vicissitudes; ups and downs *(coll.)*; **~geld das;** *o. Pl.* change; **~gesang der** antiphonal chant; *(Art des Gesangs)* antiphony *no art.*

**wechsel·haft** *Adj.* changeable

**Wechsel-: ~jahre** *Pl.* change of life *sing.*; menopause *sing.*; **in die ~jahre kommen** reach the menopause; **die ~jahre des Mannes** the male menopause; **~kasse die** office issuing change; **~kurs der** exchange rate

**wechseln 1.** *tr. V.* **a)** change ‹*subject, socks, job, doctor, etc.*›; **das Hemd ~:** change one's shirt; **die Wohnung ~:** move home; **ein Hemd/ein Paar Socken zum Wechseln** a spare shirt/pair of socks; *s. auch* **Besitzer a; b)** *([aus]tauschen)* exchange ‹*letters, words, glances, etc.*›; **mit jmdm. den Platz ~:** change places with sb.; **sie wechselten die Plätze** they changed places; *s. auch* **Ring a; c)** *(um~)* change ‹*money, note, etc.*› **(in** + *Akk.* into); **kannst du mir 100 Mark ~?** can you change 100 marks for me?; **einen Hunderter in fünf Zwanziger/einen Schein in Münzen/Mark in Lire ~:** change a hundred for five twenties/a note into coins/marks into lire. **2.** *itr. V.* **a)** *(sich ändern)* change; **auf Rot ~** ‹*traffic-light*› change to red; **mit ~dem Erfolg** with varying success; **~de Bewölkung, ~d wolkig** *od.* **bewölkt** *(bei Wettervorhersagen)* variable cloud; **Wind aus ~den Richtungen** wind variable; **b)** *mit sein (über~)* move; *(Jägerspr.)* ‹*game*› change its habitat; **über die Grenze ~:** get across the frontier; **c)** *([sich] ab~)* alternate; *(aufeinanderfolgen)* succeed one another; **Geschlechtsverkehr mit [häufig] ~den Partnern** sexual intercourse with frequent changes of partner; **d)** *(herausgeben)* **ich kann nicht ~:** I haven't any change

**wẹchsel-, Wẹchsel-: ~objektiv das** *(Fot.)* interchangeable lens; **~rahmen der** picture-frame *(with a removable back)*; **~schicht die** alternating shift; **in ~schicht arbeiten** work alternate shifts; **~schritt der** change-over step; **~seitig 1.** *Adj.* mutual; **~seitiger Zusammenhang** interconnection; **~seitige Abhängigkeit** interdependence; **2.** *adv.* mutually; **sich ~seitig beeinflussen** influence each other; **~seitigkeit die** reciprocity; **~spiel das** interplay; **das ~spiel des Zufalls** *(geh.)* the vagaries *pl.* of chance; **~ständig** *Adj. (Bot.)* alternate ⟨*leaves*⟩; **~strom der** *(Elektrot.)* alternating current; **~stube die** bureau de change; **~voll** *Adj.* chequered ⟨*history*⟩; **ein ~volles Leben/Schicksal** a life full of vicissitudes; **~wähler der** *(Politik)* floating voter; **~warm** *Adj. (Zool.)* cold-blooded; **~weise** *Adv.* alternately; **~wirkung die** interaction

**Wechsler** ['vɛkslɐ] **der; ~s, ~** *(bibl.)* money-changer

**Wẹck·dienst der** [telephone] alarm call service

**wecken** ['vɛkn̩] *tr. V.* **a) jmdn. [aus dem Schlaf] ~:** wake sb. [up]; **der Kaffee weckte seine Lebensgeister** *(fig.)* the coffee revived his spirits; **b)** *(fig.: hervorrufen)* arouse, awaken ⟨*interest, curiosity*⟩; arouse ⟨*anger*⟩; awaken ⟨*desire, misgiving*⟩

[1]**Wẹcken das; ~s** morning call; *(Mil.)* reveille

[2]**Wẹcken der; ~s, ~** *(südd., österr.)* **a)** *(Brötchen)* oblong roll; **b)** *(Brot)* oblong loaf

**Wẹcker der; ~s, ~ a)** alarm clock; **jmdm. auf den ~ gehen** *od.* **fallen** *(ugs.)* get on sb.'s nerves; **b)** *(ugs.: Uhr)* big fat watch

**Wẹck·glas** Ⓦⓩ **das;** *Pl.* **~gläser** preserving-jar

**Wẹck·ruf der** morning call

**Wẹdel der; ~s, ~ a)** *(Staub~)* feather-duster; **b)** *(Palm~, Farn~)* [palm/fern] frond

**wẹdeln 1.** *itr. V.* **a)** ⟨*tail*⟩ wag; **[mit dem Schwanz] ~** ⟨*dog*⟩ wag its tail; *(winken)* **mit der Hand/einem Tuch ~:** wave one's hand/a handkerchief; **b)** *mit Richtungsangabe mit sein (Ski)* wedel. **2.** *tr. V.* **Krümel vom Tisch ~:** flap crumbs off the table

**weder** ['ve:dɐ] *Konj.* **~ A noch B** neither A nor B

**weg** [vɛk] *Adv.* **a)** away; *(verschwunden, ~gegangen)* gone; **~ sein** be away; *(~gegangen)* be gone; **er ist schon seit einer Stunde ~:** he left an hour ago; **~ sein** *(fig. ugs.) (eingeschlafen sein)* have dropped off; *(bewußtlos sein)* be out [cold]; **er war sofort ~:** he was out like a light; **[von jmdm./etw.] ~ sein** *(fig. ugs.)* be knocked sideways [by sb./sth.] *(coll.)*; **[immer] ~ damit!** [let's] chuck it away *(coll.)*; **~ mit dir!** away *or* off with you!; **~ da!** get away from there!; **Hände ~ [von meiner Kamera]!** hands off [my camera]!; **Kopf ~!** move your head!; **[nur] ~ von hier!, nichts wie ~!** let's hop it *(sl.)*; let's make ourselves scarce *(coll.)*; **und ~ ist/war er, und schon ist/war er ~:** and he is/was gone; **weit ~:** far away; a long way away; **weit ~ von der Schule** a long way from the school; **100 Meter von der Straße ~:** 100 metres from the road; *s. auch* **Fenster; b) von ... ~** *(ugs.: unmittelbar von)* straight off *or* from; **von der Schule ~ eingezogen werden** be conscripted straight from school; **c) über einen Schock/Schrecken** *usw.* **~ sein** *(ugs.)* have got over a shock/fright *etc.*

**Weg** [ve:k] **der; ~[e]s, ~e a)** *(Fuß~)* path; *(Feld~)* track; **„kein öffentlicher ~"** 'no public right of way'; **am ~[e]** by the wayside; **er kennt hier ~ und Steg** *(geh.)* he knows every inch of this area; **b)** *(Zugang)* way; *(Passage, Durchgang)* passage; **sich** *(Dat.)* **einen ~ durch etw. bahnen** clear a path *or* way through sth.; **jmdm. im ~[e] stehen** *od. (auch fig.)* **sein** be in sb.'s way; **einer Sache** *(Dat.)* **im ~[e] stehen** *(fig.)* stand in the way of sth.; **sich** *(Dat.)* **selbst im ~[e] stehen** *(fig.)* be one's own worst enemy; **geh [mir] aus dem ~[e]:** get out of the *or* my way; **jmdm. aus dem ~[e] gehen** *(fig.)* keep out of sb's way; avoid sb.; **einer Gefahr/Situation/Diskussion** *usw.* **aus dem ~[e] gehen** *(fig.)* keep clear of a danger/avoid a situation/discussion *etc.*; **jmdn./etw. aus dem ~[e] räumen** *(fig.)* get rid of sb./sth.; **jmdm. den ~ abschneiden** head sb. off; **jmdm. den ~ versperren, sich jmdm. in den ~ stellen, jmdm. in den ~ treten** block sb.'s path; **c)** *(Route, Verbindung)* way; route; **[jmdn.] nach dem ~ fragen** ask [sb.] the way; **wir haben denselben ~:** we're going the same way; **wohin/woher des ~[e]s?** *(veralt., scherzh.)* wither goest/whence comest thou? *(arch./joc.)*; **des ~es kommen** *(geh.)* draw near; approach; **seines ~es** *od.* **seiner ~e gehen** *(geh.)* go on one's way; **eigene** *od.* **seine eigenen ~e gehen** *(fig.)* go one's own way; **das liegt auf dem/meinem ~:** that's on the/my way; **er ist mir über den ~ gelaufen** *(fig. ugs.)* I ran *or* bumped into him; **jmdm. nicht über den ~ trauen** *(fig.)* not trust sb. an inch; **neue ~e beschreiten** *od.* **gehen** *(fig.)* break new ground; **den ~ der Tugend verlassen** leave the path of virtue; **den ~ des geringsten Widerstands gehen** take the line of least resistance; **hier trennen sich unsere ~e** *(auch fig.)* this is where we part company; **seinen ~ machen** *(fig.)* make one's way [in the world]; **d)** *(Strecke, Entfernung)* distance; *(Gang)* walk; *(Reise)* journey; **es sind 2 km/10 Minuten ~:** it is a distance of two kilometres/it is ten minutes' walk; **zwei Stunden ~:** two hours' journey; **er hat noch einen weiten ~ vor sich** *(Dat.)* he still has a long way to go; **den ~ abkürzen** take a short cut; **auf dem kürzesten ~:** by the shortest route; **auf halbem ~[e]** *(auch fig.)* half-way; **sich auf den ~ machen** set off; **jmdm. einen guten Ratschlag mit auf den ~ geben** *(fig.)* give sb. some good advice for his/her future life; **etw. in die ~e leiten** get sth. under way; **jmdn. auf seinem letzten ~ begleiten** *(geh.)* accompany sb. on his/her last journey; **auf dem besten ~ sein, etw. zu tun** *(meist iron.)* be well on the way towards doing sth.; **er ist** *od.* **befindet sich auf dem ~[e] der Besserung** he's on the road to recovery; **viele ~e führen nach Rom** *(Spr.)* all roads lead to Rome; **e)** *(ugs.: Besorgung)* errand; **einen ~ machen** do *or* run an errand; **jmdm. einen ~ abnehmen** run an errand for sb.; **f)** *(Methode)* way; *(Mittel)* means; **ich sehe keinen anderen ~:** I can't see any alternative; **auf diesem ~[e]** by this means; in this way; **auf schnellstem ~[e]** as speedily as possible; **auf legalem/diplomatischem ~[e]** through legal/diplomatic channels; **auf friedlichem/gütlichem ~[e]** by peaceful/amicable means; **auf schriftlichem ~[e]** by letter; **auf kaltem ~[e]** *(ugs.)* without bothering about the niceties

**Wẹg·bereiter der; ~s, ~:** forerunner; **er war ein ~ des Sozialismus** he helped pave the way for socialism

**wẹg-: ~|blasen** *unr. tr. V.* blow away; **wie weggeblasen sein** have vanished; **~|bleiben** *unr. itr. V.; mit sein* **a)** *(nicht kommen)* stay away; *(nicht nach Hause kommen)* stay out; **b)** *(ugs.: aussetzen)* ⟨*engine*⟩ stop; ⟨*electricity*⟩ go off; **mir blieb die Luft ~:** I was left gasping; **c)** *(ugs.: weggelassen werden)* be left out; **~|bringen** *unr. tr. V.* **a)** take away; *(zur Reparatur, Wartung usw.)* take in; **b)** *(ugs., bes. südd.) s.* **~kriegen; ~|denken** *unr. tr. V.* **sich** *(Dat.)* **etw. ~denken** imagine sth. is not there; **er ist aus unserem Team nicht [mehr] ~zudenken** I/we can't imagine our team without him; **~|diskutieren** *tr. V.* **es läßt sich nicht ~diskutieren** its existence cannot be argued away; **~|dürfen** *unr. itr. V.* be allowed to go away; *(ausgehen dürfen)* be allowed to go out; **ich darf hier nicht ~:** I can't leave here

**We̲ge·geld das a)** mileage charge; **b)** *(veralt.: Straßenzoll)* road toll

**Wegelagere̲i die; ~:** highway robbery

**We̲gelagerer der; ~s, ~:** highwayman

**we̲gen 1.** *Präp. mit Gen., in bestimmten Fällen auch mit Dat./mit endungslosem Nomen* **a)** *(zur Angabe einer Ursache, eines Grundes)* because of; owing to; **~ des schlechten Wetters,** *(geh.)* **des schlechten Wetters ~:** because of the bad weather; **[nur] ~ Peter/** *(ugs.)* **euch** all because of Peter/you; **~ Hochwasser[s]** owing to flooding; **von Berufs ~:** for professional reasons; **~ mir** *(ugs., bes. südd.)* because of me; *(was mich betrifft)* as far as I'm concerned; **~ Umbau[s] geschlossen** closed for alterations; **~ Mangel[s] an Beweisen** owing to lack of evidence; **b)** *(zur Angabe eines Zwecks, Ziels)* for [the sake of]; **~ einer Tagung nach X fahren** go to X for a conference; **er ist ~ dringender Geschäfte verreist** he's away on urgent business; **c)** *(um ... willen)* for the sake of; **~ der Kinder/** *(ugs.)* **dir** for the children's/your sake; **d)** *(bezüglich)* about; regarding; **ich habe ~ morgen noch eine Frage** I've another question about tomorrow. **2.** *in* **von ~!** *(ugs.)* you must be joking!; **von ~ lauwarm/billig!** lukewarm/cheap? not on your life!

**Wegerich** ['ve:gərɪç] **der; ~s, ~e** *(Bot.)* plantain

**We̲ges·rand der** *(geh.)* **am ~:** by the wayside

**wẹg-, Wẹg-: ~|essen** *unr. tr. V.* eat up; **jmdm. alles ~essen** eat up all sb.'s food; **~|fahren 1.** *unr. itr. V.; mit sein* **a)** leave; *(im Auto)* drive off; *(losfahren)* set off; **wann seid ihr in Kiel ~gefahren?** when did you leave Kiel?; **b)** *(irgendwohin fahren)* go away. **2.** *unr. tr. V.* drive away; *(mit dem Handwagen/Boot/Schubkarren)* take away; **~fall der;** *o. Pl.* ending; *(Einstellung)* discontinuation; **in ~fall kommen** *(Papierdt.)* be discontinued; **~|fallen** *unr. itr. V.; mit sein* be discontinued; *(nicht mehr zutreffen)* ⟨*reason*⟩ no longer apply; *(weggelassen werden)* be omitted; **~|fegen** *tr. V. (auch fig.)* sweep away; **~|fliegen** *unr. itr. V.; mit sein* fly away; *(~geschleudert/~geblasen werden)* fly off; **~|führen** *tr., itr. V.* lead away; **das führt vom Thema weg** this takes us away from the subject

**Wẹg·gab[e]lung die** fork [in the path/road]

**Wẹg·gang der** departure

**wẹg|geben** *unr. tr. V.* **a) etw. zur Reparatur ~:** take sth. to be repaired; **ich gebe meine Wäsche weg** I send my washing to the laundry; **b)** *(verschenken)* give away

**Wẹg·gefährte der** *(auch fig.)* fellow-traveller

**wẹg-: ~|gehen** *unr. itr. V.* **a)** leave; *(ugs.: ausgehen)* go out; *(ugs.: ~ziehen)* move away; **von jmdm. ~gehen** leave sb.; **geh ~!** go away!; **geh mir [bloß] ~ damit!** *(ugs.)* you can keep that!; **b)** *(verschwinden)* ⟨*spot, fog, etc.*⟩ go away; **c)** *(sich entfernen lassen)* ⟨*stain*⟩ come out; **d)** *(ugs.: verkauft werden)* sell; **~|gießen** *unr. tr. V.* pour away; **~|gucken** *itr. V. s.* **~sehen; ~|haben** *unr. tr. V. (ugs.)* **a)** have got rid of ⟨*dirt, stain, etc.*⟩; **etw. ~haben wollen** want to get rid of sth.; **b)** *(bekommen haben)* have got ⟨*punishment, cold, etc.*⟩; **einen ~haben** *(betrunken* *sein)* have had one too many *(coll.); (nicht bei Verstand sein)* be off one's rocker *(sl.); s. auch* **Fett a; Teil b; c)** *(können, wissen)* **in Literatur/auf einem Gebiet [et]was ~haben** know a thing or two about literature/on a subject; **d)** *(begriffen haben)* **er hatte es sofort ~:** he immediately got the hang of it *(coll.); s. auch* **Ruhe f; ~|holen** *(ugs.)* **1.** *tr. V.* take away; **2.** *refl. V.* **sich** *(Dat.)* **was ~holen** catch something; **~hören** *itr. V.* not listen; **er konnte nicht ~hören** he couldn't help listening; **~|jagen** *tr. V.* chase away; **~|kommen** *unr. itr. V.; mit sein* **a)** get away; *(~gehen können)* manage to go out; **mach, daß du [hier] ~kommst!** *(ugs.)* come on, hop it! *(sl.);* make yourself scarce! *(coll.);* **b)** *(abhanden kommen)* go missing; **c) gut/schlecht** *usw.* **[bei etw.] ~kommen** *(ugs.)* come off well/badly *etc.* [in sth.]; **d)** *(ugs.: davon ~)* get off; **e)** *(ugs.) s.* **hinwegkommen; f)** *(ugs.: loskommen)* **von jmdm. ~kommen** get away from sb.; **vom Rauchen ~kommen** give up smoking; **~|können** *unr. itr. V.* **a)** be able to leave *or* get away; *(ausgehen können)* be able to go out; **b)** *(~geworfen werden können)* **die Zeitung kann ~:** the paper can be thrown away

**Weg·kreuz das** wayside cross

**weg-: ~|kriegen** *tr. V.* get rid of ‹*cold, pain, etc.*›; get out, get rid of ‹*stain*›; shift, move ‹*stone, tree-trunk*›; **er ist von seinem Spielzeug kaum ~zukriegen** you can hardly tear him away from his toys; **~|lassen** *unr. tr. V.* **a) jmdn. ~lassen** let sb. go; *(ausgehen lassen)* let sb. go out; **b)** *(auslassen)* leave out; omit; **die Soße ~lassen** do without the sauce; give the sauce a miss; **~|laufen** *unr. itr. V.; mit sein* run away **(von, vor +** *Dat.* from); **von zu Hause ~laufen** run away from home; **seine Frau ist ihm ~gelaufen** *(ugs.)* his wife has gone *or* run off and left him *(coll.);* **die Arbeit läuft [dir] nicht ~** *(ugs.)* the work will keep; **~|legen** *tr. V. (beiseite legen)* put aside; *(an seinen Platz legen)* put away; *(aus der Hand legen)* put down; **~|leugnen** *tr. V. (ugs.)* deny ‹*sth.*› out of existence; **~|loben** *tr. V.* **jmdn. ~loben** get rid of sb. by singing his/her praises; **~|machen** *(ugs.)* **1.** *tr. V.* get rid of; remove ‹*wart*›; delete ‹*comma etc.*›; **[sich** *(Dat.)***] ein Kind ~machen lassen** *(salopp)* get rid of a baby *(before birth);* **2.** *itr. V.; mit sein (landsch.: wegziehen)* go off; **~|müssen** *unr. itr.V.* **a)** have to leave; *(loskommen müssen)* have to get away; **ich muß kurz ~:** I've got to go out for a short while; **b)** *(entfernt werden müssen)* have to be removed; ‹*furniture etc.*› have to be moved; *(~gebracht werden müssen)* ‹*letter etc.*› have to go; *(~geworfen werden müssen)* have to be thrown away; **du mußt da ~:** you'll have to move; **der Diktator muß ~:** the dictator must go; **~|nehmen** *unr. tr. V.* **a)** *(entfernen)* take away; remove; move ‹*head, arm*›; **nimm die Finger da ~!** [keep your] fingers off!; **[das/etwas] Gas ~nehmen** take one's foot off/ease up on the accelerator; **b)** *(entziehen, entwenden)* **jmdm. etw. ~nehmen** take sth. away from sb.; *(einem Besitzer)* **er hat mir das Buch ~genommen** he's taken my book; **dem Freund die Freundin ~nehmen** pinch one's friend's girl-friend *(coll.);* **jmdm. den Turm** *usw.* **~nehmen** *(Schachspiel)* take sb.'s rook *etc.;* **du nimmst mir das [ganze] Licht ~:** you're in my light; **c)** *(beanspruchen, einnehmen)* take up ‹*space, time*›; **~|packen** *tr. V.* put away; **~|putzen** *tr. V.* **a)** clean off ‹*marks etc.*›; **b)** *(ugs.: aufessen, trinken)* polish off *(coll.)*

**Weg·rand der** wayside; **Blumen/Gasthöfe am ~:** wayside flowers/inns

**weg-: ~|rationalisieren** *tr. V.* cut ‹*staff, jobs*› as part of a rationalization programme; **~|räumen** *tr. V.* clear away ‹*dishes, rubbish, snow, etc.*›; remove ‹*obstacles, difficulties*›; *(an seinen Platz tun)* tidy *or* put away; **~|rennen** *unr. itr. V.; mit sein (ugs.)* run away **(vor +** *Dat.* from); **~|schaffen** *tr. V.* get rid of; *(~räumen)* clear away; *(~bringen)* take away; **~|schauen** *itr. V. (bes. südd., österr., schweiz.)* look away; **~|scheren** *refl. V.* clear off *(coll.);* **~|schicken** *tr. V.* **a)** send off ‹*letter, parcel*›; **b)** send ‹*person*› away; **~|schieben** *unr. tr. V.* push away; **~|schleichen** *unr. itr., refl. V.; itr. mit sein* creep away; **~|schleppen 1.** *tr. V.* **a)** *(wegtragen)* carry *or* lug off *or* away; **b)** *(abschleppen)* tow ‹*car, rig, etc.*› away; **2.** *refl. V.* drag oneself away; **~|schließen** *untr. tr. V.* lock away; **~|schmeißen** *unr. tr. V. (ugs.)* chuck away *(coll.);* **~|schnappen** *tr. V. (ugs.)* **jmdm. etw. ~schnappen/vor der Nase ~schnappen** snatch sth. away from sb./from under sb.'s nose; **jmdm. die Freundin ~schnappen** pinch sb.'s girl-friend *(coll.);* **~|schütten** *tr. V.* pour away; **~|sehen** *unr. itr. V.* **a)** look away; **b)** *(ugs.) s.* **hinwegsehen; ~|sollen** *unr. itr. V.* **er soll jetzt ~:** he is to *or* should leave now; **diese Sachen sollen ~:** these things are to go; **das Plakat soll ~:** the poster is to be removed; **~|spülen** *tr. V.* **a)** wash away; **b)** *(ugs.: spülen)* wash up; **~|stecken** *tr. V.* **a)** put away; **b)** *(fig. ugs.: hinnehmen)* take, accept ‹*blow*›; swallow ‹*insult*›; **einen ~stecken** *(derb)* have a poke *(coarse);* **~|stellen** *tr. V.* put away; move ‹*car*› out of the way; *(beiseite stellen)* put aside; **~|stoßen** *unr. tr. V.* push *or* shove away

**Weg·strecke die** stretch [of road]; *(Entfernung)* distance

**weg-: ~|tragen** *unr. tr. V.* carry away; **~|treten 1.** *unr. tr. V.* kick away; **2.** *unr. itr. V.; mit sein* step away; *(zurücktreten)* step back; *(Milit.)* dismiss; **~getreten!** *(Milit.)* dismiss!; **[etwas] ~getreten sein** *(fig. ugs.)* be [somewhat] distracted; **~|tun** *unr. tr. V. (ugs.)* **a)** put away; **b)** *(wegwerfen)* throw away

**Wegweiser der; ~s, ~ a)** signpost; **b)** *(fig.: Buch)* guide

**weg-: ~|werfen** *unr. tr. V. (auch fig.)* throw away; **das ist doch ~geworfenes Geld** *(ugs.)* that's money down the drain *(coll.);* **~werfend** *Adj.* dismissive ‹*gesture, remark*›

**Weg·werf-: ~flasche die** disposable *or* non-returnable bottle; **~gesellschaft die** *(abwertend)* throw-away society; **~mentalität die** *(abwertend)* use-and-throw-away attitude

**weg-: ~|wischen** *tr. V.* wipe away; *(fig.)* erase ‹*memory*›; dispel ‹*fear, doubt*›; dismiss ‹*objection*›; **~|wollen** *unr. itr. V.* want to go *or* leave; *(loskommen wollen)* want to get away; *(ausgehen wollen)* want to go out; *(verreisen wollen)* want to go away; **~|zaubern** *tr. V.* spirit away; **wie weggezaubert sein** have vanished into thin air

**Weg·zehrung die** *(geh.)* provisions *pl.* for the journey

**weg-: ~|zerren** *tr. V.* drag away; **~|ziehen 1.** *unr.tr. V.* pull away; pull *or* draw back ‹*curtain*›; pull off ‹*blanket*›; **jmdm. den Stuhl ~ziehen:** pull away sb.'s chair [from under him/her]; **2.** *unr. itr. V.; mit sein* **a)** *(umziehen)* move away; **aus X ~ziehen** leave X; move from X; **b)** *(wandern)* ‹*animals, nomads, etc.*› leave [on their migration]

**Weg·zug der** move; **nach ihrem ~ aus Berlin** after moving [away] from Berlin

[1]**weh** *Interj. (veralt.)* **o ~:** alas; **~ mir!** woe is me! *(arch.)*

[2]**weh** [ve:] **1.** *Adj.* **a)** *nicht präd. (ugs.: schmerzend)* sore; **einen ~en Finger haben** have a sore *or* bad finger; **b)** *(geh.: schmerzlich)* painful; **ein ~es Lächeln** a sad smile. **2.** *adv.* **a)** *(ugs.)* **~ tun** hurt; **mir tut der Magen/Rücken/Kopf ~:** my stomach/back/head is aching *or* hurts; **mir tut der Hals ~:** my throat is sore; **jmdm./sich ~ tun** hurt sb./oneself; **b)** *(geh.: schmerzlich)* **ihr ist ~ ums Herz** her heart aches; she is sore at heart; **ein ~es Gefühl** an aching feeling

**Weh das; ~[e]s** *(geh.)* sorrow; grief

**wehe** *Interj.* woe betide you/him *etc.;* **~ [dir], wenn du ...:** woe betide you if you ...

[1]**Wehe** ['ve:ə] **die; ~, ~n: die ~n setzten ein** the contractions started; she went into labour; **~n haben** have contractions; **in den ~n liegen** be in labour

[2]**Wehe die; ~, ~n** drift

**wehen 1.** *itr. V.* **a)** *(blasen)* blow; **b)** *(flattern)* flutter; **ihre Haare wehten im Wind** her hair was blowing about in the wind; **mit ~den Rockschößen** with coat-tails flapping; **c)** *mit sein* ‹*leaves, snowflakes, scent*› waft. **2.** *tr. V.* blow

**weh-, Weh-: ~klage die** *(geh.)* lamentation; **~klagen** *itr. V. (geh.)* lament; **über etw.** *(Akk.)* **~klagen** lament *or* bewail sth.; **~leidig** *(abwertend)* **1.** *Adj.* **a)** *(überempfindlich)* soft; **sei nicht so ~leidig!** don't be so soft *or* such a sissy; **b)** *(weinerlich)* whining *attrib.;* **ein ~leidiges Gesicht machen** look sorry for oneself; **2.** *adv.* self-pityingly; *(weinerlich)* whiningly; **~mut die;** ~ *(geh.)* melancholy *or* wistful nostalgia; **~mütig 1.** *Adj.* melancholically *or* wistfully nostalgic; **2.** *adv.* with melancholy *or* wistful nostalgia

**wehmuts·voll** *(geh.) s.* **wehmütig**

[1]**Wehr die; ~, ~en a)** *in* **sich [gegen jmdn./etw.] zur ~ setzen** make a stand [against sb./sth.]; resist [sb./sth.]; **b)** *s.* **Feuer~; c)** *s.* **~macht**

[2]**Wehr das; ~[e]s, ~e** weir

**Wehr-: ~beauftragte der** *parliamentary commissioner for the armed forces;* **~bereichs·kommando das** military district command

**Wehr·dienst** *der; o. Pl.* military service *no art.;* **zum ~ einberufen werden** be called up; **seinen ~ ableisten** do one's military service

**wehr·dienst-, Wehr·dienst-: ~pflichtig** *Adj. s.* **wehrpflichtig; ~verweigerer der; ~s, ~:** conscientious objector; **~verweigerung die** conscientious objection

**wehren 1.** *refl. V.* **a)** *(körperlich Widerstand leisten)* defend oneself; put up a fight; **sich tapfer/mit aller Kraft ~:** defend oneself *or* resist bravely/with all one's might; *s. auch* **Haut a; b)** *(sich verwahren)* **sich gegen etw. ~:** fight against sth.; **gegen so etwas weiß ich mich zu ~:** I know how to deal with that sort of thing; **c)** *(sich sträuben)* **sich [dagegen] ~, etw. zu tun** resist having to do sth. **2.** *itr. V. (geh.: einschreiten gegen)* **jmdm./einer Sache ~:** fight sb./fight [against] sth. **3.** *tr. V. (geh. veralt.) s.* **verwehren**

**wehr-, Wehr-: ~ersatz·dienst der** *s.* **Ersatzdienst; ~erziehung die** *(bes. DDR)* defence education; **~experte der** defence expert; **~fähig** *Adj.* fit for military service *postpos.;* **~gang der;** *Pl.* **~gänge** *(hist.)* battlemented parapet; **~haft** *Adj.* **a)** *(fähig, sich zu verteidigen)* able to defend oneself *postpos.;* **b)** *(befestigt)* fortified; **~kirche die** fortified church; **~kraft die;** *o. Pl.* military strength; **~kraft·zersetzung die** *(Milit., bes. ns.)* undermining of military strength; **~los** *Adj.* defenceless; **jmdm./einer Sache ~los ausgeliefert sein** be defenceless against sb./sth.; **~losigkeit die; ~:** defencelessness; **~macht die;** *o. Pl.* armed forces *pl.;* **~mann der a)** *Pl.* **~männer** *od.* **~leute** *s.* **Feuerwehrmann; b)** *Pl.* **~männer** *(schweiz.: Soldat)* soldier; **~paß der** service record [book]; **~pflicht die;** *o. Pl.* military service; conscription; **die allgemeine ~pflicht** compulsory military service; **~pflichtig** *Adj.* liable for military service *postpos;* **~pflichtige der;** *adj.*

*Dekl.* person liable for military service; **~sold der** military pay; **~übung die** reserve duty [re]training exercise
**Weh·weh das; ~s, ~s** *(Kindersprpr.)* hurt; **hast du ein ~?** have you hurt yourself?
**Wehwehchen das; ~s, ~:** little complaint
**Weib** [vaip] **das; ~[e]s, ~er a)** *(veralt.: weibliches Wesen, ugs.: Frau)* woman; female *(derog.)*; **sie ist ein tolles ~:** she's a bit of all right *(coll.)*; **b)** *(veralt., noch scherzh.: Ehefrau)* wife; **~ und Kind [haben]** [have a] wife and family; **er nahm sie zum ~[e]** he took her for his wife
**Weibchen das; ~s, ~ a)** *(weibliches Tier)* female; **b)** *(abwertend: Frau)* female; **er degradiert sie zum ~:** he reduces her to the role of dumb female; **c)** *(veralt., noch fam. scherzh.: Ehefrau)* little woman *(joc.)*
**Weiber-: ~feind der** woman-hater; misogynist; **~geschichten** *Pl. (salopp)* affairs; **~held der** *(ugs.)* lady-killer; **~wirtschaft die;** *o. Pl. (abwertend)* **das ist ja hier die reinste ~wirtschaft** the whole place seems to be run by women *or* females
**weibisch** *(abwertend)* **1.** *Adj.* womanish; effeminate. **2.** *adv.* womanishly; effeminately
**weiblich 1.** *Adj.* **a)** female; **b)** *(für die Frau typisch)* feminine; **c)** *(Sprachw.)* feminine ⟨*noun, declension, gender*⟩; *(Verslehre)* female ⟨*rhyme*⟩. **2.** *adv.* femininely
**Weiblichkeit die; ~ a)** *(weibliche Art)* femininity; **b)** *(Gesamtheit der Frauen)* women *pl.*; **die holde ~** *(veralt.)* the fair sex
**Weibs-: ~bild das a)** *(ugs.)* woman; **b)** *(salopp abwertend)* female; **~stück das** *(salopp abwertend)* bitch *(sl.)*
**weich** [vaiç] **1.** *Adj.* **a)** *(auch fig.)* soft; soft, mellow ⟨*sound, voice*⟩; **ein ~es Ei** a soft-boiled egg; **ein Ei ~ kochen** soft-boil an egg; **ein ~es Herz** *od.* **Gemüt haben** be soft-hearted; **~ werden** *(ugs.)* soften; weaken; **b)** *(nicht scharf u. streng)* soft, gentle ⟨*features*⟩; gentle ⟨*mouth, face*⟩. **2.** *adv.* softly; ⟨*brake*⟩ gently; **~ landen** *od.* **aufsetzen** make a soft landing; *s. auch* **betten 1 a**
**Weich·bild das: wir nähern uns dem ~ der Stadt** we're approaching the outskirts of the town; **noch im ~ der Stadt liegen** be still just in[side] the town
[1]**Weiche die; ~, ~n a)** *(Flanke)* flank; **b)** *o. Pl. (Weichheit)* softness
[2]**Weiche die; ~, ~n** points *pl. (Brit.)*; switch *(Amer.)*; **die ~ stellen** set the points; **die ~n [für etw.] stellen** *(fig.)* set the course [for sth.]
[1]**weichen 1.** *itr. V.; mit sein (weich werden)* soak. **2.** *tr. V. (ein~)* soak
[2]**weichen** *unr. itr. V.; mit sein* **a)** *(sich entfernen)* move; **nicht von jmds. Seite ~:** not move from *or* leave sb.'s side; **das Blut wich aus ihrem Gesicht** *(geh.)* the blood drained from her face; **b)** *(Platz machen)* **vor jmdm./einer Sache ~:** give way to sb./sth.; **dem Feind ~:** retreat from the enemy; **vor jmdm./etw. zur Seite ~:** step *or* move out of the way of sb./sth.; **die Bäume sind dem Neubau gewichen** the trees have gone to make room for the new building; **die Spannung wich großer Erleichterung** *(fig.)* [the] tension gave way to great relief; *s. auch* **wanken a**; **c)** *(nachlassen)* subside; **die Angst/Spannung wich von ihm** the fear/tension left him
**Weichen·steller der** pointsman *(Brit.)*; switchman *(Amer.)*
**weich·gekocht** *Adj. (präd. getrennt geschrieben)* soft-boiled ⟨*egg*⟩
**Weichheit die; ~ a)** *(auch fig.)* softness; *(eines Tons, der Stimme)* mellowness; **die ~ seines Gemüts** *(fig.)* his soft-heartedness; **b)** *s.* **weich 1 b**: softness; gentleness
**weich-, Weich-: ~herzig 1.** *Adj.* soft-hearted; **2.** *adv.* soft-heartedly; **~herzigkeit die; ~:** soft-heartedness; **~holz das** softwood; **~käse der** soft cheese
**weichlich 1.** *Adj.* soft; *(ohne innere Festigkeit)* weak. **2.** *adv.* softly
**Weichling der; ~s, ~e** *(abwertend)* weakling
**weich-, Weich-: ~|machen** *tr. V. (ugs.)* soften up; **~macher der** *(Chemie, Technik)* plasticizer; **~schalig** *Adj.* soft-shelled ⟨*crustacean*⟩; soft-skinned ⟨*fruit*⟩
**Weichsel** ['vaiksl] **die; ~:** Vistula
**Weichsel·kirsche die** *(landsch.) s.* **Sauerkirsche**
**Weich-: ~spüler der; ~s, ~** *(Werbespr.)*, **~spülmittel das** [fabric] softener; **~teile** *Pl.* **a)** *(Anat.)* soft parts; **b)** *(ugs.: Genitalien)* privates; **~tier das;** *meist Pl.* mollusc; **~zeichner der** *(Fot.)* soft-focus lens
[1]**Weide** ['vaidə] **die; ~, ~n** willow
[2]**Weide die; ~, ~n** pasture; **auf der ~ sein** be at pasture; **die Kühe auf die** *od.* **zur ~ treiben** drive the cows to pasture
**Weide-: ~fläche die** pasture; **~land das** pasture [land]; grazing land
**weiden 1.** *itr., tr. V.* graze. **2.** *refl. V.* **a)** *(geh.: sich erfreuen)* **er** *od.* **sein Auge weidete sich an dem herrlichen Anblick** he feasted his eyes on the glorious sight; **b)** *(abwertend: schadenfroh beobachten)* gloat over; revel in; **sich an jmds. Schmerz** *(Dat.)* **~:** gloat over sb.'s pain
**Weiden-: ~baum der** willow tree; **~gerte die** willow rod; *(zum Korbflechten)* osier; *(kleiner)* wicker; **~kätzchen das** willow catkin
**Weide-: ~platz der** pasture; **~wirtschaft die** pastoral farming *no art.*
**weidlich** *Adv.* **etw. ~ ausnutzen** make full use of sth.; **sich ~ über etw. lustig machen** have a good laugh at sth.; **sie mußten sich ~ plagen** they really had to slave away
**Weid·mann der;** *Pl.* **~männer** *(geh.)* huntsman; hunter
**weid·männisch 1.** *Adj.* hunting, huntsman's *attrib.* ⟨*expression, terminology, customs*⟩. **2.** *adv.* in the manner of a huntsman; like a huntsman
**Weidmanns·heil** *Interj.* good hunting
**Weid·werk das;** *o. Pl.* [art of] hunting
**weid·wund** *Adj.* **ein ~ geschossenes Tier** an animal shot in the belly [and fatally wounded]
**weigern** ['vaigɐn] **1.** *refl. V.* refuse; **sich ~, etw. zu tun** refuse to do sth. **2.** *tr. V. (veralt.: ver~)* **jmdm. etw. ~:** refuse *or* deny sb. sth.
**Weigerung die; ~, ~en** refusal
**Weih·bischof der** *(kath. Kirche)* suffragan bishop
[1]**Weihe die; ~, ~n a)** *(Rel.: Einweihung)* consecration; dedication; **b)** *(kath. Kirche: Priester~, Bischofs~)* ordination; **die niederen/höheren ~n** *(hist.)* the minor/major orders; **c)** *(geh.: Erhabenheit)* solemnity
[2]**Weihe die; ~, ~n** *(Zool.)* harrier
**weihen** *tr. V.* **a)** *(Rel.: durch Weihe heiligen)* consecrate; **b)** *(kath. Kirche: ordinieren)* ordain; **jmdn. zum Priester/Bischof ~:** ordain sb. priest/consecrate sb. bishop; **c)** *(Rel.: durch Weihe zueignen)* dedicate (*Dat.* to); **d)** *(geh.: preisgeben)* **dem Tod[e]/dem Untergang geweiht sein** be doomed to die/to fall; **e)** *(geh.: widmen)* dedicate
**Weiher der; ~s, ~** *(bes. südd.)* [small] pond
**Weihe·stätte die** *(geh.)* holy place
**weihe·voll** *Adj. (geh.)* solemn
**Weih-: ~gabe die** *(bes. kath. Kirche)* votive offering; **~nacht die;** *o. Pl. (geh.) s.* **Weihnachten**
**weihnachten** *itr. V. (unpers.)* **es weihnachtet bereits/es fängt an zu ~:** Christmas has already started/Christmas is starting
**Weihnachten das; ~, ~:** Christmas; **frohe** *od.* **fröhliche** *od.* **gesegnete ~!** Merry *or* Happy Christmas!; **grüne ~:** Christmas without snow; **zu** *od. (bes. südd.)* **an/über ~:** at *or* for/over Christmas
**weihnachtlich 1.** *Adj.* Christmassy. **2.** *adv.* **~ geschmückt/gedeckt sein** be decorated/set for Christmas; **ihr war ~ zumute** she was in a Christmassy mood
**Weihnachts-: ~abend der** Christmas Eve; **~baum der** Christmas tree; **~einkauf der;** *meist Pl.* Christmas purchase; **~einkäufe** Christmas shopping *sing.*; **~feier die** Christmas party; **~feiertag der: der erste/zweite ~feiertag** Christmas Day/Boxing Day; **~ferien** *Pl.* Christmas holidays; **~fest das** Christmas; **~gans die** Christmas goose; **~gebäck das** Christmas biscuits *pl. (Brit.) or (Amer.)* cookies *pl.*; **~geld das** Christmas bonus; **~geschäft das** Christmas trade; **~geschenk das** Christmas present *or* gift; **~geschichte die** Christmas story; **~gratifikation die** Christmas bonus; **~karte die** Christmas card; **~lied das** Christmas carol; **~mann der;** *Pl.* **~männer a)** Father Christmas; Santa Claus; **b)** *(ugs.: Dummkopf)* silly idiot *(coll.)*; **~markt der** Christmas fair; **~spiel das** *(Literaturw.)* nativity play; **~stern der a)** Christmas star; **b)** *(Pflanze)* poinsettia; **~stollen der** Christmas Stollen; **~tag der** *s.* **~feiertag**; **~zeit die** Christmas time; **in der ~zeit** at Christmas time
**Weih-: ~rauch der** incense; **jmdm. ~rauch streuen** *(geh.)* eulogize sb.; **~wasser das** *(kath. Kirche)* holy water; **~wasserbecken das** *(kath. Kirche)* stoup
**weil** [vail] *Konj.* because
**weiland** *Adv. (veralt.) (vormals)* formerly; *(einst)* once
**Weilchen das; ~s** little while
**Weile die; ~:** while; **eine ganze** *od. (geh.)* **geraume ~:** a good while; **eine ~ dauern** take a while; **vor einer ~:** a while ago; **damit hat es noch [gute] ~** *(geh.)* there is still [plenty of] time; *s. auch* [1]**Ding c; eilen 1 a**
**weilen** *itr. V. (geh.) (ver~)* stay; *(sein)* be; **zu Besuch bei jmdm. ~:** be on a visit to sb.; be visiting sb.; **er weilt nicht mehr unter uns** *(Dat.) od.* **unter den Lebenden** *(verhüll.)* he is no longer among *or* with us
**Weiler der; ~s, ~:** hamlet
**Weimarer Republik die** Weimar Republic
**Wein** [vain] **der; ~[e]s, ~e a)** wine; **im ~ ist** *od.* **liegt Wahrheit** *(Spr.)* in vino veritas; **jmdm. reinen ~ einschenken** *(fig.)* tell sb. the truth; **neuen ~ in alte Schläuche füllen** *(fig.)* pour new wine into old bottles *(prov.)*; **b)** *o. Pl. (Reben)* vines *pl.*; **wilder ~:** Virginia creeper; **c)** *o. Pl. (~trauben)* grapes *pl.*
**Wein-: ~[an]bau der;** *o. Pl.* wine-growing *no art.*; **~bauer der** wine-grower; **~beere die a)** grape; **b)** *(südd., österr., schweiz.: Rosine)* raisin; **~beißer der** *(österr.)* **a)** *(Gebäck)* iced ginger biscuit; **b)** *(~kenner)* wine connoisseur; **~berg der** vineyard; **~berg·schnecke die** [edible] snail; **~brand der** brandy
**weinen 1.** *itr. V.* cry; *(aus Trauer, Kummer)* cry; weep; **um jmdn. ~:** cry *or* weep for sb.; **über jmdn./etw. ~:** cry over *or* about sb./sth.; **vor Glück/Wut ~:** cry with happiness/anger; **vor Freude ~:** cry *or* weep for *or* with joy; **es ist zum Weinen** it's enough to make you weep; **es ist zum Weinen mit dir** *(ugs.)* you're enough to make anyone weep; **leise ~d abziehen** *(fig. ugs.)* leave with one's tail between one's legs. **2.** *tr.V.* shed ⟨*tears*⟩; **sich** *(Dat.)* **die Augen rot ~:** make one's eyes red with crying; **sich in den Schlaf ~:** cry oneself to sleep
**weinerlich 1.** *Adj.* tearful; weepy; **ein ~es Gesicht machen** look on the verge of tears *or* as if one is about to cry. **2.** *adv.* tearfully
**wein-, Wein-: ~essig der** wine vinegar; **~faß das** wine barrel *or* cask; **~flasche die** winebottle; **~garten der** vineyard; **~gegend die** wine-growing region; **~geist der;** *o. Pl.* ethyl alcohol; ethanol; **~glas das** wineglass; **~gut das** vineyard; **~händ-**

**ler der** wine-merchant; **~handlung die** wine-merchant's; **~hauer der** *(österr.)* wine-grower; **~jahr das** vintage; **~karte die** wine-list; **~keller der** wine-cellar; **~kenner der** wine connoisseur; **~königin die** wine queen *(representing a particular wine region for the year);* **~krampf der** crying fit; fit of crying; **~küfer der** cellarman; **~lese die** grape harvest; **~lokal das** wine bar; **~probe die** wine-tasting [session]; **~rebe die a)** grapevine; **b)** *(Ranke)* [grapevine] shoot; **~rot** *Adj.* wine-red; wine-coloured; **~schaum·creme die** *(Kochk.)* zabaglione; **~selig** *Adj.* merry on *or* with wine *pred.*; **in ~seliger Stimmung sein** be merry on *or* with wine; **~stein der;** *o. Pl.* cream of tartar; **~stock der;** *Pl.* **~stöcke** [grape]vine; **~straße die** wine route; **~stube die** wine bar; **~traube die** grape; **~trinker der** wine-drinker; **~verkoster der** wine-taster

**weise** ['vaizə] **1.** *Adj.* wise; **ein Weiser** a wise man; **die drei Weisen aus dem Morgenland** the three Wise Men from the East. **2.** *adv.* wisely

**-weise** *(bei Mengen- und Maßangaben)* by the ...; **kilo~/meter~/liter~/eimer~** *usw.* by the kilo/metre/litre/bucketful *etc.*; in kilos/metres/litres/bucketfuls *etc.*; **monats~/wochen~/stunden~:** by the month/week/hour; **paar~:** in pairs

**Weise die; ~, ~n a)** *(Art, Verfahren)* way; **auf diese/andere ~:** this way/ [in] another way; **auf die eine oder andere ~:** in one way or another; **auf meine ~:** in my own way; **auf geheimnisvolle ~:** in a mysterious manner; mysteriously; **in gewisser ~:** in certain respects; **in keiner ~:** in no way; **b)** *(Melodie)* tune; melody

**weisen 1.** *unr. tr. V.* **a)** *(geh.: zeigen)* show; **jmdm. etw. ~:** show sb. sth.; *s. auch* **Tür; b)** *(ver~)* **jmdn. aus dem Zimmer ~:** send sb. out of the room; **jmdn. aus dem Land/von der Schule ~:** expel sb. from the country/ from the school; **etw. von sich ~** *(fig.)* reject sth.; *s. auch* **Hand f; Schranke b. 2.** *unr. itr. V. (irgendwohin zeigen)* point; **mit der Hand auf etw.** *(Akk.)* **~:** point to sth.; **nach Norden ~:** point North; **eine Idee, die in die Zukunft weist** a forward-looking idea

**Weisheit die; ~, ~en a)** *o. Pl.* wisdom; **die ~ mit Löffeln gefressen haben** *(ugs.)* know it all; know all the answers; **er hat die ~ [auch] nicht mit Löffeln gefressen** *(ugs.)* he is not all that bright; **der ~ letzter Schluß** the answer to everything; **mit seiner ~ am Ende sein** be at one's wit's end; **b)** *(Erkenntnis)* wise insight; *(Spruch)* wise saying; **deine ~en kannst du für dich behalten** *(spött.)* you can keep your pearls of wisdom to yourself

**Weisheits·zahn der** wisdom tooth

**weis|machen** *tr. V. (ugs.)* **das kannst du mir nicht ~!** you can't expect me to swallow that!; **du willst mir doch nicht ~, daß ...?** you're not trying to make me believe *or (coll.)* to kid me that ...; **er läßt sich** *(Dat.)* **nichts ~:** you can't fool him; he's not to be fooled; **das kannst du anderen ~!** tell that to the marines *(coll.)*

[1]**weiß** [vais] *1. u. 3. Pers. Sg. Präsens v.* **wissen**

[2]**weiß** *Adj.* **a)** white; **~e Ostern/Weihnachten** Easter with snow/white Christmas; **das Weiße Meer** the White Sea; **Weißer Sonntag** *(christl. Kirche)* Low Sunday; **der ~e Sport** tennis; **er/sie ist ~ geworden** his/her hair has turned white; *s. auch* **Fleck b; Haus a; Tod; Weste; b)** *(Kaufmannsspr.)* unbranded ⟨*product*⟩

**Weiß das; ~[e]s, ~:** white

**weis-, Weis-: ~sagen** *tr. V.* **a)** *auch itr. (prophezeien)* prophesy; foretell; **b)** *(ahnen lassen)* forebode; **~sager der** prophet; **~sagerin die** prophetess; **~sagung die; ~, ~en** prophecy

**weiß-, Weiß-: ~bier das** *light, highly effervescent, top-fermented beer made from wheat and barley;* weiss beer; **~blech das** tin plate; **~blond** *Adj.* ash-blond/-blonde; **~brot das** white bread; **ein ~brot** a white loaf; **~buch das** *(Politik)* White Paper; **~dorn der** hawthorn

[1]**Weiße die; ~, ~n a)** *o. Pl.* whiteness; **b)** *s.* [1]**Berliner 1**

[2]**Weiße der/die;** *adj. Dekl.* white; white man/woman

**Weiße-Kragen-Kriminalität die** white-collar crime *no art.*

**weißeln** *(südd., österr., schweiz.),* **weißen** *tr. V.* paint white; *(tünchen)* whitewash

**weiß-, Weiß-: ~gardist der** *(hist.)* member of the White Guard; **~glühend** *Adj.* white-hot; **~glut die** white heat; **jmdn. [bis] zur ~glut bringen** *od.* **reizen** *od.* **treiben** *(ugs.)* make sb. livid *(Brit. coll.)*; **~gold das** white gold; **~haarig** *Adj.* white-haired; **~haarig sein** have white hair; **~herbst der** ≈ rosé wine; **~käse der** *(bes. nordd.) s.* **Quark; ~kohl der,** *(bes. südd., österr.)* **~kraut das** white cabbage

**weißlich** *Adj.* whitish

**Weiß-: ~macher der** whitener; **~rußland** *(das)* White Russia

**weißt** *2. Pers. Sg. Präsens v.* **wissen**

**weiß-, Weiß-: ~tanne die** silver fir; **~wal der** white whale; **~wand·reifen der** whitewall tyre; **~|waschen** *unr. tr. V. (ugs.)* **jmdn./sich ~waschen** clear sb.'s/one's name; **~wein der** white wine; **~wurst die** veal sausage

**Weisung die; ~, ~en a)** *(geh., sonst Amtsspr.)* instruction; *(Direktive)* directive; **auf od. nach ~ [von jmdm.]** on *or* in accordance with [sb.'s] instructions; **~ geben/erhalten/haben, etw. zu tun** give/receive/have instructions to do sth.; **b)** *(Rechtsw.)* [court] order; **jmdm. die ~ erteilen, etw. zu tun** order sb. to do sth.

**weisungs-, Weisungs-: ~befugnis die** authority to issue instructions/directives; **~gebunden** *Adj.* subject to instructions/ directives *postpos.*; **~gemäß** *Adv.* in accordance with instructions; as instructed

**weit** [vait] **1.** *Adj.* **a)** *(räumlich ausgedehnt)* wide; *(fig.)* broad ⟨*concept*⟩; **in die ~e Welt ziehen** go out into the big wide world; **~e Kreise** *od.* **Teile der Bevölkerung** *(fig.)* large *or* broad sections of the population; **im ~eren Sinn** *(fig.)* in the broader sense; **das Weite suchen** *(fig.)* take to one's heels; *s. auch* **Feld e; b)** *(locker sitzend)* wide; **jmdm. zu ~ sein** ⟨*clothes*⟩ be too loose on sb.; **einen Rock [in der Taille] ~er machen** let out a skirt [at the waist]; **c)** *(streckenmäßig ausgedehnt, lang)* long ⟨*way*⟩; **einen ~en Blick [über die Gegend] haben** have a wide view [over the area]. **2.** *adv.* **a)** *(räumlich ausgedehnt)* **~ geöffnet** wide open; **~ verbreitet** widespread; **~ herumgekommen sein** have got around a good deal; have travelled widely; **~ und breit war niemand zu sehen** there was no one to be seen anywhere; **den besten Fisch ~ und breit kriegst du in diesem Restaurant** this restaurant has the best fish for miles around; **b)** *(streckenmäßig ausgedehnt, lang)* far; **~er** further; farther; **am ~esten** [the] furthest *or* farthest; **es ist noch ~:** it is still a long way; **sehr ~ gehen** walk a very long way; **hast du es ~?** do you have far to go?; **~ [entfernt** *od.* **weg] wohnen** live a long way away *or* off; live far away; **zwei Häuser ~er wohnen** live two houses further *or* farther on; **15 km ~ [von hier]** 15 km. away [from here]; **5,80 Meter ~ springen** jump [a distance of] 5.80 metres; **von ~em** from a distance; **von ~ her** from far away; **es würde zu ~ führen, das alles jetzt zu analysieren** it would be too much to analyse it all now; **das geht zu ~** *(fig.)* that is going too far; **etw. zu ~ treiben, es mit etw. zu ~ treiben** *(fig.)* overdo sth.; carry sth. too far; **mit etw. [nicht] ~ kommen** *(fig.)* [not] get far with sth.; **so ~, so gut** so far, so good; *s. auch* **entfernt a; hersein c; c)** *(zeitlich entfernt)* **~ nach Mitternacht** well past midnight; **~ zurückliegen** be a long way back *or* a long time ago; **d)** *(in der Entwicklung)* far; **sehr ~ mit etw. sein** have got a long way with sth.; **wie weit seid ihr?** how far have you got?; **wir wollen es gar nicht erst so ~ kommen lassen** we do not want to let it come to that; **so ~ ist es schon mit dir gekommen?** have things come to that with you?; **er wird es einmal ~ bringen** he will go far one of these days; **~ fortgeschritten** *od.* **gediehen sein** be far advanced; **e)** *(weitaus)* far; **jmdn. ~ übertreffen** surpass sb. by far *or* by a long way; **bei ~em** by far; by a long way; **bei ~em nicht!** not by a long way!; **bei ~em nicht so gut wie ...:** nowhere near as good as ...; **das ist bei ~em nicht alles** that's not all by a long way; **bei ~em hübscher als ...:** far prettier than ...; **etw. bei ~em übertreffen** far exceed sth.; *s. auch* **gefehlt 2; weiter**

**-weit** *Adj., adv.* **europa~/hessen~:** throughout Europe/Hessen *postpos.*

**weit-, Weit-: ~ab** *Adv.* far away; **~aus** *Adv.* far ⟨*better, worse, etc.*⟩; **der ~aus beste** *od.* **~aus der beste Reiter** by far *or* far and away the best rider; **~bekannt** *Adj.; präd. getrennt geschrieben* widely known; **~blick der;** *o. Pl.* far-sightedness; **politischen ~blick haben** be politically far-sighted; **ihm fehlt der ~blick** he lacks vision; **~blickend** *Adj.* far-sighted

**Weite die; ~, ~n a)** *(räumliche Ausdehnung)* expanse; **b)** *(bes. Sport: Entfernung)* distance; **c)** *(eines Kleidungsstückes)* width; **d)** *(Größe, Durchmesser)* width

**weiten 1.** *tr. V.* widen. **2.** *refl. V.* widen; ⟨*pupil*⟩ dilate; *(fig.)* ⟨*chest*⟩ swell

**weiter** *Adv.* **a)** *s.* **weit 2; b)** further; farther; **halt, nicht ~!** stop, don't go any further; **~!** go on!; **er hat immer ~ gelacht/geschwatzt** he carried on laughing/chattering; **nur immer ~ so!** keep it up!; **und so ~:** and so on; **und so ~ und so fort** and so on and so forth; **c)** *(~hin, anschließend)* then; **was geschah ~?** what happened then *or* next?; **d)** *(außerdem, sonst)* **~ nichts, nichts ~:** nothing more *or* else; **~ weiß ich nichts von der Sache** that's all I know about it; **ich brauche ~ nichts** I don't need anything else; there's nothing else I need; **er wollte ~ nichts als ...:** all he wanted was ...; **Was ist los? – Ach, nichts ~:** What's the matter – Oh, nothing in particular; **das macht ~ nichts** *od.* **ist nicht ~ schlimm** it isn't that important; it doesn't really matter; **wenn es ~ nichts ist** if 'that's all

**weiter...** *Adj.; nicht präd. (zusätzlich)* further; **~e zwei Jahre warten** wait a further two years *or* two more years; **ohne ~e Umstände** without any fuss; **die ~e Entwicklung abwarten** await further developments; **im ~en Verlauf zeigte sich, daß ...:** it later became clear that ...; **bis auf ~es** for the time being; **„bis auf ~es geschlossen"** 'closed until further notice'; **des ~en** *(geh.)* furthermore; *s. auch* **ohne 1c**

**weiter-, Weiter-: ~|arbeiten** *itr. V.* continue *or* carry on working; **~|bestehen** *unr. itr. V.* continue to exist; **~|bilden** *tr. V. s.* **fortbilden; ~bildung die;** *o. Pl. s.* **Fortbildung; ~|bringen** *unr. tr. V.* **die Diskussion/Auskunft/sein Ratschlag brachte uns nicht ~:** the discussion/information/his advice did not get us any further [forward]; **~|entwickeln** *tr., refl. V.* develop [further]; **er hat sich im letzten Jahr auffallend ~entwickelt** he has matured noticeably in the last year; **~entwicklung die** [further] development; **~|erzählen** *tr. V.* **a)** continue telling; **b)** *(~sagen)* pass on; **erzähl**

**das nicht ~:** don't tell anyone; ~|**fahren** *unr. itr. V.; mit sein* continue [on one's way]; *(~ reisen)* travel on; **~fahrt die;** *o. Pl.* continuation of one's journey; **angenehme ~fahrt!** enjoy the rest of your journey; **auf der ~fahrt nach X trafen wir ...:** continuing our journey to X we met ...; **~flug der;** *o. Pl.* connecting flight; onward flight; **auf unserem ~flug** as we continued our flight; **Passagiere zum ~flug nach New York** passengers continuing on to New York; ~|**führen 1.** *tr. V.* **a)** *(fortführen)* continue; **b)** *(voranbringen)* **das führt uns nicht ~:** that does not get us any further *or* anywhere; **2.** *itr. V.* continue; **~führende Schulen** secondary schools; **~gabe die;** *o. Pl.* **a)** passing on; **b)** *(Sport)* pass; ~|**geben** *unr. tr. V.* **a)** pass on; **b)** *(Sport)* pass; ~|**gehen** *unr. itr. V.; mit sein* **a)** go on; **bitte ~gehen, nicht stehenbleiben!** please move along *or* keep moving, don't stop!; **b)** *(sich fortsetzen, noch nicht aufhören)* continue; go on; **der Weg geht nicht ~:** the path does not go any further; **die Geschichte/Sache geht ~:** there's more to come; **das Leben geht ~:** life goes on; **so kann es nicht ~gehen** it cannot go on like this; **so kann es mit uns nicht ~gehen** we cannot go on like this; **wie soll es denn nun ~gehen?** what is going to happen now?; ~|**helfen** *unr. itr. V.* **jmdm. [mit etw.] ~helfen** help sb. [with sth.]; **~hin** *Adv.* **a)** *(immer noch)* still; **b)** *(künftig)* in future; **etw. ~hin tun** continue to do sth. [in future]; **c)** *(außerdem)* in addition; ~|**kommen** *unr. itr. V.; mit sein* **a)** get further; **mach, daß du ~kommst** *(ugs.)* clear off *(coll.)*; **b)** *(Fortschritte machen)* make progress *or* headway; **im Leben/Beruf ~kommen** get on in life/one's career; ~|**können** *unr. itr. V. (ugs.)* **a)** be able to go on; **geradeaus können wir nicht ~:** we can't go *or* get any further straight on; **b)** *(bei einer Aufgabe)* **nicht ~können** get stuck; be unable to go on; ~|**laufen** *unr. itr. V.; mit sein* **a)** *(~gehen)* walk on; carry on walking; **b)** *(in Betrieb bleiben, auch fig.)* keep going; **c)** *(fortgeführt werden)* continue; ⟨*agreement, insurance*⟩ run; ~|**leben** *itr. V.* **a)** *(am Leben bleiben)* go on living; **b)** *(seine Existenz fortsetzen)* continue *or* carry on one's life; **c)** *(nach dem Tod fortleben)* live on; ~|**leiten** *tr. V.* pass on ⟨*news, information, etc.*⟩; forward ⟨*letter, parcel, etc.*⟩; ~|**machen** *(ugs.)* **1.** *itr. V.* carry on; go on; **~machen!** *(Milit.)* carry on; as you were; **2.** *tr. V.* **etw. ~machen** carry on with sth.; ~|**müssen** *unr. itr. V. (ugs.)* have to be on one's way; **ich muß ~:** I must be on my way; ~|**reden** *itr. V.* go on *or* carry on talking; **sie ließ mich nicht ~reden** she would not let me carry on [with what I was saying]; ~|**reichen** *tr. V.* pass on; **~reise die;** *o. Pl. s.* **~fahrt**

**weiters** *Adv. (österr.) s.* **ferner**

**weiter-:** ~|**sagen** *tr. V.* pass on; **sag es nicht weiter** don't tell anyone; ~|**schicken** *tr. V.* forward; send on; send ⟨*person*⟩ on; ~|**sehen** *unr. itr. V.* see; **morgen werden wir ~sehen** we'll see what we can do tomorrow; ~|**spielen** *tr., itr. V.* **a)** go on *or* carry on playing; **der Schiedsrichter ließ ~spielen** the referee allowed play to continue; **b)** *(Sport: abspielen)* pass; ~|**sprechen** *unr. itr. V.* go on *or* carry on speaking *or* talking

**Weiterungen** *Pl.* complications; difficulties

**weiter-, Weiter-:** ~|**verarbeiten** *tr. V.* process; **~verarbeitung die** processing; ~|**verfolgen** *tr. V.* follow up ⟨*clue, case, etc.*⟩; continue to follow ⟨*developments, events, etc.*⟩; pursue further ⟨*idea, line of thought, etc.*⟩; **~verkauf der** resale; **nicht zum ~verkauf bestimmt** not for resale; ~|**verkaufen** *tr. V.* resell; ~|**wissen** *unr. itr. V.* **nicht [mehr] ~wissen** be at one's wit's end; *(bei einem Rätsel, einer Aufgabe usw.)* be stuck; ~|**wollen** *unr. itr. V. (ugs.)* want to go on; **das Pferd wollte nicht ~:** the horse would not go any further; ~|**zahlen** *tr., auch itr. V.* continue *or* go on paying; continue to pay; **das Gehalt wird ~gezahlt** the salary continues to be paid; ~|**ziehen** *unr. itr. V., mit sein* move on

**weit-, Weit-:** **~gehend; weiter gehend** *od.* **weitgehender, weitestgehend** *od.* **weitgehendst 1.** *Adj.* extensive, wide, sweeping ⟨*powers*⟩; far-reaching ⟨*support, concessions, etc.*⟩; wide ⟨*support, agreement, etc.*⟩; general ⟨*renunciation*⟩; **2.** *adv.* to a large *or* great extent; **~gereist** *Adj.; präd. getrennt geschrieben* widely travelled; **~her** *Adv. (geh.)* from afar; **~herzig 1.** *Adj.* generous; liberal ⟨*interpretation*⟩; **2.** *adv.* generously; ⟨*interpret*⟩ liberally; **~hin** *Adv.* **a)** *(weit umher)* for miles around; **b)** *(weitgehend)* to a large *or* great extent; **~läufig 1.** *Adj.* **a)** *(ausgedehnt)* extensive; *(geräumig)* spacious; **b)** *(entfernt)* distant; **c)** *(ausführlich)* lengthy; long-winded; **2.** *adv.* **a)** *(ausgedehnt)* spaciously; **b)** *(entfernt)* distantly; **c)** *(ausführlich)* at length; long-windedly; **~maschig** *Adj.* wide-meshed; **~räumig 1.** *Adj.* spacious ⟨*room, area, etc.*⟩; wide ⟨*gap, space*⟩; **2.** *adv.* spaciously; **etw. ~räumig umfahren** give sth. a wide berth; **~reichend 1.** *Adj.* **a)** long-range; **b)** *(umfangreich und gewichtig)* far-reaching ⟨*importance, consequences*⟩; sweeping ⟨*changes, powers*⟩; extensive ⟨*relations, influence*⟩; **~reichende Freiheiten** a large *or* great degree of freedom; **2.** *adv.* extensively; to a large extent; **~schuß der** *(Sport)* long-range shot; **~schweifig 1.** *Adj.* long-winded; **2.** *adv.* long-windedly; **~sicht die** far-sightedness; **~sichtig 1.** *Adj.* long-sighted; *(fig.)* far-sighted; **2.** *adv. (fig.)* far-sightedly; **~sichtigkeit die;** ~ long-sightedness; *(fig.)* far-sightedness; **~springen** *unr. itr. V.; mit sein; nur im Inf. u. Part. gebr. (Sport)* do the long jump *(Brit.) or* broad jump *(Amer.)*; **~sprung der** *(Sport)* long jump *(Brit.)*; broad jump *(Amer.)*; **~verbreitet** *Adj.; präd. getrennt geschrieben* widespread; common; common ⟨*plant, animal*⟩; **~verzweigt;** *Adj.; präd. getrennt geschrieben* extensive ⟨*network*⟩; ⟨*firm*⟩ with many [different] branches; **eine ~verzweigte Verwandtschaft haben** have numerous branches in one's family; **~winkel·objektiv das** wide-angle lens

**Weizen** ['vaitsn̩] **der;** **~s** wheat

**Weizen-:** **~bier das** *s.* **Weißbier; ~brot das** wheat bread; **ein ~brot** a wheat loaf; a loaf of wheat bread; **~keim der** wheat germ *no pl.*; **~keim·öl das** wheat-germ oil; **~mehl das** wheat flour

**welch** [vɛlç] **1.** *Interrogativpron.* **a)** *(bei Wahl aus einer unbegrenzten Menge)* what; **aus ~em Grund?** for what reason?; **~e Folgen wird das haben?** what will be the consequences of that?; **um ~e Zeit?** [at] what time?; **b)** *(bei Wahl aus einer begrenzten Menge) (adj.)* which; *(subst.)* which one; **an ~em Tag/in ~em Jahr?** on which day/in which year?; **~e Folgen auch immer** whatever the consequences; **~er/~e/~es auch immer** whichever one; **~er/~e/~es von [den] beiden** which of the two; **c)** *(geh.: was für ein)* what a; *(oft unflektiert)* **~ reizendes Geschöpf!** what a charming creature!; **~ ein Zufall/Glück!** what a coincidence/how fortunate!. **2.** *Relativpron. (bei Menschen)* who; *(bei Sachen)* which; *(unflektiert, Papierdt.)* **X, Y und Z, ~ letztere/letzterer/letzteres ...:** X, Y, and Z, the latter of whom/which ... **3.** *Indefinitpron.* some; **ich habe keine Seife – hast du ~e?** I have no soap – have you any?; **es gibt ~e, die behaupten, daß ...** *(ugs.)* there are some [people] *or* those who claim that ...

**wẹlcher·art** *Adv.* what kind of; **es ist gleichgültig, ~ seine Überlegungen waren** it's irrelevant what his considerations were

**wẹlcher·lei** *indekl. Interrogativadj.* whatever

**Welfe** ['vɛlfə] **der; ~n, ~n** *(hist.)* Guelph

**welk** [vɛlk] *Adj.* withered ⟨*skin, hands, etc.*⟩; wilted ⟨*leaves, flower*⟩; limp ⟨*lettuce*⟩; shrivelled ⟨*breasts*⟩; **sein Gesicht sah ~ aus** his face looked old and tired

**wẹlken** *itr. V.; mit sein* ⟨*plant, flower*⟩ wilt; *(fig.)* ⟨*beauty*⟩ fade; ⟨*woman*⟩ age

**Wẹll·blech das** corrugated iron

**Wẹllblech·dach das** corrugated-iron roof

**Welle** ['vɛlə] **die; ~, ~n a)** *(auch fig.)* wave; **sein Grab in den ~n finden** *(geh.)* go to *or* find a watery grave; **grüne ~** *(Verkehrsw.)* linked *or* synchronised traffic lights; **grüne ~ bei 70 km/h** traffic lights phased *or* synchronized for 70 km per hour; **[hohe] ~n schlagen** *(fig.)* cause a [major] stir; **die weiche ~** *(fig. ugs.)* the soft approach *or* line; **b)** *(im Haar)* wave; **sich** *(Dat.)* **~n legen lassen** have one's hair waved; **c)** *(Physik)* wave; *(Rundf.: Frequenz)* wavelength; **d)** *(Technik)* shaft; **e)** *(wellenförmige Erhebung)* undulation; **f)** *(Gymnastik)* circle

**wẹllen 1.** *tr. V. (wellig formen)* wave ⟨*hair*⟩; corrugate ⟨*iron, metal*⟩. **2.** *refl. V.* **a)** *(wellig sein)* ⟨*hair*⟩ be wavy; ⟨*ground, carpet*⟩ undulate; ⟨*stairs*⟩ be uneven; **b)** *(wellig werden)* ⟨*carpet, stairs*⟩ become uneven

**wẹllen-, Wẹllen-:** **~bad das** artificial wave pool; **~bereich der** *(Rundf.)* waveband; **~berg der** crest [of a/the wave]; **~brecher der** breakwater; **~förmig 1.** *Adj.* wavy ⟨*line, outline, seam, etc.*⟩; wave-like ⟨*motion, movement, etc.*⟩; **2.** *adv.* ⟨*be propagated*⟩ in the form of waves *or* as waves; **~gang der;** *o. Pl.* swell; **ein starker/leichter ~gang** a strong/light swell; **bei starkem ~gang** in heavy seas; **~länge die** *(Physik)* wavelength; **[mit jmdm.] auf der gleichen ~länge liegen** *(fig. ugs.)* be on the same wavelength [as sb.]; **~linie die** wavy line; **~reiten das** surfing *no art.*; **~sittich der** budgerigar; **~tal das** trough [of a/the wave]

**Wẹll·fleisch das** boiled belly pork

**Wẹll·horn·schnecke die** whelk

**wẹllig** *Adj.* wavy ⟨*hair*⟩; undulating ⟨*scenery, hills, etc.*⟩; uneven ⟨*surface, track, etc.*⟩

**Wẹll·pappe die** corrugated cardboard

**Welpe** ['vɛlpə] **der; ~n, ~n** *(Hund)* whelp; pup; *(Wolf, Fuchs)* whelp; cub

**Wels** [vɛls] **der; ~es, ~e** catfish

**welsch** [vɛlʃ] *Adj.* **a)** *(schweiz.)* **die ~e Schweiz** French[-speaking] Switzerland; **b)** *(veralt.: romanisch)* Latin; **c)** *(veralt. abwertend: fremdländisch)* foreign

**wẹlsch-, Wẹlsch-:** **~land das** *(schweiz.)* French[-speaking] Switzerland; **~schweizer der** *(schweiz.)* French[-speaking] Swiss [man]; **~schweizerisch** *Adj. (schweiz.)* French Swiss

**Welt** [vɛlt] **die; ~, ~en a)** *o. Pl.* world; **auf der ~:** in the world; **in der ganzen ~ bekannt sein** be known world-wide *or* all over the world; **eine Reise um die ~:** a round-the-world tour; **die schönste Frau der Welt** the most beautiful woman in the world; **in seiner eigenen ~ leben** live in a world of one's own; **die Alte/Neue ~:** the Old/New World; **die dritte/vierte ~** the Third/Fourth World; **zwölf Mark, das ist doch nicht die ~!** *(ugs.)* twelve marks, that's not the earth! *(coll.)*; **nicht die ~ kosten** *(ugs.)* not cost the earth *(coll.)*; **die ~ ist klein** *od.* **ein Dorf** *(scherzh.)* it's a small world; **davon geht die ~ nicht unter** *(ugs.)* it's not the end of the world; **auf die** *od.* **zur ~ kommen** be born; **auf der ~ sein** have been born; **aus aller ~:** from all over the world; **nicht aus der ~ sein** *(ugs.)* not be at the other end of the earth;

**in aller ~:** throughout the world; all over the world; **in alle ~:** all over the world; **um nichts in der ~, nicht um alles in der ~:** not for anything in the world *or* on earth; **um alles in der ~** *(ugs.)* for heaven's sake; **die ganze ~** *(fig.)* the whole world; **so etwas hat die ~ noch nicht gesehen** *(fig. ugs.)* it is/was incredible *or* fantastic *(coll.)*; **alle ~** *(fig. ugs.)* the whole world; everybody; **vor aller ~** *(fig. ugs.)* in front of everybody; **eine verkehrte ~:** a topsy-turvy world; **mit sich und der ~ zufrieden sein** be content with life; **aus der ~ schaffen** resolve ‹*problem, dispute, etc.*›; **Kinder in die ~ setzen** *(ugs.)* have children; **Gerüchte in die ~ setzen** start rumours; **wer/was/wo/warum in aller ~...?** *(ugs.)* who/what/where/why on earth ...?; **er/sie ist nicht von dieser ~** *(geh.)* he/she is not of this world; **zur ~ bringen** bring into the world; give birth to; **eine Dame/ein Mann von ~:** a woman/man of the world; **die gelehrte ~:** the world of scholars; **die vornehme ~:** high society; *s. auch* **Brett d; nobel 1 b; b)** *(~all)* universe; *(Planetensystem)* planetary system; *(Sternensystem)* galaxy; **uns trennen ~en** *(fig.)* we are worlds apart

**wẹlt-, Wẹlt-: ~abgeschieden** *Adj.* remote; **~all das** universe; cosmos; **~anschaulich 1.** *Adj.; nicht präd.* ideological; **2.** *adv.* ideologically; **~anschauung die** world-view; Weltanschauung; **~atlas der** atlas of the world; **~aus·stellung die** world fair; **~bank die;** *o. Pl.* World Bank; **~bekannt** *Adj.* known all over the world *pred.;* world-famous ‹*artist, author, etc.*›; **~berühmt** *Adj.* world-famous; **~best...** *Adj.; nicht präd.* world's best *attrib.;* best ... in the world; **der/die Weltbeste** the world champion; **~bẹst·leistung die** *(Sport)* world record; **~bẹst·zeit die** *(Sport)* world record time; **~bewegend 1.** *Adj.* world-shaking; **nicht ~bewegend sein** *(ugs. spött.)* be nothing to write home about *(coll.)*; **2.** *adv.* **er spielt nicht [gerade] ~bewegend** *(ugs. spött.)* his playing isn't [exactly] anything to write home about *(coll.)*; **~bild das** world view; conception of the world; **~bürger der** citizen of the world; cosmopolite

**Wẹlten·bummler der; ~s, ~, Wẹltenbummlerin die; ~, ~nen** globe-trotter

**Wẹlt·erfolg der** world-wide success

**Wẹlter·gewicht das** welterweight

**wẹlt-, Wẹlt-: ~erschütternd** *s.* **~bewegend; ~flucht die;** *o. Pl.* withdrawal from the world; **~fremd 1.** *Adj.* unworldly; **2.** *adv.* unrealistically; **~frieden der** world peace; **~geist der;** *o. Pl. (Philos.)* world spirit; **~geistliche der** *(kath. Kirche)* secular priest; **~geltung die** international standing; **~gericht das** *(Rel.)* Last Judgement; **~geschichte die a)** *o. Pl.* world history *no art.;* **in der ~geschichte umherreisen** *(ugs. scherzh.)* travel around all over the place; **b)** *(Werk)* history of the world; **~geschichtlich 1.** *Adj.* **ein ~geschichtliches Ereignis, ein Ereignis von ~geschichtlicher Bedeutung** an important event in world history; **2.** *adv.* **~geschichtlich gesehen** *od.* **betrachtet** [viewed] from the point of view of world history; **~gesụndheits·organisation die** World Health Organization; **~gewandt** *Adj.* sophisticated; **~handel der;** *o. Pl.* world trade; **~herrschaft die;** *o. Pl.* world domination; **~hịlfs·sprache die** international auxiliary language; **~karte die** map of the world; **~kind das** *(dichter.)* worldling; **~klasse die** world class; **~klasse sein, zur ~klasse gehören** be world-class; **~klug 1.** *Adj.* worldly-wise; **2.** *adv.* in a worldly-wise manner; **~krieg der** world war; **der erste** *od.* **Erste/zweite** *od.* **Zweite ~krieg** the First/Second World War; World War I/II; **~kugel die** globe

**weltlich** *Adj.* **a)** *(irdisch, sinnlich)* worldly; **b)** *(nicht geistlich)* secular

**wẹlt-, Wẹlt-: ~literatur die** world literature *no art.;* **~macht die** world power; **~mann der;** *Pl.* **~männer** man of the world; **~männisch** [~mɛnɪʃ] **1.** *Adj.* sophisticated; **2.** *adv.* in a sophisticated manner; **~marke die** international make; **~markt der** *(Wirtsch.)* world market; **~meer das** ocean; **die sieben ~meere** the seven seas; **~meister der** world champion; **die Mannschaft ist ~meister** the team are world champions; **~meisterschaft die** world championship; **die ~meisterschaft im Fußball** the [football] World Cup; **~offen 1.** *Adj.* **a)** *(aufgeschlossen)* open-minded; **b)** *(für alle Welt offen)* open to the world *postpos.;* **2.** *adv.* open-mindedly; **~öffentlichkeit die: die Meinung der ~öffentlichkeit** world opinion; **an die ~öffentlichkeit appellieren** make an appeal to the people of the world; **~ordnung die** world order; **~politik die** world politics *pl.;* **~politisch 1.** *Adj.; nicht präd.* **~politische Auswirkungen/Bedeutung haben** have an effect on world politics/be important in world politics; **das ~politische Klima** the climate in world politics; **2.** *adv.* in terms of *or* from the point of view of world politics; **~raum der** space *no art.*

**Wẹltraum-: ~fahrer der** space traveller; **~fahrt die** space travel *no art.;* **~station die** space station

**wẹlt-, Wẹlt-: ~reich das** empire; **~reise die** world tour; **eine ~reise machen** go round the world; **~reisende der/die** globe-trotter; **~rekord der** world record; **~rekordler der** world record holder; **~religion die** world religion; **~revolution die** world revolution; **~ruf der;** *o. Pl.* world-wide reputation; **~ruf haben** have a world-wide reputation; **von ~ruf** with a world-wide reputation *postpos., not pred.;* **~schmerz der;** *o. Pl.* world-weariness; Weltschmerz; **~sịcherheitsrat der** *(Pol.)* [United Nations] Security Council; **~sprache die** world language; **~stadt die** cosmopolitan city; **~star der** international star; **~umsegler der** circumnavigator of the globe; **~umspannend** *Adj.* global; **~untergang der** end of the world; **~untergangs·stimmung die** mood of black despair; *(in der Natur)* **es herrschte ~untergangsstimmung** it was as if the end of the world were approaching; **~ụraufführung die** world première; **~verbesserer der; ~s, ~** *(iron.)* **ein ~verbesserer** someone who thinks he/she can set the world to rights; **~weit 1.** *Adj.; nicht präd.* world-wide; **2.** *adv.* throughout *or* all over the world; **~wirtschaft die** world economy; **~wịrtschafts·krise die** world economic crisis; **~wunder das: die Sieben ~wunder** the Seven Wonders of the World; **etw. wie ein ~wunder anstaunen** stare at sth. as if it were from another planet; **~zeit·uhr die** clock showing times around the world

**wem** [ve:m] *Dat. von* **wer 1.** *Interrogativpron.* to whom; who ... to; **wem hast du das Buch geliehen?** to whom did you lend the book?; who did you lend the book to?; **mit/von/zu ~:** with/from/to whom; who ... with/from/to. **2.** *Relativpron.* the person to whom ...; the person who ... to; **~ der Schal gehört** the person to whom the scarf belongs; the person the scarf belongs to; **~ so etwas nicht selbst passiert ist** anyone to whom this has never happened; **~ es auch [immer]** *od.* **~ immer es passiert ist** *(geh.)* whoever it was it happened to. **3.** *Indefinitpron. (ugs.: jemandem)* to somebody *or* someone; **gehört das ~?** does this belong to anybody?; **telefoniert sie mit ~?** is she on the phone to sb.? *(coll.)*

**Wẹm·fall der** dative [case]

**wen** [ve:n] *Akk. von* **wer 1.** *Interrogativpron.* whom; who *(coll.)*; **an/für ~:** to/for whom ...; who ... to/for; **an ~ schreibst du?** to whom are you writing? who are you writing to?; **~ von ihnen kennst du?** which [one] of these do you know?. **2.** *Relativpron.* the person whom; **~ das nicht überzeugt** anyone who is not convinced by that; **~ [auch] immer** *(geh.)* whoever; no matter whom. **3.** *Indefinitpron. (ugs.: jemanden)* somebody; someone; **suchst du ~?** are you looking for somebody?

[1]**Wende die; ~, ~n a)** *(Veränderung)* change; **eine ~ zum Besseren/Schlechteren** a change for the better/worse; **b)** *in* **um die ~ des Jahrhunderts** at the turn of the century; **c)** *(Turnen)* front vault; **d)** *(Seemannsspr.)* turn

[2]**Wẹnde der; ~n, ~n** Wend

**Wẹnde·hals der** *(ugs. abwertend)* turncoat; renegade

**Wẹnde·kreis der a)** *(Geogr.)* tropic; **der nördliche ~, der ~ des Krebses** the Tropic of Cancer; **der südliche ~, der ~ des Steinbocks** the Tropic of Capricorn; **b)** *(Kfz-W.)* turning circle

**Wẹndel die; ~, ~n** *(Technik)* coil

**Wẹndel·treppe die** spiral staircase

**Wẹnde-: ~manöver das** turning manœuvre; **~marke die** *(Sport)* turning mark

[1]**wẹnden 1.** *tr., auch itr. V. (auf die andere Seite)* turn [over]; toss ‹*pancake, cutlet, etc.*›; *(in die entgegengesetzte Richtung)* turn [round]; **einen Mantel ~:** turn a coat inside out; **bitte ~!** please turn over; *s. auch* **drehen 1 a. 2.** *itr. V.* **a)** turn [round]; **b)** *(Seemannsspr.)* tack. **3.** *refl. V.* **sich zum Besseren/Schlechteren ~:** take a turn for the better/worse; **das Glück hat sich gewendet** *(geh.)* his/her *etc.* luck has turned; *s. auch* **Blatt e**

[2]**wẹnden 1.** *unr. (auch regelm.) tr. V.* **a)** *(in eine andere Richtung drehen)* turn; **den Kopf ~:** turn one's head; **keinen Blick von jmdm. ~:** not take one's eyes off sb.; **er wandte seine Schritte nach links** *(geh.)* he turned his steps to the left; **b)** *(geh.: auf~)* spend; **viel Zeit/Geld an** *od.* **auf etw.** *(Akk.)* **~:** spend a great deal of time/money on sth.; **viel Mühe an** *od.* **auf etw.** *(Akk.)* **~:** take a great deal of trouble over sth. **2.** *unr. (auch regelm.) refl. V.* **a)** ‹*person*› turn; **das Glück hat sich von ihm gewandt** *od.* **gewendet** *(fig. geh.)* his good fortune deserted him; **b)** *(sich richten)* **sich an jmdn. [um Rat/Hilfe] ~:** turn to sb. [for advice/help]; **sich mit einer Bitte an jmdn. ~:** ask a favour of sb.; **ich habe mich schriftlich dorthin gewandt** I've written there; **an wen soll ich mich ~?** whom should I approach?; **sich an eine höhere Instanz/die richtige Adresse ~:** go to a higher authority/the right address; **das Buch wendet sich an junge Leser** *(fig.)* the book is addressed to *or* intended for young readers; **sich gegen jmdn./etw. ~:** oppose sb./sth.; **c)** *(geh.: sich anschicken)* **sich zum Gehen/zur Flucht ~:** get ready *or* prepare to go/flee

**Wẹnde-: ~platz der** turning area; **~punkt der** turning-point; *(Geom.: einer Kurve)* point of inflexion

**wẹndig 1.** *Adj.* **a)** agile; nimble; manœuvrable ‹*vehicle, boat, etc.*›; **b)** *(gewandt)* astute. **2.** *adv.* **a)** *(beweglich)* agilely; nimbly; **b)** *(gewandt)* astutely

**Wẹndigkeit die; ~ a)** agility; nimbleness; *(eines Flugzeugs)* manœuvrability; **b)** *(Gewandtheit)* astuteness

**Wẹndung die; ~, ~en a)** *(Änderung der Richtung)* turn; **eine ~ um 180°** a 180° turn; **b)** *(Veränderung)* change; **eine unerwartete/entscheidende ~:** an unexpected/decisive turn of events; **eine ~ zum Besseren/Schlechteren** a turn for the better/worse; **c)** *(Biegung)* bend; **d)** *(Rede~)* expression

**Wẹn·fall der** accusative [case]

**wenig** ['ve:nɪç] **1.** *Indefinitpron. u. unbest. Zahlw.* **a)** *Sing.* little; **sie besitzt nur ~ Schmuck** she owns only a little *or* doesn't own much jewellery; **das ~e Geld reicht nicht aus** this small amount of money is not enough; **~ Zeit/Geld haben** not have much *or* have little time/money; **das ist ~:** that isn't much; **dazu kann ich ~ sagen** I can't say much about that; **nicht ~ Mühe/Arbeit/Zeit kosten** take quite a lot of effort/work/time; **zu ~ Zeit/Geld haben** not have enough time/money; **ein Exemplar/50 Mark zu ~:** one copy too few/50 marks too little; **nur ~es** only a little; **um [ein] ~es älter** *(veralt.)* a little older; **b)** *Pl.* a few; **es sind nur noch ~e Wochen bis ...:** there are only a few weeks to go until ...; **bis auf ~e/mit ~en Ausnahmen** apart from/with a few exceptions; **nur ~ Leute waren unterwegs** only a few people were about; **~ Chancen haben, etw. zu tun** have little chance of doing sth.; **sie hatte ~ Bücher/Freunde** she had few books/friends; **mit ~en Worten** in a few words; **die ~en, die davon wußten** the few who knew about it; **nur ~e haben teilgenommen** only a few took part; **einer von** *od.* **unter ~en** one of only a few; **nicht ~e** quite a few. **2.** *Adv.* little; **nur ~ besser** only a little better; **er war ~ erbaut** he was not particularly pleased; **wir waren nicht ~ erstaunt/erfreut** we were more than a little astonished/pleased; **~ mehr** not much more; **das ist ~ nett von ihr** that is not very nice of her; **ein ~:** a little; **ein ~ zusammensitzen/ausruhen** sit together for a little while/rest a little; **das nützt [mir] ~:** it won't do [me] much good; **ich komme nur ~ in die Stadt** I don't often get into town; **wir gehen ~ ins Theater** we don't go much to the theatre

**weniger** **1.** *Komp. von* **wenig;** *Indefinitpron. u. unbest. Zahlw.* (+ *Sg.*) less; (+ *Pl.*) fewer; **immer ~:** less and less; **du wirst [ja] immer ~** *(ugs.)* you're wasting away. **2.** *Komp. von* **wenig;** *Adv.* less; **es kommt ~ auf Quantität als auf Qualität an** quantity is less important than quality; **~ schön als praktisch** more practical than attractive; **das ist ~ angenehm/erfreulich/schön** that is not very pleasant/pleasing/nice; **nichts ~ als ...:** nothing less than ...; **je mehr ich darüber nachdenke, um so ~ überzeugt es mich** the more I think about it, the less it convinces me; *s. auch* **mehr 1. 3.** *Konj.* less; **fünf ~ drei** five, take away three

**Wenigkeit die;** **~:** small amount; **meine ~** *(scherzh.)* yours truly

**wenigst...** **1.** *Sup. von* **wenig;** *Indefinitpron. u. unbest. Zahlw.* least; **damit habe ich die ~e Arbeit** *od.* **am ~sten Arbeit** that gives me the least work; **am ~en** least; **sie hat am ~en [geschenkt] bekommen** she received the fewest presents; **in den ~en Fällen/für die ~en Menschen** in very few cases/for very few people; **nur die ~en** only very few; **das ~e, was wir tun können** the least we can do; **das ist noch das ~e, ...:** worse still, ... **2.** *Sup. von* **wenig;** *Adv.* **am ~en** the least; **das hätte ich am ~en erwartet** that's the last thing I should have expected; **das konnte sie am ~en leiden** it was what she hated most

**wenigstens** *Adv.* at least

**wenn** [vɛn] *Konj.* **a)** *(konditional)* if; **außer ~:** unless; **und [selbst] ~:** even if; **~ es sein muß, komme ich mit** If I have to, I'll come along; **~ es nicht anders geht** if there's no other way; **~ du schon rauchen mußt** if you 'must smoke; **~ nicht, dann nicht** if not, it doesn't matter; **~ das Wörtchen ~ nicht wär' [, wär' mein Vater Millionär]** *(scherzh.)* if only, if only; **b)** *(temporal)* when; **jedesmal,** *od.* **immer, ~:** whenever; **~ du dich erst einmal eingearbeitet hast ...:** once you've got used to the work ...; **c)** *(konzessiv)* **wenn ... auch** even though; **~ es auch schwer ist** even though it is hard; **und ~ es [auch] noch so spät ist ...:** no matter how late it is ...; however late it is ...; **[und] ~ auch!** *(ugs.)* even so; all the same; **d)** *(in Wunschsätzen)* if only; **~ ich doch** *od.* **nur** *od.* **bloß wüßte, ob ...:** if only I knew whether ...; **~ er doch käme!** if only he would come

**Wenn das;** **~s, ~** *od. (ugs.)* **~s: das ~ und Aber, die ~[s] und Aber[s]** the ifs and buts

**wenn·gleich** *Konj. (geh.)* even though; although

**wenn·schon** *Adv.* **~ [nicht] ..., dann ...:** even if [not] ..., then ...; **[na** *od.* **und] ~!** *(ugs.)* so what?; **~, dann ...:** if that's how it is, then ...; **~, dennschon** *(ugs.)* if you're going to do something, you may as well do it properly; no half measures!

**[1]Wenzel** ['vɛnts̩l] *(der)* Wenceslas

**[2]Wenzel der;** **~s, ~** *(Kartenspiele)* jack; knave

**wer** [ve:ɐ̯] *Nom. Mask. u. Fem.; s. auch (Gen.)* **wessen;** *(Dat.)* **wem;** *(Akk.)* **wen 1.** *Interrogativpron.* who; **~ alles ist dabeigewesen?** which people were there?; who was there?; **~ von ...:** which of; **~ weiß wieviel/wie oft/wie lange** *usw.* who knows how much/how often/how long *etc.*; **~ da?** *(Milit.)* who goes there?; **was glaubt er eigentlich, ~ er ist?** who does he think he is?. **2.** *Relativpron.* the person who; *(jeder, der)* anyone *or* anybody who; **~ es auch [immer]** *od.* **~ immer es getan hat** *(geh.)* whoever did it. **3.** *Indefinitpron. (ugs.: jemand)* someone; somebody; *(in Fragen, Konditionalsätzen)* anyone; anybody; **ist da ~?** is anyone there?; **hat ~ nach mir gefragt?** did anyone ask for me?; **~ sein** be somebody

**Werbe-:** **~abteilung die** advertising *or* publicity department; **~agentur die** advertising agency; **~aktion die** advertising campaign; **~feldzug der** advertising campaign; **~fernsehen das** television commercials *pl.*; **~film der** advertising *or* promotional *or* publicity film; **~funk der** radio commercials *pl.*; **~gag der** publicity gimmick *(coll.)*; **~geschenk das** [promotional] free gift; **~kampagne die** *s.* **~feldzug; ~leiter der** advertising manager

**werben** ['vɛrbn̩] **1.** *unr. itr. V.* **a)** advertise; **für etw. ~:** advertise sth.; **für eine Partei ~:** canvass for a party; **b)** *(geh.: sich bemühen)* **~ um** try to enlist ‹*subscribers, helpers, etc.*›; recruit ‹*soldier, mercenary, etc.*›; **um Wählerstimmen ~:** seek to attract votes; **um jmds. Gunst/Freundschaft ~:** court sb.'s favour/friendship; **um eine Frau ~:** court a woman. **2.** *unr. tr. V.* attract ‹*readers, customers, etc.*›; recruit ‹*soldiers, volunteers, members, staff, etc.*›

**werbe-, Werbe-:** **~schrift die** prospectus; advertising brochure; **~slogan der** advertising slogan; **~spot der** commercial; advertisement; ad *(coll.)*; **~sprache die;** *o. Pl.* advertising jargon; **~text der** advertising copy *no. pl.*; **~texter der** advertising copy-writer; **~träger der** advertising medium; **~trommel die** *in* **[für jmdn./etw.] die ~ rühren** *od.* **schlagen** beat *or* thump the drum [for sb./sth.]; **~wirksam 1.** *Adj.* effective ‹*advertisement etc.*›; **~wirksam sein** be good publicity *or* a good advertisement; **dieser Slogan ist wenig ~wirksam** this slogan is not very effective publicity *or* not a very effective advertisement; **2.** *adv.* effectively ‹*worded etc.*›

**Werbung die;** **~, ~en a)** *o. Pl. (Reklame, Propaganda)* advertising; **für etw. ~ machen** advertise sth.; **für ein neues Buch/einen Kandidaten viel ~ machen** give a lot of publicity to a new book/a candidate; **b)** *o. Pl.: s.* **Werbeabteilung; c)** *(geh.: Bemühen um jmds. Gunst)* courtship *no pl.*

**Werbungs·kosten** *Pl. (Steuerw.)* advertising costs

**Werde·gang der a)** *(Laufbahn)* career; **b)** *(Entwicklungsgang)* development

**werden** ['ve:ɐ̯dn̩] **1.** *unr. itr. V.; mit sein; 2. Part.* **geworden a)** become; get; **älter ~:** get *or* grow old[er]; **du bist aber groß/schlank geworden!** you've grown so tall/slim; **wahnsinnig** *od.* **verrückt ~:** go mad; **gut ~:** turn out well; **das muß anders ~:** things have to change; **wach ~:** wake up; **rot ~:** go *or* turn red; **das Wetter wurde schlechter** the weather got worse; **er ist 70 [Jahre alt] geworden** he has had his 70th birthday *or* has turned 70; **heute soll es/wird es heiß ~:** it's supposed to get/it's going to be hot today; **mir wird übel/heiß/schwindelig** I feel sick/I'm getting hot/dizzy; **Arzt/Professor ~:** become a doctor/professor; **was willst du einmal ~?** what do you want to be when you grow up?; **Vater ~:** become a father; **erster/letzter ~:** be *or* come first/last; **das Kind wird ein Junge** the baby is going to be a boy; **was soll das ~?** what is that going to be?; **eine ~de Mutter** a mother-to-be; an expectant mother; **b)** *(sich entwickeln) zu* **etw. ~:** become sth.; **das Wasser wurde zu Eis** the water turned into ice; **was soll aus dir ~?** what is to become of you?; **aus Liebe wurde Haß** love turned into hate; **aus ihm ist nichts/etwas geworden** he hasn't got anywhere/has got somewhere in life; **daraus wird nichts ~** nothing will come of it/that!; **Von wegen! Daraus wird nichts!** You must be joking! No chance!; **c)** *(unpers.) (sich einem bestimmten Zeitpunkt nähern)* **es wird [höchste] Zeit** it is [high] time; **es wird ein Jahr, seit ...:** it will be a year since ...; **es wird 10 Uhr** it is nearly 10 o'clock; **es wird Tag/Nacht** day is dawning/night is falling; **es wird Herbst** autumn is coming; **d)** *(entstehen)* come into existence; **es werde Licht!** *(bibl.)* let there be light!; **jeder Tag, den Gott ~ läßt** every day that God gives *or* grants us; **was nicht ist, [das] kann noch ~:** things can change; **im Werden sein** be coming into being; **e)** *(ugs.)* **sind die Fotos [etwas] geworden?** have the photos turned out [well]?; **wird's bald?** *(ugs.)* hurry up!; **was soll nur ~?** what's going to happen now? **nicht mehr** *od.* **wieder ~** *(salopp)* flip one's lid *(sl.)*; **ich werd' nicht mehr** *od.* **wieder!** *(salopp)* well, I'm blowed! *(sl.)*; **f)** *(geh. veralt.: widerfahren)* **ihm soll [sein] Recht ~:** he shall have justice. **2.** *Hilfsverb; 2. Part.* **worden a)** *(zur Bildung des Futurs)* **wir ~ uns um ihn kümmern** we will take care of him; **dem werd' ich's zeigen!** *(ugs.)* I'll show him *(coll.)*; **dir werd' ich helfen!** *(ugs.)* I'll give you what for *(coll.)*; **wer wird denn gleich weinen!** you're not going to cry, are you?; **Sie ~ entschuldigen** *(ugs.)* excuse me[, please]; **es wird gleich regnen** it is going to rain any minute; **wir ~ nächste Woche in Urlaub fahren** we are going on holiday next week; **b)** *(als Ausdruck der Vermutung)* **es wird um die 80 Mark kosten** it will cost around 80 marks; **sie ~ [wohl] im Garten sein** they are probably in the garden; **er wird doch nicht [etwa] krank sein?** he wouldn't be ill, would he?; **sie wird schon wissen, was sie tut** she must know what she's doing; **c)** *(zur Bildung des Passivs)* **du wirst gerufen** you are being called; **er wurde gebeten** he was asked; **ihm wurde gesagt** he was told; **es wurde gelacht/gesungen/getanzt** there was laughter/singing/dancing; **jetzt wird aber geschlafen!** right, it's time to go to sleep now!; **unser Haus wird renoviert** our house is being renovated; **d)** *(zur Umschreibung des Konjunktivs)* **was würdest du tun?** what would you do?; **würdest du bitte etwas für mich besorgen?** would you mind getting something for me?; **ich würde kommen** I would come

**Wer·fall der** nominative [case]

**werfen** ['vɛrfn̩] **1.** *unr. tr. V.* **a)** throw; drop ‹*bombs*›; **die Tür ins Schloß ~:** slam the door shut; **jmdn. aus dem Saal ~** *(fig. ugs.)*

throw sb. out of the hall; **eine Frage in die Debatte ~** *(fig.)* throw *or* inject a question into the debate; **neue Waren auf den Markt ~** *(fig.)* bring new products on to the market; **Bilder an die Wand ~** *(fig.)* project pictures on the wall; **einen kurzen Blick in den Spiegel/in die Zeitung ~** *(fig.)* cast a glance in the mirror/at the paper; **b)** *(ruckartig bewegen)* throw; **den Kopf in den Nacken ~:** throw *or* toss one's head back; **die Arme in die Höhe ~:** throw one's arms up; **c)** *(erzielen)* throw; **eine Sechs ~:** throw a six; **ein Tor ~** *(Handball, Wasserball)* shoot *or* throw a goal; **d)** *(Ringen, Judo: nieder~)* throw, floor ⟨*opponent*⟩; **e)** *(bilden)* **Falten ~:** wrinkle; crease; **Blasen ~:** bubble; **[einen] Schatten ~:** cast [a] shadow; **f)** *(gebären)* give birth to. **2.** *unr. itr. V.* **a)** throw; **mit etw. [nach jmdm.] ~:** throw sth. [at sb.]; **mit Geld/Fremdwörtern/Schimpfwörtern** *usw.* **um sich ~** *(fig.)* throw [one's] money around/bandy foreign words about/bandy curses *etc.* about; **b)** *(Junge kriegen)* give birth; ⟨*dog, cat*⟩ litter. **3.** *unr. refl. V.* **a)** throw oneself; **sich vor einen Zug ~:** throw oneself under a train; **sich jmdm. in die Arme/zu Füßen ~:** throw oneself into sb.'s arms/at sb.'s feet; **sich auf eine neue Aufgabe ~** *(fig.)* throw oneself into a new task; **sich in die** *od.* **seine Kleider ~** *(fig.)* throw on one's clothes; **b)** *(sich verziehen)* buckle; ⟨*wood*⟩ warp

**Werfer der; ~s, ~:** thrower; *(Baseball)* pitcher; *(Cricket)* bowler

**Werft** [vɛrft] **die; ~, ~en** shipyard; dockyard; *(Flugw.)* hangar

**Werft·arbeiter der** shipyard worker

**Werg** [vɛrk] **das; ~[e]s** tow

**Werk** [vɛrk] **das; ~[e]s, ~e a)** *o. Pl. (Arbeit)* work; **am ~[e] sein** be at work; **sich ans ~ machen, ans ~ gehen** set to *or* go to work; **ins ~ setzen** carry out ⟨*attack, strategy, etc.*⟩; put ⟨*agreement, plan, etc.*⟩ into effect; set ⟨*arrangements, events*⟩ in motion; **zu ~e gehen** *(geh.)* proceed; **b)** *(Tat)* work; **~e der Nächstenliebe** works of charity; **das ist dein ~!** that is your doing *or* handiwork; **du tätest ein gutes ~, wenn ...** *(scherzh.)* you would be doing me/him/us *etc.* a favour if ...; **c)** *(geistiges, künstlerisches Erzeugnis)* work; **ein neues ~ beginnen** begin a new piece of work; **d)** *(Betrieb, Fabrik)* factory; plant; works *sing. or pl.*; *(Belegschaft)* works *sing. or pl.*; **ab ~:** ex works; **e)** *(Trieb~)* mechanism; **das ~ einer Uhr/Orgel** the works *pl.* of a clock/organ

**werk-, Werk-** *(Betrieb) s.* **werk[s]-, Werk[s]-:**

**Werk·bank die;** *Pl.* **~bänke** work-bench

**werkeln** *itr. V.* **a)** *(bes. südd., österr.)* work; **b)** *(herumbasteln)* potter around *or* about

**werken** *itr. V.* work

**Werken das; ~s** *(Schulw.)* handicraft

**werk-, Werk-: ~getreu 1.** *Adj.* faithful to the spirit of the original *postpos.*; **eine ~getreue Inszenierung** a production which is/was faithful to the original; **2.** *adv.* ⟨*stage, present, produce*⟩ in a manner faithful to the original; **~lehrer der** [handi]craft teacher; **~meister der** foreman

**Werk[s]-: ~angehörige der/die** factory *or* works employee; **~arzt der** factory *or* works doctor; **~bücherei die** factory *or* works library

**Werk·schutz der a)** factory *or* works security; **b)** *(Personen)* factory *or* works security service

**werk[s]-, Werk[s]-: ~eigen** *Adj.* factory- *or* company-owned; **~fahrer der** *(Motorsport)* works driver; **~gelände das** factory *or* works premises *pl.*; **~halle die** workshop; **~kantine die** works canteen; **~leitung die** factory *or* works management; **~spionage die** industrial espionage

**Werk-: ~statt die; ~statt, ~stätten, ~stätte die** workshop; *(Kfz-W.)* garage; **~stoff der** material; **~stoff·prüfung die** testing of materials; material-testing; **~stück das** workpiece; **~student der** *(veralt.)* working student; **~verkehr der** works transport

**Werk[s]·wohnung die** company-owned flat *(Brit.) or (Amer.)* apartment

**werk-, Werk-: ~tag der** working day; workday; **~tags** *Adv.* on weekdays; **~tätig** *Adj.* working; **~tätige der/die;** *adj. Dekl.* worker; **die Zahl der ~tätigen** the number of people in work; **~treue die** faithfulness to the original; **~unterricht der** [handi]craft instruction *no art.*; *(Unterrichtsstunde)* [handi]craft lesson; *s. auch* **Englischunterricht; ~verzeichnis das** *(Musik)* catalogue of works; **~zeug das;** *Pl.* **~zeuge a)** *(auch fig.)* tool; **b)** *o. Pl. (Gesamtheit)* tools *pl.*

**Werkzeug-: ~kasten der** tool-box; **~macher der** tool-maker; **~maschine die** machine tool

**Wermut** [ˈveːɐ̯muːt] **der; ~[e]s, ~s a)** *(Pflanze)* wormwood; **b)** *(Wein)* vermouth

**Wermut-: ~bruder** *(ugs. abwertend),* **~penner** *(salopp abwertend)* **der** wino *(sl.)*

**Wermuts·tropfen der** *(geh.)* drop of bitterness

**Wermut·wein der** vermouth

**wert** [veːɐ̯t] *Adj.* **a)** *(geh.)* esteemed; *(als Anrede)* **~e Genossen!** my dear comrades; **Ihr ~es Schreiben** *(Kaufmannsspr. veralt.)* your esteemed letter; **wie ist Ihr ~er Name, bitte?** *(geh.)* may I have your name, please?; **b)** *in* **etw. ~ sein** be worth sth.; **das ist nichts ~:** this is worth nothing *or* worthless; **der Teppich ist sein Geld nicht ~:** the carpet is not worth the money; **jmds./einer Sache ~ sein** deserve sb./sth.; **das ist nicht der Erwähnung ~:** this is not worth mentioning; **Berlin ist immer eine Reise ~:** Berlin is always worth a visit; **jmdn./etw. einer Sache** *(Gen.)* **[für] ~ erachten** *(geh.)* consider sb./sth. worthy of sth.; *s. auch* **Rede c**

**Wert der; ~[e]s, ~e a)** *(Preis)* value; **im ~ steigen/fallen** increase/decrease in value; **an ~ gewinnen/verlieren** gain/lose in value; **im ~[e] von ...:** worth ...; **etw. unter [seinem] ~ verkaufen** sell sth. for less than its value; **b)** *(positive Bedeutung)* value; **einer Sache** *(Dat.)* **großen ~ beimessen** attach great value to sth.; **sich** *(Dat.)* **seines [eigenen] ~es bewußt sein** be conscious of one's own importance; **das hat [doch] keinen ~!** *(ugs.: ist sinnlos)* there's no point; **~ auf etw.** *(Akk.)* **legen** set great store by *or* on sth.; **c)** *(Zahlen~)* value; *(als Ergebnis)* result; **d)** *Pl. (~sachen)* valuable objects; objects of value; **e)** *(Briefmarke)* denomination; **f)** *Pl. (~papiere)* securities

**wert-, Wert-: ~arbeit die** high-quality workmanship; **~beständig** *Adj.* of lasting value *postpos.*; stable ⟨*currency, investment, etc.*⟩; **~beständig bleiben/sein** retain its value; **~brief der** *(Postw.)* registered letter

**werten** *tr., itr. V.* **a)** judge; assess; **etw. als besondere Leistung ~:** rate sth. as a special achievement; **etw. als Erfolg/Mißerfolg ~:** regard sth. as *or* consider sth. a success/failure; **etw. hoch/gering ~:** rate sth. highly/not rate sth. very highly; **diese Leistung kann nicht hoch genug gewertet werden** this achievement cannot be regarded highly enough; **etw. kritisch/moralisch ~:** judge sth. critically/from a moral point of view; **b)** *(Sport)* **etw. hoch/niedrig ~:** award high/low points to sth.; **der schlechteste Sprung wird nicht gewertet** the worst jump is not counted

**wert·frei 1.** *Adj.* detached; impartial; neutral ⟨*term*⟩. **2.** *adv.* with detachment; impartially

**Wert·gegenstand der** valuable object; object of value; **Wertgegenstände** valuables

**-wertig** *(Chemie, Sprachw.)* -valent; **zwei~/drei~:** bivalent/trivalent

**Wertigkeit die; ~, ~en** *(Chemie, Sprachw.)* valency *(Brit.)*; valence *(Amer.)*

**wert-, Wert-: ~los** *Adj.* worthless; valueless; **~marke die** stamp; *(Essenmarke usw.)* ticket; **~maßstab der** standard [of value]; **~minderung die** depreciation; reduction in value; **~paket das** *(Postw.)* registered parcel; **~papier das** *(Wirtsch.)* security; **~papier·börse die** stock exchange; **~sache die;** *meist Pl.* valuable item *or* object; **~sachen** valuables; **~schätzung die** *(geh.)* esteem; high regard; **~sendung die** *(Postw.)* registered item; **~steigerung die** appreciation; increase in value; **~system das** system of values; value system

**Wertung die; ~, ~en** judgement; *(Sport)* **er erreichte ~en über 16** he was given scores [of] over 16; **noch in der ~ sein** be still in the competition/race *etc.*

**wert-, Wert-: ~urteil das** value-judgement; **~voll** *Adj.* valuable; *(moralisch)* estimable ⟨*person, quality*⟩; **~vorstellung die** [concept *sing.* of] values *pl.*; **~zeichen das** stamp; **~zuwachs der** appreciation [in value]

**Wer·wolf der** *(Myth.)* werewolf

**wes** [vɛs] *Gen. v.* **wer** *(veralt.) s.* **wessen;** *s. auch* **Brot a; Geist c**

**Wesen** [ˈveːzn̩] **das; ~s, ~ a)** *o. Pl. (Natur)* nature; *(Art, Charakter)* character; nature; **ein freundliches/kindliches ~ haben** have a friendly/childlike nature *or* manner; **von liebenswürdigem ~ sein** have a pleasant nature; **b)** *(Mensch)* creature; soul; **ein weibliches/männliches ~:** a woman *or* female/a man *or* male; **c)** *(Lebe~)* being; creature; **es war kein menschliches ~ zu sehen** there was not a [living] soul in sight; **ein höheres ~:** a higher being; **das höchste ~:** the Supreme Being; **d)** *(Philos.)* essence; **e)** *o. Pl. (veralt.: Tun u. Treiben)* hustle and bustle; **sein ~ treiben** ⟨*child*⟩ romp *or* play around; ⟨*ghost*⟩ be abroad, go around; ⟨*thief*⟩ be at work; **viel ~s/kein ~ [aus** *od.* **um** *od.* **von etw.] machen** *(ugs.)* make a lot of fuss/not make a fuss [about sth.]

**wesenhaft** *(geh.)* **1.** *Adj.* intrinsic. **2.** *adv.* intrinsically

**wesens-, Wesens-: ~art die** nature; character; **~eigen** *Adj.* characteristic; **jmdm./einer Sache ~eigen sein** be characteristic of sb./sth.; **~fremd** *Adj.* foreign to sb.'s/sth.'s nature *postpos.*; **~gemäß** *Adj.* **etw. ist jmdm. [nicht] ~gemäß** sth. is [not] in keeping with sb.'s nature; **~verwandt** *Adj.* who are similar in character *or* nature *postpos., not pred.*; **~verwandt sein** be similar in character *or* nature; **~zug der** trait; characteristic

**wesentlich 1.** *Adj.* fundamental **(für** to); **sich auf das Wesentliche beschränken** limit oneself to [the] essentials; **von ~er Bedeutung** of considerable importance; **im ~en** essentially. **2.** *adv. (weit, um vieles)* considerably; much; **es wäre mir ~ lieber, wenn wir ...:** I would much rather we ...; **sich von etw. ~ unterscheiden** be very *or* considerably different from sth.; **nichts ~ Neues enthalten** contain nothing substantially new

**Wes·fall der** genitive [case]

**wes·halb** *Adv. s.* **warum**

**Wesir** [veˈziːɐ̯] **der; ~s, ~e** vizier

**Wespe** [ˈvɛspə] **die; ~, ~n** wasp

**Wespen-: ~nest das** wasp's nest; **in ein ~nest stechen** *(fig. ugs.)* stir up a hornets' nest; **sich in ein ~nest setzen** *(fig.)* bring a hornets' nest [down] about one's ears; **~stich der** wasp sting; **~taille die** wasp-waist

**wessen** *Gen. von* **wer** *u.* **was 1.** *Interrogativpron.* **a)** **(**von **wer)** whose; **b)** **(**von **was) ~ wird er beschuldigt?** what is he accused of?;

~ **hat er sich schuldig gemacht** what is he guilty of?. 2. *Relativpron.* **a)** (*von* **wer**) ~ **er gedachte, war seine Mutter** the person [whom] he was thinking about was his mother; **b)** (*von* **was**) **[das,]** ~ **er sich rühmt, ist ...:** what he prides himself on is ...
**wessent·wegen** *Interrogativadv. (geh.)* on whose account; because of whom
**wessent·willen** *Interrogativadv.* **in um** ~ *(geh.)* for whose sake
**Wessi** ['vɛsi] **der; ~s, ~s** *(salopp, bes. berlin.)* West German
**Wessi·land (das)** *(salopp, bes. berlin.)* West Germany
[1]**West** [vɛst] *o. Art.; o. Pl.* **a)** *(bes. Seemannsspr., Met.)* west; *s. auch* **Westen a; b)** *(Gebiet)* West; *s. auch* [1]**Ost b; c)** *(Politik)* West; *s. auch* [1]**Ost c; d)** *einem Subst. nachgestellt (westlicher Teil, westliche Lage)* West; *s. auch* [1]**Süd c**
[2]**West der; ~[e]s, ~e** *(Seemannsspr.)* westerly; *(dichter.)* west wind
[3]**West** *o. Art.; o. Pl. (ugs.: ~geld)* **in ~ bezahlen** pay in West German marks; **zehn Mark ~:** ten West German marks
**West·afrika (das)** West Africa
**West-Berlin, Westberlin (das)** West Berlin
**West·berliner 1. der** West Berliner. **2.** *Adj.; nicht präd.* West Berlin
**west-, West-: ~besuch der** *(ugs.)* visitor/visitors *pl.* from West Germany; **~besuch haben** have a visitor/visitors from West Germany; **~deutsch 1.** *Adj.* **a)** *(Politik)* West German; **b)** *(Geogr.)* Western German; **2.** *adv.* in a Western German manner; **~deutsche der/die a)** *(Politik)* West German; **b)** *(Geogr.)* Western German; **~deutschland (das) a)** *(Politik)* West Germany; **b)** *(Geogr.)* Western Germany
**Weste** ['vɛstə] **die; ~, ~n** waistcoat *(Brit.);* vest *(Amer.);* **eine schuß-** *od.* **kugelsichere ~:** a bullet-proof vest; **eine weiße** *od.* **reine** *od.* **saubere ~ haben** *(ugs.)* have a clean record; **jmdm. etw. unter die ~ jubeln** *(fig. ugs.)* shift *or* push sth. on to sb.
**Westen der; ~s a)** *(Richtung)* west; **nach ~:** westwards; to the west; **im/aus** *od.* **von** *od.* **vom ~:** in/from the west; *s. auch* **Norden a; b)** *(Gegend)* West; **im ~:** in the West; **der Wilde ~:** the Wild West; *s. auch* **Norden b; c)** *(Geogr.)* **der ~** the West; d) *(Politik)* **der ~** *(Westeuropa u. die USA)* the West; *(die BRD)* the West; West Germany
**Westen·tasche die** waistcoat *(Brit.) or (Amer.)* vest pocket; **etw. wie seine ~ kennen** *(ugs.)* know sth. like the back of one's hand *or* inside out
**Westentaschen·format das** *in* **in** *od.* **im ~:** pocket-size[d] ⟨*calculator etc.*⟩; *(ugs. spött. fig.)* small-time ⟨*politician etc.*⟩; tin-pot ⟨*dictator*⟩
**Western der; ~[s], ~:** western
**West·europa (das)** Western Europe
**west·europäisch** *Adj.* West[ern] European; **~e Zeit** Greenwich Mean Time
**Westfale** [-'fa:lə] **der; ~n, ~n** Westphalian
**Westfalen (das); ~s** Westphalia
**Westfälin** [-'fɛ:lɪn] **die; ~, ~nen** Westphalian
**westfälisch** *Adj.* Westphalian; **der W~e Friede** *(hist.)* the Treaty of Westphalia; *s. auch* **deutsch; Deutsch a; badisch**
**west-, West-: ~fernsehen das** *(ugs.)* West German television; **~flanke die** *(Milit., Geogr.)* western flank; *(Met.)* western edge; **~geld das;** *o. Pl. (ugs.)* West German money; **~germanisch** *Adj.* West Germanic; **~gote der** West Goth; Visigoth; **~hang der** western slope
**West·indien (das)** the West Indies *pl*
**west·indisch** *Adj.* West Indian
**West·küste die** west[ern] coast
**Westler der; ~s, ~, Westlerin die; ~, ~nen** *(ugs.)* West German
**westlich 1.** *Adj.* **a)** *(im Westen)* western; **15 Grad ~er Länge** 15 degrees west [longitude]; **das ~e Frankreich** western France; **~st** westernmost; **der ~ste Punkt** the most westerly point; **b)** *(nach, aus dem Westen)* westerly; **c)** *(aus dem Westen kommend, für den Westen typisch)* Western, **d)** *(Politik)* Western; *s. auch* **östlich 1 d. 2.** *adv.* westwards; **~ von ...:** [to the] west of ... **3.** *(Präp. mit Gen.)* [to the] west of
**west-, West-: ~mächte** *Pl. (Politik)* Western powers; **~mark die; ~, ~** *(ugs.)* West German mark; [1]**~nordwest** [--'-] *o. Pl.; o. Art. (Seemannsspr., Met.)* west-north-west; *s. auch* [1]**Nord a;** [2]**~nordwest** [--'-] **der** *(Seemannsspr.)* west-north-wester[ly]; **~nordwesten** [--'--] **der** west-north-west; *s. auch* **Norden a; ~östlich 1.** *Adj.* west-to-east; from west to east *postpos.* **2.** *adv.* [from] west to east
**West·preußen (das)** West Prussia
**west-, West-: ~reise die** *(DDR)* trip to the West; **~seite die** western side; **~sender der** *(ugs.)* radio station in the West; [1]**~südwest** [--'-] *o. Pl.; o. Art. (Seemannsspr., Met.)* west-south-west; *s. auch* [1]**Nord a;** [2]**~südwest** [--'-] **der** *(Seemannsspr.)* west-south-wester[ly]; **~südwesten** [--'--] **der** west-south-west; *s. auch* **Norden a; ~teil der** western part; **~wall der;** *o. Pl. (hist.)* Siegfried Line; **~wärts** *Adv.* **a)** *(nach Westen)* [to the] west; **b)** *(im Westen)* in the west; **~wind der** west[erly] wind; **~zone die** *(hist.)* Western zone
**wes·wegen** *Adv. s.* **warum**
**Wett-: ~annahme die** betting-office; bookmaker's; **~bewerb der; ~[e]s, ~e a)** competition; **in einem ~bewerb siegen** win a competition; **sehr gut im ~bewerb liegen** have a good chance of winning the competition; **außer ~bewerb laufen** run as an unofficial competitor; **b)** *o. Pl. (Wirtsch.: Konkurrenz)* competition *no indef. art.;* **unlauterer ~bewerb** *(Rechtsw.)* unfair competition; **~bewerber der** competitor
**wettbewerbs-, Wettbewerbs-: ~bedingung die** competition condition; **~bedingungen** conditions *or* terms of a/the competition; **~beschränkung die** *(Wirtsch.)* restraint of trade; **~fähig** *Adj.* competitive; **~verzerrung die** *(Wirtsch.)* distortion of normal trading conditions
**Wett·büro das** betting-office; bookmaker's
**Wette** ['vɛtə] **die; ~, ~n** bet; **die ~ ging um 100 Mark** the bet was 100 marks; **was gilt die ~?** how much do you want to bet?; what do you bet?; **eine ~ [mit jmdm.] abschließen** make a bet [with sb.]; **[ich gehe] jede ~ [ein], daß ...:** I bet you anything [you like] that ...; **mit jmdm. um die ~ laufen** *od.* **rennen** race sb.; **die Jungen schwammen um die ~:** the boys raced each other at swimming; **um die ~ arbeiten/singen** *(fig.)* try to outdo each other at hard work/singing
**Wett·eifer der** competitiveness
**wett·eifern** *itr. V.* **mit jmdm. [um etw.] ~:** compete with sb. [for sth.]; **miteinander ~:** compete with each other
**wetten** *itr. V.* bet; **mit jmdm. ~:** have a bet with sb.; **mit jmdm. um etw. ~:** bet sb. sth.; **auf etw.** *(Akk.)* **~:** bet on sth.; put one's money on sth.; **[wollen wir] ~?** [do you] want to bet?; **~ [daß]?** *(ugs.)* you can bet on it; it's a dead cert *(Brit. sl.) or (Amer. coll.)* sure-fire thing; **ich wette hundert zu eins, daß ...** *(ugs.)* I'll bet [you] a hundred to one that ...; **so haben wir nicht gewettet** *(ugs.)* that was not the deal *or* not what we agreed; **auf Platz/Sieg ~:** make a place bet/bet on a win. **2.** *tr. V.* **10 Mark ~:** bet 10 marks
[1]**Wetter das; ~, ~ a)** *o. Pl.* weather; **bei jedem ~:** in all weathers; **es ist schönes ~:** the weather is good *or* fine; **was haben wir heute für ~?** what's the weather like today?; **falls das ~ es zuläßt** weather permitting; **nach dem ~ sehen** see what the weather is like; **bei solchem ~ jagt man keinen Hund vor die Tür** the weather is/was not fit for a dog to be out in; **ein ~ zum Eierlegen** *(salopp)* fantastic *or* marvellous weather *(coll.);* **bei jmdm. gut ~ machen** *(fig. ugs.)* get on the right side of sb.; butter sb. up; **um gut[es] ~ bitten** *(fig. ugs.)* try to make it up; **b)** *(Un~)* storm; **alle ~!** *(veralt.)* by Jove!; **c)** *Pl. (Bergbau)* **schlagende ~:** firedamp
[2]**Wetter der; ~s, ~:** better
**wetter-, Wetter-: ~amt das** meteorological office; **~aussichten** *Pl.* weather outlook *sing.;* **~bericht der** weather report; *(Voraussage)* weather forecast; **~besserung die** improvement in the weather; **~beständig** *Adj.* weatherproof
**Wetterchen das; ~s** *(ugs.)* fantastic *(coll.) or* lovely weather
**wetter-, Wetter-: ~dienst der** weather *or* meteorological service; **~fahne die** weather-vane; **~fest** *Adj.* weather-resistant; **~fleck der** *(österr.)* weatherproof cape; **~frosch der a)** *(ugs.) tree frog kept as a means of predicting the weather;* **b)** *(scherzh.)* weatherman; **~fühlig** *Adj.* sensitive to [changes in] the weather *postpos.;* **~fühligkeit die; ~:** sensitivity to [changes in] the weather; **~gott der** weather god; **~hahn der** weathercock
**Wetterin die; ~, ~nen** better
**wetter-, Wetter-: ~karte die** weather-chart; weather-map; **~kunde die** meteorology *no art.;* **~lage die** weather situation; *(fig.)* situation; climate; **~lampe die** *(Bergbau)* safety lamp; **~leuchten** *itr. V. (unpers.)* **es ~leuchtet** there is summer lightning; **es begann zu ~leuchten** flashes of [summer] lightning began to appear; **~leuchten das; ~s** sheet *(esp. summer)* lightning *no indef. art.; (fig.)* first ominous signs *pl.;* **~mantel der** *s.* **Regenmantel**
**wettern** *itr. V. (ugs.: schimpfen)* curse; **gegen** *od.* **über etw./jmdn. ~:** loudly denounce sth./sb.
**wetter-, Wetter-: ~prognose die** weather forecast; **~regel die** saying about the weather; **~satellit der** weather satellite; **~schacht der** *(Bergbau)* ventilation shaft; **~scheide die** weather *or* meteorological divide; **~seite die** windward side; side exposed to the weather; **~station die** weather-station; **~sturz der** sudden fall in temperature; **~um·schlag der** change in the weather; **~vorhersage die** weather forecast; **~warte die** weather station; **~wendisch** *Adj. (abwertend)* capricious; unpredictable
**wett-, Wett-: ~fahrt die** race; **eine ~fahrt machen** have a race; **~kampf der** competition; **jmdn. zum ~kampf auffordern** challenge sb. to a contest; **~kämpfer der** competitor; **~lauf der** race; **einen ~lauf machen** run a race; **ein ~lauf mit der Zeit/dem Tod** *(fig.)* a race against time/with death; **~läufer der** runner; **~|machen** *tr. V. (ugs.)* **a)** *(ausgleichen)* make up for; **etw. durch etw. ~machen** make up for sth. with sth.; *(wiedergutmachen)* make good ⟨*loss, mistake, etc.*⟩; **b)** *(sich erkenntlich zeigen für)* do something in return for; **~rennen das** *(auch fig.)* race; **ein ~rennen machen** have *or* run a race; **~rüsten das; ~s** arms race; **~schwimmen das; ~s** swimming contest; **~streit der** contest; *(fig.)* conflict; **mit jmdm./etw. in ~streit liegen/treten** be competing/compete with sb./sth.; **~streiten** *unr. itr. V.; nur im Inf. gebr.* compete
**wetzen** ['vɛtsn̩] **1.** *tr. V.* sharpen; whet; **der Vogel wetzt seinen Schnabel an einem Stein** the bird rubs its beak on a stone. **2.** *itr. V.; mit sein (ugs.)* dash
**Wetz-: ~stahl der** steel; **~stein der** whetstone

**WEZ** *Abk.* **Westeuropäische Zeit** GMT

**WG** [ve:'ge:] **die; ~, ~s** *Abk.* **Wohngemeinschaft**

**WGB** [ve:ge:'be:] **der; ~s** *Abk.* **Weltgewerkschaftsbund** WFTU

**Whiskey** ['vɪski] **der; ~s ~s** whiskey; [American/Irish] whisky

**Whisky** ['vɪski] **der; ~s, ~s** whisky; **ein ~ mit Eis/[mit] Soda** whisky on the rocks/and soda

**Whist** [vɪst] **das; ~[e]s** whist

**wich** [vɪç] *1. u. 3. Pers. Sg. Prät. v.* **weichen**

**Wichs** [vɪks] **der; ~es, ~e,** *(österr.:)* **die; ~, ~en** *(Studentenspr.)* **in [vollem/voller] ~ erscheinen** appear in full regalia *or* full [gala] dress

**Wịchse die; ~, ~n** *(ugs.)* **a)** *(Schuhcreme)* [shoe-]polish; **b)** *o. Pl. (Schläge)* a hiding *(coll.)*; **dann kriegst du** *od.* **dann gibt's ~:** you'll get a good hiding *(coll.)*

**wịchsen 1.** *tr. V. (ugs.)* **a)** polish; **b)** *(landsch.: schlagen)* **jmdn. ~:** give sb. a good hiding *(coll.)*; **jmdm. eine ~:** box sb.'s ears. **2.** *itr., tr. V. (derb: masturbieren)* wank *(Brit. coarse)*; jerk off *(coarse)*

**Wịchser der; ~s, ~:** *(derb)* wanker *(vulg.)*

**Wicht** [vɪçt] **der; ~[e]s, ~e a)** *(fam.: kleines Kind)* little rascal *or* imp *(joc.)*; **b)** *(abwertend: männliche Person)* [insignificant] creature; **armer ~:** poor devil

**Wịchtel der; ~s, ~ a)** *s.* **Wichtelmännchen; b)** *(bei den Pfadfinderinnen)* brownie

**Wịchtel·männchen das** gnome; *(Kobold)* goblin

**wichtig** ['vɪçtɪç] *Adj.* important; **nimm die Sache nicht so ~:** don't take the matter so seriously; **es ist mir ~ zu wissen, ob ...:** it is important to me to know if ...; **nichts Wichtigeres zu tun haben[, als ...]** *(auch iron.)* have nothing better to do [than ...]; **das ~ste ist, daß du schweigst** the most important thing is that you remain silent; **Wichtiges zu tun haben** have important things to do; **sich ~ machen** *od.* **tun** *(ugs. abwertend)* be full of one's own importance; **sich mit etw. ~ machen** be pompous about sth.; **sich** *(Dat.)* **~ vorkommen** *(ugs. abwertend)* be full of oneself; **sich sehr ~ nehmen** *(ugs.)* be full of self-importance

**Wịchtigkeit die; ~** importance; **einer Sache** *(Dat.)* **[große/besondere] ~ beimessen** *od.* **beilegen** attach [great/particular] importance to sth.

**Wịchtigtuer** [-tu:ɐ] **der; ~s, ~** *(ugs. abwertend)* pompous ass

**Wichtigtuerei die; ~, ~en** *(ugs. abwertend)* pomposity; pompousness *no pl.*

**wịchtigtuerisch 1.** *Adj.* self-important; pompous. **2.** *adv.* in a self-important manner; ⟨*behave, act*⟩ pompously

**Wicke** ['vɪkə] **die; ~, ~n** vetch; *(im Garten)* sweet pea

**Wịckel der; ~s, ~:** compress; **jmdm. einen ~ machen** put a compress on sb.; **jmdn. am** *od.* **beim ~ haben/nehmen** *(fig. ugs.)* have/grab sb. by the scruff of his/her neck

**Wịckel-: ~gamasche die** puttee; **~kind das** baby; infant; **~kommode die** baby's changing-table

**wịckeln** *tr. V.* **a)** *(schlingen)* wind; **Wolle zu einem Knäuel ~:** wind wool into a ball; **etw. auf/um etw.** *(Akk.)* **~:** wind sth. on to sth./round sth.; **b)** *(eindrehen)* **sich/jmdm. die Haare ~:** put one's/sb.'s hair in curlers *or* rollers; **c)** *(ein~)* wrap; **etw./jmdn./sich in etw.** *(Akk.)* **~:** wrap sth./sb./oneself in sth.; **er hat sich [fest] in seinen Mantel gewickelt** he wrapped his coat tightly [a]round himself; **d)** *(windeln)* **ein Kind ~:** change a baby's nappy; **der Kleine ist frisch gewickelt** the baby has had his nappy changed; **e)** *(bandagieren)* bandage; **f)** *(aus~)* unwrap; **etw./jmdn./sich aus etw. ~:** unwrap sth./sb./oneself from sth.; **das Buch aus dem Papier ~:** take the book out of the wrapping-paper; **g)** *(ab~)* unwind ⟨*thread, wool, etc.*⟩ **(von** from); **h) in schief** *od.* **falsch gewickelt sein** *(ugs.)* be very much mistaken

**Wịckel-: ~rock der** wrapover skirt; **~tisch der** baby's changing-table

**Wịcklung die; ~, ~en** *(Elektrot.)* winding

**Widder** ['vɪdɐ] **der; ~s, ~ a)** *(Tier)* ram; **b)** *(Astron., Astrol.)* Aries; **sie/er ist [ein] ~:** she/he is [an] Aries

**wider** ['vi:dɐ] *Präp. mit Akk.* **a)** *(geh., veralt.)* against; **b)** *(geh.: entgegen)* contrary to; **~ [alles] Erwarten** contrary to [all] expectations; **~ besseres Wissen/alle Vernunft** against one's better knowledge/all reason; **~ Willen** against one's will

**wi̱der-, Wi̱der-: ~borstig 1.** *Adj.* unruly, unmanageable ⟨*hair*⟩; *(fig.)* rebellious ⟨*person*⟩; unruly, rebellious ⟨*child*⟩; **sich ~borstig zeigen** be rebellious; **2.** *adv.* rebelliously; **~fahren** [--'--] *unr. itr. V.; mit sein (geh.)* **etw. ~fährt jmdm.** sth. happens to sb.; **jmdm. ~fährt eine große Freude/ein schweres Leid** sb. experiences great joy/great sorrow; **ihm ist [ein] Unrecht ~fahren** he has been done an injustice; **jmdm. Gerechtigkeit ~fahren lassen** see that justice is done to sb.; **~haken der** barb; **~hall der** echo; *(fig.)* **[bei jmdm.] ~hall finden** meet with a [positive] response [from sb.]; **großen ~hall finden** meet with a wide response; **~|hallen** *itr. V.* echo; resound **(von** with); **der Schuß hallte von den Bergwänden wider** the shot echoed from the mountainsides; **~legen** [--'--] *tr. V.* **etw. ~legen** refute *or* disprove sth.; **jmdn. ~legen** prove sb. wrong; **~legung** [--'--] **die; ~, ~en** refutation

**wi̱derlich** *(abwertend)* **1.** *Adj.* **a)** *(ekelerregend)* revolting; repulsive; **~ schmecken/riechen** taste/smell revolting; **b)** *(höchst unsympathisch, kaum erträglich)* repugnant, repulsive ⟨*person, behaviour, etc.*⟩; awful ⟨*headache etc.*⟩. **2.** *adv.* **a)** *(ekelerregend)* revoltingly; **b)** *(verabscheuungswürdig)* ⟨*behave, act*⟩ in a repugnant *or* repulsive manner; **c)** *(unangenehm)* awfully ⟨*cold, hot, sweet, etc.*⟩

**Wi̱derlichkeit die; ~, ~en** *(abwertend)* **a)** *o. Pl.* repulsiveness; **b)** *Äußerung/Handlung)* revolting remark/action

**Wi̱derling der; ~[e]s, ~e** *(abwertend)* repulsive creature

**widern** ['vi:dɐn] *tr., itr. V. (veralt.) s.* **ekeln 2**

**wi̱der-, Wi̱der-: ~natürlich** *Adj.* unnatural; **~part der; ~[e]s, ~e** *(geh.)* adversary; **jmdm. ~part bieten** resist sb.; **~raten** [--'--] *unr. itr. V. (geh. veralt.)* **jmdm. ~raten, etw. zu tun** advise sb. against doing sth.; **~rechtlich 1.** *Adj.* illegal; unlawful; **~rechtliches Betreten eines Geländes/Gebäudes** trespass[ing] on a property/unlawful *or* illegal entry to a building; **2.** *adv.* illegally; unlawfully; **~rechtlichkeit die** illegality; unlawfulness; **~rede die a)** argument; contradiction; **keine ~rede!** don't argue!; no arguing!; **ohne ~rede** without [any] argument *or* protest; **b)** *s.* **Gegenrede a; ~rist der** *(Zool.)* withers *pl.*; **~ruf der** *(einer Aussage)* retraction; *(eines Befehls, einer Anordnung, Erlaubnis usw.)* revocation; withdrawal; **[bis] auf ~ruf** until revoked *or* cancelled; **~rufen** [--'--] *unr. tr., auch itr. V.* retract, withdraw ⟨*statement, claim, confession, etc.*⟩; revoke, cancel ⟨*order, permission, etc.*⟩; repeal ⟨*law*⟩; **~ruflich 1.** *Adj.* revocable ⟨*permission, power of attorney*⟩; **2.** *adv.* until further notice; **~sacher der; ~s, ~, ~sacherin die; ~, ~nen** *(geh.)* adversary; opponent; **~schein der** *(geh.)* reflection; **~setzen** [--'--] *refl. V.* **sich jmdm./einer Sache ~setzen** oppose sb./sth.; **sich einer Aufforderung ~setzen** refuse to comply with a demand; **~setzlich** [*od.* --'--] **1.** *Adj.* rebellious; **sich ~setzlich zeigen** be rebellious; **2.** *adv.* rebelliously; **~setzlichkeit** [*od.* --'---] **die; ~, ~en a)** *o. Pl. (Haltung)* rebelliousness; **b)** *(Handlung)* rebellious action; **~sinn der;** *o. Pl.* absurdity; **~sinnig** *Adj.* absurd; **~spenstig** [~ʃpɛnstɪç] **1.** *Adj.* unruly; rebellious; wilful; unruly, unmanageable ⟨*hair*⟩; stubborn ⟨*horse, mule, etc.*⟩; **2.** *adv.* wilfully; rebelliously; **~spenstigkeit die; ~, ~en a)** *o. Pl. (Haltung)* unruliness; rebelliousness; wilfulness; *(von Haaren)* unruliness; unmanageableness; *(von Pferden usw.)* stubborness; **b)** *(Handlung)* unruly *or* rebellious *or* wilful behaviour *no pl.*; **~|spiegeln, ~spiegeln** [--'--] **1.** *tr. V.* reflect; *(als Spiegelbild)* mirror; *(fig.)* reflect; **2.** *refl. V.* be reflected; *(als Spiegelbild)* be mirrored; *(fig.)* be reflected; **~sprechen** *unr. itr. V.* **a)** *(Einwände erheben)* contradict; **jmdm./einer Sache/sich [selbst] ~sprechen** contradict sb./sth./oneself; **der Betriebsrat hat der Entlassung ~sprochen** the works committee has opposed the dismissal; **b)** *(im Gegensatz stehen zu)* contradict, be inconsistent with ⟨*facts, truth, etc.*⟩; **sich** *(Dat.)* **~sprechende Aussagen/Nachrichten** conflicting statements/news reports; **~spruch der a)** *o. Pl. (Widerrede, Protest)* opposition; protest; **es erhob sich allgemeiner ~spruch** there was a general protest; **nicht den geringsten ~spruch dulden** not tolerate the slightest argument; **auf ~spruch stoßen** meet with opposition *or* protests; **etw. ohne ~spruch hinnehmen** accept sth. without argument; **b)** *(etw. Unvereinbares)* contradiction; **ein ~spruch in sich** *(Dat.)* **[selbst] sein** be a contradiction in terms; **sich** *(Akk.)* **in ~sprüche verwickeln** get entangled *or* caught up in contradictions; **in ~spruch zu** *od.* **mit etw. stehen** contradict sth.; be contradictory to sth.; **in ~spruch zu etw. geraten** come into conflict with sth.; **c)** *(Philos.)* contradiction; **~sprüchlich 1.** *Adj.* contradictory ⟨*news, statements, etc.*⟩; inconsistent ⟨*behaviour, attitude, etc.*⟩; **2.** *adv.* **er verhielt sich sehr ~sprüchlich** his behaviour was very inconsistent; **~sprüchlichkeit die; ~, ~en a)** *o. Pl. (Eigenschaft)* contradictoriness; inconsistency; **b)** *(Äußerung, Handlung)* contradiction; **~spruchs·los 1.** *Adj.; nicht präd.* unprotesting; uncontradicting; **2.** *adv.* without opposition *or* protest

**Wi̱der·stand der a)** resistance **(gegen** to); **jmdm./einer Sache ~ leisten** resist sb./sth.; put up resistance to sb./sth.; **an jmds. ~** *(Dat.)* **scheitern** collapse in the face of sb.'s resistance; **bei jmdm. auf ~ stoßen** meet with *or* encounter resistance from sb.; **zum bewaffneten ~ aufrufen** call [people] to arms; **b)** *(Hindernis)* opposition; **allen Widerständen zum Trotz** despite all opposition; *s. auch* **Weg c; c)** *o. Pl. (~bewegung)* **der ~:** the Resistance; **d)** *(Mech., Elektrot.)* resistance; *(Elektrot.: Schaltungselement)* resistor

**wi̱derstands, Wi̱derstands-: ~bewegung die** resistance movement; **~fähig** *Adj.* robust; resistant ⟨*material etc.*⟩; hardy ⟨*animal, plant*⟩; **~fähig gegen** *od.* **gegenüber etw. sein** be resistant to sth.; **~fähigkeit die;** *o. Pl.* robustness; *(von Material usw.)* resistance; *(von Tier, Pflanze)* hardiness; **~fähigkeit gegen etw.** resistance to sth.; **~kämpfer der** resistance fighter; **~kraft die;** *o. Pl.* resistance; **~los 1.** *Adj.* without resistance *postpos.*; **2.** *adv.* without resistance

**wi̱der-, Wi̱der-: ~stehen** *unr. itr. V.* **a)** *(nicht nachgeben)* **[jmdm./einer Sache] ~stehen** resist [sb./sth.]; **b)** *(standhalten)* **jmdm./einer Sache ~stehen** withstand sb./sth.; **~stre̱ben** *itr. V.* **a)** *(zuwider sein)* **etw. ~strebt jmdm.** sb. dislikes *or* detests sth.; **das ~strebt meinem Taktgefühl** that goes against my sense of tact; **es ~strebt jmdm.,**

**etw. zu tun** sb. dislikes doing sth. *or* is reluctant to do sth.; **b)** *(geh.: sich widersetzen)* **einer Sache** *(Dat.)* **~streben** oppose sth.; **~d nachgeben/einwilligen** give in/agree reluctantly; **~streben das** reluctance; **trotz anfänglichem ~streben** after some initial reluctance; **~streit der**; *o. Pl.* conflict; **in** *od.* **im ~streit mit etw. leben/stehen** be/live in conflict with sth.; **~streitend** *Adj.; nicht präd.* conflicting; **~wärtig** [~vɛrtıç] *(abwertend)* **1.** *Adj.* **a)** *(unangenehm)* disagreeable, unpleasant ⟨*conditions, situation, etc.*⟩; **b)** *(ekelhaft, abscheulich)* revolting, repugnant ⟨*smell, taste, etc.*⟩; objectionable, offensive ⟨*person, behaviour, attitude, etc.*⟩; **das ist mir ~wärtig** I find that offensive *or* objectionable; **~wärtig riechen/schmecken** smell/taste revolting; **2.** *adv.* ⟨*behave, act, etc.*⟩ in an objectionable *or* offensive manner; **~wärtigkeit die**; **~, ~en a)** *o. Pl.* offensiveness; objectionableness; repulsiveness; **b)** *(Umstand)* disagreeable *or* unpleasant circumstance; **~wille der** aversion (**gegen** to); **einen ~willen gegen jmdn./etw. haben** *od.* **empfinden** have/experience an aversion to sb./sth.; **etw. mit ~willen essen/tun** eat sth. with distaste/do sth. with reluctance *or* reluctantly; **~willig 1.** *Adj.; nicht präd. (unwillig)* reluctant; unwilling; **2.** *adv.* reluctantly; unwillingly; **etw. nur ~willig tun** do sth. only with reluctance; **~wort das**; *Pl.* **~worte**: **~worte geben** answer back; **etw. ohne [ein] ~wort tun** do sth. without argument *or* protest; **keine ~worte dulden** not tolerate any argument; **keine ~worte!** no arguments!

**widmen** ['vıtmən] **1.** *tr. V.* **a)** *(zueignen)* **jmdm. ein Buch/Gedicht/eine Sinfonie** *usw.* **~**: dedicate a book/poem/symphony *etc.* to sb.; **b)** *(verwenden für/auf)* **etw. jmdm./einer Sache ~**: devote sth. to sb./sth.; **jmdm./einer Sache seine Liebe/Aufmerksamkeit ~**: give sb./sth. one's love/attention. **2.** *refl. V. (sich beschäftigen mit)* **sich jmdm./einer Sache ~**: attend to sb./sth.; *(ausschließlich)* devote oneself to sb./sth.; **heute kann ich mich dir ganz ~**: I can devote myself to you entirely today

**Widmung die**; **~, ~en** dedication (**an** + *Akk.* to)

**widrig** ['vi:drıç] *Adj.* unfavourable, adverse ⟨*wind, circumstances, fate, etc.*⟩

**widrigen·falls** *Adv. (bes. Amtsspr.)* otherwise

**Widrigkeit die**; **~, ~en** adversity

**wie 1.** *Interrogativadv.* **a)** *(auf welche Art u. Weise)* how; **~ heißt er/das?** what is his/its name?; what is he/that called?; **~ [bitte]?** [I beg your] pardon?; *(entrüstet)* I beg your pardon!; **~ war das?** *(ugs.)* what was that?; what did you say?; **~ meinen?** *(scherzh.)* [I beg your] pardon?; **~ kommt es, daß ...?** how is it that ...?; **~ das?** *(ugs.)* how did that come about?; **~ käme ich denn dazu?** why should I?; **b)** *(durch welche Merkmale gekennzeichnet)* **~ war das Wetter?** what was the weather like?; how was the weather?; **~ ist dein neuer Chef?** what is your new boss like? *(coll.)*; how is your new boss? *(coll.)*; **~ geht es ihm?** how is he?; **~ war es in Spanien?** what was Spain like?; what was it like in Spain?; **~ findest du das Bild?** what do you think of the picture?; **~ gefällt er dir?** how do you like him?; **~ wär's mit ...**: how about ...; **~ wäre es, wenn du dir die Schuhe putztest?** how about [you] cleaning your shoes?; **Gott, ~ du aussiehst!** God, just look at yourself!; **c)** *(in welchem Grade)* how; **~ lange/groß/hoch/oft?** how long/big/high/often?; **~ sehr haben wir uns das gewünscht!** how badly we wanted that!; **~ spät ist es?** what time is it?; **wie alt bist du?** how old are you?; **~ er läuft!** how fast he runs!; **und ~!** and how! *(coll.)*; **d)** *(ugs.: nicht wahr)* **das hat dir Spaß gemacht, ~?** you enjoyed that, didn't you?; **das ärgert dich wohl, ~?** that does annoy you, doesn't it? **2.** *Relativadv.* **[die Art,] ~ er es tut** the way *or* manner in which he does it; **die Preise steigen in dem Maße, ~ die Löhne erhöht werden** prices are rising at the same rate as wages; **~ man es auch [immer] macht, es ist ihr nie recht** whatever you do *or* whichever way you do it she's never happy with it; **~ er das wieder geschafft hat!** he's done it again – how does he manage it? **3.** *Konj.* **a)** *Vergleichspartikel* as; **[so] ... ~ ...**: as ... as ...; **das Buch ist so unterhaltend ~ lehrreich** the book is as entertaining as it is instructive; **er kam so schnell ~ möglich** he came as quickly as possible; **~ gewöhnlich** *od.* **üblich/immer** as usual/always; **ein Mann ~ er** a man like him; **es geht dir [so] ~ mir** you're like me; **er macht es [genauso] ~ du** he does it [just] like you [do]; **~ durch ein Wunder** as if by a miracle; **er kann spielen ~ kein zweiter** no one can touch him when it comes to playing; **ich fühlte mich ~ ...**: I felt as if I were ...; **„N" ~ „Nordpol"** N for November; **b)** *(zum Beispiel)* like; such as; **Entwicklungsländer ~ [zum Beispiel] Somalia oder Tansania** developing countries such as Somalia or Tanzania [for example]; **~ folgt** as follows; **~ schon der Name sagt** as the name already implies; **~ wenn** as if *or* though; **c)** *(und, sowie)* as well as; both; **Männer ~ Frauen** men as well as women; both men and women; **d)** *(temporal: als)* **~ ich an seinem Fenster vorbeigehe, höre ich ihn singen** as I pass by his window I hear him singing; **~ ich die Tür öffne, steht doch tatsächlich Christine vor mir** when I open the door, who is standing there but Christine; **e)** *(ugs.: außer)* **wir hatten nichts ~ Ärger [damit]** we had nothing but trouble [with it]; **nichts ~ hin!** come on, let's go!; *s. auch* **nichts**; **f)** *(nicht standardsprachlich: als)* than

**Wiedehopf** ['vi:dəhɔpf] **der**; **~[e]s, ~e** hoopoe

**wieder** ['vi:dɐ] *Adv.* **a)** *(erneut)* again; **je/nie ~**: ever/never again; **~ mal** *od* **mal ~ ins Kino gehen** go to the cinema again some time; **immer ~**, *(geh.)* **~ und ~**: again and again; time and [time] again; **es regnet schon ~**: it's raining again; **das Buch ist ~ ein Bestseller** the book is another best seller; **nie ~ Krieg!** no more war!; **wie du ~ aussiehst!** just look at yourself again!; **was ist denn jetzt schon ~ los?** what's happened 'now?; **b)** *(unterscheidend: noch)* **einige ..., andere ... und ~ andere ...**: some ..., others ..., and yet others ...; **das ist ~ etwas anderes** that is something else again; **c)** *(drückt Rückkehr in früheren Zustand aus)* again; **alles ist ~ beim alten** everything is back as it was before; **etw. ~ an seinen Platz zurückstellen** put sth. back in its place; **ich bin gleich ~ da** I'll be right back *(coll.)*; I'll be back in a minute; **willst du schon ~ gehen?** are you going already?; **gib es ihm ~ zurück** *(ugs.)* give it back to him!; **d)** *(andererseits, anders betrachtet)* **das ist auch ~ wahr** that's true enough; **da hast du auch ~ recht** you're right there; **so schlimm ist es auch ~ nicht** it's not as bad as all that; **e)** *(meinerseits, deinerseits usw.)* in turn; **f)** *(auch)* likewise; also; **g)** *(ugs.: noch)* **wie heißt er ~?** what's his name again?; **wo/wann war das [gleich] ~?** where/when was that again?

**wieder-, Wieder-**: **~aufbau der**; *o. Pl.* reconstruction; rebuilding; **der wirtschaftliche ~aufbau** economic recovery; **~auf|bauen**[1] *tr. V.* reconstruct; rebuild; **~auf|bereiten**[1] *tr. V.* recycle; *(bes. Kerntechnik)* reprocess; **~aufbereitung die** recycling; *(bes. Kerntechnik)* reprocessing; **~aufbereitungs·anlage die** recycling plant; *(Kerntechnik)* reprocessing plant; **~auf|führen**[1] *tr. V.* revive ⟨*play*⟩; rerun, reshow ⟨*film*⟩; **~aufführung die** *(eines Theaterstücks)* revival; *(eines Films)* rerun; **~aufnahme die a)** resumption; *(von Beziehungen)* re-establishment; **die ~aufnahme eines Verfahrens** *(Rechtsspr.)* the resumption *or* reopening of proceedings; **b)** *(als Mitglied)* readmittance; **c)** *(eines Theaterstücks)* revival; **~aufnahme·verfahren das** *(Rechtsspr.)* retrial; **~auf|nehmen**[1] *unr. tr. V.* **a)** *(erneut beginnen mit)* resume; take up ⟨*subject, idea*⟩ again; re-establish ⟨*relations, contact*⟩; **ein Verfahren ~aufnehmen** *(Rechtsspr.)* reopen a case; **b)** *(als Mitglied)* readmit; **~auf|richten**[1] *tr. V.* give fresh heart to ⟨*person*⟩; **~aufrüstung die** rearmament; **~auf|tauchen**[1] *itr. V.; mit sein* turn up again

**wieder-, Wieder-**: **~beginn der** recommencement; resumption; **~|bekommen** *unr. tr. V.* get back; **du bekommst das Buch ~**: you'll get the book back; **~|beleben** *tr. V.* revive, resuscitate ⟨*person*⟩; *(fig.)* revive, resurrect ⟨*friendship, custom, etc.*⟩; **~belebungs·versuch der** attempt at resuscitation; **bei jmdm. ~belebungsversuche machen** attempt to revive *or* resuscitate sb.; **~bewaffnung die** rearmament; **~|bringen** *unr. tr. V.* bring back

**Wieder·einsetzung die** reinstatement

**wieder-, Wieder-**: **~|entdecken** *tr. V.* rediscover; **~entdeckung die** rediscovery; **~|erkennen** *unr. tr. V.* recognize; **er war kaum ~zuerkennen** he was almost unrecognizable; **~|erobern** *tr. V.* recapture ⟨*territory*⟩; regain ⟨*position, title, etc.*⟩; **~eroberung die** *s.* **~erobern**: recapture; regaining; **~|eröffnen** *tr. V.* reopen; **~eröffnung die** reopening; **~|erwecken** *tr. V.* revive; bring back *or* restore to life; *(fig.)* revive; reawaken; **~|finden 1.** *unr. tr. V.* find again; *(fig.)* regain ⟨*composure, dignity, courage, etc.*⟩; **2.** *unr. refl. V.* **die Handschuhe/Schlüssel** *usw.* **haben sich ~gefunden** the gloves/keys *etc.* have been found; **~gabe die a)** *(Darstellung, Schilderung)* report; account; **b)** *(Übersetzung)* rendering; **c)** *(Reproduktion; in Ton u. Bild)* reproduction; **d)** *(Aufführung)* rendition; **~|geben** *unr. tr. V.* **a)** *(zurückgeben)* give back; return; **b)** *(berichten)* report; give an account of; *(wiederholen)* repeat; *(ausdrücken)* express; *(zitieren)* quote; **etw. gekürzt ~geben** give a shortened version of sth.; **c)** *(übersetzen)* render; **d)** *(darstellen)* portray; depict; **die Gebirge sind auf der Landkarte in Braun ~gegeben** the mountains are shown in brown on the map; **e)** *(hörbar, sichtbar machen)* reproduce; **~geburt die a)** *(Rel.)* reincarnation; **b)** *o. Pl. (christl. Rel., fig. geh.)* rebirth; **~|gewinnen** *unr. tr. V.* recover ⟨*lost item, money, etc.*⟩; regain ⟨*composure, equilibrium, etc.*⟩

**wieder·gut|machen**[2] *tr. V.* make good; put right; **den Schaden ~** *(bezahlen)* pay for the damage; **das ist nicht wiedergutzumachen** that cannot be put right; **ein nicht wiedergutzumachendes Unrecht** an irreparable injustice

**Wieder·gutmachung die**; **~, ~en a)** reparation; **die ~ des Unrechts fordern** demand that the injustice be made good; **b)** *(Leistung)* compensation

**wieder|haben** *untr. tr. V. (auch fig.)* have back

**wieder-, Wieder-**: **~her|stellen**[3] *tr. V.* **a)** re-establish ⟨*contact, peace*⟩; **b)** *(reparieren)* restore ⟨*building*⟩; **c)** *(wieder gesund machen)* **jmdn. ~herstellen** restore sb. to health; get sb. on his/her feet again; **~herstellung die a)** re-establishment; **b)** *(Wiederinstandsetzung)* restoration; **c)** *(Gene-*

[1] *ich baue/bereite usw. wieder auf*
[2] *ich mache wieder gut*
[3] *ich stelle wieder her*

*sung)* recovery; **bis zu seiner völligen ~herstellung** until he has completely recovered *or* is fully restored to health; **~holbar** *Adj.* repeatable; **das ist nicht ~holbar** it cannot be repeated; **~holen 1.** *tr. V.* **a)** repeat; replay ‹*football match*›; retake ‹*penalty kick*›; resit, retake ‹*exam*›; **eine Wahl ~holen** hold an election again; rehold an election; **b)** *(nochmals sagen)* repeat, reiterate ‹*question, demand, offer, etc.*›; **c)** *(repetieren)* revise ‹*lesson, vocabulary, etc.*›; **2.** *refl. V.* **a)** *(wieder dasselbe sagen)* repeat oneself; **b)** *(erneut geschehen)* happen again; **c)** *(wiederkehren)* be repeated; recur

**wieder|holen** *tr. V.* fetch *or* get back

**wiederholt 1.** *Adj.; nicht präd.* repeated; **zum ~en Male** yet again. **2.** *adv.* repeatedly

**Wiederholung die;** ~, **~en a)** repetition; *(eines Fußballspiels usw.)* replay; *(eines Freistoßes, Elfmeters usw.)* retaking; *(einer Sendung)* repeat; *(einer Aufführung)* repeat performance; **eine ~ der Wahl ist notwendig** the election must be held again *or* reheld; **b)** *(des Schuljahrs, einer Prüfung usw.)* repeating; **eine ~ der Prüfung ist nicht möglich** it is not possible to resit *or* retake the exam; **c)** *(von Fragen, Forderungen, Angeboten usw.)* repetition; reiteration; **d)** *(von Lernstoff)* revision

**Wiederholungs-: ~fall der** *in* **im ~fall** *(bes. Amtsspr.)* in the event of [any] recurrence; **~täter der** *(Kriminologie)* habitual offender; **~zahlwort das** *(Sprachw.)* multiplicative; **~zeichen das** *(Musik)* repeat sign

**Wieder·hören das** *in* **[auf] ~!** goodbye! *(at end of telephone call)*

**Wieder·instandsetzung die** reconstruction

**wieder-, Wieder-: ~|käuen** [-kɔy̯ən] **1.** *itr. V.* ruminate; chew the cud; **2.** *tr. V.* **a)** chew again; **b)** *(fig. abwertend)* rehash; **~käuer der;** ~s, ~: ruminant; **~kehr die;** ~ *(geh.)* **a)** *(Rückkehr)* return; **b)** *(Wiederholung)* recurrence; *(Jahrestag)* anniversary; **~|kehren** *itr. V.; mit sein (geh.)* **a)** *(zurückkehren)* return; **b)** *(sich noch einmal ereignen)* come again; **eine nie ~kehrende Gelegenheit** a chance that will never come again; the chance of a lifetime; **c)** *(sich wiederholen)* be repeated; recur; **~|kommen** *unr. itr. V.; mit sein* **a)** *(zurückkommen)* return; come back; **b)** *(noch einmal kommen)* come back *or* again; **c)** *(sich noch einmal ereignen)* ‹*opportunity, past*› come again; **~|kriegen** *tr. V. (ugs.) s.* **~bekommen; ~kunft** [~kʊnft] **die;** ~ *(geh.)* return; **die ~kunft Christi** the Second Coming of Christ; **~schauen das** *in* **[auf] ~schauen!** *(südd., österr.)* goodbye!; **~|sehen** *unr. tr. V. (auch fig.)* see again; **sich überraschend ~sehen** see each other *or* meet again unexpectedly; **~sehen das;** ~s, ~: reunion; **~ mit Berlin/der Heimat** return to Berlin/one's homeland; **sie stießen auf ein baldiges ~sehen an** they drank to seeing each other again soon; **~sehen macht Freude** *(scherzh.)* I'd like to have it back some time; **[auf] ~sehen!** goodbye!; **jmdm. auf ~sehen sagen** say goodbye to sb.; **[auf] ~sehen nächsten Monat/in London** goodbye until we meet again next month/in London

**Wiedersehens·freude die;** *o. Pl.* pleasure of seeing sb./each other again

**wieder-, Wieder-: ~täufer der** *(Rel.)* anabaptist; **~|tun** *unr. tr. V.* do again; **~um** *Adv.* **a)** *(erneut)* again; **b)** *(andererseits)* on the other hand; **so weit würde ich ~um nicht gehen** I wouldn't, however, go that far; **c)** *(meiner-, deinerseits usw.)* in turn; **~|vereinigen** *tr. V.* reunify ‹*country*›; **~vereinigung die** reunification; **~verheiratung die** remarriage; **~|verwenden** *unr. od. regelm. tr. V.* reuse; **~verwendung die** reuse; **~vorlage die;** *o. Pl. (bes. Amtsspr.) in* **zur ~vorlage** for resubmission; to be resubmitted; **~wahl die** re-election; **sich zur ~wahl stellen** stand *or* run for re-election; **~|wählen** *tr. V.* re-elect

**Wiege** ['vi:gə] **die;** ~, **~n** *(auch fig.)* cradle; **seine ~ stand in Sachsen** *(geh.)* he was born in Saxony; his birthplace was in Saxony; **es ist ihm nicht an der ~ gesungen worden, daß ...:** he would never have dreamt *or* could never have foreseen that ...; **eine solche Karriere ist ihm nicht an der ~ gesungen worden** he would never have dreamt of such a career; **von der ~ an** *(geh.)* from the day he/she was born; **von der ~ bis zur Bahre** *(scherzh.)* from the cradle to the grave

**Wiege·messer das** chopping-knife *(with curved blade used by rocking to and fro)*

[1]**wiegen 1.** *unr. itr. V.* weigh; **was** *od.* **wieviel wiegst du?** how much do you weigh?; what weight *or* how heavy are you?; **schwer ~** *(fig.)* carry weight. **2.** *unr. tr. V.* weigh; **etw. gut/knapp ~:** weigh sth. generously/short; **gewogen und zu leicht befunden** *(fig.)* weighed [in the balance] and found wanting

[2]**wiegen 1.** *tr. V.* **a)** *(schaukeln, hin u. her bewegen)* rock; shake ‹*head*› *(in doubt)*; **die Hüften ~:** sway one's hips; **einen ~den Gang haben** have a rolling gait; **b)** *(zerkleinern)* chop [up] *(with a Wiegemesser)*. **2.** *refl. V.* ‹*boat, cradle, etc.*› rock; ‹*person, branch, etc.*› sway; **sich in den Hüften ~:** sway one's hips; **sich in der Hoffnung ~, daß ...:** cherish *or* nurture the hope that ...

**Wiegen-: ~fest das** *(geh.)* birthday; **~lied das** lullaby; cradle-song

**wiehern** ['vi:ɐn] *itr. V.* **a)** whinny; *(lauter)* neigh; **b)** *(fig. ugs.)* **vor Lachen ~:** roar with laughter; **[das ist ja] zum W~!** that's a scream! *(sl.)*; **sich ~d auf die Schenkel schlagen** slap one's thigh with a bellow of laughter; **~des Gelächter** uproarious laughter

**Wien** ['vi:n] **(das);** ~s Vienna

[1]**Wiener der;** ~s, ~: Viennese

[2]**Wiener** *Adj.* Viennese; **~ Würstchen** wiener; frankfurter; **~ Schnitzel** Wiener schnitzel; **der ~ Kongreß** the Congress of Vienna; **die ~ Sängerknaben/Philharmoniker** the Vienna Boys' Choir/Vienna Philharmonic

[3]**Wiener die;** ~, ~: wiener [sausage]

**Wienerin die;** ~, **~nen** Viennese

**wienerisch** *Adj.* Viennese; **das Wienerische** the Viennese dialect

**wienern** *tr. V. (ugs.)* polish; shine

**wies** ['vi:s] *1. u. 3. Pers. Sg. Prät. v.* **weisen**

**Wiese** ['vi:zə] **die;** ~, **~n** meadow; *(Rasen)* lawn; **auf der grünen ~** *(fig.)* out in the [open] country

**Wiesel** ['vi:zl̩] **das;** ~s, ~: weasel; **wie ein ~ laufen** run like a hare; *s. auch* **flink 1**

**wiesel·flink 1.** *Adj.* nimble. **2.** *adv.* quick as a flash

**wieseln** *itr. V.; mit sein* scurry

**Wiesen-: ~blume die** meadow flower; **~grund der** *(geh.)* meadowland; **~schaum·kraut das** lady's smock

**wie·so** *Interrogativadv.* why

**wie·viel** [*od.* '--] *Interrogativpron.* (+ *Sg.*) how much; (+ *Pl.*) how many; **~ Uhr ist es?** what time is it?; **~ auch immer** however much; **Seite ~?** *(ugs.)* what page?

**wie·viel·mal** [*od.* '-'--] *Interrogativadv.* how many times

**wievielt** [*od.* '--] *in* **zu ~ [wart ihr]?** how many [of you were there]?

**wievielt...** [*od.* '--] *Interrogativadj.* **zum ~en Mal bitte ich dich das nun?** how many times *or* how often have I asked you?; **als ~er Läufer ist er durchs Ziel gekommen?** in what position did he finish?; **die ~e Querstraße ist das von hier aus?** how many turnings is that from here?; **der ~e Band?** which number volume?; **beim ~en Versuch hat es geklappt?** how many attempts did it take?; **der Wievielte ist heute?** what is the date today?; **am Wievielten?** [on] what date?

**wie·weit** *Interrogativadv.* to what extent; how far

**wie·wohl** *Konj. (geh. veralt.)* although

**Wigwam** ['vɪkvam] **der;** ~s, ~s wigwam

**Wikinger** ['vi:kɪŋɐ] **der;** ~s, ~: Viking

**wild** [vɪlt] **1.** *Adj.* **a)** wild; rugged, wild ‹*countryside, area, etc.*›; untouched, uncultivated ‹*land, soil*›; wild, unruly ‹*hair, beard, etc.*›; **Geranien kommen ~ vor** geraniums grow wild; **~e Triebe** rank shoots; **~es Fleisch** *(Med.)* proud flesh; **b)** *(nicht [behördlich] genehmigt, nicht angemeldet)* unauthorized; illegal; **~e Taxis** unlicensed taxis; **~es Parken** illegal parking; **in ~er Ehe leben** *(veralt.)* live in sin; **~er Streik** wildcat strike; **c)** *(heftig, gewaltig)* wild ‹*panic, flight, passion, desire, etc.*›; fierce ‹*battle, anger, determination, look*›; **~ auf etw.** *(Akk.)* **sein** *(ugs.)* be mad *or* crazy about sth. *(coll.)*; **~ auf jmdn.** *od.* **nach jmdm. sein** *(ugs.)* be mad *or* crazy *or* wild about sb. *(coll.)*; *s. auch* **Jagd e; d)** *(wütend)* furious ‹*cursing, shouting, etc.*›; **~ werden** get furious; **jmdn. ~ machen** make sb. furious; infuriate sb.; **den ~en Mann spielen** *(ugs.)* get heavy *(coll.)*; **e)** *(unbändig, ungestüm)* wild, unruly ‹*child*›; **f)** *(maßlos, wüst)* wild ‹*speculation, claim, rumour, accusation*›; vile ‹*oaths, curses*›; **halb so** *od.* **nicht so ~ sein** *(ugs.)* not be as bad as all that *(coll.)*; **g)** *nicht präd. (primitiv)* savage; wild; *(abwertend: unzivilisiert)* uncivilized; **ein ~er Haufen** a pack of savages; **der Wilde Mann** *(Myth.)* the wild man of the woods. **2.** *adv.* **a)** wildly; **die Haare hingen ihr ~ ins Gesicht** her hair hung wildly about her face; **alles ging ~ durcheinander** everything was in chaos; **~ bewegtes Wasser** turbulent water; **~ entschlossen sein** *(ugs.)* be absolutely determined; **wie ~ um sich schlagen** hit out *or* lash out wildly; **wie ~** *(ugs.)* like mad *(coll.)*; **b)** *(ordnungswidrig)* illegally; **~ zelten/bauen** camp/build in an unauthorized place

**Wild das;** **~[e]s a)** *(Tiere, Fleisch)* game; **b)** *(einzelnes Tier)* [wild] animal

**Wild-: ~bach der** mountain torrent; **~bahn die** *in* **in freier ~bahn** in the wild; **~bret** [~brɛt] **das;~s** *(geh.)* game; **~dieb der** poacher

**Wilde der/die;** *adj. Dekl.* savage; **wie ein ~r/eine ~/die ~n** *(ugs.)* like a mad thing/like mad things *(coll.)*

**Wild·ente die** wild duck

**Wilderei die;** ~, **~en** poaching *no pl., no art.*

**Wilderer der;** ~s, ~: poacher

**wildern 1.** *itr. V.* **a)** poach; go poaching; **b)** ‹*cat, dog*› kill game. **2.** *tr. V.* poach

**wild-, Wild-: ~fang der** wild creature; **er ist ein kleiner ~fang** he is a wild little thing; **sie war ein richtiger ~fang** she was a real tomboy; **~fremd** *Adj.* completely strange; **~fremder Mensch/~fremde Leute** complete stranger/strangers; **~gans die** wild goose; **~gehege das** game enclosure

**Wildheit die;** ~: wildness; *(eines Volkes usw.)* savageness

**wild-, Wild-: ~hüter der** gamekeeper; **~katze die** wild cat; **~lebend** *Adj.; nicht präd.* wild; living in the wild *postpos.*; **~leder das** suede; **~ledern** *Adj.* suede

**Wildnis die;** ~, **~se** wilderness

**wild-, Wild-: ~park der** game park; **~pferd das** wild horse; **~pflanze die** wild plant; **~romantisch** *Adj.* wild and romantic; romantically wild; **~sau die** wild sow; **~schaden der** damage *no pl., no indef. art.* caused by game

**wild-, Wild-: ~schwein das** wild boar; **~wachsend** *Adj.; nicht präd.* wild;

~**wasser das**; *Pl.* ~: mountain torrent; ~**wasser·rennen das** wild-water racing; *(einzelne Veranstaltung)* wild-water race; ~**wechsel der a)** *(Weg, Pfad)* game path; **b)** *o. Pl. (Vorgang)* game crossing; ~**west** -'vɛst] *o. Art.; o. Pl.* the Wild West; ~**west·film der** western; Wild West film; ~**wuchs der** rank growth

**Wilhelm** ['vɪlhɛlm] **(der)** William; **Wilhelm der Eroberer** William the Conqueror; *s. auch* **Friedrich Wilhelm**

**wilhelminisch** [vɪlhɛl'mi:nɪʃ] *Adj.* Wilhelminian

**will** [vɪl] *1. u. 3. Pers. Sg. Präsens v.* **wollen**

**Wille der; ~ns** will; *(Wunsch)* wish; *(Absicht)* intention; **der ~ zur Macht** the will to power; **guter/böser ~**: goodwill/ill will; **es war kein böser ~ von mir** there was no ill-will intended; **etw. aus freiem ~n tun** do sth. of one's own free will; **seinen ~n durchsetzen** get one's own way; **sie hat den festen ~n, es zu tun** she firmly intends to do it; **er hat seinen eigenen ~n** he has a mind of his own; **sie ist voll guten ~ns** she is very well-intentioned; **laß ihm seinen ~n** let him have his way; **beim besten ~n nicht** not with the best will in the world; **wo ein ~ ist, ist auch ein Weg** *(Spr.)* where there's a will, there's a way *(prov.)*; **Letzter ~**: will; last will and testament *(formal)*; **mit ~n** intentionally; **ich mußte wider ~n lachen** I couldn't help laughing; **jmdm. zu ~n sein** *(geh.)* do sb.'s bidding; **sie war ihm zu ~n** *(veralt.)* she let him have his way with her

**willen** *Präp. mit Gen. in* **um jmds./einer Sache ~**: for sb.'s/sth.'s sake

**Willen der; ~s** *s.* **Wille**

**willen·los 1.** *Adj.* will-less; **völlig ~ sein** have no will of one's own. **2.** *adv.* will-lessly

**Willenlosigkeit die; ~**: lack of will

**willens** *Adj. in* **~ sein, etw. zu tun** *(geh.)* be willing to do sth.; **ich bin nicht ~, es zu tun** I have no intention of doing it

**willens-, Willens-**: ~**akt der** act of will; ~**anstrengung die** effort of will; **unter größter ~anstrengung** by a huge effort of will; ~**bildung die: die politische ~bildung** the formulation of political demands and objectives; ~**erklärung die** *(bes. Rechtsw.)* declaration of intent; ~**freiheit die**; *o. Pl.* freedom of will; ~**kraft die**; *o. Pl.* will-power; strength of will; ~**schwach** *Adj.* weak-willed; ~**schwäche die**; *o. Pl.* weakness of will; ~**stark** *Adj.* strong-willed; ~**stärke die**; *o. Pl.* strength of will

**willentlich** ['vɪləntlɪç] **1.** *Adj.; nicht präd.* deliberate. **2.** *adv.* deliberately; on purpose

**willfahren**[1] [*od.* '---] *itr. V. (geh.)* **[jmdm.] ~**: obey [sb.]; do sb.'s bidding; **jmds. Bitte** *(Dat.)* **~**: comply with sb.'s request

**willfährig** ['vɪlfɛ:rɪç *od.* -'--] *Adj.* compliant; **jmdm. ~ sein** submit to sb.'s will; **sich** *(Dat.)* **jmdn. ~ machen** make sb. submit to one's will

**Willfährigkeit** [*od.* -'---] **die; ~** *(geh.)* compliance

**Williams Christ·birne** ['vɪljamz 'krɪst-] **die** Bartlett pear

**willig 1.** *Adj.* willing; obedient ⟨*horse*⟩; *s. auch* [1]**Geist a. 2.** *adv.* willingly

**will·kommen** *Adj.* welcome; **jmdm. ~ sein** be welcome to sb.; **~ zu Hause/in Mannheim!** welcome home/in Mannheim!; **jmdn. ~ heißen** welcome sb.; **ich möchte Sie herzlich ~ heißen** a very warm welcome to you

**Will·kommen das** *od. (selten)* **der; ~s, ~**: welcome; **jmdm. ein herzliches ~ bereiten** *od.* **bieten** give sb. a warm welcome

**Willkommens-**: ~**gruß der** welcome; ~**trunk der** welcoming drink

[1] *ich willfahre, willfahrt od. gewillfahrt, zu willfahren*

**Will·kür die; ~**: arbitrary use of power; *(einer Entscheidung, Handlung o. ä.)* arbitrariness; **jmds. ~** *(Dat.)* **preisgegeben** *od.* **ausgeliefert sein** be at sb.'s mercy; **das ist die reine ~**: that is purely arbitrary

**Willkür-**: ~**akt der** arbitrary act; ~**herrschaft die** tyranny

**willkürlich 1.** *Adj.* arbitrary; *(vom Willen gesteuert)* voluntary ⟨*muscle, movement, etc.*⟩. **2.** *adv.* arbitrarily; *(vom Willen gesteuert)* voluntarily

**Willkür·maßnahme die** arbitrary measure

**wimmeln** ['vɪmḷn] *itr. V.* **a)** *(sich bewegen)* **Insekten/Ratten ~ dort** the place is swarming with insects/rats; **b)** *(voll sein)* **von Menschen ~**: be teeming *or* swarming with people; **von Fischen/Läusen/Ungeziefer ~**: be teeming with fish/swarming with lice/vermin; **in dem Artikel wimmelt es von Fehlern** the article is teeming with mistakes

**wimmern** ['vɪmɐn] *itr. V.* whimper; **zum Wimmern [sein]** *(ugs.)* [be] simply pathetic

**Wimpel** ['vɪmpḷ] **der; ~s, ~**: pennant

**Wimper** ['vɪmpɐ] **die; ~, ~n a)** [eye]lash; **ohne mit der ~ zu zucken** without batting an eyelid; **b)** *(Biol.)* cilium

**Wimpern·tusche die** mascara

**Wimper·tierchen das** ciliate; infusorian

**Wind** [vɪnt] **der; ~[e]s, ~e a)** wind; **bei ~ und Wetter** in all weathers; **[schnell] wie der ~**: like the wind; **b)** *(fig.)* **hier weht [jetzt] ein schärferer/anderer/frischer ~** *(ugs.)* things have tightened up a lot here [now]/things are different here [now]/there's a much fresher feel to the place [now]; **wissen/merken, woher der ~ weht** *(ugs.)* know/notice which way the wind's blowing; **~ machen** *(ugs.)* brag; **viel ~ um etw. machen** *(ugs.)* make a great fuss about sth.; **~ von etw. bekommen** *od.* **kriegen** *(ugs.)* get wind of sth.; **jmdm. den ~ aus den Segeln nehmen** *(ugs.)* take the wind out of sb.'s sails; **sich** *(Dat.)* **den ~ um die Nase** *od.* **Ohren wehen lassen** *(ugs.)* see a bit of life *or* the world; **gegen den/mit dem ~ segeln** swim against/with the tide; **etw. in den ~ schlagen** turn a deaf ear *or* pay no heed to sth.; **in den ~ reden** waste one's breath; **alle Appelle waren in den ~ gesprochen** all appeals were in vain; **in alle [vier] ~e** in all directions; **ihre Kinder sind in alle ~e zerstreut** her children are scattered to the four corners of the earth; **sein Mäntelchen nach dem ~e hängen** be a trimmer; **wer ~ sät, wird Sturm ernten** *(Spr.)* sow the wind and reap the whirlwind *(prov.)*; **c)** *(Blähung)* wind; **einen ~ fahren lassen** break wind

**Wind-**: ~**beutel der a)** *(Gebäck)* cream puff; **b)** *(abwertend: Person)* frivolous and irresponsible person; ~**bö[e] die** gust of wind

**Winde die; ~, ~n a)** *Technik)* winch; **b)** *(Bot.)* bindweed; convolvulus

**Wind·ei das** wind egg; *(fig. abwertend)* dud

**Windel** ['vɪndḷ] **die; ~, ~n** nappy *(Brit.)*; diaper *(Amer.)*; **damals lagst du noch in [den] ~n** you were still in nappies then; **noch in den ~n liegen** *od.* **stecken** *(fig.)* ⟨*project etc.*⟩ still be in its infancy

**Windel·höschen das** nappy pants *pl.*

**windeln** *tr. V.* **ein Baby ~**: put a baby's nappy *(Brit.) or (Amer.)* diaper on

**windel·weich** *Adj. (ugs.)* soft; **jmdn. ~ schlagen** *od.* **hauen** beat the living daylights out of sb. *(coll.)*

[1]**winden 1.** *unr. tr. V.* **a)** *(geh.)* make ⟨*wreath, garland*⟩; **Blumen zu einem/in einen Kranz ~**: bind flowers into a wreath; make a wreath out of flowers; **etw. um etw. ~**: wind sth. around sth.; **jmdm. etw. aus der Hand ~**: wrest sth. from sb.'s hand; **b)** *(mit einer Winde bewegen)* winch. **2.** *unr. refl. V.* **a)** ⟨*plant, tendrils*⟩ wind **(um** around); ⟨*snake*⟩ coil [itself], wind itself **(um** around); **b)** *(sich krümmen)* writhe; **sich vor Schmerzen/in Krämpfen ~**: writhe in pain/convulsions; **sich vor Verlegenheit ~**: squirm with embarrassment; **sich vor Lachen ~**: fall about laughing; **sich ~ wie ein Aal** *(fig.)* try to wriggle out of it; **c)** *(sich schlängeln)* ⟨*path, river*⟩ wind [its way]; **sich durch etw. ~**: wind one's/its way through sth.

[2]**winden** *itr. V.; unpers.* **es windet** it's windy

**Windes·eile die** in **in** *od.* **mit ~**: in next to no time; **sich in ~ verbreiten** spread like wildfire

**wind-, Wind-**: ~**fang der** porch; ~**geschützt** *Adj.* sheltered from the wind *postpos.*; sheltered; **diese Pflanzen müssen ~geschützt stehen** these plants must be kept sheltered from the wind; ~**geschwindigkeit die** wind speed; ~**harfe die** wind harp; aeolian harp; ~**hauch der** breath of wind; ~**hose die** *(Met.)* whirlwind; ~**hund der a)** greyhound; **Afghanischer ~hund** Afghan hound; **b)** *(ugs. abwertend)* careless and unreliable sort *(coll.)*

**windig** *Adj.* **a)** windy; **b)** *(ugs. abwertend)* shady; dubious ⟨*excuse, morality*⟩; empty ⟨*words, talk, hope*⟩

**Wind-**: ~**jacke die** wind-cheater *(Brit.)*; windbreaker *(Amer.)*; ~**jammer der**; *Pl.* ~ *(Seemannsspr.)* windjammer; ~**kanal der a)** *(Technik)* wind tunnel; **b)** *(an der Orgel)* wind trunk; ~**licht das** table lantern *(with candle in glass container)*; ~**mühle die** windmill; **gegen** *od.* **mit ~mühlen kämpfen** *(fig.)* tilt at windmills; ~**mühlen·flügel der** windmill sail; ~**pocken** *Pl.* chickenpox *sing.*; ~**rad das a)** wind wheel; **b)** *s.* ~**rädchen**; ~**rädchen das** windmill; ~**richtung die** wind direction; ~**rose die** compass card

**Winds·braut die**; *o. Pl. (dichter.)* gale; *(Wirbelwind)* whirlwind

**wind-, Wind-**: ~**schatten der** lee; ~**schief** *Adj. (oft abwertend)* crooked; ~**schlüpfig**, ~**schnittig** *Adj.* streamlined; ~**schutz·scheibe die** windscreen *(Brit.)*; windshield *(Amer.)*; ~**spiel das** [small] greyhound; ~**stärke die** force of the wind; ~**stärke 7/9** *usw.* wind force 7/9 *etc.*; ~**still** *Adj.* windless; still; **es war völlig ~still** there was no wind at all; **ein ~stilles Plätzchen** a sheltered spot; a spot out of the wind; ~**stille die** calm; **es herrschte völlige ~stille** there was no wind at all; ~**stoß der** gust of wind; ~**surfer der** windsurfer; ~**surfing das** windsurfing *no art.*

**Windung die; ~, ~en a)** *(Krümmung)* bend; *(eines Flusses)* meander; *(des Darms, Gehirns)* convolution; **b)** *(spiralförmiger Verlauf)* spiral; *(einer Spule o. ä.)* winding; **c)** *(schlangenartige Bewegung)* wriggling

**Wind·zug der**; *o. Pl.* breeze

**Wingert** ['vɪŋɐt] **der; ~s, ~e** *(westmd., schweiz.) s.* **Weinberg**

**Wink** [vɪŋk] **der; ~[e]s, ~e a)** *(Zeichen)* sign; *(mit dem Kopf)* nod; **b)** *(Hinweis)* hint; *(Ratschlag)* tip; hint; *(an die Polizei)* tip-off; **ein ~ mit dem Zaunpfahl** *(scherzh.)* a strong hint

**winke** *in:* **~, ~ machen** *(Kinderspr.)* wave

**Winkel** ['vɪŋkḷ] **der; ~s, ~ a)** *(Math.)* angle; **toter ~**: blind spot; **b)** *(Ecke; auch fig.)* corner; **in allen Ecken und ~n suchen** search every nook and cranny; **c)** *(Ort)* corner; spot; **d)** *(Werkzeug)* [carpenter's] square; *(T-förmig)* T-square; **e)** *(milit. Rangabzeichen)* chevron; **f)** *(~eisen)* angle-iron

**winkel-, Winkel-**: ~**advokat der** *(abwertend)* shady lawyer; ~**eisen das** *(Technik)* angle-iron; ~**förmig** *Adj.* angled; ~**funktion die** *(Math.)* trigonometrical function; ~**halbierende die**; *adj. Dekl. (Math.)* bisector of a/the angle

**winkelig** *Adj.* twisty ⟨*streets*⟩; **ein ~es Haus** a house full of odd corners

**Winkel-:** **~maß das** measure of angle; **~messer der** protractor; **~zug der;** *meist Pl.* shady trick *or* move

**winken 1.** *itr. V.* **a)** wave; **jmdm. ~:** wave to sb.; **mit etw. ~:** wave sth.; **mit dem Kopf ~:** nod [one's head]; **b)** *(auffordern heranzukommen)* **jmdm. ~:** beckon sb. over; **einem Taxi ~:** hail a taxi; **c)** *(in Aussicht stehen)* **etw. winkt jmdm.** sth. is in prospect for sb.; **dem Sieger winkt eine Flasche Sekt** the winner will receive a bottle of champagne. **2.** *tr. V.* **a)** *(heran~)* beckon; **jmdn. zu sich ~:** beckon sb. over [to one]; **der Polizist winkte den Wagen zur Seite** the policeman waved the car over [to the side]; **b)** *(signalisieren)* signal

**Winker der; ~s, ~** trafficator; indicator

**winklig** *Adj. s.* **winkelig**

**winseln** ['vɪnzl̩n] *itr. V.* **a)** ⟨*dog*⟩ whimper; **b)** *(abwertend)* whine; **um Gnade/sein Leben ~:** whine and beg for mercy/one's life

**Winter** ['vɪntɐ] **der; ~s, ~:** winter; **über den ~:** over [the] winter; *s. auch* **Frühling**

**winter-, Winter-:** **~abend der** winter['s] evening; **~anfang der** beginning of winter; **am 22. Dezember ist ~anfang** 22 December is the first day of winter; **~einbruch der** onset of winter; **~fahr·plan der** winter timetable; **~fell das** winter coat; **~fest** *Adj.* **a)** winter *attrib.* ⟨*clothing*⟩; **ein ~festes Haus** a house that can withstand the rigours of winter; **b)** *s.* **~hart**; **~frucht die;** *o. Pl. s.* **~getreide**; **~garten der** conservatory; **~getreide das** *(Landw.)* winter grain; **~halb·jahr das: während des ~halbjahrs/im ~halbjahr** from October to March; **~hart** *Adj. (Bot.)* hardy; **~hilfswerk das;** *o. Pl. (ns.) relief organization in Nazi Germany providing clothes, fuel, food, etc. for the needy;* **~jasmin der** winter jasmine; **~kleid das a)** *(auch fig.)* winter dress; **b)** *(Zool.)* winter coat; *(von Vögeln)* winter plumage; **~kleidung die** winter clothes *pl. or* clothing; **~landschaft die** winter landscape

**winterlich 1.** *Adj.* wintry; winter *attrib.* ⟨*clothing, break*⟩. **2.** *adv.* **~ kalt/öde** cold/bare and wintry; **~ warm angezogen** dressed in warm winter clothes

**Winter-:** **~luft die;** *o. Pl.* winter air; **~mantel der** winter coat; **~mode die** winter fashions *pl.;* *(eines Modehauses)* winter collection; **~monat der** winter month; **~nacht die** winter['s] night; **~olympiade die** Winter Olympics *pl.;* **~quartier das a)** *(Milit.)* winter quarters *pl.;* **b)** *(Zool.)* wintering grounds *pl.;* **~reifen der** winter tyre; **~ruhe die** *(Zool.)* winter dormancy; **~ruhe halten** have a period/periods of winter inactivity

**winters** *Adv.* in winter

**Winter-:** **~saat die** *(Landw.) (Saatgut)* winter seed; *(Pflanzen)* young winter corn; **~sachen** *Pl.* winter things; **~saison die** winter season

**Winters·anfang der** *s.* **Winteranfang**

**Winter-:** **~schlaf der** *(Zool.)* hibernation; **~schlaf halten** hibernate; **~schluß·verkauf der** winter sale[s *pl.*]; **~schuh der** winter shoe; **~semester das** winter semester; **~sonnen·wende die** winter solstice; **~spiele** *Pl.* Winter Games; **die Olympischen ~spiele** the Winter Olympics; **~sport der** winter sports *pl.;* **in den ~sport fahren** go on a winter sports holiday; **~sportler der** winter sportsman

**Winters·zeit die** *s.* **Winterzeit**

**Winter-:** **~tag der** winter['s] day; **~urlaub der** winter holiday; **~wetter das** winter weather; **~zeit die;** *o. Pl.* winter-time; **zur ~zeit** in [the] winter-time

**Winzer** ['vɪnt͜sɐ] **der; ~s, ~, Winzerin die; ~, ~nen** winegrower

**winzig** ['vɪnt͜sɪç] **1.** *Adj.* tiny; tiny, minute ⟨*portion, writing*⟩. **2.** *adv.* **er schreibt ~:** he has tiny *or* minute writing; **~ klein** tiny; minute

**Winzigkeit die; ~, ~ a)** *o. Pl.* tininess; minuteness; **b)** *(Kleinigkeit)* tiny thing; triviality

**Winzling** ['vɪnt͜slɪŋ] **der; ~s, ~e** tiny person/animal/thing; **er/sie/es ist ein ~:** he/she/it is a tiny little thing

**Wipfel** ['vɪpf̩l] **der; ~s, ~:** tree-top

**Wippe** ['vɪpə] **die; ~, ~n** see-saw

**wippen** *itr. V.* bob up and down; *(hin und her)* bob about; *(auf einer Wippe)* see-saw; **er ließ das Kind auf den Knien ~:** he bounced the child [up and down] on his knees; **er wippte in den Knien** he bobbed up and down, bending at the knees; **mit dem Fuß ~:** jiggle one's foot up and down; **mit dem Schwanz ~:** jerk its tail up and down

**wir** [viːɐ] *Personalpron.; 1. Pers. Pl. Nom.* we; **~ beide** *od.* **beiden** we two; the two of us; **sie weiß mehr als ~:** she knows more than we do; she knows more than us *(coll.);* **nicht nur ~ würden profitieren** we shouldn't be the only ones to profit; **Wer hat das getan? – Wir nicht!** Who did it? – It wasn't us! *or* We didn't!; **Wer kommt mit? – Wir!** Who's coming? – We are!; **Wer ist es? – Wir sind's!** Who is it? – It's us!; **wie fühlen ~ uns heute?** *(zu einem Patienten)* how are we feeling today?; *s. auch (Gen.)* **unser;** *(Dat.)* **uns;** *(Akk.)* **uns**

**wirb** [vɪrp] *Imperativ Sg. v.* **werben**

**Wirbel** ['vɪrbl̩] **der; ~s, ~ a)** *(kreisende Bewegung) (im Wasser)* whirlpool; vortex; *(in der Luft)* whirlwind; *(kleiner)* eddy; *(von Rauch, beim Tanz)* whirl; **alles drehte sich in einem ~ um ihn** everything was whirling round him; **ein ~ der Leidenschaft** *(fig.)* a whirlpool of passions; **b)** *(Trubel)* hurly-burly; **der ~ der Ereignisse** the whirl of events; **c)** *(Aufsehen)* fuss; **um jmdn./etw. ~ machen** make a fuss about sb./sth.; **d)** *(Anat.)* vertebra; **e)** *(Haar~)* crown; *(vorne)* cow-lick; **f)** *(Trommel~)* [drum] roll; **g)** *(Musik, bei Streichinstrumenten)* tuning-peg

**Wirbellose** *Pl.; adj. Dekl. (Zool.)* invertebrates

**wirbeln 1.** *itr. V.* **a)** *mit sein* whirl; ⟨*water, snowflakes*⟩ swirl; **jmdm. durch den Kopf ~** *(fig.)* ⟨*thoughts*⟩ race through sb.'s head; **b)** *auch mit sein (in kreisender Bewegung sein)* ⟨*propeller, wheel, etc.*⟩ whirl; **c)** *(einen Wirbel schlagen)* ⟨*drum*⟩ roll; ⟨*drummer*⟩ beat a roll. **2.** *tr. V.* swirl ⟨*leaves, dust*⟩; whirl ⟨*dancer*⟩

**Wirbel-:** **~säule die** *(Anat.)* vertebral column; spinal column; **~sturm der** cyclone; **~tier das** *(Zool.)* vertebrate; **~wind der** whirlwind; *(fig., meist scherzh.)* bundle of energy

**wirbt** [vɪrpt] *3. Pers. Sg. Präsens v.* **werben**

**wird** [vɪrt] *3. Pers. Sg. Präsens v.* **werden**

**wirf** [vɪrf] *Imperativ Sg. v.* **werfen**

**wirft** *3. Pers. Sg. Präsens v.* **werfen**

**wirken** ['vɪrkn̩] **1.** *itr. V.* **a)** *(eine Wirkung haben)* have an effect; **wirkt die Tablette schon?** is the tablet beginning to take effect yet?; **es wirkte erst nach einer Stunde** it only took effect after an hour; **schmerzstillend/einschläfernd ~:** have a pain-killing/soporific effect; **gegen etw. ~:** be effective against sth.; **bei jmdm. ~:** have an effect on sb.; **seine Worte wirkten ermutigend** his words were encouraging; **ihre Heiterkeit wirkte ansteckend** her cheerfulness was infectious; **lassen Sie die Farben und Klänge auf sich ~:** let the colours and sounds sink in; **Sauerstoff wirkt dabei als Katalysator** oxygen acts as a catalyst; **b)** *(erscheinen)* seem; appear; **neben ihm wirkt sie ausgesprochen klein** she seems decidedly small beside him; **sie wirkt sehr nett** she seems very nice; **er wirkt auf mich sehr sympathisch** I find him very congenial; **c)** *(beeindrucken)* ⟨*person*⟩ make an impression **(auf +** *Akk.* on); ⟨*picture, design, etc.*⟩ be effective; **d)** *(tätig sein)* work; **da wirkt ein verborgener Mechanismus** a hidden mechanism is operating there. **2.** *tr. V.* **a)** *(geh.: bewirken, vollbringen)* bring about; do ⟨*good, harm*⟩; *s. auch* **Wunder a; b)** *(Textilw.)* knit

**Wirker der; ~s, ~:** knitter

**Wirkerei die; ~, ~en a)** *o. Pl. (Herstellung)* knitting; **b)** *(Betrieb)* knitwear factory

**Wirkerin die; ~, ~nen** knitter

**wirklich 1.** *Adj.* real; actual, real ⟨*event, incident, state of affairs*⟩; real, true ⟨*friend*⟩. **2.** *Adv.* really; *(in der Tat)* actually; really; **nein, ~?** no, really?; **er ist es ~:** it really is him; **~ und wahrhaftig** really and truly

**Wirklichkeit die; ~, ~en** reality; **~ werden** become a reality; ⟨*dream*⟩ come true; **in ~:** in reality; **auf den Boden der ~ zurückkehren** come back down to earth *(fig.)*

**wirklichkeits-, Wirklichkeits-:** **~fern 1.** *Adj.* unrealistic; **2.** *adv.* unrealistically; **~form die** *(Sprachw.)* indicative; **~fremd 1.** *Adj.* unrealistic; **er ist ~fremd** he is out of touch with reality; **2.** *adv.* unrealistically; **~getreu 1.** *Adj.* faithful; **2.** *adv.* faithfully; **~nah 1.** *Adj.* realistic; **2.** *adv.* realistically; **~sinn der;** *o. Pl.* sense of realism

**wirksam** ['vɪrkzaːm] **1.** *Adj.* effective; **mit dem 1. Juli ~ werden** *(Amtsspr.)* take effect from 1 July. **2.** *adv.* effectively

**Wirksamkeit die; ~:** effectiveness

**Wirk·stoff der** active agent

**Wirkung die; ~, ~en a)** effect **(auf +** *Akk.* on); **ohne ~ bleiben** have no effect; **seine ~ verfehlen** fail to have the desired effect; **seine ~ tun** ⟨*drug, medicine, etc.*⟩ take effect; ⟨*treatment, therapy*⟩ be effective; **mit ~ vom 1. Juli** *(Amtsspr.)* with effect from 1 July; **b)** *(Physik)* action

**wirkungs-, Wirkungs-:** **~bereich der a)** area of activity; **sie fühlte sich in ihrem häuslichen ~bereich wohl** she felt quite happy in her domestic domain; **b)** *(Milit.)* range; **~dauer die: eine kurze/lange ~dauer haben** be effective for a short/long period; **~feld das** sphere of activity; **~grad der** effectiveness; *(Technik)* efficiency; **~los 1.** *Adj.* ineffective; **2.** *adv.* ineffectively; **~losigkeit die; ~:** ineffectiveness; **~mechanismus der** mode of action; **~stätte die** *(geh.)* work-place; **~voll 1.** *Adj.* effective; **2.** *adv.* effectively; **~weise die** *(eines Wirkstoffs)* mode of action; **die ~weise eines Mechanismus/ökonomischer Gesetze** the way a mechanism works/economic laws operate

**Wirk·waren** *Pl.* knitwear *sing.;* *(Strümpfe, Socken)* hosiery *sing.*

**wirr** [vɪr] **1. a)** *(unordentlich)* tousled ⟨*hair, beard*⟩; tangled ⟨*ropes, roots*⟩; **ein ~es Durcheinander** a chaotic muddle; **b)** *(unklar, verwirrt)* confused; muddled, confused ⟨*thoughts*⟩; **mir war ~ im Kopf** my head was reeling. **2.** *adv.* **a)** *(unordentlich)* **das Haar hing ihr ~ ins Gesicht** her tousled hair hung over her face; **alles lag ~ durcheinander** everything lay in a chaotic muddle; **b)** *(verworren)* **sie träumte ~:** she had confused dreams; **~ reden** talk in a confused way; **c)** *(verwirrt)* in confusion

**Wirren** *Pl.* turmoil *sing.*

**Wirr·kopf der** *(abwertend)* muddle-headed person; **ein ~ sein** be muddle-headed

**wirr·köpfig 1.** *Adj.* muddle-headed. **2.** *adv.* muddle-headedly

**Wirrnis** ['vɪrnɪs] **die; ~, ~se** *(geh.)* confusion; **die ~se der Revolution** the chaos *sing.* of the revolution

**Wirrsal** ['vɪrzaːl] **das; ~[e]s, ~e** *od.* **die; ~, ~e** *(geh.) s.* **Wirrnis**

**Wirrwarr** [-var] **der; ~s** chaos; *(von Stimmen)* clamour; *(von Meinungen)* welter; *(von Haaren, Wurzeln, Vorschriften)* tangle

**Wirsing** ['vɪrzɪŋ] **der; ~s, Wirsing·kohl der** savoy [cabbage]

**Wirt** [vɪrt] **der;** ~**[e]s,** ~**e a)** landlord; *s. auch* **Rechnung; b)** *(Biol.)* host

**Wirtel** ['vɪrtl̩] **der;** ~**s,** ~ *s.* **Spinnwirtel**

**Wirtin die;** ~, ~**nen** landlady

**Wirtschaft die;** ~, ~**en a)** economy; *(Geschäftsleben)* commerce and industry; **in die ~ gehen** become a business man/woman; **die freie ~:** the free market economy; **b)** *(Gast~)* public house; pub *(Brit. coll.)*; bar *(Amer.)*; **c)** *(Haushalt)* household; **jmdm. die ~ führen** keep house for sb.; **d)** *o. Pl. (ugs. abwertend: Unordnung)* mess; shambles *sing.*; **e)** *(landwirtschaftlicher Betrieb)* [small] farm; **f)** *o. Pl. (das Haushalten)* housekeeping

**wirtschaften 1.** *itr. V.* **a) mit dem Geld gut ~:** manage one's money well; **mit Verlust/Gewinn ~:** run at a loss/profit; **wenn weiter so gewirtschaftet wird wie bisher** if things continue to be run as they have been up to now; **b)** *(sich zu schaffen machen)* busy oneself. **2.** *tr. V.* **eine Firma konkursreif/in den Ruin ~:** bring a company to the brink of bankruptcy/ruin a company; **er hat den Hof zugrunde gewirtschaftet** he brought the farm to rack and ruin

**Wirtschafter der;** ~**s,** ~ **a)** *(Wirtsch.: Unternehmer)* entrepreneur; *(Industrieller)* industrialist; **b)** *(in landwirtschaftlichem Betrieb)* farm manager

**Wirtschafterin die;** ~, ~**nen** housekeeper

**Wirtschaftler der;** ~**s,** ~ **a)** *s.* **Wirtschaftswissenschaftler; b)** *s.* **Wirtschafter a**

**wirtschaftlich 1.** *Adj.* **a)** *nicht präd. (die Wirtschaft betreffend)* economic; **b)** *nicht präd. (finanziell)* financial; **c)** *(sparsam, rentabel)* economical. **2.** *adv.*; *s. Adj.* **a, b, c:** economically; financially

**Wirtschaftlichkeit die;** ~**:** economic viability

**wirtschafts-, Wirtschafts-:** ~**abkommen das** economic agreement; ~**aufschwung der** economic upturn; ~**berater der** economic adviser; ~**beziehungen** *Pl.* economic relations; ~**block der;** *Pl.* ~**blöcke** economic bloc; ~**buch das** *s.* **Haushaltsbuch;** ~**flüchtling der** economic refugee; ~**form die** economic system; ~**führer der** leading figure in commerce and industry; ~**führung die** *(eines Landes)* management of the economy; *(eines Betriebs)* financial management; ~**gebäude** *Pl.* domestic offices; ~**geld das;** *o. Pl. s.* **Haushaltsgeld;** ~**gemeinschaft die** economic community; ~**geographie die** economic geography *no art.*; ~**gymnasium das** *grammar school placing emphasis on economics, law, and business studies;* ~**hilfe die** economic aid *no indef. art.*; ~**hoch·schule die** business school *or* college; ~**ingenieur der** industrial engineer; ~**jahr das** *s.* **Geschäftsjahr;** ~**kapitän der** captain of industry; ~**krieg der** economic war; *(Kriegsführung)* economic warfare; ~**kriminalität die** economic crime *no art.*; ~**krise die** economic crisis; ~**lage die** economic situation; ~**leben das** economic life; *(Geschäftsleben)* business life; **ein Mann aus dem ~leben** a man from the business world; ~**lenkung die** economic control; ~**minister der** minister for economic affairs; ~**ministerium das** ministry of economic affairs; ~**ordnung die** economic system; ~**politik die** economic policy; ~**politisch 1.** *Adj.; nicht präd.* relating to economic policy *postpos.*; economic policy *attrib.* ⟨*measures, decisions*⟩; **2.** *adv.* from the point of view of economic policy; ~**prüfer der** auditor; ~**recht das;** *o. Pl.* commercial law; ~**spionage die** industrial espionage; ~**system das** economic system; ~**teil der** business section; ~**union die** economic union; *s. auch* **Währungsunion;** ~**verband der** employers' association; ~**wachstum das** economic growth; ~**wissenschaft die;** *meist Pl.* economics *sing., no art.*; economic science *no art.*; ~**wissenschaftler der** economist; ~**wunder das** *(ugs.)* economic miracle; ~**zeitung die** financial newspaper; ~**zweig der** economic sector

**Wirts:** ~**haus das** pub *(Brit. coll.)*; *(mit Unterkunft)* inn; pub *(Brit. coll.)*; ~**leute** *Pl.* landlord and landlady; ~**pflanze die** *(Biol.)* host plant; ~**stube die** bar

**Wisch** [vɪʃ] **der;** ~**[e]s,** ~**e** *(salopp abwertend)* piece *or* bit of paper

**wischen 1.** *itr., tr. V.* wipe; **etw. von etw. ~:** wipe sth. off *or* from sth.; **er wischte sich** *(Dat.)* **die Stirn** he wiped his brow; **sich** *(Dat.)* **den Schlaf aus den Augen ~:** wipe the sleep from one's eyes; **mit der Hand/einem Lappen über den Tisch ~:** wipe the table with one's hand/a cloth; **versehentlich mit dem Ärmel über die Zeichnung ~:** accidentally brush one's sleeve across the drawing; **Staub ~:** do the dusting; dust; **jmdm. eine ~** *(ugs.)* give sb. a clout round the face. **2.** *itr. V.; mit sein (huschen)* ⟨*person*⟩ slip; ⟨*mouse, lizard*⟩ scurry; ⟨*cat*⟩ dart

**Wischer der;** ~**s,** ~ *s.* **Scheibenwischer**

**Wischiwaschi** [vɪʃi'vaʃi] **das;** ~**s** *(salopp abwertend)* wish-wash

**Wisch-:** ~**lappen der,** ~**tuch das;** *Pl.* ~**tücher** cloth

**Wisent** ['vi:zɛnt] **der;** ~**s,** ~**e** wisent; aurochs

**Wismut** ['vɪsmu:t] **das;** ~**[e]s** bismuth

**wispern** ['vɪspɐn] *itr., tr. V.* whisper

**wiß-, Wiß-:** ~**begier,** ~**begierde die;** *o. Pl.* thirst for knowledge; ~**begierig** *Adj.* eager for knowledge; ⟨*child*⟩ eager to learn

**wissen** ['vɪsn̩] **1.** *unr. tr. V.* know; **ich weiß [es]** I know; **ich weiß [es] nicht** I don't know; **etw. genau ~:** know sth. for certain; **ich weiß [mir] keinen anderen Rat/kein größeres Vergnügen, als ...:** I can't think of anything other/I know of no greater pleasure than ...; **soviel ich weiß** as far as I know; **ich weiß ein gutes Lokal** I know [of] a good pub *(Brit. coll.)*; **er weiß es nicht anders** he knows no better; **er weiß immer alles besser** he always knows better; **ich wüßte nicht, daß ich dich um deinen Rat gebeten hätte** I am not aware of having asked your advice; **nicht, daß ich wüßte** not so far as I know; not that I know of; **ich möchte nicht ~, wieviel das gekostet hat** I hardly dare think how much it cost; **woher soll ich das ~?** how should I know?; **weißt du [was], wir fahren einfach dorthin** I'll tell you what, let's just go there; **jmdn. etw. ~ lassen** let sb. know sth.; **ein ~der Blick/ein ~des Lächeln** a knowing look/smile; **nicht mehr weiter ~:** not know what to do next; **was weiß ich** *(ugs.)* I don't know; **man kann nie ~** *(ugs.)* you never know; **gewußt, wie!** *(ugs.)* it's easy when you know how; **was ich nicht weiß, macht mich nicht heiß** *(Spr.)* what I don't know doesn't hurt me; **von jmdm./etw. nichts [mehr] ~ wollen** want to have nothing [more] to do with sb./sth.; **jmd. will es ~** *(ugs.)* sb. wants to put himself/herself to the test; **er tut, als sei es wer weiß wie wichtig** *(ugs.)* he behaves as if it were incredibly important *(coll.)*; **dies und noch wer weiß was alles** *(ugs.)* this and heaven knows what else [too]; **ich hätte wer weiß was darum gegeben** *(ugs.)* I'd have given almost anything for it; **ich weiß sie in Sicherheit/glücklich** *(geh.)* I know she's safe/happy; **ich wußte ihn in Gefahr** *(geh.)* I knew him to be in danger; **ich wollte diese Äußerung nicht als Vorwurf verstanden ~** *(geh.)* I didn't mean what I said to be taken as a reproach; **sich zu benehmen ~:** know how to behave oneself; **er wußte zu berichten, daß ...:** he was able to report that ...; **ich weiß nichts mit ihm anzufangen ~:** he isn't my type of person; **Sie müssen ~, daß ...** *(erklärend)* I should tell you that ...; **ich weiß ihren Namen nicht mehr** I can't remember her name; **weißt du noch, wie arm wir damals waren?** do you remember how poor we were then?; *s. auch* **Glocke a; Gott a, b; Stunde a. 2.** *unr. itr. V.* **von etw./um etw. ~:** know about sth.; **ich weiß von nichts** I don't know anything about it

**Wissen das;** ~**s** knowledge; **ein großes ~ haben** be very knowledgeable; **meines/unseres ~s:** to my/our knowledge; **ohne jmds. ~:** without sb.'s knowledge; **mit jmds. ~:** with sb.'s knowledge; **wider** *od.* **gegen besseres ~:** against one's better judgement; **nach bestem ~ und Gewissen** to the best of one's knowledge and belief; **~ ist Macht** *(Spr.)* knowledge is power *(prov.)*

**Wissenschaft die;** ~, ~**en** science; **die ~ hat ...:** science has ...; **in der ~ tätig sein** be a scientist; **etw. ist eine ~ für sich** *(ugs.)* there's a real art to sth.

**Wissenschafter der;** ~**s,** ~ *(österr. u. schweiz. seltener)*, **Wissenschaftler der;** ~**s** ~, **Wissenschaftlerin die;** ~, ~**nen** academic; *(Natur~)* scientist

**wissenschaftlich 1.** *Adj.* scholarly; *(natur~)* scientific; ~**er Assistent** ≈ assistant lecturer; ~**er Rat** ≈ lecturer; assistant professor *(Amer.)*. **2.** *adv.* in a scholarly manner; *(natur~)* scientifically; **das ist ~ nicht haltbar** that is not scientifically tenable; **~ arbeiten** *(als Wissenschaftler tätig sein)* work as a scholar/scientist

**Wissenschaftlichkeit die;** ~ *s.* **wissenschaftlich:** scholarliness; scientific rigour; **die ~ einer Untersuchung in Frage stellen** question whether a piece of research has been conducted in a proper scholarly/scientific manner

**Wissenschafts-:** ~**betrieb der;** *o.Pl.* *(ugs.)* academic activity; *(in den Naturwissenschaften)* scientific activity; ~**theorie die** *o. Pl.* philosophy of science

**wissens-, Wissens-:** ~**drang der;** *o. Pl.*, ~**durst der;** *o. Pl.* thirst for knowledge; ~**gebiet das** area *or* field of knowledge; ~**lücke die** gap in sb's knowledge; ~**stand der** state of knowledge; ~**wert** *Adj.* ~**wert sein** be worth knowing; **eine ~werte Tatsache** a fact worth knowing; **das Buch enthält viel Wissenswertes** the book contains a great deal of valuable and interesting information

**wissentlich** ['vɪsn̩tlɪç] **1.** *Adj.; nicht präd.* deliberate. **2.** *adv.* knowingly; deliberately

**witschen** ['vɪtʃn̩] *itr. V.; mit sein (ugs.)* slip

**Wittelsbacher** ['vɪtl̩sbaxɐ] **der;** ~**s,** ~ *(hist.)* Wittelsbach

**wittern** ['vɪtɐn] **1.** *itr. V.* sniff the air. **2.** *tr. V.* get wind of; scent; *(fig.: ahnen)* sense

**Witterung die;** ~, ~**en a)** *(Wetter)* weather *no indef. art;* **b)** *(Jägerspr.) (Geruchssinn)* sense of smell; *(Geruch)* scent; **~ nehmen, die ~ aufnehmen** pick up the scent; **~ von etw. bekommen** *(auch fig.)* get wind of sth.; **c)** *(Spürsinn)* **eine/keine ~ für etw. haben** have a/no instinct for sth.

**witterungs-, Witterungs-:** ~**bedingt** *Adj.* caused by the weather *postpos.*; ~**einfluß der;** *meist Pl.* effect of the weather; ~**um·schlag der** change in the weather; ~**verhältnisse** *Pl.* weather conditions

**Witwe** ['vɪtvə] **die;** ~, ~**n** widow; **~ werden** be widowed; **grüne ~** *(ugs. scherzh.) suburban housewife left alone at home during the day while her husband is at work*

**Witwen-:** ~**rente die** widow's pension; ~**schaft die;** ~**:** widowhood; ~**schleier der** widow's veil; ~**tröster der** *(ugs. scherzh.)* skirt-chaser *(coll.)* with a preference for widows; ~**verbrennung die** suttee

**Witwer der;** ~**s,** ~**:** widower; **~ werden** be widowed

**Witwerschaft die;** ~**:** widowhood

**Witz** [vɪts] **der;** ~**es,** ~**e a)** joke; ~**e reißen** *(ugs.)* crack jokes; **das ist der [ganze]** ~: that's the whole point; **der** ~ **ist nämlich der, daß ...:** the thing about it is that ...; **ich mache keine** ~**e** I'm not joking; **das soll wohl ein** ~ **sein** you/he *etc.* must be joking; **mach keine** ~**e!** come off it! *(coll.)*; **b)** *o. Pl. (Geist, Esprit, veralt.: Klugheit)* wit; **mit** ~: wittily

**Witz-:** ~**blatt das** humorous magazine; ~**blatt·figur die** joke figure; ~**bold** [~bɔlt] **der;** ~**es,** ~**e** joker; *(der jmdm. einen Streich spielt)* practical joker; prankster

**Witzelei die;** ~, ~**en a)** *o. Pl.* teasing; **b)** *meist Pl. (witzelnde Bemerkung)* joke

**witzeln** ['vɪtsl̩n] *itr. V.* joke (**über** + *Akk.* about)

**Witz·figur die a)** *(in Witzen)* joke character; **b)** *(ugs. abwertend)* figure of fun; **du** ~! you clown!

**witzig 1.** *Adj.* **a)** *(spaßig)* funny; amusing; **b)** *(ugs.: seltsam)* funny; odd; **c)** *(einfallsreich)* imaginative. **2.** *adv.*; *s. Adj.* **a, b, c:** amusingly; oddly; imaginatively

**Witzigkeit die;** ~ **a)** wit; **von umwerfender** ~ **sein** be hilariously funny; **b)** *s.* **Witz b**

**witz·los 1.** *Adj.* **a)** *(ohne Witz)* dull; **b)** *(ugs.: sinnlos)* pointless. **2.** *adv. (ohne Witz)* unimaginatively

**WM** *Abk.* **Weltmeisterschaft**

**WNW** *Abk.* **Westnordwest[en]** WNW

**wo** [vo:] **1.** *Adv.* **a)** *(interrogativ)* where; **wo gibt's denn so was!** *(ugs.)* who ever heard of such a thing!; *s. auch* **ach 1 e; hindenken; b)** *(relativisch)* where; *(temporal)* when; **überall, wo** wherever; **wo immer er auch sein mag** wherever he may be; **c)** *(indefinit) (ugs.)* somewhere; **wenn du ihn** ~ **sehen solltest** if you should see him anywhere. **2.** *Konj.* **a)** *(da, weil)* seeing that; **b)** *(obwohl)* although; when; **c)** *(falls)* **wo möglich** if possible; **wo nicht ..., so doch ...:** if not ..., then ...

**wo·anders** *Adv.* somewhere else; elsewhere; **sie ist mit ihren Gedanken ganz** ~: she's miles away *(coll.)*

**wob** [vo:p] *1. u. 3. Pers. Sg. Prät. v.* **weben**

**wo·bei** *Adv.* **a)** *(interrogativ)* ~ **hast du sie ertappt?** what did you catch her doing?; ~ **ist es kaputtgegangen?** how did it get broken?; **b)** *(relativisch)* **er gab sechs Schüsse ab,** ~ **einer der Täter getötet wurde** he fired six shots – one of the criminals was killed; **soviel zu den Statistiken,** ~ **[aber] zu beachten ist, daß ...:** that concludes our remarks on the statistics, though it should be noted that ...; **sie sagte nein,** ~ *(indem)* **sie vermied, mich anzusehen** she said 'no', avoiding looking at me as she did so; *NB The word occurs in North German coll. usage in two parts, e.g.* **wo hast du sie bei ertappt?**

**Woche** ['vɔxə] **die;** ~, ~**n** week; **in dieser/der nächsten/der letzten** ~: this/next/last week; **heute in/vor einer** ~: a week today/a week ago today; **zweimal die** *od.* **in der** ~: twice a week

**Wochen-:** ~**bett das** im ~**bett liegen** be lying in; **im** ~**bett sterben** die soon after childbirth; ~**blatt das** weekly

**Wochenend-:** ~**aus·gabe die** weekend edition; ~**bei·lage die** weekend supplement

**wochen-, Wochen-:** ~**ende das** weekend; **schönes** ~**ende!** have a nice weekend!; ~**end·haus das** weekend house; ~**fluß der;** *o. Pl. (Med.)* lochia; ~**karte die** weekly season ticket; ~**lang 1.** *Adj.; nicht präd.* lasting weeks *postpos;* **2.** *adv.* for weeks [on end]; ~**lohn der** weekly wages *pl.;* ~**markt der** weekly market; ~**schau die** *(bes. früher)* weekly newsreel; ~**schrift die** weekly; ~**stunde die** *(Schulw.)* period per week; ~**tag der** weekday *(including Saturday);* **welcher** ~**tag ist heute?** what day of the week is it?; ~**tags** *Adv.* on weekdays [and Saturdays]

**wöchentlich** ['vœçn̩tlɪç] **1.** *Adj.* weekly. **2.** *adv.* weekly; **es werden** ~ **ca. 50 Briefe beantwortet** some fifty letters are answered every week; ~ **einmal** once a week; **wir treffen uns** ~: we meet once a week

**-wöchentlich 1.** *Adj.* -weekly. **2.** *adv.* every ... weeks; *s. auch* **achtwöchentlich**

**wochen·weise** *Adv.* for a week at a time

**Wochen·zeitung die** weekly newspaper

**-wöchig** [-vœçɪç] **a)** *(... Wochen alt)* ... -week-old; **ein achtwöchiges Kind** an eight-week-old baby; **b)** *(... Wochen dauernd)* ... week's/weeks'; ... -week; **eine vierwöchige Kur** a four-week course of treatment; **mit dreiwöchiger Verspätung** three weeks late

**Wöchnerin** ['vœçnərɪn] **die;** ~, ~**nen** woman who has just given birth; puerpera *(Med.)*

**Wöchnerinnen·station die** maternity ward

**Wodka** ['vɔtka] **der;** ~**s,** ~**s** vodka

**wo·durch** *Adv.* **a)** *(interrogativ)* how; ~ **unterscheidet sie sich von den anderen?** in what way is she different from the others?; **b)** *(relativisch)* as a result of which; **alles,** ~ **er sich verletzt fühlen könnte** anything that might offend him; *s. auch* **wobei** *NB*

**wo·fern** *Konj. (veralt.)* provided that

**wo·für** *Adv.* **a)** *(interrogativ)* for what; ~ **brauchst du es?** what do you need it for?; ~ **hältst du mich?** what do you take me for?; ~ **interessierst du dich?** what are you interested in?; **b)** *(relativisch)* for which; **er ist nicht das,** ~ **er sich ausgibt** he's not what he claims to be; *s. auch* **wobei** *NB*

**wog** [vo:k] *1. u. 3. Pers. Sg. Prät. v.* **wiegen**

**Woge** ['vo:gə] **die;** ~, ~**n** *(auch fig.)* wave; **die** ~**n glätten** *(fig.)* pour oil on troubled waters

**wo·gegen 1.** *Adv.* **a)** *(interrogativ)* against what; what ... against; ~ **ist sie allergisch?** what is she allergic to?; **b)** *(relativisch)* against which; which ... against; ~ **nichts einzuwenden ist** to which there is no objection; *s. auch* **wobei** *NB.* **2.** *Konj.* whereas

**wogen** ['vo:gn̩] *itr. V. (geh.)* ⟨*sea*⟩ surge; *(fig.)* ⟨*corn*⟩ wave; ⟨*crowd*⟩ surge; ⟨*battle*⟩ rage; **mit** ~**dem Busen** *(fig.)* with heaving bosom

**wo·her** *Adv.* **a)** *(interrogativ)* where ... from; ~ **weißt du das?** how do you know that?; ~ **kennst du ihn?** where do you know him from?; **[ach]** ~ **denn!, ach** ~! *(ugs.)* good heavens, no!; not at all!; ~ **bist du so braun?** how did you get so brown?; **b)** *(relativisch)* where ... from; *s. auch* **wobei** *NB*

**wohin** *Adv.* **a)** *(interrogativ)* where [... to]; ~ **damit?** *(ugs.)* where shall I put it/them?; ~ **so spät/eilig?** where are you/is he *etc.* going so late/in such a hurry?; **b)** *(relativisch)* where; **er ging ins Zimmer,** ~ **ihm die anderen folgten** he went into the room, and the others followed him in; **c)** *(indefinit)* **ich muß mal** ~ *(ugs. verhüll.)* I've got to pay a visit *or* a call *(euphem.)*; *s. auch* **wobei** *NB*

**wo·hinein** *Adv. s.* **worein**

**wo·hingegen** *Konj.* whereas

**wo·hinter** *Adv.* **a)** *(interrogativ)* behind what; what ... behind; ~ **habt ihr euch versteckt?** what did you hide behind?; **b)** *(relativisch)* behind which; *s. auch* **wobei** *NB*

**wohl** [vo:l] **1.** *Adv.* **a)** *(gesund)* well; **jmdm. ist nicht** ~, **jmd. fühlt sich nicht** ~: sb. does not feel well; **b)** *(behaglich)* at ease; happy; **es sich** ~ **sein lassen** spoil oneself; **mir ist nicht recht** ~ **bei der Sache** the whole thing makes me a bit uneasy; **laß es dir** ~ **ergehen!** enjoy yourself!; **leb** ~**!/leben Sie** ~! farewell!; ~ **oder übel** whether I/you *etc.* want to or not; **c)** *(durchaus)* well; **ich bin mir dessen** ~ **bewußt** I'm quite *or* perfectly conscious of that; **d)** *(ungefähr)* about; ~ **100 Gäste** 100 or so guests; about 100 guests; **e)** *(veralt.: gewiß)* **sehr** ~**[, der** *od.* **mein Herr]** certainly[, sir]; very good [, sir]; **f)** **besser, am besten** *(geh.: gut)* well; **er tat es,** ~ **wissend, daß ...:** he did it knowing full well that ...; **g)** *(jedoch)* **...,** ~ **aber ...:** but ...; however ...; **hier gibt es keine Ratten,** ~ **aber Mäuse** there are no rats here, but there are mice; **h)** *(geh. veralt.)* ~ **dem, der ...!** happy the man who ...; ~ **dir, daß du das nicht machen mußt** count yourself lucky not to have to do that; **i)** *(zwar)* ~ **versprach ich hinzugehen, aber ...:** I may have promised to go, but ... **2.** *Partikel* **a)** *(vermutlich)* probably; **er wird** ~ **bald kommen** I imagine he'll come soon; ~ **kaum** hardly; **du bist** ~ **nicht recht bei Verstand?** have you taken leave of your senses?; **dir ist** ~ **schlecht?** aren't you feeling well?; **was/warum/wie** ~**?** but what/why/how?; **na** *od.* **ja, was/warum/wie** ~**?** need you ask what/why/how?; **das mag** ~ **sein** that may well be; **es wird** ~ **gleich Schluß sein** I imagine it's nearly over; **das wird** ~ **so sein** that's probably the case; **ich habe** ~ **nicht recht gehört** I don't think I could have heard right; **b)** *(verstärkend)* **wirst du** ~ **herkommen!** will you come here!; **siehst du** ~! there, you see!; **man wird doch** ~ **fragen dürfen** there's nothing wrong in asking, is there?

**Wohl das;** ~**[e]s** welfare; well-being; **das allgemeine/öffentliche** ~: the public good; **zu jmds.** ~: for sb.'s benefit *or* good; **auf jmds.** ~ **trinken** drink sb.'s health; **[auf] dein** ~! your health!; **zum** ~! cheers!; **das** ~ **und Weh[e]** *(geh.)* the weal and woe

**wohl-, Wohl-:** ~**an** [-'-] *Interj. (veralt.)* [well,] come now; ~**anständig** *(veralt.)* **1.** *Adj.* respectable; proper ⟨*behaviour*⟩; **2.** *adv.* respectably; ⟨*behave*⟩ properly; ~**auf** [-'-] *Adj., nicht attr. (geh.)* ~**auf sein** be well *or* in good health; ~**aus·gewogen** *Adj. (geh.)* well-balanced; ~**bedacht** *(geh.)* **1.** *Adj.* well-considered; [carefully] considered ⟨*reply, judgement*⟩; well *or* carefully thought-out ⟨*plan*⟩; **2.** *adv.* in a carefully considered way; with careful consideration; ~**befinden das** well-being; ~**begründet** *(geh.) Adj.* well-founded; *(berechtigt)* well-justified; ~**behagen das** sense of well-being; **mit** ~**behagen** with a sense of well-being; **etw. mit** ~**behagen essen** eat sth. with relish; ~**behalten** *Adj.* safe and well ⟨*person*⟩; undamaged ⟨*thing*⟩; ~**bekannt** *Adj.* well-known; ~**beleibt** *Adj. (geh.)* corpulent; ~**beraten** *Adj.* well-advised; ~**bestallt** *Adj. (geh.)* well-established; ~**dosiert** *(geh.)* **1.** *Adj.* carefully measured; **2.** *adv.* in a carefully measured way; ~**durchdacht** *Adj.* carefully thought-out; ~**ergehen das** *s.* ~**befinden;** ~**erzogen** *Adj.* well brought-up; ~**erzogenheit die;** ~ *(geh.)* good upbringing; *(gute Manieren)* good manners *pl.;* ~**fahrt die;** *o. Pl.* **a)** *(geh.: Wohlergehen)* welfare; **b)** *(öffentliche Fürsorge)* **von der** ~**fahrt betreut werden** be looked after by the welfare services; **von der** ~**fahrt leben** *(ugs.)* live on welfare

**Wohlfahrts-:** ~**marke die** *(Postw.)* charity stamp; ~**pflege die;** *o. Pl.* social welfare *no art.;* ~**staat der** welfare state

**wohl-, Wohl-:** ~**feil 1.** *Adj.* **a)** *(preiswert)* inexpensive; **b)** *(geistlos, platt)* trite; **2.** *adv.* cheaply; **etw.** ~**feil verkaufen/erstehen** sell/buy sth. cheap; ~**geboren** *Adj. (veralt.)* **Euer Wohlgeboren** Your Honour; **Seiner Wohlgeboren** to His Honour; ~**gefallen das** pleasure; **sein** ~**gefallen an jmdm. haben** have a great liking for sb.; **an etw.** *(Dat.)* ~**gefallen finden** take pleasure in sth.; **sich in** ~**gefallen auflösen** *(scherzh.) (ein gutes Ende finden)* end well; ⟨*difficulties, misunderstandings*⟩ be cleared up; *(entzweigehen, auseinanderfallen)* ⟨*clothes, book, etc.* ⟩ fall apart; *(verschwinden)* vanish into thin air;

**~gefällig 1.** *Adj.* **a)** *(Wohlgefallen ausdrückend)* ⟨*smile, look*⟩ of pleasure; **b)** *(veralt.: angenehm)* pleasing; agreeable; **2.** *adv.* **a)** *(mit Wohlgefallen)* with pleasure; **b)** *(veralt.: angenehm)* **die Speisen ~gefällig darreichen** serve the food in a way that is pleasing *or* agreeable to the eye; **~geformt** *Adj.* well-formed; **~gefühl das;** *o. Pl.* sense of well-being; **~gelitten** *Adj. (geh.)* well-liked; **~gemerkt** *Adv.* please note; mark you; **~gemut** [~gəmu:t] *(geh.)* **1.** *Adj.* cheerful; **2.** *adv.* cheerfully; **~genährt** *Adj. (meist spött.)* well-fed; **~geordnet** *Adj. (geh., Math.)* well-ordered; **~geraten** *Adj. (geh.)* fine *attrib.* ⟨*child*⟩; successful ⟨*piece of work, translation, etc.*⟩; **ihre Kinder sind ~geraten** their children have turned out well; **~geruch der** *(geh.)* pleasant *or* agreeable aroma; *(von Blumen)* agreeable fragrance; **alle ~gerüche Arabiens** *(scherzh. od. iron.)* all the perfumes of Arabia; **~gesetzt** *Adj. (geh.)* well-turned ⟨*compliment*⟩; well-chosen ⟨*words*⟩; well-worded ⟨*speech*⟩; **~gesinnt** *Adj.* well-disposed; **jmdm./einer Sache ~gesinnt sein** be well-disposed towards sb./sth.; **der Wettergott war uns nicht ~gesinnt** the weather was unkind to us; **~gestalt** *(veralt.)*, **~gestaltet** *(geh.) Adj.* well-shaped; well-proportioned ⟨*body*⟩; **~getan 1.** *2. Part. v.* **~tun; 2.** *Adj. in* **~getan sein** *(veralt.)* be well done; **~habend** *Adj.* prosperous; **~habenheit die; ~:** prosperity

**wohlig 1.** *Adj.; nicht präd.* pleasant; agreeable; *(gemütlich)* cosy. **2.** *adv.* ⟨*sigh, purr, etc.*⟩ with pleasure; ⟨*stretch oneself*⟩ luxuriously

**wohl, Wohl-: ~klang der** *(geh.)* melodious *or* pleasing sound; **~klingend** *Adj. (geh.)* melodious; **~laut der** *(geh.) s.* **~klang; ~leben das;** *o. Pl. (geh.)* good living; **~meinend** *Adj. (geh.)* well-meaning; **~proportioniert** *Adj. (geh.)* well-proportioned; **~riechend** *Adj. (geh.)* fragrant; **~schmeckend** *Adj. (geh.)* delicious; **~sein das: [zum] ~sein!** your health!; **~stand der;** *o. Pl.* prosperity; **zu ~stand gelangen** achieve a degree of prosperity; **bei dir ist wohl der ~stand ausgebrochen!** *(scherzh.)* have you won the pools *or* something?

**Wohlstands-: ~gesellschaft die;** *o. Pl. (abwertend)* affluent society; **~kriminalität die** *(Rechtsspr.)* crime characteristic of the affluent society; **~müll der** *(abwertend)* refuse produced by the affluent society

**wohl, Wohl-: ~tat die a)** *(gute Tat)* good deed; *(Gefallen)* favour; **jmdm. eine ~tat erweisen** do sb. a good turn; **auf die ~taten anderer angewiesen sein** be dependent on the kindness of others; **b)** *o. Pl. (Genuß)* blissful relief; **~täter der** benefactor; **~täterin die** benefactress; **~tätig** *Adj.* charitable; **~tätigkeit die;** *o. Pl.* charity; charitableness

**Wohltätigkeits-: ~basar der** charity bazaar; **~konzert das** charity concert; **~veranstaltung die** charity event

**wohl-, Wohl-: ~temperiert** *Adj. (geh.)* **a)** ⟨*room*⟩ at a pleasant temperature; ⟨*wine*⟩ at the correct temperature; **b)** *(Mus.)* **das ~temperierte Klavier** the Well-Tempered Clavier; **~tuend 1.** *Adj.* agreeable; **eine ~tuende Wirkung haben** have a beneficial effect; **2.** *adv.* agreeably; **~|tun** *unr. itr. V.* **a)** *(guttun)* **etw. tut jmdm. ~:** sth. does sb. good; **b)** *(veralt.: Wohltaten erweisen)* **jmdm. ~tun** show sb. kindness; **~überlegt 1.** *Adj.* well-considered; carefully considered ⟨*decision*⟩; **2.** *adv.* in a carefully considered way; with careful consideration; **~verdient** *Adj.* well-earned, well-deserved ⟨*reward, honour, success, etc.*⟩; well-deserved ⟨*punishment, fate*⟩; **~verhalten das** good behaviour *no indef. art.*; **~versehen** *Adj. (geh.)* well-provided **(mit** with); **~verstanden** *Adv. (geh.) s.* **~gemerkt; ~verwahrt** *Adj.* safely stored; *(unter Verschluß)* safely locked away; **~weislich** [~vaislıç] *Adv.* deliberately; **~|wollen** *unr. itr. V.* **jmdm. ~wollen** wish sb. well; **~wollen das; ~s** goodwill; **jmdn. mit ~wollen betrachten** regard sb. benevolently; **~wollend 1.** *Adj.* benevolent; favourable ⟨*judgement, opinion*⟩; **2.** *adv.* benevolently; ⟨*judge, consider*⟩ favourably

**Wohn-: ~anhänger der** caravan; trailer *(Amer.)*; **~anlage die** residential estate; **~bau der;** *Pl.* **~bauten** residential building; **~bereich der** living-rooms *pl.*; *(eines Zimmers)* living area; **~bezirk der a)** residential district; **b)** *(DDR)* district; **~block der;** *Pl.* **~s,** *(schweiz.)* **~blöcke** residential block

**wohnen** *itr. V.* live; *(kurzfristig)* stay; *(fig. dichter.)* dwell; **sie ~ sehr hübsch** they have a lovely home; *(der Lage nach)* they live in a lovely spot; **ich wohne in der Leibnizstraße 7** I live/am staying at [number] 7 Leibnizstrasse; **wo ~ Sie?** where do you live/where are you staying?

**wohn-, Wohn-: ~fläche die** living-space; **eine Wohnung mit 50 m² ~fläche** a flat *(Brit.) or (Amer.)* apartment with 50 sq.m. floor area; **~gebäude das** residential building; **~gebiet das, ~gegend die** residential area; **~geld das** housing benefit; **~gemeinschaft die** group sharing a flat *(Brit.) or (Amer.)* apartment/house; **unsere ~gemeinschaft** the group who share our flat *(Brit.) or (Amer.)* apartment/house; **in einer ~gemeinschaft leben** live in a shared flat *(Brit.) or (Amer.)* apartment/house; share a flat *(Brit.) or (Amer.)* apartment/house; **in diesem Haus wohnt eine studentische ~gemeinschaft/wohnen nur ~gemeinschaften** a group of students is sharing this house/the flats *(Brit.) or (Amer.)* apartments in this house are all shared; **~haft** *Adj.* resident **(in +** *Dat.* in); **~haus das** [dwelling-]house; **~heim das** *(für Alte, Behinderte)* home; *(für Obdachlose, Lehrlinge)* hostel; *(für Studenten)* hall of residence; **~komplex der** residential complex; **~küche die** combined kitchen and living-room; **~kultur die;** *o. Pl.* style of home furnishing; **~lage die: unsere ~lage ist optimal** our house/flat *(Brit.) or (Amer.)* apartment is ideally situated; **in ruhiger/guter ~lage** in a quiet/good area; **~landschaft die** *(bes. Werbesprache) arrangement of furniture etc. to give an impressive 'landscape' effect*

**wohnlich 1.** *Adj.* homely. **2.** *adv.* **~ eingerichtet** furnished in a homely way

**Wohnlichkeit die; ~:** homeliness

**Wohn-: ~mobil das; ~s, ~e** motor home; motor caravan; **~ort der;** *Pl.* **~e** place of residence; **~raum der a)** living-room; **b)** *o. Pl. (~fläche)* living space; **~siedlung die** residential estate; *(mit gleichartigen Häusern)* housing estate; **~silo der** *od.* **das** *(abwertend)* [anonymous] tower block *or* high-rise block; **~sitz der** place of residence; domicile *(formal)*; **seinen ~sitz in Hamburg haben** live *or (formal)* be domiciled in Hamburg; **ohne festen ~sitz** of no fixed abode; **ohne festen ~sitz sein** have no fixed abode; **~stube die** *(landsch.)* living-room

**Wohnung die; ~, ~en a)** flat *(Brit.)*; apartment *(Amer.)*; *(Wohneinheit)*; home; dwelling *(formal)*; **b)** *o. Pl. (Unterkunft)* lodging; **freie ~ haben** have free lodging; **~ nehmen** *(veralt.)* take up residence

**Wohnungs-: ~amt das** housing department; **~bau der;** *o. Pl.* housing construction; **der soziale ~bau** *(Amtsspr.)* public-sector house-building; **~inhaber der** occupant *(of a dwelling)*; **~markt der** housing market; **~miete die** rent; **~not die;** *o. Pl.* housing crisis; serious housing shortage; **~schlüssel der** key to the flat *(Brit.) or (Amer.)* apartment; **~suche die** search for a flat *(Brit.) or (Amer.)* apartment; **auf ~suche sein** be flat-hunting; **~suchende der/die;** *adj. Dekl.* person looking for a flat *(Brit.) or (Amer.)* apartment; **~tausch der** flat-swap *(coll.)*; exchange of flats *(Brit.) or (Amer.)* apartments; **~tür die** door of the flat *(Brit.) or (Amer.)* apartment

**Wohnung-: ~suche** *s.* **Wohnungssuche; ~suchende** *s.* **Wohnungssuchende**

**Wohnungs·wechsel der** move to a new flat *(Brit.) or (Amer.)* apartment

**Wohn-: ~verhältnisse** *Pl.* living conditions; **~viertel das** residential district; **~wagen der** caravan; trailer *(Amer.)*; **~zimmer das a)** living-room; **b)** *(Einrichtung)* set of living-room furniture

**wölben** ['vœlbn̩] **1.** *tr. V.* curve; arch ⟨*brows, shoulders*⟩; cup ⟨*hand*⟩; bend ⟨*metal*⟩; vault, arch ⟨*roof, ceiling*⟩; **eine gewölbte Decke** a vaulted ceiling; **die Brust ~:** swell out one's chest. **2.** *refl. V.* curve; ⟨*sky, bridge, ceiling*⟩ arch; ⟨*chest*⟩ swell; ⟨*stomach, muscles*⟩ bulge; ⟨*metal*⟩ bend, buckle; **eine gewölbte Stirn** a domed forehead

**Wölbung die; ~, ~en** curve; *(einer Decke, des Himmels)* arch; vault; *(von Augenbrauen)* arch; *(eines Bauches, Muskels)* bulge

**Wolf** [vɔlf] **der; ~[e]s, Wölfe** ['vœlfə] **a)** wolf; **ein ~ im Schafspelz sein** *(fig.)* be a wolf in sheep's clothing; **mit den Wölfen heulen** *(fig. ugs.)* run with the pack; **unter die Wölfe geraten** *(fig.)* be ruthlessly exploited; **b)** *(ugs.: Fleisch~)* mincer; **jmdn. durch den ~ drehen** *(fig. salopp)* put sb. through the mill; **c)** *o. Pl. (volkstüml.: Wundsein)* intertrigo *no art. (Med.); soreness caused by the rubbing of areas of the skin against each other;* **sich** *(Dat.)* **einen ~ laufen** make oneself sore between the legs through walking too much

**Wölfin** ['vœlfın] **die; ~, ~nen** [wolf] bitch

**wölfisch** *Adj.* wolfish; ravenous ⟨*hunger*⟩

**Wölfling** ['vœlflıŋ] **der; ~s, ~e** Cub

**Wolfram** ['vɔlfram] **das; ~s** *(Chemie)* tungsten

**Wolfs-: ~hund der** *(volkstüml.)* Alsatian [dog]; **Irischer ~hund** Irish wolfhound; **~hunger der** *(ugs.)* ravenous hunger; **ich habe einen ~hunger!** I'm ravenous!; **~kind das** *(Myth.)* wolf child; **~milch die** *(Bot.)* spurge; **~rachen der** *(volkstüml.)* cleft palate; **~spinne die** wolf spider

**Wolga** ['vɔlga] **die; ~:** Volga

**Wölkchen** ['vœlkçən] **das; ~s, ~:** small cloud

**Wolke** ['vɔlkə] **die; ~, ~n** *(auch Mineral.)* cloud; **'ne ~ sein** *(berlin. salopp)* be fantastic *(coll.)*; **auf ~n** *od.* **in den ~n schweben** *(fig.)* have one's head in the clouds; **aus allen ~n fallen** *(fig. ugs.)* be completely stunned; **eine ~ von Tüll** billows of tulle

**wolken-, Wolken-: ~bank die;** *Pl.* **~bänke** bank of cloud; **~bildung die** formation of cloud; **es wird zu stärkerer ~bildung kommen** it will become very cloudy *or* overcast; **~bruch der;** *Pl.* **~brüche** cloudburst; **~bruch·artig** *Adj.* torrential; **~decke die** [unbroken] cloud *no indef. art.*; **die ~decke riß auf** the clouds broke; **~feld das;** *meist Pl. (Met.)* cloud field; **~fetzen der;** *meist Pl.* wisp of cloud; **~kratzer der** skyscraper; **~kuckucks·heim das** cloud-cuckoo-land; **im ~kuckucksheim** in cloud-cuckoo-land; **~los** *Adj.* cloudless; **~schleier der** veil of cloud; **~verhangen** *Adj.* overcast; **~wand die** wall of cloud

**wolkig** *Adj.* **a)** *(auch Fot., Chemie, Mineral.)* cloudy; **b)** *(unklar, verschwommen)* vague; vague, hazy ⟨*idea, concept*⟩

**Woll·decke die** [woollen] blanket

**Wolle** ['vɔlə] **die; ~, ~n a)** wool; *(fig.: Haar)* hair; **in der ~ gefärbt** dyed-in-the-wool; **sich in die ~ kriegen** *(fig. ugs.)* quarrel **(we-**

gen over); **sich in der ~ haben** *od.* **liegen** *(fig. ugs.)* be at loggerheads; **b)** *(Jägerspr.)* hair; *(von Hasen, Kaninchen)* fur

**¹wollen** *Adj.; nicht präd.* woollen

**²wollen 1.** *unr. Modalverb; 2. Part.* ~ **a) etw. tun** ~ *(den Wunsch haben, etw. zu tun)* want to do sth.; *(die Absicht haben, etw. zu tun)* be going to do sth.; **wir wollten gerade gehen** we were just about to go; **das Buch habe ich immer lesen ~:** I've always wanted to read that book; **ich will lieber zu Hause bleiben** I'd rather stay at home; **was will man da machen?** *(ugs.)* what can you do?; **ohne es zu ~:** without intending to; **ich wollte Sie fragen, ob ...:** I wanted to ask you if ...; **wenn Sie bitte Platz nehmen ~:** would you like to take a seat/take your seats?; **~ Sie mich entschuldigen?** would you excuse me?; **wenn ich mich darum auch noch kümmern wollte, ...:** if I were to see to that as well, then ...; **na gut, ich will [mal] nicht so sein** *(ugs.)* all right, I don't want to be awkward; **dann will ich nichts gesagt haben** *(ugs.)* I take it all back; **das will ich meinen!** *(ugs.)* I absolutely agree; **wir ~ sehen** we'll see; **b)** *(in Aufforderungen)* **man wolle bitte darauf achten, daß ...:** please note that ...; **wollt ihr Ruhe geben/damit aufhören!** *(ugs.)* will you be quiet/stop that!; **~ Sie bitte so freundlich sein und das heute noch erledigen** would you be so kind as to do it today; **c)** *(in bezug auf bezweifelte Behauptungen)* **er will ein Dichter sein** he claims to be a poet; **sie will es [nicht] gesehen haben** she claims [not] to have seen it; **d)** *(sich in der gewünschten Weise verhalten)* **die Wunde will nicht heilen** the wound [just] won't heal; **der Motor wollte nicht anspringen** the engine wouldn't start; **es will nicht gelingen** it just won't work; **es will mir nicht einleuchten, daß ...:** I can't really see that ...; **e)** *(müssen)* **etw. will getan sein** sth. needs *or (coll.)* has got to be done; **das will gelernt sein** it has to be learned; **f)** *(einen bestimmten Zweck, eine bestimmte Funktion haben)* be intended to; **die Aktion will die Leute über ... aufklären** the purpose of the campaign is to inform people about ...; **g) das will nichts heißen/nicht viel sagen** that doesn't mean anything/much. **2.** *unr. itr. V.* **a) du mußt nur ~, dann geht es auch** you only have to want to enough *or* have the will, then it's possible; **ob du willst oder nicht** whether you want to or not; **ganz wie du willst** just as you like; **wenn du willst, könnten wir ...:** if you want [to], we could ...; **du kannst es halten, wie du willst** you can do just as you like; **das ist, wenn man so will, ...:** that is, if you like, ...; **[na] dann ~ wir mal!** *(ugs.)* [right,] let's get started!; **b)** *(ugs.: irgendwohin zu gehen wünschen)* **ich will nach Hause/ans Meer** I want to go home/to go to the seaside; **ich will hier raus** I want to get out of here; **zu wem ~ Sie?** whom do you want to see?; **er wollte zum Theater** he wanted to become an actor; **c)** *verneint (ugs.: funktionieren)* **der Motor will nicht** the engine won't go; **seine Beine/Gelenke/Augen ~ nicht mehr** his legs/joints/eyes just aren't up to it any more. **3.** *unr. tr. V.* **a)** want; **das wollte ich nicht** I didn't mean to do that; **das habe ich nicht gewollt** I never meant that to happen; **~, daß jmd. etw. tut** want sb. to do sth.; **er will nicht, daß du ihm hilfst** he doesn't want you to help him; **er wollte nur euer Bestes** he only wanted what's best for you; **er will es nicht anders** he wouldn't have it any other way; **da ist nichts [mehr] zu ~** *(ugs.)* there's nothing we/you *etc.* can do about it; **was du nicht willst, daß man dir tu', das füg auch keinem anderen zu** *(Spr.)* do as you would be done by *(prov.)*; **ich wollte, er wäre hier/es wäre vorbei** I wish he were here/it were over; **b)** *(ugs.: zum Gedeihen brauchen)* need; **c)** *(ugs.: schaden)* **jmdm. nichts ~ können** be unable to harm sb.; **was kann sie mir schon ~?** what can she do to me?

**Woll·gras das** cotton grass

**wollig** *Adj.* woolly

**Woll-: ~jacke die** woollen cardigan; **~kleid das** woollen dress; **~knäuel das** ball of wool; **~sachen** *Pl.* woollen things; woollies *(coll.)*; **~socke die;** *meist Pl.* woollen sock; **~stoff der** woollen cloth; **~strumpf der;** *meist Pl.* woollen stocking; *(Kniestrumpf)* woollen sock

**Wollust** ['vɔlʊst] **die; ~, Wollüste** ['vɔlʏstə] *(geh.)* lust; *(Sinnlichkeit)* sensuality; *(großes Vergnügen)* delight; **etw. mit wahrer ~ tun** take great delight in doing sth.

**wollüstig** ['vɔlʏstɪç] *(geh.)* **1.** *Adj.* lustful; *(sinnlich)* sensual. **2.** *Adj.* lustfully; *(sinnlich)* sensually

**wo·mit** *Adv.* **a)** *(interrogativ)* **~ schreibst du?** what do you write with?; *(more formal)* with what do you write?; **~ habe ich das verdient?** what have I done to deserve that?; **b)** *(relativisch)* **~ du schreibst** which *or* that you write with; *(more formal)* with which you write; **~ ich nicht sagen will, daß ...:** by which I don't mean to say that ...; **~ er nicht gerechnet hatte, war ...:** what he had not reckoned with was ...; **~ du es auch machst, ...:** whatever you do it with ...; *s. auch* **wobei** *NB*

**wo·möglich** *Adv.* possibly

**wo·nach** *Adv.* **a)** *(interrogativ)* after what; what ... after; **~ suchst du?** what are you looking for?; **~ riecht es?** what does it smell of?; **~ richtet ihr euch?** what do you go by?; **~ verlangte er?** what did he ask for?; **b)** *(relativisch)* after which; which ... after; **alles, ~ er verlangte** all he asked for; **etwas, ~ sie sich sehnte** something she longed for; **eine Vorschrift, ~ ...:** a regulation according to which ...; *s. auch* **wobei** *NB*

**Wonne** ['vɔnə] **die; ~, ~n** *(geh.)* bliss *no pl.*; ecstasy; *(etw., was Freude macht)* joy; delight; **es war eine ~, ihr zuzuhören** she was a joy *or* delight to listen to; **das Kind ist ihre ganze ~:** the child is her great joy; **es ist eine wahre ~:** it's sheer delight; **Würdest du helfen? – Aber mit ~!** *(scherzh.)* Would you help? – Of course, I'd be delighted!

**Wonne-: ~monat** *(geh.)*, **~mond** *(veralt.)* **der** May *no art.*; **im ~monat [Mai]** in the merry month of May; **~proppen der** *(ugs. scherzh.)* chubby cherub

**wonnig** *Adj.* sweet

**woran** [vo'ran] *Adv.* **a)** *(interrogativ)* **~ hast du dich verletzt?** what did you hurt yourself on?; **~ hat sie sich gelehnt?** what did she lean against?; **man weiß nicht, ~ man ist** you don't know where you are; **~ ist sie gestorben?** what did she die of?; **~ denkst du?** what are you thinking of?; **b)** *(relativisch)* **nichts, ~ man sich verletzen/lehnen könnte** nothing one could hurst oneself on/one could lean against; **alles, ~ er sich erinnern konnte** everything he could remember

**worauf** [vo'rauf] **a)** *(interrogativ)* **~ sitzt er?** what is he sitting on?; **~ wartest du?** what are you waiting for?; **~ will er hinaus?** what is he getting at?; **b)** *(relativisch)* **es gab nichts, ~ er sich hätte setzen können** there was nothing for him to sit on; **etwas, ~ ich schreiben kann** something to write on; **etwas, ~ man sich verlassen kann** something one can rely on; **etwas, ~ ich Sie hinweisen sollte, ist ...:** something I ought to point out to you is ...; **das einzige, ~ es jetzt ankommt** the only thing that matters now; **es gab nichts, ~ er sich hätte freuen können** there was nothing for him to look forward to; **c)** *(relativisch: woraufhin)* whereupon

**worauf·hin** *Adv.* **a)** *(interrogativ)* **~ hat er das getan?** what made him do it?; what was the cause of his doing it?; **b)** *(relativisch)* whereupon

**woraus** [vo'raus] *Adv.* **a)** *(interrogativ)* **~ ist der Zitat?** where is the quotation from?; **~ trinken wir den Wein?** what shall we drink the wine from?; **~ ist das Gewebe?** what is the fabric made of?; **~ schließt du das?** what do you infer that from?; **b)** *(relativisch)* **es gab nichts, ~ wir den Wein hätten trinken können** there was nothing for us to drink the wine out of; **es gab nichts, ~ sie Werkzeuge machen konnten** there was nothing for them to make tools from; **..., ~ ich schließe, daß ...** ... from which I conclude that ...

**worden** ['vɔrdn̩] *2. Part. v.* **werden 2**

**worein** [vo'rain] *Adv.* **a)** *(interrogativ)* in what; what ... in; **b)** *(relativisch)* in which; which ... in; **..., ~ sie sich schickte ...,** to which she resigned herself; ..., which she resigned herself to

**worin** [vo'rɪn] *Adv.* **a)** *(interrogativ)* in what; what ... in; **~ willst du es verschicken?** what do you want to send it in?; **ich weiß nicht, ~ der Unterschied liegt** I don't know what the difference is; **b)** *(relativisch)* in which; which ... in; **..., ~ ich mit dir übereinstimme** ..., which I agree with you on

**Work·shop** ['wəːkʃɔp] **der; ~s, ~s** workshop

**World·cup** ['wəːldkʌp] **der** *(Sport)* World Cup

**Wort** [vɔrt] **das; ~[e]s, Wörter** ['vœrtɐ] *od.* **~e a)** *Pl.* **Wörter,** *(auch:)* **~e** word; **~ für ~:** word for word; **DM 1 000 (in ~en: tausend)** DM 1,000 (in words: one thousand); **in des ~es wahrster Bedeutung, im wahrsten Sinne des ~es** in the truest sense of the word; **Liebe ist ein großes ~:** love is a big word; **das treffende** *od.* **passende ~:** the right word; **b)** *Pl.* **~e** *(Äußerung)* word; **zwischen uns ist kein böses ~ gefallen** not a harsh word has passed between us; **das ist das erste ~, das ich [davon] höre** that's the first I've heard of it; **mir fehlen die ~e** I'm lost for words; **davon ist kein ~ wahr** not a word of it is true; **darüber ist kein ~ gefallen** not a word was said about it; **spar dir deine ~e!** don't waste your breath!; **in ~ und Tat** in word and deed; **eine Sprache in ~ und Schrift beherrschen** have a written and spoken command of a language; **das ~ an jmdn. richten** address sb.; **ein paar ~e sprechen** say a few words; **ein ~ mit jmdm. sprechen** have a word with sb.; **bei ihm ist jedes zweite ~ Geld** he's always talking about money; **nicht viele ~e machen** not beat about the bush; **ich verstehe kein ~:** I don't understand a word [of it]; **auf ein ~!** *(veralt.)* can I have a word with you?; **auf jmds. ~e hören** listen to what sb. says; **etw. in ~e fassen** put sth. into words; **mit einem ~:** in a word; **mit anderen ~en** in other words; **ich glaube dir aufs ~:** I can well believe it; **jmdn. [nicht] zu ~ kommen lassen** [not] let sb. get a word in; **kein ~ mehr!** not another word!; **etw. mit keinem ~ erwähnen** not say a word about sth.; not mention sth. at all; **man verstand sein eigenes ~ nicht** you could not hear yourself speak; **die ~e gut zu setzen wissen** *(geh.)* have a way with words; **jmdm. aufs ~ folgen** *od.* **gehorchen** obey sb.'s every word; **dein ~ in Gottes Ohr!** let's hope you're right!; **ein ~ gab das andere** one thing led to another; **hast du [da noch] ~e?** what do you say to that?; **das ist das letzte/mein letztes ~:** that's the/my last word on the matter; **[immer] das letzte ~ haben wollen/müssen** want to have/have to have the last word; **Dr. Meyer hat das ~:** it's Dr Meyer's turn to speak; **das ~ ergreifen** *od.* **nehmen** start to speak; **das ~ führen** be the main speaker; **das große ~ haben** *od.* **führen** talk big; **jmdm. das ~ geben** *od.* **erteilen/entziehen** call upon sb. to speak/to finish speaking; **jmdm. das ~ verbieten** forbid sb. to speak; **einer Sache das ~ reden** *(geh.)* speak out in favour of sth.; **für jmdn. ein [gutes] ~ einle-**

gen put in a [good] word for sb.; **jmdm. das ~ aus dem Munde nehmen** take the words out of sb.'s mouth; **jmdm. das ~ im Munde herumdrehen** twist sb.'s words; **kein ~/kein weiteres ~ über etw.** *(Akk.)* **verlieren** not spend time discussing sth./not say another word about sth.; **jmdm. ins ~ fallen** interrupt sb.; **ums ~ bitten** ask to speak; **sich zu ~ melden** indicate one's wish to speak; **c)** *Pl.* **~e** *(Spruch)* saying; *(Zitat)* quotation; **geflügelte ~e** well-known sayings and quotations; **das bekannte ~ Schillers** the well-known quotation from Schiller; **d)** *Pl.* **~e** *(geh.: Text)* words *pl.*; **in ~ und Bild** in words and pictures; **das geschriebene/gedruckte ~**: the written/printed word; **e)** *Pl.* **~e** *(Versprechen)* word; **[sein] ~ halten** keep one's word; **sein ~ brechen** break one's word; **jmdm. sein ~ [auf etw.** *(Akk.)***] geben** give sb. one's word [on sth.]; **auf mein ~!** I give you my word; **jmdn. beim ~ nehmen** take sb. at his/her word; **[bei jmdm.] im ~ sein** have made a promise [to sb.]; **f)** *o. Pl. (christl. Rel., Theol.)* Word

**wort-, Wort-**: **~art die** *(Sprachw.)* part of speech; **~bedeutung die** word-meaning; meaning of a/the word; **~bildung die** *(Sprachw.)* word-formation; **~bruch der** breaking one's word *no art.*; **~brüchig** *Adj.* **~brüchig werden** break one's word

**Wörtchen** ['vœrtçən] **das; ~s, ~**: little word; **noch ein ~ mit jmdm. zu reden haben** *(ugs.)* have a bone to pick with sb.; **[bei** *od.* **in etw.** *(Dat.)***] ein ~ mitzureden haben** *(ugs.)* have some say [in sth.]

**Wörter-**: **~buch das** dictionary; **~verzeichnis das** word index

**wort-, Wort-**: **~familie die** *(Sprachw.)* word family; **~feld das** *(Sprachw.)* word field; **~fetzen** *Pl.* scraps of conversation; **~forschung die** lexicology *no art.*; **~führer der/~führerin, die** spokesman/spokeswoman; spokesperson; **sich zum ~führer einer Gruppe/Sache machen** make oneself the spokesman of a group/cause; **~gefecht das** battle of words; **~geklingel das** *(abwertend)* fine-sounding verbiage; **~geplänkel das** banter *no indef. art.*; **~geschichte die** etymology *no art.*; **~getreu 1.** *Adj.* word-for-word; **2.** *adv.* word for word; **~gewaltig 1.** *Adj.* powerfully eloquent; **2.** *adv.* with powerful eloquence; **~gewandt 1.** *Adj.* eloquent; **2.** *adv.* eloquently; **~gottes·dienst der** *(christl. Kirche) service centred on the sermon and readings from the Scriptures*; **~gut das**; *o. Pl.* vocabulary; **~hülse die** *(abwertend)* [empty] cliché; **~inhalt der** *(Sprachw.)* word-meaning; meaning of a/the word; **~karg 1.** *Adj.* taciturn ‹*person*›; laconic ‹*reply, greeting, etc.*›; **ein ~karger Mann** a man of few words; **2.** *adv.* taciturnly; ‹*reply, greet, etc.*› laconically; **~kargheit die** *s.* **~karg**: taciturnity; laconicism; **~klauberei** [~klaubə'rai] **die; ~, ~en** quibbling; **solche ~en ändern nichts an der Tatsache, daß ...**: such quibbles do not alter the fact that ...; **~laut der**; *o. Pl.* wording; **im [vollen] ~laut** verbatim

**Wörtlein das; ~s, ~**: *s.* **Wörtchen**

**wörtlich** ['vœrtlıç] **1.** *Adj.* **a)** *(wortgetreu)* word-for-word; *s. auch* **Rede e**; **b)** *(der eigentlichen Bedeutung entsprechend)* literal. **2.** *adv.* **a)** *(wortgetreu)* word-for-word; ‹*copy, repeat*› verbatim, word-for-word; **das hat sie ~ gesagt** those were her very words; **b)** *(der eigentlichen Bedeutung entsprechend)* literally

**wort-, Wort-**: **~los 1.** *Adj.* silent; wordless; unspoken ‹*agreement, understanding*›; **2.** *adv.* without saying a word; **~meldung die: gibt es noch ~meldungen?** does anyone else wish to speak?; **es liegen keine weiteren ~meldungen vor** no one else wishes to speak; **~reich 1.** *Adj.* **a)** *(mit vielen Worten)* verbose; **b)** *(reich im Wortschatz)* **eine ~reiche Sprache** a language with a rich vocabulary; **2.** *adv. (mit vielen Worten)* verbosely; ‹*apologize, thank*› profusely; **~schatz der** vocabulary; **~schöpfung die a)** word-coining *no art.*; **b)** *(Wort)* neologism; new coinage; **~schwall der**; *o. Pl.* torrent of words; **~sinn der**; *o. Pl.* sense of a word/the word[s]; **~spiel das** play on words; *(mit ähnlich klingenden Wörtern)* pun; play on words; **~stamm der** *(Sprachw.)* stem of a/the word; **~stellung die** *(Sprachw.)* word order; **~streit der** *s.* **~gefecht**; **~ungetüm das** over-long monstrosity of a word; **~wahl die**; *o. Pl.* choice of word; **~wechsel der** exchange of words; **mit jmdm. einen ~wechsel haben** exchange words with sb.; **~witz der** pun; **~wörtlich 1.** *Adj.* word-for-word; **2.** *adv.* word for word; **etw. ~ nehmen** take sth. literally

**worüber** *Adv.* **a)** *(interrogativ)* over what...; what ... over; **~ bist du gestolpert?** what did you trip over?; **~ lachst du?** what are you laughing about?; **b)** *(relativisch)* over which; which ... over; **es gibt nichts, ~ wir sprechen könnten** we have nothing to talk about

**worum** *Adv.* **a)** *(interrogativ)* around what; what ... around; **~ bat er?** what did he ask for?; **~ geht es denn?** what is it about then?; **b)** *(relativisch)* around which; which ... around; **alles, ~ er bat** everything he asked for

**worunter** *Adv.* **a)** *(interrogativ)* under what; what ... under; **~ leidet er?** what is he suffering from?; **b)** *(relativisch)* under which; which ... under; **etwas, ~ er besonders leidet, ist ...** something he particularly suffers from is ...

**wo·selbst** *Adv. (veralt.)* where

**Wotan** ['vo:tan] **(der)** Wotan

**wo·von** *Adv.* **a)** *(interrogativ)* from where; where ... from; **~ soll er leben?** what is he supposed to live on?; **~ redest du?** what are you talking about?; **~ ist er müde/krank?** what has made him tired/ill?; **b)** *(relativisch)* from which; which ... from; **das, ~ er sprach** what he was talking about; *s. auch* **wobei** *NB*

**wo·vor** *Adv.* **a)** *(interrogativ)* in front of what; what ... in front of; **~ stand er?** what was he standing in front of?; **~ hast du Angst?** what are you afraid of?; **b)** *(relativisch)* in front of which; which ... in front of; **das, ~ er sie gewarnt hatte** what he had warned her about; **das einzige, ~ ich Angst habe** the only thing I am afraid of; *s. auch* **wobei** *NB*

**wo·zu** *Adv.* **a)** *(interrogativ)* to what; what ... to; *(wofür)* what ... for; **~ brauchst du das Geld?** what do you need the money for?; **~ hast du dich entschlossen?** what have you decided [on]?; **~ hat sie ihn gezwungen?** what did she force him to do?; **~ diese Umstände?** why all this fuss?; **~ denn?** *(zu welchem Zweck)* what for?; *(als Ausdruck der Ablehnung)* why should I/you *etc.?*; **weißt du, ~ das gut sein soll?** do you know what the point of it is supposed to be?; **b)** *(relativisch)* **dann habe ich gebügelt, ~ ich keine Lust hatte** then I did some ironing, which I had no inclination to do; **~ du dich auch entschließt** whatever you decide on; **er will studieren, ~ er allerdings das Abitur braucht** he wants to go to university but for that he needs the Abitur; *s. auch* **wobei** *NB*

**Wrack** [vrak] **das; ~[e]s, ~s** *od.* **~e** wreck; *(fig.: Mensch)* [physical] wreck; **ein seelisches/nervöses ~** *(fig.)* a mental/nervous wreck

**wrang** [vraŋ] *1. und 3. Pers. Sg. Prät. v.* **wringen**

**Wrasen** ['vra:zn̩] **der; ~s, ~** *(nordd.)* steam

**wringen** ['vrıŋən] *unr. tr. V. (bes. nordd.)* wring

**WS** *Abk.* **Wintersemester**

**WSV** *Abk.* **Winterschlußverkauf**

**WSW** *Abk.* **Westsüdwest[en]** WSW

**Wucher** ['vu:xɐ] **der; ~s** profiteering; *(beim Verleihen von Geld)* usury; **18 Prozent Zinsen: das ist ja ~!** 18 per cent interest: that's extortionate!; **[mit etw.] ~ treiben** profiteer [on sth.]; *(beim Verleihen von Geld)* charge an extortionate rate/extortionate rates of interest [on sth.]

**Wucher·blume die** chrysanthemum

**Wucherer der; ~s, ~**: profiteer; *(beim Verleihen von Geld)* usurer

**wuchern** *itr. V.* **a)** *auch mit sein (stark wachsen)* ‹*plants, weeds, etc.*› proliferate, run wild; *(fig.)* be rampant; **eine ~de Geschwulst** a cancerous tumour; **krebsartig ~** *(fig.)* grow like a cancer; **eine ~de Phantasie** *(fig.)* an imagination that runs wild; **b)** *(Wucher treiben)* **[mit etw.] ~**: profiteer [on sth.]; *(beim Verleihen von Geld)* lend [sth.] at extortionate interest rates

**Wucher·preis der** extortionate price

**Wucherung die; ~, ~en** growth

**Wucher·zins der;** *meist Pl.* extortionate rate of interest

**wuchs** [vu:ks] *1. u. 3. Pers. Sg. Prät. v.* **wachsen**

**Wuchs der; ~es a)** *(Wachstum)* growth; **b)** *(Gestalt)* stature; **klein/groß von ~ sein** ‹*person*› be small/tall in stature

**Wucht** [vʊxt] **die; ~ a)** force; *(von Schlägen)* power; weight; **mit voller ~**: with full force; **mit voller ~ zuschlagen** hit with all one's might; **b) in eine ~ sein** *(salopp)* be absolutely fantastic *(coll.)*; **c)** *(bes. ostmd.: Schläge)* beating; *(als Strafe für Kind)* hiding *(coll.)*; beating

**wuchten** *tr. V.* heave

**wuchtig 1.** *Adj.* **a)** *(voller Wucht)* powerful; mighty; **b)** *(schwer, massig)* massive. **2.** *adv.* powerfully

**Wühl·arbeit die** *(fig.)* subversive activities *pl.*; subversion

**wühlen** ['vy:lən] **1.** *itr. V.* **a)** *(graben)* dig; *(mit der Schnauze, dem Schnabel)* root **(nach** for); ‹*mole*› tunnel, burrow; **er wühlte in ihren Locken** he tousled her hair; **b)** *(ugs.: suchen)* rummage [around] **(nach** for); **c)** *(fig.: Wühlarbeit leisten)* engage in subversive activities *or* subversion **(gegen** against); **d)** *(ugs.: schwer arbeiten)* graft *(Brit. sl.)*; slave away. **2.** *tr. V.* burrow; tunnel out ‹*burrow*›. **3.** *refl. V.* **sich in etw.** *(Akk.)***/durch etw. ~**: burrow into/through sth.; **die Autos wühlten sich durch den Schlamm** the cars churned their way through the mud

**Wühler der; ~s, ~ a)** *(Zool.)* cricetine; **b)** *(fig.: Subversiver)* subversive; **c)** *(ugs.: fleißig Arbeitender)* grafter *(Brit. sl.)*

**Wühl-**: **~maus die** one of the Microtinae *(the voles and lemmings)*; *(Kleine ~maus)* European pine vole; *(Schermaus)* European water vole; **~tisch der** *(ugs.)* bargain counter

**Wulst** [vʊlst] **der; ~[e]s, Wülste** ['vʏlstə] *od.* **~e a)** bulge; *(Fett~)* roll of fat; *(an einer Flasche, einem Reifen)* bead; **b)** *(Heraldik)* wreath; **c)** *(Archit.)* torus

**wulstig** *Adj.* bulging; thick ‹*lips*›

**wumm** [vʊm] *Interj.* boom

**wummern** ['vʊmɐn] *itr. V.* ‹*machine, engine*› hum; **mit den Fäusten gegen etw. ~**: drum one's fists against sth.

**wund** [vʊnt] *Adj.* sore; **sich ~ laufen** walk until one's feet are sore; **ich habe mir die Finger ~ geschrieben** *(ugs.)* I've worn my fingers to the bone with all that writing; *s. auch* **Fuß b; Punkt d; reiben 1 a**

**Wund-**: **~arzt der** *(hist.)* surgeon; **~brand der**; *o. Pl. (Med.)* gangrene

**Wunde die; ~, ~n** wound; **alte ~n wieder**

**aufreißen** *(fig.)* open up old wounds; **der Krieg hat dem Land tiefe ~n geschlagen** *(fig.)* the war has left deep scars on the country; *s. auch* **Salz**

**wụnder** *Adv. (ugs.)* **er denkt, er sei ~ wer** he thinks he's really something; **sie glaubt, sie sei ~ wie klug** she thinks she's ever so *or* oh so clever *(coll.)*; **er glaubt, ~ was geleistet zu haben** he thinks he's achieved something fantastic *(coll.)*; **ich dachte, ~ was es da alles zu sehen gibt** I thought there would be all sorts of fantastic things to see; **er bildet sich ~ was darauf ein** he's terribly pleased with himself about it *(coll.)*

**Wụnder das; ~s, ~ a)** miracle; **~ tun** work *or* perform miracles; **~ wirken** *(fig. ugs.)* work wonders; **o ~!** wonders will never cease!; **ein/kein ~ sein** *(ugs.)* be a/no wonder; **was ~, wenn ...?** small *or* no wonder that ...; **er wird sein blaues ~ erleben** *(ugs.)* he's in for a nasty shock; **b)** *(etw. Außergewöhnliches, Erstaunliches)* wonder; **ein ~ an ...** *(Dat.)* a miracle of ...; **ein technisches ~:** a technological marvel

**wụnderbar 1.** *Adj.* **a)** *(übernatürlich erscheinend)* miraculous; **das grenzt ans Wunderbare** it's bordering on the miraculous; **auf ~e Weise** miraculously; **b)** *(sehr schön, herrlich)* wonderful; marvellous. **2.** *adv.* *(sehr schön, herrlich)* wonderfully; marvellously; **b)** *(ugs.: sehr)* wonderfully

**wụnder-, Wụnder-: ~ding das;** *Pl.* **~dinge** amazing thing; *(ugs.: Gegenstand)* wonder; **~doktor der** *(spött.)* miracle-working doctor; **~glaube der** belief in miracles; **~gläubig** *Adj.* ⟨*person*⟩ who believes in miracles; **~gläubig sein** believe in miracles; **~heiler der** faith-healer; **~heilung die** miraculous cure; **~hübsch 1.** *Adj.* wonderfully pretty; **2.** *adv.* quite beautifully; **~kerze die** sparkler; **~kind das** child prodigy; **~knabe der** boy prodigy; **~lampe die** magic lamp; **~land das** wonderland

**wụnderlich 1.** *Adj.* strange; odd. **2.** *adv.* strangely; oddly

**Wụnderlichkeit die; ~, ~en a)** *o. Pl.* strangeness; oddness; **b)** *(etwas Wunderliches)* oddity

**Wụnder·mittel das** miracle cure **(gegen** for)

**wụndern 1.** *tr. V.* surprise; **mich wundert** *od.* **es wundert mich, daß ...:** I'm surprised that ...; **es würde** *od.* **sollte mich [nicht] ~, wenn ...:** I should [not] be surprised *or* it would [not] surprise me if ... **2.** *refl. V.* **sich über jmdn./etw. ~:** be surprised at sb./sth.; **du wirst dich [noch mal] ~** *(ugs.)* you're in for a shock; you've got a surprise in store; **ich muß mich doch sehr über dich ~:** I really am surprised at you

**wụnder|nehmen** *unr. tr. V. (geh.)* **etw. nimmt jmdn. wunder** sth. surprises sb.

**wụnders** *Adv. (ugs.) s.* **wunder**

**wụndersam** *(geh.)* **1.** *Adj.* strange. **2.** *adv.* **ihr wurde ~ zumute** she had a strange feeling

**wụnder-, Wụnder- : ~schön 1.** *Adj.* simply beautiful; *(herrlich)* simply wonderful; **2.** *adv.* quite beautifully; *(einwandfrei)* perfectly; **~tat die** miracle; **~täter der** miracle-worker; **~tätig** *Adj.* miraculous; **~tier das** strange and wonderful animal; **~tüte die** surprise packet; **~voll 1.** *Adj.* wonderful; marvellous; **2.** *adv.* wonderfully; marvellously; **~waffe die** superweapon; **~welt die** wonderworld; **~werk das** marvel

**wụnd-, Wụnd-: ~fieber das** *(Med.)* traumatic fever; wound fever; **~infektion die** *(Med.)* wound infection; **~|liegen** *unr. refl. V.* get bedsores **(an** + *Dat.* on); **sich** *(Dat.)* **den Rücken ~liegen** get bedsores on one's back; **~mal das;** *Pl.* **~male** *(bes. Rel.)* scar; **die ~male Christi** Christ's stigmata; **~pflaster das** sticking-plaster; **~rand der;** *meist Pl. (Med.)* edge of a/the wound; **~rose die** *(Med.)* St Anthony's fire; erysipelas *(Med.)*; **~sein das** soreness; **~starrkrampf der** *(Med.)* tetanus

**Wunsch** [vʊnʃ] **der; ~[e]s, Wünsche** ['vʏnʃə] **a)** wish **(nach** to have); *(Hoffen, Sehnen)* desire **(nach** for); **sich** *(Dat.)* **einen ~ erfüllen/versagen** grant/deny oneself something one wants; **haben Sie [sonst] noch einen ~?** will there be anything else?; **jmds. ~ und Wille sein** be something sb. most earnestly desires; **auf jmds. ~:** at sb.'s wish; **auf allgemeinen ~ [hin]** in response to popular demand; **alles geht** *od.* **läuft nach ~:** everything's going as we want/he wants *etc.*; **dein ~ ist mir Befehl** *(scherzh.)* your wish is my command; **der ~ ist der Vater des Gedankens** *(scherzh.)* the wish is father to the thought; *s. auch* **fromm c; b)** *Pl. (zu bestimmten Anlässen)* wishes; **mit den besten/herzlichsten Wünschen** with best/warmest wishes; **beste Wünsche zum Geburtstag** many happy returns of the day

**wünschbar** *Adj. (bes. schweiz.)* desirable

**Wụnsch-: ~bild das** desired ideal; **~denken das** wishful thinking

**Wünschel-** ['vʏnʃl̩-]: **~rute die** divining rod; **~rutengänger der** diviner

**wünschen** ['vʏnʃn̩] *tr. V.* **a) sich** *(Dat.)* **etw. ~:** want sth.; *(im stillen)* wish for sth.; **jmdm. Erfolg/nichts Gutes/den Tod ~:** wish sb. success/no good/wish sb. dead; **er wünschte sich** *(Dat.)* **ein Rad zum Geburtstag** he asked for a cycle for his birthday; **du darfst dir [von mir] etwas ~:** you can have a present [from me] – what would you like?; **sich** *(Dat.)* **jmdn. als** *od.* **zum Freund ~:** want to have sb. as a friend; **alles, was du dir nur ~ kannst** everything you could wish for; **er war so, wie man sich** *(Dat.)* **einen Lehrer wünscht** he was just as one would want a teacher to be; **was wünschst du dir?** what would you like?; **ich wünschte, du wärest hier** I wish you were here; **jmdn. weit fort ~:** wish sb. far away; **ich wünschte mich auf eine einsame Insel** I wished I were on a desert island; **b)** *(in formelhaften Wünschen)* wish; **jmdm. alles Gute/frohe Ostern ~:** wish sb. all the best/a happy Easter; **jmdm. gute Nacht ~:** wish *or* bid sb. good night; **sie wünschte ihm gute Besserung** she said she hoped he would soon get better; **c)** *auch itr. V. (begehren)* want; **was ~ Sie?, Sie ~?** *(von einem Bediensteten gesagt)* yes, madam/sir?; *(von einem Kellner gesagt)* what would you like?; *(von einem Verkäufer gesagt)* can I help you?; **er wünscht, daß du gehst** he wants you to go; **ganz, wie Sie ~:** just as you like; **solange Sie es ~:** as long as you wish *or* like; **die gewünschte Auskunft** the information asked for; **ich wünsche das nicht** I do not wish it; **dein Chef wünscht dich zu sprechen** your boss would like to speak to you; **etw. läßt [viel]/läßt nichts zu ~ übrig** sth. leaves a great deal/nothing to be desired; **es verlief alles wie gewünscht** everything went as we/he *etc.* had wanted

**wünschens·wert** *Adj.* desirable

**wụnsch-, Wụnsch-: ~form die** *(Sprachw.) s.* **Optativ; ~gegner der** *(bes. Sport)* ideal opponent; **~gemäß 1.** *Adv.* as desired; *(einer Bitte gemäß)* as requested; **2.** *adj.; nicht präd.* **die ~gemäße Ausführung eines Auftrags** the performance of a task as desired/requested; **~kind das** wanted child; **~konzert das** request concert; *(im Rundfunk)* request programme; **~los 1.** *Adj.* [perfectly] contented; perfect ⟨*happiness*⟩; **2.** *adv.* **~los glücklich sein** be perfectly contented; **~satz der** *(Sprachw.)* optative sentence; **~traum der** wishful dream; *(unrealistisch)* pipe-dream; **~vorstellung die** wishful notion; **~zettel der** list of things one would like; *(zum Geburtstag o. ä.)* list of presents one would like

**wupp** [vʊp], **wupp·dich, wupps** *Interj. (ugs.)* woomph *(coll.)*

**wurde** ['vʊrdə] *1. u. 3. Pers. Sg. Prät. v.* **werden**

**würde** ['vʏrdə] *1. u. 3. Pers. Sg. Konjunktiv II v.* **werden**

**Würde die; ~, ~n a)** *o. Pl.* dignity; **seine ~ bewahren** preserve one's dignity; **sich in seiner ~ verletzt fühlen** feel that one's dignity has been affronted; **etw. mit ~ tragen** bear sth. with dignity; *(scherzh.)* bear up well in spite of sth.; **unter jmds. ~ sein** be beneath sb.'s dignity; **unter aller ~ sein** be beneath contempt; **b)** *(Rang)* rank; *(Amt)* office; *(Titel)* title; *(Auszeichnung)* honour; **die ~ eines Professors** the title of professor; **zu höchsten ~n gelangen** attain high office

**würde·los 1.** *Adj.* undignified; *(schimpflich)* disgraceful. **2.** *adv.* in an undignified way; *(schimpflich)* disgracefully

**Würdelosigkeit die; ~** *s.* **würdelos:** lack of dignity; disgracefulness

**Würden·träger der** dignitary

**würde·voll 1.** *Adj.* dignified. **2.** *adv.* with dignity

**würdig 1.** *Adj.* **a)** *(würdevoll)* dignified; **b)** *(wert)* worthy; suitable ⟨*occasion*⟩; **jmds./einer Sache [nicht] ~ sein** [not] be worthy of sb./sth.; **sich jmds. /einer Sache [nicht] ~ erweisen** *od.* **zeigen** prove oneself [not] worthy of sb./sth. **2.** *adv.* **a)** *(würdevoll)* with dignity; ⟨*dressed*⟩ in a dignified manner; **b)** *(angemessen)* worthily; ⟨*celebrate*⟩ in a/the appropriate manner; **jmdn. ~ zu vertreten wissen** make a worthy deputy for sb.

**würdigen** *tr. V.* **a)** *(anerkennen, beachten)* recognize; *(schätzen)* appreciate; *(lobend hervorheben)* acknowledge; **etw. zu ~ wissen** appreciate sth.; **b)** *(für wert halten)* **jmdn. einer Sache** *(Gen.)* **~:** deem sb. worthy of sth.; **jmdn. keines Blickes/keiner Antwort ~:** not deign to look at/answer sb.

**Würdigkeit die; ~ a)** *(Würde)* dignity; **b)** *(Wert)* worth

**Würdigung die; ~, ~en** *s.* **würdigen a:** recognition; appreciation; acknowledgement; **in ~ einer Sache** *(Gen.)* in recognition of sth.

**Wurf** [vʊrf] **der; ~[e]s, Würfe** ['vʏrfə] **a)** throw; *(beim Baseball)* pitch; *(beim Kegeln)* bowl; *(gezielt aufs Tor)* shot; **b)** *o. Pl. (das Werfen)* throwing/pitching/bowling; **zum ~ ausholen** draw back one's arm ready to throw; **beim ~:** when throwing/pitching/bowling; **c)** *(Zool.)* litter; **d)** *(gelungenes Werk)* successful work; success; **mit dieser Erfindung ist ihm ein großer ~ gelungen** this invention has been a great success for him

**Wurf·bahn die** trajectory

**Würfel** ['vʏrfl̩] **der; ~s, ~ a)** *(auch Math.)* cube; **Gemüse/Fleisch in ~ schneiden** dice vegetables/meat; **b)** *(Spiel~)* dice; die *(formal)*; **die ~ sind gefallen** *(fig.)* the die is cast

**Würfel·becher der** dice-cup

**Würfel·muster das** check pattern

**würfeln 1.** *itr. V.* throw the dice; *(mit Würfeln spielen)* play dice; **du bist mit Würfeln dran** it's your turn to throw; **hast du schon gewürfelt?** have you already thrown *or* had your throw?; **um etw. ~:** play dice for sth.; **darum ~, wer anfangen soll** throw a/the dice to see who should start. **2.** *tr. V.* **a)** throw; **b)** *(in Würfel schneiden)* dice ⟨*vegetables, meat*⟩

**Würfel-: ~spiel das a)** *(Glücksspiel)* dice; *(einzelne Partie)* game of dice; **b)** *(Brettspiel)* dice game; **~zucker der;** *o. Pl.* cube sugar; lump sugar

**Wụrf-: ~geschoß das** missile; **~kreis der** *(Sport)* throwing-circle; **~scheibe die** discus; **~sendung die** *s.* **Postwurfsendung; ~speer der, ~spieß der** *(hist.)* spear; **~taube die** *(Schießsport)* clay pigeon; **~tauben·schießen das** *(Schießsport)* clay-pigeon shooting *no art.*

**Würge-: ~engel der** *(bes. christl. Rel.)* Angel of Death; **~griff der** *(auch fig.)* stranglehold; **~mal das;** *Pl.* **~male** *od.* **~mäler** strangle *or* strangulation mark

**würgen** ['vʏrgn̩] **1.** *tr. V.* **a)** strangle; throttle; *(fig.)* ‹*tie, collar*› strangle; **~de Angst** *(fig.)* choking fear; **b)** *(ugs.: zwängen)* **etw. in etw.** *(Akk.)* **~:** stuff sth. into sth. **2.** *itr. V.* **a)** *(Brechreiz haben)* retch; **b)** *(mühsam schlucken)* **an etw.** *(Dat.)* **~:** have to force sth. down; *s. auch* **²hängen 1 d**

**Würger der; ~s, ~ a)** strangler; **b)** *(Zool.)* shrike

**¹Wurm** [vʊrm] **der; ~[e]s, Würmer** ['vʏrmɐ] worm; *(Made)* maggot; **von Würmern befallen sein** have worms/be maggoty; **da ist** *od.* **sitzt der ~ drin** *(fig. ugs.)* there's something wrong there; **jmdm. die Würmer aus der Nase ziehen** *(fig. ugs.)* get sb. to spill the beans *(fig. sl.)*; **den ~** *od.* **Würmer baden** *(ugs. scherzh.)* be fishing

**²Wurm das; ~[e]s, Würmer** *(fam.)* little mite

**wurmen** *tr., auch itr. V. (ugs.)* **jmdn. ~:** rankle with sb.; **so was wurmt [einen] schon** that sort of thing rankles

**Wurm·fort·satz der** *(Anat.)* appendix

**wurmig** *Adj.*, **wurm·stichig** *Adj.* worm-eaten; *(madig)* maggoty

**Wurscht** [vʊrʃt] *(ugs.) in* **jmdm. ist jmd./etw. ~:** sb. doesn't care about sb./sth.; **das ist mir vollkommen** *od.* **völlig ~:** I couldn't care less about that; **ach, mir ist alles ~!** oh, what do I care!

**wurscht·egal** *Adj. (ugs.) s.* **wurstegal**

**Wurst** [vʊrst] **die; ~, Würste** ['vʏrstə] **a)** sausage; **es geht um die ~** *(fig. ugs.)* the crunch has come; **mit der Wurst nach der Speckseite** *od.* **dem Schinken werfen** *(fig. ugs.)* use a sprat to catch a mackerel *(fig. coll.)*; **b)** *(wurstähnliches Gebilde)* roll; **den Teig zu einer ~ formen** roll the dough into a sausage shape; **eine ~ machen** *(fam.)* do a big one *(child lang.)*; **c)** *(ugs.) s.* **Wurscht**

**Wurst·brot das** open sausage sandwich; *(mit Streichwurst)* open meat-spread sandwich; *(zusammengeklappt)* sausage/meat-spread sandwich

**Würstchen** ['vʏrstçən] **das; ~s, ~ a)** [small] sausage; **Frankfurter/Wiener ~:** frankfurter/wienerwurst; **heiße ~:** hot sausages; **b)** *(ugs., oft abwertend)* nobody; *(hilfloser Mensch)* poor soul; **ein armes ~:** a poor soul; **c) [ein] ~ machen** *(Kinderspr.)* do [poo]poos *(child lang.)*

**Würstchen·bude die** sausage-stand

**wurst·egal** *Adj. (ugs.) in* **~ sein** not matter in the slightest; **das ist mir ~:** I couldn't care less [about that]

**Wurstel** ['vʊrstl̩] **der; ~s, ~** *(bayr., österr.)* clown

**Würstel** ['vʏrstl̩] **das; ~s, ~** *(bes. österr.)* sausage

**Wurstelei die; ~, ~en** *(ugs. abwertend)* pottering about *no pl.*

**wursteln** *itr. V. (ugs.)* **1.** potter; **an etw.** *(Dat.)* **~:** potter about with sth. **2.** *refl. V.* **sich durchs Leben ~:** muddle [along] through life

**Wurst-: ~finger der;** *meist Pl.* podgy finger; **~haut die** sausage-skin

**wurstig** *(ugs.)* **1.** *Adj.* couldn't-care-less *attrib.* ‹*attitude, behaviour, reply*›; **er ist ein ~er Typ** *od.* **ist ~:** he couldn't care less about anything. **2.** *adv.* in a couldn't-care-less way

**Wurstigkeit die; ~** *(ugs.)* couldn't-care-less attitude

**Wurst-: ~salat der** *piquant salad with pieces of sausage, onion rings, boiled eggs and/or cheese;* **~suppe die** sausage soup; **~waren** *Pl.* sausages; **~zipfel der** end of a/the sausage

**württembergisch** ['vʏrtəmbɛrgɪʃ] *Adj.* of/from Württemberg; *s. auch* **badisch**

**Würze** ['vʏrtsə] **die; ~, ~n a)** *(Gewürz)* spice; seasoning; **b)** *(Aroma)* aroma; *(fig.)* spice; *s. auch* **Kürze c**

**Wurzel** ['vʊrtsl̩] **die; ~, ~n a)** *(auch fig.)* root; **~[n] fassen** take root; **~n schlagen** take root; *(fig.: heimisch werden)* put down roots; **ich stehe hier schon so lange, daß ich bald ~n schlage** *(scherzh.)* I've been standing here so long I'll soon grow roots; **seine ~n in etw.** *(Dat.)* **haben** *(fig.)* have its roots in sth.; **die ~ allen Übels** *(fig.)* the root of all evil; **das Übel an der ~ fassen** *od.* **packen** *(fig.)* strike at the root of the problem; **etw. mit der ~ ausrotten** *(fig.)* eradicate sth. completely; **b)** *(Math.)* root; **~n ziehen** calculate roots; **aus einer Zahl die ~ ziehen** extract the [square] root of a number; **die dritte ~ aus** *od.* **von 8** the cube root of 8; **c)** *(bes. nordd.)* carrot; **d)** *(der Hand)* wrist; *(des Fußes)* ankle; *(eines Nagels, der Nase)* root; **e)** *(Sprachw.)* root

**Wurzel-: ~ballen der** root ball; **~behandlung die** *(Zahnmed.)* root treatment; **~bürste die** stiff brush; *(zum Scheuern)* [stiff] scrubbing-brush *or (Amer.)* scrub-brush

**Würzelchen** ['vʏrtsl̩çən] **das; ~s, ~:** rootlet

**Wurzel·haut·entzündung die** *(Med.)* periodontitis *no indef. art.*

**wurzelig** *Adj.* full of roots *postpos.*

**Wurzel·knolle die** tuber

**wurzel·los** *Adj.* without roots *postpos.*; *(auch fig.)* rootless

**Wurzel·losig·keit die; ~:** lack of roots; *(fig.)* rootlessness

**wurzeln** *itr. V.* **a)** *(Wurzeln schlagen)* take root; **flach ~:** have shallow roots; **das Mißtrauen wurzelt tief in ihm** *(fig.)* his mistrust is deep-rooted; **b) in etw.** *(Dat.)* **~** *(seinen Ursprung haben in)* be rooted in sth.; *(verursacht sein durch)* have its roots in sth.

**Wurzel-: ~sproß der** *(Bot.)* root sucker; **~stock der;** *Pl.* **~stöcke a)** *(Bot.)* root-stock; rhizome; **b)** *(eines Baumes)* stump and roots *pl.*; **~werk das;** *o. Pl.* roots *pl.*

**würzen** ['vʏrtsn̩] *tr. V.* season; *(fig.)* spice; **Humor würzt das Leben** *(fig.)* humour is the spice of life

**würzig 1.** *Adj.* tasty; full-flavoured ‹*beer, wine*›; aromatic ‹*fragrance, smell, tobacco*›; tangy ‹*air*›; *(scharf)* spicy. **2.** *adv.* **sie kocht nicht ~ genug** she doesn't use enough seasoning

**Würzigkeit die; ~** *s.* **würzig 1:** tastiness; full flavour; aromatic fragrance; tanginess; spiciness

**wusch** [vu:ʃ] *1. u. 3. Pers. Sg. Prät. v.* **waschen**

**Wuschel·haar das** *(ugs.)* frizzy *or* fuzzy hair

**wuschelig** *Adj. (ugs.)* frizzy; fuzzy

**Wuschel·kopf der** *(ugs.)* **a)** *(Haar)* shock *or* mop of frizzy *or* fuzzy hair; **b)** *(Mensch)* frizzy-haired *or* fuzzy-haired man/girl *etc;* man/girl *etc.* with frizzy *or* fuzzy hair

**wuscheln** ['vʊʃl̩n] *tr., itr. V.* tousle; **in jmds. Haar ~:** tousle sb.'s hair

**wuselig** *Adj. (bes. südd., md.)* busy; bustling

**wuseln** ['vu:zl̩n] *itr. V. (bes. südd., md.)* **a)** *mit sein (sich flink bewegen)* scurry; **b)** *(sich beschäftigen)* bustle around

**wußte** ['vʊstə] *1. und 3. Pers. Sg. Prät. v.* **wissen**

**wüßte** ['vʏstə] *1. und 3. Pers. Sg. Konjunktiv II v.* **wissen**

**Wust** [vu:st] **der; ~[e]s** *(abwertend)* jumble; *(fig.)* welter; **ein ~ von Daten/Vorschriften** a mass of data/regulations

**wüst** [vy:st] **1.** *Adj.* **a)** *(öde)* desolate; **b)** *(unordentlich)* chaotic; tangled, tousled ‹*hair, beard, etc.*›; wild ‹*appearance*›; **ein ~es Durcheinander herrschte dort** it was utter chaos *or* an utter shambles there; **c)** *(abwertend: wild, ungezügelt)* wild; furious ‹*fight, shoot-out*›; **d)** *(abwertend: unanständig)* rude; coarse ‹*oath, abuse*›; **e)** *(abwertend: furchtbar, abscheulich)* terrible; foul *(sl.)*, terrible *(coll.)* ‹*weather*›. **2.** *adv.* **a)** *(unordentlich)* chaotically; **das Haar hing ihr ~ ins Gesicht** her hair straggled down over her face; **b)** *(abwertend: wild, ungezügelt)* wildly; **sie haben's ~ getrieben** they had a wild time; **c)** *(abwertend: unanständig)* ‹*swear, abuse sb.*› coarsely; **d)** *(abwertend: furchtbar, abscheulich)* terribly; **sie haben ihn ~ zugerichtet** they really knocked him about

**Wüste die; ~, ~n** desert; *(Eis~)* waste; *(fig.)* wasteland; **jmdn. in die ~ schicken** *(ugs.)* give sb. the push *(coll.)*

**wüsten** *itr. V.* **mit etw. ~:** squander sth.

**Wüstenei die; ~, ~en a)** *(Einöde)* wasteland; **b)** *(scherzh.: Unordnung)* shambles *sing.*; chaos *no indef. art.*

**Wüsten-: ~fuchs der** fennec; **~klima das** desert climate; **~sand der** desert sand[s *pl.*]; **~schiff das** *(dichter.)* ship of the desert

**Wüstling der; ~s, ~e** *(abwertend)* lecher; debauchee

**Wut** [vu:t] **die; ~:** rage; fury; **auf jmdn. eine ~ haben** be furious with sb.; **seine ~ an jmdm. auslassen** vent one's rage *or* fury on sb.; **in ~ geraten** *od.* **kommen** get furious; **jmdn. in ~ bringen** infuriate sb.; **eine ~ im Bauch haben** *(ugs.)* be livid *(Brit. coll.)*

**Wut-: ~an·fall der** fit of rage; **~ausbruch der** outburst of rage *or* fury

**wüten** ['vy:tn̩] *itr. V. (auch fig.)* rage; *(zerstören)* wreak havoc

**wütend 1.** *Adj.* **a)** furious; angry ‹*voice, mob*›; **auf** *od.* **über jmdn. ~ sein** be furious with sb.; **er war ~ auf sie, weil sie ihn warten ließ** he was furious with her for keeping him waiting; **über etw.** *(Akk.)* **~ sein** be furious about sth.; **b)** *(sehr groß, heftig)* raging ‹*pain, hatred, etc.*›; fierce ‹*proponent, defender*›. **2.** *adv.* **a)** furiously; in a fury; **b)** *(heftig)* furiously

**wut·entbrannt 1.** *Adj.* infuriated; furious. **2.** *adv.* in a fury

**Wüterich** ['vy:tərɪç] **der; ~s, ~e** *(abwertend)* hot-tempered person; *(Gewaltmensch)* brute

**wut·schnaubend 1.** *Adj.* snorting with rage *pred.* **2.** *adv.* snorting with rage

**Wutz** [vʊts] **die; ~, ~en** *od.* **der; ~en, ~en** *(bes. westmd.)* pig

**Wz** *Abk.* **Warenzeichen** TM; ®

# X

**¹x, X** [ɪks] **das; ~, ~:** x, X; **Herr/die Stadt X** Mr X/the town of X; **jmdm. ein X für ein U vormachen** *(fig.)* dupe sb.; **er läßt sich** *(Dat.)* **kein X für ein U vormachen** you can't fool him; he's not easily fooled; *s. auch* **a, A**

**²x** *unbest. Zahlwort (ugs.)* umpteen *(coll.)*

**x-Achse die** *(Math.)* x-axis

**Xanthippe** [ksan'tɪpə] **die; ~, ~n** *(abwertend)* harridan

**X-Beine** *Pl.* knock-knees; **~ haben** have knock-knees; be knock-kneed
**x-beinig** *Adj.* knock-kneed
**x-beliebig** *Adj. (ugs.)* **irgendein ~er/irgendeine ~e/irgendein ~es** any old *(coll. attrib.)*; **jeder ~e Ort** any old place *(coll.)*; **der Ort ist ~:** any old place will do *(coll.)*; **denk dir eine ~e Zahl** think of a number, any old number *(coll.)*; **irgendwelche ~en Leute** just anybody; **ich tue das nicht für jeden ~en** I don't do it for just anybody
**X-Chromosom das** *(Biol.)* X-chromosome
**x-fach 1.** *Vervielfältigungsz.* **die ~e Menge** *(Math.)* x times the amount; *(ugs.)* umpteen times the amount *(coll.)*. **2.** *adv. (ugs.)* **~ erprobt sein** have been tested umpteen times *(coll.) or* any number of times
**X-fache das; ~n: das ~ einer Zahl** *(Math.)* X times a number; **das ~ seines normalen Einkommens** *(ugs.)* umpteen times his normal income *(coll.)*
**X-Haken der** picture-hook
**x-mal** *Adv. (ugs.)* umpteen times *(coll.)*; any number of times
**X-Strahlen** *Pl. (Physik)* X-rays
**x-t...** *Ordinalz.* **a)** *(Math.)* xth; **b)** *(ugs.)* umpteenth *(coll.)*
**x-te·mal** *Adv. in* **das ~** *(ugs.) (beim x-tenmal)* the umpteenth time *(coll.)*; *(zum x-tenmal)* for the umpteenth time *(coll.)*
**x-ten·mal** *Adv. in* **zum ~** *(ugs.)* for the umpteenth time *(coll.)*; **beim ~** *(ugs.)* the umpteenth time *(coll.)*
**Xylophon** [ksylo'fo:n] **das; ~s, ~e** xylophone

# Y

**y, Y** ['ʏpsilɔn] **das; ~, ~:** y, Y; *s. auch* **a, A**
**y-Achse die** *(Math.)* y-axis
**Yacht** *s.* **Jacht**
**Yankee** ['jɛŋki] **der; ~s, ~s** *(oft abwertend)* Yankee *(Brit. coll.)*; Yank *(Brit. coll.)*
**Y-Chromosom das** *(Biol.)* Y-chromosome
**Yen** [jɛn] **der; ~[s] ~[s]** yen
**Yeti** ['je:ti] **der; ~s, ~s** yeti
**Yoga** *s.* **Joga**
**Yogi[n]** *s.* **Jogi[n]**
**Youngster** ['jʌŋstə] **der; ~s, ~[s]** *(Sport)* youngster
**Yo-Yo** [jo'jo: *od.* 'jo:'jo:] **das; ~s, ~s** yo-yo
**Ypsilon** ['ʏpsilɔn] **das; ~[s], ~s** y, Y; *(im griechischen Alphabet)* upsilon
**Ysop** ['i:zɔp] **der; ~s, ~e** hyssop
**Yucca** ['jʊka] **die; ~, ~s** yucca

# Z

**z, Z** [tsɛt] **das; ~, ~:** z, Z; *s. auch* **a, A**
**zach** [tsax] *Adj. (bes. ostmd.)* timid
**zack** [tsak] *Interj. (salopp)* **~! ~!** *(beeil dich)* get a move on! *(coll.)*; make it snappy! *(coll.)*; **bei ihm muß alles ~, ~ gehen** he likes things done at the double; **und ~, ~ war's fertig** and in a flash it was done
**Zack** *in* **auf ~ sein** *(ugs.) (tüchtig sein)* be on the ball *(coll.) or* one's toes; *(funktionieren)* be in good shape; **jmdn./etw. auf ~ bringen** *(ugs.)* knock sb./sth. into shape *(coll.)*
**Zacke die; ~, ~n** point; *(eines Bergkamms, eines Diagramms)* peak; *(einer Säge, eines Kamms)* tooth; *(einer Gabel, Harke)* prong
**zacken** *tr. V.* serrate; pink ⟨*cloth, seam, hem*⟩; **mit gezacktem Rand** with a serrated edge
**Zacken der; ~s, ~ a)** *s.* **Zacke**; **b)** *(fig.)* **sich** *(Dat.)* **keinen ~ aus der Krone brechen** *(ugs.)* not lose face; **dir bricht kein ~ aus der Krone, wenn du mithilfst!** *(ugs.)* it wouldn't hurt you to help out; **einen [kleinen] ~ [in der Krone] haben** *(ugs.)* be [a bit] tipsy
**zackig 1.** *Adj.* **a)** *(gezackt)* jagged; *(mit kleinen, regelmäßigen Zacken)* serrated; **b)** *(schneidig)* dashing; smart; rousing ⟨*music*⟩; brisk ⟨*orders, tempo*⟩; lively ⟨*organization*⟩. **2.** *adv.* **a)** *(gezackt)* jaggedly; **b)** *(schneidig)* smartly; ⟨*play music*⟩ rousingly; **..., aber mach ein bißchen ~!** ..., and make it snappy! *(coll.)*
**zag** [tsa:k] *(geh.)* **1.** *Adj.* timid; *(fig.)* tentative ⟨*hope*⟩. **2.** *adv.* timidly; *(fig.)* tentatively
**zagen** *itr.V. (geh.)* hesitate (**vor** + *Dat.* in the face of); **zögern und ~:** keep hesitating; **~d** hesitant[ly]
**zaghaft 1.** *Adj.* timid; *(zögernd)* hesitant; tentative. **2.** *adv.* timidly; *(zögernd)* hesitantly; tentatively
**Zaghaftigkeit die; ~:** timidity; *(Zögern)* hesitancy
**Zagheit die; ~** *(geh.)* timidity
**zäh** [tsɛ:] **1.** *Adj.* **a)** *(fest)* tough; heavy ⟨*dough, soil*⟩; *(dickflüssig)* glutinous; viscous ⟨*oil*⟩; **b)** *(schleppend)* sluggish, dragging ⟨*conversation*⟩; **c)** *(widerstandsfähig)* tough ⟨*person*⟩; **d)** *(beharrlich)* tenacious; tough ⟨*negotiations*⟩, dogged ⟨*resistance*⟩; **mit ~em Fleiß** by dint of sheer hard work. **2.** *adv.* **a)** *(schleppend)* sluggishly; **b)** *(beharrlich)* tenaciously; ⟨*resist*⟩ doggedly
**Zäheit die; ~ a)** *(Festigkeit)* toughness; *(des Teigs, Bodens)* heaviness; *(Dickflüssigkeit)* glutinousness; *(von Öl)* viscosity; **b)** *(schleppendes Tempo)* sluggishness; **c)** *(Widerstandsfähigkeit)* toughness; *(der Konstitution)* robustness; **d)** *(Beharrlichkeit)* tenacity; *(des Widerstands)* doggedness
**zäh·flüssig** *Adj.* glutinous; viscous ⟨*oil*⟩; thick ⟨*soup*⟩; heavy ⟨*dough*⟩; *(fig.: langsam)* slow-moving ⟨*traffic*⟩; **die Verhandlungen waren ~** *(fig.)* the negotiations were hard going
**Zäh·flüssigkeit die;** *o. Pl.* glutinousness; *(von Öl)* viscosity; *(von Soße, Suppe)* thickness
**Zähigkeit die; ~ a)** *(Widerstandsfähigkeit)* toughness; **b)** *(Beharrlichkeit)* tenacity; **mit ~:** tenaciously
**Zahl** ['tsa:l] **die; ~, ~en** number; *(Ziffer)* numeral; *(Zahlenangabe, Geldmenge)* figure; **er nannte keine ~en** he did not give any figures; **in die/aus den roten ~en kommen** go into/get out of the red; **in den roten/schwarzen ~en** in the red/black; **mit ~en umgehen können** be good with figures; **[fünf/sieben] an der ~:** [five/seven] in number; **in großer ~:** in great numbers; **Leiden ohne** *od. (veralt.)* **sonder ~:** suffering beyond measure
**Zahl·adjektiv das** numeral adjective
**zahlbar** *Adj. (Kaufmannsspr.)* payable
**zählbar** *Adj.* countable
**zählebig** *Adj.* hardy ⟨*plant, animal*⟩; **ein ~es Vorurteil** a prejudice which dies hard
**zahlen 1.** *tr. V.* **a)** pay ⟨*price, amount, rent, tax, fine, etc.*⟩ (**an** + *Akk.* to); **jmdm. 200 Mark ~, 200 Mark an jmdn. ~:** pay sb. 200 marks; **einen hohen Preis ~** *(auch fig.)* pay a high price; **b)** *(ugs.: für eine Dienstleistung)* pay for ⟨*taxi, repair, etc.*⟩; **jmdm. etw. ~:** pay for sth. for sb.; **zahlst du mir ein Bier?** will you buy me a beer?. **2.** *itr. V.* pay; **er will nicht ~:** he won't pay [up]; **er zahlt noch an seinem Auto** he is still paying off his car; **in Dollar** *od.* **mit Dollars ~:** pay in dollars; **~ bitte!** *(im Lokal)* [can I/we have] the bill, please!; **die Firma zahlt gut/schlecht** the firm pays well/badly
**zählen** ['tsɛ:lən] **1.** *itr. V.* **a)** count; **ich zähle bis drei** I'll count up to three; **b)** *(geh.: vorhanden sein)* **nach Tausenden/Millionen ~:** number thousands/millions; **c)** *(gehören)* **zu einer Gruppe** *usw.* **~:** be one of *or* belong to a group *etc.*; **diese Tage zählten zu den schönsten seines Lebens** these days were among *or* were some of the most wonderful in his life; **d)** *(gültig/wichtig sein)* count; **die Pause zählt nicht als Arbeitszeit** the break does not count as working time; **bei ihm** *od.* **für ihn zählt nur Erfolg** for him the only thing that counts is success; **e)** *(vertrauen)* **auf jmdn./etw. ~:** count on sb./sth. **2.** *tr. V.* **a)** count; **Geld auf den Tisch ~:** count money out on to the table; **b)** *(geh.: eine bestimmte Anzahl haben)* number; **die Stadt zählt 500 000 Einwohner** the town has 500,000 inhabitants; **er zählt 90 Jahre** he is 90 years of age; **seine Tage sind gezählt** *(fig.)* his/its days are numbered; **c)** *(als zugehörig betrachten)* **jmdn. zu seinen Freunden ~:** count sb. among one's friends; **d)** *(wert sein)* be worth; **e)** *(werten)* **das Tor wurde nicht gezählt** the goal was not counted *or* didn't count
**zahlen-, Zahlen-: ~folge die** sequence *or* series of numbers; **~gedächtnis das** memory for figures; **~kombination die** combination *(for a lock)*; **~lotterie die, ~lotto das** *lottery in which entrants guess which set of figures will be drawn at random from a fixed sequence of numbers*; **~mäßig 1.** *Adj.; nicht präd.* numerical; **2.** *adv.* numerically; **~mystik die** numerology *no art.*; **~schloß das** combination lock
**Zähler der; ~s, ~ a)** *(Meßgerät)* meter; **b)** *(Math.)* numerator
**Zähler·stand der** meter reading; **den ~ ablesen** read the meter
**zahl-, Zahl-: ~grenze die** fare stage; **~karte die** *(Postw.)* paying-in slip; **~kellner der** *waiter to whom payment is made*; **~los** *Adj.* countless; innumerable
**Zahl·meister der** *(auch fig.)* paymaster; *(auf Schiffen)* purser
**zahl·reich 1.** *Adj.* numerous; large ⟨*family, group, audience*⟩; **seine ~e Nachkommenschaft** his numerous descendants. **2.** *adv.* in large numbers
**Zahl·tag der** pay-day
**Zahlung die; ~, ~en** payment; **etw. in ~ nehmen/geben** *(Kaufmannsspr.)* take/give sth. in part-exchange; take sth. as a trade-in/trade sth. in
**Zählung die; ~, ~en** counting; **eine ~:** a count

**zahlungs-, Zahlungs-: ~an·weisung die** *postal order paid by the postman to the payee in person;* **~auf·forderung die** notice to pay; demand for payment; **~aufschub der** deferment of payment; **~bedingungen** *Pl. (Wirtsch.)* terms of payment; **~befehl der** *(Rechtsspr. veralt.)* order to pay; **~bilanz die** *(Wirtsch.)* balance of payments; **~empfänger der** payee; **~erleichterung die** easy terms *pl.;* **~fähig** *Adj.* solvent; **~fähigkeit die;** *o. Pl.* solvency; **~frist die** period for payment; credit period; **~kräftig** *Adj. (ugs.)* affluent; **~mittel das** means of payment; **~termin der** date for payment (**für** of); **~unfähig** *Adj.* insolvent; **~unfähigkeit die** insolvency; **~verkehr der;** *o. Pl.* payments *pl.;* transactions *pl.;* **~weise die** method of payment (*Gen.* for); **~ziel das** *(Kaufmannsspr.) s.* **~frist**

**Zähl·werk das** counter

**Zahl-: ~wort das;** *Pl.* **~wörter** *(Sprachw.)* numeral; **~zeichen das** numeral

**zahm** [tsa:m] **1.** *Adj. (auch fig.)* tame. **2.** *adv. (auch fig.)* tamely

**zähmen** ['tsɛ:mən] *tr. V.* **a)** *(auch fig.)* tame; subdue ⟨*forces of nature*⟩; **b)** *(geh.)* restrain ⟨*curiosity, impatience, etc.*⟩

**Zähmung die; ~, ~en** taming

**Zahn** [tsa:n] **der; ~[e]s, Zähne** ['tsɛ:nə] **a)** tooth; *(Raubtier~)* fang; *(an einer Briefmarke usw.)* serration; **Zähne** *(an einer Briefmarke usw.)* perforations; **sich** *(Dat.)* **einen ~ ziehen lassen** have a tooth out; **die dritten Zähne** *(scherzh.)* dentures; **b)** *(fig.)* **der ~ der Zeit** *(ugs.)* the ravages *pl.* of time; **der ~ der Zeit hat an diesem Haus genagt** *(ugs.)* time has left its mark on this house; **jmdm. diesen** *od.* **den ~ ziehen** *(ugs.)* put paid to this idea [of sb.'s] *(coll.);* **[jmdm.] die Zähne zeigen** *(ugs.)* show [sb.] one's teeth; **die Zähne zusammenbeißen** *(ugs.)* grit one's teeth; **sich** *(Dat.)* **an jmdm./etw. die Zähne ausbeißen** *(ugs.)* get nowhere with sb./sth.; **lange Zähne machen, mit langen Zähnen essen** *(ugs.)* make a face over one's food; **jmdn. auf den ~ fühlen[, ob ...]** *(ugs.)* sound sb. out [to see whether ...]; **bis an die Zähne bewaffnet** armed to the teeth; **etw. mit Zähnen und Klauen verteidigen** *(ugs.)* defend sth. tooth and nail; **c)** *(ugs.: Geschwindigkeit)* **einen ganz schönen ~ drauf haben** be going like the clappers *(sl.);* **mit einem höllischen ~:** at a hell of a lick *(sl.);* **einen ~ zulegen** *(ugs.)* get a move on *(coll.);* **d)** *(Jugendspr. veralt.)* piece *or* bit of skirt *(sl.);* **ein steiler ~:** a piece of hot stuff *(sl.)*

**zahn-, Zahn-: ~arzt der** dentist; *(mit chirurgischer Ausbildung)* dental surgeon; **~ärztlich 1.** *Adj.; nicht präd.* dental ⟨*treatment etc.*⟩; **~ärztlicher Befund** dentist's findings *pl.;* **2.** *adv.* **jmdn. ~ärztlich behandeln** give sb. dental treatment; **~ärztlich empfohlen** recommended by dentists; **~behandlung die** dental treatment; **~bein das;** *o. Pl. (Biol.)* dentine; **~belag der** [dental] plaque; **~bürste die** toothbrush

**Zahn·creme die** *s.* **Zahnpasta**

**zähne-, Zähne-: ~fletschend** *Adj.* baring its/their teeth *postpos.; (knurrend)* snarling; **~klappern das** chattering teeth *pl.; s. auch* **heulen b; ~klappernd** *Adj.* with chattering teeth *postpos.;* **~knirschend** *adv.* gnashing one's teeth; cursing silently; **~knirschend nachgeben** give in with bad grace *or* under protest

**zahnen** *itr. V.* ⟨*baby*⟩ be teething

**zahn-, Zahn-: ~ersatz der** denture; **~fäule die** tooth decay; dental caries *(Med.);* **~fleisch das** gum; *(als Ganzes)* gums *pl.;* **auf dem ~fleisch gehen** *(fig. ugs.)* be absolutely knackered *(Brit. sl.);* be tuckered [out] *(Amer. coll.);* **~fleisch·bluten das** bleeding gums *pl.;* **~füllung die** filling; **~hals der** neck of a/the tooth; **~heilkunde die** dentistry *no art.;* **~klinik die** dental clinic; **~krone die** crown [of a/the tooth]; **~laut der** *(Sprachw.)* dental; **~los** *Adj.* toothless; **~lücke die** gap in one's teeth; **~medizin die** dentistry *no art.;* **~pasta** [~pasta] **die; ~, ~pasten** toothpaste; **~pflege die** dental care; **~prothese die** dentures *pl.;* [set *sing.* of] false teeth *pl.;* **~pulver das** tooth-powder; **~putz·becher der** tooth-mug; **~rad das** gearwheel; *(für Ketten)* sprocket; **~rad·bahn die** rack-railway; **~schmelz der** enamel; **~schmerzen** *Pl.* toothache *sing.;* **~seide die** dental floss; **~spange die** [tooth-] brace; **~stein der;** *o. Pl.* tartar; **~stocher der; ~s, ~:** toothpick; **~stumpf der** [tooth-]stump; **~techniker der** dental technician; **~wal der** toothed whale; **~weh das;** *o. Pl. (ugs.)* toothache; **~wurzel die** root of a/the tooth

**Zähre** ['tsɛ:rə] **die; ~, ~n** *(dichter. veralt.)* tear[-drop]

**Zaire** [za'i:r] **(das); ~s** Zaire

**Zairer** [za'i:rɐ] **der; ~s, ~:** Zairese

**Zampano** ['tsampano] **der; ~s, ~s** golden boy; **er ist ein richtiger ~:** everything just falls into his lap

**Zander** ['tsandɐ] **der; ~s, ~:** zander

**Zange** ['tsaŋə] **die; ~, ~n a)** *(Werkzeug)* pliers *pl.; (Eiswürfel~, Wäsche~, Zucker~)* tongs *pl.; (Geburts~)* forceps *pl.; (Kneif~)* pincers *pl.; (Loch~)* punch; **eine ~:** a pair of pliers/tongs/forceps/pincers/a punch; **jmdn. in die ~ nehmen** *(fig. ugs.)* put the screws on sb.; *(Fußballjargon)* crowd sb. out; **jmdn. in der ~ haben** *(fig. ugs.)* have sb. where one wants him/her; **b)** *(bei Tieren)* pincer

**Zangen·geburt die** forceps delivery

**Zank** [tsaŋk] **der; ~[e]s** squabble; row; **[um** *od.* **über etw.** *(Akk.)***] in ~ geraten** start squabbling [over sth.]

**Zank·apfel der** bone of contention

**zanken 1.** *refl. (auch itr.) V.* squabble, bicker (**um** *od.* **über** + *Akk.* over). **2.** *itr. V. (bes. ostmd.: schimpfen)* **[mit jmdm.] ~:** scold [sb.]

**Zänkerei die; ~, ~en** [minor] squabbling *no pl. or* squabbles *pl.*

**zänkisch** *Adj.* quarrelsome

**Zäpfchen** ['tsɛpfçən] **das; ~s, ~ a)** suppository; **b)** *(Anat.)* uvula

**Zäpfchen-R das; ~** *(Sprachw.)* uvular r

**zapfen** ['tsapfn̩] *tr. V.* tap, draw ⟨*beer, wine*⟩; **kannst du mir zwei Pils ~?** can you draw me two Pils?

**Zapfen der; ~s, ~ a)** *(Bot.)* [pine-/fir-]cone; **b)** *(Stöpsel)* bung; **c)** *(Eis~)* icicle; **d)** *(Holzverarb.)* tenon

**Zapfen·streich der** *(Milit.)* **a)** *(Signal)* last post *(Brit.);* taps *pl. (Amer.);* **der Große ~:** the tattoo; **b)** *o. Pl. (Ende der Ausgehzeit)* time for return to barracks

**Zapfer der; ~s, ~:** barman

**Zapf-: ~hahn der** tap; **~säule die** petrol-pump *(Brit.);* gasoline pump *(Amer.)*

**zappelig** *Adj. (ugs.)* **a)** wriggly; fidgety ⟨*child*⟩; **b)** *(nervös)* jittery *(coll.)*

**zappeln** ['tsapl̩n] *itr. V.* wriggle; ⟨*child*⟩ fidget; **mit den Beinen/Armen ~:** wave one's legs/arms about; **jmdn. ~ lassen** *(fig. ugs.)* keep sb. on tenterhooks; *(im unklaren lassen)* keep sb. guessing

**Zappelphilipp der; ~s, ~e** *od.* **~s** *(ugs.)* fidgety child; fidget

**zappenduster** ['tsapn̩'du:stɐ] *Adj. (ugs.)* pitch-dark; **es ist ~** *(fig.)* things look black *or* hopeless

**Zar** [tsa:ɐ̯] **der; ~en, ~en** *(hist.)* Tsar

**Zaren·reich das** *(hist.)* tsardom

**Zarewitsch** [tsa're:vɪtʃ] **der; ~[e]s, ~e** *(hist.)* Tsarevitch

**Zarge** ['tsargə] **die; ~, ~n a)** *(Rahmen)* frame; **b)** *(eines Saiteninstruments)* side-wall; rib

**Zarin die; ~, ~nen** *(hist.)* Tsarina

**Zarismus der; ~** *(hist.)* tsarism *no art.*

**zaristisch** *Adj. (hist.)* tsarist

**zart** [tsa:ɐ̯t] **1.** *Adj.* **a)** delicate; soft ⟨*skin*⟩; tender ⟨*bud, shoot*⟩; fragile, delicate ⟨*china*⟩; fine ⟨*silk, lace*⟩; delicate, frail ⟨*health, constitution, child*⟩; **im ~en Alter von sechs Jahren** *(geh.)* at the tender age of six; **das ist nichts für ~e Seelen** *od.* **Gemüter** it is not at all suitable for sensitive souls; **b)** *(weich)* tender ⟨*meat, vegetables*⟩; soft ⟨*filling*⟩; fine ⟨*biscuits*⟩; **c)** *(leicht)* gentle ⟨*kiss, touch*⟩; delicate ⟨*colour, complexion, fragrance, etc.*⟩; soft ⟨*pastel colours*⟩; soft, gentle ⟨*voice, sound, tune*⟩; **d)** *(einfühlsam, zärtlich)* tender ⟨*care, feelings*⟩; **e)** *(zurückhaltend)* delicate ⟨*reference*⟩; gentle ⟨*hint*⟩; faint ⟨*smile*⟩. **2.** *adv.* **a)** *(empfindlich)* delicately; **b)** *(leicht)* delicately ⟨*coloured, fragrant*⟩; ⟨*kiss, touch*⟩ gently; **c)** *(zärtlich, einfühlsam)* tenderly; **d)** *(zurückhaltend)* ⟨*hint*⟩ gently; ⟨*smile*⟩ faintly

**zart-, Zart-: ~besaitet** *Adj.* highly sensitive; **~bitter** *Adj.* plain ⟨*chocolate*⟩; **~blau** *Adj.* pale blue; **~fühlend 1.** *Adj.* tactful; **2.** *adv.* tactfully; **~gefühl das** tact; delicacy of feeling

**Zartheit die; ~ a)** delicacy; *(der Haut)* softness; *(von Porzellan)* fragility; *(von Spitzen, Seide)* fineness; *(der Gesundheit, Konstitution, eines Kindes)* delicateness; *(Sensibilität)* sensitivity; **b)** *(von Fleisch, Gemüse)* tenderness; **c)** *(Leichtheit) (eines Kusses, einer Berührung)* gentleness; *(einer Farbe, des Teints, eines Dufts)* delicacy; *(der Stimme, des Tons, einer Melodie)* softness; gentleness; **d)** *(Zärtlichkeit)* tenderness; **e)** *(Zurückhaltung)* delicacy

**zärtlich** ['tsɛ:ɐ̯tlɪç] **1.** *Adj.* tender; loving; **~ werden** *(verhüll.)* start petting; **b)** *(geh.: fürsorglich)* loving; caring. **2.** *adv.* **a)** *(liebevoll)* tenderly; lovingly; **b)** *(geh.: fürsorglich)* lovingly; caringly

**Zärtlichkeit die; ~, ~en a)** *o. Pl. (Zuneigung)* tenderness; affection; **b)** *meist Pl. (Liebkosung)* caress; **es kam zu ~en zwischen ihnen** they became intimate; **~en austauschen** become intimate; **c)** *o. Pl. (Fürsorglichkeit)* loving care

**zart·rosa** *Adj.* pale pink

**Zaster** ['tsastɐ] **der; ~s** *(salopp)* dough *(sl.)*

**Zäsur** [tsɛ'zu:ɐ̯] **die; ~, ~en a)** *(Verslehre, Musik)* caesura; **b)** *(geh.) (Einschnitt)* break; *(Wendepunkt)* turning-point

**Zauber** ['tsaubɐ] **der; ~s, ~ a)** *(auch fig.)* magic; *(magische Handlung)* magic trick; *(Bann)* [magic] spell; **einen großen ~ auf jmdn. ausüben** have a great fascination for sb.; **er ist ihrem ~ erlegen** he has fallen under her spell; **der ~ des Verbotenen** the fascination of what is forbidden; *s. auch* **faul 1c; b)** *o. Pl. (ugs. abwertend: Aufheben)* fuss; **ich halte nichts von dem ganzen ~:** the whole palaver means nothing to me *(coll.);* **c)** *(ugs.) o. Pl. (Zeug)* stuff

**Zauberei die; ~, ~en a)** *o. Pl. (das Zaubern)* magic; **b)** *(Zaubertrick)* magic trick

**Zauberer der; ~s, ~:** magician

**zauber-, Zauber-: ~flöte die: „Die ~flöte"** 'The Magic Flute'; **~formel die** magic spell; *(fig.: Patentlösung)* magic formula; panacea; **~haft 1.** *Adj.* enchanting; delightful; **2.** *adv.* enchantingly; delightfully

**Zauberin die; ~, ~nen a)** sorceress; **b)** *(Zauberkünstlerin)* conjurer

**zauberisch** *(geh.)* **1.** *Adj.* **a)** *(traumhaft)* magical; **b)** *(bezaubernd)* enchanting. **2.** *adv.* **a)** *(traumhaft)* magically; **b)** *(bezaubernd)* enchantingly

**zauber-, Zauber-: ~kraft die** magic[al] *or* supernatural powers *pl.;* **~kräftig** *Adj.; nicht präd.* with magic properties *postpos., not pred.;* **ein ~kräftiger Trank** a magic potion; **~kunst die a)** *o. Pl.* magic *no art.; (eines Bühnenkünstlers)* magic *no art.;* conjuring *no art.;* **b)** *meist Pl. (magische Fähigkeit)* magic; **~künstler der** conjurer; magician

**zaubern 1.** *itr. V.* **a)** *(Zauberkraft ausüben)* do magic; **ich kann doch nicht ~!** *(ugs.)* I can't work miracles; **b)** *(Zaubertricks ausführen)* do conjuring tricks. **2.** *tr. V. (auch fig.)* conjure; conjure up ‹*palace, horse, etc.*›; **eine Taube aus dem Hut ~:** produce a dove out of a hat; **ein vorzügliches Essen auf den Tisch ~** *(fig.)* conjure up an excellent meal

**Zauber-: ~stab der** magic wand; **~trank der** magic potion; **~trick der** conjuring trick

**Zauderer der; ~s, ~:** waverer; ditherer

**zaudern** ['tsaudɐn] *itr. V. (geh.)* delay; **mit etw. ~:** delay in doing sth.; **zu lange ~:** procrastinate for too long

**Zaum** [tsaum] **der; ~[e]s, Zäume** ['tsɔymə] **a)** bridle; **b)** *(geh.)* **jmdn./etw. im ~ halten** keep sb./sth. in check *or* under control; **sich/seine Zunge im ~ halten** restrain *or* control oneself/control one's tongue; **seine Gefühle/Leidenschaften im ~ halten** control one's feelings/passions

**zäumen** ['tsɔymən] *tr. V.* bridle ‹*horse*›

**Zaum·zeug das** bridle

**Zaun** [tsaun] **der; ~[e]s, Zäune** ['tsɔynə] fence; **einen Streit/Krieg vom ~ brechen** *(fig.)* suddenly start a quarrel/war

**Zaun-: ~gast der** onlooker; **~könig der** *(Zool.)* wren; **~pfahl der** fence-post; *s. auch* **Wink b; ~winde die** *(Bot.)* hedge bindweed

**Zausel der; ~s, ~** *(landsch. abwertend)* fellow; **ein alter ~:** an old buffer *(sl.)*

**zausen** ['tsauzn̩] *tr. V. (auch fig.)* ruffle; ruffle, tousle ‹*hair*›

**z. B.** *Abk.* **zum Beispiel** e.g.

**z. b. V.** *Abk.* **zur besonderen Verwendung**

**ZDF** [tsɛtde:'|ɛf] **das; ~** *Abk.* **Zweites Deutsches Fernsehen** Second German Television Channel

**Zebra** ['tse:bra] **das; ~s, ~s** *(Zool.)* zebra

**Zebra·streifen der** zebra crossing *(Brit.)*; pedestrian crossing

**Zebu** ['tse:bu] **der** *od.* **das; ~s, ~s** *(Zool.)* zebu

**Zech·bruder der** *(ugs. abwertend)* **a)** drinking pal *(coll.)*; **b)** *(Trinker)* boozer *(coll.)*; tippler

**Zeche die; ~, ~n a)** *(Rechnung)* bill *(Brit.)*; check *(Amer.)*; **eine hohe ~ machen** run up a large bill; **die ~ prellen** *(ugs.)* leave without paying [the bill]; **die ~ bezahlen müssen** *(fig.)* have to foot the bill *or* pay the price; **b)** *(Grube)* pit; mine

**zechen** ['tsɛçn̩] *itr. V. (veralt., scherzh.)* tipple

**Zecher der; ~s, ~** *(veralt., scherzh.)* tippler

**Zech-: ~gelage das** *(veralt., scherzh.)* drinking bout; **~genosse der** *(veralt., scherzh.)* drinking companion; **~kumpan der** *(ugs. abwertend)* drinking pal *(coll.)*; **~preller der; ~s, ~** *person who leaves without paying the bill;* bill-dodger; **~prellerei die; ~, ~en** *leaving without paying the bill;* bill-dodging; **~tour die** *(ugs.)* pub crawl *(Brit. coll.)*; **eine ~tour unternehmen** go on a pub crawl *(Brit. coll.)*; bar-hop *(Amer. coll.)*

**Zecke** ['tsɛkə] **die; ~, ~n** *(Zool.)* tick

**Zeder** ['tse:dɐ] **die; ~, ~n** cedar

**Zedern·holz das** cedarwood

**Zeh** [tse:] **der; ~s, ~en, Zehe die; ~, ~n a)** toe; **jmdm. auf die Zehen treten** *(auch fig.)* tread on sb.'s toes; **b)** *(Knoblauch~)* clove

**Zehen-: ~nagel der** toe-nail; **~spitze die: auf ~spitzen** on tiptoe; **sich auf die ~spitzen stellen** stand on tiptoe

**zehn** [tse:n] *Kardinalz.* ten; *s. auch* [1]**acht**

**Zehn die; ~, ~en** ten; *s. auch* [1]**Acht a, d, e, g**

**zehn-, Zehn-** (*s. auch* **acht-, Acht-**): **~eck das** decagon; **~eckig** *Adj.* decagonal; **~ender der; ~s, ~** *(Jägerspr.)* ten-pointer

**Zehner der; ~s, ~ a)** *(ugs.: Geldschein, Münze)* ten; **b)** *(ugs.: Autobus)* number ten; **c)** *(Math.)* ten; **die ~ addieren** add up the tens; **d)** *(Sprungturm)* ten-metre platform; *s. auch* **Achter d**

**Zehner·karte die** ticket for ten trips/visits *etc.*

**zehnerlei** *Gattungsz.; indekl.* **a)** *attr.* ten kinds *or* sorts of; ten different ‹*sorts, sizes, etc.*›; **b)** *subst.* ten [different] things

**Zehner-: ~packung die** packet of ten; **~stelle die** *(Math.)* **in der ~stelle** in the tens; **~system das** *(Math.) s.* **Dezimalsystem; ~ziffer die** *(Math.)* figure in the tens

**zehn·fach** *Vervielfältigungsz.* tenfold; **die ~e Menge** ten times the quantity; *s. auch* **achtfach**

**Zehnfache das;** *adj. Dekl.* **das ~:** ten times as much; **um ein ~s/um das ~:** ten times; *s. auch* **Achtfache**

**zehn-, Zehn-: ~finger·system das;** *o. Pl.* touch[-typing] system; **im ~fingersystem schreiben** touch-type; **~flach das; ~[e]s, ~e, ~flächner der** *(Math.)* decahedron; **~jahres·feier, ~jahr·feier die** tenth anniversary celebration; **~jährig** *Adj. (10 Jahre alt)* ten-year-old *attrib.;* ten years old *postpos.; (10 Jahre dauernd)* ten-year *attrib.; s. auch* **achtjährig; ~jährlich 1.** *Adj.* ten-yearly; **2.** *adv.* every ten years; *s. auch* **achtjährlich; ~kampf der** *(Sport)* decathlon; **~kämpfer der** decathlete; **~mal** *Adv.* ten times; **und wenn du dich ~mal langweilst** it doesn't matter 'how bored you are; *s. auch* **achtmal; ~malig** *Adj.; nicht präd.* **nach ~maligem Läuten** after ringing ten times; *s. auch* **achtmalig; ~mark·schein der** ten-mark note; **~pfennig·[brief]marke die** ten-pfennig stamp; **~pfennig·stück das** ten-pfennig piece; **~seitig** *Adj.* ten-sided; ten-page *attrib.* ‹*letter, article, etc.*›; **~stöckig** *Adj.* ten-storey ‹*building*›; *s. auch* **achtstöckig**

**zehnt** [tse:nt] *in* **wir waren zu ~:** there were ten of us; *s. auch* [2]**acht**

**zehnt...** *Ordinalz.* tenth; *s. auch* **acht...**

**zehn-: ~tägig** *Adj. (10 Tage alt)* ten-day-old *attrib.; (10 Tage dauernd)* ten-day *attrib.; s. auch* **achttägig; ~tausend** *Kardinalz.* ten thousand; **die oberen Zehntausend** *(fig.: die vornehmen Leute)* the élite of society

[1]**Zehnte der; ~n, ~n** *(hist.)* tithe

[2]**Zehnte der/die;** *adj. Dekl.* tenth; *s. auch* **Achte**

**zehn·teilig** *Adj.* ten-piece ‹*tool-set etc.*›; ten-part ‹*serial*›; *s. auch* **achtteilig**

**zehntel** ['tse:ntl̩] *Bruchz.* tenth; *s. auch* **achtel**

**Zehntel das** (*schweiz. meist* **der**); **~s, ~:** tenth

**Zehntel-: ~liter der** tenth of a litre; **~sekunde die** tenth of a second

**zehntens** *Adv.* tenthly

**Zehn·tonner der; ~s, ~:** ten-tonner

**zehren** ['tse:rən] *itr. V.* **a)** *(leben)* **von etw. ~:** live on *or* off sth.; **von Erinnerungen** *usw.* **~** *(fig.)* sustain oneself on memories *etc.;* **b)** *(geh.: schwächen)* drain sb.'s strength; take it out of sb.; **c)** *(zusetzen)* **an jmdm./jmds. Kräften ~:** wear sb. down/sap sb.'s strength

**Zehr·geld das** *(veralt.)* money for the journey

**Zeichen** ['tsaiçn̩] **das; ~s, ~ a)** *(Gebärde)* sign; *(Laut, Wink)* signal; **das ~ zum Angriff** the signal to attack; **jmdm. ein ~ geben** signal to sb.; **zum ~, daß ...:** to show that ...; as a sign that ...; **zum** *od.* **als ~ ihrer Versöhnung** as a sign *or* token of their reconciliation; **b)** *(Markierung)* mark; *(Waren~)* [trade] mark; *(am Briefkopf)* reference; **sein ~ unter ein Schriftstück setzen** initial a document; **seines/ihres ~s** *(veralt., scherzh.)* by trade/profession; **[ein] ~ setzen** set an example; point the way; **c)** *(Symbol)* sign; *(Chemie, Math., auf Landkarten usw.)* symbol; *(Satz~)* punctuation mark; *(Musik)* accidental; **das ~ des Kreuzes** the sign of the cross; **d)** *(An~)* sign; indication; *(einer Krankheit)* sign; symptom; **ein ~ dafür, daß ...:** a [sure] sign that ...; **wenn nicht alle ~ trügen** unless I am very much mistaken; **es geschehen noch ~ und Wunder** wonders will never cease *(iron.)*; **die ~ der Zeit erkennen** see which way the wind's blowing *(fig.)*; **d)** *(Tierkreis~)* sign [of the zodiac]; **ich bin im ~ des Krebses** *usw.* **geboren** I was born under the sign of Cancer *etc.;* **im** *od.* **unter dem ~ von etw. stehen** *(geh.)* be much influenced by sth.

**zeichen-, Zeichen-: ~block der;** *Pl.* **~blöcke** *od.* **~s** sketch-pad; **~brett das** drawing-board; **~dreieck das** set-square; **~erklärung die** legend; **~feder die** drawing-pen; **~haft** *(geh.)* **1.** *Adj.* symbolic; **2.** *adv.* symbolically; **~heft das** drawing-book; **~kohle die** charcoal *(in stick form)*; **~lehrer der** drawing teacher; **~papier das** drawing-paper; **~setzung die** punctuation; **~sprache die** sign language; **~stift der** drawing-pencil; **~trick·film der** animated cartoon; **~unterricht der** drawing lessons *pl.; (Schulfach)* art *no art.; s. auch* **Englischunterricht; ~winkel der** set-square

**zeichnen 1.** *tr. V.* **a)** *(malen, darstellen)* draw; *(fig.)* portray ‹*character*›; **ein Bild von dem Geschehen ~** *(fig.)* describe what happened; **b)** *(markieren)* **das Fell ist schön/auffallend gezeichnet** the fur has beautiful/striking markings; **er war vom Alter/von der Krankheit gezeichnet** *(fig.)* age/sickness had left its mark on him; **ein vom Tode Gezeichneter** *(fig. geh.)* a man already bearing the mark of death; **c)** *(bes. Kaufmannsspr.)* sign ‹*cheque*›; subscribe for ‹*share, loan*›. **2.** *itr. V.* **a)** draw; **ich zeichne schon länger daran** I have been working on this drawing for quite a while; **b)** *(bes. Kaufmannsspr.: unterschreiben)* sign; **für etw. [verantwortlich] ~** *(fig.)* be responsible for sth.

**Zeichner der; ~s, ~, Zeichnerin die; ~, ~nen a)** graphic artist; *(Technik)* draughtsman/-woman; **b)** *(Kaufmannsspr.)* subscriber

**zeichnerisch 1.** *Adj.* ‹*fault*› of draughtsmanship; ‹*talent*› as a draughtsman/-woman *or* for drawing; **exakte ~e Wiedergabe** exact portrayal in a drawing. **2.** *adv.* **~ begabt sein** have a talent for drawing; **etw. ~ darstellen** make a drawing of sth.

**Zeichnung die; ~, ~en a)** drawing; *(fig.: von Figuren)* portrayal; **b)** *(bei Tieren und Pflanzen)* markings *pl.;* **c)** *(Kaufmannsspr.)* subscription

**zeichnungs·berechtigt** *Adj. (Kaufmannsspr.)* with signatory powers *postpos.;* **~ sein** have signatory powers

**Zeige·finger der** index finger; forefinger; **der erhobene ~** *(fig.)* the wagging *or* monitory finger

**zeigen** ['tsaign̩] **1.** *tr. V.* point; **[mit dem Finger/einem Stock] auf jmdn./etw. ~:** point [one's finger/a stick] at sb./sth.; **nach Norden/zwölf ~:** point [to the] north/to twelve o'clock. **2.** *tr. V.* show; **jmdm. etw. ~:** show sb. sth.; show sth. to sb.; **jmdm. sein Zimmer ~:** show sb. to his/her room; **dem werd' ich's ~!** *(ugs.)* I'll show him!; **er hat es allen seinen Konkurrenten gezeigt** *(ugs.)* he showed all his competitors just how it was done; **zeig mal, was du kannst** show [us] what you can do. **3.** *refl. V.* **a)** *(sich sehen lassen)* appear; **er zeigt sich selten in der Öffentlichkeit** he is rarely seen in public; **mit ihr kann man sich überall ~:** you can take her anywhere; **er wollte sich von seiner besten Seite ~:** he wanted to show himself to advantage; **b)** *(sich erweisen)* prove to be; **es wird sich ~, wer daran schuld war** time will tell who was responsible; **es hat sich gezeigt, daß ...:** it turned out that ...; **sich als etw. ~:** prove *or* turn out to be sth.

**Zeiger der;** ~s, ~: pointer; *(Uhr~)* hand

**Zeige·stock der;** *Pl.* ~stöcke pointer

**Zeig·finger der** *(schweiz.) s.* Zeigefinger

**zeihen** ['tsaiən] *unr. tr. V. (geh.)* **jmdn. einer Sache** *(Gen.)* **~:** indict sb. of sth.

**Zeile** ['tsailə] **die; ~, ~n a)** line; **jmdm. ein paar ~n schreiben** drop sb. a line; **vielen Dank für Ihre ~:** many thanks for your letter; **mit zwei ~n Abstand** with double spacing; **zwischen den ~n lesen** *(fig.)* read between the lines; **b)** *(Reihe)* row; *(des Fernsehbildes)* line

**Zeilen-: ~ab·stand der** [line] spacing; *(in gedrucktem Text)* leading; **~bau·weise die** ribbon development; **~gieß·maschine die** Linotype (P) machine; **~honorar das** payment by the line; **~sprung der** *(Verslehre)* enjambment

**-zeilig** [-tsailıç] -line; **zwei~ sein** have two lines

**Zeisig** ['tsaizıç] **der; ~s, ~e** *(Zool.)* siskin

**zeit** [tsait] *Präp. mit Gen.* **in ~ meines** *usw.*/**unseres** *usw.* **Lebens** all my *etc.* life/our *etc.* lives

**Zeit die; ~, ~en a)** *o. Pl.* time *no art.;* **im Laufe der ~:** in the course of time; **mit der ~:** with time; in time; *(allmählich)* gradually; **die ~ arbeitet für/gegen jmdn.** time is on sb.'s side/is against sb.; **die ~ heilt alle Wunden** *(Spr.)* time is a great healer; **kommt ~, kommt Rat** *(Spr.)* take your time and you'll find an answer; **keine ~ verlieren dürfen** have no time to lose; **die ~ drängt** time is pressing; there is [precious] little time; **~ ist Geld** *(Spr.)* time is money *(prov.);* **sich** *(Dat.)* **die ~ [mit etw.] vertreiben** pass the time [with/doing sth.]; **jmdm. ~/drei Tage** *usw.* **~ lassen** give sb. time/three days *etc.;* **sich** *(Dat.)* **~ lassen** *od.* **nehmen** take one's time; **sich** *(Dat.)* **für jmdn./etw. ~ nehmen** make time for sb./sth.; **etw. hat ~, mit etw. hat es ~:** there's no hurry about sth.; **auf ~ spielen** *(Sportjargon)* play for time; *s. auch* **nachtschlafend; sparen; stehlen; totschlagen; b)** *(~punkt)* time; **ihre/seine ~ ist gekommen** *(geh. verhüll.)* her/his time has come; **außer der ~, außerhalb der üblichen ~:** at an unusual time; **seit der** *od.* **dieser ~:** since that time; **um diese ~:** at this time; **vor der ~:** prematurely; early; **zu jeder ~:** at any time; **zur rechten ~:** at the right time; **wer nicht kommt zur rechten ~, der muß essen was übrigbleibt** *(Spr.)* the early bird catches the worm *(prov.);* **zu welcher ~?** at what time?; when?; **zu bestimmten ~en** at certain times; **alles zu seiner ~:** all in good time; **es ist/wird [langsam] ~** *od.* **ist an der ~:** it's time/[just] about time; **es ist [aller]höchste ~[, daß wir uns wehren]** it's high time [we fought back]; **von ~ zu ~:** from time to time; **zur ~:** at the moment; at present; **c)** *(~abschnitt, Lebensabschnitt)* time; period; *(Geschichtsabschnitt)* age; period; **die schönste ~ des Lebens** *od.* **im Leben** the best time of one's life; **er hat ~en, in denen ...:** he has times *or* periods when ...; **die erste ~:** at first; **auf ~:** temporarily; **ein Vertrag auf ~:** a fixed-term contract; **ein Zug der ~:** a feature of the times; **mit der ~ gehen** move with the times; **der Geist der ~:** the spirit of the age; **die ~, als es noch kein Telefon gab** the days *pl.* before there were telephones; **andere ~en, andere Sitten** things are different now; **in früheren ~en** in former times; in the old days; **zu meiner ~:** in my day; **in der nächsten ~, in nächster ~:** in the near future; **für alle ~:** for ever; for all time; **in der letzten** *od.* **in letzter** *od.* **in jüngster ~:** recently; **zu allen ~en** always; at all times; **zu keiner ~:** at no time; never; **hier bin ich die längste ~ gewesen** *(ugs.)* I've been here for long enough; **seit ewigen ~en** *(ugs.)* for ages *(coll.);* **seit undenklichen ~en** from time immemorial; **vor ~en** *(dichter.)* long ago; in days gone by; **zu ~en von jmdm./etw.** in sb.'s day/at the time of sth.; *s. auch* **lieb 1 d; d)** *(Sport: ~raum)* time; **gute ~en laufen** do good times; **die ~ bei etw. stoppen** time sth.; **e)** *(Sport: Wettbewerbsdauer)* **einen Vorsprung über die ~ bringen** retain one's lead until the end of the game; **über die ~ kommen** *(Boxen)* go the distance; **f)** *(Sprachw.)* tense

**zeit-, Zeit-: ~ab·schnitt der** period; **~alter das** age; era; **~an·gabe die a)** statement regarding time; **er konnte keine genaue ~angabe machen** he could not be precise about the time; **b)** *(Sprachw.)* expression of time; **~an·sage die** *(im Radio)* time check; *(am Telefon)* speaking clock; **~arbeit die** *(Wirtsch.)* temporary work; work as a temp *(coll.);* **~auf·wand der:** **viel ~aufwand erfordern** take up a great deal of time; **den ~aufwand verringern** reduce the time needed; **~bedingt** *Adj.* arising from prevailing circumstances *postpos.;* *(vorübergehend)* temporary; **~begriff der** concept of time; **~bestimmung die** *(Sprachw.)* expression of time; **~bombe die** *(auch fig.)* time bomb; **~dauer die** duration; **~dokument das** contemporary document; **~druck der;** *o. Pl.* pressure of time; **unter ~druck** under pressure; **unter ~druck stehen/in ~druck kommen** be/become pressed for time; be/come under pressure [of time]; **~ein·teilung die** timing; **mit seiner ~einteilung nie zurechtkommen** never succeed in organizing one's time properly

**Zeiten-: ~folge die** *(Sprachw.)* sequence of tenses; **~wende die** turning-point in history

**zeit-, Zeit-: ~erscheinung die** transient phenomenon; **~ersparnis die** time-saving; **das bedeutete keine ~ersparnis** it did not save any time; **~faktor der;** *o. Pl.* time factor; **~form die** *(Sprachw.)* tense; **in der ~form der Gegenwart** in the present tense; **~gebunden** *Adj.* characteristic of its/their time *postpos.;* **~gebunden sein** be an expression *or* a reflection of its/their time; **~gefühl das;** *o. Pl.* sense of time; **~geist der;** *o. Pl.* spirit of the age; **~gemäß** *Adj.* *(modern)* up-to-date; *(aktuell)* topical ⟨*theme*⟩; contemporary ⟨*views*⟩; *(in der Vergangenheit)* in keeping with the period *postpos.;* **~genosse der, ~genossin die a)** contemporary; **b)** *(Mitmensch)* fellow man/woman; **ein seltsamer ~genosse** a strange individual *(coll.);* **prominente ~genossen waren anwesend** leading figures [of the day] were present; **~genössisch** [~gənœsıʃ] *Adj.* contemporary; **~geschehen das: das [aktuelle] ~geschehen** current events *pl.;* **~geschichte die;** *o. Pl.* **a) die ~geschichte** the modern age; our age; **b)** *(Disziplin)* contemporary history *no art.;* **~geschichtlich 1.** *Adj.; nicht präd.* **a)** *(zeitlich)* contemporary ⟨*source etc.*⟩; **b)** *(fachlich)* **~geschichtlicher Unterricht** contemporary-history teaching; **2.** *adv.* **a)** historically; **b)** *(fachlich)* from the point of view of contemporary history; **~geschmack der;** *o. Pl.* contemporary taste; **~gewinn der;** *o. Pl. s.* **~ersparnis; ~gleich 1.** *Adj.* **a)** simultaneous; **b)** *(Sport)* ⟨*runners etc.*⟩ with the same time; **2.** *adv.* simultaneously; **sie kamen ~gleich ins Ziel** *(Sport)* they finished with the same time

**zeitig** *Adj., adv.* early

**zeitigen** *tr. V. (geh.)* produce, yield ⟨*result, success, etc.*⟩; provoke, precipitate ⟨*uproar*⟩

**zeit-, Zeit-: ~karte die** *(Verkehrsw.)* season ticket; **~kritik die;** *o. Pl.* appraisal *or* analysis of contemporary issues; **~kritisch 1.** *Adj.* ⟨*essay, article, film*⟩ analysing contemporary issues; **~kritische Themen** contemporary issues; **2.** *adv.* ⟨*examine*⟩ in the light of contemporary issues; **~lang die** *in* **eine ~lang** for a while *or* a time; **~läuf[t]e** [~lɔyf(t)ə] *Pl. (geh.)* times; **über alle ~läuf[t]e hinweg** for all time; **~lebens** *Adv.* all one's life

**zeitlich 1.** *Adj.* **a)** ⟨*length, interval*⟩ in time; chronological ⟨*order, sequence*⟩; **in großem/kurzem ~en Abstand** at long/short intervals; **b)** *(Rel.)* temporal; **das Zeitliche segnen** *(verhüll.)* pass on *(euphem.); (scherzh.)* come to grief. **2.** *adv.* **a)** with regard to time; **ich kann es ~ nicht einrichten** I can't fit it in time-wise *(coll.);* **wenn es der Beruf ~ erlaubt** if one's job leaves enough time

**zeit-, Zeit-: ~lohn der** *(Wirtsch.)* time-work rate; *(Stundenlohn)* hourly rate; **~los 1.** *Adj.* timeless; classic ⟨*fashion, shape*⟩; **2.** *adv.* timelessly; **~los eingerichtet** furnished in a classic *or* timeless style; **~lupe die;** *o. Pl. (Film)* **in ~lupe** in slow motion; **~lupen·tempo das** *in* **im ~lupentempo** at a crawl; at a snail's pace; **~mangel der;** *o. Pl.* lack of time; **aus ~mangel, wegen ~mangel[s]** owing to lack of time; **~maß das** speed; *(von Musik usw.)* tempo; **~messer der** timepiece; **~nah[e] 1.** *Adj.* topical ⟨*play etc.*⟩; ⟨*teaching, syllabus*⟩ relevant to the present day; **2.** *adv.* topically; **~nehmer der, ~nehmerin die** timekeeper; **~not die;** *o. Pl.* **in ~not geraten** *od.* **kommen** become pressed for time; **in ~not machte er einen falschen Zug** *(Schach)* in time pressure he made a wrong move; **~plan der** schedule; **~punkt der** moment; **zum jetzigen ~punkt** at the present moment; at this point in time; **~raffer der** *(Film)* time-lapse; **etw. im ~raffer zeigen** show sth. speeded up; **~raubend** *Adj.* time-consuming; **~raum der** period; **über einen ~raum von fünf Tagen** for a period of five days; **~rechnung die** calendar; **vor unserer ~rechnung** BC; before Christ; **unserer/christlicher ~rechnung** AD; Anno Domini; **~schrift die** magazine; *(bes. wissenschaftlich)* journal; periodical; **~soldat der** *soldier serving for a fixed period;* **~spanne die** period; **~springen das** *(Pferdesport)* jumping against the clock; **~strafe die** *(Sport)* sending off for a specified time; *(im Eishockey)* penalty; **~strömung die** prevailing trend; **~umstände** *Pl.* prevailing circumstances; **die damaligen ~umstände** the circumstances prevailing at the time

**Zeitung die; ~, ~en** [news]paper; **[die] ~ lesen** read the paper; **bei einer ~ arbeiten** work for a newspaper; **er ist von der ~** *(ugs.)* he's from the press; **eine Anzeige in die ~ setzen** put an advertisement in the paper

**Zeitungs-: ~abonnement das** newspaper subscription; **~annonce die, ~anzeige die** newspaper advertisement; **~artikel der** newspaper article; **~ausschnitt der** newspaper cutting; **~austräger der** newspaper-deliverer; **~ente die** *(ugs.)* false [newspaper] report; canard; **~frau die** newspaper-seller; *(Austrägerin)* newspaper-deliverer; **~inserat das** newspaper advertisement; **~leser der** newspaper-reader; **~meldung die** newspaper report; **~notiz die** newspaper item; **~papier das a)** *(alte Zeitung[en])* newspaper; **b)** *(unbedruckt)* newsprint; **~ständer der** newspaper-rack; **~träger der** *s.* **~austräger; ~verkäufer der** newspaper-seller; news-vendor; **~wissenschaft die** *(Hochschulw.)* journalistic studies *pl., no art.*

**zeit-, ~Zeit-: ~unterschied der** time difference; **~verschwendung die** waste of time; **[reine** *od.* **pure] ~verschwendung sein** be a [pure *or* complete] waste of time; **~vertreib der; ~[e]s, ~e** pastime; **zum ~vertreib** to pass the time; **~weilig 1.** *Adj.; nicht präd.* temporary; **2.** *adv.* **a)** *(vorüber-*

*gehend)* temporarily; for a time; **b)** *(gelegentlich)* occasionally; at times; **~weise** *Adv.* **a)** *(gelegentlich)* occasionally; at times; *(von Zeit zu Zeit)* from time to time; **~weise Regen** occasional rain; **b)** *(vorübergehend)* for a time; for a while; **~wende die a) vor/nach der ~wende** BC/AD; before Christ/Anno Domini; **um die ~wende** about the time of the birth of Christ; **b)** *s.* **Zeitenwende; ~wort das;** *Pl.* **~wörter** *(Sprachw.)* verb; **~zeichen das** *(Rundf., Funkw.)* time signal; **~zone die** time zone; **~zünder der** time fuse

**zelebrieren** [tsele'bri:rən] *tr. V.* **a)** *(kath. Kirche)* celebrate 〈*mass*〉; conduct 〈*service, wedding*〉; **b)** *(feierlich ausführen)* make 〈*meal, event, etc.*〉 into a ritual; **c)** *(ehren)* honour

**Zelebrität** [tselebri'tɛ:t] **die; ~, ~en** *(geh.)* celebrity

**Zelle** ['tsɛlə] **die; ~, ~n** cell; *(Telefon~)* [tele]phone booth *or (Brit.)* box; **die [kleinen] grauen ~n** *(scherzh.)* one's grey matter *sing.*

**Zeller der; ~s** *(österr. ugs.)* celeriac

**Zell-: ~gewebe das** *(Biol.)* cell tissue; **~gift das** *(Biol., Med.)* cytotoxin; **~kern der** *(Biol.)* cell nucleus; **~stoff der a)** cellulose; **b)** *(Material)* cellulose wadding; **~teilung die** *(Biol.)* cell division

**Zellulitis** [tsɛlu'li:tɪs] **die; ~, Zellulitiden** [tsɛluli'ti:dn̩] *(Med.)* cellulitis

**Zelluloid** [tsɛlu'lɔyt] **das; ~[e]s** celluloid

**Zellulose** [tsɛlu'lo:zə] **die; ~, ~n** cellulose

**Zell·wolle die** rayon

**Zelt** [tsɛlt] **das; ~[e]s, ~e** tent; *(Fest~)* marquee; *(Zirkus~)* big top; **das himmlische ~** *(fig. dichter.)* the canopy of heaven *(literary)*; **seine ~e irgendwo aufschlagen** *(fig.)* settle down somewhere; **seine ~e abbrechen** *(fig.)* up sticks *(sl.)*; decamp

**zelten** *itr. V.* camp; **wir waren ~:** we went camping; **„Zelten verboten"** 'no camping'

**Zelt-: ~lager das** camp; **~pflock der** tent-peg; **~plane die** tarpaulin; **~platz der** camping site; campsite

**Zement** [tse'mɛnt] **der; ~[e]s, ~e** cement

**Zement·boden der** concrete floor

**zementieren** *tr. V.* **a)** cement; **zementierte Wege** concrete paths; **b)** *(fig.: festlegen)* make 〈*division, situation, etc.*〉 permanent; **weiter zementiert werden** 〈*prejudice, opinion*〉 become further entrenched

**Zen** [zɛn] **das; ~[s], Zen-Buddhismus der** *(Rel.)* Zen [Buddhism] *no art.*

**Zenit** [tse'ni:t] **der; ~[e]s** zenith; **im ~ stehen** be at its zenith; **er stand im ~ seines Ruhms** *(fig. geh.)* he was at the peak of his fame

**zensieren** [tsɛn'zi:rən] **1.** *tr. V.* **a)** *(Schulw.)* mark, *(Amer.)* grade 〈*essay etc.*〉; **b)** *(der Zensur unterziehen)* censor 〈*article, film, etc.*〉. **2.** *itr. V. (Schulw.)* **streng/milde ~:** mark *or (Amer.)* grade severely/leniently

**Zensierung die; ~, ~en** *(Schulw.)* marking; grading *(Amer.)*

**Zensor** ['tsɛnzɔr] **der; ~s, ~en** [tsɛn'zo:rən] censor

**Zensur** [tsɛn'zu:ɐ̯] **die; ~, ~en a)** *(Schulw.: Note)* mark; grade *(Amer.)*; **~en austeilen** *(fig.)* mete out praise and blame *(literary)*; **b)** *(Kontrolle)* censorship; **c)** *(Behörde)* censors *pl.*

**zensurieren** *tr. V. (österr.) s.* **zensieren 1 b**

**Zentaur** [tsɛn'taʊ̯ɐ] **der; ~en, ~en** *(Myth.)* centaur

**Zenti-** [tsɛnti-]: **~gramm** [--'gram] **das** centigram; **~liter** [--'li:tɐ] **der,** *auch:* **das** centilitre; **~meter** [--'me:tɐ] **der,** *auch:* **das** centimetre; **~meter·maß das** [centimetre] measuring-tape

**Zentner** ['tsɛntnɐ] **der; ~s, ~ a)** centner; metric hundredweight; **b)** *(österr., schweiz.)* centner; 100 kilograms

**zentner-, Zentner-: ~gewicht das a)** *o. Pl.* centner *or* fifty-kilogram weight; *(fig.: große Last)* massive weight; **~last die** hundredweight load; **ihr fiel eine ~last vom Herzen** *(fig.)* that was a load off her mind; **~schwer 1.** *Adj.* weighing over a hundredweight *postpos., not pred.; (äußerst schwer)* massively heavy; **2.** *adv.* **~schwer auf jmdm. lasten** *(fig.)* weigh heavily on sb.; **~weise** *Adv.* by the hundredweight

**zentral** [tsɛn'tra:l] **1.** *Adj.* central. **2.** *adv.* centrally

**Zentral·afrikanische Republik die** Central African Republic

**Zentral·bank die;** *Pl.* **~en** *(Finanzw.)* central bank

**zentral·beheizt** *Adj.* centrally heated; *(durch Fernwärme)* heated by a district heating system

**Zentrale die; ~, ~n a)** *(zentrale Stelle)* head *or* central office; *(der Polizei, einer Partei)* headquarters *sing. or pl.; (Funk~)* control centre; *(fig.: Mittelpunkt)* centre; **das Gehirn ist die ~ für das Nervensystem** the brain is the control centre of the nervous system; **b)** *(Telefon~)* [telephone] exchange; *(eines Hotels, einer Firma o. ä.)* switchboard; **c)** *(Geom.)* line passing through the centres of two circles

**Zentral·heizung die** central heating

**Zentralisation** [tsɛntraliza'tsio:n] **die; ~, ~en** centralization

**zentralisieren** *tr. V.* centralize

**Zentralisierung die; ~, ~en** centralization

**Zentralismus der; ~:** centralism *usu. no art.*

**zentralistisch 1.** *Adj.* centralist. **2.** *adv.* centralistically

**Zentral-: ~komitee das** Central Committee; **~nerven·system das** *(Anat.)* central nervous system; **~organ das** official organ

**Zentren** *s.* **Zentrum**

**zentrieren 1.** *tr. V.* centre **(um** on). **2.** *refl. V.* **sich um etw. ~:** be centred around sth.

**Zentrierung die; ~, ~en** centring

**zentrifugal** [tsɛntrifu'ga:l] *(Physik)* **1.** *Adj.* centrifugal. **2.** *adv.* centrifugally

**Zentrifugal·kraft die** *(Physik)* centrifugal force

**Zentrifuge die; ~, ~n** centrifuge

**zentripetal** [tsɛntripe'ta:l] *(Physik)* **1.** *Adj.* centripetal. **2.** *adv.* centripetally

**Zentripetal·kraft die** *(Physik)* centripetal force

**Zentri·winkel** ['tsɛntrivɪŋkl̩] **der** *(Geom.)* central angle

**Zentrum** ['tsɛntrʊm] **das; ~s, Zentren** centre; **im ~:** at the centre; *(im Stadt~)* in the town/city centre; **im ~ des öffentlichen Interesses stehen** *(fig.)* be the focus of public interest

**Zephir** ['tse:fɪr] **der; ~s, ~e** *(dichter. veralt.)* zephyr

**Zeppelin** ['tsɛpəli:n] **der; ~s, ~e** Zeppelin

**Zepter** ['tsɛptɐ] **das,** *auch:* **der; ~s, ~:** sceptre; **das ~ übernehmen** *(fig.)* take the helm; **das ~ führen** *od. (scherzh.)* **schwingen** *(fig.)* wield the sceptre

**zerbeißen** *unr. tr. V.* bite in two; 〈*flea, mosquito, etc.*〉 bite 〈*person etc.*〉 all over

**zerbersten** *unr. itr. V.; mit sein* burst apart; **zerborstene Mauern** smashed walls

**zerbomben** *tr. V.* bomb to pieces; destroy by bombing; **zerbombt** bombed 〈*streets, houses*〉

**zerbrechen 1.** *unr. itr. V.; mit sein* break [into pieces]; smash [to pieces]; 〈*glass*〉 shatter; *(fig.)* 〈*marriage, relationship*〉 break up; **an seinem Kummer ~** *(fig. geh.)* be broken down by grief. **2.** *unr. tr. V.* break; smash, shatter 〈*dishes, glass*〉

**zerbrechlich** *Adj.* **a)** fragile; **„Vorsicht, ~!"** 'fragile; handle with care'; **b)** *(zart, schwach)* frail

**Zerbrechlichkeit die; ~ a)** fragility; **b)** *(Zartheit, Schwachheit)* frailty

**zerbröckeln 1.** *itr. V.; mit sein (auch fig.)* crumble away. **2.** *tr. V.* break into small pieces

**zerbröseln 1.** *itr. V.; mit sein* crumble. **2.** *tr. V.* crumble up

**zerdehnen** *tr. V.* **a)** *(dehnen)* stretch [out of shape]; **b)** *(verlängern)* draw out 〈*plot, scenes*〉; drawl 〈*word, vowel*〉

**zerdeppern** [tsɛɐ̯'dɛpɐn] *tr. V. (ugs.)* smash 〈*window, china, glass*〉

**zerdrücken** *tr. V.* **a)** *(zerquetschen)* mash 〈*potatoes, banana*〉; **b)** *(zusammendrücken)* squash 〈*fly etc.*〉; stub out 〈*cigarette*〉; **eine Träne ~** *(fig. spöttisch)* shed a tear; **c)** *(ugs.: zerknittern)* crease 〈*clothes*〉

**Zeremonie** [tseremo'ni:] **die; ~, ~n** ceremony; *(fig.)* ritual

**Zeremoniell** [tseremo'ni̯ɛl] **das; ~s, ~e** ceremonial

**Zeremonien·meister der** master of ceremonies

**zerfahren 1.** *Adj.* distracted; scrappy 〈*play*〉. **2.** *adv.* distractedly; 〈*play*〉 scrappily, without concentration

**Zerfall der; ~[e]s, Zerfälle a)** *o. Pl.* disintegration; *(eines Organismus, fig.: der Moral)* breakdown; *(einer Leiche)* decomposition; *(eines Gebäudes)* decay; **b)** *(Kernphysik)* decay

**[1]zerfallen** *unr. itr. V.; mit sein* **a)** *(auch fig.)* disintegrate **(in +** *Akk.,* **zu** into); 〈*building*〉 fall into ruin, decay; 〈*corpse*〉 decompose, decay; **~de Mauern/Ruinen** crumbling walls/ruins; **zu Staub ~:** crumble into dust; **Moral und Kultur waren ~** *(fig.)* morals and culture had broken down *or* fallen into decay; **b)** *(unterteilt sein)* **in Phasen/Teile** *usw.* **~:** be divided into phases/parts *etc.*; **c)** *(Kernphysik)* decay

**[2]zerfallen** *Adj.* **mit jmdm. ~ sein** have fallen out with sb.; **mit sich und der Welt ~ sein** be at odds with oneself and the world

**Zerfalls·produkt das** *(bes. Kernphysik)* decay product

**zerfasern** *itr. V.; mit sein* fray

**zerfetzen** *tr. V.* **a)** *(zerstören)* rip *or* tear to pieces; rip *or* tear up 〈*letter etc.*〉 **(in +** *Akk.* into); *(fig.)* tear apart 〈*body, limb*〉; **b)** *(kritisieren)* tear 〈*book, play, etc.*〉 to pieces *or* shreds

**zerfleddern** *tr. V.* wear out 〈*book etc.*〉; **das Buch ist zerfleddert** the book is falling apart

**zerfleischen** *tr. V.* tear 〈*person, animal*〉 limb from limb; **sich ~** *(auch fig.)* tear each other apart; 〈*country*〉 tear itself apart

**Zerfleischung die; ~, ~en** tearing apart *no art.*

**zerfließen** *unr. itr. V.; mit sein* **a)** *(schmelzen)* melt [away]; **in** *od.* **vor Mitleid ~** *(fig.)* dissolve with pity; **das Geld ist ihr unter den Händen zerflossen** the money ran through her fingers *(fig.)*; **b)** *(auseinanderfließen)* 〈*paint, ink*〉 run; 〈*shapes*〉 dissolve; **~de Konturen/Grenzen** blurred outlines/limits

**zerfransen 1.** *itr. V.; mit sein* fray. **2.** *tr. V.* fray; *(zerreißen)* tear

**zerfressen** *unr. tr. V.* **a)** *(fressen)* eat away; 〈*moth etc.*〉 eat holes in; **von Motten ~:** moth-eaten; **b)** *(zersetzen)* corrode 〈*metal*〉; eat away 〈*bone*〉; **Kummer/Eifersucht zerfrißt ihm das Herz** *(fig.)* he is consumed with grief/jealousy

**zerfurchen** *tr. V.* **a)** rut 〈*track etc.*〉; **b)** furrow 〈*brow, face*〉

**zergehen** *unr. itr. V.; mit sein* melt; *(in Wasser, im Mund)* 〈*tablet etc.*〉 dissolve; **auf der Zunge ~:** melt in the mouth

**zergliedern** *tr. V.* **a)** dissect 〈*plant, animal, corpse*〉; **b)** analyse 〈*behaviour, process, etc.*〉; **Sätze ~:** parse sentences

**Zergliederung die a)** dissection; **b)** *(Analyse)* analysis; *(von Sätzen)* parsing

**zergrübeln** *refl. V.* **sich** *(Dat.)* **den Kopf** *od.* **das Hirn ~:** rack one's brains

**zerhacken** *tr. V.* chop up **(zu** into); *(in Wut)* hack to pieces

**zerhauen** *unr. tr. V.* chop up
**zerkauen** *tr. V.* chew [up]
**zerkleinern** [tsɛɐ̯ˈklainɐn] *tr. V.* chop up ⟨*vegetables, meat, wood*⟩; *(zerkauen)* chew up ⟨*food*⟩; *(zermahlen)* crush ⟨*rock etc.*⟩
**Zerkleinerung die; ~, ~en** chopping up; *(Zerkauung)* chewing; *(Zermahlung)* crushing
**zerklüftet** *Adj.* fissured ⟨*landscape*⟩; craggy ⟨*mountains*⟩; deeply indented ⟨*coastline*⟩
**zerknallen 1.** *itr. V.; mit sein* burst [with a bang]. **2.** *tr. V.* burst ⟨*bag etc.*⟩ [with a bang]
**zerknautschen** *tr. V. (ugs.)* crumple
**zerknicken 1.** *tr. V.* snap. **2.** *itr. V.; mit sein* snap
**zerknirscht 1.** *Adj.* remorseful. **2.** *adv.* remorsefully
**Zerknirschung die; ~:** remorse
**zerknittern** *tr. V.* crease; crumple; **ein zerknittertes Gesicht** a wrinkled face
**zerknüllen** *tr. V.* crumple up [into a ball]
**zerkochen 1.** *itr. V.; mit sein* get overcooked; **zu Brei ~:** cook to a pulp; **zerkocht** overcooked. **2.** *tr. V.* overcook
**zerkratzen** *tr. V.* scratch
**zerkrümeln 1.** *tr. V.* crumble up. **2.** *itr. V.; mit sein* break into crumbs; crumble
**zerlassen** *unr. tr. V. (Kochk.)* melt
**zerlegen** *tr. V.* **a)** *(auseinandernehmen)* dismantle; take to pieces; strip, dismantle ⟨*engine*⟩; **etw. in seine Bestandteile ~:** reduce sth. to its component parts; **einen Lichtstrahl in die Farben des Spektrums ~:** split up a ray of light into the colours of the spectrum; **b)** *(zerschneiden)* cut up ⟨*animal, meat*⟩; carve ⟨*joint*⟩; dissect ⟨*corpse*⟩
**zerlesen** *unr. tr. V.* read ⟨*book etc.*⟩ again and again until it looks worn out; **ein [völlig] ~es Exemplar** a well-thumbed copy
**zerlumpt** *Adj.* ragged ⟨*clothes, person*⟩; **~ sein** ⟨*clothes*⟩ be in tatters, be torn; **~ herumlaufen** go about in rags
**zermahlen** *unr. tr. V.* grind
**zermalmen** [tsɛɐ̯ˈmalmən] *tr. V.* crush
**zermartern** *refl. V.* **in sich** *(Dat.)* **den Kopf** *od.* **das Hirn ~:** rack one's brains
**zermürben** *tr. V.* wear ⟨*person*⟩ down; **~d** wearing; trying
**Zermürbung die** wearing down *no art.*; *(Milit.)* attrition
**Zermürbungs·krieg der** war of attrition
**zernagen** *tr. V.* gnaw away
**zerpflücken** *tr. V.* **a)** pick ⟨*flower, lettuce, etc.*⟩ apart; **b)** *(fig.: kritisch analysieren)* pull ⟨*play, book, etc.*⟩ to pieces; destroy ⟨*alibi, reputation*⟩
**zerplatzen** *itr. V.; mit sein* burst; **vor Wut ~** *(fig.)* explode [with anger]
**zerquetschen** *tr. V.* crush; mash ⟨*potatoes*⟩; **es kostet 20 Mark und ein paar Zerquetschte** *(ugs.)* it costs 20 marks and a bit
**zerraufen** *tr. V.* tousle ⟨*hair*⟩
**Zerr·bild das** distorted image
**zerreden** *tr. V.* talk over and over; do *or* flog ⟨*subject*⟩ to death *(coll.)*
**zerreiben** *unr. tr. V.* crush ⟨*spices, paint colours, etc.*⟩; grind ⟨*corn*⟩; *(fig.)* crush, wipe out ⟨*enemy*⟩
**zerreißen 1.** *unr. tr. V.* **a)** *(auseinanderreißen)* tear up; *(in kleine Stücke)* tear to pieces; ⟨*animal*⟩ tear ⟨*prey*⟩ limb from limb; dismember ⟨*prey*⟩; break ⟨*thread*⟩; **ich könnte ihn ~!** I could tear him limb from limb!; **sich [fast] ~ [um jmdn.]** [nearly] kill oneself [for sb. *or* to help sb.]; **ich kann mich nicht ~:** I can't be in two places at once; **Schüsse zerrissen die Stille** shots rent the silence; **b)** *(beschädigen)* tear ⟨*stocking, trousers, etc.*⟩ **(an** + *Dat.* on). **2.** *unr. itr. V.; mit sein* **a)** *(auseinandergehen)* ⟨*thread, string, rope*⟩ break; **die Bande zwischen ihnen waren zerrissen** *(fig.)* the bonds between them had parted; **ihre Nerven war zum Zerreißen gespannt** her nerves were stretched to breaking-point; **b)** *(kaputtgehen)* ⟨*paper, cloth, etc.*⟩ tear; **zerrissene Kleider/Schuhe** ragged clothes/worn-out shoes
**Zerreiß·probe die** acid test
**zerren** [ˈtsɛrən] **1.** *tr. V.* **a)** drag; **etw. an die Öffentlichkeit ~** *(fig.)* drag sth. into the limelight; **b) sich** *(Dat.)* **einen Muskel/eine Sehne ~:** pull a muscle/tendon. **2.** *itr. V.* **an etw.** *(Dat.)* **~:** tug *or* pull at sth.
**zerrinnen** *unr. itr. V.* melt; *(fig.)* ⟨*time, years*⟩ pass; **seine Hoffnungen/Träume/Pläne zerrannen [in nichts]** *(geh.)* his hopes/dreams vanished/plans came to nothing; **jmdm. unter den Händen/Fingern ~:** slip through sb.'s fingers
**zerrissen** [tsɛɐ̯ˈrɪsn̩] **1.** *2. Part. v.* **zerreißen. 2.** *Adj.* **[innerlich] ~:** at odds with oneself
**Zerrissenheit die; ~:** inner turmoil
**Zerr·spiegel der** distorting mirror
**Zerrung die; ~, ~en** pulled muscle; *(Sehnen~)* pulled tendon
**zerrupfen** *tr. V.* tear to bits
**zerrütten** [tsɛɐ̯ˈrʏtn̩] *tr. V.* ruin ⟨*health*⟩; shatter ⟨*nerves*⟩; ruin, wreck ⟨*marriage*⟩; **aus zerrütteten Familienverhältnissen stammen** come from a broken home; **die Finanzen sind zerrüttet** the finances are in a disastrous state
**Zerrüttung die; ~, ~en** *(der Gesundheit)* ruining; *(der Nerven)* shattering; *(einer Ehe)* [irretrievable] breakdown; *(einer Familie)* break-up
**Zerrüttungs·prinzip das** *(Rechtsw.)* principle of irretrievable breakdown *(of a marriage)*
**zersägen** *tr. V.* saw up
**zerschellen** *itr. V.; mit sein* be dashed *or* smashed to pieces
[1]**zerschlagen 1.** *unr. tr. V.* smash ⟨*plate, windscreen, etc.*⟩; smash up ⟨*furniture*⟩; *(fig.)* smash ⟨*spy ring etc.*⟩; crush ⟨*enemy, attack*⟩; break up ⟨*cartel*⟩. **2.** *unr. refl. V.* ⟨*plan, deal*⟩ fall through
[2]**zerschlagen** *Adj.* worn out; whacked *(Brit. coll.)*; tuckered [out] *(Amer. coll.)*; shattered *(Brit. coll.)*
**Zerschlagung die; ~, ~en** smashing; destruction; *(eines Gegners, Widerstands)* crushing; **die ~ der Kartelle** the breaking up of cartels
**zerschmelzen** *unr. itr. V.; mit sein (auch fig.)* melt
**zerschmettern** *tr. V.* smash; shatter ⟨*glass, leg, bone*⟩; *(fig.)* crush ⟨*army, enemy*⟩
**zerschneiden** *unr. tr. V.* **a)** *(schneiden)* cut; *(in Stücke)* cut up; *(in zwei Teile)* cut in two; carve ⟨*joint*⟩; **von tiefen Furchen zerschnitten** deeply rutted; **b)** *(verletzen)* cut [into] ⟨*skin etc.*⟩
**zerschnippeln** *tr. V. (ugs.)* cut up *or* snip into small pieces
**zerschunden** [tsɛɐ̯ˈʃʊndn̩] *Adj.* covered in scratches *postpos.*
**zersetzen 1.** *tr. V.* **a)** *(auflösen)* corrode ⟨*metal*⟩; decompose ⟨*organism*⟩; **b)** *(untergraben)* subvert ⟨*ideals*⟩; undermine ⟨*morale*⟩; **~de Schriften** subversive writings. **2.** *refl. V.* decompose; ⟨*wood, compost*⟩ rot
**Zersetzung die; ~, ~en a)** *s.* **zersetzen 2:** decomposition; rotting; **b)** *s.* **zersetzen 1 b:** subversion; undermining
**Zersetzungs·prozeß der** process of decomposition
**zersiedeln** *tr. V. (Amtsspr.)* overdevelop ⟨*area*⟩; spoil ⟨*area*⟩ by overdevelopment
**Zersied[e]lung die** overdevelopment
**zerspalten** *unr. (auch regelm.) tr. V. (auch fig.)* split [up]; *(Chemie)* break down ⟨*compounds*⟩ **(in** + *Akk.* into)
**zersplittern 1.** *itr. V.; mit sein* ⟨*wood, bone*⟩ splinter; ⟨*glass*⟩ shatter; **das Land war in viele Kleinstaaten zersplittert** the country was fragmented into many small states. **2.** *tr. V.* splinter; shatter ⟨*glass*⟩
**zersprengen** *tr. V.* **a)** *(sprengen)* blow up; *(in Stücke)* blow to pieces; **b)** *(auseinandertreiben)* scatter ⟨*army*⟩
**zerspringen** *unr. itr. V.; mit sein* **a)** shatter; *(Sprünge bekommen)* crack; *(fig.)* ⟨*heart*⟩ burst **(vor** + *Dat.* with); **der Kopf wollte mir ~ vor Schmerzen** my head was splitting; I had a splitting headache; **b)** *(geh.: zerreißen)* ⟨*string etc.*⟩ break
**zerstampfen** *tr. V.* **a)** *(zerkleinern)* pound, crush ⟨*spices etc.*⟩; mash ⟨*potatoes*⟩; **b)** *(beschädigen)* trample down ⟨*field etc.*⟩
**zerstäuben** *tr. V.* spray
**Zerstäuber der; ~s, ~:** atomizer
**zerstechen** *unr. tr. V.* **a)** *(stechen)* sting all over; ⟨*mosquitoes*⟩ bite all over; **b)** *(beschädigen)* jab holes in ⟨*cushion etc.*⟩; puncture, slit ⟨*tyre*⟩; **ihre Venen sind ganz zerstochen** her veins are covered in needle-marks
**zerstieben** *unr. (auch regelm.) itr.V.; mit sein (geh.)* scatter; ⟨*crowd*⟩ disperse; *(fig.)* ⟨*sadness, nightmare*⟩ vanish; **in alle Winde ~:** disappear without trace
**zerstörbar** *Adj.* destructible; **leicht ~ sein** be easily destroyed *or* broken
**zerstören** *tr. V.* destroy; ⟨*hooligan*⟩ smash up, vandalize ⟨*telephone-box etc.*⟩; *(fig.)* ruin ⟨*landscape, health, life*⟩; dash, destroy ⟨*hopes, dreams*⟩; wreck, destroy ⟨*marriage*⟩; **durch ein Feuer/Erdbeben zerstört** destroyed in *or* by a fire/an earthquake; **~de Gewalt** destructive power; **zerstörte Städte** ruined cities
**Zerstörer der; ~s, ~ a)** *(Schiff)* destroyer; **b)** *(Person)* destroyer; wrecker; *(Rowdy)* vandal
**zerstörerisch 1.** *Adj.* destructive. **2.** *adv.* **~ wirken** have a destructive effect
**Zerstörung die** destruction; *(durch Rowdies)* smashing up; vandalization; *(der Gesundheit, Existenz)* ruin[ation]; *(einer Ehe)* wrecking; destruction; *(von Hoffnungen)* dashing; destruction
**Zerstörungs·wut die** destructive frenzy
**zerstoßen** *unr. tr. V.* crush ⟨*berries etc.*⟩; *(im Mörser)* pound, crush ⟨*peppercorns etc.*⟩
**zerstreiten** *unr. refl. V.* **sich mit jmdm. ~:** fall out with sb.; **untereinander zerstritten sein** be at loggerheads
**zerstreuen 1.** *tr. V.* **a)** scatter; *(auseinandertreiben)* disperse ⟨*crowd*⟩; *(fig.)* **zerstreut liegende Gehöfte** scattered farms; **in alle Welt zerstreut** scattered to the four winds; **b)** *(unterhalten)* **jmdn./sich ~:** entertain sb./oneself; *(ablenken)* take sb.'s/one's mind off things; **sich ein wenig ~:** enjoy oneself a little; **sich mit** *od.* **durch etw. ~:** pass the time with sth.; **c)** *(beseitigen)* allay ⟨*fear, doubt, suspicion*⟩; dispel ⟨*worry, concern*⟩. **2.** *refl. V.* disperse; *(schneller)* scatter
**zerstreut 1.** *Adj.* distracted; *(vergeßlich)* absent-minded; **ein ~er Professor** *(ugs. scherzh.)* an absent-minded professor. **2.** *adv.* absent-mindedly
**Zerstreutheit die; ~:** absent-mindedness
**Zerstreuung die; ~, ~en** diversion; *(Unterhaltung)* entertainment; **~ suchen** look for a distraction [to take one's mind off things]
**zerstückeln** *tr. V.* break ⟨*sth.*⟩ up into small pieces; *(zerschneiden)* cut *or* chop sth. up into small pieces; dismember ⟨*corpse*⟩
**Zerstückelung die; ~, ~en** breaking up; *(Zerschneidung)* cutting *or* chopping up; *(einer Leiche)* dismembering
**zerteilen 1.** *tr. V.* divide into pieces; *(zerschneiden)* cut into pieces; cut up; **das Schiff zerteilte die Wellen** *(fig.)* the ship sliced through the waves. **2.** *refl. V.* part
**zerteppern** [tsɛɐ̯ˈtɛpɐn] *s.* **zerdeppern**
**Zertifikat** [tsɛrtifiˈkaːt] **das; ~[e]s, ~e** certificate; **~ Deutsch als Fremdsprache** diploma in German as a foreign language
**zertrampeln** *tr. V.* trample all over ⟨*flowerbed etc.*⟩; trample ⟨*child etc.*⟩ underfoot

**zertrennen** *tr. V.* take apart; unpick ⟨*dress*⟩

**zertreten** *unr. tr. V.* stamp on; stamp out ⟨*cigarette, match*⟩; stamp on, crush ⟨*insect*⟩ underfoot

**zertrümmern** *tr. V.* smash; smash, shatter ⟨*glass*⟩; smash up ⟨*furniture*⟩; wreck ⟨*car, boat*⟩; reduce ⟨*building, city*⟩ to ruins

**Zervelat·wurst** [tsɛrva'la:t-] **die** cervelat [sausage]

**zerwühlen** *tr. V.* churn up ⟨*bedclothes, soil*⟩; make a mess of, tousle ⟨*hair*⟩

**Zerwürfnis** [tsɛɐ̯'vʏrfnɪs] **das; ~ses, ~se** *(geh.)* quarrel; dispute; *(Bruch)* rift

**zerzausen** *tr. V.* ruffle; ruffle, tousle ⟨*hair*⟩; **zerzaust aussehen** look dishevelled; **vom Wind zerzauste Bäume** windswept trees

**Zeter das** *in* **~ und Mord[io] schreien** *(ugs.)* scream blue murder *(sl.)*; raise hell *(coll.)*

**zetern** ['tse:tɐn] *itr. V. (abwertend) (schimpfen)* scold [shrilly]; *(sich beklagen)* moan **(über** + *Akk.* about); **gegen den Sittenverfall ~:** declaim against the decay of morals

**Zettel** ['tsɛtl̩] **der; ~s, ~:** slip *or* piece of paper; *(mit einigen Zeilen)* note; *(Bekanntmachung)* notice; *(Formular)* form; *(Kassen~)* receipt; *(Hand~)* leaflet; *(Stimm~)* [ballot-]paper

**Zettel-: ~kasten der** index on slips of paper; **~wirtschaft die** *(ugs. abwertend)* jumble of bits of paper

**Zeug** [tsɔyk] **das; ~[e]s, ~e a)** *o. Pl. (ugs., oft abwertend: Sachen)* stuff; **fürchterliches ~ träumen** dream awful things; **sie hat** *od.* **in ihr steckt das ~ zu etw.** *(fig.)* she has what it takes to be sth. *or* has the makings of sth.; **was das ~ hält** *(fig. ugs.)* for all one's worth; ⟨*drive*⟩ hell for leather; **sich [für jmdn./etw. mächtig** *od.* **tüchtig] ins ~ legen** *(fig.)* do one's utmost [for sb./sth.]; **b)** *o. Pl. (ugs.: Unsinn)* **dummes/albernes ~** *(Gerede)* nonsense; rubbish; **dummes ~ machen** mess about; **c)** *(Kleidung)* things *pl.*; **jmdm. etwas am ~ flicken** *(ugs.)* pin something on sb.; **d)** *(veralt.: Tuch)* cloth

**Zeuge** ['tsɔygə] **der; ~n, ~n** witness; **~ von etw. sein/werden** be a witness to sth.; witness sth.; **~ der Anklage/Verteidigung** *(Rechtsw.)* witness for the prosecution/defence; **die ~n Jehovas** the Jehovah's Witnesses; **die Ruinen sind ~n der Vergangenheit** *(fig.)* the ruins bear witness to the past

**¹zeugen** *itr. V.* give evidence; testify; **von etw. ~** *(fig.)* testify to sth.; *(zeigen)* display sth.; **das zeugt nicht gerade für seine Uneigennützigkeit** *(fig.)* that doesn't say much for his unselfishness

**²zeugen** *tr. V.* procreate; ⟨*man*⟩ father ⟨*child*⟩; *(fig.)* engender; bring about; **Kinder ~:** reproduce; have children

**Zeugen·aussage die** testimony; witness's statement

**Zeugenschaft die; ~:** testimony

**Zeugen-: ~stand der** *o. Pl.* witness-box *(Brit.)*; witness stand *(Amer.)*; **~vernehmung die** examination of the witness/witnesses

**Zeug·haus das** *(bes. Milit. hist.)* armoury

**Zeugin die; ~, ~nen** witness

**Zeugnis das; ~ses, ~se a)** *(Schulw.)* report; **~ der Reife** *s.* **Abiturzeugnis; b)** *(Arbeits~)* reference; testimonial; **ich kann ihm nur das beste ~ ausstellen** *(fig.)* I can't speak too highly of him; **c)** *(Gutachten)* certificate; **d)** *(geh.: Beweis)* evidence; **~se einer früheren Kulturstufe** evidence *or* testimony of an earlier stage of civilization; **e)** *(veralt.: Aussage)* testimony; **falsches ~ ablegen** bear false witness

**Zeugs das; ~** *(ugs. abwertend)* stuff; *(einzelne Dinge)* things *pl.*

**Zeugung die; ~, ~en** procreation; *(eines Kindes)* fathering

**zeugungs-, Zeugungs-: ~akt der** act of procreation *or* reproduction; **~fähig** *Adj.* fertile; **~fähigkeit die;** *o. Pl.* fertility

**Zeus (der)** Zeus

**ZGB** *Abk. (DDR, Schweiz)* **Zivilgesetzbuch**

**z. Hd.** *Abk.* **zu Händen; zu Handen** *(österr.)* attn.

**Zibebe** [tsi'be:bə] **die; ~, ~n** *(österr., südd.)* sultana

**Zichorie** [tsɪ'ço:ri̯ə] **die; ~:** chicory

**Zicke** ['tsɪkə] **die; ~, ~n a)** *(Ziege)* she- *or* nanny-goat; **b)** *(Schimpfwort) s.* **Ziege b; c)** *Pl. (ugs.: Dummheiten)* stupid tricks; monkey business *(sl.)*; **~n machen** mess about; *(Schwierigkeiten machen)* make trouble; **mach bloß keine ~n!** none of your monkey business! *(sl.)*

**zickig** *(ugs. abwertend)* **1.** *Adj.* prim; *(prüde)* prudish. **2.** *adv.* primly; *(prüde)* prudishly

**Zicklein das; ~s, ~:** kid

**Zickzack der; ~[e]s, ~e** zigzag; **im ~:** in a zigzag; **sie fuhren im ~ durch den Verkehr** they zigzagged through the traffic

**Zick·zack·kurs der** zigzag line; **im ~:** in a zigzag [line]

**Ziege** ['tsi:gə] **die; ~, ~n a)** goat; **b)** *(Schimpfwort: Frau)* **dumme** *od.* **blöde ~:** stupid cow *(sl. derog.)*; **eingebildete ~:** stuck-up female *(derog.)*

**Ziegel** ['tsi:gl̩] **der; ~s, ~ a)** brick; **b)** *(Dach~)* tile

**Ziegel·dach das** tiled roof

**Ziegelei die; ~, ~en** brickworks *sing.*

**ziegel·rot** *Adj.* brick-red

**Ziegel·stein der** brick

**Ziegen-: ~bart der** goat's beard; *(ugs.: Spitzbart)* goatee beard; **~bock der** he- *or* billy-goat; **~käse der** goat's cheese; **~leder das** goatskin; **~milch die** goat's milk; **~peter der; ~s, ~** *(ugs.)* mumps *sing.*

**zieh** [tsi:] *1. u. 3. Pers. Sg. Prät. v.* **zeihen**

**Zieh-: ~brunnen der** draw-well; **~eltern** *Pl. (veralt.)* foster-parents

**ziehen** ['tsi:ən] **1.** *unr. tr. V.* **a)** pull; *(sanfter)* draw; *(zerren)* tug; *(schleppen)* drag; **jmdn. an sich ~:** draw sb. to one; **jmdn. am Ärmel ~:** pull sb. by the sleeve; **sie zogen ihn mit Gewalt ins Auto** they dragged him into the car by force; **er zog die Knie bis unters Kinn** he drew his knees up under his chin; **das Auto nach rechts/links ~:** pull the car over to the left/right; **das Flugzeug nach oben/unten ~:** put the plane into a climb/descent; **die Rolläden nach oben ~:** roll up the shutters; **ein Hemd** *usw.* **durchs Wasser ~:** give a shirt *etc.* a quick rinse; **die Gardinen vor das Fenster ~:** draw the curtains [across the window]; **Perlen auf eine Schnur ~:** thread pearls/beads on to a string; **den Hut ins Gesicht ~:** pull one's hat down over one's face; **einen Pullover über das Hemd ~:** put a pullover on over one's shirt; **b)** *(fig.)* **es zog ihn zu ihr/zu dem Ort** he felt drawn to her/to the place; **es zog ihn in die Ferne** he felt an urge to travel; **alle Blicke auf sich ~:** attract *or* capture all the attention; **jmds. Zorn/Unwillen** *usw.* **auf sich ~:** incur sb.'s anger/displeasure *etc.*; **etw. nach sich ~:** result in sth.; entail sth.; **gewisse Folgen nach sich ~:** have certain consequences; **c)** *(heraus~)* pull out ⟨*nail, cork, organ-stop, etc.*⟩; extract ⟨*tooth*⟩; take out, remove ⟨*stitches, splinter*⟩; draw ⟨*cord, sword, pistol*⟩; **den Ring vom Finger ~:** pull *or* take one's ring off one's finger; **den Hut ~:** raise *or* doff one's hat; **etw. aus der Tasche ~:** take sth. out of one's pocket; *(aus Automaten)* **Zigaretten/Süßigkeiten** *usw.* **~:** get cigarettes/sweets *etc.* from a slot-machine; **die [Quadrat]wurzel ~** *(Math.)* extract the square root; **d)** *(dehnen)* stretch ⟨*elastic etc.*⟩; stretch out ⟨*sheets etc.*⟩; *s. auch* **Blase a; ¹Faden; e)** *(Gesichtspartien bewegen)* make ⟨*face, grimace*⟩; **die Augenbrauen nach oben ~:** raise one's eyebrows; **die Stirn in Falten ~:** wrinkle *or* knit one's brow; *(mißmutig)* frown; **die Mundwinkel nach unten ~:** pull down the corners of one's mouth; **f)** *(bei Brettspielen)* move ⟨*chess-man etc.*⟩; **g)** *(einatmen)* **Luft durch die Nase ~:** breathe *or* draw in air; **er zog den Rauch in die Lungen** he inhaled the smoke [into his lungs]; **h)** *(zeichnen)* draw ⟨*line, circle, arc, etc.*⟩; **i)** *(anlegen)* dig ⟨*trench*⟩; build ⟨*wall*⟩; erect ⟨*fence*⟩; put up ⟨*washing-line*⟩; run, lay ⟨*cable, wires*⟩; draw ⟨*frontier*⟩; trace ⟨*loop*⟩; follow ⟨*course*⟩; **sich** *(Dat.)* **einen Scheitel ~:** make a parting [in one's hair]; **j)** *(auf~)* grow ⟨*plants, flowers*⟩; breed ⟨*animals*⟩; **den Burschen werde ich mir noch ~** *(ugs.)* I'll knock the lad into shape yet *(coll.)*; **k)** *(verblaßt; auch als Funktionsverb)* draw ⟨*lesson, conclusion, comparison*⟩; *s. auch* **Konsequenz a; Rechenschaft; Verantwortung a; l)** *(herstellen)* make ⟨*candles*⟩; draw ⟨*wire, pipes*⟩; **m)** *(spannen)* mount ⟨*picture*⟩ **(auf** + *Akk.* to); fit ⟨*string*⟩ **(auf** + *Akk.* to); **n)** *(beim Sprechen)* draw out ⟨*vowel*⟩; **o)** *(in sich aufnehmen)* ⟨*plant*⟩ draw [up] ⟨*water, nourishment*⟩ **(aus** from); *(gewinnen)* extract ⟨*oil, ore*⟩ **(aus** from); **Profit/Nutzen aus etw. ~** *(fig.)* derive profit/benefit from sth.; **p)** *(Finanzw.)* **einen Wechsel auf jmdn. ~:** draw a bill on sb.; **q)** *(schlagen)* **jmdm. etw. über den Kopf ~:** hit sb. over the head with sth.; **r)** *(Waffenkunde)* rifle ⟨*barrel*⟩. **2.** *unr. itr. V.* **a)** *(reißen)* pull; **an etw.** *(Dat.)* **~:** pull on sth.; **der Hund zieht an der Leine** the dog is straining at the leash; **an einem** *od.* **am gleichen** *od.* **an demselben Strang** *od.* **Strick ~** *(fig.)* be pulling in the same direction; **b)** *(funktionieren)* ⟨*stove, pipe, chimney*⟩ draw; **ausgezeichnet/nicht richtig ~** *(Kfz-W.)* ⟨*car, engine*⟩ pull really well/not pull properly; **c)** *mit sein (um~)* move **(nach, in** + *Akk.* to); **aufs Land ~:** move [out] into the country; **zu jmdm. ~:** move in with sb.; **d)** *mit sein (gehen)* go; *(marschieren)* march; *(umherstreifen)* roam; rove; *(fortgehen)* go away; leave; ⟨*fog, clouds*⟩ drift; **durch etw. ~:** pass through sth.; **in den Krieg ~:** go *or* march off to war; **an die Front ~:** move up to the front; **jmdn. ungern ~ lassen** be sorry to see sb. go; **die Schwalben ~ nach Süden** the swallows are flying southwards; **e)** *(saugen)* draw; **an einer Zigarette/Pfeife ~:** draw on a cigarette/pipe; **an einem Strohhalm ~:** suck at a straw; **laß mich mal an deiner Zigarette ~:** let me have a puff of your cigarette; **f)** ⟨*tea, coffee*⟩ draw; **g)** *(Kochk.)* simmer; **h)** *(unpers.)* **es zieht [vom Fenster her]** there's a draught [from the window]; **es zieht mir an den Beinen** there's a draught round my legs; **i)** *(ugs.: ankommen)* sell; ⟨*trick*⟩ work; **das zieht bei mir nicht** that won't wash *or* won't cut any ice with me *(coll.)*; **j)** *(schmerzen)* **es zieht [mir] im Rücken** I've got backache; **~de Schmerzen** aches; **ein leichtes/starkes Ziehen im Bauch** a slight/intense stomach-ache. **3.** *unr. refl. V.* **a)** *(sich erstrecken)* ⟨*road*⟩ run, stretch; ⟨*frontier*⟩ run; **eine Narbe zog sich über sein ganzes Gesicht** there was a scar right across his face; **der Weg** *o. ä.* **zieht sich** *(ugs.)* the journey *etc.* goes on and on; **b)** *(sich ver~)* warp; get out of shape

**Zieher der; ~s, ~** *(salopp)* pickpocket

**Zieh-: ~harmonika die** piano accordion; **~kind das** *(veralt.)* foster-child; **~mutter die** *(veralt.)* foster-mother

**Ziehung die; ~, ~en** draw; **die ~ des Hauptgewinns** the draw for the main prize

**Zieh·vater der a)** *(veralt.)* foster-father; **b)** *(fig.)* sponsor; patron

**Ziel** [tsi:l] **das; ~[e]s, ~e a)** *(Punkt, Ort)* destination; **am ~ der Reise angelangen** reach the end of one's journey; reach one's destination; **mit unbekanntem ~ abreisen** leave for an unknown destination; **b)** *(Sport)* finish; *(~linie)* finishing-line; *(Pferderennen)* finishing-post; **im ~:** at the finish; **das ~ er-**

**reichen** finish; **als erster das ~ erreichen** *od.* **durchs ~ gehen** finish first; cross the finishing-line first; ‹*horse*› be first past the [finishing-]post; **c)** *(~scheibe; auch Milit.)* target; **[weit] über das ~ [hinaus]schießen** *(fig. ugs.)* go over the top; overstep the mark; **d)** *(Zweck)* aim; goal; **sein ~ erreichen** achieve one's objective *or* aim; **[das] ~ unserer Bemühungen ist es, ... zu ...:** the object of our efforts is to ...; **mit dem ~, etw. zu tun** with the aim of doing sth.; **sich** *(Dat.)* **ein ~ setzen** *od.* **stecken** set oneself a goal; **sich** *(Dat.)* **etw. zum ~ setzen** set oneself *or* take sth. as one's aim; **etw. zum ~ haben** have sth. as one's/its goal; **Beharrlichkeit führt zum ~:** if at first you don't succeed, try, try, and try again; **e)** *(Ende)* **einer Sache** *(Dat.)* **ein ~ setzen** put an end to sth.

**ziel-, Ziel-: ~bahn·hof der** destination; **~band das;** *Pl.* **~bänder** *(Sport)* finishing-tape; **~bewußt 1.** *Adj.* purposeful; determined; **sehr ~bewußt sein** know exactly where one is going; **2.** *adv.* purposefully; determinedly

**zielen** *itr. V.* **a)** *(mit einer Waffe)* aim **(auf +** *Akk.*, **nach** at); **genau ~:** take careful aim; **ein gut gezielter Schuß/Wurf** an accurate *or* well-aimed shot/throw; **b)** *(sich richten)* **auf jmdn./etw. ~** ‹*reproach, plan, efforts, etc.*› be aimed at sb./sth.

**zielend** *Adj. (Sprachw.)* transitive

**ziel-, Ziel-: ~fern·rohr das** telescopic sight; **~foto das** *(Sport)* photograph of a/the finish; photo-finish photograph; **~gerade die** *(Sport)* finishing-straight; **~gerichtet 1.** *Adj.* purposeful; **2.** *adv.* purposefully; **~gruppe die** target group; **~kamera die** *(Sport)* photo-finish camera; **~linie die** *(Sport)* finishing-line; **~los 1.** *Adj.* aimless; **2.** *adv.* aimlessly; **~losigkeit die; ~:** aimlessness; **~richter der** finish judge; **~scheibe die** *(auch fig.)* target (*Gen.* for); **~setzung die; ~, ~en** aims *pl.*; objectives *pl.*; **~sicher 1.** *Adj.* **a)** *(treffsicher)* accurate; **b)** *(~gerichtet)* decisive, purposeful ‹*steps*›; confident ‹*grip*›; **2.** *adv.* **a)** *(treffsicher)* accurately; **b)** *(~gerichtet)* decisively; *(zuversichtlich)* confidently; **~sicherheit die;** *o. Pl.* accuracy; **~sprache die** *(Sprachw.)* target language; **~strebig 1.** *Adj.* **a)** purposeful; **b)** *(energisch)* single-minded ‹*person*›; **2.** *adv.* **a)** purposefully; **b)** *(energisch)* single-mindedly; **~strebigkeit die; ~** *s.* **~strebig: a)** purposefulness; **b)** single-mindedness

**ziemen** ['tsi:mən] *(veralt.)* **1.** *refl. V.* be seemly; **das ziemt sich einfach nicht** that just is not done *(coll.)*. **2.** *itr. V.* **jmdm./einer Sache ~:** befit sb./sth.; be fitting for sb./sth.

**Ziemer der; ~s, ~** *s.* **Ochsenziemer**

**ziemlich 1.** *Adj. (ugs.)* fair, sizeable ‹*quantity, number*›; **eine ~e Frechheit/Weile** quite a cheek/while; **mit ~er Lautstärke** quite loudly; **er kommt mit ~er Sicherheit** he is more or less certain to come; **ich weiß mit ~er Sicherheit, daß ...:** I am fairly *or* reasonably certain that ... **2.** *adv.* **a)** quite; fairly; *(etwas intensiver)* pretty; **du kommst ~ spät** you're rather late; **~ viele Leute** quite a few people; **b)** *(ugs.: fast)* pretty well; more or less; **er ist so ~ in meinem Alter** he's more or less my age

**ziepen** ['tsi:pn̩] *(bes. nordd.)* **1.** *itr. V.* **es ziepte ihr im Kreuz** she had a twinge in her back. **2.** *tr. V.* tweak **(an +** *Dat.* by); **jmdn. an den Haaren ~:** give sb.'s hair a tug

**Zier** [tsi:ɐ̯] **die; ~** *(veralt.) s.* **Zierde**

**Zierat** ['tsi:ra:t] **der; ~[e]s, ~e** *(geh.)* ornament[ation]; **bloßer ~ sein** be purely ornamental; **reich an ~en** richly decorated *or* ornamented

**Zierde die; ~, ~n** *(auch fig.)* ornament; embellishment; **zur ~:** as decoration; **jmdm. zur ~ gereichen** *(fig.)* be a credit to sb.; **[die] ~ des Landes** *(fig.)* the pride of the nation; **eine ~ des Landes** *(fig.)* one of the country's jewels

**Zier·decke die** ornamental bedspread

**zieren 1.** *tr. V. (geh.)* adorn; decorate ‹*room*›. **2.** *refl. V.* be coy; *(sich bitten lassen)* need some coaxing *or* pressing; **zier dich nicht so!** don't make such a fuss!; don't be so coy!

**Ziererei die; ~, ~en** *(abwertend)* coyness *no indef. art., no pl.*; *(Zögern)* hedging *no indef. art., no pl.*; *(Pose)* posturing *no indef. art.*

**Zier-: ~garten der** ornamental garden; *(Blumengarten)* flower-garden; **~leiste die** [decorative] moulding; *(an der Decke)* cornice; *(am Auto)* trim

**zierlich 1.** *Adj.* dainty; delicate; petite, dainty ‹*woman, figure*›. **2.** *adv.* daintily; delicately

**Zierlichkeit die; ~:** daintiness; delicateness; *(einer Frau, Gestalt)* petiteness; daintiness

**Zier-: ~pflanze die** ornamental plant; **~stich der** *(Handarb.)* ornamental stitch; **~strauch der** ornamental shrub

**Ziffer** ['tsɪfɐ] **die; ~, ~n a)** *(Zahlzeichen)* numeral; *(in einer mehrstelligen Zahl)* digit; figure; **arabische/römische ~n** arabic/roman numerals; **b)** *(Unterabschnitt)* subsection; clause

**Ziffer·blatt das** dial; face

**-zig, zig** [tsɪç] *unbest. Zahlwort (ugs.)* umpteen *(coll.)*

**Zigarettchen das; ~s, ~** *(ugs.)* ciggy *(coll.)*

**Zigarette** [tsiga'rɛtə] **die; ~, ~n** cigarette

**Zigaretten-: ~asche die** cigarette-ash; **~automat der** cigarette-machine; **~etui das** cigarette-case; **~kippe die** cigarette-end; **~länge die** *(ugs.)* **in auf** *od.* **für eine ~länge** just for a smoke; **~papier das** cigarette-paper; **~pause die** *(ugs.)* break for a smoke; **~raucher der** cigarette-smoker; **~schachtel die** cigarette-packet; **~spitze die** cigarette-holder

**Zigarillo** [tsiga'rɪlo] **der** *od.* **das; ~, ~s** cigarillo; small cigar

**Zigarre** [tsi'garə] **die; ~, ~n a)** cigar; **b)** *(ugs.: Rüffel)* telling-off; rocket *(Brit. sl.)*; **jmdm. eine ~ verpassen** give sb. a dressing down *or (Brit. sl.)* rocket

**Zigarren-: ~ab·schneider der** cigar-cutter; **~asche die** cigar-ash; **~raucher der** cigar-smoker; **~stummel der** cigar-stub

**Zigeuner** [tsi'gɔynɐ] **der; ~s, ~, Zigeunerin, die; ~, ~nen a)** gypsy; **b)** *(ugs.: Tramp)* vagabond

**Zigeuner-: ~kapelle die** gypsy band; **~musik die** gypsy music; **~primas der** leading fiddle-player [of a gypsy band]; **~schnitzel das** *(Kochk.) veal or pork escalope in a spicy sauce with green peppers, tomato, etc.*; **~sprache die** Romany [language]

**zig·mal** *Adv. (ugs.)* umpteen times *(coll.)*

**zigst ...** *(ugs.)* umpteenth *(coll.)*

**zig·tausend** *unbest. Zahlwort (ugs.)* umpteen thousand *(coll.)*

**Zikade** [tsi'ka:də] **die; ~, ~n** *(Zool.)* cicada

**Zimbal** ['tsɪmbal] **das; ~s, ~e** *od.* **~s** *(Musik)* cimbalom

**Zimbel** ['tsɪmbl̩] **die; ~, ~n** *(Musik)* cymbal

**Zimmer** ['tsɪmɐ] **das; ~s, ~:** room; **auf/in sein ~ gehen** go to one's room

**Zimmer-: ~antenne die** indoor aerial *or (Amer.)* antenna; **~arbeit die** carpentry *no indef. art.*; **~ arbeiten** carpentry work *sing.*; **~brand der** room fire; **~decke die** ceiling

**Zimmerer der; ~s, ~:** carpenter

**Zimmer-: ~flucht die;** *Pl.* **~en** suite [of rooms]; **~hand·werk das** carpentry *no art.*; **~kellner der** room waiter; **~lautstärke die** domestic listening level; **das Radio auf ~lautstärke stellen** turn the radio down to a reasonable volume [so as not to disturb the neighbours]; **~linde die** African hemp; **~mädchen das** chambermaid; **~mann der;** *Pl.* **~leute** carpenter; **~meister der** master carpenter

**zimmern 1.** *tr. V.* make ‹*shelves, coffin, etc.*›. **2.** *itr. V.* do carpentry; **an einem Regal ~:** be making a bookshelf

**Zimmer-: ~nummer die** room number; **~pflanze die** house-plant; indoor plant; **~suche die** room-hunt; **bei der ~suche** when room-hunting; **auf ~suche sein** be looking for a room; **~temperatur die** room temperature; **~theater das** studio theatre; **~vermittlung die** accommodation office

**zimperlich** ['tsɪmpɐlɪç] *(abwertend)* **1.** *Adj.* timid; *(leicht angeekelt)* squeamish; *(prüde)* prissy; *(übertrieben rücksichtsvoll)* over-scrupulous; **sei nicht ~ mit ihnen** don't go easy on them. **2.** *s. Adj.*: timidly; squeamishly; prissily; over-scrupulously; **die Polizei ging nicht gerade ~ mit ihr um** the police didn't exactly treat her with kid gloves

**Zimperlichkeit die; ~, ~en** *(abwertend)* timidity; *(Neigung zum Ekel)* squeamishness; *(Prüderie)* prissiness; *(übertriebene Rücksicht)* over-scrupulousness; excessive scruples *pl.*

**Zimt** [tsɪmt] **der; ~[e]s, ~e a)** cinnamon; **b)** *(ugs. abwertend: Zeug)* rubbish; **so ein ~!** what a load of rubbish! *(coll.)*

**Zimt-: ~stange die** cinnamon stick; **~ziege die** *(Schimpfwort: Frau)* cow *(sl. derog.)*

**¹Zink** [tsɪŋk] **das; ~[e]s** zinc

**²Zink der; ~[e]s, ~en** *(Musik)* cornetto

**Zink-: ~blech das** zinc [sheet]; **~blende die** zinc blende

**Zinke die; ~, ~n** prong; *(eines Kammes)* tooth; *(Holzverarb.)* dovetail

**zinken** *tr. V. (ugs.)* mark ‹*cards*›

**Zinken der; ~s, ~ a)** *(Gaunerspr.)* [crook's/beggar's] secret sign *or* mark; **b)** *(ugs. scherzh.: Nase)* conk *(sl.)*

**Zink-: ~leim·verband der** *(Med.)* Unna's paste dressing; **~salbe die** *(Med.)* zinc oxide ointment

**Zinn** [tsɪn] **das; ~[e]s a)** *(Metall)* tin; **b)** *(Gegenstände)* pewter[ware]

**Zinne die; ~, ~n a)** merlon; **~n** battlements; **b)** *(schweiz.: Dachterrasse)* roof terrace

**Zinn-: ~figur die** pewter figure; *(~soldat o. ä.)* tin figure; **~gießer der** pewterer

**Zinnie** ['tsɪni̯ə] **die; ~, ~n** *(Bot.)* zinnia

**Zinn·kraut das;** *o. Pl.* common horsetail

**Zinnober** [tsɪ'no:bɐ] **der; ~s, ~ a)** cinnabar; **b)** *o. Pl.; österr.:* **das; ~s** *(~rot)* vermilion; **c)** *o. Pl. (salopp abwertend) (wertloses Zeug)* junk; rubbish; *(Unsinn)* twaddle; **~ machen** make a big fuss

**zinnober·rot** *Adj.* vermilion

**Zinn-: ~soldat der** tin soldier; **~teller der** pewter plate

**Zins** [tsɪns] **der; ~es, ~en** *od.* **~e a)** *Pl.* **~en** *(Geld)* interest; **~en tragen** *od.* **bringen** earn interest; **zu 8 % ~en** at 8 % interest; **bei einem ~ von 8 %** at 8 % interest; **die ~en sind gestiegen** interest rates have gone up; **jmdm. etw. mit ~en** *od.* **mit ~ und Zinseszins zurückzahlen** *(fig.)* make sb. pay dearly for sth.; **b)** *Pl.* **~e** *(südd., österr., schweiz.: Miet~)* rent

**Zins·erhöhung die** increase in the rate of interest

**Zinses·zins der; ~es, ~en** compound interest

**zins-, Zins-: ~fuß der** interest rate; **~günstig** *(Finanzw.)* **1.** *Adj.* at a favourable rate of interest *postpos.*; low-interest ‹*credit, loan*›; high-interest, high-yield ‹*savings scheme, investment, etc.*›; **2.** *adv.* at a favourable rate of interest; **~los 1.** *Adj.* interest-free; **2.** *adv.* free of interest; **~pflichtig** *Adj.* liable to interest *postpos.*; **... ist ~pflichtig** interest is payable on ...; **~politik die** policy on interest rates; **~rech-**

**nung die** calculation of interest; **~satz der** interest rate; **~senkung die** reduction of interest rates
**Zionismus** [tsio'nɪsmʊs] **der;** ~: Zionism *no art.*
**Zionist der, Zionistin, die;** ~, ~**nen** Zionist
**zionistisch** *Adj.* Zionist
**Zipfel** ['tsɪpfl] **der;** ~**s,** ~ *(einer Decke, eines Tisch-, Handtuchs usw.)* corner; *(Wurst~, eines Halstuchs)* [tail-]end; *(einer ~mütze)* point; *(Spitze eines Sees usw.)* tip
**zipfelig** *Adj.* uneven ⟨*hem*⟩; ⟨*coat, skirt*⟩ with an uneven hem
**Zipfel·mütze die** [long-]pointed cap
**Zipp** ⓦ [tsɪp] **der;** ~**s,** ~**s** *(österr.)* zip
**Zipperlein** ['tsɪpɐlain] **das;** ~ *(ugs. veralt.)* gout
**Zipp·verschluß der** *(österr.)* zip-fastener
**Zirbel-** ['tsɪrbl]: **~drüse die** *(Biol.)* pineal gland; **~kiefer die** Swiss [stone] pine; arolla pine
**Zirconium** *(fachspr.) s.* **Zirkonium**
**zirka** ['tsɪrka] *Adv.* about; approximately
**Zirkel** ['tsɪrkl] **der;** ~**s,** ~ **a)** *(Gerät)* [pair *sing.* of] compasses *pl.;* **b)** *(Kreis, Gruppe; beim Pferdesport; DDR: Arbeitsgemeinschaft)* circle; **c)** *s.* **Zirkeldefinition; Zirkelschluß**
**Zirkel-: ~definition die** circular definition; **~kasten der** compasses-case
**zirkeln 1.** *tr. V. (genau abmessen)* measure out precisely; **gezirkelt** precisely laid out; **er zirkelte den Ball genau in die linke obere Ecke** *(Fußballjargon)* he placed the ball with precision in the top left-hand corner. **2.** *itr. V. (ugs.: sehr genau arbeiten)* try to get things just right
**Zirkel·schluß der** circular argument
**Zirkonium** [tsɪr'ko:nium] **das;** ~**s** zirconium
**zirkular** [tsɪrku'la:ɐ] *(Physik, Fot.)* **1.** *Adj.* circular **2.** *adv.* circularly
**Zirkulation** [tsɪrkula'tsio:n] **die,** ~, ~**en a)** circulation; **b)** *(Fechten)* circular parry
**zirkulieren** *itr. V.; auch mit sein* circulate
**Zirkumflex** [tsɪrkʊm'flɛks] **der;** ~**es,** ~**e** *(Sprachw.)* circumflex
**Zirkus** ['tsɪrkʊs] **der;** ~, ~**se a)** circus; **b)** *(ugs.) o. Pl. (Trubel)* hustle and bustle; *(Krach)* to-do; rumpus *(coll.); (Umstände)* **mach nicht so einen ~!** don't make such a fuss!
**Zirkus-: ~pferd das** circus horse; **~vorstellung die** circus performance; **~zelt das** big top
**zirpen** ['tsɪrpn] *itr. V.* chirp
**Zirren** *s.* **Zirrus**
**Zirrhose** [tsɪ'ro:zə] **die;** ~, ~**n** *(Med.)* cirrhosis
**Zirrus** ['tsɪrʊs] **der;** ~, ~ *od.* **Zirren, Zirrus·wolke die** *(Met.)* cirrus [cloud]
**zirzensisch** [tsɪr'tsɛnzɪʃ] *Adj.* circus *attrib.*
**zisalpin** [tsɪsˌal'pi:n] *Adj.* cisalpine
**Zischelei die;** ~, ~**en** whispering
**zischeln** ['tsɪʃln] *tr. V.* whisper angrily
**zischen** ['tsɪʃn] **1.** *itr. V.* **a)** hiss; ⟨*hot fat*⟩ sizzle; **b)** *mit sein* hiss; *(ugs.: flitzen)* whizz. **2.** *tr. V.* **a)** *(zischend sprechen)* hiss; **b) ein Bier/einen** ~ *(ugs.)* knock back a beer *(coll.)*/knock one back *(coll.)*
**Zisch·laut der** *(Sprachw.)* sibilant
**Ziseleur** [tsize'lø:ɐ] **der;** ~**s,** ~**e** engraver
**Ziselier·arbeit die** engraving; *(von Gold, Silber)* chasing *no indef. art.; (Produkt)* piece of engraved/chased work
**ziselieren** [tsize'li:rən] *tr., itr. V.* engrave; chase ⟨*gold, silver*⟩
**Ziselierer der;** ~**s,** ~ *s.* **Ziseleur**
**Ziselierung die;** ~, ~**en** engraving; *(von Gold, Silber)* chasing
**Zisterne** [tsɪs'tɛrnə] **die;** ~, ~**n** [underground] tank *or* cistern
**Zisterzienser** [tsɪstɛr'tsiɛnzɐ] **der;** ~**s,** ~, **Zisterziensérin die,** ~, ~**nen** Cistercian [monk/nun]
**Zisterzienser·orden der** Cistercian order
**Zitadelle** [tsita'dɛlə] **die;** ~, ~**n** citadel
**Zitat** [tsi'ta:t] **das;** ~**[e]s,** ~**e** quotation **(aus** from); **falsches** ~: misquotation
**Zitaten-: ~sammlung die** collection of quotations; **~schatz der** store of quotations
**Zither** ['tsɪtɐ] **die;** ~, ~**n** zither
**Zither·spieler der** zither-player
**zitieren** [tsi'ti:rən] *tr., itr. V.* **a)** quote **(aus, nach** from); *(Rechtsspr.: anführen)* cite; **..., ich zitiere: „..."** ... and I quote: '...'; *(wie er usw. sich ausdrückt)* '...', as he *etc.* puts it; **falsch** ~: misquote; **b)** *(vorladen, rufen)* summon **(vor** before, **zu** to)
**Zitronat** [tsitro'na:t] **das;** ~**[e]s** candied lemon-peel
**Zitrone** [tsi'tro:nə] **die;** ~, ~**n** lemon; **jmdn. ausquetschen wie eine** ~ *(ugs.) (ausfragen)* pump sb.; *(ausbeuten)* bleed sb. dry
**zitronen-, Zitronen-: ~falter der** brimstone butterfly; **~gelb** *Adj.* lemon-yellow; **~limonade die** lemonade; **~melisse die** lemon balm; **~presse die** lemon-squeezer; **~saft der** lemon-juice; **~säure die** *(Chemie)* citric acid; **~schale die** lemon-peel
**Zitrus·frucht** ['tsitrʊs-] **die** citrus fruit
**Zitter-: ~aal der** electric eel; **~gras das** quaking grass
**zittern** ['tsɪtɐn] *itr. V.* **a)** tremble **(vor** + *Dat.* with); *(vor Kälte)* shiver; ⟨*needle, arrow, leaf, etc.*⟩ quiver; *(flimmern)* ⟨*air*⟩ shimmer; *(beben)* ⟨*walls, windows*⟩ shake; **mit ~der Stimme** in a trembling *or* quavering voice; **b)** *(Angst haben)* tremble; quake; **vor jmdm./etw.** ~: be terrified of sb./sth.; **er zittert vor der Prüfung** he's scared stiff *(coll.)* about the exam; **mit Zittern und Zagen** in fear and trembling; **um jmdn./etw.** ~: be very worried about sb./sth.; **für jmdn.** ~: be anxious for sb.; **c)** *mit sein (salopp: gehen)* **nach Hause** ~: slope off home *(sl.)*
**Zitter-: ~pappel die** aspen; **~partie die** *(Sportjargon, auch fig.)* nail-biting affair; **~rochen der** torpedo ray
**zittrig 1.** *Adj.* shaky; doddery ⟨*old man*⟩. **2.** *adv.* shakily
**Zitze** ['tsɪtsə] **die;** ~, ~**n** teat
**Zivi** ['tsi:vi] **der;** ~**s,** ~**s** *(ugs.) s.* **Zivildienstleistende**
**zivil** [tsi'vi:l] **1.** *Adj.* **a)** civilian ⟨*life, population*⟩; non-military ⟨*purposes*⟩; civil ⟨*aviation, marriage, law, defence*⟩; *s. auch* **Ersatzdienst; b)** *(annehmbar)* decent; reasonable. **2.** *adv.* decently; reasonably
**Zivil das;** ~**s a)** civilian clothes *pl.;* **Polizist in** ~: plain-clothes policeman; **b)** *(schweiz.: Familienstand)* marital status
**Zivil-: ~beruf der** civilian profession *or* job; **~bevölkerung die** civilian population; **~courage die** courage of one's convictions; **~diener der** *(österr.) s.* **Ersatzdienstleistende; ~dienst der;** *o. Pl. s.* **Ersatzdienst; ~dienst·leistende der;** ~**n,** ~**n;** *adj. Dekl.,* **~dienstler** [~di:nstlɐ] **der,** ~**s,** ~ *(ugs.) s.* **Ersatzdienstleistende; ~ehe die** civil marriage; **~flug·hafen der** civil airport; **~gericht das** civil court; **~gesetz·buch** *(schweiz., DDR)* civil code
**Zivilisation** [tsiviliza'tsio:n] **die;** ~, ~**en** civilization; **eine hohe/niedrige** ~: a high/low level of civilization; **fortschreitende** ~: progressively increasing degree of civilization
**Zivilisations·krankheit die** disease of modern civilization *or* society
**zivilisations·müde** *Adj.* weary of modern civilization *postpos.*
**zivilisatorisch** [tsiviliza'to:rɪʃ] **1.** *Adj.* ⟨*development, level, standard*⟩ of civilization. **2.** *adv.* with regard to civilization
**zivilisieren** *tr. V.* civilize
**zivilisiert 1.** *Adj.* civilized. **2.** *adv.* in a civilized way
**Zivilist der;** ~**en,** ~**en** civilian
**Zivil-: ~kammer die** *(Rechtsw.) chamber for civil matters;* **~klage die** *(Rechtsw.)* private action *or* prosecution; **~kleidung die** civilian clothes *pl;* **~leben das** civilian life; **~luft·fahrt die** civil aviation; **~person die** civilian; **~prozeß der** *(Rechtsw.)* civil action; **~prozeß·ordnung die** *(Rechtsw.)* civil procedure; **~recht das;** *o. Pl.* civil law; **~richter der** civil judge; **~sache die** *(Rechtsw.)* civil case; **~schutz der** civil defence; **~trauung die** civil wedding; **~verfahren das** *(Rechtsw.)* civil proceedings *pl.*
**ZK** [tsɛt'ka:] **das;** ~**s,** ~**s** *Abk.* **Zentralkomitee**
**Zloty** ['zlɔti] **der;** ~**s,** ~**s** zloty
**Znüni** ['tsny:ni] **der** *od.* **das;** ~**s,** ~**s** *(schweiz.)* mid-morning snack
**Zobel** ['tso:bl] **der;** ~**s,** ~: sable
**Zobel·pelz der** sable [fur]
**zockeln** ['tsɔkln] *s.* **zuckeln**
**Zofe** ['tso:fə] **die;** ~, ~**n** *(hist.)* lady's maid
**Zoff** [tsɔf] **der;** ~**s** *(ugs.)* rowing *(coll.);* squabbling; ~ **machen** cause trouble; **mit jmdm.** ~ **haben** have a set-to with sb.
**zog** *1. u. 3. Pers. Sg. Prät. v.* **ziehen**
**zögerlich** ['tsø:gɐlɪç] **1.** *Adj.* hesitant; tentative. **2.** *adv.* hesitantly; tentatively
**zögern** *itr. V.* hesitate; **ich zögere nicht zu behaupten, daß ...:** I have no hesitation in saying that ...; **mit der Antwort** ~: hesitate before answering; **mit der Abreise** ~: delay one's departure; **ohne zu** ~: without hesitation; **nach einigem Zögern** after a moment's hesitation; **~d vorangehen** proceed hesitantly
**Zögling** ['tsø:klɪŋ] **der;** ~**s,** ~**e** *(veralt.)* boarding pupil; boarder
**Zölibat** [tsøli'ba:t] **das** *od.* **der;** ~**[e]s,**~**e** celibacy *no art.*
[1]**Zoll** [tsɔl] **der;** ~**[e]s, Zölle** ['tsœlə] **a)** *(Abgabe)* [customs] duty; **auf dieser Ware liegt kein/ein hoher** ~: there is no duty/a high rate of duty on this article; **die Zölle senken** reduce rates of duty *or* [customs] tariffs; **b)** *(hist.: Benutzungsgebühr)* toll; ~ **erheben** charge a toll; **c)** *o. Pl. (Behörde)* customs *pl.*
[2]**Zoll der;** ~**[e]s,** ~: inch; **ein Nagel von 2** ~: a two-inch nail; **von 4** ~ **Durchmesser** 4 inches in diameter; **keinen** ~ **nachgeben** *od.* **weichen** *(fig.)* not give *or* budge an inch; **jeder** ~ *od.* ~ **für** ~ **ein Gentleman** *(fig.)* every inch a gentleman
**zoll-, Zoll-: ~abfertigung die** customs clearance; **die ~abfertigung passieren** go through custom; **bei der ~abfertigung** at the customs; **~amt das** customs house *or* office; **~aus·land das** *region outside one's own customs area;* **~beamte der, ~beamtin die** customs officer; **~breit** *Adj.* inch-wide; **~breit der;** ~, ~: **keinen ~breit zurückweichen** *(fig.)* not budge an inch
**zollen** *tr. V. (geh.)* **jmdm. etw.** ~: accord sb. sth.; **jmdm. Respekt/Bewunderung** ~: show sb. respect/admiration; **jmdm. Lob** ~: bestow praise upon sb.; **jmdm. Anerkennung** ~: give sb. recognition; **jmdm. Beifall** ~: applaud sb.; **jmdm./einer Sache Tribut** ~: pay tribute to sb./sth.
**zoll-, Zoll-: ~erklärung die** customs declaration; **~fahndung die** customs investigation; **~formalität die** customs formality; **~frei 1.** *Adj.* duty-free; free of duty *pred.;* **2.** *adv.* free of duty; **~gebiet das** customs area; **sich auf britischem ~gebiet befinden** be in the British customs area; **~grenz·bezirk der** frontier area under customs surveillance; **~grenze die** limit of a/the customs area; **~inland das** domestic customs area; **~kontrolle die** customs examination *or* check; **zur ~kontrolle gehen** go to customs for clearance
**Zöllner** ['tsœlnɐ] **der;** ~**s,** ~ **a)** *(ugs. veralt.)* customs officer; **b)** *(hist.: Steuereintreiber)* tax-collector; *(bibl.)* publican

**zoll-, Zoll-: ~pflichtig** *Adj.* dutiable; **~schranke die** customs barrier; **~station die, ~stelle, die** customs post; **~stock der** folding rule; **~union die** customs union; **~verein** *der (hist.)* **der Deutsche ~verein** the German customs union; the Zollverein

**Zombie** ['tsɔmbi] **der; ~[s], ~s** zombie

**Zone** ['tso:nə] **die; ~, ~n a)** zone; *(für Telefongespräche)* charge zone; *(für öffentlichen Nahverkehr)* fare zone; **b) die ~** *(ugs. veralt.)* East Germany

**Zonen-: ~grenze die a) die ~grenze** *(ugs. veralt.)* the East German border; **b)** *(hist.: zwischen Besatzungszonen)* zonal frontier; **~rand·gebiet das** area along the East German border; **~zeit die** zone time

**Zoo** [tso:] **der; ~s, ~s** zoo; **im/in den ~:** at/to the zoo

**Zoo·handlung die** pet shop

**Zoologe** [tsoo'lo:gə] **der; ~n, ~n** zoologist

**Zoologie die; ~:** zoology *no art.*

**Zoologin die; ~, ~nen** zoologist

**zoologisch 1.** *Adj.* zoological; **~er Garten** zoological gardens *pl.;* **~er Bedarf** *pet foods and accessories pl.* **2.** *adv.* zoologically; **~ interessiert/beschlagen** interested in/knowledgeable about zoology

[1]**Zoom** [zu:m] **das; ~s, ~s** *(Film, Fot.: Objektiv)* zoom

[2]**Zoom der; ~s, ~s** *(Film: Aufnahme)* zoom shot

**zoomen** ['zu:mən] *itr., tr. V. (Film)* zoom

**Zoom·objektiv das** *(Film, Fot.)* zoom lens

**Zoo-: ~technik die** *(DDR)* zootechnics *sing., no art.;* **~techniker der** *(DDR)* zootechnics expert; **~tier das** zoo animal; **~wärter der** zookeeper

**Zopf** [tsɔpf] **der; ~[e]s, Zöpfe** ['tsœpfə] **a)** plait; *(am Hinterkopf)* pigtail; **sich** *(Dat.)* **Zöpfe flechten** plait one's hair [into pigtails]; **falscher ~:** false braid; **einen alten ~ abschneiden** *(fig.)* put an end to an antiquated custom *or* practice; **b)** *(Backwerk)* plait

**Zopf·band das;** *Pl.* **~bänder** pigtail ribbon

**Zöpfchen** ['tsœpfçən] **das; ~s, ~:** small plait/pigtail

**Zopf-: ~muster das** cable pattern; **~spange die** hair-slide *(Brit.),* barnette *(Amer.) (for a pigtail);* **~stil der;** *o. Pl. (Kunstwiss.) plain style of the late 18th century;* **~zeit die,** *o. Pl. (Kunstwiss.)* age of the Zopfstil

**Zorn** [tsɔrn] **der; ~[e]s** anger; *(stärker)* wrath; fury; **ihn packte der ~:** he flew into a rage; **einen ~ auf jmdn. haben** *(ugs.)* be furious with sb.; **jmds. ~ erregen** anger sb.; **der ~ der Götter** the wrath of the Gods; **vor ~ kochen** be boiling with rage; **gerechter ~:** righteous anger; **im ~:** in a rage; in anger

**Zorn-: ~ader die** *in* **jmdm. schwillt die ~ader** *(geh.)* sb. flies into a rage; **~ausbruch der** angry outburst; fit of rage

**Zornes-: ~ader** *s.* **Zornader; ~falte die** *(geh.)* vertical line [on the brow]; angry furrow; **~röte die** *(geh.) in* **jmdm. die ~röte ins Gesicht treiben** make sb. flush with anger; **jmdm. steigt die ~röte ins Gesicht** sb. flushes with anger

**zornig 1.** *Adj.* furious; **~ über etw.** furious about sth.; **~ auf** *od.* **über jmdn.** furious with sb. **2.** *adv.* furiously

**Zorn·röte die** *s.* **Zornesröte**

**Zote** ['tso:tə] **die; ~, ~n** dirty joke

**Zoten·reißer der; ~s, ~** *(abwertend)* teller of dirty jokes

**zotig 1.** *Adj.* smutty; dirty ‹*joke*›. **2.** *adv.* smuttily

**Zotte** ['tsɔtə] **die; ~, ~n a)** *(Haarbüschel)* shaggy tuft [of hair]; **b)** *(Anat.)* villus

**Zottel** ['tsɔtl̩] **die; ~, ~n** *(ugs.)* **a)** *s.* **Zotte a; b)** *Pl. (abwertend: Haare)* shaggy locks

**Zottel·haar das** *(ugs.)* shaggy *or* unkempt hair

**zottelig 1.** *Adj.* shaggy. **2.** *adv.* **die Haare hingen ihr ~ ins Gesicht** her hair hung shaggily over her face

**Zottel·kopf der** *(ugs.)* **a)** *(Frisur)* shaggy hair; **b)** *(Person)* shaggy-haired type

**zotteln** *itr. V.; mit sein (ugs.)* saunter; amble

**Zottel·trab der** jogtrot

**zottig** *Adj.* shaggy

**ZPO** [tsɛtpe:'o:] **die; ~** *Abk.* **Zivilprozeßordnung**

**Z-Soldat der** *(Militärjargon) s.* **Zeitsoldat**

**Ztr.** *Abk.* **Zentner** cwt.

**zu** [tsu:] **1.** *Präp. mit Dat.* **a)** *(Richtung)* to; **zu ... hin** towards ...; **er kommt zu mir** *(besucht mich)* he is coming to my place; **b)** *(zusammen mit)* with; **zu dem Käse gab es Wein** there was wine with the cheese; **das paßt nicht zu Bier/zu dem Kleid** that doesn't go with beer/with that dress; **c)** *(Lage)* at; **zu beiden Seiten** on both sides; **zu seiner Linken** *(geh.)* on his left; **es ist zu Wasser und zu Lande zu erreichen** it can be reached by water and overland; **er kam zu dieser Tür herein** he came in by this door; **der Dom zu Speyer** *(veralt.)* Speyer Cathedral; **er wurde zu Köln geboren** *(veralt.)* he was born in Cologne; **das Gasthaus zu den drei Eichen** the Three Oaks Inn; **der Graf zu Mansfeld** the Count of Mansfeld; **d)** *(zeitlich)* at; **zu Weihnachten** at Christmas; **was schenkst du ihnen zu Weihnachten** what will you give them for Christmas?; **er will zu Ostern verreisen** he wants to go away for Easter; **zu Anfang des Jahres** at the beginning of the year; **zu dieser Stunde** at this time; **zu meiner Zeit** in my day; *s. auch* **Lebzeiten; e)** *(Art u. Weise)* **zu meiner Zufriedenheit/Überraschung** to my satisfaction/surprise; **zu seinem Vorteil/Nachteil** to his advantage/disadvantage; **zu niedrigen Preisen** at low prices; **zu deutsch** *(fig.)* in plain German; in words of one syllable; *(bei Mengenangaben o. ä)* **zu Dutzenden/zweien** by the dozen/in twos; **sie sind zu einem Drittel/zu 50 % arbeitslos** a third/50 % of them are jobless; **zu einem großen Teil** largely; to a large extent; **f)** *(ein Zahlenverhältnis ausdrückend)* **ein Verhältnis von 3 zu 1** a ratio of 3 to 1; **das Ergebnis war 2 zu 1** the result was 2–1 *or* 2 to 1; **g)** *(einen Preis zuordnend)* at; for; **Stoff zu zwanzig Mark der Meter** cloth at *or* for twenty marks a metre; **fünf Briefmarken zu fünfzig [Pfennig]** five 50-pfennig stamps; **h)** *(eine Zahlenangabe zuordnend)* **ein Faß zu zehn Litern** a ten-litre barrel; **Portionen zu je einem Pfund** portions weighing a pound each; **i)** *(Zweck)* for; **zu einer weiteren Behandlung nach X fahren** go to X for further treatment; **sie sagte das zu seiner Beruhigung** she said it to allay his fears; **Stoff zu einem Kleid** material for a dress; **j)** *(Ziel, Ergebnis)* into; **zu etw. werden** turn into sth.; **die Kartoffeln zu einem Brei zerstampfen** mash the potatoes into a puree; **das hat ihn zu meinem Freund gemacht** that made him my friend; **zu Staub zerfallen** crumble into dust; **k)** *(über)* about; on; **sich zu etw. äußern** comment on sth.; **zu welchem Thema spricht er?** what is he going to speak about?; **was sagst du zu meinem Vorschlag?** what do you say to my proposal?; **l)** *(gegenüber)* **freundlich/häßlich zu jmdm. sein** be friendly/nasty to sb.; **Liebe zu jmdm. empfinden** have feelings of love towards sb.; *s. auch* **zum; zur. 2.** *Adv.* **a)** *(allzu)* too; **zu sehr** too much; **er ist zu alt, um diese Reise zu unternehmen** he is too old to undertake this journey; **das ist ja zu schön/komisch!** that's really wonderful/hilarious!; that's too wonderful/hilarious for words!; **b)** *nachgestellt (Richtung)* towards; **der Grenze zu** towards the border; **dem Fenster zu stand ein Polizist** a policeman stood over towards the window; **c)** *(ugs.) elliptisch* **Augen/Tür zu!** shut your eyes/the door!; **d)** *(ugs.: Aufforderung)* **nur zu!** *(fang/fangt an!)* get going!; get down to it!; *(mach/macht weiter!)* get on with it!; **dort gehst du richtig, nur zu!** you're going the right way, just keep going!; **Wir sind fertig. – Na, dann zu!** We're ready. – Right, let's go!. **3.** *Konj.* **a)** *(mit Infinitiv)* to; **ich bat ihn zu helfen** I asked him to help; **du hast zu gehorchen** you must obey; **was gibt's da zu lachen?** what is there to laugh about?; **er ist heute nicht zu sprechen** he is not available today; **die Wände sind noch zu streichen** the walls still have to be painted; **das ist nicht zu glauben** it is unbelievable; **Haus zu verkaufen/vermieten** house for sale/to let; **b)** *(mit 1. Part.)* **die zu gewinnenden Preise** the prizes to be won; **die zu erledigende Post** the letters *pl.* to be dealt with

**zu·aller·erst** *Adv.* first of all; *(hauptsächlich)* above all else

**zu·aller·letzt** *Adv.* last of all

**zu|arbeiten** *itr. V.* **jmdm. ~:** assist sb. [with preparatory work]

**zu|bauen** *tr. V.* **a)** develop, build on ‹*land*›; **b)** *(ugs.: versperren)* block ‹*entrance, door*›; obstruct ‹*view*›

**Zubehör** ['tsu:bəhø:ɐ̯] **das; ~[e]s, ~e** *od. schweiz.* **~den** accessories *pl.; (eines Staubsaugers, Mixers o. ä.)* attachments *pl.; (Ausstattung)* equipment; **mit allem ~:** with all accessories *pl.;* fully equipped ‹*workshop, kitchen, etc.*›

**zu|beißen** *unr. itr. V.* bite; **einen Hund ärgern, bis er zubeißt** tease a dog until he bites one

**zu|bekommen** *unr. tr. V.* get ‹*suitcase, door, etc.*› shut; get the top on ‹*bottle*›; get ‹*clothes, buttons*› done up; manage to repair ‹*leak*›; manage to mend ‹*hole*›

**Zuber** ['tsu'bɐ] **der; ~s, ~** *(bes. südd.)* tub

**zu|bereiten** *tr. V.* prepare ‹*meal, food, cocktail, etc.*›; make up ‹*medicine, ointment*›; *(kochen)* cook ‹*fish, meat, etc.*›

**Zu·bereitung die; ~, ~en** preparation; *(von Arznei)* making up; *(Kochen)* cooking

**zu|betonieren** *tr. V.* concrete over; cover in concrete

**Zu·bett·gehen das; ~s: vorm/beim ~:** before/on going to bed

**zu|bewegen 1.** *tr. V.* **etw. auf jmdn./etw. ~:** move sth. towards sb./sth. **2.** *refl. V.* **sich auf etw. ~:** move towards sth.

**zu|billigen** *tr. V.* **jmdm. etw. ~:** grant *or* allow sb. sth.; **jmdm. ~, daß er in gutem Glauben gehandelt hat** accept that sb. acted in good faith; **dem Angeklagten mildernde Umstände ~:** allow the accused's plea of extenuating circumstances

**Zu·billigung die; ~, ~en** granting; allowing; **er wurde unter ~ mildernder Umstände für schuldig befunden** he was found guilty but with extenuating circumstances

**zu|binden** *unr. tr. V.* tie [up]

**zu|blinzeln** *itr. V.* **jmdm. ~:** wink at sb.

**zu|bringen** *unr. tr. V.* **a)** *(verbringen)* spend; **b)** *(landsch.) s.* **zubekommen**

**Zu·bringer der; ~s, ~** *(Verkehrsw.)* **a)** *(Straße)* access *or* feeder road; **b)** *(Verkehrsmittel)* shuttle; *(Flughafenbus o. ä.)* courtesy bus

**Zu·brot das;** *o. Pl.* bit extra *or* on the side; **er ist auf ein ~ angewiesen** he is forced to earn a bit on the side

**zu|buttern** *tr., itr. V. (ugs.)* chip in *(coll.)*

**Zucchetto** [tsu'kɛto] **der; ~s, Zucchetti** *(schweiz.),* **Zucchino** [tsu'ki:no] **der; ~s, Zucchini** courgette *(Brit.);* zucchini *(Amer.)*

**Zucht** [tsʊxt] **die; ~, ~en a)** *o. Pl. (Züchtung) (von Tieren)* breeding; *(von Pflanzen)* cultivation; breeding; *(von Bakterien, Perlen)* culture; **b)** *(Zuchtergebnis) (von Tieren)* breed; *(von Pflanzen)* variety; strain; *(von Bakterien)* culture; strain; **ein Pferd aus deutscher ~:** a German-bred horse; **Pflan-**

zen/Tiere aus meiner ~: plants which I have grown/animals which I have bred; **c)** *(Einrichtung)* breeding establishment; *(für Pferde)* stud; *(für Pflanzen)* plant-breeding establishment; **d)** *o. Pl. (geh.: Disziplin)* discipline; **für ~ und Ordnung sorgen** keep order; **jmdn. in strenge ~ nehmen** take sb. firmly in hand

**Zụcht-: ~bulle der** breeding bull; **~eber der** breeding boar

**zụ̈chten** ['tsʏçtn̩] *tr. V. (auch fig.)* breed; cultivate ⟨*plants*⟩; culture ⟨*bacteria, pearls*⟩

**Zụ̈chter der; ~s, ~, Zụ̈chterin, die; ~, ~nen** breeder; *(von Pflanzen)* grower [of new varieties]; plant-breeder

**Zụcht·haus das a)** *(Gefängnis)* [long-stay] prison; penitentiary *(Amer.)*; **b)** *o. Pl. (Strafe)* [severest form of] imprisonment; imprisonment in a penitentiary *(Amer.)*; *(mit Zwangsarbeit)* penal servitude *(hist.)*

**Zụchthäusler** [-hɔyslɐ] **der; ~s, ~** *(veralt.)* convict

**Zụchthaus·strafe die** [severe] prison sentence; sentence to a penitentiary *(Amer.)*; **eine lebenslange ~:** life imprisonment; a life sentence

**Zụcht·hengst der** stud-horse; breeding stallion

**zụ̈chtig** *(veralt.)* **1.** *Adj.* demure. **2.** *adv.* demurely

**zụ̈chtigen** ['tsʏçtɪgn̩] *tr. V. (geh.)* beat; thrash; *(fig.: bestrafen)* castigate

**Zụ̈chtigung die; ~, ~en** *(geh.)* beating; thrashing; *(fig.: Bestrafung)* castigation; **körperliche ~:** corporal punishment

**zụcht·los** *(veralt.)* **1.** *Adj.* undisciplined; *(unzüchtig)* licentious. **2.** *adv.* without discipline; in an undisciplined way; *(unzüchtig)* licentiously

**Zụchtlosigkeit die; ~, ~en** *(veralt.)* **a)** *o. Pl.* lack of discipline; *(Unzüchtigkeit)* licentiousness; **b)** *(Verhalten)* impropriety

**Zụcht-: ~perle die** cultured pearl; **~tier das** breeding animal

**Zụ̈chtung die; ~, ~en a)** *(das Züchten)* breeding; *(von Pflanzen)* cultivation; **b)** *(Zuchtergebnis)* strain

**zuck** [tsʊk] *s.* **ruck, zuck**

**zuckeln** ['tsʊkl̩n] *itr. V.; mit sein* saunter; amble; *(schleppend)* trail; ⟨*cart etc.*⟩ trundle

**Zụckel·trab der** *(ugs.)* jogtrot

**zụcken** *itr. V.; mit Richtungsangabe mit sein* twitch; ⟨*body, arm, leg, etc.*⟩ jerk; *(vor Schreck)* start; ⟨*flames*⟩ flicker, flare up; ⟨*light, lightning*⟩ flicker, flash; ⟨*whip*⟩ flick **(nach** at); ⟨*dragon-fly*⟩ flick; ⟨*clock-hand*⟩ jerk; **er zuckte zur Seite** he jumped to one side; **mit der Hand ~:** jerk one's hand; **mit den Achseln/Schultern ~:** shrug one's shoulders; **er ertrug den Schmerz, ohne auch nur zu ~:** he bore the pain without even flinching; **es zuckte in seinem Gesicht/um ihren Mund** his face twitched/there was a twitch around her mouth

**zụ̈cken** ['tsʏkn̩] *tr. V.* draw ⟨*sword, dagger, knife*⟩; *(scherzh.)* take out, produce ⟨*wallet, notebook, camera, etc.*⟩

**Zụcker der; ~s, ~ a)** sugar; **~ sein** *(fig. salopp)* be fabulous *(coll.)*; **b)** *o. Pl. (Medizinjargon) s.* **Blutzuckerspiegel; c)** *o. Pl. (ugs.: ~krankheit)* diabetes; **~ haben** be a diabetic

**Zụcker·bäcker der** *(veralt., bes. südd., österr.)* confectioner

**Zụckerbäcker·stil der;** *o. Pl. (Archit.)* wedding-cake style

**Zụcker·brot das** *in* **mit ~ und Peitsche** with a carrot and a stick

**zụcker-, Zụcker-: ~dose die** sugar bowl; **~erbse die** edible-podded *or* mange-tout pea; **~guß der** icing; **~hut der** sugar loaf; **~krank** *Adj.* diabetic; **~krankheit die** diabetes

**Zụckerl das; ~s, ~[n]** *(südd., österr.)* sweet *(Brit.)*; candy *(Amer.)*; *(fig.)* sweetener; enticement

**Zụcker-: ~lecken das** *s.* **Honiglecken; ~lösung die** sugar solution; *(sirupartig)* syrup

**zụckern** *tr. V.* sugar

**zụcker-, Zụcker-: ~puppe die** *(ugs.)* sweet little thing; sweetie *(coll.)*; **~rohr das** sugar cane; **~rübe die** sugar beet; **~schlecken das** *s.* **Honiglecken; ~stange die** stick of rock; **~streuer der** sugar-caster; **~süß 1.** *Adj.* as sweet as sugar *postpos.*; beautifully sweet; *(fig. abwertend)* saccharine, sugary ⟨*picture, smile, etc.*⟩; **2.** *adv.* **~süß lächeln** *(fig. abwertend)* give a saccharine *or* sugary smile; **~wasser das** *o. Pl.* sugar-water; **~watte die** candy-floss; **~zange die** sugar-tongs *pl.*; **~zeug das;** *o. Pl. (veralt.)* sweet things *pl.*; confectionery

**zụckrig** *Adj.* sugary

**Zụckung die; ~, ~en** twitch; **letzte ~en** death throes

**Zu̲·decke die** *(ugs.)* cover

**zu̲|decken** *tr. V.* cover up; cover [over] ⟨*well, ditch*⟩; **sich ~:** tuck oneself up; **gut/warm zugedeckt** well/warmly tucked up

**zu·de̲m** *Adv. (geh.)* moreover; furthermore

**zu̲|denken** *unr. tr. V. (geh.)* **jmdm. etw. ~:** intend sth. for sb.

**zu̲|diktieren** *tr. V.* **jmdm. etw. ~:** impose sth. on sb.

**zu̲|drehen 1.** *tr. V.* **a)** *(abdrehen)* turn off ⟨*tap, heating, water, gas*⟩; *(schließen)* screw ⟨*valve, container*⟩ shut; **b)** *(zuwenden)* **jmdm. den Kopf/Rücken ~:** turn one's head towards/one's back on sb. **2.** *refl. V.* **sich jmdm./etw. ~:** turn to *or* towards sb./sth.

**zu̲·dringlich 1.** *Adj.* pushy *(coll.)*, pushing ⟨*person, manner*⟩; *(sexuell)* importunate ⟨*person, manner*⟩; prying ⟨*glance*⟩; **er wurde ~:** he began to force his attentions on her/me/*etc.* **2.** *adv.* importunately

**Zu̲·dringlichkeit die; ~, ~en a)** *o. Pl.* pushiness *(coll.)*; *(in sexueller Hinsicht)* importunate manner; **b)** *(Handlung)* **~en** insistent advances *or* attentions

**zu̲|drücken 1.** *tr. V.* press shut; push ⟨*door*⟩ shut; **er drückte ihr die Gurgel** *od.* **Kehle zu** he choked *or* throttled her; **sie drückte ihm** *(dem Toten)* **die Augen zu** she closed his eyes. **2.** *itr. V.* press

**zu̲|eignen** *tr. V. (geh.)* **jmdm. etw. ~:** dedicate sth. to sb.

**Zu̲·eignung die; ~, ~en** dedication

**zu̲|eilen** *itr. V.; mit sein* **auf jmdn./etw. ~:** hurry *or* rush towards sb./sth.

**zu·ein·ạnder** *Adv.* to one another; **Liebe ~ empfinden** have feelings of love towards one another; **gut/schlecht ~ passen** ⟨*things*⟩ go well together/not match; ⟨*people*⟩ be well-/ill-suited

**zueinạnder-: ~|finden** *unr. itr. V.* come together; *(fig.: sich einigen)* find common ground; **~|halten** *unr. itr. V.* stick together; **~|kommen** *unr. itr. V.; mit sein* meet up; get together; **~|stehen** *unr. itr. V.* stand by one another; stick together

**zu̲|erkennen** *unr. tr. V.* **jmdm. ein Recht ~:** grant sb. a right; **jmdm. eine Entschädigung/einen Preis ~:** award sb. compensation/a prize; **jmdm. einen Titel ~:** confer a title on sb.

**Zu̲erkennung die; ~, ~en** *(eines Rechts)* granting; *(einer Entschädigung, eines Preises)* award; *(eines Titels)* conferring

**zu·ẹrst** *Adv.* **a)** first; **ich muß ~ einmal etwas essen** I must have something to eat first; **er war ~ da** he was here first; he was the first to come; **wer ~ kommt, wird ~ bedient** first come, first served; **mit dem Kopf ~ ins Wasser springen** jump into the water head first; **b)** *(anfangs)* at first; to start with; **c)** *(erstmals)* first; for the first time

**Zu̲·erwerb der** *s.* **Nebenerwerb**

**Zu̲erwerbs·betrieb der** *(Landw.) holding which does not provide an adequate income without supplementation from non-agricultural work*

**zu̲|fächeln** *tr. V.* **jmdm. etw. ~:** waft sth. towards sb.; **jmdm./sich Kühlung ~:** fan sb./oneself

**zu̲|fahren** *unr. itr. V.; mit sein* **a)** *(sich zubewegen)* **auf jmdn./etw. ~:** head towards sb./sth.; *(zusteuern)* drive at *or* aim for sb./sth.; **auf jmdn./etw. zugefahren kommen** come towards sb./sth.; **b)** *(ugs.: los-, weiterfahren)* get a move on *(coll.)*; **fahr zu!** step on it! *(coll.)*

**Zu̲·fahrt die a)** *o. Pl.* access [for vehicles]; **die ~ zum Stadion erfolgt über die B 27** the stadium is approached along the B 27; **b)** *(Straße, Weg)* access road; *(zum Haus)* driveway

**Zu̲fahrts·straße die** access road; **~ zur Innenstadt** road leading to the town centre

**Zu̲·fall der** chance; *(zufälliges Zusammentreffen von Ereignissen)* coincidence; **es war [ein] reiner ~:** it was pure chance *or* coincidence; **der ~:** chance; **es ist kein ~, daß ...:** it is no accident that ...; **durch ~:** by chance *or* accident; **ich habe durch ~ gesehen, wo sie es versteckt hat** I happened to see where she hid it; **daß wir uns dort begegneten, war ~:** our meeting there was a coincidence; **das ist aber ein ~/was für ein ~!** what a coincidence!; **der ~ wollte es, daß das Seil riß** by a stroke of fate *or* as chance would have it, the rope broke; **der ~ hat uns dorthin geführt** fate led us there; **etw. dem ~ überlassen** leave sth. to chance; **das verdankt er nur einem ~:** he owes it to chance

**zu̲|fallen** *unr. itr. V.; mit sein* **a)** *(sich schließen)* ⟨*door etc.*⟩ slam shut; ⟨*eyes*⟩ close; **ihm fielen [vor Müdigkeit] die Augen zu** his eyelids were drooping [with tiredness]; **b)** *(zuteil werden, zukommen)* **jmdm. ~** ⟨*task*⟩ fall to sb.; ⟨*prize, inheritance*⟩ go to sb.; **ihm fällt alles nur so zu** everything just drops into his lap; **die Verantwortung fällt ihm zu** the responsibility is his

**zu̲·fällig 1.** *Adj.* accidental; chance *attrib.* ⟨*meeting, acquaintance*⟩; random ⟨*selection*⟩; **~e Ereignisse/Prozesse** *(Math.)* random events/processes. **2.** *adv.* by chance; **ich bin ~ hier vorbeigekommen** I just happened to be passing; **wissen Sie ~, wie spät es ist?** *(ugs.)* do you by any chance know the time?; **~ habe ich den Brief bei mir** as it happens, I have the letter on me; **es ist nicht ~ so, daß ...:** it is no accident *or* coincidence that ...

**zufälliger·we̲ise** *Adv. s.* **zufällig 2**

**Zu̲·fälligkeit die a)** *o. Pl.* accidental nature; fortuitousness; *(des Zusammentreffens von Ereignissen)* coincidental nature; **b)** *(zufälliges Ereignis)* coincidence; chance occurrence

**Zu̲falls-: ~auswahl die** random selection; **~bekanntschaft die** chance acquaintance; **~ergebnis das** chance result; **~fund der** chance find; **~generator der** *(Musik)* random generator; **~größe die** *(Math.) s.* **~variable; ~treffer der** fluke; **~variable die** *(Math.)* random variable; **~zahl die** *(Math.)* random number; **~ziffer die** *(Math.)* random digit

**zu̲|fassen** *itr. V.* **a)** *(zugreifen)* make a snatch *or* grab; **b)** *(ugs.) s.* **zupacken b**

**zu̲|fliegen** *unr. itr. V.; mit sein* **a) auf jmdn./etw. ~:** fly towards sb./sth.; **es kam auf mich zugeflogen** it came flying towards me; **b)** *(geflogen kommen)* **jmdm. ~** ⟨*bird*⟩ fly into sb.'s house; **ihm fliegen die Herzen zu** *(fig.)* all hearts surrender to his charms; **ihr fliegt in der Schule alles nur so zu** *(fig.)* schoolwork comes easily to her; **die Einfälle fliegen ihm nur so zu** *(fig.)* he is never short of inspiration; **c)** *(ugs.: zufallen)* ⟨*door, window, etc.*⟩ slam shut

**zu̲|fließen** *unr. itr. V.; mit sein* **a) einer Sache** *(Dat.)* **~:** flow towards sth.; *(in etw. hin-*

*einfließen)* flow into sth.; **b)** *(zukommen)* **jmdm./einer Sache ~** ‹*money etc.*› go to sb./sth.

**Zu̲·flucht die** refuge (**vor** + *Dat.* from); *(vor Unwetter o. ä.)* shelter (**vor** + *Dat.* from); **[seine] ~ zu etw. nehmen** *(fig.)* resort to sth.

**Zu̲fluchts-: ~ort der, ~stätte die** place of refuge; sanctuary

**Zu̲·fluß der a)** *o. Pl. (das Zufließen)* inflow; supply; *(fig.)* influx; **b)** *(Gewässer)* feeder stream/river

**zu̲|flüstern** *tr. V.* **jmdm. etw. ~:** whisper sth. to sb.

**zu·fo̲lge** *Präp. mit Dat.; nachgestellt* according to; **sein Vorschlag, dem ~ das Haus versteigert werden soll** his proposal that the house should be put up for auction

**zu·fri̲eden 1.** *Adj.* contented; *(befriedigt)* satisfied; **mit etw. ~ sein** be satisfied with sth.; **bist du jetzt ~?** are you satisfied [now]?; **ein ~es Gesicht machen** look contented *or* satisfied; **wir können ~ sein** we can't complain; **ich bin es ~** *(veralt.)* it's all right with me. **2.** *adv.* contentedly

**zufri̲eden|geben** *unr. refl. V.* be satisfied; **sich mit etw. nicht ~ wollen** refuse to accept sth.; **damit gebe ich mich nicht zufrieden** I cannot accept that

**Zufri̲edenheit die; ~:** contentment; *(Befriedigung)* satisfaction; **zu meiner vollen ~:** to my complete satisfaction

**zufri̲eden|lassen** *unr. tr. V.* **jmdn./etw. ~:** leave sb./sth. alone; **laß mich damit zufrieden!** stop going on at me about it! *(coll.)*

**zufri̲eden|stellen** *tr. V.* satisfy

**zufri̲edenstellend 1.** *Adj.* satisfactory. **2.** *adv.* satisfactorily

**zu̲|frieren** *unr. itr. V.; mit sein* freeze over

**zu̲|fügen** *tr. V.* **a) jmdm. etw. ~:** inflict sth. on sb.; **jmdm. Schaden/[ein] Unrecht ~:** do sb. harm/an injustice; **jmdm. eine Beleidigung/Kränkung ~:** insult/hurt sb.; *s. auch* **wollen; b)** *(hinzufügen)* **etw. einer Sache** *(Dat.)* **~:** add sth. to sth.

**Zufuhr** ['tsu:fu:ɐ̯] **die; ~:** supply; *(Material)* supplies *pl.*; **die ~ milder Meeresluft** the stream of mild sea air

**zu̲|führen 1.** *itr. V.* **auf etw.** *(Akk.)* **~:** lead towards sth. **2.** *tr. V.* **a)** *(zuleiten)* **einer Sache** *(Dat.)* **etw. ~:** supply sth. to sth.; supply sth. with sth.; **dem Motor Kraftstoff ~:** supply fuel to the engine; supply the engine with fuel; **b)** *(bringen)* **einer Firma Kunden/einer Partei Mitglieder ~:** bring new customers to a firm/new members to a party; **die Stute dem Hengst ~:** bring the mare to the stallion; **etw. seiner eigentlichen Bestimmung ~:** devote sth. to its proper purpose; **jmdn. der gerechten Strafe ~:** ensure that sb. gets condign punishment

**Zu·fuß·gehen das; ~s** walking

**Zug** [tsu:k] **der; ~[e]s, Züge** ['tsy:gə] **a)** *(Bahn)* train; *(Straßenbahn)* tram *(Brit.)*; streetcar *(Amer.)* *(consisting of two or more cars)*; *(Last~)* truck *or (Brit.)* lorry and trailer; **ich nehme lieber den ~** *od.* **fahre lieber mit dem ~:** I prefer to go by train *or* rail; **jmdn. vom ~ abholen/zum ~ bringen** meet sb. off/take sb. to the train; **jmdn. in den ~ setzen** *(ugs.)* put sb. on the train; **b)** *(Gespann von Zugtieren)* team; **ein ~ Ochsen** a team *or* yoke of oxen; **c)** *(Kolonne)* column; *(Umzug)* procession; *(Demonstrations~)* march; *(Vogelschar)* flock; **d)** *(das Ziehen)* pull; traction *(Phys.)*; *(fig.)* **das ist der ~ der Zeit** this is the modern trend *or* the way things are going; **die Sache hat einen ~ ins Lächerliche** there's something ridiculous about it; **dem ~ des Herzens folgen** follow the promptings of one's heart; **e)** *(Vorrichtung)* pull; *(einer Posaune)* slide; **f)** *(Wanderung)* migration; *(Streif~, Beute~, Diebes~)* expedition; **g)** *(beim Brettspiel)* move; **du bist am ~:** it's your move; **etw. ~ um ~ erledigen** *(fig.)* deal with sth. step by step; **Leistung/Erfüllung ~ um ~** *(Rechtsw.)* simultaneous performance; **zum ~e kommen** *(fig.)* get a chance; **h)** *(Schluck)* swig *(coll.)*; mouthful; *(großer Schluck)* gulp; **einen tiefen ~ [von etw.] nehmen** take a big gulp *or (literary)* deep draught [of sth.]; **das Glas auf einen** *od.* **in einem ~ leeren** empty the glass at one go; **einen Roman in einem ~ durchlesen** *(fig.)* read a novel at one sitting; **er hat einen guten ~** *(ugs.)* he can really knock it back *(coll.)*; **etw. in vollen Zügen genießen** *(fig.)* enjoy sth. to the full; **i)** *(beim Rauchen)* pull; puff; drag *(coll.)*; **j)** *(Atem~)* breath; **in tiefen** *od.* **vollen Zügen** in deep breaths; **in den letzten Zügen liegen** *(ugs.)* be at death's door; *(fig. scherzh.)* ‹*car, engine, machine*› be at its last gasp; ‹*project etc.*› be on the last lap; **k)** *o. Pl. (Zugluft; beim Ofen)* draught; **im ~ sitzen** sit in a draught; **der Kamin hat einen schlechten/guten ~:** the fire draws badly/well; **l)** *(Gesichts~)* feature; trait; *(Wesens~)* characteristic; trait; **seine Züge** his features; **in ihrem Gesicht lag ein ~ von Strenge** there was a hint of severity in her face; **die Stadt trägt noch dörfliche Züge** the town still has something of the village about it; **das ist ein charakteristischer ~ an ihm** it is a characteristic of his; **das war kein schöner ~ von ihr** that did her no credit; **m)** *(landsch.: Schublade)* drawer; **n)** *(Bewegung eines Schwimmers/Ruderers)* stroke; **o)** *(ugs.: Disziplin)* discipline; **jmdn. gut im ~ haben** have sb. well trained *or* under control; **in etw.** *(Dat.)* **ist ~** *(ugs.)* sth. has punch; **~ in etw.** *(Akk.)* **bringen** get sth. organized; **p)** *(Milit.: Einheit)* platoon; **q)** *(Schulw.: Zweig)* side; **r)** *(Höhen~)* range; chain; **die Züge des Odenwalds** the hills of the Odenwald; **s)** *(Abluftrohr)* flue; **t)** *(Schrift~; Strich)* stroke; **mit klaren Zügen geschrieben** written in a clear hand; **in großen/groben Zügen** *(fig.)* in broad outline

**Zu̲·gabe die a)** *(Geschenk)* [free] gift; **b)** *(im Konzert, Theater)* encore; **c)** *o. Pl. (das Zugeben)* addition; **unter sparsamer ~ von Wasser** adding water sparingly

**Zu̲g·ab·teil das** [train] compartment *(Brit.)*

**Zu̲·gang der a)** *(Weg)* access; *(Eingang)* entrance; **b)** *(das Betreten, Hineingehen)* access; **~ verboten!** no admittance!; **er hat jederzeit ~ zum Chef** he can see the boss *(coll.)* at any time; **c)** *(fig.)* access; **~ zu jmdm./etw. finden** be able to relate to sb./sth.; **d)** *o. Pl. (das Hinzukommen) (von Personen)* intake; *(von Patienten)* admission; *(Zuwachs)* increase (**von** in); **e)** *(Person, Sache) (Patient)* new admission; *(Soldat)* new recruit; *(Buch)* [new] accession; *(Ware)* new stock item

**zu·ga̲nge** *in* **irgendwo/mit jmdm./einer Sache ~ sein** *(ugs.)* be busy *or* occupied somewhere/with sb./sth.

**zugänglich** ['tsu:gɛŋlɪç] *Adj.* **a)** *(Zugang bietend)* accessible; *(geöffnet)* open; **schwer ~:** difficult to reach *pred.*; **die Zimmer sind von der Terrasse her ~:** the rooms can be reached from the terrace; **b)** *(zur Verfügung stehend)* available (*Dat.*, **für** to); *(verständlich)* accessible (*Dat.*, **für** to); **schwer ~es Material** material that is difficult to obtain; **c)** *(aufgeschlossen)* approachable ‹*person*›; **für neue Ideen** *usw.* **~ sein** be amenable *or* receptive to new ideas *etc*; **allem Schönen** *od.* **für alles Schöne ~ sein** respond to all that is beautiful

**Zu̲gänglichkeit die; ~ a)** accessibility; **schlechte ~:** difficulty of access; **b)** *(Aufgeschlossenheit)* receptiveness (**gegenüber** to)

**Zu̲g-: ~an·schluß der** [train] connection; **~begleiter der a)** *(Schaffner)* guard; **b)** *(Faltblatt)* train schedule leaflet; **~brücke die** drawbridge

**zu̲·geben** *unr. tr. V.* **a)** *(hinzufügen)* add (*Dat.* to); **[jmdm.] etw. ~:** give [sb.] sth. as an extra; **der Sänger gab noch ein Lied zu** the singer sang another song as an encore; **b)** *(gestehen, zugestehen)* admit; admit, confess ‹*guilt, complicity*›; admit to, confess to ‹*deed, crime*›; **sie gab zu, es gestohlen zu haben** she admitted stealing it *or* having stolen it; **ich gebe zu, daß ich mich geirrt habe** I admit [that] I was wrong; **gib's doch endlich zu!** come on, admit it!; **du wirst mir ~** *od.* **du wirst doch ~ müssen, daß ...:** you have to admit that...; **es war, zugegeben, viel Glück dabei** true, there was a lot of luck involved; **c)** *(erlauben)* allow; permit; **er wollte nicht ~, daß ich allein reise** he would not allow me to *or* let me travel alone

**zu̲·gegebener·ma̲ßen** *Adv.* admittedly

**zu·ge̲gen** *Adj. in* **~ sein** *(geh.)* be present

**zu̲|gehen** *unr. itr. V.; mit sein* **a)** *(sich nähern)* **auf jmdn./etw. ~:** approach sb./sth.; **sie sollten endlich aufeinander ~** *(fig.)* they should try to come together at last; **dem Ende ~:** be coming to an end; **es geht auf Weihnachten zu** it is coming up to for Christmas; **er geht schon auf die Achtzig zu** he is coming up to eighty; **b)** *(ugs.: vorangehen)* get a move on *(coll.)*; step on it *(coll.)*; **c)** *(Amtsspr.)* **jmdm. ~:** be sent to sb.; **jmdm. etw. ~ lassen** send sth. to sb.; **d)** *unpers. (geschehen, verlaufen)* **hier/dort geht es ... zu** things are ... here/there; **ich weiß, wie es zugegangen ist** I know what went on; **auf dem Fest ging es fröhlich zu** it was very jolly at the party; **es müßte seltsam ~, wenn das nicht gelänge** something remarkable would have to happen for that not to succeed; **es geht nicht mit rechten Dingen zu** there is something fishy going on *(coll.)*; **e)** *(ugs.: sich schließen)* close; shut; **f)** *(ugs.: sich schließen lassen)* **die Tür/der Knopf geht nicht zu** the door will not shut/the button will not fasten; **der Reißverschluß geht schwer zu** the zip is difficult to do up; **g)** *s.* **zulaufen e**

**Zu̲·geherin die; ~, ~nen, Zu̲·geh·frau die** *(bes. südd., österr.)* cleaning lady; *(Haushaltshilfe)* home help

**zu̲|gehören** *itr. V. (geh.)* **jmdm./einer Sache ~:** belong to sb./sth.

**zu̲·gehörig** *Adj.* belonging to it/them *postpos., not pred.*; *(begleitend)* accompanying; **der Kreis und die ~en Gemeinden** the district and the communities belonging to it; **einer Sache** *(Dat.)* **~:** belonging to sth.; **sich jmdm./einer Sache** *(Dat.)* **~ fühlen** have a feeling of belonging [to sb./sth.]

**Zu̲gehörigkeit die; ~:** belonging (**zu** to); *(Mitgliedschaft)* membership (**zu** of)

**Zu̲gehörigkeits·gefühl das;** *o. Pl.* sense of belonging

**zu̲·geknöpft** *Adj. (fig. ugs.)* tight-lipped; *(nicht zugänglich)* unapproachable

**Zügel** [tsy:gl̩] **der; ~s, ~ a)** rein; **ein Pferd am ~ führen** lead a horse by the reins; **einem Pferd in die ~ fallen** stop a horse by seizing the reins; **b)** *(fig.)* **die ~ [fest] in der Hand haben** be [firmly] in control; have things [firmly] under control; **die ~ straffer anziehen** tighten up on things; **jmdm./seiner Phantasie** *usw.* **~ anlegen** clamp down on sb./curb one's imagination *etc.*; **die ~ schießen lassen** let things take their course; **die ~ schleifen lassen** *od.* **lockern** slacken the reins

**zü̲gel·los** *(fig.)* **1.** *Adj.* unrestrained; unbridled ‹*rage, passion*›; limitless ‹*ambition*›; frantic ‹*rush, retreat*›; **ein ~es Leben führen** live a life of licentious indulgence. **2.** *adv.* without restraint; **~ leben** live a life of licentious indulgence

**Zügellosigkeit die; ~, ~en** lack of restraint; *(Unzüchtigkeit)* licentiousness

**zü̲geln** *tr. V.* **a)** rein [in] ‹*horse*›; **b)** *(fig.)* curb, restrain ‹*feeling, desire, curiosity, etc.*›; **sich ~:** restrain oneself

**Zügelung die; ~, ~en** curbing; restraining

**Zu·gereiste der/die;** *adj. Dekl.* newcomer

**zu|gesellen** *refl. V.* **sich jmdm./einer Sache ~:** join sb./sth.

**Zu·geständnis das** concession (**an** + *Akk.* to)

**zu|gestehen** *unr. tr. V.* **a)** *(anerkennen)* grant ⟨*right, claim, share, etc.*⟩; allow ⟨*discount, commission, time*⟩; **jmdm. ~, etw. zu tun** give sb. permission to do sth.; **b)** *(zugeben)* admit; concede; **du wirst mir ~ müssen, daß ...:** you have to admit that ...

**zu·getan 1.** *2. Part. v.* **zutun. 2.** *Adj.* **in jmdm. [herzlich] ~ sein** *(geh.)* be [very] attached to sb.; **den schönen Künsten ~ sein** have a penchant for the fine arts

**Zu·gewinn der** gain (**an** + *Dat.* in)

**Zugewinn·gemeinschaft die** *(Rechtsw.)* *separate property with equal division of property acquired after marriage*

**Zu·gezogene der/die;** *adj. Dekl.* newcomer

**zug·fest** *Adj.* tensile ⟨*steel etc.*⟩; **sehr ~ sein** have great tensile strength

**Zug·führer der a)** *(Eisenb.)* guard; **b)** *(Milit.)* platoon sergeant

**zu|gießen** *unr. tr., itr. V.* add (*Dat.* to); **darf ich [dir] ~?** may I top you up *(Brit. coll.) or (Amer. coll.)* put a top on it?

**zugig** *Adj.* draughty, *(im Freien)* windy ⟨*corner etc.*⟩

**zügig** ['tsy:gıç] **1.** speedy; rapid; **mit ~er Geschwindigkeit, in ~er Fahrt** at a good *or* brisk speed. **2.** *adv.* speedily; rapidly

**Zügigkeit die; ~:** speediness; rapidity

**Zug·kraft die a)** *(Physik) (verformend)* tensile force; *(beschleunigend)* traction force; **b)** *(fig.)* attraction

**zug·kräftig** *Adj.* effective ⟨*publicity*⟩; powerful ⟨*argument*⟩; convincing ⟨*evidence*⟩; influential ⟨*name*⟩; catchy ⟨*title, slogan*⟩; **ein ~er Schauspieler/Film** an actor who/film which is a big draw; **~ sein** ⟨*film, actor, etc.*⟩ be a big draw

**zu·gleich** *Adv.* at the same time; **er ist Maler und Dichter ~:** he is both a painter and a poet

**Zug-: ~luft die;** *o. Pl.* draught; **~luft [ab]bekommen** be in a draught; **~maschine die** tractor; **~nummer die a)** *s.* **Zugpferd b; b)** *(Eisenb.)* train number; **~personal das** train crew; **~pferd das a)** *(Pferd)* draught-horse; **b)** *(fig.: Attraktion)* big draw; crowd-puller; **c)** *(treibende Kraft)* dynamo; **~pflaster das** *(Med.)* cantharidal plaster

**zu|greifen** *unr. itr. V.* **a)** take hold; **er kann nicht richtig ~:** he cannot grasp things properly; **rasch ~:** make a quick grab; **b)** *(sich bedienen)* help oneself; *(fig.: handeln)* take action; **er sah seine Chance und griff zu** *(fig.)* he saw his chance and acted at once; **c)** *(fleißig arbeiten)* **[hart** *od.* **kräftig] ~:** [really] knuckle down to it; **wenn viele Hände mit ~:** when plenty of people lend a hand

**Zu·griff der a)** grasp; **sich dem ~ der Polizei entziehen** escape the clutches of the police; **b)** *(Zugang)* access (**auf** + *Akk.* to)

**zu·grunde** *Adv. in* **a) ~ gehen** *(sterben)* die (**an** + *Dat.* of); *(zerstört werden)* be destroyed (**an** + *Dat.* by); ⟨*marriage*⟩ founder (**an** + *Dat.* owing to); ⟨*person*⟩ go under; *(finanziell)* be ruined; ⟨*company*⟩ go to the wall; **an sich selbst ~ gehen** destroy oneself; **~ richten** destroy; *(finanziell)* ruin ⟨*company, person*⟩; **b) etw. ~ legen** use sth. as a basis; **etw. einer Sache** *(Dat.)* **~ legen** base sth. on sth.; **etw. liegt einer Sache ~:** sth. is based on sth.; **das diesem Urteil ~ liegende Gesetz** the law which gives rise to this verdict

**Zugrunde·legung die; ~: unter** *od.* **bei ~ dieser Umstände** on the basis of these facts

**Zugs-** *(österr.) s.* **Zug-**

**Zug-: ~schaffner der** ticket inspector; **~telefon das** train telephone; **~tier das** draught animal

**zu|gucken** *itr. V. (ugs.) s.* **zusehen**

**Zug·unglück das** train crash

**zu·gunsten 1.** *Präp. mit Gen.* in favour of; **eine Sammlung ~ der Flutopfer** a collection for the flood victims. **2.** *Adv.* **~ von** in favour of

**zu·gut** *in etw.* **~ haben** *(schweiz., südd.)* be owed sth.; **du hast [bei mir] 10 Mark ~:** you've got ten marks to come [from me]

**zu·gute** *Adv. in* **jmdm. seine Jugend/Unerfahrenheit** *usw.* **~ halten** *(geh.)* take sb.'s youth/inexperience *etc.* into consideration; make allowances for sb.'s youth/inexperience *etc.*; **sich** *(Dat.)* **etwas/viel auf etw.** *(Akk.)* **~ tun** *od.* **halten** *(geh.)* be proud/very proud of sth.; **jmdm./einer Sache ~ kommen** stand sb./sth. in good stead; **jmdm. etw. ~ kommen lassen** let sb. have the benefit of *or* let sb. benefit from sth.

**Zug-: ~verbindung die a)** *(Eisenbahnverbindung)* rail *or (Amer.)* railroad service; **b)** *(Zuganschluß)* [train] connection; **~verkehr der** rail *or (Amer.)* railroad traffic; **~vogel der** migratory bird; **~zeit** *(Zool.)* **die** period of migration; **~zwang der a)** *(fig.)* pressure to take action; **unter ~zwang stehen, in ~zwang sein** be under pressure to take action; **jmdn. in ~zwang bringen** put sb. under pressure; **b)** *(Schach)* zugzwang

**zu|haben** *unr. itr. V. (ugs.)* **a)** ⟨*shop, office*⟩ be shut *or* closed; **wir haben montags zu** we are closed on Mondays; **b)** *(zubekommen haben)* **endlich hat sie den Koffer/Reißverschluß zu** at last she's managed to shut the suitcase/do up the zip

**zu|haken** *tr. V.* hook up; do up the hooks on

**zu|halten 1.** *unr. tr. V.* hold closed; *(nicht öffnen)* keep closed; **jmdm./sich die Augen/den Mund** *usw.* **~:** put one's hand[s] over sb.'s/one's eyes/mouth *etc.*; **sich** *(Dat.)* **die Nase ~:** hold one's nose. **2.** *itr. V.* **auf etw.** *(Akk.)* **~:** head for sth.

**Zuhälter** ['tsu:hɛltɐ] **der; ~s, ~:** pimp

**Zuhälterei die; ~:** pimping; *(Rechtsw.)* living off the earnings of prostitution

**zu·handen 1.** *Adj.* **jmdm. ~ sein** be available to sb.; be at sb.'s disposal. **2.** *Präp. mit Gen. (österr., schweiz.)* **~ Herrn B** for the attention of Herr B. **3.** *Adv. (österr., schweiz.)* **~ von Herrn B** for the attention of Herr B

**zu|hängen** *tr. V.* cover ⟨*window, cage*⟩

**zu|hauen 1.** *unr. itr. V.* **a)** *(ugs.)* bang *or* slam ⟨*door, window*⟩ shut; **b)** *(behauen)* hew into shape. **2.** *unr. itr. V. (ugs.)* hit *or* strike out

**zu·hauf** *Adv. (geh.)* in great numbers

**Zu·hause das; ~s** home

**zu|heilen** *itr. V.; mit sein* heal [over]

**Zuhilfenahme** [tsu'hılfəna:mə] **die; ~:** utilization; **ohne/unter ~ einer Sache** *(Gen.)***/von etw.** without/with the aid of sth.

**zu·hinterst** *Adv.* right at the back; **~ in der Schublade/auf dem Regal** right at the back of the drawer/of the shelf

**zu|hören** *itr. V.* **jmdm./einer Sache ~:** listen to sb./sth.; **nun hör mal zu** now listen; *(leicht drohend)* now [you] listen here; **er kann gut ~:** he's a good listener

**Zu·hörer der, Zu·hörerin die** listener; **sie merkte, daß sie einen Zuhörer hatte** she noticed that somebody was listening

**Zuhörerschaft die; ~:** audience

**zu·innerst** *Adv. (geh.)* deep down; in one's heart of hearts; **~ aufgewühlt** moved to the depths of one's soul

**zu|jubeln** *itr. V.* **jmdm. ~:** cheer sb. [on]

**Zu·kauf der** additional purchase/purchases; **~ an Grund und Boden** purchase of more land

**zu|kehren** *tr. V.* turn (*Dat.* to); **jmdm. den Rücken/das Gesicht ~:** turn one's back on sb./one's face towards sb.

**zu|klappen 1.** *tr. V.* close; fold ⟨*penknife*⟩ shut; *(mit Wucht)* slam ⟨*lid*⟩ shut. **2.** *itr. V.; mit sein* ⟨*window, lid, etc.*⟩ click to *or* shut; *(mit Wucht)* slam shut

**zu|kleben** *tr. V.* **a)** *(verschließen)* seal ⟨*letter, envelope*⟩; **b)** *(bekleben)* cover

**zu|klinken** *tr. V.* [click] shut

**zu|knallen** *(ugs.)* **1.** *tr. V.* slam. **2.** *itr. V.; mit sein* slam

**zu|kneifen** *unr. tr. V.* squeeze ⟨*eye[s]*⟩ shut; shut ⟨*eye[s]*⟩ tight; shut ⟨*mouth*⟩ tightly

**zu|knöpfen** *tr. V.* button up

**zu|knoten** *tr. V.* knot; tie up

**zu|kommen** *itr. V.; mit sein* **a)** *(sich nähern)* **auf jmdn. ~:** approach sb.; *(zu jmdm. kommen)* come up to sb.; **er/der Stier/das Auto kam direkt auf mich zu** he/the bull/the car came straight towards me; **er ahnte nicht, was noch auf ihn ~ sollte** *(fig.)* he had no idea what he was in for; **die Dinge auf sich ~ lassen** *(fig.)* take things as they come; **wir werden in der Angelegenheit noch auf Sie ~:** we shall be coming back to you on this matter; **b)** *(geh.) (zuteil/übermittelt werden)* **jmdm. ~:** reach sb.; ⟨*inheritance*⟩ come to sb.; **jmdm. etw. ~ lassen** *(schicken)* send sb. sth.; *(schenken)* give sb. sth.; **jmdm./einer Sache Pflege/Aufmerksamkeit ~ lassen** devote care/attention to sth.; **c)** *(gebühren)* **jmdm. kommt etw. zu/nicht zu** sb. is entitled/not entitled to sth.; sb. has a right/no right to sth.; *(etw. ist jmdm. angemessen/nicht angemessen)* sth. befits/does not befit sb.; **dir kommt diese Entscheidung nicht zu** this decision is not up to you; this is not your decison; **d)** *(beizumessen sein)* **dieser Entdeckung kommt große Bedeutung zu** great significance must be attached to this discovery

**zu|korken** *tr. V.* cork

**zu|kriegen** *tr. V. (ugs.) s.* **zubekommen**

**Zukunft** ['tsu:kʊnft] **die; ~, Zukünfte** ['tsu:kynftə] **a)** future; **das wird die ~ lehren** time will tell; **für alle ~:** for all time; **~/keine ~ haben** have a/no future; **in naher/ferner ~:** in the near *or* immediate/distant future; **in ~:** in future; **einer Sache** *(Dat.)* **gehört die ~:** the future belongs to sth.; **seine [politische] ~ schon hinter sich** *(Dat.)* **haben** *(scherzh.)* be over the hill [politically]; **mit/ohne ~:** with/without a future; **ich wünsche Ihnen alles Gute für Ihre weitere ~:** I wish you all the best for the future; **b)** *(Grammatik)* future [tense]; **erste** *od.* **unvollendete/zweite** *od.* **vollendete ~:** future/future perfect [tense]

**zu·künftig 1.** *Adj.* future. **2.** *Adv.* in future

**Zukünftige der/die;** *adj. Dekl. (ugs.)* **mein ~r/meine ~:** my husband/wife-to-be; my intended *(joc.)*

**zukunfts-, Zukunfts-: ~aussichten** *Pl.* prospects for the future; **~forschung die** futurology *no art.*; **~musik die** *(fig.) in* **~musik sein** be very much in the future; *(als utopisch anzusehen sein)* be pie in the sky; **~perspektive die** prospects *pl.* for the future; future prospects *pl.*; **~roman der** novel set in the future;**~sicherung die** safeguarding *no art.* the future; **etwas für die ~sicherung tun** do something to secure *or* safeguard the future

**zukunft[s]·weisend** *Adj.* forward-looking; pointing the way forward *postpos.*

**zu|lächeln** *itr. V.* **jmdm./sich ~:** smile at sb./each other

**zu|lachen** *itr. V.* **jmdm. ~:** give sb. a friendly laugh

**Zulage die** *(vom Arbeitgeber)* extra pay *no indef. art.*; additional allowance *no indef. art.*; *(vom Staat)* benefit

**zu·lande** *Adv. in* **bei jmdm. ~:** where sb. comes from; in sb.'s country

**zu|langen** *itr. V.* **a)** *(ugs.: sich bedienen)* tuck in *(coll.)*; **b)** *(ugs.: zupacken)* [really] knuckle down to it

**zu|länglich** *(geh.)* **1.** *Adj.* adequate. **2.** *adv.* adequately

**zu|lassen** *unr. tr. V.* **a)** *(erlauben, dulden)* allow; permit; **solches Unrecht darf man nicht ~:** such injustice must not be permitted; **ich lasse keine Ausnahme zu** I do not allow *or* permit any exceptions; **das läßt nur einen/keinen anderen Schluß zu** that permits of *or* allows only one/no other conclusion; **b)** *(teilnehmen lassen)* admit; **jmdn. bei etw. ~:** admit sb. to sth.; **c)** *(mit einer Erlaubnis, Lizenz usw. versehen)* **jmdn. als Arzt ~:** register sb. as a doctor; **eine Partei ~** *(Politik)* permit a party to exist; **der Anwalt ist beim Amtsgericht Mannheim zugelassen** the lawyer is registered to practise at Mannheim district court; **jmdn. zum Studium/zum Studium der Medizin ~:** accept sb. at university/to study medicine; **jmdn. zu einer Prüfung ~:** allow *or* permit sb. to take an examination; **der Bulle ist zur Zucht zugelassen** the bull is registered for breeding; **d)** *(zur Benutzung, zur Anwendung, zum Verkauf usw. freigeben)* allow; permit; **ein Medikament ~:** approve a medicine [for sale]; **für den öffentlichen Verkehr/für Autobahnen [nicht] zugelassen sein** [not] be authorized for use on public highways/motorways *(Brit.)* or *(Amer.)* freeways; **e)** *(Kfz-W.)* register ‹*vehicle*›; **auf jmdn./jmds. Namen zugelassen sein** be registered in sb.'s name; **f)** *(geschlossen lassen)* leave closed *or* shut; leave ‹*letter*› unopened; leave ‹*collar, coat*› fastened [up]

**zu·lässig** *Adj.* permissible; admissible ‹*appeal*›; **~e [Höchst]geschwindigkeit** [maximum] permissible speed; [upper] speed limit

**Zulässigkeit die;** ~ permissibility; *(einer Berufung)* admissibility

**Zulassung die;** ~, ~en **a)** *(Erlaubnis, Lizenz)* **~ als Arzt** registration as a doctor; **~ zur Teilnahme/zur Prüfung beantragen** apply for permission to attend/to take *or* *(Brit.)* sit an examination; **ihm ist die ~ zum Studium/zum Medizinstudium erteilt worden** he has been accepted at university/to study medicine; **b)** *(Freigabe)* approval; authorization; **c)** *(Kfz-W.)* registration; **d)** *(Kfz-W. ugs.)* *s.* **Kraftfahrzeugschein**

**zulassungs·pflichtig** *Adj.* liable *or* subject to registration *postpos.*

**Zulassungs·stelle die** vehicle registration office

**Zu·lauf der a)** *o. Pl.* **[großen** *od.* **starken** *od.* **viel] ~ haben** ‹*shop, restaurant, etc.*› enjoy a large clientele, be very popular; ‹*doctor, lawyer*› have a large practice, be very much in demand; **mehr** *od.* **größeren ~ haben** ‹*shop, restaurant, etc.*› enjoy an increased clientele, be more popular; ‹*doctor, lawyer*› have a larger practice, be more in demand; **der ~ war so groß, daß das Gastspiel verlängert werden mußte** the guest performance was so popular that its run had to be extended; **b)** *(zulaufende Menge)* inflow; **c)** *(Rohr, Leitung)* intake

**zu|laufen** *unr. itr. V.; mit sein* **a) auf jmdn./etw. ~** *(auch fig.)* run towards sb./sth.; **auf jmdn./etw. zugelaufen kommen** come running towards sb./sth.; **einer Sache** *(Dat.)* **~** *(geh.)* run towards sth.; **b) jmdm. ~** ‹*cat, dog, etc.*› adopt sb. as a new owner; **ein zugelaufener Hund** a stray dog that has adopted us/them *etc.*; **c)** *(hinzulaufen)* ‹*water etc.*› run in; **warmes Wasser ~ lassen** run [some] warm water in; **e)** *(sich verjüngen)* taper; **spitz/konisch/keilförmig ~:** taper to a point; **f)** *(ugs.: schnell laufen)* get one's skates on *(Brit. sl.)*; get a move on *(coll.)*

**zu|legen 1.** *refl. V.* **sich** *(Dat.)* **etw. ~:** get oneself sth.; **er hat sich einen Bart zugelegt** *(ugs.)* he has grown a beard; **sich einen Künstlernamen ~:** adopt a pseudonym. **2.** *itr. V. (ugs.)* **a)** *(sein Tempo steigern)* step on it *(coll.)*; **b)** *(wachsen, stärker werden)* ‹*sales, output, turnover, etc.*› increase; **der Dollar hat [um vier Pfennige] zugelegt** the dollar has risen [four pfennigs]; **sie könnten bei Neuwahlen ~:** the could improve their position if there were fresh elections. **3.** *tr. V. (ugs.)* add; **wenn meine Eltern noch 100 Mark ~, kann ich mir das Fahrrad kaufen** if my parents put in a hundred marks, I can afford the bicycle; **einen Schritt/***(ugs.:)* **Zahn ~:** get a move on *(coll.)*

**zu·leid[e]** *in* **jmdm. etwas/nichts ~ tun** hurt *or* harm sb./not [do anything to] hurt *or* harm sb.; *s. auch* **Fliege a**

**zu|leiten** *tr. V.* **a)** feed; supply; supply ‹*nourishment*›; feed ‹*signal*›; channel ‹*sewage*›; **b)** *(zukommen lassen)* send; forward

**Zu·leitung die a)** *o. Pl.* supply; **b)** *o. Pl.* *(Übersendung, Zustellung)* sending; forwarding; **c)** *(Rohr, Kabel usw.)* feed line

**zu·letzt** *Adv.* **a)** *(zum Schluß, nach allem anderen)* last [of all]; **~ liest du es noch einmal durch** finally, read it through again; **an sich selbst denkt sie immer ~:** she always thinks of herself last; **sich** *(Dat.)* **etw. für ~ aufheben** save sth. till last; **b)** *(als letzter/letzte/letztes)* last; **er kommt immer ~:** he always comes last; he is always [the] last; **das ~ geborene Kind** the child born last; **c)** *(fig.: am wenigsten)* least of all; **daran wäre ich ~ gekommen** that's the last thing I should have thought of; **nicht ~:** not least; **d)** *(das letzte Mal)* last; **ich habe ihn ~ gestern abend gesehen** I last saw him yesterday evening; **e)** *(schließlich, am Ende)* in the end; **bis ~:** [right up] to *or* until the end

**zu·liebe** *Adv.* **jmdm./einer Sache ~:** for sb.'s sake/for the sake of sth.

**Zu·liefer·betrieb der** supplier (*Gen.* to)

**zu|löten** *tr. V.* solder; solder up ‹*hole*›

**Zu·luft die;** *o. Pl. (Technik)* incoming air

**zum** [tsʊm] *Präp.* + *Art.* **a) = zu dem; b)** *(räumlich: Richtung)* to the; **ein Fenster ~ Hof** a window on to *or* facing the yard; **~ Hof liegen** face the yard; **wo geht es ~ Stadion?** which is the way to the stadium?; **c)** *(räumlich: Lage)* **etw. ~ Fenster hinauswerfen** throw sth. out of the window; **die Gaststätte „Z~ Lamm"** the 'Lamb Inn'; **d)** *(Zusammengehörigkeit, Hinzufügung)* **Milch ~ Tee/Sahne ~ Kuchen nehmen** take milk with [one's] tea/have cream with one's cake; **e)** *(zeitlich)* at the; **spätestens ~ 15. April** by 15 April at the latest; **~ Schluß/richtigen Zeitpunkt** at the end/the right moment; **f)** *(Zweck)* **ein Gerät ~ Schneiden** an instrument for cutting [with]; **hol dir was ~ Schreiben** get something to write with; **~ Spaß/Vergnügen** for fun/pleasure; **~ Lesen braucht er eine Brille** he needs glasses for reading; **~ Schutz** as *or* for protection; **etw. ~ Essen/Lesen** *(österr.)* sth. to eat/read; **~ Schwimmen gehen** go swimming; **g)** *(Folge)* **~ Nachteil des Kunden** to the disadvantage of the customer; **~ Ärger/Leidwesen seines Vaters** to the annoyance/sorrow of his father; **~ Nutzen der Allgemeinheit** for the benefit of the general public; **es ist ~ Verrücktwerden** it is enough to drive you mad; **das ist gar nicht ~ Lachen** it's no laughing matter; *(in bezug auf etwas Sichtbares)* it's nothing to laugh at; **h)** *(sonstige Verwendungen)* **jmdn. ~ Direktor ernennen/~ Kanzler wählen** appoint sb. director/elect sb. chancellor; **~ Dieb werden** become a thief; **sich** *(Dat.)* **etw. ~ Ziel setzen** set oneself sth. as a goal; **~ ersten, ~ zweiten, ~ dritten!** *(bei Versteigerung)* going, going, gone!; **~ Funk/Fernsehen/Film wollen** want to go *or* get into radio/television/films

**zu|machen 1.** *tr. V.* close; shut; fasten, do up ‹*dress*›; seal ‹*envelope, letter*›; turn off ‹*tap*›; put the top on ‹*bottle*›; *(stillegen)* close *or* shut down ‹*factory, mine, etc.*›; **den Laden ~** *(ugs.: auflösen)* shut up shop; **ich habe kein Auge zugemacht** I didn't sleep a wink. **2.** *itr. V.* **a)** close; shut; **der Laden hat zugemacht** *(ugs.)* the place has closed down; **b)** *(ugs., bes. nordd.: sich beeilen)* get a move on *(coll.)*

**zu·mal 1.** *Adv.* especially; particularly; **~ da ...:** especially *or* particularly since ... **2.** *Konj.* especially *or* particularly since

**zu|marschieren** *itr. V.; mit sein* **auf jmdn./etw. ~:** march towards sb./sth.

**zu|mauern** *tr. V.* wall *or* brick up

**zu·meist** *Adj.* in the main; for the most part

**zu|messen** *unr. tr. V. (geh.)* **a)** *(zuteilen)* **jmdm. seine Essensration ~:** issue sb. with his food ration; **ihm war nur eine kurze Zeit für seine Lebensarbeit zugemessen** *(fig.)* he was only allotted a few short years for his life's work; **b)** *s.* **beimessen**

**zumindest** *Adv.* at least; **so schien es ~:** at least, that is how it seemed; **~ hätte er sich entschuldigen müssen** he should at least have apologized

**zumutbar** *Adj.* reasonable; **das ist ihm kaum/durchaus/nicht ~:** one can scarcely/quite well/not expect that of him; **das ist ihr körperlich nicht ~:** that is asking too much of her physically; **im Rahmen des Zumutbaren** within the bounds of what is reasonable

**Zumutbarkeit die;** ~: reasonableness

**zu·mute** *Adj. in* **jmdm. ist unbehaglich/elend** *usw.* **~:** sb. feels uncomfortable/wretched *etc.*; **mir war merkwürdig ~:** I had a peculiar *or* strange feeling; **mir wurde ganz komisch ~:** I felt quite funny; a funny feeling came over me; **ich kann mir gut vorstellen, wie dir ~ ist** I can well imagine how you feel; **mir war nicht danach ~:** I didn't feel like it *or* in the mood; **mir war nicht nach Lachen/Ironie ~:** I did not feel in the mood for laughing/irony; **mir war zum Weinen ~:** I felt like crying

**zu|muten** *tr. V.* **a)** *(abverlangen)* **jmdm. etw. ~:** expect *or* ask sth. of sb.; **willst du mir etwa ~, daß ich die ganze Zeit herumsitze und warte?** do you expect me to *or* are you asking me to sit around here the whole time and wait?; **diesen kleinen Umweg können wir ihm schon ~:** I do not think this small detour would be asking too much of him; **diese Arbeit möchte ich ihm nicht ~:** I would not like to ask him to do this work *or* impose this work on him; **das ist ihm durchaus/nicht zuzumuten** it is perfectly reasonable to/one cannot expect *or* ask that of him; **seinem Körper/seinem Wagen zuviel ~:** overtax oneself physically/ask too much of one's car; **sich** *(Dat.)* **etw. ~:** undertake sth.; **sich zuviel ~:** take on too much; overdo it; **b)** *(antun)* **jmdm. etw. ~:** expect sb. to put up with sth.; **diesen Lärm können wir den Nachbarn nicht ~:** we cannot expect the neighbours to put up with this noise; **so eine winzige Schrift kann man keinem ~:** nobody can be expected to read such tiny writing; **diesen Anblick wollte ich ihm nicht ~:** I wanted to spare him this sight

**Zumutung die;** ~, ~en **a)** *(Ansinnen)* unreasonable demand; imposition; **eine ~ sein** be unreasonable; **etw. als [eine] ~ empfinden** consider sth. unreasonable; **b)** *(Belästigung)* imposition; **etw. ist [einfach] eine ~:** sth. is [simply *or* just] too much; **eine ~ für jmdn. sein** be an imposition on sb.; **der Film/die Schauspielerin war eine ~:** the film/actress was appalling; **das Essen war eine ~:** the meal was an affront

**zu·nächst 1.** *Adv.* **a)** *(als erstes)* first; *(anfangs)* at first; **~ einmal** first; **~ ..., zum zweiten ..., zum dritten ..., schließlich ...:** firstly *or* in the first place *or* for one thing ..., secondly ..., thirdly ..., lastly ...; **b)** *(im Moment, vorläufig)* for the moment; for the time being. **2.** *Präp.* + *Dat. (geh.)* next to; **jmdm./einer Sache ~:** next to sb./sth.

**zu|nageln** *tr. V.* nail up; **etw. mit Brettern ~:** board sth. up
**zu|nähen** *tr. V.* sew up; *s. auch* **verdammt 1a; verflixt 1b**
**Zunahme** ['tsu'na:mə] **die; ~, ~n** increase (*Gen.*, **an** + *Dat.* in)
**Zu·name der** surname; last name
**Zünd·blättchen das** percussion cap
**zündeln** ['tsʏndl̩n] *itr. V. (bes. südd., österr.; auch fig.)* play with fire
**zünden** ['tsʏndn̩] **1.** *tr. V.* ignite ⟨*gas, fuel, etc.*⟩; detonate ⟨*bomb, explosive device, etc.*⟩; let off ⟨*fireworks*⟩; fire ⟨*rocket*⟩. **2.** *itr. V.* ⟨*rocket, engine*⟩ fire; ⟨*candle, lighter, match*⟩ light; ⟨*gas, fuel, explosive*⟩ ignite; *(fig.)* arouse enthusiasm; **bei ihm hat es gezündet** *(ugs.)* he's cottoned *or* caught on *(coll.)*; the penny's dropped *(coll.)*; **der ~de Funke** *(auch fig.)* the igniting spark
**zündend** *Adj. (fig.)* stirring, rousing ⟨*speech, song, effect, tune, etc.*⟩; exciting ⟨*rhythm*⟩
**Zunder** ['tsʊndɐ] **der; ~s a)** tinder; **trocken wie ~:** dry as tinder; tinder-dry; **b)** *(fig. ugs.) in* **jmdm. ~ geben** lay into sb. *(coll.)*; **~ kriegen** get it in the neck *(coll.)*
**Zünder der; ~s, ~ a)** *(Waffent.)* igniter; *(für Bombe, Mine)* detonator; **b)** *Pl. (österr.)* matches
**Zünd-: ~holz das** *(bes. südd., österr.)* match; **~holz·schachtel die** *(bes. südd., österr.)* matchbox; **~hütchen das** percussion cap; **~kabel das** *(Kfz-W.)* ignition lead; *(from coil to distributor)* coil lead; *(from distributor to plugs)* plug lead; **~kapsel die** *s.* **Sprengkapsel; ~kerze die** spark[ing]-plug; **~plättchen das** percussion cap; **~schloß das** *(Kfz-W.)* ignition [lock]; **der Schlüssel steckt im ~schloß** the key is in the ignition; **~schlüssel der** *(Kfz-W.)* ignition key; **~schnur die** fuse; **~spule die** spark coil; **~stoff der** *(fig.)* fuel for conflict; **zum ~stoff eines Konflikts werden** become the trigger for a conflict; **die Rede enthält einigen ~stoff** the speech contains some explosive material
**Zündung die; ~, ~en a)** *s.* **zünden 1:** ignition; detonation; letting off; firing; **b)** *(Kfz-W.: Anlage)* ignition; **die ~ einstellen** adjust the timing
**Zünd·verteiler der** *(Kfz-W.)* distributor
**Zünd·zeitpunkt der** *(Kfz-W.)* ignition time; **den ~ einstellen/verstellen** set/alter the ignition timing
**zu|nehmen 1.** *unr. itr. V.* **a)** increase (**an** + *Dat.* in); ⟨*moon*⟩ wax; **an Größe/Länge** *usw.* **~:** increase in size/length *etc.*; **an Erfahrung/Macht ~:** gain [in] experience/power; **in ~dem Maße** to an increasing extent *or* degree; increasingly; **mit ~dem Alter** with advancing age; **die Tage nehmen zu** the days are drawing out *or* getting longer; **b)** *(schwerer werden)* put on *or* gain weight; **er hat [um] ein Kilo zugenommen** he has put on *or* gained a kilo. **2.** *unr. tr. (auch itr.) V. (Handarb.)* increase
**zunehmend** *Adv.* increasingly; **sich ~ vergrößern/verschlechtern** get increasingly bigger/worse
**zu|neigen 1.** *itr. V.* incline *or* be inclined towards; **ich neige mehr dieser Ansicht/Auffassung zu** I tend *or* incline more towards this view. **2.** *refl. V.* **a)** *(geh.: sich angezogen fühlen von)* be *or* feel drawn to; **er ist ihr sehr/in Liebe zugeneigt** he is attracted to *or* fond of her/is drawn to her by feelings of love and affection; **der den Künsten zugeneigte Fürst** the prince, who is/was fond of the arts; **b)** *(sich neigen nach)* **jmdm./einer Sache ~:** lean towards sb./sth.; **sich dem/seinem Ende ~** *(fig.)* draw to a close
**Zu·neigung die; ~, ~en** affection; **[eine] starke ~ zu jmdm. haben/empfinden** have/feel [a] strong *or* deep affection for *or* towards sb.; **~ zu jmdm. fassen** become fond of sb.

**Zunft** [tsʊnft] **die; ~, Zünfte** [tsʏnftə] *(hist.)* guild; **die ~ der Bäcker** the bakers' guild; **die ~ der Journalisten** *(scherzh.)* the journalistic fraternity; **zu welcher ~ gehört er?** *(scherzh.)* what does he do for a living?
**zünftig** ['tsʏnftɪç] **1.** *Adj.* **a)** *(ugs.)* proper; **eine ~e Tracht Prügel/Ohrfeige** a good thrashing/box on the ears; **er sieht richtig ~ aus in seiner Tracht** he really looks the genuine article in his costume; **ein ~es Bier trinken** drink a decent beer; **b)** *(hist.)* guild *attrib.* ⟨*craftsman, traditions, etc.*⟩. **2.** *adv. (ugs.)* properly; **~ Skat spielen** have a decent game of skat
**Zunge** ['tsʊŋə] **die; ~, ~n a)** tongue; **einen bitteren Geschmack auf der ~ haben** have a bitter taste in one's mouth; **dem Hund hing die ~ heraus** the dog's tongue was hanging out; **[jmdm.] die ~ herausstrecken** put one's tongue out [at sb.]; **auf der ~ zergehen** melt in one's mouth; **mit der ~ anstoßen** *(ugs.)* lisp; **b)** *(fig.)* **mit schwerer ~** with a thick tongue; in a slurred voice; **eine spitze** *od.* **scharfe/lose ~ haben** have a sharp/loose tongue; **mit doppelter** *od.* **gespaltener ~ sprechen** *(geh.)* be two-faced; **böse ~n behaupten, daß ...:** malicious gossip has it that ...; malicious tongues are saying that ...; **seine ~ hüten** *od.* **zügeln** *od.* **im Zaum halten** guard *or* mind one's tongue; **der Wein hatte ihm die ~ gelöst** the wine had loosened his tongue; **ich mußte mir auf die ~ beißen** I had to bite my tongue; **lieber beiße ich mir die ~ ab** *(ugs.)* I would bite my tongue off first; **der Name liegt mir auf der ~:** the name is on the tip of my tongue; **etw. auf der ~ haben** have sth. on the tip of one's tongue; **sich** *(Dat.)* **die ~ abbrechen** tie one's tongue in knots; **bei dem Namen bricht man sich** *(Dat.)* **die ~ ab** that name is a real tongue-twister; **jmdm. leicht** *od.* **glatt von der ~ gehen** trip easily off sb.'s tongue; **Liebe ist ein Wort, das mir nur schwer von der ~ geht** I find it difficult to say the word 'love'; **er ließ den Namen/das Wort auf der ~ zergehen** he rolled the name/word around his tongue; **mit [heraus]hängender ~:** with [one's/its] tongue hanging out; **er hat eine feine** *od.* **verwöhnte ~** *(fig.)* he has a delicate palate; **c)** *(eines Blasinstruments)* reed; *(einer Orgel)* tongue; *(einer Waage)* needle; pointer; *(eines Schuhs)* tongue; **d)** *(geh.: Sprache)* tongue
**züngeln** ['tsʏŋl̩n] *itr. V.* **a)** ⟨*snake etc.*⟩ dart its tongue in and out; **b)** *mit Richtungsangabe mit sein* ⟨*flame*⟩ flicker; dart; ⟨*water*⟩ lick; **die Flammen züngelten aus dem Dach** tongues of flame leapt up out of the roof
**zungen-, Zungen-: ~brecher der** *(ugs.)* tongue-twister; **~fertig 1.** *Adj.* eloquent; **2.** *adv.* eloquently; **~fertigkeit die** *o. Pl.* eloquence; **~kuß der** French kiss; **~schlag der** way *or* manner of speaking; **ein falscher ~schlag** a slip of the tongue; **~spitze die** tip of the tongue; **~spitzen-R das** *(Sprachw.)* apical R; **~wurst die** tongue sausage
**Zünglein** ['tsʏnlain] **das; ~s, ~ a)** [little] tongue; **b)** *(einer Waage)* [small] needle *or* pointer; **das ~ an der Waage sein** *(fig.)* tip the scales
**zu·nichte** *Adj. in* **etw. ~ machen** ruin sth.; **jmds. Hoffnungen ~ machen** shatter *or* dash sb.'s hopes; **jmds. Anstrengungen/Pläne ~ machen** ruin *or* wreck sb.'s efforts/plans; **~ werden/sein** be ruined/shattered *or* dashed/ruined *or* wrecked
**zu|nicken** *itr. V.* **jmdm./sich ~:** nod to sb./one another
**zu·nutze** *Adj. in* **sich** *(Dat.)* **etw. ~ machen** *(nutzen)* make use of sth.; *(ausnutzen)* take advantage of sth.
**zu·oberst** *Adv.* [right] on [the] top; **ganz ~:** right on [the] top; on the very top; *s. auch* **unter... a**

**zuordenbar** *Adj.* **a)** relatable; **einander ~e Elemente** elements that can be related to each other; **b)** *(sich zurechnen lassend)* assignable; **einer Sache** *(Dat.)* **~ sein** be classifiable as sth.
**zu|ordnen** *tr. V.* **a)** relate (*Dat.* to); **einem Bild ein Wort ~:** relate a word to a picture; **einer Sache** *(Dat.)* **eine Zahl/einen Wert ~:** assign a number/value to sth.; **b)** *(zurechnen)* **jmdn./etw. einer Sache** *(Dat.)* **~:** classify sb./sth. as belonging to sth.; **Organismen, die sich den Tieren ~ lassen** organisms which can be classified as animals; **c)** *(zuweisen)* assign (*Dat.* to); **d)** *(beimessen)* attribute, attach (*Dat.* to)
**Zu·ordnung die a)** relating; **die ~ x→y** *(Math.)* the relation x→y; **b)** *(Zurechnung)* classification; **c)** *(Zuweisung)* assigning, assignment (*Dat.* to)
**zu|packen** *itr. V.* **a)** grab it/them; **fest ~ können** be able to grab things and grip them tightly; **der Hund stellte den Dieb und packte zu** the dog caught the thief and sank its teeth into him *(fig.)*; **bei dem günstigen Angebot habe ich zugepackt** the offer was a good one and I jumped at it; **b)** *(fig.: energisch ans Werk gehen)* knuckle down to it; **er hat eine sehr ~de Art** he has a very vigorous, purposeful manner
**zu·paß** *Adv. in* **jmdm. ~ kommen** come [to sb.] at just the right time *or* moment
**zupfen** ['tsʊpfn̩] **1.** *itr. V.* **an etw.** *(Dat.)* **~:** pluck *or* pull at sth.; **sich** *(Dat.)* **am Ohrläppchen ~:** pull [at] one's ear lobe; **an einer Gitarre/an den Saiten ~:** pluck a guitar/the strings. **2.** *tr. V.* **a) etw. aus/von** *usw.* **etw. ~:** pull sth. out of/from *etc.* sth.; **sie zupfte ihm ein paar Fusseln vom Pullover** she pulled *or* picked a few pieces of fluff off his pullover; **b)** *(auszupfen)* pull out; pluck ⟨*eyebrows*⟩; pull up ⟨*weeds*⟩; **c)** pluck ⟨*string, guitar, tune*⟩; **d) jmdn. am Ärmel/Bart ~:** pull *or* tug [at] sb.'s sleeve/beard
**Zupf-: ~geige die** *(veralt.)* guitar; **~instrument das** plucked [string] instrument
**zu|pflastern** *tr.V.* pave over
**zu|pressen** *tr. V.* press shut
**zu|prosten** *itr. V.* **jmdm. ~:** drink sb.'s health; raise one's glass to sb.
**zur** [tsu:ɐ] *Präp.* + *Art.* **a) = zu der; b)** *(räumlich, fig.: Richtung)* to the; **~ Schule/Arbeit gehen** go to school/work; **ein Fenster ~ Straße** a window on to the street; **~ Straße liegen** face the street; **wo geht es ~ Post?** which is the way to the post office?; **c)** *(räumlich: Lage)* **~ Tür hereinkommen** come [in] through the door; **~ Rechten** to *or* on the right; **die Gaststätte „Zur Rose"** the 'Rose Inn'; **d)** *(Zusammengehörigkeit, Hinzufügung)* **~ Hasenkeule empfehle ich einen Rotwein** I recommend a red wine with the haunch of hare; **e)** *(zeitlich)* at the; **~ Stunde/Zeit** at the moment; at present; **~ Adventszeit** at Advent time; **~ Jahreswende** at New Year; **rechtzeitig ~ Buchmesse** in [good] time for the book fair; **f)** *(Zweck)* **ein Gerät ~ Zerkleinerung von Gemüse** a device for chopping up vegetables; **~ Entschuldigung** by way of [an] excuse; **~ Inspektion in die Werkstatt müssen** have to go in for a check-up; **g)** *(Folge)* **~ vollen Zufriedenheit ihres Chefs** to the complete satisfaction of her boss; **~ allgemeinen Erheiterung** to everybody's amusement; **h)** *(sonstige Verwendungen)* **sie wurde ~ Direktorin ernannt/~ Präsidentin gewählt** she was appointed director/elected president; **~ Diebin werden** become a thief; **die Wahlen ~ Knesseth** elections to the Knesset
**zu|raten** *unr. itr. V.;* **ich würde/kann dir nur ~:** I would advise you to do so/I can only recommend it; **auf jmds. Zuraten [hin]** on sb.'s advice *or* recommendation; **ich möchte [dir] weder zu- noch abraten** I should not like to advise you one way or the other

**zu|raunen** *tr. V.* **jmdm. etw. ~:** whisper sth. to sb.

**Zürcher** ['tsʏrçɐ] **1.** *indekl. Adj.; nicht präd.* Zurich *attrib.* **2. der; ~s, ~:** inhabitant/native of Zurich; **er ist ~:** he is from Zurich; *s. auch* **Kölner**

**zürcherisch** *Adj.* Zurich *attrib.*; **~ sein** ⟨*area:*⟩ belong to *or* be part of Zurich

**zu|rechnen** *tr. V.* **a)** *(zuordnen)* **jmdn./etw. einer Sache** *(Dat.)* **~:** class sb./sth. as belonging to sth.; **solche Wörter rechnen wir den Adverbien zu** such words are classed as adverbs; **b)** *(anlasten, zuschreiben)* **jmdm. etw. ~:** attribute *or* ascribe sth. to sb.; **die Folgen hast du dir selbst zuzurechnen** you've only got yourself to blame for the consequences; **c)** *(hinzufügen)* **etw. einer Sache** *(Dat.)* **~:** add sth. to sth.

**zurechnungs·fähig** *Adj.* **a)** sound of mind *pred.*; **b)** *(Rechtsw.: schuldfähig)* responsible [for one's actions]

**Zurechnungs·fähigkeit die;** *o. Pl.* **a)** soundness of mind; **b)** *(Rechtsw.: Schuldfähigkeit)* responsibility [for one's actions]

**zurecht-, Zurecht-: ~|biegen** *unr. tr. V.* bend into shape; **er wird die Sache schon wieder ~biegen** *(fig.)* he will get things straightened out *or* sorted out again; **im Internat werden sie den Jungen schon ~biegen** *(fig.)* they will soon lick the boy into shape at boarding-school; **~|finden** *unr. refl. V.* find one's way [around]; **sich in einem Fahrplan/Kursbuch ~:** find one's way around a timetable; **er findet sich im Leben/in der Welt nicht [mehr] ~:** he is not able to cope with life/the world [any longer]; **~|kommen** *unr. itr. V.; mit sein* **a)** get on **(mit** with); **wir kommen gut miteinander ~:** we get on well [with each other]; **mit etw. ~kommen** cope with sth.; **ich komme auch ohne Geschirrspülmaschine/mit meinem Gehalt [ganz gut] ~:** I manage *or* cope *or* get on [very well] without a dishwasher/on my salary; **mit einem Problem/den Kindern ~kommen** cope with *or* handle a problem/the children; **b)** *(ugs.: rechtzeitig kommen)* come in time; **~|legen** *tr. V.* **a)** lay out [ready]; **jmdm. etw. ~legen** lay sth. out ready for sb.; **sich** *(Dat.)* **den Ball ~legen und schießen** spot the ball and shoot; **b)** *(fig.)* get ready; prepare; **sich** *(Dat.)* **ein Gegenargument/eine Erwiderung ~gelegt haben** have a counter-argument/reply ready; **~|machen** *tr. V. (ugs.)* **a)** *(vorbereiten)* get ready; **b)** *(herrichten)* do up; **c) jmdn./sich ~:** get sb. ready/get [oneself] ready; *(schminken)* make sb. up/put on one's make-up; **sich** *(Dat.)* **die Haare ~machen** do one's hair; **~|rücken** *tr. V.* put *or* set ⟨*chair, crockery, etc.*⟩ in place; straighten ⟨*tie*⟩; adjust ⟨*spectacles, hat, etc.*⟩; *(fig.: richtigstellen, korrigieren)* put straight; **jmdm. einen Stuhl ~rücken** put *or* set a chair in place for sb.; *s. auch* **Kopf a; ~|schneiden** *unr. tr. V.* cut to size/shape; trim ⟨*fringe, beard, hedge*⟩; *(herstellen)* cut out **(aus** of); **~|setzen 1.** *tr. V.* adjust ⟨*spectacles, hat, etc.*⟩; **2.** *refl. V.* settle oneself; **~|stellen** *tr. V.* put *or* set ⟨*chair, crockery, etc.*⟩ in place; **~|stutzen** *tr. V.* trim ⟨*hedge, beard, hair etc.*⟩; **jmdn./etw. ~stutzen** *(fig.)* sort *or* straighten sb. out/get *or* knock sth. into shape; **~|weisen** *unr. tr. V.* rebuke; reprimand ⟨*pupil, subordinate, etc.*⟩; **~weisung die** *s.* **~weisen:** rebuke; reprimand

**zu|reden** *itr. V.* **jmdm. ~:** persuade sb.; *(ermutigen)* encourage sb.; **jmdm. gut ~:** encourage sb.; **gutes Zureden** persuasion; **erst nach langem Zureden** only after a great deal of persuasion

**zu·reichend** *(geh.) s.* **zulänglich**

**zu|reiten 1.** *unr. tr. V.* break [in] ⟨*horse*⟩. **2.** *unr. itr. V.; mit sein* **auf jmdn./etw. ~:** ride towards sb./sth.; **auf jmdn./etw. zugeritten kommen** come riding towards sb./sth.

**Zürich** ['tsy:rɪç] **(das); ~s** Zurich

**zürich·deutsch 1.** *Adj.* Zurich-German. **2.** *adv.* in Zurich German; *s. auch* **deutsch; Deutsch**

**Zürich·see der** Lake [of] Zurich

**zu|richten** *tr. V.* **a)** *(verletzen)* injure; **sie haben ihn übel zugerichtet** they [really] knocked him about; **übel zugerichtet** badly injured; **b)** *(beschädigen)* make a mess of; **c)** *(landsch.: zubereiten, vorbereiten)* prepare; *(Technik: zuschneiden)* cut to size/shape; **d)** *(Lederherstellung, Kürschnerei, Textilind.)* dress, finish ⟨*leather, fur, etc.*⟩; **e)** *(Druckw.)* make ready

**zu|riegeln** *tr. V.* bolt

**zürnen** ['tsʏrnən] *itr. V. (geh.)* **jmdm. ~:** be angry with sb.

**zurren** ['tsʊrən] *tr. V. (Seemannsspr.)* lash down

**Zur·schau·stellung die** exhibition; display

**zu·rück** *Adv.* back; **ich bin gleich [wieder] ~:** I'll be right back *(coll.)*; **sei bitte zum Essen ~:** please be back in time for lunch/dinner *etc*; **einen Schritt ~ machen** take a step backwards; **~!** get *or* go back!; **„~ an Absender"** 'return to sender'; **... und 10 Pfennig ~:** ... and 10 pfennigs change; *s. auch* **Dank a; hin d; Natur a; b)** *(weiter hinten; auch fig.)* behind; **[mit etw.] ~ sein** *(fig.: im Rückstand)* be behind [with sth.]

**Zurück das** *in* **es gibt [für jmdn.] kein ~ [mehr]** there is no going back [for sb.]

**zurück-, Zurück-: ~|begleiten** *tr. V.* **jmdn. ~begleiten** accompany sb. back; **~|behalten** *unr. tr. V.* **a)** keep [back]; retain; **b)** *(nicht mehr loswerden)* be left with ⟨*scar, heart defect, etc.*⟩; **~|bekommen** *unr. tr. V.* get back; **Sie bekommen noch 10 Mark ~:** you get 10 marks change; **er bekommt es von mir [doppelt] ~** *(fig.)* I'll pay him back [twice over]; **~|beordern** *tr. V.* order back; **~|besinnen** *unr. refl. V.* **sich auf etw.** *(Akk.)* **~besinnen** remember sth.; think back to sth.; **~|beugen 1.** *tr. V.* bend back; **2.** *refl. V.* lean *or* bend back; **~|bilden** *refl. V. (Biol.)* **a)** ⟨*swelling*⟩ go down; ⟨*uterus*⟩ contract; ⟨*symptoms*⟩ disappear; *(atrophieren)* ⟨*limb, organ, etc.*⟩ atrophy; **b)** *(im Laufe der Stammesentwicklung)* ⟨*limb, organ*⟩ be lost; **~|bleiben** *unr. itr. V.; mit sein* **a)** remain *or* stay behind; **b)** *(nicht mithalten)* lag behind; *(fig.)* fall behind; **hinter den Erwartungen ~bleiben** fall short of expectations; **in seiner Entwicklung ~bleiben** ⟨*child*⟩ be retarded *or* backward in its development; **c)** *(bleiben)* remain; **von der Krankheit ist [bei ihm] nichts ~geblieben** the illness has left no lasting effects [on him]; **d)** *(wegbleiben)* stay *or* keep back; *s. auch* **zurückgeblieben; ~|blenden** *itr. V. (Film; auch fig.)* flash back; **in/auf etw.** *(Akk.)* **~blenden** flash back to sth.; **~|blicken** *itr. V.* **a)** look back **(auf +** *Akk.* at); *(sich umblicken)* look back *or* round; **b)** *(fig.)* **auf etw.** *(Akk.)* **~blicken** look back on sth.; **~|bringen** *unr. tr. V.* **a)** *(wieder herbringen)* bring back; return; *(wieder hinbringen)* take back; return; **jmdn. ins Leben/in die Wirklichkeit ~bringen** *(fig.)* bring sb. back to life/reality; **b)** *(ugs.: zurückwerfen)* set back; **~|datieren** *tr. V.* antedate, backdate ⟨*letter, cheque, etc.*⟩; antedate ⟨*event, artefact, etc.*⟩; **~|denken** *unr. itr. V.* think back **(an +** *Akk.* to); **so weit ich ~denken kann** as far as I can remember *or* recall; **~|drängen** *tr. V.* force back; drive back ⟨*enemy*⟩; **den Drogenmißbrauch ~drängen** *(fig.)* fight drug abuse; **~|drehen** *tr. V.* **a)** turn back; turn down ⟨*heating, volume, etc.*⟩; **das Rad der Geschichte ~drehen** *(fig.)* turn back the wheel of history; **b)** *(rückwärts drehen)* turn backwards; **~|dürfen** *unr. itr. V.* be allowed [to go] back *or* to return; **das Fleisch darf nicht in die Kühltruhe ~:** the meat must not go back in the freezer; **~|eilen** *itr. V.; mit sein* hurry back; **~|erbitten** *unr. tr. V. (geh.)* **etw. ~erbitten** ask for sth. to be returned; **etw. von jmdm. ~erbitten** ask sb. to return sth.; **~|erhalten** *unr. tr. V. (geh.)* be given back; get back; **anliegend erhalten Sie ihre Bewerbungsunterlagen ~:** please find enclosed your application, which we are returning to you; **~|erinnern** *refl. V.* **sich an etw.** *(Akk.)* **~erinnern** remember *or* recall sth.; **~|erlangen** *tr. V. (geh.)* regain; **~|erobern** *tr. V.* win back ⟨*votes, majority, etc.*⟩; regain ⟨*power, position, etc.*⟩; recapture ⟨*territory, town, etc.*⟩; **~|erstatten** *tr. V.* refund; **jmdm. etw. ~erstatten** refund sth. to sb.; **~|erwarten** *tr. V.* **jmdn. ~erwarten** expect sb. back; **~|fahren 1.** *unr. itr. V.; mit sein* **a)** go back; return; *(als Autofahrer)* drive back; *(mit dem Fahrrad, Motorrad usw.)* ride back; **b)** *(nach hinten fahren)* go back[wards]; **c)** *(zurückweichen)* start back; *(entsetzt)* recoil; **2.** *unr. tr. V.* **a) jmdn./etw. ~fahren** drive sb./sth. back; **b)** *(Technikjargon)* reduce the output of ⟨*power plant, refinery, etc.*⟩; cut back ⟨*delivery, production, budget, etc.*⟩; **~|fallen** *unr. itr. V.; mit sein* **a)** fall back; **b)** *(nach hinten fallen)* fall back[wards]; **c)** *(fig.: in Rückstand geraten)* fall behind; **d)** *(fig.: auf einen niedrigeren Rang)* drop **(auf +** *Akk.* to); **e)** *(fig.: in einen früheren Zustand)* **in etw.** *(Akk.)* **~fallen** fall back into sth.; **in den alten Trott ~fallen** slip back into the old routine; **f)** *(fig.)* **an jmdn. ~fallen** ⟨*property*⟩ revert to sb.; **g)** *(fig.)* **auf jmdn. ~fallen** ⟨*actions, behaviour, etc.*⟩ reflect [up]on sb.; **deine Gemeinheiten werden eines Tages auf dich [selbst] ~fallen** your meanness will recoil [up]on you one day; **~|finden** *unr. itr. V.* find one's way back; **~|fliegen 1.** *unr. itr. V.; mit sein* fly back; **2.** *unr. tr. V.* **jmdn./etw. ~fliegen** fly sb./sth. back; **~|fließen** *unr. itr. V.; mit sein* flow back; **~|fordern** *tr. V.* **etw. ~fordern** ask for sth. back; *(nachdrücklicher)* demand sth. back; **~|fragen** *itr. V.* answer with a question; **„...?" fragte er ~:** '...?', he asked in return; **~|führen 1.** *tr. V.* **a) jmdn. ~führen** take sb. back; **b)** *(zurückbewegen)* **etw. ~führen** move sth. back; return sth.; **c) etw. auf etw.** *(Akk.)* **~führen** *(auf Ursprung)* trace sth. back to sth.; *(auf Ursache)* attribute sth. to sth.; put sth. down to sth.; *(auf einfachere Form)* reduce sth. to sth.; **2.** *itr. V.* lead back; **es führt kein anderer Weg ~:** there is no other way back; **~|geben 1.** *unr. tr. V.* **a)** give back; return; hand in ⟨*driver's licence, membership card*⟩; return ⟨*goods, unused ticket, etc.*⟩; relinquish ⟨*mandate, office, etc.*⟩; take back ⟨*defective goods*⟩; give back ⟨*freedom*⟩; **jmdm. etw. ~geben** give sth. back to sb.; return sth. to sb.; **b)** *(erwidern)* reply; **2.** *unr. tr. (auch itr.) V. (Ballspiele)* **a)** return ⟨*ball, puck, service, pass, throw*⟩; **[den Ball] an jmdn. ~geben** return the ball to sb.; **b)** *(nach hinten geben)* **[den Ball] ~geben** pass the ball back; **~geblieben 1.** *2. Part. v.* **zurückbleiben; 2.** *Adj.* retarded; **~|gehen** *unr. itr. V.; mit sein* **a)** go back; return; *(sich zurückbewegen)* ⟨*pick-up arm, indicator, needle, etc.*⟩ return; **b)** *(nach hinten gehen)* go back; ⟨*enemy*⟩ retreat; **in die Geschichte/bis in die Jahre meiner Kindheit ~gehen** *(fig.)* go back into history/to the years of my childhood; **c)** *(verschwinden)* ⟨*bruise, ulcer*⟩ disappear; ⟨*swelling, inflammation*⟩ go down; ⟨*pain*⟩ subside; **d)** *(sich verringern)* decrease; go down; ⟨*fever*⟩ abate; ⟨*flood*⟩ subside; ⟨*business*⟩ fall off; **e)** *(zurückgeschickt werden)* be returned *or* sent back; **ein Essen ~gehen lassen** send a meal back; **f) auf jmdn. ~gehen** *(jmds. Werk sein)* go back to sb.; *(von jmdm. abstammen)* originate from *or* be descended from sb.; **der Name geht auf ein lateinisches Wort ~:** the name comes from a Latin word; **g)** *(sich zurückbewegen lassen)* ‹*lever etc.*› go back; **~|gewinnen** *unr. tr. V.* **a)** win back; regain ‹*confidence, title, strength, freedom, etc.*›; **b)** *(Wirtsch.)* reclaim, recover ‹*raw materials etc.*›; **~gezogen 1.** *2. Part. v.* **zurückziehen; 2.** *Adj.* secluded; **3.** *adv.* **~gezogen leben** lead a withdrawn life; *(an abgelegenem Ort)* live a secluded life; **~gezogenheit die; ~:** seclusion; **~|greifen** *unr. itr. V.* **auf jmdn./etw. ~greifen** fall back on sb./sth.; **~|haben** *unr. tr. V.* have back; **hast du es inzwischen ~?** have you got it back yet?; **ich will es ~haben** I want it back; **~|halten 1.** *unr. tr. V.* **a) jmdn. ~halten** hold sb. back; **eine dringende Angelegenheit hielt mich in Köln ~:** an urgent matter kept *or* detained me in Cologne; **er war durch nichts ~zuhalten** there was no stopping him; nothing would stop him; **b)** *(am Vordringen hindern)* keep back ‹*crowd, mob, etc.*›; **c)** *(behalten)* withhold ‹*news, letter, parcel, etc.*›; **d)** *(nicht austreten lassen)* hold back ‹*tears etc.*›; **sein Wasser ~halten** hold one's water; **e)** *(von etw. abhalten)* **jmdn. ~halten** stop sb.; **jmdn. von etw. ~halten** keep sb. from sth.; **jmdn. davon ~halten, etw. zu tun** stop sb. doing sth.; keep sb. from doing sth.; **2.** *unr. refl. V.* **a)** *(sich zügeln, sich beherrschen)* restrain *or* control oneself; **b)** *(nicht aktiv werden)* **sich in einer Diskussion ~halten** keep in the background in a discussion; **3.** *unr. itr. V.* **mit etw. ~halten** *(etw. nicht äußern)* keep sth. to oneself; **~haltend 1.** *Adj.* **a)** reserved; subdued, muted ‹*colour*›; **b)** *(kühl, reserviert)* cool, restrained ‹*reception, response*›; **c)** *(Wirtsch.: schwach)* slack ‹*demand*›; **d)** *(sparsam)* **mit etw. ~haltend** ‹*person*› who is/was sparing with sth.; sparing with sth. *pred.*; **2.** *adv.* **a)** ‹*behave*› with reserve *or* restraint; **eine ~haltend gemusterte Tapete** a wallpaper with a subdued pattern; **b)** *(kühl, reserviert)* coolly; **das Publikum/Bonn reagierte ~haltend** the public's response was cool/Bonn's response was cautious; **sich ~haltend zu etw. äußern** be cautious in one's comments on sth.; **~haltung die;** *o. Pl.* **a)** reserve; **~haltung üben** *(geh.)* exercise restraint; **sich** *(Dat.)* **~haltung auferlegen** *(geh.)* adopt an attitude of reserve; **b)** *(Kühle, Reserviertheit)* coolness; reserve; **ein Buch mit ~haltung aufnehmen** give a book a cool reception; **c)** *(Wirtsch.: geringe Kaufbereitschaft)* caution; **~|holen** *tr. V.* **a)** fetch back; get back ‹*money*›; bring back ‹*satellite, missile*›; **jmdn. ~holen** bring sb. back; **b)** *(~rufen)* call back; **~|kämmen** *tr. V.* comb back; back-comb; **seine ~gekämmten Haare** his back-combed hair; **~|kaufen** *tr. V.* buy back; repurchase; **~|kehren** *itr. V.; mit sein* return; come back **(von, aus** from); **zu jmdm. ~kehren** return *or* go back to sb.; **~|klappen** *tr. V.* tip back ‹*seat*›; lift back ‹*lid*›; fold back ‹*flap*›; **~|kommen** *unr. itr. V.; mit sein* **a)** come back; return; ‹*letter*› come back, be returned; **b)** *(zurückgelangen)* get back; **c) ~kommen auf** (+ *Akk.*) come back to ‹*subject, question, point, etc.*›; **auf ein Angebot ~kommen** come back on an offer; **d)** *(ugs.: zurückbefördert werden)* go back; **~|können** *unr. itr. V.* be able to go back *or* return; **nicht ans Ufer ~können** not be able to get back to the bank; **jetzt können wir nicht mehr ~** *(fig.)* there's no going *or* turning back now; **~|kriegen** *tr. V. s.* **~bekommen; ~|lassen** *unr. tr. V.* **a)** leave; **b)** *(zurückkehren lassen)* **jmdn. ~lassen** allow sb. to return; let sb. return; **~|lassung die; ~: unter ~lassung einer Sache/jmds.** leaving sth./sb. behind; **~|laufen** *unr. itr. V.; mit sein* **a)** run back; **b)** *(ugs.: zurückgehen)* come/go back; **c)** *(sich zurückbewegen)* run back; **das Tonband ~laufen lassen** run the tape back; **~|legen 1.** *tr. V.* **a)** put back; **b)** *(nach hinten beugen)* lean *or* lay ‹*head*› back; **c)** *(reservieren)* put aside, keep (*Dat.*, **für** for); **d)** *(sparen)* put away; put by; **e)** *(hinter sich bringen)* cover ‹*distance*›; **2.** *refl. V.* lie back; *(sich ~lehnen, ~neigen)* lean back; **~|lehnen** *refl. V.* lean back; **~|liegen** *unr. itr. V.* **a) das Ereignis/das liegt einige Jahre ~:** the event took place/that was several years ago; **in den ~liegenden Jahren** in the past [few] years; **b)** *(bes. Sport)* be behind; **mit 2:3 Toren ~liegen** be 3–2 behind; **~|melden** *refl. V.* report back **(bei** to); **~|müssen** *unr. itr. V.* **a)** have to go back *or* return; **b)** *(zurückbefördert werden müssen)* have to go back; **~|nehmen** *unr. tr. V.* **a)** take back; **b)** *(widerrufen)* take back; **ich nehme alles ~ [und behaupte das Gegenteil** *(scherzh.)*] I take it all back; **c)** *(rückgängig machen)* revoke, rescind ‹*decision, ban, etc.*›; withdraw ‹*complaint, legal action*›; **einen Zug ~nehmen** *(Brettspiele)* take a move back; **~|pfeifen** *unr. tr. V.* **a)** whistle ‹*dog*› back; **b)** *(fig. salopp)* **jmdn. ~pfeifen** call sb. off; **~|prallen** *itr. V.; mit sein* **a)** bounce back **(von** off); ‹*bullet*› ricochet **(von** from); **b)** *(fig.)* start back; *(entsetzt)* recoil; **~|rechnen** *itr. V.* reckon back; **~|reichen 1.** *tr. V.* hand back; **2.** *itr.V.* go back **(in +** *Akk.* to); **~|rollen 1.** *tr. V.* **a)** roll back; **b)** *(nach hinten rollen)* roll back[wards]; **2.** *itr. V.; mit sein* **a)** roll back; **b)** *(nach hinten rollen)* roll back[wards]; **~|rufen 1.** *unr. tr. V.* **a)** call back; recall ‹*ambassador*›; **jmdn. ins Leben ~rufen** *(fig.)* bring sb. back to life; **b)** *(anrufen)* call *or (Brit.)* ring back; **c) jmdm./sich etw. ins Gedächtnis** *od.* **in die Erinnerung ~rufen** remind sb. of sth./call sth. to mind; **d)** *(als Antwort, nach hinten rufen)* call *or* shout back; **e)** *(Wirtsch.)* recall ‹*defective goods, car, etc.*›; **2.** *unr. itr. V. (anrufen)* call *or (Brit.)* ring back; **~|schalten** *itr. V.* **a)** switch *or* turn back; **b)** *(beim Autofahren)* change down; **~|schaudern** *itr. V.; mit sein* shrink back **(vor +** *Dat.* from); **~|schauen** *itr. V. (bes. südd., österr., schweiz.) s.* **~blicken; ~|scheuen** *itr. V.; mit sein s.* **²~schrecken; ~|schicken** *tr. V.* send back; **~|schieben** *unr. tr. V.* **a)** push back; draw back ‹*bolt, curtains*›; **b)** *(nach hinten schieben)* push back[wards]; **~|schlagen 1.** *unr. tr. V.* **a)** *(nach hinten schlagen)* fold back ‹*cover, hood, etc.*›; turn down ‹*collar*›; *(zur Seite schlagen)* pull *or* draw back ‹*curtains*›; **b)** *(durch einen Schlag zurückbefördern)* hit back; *(mit dem Fuß)* kick back; **c)** *(zum Rückzug zwingen, abwehren)* beat off, repulse ‹*enemy, attack*›; **2.** *unr. itr. V.* **a)** hit back; ‹*enemy*› strike back, retaliate; **b)** *mit sein* ‹*pendulum*› swing back; ‹*starting-handle*› kick back; ‹*wave*› crash back; **c) auf etw.** *(Akk.)* **~schlagen** *(fig.)* have repercussions on sth.; **~|schneiden** *unr. tr. V.* cut back ‹*plant, shoot, etc.*›; **~|schrauben** *tr. V.* reduce ‹*demand, wage, consumption, etc.*›; lower ‹*expectations*›; **¹~|schrecken** *tr. V.* **jmdn. ~schrecken** deter sb.; **²~|schrecken** *regelm., veralt. unr. itr. V.; mit sein* **a)** shrink back; recoil; **b) vor etw.** *(Dat.)* **~schrecken** *(fig.)* shrink from sth.; **er schreckt vor nichts ~:** he will stop at nothing; **~|sehnen** *refl. V.* **sich nach der Geborgenheit seines Elternhauses ~sehnen** long to return to the security of one's parents' home; **sich zu jmdm./nach Italien ~sehnen** long to be back with sb./in Italy; **~|senden** *unr. od. regelm. tr. V. (geh.) s.* **~schicken; ~|setzen 1.** *tr. V.* **a)** put back; **b)** *(nach hinten setzen)* move back; **c)** *(zurückfahren)* move back; reverse; back; **d)** *(benachteiligen)* **jmdn. ~setzen** neglect sb.; **sich ~gesetzt fühlen** feel neglected; **2.** *refl. V.* **a)** sit down again **(an +** *Akk.* at); **b)** *(sich weiter nach hinten setzen)* move back; **3.** *itr. V. (zurückfahren)* move back[wards]; reverse; back; **~setzung die; ~, ~en** neglect; *(Kränkung)* insult; slight; **~|spielen** *tr. V. (Ballspiele)* **den Ball ~spielen** pass *or* play the ball back; **~|springen** *unr. itr. V.; mit sein* **a)** jump back; ‹*indicator needle etc.*› spring back; ‹*ball*› bounce back; **b)** *(nach hinten springen)* jump back[wards]; **c)** *(weiter hinten liegen)* be set back; **~|stecken 1.** *tr. V.* **a)** put back; **b)** *(nach hinten stecken)* move back; **2.** *itr. V. (ugs.)* lower one's sights; **~|stehen** *unr. itr. V.* **a)** stand back; be set back; **b)** *(fig.: übertroffen werden)* be left behind; **hinter jmdm. ~stehen** take second place to sb.; **c)** *(fig.: verzichten)* miss out; **~|stellen 1.** *tr. V.* **a)** put back; **b)** *(nach hinten stellen)* move back; **c)** *(niedriger einstellen)* turn down ‹*heating*›; put back ‹*clock*›; **d)** *(reservieren)* put aside, keep (*Dat.*, **für** for); **e)** *(vorläufig befreien)* **jmdn. vom Wehrdienst ~stellen** defer sb.'s military service; defer sb. *(Amer.)*; **sollen wir ihn schon einschulen oder noch ~stellen lassen?** shall we start him at school now or delay it a while?; **f)** *(aufschieben)* postpone; defer; **g)** *(hintanstellen)* put aside ‹*reservations, doubts, etc.*›; **h)** *(österr.: ~geben)* return; **2.** *refl. V.* go *or* get back; **stell dich an deinen Platz ~!** get back in *or* go back to your place!; **~|stoßen 1.** *unr. tr. V.* **a)** push back; **b)** *(von sich stoßen)* push away; **2.** *unr. itr. V.; mit sein s.* **~setzen 3; ~|streifen** *tr. V.* pull back; pull up ‹*sleeve*›; **~|stufen** *tr. V.* downgrade **(in +** *Akk.* to); **~|treten** *unr. itr. V.* **a)** *mit sein* step back; **bitte von der Bahnsteigkante ~treten** please stand back from the edge of the platform; **b)** *mit sein (von einem Amt)* resign; step down; ‹*government*› resign; **als Vorsitzender/von einem Amt ~treten** step down as chairman/resign from an office; **c)** *mit sein (von einem Vertrag, einer Vereinbarung usw.)* withdraw **(von** from); back out **(von** of); **d)** *mit sein (fig.: in den Hintergrund treten)* become less important; fade in importance; **hinter/gegenüber etw.** *(Dat.)* **~treten** take second place to sth.; **~|tun** *unr. tr. V.* put back; **~|übersetzen** *tr. V.* translate back; **~|verfolgen** *tr. V.* trace back; **~|verlangen** *tr. V.* demand back; **~|versetzen 1.** *tr. V.* **a)** move *or* transfer back; **b)** *(fig.)* take *or* transport back; **2.** *refl. V.* think oneself back **(in +** *Akk.* to); **~|weichen** *unr. itr. V.; mit sein* draw back **(vor +** *Dat.* from); back away; *(~schrecken)* shrink back, recoil **(vor +** *Dat.* from); **er wich keinen Schritt/Zentimeter ~:** he stood his ground; **~|weisen** *unr. tr. V.* **a)** send back; **jmdn. an der Grenze ~weisen** turn sb. back at the frontier; **b)** *(abweisen, nicht akzeptieren)* reject ‹*proposal, question, demand, application, etc.*›; turn down, refuse ‹*offer, request, invitation, help, etc.*›; turn away ‹*petitioner, unwelcome guest*›; **c)** *(sich verwahren gegen)* repudiate ‹*accusation, claim, etc.*›; **~weisung die** *s.* **~weisen a–c:** sending back; turning back; rejection; turning down; refusal; turning away; repudiation; **~|wenden** *unr. od. regelm. tr. u. refl. V.* turn back; **~|werfen 1.** *unr. tr. V.* **a)** throw back; **den Kopf/sein Haar ~werfen** throw *or* toss one's head back/toss one's hair back; **b)** *(reflektieren)* reflect ‹*light, sound*›; **c)** *(Milit.)* repulse ‹*enemy*›; **d)** *(fig.: in einer Entwicklung)* set back; **2.** *unr. refl. V.* throw oneself back; **~|wirken** *itr. V.* react **(auf +** *Akk.* [up]on); **~|wollen 1.** *unr. itr. V.* want to go back; **2.** *unr. tr. V. (ugs.)* **etw. ~wollen** want sth. back; **~|zahlen** *tr. V.* pay back; **~|ziehen 1.** *unr. tr. V.* **a)** pull back; draw back ‹*bolt, curtains, one's hand, etc.*›; **es zieht ihn in die Heimat/zu ihr ~** *(fig.)* he is drawn back to his homeland/to her; **b)** *(abziehen, zurückbeordern)* withdraw, pull back ‹*troops*›; withdraw, recall ‹*ambassador*›; **c)** *(rückgängig machen)* withdraw; cancel ‹*or-*

*der, instruction*); **d)** (*wieder aus dem Verkehr ziehen*) withdraw ‹*coin, stamp, etc.*›; **2.** *unr. refl. V.* withdraw (**aus, von** from); ‹*troops*› withdraw, pull back; **sich von** *od.* **aus der Politik/aus dem Showgeschäft/aus dem Berufsleben ~ziehen** retire from politics/show business/professional life; **sich aufs Land/in sein Zimmer ~:** retreat to the country/retire to one's room; *s. auch* **zurückgezogen; 3.** *unr. itr. V.; mit sein* go back; return; **~|zucken** *itr. V.; mit sein* flinch; (*erschrocken*) start back; **mit der Hand ~zucken** jerk one's hand away

**Zu·ruf der** shout; **durch ~ wählen/abstimmen** vote by acclamation

**zu|rufen** *unr. tr. V.* **jmdm. etw. ~:** shout sth. to sb.

**Zu·sage die a)** (*auf eine Einladung hin*) acceptance; (*auf eine Stellenbewerbung hin*) offer; **b)** (*Versprechen*) promise; undertaking; **jmdm. die** *od.* **seine ~ geben, etw. zu tun** promise sb. that one will do sth.; **ich kann Ihnen keine ~n machen** I cannot make you any promises

**zu|sagen 1.** *itr. V.* **a)** (*auf eine Einladung hin*) **[jmdm.] ~/fest ~:** accept/give sb. a firm acceptance; **b)** (*auf ein Angebot hin*) accept; **sie haben fest zugesagt** (*auf eine Stellenbewerbung hin*) they made me/him *etc.* a firm offer [of a job]; **c)** (*gefallen*) **jmdm. ~:** appeal to sb. **2.** *tr. V.* **a)** promise; **jmdm. etw. ~:** promise sb. sth.; **sein Kommen ~:** promise to come; **jmdm. sein Kommen ~:** promise sb. that one will come; **b)** *s.* **Kopf a**

**zusammen** [tsu'zamən] *Adv.* together; **wir bestellten uns ~ eine Flasche Wein** we ordered a bottle of wine between us; **wir haben ~ ein Auto** we own a car between us; **alle/alles ~:** all together; **ihr seid alle ~ Feiglinge!** (*ugs.*) you're cowards, the whole lot of you (*coll.*); **guten Abend/schöne Ferien** *usw.* **~!** (*ugs.*) good evening/have a good holiday, everyone *or* all of you!; **er verdient mehr als alle anderen ~:** he earns more than the rest of us/them put together

**zusammen-, Zusammen-: ~arbeit die;** *o. Pl.* co-operation *no indef. art.*; **~|arbeiten** *itr. V.* co-operate; work together; (*kollaborieren*) collaborate; **mit ihm könnte ich nicht ~arbeiten** I could not work with him; **~|ballen 1.** *tr. V.* **[zu einem Klumpen] ~ballen** make into a ball; **2.** *refl. V.* mass together; **dunkle Wolken ballten sich ~:** dark clouds loomed; **~ballung die** concentration; **eine ~ von Städten** a conglomeration of towns; **~|bauen** *tr. V.* assemble; put together; **~|beißen** *unr. tr. V.* **die Zähne ~beißen** clench one's teeth together; *s. auch* **Zahn b; ~|bekommen** *unr. tr. V.* **a)** get together, raise ‹*money, rent, etc.*›; manage to collect ‹*signatures*›; **b)** (*zusammengesetzt/~gebaut usw. bekommen*) get together; **c)** (*fig. ugs.*) remember; **~|betteln** *tr. V.* **sich** (*Dat.*) **etw. ~betteln** manage to collect sth. by begging; **~|binden** *unr. tr. V.* tie together; **jmdm. die Hände auf dem Rücken ~binden** tie sb.'s hands behind his/her back; **sich** (*Dat.*) **das Haar ~binden** tie one's hair; **~|bleiben** *unr. itr. V.; mit sein* stay together; **~|brauen 1.** *tr. V.* (*ugs.*) concoct ‹*drink*›; **2.** *refl. V.* (*fig.*) ‹*storm, bad weather, trouble, etc.*› be brewing; ‹*disaster*› loom; **da braut sich was ~:** there's something brewing there; **~|brechen** *unr. itr. V.; mit sein* **a)** (*einstürzen*) collapse; **b)** (*zu Boden sinken*) ‹*person, animal*› collapse; (*fig.*) ‹*person*› break down; **nervlich ~brechen** have a nervous breakdown; **c)** (*fig.*) collapse; ‹*order, communications, system, telephone network*› break down; ‹*theory*› collapse, break down; ‹*traffic*› come to a standstill, be paralysed; ‹*attack, front, resistance*› crumble; **für ihn brach eine Welt ~:** his whole world collapsed; **~|bringen** *unr. tr. V.* **a)** bring together; bring ‹*chemicals*› into contact with each other; **die Ziege mit einem Bock ~bringen** put the nanny-goat together with a billy-goat; **jmdn. mit jmdm. ~bringen** bring sb. together with sb.; **b)** (*ugs., bes. südd.*) *s.* **~bekommen; ~bruch der a)** (*eines Menschen*) collapse; (*psychisch, nervlich*) breakdown; **dem ~bruch nahe sein** be near to collapse/breakdown; **b)** (*fig.*) *s.* **~brechen c:** collapse; breakdown; crumbling; **es kam zu einem ~bruch des Verkehrs** traffic came to a standstill *or* was paralysed; **~|drängen 1.** *tr. V.* push together; herd ‹*crowd*› together; (*fig.*) condense ‹*story, report, facts, etc.*›; **2.** *refl. V.* crowd together; (*fig.*) be concentrated (**auf** + *Akk.* into); **~|drücken** *tr. V.* **a)** press together; (*komprimieren*) compress ‹*gas*›; **b)** (*zerdrücken*) crush; **~|fahren 1.** *unr. itr. V.; mit sein* **a)** collide (**mit** with); **zwei Autos sind ~gefahren** two cars have collided [with each other]; **b)** (*~zucken*) start; jump; **2.** *unr. tr. V.* (*ugs.*) smash up ‹*vehicle*›; run over ‹*person, animal*›; **~fall der** coincidence; **~|fallen** *unr. itr. V.; mit sein* **a)** collapse; **in sich ~fallen** (*auch fig.*) collapse; ‹*fire*› die down; **das ganze Lügengebäude fiel in sich ~** (*fig.*) the whole tissue of lies fell apart; **b)** (*~sinken, schrumpfen*) **[in sich] ~fallen** ‹*cake*› sink [in the middle]; ‹*froth, foam, balloon, etc.*› collapse; **c)** ‹*person*› become emaciated; **d)** (*zeitlich*) **[zeitlich] ~fallen** coincide; fall at the same time; **e)** (*räumlich*) coincide; **~|falten** *tr. V.* fold up; **~|fassen** *tr. V.* **a)** put together; **einzelne Verbände in einer Dachorganisation ~fassen** bring individual associations together in one umbrella organization; **b)** (*in eine kurze Form bringen*) summarize; **etw. in einem Satz ~fassen** sum sth. up *or* summarize sth. in one sentence; **~fassend kann man sagen ...:** to sum up *or* in summary, one can say ...; **~fassung die** *s.* **~fassen a, b:** putting together; bringing together; summary; **~|fegen** *tr. V.* (*bes. nordd.*) sweep together; **~|finden** *unr. refl. V.* **a)** get together; **b)** (*zusammentreffen*) meet up; **~|flicken** *tr. V.* **a)** (*auch fig.*) patch up; **b)** *s.* **~stoppeln; ~|fließen** *unr. itr. V.; mit sein* ‹*rivers, streams*› flow into each other, join up; (*fig.*) ‹*colours*› run together; ‹*sounds*› blend together; **~fluß der** confluence; **~|fügen 1.** *tr. V.* fit together; **was Gott ~gefügt hat, das soll der Mensch nicht scheiden** what therefore God hath joined together, let not man put asunder; **2.** *refl. V.* fit together; **sich zu einem Ganzen ~fügen** fit together to form a whole; **~|führen** *tr. V.* bring together; **getrennte Familien wieder ~führen** reunite divided families; **~|gehen** *unr. itr. V.; mit sein* **a)** (*sich verbünden, sich zusammentun*) join forces (**mit** with); (*fusionieren*) ‹*firms*› merge; **b)** (*zusammenpassen*) go together; **c)** (*ugs.: zusammenlaufen, ~fließen usw.*) join up; meet; **d)** (*ugs.: sich zusammenfügen, verbinden usw. lassen*) fit together; meet; **~|gehören** *itr. V.* belong together; **~gehörig** *Adj.* [closely] related *or* connected ‹*subjects, problems, etc.*›; matching *attrib.* ‹*pieces of tea service, cutlery, etc.*›; **die ~gehörigen Teile/Fotos** the parts/photographs which belong together; **~gehörigkeit die; ~: tiefe ~gehörigkeit mit jmdm. fühlen** have a deep sense *or* feeling of unity with sb.; **die beiden verbindet ein starkes Gefühl der ~gehörigkeit** the two of them are joined by a strong sense *or* feeling of belonging together; **~gehörigkeits·gefühl** *das; o. Pl.* sense *or* feeling of belonging together; **~genommen** *Adj.; nicht attr.* **alle diese Dinge ~genommen** all these things together; **~gewürfelt** *Adj.* oddly assorted; **ein bunt ~gewürfelter Haufen** a motley collection of people; **~|haben** *unr. tr. V.* (*ugs.*) have got together; **~halt der;** *o. Pl.* cohesion; **keinen/einen guten ~halt haben** have no/good cohesion; **~|halten 1.** *unr. tr. V.* **a)** hold together; **b)** (*beisammenhalten*) keep together; **sein Geld ~halten** be careful with one's money; **2.** *unr. itr. V.* **a)** hold together; **b)** (*fig.*) ‹*friends, family, etc.*› stick together; **~hang der** connection; (*einer Geschichte, Rede*) coherence; (*Kontext*) context; **was er sagte, hatte keinen ~hang** what he said was incoherent; **in [keinem] ~hang mit etw. stehen** be [in no way] connected with sth.; **die historischen/gesellschaftlichen ~hänge kennen** know the historical/social context; **etw. mit etw. in ~hang bringen** connect sth. with sth.; make a connection between sth. and sth.; **im ~hang mit ...:** in connection with ...; **etw. aus dem ~hang lösen/reißen** take sth. out of [its] context; **~|hängen** *unr. itr. V.* **a)** be joined [together]; **in ~hängenden Sätzen** in coherent sentences; **~hängender Text** continuous text; **~hängend erzählen** relate in a coherent manner; **b)** (*fig.*) **mit etw. ~hängen** (*zu etw. eine Beziehung haben*) be related to sth.; (*durch etw. [mit] verursacht sein*) be the result of sth.; **das hängt damit ~, daß ...:** that is connected with *or* has to do with the fact that ...; **die damit ~hängenden Fragen** the related issues; **~hang·los 1.** *Adj.* incoherent, disjointed ‹*speech, story, etc.*›; **~hanglos nebeneinanderstehen** stand disconnectedly side by side; **2.** *adv.* ‹*speak*› incoherently; **~|hauen** *unr. tr. V.* (*ugs.*) **a)** (*zerschlagen*) smash up; **b)** (*verprügeln*) **jmdn. ~hauen** beat sb. up; **c)** (*abwertend: nachlässig anfertigen*) knock together ‹*furniture*›; knock off (*coll.*) ‹*homework, task, etc.*›; **~|heften** *tr. V.* **a)** staple together; (*Buchbinderei*) stitch together; **b)** (*Schneiderei*) tack *or* baste together; **~|kauern** *refl. V.* huddle [up]; **sich ängstlich ~kauern** cower; **~|kaufen** *tr. V.* buy; **~|kehren** *tr. V.* (*bes. südd.*) *s.* **~fegen; ~klappbar** *Adj.* folding; **~klappbar sein** fold up; **~|klappen 1.** *tr. V.* **a)** fold up; **b)** (*zusammenschlagen*) **die Hacken/Absätze ~klappen** click one's heels; **2.** *itr. V.; mit sein* (*ugs.*) collapse; **~|klauben** *tr. V.* (*südd., österr.*) gather together; **~|kleben** *tr., itr. V.* stick together; **~|kneifen** *unr. tr. V.* press ‹*lips*› together; screw ‹*eyes*› up; **~|knüllen** *tr. V.* crumple up; (*fest*) screw up; **~|kommen** *unr. itr. V.; mit sein* **a)** meet; **mit jmdm. ~kommen** meet sb.; **b)** (*zueinanderkommen; auch fig.*) get together; **c)** (*zusammentreffen, gleichzeitig auftreten*) occur *or* happen together; **heute kommt bei mir aber auch alles ~!** (*ugs.*) everything's going wrong at once today!; **d)** (*sich summieren, sich sammeln*) accumulate; **da werden schon so an die 50 Leute ~kommen** there are sure to be getting on for 50 people there altogether; **~|koppeln** *tr. V.* couple together; dock ‹*spacecraft*›; **~|krachen** *itr. V.; mit sein* (*ugs.*) **a)** collapse with a crash; **er ist mit dem Stuhl ~gekracht** he crashed to the floor with the chair; **b)** (*zusammenstoßen*) ‹*vehicles*› crash [into each other], collide [with each other]; **mit einem Auto ~krachen** crash *or* collide with a car; **~|krampfen** *refl. V.* ‹*hands*› clench; ‹*stomach, chest*› tighten; **es krampfte sich in mir alles ~:** I tensed up inside; **~|kratzen** *tr. V.* (*ugs.*) scrape together ‹*money, savings, etc.*›; **~|kriegen** *tr. V.* (*ugs.*) *s.* **~bekommen; ~|krümmen** *refl. V.* double up; writhe

**Zusammenkunft** [tsu'zamənkʊnft] **die; ~, Zusammenkünfte** [... kʏnftə] meeting

**zusammen-: ~|läppern** *refl. V.* (*ugs.*) mount up; **~|laufen** *unr. itr. V.; mit sein* **a)** ‹*people, crowd*› gather, congregate; **b)** (*zusammenfließen*) ‹*rivers, streams*› flow into each other, join up; **c)** (*sich sammeln*) ‹*water, oil, etc.*› collect; **d)** (*sich vereinigen*) converge; (*Geom.*) intersect; **e)** (*ineinanderlau-*

*fen)* ⟨*colours*⟩ run together; ~|**leben** *itr. V.* live together; ~|**leben das;** *o. Pl.* living together *no art.*; **das eheliche/menschliche ~leben** married life/man's social existence; ~|**legen 1.** *tr. V.* **a)** put *or* gather together; **b)** *(zusammenfalten)* fold [up]; **c)** *(miteinander verbinden)* amalgamate, merge ⟨*classes, departments, etc.*⟩; combine ⟨*events*⟩; **d)** put ⟨*patients, guests, etc.*⟩ together [in the same room]; **e)** *(aneinanderlegen)* fold ⟨*hands, arms*⟩; **2.** *itr. V.* club together; pool our/your/their money; ~|**leimen** glue *or* stick together; ~|**lesen** *unr. tr. V.* gather; ~|**nähen** *tr. V.* **a)** sew together; **etw. mit etw. ~nähen** sew sth. to sth.; **b)** *(durch Nähen reparieren)* sew up; ~|**nehmen 1.** *unr. tr. V.* **a)** summon *or* muster up ⟨*courage, strength, understanding*⟩; collect ⟨*thoughts, wits*⟩; *s. auch* **~genommen; 2.** *unr. refl. V.* get *or* take a grip on oneself; **nimm dich ~!** pull yourself together!; ~|**packen 1.** *tr. V.* pack up; *(zusammen verpacken)* pack up together; **2.** *itr. V.* pack up; ~|**passen** *itr. V.* ⟨*colours, clothes, furniture*⟩ go together; ⟨*persons*⟩ be suited to each other; **mit etw. ~passen** go with sth.; ~|**phantasieren** *refl. V. (ugs.)* **sich** *(Dat.)* **etw. ~phantasieren** dream up sth.; invent sth.; *(im Fieber)* imagine

**Zusạmmenprall der;** ~[e]s, ~e collision; *(fig.)* clash

**zusạmmen-, Zusạmmen-:** ~|**prallen** *itr. V.; mit sein* collide (**mit** with); *(fig.)* clash; ~|**pressen** *tr. V.* **a)** squeeze; *(komprimieren)* compress ⟨*gas*⟩; **b)** *(aneinanderpressen)* press ⟨*lips, hands*⟩ together; ~|**raffen** *tr. V.* gather up ⟨*possessions, papers, etc.*⟩; bundle up ⟨*clothes*⟩; ~|**rasseln** *itr. V.; mit sein (ugs.) s.* **~krachen b**; ~|**rechnen** *tr. V.* add up; **einen Betrag mit einem anderen ~rechnen** add one amount to another; ~|**reimen** *refl. V. (ugs.)* **a) sich** *(Dat.)* **etw. ~reimen** work sth. out [for oneself]; **ich kann mir das nur so ~reimen** that's the only way I can make sense of it; **b)** *(~passen, ~gehören)* **wie reimt sich das ~?** how does that tally?; ~|**reißen** *unr. refl. V. (ugs.) s.* **~nehmen 2**; ~|**ringeln** *refl. V.* ⟨*snake*⟩ coil itself up; ~|**rollen 1.** *tr. V.* roll up; **2.** *refl. V.* ⟨*cat, dog, etc.*⟩ curl up; ⟨*hedgehog*⟩ roll [itself] up [into a ball]; ~|**rotten** *refl. V. (abwertend)* ⟨*crowds, groups, etc.*⟩ band together; ⟨*youths*⟩ gang together *or* up; *(in Aufruhr)* form a mob; **~rottung die;** ~, ~en *(abwertend)* gathering; **auf der Straße kam es zu ~rottungen** mobs [of hooligans] gathered in the street; ~|**rücken 1.** *tr. V.* move ⟨*chairs, tables, etc.*⟩ together; **2.** *itr. V.; mit sein (auch fig.)* move closer together; ~|**rufen** *unr. tr. V.* call together; ~|**sacken** *itr. V.; mit sein (ugs.)* **a)** *(einstürzen)* **[in sich] ~sacken** collapse; **b)** *(zu Boden sinken)* ⟨*person*⟩ collapse; **c)** *(eine schlaffe Haltung annehmen)* **[in sich] ~sacken** slump; ~|**scharen** *refl. V.* gather; **~schau die;** *o. Pl.* survey; **aus der ~schau beider ergibt sich ...:** looking at *or* viewing the two together shows ...; ~|**scheißen** *unr. tr. V. (salopp)* **jmdn. ~scheißen** tear sb. off a strip *(sl.)*; ~|**schlagen 1.** *unr. tr. V.* **a)** strike *or* bang together; clap ⟨*hands*⟩ [together]; **die Hacken ~schlagen** click one's heels; **b)** *(verprügeln)* beat up; **c)** *(zertrümmern)* smash up *or* to pieces; **d)** *(zusammenfalten)* fold up; **2.** *unr. itr. V.; mit sein* **über jmdm./etw. ~schlagen** engulf sb./sth.; *(fig.)* ⟨*disaster, misfortune*⟩ overtake sb./sth.; ~|**schließen 1.** *unr. refl. V.* join together; ⟨*firms*⟩ merge, amalgamate; **sich im Kampf für/gegen etw. ~schließen** unite in the struggle for/against sth.; **2.** *unr. tr. V.* lock together; **~schluß der** joining together; union; *(von Firmen)* merger; amalgamation; ~|**schmelzen** *unr. itr. V.; mit sein* melt [away]; *(fig.)* ⟨*supplies, savings, etc.*⟩ dwindle (**auf + Akk.** to); ~|**schneiden** *unr. tr. V. (Film, Ferns., Rundf.: kürzen)* cut; ~|**schnüren** *tr. V.* **a)** tie up (**zu** in); **b)** *(einschnüren)* lace in ⟨*waist*⟩; **der Anblick schnürte mir das Herz ~** *(geh.)* the sight tore at my heart[-strings]; ~|**schrecken** *unr. od. regelm. itr. V.; mit sein* start; jump; ~|**schreiben** *unr. tr. V.* **a)** write together; **b)** *(abwertend: verfassen)* dash off ⟨*report, letter, etc.*⟩; **was für einen Unsinn hast du denn da ~geschrieben!** what a lot of rubbish you've written there; **~schreibung die** writing together *or* as one word; **beachten Sie bitte die ~schreibung solcher Bezeichnungen** please remember that such terms are written together *or* as one word; ~|**schrumpfen** *itr. V.; mit sein* shrivel [up]; *(fig.)* dwindle; ~|**schustern** *tr. V. (ugs. abwertend)* cobble together; ~|**schweißen** *tr. V.* weld together; **etw. mit etw. ~schweißen** weld sth. to sth.; **die Gefahr hat sie noch enger ~geschweißt** *(fig.)* the danger forged even stronger bonds between them; ~|**sein** *unr. itr. V.; mit sein; Zusschr. nur im Inf. u. Part.* **a)** be together; **b)** *(zusammenleben)* be *or* live together; **mit jmdm. ~sein** be *or* live with sb.; **~sein das a)** being together *no art.*; **b)** *(Treffen)* get-together; ~|**setzen 1.** *tr. V.* **a)** put together; **Steine zu einem Mosaik ~setzen** put stones together to make a mosaic; **b)** *(herstellen)* make; **ein ~gesetztes Wort/Verb** a compound word/verb; **c)** *(zusammenbauen, -montieren)* assemble; put together; **d)** *(beieinander sitzen lassen)* seat *or* put together; **jmdn. mit jmdm. ~setzen** seat *or* put sb. next to sb.; **2.** *refl. V.* **a) sich aus etw. ~setzen** be made up *or* composed of sth.; **wie setzt sich das Gremium ~?** how is the committee made up?; **b)** *(sich zueinander setzen)* sit together; **sich mit jmdm. ~setzen** sit next to sb.; **c)** *(zu einem Gespräch)* get together; **~setzung die;** ~, ~en **a)** *o. Pl.* putting together; **b)** *(Aufbau)* composition; **„~setzung: ..."** *(als Aufschrift auf Medikamentenpackung)* 'ingredients: ...'; **c)** *(Sprachw.)* compound; ~|**sinken** *unr. itr. V.; mit sein* **a) [in sich] ~sinken** collapse; ⟨*fire*⟩ die down; ⟨*dough*⟩ sink; **b)** *(zu Boden sinken)* **[in sich] ~sinken** slump to the ground; *(eine schlaffe Haltung einnehmen)* slump; **ohnmächtig/tot ~sinken** collapse in a faint/fall down dead; ~|**sitzen** *unr. itr. V.* **a)** sit together; **mit jmdm. ~sitzen** sit next to sb.; **b)** *(miteinander verbunden sein)* be joined together; ~|**sparen** *tr. V.* save up; **sich** *(Dat.)* **ein Auto/Fahrrad ~sparen** save up and buy a car/bicycle; **~spiel das a)** *o. Pl. (von Musikern)* ensemble playing; *(von Darstellern)* ensemble acting; *(einer Mannschaft)* teamwork; **b)** *(fig.)* interplay; ~|**spielen** *itr. V.* **a)** play together; ⟨*actors*⟩ act together; **mit jmdm. ~spielen** play/act with sb.; **b)** *(fig.)* ⟨*forces, influences, etc.*⟩ work together, combine; ~|**stauchen** *tr. V.* **a)** compress; **b)** *(fig. ugs.)* **jmdn. ~stauchen** tear sb. off a strip *(sl.)*; ~|**stecken 1.** *tr. V.* **a)** fit together; join up ⟨*extension cables*⟩; **b)** *(mit einer Nadel, Spange usw.)* pin together; *s. auch* **Kopf a; 2.** *itr. V. (ugs.)* be together; ~|**stehen** *unr. itr. V.* **a)** stand together; **mit jmdm. ~stehen** stand with sb.; **b)** *(fig.: zusammenhalten)* stand by one another; ~|**stellen 1.** *tr. V.* **a)** put together; **b)** *(aus einzelnen Teilen gestalten)* put together ⟨*programme, film, book, menu, exhibition, team, delegation*⟩; draw up ⟨*list, timetable*⟩; compile ⟨*report, broadcast*⟩; work out ⟨*route, tour*⟩; make up ⟨*bouquet, flower arrangement*⟩; **c)** *(in einer Übersicht, Liste usw.)* draw together; compile ⟨*facts, data*⟩; **d)** *(kombinieren)* combine; **2.** *refl. V.* stand together; **~stellung die a)** *s.* **~stellen 1 b:** putting together; drawing up; compilation; working out; making up; **b)** *(Übersicht)* survey; *(von Tatsachen, Daten)* compilation; **c)** *(Kombination)* combination; ~|**stimmen** *itr. V.* **a)** ⟨*instruments*⟩ harmonize; ⟨*colours, furniture*⟩ match, go together; **mit etw. ~stimmen** go with sth.; **b)** *(stimmig sein)* agree (**mit** with); ~|**stoppeln** *tr. V. (abwertend)* cobble together; **~stoß der** collision; *(fig.)* clash (**mit** with); **bei dem ~stoß [der beiden Züge]** in the collision [between the two trains]; ~|**stoßen** *unr. itr. V.; mit sein* collide (**mit** with); **wir stießen mit den Köpfen ~:** we banged *or* bumped our heads; ~|**strömen** *itr. V.; mit sein* **a)** ⟨*rivers, streams*⟩ flow into one another, join up; **b)** *(zusammenlaufen, -kommen)* congregate; ~|**stückeln** *tr. V. (ugs.)* patch together; ~|**stürzen** *itr. V.; mit sein* collapse; ⟨*mine shaft, roof*⟩ cave in, collapse; ~|**suchen** *tr. V.* collect bit by bit; hunt out ⟨*information*⟩ bit by bit; ~|**tragen** *unr. tr. V.* collect; ~|**treffen** *unr. itr. V.; mit sein* **a)** meet; **mit jmdm. ~treffen** meet sb.; **b)** *(zeitlich)* coincide; **~treffen das a)** meeting; **b) ein merkwürdiges ~treffen von Zufällen** a peculiar set of coincidences; ~|**treiben** *unr. tr. V.* herd together; ~|**treten** *unr. itr. V.; mit sein* meet (**zu** for); ⟨*parliament*⟩ assemble; ~|**trommeln** *tr. V. (ugs.)* round up; ~|**tun** *(ugs.)* **1.** *unr. tr. V.* put together; **2.** *unr. refl. V.* get together (**mit** with); ~|**wachsen** *unr. itr. V.; mit sein* grow together; join [up]; ⟨*bones*⟩ knit together; *(fig.)* ⟨*towns*⟩ merge into one; **~gewachsen sein** be joined; ⟨*bones*⟩ have knitted together; ~|**werfen** *unr. tr. V. (ugs.)* lump together; ~|**wirken** *itr. V.* combine; ~|**zählen** *tr. V.* add up; ~|**ziehen 1.** *unr. tr. V.* **a)** draw *or* pull together; draw *or* pull ⟨*noose, net*⟩ tight; **die Brauen ~ziehen** knit one's brows; **die Säure zieht einem den Mund ~:** the sourness makes you pucker up your mouth; **b)** *(konzentrieren)* mass ⟨*troops, police*⟩; **c)** *(addieren)* add up *or* together; *(zusammenfassen)* simplify ⟨*mathematical expression*⟩; **2.** *unr. refl. V.* **a)** ⟨*skin, muscle, heart*⟩ contract; ⟨*face*⟩ tighten up; ⟨*wound*⟩ close up; **b)** *s.* **~brauen 2; 3.** *unr. itr. V.; mit sein* move in together; **mit jmdm. ~ziehen** move in with sb.; ~|**zimmern** *tr. V. (ugs.)* knock together; *(fig. abwertend)* cobble together; ~|**zucken** *itr. V.; mit sein* start; jump

**Zụ·satz der a)** addition; **unter ~ von etw.** while adding sth.; **ohne ~ von ...:** without the addition of ...; without adding ...; **b)** *(Zugesetztes, Additiv)* additive; **c)** *(zusätzlicher Teil)* addition; *(zu einem Vertrag)* rider; additional clause; *(Nachtrag)* addendum; *(zu einem Brief)* postscript; *(zu einem Testament)* codicil

**Zusatz·bremsleuchte die** *(Kfz-W.)* high-level brake light

**zusätzlich** ['tsu:zɛtslɪç] **1.** *Adj.* additional; **2.** *adv.* in addition

**zu·schạnden** *Adv.* **in etw. ~ machen** wreck *or* ruin sth.; **ein Auto ~ fahren/ein Pferd ~ reiten** wreck a car/ruin a horse by bad riding; **~ werden** be wrecked *or* ruined

**zụ|schanzen** *tr. V. (ugs.)* **jmdm./sich etw. ~:** wangle sth. for sb./oneself *(coll.)*

**zụ|schauen** *itr. V. (südd., österr., schweiz.) s.* **zusehen**

**Zụ·schauer der, Zụ·schauerin die;** ~, ~nen spectator; *(im Theater, Kino)* member of the audience; *(an einer Unfallstelle)* onlooker; *(Fernseh~)* viewer; **die ~:** the spectators; the crowd *sing.*; *(im Theater, Kino)* the audience *sing.*; *(an einer Unfallstelle)* the onlookers; *(Fernseh~)* the audience *sing.*; the viewers

**Zuschauer·raum der** auditorium

**zụ|schaufeln** *tr. V.* fill in [with a shovel/shovels]

**zụ|schicken** *tr. V.* send; **jmdm. etw. ~:** send sth. to sb.; send sb. sth.; **sich** *(Dat.)* **etw. ~ lassen** send for sth.

**zu|schieben** *unr. tr. V.* **a)** push ⟨*drawer, door*⟩ shut; **den Riegel ~:** put the bolt across; **b)** *(fig.: zuweisen)* **jmdm. die Schuld/Verantwortung ~:** lay the blame/responsibility on sb.

**zu|schießen 1.** *unr. tr. V.* **a) jmdm. den Ball ~:** kick *or* pass the ball to sb.; **b)** *(als Zuschuß geben)* contribute **(zu** towards); **Geld zu etw. ~:** contribute [money] *or* put money towards sth.; **jmdm. 200 Mark ~:** give sb. 200 marks towards it. **2.** *unr. itr. V.; mit sein* **auf jmdn./etw. zugeschossen kommen** come shooting towards sb.

**Zu·schlag der a)** additional *or* extra charge; *(für Nacht-, Feiertagsarbeit, Arbeitserschwernisse)* additional *or* extra payment; **der Intercity-Zug kostet [5 Mark] ~:** you have to pay a supplement [of 5 marks] on an intercity train; **b)** *(Eisenb.)* supplement ticket; **c)** *(bei einer Versteigerung)* acceptance of a/the bid; **der ~ erfolgt an Herrn X** *od.* **wird Herrn X erteilt** the lot is knocked down to Mr X *or* goes to Mr X; **d)** *(bei Ausschreibung eines Auftrags)* acceptance of a/the tender; **jmdm. den ~ für etw. geben** give sb. the contract for sth.; **den ~ bekommen** *od.* **erhalten** get the contract

**zu|schlagen 1.** *unr. tr. V.* **a)** bang or slam ⟨*door, window, etc.*⟩ shut; close ⟨*book*⟩; *(heftig)* slam ⟨*book*⟩ shut; **b) jmdm. etw. ~** *(bei einer Versteigerung)* knock sth. down to sb.; *(bei Ausschreibung eines Auftrags, durch Gerichtsbeschluß)* award sth. to sb.; **c)** *(angliedern)* annex (*Dat.* to); **d)** *(als Zuschlag erheben)* add on; **das Porto wird dem Preis zugeschlagen** the price does not include postage. **2.** *unr. itr. V.* **a)** *mit sein* ⟨*door, trap*⟩ slam *or* bang shut; **b)** *(einen Schlag führen)* throw a blow/blows; *(losschlagen)* hit *or* strike out; *(fig.)* ⟨*army, police, murderer*⟩ strike; **er schlug kräftig zu** he threw a powerful blow; **schlag doch zu!** [go on,] hit it/me/him *etc.*; **c)** *(salopp: zugreifen)* jump at it; *(beim Essen)* have a good nosh-up *(sl.)*; *(beim Trinken)* knock it back *(coll.)*

**zuschlag·pflichtig** [-ˈpflɪçtɪç] *Adj.* *(Eisenb.)* ⟨*train*⟩ on which on supplement is payable

**Zuschlag·stoff der** *(Hüttenw.)* flux; *(Bauw.)* aggregate

**zu|schließen 1.** *unr. tr. V.* lock. **2.** *unr. itr. V.* lock up

**zu|schnappen** *itr. V.* **a)** *mit sein* snap shut; **b)** *(zubeißen)* snap; **der Hund schnappt zu, wenn man ihn neckt** if you tease him the dog will snap at you

**zu|schneiden** *unr. itr. V.* cut out ⟨*material etc.*⟩ **(zu, für** for); saw ⟨*plank, slat*⟩ to size; cut out ⟨*dress, jacket*⟩; **auf jmdn./etw. zugeschnitten sein** *(fig.)* be tailor-made for sb./sth.; **auf jmds. Geschmack zugeschnitten** geared to sb.'s taste

**zu|schneien** *itr. V.; mit sein* snow in *or* up

**Zu·schnitt der a)** *(von Kleidung)* cut; *(fig.)* character; *(Format)* calibre; **b)** *o. Pl.* *(das Zuschneiden) (von Kleidung)* cutting [out]; *(von Platten usw.)* sawing to size

**zu|schnüren** *tr. V.* tie up; **sich** *(Dat.)* **die Schuhe ~:** tie *or* do up one's shoes; *s. auch* **Kehle**

**zu|schrauben** *tr. V.* screw the lid *or* top on ⟨*jar, flask*⟩; screw ⟨*lid, top*⟩ on

**zu|schreiben** *unr. tr. V.* **a) jmdm./einem Umstand etw. ~:** attribute sth. to sb./a circumstance; **jmdm. das Verdienst/die Schuld an etw.** *(Dat.)* **~:** credit sb. with/blame sb. for sth.; **das hast du dir selbst zuzuschreiben** you only have yourself to blame [for this]; **jmdm./einer Sache eine Eigenschaft ~:** ascribe a characteristic *or* quality to sb./sth.; credit sb./sth. with a quality; **b)** *(überschreiben)* **einem Konto eine Summe ~:** transfer a sum to an account

**Zu·schrift die** letter; *(auf eine Anzeige)* reply

**zu·schulden** *Adv.* **sich** *(Dat.)* **[irgend] etw. ~ kommen lassen** do [any] wrong

**Zu·schuß der** contribution **(zu** towards); *(regelmäßiger ~)* allowance; **[staatlicher] ~:** state subsidy **(für, zu** towards); **ich gebe dir einen kleinen ~:** I'll give you something towards it

**Zuschuß·betrieb der** subsidized concern

**zu|schustern** *(ugs.) tr. V.* **a) jmdm. einen Posten** *usw.* **~:** organize a job *etc.* for sb.; **b)** *(zuschießen)* contribute **(zu** towards)

**zu|schütten** *tr. V.* **a)** fill in ⟨*ditch etc.*⟩; **b)** *(ugs. hinzufügen)* pour on, add ⟨*water etc.*⟩

**zu|sehen** *unr. itr. V.* **a)** watch; **jmdm. [bei einem Spiel/beim Arbeiten** *usw.***] ~:** watch sb. [playing a game/working *etc.*]; **bei näherem Zusehen** on closer examination; if you look more closely; **vom [bloßen] Zusehen** [simply] by watching; **er mußte ~, wie sein Haus niederbrannte** he had to stand by and watch his house burn down; **wir dürfen diesem Unrecht nicht tatenlos ~:** we cannot stand idly by and allow this injustice; **b)** *(dafür sorgen, sich darum bemühen)* make sure; see to it; **sieh zu, daß ...:** see that ...; make sure that ...; **er soll ~, wie er das hinkriegt** he'll just have to manage somehow; **sieh zu, wo du bleibst!** you're on your own

**zusehends** [ˈtsuːzeːənts] *Adv.* visibly

**Zu·seher der** *(österr.) s.* **Zuschauer**

**zu·sein** *unr. itr. V. mit sein; Zusschr. nur im Inf. u. Partizip* **a)** ⟨*door, window*⟩ be shut; ⟨*shop*⟩ have shut; **b)** *(ugs.: betrunken sein)* be tight *(coll.)*

**zu|senden** *unr. od. regelm. tr. V. s.* **zuschicken**

**Zu·sendung die a)** *(das Zusenden)* sending; **ich bitte um ~ des Vertrages** I would ask that the contract be sent to me; **b)** *(Zugesandtes) (Brief)* letter; *(Paket)* parcel; *(Warensendung)* consignment

**zu|setzen 1.** *tr. V.* **a) [zu] einem Stoff etw. ~:** add sth. to a substance; **b)** *(zuzahlen)* pay out; **er hat nichts [mehr] zuzusetzen** *(fig.)* he has no strength left in him. **2.** *itr. V.* *(ugs.)* **jmdm. ~:** *(jmdn. angreifen)* go for sb.; *(beim Verhör)* grill sb.; *(jmdn. bedrängen)* pester *or* badger sb.; ⟨*mosquitoes etc.*⟩ plague sb.; ⟨*illness, heat*⟩ take a lot out of sb.; ⟨*death, divorce*⟩ be a heavy blow for sb.; **einer Sache** *(Dat.)* **~** *(beschädigen)* damage sth.

**zu|sichern** *tr. V.* **jmdm. etw. ~:** promise sb. sth.; assure sb. of sth.

**Zu·sicherung die** promise; assurance

**zu|sperren** *(südd., österr.)* **1.** *tr. V.* lock. **2.** *itr. V.* lock up

**Zu·spiel das;** *o. Pl.* *(Ballspiele)* passing; *(einzelner Spielzug)* pass

**zu|spielen 1.** *itr. V.* *(Ballspiele)* pass. **2.** *tr. V.* **a)** *(Ballspiele)* **jmdm. den Ball ~:** pass the ball to sb.; **b)** *(fig.: zukommen lassen)* **der Presse Informationen ~:** leak information to the press

**zu|spitzen 1.** *tr. V.* **a)** sharpen to a point; **b)** *(fig.: verschärfen)* aggravate ⟨*position, crisis*⟩; intensify ⟨*competition, conflict, etc.*⟩; **c)** *(fig.: pointieren)* make ⟨*question, answer*⟩ pointed. **2.** *refl. V.* become aggravated

**Zu·spitzung die; ~, ~en a)** *(fig.: Verschärfung)* aggravation; *(der Konkurrenz, eines Konflikts)* intensification; **b)** *(fig.: Pointierung)* pointed emphasis

**zu|sprechen 1.** *unr. tr. V.* **a) er sprach ihr Trost/Mut zu** his words gave her comfort/courage; **sich** *(Dat.)* **selbst Mut ~:** give oneself courage; **b)** *(zuerkennen)* **jmdm. ein Erbe** *usw.* **~:** award sb. an inheritance *etc.*; **die Kinder der Mutter/dem Vater ~:** award custody of the children to the mother/father; **c)** *(zuschreiben)* **jmdm./einer Sache etw. ~:** ascribe sth. to sb./sth. **2.** *unr. itr. V.* **a)** *(zureden)* **jmdm. ermutigend/tröstend** *usw.* **~:** speak encouragingly/comfortingly to sb.; **b)** *(geh.)* **dem Essen/den Getränken ~:** partake of the food/drinks

**Zu·spruch der;** *o. Pl.* *(geh.)* **a)** *(Zureden)* words *pl.*; **Worte des ~s** *(tröstend)* words of comfort; *(ermutigend)* words of encouragement; **b)** *(Anklang)* **[bei jmdm.] ~ finden** be popular [with sb.]

**Zu·stand der a)** condition; *(bes. abwertend)* state; **in rohem/gefrorenem ~:** in the raw/frozen state; raw/frozen; **in flüssigem ~:** in liquid form; **in betrunkenem ~:** while under the influence of alcohol; **in bewußtlosem ~:** in a state of unconsciousness; unconscious; **geistiger/gesundheitlicher ~:** state of mind/health; **der ~ des Patienten** the patient's condition; **er war in einem schlimmen ~:** he was in a bad way; **Zustände kriegen** *od.* **bekommen** *(ugs.)* have a fit *(coll.)*; **b)** *(Stand der Dinge)* state of affairs; situation; **Zustände** conditions; **das sind ja [schöne] Zustände!** that's a fine state of affairs!; these are fine goings-on!; **das ist doch kein ~!** that just won't do *(coll.)*; *s. auch* **Rom**

**zu·stande** *Adv. in:* **~ bringen** manage to do; [manage to] bring about ⟨*agreement, coalition, etc.*⟩; **~ kommen** come into being; *(geschehen)* take place; **es wollte kein Gespräch ~ kommen** it was impossible to get a conversation going

**zu·ständig** *Adj.* **a)** appropriate, proper, relevant ⟨*authority, office, etc.*⟩; **das ~e Gericht** the court of jurisdiction; **von ~er Seite** by the proper authority; **[für etw.] ~ sein** *(verantwortlich)* be responsible [for sth.]; *(kompetent)* be competent [to deal with sth.]; ⟨*court*⟩ have jurisdiction [in sth.]; **dafür sind wir nicht ~:** it's not our responsibility/we are not competent to decide that; **b)** *(österr. Amtsspr.)* **nach Wien ~ sein** be domiciled in Vienna

**Zuständigkeit die; ~, ~en** *(Verantwortlichkeit)* responsibility; *(Kompetenz)* competence; *(eines Gerichts)* jurisdiction

**Zuständigkeits·bereich der** *(Verantwortlichkeit)* area of responsibility; *(Kompetenz)* range of competence; **das fällt in den ~ des Innenministeriums** it is within the responsibility/competence of the Ministry of the Interior

**Zustands-: ~passiv das** *(Sprachw.)* passive of condition; **~verb das** *(Sprachw.)* verb describing a state

**zu·statten** *Adv. in* **jmdm./einer Sache ~ kommen** be a help *or* be useful to sb./for sth.; *(von Vorteil sein)* be of advantage to sb./sth.

**zu|stecken** *tr. V.* **a)** pin up ⟨*tear*⟩; pin together ⟨*curtains etc.*⟩; **b)** *(heimlich geben)* **jmdm. etw. ~:** slip sb. sth.

**zu|stehen** *unr. itr. V.* **etw. steht jmdm. zu** sb. is entitled to sth.; **ein Urteil über ihn steht mir nicht zu** it is not for me to judge him

**zu|steigen** *unr. itr. V.; mit sein* get on; **ist noch jemand zugestiegen?** *(im Bus)* any more fares, please?; *(im Zug)* ≈ tickets, please!

**zu|stellen** *tr. V.* **a)** block ⟨*entrance, passage, etc.*⟩; **b)** *(bringen)* deliver ⟨*letter, parcel, etc.*⟩; **jmdm. etw. ~:** deliver sth. to sb.; *(zuschicken)* send sb. sth.; **jmdm. ein Schriftstück ~:** serve a writ on sb.

**Zu·steller der; ~s, ~:** deliverer; *(Postbote)* postman

**Zu·stellung die** delivery; *(Zusendung)* submission

**zu|steuern 1.** *itr. V.; mit sein* **auf jmdn./etw. ~:** head for sb./sth.; **einer Sache** *(Dat.)* **~:** head for sth. **2.** *tr. V.* **a) etw. auf jmdn./etw. ~:** steer *or* drive sth. towards sb./sth.; **b)** *(ugs.) s.* **beisteuern**

**zu|stimmen** *itr. V.* agree; **jmdm. [in einem Punkt] ~:** agree with sb. [on a point]; **~d nicken** nod in agreement; **einer Sache** *(Dat.)* **~:** agree to sth.; **einem Gesetzentwurf ~** ⟨*parliament*⟩ pass *or* approve a bill; **dem kann ich nur ~:** I quite agree

**Zu·stimmung die** *(Billigung)* approval (zu

of); *(Einverständnis)* agreement (**zu** to, with); *(Plazet)* consent (**zu** to); **[allgemeine] ~ finden** meet with [general] approval; **die ~ der Eltern** the parents' consent; **jmdm. seine ~ zu etw. geben** give sb. one's consent to *or* for sth.; **nicht ohne/nur mit jmds. ~:** not without/only with the agreement *or* consent of sb.

**zu|stopfen** *tr. V.* **a)** plug, stop up ⟨*hole, crack*⟩; plug ⟨*ears*⟩; **b)** *(mit Nadel und Faden)* darn, mend ⟨*hole*⟩

**zu|stöpseln** *tr. V.* **a)** put a stopper in ⟨*bottle*⟩; *(mit Korken);* put a cork in, cork ⟨*bottle*⟩; **b)** put a plug in ⟨*basin*⟩; plug ⟨*drain etc.*⟩

**zu|stoßen 1.** *unr. tr. V.* push ⟨*door etc.*⟩ shut; *(mit dem Fuß, heftig)* kick ⟨*door etc.*⟩ shut. **2.** *unr. itr. V.* **a)** strike out; *(mit einem Messer usw.)* make a stab; stab; ⟨*snake etc.*⟩ strike; **b)** *mit sein* **jmdm. ~:** happen to sb.; **wenn mir etwas zustößt** if anything should happen to me

**zu|streben** *itr. V.; mit sein* **einer Sache** *(Dat.) od.* **auf etw.** *(Akk.)* **~:** make for sth.; *(fig.)* strive for *or* aim at sth.

**Zu·strom der a)** *(von Luft, fig.: Geld usw.)* flow; **b)** *(von Menschen)* influx; stream; **starken** *od.* **großen ~ haben** have a great influx of people

**zu|stürmen** *itr. V.; mit sein* **auf jmdn./etw. ~:** charge towards sb./sth.

**zu|stürzen** *itr. V.; mit sein* **auf jmdn./etw. ~/zugestürzt kommen** rush/come rushing towards sb./sth.; *(direkt heran)* rush/come rushing up to sb./sth.

**zu|tage** *Adv. in:* **~ kommen** *od.* **treten** become visible *(lit. or fig.);* ⟨*stream*⟩ come to the surface; *(ans Licht kommen)* ⟨*documents etc.*⟩ come to light, be revealed; ⟨*story*⟩ come out, be made public; *(fig.: erkennbar werden)* become evident; ⟨*differences etc.*⟩ come into the open; **etw. ~ bringen** *od.* **fördern** *(aus der Tasche usw.)* produce sth.; *(fig.: erkennbar machen)* bring sth. to light; reveal sth.; **offen** *od.* **klar ~ liegen** be perfectly clear *or* evident

**Zu·tat die** ingredient

**zu·teil** *Adv. (geh.) in* **jmdm./einer Sache ~ werden** be granted *or* accorded to sb./sth.; **ihm wurde die Ehre ~, die Ansprache halten zu dürfen** he was accorded the honour of giving the address; **jmdm. etw. ~ werden lassen** accord sb. sth.; bestow sth. on sb.; **einer Sache** *(Dat.)* **mehr Aufmerksamkeit ~ werden lassen** devote more attention to sth.

**zu|teilen** *tr. V.* **a) jmdm. jmdn./etw. ~:** allot *or* assign sb./sth. to sb.; **b)** *(als Ration)* **jmdm. seine Portion ~:** mete out his/her share to sb.; **den Kindern das Essen ~:** ration *or* share out the food to the children; **die zugeteilte Menge** the allocated amount

**Zu·teilung die a)** allotting, assigning (**an +** *Akk.* to); **b)** *(als Ration)* sharing out, allocation (**an +** *Akk.* to); *(eines Mandats, Quartiers)* allocation, assignment (**an +** *Akk.* to); **es gab Fleisch nur auf ~:** meat was only to be had on rations; **c)** *(Ration)* allocation, ration (**an +** *Dat.* of)

**zuteilungs·reif** *Adj. (Wirtsch.)* mature

**zu·tiefst** *Adv.* profoundly; **~ verletzt** deeply hurt *or* offended

**zu|tragen 1.** *unr. refl. V. (geh.)* take place; occur. **2.** *unr. tr. V.* **jmdm. etw. ~:** carry sth. to sb. *(fig.: mitteilen)* report sth. to sb.; **jmdm. Nachrichten/Gerüchte** *usw.* **~:** pass on news/rumours *etc.* to sb.

**Zu·träger der, Zu·trägerin die** informer

**zuträglich** ['tsu'trɛ:klɪç] *Adj.* healthy ⟨*climate*⟩; **jmdm./einer Sache ~ sein** be good for sb./sth.; be beneficial to sb./sth.

**Zuträglichkeit die; ~:** beneficial effect; *(des Klimas)* healthiness

**zu|trauen** *tr. V.* **jmdm. etw. ~:** believe sb. [is] capable of [doing] sth.; **den Mut hätte ich ihm gar nicht zugetraut** I should never have thought he had the courage; **ich hätte ihm mehr Taktgefühl zugetraut** I should have thought he had more tact; **ihm ist alles zuzutrauen** I wouldn't put anything past him; **das hätte ich ihm nicht zugetraut** I should never have thought it of him; **das ist ihm [durchaus] zuzutrauen** I could [well] believe it of him; **sich** *(Dat.)* **etw. ~:** think one can do *or* is capable of doing sth.; **trau dir nicht zuviel zu** don't take on too much; don't overdo it; **er traut sich** *(Dat.)* **zuwenig zu** he has too little self-confidence

**Zutrauen das; ~s** confidence, trust (**zu** in); **~ zu sich selbst** self-confidence

**zutraulich 1.** *Adj.* trusting; trustful. **2.** *adv.* trustingly; trustfully

**Zutraulichkeit die; ~:** trust[fulness]

**zu|treffen** *unr. itr. V.* **a)** be correct; **der Vorwurf trifft zu** the reproach is justified; **b) auf** *od.* **für jmdn./etw. ~:** apply to sb./sth.

**zutreffend 1.** *Adj.* **a)** correct; *(treffend)* accurate; **es ist ~, daß ...:** it is correct *or* the case that ...; **b)** *(geltend)* applicable; relevant; **Zutreffendes bitte ankreuzen** please mark with a cross where applicable. **2.** *adv.* correctly; *(treffend)* accurately

**zu|treiben** *unr. itr. V.; mit sein* **jmdm./einer Sache ~, auf jmdn./etw. ~** *(auch fig.)* be carried along *or* drift towards sb./sth.

**zu|trinken** *unr. itr. V.* **jmdm. ~:** raise one's glass and drink to sb.

**Zu·tritt der** entry; admittance; **„kein ~", „~ verboten"** 'no entry'; 'no admittance'; **jmdm. den ~ verweigern** refuse sb. admission; **~ [zu etw.] haben** have access [to sth.]

**zu|tun** *unr. tr. V.* **kein Auge ~:** not sleep a wink

**Zu·tun das; ~s** *in* **ohne jmds. ~:** without sb.'s being involved; **es geschah ohne mein ~:** I had nothing to do with it

**zu·ungunsten** *Präp. mit Gen.* to the disadvantage of

**zu·unterst** *Adv.* right at the bottom; *s. auch* **ober... a**

**zuverlässig** ['tsu:fɛɐ̯lɛsɪç] **1.** *Adj.* reliable; *(verläßlich)* dependable ⟨*person*⟩. **2.** *adv.* **a)** reliably; **er arbeitet sehr ~:** he is a very reliable worker; **b)** *(mit Gewißheit)* ⟨*confirm*⟩ with certainty; ⟨*know*⟩ for sure, for certain

**Zuverlässigkeit die; ~:** reliability; *(Verläßlichkeit)* dependability

**Zuversicht** [tsu:'fɛɐ̯zɪçt] **die; ~:** confidence

**zuversichtlich 1.** *Adj.* confident; **sich ~ geben** express one's confidence. **2.** *adv.* confidently

**Zuversichtlichkeit die; ~:** confidence

**zuviel 1.** *indekl. Indefinitpron.* **a)** too much; **viel ~:** far *or* much too much; **das ist mir ~:** that's too much for me; **seine dauernden Besuche werden mir allmählich ~:** his constant visits are getting me down *(coll.);* **~ des Guten, des Guten ~:** too much of a good thing; **was ~ ist, ist ~:** enough is enough; there must be a limit; **~ kriegen** *(ugs.)* blow one's top *(coll.); (bei jmds. Worten)* see red; **das ist ~ gesagt** that's going too far; that's an exaggeration; **b)** *(ugs.: zu viele)* too many. **2.** *adv.* **a)** too much; **das ist genau einmal ~:** that is once too often

**Zu·viel das; ~s** excess (**an +** *Dat.* of)

**zu·vor** *Adv.* before; **tags/im Jahr ~:** the day/year before

**zu·vorderst** *Adv.* right at the front

**zuvörderst** [tsu'fœrdɐst] *Adv. (veralt.)* first and foremost

**zuvor|kommen** *unr. itr. V.; mit sein* **a) jmdm. ~:** beat sb. to it; get there first; **b) einer Sache** *(Dat.)* **~:** anticipate *or* forestall sth.

**zuvorkommend 1.** *Adj.* obliging; *(höflich)* courteous. **2.** *adv.* obligingly; *(höflich)* courteously

**Zuvorkommenheit die; ~:** courteousness; courtesy

**Zu·wachs der; ~es, Zuwächse** ['tsu:vɛksə] increase (*Gen.*, **an +** *Dat.* in); **~ an Besuchern/Mitgliedern** increase in the number of visitors/members; **wirtschaftlicher ~:** economic growth; **die Familie hat ~ bekommen** there has been an addition to the family; **der Mantel ist auf ~ genäht** the coat has been made [on the large side] to allow room to grow into

**-zuwachs der** increase in ⟨*income, capital, exports, votes, expenditure, productivity, population, etc.*⟩; **Lohn-/Gehalts~:** wage/salary increase

**zu|wachsen** *unr. itr. V.; mit sein* **a)** ⟨*wound*⟩ heal [over]; **b)** *(bewachsen/überwachsen werden)* become overgrown; **mit etw. zugewachsen sein** be overgrown with sth.; **c)** *(zuteil werden)* **jmdm./einer Sache ~:** fall *or* be granted to sb./sth.

**Zuwachs·rate die** *(bes. Wirtsch.)* growth rate

**Zu·wanderer der** immigrant

**zu|wandern** *itr. V.; mit sein* immigrate

**Zu·wanderung die** immigration

**zu|warten** *itr. V.* wait

**zu·wege** *Adv. in* **etw. ~ bringen** [manage to] achieve sth.; **gut/schlecht ~ sein** *(ugs.)* be in good shape/a bad way

**zu·weilen** *Adv. (geh.)* now and again; at times

**zu|weisen** *unr. tr. V.* **jmdm. etw. ~:** allocate *or* allot sb. sth.

**zu|wenden 1.** *unr. od. regelm. refl. V.* **a) sich jmdm./einer Sache ~** *(auch fig.)* turn to sb./sth.; *(sich widmen)* devote oneself to sb./sth.: **b)** *(geh.: gehen)* **er wandte sich dem Ausgang zu** he moved towards the exit. **2.** *unr. od. regelm. tr. V.* **a) jmdm./einer Sache etw. ~:** turn sth. to[wards] sb./sth.; **jmdm. den Rücken ~:** turn one's back on sb.; **b)** *(geben, zuteil werden lassen)* **jmdm. Geld ~:** give *or* donate money to sb.

**Zu·wendung die a)** *o. Pl. (Aufmerksamkeit)* [loving] attention *or* care; **b)** *(Geldgeschenk)* gift of money; *(Unterstützung)* [financial] contribution; *(Geldspende)* donation; **auf ~en angewiesen sein** be dependent on financial support *sing. or* contributions

**zu·wenig 1.** *indekl. Indefinitpron.* **a)** too little; **viel ~:** far too little; **das ist mir ~:** that is too little *or* not enough for me; **b)** *(ugs.: zu wenige)* too few; not enough. **2.** *adv.* too little; **~ schlafen/sich ~ bewegen** get too little *or* not get enough sleep/exercise

**zu|werfen** *unr. tr. V.* **a)** slam ⟨*door, lid*⟩; **b) jmdm. etw. ~:** throw sth. to sb.; throw sb. sth.; **jmdm. einen bösen/giftigen Blick ~:** look daggers at sb.; *s. auch* **Ball a; Blick a; Kußhand**

**zuwider 1.** *Adj.* **a) jmdm. ~ sein** be repugnant to sb.; **Spinat ist mir äußerst ~:** I absolutely detest spinach; **b)** *(geh.: nicht förderlich)* **jmdm./einer Sache** *(Dat.)* **~ sein** ⟨*circumstances, weather, etc.*⟩ be against sb./sth. **2.** *Präp. mit Dat.; nachgestellt* contrary to *attrib.*

**zuwider-, Zuwider-: ~|handeln** *itr. V.* **dem Gesetz/einer Vorschrift** *usw.* **~handeln** contravene *or* infringe the law/a regulation *etc.;* **einer Anordnung/einem Verbot ~handeln** defy an instruction/a ban; **~handelnde der/die;** *adj. Dekl.* offender; **~|laufen** *unr. itr. V.; mit sein* **einer Sache** *(Dat.)* **~laufen** go against *or* run counter to sth.

**zu|winken** *itr. V.* **jmdm./einander ~:** wave to sb./one another

**zu|zahlen** *tr. V.* pay ⟨*five marks etc.*⟩ extra; **einen Betrag ~:** pay an additional sum

**zu|zählen** *tr. V.* **a)** *(dazurechnen)* add on; **b)** *(zurechnen)* **etw. einem Gebiet/Zeitalter ~:** assign sth. to an area/era

**zu·zeiten** *Adv. (geh.) s.* **zuweilen**

**zu|ziehen 1.** *unr. tr. V.* **a)** pull ⟨*door*⟩ shut; draw ⟨*curtain*⟩; pull *or* draw ⟨*knot, net*⟩ tight; do up ⟨*zip*⟩; **b)** call in ⟨*expert, special-*

*ist*⟩. **2.** *unr. refl. V.* **a) sich** *(Dat.)* **eine Krankheit/Infektion ~:** catch an illness/contract an infection; **sich** *(Dat.)* **einen Schädelbruch ~:** sustain a fracture of the skull; **sich** *(Dat.)* **jmds. Zorn/Vorwürfe ~:** incur sb.'s anger/reproaches; **b)** *(sich schließen)* ⟨*knot, noose*⟩ tighten, get tight. **3.** *unr. itr. V.; mit sein* move here *or* into the area

**Zu̲·zug der a)** influx; **b)** *(Genehmigung)* settlement permit

**zu̲züglich** ['tsu:tsy:klɪç] *Präp. mit Gen.* plus; **400 Mark ~ [der] Heizungskosten** 400 marks plus *or* not including heating

**Zu̲zugs·genehmigung die** settlement permit

**zu̲|zwinkern** *itr. V.* **jmdm. ~:** wink at sb.

**zwacken** ['tsvakn̩] *tr., auch itr. V. (ugs.) s.* **zwicken**

**zwang** [tsvaŋ] *1. u. 3. Pers. Sg. Prät. v.* **zwingen**

**Zwạng der; ~[e]s, Zwänge** ['tsvɛŋə] **a)** *o. Pl.* compulsion; **unter ~ handeln** act under duress; **Kinder ohne ~ erziehen** bring children up without constraint; **auf jmdn. ~ ausüben** exert pressure on sb.; force sb.'s hand; **der ~ der Verhältnisse** the force of circumstance[s]; **soziale Zwänge** social constraints; the constraints of society; **unmittelbarer ~** *(Rechtsspr.)* direct coercion; **das ist freiwilliger ~** *(iron.)* it's voluntary but compulsory; **b)** *(unwiderstehlicher Drang)* irresistible urge; **aus einem ~ [heraus] handeln** act under a compulsion *or* on an irresistible impulse; **c)** *(Beschränkung)* constraint; compulsion; **sich** *(Dat.)* **~ antun** *od.* **auferlegen** restrain oneself; exercise self-restraint; **tu dir keinen ~ an!** feel free!; don't force yourself! *(iron.)*; **ohne [jeden] ~:** without any constraint; ⟨*speak*⟩ [quite] freely *or* openly; **d)** *o. Pl. (Pflicht, Verpflichtung)* obligation; **es besteht kein ~ zur Teilnahme/zum Kauf** there is no obligation to take part/to buy anything

**zwängen** ['tsvɛŋən] **1.** *tr. V.* squeeze; **Bücher in seine Aktentasche ~:** cram books into one's brief-case. **2.** *refl. V.* squeeze [oneself]

**zwạnghaft 1.** *Adj.* **a)** compulsive; *(als Ausdruck einer Zwangsneurose)* obsessive; **~e Vorstellung** obsession; **b)** *s.* **gezwungen 2. 2.** *adv.* **a)** compulsively; **b)** *s.* **gezwungen 3**

**zwạnglos 1.** *Adj.* **a)** informal; casual, free and easy ⟨*behaviour*⟩; **b)** *(unregelmäßig)* haphazard ⟨*arrangement*⟩; **in ~er Folge** at irregular intervals. **2.** *adv.* **a)** informally; freely; **es ging dort ziemlich ~ zu** things were pretty free and easy there; **b)** *(unregelmäßig)* haphazardly ⟨*arranged*⟩

**Zwạnglosigkeit die; ~ a)** informality; **b)** *(Unregelmäßigkeit)* haphazard *or* casual manner

**zwạngs-, Zwạngs-: ~anleihe die** *(Wirtsch.)* compulsory loan; **~arbeit die;** *o. Pl.* forced labour; **~ernährung die** force-feeding *no indef. art.*; **~handlung die** *(Psych.)* compulsive act; **~herrschaft die** tyranny; despotism; **~jacke die** strait-jacket; **~lage die** predicament; **jmdn. in eine ~lage bringen** put sb. in a predicament; **~läufig** [~lɔyfɪç] **1.** *Adj.* inevitable; **2.** *adv.* inevitably; **~maßnahme die** coercive measure; sanction; **~neurose die** *(Psych.)* compulsion *or* obsessive-compulsive neurosis; **~räumung die** [enforced] eviction; **~versteigern** *tr. V., nur im Inf. u. Part. (Rechtsw.)* put up for compulsory auction; **~versteigerung die** *(Rechtsw.)* [compulsory] auction; **~vollstreckung die** *(Rechtsw.)* [compulsory] execution; **~vorstellung die** *(Psych.)* obsession; **~weise 1.** *Adv.* compulsorily; *(mit Gewalt)* by force; **2.** *adj.* compulsory; enforced ⟨*evacuation etc.*⟩; **~weise Ernährung** force-feeding

**zwanzig** ['tsvantsɪç] *Kardinalz.* twenty; *s. auch* **achtzig**

**Zwạnzig die; ~, ~en** twenty

**zwạnziger** *indekl. Adj.; nicht präd.* **die ~ Jahre** the twenties; *s. auch* **achtziger**

**¹Zwạnziger der; ~s, ~ a)** *(20jähriger)* twenty-year-old; *(Mann von 20 bis 29)* man in his twenties; **b)** twenty-mark/franc/schilling *etc.* note; *s. auch* **¹Achtziger b, c**

**²Zwạnziger die; ~, ~** *(ugs.)* twenty-pfennig/centimes/schilling *etc.* stamp

**³Zwạnziger** *Pl.* twenties; **die goldenen** *od.* **wilden ~:** the roaring twenties; **in den ~n sein** be in one's twenties

**zwạnzig·jährig** *Adj. (20 Jahre alt)* twenty-year-old *attrib.*; *(20 Jahre dauernd)* twenty-year *attrib.*; *s. auch* **achtjährig**

**Zwanzig·mạrk·schein der** twenty-mark note

**Zwanzig·pfẹnnig·marke die** twenty-pfennig stamp

**zwạnzigst...** *Ordinalz.* twentieth; *s. auch* **acht...; achtzigst...**

**zwar** [tsva:ɐ̯] *Adv.* **a)** admittedly; **ich war ~ dabei, habe aber trotzdem nichts gesehen** I was indeed *or* I 'was there, but I didn't see anything; **ich weiß es ~ nicht genau, aber ...:** I'm not absolutely sure [I admit,] but ...; **b)** *in* **und ~:** to be precise; **er ist Zahnarzt, und ~ ein guter** he is a dentist, and a good one at that; **ich komme heute, und ~ um fünf Uhr** I'm coming today, at five o'clock [to be precise]; **verschwinde hier, und ~ sofort!** clear off *(coll.)*, and I mean now!

**Zweck** [tsvɛk] **der; ~[e]s, ~e a)** purpose; **zu diesem ~:** for this purpose; **zum ~ der Fortbildung** for the purposes of further education; **was ist der ~ Ihrer Reise?** what is the purpose of your journey?; **seinen ~ erfüllen** serve its purpose; **Geld für einen guten/wohltätigen ~:** money for a good cause/for a charity; **das ist [nicht] der ~ der Übung** *(ugs.)* that is [not] the object *or* point of the exercise; *s. auch* **heiligen a; Mittel a; b)** *(Sinn)* point; **es hat keinen/wenig ~ [, das zu tun]** it's pointless *or* there is no point/there is little *or* not much point [in doing that]; **ohne [jeden] Sinn und ~:** completely pointless

**zwẹck-, Zwẹck-: ~bau der;** *Pl.* **~bauten** functional building; **~dienlich 1.** *Adj.* appropriate; helpful, relevant ⟨*information etc.*⟩; **wäre es nicht ~dienlicher, wenn ...?** wouldn't it be more to the point if ...?; **2.** *adv.* **~dienlich verwendet werden** be used for an appropriate purpose; **~entfremden** *tr. V.* use for another purpose; *(durch Umbau)* convert sth. to another use; *(für den falschen Zweck)* misuse; **etw. als etw. ~entfremden** use sth. as sth.; **die Gelder sind ~entfremdet [verwendet] worden** the money has been diverted from its proper use; **~entfremdung die** use/conversion for another purpose; *(von Geldern)* diversion [from its proper use]; **~entsprechend 1.** *Adj.* appropriate; suitable; **2.** *adv.* appropriately; **~frei 1.** *Adj.* ⟨*research*⟩ without any specific purpose; pure ⟨*science*⟩; **2.** *adv.* without any specific purpose; **~gebunden** *Adj. (Finanzw.)* [to be used] for a specified purpose

**zwẹckhaft 1.** *Adj.* purposeful; **nicht ~ sein** have no purpose. **2.** *adv.* purposefully; with purpose

**zwẹck-, Zwẹck-: ~los** *Adj.* pointless; **~losigkeit die; ~:** pointlessness; **~mäßig 1.** *Adj.* appropriate; expedient ⟨*behaviour, action*⟩; functional ⟨*building, fittings, furniture*⟩; **2.** *adv.* appropriately ⟨*arranged, clothed*⟩; ⟨*act*⟩ expediently; ⟨*equip, furnish*⟩ functionally; **~mäßigkeit die** appropriateness; *(einer Handlung)* expediency; *(eines Gebäudes)* functionalism; **~optimismus der** expedient optimism; **~propaganda die** [calculated *or* targeted] propaganda

**zwẹcks** *Präp. mit Gen. (Papierdt.)* for the purpose of; **~ Heirat** with a view to marriage

**zwẹck·voll** *Adj.; adv. s.* **zweckmäßig**

**zwei** [tsvai̯] *Kardinalz.* two; **wir ~:** we two; the two of us; **sie gehen ~ und** *od.* **zu ~en nebeneinander** they are walking in pairs; **sie waren/kamen zu ~en** there were two of them/two of them came; **für ~ essen/arbeiten** eat enough for two/do the work of two people; **dazu gehören immer noch ~!** *(ugs.)* it takes two [to do that]!; **das ist so sicher, wie ~ mal ~ vier ist** *(ugs.)* it's as sure as eggs is eggs *(coll.)*; *s. auch* **¹acht**

**Zwei̲ die; ~, ~en a)** *(Zahl)* two; **b)** *(Schulnote)* B; **eine ~ schreiben/bekommen** get a B; **er hat die Prüfung mit ~ bestanden** he got a B in the examination; *s. auch* **¹Acht a, d, e, g**

**zwei̲-, Zwei̲-** *(s. auch* **acht-, Acht-): ~ad[e]rig** *Adj. (Elektrot.)* two-core; **~bändig** *Adj.* two-volume; **~beiner der; ~s, ~** *(scherzh.)* human [being]; **~bettzimmer das** twin-bedded room; **~deutig** [~dɔytɪç] **1.** *Adj.* **a)** ambiguous; equivocal ⟨*smile*⟩; **b)** *(fig.: schlüpfrig)* suggestive ⟨*remark, joke*⟩; ⟨*novel, film, etc.*⟩ full of double entendre; **2.** *adv.* **a)** ambiguously; ⟨*smile*⟩ equivocally; **b)** *(fig.: schlüpfrig)* suggestively; **~deutigkeit die; ~, ~en a)** *o. Pl.* ambiguity; *(fig.: Schlüpfrigkeit)* suggestiveness; **b)** *(zweideutige Äußerung)* ambiguity; *(schlüpfrige Äußerung)* double entendre; **~dimensional** [~dimɛnzi̯ona:l] **1.** *Adj.* two-dimensional; **2.** *adv.* two-dimensionally; in two dimensions; **~drịttel·mehrheit die** two-thirds majority; **~ein·hạlb** *Bruchz.* two and a half

**Zwei̲er der; ~s, ~ a)** *(ugs. Schulnote)* **einen ~ haben/schreiben** get a B; **b)** *(ugs.: Münze)* two-pfennig piece; **c)** *(Ruderboot)* pair; **im ~ ohne Steuermann** in the coxless pairs; **d)** *(Golf)* twosome; *(Wettkampf)* single; twosome

**zwei̲erlei** *Gattungsz.; indekl.* **a)** *attr.* two sorts *or* kinds of; two different ⟨*sizes, kinds, etc.*⟩; odd ⟨*socks, gloves*⟩; **mit ~ Maß messen** use double standards; **auf ~ Art** in two different ways; **b)** *subst.* two [different] things; **es ist ~, ob man es sagt oder [ob man es] auch tut** it is one thing to say it and another [thing] to do it; **Ordnung und Ordnung sind ~:** there is order and order

**zwei̲-, Zwei̲-: ~fach** *Vervielfältigungsz.* double; *(~mal, um den Faktor 2)* twice; **die ~fache Menge/Länge** double *or* twice the amount/length; **in ~facher Vergrößerung/Verkleinerung** enlarged to twice its size/reduced to half-size; **der ~fache Vater** the father of two; **in ~facher Hinsicht** in two respects; **~fach gesichert** double-locked; **~fach gegen die Vorschriften verstoßen** infringe the regulations in two ways; **etw. ~fach vergrößern/verkleinern** enlarge sth. to twice its size/reduce sth. to half-size; *s. auch* **achtfach; ~fache das;** *adj. Dekl.* **das ~fache kosten** cost twice as much; cost double [the amount]; **ein Foto um das ~fache vergrößern** enlarge a photo to twice its size; *s. auch* **Achtfache; ~familien·haus das** two-family house; duplex *(esp. Amer.)*; **~farbig 1.** *Adj.* two-coloured; two-tone ⟨*scarf, paintwork, etc.*⟩; **2.** *adv.* in two colours

**Zweifel** ['tsvai̯fl̩] **der; ~s, ~:** doubt **(an +** *Dat.* about); **in ~ geraten, ~ bekommen** become doubtful; **ich habe keinen ~ daran/[gewisse] ~ daran, daß ...:** I am in no doubt that/in some doubt whether ...; **ich habe da so meine ~** *od.* **bin [mir] darüber im ~:** I have my doubts about that; **ich bin mir noch im ~, ob ...:** I am still uncertain whether ...; **etw. in ~ ziehen** question sth.; **[für jmdn.] außer ~ stehen** be beyond doubt [as far as sb. is concerned]; **über jeden** *od.* **allen ~ erhaben sein** be beyond any shadow of a doubt; **er ließ keinen ~ daran, daß ...:** he left no doubt [in anyone's mind] that ...; **jmdn. [über etw.** *(Akk.)*] **[nicht] im ~ lassen** leave sb. in [no] doubt [about sth.]; **daran** *od.* **darüber besteht kein ~, daran gibt es keinen ~:** there is no doubt about it; **mir kommen ~:** I am beginning to have my doubts; **kein ~, ...:** there is/was no doubt about it, ...; **ohne ~:** without [any] doubt; **im ~:** in case of doubt; if in doubt

**zweifelhaft** *Adj.* **a)** doubtful; **b)** *(fragwürdig)* dubious; *(suspekt)* suspicious

**zweifel·los** *Adv.* undoubtedly; without [any] doubt

**zweifeln** *itr. V.* doubt; **wenn man zweifelt** if one is in doubt *or* has any doubts; **an jmdm./etw. ~:** doubt sb./sth.; have doubts about sb./sth.; **man hat lange daran gezweifelt** it has long been in doubt *or* uncertain; **~ daran, daß ..., ~, ob ...:** doubt whether ...; **er hat nie daran gezweifelt, daß ...:** he never doubted that ...; **daran ist nicht zu ~:** there can be no doubt about it

**zweifels-, Zweifels-: ~fall der** case of doubt; doubtful *or* problematic case; **im ~fall[e]** in case of doubt; if in doubt; **~frei 1.** *Adj.* definite; **~frei sein** be beyond doubt; **2.** *adv.* beyond [any] doubt; **~ohne** *Adv.* undoubtedly; without doubt

**zwei·flammig** *Adj.* two-burner ⟨*cooker*⟩

**Zweifler der; ~s, ~, Zweiflerin die; ~, ~nen** doubter

**zweiflerisch 1.** *Adj.* doubtful; *(skeptisch)* sceptical. **2.** *adv.* doubtfully; *(skeptisch)* sceptically

**zweiflüg[e]lig** *Adj.* two-winged

**Zwei·fronten·krieg der** war on two fronts; **einen ~ führen** *(fig.)* fight on two fronts

**Zweig** [tsvaik] **der; ~[e]s, ~e a)** [small] branch; *(meist ohne Blätter)* twig; **auf keinen grünen ~ kommen** *(ugs.)* not get anywhere; *(finanziell)* not become well off; **b)** *(einer Familie)* branch; **c)** *(Unterabteilung, Branche) (einer Wissenschaft usw.)* branch; *(eines Gymnasiums usw.)* side

**Zweig·betrieb der** subsidiary; *(Filiale)* branch

**zwei-, Zwei-: ~geschlechtig** *Adj. (Biol.)* hermaphroditic; bisexual; **~geschossig** *Adj., adv. s.* **~stöckig; ~gespann das a)** pair of horses/oxen; **b)** *(Wagen)* carriage and pair; **c)** *(fig.)* duo; two-man band; **~gestrichen** *Adj. (Musik)* two-line ⟨*octave*⟩; **das ~gestrichene A** the A two above middle C; **das ~gestrichene C** the C above middle C; **~geteilt** *Adj.* divided; divided in two *postpos.*

**Zweig·geschäft das** branch

**zwei·gleisig 1.** *Adj.* two-track; double-track; *(fig.)* two-way ⟨*therapy, treatment*⟩. **2.** *adv.* **a)** ⟨*run*⟩ on two tracks; **eine Strecke ~ ausbauen** add a second track [to a section]; **b)** *(fig.)* **~ fahren** follow a dual-track policy

**Zweig-: ~stelle die** branch [office]; **~werk das** subsidiary plant

**zwei·händig** [-hɛndɪç] **1.** *Adj.* two-handed. **2.** *adv.* ⟨*hold on, catch ball, etc.*⟩ with both hands; ⟨*type, play*⟩ with two hands

**Zweiheit die; ~** *(geh.)* duality

**zwei-, Zwei-: ~höck[e]rig** *Adj.* two-humped; **~hundert** *Kardinalz.* two hundred; **~jährig** *Adj.* **a)** *(zwei Jahre alt)* two-year-old *attrib.*; *(zwei Jahre dauernd)* two-year *attrib.*; **b)** *(Bot.)* biennial ⟨*plant*⟩; *s. auch* **achtjährig; ~jährlich 1.** *Adj.* two-yearly *attrib.*; biennial; *s. auch* **achtjährlich; 2.** *adv.* every two years; biennially; **~kammer·system das** *(Politik)* bicameral system; **~kampf der a)** single combat; *(Duell)* duel; **jmdn. im ~kampf töten** kill sb. in single combat/a duel; **b)** *(Sport)* man-to-man tussle; duel; **~keim·blättrig** *Adj. (Bot.)* dicotyledonous; **~köpfig** *Adj.* **a)** two-headed; **b)** *(aus zwei Personen bestehend)* two-person *attrib.*; of two [people] *postpos.*; **~kreis·bremse die** *(Kfz-W.)* dual-circuit braking system; **~mal** *Adv.* twice; **das wird er sich** *(Dat.)* **~mal überlegen** he'll think twice about that; *s. auch* **achtmal; ~malig** *Adj.* **nach ~maligem Versuch** after trying twice; after two tries; *s. auch* **achtmalig; ~mark·stück das** two-mark piece; **~monats·schrift die** bimonthly [periodical]; **~motorig** *Adj.* twin-engined; **~parteien·system das** two-party system; **~pfennig·stück das** two-pfennig piece; **~phasen·strom der** *(Physik, Elektrot.)* two-phase current; **~phasig** *Adj. (Physik, Elektrot.)* two-phase; **~-plus-vier-Gespräche** *Pl. (Politik)* two plus four talks; **~polig** *Adj. (Physik, Elektrot.)* double-pole; two-core ⟨*cable*⟩; two-pin ⟨*plug, socket*⟩; **~rad das** two-wheeler; **~räd[e]rig** *Adj.* two-wheeled; **~reiher der** double-breasted suit/coat/jacket; **~reihig 1.** *Adj.* **a)** in two rows *postpos.*; double ⟨*chain*⟩; **b)** *(mit zwei Knopfreihen)* double-breasted ⟨*suit, coat*⟩; **2.** *adv.* in two rows

**Zweisamkeit die; ~, ~en** togetherness; partnership

**zwei-, Zwei-: ~schläfrig** *Adj.* double ⟨*bed*⟩; **~schneidig** *Adj.* double-edged; **ein ~schneidiges Schwert** *(fig.)* a double-edged sword; **~seitig 1.** *Adj.* **a)** double-sided; two-sided; **b)** *(zwei Seiten lang)* two page ⟨*letter, article, etc.*⟩; **c)** *(bilateral)* bilateral ⟨*treaty, agreement, etc.*⟩; **2.** *adv.* **a)** on two *or* both sides; **~seitig tragbar** reversible ⟨*anorak, coat*⟩; **b)** *(bilateral)* bilaterally; **~silbig 1.** *Adj.* two-syllable *attrib.*; **2.** *adv.* ⟨*pronounced*⟩ as two syllables; **~sitzer der** two-seater; **~sitzig** *Adj.* two-seater *attrib.*; **~spaltig 1.** *Adj.* two-column; *s. auch* **achtspaltig; 2.** *adv.* ⟨*printed, set*⟩ in two columns; **~spänner der** carriage and pair; **~spännig 1.** *Adj.* drawn by two horses *postpos.*; **2.** *adv.* **~spännig fahren** drive [in] a carriage and pair; **~sprachig 1.** *Adj.* bilingual; ⟨*sign*⟩ in two languages; **2.** *adv.* bilingually; ⟨*written*⟩ in two languages; ⟨*published*⟩ in a bilingual edition; **~sprachigkeit die; ~:** bilingualism; **~spurig 1.** *Adj.* **a)** two-lane ⟨*road, motorway*⟩; *(Eisenb.)* double-track ⟨*railway*⟩; **b)** two-track ⟨*vehicle*⟩; **c)** two- *or* twin-track ⟨*recording*⟩; **2.** *adv.* **a)** in two lanes; **~spurig ausbauen** make ⟨*road*⟩ dual carriageway; dual ⟨*road*⟩; widen ⟨*railway*⟩ to two tracks; **b)** ⟨*record*⟩ on two tracks; **~stellig** *Adj.* two-figure *attrib.* ⟨*number, sum*⟩; **~stellige Stimmenverluste** loss of more than 10% of votes; **~stimmig 1.** *Adj.* two-part *attrib.*; **2.** *adv.* in two parts; **~stöckig 1.** *Adj.* two-storey *attrib.*; **~stöckig sein** have two storeys *or* floors; **ein ~stöckiges Bett** a bunk-bed; **2.** *adv.* ⟨*build*⟩ two storeys high; **~strahlig** *Adj.* twin-engined ⟨*jet aircraft*⟩; **~stündig** *Adj.* two-hour *attrib.*; *(Schulw.)* double-period *attrib.* ⟨*test, examination*⟩; **nach ~stündiger Wartezeit** after waiting for two hours; **~stündlich 1.** *Adj.* two-hourly *attrib.*; **2.** *adv.* every two hours

**zweit** ['tsvait] *in* **wir waren zu ~:** there were two of us; **sie sind zu ~ verreist** the two of them went away together; **sie schlafen je zu ~ in den Zimmern** they sleep two to a room; **zu ~ lebt man billiger als allein** two can live cheaper than one; *s. auch* $^{2}$**acht**

**zweit...** *Ordinalz.* **a)** second; **jeder ~e [der] Einwohner** every other *or* second inhabitant; **jeder ~e** every other one; **b)** *(zweitbest...)* second; **~er Klasse fahren/liegen** travel second-class/be in a second-class hospital bed; **c)** *(ander..., weiter...)* second; other; **ich habe noch einen ~en** I have a second one; *(als Ersatz)* I have a spare; **wie kein ~er** as no one else can; like nobody else; **ein ~er Al Capone** *(fig.)* a second Al Capone; *s. auch* **erst...**

**zwei-, Zwei-: ~tägig** *Adj.* *(2 Tage alt)* two-day-old *attrib.*; *(2 Tage dauernd)* two-day *attrib.*; *s. auch* **achttägig; ~täglich 1.** *Adj.* **in ~täglichem Wechsel** on a two-day rota; **2.** *adv.* every two days; **~takter der; ~s, ~** *(Kfz-W.)* **a)** *(Motor)* two-stroke engine; **b)** *(ugs.: Fahrzeug)* two-stroke; **~takt·motor der** *(Kfz-W.)* two-stroke engine

**zweit·ältest...** *Adj.* second oldest; **der/die Zweitälteste** the second oldest

**zwei·tausend** *Kardinalz.* two thousand

**Zwei·tausender der** *mountain more than two thousand metres high*

**Zweit·ausfertigung die** [second] copy; duplicate

**zweit·best...** *Adj.* second best; **der/die Zweitbeste** the second best

**Zwei·teiler der a)** *(Badeanzug, Kleid)* two-piece; *(Kostüm, Anzug)* two-piece suit; **b)** *(Ferns.)* two-part film/programme

**zwei·teilig** *Adj.* two-piece ⟨*suit, bathing-suit, suite, etc.*⟩; two-part ⟨*film, programme*⟩; two-volume ⟨*dictionary, novel*⟩; *s. auch* **achtteilig**

**zweite·mal** *Adv.* **das ~:** for the second time

**zweiten·mal** *Adv.* **zum ~:** for the second time; **beim ~:** the second time [round]

**zweitens** *Adv.* secondly; in the second place

**Zweite[r]-Klasse-Abteil das** second-class compartment

**zweit-, Zweit-: ~frisur die** wig; **~größt...** *Adj.* second biggest *or* largest; **~klassig 1.** *Adj.* second-rate; **als ~klassig behandelt werden** be treated as a second-class citizen/as second-class citizens; **2.** *adv.* **die Mannschaft hat nur ~klassig gespielt** the team's performance was second-rate; **~kläßler der; ~s, ~** *(südd., schweiz.)* pupil in second class of primary school; second-year pupil; **~plazierte der/die;** *adj. Dekl. (Sport)* runner-up; **~rangig** [~raŋɪç] *Adj.* **a)** *(nicht vordringlich)* of secondary importance *postpos.*; **von ~rangiger Bedeutung sein** be of secondary importance; **b)** *(~klassig)* second-rate; **~schlüssel der** second *or* spare key; **~stimme die** second vote

**zwei·türig** *Adj.* two-door ⟨*car*⟩; ⟨*room*⟩ with two doors

**Zweit-: ~wagen der** second car; **~wohnung die** second home

**zwei-, Zwei-: ~viertel·takt** [~'fɪrtl̩-] **der** *(Musik)* two-four time; **im ~vierteltakt** in two-four time; **~wertig** *Adj.* **a)** *(Chemie)* bivalent; **b)** *(Sprachw.)* two-place *attrib.*; **~wöchentlich 1.** *Adj.* fortnightly; **2.** *adv.* every fortnight *or* two weeks; *s. auch* **achtwöchentlich; ~wöchig** *Adj.* *(zwei Wochen alt)* two-week-old *attrib.*; *(2 Wochen dauernd)* two-week *attrib.*; fortnight's *attrib.*; **~zeiler der; ~s, ~:** couplet; **~zeilig** *Adj.* two-line *attrib.*; *(Maschinenschreiben)* **in ~zeiligem Abstand** double-spaced; **~zeiliger Leerraum** double-spacing; **~zimmerwohnung** [-'----] **die** two-room flat *(Brit.)* *or (Amer.)* apartment; **~zügig** *Adj.* ⟨*school*⟩ with two main subject areas

**Zwerch·fell** ['tsvɛrç-] **das** *(Anat.)* diaphragm

**zwerchfell·erschütternd 1.** *Adj.* side-splitting; screamingly funny. **2.** *adv.* side-splittingly, screamingly ⟨*funny*⟩

**Zwerg** [tsvɛrk] **der; ~[e]s, ~e a)** dwarf; **b)** *(Garten~)* gnome; **c)** *(abwertend: unbedeutender Mensch)* [little] squirt *(coll.)*; wretch

**zwergenhaft** *Adj.* dwarfish

**Zwerg·huhn das** bantam

**Zwergin die; ~, ~nen** dwarf

**zwerg-, Zwerg-: ~pudel der** miniature *or* toy poodle; **~schule die** single-class school; **~staat der** miniature state; **~wuchs der** *(Biol.)* dwarfism *no art.*;

stunted growth *no art.;* **~wüchsig** [~vy:ksɪç] *Adj. (Biol.)* dwarf-like ⟨*race, people*⟩; dwarf, miniature ⟨*tree, plant*⟩

**Zwetsche** ['tsvɛtʃə] **die; ~, ~n a)** damson plum; **b)** *(Baum)* damson plum[-tree]

**Zwetschen-: ~baum der** damson plum-tree; **~kern der** plum-stone; **~kuchen der** plum-flan; **~mus das** plum purée; **~schnaps der, ~wasser das;** *Pl.* **~wässer** plum brandy

**Zwetschge** ['tsvɛtʃgə] **die; ~, ~n** *(bes. südd., schweiz.) s.* **Zwetsche**

**Zwetschken·knödel** ['tsvɛtʃkn̩-] **der** *(Kochk.)* plum dumpling

**Zwickel** ['tsvɪkl̩] **der; ~s, ~ a)** *(Schneiderei)* gusset; **b)** *(Archit.)* spandrel; *(einer Kuppel)* pendentive; **c)** *(salopp) s.* **Zweimarkstück**

**zwicken** ['tsvɪkn̩] **1.** *tr., auch itr. V. (bes. südd., österr.)* **a)** pinch; **jmdm.** *od.* **jmdn. in den Arm ~:** pinch sb.'s arm; **b)** *(plagen)* **jmdn. ~:** give sb. twinges; **es zwickte und zwackte ihn überall** he had twinges *or* little aches and pains all over. **2.** *itr. V.* ⟨*trousers, skirt*⟩ pinch

**Zwicker der; ~s, ~:** pince-nez

**Zwick·mühle die a)** double mill; **b)** *(fig.: Dilemma)* dilemma; **in der ~ sitzen** *od.* **sein** *od.* **stecken** be in a dilemma

**Zwie·back** ['tsvi:bak] **der; ~[e]s, ~e** *od.* **Zwiebäcke** ['tsvi:bɛkə] rusk; *(unzählbar)* rusks *pl.*

**Zwiebel** ['tsvi:bl̩] **die; ~, ~n a)** onion; *(Blumen~)* bulb; **b)** *(ugs. scherzh.: Taschenuhr)* pocket watch; turnip *(sl.);* **c)** *(ugs. scherzh.: Haarknoten)* bun

**Zwiebel-: ~kuchen der** *(Kochk.)* onion pie; **~muster das** onion pattern

**zwiebeln** *tr. V. (ugs.)* keep on at ⟨*person*⟩; give ⟨*person*⟩ a hard time

**Zwiebel-: ~ring der** onion ring; **~schale die** onion-skin; **~suppe die** onion soup; **~turm der** onion tower

**zwie-, Zwie-: ~fach** *Adj.; adv. (veralt.) s.* **zweifach; ~fältig** *Adj.; adv. (veralt.) s.* **zweifach; ~gespräch das** *(geh.)* dialogue; **~laut der** *(Sprachw.)* diphthong; **~licht das;** *o. Pl.* **a)** *(Dämmerlicht)* twilight; **b)** *(Mischung von Dämmer- und Kunstlicht)* half-light *(that is unpleasant for the eye);* **c) ins ~licht geraten** *(fig.)* become suspect; ⟨*person*⟩ come under suspicion; **~lichtig** *Adj.* shady; dubious; **~spalt der; ~[e]s, ~e** *od.* **~spälte** [~ʃpɛltə] **a)** *([innerer] Widerspruch)* [inner] conflict; **in einen ~spalt geraten** get into a state of conflict; **b)** *(Kluft)* rift; split; **~spältig** [~ʃpɛltɪç] *Adj.* conflicting ⟨*mood, feelings*⟩; discordant ⟨*impression*⟩; *(widersprüchlich)* contradictory ⟨*nature, attitude, person, etc.*⟩; **~spältigkeit die; ~:** conflicting *or* contradictory nature; **~sprache die** *(geh.)* dialogue; **mit jmdm./etw. ~sprache halten** commune with sb./sth.; **~tracht die** *(geh.)* discord; **~tracht säen** sow the seeds of discord

**Zwille** ['tsvɪlə] **die; ~, ~n** *(nordd.)* **a)** *s.* **Astgabel; b)** *(Schleuder)* catapult

**Zwilling** ['tsvɪlɪŋ] **der; ~s, ~e a)** twin; **b)** *Pl. (Astrol.)* Gemini; the Twins; **er/sie ist [ein] ~:** he/she is a Gemini

**Zwillings-: ~bruder der** twin brother; **~geburt die** twin birth; **~paar das** pair of twins; **~schwester die** twin sister

**Zwing·burg die** fortress, stronghold *(for the subjugation of the population)*

**zwingen** ['tsvɪŋən] **1.** *unr. tr. V.* **a)** force; **jmdn. zu etw. ~, jmdn. [dazu] ~, etw. zu tun** force *or* compel sb. to do sth.; make sb. do sth.; **jmdn. zu einem Geständnis ~:** force sb. into a confession *or* to make a confession; **sich zu etw. gezwungen sehen** find oneself forced *or* compelled to do sth.; **man kann ihn nicht dazu ~:** he can't be forced *or* made to do it; **b)** *(geh.)* **jmdn. in/auf** *usw.* **etw.** *(Akk.)* **~:** force sb. into/on to *etc.* sth. **2.** *unr. refl. V.* force oneself; **sich [dazu] ~, etw. zu tun** force oneself to do sth.; **sich zum Schreiben/Essen ~:** force oneself to write/make oneself eat; *s. auch* **gezwungen 2, 3**

**zwingend** *Adj.* compelling ⟨*reason, logic*⟩; conclusive ⟨*proof, argument*⟩; imperative, absolute ⟨*necessity*⟩

**Zwinger der; ~s, ~ a)** *(Hunde~)* kennel; *(ganze Anlage, auch Zucht)* kennels *pl.;* **b)** *(Gehege)* compound; enclosure; *(für Bären)* bear-pit

**zwinkern** ['tsvɪŋkɐn] *itr. V.* **[mit den Augen] ~:** blink; *(als Zeichen)* wink; **jmdn. ~d ansehen** wink at sb.; look at sb. with a wink

**zwirbeln** ['tsvɪrbl̩n] *tr. V.* twirl; twist

**Zwirn** [tsvɪrn] **der; ~[e]s, ~e** [strong] thread *or* yarn

**Zwirns·faden der** [strong] thread

**zwischen** ['tsvɪʃn̩] *Präp. mit Dat./Akk.* **a)** *(räumlich, zeitlich, fig.)* between; **b)** *(räumlich: unter, inmitten)* among[st]

**zwischen-, Zwischen-: ~akt der** interlude; **~akt·musik die** incidental music; *(einzelnes Stück)* entr'acte; **~applaus der** spontaneous applause *(during a performance);* **~aufenthalt der** stopover; **~bemerkung die** interjection; **~bescheid der** provisional notification; *(Entscheidung)* interim decision; **~bilanz die** *(Wirtsch.)* interim balance; *(fig.)* provisional appraisal; **~blutung die** *(Med.)* intermenstrual *or* mid-cyclical bleeding; **~buch·handel der** wholesale book trade; **~deck das** *(Schiffbau)* **a)** 'tween-deck; **b)** *(Raum)* 'tween-decks *sing.;* **im ~deck** 'tween-decks; **~ding das** *s.* **Mittelding; ~drin** [-'-] *Adv. (ugs.) s.* **~durch a; ~durch** [-'-] *Adv.* **a)** *(zeitlich)* between times; *(zwischen zwei Zeitpunkten)* in between; *(von Zeit zu Zeit)* from time to time; *(in der ~zeit)* in the mean time; **das mache ich mal irgendwann ~durch** I'll fit that in whenever I have time; **iß nicht so viel ~durch** don't eat so much between meals; **b)** *(räumlich)* here and there; **~eis·zeit die** interglacial period; **~ergebnis das** interim result; *(einer Untersuchung)* interim findings *pl.;* *(Sport)* latest score; **~examen das** *s.* **~prüfung; ~fall der** incident; **es kam zu schweren/blutigen ~fällen** there were serious/violent incidents; **~frage die** question; **jmdm. eine ~frage stellen** interrupt sb. to ask a question; **~gas das;** *o. Pl. (Kfz-W.)* **~gas geben** *od.* **mit ~gas schalten** double-declutch; **~gericht das** *(Kochk.)* entrée *(Brit.);* **~geschoß das** mezzanine; **~größe die** intermediate size; *(bei Schuhen)* half-size; **~handel der** *(Wirtsch.)* intermediate trade; *(Großhandel)* wholesale trade; *(~händler)* middleman; **~händler der** *(Wirtsch.)* middleman; *(fig.)* go-between; **~hirn das** *(Anat.)* diencephalon; **~hoch das** *(Met.)* ridge of high pressure; **~kiefer[knochen] der** *(Anat.)* intermaxillary; premaxilla; **~|landen** *itr. V.; mit sein* **in X ~landen** land in X on the way; **~landung die** stopover; **~lauf der** *(Sport)* [intermediate] heat; **~lösung die** interim solution; **~mahlzeit die** snack [between meals]; **~menschlich 1.** *Adj.* interpersonal ⟨*relations*⟩; ⟨*contacts*⟩ between people; **2.** *adv.* on a personal level; **~musik die** musical interlude; **~prüfung die** intermediate examination; **~raum der** space; gap; *(Lücke)* gap; **eine Zeile ~raum lassen** leave a space of one line; *(Maschinenschreiben)* double-space; **~reich das** *(geh.)* twilight world; **~ruf der** interruption; **viele ~rufe** a great deal of heckling *sing.;* **~rufer der** heckler; **~runde die** *(Sport)* intermediate round; **~satz der** *(Sprachw.)* parenthetic clause; parenthesis; **~|schalten** *tr. V. (Elektrot.)* insert ⟨*resistance, amplifier, etc.*⟩ in a circuit; **~spiel das** *(Musik-, Theaterstück)* intermezzo; *(in einem Solokonzert/Gesangsstück)* linking passage; *(fig.)* interlude; **~spurt der** *(Sport)* spurt; burst [of speed]; **~staatlich** *Adj.* international; **~stadium das** intermediate stage; **~station die a)** stop; stopping-place; **b)** *(~aufenthalt)* stop; **dort machten wir einen Tag ~station** we stopped there for a day; **~stecker der** *(Elektrot.)* adaptor; **~stück das** connecting *or* middle piece; *(Verbindungsstück)* connector; *(Adapter)* adapter; **~stufe die** intermediate stage; **~summe die** subtotal; **~text der** linking text; **~ton der** shade; nuance; *(fig.)* nuance; **~tür die** connecting door; **~wand die** dividing wall; partition; **~wirt der** *(Biol., Med.)* intermediate host; **~zeit die a)** interim; *(länger)* intervening period; **in der ~zeit** in the mean time; **b)** *(Sport)* split time; **~zeitlich** *Adv. (bes. Amtsspr.)* in the mean time; **~zeugnis das** *(Schulw.)* intermediate report; *(Arbeitswelt)* [intermediate] performance appraisal

**Zwist** [tsvɪst] **der; ~[e]s, ~e** *(geh.)* strife *no indef. art.; (Fehde)* feud; dispute; **in** *od.* **im ~ leben** live in a state of strife; **den alten ~ begraben** bury the hatchet

**Zwistigkeit die; ~, ~en** *(geh.)* dispute

**zwitschern** ['tsvɪtʃɐn] **1.** *itr. (auch tr.) V.* chirp. **2.** *tr. V. in* **einen ~** *(salopp)* have a drink

**Zwitter** ['tsvɪtɐ] **der; ~s, ~** *(Biol., Med.)* hermaphrodite; **ein ~ aus A und B** *(fig.)* a cross between A and B

**Zwitter·stellung die** ambiguous position

**zwittrig** *Adj. (Biol., Med.)* hermaphroditic

**zwo** [tsvo:] *Kardinalz. (ugs.; bes. zur Verdeutlichung) s.* **zwei**

**zwölf** [tsvœlf] *Kardinalz.* twelve; **~ Uhr mittags/nachts** [twelve o'clock] midday/midnight; **es ist fünf [Minuten] vor ~** *(fig.)* we are on the brink; *s. auch* **[1]acht**

**Zwölf die; ~, ~en** twelve; *s. auch* **[1]Acht a, e, g**

**zwölf-, Zwölf-** twelve-; *s. auch* **acht-, Acht-**

**Zwölf-: ~eck das** *(Geom.)* dodecagon; **~ender der; ~s, ~ a)** *(Jägerspr.)* royal [stag]; **b)** *(scherzh. veralt.) soldier with twelve years service*

**Zwölfer der; ~s, ~:** twelve; *s. auch* **Achter c, d**

**zwölferlei** *Gattungsz.; indekl.* **a)** *attr.* twelve sorts *or* kinds of; twelve different ⟨*sorts, sizes, etc.*⟩; **b)** *subst.* twelve [different] things

**zwölf-, Zwölf-: ~fach** *Vervielfältigungsz.* twelvefold; **die ~fache Menge** twelve times the quantity; *s. auch* **achtfach; ~fache das;** *adj. Dekl.;* **das ~fache** twelve times as much; **um ein ~faches** *od.* **um das ~fache** twelve times; *s. auch* **Achtfache; ~finger·darm der** *(Anat.)* duodenum; **~finger·darm·geschwür das** *(Med.)* duodenal ulcer; **~jährig** *Adj. (12 Jahre alt)* twelve-year-old *attrib.;* twelve years old *pred.; (12 Jahre dauernd)* twelve-year *attrib.; s. auch* **achtjährig; ~kampf der** *(Turnen)* twelve-exercise event; **~mal** *Adv.* twelve times; *s. auch* **achtmal; ~meilen·zone** [-'----] **die** twelve-mile zone

**zwölft** [tsvœlft] *in* **wir waren zu ~:** there were twelve of us; *s. auch* **[2]acht**

**zwölft...** *Ordinalz.* twelfth; *s. auch* **acht...**

**zwölf·tausend** *Kardinalz.* twelve thousand

**zwölf·teilig** *Adj.* twelve-piece ⟨*set*⟩; twelve-part ⟨*serial etc.*⟩; *s. auch* **achtteilig**

**zwölftel** *Bruchz.* twelfth; *s. auch* **achtel**

**Zwölftel das** (*schweiz. meist* **der**) **~s, ~:** twelfth

**zwölftens** *Adv.* twelfthly

**Zwölf·ton·musik die** twelve-tone music

**zwot...** [tsvo:t...] *Ordinalz. (ugs.; bes. bei Datumsangaben) s.* **zweit...**

**zwotens** *Adv. (ugs.)* secondly

**Zyan** [tsy̆a:n] **das; ~s** *(Chemie)* cyanogen

**Zyanid** [tsy̆a'ni:t] **das; ~s, ~e** *(Chemie)* cyanide

**Zyan·kali das; ~s** *(Chemie)* potassium cyanide

**Zyklen** *s.* **Zyklus**

**zyklisch** ['tsy:klɪʃ] **1.** *Adj.* cyclic[al]. **2.** *adv.* cyclically; as a cycle

**Zykloide** [tsyklo'i:də] **die; ~, ~n** *(Math.)* cycloid

**Zyklon** [tsy'klo:n] **der; ~s, ~e** *(Met.)* cyclone

**Zyklop** [tsy'klo:p] **der; ~en,~en** *(griech. Myth.)* Cyclops

**Zyklopen·mauer die** *(Archäol., Bauw.)* Cyclopean wall

**zyklothym** [tsyklo'ty:m] *Adj. (Psych., Med.)* cyclothymic

**Zyklotron** ['tsy:klotro:n] **das; ~s, ~s** *od.* **~e** *(Kernphysik)* cyclotron

**Zyklus** ['tsy:klʊs] **der; ~, Zyklen** *(auch Math.)* cycle

**Zylinder** [tsi'lɪndɐ] **der; ~s, ~ a)** *(Geom., Technik)* cylinder; *(einer Lampe)* chimney; **b)** *(Hut)* top hat

**Zylinder-: ~hut der** top hat; **~kopf der** cylinder head

**zylindrisch 1.** *Adj.* cylindrical. **2.** *adv.* cylindrically

**Zyniker der; ~s, ~, Zynikerin die; ~, ~nen** cynic

**zynisch** ['tsy:nɪʃ] **1.** *Adj.* cynical. **2.** *adv.* cynically

**Zynismus der; ~, Zynismen a)** *o. Pl.* cynicism; **b)** *(Äußerung)* cynical remark

**Zypern** ['tsy:pɐn] **(das); ~s** Cyprus

**Zyprer** ['tsy:prɐ] **der; ~s, ~, Zyprerin die; ~, ~nen** Cypriot

**Zypresse** [tsy'prɛsə] **die; ~, ~n** cypress

**Zypriot** [tsypri'o:t] **der; ~en, ~en, Zypriotin die; ~, ~nen** Cypriot

**zypriotisch, zyprisch** *Adj.* Cypriot

**Zyste** ['tsʏstə] **die; ~, ~n** *(Med.)* cyst

**Zytologie** [tsytolo'gi:] **die; ~** *(Biol.)* cytology *no art.*

**z. Z., z. Zt.** *Abk.* **zur Zeit**

# Kleine Formenlehre des Englischen

## Das Verb

### Die Stammformen

Die regelmäßigen Verben bilden das Präteritum und das gleichlautende 2. Partizip mit Hilfe der Endung *-ed:*

call – called – called

Hierbei sind die folgenden Besonderheiten zu beachten:

Ein auslautender Konsonant wird häufig verdoppelt, und *-c* wird zu *-ck-:*

dub – dubbed
pod – podded
hug – hugged
focus – focused *od.* focussed
panic – panicked

Ein auslautendes *-e* fällt aus:

love – loved
tie – tied
dye – dyed
guarantee – guaranteed

Ein auslautendes, auf einen Konsonanten folgendes *-y* wird zu *-i-:*

worry – worried
satisfy – satisfied

Die Stammformen der unregelmäßigen Verben sind im englisch-deutschen Wörterverzeichnis bei dem jeweiligen Stichwort angegeben (vgl. S. 16). Außerdem sind sie in der Liste auf S. 1655 f. verzeichnet. (Zu den Hilfsverben und den Modalverben s. u., S. 1652 f.)

### Das Präsens

Die 3. Person Singular Präsens der Vollverben (außer *have* und *be*) wird durch die Endung *-s,* nach *s, sh, ch, x, o* zu *-es* erweitert, gebildet:

read – reads
see – sees
miss – misses
fish – fishes
reach – reaches
mix – mixes
echo – echoes
do – does

Hierbei wird ein auslautendes, auf einen Konsonanten folgendes *-y* zu *-ie-:*

cry – cries
worry – worries

Alle übrigen finiten Präsensformen haben keine Personalendungen. Sie lauten wie der Infinitiv.

### Das Präteritum

Das Präteritum hat keine Personalendungen und lautet (außer im Falle von *be*) in allen Personen gleich.

### Das Futur

Das Futur wird gewöhnlich aus *will,* in der 1. Person Singular und Plural auch aus *shall* und dem Infinitiv gebildet:

you/he/she/it/they will win
I/we will *oder* shall win

### Das Konditional Präsens

Das Konditional Präsens wird gewöhnlich aus *would,* in der 1. Person Singular und Plural auch aus *should* und dem Infinitiv gebildet:

you/he/she/it/they would win
I/we would *oder* should win

### Das Perfekt

Das Perfekt wird aus dem Präsens von *have* und dem 2. Partizip gebildet:

I have seen/gone/been *usw.*

### Das Plusquamperfekt

Das Plusquamperfekt wird aus dem Präteritum von *have* und dem 2. Partizip gebildet:

I had seen/gone/been *usw.*

### Das Futur II

Das Futur II wird aus dem Futur I von *have* und dem 2. Partizip gebildet:

I will/shall have seen/gone/been *usw.*

### Das Konditional Perfekt

Das Konditional Perfekt wird aus dem Konditional Präsens von *have* und dem 2. Partizip gebildet:

I would/should have seen/gone/been *usw.*

### Das Passiv

Das Passiv wird aus den Formen des Hilfsverbs *be* und dem 2. Partizip gebildet:

I am/was/have been *usw.* stopped

### Die Verlaufsform

Neben den vom Deutschen her vertrauten einfachen Verbformen gibt es im Englischen die sogenannte Verlaufsform (continuous tenses). Diese wird aus den Formen von *be* und dem 1. Partizip (s. S. 1652) gebildet:

I am/you were/they had been *usw.* reading

Die Verlaufsform wird vor allem verwendet, um auszudrücken, daß ein Vorgang noch nicht beendet ist bzw. ein Zustand noch andauert:

They were having supper.
The old house is still standing there.

Die Verlaufsform des Präsens kann daneben aber auch in futurischem Sinne, etwa zum Ausdruck einer Absicht verwendet werden:

I'm travelling to London next week.

**Die *going to*-Form**
Zum Ausdruck des Zukünftigen hat das Englische neben der mit *will/shall* gebildeten Futurform noch eine weitere Form. Sie ist zusammengesetzt aus der Verlaufsform von *go* und dem Infinitiv mit *to* des betreffenden Verbs.
Durch diese *going to*-Form wird, wenn sie im Präsens steht, ausgedrückt, daß etwas geschehen wird, weil es geplant oder beabsichtigt ist, oder daß etwas mit großer Gewißheit geschehen wird:

I'm going to stay with friends.
I'm not going to accept that.
It's going to rain.

Durch die *going to*-Form im Präteritum kann ausgedrückt werden, daß etwas geplant oder beabsichtigt war, jedoch nicht geschehen ist:

I was going to phone you yesterday, but I forgot.

**Mit dem Hilfsverb *do* gebildete Verbformen**
In Fragesätzen, die nicht ein Fragewort als Subjekt haben, und in mit *not* verneinten Sätzen werden die einfachen Präsens- und Präteritumformen der Vollverben mit dem Hilfsverb *do* gebildet:

Does he like it? – He does not like it.
*aber:* Who likes it? – No one likes it.

Dies gilt außer im verneinten Imperativ nicht für das Kopulaverb *be:*

Is he a doctor? – No, he is not a doctor.
*aber:* Do not be so noisy.

Das Vollverb *have* kommt in Verneinung und Frage mit und ohne *do* vor:

Do they have a car? – No, they do not have a car.
Have you any idea? – No, I haven't a clue.

Ebenfalls mit *do* gebildet werden emphatische Formen in nicht verneinten Aussage- und Aufforderungssätzen:

But I 'did see him.
'Do listen to me.
'Do be quiet.

**Die *ing*-Form**
Die mit der Endung *-ing* gebildete Verbform ist je nach Gebrauch entweder 1. Partizip oder Gerundium. Ein auslautender Konsonant wird häufig verdoppelt; *-c* wird zu *-ck-:*

dub – dubbing
pod – podding
hug – hugging
focus – focusing *od.* focussing
panic – panicking

Ein auf einen Konsonanten folgendes auslautendes *-e* fällt aus:

live – living

Ein auslautendes *-ie* wird zu *-y-:*

die – dying

**Die Formen der Hilfsverben *have, be, do***
(In Klammern sind – soweit vorhanden – jeweils die zugehörigen Kurzformen und die Kurzformen der verneinten Formen angegeben.)

**have**

| | | |
|---|---|---|
| Präsens: | 3. Person Singular | has ('s; hasn't) |
| | alle übrigen Personen | have ('ve; haven't) |
| Präteritum: | alle Personen | had ('d; hadn't) |

(Das 2. Partizip *had* spielt nur beim Vollverb *have* eine Rolle.)

**be**

| | | |
|---|---|---|
| Präsens: | 1. Person Singular | am ('m; *nur in Fragesätzen:* aren't) |
| | 3. Person Singular | is ('s; isn't) |
| | alle übrigen Personen | are ('re; aren't) |
| Präteritum: | 1. und 3. Person Singular | was (wasn't) |
| | alle übrigen Personen | were (weren't) |
| 2. Partizip: | | been |

**do**

| | | |
|---|---|---|
| Präsens: | 3. Person Singular | does (doesn't) |
| | alle übrigen Personen | do (don't) |
| Präteritum: | alle Personen | did (didn't) |

(Das 2. Partizip *done* spielt nur beim Vollverb *do* eine Rolle.)

**Die Formen der Modalverben *can, may, must, shall, will***
Diese Verben, von denen *shall* und *will* auch als nicht modale Hilfsverben verwendet werden (vgl. **Futur** und **Konditional**), haben keine infiniten, sondern nur die folgenden, jeweils in allen Personen gleichlautenden, finiten Formen:

| Vollform | Kurzform | Kurzform verneint |
|---|---|---|
| Präsens | | |
| can; *verneint:* cannot | | can't |
| may | | mayn't |
| must | | mustn't |
| shall | 'll | shan't |
| will | 'll | won't |
| Präteritum | | |
| could | | couldn't |
| might | | mightn't |
| must | | mustn't |
| should | 'd | shouldn't |
| would | 'd | wouldn't |

Für die fehlenden Formen werden, je nach Bedeutung, verschiedene Ersatzformen verwendet: so z. B. für die fehlenden Formen von *can* im Sinne von „fähig sein zu" die entsprechenden Formen der Fügung *be able to* (z. B. *I shall be able to come*).

## Das Substantiv

**Das Genus**
Im Englischen ist, anders als im Deutschen, das Genus der Substantive praktisch nur für den richtigen Gebrauch des Personal- und des Possessivpronomens von Bedeutung.
Es stimmt in der Regel mit dem natürlichen Geschlecht überein; Substantive, die männliche Personen bezeichnen, sind Maskulina, solche, die weibliche Personen bezeichnen, sind Feminina, alle übrigen sind in der Regel Neutra.
Zu beachten sind jedoch die folgenden Besonderheiten:
Substantive, die Personen beiderlei Geschlechts bezeichnen können (z. B. *friend, teacher*) sind je nach vorliegender Bedeutung Maskulina oder Feminina.
Substantive wie *child* und *baby* sowie Substantive, die Tiere beiderlei Geschlechts bezeichnen können (z. B. *elephant, cat*) sind je nach vorliegender Bedeutung Maskulina oder Feminina. Wenn das Geschlecht jedoch dem Sprecher unbekannt ist, dann werden sie als Neutra behandelt.
Geschlechtsspezifische Tierbezeichnungen haben dagegen meist das dem natürlichen Geschlecht entsprechende Genus (z. B. *tom-cat, lioness, ewe, he-goat, she-bear*).
Bezeichnungen für Schiffe (z. B. *ship, boat, steamer*), Schiffsnamen, manchmal auch Bezeichnungen für andere Fahrzeuge (z. B. *car, train, aeroplane*) sowie, besonders in literarischem Stil, Länder- und Städtenamen (z. B. *Britain, Europe, Paris*) können als Feminina verwendet werden.
Fluß- und Bergnamen, das Substantiv *sun* sowie bestimmte Abstrakta (z. B. *death, love*) werden in literarischem Stil oft als Maskulina verwendet.
Die Substantive *moon, earth, sea* und bestimmte Abstrakta (z. B. *fortune, nature, liberty*) können in poetischem Stil als Feminina verwendet werden.

**Der Plural**
Der Plural der Substantive wird in der Regel durch Anhängen der Endung *-s*, nach *s, sh, ch, x, z* und in einigen Fällen nach *o* zu *-es* erweitert, gebildet:

cat – cats
bus – buses
bush – bushes
beach – beaches
box – boxes
fez – fezes
Negro – Negroes
*aber:* dynamo – dynamos

Hierbei sind die folgenden Besonderheiten zu beachten:
Ein auslautendes, auf einen Konsonanten folgendes *-y* wird in der Regel zu *-ie-:*

lady – ladies
fly – flies

Einige auf *-f* oder *-fe* endende Substantive lauten im Plural auf *-ves:*

leaf – leaves
life – lives

Einige Substantive haben eine unregelmäßige, manche auch eine mit dem Singular übereinstimmende Pluralform (z. B. *man – men, child – children, sheep – sheep*). Solche Pluralformen wie auch diejenigen auf *-ves* sind im englisch-deutschen Wörterverzeichnis jeweils beim entsprechenden Stichwort angeführt.

**Der Genitiv**
Der Genitiv Singular aller Substantive und der Genitiv Plural der Substantive mit unregelmäßigem (nicht auf *-s* lautendem) Plural wird durch Anhängen von *'s* gebildet:

man's
men's
James's

Ebenso bei nicht auf *-s* endenden pluralischen Substantiven:

people – people's

Der Genitiv Plural der Substantive, die im Plural die Endung *-s* bzw. *-es* haben, wird durch einen hinter dem Plural *-s* stehenden Apostroph gekennzeichnet:

fathers'
Joneses'

Der Genitiv Singular eines auf *-s* ausgehenden Eigennamens wird oft nur durch einen Apostroph gekennzeichnet:

Dickens' *neben* Dickens's
James' *neben* James's

Griechische und lateinische Eigennamen auf *-s* haben im Genitiv stets nur einen Apostroph:

Socrates'
Augustus'

Dies gilt auch für auf *-s* endende Substantive in Verbindung mit *for ... sake:*

for goodness' sake

**Die Steigerung der Adjektive und Adverbien**
Einsilbige Adjektive werden – mit Ausnahme solcher, die aus Partizipien entstanden sind (z. B. *pleased*) und soweit sie keine unregelmäßigen Steigerungsformen haben (s. u.) – stets mit Hilfe der

Suffixe *-er* (für den Komparativ) und *-est* (für den Superlativ) gesteigert:

clean – cleaner – cleanest
short – shorter – shortest

Ein auslautendes *-b, -d, -g, -m, -n, -p* oder *-t* nach kurzem Vokal wird verdoppelt:

big – bigger – biggest
hot – hotter – hottest

Ein auslautendes *-e* fällt aus:

large – larger – largest
wide – wider – widest
free – freer – freest

Ein auf einen Konsonanten folgendes auslautendes *-y* wird meist zu *-i-*:

dry – drier – driest
*aber:* shy – shyer *oder* shier – shyest *oder* shiest

Von den zweisilbigen Adjektiven werden solche auf *-y*, solche mit Endbetonung und einige weitere ebenfalls meist auf diese Art gesteigert, wobei ein auf einen Konsonanten folgendes auslautendes *-y zu -i-* wird und ein auslautendes *-e* ausfällt:

narrow – narrower – narrowest
easy – easier – easiest
polite – politer – politest

Alle zweisilbigen Adjektive können aber auch durch ein vorangestelltes *more* (für den Komparativ) bzw. *most* (für den Superlativ) gesteigert werden.
Stets mit *more* und *most* werden alle übrigen Adjektive (insbesondere auch diejenigen, die aus Partizipien entstanden sind, wie z.B. *bored, lasting, delighted*) gesteigert.
Von Adjektiven abgeleitete Adverbien auf *-ly* werden mit vorangestelltem *more* und *most* gesteigert:

carefully – more/most carefully
easily – more/most easily

Die übrigen Adverbien werden soweit sie keine unregelmäßigen Steigerungsformen haben (wie z.B. *much, well*) mit Hilfe der Suffixe *-er* und *-est* gesteigert:

fast – faster – fastest
soon – sooner – soonest
hard – harder – hardest

Hierbei gelten auch die oben für die mit *-er* und *-est* steigernden Adjektive genannten, den Stammauslaut betreffenden Besonderheiten.

Einige wenige Adjektive und Adverbien haben unregelmäßige Steigerungsformen.
Diese sind im englisch-deutschen Wörterverzeichnis sowohl beim zugehörigen Positiv als auch an ihrer alphabetischen Stelle angeführt.

## Pronomen

In der folgenden Übersicht sind die Formen der wichtigsten Pronomen aufgeführt.

**Personalpronomen**

| | Subjektsform | Objektsform |
|---|---|---|
| 1. Pers. Sing. | I | me |
| 2. Pers. Sing. | you | you |
| 3. Pers. Sing. | he/she/it | him/her/it |
| 1. Pers. Pl. | we | us |
| 2. Pers. Pl. | you | you |
| 3. Pers. Pl. | they | them |

**Reflexivpronomen**

| | Sing. | Pl. |
|---|---|---|
| 1. Pers. | myself | ourselves |
| 2. Pers. | yourself | yourselves |
| 3. Pers. | himself/ herself/itself | themselves |

**Possessivpronomen**

attributiv gebraucht:

| | Sing. | Pl. |
|---|---|---|
| 1. Pers. | my | our |
| 2. Pers. | your | your |
| 3. Pers. | his/her/its | their |

alleinstehend gebraucht:

| | Sing. | Pl. |
|---|---|---|
| 1. Pers. | mine | ours |
| 2. Pers. | yours | yours |
| 3. Pers. | his/hers/– | theirs |

**Demonstrativpronomen**

Die Demonstrativpronomen *this* und *that* haben außer diesen Singularformen nur noch je eine weitere Form: *these* (Plural zu *this*) und *those* (Plural zu *that*).

**Relativpronomen**

**who**
Subjektsform Sing. u. Pl.: who
Objektsform Sing. u. Pl.: whom, who
Genitiv Sing. u. Pl.: whose

**which**
(keine weiteren Formen)

**that**
(keine weiteren Formen)

**Interrogativpronomen**

**who**
Subjektsform: who
Objektsform: whom, who
Genitiv: whose

**which**
(keine weiteren Formen)

**what**
(keine weiteren Formen)

# Englische unregelmäßige Verben

Die im englisch-deutschen Wörterverzeichnis mit einer hochgestellten Ziffer versehenen unregelmäßigen Verben haben diese Ziffer auch in dieser Liste. Ein Sternchen (*) weist darauf hin, daß die korrekte Form von der jeweiligen Bedeutung abhängt.

| Infinitive *Infinitiv* | Past Tense *Präteritum* | Past Participle *2. Partizip* |
|---|---|---|
| abide | abided, abode | abided, abode |
| arise | arose | arisen |
| awake | awoke | awoken |
| be | was *sing.*, were *pl.* | been |
| bear | bore | borne |
| beat | beat | beaten |
| beget | begot, *(arch.)* begat | begotten |
| begin | began | begun |
| behold | beheld | beheld |
| bend | bent | bent |
| beseech | besought, beseeched | besought, beseeched |
| bet | bet, betted | bet, betted |
| bid | *bade, bid | *bidden, bid |
| bind | bound | bound |
| bite | bit | bitten |
| bleed | bled | bled |
| bless | blessed | blessed, blest |
| blow | blew | *blown, blowed |
| break | broke | broken |
| breed | bred | bred |
| bring | brought | brought |
| broadcast | broadcast, broadcasted | broadcast, broadcasted |
| build | built | built |
| burn | burnt, burned | burnt, burned |
| burst | burst | burst |
| bust | bust, busted | bust, busted |
| buy | bought | bought |
| cast | cast | cast |
| catch | caught | caught |
| chide | chided, chid | chided, chid, chidden |
| choose | chose | chosen |
| [1]cleave | cleaved, clove, cleft | cleaved, cloven, cleft |
| cling | clung | clung |
| come | came | come |
| cost | *cost, costed | *cost, costed |
| countersink | countersunk | countersunk |
| creep | crept | crept |
| cut | cut | cut |
| deal | dealt | dealt |
| dig | dug | dug |
| dive | dived, *(Amer.)* dove | dived |
| [1]do | did | done |
| draw | drew | drawn |
| dream | dreamt, dreamed | dreamt, dreamed |
| drink | drank | drunk |
| drive | drove | driven |
| dwell | dwelt | dwelt |
| eat | ate | eaten |
| fall | fell | fallen |
| feed | fed | fed |
| feel | felt | felt |
| fight | fought | fought |
| find | found | found |
| flee | fled | fled |

| Infinitive *Infinitiv* | Past Tense *Präteritum* | Past Participle *2. Partizip* |
|---|---|---|
| fling | flung | flung |
| floodlight | floodlit | floodlit |
| fly | flew | flown |
| forbear | forbore | forborne |
| forbid | forbade, forbad | forbidden |
| forecast | forecast, forecasted | forecast, forecasted |
| foretell | foretold | foretold |
| forget | forgot | forgotten |
| forgive | forgave | forgiven |
| forsake | forsook | forsaken |
| freeze | froze | frozen |
| gainsay | gainsaid | gainsaid |
| get | got | got, *(Amer.)* gotten |
| gird | girded, girt | girded, girt |
| give | gave | given |
| go | went | gone |
| grind | ground | ground |
| grow | grew | grown |
| hamstring | hamstringed, hamstrung | hamstringed, hamstrung |
| hang | *hung, hanged | *hung, hanged |
| have | had | had |
| hear | heard | heard |
| heave | *heaved, hove | *heaved, hove |
| hew | hewed | hewed, hewn |
| hide | hid | hidden |
| hit | hit | hit |
| hold | held | held |
| hurt | hurt | hurt |
| inlay | inlaid | inlaid |
| input | input, inputted | input, inputted |
| inset | inset, insetted | inset, insetted |
| interweave | interwove | interwoven |
| keep | kept | kept |
| ken | kenned, kent | kenned |
| kneel | knelt, *(esp. Amer.)* kneeled | knelt, *(esp. Amer.)* kneeled |
| knit | knitted, knit | knitted, knit |
| know | knew | known |
| lay | laid | laid |
| lead | led | led |
| lean | leaned, *(Brit.)* leant | leaned, *(Brit.)* leant |
| leap | leapt, leaped | leapt, leaped |
| learn | learnt, learned | learnt, learned |
| leave | left | left |
| lend | lent | lent |
| let | let | let |
| [2]lie | lay | lain |
| light | lighted, lit | lighted, lit |
| lose | lost | lost |
| make | made | made |
| mean | meant | meant |
| meet | met | met |
| mow | mowed | mown, mowed |
| output | output, outputted | output, outputted |
| outshine | outshone | outshone |
| overhang | overhung | overhung |
| pay | paid | paid |

| Infinitive<br>*Infinitiv* | Past Tense<br>*Präteritum* | Past Participle<br>*2. Partizip* |
|---|---|---|
| plead | pleaded, *(esp. Amer., Scot., literary)* pled | pleaded, *(esp. Amer., Scot., literary)* pled |
| prove | proved | proved, *(esp. Amer., Scot., literary)* proven |
| put | put | put |
| quit | quitted, *(Amer.)* quit | quitted, *(Amer.)* quit |
| read [ri:d] | read [red] | read [red] |
| reeve | rove, reeved | rove, reeved |
| rend | rent | rent |
| rid | rid | rid |
| [2]ring | rang | rung |
| rise | rose | risen |
| run | ran | run |
| saw | sawed | sawn, sawed |
| say | said | said |
| see | saw | seen |
| seek | sought | sought |
| sell | sold | sold |
| send | sent | sent |
| set | set | set |
| sew | sewed | sewn, sewed |
| shake | shook | shaken |
| shear | sheared | shorn, sheared |
| shed | shed | shed |
| shine | *shone, shined | *shone, shined |
| shit | shitted, shit, shat | shitted, shit, shat |
| shoe | shod | shod |
| shoot | shot | shot |
| show | showed | shown, showed |
| shrink | shrank, shrunk | shrunk |
| shrive | shrove | shriven |
| shut | shut | shut |
| sing | sang | sung |
| sink | sank, sunk | sunk |
| sit | sat | sat |
| slay | slew | slain |
| sleep | slept | slept |
| slide | slid | slid |
| sling | slung | slung |
| slink | slunk | slunk |
| slit | slit | slit |
| smell | smelt, smelled | smelt, smelled |
| smite | smote | smitten |
| sow | sowed | sown, sowed |
| speak | spoke | spoken |
| speed | *sped, speeded | *sped, speeded |
| spell | spelled, *(Brit.)* spelt | spelled, *(Brit.)* spelt |
| spend | spent | spent |
| spill | spilt, spilled | spilt, spilled |
| spin | spun | spun |
| spit | spat, spit | spat, spit |
| split | split | split |
| spoil | spoilt, spoiled | spoilt, spoiled |
| spread | spread | spread |
| spring | sprang | sprung |
| stand | stood | stood |
| stave | *staved, stove | *staved, stove |
| steal | stole | stolen |
| stick | stuck | stuck |
| sting | stung | stung |
| stink | stank, stunk | stunk |
| strew | strewed | strewed, strewn |
| stride | strode | stridden |
| strike | struck | struck, stricken |
| string | strung | strung |
| strive | strove | striven |
| sublet | sublet | sublet |
| swear | swore | sworn |
| sweep | swept | swept |
| swell | swelled | swollen, swelled |
| swim | swam | swum |
| swing | swung | swung |
| take | took | taken |
| teach | taught | taught |
| tear | tore | torn |
| tell | told | told |
| think | thought | thought |
| thrive | thrived, throve | thrived, thriven |
| throw | throw | thrown |
| thrust | thrust | thrust |
| tread | trod | trodden, trod |
| unbend | unbent | unbent |
| understand | understood | understood |
| undo | undid | undone |
| unsay | unsaid | unsaid |
| wake | woke, *(arch.)* waked | woken, *(arch.)* waked |
| wear | wore | worn |
| [1]weave | wove | woven |
| weep | wept | wept |
| wet | wet, wetted | wet, wetted |
| win | won | won |
| [2]wind [waɪnd] | wound [waʊnd] | wound [waʊnd] |
| work | worked, *(arch., literary)* wrought | worked, *(arch., literary)* wrought |
| wring | wrung | wrung |
| write | wrote | written |

# Die Zeichensetzung im Englischen

## Apostroph

a) Der Apostroph steht als Auslassungszeichen:

I'm (= I am) they'd (= they had/would)
he's (= he is/has) the summer of '68 (= 1968)
thro' (= through)

Gelegentlich wird er – jedoch unnötigerweise – auch bei einigen Kurzformen wie *bus, cello, flu, phone, plane* gesetzt (*'bus* usw.).

b) Der Apostroph steht zur Kennzeichnung des Genitivs. Näheres hierzu findet sich unter „Kleine Formenlehre des Englischen" auf S. 1653.

c) Manchmal steht der Apostroph mit einem s zur Bildung des Plurals von Buchstaben, Zahlen oder Abkürzungen, z. B.:

pronounce the r's more clearly;
during the 1960's; all the MP's

## Doppelpunkt

a) Der Doppelpunkt steht zur Markierung des Beginns einer Aufzählung nach einem Gattungsnamen oder einem die Aufzählung ankündigenden Ausdruck wie z. B. *as follows, in the following manner:*

His library consists of two books: the Bible and Shakespeare.
Proceed as follows: switch on the computer, insert a disk, and press any key.

b) Der Doppelpunkt steht vor Sätzen oder Ausdrücken, die den vorausgehenden Satz erläutern oder erklären:

The garden had been neglected for a long time: it was overgrown and full of weeds.

(Statt des Doppelpunkts kann hier auch ein Punkt, jedoch kein Komma stehen.)

## Komma

a) Das Komma steht zwischen Adjektiven, die ein Substantiv in gleicher Weise attribuieren:

a cautious, eloquent man

Wenn mehrere Adjektive ein Substantiv in unterschiedlicher Weise attribuieren oder wenn ein Adjektiv das andere attribuiert, steht dagegen kein Komma:

a distinguished foreign author; a bright red tie

b) Das Komma steht zwischen den Gliedern einer Aufzählung. Wenn vorletztes und letztes Aufzählungsglied durch eine Konjunktion verbunden sind, steht das Komma vor dieser Konjunktion:

potatoes, peas, and carrots; potatoes, peas, or carrots; potatoes, peas, etc.; red, white, and blue

c) Das Komma steht zwischen nebengeordneten Hauptsätzen, die nicht durch ein anderes Satzzeichen voneinander getrennt sind:

Cars turn here, and coaches go straight on.

Es steht jedoch nicht, wenn es sich um eng zusammengehörige Sätze handelt:

Do as I tell you and you'll never regret it.

d) Das Komma steht vor und hinter aus einem oder mehreren Wörtern bestehenden Einschüben sowie vor und hinter Zwischensätzen:

I am sure, however, that it will not happen.
Fred, who is bald, complained of the cold.

Es steht jedoch nicht vor und hinter notwendigen Relativsätzen:

Men who are bald should wear hats.

e) Das Komma steht nach am Satzanfang stehenden Infinitiv- und Partizipalgruppen und gleichwertigen verblosen Teilen:

To be sure of arriving on time, she left an hour early.
Worn out by their journey, the children soon fell asleep.

f) Das Komma steht zwischen einer adverbialen Bestimmung und dem übrigen Satz sowie zwischen Haupt- und Nebensatz, wenn ohne Komma ein Mißverständnis möglich wäre:

In the valley below, the villages looked very small.
He did not go to church, because he was playing golf.
In 1980, 2000 seemed a long time off.

g) Das Komma steht nach Wörtern, die eine direkte Rede einleiten:

They answered, 'Here we are'.

h) Das Komma steht in Briefen nach der Anrede (*Dear Sir, Dear John* usw.) und nach der Grußformel (*Yours sincerely* usw.)
Nicht notwendig ist ein Komma zwischen Monat und Jahr in Datumsangaben (z. B. *in December 1989*) oder zwischen Hausnummer und Straßenname in Adressen (z. B. *12 Acacia Avenue*).

### Semikolon

Das Semikolon steht zwischen Teilsätzen oder Satzstücken, wo ein Komma eine zu schwache, ein Punkt jedoch eine zu starke Zäsur bedeuten würde. D. h., es steht typischerweise zwischen Sätzen, die inhaltlich etwa gleiches Gewicht und grammatisch eine ähnliche Struktur haben:

To err is human; to forgive, divine.

### Punkt

a) Der Punkt steht am Satzende, sofern kein Frage- oder Ausrufezeichen steht; das folgende Wort beginnt in der Regel mit einem Großbuchstaben.

b) Der Punkt steht nach Abkürzungen. Wenn ein Abkürzungspunkt ans Satzende zu stehen kommt, dient er gleichzeitig als Schlußpunkt:

She also kept dogs, cats, birds, etc.
*aber:* She also kept pets (dogs, cats, birds, etc.).

c) Wenn ein Satz mit einer Anführung schließt, die ihrerseits mit einem Punkt, Fragezeichen oder Ausrufezeichen endet, entfällt der Schlußpunkt:

He cried, 'Be off!' But the child would not move.

Wenn die Anführung jedoch kurz ist und der übrige Satz deutlich größeres Gewicht hat, steht der Punkt außerhalb der Anführungszeichen:

Over the entrance to the temple at Delphi were written the words 'Know thyself'.

### Anführungszeichen

a) Anführungszeichen haben gewöhnlich die Form '...' („halbe Anführungszeichen"); Anführungszeichen der Form "..." stehen bei einer Anführung innerhalb einer Anführung; bei einer Anführung innerhalb einer angeführten Anführung stehen wiederum halbe Anführungszeichen:

'I said, "He used the word 'murder' although no-one had told him how Smith died".'

b) Schließende Anführungszeichen stehen vor allen weiteren Satzzeichen, es sei denn, diese sind Bestandteil der Anführung:

Did Nelson really say, 'Kiss me, Hardy'?
*aber:* Then she asked, 'What is your name?'.

Das Komma am Schluß einer Anführung, auf die Ausdrücke wie *he said* folgen, ersetzt den Schlußpunkt des angeführten Satzes und steht innerhalb der Anführungszeichen:

'That is nonsense,' he said.

Die Kommas, durch die *he said* usw. eingeschlossen wird, wenn es die Anführung unterbricht, stehen gewöhnlich außerhalb der Anführungszeichen:

'That', he said, 'is nonsense.'

Das erste Komma steht jedoch innerhalb der Anführungszeichen, wenn es auch ohne die Unterbrechung stehen müßte:

'That, my dear fellow,' he said, 'is nonsense.'

# Outline of German grammatical forms

The following outline is intended to be used in conjunction with the grammatical information included in the Dictionary, which it complements and explains. It does not attempt to cover all forms.

## Verbs

### General notes

a) Verbs with prefixes, such as *ab-*, *auf-*, *er-*, *mit-*, and *zer-*, are conjugated like the corresponding simple verbs, e.g. *absagen* like *sagen,* but see the section on past participles below.

b) *ß* is used, and not *ss,*

before a consonant;
at the end of a word;
between two vowels, the first of which is long:

| | |
|---|---|
| hissen | schmeißen |
| gehißt | ich schmiß |
| | sie schmissen |

c) To discover the stem of a verb, take away the *-en* (or just the *-n* if the penultimate letter ist not *-e-*) from the end of the infinitive (the form given as a headword in the German-English section of the Dictionary):

| | |
|---|---|
| machen | handeln |
| mach- | handel- |

## Regular verbs

### Participles

**Present**
Add *-d* to the infinitive:

lachen
lachend

**Past**
Add *ge-* and *-t* to the stem:

machen
gemacht

If the stem ends with *-d*, *-t*, or a consonant + *m* or *n*, add *ge-* and *-et* to the stem:

| | |
|---|---|
| reden | trocknen |
| geredet | getrocknet |

If the infinitive ends with *-ieren* or *-eien*, add *-t* to the stem:

| | |
|---|---|
| diskutieren | prophezeien |
| diskutiert | prophezeit |

Verbs with a separable prefix (marked with | in the German-English section of the Dictionary) that is not followed by another prefix add *-ge-* between the prefix and the stem and *-[e]t* to the end of the stem:

| | |
|---|---|
| an\|klagen | zu\|leiten |
| angeklagt | zugeleitet |

Verbs with

a) any of the inseparable prefixes *be-*, *em-*, *ent-*, *er-*, *ge-*, *ver-*, and *zer-*

b) an inseparable prefix (marked by · in the German-English section of the Dictionary)

c) a separable prefix (marked by | in the German-English section of the Dictionary) that is followed by an inseparable prefix

add *-[e]t* to the stem:

| | | |
|---|---|---|
| a) | beneiden<br>beneidet | gehören<br>gehört |
| b) | durch·leuchten<br>durchleuchtet | über·blicken<br>überblickt |
| c) | zu\|bereiten<br>zubereitet | aus\|erwählen<br>auserwählt |

### Active

**a) Indicative**

**Present**

| | |
|---|---|
| | machen |
| ich | mache |
| du | machst |
| er/sie/es | macht |
| wir | machen |
| ihr | macht |
| sie/Sie | machen |

If the stem ends with *-l* or *-r*, the 1st person singular may omit the preceding *-e-*:

lächeln
ich lächele *or* lächle

If the stem ends with *-s*, *-ß*, *x*, or *-z*, the 2nd person singular adds only *-t*:

| | |
|---|---|
| rasen | boxen |
| du rast | du boxt |

If the stem ends with *-d*, *-t*, or a consonant + *m* or *n*, the 2nd person singular adds *-est*, and the 2nd person plural adds *-et*:

| | |
|---|---|
| | reden |
| du | redest |
| ihr | redet |

**Preterite** (or past or imperfect)

| | |
|---|---|
| | machen |
| ich | machte |
| du | machtest |
| er/sie/es | machte |
| wir | machten |
| ihr | machtet |
| sie/Sie | machten |

If the stem ends with *-d*, *-t*, or a consonant + *m* or *n*, add *-e-* to the stem first:

| | |
|---|---|
| | reden |
| ich | redete |
| du | redetest |
| er/sie/es | redete |
| wir | redeten |
| ihr | redetet |
| sie/Sie | redeten |

**Future**
Present indicative of *werden* + infinitive:

reden
ich werde reden *etc.*

**Perfect**
Present indicative of *sein* or *haben* + past participle:

| | |
|---|---|
| reisen | machen |
| ich bin gereist *etc.* | ich habe gemacht *etc.* |

Verbs which take *sein* are labelled accordingly in the German-English section of the Dictionary.

**Pluperfect**
Preterite indicative of *sein* or *haben* (see note at **Perfect**) + past participle:

| | |
|---|---|
| reisen | machen |
| ich war gereist *etc.* | ich hatte gemacht *etc.* |

**Future perfect**
Future indicative of *sein* or *haben* (see note at **Perfect**) + past participle:

| | |
|---|---|
| reisen | machen |
| ich werde gereist | ich werde gemacht |
| sein *etc.* | haben *etc.* |

**b) Subjunctive**

**Present**

| | |
|---|---|
| | machen |
| ich | mache |
| du | machest |
| er/sie/es | mache |
| wir | machen |
| ihr | machet |
| sie/Sie | machen |

If the stem ends with *-l* or *-r*, the preceding *-e-* may be omitted:

lächeln
ich lächele *or* lächle *etc.*

**Preterite**
Identical with preterite indicative.

**c) Conditional**

**Present**
Preterite subjunctive of *werden* + infinitive:

ich würde reden *etc.*

**Perfect**
Preterite subjunctive of *sein* or *haben* + past participle:

| | |
|---|---|
| reisen | machen |
| ich wäre gereist *etc.* | ich hätte gemacht *etc.* |

or present conditional of *sein* or *haben* + past participle:

| | |
|---|---|
| reisen | machen |
| ich würde gereist | ich würde gemacht |
| sein *etc.* | haben *etc.* |

Verbs which take *sein* are labelled accordingly in the German-English section of the Dictionary.

**d) Imperative**

| | |
|---|---|
| 2nd person singular | red[e]! |
| 2nd person plural | redet! |
| 2nd person (polite) | reden Sie! |

## Passive

**General note**
Passive tenses are formed from the corresponding active tense of *werden* + past participle.

**a) Infinitives**

| | |
|---|---|
| Present | geliebt [zu] werden |
| Perfect | geliebt worden [zu] sein |

**b) Indicative**

| | |
|---|---|
| Present | ich werde geliebt *etc.* |
| Preterite | ich wurde geliebt *etc.* |
| Future | ich werde geliebt werden *etc.* |
| Perfect | ich bin geliebt worden *etc.* |
| Pluperfect | ich war geliebt worden *etc.* |
| Future perfect | ich werde geliebt worden sein *etc.* |

**c) Subjunctive**

| | |
|---|---|
| Present | ich werde*) geliebt *etc.* |
| Preterite | ich würde geliebt *etc.* |
| Future | ich werde*) geliebt werden *etc.* |
| Perfect | ich sei geliebt worden *etc.* |
| Pluperfect | ich wäre geliebt worden *etc.* |
| Future perfect | ich werde*) geliebt worden sein *etc.* |

*) NB du werdest ...; er/sie/es werde ...

**d) Conditional**

| | |
|---|---|
| Present | ich würde geliebt [werden] |
| Perfect | ich wäre geliebt worden |

**e) Imperative**

| | |
|---|---|
| 2nd person singular | sei *or* werde gegrüßt! |
| 2nd person plural | seid *or* werdet gegrüßt! |
| 2nd person (polite) | seien *or* werden Sie gegrüßt! |

## Irregular verbs

These are conjugated as regular verbs except for the forms given in the table (pp. 1665–1667) and the preterite indicative:

**a) Preterite indicative**

If the form given in the table ends with *-te,* the tense is conjugated as for a regular verb; otherwise as follows:

| | |
|---|---|
| | singen |
| ich | sang |
| du | sangst |
| er/sie/es | sang |
| wir | sangen |
| ihr | sangt |
| sie/Sie | sangen |

If the form given ends with *-s* or *-ß,* the 2nd person singular adds only *-t:*

| | |
|---|---|
| blasen | gießen |
| blies | goß |
| du bliest | du goßt |

**b) Compound tenses of modal verbs**

The past participle forms shown in the table are not used with an infinitive, but only where the verb functions as a full verb (usually with a direct object or an indication of direction):

Er hat es gedurft. Ich habe damals kein Englisch gekonnt. Sie hat nach Frankfurt gemußt.

Where the verb is used with an infinitive, i. e. modally, the infinitive form is used instead:

Sie hat kommen müssen. Wir hatten zusehen dürfen.

## Nouns

### Singular

The first or only ending given in the entry for a noun in the German-English section of the Dictionary is the genitive singular. Shown here are examples of each, together with the corresponding other cases.

| | **Stadt** ... ~ ... | **Manna** ... ~[s] ... | **Feuer** ... ~s ... | **Buch** ... ~[e]s ... |
|---|---|---|---|---|
| Nom. | die Stadt | das Manna | das Feuer | das Buch |
| Acc. | die Stadt | das Manna | das Feuer | das Buch |
| Gen. | der Stadt | des Manna[s] | des Feuers | des Buch[e]s |
| Dat. | der Stadt | dem Manna | dem Feuer | dem Buch[e] |

| | **Löwe** ... ~n ... | **Name** ... ~ns ... | **Bär** ... ~en ... | **Herz** ... ~ens ... |
|---|---|---|---|---|
| Nom. | der Löwe | der Name | der Bär | das Herz |
| Acc. | den Löwen | den Namen | den Bären | das Herz |
| Gen. | des Löwen | des Namens | des Bären | des Herzens |
| Dat. | dem Löwen | dem Namen | dem Bären | dem Herzen |

### Plural

The second ending (if any) given in the entry for a noun in the German-English section of the Dictionary is used for each plural case, except that, if it does not end with *-n* or *-s,* the dative plural adds *-n:*

| | **Fahrer** ... ~s, ~ | **Frau** ... ~, ~en | **Streik** ... ~[e]s, ~s |
|---|---|---|---|
| Nom. | die Fahrer | die Frauen | die Streiks |
| Acc. | die Fahrer | die Frauen | die Streiks |
| Gen. | der Fahrer | der Frauen | der Streiks |
| Dat. | den Fahrern | den Frauen | den Streiks |

| | **Nacht** ... ~, Nächte | **Brettel** ... ~s, ~[n] | **Bild** ... ~[e]s, ~er |
|---|---|---|---|
| Nom. | die Nächte | die Brettel[n] | die Bilder |
| Acc. | die Nächte | die Brettel[n] | die Bilder |
| Gen. | der Nächte | der Brettel[n] | der Bilder |
| Dat. | den Nächten | den Bretteln | den Bildern |

The genitive singular or the plural form is given in full in the German-English section of the Dictionary if it involves changes to the stem:

**Faß** ... Fasses, Fässer

### Adjectival declension

If a noun entry gives no endings but instead states *'adj. Dekl.',* noun and adjective endings are as follows:

| | Masc. | Fem. | Neut. | Pl. (all genders) |
|---|---|---|---|---|
| | [1]**Alte der;** *adj. Dekl.* | [2]**Alte die;** *adj. Dekl.* | [3]**Alte das;** *adj. Dekl.* | [4]**Alte** *Pl.; adj. Dekl.* |
| Nom. | der gute Alte | die gute Alte | das gute Alte | die guten Alten |
| Acc. | den guten Alten | die gute Alte | das gute Alte | die guten Alten |
| Gen. | des guten Alten | der guten Alten | des guten Alten | der guten Alten |
| Dat. | dem guten Alten | der guten Alten | dem guten Alten | den guten Alten |
| Nom. | ein guter Alter | eine gute Alte | ein gutes Altes | gute Alte |
| Acc. | einen guten Alten | eine gute Alte | ein gutes Altes | gute Alte |
| Gen. | eines guten Alten | einer guten Alten | eines guten Alten | guter Alter |
| Dat. | einem guten Alten | einer guten Alten | einem guten Alten | guten Alten |

### Endings for personal names

The genitive singular ending of personal names is *-s,* or, if the name ends with *-s, -ß, -x,* or *-z,* it is simply an apostrophe or sometimes *-ens:*

Barbaras Buch    Hans' Auto *or* Hansens Auto

If a title (other than *Herr*) or more than one name is given, only the last element has an ending:

Frau Brauns Hut
König Ottokars Glück und Ende
eine Symphonie Ludwig van Beethovens

Following words in apposition are declined as well as the name:

| | | |
|---|---|---|
| Nom. | Wilhelm der Erste | Heinrich der Vogler |
| Acc. | Wilhelm den Ersten | Heinrich den Vogler |
| Gen. | Wilhelms des Ersten | Heinrichs des Voglers |
| Dat. | Wilhelm dem Ersten | Heinrich dem Vogler |

When used as names, the words for family members take *-s* in the genitive singular:

Vaters/Mutters Aktentasche

The genitive singular of a name does not take an ending if preceded by an article or other inflected word other than *Herrn:*

eine Ausgabe des „Grünen Heinrich"
*but:* Herrn Dr. Baiers Praxis

Surnames often have an *-s* in the plural, especially when denoting a family:

[die] Remanns wohnen nebenan

If the name ends with *-s, -ß, -x,* or *-z,* the ending is *-ens:*

[die] Schwarzens

## Adjectives and adverbs

### Article and adjective endings

#### a) Weak declension

The qualifying words *der/die/das, dieser/diese/dieses, jener/jene/jenes, all..., welch..., solch..., beide, sämtliche,* etc. and any following adjectives are declined as follows:

| | Masc. | Fem. | Neut. | Pl. (all genders) |
|---|---|---|---|---|
| Nom. | der gute Tag | die gute Frau | das gute Buch | die guten Dinge |
| Acc. | den guten Tag | die gute Frau | das gute Buch | die guten Dinge |
| Gen. | des guten Tag[e]s | der guten Frau | des guten Buch[e]s | der guten Dinge |
| Dat. | dem guten Tag[e] | der guten Frau | dem guten Buch[e] | den guten Dingen |

#### b) Mixed declension

The qualifying words *ein* and *kein,* possessive adjectives, and any following adjectives are declined as follows:

| | | | | |
|---|---|---|---|---|
| Nom. | ein guter Tag | eine gute Frau | ein gutes Buch | keine guten Bücher |
| Acc. | einen guten Tag | eine gute Frau | ein gutes Buch | keine guten Bücher |
| Gen. | eines guten Tag[e]s | einer guten Frau | eines guten Buch[e]s | keiner guten Bücher |
| Dat. | einem guten Tag[e] | einer guten Frau | einem guten Buch[e] | keinen guten Büchern |

#### c) Strong declension

Adjectives are declined as follows when preceded either by no qualifying word or by an indeclinable one, e.g. *viel, mehr, wenig, weniger, manch, solch,* or *welch,* or by *dessen, deren, ander..., einig..., etlich..., folgend,* or *mehrer...:*

| | | | | |
|---|---|---|---|---|
| Nom. | guter Wein | gute Milch | gutes Bier | gute Dinge |
| Acc. | guten Wein | gute Milch | gutes Bier | gute Dinge |
| Gen. | guten Wein[e]s | guter Milch | guten Biers | guter Dinge |
| Dat. | gutem Wein[e] | guter Milch | gutem Bier[e] | guten Dingen |

#### d) Exceptions

Plural adjectives preceded by numerals follow the strong declension in formal language but the mixed declension in colloquial language.

Adjectives which are marked *'indekl. Adj.'* or which end with *-er* and are derived from place names do not inflect at all:

| | |
|---|---|
| klasse | Berliner |
| ein klasse Wagen | die Berliner Philharmoniker |

Adjectives which end with *-el* drop the *-e-* when inflected and in their comparative forms:

übel
ein übler Mensch

and adjectives which end with *-en* and *-er* sometimes drop the *-e-:*

| | |
|---|---|
| trocken | finster |
| trock[e]nes Holz | die finst[e]re Nacht |

but *clever* does not:

clever
ein cleverer Trick

and the *-e-* is always dropped in:

| | |
|---|---|
| integer | makaber |
| eine integre Persönlichkeit | eine makabre Geschichte |

and when *-er* is preceded by *-au-* or *-eu-:*

| | |
|---|---|
| teuer | sauer |
| ein teures Haus | saure Gurken |

Adjectives which end with a vowel, other than those marked *'indekl. Adj.'*, drop the vowel:

müde
die müden Arbeiter

The adjective *hoch* drops its *-c-* when inflected:

eine hohe Stirn

## Comparison of adjectives and adverbs

The regular endings are *-er, -st...:*

| | |
|---|---|
| positive | schön |
| comparative | schöner |
| superlative attributive adjective | schönst... |
| superlative predicative adjective | am schönsten |
| superlative adverb | am schönsten |

Irregular forms are given in the German-English section of the Dictionary:

**arm** ... ärmer ... ärmst...

See also above for adjectives ending with *-el, -en,* and *-er*.

If an adjective or adverb ends with *-d, -t, -sch, -s, -ß, -x, -z,* a long vowel, or a diphthong and has only one syllable or is stressed on its last syllable, the superlative ending is *-est...:*

| | | |
|---|---|---|
| laut | zäh | genau |
| lautest... | zähest... | genauest... |

## Pronouns

### Personal pronouns

| Nom. | Acc. | Gen. | Dat. |
|---|---|---|---|
| ich | mich | meiner | mir |
| du | dich | deiner | dir |
| er | ihn | seiner | ihm |
| sie | sie | ihrer | ihr |
| es | es | seiner | ihm |
| wir | uns | unser | uns |
| ihr | euch | euer | euch |
| sie | sie | ihrer | ihnen |
| Sie | Sie | Ihrer | Ihnen |

Reflexive and reciprocal pronouns are the same as personal pronouns, except that the accusative and dative forms of *er, sie, es, sie,* and *Sie* are *sich.*

### Possessive pronouns *(mein, dein, sein, ihr, unser, euer,* and *Ihr)*

| | Masc. | Fem. | Neut. | Pl. (all genders) |
|---|---|---|---|---|
| Nom. | mein | meine | mein | meine |
| Acc. | meinen | meine | mein | meine |
| Gen. | meines | meiner | meines | meiner |
| Dat. | meinem | meiner | meinem | meinen |

*euer* is usually contracted in all inflected forms, e.g. *eure.*

When used other than attributively, i.e. as independent pronouns, these forms differ:

| | |
|---|---|
| Nom. masc.: | meiner *etc.*, uns[e]rer, eurer |
| Nom. and acc. neut.: | mein[e]s *etc.*, uns[e]res, eures |

### Demonstrative pronouns (*dieser, jener, der, derjenige,* and *derselbe*)

*dieser* and *jener:*

| | Masc. | Fem. | Neut. | Pl. (all genders) |
|---|---|---|---|---|
| Nom. | dieser | diese | dieses | diese |
| Acc. | diesen | diese | dieses | diese |
| Gen. | dieses | dieser | dieses | dieser |
| Dat. | diesem | dieser | diesem | diesen |

*der* is the same as when a definite article, except for:

| | Masc. | Fem. | Neut. | Pl. (all genders) |
|---|---|---|---|---|
| Gen. | dessen | deren | dessen | derer *or* deren |
| Dat. | | | | denen |

*derjenige* and *derselbe* are declined as if two separate words:

| | Masc. | Fem. | Neut. | Pl. (all genders) |
|---|---|---|---|---|
| Nom. | derjenige | diejenige | dasjenige | diejenigen |
| Acc. | denjenigen | diejenige | dasjenige | diejenigen |
| Gen. | desjenigen | derjenigen | desjenigen | derjenigen |
| Dat. | demjenigen | derjenigen | demjenigen | denjenigen |

### Relative pronouns

| | Masc. | Fem. | Neut. | Pl. (all genders) |
|---|---|---|---|---|
| Nom. | der *or* welcher | die *or* welche | das *or* welches | die *or* welche |
| Acc. | den *or* welchen | die *or* welche | das *or* welches | die *or* welche |
| Gen. | dessen | deren | dessen | deren |
| Dat. | dem *or* welchem | der *or* welcher | dem *or* welchem | denen *or* welchen |

### Interrogative pronouns

*welch* follows the strong adjective declension (see p. 1662). The declensions of *was* and *wer* are given at their entries in the Dictionary.

### Indefinite pronouns

*etwas, was,* and *nichts* are invariable. Other indefinite pronouns are declined as follows:

| | | | |
|---|---|---|---|
| Nom. | man | jemand | niemand |
| Acc. | einen | jemand[en] | niemand[en] |
| Gen. | eines | jemandes | niemandes |
| Dat. | einem | jemand[em] | niemand[em] |

# German irregular verbs

Irregular and partly irregular verbs are listed alphabetically by infinitive. 1st, 2nd, and 3rd person present and imperative forms are given after the infinitive, and preterite subjunctive forms after the preterite indicative, where they take an umlaut, change *e* to *i,* etc.
Verbs with a raised number in the German-English section of the Dictionary have the same number in this list.

Compound verbs (including verbs with prefixes) are only given if a) they do not take the same forms as the corresponding simple verb, e.g. *befehlen,* or b) there is no corresponding simple verb, e.g. *bewegen.*

An asterisk (*) indicates a verb which is also conjugated regularly.

| Infinitive *Infinitiv* | Preterite *Präteritum* | Past Participle *2. Partizip* |
|---|---|---|
| [1]backen (du bäckst, er bäckt; *auch:* du backst, er backt) | backte, *älter:* buk (büke) | gebacken |
| befehlen (du befiehlst, er befiehlt; befiehl!) | befahl (beföhle, befähle) | befohlen |
| beginnen | begann (begänne, *seltener:* begönne) | begonnen |
| beißen | biß | gebissen |
| bergen (du birgst, er birgt; birg!) | barg (bärge) | geborgen |
| bersten (du birst, er birst; birst!) | barst (bärste) | geborsten |
| [2]bewegen | bewog (bewöge) | bewogen |
| biegen | bog (böge) | gebogen |
| bieten | bot (böte) | geboten |
| binden | band (bände) | gebunden |
| bitten | bat (bäte) | gebeten |
| blasen (du bläst, er bläst) | blies | geblasen |
| bleiben | blieb | geblieben |
| bleichen* | blich | geblichen |
| braten (du brätst, er brät) | briet | gebraten |
| brechen (du brichst, er bricht; brich!) | brach (bräche) | gebrochen |
| brennen | brannte (brennte) | gebrannt |
| bringen | brachte (brächte) | gebracht |
| denken | dachte (dächte) | gedacht |
| dingen* | dang (dänge) | gedungen |
| dreschen (du drischst, er drischt; drisch!) | drosch (drösche) | gedroschen |
| dringen | drang (dränge) | gedrungen |
| dünken* (es dünkt *auch:* deucht) | deuchte | gedeucht |
| dürfen (ich darf, du darfst, er darf) | durfte (dürfte) | gedurft |
| empfehlen (du empfiehlst, er empfiehlt, empfiehl!) | empfahl (empföhle, *seltener:* empfähle) | empfohlen |
| erlöschen (du erlischst, er erlischt, erlisch!) | erlosch (erlösche) | erloschen |
| erschallen | erscholl (erschölle) | erschollen |
| [1, 3]erschrecken (du erschrickst, er erschrickt, erschrick!) | erschrak (erschräke) | erschrocken |
| essen (du ißt, er ißt, iß!) | aß (äße) | gegessen |
| fahren (du fährst, er fährt) | fuhr (führe) | gefahren |
| fallen (du fällst, er fällt) | fiel | gefallen |
| fangen (du fängst, er fängt) | fing | gefangen |
| fechten (du fichtst, er ficht; ficht!) | focht (föchte) | gefochten |
| finden | fand (fände) | gefunden |
| flechten (du flichtst, er flicht; flicht!) | flocht (flöchte) | geflochten |
| fliegen | flog (flöge) | geflogen |
| fliehen | floh (flöhe) | geflohen |

| Infinitive *Infinitiv* | Preterite *Präteritum* | Past Participle *2. Partizip* |
|---|---|---|
| fließen | floß (flösse) | geflossen |
| fressen (du frißt, er frißt, friß!) | fraß (fräße) | gefressen |
| frieren | fror (fröre) | gefroren |
| gären* | gor (göre) | gegoren |
| gebären (*geh.:* du gebierst, sie gebiert; gebier!) | gebar (gebäre) | geboren |
| geben (du gibst, er gibt; gib!) | gab (gäbe) | gegeben |
| gedeihen | gedieh | gediehen |
| gehen | ging | gegangen |
| gelingen | gelang (gelänge) | gelungen |
| gelten (du giltst, er gilt; gilt!) | galt (gölte, gälte) | gegolten |
| genesen | genas (genäse) | genesen |
| genießen | genoß (genösse) | genossen |
| geschehen (es geschieht) | geschah (geschähe) | geschehen |
| gewinnen | gewann (gewönne, gewänne) | gewonnen |
| gießen | goß (gösse) | gegossen |
| gleichen | glich | geglichen |
| gleiten | glitt | geglitten |
| glimmen | glomm (glömme) | geglommen |
| graben (du gräbst, er gräbt) | grub (grübe) | gegraben |
| greifen | griff | gegriffen |
| haben (du hast, er hat) | hatte (hätte) | gehabt |
| halten (du hältst, er hält) | hielt | gehalten |
| [1]hängen | hing | gehangen |
| hauen | hieb | gehauen |
| heben | hob (höbe) | gehoben |
| heißen | hieß | geheißen |
| helfen (du hilfst, er hilft; hilf!) | half (hülfe, *selten:* hälfe) | geholfen |
| kennen | kannte (kennte) | gekannt |
| kiesen* | kor (köre) | gekoren |
| klimmen* | klomm (klömme) | geklommen |
| klingen | klang (klänge) | geklungen |
| kneifen | kniff | gekniffen |
| kommen | kam (käme) | gekommen |
| können (ich kann, du kannst, er kann) | konnte (könnte) | gekonnt |
| kreischen* | krisch | gekrischen |
| kriechen | kroch (kröche) | gekrochen |
| küren* | kor (köre) | gekoren |
| [1]laden (du lädst, er lädt) | lud (lüde) | geladen |
| [2]laden (du lädst, er lädt; *veralt., landsch.:* du ladest, er ladet) | lud (lüde) | geladen |
| lassen (du läßt, er läßt) | ließ | gelassen |
| laufen (du läufst, er läuft) | lief | gelaufen |
| leiden | litt | gelitten |
| leihen | lieh | geliehen |
| [1, 2]lesen (du liest, er liest; lies!) | las (läse) | gelesen |
| liegen | lag (läge) | gelegen |
| lügen | log (löge) | gelogen |
| mahlen | mahlte | gemahlen |
| meiden | mied | gemieden |
| melken* (du milkst, er milkt; milk!; du melkst, er melkt; melke!) | molk (mölke) | gemolken |
| messen (du mißt, er mißt; miß!) | maß (mäße) | gemessen |
| mißlingen | mißlang (mißlänge) | mißlungen |
| mögen (ich mag, du magst, er mag) | mochte (möchte) | gemocht |
| müssen (ich muß, du mußt, er muß) | mußte (müßte) | gemußt |
| nehmen (du nimmst, er nimmt; nimm!) | nahm (nähme) | genommen |
| nennen | nannte (nennte) | genannt |
| pfeifen | pfiff | gepfiffen |
| pflegen* | pflog (pflöge) | gepflogen |
| preisen | pries | gepriesen |
| [1]quellen (du quillst, er quillt; quill!) | quoll (quölle) | gequollen |
| raten (du rätst, er rät) | riet | geraten |
| reiben | rieb | gerieben |
| reißen | riß | gerissen |
| reiten | ritt | geritten |
| rennen | rannte (rennte) | gerannt |
| riechen | roch (röche) | gerochen |
| ringen | rang (ränge) | gerungen |
| rinnen | rann (ränne, *seltener:* rönne) | geronnen |
| rufen | rief | gerufen |
| salzen* | salzte | gesalzen |
| saufen (du säufst, er säuft) | soff (söffe) | gesoffen |
| saugen* | sog (söge) | gesogen |
| schaffen* | schuf (schüfe) | geschaffen |
| schallen* | scholl (schölle) | geschallt |
| scheiden | schied | geschieden |
| scheinen | schien | geschienen |
| scheißen | schiß | geschissen |
| schelten (du schiltst, er schilt; schilt!) | schalt (schölte) | gescholten |
| [1]scheren | schor (schöre) | geschoren |
| schieben | schob (schöbe) | geschoben |
| schießen | schoß (schösse) | geschossen |
| schinden | schindete | geschunden |
| schlafen (du schläfst, er schläft) | schlief | geschlafen |
| schlagen (du schlägst, er schlägt) | schlug (schlüge) | geschlagen |
| schleichen | schlich | geschlichen |
| [1]schleifen | schliff | geschliffen |
| schleißen* | schliß | geschlissen |
| schließen | schloß (schlösse) | geschlossen |
| schlingen | schlang (schlänge) | geschlungen |
| schmeißen | schmiß | geschmissen |
| schmelzen (du schmilzt, er schmilzt; schmilz!) | schmolz | geschmolzen |
| schnauben* | schnob (schnöbe) | geschnoben |
| schneiden | schnitt | geschnitten |
| schrecken* (du schrickst, er schrickt; schrick!) | schrak (schräke) | geschreckt |

| Infinitive<br>*Infinitiv* | Preterite<br>*Präteritum* | Past Participle<br>*2. Partizip* |
|---|---|---|
| schreiben | schrieb | geschrieben |
| schreien | schrie | geschrie[e]n |
| schreiten | schritt | geschritten |
| schweigen | schwieg | geschwiegen |
| [1]schwellen (du schwillst, er schwillt; schwill!) | schwoll (schwölle) | geschwollen |
| schwimmen | schwamm (schwömme, *seltener:* schwämme) | geschwommen |
| schwinden | schwand (schwände) | geschwunden |
| schwingen | schwang (schwänge) | geschwungen |
| schwören | schwor (schwüre) | geschworen |
| sehen (du siehst, er sieht; sieh[e]!) | sah (sähe) | gesehen |
| sein (ich bin, du bist, er ist, wir sind, ihr seid, sie sind; sei!) | war (wäre) | gewesen |
| senden* | sandte (sendete) | gesandt |
| sieden* | sott (sötte) | gesotten |
| singen | sang (sänge) | gesungen |
| sinken | sank (sänke) | gesunken |
| sinnen | sann (sänne, *veralt.:* sönne) | gesonnen |
| sitzen | saß (säße) | gesessen |
| sollen (ich soll, du sollst, er soll) | sollte | gesollt |
| spalten* | spaltete | gespalten |
| speien | spie | gespie[e]n |
| spinnen | spann (spönne, spänne) | gesponnen |
| spleißen* | spliß | gesplissen |
| sprechen (du sprichst, er spricht; sprich!) | sprach (spräche) | gesprochen |
| sprießen | sproß (sprösse) | gesprossen |
| springen | sprang (spränge) | gesprungen |
| stechen (du stichst, er sticht; stich!) | stach (stäche) | gestochen |
| stecken* | stak (stäke) | gesteckt |
| stehen | stand (stünde, *auch:* stände) | gestanden |
| stehlen (du stiehlst, er stiehlt; stiehl!) | stahl (stähle, *seltener:* stöhle) | gestohlen |
| steigen | stieg | gestiegen |
| sterben (du stirbst, er stirbt; stirb!) | starb (stürbe) | gestorben |
| stieben | stob (stöbe) | gestoben |
| stinken | stank (stänke) | gestunken |

| Infinitive<br>*Infinitiv* | Preterite<br>*Präteritum* | Past Participle<br>*2. Partizip* |
|---|---|---|
| stoßen (du stößt, er stößt) | stieß | gestoßen |
| streichen | strich | gestrichen |
| streiten | stritt | gestritten |
| tragen (du trägst, er trägt) | trug (trüge) | getragen |
| treffen (du triffst; er trifft; triff!) | traf (träfe) | getroffen |
| treiben | trieb | getrieben |
| treten (du trittst, er tritt; tritt!) | trat (träte) | getreten |
| triefen* | troff (tröffe) | getroffen |
| trinken | trank (tränke) | getrunken |
| trügen | trog (tröge) | getrogen |
| tun | tat (täte) | getan |
| verderben (du verdirbst, er verdirbt; verdirb!) | verdarb (verdürbe) | verdorben |
| verdrießen | verdroß (verdrösse) | verdrossen |
| vergessen (du vergißt, er vergißt, vergiß!) | vergaß (vergäße) | vergessen |
| verlieren | verlor (verlöre) | verloren |
| verlöschen (du verlischst, er verlischt; verlisch!) | verlosch (verlösche) | verloschen |
| [1]wachsen (du wächst, er wächst) | wuchs (wüchse) | gewachsen |
| wägen | wog (wöge) | gewogen |
| waschen (du wäschst, er wäscht) | wusch (wüsche) | gewaschen |
| weben* | wob (wöbe) | gewoben |
| weichen | wich | gewichen |
| weisen | wies | gewiesen |
| wenden* | wandte (wendete) | gewandt |
| werben (du wirbst, er wirbt; wirb!) | warb (würbe) | geworben |
| werden (du wirst, er wird; werde!) | wurde, *dichter.:* ward (würde) | geworden; *als Hilfsv.:* worden |
| werfen (du wirfst, er wirft; wirf!) | warf (würfe) | geworfen |
| [1]wiegen | wog (wöge) | gewogen |
| [1]winden | wand (wände) | gewunden |
| wissen (ich weiß, du weißt, er weiß) | wußte (wüßte) | gewußt |
| wollen (ich will, du willst, er will) | wollte | gewollt |
| wringen | wrang (wränge) | gewrungen |
| zeihen | zieh | geziehen |
| ziehen | zog (zöge) | gezogen |
| zwingen | zwang (zwänge) | gezwungen |

# Key points of German orthography and punctuation

## Use of capital and small initial letters

The use of capital and small initial letters in German is governed by the following guidelines.

a) The first word of a sentence has a capital initial letter.

b) All true nouns have capital initial letters:

Himmel, Kindheit, Reichtum, Verständnis

c) All types of word have capital initial letters when they are used as nouns:

das Gute, der Abgeordnete, allerlei Schönes, etwas Wichtiges, die Deinigen, ein Achtel, das Auf und Nieder, das Entweder-Oder, das Lesen, das Zustandekommen, das In-den-Tag-hineinleben

d) In correspondence, pronouns of address have capital initial letters. The polite form *Sie* and the accompanying possessive pronoun *Ihr* always have capital initials, but the reflexive pronoun *sich* always has a small initial:

Liebe Tante,
heute möchte ich *Dir* herzlich für *Dein* Weihnachtsgeschenk danken...
Würden *Sie* mir bitte *Ihr* Programmheft leihen?
Setzen *Sie sich*.

e) Words which are derived from geographical names and which end in *-er* have capital initial letters:

die Schweizer Industrie, eine Kölner Firma

f) Adjectives ending in *-isch* which are derived from geographical names have small initials unless they form a part of proper name:

chinesische Seide, westfälischer Schinken
*but:* Holsteinische Schweiz

g) When nouns function other than as nouns they have small initial letters:

anfangs, abends, sonntags, ein bißchen, schuld sein, es tut mir leid

## One word or two?

The continuing development of the conventions governing spelling and punctuation in German means that it is impossible to say for certain when words are written together (as one word) and when separately (as two words). The following examples are designed to serve as a general guide only. In cases of doubt write as two words.

a) Words are written together if they combine to form a new meaning:

Du sollst dich nicht so gehenlassen.
Er wird mir die Summe gutschreiben.

Words are written separately if they retain their original meanings:

Du mußt den Teig jetzt gehen lassen.
Der Schüler kann gut schreiben.

b) Compounds formed with a noun are written as one word if the noun no longer embodies a separate concept:

wetterleuchten, kopfstehen, infolge, zugunsten

Words are written separately if the noun retains its independent meaning:

Sorge tragen, Posten stehen, unter Bezugnahme auf, in Frage kommen

The continuing development of the language means that some words are found in both forms:

Dank sagen *and* danksagen, auf Grund *and* aufgrund

## The comma

The role of the comma is to divide the sentence and indicate the pauses occurring in speech.

a) In lists, the comma is placed between words of the same type or between similar groups of words if they are not linked by *und* or *oder:*

Feuer, Wasser, Luft und Erde.
Wir gingen bei gutem, warmem Wetter spazieren.
Das Autorennen findet am Montag, den 5. Mai statt.
(Here, the comma divides two statements of time; compare b.)

b) The comma separates following qualifying phrases from the rest of the sentence:

In Frankfurt, der bekannten Handelsstadt, befindet sich ein großes Messegelände.
Das Schiff kommt wöchentlich einmal, und zwar sonntags.
Das Autorennen findet am Montag, dem 5. Mai, statt.
(Here, an embedded phrase is enclosed by commas; compare a.)

c) An infinitive phrase is usually divided from the rest of the sentence by a comma; *zu* + infinitive alone is not divided off.

Wir hatten keine Gelegenheit, uns zu sehen.
*but:* Wir hatten keine Gelegenheit zu baden.

d) The comma separates main clauses. However the comma is not used between main clauses linked by *und* or *oder* if one part of the sentence is common to both clauses:

Ich kam, ich sah, ich siegte.
Wir trinken noch ein Bier, und dann gehe ich nach Hause.

*but:* Sie bestiegen den Wagen und fuhren davon. (*Sie* is common to both clauses)
Er geht ins Kino und sein Bruder ins Konzert. (*geht* is common to both clauses)

e) The comma separates the subordinate clause from the main clause:

Daß du zuverlässig bist, freut mich.
Alle Kinder, die fleißig sind, erhalten ein Buch.

## Syllable division in German

Polysyllabic words are divided in accordance with the phonetic syllables which can be identified by pronouncing the word slowly:

Freun-de, Män-ner, for-dern, wei-ter, Or-gel, kal-kig, Bes-se-rung, Bal-kon, Fis-kus, Ho-tel, Pla-net, Kon-ti-nent, Fas-zi-kel, Re-mi-nis-zenz, El-lip-se, Ber-lin, El-ba, Tür-kei

In such cases, a single consonant goes on to the following line; if there is a series of consonants, the last of these goes on to the following line:

tre-ten, nä-hen, Ru-der, rei-ßen, bo-xen, Ko-kon, Kre-ta, Chi-na, An-ker, Fin-ger, war-ten, Fül-lun-gen, Rit-ter, Was-ser, Knos-pen, kämp-fen, Ach-sel, steck-ten, Kat-zen, Städ-ter, Drechs-ler, dunk-le, gest-rig, an-de-re, neh-men, Ar-sen, Hip-pie, Kas-ko, Pek-tin, Un-garn, Hes-sen, At-lan-tik (For exceptions see below.)

Suffixes which begin with a vowel take the preceding consonant when divided:

Freun-din, Bäcke-rei, Lüf-tung

A single vowel is never left on its own:

Ader, eben, Odem
(*not:* A-der, e-ben, O-dem)

The consonant groups *ch* and *sch* – as well as *ph, rh, sh,* and *th* in foreign words – represent single sounds and are not divided:

Bü-cher, Fla-sche, Ma-chete, Pro-phet, Myr-rhe, Ca-shew-nuß, ka-tho-lisch

The following groups of letters are not usually divided in foreign words:

bl, pl, fl, gl, cl, kl, phl; br, pr, dr, tr, fr, vr, gr, cr, kr, phr, str, thr; chth, gn, kn
Pu-bli-kum, Di-plom, Souf-flé, Re-gle-ment, Bou-clé, Zy-klus, Pam-phlet, Fe-bru-ar, Le-pra, Hy-drant, neu-tral, Chif-fre, Li-vree, ne-grid, Sa-kra-ment, In-du-strie, Ar-thri-tis; Ma-gnet, py-knisch

If *ss* is used to stand for *ß* (e.g. on a typewriter without *ß*), it is treated as a single sound, like *ß*, and is not divided:

Grü-sse (*for:* Grü-ße), hei-ssen (*for:* hei-ßen)

*ck* becomes *k-k* when divided. The division of *ck* in names should be avoided if possible:

Zuk-ker, bak-ken;
(*only if absolutely necessary:*) Bek-ker, Zwik-kau

If *ck* occurs after a consonant in names or their derivatives, *ck* is regarded as a single consonant and is placed on the following line:

Sen-ckenberg, Fran-cke, bismar-ckisch

*st* is not divided:

la-sten, We-sten, sech-ste, brem-ste, Dien-stes, Aku-stik, Hy-sterie

An exception to this rule is the division of the components of a compound:

Diens-tag, Haus-tier

Vowel combinations may only be divided if they consist of two or more sounds and there is a distinct syllabic break between them:

Befrei-ung, bö-ig, europä-isch, Muse-um, kre-ie-ren

More closely associated vowels should stay together if possible:

Natio-nen, natio-nal, Flui-dum, asia-tisch, Idea-list, Sexua-lität, poe-tisch, böi-ge, europäi-sche, einei-ige

Words are not divided before the 'lengthening' letters *e* and *i:*

Wie-se
Coes-feld (*pronounced:* kō̱s...)

The following words may not be divided:

Feen, knien, [auf] Knien, Seen

Compound words and words with a prefix are divided in accordance with their constituent word elements:

Diens-tag, war-um, dar-auf, dar-in

The same applies to foreign words:

Atmo-sphäre, Mikro-skop, Inter-esse, Syn-onym, At-traktion, De-szen-denz, in-szenieren

Some foreign words, however, are divided according to phonetic syllables, as the constituent elements of a foreign word are not always generally known:

Epi-sode (*instead of:* Epis-ode)
ab-strakt (*instead of:* abs-trakt)

Compound geographical names are only divided in accordance with their constituent word elements if these can be identified. Otherwise, they are divided in accordance with phonetic syllables:

Main-au, Schwarz-ach

*but:* Norder-ney, *not:* Nordern-ey (ey = Insel).

If one of three identical consonants has been omitted at the junction of a compound word, the 'missing' consonant is reintroduced when the word is divided:

Schiff-fahrt, Brenn-nessel

*but:* den-noch, Mit-tag

Word divisions which obey the rules but disrupt the flow of reading should be avoided:

Spar-gelder, *not:* Spargel-der
be-inhalten, *not:* bein-halten

If foreign words, or groups of foreign words or phrases, occur in a German text, word division should be in accordance with the German rules:

a po-ste-rio-ri, Co-ming man, Swin-ging London

## Practical guide to writing letters in German

### A. The envelope

German conventions for addressing the envelope are different from English in several respects. Firstly, *Herrn* (accusative after a suppressed *an*), *Frau, Fräulein,* and most titles are written above the name, but *Dr.* and *Dipl.-Ing.* go with the name. Then the house number follows the name of the road or street, while the postcode *(Postleitzahl)* precedes the name of the town. On letters from outside the country the *Postleitzahl* may be preceded by D for Germany, A for Austria, and CH for Switzerland.

Herrn
Hans Bauer
Fritz-Busch-Str. 48

A-4976 Eichelbach
Austria

Fräulein
Elisabeth Maybach
Alslebenplatz 12

D-86163 Augsburg
Germany

Frau Professor
Erika Engelsbach
Niederhornweg 62

CH-8461 Trüllikon
Switzerland

Note that in typed addresses there should be a one-line space before the name of the town.
The address (especially for firms) may simply be a P.O. Box no. *(Postfach).*

Helling Verlag
Postfach 10 08 96

D-60313 Frankfurt

Bundesministerium für das
Post- und Fernmeldewesen
Postfach 80 01

D-53113 Bonn

The title *Frau* is now very widely used for all women over school age, whether they are married or not, in much the same way as Ms.

## Formulierungshilfen beim Schreiben englischer Briefe

### A. Der Umschlag

Im englischsprachigen Raum gelten für die Form der Anschrift die folgenden Hinweise. Der Titel des Adressaten (*Mr, Dr, Professor, Major, Rev.* usw.) steht auf derselben Zeile wie der Name. Die Hausnummer steht vor dem Straßennamen. In Großbritannien steht die Postleitzahl *(postcode)* nach der Grafschaft bzw. Stadt. Großstädte benötigen keine zusätzliche Angabe der Grafschaft; das gleiche gilt für Städte, die einer Grafschaft ihren Namen geben, z. B. York, Cambridge, Oxford. Die britische Post zieht es vor, wenn die Postleitzahl alleine auf der letzten Zeile steht. Der erste Buchstabe bzw. die ersten Buchstaben weisen auf die nächstgelegene größere Stadt hin (CV = Coventry, B = Birmingham, AB = Aberdeen usw.). Bei den Londoner Postleitzahlen aber gibt der erste Teil die alte Bezirksnummer wieder, wobei SE20 für South East 20 steht.

[Mr] James Bainbridge
*bzw.*
James Bainbridge Esq.
5 Avon Crescent
Kenilworth
Warwickshire
CV8 2PQ

Mrs W. Stockton
Homelea
25 Endersby Avenue
Kings Norton
Birmingham
B38 8CJ

Dr W. F. Butler
Cruck Cottage
Curry Mallet
Taunton
Somerset
TA3 6SP

Ms Laura Stevens
Flat 2
Beverley House
Abbey Road
London
SE20 7NP

Miss A. Gordon
Kirkbrae
10 Strathmore Road
Cults
Aberdeen
AB1 9TJ

Sir Alan and Lady Weston
Aberdare House
Llanyre
Llandrindod Wells
Powys
LD1 6DX

Bei Männern entfällt oft der Titel *Mr;* der Titel *Esq.*, der statt dessen nachgestellt werden kann, ist etwas altmodisch und wird meist in Geschäftsbriefen verwendet. Der Titel *Ms* kann für (meist jüngere) verheiratete und unverheiratete Frauen stehen; er wird heute *Mrs* bzw. *Miss* oft vorgezogen und entspricht ungefähr dem heutigen Gebrauch von *Frau* im deutschsprachigen Raum.
Die Bezeichnung *Esq.* kennt man in den USA nicht, alle anderen Titel werden ähnlich wie in Großbritannien verwendet. Man sieht manchmal die Bezeichnung *Jr.* (= *Junior*) hinter dem Familiennamen, wenn Vater und Sohn den gleichen Vornamen haben.

To send a letter poste restante (to await collection at a post office), mark it *postlagernd* or, for the main post office in a large town, *hauptpostlagernd*. If the addressee is staying with someone, add *bei* or *c/o* plus the host's surname:

| | |
|---|---|
| Mr John Peacock<br>postlagernd<br><br>CH-4984 Eiderswyl<br>Switzerland | Miss Jane Summers<br>bei Wolf<br>Immermannstr. 12<br><br>D-69151 Neckargemünd<br>Germany |

In a letter to a firm, *Firma* can be placed before the company name, or *Herren* (= Messrs) if the name consists of two or more surnames and the firm is quite small:

| | |
|---|---|
| Firma<br>Willi Müller | Herren<br>Fieselbach & Grünspan |

For larger firms, *Firma* is not used, and the name of any department follows the name of the firm:

| | |
|---|---|
| Haverkamp & Co.<br>Direktion | Müller-Versand KG<br>Verkaufsabteilung |
| E-Werke Oberroden<br>Kundendienst | Wilhelmshavener Abendblatt<br>Redaktion |

When writing to a particular person within a firm, give the name prefaced by *z. H.* (*zu Händen*, 'for the attention of'). Again, this follows the name of the firm or organization:

| | |
|---|---|
| Haverkamp & Co.<br>Versandabteilung<br>z. H. Herrn Nesseldorn | Witsch-Werke GmbH<br>Finanzdirektion<br>z. H. Frau Inge Weiß |

Variations on this are the abbreviations *i. H. (im Hause), i. Fa. (in Firma),* and *c/o (care of)*. These are placed on confidential letters and precede the name of the firm; *i. H.* is for employees, *i. Fa.* for proprietors or partners, and *c/o* for anyone, including non-employees.

| | |
|---|---|
| Fräulein<br>Inge Weiß<br>i. H. Witsch-Werke<br>GmbH | Herrn<br>F. Nesseldorn<br>i. Fa. Haverkamp & Co. |

Postlagernde Sendungen werden mit *Poste restante* bezeichnet und können nur an Hauptpostämter geschickt werden:

Mr Bruce Nichol
Poste restante
Blandford
Dorset

Möchte man jemanden über die Adresse seiner Gastgeber oder Vermieter oder z. B. einer Zeitung erreichen, setzt man *c/o* (= *care of*) vor deren Namen:

Miss Angela Dickens
c/o Hope
12 Helvellyn Road
London
W11 2LY

Schreibt man an eine bestimmte Person in einer Firma oder Organisation, steht der Name des Adressaten vor dem der Firma oder Organisation:

Mrs A. J. Prestwick
Plunkett & Rose Ltd.
Westway Trading Estate
Sevenoaks
Kent
TN15 7PL

In diesem letzten Fall kann man auch schreiben

Plunkett & Rose Ltd.
For the attention of *od.* FAO *od.* Attn. Mrs A. J. Prestwick,

aber diese Formulierung steht auch öfter oben auf dem Brief selbst.

Wenn man eine Firma anschreibt, deren Name aus mehreren Familiennamen oder aus einem Familiennamen und dem Zusatz *& Co.* besteht, wird oft *Messrs.* vorangestellt:

Messrs. Buckland, Forsyth, & Hardy

Messrs. Bray & Co.

On personal letters, the sender's address should be given on the back of the envelope, preceded by *Absender* or *Abs.*; on business letters it is instead often found in the bottom left-hand corner of the front of the envelope.

Finally, with letters posted in German-speaking countries, the particular kind of delivery required should be written immediately above the address with a gap in between, i.e.

Einschreiben ('Registered')
Eilzustellung ('Express')
Mit Luftpost ('Air Mail')
Wenn unzustellbar, zurück [an (den) Absender]
('If undelivered return to sender')
Drucksache ('Printed matter')
Drucksache zu ermäßigter Gebühr
('Printed matter at reduced rate')
Päckchen ('Small packet')

Examples:

| | |
|---|---|
| Einschreiben | Mit Luftpost |
| | |
| Herrn Rechtsanwalt | Mr James Forbes |
| Dr. Erwin Hassler | 1420 Green Street |
| Finkstr. 45 | Encino |
| 04159 Leipzig | CA 91316 |
| | USA |

## B. Layout

### 1. Informal letters

Because German speakers write their address on the back of the envelope, they usually feel no need to include it at the top of the letter as well. They just put the name of the place and the date:

Rastatt, 7.4.19..

Lieber Richard,

hoffentlich bist Du gut nach Hause gekommen. Wir haben uns sehr über Deinen Besuch gefreut.

Beim Aufräumen in Deinem Zimmer, das heißt Rainers Zimmer, habe ich ein Paar schwarze Turnschuhe gefunden, die wohl Dir gehören. Schreib mir, ob Du sie dringend brauchst, dann schicke ich sie Dir. Sonst kann Rainer sie im Sommer mitbringen, wenn er zu Euch fährt.
Ich hoffe, es geht Euch allen gut.

Herzliche Grüße

Uschi

Note that in letters *Du, Ihr,* and their derivatives are all written with capitals (including the possessives *Dein* and *Euer*).

Schreibt man an eine bestimmte Abteilung in einer Firma oder an den Inhaber einer bestimmten Position, dessen Namen man nicht kennt, steht die Abteilung bzw. die Bezeichnung der Position vor dem Firmennamen:

| | |
|---|---|
| Sales Department | The Manager |
| Wayne Pharmaceuticals Inc. | Barclays Bank |
| 1100 North Street | 20 Eastgate |
| Harrisburg | York |
| PA 17105 | YO2 4BQ |

In den USA ist es üblich, nach dem Namen des Inhabers einer leitenden Position diese Position anzugeben:

| | |
|---|---|
| John C. Wagner | Paul S. Jackson |
| President | Export Manager |
| Bix Corporation | Scanways Furniture Co. |

Der Absender steht, wenn er überhaupt angegeben wird, meist auf der Rückseite des Umschlags. Angaben über die Art der Postsendung können in der linken oberen Ecke des Umschlags gemacht werden:

Registered („Einschreiben")
Express („Eilzustellung")
First [Class] *(Brit.)**
Air Mail („Mit Luftpost")
Printed matter („Drucksache")
Small packet („Päckchen")

* Angabe nicht erforderlich; in Großbritannien werden Postsendungen, die nicht „First Class" frankiert sind, „Second Class", also langsamer, befördert.

## B. Gestaltung

### 1. Privatbriefe

Die Adresse des Absenders steht oben rechts, darunter das Datum, meist in Ziffern, mit Angabe des Wochentags; wenn der Monatsname ausgeschrieben wird, entfällt oft die Angabe des Wochentags:

24 Copthall Avenue
West Drayton
Middlesex
UB7 2FL
24/9/90
oder: (Monday) 24th September 1990

Dear Beate,

I do hope you had a good trip back home. We all enjoyed having you here very much.
When I was clearing up in your room (that is, Ellen's room), I found a pair of brown sandals under the bed which must be yours. Let me know if you need them badly, and I'll post them. Otherwise Ellen can bring them with her when she comes to see you in the summer.
Hoping you are all well,

Love,

Brenda

**2. Business letters**

There are very precise rules for the layout of business letters, laid down as a standard in DIN 5008 of the Deutsches Institut für Normung e. V. The following is a brief summary.
The whole letter is aligned on the left-hand margin without indentation except for quoted matter.
The addressee's address appears in the top left-hand corner in the same form as on the envelope. References and dates of previous correspondence follow, plus the date of the present letter, then after a one-line space the *Betreff* or heading giving the subject of the letter, and after a two-line space the greeting (see below for forms of address).
Paragraphs, quoted items, the form of greeting at the end, and any list of enclosures are all separated by a one-line space. Quotations are indented ten spaces. The list of enclosures *(Anlagen)* and/or indications for distribution come directly below the signature.
When the letter is signed by someone else in the absence of the writer, the abbreviation *i. V. (in Vertretung)* precedes the name.
If the letter goes to a second page, the page is numbered and the addressee's name and the date are repeated.

**2. Geschäftsbriefe**

Unter dem meist gedruckten Briefkopf stehen am linken Rand die Bezugszeichen *(Our ref. ... Your ref. ...)* und am rechten Rand das Datum. Wenn die Adresse des Absenders nicht schon im Briefkopf enthalten ist, steht sie rechts oben mit dem Datum darunter. In Großbritannien steht der Tag üblicherweise vor dem Monat (heute meist ohne *st, rd* oder *th*), in den USA nach dem Monat (stets ohne *st, rd* oder *th*). Danach folgt die Adresse des Empfängers in der gleichen Form wie auf dem Umschlag. Besondere Anmerkungen wie *Confidential, Personal, For the attention of* ... usw. folgen meist nach der Adresse.
Nach drei Leerzeilen folgt die Anrede; danach kann im britischen Gebrauch ein Komma, in den USA ein Doppelpunkt stehen. Der Betreff wird zwei Leerzeilen unter der Anrede zentriert und unterstrichen. Zwischen den einzelnen Absätzen stehen zwei Leerzeilen. Die erste Zeile des Absatzes wird manchmal noch eingerückt.
Am Ende des Briefes steht nach zwei oder drei Leerzeilen in der rechten Seitenhälfte die Grußformel mit der Unterschrift (s. C). Darunter werden Name und Position des Unterzeichnenden angegeben; falls der Brief im Auftrag unterschrieben wird, steht *p.p.* vor dem Namen.
Links unten folgen gegebenenfalls die Abkürzungen *Encl.* = *Enclosure[s]* (Anlage[n]) bzw. *c.c.* = *carbon copy [to]* (Verteiler).
Ist der Brief länger als eine Seite, schreibt man oben auf das Fortsetzungsblatt links den Empfänger, in der Mitte die Seitenzahl und rechts das Datum.

## C. Beginnings and Endings

*All the greetings in this section can be followed either by an exclamation mark, in which case the next line starts with a capital, or by a comma, in which case it starts with a small letter.*

**1. Informal – to someone you know well**

Lieber Hans
Liebe Karen
Liebe Meyers *od.* Liebe Familie Meyer
Liebe Hilde, lieber Erwin
*between young people:*
Hallo Tom
Hallo Erika
*standard ending:*
Herzliche Grüße [Dein/Deine] ...
*more affectionate:*
Viele liebe Grüße
*to close friends and relations:*
Alles Liebe
*more informal:*
Bis bald
Tschüs

## C. Anrede und Grußformel

**1. Informelle Privatbriefe an enge Freunde und Verwandte**

Dear Charles/Mary,
Dear Ian and Bridget,
*an eine Familie:*
Dear All,
*unter jungen Menschen:*
Hi Tim!
*liebevoll:*
Dearest *or* My dearest [James/Helena],
[My] Darling [Joan/Michael],

*ungezwungen:*
Yours,
Yours ever,
With [lots of] love from
Love,
*liebevoller:*
With all my/our love [as always],

**2. More formal – in a personal letter to someone you do not know, or do not know well**

Lieber Herr Engel
Liebe Frau Schulz
Liebe Frau Ellermann, lieber Herr Ellermann

Mit herzlichen Grüßen
Mit freundlichen Grüßen

**3. In a formal business letter**

Sehr geehrter Herr Engel
Sehr geehrte Frau Schulz
*If the person has a title, omit the name:*
Sehr geehrter Herr Direktor
Sehr geehrte Frau Studienrätin
Sehr geehrter Herr General
*If there is a title in the address and not a name, give the same here:*
Sehr geehrter Herr Bürgermeister
Sehr geehrter Herr Chefredakteur
*If the letter is addressed to a firm or organization:*
Sehr geehrte Damen und Herren
Sehr geehrte Herren
*(The second form, which used to be standard, should only be used where it is known that only males are being addressed.)*

Mit freundlichen Grüßen
*more formal:*
Mit freundlichen/besten Empfehlungen
*very formal:*
Hochachtungsvoll

**2. Formellere Privatbriefe**

Dear Mr Aitchison,
Dear Mrs Gold,
Dear Miss Wilding,
Dear Mr and Mrs Smith,
Dear Sir Roger,
Dear Lady Wicksteed,
[With best wishes/kind regards,]
Yours sincerely,/Sincerely,
Yours [very] truly, *(esp. Amer.)*
Sincerely,/Cordially yours, *(Amer.)*

**3. Geschäftsbriefe**

*wenn der Name des Adressaten bekannt ist:*
Dear Mr Saunders/Mrs Wilton/Miss Roberts *usw.*,
Yours sincerely *(Brit.)*
Sincerely/Very truly yours, *(Amer.)*
*wenn der Name des Adressaten nicht bekannt ist:*
Dear Sir,
Dear Madam,
Dear Sir *or* Madam,
Yours faithfully, *(Brit.)*
Yours very truly, *(Amer.)*
*wenn eine Firma angeschrieben wird:*
Dear Sirs, *(Brit.)*
Gentlemen: *(Amer.)*
Yours faithfully, *(Brit.)*
Yours very truly, *(Amer.)*

## D. Some useful letters

### 1. Booking a hotel

Dorking, 5. Mai 19..

Hotel Bayrischer Hof
Stresemannplatz 4

D-87724 Ottobeuren/Allgäu

Sehr geehrte Damen und Herren,

auf unserer Reise durch Deutschland möchten wir drei Tage in Ottobeuren verbringen/in Ottobeuren übernachten, und zwar vom 10. bis 13. August./am 10. August. Wir benötigen zwei Doppelzimmer/ein Doppelzimmer (mit Bad/Dusche) und ein Einzelzimmer.

Bitte bestätigen Sie unsere Buchung und teilen Sie uns den Preis für Zimmer mit Frühstück/Halbpension/Vollpension mit. Falls Sie uns zur angegebenen Zeit nicht unterbringen können, wären wir für die Empfehlung eines anderen Hotels in der Nähe sehr dankbar.

Ich möchte noch erwähnen, daß sich mein Sohn ausschließlich vegetarisch ernährt. Bietet Ihr Hotel vegetarische Gerichte an?

Mit freundlichen Grüßen

Robert Paterson

## D. Musterbriefe

### 1. Hotelbuchung

Weston Manor Hotel
Weston Road
Bath
Avon
BA2 4LD
England

Bertholdstr. 46
D-28755 Bremen
Germany

7 April 19..

Dear Sirs,

In the course of our tour of the West Country this summer we want to spend three days in Bath, from the 10th to the 13th August./spend the night of the 10th August in Bath. We will require two double rooms/one double room (with bath/shower) and a single room.

Please confirm our booking and let us know what you charge for bed and breakfast/half-board/fullboard. Should you not have the required accommodation at this time we would be grateful if you could recommend another hotel in the vicinity.

I should also mention that our son is a vegetarian. Are you able to offer vegetarian dishes?

Yours faithfully,

Hans Knauer

## 2. Booking a camp-site

Oxford, 19. April 19..

Campingplatz
"Schöne Aussicht"

D-06193 Teicha

Sehr geehrte Damen und Herren,

bitte reservieren Sie uns einen Zeltplatz/einen Platz für einen Wohnwagen für den 20. August. Wir sind zwei Personen/vier Personen mit Auto.

Teilen Sie mir bitte mit, wie ich den Campingplatz von der Autobahn aus erreichen kann und ob er in unmittelbarer Nähe des Flusses/Dorfs liegt.

Für Ihre Bemühungen möchte ich mich im voraus bedanken.

Mit freundlichen Grüßen

Richard Clarke

## 2. Buchung eines Campingplatzes

The Manager
South Beach Campsite and Caravan Park
Sheringham
Norfolk
NR26 8MY
England

Am Graben 26
D-23623 Dunkelsdorf
Germany

24 May 19..

Dear Sir,

I would like to book a site for a tent/for a caravan for the week of August 20th./for a week from August 20th to 26th inclusive. There are two of us/four of us plus a car.

Please let us know how to find the camp-site coming from Norwich, and whether it is right on the beach./within easy reach of the town.

Thanking you in advance for your trouble,

Yours faithfully,

Robert Schmidt

## 3. Cancelling a booking

Stockton-on-Tees, 6.7.19..

Frau
Therese Birkenmeyer
Gasthof "Zum Schwarzen Adler"

D-91743 Unterschwaningen

Sehr geehrte Frau Birkenmeyer,

leider muß ich die für die Woche ab 20. Juli reservierten Zimmer/das für die Zeit vom 20. bis 24. Juli reservierte Zimmer abbestellen. Durch den überraschenden Tod meines Vaters/Da mein Mann ins Krankenhaus mußte, können wir die geplante Reise nicht antreten./müssen wir auf unseren Urlaub verzichten.

Ich bedaure sehr, daß ich so kurzfristig absagen muß./ich Sie nicht früher darüber informieren/davon in Kenntnis setzen konnte.

Mit freundlichen Grüßen

Joan Mason (Mrs)

## 3. Abbestellung

Mrs. J. Warrington
Lakeview
Wetherby Drive
Windermere
Cumbria
LA23 2BD
England

Westhorner Str. 15
D-04603 Hauersdorf
Germany

6 July 19..

Dear Mrs Warrington,

Unfortunately I have to cancel our reservation/booking for the week of July 20th./for the period from July 20th to 24th. Owing to my father's sudden death/Since my husband has had to go into hospital, we have had to abandon our holiday plans.

I very much regret having to cancel the booking at such short notice./that I could not inform you earlier of this change of plan.

Yours sincerely,

Elke Nordrup

## 4. Making complaints

### a) Restaurant

Invergordon, 7. Juli 19..

Gaststätte "Zum Löwen"
Hauptstr. 149

D-69117 Heidelberg

Sehr geehrte (Damen und) Herren,

vor zwei Tagen habe ich mit meiner Frau in Ihrer Gaststätte gegessen. Kurz darauf/nach ca. einer Stunde wurde meiner Frau übel. Da der herbeigerufene Arzt feststellte, daß es sich um eine Lebensmittelvergiftung handelt, rief ich sofort in Ihrem Restaurant an. Man teilte mir mit, daß Sie hierfür keine Verantwortung übernehmen.

Diese Erklärung kann ich nicht akzeptieren./Ich finde Ihren Standpunkt unvertretbar. Sollten Sie Ihre Einstellung zu meiner Beschwerde nicht ändern, sehe ich mich gezwungen, Klage gegen Sie zu erheben./die Angelegenheit meinem Rechtsanwalt zu übergeben./Ihren Fachverband über diesen Vorfall zu informieren.

Hochachtungsvoll

Raymond Morris

## 4. Beschwerden

### a) Restaurant

The Manager
Four Seasons Restaurant
27 High Street
Irvine
Ayrshire
KA12 OXY
Scotland

Brunnengasse 7
D-76131 Karlsruhe
Germany

14 April 19..

Dear Sir,

Two days ago I had a meal in your restaurant with my husband. Shortly after/About an hour later my husband was taken ill. Since the doctor, whom we consulted confirmed that it was a case of food-poisoning, I immediately telephoned your restaurant, only to be told that you could not accept any responsibility for this.

I find this attitude/your viewpoint quite unacceptable, and if you insist on adhering to it, I shall have no alternative but to/I shall be forced to take legal action./put the matter in the hands of my solicitor./inform your professional association of the matter.

Yours faithfully,

Ilse Schmidt

## b) Shop

Invergordon, 23. Dezember 19..

Schäfer & Cie.
Kaiserstr. 12

D-69115 Heidelberg

Sehr geehrte (Damen und) Herren,

vor zwei Tagen habe ich in Ihrem Geschäft eine Armbanduhr gekauft. Am nächsten Morgen/über Nacht blieb die Uhr stehen. Nachdem ich es erfolglos mit einer neuen Batterie versucht hatte, rief ich sofort in Ihrem Geschäft an. Man teilte mir mit, daß Sie hierfür keine Haftung/Garantie übernehmen, weil ich die Uhr geöffnet habe.

Diese Erklärung kann ich nicht akzeptieren./Ich finde Ihren Standpunkt unvertretbar. Sollten Sie Ihre Einstellung zu meiner Beschwerde nicht ändern, sehe ich mich gezwungen, Klage gegen Sie zu erheben./die Angelegenheit meinem Rechtsanwalt zu übergeben./Ihren Fachverband über diesen Vorfall zu informieren.

Hochachtungsvoll

Raymond Morris

## b) Geschäft

The Manager
J. Carson & Co.
Eastwood Shopping Centre
Bournemouth
Hants
BH1 3TH
England

Brunnengasse 7
D-76131 Karlsruhe
Germany

22 July 19..

Dear Sir,

Two days ago I bought a watch in your shop, but by the next morning it had stopped. I tried fitting a new battery, but this made no difference, so I immediately rang up your shop. I was told that you could not accept any liability/that the guarantee was invalidated because I had opened the watch.

I find this attitude/your viewpoint quite unacceptable, and if you insist on adhering to it, I shall have no alternative but to/I shall be forced to take legal action./put the matter in the hands of my solicitor./inform your trade association of the matter.

Yours faithfully,

Ilse Schmidt

# 5. Applying for a job

## a) Exploratory letter

Rosalind Whitehead

10 Whitehaven Crescent
Brighton
Sussex
BN2 7DW
9. März 19..

Schwan-Verlag
Personalabteilung
Friedensstr. 66

D-01097 Dresden

Sehr geehrte Damen und Herren,

ich möchte mich erkundigen, ob in Ihrem Hause eine Stelle als Fremdsprachensekretärin oder in der Redaktion frei ist.

Ich beabsichtige, zwei bis drei Jahre in Deutschland zu bleiben (evtl. länger, wenn ich eine interessante Arbeitsstelle finde)./Im Juni werde ich mit meinem Mann nach Deutschland übersiedeln/wird mein Mann nach Deutschland versetzt. Mein Mann übernimmt eine Position in der Automobilbranche, und ich möchte gerne in meinem Beruf weiterarbeiten.

Wie Sie aus dem beigefügten Lebenslauf ersehen/dem beigefügten Lebenslauf entnehmen können, habe ich zweieinhalb Jahre in Deutschland als Fremdsprachensekretärin gearbeitet. Nach meiner Rückkehr nach England war ich zunächst als Sekretärin tätig; seit September 19.. arbeite ich als Verlagsassistentin. Ich bin die Betriebsamkeit eines ausgelasteten Büros und das korrekte Arbeiten unter Zeitdruck gewohnt und verstehe es, Termine einzuhalten, ohne daß die Qualität der Arbeit dabei leidet.

Falls Sie eine für mich geeignete Stelle frei haben, würde ich mich freuen, wenn Sie mir Gelegenheit zu einer persönlichen Vorstellung geben könnten. Der früheste Einstellungstermin wäre der 1. Mai./Ich könnte frühestens im Mai anfangen, da ich meine gegenwärtige Arbeit Ende April aufgebe.

Ihre Antwort erwarte ich mit Interesse.

Mit freundlichen Grüßen

Rosalind Whitehead

Anlagen

# 5. Bewerbung

## a) Anfrage wegen einer Stelle

Personnel Manager
Falcon Press International
Willow House
Henry Street
London
WC2E 6BY
England

Volkerstr. 10
D-45219 Essen
Germany

15 March 19..

Dear Sir or Madam,

I would be grateful if you could let me know whether you have any vacancies for bilingual secretaries or for editorial staff.

I intend to come to England for two or three years, possibly longer if I find an interesting job./In June I am moving to England with my husband who is taking on an important position in the motor industry, and I want to continue my own career in publishing.

As you can see from the enclosed CV I have already worked in England for two and a half years as a bilingual secretary. After returning to Germany I first continued working as a bilingual secretary, and then in September 19.. became an editorial assistant. I am used to the often hectic conditions of a busy office, maintaining accuracy while working under pressure, and keeping to deadlines without allowing quality to suffer.

Should you have a suitable vacancy, I would be glad of the opportunity to present myself for interview. The earliest I could start/make myself available would be 1 May./I could not start before May because I am giving up my present job at the end of April.

I look forward to hearing from you.

Yours faithfully,

Ulrike Schwarz

Encl.

## b) Curriculum vitae

Rosalind Whitehead

<u>Lebenslauf</u>

**Persönliche Daten**

| | |
|---|---|
| Geboren: | 10. Mai 19.. in Derby |
| Familienstand: | verheiratet (mit Raymond Whitehead, Journalist) |
| (Eltern: | John Redmond, Arzt<br>Janet Redmond, Lehrerin) |

**Schulbildung**

| | |
|---|---|
| 19.. - 19.. | Grundschule in Derby |
| 19.. - 19.. | Kegworth Grammar School for Girls (Mädchengymnasium) |

**Studium**

| | |
|---|---|
| 19.. - 19.. | University of Sussex: Deutsch, Französisch |
| 19.. - 19.. | City of London Polytechnic: Kurs für Übersetzer (Deutsch, Französisch, Italienisch) |

**Prüfungen**

| | |
|---|---|
| Juni 19.. | O-Levels/GCSE in 9 Fächern |
| Juni 19.. | A-Levels in Englisch (B), Französisch (B) und Deutsch (A) A/AS |
| Juni 19.. | BA (Upper Second), Deutsch und Französisch |
| Juni 19.. | Diplom für Übersetzer: Deutsch, Französisch und Italienisch |

**Berufspraxis**

| | |
|---|---|
| 1.9.19.. - 31.3.19.. | Fremdsprachensekretärin, Gruber Import und Export GmbH, Sindelfingen |
| 1.5.19.. - heute | zunächst Sekretärin, später Verlagsassistentin, Cornhill Press, Avebury Road, Brighton |

**Sprachen**

Englisch (Muttersprache), Deutsch (fließend in Wort und Schrift), Französisch (sehr gut), Italienisch (gut)

**Sonstige Fähigkeiten**

Textverarbeitung, Stenografie (Englisch und Deutsch), Führerschein

Brighton, 6.3.19..

## b) Lebenslauf

CURRICULUM VITAE

<u>Personal Details</u>

| | |
|---|---|
| Name: | Ulrike Schwarz |
| Address: | Volkerstr. 10, D-45219 Essen |
| Telephone: | 0201 - 62 44 88 |
| Date of birth: | 4 December 19.. |
| Marital Status: | Married |

<u>Career History</u>

**Education**

| | |
|---|---|
| 19..-19.. | Primary school in Recklinghausen |
| 19..-19.. | Humboldt-Gymnasium, Essen |
| 19.. | Abitur (approx. A Level) in 4 subjects (English, French, Physics, History) |
| 19..-19.. | University of Münster |
| 19.. | Staatsexamen (approx. B.A.) in English and French |
| April-July 19.. | Volkshochschule Essen: courses in typing, word processing, shorthand in German and English |

**Employment**

| | |
|---|---|
| Sept. 19.. to date | Editorial assistant, Wanner-Verlag Deutzer Str. 90, D-45143 Essen (cookery and home economics books) |
| Mar. 19..- Sept. 19.. | Bilingual secretary to Foreign Rights Manager, Wanner-Verlag |
| Oct. 19..- Mar. 19.. | Bilingual secretary, Wisehart & Goldschmidt, International Jewellery Dealers, Hatton Garden, London |
| 19..-19.. | Various holiday jobs, one with a travel agent, another as an au pair in Scotland |

**Further skills and interests**

| | |
|---|---|
| Languages: | German (mother tongue), English (fluent spoken and written), French (very good) |

Clean full driving licence
Cookery, interior decoration

**Referees**

Professional:

| | |
|---|---|
| Dr. Manfred Hartmann<br>Wanner-Verlag<br>Deutzer Str. 90<br>D-45143 Essen | Mr Bernard Goldschmidt<br>Wisehart and Goldschmidt<br>45 Hatton Garden<br>London<br>EC1 2DW |

Personal:

| | |
|---|---|
| Walter Eberling<br>Unterbergstr. 45<br>D-45307 Essen | Mrs A. Waters<br>10 Wesley Avenue<br>Barnes<br>London<br>SW13 8BJ |

## c) Reply to an advertisment

Cambridge, 6.9.19..

Hanslick & Wagner KG
z. H. Herrn Fritz Müller
Industrieweg 6

D-38304 Wolfenbüttel

Sehr geehrter Herr Müller,

ich möchte mich um die in der 'Frankfurter Allgemeinen Zeitung' vom 4.9. ausgeschriebene Stelle als Systemanalytiker bewerben.

Ich arbeite zur Zeit als Systemanalytiker/Ich arbeite zur Zeit in einer ähnlichen Funktion in einer amerikanischen Computerfirma, die eine Zweigniederlassung hier in Cambridge hat. Die Arbeit hat mir von Anfang an zugesagt/Die Arbeit ist interessant und vielseitig, aber das Projekt, an dem ich arbeite, wird in zwei Monaten fertiggestellt sein/die Zweigniederlassung wird aufgelöst, und ich suche eine ähnliche Stelle, am liebsten in Deutschland. Meine Mutter ist deutscher Abstammung, daher spreche ich fließend deutsch./Ich verfüge über gute Deutschkenntnisse, da meine Mutter deutscher Abstammung ist und ich schon oft in Deutschland war.

## c) Bewerbung auf eine Stellenanzeige

Raimundweg 24
D-80939 München
Germany

17 February 19..

Ms Barbara Sanderson
Personnel Department
Anglia Computer Systems Ltd.
Woolstone Business Park
Milton Keynes
MK15 OBW
England

Dear Ms Sanderson,

With reference to the advertisement in yesterday's <u>Guardian</u>/in the <u>Guardian</u> of 16 February, I would like to apply for the post of Systems Analyst.

I am working at the moment as a systems analyst/in a similar position for an American computer firm which has a branch office here in Munich. I have always enjoyed the work/found the work interesting and varied, but the project I am working on comes to an end in two months/the branch office here is being closed, so I am looking for a similar post, preferably in England. My mother is English (by birth) so I speak fluent English./I have a good command of English because my mother is English and I have spent a considerable amount of time in England.

Der als Anlage beigefügte Lebenslauf (und die Zeugnisabschriften) gibt (geben) Auskunft über meinen beruflichen Werdegang. Für weitere Auskünfte stehe ich Ihnen gerne zur Verfügung.

Der früheste Eintrittstermin wäre der 2. Januar, aber ich könnte jederzeit zu einer persönlichen Vorstellung nach Wolfenbüttel kommen. Ihre Antwort erwarte ich mit Interesse./Ihrer Antwort sehe ich mit Interesse entgegen.

Mit freundlichen Grüßen

Alan Davies

Anlagen
Lebenslauf
2 Zeugnisabschriften

The enclosed CV gives details of my career to date. I shall be happy to provide any further information that may be required.

The earliest date on which I could start work would be 2 April but I could come to Milton Keynes for an interview/make myself available for an interview at any time.

I look forward to hearing from you.

Yours sincerely,

Franz Enkenmeyer

### 6. Asking for a reference

Sehr geehrter Herr Frank,

ich habe mich bei der Firma Schwabe & Co. als Übersetzer beworben und möchte Sie bitten, mir bei Bedarf eine Referenz auszustellen./möchte Ihren Namen als Referenz angeben.

Mit freundlichen Grüßen

William Grant

### 6. Bitte um Referenz

Dear Mr Wiseman,

I have applied for a position as a translator with the North Sea Oil Corporation and would be very grateful if you could supply them with a reference should this be required./I would like to give your name as a referee.

Yours sincerely,

Karen Pichler

### 7. Giving a reference

Sehr geehrte Damen und Herren,

mit Ihrem Brief/Schreiben vom 27.8. baten Sie um Auskunft über Herrn William Grant.

Ich kenne Herrn Grant seit fünf Jahren./Herr Grant ist seit fünf Jahren/war fünf Jahre bei uns als Übersetzer tätig. Er ist ein Mann von einwandfreiem Charakter und sehr zuverlässig. Seine Arbeit erledigt er gewissenhaft und termingerecht. Herr Grant wird von seinen Kollegen geschätzt und ist wegen seiner freundlichen und ungezwungenen Art/trotz seines stillen und etwas zurückhaltenden Wesens allgemein beliebt.

Meiner Ansicht nach ist er für die bei Ihnen zu besetzende Stelle (gut) geeignet.

Mit freundlichen Grüßen

Gustav Frank

### 7. Ausstellung einer Referenz

Dear Mrs Selhurst,

In your letter of 27 August you ask me for my opinion of Karen Pichler's suitability for the post you are offering.

I have known Ms Pichler for five years./Ms Pichler has been working here/worked here for five years as a translator. She is a thoroughly honest and dependable person who works conscientiously and keeps to deadlines. She enjoys the respect of her colleagues and is well liked for her friendly and easy-going manner./ in spite of her quiet and rather retiring nature.

In my opinion she is well suited for the post of translator./for the position mentioned.

Yours sincerely,

David Wiseman

## E. Useful phrases according to function

### 1. Saying thank you

**For a letter**

*personal letter:* Vielen *od.* Herzlichen Dank für Deinen Brief / für Deine freundlichen Zeilen.
*fairly formal letter:* Ich bedanke mich für Ihren Brief.
*formal business letter:* Wir bestätigen dankend den Eingang *od.* Empfang Ihres Schreibens [vom 5. 9. 89].

## E. Formulierungshilfen für verschiedene Situationen

### 1. Dank

**Für einen Brief**

*persönlicher Brief:* Many thanks / Thanks for your letter.
Thank you for your letter.
*Geschäftsbrief:* We thank you for your letter of 6 September 1989.
*formeller Geschäftsbrief:* We acknowledge with thanks your letter of the 6. 9. 1989.

**For an invitation**

Herzlichen Dank für die Einladung [zum Abendessen / zu Deiner Party]. Ich werde bestimmt kommen und freue mich schon sehr darauf. / Leider kann ich nicht kommen, weil ...

Ich bedanke mich für Ihre freundliche Einladung [zum Abendessen / zum Empfang / zur Hochzeit Ihrer Tochter], die ich gerne annehme / die ich leider nicht annehmen kann[, da ich schon anderweitig verpflichtet bin] *(formell)*.

**Für eine Einladung**

Many thanks for the invitation [to dinner / to your party]. I'd love to come and I'm really looking forward to it. / Unfortunately I can't come because ... *(coll.)*

Richard Edwards has [great] pleasure in accepting / [greatly] regrets he is unable to accept Susan Stewart's kind invitation to dinner / the kind invitation of the Cultural Attaché to a reception / Mr and Mrs David Banks' kind invitation to the wedding of their daughter *(formal)*.

*oder:*

Richard Edwards thanks ... for his/her/their kind invitation to ..., which he has pleasure in accepting / which he regrets he is unable to accept [due to a previous engagement] *(formal)*.

**For a gift**

Vielen / Herzlichen / Tausend Dank für das reizende Geschenk / für die schönen Blumen. Das war doch wirklich nicht nötig. / Es war sehr lieb / sehr nett von Dir. Du hast meinen Geschmack genau getroffen. / Es ist genau das, was ich wollte.

**Für ein Geschenk**

Thank you very much / *(coll.)* Many thanks / Thank you [ever *(coll.)*] so much for the delightful present / for the lovely flowers.

You really shouldn't have [bothered] *(coll.)*. / It was really sweet / kind of you. It's just what I wanted.

**For help / donations**

Ich bin Ihnen sehr dankbar für die viele Mühe, die Sie sich [meinetwegen] gemacht haben / daß Sie sich [meinetwegen] soviel Mühe gemacht haben.

Ich kann Dir gar nicht sagen, wie dankbar Erich und ich Dir sind, daß Du uns so hilfreich zur Seite gestanden hast.

Haben Sie herzlichsten Dank für Ihre wertvolle Hilfe. / Ich möchte Ihnen unseren herzlichsten Dank für Ihre wertvolle Hilfe aussprechen.

Ich möchte Ihnen im Namen der Abteilung / meiner Kollegen unseren aufrichtigen Dank für Ihre großzügige Spende ausdrücken *(formell)*.

**Für Hilfeleistungen / Spenden**

I am most grateful for / I greatly appreciate all the trouble you have taken [on my behalf].

Jim and I cannot thank you enough for helping us out.

Please accept / May I offer you our warmest thanks for your valuable assistance *(formal)*.

I would like to offer you on behalf of the department / my colleagues our most sincere *or* grateful thanks for your generous donation *(formal)*.

## 2. Greetings

**On a postcard**

Schöne / Viele / Herzliche Grüße aus Freiburg / Spanien
Es grüßen recht herzlich Stephan und Inge

**For a birthday**

Herzliche Grüße / Herzlichen Glückwunsch / Alles Gute zum Geburtstag

**For Christmas [and the New Year]**

Frohe *od.* Fröhliche Weihnachten / Ein gesegnetes *od.* frohes Weihnachtsfest [und viel Glück im neuen Jahr / und die besten Wünsche zum neuen Jahr / und einen guten Rutsch ins neue Jahr]

## 2. Grüße

**Auf einer Postkarte**

Greetings / Best wishes from the Outer Hebrides
Wish you were here!
All best wishes [from] Helen and Norman

**Zum Geburtstag**

Many happy returns [of the day]
Happy Birthday
All good *or* best wishes for your birthday

**Zu Weihnachten [und zum neuen Jahr]**

[Best wishes for] a Merry *or* Happy Christmas and a Prosperous New Year
Christmas Greetings

**For Easter**

Frohe *od.* Fröhliche Ostern / Ein frohes Osterfest

**For a wedding**

Dem glücklichen Paar viel Freude am Hochzeitstag [und viel Glück im künftigen gemeinsamen Leben]

**For an exam**

Viel Erfolg bei der bevorstehenden Prüfung
Alles Gute zum Abitur

**For a house move**

Viel Glück im neuen Heim

**For an illness**

Gute Besserung!

## 3. Congratulations

Herzlichen Glückwunsch / Herzliche Glückwünsche / Ich gratuliere / Wir gratulieren [herzlichst] zum neuen Baby / zur bestandenen Prüfung / zum neuen Job / zur Beförderung / zur Verlobung.

Ich habe mich sehr über Deinen Erfolg bei der Prüfung gefreut. Das hast Du gut gemacht!

Ich habe / Wir haben mit großer Freude von Deiner / Eurer bevorstehenden Vermählung gehört. Herzlichen Glückwunsch und alles Gute für die Zukunft!

## 4. Apologizing, expressing regret

Es tut mir aufrichtig leid / Ich bedaure sehr, daß ich Ihnen soviel Kummer bereitet habe.

Ich muß mich bei Ihnen entschuldigen, daß ich Sie fälschlicherweise beschuldigt habe.

Ich nehme alles zurück und bitte vielmals / tausendmal um Entschuldigung.

Nimm es mir nicht übel, daß ich nicht früher geschrieben habe. / Es tut mir leid, daß Du so lange auf ein Lebenszeichen von mir warten mußtest.

Ich muß mich für die so späte Beantwortung Ihres Briefes entschuldigen / muß mich entschuldigen, daß diese Geburtstagswünsche so verspätet eintreffen.

Ich bitte [vielmals] um Entschuldigung / muß Sie für meinen Fehler um Verzeihung bitten.

Bitte entschuldigen Sie mein Versehen.

Verzeih! Es war alles nur ein dummes Mißverständnis.

**Zu Ostern**

[Best wishes for a] Happy Easter

**Zu einer Hochzeit**

Every good wish to the happy couple / to the bride and bridegroom on their wedding day [and in the years to come]

**Zu einer Prüfung**

Every success in your [forthcoming] exams.
All good wishes for your A-levels / GCSEs

**Zum Umzug**

Every happiness in your new home

**Bei einem Krankheitsfall**

Get well soon!
All best wishes for a speedy recovery

## 3. Gratulation

Congratulations / Many congratulations / I/We congratulate you [most sincerely] on the [arrival of the] new baby / on passing the exam / on the new job / on your promotion / on your engagement.

I was delighted to hear of your success in the exam. Well done!

I/We have just heard the wonderful news of your forthcoming marriage and offer you my/our sincerest *or* heartiest congratulations and best wishes for your future happiness.

## 4. Entschuldigung, Bedauern

I am really *or* genuinely sorry / I greatly *or* very much regret that I have caused you so much trouble.

I owe you an apology / Please accept my humble apology for the wrongful accusation.

I take back all that I said and apologize unreservedly.

Sorry not to have written earlier. / *(joc.)* I'm sorry you've had to wait such a long time for any sign of life.

I must apologize for the delay in replying to your letter / for being so late with these birthday wishes.

I beg you to / I must ask you to forgive / excuse my mistake *(formal)*.

Please excuse my oversight.

Sorry! It was all a stupid misunderstanding.

Zu unserem Bedauern müssen wir Ihnen mitteilen, daß wir diesen Artikel nicht mehr führen *(formell)*.

Leider können wir diesen Posten nicht einzeln liefern.

**5. Cancelling a visit**

Leider wird aus meinem geplanten Besuch zu Weihnachten nichts werden. / Leider kann ich Deine / Eure Einladung nicht annehmen, da etwas dazwischengekommen ist. Meine Mutter ist schwer krank. / Ich habe mir das Bein gebrochen. / Ich muß wegen dringender Geschäfte verreisen. Kannst Du mich auch bei Deiner Schwester entschuldigen? Es tut mir sehr leid / Ich finde es wirklich schade, daß wir uns nicht sehen werden.

**6. Expressing sympathy**

Du Arme / Armer! Es tut mir wirklich leid, daß Du diese Operation vor Dir hast.

Inge erzählte mir von Deinem Unfall. Du tust mir wirklich leid. / Du hast mein volles Mitgefühl, daß Du so etwas durchmachen mußtest. / Ich kann es Dir nachfühlen, was Du durchgemacht hast, und hoffe, daß es Dir bald wieder besser geht.

**7. Condolences**

Zutiefst erschüttert lasen / hörten wir vom Tode Ihres / Deines Mannes.

Ich möchte Ihnen unser aufrichtiges Beileid zu Ihrem schweren Verlust ausdrücken. / Bitte nehmen Sie mein tiefempfundenes Mitgefühl zu diesem schweren Verlust entgegen. / Ich möchte Ihnen meine herzliche Anteilnahme zu diesem schweren Verlust aussprechen. / Wir möchten Dir unsere tiefe Anteilnahme *od.* unser aufrichtiges Beileid ausdrücken.

Wir sind alle in Gedanken bei Dir. Laß es uns bitte wissen, wenn wir Dir irgendwie behilflich sein können.

**8. Invitations**

Möchtest Du und Georg / Möchtet Ihr beide am 14. zu uns zum Abendessen kommen? Wir haben unsere neuen Nachbarn eingeladen, und ich dachte, Ihr würdet sie auch gerne kennenlernen.

Es würde uns sehr freuen, wenn Sie und Ihre Frau am 14. um 20 Uhr zu uns zum Abendessen kommen könnten. Außer Ihnen haben wir unsere neuen Nachbarn, Herrn und Frau Meyer, eingeladen.

We regret to have to inform you / To our regret we must inform you that we no longer stock this item *(formal)*.

Unfortunately we cannot supply this part separately.

**5. Absagen**

Unfortunately / *(coll.)* I'm afraid I can't come to see you as arranged at Christmas / we can't accept your invitation for the 9th owing to unforeseen circumstances. My mother is seriously ill. / I have broken my leg. / I have to go away on urgent business. Please tell your sister from me how sorry I am / *(formal)* convey my apologies to your sister. It is a great disappointment to me. / I shall really miss seeing you.

**6. Teilnahme**

You poor thing! I am sorry to hear that you have to have this operation *(coll.)*.

Francis told me of your accident. I feel really sorry for you / I feel for you / I sympathize with you having to go through such an experience, and I hope you will soon be on the mend.

**7. Kondolenz**

I was/We were deeply saddened / It was a great shock to read/hear of the death of your husband.

I would like to assure you of our deepest sympathy in your tragic loss *(formal)*. / You have all my/our sympathy in this great loss. / I/We would like to say how sorry I am/we are. / I/We would like to express my/our sincere condolences *(formal)*.

I am/We are all thinking of you at this time / You are very much in my/our thoughts. Please let me know if there is anything I/we can do.

**8. Einladungen**

I wonder if you and Betty could make it / Would you and Betty be free for dinner on the 14th? We are having our new neighbours, the Wilsons, round, and I'm sure you'd like to meet them *(coll.)*.

We would be very pleased if you and your wife could come to dinner/join us for dinner on the evening of the 14th. We have also invited our new neighbours, Bill and Angela Wilson.

*Invitations to a party are usually by word of mouth; there is no set form for written invitations.*

*Invitations to a wedding are usually only to the reception, and are preceded or accompanied by a wedding announcement, which occasionally is an invitation as well:*

Irene Brinkmann Stefan Hopf

Wir heiraten am Samstag, dem 20. April 19.., um 14 Uhr in der Pfarrkirche Landsberg.

[Zu dieser Feier laden wir Euch herzlich ein.]

Goethestraße 12 Ulrichsweg 4
Landsberg Altötting

*more formal style:*

Dr. Heinrich und Frau Gertrud Brinkmann geben die bevorstehende Vermählung ihrer Tochter Irene mit Stefan Hopf bekannt.

Die Trauung findet am Samstag, dem 20. April 19.., um 14 Uhr in der Pfarrkirche Landsberg statt.

Please come to Jennifer's 40th birthday party from 8 o'clock on 23rd September at 12 Parkhurst Gardens, SW4.
Buffet and disco RSVP 081–323 1279

*formell, auf einer Karte:*

David Bruce
at Home
Sunday December 5th at 12.00 noon

RSVP Wine and cheese

*Bei einer Hochzeit wird gewöhnlich zur Trauungszeremonie und zu einem anschließenden Empfang eingeladen. Freunde können auch eine „Evening Invitation" erhalten, die sich nur auf eine Party nach dem Empfang bezieht.*

*formell, in gedruckter Form:*

Mr and Mrs James Merriweather request the pleasure of your company at the wedding of their daughter Jane to Timothy Wade at St. Swithin's Church, Compton Abbas, on Saturday June 25th 19.. at 3 p.m. [and afterwards at the Golden Cross Hotel]
RSVP

Es wäre wirklich sehr schön, wenn Du im September mit uns nach Italien kommen könntest. / Wir planen für den September eine Italienreise und dachten uns, Du möchtest vielleicht mit uns kommen.

It would be wonderful if you could come with us / join us on our trip to Scotland in September. / We are going to Scotland in September and wonder if you would be interested in coming along.

Wäre es vielleicht möglich, daß Du zu Ostern zu uns kommst? Hans besucht zu der Zeit einen Kurs, Du könntest also in seinem Zimmer schlafen.

Is there any chance that you could come and stay with us at Easter? Edward will be away on a course so you could have his room.

## 9. Requests

Könntest Du mich bitte am Donnerstag anrufen? / *(formeller:)* Wäre es Ihnen möglich, mich Donnerstag anzurufen?

Ich wäre Ihnen für die Zusendung eines Musters dankbar.

Ich wäre Ihnen dankbar, wenn Sie mir in dieser Situation behilflich sein könnten.

Ich möchte Sie bitten, das schriftlich zu bestätigen.

Wäre es Ihnen vielleicht möglich, den Empfang für uns zu organisieren?

Wir bitten um postwendende Bezahlung *od.* Begleichung der Rechnung.

**Requesting information**

Könnten Sie mir bitte die Preise Ihrer Elektroherde mitteilen / Auskunft über Ihre Elektroherde geben?

Ich möchte nicht neugierig sein, aber ich würde gern wissen, wo Sie dieses Kleid gekauft haben.

## 9. Bitten

Please could you give me a ring on Thursday / Would you be so good *or* kind as to telephone me on Thursday?

I would be grateful if you could send me a sample.

I would be grateful for *or* would appreciate your help in this matter.

Would you please confirm this in writing? / Would you mind confirming this in writing?

Could you possibly / Would it be possible for you to organize the reception for us?

I must ask you to let us have / *(höfliche Forderung:)* Kindly let us have your payment by return of post.

**Um Auskunft**

Please could you tell me / let me know the prices / send me details of your range of electric cookers.

I don't wish to seem inquisitive, but I'd love to know where you bought that dress.

Ich wäre Ihnen dankbar, wenn Sie mir mitteilen könnten, wo ich Ersatzteile bekommen kann.

I would be very grateful for any information you can give me on the availability of spare parts.

Bitte teilen Sie uns unbedingt Ihre neue Anschrift mit *(formell)*. / Vergiß nicht, uns Deine neue Adresse zu schreiben.

Do not forget to inform us of *(formal)* / let us know your new address.

**Requesting clarification**

**Um Klarstellung/Erklärung**

Wir bitten um eine Erklärung für Ihre Abreise. / Könnten Sie uns bitte den Grund Ihrer Abreise angeben? / Bitte erklären Sie uns, warum Sie [überraschend] abgereist sind.

Please could you give the reason for your departure / explain the reason for your departure *or* why you have left.

Ich wäre Ihnen dankbar, wenn Sie mir den zweiten Absatz Ihres Briefes genauer erklärten.

I would be grateful if you could clarify the second paragraph in your letter.

Bitte teilen Sie uns mit, warum Sie die Waren nicht mehr annehmen wollen.

May I ask you why you no longer want the goods?

## 10. Explaining

## 10. Erklärung, Begründung

Bitte berücksichtigen Sie, daß ich keine Gelegenheit hatte, die Rede vorzubereiten.

You must understand / You will appreciate that I have had no time to prepare a speech.

Er hat wegen fehlender Aufstiegsmöglichkeiten gekündigt. / Er hat gekündigt, weil es für ihn keine Aufstiegsmöglichkeiten gab.

The reason why he left *(coll.)* / The reason for his departure was the lack of prospects. / He left because of *or* on account of the lack of prospects / because there were no prospects of promotion.

Aufgrund seiner Einstellung mir gegenüber werde ich ihn in Zukunft nicht mehr beschäftigen.

In view of *or* In the light of *or* Given his uncooperative attitude I am not giving him any more work.

Die verspätete Lieferung ergab sich aus Gründen, auf die wir keinen Einfluß hatten.

The delay in delivery is due to circumstances beyond our control.

## 11. Advice, suggestions

## 11. Ratschläge, Vorschläge

Ich finde, Du solltest es [lieber] Deinem Vater überlassen.

I think you should *or* ought to let your father do it.

[Wenn ich Dir einen Rat geben darf –] frag doch Herrn Klee.

[If I may make a suggestion –] why don't you ask Mrs Potterton?

Ich schlage vor, wir fahren mit dem Zug. / Darf ich vorschlagen, mit dem Zug zu fahren?

I suggest we take the train. / Might I suggest we take the train?

Ich würde Dir raten, nicht hinzugehen.

My advice would be / I would advise you not to go.

Ich würde vorschlagen, sie alle auf einmal einzuladen. / Wenn Du mich fragst – ich würde sie alle auf einmal einladen.

My idea would be to invite them all at once. / If you ask me *or* ask my opinion *or* want my advice, I would invite them all at once.

An Deiner Stelle würde ich das Geld annehmen.

If I were you I would just take the money.

Wenn ich die Möglichkeit hätte, würde ich nicht zögern.

[If I were] given the chance, I wouldn't hesitate.

Vor allen Dingen nimm Dir warme Kleidung mit. / Nimm Dir auf alle Fälle warme Kleidung mit.

Be sure to take / Whatever you do, take thick clothes with you.

Geben Sie ihm das Geld unter keinen Umständen.

Under no circumstances let him have the money.

Sieh zu *od.* Achte darauf, daß Du genug zu Essen im Haus hast.

Make sure you have enough food in the house.

Ich würde Ihnen raten / Es wäre [vielleicht] ratsam *od.* gut, es Ihrer Frau zu sagen.

It might be / would be a good idea/wise/advisable/ as well to tell your wife about it.

Es ist immer gut, ein paar Sicherungen in Reserve zu haben.

It is always a good idea / wise / advisable / as well to have spare fuses handy.

Es ist oft von Vorteil / Es hat seine Vorteile / Vieles spricht dafür, die Sache selbst zu erledigen.

There is something / a lot to be said for doing the job oneself.

Du solltest Dir mal überlegen, ob Du Dein Kind nicht zu Hause bekommen möchtest.

You should consider [the possibility of] having the baby at home.

Und wenn ich Dir das Geld leihen würde?

What if *or* Suppose I were to lend you the money?

Vielleicht hättest Du Lust, Deinen Onkel zu besuchen / *(ugs.)* Wie wär's mit einem Besuch bei Deinem Onkel, während Du hier bist?

You might like / care to visit your uncle. / *(coll.)* How about going to see your uncle while you are here?

## 12. Instructions, need, compulsion

## 12. Anweisung, Bedürfnis, Zwang

Die Stange mit beiden Händen anfassen und fest drücken.

[You should] place both hands on the bar und push hard.

Das Papier wird wie folgt in die Maschine eingeführt / ist wie folgt in die Maschine einzuführen.

The paper is inserted in the machine as follows: ...

Sehen Sie bitte zu, daß Sie bis 7 Uhr hier sind.

Please *or* Kindly ensure that / see to it that you are here by 7 a.m.

Sie müssen / sollen sich bei Ankunft beim diensthabenden Feldwebel melden. / Sie melden sich bei Ankunft beim diensthabenden Feldwebel.

You must / You are to / You will report to the duty sergeant on arrival.

Du hast zu tun, was ich sage, da gibt's nichts!

You have [got] to do as I say, there are no two ways about it.

Für den Posten müssen Sie eine Lehrerausbildung haben / ist eine Lehrerausbildung Voraussetzung.

You have to have *or* You need a teaching qualification in order to be considered / A teaching qualification is a requirement for this post.

Es ist [absolut] notwendig / unbedingt angeraten / Pflicht *od.* Vorschrift, Schutzkleidung zu tragen.

It is essential / necessary / indispensable / obligatory *or* compulsory to wear protective clothing.

Alle sind verpflichtet, die Erklärung zu unterschreiben.

Everyone is obliged / required to sign this declaration.

Er wurde von den Einbrechern gezwungen, den Safe zu öffnen.

He was forced by the thieves to open the safe.

Muß ich wirklich jetzt kommen? / Ich muß doch nicht etwa jetzt kommen?

Do I really / Surely I don't have to come now?

Sie dürfen keinesfalls Alkohol zu sich nehmen, nachdem Sie diese Pillen genommen haben.

Under no circumstances *or* On no account must you drink alcohol after taking these pills.

## 13. Approval / disapproval

## 13. Billigung / Mißbilligung

Ich mag das / mag das nicht *od.* Es gefällt mir / gefällt mir nicht, wie er mich ansieht.

I like / don't like *or* object to the way he looks at me.

Ich liebe / hasse diese Musik *od.* kann diese Musik nicht ausstehen.

I love / hate *or (coll.)* can't stand this music.

Das ist genau das, was ich will. / Genau das will ich nicht.

This is just what I want / what I don't want.

Ich bin von Jazz begeistert *od.* bin ein [begeisterter] Jazzfan. / Ich habe für Jazz nichts übrig.

I am keen on jazz *or* a jazz enthusiast *or* a jazz fan. / I dislike jazz.

Ich stimme diesem Programm völlig / keineswegs zu *od.* bin mit diesem Programm völlig / gar nicht einverstanden.

I approve of *or* endorse *or* am in favour of this policy. / I disapprove of *or* am against *or* opposed to this policy.

Sie unterstützt *od.* befürwortet diesen Plan / ist gegen diesen Plan.

She supports *or* backs this plan. / She opposes this plan.

Er ist ein Befürworter / Gegner von Tierversuchen *od.* ist für / gegen Tierversuche.

He is a supporter / opponent of animal experiments.

Ich bewundere ihn *od.* schätze ihn sehr *od.* habe eine hohe Meinung von ihm / schätze ihn wenig *od.* habe eine schlechte Meinung von ihm.

I admire *or* have a high regard for *or* a high opinion of him. / I have little regard for *or* a low opinion of him.

Sie stehen Ihrer Bewerbung wohlwollend / ablehnend gegenüber.

They view your application favourably / unfavourably *or* take a favourable / unfavourable view of your application.

## 14. Permitting / forbidding

## 14. Erlaubnis / Verbot

Du darfst es ihm sagen / darfst es ihm nicht sagen.

You may tell him [if you wish] / may not *or* must not tell him.

Es ist uns erlaubt / nicht erlaubt, die Gefangenen zu besuchen.

We are allowed *or* permitted / not allowed *or* permitted to visit the prisoners.

Rauchen ist hier gestattet / verboten *od.* nicht gestattet.

Smoking is allowed *or* permitted / forbidden *or* prohibited in here.

Ich habe nichts dagegen, wenn Sie sich den Tag freinehmen wollen. / Ich muß Ihnen verbieten, weiteren Urlaub zu nehmen. / Ich bin nicht damit einverstanden, daß Sie weiteren Urlaub nehmen.

I have no objection to *or* nothing against your taking the day off. / I [expressly] forbid you to take / I cannot agree to your taking any more time off work.

## 15. Desires, intentions

## 15. Wünsche, Absichten

Was willst Du werden, wenn Du groß bist?

What do you want to be when you grow up?

Ich möchte gern Pilot werden, aber das geht aus gesundheitlichen Gründen nicht.

I would like to be a pilot, but my health is not good enough.

Ich will / möchte gern nach Italien fahren.

I want to go / I would like to go to Italy.

Mich zieht es an den Nil. / Mein großer Wunsch ist es, eine Reise auf dem Nil zu machen.

I have a great desire / longing to take a trip on the Nile.

Du kannst gehen, wenn Du willst.

You can go if you wish *or* want.

Sie hat es sich in den Kopf gesetzt / Ihr größter Wunsch ist, Archäologie zu studieren.

She has set her heart on studying *or* wants above all else to study archaeology.

Ich habe es mir zum Ziel gesetzt, ihn unter allen Umständen zu einem Geständnis zu bewegen.

I mean *or* intend *or* propose to make him confess, come what may.

Bitte teilen Sie mir mit, was Sie vorhaben / teilen Sie mir Ihre Pläne mit.

Please let me know your intentions / what your plans are *or* what you have in mind.

Glaubst Du, sie hat ihn wirklich bewußt ermuntert? – Ja, sie wollte ihn eindeutig [dazu] anstiften.

Do you think she really intended *or* meant to encourage him? – Yes, she had every intention of leading him on.

Mein Ziel ist es / Es ist meine Absicht / Ich habe vor, die beiden Firmen zu fusionieren.

My intention *or* What I have in mind is to / I am planning to merge the two companies.

Sein Ziel ist es / Er plant, hier eine Fabrik zu bauen.

His aim *or* object is to build a factory here.

Mir kommt es allein darauf an, daß es die Arbeiter besser haben.

My sole aim *or* purpose is to better the workers' lot.

Ich habe keineswegs vor / die Absicht, Sie zu entlassen.

I have no intention of dismissing you.

## 16. Opinions

Ich halte sie für / Meiner Meinung nach ist sie / Ich finde, sie ist die größte Blues-Sängerin.

Meiner Ansicht *od.* Meinung nach / So wie ich es sehe, sind neue Gesetze keine Lösung.

Ich finde / Ich habe den Eindruck, daß junge Leute heute allgemein höflicher sind.

Ich habe das Gefühl, man will uns den Vertrag aufzwingen.

Meine Meinung ist / Ich bin der Meinung, daß Frauen noch immer benachteiligt sind.

Wie ich über die Sache denke, ist Dir offensichtlich nicht wichtig.

Mit seiner Reaktion auf den Vorschlag hatte niemand gerechnet.

Wie er es sieht, liegt die Zukunft der Firma in der Lebensmittelherstellung.

Was ist Ihre Meinung dazu? / Wie sehen Sie die Sache?

Ich teile Ihre Meinung *od.* Ansicht. / Ich bin ganz Ihrer Meinung.

Wir sind uns völlig / teilweise / im großen und ganzen einig. / Wir sind einer Meinung.

Das Ergebnis seiner Ermittlungen stimmt nicht mit Ihren Aussagen überein / untermauert Ihre Aussagen nicht.

Ich bin völlig anderer Meinung / kann Ihrer Meinung nicht zustimmen *od.* beipflichten / kann Ihre Ansicht nicht teilen.

Einigen wir uns [doch] darauf, daß wir in diesem Punkt verschiedener Meinung sind!

## 16. Meinungen

I think she is / In my opinion she is / I believe her to be the greatest living blues singer.

To my mind / In my opinion / As I see it, further legislation is not the answer.

[Personally] I find *or* reckon/have the impression that young people are generally politer nowadays.

I feel we are being pushed into accepting the deal.

My view [of the matter] / My opinion is that women are still underprivileged.

My feelings / thoughts on the matter are evidently of no importance to you.

His reaction to the proposal was quite unexpected.

He sees the future of the company as lying in food manufacturing.

What is your opinion on this / your view of the matter?

I share your opinion *or* point of view. / I agree entirely with what you say.

We are in complete / partial / broad agreement / thinking on the same lines.

The results of the investigation do not agree with *or* are not consistent with / do not bear out *or* corroborate your claims.

I completely disagree *or* cannot agree at all with your view / with what you say. / I cannot accept your view / what you say.

We must agree to differ on this.

## 17. Right / wrong

Ich sehe es jetzt ein, Du hattest recht und ich unrecht.

Sie haben diese Behauptung mit Recht angezweifelt – sie stimmt tatsächlich nicht.

Es war nicht richtig, daß sie ihn entlassen haben. / Sie hätten ihn nicht entlassen sollen.

Seine Position anzufechten war falsch, obgleich es zu der Zeit richtig erschien.

Du hast recht / unrecht, daß ... *od.* Deine Annahme, daß ..., ist richtig / falsch.

Diese Behauptung steht im krassen Widerspruch zu den Tatsachen, soweit sie uns bekannt sind.

## 17. Richtig / falsch

I see now you were right and I was wrong.

You were quite right to query this assertion – it is indeed incorrect.

They were wrong *or* It was wrong of them to dismiss him. / They should not have dismissed him.

Challenging his position was the wrong thing to do, even though it seemed the right thing at the time.

You are correct / wrong in your assumption that ... *or* Your assumption that ... is correct / wrong.

To say this is flying in the face of the facts *or* contrary to the facts as we know them.

## 18. Doubt / certainty

Ich bin nicht sicher / Ich weiß es nicht [genau] / Ich kann es nicht mit Sicherheit sagen, ob er kommen wird.

Er weiß noch immer nicht / ist noch immer unentschieden, welche Schritte er unternehmen soll. / Er fragt sich noch immer, was er machen soll.

Es bestehen immer noch Zweifel, ob der Plan auch ausgeführt werden kann / ob das Projekt eine Zukunft hat.

Es ist zweifelhaft / fraglich / [sehr] die Frage, ob wir dadurch etwas gewinnen können.

Ich habe meine Zweifel [an seinen Fähigkeiten].

Man kann kaum erwarten, daß er solchen Bedingungen zustimmt, aber man weiß ja nie.

Ich bin [ganz *od.* absolut] sicher *od.* [fest] davon überzeugt, daß sie es getan hat.

Wir sind ganz zuversichtlich *od.* voller Zuversicht, daß wir gewinnen werden.

Es besteht kein Zweifel / Es steht außer Zweifel / Es ist unbestreitbar *od.* nicht zu leugnen, daß sie die beste Chefin ist, die wir je hatten.

Niemand kann abstreiten *od.* leugnen, daß er viel Erfahrung auf diesem Gebiet hat.

Es wird bestimmt einige Zeit Unruhe geben.

## 18. Zweifel / Sicherheit

I'm not sure *or* certain / I don't know [for sure] / I cannot say with any certainty whether he will come.

He is still uncertain *or* undecided as to what action to take. / He is still wondering what to do.

There is still considerable doubt about *or* as to the feasibility of the plan / surrounding the future of the project.

It is a matter for debate *or* debatable / doubtful whether we will gain anything by this.

I have my doubts [about his competence].

One can hardly expect him to agree to such terms, but you never know.

I'm [quite *or* absolutely] certain *or* sure / positive *or* convinced that she did it.

We are [quietly] confident that we will win.

There can be no doubt *or* question / It is beyond doubt *or* question *or* dispute / It is indisputable *or* undeniable that she is the best boss we have had.

Nobody can deny that he has great experience in this field.

There is bound to be a period of unrest.

## 19. Expressions of feeling

### Amazement

Ich war erstaunt darüber / Mit Erstaunen hörte ich, daß Du Innsbruck verlassen hast.

Zu meinem Erstaunen *od.* Zu meiner großen Überraschung stimmte sie ohne Widerrede zu.

Er war wie vom Blitz getroffen / wie vom Donner gerührt, als er merkte, daß sein Freund ihn betrogen hatte.

Ich war fassungslos / erschüttert, als ich es erfuhr.

Die Nachricht war ein Schock für uns / war ein Blitz aus heiterem Himmel / kam völlig unerwartet.

Der Bau dieses Schiffes war eine enorme / erstaunliche Leistung für die damalige Zeit.

Die Kombination von gelbem Hemd und rosaroten Hosen war schon etwas schockierend.

### Disappointment

Das Scheitern des Projekts war eine bittere Enttäuschung / ein harter Schlag für ihn / bedeutete einen schweren Rückschlag für ihn.

Seine Hoffnungen wurden zunichte [gemacht], als man seine Bitte ablehnte.

## 19. Gefühlsäußerungen

### Erstaunen

I was surprised / *(stronger)* amazed *or* astonished to hear that you had left Glasgow.

To my surprise / *(stronger)* amazement *or* astonishment she agreed without a murmur.

He was thunderstruck *or* flabbergasted *or* dumbfounded when he discovered his best friend had tricked him.

I was stunned / *(stronger)* shattered by the news.

The news was quite a shock / a bombshell / a bolt from the blue / took us all by surprise.

The building of this ship was a staggering *or* an astounding achievement for its time.

The combination of a yellow shirt and pink trousers was rather startling.

### Enttäuschung

The failure of the project was a bitter disappointment / a heavy blow / a serious setback for him.

His hopes were dashed when his request was refused.

| | |
|---|---|
| Wir waren bitter enttäuscht *od.* bestürzt / [sehr] ernüchtert. | We were bitterly disappointed *or* sick with disappointment / dismayed / [completely] disenchanted. |
| Ich fühlte mich im Stich gelassen / betrogen, als er sein Versprechen nicht hielt. | I felt [badly] let down / betrayed when he went back on his promise. |
| Unser Jahresgewinn entsprach nicht den Erwartungen *od.* war nicht so hoch wie erwartet. | Our annual profits have not come up to *or* have fallen short of expectations. |
| Sie sahen alle niedergeschlagen / deprimiert / niedergeschmettert aus. | They all looked dejected / crestfallen / *(coll.)* down in the dumps after their defeat. |
| Alle unsere Bemühungen, die Umweltverschmutzung zu bekämpfen, wurden zunichte gemacht. | All our attempts to combat environmental pollution have been frustrated. |
| **Hope** | **Hoffnung** |
| Diese neuen Entwicklungen erfüllen uns mit Hoffnung / geben uns Hoffnung / sind vielversprechend / verheißen Gutes für die Zukunft. | These new developments inspire hope / are raising our hopes / are very promising *or* encouraging / augur well [for the future]. |
| Ich setze große Hoffnungen / Erwartungen / Ich setze meine Hoffnungen auf diesen jungen Mann. | I have high hopes *or* expectations of / am pinning my hopes on this young man. |
| Alle Anzeichen sind positiv / vielversprechend. | All the signs are favourable *or* propitious *or* auspicious. |
| Es besteht wenigstens ein Hoffnungsschimmer. | There is at last a ray of hope *or* a break in the clouds. |
| Wir können nicht viel tun, wir können nur das beste hoffen / wir müssen eben optimistisch sein. | There is little we can do, so we must simply hope for the best / look on the bright side. |
| **Fear** | **Angst** |
| Ich habe große Angst davor, eine Rede halten zu müssen. | I am terrified of *or* dread having to give a speech. |
| Sie hatte Angst um ihr Leben / fürchtete, daß sie den Verstand verlöre. | She feared for her life / sanity. |
| Ich habe im Dunkeln Angst, deshalb gruselte es mir in dem Kerker der alten Burg. | I'm afraid of the dark, so the dungeon in that old castle really gave me the creeps *(coll.)*. |
| Normalerweise ist sie nicht ängstlich, aber diese Bombendrohungen haben aus ihr ein Nervenbündel gemacht / haben sie ganz nervös gemacht. | She doesn't normally get scared easily, but these bomb threats have turned her into a bundle of nerves / made her very jittery *or* jumpy *or* nervy. |
| Es gibt keinen Grund zur Besorgnis / Du brauchst dich nicht aufzuregen. | There's no cause for concern / no need to get worked up *or (coll.)* get into a flap. |
| Sie befürchten / haben Angst / zittern und beben, daß sie ihr ganzes Geld verlieren könnten. | They are apprehensive / worried / anxious that they might lose all their money. |
| Hoffentlich verlieren sie nicht die Nerven und ziehen sich von dem Geschäft zurück. | I hope they don't get cold feet *(coll.) or* lose their nerve and pull out of the deal. |
| Meine Befürchtungen erwiesen sich als grundlos. / Ich habe mir unnötig Sorgen gemacht. | My fears / apprehensions turned out to be groundless. / I needn't have worried. |
| Du brauchst nichts zu fürchten, solange Du ihm gegenüber völlig ehrlich bist. | You've nothing to worry about as long as you're perfectly honest with him. |

## Weights and Measures / Maße und Gewichte

| Metric / Metrisch | | GB & US |
|---|---|---|

### Weight / Gewichte

| | | |
|---|---|---|
| 10 milligrams (mg.)<br>*10 Milligramm (mg)* | = 1 centigram (cg.)<br>*= 1 Zentigramm (cg)* | = 0.154 grain |
| 100 centigrams<br>*100 Zentigramm* | = 1 gram (g.)<br>*= 1 Gramm (g)* | = 15.43 grains |
| 1,000 grams<br>*1 000 Gramm* | = 1 kilogram (kg.)<br>*= 1 Kilogramm (kg)* | = 2.205 pounds |
| 1,000 kilograms<br>*1 000 Kilogramm* | = 1 tonne (t.)<br>*= 1 Tonne (t)* | = 19.684 hundredweight |

### Length / Längenmaße

| | | |
|---|---|---|
| 10 millimetres (mm.)<br>*10 Millimeter (mm)* | = 1 centimetre (cm.)<br>*= 1 Zentimeter (cm)* | = 0.394 inch |
| 100 centimetres<br>*100 Zentimeter* | = 1 metre (m.)<br>*= 1 Meter (m)* | = 39.4 inches / 1.094 yards |
| 1,000 metres<br>*1 000 Meter* | = 1 kilometre (km.)<br>*= 1 Kilometer (km)* | = 0.6214 mile ≈ ⅝ mile |

### Surface / Flächenmaße

| | | |
|---|---|---|
| 100 square metres (sq. m.)<br>*100 Quadratmeter ($m^2$)* | = 1 are<br>*= 1 Ar (a)* | = 0.025 acre |
| 100 ares<br>*100 Ar* | = 1 hectare (ha.)<br>*= 1 Hektar (ha)* | = 2.471 acres |
| 100 hectares<br>*100 Hektar* | = 1 square kilometre (sq. km.)<br>*= 1 Quadratkilometer ($km^2$)* | = 0.386 square mile |

### Cubic measure / Raummaße

| | | |
|---|---|---|
| 1 cubic centimetre (cc)<br>*1 Kubikzentimeter ($cm^3$)* | | = 0.06 cubic inches |
| 1,000,000 cubic centimetres<br>*1 000 000 Kubikzentimeter* | = 1 cubic metre (cu. m.)<br>*= 1 Kubikmeter ($m^3$)* | = 35.714 cubic feet /<br>1.307 cubic yards |

### Capacity / Hohlmaße

| | | |
|---|---|---|
| 10 millilitres (ml.)<br>*10 Milliliter (ml)* | = 1 centilitre (cl.)<br>*= 1 Zentiliter (cl)* | |
| 10 centilitres<br>*10 Zentiliter* | = 1 decilitre (dl.)<br>*= 1 Deziliter (dl)* | |
| 10 decilitres<br>*10 Deziliter* | = 1 litre (l.)<br>*= 1 Liter (l)* | = 1.76 pints (2.1 US pints) /<br>0.22 gallons (0.264 US gallons) |

| GB & US | | Metric / Metrisch |
|---|---|---|

**Weight / Gewichte**

| | | |
|---|---|---|
| | 1 grain (gr.) | = 0.065 g |
| $437\frac{1}{2}$ grains | = 1 ounce (oz.) | = 28.35 g |
| 16 drams | = 1 ounce | = 28.35 g |
| 16 ounces | = 1 pound (lb.) | = 0.454 kg |
| 14 pounds | = 1 stone (st.) | = 6.35 kg |
| 2 stone | = 1 quarter | = 12.7 kg |
| 4 quarters | = 1 hundredweight (cwt.) | = 50.8 kg |
| 112 pounds | = 1 hundredweight | = 50.8 kg |
| 100 pounds | = 1 short hundredweight | = 45.4 kg |
| 20 hundredweight | = 1 ton | = 1,016.05 kg |
| 2,000 pounds | = 1 short ton | = 0.907 t |
| 2,240 pounds | = 1 long ton | = 1.016 t |

**Length / Längenmaße**

| | | |
|---|---|---|
| | 1 inch (in.) | = 25.4 mm |
| 12 inches | = 1 foot (ft.) | = 30.48 cm |
| 3 feet | = 1 yard (yd.) | = 0.914 m |
| $5\frac{1}{2}$ yards | = 1 rod, pole, or perch | = 5.029 m |
| 22 yards | = 1 chain | = 20.12 m |
| 220 yards | = 1 furlong | = 201.17 m |
| 8 furlongs | = 1 mile | = 1.609 km |
| 1,760 yards | = 1 mile | = 1.609 km |
| 3 miles | = 1 league | = 4.828 km |

**Surface / Flächenmaße**

| | | |
|---|---|---|
| | 1 square inch | = 6.452 $cm^2$ |
| 144 square inches | = 1 square foot | = 929.03 $cm^2$ |
| 9 square feet | = 1 square yard | = 0.836 $m^2$ |
| 484 square yards | = 1 square chain | = 404.68 $m^2$ |
| 4,840 square yards | = 1 acre | = 0.405 ha |
| 40 square rods | = 1 rood | = 10.1171 a |
| 4 roods | = 1 acre | = 0.405 ha |
| 640 acres | = 1 square mile | = 2.59 $km^2$ / 259 ha |

**Cubic measure / Raummaße**

| | | |
|---|---|---|
| | 1 cubic inch | = 16.4 $cm^3$ |
| 1,728 cubic inches | = 1 cubic foot | = 0.028 $m^3$ |
| 27 cubic feet | = 1 cubic yard | = 0.764 $m^3$ |

**Capacity / Hohlmaße**

| | | |
|---|---|---|
| 4 gills | = 1 pint (pt.) (1.201 US pints) | = 0.568 l |
| 2 pints | = 1 quart (qt.) (1.201 US quarts) | = 1.136 l |
| 4 quarts | = 1 gallon (gal.) (1.201 US gallons) | = 4.546 l |

## Temperature Conversion / Temperaturumrechnung

| | Fahrenheit (°F) | Celsius (°C) | |
|---|---|---|---|
| Boiling point | 212 | 100 | Siedepunkt |
| | 194 | 90 | |
| | 176 | 80 | |
| | 158 | 70 | |
| | 140 | 60 | |
| | 122 | 50 | |
| | 104 | 40 | |
| Body temperature | 98.4 | 37 | Körpertemperatur |
| | 86 | 30 | |
| | 68 | 20 | |
| | 50 | 10 | |
| Freezing point | 32 | 0 | Gefrierpunkt |
| | 14 | – 10 | |
| | 0 | – 17,8 | |
| Absolute Zero | – 459.67 | – 273,15 | Absoluter Nullpunkt |

## Conversion / Umrechnung

°F → °C: $(°F - 32) \times \frac{5}{9} = °C$ °C → °F: $°C \times \frac{9}{5} + 32 = °F$

## Numbers / Zahlen

| Cardinal numbers | *Kardinalzahlen* | Ordinal numbers | *Ordinalzahlen* |
|---|---|---|---|
| 1 one | *1 eins, ein...* | 1st first | *1. erst...* |
| 2 two | *2 zwei* | 2nd second | *2. zweit...* |
| 3 three | *3 drei* | 3rd third | *3. dritt...* |
| 4 four | *4 vier* | 4th fourth | *4. viert...* |
| 5 five | *5 fünf* | 5th fifth | *5. fünft...* |
| 6 six | *6 sechs* | 6th sixth | *6. sechst...* |
| 7 seven | *7 sieben* | 7th seventh | *7. siebt..., siebent...* |
| 8 eight | *8 acht* | 8th eighth | *8. acht...* |
| 9 nine | *9 neun* | 9th ninth | *9. neunt...* |
| 10 ten | *10 zehn* | 10th tenth | *10. zehnt...* |
| 11 eleven | *11 elf* | 11th eleventh | *11. elft...* |
| 12 twelve | *12 zwölf* | 12th twelfth | *12. zwölft...* |
| 13 thirteen | *13 dreizehn* | 13th thirteenth | *13. dreizehnt...* |
| 14 fourteen | *14 vierzehn* | 14th fourteenth | *14. vierzehnt...* |
| 15 fifteen | *15 fünfzehn* | 15th fifteenth | *15. fünfzehnt...* |
| 16 sixteen | *16 sechzehn* | 16th sixteenth | *16. sechzehnt...* |
| 17 seventeen | *17 siebzehn* | 17th seventeenth | *17. siebzehnt...* |
| 18 eighteen | *18 achtzehn* | 18th eighteenth | *18. achtzehnt...* |
| 19 nineteen | *19 neunzehn* | 19th nineteenth | *19. neunzehnt...* |
| 20 twenty | *20 zwanzig* | 20th twentieth | *20. zwanzigst...* |
| 21 twenty-one | *21 einundzwanzig* | 21st twenty-first | *21. einundzwanzigst...* |
| 22 twenty-two | *22 zweiundzwanzig* | 22nd twenty-second | *22. zweiundzwanzigst...* |
| 23 twenty-three | *23 dreiundzwanzig* | 23rd twenty-third | *23. dreiundzwanzigst...* |
| 30 thirty | *30 dreißig* | 30th thirtieth | *30. dreißigst...* |
| 40 forty | *40 vierzig* | 40th fortieth | *40. vierzigst...* |
| 50 fifty | *50 fünfzig* | 50th fiftieth | *50. fünfzigst...* |
| 60 sixty | *60 sechzig* | 60th sixtieth | *60. sechzigst...* |
| 70 seventy | *70 siebzig* | 70th seventieth | *70. siebzigst...* |

| Cardinal numbers | *Kardinalzahlen* | Ordinal numbers | *Ordinalzahlen* |
|---|---|---|---|
| 80 eighty | *80 achtzig* | 80th eightieth | *80. achtzigst...* |
| 90 ninety | *90 neunzig* | 90th ninetieth | *90. neunzigst...* |
| 100 one hundred | *100 [ein]hundert* | 100th [one] hundredth | *100. [ein]hundertst...* |
| 101 one hundred and one | *101 [ein]hundert[und]-eins* | 101st [one]hundred and first | *101. [ein]hundert[und]-erst...* |
| 555 five hundred and fifty-five | *555 fünfhundert[und]-fünfundfünfzig* | 555th five hundred and fifty-fifth | *555. fünfhundert[und]-fünfundfünfzigst...* |
| 1,000 one thousand | *1 000 [ein]tausend* | 1,000th [one] thousandth | *1 000. [ein]tausendst...* |
| 1,001 one thousand and one | *1 001 [ein]tausend-[und]eins* | 1,001st one thousand and first | *1 001. [ein]tausend-[und]erst...* |
| 1,347 one thousand, three hundred and forty-seven | *1 347 [ein]tausenddrei-hundert[und]sieben-undvierzig* | 1,347th one thousand, three hundred and forty-seventh | *1 347. [ein]tausenddrei-hundert[und]sieben-undvierzigst...* |
| 10,000 ten thousand | *10 000 zehntausend* | 10,000th ten thousandth | *10 000. zehntausendst...* |
| 13,438 thirteen thousand, four hundred and thirty-eight | *13 438 dreizehntausend-vierhundert[und]acht-unddreißig* | 13,438th thirteen thousand, four hundred and thirty-eighth | *13 438. dreizehntau-sendvierhundert[und]-achtunddreißigst...* |
| 100,000 one hundred thousand | *100 000 [ein]hundert-tausend* | 100,000th [one]hundred thousandth | *100 000. [ein]hundert-tausendst...* |
| 1,000,000 one million | *1 000 000 eine Million* | 1,000,000th [one] millionth | *1 000 000. millionst...* |
| 2,000,000 two million | *2 000 000 zwei Millio-nen* | 2,000,000th two millionth | *2 000 000. zweimil-lionst...* |
| 3,536,000 three million, five hundred and thirty-six thousand | *3 536 000 drei Millionen fünfhundertsechsund-dreißigtausend* | 3,536,000th three million, five hundred and thirty-six thousandth | *3 536 000. drei Millionen fünfhundertsechsund-dreißigtausendst...* |
| 1,000,000,000 one thousand million *(Brit.)*; one billion *(Amer.)* | *1 000 000 000 eine Mil-liarde* | 1,000,000,000th [one] thousand millionth *(Brit.)*; one billionth *(Amer.)* | *1 000 000 000. mil-liardst...* |
| 2,000,000,000 two thousand million *(Brit.)*; two billion *(Amer.)* | *2 000 000 000 zwei Mil-liarden* | 2,000,000,000th two thousand millionth *(Brit.)*; two billionth *(Amer.)* | *2 000 000 000. zweimil-liardst...* |
| 3,436,538,825 three thousand, four hundred and thirty-six million, five hundred and thirty-eight thousand, eight hundred and twenty-five *(Brit.)*; three billion, four hundred and thirty-six million, five hundred and thirty-eight thousand, eight hundred and twenty-five *(Amer.)* | *3 436 538 825 drei Mil-liarden vierhundert-sechsunddreißig Mil-lionen fünfhundert-achtunddreißigtau-sendachthundertfünf-undzwanzig* | 3,436,538,825th three thousand, four hundred and thirty-six million, five hundred and thirty-eight thousand, eight hundred and twenty-fifth *(Brit.)*; three billion, four hundred and thirty-six million, five hundred and thirty-eight thousand, eight hundred and twenty-fifth *(Amer.)* | *3 436 538 825. drei Mil-liarden vierhundert-sechsunddreißig Mil-lionen fünfhundert-achtunddreißigtau-sendachthundertfünf-undzwanzigst...* |

## Vulgar fractions and mixed numbers
## Brüche (gemeine Brüche) und gemischte Zahlen

| in figures *in Zahlen* | in words | *in Worten* | in figures *in Zahlen* | in words | *in Worten* |
|---|---|---|---|---|---|
| $\frac{1}{2}$ | a/one half | *ein halb* | $\frac{3}{2}$ | three over two | *drei halbe* |
| $\frac{1}{3}$ | a/one third | *ein drittel* | $\frac{11}{10}$ | eleven-tenths | *elf zehntel* |
| $\frac{1}{4}$ | a/one quarter | *ein viertel* | $\frac{3}{3}$ | three-thirds | *drei drittel* |
| $\frac{1}{10}$ | a/one tenth | *ein zehntel* | $\frac{5}{7}$ | five-sevenths | *fünf siebtel/ siebentel* |
| $\frac{2}{3}$ | two-thirds | *zwei drittel* | $\frac{m}{n}$ | m over n | *m n-tel* |
| $\frac{5}{8}$ | five-eighths | *fünf achtel* | $\frac{x}{6}$ | x over six | *x sechstel* |
| $\frac{1}{100}$ | a/one hundredth | *ein hundertstel* | $1\frac{1}{2}$ | one and a half | *ein[und]einhalb* |
| $\frac{1}{1}$ | one over one | *ein eintel* | $2\frac{1}{4}$ | two and a quarter | *zwei[und]einvier-tel* |
| $\frac{4}{1}$ | four over one | *vier eintel* | $5\frac{3}{10}$ | five and three-tenths | *fünf[und]drei-zehntel* |

## Decimal numbers / Dezimalzahlen

| written as | *geschrieben* | spoken as | *gesprochen* |
|---|---|---|---|
| 0.1 | *0,1* | nought point one | *null Komma eins* |
| 0.015 | *0,015* | nought point nought one five | *null Komma null eins fünf* |
| 1.43 | *1,43* | one point four three | *eins Komma vier drei* |
| 11.70 | *11,70* | eleven point seven o [əʊ] | *elf Komma sieben null* |

## Money / Geldbeträge

| written as *geschrieben* | spoken as | *gesprochen* |
|---|---|---|
| 1 DM<br>1,00 DM<br>1,– DM | one mark | *eine Mark* |
| 90 Pf<br>0,90 DM<br>–,90 DM | ninety pfennigs | *neunzig Pfennig[e]* |
| 1,90 DM | one mark ninety pfennigs<br>one mark ninety<br>one ninety | *eine Mark und neunzig Pfennig[e]*<br>*eine Mark [und] neunzig*<br>*eins neunzig* |

| written as<br>*geschrieben* | spoken as | *gesprochen* |
|---|---|---|
| 1 000 DM<br>1 000,00 DM<br>1 000,– DM<br>1.000 DM<br>1.000,00 DM | one *or* a thousand marks | *[ein]tausend Mark* |
| 100,90 DM | one *or* a hundred marks [and] ninety pfennigs | *[ein]hundert Mark und neunzig Pfennig[e]*<br>*hundert Mark neunzig* |
| 149,90 DM | one *or* a hundred and forty-nine marks [and] ninety pfennigs<br>one *or* a hundred and forty-nine ninety | *[ein]hundertneunundvierzig Mark und neunzig Pfennig[e]*<br>*[ein]hundertneunundvierzig Mark neunzig*<br>*hundertneunundvierzig neunzig* |
| 1 500 DM<br>1 500,00 DM<br>1 500,– DM<br>1.500 DM<br>1.500,00 DM | one thousand, five hundred marks<br>fifteen hundred marks | *[ein]tausendfünfhundert Mark*<br>*fünfzehnhundert Mark*<br>*eins fünf* |
| 3 500 DM | three thousand, five hundred marks<br>three and a half thousand (marks) | *dreitausendfünfhundert Mark*<br>*drei fünf*<br>*dreieinhalbtausend [Mark]* |
| 1p | one penny/one p | *ein Penny* |
| 2p | two pence/two p | *zwei Pence* |
| 50p | fifty pence/fifty p | *fünfzig Pence* |
| £1<br>1 pound | one *or* a pound | *ein Pfund* |
| £1.50 | one pound fifty pence *or* p<br>one pound fifty | *ein Pfund fünfzig Pence*<br>*ein Pfund fünfzig* |
| 1.50 | one fifty | *eins fünfzig* |
| £8.34 | eight pounds thirty-four pence *or* p<br>eight pounds thirty-four | *acht Pfund vierunddreißig Pence*<br>*acht Pfund vierunddreißig* |
| 8.34 | eight thirty-four | *acht vierunddreißig* |
| £250.95 | two hundred and fifty pounds, ninety-five [pence *or* p] | *zweihundertfünfzig Pfund [und] fünfundneunzig [Pence]* |
| £1,273.40 | one thousand, two hundred and seventy-three pounds, forty [pence *or* p]<br>twelve hundred and seventy-three pounds, forty [pence *or* p] | *[ein]tausendzweihundertdreiundsiebzig Pfund [und] vierzig [Pence]*<br>*zwölfhundertdreiundsiebzig Pfund [und] vierzig [Pence]* |

## Time of day / Uhrzeit

| | written as<br>*geschrieben* | spoken as<br>*gesprochen* |
|---|---|---|
| 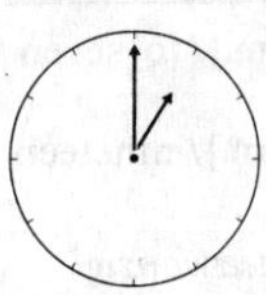 | 1.00, 1.00 a.m. / 0100, 01.00 | one o'clock, one [a.m.] / [o (əʊ)] one hundred hours |
| | 1.00, 1.00 p.m. / 1300, 13.00 | one o'clock, one [p.m.] / thirteen hundred hours |
| | *1 Uhr / [0]1.00 Uhr* | *eins, ein Uhr* |
| | *13 Uhr / 13.00 Uhr* | *dreizehn Uhr* |
|  | 1.05, 1.05 a.m. / 0105, 01.05 | five past one, one o five [a.m.] / [o] one o five |
| | 1.05, 1.05 p.m. / 1305, 13.05 | five past one, one o five [p.m.] / thirteen o five |
| | *[0]1.05 Uhr* | *fünf [Minuten] nach eins, ein Uhr fünf* |
| | *13.05 Uhr* | *dreizehn Uhr fünf* |
| 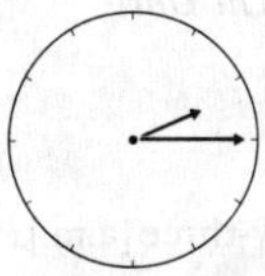 | 2.15, 2.15 a.m. / 0215, 02.15 | two fifteen [a.m.], [a] quarter past two / [o] two fifteen |
| | 2.15, 2.15 p.m. / 1415, 14.15 | two fifteen [p.m.], [a] quarter past two / fourteen fifteen |
| | *[0]2.15 Uhr* | *Viertel nach zwei, (landsch.:) viertel drei, fünfzehn Minuten nach zwei, zwei Uhr fünfzehn* |
| | *14.15 Uhr* | *vierzehn Uhr fünfzehn* |
|  | 3.20, 3.20 a.m. / 0320, 03.20 | three twenty [a.m.], twenty past three / [o] three twenty |
| | 3.20, 3.20 p.m. / 1520, 15.20 | three twenty [p.m.], twenty past three / fifteen twenty |
| | *[0]3.20 Uhr* | *zehn [Minuten] vor halb vier, zwanzig [Minuten] nach drei, drei Uhr zwanzig* |
| | *15.20 Uhr* | *fünfzehn Uhr zwanzig* |
| 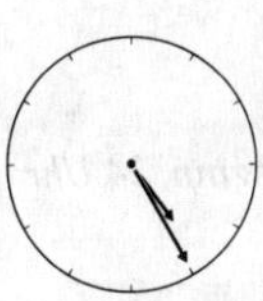 | 4.25, 4.25 a.m. / 0425, 04.25 | twenty-five past four, four twenty-five [a.m.] / [o] four twenty-five |
| | 4.25, 4.25 p.m. / 1625, 16.25 | twenty-five past four, four twenty-five [p.m.] / sixteen twenty-five |
| | *[0]4.25 Uhr* | *fünf [Minuten] vor halb fünf, vier Uhr fünfundzwanzig* |
| | *16.25 Uhr* | *sechzehn Uhr fünfundzwanzig* |
| 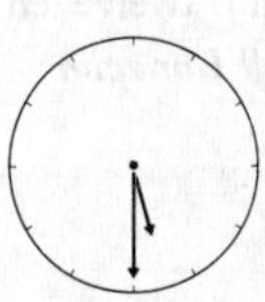 | 5.30, 5.30 a.m. / 0530, 05.30 | half past five, five thirty [a.m.] / [o] five thirty |
| | 5.30, 5.30 p.m. / 1730, 17.30 | half past five, five thirty [p.m.] / seventeen thirty |
| | *[0]5.30 Uhr* | *halb sechs, fünf Uhr dreißig* |
| | *17.30 Uhr* | *siebzehn Uhr dreißig* |
| 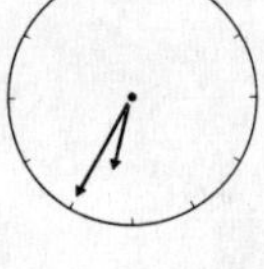 | 6.35, 6.35 a.m. / 0635, 06.35 | twenty-five to seven, six thirty-five [a.m.] / [o] six thirty-five |
| | 6.35, 6.35 p.m. / 1835, 18.35 | twenty-five to seven, six thirty-five [p.m.] / eighteen thirty-five |
| | *[0]6.35 Uhr* | *fünf [Minuten] nach halb sieben, sechs Uhr fünfunddreißig* |
| | *18.35 Uhr* | *achtzehn Uhr fünfunddreißig* |

## Time of day / Uhrzeit

| | written as<br>*geschrieben* | spoken as<br>*gesprochen* |
|---|---|---|
|  | 7.40, 7.40 a.m. / 0740, 07.40 | twenty to eight, seven forty [a.m.] / [o] seven forty |
| | 7.40, 7.40 p.m. / 1940, 19.40 | twenty to eight, seven forty [p.m.] / nineteen forty |
| | *[0]7.40 Uhr* | *zehn [Minuten] nach halb acht, zwanzig [Minuten] vor acht, sieben Uhr vierzig* |
| | *19.40 Uhr* | *neunzehn Uhr vierzig* |
| 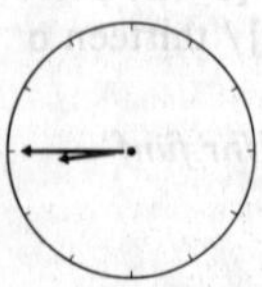 | 8.45, 8.45 a.m. / 0845, 08.45 | [a] quarter to nine, eight forty-five [a.m.] / [o] eight forty-five |
| | 8.45, 8.45 p.m. / 2045, 20.45 | [a] quarter to nine, eight forty-five [p.m.] / twenty forty-five |
| | *[0]8.45 Uhr* | *Viertel vor neun, (landsch.:) dreiviertel neun, fünfzehn Minuten vor neun, acht Uhr fünfundvierzig* |
| | *20.45 Uhr* | *zwanzig Uhr fünfundvierzig* |
|  | 9.53, 9.53 a.m. / 0953, 09.53 | seven minutes to ten, nine fifty-three [a.m.] / [o] nine fifty-three |
| | 9.53, 9.53 p.m. / 2153, 21.53 | seven minutes to ten, nine fifty-three [p.m.] / twenty-one fifty-three |
| | *[0]9.53 Uhr* | *sieben [Minuten] vor zehn, neun Uhr dreiundfünfzig* |
| | *21.53 Uhr* | *einundzwanzig Uhr dreiundfünfzig* |
| 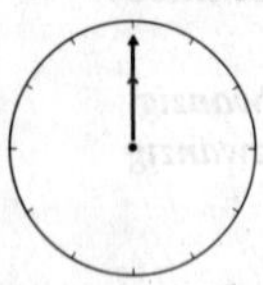 | 12.00, 12.00 midnight / 0000, 00.00, 2400, 24.00 | twelve o'clock, twelve [midnight], midnight / o o double o, twenty-four hundred hours<br>(note: 00.00 indicates the beginning of a day<br>24.00 indicates the end of a day) |
| | 12.00, 12.00 noon / 1200, 12.00 | twelve o'clock, twelve [noon], noon / twelve hundred hours |
| | *0 Uhr, 24 Uhr / [0]0.00 Uhr, 24.00 Uhr* | *null Uhr, vierundzwanzig Uhr* |
| | *12 Uhr / 12.00 Uhr* | *zwölf Uhr*<br>*(Anm.: 0 Uhr bezeichnet den Beginn, 24 Uhr das Ende eines Tages.)* |
|  | 12.10, 12.10 a.m. / 0010, 00.10 | ten past twelve, twelve ten [a.m.], ten past midnight / o o ten |
| | 12.10, 12.10 p.m. / 1210, 12.10 | ten past twelve, twelve ten [p.m.] / twelve ten |
| | *[0]0.10 Uhr* | *zehn [Minuten] nach zwölf, null Uhr zehn* |
| | *12.10 Uhr* | *zwölf Uhr zehn* |

## Phonetic symbols used in transcriptions of English words / Die für das Englische verwendeten Zeichen der Lautschrift

| | | | | | | | | |
|---|---|---|---|---|---|---|---|---|
| ɑ: | bah | bɑ: | g | good | gʊd | r | rat | ræt |
| ɑ̃ | ensemble | ɑ̃'sɑ̃mbl | h | hat | hæt | s | sip | sɪp |
| æ | fat | fæt | ɪ | bit, lately | bɪt, 'leɪtlɪ | ʃ | ship | ʃɪp |
| æ̃ | lingerie | 'læ̃ʒərɪ | ɪə | nearly | 'nɪəlɪ | t | tip | tɪp |
| aɪ | fine | faɪn | i: | meet | mi:t | tʃ | chin | tʃɪn |
| aʊ | now | naʊ | j | yet | jet | θ | thin | θɪn |
| b | bat | bæt | k | kit | kɪt | ð | the | ðə |
| d | dog | dɒg | l | lot | lɒt | u: | boot | bu:t |
| dʒ | jam | dʒæm | m | mat | mæt | ʊ | book | bʊk |
| e | met | met | n | not | nɒt | ʊə | tourist | 'tʊərɪst |
| eɪ | fate | feɪt | ŋ | sing | sɪŋ | ʌ | dug | dʌg |
| eə | fairy | 'feərɪ | ɒ | got | gɒt | v | van | væn |
| əʊ | goat | gəʊt | ɔ: | paw | pɔ: | w | win | wɪn |
| ə | ago | ə'gəʊ | ɔ̃ | fait accompli | feɪt æ'kɔ̃pli: | x | loch | lɒx |
| ɜ: | fur | fɜ:(r) | ɔɪ | boil | bɔɪl | z | zip | zɪp |
| f | fat | fæt | p | pet | pet | ʒ | vision | 'vɪʒn |

: Length sign, indicating that the preceding vowel is long, e.g. boot [bu:t]. / Längezeichen, bezeichnet Länge des unmittelbar davor stehenden Vokals, z. B. boot [bu:t].

' Stress mark, immediately preceding a stressed syllable, e.g. ago [ə'gəʊ]. / Betonung, steht unmittelbar vor einer betonten Silbe, z. B. ago [ə'gəʊ].

(r) An 'r' in parentheses is pronounced only when immediately followed by a vowel sound, e.g. pare [peə(r)]; pare away [peər ə'weɪ]. / Ein „r" in runden Klammern wird nur gesprochen, wenn im Textzusammenhang ein Vokal unmittelbar folgt, z. B. pare [peə(r)]; pare away [peər ə'weɪ].